mini VADE MECUM

TRABALHISTA

COORDENADORES
Darlan Barroso
Marco Antonio Araujo Junior

2024

mini VADE MECUM TRABALHISTA

- Constituição Federal
- Consolidação das Leis do Trabalho
- Código de Processo Civil
- Legislação Complementar

ORGANIZADORES
- Maria Eugênia Conde
- Renata Orsi
- Renato Sabino

7ª edição
Revista, atualizada e ampliada

EDITORA JusPODIVM
www.editorajuspodivm.com.br

EDITORA *Jus*PODIVM
www.editorajuspodivm.com.br

Rua Canuto Saraiva, 131 – Mooca – CEP: 03113-010 – São Paulo – São Paulo
Tel: (11) 3582.5757
• Contato: https://www.editorajuspodivm.com.br/central-de-relacionamento

Diagramação: Equipe *Jus*PODIVM

Capa: Ana Caquetti

Fechamento desta edição: 06.05.2024

M665 Mini Vade Mecum Trabalhista - 41º Exame de Ordem / coordenado por Darlan Barroso e Marco Antonio Araujo Junior – 7. ed. rev., atual. e ampl. – São Paulo: Editora JusPodivm, 2024.
1.120 p.

ISBN: 978-85-442-5293-2

1. OAB – Exames. 2. Direito Trabalhista. I. Barroso, Darlan. II. Araujo Junior, Marco Antonio. III. Título.

CDD 340.06081

APRESENTAÇÃO

Em 2011, surgiu a ideia de criarmos um Vade Mecum Especial, com legislação selecionada para o Exame da OAB e Concursos Públicos.

O projeto era inovador. Não havia nada parecido no mercado editorial. O que o diferenciava dos demais Vades era exatamente a criação de **remissões especialmente desenvolvidas para facilitar a consulta dos candidatos a provas em geral, inclusive do Exame de Ordem**.

O sucesso foi absoluto. O Vade Mecum foi batizado pelos leitores como "Vade das Carinhas", inspirando tantos outros publicados posteriormente.

Daí surgiram os Míni Vades, com códigos e legislação complementar específicos para cada área, tornando completo o portifólio de legislação.

Os principais diferenciais dos nossos Míni Vades mantêm-se os mesmos:

▸ material baseado nos principais editais de concursos, inclusive do Exame da OAB;

▸ preparado com orientação acadêmica e pedagógica de professores com larga experiência em Exame de Ordem;

▸ legislação com remissões estratégicas, sem jurisprudência ou doutrina (de acordo com o permitido pelo edital da OAB);

▸ súmulas do STF e do STJ (não comentadas ou comparadas);

▸ índices alfabético-remissivos, sem estrutura de peças processuais; e

▸ projeto gráfico diferenciado, que garante agilidade na localização da norma.

Importante: As notas de atualizações e remissões marcadas pelo símbolo ▸ são de autoria da Editora. As marcadas pelo símbolo ▸▸ são de autoria dos organizadores.

Recomendamos que o material seja utilizado em conjunto com o Vade Mecum OAB & Concursos.

O presente Míni Vade está devidamente atualizado até 06.05.2024 e será extremamente útil aos que prestam Exame de Ordem ou Concursos Públicos, ou mesmo para uso profissional, já que, em sua organização, foi incluída a legislação atualizada e relevante para o dia a dia do operador do Direito, bem como enunciados de súmulas de nossos Tribunais.

Bons estudos!

Darlan Barroso

Marco Antonio Araujo Junior

Coordenadores

SOBRE OS COORDENADORES/AUTORES

Sobre os Coordenadores

DARLAN BARROSO

Advogado. Doutorando, Mestre e Especialista em Processo Civil pela PUC-SP. Professor de Direito Processual Civil. Foi professor dos cursos de graduação da Fundação Armando Alvares Penteado - FAAP e da Universidade Paulista - UNIP. Professor e coordenador pedagógico na rede LFG/Prima. Professor e Diretor Pedagógico no Damásio Educacional, onde também foi coordenador da Pós-graduação de Direito Processual Civil. Autor e coordenador de obras jurídicas. Professor e sócio fundador do Meu Curso.

MARCO ANTONIO ARAUJO JUNIOR

Advogado. Doutorando. Mestre em Direitos Difusos e Coletivos. Especialista em Direito das Novas Tecnologias pela Universidad Complutense de Madrid. Atuou como conselheiro seccional da OAB/SP (2013/2015 e 2016/2018), presidente da Comissão de Defesa do Consumidor da OAB/SP (2013/2015 e 2016/2018), membro da Comissão Nacional de Defesa do Consumidor do Conselho Federal da OAB (2013/2015 e 2016/2018). Diretor adjunto da Comissão Permanente de Marketing do Brasilcon. Membro do Conselho Municipal de Defesa do Consumidor do Procon Paulistano. Atuou também como presidente da Associação Nacional de Proteção e Apoio ao Concurso Público (Anpac) de 2015/2016 e 2017/2018 e atualmente atua como vice-presidente (2019/2020). Foi professor e coordenador do Núcleo de Prática Jurídica. Coordenador acadêmico e Diretor do curso de Direito da Uniban/SP; professor e coordenador do Curso Prima/SP; professor e diretor acadêmico da Rede LFG; professor, coordenador da graduação e Pós-Graduação da Faculdade Damásio, Vice-Presidente acadêmico, diretor executivo do Damásio Educacional e diretor acadêmico do IBMEC/SP. Professor e sócio fundador do Meu Curso. Autor e coordenador de obras jurídicas.

Sobre os Autores

MARIA EUGÊNIA CONDE

Advogada Trabalhista e Previdenciária, graduada pela Faculdade de Direito da Universidade Presbiteriana Mackenzie, e Professora Especialista em Direito Previdenciário, Direito do Trabalho e Direito Processual do Trabalho. Atualmente, é Professora de Direito do Trabalho e Direito Previdenciário do curso preparatório para exame de ordem e concursos do Meu Curso Tecnologia e Inteligência Educacional.

RENATA ORSI

Juíza do Trabalho do TRT/SP. Graduada, Mestra e Doutora e Direito do Trabalho e da Seguridade Social pela Universidade de São Paulo (USP). Professora dos cursos de Pós-Graduação da Fundação Getúlio Vargas (FGVLaw) e dos cursos preparatórios e de Pós-Graduação do Meu Curso.

RENATO SABINO

Juiz do Trabalho Titular da 62ª Vara do Trabalho de São Paulo. Doutor em Direito do Trabalho pela USP. Mestre em Direito do Trabalho pela PUC/SP. Professor convidado do curso de Especialização em Direito e Processo do Trabalho da Universidade Presbiteriana Mackenzie. Tem experiência em docência na área do Direito, atuando principalmente nas áreas do Direito do Trabalho e Processual do Trabalho. Ministra palestras e aulas em cursos de Especialização.

QUADRO DEMONSTRATIVO DE FERIADOS

Legislação	Feriados Oficiais
Lei n. 662/49 (alterada pela Lei n. 10.607/2002)	1.º de janeiro (Confraternização Universal)
	21 de abril (Tiradentes)
	1.º de maio (Dia do Trabalho)
	7 de setembro (Independência do Brasil)
	2 de novembro (Finados)
	15 de novembro (Proclamação da República)
	25 de dezembro (Natal)
Lei n. 4.737/65 e Lei n. 9.504/97	Eleições "Art. 380. Será feriado nacional o dia em que se realizarem eleições "[...]" (Lei n. 4.737/65) "Art. 1.º As eleições para Presidente e Vice-Presidente da República, Governador e Vice-Governador de Estado e do Distrito Federal, Prefeito e Vice--Prefeito, Senador, Deputado Federal, Deputado Estadual, Deputado Distrital e Vereador dar-se-ão, em todo o País, no primeiro domingo de outubro do ano respectivo. "[...]" "Art. 2.º [...] "§ 1.º Se nenhum candidato alcançar maioria absoluta na primeira votação, far-se-á nova eleição no último domingo de outubro, concorrendo os dois candidatos mais votados, e considerando-se eleito o que obtiver a maioria dos votos válidos." "[...]" (Lei n. 9.504/97)
Lei n. 6.802/80	12 de outubro (Dia da Padroeira do Brasil)
Lei n. 9.093/95 (alterada pela Lei n. 9.335/96)	Feriados civis e religiosos "Art. 1.º São feriados civis: "I – os declarados em lei federal; "II – a data magna do Estado fixada em lei estadual; "III – os dias do início e do término do ano do centenário de fundação do Município, fixados em lei municipal." "Art. 2.º São feriados religiosos os dias de guarda, declarados em lei municipal, de acordo com a tradição local e em número não superior a quatro, neste incluída a Sexta-Feira da Paixão."
Lei 14.759/2023	"Art. 1º Fica declarado feriado nacional o dia 20 de novembro, para a celebração do Dia Nacional de Zumbi e da Consciência Negra."

QUADRO DEMONSTRATIVO DE FERIADOS

Legislação	Feriados Oficiais
Lei n. 662/49 (alterada pela Lei n. 10.607/2002)	1º de janeiro (Confraternização Universal) 21 de abril (Tiradentes) 1º de maio (Dia do Trabalho) 7 de setembro (Independência do Brasil) 2 de novembro (Finados) 15 de novembro (Proclamação da República) 25 de dezembro (Natal)
Lei n. 4.737/65 e Lei n. 9.504/97	Eleições: "Art. 380. Será feriado nacional o dia em que se realizarem eleições (...)" (Lei n. 4.737/65) "Art. 1º As eleições para Presidente e Vice-Presidente da República, Governador e Vice-Governador de Estado e do Distrito Federal, Prefeito e Vice-Prefeito, Senador, Deputado Federal, Deputado Estadual, Deputado Distrital e Vereador dar-se-ão, em todo o País, no primeiro domingo de outubro do ano respectivo. (...) Art. 2º (...) § 1º Se nenhum candidato alcançar maioria absoluta na primeira votação, far-se-á nova eleição no último domingo de outubro, concorrendo os dois candidatos mais votados, e considerando-se eleito o que obtiver a maioria dos votos válidos." (...) (Lei n. 9.504/97)
Lei n. 6.802/80	12 de outubro (Dia da Padroeira do Brasil)
Lei n. 9.093/95 (alterada pela Lei n. 9.335/96)	Feriados civis e religiosos: "Art. 1º São feriados civis: I – os declarados em lei federal; II – a data magna do Estado fixada em lei estadual; III – os dias do início e do término do ano do centenário de fundação do Município, fixados em lei municipal. Art. 2º São feriados religiosos os dias de guarda, declarados em lei municipal, de acordo com a tradição local e em número não superior a quatro, neste incluída a Sexta-Feira da Paixão."
Lei n. 14.759/2023	"Art. 1º É declarado feriado nacional o dia 20 de novembro, para a celebração do Dia Nacional de Zumbi e da Consciência Negra."

ÍNDICE GERAL

ÍNDICE GERAL

ÍNDICE DA LEGISLAÇÃO

Normas organizadas cronologicamente

▪ ATO

▪ CONSOLIDAÇÃO

▪ PROVIMENTO

▪ DECRETO LEGISLATIVO

▪ DECRETOS

▪ DECRETOS-LEI

▪ INSTRUÇÕES NORMATIVAS DO TST

▪ LEIS

▪ LEIS COMPLEMENTARES

▪ NORMAS REGULAMENTADORAS

▪ PORTARIAS

▪ RESOLUÇÃO

▪ RESOLUÇÃO ADMINISTRATIVA

CONSTITUIÇÃO DA REPÚBLICA FEDERATIVA DO BRASIL

ÍNDICE ALFABÉTICO-REMISSIVO DA CONSTITUIÇÃO FEDERAL E DO ADCT

A

ESTADO DE DEFESA

PODER JUDICIÁRIO

PODER LEGISLATIVO

POLÍCIA CIVIL

POLÍCIA FEDERAL

POLÍCIA FERROVIÁRIA FEDERAL

POLÍCIA MARÍTIMA

POLÍCIA MILITAR

POLÍCIA RODOVIÁRIA FEDERAL

POLÍTICA AGRÍCOLA

POLÍTICA DE DESENVOLVIMENTO URBANO

POLUIÇÃO

PORTUGUESES

POUPANÇA

PRECATÓRIOS

PREVIDÊNCIA PRIVADA

PREVIDÊNCIA SOCIAL

PRINCÍPIO DA DIGNIDADE DA PESSOA HUMANA

PRINCÍPIO DA IGUALDADE

PRINCÍPIO DO CONTRADITÓRIO E AMPLA DEFESA

PRINCÍPIO DO DEVIDO PROCESSO LEGAL

PROCESSO

PROCESSO ELEITORAL

PROCESSO LEGISLATIVO

PROCURADOR-GERAL DA FAZENDA NACIONAL

PROCURADOR-GERAL DA REPÚBLICA

SUPERIOR TRIBUNAL MILITAR

SUPREMO TRIBUNAL FEDERAL

USINA NUCLEAR

USUCAPIÃO

V

VARAS JUDICIÁRIAS

VEREADOR

ÍNDICE SISTEMÁTICO DA CONSTITUIÇÃO FEDERAL

ÍNDICE CRONOLÓGICO DAS EMENDAS CONSTITUCIONAIS

▸ As Emendas Constitucionais que não foram publicadas nesta edição são meramente alteradoras e as respectivas modificações estão processadas no texto da Constituição Federal e do ADCT.

Emendas Constitucionais

CONSTITUIÇÃO DA REPÚBLICA FEDERATIVA DO BRASIL

Promulgada em 05 de outubro de 1988

- DOU 191-A, de 05.10.1988.

PREÂMBULO

Nós, representantes do povo brasileiro, reunidos em Assembleia Nacional Constituinte para instituir um Estado Democrático, destinado a assegurar o exercício dos direitos sociais e individuais, a liberdade, a segurança, o bem-estar, o desenvolvimento, a igualdade e a justiça como valores supremos de uma sociedade fraterna, pluralista e sem preconceitos, fundada na harmonia social e comprometida, na ordem interna e internacional, com a solução pacífica das controvérsias, promulgamos, sob a proteção de Deus, a seguinte CONSTITUIÇÃO DA REPÚBLICA FEDERATIVA DO BRASIL.

TÍTULO I
DOS PRINCÍPIOS FUNDAMENTAIS

Art. 1º A República Federativa do Brasil, formada pela união indissolúvel dos Estados e Municípios e do Distrito Federal, constitui-se em Estado Democrático de Direito e tem como fundamentos:

- arts. 18, *caput*; e 60, § 4º, I e II, desta CF.

I - a soberania;

- arts. 20, VI; 21, I e III; 84, VII, VIII, XIX e XX, desta CF.
- arts. 36, 237, I a III, 260, 263, NCPC.
- arts. 780 a 790, CPP.
- arts. 215 a 229, RISTF.

II - a cidadania;

- arts. 5º, XXXIV, LIV, LXXI, LXXIII e LXXVII; e 60, § 4º, desta CF.
- Lei 9.265/1996 (Estabelece a gratuidade dos atos necessários ao exercício da cidadania).
- Lei 10.835/2004 (Institui a renda básica da cidadania).

III - a dignidade da pessoa humana;

- arts. 5º, XLII, XLIII, XLVIII a L; 34, VII, b; 226, § 7º, 227; e 230 desta CF.
- art. 8º, III, da Lei 11.340/2006 (Lei Maria da Penha).
- Dec. 10.088/2019 (Consolida atos normativos editados pelo Poder Executivo Federal que dispõem sobre a promulgação de convenções e recomendações da Organização Internacional do Trabalho - OIT ratificadas pelo Brasil).
- Súm. Vinc. 6; 11; 14; e 56, STF.

IV - os valores sociais do trabalho e da livre-iniciativa;

- arts. 6º a 11; e 170, desta CF.
- Lei 12.529/2011 (Lei Antitruste).
- Lei 13.874/2019 (Lei da Liberdade Econômica).

V - o pluralismo político.

- art. 17 desta CF.
- Lei 9.096/1995 (Lei dos Partidos Políticos).

Parágrafo único. Todo o poder emana do povo, que o exerce por meio de representantes eleitos ou diretamente, nos termos desta Constituição.

- arts. 14; 27, § 4º; 29, XIII; 60, § 4º, II; e 61, § 2º, desta CF.
- art. 1º, Lei 9.709/1998 (Regulamenta a execução do disposto nos incisos I a III do art. 14 desta CF).

Art. 2º São Poderes da União, independentes e harmônicos entre si, o Legislativo, o Executivo e o Judiciário.

- art. 60, § 4º, III, desta CF.
- Súm. Vinc. 37, STF.
- Súm. 649, STF.

Art. 3º Constituem objetivos fundamentais da República Federativa do Brasil:

I - construir uma sociedade livre, justa e solidária;

- art. 29, 1, d, Dec. 99.710/1990 (Promulga a Convenção Sobre os Direitos das Crianças).
- art. 10, 1, Dec. 591/1992 (Promulga o Pacto Internacional Sobre Direitos Econômicos, Sociais e Culturais).

II - garantir o desenvolvimento nacional;

- arts. 23, p.u., e 174, § 1º, desta CF.

III - erradicar a pobreza e a marginalização e reduzir as desigualdades sociais e regionais;

- arts. 23, X; e 214 desta CF.
- arts. 79 a 81, ADCT.
- EC 31/2000 (Fundo de Combate e Erradicação da Pobreza).
- LC 111/2001 (Dispõe sobre o Fundo de Combate e Erradicação da Pobreza).

IV - promover o bem de todos, sem preconceitos de origem, raça, sexo, cor, idade e quaisquer outras formas de discriminação.

- art. 4º, VIII, desta CF.
- Lei 7.716/1989 (Lei do Racismo).
- Lei 11.340/2006 (Lei Maria da Penha).
- Lei 12.288/2010 (Estatuto da Igualdade Racial).
- Dec. 10.088/2019 (Consolida atos normativos editados pelo Poder Executivo Federal que dispõem sobre a promulgação de convenções e recomendações da Organização Internacional do Trabalho – OIT ratificadas pelo Brasil).
- Dec. 3.956/2001 (Promulga a Convenção Interamericana para Eliminação de Todas as Formas de Discriminação Contra Pessoas Portadoras de Deficiência).
- Dec. 4.377/2002 (Promulga a Convenção sobre a Eliminação de Todas as Formas de Discriminação Contra a Mulher).
- Dec. 4.886/2003 (Dispõe sobre a Política Nacional de Promoção da Igualdade Racial - PNPIR).
- Dec. 11.471/2023 (Institui o Conselho Nacional dos Direitos das Pessoas Lésbicas, Gays, Bissexuais, Travestis, Transexuais, Queers, Intersexos, Assexuais e Outras).
- ADPF 132 e ADIn 4.277 (Reconhecimento da legalidade jurídica da união civil entre pessoas do mesmo sexo, DOU, 13.05.2011).

» *Vide* Decreto n. 6.872, de 4-6-2009, aprova o Plano Nacional de Promoção de Igualdade Racial.

Art. 4º A República Federativa do Brasil rege-se nas suas relações internacionais pelos seguintes princípios:

- arts. 21, I; e 84, VII e VIII, desta CF.

I - independência nacional;

- arts. 78, *caput*; e 91, § 1º, III e IV, desta CF.
- Lei 8.183/1991 (Dispõe sobre a organização e o funcionamento do Conselho de Defesa Nacional) e Dec. 893/1993 (Regulamento).

II - prevalência dos direitos humanos;

- Dec. 678/1992 (Promulga a Convenção Americana sobre Direitos Humanos - Pacto de São José da Costa Rica).
- Dec. 4.463/2002 (Dispõe sobre a declaração de reconhecimento da competência obrigatória da Corte Interamericana em todos os casos relativos à interpretação ou aplicação da Convenção Americana sobre Direitos Humanos).
- Lei 12.528/2011 (Comissão Nacional da Verdade).
- Dec. 8.767/2016 (Promulga a Convenção Internacional para a Proteção de Todas as Pessoas contra o Desaparecimento Forçado).

III - autodeterminação dos povos;

IV - não intervenção;

V - igualdade entre os Estados;

VI - defesa da paz;

VII - solução pacífica dos conflitos;

VIII - repúdio ao terrorismo e ao racismo;

- art. 5º, XLII e XLIII, desta CF.
- Lei 7.716/1989 (Lei do Racismo).
- Lei 8.072/1990 (Lei dos Crimes Hediondos).
- Dec. 5.639/2005 (Promulga a Convenção Interamericana contra o Terrorismo).

IX - cooperação entre os povos para o progresso da humanidade;

X - concessão de asilo político.

- Dec. 55.929/1965 (Promulga a Convenção sobre Asilo Territorial).
- Lei 9.474/1997 (Estatuto dos Refugiados, de 1951).
- arts. 27 a 29 da Lei 13.445/2017 (Lei de Migração).

Parágrafo único. A República Federativa do Brasil buscará a integração econômica, política, social e cultural dos povos da América Latina, visando à formação de uma comunidade latino-americana de nações.

- Dec. 350/1991 (Promulga o Tratado para a Constituição de um Mercado Comum - Mercosul).

TÍTULO II
DOS DIREITOS E GARANTIAS FUNDAMENTAIS

CAPÍTULO I
DOS DIREITOS E DEVERES INDIVIDUAIS E COLETIVOS

Art. 5º Todos são iguais perante a lei, sem distinção de qualquer natureza, garantindo-se aos brasileiros e aos estrangeiros residentes no país a inviolabilidade do direito à vida, à liberdade, à igualdade, à segurança e à propriedade, nos termos seguintes:

- arts. 5º, §§ 1º e 2º; 14, *caput*; 60, § 4º, IV, desta CF.
- Lei 5.709/1971 (Regula a aquisição de imóvel rural por estrangeiro residente no país ou pessoa jurídica estrangeira autorizada a funcionar no Brasil).
- Lei 12.288/2010 (Estatuto da Igualdade Racial).
- Lei 13.445/2017 (Lei de Migração).
- Súm. Vinc. 6; 11; 34; 37, STF.
- Súm. 683, STF.

I - homens e mulheres são iguais em direitos e obrigações, nos termos desta Constituição;

- arts. 143, § 2º; e 226, § 5º, desta CF.
- art. 372, CLT.
- Lei 9.029/1995 (Proíbe a exigência de atestado de gravidez e esterilização, e outras práticas discriminatórias, para efeitos admissionais ou de permanência da relação jurídica de trabalho).
- Lei 12.318/2010 (Lei da Alienação Parental).
- Dec. 678/1992 (Promulga a Convenção Americana sobre Direitos Humanos - Pacto de São José da Costa Rica).
- Dec. 4.377/2002 (Promulga a Convenção sobre a Eliminação de todas as Formas de Discriminação contra a Mulher, de 1979).
- Dec. Leg. 26/1994 (Convenção sobre a eliminação de todas as formas de discriminação contra a mulher).

II - ninguém será obrigado a fazer ou deixar de fazer alguma coisa senão em virtude de lei;

- arts. 14, § 1º; 143 desta CF.
- Súm. Vinc. 37 e 44, STF.
- Súm. 636 e 686, STF.

III - ninguém será submetido a tortura nem a tratamento desumano ou degradante;

- incs. XLIII; XLVII; XLIX; LXII; LXIII; LXV; e LXVI deste artigo.
- arts. 2º e 8º, Lei 8.072/1990 (Lei dos Crimes Hediondos).
- Lei 9.455/1997 (Lei dos Crimes de Tortura).
- Lei 12.847/2013 (Institui o Sistema Nacional de Prevenção e Combate à Tortura; cria o Comitê Nacional de Prevenção e Combate à Tortura e o Mecanismo Nacional de Prevenção e Combate à Tortura).
- Dec. 40/1991 (Ratifica a Convenção Contra a Tortura e Outros Tratamentos ou Penas Cruéis).
- art. 5º, Dec. 678/1992 (Promulga a Convenção Americana sobre Direitos Humanos - Pacto de São José da Costa Rica).
- Dec. 8.154/2013 (Regulamenta o funcionamento do Sistema Nacional de Prevenção e Combate à Tortura, a composição e o funcionamento do Comitê Nacional de Prevenção e Combate à Tortura e dispõe sobre o Mecanismo Nacional de Prevenção e Combate à Tortura).
- Súm. Vinc. 11, STF.
- Súm. 647, STJ.

IV - é livre a manifestação do pensamento, sendo vedado o anonimato;

- art. 220, § 1º, desta CF.
- art. 6º, XIV, e, LC 75/1993 (Lei Orgânica do Ministério Público da União).
- art. 1º, Lei 7.524/1986 (Dispõe sobre a manifestação, por militar inativo, de pensamento e opinião políticos e filosóficos).
- art. 2º, a, Lei 8.389/1991 (Institui o Conselho Nacional de Comunicação Social).

V - é assegurado o direito de resposta, proporcional ao agravo, além da indenização por dano material, moral ou à imagem;

- art. 220, § 1º, desta CF.
- art. 6º, Lei 8.159/1991 (Dispõe sobre a Política Nacional de Arquivos Públicos e Privados).
- Dec. 1.171/1994 (Aprova o código de ética profissional do servidor público civil do Poder Executivo Federal).
- Súm. 37; 227; 362; 387; 388; 403, STJ.

VI - é inviolável a liberdade de consciência e de crença, sendo assegurado o livre exercício dos cultos religiosos e garantida, na forma da lei, a proteção aos locais de culto e a suas liturgias;

- arts. 208 a 212, CP
- art. 24, Lei 7.210/1984 (Lei de Execuções Penais).
- arts. 16, III; 124, XIV, Lei 8.069/1990 (ECA).
- art. 39, Lei 8.313/1991 (Restabelece princípios da Lei 7.505/1986 e institui o Programa Nacional de Apoio a Cultura - PRONAC).
- arts. 23 a 26, Lei 12.288/2010 (Estatuto da Igualdade Racial).
- art. 12, 1, do Anexo, Dec. 678/1992 (Promulga a Convenção Americana sobre Direitos Humanos - Pacto de São José da Costa Rica).

VII - é assegurada, nos termos da lei, a prestação de assistência religiosa nas entidades civis e militares de internação coletiva;

- Lei 6.923/1981 (Dispõe sobre o serviço de assistência religiosa nas Forças Armadas).
- art. 24, Lei 7.210/1984 (Lei de Execuções Penais).
- art. 124, XIV, Lei 8.069/1990 (ECA).
- Lei 9.982/2000 (Dispõe sobre prestação de assistência religiosa nas entidades hospitalares públicas e privadas, bem como nos estabelecimentos prisionais civis e militares).

VIII - ninguém será privado de direitos por motivo de crença religiosa ou de convicção filosófica ou política, salvo se as invocar para eximir-se de obrigação legal a todos imposta e recusar-se a cumprir prestação alternativa, fixada em lei;

- arts. 15, IV; 143, §§ 1º e 2º, desta CF.
- Lei 7.210/1984 (Lei de Execuções Penais).
- Lei 8.239/1991 (Dispõe sobre a prestação de serviço alternativo ao serviço militar obrigatório).
- Dec.-Lei 1.002/1969 (Código de Processo Penal Militar - CPPM).

IX - é livre a expressão da atividade intelectual, artística, científica e de comunicação, independentemente de censura ou licença;

- art. 220, § 2º, desta CF.
- art. 5º, d, LC 75/1993 (Lei Orgânica do Ministério Público da União).
- art. 39, Lei 8.313/1991 (Restabelece princípios da Lei 7.505/1986 e institui o Programa Nacional de Apoio a Cultura - PRONAC).
- Lei 9.456/1997 (Institui a Lei de Proteção de Cultivares).
- Lei 9.609/1998 (Dispõe sobre a proteção da propriedade intelectual de programa de computador e sua comercialização no país).
- Lei 9.610/1998 (Lei de Direitos Autorais).

X - são invioláveis a intimidade, a vida privada, a honra e a imagem das pessoas, assegurado o direito a indenização pelo dano material ou moral decorrente de sua violação;

- art. 114, VI, CF.
- arts. 186 e 927, CC.
- arts. 4º e 6º, Lei 8.159/1991 (Dispõe sobre a Política Nacional de Arquivos Públicos e Privados).
- art. 101, § 1º, Lei 11.101/2005 (Lei de Recuperação de Empresas e Falências).
- art. 11, 2, Dec. 678/1992 (Promulga a Convenção Americana sobre Direitos Humanos - Pacto de São José da Costa Rica).
- Súm. Vinc. 11, STF.
- Súm. 714, STF.
- Súm. 227; 387; 388; 403; 420, STJ.
- *Vide* art. 6.º, III, da Lei n. 13.460, de 24-6-2017.
- *Vide* art. 52 do CC.

XI - a casa é asilo inviolável do indivíduo, ninguém nela podendo penetrar sem consentimento do morador, salvo em caso de flagrante delito ou desastre, ou para prestar socorro, ou, durante o dia, por determinação judicial;

- art. 150, §§ 1º a 5º, CP.
- arts. 212 a 217, NCPC.
- art. 266, §§ 1º a 5º, CPM.
- art. 301, CPP.
- art. 11, Dec. 678/1992 (Promulga a Convenção Americana sobre Direitos Humanos - Pacto de São José da Costa Rica).
- Arts. 157, 245 e 238 do CPP
- Art. 22 da Lei nº 13.869/19 (Lei de abuso de autoridade)

XII - é inviolável o sigilo da correspondência e das comunicações telegráficas, de dados e das comunicações telefônicas, salvo, no último caso, por ordem judicial, nas hipóteses e na forma que a lei estabelecer para fins de investigação criminal ou instrução processual penal;

- arts.136, § 1º, I, b e c; 139, III, desta CF.
- arts. 151 e 152, CP.
- art. 227, CPM.
- art. 233, CPP.
- art. 6º, XVIII, a, LC 75/1993 (Lei Orgânica do Ministério Público da União).
- arts. 55 a 57, Lei 4.117/1962 (Código Brasileiro de Telecomunicações).
- Lei 6.538/1978 (Dispõe sobre os Serviços Postais).
- art. 7º, II, Lei 8.906/1994 (Estatuto da Advocacia e a OAB).
- Lei 9.296/1996 (Lei das Interceptações Telefônicas).
- art. 11, Dec. 678/1992 (Promulga a Convenção Americana sobre Direitos Humanos - Pacto de São José da Costa Rica).
- Res. 59/2008, CNJ (Disciplina e uniformiza as rotinas visando ao aperfeiçoamento do procedimento de interceptação de comunicações telefônicas e de sistemas de informática e telemática nos órgãos jurisdicionais do Poder Judiciário).
- Art. 233 do CPP
- Art. 28 da Lei nº 13.869/19 (Lei de abuso de autoridade)

XIII - é livre o exercício de qualquer trabalho, ofício ou profissão, atendidas as qualificações profissionais que a lei estabelecer;

- arts. 170 e 220, § 1º, desta CF.
- art. 6º, Dec. 678/1992 (Promulga a Convenção Americana sobre Direitos Humanos - Pacto de São José da Costa Rica).

XIV - é assegurado a todos o acesso à informação e resguardado o sigilo da fonte, quando necessário ao exercício profissional;

- ADPF 130 (Não recepção pela CF/1988 da Lei de Imprensa – Lei nº 5.250/1967).
- art. 220, § 1º, desta CF.
- art. 154, CP.
- art. 8º, 2º, LC 75/1993 (Lei Orgânica do Ministério Público da União).
- art. 6º, Lei 8.394/1991 (Dispõe sobre a preservação, organização e proteção dos acervos documentais privados dos Presidentes da República).

XV - é livre a locomoção no território nacional em tempo de paz, podendo qualquer pessoa, nos termos da lei, nele entrar, permanecer ou dele sair com seus bens;

- arts. 109, X; 139, desta CF.
- art. 2º, III, Lei 7.685/1988 (Dispõe sobre o registro provisório para o estrangeiro em situação ilegal em território nacional).
- art. 22, Dec. 678/1992 (Promulga a Convenção Americana sobre Direitos Humanos - Pacto de São José da Costa Rica).

XVI - todos podem reunir-se pacificamente, sem armas, em locais abertos ao público, independentemente de autorização, desde que não frustrem outra reunião anteriormente convocada para o mesmo local, sendo apenas exigido prévio aviso à autoridade competente;

- arts. 109, X; 136, § 1º, I, a; 139, IV; desta CF.
- art. 2º, III, Lei 7.685/1988 (Dispõe sobre o registro provisório para o estrangeiro em situação ilegal em território nacional).
- art. 21, Dec. 592/1992 (Promulga o Pacto Internacional sobre Direitos Civis e Políticos).
- art. 15, Anexo, Dec. 678/1992 (Promulga a Convenção Americana sobre Direitos Humanos - Pacto de São José da Costa Rica).

XVII - é plena a liberdade de associação para fins lícitos, vedada a de caráter paramilitar;

- arts. 8º; 17, § 4º; e 37, VI, desta CF.
- art. 199, CP.
- art. 117, VII, Lei 8.112/1990 (Estatuto dos Servidores Públicos Civis da União, Autarquias e Fundações Públicas Federais).

XVIII - a criação de associações e, na forma da lei, a de cooperativas independem de autorização, sendo vedada a interferência estatal em seu funcionamento;

- arts. 8º, I; e 37, VI, desta CF.
- Lei 5.764/1971 (Define a Política Nacional de Cooperativismo e institui o regime jurídico das sociedades cooperativas).
- Lei 9.867/1999 (Dispõe sobre a criação e o funcionamento de Cooperativas Sociais, visando à integração social dos cidadãos).

XIX - as associações só poderão ser compulsoriamente dissolvidas ou ter suas atividades suspensas por decisão judicial, exigindo-se, no primeiro caso, o trânsito em julgado;

XX - ninguém poderá ser compelido a associar-se ou a permanecer associado;

- art. 4º, II, a, do CDC.
- art. 117, VII, Lei 8.112/1990 (Estatuto dos Servidores Públicos Civis da União, Autarquias e Fundações Públicas Federais).
- art. 16, Dec. 678/1992 (Promulga a Convenção Americana sobre Direitos Humanos - Pacto de São José da Costa Rica).

XXI - as entidades associativas, quando expressamente autorizadas, têm legitimidade para representar seus filiados judicial ou extrajudicialmente;

- art. 82, IV, CDC.
- art. 5º, Lei 7.347/1985 (Lei da Ação Civil Pública).
- arts. 3º e 5º, I e III, Lei 7.853/1989 (Lei de Apoio às Pessoas Portadoras de Deficiência, regulamentada pelo Dec. 3.298/1999).
- art. 210, III, Lei 8.069/1990 (ECA).
- Súm. 629, STF.

XXII - é garantido o direito de propriedade;

- art. 243 desta CF.
- arts. 1.228 a 1.368, CC/2002.
- Lei 4.504/1964 (Estatuto da Terra).
- art. 2º, I, Lei 8.171/1991 (Política agrícola).
- arts. 1º; 4º; 15, Lei 8.257/1991 (Dispõe sobre a expropriação das glebas nas quais se localizem culturas ilegais de plantas psicotrópicas).

XXIII - a propriedade atenderá a sua função social;

- arts. 156, § 1º; 170, III; 182, § 2º; e 186 desta CF.
- art. 5º, LINDB.
- arts. 2º; 12; 18, a; 47, I, Lei 4.504/1964 (Estatuto da Terra).
- art. 2º, I, Lei 8.171/1991 (Lei da Política Agrícola).
- arts. 2º, § 1º; 5º, § 2º, Lei 8.629/1993 (Regulamenta dispositivos constitucionais relativos à reforma agrária).
- arts. 27 a 37, Lei 12.288/2010 (Estatuto da Igualdade Racial).
- Lei 12.529/2011 (Lei Antitruste).

XXIV - a lei estabelecerá o procedimento para desapropriação por necessidade ou utilidade pública, ou por interesse social, mediante justa e prévia indenização em dinheiro, ressalvados os casos previstos nesta Constituição;

- arts. 22, II, 182, § 2º, 184; 185, I e II, desta CF.
- art. 1.275, V, CC/2002.
- arts. 1º a 4º; 18, LC 76/1993 (Procedimento contraditório especial para o processo de desapropriação de imóvel rural por interesse social).
- Lei 4.132/1962 (Define os casos de desapropriação por interesse social).
- Lei 4.504/1964 (Estatuto da Terra).
- arts. 2º, § 1º; 5º, § 2º; e 7º, IV, Lei 8.629/1993 (Regulamenta dispositivos constitucionais relativos à reforma agrária).
- art. 10, Lei 9.074/1995 (Estabelece normas para outorga e prorrogações das concessões e permissões de serviços públicos).
- Dec.-Lei 3.365/1941 (Lei das Desapropriações).
- Dec.-Lei 1.075/1970 (Lei da imissão de posse, *initio litis*, em imóveis residenciais urbanos).
- Súm. 23; 157; 164; 378; 416; 561; 652, STF.
- Súm. 69; 70; 113; 114; 131; 141; 354, STJ.
- » *Vide* arts. 182, 184 e 243 da CF.
- » *Vide* arts. 184 e 243 da CF.
- » *Vide* Lei n. 8.171, de 17-1-1991 (Política Agrícola).
- » *Vide* Lei n. 8.257, de 26-11-1991 (expropriação das glebas nas quais se localizem culturas ilegais de plantas psicotrópicas).
- » *Vide* Lei n. 8.629, de 25-2-1993 (regulamentação dos dispositivos constitucionais relativos à reforma agrária).

XXV - no caso de iminente perigo público, a autoridade competente poderá usar de propriedade particular, assegurada ao proprietário indenização ulterior, se houver dano;

- Súm. 637, STJ.
- » *Vide* art. 15, XIII, da Lei n. 8.080, de 19-9-1990.

XXVI - a pequena propriedade rural, assim definida em lei, desde que trabalhada pela família, não será objeto de penhora para pagamento de débitos decorrentes de sua atividade produtiva, dispondo a lei sobre os meios de financiar o seu desenvolvimento;

- art. 185 desta CF.
- arts. 4º, I, LC 76/1993 (Procedimento contraditório especial para o processo de desapropriação de imóvel rural por interesse social).
- Lei 4.504/1964 (Estatuto da Terra).
- art. 4º, § 2º, Lei 8.009/1990 (Lei da Impenhorabilidade do Bem de Família).
- art. 4º, II, e § 1º, Lei 8.629/1993 (Regulamenta dispositivos constitucionais relativos à reforma agrária).
- Súm. 364, STJ.

XXVII - aos autores pertence o direito exclusivo de utilização, publicação ou reprodução de suas obras, transmissível aos herdeiros pelo tempo que a lei fixar;

- art. 184, CP.
- art. 30, Lei 8.977/1995 (Dispõe sobre o serviço de TV a cabo, regulamentado pelo Dec. n. 2.206/1997).
- Lei 9.456/1997 (Institui a Lei de Proteção de Cultivares).
- Lei 9.609/1998 (Dispõe sobre a proteção da propriedade intelectual de programa de computador e sua comercialização no país).
- Lei 9.610/1998 (Lei de Direitos autorais).

XXVIII - são assegurados, nos termos da lei:

a) a proteção às participações individuais em obras coletivas e à reprodução da imagem e voz humanas, inclusive nas atividades desportivas;

- Lei 6.533/1978 (Dispõe sobre a regulamentação das profissões de artista e técnico em espetáculos de diversões).
- Lei 9.610/1998 (Lei de Direitos Autorais).

b) o direito de fiscalização do aproveitamento econômico das obras que criarem ou de que participarem aos criadores, aos intérpretes e às respectivas representações sindicais e associativas;

XXIX - a lei assegurará aos autores de inventos industriais privilégio temporário para sua utilização, bem como proteção às criações industriais, à propriedade das marcas, aos nomes de empresas e a outros signos distintivos, tendo em vista o interesse social e o desenvolvimento tecnológico e econômico do país;

- art. 4º, IV, CDC.
- Lei 9.279/1996 (Propriedade intelectual) e Dec. 2.553/1998 (Regulamento).
- art. 48, IV, Lei 11.101/2005 (Lei de Recuperação de Empresas e Falência).

XXX - é garantido o direito de herança;

- art. 1.784 e ss., CC/2002
- art. 743, § 2º, NCPC.
- Lei 8.971/1994 (Regula os direitos dos companheiros a alimentos e à sucessão).
- Lei 9.278/1996 (Lei da União Estável).

XXXI - a sucessão de bens de estrangeiros situados no país será regulada pela lei brasileira em benefício do cônjuge ou dos filhos brasileiros, sempre que não lhes seja mais favorável a lei pessoal do *de cujus*;

- art. 10, §§ 1º e 2º, LINDB.

XXXII - o Estado promoverá, na forma da lei, a defesa do consumidor;

- art. 48, ADCT.
- Lei 8.078/1990 (CDC).
- art. 4º, Lei 8.137/1990 (Lei dos Crimes contra a ordem tributária, econômica e contra as relações de consumo).
- Lei 8.178/1991 (Estabelece regras sobre preços e salários).
- Lei 12.529/2011 (Lei Antitruste).

XXXIII - todos têm direito a receber dos órgãos públicos informações de seu interesse particular, ou de interesse coletivo ou geral, que serão prestadas no prazo da lei, sob pena de responsabilidade, ressalvadas aquelas cujo sigilo seja imprescindível à segurança da sociedade e do Estado;

- arts. 5º, LXXII; 37, § 3º, II, desta CF.
- Lei 12.527/2011 (Regula o acesso a informações previsto neste inciso) e Dec. 7.724/2012 (regulamento).
- Dec. 7.845/2012 (Regulamenta procedimentos para credenciamento de segurança e tratamento de informação classificada em qualquer grau de sigilo, e dispõe sobre o Núcleo de Segurança e Credenciamento).
- Súm. Vinc. 14, STF.
- Súm. 202, STJ.

XXXIV - são a todos assegurados, independentemente do pagamento de taxas:

a) o direito de petição aos Poderes Públicos em defesa de direitos ou contra ilegalidade ou abuso de poder;

- ADPF 156 e ADIn 1.976 (Ilegalidade da exigência de depósito prévio para admissibilidade de recurso administrativo).
- Súm. Vinc. 21, STF.
- Súm. 373, STJ.
- Súm. 424, TST.

b) a obtenção de certidões em repartições públicas, para defesa de direitos e esclarecimento de situações de interesse pessoal;

- art. 6º, LINDB.
- Lei 9.051/1995 (Dispõe sobre a expedição de certidões para a defesa de direitos e esclarecimento de situações).
- art. 40, Lei 11.101/2005 (Lei de Recuperação de Empresas e Falências).

XXXV - a lei não excluirá da apreciação do Poder Judiciário lesão ou ameaça a direito;

- Lei 9.307/1996 (Lei da Arbitragem).
- Súm. Vinc. 28, STF.
- » *Vide* Súmula 473 do STF.

XXXVI - a lei não prejudicará o direito adquirido, o ato jurídico perfeito e a coisa julgada;

- art. 6º, *caput*, LINDB.
- Súm. Vinc. 1, 9 e 35, STF.
- Súm. 654;667; 678; 684, STF.
- OJ SDI-1 391, TST.

XXXVII - não haverá juízo ou tribunal de exceção;

XXXVIII - é reconhecida a instituição do júri, com a organização que lhe der a lei, assegurados:

- arts. 74, § 1º e 406 e ss., CPP.
- arts. 18 e 19, Lei 11.697/2008 (Lei da Organização Judiciária do Distrito Federal e dos Territórios).
- Súm. Vinc. 45, STF.
- » Art. 74, §1º do CPP
- » Súmula Vinculante n. 45 do STF

a) a plenitude de defesa;

- Súm. 156 e 162, STF.

b) o sigilo das votações;

c) a soberania dos veredictos;

d) a competência para o julgamento dos crimes dolosos contra a vida;

- arts. 74, § 1º; e 406 e ss., CPP.
- Súm. 603, 713 e 721, STF.

XXXIX - não há crime sem lei anterior que o defina, nem pena sem prévia cominação legal;

- art. 1º, CP.
- art. 1º, CPM.

XL - a lei penal não retroagirá, salvo para beneficiar o réu;

- art. 2º, p.u., CP.
- art. 2º, § 1º, CPM.
- art. 66, Lei 7.210/1984 (Lei de Execuções Penais).
- Súm. Vinc. 3; 5; 14; 21; 24; 28, STF.
- Súm. 611 e 711, STF.
- » Súmulas n. 611 e 711 do STF

XLI - a lei punirá qualquer discriminação atentatória dos direitos e liberdades fundamentais;

- Lei 7.716/1989 (Lei do Racismo).
- Lei 9.029/1995 (Proíbe exigência de atestados de gravidez e esterilização e outras práticas discriminatórias).
- Lei 12.288/2010 (Estatuto da Igualdade Racial)
- Dec. 3.956/2001 (Promulga a Convenção Interamericana para eliminação de todas as Formas de Discriminação contra as Pessoas Portadoras de Deficiência).
- Dec. 4.377/2002 (Promulga a Convenção Sobre a Eliminação de Todas as Formas de Discriminação Contra a Mulher).
- Dec. 4.886/2003 (Institui a Política Nacional de Promoção da Igualdade Racial - PNPIR).
- Dec. 11.471/2023 (Institui o Conselho Nacional dos Direitos das Pessoas Lésbicas, Gays, Bissexuais, Travestis, Transexuais, Queers, Intersexos, Assexuais e Outras).

XLII - a prática do racismo constitui crime inafiançável e imprescritível, sujeito à pena de reclusão, nos termos da lei;

- art. 323, I, CPP.
- Lei 7.716/1989 (Lei do Racismo).
- Lei 10.678/2003 (Cria a Secretaria Especial de Políticas de Promoção da Igualdade Racial, da Presidência da República).
- Lei 12.288/2010 (Estatuto da Igualdade Racial).
- » Art. 323 do CPP

XLIII - a lei considerará crimes inafiançáveis e insuscetíveis de graça ou anistia a prática da tortura, o tráfico ilícito de entorpecentes e drogas afins, o terrorismo e os definidos como crimes hediondos, por eles respondendo os mandantes, os executores e os que, podendo evitá-los, se omitirem;

- Lei 8.072/1990 (Lei dos Crimes Hediondos).
- Lei 9.455/1997 (Lei dos Crimes de Tortura).
- Lei 11.343/2006 (Lei Antidrogas).
- Lei 12.847/2013 (Institui o Sistema Nacional de Prevenção e Combate à Tortura; cria o Comitê Nacional de Prevenção e Combate à Tortura e o Mecanismo Nacional de Prevenção e Combate à Tortura).
- Lei 12.850/2013 (Crime organizado).
- Lei 13.260/2016 (Lei Antiterrorismo).
- Dec. 5.639/2005 (Promulga a Convenção Interamericana contra o Terrorismo).
- » Art. 5º, XLII e XLIV e ART. 53, §2º da CF
- » Art. 323 do CPP

XLIV - constitui crime inafiançável e imprescritível a ação de grupos armados, civis ou militares, contra a ordem constitucional e o Estado Democrático;

- Lei 12.850/2013 (Crime organizado).
- Dec. 5.015/2004 (Convenção das Nações Unidas contra o Crime Organizado Transnacional).
- » Art. 5º, XLII e XLIV, e 53, §2º da CF
- » Art. 323 do CPP

XLV - nenhuma pena passará da pessoa do condenado, podendo a obrigação de reparar o dano e a decretação do perdimento de bens ser, nos termos da lei, estendidas aos sucessores e contra eles executadas, até o limite do valor do patrimônio transferido;

- arts. 932 e 965, CC/2002.
- arts. 32 a 59, CP.
- art. 5º, 3, Dec. 678/1992 (Promulga a Convenção Americana sobre Direitos Humanos - Pacto de São José da Costa Rica).
- » Art. 91, I do CP

XLVI - a lei regulará a individualização da pena e adotará, entre outras, as seguintes:

- arts. 32 a 59, CP.
- Súm. Vinc. 26 e 56, STF.
- » *Vide* Súmula Vinculante 56 do STF.

a) privação ou restrição da liberdade;

- arts. 33 a 42, CP.

b) perda de bens;

- art. 43, II, CP.

c) multa;

- art. 49, CP.

d) prestação social alternativa;

- arts. 44 e 46, CP.

e) suspensão ou interdição de direitos.

- arts. 32 e ss. e 47, CP.

XLVII - não haverá penas:

- art. 60, § 4º, IV, desta CF.
- arts. 32 a 52, CP.
- Súm. Vinc. 26, STF.

a) de morte, salvo em caso de guerra declarada, nos termos do art. 84, XIX;

- art. 60, § 4º, IV, desta CF.
- arts. 55 a 57, CPM.
- arts. 707 e 708, CPPM.
- art. 4º, 2 a 6, Dec. 678/1992 (Promulga a Convenção Americana sobre Direitos Humanos - Pacto de São José da Costa Rica).

b) de caráter perpétuo;

- Súm. 527, STJ.

c) de trabalhos forçados;

- art. 6º, 2, Dec. 678/1992 (Promulga a Convenção Americana sobre Direitos Humanos - Pacto de São José da Costa Rica).

d) de banimento;

e) cruéis.

- art. 7º, § 7º, Dec. 678/1992 (Promulga a Convenção Americana sobre Direitos Humanos - Pacto de São José da Costa Rica).
- Súm. 280; 309; 419, STJ.

XLVIII - a pena será cumprida em estabelecimentos distintos, de acordo com a natureza do delito, a idade e o sexo do apenado;

- arts. 32 a 52, CP.
- arts. 5º a 9º-A; 82 a 104, Lei 7.210/1984 (Lei de Execuções Penais).
- » Art. 21 da Lei nº 13.869/19 (Lei de abuso de autoridade)

XLIX - é assegurado aos presos o respeito à integridade física e moral;

- art. 5º, III, desta CF.
- art. 38, CP.
- art. 40, Lei 7.210/1984 (Lei de Execuções Penais).
- Lei 8.653/1993 (Dispõe sobre o transporte de presos).
- Súm. Vinc. 11, STF.
- Res. CONTRAN 626/2016 (Estabelece os requisitos de segurança para veículos de transporte de presos).
- » Art. 5º, III da CF
- » Art. 13 da Lei nº 13.869/19 (Lei de abuso de autoridade)

L - às presidiárias serão asseguradas condições para que possam permanecer com seus filhos durante o período de amamentação;

- art. 89, Lei 7.210/1984 (Lei de Execuções Penais).
- » Art. 14, 83 da Lei 7.210/1984

LI - nenhum brasileiro será extraditado, salvo o naturalizado, em caso de crime comum, praticado antes da naturalização, ou de comprovado envolvimento em tráfico ilícito de entorpecentes e drogas afins, na forma da lei;

- art. 12, II, desta CF.
- Lei 13.445/2017 (Lei de Migração).
- Dec. 4.388/2002 (Estatuto de Roma do Tribunal Penal Internacional).
- Lei 11.343/2006 (Lei Antidrogas).
- Súm. 421, STF.

LII - não será concedida extradição de estrangeiro por crime político ou de opinião;

- Lei 13.445/2017 (Institui a Lei de Migração).

LIII - ninguém será processado nem sentenciado senão pela autoridade competente;

- Súm. 704, STF.
- » Art. 69 e seguintes do CPP

LIV - ninguém será privado da liberdade ou de seus bens sem o devido processo legal;

- Súm. Vinc. 3; 14; 35, STF.
- Súm. 704, STF.
- Súm. 347, STJ.
- » *Vide* art. 564, IV, do CPP.

LV - aos litigantes, em processo judicial ou administrativo, e aos acusados em geral, são assegurados o contraditório e ampla defesa, com os meios e recursos a ela inerentes;

- Lei 8.112/1990 (Regime Jurídico dos Servidores Públicos Civis da União).
- Lei 9.784/1999 (Lei do Processo Administrativo Federal).
- Súm. Vinc. 3; 5; 14; 21; 28, STF.
- Súm. 701; 704; 705; e 712, STF.
- Súm. 347; 358; e 373, STJ.
- » *Vide* art. 16 do CPC/15.
- » *Vide* art. 564, IV, do CPP.
- » *Vide* art. 8.º do Decreto n. 678, de 6-11-1992.
- » *Vide* Súmula 522 do STJ.
- » Art. 261, 396-A, §2º e 564, III, *c*, *e*, *g* e *o*, IV do CPP
- » Súmulas n. 523, 701, 704, 705, 707, 708 e 712 do STF
- » Súmulas n. 126 e 347 do STJ

LVI - são inadmissíveis, no processo, as provas obtidas por meios ilícitos;

- art. 369, NCPC.
- arts. 155 e ss., CPP.
- Lei 9.296/1996 (Lei das Interceptações Telefônicas).
- » Art. 25 da Lei nº 13.869/19 (Lei de abuso de autoridade)

LVII - ninguém será considerado culpado até o trânsito em julgado de sentença penal condenatória;

- Súm. 643, STJ.
- » *Vide* art. 8.º do Decreto n. 678, de 6-11-1992.

LVIII - o civilmente identificado não será submetido a identificação criminal, salvo nas hipóteses previstas em lei;

- art. 6º, VIII, CPP.
- Lei 12.037/2009 (Identificação criminal).

LIX - será admitida ação privada nos crimes de ação pública, se esta não for intentada no prazo legal;

- art. 100, § 3º, CP.
- art. 29, CPP.
- » Art. 3º e 38 da Lei nº 13.869/19 (Lei de abuso de autoridade)

LX - a lei só poderá restringir a publicidade dos atos processuais quando a defesa da intimidade ou o interesse social o exigirem;

- art. 93, IX, desta CF.
- arts. 189 e 368, NCPC.
- art. 20, CPP.
- Súm. 708, STF.

- Súm. 427, TST.
- Lei n. 9.800 de 26-5-1999, que permite às partes a utilização de sistema de transmissão de dados para a prática de atos processuais

LXI - ninguém será preso senão em flagrante delito ou por ordem escrita e fundamentada de autoridade judiciária competente, salvo nos casos de transgressão militar ou crime propriamente militar, definidos em lei;

- art. 93, IX, desta CF.
- art. 302, CPP.
- art. 244, CPPM.
- Súm. 280, STJ.

LXII - a prisão de qualquer pessoa e o local onde se encontre serão comunicados imediatamente ao juiz competente e à família do preso ou à pessoa por ele indicada;

- art. 136, § 3º, IV, desta CF.
- Art. 306 do CPP
- Art. 12, 13, III, 15, parágrafo único, I da Lei nº 13.869/19 (Lei de abuso de autoridade)
- Art. 7º, 6 do Dec. Nº 678 (Pacto São José da Costa Rica)

LXIII - o preso será informado de seus direitos, entre os quais o de permanecer calado, sendo-lhe assegurada a assistência da família e de advogado;

- art. 289-A, § 4º, CPP.
- Art. 6º, V, 186, 289-A, §4º, 304 e 306 do CPP
- Art. 7º, XXI da Lei nº 8.906/94 (Estatuto da Advocacia e da OAB)
- Art. 12 da Lei nº 13.869/19 (Lei de abuso de autoridade)
- Art. 8º, 2, do Dec. Nº 678 (Pacto São José da Costa Rica)
- Súmula Vinculante nº 14 do STF

LXIV - o preso tem direito à identificação dos responsáveis por sua prisão ou por seu interrogatório policial;

- art. 306, § 2º, CPP.
- Arts. 186 e 306, §2º do CPP
- Art. 16, parágrafo único da Lei nº 13.869/19 (Lei de abuso de autoridade)

LXV - a prisão ilegal será imediatamente relaxada pela autoridade judiciária;

- art. 310, I, CPP.
- art. 224, CPPM.
- Art. 310, I do CPP
- Art. 9º, parágrafo único, I da Lei nº 13.869/19 (Lei de abuso de autoridade)
- Art. 7º, 6 do Dec. Nº 678 (Pacto São José da Costa Rica)
- Súmula Vinculante nº 11 do STF
- Súmula 145 do STF

LXVI - ninguém será levado à prisão ou nela mantido quando a lei admitir a liberdade provisória, com ou sem fiança;

- art. 310, III, CPP.
- arts. 270 e 271, CPPM.
- Art. 310, III e parágrafo único do CPP

LXVII - não haverá prisão civil por dívida, salvo a do responsável pelo inadimplemento voluntário e inescusável de obrigação alimentícia e a do depositário infiel;

- art. 652, CC/2002.
- arts. 528 e 911, NCPC.
- arts. 466 a 480, CPPM.
- arts. 19 e 22, Lei 5.478/1968 (Lei da Ação de Alimentos).
- Lei 8.866/1994 (Depositário infiel).
- Dec.-Lei 911/1969 (Alienação fiduciária).
- art. 7º, 7, Dec. 678/1992 (Promulga a Convenção Americana sobre Direitos Humanos - Pacto de São José da Costa Rica).
- Súm. Vinc. 25, STF.
- Súm. 280; 309; 419, STJ.

LXVIII - conceder-se-á *habeas corpus* sempre que alguém sofrer ou se achar ameaçado de sofrer violência ou coação em sua liberdade de locomoção, por ilegalidade ou abuso de poder;

- art. 142, § 2º, desta CF.
- arts. 647 a 667, CPP.
- arts. 466 a 480, CPPM.
- art. 5º, Lei 9.289/1996 (Regimento de Custas da Justiça Federal).
- Súm. 693 a 695, STF.
- OJ SDI-II 156, TST.
- Art. 9º, parágrafo único, III da Lei nº 13.869/19 (Lei de abuso de autoridade)

LXIX - conceder-se-á mandado de segurança para proteger direito líquido e certo, não amparado por *habeas corpus* ou *habeas data*, quando o responsável pela ilegalidade ou abuso de poder for autoridade pública ou agente de pessoa jurídica no exercício de atribuições do Poder Público;

- Lei 9.507/1997 (Lei do *Habeas data*).
- Lei 12.016/2009 (Lei do Mandado de Segurança individual e coletivo).
- Súm. 266; 268; 271; 510; 512; 625; 632, STF.
- Súm. 33; 414 a 418, TST.

LXX - o mandado de segurança coletivo pode ser impetrado por:

- art. 2º, Lei 8.437/1992 (Dispõe sobre a concessão de medidas cautelares contra atos do Poder Público).
- arts. 21 e 22, Lei 12.016/2009 (Lei do Mandado de Segurança individual e coletivo).
- Súm. 630, STF.

a) partido político com representação no Congresso Nacional;

b) organização sindical, entidade de classe ou associação legalmente constituída e em funcionamento há pelo menos um ano, em defesa dos interesses de seus membros ou associados;

- art. 5º, Lei 7.347/1985 (Lei da Ação Civil Pública).
- Súm. 629 e 630, STF.
- *Vide* Súmula 630 do STF.

LXXI - conceder-se-á mandado de injunção sempre que a falta de norma regulamentadora torne inviável o exercício dos direitos e liberdades constitucionais e das prerrogativas inerentes à nacionalidade, à soberania e à cidadania;

- Lei 9.265/1996 (Estabelece a gratuidade dos atos necessários ao exercício da cidadania).
- Lei 13.300/2016 (Mandados de injunção individual e coletivo).
- *Vide* art. 24, parágrafo único, da Lei n. 8.038, de 28-5-1990.

LXXII - conceder-se-á *habeas data*:

- art. 5º, Lei 9.289/1996 (Regimento de Custas da Justiça Federal).
- Lei 9.507/1997 (Lei do *Habeas data*).
- Súm. 368, STJ.
- *Vide* Súmula 2 do STJ.

a) para assegurar o conhecimento de informações relativas à pessoa do impetrante, constantes de registros ou bancos de dados de entidades governamentais ou de caráter público;

- Súm. 2, STJ.

b) para a retificação de dados, quando não se prefira fazê-lo por processo sigiloso, judicial ou administrativo.

- Súm. 368, STJ.

LXXIII - qualquer cidadão é parte legítima para propor ação popular que vise a anular ato lesivo ao patrimônio público ou de entidade de que o Estado participe, à moralidade administrativa, ao meio ambiente e ao patrimônio histórico e cultural, ficando o autor, salvo comprovada má-fé, isento de custas judiciais e do ônus da sucumbência;

- Lei 4.717/1965 (Lei da Ação Popular).
- Lei 6.938/1981 (Dispõe sobre a Política Nacional do Meio Ambiente).
- Súm. 365, STF.
- *Vide* Súmula 365 do STF.
- *Vide* art. 5.º da Lei n. 4.717, de 29-6-1965.

LXXIV - o Estado prestará assistência jurídica integral e gratuita aos que comprovarem insuficiência de recursos;

- art. 134 desta CF.
- Lei 1.060/1950 (Lei da Assistência judiciária).
- LC 80/1994 (Lei da Defensoria Pública).
- Súm. 102, STJ.

LXXV - o Estado indenizará o condenado por erro judiciário, assim como o que ficar preso além do tempo fixado na sentença;

- Art. 630 do CPP

LXXVI - são gratuitos para os reconhecidamente pobres, na forma da lei:

- art. 30, Lei 6.015/1973 (Lei dos Registros Públicos).
- art. 45, Lei 8.935/1994 (Lei dos Serviços Notariais e de Registro).
- Lei 9.265/1996 (Estabelece a gratuidade dos atos necessários ao exercício da cidadania).
- Dec. 6.190/2007 (Isenção do pagamento de foros, taxas de ocupação e laudêmios, referentes a imóveis de propriedade da União, para as pessoas consideradas carentes ou de baixa renda).

a) o registro civil de nascimento;

- art. 46, Lei 6.015/1973 (Lei dos Registros públicos).

b) a certidão de óbito.

- arts. 77 a 88, Lei 6.015/1973 (Lei dos Registros públicos).

LXXVII - são gratuitas as ações de *habeas corpus* e *habeas data*, e, na forma da lei, os atos necessários ao exercício da cidadania;

- Lei 9.265/1996 (Estabelece a gratuidade dos atos necessários ao exercício da cidadania).
- Lei 9.507/1997 (Lei do *Habeas data*).
- *Vide* art. 21 da Lei n. 9.507, de 12-11-1997.

LXXVIII - a todos, no âmbito judicial e administrativo, são assegurados a razoável duração do processo e os meios que garantam a celeridade de sua tramitação. (Incluído pela EC 45/2004.)

LXXIX - é assegurado, nos termos da lei, o direito à proteção dos dados pessoais, inclusive nos meios digitais. *(Acrescido pela EC 115/2022)*

§ 1º As normas definidoras dos direitos e garantias fundamentais têm aplicação imediata.

§ 2º Os direitos e garantias expressos nesta Constituição não excluem outros decorrentes do regime e dos princípios por ela adotados, ou dos tratados internacionais em que a República Federativa do Brasil seja parte.

- Súm. Vinc. 25, STF.

§ 3º Os tratados e convenções internacionais sobre direitos humanos que forem aprovados, em cada Casa do Congresso Nacional, em dois turnos, por três quintos dos votos dos respectivos membros, serão equivalentes às emendas constitucionais. (Incluído pela EC 45/2004.)

- Dec. 6.949/2009 (Promulga a Convenção Internacional sobre os Direitos das Pessoas com Deficiência e seu Protocolo Facultativo, assinados em Nova York, em 30.03.2007).
- Dec. Leg. 186/2008 (Aprova o texto da Convenção sobre os Direitos das Pessoas com Deficiência e de seu Protocolo Facultativo, assinados em Nova Iorque, em 30.03.2007).
- *Vide* o Decreto n. 9.522, de 8-10-2018, que promulga Tratado de Marraqueche para Facilitar o Acesso a Obras Publicadas às Pessoas Cegas, com Deficiência Visual ou com Outras Dificuldades

para Ter Acesso ao Texto Impresso, aprovado pelo Congresso Nacional conforme o procedimento do § 3.º do art. 5.º da CF.

§ 4º O Brasil se submete à jurisdição de Tribunal Penal Internacional a cuja criação tenha manifestado adesão. (Incluído pela EC 45/2004.)

- Dec. 4.388/2002 (Promulga o Estatuto de Roma do Tribunal Penal Internacional).

CAPÍTULO II
DOS DIREITOS SOCIAIS

Art. 6º São direitos sociais a educação, a saúde, a alimentação, o trabalho, a moradia, o transporte, o lazer, a segurança, a previdência social, a proteção à maternidade e à infância, a assistência aos desamparados, na forma desta Constituição. (Alterado pela EC 90/2015.)

- arts. 202; 208; 212, § 4º; 227, desta CF.
- Lei 10.689/2003 (Cria o Programa Nacional de Acesso à Alimentação - PNAA).
- Lei 12.288/2010 (Estatuto da Igualdade Racial).
- Lei 14.284/2021 (Institui o Programa Auxílio Brasil e o Programa Alimenta Brasil e Dec. 10.852/2021 (Regulamento).
- Med. Prov. 2.206-1/2001 (Cria o Programa Nacional de Renda Mínima vinculado à saúde: "Bolsa-Alimentação") e Dec. 3.934/2001 (Regulamento).
- Dec. 3.964/2001 (Dispõe sobre o Fundo Nacional de Saúde).
- Dec. 10.088/2019 (Consolida atos normativos editados pelo Poder Executivo Federal que dispõem sobre a promulgação de convenções e recomendações da Organização Internacional do Trabalho - OIT ratificadas pelo Brasil).
- Decreto 10.854/2021 (Regulamenta disposições relativas à legislação trabalhista).
- Dec. Leg. 269/2008 (Aprova a Convenção 102, OIT, sobre normas mínimas de seguridade social).
- » *Vide* Súmula Vinculante 56.

Parágrafo único. Todo brasileiro em situação de vulnerabilidade social terá direito a uma renda básica familiar, garantida pelo poder público em programa permanente de transferência de renda, cujas normas e requisitos de acesso serão determinados em lei, observada a legislação fiscal e orçamentária. *(Acrescido pela EC 114/2021)*

Art. 7º São direitos dos trabalhadores urbanos e rurais, além de outros que visem à melhoria de sua condição social:

- Lei 9.799/1999 (Insere na CLT regras de acesso da mulher ao mercado de trabalho).
- arts. 38 e 39, Lei 12.288/2010 (Estatuto da Igualdade Racial).

I - relação de emprego protegida contra despedida arbitrária ou sem justa causa, nos termos de lei complementar, que preverá indenização compensatória, dentre outros direitos;

- art. 10, ADCT.
- » *Vide* Lei Complementar n. 110, de 29-6-2001 (Indenização Compensatória do FGTS).
- » *Vide* arts. 156 e 510-D, § 3.º, da CLT.

II - seguro-desemprego, em caso de desemprego involuntário;

- art. 201, IV, desta CF.
- art. 12, CLT.
- Leis 7.998/1990; 8.019/1990; 8.178/1991 e 10.779/2003 (Seguro-desemprego).
- Súm. 389, TST.
- » *Vide* art. 477, § 10, da CLT.
- » *Vide* Súmula 389 do TST.
- » *Vide* art. 477, § 10, da CLT.
- » *Vide* Súmula 389 do TST.

III - fundo de garantia do tempo de serviço;

- arts. 7º; 477; 478; 492, CLT.
- Lei 8.036/1990; Dec. 99.684/1990 (Regulamento); e Lei 8.844/1994 (Dispõem sobre o FGTS).
- LC 110/2001 (Institui contribuições sociais, autoriza créditos de complementos de atualização monetária em contas vinculadas do FGTS) e Dec. 3.914/2001 (Regulamento).
- Súm. 63; 98; 206; 305; 362; 363; 426; 461, TST.
- OJs SDI-1 42; 195; 232; 302; 341; 344; 361; 362; 370; 394, TST.

IV - salário-mínimo, fixado em lei, nacionalmente unificado, capaz de atender a suas necessidades vitais básicas e às de sua família com moradia, alimentação, educação, saúde, lazer, vestuário, higiene, transporte e previdência social, com reajustes periódicos que lhe preservem o poder aquisitivo, sendo vedada sua vinculação para qualquer fim;

- art. 39, § 3º, desta CF.
- Lei 6.205/1975 (Estabelece a descaracterização do salário-mínimo como fator de correção monetária).
- Dec. 10.088/2019 (Consolida atos normativos editados pelo Poder Executivo Federal que dispõem sobre a promulgação de convenções e recomendações da Organização Internacional do Trabalho - OIT ratificadas pelo Brasil).
- Súm. Vinc. 4; 6; 15; 16, STF.
- Súm. 201, STJ.
- Súm. 356, TST.
- OJ SDI-1 272; 358; 393, TST.
- OJ SDI-2 2 e 71, TST.
- » *Vide* arts. 76 e s. da CLT.
- » *Vide* OJ 358 da SDI1 do TST.

V - piso salarial proporcional à extensão e à complexidade do trabalho;

- LC 103/2000 (Autoriza Estados e DF a instituir o piso salarial a que se refere este inciso).
- OJ SDI-1 358, TST.

VI - irredutibilidade do salário, salvo o disposto em convenção ou acordo coletivo;

- Súm. 391, TST.
- Orientações Jurisprudenciais 358 e 396 SBDI-1, TST.
- » *Vide* art. 611-A, § 3.º, da CLT.

VII - garantia de salário, nunca inferior ao mínimo, para os que percebem remuneração variável;

- art. 39, § 3º, desta CF.
- Lei 8.716/1993 (Dispõe sobre a garantia de salário-mínimo).
- » *Vide* OJ 244 da SDI1.

VIII - décimo terceiro salário com base na remuneração integral ou no valor da aposentadoria;

- arts. 39, § 3º; e 142, § 3º, VIII, desta CF.
- Leis nºs 4.090/1962 e 4.749/1965 (Décimo terceiro salário).
- arts. 76 a 82 do Decreto 10.854/2021 (Regulamenta disposições relativas à legislação trabalhista).
- OJ SDI-1 358, TST.
- Súm. 349, STJ.

IX - remuneração do trabalho noturno superior à do diurno;

- art. 39, § 3º, desta CF.
- art. 73, §§ 1º a 5º, CLT.
- Dec. 10.088/2019 (Consolida atos normativos editados pelo Poder Executivo Federal que dispõem sobre a promulgação de convenções e recomendações da Organização Internacional do Trabalho - OIT ratificadas pelo Brasil).
- Súm. 60; 112; 140; 265; 354; 390, TST.
- OJ SDI-1 97; 259; 388, TST.
- » Trabalho noturno no meio rural: art. 7.º da Lei n. 5.889, de 8-6-1973.
- » Trabalho noturno doméstico: art. 14 da Lei Complementar n. 150, de 1.º-6-2015.
- » *Vide* art. 20 da Lei n. 8.906, de 4-7-1994 (Estatuto da OAB).
- » *Vide* Súmulas 60, 140 e 265 do TST, Súmulas 213, 214, 313 e 402 do STF, e OJ 97, 388 e 395 da SDI-1.

X - proteção do salário na forma da lei, constituindo crime sua retenção dolosa;

- Dec. 10.088/2019 (Consolida atos normativos editados pelo Poder Executivo Federal que dispõem sobre a promulgação de convenções e recomendações da Organização Internacional do Trabalho - OIT ratificadas pelo Brasil).
- » *Vide* Decreto-Lei n. 368, de 19-12-1968 (Débitos salariais).

XI - participação nos lucros, ou resultados, desvinculada da remuneração, e, excepcionalmente, participação na gestão da empresa, conforme definido em lei;

- arts. 543 e 621, CLT.
- Lei 10.101/2000 (Lei da Participação nos lucros e resultados).
- Súm. 451, TST.
- OJ 325 SBDI-1, TST.
- OJ Transitória 15; 64; 73 SBDI-1, TST.
- » *Vide* Súmula 451 do TST.

XII - salário-família pago em razão do dependente do trabalhador de baixa renda nos termos da lei; (Redação dada pela EC 20/1998.)

- arts. 39, § 3º; 142, § 3º, VIII, desta CF.
- art. 12, CLT.
- Leis 4.266/1963 e 5.559/1968 (Dispõem sobre salário-família).
- Lei 8.213/1991 (Lei dos Planos de Benefícios da Previdência Social).
- arts. 5º; 25; 30 a 32; 42; 81 a 92; 173; 217, § 6º; 218; 225; e 255, Dec. 3.048/1999 (Regulamento da Previdência Social).
- OJ 358 SBDI-1, TST.
- » *Vide* Súmula 254 do TST.

XIII - duração do trabalho normal não superior a oito horas diárias e quarenta e quatro semanais, facultada a compensação de horários e a redução da jornada, mediante acordo ou convenção coletiva de trabalho;

- arts. 39, § 3º, desta CF.
- arts. 57 a 75; 224 a 350, CLT.
- Dec.-Lei 5.452/1943 (Aprova a Consolidação das Leis do Trabalho).
- Súm. 85 e 444, TST.
- OJs SDI-1 323; 358; 393, TST.

XIV - jornada de seis horas para o trabalho realizado em turnos ininterruptos de revezamento, salvo negociação coletiva;

- art. 58, CLT.
- Súm. 675, STF.
- Súm. 360 e 423, TST.
- OJs SDI-1 360 e 395, TST.
- » *Vide* Súmulas 360 e 423 do TST.
- » *Vide* OJs SDI1 360 e 395 do TST.

XV - repouso semanal remunerado, preferencialmente aos domingos;

- art. 39, §§ 2º e 3º, desta CF.
- art. 67, CLT.
- Lei 605/1949 (Lei do Repouso semanal remunerado).
- OJs SDI-1 103; 394; 410, TST.

XVI - remuneração do serviço extraordinário superior, no mínimo, em cinquenta por cento à do normal;

- » *Vide* art. 2.º da Lei Complementar n. 150, de 1.º-6-2015 (Empregado Doméstico).
- art. 39, §§ 2º e 3º, desta CF.
- art. 59, § 1º, CLT.

XVII - gozo de férias anuais remuneradas com, pelo menos, um terço a mais do que o salário normal;

- art. 39, §§ 2º e 3º, desta CF.
- art. 10, II, b, ADCT.
- arts. 391 e 392, CLT.
- arts. 71 a 73, Lei 8.213/1991 (Lei dos Planos de Benefícios da Previdência Social).

- Lei 11.770/2008 (Lei do Programa Empresa cidadã).
- Dec. 4.377/2002 (Promulga a Convenção sobre a Eliminação de Todas as Formas de Discriminação Contra a Mulher).
- Dec. 10.088/2019 (Consolida atos normativos editados pelo Poder Executivo Federal que dispõem sobre a promulgação de convenções e recomendações da Organização Internacional do Trabalho - OIT ratificadas pelo Brasil).
- Decreto 10.854/2021 (Regulamenta disposições relativas à legislação trabalhista).
- Súm. 7; 81; 149; 171; 328; TST.
- » *Vide* art. 17 da Lei Complementar n. 150, de 1.º-6-2015 (Empregado Doméstico).

XVIII - licença à gestante, sem prejuízo do emprego e do salário, com a duração de cento e vinte dias;

- ADIn 1.946 (Exclui a licença à gestante do limite estipulado pelo art. 14 da EC 20/1998).
- art. 39, §§ 2º e 3º, desta CF.
- art. 10, II, b, ADCT.
- arts. 391 e 392, CLT.
- arts. 71 a 73, Lei 8.213/1991 (Lei dos Planos de Benefícios da Previdência Social).
- Lei 10.421/2002 (Estende à mãe adotiva licença-maternidade e salário-maternidade).
- Lei 11.770/2008 (Lei do Programa Empresa cidadã).
- Dec. 4.377/2002 (Promulga a Convenção sobre a Eliminação de Todas as Formas de Discriminação Contra a Mulher).
- Dec. 10.088/2019 (Consolida atos normativos editados pelo Poder Executivo Federal que dispõem sobre a promulgação de convenções e recomendações da Organização Internacional do Trabalho - OIT ratificadas pelo Brasil).
- arts. 137 a 142 do Decreto 10.854/2021 (Regulamenta disposições relativas à legislação trabalhista).
- Súm. 244, TST.
- OJ SDI-1 44, TST.
- » *Vide* arts. 392 e s. da CLT.

XIX - licença-paternidade, nos termos fixados em lei;

- art. 39, §§ 2º e 3º, desta CF.
- art. 10, § 1º, ADCT.
- Lei 13.109/2015 (Dispõe sobre a licença à gestante e à adotante, as medidas de proteção à maternidade para militares grávidas e a licença-paternidade, no âmbito das Forças Armadas).
- ADO 20: O STF, por maioria, julgou procedente o pedido, com o reconhecimento da existência de omissão inconstitucional na regulamentação da licença-paternidade prevista no art. 7º, XIX, da CF/1988, com fixação do prazo de dezoito meses para o Congresso Nacional legislar a respeito da matéria, e entendeu, ao final, que, não sobrevindo a lei regulamentadora no prazo acima estabelecido, caberá a este Tribunal fixar o período da licença-paternidade. Na sequência, por unanimidade, foi fixada a seguinte tese de julgamento: "1. Existe omissão inconstitucional relativamente à edição da lei regulamentadora da licença-paternidade, prevista no art. 7º, XIX, da Constituição. 2. Fica estabelecido o prazo de 18 meses para o Congresso Nacional sanar a omissão apontada, contados da publicação da ata de julgamento. 3. Não sobrevindo a lei regulamentador". DJE 02.04.2024

XX - proteção do mercado de trabalho da mulher, mediante incentivos específicos, nos termos da lei;

- art. 39, §§ 2º e 3º, desta CF.
- arts. 372 a 401, CLT.
- Dec. 4.377/2002 (Promulga a Convenção sobre a Eliminação de Todas as Formas de Discriminação Contra a Mulher).
- Dec. 10.088/2019 (Consolida atos normativos editados pelo Poder Executivo Federal que dispõem sobre a promulgação de convenções e recomendações da Organização Internacional do Trabalho - OIT ratificadas pelo Brasil).

XXI - aviso prévio proporcional ao tempo de serviço, sendo no mínimo de trinta dias, nos termos da lei;

- arts. 7º; 487 a 491, CLT.
- Lei 12.506/2011 (Dispõe sobre o aviso prévio).
- » *Vide* Súmulas 305 e 441 do TST.
- » *Vide* OJs SDI-1 82 e 83 do TST.

XXII - redução dos riscos inerentes ao trabalho, por meio de normas de saúde, higiene e segurança;

- art. 39, §§ 2º e 3º, desta CF.
- arts. 154 a 159; 192, CLT.
- Dec. 10.088/2019 (Consolida atos normativos editados pelo Poder Executivo Federal que dispõem sobre a promulgação de convenções e recomendações da Organização Internacional do Trabalho - OIT ratificadas pelo Brasil).

XXIII - adicional de remuneração para as atividades penosas, insalubres ou perigosas, na forma da lei;

- art. 39, § 2º, desta CF.
- arts. 189 a 197, CLT.
- Súm. Vinc. 4, STF.
- OJ SDI-1 385, TST.
- » *Vide* NRs 15 e 16 do Ministério do Trabalho.

XXIV - aposentadoria;

- art. 154, CLT.
- arts. 42 a 58, Lei 8.213/1991 (Lei dos Planos de Benefícios da Previdência Social).
- Lei 9.477/1997 (Institui o Fundo de Aposentadoria Programa Individual - FAPI e Plano de Incentivo à Aposentadoria Programa Individual).
- Dec. 3.048/1999 (Regulamento da Previdência Social).

XXV - assistência gratuita aos filhos e dependentes desde o nascimento até 5 (cinco) anos de idade em creches e pré-escolas; (Redação dada pela EC 53/2006.)

- art. 208, IV, desta CF.

XXVI - reconhecimento das convenções e acordos coletivos de trabalho;

- arts. 611 a 625, CLT.
- Súm. 374, TST.
- OJs Transitórias SDI-1 61; 64; 72 ;73, TST.

XXVII - proteção em face da automação, na forma da lei;

- Dec. 10.088/2019 (Consolida atos normativos editados pelo Poder Executivo Federal que dispõem sobre a promulgação de convenções e recomendações da Organização Internacional do Trabalho - OIT ratificadas pelo Brasil).

XXVIII - seguro contra acidentes de trabalho, a cargo do empregador, sem excluir a indenização a que este está obrigado, quando incorrer em dolo ou culpa;

- art. 114, VI, desta CF.
- art. 154, CLT.
- Lei 6.338/1976 (Inclui ações de indenização por acidente de trabalho entre as que têm curso nas férias forenses).
- Lei 8.212/1991 (Dispõe sobre a organização da Seguridade Social e institui o Plano de Custeio).
- Lei 8.213/1991 (Lei dos Planos de Benefícios da Previdência Social).
- Lei 9.307/1997 (Lei da Arbitragem).
- art. 40, Lei 11.101/2005 (Lei de Recuperação de Empresas e Falência).
- Dec. 3.048/1999 (Regulamento da Previdência Social)
- Súm. Vinc. 22, STF.
- Súm. 378, TST.

XXIX - ação, quanto aos créditos resultantes das relações de trabalho, com prazo prescricional de cinco anos para os trabalhadores urbanos e rurais, até o limite de dois anos após a extinção do contrato de trabalho; (Redação dada pela EC 28/2000.)

- art. 10, Lei 5.889/1973 (Lei do Trabalho Rural).
- Súm. 153; 156; 206; 268; 308; 326; 327; 350; 409; 452, TST.
- OJs SDI-1 38; 76; 83; 130; 175; 242; 243; 271; 350; 375; 401; 409 TST.

a) e *b)* (Revogadas pela EC 28/2000.)

- » *Vide* arts. 11, 11-A , 149, 440 e 884, § 1.º, da CLT.
- » *Vide* Súmulas 6, 114, 153, 156, 199, 206, 268, 275, 294, 308, 326, 327, 350, 362, 373, 382, 409 e 452 do TST.

XXX - proibição de diferença de salários, de exercício de funções e de critério de admissão por motivo de sexo, idade, cor ou estado civil;

- art. 39, §§ 2º e 3º, desta CF.
- Lei 9.029/1995 (Proíbe a exigência de atestados de gravidez e esterilização, e outras práticas discriminatórias, para efeitos admissionais ou de permanência da relação jurídica de trabalho)
- Dec. 4.377/2002 (Promulga a Convenção sobre a Eliminação de Todas as Formas de Discriminação Contra a Mulher).
- Súm. 683, STF.
- Súm. 6 e 443, TST.
- OJ SDI-1 383, TST.
- OJ SDC 25 e 26, TST.
- » *Vide* art. 461 da CLT.
- » *Vide* Súmula 6 do TST.

XXXI - proibição de qualquer discriminação no tocante a salário e critérios de admissão do trabalhador portador de deficiência;

- Dec. 3.298/1999 (Regulamenta a Lei 7.853/1989, dispõe sobre a Política Nacional para a Integração da Pessoa Portadora de Deficiência, e consolida as normas de proteção).
- » *Vide* art. 93 da Lei n. 8.213, de 24-7-1991.

XXXII - proibição de distinção entre trabalho manual, técnico e intelectual ou entre os profissionais respectivos;

- Súm. 84, TST.
- » *Vide* art. 3.º, parágrafo único, da CLT.

XXXIII - proibição de trabalho noturno, perigoso ou insalubre a menores de dezoito e de qualquer trabalho a menores de dezesseis anos, salvo na condição de aprendiz, a partir de quatorze anos; (Redação dada pela EC 20/1998.)

- art. 227, desta CF.
- arts. 192; 402 a 410; 792, CLT.
- arts. 60 a 69, Lei 8.069/1990 (ECA).
- art. 13, Lei 11.685/2008 (Estatuto do Garimpeiro).
- Dec. 10.088/2019 (Consolida atos normativos editados pelo Poder Executivo Federal que dispõem sobre a promulgação de convenções e recomendações da Organização Internacional do Trabalho - OIT ratificadas pelo Brasil).
- Lei 14.133/2021 (Nova Lei de Licitações e Contratos Administrativos).
- Súm. 657, STJ.

XXXIV - igualdade de direitos entre o trabalhador com vínculo empregatício permanente e o trabalhador avulso.

- » A Lei n. 12.815, de 5-6-2013, regulamenta o trabalho avulso no meio portuário e a Lei n. 12.023, de 27-8-2009, regulamenta o trabalho avulso não portuário.

Parágrafo único. São assegurados à categoria dos trabalhadores domésticos os direitos previstos nos incisos IV, VI, VII, VIII, X, XIII, XV, XVI, XVII, XVIII, XIX, XXI, XXII, XXIV, XXVI, XXX, XXXI e XXXIII e, atendidas as condições estabelecidas em lei e observada a simplificação do cumprimento das obrigações tributárias, principais e acessórias, decorrentes da relação de trabalho e suas peculiaridades, os previstos nos incisos I, II, III, IX, XII, XXV e XXVIII, bem como a sua integração à previdência social. (Alterado pela EC 72/2013.)

- art. 7º, CLT.

- Lei 7.195/1984 (Dispõe sobre a responsabilidade civil das agências de empregados domésticos).
- LC 150/2015 (Dispõe sobre o contrato de trabalho doméstico).

Art. 8º É livre a associação profissional ou sindical, observado o seguinte:

- arts. 511 a 515; 524; 537; 543; 553; 558; e 570, CLT.

I - a lei não poderá exigir autorização do Estado para a fundação de sindicato, ressalvado o registro no órgão competente, vedadas ao Poder Público a interferência e a intervenção na organização sindical;

- Súm. 677, STF.
- OJ SDC 15, TST.

II - é vedada a criação de mais de uma organização sindical, em qualquer grau, representativa de categoria profissional ou econômica, na mesma base territorial, que será definida pelos trabalhadores ou empregadores interessados, não podendo ser inferior à área de um Município;

- Súm. 677, STF.
- OJ SDC 14, TST.
- » *Vide* art. 517 da CLT.

III - ao sindicato cabe a defesa dos direitos e interesses coletivos ou individuais da categoria, inclusive em questões judiciais ou administrativas;

- Súm. 406, TST.
- Orientações Jurisprudenciais 359 e 365 SBDI-1, TST.
- OJ SDC 22, TST.
- » *Vide* art. 843, *caput* e § 2.º, da CLT.
- » *Vide* arts. 856 e s. da CLT (dissídio coletivo).

IV - a assembleia geral fixará a contribuição que, em se tratando de categoria profissional, será descontada em folha, para custeio do sistema confederativo da representação sindical respectiva, independentemente da contribuição prevista em lei;

- ADIn 2.522 (isenção de contribuição sindical obrigatória para advogados).
- ADIn 4.033 (isenção de contribuição patronal sindical das microempresas e EPP).
- Súm. Vinc. 40, STF.
- Súm. 666, STF.
- OJ SDC 17, TST.
- Prec. Norm. 119, TST.
- » *Vide* PN 119 do TST.

V - ninguém será obrigado a filiar-se ou a manter-se filiado a sindicato;

- art. 199, CP.
- OJ 20 SDC, TST.

VI - é obrigatória a participação dos sindicatos nas negociações coletivas de trabalho;

- » *Vide* arts. 611 e s. da CLT.

VII - o aposentado filiado tem direito a votar e ser votado nas organizações sindicais;

VIII - é vedada a dispensa do empregado sindicalizado a partir do registro da candidatura a cargo de direção ou representação sindical e, se eleito, ainda que suplente, até um ano após o final do mandato, salvo se cometer falta grave nos termos da lei.

- art. 543, CLT.
- Súm. 197, STF.
- Súm. 369 e 379, TST.
- OJ SDI-1 365 e 369, TST.
- » *Vide* art. 543, § 3.º, da CLT.
- » *Vide* Súmula 369 do TST.
- » *Vide* OJs SDI1 365 e 369 do TST.

Parágrafo único. As disposições deste artigo aplicam-se à organização de sindicatos rurais e de colônias de pescadores, atendidas as condições que a lei estabelecer.

- Lei 11.699/2009 (Dispõe sobre as Colônias, Federações e Confederação Nacional dos Pescadores, regulamentando o parágrafo único do art. 8º da CF).

Art. 9º É assegurado o direito de greve, competindo aos trabalhadores decidir sobre a oportunidade de exercê-lo e sobre os interesses que devam por meio dele defender.

- arts. 37, VII; 114, II; 142, § 3º, IV, desta CF.
- Lei 7.783/1989 (Lei de Greve).
- » *Vide* OJs SDC 10 e 11 do TST.

§ 1º A lei definirá os serviços ou atividades essenciais e disporá sobre o atendimento das necessidades inadiáveis da comunidade.

- » Art. 10 da Lei n. 7.783, de 28-6-1989.

§ 2º Os abusos cometidos sujeitam os responsáveis às penas da lei.

- Súm. 316, STF.
- OJ SDC 10, TST.

Art. 10. É assegurada a participação dos trabalhadores e empregadores nos colegiados dos órgãos públicos em que seus interesses profissionais ou previdenciários sejam objeto de discussão e deliberação.

Art. 11. Nas empresas de mais de duzentos empregados, é assegurada a eleição de um representante destes com a finalidade exclusiva de promover-lhes o entendimento direto com os empregadores.

- art. 543, CLT.
- Prec. Norm. 86, TST.

CAPÍTULO III
DA NACIONALIDADE

- art. 5º, LXXI, desta CF.
- Dec. 4.246/2002 (Promulga Convenção sobre o Estatuto dos Apátridas).
- » *Vide* art. XV da Declaração Universal dos Direitos Humanos.
- » *Vide* art. 20 do Decreto n. 678, de 6-11-1992.

Art. 12. São brasileiros:

I - natos:

a) os nascidos na República Federativa do Brasil, ainda que de pais estrangeiros, desde que estes não estejam a serviço de seu país;

b) os nascidos no estrangeiro, de pai brasileiro ou mãe brasileira, desde que qualquer deles esteja a serviço da República Federativa do Brasil;

c) os nascidos no estrangeiro de pai brasileiro ou de mãe brasileira, desde que sejam registrados em repartição brasileira competente ou venham a residir na República Federativa do Brasil e optem, em qualquer tempo, depois de atingida a maioridade, pela nacionalidade brasileira; (Redação dada pela EC 54/2007.)

- art. 95, ADCT

II - naturalizados:

- Lei 13.445/2017 (Lei de Migração).

a) os que, na forma da lei, adquiram a nacionalidade brasileira, exigidas aos originários de países de língua portuguesa apenas residência por um ano ininterrupto e idoneidade moral;

b) os estrangeiros de qualquer nacionalidade, residentes na República Federativa do Brasil há mais de quinze anos ininterruptos e sem condenação penal, desde que requeiram a nacionalidade brasileira. (Redação dada pela EC Revisão 3/1994.)

§ 1º Aos portugueses com residência permanente no país, se houver reciprocidade em favor de brasileiros, serão atribuídos os direitos inerentes ao brasileiro, salvo os casos previstos nesta Constituição. (Redação dada pela EC Revisão 3/1994.)

§ 2º A lei não poderá estabelecer distinção entre brasileiros natos e naturalizados, salvo nos casos previstos nesta Constituição.

- Dec. 3.927/2001 (Tratado de Amizade, Cooperação e Consulta entre Brasil e Portugal).
- » *Vide* arts. 5.º, II, e 222 da CF.

§ 3º São privativos de brasileiro nato os cargos:

I - de Presidente e Vice-Presidente da República;

II - de Presidente da Câmara dos Deputados;

III - de Presidente do Senado Federal;

IV - de Ministro do Supremo Tribunal Federal;

V - da carreira diplomática;

VI - de oficial das Forças Armadas;

- LC 97/1999 (Normas gerais para organização, preparo e emprego das Forças Armadas)

VII - de Ministro de Estado da Defesa. (Incluído pela EC 23/1999)

§ 4º Será declarada a perda da nacionalidade do brasileiro que:

I - tiver cancelada sua naturalização, por sentença judicial, em virtude de fraude relacionada ao processo de naturalização ou de atentado contra a ordem constitucional e o Estado Democrático; *(Redação dada pela EC 131/2023)*

II - fizer pedido expresso de perda da nacionalidade brasileira perante autoridade brasileira competente, ressalvadas situações que acarretem apatridia. *(Redação dada pela EC 131/2023)*

a) e b) (Revogadas pela EC 131/2023)

§ 5º A renúncia da nacionalidade, nos termos do inciso II do § 4º deste artigo, não impede o interessado de readquirir sua nacionalidade brasileira originária, nos termos da lei. *(Acrescido pela EC 131/2023)*

Art. 13. A língua portuguesa é o idioma oficial da República Federativa do Brasil.

- Dec. 5.002/2004 (Declaração Constitutiva e Estatutos da Comunidade dos Países de Língua Portuguesa).
- Dec. 6.583/2008 (Promulga o Acordo Ortográfico da Língua Portuguesa).

§ 1º São símbolos da República Federativa do Brasil a bandeira, o hino, as armas e o selo nacionais.

- Lei 5.700/1971 (Estabelece a forma e apresentação dos símbolos nacionais).
- Dec. 98.068/1989 (Dispõe sobre o hasteamento da bandeira nacional nas repartições públicas federais e nos estabelecimentos de Ensino).

§ 2º Os Estados, o Distrito Federal e os Municípios poderão ter símbolos próprios.

CAPÍTULO IV
DOS DIREITOS POLÍTICOS

- art. 5º, LXXI, desta CF.
- art. 21, Declaração Universal dos Direitos Humanos.

Art. 14. A soberania popular será exercida pelo sufrágio universal e pelo voto direto e secreto, com valor igual para todos, e, nos termos da lei, mediante:

- Lei 4.737/1965 (CE).
- Lei 9.709/1998 (Regulamenta a execução do disposto nos incisos deste artigo).

I - plebiscito;

- art. 18, §§ 3º e 4º, desta CF.
- art. 2º, ADCT.

II - referendo;

III - iniciativa popular.

- art. 61, § 2º, desta CF.

§ 1º O alistamento eleitoral e o voto são:

› arts. 42 a 81; 133 a 156, CE.

I - obrigatórios para os maiores de dezoito anos;

II - facultativos para:

a) os analfabetos;

› Súm. 15, TSE.

b) os maiores de setenta anos;

c) os maiores de dezesseis e menores de dezoito anos.

§ 2º Não podem alistar-se como eleitores os estrangeiros e, durante o período do serviço militar obrigatório, os conscritos.

§ 3º São condições de elegibilidade, na forma da lei:

I - a nacionalidade brasileira;

II - o pleno exercício dos direitos políticos;

› art. 47, I, CP.

III - o alistamento eleitoral;

IV - o domicílio eleitoral na circunscrição;

V - a filiação partidária;

› Lei 9.096/1995 (Lei dos Partidos Políticos).

› Res. 23.571/2018, TSE (Disciplina a criação, organização, fusão, incorporação e extinção de partidos políticos).

VI - a idade mínima de:

a) trinta e cinco anos para Presidente e Vice-Presidente da República e Senador;

b) trinta anos para Governador e Vice-Governador de Estado e do Distrito Federal;

c) vinte e um anos para Deputado Federal, Deputado Estadual ou Distrital, Prefeito, Vice-Prefeito e juiz de paz;

› Dec.-Lei 201/1967 (Responsabilidade de Prefeitos e Vereadores).

d) dezoito anos para Vereador.

› Dec.-Lei 201/1967 (Responsabilidade de Prefeitos e Vereadores).

§ 4º São inelegíveis os inalistáveis e os analfabetos.

› Súm. 15, TSE.

§ 5º O Presidente da República, os Governadores de Estado e do Distrito Federal, os Prefeitos e quem os houver sucedido, ou substituído no curso dos mandatos poderão ser reeleitos para um único período subsequente. (Redação dada pela EC 16/1997.)

§ 6º Para concorrerem a outros cargos, o Presidente da República, os Governadores de Estado e do Distrito Federal e os Prefeitos devem renunciar aos respectivos mandatos até seis meses antes do pleito.

§ 7º São inelegíveis, no território de jurisdição do titular, o cônjuge e os parentes consanguíneos ou afins, até o segundo grau ou por adoção, do Presidente da República, de Governador de Estado ou Território, do Distrito Federal, de Prefeito ou de quem os haja substituído dentro dos seis meses anteriores ao pleito, salvo se já titular de mandato eletivo e candidato à reeleição.

› Súm. Vinc. 18, STF.

› Súm. 6 e 12, TSE.

§ 8º O militar alistável é elegível, atendidas as seguintes condições:

I - se contar menos de dez anos de serviço, deverá afastar-se da atividade;

II - se contar mais de dez anos de serviço, será agregado pela autoridade superior e, se eleito, passará automaticamente, no ato da diplomação, para a inatividade.

› art. 42, § 1º, desta CF.

§ 9º Lei complementar estabelecerá outros casos de inelegibilidade e os prazos de sua cessação, a fim de proteger a probidade administrativa, a moralidade para exercício de mandato considerada a vida pregressa do candidato e a normalidade e legitimidade das eleições contra a influência do poder econômico ou o abuso do exercício de função, cargo ou emprego na administração direta ou indireta. (Redação dada pela EC Revisão 4/1994.)

› art. 37, § 4º, desta CF.

› LC 64/1990 (Estabelece, de acordo com o art. 14, § 9º, da CF, casos de inelegibilidade, prazos de cessação).

› Súm. 13, TSE.

§ 10. O mandato eletivo poderá ser impugnado ante a Justiça Eleitoral no prazo de quinze dias contados da diplomação, instruída a ação com provas de abuso do poder econômico, corrupção ou fraude.

§ 11. A ação de impugnação de mandato tramitará em segredo de justiça, respondendo o autor, na forma da lei, se temerária ou de manifesta má-fé.

§ 12. Serão realizadas concomitantemente às eleições municipais as consultas populares sobre questões locais aprovadas pelas Câmaras Municipais e encaminhadas à Justiça Eleitoral até 90 (noventa) dias antes da data das eleições, observados os limites operacionais relativos ao número de quesitos. (Acrescido pela EC 111/2021)

§ 13. As manifestações favoráveis e contrárias às questões submetidas às consultas populares nos termos do § 12 ocorrerão durante as campanhas eleitorais, sem a utilização de propaganda gratuita no rádio e na televisão.(Acrescido pela EC 111/2021)

Art. 15. É vedada a cassação de direitos políticos, cuja perda ou suspensão só se dará nos casos de:

› Lei 9.096/1995 (Lei dos Partidos Políticos).

I - cancelamento da naturalização por sentença transitada em julgado;

II - incapacidade civil absoluta;

III - condenação criminal transitada em julgado, enquanto durarem seus efeitos;

› art. 92, I, CP.

› Súm. 9, TSE.

IV - recusa de cumprir obrigação a todos imposta ou prestação alternativa, nos termos do art. 5º, VIII;

› art. 143 desta CF.

› Lei 8.239/1991 (Prestação de Serviço Alternativo ao Serviço Militar Obrigatório).

V - improbidade administrativa, nos termos do art. 37, § 4º.

Art. 16. A lei que alterar o processo eleitoral entrará em vigor na data de sua publicação, não se aplicando à eleição que ocorra até um ano da data de sua vigência. (Redação dada pela EC 4/1993.)

CAPÍTULO V
DOS PARTIDOS POLÍTICOS

Art. 17. É livre a criação, fusão, incorporação e extinção de partidos políticos, resguardados a soberania nacional, o regime democrático, o pluripartidarismo, os direitos fundamentais da pessoa humana e observados os seguintes preceitos:

› Lei 9.096/1995 (Lei dos Partidos Políticos).

› Lei 9.504/1997 (Lei das Eleições).

I - caráter nacional;

II - proibição de recebimento de recursos financeiros de entidade ou governo estrangeiros ou de subordinação a estes;

III - prestação de contas à Justiça Eleitoral;

IV - funcionamento parlamentar de acordo com a lei.

§ 1º É assegurada aos partidos políticos autonomia para definir sua estrutura interna e estabelecer regras sobre escolha, formação e duração de seus órgãos permanentes e provisórios e sobre sua organização e funcionamento e para adotar os critérios de escolha e o regime de suas coligações nas eleições majoritárias, vedada a sua celebração nas eleições proporcionais, sem obrigatoriedade de vinculação entre as candidaturas em âmbito nacional, estadual, distrital ou municipal, devendo seus estatutos estabelecer normas de disciplina e fidelidade partidária. (Redação dada pela EC nº 97/2017.)

§ 2º Os partidos políticos, após adquirirem personalidade jurídica, na forma da lei civil, registrarão seus estatutos no Tribunal Superior Eleitoral.

§ 3º Somente terão direito a recursos do fundo partidário e acesso gratuito ao rádio e à televisão, na forma da lei, os partidos políticos que alternativamente: (Redação dada pela EC nº 97, de 2017)

I - obtiverem, nas eleições para a Câmara dos Deputados, no mínimo, 3% (três por cento) dos votos válidos, distribuídos em pelo menos um terço das unidades da Federação, com um mínimo de 2% (dois por cento) dos votos válidos em cada uma delas; ou (Incluído pela EC nº 97, de 2017)

II - tiverem elegido pelo menos quinze Deputados Federais distribuídos em pelo menos um terço das unidades da Federação. (Incluído pela EC nº 97, de 2017)

› art. 241, CE.

§ 4º É vedada a utilização pelos partidos políticos de organização paramilitar.

§ 5º Ao eleito por partido que não preencher os requisitos previstos no § 3º deste artigo é assegurado o mandato e facultada a filiação, sem perda do mandato, a outro partido que os tenha atingido, não sendo essa filiação considerada para fins de distribuição dos recursos do fundo partidário e de acesso gratuito ao tempo de rádio e de televisão. (Incluído pela EC nº 97, de 2017)

§ 6º Os Deputados Federais, os Deputados Estaduais, os Deputados Distritais e os Vereadores que se desligarem do partido pelo qual tenham sido eleitos perderão o mandato, salvo nos casos de anuência do partido ou de outras hipóteses de justa causa estabelecidas em lei, não computada, em qualquer caso, a migração de partido para fins de distribuição de recursos do fundo partidário ou de outros fundos públicos e de acesso gratuito ao rádio e à televisão. (Acrescido pela EC 111/2021)

§ 7º Os partidos políticos devem aplicar no mínimo 5% (cinco por cento) dos recursos do fundo partidário na criação e na manutenção de programas de promoção e difusão da participação política das mulheres, de acordo com os interesses intrapartidários. (Acrescido pela EC 117/2022)

§ 8º O montante do Fundo Especial de Financiamento de Campanha e da parcela do fundo partidário destinada a campanhas eleitorais, bem como o tempo de propaganda gratuita no rádio e na televisão a ser distribuído pelos partidos às respectivas candidatas, deverão ser de no mínimo 30% (trinta por cento), proporcional ao número de candidatas, e a distribuição deverá ser realizada conforme critérios definidos pelos respectivos órgãos de direção e pelas normas estatutárias, considerados a autonomia e o interesse partidário. (Acrescido pela EC 117/2022)

TÍTULO III
DA ORGANIZAÇÃO DO ESTADO

CAPÍTULO I
DA ORGANIZAÇÃO POLÍTICO-ADMINISTRATIVA

Art. 18. A organização político-administrativa da República Federativa do Brasil compreende a União, os Estados, o Distrito Federal e os Municípios, todos autônomos, nos termos desta Constituição.

§ 1º Brasília é a Capital Federal.

§ 2º Os Territórios Federais integram a União, e sua criação, transformação em Estado ou reintegração ao Estado de origem serão reguladas em lei complementar.

§ 3º Os Estados podem incorporar-se entre si, subdividir-se ou desmembrar-se para se anexarem a outros, ou formarem novos Estados ou Territórios Federais, mediante aprovação da população diretamente interessada, através de plebiscito, e do Congresso Nacional, por lei complementar.

- arts. 3º e 4º, Lei 9.709/1998 (Regulamenta a execução do disposto nos incisos I a III do art. 14 desta CF).

§ 4º A criação, a incorporação, a fusão e o desmembramento de Municípios, far-se-ão por lei estadual, dentro do período determinado por Lei Complementar Federal, e dependerão de consulta prévia, mediante plebiscito, às populações dos Municípios envolvidos, após divulgação dos Estudos de Viabilidade Municipal, apresentados e publicados na forma da lei. (Redação dada pela EC 15/1996.)

- art. 5º, Lei 9.709/1998 (Regulamenta a execução do disposto nos incisos I a III do art. 14 desta CF).
- Lei 10.521/2002 (Assegura a instalação de Municípios criados por Lei Estadual).
- art. 96, ADCT.

Art. 19. É vedado à União, aos Estados, ao Distrito Federal e aos Municípios:

I - estabelecer cultos religiosos ou igrejas, subvencioná-los, embaraçar-lhes o funcionamento ou manter com eles ou seus representantes relações de dependência ou aliança, ressalvada, na forma da lei, a colaboração de interesse público;

- *Vide* art. 150, VI, *b*, da CF.

II - recusar fé aos documentos públicos;

III - criar distinções entre brasileiros ou preferências entre si.

- art. 325, CLT.

CAPÍTULO II
DA UNIÃO

Art. 20. São bens da União:

- art. 176, §§ 1º a 4º, desta CF.
- Art. 99, CC.
- Dec.-Lei 9.760/46 (Dispõe sobre os bens imóveis da União).

I - os que atualmente lhe pertencem e os que lhe vierem a ser atribuídos;

II - as terras devolutas indispensáveis à defesa das fronteiras, das fortificações e construções militares, das vias federais de comunicação e à preservação ambiental, definidas em lei;

- Lei 4.504/1964 (Estatuto da Terra).
- Lei 6.383/1976 (Dispõe sobre o processo discriminatório de terras devolutas da União).
- Lei 6.442/1977 (Dispõe sobre as áreas de proteção para o funcionamento das estações radiogoniométricas de alta frequência do Ministério da Marinha e de radiomonitoragem do Ministério das Comunicações).
- Lei 6.634/1979 (Dispõe sobre faixas de fronteira).
- Lei 6.938/1981 (Dispõe sobre a Política Nacional do Meio Ambiente).
- Lei 13.178/2015 (Dispõe sobre a ratificação dos registros imobiliários decorrentes de alienações e concessões de terras públicas situadas nas faixas de fronteira).
- Dec.-Lei 227/1967 (Dá nova redação ao Dec.-Lei 1.985/1940 - Código de Minas).
- Dec.-Lei 1.135/1970 (Dispõe sobre a organização, competência e funcionamento do Conselho de Segurança Nacional).
- Súm. 477, STF.

III - os lagos, rios e quaisquer correntes de água em terrenos de seu domínio, ou que banhem mais de um Estado, sirvam de limites com outros países ou se estendam a território estrangeiro ou dele provenham, bem como os terrenos marginais e as praias fluviais;

- Dec. 1.265/1994 (Aprova a Política Marítima Nacional - PMN).

IV - as ilhas fluviais e lacustres nas zonas limítrofes com outros países; as praias marítimas; as ilhas oceânicas e as costeiras, excluídas, destas, as que contenham a sede de Municípios, exceto aquelas áreas afetadas ao serviço público e a unidade ambiental federal, e as referidas no art. 26, II; (Redação dada pela EC 46/2005.)

- Dec. 1.265/1994 (Aprova a Política Marítima Nacional - PMN).

V - os recursos naturais da plataforma continental e da zona econômica exclusiva;

- Lei 8.617/1993 (Dispõe sobre o mar territorial, zona contígua, zona econômica exclusiva e plataforma continental brasileira).
- Dec. 1.265/1994 (Aprova a Política Marítima Nacional - PMN).

VI - o mar territorial;

VII - os terrenos de marinha e seus acrescidos;

- Súm. 496, STJ.

VIII - os potenciais de energia hidráulica;

IX - os recursos minerais, inclusive os do subsolo;

X - as cavidades naturais subterrâneas e os sítios arqueológicos e pré-históricos;

XI - as terras tradicionalmente ocupadas pelos índios.

§ 1º É assegurada, nos termos da lei, à União, aos Estados, ao Distrito Federal e aos Municípios a participação no resultado da exploração de petróleo ou gás natural, de recursos hídricos para fins de geração de energia elétrica e de outros recursos minerais no respectivo território, plataforma continental, mar territorial ou zona econômica exclusiva, ou compensação financeira por essa exploração. (Redação dada pela EC 102/2019).

- art. 177, desta CF.
- art. 3º, EC 86/2015 (Torna obrigatória a execução da programação orçamentária que especifica).
- Lei 7.990/1989 (Institui, para os Estados, Distrito Federal e Municípios, compensação financeira pelo resultado da exploração de petróleo ou gás natural, de recursos hídricos para fins de geração de energia elétrica, de recursos minerais em seus respectivos territórios, plataformas continental, mar territorial ou zona econômica exclusiva).
- Lei 8.001/1990 (Define os percentuais da distribuição da compensação financeira de que trata a Lei 7.990/1989).
- Lei 9.427/1996 (Institui a Agência Nacional de Energia Elétrica - ANEEL e disciplina o regime das concessões de serviços públicos de energia elétrica).
- Lei 9.478/1997 (Dispõe sobre a política energética nacional, as atividades relativas ao monopólio do petróleo e institui o Conselho Nacional de Política Energética e a Agência Nacional do Petróleo).
- Lei 9.984/2000 (Dispõe sobre a criação da Agência Nacional de Águas e Saneamento Básico - ANA).
- Lei 12.858/2013 (Dispõe sobre a destinação para as áreas de educação e saúde de parcela da participação no resultado ou da compensação financeira pela exploração de petróleo e gás natural).
- Dec. 1/1991 (Regulamenta pagamento da compensação financeira instituída pela Lei 7.990/1989).
- Dec. 3.739/2001 (Dispõe sobre o cálculo da tarifa atualizada de referência para compensação financeira pela utilização de recursos hídricos, de que trata a Lei 7.990/1989, e da contribuição de reservatórios de montante para a geração de energia hidrelétrica, de que trata a Lei 8.001/1990).

§ 2º A faixa de até cento e cinquenta quilômetros de largura, ao longo das fronteiras terrestres, designada como faixa de fronteira, é considerada fundamental para defesa do território nacional, e sua ocupação e utilização serão reguladas em lei.

- Lei 6.634/1979 (Dispõe sobre a faixa de fronteira).
- Lei 11.284/2006 (Dispõe sobre a gestão de florestas públicas para a produção sustentável).
- DL 1.135/1970 (Dispõe sobre a organização, a competência e o funcionamento do Conselho de Segurança Nacional).

Art. 21. Compete à União:

I - manter relações com Estados estrangeiros e participar de organizações internacionais;

II - declarar a guerra e celebrar a paz;

III - assegurar a defesa nacional;

IV - permitir, nos casos previstos em lei complementar, que forças estrangeiras transitem pelo território nacional ou nele permaneçam temporariamente;

- LC 90/1997 (Determina os casos em que forças estrangeiras possam transitar pelo território nacional ou nele permanecer temporariamente).

V - decretar o estado de sítio, o estado de defesa e a intervenção federal;

VI - autorizar e fiscalizar a produção e o comércio de material bélico;

VII - emitir moeda;

- Lei 13.416/2017 (Autoriza o Banco Central do Brasil a adquirir papel-moeda e moeda metálica fabricados fora do País por fornecedor estrangeiro).

VIII - administrar as reservas cambiais do país e fiscalizar as operações de natureza financeira, especialmente as de crédito, câmbio e capitalização, bem como as de seguros e de previdência privada;

- LC 108/2001 (Dispõe sobre a relação entre a União, os Estados, o Distrito Federal e os Municípios, suas autarquias, fundações, sociedades de economia mista e outras entidades públicas e suas respectivas entidades fechadas de previdência complementar).
- LC 109/2001 (Dispõe sobre o Regime de Previdência Complementar).
- Lei 4.595/1964 (Dispõe sobre a Política e as Instituições Monetárias, Bancárias e Creditícias).
- Lei 4.728/1965 (Disciplina o mercado de capitais e estabelece medidas para o seu desenvolvimento).
- Dec.-Lei 73/1966 (Dispõe sobre o Sistema Nacional de Seguros Privados, regula as operações de seguros e resseguros).

IX - elaborar e executar planos nacionais e regionais de ordenação do território e de desenvolvimento econômico e social;

- Lei 9.491/1997 (Altera procedimentos relativos ao Programa Nacional de Desestatização).

X - manter o serviço postal e o correio aéreo nacional;

- Lei 6.538/1978 (Dispõe sobre os serviços postais).

XI - explorar, diretamente ou mediante autorização, concessão ou permissão, os serviços de telecomunicações, nos termos da lei, que disporá sobre a organização dos serviços, a criação de um órgão regulador e outros aspectos institucionais; (Redação dada pela EC 8/1995.)

- art. 246, desta CF.
- Art. 2º da EC 8/1995 (Veda a regulamentação deste inciso por MP).
- Lei 8.987/1995 (Dispõe sobre o regime de concessão e permissão da prestação de serviços públicos).
- Lei 9.295/1996 (Dispõe sobre os serviços de telecomunicações e sua organização, e sobre o órgão regulador).
- Lei 9.472/1997 (Dispõe sobre a organização dos serviços de telecomunicações, a criação e funcionamento de um órgão regulador e outros aspectos institucionais).
- Dec. 2.198/1997 (Aprova o Regulamento de serviços públicos restritos).

XII - explorar, diretamente ou mediante autorização, concessão ou permissão:

a) os serviços de radiodifusão sonora, e de sons e imagens; (Redação dada pela EC 8/1995.)

- art. 246, desta CF.
- Lei 9.472/1997 (Dispõe sobre a organização dos serviços de telecomunicações, a criação e funcionamento de um órgão regulador e outros aspectos institucionais).
- Lei 9.612/1998 (Institui o Serviço de Radiodifusão Comunitária).

b) os serviços e instalações de energia elétrica e o aproveitamento energético dos cursos de água, em articulação com os Estados onde se situam os potenciais hidroenergéticos;

- Lei 9.427/1996 (Institui a Agência Nacional de Energia Elétrica – ANEEL).
- Lei 9.648/1998 (Autoriza o Poder Executivo a promover a reestruturação das Centrais Elétricas Brasileiras – ELETROBRÁS e suas subsidiárias).
- Lei 12.111/2009 (Serviços de energia elétrica nos Sistemas Isolados).

c) a navegação aérea, aeroespacial e a infraestrutura aeroportuária;

- Lei 7.565/1986 (Código Brasileiro de Aeronáutica).
- Lei 9.994/2000 (Dispõe sobre o Programa de Desenvolvimento Científico e Tecnológico do Setor Espacial).
- Lei 12.815/2013 (Dispõe sobre a exploração direta e indireta pela União de portos e instalações portuárias e sobre as atividades desempenhadas pelos operadores portuários) e Dec. 8.033/2013 (regulamento).
- Dec. 7.624/2011 (Dispõe sobre as condições de exploração pela iniciativa privada da infraestrutura aeroportuária, por meio de concessão).

d) os serviços de transporte ferroviário e aquaviário entre portos brasileiros e fronteiras nacionais, ou que transponham os limites de Estado ou Território;

- Lei 9.277/1996 (Autoriza a União a delegar aos Municípios, Estados e DF a administração e exploração de rodovias e portos federais).
- Lei 9.432/1997 (Dispõe sobre a ordenação do transporte aquaviário).
- Lei 12.379/2011 (Dispõe sobre o Sistema Nacional de Viação – SNV).

e) os serviços de transporte rodoviário interestadual e internacional de passageiros;

f) os portos marítimos, fluviais e lacustres;

- Dec. 1.265/1994 (Aprova a Política Marítima Nacional - PMN).

XIII - organizar e manter o Poder Judiciário, o Ministério Público do Distrito Federal e dos Territórios e a Defensoria Pública dos Territórios; (Alterado pela EC 69/2012 - produção de efeitos - 120 dias da publicação oficial.)

XIV - organizar e manter a polícia civil, a polícia penal, a polícia militar e o corpo de bombeiros militar do Distrito Federal, bem como prestar assistência financeira ao Distrito Federal para a execução de serviços públicos, por meio de fundo próprio; (Redação dada pela EC 104/2019)

- art. 107, § 6º, I, ADCT.
- art. 25, EC 19/1998.
- Lei 10.633/2002 (Institui o Fundo Constitucional do Distrito Federal – FCDF, para atender o disposto neste inciso).
- Súm. Vinc. 39, STF.
- Súm. 647, STF.

XV - organizar e manter os serviços oficiais de estatística, geografia, geologia e cartografia de âmbito nacional;

- Dec.-Lei 243/1967 (Fixa as Diretrizes e Bases da Cartografia Brasileira).
- Lei 5.878/1973 (Dispõe sobre a Fundação Instituto Brasileiro de Geografia e Estatística - IBGE).
- Lei 6.183/1974 (Dispõe sobre os Sistemas Estatístico e Cartográfico Nacionais).

XVI - exercer a classificação, para efeito indicativo, de diversões públicas e de programas de rádio e televisão;

- art. 23, ADCT.

XVII - conceder anistia;

XVIII - planejar e promover a defesa permanente contra as calamidades públicas, especialmente as secas e as inundações;

- Lei 12.787/2013 (Política Nacional de Irrigação).

XIX - instituir sistema nacional de gerenciamento de recursos hídricos e definir critérios de outorga de direitos de seu uso;

- Lei 9.433/1997 (Institui a Política Nacional de Recursos Hídricos).

XX - instituir diretrizes para o desenvolvimento urbano, inclusive habitação, saneamento básico e transportes urbanos;

- Lei 5.318/1967 (Institui a Política Nacional de Saneamento).
- Lei 7.196/1984 (Institui o Plano Nacional de Moradia - PLAMO, destinado a atender as necessidades de moradia das pessoas de renda mensal regular até 5 (cinco) salários-mínimos).
- Lei 10.188/2001 (Cria o Programa de Arrendamento Residencial, institui o arrendamento residencial com opção de compra).
- Lei 10.233/2001 (Dispõe sobre a reestruturação dos transportes aquaviário e terrestre).
- Lei 11.445/2007 (Estabelece diretrizes nacionais para o saneamento básico).
- Lei 12.587/2012 (Institui as diretrizes da Política Nacional de Mobilidade Urbana).
- Lei 13.089/2015 (Estatuto da Metrópole).

XXI - estabelecer princípios e diretrizes para o sistema nacional de viação;

- Lei 12.379/2011 (Dispõe sobre o Sistema Nacional de Viação – SNV).

XXII - executar os serviços de polícia marítima, aeroportuária e de fronteiras; (Redação dada pela EC 19/1998.)

- Dec. 7.624/2011 (Dispõe sobre as condições de exploração pela iniciativa privada da infraestrutura aeroportuária, por meio de concessão).
- Súm. Vinc. 36, STF.

XXIII - explorar os serviços e instalações nucleares de qualquer natureza e exercer monopólio estatal sobre a pesquisa, a lavra, o enriquecimento e reprocessamento, a industrialização e o comércio de minérios nucleares e seus derivados, atendidos os seguintes princípios e condições:

- Lei 10.308/2001 (Dispõe sobre a seleção de locais, a construção, o licenciamento, a operação, a fiscalização, os custos, a indenização, a responsabilidade civil e as garantias referentes aos depósitos de rejeitos radioativos).
- Dec.-Lei 1.982/1982 (Dispõe sobre o exercício das atividades nucleares incluídas no monopólio da União, o controle do desenvolvimento de pesquisas no campo da energia nuclear).

a) toda atividade nuclear em território nacional somente será admitida para fins pacíficos e mediante aprovação do Congresso Nacional;

b) sob regime de permissão, são autorizadas a comercialização e a utilização de radioisótopos para pesquisa e uso agrícolas e industriais; (Redação dada pela EC 118/2022)

c) sob regime de permissão, são autorizadas a produção, a comercialização e a utilização de radioisótopos para pesquisa e uso médicos; (Redação dada pela EC 118/2022)

d) a responsabilidade civil por danos nucleares independe da existência de culpa; (Redação dada pela EC 49/2006.)

- Lei 6.453/1977 (Dispõe sobre a responsabilidade civil por danos nucleares e a responsabilidade criminal por atos relacionados com atividades nucleares).
- Lei 10.308/2001 (Dispõe sobre a seleção de locais, a construção, o licenciamento, a operação, a fiscalização, os custos, a indenização, a responsabilidade civil e as garantias referentes aos depósitos de rejeitos radioativos).

XXIV - organizar, manter e executar a inspeção do trabalho;

- art. 174, desta CF.

XXV - estabelecer as áreas e as condições para o exercício da atividade de garimpagem, em forma associativa.

- Lei 7.805/1989 (Cria o Regime de Permissão de Lavra Garimpeira).
- Lei 11.685/2008 (Estatuto do Garimpeiro).

XXVI - organizar e fiscalizar a proteção e o tratamento de dados pessoais, nos termos da lei. *(Acrescido pela EC 115/2022)*

Art. 22. Compete privativamente à União legislar sobre:

I - direito civil, comercial, penal, processual, eleitoral, agrário, marítimo, aeronáutico, espacial e do trabalho;

- Lei 556/1850 (CCom).
- Lei 4.504/1964 (Estatuto da Terra).
- Lei 4.737/1965 (CE).
- Lei 4.947/1966 (Estabelece normas de Direito Agrário).
- Lei 7.565/1986 (Código Brasileiro de Aeronáutica).
- Lei 10.406/2002 (CC).
- Lei 13.105/2015 (NCPC).
- Dec.-Lei 2.848/1940 (CP).
- Dec.-Lei 3.689/1941 (CPP).
- Dec.-Lei 5.452/1943 (CLT).
- Dec.-Lei 1.001/1969 (CPM).
- Dec.-Lei 1.002/1969 (CPPM).
- Dec. 1.265/1994 (Aprova a Política Marítima Nacional - PMN).
- Súm. Vinc. 46, STF.
- Súm. 722, STF.

II - desapropriação;

- arts. 184; 185, I e II, desta CF.
- arts. 1.228, § 3º; 1.275, V, CC/2002.

- LC 76/1993 (Dispõe sobre o procedimento contraditório especial, de rito sumário, para o processo de desapropriação de imóvel rural, por interesse social, para fins de reforma agrária).
- Lei 4.132/1962; Lei 8.257/1991 e Lei 8.629/1993 (Desapropriação por interesse social).
- Lei 4.504/1964 (Estatuto da Terra).
- Dec.-Lei 3.365/1941 (Lei de desapropriações).
- Dec.-Lei 1.075/1970 (Imissão de posse, initio litis, em imóveis residenciais urbanos).

III - requisições civis e militares, em caso de iminente perigo e em tempo de guerra;

IV - águas, energia, informática, telecomunicações e radiodifusão;

- Lei 4.117/1962 (Código Brasileiro de Telecomunicações).
- Lei 9.295/1996 (Dispõe sobre os serviços de telecomunicações e sua organização, e sobre o órgão regulador).
- Lei 9.472/1997 (Organização dos Serviços de Telecomunicações).
- Lei 9.984/2000 (Dispõe sobre a criação da Agência Nacional de Águas e Saneamento Básico - ANA).
- Dec. 2.196/1997 (Aprova o Regulamento de serviços especiais).
- Dec. 2.198/1997 (Aprova o Regulamento de serviços público-restritos).

V - serviço postal;

- Lei 6.538/1978 (Dispõe sobre os Serviços postais).

VI - sistema monetário e de medidas, títulos e garantias dos metais;

- Leis 9.069/1995 e 10.192/2001 (Plano Real).

VII - política de crédito, câmbio, seguros e transferência de valores;

VIII - comércio exterior e interestadual;

IX - diretrizes da política nacional de transportes;

- Decretos 4.122/2002 e 4.130/2002 (Dispõem sobre o Conselho Nacional de Integração de Políticas de Transporte).

X - regime dos portos, navegação lacustre, fluvial, marítima, aérea e aeroespacial;

- Lei 9.277/1996 (Autoriza a União a delegar aos Municípios, Estados e DF a administração e exploração de rodovias e portos federais).
- Lei 9.994/2000 (Institui o Programa de Desenvolvimento Científico e Tecnológico do Setor Espacial).
- Lei 12.815/2013 (Dispõe sobre a exploração direta e indireta pela União de portos e instalações portuárias e sobre as atividades desempenhadas pelos operadores portuários) e Dec. 8.033/2013 (regulamento).

XI - trânsito e transporte;

- Lei 9.503/1997 (CTB).

XII - jazidas, minas, outros recursos minerais e metalurgia;

- Dec.-Lei 227/1967 (Código de Minas).

XIII - nacionalidade, cidadania e naturalização;

- Lei 13.445/2017 (Lei de Migração).

XIV - populações indígenas;

- art. 231 desta CF.
- Lei 6.001/1973 (Estatuto do índio).

XV - emigração e imigração, entrada, extradição e expulsão de estrangeiros;

- Lei 13.445/2017 (Lei de Migração).
- Dec. 9.873/2019 (Dispõe sobre o Conselho Nacional de Imigração).

XVI - organização do sistema nacional de emprego e condições para o exercício de profissões;

XVII - organização judiciária, do Ministério Público do Distrito Federal e dos Territórios e da Defensoria Pública dos Territórios, bem como organização administrativa destes; (Alterado pela EC 69/2012 - produção de efeitos - 120 dias da publicação oficial.)

» *Vide* Súmula Vinculante 39.

XVIII - sistema estatístico, sistema cartográfico e de geologia nacionais;

XIX - sistemas de poupança, captação e garantia da poupança popular;

- Lei 8.177/1991 (Estabelece regras para a desindexação da economia).

XX - sistemas de consórcios e sorteios;

- Lei 5.768/1971 (Dispõe sobre a distribuição gratuita de prêmios, mediante sorteio, vale-brinde ou concurso).
- Lei 11.795/2008 (Dispõe sobre o Sistema de Consórcio).
- Súm. Vinc. 2, STF.

XXI – normas gerais de organização, efetivos, material bélico, garantias, convocação, mobilização, inatividades e pensões das polícias militares e dos corpos de bombeiros militares; (Redação dada pela EC 103/2019)

XXII - competência da polícia federal e das polícias rodoviária e ferroviária federais;

- Lei 9.654/1998 (Cria a carreira de Policial Rodoviário Federal).

XXIII - seguridade social;

- Lei 8.212/1991 (Dispõe sobre a organização da Seguridade Social e institui o Plano de Custeio).

XXIV - diretrizes e bases da educação nacional;

- Lei 9.394/1996 (Lei das Diretrizes e Bases da Educação Nacional).

XXV - registros públicos;

- Lei 6.015/1973 (Lei de Registros públicos).

XXVI - atividades nucleares de qualquer natureza;

- Lei 10.308/2001 (Dispõe sobre a seleção de locais, a construção, o licenciamento, a operação, a fiscalização, os custos, a indenização, a responsabilidade civil e as garantias referentes aos depósitos de rejeitos radioativos).
- Lei 12.731/2012 (Institui o Sistema de Proteção ao Programa Nuclear Brasileiro – SIPRON).

XXVII - normas gerais de licitação e contratação, em todas as modalidades, para as administrações públicas diretas, autárquicas e fundacionais da União, Estados, Distrito Federal e Municípios, obedecido o disposto no art. 37, XXI, e para as empresas públicas e sociedades de economia mista, nos termos do art. 173, § 1º, III; (Redação dada pela EC 19/1998.)

- art. 37, XXI, desta CF.
- Lei 12.462/2011 (Institui o Regime Diferenciado de Contratações Públicas - RDC) e Dec. 7.581/2011 (Regulamento).
- Lei 14.133/2021 (Nova Lei de Licitações e Contratos Administrativos).
- Dec. 3.555/2000 (Aprova o Regulamento para a modalidade de licitação denominada pregão, para aquisição de bens e serviços comuns).

XXVIII - defesa territorial, defesa aeroespacial, defesa marítima, defesa civil e mobilização nacional;

- Lei 12.340/2010 (Dispõe sobre as transferências de recursos da União aos órgãos e entidades dos Estados, Distrito Federal e Municípios para a execução de ações de prevenção em áreas de risco de desastres e de resposta e de recuperação em áreas atingidas por desastres e sobre o Fundo Nacional para Calamidades Públicas, Proteção e Defesa Civil) e Dec. 7.257/2010 (Regulamento).
- Dec. 7.294/2010 (Dispõe sobre a Política de Mobilização Nacional).

XXIX - propaganda comercial.

- Lei 8.078/1990 (CDC).

XXX - proteção e tratamento de dados pessoais. *(Acrescido pela EC 115/2022)*

Parágrafo único. Lei Complementar poderá autorizar os Estados a legislar sobre questões específicas das matérias relacionadas neste artigo.

- LC nº 103/2000 (Autoriza os Estados e o DF a instituir o piso salarial a que se refere o art. 7º, V, desta CF).

Art. 23. É competência comum da União, dos Estados, do Distrito Federal e dos Municípios:

I - zelar pela guarda da Constituição, das leis e das instituições democráticas e conservar o patrimônio público;

II - cuidar da saúde e assistência pública, da proteção e garantia das pessoas portadoras de deficiência;

- art. 203, V, desta CF.
- Lei 7.853/1989 (Lei de apoio às pessoas portadoras de deficiência) e Dec. 3.298/1999 (Regulamento).
- Lei 13.146/2015 (Estatuto da Pessoa com Deficiência).

III - proteger os documentos, as obras e outros bens de valor histórico, artístico e cultural, os monumentos, as paisagens naturais notáveis e os sítios arqueológicos;

- LC 140/2011 (Fixa normas para a cooperação entre a União, os Estados, o DF e os Municípios nas ações administrativas decorrentes do exercício da competência comum relativas à proteção das paisagens naturais notáveis, à proteção do meio ambiente, ao combate à poluição em qualquer de suas formas e à preservação das florestas, da fauna e da flora).
- Dec.-lei 25/1937 (Organiza a Proteção do Patrimônio Histórico e Artístico Nacional).

IV - impedir a evasão, a destruição e a descaracterização de obras de arte e de outros bens de valor histórico, artístico ou cultural;

V - proporcionar os meios de acesso à cultura, à educação, à ciência, à tecnologia, à pesquisa e à inovação; (Alterado pela EC 85/2015.)

VI - proteger o meio ambiente e combater a poluição em qualquer de suas formas;

- LC 140/2011 (Fixa normas para a cooperação entre a União, os Estados, o DF e os Municípios nas ações administrativas decorrentes do exercício da competência comum relativas à proteção das paisagens naturais notáveis, à proteção do meio ambiente, ao combate à poluição em qualquer de suas formas e à preservação das florestas, da fauna e da flora).
- Lei 6.938/1981 (Dispõe sobre a Política Nacional do Meio Ambiente).
- Lei 9.605/1998 (Lei dos Crimes ambientais).
- Lei 9.966/2000 (Dispõe sobre a prevenção, o controle e a fiscalização da poluição causada por lançamento de óleo e outras substâncias nocivas ou perigosas em águas sob jurisdição nacional).
- Lei 11.284/2006 (Dispõe sobre a gestão de florestas públicas para a produção sustentável).
- Lei 12.305/2010 (Institui a Política Nacional de Resíduos Sólidos).
- Dec. 6.514/2008 (Dispõe sobre as infrações e sanções administrativas ao meio ambiente, estabelece o processo administrativo federal para apuração destas infrações).

VII - preservar as florestas, a fauna e a flora;

- LC 140/2011 (Fixa normas para a cooperação entre a União, os Estados, o DF e os Municípios nas ações administrativas decorrentes do exercício da competência comum relativas à proteção das paisagens naturais notáveis, à proteção do meio ambiente, ao combate à poluição em qualquer de suas formas e à preservação das florestas, da fauna e da flora).
- Lei 5.197/1967 (Código de Caça).
- Lei 12.651/2012 (Código Florestal).
- Dec.-Lei 221/1967 (Código de Pesca).

VIII - fomentar a produção agropecuária e organizar o abastecimento alimentar;

IX - promover programas de construção de moradias e a melhoria das condições habitacionais e de saneamento básico;

- Lei 11.445/2007 (Estabelece diretrizes nacionais para o saneamento básico).
- Lei 13.089/2015 (Institui o Estatuto da Metrópole.)

X - combater as causas da pobreza e os fatores de marginalização, promovendo a integração social dos setores desfavorecidos;

- EC 31/2000 (Cria o Fundo de Combate e Erradicação da Pobreza).
- LC 111/2001 (Dispõe sobre o Fundo de Combate e Erradicação da Pobreza).

XI - registrar, acompanhar e fiscalizar as concessões de direitos de pesquisa e exploração de recursos hídricos e minerais em seus territórios;

- Lei 9.433/1997 (Institui a Política Nacional de Recursos Hídricos).

XII - estabelecer e implantar política de educação para a segurança do trânsito.

Parágrafo único. Leis complementares fixarão normas para a cooperação entre a União e os Estados, o Distrito Federal e os Municípios, tendo em vista o equilíbrio do desenvolvimento e do bem-estar em âmbito nacional. (Redação dada pela EC 53/2006.)

- LC 140/2011 (Fixa normas para a cooperação entre a União, os Estados, o DF e os Municípios nas ações administrativas decorrentes do exercício da competência comum relativas à proteção das paisagens naturais notáveis, à proteção do meio ambiente, ao combate à poluição em qualquer de suas formas e à preservação das florestas, da fauna e da flora).

Art. 24. Compete à União, aos Estados e ao Distrito Federal legislar concorrentemente sobre:

I - direito tributário, financeiro, penitenciário, econômico e urbanístico;

- Lei 4.320/1964 (Estabelece normas gerais de Direito Financeiro para elaboração e controle dos orçamentos e balanços da União, Estados, Municípios e DF).
- Lei 5.172/1966 (CTN).
- Lei 7.210/1984 (Lei de Execuções Penais).
- Lei 12.529/2011 (Lei Antitruste).
- Lei 13.089/2015 (Institui o Estatuto da Metrópole).
- Lei 13.874/2019 (Lei da Liberdade Econômica).

II - orçamento;

III - juntas comerciais;

- Lei 8.934/1994 (Registro público de empresas mercantis) e Dec. 1.800/1996 (Regulamento).

IV - custas dos serviços forenses;

- Lei 9.289/1996 (Dispõe sobre custas na Justiça Federal).
- Súm. 178, STJ.

V - produção e consumo;

VI - florestas, caça, pesca, fauna, conservação da natureza, defesa do solo e dos recursos naturais, proteção do meio ambiente e controle da poluição;

- Lei 5.197/1967 (Código de Caça).
- Lei 9.605/1998 (Lei dos Crimes ambientais)
- Lei 9.795/1999 (Educação ambiental) e Dec. 4.281/2002 (Regulamento).
- Lei 12.651/2012 (Código Florestal).
- Dec.-Lei 221/1967 (Código de Pesca).
- Dec. 6.514/2008 (Dispõe sobre as infrações e sanções administrativas ao meio ambiente, estabelece o processo administrativo federal para apuração destas infrações).

VII - proteção ao patrimônio histórico, cultural, artístico, turístico e paisagístico;

VIII - responsabilidade por dano ao meio ambiente, ao consumidor, a bens e direitos de valor artístico, estético, histórico, turístico e paisagístico;

- LC 75/1993 (Lei Orgânica do Ministério Público da União).
- Lei 7.347/1985 (Lei da Ação Civil Pública).
- Lei 8.625/1993 (Lei Orgânica Nacional do Ministério Público).
- Dec. 1.306/1994 (Regulamenta o Fundo de Defesa de Direitos Difusos).
- Dec. 2.181/1997 (Dispõe sobre a organização do Sistema Nacional de Defesa do Consumidor – SNDC).

IX - educação, cultura, ensino, desporto, ciência, tecnologia, pesquisa, desenvolvimento e inovação; (Alterado pela EC 85/2015.)

- Lei 9.394/1996 (Lei das Diretrizes e Bases da Educação Nacional).
- Lei 9.615/1998 (Institui normas gerais sobre desportos).

X - criação, funcionamento e processo do juizado de pequenas causas;

- art. 98, I, desta CF.
- Lei 9.099/1995 (Lei dos Juizados Especiais).
- Lei 10.259/2001 (Lei dos Juizados Especiais Federais).
- art. 14 da Lei 11.340/2006 (Juizados de Violência Doméstica e Familiar contra a Mulher).
- Lei 12.153/2009 (Dispõe sobre os Juizados Especiais da Fazenda Pública).

XI - procedimentos em matéria processual;

XII - previdência social, proteção e defesa da saúde;

- Lei 8.212/1991 (Dispõe sobre a organização da Seguridade Social e institui o Plano de Custeio).
- Lei 8.213/1991 (Lei dos Planos de Benefícios da Previdência Social).
- Lei 9.273/1996 (Torna obrigatória a inclusão de dispositivo de segurança que impeça a reutilização das seringas descartáveis).
- Dec. 3.048/1999 (Regulamento da Previdência Social).
- Dec. 7.788/2012 (Regulamenta o Fundo Nacional de Assistência Social.)

XIII - assistência jurídica e Defensoria Pública;

- LC 80/1994 (Defensoria Pública).
- Lei 1.060/1950 (Lei da Assistência judiciária).

XIV - proteção e integração social das pessoas portadoras de deficiência;

- art. 203, V, desta CF.
- Lei 7.853/1989 (Lei de apoio às pessoas portadoras de deficiência) e Dec. 3.298/1999 (Regulamento).
- Lei 13.146/2015 (Estatuto da Pessoa com Deficiência).
- Dec. 6.949/2009 (Promulga a Convenção Internacional sobre os Direitos das Pessoas com Deficiência).

XV - proteção à infância e à juventude;

- Lei 8.069/1990 (ECA).
- Lei 13.257/2016 (Dispõe sobre as políticas públicas para a primeira infância).

XVI - organização, garantias, direitos e deveres das polícias civis.

§ 1º No âmbito da legislação concorrente, a competência da União limitar-se-á a estabelecer normas gerais.

§ 2º A competência da União para legislar sobre normas gerais não exclui a competência suplementar dos Estados.

§ 3º Inexistindo lei federal sobre normas gerais, os Estados exercerão a competência legislativa plena, para atender a suas peculiaridades.

§ 4º A superveniência de lei federal sobre normas gerais suspende a eficácia da lei estadual, no que lhe for contrário.

- Lei 13.874/2019 (Lei da Liberdade Econômica).

CAPÍTULO III
DOS ESTADOS FEDERADOS

Art. 25. Os Estados organizam-se e regem-se pelas Constituições e leis que adotarem, observados os princípios desta Constituição.

- Súm. 681, STF.
- *Vide* art. 11 do ADCT.

§ 1º São reservadas aos Estados as competências que não lhes sejam vedadas por esta Constituição.

- art. 19, desta CF.

§ 2º Cabe aos Estados explorar diretamente, ou mediante concessão, os serviços locais de gás canalizado, na forma da lei, vedada a edição de medida provisória para a sua regulamentação. (Redação dada pela EC 5/1995.)

- art. 246 desta CF.
- Lei 9.478/1997 (Dispõe sobre a política energética nacional, as atividades relativas ao monopólio do petróleo e institui o Conselho Nacional de Política Energética e a Agência Nacional do Petróleo).

§ 3º Os Estados poderão, mediante lei complementar, instituir regiões metropolitanas, aglomerações urbanas e microrregiões, constituídas por agrupamentos de municípios limítrofes, para integrar a organização, o planejamento e a execução de funções públicas de interesse comum.

- Lei 13.089/2015 (Institui o Estatuto da Metrópole.)

Art. 26. Incluem-se entre os bens dos Estados:

I - as águas superficiais ou subterrâneas, fluentes, emergentes e em depósito, ressalvadas, neste caso, na forma da lei, as decorrentes de obras da União;

- Lei 9.984/2000 (Dispõe sobre a criação da Agência Nacional de Águas e Saneamento Básico - ANA).
- art. 29, Dec. 24.643/1934 (Código de Águas).

II - as áreas, nas ilhas oceânicas e costeiras, que estiverem no seu domínio, excluídas aquelas sob domínio da União, Municípios ou terceiros;

- art. 20, IV, desta CF.

III - as ilhas fluviais e lacustres não pertencentes à União;

IV - as terras devolutas não compreendidas entre as da União.

Art. 27. O número de Deputados à Assembleia Legislativa corresponderá ao triplo da representação do Estado na Câmara dos Deputados e, atingido o número de trinta e seis, será acrescido de tantos quantos forem os Deputados Federais acima de doze.

- art. 32 desta CF.

§ 1º Será de quatro anos o mandato dos Deputados Estaduais, aplicando-se-lhes as regras desta Constituição sobre sistema eleitoral, inviolabilidade, imunidades, remuneração, perda de mandato, licença, impedimentos e incorporação às Forças Armadas.

§ 2º O subsídio dos Deputados Estaduais será fixado por lei de iniciativa da Assembleia Legislativa, na razão de, no máximo, setenta e cinco por cento daquele estabelecido, em espécie, para os Deputados Federais, observado o que dispõem os arts. 39, § 4º, 57, § 7º, 150, II, 153, III, e 153, § 2º, I. (Redação dada pela EC 19/1998.)

§ 3º Compete às Assembleias Legislativas dispor sobre seu regimento interno, polícia e serviços administrativos de sua secretaria, e prover os respectivos cargos.

§ 4º A lei disporá sobre a iniciativa popular no processo legislativo estadual.

› Lei 9.709/1998 (Regulamenta a execução do disposto nos incisos I a III do art. 14 desta CF).

» *Vide* art. 61, § 2.º, da CF e art. 29, XIII, da CF.

Art. 28. A eleição do Governador e do Vice-Governador de Estado, para mandato de quatro anos, realizar-se-á no primeiro domingo de outubro, em primeiro turno, e no último domingo de outubro, em segundo turno, se houver, do ano anterior ao do término do mandato de seus antecessores, e a posse ocorrerá em primeiro de janeiro do ano subsequente, observado, quanto ao mais, o disposto no art. 77. (Redação dada pela EC 16/1997.)

› Lei 9.504/1997 (Lei das Eleições).

› **Atualização:** Art. 28. A eleição do Governador e do Vice-Governador de Estado, para mandato de 4 (quatro) anos, realizar-se-á no primeiro domingo de outubro, em primeiro turno, e no último domingo de outubro, em segundo turno, se houver, do ano anterior ao do término do mandato de seus antecessores, e a posse ocorrerá em 6 de janeiro do ano subsequente, observado, quanto ao mais, o disposto no art. 77 desta Constituição. (Redação dada pela EC 111/2021 - DOU 29.09.2021, aplicável a partir das eleições de 2026)

§ 1º Perderá o mandato o Governador que assumir outro cargo ou função na administração pública direta ou indireta, ressalvada a posse em virtude de concurso público e observado o disposto no art. 38, I, IV e V. (Renumerado do parágrafo único, pela EC 19/1998.)

› art. 29, XIV, desta CF.

§ 2º Os subsídios do Governador, do Vice-Governador e dos Secretários de Estado serão fixados por lei de iniciativa da Assembleia Legislativa, observado o que dispõem os arts. 37, XI, 39, § 4º, 150, II, 153, III, e 153, § 2º, I. (Incluído pela EC 19/1998.)

CAPÍTULO IV
DOS MUNICÍPIOS

› Art. 96, ADCT.

Art. 29. O Município reger-se-á por lei orgânica, votada em dois turnos, com o interstício mínimo de dez dias, e aprovada por dois terços dos membros da Câmara Municipal, que a promulgará, atendidos os princípios estabelecidos nesta Constituição, na Constituição do respectivo Estado e os seguintes preceitos:

› Súm. 525, STJ.

I - eleição do Prefeito, do Vice-Prefeito e dos Vereadores, para mandato de quatro anos, mediante pleito direto e simultâneo realizado em todo o país;

II - eleição do Prefeito e do Vice-Prefeito realizada no primeiro domingo de outubro do ano anterior ao término do mandato dos que devam suceder, aplicadas as regras do art. 77, no caso de Municípios com mais de duzentos mil eleitores; (Redação dada pela EC 16/1997.)

III - posse do Prefeito e do Vice-Prefeito no dia 1º de janeiro do ano subsequente ao da eleição;

IV - para a composição das Câmaras Municipais, será observado o limite máximo de: (Redação dada pela EC 58/2009.)

› ADIn 4.307 (Julgou procedente a ação para declarar a inconstitucionalidade do disposto no art. 3º, I, da EC 58/2009, *DJe* 28.10.2013).

a) 9 (nove) Vereadores, nos Municípios de até 15.000 (quinze mil) habitantes; (Redação dada pela EC 58/2009.)

b) 11 (onze) Vereadores, nos Municípios de mais de 15.000 (quinze mil) habitantes e de até 30.000 (trinta mil) habitantes; (Redação dada pela EC 58/2009.)

c) 13 (treze) Vereadores, nos Municípios com mais de 30.000 (trinta mil) habitantes e de até 50.000 (cinquenta mil) habitantes; (Redação dada pela EC 58/2009.)

d) 15 (quinze) Vereadores, nos Municípios de mais de 50.000 (cinquenta mil) habitantes e de até 80.000 (oitenta mil) habitantes; (Incluída pela EC 58/2009.)

e) 17 (dezessete) Vereadores, nos Municípios de mais de 80.000 (oitenta mil) habitantes e de até 120.000 (cento e vinte mil) habitantes; (Incluída pela EC 58/2009.)

f) 19 (dezenove) Vereadores, nos Municípios de mais de 120.000 (cento e vinte mil) habitantes e de até 160.000 (cento e sessenta mil) habitantes; (Incluída pela EC 58/2009.)

g) 21 (vinte e um) Vereadores, nos Municípios de mais de 160.000 (cento e sessenta mil) habitantes e de até 300.000 (trezentos mil) habitantes; (Incluída pela EC 58/2009.)

h) 23 (vinte e três) Vereadores, nos Municípios de mais de 300.000 (trezentos mil) habitantes e de até 450.000 (quatrocentos e cinquenta mil) habitantes; (Incluída pela EC 58/2009.)

i) 25 (vinte e cinco) Vereadores, nos Municípios de mais de 450.000 (quatrocentos e cinquenta mil) habitantes e de até 600.000 (seiscentos mil) habitantes; (Incluída pela EC 58/2009.)

j) 27 (vinte e sete) Vereadores, nos Municípios de mais de 600.000 (seiscentos mil) habitantes e de até 750.000 (setecentos e cinquenta mil) habitantes; (Incluída pela EC 58/2009.)

k) 29 (vinte e nove) Vereadores, nos Municípios de mais de 750.000 (setecentos e cinquenta mil) habitantes e de até 900.000 (novecentos mil) habitantes; (Incluída pela EC 58/2009.)

l) 31 (trinta e um) Vereadores, nos Municípios de mais de 900.000 (novecentos mil) habitantes e de até 1.050.000 (um milhão e cinquenta mil) habitantes; (Incluída pela EC 58/2009.)

m) 33 (trinta e três) Vereadores, nos Municípios de mais de 1.050.000 (um milhão e cinquenta mil) habitantes e de até 1.200.000 (um milhão e duzentos mil) habitantes; (Incluída pela EC 58/2009.)

n) 35 (trinta e cinco) Vereadores, nos Municípios de mais de 1.200.000 (um milhão e duzentos mil) habitantes e de até 1.350.000 (um milhão e trezentos e cinquenta mil) habitantes; (Incluída pela EC 58/2009.)

o) 37 (trinta e sete) Vereadores, nos Municípios de 1.350.000 (um milhão e trezentos e cinquenta mil) habitantes e de até 1.500.000 (um milhão e quinhentos mil) habitantes; (Incluída pela EC 58/2009.)

p) 39 (trinta e nove) Vereadores, nos Municípios de mais de 1.500.000 (um milhão e quinhentos mil) habitantes e de até 1.800.000 (um milhão e oitocentos mil) habitantes; (Incluída pela EC 58/2009.)

q) 41 (quarenta e um) Vereadores, nos Municípios de mais de 1.800.000 (um milhão e oitocentos mil) habitantes e de até 2.400.000 (dois milhões e quatrocentos mil) habitantes; (Incluída pela EC 58/2009.)

r) 43 (quarenta e três) Vereadores, nos Municípios de mais de 2.400.000 (dois milhões e quatrocentos mil) habitantes e de até 3.000.000 (três milhões) de habitantes; (Incluída pela EC 58/2009.)

s) 45 (quarenta e cinco) Vereadores, nos Municípios de mais de 3.000.000 (três milhões) de habitantes e de até 4.000.000 (quatro milhões) de habitantes; (Incluída pela EC 58/2009.)

t) 47 (quarenta e sete) Vereadores, nos Municípios de mais de 4.000.000 (quatro milhões) de habitantes e de até 5.000.000 (cinco milhões) de habitantes; (Incluída pela EC 58/2009.)

u) 49 (quarenta e nove) Vereadores, nos Municípios de mais de 5.000.000 (cinco milhões) de habitantes e de até 6.000.000 (seis milhões) de habitantes; (Incluída pela EC 58/2009.)

v) 51 (cinquenta e um) Vereadores, nos Municípios de mais de 6.000.000 (seis milhões) de habitantes e de até 7.000.000 (sete milhões) de habitantes; (Incluída pela EC 58/2009.)

w) 53 (cinquenta e três) Vereadores, nos Municípios de mais de 7.000.000 (sete milhões) de habitantes e de até 8.000.000 (oito milhões) de habitantes; e (Incluída pela EC 58/2009.)

x) 55 (cinquenta e cinco) Vereadores, nos Municípios de mais de 8.000.000 (oito milhões) de habitantes; (Incluída pela EC 58/2009.)

V - subsídios do Prefeito, do Vice-Prefeito e dos Secretários Municipais fixados por lei de iniciativa da Câmara Municipal, observado o que dispõem os arts. 37, XI, 39, § 4º, 150, II, 153, III, e 153, § 2º, I; (Redação dada pela EC 19/1998.)

VI - o subsídio dos Vereadores será fixado pelas respectivas Câmaras Municipais em cada legislatura para a subsequente, observado o que dispõe esta Constituição, observados os critérios estabelecidos na respectiva Lei Orgânica e os seguintes limites máximos: (Redação dada pela EC 25/2000.)

a) em Municípios de até dez mil habitantes, o subsídio máximo dos Vereadores corresponderá a vinte por cento do subsídio dos Deputados Estaduais; (Incluído pela EC 25/2000.)

b) em Municípios de dez mil e um a cinquenta mil habitantes, o subsídio máximo dos Vereadores corresponderá a trinta por cento do subsídio dos Deputados Estaduais; (Incluído pela EC 25/2000.)

c) em Municípios de cinquenta mil e um a cem mil habitantes, o subsídio máximo dos Vereadores corresponderá a quarenta por cento do subsídio dos Deputados Estaduais; (Incluído pela EC 25/2000.)

d) em Municípios de cem mil e um a trezentos mil habitantes, o subsídio máximo dos Vereadores corresponderá a cinquenta por cento do subsídio dos Deputados Estaduais; (Incluído pela EC 25/2000.)

e) em Municípios de trezentos mil e um a quinhentos mil habitantes, o subsídio máximo dos Vereadores corresponderá a sessenta por cento do subsídio dos Deputados Estaduais; (Incluído pela EC 25/2000.)

f) em Municípios de mais de quinhentos mil habitantes, o subsídio máximo dos Vereadores corresponderá a setenta e cinco por cento do subsídio dos Deputados Estaduais; (Incluído pela EC 25/2000.)

VII - o total da despesa com a remuneração dos Vereadores não poderá ultrapassar o montante de cinco por cento da receita do Município; (Incluído pela EC 1/1992.)

VIII - inviolabilidade dos Vereadores por suas opiniões, palavras e votos no exercício do mandato e na circunscrição do Município; (Renumerado do inc. VI pela EC 1/1992.)

» *Vide* art. 53, *caput*, da CF.

IX - proibições e incompatibilidades, no exercício da vereança, similares, no que couber, ao disposto nesta Constituição para os membros do Congresso Nacional e na Constituição do respectivo Estado para os membros da Assembleia Legislativa; (Renumerado do inc. VII pela EC 1/1992.)

X - julgamento do Prefeito perante o Tribunal de Justiça; (Renumerado do inc. VIII pela EC 1/1992.)

- Dec.-Lei 201/1967 (Responsabilidade de prefeitos e vereadores).
- Súm. 702 e 703, STF.
- Súm. 209, STJ.

XI - organização das funções legislativas e fiscalizadoras da Câmara Municipal; (Renumerado do inc. IX pela EC 1/1992.)

- Lei 9.452/1997 (Determina que as Câmaras Municipais sejam notificadas da liberação de recursos federais).

XII - cooperação das associações representativas no planejamento municipal; (Renumerado do inc. X pela EC 1/1992.)

XIII - iniciativa popular de projetos de lei de interesse específico do Município, da cidade ou de bairros, através de manifestação de, pelo menos, cinco por cento do eleitorado; (Renumerado do inc. XI pela EC 1/1992.)

» *Vide* arts. 61, § 2.º, e 27, § 4.º, da CF.

XIV - perda do mandato do Prefeito, nos termos do art. 28, parágrafo único. (Renumerado do inciso XII pela EC 1/1992.)

Art. 29-A. O total da despesa do Poder Legislativo Municipal, incluídos os subsídios dos Vereadores e excluídos os gastos com inativos, não poderá ultrapassar os seguintes percentuais, relativos ao somatório da receita tributária e das transferências previstas no § 5º do art. 153 e nos arts. 158 e 159, efetivamente realizado no exercício anterior: (Incluído pela EC 25/2000.)

- **Atualização:** Art. 29-A. O total da despesa do Poder Legislativo Municipal, incluídos os subsídios dos Vereadores e os demais gastos com pessoal inativo e pensionistas, não poderá ultrapassar os seguintes percentuais, relativos ao somatório da receita tributária e das transferências previstas no § 5º do art. 153 e nos arts. 158 e 159 desta Constituição, efetivamente realizado no exercício anterior: (Redação dada pela EC 109/2021, DOU 16.03.2021, em vigor a partir do início da primeira legislatura municipal após sua data de publicação).

I - 7% (sete por cento) para Municípios com população de até 100.000 (cem mil) habitantes; (Redação dada pela EC 58/2009.)

II - 6% (seis por cento) para Municípios com população entre 100.000 (cem mil) e 300.000 (trezentos mil) habitantes; (Redação dada pela EC 58/2009.)

III - 5% (cinco por cento) para Municípios com população entre 300.001 (trezentos mil e um) e 500.000 (quinhentos mil) habitantes; (Redação dada pela EC 58/2009.)

IV - 4,5% (quatro inteiros e cinco décimos por cento) para Municípios com população entre 500.001 (quinhentos mil e um) e 3.000.000 (três milhões) de habitantes; (Redação dada pela EC 58/2009.)

V - 4% (quatro por cento) para Municípios com população entre 3.000.001 (três milhões e um) e 8.000.000 (oito milhões) de habitantes; (Incluído pela EC 58/2009.)

VI - 3,5% (três inteiros e cinco décimos por cento) para Municípios com população acima de 8.000.001 (oito milhões e um) habitantes. (Incluído pela EC 58/2009.)

§ 1º A Câmara Municipal não gastará mais de setenta por cento de sua receita com folha de pagamento, incluído o gasto com o subsídio de seus Vereadores. (Incluído pela EC 25/2000.)

§ 2º Constitui crime de responsabilidade do Prefeito Municipal: (Incluído pela EC 25/2000.)

I - efetuar repasse que supere os limites definidos neste artigo; (Incluído pela EC 25/2000.)

II - não enviar o repasse até o dia vinte de cada mês; ou (Incluído pela EC 25/2000.)

III - enviá-lo a menor em relação à proporção fixada na Lei Orçamentária. (Incluído pela EC 25/2000.)

- LC 101/2000 (Lei de Responsabilidade Fiscal).

§ 3º Constitui crime de responsabilidade do Presidente da Câmara Municipal o desrespeito ao § 1º deste artigo. (Incluído pela EC 25/2000.)

Art. 30. Compete aos Municípios:

- Súm. Vinc. 38, STF.
- Súm. 645, STF.

I - legislar sobre assuntos de interesse local;

II - suplementar a legislação federal e a estadual no que couber;

III - instituir e arrecadar os tributos de sua competência, bem como aplicar suas rendas, sem prejuízo da obrigatoriedade de prestar contas e publicar balancetes nos prazos fixados em lei;

- art. 156 desta CF.

IV - criar, organizar e suprimir distritos, observada a legislação estadual;

- art. 96, ADCT.

V - organizar e prestar, diretamente ou sob regime de concessão ou permissão, os serviços públicos de interesse local, incluído o de transporte coletivo, que tem caráter essencial;

- art. 175, desta CF.
- Lei 8.987/1995 (Dispõe sobre o regime de concessão e permissão da prestação de serviços públicos previsto no art. 175 da Constituição Federal).

VI - manter, com a cooperação técnica e financeira da União e do Estado, programas de educação infantil e de ensino fundamental; (Redação dada pela EC 53/2006.)

VII - prestar, com a cooperação técnica e financeira da União e do Estado, serviços de atendimento à saúde da população;

VIII - promover, no que couber, adequado ordenamento territorial, mediante planejamento e controle do uso, do parcelamento e da ocupação do solo urbano;

- art. 182, desta CF.

IX - promover a proteção do patrimônio histórico-cultural local, observada a legislação e a ação fiscalizadora federal e estadual.

Art. 31. A fiscalização do Município será exercida pelo Poder Legislativo Municipal, mediante controle externo, e pelos sistemas de controle interno do Poder Executivo Municipal, na forma da lei.

§ 1º O controle externo da Câmara Municipal será exercido com o auxílio dos Tribunais de Contas dos Estados ou do Município ou dos Conselhos ou Tribunais de Contas dos Municípios, onde houver.

§ 2º O parecer prévio, emitido pelo órgão competente sobre as contas que o Prefeito deve anualmente prestar, só deixará de prevalecer por decisão de dois terços dos membros da Câmara Municipal.

§ 3º As contas dos Municípios ficarão, durante sessenta dias, anualmente, à disposição de qualquer contribuinte, para exame e apreciação, o qual poderá questionar-lhes a legitimidade, nos termos da lei.

§ 4º É vedada a criação de Tribunais, Conselhos ou órgãos de Contas Municipais.

CAPÍTULO V
DO DISTRITO FEDERAL E DOS TERRITÓRIOS

SEÇÃO I
DO DISTRITO FEDERAL

Art. 32. O Distrito Federal, vedada sua divisão em Municípios, reger-se-á por lei orgânica, votada em dois turnos com interstício mínimo de dez dias, e aprovada por dois terços da Câmara Legislativa, que a promulgará, atendidos os princípios estabelecidos nesta Constituição.

§ 1º Ao Distrito Federal são atribuídas as competências legislativas reservadas aos Estados e Municípios.

- Súm. 642, STF.

§ 2º A eleição do Governador e do Vice-Governador, observadas as regras do art. 77, e dos Deputados Distritais coincidirá com a dos Governadores e Deputados Estaduais, para mandato de igual duração.

§ 3º Aos Deputados Distritais e à Câmara Legislativa aplica-se o disposto no art. 27.

§ 4º Lei federal disporá sobre a utilização, pelo Governo do Distrito Federal, da polícia civil, da polícia penal, da polícia militar e do corpo de bombeiros militar. (Redação dada pela EC 104/2019)

- Lei 6.450/1977 (Organização básica da Polícia Militar do DF).
- Lei 7.289/1984 (Estatuto dos Policiais Militares da Polícia Militar do DF).
- Lei 7.479/1986 (Estatuto dos Bombeiros Militares do Corpo de Bombeiros do DF).
- Dec.-Lei 667/1969 (Reorganiza as Polícias Militares e os Corpos de Bombeiros Militares dos Estados, dos Território e do DF).

SEÇÃO II
DOS TERRITÓRIOS

Art. 33. A lei disporá sobre a organização administrativa e judiciária dos Territórios.

- Lei 11.697/2008 (Dispõe sobre a organização judiciária do Distrito Federal e dos Territórios).

§ 1º Os Territórios poderão ser divididos em Municípios, aos quais se aplicará, no que couber, o disposto no Capítulo IV deste Título.

§ 2º As contas do Governo do Território serão submetidas ao Congresso Nacional, com parecer prévio do Tribunal de Contas da União.

§ 3º Nos Territórios Federais com mais de cem mil habitantes, além do Governador nomeado na forma desta Constituição, haverá órgãos judiciários de primeira e segunda instância, membros do Ministério Público e defensores públicos federais; a lei disporá sobre as eleições para a Câmara Territorial e sua competência deliberativa.

CAPÍTULO VI
DA INTERVENÇÃO

Art. 34. A União não intervirá nos Estados nem no Distrito Federal, exceto para:

I - manter a integridade nacional;

- art. 1º desta CF.

II - repelir invasão estrangeira ou de uma unidade da Federação em outra;

III - pôr termo a grave comprometimento da ordem pública;

IV - garantir o livre exercício de qualquer dos Poderes nas unidades da Federação;

- art. 36, I, desta CF.
- Lei 12.562/2011 (Regulamenta o inciso III do art. 36 desta CF, para dispor sobre o processo e regulamento da representação interventiva perante o STF).

V - reorganizar as finanças da unidade da Federação que:

a) suspender o pagamento da dívida fundada por mais de dois anos consecutivos, salvo motivo de força maior;

b) deixar de entregar aos Municípios receitas tributárias fixadas nesta Constituição, dentro dos prazos estabelecidos em lei;

- art. 10, LC 63/1990 (Critérios e prazos de crédito das parcelas do produto da arrecadação de impostos de competência dos Estados e de transferências por eles recebidas pertencentes aos Municípios).

VI - prover a execução de lei federal, ordem ou decisão judicial;

- art. 36, § 3º, desta CF.
- Súm. 637, STF.

VII - assegurar a observância dos seguintes princípios constitucionais:

- art. 36, III, e § 3º, desta CF.

a) forma republicana, sistema representativo e regime democrático;

b) direitos da pessoa humana;

c) autonomia municipal;

d) prestação de contas da administração pública, direta e indireta;

e) aplicação do mínimo exigido da receita resultante de impostos estaduais, compreendida a proveniente de transferências, na manutenção e desenvolvimento do ensino e nas ações e serviços públicos de saúde. (Redação dada pela EC 29/2000.)

- art. 212, desta CF.
- » *Vide* Súmula 614 do STF.

Art. 35. O Estado não intervirá em seus Municípios, nem a União nos Municípios localizados em Território Federal, exceto quando:

- Súm. 637, STF.

I - deixar de ser paga, sem motivo de força maior, por dois anos consecutivos, a dívida fundada;

II - não forem prestadas contas devidas, na forma da lei;

III - não tiver sido aplicado o mínimo exigido da receita municipal na manutenção e desenvolvimento do ensino e nas ações e serviços públicos de saúde; (Redação dada pela EC 29/2000.)

- art. 212, desta CF.

IV - o Tribunal de Justiça der provimento à representação para assegurar a observância de princípios indicados na Constituição Estadual, ou para prover a execução de lei, de ordem ou de decisão judicial.

- » *Vide* art. 36, § 3.º, da CF.

Art. 36. A decretação da intervenção dependerá:

I - no caso do art. 34, IV, de solicitação do Poder Legislativo ou do Poder Executivo coacto ou impedido, ou de requisição do Supremo Tribunal Federal, se a coação for exercida contra o Poder Judiciário;

II - no caso de desobediência a ordem ou decisão judiciária, de requisição do Supremo Tribunal Federal, do Superior Tribunal de Justiça ou do Tribunal Superior Eleitoral;

- arts. 19 a 22 da Lei 8.038/1990 (Dispõem sobre o Processo de Intervenção Federal previsto neste inciso).

III - de provimento, pelo Supremo Tribunal Federal, de representação do Procurador-Geral da República, na hipótese do art. 34, VII, e no caso de recusa à execução de lei federal. (Redação dada pela EC 45/2004.)

- Lei 12.562/2011 (Regulamenta este inciso, para dispor sobre o processo e regulamento da representação interventiva perante o STF).

IV - (Revogado pela EC 45/2004.)

§ 1º O decreto de intervenção, que especificará a amplitude, o prazo e as condições de execução e que, se couber, nomeará o interventor, será submetido à apreciação do Congresso Nacional ou da Assembleia Legislativa do Estado, no prazo de vinte e quatro horas.

§ 2º Se não estiver funcionando o Congresso Nacional ou a Assembleia Legislativa, far-se-á convocação extraordinária, no mesmo prazo de vinte e quatro horas.

§ 3º Nos casos do art. 34, VI e VII, ou do art. 35, IV, dispensada a apreciação pelo Congresso Nacional ou pela Assembleia Legislativa, o decreto limitar-se-á a suspender a execução do ato impugnado, se essa medida bastar ao restabelecimento da normalidade.

§ 4º Cessados os motivos da intervenção, as autoridades afastadas de seus cargos a estes voltarão, salvo impedimento legal.

CAPÍTULO VII
DA ADMINISTRAÇÃO PÚBLICA

- Lei 8.112/1990 (Dispõe sobre o regime jurídico dos servidores públicos civis da União, Autarquias e Fundações Públicas Federais).
- Lei 9.784/1999 (Regula o processo administrativo no âmbito da Administração Pública Federal).

SEÇÃO I
DISPOSIÇÕES GERAIS

Art. 37. A administração pública direta e indireta de qualquer dos Poderes da União, dos Estados, do Distrito Federal e dos Municípios obedecerá aos princípios de legalidade, impessoalidade, moralidade, publicidade e eficiência e, também, ao seguinte: (Redação dada pela EC 19/1998.)

- art. 19, ADCT.
- Lei 8.112/1990 (Dispõe sobre o regime jurídico dos servidores públicos civis da União, Autarquias e Fundações Públicas Federais).
- Lei 8.727/1993 (Dispõe sobre o reescalonamento, pela União, de dívidas das administrações direta e indireta dos Estados, do DF e dos Municípios).
- Lei 8.730/1993 (Obrigatoriedade de declaração de bens e rendas para o exercício de cargos, empregos e funções nos Poderes Executivo, Legislativo e Judiciário).
- Súm. Vinc. 13, STF.
- » *Vide* art. 5.º, IV, da Lei n. 12.846, de 1.º-8-2013.

I - os cargos, empregos e funções públicas são acessíveis aos brasileiros que preencham os requisitos estabelecidos em lei, assim como aos estrangeiros, na forma da lei; (Redação dada pela EC 19/1998.)

- art. 7º, CLT.
- arts. 3º e 5º, Lei 8.112/1990 (Dispõe sobre o regime jurídico dos servidores públicos civis da União, Autarquias e Fundações Públicas Federais).
- Lei 8.730/1993 (Estabelece a obrigatoriedade da declaração de bens e rendas para o exercício de cargos, empregos e funções nos Poderes Executivo, Legislativo e Judiciário).
- Súm. Vinc. 43 e 44, STF.
- Súm. 683; 684; 686, STF.
- Súm. 266, STJ.
- » *Vide* art. 5.º, § 3.º, da Lei n. 8.112, de 11-12-1990.

II - a investidura em cargo ou emprego público depende de aprovação prévia em concurso público de provas ou de provas e títulos, de acordo com a natureza e a complexidade do cargo ou emprego, na forma prevista em lei, ressalvadas as nomeações para cargo em comissão declarado em lei de livre nomeação e exoneração; (Redação dada pela EC 19/1998.)

- art. 311-A, CP.
- art. 7º, CLT.
- art. 21 da Declaração Universal dos Direitos Humanos.
- art. 4º, I, Lei 4.717/1965 (Lei da Ação Popular).
- arts. 11 e 12, Lei 8.112/1990 (Dispõe sobre o regime jurídico dos servidores públicos civis da União, Autarquias e Fundações Públicas Federais).
- art. 11, V, Lei 8.429/1992 (Lei de Improbidade Administrativa).
- Lei 9.962/2000 (Regime de emprego público da administração direta autárquica e fundacional).
- Dec. 7.203/2010 (Vedação do nepotismo no âmbito da Administração Pública Federal).
- Súm. Vinc. 43 e 44, STF.
- Súm. 685, STF.
- Súm. 331 e 363, TST.
- OJ 366 SBDI-1, TST.
- Súm. 231, TCU.
- » *Vide* Súmula Vinculante 44 do STF.
- » *Vide* Súmula Vinculante 13 do STF.
- » *Vide* Súmula Vinculante 43 do STF.
- » *Vide* Súmula 683 do STF.
- » *Vide* Súmula 266 do STJ.

III - o prazo de validade do concurso público será de até dois anos, prorrogável uma vez, por igual período;

- art. 12, Lei 8.112/1990 (Dispõe sobre o regime jurídico dos servidores públicos civis da União, Autarquias e Fundações Públicas Federais).

IV - durante o prazo improrrogável previsto no edital de convocação, aquele aprovado em concurso público de provas ou de provas e títulos será convocado com prioridade sobre novos concursados para assumir cargo ou emprego, na carreira;

- art. 7º, CLT.
- » *Vide* Súmula 15 do STF.
- » *Vide* art. 11, § 2.º, da Lei n. 8.112, de 11-12-1990.

V - as funções de confiança, exercidas exclusivamente por servidores ocupantes de cargo efetivo, e os cargos em comissão, a serem preenchidos por servidores de carreira nos casos, condições e percentuais mínimos previstos em lei, destinam-se apenas às atribuições de direção, chefia e assessoramento; (Redação dada pela EC 19/1998.)

VI - é garantido ao servidor público civil o direito à livre associação sindical;

VII - o direito de greve será exercido nos termos e nos limites definidos em lei específica; (Redação dada pela EC 19/1998.)

- Dec. 1.480/1995 (Procedimentos a serem adotados em casos de paralisações dos serviços públicos federais).
- *Vide* arts. 42, § 1.º, e 142, § 3.º, IV, da CF.
- O STF, nos Mandados de Injunção ns. 670, 708 e 712, declarou a omissão legislativa e determinou a aplicação da Lei n. 7.783, de 28-6-1989 até edição da lei específica.

VIII - a lei reservará percentual dos cargos e empregos públicos para as pessoas portadoras de deficiência e definirá os critérios de sua admissão;

- Lei 7.853/1989 (Lei de apoio às pessoas portadoras de deficiência) e Dec. 3.298/1999 (Regulamento).
- art. 5º, § 2º, Lei 8.112/1990 (Dispõe sobre o regime jurídico dos servidores públicos civis da União, Autarquias e Fundações Públicas Federais).
- Dec. 6.949/2009 (Convenção Internacional sobre os Direitos das Pessoas com Deficiência).
- Súm. 377 STJ.
- *Vide* art. 5.º, § 2.º, da Lei n. 8.112, de 11-12-1990.

IX - a lei estabelecerá os casos de contratação por tempo determinado para atender a necessidade temporária de excepcional interesse público;

- Lei 8.745/1993 (Contratação de servidor público por tempo determinado para atender a necessidade temporária de excepcional interesse público).
- art. 30, Lei 10.871/2004 (Criação de carreiras e organização de cargos efetivos das autarquias especiais denominadas Agências Reguladoras).
- Med. Prov. 2.165-36/2001 (Institui o Auxílio-Transporte, dispõe sobre o pagamento dos militares e dos servidores do Poder Executivo Federal, inclusive de suas autarquias, fundações, empresas públicas e sociedades de economia mista).

X - a remuneração dos servidores públicos e o subsídio de que trata o § 4º do art. 39 somente poderão ser fixados ou alterados por lei específica, observada a iniciativa privativa em cada caso, assegurada revisão geral anual, sempre na mesma data e sem distinção de índices; (Redação dada pela EC 19/1998.)

- arts. 39 § 4º; 95, III; 128, § 5º, I, c, desta CF.
- Lei 7.706/1988 (Revisão dos vencimentos, salários, soldos e proventos dos servidores civis e militares da Administração Federal Direta, Autarquias e extintos Territórios Federais e Fundações Públicas).
- Med. Prov. 2.215-10/2001 (Dispõe sobre a reestruturação da remuneração dos militares das Forças Armadas) e Dec. 4.307/2002 (Regulamento).
- Lei 10.331/2001(Regulamenta este inciso).
- Súm. Vinc. 37; 51, STF.
- Súm. 672; 679, STF.

XI - a remuneração e o subsídio dos ocupantes de cargos, funções e empregos públicos da administração direta, autárquica e fundacional, dos membros de qualquer dos Poderes da União, dos Estados, do Distrito Federal e dos Municípios, dos detentores de mandato eletivo e dos demais agentes políticos e os proventos, pensões ou outra espécie remuneratória, percebidos cumulativamente ou não, incluídas as vantagens pessoais ou de qualquer outra natureza, não poderão exceder o subsídio mensal, em espécie, dos Ministros do Supremo Tribunal Federal, aplicando-se como limite, nos Municípios, o subsídio do Prefeito, e nos Estados e no Distrito Federal, o subsídio mensal do Governador no âmbito do Poder Executivo, o subsídio dos Deputados Estaduais e Distritais no âmbito do Poder Legislativo e o subsídio dos Desembargadores do Tribunal de Justiça, limitado a noventa inteiros e vinte e cinco centésimos por cento do subsídio mensal, em espécie, dos Ministros do Supremo Tribunal Federal, no âmbito do Poder Judiciário, aplicável este limite aos membros do Ministério Público, aos Procuradores e aos Defensores Públicos; (Redação dada pela EC 41/2003.)

- ADIn 3.854-1 (Exclui a submissão dos membros da magistratura estadual ao subteto de remuneração, DOU 08.03.07).
- arts. 27, § 2º; 28, § 2º; 29, V e VI; 39, §§ 4º e 5º; 49, VII e VIII; 93, V; 95, III; 128, § 5º, I, c e e; 142, § 3º, VIII, desta CF.
- art. 3º, § 3º, EC 20/1998 (Reforma previdenciária).
- arts. 7º e 8º, EC 41/2003 (Dispõem sobre os proventos de aposentadoria dos servidores previstos neste inciso).
- art. 4º, EC 47/2005 (Altera esta CF para dispor sobre a previdência social).
- Lei 8.112/1990 (Dispõe sobre o regime jurídico dos servidores públicos civis da União, Autarquias e Fundações Públicas Federais).
- Lei 8.448/1992 e Lei 8.852/1994 (Dispõem sobre este inciso).
- art. 3º, Lei 10.887/2004 (Aplicação de disposições da EC 41/2003).
- Lei Delegada 13/1992 (Dispõe sobre Gratificações de Atividade para os servidores civis do Poder Executivo).
- *Vide* §§ 9.º, 11 e 12 deste artigo e art. 4.º da Emenda Constitucional n. 47, de 5-7-2005.

XII - os vencimentos dos cargos do Poder Legislativo e do Poder Judiciário não poderão ser superiores aos pagos pelo Poder Executivo;

- art. 135 desta CF.
- art. 42, Lei 8.112/1990 (Dispõe sobre o regime jurídico dos servidores públicos civis da União, Autarquias e Fundações Públicas Federais).
- Lei 8.852/1994 (Dispõe sobre a aplicação deste inciso).

XIII - é vedada a vinculação ou equiparação de quaisquer espécies remuneratórias para o efeito de remuneração de pessoal do serviço público; (Redação dada pela EC 19/1998.)

- art. 142, § 3º, VIII, desta CF.
- Súm. Vinc. 42, STF.
- Súm. 455, TST.
- OJ SDI-1 297, TST.

XIV - os acréscimos pecuniários percebidos por servidor público não serão computados nem acumulados para fins de concessão de acréscimos ulteriores; (Redação dada pela EC 19/1998.)

- art. 142, § 3º, VIII, desta CF.

XV - o subsídio e os vencimentos dos ocupantes de cargos e empregos públicos são irredutíveis, ressalvado o disposto nos incisos XI e XIV deste artigo e nos arts. 39, § 4º, 150, II, 153, III, e 153, § 2º, I; (Redação dada pela EC 19/1998.)

- art. 142, § 3º, VIII, desta CF.

XVI - é vedada a acumulação remunerada de cargos públicos, exceto, quando houver compatibilidade de horários, observado em qualquer caso o disposto no inciso XI. (Redação dada pela EC 19/1998.)

- *Vide* art. 38 da CF.

a) a de dois cargos de professor; (Incluída pela EC 19/1998.)

b) a de um cargo de professor com outro técnico ou científico; (Incluída pela EC 19/1998.)

c) a de dois cargos ou empregos privativos de profissionais de saúde, com profissões regulamentadas; (Redação dada pela EC 34/2001.)

- arts. 118 a 120, Lei 8.112/1990 (Dispõe sobre o regime Jurídico dos servidores públicos civis da União, Autarquias e Fundações Públicas Federais)

XVII - a proibição de acumular estende-se a empregos e funções e abrange autarquias, fundações, empresas públicas, sociedades de economia mista, suas subsidiárias, e sociedades controladas, direta ou indiretamente, pelo Poder Público; (Redação dada pela EC 19/1998.)

- art. 118, § 1º, Lei 8.112/1990 (Dispõe sobre o regime jurídico dos servidores públicos civis da União, Autarquias e Fundações Públicas Federais).

XVIII - a administração fazendária e seus servidores fiscais terão, dentro de suas áreas de competência e jurisdição, precedência sobre os demais setores administrativos, na forma da lei;

XIX - somente por lei específica poderá ser criada autarquia e autorizada a instituição de empresa pública, de sociedade de economia mista e de fundação, cabendo à lei complementar, neste último caso, definir as áreas de sua atuação; (Redação dada pela EC 19/1998.)

- Lei 13.303/2016 (Dispõe sobre o estatuto jurídico da empresa pública).
- *Vide* Decreto-lei n. 267, de 28-2-1967, Lei n. 9.986, de 17-7-2000, e Lei n. 13.303, de 30-6-2016.
- *Vide* art. 173 da CF.

XX - depende de autorização legislativa, em cada caso, a criação de subsidiárias das entidades mencionadas no inciso anterior, assim como a participação de qualquer delas em empresa privada;

XXI - ressalvados os casos especificados na legislação, as obras, serviços, compras e alienações serão contratados mediante processo de licitação pública que assegure igualdade de condições a todos os concorrentes, com cláusulas que estabeleçam obrigações de pagamento, mantidas as condições efetivas da proposta, nos termos da lei, o qual somente permitirá as exigências de qualificação técnica e econômica indispensáveis à garantia do cumprimento das obrigações.

- art. 22, XXVII, desta CF.
- Lei 12.462/2011 (Institui o Regime Diferenciado de Contratações Públicas - RDC) e Dec. 7.581/2011 (Regulamento).
- Lei 14.133/2021 (Nova Lei de Licitações e Contratos Administrativos).
- Dec. 3.555/2000 (Aprova o Regulamento para a modalidade de licitação denominada pregão, para aquisição de bens e serviços comuns).
- Súm. 333, STJ.
- Súm. 331 do TST.
- *Vide* Lei n. 12.462, de 4-8-2011.

XXII - as administrações tributárias da União, dos Estados, do Distrito Federal e dos Municípios, atividades essenciais ao funcionamento do Estado, exercidas por servidores de carreiras específicas, terão recursos prioritários para a realização de suas atividades e atuarão de forma integrada, inclusive com o compartilhamento de cadastros e de informações fiscais, na forma da lei ou convênio. (Incluído pela EC 42/2003.)

- art. 137, IV, desta CF.

§ 1º A publicidade dos atos, programas, obras, serviços e campanhas dos órgãos públicos deverá ter caráter educativo, informativo ou de orientação social, dela não podendo constar nomes, símbolos ou imagens que caracterizem promoção pessoal de autoridades ou servidores públicos.

- Art. 224, desta CF.
- Lei 8.389/1991 (Institui o Conselho de Comunicação Social, na forma do art. 224 da Constituição Federal).
- Dec. 6.555/2008 (Dispõe sobre as ações de comunicação do Poder Executivo Federal).

§ 2º A não observância do disposto nos incisos II e III implicará a nulidade do ato e a punição da autoridade responsável, nos termos da lei.

- arts. 116 a 142, Lei 8.112/1990 (Dispõe sobre o regime jurídico dos servidores públicos civis da União, Autarquias e Fundações Públicas Federais).
- Lei 8.429/1992 (Lei da Improbidade Administrativa).
- Lei 12.846/2013 (Dispõe sobre a responsabilização administrativa e civil de pessoas jurídicas pela prática de atos contra a administração pública, nacional ou estrangeira).
- Dec. 3.678/2000 (Promulga a Convenção sobre o Combate da Corrupção de Funcionários Públicos Estrangeiros em Transações Comerciais Internacionais).
- Súm. 466, STJ.
- Súm. 363, TST.

§ 3º A lei disciplinará as formas de participação do usuário na administração pública direta e indireta, regulando especialmente: (Redação dada pela EC 19/1998.)

I - as reclamações relativas à prestação dos serviços públicos em geral, asseguradas a manutenção de serviços de atendimento ao usuário e a avaliação periódica, externa e interna, da qualidade dos serviços; (Incluído pela EC 19/1998.)

II - o acesso dos usuários a registros administrativos e a informações sobre atos de governo, observado o disposto no art. 5º, X e XXXIII; (Incluído pela EC 19/1998.)

- Lei 12.527/2011 (Regula o acesso a informações previsto no inc. XXXIII do art. 5º, no inc. II do § 3º do art. 37 e no § 2º do art. 216 da CF) e Dec. 7.724/2012 (regulamento).
- Dec. 7.845/2012 (Regulamenta procedimentos para credenciamento de segurança e tratamento de informação classificada em qualquer grau de sigilo, e dispõe sobre o Núcleo de Segurança e Credenciamento).

III - a disciplina da representação contra o exercício negligente ou abusivo de cargo, emprego ou função na administração pública. (Incluído pela EC 19/1998.)

§ 4º Os atos de improbidade administrativa importarão a suspensão dos direitos políticos, a perda da função pública, a indisponibilidade dos bens e o ressarcimento ao erário, na forma e gradação previstas em lei, sem prejuízo da ação penal cabível.

- art. 15, V, desta CF.
- arts. 312 a 327, CP.
- Lei 8.026/1990 (Dispõe sobre a aplicação de pena de demissão a funcionário público).
- Lei 8.027/1990 (Dispõe sobre as normas de conduta dos servidores públicos civis da União, Autarquias e Fundações Públicas).
- Lei 8.112/1990 (Dispõe sobre o regime jurídico dos servidores públicos civis da União, Autarquias e Fundações Públicas Federais).
- art. 3º, Lei 8.137/1990 (Crimes contra a ordem tributária, econômica e contra as relações de consumo).
- Lei 8.429/1992 (Lei da Improbidade Administrativa).
- Lei 12.846/2013 (Dispõe sobre a responsabilização administrativa e civil de pessoas jurídicas pela prática de atos contra a administração pública, nacional ou estrangeira).
- Lei 14.133/2021 (Nova Lei de Licitações e Contratos Administrativos).
- Dec.-Lei 3.240/1941 (Sujeita a sequestro os bens de pessoas indiciadas por crimes de que resulta prejuízo para Fazenda Pública).
- Dec. 4.410/2002 (Convenção Interamericana contra a Corrupção).

§ 5º A lei estabelecerá os prazos de prescrição para ilícitos praticados por qualquer agente, servidor ou não, que causem prejuízos ao erário, ressalvadas as respectivas ações de ressarcimento.

- Lei 8.112/1990 (Dispõe sobre o regime jurídico dos servidores públicos civis da União, Autarquias e Fundações Públicas Federais).
- Lei 8.429/1992 (Lei da Improbidade Administrativa).

§ 6º As pessoas jurídicas de direito público e as de direito privado prestadoras de serviços públicos responderão pelos danos que seus agentes, nessa qualidade, causarem a terceiros, assegurado o direito de regresso contra o responsável nos casos de dolo ou culpa.

- art. 43, CC/2002.
- arts. 143,155,181 e 182 do NCPC.
- Lei 6.453/1977 (Dispõe sobre responsabilidade civil por danos nucleares e responsabilidade criminal por atos relacionados com atividades nucleares).

» *Vide* Lei n. 12.846, de 1.º-8-2013.

§ 7º A lei disporá sobre os requisitos e as restrições ao ocupante de cargo ou emprego da administração direta e indireta que possibilite o acesso a informações privilegiadas. (Incluído pela EC 19/1998.)

§ 8º A autonomia gerencial, orçamentária e financeira dos órgãos e entidades da administração direta e indireta poderá ser ampliada mediante contrato, a ser firmado entre seus administradores e o Poder Público, que tenha por objeto a fixação de metas de desempenho para o órgão ou entidade, cabendo à lei dispor sobre: (Incluído pela EC 19/1998.)

- Lei 13.934/2019 (Regulamenta este parágrafo).

I - o prazo de duração do contrato;

II - os controles e critérios de avaliação de desempenho, direitos, obrigações e responsabilidade dos dirigentes;

III - a remuneração do pessoal.

§ 9º O disposto no inciso XI aplica-se às empresas públicas e às sociedades de economia mista, e suas subsidiárias, que receberem recursos da União, dos Estados, do Distrito Federal ou dos Municípios para pagamento de despesas de pessoal ou de custeio em geral. (Incluído pela EC 19/1998.)

§ 10. É vedada a percepção simultânea de proventos de aposentadoria decorrentes do art. 40 ou dos arts. 42 e 142 com a remuneração de cargo, emprego ou função pública, ressalvados os cargos acumuláveis na forma desta Constituição, os cargos eletivos e os cargos em comissão declarados em lei de livre nomeação e exoneração.(Incluído pela EC 20/1998.)

§ 11. Não serão computadas, para efeito dos limites remuneratórios de que trata o inciso XI do *caput* deste artigo, as parcelas de caráter indenizatório previstas em lei. (Incluído pela EC 47/2005, em vigor na data de sua publicação, com efeitos retroativos à data de vigência da EC 41/2003.)

- art. 4º, EC 47/2005.

§ 12. Para os fins do disposto no inciso XI do *caput* deste artigo, fica facultado aos Estados e ao Distrito Federal fixar, em seu âmbito, mediante emenda às respectivas Constituições e Lei Orgânica, como limite único, o subsídio mensal dos Desembargadores do respectivo Tribunal de Justiça, limitado a noventa inteiros e vinte e cinco centésimos por cento do subsídio mensal dos Ministros do Supremo Tribunal Federal, não se aplicando o disposto neste parágrafo aos subsídios dos Deputados Estaduais e Distritais e dos Vereadores. (Incluído pela EC 47/2005.)

- ADIn 3.854-1 (Exclui a submissão dos membros da magistratura estadual ao subteto de remuneração, DOU 08.03.07).

§ 13. O servidor público titular de cargo efetivo poderá ser readaptado para exercício de cargo cujas atribuições e responsabilidades sejam compatíveis com a limitação que tenha sofrido em sua capacidade física ou mental, enquanto permanecer nesta condição, desde que possua a habilitação e o nível de escolaridade exigidos para o cargo de destino, mantida a remuneração do cargo de origem. (Incluído pela EC 103/2019)

§ 14. A aposentadoria concedida com a utilização de tempo de contribuição decorrente de cargo, emprego ou função pública, inclusive do Regime Geral de Previdência Social, acarretará o rompimento do vínculo que gerou o referido tempo de contribuição. (Incluído pela EC 103/2019)

§ 15. É vedada a complementação de aposentadorias de servidores públicos e de pensões por morte a seus dependentes que não seja decorrente do disposto nos §§ 14 a 16 do art. 40 ou que não seja prevista em lei que extinga regime próprio de previdência social. (Incluído pela EC 103/2019)

§ 16. Os órgãos e entidades da administração pública, individual ou conjuntamente, devem realizar avaliação das políticas públicas, inclusive com divulgação do objeto a ser avaliado e dos resultados alcançados, na forma da lei. (Parágrafo acrescido pela EC nº 109, de 2021)

Atualização: § 17. Lei complementar estabelecerá normas gerais aplicáveis às administrações tributárias da União, dos Estados, do Distrito Federal e dos Municípios, dispondo sobre deveres, direitos e garantias dos servidores das carreiras de que trata o inciso XXII do *caput*. *(Acrescido pela EC 132/2023, em vigor em 2027)*

§ 18. Para os fins do disposto no inciso XI do *caput* deste artigo, os servidores de carreira das administrações tributárias dos Estados, do Distrito Federal e dos Municípios sujeitam-se ao limite aplicável aos servidores da União. *(Acrescido pela EC 132/2023, em vigor em 2027)*

Art. 38. Ao servidor público da administração direta, autárquica e fundacional, no exercício de mandato eletivo, aplicam-se as seguintes disposições: (Redação dada pela EC 19/1998.)

- art. 28 desta CF.
- Lei 8.112/1990 (Dispõe sobre o regime jurídico dos servidores públicos civis da União, Autarquias e Fundações Públicas Federais).

I - tratando-se de mandato eletivo federal, estadual ou distrital, ficará afastado de seu cargo, emprego ou função;

- art. 28, § 1º, desta CF.

II - investido no mandato de Prefeito, será afastado do cargo, emprego ou função, sendo-lhe facultado optar pela sua remuneração;

III - investido no mandato de Vereador, havendo compatibilidade de horários, perceberá as vantagens de seu cargo, emprego ou função, sem prejuízo da remuneração do cargo eletivo, e, não havendo compatibilidade, será aplicada a norma do inciso anterior;

IV - em qualquer caso que exija o afastamento para o exercício de mandato eletivo, seu tempo de serviço será contado para todos os efeitos legais, exceto para promoção por merecimento;

- art. 28, § 1º, desta CF.

V - na hipótese de ser segurado de regime próprio de previdência social, permanecerá filiado a esse regime, no ente federativo de origem. (Redação dada pela EC 103/2019).

- art. 28, § 1º, desta CF.

SEÇÃO II
DOS SERVIDORES PÚBLICOS

- Redação dada pela EC 18/1998.
- Lei 8.026/1990 (Dispõe sobre a aplicação de pena de demissão a funcionário público).
- Lei 8.027/1990 (Dispõe sobre as normas de conduta dos servidores públicos civis da União, Autarquias e Fundações Públicas).
- Lei 8.112/1990 (Dispõe sobre o regime jurídico dos servidores públicos civis da União, Autarquias e Fundações Públicas Federais).
- Súm. 378, STJ.

Art. 39. A União, os Estados, o Distrito Federal e os Municípios instituirão conselho de política de administração e remuneração de pessoal, integrado por servidores designados pelos respectivos Poderes. (Redação dada pela EC 19/1998.)

- ADIn 2.135-4 (DJU, 14.08.2007) - O STF deferiu parcialmente a Med. Caut. para suspender, com efeito ex nunc, a eficácia do *caput* deste artigo, continuando em vigor a redação original: "Art. 39. A União, os Estados, O DF e os Municípios instituirão, no âmbito de sua competência, regime jurídico único e planos de carreira para os servidores da Administração Pública Direta das Autarquias e Fundações Públicas."
- art. 24, ADCT.
- Lei 8.026/1990 (Dispõe sobre a aplicação de pena de demissão a funcionário público).
- Lei 8.027/1990 (Dispõe sobre as normas de conduta dos servidores públicos civis da União, Autarquias e Fundações Públicas).
- Lei 8.112/1990 (Dispõe sobre o regime jurídico dos servidores públicos civis da União, Autarquias e Fundações Públicas Federais).
- Súm. Vinc. 4, STF.
- Súm. 97, STJ.
- *Vide* Súmula Vinculante 51 do STF.

§ 1º A fixação dos padrões de vencimento e dos demais componentes do sistema remuneratório observará: (Redação dada pela EC 19/1998.)

I - a natureza, o grau de responsabilidade e a complexidade dos cargos componentes de cada carreira; (Incluído pela EC 19/1998.)

II - os requisitos para a investidura; (Incluído pela EC 19/1998.)

III - as peculiaridades dos cargos. (Incluído pela EC 19/1998.)

- art. 41, § 4º, Lei 8.112/1990 (Dispõe sobre o regime jurídico dos servidores públicos civis da União, Autarquias e Fundações Públicas Federais).
- Lei 8.448/1992 (Regulamenta este parágrafo).
- Lei 8.852/1994 (Aplicação dos arts. 37, XI e XII, e 39, § 1º, desta CF).
- Lei 9.367/1996 (Fixa critérios para a progressiva unificação das tabelas de vencimentos dos servidores).
- Súm. Vinc. 4, STF.
- Súm. 97, STJ.

§ 2º A União, os Estados e o Distrito Federal manterão escolas de governo para a formação e o aperfeiçoamento dos servidores públicos, constituindo-se a participação nos cursos um dos requisitos para a promoção na carreira, facultada, para isso, a celebração de convênios ou contratos entre os entes federados. (Redação dada pela EC 19/1998.)

§ 3º Aplica-se aos servidores ocupantes de cargo público o disposto no art. 7º, IV, VII, VIII, IX, XII, XIII, XV, XVI, XVII, XVIII, XIX, XX, XXII e XXX, podendo a lei estabelecer requisitos diferenciados de admissão quando a natureza do cargo o exigir. (Incluído pela EC 19/1998.)

- Dec.-Lei 5.452/1943 (CLT).
- Súm. Vinc. 4; 15; 16, STF.
- Súm. 683 e 684, STF.

§ 4º O membro de Poder, o detentor de mandato eletivo, os Ministros de Estado e os Secretários Estaduais e Municipais serão remunerados exclusivamente por subsídio fixado em parcela única, vedado o acréscimo de qualquer gratificação, adicional, abono, prêmio, verba de representação ou outra espécie remuneratória, obedecido, em qualquer caso, o disposto no art. 37, incisos X e XI. (Incluído pela EC 19/1998.)

- arts. 27, § 2º; 28, § 2º; 29, V e VI; 37, XV; 48, XV; 49, VII e VIII; 93, V; 95, III; 128, § 5º, I, c; 135 desta CF.

§ 5º Lei da União, dos Estados, do Distrito Federal e dos Municípios poderá estabelecer a relação entre a maior e a menor remuneração dos servidores públicos, obedecido, em qualquer caso, o disposto no art. 37, XI. (Incluído pela EC 19/1998.)

§ 6º Os Poderes Executivo, Legislativo e Judiciário publicarão anualmente os valores do subsídio e da remuneração dos cargos e empregos públicos. (Incluído pela EC 19/1998.)

§ 7º Lei da União, dos Estados, do Distrito Federal e dos Municípios disciplinará a aplicação de recursos orçamentários provenientes da economia com despesas correntes em cada órgão, autarquia e fundação, para aplicação no desenvolvimento de programas de qualidade e produtividade, treinamento e desenvolvimento, modernização, reaparelhamento e racionalização do serviço público, inclusive sob a forma de adicional ou prêmio de produtividade. (Incluído pela EC 19/1998.)

§ 8º A remuneração dos servidores públicos organizados em carreira poderá ser fixada nos termos do § 4º. (Incluído pela EC 19/1998.)

§ 9º É vedada a incorporação de vantagens de caráter temporário ou vinculadas ao exercício de função de confiança ou de cargo em comissão à remuneração do cargo efetivo. (Incluído pela EC 103/2019)

Art. 40. O regime próprio de previdência social dos servidores titulares de cargos efetivos terá caráter contributivo e solidário, mediante contribuição do respectivo ente federativo, de servidores ativos, de aposentados e de pensionistas, observados critérios que preservem o equilíbrio financeiro e atuarial. (Redação dada pela EC 103/2019)

- arts. 37, § 10; 73, § 3º; 93, VI, desta CF.
- arts. 4º; 10; 20; 21 da EC 103/2019 (Reforma da Previdência).

§ 1º O servidor abrangido por regime próprio de previdência social será aposentado: (Redação dada pela EC 103/2019)

- Súm. 726, STF.

I - por incapacidade permanente para o trabalho, no cargo em que estiver investido, quando insuscetível de readaptação, hipótese em que será obrigatória a realização de avaliações periódicas para verificação da continuidade das condições que ensejaram a concessão da aposentadoria, na forma de lei do respectivo ente federativo; (Redação dada pela EC 103/2019.)

II - compulsoriamente, com proventos proporcionais ao tempo de contribuição, aos 70 (setenta) anos de idade, ou aos 75 (setenta e cinco) anos de idade, na forma de lei complementar; (Alterado pela EC 88/2015.)

- art. 100 do ADCT.
- arts. 2º, § 5º; 3º, § 1º, EC 41/2003.
- LC 152/2015 (Aposentadoria compulsória por idade, com proventos proporcionais, nos termos deste inciso).

III – no âmbito da União, aos 62 (sessenta e dois) anos de idade, se mulher, e aos 65 (sessenta e cinco) anos de idade, se homem, e, no âmbito dos Estados, do Distrito Federal e dos Municípios, na idade mínima estabelecida mediante emenda às respectivas Constituições e Leis Orgânicas, observados o tempo de contribuição e os demais requisitos estabelecidos em lei complementar do respectivo ente federativo. (Redação dada pela EC 103/2019)

§ 2º Os proventos de aposentadoria não poderão ser inferiores ao valor mínimo a que se refere o § 2º do art. 201 ou superiores ao limite máximo estabelecido para o Regime Geral de Previdência Social, observado o disposto nos §§ 14 a 16. (Redação dada pela EC 103/2019)

§ 3º As regras para cálculo de proventos de aposentadoria serão disciplinadas em lei do respectivo ente federativo. (Redação dada pela EC 103/2019)

§ 4º É vedada a adoção de requisitos ou critérios diferenciados para concessão de benefícios em regime próprio de previdência social, ressalvado o disposto nos §§ 4º-A, 4º-B, 4º-C e 5º. (Redação dada pela EC 103/2019)

- Súm. Vinc. 55, STF.
- Súm. 680, STF.

§ 4º-A. Poderão ser estabelecidos por lei complementar do respectivo ente federativo idade e tempo de contribuição diferenciados para aposentadoria de servidores com deficiência, previamente submetidos a avaliação biopsicossocial realizada por equipe multiprofissional e interdisciplinar. (Incluído pela EC 103/2019)

§ 4º-B. Poderão ser estabelecidos por lei complementar do respectivo ente federativo idade e tempo de contribuição diferenciados para aposentadoria de ocupantes do cargo de agente penitenciário, de agente socioeducativo ou de policial dos órgãos de que tratam o inciso IV do *caput* do art. 51, o inciso XIII do *caput* do art. 52 e os incisos I a IV do *caput* do art. 144. (Incluído pela EC 103/2019)

§ 4º-C. Poderão ser estabelecidos por lei complementar do respectivo ente federativo idade e tempo de contribuição diferenciados para aposentadoria de servidores cujas atividades sejam exercidas com efetiva exposição a agentes químicos, físicos e biológicos prejudiciais à saúde, ou associação desses agentes, vedada a caracterização por categoria profissional ou ocupação. (Incluído pela EC 103/2019)

§ 5º Os ocupantes do cargo de professor terão idade mínima reduzida em 5 (cinco) anos em relação às idades decorrentes da aplicação do disposto no inciso III do § 1º, desde que comprovem tempo de efetivo exercício das funções de magistério na educação infantil e no ensino fundamental e médio fixado em lei complementar do respectivo ente federativo. (Redação dada pela EC 103/2019)

§ 6º Ressalvadas as aposentadorias decorrentes dos cargos acumuláveis na forma desta Constituição, é vedada a percepção de mais de uma aposentadoria à conta de regime próprio de previdência social, aplicando-se outras vedações, regras e condições para a acumulação de benefícios previdenciários estabelecidas no Regime Geral de Previdência Social. (Redação dada pela EC 103/2019)

§ 7º Observado o disposto no § 2º do art. 201, quando se tratar da única fonte de renda formal auferida pelo dependente, o benefício de pensão por morte será concedido nos termos de lei do respectivo ente federativo, a qual tratará de forma diferenciada a hipótese de morte dos servidores de que trata o § 4º-B decorrente de agressão sofrida no exercício ou em razão da função. (Redação dada pela EC 103/2019)

§ 8º É assegurado o reajustamento dos benefícios para preservar-lhes, em caráter permanente, o valor real, conforme critérios estabelecidos em lei. (Redação dada pela EC 41/2003.)

- art. 2º, § 6º, EC 41/2003.
- Súm. Vinc. 20; 34, STF.

§ 9º O tempo de contribuição federal, estadual, distrital ou municipal será contado para fins de aposentadoria, observado o disposto nos §§ 9º e 9º-A do art. 201, e o tempo de serviço correspondente será contado para fins de disponibilidade. (Redação dada pela EC 103/2019)

- art. 42, § 1º, desta CF.

§ 10. A lei não poderá estabelecer qualquer forma de contagem de tempo de contribuição fictício. (Incluído pela EC 20/1998.)

- art. 4º, EC 20/1998.

§ 11. Aplica-se o limite fixado no art. 37, XI, à soma total dos proventos de inatividade, inclusive quando decorrentes da acumulação de cargos ou empregos públicos, bem como de outras atividades sujeitas à contribuição para o regime geral de previdência social, e ao montante resultante da adição de proventos de inatividade com remuneração de cargo acumulável na forma desta Constituição, cargo em comissão declarado em lei de livre-nomeação e exoneração, e de cargo eletivo. (Incluído pela EC 20/1998.)

§ 12. Além do disposto neste artigo, serão observados, em regime próprio de previdência social, no que couber, os requisitos e critérios fixados para o Regime Geral de Previdência Social. (Redação dada pela EC 103/2019)

§ 13. Aplica-se ao agente público ocupante, exclusivamente, de cargo em comissão declarado em lei de livre nomeação e exoneração, de outro cargo temporário, inclusive mandato eletivo, ou de emprego público, o Regime Geral de Previdência Social. (Redação dada pela EC 103/2019)

§ 14. A União, os Estados, o Distrito Federal e os Municípios instituirão, por lei de iniciativa do respectivo Poder Executivo, regime de previdência complementar para servidores públicos ocupantes de cargo efetivo, observado o limite máximo dos benefícios do Regime Geral de Previdência Social para o valor das aposentadorias e das pensões em regime próprio de previdência social, ressalvado o disposto no § 16. (Redação dada pela EC 103/2019)

- art. 9º, § 6º, EC 103/2019.

§ 15. O regime de previdência complementar de que trata o § 14 oferecerá plano de benefícios somente na modalidade contribuição definida, observará o disposto no art. 202 e será efetivado por intermédio de entidade fechada de previdência complementar ou de entidade aberta de previdência complementar. (Redação dada pela EC 103/2019)

- art. 9º, § 6º, EC 103/2019.
- Lei n. 12.618/2012 (Institui o regime de previdência complementar para os servidores públicos federais titulares de cargo efetivo.)

§ 16. Somente mediante sua prévia e expressa opção, o disposto nos §§ 14 e 15 poderá ser aplicado ao servidor que tiver ingressado no serviço público até a data da publicação do ato de instituição do correspondente regime de previdência complementar. (Incluído pela EC 20/1998.)

- art. 9º, § 6º, EC 103/2019.
- Lei n. 12.618/2012 (Institui o regime de previdência complementar para os servidores públicos federais titulares de cargo efetivo.)

§ 17. Todos os valores de remuneração considerados para o cálculo do benefício previsto no § 3º serão devidamente atualizados, na forma da lei. (Incluído pela EC 41/2003.)

- art. 2º, EC 41/2003.

§ 18. Incidirá contribuição sobre os proventos de aposentadorias e pensões concedidas pelo regime de que trata este artigo que superem o limite máximo estabelecido para os benefícios do regime geral de previdência social de que trata o art. 201, com percentual igual ao estabelecido para os servidores titulares de cargos efetivos. (Incluído pela EC 41/2003.)

§ 19. Observados critérios a serem estabelecidos em lei do respectivo ente federativo, o servidor titular de cargo efetivo que tenha completado as exigências para a aposentadoria voluntária e que opte por permanecer em atividade poderá fazer jus a um abono de permanência equivalente, no máximo, ao valor da sua contribuição previdenciária, até completar a idade para aposentadoria compulsória. (Redação dada pela EC 103/2019)

§ 20. É vedada a existência de mais de um regime próprio de previdência social e de mais de um órgão ou entidade gestora desse regime em cada ente federativo, abrangidos todos os poderes, órgãos e entidades autárquicas e fundacionais, que serão responsáveis pelo seu financiamento, observados os critérios, os parâmetros e a natureza jurídica definidos na lei complementar de que trata o § 22. (Redação dada pela EC 103/2019)

§ 21 *(Revogado pela EC 103/2019, em vigor na data de publicação de lei de iniciativa privativa do respectivo Poder Executivo que referende integralmente a alteração).*

> **Texto anterior:** § 21. A contribuição prevista no § 18 deste artigo incidirá apenas sobre as parcelas de proventos de aposentadoria e de pensão que superem o dobro do limite máximo estabelecido para os benefícios do regime geral de previdência social de que trata o art. 201 desta Constituição, quando o beneficiário, na forma da lei, for portador de doença incapacitante.

§ 22. Vedada a instituição de novos regimes próprios de previdência social, lei complementar federal estabelecerá, para os que já existam, normas gerais de organização, de funcionamento e de responsabilidade em sua gestão, dispondo, entre outros aspectos, sobre: (Incluído pela EC 103/2019)

I - requisitos para sua extinção e consequente migração para o Regime Geral de Previdência Social;

II - modelo de arrecadação, de aplicação e de utilização dos recursos;

III - fiscalização pela União e controle externo e social;

IV - definição de equilíbrio financeiro e atuarial;

V - condições para instituição do fundo com finalidade previdenciária de que trata o art. 249 e para vinculação a ele dos recursos provenientes de contribuições e dos bens, direitos e ativos de qualquer natureza;

VI - mecanismos de equacionamento do déficit atuarial;

VII - estruturação do órgão ou entidade gestora do regime, observados os princípios relacionados com governança, controle interno e transparência;

VIII - condições e hipóteses para responsabilização daqueles que desempenhem atribuições relacionadas, direta ou indiretamente, com a gestão do regime;

IX - condições para adesão a consórcio público;

X - parâmetros para apuração da base de cálculo e definição de alíquota de contribuições ordinárias e extraordinárias.

Art. 41. São estáveis após três anos de efetivo exercício os servidores nomeados para cargo de provimento efetivo em virtude de concurso público. (Redação dada pela EC 19/1998.)

- Súm. 390, TST.

» *Vide* Súmula 390 do TST.

§ 1º O servidor público estável só perderá o cargo: (Redação dada pela EC 19/1998.)

» *Vide* art. 169, § 4.º, da CF.

I - em virtude de sentença judicial transitada em julgado; (Incluído pela EC 19/1998.)

II - mediante processo administrativo em que lhe seja assegurada ampla defesa; (Incluído pela EC 19/1998.)

- Súm. 18 a 21, STF.
- OJ SDI-1, 247, TST.

III - mediante procedimento de avaliação periódica de desempenho, na forma de lei complementar, assegurada ampla defesa. (Incluído pela EC 19/1998.)

- art. 247 desta CF.

§ 2º Invalidada por sentença judicial a demissão do servidor estável, será ele reintegrado, e o eventual ocupante da vaga, se estável, reconduzido ao cargo de origem, sem direito a indenização, aproveitado em outro cargo ou posto em disponibilidade com remuneração proporcional ao tempo de serviço. (Redação dada pela EC 19/1998.)

§ 3º Extinto o cargo ou declarada a sua desnecessidade, o servidor estável ficará em disponibilidade, com remuneração proporcional ao tempo de serviço, até seu adequado aproveitamento em outro cargo. (Redação dada pela EC 19/1998.)

§ 4º Como condição para a aquisição da estabilidade, é obrigatória a avaliação especial de desempenho por comissão instituída para essa finalidade. (Incluído pela EC 19/1998.)

- art. 28, EC 19/1998.

SEÇÃO III
DOS MILITARES DOS ESTADOS, DO DISTRITO FEDERAL E DOS TERRITÓRIOS

- Redação dada pela EC 18/1998.

Art. 42. Os membros das Polícias Militares e Corpos de Bombeiros Militares, instituições organizadas com base na hierarquia e disciplina, são militares dos Estados, do Distrito Federal e dos Territórios. (Redação dada pela EC 18/1998.)

- art. 37, § 10, desta CF.
- art. 89, ADCT.
- arts.12; 24, § 1º, II; 26, EC 103/2019 (Reforma da Previdência).
- Med. Prov. 2.215-10/2001 (Dispõe sobre a reestruturação dos militares das Forças Armadas.)

§ 1º Aplicam-se aos militares dos Estados, do Distrito Federal e dos Territórios, além do que vier a ser fixado em lei, as disposições do art. 14, § 8º; do art. 40, § 9º; e do art. 142, §§ 2º e 3º, cabendo a lei estadual específica dispor sobre as matérias do art. 142, § 3º, inciso X, sendo as patentes dos oficiais conferidas pelos respectivos governadores. (Redação dada pela EC 20/1998.)

- Súm. Vinc. 4, STF.
- *Vide* art. 142, § 3.º, da CF.

§ 2º Aos pensionistas dos militares dos Estados, do Distrito Federal e dos Territórios aplica-se o que for fixado em lei específica do respectivo ente estatal. (Redação dada pela EC 41/2003.)

§ 3º Aplica-se aos militares dos Estados, do Distrito Federal e dos Territórios o disposto no art. 37, inciso XVI, com prevalência da atividade militar. (Incluído pela EC 101/2019)

SEÇÃO IV
DAS REGIÕES

Art. 43. Para efeitos administrativos, a União poderá articular sua ação em um mesmo complexo geoeconômico e social, visando a seu desenvolvimento e à redução das desigualdades regionais.

- Lei 13.089/2015 (Institui o Estatuto da Metrópole.)

§ 1º Lei complementar disporá sobre:

I - as condições para integração de regiões em desenvolvimento;

II - a composição dos organismos regionais que executarão, na forma da lei, os planos regionais, integrantes dos planos nacionais de desenvolvimento econômico e social, aprovados juntamente com estes.

- LC 124/2007 (Institui a SUDAM).
- LC 125/2007 (Institui a SUDENE).
- LC 129/2009 (Institui a SUDECO).
- LC 134/2010 (Composição Conselho de Administração da SUFRAMA).

§ 2º Os incentivos regionais compreenderão, além de outros, na forma da lei:

I - igualdade de tarifas, fretes, seguros e outros itens de custos e preços de responsabilidade do Poder Público;

II - juros favorecidos para financiamento de atividades prioritárias;

III - isenções, reduções ou diferimento temporário de tributos federais devidos por pessoas físicas ou jurídicas;

IV - prioridade para o aproveitamento econômico e social dos rios e das massas de água represadas ou represáveis nas regiões de baixa renda, sujeitas a secas periódicas.

§ 3º Nas áreas a que se refere o § 2º, IV, a União incentivará a recuperação de terras áridas e cooperará com os pequenos e médios proprietários rurais para o estabelecimento, em suas glebas, de fontes de água e de pequena irrigação.

§ 4º Sempre que possível, a concessão dos incentivos regionais a que se refere o § 2º, III, considerará critérios de sustentabilidade ambiental e redução das emissões de carbono. *(Acrescido pela EC 132/2023)*

TÍTULO IV
DA ORGANIZAÇÃO DOS PODERES

- (Redação dada pela EC 80/2014.)

CAPÍTULO I
DO PODER LEGISLATIVO

SEÇÃO I
DO CONGRESSO NACIONAL

Art. 44. O Poder Legislativo é exercido pelo Congresso Nacional, que se compõe da Câmara dos Deputados e do Senado Federal.

- *Vide* art. 2.º da CF.

Parágrafo único. Cada legislatura terá a duração de quatro anos.

Art. 45. A Câmara dos Deputados compõe-se de representantes do povo, eleitos, pelo sistema proporcional, em cada Estado, em cada Território e no Distrito Federal.

§ 1º O número total de Deputados, bem como a representação por Estado e pelo Distrito Federal, será estabelecido por lei complementar, proporcionalmente à população, procedendo-se aos ajustes necessários, no ano anterior às eleições, para que nenhuma daquelas unidades da Federação tenha menos de oito ou mais de setenta Deputados.

- arts. 1º e 3º, LC 78/1993 (Fixação do número de deputados).
- ADO 38: O STF, por unanimidade, julgou procedente a presente ação direta, para declarar a mora do Congresso Nacional quanto à edição da Lei Complementar prevista na segunda parte do § 1º do art. 45 da CF (revisão periódica da proporcionalidade na relação deputado/população), fixando prazo até 30 de junho de 2025 para que seja sanada a omissão, pela redistribuição proporcional das cadeiras hoje existentes, e entendeu que, após esse prazo, e na hipótese de persistência da omissão inconstitucional, caberá ao Tribunal Superior Eleitoral determinar, até 1º de outubro de 2025, o número de deputados federais de cada Estado e do Distrito Federal para a legislatura que se iniciará em 2027, bem como o consequente número de deputados estaduais e distritais (CF, arts. 27, caput, e 32, § 3º), observado o piso e o teto constitucional por circunscrição e o número total de parlamentares previsto na LC nº 78/1993, valendo-se, para tanto, dos dados demográficos coletados pelo IBGE no Censo 2022 e da metodologia utilizada por ocasião da edição da Resolução-TSE 23.389/2013. DJE 09.10.2023

§ 2º Cada Território elegerá quatro Deputados.

Art. 46. O Senado Federal compõe-se de representantes dos Estados e do Distrito Federal, eleitos segundo o princípio majoritário.

§ 1º Cada Estado e o Distrito Federal elegerão três Senadores, com mandato de oito anos.

§ 2º A representação de cada Estado e do Distrito Federal será renovada de quatro em quatro anos, alternadamente, por um e dois terços.

§ 3º Cada Senador será eleito com dois suplentes.

Art. 47. Salvo disposição constitucional em contrário, as deliberações de cada Casa e de suas Comissões serão tomadas por maioria dos votos, presente a maioria absoluta de seus membros.

SEÇÃO II
DAS ATRIBUIÇÕES DO CONGRESSO NACIONAL

Art. 48. Cabe ao Congresso Nacional, com a sanção do Presidente da República, não exigida esta para o especificado nos arts. 49, 51 e 52, dispor sobre todas as matérias de competência da União, especialmente sobre:

- *Vide* art. 22 da CF.

I - sistema tributário, arrecadação e distribuição de rendas;

II - plano plurianual, diretrizes orçamentárias, orçamento anual, operações de crédito, dívida pública e emissões de curso forçado;

III - fixação e modificação do efetivo das Forças Armadas;

- *Vide* art. 61, § 1.º, da CF.

IV - planos e programas nacionais, regionais e setoriais de desenvolvimento;

V - limites do território nacional, espaço aéreo e marítimo e bens do domínio da União;

VI - incorporação, subdivisão ou desmembramento de áreas de Territórios ou Estados, ouvidas as respectivas Assembleias Legislativas;

- art. 4º, Lei 9.709/1998 (Regulamenta a execução do disposto nos incisos I a III do art. 14 desta CF).

VII - transferência temporária da sede do Governo Federal;

VIII - concessão de anistia;

- art. 187, Lei 7.210/1984 (Lei de Execuções Penais).

IX - organização administrativa, judiciária, do Ministério Público e da Defensoria Pública da União e dos Territórios e organização judiciária e do Ministério Público do Distrito Federal; (Alterado pela EC 69/2012)

X - criação, transformação e extinção de cargos, empregos e funções públicas, observado o que estabelece o art. 84, VI, *b*; (Redação dada pela EC 32/2001.)

XI - criação e extinção de Ministérios e órgãos da administração pública; (Redação dada pela EC 32/2001.)

XII - telecomunicações e radiodifusão;

- Lei 4.117/1962 (Código Brasileiro de Telecomunicações).
- Lei 9.295/1996 (Dispõe sobre os serviços de telecomunicações e sua organização, e sobre o órgão regulador).
- Lei 9.472/1997 (Organização dos serviços de telecomunicações, criação e funcionamento de órgão regulador e outros aspectos institucionais).
- Lei 9.612/1998 (Institui o serviço de radiodifusão comunitária).

XIII - matéria financeira, cambial e monetária, instituições financeiras e suas operações;

XIV - moeda, seus limites de emissão, e montante da dívida mobiliária federal.

XV - fixação do subsídio dos Ministros do Supremo Tribunal Federal, observado o que dispõem os arts. 39, § 4º; 150, II; 153, III; e 153, § 2º, I. (Redação dada pela EC 41/2003.)

‣ Lei 10.474/2002 (Dispõe sobre remuneração da magistratura da União).

Art. 49. É da competência exclusiva do Congresso Nacional:

‣ art. 48 desta CF.

I - resolver definitivamente sobre tratados, acordos ou atos internacionais que acarretem encargos ou compromissos gravosos ao patrimônio nacional;

II - autorizar o Presidente da República a declarar guerra, a celebrar a paz, a permitir que forças estrangeiras transitem pelo território nacional ou nele permaneçam temporariamente, ressalvados os casos previstos em lei complementar;

» *Vide* art. 84 da CF.

III - autorizar o Presidente e o Vice-Presidente da República a se ausentarem do país, quando a ausência exceder a quinze dias;

» *Vide* art. 83 da CF.

IV - aprovar o estado de defesa e a intervenção federal, autorizar o estado de sítio, ou suspender qualquer uma dessas medidas;

» *Vide* arts. 136, 137, 34 e 84 da CF.

V - sustar os atos normativos do Poder Executivo que exorbitem do poder regulamentar ou dos limites de delegação legislativa;

VI - mudar temporariamente sua sede;

VII - fixar idêntico subsídio para os Deputados Federais e os Senadores, observado o que dispõem os arts. 37, XI, 39, § 4º, 150, II, 153, III, e 153, § 2º, I;(Redação dada pela EC 19/1998.)

VIII - fixar os subsídios do Presidente e do Vice-Presidente da República e dos Ministros de Estado, observado o que dispõem os arts. 37, XI, 39, § 4º, 150, II, 153, III, e 153, § 2º, I; (Redação dada pela EC 19/1998.)

IX - julgar anualmente as contas prestadas pelo Presidente da República e apreciar os relatórios sobre a execução dos planos de governo;

» *Vide* art. 71 da CF.

X - fiscalizar e controlar, diretamente, ou por qualquer de suas Casas, os atos do Poder Executivo, incluídos os da administração indireta;

XI - zelar pela preservação de sua competência legislativa em face da atribuição normativa dos outros Poderes;

XII - apreciar os atos de concessão e renovação de concessão de emissoras de rádio e televisão;

XIII - escolher dois terços dos membros do Tribunal de Contas da União;

‣ Dec. Leg. 6/1993 (Dispõe sobre escolha de ministros do TCU pelo Congresso Nacional).

XIV - aprovar iniciativas do Poder Executivo referentes a atividades nucleares;

XV - autorizar referendo e convocar plebiscito;

‣ arts. 1º a 12, Lei 9.709/1998 (Regulamenta a execução do disposto nos incisos I a III do art. 14 desta CF).

XVI - autorizar, em terras indígenas, a exploração e o aproveitamento de recursos hídricos e a pesquisa e lavra de riquezas minerais;

XVII - aprovar, previamente, a alienação ou concessão de terras públicas com área superior a dois mil e quinhentos hectares.

XVIII - decretar o estado de calamidade pública de âmbito nacional previsto nos arts. 167-B, 167-C, 167-D, 167-E, 167-F e 167-G desta Constituição. (Inciso acrescido pela EC nº 109, de 2021)

Art. 50. A Câmara dos Deputados e o Senado Federal, ou qualquer de suas Comissões, poderão convocar Ministro de Estado, quaisquer titulares de órgãos diretamente subordinados à Presidência da República ou o Presidente do Comitê Gestor do Imposto sobre Bens e Serviços para prestarem, pessoalmente, informações sobre assunto previamente determinado, importando crime de responsabilidade a ausência sem justificação adequada. *(Redação dada pela EC 132/2023)*

§ 1º Os Ministros de Estado poderão comparecer ao Senado Federal, à Câmara dos Deputados, ou a qualquer de suas Comissões, por sua iniciativa e mediante entendimentos com a Mesa respectiva, para expor assunto de relevância de seu Ministério.

§ 2º As Mesas da Câmara dos Deputados e do Senado Federal poderão encaminhar pedidos escritos de informações a Ministros de Estado ou a qualquer das pessoas referidas no *caput* deste artigo, importando em crime de responsabilidade a recusa, ou o não atendimento, no prazo de trinta dias, bem como a prestação de informações falsas. (Redação dada pela EC Revisão 2/1994.)

SEÇÃO III
DA CÂMARA DOS DEPUTADOS

Art. 51. Compete privativamente à Câmara dos Deputados:

‣ art. 48 desta CF.

I - autorizar, por dois terços de seus membros, a instauração de processo contra o Presidente e o Vice-Presidente da República e os Ministros de Estado;

» *Vide* arts. 52, I, e 85 da CF.

II - proceder à tomada de contas do Presidente da República, quando não apresentadas ao Congresso Nacional dentro de sessenta dias após a abertura da sessão legislativa;

III - elaborar seu regimento interno;

IV - dispor sobre sua organização, funcionamento, polícia, criação, transformação ou extinção dos cargos, empregos e funções de seus serviços, e a iniciativa de lei para fixação da respectiva remuneração, observados os parâmetros estabelecidos na lei de diretrizes orçamentárias; (Redação dada pela EC 19/1998.)

‣ art. 107, § 2º, do ADCT.

‣ arts. 5º; 10, § 2º, I, EC 103/2019.

V - eleger membros do Conselho da República, nos termos do art. 89, VII.

SEÇÃO IV
DO SENADO FEDERAL

Art. 52. Compete privativamente ao Senado Federal:

‣ art. 48 desta CF.

I - processar e julgar o Presidente e o Vice-Presidente da República nos crimes de responsabilidade, bem como os Ministros de Estado e os Comandantes da Marinha, do Exército e da Aeronáutica nos crimes da mesma natureza conexos com aqueles; (Redação dada pela EC 23/1999.)

‣ art. 102, I, c, desta CF.

‣ Lei 1.079/1950 (Define os crimes de responsabilidade e regula o respectivo processo de julgamento).

» *Vide* art. 85 da CF.

II - processar e julgar os Ministros do Supremo Tribunal Federal, os membros do Conselho Nacional de Justiça e do Conselho Nacional do Ministério Público, o Procurador-Geral da República e o Advogado-Geral da União nos crimes de responsabilidade; (Redação dada pela EC 45/2004.)

‣ arts. 103-B; 130-A a 132, desta CF.

‣ art. 5º, EC 45/2004 (Reforma do Judiciário).

III - aprovar previamente, por voto secreto, após arguição pública, a escolha de:

a) Magistrados, nos casos estabelecidos nesta Constituição;

b) Ministros do Tribunal de Contas da União indicados pelo Presidente da República;

c) Governador de Território;

d) Presidente e diretores do banco central;

e) Procurador-Geral da República;

f) titulares de outros cargos que a lei determinar;

IV - aprovar previamente, por voto secreto, após arguição em sessão secreta, a escolha dos chefes de missão diplomática de caráter permanente;

V - autorizar operações externas de natureza financeira, de interesse da União, dos Estados, do Distrito Federal, dos Territórios e dos Municípios;

VI - fixar, por proposta do Presidente da República, limites globais para o montante da dívida consolidada da União, dos Estados, do Distrito Federal e dos Municípios;

‣ art. 100, § 19, desta CF.

‣ art. 101, § 2º, III, desta CF.

VII - dispor sobre limites globais e condições para as operações de crédito externo e interno da União, dos Estados, do Distrito Federal e dos Municípios, de suas autarquias e demais entidades controladas pelo Poder Público federal;

‣ art. 100, § 19, desta CF.

‣ art. 101, § 2º, III, desta CF.

VIII - dispor sobre limites e condições para a concessão de garantia da União em operações de crédito externo e interno;

IX - estabelecer limites globais e condições para o montante da dívida mobiliária dos Estados, do Distrito Federal e dos Municípios;

X - suspender a execução, no todo ou em parte, de lei declarada inconstitucional por decisão definitiva do Supremo Tribunal Federal;

XI - aprovar, por maioria absoluta e por voto secreto, a exoneração, de ofício, do Procurador-Geral da República antes do término de seu mandato;

XII - elaborar seu regimento interno;

XIII - dispor sobre sua organização, funcionamento, polícia, criação, transformação ou extinção dos cargos, empregos e funções de seus serviços, e a iniciativa de lei para fixação da respectiva remuneração, observados os parâmetros estabelecidos na lei de diretrizes orçamentárias; (Redação dada pela EC 19/1998.)

‣ art. 107, § 2º, ADCT.

XIV - eleger membros do Conselho da República, nos termos do art. 89, VII;

XV - avaliar periodicamente a funcionalidade do Sistema Tributário Nacional, em sua estrutura e seus componentes, e o desempenho das administrações tributárias da União, dos Estados e do Distrito Federal e dos Municípios. (Incluído pela EC 42/2003.)

Parágrafo único. Nos casos previstos nos incisos I e II, funcionará como Presidente o do Supremo Tribunal Federal, limitando-se a condenação, que somente será proferida por dois terços dos votos do Senado Federal, à perda do cargo, com inabilitação, por oito anos, para o exercício de função pública, sem prejuízo das demais sanções judiciais cabíveis.

SEÇÃO V
DOS DEPUTADOS E DOS SENADORES

› Lei 9.504/1997 (Lei das eleições).

Art. 53. Os Deputados e Senadores são invioláveis, civil e penalmente, por quaisquer de suas opiniões, palavras e votos. (Redação dada pela EC 35/2001.)

› Súm. 245, STF.

» *Vide* art. 29, VIII, da CF.

§ 1º Os Deputados e Senadores, desde a expedição do diploma, serão submetidos a julgamento perante o Supremo Tribunal Federal. (Redação dada pela EC 35/2001.)

› art. 102, I, b, desta CF.

» *Vide* Súmula Vinculante 45 do STF.

§ 2º Desde a expedição do diploma, os membros do Congresso Nacional não poderão ser presos, salvo em flagrante de crime inafiançável. Nesse caso, os autos serão remetidos dentro de vinte e quatro horas à Casa respectiva, para que, pelo voto da maioria de seus membros, resolva sobre a prisão. (Redação dada pela EC 35/2001.)

› art. 301, CPP.

§ 3º Recebida a denúncia contra o Senador ou Deputado, por crime ocorrido após a diplomação, o Supremo Tribunal Federal dará ciência à Casa respectiva, que, por iniciativa de partido político nela representado e pelo voto da maioria de seus membros, poderá, até a decisão final, sustar o andamento da ação. (Redação dada pela EC 35/2001.)

§ 4º O pedido de sustação será apreciado pela Casa respectiva no prazo improrrogável de quarenta e cinco dias do seu recebimento pela Mesa Diretora. (Redação dada pela EC 35/2001.)

§ 5º A sustação do processo suspende a prescrição, enquanto durar o mandato. (Redação dada pela EC 35/2001.)

§ 6º Os Deputados e Senadores não serão obrigados a testemunhar sobre informações recebidas ou prestadas em razão do exercício do mandato, nem sobre as pessoas que lhes confiaram ou deles receberam informações. (Redação dada pela EC 35/2001.)

§ 7º A incorporação às Forças Armadas de Deputados e Senadores, embora militares e ainda que em tempo de guerra, dependerá de prévia licença da Casa respectiva. (Redação dada pela EC 35/2001.)

§ 8º As imunidades de Deputados ou Senadores subsistirão durante o estado de sítio, só podendo ser suspensas mediante o voto de dois terços dos membros da Casa respectiva, nos casos de atos praticados fora do recinto do Congresso Nacional, que sejam incompatíveis com a execução da medida. (Incluído pela EC 35/2001.)

› arts. 137 a 141 desta CF.

› arts. 138 a 145, CP.

Art. 54. Os Deputados e Senadores não poderão:

I - desde a expedição do diploma:

a) firmar ou manter contrato com pessoa jurídica de direito público, autarquia, empresa pública, sociedade de economia mista ou empresa concessionária de serviço público, salvo quando o contrato obedecer a cláusulas uniformes;

› Lei 13.303/2016 (Dispõe sobre o estatuto jurídico da empresa pública).

b) aceitar ou exercer cargo, função ou emprego remunerado, inclusive os de que sejam demissíveis *ad nutum*, nas entidades constantes da alínea anterior;

II - desde a posse:

a) ser proprietários, controladores ou diretores de empresa que goze de favor decorrente de contrato com pessoa jurídica de direito público, ou nela exercer função remunerada;

b) ocupar cargo ou função de que sejam demissíveis *ad nutum*, nas entidades referidas no inciso I, *a;*

c) patrocinar causa em que seja interessada qualquer das entidades a que se refere o inciso I, *a;*

d) ser titulares de mais de um cargo ou mandato público eletivo.

Art. 55. Perderá o mandato o Deputado ou Senador:

I - que infringir qualquer das proibições estabelecidas no artigo anterior;

II - cujo procedimento for declarado incompatível com o decoro parlamentar;

III - que deixar de comparecer, em cada sessão legislativa, à terça parte das sessões ordinárias da Casa a que pertencer, salvo licença ou missão por esta autorizada;

IV - que perder ou tiver suspensos os direitos políticos;

V - quando o decretar a Justiça Eleitoral, nos casos previstos nesta Constituição;

VI - que sofrer condenação criminal em sentença transitada em julgado.

› art. 92, I, CP.

§ 1º É incompatível com o decoro parlamentar, além dos casos definidos no regimento interno, o abuso das prerrogativas asseguradas a membro do Congresso Nacional ou a percepção de vantagens indevidas.

§ 2º Nos casos dos incisos I, II e VI, a perda do mandato será decidida pela Câmara dos Deputados ou pelo Senado Federal, por maioria absoluta, mediante provocação da respectiva Mesa ou de partido político representado no Congresso Nacional, assegurada ampla defesa. (Alterado pela EC 76/2013.)

§ 3º Nos casos previstos nos incisos III a V, a perda será declarada pela Mesa da Casa respectiva, de ofício ou mediante provocação de qualquer de seus membros, ou de partido político representado no Congresso Nacional, assegurada ampla defesa.

§ 4º A renúncia de parlamentar submetido a processo que vise ou possa levar à perda do mandato, nos termos deste artigo, terá seus efeitos suspensos até as deliberações finais de que tratam os §§ 2º e 3º. (Incluído pela EC Revisão 6/1994.)

Art. 56. Não perderá o mandato o Deputado ou Senador:

I - investido no cargo de Ministro de Estado, Governador de Território, Secretário de Estado, do Distrito Federal, de Território, de Prefeitura de Capital ou chefe de missão diplomática temporária;

II - licenciado pela respectiva Casa por motivo de doença, ou para tratar, sem remuneração, de interesse particular, desde que, neste caso, o afastamento não ultrapasse cento e vinte dias por sessão legislativa.

§ 1º O suplente será convocado nos casos de vaga, de investidura em funções previstas neste artigo ou de licença superior a cento e vinte dias.

§ 2º Ocorrendo vaga e não havendo suplente, far-se-á eleição para preenchê-la se faltarem mais de quinze meses para o término do mandato.

§ 3º Na hipótese do inciso I, o Deputado ou Senador poderá optar pela remuneração do mandato.

SEÇÃO VI
DAS REUNIÕES

Art. 57. O Congresso Nacional reunir-se-á, anualmente, na Capital Federal, de 2 de fevereiro a 17 de julho e de 1º de agosto a 22 de dezembro. (Redação dada pela EC 50/2006.)

§ 1º As reuniões marcadas para essas datas serão transferidas para o primeiro dia útil subsequente, quando recaírem em sábados, domingos ou feriados.

§ 2º A sessão legislativa não será interrompida sem a aprovação do projeto de lei de diretrizes orçamentárias.

§ 3º Além de outros casos previstos nesta Constituição, a Câmara dos Deputados e o Senado Federal reunir-se-ão em sessão conjunta para:

I - inaugurar a sessão legislativa;

II - elaborar o regimento comum e regular a criação de serviços comuns às duas Casas;

III - receber o compromisso do Presidente e do Vice-Presidente da República;

IV - conhecer do veto e sobre ele deliberar.

§ 4º Cada uma das Casas reunir-se-á em sessões preparatórias, a partir de 1º de fevereiro, no primeiro ano da legislatura, para a posse de seus membros e eleição das respectivas Mesas, para mandato de 2 (dois) anos, vedada a recondução para o mesmo cargo na eleição imediatamente subsequente. (Redação dada pela EC 50/2006.)

§ 5º A Mesa do Congresso Nacional será presidida pelo Presidente do Senado Federal, e os demais cargos serão exercidos, alternadamente, pelos ocupantes de cargos equivalentes na Câmara dos Deputados e no Senado Federal.

§ 6º A convocação extraordinária do Congresso Nacional far-se-á: (Redação dada pela EC 50/2006.)

I - pelo Presidente do Senado Federal, em caso de decretação de estado de defesa ou de intervenção federal, de pedido de autorização para a decretação de estado de sítio e para o compromisso e a posse do Presidente e do Vice-Presidente da República;

II - pelo Presidente da República, pelos Presidentes da Câmara dos Deputados e do Senado Federal ou a requerimento da maioria dos membros de ambas as Casas, em caso de urgência ou interesse público relevante, em todas as hipóteses deste inciso com a aprovação da maioria absoluta de cada uma das Casas do Congresso Nacional. (Redação dada pela EC 50/2006.)

§ 7º Na sessão legislativa extraordinária, o Congresso Nacional somente deliberará sobre a matéria para a qual foi convocado, ressalvada a hipótese do § 8º deste artigo, vedado o pagamento de parcela indenizatória, em razão da convocação. (Redação dada pela EC 50/2006.)

§ 8º Havendo medidas provisórias em vigor na data de convocação extraordinária do Congresso Nacional, serão elas automaticamente incluídas na pauta da convocação. (Incluído pela EC 32/2001.)

SEÇÃO VII
DAS COMISSÕES

Art. 58. O Congresso Nacional e suas Casas terão comissões permanentes e temporárias, constituídas na forma e com as atribuições previstas no respectivo regimento ou no ato de que resultar sua criação.

§ 1º Na constituição das Mesas e de cada Comissão, é assegurada, tanto quanto possível, a representação proporcional dos partidos ou dos blocos parlamentares que participam da respectiva Casa.

§ 2º Às comissões, em razão da matéria de sua competência, cabe:

I - discutir e votar projeto de lei que dispensar, na forma do regimento, a competência do Plenário, salvo se houver recurso de um décimo dos membros da Casa;

II - realizar audiências públicas com entidades da sociedade civil;

III - convocar Ministros de Estado para prestar informações sobre assuntos inerentes a suas atribuições;

IV - receber petições, reclamações, representações ou queixas de qualquer pessoa contra atos ou omissões das autoridades ou entidades públicas;

V - solicitar depoimento de qualquer autoridade ou cidadão;

VI - apreciar programas de obras, planos nacionais, regionais e setoriais de desenvolvimento e sobre eles emitir parecer.

§ 3º As comissões parlamentares de inquérito, que terão poderes de investigação próprios das autoridades judiciais, além de outros previstos nos regimentos das respectivas Casas, serão criadas pela Câmara dos Deputados e pelo Senado Federal, em conjunto ou separadamente, mediante requerimento de um terço de seus membros, para a apuração de fato determinado e por prazo certo, sendo suas conclusões, se for o caso, encaminhadas ao Ministério Público, para que promova a responsabilidade civil ou criminal dos infratores.

- Lei 1.579/1952 (Lei das Comissões Parlamentares de Inquérito).
- Lei 10.001/2000 (Prioridade nos procedimentos a serem adotados pelo Ministério Público e outros órgãos a respeito das conclusões das Comissões Parlamentares de Inquérito).
- *Vide* art. 5.º, LXI e XII, da CF.

§ 4º Durante o recesso, haverá uma Comissão representativa do Congresso Nacional, eleita por suas Casas na última sessão ordinária do período legislativo, com atribuições definidas no regimento comum, cuja composição reproduzirá, quanto possível, a proporcionalidade da representação partidária.

SEÇÃO VIII
DO PROCESSO LEGISLATIVO

SUBSEÇÃO I
DISPOSIÇÃO GERAL

Art. 59. O processo legislativo compreende a elaboração de:

I - emendas à Constituição;

II - leis complementares;

III - leis ordinárias;

IV - leis delegadas;

V - medidas provisórias;

- arts. 70; 73; 114, ADCT.

VI - decretos legislativos;

- art. 3º, Lei 9.709/1998 (Regulamenta a execução do disposto nos incisos I a III do art. 14 desta CF).

VII - resoluções.

Parágrafo único. Lei complementar disporá sobre a elaboração, redação, alteração e consolidação das leis.

- LC 95/1998 (Trata do disposto neste parágrafo) e Dec. 9.191/2017 (Regulamento).

SUBSEÇÃO II
DA EMENDA À CONSTITUIÇÃO

Art. 60. A Constituição poderá ser emendada mediante proposta:

I - de um terço, no mínimo, dos membros da Câmara dos Deputados ou do Senado Federal;

II - do Presidente da República;

III - de mais da metade das Assembleias Legislativas das unidades da Federação, manifestando-se, cada uma delas, pela maioria relativa de seus membros.

§ 1º A Constituição não poderá ser emendada na vigência de intervenção federal, de estado de defesa ou de estado de sítio.

- arts. 34 a 36; 136 a 141, desta CF.

§ 2º A proposta será discutida e votada em cada Casa do Congresso Nacional, em dois turnos, considerando-se aprovada se obtiver, em ambos, três quintos dos votos dos respectivos membros.

§ 3º A emenda à Constituição será promulgada pelas Mesas da Câmara dos Deputados e do Senado Federal, com o respectivo número de ordem.

§ 4º Não será objeto de deliberação a proposta de emenda tendente a abolir:

I - a forma federativa de Estado;

- arts. 1º e 18 desta CF.

II - o voto direto, secreto, universal e periódico;

- arts. 1º; 14; 81, § 1º, desta CF.
- Lei 9.709/1998 (Regulamenta a execução do disposto nos incisos I a III do art. 14 desta CF).

III - a separação dos Poderes;

- art. 2º desta CF.

IV - os direitos e garantias individuais.

- art. 5º desta CF.

§ 5º A matéria constante de proposta de emenda rejeitada ou havida por prejudicada não pode ser objeto de nova proposta na mesma sessão legislativa.

SUBSEÇÃO III
DAS LEIS

Art. 61. A iniciativa das leis complementares e ordinárias cabe a qualquer membro ou Comissão da Câmara dos Deputados, do Senado Federal ou do Congresso Nacional, ao Presidente da República, ao Supremo Tribunal Federal, aos Tribunais Superiores, ao Procurador-Geral da República e aos cidadãos, na forma e nos casos previstos nesta Constituição.

§ 1º São de iniciativa privativa do Presidente da República as leis que:

- *Vide* art. 64, § 1.º, da CF.

I - fixem ou modifiquem os efetivos das Forças Armadas;

II - disponham sobre:

a) criação de cargos, funções ou empregos públicos na administração direta e autárquica ou aumento de sua remuneração;

- Súm. 679 e 681, STF.

b) organização administrativa e judiciária, matéria tributária e orçamentária, serviços públicos e pessoal da administração dos Territórios;

c) servidores públicos da União e Territórios, seu regime jurídico, provimento de cargos, estabilidade e aposentadoria; (Redação dada pela EC 18/1998.)

d) organização do Ministério Público e da Defensoria Pública da União, bem como normas gerais para a organização do Ministério Público e da Defensoria Pública dos Estados, do Distrito Federal e dos Territórios;

e) criação e extinção de Ministérios e órgãos da administração pública, observado o disposto no art. 84, VI; (Redação dada pela EC 32/2001.)

f) militares das Forças Armadas, seu regime jurídico, provimento de cargos, promoções, estabilidade, remuneração, reforma e transferência para a reserva. (Incluída pela EC 18/1998.)

§ 2º A iniciativa popular pode ser exercida pela apresentação à Câmara dos Deputados de projeto de lei subscrito por, no mínimo, um por cento do eleitorado nacional, distribuído pelo menos por cinco Estados, com não menos de três décimos por cento dos eleitores de cada um deles.

- arts. 1º, III; 13; 14, Lei 9.709/1998 (Regulamenta a execução do disposto nos incisos I a III do art. 14 desta CF).
- *Vide* arts. 27, § 4.º, e 29, XIII, da CF.

Art. 62. Em caso de relevância e urgência, o Presidente da República poderá adotar medidas provisórias, com força de lei, devendo submetê-las de imediato ao Congresso Nacional. (Redação dada pela EC 32/2001.)

- arts. 167, § 3º, 246 desta CF.
- art. 2º, EC 32/2001 (Determina que as Medidas Provisórias editadas em data anterior 12.09.2001 continuam em vigor até que MP ulterior as revogue ou haja deliberação definitiva do Congresso).
- Súm. Vinc. 54, STF.
- Súm. 651, STF.

§ 1º É vedada a edição de medidas provisórias sobre matéria: (Incluído pela EC 32/2001.)

I - relativa à: (Incluído pela EC 32/2001.)

a) nacionalidade, cidadania, direitos políticos, partidos políticos e direito eleitoral; (Incluído pela EC 32/2001.)

b) direito penal, processual penal e processual civil; (Incluído pela EC 32/2001.)

c) organização do Poder Judiciário e do Ministério Público, a carreira e a garantia de seus membros; (Incluído pela EC 32/2001.)

d) planos plurianuais, diretrizes orçamentárias, orçamento e créditos adicionais e suplementares, ressalvado o previsto no art. 167, § 3º; (Incluído pela EC 32/2001.)

II - que vise a detenção ou sequestro de bens, de poupança popular ou qualquer outro ativo financeiro; (Incluído pela EC 32/2001.)

III - reservada a lei complementar; (Incluído pela EC 32/2001.)

IV - já disciplinada em projeto de lei aprovado pelo Congresso Nacional e pendente de sanção ou veto do Presidente da República. (Incluído pela EC 32/2001.)

§ 2º Medida provisória que implique instituição ou majoração de impostos, exceto os previstos nos arts. 153, I, II, IV, V, e 154, II, só produzirá efeitos no exercício financeiro seguinte se houver sido convertida em lei até o último dia daquele em que foi editada. (Incluído pela EC 32/2001.)

§ 3º As medidas provisórias, ressalvado o disposto nos §§ 11 e 12 perderão eficácia, desde a edição, se não forem convertidas em lei no prazo de sessenta dias, prorrogável, nos termos do § 7º, uma vez por igual período, devendo o Congresso Nacional disciplinar, por decreto legislativo, as relações jurídicas delas decorrentes. (Incluído pela EC 32/2001.)

§ 4º O prazo a que se refere o § 3º contar-se-á da publicação da medida provisória, suspendendo-se durante os períodos de recesso do Congresso Nacional. (Incluído pela EC 32/2001.)

» *Vide* art. 57, § 8.º, da CF.

§ 5º A deliberação de cada uma das Casas do Congresso Nacional sobre o mérito das medidas provisórias dependerá de juízo prévio sobre o atendimento de seus pressupostos constitucionais. (Incluído pela EC 32/2001.)

§ 6º Se a medida provisória não for apreciada em até quarenta e cinco dias contados de sua publicação, entrará em regime de urgência, subsequentemente, em cada uma das Casas do Congresso Nacional, ficando sobrestadas, até que se ultime a votação, todas as demais deliberações legislativas da Casa em que estiver tramitando. (Incluído pela EC 32/2001.)

§ 7º Prorrogar-se-á uma única vez por igual período a vigência de medida provisória que, no prazo de sessenta dias, contado de sua publicação, não tiver a sua votação encerrada nas duas Casas do Congresso Nacional. (Incluído pela EC 32/2001.)

§ 8º As medidas provisórias terão sua votação iniciada na Câmara dos Deputados. (Incluído pela EC 32/2001.)

§ 9º Caberá à comissão mista de Deputados e Senadores examinar as medidas provisórias e sobre elas emitir parecer, antes de serem apreciadas, em sessão separada, pelo plenário de cada uma das Casas do Congresso Nacional. (Incluído pela EC 32/2001.)

§ 10. É vedada a reedição, na mesma sessão legislativa, de medida provisória que tenha sido rejeitada ou que tenha perdido sua eficácia por decurso de prazo. (Incluído pela EC 32/2001.)

§ 11. Não editado o decreto legislativo a que se refere o § 3º até sessenta dias após a rejeição ou perda de eficácia de medida provisória, as relações jurídicas constituídas e decorrentes de atos praticados durante sua vigência conservar-se-ão por ela regidas. (Incluído pela EC 32/2001.)

§ 12. Aprovado projeto de lei de conversão alterando o texto original da medida provisória, esta manter-se-á integralmente em vigor até que seja sancionado ou vetado o projeto. (Incluído pela EC 32/2001.)

Art. 63. Não será admitido aumento da despesa prevista:

I - nos projetos de iniciativa exclusiva do Presidente da República, ressalvado o disposto no art. 166, § 3º e § 4º;

II - nos projetos sobre organização dos serviços administrativos da Câmara dos Deputados, do Senado Federal, dos Tribunais Federais e do Ministério Público.

Art. 64. A discussão e votação dos projetos de lei de iniciativa do Presidente da República, do Supremo Tribunal Federal e dos Tribunais Superiores terão início na Câmara dos Deputados.

§ 1º O Presidente da República poderá solicitar urgência para apreciação de projetos de sua iniciativa.

§ 2º Se, no caso do § 1º, a Câmara dos Deputados e o Senado Federal não se manifestarem sobre a proposição, cada qual sucessivamente, em até quarenta e cinco dias, sobrestar-se-ão todas as demais deliberações legislativas da respectiva Casa, com exceção das que tenham prazo constitucional determinado, até que se ultime a votação. (Redação dada pela EC 32/2001.)

» *Vide* art. 62, § 3.º, da CF.

§ 3º A apreciação das emendas do Senado Federal pela Câmara dos Deputados far-se-á no prazo de dez dias, observado quanto ao mais o disposto no parágrafo anterior.

§ 4º Os prazos do § 2º não correm nos períodos de recesso do Congresso Nacional, nem se aplicam aos projetos de código.

Art. 65. O projeto de lei aprovado por uma Casa será revisto pela outra, em um só turno de discussão e votação, e enviado à sanção ou promulgação, se a Casa revisora o aprovar, ou arquivado, se o rejeitar.

Parágrafo único. Sendo o projeto emendado, voltará à Casa iniciadora.

Art. 66. A Casa na qual tenha sido concluída a votação enviará o projeto de lei ao Presidente da República, que, aquiescendo, o sancionará.

§ 1º Se o Presidente da República considerar o projeto, no todo ou em parte, inconstitucional ou contrário ao interesse público, vetá-lo-á total ou parcialmente, no prazo de quinze dias úteis, contados da data do recebimento, e comunicará, dentro de quarenta e oito horas, ao Presidente do Senado Federal os motivos do veto.

§ 2º O veto parcial somente abrangerá texto integral de artigo, de parágrafo, de inciso ou de alínea.

§ 3º Decorrido o prazo de quinze dias, o silêncio do Presidente da República importará sanção.

§ 4º O veto será apreciado em sessão conjunta, dentro de trinta dias a contar de seu recebimento, só podendo ser rejeitado pelo voto da maioria absoluta dos Deputados e Senadores. (Alterado pela EC 76/2013.)

§ 5º Se o veto não for mantido, será o projeto enviado, para promulgação, ao Presidente da República.

§ 6º Esgotado sem deliberação o prazo estabelecido no § 4º, o veto será colocado na ordem do dia da sessão imediata, sobrestadas as demais proposições, até sua votação final. (Redação dada pela EC 32/2001.)

§ 7º Se a lei não for promulgada dentro de quarenta e oito horas pelo Presidente da República, nos casos dos § 3º e § 5º, o Presidente do Senado a promulgará, e, se este não o fizer em igual prazo, caberá ao Vice-Presidente do Senado fazê-lo.

Art. 67. A matéria constante de projeto de lei rejeitado somente poderá constituir objeto de novo projeto, na mesma sessão legislativa, mediante proposta da maioria absoluta dos membros de qualquer das Casas do Congresso Nacional.

» *Vide* art. 57 da CF.

Art. 68. As leis delegadas serão elaboradas pelo Presidente da República, que deverá solicitar a delegação ao Congresso Nacional.

§ 1º Não serão objeto de delegação os atos de competência exclusiva do Congresso Nacional, os de competência privativa da Câmara dos Deputados ou do Senado Federal, a matéria reservada à lei complementar, nem a legislação sobre:

» *Vide* arts. 49, 51 e 52 da CF.

I - organização do Poder Judiciário e do Ministério Público, a carreira e a garantia de seus membros;

II - nacionalidade, cidadania, direitos individuais, políticos e eleitorais;

III - planos plurianuais, diretrizes orçamentárias e orçamentos.

§ 2º A delegação ao Presidente da República terá a forma de resolução do Congresso Nacional, que especificará seu conteúdo e os termos de seu exercício.

§ 3º Se a resolução determinar a apreciação do projeto pelo Congresso Nacional, este a fará em votação única, vedada qualquer emenda.

Art. 69. As leis complementares serão aprovadas por maioria absoluta.

SEÇÃO IX
DA FISCALIZAÇÃO CONTÁBIL, FINANCEIRA E ORÇAMENTÁRIA

- Dec. 3.590/2000 (Dispõe sobre o sistema de administração financeira federal).
- Dec. 3.591/2000 (Dispõe sobre o sistema de controle interno do Poder Executivo Federal).
- Dec. 6.976/2009 (Dispõe sobre o sistema de contabilidade federal).

Art. 70. A fiscalização contábil, financeira, orçamentária, operacional e patrimonial da União e das entidades da administração direta e indireta, quanto à legalidade, legitimidade, economicidade, aplicação das subvenções e renúncia de receitas, será exercida pelo Congresso Nacional, mediante controle externo, e pelo sistema de controle interno de cada Poder.

Parágrafo único. Prestará contas qualquer pessoa física ou jurídica, pública ou privada, que utilize, arrecade, guarde, gerencie ou administre dinheiros, bens e valores públicos ou pelos quais a União responda, ou que, em nome desta, assuma obrigações de natureza pecuniária. (Redação dada pela EC 19/1998.)

Art. 71. O controle externo, a cargo do Congresso Nacional, será exercido com o auxílio do Tribunal de Contas da União, ao qual compete:

- Lei 8.443/1992 (Lei Orgânica do TCU).

» *Vide* art. 31, §§ 1.º e 2.º, da CF.

I - apreciar as contas prestadas anualmente pelo Presidente da República, mediante parecer prévio que deverá ser elaborado em sessenta dias a contar de seu recebimento;

II - julgar as contas dos administradores e demais responsáveis por dinheiros, bens e valores públicos da administração direta e indireta, incluídas as fundações e sociedades instituídas e mantidas pelo Poder Público federal, e as contas daqueles que derem causa a perda, extravio ou outra irregularidade de que resulte prejuízo ao erário público;

III - apreciar, para fins de registro, a legalidade dos atos de admissão de pessoal, a qualquer título, na administração direta e indireta, incluídas as fundações instituídas e mantidas pelo Poder Público, excetuadas as nomeações para cargo de provimento em comissão, bem como a das concessões de aposentadorias, reformas e pensões, ressalvadas as melhorias posteriores que não alterem o fundamento legal do ato concessório;

- Súm. Vinc. 3, STF.

IV - realizar, por iniciativa própria, da Câmara dos Deputados, do Senado Federal, de Comissão técnica ou de inquérito, inspeções e auditorias de natureza contábil, financeira, orçamentária, operacional e patrimonial, nas unidades administrativas dos Poderes Legislativo, Executivo e Judiciário, e demais entidades referidas no inciso II;

V - fiscalizar as contas nacionais das empresas supranacionais de cujo capital social a União participe, de forma direta ou indireta, nos termos do tratado constitutivo;

VI - fiscalizar a aplicação de quaisquer recursos repassados pela União mediante convênio, acordo, ajuste ou outros instrumentos congêneres, a Estado, ao Distrito Federal ou a Município;

VII - prestar as informações solicitadas pelo Congresso Nacional, por qualquer de suas Casas, ou por qualquer das respectivas Comissões, sobre a fiscalização contábil, financeira, orçamentária, operacional e patrimonial e sobre resultados de auditorias e inspeções realizadas;

VIII - aplicar aos responsáveis, em caso de ilegalidade de despesa ou irregularidade de contas, as sanções previstas em lei, que estabelecerá, entre outras cominações, multa proporcional ao dano causado ao erário;

IX - assinar prazo para que o órgão ou entidade adote as providências necessárias ao exato cumprimento da lei, se verificada ilegalidade;

X - sustar, se não atendido, a execução do ato impugnado, comunicando a decisão à Câmara dos Deputados e ao Senado Federal;

XI - representar ao Poder competente sobre irregularidades ou abusos apurados.

§ 1º No caso de contrato, o ato de sustação será adotado diretamente pelo Congresso Nacional, que solicitará, de imediato, ao Poder Executivo as medidas cabíveis.

§ 2º Se o Congresso Nacional ou o Poder Executivo, no prazo de noventa dias, não efetivar as medidas previstas no parágrafo anterior, o Tribunal decidirá a respeito.

§ 3º As decisões do Tribunal de que resulte imputação de débito ou multa terão eficácia de título executivo.

§ 4º O Tribunal encaminhará ao Congresso Nacional, trimestral e anualmente, relatório de suas atividades.

Art. 72. A Comissão mista permanente a que se refere o art. 166, § 1º, diante de indícios de despesas não autorizadas, ainda que sob a forma de investimentos não programados ou de subsídios não aprovados, poderá solicitar à autoridade governamental responsável que, no prazo de cinco dias, preste os esclarecimentos necessários.

- art. 16, § 2º, ADCT.

§ 1º Não prestados os esclarecimentos, ou considerados estes insuficientes, a Comissão solicitará ao Tribunal pronunciamento conclusivo sobre a matéria, no prazo de trinta dias.

§ 2º Entendendo o Tribunal irregular a despesa, a Comissão, se julgar que o gasto possa causar dano irreparável ou grave lesão à economia pública, proporá ao Congresso Nacional sua sustação.

Art. 73. O Tribunal de Contas da União, integrado por nove Ministros, tem sede no Distrito Federal, quadro próprio de pessoal e jurisdição em todo o território nacional, exercendo, no que couber, as atribuições previstas no art. 96.

- art. 84, XV, desta CF.
- Lei 8.443/1992 (Lei Orgânica do TCU).

§ 1º Os Ministros do Tribunal de Contas da União serão nomeados dentre brasileiros que satisfaçam os seguintes requisitos:

I - mais de trinta e cinco e menos de setenta anos de idade; (Redação dada pela EC 122/2022)

II - idoneidade moral e reputação ilibada;

III - notórios conhecimentos jurídicos, contábeis, econômicos e financeiros ou de administração pública;

IV - mais de dez anos de exercício de função ou de efetiva atividade profissional que exija os conhecimentos mencionados no inciso anterior.

§ 2º Os Ministros do Tribunal de Contas da União serão escolhidos:

- Súm. 653, STF.

I - um terço pelo Presidente da República, com aprovação do Senado Federal, sendo dois alternadamente dentre auditores e membros do Ministério Público junto ao Tribunal, indicados em lista tríplice pelo Tribunal, segundo os critérios de antiguidade e merecimento;

II - dois terços pelo Congresso Nacional.

§ 3º Os Ministros do Tribunal de Contas da União terão as mesmas garantias, prerrogativas, impedimentos, vencimentos e vantagens dos Ministros do Superior Tribunal de Justiça, aplicando-se-lhes, quanto à aposentadoria e pensão, as normas constantes do art. 40. (Redação dada pela EC 20/1998.)

§ 4º O auditor, quando em substituição a Ministro, terá as mesmas garantias e impedimentos do titular e, quando no exercício das demais atribuições da judicatura, as de juiz de Tribunal Regional Federal.

Art. 74. Os Poderes Legislativo, Executivo e Judiciário manterão, de forma integrada, sistema de controle interno com a finalidade de:

I - avaliar o cumprimento das metas previstas no plano plurianual, a execução dos programas de governo e dos orçamentos da União;

II - comprovar a legalidade e avaliar os resultados, quanto à eficácia e eficiência, da gestão orçamentária, financeira e patrimonial nos órgãos e entidades da administração federal, bem como da aplicação de recursos públicos por entidades de direito privado;

III - exercer o controle das operações de crédito, avais e garantias, bem como dos direitos e haveres da União;

IV - apoiar o controle externo no exercício de sua missão institucional.

§ 1º Os responsáveis pelo controle interno, ao tomarem conhecimento de qualquer irregularidade ou ilegalidade, dela darão ciência ao Tribunal de Contas da União, sob pena de responsabilidade solidária.

§ 2º Qualquer cidadão, partido político, associação ou sindicato é parte legítima para, na forma da lei, denunciar irregularidades ou ilegalidades perante o Tribunal de Contas da União.

- arts. 1º, XVI; 53, Lei 8.443/1992 (Lei Orgânica do TCU).

Art. 75. As normas estabelecidas nesta seção aplicam-se, no que couber, à organização, composição e fiscalização dos Tribunais de Contas dos Estados e do Distrito Federal, bem como dos Tribunais e Conselhos de Contas dos Municípios.

- art. 31, § 4º, desta CF.
- Súm. 653, STF.

Parágrafo único. As Constituições estaduais disporão sobre os Tribunais de Contas respectivos, que serão integrados por sete Conselheiros.

CAPÍTULO II
DO PODER EXECUTIVO

SEÇÃO I
DO PRESIDENTE E DO VICE-PRESIDENTE DA REPÚBLICA

- Lei 14.600/2023 (Estabelece a organização básica dos órgãos da Presidência da República e dos Ministérios).

Art. 76. O Poder Executivo é exercido pelo Presidente da República, auxiliado pelos Ministros de Estado.

- Dec. 8.851/2016 (Dispõe sobre a substituição de Ministros de Estado, do Advogado-Geral da União e do Presidente do Bacen).

Art. 77. A eleição do Presidente e do Vice-Presidente da República realizar-se-á, simultaneamente, no primeiro domingo de outubro, em primeiro turno, e no último domingo de outubro, em segundo turno, se houver, do ano anterior ao do término do mandato presidencial vigente. (Redação dada pela EC 16/1997.)

- arts. 28; 29, II; 32, § 2º, desta CF.
- Lei 9.504/1997 (Lei das Eleições).

§ 1º A eleição do Presidente da República importará a do Vice-Presidente com ele registrado.

§ 2º Será considerado eleito Presidente o candidato que, registrado por partido político, obtiver a maioria absoluta de votos, não computados os em branco e os nulos.

§ 3º Se nenhum candidato alcançar maioria absoluta na primeira votação, far-se-á nova eleição em até vinte dias após a proclamação do resultado, concorrendo os dois candidatos mais votados e considerando-se eleito aquele que obtiver a maioria dos votos válidos.

§ 4º Se, antes de realizado o segundo turno, ocorrer morte, desistência ou impedimento legal de candidato, convocar-se-á, dentre os remanescentes, o de maior votação.

§ 5º Se, na hipótese dos parágrafos anteriores, remanescer, em segundo lugar, mais de um candidato com a mesma votação, qualificar-se-á o mais idoso.

Art. 78. O Presidente e o Vice-Presidente da República tomarão posse em sessão do Congresso Nacional, prestando o compromisso de manter, defender e cumprir a Constituição, observar as leis, promover o bem geral do povo brasileiro, sustentar a união, a integridade e a independência do Brasil.

Parágrafo único. Se, decorridos dez dias da data fixada para a posse, o Presidente ou o Vice-Presidente, salvo motivo de força maior, não tiver assumido o cargo, este será declarado vago.

Art. 79. Substituirá o Presidente, no caso de impedimento, e suceder-lhe-á, no de vaga, o Vice-Presidente.

Parágrafo único. O Vice-Presidente da República, além de outras atribuições que lhe forem conferidas por lei complementar, auxiliará o Presidente, sempre que por ele convocado para missões especiais.

Art. 80. Em caso de impedimento do Presidente e do Vice-Presidente, ou vacância dos respectivos cargos, serão sucessivamente chamados ao exercício da Presidência o Presidente da Câmara dos Deputados, o do Senado Federal e o do Supremo Tribunal Federal.

Art. 81. Vagando os cargos de Presidente e Vice-Presidente da República, far-se-á eleição noventa dias depois de aberta a última vaga.

§ 1º Ocorrendo a vacância nos últimos dois anos do período presidencial, a eleição para ambos os cargos será feita trinta dias depois da última vaga, pelo Congresso Nacional, na forma da lei.

§ 2º Em qualquer dos casos, os eleitos deverão completar o período de seus antecessores.

Art. 82. O mandato do Presidente da República é de quatro anos e terá início em primeiro de janeiro do ano seguinte ao da sua eleição. (Redação dada pela EC 16/1997.)

- **Atualização:** Art. 82. O mandato do Presidente da República é de 4 (quatro) anos e terá início em 5 de janeiro do ano seguinte ao de sua eleição. (Redação dada pela EC 111/2021 - DOU 29.09.2021, aplicável a partir das eleições de 2026)
- » *Vide* art. 14, § 5.º, da CF.

Art. 83. O Presidente e o Vice-Presidente da República não poderão, sem licença do Congresso Nacional, ausentar-se do país por período superior a quinze dias, sob pena de perda do cargo.

SEÇÃO II
DAS ATRIBUIÇÕES DO PRESIDENTE DA REPÚBLICA

Art. 84. Compete privativamente ao Presidente da República:

- arts. 55 a 57, CPM.
- arts. 466 a 480, CPPM.

I - nomear e exonerar os Ministros de Estado;

- Dec. 8.851/2016 (Dispõe sobre a substituição de Ministros de Estado, do Advogado-Geral da União e do Presidente do Bacen).

II - exercer, com o auxílio dos Ministros de Estado, a direção superior da administração federal;

- Dec. 8.851/2016 (Dispõe sobre a substituição de Ministros de Estado, do Advogado-Geral da União e do Presidente do Bacen).

III - iniciar o processo legislativo, na forma e nos casos previstos nesta Constituição;

IV - sancionar, promulgar e fazer publicar as leis, bem como expedir decretos e regulamentos para sua fiel execução;

V - vetar projetos de lei, total ou parcialmente;

- art. 66, §§ 1º a 7º, desta CF.

VI - dispor, mediante decreto, sobre: (Redação dada pela EC 32/2001.)

- art. 61, § 1º, II, e, desta CF.

a) organização e funcionamento da administração federal, quando não implicar aumento de despesa nem criação ou extinção de órgãos públicos; (Incluída pela EC 32/2001).

b) extinção de funções ou cargos públicos, quando vagos; (Incluída pela EC 32/2001.)

- art. 48, X, desta CF.

VII - manter relações com Estados estrangeiros e acreditar seus representantes diplomáticos;

VIII - celebrar tratados, convenções e atos internacionais, sujeitos a referendo do Congresso Nacional;

IX - decretar o estado de defesa e o estado de sítio;

X - decretar e executar a intervenção federal;

XI - remeter mensagem e plano de governo ao Congresso Nacional por ocasião da abertura da sessão legislativa, expondo a situação do país e solicitando as providências que julgar necessárias;

XII - conceder indulto e comutar penas, com audiência, se necessário, dos órgãos instituídos em lei;

- Súm. 631 do STJ.

XIII - exercer o comando supremo das Forças Armadas, nomear os Comandantes da Marinha, do Exército e da Aeronáutica, promover seus oficiais-generais e nomeá-los para os cargos que lhes são privativos; (Redação dada pela EC 23/1999.)

- art. 49, I desta CF.
- LC 97/1999 (Normas gerais para organização, preparo e emprego das Forças Armadas).

XIV - nomear, após aprovação pelo Senado Federal, os Ministros do Supremo Tribunal Federal e dos Tribunais Superiores, os Governadores de Territórios, o Procurador-Geral da República, o presidente e os diretores do banco central e outros servidores, quando determinado em lei;

XV - nomear, observado o disposto no art. 73, os Ministros do Tribunal de Contas da União;

XVI - nomear os magistrados, nos casos previstos nesta Constituição, e o Advogado-Geral da União;

- arts 131 e 132 desta CF.
- Súm. 627, STF.

XVII - nomear membros do Conselho da República, nos termos do art. 89, VII;

XVIII - convocar e presidir o Conselho da República e o Conselho de Defesa Nacional;

XIX - declarar guerra, no caso de agressão estrangeira, autorizado pelo Congresso Nacional ou referendado por ele, quando ocorrida no intervalo das sessões legislativas, e, nas mesmas condições, decretar, total ou parcialmente, a mobilização nacional;

- art. 5º, XLVII, a, desta CF.
- Lei 11.631/2007 (Dispõe sobre a Mobilização Nacional e cria o Sistema Nacional de Mobilização - SINAMOB).
- Dec. 7.294/2010 (Dispõe sobre a Política de mobilização nacional).

XX - celebrar a paz, autorizado ou com o referendo do Congresso Nacional;

XXI - conferir condecorações e distinções honoríficas;

XXII - permitir, nos casos previstos em lei complementar, que forças estrangeiras transitem pelo território nacional ou nele permaneçam temporariamente;

- LC 90/1997 (Regulamenta este inciso e determina casos em que forças estrangeiras possam transitar pelo território nacional ou nele permanecer temporariamente).

XXIII - enviar ao Congresso Nacional o plano plurianual, o projeto de lei de diretrizes orçamentárias e as propostas de orçamento previstos nesta Constituição;

XXIV - prestar, anualmente, ao Congresso Nacional, dentro de sessenta dias após a abertura da sessão legislativa, as contas referentes ao exercício anterior;

XXV - prover e extinguir os cargos públicos federais, na forma da lei;

XXVI - editar medidas provisórias com força de lei, nos termos do art. 62;

XXVII - exercer outras atribuições previstas nesta Constituição.

XXVIII - propor ao Congresso Nacional a decretação do estado de calamidade pública de âmbito nacional previsto nos arts. 167-B, 167-C, 167-D, 167-E, 167-F e 167-G desta Constituição. (Inciso acrescido pela EC nº 109, de 2021)

Parágrafo único. O Presidente da República poderá delegar as atribuições mencionadas nos incisos VI, XII e XXV, primeira parte, aos Ministros de Estado, ao Procurador-Geral da República ou ao Advogado-Geral da União, que observarão os limites traçados nas respectivas delegações.

- art. 13, Lei 9.784/1999 (Regula o processo administrativo no âmbito da Administração Pública Federal).
- Dec. 8.851/2016 (Dispõe sobre a substituição de Ministros de Estado, do Advogado-Geral da União e do Presidente do Bacen).

SEÇÃO III
DA RESPONSABILIDADE DO PRESIDENTE DA REPÚBLICA

Art. 85. São crimes de responsabilidade os atos do Presidente da República que atentem contra a Constituição Federal e, especialmente, contra:

- Lei 1.079/1950 (Define os crimes de responsabilidade e regula o respectivo processo de julgamento).
- Lei 8.429/1992 (Lei da Improbidade Administrativa).
- » *Vide* arts. 51, I, e 52, I, da CF.

I - a existência da União;

II - o livre exercício do Poder Legislativo, do Poder Judiciário, do Ministério Público e dos Poderes constitucionais das unidades da Federação;

III - o exercício dos direitos políticos, individuais e sociais;

IV - a segurança interna do país;

- LC 90/1997 (Regulamenta este inciso e determina casos em que forças estrangeiras possam transitar pelo território nacional ou nele permanecer temporariamente).

V - a probidade na administração;

› art. 37, § 4º, desta CF.

VI - a lei orçamentária;

VII - o cumprimento das leis e das decisões judiciais.

Parágrafo único. Esses crimes serão definidos em lei especial, que estabelecerá as normas de processo e julgamento.

› Lei 1.079/1950 (Define os crimes de responsabilidade e regula o respectivo processo de julgamento).

› Súm. Vinc. 46, STF.

› Súm. 722, STF.

Art. 86. Admitida a acusação contra o Presidente da República, por dois terços da Câmara dos Deputados, será ele submetido a julgamento perante o Supremo Tribunal Federal, nas infrações penais comuns, ou perante o Senado Federal, nos crimes de responsabilidade.

§ 1º O Presidente ficará suspenso de suas funções:

I - nas infrações penais comuns, se recebida a denúncia ou queixa-crime pelo Supremo Tribunal Federal;

II - nos crimes de responsabilidade, após a instauração do processo pelo Senado Federal.

§ 2º Se, decorrido o prazo de cento e oitenta dias, o julgamento não estiver concluído, cessará o afastamento do Presidente, sem prejuízo do regular prosseguimento do processo.

§ 3º Enquanto não sobrevier sentença condenatória, nas infrações comuns, o Presidente da República não estará sujeito a prisão.

§ 4º O Presidente da República, na vigência de seu mandato, não pode ser responsabilizado por atos estranhos ao exercício de suas funções.

› Lei 1.079/1950 (Define os crimes de responsabilidade e regula o respectivo processo de julgamento).

» *Vide* Lei n. 1.079, de 10-4-1950.

SEÇÃO IV
DOS MINISTROS DE ESTADO

› Lei 14.600/2023 (Estabelece a organização básica dos órgãos da Presidência da República e dos Ministérios)

› Dec. 8.851/2016 (Dispõe sobre a substituição de Ministros de Estado, do Advogado-Geral da União e do Presidente do Bacen).

Art. 87. Os Ministros de Estado serão escolhidos dentre brasileiros maiores de vinte e um anos e no exercício dos direitos políticos.

Parágrafo único. Compete ao Ministro de Estado, além de outras atribuições estabelecidas nesta Constituição e na lei:

I - exercer a orientação, coordenação e supervisão dos órgãos e entidades da administração federal na área de sua competência e referendar os atos e decretos assinados pelo Presidente da República;

II - expedir instruções para a execução das leis, decretos e regulamentos;

III - apresentar ao Presidente da República relatório anual de sua gestão no Ministério;

IV - praticar os atos pertinentes às atribuições que lhe forem outorgadas ou delegadas pelo Presidente da República.

Art. 88. A lei disporá sobre a criação e extinção de Ministérios e órgãos da administração pública. (Redação dada pela EC 32/2001.)

SEÇÃO V
DO CONSELHO DA REPÚBLICA E DO CONSELHO DE DEFESA NACIONAL

SUBSEÇÃO I
DO CONSELHO DA REPÚBLICA

Art. 89. O Conselho da República é órgão superior de consulta do Presidente da República, e dele participam:

› Lei 8.041/1990 (Organização e funcionamento do Conselho da República).

I - o Vice-Presidente da República;

II - o Presidente da Câmara dos Deputados;

III - o Presidente do Senado Federal;

IV - os líderes da maioria e da minoria na Câmara dos Deputados;

V - os líderes da maioria e da minoria no Senado Federal;

VI - o Ministro da Justiça;

VII - seis cidadãos brasileiros natos, com mais de trinta e cinco anos de idade, sendo dois nomeados pelo Presidente da República, dois eleitos pelo Senado Federal e dois eleitos pela Câmara dos Deputados, todos com mandato de três anos, vedada a recondução.

› arts. 51, V; 52, XIV; 84, XVII, desta CF.

Art. 90. Compete ao Conselho da República pronunciar-se sobre:

I - intervenção federal, estado de defesa e estado de sítio;

II - as questões relevantes para a estabilidade das instituições democráticas.

§ 1º O Presidente da República poderá convocar Ministro de Estado para participar da reunião do Conselho, quando constar da pauta questão relacionada com o respectivo Ministério.

§ 2º A lei regulará a organização e o funcionamento do Conselho da República.

› Lei 8.041/1990 (Organização e funcionamento do Conselho da República).

SUBSEÇÃO II
DO CONSELHO DE DEFESA NACIONAL

› Lei 8.183/1991 (Dispõe sobre a organização e funcionamento do Conselho de Defesa Nacional).

› Dec. 893/1993 (Aprova o Regulamento do Conselho de Defesa Nacional).

Art. 91. O Conselho de Defesa Nacional é órgão de consulta do Presidente da República nos assuntos relacionados com a soberania nacional e a defesa do Estado democrático, e dele participam como membros natos:

› Lei 8.183/1991 (Dispõe sobre a organização e funcionamento do Conselho de Defesa Nacional).

› Dec. 893/1993 (Aprova o Regulamento do Conselho de Defesa Nacional).

I - o Vice-Presidente da República;

II - o Presidente da Câmara dos Deputados;

III - o Presidente do Senado Federal;

IV - o Ministro da Justiça;

V - o Ministro de Estado da Defesa; (Redação dada pela EC 23/1999.)

VI - o Ministro das Relações Exteriores;

VII - o Ministro do Planejamento.

VIII - os Comandantes da Marinha, do Exército e da Aeronáutica. (Incluído pela EC 23/1999.)

§ 1º Compete ao Conselho de Defesa Nacional:

I - opinar nas hipóteses de declaração de guerra e de celebração da paz, nos termos desta Constituição;

II - opinar sobre a decretação do estado de defesa, do estado de sítio e da intervenção federal;

III - propor os critérios e condições de utilização de áreas indispensáveis à segurança do território nacional e opinar sobre seu efetivo uso, especialmente na faixa de fronteira e nas relacionadas com a preservação e a exploração dos recursos naturais de qualquer tipo;

IV - estudar, propor e acompanhar o desenvolvimento de iniciativas necessárias a garantir a independência nacional e a defesa do Estado democrático.

§ 2º A lei regulará a organização e o funcionamento do Conselho de Defesa Nacional.

› Lei 8.183/1991 (Dispõe sobre a organização e funcionamento do Conselho de Defesa Nacional).

› Dec. 893/1993 (Aprova o Regulamento do Conselho de Defesa Nacional).

CAPÍTULO III
DO PODER JUDICIÁRIO

SEÇÃO I
DISPOSIÇÕES GERAIS

Art. 92. São órgãos do Poder Judiciário:

I - o Supremo Tribunal Federal;

I-A - o Conselho Nacional de Justiça; (Incluído pela EC 45/2004.)

› art. 103-B desta CF.

› art. 5º, EC 45/2004 (Reforma do Judiciário).

II - o Superior Tribunal de Justiça;

II-A - o Tribunal Superior do Trabalho; (Acrescentado pela EC 92/2016.)

III - os Tribunais Regionais Federais e Juízes Federais;

IV - os Tribunais e Juízes do Trabalho;

V - os Tribunais e Juízes Eleitorais;

VI - os Tribunais e Juízes Militares;

VII - os Tribunais e Juízes dos Estados e do Distrito Federal e Territórios.

§ 1º O Supremo Tribunal Federal, o Conselho Nacional de Justiça e os Tribunais Superiores têm sede na Capital Federal. (Incluído pela EC 45/2004.)

› art. 103-B desta CF.

§ 2º O Supremo Tribunal Federal e os Tribunais Superiores têm jurisdição em todo o território nacional. (Incluído pela EC 45/2004.)

Art. 93. Lei complementar, de iniciativa do Supremo Tribunal Federal, disporá sobre o Estatuto da Magistratura, observados os seguintes princípios:

› LC 35/1979 (Lei Orgânica da Magistratura Nacional).

I - ingresso na carreira, cujo cargo inicial será o de juiz substituto, mediante concurso público de provas e títulos, com a participação da Ordem dos Advogados do Brasil em todas as fases, exigindo-se do bacharel em direito, no mínimo, três anos de atividade jurídica e obedecendo-se, nas nomeações, à ordem de classificação; (Incluído pela EC 45/2004.)

II - promoção de entrância para entrância, alternadamente, por antiguidade e merecimento, atendidas as seguintes normas:

a) é obrigatória a promoção do juiz que figure por três vezes consecutivas ou cinco alternadas em lista de merecimento;

b) a promoção por merecimento pressupõe dois anos de exercício na respectiva entrância e integrar o juiz a primeira quinta parte da lista de antiguidade desta, salvo se não houver com tais requisitos quem aceite o lugar vago;

c) aferição do merecimento conforme o desempenho e pelos critérios objetivos de produtividade e presteza no exercício da jurisdição e pela frequência e aproveitamento em cursos oficiais ou reconhecidos de aperfeiçoamento; (Redação dada pela EC 45/2004.)

d) na apuração de antiguidade, o tribunal somente poderá recusar o juiz mais antigo pelo voto fundamentado de dois terços de seus membros, conforme procedimento próprio, e assegurada ampla defesa, repetindo-se a votação até fixar-se a indicação; (Redação dada pela EC 45/2004.)

e) não será promovido o juiz que, injustificadamente, retiver autos em seu poder além do prazo legal, não podendo devolvê-los ao cartório sem o devido despacho ou decisão; (Incluída pela EC 45/2004.)

III - o acesso aos tribunais de segundo grau far-se-á por antiguidade e merecimento, alternadamente, apurados na última ou única entrância; (Redação dada pela EC 45/2004.)

IV - previsão de cursos oficiais de preparação, aperfeiçoamento e promoção de magistrados, constituindo etapa obrigatória do processo de vitaliciamento a participação em curso oficial ou reconhecido por escola nacional de formação e aperfeiçoamento de magistrados; (Redação dada pela EC 45/2004.)

V - o subsídio dos Ministros dos Tribunais Superiores corresponderá a noventa e cinco por cento do subsídio mensal fixado para os Ministros do Supremo Tribunal Federal e os subsídios dos demais magistrados serão fixados em lei e escalonados, em nível federal e estadual, conforme as respectivas categorias da estrutura judiciária nacional, não podendo a diferença entre uma e outra ser superior a dez por cento ou inferior a cinco por cento, nem exceder a noventa e cinco por cento do subsídio mensal dos Ministros dos Tribunais Superiores, obedecido, em qualquer caso, o disposto nos arts. 37, XI, e 39, § 4º; (Redação dada pela EC 19/1998.)

‣ Lei 9.655/1998 (Altera o percentual de diferença entre a remuneração de cargos de ministro do STJ e dos Juízes da Justiça Federal de 1º e 2º graus).

VI - a aposentadoria dos magistrados e a pensão de seus dependentes observarão o disposto no art. 40; (Redação dada pela EC 20/1998.)

VII - o juiz titular residirá na respectiva comarca, salvo autorização do tribunal; (Redação dada pela EC 45/2004.)

VIII - o ato de remoção ou de disponibilidade do magistrado, por interesse público, fundar-se-á em decisão por voto da maioria absoluta do respectivo tribunal ou do Conselho Nacional de Justiça, assegurada ampla defesa; (Redação dada pela EC 103/2019)

‣ art. 95, II; 103-B, desta CF.

VIII-A - a remoção a pedido de magistrados de comarca de igual entrância atenderá, no que couber, ao disposto nas alíneas "a", "b", "c" e "e" do inciso II do *caput* deste artigo e no art. 94 desta Constituição; *(Redação dada pela EC 130/2023)*

VIII-B - a permuta de magistrados de comarca de igual entrância, quando for o caso, e dentro do mesmo segmento de justiça, inclusive entre os juízes de segundo grau, vinculados a diferentes tribunais, na esfera da justiça estadual, federal ou do trabalho, atenderá, no que couber, ao disposto nas alíneas "a", "b", "c" e "e" do inciso II do *caput* deste artigo e no art. 94 desta Constituição; *(Acrescido pela EC 130/2023)*

IX - todos os julgamentos dos órgãos do Poder Judiciário serão públicos, e fundamentadas todas as decisões, sob pena de nulidade, podendo a lei limitar a presença, em determinados atos, às próprias partes e a seus advogados, ou somente a estes, em casos nos quais a preservação do direito à intimidade do interessado no sigilo não prejudique o interesse público à informação; (Redação dada pela EC 45/2004.)

‣ Súm. 123, STJ.
‣ Súm. 459, TST.
» Art. 315 do CPP

X - as decisões administrativas dos tribunais serão motivadas e em sessão pública, sendo as disciplinares tomadas pelo voto da maioria absoluta de seus membros; (Redação dada pela EC 45/2004.)

XI - nos tribunais com número superior a vinte e cinco julgadores, poderá ser constituído órgão especial, com o mínimo de onze e o máximo de vinte e cinco membros, para o exercício das atribuições administrativas e jurisdicionais delegadas da competência do tribunal pleno, provendo-se metade das vagas por antiguidade e a outra metade por eleição pelo tribunal pleno; (Redação dada pela EC 45/2004.)

‣ art. 926, § 2º, CPC.

XII - a atividade jurisdicional será ininterrupta, sendo vedadas férias coletivas nos juízos e tribunais de segundo grau, funcionando, nos dias em que não houver expediente forense normal, juízes em plantão permanente; (Incluído pela EC 45/2004.)

‣ art. 214, CPC.

XIII - o número de juízes na unidade jurisdicional será proporcional à efetiva demanda judicial e à respectiva população; (Incluído pela EC 45/2004.)

XIV - os servidores receberão delegação para a prática de atos de administração e atos de mero expediente sem caráter decisório; (Incluído pela EC 45/2004.)

XV - a distribuição de processos será imediata, em todos os graus de jurisdição. (Incluído pela EC 45/2004.)

Art. 94. Um quinto dos lugares dos Tribunais Regionais Federais, dos Tribunais dos Estados, e do Distrito Federal e Territórios será composto de membros, do Ministério Público, com mais de dez anos de carreira, e de advogados de notório saber jurídico e de reputação ilibada, com mais de dez anos de efetiva atividade profissional, indicados em lista sêxtupla pelos órgãos de representação das respectivas classes.

‣ arts. 104, II; 115, II, desta CF.

Parágrafo único. Recebidas as indicações, o tribunal formará lista tríplice, enviando-a ao Poder Executivo, que, nos vinte dias subsequentes, escolherá um de seus integrantes para nomeação.

Art. 95. Os juízes gozam das seguintes garantias:

I - vitaliciedade, que, no primeiro grau, só será adquirida após dois anos de exercício, dependendo a perda do cargo, nesse período, de deliberação do tribunal a que o juiz estiver vinculado, e, nos demais casos, de sentença judicial transitada em julgado;

‣ Súm. 36, STF.

II - inamovibilidade, salvo por motivo de interesse público, na forma do art. 93, VIII;

III - irredutibilidade de subsídio, ressalvado o disposto nos arts. 37, X e XI, 39, § 4º, 150, II, 153, III, e 153, § 2º, I. (Redação dada pela EC 19/1998.)

Parágrafo único. Aos juízes é vedado:

I - exercer, ainda que em disponibilidade, outro cargo ou função, salvo uma de magistério;

II - receber, a qualquer título ou pretexto, custas ou participação em processo;

III - dedicar-se à atividade político-partidária.

IV - receber, a qualquer título ou pretexto, auxílios ou contribuições de pessoas físicas, entidades públicas ou privadas, ressalvadas as exceções previstas em lei; (Incluído pela EC 45/2004.)

V - exercer a advocacia no juízo ou tribunal do qual se afastou, antes de decorridos três anos do afastamento do cargo por aposentadoria ou exoneração. (Incluído pela EC 45/2004.)

‣ art. 128, § 6º, desta CF.

Art. 96. Compete privativamente:

‣ art. 4º, EC 45/2004 (Reforma do Judiciário).

I - aos tribunais:

a) eleger seus órgãos diretivos e elaborar seus regimentos internos, com observância das normas de processo e das garantias processuais das partes, dispondo sobre a competência e o funcionamento dos respectivos órgãos jurisdicionais e administrativos;

b) organizar suas secretarias e serviços auxiliares e os dos juízos que lhes forem vinculados, velando pelo exercício da atividade correicional respectiva;

c) prover, na forma prevista nesta Constituição, os cargos de juiz de carreira da respectiva jurisdição;

d) propor a criação de novas varas judiciárias;

e) prover, por concurso público de provas, ou de provas e títulos, obedecido o disposto no art. 169, parágrafo único, os cargos necessários à administração da Justiça, exceto os de confiança assim definidos em lei;

‣ Em função da EC 19/1998, a referência passa a ser ao art. 169, § 1º.

f) conceder licença, férias e outros afastamentos a seus membros e aos juízes e servidores que lhes forem imediatamente vinculados;

II - ao Supremo Tribunal Federal, aos Tribunais Superiores e aos Tribunais de Justiça propor ao Poder Legislativo respectivo, observado o disposto no art. 169:

a) a alteração do número de membros dos tribunais inferiores;

b) a criação e a extinção de cargos e a remuneração dos seus serviços auxiliares e dos juízos que lhes forem vinculados, bem como a fixação do subsídio de seus membros e dos juízes, inclusive dos tribunais inferiores, onde houver; (Redação dada pela EC 41/2003.)

▸ Lei 11.416/2006 (Carreiras dos servidores do Poder Judiciário da União).

c) a criação ou extinção dos tribunais inferiores;

d) a alteração da organização e da divisão judiciárias;

III - aos Tribunais de Justiça julgar os juízes estaduais e do Distrito Federal e Territórios, bem como os membros do Ministério Público, nos crimes comuns e de responsabilidade, ressalvada a competência da Justiça Eleitoral.

Art. 97. Somente pelo voto da maioria absoluta de seus membros ou dos membros do respectivo órgão especial poderão os tribunais declarar a inconstitucionalidade de lei ou ato normativo do Poder Público.

▸ Súm. Vinc. 10, STF.

» *Vide* art. 949, parágrafo único, do CPC.

» *Vide* art. 93, XI, da CF.

Art. 98. A União, no Distrito Federal e nos Territórios, e os Estados criarão:

I - juizados especiais, providos por juízes togados, ou togados e leigos, competentes para a conciliação, o julgamento e a execução de causas cíveis de menor complexidade e infrações penais de menor potencial ofensivo, mediante os procedimentos oral e sumariíssimo, permitidos, nas hipóteses previstas em lei, a transação e o julgamento de recursos por turmas de juízes de primeiro grau;

▸ Lei 9.099/1995 (Lei dos Juizados Especiais).

▸ Lei 10.259/2001 (Lei dos Juizados Especiais Federais).

▸ Lei 12.053/2009 (Lei dos Juizados Especiais da Fazenda Pública).

▸ art. 14 da Lei 11.340/2006 (Juizados de Violência Doméstica e Familiar contra a Mulher).

▸ Súm. Vinc. 27 e 35, STF.

▸ Súm. 376, STJ.

II - justiça de paz, remunerada, composta de cidadãos eleitos pelo voto direto, universal e secreto, com mandato de quatro anos e competência para, na forma da lei, celebrar casamentos, verificar, de ofício ou em face de impugnação apresentada, o processo de habilitação e exercer atribuições conciliatórias, sem caráter jurisdicional, além de outras previstas na legislação.

▸ art. 30, ADCT.

§ 1º Lei federal disporá sobre a criação de juizados especiais no âmbito da Justiça Federal. (Incluído pela EC 22/1999 e renumerado pela EC 45/2004.)

▸ Lei 10.259/2001 (Lei dos Juizados Especiais Federais).

▸ Súm. 428, STJ.

§ 2º As custas e emolumentos serão destinados exclusivamente ao custeio dos serviços afetos às atividades específicas da Justiça. (Incluído pela EC 45/2004.)

Art. 99. Ao Poder Judiciário é assegurada autonomia administrativa e financeira.

§ 1º Os tribunais elaborarão suas propostas orçamentárias dentro dos limites estipulados conjuntamente com os demais Poderes na lei de diretrizes orçamentárias.

▸ art. 134, § 2º, desta CF.

▸ art. 107, § 2º, ACDT.

§ 2º O encaminhamento da proposta, ouvidos os outros tribunais interessados, compete:

▸ art. 134, § 2º, desta CF.

I - no âmbito da União, aos Presidentes do Supremo Tribunal Federal e dos Tribunais Superiores, com a aprovação dos respectivos tribunais;

II - no âmbito dos Estados e no do Distrito Federal e Territórios, aos Presidentes dos Tribunais de Justiça, com a aprovação dos respectivos tribunais.

§ 3º Se os órgãos referidos no § 2º não encaminharem as respectivas propostas orçamentárias dentro do prazo estabelecido na lei de diretrizes orçamentárias, o Poder Executivo considerará, para fins de consolidação da proposta orçamentária anual, os valores aprovados na lei orçamentária vigente, ajustados de acordo com os limites estipulados na forma do § 1º deste artigo. (Incluído pela EC 45/2004.)

§ 4º Se as propostas orçamentárias de que trata este artigo forem encaminhadas em desacordo com os limites estipulados na forma do § 1º, o Poder Executivo procederá aos ajustes necessários para fins de consolidação da proposta orçamentária anual. (Incluído pela EC 45/2004.)

§ 5º Durante a execução orçamentária do exercício, não poderá haver a realização de despesas ou a assunção de obrigações que extrapolem os limites estabelecidos na lei de diretrizes orçamentárias, exceto se previamente autorizadas, mediante a abertura de créditos suplementares ou especiais. (Incluído pela EC 45/2004.)

Art. 100. Os pagamentos devidos pelas Fazendas Públicas Federal, Estaduais, Distrital e Municipais, em virtude de sentença judiciária, far-se-ão exclusivamente na ordem cronológica de apresentação dos precatórios e à conta dos créditos respectivos, proibida a designação de casos ou de pessoas nas dotações orçamentárias e nos créditos adicionais abertos para este fim. (Redação dada pela EC 62/2009.)

▸ arts. 33; 78; 86; 87; 97, ADCT.

▸ art. 4º, EC 62/2009.

▸ art. 6º, Lei 9.469/1997 (Regula pagamentos devidos pela Fazenda Pública em virtude de sentença judiciária).

▸ Súm. 655, STF.

▸ Súm. 144 e 339, STJ.

▸ OJ Tribunal Pleno 12 e 13, TST.

» *Vide* art. 534, § 3.º, do CPC.

§ 1º Os débitos de natureza alimentícia compreendem aqueles decorrentes de salários, vencimentos, proventos, pensões e suas complementações, benefícios previdenciários e indenizações por morte ou por invalidez, fundadas em responsabilidade civil, em virtude de sentença judicial transitada em julgado, e serão pagos com preferência sobre todos os demais débitos, exceto sobre aqueles referidos no § 2º deste artigo. (Redação dada pela EC 62/2009.)

▸ Súm. Vinc. 17; 47, STF.

§ 2º Os débitos de natureza alimentícia cujos titulares, originários ou por sucessão hereditária, tenham 60 (sessenta) anos de idade, ou sejam portadores de doença grave, ou pessoas com deficiência, assim definidos na forma da lei, serão pagos com preferência sobre todos os demais débitos, até o valor equivalente ao triplo fixado em lei para os fins do disposto no § 3º deste artigo, admitido o fracionamento para essa finalidade, sendo que o restante será pago na ordem cronológica de apresentação do precatório. (Alterado pela EC 94/2016.)

▸ art. 97, § 17, ADCT.

§ 3º O disposto no *caput* deste artigo relativamente à expedição de precatórios não se aplica aos pagamentos de obrigações definidas em leis como de pequeno valor que as Fazendas referidas devam fazer em virtude de sentença judicial transitada em julgado. (Redação dada pela EC 62/2009).

▸ art. 87, ADCT.

▸ Lei 10.099/2000 (Regulamenta este parágrafo).

▸ art. 17, § 1º, Lei 10.259/2001 (Lei dos Juizados Especiais Federais).

▸ art. 13, Lei 12.153/2009 (Lei dos Juizados Especiais da Fazenda Pública).

§ 4º Para os fins do disposto no § 3º, poderão ser fixados, por leis próprias, valores distintos às entidades de direito público, segundo as diferentes capacidades econômicas, sendo o mínimo igual ao valor do maior benefício do regime geral de previdência social. (Redação dada pela EC 62/2009.)

▸ art. 97, § 12, ADCT.

§ 5º É obrigatória a inclusão no orçamento das entidades de direito público de verba necessária ao pagamento de seus débitos oriundos de sentenças transitadas em julgado constantes de precatórios judiciários apresentados até 2 de abril, fazendo-se o pagamento até o final do exercício seguinte, quando terão seus valores atualizados monetariamente. *(Redação dada pela EC 114/2021)*

▸ Súm. Vinc. 17, STF.

§ 6º As dotações orçamentárias e os créditos abertos serão consignados diretamente ao Poder Judiciário, cabendo ao Presidente do Tribunal que proferir a decisão exequenda determinar o pagamento integral e autorizar, a requerimento do credor e exclusivamente para os casos de preterimento de seu direito de precedência ou de não alocação orçamentária do valor necessário à satisfação do seu débito, o sequestro da quantia respectiva. (Redação dada pela EC 62/2009.)

▸ Súm. 733, STF.

§ 7º O Presidente do Tribunal competente que, por ato comissivo ou omissivo, retardar ou tentar frustrar a liquidação regular de precatórios incorrerá em crime de responsabilidade e responderá, também, perante o Conselho Nacional de Justiça. (Incluído pela EC 62/2009.)

▸ Lei 1.079/1950 (Define os crimes de responsabilidade e regula o respectivo processo de julgamento).

▸ Súm. Vinc. 46, STF.

§ 8º É vedada a expedição de precatórios complementares ou suplementares de valor pago, bem como o fracionamento, repartição ou quebra do valor da execução para fins de enquadramento de parcela do total ao que dispõe o § 3º deste artigo. (Incluído pela EC 62/2009.)

▸ art. 87, ADCT.

§ 9º Sem que haja interrupção no pagamento do precatório e mediante comunicação da Fazenda Pública ao Tribunal, o valor correspondente aos eventuais débitos inscritos em dívida ativa contra o credor do requisitório e seus substituídos deverá ser depositado à conta do juízo responsável pela ação de cobrança, que decidirá pelo seu destino definitivo. (Redação dada pela EC 113/2021)

▸ ADIs 7.047 e 7.064: O STF, por maioria, conheceu da ação direta para julgá-la parcialmente procedente e declarar a inconstitucionalidade deste dispositivo. *DJE* 29.02.2024

§ 10. Antes da expedição dos precatórios, o Tribunal solicitará à Fazenda Pública devedora, para resposta em até 30 (trinta) dias, sob pena de perda do direito de abatimento, informação sobre os débitos que preencham as condições estabelecidas no § 9º, para os fins nele previstos. (Incluído pela EC 62/2009.)

- ADIn 4.425/DF e ADIn 4.357/DF (Declara inconstitucional este parágrafo).

§ 11. É facultada ao credor, conforme estabelecido em lei do ente federativo devedor, com auto aplicabilidade para a União, a oferta de créditos líquidos e certos que originalmente lhe são próprios ou adquiridos de terceiros reconhecidos pelo ente federativo ou por decisão judicial transitada em julgado para: (Redação dada pela EC 113/2021)

- ADIs 7.047 e 7.064: O STF, por maioria, conheceu da ação direta para julgá-la parcialmente procedente e dar interpretação conforme a Constituição a este dispositivo, para excluir a expressão "com auto aplicabilidade para a União" de seu texto. *DJE* 29.02.2024

I - quitação de débitos parcelados ou débitos inscritos em dívida ativa do ente federativo devedor, inclusive em transação resolutiva de litígio, e, subsidiariamente, débitos com a administração autárquica e fundacional do mesmo ente; (Acrescido pela EC 113/2021)

II - compra de imóveis públicos de propriedade do mesmo ente disponibilizados para venda; (Acrescido pela EC 113/2021)

III - pagamento de outorga de delegações de serviços públicos e demais espécies de concessão negocial promovidas pelo mesmo ente; (Acrescido pela EC 113/2021)

IV - aquisição, inclusive minoritária, de participação societária, disponibilizada para venda, do respectivo ente federativo; ou (Acrescido pela EC 113/2021)

V - compra de direitos, disponibilizados para cessão, do respectivo ente federativo, inclusive, no caso da União, da antecipação de valores a serem recebidos a título do excedente em óleo em contratos de partilha de petróleo. (Acrescido pela EC 113/2021)

§ 12. A partir da promulgação desta Emenda Constitucional, a atualização de valores de requisitórios, após sua expedição, até o efetivo pagamento, independentemente de sua natureza, será feita pelo índice oficial de remuneração básica da caderneta de poupança, e, para fins de compensação da mora, incidirão juros simples no mesmo percentual de juros incidentes sobre a caderneta de poupança, ficando excluída a incidência de juros compensatórios. (Incluído pela EC 62/2009.)

- ADIn 4.425/DF e 4.357/DF (Declara inconstitucional os trechos "independentemente de sua natureza" e"índice oficial de remuneração básica da caderneta de poupança" contidos neste parágrafo).
- OJ Tribunal Pleno 7, TST.
- OJ SDI-1 382, TST.

§ 13. O credor poderá ceder, total ou parcialmente, seus créditos em precatórios a terceiros, independentemente da concordância do devedor, não se aplicando ao cessionário o disposto nos §§ 2º e 3º. (Incluído pela EC 62/2009.)

- art. 5º, EC 62/2009 (Convalida todas as cessões de precatórios efetuados antes de sua promulgação, independentemente da concordância da entidade devedora).
- arts. 286 a 298, CC/2002.

§ 14. A cessão de precatórios, observado o disposto no § 9º deste artigo, somente produzirá efeitos após comunicação, por meio de petição protocolizada, ao Tribunal de origem e ao ente federativo devedor. (Redação dada pela EC 113/2021)

§ 15. Sem prejuízo do disposto neste artigo, lei complementar a esta Constituição Federal poderá estabelecer regime especial para pagamento de crédito de precatórios de Estados, Distrito Federal e Municípios, dispondo sobre vinculações à receita corrente líquida e forma e prazo de liquidação. (Incluído pela EC 62/2009.)

- art. 97, *caput*, ADCT.
- ADIn 4.425 QO/DF e ADIn 4.357/DF (Declara inconstitucional este parágrafo).

§ 16. A seu critério exclusivo e na forma de lei, a União poderá assumir débitos, oriundos de precatórios, de Estados, Distrito Federal e Municípios, refinanciando-os diretamente. (Incluído pela EC 62/2009.)

§ 17. A União, os Estados, o Distrito Federal e os Municípios aferirão mensalmente, em base anual, o comprometimento de suas respectivas receitas correntes líquidas com o pagamento de precatórios e obrigações de pequeno valor. (Acrescentado pela EC 94/2016.)

§ 18. Entende-se como receita corrente líquida, para os fins de que trata o § 17, o somatório das receitas tributárias, patrimoniais, industriais, agropecuárias, de contribuições e de serviços, de transferências correntes e outras receitas correntes, incluindo as oriundas do § 1º do art. 20 da Constituição Federal, verificado no período compreendido pelo segundo mês imediatamente anterior ao de referência e os 11 (onze) meses precedentes, excluídas as duplicidades, e deduzidas: (Acrescentado pela EC 94/2016.)

I - na União, as parcelas entregues aos Estados, ao Distrito Federal e aos Municípios por determinação constitucional; (Acrescentado pela EC 94/2016.)

II - nos Estados, as parcelas entregues aos Municípios por determinação constitucional; (Acrescentado pela EC 94/2016.)

III - na União, nos Estados, no Distrito Federal e nos Municípios, a contribuição dos servidores para custeio de seu sistema de previdência e assistência social e as receitas provenientes da compensação financeira referida no § 9º do art. 201 da Constituição Federal. (Acrescentado pela EC 94/2016.)

§ 19. Caso o montante total de débitos decorrentes de condenações judiciais em precatórios e obrigações de pequeno valor, em período de 12 (doze) meses, ultrapasse a média do comprometimento percentual da receita corrente líquida nos 5 (cinco) anos imediatamente anteriores, a parcela que exceder esse percentual poderá ser financiada, excetuada dos limites de endividamento de que tratam os incisos VI e VII do art. 52 da Constituição Federal e de quaisquer outros limites de endividamento previstos, não se aplicando a esse financiamento a vedação de vinculação de receita prevista no inciso IV do art. 167 da Constituição Federal. (Acrescentado pela EC 94/2016.)

§ 20. Caso haja precatório com valor superior a 15% (quinze por cento) do montante dos precatórios apresentados nos termos do § 5º deste artigo, 15% (quinze por cento) do valor deste precatório serão pagos até o final do exercício seguinte e o restante em parcelas iguais nos cinco exercícios subsequentes, acrescidas de juros de mora e correção monetária, ou mediante acordos diretos, perante Juízos Auxiliares de Conciliação de Precatórios, com redução máxima de 40% (quarenta por cento) do valor do crédito atualizado, desde que em relação ao crédito não penda recurso ou defesa judicial e que sejam observados os requisitos definidos na regulamentação editada pelo ente federado. (Acrescentado pela EC 94/2016.)

§ 21. Ficam a União e os demais entes federativos, nos montantes que lhes são próprios, desde que aceito por ambas as partes, autorizados a utilizar valores objeto de sentenças transitadas em julgado devidos a pessoa jurídica de direito público para amortizar dívidas, vencidas ou vincendas: (Acrescido pela EC 113/2021)

I - nos contratos de refinanciamento cujos créditos sejam detidos pelo ente federativo que figure como devedor na sentença de que trata o *caput* deste artigo;

II - nos contratos em que houve prestação de garantia a outro ente federativo;

III - nos parcelamentos de tributos ou de contribuições sociais; e

IV - nas obrigações decorrentes do descumprimento de prestação de contas ou de desvio de recursos.

§ 22. A amortização de que trata o § 21 deste artigo: (Acrescido pela EC 113/2021)

I - nas obrigações vencidas, será imputada primeiramente às parcelas mais antigas;

II - nas obrigações vincendas, reduzirá uniformemente o valor de cada parcela devida, mantida a duração original do respectivo contrato ou parcelamento.

SEÇÃO II
DO SUPREMO TRIBUNAL FEDERAL

Art. 101. O Supremo Tribunal Federal compõe-se de onze Ministros, escolhidos dentre cidadãos com mais de trinta e cinco e menos de setenta anos de idade, de notável saber jurídico e reputação ilibada. *(Redação dada pela EC 122/2022)*

- Lei 8.038/1990 (Institui normas procedimentais para os processos que especifica perante o STJ e o STF).

Parágrafo único. Os Ministros do Supremo Tribunal Federal serão nomeados pelo Presidente da República, depois de aprovada a escolha pela maioria absoluta do Senado Federal.

Art. 102. Compete ao Supremo Tribunal Federal, precipuamente, a guarda da Constituição, cabendo-lhe:

I - processar e julgar, originariamente:

a) a ação direta de inconstitucionalidade de lei ou ato normativo federal ou estadual e a ação declaratória de constitucionalidade de lei ou ato normativo federal; (Redação dada pela EC 3/1993.)

- Lei 9.868/1999 (Dispõe sobre o processo e julgamento da ação direta de inconstitucionalidade e da ação declaratória de constitucionalidade perante o STF).
- Dec. 2.346/1997 (Consolida normas de procedimentos a serem observadas pela Administração Pública Federal em razão de decisões judiciais).
- Súm. 642 e 735, STF.
- *Vide* Lei n. 9.882, de 3-12-1999 (ADPF).

b) nas infrações penais comuns, o Presidente da República, o Vice-Presidente, os membros do Congresso Nacional, seus próprios Ministros e o Procurador-Geral da República;

» *Vide* art. 53, § 1.º, da CF.

» *Vide* Súmula Vinculante 45.

c) nas infrações penais comuns e nos crimes de responsabilidade, os Ministros de Estado e os Comandantes da Marinha, do Exército e da Aeronáutica, ressalvado o disposto no art. 52, I, os membros dos Tribunais Superiores, os do Tribunal de Contas da União e os chefes de missão diplomática de caráter permanente; (Redação dada pela EC 23/1999.)

› Lei 1.079/1950 (Define os crimes de responsabilidade e regula o respectivo processo de julgamento).

› Súm. Vinc. 46, STF.

d) o *habeas corpus*, sendo paciente qualquer das pessoas referidas nas alíneas anteriores; o mandado de segurança e o *habeas data* contra atos do Presidente da República, das Mesas da Câmara dos Deputados e do Senado Federal, do Tribunal de Contas da União, do Procurador-Geral da República e do próprio Supremo Tribunal Federal;

› Lei 9.507/1997 (Lei do *Habeas data*).

› 12.016/2009 (Lei do Mandado de Segurança individual e coletivo).

› Súm. 624 e 692, STF.

e) o litígio entre Estado estrangeiro ou organismo internacional e a União, o Estado, o Distrito Federal ou o Território;

› art. 24, CPC.

f) as causas e os conflitos entre a União e os Estados, a União e o Distrito Federal, ou entre uns e outros, inclusive as respectivas entidades da administração indireta;

g) a extradição solicitada por Estado estrangeiro;

› Súm. 367; 421; 692, STF.

h) (Revogada pela EC 45/2004.)

i) o *habeas corpus*, quando o coator for Tribunal Superior ou quando o coator ou o paciente for autoridade ou funcionário cujos atos estejam sujeitos diretamente à jurisdição do Supremo Tribunal Federal, ou se trate de crime sujeito à mesma jurisdição em uma única instância; (Redação dada pela EC 22/1999.)

› Súm. 606; 691, 692 e 731, STF.

j) a revisão criminal e a ação rescisória de seus julgados;

› arts. 966 a 975, NCPC.

› arts. 621 a 631, CPP.

l) a reclamação para a preservação de sua competência e garantia da autoridade de suas decisões;

» *Vide* Súmula 734 do STF.

» *Vide* art. 7.º da Lei n. 11.417, de 19-12-2006.

» *Vide* arts. 988 a 993 do CPC.

m) a execução de sentença nas causas de sua competência originária, facultada a delegação de atribuições para a prática de atos processuais;

n) a ação em que todos os membros da magistratura sejam direta ou indiretamente interessados, e aquela em que mais da metade dos membros do tribunal de origem estejam impedidos ou sejam direta ou indiretamente interessados;

› Súm. 623 e 731, STF.

o) os conflitos de competência entre o Superior Tribunal de Justiça e quaisquer tribunais, entre Tribunais Superiores, ou entre estes e qualquer outro tribunal;

› arts. 105, I, d; 108, I, e; art. 114, V, desta CF.

p) o pedido de medida cautelar das ações diretas de inconstitucionalidade;

q) o mandado de injunção, quando a elaboração da norma regulamentadora for atribuição do Presidente da República, do Congresso Nacional, da Câmara dos Deputados, do Senado Federal, das Mesas de uma dessas Casas Legislativas, do Tribunal de Contas da União, de um dos Tribunais Superiores ou do próprio Supremo Tribunal Federal;

› Lei 13.300/2016 (Mandados de injunção individual e coletivo).

r) as ações contra o Conselho Nacional de Justiça e contra o Conselho Nacional do Ministério Público; (Incluída pela EC 45/2004.)

› arts. 103-B e 130-A desta CF.

II - julgar, em recurso ordinário:

a) o *habeas corpus*, o mandado de segurança, o *habeas data* e o mandado de injunção decididos em única instância pelos Tribunais Superiores, se denegatória a decisão;

› Lei 9.507/1997 (Lei do *Habeas data*).

› Lei 12.016/2009 (Lei do Mandado de segurança individual e coletivo)

› Lei 13.300/2016 (Mandados de injunção individual e coletivo).

» Art. 30 da Lei nº 8.038

b) o crime político;

III - julgar, mediante recurso extraordinário, as causas decididas em única ou última instância, quando a decisão recorrida:

› arts. 928, II; 1.029 a 1.044, NCPC.

› Lei 8.038/1990 (Normas procedimentais para os processos que especifica, perante o STJ e o STF).

› Lei 8.658/1993 (Aplicação, nos Tribunais de Justiça e nos Tribunais Regionais Federais, das normas da Lei 8.038/1990).

› Súm. 634; 635; 636; 637; 638; 640; 727; 728 e 733, STF.

a) contrariar dispositivo desta Constituição;

› Súm. 400 e 735, STF.

b) declarar a inconstitucionalidade de tratado ou lei federal;

› art. 948, NCPC.

c) julgar válida lei ou ato de governo local contestado em face desta Constituição.

d) julgar válida lei local contestada em face de lei federal. (Incluída pela EC 45/2004.)

» *Vide* arts. 22 a 24 da CF.

§ 1º A arguição de descumprimento de preceito fundamental, decorrente desta Constituição, será apreciada pelo Supremo Tribunal Federal, na forma da lei. (Transformado do parágrafo único em § 1º pela EC 3/1993.)

› Lei 9.882/1999 (Dispõe sobre o processo e julgamento da Arguição de Descumprimento de Preceito Fundamental).

» *Vide* art. 103 da CF.

» Arguição de Descumprimento de Preceito Fundamental: Lei n. 9.882, de 3-12-1999.

§ 2º As decisões definitivas de mérito, proferidas pelo Supremo Tribunal Federal, nas ações diretas de inconstitucionalidade e nas ações declaratórias de constitucionalidade produzirão eficácia contra todos e efeito vinculante, relativamente aos demais órgãos do Poder Judiciário e à administração pública direta e indireta, nas esferas federal, estadual e municipal. (Redação dada pela EC 45/2004.)

› Lei 9.868/1998 (Dispõe sobre o processo e julgamento da ação direta de inconstitucionalidade e da ação declaratória de constitucionalidade perante o STF).

§ 3º No recurso extraordinário o recorrente deverá demonstrar a repercussão geral das questões constitucionais discutidas no caso, nos termos da lei, a fim de que o Tribunal examine a admissão do recurso, somente podendo recusá-lo pela manifestação de dois terços de seus membros. (Incluída pela EC 45/2004.)

› arts. 1.035; 1.036; 1.039, NCPC.

Art. 103. Podem propor a ação direta de inconstitucionalidade e a ação declaratória de constitucionalidade: (Redação dada pela EC 45/2004.)

› arts. 2º; 12-A; 13, Lei 9.868/1999 (Dispõe sobre o processo e julgamento da ação direta de inconstitucionalidade e da ação declaratória de constitucionalidade perante o STF).

» *Vide* art. 2.º, I, da Lei n. 9.882, de 31-12-1999.

I - o Presidente da República;

II - a Mesa do Senado Federal;

III - a Mesa da Câmara dos Deputados;

IV - a Mesa de Assembleia Legislativa ou da Câmara Legislativa do Distrito Federal; (Redação dada pela EC 45/2004.)

V - o Governador de Estado ou do Distrito Federal; (Redação dada pela EC 45/2004.)

VI - o Procurador-Geral da República;

VII - o Conselho Federal da Ordem dos Advogados do Brasil;

VIII - partido político com representação no Congresso Nacional;

IX - confederação sindical ou entidade de classe de âmbito nacional.

§ 1º O Procurador-Geral da República deverá ser previamente ouvido nas ações de inconstitucionalidade e em todos os processos de competência do Supremo Tribunal Federal.

§ 2º Declarada a inconstitucionalidade por omissão de medida para tornar efetiva norma constitucional, será dada ciência ao Poder competente para a adoção das providências necessárias e, em se tratando de órgão administrativo, para fazê-lo em trinta dias.

› art. 12-H, Lei 9.868/1999 (Dispõe sobre o processo e julgamento da ação direta de inconstitucionalidade e da ação declaratória de constitucionalidade perante o STF).

§ 3º Quando o Supremo Tribunal Federal apreciar a inconstitucionalidade, em tese, de norma legal ou ato normativo, citará, previamente, o Advogado-Geral da União, que defenderá o ato ou texto impugnado.

§ 4º (Revogado pela EC 45/2004.)

Art. 103-A. O Supremo Tribunal Federal poderá, de ofício ou por provocação, mediante decisão de dois terços dos seus membros, após reiteradas decisões sobre matéria constitucional, aprovar súmula que, a partir de sua publicação na imprensa oficial, terá efeito vinculante em relação aos demais órgãos do Poder Judiciário e à administração pública direta e indireta, nas esferas federal, estadual e municipal, bem como proceder à sua revisão ou cancelamento, na forma estabelecida em lei. (Incluído pela EC 45/2004.)

› art. 8º, EC 45/2004 (Reforma do Judiciário).

› art. 927, II, NCPC.

› Lei 11.417/2006 (Regulamenta este artigo).

§ 1º A súmula terá por objetivo a validade, a interpretação e a eficácia de normas determinadas, acerca das quais haja controvérsia atual entre órgãos judiciários ou entre esses e a administração pública que acarrete grave insegurança jurídica e relevante multiplicação de processos sobre questão idêntica.

§ 2º Sem prejuízo do que vier a ser estabelecido em lei, a aprovação, revisão ou cancelamento de súmula poderá ser provocada por aqueles que podem propor a ação direta de inconstitucionalidade.

§ 3º Do ato administrativo ou decisão judicial que contrariar a súmula aplicável ou que indevidamente a aplicar, caberá reclamação ao Supremo Tribunal Federal que, julgando-a procedente, anulará o ato administrativo ou cassará a decisão judicial reclamada, e determinará que outra seja proferida com ou sem a aplicação da súmula, conforme o caso.

» *Vide* art. 102, I, *l*, da CF.

» *Vide* art. 988 do CPC.

» *Vide* art. 13 da Lei n. 8.038, de 28-5-1990.

Art. 103-B. O Conselho Nacional de Justiça compõe-se de 15 (quinze) membros com mandato de 2 (dois) anos, admitida 1 (uma) recondução, sendo: (Redação dada pela EC 61/2009.)

‣ Lei 11.364/2006 (Dispõe sobre atividades de apoio ao Conselho Nacional de Justiça).

I - o Presidente do Supremo Tribunal Federal; (Redação dada pela EC 61/2009.)

II - um Ministro do Superior Tribunal de Justiça, indicado pelo respectivo tribunal; (Incluído pela EC 45/2004.)

III - um Ministro do Tribunal Superior do Trabalho, indicado pelo respectivo tribunal; (Incluído pela EC 45/2004.)

IV - um desembargador de Tribunal de Justiça, indicado pelo Supremo Tribunal Federal; (Incluído pela EC 45/2004.)

V - um juiz estadual, indicado pelo Supremo Tribunal Federal; (Incluído pela EC 45/2004.)

VI - um juiz de Tribunal Regional Federal, indicado pelo Superior Tribunal de Justiça; (Incluído pela EC 45/2004.)

VII - um juiz federal, indicado pelo Superior Tribunal de Justiça; (Incluído pela EC 45/2004.)

VIII - um juiz de Tribunal Regional do Trabalho, indicado pelo Tribunal Superior do Trabalho; (Incluído pela EC 45/2004.)

IX - um juiz do trabalho, indicado pelo Tribunal Superior do Trabalho; (Incluído pela EC 45/2004.)

X - um membro do Ministério Público da União, indicado pelo Procurador-Geral da República; (Incluído pela EC 45/2004.)

XI - um membro do Ministério Público estadual, escolhido pelo Procurador-Geral da República dentre os nomes indicados pelo órgão competente de cada instituição estadual; (Incluído pela EC 45/2004.)

XII - dois advogados, indicados pelo Conselho Federal da Ordem dos Advogados do Brasil; (Incluído pela EC 45/2004.)

‣ Prov. 206/2021, CFOAB (Dispõe sobre a indicação de advogados para integrar o Conselho Nacional de Justiça e o Conselho Nacional do Ministério Público, na forma da Constituição Federal).

XIII - dois cidadãos, de notável saber jurídico e reputação ilibada, indicados um pela Câmara dos Deputados e outro pelo Senado Federal. (Incluído pela EC 45/2004.)

§ 1º O Conselho será presidido pelo Presidente do Supremo Tribunal Federal e, nas suas ausências e impedimentos, pelo Vice-Presidente do Supremo Tribunal Federal. (Redação dada pela EC 61/2009.)

§ 2º Os demais membros do Conselho serão nomeados pelo Presidente da República, depois de aprovada a escolha pela maioria absoluta do Senado Federal. (Redação dada pela EC 61/2009.)

§ 3º Não efetuadas, no prazo legal, as indicações previstas neste artigo, caberá a escolha ao Supremo Tribunal Federal. (Incluído pela EC 45/2004.)

§ 4º Compete ao Conselho o controle da atuação administrativa e financeira do Poder Judiciário e do cumprimento dos deveres funcionais dos juízes, cabendo-lhe, além de outras atribuições que lhe forem conferidas pelo Estatuto da Magistratura: (Incluído pela EC 45/2004.)

I - zelar pela autonomia do Poder Judiciário e pelo cumprimento do Estatuto da Magistratura, podendo expedir atos regulamentares, no âmbito de sua competência, ou recomendar providências;

II - zelar pela observância do art. 37 e apreciar, de ofício ou mediante provocação, a legalidade dos atos administrativos praticados por membros ou órgãos do Poder Judiciário, podendo desconstituí-los, revê-los ou fixar prazo para que se adotem as providências necessárias ao exato cumprimento da lei, sem prejuízo da competência do Tribunal de Contas da União;

III - receber e conhecer das reclamações contra membros ou órgãos do Poder Judiciário, inclusive contra seus serviços auxiliares, serventias e órgãos prestadores de serviços notariais e de registro que atuem por delegação do poder público ou oficializados, sem prejuízo da competência disciplinar e correicional dos tribunais, podendo avocar processos disciplinares em curso, determinar a remoção ou a disponibilidade e aplicar outras sanções administrativas, assegurada ampla defesa; (Redação dada pela EC 103/2019)

IV - representar ao Ministério Público, no caso de crime contra a administração pública ou de abuso de autoridade;

V - rever, de ofício ou mediante provocação, os processos disciplinares de juízes e membros de tribunais julgados há menos de um ano;

VI - elaborar semestralmente relatório estatístico sobre processos e sentenças prolatadas, por unidade da Federação, nos diferentes órgãos do Poder Judiciário;

VII - elaborar relatório anual, propondo as providências que julgar necessárias, sobre a situação do Poder Judiciário no país e as atividades do Conselho, o qual deve integrar mensagem do Presidente do Supremo Tribunal Federal a ser remetida ao Congresso Nacional, por ocasião da abertura da sessão legislativa.

§ 5º O Ministro do Superior Tribunal de Justiça exercerá a função de Ministro-Corregedor e ficará excluído da distribuição de processos no Tribunal, competindo-lhe, além das atribuições que lhe forem conferidas pelo Estatuto da Magistratura, as seguintes: (Incluído pela EC 45/2004.)

I - receber as reclamações e denúncias, de qualquer interessado, relativas aos magistrados e aos serviços judiciários;

II - exercer funções executivas do Conselho, de inspeção e de correição geral;

III - requisitar e designar magistrados, delegando-lhes atribuições, e requisitar servidores de juízos ou tribunais, inclusive nos Estados, Distrito Federal e Territórios.

§ 6º Junto ao Conselho oficiarão o Procurador-Geral da República e o Presidente do Conselho Federal da Ordem dos Advogados do Brasil. (Incluído pela EC 45/2004.)

§ 7º A União, inclusive no Distrito Federal e nos Territórios, criará ouvidorias de justiça, competentes para receber reclamações e denúncias de qualquer interessado contra membros ou órgãos do Poder Judiciário, ou contra seus serviços auxiliares, representando diretamente ao Conselho Nacional de Justiça. (Incluído pela EC 45/2004.)

SEÇÃO III
DO SUPERIOR TRIBUNAL DE JUSTIÇA

‣ Lei 8.038/1990 (Institui normas procedimentais para os processos que especifica perante o STJ e o STF).

Art. 104. O Superior Tribunal de Justiça compõe-se de, no mínimo, trinta e três Ministros.

Parágrafo único. Os Ministros do Superior Tribunal de Justiça serão nomeados pelo Presidente da República, dentre brasileiros com mais de trinta e cinco e menos de setenta anos de idade, de notável saber jurídico e reputação ilibada, depois de aprovada a escolha pela maioria absoluta do Senado Federal, sendo: *(Redação dada pela EC 122/2022)*

I - um terço dentre juízes dos Tribunais Regionais Federais e um terço dentre desembargadores dos Tribunais de Justiça, indicados em lista tríplice elaborada pelo próprio Tribunal;

II - um terço, em partes iguais, dentre advogados e membros do Ministério Público Federal, Estadual, do Distrito Federal e Territórios, alternadamente, indicados na forma do art. 94.

Art. 105. Compete ao Superior Tribunal de Justiça:

» *Vide* Súmula 203 do STJ.

I - processar e julgar, originariamente:

a) nos crimes comuns, os Governadores dos Estados e do Distrito Federal, e, nestes e nos de responsabilidade, os desembargadores dos Tribunais de Justiça dos Estados e do Distrito Federal, os membros dos Tribunais de Contas dos Estados e do Distrito Federal, os dos Tribunais Regionais Federais, dos Tribunais Regionais Eleitorais e do Trabalho, os membros dos Conselhos ou Tribunais de Contas dos Municípios e os do Ministério Público da União que oficiem perante tribunais;

‣ Súm. Vinc. 46, STF.

b) os mandados de segurança e os *habeas data* contra ato de Ministro de Estado, dos Comandantes da Marinha, do Exército e da Aeronáutica ou do próprio Tribunal; (Redação dada pela EC 23/1999.)

‣ Lei 9.507/1997 (Lei do *Habeas data*).

‣ Lei 12.016/2009 (Lei do Mandado de Segurança individual e coletivo).

‣ Súm. 41, STJ.

c) os *habeas corpus*, quando o coator ou paciente for qualquer das pessoas mencionadas na alínea *a*, ou quando o coator for tribunal sujeito à sua jurisdição, Ministro de Estado ou Comandante da Marinha, do Exército ou da Aeronáutica, ressalvada a competência da Justiça Eleitoral; (Redação dada pela EC 23/1999.)

d) os conflitos de competência entre quaisquer tribunais, ressalvado o disposto no art. 102, I, *o*, bem como entre tribunal e juízes a ele não vinculados e entre juízes vinculados a tribunais diversos;

‣ Súm. 428, STJ.

e) as revisões criminais e as ações rescisórias de seus julgados;

‣ arts. 966 a 975, NCPC.

‣ arts. 621 a 631, CPP.

f) a reclamação para a preservação de sua competência e garantia da autoridade de suas decisões;

» *Vide* art. 13 da Lei n. 8.038, de 28-5-1990.

g) os conflitos de atribuições entre autoridades administrativas e judiciárias da União, ou entre autoridades judiciárias de um Estado e administrativas de outro ou do Distrito Federal, ou entre as deste e da União;

h) o mandado de injunção, quando a elaboração da norma regulamentadora for atribuição de órgão, entidade ou autoridade federal, da administração direta ou indireta, excetuados os casos de competência do Supremo Tribunal Federal e dos órgãos da Justiça Militar, da Justiça Eleitoral, da Justiça do Trabalho e da Justiça Federal;

‣ art. 109 desta CF.

‣ arts. 961 e 965, NCPC.

‣ Lei 13.300/2016 (Mandados de injunção individual e coletivo).

i) a homologação de sentenças estrangeiras e a concessão de *exequatur* às cartas rogatórias; (Incluída pela EC 45/2004.)

‣ art. 109, X, desta CF.

‣ arts. 961 e 965, NCPC.

‣ Dec. 9.039/2017 (Obtenção de Provas no Estrangeiro em Matéria Civil ou Comercial).

» *Vide* art. 15 do Decreto-lei n. 4.657, de 4-9-1942.

» *Vide* art. 109, X, da CF.

j) os conflitos entre entes federativos, ou entre estes e o Comitê Gestor do Imposto sobre Bens e Serviços, relacionados aos tributos previstos nos arts. 156-A e 195, V; *(Acrescida pela EC 132/2023)*

II - julgar, em recurso ordinário:

a) os *habeas corpus* decididos em única ou última instância pelos Tribunais Regionais Federais ou pelos tribunais dos Estados, do Distrito Federal e Territórios, quando a decisão for denegatória;

» Art. 30 da Lei nº 8.038/1990

b) os mandados de segurança decididos em única instância pelos Tribunais Regionais Federais ou pelos tribunais dos Estados, do Distrito Federal e Territórios, quando denegatória a decisão;

‣ Lei 12.016/2009 (Lei do Mandado de Segurança individual e coletivo).

c) as causas em que forem partes Estado estrangeiro ou organismo internacional, de um lado, e, do outro, Município ou pessoa residente ou domiciliada no país;

» *Vide* art. 109, II.

III - julgar, em recurso especial, as causas decididas, em única ou última instância, pelos Tribunais Regionais Federais ou pelos tribunais dos Estados, do Distrito Federal e Territórios, quando a decisão recorrida:

‣ Lei 8.038/1990 (Institui normas procedimentais para os processos que especifica perante o STJ e o STF).

‣ Lei 8.658/1993 (Dispõe sobre a aplicação, nos Tribunais de Justiça e nos Tribunais Regionais Federais, das normas da Lei 8.038/1990).

‣ Súm. 5; 7; 86; 95; 203; 207; 518; 568; 579, STJ.

» *Vide* Súmulas 5 e 7 do STJ.

» *Vide* Súmula 203 do STJ.

a) contrariar tratado ou lei federal, ou negar-lhes vigência;

‣ Súm. 518, STJ.

b) julgar válido ato de governo local contestado em face de lei federal; (Redação dada pela EC 45/2004.)

c) der a lei federal interpretação divergente da que lhe haja atribuído outro tribunal.

‣ Súm. 13; 568, STJ.

» *Vide* Súmula 13 do STJ.

§ 1º Funcionarão junto ao Superior Tribunal de Justiça: (Parágrafo único transformado em § 1º pela EC 125/2022)

I - a Escola Nacional de Formação e Aperfeiçoamento de Magistrados, cabendo-lhe, dentre outras funções, regulamentar os cursos oficiais para o ingresso e promoção na carreira; (Incluído pela EC 45/2004.)

II - o Conselho da Justiça Federal, cabendo-lhe exercer, na forma da lei, a supervisão administrativa e orçamentária da Justiça Federal de primeiro e segundo graus, como órgão central do sistema e com poderes correicionais, cujas decisões terão caráter vinculante. (Incluído pela EC 45/2004.)

§ 2º No recurso especial, o recorrente deve demonstrar a relevância das questões de direito federal infraconstitucional discutidas no caso, nos termos da lei, a fim de que a admissão do recurso seja examinada pelo Tribunal, o qual somente pode dele não conhecer com base nesse motivo pela manifestação de 2/3 (dois terços) dos membros do órgão competente para o julgamento. *(Acrescido pela EC 125/2022)*

§ 3º Haverá a relevância de que trata o § 2º deste artigo nos seguintes casos: *(Acrescido pela EC 125/2022)*

I – ações penais;

II – ações de improbidade administrativa;

III – ações cujo valor da causa ultrapasse 500 (quinhentos) salários mínimos;

IV – ações que possam gerar inelegibilidade;

V – hipóteses em que o acórdão recorrido contrariar jurisprudência dominante do Superior Tribunal de Justiça;

VI – outras hipóteses previstas em lei.

SEÇÃO IV
DOS TRIBUNAIS REGIONAIS FEDERAIS E DOS JUÍZES FEDERAIS

Art. 106. São órgãos da Justiça Federal:

‣ Lei 7.727/1989 (Composição inicial dos Tribunais Regionais Federais e sua instalação, e cria os respectivos quadros de pessoal).

I - os Tribunais Regionais Federais;

II - os Juízes Federais.

Art. 107. Os Tribunais Regionais Federais compõem-se de, no mínimo, sete juízes, recrutados, quando possível, na respectiva região e nomeados pelo Presidente da República dentre brasileiros com mais de trinta e menos de setenta anos de idade, sendo: *(Redação dada pela EC 122/2022)*

I - um quinto dentre advogados com mais de dez anos de efetiva atividade profissional e membros do Ministério Público Federal com mais de dez anos de carreira;

II - os demais, mediante promoção de juízes federais com mais de cinco anos de exercício, por antiguidade e merecimento, alternadamente.

‣ art. 27, § 9º, ADCT.

‣ Lei 9.967/2000 (Reestruturações dos Tribunais Federais Regionais das cinco Regiões).

§ 1º A lei disciplinará a remoção ou a permuta de juízes dos Tribunais Regionais Federais e determinará sua jurisdição e sede. (Renumerado do parágrafo único pela EC 45/2004.)

‣ art. 1º, Lei 9.967/2000 (Reestruturações dos Tribunais Federais Regionais das cinco Regiões).

§ 2º Os Tribunais Regionais Federais instalarão a justiça itinerante, com a realização de audiências e demais funções da atividade jurisdicional, nos limites territoriais da respectiva jurisdição, servindo-se de equipamentos públicos e comunitários. (Incluído pela EC 45/2004.)

§ 3º Os Tribunais Regionais Federais poderão funcionar descentralizadamente, constituindo Câmaras regionais, a fim de assegurar o pleno acesso do jurisdicionado à justiça em todas as fases do processo. (Incluído pela EC 45/2004.)

Art. 108. Compete aos Tribunais Regionais Federais:

I - processar e julgar, originariamente:

a) os juízes federais da área de sua jurisdição, incluídos os da Justiça Militar e da Justiça do Trabalho, nos crimes comuns e de responsabilidade, e os membros do Ministério Público da União, ressalvada a competência da Justiça Eleitoral;

‣ Súm. Vinc. 46, STF.

b) as revisões criminais e as ações rescisórias de julgados seus ou dos juízes federais da região;

‣ arts. 966 e 975, NCPC.

‣ arts. 621 a 631, CPP.

c) os mandados de segurança e os *habeas data* contra ato do próprio Tribunal ou de juiz federal;

‣ Lei 9.507/1997 (Lei do *Habeas data*).

‣ Lei 12.016/2009 (Lei do mandado de Segurança individual e coletivo).

d) os *habeas corpus*, quando a autoridade coatora for juiz federal;

e) os conflitos de competência entre juízes federais vinculados ao Tribunal;

‣ Súm. 3 e 428, STJ.

II - julgar, em grau de recurso, as causas decididas pelos juízes federais e pelos juízes estaduais no exercício da competência federal da área de sua jurisdição.

‣ Súm. 55, STJ.

Art. 109. Aos juízes federais compete processar e julgar:

‣ Lei 7.492/1986 (Lei dos crimes contra o sistema financeiro nacional).

‣ Lei 9.469/1997 (Dispõe sobre a intervenção da União nas causas em que figurarem, como autores ou réus, entes da Administração indireta).

‣ Lei 10.259/2001 (Lei dos Juizados Especiais Federais).

‣ art. 70, Lei 11.343/2006 (Lei Antidrogas).

‣ Súm. 517; 522; 689, STF.

‣ Súm. 3; 15; 32; 42; 66; 82; 122; 147; 150; 151; 165; 173; 200; 208; 224; 254; 324; 349; 365, STJ.

I - as causas em que a União, entidade autárquica ou empresa pública federal forem interessadas na condição de autoras, rés, assistentes ou oponentes, exceto as de falência, as de acidentes de trabalho e as sujeitas à Justiça Eleitoral e à Justiça do Trabalho;

‣ arts. 45; 51, NCPC.

‣ Lei 13.303/2016 (Dispõe sobre o estatuto jurídico da empresa pública).

‣ Súm. Vinc. 22 e 27, STF.

‣ Súm. 15; 32; 42; 66; 82; 150; 161, 173; 224; 254; 324; 365; 374; 489, STJ.

II - as causas entre Estado estrangeiro ou organismo internacional e Município ou pessoa domiciliada ou residente no país;

» *Vide* art. 105, II, c.

III - as causas fundadas em tratado ou contrato da União com Estado estrangeiro ou organismo internacional;

- Súm. 689, STF.

IV - os crimes políticos e as infrações penais praticadas em detrimento de bens, serviços ou interesse da União ou de suas entidades autárquicas ou empresas públicas, excluídas as contravenções e ressalvada a competência da Justiça Militar e da Justiça Eleitoral;

- art. 9º, CPM.
- Súm. Vinc. 36, STF.
- Súm. 38; 42; 62; 73; 104; 147; 165; 208, STJ.

V - os crimes previstos em tratado ou convenção internacional, quando, iniciada a execução no país, o resultado tenha ou devesse ter ocorrido no estrangeiro, ou reciprocamente;

V-A - as causas relativas a direitos humanos a que se refere o § 5º deste artigo; (Incluído pela EC 45/2004.)

- Lei 12.528/2011 (Comissão Nacional da Verdade).

VI - os crimes contra a organização do trabalho e, nos casos determinados por lei, contra o sistema financeiro e a ordem econômico-financeira;

- arts. 197 a 207, CP.
- Lei 7.492/1986 (Lei dos crimes contra o sistema financeiro nacional).
- Lei 8.137/1990 (Lei dos crimes contra a ordem tributária, econômica e contra as relações de consumo).
- Lei 8.176/1991 (Define crimes contra a ordem econômica e cria o Sistema de Estoques de Combustíveis).

VII - os *habeas corpus*, em matéria criminal de sua competência ou quando o constrangimento provier de autoridade cujos atos não estejam diretamente sujeitos a outra jurisdição;

VIII - os mandados de segurança e os *habeas data* contra ato de autoridade federal, excetuados os casos de competência dos tribunais federais;

- Lei 9.507/1997 (Lei do *Habeas Data*).
- Lei 12.016/2009 (Lei do Mandado de Segurança individual e coletivo).

IX - os crimes cometidos a bordo de navios ou aeronaves, ressalvada a competência da Justiça Militar;

- art. 125, § 4º, desta CF.
- art. 9º, CPM.

X - os crimes de ingresso ou permanência irregular de estrangeiro, a execução de carta rogatória, após o *exequatur*, e de sentença estrangeira, após a homologação, as causas referentes à nacionalidade, inclusive a respectiva opção, e à naturalização;

- art. 105, I, i, desta CF.
- art. 965, p.u., NCPC.

XI - a disputa sobre direitos indígenas.

- Súm. 140, STJ.

§ 1º As causas em que a União for autora serão aforadas na seção judiciária onde tiver domicílio a outra parte.

- *Vide* Súmulas 508, 517 e 556 do STF.
- *Vide* arts. 57 e 175 da Lei n. 9.279, de 14-5-1996.

§ 2º As causas intentadas contra a União poderão ser aforadas na seção judiciária em que for domiciliado o autor, naquela onde houver ocorrido o ato ou fato que deu origem à demanda ou onde esteja situada a coisa, ou, ainda, no Distrito Federal.

§ 3º Lei poderá autorizar que as causas de competência da Justiça Federal em que forem parte instituição de previdência social e segurado possam ser processadas e julgadas na justiça estadual quando a comarca do domicílio do segurado não for sede de vara federal. (Redação dada pela EC 103/2019)

- Lei 5.010/1966 (Lei de organização da Justiça Federal de 1ª Instância).
- Súm. 15 e 32, STJ.

§ 4º Na hipótese do parágrafo anterior, o recurso cabível será sempre para o Tribunal Regional Federal na área de jurisdição do juiz de primeiro grau.

- Súm. 32, STJ.

§ 5º Nas hipóteses de grave violação de direitos humanos, o Procurador-Geral da República, com a finalidade de assegurar o cumprimento de obrigações decorrentes de tratados internacionais de direitos humanos dos quais o Brasil seja parte, poderá suscitar, perante o Superior Tribunal de Justiça, em qualquer fase do inquérito ou processo, incidente de deslocamento de competência para a Justiça Federal. (Incluído pela EC 45/2004.)

- Lei 12.528/2011 (Comissão Nacional da Verdade).

Art. 110. Cada Estado, bem como o Distrito Federal, constituirá uma seção judiciária que terá por sede a respectiva Capital, e varas localizadas segundo o estabelecido em lei.

- Lei 5.010/1966 (Lei de organização da Justiça Federal de 1ª Instância).

Parágrafo único. Nos Territórios Federais, a jurisdição e as atribuições cometidas aos juízes federais caberão aos juízes da justiça local, na forma da lei.

- Lei 9.788/1999 (Reestruturação da Justiça Federal de 1º grau, nas cinco Regiões, com a criação de cem Varas Federais).
- Lei 11.697/2008 (Dispõe sobre a organização judiciária do Distrito Federal e dos Territórios).

SEÇÃO V
DO TRIBUNAL SUPERIOR DO TRABALHO, DOS TRIBUNAIS REGIONAIS DO TRABALHO E DOS JUÍZES DO TRABALHO

- (Alterado pela EC 92/2016.)
- art. 743 e ss., CLT.

Art. 111. São órgãos da Justiça do Trabalho:

I - o Tribunal Superior do Trabalho;

II - os Tribunais Regionais do Trabalho;

III - Juízes do Trabalho. (Redação dada pela EC 24/1999.)

§§ 1º a 3º (Revogados pela EC 45/2004.)

Art. 111-A. O Tribunal Superior do Trabalho compõe-se de vinte e sete Ministros, escolhidos dentre brasileiros com mais de trinta e cinco e menos de setenta anos de idade, de notável saber jurídico e reputação ilibada, nomeados pelo Presidente da República após aprovação pela maioria absoluta do Senado Federal, sendo: *(Redação dada pela EC 122/2022)*

I - um quinto dentre advogados com mais de dez anos de efetiva atividade profissional e membros do Ministério Público do Trabalho com mais de dez anos de efetivo exercício, observado o disposto no art. 94;

II - os demais dentre juízes dos Tribunais Regionais do Trabalho, oriundos da magistratura da carreira, indicados pelo próprio Tribunal Superior.

§ 1º A lei disporá sobre a competência do Tribunal Superior do Trabalho.

§ 2º Funcionarão junto ao Tribunal Superior do Trabalho:

I - a Escola Nacional de Formação e Aperfeiçoamento de Magistrados do Trabalho, cabendo-lhe, dentre outras funções, regulamentar os cursos oficiais para o ingresso e promoção na carreira;

II - o Conselho Superior da Justiça do Trabalho, cabendo-lhe exercer, na forma da lei, a supervisão administrativa, orçamentária, financeira e patrimonial da Justiça do Trabalho de primeiro e segundo graus, como órgão central do sistema, cujas decisões terão efeito vinculante.

- art. 6º, EC 45/2004 (Reforma do Judiciário).

§ 3º Compete ao Tribunal Superior do Trabalho processar e julgar, originariamente, a reclamação para a preservação de sua competência e garantia da autoridade de suas decisões. (Acrescentado pela EC 92/2016.)

Art. 112. A lei criará varas da Justiça do Trabalho, podendo, nas comarcas não abrangidas por sua jurisdição, atribuí-la aos juízes de direito, com recurso para o respectivo Tribunal Regional do Trabalho. (Redação dada pela EC 45/2004.)

Art. 113. A lei disporá sobre a constituição, investidura, jurisdição, competência, garantias e condições de exercício dos órgãos da Justiça do Trabalho. (Redação dada pela EC 24/1999.)

- arts. 643 a 673, CLT.
- LC 35/1979 (Lei Orgânica da Magistratura Nacional).

Art. 114. Compete à Justiça do Trabalho processar e julgar: (Redação dada pela EC 45/2004.)

- art. 6º, § 2º, Lei 11.101/2005 (Lei de Recuperação de Empresas e Falência).
- Súm. Vinc. 22; 23, STF.
- Súm. 349 e 736, STF.
- Súm. 97; 137; 180; 222; 349; 363, STJ.
- Súm. 300; 389; 392, TST.

I - as ações oriundas da relação de trabalho, abrangidos os entes de direito público externo e da administração pública direta e indireta da União, dos Estados, do Distrito Federal e dos Municípios; (Incluído pela EC 45/2004.)

- ADIn 3.395-6 (DJU 04.02.2005 e 10.11.2006) - O STF deferiu liminar para dar a este inciso interpretação no sentido de que o dispositivo não abrange causas instauradas entre o Poder Público e servidor que lhe seja vinculado por relação jurídico-estatutária.
- ADIn 3.684-0. O STF, por maioria, julgou procedente o pedido formulado na ação direta, de modo a "conferir interpretação conforme à Constituição ao seu artigo 114, incisos I, IV e IX, na redação dada pela Emenda Constitucional nº 45, para afastar qualquer interpretação que entenda competir à Justiça do Trabalho processar e julgar ações penais, nos termos da medida cautelar anteriormente deferida pelo Plenário". Plenário, Sessão Virtual de 1.5.2020 a 8.5.2020

II - as ações que envolvam exercício do direito de greve; (Incluído pela EC 45/2004.)

- art. 9º desta CF.
- Lei 7.783/1989 (Lei de Greve).
- Súm. Vinc. 23, STF.
- Súm. 189, TST.

III - as ações sobre representação sindical, entre sindicatos, entre sindicatos e trabalhadores, e entre sindicatos e empregadores; (Incluído pela EC 45/2004.)

- Lei 8.984/1995 (Estende a competência da Justiça do Trabalho).

IV - os mandados de segurança, *habeas corpus* e *habeas data*, quando o ato questionado envolver matéria sujeita à sua jurisdição; (Incluído pela EC 45/2004.)

▸ ADIn 3.684-0 - O STF, por maioria, julgou procedente o pedido formulado na ação direta, de modo a "conferir interpretação conforme à Constituição ao seu artigo 114, incisos I, IV e IX, na redação dada pela Emenda Constitucional nº 45, para afastar qualquer interpretação que entenda competir à Justiça do Trabalho processar e julgar ações penais, nos termos da medida cautelar anteriormente deferida pelo Plenário". Plenário, Sessão Virtual de 1.5.2020 a 8.5.2020.

▸ arts. 5º, LXVIII, LXIX, LXXII; 7º, XXVIII, desta CF.

▸ Lei 9.507/1997 (Lei do *Habeas data*).

▸ Lei 12.016/2009 (Lei do Mandado de Segurança individual e coletivo).

V - os conflitos de competência entre órgãos com jurisdição trabalhista, ressalvado o disposto no art. 102, I, *o*; (Incluído pela EC 45/2004.)

▸ arts. 803 a 811, CLT.

▸ Súm. 420, TST.

VI - as ações de indenização por dano moral ou patrimonial, decorrentes da relação de trabalho; (Incluído pela EC 45/2004.)

▸ arts. 186; 927; 949 a 951, CC.

▸ Súm. Vinc. 22, STF.

▸ Súm. 227; 362; 387, STJ.

▸ Súm. 392, TST.

VII - as ações relativas às penalidades administrativas impostas aos empregadores pelos órgãos de fiscalização das relações de trabalho; (Incluído pela EC 45/2004.)

▸ OJ SDI-2 156, TST.

VIII - a execução, de ofício, das contribuições sociais previstas no art. 195, I, *a*, e II, e seus acréscimos legais, decorrentes das sentenças que proferir; (Incluído pela EC 45/2004.)

▸ Súm. Vinc. 53, STF.

▸ Súm. 368, TST.

» *Vide* arts. 856 e s. da CLT (dissídio coletivo).

IX - outras controvérsias decorrentes da relação de trabalho, na forma da lei. (Incluído pela EC 45/2004.)

▸ ADIn 3.684-0 - O STF, por maioria, julgou procedente o pedido formulado na ação direta, de modo a "conferir interpretação conforme à Constituição ao seu artigo 114, incisos I, IV e IX, na redação dada pela Emenda Constitucional nº 45, para afastar qualquer interpretação que entenda competir à Justiça do Trabalho processar e julgar ações penais, nos termos da medida cautelar anteriormente deferida pelo Plenário". Plenário, Sessão Virtual de 1.5.2020 a 8.5.2020.

▸ Súm. 736, STF.

▸ Súm. 389, TST.

§ 1º Frustrada a negociação coletiva, as partes poderão eleger árbitros.

§ 2º Recusando-se qualquer das partes à negociação coletiva ou à arbitragem, é facultado às mesmas, de comum acordo, ajuizar dissídio coletivo de natureza econômica, podendo a Justiça do Trabalho decidir o conflito, respeitadas as disposições mínimas legais de proteção ao trabalho, bem como as convencionadas anteriormente. (Redação dada pela EC 45/2004.)

▸ O STF, por maioria, julgou procedente a presente ADPF 323, de modo a "declarar a inconstitucionalidade da Súmula 277 do TST, na versão atribuída pela Resolução 185, de 27.09.2012, assim como a inconstitucionalidade de interpretações e de decisões judiciais que entendem que o art. 114, parágrafo segundo, da CF, na redação dada pela EC nº 45/2004, autoriza a aplicação do princípio da ultratividade de normas de acordos e de convenções coletivas". Sessão Virtual de 20.5.2022 a 27.5.2022.

§ 3º Em caso de greve em atividade essencial, com possibilidade de lesão do interesse público, o Ministério Público do Trabalho poderá ajuizar dissídio coletivo, competindo à Justiça do Trabalho decidir o conflito. (Redação dada pela EC 45/2004.)

▸ art. 9º, § 1º, desta CF.

▸ Lei 7.783/1989 (Lei de Greve).

» *Vide* arts. 856 e s. da CLT (dissídio coletivo).

Art. 115. Os Tribunais Regionais do Trabalho compõem-se de, no mínimo, sete juízes, recrutados, quando possível, na respectiva região e nomeados pelo Presidente da República dentre brasileiros com mais de trinta e menos de setenta anos de idade, sendo: *(Redação dada pela EC 122/2022)*

▸ Súm. 628, STF.

I - um quinto dentre advogados com mais de dez anos de efetiva atividade profissional e membros do Ministério Público do Trabalho com mais de dez anos de efetivo exercício, observado o disposto no art. 94; (Redação dada pela EC 45/2004.)

II - os demais, mediante promoção de juízes do trabalho por antiguidade e merecimento, alternadamente. (Redação dada pela EC 45/2004.)

§ 1º Os Tribunais Regionais do Trabalho instalarão a justiça itinerante, com a realização de audiências e demais funções de atividade jurisdicional, nos limites territoriais da respectiva jurisdição, servindo-se de equipamentos públicos e comunitários. (Redação dada pela EC 45/2004.)

§ 2º Os Tribunais Regionais do Trabalho poderão funcionar descentralizadamente, constituindo Câmaras regionais, a fim de assegurar o pleno acesso do jurisdicionado à justiça em todas as fases do processo. (Redação dada pela EC 45/2004.)

Art. 116. Nas Varas do Trabalho, a jurisdição será exercida por um juiz singular. (Redação dada pela EC 24/1999.)

Parágrafo único. (Revogado pela EC 24/1999.)

Art. 117. (Revogado pela EC 24/1999.)

SEÇÃO VI
DOS TRIBUNAIS E JUÍZES ELEITORAIS

▸ arts. 12 a 41, CE.

Art. 118. São órgãos da Justiça Eleitoral:

I - o Tribunal Superior Eleitoral;

II - os Tribunais Regionais Eleitorais;

III - os Juízes Eleitorais;

IV - as Juntas Eleitorais.

Art. 119. O Tribunal Superior Eleitoral compor-se-á, no mínimo, de sete membros, escolhidos:

I - mediante eleição, pelo voto secreto:

a) três juízes dentre os Ministros do Supremo Tribunal Federal;

b) dois juízes dentre os Ministros do Superior Tribunal de Justiça;

II - por nomeação do Presidente da República, dois juízes dentre seis advogados de notável saber jurídico e idoneidade moral, indicados pelo Supremo Tribunal Federal.

Parágrafo único. O Tribunal Superior Eleitoral elegerá seu Presidente e o Vice-Presidente dentre os Ministros do Supremo Tribunal Federal, e o Corregedor Eleitoral dentre os Ministros do Superior Tribunal de Justiça.

Art. 120. Haverá um Tribunal Regional Eleitoral na Capital de cada Estado e no Distrito Federal.

§ 1º Os Tribunais Regionais Eleitorais compor-se-ão:

I - mediante eleição, pelo voto secreto:

a) de dois juízes dentre os desembargadores do Tribunal de Justiça;

b) de dois juízes, dentre juízes de direito, escolhidos pelo Tribunal de Justiça;

II - de um juiz do Tribunal Regional Federal com sede na Capital do Estado ou no Distrito Federal, ou, não havendo, de juiz federal, escolhido, em qualquer caso, pelo Tribunal Regional Federal respectivo;

III - por nomeação, pelo Presidente da República, de dois juízes dentre seis advogados de notável saber jurídico e idoneidade moral, indicados pelo Tribunal de Justiça.

§ 2º O Tribunal Regional Eleitoral elegerá seu Presidente e o Vice-Presidente dentre os desembargadores.

Art. 121. Lei complementar disporá sobre a organização e competência dos tribunais, dos juízes de direito e das juntas eleitorais.

▸ arts. 22; 23; 29; 30; 34; 40; 41, CE.

▸ Súm. 368, STJ.

§ 1º Os membros dos tribunais, os juízes de direito e os integrantes das juntas eleitorais, no exercício de suas funções, e no que lhes for aplicável, gozarão de plenas garantias e serão inamovíveis.

§ 2º Os juízes dos tribunais eleitorais, salvo motivo justificado, servirão por dois anos, no mínimo, e nunca por mais de dois biênios consecutivos, sendo os substitutos escolhidos na mesma ocasião e pelo mesmo processo, em número igual para cada categoria.

§ 3º São irrecorríveis as decisões do Tribunal Superior Eleitoral, salvo as que contrariarem esta Constituição e as denegatórias de *habeas corpus* ou mandado de segurança.

§ 4º Das decisões dos Tribunais Regionais Eleitorais somente caberá recurso quando:

I - forem proferidas contra disposição expressa desta Constituição ou de lei;

II - ocorrer divergência na interpretação de lei entre dois ou mais tribunais eleitorais;

III - versarem sobre inelegibilidade ou expedição de diplomas nas eleições federais ou estaduais;

▸ Súm. 36, TSE.

IV - anularem diplomas ou decretarem a perda de mandatos eletivos federais ou estaduais;

V - denegarem *habeas corpus*, mandado de segurança, *habeas data* ou mandado de injunção.

▸ Lei 13.300/2016 (Mandados de injunção individual e coletivo).

▸ Súm. 36, TSE.

SEÇÃO VII
DOS TRIBUNAIS E JUÍZES MILITARES

Art. 122. São órgãos da Justiça Militar:

▸ Lei 8.457/1992 (Organiza Justiça Militar da União e regula funcionamento de seus serviços auxiliares).

▸ art. 90-A, Lei 9.099/1995 (Lei dos Juizados Especiais).

I - o Superior Tribunal Militar;

II - os Tribunais e Juízes Militares instituídos por lei.

Art. 123. O Superior Tribunal Militar compor-se-á de quinze Ministros vitalícios, nomeados pelo Presidente da República, depois de aprovada a indicação pelo Senado Federal, sendo três dentre oficiais-generais da Marinha, quatro dentre oficiais-generais do Exército, três dentre oficiais-generais da

Aeronáutica, todos da ativa e do posto mais elevado da carreira, e cinco dentre civis.

Parágrafo único. Os Ministros civis serão escolhidos pelo Presidente da República dentre brasileiros com mais de trinta e cinco e menos de setenta anos de idade, sendo: *(Redação dada pela EC 122/2022)*

I - três dentre advogados de notório saber jurídico e conduta ilibada, com mais de dez anos de efetiva atividade profissional;

II - dois por escolha paritária, dentre juízes auditores e membros do Ministério Público da Justiça Militar.

Art. 124. À Justiça Militar compete processar e julgar os crimes militares definidos em lei.

- Dec.-Lei 1.002/1969 (CPPM).
- art. 90-A, Lei 9.099/1995 (Lei dos Juizados Especiais).

Parágrafo único. A lei disporá sobre a organização, o funcionamento e a competência da Justiça Militar.

- Lei 8.457/1992 (Organiza a Justiça Militar da União e regula funcionamento de seus serviços auxiliares).

SEÇÃO VIII
DOS TRIBUNAIS E JUÍZES DOS ESTADOS

Art. 125. Os Estados organizarão sua Justiça, observados os princípios estabelecidos nesta Constituição.

§ 1º A competência dos tribunais será definida na Constituição do Estado, sendo a lei de organização judiciária de iniciativa do Tribunal de Justiça.

- art. 70, ADCT.
- Súm. Vinc. 45, STF.
- Súm. 721, STF.
- Súm. 238, STJ.

§ 2º Cabe aos Estados a instituição de representação de inconstitucionalidade de leis ou atos normativos estaduais ou municipais em face da Constituição Estadual, vedada a atribuição da legitimação para agir a um único órgão.

- RE 650.898/RS (Informativo 852, STF.)

§ 3º A lei estadual poderá criar, mediante proposta do Tribunal de Justiça, a Justiça Militar estadual, constituída, em primeiro grau, pelos juízes de direito e pelos Conselhos de Justiça e, em segundo grau, pelo próprio Tribunal de Justiça, ou por Tribunal de Justiça Militar nos Estados em que o efetivo militar seja superior a vinte mil integrantes. (Redação dada pela EC 45/2004.)

§ 4º Compete à Justiça Militar estadual processar e julgar os militares dos Estados, nos crimes militares definidos em lei e as ações judiciais contra atos disciplinares militares, ressalvada a competência do júri quando a vítima for civil, cabendo ao tribunal competente decidir sobre a perda do posto e da patente dos oficiais e da graduação das praças. (Redação dada pela EC 45/2004.)

- Súm. 673, STF.
- Súm. 53, STJ.

§ 5º Compete aos juízes de direito do juízo militar processar e julgar, singularmente, os crimes militares cometidos contra civis e as ações judiciais contra atos disciplinares militares, cabendo ao Conselho de Justiça, sob a presidência de juiz de direito, processar e julgar os demais crimes militares. (Incluído pela EC 45/2004.)

§ 6º O Tribunal de Justiça poderá funcionar descentralizadamente, constituindo Câmaras regionais, a fim de assegurar o pleno acesso do jurisdicionado à justiça em todas as fases do processo. (Incluído pela EC 45/2004.)

§ 7º O Tribunal de Justiça instalará a justiça itinerante, com a realização de audiências e demais funções da atividade jurisdicional, nos limites territoriais da respectiva jurisdição, servindo-se de equipamentos públicos e comunitários. (Incluído pela EC 45/2004.)

Art. 126. Para dirimir conflitos fundiários, o Tribunal de Justiça proporá a criação de varas especializadas, com competência exclusiva para questões agrárias. (Redação dada pela EC 45/2004.)

Parágrafo único. Sempre que necessário à eficiente prestação jurisdicional, o juiz far-se-á presente no local do litígio.

CAPÍTULO IV
DAS FUNÇÕES ESSENCIAIS À JUSTIÇA

- Redação dada pela EC 80/2014.

SEÇÃO I
DO MINISTÉRIO PÚBLICO

- LC 75/1993 (Lei Orgânica do Ministério Público da União).
- Lei 8.625/1993 (Lei Orgânica Nacional do Ministério Público).

Art. 127. O Ministério Público é instituição permanente, essencial à função jurisdicional do Estado, incumbindo-lhe a defesa da ordem jurídica, do regime democrático e dos interesses sociais e individuais indisponíveis.

- Súm. 601, STJ.

§ 1º São princípios institucionais do Ministério Público a unidade, a indivisibilidade e a independência funcional.

§ 2º Ao Ministério Público é assegurada autonomia funcional e administrativa, podendo, observado o disposto no art. 169, propor ao Poder Legislativo a criação e extinção de seus cargos e serviços auxiliares, provendo-os por concurso público de provas ou de provas e títulos, a política remuneratória e os planos de carreira; a lei disporá sobre sua organização e funcionamento. (Redação dada pela EC 19/1998.)

§ 3º O Ministério Público elaborará sua proposta orçamentária dentro dos limites estabelecidos na lei de diretrizes orçamentárias.

- art. 107, § 2º, ADCT.

§ 4º Se o Ministério Público não encaminhar a respectiva proposta orçamentária dentro do prazo estabelecido na lei de diretrizes orçamentárias, o Poder Executivo considerará, para fins de consolidação da proposta orçamentária anual, os valores aprovados na lei orçamentária vigente, ajustados de acordo com os limites estipulados na forma do § 3º. (Incluído pela EC 45/2004.)

§ 5º Se a proposta orçamentária de que trata este artigo for encaminhada em desacordo com os limites estipulados na forma do § 3º, o Poder Executivo procederá aos ajustes necessários para fins de consolidação da proposta orçamentária anual. (Incluído pela EC 45/2004.)

§ 6º Durante a execução orçamentária do exercício, não poderá haver a realização de despesas ou a assunção de obrigações que extrapolem os limites estabelecidos na lei de diretrizes orçamentárias, exceto se previamente autorizadas, mediante a abertura de créditos suplementares ou especiais. (Incluído pela EC 45/2004.)

Art. 128. O Ministério Público abrange:

- LC 75/1993 (Lei Orgânica do Ministério Público da União).

I - o Ministério Público da União, que compreende:

a) o Ministério Público Federal;

b) o Ministério Público do Trabalho;

c) o Ministério Público Militar;

- Lei 12.673/2012 (Dispõe sobre a criação de cargos no quadro do Ministério Público Militar)

d) o Ministério Público do Distrito Federal e Territórios;

II - os Ministérios Públicos dos Estados.

§ 1º O Ministério Público da União tem por chefe o Procurador-Geral da República, nomeado pelo Presidente da República dentre integrantes da carreira, maiores de trinta e cinco anos, após a aprovação de seu nome pela maioria absoluta dos membros do Senado Federal, para mandato de dois anos, permitida a recondução.

§ 2º A destituição do Procurador-Geral da República, por iniciativa do Presidente da República, deverá ser precedida de autorização da maioria absoluta do Senado Federal.

§ 3º Os Ministérios Públicos dos Estados e o do Distrito Federal e Territórios formarão lista tríplice dentre integrantes da carreira, na forma da lei respectiva, para escolha de seu Procurador-Geral, que será nomeado pelo Chefe do Poder Executivo, para mandato de dois anos, permitida uma recondução.

§ 4º Os Procuradores-Gerais nos Estados e no Distrito Federal e Territórios poderão ser destituídos por deliberação da maioria absoluta do Poder Legislativo, na forma da lei complementar respectiva.

§ 5º Leis complementares da União e dos Estados, cuja iniciativa é facultada aos respectivos Procuradores-Gerais, estabelecerão a organização, as atribuições e o estatuto de cada Ministério Público, observadas, relativamente a seus membros:

I - as seguintes garantias:

a) vitaliciedade, após dois anos de exercício, não podendo perder o cargo senão por sentença judicial transitada em julgado;

b) inamovibilidade, salvo por motivo de interesse público, mediante decisão do órgão colegiado competente do Ministério Público, pelo voto da maioria absoluta de seus membros, assegurada ampla defesa; (Redação dada pela EC 45/2004.)

c) irredutibilidade de subsídio, fixado na forma do art. 39, § 4º, e ressalvado o disposto nos arts. 37, X e XI, 150, II, 153, III, 153, § 2º, I; (Redação dada pela EC 19/1998.)

II - as seguintes vedações:

a) receber, a qualquer título e sob qualquer pretexto, honorários, percentagens ou custas processuais;

b) exercer a advocacia;

c) participar de sociedade comercial, na forma da lei;

d) exercer, ainda que em disponibilidade, qualquer outra função pública, salvo uma de magistério;

e) exercer atividade político-partidária; (Redação dada pela EC 45/2004.)

f) receber, a qualquer título ou pretexto, auxílios ou contribuições de pessoas físicas, entidades públicas ou privadas, ressalvadas as exceções previstas em lei. (Incluída pela EC 45/2004.)

§ 6º Aplica-se aos membros do Ministério Público o disposto no art. 95, parágrafo único, V. (Incluído pela EC 45/2004.)

Art. 129. São funções institucionais do Ministério Público:

I - promover, privativamente, a ação penal pública, na forma da lei;

- art. 100, § 1º, CP.
- art. 24, CPP.
- Lei 8.625/1993 (Lei Orgânica Nacional do Ministério Público).
- Súm. 234, STJ.

II - zelar pelo efetivo respeito dos Poderes Públicos e dos serviços de relevância pública aos direitos assegurados nesta Constituição, promovendo as medidas necessárias a sua garantia;

III - promover o inquérito civil e a ação civil pública, para a proteção do patrimônio público e social, do meio ambiente e de outros interesses difusos e coletivos;

- Lei 7.347/1985 (Lei da Ação Civil Pública).
- Súm. 643, STF.
- Súm. 329; 601, STJ.

IV - promover a ação de inconstitucionalidade ou representação para fins de intervenção da União e dos Estados, nos casos previstos nesta Constituição;

- arts. 34 a 36 desta CF.

V - defender judicialmente os direitos e interesses das populações indígenas;

- arts. 231; 232, desta CF.

VI - expedir notificações nos procedimentos administrativos de sua competência, requisitando informações e documentos para instruí-los, na forma da lei complementar respectiva;

- Súm. 234, STJ.

VII - exercer o controle externo da atividade policial, na forma da lei complementar mencionada no artigo anterior;

- arts. 3º; 9º; 10; 38, IV, LC 75/1993 (Lei Orgânica do Ministério Público da União).

VIII - requisitar diligências investigatórias e a instauração de inquérito policial, indicados os fundamentos jurídicos de suas manifestações processuais;

IX - exercer outras funções que lhe forem conferidas, desde que compatíveis com sua finalidade, sendo-lhe vedada a representação judicial e a consultoria jurídica de entidades públicas.

§ 1º A legitimação do Ministério Público para as ações civis previstas neste artigo não impede a de terceiros, nas mesmas hipóteses, segundo o disposto nesta Constituição e na lei.

- Lei 7.347/1985 (Lei da Ação Civil Pública).

§ 2º As funções do Ministério Público só podem ser exercidas por integrantes da carreira, que deverão residir na comarca da respectiva lotação, salvo autorização do chefe da instituição. (Redação dada pela EC 45/2004.)

§ 3º O ingresso na carreira do Ministério Público far-se-á mediante concurso público de provas e títulos, assegurada a participação da Ordem dos Advogados do Brasil em sua realização, exigindo-se do bacharel em direito, no mínimo, três anos de atividade jurídica e observando-se, nas nomeações, a ordem de classificação. (Redação dada pela EC 45/2004.)

§ 4º Aplica-se ao Ministério Público, no que couber, o disposto no art. 93. (Redação dada pela EC 45/2004.)

§ 5º A distribuição de processos no Ministério Público será imediata. (Incluído pela EC 45/2004.)

Art. 130. Aos membros do Ministério Público junto aos Tribunais de Contas aplicam-se as disposições desta seção pertinentes a direitos, vedações e forma de investidura.

Art. 130-A. O Conselho Nacional do Ministério Público compõe-se de quatorze membros nomeados pelo Presidente da República, depois de aprovada a escolha pela maioria absoluta do Senado Federal, para um mandato de dois anos, admitida uma recondução, sendo: (Incluído pela EC 45/2004.)

- art. 5º, EC 45/2004 (Reforma do Judiciário).

I - o Procurador-Geral da República, que o preside;

II - quatro membros do Ministério Público da União, assegurada a representação de cada uma de suas carreiras;

III - três membros do Ministério Público dos Estados;

IV - dois juízes, indicados um pelo Supremo Tribunal Federal e outro pelo Superior Tribunal de Justiça;

V - dois advogados, indicados pelo Conselho Federal da Ordem dos Advogados do Brasil;

VI - dois cidadãos de notável saber jurídico e reputação ilibada, indicados um pela Câmara dos Deputados e outro pelo Senado Federal.

§ 1º Os membros do Conselho oriundos do Ministério Público serão indicados pelos respectivos Ministérios Públicos, na forma da lei.

- Lei 11.372/2006 (Regulamenta este parágrafo).

§ 2º Compete ao Conselho Nacional do Ministério Público o controle da atuação administrativa e financeira do Ministério Público e do cumprimento dos deveres funcionais de seus membros, cabendo-lhe:

I - zelar pela autonomia funcional e administrativa do Ministério Público, podendo expedir atos regulamentares, no âmbito de sua competência, ou recomendar providências;

II - zelar pela observância do art. 37 e apreciar, de ofício ou mediante provocação, a legalidade dos atos administrativos praticados por membros ou órgãos do Ministério Público da União e dos Estados, podendo desconstituí-los, revê-los ou fixar prazo para que se adotem as providências necessárias ao exato cumprimento da lei, sem prejuízo da competência dos Tribunais de Contas;

III - receber e conhecer das reclamações contra membros ou órgãos do Ministério Público da União ou dos Estados, inclusive contra seus serviços auxiliares, sem prejuízo da competência disciplinar e correicional da instituição, podendo avocar processos disciplinares em curso, determinar a remoção ou a disponibilidade e aplicar outras sanções administrativas, assegurada a ampla defesa; (Redação dada pela EC 103/2019)

IV - rever, de ofício ou mediante provocação, os processos disciplinares de membros do Ministério Público da União ou dos Estados julgados há menos de um ano;

V - elaborar relatório anual, propondo as providências que julgar necessárias sobre a situação do Ministério Público no país e as atividades do Conselho, o qual deve integrar a mensagem prevista no art. 84, XI.

§ 3º O Conselho escolherá, em votação secreta, um Corregedor nacional, dentre os membros do Ministério Público que o integram, vedada a recondução, competindo-lhe, além das atribuições que lhe forem conferidas pela lei, as seguintes:

I - receber reclamações e denúncias, de qualquer interessado, relativas aos membros do Ministério Público e dos seus serviços auxiliares;

II - exercer funções executivas do Conselho, de inspeção e correição geral;

III - requisitar e designar membros do Ministério Público, delegando-lhes atribuições, e requisitar servidores de órgãos do Ministério Público.

§ 4º O Presidente do Conselho Federal da Ordem dos Advogados do Brasil oficiará junto ao Conselho.

§ 5º Leis da União e dos Estados criarão ouvidorias do Ministério Público, competentes para receber reclamações e denúncias de qualquer interessado contra membros ou órgãos do Ministério Público, inclusive contra seus serviços auxiliares, representando diretamente ao Conselho Nacional do Ministério Público.

SEÇÃO II
DA ADVOCACIA PÚBLICA

- Redação dada pela EC 19/1998.

Art. 131. A Advocacia-Geral da União é a instituição que, diretamente ou através de órgão vinculado, representa a União, judicial e extrajudicialmente, cabendo-lhe, nos termos da lei complementar que dispuser sobre sua organização e funcionamento, as atividades de consultoria e assessoramento jurídico do Poder Executivo.

- Lei 9.028/1997 (Regulamenta art. 4º, VI, LC 73/1993).
- LC 73/1993 (Lei Orgânica da Advocacia Geral da União).
- Súm. 644, STF.

§ 1º A Advocacia-Geral da União tem por chefe o Advogado-Geral da União, de livre nomeação pelo Presidente da República dentre cidadãos maiores de trinta e cinco anos, de notável saber jurídico e reputação ilibada.

§ 2º O ingresso nas classes iniciais das carreiras da instituição de que trata este artigo far-se-á mediante concurso público de provas e títulos.

§ 3º Na execução da dívida ativa de natureza tributária, a representação da União cabe à Procuradoria-Geral da Fazenda Nacional, observado o disposto em lei.

- Súm. 139, STJ.

Art. 132. Os Procuradores dos Estados e do Distrito Federal, organizados em carreira, na qual o ingresso dependerá de concurso público de provas e títulos, com a participação da Ordem dos Advogados do Brasil em todas as suas fases, exercerão a representação judicial e a consultoria jurídica das respectivas unidades federadas. (Redação dada pela EC 19/1998.)

Parágrafo único. Aos procuradores referidos neste artigo é assegurada estabilidade após três anos de efetivo exercício, mediante avaliação de desempenho perante os órgãos próprios, após relatório circunstanciado das corregedorias. (Redação dada pela EC 19/1998.)

SEÇÃO III
DA ADVOCACIA

‣ (Alterado pela EC 80/2014)

Art. 133. O advogado é indispensável à administração da justiça, sendo inviolável por seus atos e manifestações no exercício da profissão, nos limites da lei.

‣ Art. 103, NCPC.
‣ Arts. 791 a 793, CLT.
‣ Lei 8.906/1994 (Estatuto da Advocacia e da OAB).
‣ Súm. Vinc. 14, STF.
‣ Súm. 219; 329; 425, TST.
›› *Vide* Súmula Vinculante 14 do STF.

SEÇÃO IV
DA DEFENSORIA PÚBLICA

‣ (Acrescentado pela EC 80/2014.)

Art. 134. A Defensoria Pública é instituição permanente, essencial à função jurisdicional do Estado, incumbindo-lhe, como expressão e instrumento do regime democrático, fundamentalmente, a orientação jurídica, a promoção dos direitos humanos e a defesa, em todos os graus, judicial e extrajudicial, dos direitos individuais e coletivos, de forma integral e gratuita, aos necessitados, na forma do inciso LXXIV do art. 5º desta Constituição Federal. (Alterado pela EC 80/2014.)

‣ art. 98, ADCT.
‣ LC 80/1994 (Defensoria Pública).
‣ Súm. Vinc. 14, STF.

§ 1º Lei complementar organizará a Defensoria Pública da União e do Distrito Federal e dos Territórios e prescreverá normas gerais para sua organização nos Estados, em cargos de carreira, providos, na classe inicial, mediante concurso público de provas e títulos, assegurada a seus integrantes a garantia da inamovibilidade e vedado o exercício da advocacia fora das atribuições institucionais. (Renumerado do parágrafo único pela EC 45/2004.)

§ 2º Às Defensorias Públicas Estaduais são asseguradas autonomia funcional e administrativa e a iniciativa de sua proposta orçamentária dentro dos limites estabelecidos na lei de diretrizes orçamentárias e subordinação ao disposto no art. 99, § 2º. (Incluído pela EC 45/2004.)

§ 3º Aplica-se o disposto no § 2º às Defensorias Públicas da União e do Distrito Federal. (Acrescentado pela EC 74/2013.)

‣ art. 107, § 2º, ADCT.

§ 4º São princípios institucionais da Defensoria Pública a unidade, a indivisibilidade e a independência funcional, aplicando-se também, no que couber, o disposto no art. 93 e no inciso II do art. 96 desta Constituição Federal. (Acrescentado pela EC 80/2014.)

Art. 135. Os servidores integrantes das carreiras disciplinadas nas Seções II e III deste Capítulo serão remunerados na forma do art. 39, § 4º. (Redação dada pela EC 19/1998.)

‣ art. 132 desta CF.

TÍTULO V
DA DEFESA DO ESTADO E DAS INSTITUIÇÕES DEMOCRÁTICAS

CAPÍTULO I
DO ESTADO DE DEFESA E DO ESTADO DE SÍTIO

SEÇÃO I
DO ESTADO DE DEFESA

Art. 136. O Presidente da República pode, ouvidos o Conselho da República e o Conselho de Defesa Nacional, decretar estado de defesa para preservar ou prontamente restabelecer, em locais restritos e determinados, a ordem pública ou a paz social ameaçadas por grave e iminente instabilidade institucional ou atingidas por calamidades de grandes proporções na natureza.

‣ arts. 89 a 91 desta CF.
‣ Lei 8.041/1990 (Organização e funcionamento do Conselho da República).
‣ Lei 8.183/1991 (Dispõe sobre a organização e funcionamento do Conselho de Defesa Nacional).
‣ Dec. 893/1993 (Regulamento do Conselho de Defesa Nacional).

§ 1º O decreto que instituir o estado de defesa determinará o tempo de sua duração, especificará as áreas a serem abrangidas e indicará, nos termos e limites da lei, as medidas coercitivas a vigorarem, dentre as seguintes:

I - restrições aos direitos de:

a) reunião, ainda que exercida no seio das associações;

b) sigilo de correspondência;

c) sigilo de comunicação telegráfica e telefônica;

II - ocupação e uso temporário de bens e serviços públicos, na hipótese de calamidade pública, respondendo a União pelos danos e custos decorrentes.

§ 2º O tempo de duração do estado de defesa não será superior a trinta dias, podendo ser prorrogado uma vez, por igual período, se persistirem as razões que justificaram a sua decretação.

§ 3º Na vigência do estado de defesa:

I - a prisão por crime contra o Estado, determinada pelo executor da medida, será por este comunicada imediatamente ao juiz competente, que a relaxará, se não for legal, facultado ao preso requerer exame de corpo de delito à autoridade policial;

II - a comunicação será acompanhada de declaração, pela autoridade, do estado físico e mental do detido no momento de sua autuação;

III - a prisão ou detenção de qualquer pessoa não poderá ser superior a dez dias, salvo quando autorizada pelo Poder Judiciário;

IV - é vedada a incomunicabilidade do preso.

§ 4º Decretado o estado de defesa ou sua prorrogação, o Presidente da República, dentro de vinte e quatro horas, submeterá o ato com a respectiva justificação ao Congresso Nacional, que decidirá por maioria absoluta.

§ 5º Se o Congresso Nacional estiver em recesso, será convocado, extraordinariamente, no prazo de cinco dias.

§ 6º O Congresso Nacional apreciará o decreto dentro de dez dias contados de seu recebimento, devendo continuar funcionando enquanto vigorar o estado de defesa.

§ 7º Rejeitado o decreto, cessa imediatamente o estado de defesa.

SEÇÃO II
DO ESTADO DE SÍTIO

Art. 137. O Presidente da República pode, ouvidos o Conselho da República e o Conselho de Defesa Nacional, solicitar ao Congresso Nacional autorização para decretar o estado de sítio nos casos de:

I - comoção grave de repercussão nacional ou ocorrência de fatos que comprovem a ineficácia de medida tomada durante o estado de defesa;

II - declaração de estado de guerra ou resposta a agressão armada estrangeira.

Parágrafo único. O Presidente da República, ao solicitar autorização para decretar o estado de sítio ou sua prorrogação, relatará os motivos determinantes do pedido, devendo o Congresso Nacional decidir por maioria absoluta.

Art. 138. O decreto do estado de sítio indicará sua duração, as normas necessárias a sua execução e as garantias constitucionais que ficarão suspensas, e, depois de publicado, o Presidente da República designará o executor das medidas específicas e as áreas abrangidas.

§ 1º O estado de sítio, no caso do art. 137, I, não poderá ser decretado por mais de trinta dias, nem prorrogado, de cada vez, por prazo superior; no do inciso II, poderá ser decretado por todo o tempo que perdurar a guerra ou a agressão armada estrangeira.

§ 2º Solicitada autorização para decretar o estado de sítio durante o recesso parlamentar, o Presidente do Senado Federal, de imediato, convocará extraordinariamente o Congresso Nacional para se reunir dentro de cinco dias, a fim de apreciar o ato.

§ 3º O Congresso Nacional permanecerá em funcionamento até o término das medidas coercitivas.

Art. 139. Na vigência do estado de sítio decretado com fundamento no art. 137, I, só poderão ser tomadas contra as pessoas as seguintes medidas:

I - obrigação de permanência em localidade determinada;

II - detenção em edifício não destinado a acusados ou condenados por crimes comuns;

III - restrições relativas à inviolabilidade da correspondência, ao sigilo das comunicações, à prestação de informações e à liberdade de imprensa, radiodifusão e televisão, na forma da lei;

‣ Lei 9.296/1996 (Regulamenta o inc. XII, parte final, do art. 5º, desta CF).

IV - suspensão da liberdade de reunião;

V - busca e apreensão em domicílio;

VI - intervenção nas empresas de serviços públicos;

VII - requisição de bens.

Parágrafo único. Não se inclui nas restrições do inciso III a difusão de pronunciamentos de parlamentares efetuados em suas Casas Legislativas, desde que liberada pela respectiva Mesa.

SEÇÃO III
DISPOSIÇÕES GERAIS

Art. 140. A Mesa do Congresso Nacional, ouvidos os líderes partidários, designará Comissão composta de cinco de seus membros para acompanhar e fiscalizar a execução das medidas referentes ao estado de defesa e ao estado de sítio.

Art. 141. Cessado o estado de defesa ou o estado de sítio, cessarão também seus efeitos, sem prejuízo da responsabilidade pelos ilícitos cometidos por seus executores ou agentes.

Parágrafo único. Logo que cesse o estado de defesa ou o estado de sítio, as medidas aplicadas em sua vigência serão relatadas pelo Presidente da República, em mensagem ao Congresso Nacional, com especificação e justificação das providências adotadas, com relação nominal dos atingidos e indicação das restrições aplicadas.

CAPÍTULO II
DAS FORÇAS ARMADAS

- art. 233-A, §§ 2º e 3º, CE.
- Dec. 3.897/2001 (Dispõe sobre as diretrizes para emprego das Forças Armadas na garantia da Lei e da Ordem).

Art. 142. As Forças Armadas, constituídas pela Marinha, pelo Exército e pela Aeronáutica, são instituições nacionais permanentes e regulares, organizadas com base na hierarquia e na disciplina, sob a autoridade suprema do Presidente da República, e destinam-se à defesa da Pátria, à garantia dos poderes constitucionais e, por iniciativa de qualquer destes, da lei e da ordem.

- art. 37, X, desta CF.
- Arts. 12; 24; 26, EC 103/2019 (Reforma da Previdência).
- Art. 129, § 12, CP.
- Lei 8.071/1990 (Dispõe sobre o efetivo do Exército em tempo de paz).

§ 1º Lei complementar estabelecerá as normas gerais a serem adotadas na organização, no preparo e no emprego das Forças Armadas.

- LC 97/1999 (Dispõe sobre a organização, preparo e emprego das Forças Armadas).

§ 2º Não caberá *habeas corpus* em relação a punições disciplinares militares.

- art. 42, § 1º, desta CF.
- Dec.-Lei 1.001/1969 (CPM).
- Dec. 76.322/1975 (Regulamento disciplinar da Aeronáutica).
- Dec. 88.545/1983 (Regulamento disciplinar da Marinha).
- Dec. 4.346/2002 (Regulamento disciplinar do Exército).

§ 3º Os membros das Forças Armadas são denominados militares, aplicando-se-lhes, além das que vierem a ser fixadas em lei, as seguintes disposições: (Incluído pela EC 18/1998.)

- art. 42, § 1º, desta CF.
- Lei 9.786/1999 (Ensino do Exército Brasileiro) e Dec. 3.182/1999 (Regulamento).

I - as patentes, com prerrogativas, direitos e deveres a elas inerentes, são conferidas pelo Presidente da República e asseguradas em plenitude aos oficiais da ativa, da reserva ou reformados, sendo-lhes privativos os títulos e postos militares e, juntamente com os demais membros, o uso dos uniformes das Forças Armadas; (Incluído pela EC 18/1998.)

II - o militar em atividade que tomar posse em cargo ou emprego público civil permanente, ressalvada a hipótese prevista no art. 37, inciso XVI, alínea "c", será transferido para a reserva, nos termos da lei; (Alterado pela EC 77/2014.)

III - o militar da ativa que, de acordo com a lei, tomar posse em cargo, emprego ou função pública civil temporária, não eletiva, ainda que da administração indireta, ressalvada a hipótese prevista no art. 37, inciso XVI, alínea "c", ficará agregado ao respectivo quadro e somente poderá, enquanto permanecer nessa situação, ser promovido por antiguidade, contando-se-lhe o tempo de serviço apenas para aquela promoção e transferência para a reserva, sendo depois de dois anos de afastamento, contínuos ou não, transferido para a reserva, nos termos da lei; (Alterado pela EC 77/2014.)

IV - ao militar são proibidas a sindicalização e a greve; (Incluído pela EC 18/1998.)

- *Vide* art. 42, § 1.º, da CF.

V - o militar, enquanto em serviço ativo, não pode estar filiado a partidos políticos; (Incluído pela EC 18/1998.)

VI - o oficial só perderá o posto e a patente se for julgado indigno do oficialato ou com ele incompatível, por decisão de tribunal militar de caráter permanente, em tempo de paz, ou de tribunal especial, em tempo de guerra; (Incluído pela EC 18/1998.)

VII - o oficial condenado na justiça comum ou militar a pena privativa de liberdade superior a dois anos, por sentença transitada em julgado, será submetido ao julgamento previsto no inciso anterior; (Incluído pela EC 18/1998.)

VIII - aplica-se aos militares o disposto no art. 7º, incisos VIII, XII, XVII, XVIII, XIX e XXV, e no art. 37, incisos XI, XIII, XIV e XV, bem como, na forma da lei e com prevalência da atividade militar, no art. 37, inciso XVI, alínea "c"; (Alterado pela EC 77/2014.)

- Súm. Vinc. 6, STF.

IX - (Revogado pela EC 41/2003.)

X - a lei disporá sobre o ingresso nas Forças Armadas, os limites de idade, a estabilidade e outras condições de transferência do militar para a inatividade, os direitos, os deveres, a remuneração, as prerrogativas e outras situações especiais dos militares, consideradas as peculiaridades de suas atividades, inclusive aquelas cumpridas por força de compromissos internacionais e de guerra. (Incluído pela EC 18/1998.)

- arts. 40, § 20; 42, § 1º, desta CF.
- Lei 12.705/2012 (Dispõe sobre os requisitos para ingresso nos cursos de formação de militares de carreira do Exército.)
- Súm. Vinc. 4, STF.

Art. 143. O serviço militar é obrigatório nos termos da lei.

- Lei 4.375/1964 (Dispõe sobre o serviço militar) e Dec. 57.654/1966 (Regulamento).
- Lei 8.239/1991 (Regulamenta este artigo e parágrafos).

§ 1º Às Forças Armadas compete, na forma da lei, atribuir serviço alternativo aos que, em tempo de paz, após alistados, alegarem imperativo de consciência, entendendo-se como tal o decorrente de crença religiosa e de convicção filosófica ou política, para se eximirem de atividades de caráter essencialmente militar.

- Lei 8.239/1991 (Regulamenta os §§ 1º e 2º deste artigo).

§ 2º As mulheres e os eclesiásticos ficam isentos do serviço militar obrigatório em tempo de paz, sujeitos, porém, a outros encargos que a lei lhes atribuir.

- Lei 8.239/1991 (Regulamenta os §§ 1º e 2º deste artigo).
- Súm. Vinc. 6, STF.

CAPÍTULO III
DA SEGURANÇA PÚBLICA

- Lei 11.530/2007 (Programa Nacional de Segurança Pública com Cidadania – PRONASCI).
- Dec. 5.289/2004 (Dispõe sobre a organização e o funcionamento da administração pública federal, para desenvolvimento do programa de cooperação federativa denominado Força Nacional de Segurança Pública).

Art. 144. A segurança pública, dever do Estado, direito e responsabilidade de todos, é exercida para a preservação da ordem pública e da incolumidade das pessoas e do patrimônio, através dos seguintes órgãos:

- arts. 14-A; 133-A, CPP.
- Dec. 4.332/2002 (Dispõe sobre o planejamento, a coordenação e a execução das medidas de segurança a serem implementadas durante as viagens presidenciais em território nacional).

I - polícia federal;

- arts. 5º; 10, § 2º, I, EC 103/2019 (Reforma da Previdência).

II - polícia rodoviária federal;

- arts. 5º; 10, § 2º, I, EC 103/2019 (Reforma da Previdência).
- Dec. 1.665/1995 (Competência da Polícia Rodoviária Federal).

III - polícia ferroviária federal;

- arts. 5º; 10, § 2º, I, EC 103/2019 (Reforma da Previdência).

IV - polícias civis;

V - polícias militares e corpos de bombeiros militares.

- *Vide* art. 42 da CF.

VI - polícias penais federal, estaduais e distrital. (Incluído pela EC 104/2019)

§ 1º A polícia federal, instituída por lei como órgão permanente, organizado e mantido pela União e estruturado em carreira, destina-se a: (Redação dada pela EC 19/1998.)

I - apurar infrações penais contra a ordem política e social ou em detrimento de bens, serviços e interesses da União ou de suas entidades autárquicas e empresas públicas, assim como outras infrações cuja prática tenha repercussão interestadual ou internacional e exija repressão uniforme, segundo se dispuser em lei;

- Lei 8.137/1990 (Lei dos crimes contra a ordem tributária, econômica e contra as relações de consumo).
- Lei 10.446/2002 (infrações penais de repercussão interestadual ou internacional que exigem repressão uniforme, para os fins do disposto neste inciso).

II - prevenir e reprimir o tráfico ilícito de entorpecentes e drogas afins, o contrabando e o descaminho, sem prejuízo da ação fazendária e de outros órgãos públicos nas respectivas áreas de competência;

- Lei 11.343/2006 (Lei Antidrogas).

III - exercer as funções de polícia marítima, aeroportuária e de fronteiras; (Redação dada pela EC 19/1998.)

- Súm. Vinc. 36, STF.

IV - exercer, com exclusividade, as funções de polícia judiciária da União.

§ 2º A polícia rodoviária federal, órgão permanente, organizado e mantido pela União e estruturado em carreira, destina-se, na forma da lei, ao patrulhamento ostensivo das rodovias federais. (Redação dada pela EC 19/1998.)

- Lei 9.654/1998 (Dispõe sobre a carreira de Policial Rodoviário Federal).

§ 3º A polícia ferroviária federal, órgão permanente, organizado e mantido pela União e estruturado em carreira, destina-se, na forma da lei, ao patrulhamento ostensivo das ferrovias federais. (Redação dada pela EC 19/1998.)

§ 4º Às polícias civis, dirigidas por delegados de polícia de carreira, incumbem, ressalvada a competência da União, as funções de polícia judiciária e a apuração de infrações penais, exceto as militares.

- art. 9º, CPM.
- art. 7º, CPPM.

§ 5º Às polícias militares cabem a polícia ostensiva e a preservação da ordem pública; aos corpos de bombeiros militares, além das atribuições definidas em lei, incumbe a execução de atividades de defesa civil.

- Dec.-Lei 667/1969 (Reorganiza as Polícias Militares e os Corpos de Bombeiros Militares dos Estados, dos Território e do Distrito Federal).
- Lei 13.425/2017 (Prevenção e combate a incêndio e a desastres).

§ 5º-A. Às polícias penais, vinculadas ao órgão administrador do sistema penal da unidade federativa a que pertencem, cabe a segurança dos estabelecimentos penais. (Incluído pela EC 104/2019)

§ 6º As polícias militares e os corpos de bombeiros militares, forças auxiliares e reserva do Exército subordinam-se, juntamente com as polícias civis e as polícias penais estaduais e distrital, aos Governadores dos Estados, do Distrito Federal e dos Territórios. (Redação dada pela EC 104/2019)

§ 7º A lei disciplinará a organização e o funcionamento dos órgãos responsáveis pela segurança pública, de maneira a garantir a eficiência de suas atividades.

- Lei 12.681/2012 (Institui o Sistema Nacional de Informações de Segurança Pública, Prisionais e sobre Drogas – SINESP).
- Lei 13.675/2018 (Lei do SUSP) e Dec. 9.489/2018 (regulamento).
- Lei 14.735/2023 (Lei Orgânica Nacional das Polícias Civis).

§ 8º Os Municípios poderão constituir guardas municipais destinadas à proteção de seus bens, serviços e instalações, conforme dispuser a lei.

- Lei 13.022/2014 (Dispõe sobre o Estatuto Geral das Guardas Municipais).

§ 9º A remuneração dos servidores policiais integrantes dos órgãos relacionados neste artigo será fixada na forma do § 4º do art. 39. (Incluído pela EC 19/1998.)

§ 10. A segurança viária, exercida para a preservação da ordem pública e da incolumidade das pessoas e do seu patrimônio nas vias públicas: (Acrescentado pela EC 82/2014.)

I - compreende a educação, engenharia e fiscalização de trânsito, além de outras atividades previstas em lei, que assegurem ao cidadão o direito à mobilidade urbana eficiente; e (Acrescentado pela EC 82/2014.)

II - compete, no âmbito dos Estados, do Distrito Federal e dos Municípios, aos respectivos órgãos ou entidades executivos e seus agentes de trânsito, estruturados em Carreira, na forma da lei. (Acrescentado pela EC 82/2014.)

TÍTULO VI
DA TRIBUTAÇÃO E DO ORÇAMENTO

- Lei 5.172/1966 (CTN).

CAPÍTULO I
DO SISTEMA TRIBUTÁRIO NACIONAL

- Lei 8.137/1990 (Lei dos crimes contra a ordem tributária, econômica e contra as relações de consumo).
- Lei 8.176/1991 (Define crimes contra a ordem econômica e cria o Sistema de Estoques de Combustíveis).

SEÇÃO I
DOS PRINCÍPIOS GERAIS

Art. 145. A União, os Estados, o Distrito Federal e os Municípios poderão instituir os seguintes tributos:

- arts. 1º a 5º, CTN.
- Súm. 667, STF.

I - impostos;

- arts. 16 a 76, CTN.

II - taxas, em razão do exercício do poder de polícia ou pela utilização, efetiva ou potencial, de serviços públicos específicos e divisíveis, prestados ao contribuinte ou postos a sua disposição;

- arts. 77 a 80, CTN.
- Lei 7.940/1989 (Dispõe sobre a taxa de Fiscalização dos mercados de títulos e valores mobiliários).
- Súm. Vinc. 19, STF.
- Súm. 665 e 670, STF.

III - contribuição de melhoria, decorrente de obras públicas.

- arts. 81 e 82, CTN.
- Dec.-Lei 195/1967 (Dispõe sobre a Contribuição de Melhoria).

§ 1º Sempre que possível, os impostos terão caráter pessoal e serão graduados segundo a capacidade econômica do contribuinte, facultado à administração tributária, especialmente para conferir efetividade a esses objetivos, identificar, respeitados os direitos individuais e nos termos da lei, o patrimônio, os rendimentos e as atividades econômicas do contribuinte.

- Lei 8.021/1990 (Identificação dos contribuintes para fins fiscais).
- Súm. 656 e 668, STF.

§ 2º As taxas não poderão ter base de cálculo própria de impostos.

- art. 77, p.u., CTN.
- Súm. Vinc. 29, STF.
- Súm. 665, STF.

§ 3º O Sistema Tributário Nacional deve observar os princípios da simplicidade, da transparência, da justiça tributária, da cooperação e da defesa do meio ambiente. *(Acrescido pela EC 132/2023)*

- *Vide* art. 150, II, da CF.

§ 4º As alterações na legislação tributária buscarão atenuar efeitos regressivos. *(Acrescido pela EC 132/2023)*

Art. 146. Cabe à lei complementar:

I - dispor sobre conflitos de competência, em matéria tributária, entre a União, os Estados, o Distrito Federal e os Municípios;

- arts. 6º a 8º, CTN.

II - regular as limitações constitucionais ao poder de tributar;

- arts. 9º a 15, CTN.

III - estabelecer normas gerais em matéria de legislação tributária, especialmente sobre:

- art. 149 desta CF.

a) definição de tributos e de suas espécies, bem como, em relação aos impostos discriminados nesta Constituição, a dos respectivos fatos geradores, bases de cálculo e contribuintes;

b) obrigação, lançamento, crédito, prescrição e decadência tributários;

- Súm. Vinc. 8, STF.

c) adequado tratamento tributário ao ato cooperativo praticado pelas sociedades cooperativas, inclusive em relação aos tributos previstos nos arts. 156-A e 195, V; *(Redação dada pela EC 132/2023)*

- Lei 12.690/2012 (Dispõe sobre a organização e o funcionamento das Cooperativas de Trabalho.)

d) definição de tratamento diferenciado e favorecido para as microempresas e para as empresas de pequeno porte, inclusive regimes especiais ou simplificados no caso dos impostos previstos nos arts. 155, II, e 156-A, das contribuições sociais previstas no art. 195, I e V, e § 12 e da contribuição a que se refere o art. 239. *(Redação dada pela EC 132/2023)*

> **Atualização:** *d)* definição de tratamento diferenciado e favorecido para as microempresas e para as empresas de pequeno porte, inclusive regimes especiais ou simplificados no caso dos impostos previstos nos arts. 155, II, e 156-A e das contribuições previstas no art. 195, I e V. *(Redação dada pela EC 132/2023, em vigor em 2027)*
>
> **Atualização:** *d)* definição de tratamento diferenciado e favorecido para as microempresas e para as empresas de pequeno porte, inclusive regimes especiais ou simplificados no caso do imposto previsto no art. 156-A e das contribuições sociais previstas no art. 195, I e V. *(Redação dada pela EC 132/2023, em vigor em 2033)*

- art. 94, ADCT.
- LC 123/2006 (Estatuto Nacional da Microempresa e da Empresa de Pequeno Porte).
- Dec. 8.538/2015 (Regulamenta o tratamento favorecido, diferenciado e simplificado para microempresas, empresas de pequeno porte, agricultores familiares, produtores rurais pessoa física, microempreendedores individuais e sociedades cooperativas nas contratações públicas de bens, serviços e obras no âmbito da administração pública federal).

§ 1º A lei complementar de que trata o inciso III, *d*, também poderá instituir um regime único de arrecadação dos impostos e contribuições da União, dos Estados, do Distrito Federal e dos Municípios, observado que: *(Parágrafo único transformado em § 1º pela EC 132/2023)*

I - será opcional para o contribuinte; (Incluído pela EC 42/2003.)

II - poderão ser estabelecidas condições de enquadramento diferenciadas por Estado; (Incluído pela EC 42/2003.)

III - o recolhimento será unificado e centralizado e a distribuição da parcela de recursos pertencentes aos respectivos entes federados será imediata, vedada qualquer retenção ou condicionamento; (Incluído pela EC 42/2003.)

- art. 107, § 6º, I, ADCT.

IV - a arrecadação, a fiscalização e a cobrança poderão ser compartilhadas pelos entes federados, adotado cadastro nacional único de contribuintes. (Incluído pela EC 42/2003.)

§ 2º É facultado ao optante pelo regime único de que trata o § 1º apurar e recolher os tributos previstos nos arts. 156-A e 195, V, nos termos estabelecidos nesses artigos, hipótese em que as parcelas a eles relativas não serão cobradas pelo regime único. *(Acrescido pela EC 132/2023)*

§ 3º Na hipótese de o recolhimento dos tributos previstos nos arts. 156-A e 195, V, ser realizado por meio do regime único de que trata o § 1º, enquanto perdurar a opção: *(Acrescido pela EC 132/2023)*

I - não será permitida a apropriação de créditos dos tributos previstos nos arts. 156-A e 195, V, pelo contribuinte optante pelo regime único; e

II - será permitida a apropriação de créditos dos tributos previstos nos arts. 156-A e 195, V, pelo adquirente não optante pelo regime único de que trata o § 1º de bens materiais ou imateriais, inclusive direitos, e de serviços do optante, em montante equivalente ao cobrado por meio do regime único.

Art. 146-A. Lei complementar poderá estabelecer critérios especiais de tributação, com o objetivo de prevenir desequilíbrios da concorrência, sem prejuízo da competência de a União, por lei, estabelecer normas de igual objetivo. (Incluído pela EC 42/2003.)

Art. 147. Competem à União, em Território Federal, os impostos estaduais e, se o Território não for dividido em Municípios, cumulativamente, os impostos municipais; ao Distrito Federal cabem os impostos municipais.

Art. 148. A União, mediante lei complementar, poderá instituir empréstimos compulsórios:

I - para atender a despesas extraordinárias, decorrentes de calamidade pública, de guerra externa ou sua iminência;

II - no caso de investimento público de caráter urgente e de relevante interesse nacional, observado o disposto no art. 150, III, *b*.

› art. 34, § 12, ADCT.

Parágrafo único. A aplicação dos recursos provenientes de empréstimo compulsório será vinculada à despesa que fundamentou sua instituição.

Art. 149. Compete exclusivamente à União instituir contribuições sociais, de intervenção no domínio econômico e de interesse das categorias profissionais ou econômicas, como instrumento de sua atuação nas respectivas áreas, observado o disposto nos arts. 146, III, e 150, I e III, e sem prejuízo do previsto no art. 195, § 6º, relativamente às contribuições a que alude o dispositivo.

› Lei 10.336/2001 (Institui Contribuição de Intervenção no Domínio Econômico incidente sobre a importação e a comercialização de petróleo e seus derivados, gás natural e seus derivados, e álcool etílico combustível – Cide).

§ 1º A União, os Estados, o Distrito Federal e os Municípios instituirão, por meio de lei, contribuições para custeio de regime próprio de previdência social, cobradas dos servidores ativos, dos aposentados e dos pensionistas, que poderão ter alíquotas progressivas de acordo com o valor da base de contribuição ou dos proventos de aposentadoria e de pensões. *(Redação dada pela EC 103/2019, em vigor na data de publicação de lei de iniciativa privativa do respectivo Poder Executivo que as referende integralmente)*

> **Texto anterior:** § 1º Os Estados, o Distrito Federal e os Municípios instituirão contribuição, cobrada de seus servidores, para o custeio, em benefício destes, do regime previdenciário de que trata o art. 40, cuja alíquota não será inferior à da contribuição dos servidores titulares de cargos efetivos da União.

§ 1º-A. Quando houver déficit atuarial, a contribuição ordinária dos aposentados e pensionistas poderá incidir sobre o valor dos proventos de aposentadoria e de pensões que supere o salário-mínimo. *(Acrescido dada pela EC 103/2019, em vigor na data de publicação de lei de iniciativa privativa do respectivo Poder Executivo que as referende integralmente)*

§ 1º-B. Demonstrada a insuficiência da medida prevista no § 1º-A para equacionar o déficit atuarial, é facultada a instituição de contribuição extraordinária, no âmbito da União, dos servidores públicos ativos, dos aposentados e dos pensionistas. *(Acrescido dada pela EC 103/2019, em vigor na data de publicação de lei de iniciativa privativa do respectivo Poder Executivo que as referende integralmente)*

§ 1º-C. A contribuição extraordinária de que trata o § 1º-B deverá ser instituída simultaneamente com outras medidas para equacionamento do déficit e vigorará por período determinado, contado da data de sua instituição. *(Acrescido dada pela EC 103/2019, em vigor na data de publicação de lei de iniciativa privativa do respectivo Poder Executivo que as referende integralmente)*

§ 2º As contribuições sociais e de intervenção no domínio econômico de que trata o *caput* deste artigo: (Incluído pela EC 33/2001.)

I - não incidirão sobre as receitas decorrentes de exportação; (Incluído pela EC 33/2001.)

II - incidirão também sobre a importação de produtos estrangeiros ou serviços; (Redação dada pela EC 42/2003.)

› Lei 10.336/2001 (Institui Contribuição de Intervenção no Domínio Econômico incidente sobre a importação e a comercialização de petróleo e seus derivados, gás natural e seus derivados, e álcool etílico combustível – Cide).

› Lei 10.865/2004 (Dispõe sobre a Contribuição para os Programas de Integração Social e de Formação do Patrimônio do Servidor Público e a Contribuição para o Financiamento da Seguridade Social incidentes sobre a importação de bens e serviços).

III - poderão ter alíquotas: (Incluído pela EC 33/2001.)

a) *ad valorem*, tendo por base o faturamento, a receita bruta ou o valor da operação e, no caso de importação, o valor aduaneiro; (Incluído pela EC 33/2001.)

b) específica, tendo por base a unidade de medida adotada. (Incluído pela EC 33/2001.)

§ 3º A pessoa natural destinatária das operações de importação poderá ser equiparada a pessoa jurídica, na forma da lei. (Incluído pela EC 33/2001.)

§ 4º A lei definirá as hipóteses em que as contribuições incidirão uma única vez. (Incluído pela EC 33/2001.)

Art. 149-A. Os Municípios e o Distrito Federal poderão instituir contribuição, na forma das respectivas leis, para o custeio, a expansão e a melhoria do serviço de iluminação pública e de sistemas de monitoramento para segurança e preservação de logradouros públicos, observado o disposto no art. 150, I e III. *(Redação dada pela EC 132/2023)*

Parágrafo único. É facultada a cobrança da contribuição a que se refere o *caput*, na fatura de consumo de energia elétrica. (Incluído pela EC 39/2002.)

Art. 149-B. Os tributos previstos nos arts. 156-A e 195, V, observarão as mesmas regras em relação a: *(Acrescido pela EC 132/2023)*

I - fatos geradores, bases de cálculo, hipóteses de não incidência e sujeitos passivos;

II - imunidades;

III - regimes específicos, diferenciados ou favorecidos de tributação;

IV - regras de não cumulatividade e de creditamento.

Parágrafo único. Os tributos de que trata o *caput* observarão as imunidades previstas no art. 150, VI, não se aplicando a ambos os tributos o disposto no art. 195, § 7º.

Art. 149-C. O produto da arrecadação do imposto previsto no art. 156-A e da contribuição prevista no art. 195, V, incidentes sobre operações contratadas pela administração pública direta, por autarquias e por fundações públicas, inclusive suas importações, será integralmente destinado ao ente federativo contratante, mediante redução a zero das alíquotas do imposto e da contribuição devidos aos demais entes e equivalente elevação da alíquota do tributo devido ao ente contratante. *(Acrescido pela EC 132/2023)*

§ 1º As operações de que trata o *caput* poderão ter alíquotas reduzidas de modo uniforme, nos termos de lei complementar.

§ 2º Lei complementar poderá prever hipóteses em que não se aplicará o disposto no *caput* e no § 1º.

§ 3º Nas importações efetuadas pela administração pública direta, por autarquias e por fundações públicas, o disposto no art. 150, VI, "a", será implementado na forma do disposto no *caput* e no § 1º, assegurada a igualdade de tratamento em relação às aquisições internas.

SEÇÃO II
DAS LIMITAÇÕES DO PODER DE TRIBUTAR

Art. 150. Sem prejuízo de outras garantias asseguradas ao contribuinte, é vedado à União, aos Estados, ao Distrito Federal e aos Municípios:

I - exigir ou aumentar tributo sem lei que o estabeleça;

› arts. 153, § 1º, 155, § 4º, IV, c; 177, § 4º, I, b, desta CF.

› arts. 3º; 97, CTN.

II - instituir tratamento desigual entre contribuintes que se encontrem em situação equivalente, proibida qualquer distinção em razão de ocupação profissional ou função por eles exercida, independentemente da denominação jurídica dos rendimentos, títulos ou direitos;

› arts. 5º, *caput*; 153, § 2º, desta CF.

› Súm. 658, STF.

III - cobrar tributos:

a) em relação a fatos geradores ocorridos antes do início da vigência da lei que os houver instituído ou aumentado;

› arts. 9º, II; 144, CTN.

» *Vide* Súmula 518 do STJ.

b) no mesmo exercício financeiro em que haja sido publicada a lei que os instituiu ou aumentou;

› arts. 148, II; 150, § 1º; 155, § 4º, IV; 195, § 6º, desta CF.

› Súm. Vinc. 50, STF.

» *Vide* Súmula Vinculante 50 do STF.

c) antes de decorridos noventa dias da data em que haja sido publicada a lei que os instituiu ou aumentou, observado o disposto na alínea *b*; (Incluído pela EC 42/2003.)

› Súm. Vinc. 50, STF.

IV - utilizar tributo com efeito de confisco;

› Súm. 70 e 323, STF.

V - estabelecer limitações ao tráfego de pessoas ou bens, por meio de tributos interestaduais ou intermunicipais, ressalvada a cobrança de pedágio pela utilização de vias conservadas pelo Poder Público;

- art. 9º, III, CTN.
- Súm. 545, STF.

VI - instituir impostos sobre:

a) patrimônio, renda ou serviços, uns dos outros;

- art. 150, § 3º, desta CF.
- art. 9º, IV, a, CTN.

b) entidades religiosas e templos de qualquer culto, inclusive suas organizações assistenciais e beneficentes; *(Redação dada pela EC 132/2023)*

- art. 9º, IV, b, CTN.
- Lei 3.193/1957 (Aplicação do disposto nesta alínea).

c) patrimônio, renda ou serviços dos partidos políticos, inclusive suas fundações, das entidades sindicais dos trabalhadores, das instituições de educação e de assistência social, sem fins lucrativos, atendidos os requisitos da lei;

- art. 9º, IV, c; 14, CTN.
- Lei 3.193/1957 (Aplicação do disposto nesta alínea).
- Súm. Vinc. 52, STF.
- Súm. 730, STF.

d) livros, jornais, periódicos e o papel destinado a sua impressão.

- Lei 10.753/2003 (Institui a Política Nacional do Livro).
- Lei 11.945/2009 (Dispõe sobre o Registro Especial na Secretaria da Receita Federal do Brasil).
- Súm. Vinc. 57, STF.
- Súm. 657; 662, STF.

e) fonogramas e videofonogramas musicais produzidos no Brasil contendo obras musicais ou literomusicais de autores brasileiros e/ou obras em geral interpretadas por artistas brasileiros bem como os suportes materiais ou arquivos digitais que os contenham, salvo na etapa de replicação industrial de mídias ópticas de leitura a laser. (Acrescentado pela EC 75/2013.)

§ 1º A vedação do inciso III, *b*, não se aplica aos tributos previstos nos arts. 148, I, 153, I, II, IV e V; e 154, II; e a vedação do inciso III, *c*, não se aplica aos tributos previstos nos arts. 148, I, 153, I, II, III e V; e 154, II, nem à fixação da base de cálculo dos impostos previstos nos arts. 155, III, e 156, I. (Redação dada pela EC 42/2003.)

§ 2º A vedação do inciso VI, "a", é extensiva às autarquias e às fundações instituídas e mantidas pelo poder público e à empresa pública prestadora de serviço postal, no que se refere ao patrimônio, à renda e aos serviços vinculados a suas finalidades essenciais ou às delas decorrentes. *(Redação dada pela EC 132/2023)*

§ 3º As vedações do inciso VI, *a*, e do parágrafo anterior não se aplicam ao patrimônio, à renda e aos serviços, relacionados com exploração de atividades econômicas regidas pelas normas aplicáveis a empreendimentos privados, ou em que haja contraprestação ou pagamento de preços ou tarifas pelo usuário, nem exonera o promitente comprador da obrigação de pagar imposto relativamente ao bem imóvel.

§ 4º As vedações expressas no inciso VI, alíneas *b* e *c*, compreendem somente o patrimônio, a renda e os serviços, relacionados com as finalidades essenciais das entidades nelas mencionadas.

§ 5º A lei determinará medidas para que os consumidores sejam esclarecidos acerca dos impostos que incidam sobre mercadorias e serviços.

- Lei 12.741/2012 (Dispõe sobre as medidas de esclarecimento ao consumidor). Dec. 8.264/2014 (Regulamento).

§ 6º Qualquer subsídio ou isenção, redução de base de cálculo, concessão de crédito presumido, anistia ou remissão, relativos a impostos, taxas ou contribuições, só poderá ser concedido mediante lei específica, federal, estadual ou municipal, que regule exclusivamente as matérias acima enumeradas ou o correspondente tributo ou contribuição, sem prejuízo do disposto no art. 155, § 2º, XII, *g*. (Redação dada pela EC 3/1993.)

> **Atualização:** § 6º Qualquer subsídio ou isenção, redução de base de cálculo, concessão de crédito presumido, anistia ou remissão, relativos a impostos, taxas ou contribuições, só poderá ser concedido mediante lei específica, federal, estadual ou municipal, que regule exclusivamente as matérias acima enumeradas ou o correspondente tributo ou contribuição. *(Redação dada pela EC 132/2023, em vigor em 2033)*

- art. 175, CTN.
- art. 14, § 1º, LC 101/2000 (Lei de Responsabilidade Fiscal).

§ 7º A lei poderá atribuir a sujeito passivo de obrigação tributária a condição de responsável pelo pagamento de imposto ou contribuição, cujo fato gerador deva ocorrer posteriormente, assegurada a imediata e preferencial restituição da quantia paga, caso não se realize o fato gerador presumido. (Incluído pela EC 3/1993.)

- Art. 128, CTN.
- Art. 37, II, LC 101/2000 (Lei de Responsabilidade Fiscal).
- » *Vide* Súmula 658 do STJ.

Art. 151. É vedado à União:

- art. 10, CTN.
- Lei 9.440/1997 (Estabelece incentivos fiscais para o desenvolvimento regional).
- Lei 11.508/2007 (Regime tributário, cambial e administrativo das Zonas de Processamento de Exportação).

I - instituir tributo que não seja uniforme em todo o território nacional ou que implique distinção ou preferência em relação a Estado, ao Distrito Federal ou a Município, em detrimento de outro, admitida a concessão de incentivos fiscais destinados a promover o equilíbrio do desenvolvimento socioeconômico entre as diferentes regiões do país;

II - tributar a renda das obrigações da dívida pública dos Estados, do Distrito Federal e dos Municípios, bem como a remuneração e os proventos dos respectivos agentes públicos, em níveis superiores aos que fixar para suas obrigações e para seus agentes;

III - instituir isenções de tributos da competência dos Estados, do Distrito Federal ou dos Municípios.

- Súm. 185, STJ.
- » *Vide* Súmula 575 do STF.

Art. 152. É vedado aos Estados, ao Distrito Federal e aos Municípios estabelecer diferença tributária entre bens e serviços, de qualquer natureza, em razão de sua procedência ou destino.

- art. 11, CTN.

SEÇÃO III
DOS IMPOSTOS DA UNIÃO

Art. 153. Compete à União instituir impostos sobre:

- art. 154, desta CF.

I - importação de produtos estrangeiros;

- arts. 62, § 2º; 145, § 1º, 154, I, desta CF.
- art. 118, I, CTN.
- Lei 7.810/1989 (Dispõe sobre o imposto de importação - redução).
- Lei 8.032/1990 (Dispõe sobre a isenção ou redução do imposto de importação).
- Lei 9.449/1997 (Reduz o imposto de importação nos produtos que especifica).
- » *Vide* Decreto-lei n. 37, de 18-11-1966.

II - exportação, para o exterior, de produtos nacionais ou nacionalizados;

- art. 62, § 2º, CF.

III - renda e proventos de qualquer natureza;

- arts. 27; 28; 29; 37; 48; 49; 95; 128, desta CF.
- art. 34, § 2º, I, ADCT.
- Lei 8.166/1991 (Dispõe sobre a não incidência do Imposto de Renda sobre lucros ou dividendos distribuídos a residentes ou domiciliados no exterior, doados a instituições sem fins lucrativos).
- Lei 9.430/1996 (Dispõe sobre a legislação tributária federal, as contribuições para a seguridade social, o processo administrativo de consulta).
- Dec. 9.580/2018 (Regulamento do Imposto de Renda).

IV - produtos industrializados;

- art. 62, § 2º, desta CF.
- art. 34, § 2º, I, ADCT.
- Lei 9.363/1996 (Dispõe sobre a instituição de crédito presumido do Imposto sobre Produtos Industrializados, para ressarcimento do valor do PIS/PASEP e COFINS).
- Lei 9.493/1997 (Concede isenção do IPI).
- Dec. 11.158/2022 (Aprova a Tabela de Incidência do Imposto sobre Produtos Industrializados - TIPI).

V - operações de crédito, câmbio e seguro, ou relativas a títulos ou valores mobiliários;

> **Atualização:** V - operações de crédito e câmbio ou relativas a títulos ou valores mobiliários; *(Redação dada pela EC 132/2023, em vigor em 2027)*

- Art. 62, § 2º, desta CF.
- arts. 63 a 67, CTN.
- Lei 8.894/1994 (Imposto sobre Operações de Crédito, Câmbio e Seguro, ou relativas a Títulos e Valores Mobiliários) e Dec. 6.306/2007 (Regulamento).
- Súm. Vinc. 32, STF.
- Súm. 664, STF.

VI - propriedade territorial rural;

- arts. 23 e 24, Lei 8.847/1994 (Dispõem sobre a administração e cobrança da Taxa de Serviços Cadastrais).
- Lei 9.321/1996 (Programa Nacional de Fortalecimento da Agricultura Familiar - PRONAF).
- Lei 9.393/1996 (Imposto sobre a Propriedade Territorial Rural - ITR, sobre pagamento da dívida representada por Títulos da Dívida Agrária).
- Dec. 4.382/2002 (Regulamenta a tributação, fiscalização, arrecadação e administração do Imposto sobre a Propriedade Territorial Rural – ITR).

VII - grandes fortunas, nos termos de lei complementar.

VIII - produção, extração, comercialização ou importação de bens e serviços prejudiciais à saúde ou ao meio ambiente, nos termos de lei complementar. *(Acrescido pela EC 132/2023)*

§ 1º É facultado ao Poder Executivo, atendidas as condições e os limites estabelecidos em lei, alterar as alíquotas dos impostos enumerados nos incisos I, II, IV e V.

- art. 150, § 1º, desta CF.

- Lei 8.088/1990 (Dispõe sobre atualização do Bônus do Tesouro Nacional e dos depósitos de poupança).

§ 2º O imposto previsto no inciso III:

I - será informado pelos critérios da generalidade, da universalidade e da progressividade, na forma da lei;

II - (Revogado pela EC 20/1998.)

§ 3º O imposto previsto no inciso IV:

I - será seletivo, em função da essencialidade do produto;

II - será não cumulativo, compensando-se o que for devido em cada operação com o montante cobrado nas anteriores;

- art. 49, CTN.
- Súm. Vinc. 58, STF.

III - não incidirá sobre produtos industrializados destinados ao exterior;

IV - terá reduzido seu impacto sobre a aquisição de bens de capital pelo contribuinte do imposto, na forma da lei. (Incluído pela EC 42/2003.)

§ 4º O imposto previsto no inciso VI do *caput*: (Redação dada pela EC 42/2003.)

- Lei 8.629/1993 (Regula e disciplina disposições relativas à reforma agrária).

I - será progressivo e terá suas alíquotas fixadas de forma a desestimular a manutenção de propriedades improdutivas; (Incluído pela EC 42/2003.)

II - não incidirá sobre pequenas glebas rurais, definidas em lei, quando as explore o proprietário que não possua outro imóvel; (Incluído pela EC 42/2003.)

III - será fiscalizado e cobrado pelos Municípios que assim optarem, na forma da lei, desde que não implique redução do imposto ou qualquer outra forma de renúncia fiscal. (Incluído pela EC 42/2003.)

- art. 158, II, desta CF.
- arts. 6º e 7º, CTN.
- Lei 11.250/2005 (Regulamenta este inciso).

§ 5º O ouro, quando definido em lei como ativo financeiro ou instrumento cambial, sujeita-se exclusivamente à incidência do imposto de que trata o inciso V do *caput* deste artigo, devido na operação de origem; a alíquota mínima será de um por cento, assegurada a transferência do montante da arrecadação nos seguintes termos:

- art. 74, § 2º, 107, § 6º, I, ADCT.
- Lei 7.766/1989 (Dispõe sobre o ouro como ativo financeiro e sobre seu tratamento tributário).

I - trinta por cento para o Estado, o Distrito Federal ou o Território, conforme a origem;

II - setenta por cento para o Município de origem.

- arts. 72, § 3º; 74, § 2º; 75; 76, §1º, ADCT.
- Lei 7.766/1989 (Dispõe sobre o ouro como ativo financeiro e sobre seu tratamento tributário).

§ 6º O imposto previsto no inciso VIII do *caput* deste artigo: *(Acrescido pela EC 132/2023)*

I - não incidirá sobre as exportações nem sobre as operações com energia elétrica e com telecomunicações;

II - incidirá uma única vez sobre o bem ou serviço;

III - não integrará sua própria base de cálculo;

IV - integrará a base de cálculo dos tributos previstos nos arts. 155, II, 156, III, 156-A e 195, V;

> **Atualização:** IV - integrará a base de cálculo dos tributos previstos nos arts. 156-A e 195, V; *(Redação dada pela EC 132/2023, em vigor em 2033)*

V - poderá ter o mesmo fato gerador e base de cálculo de outros tributos;

VI - terá suas alíquotas fixadas em lei ordinária, podendo ser específicas, por unidade de medida adotada, ou *ad valorem*;

VII - na extração, o imposto será cobrado independentemente da destinação, caso em que a alíquota máxima corresponderá a 1% (um por cento) do valor de mercado do produto.

Art. 154. A União poderá instituir:

I - mediante lei complementar, impostos não previstos no artigo anterior, desde que sejam não cumulativos e não tenham fato gerador ou base de cálculo próprios dos discriminados nesta Constituição;

- art. 195, § 4º, desta CF.
- arts. 74, § 2º; 75, ADCT.

II - na iminência ou no caso de guerra externa, impostos extraordinários, compreendidos ou não em sua competência tributária, os quais serão suprimidos, gradativamente, cessadas as causas de sua criação.

- arts. 62, § 2º; 150, § 1º, desta CF.

SEÇÃO IV
DOS IMPOSTOS DOS ESTADOS E DO DISTRITO FEDERAL

Art. 155. Compete aos Estados e ao Distrito Federal instituir impostos sobre: (Redação dada pela EC 3/1993.)

I - transmissão *causa mortis* e doação, de quaisquer bens ou direitos; (Redação dada pela EC 3/1993.)

II - operações relativas à circulação de mercadorias e sobre prestações de serviços de transporte interestadual e intermunicipal e de comunicação, ainda que as operações e as prestações se iniciem no exterior; (Redação dada pela EC 3/1993.)

> **Atualização:** II - *(Revogado pela EC 132/2023, em vigor em 2033)*

- art. 60, § 2º, ADCT.
- LC 24/1975 (Dispõe sobre convênios para a concessão de isenções do imposto sobre operações relativas à circulação de mercadorias).
- LC 87/1996 (Lei Kandir - ICMS)
- Súm. 662, STF.
- Súm. 334; 457, STJ.
- *Vide* Súmula Vinculante 48 do STF.

III - propriedade de veículos automotores. (Redação dada pela EC 3/1993.)

§ 1º O imposto previsto no inciso I: (Redação dada pela EC 3/1993.)

I - relativamente a bens imóveis e respectivos direitos, compete ao Estado da situação do bem, ou ao Distrito Federal;

II - relativamente a bens móveis, títulos e créditos, compete ao Estado onde era domiciliado o *de cujus*, ou tiver domicílio o doador, ou ao Distrito Federal; *(Redação dada pela EC 132/2023)*

III - terá competência para sua instituição regulada por lei complementar:

- O STF, por unanimidade, julgou procedente ADO 67, declarando "a omissão inconstitucional na edição da lei complementar a que se refere o art. 155, § 1º, III, da CF e estabelecendo o prazo de 12 (doze) meses, a contar da data da publicação da ata de julgamento do mérito, para que o Congresso Nacional adote as medidas legislativas necessárias para suprir a omissão. Sessão Virtual de 27.5.2022 a 3.6.2022.

a) se o doador tiver domicilio ou residência no exterior;

b) se o *de cujus* possuía bens, era residente ou domiciliado ou teve o seu inventário processado no exterior;

IV - terá suas alíquotas máximas fixadas pelo Senado Federal.

V - não incidirá sobre as doações destinadas, no âmbito do Poder Executivo da União, a projetos socioambientais ou destinados a mitigar os efeitos das mudanças climáticas e às instituições federais de ensino. *(Acrescido pela EC 126/2022)*

VI - será progressivo em razão do valor do quinhão, do legado ou da doação; *(Acrescido pela EC 132/2023)*

- *Vide* art. 145, § 1.º, da CF.

VII - não incidirá sobre as transmissões e as doações para as instituições sem fins lucrativos com finalidade de relevância pública e social, inclusive as organizações assistenciais e beneficentes de entidades religiosas e institutos científicos e tecnológicos, e por elas realizadas na consecução dos seus objetivos sociais, observadas as condições estabelecidas em lei complementar. *(Acrescido pela EC 132/2023)*

§ 2º O imposto previsto no inciso II atenderá ao seguinte: (Redação dada pela EC 3/1993.)

> **Atualização:** § 2º *(Revogado pela EC 132/2023, em vigor em 2033)*

- LC 24/1975 (Dispõe sobre convênios para a concessão de isenções do imposto sobre operações relativas à circulação de mercadorias).
- LC 101/2000 (Lei de Responsabilidade Fiscal).
- Dec.-Lei 406/1968 (Normas gerais de Direito Financeiro aplicáveis aos impostos sobre operações relativas à circulação de mercadorias e serviços de qualquer natureza).

I - será não cumulativo, compensando-se o que for devido em cada operação relativa à circulação de mercadorias ou prestação de serviços com o montante cobrado nas anteriores pelo mesmo ou outro Estado ou pelo Distrito Federal;

II - a isenção ou não incidência, salvo determinação em contrário da legislação:

- art. 155, § 2º, X, a, desta CF.
- LC 24/1975 (Dispõe sobre convênios para a concessão de isenções do imposto sobre operações relativas à circulação de mercadorias).
- LC 87/1996 (Lei Kandir - ICMS).

a) não implicará crédito para compensação com o montante devido nas operações ou prestações seguintes;

b) acarretará a anulação do crédito relativo às operações anteriores;

III - poderá ser seletivo, em função da essencialidade das mercadorias e dos serviços;

IV - resolução do Senado Federal, de iniciativa do Presidente da República ou de um terço dos Senadores, aprovada pela maioria absoluta de seus membros, estabelecerá as alíquotas aplicáveis às operações e prestações, interestaduais e de exportação;

V - é facultado ao Senado Federal:

a) estabelecer alíquotas mínimas nas operações internas, mediante resolução de iniciativa de um terço e aprovada pela maioria absoluta de seus membros;

b) fixar alíquotas máximas nas mesmas operações para resolver conflito específico que envolva interesse de Estados, mediante resolução de iniciativa da maioria absoluta e aprovada por dois terços de seus membros;

VI - salvo deliberação em contrário dos Estados e do Distrito Federal, nos termos do disposto no inciso XII, *g*, as alíquotas internas, nas operações relativas à circulação de mercadorias e nas prestações de serviços, não poderão ser inferiores às previstas para as operações interestaduais;

VII - nas operações e prestações que destinem bens e serviços a consumidor final, contribuinte ou não do imposto, localizado em outro Estado, adotar-se-á a alíquota interestadual e caberá ao Estado de localização do destinatário o imposto correspondente à diferença entre a alíquota interna do Estado destinatário e a alíquota interestadual; (Alterado pela EC 87/2015)

‣ art. 99, ADCT.

a) e *b)* (Revogadas pela EC 87/2015)

VIII - a responsabilidade pelo recolhimento do imposto correspondente à diferença entre a alíquota interna e a interestadual de que trata o inciso VII será atribuída: (Alterado pela EC 87/2015)

a) ao destinatário, quando este for contribuinte do imposto; (Alterada pela EC 87/2015)

b) ao remetente, quando o destinatário não for contribuinte do imposto; (Alterada pela EC 87/2015)

IX - incidirá também:

a) sobre a entrada de bem ou mercadoria importados do exterior por pessoa física ou jurídica, ainda que não seja contribuinte habitual do imposto, qualquer que seja a sua finalidade, assim como sobre o serviço prestado no exterior, cabendo o imposto ao Estado onde estiver situado o domicílio ou o estabelecimento do destinatário da mercadoria, bem ou serviço; (Redação dada pela EC 33/2001.)

‣ Súm. Vinc. 48, STF.
‣ Súm. 661, STF.
‣ Súm. 155; 198, STJ.

b) sobre o valor total da operação, quando mercadorias forem fornecidas com serviços não compreendidos na competência tributária dos Municípios;

X - não incidirá:

a) sobre operações que destinem mercadorias para o exterior, nem sobre serviços prestados a destinatários no exterior, assegurada a manutenção e o aproveitamento do montante do imposto cobrado nas operações e prestações anteriores; (Redação dada pela EC 42/2003.)

‣ Súm. 433, STJ.

b) sobre operações que destinem a outros Estados petróleo, inclusive lubrificantes, combustíveis líquidos e gasosos dele derivados, e energia elétrica;

c) sobre o ouro, nas hipóteses definidas no art. 153, § 5º;

‣ Lei 7.766/1989 (Dispõe sobre o ouro como ativo financeiro e sobre seu tratamento tributário).

d) nas prestações de serviço de comunicação nas modalidades de radiodifusão sonora e de sons e imagens de recepção livre e gratuita; (Incluído pela EC 42/2003.)

XI - não compreenderá, em sua base de cálculo, o montante do imposto sobre produtos industrializados, quando a operação, realizada entre contribuintes e relativa a produto destinado à industrialização ou à comercialização, configure fato gerador dos dois impostos;

XII - cabe à lei complementar:

‣ art. 4º, EC 42/2003 (Altera o Sistema Tributário Nacional).

a) definir seus contribuintes;

b) dispor sobre substituição tributária;

c) disciplinar o regime de compensação do imposto;

d) fixar, para efeito de sua cobrança e definição do estabelecimento responsável, o local das operações relativas à circulação de mercadorias e das prestações de serviços;

e) excluir da incidência do imposto, nas exportações para o exterior, serviços e outros produtos além dos mencionados no inciso X, *a*;

f) prever casos de manutenção de crédito, relativamente à remessa para outro Estado e exportação para o exterior, de serviços e de mercadorias;

g) regular a forma como, mediante deliberação dos Estados e do Distrito Federal, isenções, incentivos e benefícios fiscais serão concedidos e revogados.

‣ art. 22, p.u., LC 123/2006 (Estatuto Nacional da Microempresa e da Empresa de Pequeno Porte).

h) definir os combustíveis e lubrificantes sobre os quais o imposto incidirá uma única vez, qualquer que seja a sua finalidade, hipótese em que não se aplicará o disposto no inciso X, *b*; (Incluída pela EC 33/2001.)

i) fixar a base de cálculo, de modo que o montante do imposto a integre, também na importação do exterior de bem, mercadoria ou serviço. (Incluída pela EC 33/2001.)

‣ Súm. 457, STJ.

§ 3º À exceção dos impostos de que tratam o inciso II do *caput* deste artigo e os arts. 153, I e II, e 156-A, nenhum outro imposto poderá incidir sobre operações relativas a energia elétrica e serviços de telecomunicações e, à exceção destes e do previsto no art. 153, VIII, nenhum outro imposto poderá incidir sobre operações relativas a derivados de petróleo, combustíveis e minerais do País. *(Redação dada pela EC 132/2023)*

Atualização: § 3º *(Revogado pela EC 132/2023, em vigor em 2033)*

‣ Súm. 659, STF.

§ 4º Na hipótese do inciso XII, *h*, observar-se-á o seguinte: (Incluído pela EC 33/2001.)

Atualização: § 4º *(Revogado pela EC 132/2023, em vigor em 2033)*

I - nas operações com os lubrificantes e combustíveis derivados de petróleo, o imposto caberá ao Estado onde ocorrer o consumo; (Incluído pela EC 33/2001.)

II - nas operações interestaduais, entre contribuintes, com gás natural e seus derivados, e lubrificantes e combustíveis não incluídos no inciso I deste parágrafo, o imposto será repartido entre os Estados de origem e de destino, mantendo-se a mesma proporcionalidade que ocorre nas operações com as demais mercadorias; (Incluído pela EC 33/2001.)

III - nas operações interestaduais com gás natural e seus derivados, e lubrificantes e combustíveis não incluídos no inciso I deste parágrafo, destinadas a não contribuinte, o imposto caberá ao Estado de origem; (Incluído pela EC 33/2001.)

IV - as alíquotas do imposto serão definidas mediante deliberação dos Estados e Distrito Federal, nos termos do § 2º, XII, *g*, observando-se o seguinte: (Incluído pela EC 33/2001.)

a) serão uniformes em todo o território nacional, podendo ser diferenciadas por produto; (Incluído pela EC 33/2001.)

b) poderão ser específicas, por unidade de medida adotada, ou *ad valorem*, incidindo sobre o valor da operação ou sobre o preço que o produto ou seu similar alcançaria em uma venda em condições de livre-concorrência; (Incluído pela EC 33/2001.)

c) poderão ser reduzidas e restabelecidas, não se lhes aplicando o disposto no art. 150, III, *b*. (Incluído pela EC 33/2001.)

§ 5º As regras necessárias à aplicação do disposto no § 4º, inclusive as relativas à apuração e à destinação do imposto, serão estabelecidas mediante deliberação dos Estados e do Distrito Federal, nos termos do § 2º, XII, *g*. (Incluído pela EC 33/2001.)

Atualização: § 5º *(Revogado pela EC 132/2023, em vigor em 2033)*

§ 6º O imposto previsto no inciso III: (Incluído pela EC 42/2003.)

I - terá alíquotas mínimas fixadas pelo Senado Federal; (Incluído pela EC 42/2003.)

II - poderá ter alíquotas diferenciadas em função do tipo, do valor, da utilização e do impacto ambiental; *(Redação dada pela EC 132/2023)*

» *Vide* art. 225 da CF.

III - incidirá sobre a propriedade de veículos automotores terrestres, aquáticos e aéreos, excetuados: *(Acrescido pela EC 132/2023)*

a) aeronaves agrícolas e de operador certificado para prestar serviços aéreos a terceiros;

b) embarcações de pessoa jurídica que detenha outorga para prestar serviços de transporte aquaviário ou de pessoa física ou jurídica que pratique pesca industrial, artesanal, científica ou de subsistência;

c) plataformas suscetíveis de se locomoverem na água por meios próprios, inclusive aquelas cuja finalidade principal seja a exploração de atividades econômicas em águas territoriais e na zona econômica exclusiva e embarcações que tenham essa mesma finalidade principal;

d) tratores e máquinas agrícolas.

SEÇÃO V
DOS IMPOSTOS DOS MUNICÍPIOS

Art. 156. Compete aos Municípios instituir impostos sobre:

‣ art. 167, § 4º, desta CF.

I - propriedade predial e territorial urbana;

‣ arts. 32 a 34, CTN.
‣ Súm. 589, STF.
‣ Súm. 399, STJ.

II - transmissão *inter vivos*, a qualquer título, por ato oneroso, de bens imóveis, por natureza ou acessão física, e de direitos reais sobre imóveis, exceto os de garantia, bem como cessão de direitos a sua aquisição;

‣ arts. 35 a 42, CTN.
‣ Súm. 656, STF.

III - serviços de qualquer natureza, não compreendidos no art. 155, II, definidos em lei complementar. (Redação dada pela EC 3/1993.)

Atualização: III - *(Revogado pela EC 132/2023, em vigor em 2033)*

‣ LC 116/2003 (Lei do ISS).
‣ Súm. Vinc. 31, STF.
‣ Súm. 424, STJ.

IV - (Revogado pela EC 3/1993.)

§ 1º Sem prejuízo da progressividade no tempo a que se refere o art. 182, § 4º, inciso

II, o imposto previsto no inciso I poderá: (Redação dada pela EC 29/2000.)

‣ arts. 182, §§ 2º e 4º; 186 desta CF.

‣ Súm. 589, STF.

I - ser progressivo em razão do valor do imóvel; e (Incluído pela EC 29/2000.)

II - ter alíquotas diferentes de acordo com a localização e o uso do imóvel. (Incluído pela EC 29/2000.)

‣ Lei 10.257/2001 (Estatuto da Cidade).

III - ter sua base de cálculo atualizada pelo Poder Executivo, conforme critérios estabelecidos em lei municipal. *(Acrescido pela EC 132/2023)*

» *Vide* art. 97, § 2.º, do CTN.

§ 1º-A. O imposto previsto no inciso I do caput deste artigo não incide sobre templos de qualquer culto, ainda que as entidades abrangidas pela imunidade de que trata a alínea "b" do inciso VI do caput do art. 150 desta Constituição sejam apenas locatárias do bem imóvel. *(Acrescido pela EC 116/2022)*

§ 2º O imposto previsto no inciso II:

I - não incide sobre a transmissão de bens ou direitos incorporados ao patrimônio de pessoa jurídica em realização de capital, nem sobre a transmissão de bens ou direitos decorrente de fusão, incorporação, cisão ou extinção de pessoa jurídica, salvo se, nesses casos, a atividade preponderante do adquirente for a compra e venda desses bens ou direitos, locação de bens imóveis ou arrendamento mercantil;

‣ arts. 36 e 37, CTN.

II - compete ao Município da situação do bem.

§ 3º Em relação ao imposto previsto no inciso III do *caput* deste artigo, cabe à lei complementar: (Redação dada pela EC 37/2002.)

> **Atualização:** § 3º *(Revogado pela EC 132/2023, em vigor em 2033)*

I - fixar as suas alíquotas máximas e mínimas; (Redação dada pela EC 37/2002.)

‣ art. 88, ADCT.

II - excluir da sua incidência exportações de serviços para o exterior. (Incluído pela EC 3/1993.)

III - regular a forma e as condições como isenções, incentivos e benefícios fiscais serão concedidos e revogados. (Incluído pela EC 37/2002.)

‣ art. 88, ADCT.

§ 4º (Revogado pela EC 3/1993.)

SEÇÃO V-A
DO IMPOSTO DE COMPETÊNCIA COMPARTILHADA ENTRE ESTADOS, DISTRITO FEDERAL E MUNICÍPIOS
(Acrescida pela EC 132/2023)

Art. 156-A. Lei complementar instituirá imposto sobre bens e serviços de competência compartilhada entre Estados, Distrito Federal e Municípios. *(Acrescido pela EC 132/2023)*

§ 1º O imposto previsto no *caput* será informado pelo princípio da neutralidade e atenderá ao seguinte:

I - incidirá sobre operações com bens materiais ou imateriais, inclusive direitos, ou com serviços;

II - incidirá também sobre a importação de bens materiais ou imateriais, inclusive direitos, ou de serviços realizada por pessoa física ou jurídica, ainda que não seja sujeito passivo habitual do imposto, qualquer que seja a sua finalidade;

III - não incidirá sobre as exportações, assegurados ao exportador a manutenção e o aproveitamento dos créditos relativos às operações nas quais seja adquirente de bem material ou imaterial, inclusive direitos, ou serviço, observado o disposto no § 5º, III;

IV - terá legislação única e uniforme em todo o território nacional, ressalvado o disposto no inciso V;

V - cada ente federativo fixará sua alíquota própria por lei específica;

VI - a alíquota fixada pelo ente federativo na forma do inciso V será a mesma para todas as operações com bens materiais ou imateriais, inclusive direitos, ou com serviços, ressalvadas as hipóteses previstas nesta Constituição;

VII - será cobrado pelo somatório das alíquotas do Estado e do Município de destino da operação;

VIII - será não cumulativo, compensando-se o imposto devido pelo contribuinte com o montante cobrado sobre todas as operações nas quais seja adquirente de bem material ou imaterial, inclusive direito, ou de serviço, excetuadas exclusivamente as consideradas de uso ou consumo pessoal especificadas em lei complementar e as hipóteses previstas nesta Constituição;

IX - não integrará sua própria base de cálculo nem a dos tributos previstos nos arts. 153, VIII, e 195, I, "b", IV e V, e da contribuição para o Programa de Integração Social de que trata o art. 239;

> **Atualização:** IX - não integrará sua própria base de cálculo nem a dos tributos previstos nos arts. 153, VIII, e 195, V; *(Redação dada pela EC 132/2023, em vigor em 2027)*
>
> **Atualização:** IX - não integrará sua própria base de cálculo nem a dos tributos previstos nos arts. 153, VIII, e 195, V; *(Redação dada pela EC 132/2023, em vigor em 2033)*

X - não será objeto de concessão de incentivos e benefícios financeiros ou fiscais relativos ao imposto ou de regimes específicos, diferenciados ou favorecidos de tributação, excetuadas as hipóteses previstas nesta Constituição;

XI - não incidirá nas prestações de serviço de comunicação nas modalidades de radiodifusão sonora e de sons e imagens de recepção livre e gratuita;

XII - resolução do Senado Federal fixará alíquota de referência do imposto para cada esfera federativa, nos termos de lei complementar, que será aplicada se outra não houver sido estabelecida pelo próprio ente federativo;

XIII - sempre que possível, terá seu valor informado, de forma específica, no respectivo documento fiscal.

§ 2º Para fins do disposto no § 1º, V, o Distrito Federal exercerá as competências estadual e municipal na fixação de suas alíquotas.

§ 3º Lei complementar poderá definir como sujeito passivo do imposto a pessoa que concorrer para a realização, a execução ou o pagamento da operação, ainda que residente ou domiciliada no exterior.

§ 4º Para fins de distribuição do produto da arrecadação do imposto, o Comitê Gestor do Imposto sobre Bens e Serviços:

I - reterá montante equivalente ao saldo acumulado de créditos do imposto não compensados pelos contribuintes e não ressarcidos ao final de cada período de apuração e aos valores decorrentes do cumprimento do § 5º, VIII;

II - distribuirá o produto da arrecadação do imposto, deduzida a retenção de que trata o inciso I deste parágrafo, ao ente federativo de destino das operações que não tenham gerado creditamento.

§ 5º Lei complementar disporá sobre:

I - as regras para a distribuição do produto da arrecadação do imposto, disciplinando, entre outros aspectos:

a) a sua forma de cálculo;

b) o tratamento em relação às operações em que o imposto não seja recolhido tempestivamente;

c) as regras de distribuição aplicáveis aos regimes favorecidos, específicos e diferenciados de tributação previstos nesta Constituição;

II - o regime de compensação, podendo estabelecer hipóteses em que o aproveitamento do crédito ficará condicionado à verificação do efetivo recolhimento do imposto incidente sobre a operação com bens materiais ou imateriais, inclusive direitos, ou com serviços, desde que:

a) o adquirente possa efetuar o recolhimento do imposto incidente nas suas aquisições de bens ou serviços; ou

b) o recolhimento do imposto ocorra na liquidação financeira da operação;

III - a forma e o prazo para ressarcimento de créditos acumulados pelo contribuinte;

IV - os critérios para a definição do destino da operação, que poderá ser, inclusive, o local da entrega, da disponibilização ou da localização do bem, o da prestação ou da disponibilização do serviço ou o do domicílio ou da localização do adquirente ou destinatário do bem ou serviço, admitidas diferenciações em razão das características da operação;

V - a forma de desoneração da aquisição de bens de capital pelos contribuintes, que poderá ser implementada por meio de:

a) crédito integral e imediato do imposto;

b) diferimento; ou

c) redução em 100% (cem por cento) das alíquotas do imposto;

VI - as hipóteses de diferimento e desoneração do imposto aplicáveis aos regimes aduaneiros especiais e às zonas de processamento de exportação;

VII - o processo administrativo fiscal do imposto;

VIII - as hipóteses de devolução do imposto a pessoas físicas, inclusive os limites e os beneficiários, com o objetivo de reduzir as desigualdades de renda;

IX - os critérios para as obrigações tributárias acessórias, visando à sua simplificação.

§ 6º Lei complementar disporá sobre regimes específicos de tributação para:

I - combustíveis e lubrificantes sobre os quais o imposto incidirá uma única vez, qualquer que seja a sua finalidade, hipótese em que:

a) serão as alíquotas uniformes em todo o território nacional, específicas por unidade de medida e diferenciadas por produto, admitida a não aplicação do disposto no § 1º, V a VII;

b) será vedada a apropriação de créditos em relação às aquisições dos produtos de que trata este inciso destinados a distribuição, comercialização ou revenda;

c) será concedido crédito nas aquisições dos produtos de que trata este inciso por sujeito passivo do imposto, observado o disposto na alínea "b" e no § 1º, VIII;

II - serviços financeiros, operações com bens imóveis, planos de assistência à saúde e concursos de prognósticos, podendo prever:

a) alterações nas alíquotas, nas regras de creditamento e na base de cálculo, admitida, em relação aos adquirentes dos bens e serviços de que trata este inciso, a não aplicação do disposto no § 1º, VIII;

b) hipóteses em que o imposto incidirá sobre a receita ou o faturamento, com alíquota uniforme em todo o território nacional, admitida a não aplicação do disposto no § 1º, V a VII, e, em relação aos adquirentes dos bens e serviços de que trata este inciso, também do disposto no § 1º, VIII;

III - sociedades cooperativas, que será optativo, com vistas a assegurar sua competitividade, observados os princípios da livre concorrência e da isonomia tributária, definindo, inclusive:

a) as hipóteses em que o imposto não incidirá sobre as operações realizadas entre a sociedade cooperativa e seus associados, entre estes e aquela e pelas sociedades cooperativas entre si quando associadas para a consecução dos objetivos sociais;

b) o regime de aproveitamento do crédito das etapas anteriores;

IV - serviços de hotelaria, parques de diversão e parques temáticos, agências de viagens e de turismo, bares e restaurantes, atividade esportiva desenvolvida por Sociedade Anônima do Futebol e aviação regional, podendo prever hipóteses de alterações nas alíquotas, nas bases de cálculo e nas regras de creditamento, admitida a não aplicação do disposto no § 1º, V a VIII;

V - operações alcançadas por tratado ou convenção internacional, inclusive referentes a missões diplomáticas, repartições consulares, representações de organismos internacionais e respectivos funcionários acreditados;

VI - serviços de transporte coletivo de passageiros rodoviário intermunicipal e interestadual, ferroviário e hidroviário, podendo prever hipóteses de alterações nas alíquotas e nas regras de creditamento, admitida a não aplicação do disposto no § 1º, V a VIII.

§ 7º A isenção e a imunidade:

I - não implicarão crédito para compensação com o montante devido nas operações seguintes;

II - acarretarão a anulação do crédito relativo às operações anteriores, salvo, na hipótese da imunidade, inclusive em relação ao inciso XI do § 1º, quando determinado em contrário em lei complementar.

§ 8º Para fins do disposto neste artigo, a lei complementar de que trata o *caput* poderá estabelecer o conceito de operações com serviços, seu conteúdo e alcance, admitida essa definição para qualquer operação que não seja classificada como operação com bens materiais ou imateriais, inclusive direitos.

§ 9º Qualquer alteração na legislação federal que reduza ou eleve a arrecadação do imposto:

I - deverá ser compensada pela elevação ou redução, pelo Senado Federal, das alíquotas de referência de que trata o § 1º, XII, de modo a preservar a arrecadação das esferas federativas, nos termos de lei complementar;

II - somente entrará em vigor com o início da produção de efeitos do ajuste das alíquotas de referência de que trata o inciso I deste parágrafo.

§ 10. Os Estados, o Distrito Federal e os Municípios poderão optar por vincular suas alíquotas à alíquota de referência de que trata o § 1º, XII.

§ 11. Projeto de lei complementar em tramitação no Congresso Nacional que reduza ou aumente a arrecadação do imposto somente será apreciado se acompanhado de estimativa de impacto no valor das alíquotas de referência de que trata o § 1º, XII.

§ 12. A devolução de que trata o § 5º, VIII, não será considerada nas bases de cálculo de que tratam os arts. 29-A, 198, § 2º, 204, parágrafo único, 212, 212-A, II, e 216, § 6º, não se aplicando a ela, ainda, o disposto no art. 158, IV, "b".

§ 13. A devolução de que trata o § 5º, VIII, será obrigatória nas operações de fornecimento de energia elétrica e de gás liquefeito de petróleo ao consumidor de baixa renda, podendo a lei complementar determinar que seja calculada e concedida no momento da cobrança da operação.

Art. 156-B. Os Estados, o Distrito Federal e os Municípios exercerão de forma integrada, exclusivamente por meio do Comitê Gestor do Imposto sobre Bens e Serviços, nos termos e limites estabelecidos nesta Constituição e em lei complementar, as seguintes competências administrativas relativas ao imposto de que trata o art. 156-A: *(Acrescido pela EC 132/2023)*

I - editar regulamento único e uniformizar a interpretação e a aplicação da legislação do imposto;

II - arrecadar o imposto, efetuar as compensações e distribuir o produto da arrecadação entre Estados, Distrito Federal e Municípios;

III - decidir o contencioso administrativo.

§ 1º O Comitê Gestor do Imposto sobre Bens e Serviços, entidade pública sob regime especial, terá independência técnica, administrativa, orçamentária e financeira.

§ 2º Na forma da lei complementar:

I - os Estados, o Distrito Federal e os Municípios serão representados, de forma paritária, na instância máxima de deliberação do Comitê Gestor do Imposto sobre Bens e Serviços;

II - será assegurada a alternância na presidência do Comitê Gestor entre o conjunto dos Estados e o Distrito Federal e o conjunto dos Municípios e o Distrito Federal;

III - o Comitê Gestor será financiado por percentual do produto da arrecadação do imposto destinado a cada ente federativo;

IV - o controle externo do Comitê Gestor será exercido pelos Estados, pelo Distrito Federal e pelos Municípios;

V - a fiscalização, o lançamento, a cobrança, a representação administrativa e a representação judicial relativos ao imposto serão realizados, no âmbito de suas respectivas competências, pelas administrações tributárias e procuradorias dos Estados, do Distrito Federal e dos Municípios, que poderão definir hipóteses de delegação ou de compartilhamento de competências, cabendo ao Comitê Gestor a coordenação dessas atividades administrativas com vistas à integração entre os entes federativos;

VI - as competências exclusivas das carreiras da administração tributária e das procuradorias dos Estados, do Distrito Federal e dos Municípios serão exercidas, no Comitê Gestor e na representação deste, por servidores das referidas carreiras;

VII - serão estabelecidas a estrutura e a gestão do Comitê Gestor, cabendo ao regimento interno dispor sobre sua organização e funcionamento.

§ 3º A participação dos entes federativos na instância máxima de deliberação do Comitê Gestor do Imposto sobre Bens e Serviços observará a seguinte composição:

I - 27 (vinte e sete) membros, representando cada Estado e o Distrito Federal;

II - 27 (vinte e sete) membros, representando o conjunto dos Municípios e do Distrito Federal, que serão eleitos nos seguintes termos:

a) 14 (quatorze) representantes, com base nos votos de cada Município, com valor igual para todos; e

b) 13 (treze) representantes, com base nos votos de cada Município ponderados pelas respectivas populações.

§ 4º As deliberações no âmbito do Comitê Gestor do Imposto sobre Bens e Serviços serão consideradas aprovadas se obtiverem, cumulativamente, os votos:

I - em relação ao conjunto dos Estados e do Distrito Federal:

a) da maioria absoluta de seus representantes; e

b) de representantes dos Estados e do Distrito Federal que correspondam a mais de 50% (cinquenta por cento) da população do País; e

II - em relação ao conjunto dos Municípios e do Distrito Federal, da maioria absoluta de seus representantes.

§ 5º O Presidente do Comitê Gestor do Imposto sobre Bens e Serviços deverá ter notórios conhecimentos de administração tributária.

§ 6º O Comitê Gestor do Imposto sobre Bens e Serviços, a administração tributária da União e a Procuradoria-Geral da Fazenda Nacional compartilharão informações fiscais relacionadas aos tributos previstos nos arts. 156-A e 195, V, e atuarão com vistas a harmonizar normas, interpretações, obrigações acessórias e procedimentos a eles relativos.

§ 7º O Comitê Gestor do Imposto sobre Bens e Serviços e a administração tributária da União poderão implementar soluções integradas para a administração e cobrança dos tributos previstos nos arts. 156-A e 195, V.

§ 8º Lei complementar poderá prever a integração do contencioso administrativo relativo aos tributos previstos nos arts. 156-A e 195, V.

SEÇÃO VI
DA REPARTIÇÃO DAS RECEITAS TRIBUTÁRIAS

- art. 6º, p.ú., CTN.

Art. 157. Pertencem aos Estados e ao Distrito Federal:

- art. 167, § 4º, desta CF.
- art. 107, § 6º, I, ADCT.

I - o produto da arrecadação do imposto da União sobre renda e proventos de qualquer natureza, incidente na fonte, sobre rendimentos pagos, a qualquer título, por eles, suas autarquias e pelas fundações que instituírem e mantiverem;

- art. 159, § 1º, desta CF.
- art. 76, § 1º, ADCT.
- Dec. 9.580/2018 (Regulamenta a tributação, fiscalização, arrecadação e administração do Imposto sobre a renda e proventos de qualquer natureza).
- Súm. 447, STJ.

II - vinte por cento do produto da arrecadação do imposto que a União instituir no exercício da competência que lhe é atribuída pelo art. 154, I.

- art. 72, § 3º, ADCT.

Art. 158. Pertencem aos Municípios:

- art. 167, IV, desta CF.
- LC 63/1990 (Dispõe sobre os critérios e prazos de crédito das parcelas do produto da arrecadação de impostos de competência dos Estados e de transferências por estes recebidas, pertencentes aos Municípios).

I - o produto da arrecadação do imposto da União sobre renda e proventos de qualquer natureza, incidente na fonte, sobre rendimentos pagos, a qualquer título, por eles, suas autarquias e pelas fundações que instituírem e mantiverem;

- art. 159, § 1º, desta CF.
- art. 76, § 1º; 107, § 6º, I, ADCT.
- Súm. 447, STJ.

II - cinquenta por cento do produto da arrecadação do imposto da União sobre a propriedade territorial rural, relativamente aos imóveis neles situados, cabendo a totalidade na hipótese da opção a que se refere o art. 153, § 4º, III; (Redação dada pela EC 42/2003.)

- arts. 72, § 4º; 76, § 1º; 107, § 6º, I, ADCT.
- Dec. 7.827/2012 (Regulamenta os procedimentos de condicionamento e restabelecimento das transferências de recursos provenientes das receitas de que tratam este inciso, dispõe sobre os procedimentos de suspensão e restabelecimento das transferências voluntárias da União, nos casos de descumprimento da aplicação dos recursos em ações e serviços públicos de saúde de que trata a LC 141/2012).
- Súm. 139, STJ.

III - 50% (cinquenta por cento) do produto da arrecadação do imposto do Estado sobre a propriedade de veículos automotores licenciados em seus territórios e, em relação a veículos aquáticos e aéreos, cujos proprietários sejam domiciliados em seus territórios; *(Redação dada pela EC 132/2023)*

- art. 1º, LC 63/1990 (Dispõe sobre os critérios e prazos de crédito das parcelas do produto da arrecadação de impostos de competência dos Estados e de transferências por estes recebidas, pertencentes aos Municípios).

IV - 25% (vinte e cinco por cento): *(Redação dada pela EC 132/2023)*

- arts. 60, § 2º; 82, § 1º, ADCT.
- art. 1º, LC 63/1990 (Dispõe sobre os critérios e prazos de crédito das parcelas do produto da arrecadação de impostos de competência dos Estados e de transferências por estes recebidas, pertencentes aos Municípios).

a) do produto da arrecadação do imposto do Estado sobre operações relativas à circulação de mercadorias e sobre prestações de serviços de transporte interestadual e intermunicipal e de comunicação; *(Acrescida pela EC 132/2023)*

Atualização: *a) (Revogada pela EC 132/2023, em vigor em 2033)*

b) do produto da arrecadação do imposto previsto no art. 156-A distribuída aos Estados. *(Acrescida pela EC 132/2023)*

§ 1º As parcelas de receita pertencentes aos Municípios mencionadas no inciso IV, "a", serão creditadas conforme os seguintes critérios: *(Parágrafo único transformado em § 1º e com redação dada pela EC 132/2023)*

Atualização: § 1º *(Revogado pela EC 132/2023, em vigor em 2033)*

I - 65% (sessenta e cinco por cento), no mínimo, na proporção do valor adicionado nas operações relativas à circulação de mercadorias e nas prestações de serviços, realizadas em seus territórios; (Redação dada pela EC 108/2020)

II - até 35% (trinta e cinco por cento), de acordo com o que dispuser lei estadual, observada, obrigatoriamente, a distribuição de, no mínimo, 10 (dez) pontos percentuais com base em indicadores de melhoria nos resultados de aprendizagem e de aumento da equidade, considerado o nível socioeconômico dos educandos. (Redação dada pela EC 108/2020)

§ 2º As parcelas de receita pertencentes aos Municípios mencionadas no inciso IV, "b", serão creditadas conforme os seguintes critérios: *(Acrescido pela EC 132/2023)*

I - 80% (oitenta por cento) na proporção da população;

II - 10% (dez por cento) com base em indicadores de melhoria nos resultados de aprendizagem e de aumento da equidade, considerado o nível socioeconômico dos educandos, de acordo com o que dispuser lei estadual;

III - 5% (cinco por cento) com base em indicadores de preservação ambiental, de acordo com o que dispuser lei estadual;

IV - 5% (cinco por cento) em montantes iguais para todos os Municípios do Estado.

Art. 159. A União entregará:

- art. 167, IV, desta CF.
- arts. 72, §§ 2º e 4º; 80, § 1º; 107, § 6º, ADCT.
- LC 62/1989 (Dispõe sobre as normas para cálculo, entrega e controle de liberações de recursos dos Fundos de Participação).

I - do produto da arrecadação dos impostos sobre renda e proventos de qualquer natureza e sobre produtos industrializados e do imposto previsto no art. 153, VIII, 50% (cinquenta por cento), da seguinte forma: *(Redação dada pela EC 132/2023)*

- art. 60, § 2º, ADCT.
- art. 2º, EC 55/2007 (determina que as alterações inseridas neste artigo somente se aplicam sobre a arrecadação dos impostos sobre renda e proventos de qualquer natureza e sobre produtos industrializados realizada a partir de 1º.09.2007).
- art. 92, CTN.
- art. 6º, § 1º, Lei 13.254/2016 (Dispõe sobre o Regime Especial de Regularização Cambial e Tributária – RERCT).
- Dec. 7.827/2012 (Regulamenta os procedimentos de condicionamento e restabelecimento das transferências de recursos provenientes das receitas de que tratam as alíneas deste inciso).

a) vinte e um inteiros e cinco décimos por cento ao Fundo de Participação dos Estados e do Distrito Federal;

- arts. 34, § 2º, II; 60, § 2º; 73, § 1º, ADCT.
- art. 92, CTN.
- LC 62/1989 (Dispõe sobre as normas para cálculo, entrega e controle de liberações de recursos dos Fundos de Participação).

b) vinte e dois inteiros e cinco décimos por cento ao Fundo de Participação dos Municípios;

- art. 76, § 1º, ADCT.
- art. 92, CTN.
- LC 62/1989 (Dispõe sobre as normas para cálculo, entrega e controle de liberações de recursos dos Fundos de Participação).
- LC 91/1997 (Dispõe sobre a fixação dos coeficientes do Fundo de Participação dos Municípios).

c) três por cento, para aplicação em programas de financiamento ao setor produtivo das Regiões Norte, Nordeste e Centro-Oeste, através de suas instituições financeiras de caráter regional, de acordo com os planos regionais de desenvolvimento, ficando assegurada ao semiárido do Nordeste a metade dos recursos destinados à Região, na forma que a lei estabelecer;

d) um por cento ao Fundo de Participação dos Municípios, que será entregue no primeiro decêndio do mês de dezembro de cada ano; (Incluído pela EC 55/2007.)

- art. 92, CTN.
- art. 2º, EC 55/2007 (determina que as alterações inseridas neste artigo somente se aplicam sobre a arrecadação dos impostos sobre renda e proventos de qualquer natureza e sobre produtos industrializados realizada a partir de 1º.09.2007).

e) 1% (um por cento) ao Fundo de Participação dos Municípios, que será entregue no primeiro decêndio do mês de julho de cada ano; (Inserido pela EC 84/2014, com efeitos financeiros a partir de 1º de janeiro do exercício subsequente)

- art. 2º, EC. 84/2014 (Para os fins do disposto nesta alínea, a União entregará ao Fundo de Participação dos Municípios o percentual de 0,5% (cinco décimos por cento) do produto da arrecadação dos impostos sobre renda e proventos de qualquer natureza e sobre produtos industrializados no primeiro exercício em que esta EC gerar efeitos financeiros, acrescentando-se 0,5% (cinco décimos por cento) a cada exercício, até que se alcance o percentual de 1% (um por cento).

f) 1% (um por cento) ao Fundo de Participação dos Municípios, que será entregue no primeiro decêndio do mês de setembro de cada ano; (Acrescida pela EC 112/2021, com efeitos financeiros a partir de 1º de janeiro do exercício subsequente)

- art. 2º da EC 112/2021 (Para os fins do disposto nesta alínea, a União entregará ao Fundo de Participação dos Municípios, do produto da arrecadação dos impostos sobre renda e proventos de qualquer natureza e sobre produtos industrializados, 0,25%, 0,5% e 1%, respectivamente, em cada um dos 2 primeiros exercícios, no terceiro exercício e a partir do quarto exercício em que esta Emenda Constitucional gerar efeitos financeiros).

II - do produto da arrecadação do imposto sobre produtos industrializados e do imposto previsto no art. 153, VIII, 10% (dez por cento) aos Estados e ao Distrito Federal, proporcionalmente ao valor das respectivas exportações de produtos industrializados; *(Redação dada pela EC 132/2023)*

- arts. 60, 2º; 76, § 1º, ADCT.
- art. 1º, LC 63/1990 (Dispõe sobre os critérios e prazos de crédito das parcelas do produto da arrecadação de impostos de competência dos Estados e de transferências por estes recebidas, pertencentes aos Municípios).
- Lei 8.016/1990 (Dispõe sobre a entrega das quotas de participação dos Estados e DF na arrecadação do IPI).

III - do produto da arrecadação da contribuição de intervenção no domínio econômico prevista no art. 177, § 4º, 29% (vinte e nove por cento) para os Estados e o Distrito Federal, distribuídos na forma da lei, observadas as destinações a que se referem as alíneas "c" e "d" do inciso II do referido parágrafo. *(Redação dada pela EC 132/2023)*

‣ art. 93, ADCT.

§ 1º Para efeito de cálculo da entrega a ser efetuada de acordo com o previsto no inciso I, excluir-se-á a parcela da arrecadação do imposto de renda e proventos de qualquer natureza pertencente aos Estados, ao Distrito Federal e aos Municípios, nos termos do disposto nos arts. 157, I, e 158, I.

§ 2º A nenhuma unidade federada poderá ser destinada parcela superior a vinte por cento do montante a que se refere o inciso II, devendo o eventual excedente ser distribuído entre os demais participantes, mantido, em relação a esses, o critério de partilha nele estabelecido.

‣ LC 61/1989 (Dispõe sobre as normas para participação dos Estados e DF no produto de arrecadação do IPI, relativo às exportações).

§ 3º Os Estados entregarão aos respectivos Municípios 25% (vinte e cinco por cento) dos recursos que receberem nos termos do inciso II do *caput* deste artigo, observados os critérios estabelecidos no art. 158, § 1º, para a parcela relativa ao imposto sobre produtos industrializados, e no art. 158, § 2º, para a parcela relativa ao imposto previsto no art. 153, VIII. *(Redação dada pela EC 132/2023)*

> **Atualização:** § 3º Os Estados entregarão aos respectivos Municípios 25% (vinte e cinco por cento) dos recursos que receberem nos termos do inciso II do *caput* deste artigo, observados os critérios estabelecidos no art. 158, § 2º. *(Redação dada pela EC 132/2023, em vigor em 2033)*

‣ LC 63/1990 (Dispõe sobre os critérios e prazos de crédito das parcelas do produto da arrecadação de impostos de competência dos Estados e de transferências por estes recebidas, pertencentes aos Municípios).

§ 4º Do montante de recursos de que trata o inciso III que cabe a cada Estado, vinte e cinco por cento serão destinados aos seus Municípios, na forma da lei a que se refere o mencionado inciso. (Incluído pela EC 42/2003.)

‣ art. 93, ADCT.

Art. 159-A. Fica instituído o Fundo Nacional de Desenvolvimento Regional, com o objetivo de reduzir as desigualdades regionais e sociais, nos termos do art. 3º, III, mediante a entrega de recursos da União aos Estados e ao Distrito Federal para: *(Acrescido pela EC 132/2023)*

I - realização de estudos, projetos e obras de infraestrutura;

II - fomento a atividades produtivas com elevado potencial de geração de emprego e renda, incluindo a concessão de subvenções econômicas e financeiras; e

III - promoção de ações com vistas ao desenvolvimento científico e tecnológico e à inovação.

§ 1º É vedada a retenção ou qualquer restrição ao recebimento dos recursos de que trata o *caput*.

§ 2º Na aplicação dos recursos de que trata o *caput*, os Estados e o Distrito Federal priorizarão projetos que prevejam ações de sustentabilidade ambiental e redução das emissões de carbono.

§ 3º Observado o disposto neste artigo, caberá aos Estados e ao Distrito Federal a decisão quanto à aplicação dos recursos de que trata o *caput*.

§ 4º Os recursos de que trata o *caput* serão entregues aos Estados e ao Distrito Federal de acordo com coeficientes individuais de participação, calculados com base nos seguintes indicadores e com os seguintes pesos:

I - população do Estado ou do Distrito Federal, com peso de 30% (trinta por cento);

II - coeficiente individual de participação do Estado ou do Distrito Federal nos recursos de que trata o art. 159, I, "a", da Constituição Federal, com peso de 70% (setenta por cento).

§ 5º O Tribunal de Contas da União será o órgão responsável por regulamentar e calcular os coeficientes individuais de participação de que trata o § 4º.

Art. 160. É vedada a retenção ou qualquer restrição à entrega e ao emprego dos recursos atribuídos, nesta seção, aos Estados, ao Distrito Federal e aos Municípios, neles compreendidos adicionais e acréscimos relativos a impostos.

§ 1º A vedação prevista neste artigo não impede a União e os Estados de condicionarem a entrega de recursos: (Parágrafo único transformado em § 1º pela EC 113/2021)

I - ao pagamento de seus créditos, inclusive de suas autarquias; (Incluído pela EC 29/2000.)

II - ao cumprimento do disposto no art. 198, § 2º, incisos II e III. (Incluído pela EC 29/2000.)

§ 2º Os contratos, os acordos, os ajustes, os convênios, os parcelamentos ou as renegociações de débitos de qualquer espécie, inclusive tributários, firmados pela União com os entes federativos conterão cláusulas para autorizar a dedução dos valores devidos dos montantes a serem repassados relacionados às respectivas cotas nos Fundos de Participação ou aos precatórios federais. (Acrescido pela EC 113/2021).

Art. 161. Cabe à lei complementar:

I - definir valor adicionado para fins do disposto no art. 158, § 1º, I; *(Redação dada pela EC 132/2023)*

> **Atualização:** I - *(Revogado pela EC 132/2023, em vigor em 2033)*

‣ LC 63/1990 (Dispõe sobre os critérios e prazos de crédito das parcelas do produto da arrecadação de impostos de competência dos Estados e de transferências por estes recebidas, pertencentes aos Municípios).

II - estabelecer normas sobre a entrega dos recursos de que trata o art. 159, especialmente sobre os critérios de rateio dos fundos previstos em seu inciso I, objetivando promover o equilíbrio socioeconômico entre Estados e entre Municípios;

‣ art. 34, § 2º, ADCT.

‣ LC 62/1989 (Dispõe sobre as normas para cálculo, entrega e controle de liberações de recursos dos Fundos de Participação).

III - dispor sobre o acompanhamento, pelos beneficiários, do cálculo das quotas e da liberação das participações previstas nos arts. 157, 158 e 159.

‣ LC 62/1989 (Dispõe sobre as normas para cálculo, entrega e controle de liberações de recursos dos Fundos de Participação).

Parágrafo único. O Tribunal de Contas da União efetuará o cálculo das quotas referentes aos fundos de participação a que alude o inciso II.

Art. 162. A União, os Estados, o Distrito Federal e os Municípios divulgarão, até o último dia do mês subsequente ao da arrecadação, os montantes de cada um dos tributos arrecadados, os recursos recebidos, os valores de origem tributária entregues e a entregar e a expressão numérica dos critérios de rateio.

Parágrafo único. Os dados divulgados pela União serão discriminados por Estado e por Município; os dos Estados, por Município.

CAPÍTULO II
DAS FINANÇAS PÚBLICAS

SEÇÃO I
NORMAS GERAIS

Art. 163. Lei complementar disporá sobre:

‣ art. 30, EC 19/1998.

‣ Lei 4.320/1964 (Estabelece normas gerais de Direito Financeiro para elaboração e controle dos orçamentos e balanços da União, Estados, Municípios e DF).

‣ Lei 6.830/1980 (Lei de Execuções Fiscais).

I - finanças públicas;

‣ LC 101/2000 (Lei de Responsabilidade Fiscal).

II - dívida pública externa e interna, incluída a das autarquias, fundações e demais entidades controladas pelo Poder Público;

‣ Lei 8.388/1991 (Estabelece diretrizes para que a União possa realizar a consolidação e reescalonamento de dívidas das Administrações direta e indireta dos Estados, DF e Municípios).

III - concessão de garantias pelas entidades públicas;

IV - emissão e resgate de títulos da dívida pública;

‣ art. 34, § 2º, I, ADCT.

V - fiscalização financeira da administração pública direta e indireta; (Redação dada pela EC 40/2003.)

‣ Lei 4.595/1964 (Sistema financeiro nacional).

VI - operações de câmbio realizadas por órgãos e entidades da União, dos Estados, do Distrito Federal e dos Municípios;

‣ Lei 4.131/1962 (Disciplina a aplicação do capital estrangeiro e as remessas de valores para o exterior).

‣ Lei 14.286/2021 (Dispõe sobre o mercado de câmbio brasileiro, o capital brasileiro no exterior, o capital estrangeiro no País e a prestação de informações ao Banco Central do Brasil).

VII - compatibilização das funções das instituições oficiais de crédito da União, resguardadas as características e condições operacionais plenas das voltadas ao desenvolvimento regional.

‣ art. 30, EC 19/1998 (Reforma administrativa).

‣ LC 101/2000 (Lei de Responsabilidade Fiscal).

‣ Lei 4.595/1964 (Dispõe sobre a Política e as Instituições Monetárias, Bancárias e Creditícias, e cria o Conselho Monetário Nacional).

VIII - sustentabilidade da dívida, especificando:

a) indicadores de sua apuração;

b) níveis de compatibilidade dos resultados fiscais com a trajetória da dívida;

c) trajetória de convergência do montante da dívida com os limites definidos em legislação;

d) medidas de ajuste, suspensões e vedações;

e) planejamento de alienação de ativos com vistas à redução do montante da dívida. (Inciso acrescido pela EC nº 109, de 2021)

Parágrafo único. A lei complementar de que trata o inciso VIII do *caput* deste artigo pode autorizar a aplicação das vedações previstas no art. 167-A desta Constituição. (Parágrafo único acrescido pela EC nº 109, de 2021)

Art. 163-A. A União, os Estados, o Distrito Federal e os Municípios disponibilizarão suas informações e dados contábeis, orçamentários e fiscais, conforme periodicidade, formato e sistema estabelecidos pelo órgão central de contabilidade da União, de forma a garantir a rastreabilidade, a comparabilidade e a publicidade dos dados coletados, os quais deverão ser divulgados em meio eletrônico de amplo acesso público. (Acrescido pela EC 108, de 2020)

Art. 164. A competência da União para emitir moeda será exercida exclusivamente pelo banco central.

- Lei 13.416/2017 (Autoriza o Banco Central do Brasil a adquirir papel-moeda e moeda metálica fabricados fora do País por fornecedor estrangeiro).

§ 1º É vedado ao banco central conceder, direta ou indiretamente, empréstimos ao Tesouro Nacional e a qualquer órgão ou entidade que não seja instituição financeira.

§ 2º O banco central poderá comprar e vender títulos de emissão do Tesouro Nacional, com o objetivo de regular a oferta de moeda ou a taxa de juros.

§ 3º As disponibilidades de caixa da União serão depositadas no banco central; as dos Estados, do Distrito Federal, dos Municípios e dos órgãos ou entidades do Poder Público e das empresas por ele controladas, em instituições financeiras oficiais, ressalvados os casos previstos em lei.

Art. 164-A. A União, os Estados, o Distrito Federal e os Municípios devem conduzir suas políticas fiscais de forma a manter a dívida pública em níveis sustentáveis, na forma da lei complementar referida no inciso VIII do *caput* do art. 163 desta Constituição.

Parágrafo único. A elaboração e a execução de planos e orçamentos devem refletir a compatibilidade dos indicadores fiscais com a sustentabilidade da dívida. (Artigo acrescido pela EC nº 109, de 2021)

SEÇÃO II
DOS ORÇAMENTOS

Art. 165. Leis de iniciativa do Poder Executivo estabelecerão:

- *Vide* art. 35, § 2.º, do ADCT.

I - o plano plurianual;

II - as diretrizes orçamentárias;

III - os orçamentos anuais.

§ 1º A lei que instituir o plano plurianual estabelecerá, de forma regionalizada, as diretrizes, objetivos e metas da administração pública federal para as despesas de capital e outras delas decorrentes e para as relativas aos programas de duração continuada.

§ 2º A lei de diretrizes orçamentárias compreenderá as metas e prioridades da administração pública federal, estabelecerá as diretrizes de política fiscal e respectivas metas, em consonância com trajetória sustentável da dívida pública, orientará a elaboração da lei orçamentária anual, disporá sobre as alterações na legislação tributária e estabelecerá a política de aplicação das agências financeiras oficiais de fomento. (Parágrafo com redação dada pela EC nº 109, de 2021)

- art. 4º, LC 101/2000 (Lei de Responsabilidade Fiscal).

§ 3º O Poder Executivo publicará, até trinta dias após o encerramento de cada bimestre, relatório resumido da execução orçamentária.

- art. 5º, II, da EC 106/2020 (Institui regime extraordinário fiscal, financeiro e de contratações para enfrentamento de calamidade pública nacional decorrente de pandemia).

§ 4º Os planos e programas nacionais, regionais e setoriais previstos nesta Constituição serão elaborados em consonância com o plano plurianual e apreciados pelo Congresso Nacional.

- Lei 9.491/1997 (Altera procedimentos relativos ao Programa Nacional de Desestatização).

§ 5º A lei orçamentária anual compreenderá:

I - o orçamento fiscal referente aos Poderes da União, seus fundos, órgãos e entidades da administração direta e indireta, inclusive fundações instituídas e mantidas pelo Poder Público;

II - o orçamento de investimento das empresas em que a União, direta ou indiretamente, detenha a maioria do capital social com direito a voto;

III - o orçamento da seguridade social, abrangendo todas as entidades e órgãos a ela vinculados, da administração direta ou indireta, bem como os fundos e fundações instituídos e mantidos pelo Poder Público.

§ 6º O projeto de lei orçamentária será acompanhado de demonstrativo regionalizado do efeito, sobre as receitas e despesas, decorrente de isenções, anistias, remissões, subsídios e benefícios de natureza financeira, tributária e creditícia.

§ 7º Os orçamentos previstos no § 5º, I e II, deste artigo, compatibilizados com o plano plurianual, terão entre suas funções a de reduzir desigualdades inter-regionais, segundo critério populacional.

- art. 35, ADCT.

§ 8º A lei orçamentária anual não conterá dispositivo estranho à previsão da receita e à fixação da despesa, não se incluindo na proibição a autorização para abertura de créditos suplementares e contratação de operações de crédito, ainda que por antecipação de receita, nos termos da lei.

- art. 167, IV, desta CF.

§ 9º Cabe à lei complementar:

- art. 168, desta CF.
- art. 35, 2º, ADCT.
- Lei 4.320/1964 (Estabelece normas gerais de Direito Financeiro para elaboração e controle dos orçamentos e balanços da União, Estados, Municípios e DF).
- Dec.-Lei 200/1967 (Dispõe sobre a organização da administração federal e estabelece diretrizes para reforma administrativa).

I - dispor sobre o exercício financeiro, a vigência, os prazos, a elaboração e a organização do plano plurianual, da lei de diretrizes orçamentárias e da lei orçamentária anual;

II - estabelecer normas de gestão financeira e patrimonial da administração direta e indireta bem como condições para a instituição e funcionamento de fundos.

- arts. 35, § 2º; 71, § 1º; 81, § 3º, ADCT.
- LC 89/1997 (Dispõe sobre o Fundo para aparelhamento e operacionalização das atividades-fim da Polícia Federal - FUNAPOL).
- LC 101/2000 (Lei de Responsabilidade Fiscal).

III - dispor sobre critérios para a execução equitativa, além de procedimentos que serão adotados quando houver impedimentos legais e técnicos, cumprimento de restos a pagar e limitação das programações de caráter obrigatório, para a realização do disposto nos §§ 11 e 12 do art. 166. (Redação dada pela EC 100/2019)

§ 10. A administração tem o dever de executar as programações orçamentárias, adotando os meios e as medidas necessários, com o propósito de garantir a efetiva entrega de bens e serviços à sociedade. (Incluída pela EC 100/2019)

§ 11. O disposto no § 10 deste artigo, nos termos da lei de diretrizes orçamentárias: (Acrescido pela EC 102/2019)

I - subordina-se ao cumprimento de dispositivos constitucionais e legais que estabeleçam metas fiscais ou limites de despesas e não impede o cancelamento necessário à abertura de créditos adicionais;

II - não se aplica nos casos de impedimentos de ordem técnica devidamente justificados;

III - aplica-se exclusivamente às despesas primárias discricionárias.

§ 12. Integrará a lei de diretrizes orçamentárias, para o exercício a que se refere e, pelo menos, para os 2 (dois) exercícios subsequentes, anexo com previsão de agregados fiscais e a proporção dos recursos para investimentos que serão alocados na lei orçamentária anual para a continuidade daqueles em andamento. (Acrescido pela EC 102/2019)

§ 13. O disposto no inciso III do § 9º e nos §§ 10, 11 e 12 deste artigo aplica-se exclusivamente aos orçamentos fiscal e da seguridade social da União. (Acrescido pela EC 102/2019)

§ 14. A lei orçamentária anual poderá conter previsões de despesas para exercícios seguintes, com a especificação dos investimentos plurianuais e daqueles em andamento. (Acrescido pela EC 102/2019)

§ 15. A União organizará e manterá registro centralizado de projetos de investimento contendo, por Estado ou Distrito Federal, pelo menos, análises de viabilidade, estimativas de custos e informações sobre a execução física e financeira. (Acrescido pela EC 102/2019)

§ 16. As leis de que trata este artigo devem observar, no que couber, os resultados do monitoramento e da avaliação das políticas públicas previstos no § 16 do art. 37 desta Constituição. (Parágrafo acrescido pela EC nº 109, de 2021)

Art. 166. Os projetos de lei relativos ao plano plurianual, às diretrizes orçamentárias, ao orçamento anual e aos créditos adicionais serão apreciados pelas duas Casas do Congresso Nacional, na forma do regimento comum.

§ 1º Caberá a uma Comissão mista permanente de Senadores e Deputados:

I - examinar e emitir parecer sobre os projetos referidos neste artigo e sobre as contas apresentadas anualmente pelo Presidente da República;

II - examinar e emitir parecer sobre os planos e programas nacionais, regionais e setoriais previstos nesta Constituição e exercer o acompanhamento e a fiscalização orçamentária, sem prejuízo da atuação das demais comissões do Congresso Nacional e de suas Casas, criadas de acordo com o art. 58.

§ 2º As emendas serão apresentadas na Comissão mista, que sobre elas emitirá parecer, e apreciadas, na forma regimental, pelo Plenário das duas Casas do Congresso Nacional.

§ 3º As emendas ao projeto de lei do orçamento anual ou aos projetos que o modifiquem somente podem ser aprovadas caso:

I - sejam compatíveis com o plano plurianual e com a lei de diretrizes orçamentárias;

II - indiquem os recursos necessários, admitidos apenas os provenientes de anulação de despesa, excluídas as que incidam sobre:

a) dotações para pessoal e seus encargos;

b) serviço da dívida;

c) transferências tributárias constitucionais para Estados, Municípios e Distrito Federal; ou

III - sejam relacionadas:

a) com a correção de erros ou omissões; ou

b) com os dispositivos do texto do projeto de lei.

§ 4º As emendas ao projeto de lei de diretrizes orçamentárias não poderão ser aprovadas quando incompatíveis com o plano plurianual.

‣ art. 63, I, desta CF.

§ 5º O Presidente da República poderá enviar mensagem ao Congresso Nacional para propor modificação nos projetos a que se refere este artigo enquanto não iniciada a votação, na Comissão mista, da parte cuja alteração é proposta.

§ 6º Os projetos de lei do plano plurianual, das diretrizes orçamentárias e do orçamento anual serão enviados pelo Presidente da República ao Congresso Nacional, nos termos da lei complementar a que se refere o art. 165, § 9º.

§ 7º Aplicam-se aos projetos mencionados neste artigo, no que não contrariar o disposto nesta seção, as demais normas relativas ao processo legislativo.

§ 8º Os recursos que, em decorrência de veto, emenda ou rejeição do projeto de lei orçamentária anual, ficarem sem despesas correspondentes poderão ser utilizados, conforme o caso, mediante créditos especiais ou suplementares, com prévia e específica autorização legislativa.

§ 9º As emendas individuais ao projeto de lei orçamentária serão aprovadas no limite de 2% (dois por cento) da receita corrente líquida do exercício anterior ao do encaminhamento do projeto, observado que a metade desse percentual será destinada a ações e serviços públicos de saúde. *(Redação dada pela EC 126/2022)*

‣ art. 111, ADCT.

§ 9º-A Do limite a que se refere o § 9º deste artigo, 1,55% (um inteiro e cinquenta e cinco centésimos por cento) caberá às emendas de Deputados e 0,45% (quarenta e cinco centésimos por cento) às de Senadores. *(Acrescido pela EC 126/2022)*

§ 10. A execução do montante destinado a ações e serviços públicos de saúde previsto no § 9º, inclusive custeio, será computada para fins do cumprimento do inciso I do § 2º do art. 198, vedada a destinação para pagamento de pessoal ou encargos sociais. (Acrescentado pela EC 86/2015)

§ 11. É obrigatória a execução orçamentária e financeira das programações oriundas de emendas individuais, em montante correspondente ao limite a que se refere o § 9º deste artigo, conforme os critérios para a execução equitativa da programação definidos na lei complementar prevista no § 9º do art. 165 desta Constituição, observado o disposto no § 9º-A deste artigo. *(Redação dada pela EC 126/2022)*

‣ art. 111, ADCT.

§ 12. A garantia de execução de que trata o § 11 deste artigo aplica-se também às programações incluídas por todas as emendas de iniciativa de bancada de parlamentares de Estado ou do Distrito Federal, no montante de até 1% (um por cento) da receita corrente líquida realizada no exercício anterior. (Redação dada pela EC 100/2019)

‣ arts. 2º e 3º da EC 100/2019 (Dispõem sobre o montante previsto neste parágrafo).

§ 13. As programações orçamentárias previstas nos §§ 11 e 12 deste artigo não serão de execução obrigatória nos casos dos impedimentos de ordem técnica. (Redação dada pela EC 100/2019)

§ 14. Para fins de cumprimento do disposto nos §§ 11 e 12 deste artigo, os órgãos de execução deverão observar, nos termos da lei de diretrizes orçamentárias, cronograma para análise e verificação de eventuais impedimentos das programações e demais procedimentos necessários à viabilização da execução dos respectivos montantes. (Redação dada pela EC 100/2019)

I a IV - (Revogados pela EC 100/2019).

§ 15. (Revogado pela EC 100/2019)

§ 16. Quando a transferência obrigatória da União para a execução da programação prevista nos §§ 11 e 12 deste artigo for destinada a Estados, ao Distrito Federal e a Municípios, independerá da adimplência do ente federativo destinatário e não integrará a base de cálculo da receita corrente líquida para fins de aplicação dos limites de despesa de pessoal de que trata o *caput* do art. 169. (Redação dada pela EC 100/2019)

§ 17. Os restos a pagar provenientes das programações orçamentárias previstas nos §§ 11 e 12 deste artigo poderão ser considerados para fins de cumprimento da execução financeira até o limite de 1% (um por cento) da receita corrente líquida do exercício anterior ao do encaminhamento do projeto de lei orçamentária, para as programações das emendas individuais, e até o limite de 0,5% (cinco décimos por cento), para as programações das emendas de iniciativa de bancada de parlamentares de Estado ou do Distrito Federal. *(Redação dada pela EC 126/2022)*

§ 18. Se for verificado que a reestimativa da receita e da despesa poderá resultar no não cumprimento da meta de resultado fiscal estabelecida na lei de diretrizes orçamentárias, os montantes previstos nos §§ 11 e 12 deste artigo poderão ser reduzidos em até a mesma proporção da limitação incidente sobre o conjunto das demais despesas discricionárias. (Redação dada pela EC 100/2019)

§ 19. Considera-se equitativa a execução das programações de caráter obrigatório que observe critérios objetivos e imparciais e que atenda de forma igualitária e impessoal às emendas apresentadas, independentemente da autoria, observado o disposto no § 9º-A deste artigo. *(Redação dada pela EC 126/2022)*

§ 20. As programações de que trata o § 12 deste artigo, quando versarem sobre o início de investimentos com duração de mais de 1 (um) exercício financeiro ou cuja execução já tenha sido iniciada, deverão ser objeto de emenda pela mesma bancada estadual, a cada exercício, até a conclusão da obra ou do empreendimento. (Acrescido pela EC 100/2019)

Art. 166-A. As emendas individuais impositivas apresentadas ao projeto de lei orçamentária anual poderão alocar recursos a Estados, ao Distrito Federal e a Municípios por meio de: (Acrescido pela EC 105/2019)

I - transferência especial; ou

‣ art. 2º, EC 105/2019 (Autoriza a transferência de recursos federais a Estados, ao Distrito Federal e a Municípios mediante emendas ao projeto de lei orçamentária anual).

II - transferência com finalidade definida.

§ 1º Os recursos transferidos na forma do *caput* deste artigo não integrarão a receita do Estado, do Distrito Federal e dos Municípios para fins de repartição e para o cálculo dos limites da despesa com pessoal ativo e inativo, nos termos do § 16 do art. 166, e de endividamento do ente federado, vedada, em qualquer caso, a aplicação dos recursos a que se refere o *caput* deste artigo no pagamento de:

I - despesas com pessoal e encargos sociais relativas a ativos e inativos, e com pensionistas; e

II - encargos referentes ao serviço da dívida.

§ 2º Na transferência especial a que se refere o inciso I do *caput* deste artigo, os recursos:

I - serão repassados diretamente ao ente federado beneficiado, independentemente de celebração de convênio ou de instrumento congênere;

II - pertencerão ao ente federado no ato da efetiva transferência financeira; e

III - serão aplicadas em programações finalísticas das áreas de competência do Poder Executivo do ente federado beneficiado, observado o disposto no § 5º deste artigo.

§ 3º O ente federado beneficiado da transferência especial a que se refere o inciso I do *caput* deste artigo poderá firmar contratos de cooperação técnica para fins de subsidiar o acompanhamento da execução orçamentária na aplicação dos recursos.

§ 4º Na transferência com finalidade definida a que se refere o inciso II do *caput* deste artigo, os recursos serão:

I - vinculados à programação estabelecida na emenda parlamentar; e

II - aplicados nas áreas de competência constitucional da União.

§ 5º Pelo menos 70% (setenta por cento) das transferências especiais de que trata o inciso I do *caput* deste artigo deverão ser aplicadas em despesas de capital, observada a restrição a que se refere o inciso II do § 1º deste artigo.

Art. 167. São vedados:

I - o início de programas ou projetos não incluídos na lei orçamentária anual;

‣ art. 5º, LC 101/2000 (Lei de Responsabilidade Fiscal).

II - a realização de despesas ou a assunção de obrigações diretas que excedam os créditos orçamentários ou adicionais;

III - a realização de operações de créditos que excedam o montante das despesas de capital, ressalvadas as autorizadas mediante créditos suplementares ou especiais com finalidade precisa, aprovados pelo Poder Legislativo por maioria absoluta;

- art. 37, ADCT.
- art. 38, § 1º, LC 101/2000 (Lei de Responsabilidade Fiscal).
- art. 4º, EC 106/2020 (Institui regime extraordinário fiscal, financeiro e de contratações para enfrentamento de calamidade pública nacional decorrente de pandemia).

IV - a vinculação de receita de impostos a órgão, fundo ou despesa, ressalvadas a repartição do produto da arrecadação dos impostos a que se referem os arts. 158 e 159, a destinação de recursos para as ações e serviços públicos de saúde, para manutenção e desenvolvimento do ensino e para realização de atividades da administração tributária, como determinado, respectivamente, pelos arts. 198, § 2º, 212 e 37, XXII, e a prestação de garantias às operações de crédito por antecipação de receita, previstas no art. 165, § 8º, bem como o disposto no § 4º deste artigo; (Redação dada pela EC 42/2003.)

- art. 100, § 19, desta CF.
- art. 80, § 1º; 101, § 2º, III, ADCT.
- LC 101/2000 (Lei de Responsabilidade Fiscal).
- art. 2º, p.u., LC 111/2001 (Dispõe sobre o Fundo de Combate e Erradicação da Pobreza).

V - a abertura de crédito suplementar ou especial sem prévia autorização legislativa e sem indicação dos recursos correspondentes;

VI - a transposição, o remanejamento ou a transferência de recursos de uma categoria de programação para outra ou de um órgão para outro, sem prévia autorização legislativa;

VII - a concessão ou utilização de créditos ilimitados;

VIII - a utilização, sem autorização legislativa específica, de recursos dos orçamentos fiscal e da seguridade social para suprir necessidade ou cobrir déficit de empresas, fundações e fundos, inclusive dos mencionados no art. 165, § 5º;

IX - a instituição de fundos de qualquer natureza, sem prévia autorização legislativa;

X - a transferência voluntária de recursos e a concessão de empréstimos, inclusive por antecipação de receita, pelos Governos Federal e Estaduais e suas instituições financeiras, para pagamento de despesas com pessoal ativo, inativo e pensionista, dos Estados, do Distrito Federal e dos Municípios; (Incluído pela EC 19/1998.)

XI - a utilização dos recursos provenientes das contribuições sociais de que trata o art. 195, I, *a*, e II, para a realização de despesas distintas do pagamento de benefícios do regime geral de previdência social de que trata o art. 201. (Incluído pela EC 20/1998.)

XII - na forma estabelecida na lei complementar de que trata o § 22 do art. 40, a utilização de recursos de regime próprio de previdência social, incluídos os valores integrantes dos fundos previstos no art. 249, para a realização de despesas distintas do pagamento dos benefícios previdenciários do respectivo fundo vinculado àquele regime e das despesas necessárias à sua organização e ao seu funcionamento; (Incluído pela EC 103/2019)

XIII - a transferência voluntária de recursos, a concessão de avais, as garantias e as subvenções pela União e a concessão de empréstimos e de financiamentos por instituições financeiras federais aos Estados, ao Distrito Federal e aos Municípios na hipótese de descumprimento das regras gerais de organização e de funcionamento de regime próprio de previdência social. (Incluído pela EC 103/2019)

XIV - a criação de fundo público, quando seus objetivos puderem ser alcançados mediante a vinculação de receitas orçamentárias específicas ou mediante a execução direta por programação orçamentária e financeira de órgão ou entidade da administração pública. (Inciso acrescido pela EC nº 109, de 2021)

§ 1º Nenhum investimento cuja execução ultrapasse um exercício financeiro poderá ser iniciado sem prévia inclusão no plano plurianual, ou sem lei que autorize a inclusão, sob pena de crime de responsabilidade.

§ 2º Os créditos especiais e extraordinários terão vigência no exercício financeiro em que forem autorizados, salvo se o ato de autorização for promulgado nos últimos quatro meses daquele exercício, caso em que, reabertos nos limites de seus saldos, serão incorporados ao orçamento do exercício financeiro subsequente.

§ 3º A abertura de crédito extraordinário somente será admitida para atender a despesas imprevisíveis e urgentes, como as decorrentes de guerra, comoção interna ou calamidade pública, observado o disposto no art. 62.

- art. 107, § 6º, II, ADCT.

§ 4º É permitida a vinculação das receitas a que se referem os arts. 155, 156, 156-A, 157, 158 e as alíneas "a", "b", "d", "e" e "f" do inciso I e o inciso II do *caput* do art. 159 desta Constituição para pagamento de débitos com a União e para prestar-lhe garantia ou contragarantia. *(Redação dada pela EC 132/2023)*

§ 5º A transposição, o remanejamento ou a transferência de recursos de uma categoria de programação para outra poderão ser admitidos, no âmbito das atividades de ciência, tecnologia e inovação, com o objetivo de viabilizar os resultados de projetos restritos a essas funções, mediante ato do Poder Executivo, sem necessidade da prévia autorização legislativa prevista no inciso VI deste artigo. (Acrescentado pela EC 85/2015.)

§ 6º Para fins da apuração ao término do exercício financeiro do cumprimento do limite de que trata o inciso III do *caput* deste artigo, as receitas das operações de crédito efetuadas no contexto da gestão da dívida pública mobiliária federal somente serão consideradas no exercício financeiro em que for realizada a respectiva despesa. (Parágrafo acrescido pela EC nº 109, de 2021)

§ 7º A lei não imporá nem transferirá qualquer encargo financeiro decorrente da prestação de serviço público, inclusive despesas de pessoal e seus encargos, para a União, os Estados, o Distrito Federal ou os Municípios, sem a previsão de fonte orçamentária e financeira necessária à realização da despesa ou sem a previsão da correspondente transferência de recursos financeiros necessários ao seu custeio, ressalvadas as obrigações assumidas espontaneamente pelos entes federados e aquelas decorrentes da fixação do salário mínimo, na forma do inciso IV do caput do art. 7º desta Constituição. *(Acrescido pela EC 128/2022)*

Art. 167-A. Apurado que, no período de 12 (doze) meses, a relação entre despesas correntes e receitas correntes supera 95% (noventa e cinco por cento), no âmbito dos Estados, do Distrito Federal e dos Municípios, é facultado aos Poderes Executivo, Legislativo e Judiciário, ao Ministério Público, ao Tribunal de Contas e à Defensoria Pública do ente, enquanto permanecer a situação, aplicar o mecanismo de ajuste fiscal de vedação da:

I – concessão, a qualquer título, de vantagem, aumento, reajuste ou adequação de remuneração de membros de Poder ou de órgão, de servidores e empregados públicos e de militares, exceto dos derivados de sentença judicial transitada em julgado ou de determinação legal anterior ao início da aplicação das medidas de que trata este artigo;

II – criação de cargo, emprego ou função que implique aumento de despesa;

III – alteração de estrutura de carreira que implique aumento de despesa;

IV – admissão ou contratação de pessoal, a qualquer título, ressalvadas:

a) as reposições de cargos de chefia e de direção que não acarretem aumento de despesa;

b) as reposições decorrentes de vacâncias de cargos efetivos ou vitalícios;

c) as contratações temporárias de que trata o inciso IX do *caput* do art. 37 desta Constituição; e

d) as reposições de temporários para prestação de serviço militar e de alunos de órgãos de formação de militares;

V – realização de concurso público, exceto para as reposições de vacâncias previstas no inciso IV deste *caput*;

VI – criação ou majoração de auxílios, vantagens, bônus, abonos, verbas de representação ou benefícios de qualquer natureza, inclusive os de cunho indenizatório, em favor de membros de Poder, do Ministério Público ou da Defensoria Pública e de servidores e empregados públicos e de militares, ou ainda de seus dependentes, exceto quando derivados de sentença judicial transitada em julgado ou de determinação legal anterior ao início da aplicação das medidas de que trata este artigo;

VII – criação de despesa obrigatória;

VIII – adoção de medida que implique reajuste de despesa obrigatória acima da variação da inflação, observada a preservação do poder aquisitivo referida no inciso IV do *caput* do art. 7º desta Constituição;

IX – criação ou expansão de programas e linhas de financiamento, bem como remissão, renegociação ou refinanciamento de dívidas que impliquem ampliação das despesas com subsídios e subvenções;

X – concessão ou ampliação de incentivo ou benefício de natureza tributária.

§ 1º Apurado que a despesa corrente supera 85% (oitenta e cinco por cento) da receita corrente, sem exceder o percentual mencionado no *caput* deste artigo, as medidas nele indicadas podem ser, no todo ou em parte, implementadas por atos do Chefe do Poder Executivo com vigência imediata, facultado aos demais Poderes e órgãos autônomos implementá-las em seus respectivos âmbitos.

§ 2º O ato de que trata o § 1º deste artigo deve ser submetido, em regime de urgência, à apreciação do Poder Legislativo.

§ 3º O ato perde a eficácia, reconhecida a validade dos atos praticados na sua vigência, quando:

I – rejeitado pelo Poder Legislativo;

II – transcorrido o prazo de 180 (cento e oitenta) dias sem que se ultime a sua apreciação; ou

III – apurado que não mais se verifica a hipótese prevista no § 1º deste artigo, mesmo após a sua aprovação pelo Poder Legislativo.

§ 4º A apuração referida neste artigo deve ser realizada bimestralmente.

§ 5º As disposições de que trata este artigo:

I – não constituem obrigação de pagamento futuro pelo ente da Federação ou direitos de outrem sobre o erário;

II – não revogam, dispensam ou suspendem o cumprimento de dispositivos constitucionais e legais que disponham sobre metas fiscais ou limites máximos de despesas.

§ 6º Ocorrendo a hipótese de que trata o *caput* deste artigo, até que todas as medidas nele previstas tenham sido adotadas por todos os Poderes e órgãos nele mencionados, de acordo com declaração do respectivo Tribunal de Contas, é vedada:

I – a concessão, por qualquer outro ente da Federação, de garantias ao ente envolvido;

II – a tomada de operação de crédito por parte do ente envolvido com outro ente da Federação, diretamente ou por intermédio de seus fundos, autarquias, fundações ou empresas estatais dependentes, ainda que sob a forma de novação, refinanciamento ou postergação de dívida contraída anteriormente, ressalvados os financiamentos destinados a projetos específicos celebrados na forma de operações típicas das agências financeiras oficiais de fomento. (Artigo acrescido pela EC nº 109, de 2021)

Art. 167-B. Durante a vigência de estado de calamidade pública de âmbito nacional, decretado pelo Congresso Nacional por iniciativa privativa do Presidente da República, a União deve adotar regime extraordinário fiscal, financeiro e de contratações para atender às necessidades dele decorrentes, somente naquilo em que a urgência for incompatível com o regime regular, nos termos definidos nos arts. 167-C, 167-D, 167-E, 167-F e 167-G desta Constituição. (Artigo acrescido pela EC nº 109, de 2021)

Art. 167-C. Com o propósito exclusivo de enfrentamento da calamidade pública e de seus efeitos sociais e econômicos, no seu período de duração, o Poder Executivo federal pode adotar processos simplificados de contratação de pessoal, em caráter temporário e emergencial, e de obras, serviços e compras que assegurem, quando possível, competição e igualdade de condições a todos os concorrentes, dispensada a observância do § 1º do art. 169 na contratação de que trata o inciso IX do *caput* do art. 37 desta Constituição, limitada a dispensa às situações de que trata o referido inciso, sem prejuízo do controle dos órgãos competentes. (Artigo acrescido pela EC nº 109, de 2021)

Art. 167-D. As proposições legislativas e os atos do Poder Executivo com propósito exclusivo de enfrentar a calamidade e suas consequências sociais e econômicas, com vigência e efeitos restritos à sua duração, desde que não impliquem despesa obrigatória de caráter continuado, ficam dispensados da observância das limitações legais quanto à criação, à expansão ou ao aperfeiçoamento de ação governamental que acarrete aumento de despesa e à concessão ou à ampliação de incentivo ou benefício de natureza tributária da qual decorra renúncia de receita.

Parágrafo único. Durante a vigência da calamidade pública de âmbito nacional de que trata o art. 167-B, não se aplica o disposto no § 3º do art. 195 desta Constituição. (Artigo acrescido pela EC nº 109, de 2021)

Art. 167-E. Fica dispensada, durante a integralidade do exercício financeiro em que vigore a calamidade pública de âmbito nacional, a observância do inciso III do *caput* do art. 167 desta Constituição. (Artigo acrescido pela EC nº 109, de 2021)

Art. 167-F. Durante a vigência da calamidade pública de âmbito nacional de que trata o art. 167-B desta Constituição:

I – são dispensados, durante a integralidade do exercício financeiro em que vigore a calamidade pública, os limites, as condições e demais restrições aplicáveis à União para a contratação de operações de crédito, bem como sua verificação;

II – o superávit financeiro apurado em 31 de dezembro do ano imediatamente anterior ao reconhecimento pode ser destinado à cobertura de despesas oriundas das medidas de combate à calamidade pública de âmbito nacional e ao pagamento da dívida pública.

§ 1º Lei complementar pode definir outras suspensões, dispensas e afastamentos aplicáveis durante a vigência do estado de calamidade pública de âmbito nacional.

§ 2º O disposto no inciso II do *caput* deste artigo não se aplica às fontes de recursos:

I – decorrentes de repartição de receitas a Estados, ao Distrito Federal e a Municípios;

II – decorrentes das vinculações estabelecidas pelos arts. 195, 198, 201, 212, 212-A e 239 desta Constituição;

III – destinadas ao registro de receitas oriundas da arrecadação de doações ou de empréstimos compulsórios, de transferências recebidas para o atendimento de finalidades determinadas ou das receitas de capital produto de operações de financiamento celebradas com finalidades contratualmente determinadas. (Artigo acrescido pela EC nº 109, de 2021)

Art. 167-G. Na hipótese de que trata o art. 167-B, aplicam-se à União, até o término da calamidade pública, as vedações previstas no art. 167-A desta Constituição.

§ 1º Na hipótese de medidas de combate à calamidade pública cuja vigência e efeitos não ultrapassem a sua duração, não se aplicam as vedações referidas nos incisos II, IV, VII, IX e X do *caput* do art. 167-A desta Constituição.

§ 2º Na hipótese de que trata o art. 167- B, não se aplica a alínea "c" do inciso I do *caput* do art. 159 desta Constituição, devendo a transferência a que se refere aquele dispositivo ser efetuada nos mesmos montantes transferidos no exercício anterior à decretação da calamidade.

§ 3º É facultada aos Estados, ao Distrito Federal e aos Municípios a aplicação das vedações referidas no *caput*, nos termos deste artigo, e, até que as tenham adotado na integralidade, estarão submetidos às restrições do § 6º do art. 167-A desta Constituição, enquanto perdurarem seus efeitos para a União. (Artigo acrescido pela EC nº 109, de 2021)

Art. 168. Os recursos correspondentes às dotações orçamentárias, compreendidos os créditos suplementares e especiais, destinados aos órgãos dos Poderes Legislativo e Judiciário, do Ministério Público e da Defensoria Pública, ser-lhes-ão entregues até o dia 20 de cada mês, em duodécimos, na forma da lei complementar a que se refere o art. 165, § 9º. (Redação dada pela EC 45/2004.)

§ 1º É vedada a transferência a fundos de recursos financeiros oriundos de repasses duodecimais. (Parágrafo acrescido pela EC nº 109, de 2021)

§ 2º O saldo financeiro decorrente dos recursos entregues na forma do *caput* deste artigo deve ser restituído ao caixa único do Tesouro do ente federativo, ou terá seu valor deduzido das primeiras parcelas duodecimais do exercício seguinte. (Parágrafo acrescido pela EC nº 109, de 2021)

Art. 169. A despesa com pessoal ativo e inativo e pensionistas da União, dos Estados, do Distrito Federal e dos Municípios não pode exceder os limites estabelecidos em lei complementar. ("Caput" do artigo com redação dada pela EC nº 109, de 2021)

- arts. 96, II; 127, § 2º, desta CF.
- arts. 18 a 23, LC 101/2000 (Lei de Responsabilidade Fiscal).

§ 1º A concessão de qualquer vantagem ou aumento de remuneração, a criação de cargos, empregos e funções ou alteração de estrutura de carreiras, bem como a admissão ou contratação de pessoal, a qualquer título, pelos órgãos e entidades da administração direta ou indireta, inclusive fundações instituídas e mantidas pelo Poder Público, só poderão ser feitas: (Renumerado do parágrafo único, pela EC 19/1998.)

- art. 96, I, e, desta CF.
- art. 2º, EC 106/2020 (Institui regime extraordinário fiscal, financeiro e de contratações para enfrentamento de calamidade pública nacional decorrente de pandemia).

I - se houver prévia dotação orçamentária suficiente para atender às projeções de despesa de pessoal e aos acréscimos dela decorrentes; (Incluído pela EC 19/1998.)

II - se houver autorização específica na lei de diretrizes orçamentárias, ressalvadas as empresas públicas e as sociedades de economia mista. (Incluído pela EC 19/1998.)

§ 2º Decorrido o prazo estabelecido na lei complementar referida neste artigo para a adaptação aos parâmetros ali previstos, serão imediatamente suspensos todos os repasses de verbas federais ou estaduais aos Estados, ao Distrito Federal e aos Municípios que não observarem os referidos limites. (Incluído pela EC 19/1998.)

§ 3º Para o cumprimento dos limites estabelecidos com base neste artigo, durante o prazo fixado na lei complementar referida no *caput*, a União, os Estados, o Distrito Federal e os Municípios adotarão as seguintes providências: (Incluído pela EC 19/1998.)

I - redução em pelo menos vinte por cento das despesas com cargos em comissão e funções de confiança; (Incluído pela EC 19/1998.)

II - exoneração dos servidores não estáveis. (Incluído pela EC 19/1998.)

- art. 33, EC 19/1998 (Reforma administrativa).

§ 4º Se as medidas adotadas com base no parágrafo anterior não forem suficientes para assegurar o cumprimento da determinação da lei complementar referida neste artigo, o servidor estável poderá perder o cargo, desde que ato normativo motivado de cada um dos Poderes especifique a atividade funcional, o órgão ou unidade administrativa objeto da redução de pessoal. (Incluído pela EC 19/1998.)

- Art. 198, § 6º, desta CF.

§ 5º O servidor que perder o cargo na forma do parágrafo anterior fará jus a indenização correspondente a um mês de remuneração por ano de serviço. (Incluído pela EC 19/1998.)

§ 6º O cargo objeto da redução prevista nos parágrafos anteriores será considerado extinto, vedada a criação de cargo, emprego ou função com atribuições iguais ou assemelhadas pelo prazo de quatro anos. (Incluído pela EC 19/1998.)

§ 7º Lei federal disporá sobre as normas gerais a serem obedecidas na efetivação do disposto no § 4º. (Incluído pela EC 19/1998.)

- art. 247 desta CF.
- Lei 9.801/1999 (Dispõe sobre normas gerais para perda de cargo público por excesso de despesa).

TÍTULO VII
DA ORDEM ECONÔMICA E FINANCEIRA

CAPÍTULO I
DOS PRINCÍPIOS GERAIS DA ATIVIDADE ECONÔMICA

- Lei 8.137/1990 (Lei dos crimes contra a ordem tributária, econômica e contra as relações de consumo).
- Lei 8.176/1991 (Define crimes contra a ordem econômica e cria o Sistema de Estoques de Combustíveis).
- Lei 12.529/2011 (Lei Antitruste).

Art. 170. A ordem econômica, fundada na valorização do trabalho humano e na livre-iniciativa, tem por fim assegurar a todos existência digna, conforme os ditames da justiça social, observados os seguintes princípios:

- Lei 13.874/2019 (Lei da Liberdade Econômica).
- Dec. 9.571/2018 (Estabelece as diretrizes nacionais sobre empresas e direitos humanos).

I - soberania nacional;

- art. 1º, I, desta CF.

II - propriedade privada;

- art. 5º, XXII, desta CF.
- arts. 1.228 a .1368-F, CC/2002.

III - função social da propriedade;

IV - livre concorrência;

- Lei 12.529/2011 (Lei Antitruste).
- Art. 52, Dec. 2.594/1998.
- Súm. Vinc. 49, STF.
- Súm. 646, STF.

V - defesa do consumidor;

- Lei 8.078/1990 (CDC).
- Lei 12.529/2011 (Lei Antitruste).
- Dec. 2.181/1997 (Dispõe sobre a organização do Sistema Nacional de Defesa do Consumidor – SNDC).
- Dec. 8.573/2015 (Dispõe sobre o sistema alternativo de solução de conflitos de consumo).
- Súm. Vinc. 49, STF.

VI - defesa do meio ambiente, inclusive mediante tratamento diferenciado conforme o impacto ambiental dos produtos e serviços e de seus processos de elaboração e prestação; (Redação dada pela EC 42/2003.)

- art. 5º, LXXIII, desta CF.
- Lei 7.347/1985 (Lei da Ação Civil Pública).
- Lei 9.605/1998 (Lei dos Crimes Ambientais).
- Dec. 6.514/2008 (Dispõe sobre as infrações administrativas ao meio ambiente e estabelece o processo administrativo federal para apuração destas infrações).

VII - redução das desigualdades regionais e sociais;

- art. 3º, III, desta CF.

VIII - busca do pleno emprego;

- arts. 6º e 7º, desta CF.

IX - tratamento favorecido para as empresas de pequeno porte constituídas sob as leis brasileiras e que tenham sua sede e administração no país. (Redação dada pela EC 6/1995.)

- art. 246 desta CF.
- LC 123/2006 (Estatuto Nacional da Microempresa e da Empresa de Pequeno Porte);
- Dec. 8.364/2014 (Regulamenta o Fórum Permanente das Microempresas e Empresas de Pequeno Porte).

Parágrafo único. É assegurado a todos o livre-exercício de qualquer atividade econômica, independentemente de autorização de órgãos públicos, salvo nos casos previstos em lei.

- Lei 13.874/2019 (Lei da Liberdade Econômica).
- Súm. Vinc. 49, STF.
- Súm. 646, STF.

Art. 171. (Revogado pela EC 6/1995.)

Art. 172. A lei disciplinará, com base no interesse nacional, os investimentos de capital estrangeiro, incentivará os reinvestimentos e regulará a remessa de lucros.

- Lei 4.131/1962 (Disciplina aplicação do capital estrangeiro e as remessas de valores para o exterior).
- Dec.-Lei 37/1966 (Dispõe sobre o Imposto de Importação e reorganiza os Serviços Aduaneiros).
- Dec.-Lei 94/1966 (Imposto de renda).

Art. 173. Ressalvados os casos previstos nesta Constituição, a exploração direta de atividade econômica pelo Estado só será permitida quando necessária aos imperativos da segurança nacional ou a relevante interesse coletivo, conforme definidos em lei.

- art. 5º, § 1º, Dec. 7.724/2012 (Regulamenta a Lei n. 12.527, de 18 de novembro de 2011, que dispõe sobre o acesso a informações previstos nesta CF).

§ 1º A lei estabelecerá o estatuto jurídico da empresa pública, da sociedade de economia mista e de suas subsidiárias que explorem atividade econômica de produção ou comercialização de bens ou de prestação de serviços, dispondo sobre: (Redação dada pela EC 19/1998.)

- Lei 13.303/2016 (Dispõe sobre o estatuto jurídico da empresa pública).

I - sua função social e formas de fiscalização pelo Estado e pela sociedade; (Incluído pela EC 19/1998.)

II - a sujeição ao regime jurídico próprio das empresas privadas, inclusive quanto aos direitos e obrigações civis, comerciais, trabalhistas e tributários; (Incluído pela EC 19/1998.)

- Súm. 455, TST.

III - licitação e contratação de obras, serviços, compras e alienações, observados os princípios da administração pública; (Incluído pela EC 19/1998.)

- art. 22, XXVII, desta CF.
- Súm. 333, STJ.

IV - a constituição e o funcionamento dos conselhos de administração e fiscal, com a participação de acionistas minoritários; (Incluído pela EC 19/1998.)

V - os mandatos, a avaliação de desempenho e a responsabilidade dos administradores. (Incluído pela EC 19/1998.)

§ 2º As empresas públicas e as sociedades de economia mista não poderão gozar de privilégios fiscais não extensivos às do setor privado.

§ 3º A lei regulamentará as relações da empresa pública com o Estado e a sociedade.

- Lei 13.303/2016 (Dispõe sobre o estatuto jurídico da empresa pública).

§ 4º A lei reprimirá o abuso do poder econômico que vise à dominação dos mercados, à eliminação da concorrência e ao aumento arbitrário dos lucros.

- Lei 8.137/1990 (Lei dos crimes contra a ordem tributária, econômica e contra as relações de consumo).
- Lei 8.176/1991 (Lei dos crimes contra a ordem econômica, e cria sistema de estoques de combustíveis).
- Lei 9.069/1995 (Plano Real).
- Lei 12.529/2011 (Lei Antitruste).
- Súm. Vinc. 49, STF.
- Súm. 646, STF.

§ 5º A lei, sem prejuízo da responsabilidade individual dos dirigentes da pessoa jurídica, estabelecerá a responsabilidade desta, sujeitando-a às punições compatíveis com sua natureza, nos atos praticados contra a ordem econômica e financeira e contra a economia popular.

Art. 174. Como agente normativo e regulador da atividade econômica, o Estado exercerá, na forma da lei, as funções de fiscalização, incentivo e planejamento, sendo este determinante para o setor público e indicativo para o setor privado.

- Lei 13.874/2019 (Lei da Liberdade Econômica).

§ 1º A lei estabelecerá as diretrizes e bases do planejamento do desenvolvimento nacional equilibrado, o qual incorporará e compatibilizará os planos nacionais e regionais de desenvolvimento.

§ 2º A lei apoiará e estimulará o cooperativismo e outras formas de associativismo.

- Lei 5.764/1971 (Define a Política Nacional de Cooperativismo e institui o regime jurídico das sociedades cooperativas).
- Lei 9.867/1999 (Dispõe sobre a criação e o funcionamento de Cooperativas Sociais, visando à integração social dos cidadãos).
- Lei 12.690/2012 (Dispõe sobre a organização e o funcionamento das Cooperativas de Trabalho e institui o Programa Nacional de Fomento às Cooperativas de Trabalho - PRONACOOP.)

§ 3º O Estado favorecerá a organização da atividade garimpeira em cooperativas, levando em conta a proteção do meio ambiente e a promoção econômico-social dos garimpeiros.

- Lei 11.685/2008 (Estatuto do Garimpeiro).
- Lei 12.690/2012 (Dispõe sobre a organização e o funcionamento das Cooperativas de Trabalho

e institui o Programa Nacional de Fomento às Cooperativas de Trabalho - PRONACOOP.)

- Dec.-Lei 227/1967 (Código de Minas).

§ 4º As cooperativas a que se refere o parágrafo anterior terão prioridade na autorização ou concessão para pesquisa e lavra dos recursos e jazidas de minerais garimpáveis, nas áreas onde estejam atuando, e naquelas fixadas de acordo com o art. 21, XXV, na forma da lei.

Art. 175. Incumbe ao Poder Público, na forma da lei, diretamente ou sob regime de concessão ou permissão, sempre através de licitação, a prestação de serviços públicos.

- Lei 8.987/1995 (Dispõe sobre o regime de concessão e permissão da prestação de serviços públicos previsto neste artigo).
- Lei 9.074/1995 (Estabelece normas para outorga e prorrogações das concessões e permissões de serviços públicos).
- Lei 9.427/1996 (Institui a Agência Nacional de Energia Elétrica - ANEEL e disciplina o regime das concessões de serviços públicos de energia elétrica).
- Dec. 2.196/1997 (Regulamento de serviços especiais).
- Dec. 3.896/2001 (Serviços de telecomunicações).
- Súm. 407, STJ.
- *Vide* Lei n. 13.460, de 26-6-2017.

Parágrafo único. A lei disporá sobre:

I - o regime das empresas concessionárias e permissionárias de serviços públicos, o caráter especial de seu contrato e de sua prorrogação, bem como as condições de caducidade, fiscalização e rescisão da concessão ou permissão;

II - os direitos dos usuários;

III - política tarifária;

- Súm. 407, STJ.

IV - a obrigação de manter serviço adequado.

Art. 176. As jazidas, em lavra ou não, e demais recursos minerais e os potenciais de energia hidráulica constituem propriedade distinta da do solo, para efeito de exploração ou aproveitamento, e pertencem à União, garantida ao concessionário a propriedade do produto da lavra.

- *Vide* art. 20, § 1.º, da CF.

§ 1º A pesquisa e a lavra de recursos minerais e o aproveitamento dos potenciais a que se refere o *caput* deste artigo somente poderão ser efetuados mediante autorização ou concessão da União, no interesse nacional, por brasileiros ou empresa constituída sob as leis brasileiras e que tenha sua sede e administração no país, na forma da lei, que estabelecerá as condições específicas quando essas atividades se desenvolverem em faixa de fronteira ou terras indígenas. (Redação dada pela EC 6/1995.)

- art. 246 desta CF.
- Dec.-Lei 227/1967 (Código de Minas).

§ 2º É assegurada participação ao proprietário do solo nos resultados da lavra, na forma e no valor que dispuser a lei.

- Dec.-Lei 227/1967 (Código de Minas).

§ 3º A autorização de pesquisa será sempre por prazo determinado, e as autorizações e concessões previstas neste artigo não poderão ser cedidas ou transferidas, total ou parcialmente, sem prévia anuência do poder concedente.

§ 4º Não dependerá de autorização ou concessão o aproveitamento do potencial de energia renovável de capacidade reduzida.

Art. 177. Constituem monopólio da União:

- Lei 9.478/1997 (Dispõe sobre a Política Energética Nacional, atividades relativas ao monopólio do petróleo e institui o Conselho Nacional de Política Energética e a Agência Nacional de Petróleo - ANP).

I - a pesquisa e a lavra das jazidas de petróleo e gás natural e outros hidrocarbonetos fluidos;

- Lei 12.304/2010 (Autoriza o Poder Executivo a criar a Empresa Brasileira de Administração de Petróleo e Gás Natural S/A - Pré-Sal Petróleo S/A - PPSA).
- Lei 14.134/2021 (Dispõe sobre as atividades relativas ao transporte de gás natural) e Dec. 10.712/2021 (Regulamento).

II - a refinação do petróleo nacional ou estrangeiro;

- art. 45, ADCT.

III - a importação e exportação dos produtos e derivados básicos resultantes das atividades previstas nos incisos anteriores;

- Lei 14.134/2021 (Dispõe sobre as atividades relativas ao transporte de gás natural) e Dec. 10.712/2021 (Regulamento).

IV - o transporte marítimo do petróleo bruto de origem nacional ou de derivados básicos de petróleo produzidos no país, bem assim o transporte, por meio de conduto, de petróleo bruto, seus derivados e gás natural de qualquer origem;

- Lei 14.134/2021 (Dispõe sobre as atividades relativas ao transporte de gás natural) e Dec. 10.712/2021 (Regulamento).

V - a pesquisa, a lavra, o enriquecimento, o reprocessamento, a industrialização e o comércio de minérios e minerais nucleares e seus derivados, com exceção dos radioisótopos cuja produção, comercialização e utilização poderão ser autorizadas sob regime de permissão, conforme as alíneas *b* e *c* do inciso XXIII do *caput* do art. 21 desta Constituição Federal. (Redação dada pela EC 49/2006.)

- Lei 14.134/2021 (Dispõe sobre as atividades relativas ao transporte de gás natural) e Dec. 10.712/2021 (Regulamento).

§ 1º A União poderá contratar com empresas estatais ou privadas a realização das atividades previstas nos incisos I a IV deste artigo observadas as condições estabelecidas em lei. (Redação dada pela EC 9/1995.)

- Lei 12.304/2010 (Autoriza o Poder Executivo a criar a Empresa Brasileira de Administração de Petróleo e Gás Natural S/A - Pré-Sal Petróleo S/A - PPSA).

§ 2º A lei a que se refere o § 1º disporá sobre: (Incluído pela EC 9/1995.)

- Lei 9.478/1997 (Dispõe sobre a política energética nacional, atividades relativas ao monopólio do petróleo e institui o Conselho Nacional de Política Energética e a Agência Nacional de Petróleo - ANP).
- Lei 9.847/1999 (Dispõe sobre a fiscalização das atividades relativas ao abastecimento nacional de combustíveis tratadas na Lei 9.478/1997, e estabelece sanções administrativas).

I - a garantia do fornecimento dos derivados de petróleo em todo o território nacional; (Incluído pela EC 9/1995.)

II - as condições de contratação; (Incluído pela EC 9/1995.)

III - a estrutura e atribuições do órgão regulador do monopólio da União; (Incluído pela EC 9/1995.)

- Lei 9.478/1997 (Dispõe sobre a política energética nacional, atividades relativas ao monopólio do petróleo e institui o Conselho Nacional de Política Energética e a Agência Nacional de Petróleo - ANP).

§ 3º A lei disporá sobre o transporte e a utilização de materiais radioativos no território nacional. (Renumerado de § 2º para 3º pela EC 9/1995.)

§ 4º A lei que instituir contribuição de intervenção no domínio econômico relativa às atividades de importação ou comercialização de petróleo e seus derivados, gás natural e seus derivados e álcool combustível deverá atender aos seguintes requisitos: (Incluído pela EC 33/2001.)

- Lei 10.336/2001 (Institui a CIDE).

I - a alíquota da contribuição poderá ser: (Incluído pela EC 33/2001.)

- ADIn 2.925-8 (Dá interpretação conforme esta CF no sentido de que a abertura de crédito suplementar deve ser destinada às três finalidades enumeradas nas alíneas a seguir). DJ 04.03.2005.

a) diferenciada por produto ou uso; (Incluído pela EC 33/2001.)

- Lei 10.453/2002 (Dispõe sobre subvenções ao preço e ao transporte do álcool combustível e subsídios ao preço do gás liquefeito de petróleo - GLP).

b) reduzida e restabelecida por ato do Poder Executivo, não se lhe aplicando o disposto no art. 150, III, *b*; (Incluído pela EC 33/2001.)

II - os recursos arrecadados serão destinados: (Incluído pela EC 33/2001.)

a) ao pagamento de subsídios a preços ou transporte de álcool combustível, gás natural e seus derivados e derivados de petróleo; (Incluído pela EC 33/2001.)

b) ao financiamento de projetos ambientais relacionados com a indústria do petróleo e do gás; (Incluído pela EC 33/2001.)

c) ao financiamento de programas de infraestrutura de transportes. (Incluído pela EC 33/2001.)

- art. 159, III, desta CF.
- Lei 10.453/2002 (Dispõe sobre subvenções ao preço e ao transporte do álcool combustível e subsídios ao preço do gás liquefeito de petróleo - GLP).

d) ao pagamento de subsídios a tarifas de transporte público coletivo de passageiros. *(Acrescida pela EC 132/2023)*

Art. 178. A lei disporá sobre a ordenação dos transportes aéreo, aquático e terrestre, devendo, quanto à ordenação do transporte internacional, observar os acordos firmados pela União, atendido o princípio da reciprocidade. (Redação dada pela EC 7/1995.)

- art. 246 desta CF.
- Lei 7.565/1986 (Código Brasileiro de Aeronáutica).
- Lei 9.611/1998 (Dispõe sobre o Transporte Multimodal de Cargas).
- Lei 11.442/2007 (Dispõe sobre o transporte rodoviário de cargas por meio de terceiros, mediante remuneração).
- Dec.-Lei 116/1967 (Dispõe sobre operações inerentes ao transporte de mercadorias por via d'água nos portos brasileiros delimitando suas responsabilidades e tratando das faltas e avarias).

Parágrafo único. Na ordenação do transporte aquático, a lei estabelecerá as condições em que o transporte de mercadorias na cabotagem e a navegação interior poderão ser feitos por embarcações estrangeiras. (Incluído pela EC 7/1995.)

- art. 246, desta CF.
- Lei 10.233/2001 (Dispõe sobre a reestruturação dos transportes aquaviário e terrestre, cria o Conselho Nacional de Integração de Políticas de Transporte, a Agência Nacional de Transportes Terrestres, a Agência Nacional de Transportes Aquaviários e o Departamento Nacional de Infraestrutura de Transportes).

- Dec. 4.130/2002 (Aprova o regulamento e o quadro demonstrativo dos cargos comissionados e dos cargos comissionados técnicos da Agência Nacional de Transporte Terrestre - ANTT).
- Dec. 10.267/2020 (Dispõe sobre o transporte aéreo, no país, de autoridades em aeronave do Comando da Aeronáutica).

Art. 179. A União, os Estados, o Distrito Federal e os Municípios dispensarão às microempresas e às empresas de pequeno porte, assim definidas em lei, tratamento jurídico diferenciado, visando a incentivá-las pela simplificação de suas obrigações administrativas, tributárias, previdenciárias e creditícias, ou pela eliminação ou redução destas por meio de lei.

- art. 47, § 1º, ADCT.
- LC 123/2006 (Estatuto Nacional da Microempresa e da Empresa de Pequeno Porte);
- Dec. 8.538/2015 (Regulamenta o tratamento favorecido, diferenciado e simplificado para microempresas, empresas de pequeno porte, agricultores familiares, produtores rurais pessoa física, microempreendedores individuais e sociedades cooperativas nas contratações públicas de bens, serviços e obras no âmbito da administração pública federal).

Art. 180. A União, os Estados, o Distrito Federal e os Municípios promoverão e incentivarão o turismo como fator de desenvolvimento social e econômico.

Art. 181. O atendimento de requisição de documento ou informação de natureza comercial, feita por autoridade administrativa ou judiciária estrangeira, a pessoa física ou jurídica residente ou domiciliada no país dependerá de autorização do Poder competente.

CAPÍTULO II
DA POLÍTICA URBANA

Art. 182. A política de desenvolvimento urbano, executada pelo Poder Público municipal, conforme diretrizes gerais fixadas em lei, tem por objetivo ordenar o pleno desenvolvimento das funções sociais da cidade e garantir o bem-estar de seus habitantes.

- Lei 10.257/2001 (Estatuto da Cidade).
- Lei 12.587/2012 (Institui as diretrizes da Política Nacional de Mobilidade Urbana).
- Lei 13.089/2015 (Estatuto da Metrópole).
- Lei 13.311/2016 (Utilização de área pública urbana).

§ 1º O plano diretor, aprovado pela Câmara Municipal, obrigatório para cidades com mais de vinte mil habitantes, é o instrumento básico da política de desenvolvimento e de expansão urbana.

§ 2º A propriedade urbana cumpre sua função social quando atende às exigências fundamentais de ordenação da cidade expressas no plano diretor.

- art. 186 desta CF.
- Súm. 668, STF.

§ 3º As desapropriações de imóveis urbanos serão feitas com prévia e justa indenização em dinheiro.

- art. 46, LC 101/2000 (Lei de Responsabilidade Fiscal).
- Dec.-Lei 3.365/1945 (Lei das desapropriações).
- Súm. 113 e 114, STJ.

§ 4º É facultado ao Poder Público municipal, mediante lei específica para área incluída no plano diretor, exigir, nos termos da lei federal, do proprietário do solo urbano não edificado, subutilizado ou não utilizado, que promova seu adequado aproveitamento, sob pena, sucessivamente, de:

I - parcelamento ou edificação compulsórios;

II - imposto sobre a propriedade predial e territorial urbana progressivo no tempo;

- art. 156, § 1º, desta CF.
- Súm. 668, STF.

III - desapropriação com pagamento mediante títulos da dívida pública de emissão previamente aprovada pelo Senado Federal, com prazo de resgate de até dez anos, em parcelas anuais, iguais e sucessivas, assegurados o valor real da indenização e os juros legais.

- Lei 10.257/2001 (Estatuto da Cidade).
- Dec.-Lei 3.365/1945 (Lei das desapropriações).

Art. 183. Aquele que possuir como sua área urbana de até duzentos e cinquenta metros quadrados, por cinco anos, ininterruptamente e sem oposição, utilizando-a para sua moradia ou de sua família, adquirir-lhe-á o domínio, desde que não seja proprietário de outro imóvel urbano ou rural.

- arts. 1.238 e 1.240, CC/2002.
- Lei 10.257/2001 (Estatuto da Cidade).

§ 1º O título de domínio e a concessão de uso serão conferidos ao homem ou à mulher, ou a ambos, independentemente do estado civil.

- Med. Prov. 2.220/2001 (Concessão de uso especial de que trata este parágrafo).

§ 2º Esse direito não será reconhecido ao mesmo possuidor mais de uma vez.

§ 3º Os imóveis públicos não serão adquiridos por usucapião.

- Lei 10.257/2001 (Estatuto da Cidade).

CAPÍTULO III
DA POLÍTICA AGRÍCOLA E FUNDIÁRIA E DA REFORMA AGRÁRIA

- LC 93/1998 (Cria o Fundo de Terras e da Reforma Agrária - Banco da Terra) e Dec. 11.585/2023 (Regulamento).
- Lei 4.504/1964 (Estatuto da Terra).
- Lei 8.174/1991 (Princípios de Política Agrícola, estabelecendo atribuições ao Conselho Nacional de Política Agrícola (CNPA), tributação compensatória de produtos agrícolas, amparo ao pequeno produtor e regras de fixação e liberação dos estoques públicos).
- Lei 8.629/1993 (Regulamenta dispositivos constitucionais relativos à reforma agrária).
- Lei 9.126/1995 (Dispõe sobre a concessão de subvenção econômica nas operações de crédito rural).
- Lei 9.138/1995 (Dispõe sobre crédito rural).
- Lei 9.393/1996 (Dispõe sobre o Imposto sobre a Propriedade Territorial Rural - ITR).

Art. 184. Compete à União desapropriar por interesse social, para fins de reforma agrária, o imóvel rural que não esteja cumprindo sua função social, mediante prévia e justa indenização em títulos da dívida agrária, com cláusula de preservação do valor real, resgatáveis no prazo de até vinte anos, a partir do segundo ano de sua emissão, e cuja utilização será definida em lei.

- Lei 8.629/1993 (Regulamenta dispositivos constitucionais relativos à reforma agrária).

§ 1º As benfeitorias úteis e necessárias serão indenizadas em dinheiro.

§ 2º O decreto que declarar o imóvel como de interesse social, para fins de reforma agrária, autoriza a União a propor a ação de desapropriação.

§ 3º Cabe à lei complementar estabelecer procedimento contraditório especial, de rito sumário, para o processo judicial de desapropriação.

- LC 76/1993 (Lei da desapropriação de imóvel rural para fins de reforma agrária).

§ 4º O orçamento fixará anualmente o volume total de títulos da dívida agrária, assim como o montante de recursos para atender ao programa de reforma agrária no exercício.

§ 5º São isentas de impostos federais, estaduais e municipais as operações de transferência de imóveis desapropriados para fins de reforma agrária.

Art. 185. São insuscetíveis de desapropriação para fins de reforma agrária:

- Lei 8.629/1993 (Regulamenta dispositivos constitucionais relativos à reforma agrária).

I - a pequena e média propriedade rural, assim definida em lei, desde que seu proprietário não possua outra;

II - a propriedade produtiva.

Parágrafo único. A lei garantirá tratamento especial à propriedade produtiva e fixará normas para o cumprimento dos requisitos relativos à sua função social.

Art. 186. A função social é cumprida quando a propriedade rural atende, simultaneamente, segundo critérios e graus de exigência estabelecidos em lei, aos seguintes requisitos:

- Lei 8.629/1993 (Regulamenta dispositivos constitucionais relativos à reforma agrária).

I - aproveitamento racional e adequado;

II - utilização adequada dos recursos naturais disponíveis e preservação do meio ambiente;

III - observância das disposições que regulam as relações de trabalho;

IV - exploração que favoreça o bem-estar dos proprietários e dos trabalhadores.

Art. 187. A política agrícola será planejada e executada na forma da lei, com a participação efetiva do setor de produção, envolvendo produtores e trabalhadores rurais, bem como dos setores de comercialização, de armazenamento e de transportes, levando em conta, especialmente:

- Lei 8.171/1991 (Lei da Política Agrícola).
- Lei 8.174/1991 (Dispõe sobre princípios de Política Agrícola, estabelecendo atribuições ao Conselho Nacional de Política Agrícola (CNPA), tributação compensatória de produtos agrícolas, amparo ao pequeno produtor e regras de fixação e liberação dos estoques públicos).
- Súm. 298, STJ.

I - os instrumentos creditícios e fiscais;

II - os preços compatíveis com os custos de produção e a garantia de comercialização;

III - o incentivo à pesquisa e à tecnologia;

IV - a assistência técnica e extensão rural;

V - o seguro agrícola;

VI - o cooperativismo;

VII - a eletrificação rural e irrigação;

VIII - a habitação para o trabalhador rural.

§ 1º Incluem-se no planejamento agrícola as atividades agroindustriais, agropecuárias, pesqueiras e florestais.

§ 2º Serão compatibilizadas as ações de política agrícola e de reforma agrária.

Art. 188. A destinação de terras públicas e devolutas será compatibilizada com a política agrícola e com o plano nacional de reforma agrária.

§ 1º A alienação ou a concessão, a qualquer título, de terras públicas com área superior a dois mil e quinhentos hectares a pessoa física ou jurídica, ainda que por interposta pessoa, dependerá de prévia aprovação do Congresso Nacional.

§ 2º Excetuam-se do disposto no parágrafo anterior as alienações ou as concessões de terras públicas para fins de reforma agrária.

Art. 189. Os beneficiários da distribuição de imóveis rurais pela reforma agrária receberão títulos de domínio ou de concessão de uso, inegociáveis pelo prazo de dez anos.

- Lei 8.629/1993 (Regulamenta dispositivos constitucionais relativos à reforma agrária).
- art. 6º, II, Lei 11.284/2006 (Lei de gestão de florestas públicas).

Parágrafo único. O título de domínio e a concessão de uso serão conferidos ao homem ou à mulher, ou a ambos, independentemente do estado civil, nos termos e condições previstos em lei.

- Lei 8.629/1993 (Regulamenta dispositivos constitucionais relativos à reforma agrária).

Art. 190. A lei regulará e limitará a aquisição ou o arrendamento de propriedade rural por pessoa física ou jurídica estrangeira e estabelecerá os casos que dependerão de autorização do Congresso Nacional.

- Lei 5.709/1971 (Regula a Aquisição de Imóvel Rural por Estrangeiro Residente no País ou Pessoa Jurídica Estrangeira Autorizada a Funcionar no Brasil).
- Lei 8.629/1993 (Regulamenta dispositivos constitucionais relativos à reforma agrária).

Art. 191. Aquele que, não sendo proprietário de imóvel rural ou urbano, possua como seu, por cinco anos ininterruptos, sem oposição, área de terra, em zona rural, não superior a cinquenta hectares, tornando-a produtiva por seu trabalho ou de sua família, tendo nela sua moradia, adquirir-lhe-á a propriedade.

- art. 1.239, CC/2002.
- Lei 6.969/1981 (Lei da usucapião especial).

Parágrafo único. Os imóveis públicos não serão adquiridos por usucapião.

- Súmula 619, STJ.

CAPÍTULO IV
DO SISTEMA FINANCEIRO NACIONAL

Art. 192. O sistema financeiro nacional, estruturado de forma a promover o desenvolvimento equilibrado do país e a servir aos interesses da coletividade, em todas as partes que o compõem, abrangendo as cooperativas de crédito, será regulado por leis complementares que disporão, inclusive, sobre a participação do capital estrangeiro nas instituições que o integram. (Redação dada pela EC 40/2003.)

I a VIII - (Revogados pela EC 40/2003)

§§ 1º a 3º (Revogados pela EC 40/2003)

TÍTULO VIII
DA ORDEM SOCIAL

CAPÍTULO I
DISPOSIÇÃO GERAL

Art. 193. A ordem social tem como base o primado do trabalho, e como objetivo o bem-estar e a justiça sociais.

Parágrafo único. O Estado exercerá a função de planejamento das políticas sociais, assegurada, na forma da lei, a participação da sociedade nos processos de formulação, de monitoramento, de controle e de avaliação dessas políticas. (Acrescido pela EC 108/2020)

CAPÍTULO II
DA SEGURIDADE SOCIAL

- Lei 8.212/1991 (Dispõe sobre a organização da Seguridade Social e institui o Plano de Custeio).
- Lei 8.213/1991 (Lei dos Planos de Benefícios da Previdência Social).
- Lei 8.742/1993 (Lei Orgânica da Assistência Social).
- Dec. 3.048/1999 (Regulamento da Previdência Social).
- Dec. 7.788/2012 (Regulamenta o Fundo Nacional de Assistência Social).

SEÇÃO I
DISPOSIÇÕES GERAIS

Art. 194. A seguridade social compreende um conjunto integrado de ações de iniciativa dos Poderes Públicos e da sociedade, destinadas a assegurar os direitos relativos à saúde, à previdência e à assistência social.

- Lei 8.212/1991 (Dispõe sobre a organização da Seguridade Social e institui o Plano de Custeio).
- Lei 8.213/1991 (Lei dos Planos de Benefícios da Previdência Social).

Parágrafo único. Compete ao Poder Público, nos termos da lei, organizar a seguridade social, com base nos seguintes objetivos:

I - universalidade da cobertura e do atendimento;

II - uniformidade e equivalência dos benefícios e serviços às populações urbanas e rurais;

III - seletividade e distributividade na prestação dos benefícios e serviços;

IV - irredutibilidade do valor dos benefícios;

V - equidade na forma de participação no custeio;

VI - diversidade da base de financiamento, identificando-se, em rubricas contábeis específicas para cada área, as receitas e as despesas vinculadas a ações de saúde, previdência e assistência social, preservado o caráter contributivo da previdência social; (Redação dada pela EC 103/2019)

VII - caráter democrático e descentralizado da administração, mediante gestão quadripartite, com participação dos trabalhadores, dos empregadores, dos aposentados e do Governo nos órgãos colegiados. (Redação dada pela EC 20/1998)

Art. 195. A seguridade social será financiada por toda a sociedade, de forma direta e indireta, nos termos da lei, mediante recursos provenientes dos orçamentos da União, dos Estados, do Distrito Federal e dos Municípios, e das seguintes contribuições sociais:

- Art. 240, desta CF.
- art. 12, EC 20/1998 (Reforma previdenciária).
- LC 70/1991 (Institui contribuição para financiamento da Seguridade Social, eleva a alíquota da contribuição social sobre o lucro de instituições financeiras).
- Lei 7.689/1988 (Lei da contribuição social sobre o lucro das pessoas jurídicas).
- Lei 7.894/1989 (Dispõe sobre contribuições para o FINSOCIAL e PIS/PASEP).
- Lei 9.316/1996 (Altera a legislação do imposto de renda e da contribuição social sobre o lucro líquido).
- Lei 9.363/1996 (Instituição de crédito presumido do PIP para ressarcimento do valor do PIS/PASEP e COFINS, nos casos que especifica).
- Lei 9.477/1997 (Institui o Fundo de Aposentadoria Programada Individual - FAPI).
- Súm. 658; 659; 688, STF.
- Súm. 423, STJ.

I - do empregador, da empresa e da entidade a ela equiparada na forma da lei, incidentes sobre: (Redação dada pela EC 20/1998.)

- Súm. 688, STF.

a) a folha de salários e demais rendimentos do trabalho pagos ou creditados, a qualquer título, à pessoa física que lhe preste serviço, mesmo sem vínculo empregatício; (Incluído pela EC 20/1998.)

- arts. 114, VIII; 167, XI, desta CF.

b) a receita ou o faturamento; (Incluído pela EC 20/1998.)

> **Atualização:** *b) (Revogada pela EC 132/2023, em vigor em 2027)*

c) o lucro; (Incluído pela EC 20/1998.)

- art. 195, § 9º, desta CF.
- LC 70/1991 (Institui contribuição para financiamento da Seguridade Social, eleva a alíquota da contribuição social sobre o lucro de instituições financeiras).

II - do trabalhador e dos demais segurados da previdência social, podendo ser adotadas alíquotas progressivas de acordo com o valor do salário de contribuição, não incidindo contribuição sobre aposentadoria e pensão concedidas pelo Regime Geral de Previdência Social; (Redação dada pela EC 103/2019)

- arts. 114, VIII; 167, XI, desta CF.
- Lei 9.477/1997 (Institui o Fundo de Aposentadoria Programada Individual - FAPI).

III - sobre a receita de concursos de prognósticos.

- art. 4º, Lei 7.856/1989 (Altera a tributação de fundos de aplicação de curto prazo e dispõe sobre contribuições sociais, contribuições para o FINSOCIAL e a destinação da renda de concursos de prognósticos).

IV - do importador de bens ou serviços do exterior, ou de quem a lei a ele equiparar. (Incluído pela EC 42/2003.)

> **Atualização:** IV - *(Revogado pela EC 132/2023, em vigor em 2027)*

- Lei 10.865/2004 (Dispõe sobre PIS/PASEP - Importação e COFINS - Importação).

V - sobre bens e serviços, nos termos de lei complementar. *(Acrescido pela EC 132/2023)*

§ 1º As receitas dos Estados, do Distrito Federal e dos Municípios destinadas à seguridade social constarão dos respectivos orçamentos, não integrando o orçamento da União.

§ 2º A proposta de orçamento da seguridade social será elaborada de forma integrada pelos órgãos responsáveis pela saúde, previdência social e assistência social, tendo em vista as metas e prioridades estabelecidas na lei de diretrizes orçamentárias, assegurada a cada área a gestão de seus recursos.

§ 3º A pessoa jurídica em débito com o sistema da seguridade social, como estabelecido em lei, não poderá contratar com o Poder Público nem dele receber benefícios ou incentivos fiscais ou creditícios.

- art. 3º, parágrafo único, EC 106/2020 (Institui regime extraordinário fiscal, financeiro e de contratações para enfrentamento de calamidade pública nacional decorrente de pandemia).
- Lei 8.212/1991 (Dispõe sobre a organização da Seguridade Social e institui o Plano de Custeio).

§ 4º A lei poderá instituir outras fontes destinadas a garantir a manutenção ou expansão da seguridade social, obedecido o disposto no art. 154, I.

- Lei 9.876/1999 (Dispõe sobre contribuição previdenciária do contribuinte individual e o cálculo do benefício).

§ 5º Nenhum benefício ou serviço da seguridade social poderá ser criado, majorado ou estendido sem a correspondente fonte de custeio total.

- art. 24, LC 101/2000 (Lei de Responsabilidade Fiscal).

§ 6º As contribuições sociais de que trata este artigo só poderão ser exigidas após decorridos noventa dias da data da publicação da lei que as houver instituído ou modificado, não se lhes aplicando o disposto no art. 150, III, *b*.

- arts. 74, § 4º; 75, § 1º, ADCT.
- Súm. Vinc. 50, STF.
- Súm. 669, STF.

§ 7º São isentas de contribuição para a seguridade social as entidades beneficentes de assistência social que atendam às exigências estabelecidas em lei.

- Súm. 659, STF.
- Súm. 352, STJ.

§ 8º O produtor, o parceiro, o meeiro e o arrendatário rurais e o pescador artesanal, bem como os respectivos cônjuges, que exerçam suas atividades em regime de economia familiar, sem empregados permanentes, contribuirão para a seguridade social mediante a aplicação de uma alíquota sobre o resultado da comercialização da produção e farão jus aos benefícios nos termos da lei. (Redação dada pela EC 20/1998.)

- art. 25, § 1º, EC 103/2019 (Reforma da Previdência).
- Súm. 272, STJ.

§ 9º As contribuições sociais previstas no inciso I do *caput* deste artigo poderão ter alíquotas diferenciadas em razão da atividade econômica, da utilização intensiva de mão de obra, do porte da empresa ou da condição estrutural do mercado de trabalho, sendo também autorizada a adoção de bases de cálculo diferenciadas apenas no caso das alíneas "b" e "c" do inciso I do *caput*. (Redação dada pela EC 103/2019)

- art. 30, EC 103/2019 (Reforma da Previdência).

> **Atualização:** § 9º As contribuições sociais previstas no inciso I do *caput* deste artigo poderão ter alíquotas diferenciadas em razão da atividade econômica, da utilização intensiva de mão de obra, do porte da empresa ou da condição estrutural do mercado de trabalho, sendo também autorizada a adoção de bases de cálculo diferenciadas apenas no caso da alínea "c" do inciso I do *caput*. *(Redação dada pela EC 132/2023, em vigor em 2027)*

§ 10. A lei definirá os critérios de transferência de recursos para o sistema único de saúde e ações de assistência social da União para os Estados, o Distrito Federal e os Municípios, e dos Estados para os Municípios, observada a respectiva contrapartida de recursos. (Incluído pela EC 20/1998.)

§ 11. São vedados a moratória e o parcelamento em prazo superior a 60 (sessenta) meses e, na forma de lei complementar, a remissão e a anistia das contribuições sociais de que tratam a alínea "a" do inciso I e o inciso II do *caput*. (Redação dada pela EC 103/2019)

- arts. 9º, § 9º; 31, EC 103/2019 (Reforma da Previdência).

§ 12. A lei definirá os setores de atividade econômica para os quais as contribuições incidentes na forma dos incisos I, *b*; e IV do *caput*, serão não cumulativas. (Incluído pela EC 42/2003.)

> **Atualização:** § 12. *(Revogado pela EC 132/2023, em vigor em 2027)*

§ 13. (Revogado pela EC 103/2019)

§ 14. O segurado somente terá reconhecida como tempo de contribuição ao Regime Geral de Previdência Social a competência cuja contribuição seja igual ou superior à contribuição mínima mensal exigida para sua categoria, assegurado o agrupamento de contribuições. (Incluído pela EC 103/2019)

§ 15. A contribuição prevista no inciso V do *caput* poderá ter sua alíquota fixada em lei ordinária. *(Acrescido pela EC 132/2023)*

§ 16. Aplica-se à contribuição prevista no inciso V do *caput* o disposto no art. 156-A, § 1º, I a VI, VIII, X a XIII, § 3º, § 5º, II a VI e IX, e §§ 6º a 11 e 13. *(Acrescido pela EC 132/2023)*

§ 17. A contribuição prevista no inciso V do *caput* não integrará sua própria base de cálculo nem a dos tributos previstos nos arts. 153, VIII, 156-A e 195, I, "b", e IV, e da contribuição para o Programa de Integração Social de que trata o art. 239. *(Acrescido pela EC 132/2023)*

> **Atualização:** § 17. A contribuição prevista no inciso V do *caput* não integrará sua própria base de cálculo nem a dos impostos previstos nos arts. 153, VIII, e 156-A. *(Redação dada pela EC 132/2023, em vigor em 2027)*
>
> **Atualização:** § 17. A contribuição prevista no inciso V do *caput* não integrará sua própria base de cálculo nem a dos impostos previstos nos arts. 153, VIII, e 156-A. *(Redação dada pela EC 132/2023, em vigor em 2033)*

§ 18. Lei estabelecerá as hipóteses de devolução da contribuição prevista no inciso V do *caput* a pessoas físicas, inclusive em relação a limites e beneficiários, com o objetivo de reduzir as desigualdades de renda. *(Acrescido pela EC 132/2023)*

§ 19. A devolução de que trata o § 18 não será computada na receita corrente líquida da União para os fins do disposto nos arts. 100, § 15, 166, §§ 9º, 12 e 17, e 198, § 2º. *(Acrescido pela EC 132/2023)*

> **Atualização:** § 19. A devolução de que trata o § 18: *(Redação dada pela EC 132/2023, em vigor em 2027)*
>
> I - não será computada na receita corrente líquida da União para os fins do disposto nos arts. 100, § 15, 166, §§ 9º, 12 e 17, e 198, § 2º; *(Acrescido pela EC 132/2023, em vigor em 2027)*
>
> II - não integrará a base de cálculo para fins do disposto no art. 239. *(Acrescido pela EC 132/2023, em vigor em 2027)*

SEÇÃO II
DA SAÚDE

- Lei 9.790/1999 (Dispõe sobre a qualificação de pessoas jurídicas de direito privado, sem fins lucrativos, como organizações da sociedade civil de interesse público, e disciplina o termo de parceria)
- Lei 9.961/2000 (Cria a Agência Nacional de Saúde Suplementar - ANS) e Dec. 3.327/2000 (Regulamento).

Art. 196. A saúde é direito de todos e dever do Estado, garantido mediante políticas sociais e econômicas que visem à redução do risco de doença e de outros agravos e ao acesso universal e igualitário às ações e serviços para sua promoção, proteção e recuperação.

- Lei 9.273/1996 (Torna obrigatória a inclusão de dispositivo de segurança que impeça a reutilização de seringas descartáveis).
- Lei 9.313/1996 (Distribuição gratuita de medicamentos aos portadores do HIV e doentes de AIDS).
- Lei 9.797/1999 (Dispõe sobre a obrigatoriedade da cirurgia plástica reparadora da mama pela rede de unidades integrantes do Sistema Único de Saúde - SUS nos casos de mutilação decorrentes de tratamento de câncer).
- Dec. 7.616/2011 (Dispõe sobre a declaração de Emergência em Saúde Pública de Importância Nacional - ESPIN e institui a Força Nacional do Sistema Único de Saúde - FN-SUS).

Art. 197. São de relevância pública as ações e serviços de saúde, cabendo ao Poder Público dispor, nos termos da lei, sobre sua regulamentação, fiscalização e controle, devendo sua execução ser feita diretamente ou através de terceiros e, também, por pessoa física ou jurídica de direito privado.

- Lei 8.080/1990 (Dispõe sobre as condições para a promoção, proteção e recuperação da saúde, a organização e o funcionamento dos serviços correspondentes).

Art. 198. As ações e serviços públicos de saúde integram uma rede regionalizada e hierarquizada e constituem um sistema único, organizado de acordo com as seguintes diretrizes:

I - descentralização, com direção única em cada esfera de governo;

II - atendimento integral, com prioridade para as atividades preventivas, sem prejuízo dos serviços assistenciais;

III - participação da comunidade.

§ 1º O sistema único de saúde será financiado, nos termos do art. 195, com recursos do orçamento da seguridade social, da União, dos Estados, do Distrito Federal e dos Municípios, além de outras fontes. (Parágrafo único renumerado para § 1º pela EC 29/2000.)

§ 2º A União, os Estados, o Distrito Federal e os Municípios aplicarão, anualmente, em ações e serviços públicos de saúde recursos mínimos derivados da aplicação de percentuais calculados sobre: (Incluído pela EC 29/2000.)

- art. 167, IV, desta CF.

I - no caso da União, a receita corrente líquida do respectivo exercício financeiro, não podendo ser inferior a 15% (quinze por cento); (Alterado pela EC 86/2015).

- art. 110, I, ADCT.

II - no caso dos Estados e do Distrito Federal, o produto da arrecadação dos impostos a que se referem os arts. 155 e 156-A e dos recursos de que tratam os arts. 157 e 159, I, "a", e II, deduzidas as parcelas que forem transferidas aos respectivos Municípios; *(Redação dada pela EC 132/2023)*

III - no caso dos Municípios e do Distrito Federal, o produto da arrecadação dos impostos a que se referem os arts. 156 e 156-A e dos recursos de que tratam os arts. 158 e 159, I, "b", e § 3º. *(Redação dada pela EC 132/2023)*

§ 3º Lei complementar, que será reavaliada pelo menos a cada cinco anos, estabelecerá: (Incluído pela EC 29/2000.)

- LC 141/2012 (Regulamenta este parágrafo para dispor sobre os valores mínimos a serem aplicados anualmente pela União, Estados, Distrito Federal e Municípios em ações e serviços públicos de saúde; estabelece os critérios de rateio dos recursos de transferências para a saúde e as normas de fiscalização, avaliação e controle das despesas com saúde nas 3 (três) esferas de governo)

I - os percentuais de que tratam os incisos II e III do § 2º; (Alterado pela EC 86/2015)

II - os critérios de rateio dos recursos da União vinculados à saúde destinados aos Estados, ao Distrito Federal e aos Municípios, e dos Estados destinados a seus respectivos Municípios, objetivando a progressiva redução das disparidades regionais; (Incluído pela EC 29/2000.)

III - as normas de fiscalização, avaliação e controle das despesas com saúde nas esferas federal, estadual, distrital e municipal; (Incluído pela EC 29/2000.)

IV - (Revogado pela EC 86/2015)

§ 4º Os gestores locais do sistema único de saúde poderão admitir agentes comunitários de saúde e agentes de combate às endemias por meio de processo seletivo público, de acordo com a natureza e complexidade de suas atribuições e requisitos específicos para sua atuação. (Incluído pela EC 51/2006.)

- art. 2º, EC 51/2006 (Contratação de agentes comunitários de saúde e de combate às endemias).

§ 5º Lei federal disporá sobre o regime jurídico, o piso salarial profissional nacional, as diretrizes para os Planos de Carreira e a regulamentação das atividades de agente comunitário de saúde e agente de combate às endemias, competindo à União, nos termos da lei, prestar assistência financeira complementar aos Estados, ao Distrito Federal e aos Municípios, para o cumprimento do referido piso salarial. (Redação dada pela EC 63/2010.)

- Lei 11.350/2006 (Regulamenta este parágrafo).

§ 6º Além das hipóteses previstas no § 1º do art. 41 e no § 4º do art. 169 da Constituição Federal, o servidor que exerça funções equivalentes às de agente comunitário de saúde ou de agente de combate às endemias poderá perder o cargo em caso de descumprimento dos requisitos específicos, fixados em lei, para o seu exercício. (Incluído pela EC 51/2006.)

§ 7º O vencimento dos agentes comunitários de saúde e dos agentes de combate às endemias fica sob responsabilidade da União, e cabe aos Estados, ao Distrito Federal e aos Municípios estabelecer, além de outros consectários e vantagens, incentivos, auxílios, gratificações e indenizações, a fim de valorizar o trabalho desses profissionais. *(Acrescido pela EC 120/2022)*

§ 8º Os recursos destinados ao pagamento do vencimento dos agentes comunitários de saúde e dos agentes de combate às endemias serão consignados no orçamento geral da União com dotação própria e exclusiva. *(Acrescido pela EC 120/2022)*

§ 9º O vencimento dos agentes comunitários de saúde e dos agentes de combate às endemias não será inferior a 2 (dois) salários mínimos, repassados pela União aos Municípios, aos Estados e ao Distrito Federal. *(Acrescido pela EC 120/2022)*

§ 10. Os agentes comunitários de saúde e os agentes de combate às endemias terão também, em razão dos riscos inerentes às funções desempenhadas, aposentadoria especial e, somado aos seus vencimentos, adicional de insalubridade. *(Acrescido pela EC 120/2022)*

§ 11. Os recursos financeiros repassados pela União aos Estados, ao Distrito Federal e aos Municípios para pagamento do vencimento ou de qualquer outra vantagem dos agentes comunitários de saúde e dos agentes de combate às endemias não serão objeto de inclusão no cálculo para fins do limite de despesa com pessoal. *(Acrescido pela EC 120/2022)*

§ 12. Lei federal instituirá pisos salariais profissionais nacionais para o enfermeiro, o técnico de enfermagem, o auxiliar de enfermagem e a parteira, a serem observados por pessoas jurídicas de direito público e de direito privado. *(Acrescido pela EC 124/2022)*

§ 13. A União, os Estados, o Distrito Federal e os Municípios, até o final do exercício financeiro em que for publicada a lei de que trata o § 12 deste artigo, adequarão a remuneração dos cargos ou dos respectivos planos de carreiras, quando houver, de modo a atender aos pisos estabelecidos para cada categoria profissional. *(Acrescido pela EC 124/2022)*

§ 14. Compete à União, nos termos da lei, prestar assistência financeira complementar aos Estados, ao Distrito Federal e aos Municípios e às entidades filantrópicas, bem como aos prestadores de serviços contratualizados que atendam, no mínimo, 60% (sessenta por cento) de seus pacientes pelo sistema único de saúde, para o cumprimento dos pisos salariais de que trata o § 12 deste artigo. *(Acrescido pela EC 127/2022)*

§ 15. Os recursos federais destinados aos pagamentos da assistência financeira complementar aos Estados, ao Distrito Federal e aos Municípios e às entidades filantrópicas, bem como aos prestadores de serviços contratualizados que atendam, no mínimo, 60% (sessenta por cento) de seus pacientes pelo sistema único de saúde, para o cumprimento dos pisos salariais de que trata o § 12 deste artigo serão consignados no orçamento geral da União com dotação própria e exclusiva. *(Acrescido pela EC 127/2022)*

Art. 199. A assistência à saúde é livre à iniciativa privada.

- Lei 9.656/1998 (Lei dos planos e seguros privados de saúde).

§ 1º As instituições privadas poderão participar de forma complementar do sistema único de saúde, segundo diretrizes deste, mediante contrato de direito público ou convênio, tendo preferência as entidades filantrópicas e as sem fins lucrativos.

§ 2º É vedada a destinação de recursos públicos para auxílios ou subvenções às instituições privadas com fins lucrativos.

§ 3º É vedada a participação direta ou indireta de empresas ou capitais estrangeiros na assistência à saúde no país, salvo nos casos previstos em lei.

§ 4º A lei disporá sobre as condições e os requisitos que facilitem a remoção de órgãos, tecidos e substâncias humanas para fins de transplante, pesquisa e tratamento, bem como a coleta, processamento e transfusão de sangue e seus derivados, sendo vedado todo tipo de comercialização.

- Lei 8.501/1992 (Dispõe sobre a utilização de cadáver não reclamado, para fins de estudos ou pesquisas científicas).
- Lei 9.434/1997 (Lei de remoção de órgãos e tecidos) e Dec. 9.175/2017 (Regulamento).
- Lei 10.205/2001 (Regulamenta este parágrafo).
- Lei 10.972/2004 (Autoriza o Poder Executivo a criar Empresa Brasileira de Hemoderivados e Biotecnologia - HEMOBRÁS).

Art. 200. Ao sistema único de saúde compete, além de outras atribuições, nos termos da lei:

- Lei 8.080/1990 (Dispõe sobre as condições para a promoção, proteção e recuperação da saúde, a organização e o funcionamento dos serviços correspondentes).
- Lei 8.142/1990 (Dispõe sobre a participação da comunidade na gestão do Sistema Único de Saúde - SUS, e sobre as transferências intergovernamentais de recursos financeiros na área da saúde).

I - controlar e fiscalizar procedimentos, produtos e substâncias de interesse para a saúde e participar da produção de medicamentos, equipamentos, imunobiológicos, hemoderivados e outros insumos;

- Lei 9.431/1997 (Dispõe sobre a obrigatoriedade da manutenção de programa de controle de infecções hospitalares pelos hospitais do país).
- Lei 9.677/ 1998 (Altera dispositivos do Capítulo III do Título VIII do Código Penal, incluindo na classificação dos delitos considerados hediondos crimes contra a saúde pública).
- Lei 9.695/1998 (Acrescenta incisos ao art. 1º da Lei 8.072/ 1990, que dispõe sobre os crimes hediondos, e altera os arts. 2º, 5º e 10 da Lei 6.437/1977).

II - executar as ações de vigilância sanitária e epidemiológica, bem como as de saúde do trabalhador;

III - ordenar a formação de recursos humanos na área de saúde;

IV - participar da formulação da política e da execução das ações de saneamento básico;

V - incrementar, em sua área de atuação, o desenvolvimento científico e tecnológico e a inovação; (Alterado pela EC 85/2015.)

VI - fiscalizar e inspecionar alimentos, compreendido o controle de seu teor nutricional, bem como bebidas e águas para consumo humano;

VII - participar do controle e fiscalização da produção, transporte, guarda e utilização de substâncias e produtos psicoativos, tóxicos e radioativos;

VIII - colaborar na proteção do meio ambiente, nele compreendido o do trabalho.

SEÇÃO III
DA PREVIDÊNCIA SOCIAL

- Lei 8.147/1990 (Dispõe sobre a alíquota do FINSOCIAL).
- Lei 8.212/1991 (Dispõe sobre a organização da Seguridade Social e institui o Plano de Custeio).
- Lei 8.213/1991 (Lei dos Planos de Benefícios da Previdência Social).
- Lei 9.796/1999 (Dispõe sobre a compensação financeira entre o Regime Geral de Previdência Social e os regimes de previdência dos servidores da União, dos Estados, do Distrito Federal e dos Municípios, nos casos de contagem recíproca de tempo de contribuição para efeito de aposentadoria) e Dec. 10.188/2019 (Regulamento).
- Dec. 3.048/1999 (Regulamento da Previdência Social).

Art. 201. A previdência social será organizada sob a forma do Regime Geral de Previdência Social, de caráter contributivo e de filiação obrigatória, observados critérios que preservem o equilíbrio financeiro e atuarial, e atenderá, na forma da lei, a: (Redação dada pela EC 103/2019)

- arts. 40; 167, XI; 195, II, desta CF.
- arts. 15 a 17; 19 a 21; 23; 24, EC 103/2019 (Reforma da Previdência).
- Lei 8.212/1991 (Dispõe sobre a organização da Seguridade Social e institui o Plano de Custeio).
- Lei 8.213/1991 (Lei dos Planos de Benefícios da Previdência Social).
- Dec. 3.048/1999 (Regulamento da Previdência Social).

I - cobertura dos eventos de incapacidade temporária ou permanente para o trabalho e idade avançada; (Redação dada pela EC 103/2019)

II - proteção à maternidade, especialmente à gestante; (Redação dada pela EC 20/1998.)

- Súm. 657, STJ.

III - proteção ao trabalhador em situação de desemprego involuntário; (Redação dada pela EC 20/1998.)

- Lei 7.998/1990 (Lei do Seguro-Desemprego).
- Lei 10.779/2003 (Dispõe sobre a concessão do seguro-desemprego, durante o período de defeso, ao pescador profissional que exerce atividade de forma artesanal). Dec 8.424/2015 (Regulamento).

IV - salário-família e auxílio-reclusão para os dependentes dos segurados de baixa renda; (Redação dada pela EC 20/1998.)

V - pensão por morte do segurado, homem ou mulher, ao cônjuge ou companheiro e dependentes, observado o disposto no § 2º. (Redação dada pela EC 20/1998.)

§ 1º É vedada a adoção de requisitos ou critérios diferenciados para concessão de benefícios, ressalvada, nos termos de lei complementar, a possibilidade de previsão de idade e tempo de contribuição distintos da regra geral para concessão de aposentadoria exclusivamente em favor dos segurados: (Redação dada pela EC 103/2019)

- LC 142/2013 (Regulamenta este parágrafo).

I - com deficiência, previamente submetidos a avaliação biopsicossocial realizada por equipe multiprofissional e interdisciplinar; (Incluído pela EC 103/2019)

- art. 22, EC 103/2019 (Reforma da Previdência).
- art. 41, Lei 13.146/2015 (Estatuto da Pessoa com Deficiência).

II - cujas atividades sejam exercidas com efetiva exposição a agentes químicos, físicos e biológicos prejudiciais à saúde, ou associação desses agentes, vedada a caracterização por categoria profissional ou ocupação. (Incluído pela EC 103/2019)

§ 2º Nenhum benefício que substitua o salário de contribuição ou o rendimento do trabalho do segurado terá valor mensal inferior ao salário-mínimo. (Redação dada pela EC 20/1998.)

§ 3º Todos os salários de contribuição considerados para o cálculo de benefício serão devidamente atualizados, na forma da lei. (Redação dada pela EC 20/1998.)

- Súm. 456, STJ.

§ 4º É assegurado o reajustamento dos benefícios para preservar-lhes, em caráter permanente, o valor real, conforme critérios definidos em lei. (Redação dada pela EC 20/1998.)

- Súm. 688, STF.

§ 5º É vedada a filiação ao regime geral de previdência social, na qualidade de segurado facultativo, de pessoa participante de regime próprio de previdência. (Redação dada pela EC 20/1998.)

§ 6º A gratificação natalina dos aposentados e pensionistas terá por base o valor dos proventos do mês de dezembro de cada ano. (Redação dada pela EC 20/1998.)

- arts. 76 a 82 do Dec. 10.854/2021 (Regulamenta disposições relativas à legislação trabalhista).
- Súm. 688, STF.

§ 7º É assegurada aposentadoria no regime geral de previdência social, nos termos da lei, obedecidas as seguintes condições: (Redação dada pela EC 20/1998.)

I - 65 (sessenta e cinco) anos de idade, se homem, e 62 (sessenta e dois) anos de idade, se mulher, observado tempo mínimo de contribuição; (Redação dada pela EC 103/2019)

- arts. 18 e 19 EC 103/2019 (Reforma da Previdência).

II - 60 (sessenta) anos de idade, se homem, e 55 (cinquenta e cinco) anos de idade, se mulher, para os trabalhadores rurais e para os que exerçam suas atividades em regime de economia familiar, nestes incluídos o produtor rural, o garimpeiro e o pescador artesanal. (Redação dada pela EC 103/2019)

§ 8º O requisito de idade a que se refere o inciso I do § 7º será reduzido em 5 (cinco) anos, para o professor que comprove tempo de efetivo exercício das funções de magistério na educação infantil e no ensino fundamental e médio fixado em lei complementar. (Redação dada pela EC 103/2019)

- art. 19, § 1º, EC 103/2019 (Reforma da Previdência).
- art. 67, § 2º, Lei 9.394/1996 (Lei das Diretrizes e Bases da Educação Nacional).

§ 9º Para fins de aposentadoria, será assegurada a contagem recíproca do tempo de contribuição entre o Regime Geral de Previdência Social e os regimes próprios de previdência social, e destes entre si, observada a compensação financeira, de acordo com os critérios estabelecidos em lei. (Redação dada pela EC 103/2019)

§ 9º-A. O tempo de serviço militar exercido nas atividades de que tratam os arts. 42, 142 e 143 e o tempo de contribuição ao Regime Geral de Previdência Social ou a regime próprio de previdência social terão contagem recíproca para fins de inativação militar ou aposentadoria, e a compensação financeira será devida entre as receitas de contribuição referentes aos militares e as receitas de contribuição aos demais regimes. (Incluído pela EC 103/2019)

§ 10. Lei complementar poderá disciplinar a cobertura de benefícios não programados, inclusive os decorrentes de acidente do trabalho, a ser atendida concorrentemente pelo Regime Geral de Previdência Social e pelo setor privado. (Redação dada pela EC 103/2019)

§ 11. Os ganhos habituais do empregado, a qualquer título, serão incorporados ao salário para efeito de contribuição previdenciária e consequente repercussão em benefícios, nos casos e na forma da lei. (Redação dada pela EC 20/1998.)

- art. 3º, EC 20/1998 (Dispõe sobre a Reforma da Previdência).
- Lei 8.213/1991 (Lei dos Planos de Benefícios da Previdência Social).
- Dec. 3.048/1999 (Regulamento da Previdência Social).

§ 12. Lei instituirá sistema especial de inclusão previdenciária, com alíquotas diferenciadas, para atender aos trabalhadores de baixa renda, inclusive os que se encontram em situação de informalidade, e àqueles sem renda própria que se dediquem exclusivamente ao trabalho doméstico no âmbito de sua residência, desde que pertencentes a famílias de baixa renda. (Redação dada pela EC 103/2019)

§ 13. A aposentadoria concedida ao segurado de que trata o § 12 terá valor de 1 (um) salário-mínimo. (Redação dada pela EC 103/2019)

§ 14. É vedada a contagem de tempo de contribuição fictício para efeito de concessão dos benefícios previdenciários e de contagem recíproca. (Incluído pela EC 103/2019)

- art. 25, EC 103/2019.

§ 15. Lei complementar estabelecerá vedações, regras e condições para a acumulação de benefícios previdenciários. (Incluído pela EC 103/2019)

§ 16. Os empregados dos consórcios públicos, das empresas públicas, das sociedades de economia mista e das suas subsidiárias serão aposentados compulsoriamente, observado o cumprimento do tempo mínimo de contribuição, ao atingir a idade máxima de que trata o inciso II do § 1º do art. 40, na forma estabelecida em lei. (Incluído pela EC 103/2019)

Art. 202. O regime de previdência privada, de caráter complementar e organizado de forma autônoma em relação ao regime geral de previdência social, será facultativo, baseado na constituição de reservas que garantam o benefício contratado, e regulado por lei complementar. (Redação dada pela EC 20/1998.)

- art. 40, § 15, desta CF.
- art. 7º, EC 20/1998 (Dispõe sobre a Reforma da Previdência).
- LC 109/2001 (Lei do Regime de Previdência Complementar) e Dec. 4.942/2003 (Regulamento).
- Lei 9.656/1998 (Lei dos planos e seguros privados de saúde).
- Lei 10.185/2001 (Especialização das sociedades seguradoras em planos privados de assistência à saúde).
- Dec. 7.123/2010 (Dispõe sobre o Conselho Nacional de Previdência Complementar - CNPC e sobre a Câmara de Recursos de Previdência Complementar - CRPC).
- Súm. 149, STJ.

§ 1º A lei complementar de que trata este artigo assegurará ao participante de planos de benefícios de entidades de previdência privada o pleno acesso às informações relativas à gestão de seus respectivos planos. (Redação dada pela EC 20/1998.)

§ 2º As contribuições do empregador, os benefícios e as condições contratuais previstas nos estatutos, regulamentos e planos de benefícios das entidades de previdência privada não integram o contrato de trabalho dos participantes, assim como, à exceção dos benefícios concedidos, não integram a remuneração dos participantes, nos termos da lei. (Redação dada pela EC 20/1998.)

§ 3º É vedado o aporte de recursos a entidade de previdência privada pela União, Estados, Distrito Federal e Municípios, suas autarquias, fundações, empresas públicas, sociedades de economia mista e outras entidades públicas, salvo na qualidade de patrocinador, situação na qual, em hipótese alguma, sua contribuição normal poderá exceder a do segurado. (Incluído pela EC 20/1998.)

- art. 5º, EC 20/1998 (Dispõe sobre a Reforma da Previdência).
- LC 108/2001 (Regulamenta este parágrafo).

§ 4º Lei complementar disciplinará a relação entre a União, Estados, Distrito Federal ou Municípios, inclusive suas autarquias, fundações, sociedades de economia mista e empresas controladas direta ou indiretamente, enquanto patrocinadores de planos de benefícios previdenciários, e as entidades de previdência complementar. (Redação dada pela EC 103/2019)

- art. 40, § 14, desta CF.

- art. 33, EC 103/2019 (Reforma da Previdência).
- LC 108/2001 (Regulamenta este parágrafo).

§ 5º A lei complementar de que trata o § 4º aplicar-se-á, no que couber, às empresas privadas permissionárias ou concessionárias de prestação de serviços públicos, quando patrocinadoras de planos de benefícios em entidades de previdência complementar. (Redação dada pela EC 103/2019)

- LC 108/2001 (Regulamenta este parágrafo).

§ 6º Lei complementar estabelecerá os requisitos para a designação dos membros das diretorias das entidades fechadas de previdência complementar instituídas pelos patrocinadores de que trata o § 4º e disciplinará a inserção dos participantes nos colegiados e instâncias de decisão em que seus interesses sejam objeto de discussão e deliberação. (Redação dada pela EC 103/2019)

- LC 108/2001 (Regulamenta este parágrafo).
- LC 109/2001 (Lei do Regime de Previdência Complementar).

SEÇÃO IV
DA ASSISTÊNCIA SOCIAL

- Lei 8.742/1993 (Lei Orgânica da Previdência Social).
- Dec. 7.788/2012 (Regulamenta o Fundo Nacional de Assistência Social.)

Art. 203. A assistência social será prestada a quem dela necessitar, independentemente de contribuição à seguridade social, e tem por objetivos:

I - a proteção à família, à maternidade, à infância, à adolescência e à velhice;

II - o amparo às crianças e adolescentes carentes;

III - a promoção da integração ao mercado de trabalho;

IV - a habilitação e reabilitação das pessoas portadoras de deficiência e a promoção de sua integração à vida comunitária;

- Dec. 6.949/2009 (Promulga a Convenção Internacional sobre os direitos das pessoas com deficiência).
- Dec. 11.793/2023 (Institui o Plano Nacional dos Direitos da Pessoa com Deficiência - Novo Viver sem Limite).

V - a garantia de um salário-mínimo de benefício mensal à pessoa portadora de deficiência e ao idoso que comprovem não possuir meios de prover à própria manutenção ou de tê-la provida por sua família, conforme dispuser a lei.

- Lei 10.741/2003 (Estatuto da Pessoa Idosa).

VI - a redução da vulnerabilidade socioeconômica de famílias em situação de pobreza ou de extrema pobreza. *(Acrescido pela EC 114/2021)*

Art. 204. As ações governamentais na área da assistência social serão realizadas com recursos do orçamento da seguridade social, previstos no art. 195, além de outras fontes, e organizadas com base nas seguintes diretrizes:

I - descentralização político-administrativa, cabendo a coordenação e as normas gerais à esfera federal e a coordenação e a execução dos respectivos programas às esferas estadual e municipal, bem como a entidades beneficentes e de assistência social;

II - participação da população, por meio de organizações representativas, na formulação das políticas e no controle das ações em todos os níveis.

Parágrafo único. É facultado aos Estados e ao Distrito Federal vincular a programa de apoio à inclusão e promoção social até cinco décimos por cento de sua receita tributária líquida, vedada a aplicação desses recursos no pagamento de: (Incluído pela EC 42/2003.)

I - despesas com pessoal e encargos sociais; (Incluído pela EC 42/2003.)

II - serviço da dívida; (Incluído pela EC 42/2003.)

III - qualquer outra despesa corrente não vinculada diretamente aos investimentos ou ações apoiados. (Incluído pela EC 42/2003.)

CAPÍTULO III
DA EDUCAÇÃO, DA CULTURA E DO DESPORTO

SEÇÃO I
DA EDUCAÇÃO

- Lei 9.394/1996 (Lei das Diretrizes e Bases da Educação Nacional).
- Lei 9.790/1999 (Dispõe sobre a qualificação de pessoas jurídicas de direito privado, sem fins lucrativos, como Organizações da Sociedade Civil de Interesse Público, institui e disciplina o Termo de Parceria).
- Lei 10.219/2001 (Cria o Programa Nacional de Renda Mínima Vinculado à Educação - Bolsa Escola) e Dec. 4.313/2002 (Regulamento).
- Lei 10.558/2002 (Cria o Programa Diversidade na Universidade).
- Lei 11.096/2005 (Institui o Programa Universidade para Todos - PROUNI).
- Lei 11.788/2008 (Lei do Estágio).
- Art. 1º, Lei 12.711/2012 (Dispõe sobre o ingresso nas universidades federais e nas instituições federais de ensino técnico de nível médio).
- Lei 14.113/2020 (Regulamenta o Fundo de Manutenção e Desenvolvimento da Educação Básica e de Valorização dos Profissionais da Educação (Fundeb), de que trata este artigo) e Dec. 10.656/2021 (Regulamento).

Art. 205. A educação, direito de todos e dever do Estado e da família, será promovida e incentivada com a colaboração da sociedade, visando ao pleno desenvolvimento da pessoa, seu preparo para o exercício da cidadania e sua qualificação para o trabalho.

Art. 206. O ensino será ministrado com base nos seguintes princípios:

I - igualdade de condições para o acesso e permanência na escola;

- Lei 12.288/2010 (Estatuto da Igualdade Racial).

II - liberdade de aprender, ensinar, pesquisar e divulgar o pensamento, a arte e o saber;

III - pluralismo de ideias e de concepções pedagógicas e coexistência de instituições públicas e privadas de ensino;

IV - gratuidade do ensino público em estabelecimentos oficiais;

- art. 242 desta CF.
- Súm. Vinc. 12. STF.

V - valorização dos profissionais da educação escolar, garantidos, na forma da lei, planos de carreira, com ingresso exclusivamente por concurso público de provas e títulos, aos das redes públicas; (Redação dada pela EC 53/2006.)

VI - gestão democrática do ensino público, na forma da lei;

- Lei 9.394/1996 (Lei das Diretrizes e Bases da Educação Nacional).

VII - garantia de padrão de qualidade;

VIII - piso salarial profissional nacional para os profissionais da educação escolar pública, nos termos de lei federal. (Incluído pela EC 53/2006.)

IX - garantia do direito à educação e à aprendizagem ao longo da vida. (Acrescido pela EC 108/2020)

Parágrafo único. A lei disporá sobre as categorias de trabalhadores considerados profissionais da educação básica e sobre a fixação de prazo para a elaboração ou adequação de seus planos de carreira, no âmbito da União, dos Estados, do Distrito Federal e dos Municípios. (Incluído pela EC 53/2006.)

Art. 207. As universidades gozam de autonomia didático-científica, administrativa e de gestão financeira e patrimonial, e obedecerão ao princípio de indissociabilidade entre ensino, pesquisa e extensão.

- Dec. 7.233/2010 (Dispõe sobre procedimentos orçamentários e financeiros relacionados à autonomia universitária).
- Dec. 9.235/2017 (Dispõe sobre o exercício das funções de regulação, supervisão e avaliação das instituições de educação superior e dos cursos superiores de graduação e de pós-graduação no sistema federal de ensino).

§ 1º É facultado às universidades admitir professores, técnicos e cientistas estrangeiros, na forma da lei. (Incluído pela EC 11/1996.)

§ 2º O disposto neste artigo aplica-se às instituições de pesquisa científica e tecnológica. (Incluído pela EC 11/1996.)

Art. 208. O dever do Estado com a educação será efetivado mediante a garantia de:

I - educação básica obrigatória e gratuita dos 4 (quatro) aos 17 (dezessete) anos de idade, assegurada inclusive sua oferta gratuita para todos os que a ela não tiveram acesso na idade própria; (Redação dada pela EC 59/2009.)

- art. 6º, EC 59/2009 (Art. 6º O disposto no inciso I do art. 208 da Constituição Federal deverá ser implementado progressivamente, até 2016, nos termos do Plano Nacional de Educação, com apoio técnico e financeiro da União).

II - progressiva universalização do ensino médio gratuito; (Redação dada pela EC 14/1996.)

III - atendimento educacional especializado aos portadores de deficiência, preferencialmente na rede regular de ensino;

- Lei 7.853/1989 (Lei de apoio às pessoas portadoras de deficiência) e Dec. 3.298/1999 (Regulamento).
- Lei 10.845/2004 (Institui o Programa de complementação ao atendimento educacional especializado às pessoas portadoras de deficiência - PAED).
- Lei 13.146/2015 (Estatuto da Pessoa Portadora de Deficiência).

IV - educação infantil, em creche e pré-escola, às crianças até 5 (cinco) anos de idade; (Redação dada pela EC 53/2006.)

- art. 7º, XXV, CF.

V - acesso aos níveis mais elevados do ensino, da pesquisa e da criação artística, segundo a capacidade de cada um;

VI - oferta de ensino noturno regular, adequado às condições do educando;

VII - atendimento ao educando, em todas as etapas da educação básica, por meio de programas suplementares de material didático escolar, transporte, alimentação e assistência à saúde. (Redação dada pela EC 59/2009.)

- arts. 6º e 212, § 4º, desta CF.

§ 1º O acesso ao ensino obrigatório e gratuito é direito público subjetivo.

§ 2º O não oferecimento do ensino obrigatório pelo Poder Público, ou sua oferta irregular, importa responsabilidade da autoridade competente.

§ 3º Compete ao Poder Público recensear os educandos no ensino fundamental, fazer-lhes a chamada e zelar, junto aos pais ou responsáveis, pela frequência à escola.

Art. 209. O ensino é livre à iniciativa privada, atendidas as seguintes condições:

I - cumprimento das normas gerais da educação nacional;

II - autorização e avaliação de qualidade pelo Poder Público.

Art. 210. Serão fixados conteúdos mínimos para o ensino fundamental, de maneira a assegurar formação básica comum e respeito aos valores culturais e artísticos, nacionais e regionais.

§ 1º O ensino religioso, de matrícula facultativa, constituirá disciplina dos horários normais das escolas públicas de ensino fundamental.

§ 2º O ensino fundamental regular será ministrado em língua portuguesa, assegurada às comunidades indígenas também a utilização de suas línguas maternas e processos próprios de aprendizagem.

Art. 211. A União, os Estados, o Distrito Federal e os Municípios organizarão em regime de colaboração seus sistemas de ensino.

- art. 60, ADCT.

§ 1º A União organizará o sistema federal de ensino e o dos Territórios, financiará as instituições de ensino públicas federais e exercerá, em matéria educacional, função redistributiva e supletiva, de forma a garantir equalização de oportunidades educacionais e padrão mínimo de qualidade do ensino mediante assistência técnica e financeira aos Estados, ao Distrito Federal e aos Municípios; (Redação dada pela EC 14/1996.)

§ 2º Os Municípios atuarão prioritariamente no ensino fundamental e na educação infantil. (Redação dada pela EC 14/1996.)

§ 3º Os Estados e o Distrito Federal atuarão prioritariamente no ensino fundamental e médio. (Incluído pela EC 14/1996.)

§ 4º Na organização de seus sistemas de ensino, a União, os Estados, o Distrito Federal e os Municípios definirão formas de colaboração, de forma a assegurar a universalização, a qualidade e a equidade do ensino obrigatório. (Redação dada pela EC 108/2020)

§ 5º A educação básica pública atenderá prioritariamente ao ensino regular. (Incluído pela EC 53/2006.)

§ 6º A União, os Estados, o Distrito Federal e os Municípios exercerão ação redistributiva em relação a suas escolas (Acrescido pela EC 108/2020)

§ 7º O padrão mínimo de qualidade de que trata o § 1º deste artigo considerará as condições adequadas de oferta e terá como referência o Custo Aluno Qualidade (CAQ), pactuados em regime de colaboração na forma disposta em lei complementar, conforme o parágrafo único do art. 23 desta Constituição. (Acrescido pela EC 108/2020)

Art. 212. A União aplicará, anualmente, nunca menos de dezoito, e os Estados, o Distrito Federal e os Municípios vinte e cinco por cento, no mínimo, da receita resultante de impostos, compreendida a proveniente de transferências, na manutenção e desenvolvimento do ensino.

- arts. 34, VII, e; 35, III; 167, IV, desta CF.
- arts. 60; 72, §§ 2º e 3º, ADCT.

§ 1º A parcela da arrecadação de impostos transferida pela União aos Estados, ao Distrito Federal e aos Municípios, ou pelos Estados aos respectivos Municípios, não é considerada, para efeito do cálculo previsto neste artigo, receita do governo que a transferir.

§ 2º Para efeito do cumprimento do disposto no *caput* deste artigo, serão considerados os sistemas de ensino federal, estadual e municipal e os recursos aplicados na forma do art. 213.

§ 3º A distribuição dos recursos públicos assegurará prioridade ao atendimento das necessidades do ensino obrigatório, no que se refere a universalização, garantia de padrão de qualidade e equidade, nos termos do plano nacional de educação. (Redação dada pela EC 59/2009.)

§ 4º Os programas suplementares de alimentação e assistência à saúde previstos no art. 208, VII, serão financiados com recursos provenientes de contribuições sociais e outros recursos orçamentários.

§ 5º A educação básica pública terá como fonte adicional de financiamento a contribuição social do salário-educação, recolhida pelas empresas na forma da lei. (Redação dada pela EC 53/2006.)

- art. 76, § 2º, ADCT.
- Lei 9.766/1998 (Dispõe sobre o salário-educação).
- Dec. 6.003/2006 (Regulamenta a arrecadação, fiscalização e cobrança da contribuição social do salário-educação).
- Súm. 732, STF.

§ 6º As cotas estaduais e municipais da arrecadação da contribuição social do salário-educação serão distribuídas proporcionalmente ao número de alunos matriculados na educação básica nas respectivas redes públicas de ensino. (Incluído pela EC 53/2006.)

- art. 107, § 6º, I, ADCT.

§ 7º É vedado o uso dos recursos referidos no *caput* e nos §§ 5º e 6º deste artigo para pagamento de aposentadorias e de pensões. (Acrescido pela EC 108/2020)

§ 8º Na hipótese de extinção ou de substituição de impostos, serão redefinidos os percentuais referidos no *caput* deste artigo e no inciso II do *caput* do art. 212-A, de modo que resultem recursos vinculados à manutenção e ao desenvolvimento do ensino, bem como os recursos subvinculados aos fundos de que trata o art. 212-A desta Constituição, em aplicações equivalentes às anteriormente praticadas. (Acrescido pela EC 108/2020)

§ 9º A lei disporá sobre normas de fiscalização, de avaliação e de controle das despesas com educação nas esferas estadual, distrital e municipal. (Acrescido pela EC 108/2020)

Art. 212-A. Os Estados, o Distrito Federal e os Municípios destinarão parte dos recursos a que se refere o *caput* do art. 212 desta Constituição à manutenção e ao desenvolvimento do ensino na educação básica e à remuneração condigna de seus profissionais, respeitadas as seguintes disposições: (Artigo acrescido pela EC 108/2020)

- Lei 14.113/2020 (Regulamenta o Fundo de Manutenção e Desenvolvimento da Educação Básica e de Valorização dos Profissionais da Educação (Fundeb), de que trata este artigo) e Dec. 10.656/2021 (Regulamento).

I - a distribuição dos recursos e de responsabilidades entre o Distrito Federal, os Estados e seus Municípios é assegurada mediante a instituição, no âmbito de cada Estado e do Distrito Federal, de um Fundo de Manutenção e Desenvolvimento da Educação Básica e de Valorização dos Profissionais da Educação (Fundeb), de natureza contábil;

II - os fundos referidos no inciso I do *caput* deste artigo serão constituídos por 20% (vinte por cento): *(Redação dada pela EC 132/2023)*

a) das parcelas dos Estados no imposto de que trata o art. 156-A; *(Acrescida pela EC 132/2023)*

b) da parcela do Distrito Federal no imposto de que trata o art. 156-A, relativa ao exercício de sua competência estadual, nos termos do art. 156-A, § 2º; e *(Acrescida pela EC 132/2023)*

c) dos recursos a que se referem os incisos I, II e III do *caput* do art. 155, o inciso II do *caput* do art. 157, os incisos II, III e IV do *caput* do art. 158 e as alíneas "a" e "b" do inciso I e o inciso II do *caput* do art. 159 desta Constituição; *(Acrescida pela EC 132/2023)*

> **Atualização:** *c)* dos recursos a que se referem os incisos I e III do *caput* do art. 155, o inciso II do *caput* do art. 157, os incisos II, III e IV do *caput* do art. 158 e as alíneas "a" e "b" do inciso I e o inciso II do *caput* do art. 159 desta Constituição; *(Redação dada pela EC 132/2023, em vigor em 2033)*

III - os recursos referidos no inciso II do *caput* deste artigo serão distribuídos entre cada Estado e seus Municípios, proporcionalmente ao número de alunos das diversas etapas e modalidades da educação básica presencial matriculados nas respectivas redes, nos âmbitos de atuação prioritária, conforme estabelecido nos §§ 2º e 3º do art. 211 desta Constituição, observadas as ponderações referidas na alínea "a" do inciso X do *caput* e no § 2º deste artigo;

IV - a União complementará os recursos dos fundos a que se refere o inciso II do *caput* deste artigo;

V - a complementação da União será equivalente a, no mínimo, 23% (vinte e três por cento) do total de recursos a que se refere o inciso II do *caput* deste artigo, distribuída da seguinte forma:

a) 10 (dez) pontos percentuais no âmbito de cada Estado e do Distrito Federal, sempre que o valor anual por aluno (VAAF), nos termos do inciso III do *caput* deste artigo, não alcançar o mínimo definido nacionalmente;

b) no mínimo, 10,5 (dez inteiros e cinco décimos) pontos percentuais em cada rede pública de ensino municipal, estadual ou distrital, sempre que o valor anual total por aluno (VAAT), referido no inciso VI do *caput* deste artigo, não alcançar o mínimo definido nacionalmente;

c) 2,5 (dois inteiros e cinco décimos) pontos percentuais nas redes públicas que, cumpridas condicionalidades de melhoria de gestão previstas em lei, alcançarem evolução de indicadores a serem definidos, de atendimento e melhoria da aprendizagem com redução das desigualdades, nos termos do sistema nacional de avaliação da educação básica;

VI - o VAAT será calculado, na forma da lei de que trata o inciso X do *caput* deste artigo, com base nos recursos a que se refere o inciso II do *caput* deste artigo, acrescidos de outras receitas e de transferências vinculadas à educação, observado o disposto no § 1º e consideradas as matrículas nos termos do inciso III do *caput* deste artigo;

VII - os recursos de que tratam os incisos II e IV do *caput* deste artigo serão aplicados pelos Estados e pelos Municípios exclusivamente nos respectivos âmbitos de atuação prioritária, conforme estabelecido nos §§ 2º e 3º do art. 211 desta Constituição;

VIII - a vinculação de recursos à manutenção e ao desenvolvimento do ensino estabelecida no art. 212 desta Constituição suportará, no máximo, 30% (trinta por cento) da complementação da União, considerados para os fins deste inciso os valores previstos no inciso V do *caput* deste artigo;

IX - o disposto no *caput* do art. 160 desta Constituição aplica-se aos recursos referidos nos incisos II e IV do *caput* deste artigo, e seu descumprimento pela autoridade competente importará em crime de responsabilidade;

X - a lei disporá, observadas as garantias estabelecidas nos incisos I, II, III e IV do *caput* e no § 1º do art. 208 e as metas pertinentes do plano nacional de educação, nos termos previstos no art. 214 desta Constituição, sobre:

a) a organização dos fundos referidos no inciso I do *caput* deste artigo e a distribuição proporcional de seus recursos, as diferenças e as ponderações quanto ao valor anual por aluno entre etapas, modalidades, duração da jornada e tipos de estabelecimento de ensino, observadas as respectivas especificidades e os insumos necessários para a garantia de sua qualidade;

b) a forma de cálculo do VAAF decorrente do inciso III do *caput* deste artigo e do VAAT referido no inciso VI do *caput* deste artigo;

c) a forma de cálculo para distribuição prevista na alínea "c" do inciso V do *caput* deste artigo;

d) a transparência, o monitoramento, a fiscalização e o controle interno, externo e social dos fundos referidos no inciso I do *caput* deste artigo, assegurada a criação, a autonomia, a manutenção e a consolidação de conselhos de acompanhamento e controle social, admitida sua integração aos conselhos de educação;

e) o conteúdo e a periodicidade da avaliação, por parte do órgão responsável, dos efeitos redistributivos, da melhoria dos indicadores educacionais e da ampliação do atendimento;

XI - proporção não inferior a 70% (setenta por cento) de cada fundo referido no inciso I do *caput* deste artigo, excluídos os recursos de que trata a alínea "c" do inciso V do *caput* deste artigo, será destinada ao pagamento dos profissionais da educação básica em efetivo exercício, observado, em relação aos recursos previstos na alínea "b" do inciso V do *caput* deste artigo, o percentual mínimo de 15% (quinze por cento) para despesas de capital;

XII - lei específica disporá sobre o piso salarial profissional nacional para os profissionais do magistério da educação básica pública;

XIII - a utilização dos recursos a que se refere o § 5º do art. 212 desta Constituição para a complementação da União ao Fundeb, referida no inciso V do *caput* deste artigo, é vedada.

§ 1º O cálculo do VAAT, referido no inciso VI do *caput* deste artigo, deverá considerar, além dos recursos previstos no inciso II do *caput* deste artigo, pelo menos, as seguintes disponibilidades:

I - receitas de Estados, do Distrito Federal e de Municípios vinculadas à manutenção e ao desenvolvimento do ensino não integrantes dos fundos referidos no inciso I do *caput* deste artigo;

II - cotas estaduais e municipais da arrecadação do salário-educação de que trata o § 6º do art. 212 desta Constituição;

III - complementação da União transferida a Estados, ao Distrito Federal e a Municípios nos termos da alínea "a" do inciso V do *caput* deste artigo.

§ 2º Além das ponderações previstas na alínea "a" do inciso X do *caput* deste artigo, a lei definirá outras relativas ao nível socioeconômico dos educandos e aos indicadores de disponibilidade de recursos vinculados à educação e de potencial de arrecadação tributária de cada ente federado, bem como seus prazos de implementação.

§ 3º Será destinada à educação infantil a proporção de 50% (cinquenta por cento) dos recursos globais a que se refere a alínea "b" do inciso V do *caput* deste artigo, nos termos da lei.

Art. 213. Os recursos públicos serão destinados às escolas públicas, podendo ser dirigidos a escolas comunitárias, confessionais ou filantrópicas, definidas em lei, que:

- art. 212 desta CF.
- art. 61, ADCT.

I - comprovem finalidade não lucrativa e apliquem seus excedentes financeiros em educação;

II - assegurem a destinação de seu patrimônio a outra escola comunitária, filantrópica ou confessional, ou ao Poder Público, no caso de encerramento de suas atividades.

- art. 61, ADCT.

§ 1º Os recursos de que trata este artigo poderão ser destinados a bolsas de estudo para o ensino fundamental e médio, na forma da lei, para os que demonstrarem insuficiência de recursos, quando houver falta de vagas e cursos regulares da rede pública na localidade da residência do educando, ficando o Poder Público obrigado a investir prioritariamente na expansão de sua rede na localidade.

§ 2º As atividades de pesquisa, de extensão e de estímulo e fomento à inovação realizadas por universidades e/ou por instituições de educação profissional e tecnológica poderão receber apoio financeiro do Poder Público. (Alterado pela EC 85/2015.)

- Lei 8.436/1992 (Institucionaliza o Programa de crédito educativo para estudantes carentes).

Art. 214. A lei estabelecerá o plano nacional de educação, de duração decenal, com o objetivo de articular o sistema nacional de educação em regime de colaboração e definir diretrizes, objetivos, metas e estratégias de implementação para assegurar a manutenção e desenvolvimento do ensino em seus diversos níveis, etapas e modalidades por meio de ações integradas dos poderes públicos das diferentes esferas federativas que conduzam a: (Redação dada pela EC 59/2009.)

I - erradicação do analfabetismo;

II - universalização do atendimento escolar;

III - melhoria da qualidade do ensino;

IV - formação para o trabalho;

V - promoção humanística, científica e tecnológica do país;

VI - estabelecimento de meta de aplicação de recursos públicos em educação como proporção do produto interno bruto. (Incluído pela EC 59/2009.)

SEÇÃO II
DA CULTURA

Art. 215. O Estado garantirá a todos o pleno exercício dos direitos culturais e acesso às fontes da cultura nacional, e apoiará e incentivará a valorização e a difusão das manifestações culturais.

- Lei 8.313/1991 (Institui o Programa Nacional de Apoio à Cultura - PRONAC).
- Lei 8.685/1993 (Cria mecanismos de fomento à atividade audiovisual) e Dec. 6.304/2007 (Regulamento).
- art. 2º, Lei 12.840/2013 (Dispõe sobre a destinação dos bens de valor cultural, artístico ou histórico aos museus).
- Lei 13.018/2014 (Institui a Política Nacional de Cultura Viva).

§ 1º O Estado protegerá as manifestações das culturas populares, indígenas e afro-brasileiras, e das de outros grupos participantes do processo civilizatório nacional.

§ 2º A lei disporá sobre a fixação de datas comemorativas de alta significação para os diferentes segmentos étnicos nacionais.

§ 3º A lei estabelecerá o Plano Nacional de Cultura, de duração plurianual, visando ao desenvolvimento cultural do país e à integração das ações do Poder Público que conduzem à: (Incluído pela EC 48/2005.)

- Lei 12.343/2010 (Institui o Plano Nacional de Cultura - PNC e cria o Sistema Nacional de Informações e Indicadores Culturais - SNIIC).

I - defesa e valorização do patrimônio cultural brasileiro; (Incluído pela EC 48/2005.)

II - produção, promoção e difusão de bens culturais; (Incluído pela EC 48/2005.)

III - formação de pessoal qualificado para a gestão da cultura em suas múltiplas dimensões; (Incluído pela EC 48/2005.)

IV - democratização do acesso aos bens de cultura; (Incluído pela EC 48/2005.)

V - valorização da diversidade étnica e regional. (Incluído pela EC 48/2005.)

Art. 216. Constituem patrimônio cultural brasileiro os bens de natureza material e imaterial, tomados individualmente ou em conjunto, portadores de referência à identidade, à ação, à memória dos diferentes grupos formadores da sociedade brasileira, nos quais se incluem:

- art. 2º, Lei 12.840/2013 (Dispõe sobre a destinação dos bens de valor cultural, artístico ou histórico aos museus).

I - as formas de expressão;

II - os modos de criar, fazer e viver;

III - as criações científicas, artísticas e tecnológicas;

IV - as obras, objetos, documentos, edificações e demais espaços destinados às manifestações artístico-culturais;

V - os conjuntos urbanos e sítios de valor histórico, paisagístico, artístico, arqueológico, paleontológico, ecológico e científico.

- Lei 3.924/1961 (Lei dos monumentos arqueológicos e pré-históricos).
- Art. 65, § 1º, Lei 9.605/1998 (Lei dos Crimes Ambientais).

§ 1º O Poder Público, com a colaboração da comunidade, promoverá e protegerá o patrimônio cultural brasileiro, por meio de inventários, registros, vigilância, tombamento e desapropriação, e de outras formas de acautelamento e preservação.

- Lei 7.347/1985 (Lei da Ação Civil Pública).
- Lei 8.394/1991 (Dispõe sobre preservação, organização e proteção dos acervos documentais privados dos presidentes da República).
- Dec. 3.551/2000 (Institui o registro de bens culturais de natureza imaterial que constituem Patrimônio Cultural Brasileiro e cria o Programa Nacional do Patrimônio Imaterial).
- *Vide* Decreto-lei n. 25, de 30-11-1937 (proteção do patrimônio histórico e artístico nacional).
- *Vide* Decreto n. 3.551, de 4-8-2000 (registro de bens culturais de natureza imaterial e Programa Nacional do Patrimônio Cultural).

§ 2º Cabem à administração pública, na forma da lei, a gestão da documentação governamental e as providências para franquear sua consulta a quantos dela necessitem.

- Lei 8.159/1991 (Dispõe sobre a Política Nacional de Arquivos Públicos e Privados).
- Lei 12.527/2011 (Regula o acesso a informações previsto neste parágrafo. Dec. 7.724/2012 (regulamento).
- Dec. 7.845/2012 (Regulamenta procedimentos para credenciamento de segurança e tratamento de informação classificada em qualquer grau de sigilo, e dispõe sobre o Núcleo de Segurança e Credenciamento).
- *Vide* Lei n. 8.159, de 8-1-1991 (Política Nacional de Arquivos Públicos e Privados).
- *Vide* Decreto n. 7.724, de 16-5-2012 (regulamenta a Lei n. 12.527, de 18-11-2011).

§ 3º A lei estabelecerá incentivos para a produção e o conhecimento de bens e valores culturais.

- Lei 7.505/1986 (Dispõe sobre os benefícios fiscais na área do imposto de renda concedidas a operações de caráter cultural ou artístico).
- Lei 8.313/1991 (Institui o Programa Nacional de Apoio à Cultura - PRONAC).
- *Vide* Lei n. 8.685, de 20-7-1993 (cria mecanismo de fomento à atividade audiovisual).
- *Vide* Lei n. 9.323, de 5-12-1996 (altera o limite de dedução de que trata o § 2.º do art. 1.º da Lei n. 8.685, de 20-7-1993).
- *Vide* Medida Provisória n. 2.228-1, de 6-9-2001 (Política Nacional do Cinema, Conselho Superior do Cinema e Agência Nacional do Cinema - ANCINE).
- *Vide* Lei n. 10.454, de 13-5-2002 (remissão da Contribuição para o Desenvolvimento da Indústria Cinematográfica - CONDECINE, de que trata a Medida Provisória n. 2.228-1, de 6-9-2001).
- *Vide* Decreto n. 4.456, de 4-11-2002 (regulamenta o art. 67 da Medida Provisória n. 2.228-1, de 6-9-2001).
- *Vide* Decreto n. 6.304, de 12-12-2007 (regulamenta a Lei n. 8.685, de 20-7-1993).

§ 4º Os danos e ameaças ao patrimônio cultural serão punidos, na forma da lei.

- Lei 3.924/1961 (Lei dos monumentos arqueológicos e pré-históricos).
- *Vide* art. 14, § 1.º, da Lei n. 6.938, de 31-8-1981.
- *Vide* arts. 62 a 65 da Lei n. 9.605, de 12-2-1998.
- *Vide* arts. 72 a 75 do Decreto n. 6.514, de 22-7-2008.

§ 5º Ficam tombados todos os documentos e os sítios detentores de reminiscências históricas dos antigos quilombos.

- art. 18, p.u., Lei 12.288/2010 (Estatuto da Igualdade Racial).

§ 6º É facultado aos Estados e ao Distrito Federal vincular a fundo estadual de fomento à cultura até cinco décimos por cento de sua receita tributária líquida, para o financiamento de programas e projetos culturais, vedada a aplicação desses recursos no pagamento de: (Incluído pela EC 42/2003.)

I - despesas com pessoal e encargos sociais; (Incluído pela EC 42/2003.)

II - serviço da dívida; (Incluído pela EC 42/2003.)

III - qualquer outra despesa corrente não vinculada diretamente aos investimentos ou ações apoiados. (Incluído pela EC 42/2003.)

Art. 216-A. O Sistema Nacional de Cultura, organizado em regime de colaboração, de forma descentralizada e participativa, institui um processo de gestão e promoção conjunta de políticas públicas de cultura, democráticas e permanentes, pactuadas entre os entes da Federação e a sociedade, tendo por objetivo promover o desenvolvimento humano, social e econômico com pleno exercício dos direitos culturais. (Acrescido pela EC 71/2012)

- *Vide* Lei n. 12.343, de 2-12-2010 (Plano Nacional de Cultura – PNC e Sistema Nacional de Cultura – SNC).

§ 1º O Sistema Nacional de Cultura fundamenta-se na política nacional de cultura e nas suas diretrizes, estabelecidas no Plano Nacional de Cultura, e rege-se pelos seguintes princípios:

I - diversidade das expressões culturais;

II - universalização do acesso aos bens e serviços culturais;

III - fomento à produção, difusão e circulação de conhecimento e bens culturais;

IV - cooperação entre os entes federados, os agentes públicos e privados atuantes na área cultural;

V - integração e interação na execução das políticas, programas, projetos e ações desenvolvidas;

VI - complementaridade nos papéis dos agentes culturais;

VII - transversalidade das políticas culturais;

VIII - autonomia dos entes federados e das instituições da sociedade civil;

IX - transparência e compartilhamento das informações;

X - democratização dos processos decisórios com participação e controle social;

XI - descentralização articulada e pactuada da gestão, dos recursos e das ações;

XII - ampliação progressiva dos recursos contidos nos orçamentos públicos para a cultura.

§ 2º Constitui a estrutura do Sistema Nacional de Cultura, nas respectivas esferas da Federação:

I - órgãos gestores da cultura;

II - conselhos de política cultural;

III - conferências de cultura;

IV - comissões intergestores;

V - planos de cultura;

VI - sistemas de financiamento à cultura;

VII - sistemas de informações e indicadores culturais;

VIII - programas de formação na área da cultura; e

IX - sistemas setoriais de cultura.

§ 3º Lei federal disporá sobre a regulamentação do Sistema Nacional de Cultura, bem como de sua articulação com os demais sistemas nacionais ou políticas setoriais de governo.

§ 4º Os Estados, o Distrito Federal e os Municípios organizarão seus respectivos sistemas de cultura em leis próprias."

SEÇÃO III
DO DESPORTO

- Lei 9.615/1998 (Institui normas gerais sobre desportos).
- Lei 14.597/2023 (Institui a Lei Geral do Esporte).

Art. 217. É dever do Estado fomentar práticas desportivas formais e não formais, como direito de cada um, observados:

I - a autonomia das entidades desportivas dirigentes e associações, quanto à sua organização e funcionamento;

II - a destinação de recursos públicos para a promoção prioritária do desporto educacional e, em casos específicos, para a do desporto de alto rendimento;

III - o tratamento diferenciado para o desporto profissional e o não profissional;

IV - a proteção e o incentivo às manifestações desportivas de criação nacional.

§ 1º O Poder Judiciário só admitirá ações relativas à disciplina e às competições desportivas após esgotarem-se as instâncias da justiça desportiva, regulada em lei.

§ 2º A justiça desportiva terá o prazo máximo de sessenta dias, contados da instauração do processo, para proferir decisão final.

§ 3º O Poder Público incentivará o lazer, como forma de promoção social.

CAPÍTULO IV
DA CIÊNCIA, TECNOLOGIA E INOVAÇÃO

- Alterado pela EC 85/2015.
- Lei 9.257/1996 (Dispõe sobre o Conselho Nacional de Ciência e Tecnologia).
- Lei 10.973/2004 (Dispõe sobre incentivos à inovação e à pesquisa científica e tecnológica no ambiente produtivo). Dec. 9.283/2018 (Regulamento).

Art. 218. O Estado promoverá e incentivará o desenvolvimento científico, a pesquisa, a capacitação científica e tecnológica e a inovação. (Alterado pela EC 85/2015.)

§ 1º A pesquisa científica básica e tecnológica receberá tratamento prioritário do Estado, tendo em vista o bem público e o progresso da ciência, tecnologia e inovação. (Alterado pela EC 85/2015.)

§ 2º A pesquisa tecnológica voltar-se-á preponderantemente para a solução dos problemas brasileiros e para o desenvolvimento do sistema produtivo nacional e regional.

§ 3º O Estado apoiará a formação de recursos humanos nas áreas de ciência, pesquisa, tecnologia e inovação, inclusive por meio do apoio às atividades de extensão tecnológica, e concederá aos que delas se ocupem meios e condições especiais de trabalho. (Alterado pela EC 85/2015.)

§ 4º A lei apoiará e estimulará as empresas que invistam em pesquisa, criação de tecnologia adequada ao país, formação e aperfeiçoamento de seus recursos humanos e que pratiquem sistemas de remuneração que assegurem ao empregado, desvinculada do salário, participação nos ganhos econômicos resultantes da produtividade de seu trabalho.

§ 5º É facultado aos Estados e ao Distrito Federal vincular parcela de sua receita orçamentária a entidades públicas de fomento ao ensino e à pesquisa científica e tecnológica.

- Lei 8.248/1991 (Dispõe sobre capacitação e competitividade no setor de informática e automação).
- Lei 12.513/2011 (Institui o Programa Nacional de Acesso ao Ensino Técnico e Emprego – Pronatec).

§ 6º O Estado, na execução das atividades previstas no *caput*, estimulará a articulação entre entes, tanto públicos quanto privados, nas diversas esferas de governo. (Acrescentado pela EC 85/2015.)

§ 7º O Estado promoverá e incentivará a atuação no exterior das instituições públicas de ciência, tecnologia e inovação, com vistas à execução das atividades previstas no *caput*. (Acrescentado pela EC 85/2015.)

- art. 15, Lei 13.243/2016 (Dispõe sobre estímulos ao desenvolvimento científico, à pesquisa, à capacitação científica e tecnológica e à inovação).

Art. 219. O mercado interno integra o patrimônio nacional e será incentivado de modo a viabilizar o desenvolvimento cultural e socioeconômico, o bem-estar da população e a autonomia tecnológica do país, nos termos de lei federal.

Parágrafo único. O Estado estimulará a formação e o fortalecimento da inovação nas empresas, bem como nos demais entes, públicos ou privados, a constituição e a manutenção de parques e polos tecnológicos e de demais ambientes promotores da inovação, a atuação dos inventores independentes e a criação, absorção, difusão e transferência de tecnologia. (Acrescentado pela EC 85/2015.)

- Lei 10.973/2004 (Dispõe sobre incentivos à inovação e à pesquisa científica e tecnológica no ambiente produtivo).

Art. 219-A. A União, os Estados, o Distrito Federal e os Municípios poderão firmar instrumentos de cooperação com órgãos e entidades públicos e com entidades privadas, inclusive para o compartilhamento de recursos humanos especializados e capacidade instalada, para a execução de projetos de pesquisa, de desenvolvimento científico e tecnológico e de inovação, mediante contrapartida financeira ou não financeira assumida pelo ente beneficiário, na forma da lei. (Acrescentado pela EC 85/2015.)

Art. 219-B. O Sistema Nacional de Ciência, Tecnologia e Inovação (SNCTI) será organizado em regime de colaboração entre entes, tanto públicos quanto privados, com vistas a promover o desenvolvimento científico e tecnológico e a inovação. (Acrescentado pela EC 85/2015.)

§ 1º Lei federal disporá sobre as normas gerais do SNCTI. (Acrescentado pela EC 85/2015.)

§ 2º Os Estados, o Distrito Federal e os Municípios legislarão concorrentemente sobre suas peculiaridades. (Acrescentado pela EC 85/2015.)

CAPÍTULO V
DA COMUNICAÇÃO SOCIAL

Art. 220. A manifestação do pensamento, a criação, a expressão e a informação, sob qualquer forma, processo ou veículo, não sofrerão qualquer restrição, observado o disposto nesta Constituição.

- arts. 5º, IX, XII, XIV, XXVII a XXIX, desta CF.
- arts 36 a 38; 43; 44, CDC.
- Lei 4.117/1962 (Código Brasileiro de Telecomunicações).
- art. 1º, Lei 7.524/1986 (Manifestação, por militar inativo, de pensamento e opinião políticos ou filosóficos).
- Lei 9.472/1997 (Organização dos serviços de telecomunicações, criação e funcionamento de órgão regulador e outros aspectos institucionais).
- art. 7º, Lei 9.610/1998 (Direitos Autorais).

§ 1º Nenhuma lei conterá dispositivo que possa constituir embaraço à plena liberdade de informação jornalística em qualquer veículo de comunicação social, observado o disposto no art. 5º, IV, V, X, XIII e XIV.

- art. 45, Lei 9.504/1997 (Lei das eleições).

§ 2º É vedada toda e qualquer censura de natureza política, ideológica e artística.

§ 3º Compete à lei federal:

I - regular as diversões e espetáculos públicos, cabendo ao Poder Público informar sobre a natureza deles, as faixas etárias a que não se recomendem, locais e horários em que sua apresentação se mostre inadequada;

- art. 21, XVI, desta CF.
- arts. 74; 80; 247; 258, Lei 8.069/1990 (ECA).
- Lei 10.359/2001 (Dispõe sobre a obrigatoriedade de os novos aparelhos de TV conterem dispositivo que possibilite o bloqueio temporário de recepção de programação inadequada).

II - estabelecer os meios legais que garantam à pessoa e à família a possibilidade de se defenderem de programas ou programações de rádio e televisão que contrariem o disposto no art. 221, bem como da propaganda de produtos, práticas e serviços que possam ser nocivos à saúde e ao meio ambiente.

- arts. 9º e 10, CDC.

§ 4º A propaganda comercial de tabaco, bebidas alcoólicas, agrotóxicos, medicamentos e terapias estará sujeita a restrições legais, nos termos do inciso II do parágrafo anterior, e conterá, sempre que necessário, advertência sobre os malefícios decorrentes de seu uso.

- Lei 9.294/1996 (Dispõe sobre as restrições ao uso e à propaganda de produtos fumígenos, bebidas alcoólicas, medicamentos, terapias e defensivos agrícolas referidos neste parágrafo) e Dec. 2.018/1996 (Regulamento).

§ 5º Os meios de comunicação social não podem, direta ou indiretamente, ser objeto de monopólio ou oligopólio.

§ 6º A publicação de veículo impresso de comunicação independe de licença de autoridade.

Art. 221. A produção e a programação das emissoras de rádio e televisão atenderão aos seguintes princípios:

I - preferência a finalidades educativas, artísticas, culturais e informativas;

II - promoção da cultura nacional e regional e estímulo à produção independente que objetive sua divulgação;

III - regionalização da produção cultural, artística e jornalística, conforme percentuais estabelecidos em lei;

- art. 3º, III, desta CF.

IV - respeito aos valores éticos e sociais da pessoa e da família.

- art. 8º, III, Lei 11.340/2006 (Lei Maria da Penha).

Art. 222. A propriedade de empresa jornalística e de radiodifusão sonora e de sons e imagens é privativa de brasileiros natos ou naturalizados há mais de dez anos, ou de pessoas jurídicas constituídas sob as leis brasileiras e que tenham sede no país. (Redação dada pela EC 36/2002.)

§ 1º Em qualquer caso, pelo menos setenta por cento do capital total e do capital votante das empresas jornalísticas e de radiodifusão sonora e de sons e imagens deverá pertencer, direta ou indiretamente, a brasileiros natos ou naturalizados há mais de dez anos, que exercerão obrigatoriamente a gestão das atividades e estabelecerão o conteúdo da programação. (Redação dada pela EC 36/2002.)

§ 2º A responsabilidade editorial e as atividades de seleção e direção da programação veiculada são privativas de brasileiros natos ou naturalizados há mais de dez anos, em qualquer meio de comunicação social. (Redação dada pela EC 36/2002.)

§ 3º Os meios de comunicação social eletrônica, independentemente da tecnologia utilizada para a prestação do serviço, deverão observar os princípios enunciados no art. 221, na forma de lei específica, que também garantirá a prioridade de profissionais brasileiros na execução de produções nacionais. (Incluído pela EC 36/2002.)

§ 4º Lei disciplinará a participação de capital estrangeiro nas empresas de que trata o § 1º. (Incluído pela EC 36/2002.)

- Lei 10.610/2002 (Participação de capital estrangeiro nas empresas jornalísticas e de radiodifusão sonora e de sons e imagens).

§ 5º As alterações de controle societário das empresas de que trata o § 1º serão comunicadas ao Congresso Nacional. (Incluído pela EC 36/2002.)

Art. 223. Compete ao Poder Executivo outorgar e renovar concessão, permissão e autorização para o serviço de radiodifusão sonora e de sons e imagens, observado o princípio da complementaridade dos sistemas privado, público e estatal.

- Lei 9.612/1998 (Institui o serviço de radiodifusão comunitária).
- arts. 2º e 10 do Dec. 52.795/1963 (Aprova regulamento dos serviços de radiodifusão).

§ 1º O Congresso Nacional apreciará o ato no prazo do art. 64, § 2º e § 4º, a contar do recebimento da mensagem.

§ 2º A não renovação da concessão ou permissão dependerá de aprovação de, no mínimo, dois quintos do Congresso Nacional, em votação nominal.

§ 3º O ato de outorga ou renovação somente produzirá efeitos legais após deliberação do Congresso Nacional, na forma dos parágrafos anteriores.

§ 4º O cancelamento da concessão ou permissão, antes de vencido o prazo, depende de decisão judicial.

§ 5º O prazo da concessão ou permissão será de dez anos para as emissoras de rádio e de quinze para as de televisão.

Art. 224. Para os efeitos do disposto neste capítulo, o Congresso Nacional instituirá, como seu órgão auxiliar, o Conselho de Comunicação Social, na forma da lei.

- Lei 8.389/1991 (Cria o Conselho de Comunicação Social).
- Dec. 6.555/2008 (Dispõe sobre as ações de comunicação do Poder Executivo Federal).

CAPÍTULO VI
DO MEIO AMBIENTE

- Lei 7.735/1989 (Cria o IBAMA).
- Lei 9.605/1998 (Lei dos Crimes Ambientais).

- Dec. 4.339/2002 (Institui princípios e diretrizes para a implementação da Política Nacional de Biodiversidade).
- Dec. 4.411/2002 (Atuação das Forças Armadas e da Polícia Federal nas unidades de Conservação).
- *Vide* Lei n. 6.938, de 31-8-1981 (Política Nacional do Meio Ambiente).

Art. 225. Todos têm direito ao meio ambiente ecologicamente equilibrado, bem de uso comum do povo e essencial à sadia qualidade de vida, impondo-se ao Poder Público e à coletividade o dever de defendê-lo e preservá-lo para as presentes e futuras gerações.

- Lei 7.797/1989 (Dispõe sobre o Fundo Nacional do Meio Ambiente).
- Lei 11.284/2006 (Lei de gestão de florestas públicas).

§ 1º Para assegurar a efetividade desse direito, incumbe ao Poder Público:

- Lei 9.985/2000 (Regulamenta este parágrafo).
- *Vide* art. 6.º da Lei n. 6.938, de 31-8-1981 (Sistema Nacional do Meio Ambiente – SISNAMA).

I - preservar e restaurar os processos ecológicos essenciais e prover o manejo ecológico das espécies e ecossistemas;

- Súmula 623, STJ.
- *Vide* Lei n. 12.651, de 25-5-2012 (Código Florestal).
- *Vide* Lei n. 11.284, de 2-3-2006 (Gestão de Florestas Públicas).
- *Vide* Súmula 623 do STJ.

II - preservar a diversidade e a integridade do patrimônio genético do país e fiscalizar as entidades dedicadas à pesquisa e manipulação de material genético;

- Lei 11.105/2005 (Regulamenta este inciso).
- Lei 13.123/2015 (Regulamenta este inciso).
- Dec. 5.705/2006 (Promulga o Protocolo de Cartagena sobre Biossegurança da Convenção sobre Diversidade Biológica).
- *Vide* Lei n. 13.123, de 20-5-2015 (regulamenta dispositivos da Convenção sobre Diversidade Biológica).
- *Vide* Decreto n. 4.339, de 22-8-2002 (Política Nacional da Biodiversidade).

III - definir, em todas as unidades da Federação, espaços territoriais e seus componentes a serem especialmente protegidos, sendo a alteração e a supressão permitidas somente através de lei, vedada qualquer utilização que comprometa a integridade dos atributos que justifiquem sua proteção;

- *Vide* Lei n. 12.651, de 25-5-2012 (Código Florestal).

IV - exigir, na forma da lei, para instalação de obra ou atividade potencialmente causadora de significativa degradação do meio ambiente, estudo prévio de impacto ambiental, a que se dará publicidade;

- Lei 11.105/2005 (Regulamenta este inciso).
- *Vide* art. 3.º, inc. II, da Lei n. 6.938, de 31-8-1981 (Política Nacional do Meio Ambiente).
- *Vide* Resolução CONAMA n. 1, de 23-1-1986.

V - controlar a produção, a comercialização e o emprego de técnicas, métodos e substâncias que comportem risco para a vida, a qualidade de vida e o meio ambiente;

- Lei 11.105/2005 (Regulamenta este inciso).

VI - promover a educação ambiental em todos os níveis de ensino e a conscientização pública para a preservação do meio ambiente;

- Lei 9.795/1999 (Educação Ambiental). Dec. 4.281/2002 (Regulamento).
- *Vide* Lei n. 13.186, de 11-11-2015 (Política de Educação para o Consumo Sustentável).

VII - proteger a fauna e a flora, vedadas, na forma da lei, as práticas que coloquem em risco sua função ecológica, provoquem a extinção de espécies ou submetam os animais a crueldade.

- Lei 5.197/1967 (Lei de proteção à fauna).
- Lei 9.605/1998 (Lei dos crimes ambientais).
- Lei 11.794/2008 (Regulamenta este inciso, estabelecendo procedimentos para o uso científico de animais).
- Lei 12.651/2012 (Código Florestal).
- Dec.-Lei 221/1967 (Lei de proteção e estímulos à pesca).
- Lei n. 9.985, de 18-7-2000 (Sistema Nacional de Unidades de Conservação da Natureza – SNUC).

VIII - manter regime fiscal favorecido para os biocombustíveis e para o hidrogênio de baixa emissão de carbono, na forma de lei complementar, a fim de assegurar-lhes tributação inferior à incidente sobre os combustíveis fósseis, capaz de garantir diferencial competitivo em relação a estes, especialmente em relação às contribuições de que tratam o art. 195, I, "b", IV e V, e o art. 239 e aos impostos a que se referem os arts. 155, II, e 156-A. *(Redação dada pela EC 132/2023)*

Atualização: VIII - manter regime fiscal favorecido para os biocombustíveis e para o hidrogênio de baixa emissão de carbono, na forma de lei complementar, a fim de assegurar-lhes tributação inferior à incidente sobre os combustíveis fósseis, capaz de garantir diferencial competitivo em relação a estes, especialmente em relação à contribuição de que trata o art. 195, V, e aos impostos a que se referem os arts. 155, II, e 156-A. *(Redação dada pela EC 132/2023, em vigor em 2027)*

Atualização: VIII - manter regime fiscal favorecido para os biocombustíveis e para o hidrogênio de baixa emissão de carbono, na forma de lei complementar, a fim de assegurar-lhes tributação inferior à incidente sobre os combustíveis fósseis, capaz de garantir diferencial competitivo em relação a estes, especialmente em relação à contribuição de que trata o art. 195, V, e ao imposto a que se refere o art. 156-A. *(Redação dada pela EC 132/2023, em vigor em 2033)*

§ 2º Aquele que explorar recursos minerais fica obrigado a recuperar o meio ambiente degradado, de acordo com solução técnica exigida pelo órgão público competente, na forma da lei.

- Dec.-Lei 227/1967 (Código de Minas).

§ 3º As condutas e atividades consideradas lesivas ao meio ambiente sujeitarão os infratores, pessoas físicas ou jurídicas, a sanções penais e administrativas, independentemente da obrigação de reparar os danos causados.

- art. 3º, *caput* e p.u., Lei 9.605/1998 (Lei dos crimes ambientais).
- Dec. 6.514/2008 (Dispõe sobre as infrações e sanções administrativas ao meio ambiente, estabelece o processo administrativo federal para apuração destas infrações).
- Súmula 629, STJ.
- *Vide* art. 14, § 1.º, da Lei n. 6.938, de 31-8-1981 (responsabilidade por danos causados ao meio ambiente).
- *Vide* Decreto n. 6.514, de 22-7-2008 (infrações e sanções administrativas ao meio ambiente e processo administrativo federal para apuração destas infrações).
- *Vide* Súmulas 467, 613, 618, 623 e 629 do STJ.

§ 4º A Floresta Amazônica brasileira, a Mata Atlântica, a Serra do Mar, o Pantanal Mato-Grossense e a Zona Costeira são patrimônio nacional, e sua utilização far-se-á, na forma da lei, dentro de condições que assegurem a preservação do meio ambiente, inclusive quanto ao uso dos recursos naturais.

- Lei 11.429/2006 (Proteção do Bioma Mata Atlântica).
- Lei 13.123/2015 (Regulamenta este parágrafo).
- Dec. 4.297/2002 (Regulamenta inc. II do art. 9º, Lei 6.938/1981, estabelecendo critério para o Zoneamento Ecológico-Econômico do Brasil – ZEE).
- *Vide* Lei n. 7.661, de 16-5-1988 (Plano Nacional de Gerenciamento Costeiro).

§ 5º São indisponíveis as terras devolutas ou arrecadadas pelos Estados, por ações discriminatórias, necessárias à proteção dos ecossistemas naturais.

- Lei 6.383/1976 (Processo discriminatório de terras devolutas da União).
- Lei 13.178/2015 (Processo de ratificação dos registros imobiliários decorrentes de alienações e concessões de terras públicas situadas nas faixas de fronteiras).
- Dec.-Lei 9.760/1946 (Lei dos bens imóveis da União).

§ 6º As usinas que operem com reator nuclear deverão ter sua localização definida em lei federal, sem o que não poderão ser instaladas.

- Lei 12.731/2012 (Institui Sistema de Proteção ao Programa Nuclear Brasileiro - SIPRON).

§ 7º Para fins do disposto na parte final do inciso VII do § 1º deste artigo, não se consideram cruéis as práticas desportivas que utilizem animais, desde que sejam manifestações culturais, conforme o § 1º do art. 215 desta Constituição Federal, registradas como bem de natureza imaterial integrante do patrimônio cultural brasileiro, devendo ser regulamentadas por lei específica que assegure o bem-estar dos animais envolvidos. (Acrescentado pela EC 96/2017.)

- *Vide* Lei n. 13.364, de 29-11-2016 (eleva o Rodeio, a Vaquejada, bem como as respectivas expressões artístico-culturais, à condição de manifestação cultural nacional e de patrimônio cultural imaterial).

CAPÍTULO VII
DA FAMÍLIA, DA CRIANÇA, DO ADOLESCENTE, DO JOVEM E DO IDOSO

- Redação dada pela EC 65/2010.
- Lei 8.069/1990 (ECA).
- Lei 8.842/1994 (Dispõe sobre a composição, estruturação, competência e funcionamento do Conselho Nacional dos Direitos do Idoso - CNDI).
- Lei 10.741/2003 (Estatuto da Pessoa Idosa).
- Dec. 9.921/2019 (Consolida atos normativos editados pelo Poder Executivo federal que dispõem sobre a temática da pessoa idosa).

Art. 226. A família, base da sociedade, tem especial proteção do Estado.

- arts. 1533 e 1.542, CC/2002.
- Lei 6.015/1973 (Lei de Registros Públicos).
- Lei 8.069/1990 (ECA).

§ 1º O casamento é civil e gratuita a celebração.

- arts. 1.511 a 1.570, CC/2002.
- arts. 67 a 76, Lei 6.015/1973 (Lei de Registros Públicos).

§ 2º O casamento religioso tem efeito civil, nos termos da lei.

- Lei 1.110/1950 (Dispõe sobre reconhecimento dos efeitos civis ao casamento religioso).
- arts. 71 a 75, Lei 6.015/1973 (Lei de Registros Públicos).

§ 3º Para efeito da proteção do Estado, é reconhecida a união estável entre o homem e a mulher como entidade familiar, devendo a lei facilitar sua conversão em casamento.

- ADPF 132 e ADIn 4.277 (Reconhecimento da legalidade jurídica da união civil entre pessoas do mesmo sexo, DOU, 13.05.2011).
- arts. 1.723 a 1.727, CC/2002.
- Lei 8.971/1994 (Dispõe sobre direito dos companheiros a alimentos e sucessão).
- Lei 9.278/1996 (Lei da União Estável).

§ 4º Entende-se, também, como entidade familiar a comunidade formada por qualquer dos pais e seus descendentes.

- art. 25, Lei 8.069/1990 (ECA).
- Súm. 364, STJ.

§ 5º Os direitos e deveres referentes à sociedade conjugal são exercidos igualmente pelo homem e pela mulher.

- arts. 1.565 a 1.570, CC/2002.
- arts. 2º a 8º, Lei 6.515/1977 (Lei do Divórcio).
- Súm. 364, STJ.

§ 6º O casamento civil pode ser dissolvido pelo divórcio. (Redação dada pela EC 66/2010.)

- Lei 6.515/1977 (Lei do Divórcio).
- *Vide* tema 1053 do STF.

§ 7º Fundado nos princípios da dignidade da pessoa humana e da paternidade responsável, o planejamento familiar é livre-decisão do casal, competindo ao Estado propiciar recursos educacionais e científicos para o exercício desse direito, vedada qualquer forma coercitiva por parte de instituições oficiais ou privadas.

- Lei 9.263/1996 (Regulamenta este parágrafo).

§ 8º O Estado assegurará a assistência à família na pessoa de cada um dos que a integram, criando mecanismos para coibir a violência no âmbito de suas relações.

- Lei 11.340/2006 (Lei Maria da Penha).
- Súm. 536, STJ.

Art. 227. É dever da família, da sociedade e do Estado assegurar à criança, ao adolescente e ao jovem, com absoluta prioridade, o direito à vida, à saúde, à alimentação, à educação, ao lazer, à profissionalização, à cultura, à dignidade, ao respeito, à liberdade e à convivência familiar e comunitária, além de colocá-los a salvo de toda forma de negligência, discriminação, exploração, violência, crueldade e opressão. (Redação dada pela EC 65/2010.)

- arts. 6º; 208; 212, § 4º, desta CF.
- Lei 8.069/1990 (ECA).
- Lei 12.288/2010 (Estatuto da Igualdade Racial).
- Lei 12.318/2010 (Lei da alienação parental).
- Lei 13.257/2016 (Dispõe sobre as políticas públicas para a primeira infância).
- Lei 13.431/2017 (Sistema de garantia de direitos da criança e do adolescente vítima ou testemunha de violência).
- Dec. 3.413/2000 (Promulga a Convenção sobre os Aspectos Civis do Sequestro Internacional de Crianças, concluída na cidade de Haia, em 25.10.1980).
- Dec. 3.951/2001 (Designa a Autoridade Central para dar cumprimento às obrigações impostas pela Convenção sobre os Aspectos Civis do Sequestro Internacional de Crianças, cria o Conselho da Autoridade Central Administrativa Federal contra o Sequestro Internacional de Crianças e institui o Programa Nacional para Cooperação no Regresso de Crianças e Adolescentes Brasileiros Sequestrados Internacionalmente).
- Súm. 657, STJ.

§ 1º O Estado promoverá programas de assistência integral à saúde da criança, do adolescente e do jovem, admitida a participação de entidades não governamentais, mediante políticas específicas e obedecendo aos seguintes preceitos: (Redação dada pela EC 65/2010.)

- Lei 8.642/1993 (Dispõe sobre a instituição do Programa Nacional de Atenção Integral à Criança e ao Adolescente - PRONAICA) e Dec. 1.056/1994 (Regulamento).

I - aplicação de percentual dos recursos públicos destinados à saúde na assistência materno-infantil;

II - criação de programas de prevenção e atendimento especializado para as pessoas portadoras de deficiência física, sensorial ou mental, bem como de integração social do adolescente e do jovem portador de deficiência, mediante o treinamento para o trabalho e a convivência, e a facilitação do acesso aos bens e serviços coletivos, com a eliminação de obstáculos arquitetônicos e de todas as formas de discriminação. (Redação dada pela EC 65/2010.)

- Lei 7.853/1989 (Lei de apoio às pessoas portadoras de deficiência) e Dec. 3.298/1999 (Regulamento).
- arts. 7º a 14, Lei 8.069/1990 (ECA).
- Lei 10.216/2001 (Proteção e direitos das pessoas portadoras de transtornos mentais e redireciona o modelo assistencial em saúde mental).
- Lei 13.146/2015 (Estatuto da Pessoa com Deficiência).

§ 2º A lei disporá sobre normas de construção dos logradouros e dos edifícios de uso público e de fabricação de veículos de transporte coletivo, a fim de garantir acesso adequado às pessoas portadoras de deficiência.

- art. 244, desta CF.
- art. 3º, Lei 7.853/1989 (Lei de apoio às pessoas portadoras de deficiência) e Dec. 3.298/1999 (Regulamento).

§ 3º O direito a proteção especial abrangerá os seguintes aspectos:

I - idade mínima de quatorze anos para admissão ao trabalho, observado o disposto no art. 7º, XXXIII;

- O art. 7º, XXXIII, desta CF, foi alterado pela EC 20/1998 (Fixa em 16 anos a idade mínima para o trabalho).

II - garantia de direitos previdenciários e trabalhistas;

III - garantia de acesso do trabalhador adolescente e jovem à escola; (Redação dada pela EC 65/2010.)

IV - garantia de pleno e formal conhecimento da atribuição de ato infracional, igualdade na relação processual e defesa técnica por profissional habilitado, segundo dispuser a legislação tutelar específica;

V - obediência aos princípios de brevidade, excepcionalidade e respeito à condição peculiar de pessoa em desenvolvimento, quando da aplicação de qualquer medida privativa da liberdade;

VI - estímulo do Poder Público, através de assistência jurídica, incentivos fiscais e subsídios, nos termos da lei, ao acolhimento, sob a forma de guarda, de criança ou adolescente órfão ou abandonado;

- arts. 33 a 35, Lei 8.069/1990 (ECA).

VII - programas de prevenção e atendimento especializado à criança, ao adolescente e ao jovem dependente de entorpecentes e drogas afins. (Redação dada pela EC 65/2010.)

- Lei 11.343/2006 (Lei Antidrogas).

§ 4º A lei punirá severamente o abuso, a violência e a exploração sexual da criança e do adolescente.

- arts. 111, V; 217-A a 218-B; 224, CP.
- arts. 225 a 258, Lei 8.069/1990 (ECA).

§ 5º A adoção será assistida pelo Poder Público, na forma da lei, que estabelecerá casos e condições de sua efetivação por parte de estrangeiros.

- arts. 1.618 e 1.619, CC/2002.
- arts. 39 a 52, Lei 8.069/1990 (ECA).
- Lei 12.010/2009 (Lei da Adoção).
- Dec. 3.087/1999 (Promulga a Convenção relativa à Proteção das Crianças e a Cooperação em Matéria de Adoção Internacional, concluída em Haia em 29.05.1993).

§ 6º Os filhos, havidos ou não da relação do casamento, ou por adoção, terão os mesmos direitos e qualificações, proibidas quaisquer designações discriminatórias relativas à filiação.

- art. 41, §§ 1º e 2º, Lei 8.069/1990 (ECA).
- Lei 8.560/1992 (Lei de Investigação da Paternidade).
- Lei 10.317/2001 (Dispõe sobre gratuidade no exame de DNA nos casos que especifica).
- Lei 11.804/2008 (Alimentos Gravídicos).

§ 7º No atendimento dos direitos da criança e do adolescente levar-se-á em consideração o disposto no art. 204.

§ 8º A lei estabelecerá: (Incluído pela EC 65/2010.)

I - o estatuto da juventude, destinado a regular os direitos dos jovens; (Incluído pela EC 65/2010.)

- Lei 12.852/2013 (Institui o Estatuto da Juventude e dispõe sobre os direitos dos jovens, os princípios e diretrizes das políticas públicas de juventude e o Sistema Nacional de Juventude - SINAJUVE.)
- Dec. 11.833/2023 (Dispõe sobre o Conselho Nacional da Juventude).

II - o plano nacional de juventude, de duração decenal, visando à articulação das várias esferas do Poder Público para a execução de políticas públicas. (Incluído pela EC 65/2010.)

Art. 228. São penalmente inimputáveis os menores de dezoito anos, sujeitos às normas da legislação especial.

- art. 27, CP.
- arts. 101; 104; 112, Lei 8.069/1990 (ECA).
- Súm. 605, STJ.

Art. 229. Os pais têm o dever de assistir, criar e educar os filhos menores, e os filhos maiores têm o dever de ajudar e amparar os pais na velhice, carência ou enfermidade.

- art. 22, Lei 8.069/1990 (ECA).

Art. 230. A família, a sociedade e o Estado têm o dever de amparar as pessoas idosas, assegurando sua participação na comunidade, defendendo sua dignidade e bem-estar e garantindo-lhes o direito à vida.

- Lei 8.842/1994 (Dispõe sobre a Política Nacional do Idoso).
- Lei 10.741/2003 (Estatuto da Pessoa Idosa).
- Dec. 9.921/2019 (Consolida atos normativos editados pelo Poder Executivo federal que dispõem sobre a temática da pessoa idosa).

§ 1º Os programas de amparo aos idosos serão executados preferencialmente em seus lares.

§ 2º Aos maiores de sessenta e cinco anos é garantida a gratuidade dos transportes coletivos urbanos.

CAPÍTULO VIII
DOS ÍNDIOS

- Dec. 6.861/2009 (Dispõe sobre a Educação Escolar Indígena, define sua organização em territórios etnoeducacionais).
- Dec. 7.747/2012 (Institui a Política Nacional de Gestão Territorial e Ambiental de Terras Indígenas – PNGATI).

Art. 231. São reconhecidos aos índios sua organização social, costumes, línguas, crenças e tradições, e os direitos originários sobre as terras que tradicionalmente ocupam, competindo à União demarcá-las, proteger e fazer respeitar todos os seus bens.

- Lei 6.001/1973 (Estatuto do Índio).
- Lei 14.701/2023 (Regulamenta este dispositivo para dispor sobre o reconhecimento, a demarcação, o uso e a gestão de terras indígenas).
- Dec. 1.775/1996 (Dispõe sobre o procedimento administrativo de demarcação de terras indígenas).
- Dec. 3.156/1999 (Dispõe sobre as condições para prestação de assistência à saúde dos povos indígenas, no âmbito do Sistema Único de Saúde).
- Dec. 4.412/2002 (Dispõe sobre a atuação das Forças Armadas e da Polícia Federal nas terras indígenas).
- Lei 14.701/2023 (Regulamenta este dispositivo).

§ 1º São terras tradicionalmente ocupadas pelos índios as por eles habitadas em caráter permanente, as utilizadas para suas atividades produtivas, as imprescindíveis à preservação dos recursos ambientais necessários a seu bem-estar e as necessárias a sua reprodução física e cultural, segundo seus usos, costumes e tradições.

§ 2º As terras tradicionalmente ocupadas pelos índios destinam-se a sua posse permanente, cabendo-lhes o usufruto exclusivo das riquezas do solo, dos rios e dos lagos nelas existentes.

» *Vide* art. 20 da CF.

§ 3º O aproveitamento dos recursos hídricos, incluídos os potenciais energéticos, a pesquisa e a lavra das riquezas minerais em terras indígenas só podem ser efetivados com autorização do Congresso Nacional, ouvidas as comunidades afetadas, ficando-lhes assegurada participação nos resultados da lavra, na forma da lei.

§ 4º As terras de que trata este artigo são inalienáveis e indisponíveis, e os direitos sobre elas, imprescritíveis.

§ 5º É vedada a remoção dos grupos indígenas de suas terras, salvo, *ad referendum* do Congresso Nacional, em caso de catástrofe ou epidemia que ponha em risco sua população, ou no interesse da soberania do país, após deliberação do Congresso Nacional, garantido, em qualquer hipótese, o retorno imediato logo que cesse o risco.

§ 6º São nulos e extintos, não produzindo efeitos jurídicos, os atos que tenham por objeto a ocupação, o domínio e a posse das terras a que se refere este artigo, ou a exploração das riquezas naturais do solo, dos rios e dos lagos nelas existentes, ressalvado relevante interesse público da União, segundo o que dispuser lei complementar, não gerando a nulidade e a extinção direito a indenização ou a ações contra a União, salvo, na forma da lei, quanto às benfeitorias derivadas da ocupação de boa-fé.

- art. 62, Lei 6.001/1973 (Estatuto do Índio).

§ 7º Não se aplica às terras indígenas o disposto no art. 174, § 3º e § 4º.

Art. 232. Os índios, suas comunidades e organizações são partes legítimas para ingressar em juízo em defesa de seus direitos e interesses, intervindo o Ministério Público em todos os atos do processo.

» *Vide* art. 109, XI, da CF.

TÍTULO IX
DAS DISPOSIÇÕES CONSTITUCIONAIS GERAIS

Art. 233. (Revogado pela EC 28/2000.)

Art. 234. É vedado à União, direta ou indiretamente, assumir, em decorrência da criação de Estado, encargos referentes a despesas com pessoal inativo e com encargos e amortizações da dívida interna ou externa da administração pública, inclusive da indireta.

- art. 13, § 6º, ADCT.

Art. 235. Nos dez primeiros anos da criação de Estado, serão observadas as seguintes normas básicas:

I - a Assembleia Legislativa será composta de dezessete Deputados se a população do Estado for inferior a seiscentos mil habitantes, e de vinte e quatro, se igual ou superior a esse número, até um milhão e quinhentos mil;

II - o Governo terá no máximo dez Secretarias;

III - o Tribunal de Contas terá três membros, nomeados, pelo Governador eleito, dentre brasileiros de comprovada idoneidade e notório saber;

IV - o Tribunal de Justiça terá sete Desembargadores;

V - os primeiros Desembargadores serão nomeados pelo Governador eleito, escolhidos da seguinte forma:

a) cinco dentre os magistrados com mais de trinta e cinco anos de idade, em exercício na área do novo Estado ou do Estado originário;

b) dois dentre promotores, nas mesmas condições, e advogados de comprovada idoneidade e saber jurídico, com dez anos, no mínimo, de exercício profissional, obedecido o procedimento fixado na Constituição;

VI - no caso de Estado proveniente de Território Federal, os cinco primeiros Desembargadores poderão ser escolhidos dentre juízes de direito de qualquer parte do país;

VII - em cada Comarca, o primeiro Juiz de Direito, o primeiro Promotor de Justiça e o primeiro Defensor Público serão nomeados pelo Governador eleito após concurso público de provas e títulos;

VIII - até a promulgação da Constituição Estadual, responderão pela Procuradoria-Geral, pela Advocacia-Geral e pela Defensoria-Geral do Estado advogados de notório saber, com trinta e cinco anos de idade, no mínimo, nomeados pelo Governador eleito e demissíveis *ad nutum*;

IX - se o novo Estado for resultado de transformação de Território Federal, a transferência de encargos financeiros da União para pagamento dos servidores optantes que pertenciam à Administração Federal ocorrerá da seguinte forma:

a) no sexto ano de instalação, o Estado assumirá vinte por cento dos encargos financeiros para fazer face ao pagamento dos servidores públicos, ficando ainda o restante sob a responsabilidade da União;

b) no sétimo ano, os encargos do Estado serão acrescidos de trinta por cento e, no oitavo, dos restantes cinquenta por cento;

X - as nomeações que se seguirem às primeiras, para os cargos mencionados neste artigo, serão disciplinadas na Constituição Estadual;

XI - as despesas orçamentárias com pessoal não poderão ultrapassar cinquenta por cento da receita do Estado.

Art. 236. Os serviços notariais e de registro são exercidos em caráter privado, por delegação do Poder Público.

- art. 32, ADCT.
- Lei 8.935/1994 (Lei dos Serviços Notariais e de Registro e regulamenta este artigo).

§ 1º Lei regulará as atividades, disciplinará a responsabilidade civil e criminal dos notários, dos oficiais de registro e de seus prepostos, e definirá a fiscalização de seus atos pelo Poder Judiciário.

§ 2º Lei federal estabelecerá normas gerais para fixação de emolumentos relativos aos atos praticados pelos serviços notariais e de registro.

- Lei 10.169/2000 (Regulamenta este parágrafo).

§ 3º O ingresso na atividade notarial e de registro depende de concurso público de provas e títulos, não se permitindo que qualquer serventia fique vaga, sem abertura de concurso de provimento ou de remoção, por mais de seis meses.

Art. 237. A fiscalização e o controle sobre o comércio exterior, essenciais à defesa dos interesses fazendários nacionais, serão exercidos pelo Ministério da Fazenda.

- Dec. 11.428/2023 (Dispõe sobre a Câmara de Comércio Exterior - CAMEX).

Art. 238. A lei ordenará a venda e revenda de combustíveis de petróleo, álcool carburante e outros combustíveis derivados de matérias-primas renováveis, respeitados os princípios desta Constituição.

- Lei 9.478/1997 (Dispõe sobre a política energética nacional, as atividades relativas ao monopólio do petróleo e institui o Conselho Nacional de Política Energética e a Agência Nacional do Petróleo).
- Lei 9.847/1999 (Dispõe sobre a fiscalização das atividades relativas ao abastecimento nacional de combustíveis tratadas na Lei 9.478/1997, e estabelece sanções administrativas).

Art. 239. A arrecadação decorrente das contribuições para o Programa de Integração Social, criado pela Lei Complementar nº 7, de 7 de setembro de 1970, e para o Programa de Formação do Patrimônio do Servidor Público, criado pela Lei Complementar nº 8, de 3 de dezembro de 1970, passa, a partir da promulgação desta Constituição, a financiar, nos termos que a lei dispuser, o programa do seguro desemprego, outras ações da previdência social e o abono de que trata o § 3º deste artigo. (Redação dada pela EC 103/2019)

> **Atualização:** Art. 239. A arrecadação correspondente a 18% (dezoito por cento) da contribuição prevista no art. 195, V, e a decorrente da contribuição para o Programa de Formação do Patrimônio do Servidor Público, criado pela Lei Complementar nº 8, de 3 de dezembro de 1970, financiarão, nos termos em que a lei dispuser, o programa do seguro-desemprego, outras ações da previdência social e o abono de que trata o § 3º deste artigo. *(Redação dada pela EC 132/2023, em vigor em 2027)*

- art. 72, §§ 2º e 3º, ADCT.
- Lei 7.998/1990 (Lei do Seguro-Desemprego).
- Lei 9.715/1998 (Dispõe sobre as contribuições para os Programas de Integração Social e de Formação do Patrimônio do Servidor Público - PIS/PASEP).

§ 1º Dos recursos mencionados no *caput*, no mínimo 28% (vinte e oito por cento) serão destinados para o financiamento de programas de desenvolvimento econômico, por meio do Banco Nacional de Desenvolvimento Econômico e Social, com critérios de remuneração que preservem o seu valor. (Redação dada pela EC 103/2019)

§ 2º Os patrimônios acumulados do Programa de Integração Social e do Programa de Formação do Patrimônio do Servidor Público são preservados, mantendo-se os critérios de saque nas situações previstas nas leis específicas, com exceção da retirada por motivo de casamento, ficando vedada a distribuição da arrecadação de que trata o *caput* deste artigo, para depósito nas contas individuais dos participantes.

§ 3º Aos empregados que percebam de empregadores que contribuem para o Programa de Integração Social ou para o Programa de Formação do Patrimônio do Servidor Público, até dois salários-mínimos de remuneração mensal, é assegurado o pagamento de um salário-mínimo anual, computado neste valor o rendimento das contas individuais, no caso daqueles que já participavam dos referidos programas, até a data da promulgação desta Constituição.

Atualização: § 3º Aos empregados que percebam de empregadores que recolhem a contribuição prevista no art. 195, V, ou a contribuição para o Programa de Formação do Patrimônio do Servidor Público até 2 (dois) salários mínimos de remuneração mensal é assegurado o pagamento de 1 (um) salário mínimo anual, computado neste valor o rendimento das contas individuais, no caso daqueles que já participavam dos referidos programas, até a data de promulgação desta Constituição. *(Redação dada pela EC 132/2023, em vigor em 2027)*

§ 4º O financiamento do seguro-desemprego receberá uma contribuição adicional da empresa cujo índice de rotatividade da força de trabalho superar o índice médio da rotatividade do setor, na forma estabelecida por lei.

- Lei 7.998/1990 (Lei do seguro-desemprego).
- Lei 8.352/1991 (Dispõe sobre as disponibilidades financeiras do Fundo de Amparo ao Trabalhador - FAT).

§ 5º Os programas de desenvolvimento econômico financiados na forma do § 1º e seus resultados serão anualmente avaliados e divulgados em meio de comunicação social eletrônico e apresentados em reunião da comissão mista permanente de que trata o § 1º do art. 166. (Incluído pela EC 103/2019)

Art. 240. Ficam ressalvadas do disposto no art. 195 as atuais contribuições compulsórias dos empregadores sobre a folha de salários, destinadas às entidades privadas de serviço social e de formação profissional vinculadas ao sistema sindical.

- art. 13, § 3º, LC 123/2006 (Estatuto Nacional da Microempresa e da Empresa de Pequeno Porte).
- Súm. 499, STJ.

Art. 241. A União, os Estados, o Distrito Federal e os Municípios disciplinarão por meio de lei os consórcios públicos e os convênios de cooperação entre os entes federados, autorizando a gestão associada de serviços públicos, bem como a transferência total ou parcial de encargos, serviços, pessoal e bens essenciais à continuidade dos serviços transferidos. (Redação dada pela EC 19/1998.)

- Lei 11.107/2005 (Regulamenta este artigo).

Art. 242. O princípio do art. 206, IV, não se aplica às instituições educacionais oficiais criadas por lei estadual ou municipal e existentes na data da promulgação desta Constituição, que não sejam total ou preponderantemente mantidas com recursos públicos.

- art. 2º, Lei 12.989/2014 (Reabre o prazo para requerimento da moratória e do parcelamento previstos no Programa de Estímulo à Reestruturação e ao Fortalecimento das Instituições de Ensino Superior - Proies).

§ 1º O ensino da História do Brasil levará em conta as contribuições das diferentes culturas e etnias para a formação do povo brasileiro.

§ 2º O Colégio Pedro II, localizado na cidade do Rio de Janeiro, será mantido na órbita federal.

Art. 243. As propriedades rurais e urbanas de qualquer região do País onde forem localizadas culturas ilegais de plantas psicotrópicas ou a exploração de trabalho escravo na forma da lei serão expropriadas e destinadas à reforma agrária e a programas de habitação popular, sem qualquer indenização ao proprietário e sem prejuízo de outras sanções previstas em lei, observado, no que couber, o disposto no art. 5º. (Alterado pela EC 81/2014.)

- Lei 8.257/1991 (Expropriação das glebas nas quais se localizem culturas ilegais de plantas psicotrópicas) e Decreto 577/1992 (Regulamento).

Parágrafo único. Todo e qualquer bem de valor econômico apreendido em decorrência do tráfico ilícito de entorpecentes e drogas afins e da exploração de trabalho escravo será confiscado e reverterá a fundo especial com destinação específica, na forma da lei. (Alterado pela EC 81/2014.)

- Lei 11.343/2006 (Lei Antidrogas).

Art. 244. A lei disporá sobre a adaptação dos logradouros, dos edifícios de uso público e dos veículos de transporte coletivo atualmente existentes a fim de garantir acesso adequado às pessoas portadoras de deficiência, conforme o disposto no art. 227, § 2º.

- Lei 7.853/1989 (Lei de Apoio às Pessoas Portadoras de Deficiência) e Dec. 3.298/1999 (Regulamento).
- Lei 8.899/1994 (Concede passe livre às pessoas portadoras de deficiência no sistema de transporte coletivo interestadual).
- Lei 10.098/2000 (Dispõe sobre normas gerais e critérios básicos para a promoção da acessibilidade das pessoas portadoras de deficiência ou com mobilidade reduzida).
- Dec. 6.949/2009 (Promulga a Convenção Internacional sobre os Direitos das Pessoas com Deficiência).

Art. 245. A lei disporá sobre as hipóteses e condições em que o Poder Público dará assistência aos herdeiros e dependentes carentes de pessoas vitimadas por crime doloso, sem prejuízo da responsabilidade civil do autor do ilícito.

- LC 79/1994 (Cria o Fundo Penitenciário Nacional - FUNPEN).

Art. 246. É vedada a adoção de medida provisória na regulamentação de artigo da Constituição cuja redação tenha sido alterada por meio de emenda promulgada entre 1º de janeiro de 1995 até a promulgação desta emenda, inclusive. (Redação dada pela EC 32/2001.)

- art. 62 desta CF.

Art. 247. As leis previstas no inciso III do § 1º do art. 41 e no § 7º do art. 169 estabelecerão critérios e garantias especiais para a perda do cargo pelo servidor público estável que, em decorrência das atribuições de seu cargo efetivo, desenvolva atividades exclusivas de Estado. (Incluído pela EC 19/1998.)

Parágrafo único. Na hipótese de insuficiência de desempenho, a perda do cargo somente ocorrerá mediante processo administrativo em que lhe sejam assegurados o contraditório e a ampla defesa. (Incluído pela EC 19/1998.)

Art. 248. Os benefícios pagos, a qualquer título, pelo órgão responsável pelo regime geral de previdência social, ainda que à conta do Tesouro Nacional, e os não sujeitos ao limite máximo de valor fixado para os benefícios concedidos por esse regime observarão os limites fixados no art. 37, XI. (Incluído pela EC 20/1998.)

Art. 249. Com o objetivo de assegurar recursos para o pagamento de proventos de aposentadoria e pensões concedidas aos respectivos servidores e seus dependentes, em adição aos recursos dos respectivos tesouros, a União, os Estados, o Distrito Federal e os Municípios poderão constituir fundos integrados pelos recursos provenientes de contribuições e por bens, direitos e ativos de qualquer natureza, mediante lei que disporá sobre a natureza e administração desses fundos. (Incluído pela EC 20/1998.)

Art. 250. Com o objetivo de assegurar recursos para o pagamento dos benefícios concedidos pelo regime geral de previdência social, em adição aos recursos de sua arrecadação, a União poderá constituir fundo integrado por bens, direitos e ativos de qualquer natureza, mediante lei que disporá sobre a natureza e administração desse fundo. (Incluído pela EC 20/1998.)

- Art. 68, LC 101/2000 (Lei de Responsabilidade Fiscal).

Brasília, 05 de outubro de 1988.

Ulysses Guimarães
Presidente

Mauro Benevides
1º Vice-Presidente

Jorge Arbage
2º Vice-Presidente

ATO DAS DISPOSIÇÕES CONSTITUCIONAIS TRANSITÓRIAS

Art. 1º O Presidente da República, o Presidente do Supremo Tribunal Federal e os membros do Congresso Nacional prestarão o compromisso de manter, defender e cumprir a Constituição, no ato e na data de sua promulgação.

Art. 2º No dia 07 de setembro de 1993 o eleitorado definirá, através de plebiscito, a forma (república ou monarquia constitucional) e o sistema de governo (parlamentarismo ou presidencialismo) que devem vigorar no país.

- EC 2/1992 (Dispõe sobre o Plebiscito previsto neste artigo).
- Lei 8.624/1993 (Dispõe sobre o plebiscito que definirá forma e sistema de governo, regulamentando este artigo).

§ 1º Será assegurada gratuidade na livre divulgação dessas formas e sistemas, através dos meios de comunicação de massa cessionários de serviço público.

§ 2º O Tribunal Superior Eleitoral, promulgada a Constituição, expedirá as normas regulamentadoras deste artigo.

Art. 3º A revisão constitucional será realizada após cinco anos, contados da promulgação da Constituição, pelo voto da maioria absoluta dos membros do Congresso Nacional, em sessão unicameral.

- Emendas Constitucionais de Revisão 1 a 6/1994.

Art. 4º O mandato do atual Presidente da República terminará em 15 de março de 1990.

§ 1º A primeira eleição para Presidente da República após a promulgação da Constituição será realizada no dia 15 de novembro de 1989, não se lhe aplicando o disposto no art. 16 da Constituição.

§ 2º É assegurada a irredutibilidade da atual representação dos Estados e do Distrito Federal na Câmara dos Deputados.

§ 3º Os mandatos dos Governadores e dos Vice-Governadores eleitos em 15 de novembro de 1986 terminarão em 15 de março de 1991.

§ 4º Os mandatos dos atuais Prefeitos, Vice-Prefeitos e Vereadores terminarão no dia 1º de janeiro de 1989, com a posse dos eleitos.

Art. 5º Não se aplicam às eleições previstas para 15 de novembro de 1988 o disposto no art. 16 e as regras do art. 77 da Constituição.

§ 1º Para as eleições de 15 de novembro de 1988 será exigido domicílio eleitoral na circunscrição pelo menos durante os quatro meses anteriores ao pleito, podendo os candidatos que preencham este requisito, atendidas as demais exigências da lei, ter seu registro efetivado pela Justiça Eleitoral após a promulgação da Constituição.

§ 2º Na ausência de norma legal específica, caberá ao Tribunal Superior Eleitoral editar as normas necessárias à realização das eleições de 1988, respeitada a legislação vigente.

§ 3º Os atuais parlamentares federais e estaduais eleitos Vice-Prefeitos, se convocados a exercer a função de Prefeito, não perderão o mandato parlamentar.

§ 4º O número de vereadores por município será fixado, para a representação a ser eleita em 1988, pelo respectivo Tribunal Regional Eleitoral, respeitados os limites estipulados no art. 29, IV, da Constituição.

§ 5º Para as eleições de 15 de novembro de 1988, ressalvados os que já exercem mandato eletivo, são inelegíveis para qualquer cargo, no território de jurisdição do titular, o cônjuge e os parentes por consanguinidade ou afinidade, até o segundo grau, ou por adoção, do Presidente da República, do Governador de Estado, do Governador do Distrito Federal e do Prefeito que tenham exercido mais da metade do mandato.

Art. 6º Nos seis meses posteriores à promulgação da Constituição, parlamentares federais, reunidos em número não inferior a trinta, poderão requerer ao Tribunal Superior Eleitoral o registro de novo partido político, juntando ao requerimento o manifesto, o estatuto e o programa devidamente assinados pelos requerentes.

§ 1º O registro provisório, que será concedido de plano pelo Tribunal Superior Eleitoral, nos termos deste artigo, defere ao novo partido todos os direitos, deveres e prerrogativas dos atuais, entre eles o de participar, sob legenda própria, das eleições que vierem a ser realizadas nos doze meses seguintes a sua formação.

§ 2º O novo partido perderá automaticamente seu registro provisório se, no prazo de vinte e quatro meses, contados de sua formação, não obtiver registro definitivo no Tribunal Superior Eleitoral, na forma que a lei dispuser.

Art. 7º O Brasil propugnará pela formação de um tribunal internacional dos direitos humanos.

- Dec. 4.388/2002 (Promulga o Estatuto de Roma do Tribunal Penal Internacional).
- Dec. 4.463/2002 (Dispõe sobre a declaração de reconhecimento da competência obrigatória da Corte Interamericana em todos os casos relativos à interpretação ou aplicação da Convenção Americana sobre Direitos Humanos).

Art. 8º É concedida anistia aos que, no período de 18 de setembro de 1946 até a data da promulgação da Constituição, foram atingidos, em decorrência de motivação exclusivamente política, por atos de exceção, institucionais ou complementares, aos que foram abrangidos pelo Decreto Legislativo n. 18, de 15 de dezembro de 1961, e aos atingidos pelo Decreto-Lei n. 864, de 12 de setembro de 1969, asseguradas as promoções, na inatividade, ao cargo, emprego, posto ou graduação a que teriam direito se estivessem em serviço ativo, obedecidos os prazos de permanência em atividade previstos nas leis e regulamentos vigentes, respeitadas as características e peculiaridades das carreiras dos servidores públicos civis e militares e observados os respectivos regimes jurídicos.

- Lei 10.559/2002 (Regulamenta este artigo).
- Lei 12.528/2011 (Comissão Nacional da Verdade).
- Súm. 674 STF.

§ 1º O disposto neste artigo somente gerará efeitos financeiros a partir da promulgação da Constituição, vedada a remuneração de qualquer espécie em caráter retroativo.

§ 2º Ficam assegurados os benefícios estabelecidos neste artigo aos trabalhadores do setor privado, dirigentes e representantes sindicais que, por motivos exclusivamente políticos, tenham sido punidos, demitidos ou compelidos ao afastamento das atividades remuneradas que exerciam, bem como aos que foram impedidos de exercer atividades profissionais em virtude de pressões ostensivas ou expedientes oficiais sigilosos.

§ 3º Aos cidadãos que foram impedidos de exercer, na vida civil, atividade profissional específica, em decorrência das Portarias Reservadas do Ministério da Aeronáutica n. S-50-GM5, de 19 de junho de 1964, e n. S-285-GM5 será concedida reparação de natureza econômica, na forma que dispuser lei de iniciativa do Congresso Nacional e a entrar em vigor no prazo de doze meses a contar da promulgação da Constituição.

- Súm. 647, STJ.

§ 4º Aos que, por força de atos institucionais, tenham exercido gratuitamente mandato eletivo de vereador serão computados, para efeito de aposentadoria no serviço público e previdência social, os respectivos períodos.

§ 5º A anistia concedida nos termos deste artigo aplica-se aos servidores públicos civis e aos empregados em todos os níveis de governo ou em suas fundações, empresas públicas ou empresas mistas sob controle estatal, exceto nos Ministérios militares, que tenham sido punidos ou demitidos por atividades profissionais interrompidas em virtude de decisão de seus trabalhadores, bem como em decorrência do Decreto-Lei n. 1.632, de 04 de agosto de 1978, ou por motivos exclusivamente políticos, assegurada a readmissão dos que foram atingidos a partir de 1979, observado o disposto no § 1º.

Art. 9º Os que, por motivos exclusivamente políticos, foram cassados ou tiveram seus direitos políticos suspensos no período de 15 de julho a 31 de dezembro de 1969, por ato do então Presidente da República, poderão requerer ao Supremo Tribunal Federal o reconhecimento dos direitos e vantagens interrompidos pelos atos punitivos, desde que comprovem terem sido estes eivados de vício grave.

Parágrafo único. O Supremo Tribunal Federal proferirá a decisão no prazo de cento e vinte dias, a contar do pedido do interessado.

Art. 10. Até que seja promulgada a lei complementar a que se refere o art. 7º, I, da Constituição:

I - fica limitada a proteção nele referida ao aumento, para quatro vezes, da porcentagem prevista no art. 6º, *caput* e § 1º, da Lei n. 5.107, de 13 de setembro de 1966;

- art. 18, Lei 8.036/1990 (Dispõe sobre o Fundo de Garantia do Tempo de Serviço, e dá outras providências).

II - fica vedada a dispensa arbitrária ou sem justa causa:

a) do empregado eleito para cargo de direção de comissões internas de prevenção de acidentes, desde o registro de sua candidatura até um ano após o final de seu mandato;

- Súm. 676, STF.
- Súm. 339, TST.

b) da empregada gestante, desde a confirmação da gravidez até cinco meses após o parto.

- art. 391-A, CLT.
- LC 146/2014 (Estende a estabilidade provisória prevista nesta alínea à trabalhadora gestante, nos casos de morte desta, a quem detiver a guarda de seu filho).

§ 1º Até que a lei venha a disciplinar o disposto no art. 7º, XIX, da Constituição, o prazo da licença-paternidade a que se refere o inciso é de cinco dias.

- art. 1º, II, Lei 11.770/2008 (prorroga para 15 dias a duração prevista neste parágrafo).

§ 2º Até ulterior disposição legal, a cobrança das contribuições para o custeio das atividades dos sindicatos rurais será feita juntamente com a do imposto territorial rural, pelo mesmo órgão arrecadador.

§ 3º Na primeira comprovação do cumprimento das obrigações trabalhistas pelo empregador rural, na forma do art. 233, após a promulgação da Constituição, será certificada perante a Justiça do Trabalho a regularidade do contrato e das atualizações das obrigações trabalhistas de todo o período.

- EC 28/2000 (Revoga o referido art. 233).

Art. 11. Cada Assembleia Legislativa, com poderes constituintes, elaborará a Constituição do Estado, no prazo de um ano, contado da promulgação da Constituição Federal, obedecidos os princípios desta.

Parágrafo único. Promulgada a Constituição do Estado, caberá à Câmara Municipal, no prazo de seis meses, votar a Lei Orgânica respectiva, em dois turnos de discussão e votação, respeitado o disposto na Constituição Federal e na Constituição Estadual.

Art. 12. Será criada, dentro de noventa dias da promulgação da Constituição, Comissão de Estudos Territoriais, com dez membros indicados pelo Congresso Nacional e cinco pelo Poder Executivo, com a finalidade de apresentar estudos sobre o território nacional e anteprojetos relativos a novas unidades territoriais, notadamente na Amazônia Legal e em áreas pendentes de solução.

§ 1º No prazo de um ano, a Comissão submeterá ao Congresso Nacional os resultados de seus estudos para, nos termos da Constituição, serem apreciados nos doze meses subsequentes, extinguindo-se logo após.

§ 2º Os Estados e os Municípios deverão, no prazo de três anos, a contar da promulgação da Constituição, promover, mediante acordo ou arbitramento, a demarcação de suas linhas divisórias atualmente litigiosas, podendo para isso fazer alterações e compensações de área que atendam aos acidentes naturais, critérios históricos, conveniências administrativas e comodidade das populações limítrofes.

§ 3º Havendo solicitação dos Estados e Municípios interessados, a União poderá encarregar-se dos trabalhos demarcatórios.

§ 4º Se, decorrido o prazo de três anos, a contar da promulgação da Constituição, os trabalhos demarcatórios não tiverem sido concluídos, caberá à União determinar os limites das áreas litigiosas.

§ 5º Ficam reconhecidos e homologados os atuais limites do Estado do Acre com os Estados do Amazonas e de Rondônia, conforme levantamentos cartográficos e geodésicos realizados pela Comissão Tripartite integrada por representantes dos Estados e dos serviços técnico-especializados do Instituto Brasileiro de Geografia e Estatística.

Art. 13. É criado o Estado do Tocantins, pelo desmembramento da área descrita neste artigo, dando-se sua instalação no quadragésimo sexto dia após a eleição prevista no § 3º, mas não antes de 1º de janeiro de 1989.

- Art. 18-A, ADCT.

§ 1º O Estado do Tocantins integra a Região Norte e limita-se com o Estado de Goiás pelas divisas norte dos Municípios de São Miguel do Araguaia, Porangatu, Formoso, Minaçu, Cavalcante, Monte Alegre de Goiás e Campos Belos, conservando a leste, norte e oeste as divisas atuais de Goiás com os Estados da Bahia, Piauí, Maranhão, Pará e Mato Grosso.

§ 2º O Poder Executivo designará uma das cidades do Estado para sua Capital provisória até a aprovação da sede definitiva do governo pela Assembleia Constituinte.

§ 3º O Governador, o Vice-Governador, os Senadores, os Deputados Federais e os Deputados Estaduais serão eleitos, em um único turno, até setenta e cinco dias após a promulgação da Constituição, mas não antes de 15 de novembro de 1988, a critério do Tribunal Superior Eleitoral, obedecidas, entre outras, as seguintes normas:

I - o prazo de filiação partidária dos candidatos será encerrado setenta e cinco dias antes da data das eleições;

II - as datas das convenções regionais partidárias destinadas a deliberar sobre coligações e escolha de candidatos, de apresentação de requerimento de registro dos candidatos escolhidos e dos demais procedimentos legais serão fixadas, em calendário especial, pela Justiça Eleitoral;

III - são inelegíveis os ocupantes de cargos estaduais ou municipais que não se tenham deles afastado, em caráter definitivo, setenta e cinco dias antes da data das eleições previstas neste parágrafo;

IV - ficam mantidos os atuais diretórios regionais dos partidos políticos do Estado de Goiás, cabendo às comissões executivas nacionais designar comissões provisórias no Estado do Tocantins, nos termos e para os fins previstos na lei.

- Art. 18-A, ADCT.

§ 4º Os mandatos do Governador, do Vice-Governador, dos Deputados Federais e Estaduais eleitos na forma do parágrafo anterior extinguir-se-ão concomitantemente aos das demais unidades da Federação; o mandato do Senador eleito menos votado extinguir-se-á nessa mesma oportunidade, e os dos outros dois, juntamente com os dos Senadores eleitos em 1986 nos demais Estados.

§ 5º A Assembleia Estadual Constituinte será instalada no quadragésimo sexto dia da eleição de seus integrantes, mas não antes de 1º de janeiro de 1989, sob a presidência do Presidente do Tribunal Regional Eleitoral do Estado de Goiás, e dará posse, na mesma data, ao Governador e ao Vice-Governador eleitos.

§ 6º Aplicam-se à criação e instalação do Estado do Tocantins, no que couber, as normas legais disciplinadoras da divisão do Estado de Mato Grosso, observado o disposto no art. 234 da Constituição.

- Art. 18-A, ADCT.

§ 7º Fica o Estado de Goiás liberado dos débitos e encargos decorrentes de empreendimentos no território do novo Estado, e autorizada a União, a seu critério, a assumir os referidos débitos.

Art. 14. Os Territórios Federais de Roraima e do Amapá são transformados em Estados Federados, mantidos seus atuais limites geográficos.

§ 1º A instalação dos Estados dar-se-á com a posse dos governadores eleitos em 1990.

§ 2º Aplicam-se à transformação e instalação dos Estados de Roraima e Amapá as normas e critérios seguidos na criação do Estado de Rondônia, respeitado o disposto na Constituição e neste Ato.

§ 3º O Presidente da República, até quarenta e cinco dias após a promulgação da Constituição, encaminhará à apreciação do Senado Federal os nomes dos governadores dos Estados de Roraima e do Amapá que exercerão o Poder Executivo até a instalação dos novos Estados com a posse dos governadores eleitos.

§ 4º Enquanto não concretizada a transformação em Estados, nos termos deste artigo, os Territórios Federais de Roraima e do Amapá serão beneficiados pela transferência de recursos prevista nos arts. 159, I, *a*, da Constituição, e 34, § 2º, II, deste Ato.

Art. 15. Fica extinto o Território Federal de Fernando de Noronha, sendo sua área reincorporada ao Estado de Pernambuco.

Art. 16. Até que se efetive o disposto no art. 32, § 2º, da Constituição, caberá ao Presidente da República, com a aprovação do Senado Federal, indicar o Governador e o Vice-Governador do Distrito Federal.

§ 1º A competência da Câmara Legislativa do Distrito Federal, até que se instale, será exercida pelo Senado Federal.

§ 2º A fiscalização contábil, financeira, orçamentária, operacional e patrimonial do Distrito Federal, enquanto não for instalada a Câmara Legislativa, será exercida pelo Senado Federal, mediante controle externo, com o auxílio do Tribunal de Contas do Distrito Federal, observado o disposto no art. 72 da Constituição.

§ 3º Incluem-se entre os bens do Distrito Federal aqueles que lhe vierem a ser atribuídos pela União na forma da lei.

Art. 17. Os vencimentos, a remuneração, as vantagens e os adicionais, bem como os proventos de aposentadoria que estejam sendo percebidos em desacordo com a Constituição serão imediatamente reduzidos aos limites dela decorrentes, não se admitindo, neste caso, invocação de direito adquirido ou percepção de excesso a qualquer título.

- art. 9º, EC 41/2003 (Reforma Previdenciária).

§ 1º É assegurado o exercício cumulativo de dois cargos ou empregos privativos de médico que estejam sendo exercidos por médico militar na administração pública direta ou indireta.

§ 2º É assegurado o exercício cumulativo de dois cargos ou empregos privativos de profissionais de saúde que estejam sendo exercidos na administração pública direta ou indireta.

Art. 18. Ficam extintos os efeitos jurídicos de qualquer ato legislativo ou administrativo, lavrado a partir da instalação da Assembleia Nacional Constituinte, que tenha por objeto a concessão de estabilidade a servidor admitido sem concurso público, da administração direta ou indireta, inclusive das fundações instituídas e mantidas pelo Poder Público.

Art. 18-A. Os atos administrativos praticados no Estado do Tocantins, decorrentes de sua instalação, entre 1º de janeiro de 1989 e 31 de dezembro de 1994, eivados de qualquer vício jurídico e dos quais decorram efeitos favoráveis para os destinatários ficam convalidados após 5 (cinco) anos, contados da data em que foram praticados, salvo comprovada má-fé. (Artigo acrescido pela EC 110/2021)

Art. 19. Os servidores públicos civis da União, dos Estados, do Distrito Federal e dos Municípios, da administração direta, autárquica e das fundações públicas, em exercício na data da promulgação da Constituição, há pelo menos cinco anos continuados, e que não tenham sido admitidos na forma regulada no art. 37, da Constituição, são considerados estáveis no serviço público.

§ 1º O tempo de serviço dos servidores referidos neste artigo será contado como título quando se submeterem a concurso para fins de efetivação, na forma da lei.

§ 2º O disposto neste artigo não se aplica aos ocupantes de cargos, funções e empregos de confiança ou em comissão, nem aos que a lei declare de livre-exoneração, cujo tempo de serviço não será computado para os fins do *caput* deste artigo, exceto se se tratar de servidor.

§ 3º O disposto neste artigo não se aplica aos professores de nível superior, nos termos da lei.

Art. 20. Dentro de cento e oitenta dias, proceder-se-á à revisão dos direitos dos servidores públicos inativos e pensionistas e à atualização dos proventos e pensões a eles devidos, a fim de ajustá-los ao disposto na Constituição.

- EC 41/2003 (Reforma previdenciária).
- EC 103/2019 (Reforma previdenciária de 2019)
- Lei 8.112/1990 (Estatuto dos Servidores Públicos Civis da União, autarquias e fundações públicas federais).

Art. 21. Os juízes togados de investidura limitada no tempo, admitidos mediante concurso público de provas e títulos e que estejam em exercício na data da promulgação da Constituição, adquirem estabilidade, observado o estágio probatório, e passam a compor quadro em extinção, mantidas as competências, prerrogativas e restrições da legislação a que se achavam submetidos, salvo as inerentes à transitoriedade da investidura.

Parágrafo único. A aposentadoria dos juízes de que trata este artigo regular-se-á pelas normas fixadas para os demais juízes estaduais.

Art. 22. É assegurado aos defensores públicos investidos na função até a data de instalação da Assembleia Nacional Constituinte o direito de opção pela carreira, com a observância das garantias e vedações previstas no art. 134, parágrafo único, da Constituição.

- art. 134, § 1º, da CF.

Art. 23. Até que se edite a regulamentação do art. 21, XVI, da Constituição, os atuais ocupantes do cargo de censor federal continuarão exercendo funções com este compatíveis, no Departamento de Polícia Federal, observadas as disposições constitucionais.

- Lei 9.688/1998 (Extinção dos cargos de Censor Federal e o enquadramento de seus ocupantes).

Parágrafo único. A lei referida disporá sobre o aproveitamento dos Censores Federais, nos termos deste artigo.

Art. 24. A União, os Estados, o Distrito Federal e os Municípios editarão leis que estabeleçam critérios para a compatibilização de seus quadros de pessoal ao disposto no art. 39 da Constituição e à reforma administrativa dela decorrente, no prazo de dezoito meses, contados da sua promulgação.

Art. 25. Ficam revogados, a partir de cento e oitenta dias da promulgação da Constituição, sujeito este prazo a prorrogação por lei, todos os dispositivos legais que atribuam ou deleguem a órgão do Poder Executivo competência assinalada pela Constituição ao Congresso Nacional, especialmente no que tange a:

I - ação normativa;

II - alocação ou transferência de recursos de qualquer espécie.

§ 1º Os decretos-lei em tramitação no Congresso Nacional e por este não apreciados até a promulgação da Constituição terão seus efeitos regulados da seguinte forma:

I - se editados até 02 de setembro de 1988, serão apreciados pelo Congresso Nacional no prazo de até cento e oitenta dias a contar da promulgação da Constituição, não computado o recesso parlamentar;

II - decorrido o prazo definido no inciso anterior, e não havendo apreciação, os decretos-lei ali mencionados serão considerados rejeitados;

III - nas hipóteses definidas nos incisos I e II, terão plena validade os atos praticados na vigência dos respectivos decretos-lei, podendo o Congresso Nacional, se necessário, legislar sobre os efeitos deles remanescentes.

§ 2º Os decretos-lei editados entre 03 de setembro de 1988 e a promulgação da Constituição serão convertidos, nesta data, em medidas provisórias, aplicando-se-lhes as regras estabelecidas no art. 62, parágrafo único.

- art. 62, § 3º, desta CF.

Art. 26. No prazo de um ano a contar da promulgação da Constituição, o Congresso Nacional promoverá, através de Comissão mista, exame analítico e pericial dos atos e fatos geradores do endividamento externo brasileiro.

§ 1º A Comissão terá a força legal de Comissão parlamentar de inquérito para os fins de requisição e convocação, e atuará com o auxílio do Tribunal de Contas da União.

§ 2º Apurada irregularidade, o Congresso Nacional proporá ao Poder Executivo a declaração de nulidade do ato e encaminhará o processo ao Ministério Público Federal, que formalizará, no prazo de sessenta dias, a ação cabível.

Art. 27. O Superior Tribunal de Justiça será instalado sob a Presidência do Supremo Tribunal Federal.

§ 1º Até que se instale o Superior Tribunal de Justiça, o Supremo Tribunal Federal exercerá as atribuições e competências definidas na ordem constitucional precedente.

§ 2º A composição inicial do Superior Tribunal de Justiça far-se-á:

I - pelo aproveitamento dos Ministros do Tribunal Federal de Recursos;

II - pela nomeação dos Ministros que sejam necessários para completar o número estabelecido na Constituição.

§ 3º Para os efeitos do disposto na Constituição, os atuais Ministros do Tribunal Federal de Recursos serão considerados pertencentes à classe de que provieram, quando de sua nomeação.

§ 4º Instalado o Tribunal, os Ministros aposentados do Tribunal Federal de Recursos tornar-se-ão, automaticamente, Ministros aposentados do Superior Tribunal de Justiça.

§ 5º Os Ministros a que se refere o § 2º, II, serão indicados em lista tríplice pelo Tribunal Federal de Recursos, observado o disposto no art. 104, parágrafo único, da Constituição.

§ 6º Ficam criados cinco Tribunais Regionais Federais, a serem instalados no prazo de seis meses a contar da promulgação da Constituição, com a jurisdição e sede que lhes fixar o Tribunal Federal de Recursos, tendo em conta o número de processos e sua localização geográfica.

- Lei 7.727/1989 (Dispõe sobre a composição inicial dos Tribunais Federais e sua instalação, e cria os respectivos quadros de pessoal).

§ 7º Até que se instalem os Tribunais Regionais Federais, o Tribunal Federal de Recursos exercerá a competência a eles atribuída em todo o território nacional, cabendo-lhe promover sua instalação e indicar os candidatos a todos os cargos da composição inicial, mediante lista tríplice, podendo desta constar juízes federais de qualquer região, observado o disposto no § 9º.

§ 8º É vedado, a partir da promulgação da Constituição, o provimento de vagas de Ministros do Tribunal Federal de Recursos.

§ 9º Quando não houver juiz federal que conte o tempo mínimo previsto no art. 107, II, da Constituição, a promoção poderá contemplar juiz com menos de cinco anos no exercício do cargo.

§ 10. Compete à Justiça Federal julgar as ações nela propostas até a data da promulgação da Constituição, e aos Tribunais Regionais Federais bem como ao Superior Tribunal de Justiça julgar as ações rescisórias das decisões até então proferidas pela Justiça Federal, inclusive daquelas cuja matéria tenha passado à competência de outro ramo do Judiciário.

§ 11. São criados, ainda, os seguintes Tribunais Regionais Federais: o da 6ª Região, com sede em Curitiba, Estado do Paraná, e jurisdição nos Estados do Paraná, Santa Catarina e Mato Grosso do Sul; o da 7ª Região, com sede em Belo Horizonte, Estado de Minas Gerais, e jurisdição no Estado de Minas Gerais; o da 8ª Região, com sede em Salvador, Estado da Bahia, e jurisdição nos Estados da Bahia e Sergipe; e o da 9ª Região, com sede em Manaus, Estado do Amazonas, e jurisdição nos Estados do Amazonas, Acre, Rondônia e Roraima. (Acrescentado pela EC 73/2013.)

Art. 28. Os juízes federais de que trata o art. 123, § 2º, da Constituição de 1967, com a redação dada pela EC 07, de 1977, ficam investidos na titularidade de varas na Seção Judiciária para a qual tenham sido nomeados ou designados; na inexistência de vagas, proceder-se-á ao desdobramento das varas existentes.

Parágrafo único. Para efeito de promoção por antiguidade, o tempo de serviço desses juízes será computado a partir do dia de sua posse.

Art. 29. Enquanto não aprovadas as leis complementares relativas ao Ministério Público e à Advocacia-Geral da União, o Ministério Público Federal, a Procuradoria-Geral da Fazenda Nacional, as Consultorias Jurídicas dos Ministérios, as Procuradorias e Departamentos Jurídicos de autarquias federais com representação própria e os membros das Procuradorias das Universidades fundacionais públicas continuarão a exercer suas atividades na área das respectivas atribuições.

- LC 73/1993 (Lei Orgânica da Advocacia Geral da União).
- LC 75/1993 (Lei Orgânica do Ministério Público da União).

§ 1º O Presidente da República, no prazo de cento e vinte dias, encaminhará ao Congresso Nacional projeto de lei complementar dispondo sobre a organização e o funcionamento da Advocacia-Geral da União.

§ 2º Aos atuais Procuradores da República, nos termos da lei complementar, será facultada a opção, de forma irretratável, entre as carreiras do Ministério Público Federal e da Advocacia-Geral da União.

§ 3º Poderá optar pelo regime anterior, no que respeita às garantias e vantagens, o membro do Ministério Público admitido antes da promulgação da Constituição, observando-se, quanto às vedações, a situação jurídica na data desta.

§ 4º Os atuais integrantes do quadro suplementar dos Ministérios Públicos do Trabalho e Militar que tenham adquirido estabilidade nessas funções passam a integrar o quadro da respectiva carreira.

§ 5º Cabe à atual Procuradoria-Geral da Fazenda Nacional, diretamente ou por delegação, que pode ser ao Ministério Público Estadual, representar judicialmente a União nas causas de natureza fiscal, na área da respectiva competência, até a promulgação das leis complementares previstas neste artigo.

Art. 30. A legislação que criar a justiça de paz manterá os atuais juízes de paz até a posse dos novos titulares, assegurando-lhes os direitos e atribuições conferidos a estes, e designará o dia para a eleição prevista no art. 98, II, da Constituição.

Art. 31. Serão estatizadas as serventias do foro judicial, assim definidas em lei, respeitados os direitos dos atuais titulares.

- Lei 8.935/1994 (Lei dos Serviços Notariais e de Registro).

Art. 32. O disposto no art. 236 não se aplica aos serviços notariais e de registro que já tenham sido oficializados pelo Poder Público, respeitando-se o direito de seus servidores.

Art. 33. Ressalvados os créditos de natureza alimentar, o valor dos precatórios judiciais pendentes de pagamento na data da promulgação da Constituição, incluído o remanescente de juros e correção monetária, poderá ser pago em moeda corrente, com atualização, em prestações anuais, iguais e sucessivas, no prazo máximo de oito anos, a partir de 1º de julho de 1989, por decisão editada pelo Poder Executivo até cento e oitenta dias da promulgação da Constituição.

- art. 97, § 15, ADCT.
- Súm. 144, STJ.

Parágrafo único. Poderão as entidades devedoras, para o cumprimento do disposto neste artigo, emitir, em cada ano, no exato montante do dispêndio, títulos de dívida pública não computáveis para efeito do limite global de endividamento.

Art. 34. O sistema tributário nacional entrará em vigor a partir do primeiro dia do quinto mês seguinte ao da promulgação da Constituição, mantido, até então, o da Constituição de 1967, com a redação dada pela Emenda n. 1, de 1969, e pelas posteriores.

§ 1º Entrarão em vigor com a promulgação da Constituição os arts. 148, 149, 150, 154, I, 156, III, e 159, I, *c*, revogadas as disposições em contrário da Constituição de 1967 e das Emendas que a modificaram, especialmente de seu art. 25, III.

§ 2º O Fundo de Participação dos Estados e do Distrito Federal e o Fundo de Participação dos Municípios obedecerão às seguintes determinações:

I - a partir da promulgação da Constituição, os percentuais serão, respectivamente, de dezoito por cento e de vinte por cento, calculados sobre o produto da arrecadação dos impostos referidos no art. 153, III e IV, mantidos os atuais critérios de rateio até a entrada em vigor da lei complementar a que se refere o art. 161, II;

II - o percentual relativo ao Fundo de Participação dos Estados e do Distrito Federal será acrescido de um ponto percentual no exercício financeiro de 1989 e, a partir de 1990, inclusive, à razão de meio ponto por exercício, até 1992, inclusive, atingindo em 1993 o percentual estabelecido no art. 159, I, *a*;

III - o percentual relativo ao Fundo de Participação dos Municípios, a partir de 1989, inclusive, será elevado à razão de meio ponto percentual por exercício financeiro, até atingir o estabelecido no art. 159, I, *b*.

§ 3º Promulgada a Constituição, a União, os Estados, o Distrito Federal e os Municípios poderão editar as leis necessárias à aplicação do sistema tributário nacional nela previsto.

§ 4º As leis editadas nos termos do parágrafo anterior produzirão efeitos a partir da entrada em vigor do sistema tributário nacional previsto na Constituição.

§ 5º Vigente o novo sistema tributário nacional, fica assegurada a aplicação da legislação anterior, no que não seja incompatível com ele e com a legislação referida nos § 3º e § 4º.

§ 6º Até 31 de dezembro de 1989, o disposto no art. 150, III, *b*, não se aplica aos impostos de que tratam os arts. 155, I, *a* e *b*, e 156, II e III, que podem ser cobrados trinta dias após a publicação da lei que os tenha instituído ou aumentado.

- art. 1º, EC 3/1993.

§ 7º Até que sejam fixadas em lei complementar, as alíquotas máximas do imposto municipal sobre vendas a varejo de combustíveis líquidos e gasosos não excederão a três por cento.

§ 8º Se, no prazo de sessenta dias contados da promulgação da Constituição, não for editada a lei complementar necessária à instituição do imposto de que trata o art. 155, I, *b*, os Estados e o Distrito Federal, mediante convênio celebrado nos termos da Lei Complementar n. 24, de 07 de janeiro de 1975, fixarão normas para regular provisoriamente a matéria.

- art. 1º, EC 3/1993 alterou dispositivos da CF devendo ser entendida a referência ao art. 155, I, b, como para o art. 155, II.
- LC 24/1975 (Convênios para concessão de isenções de imposto sobre operações relativas à circulação de mercadorias).
- LC 87/1996 (Lei Kandir - ICMS).

§ 9º Até que lei complementar disponha sobre a matéria, as empresas distribuidoras de energia elétrica, na condição de contribuintes ou de substitutos tributários, serão as responsáveis, por ocasião da saída do produto de seus estabelecimentos, ainda que destinado a outra unidade da Federação, pelo pagamento do imposto sobre operações relativas à circulação de mercadorias incidente sobre energia elétrica, desde a produção ou importação até a última operação, calculado o imposto sobre o preço então praticado na operação final e assegurado seu recolhimento ao Estado ou ao Distrito Federal, conforme o local onde deva ocorrer essa operação.

§ 10. Enquanto não entrar em vigor a lei prevista no art. 159, I, *c*, cuja promulgação se fará até 31 de dezembro de 1989, é assegurada a aplicação dos recursos previstos naquele dispositivo da seguinte maneira:

- Lei 7.827/1989 (Regulamenta o art. 159, I, c, CF e institui o Fundo Constitucional de Financiamento do Norte - FNO, o Fundo Constitucional de Financiamento do Nordeste - FNE e o Fundo Constitucional de Financiamento do Centro-Oeste - FCO).

I - seis décimos por cento na Região Norte, através do Banco da Amazônia S.A.;

II - um inteiro e oito décimos por cento na Região Nordeste, através do Banco do Nordeste do Brasil S.A.;

III - seis décimos por cento na Região Centro-Oeste, através do Banco do Brasil S.A.

§ 11. Fica criado, nos termos da lei, o Banco de Desenvolvimento do Centro-Oeste, para dar cumprimento, na referida região, ao que determinam os arts. 159, I, *c*, e 192, § 2º, da Constituição.

- art. 2º, EC 40/2003 (Revoga o art. 192, § 2º, CF).

§ 12. A urgência prevista no art. 148, II, não prejudica a cobrança do empréstimo compulsório instituído, em benefício das Centrais Elétricas Brasileiras S.A. (Eletrobrás), pela Lei n. 4.156, de 28 de novembro de 1962, com as alterações posteriores.

Art. 35. O disposto no art. 165, § 7º, será cumprido de forma progressiva, no prazo de até dez anos, distribuindo-se os recursos entre as regiões macroeconômicas em razão proporcional à população, a partir da situação verificada no biênio 1986-87.

§ 1º Para aplicação dos critérios de que trata este artigo, excluem-se das despesas totais as relativas:

I - aos projetos considerados prioritários no plano plurianual;

II - à segurança e defesa nacional;

III - à manutenção dos órgãos federais no Distrito Federal;

IV - ao Congresso Nacional, ao Tribunal de Contas da União e ao Poder Judiciário;

V - ao serviço da dívida da administração direta e indireta da União, inclusive fundações instituídas e mantidas pelo Poder Público federal.

§ 2º Até a entrada em vigor da lei complementar a que se refere o art. 165, § 9º, I e II, serão obedecidas as seguintes normas:

I - o projeto do plano plurianual, para vigência até o final do primeiro exercício financeiro do mandato presidencial subsequente, será encaminhado até quatro meses antes do encerramento do primeiro exercício financeiro e devolvido para sanção até o encerramento da sessão legislativa;

II - o projeto de lei de diretrizes orçamentárias será encaminhado até oito meses e meio antes do encerramento do exercício financeiro e devolvido para sanção até o encerramento do primeiro período da sessão legislativa;

III - o projeto de lei orçamentária da União será encaminhado até quatro meses antes do encerramento do exercício financeiro e devolvido para sanção até o encerramento da sessão legislativa.

Art. 36. Os fundos existentes na data da promulgação da Constituição, excetuados os resultantes de isenções fiscais que passem a integrar patrimônio privado e os que interessem à defesa nacional, extinguir-se-ão, se não forem ratificados pelo Congresso Nacional no prazo de dois anos.

Art. 37. A adaptação ao que estabelece o art. 167, III, deverá processar-se no prazo de cinco anos, reduzindo-se o excesso à base de, pelo menos, um quinto por ano.

Art. 38. Até a promulgação da lei complementar referida no art. 169, a União, os Estados, o Distrito Federal e os Municípios não poderão despender com pessoal mais do que sessenta e cinco por cento do valor das respectivas receitas correntes.

§ 1º A União, os Estados, o Distrito Federal e os Municípios, quando a respectiva despesa de pessoal exceder o limite previsto neste artigo, deverão retornar àquele limite, reduzindo o percentual excedente à razão de um quinto por ano. *(Parágrafo único transformado em § 1º pela EC 127/2022)*

§ 2º As despesas com pessoal resultantes do cumprimento do disposto nos §§ 12, 13, 14 e 15 do art. 198 da Constituição Federal serão contabilizadas, para fins dos limites de que trata o art. 169 da Constituição Federal, da seguinte forma: *(Acrescido EC 127/2022)*

I - até o fim do exercício financeiro subsequente ao da publicação deste dispositivo, não serão contabilizadas para esses limites;

II - no segundo exercício financeiro subsequente ao da publicação deste dispositivo, serão deduzidas em 90% (noventa por cento) do seu valor;

III - entre o terceiro e o décimo segundo exercício financeiro subsequente ao da publicação deste dispositivo, a dedução de que trata o inciso II deste parágrafo será reduzida anualmente na proporção de 10% (dez por cento) de seu valor.

Art. 39. Para efeito do cumprimento das disposições constitucionais que impliquem variações de despesas e receitas da União, após a promulgação da Constituição, o Poder Executivo deverá elaborar e o Poder Legislativo apreciar projeto de revisão da lei orçamentária referente ao exercício financeiro de 1989.

Parágrafo único. O Congresso Nacional deverá votar no prazo de doze meses a lei complementar prevista no art. 161, II.

Art. 40. É mantida a Zona Franca de Manaus, com suas características de área livre de comércio, de exportação e importação, e de incentivos fiscais, pelo prazo de vinte e cinco anos, a partir da promulgação da Constituição.

- arts. 92 e 92-A, ADCT.
- Dec. 205/1991 (Dispõe sobre a apresentação de guias de importação ou documento de efeito equivalente, na Zona Franca de Manaus; suspende a fixação de limites máximos globais anuais de importações).

Parágrafo único. Somente por lei federal podem ser modificados os critérios que disciplinaram ou venham a disciplinar a aprovação dos projetos na Zona Franca de Manaus.

Art. 41. Os Poderes Executivos da União, dos Estados, do Distrito Federal e dos Municípios reavaliarão todos os incentivos fiscais de natureza setorial ora em vigor, propondo aos Poderes Legislativos respectivos as medidas cabíveis.

- arts. 151, I; 155, XII, g; 195, § 3º; 227, § 3º, VI, CF.
- Lei 8.402/1992 (Restabelece os incentivos fiscais que menciona este artigo).

§ 1º Considerar-se-ão revogados após dois anos, a partir da data da promulgação da Constituição, os incentivos que não forem confirmados por lei.

§ 2º A revogação não prejudicará os direitos que já tiverem sido adquiridos, àquela data, em relação a incentivos concedidos sob condição e com prazo certo.

§ 3º Os incentivos concedidos por convênio entre Estados, celebrados nos termos do art. 23, § 6º, da Constituição de 1967, com a redação da EC 1, de 17 de outubro de 1969, também deverão ser reavaliados e reconfirmados nos prazos deste artigo.

Art. 42. Durante 40 (quarenta) anos, a União aplicará dos recursos destinados à irrigação: (Alterado pela EC 89/2015.)

I - 20% (vinte por cento) na Região Centro-Oeste;

II - 50% (cinquenta por cento) na Região Nordeste, preferencialmente no Semiárido.

Parágrafo único. Dos percentuais previstos nos incisos I e II do *caput*, no mínimo 50% (cinquenta por cento) serão destinados a projetos de irrigação que beneficiem agricultores familiares que atendam aos requisitos previstos em legislação específica. (Acrescentado pela EC 89/2015.)

Art. 43. Na data da promulgação da lei que disciplinar a pesquisa e a lavra de recursos e jazidas minerais, ou no prazo de um ano, a contar da promulgação da Constituição, tornar-se-ão sem efeito as autorizações, concessões e demais títulos atributivos de direitos minerários, caso os trabalhos de pesquisa ou de lavra não hajam sido comprovadamente iniciados nos prazos legais ou estejam inativos.

- Lei 7.886/1989 (Regulamenta este artigo).

Art. 44. As atuais empresas brasileiras titulares de autorização de pesquisa, concessão de lavra de recursos minerais e de aproveitamento dos potenciais de energia hidráulica em vigor terão quatro anos, a partir da promulgação da Constituição, para cumprir os requisitos do art. 176, § 1º.

§ 1º Ressalvadas as disposições de interesse nacional previstas no texto constitucional, as empresas brasileiras ficarão dispensadas do cumprimento do disposto no art. 176, § 1º, desde que, no prazo de até quatro anos da data da promulgação da Constituição, tenham o produto de sua lavra e beneficiamento destinado à industrialização no território nacional, em seus próprios estabelecimentos ou em empresa industrial controladora ou controlada.

§ 2º Ficarão também dispensadas do cumprimento do disposto no art. 176, § 1º, as empresas brasileiras titulares de concessão de energia hidráulica para uso em seu processo de industrialização.

§ 3º As empresas brasileiras referidas no § 1º somente poderão ter autorizações de pesquisa e concessões de lavra ou potenciais de energia hidráulica, desde que a energia e o produto da lavra sejam utilizados nos respectivos processos industriais.

Art. 45. Ficam excluídas do monopólio estabelecido pelo art. 177, II, da Constituição as refinarias em funcionamento no país amparadas pelo art. 43 e nas condições do art. 45 da Lei n. 2.004, de 03 de outubro de 1953.

- Lei 9.478/1997 (revoga a Lei 2.004/1953).

Parágrafo único. Ficam ressalvados da vedação do art. 177, § 1º, os contratos de risco feitos com a Petróleo Brasileiro S.A. (Petrobras), para pesquisa de petróleo, que estejam em vigor na data da promulgação da Constituição.

Art. 46. São sujeitos à correção monetária desde o vencimento, até seu efetivo pagamento, sem interrupção ou suspensão, os créditos junto a entidades submetidas aos regimes de intervenção ou liquidação extrajudicial, mesmo quando esses regimes sejam convertidos em falência.

Parágrafo único. O disposto neste artigo aplica-se também:

I - às operações realizadas posteriormente à decretação dos regimes referidos no *caput* deste artigo;

II - às operações de empréstimo, financiamento, refinanciamento, assistência financeira de liquidez, cessão ou sub-rogação de créditos ou cédulas hipotecárias, efetivação de garantia de depósitos do público ou de compra de obrigações passivas, inclusive as realizadas com recursos de fundos que tenham essas destinações;

III - aos créditos anteriores à promulgação da Constituição;

IV - aos créditos das entidades da administração pública anteriores à promulgação da Constituição, não liquidados até 1º de janeiro de 1988.

Art. 47. Na liquidação dos débitos, inclusive suas renegociações e composições posteriores, ainda que ajuizados, decorrentes de quaisquer empréstimos concedidos por bancos e por instituições financeiras, não existirá correção monetária desde que o empréstimo tenha sido concedido:

I - aos micro e pequenos empresários ou seus estabelecimentos no período de 28 de fevereiro de 1986 a 28 de fevereiro de 1987;

II - ao míni, pequenos e médios produtores rurais no período de 28 de fevereiro de 1986 a 31 de dezembro de 1987, desde que relativos à crédito rural.

§ 1º Consideram-se, para efeito deste artigo, microempresas as pessoas jurídicas e as firmas individuais com receitas anuais de até dez mil Obrigações do Tesouro Nacional, e pequenas empresas as pessoas jurídicas e as firmas individuais com receita anual de até vinte e cinco mil Obrigações do Tesouro Nacional.

‣ art. 179, CF.

§ 2º A classificação de míni, pequeno e médio produtor rural será feita obedecendo-se às normas de crédito rural vigentes à época do contrato.

§ 3º A isenção da correção monetária a que se refere este artigo só será concedida nos seguintes casos:

I - se a liquidação do débito inicial, acrescido de juros legais e taxas judiciais, vier a ser efetivada no prazo de noventa dias, a contar da data da promulgação da Constituição;

II - se a aplicação dos recursos não contrariar a finalidade do financiamento, cabendo o ônus da prova à instituição credora;

III - se não for demonstrado pela instituição credora que o mutuário dispõe de meios para o pagamento de seu débito, excluído desta demonstração seu estabelecimento, a casa de moradia e os instrumentos de trabalho e produção;

IV - se o financiamento inicial não ultrapassar o limite de cinco mil Obrigações do Tesouro Nacional;

V - se o beneficiário não for proprietário de mais de cinco módulos rurais.

§ 4º Os benefícios de que trata este artigo não se estendem aos débitos já quitados e aos devedores que sejam constituintes.

§ 5º No caso de operações com prazos de vencimento posteriores à data-limite de liquidação da dívida, havendo interesse do mutuário, os bancos e as instituições financeiras promoverão, por instrumento próprio, alteração nas condições contratuais originais de forma a ajustá-las ao presente benefício.

§ 6º A concessão do presente benefício por bancos comerciais privados em nenhuma hipótese acarretará ônus para o Poder Público, ainda que através de refinanciamento e repasse de recursos pelo banco central.

§ 7º No caso de repasse a agentes financeiros oficiais ou cooperativas de crédito, o ônus recairá sobre a fonte de recursos originária.

Art. 48. O Congresso Nacional, dentro de cento e vinte dias da promulgação da Constituição, elaborará código de defesa do consumidor.

‣ Lei 8.078/1990 (CDC).

Art. 49. A lei disporá sobre o instituto da enfiteuse em imóveis urbanos, sendo facultada aos foreiros, no caso de sua extinção, a remição dos aforamentos mediante aquisição do domínio direto, na conformidade do que dispuserem os respectivos contratos.

‣ Dec.-Lei 9.760/1946 (Lei dos bens imóveis da União).

§ 1º Quando não existir cláusula contratual, serão adotados os critérios e bases hoje vigentes na legislação especial dos imóveis da União.

§ 2º Os direitos dos atuais ocupantes inscritos ficam assegurados pela aplicação de outra modalidade de contrato.

‣ Lei 9.636/1998 (Regulamenta este parágrafo).

§ 3º A enfiteuse continuará sendo aplicada aos terrenos de marinha e seus acrescidos, situados na faixa de segurança, a partir da orla marítima.

‣ art. 2.038, § 2º, CC/2002.

§ 4º Remido o foro, o antigo titular do domínio direto deverá, no prazo de noventa dias, sob pena de responsabilidade, confiar à guarda do registro de imóveis competente toda a documentação a ele relativa.

Art. 50. Lei agrícola a ser promulgada no prazo de um ano disporá, nos termos da Constituição, sobre os objetivos e instrumentos de política agrícola, prioridades, planejamento de safras, comercialização, abastecimento interno, mercado externo e instituição de crédito fundiário.

‣ Lei 8.171/1991 (Lei da Política Agrícola).

Art. 51. Serão revistos pelo Congresso Nacional, através de Comissão mista, nos três anos a contar da data da promulgação da Constituição, todas as doações, vendas e concessões de terras públicas com área superior a três mil hectares, realizadas no período de 1º de janeiro de 1962 a 31 de dezembro de 1987.

§ 1º No tocante às vendas, a revisão será feita com base exclusivamente no critério de legalidade da operação.

§ 2º No caso de concessões e doações, a revisão obedecerá aos critérios de legalidade e de conveniência do interesse público.

§ 3º Nas hipóteses previstas nos parágrafos anteriores, comprovada a ilegalidade, ou havendo interesse público, as terras reverterão ao patrimônio da União, dos Estados, do Distrito Federal ou dos Municípios.

Art. 52. Até que sejam fixadas as condições do art. 192, são vedados: (Redação dada pela EC 40/2003.)

I - a instalação, no país, de novas agências de instituições financeiras domiciliadas no exterior;

II - o aumento do percentual de participação, no capital de instituições financeiras com sede no país, de pessoas físicas ou jurídicas residentes ou domiciliadas no exterior.

Parágrafo único. A vedação a que se refere este artigo não se aplica às autorizações resultantes de acordos internacionais, de reciprocidade, ou de interesse do Governo brasileiro.

Art. 53. Ao ex-combatente que tenha efetivamente participado de operações bélicas durante a Segunda Guerra Mundial, nos termos da Lei n. 5.315, de 12 de setembro de 1967, serão assegurados os seguintes direitos:

‣ Lei 8.059/1990 (Dispõe sobre a pensão especial devida aos ex-combatentes da Segunda Guerra Mundial e a seus dependentes).

I - aproveitamento no serviço público, sem a exigência de concurso, com estabilidade;

II - pensão especial correspondente à deixada por segundo-tenente das Forças Armadas, que poderá ser requerida a qualquer tempo, sendo inacumulável com quaisquer rendimentos recebidos dos cofres públicos, exceto os benefícios previdenciários, ressalvado o direito de opção;

III - em caso de morte, pensão à viúva ou companheira ou dependente, de forma proporcional, de valor igual à do inciso anterior;

IV - assistência médica, hospitalar e educacional gratuita, extensiva aos dependentes;

V - aposentadoria com proventos integrais aos vinte e cinco anos de serviço efetivo, em qualquer regime jurídico;

VI - prioridade na aquisição da casa própria, para os que não a possuam ou para suas viúvas ou companheiras.

Parágrafo único. A concessão da pensão especial do inciso II substitui, para todos os efeitos legais, qualquer outra pensão já concedida ao ex-combatente.

Art. 54. Os seringueiros recrutados nos termos do Decreto-Lei n. 5.813, de 14 de setembro de 1943, e amparados pelo Decreto-Lei n. 9.882, de 16 de setembro de 1946, receberão, quando carentes, pensão mensal vitalícia no valor de dois salários-mínimos.

‣ Lei 7.986/1989 (Concessão do benefício previsto neste artigo).

§ 1º O benefício é estendido aos seringueiros que, atendendo a apelo do Governo brasileiro, contribuíram para o esforço de guerra, trabalhando na produção de borracha, na Região Amazônica, durante a Segunda Guerra Mundial.

§ 2º Os benefícios estabelecidos neste artigo são transferíveis aos dependentes reconhecidamente carentes.

§ 3º A concessão do benefício far-se-á conforme lei a ser proposta pelo Poder Executivo dentro de cento e cinquenta dias da promulgação da Constituição.

Art. 54-A. Os seringueiros de que trata o art. 54 deste Ato das Disposições Constitucionais Transitórias receberão indenização, em parcela única, no valor de R$ 25.000,00 (vinte e cinco mil reais). (Acrescentado pela EC 78/2014. Vigência: no exercício financeiro seguinte ao de sua publicação.)

Art. 55. Até que seja aprovada a lei de diretrizes orçamentárias, trinta por cento, no mínimo, do orçamento da seguridade social, excluído o seguro-desemprego, serão destinados ao setor de saúde.

Art. 56. Até que a lei disponha sobre o art. 195, I, a arrecadação decorrente de, no mínimo, cinco dos seis décimos percentuais correspondentes à alíquota da contribuição de que trata o Decreto-Lei n. 1.940, de 25 de maio de 1982, alterada pelo Decreto-Lei n. 2.049, de 1º de agosto de 1983, pelo Decreto n. 91.236, de 08 de maio de 1985, e pela Lei n. 7.611, de 08 de julho de 1987, passa a integrar a receita da seguridade social, ressalvados, exclusivamente no exercício de 1988, os compromissos assumidos com programas e projetos em andamento.

‣ LC 70/1991 (Contribui para financiamento da Seguridade Social e eleva alíquota da contribuição social sobre o lucro das instituições financeiras).

Art. 57. Os débitos dos Estados e dos Municípios relativos às contribuições previdenciárias até 30 de junho de 1988 serão liquidados, com correção monetária, em cento e vinte parcelas mensais, dispensados os juros e multas sobre eles incidentes, desde que os devedores requeiram o parcelamento e iniciem seu pagamento no prazo de cento e oitenta dias a contar da promulgação da Constituição.

§ 1º O montante a ser pago em cada um dos dois primeiros anos não será inferior a cinco por cento do total do débito consolidado e atualizado, sendo o restante dividido em parcelas mensais de igual valor.

§ 2º A liquidação poderá incluir pagamentos na forma de cessão de bens e prestação de serviços, nos termos da Lei n. 7.578, de 23 de dezembro de 1986.

§ 3º Em garantia do cumprimento do parcelamento, os Estados e os Municípios consignarão, anualmente, nos respectivos orçamentos as dotações necessárias ao pagamento de seus débitos.

§ 4º Descumprida qualquer das condições estabelecidas para concessão do parcelamento, o débito será considerado vencido em sua totalidade, sobre ele incidindo juros de mora; nesta hipótese, parcela dos recursos correspondentes aos Fundos de Participação, destinada aos Estados e Municípios devedores, será bloqueada e repassada à previdência social para pagamento de seus débitos.

Art. 58. Os benefícios de prestação continuada, mantidos pela previdência social na data da promulgação da Constituição, terão seus valores revistos, a fim de que seja restabelecido o poder aquisitivo, expresso em número de salários-mínimos, que tinham na data de sua concessão, obedecendo-se a esse critério de atualização até a implantação do plano de custeio e benefícios referidos no artigo seguinte.

- Súm. 687, STF.

Parágrafo único. As prestações mensais dos benefícios atualizadas de acordo com este artigo serão devidas e pagas a partir do sétimo mês a contar da promulgação da Constituição.

Art. 59. Os projetos de lei relativos à organização da seguridade social e aos planos de custeio e de benefício serão apresentados no prazo máximo de seis meses da promulgação da Constituição ao Congresso Nacional, que terá seis meses para apreciá-los.

Parágrafo único. Aprovados pelo Congresso Nacional, os planos serão implantados progressivamente nos dezoito meses seguintes.

- Lei 8.212/1991 (Dispõe sobre a organização da Seguridade Social e institui o Plano de Custeio).
- Lei 8.213/1991 (Lei dos Planos de Benefícios da Previdência Social).

Art. 60. A complementação da União referida no inciso IV do *caput* do art. 212-A da Constituição Federal será implementada progressivamente até alcançar a proporção estabelecida no inciso V do *caput* do mesmo artigo, a partir de 1º de janeiro de 2021, nos seguintes valores mínimos:

I - 12% (doze por cento), no primeiro ano;

II - 15% (quinze por cento), no segundo ano;

III - 17% (dezessete por cento), no terceiro ano;

IV - 19% (dezenove por cento), no quarto ano;

V - 21% (vinte e um por cento), no quinto ano;

VI - 23% (vinte e três por cento), no sexto ano.

§ 1º A parcela da complementação de que trata a alínea "b" do inciso V do *caput* do art. 212-A da Constituição Federal observará, no mínimo, os seguintes valores:

I - 2 (dois) pontos percentuais, no primeiro ano;

II - 5 (cinco) pontos percentuais, no segundo ano;

III - 6,25 (seis inteiros e vinte e cinco centésimos) pontos percentuais, no terceiro ano;

IV - 7,5 (sete inteiros e cinco décimos) pontos percentuais, no quarto ano;

V - 9 (nove) pontos percentuais, no quinto ano;

VI - 10,5 (dez inteiros e cinco décimos) pontos percentuais, no sexto ano.

§ 2º A parcela da complementação de que trata a alínea "c" do inciso V do *caput* do art. 212-A da Constituição Federal observará os seguintes valores:

I - 0,75 (setenta e cinco centésimos) ponto percentual, no terceiro ano;

II - 1,5 (um inteiro e cinco décimos) ponto percentual, no quarto ano;

III - 2 (dois) pontos percentuais, no quinto ano;

IV - 2,5 (dois inteiros e cinco décimos) pontos percentuais, no sexto ano. (Artigo com redação dada pela EC 108/2020)

- (Vide parágrafo único do art. 4º da Emenda Constitucional nº 108, de 2020)

Art. 60-A. Os critérios de distribuição da complementação da União e dos fundos a que se refere o inciso I do *caput* do art. 212-A da Constituição Federal serão revistos em seu sexto ano de vigência e, a partir dessa primeira revisão, periodicamente, a cada 10 (dez) anos. (Acrescido pela EC 108/2020)

Art. 61. As entidades educacionais a que se refere o art. 213, bem como as fundações de ensino e pesquisa cuja criação tenha sido autorizada por lei, que preencham os requisitos dos incisos I e II do referido artigo e que, nos últimos três anos, tenham recebido recursos públicos, poderão continuar a recebê-los, salvo disposição legal em contrário.

Art. 62. A lei criará o Serviço Nacional de Aprendizagem Rural (SENAR) nos moldes da legislação relativa ao Serviço Nacional de Aprendizagem Industrial (SENAI) e ao Serviço Nacional de Aprendizagem do Comércio (SENAC), sem prejuízo das atribuições dos órgãos públicos que atuam na área.

- Lei 8.315/1991 (Dispõe sobre a criação do Serviço Nacional de Aprendizagem Rural - SENAR).

Art. 63. É criada uma Comissão composta de nove membros, sendo três do Poder Legislativo, três do Poder Judiciário e três do Poder Executivo, para promover as comemorações do centenário da proclamação da República e da promulgação da primeira Constituição republicana do país, podendo, a seu critério, desdobrar-se em tantas subcomissões quantas forem necessárias.

Parágrafo único. No desenvolvimento de suas atribuições, a Comissão promoverá estudos, debates e avaliações sobre a evolução política, social, econômica e cultural do país, podendo articular-se com os governos estaduais e municipais e com instituições públicas e privadas que desejem participar dos eventos.

Art. 64. A Imprensa Nacional e demais gráficas da União, dos Estados, do Distrito Federal e dos Municípios, da administração direta ou indireta, inclusive fundações instituídas e mantidas pelo Poder Público, promoverão edição popular do texto integral da Constituição, que será posta à disposição das escolas e dos cartórios, dos sindicatos, dos quartéis, das igrejas e de outras instituições representativas da comunidade, gratuitamente, de modo que cada cidadão brasileiro possa receber do Estado um exemplar da Constituição do Brasil.

Art. 65. O Poder Legislativo regulamentará, no prazo de doze meses, o art. 220, § 4º.

Art. 66. São mantidas as concessões de serviços públicos de telecomunicações atualmente em vigor, nos termos da lei.

- Lei 9.472/1997 (Dispõe sobre a organização dos serviços de telecomunicações, criação e funcionamento de um órgão regulador e outros aspectos institucionais).

Art. 67. A União concluirá a demarcação das terras indígenas no prazo de cinco anos a partir da promulgação da Constituição.

Art. 68. Aos remanescentes das comunidades dos quilombos que estejam ocupando suas terras é reconhecida a propriedade definitiva, devendo o Estado emitir-lhes os títulos respectivos.

- Dec. 4.887/2003 (Regulamenta procedimento para identificação, reconhecimento, delimitação, demarcação e titulação das terras ocupadas por remanescentes das comunidades dos quilombos de que trata este artigo).
- Dec. 6.040/2007 (Institui a Política Nacional de Desenvolvimento Sustentável dos Povos e Comunidades Tradicionais).

Art. 69. Será permitido aos Estados manter consultorias jurídicas separadas de suas Procuradorias-Gerais ou Advocacias-Gerais, desde que, na data da promulgação da Constituição, tenham órgãos distintos para as respectivas funções.

Art. 70. Fica mantida atual competência dos tribunais estaduais até a mesma seja definida na Constituição do Estado, nos termos do art. 125, § 1º, da Constituição.

- art. 4º, EC 45/2004 (Reforma do Judiciário).

Art. 71. É instituído, nos exercícios financeiros de 1994 e 1995, bem assim nos períodos de 1º.01.1996 a 30.06.1997 e 1º.07.1997 a 31.12.1999, o Fundo Social de Emergência, com o objetivo de saneamento financeiro da Fazenda Pública Federal e de estabilização econômica, cujos recursos serão aplicados prioritariamente no custeio das ações dos sistemas de saúde e educação, incluindo a complementação de recursos de que trata o § 3º do art. 60 do Ato das Disposições Constitucionais Transitórias, benefícios previdenciários e auxílios assistenciais de prestação continuada, inclusive liquidação de passivo previdenciário, e despesas orçamentárias associadas a programas de relevante interesse econômico e social. (Redação dada pela EC 17/1997.)

§ 1º Ao Fundo criado por este artigo não se aplica o disposto na parte final do inciso II do § 9º do art. 165 da Constituição. (Renumerado do parágrafo único pela EC 10/1996.)

§ 2º O Fundo criado por este artigo passa a ser denominado Fundo de Estabilização Fiscal a partir do início do exercício financeiro de 1996. (Incluído pela EC 10/1996.)

§ 3º O Poder Executivo publicará demonstrativo da execução orçamentária, de periodicidade bimestral, no qual se discriminarão as fontes e usos do Fundo criado por este artigo. (Incluído pela EC 10/1996.)

Art. 72. Integram o Fundo Social de Emergência: (Incluído pela EC Revisão 1/1994.)

I - o produto da arrecadação do imposto sobre renda e proventos de qualquer natureza incidente na fonte sobre pagamentos efetuados, a qualquer título, pela União, inclusive suas autarquias e fundações; (Incluído pela EC Revisão 1/1994.)

II - a parcela do produto da arrecadação do imposto sobre renda e proventos de qualquer natureza e do imposto sobre operações de crédito, câmbio e seguro, ou relativas a títulos e valores mobiliários, decorrente das alterações produzidas pela Lei n. 8.894, de 21 de junho de 1994, e pelas Leis n. 8.849 e 8.848, ambas de 28 de janeiro de 1994, e modificações posteriores; (Redação dada pela EC 10/1996.)

III - a parcela do produto da arrecadação resultante da elevação da alíquota da contribuição social sobre o lucro dos contribuintes a que se refere o § 1º do art. 22 da Lei n. 8.212, de 24 de julho de 1991, a qual, nos exercícios financeiros de 1994 e 1995, bem assim no período de 1º de janeiro de 1996 a 30 de junho de 1997, passa a ser de trinta por cento, sujeita a alteração por lei ordinária, mantidas as demais normas da Lei n. 7.689, de 15 de dezembro de 1988; (Redação dada pela EC 10/1996.)

IV - vinte por cento do produto da arrecadação de todos os impostos e contribuições da União, já instituídos ou a serem criados, excetuado o previsto nos incisos I, II e III, observado o disposto nos §§ 3º e 4º; (Redação dada pela EC 10/1996.)

V - a parcela do produto da arrecadação da contribuição de que trata a Lei Complementar n. 7, de 07 de setembro de 1970, devida pelas pessoas jurídicas a que se refere o inciso III deste artigo, a qual será calculada, nos exercícios financeiros de 1994 a 1995, bem assim nos períodos de 1º de janeiro de 1996 a 30 de junho de 1997 e de 1º de julho de 1997 a 31 de dezembro de 1999, mediante a aplicação da alíquota de setenta e cinco centésimos por cento, sujeita a alteração por lei ordinária posterior, sobre a receita bruta operacional, como definida na legislação do imposto sobre renda e proventos de qualquer natureza. (Redação dada pela EC 17/1997.)

VI - outras receitas previstas em lei específica. (Incluído pela EC Revisão 1/1994.)

§ 1º As alíquotas e a base de cálculo previstas nos incisos III e V aplicar-se-ão a partir do primeiro dia do mês seguinte aos noventa dias posteriores à promulgação desta Emenda. (Incluído pela EC Revisão 1/1994.)

§ 2º As parcelas de que tratam os incisos I, II, III e V serão previamente deduzidas da base de cálculo de qualquer vinculação ou participação constitucional ou legal, não se lhes aplicando o disposto nos artigos 159, 212 e 239 da Constituição. (Redação dada pela EC 10/1996.)

§ 3º A parcela de que trata o inciso IV será previamente deduzida da base de cálculo das vinculações ou participações constitucionais previstas nos artigos 153, § 5º, 157, II, 212 e 239 da Constituição. (Redação dada pela EC 10/1996.)

§ 4º O disposto no parágrafo anterior não se aplica aos recursos previstos nos Artigos 158, II e 159 da Constituição. (Redação dada pela EC 10/1996.)

§ 5º A parcela dos recursos provenientes do imposto sobre renda e proventos de qualquer natureza, destinada ao Fundo Social de Emergência, nos termos do inciso II deste artigo, não poderá exceder a cinco inteiros e seis décimos por cento do total do produto da sua arrecadação. (Redação dada pela EC 10/1996.)

Art. 73. Na regulação do Fundo Social de Emergência não poderá ser utilizado o instrumento previsto no inciso V do art. 59 da Constituição. (Incluído pela EC Revisão 1/1994.)

- art. 71, ADCT.

Art. 74. A União poderá instituir contribuição provisória sobre movimentação ou transmissão de valores e de créditos e direitos de natureza financeira. (Incluído pela EC 12/1996.)

- art. 84, ADCT.

§ 1º A alíquota da contribuição de que trata este artigo não excederá a vinte e cinco centésimos por cento, facultado ao Poder Executivo reduzi-la ou restabelecê-la, total ou parcialmente, nas condições e limites fixados em lei. (Incluído pela EC 12/1996.)

- Alíquota alterada pela EC 21/1999.

§ 2º A contribuição de que trata este artigo não se aplica o disposto nos arts. 153, § 5º, e 154, I, da Constituição. (Incluído pela EC 12/1996.)

§ 3º O produto da arrecadação da contribuição de que trata este artigo será destinado integralmente ao Fundo Nacional de Saúde, para financiamento das ações e serviços de saúde. (Incluído pela EC 12/1996.)

§ 4º A contribuição de que trata este artigo terá sua exigibilidade subordinada ao disposto no art. 195, § 6º, da Constituição, e não poderá ser cobrada por prazo superior a dois anos. (Incluído pela EC 12/1996.)

- arts. 75 e 84, ADCT.

Art. 75. É prorrogada, por trinta e seis meses, a cobrança da contribuição provisória sobre movimentação ou transmissão de valores e de créditos e direitos de natureza financeira de que trata o art. 74, instituída pela Lei n. 9.311, de 24 de outubro de 1996, modificada pela Lei n. 9.539, de 12 de dezembro de 1997, cuja vigência é também prorrogada por idêntico prazo. (Incluído pela EC 21/1999.)

- arts. 80, I; 84, ADCT.

§ 1º Observado o disposto no § 6º do art. 195 da Constituição Federal, a alíquota da contribuição será de trinta e oito centésimos por cento, nos primeiros doze meses, e de trinta centésimos, nos meses subsequentes, facultado ao Poder Executivo reduzi-la total ou parcialmente, nos limites aqui definidos. (Incluído pela EC 21/1999.)

§ 2º O resultado do aumento da arrecadação, decorrente da alteração da alíquota, nos exercícios financeiros de 1999, 2000 e 2001, será destinado ao custeio da previdência social. (Incluído pela EC 21/1999.)

§ 3º É a União autorizada a emitir títulos da dívida pública interna, cujos recursos serão destinados ao custeio da saúde e da previdência social, em montante equivalente ao produto da arrecadação da contribuição, prevista e não realizada em 1999. (Incluído pela EC 21/1999.)

- ADIn 2.031-5 (DOU 05.11.2003) - O STF, por maioria de votos, julgou parcialmente procedente a ADIn para declarar a inconstitucionalidade deste parágrafo.
- LC 111/2001 (Dispõe sobre o Fundo de Combate e Erradicação da Pobreza).

Art. 76. São desvinculados de órgão, fundo ou despesa, até 31 de dezembro de 2024, 30% (trinta por cento) da arrecadação da União relativa às contribuições sociais, sem prejuízo do pagamento das despesas do Regime Geral de Previdência Social, às contribuições de intervenção no domínio econômico e às taxas, já instituídas ou que vierem a ser criadas até a referida data. *(Redação dada pela EC 126/2022)*

§ 1º (Revogado pela EC 93/2016)

§ 2º Excetua-se da desvinculação de que trata o *caput* a arrecadação da contribuição social do salário-educação a que se refere o § 5º do art. 212 da Constituição Federal. (Redação dada pela EC 68/2011).

§ 3º (Revogado pela EC 93/2016)

§ 4º A desvinculação de que trata o *caput* não se aplica às receitas das contribuições sociais destinadas ao custeio da seguridade social (Incluído pela EC 103/2019)

Art. 76-A. São desvinculados de órgão, fundo ou despesa, até 31 de dezembro de 2032, 30% (trinta por cento) das receitas dos Estados e do Distrito Federal relativas a impostos, taxas e multas já instituídos ou que vierem a ser criados até a referida data, seus adicionais e respectivos acréscimos legais, e outras receitas correntes. *(Redação dada pela EC 132/2023)*

Parágrafo único. Excetuam-se da desvinculação de que trata o *caput*: (Acrescentado pela EC 93/2016.)

I - recursos destinados ao financiamento das ações e serviços públicos de saúde e à manutenção e desenvolvimento do ensino de que tratam, respectivamente, os incisos II e III do § 2º do art. 198 e o art. 212 da Constituição Federal; (Acrescentado pela EC 93/2016.)

II - receitas que pertencem aos Municípios decorrentes de transferências previstas na Constituição Federal; (Acrescentado pela EC 93/2016.)

III - receitas de contribuições previdenciárias e de assistência à saúde dos servidores; (Acrescentado pela EC 93/2016.)

IV - demais transferências obrigatórias e voluntárias entre entes da Federação com destinação especificada em lei; (Acrescentado pela EC 93/2016.)

V - fundos instituídos pelo Poder Judiciário, pelos Tribunais de Contas, pelo Ministério Público, pelas Defensorias Públicas e pelas Procuradorias-Gerais dos Estados e do Distrito Federal. (Acrescentado pela EC 93/2016.)

Art. 76-B. São desvinculados de órgão, fundo ou despesa, até 31 de dezembro de 2032, 30% (trinta por cento) das receitas dos Municípios relativas a impostos, taxas e multas, já instituídos ou que vierem a ser criados até a referida data, seus adicionais e respectivos acréscimos legais, e outras receitas correntes. *(Redação dada pela EC 132/2023)*

Parágrafo único. Excetuam-se da desvinculação de que trata o *caput*: (Acrescentado pela EC 93/2016.)

I - recursos destinados ao financiamento das ações e serviços públicos de saúde e à manutenção e desenvolvimento do ensino de que tratam, respectivamente, os incisos

II e III do § 2º do art. 198 e o art. 212 da Constituição Federal; (Acrescentado pela EC 93/2016.)

II - receitas de contribuições previdenciárias e de assistência à saúde dos servidores; (Acrescentado pela EC 93/2016.)

III - transferências obrigatórias e voluntárias entre entes da Federação com destinação especificada em lei; (Acrescentado pela EC 93/2016.)

IV - fundos instituídos pelo Tribunal de Contas do Município. (Acrescentado pela EC 93/2016.)

Art. 77. Até o exercício financeiro de 2004, os recursos mínimos aplicados nas ações e serviços públicos de saúde serão equivalentes: (Incluído pela EC 29/2000.)

I - no caso da União: (Incluído pela EC 29/2000.)

a) no ano 2000, o montante empenhado em ações e serviços públicos de saúde no exercício financeiro de 1999 acrescido de, no mínimo, cinco por cento; (Incluído pela EC 29/2000.)

b) do ano 2001 ao ano 2004, o valor apurado no ano anterior, corrigido pela variação nominal do Produto Interno Bruto - PIB; (Incluído pela EC 29/2000.)

II - no caso dos Estados e do Distrito Federal, doze por cento do produto da arrecadação dos impostos a que se refere o art. 155 e dos recursos de que tratam os arts. 157 e 159, inciso I, alínea *a*, e inciso II, deduzidas as parcelas que forem transferidas aos respectivos Municípios; e (Incluído pela EC 29/2000.)

III - no caso dos Municípios e do Distrito Federal, quinze por cento do produto da arrecadação dos impostos a que se refere o art. 156 e dos recursos de que tratam os arts. 158 e 159, inciso I, alínea *b* e § 3º. (Incluído pela EC 29/2000.)

§ 1º Os Estados, o Distrito Federal e os Municípios que apliquem percentuais inferiores aos fixados nos incisos II e III deverão elevá-los gradualmente, até o exercício financeiro de 2004, reduzida a diferença à razão de, pelo menos, um quinto por ano, sendo que, a partir de 2000, a aplicação será de pelo menos sete por cento. (Incluído pela EC 29/2000.)

§ 2º Dos recursos da União apurados nos termos deste artigo, quinze por cento, no mínimo, serão aplicados nos Municípios, segundo o critério populacional, em ações e serviços básicos de saúde, na forma da lei. (Incluído pela EC 29/2000.)

§ 3º Os recursos dos Estados, do Distrito Federal e dos Municípios destinados às ações e serviços públicos de saúde e os transferidos pela União para a mesma finalidade serão aplicados por meio de Fundo de Saúde que será acompanhado e fiscalizado por Conselho de Saúde, sem prejuízo do disposto no art. 74 da Constituição Federal. (Incluído pela EC 29/2000.)

§ 4º Na ausência da lei complementar a que se refere o art. 198, § 3º, a partir do exercício financeiro de 2005, aplicar-se-á à União, aos Estados, ao Distrito Federal e aos Municípios o disposto neste artigo. (Incluído pela EC 29/2000.)

Art. 78. Ressalvados os créditos definidos em lei como de pequeno valor, os de natureza alimentícia, os de que trata o art. 33 deste Ato das Disposições Constitucionais Transitórias e suas complementações e os que já tiverem os seus respectivos recursos liberados ou depositados em juízo, os precatórios pendentes na data de promulgação desta Emenda e os que decorram de ações iniciais ajuizadas até 31 de dezembro de 1999 serão liquidados pelo seu valor real, em moeda corrente, acrescido de juros legais, em prestações anuais, iguais e sucessivas, no prazo máximo de dez anos, permitida a cessão dos créditos. (Incluído pela EC 30/2000.)

- ADIn 2.356 e 2.362 (O STF, por maioria de votos, deferiu as medidas cautelares para suspender a eficácia do art. 2º, EC 30/2000, que acrescentou este artigo). DOU, 07.12.2010.
- arts. 86; 87; 97, § 15, ADCT.

§ 1º É permitida a decomposição de parcelas, a critério do credor. (Incluído pela EC 30/2000.)

§ 2º As prestações anuais a que se refere o *caput* deste artigo terão, se não liquidadas até o final do exercício a que se referem, poder liberatório do pagamento de tributos da entidade devedora. (Incluído pela EC 30/2000.)

- art. 6º, EC 62/2009 (Ficam também convalidadas todas as compensações de precatórios com tributos vencidos até 31.10.2009 da entidade devedora, efetuadas na forma do disposto no art. 78, § 2º, do ADCT, realizadas antes da promulgação desta Emenda Constitucional).

§ 3º O prazo referido no *caput* deste artigo fica reduzido para dois anos, nos casos de precatórios judiciais originários de desapropriação de imóvel residencial do credor, desde que comprovadamente único à época da imissão na posse. (Incluído pela EC 30/2000.)

§ 4º O Presidente do Tribunal competente deverá, vencido o prazo ou em caso de omissão no orçamento, ou preterição ao direito de precedência, a requerimento do credor, requisitar ou determinar o sequestro de recursos financeiros da entidade executada, suficientes à satisfação da prestação. (Incluído pela EC 30/2000.)

Art. 79. É instituído, para vigorar até o ano de 2010, no âmbito do Poder Executivo Federal, o Fundo de Combate e Erradicação da Pobreza, a ser regulado por lei complementar com o objetivo de viabilizar a todos os brasileiros acesso a níveis dignos de subsistência, cujos recursos serão aplicados em ações suplementares de nutrição, habitação, educação, saúde, reforço de renda familiar e outros programas de relevante interesse social voltados para melhoria da qualidade de vida. (Incluído pela EC 31/2000.)

- art. 4º, EC 42/2003 (Altera o Sistema Tributário Nacional).
- EC 67/2010 (Prorroga, por tempo indeterminado o prazo de vigência do Fundo de Combate e Erradicação da Pobreza).
- LC 111/2001 (Dispõe sobre o Fundo de Combate e Erradicação da Pobreza).

Parágrafo único. O Fundo previsto neste artigo terá Conselho Consultivo e de Acompanhamento que conte com a participação de representantes da sociedade civil, nos termos da lei. (Incluído pela EC 31/2000.)

Art. 80. Compõem o Fundo de Combate e Erradicação da Pobreza: (Incluído pela EC 31/2000.)

- LC 111/2001 (Dispõe sobre o Fundo de Combate e Erradicação da Pobreza).

I - a parcela do produto da arrecadação correspondente a um adicional de oito centésimos por cento, aplicável de 18 de junho de 2000 a 17 de junho de 2002, na alíquota da contribuição social de que trata o art. 75 do Ato das Disposições Constitucionais Transitórias; (Incluído pela EC 31/2000.)

- art. 84, ADCT.

II - a parcela do produto da arrecadação correspondente a um adicional de cinco pontos percentuais na alíquota do Imposto sobre Produtos Industrializados - IPI, ou do imposto que vier a substituí-lo, incidente sobre produtos supérfluos e aplicável até a extinção do Fundo; (Incluído pela EC 31/2000.)

Atualização: II - *(Revogado pela EC 132/2023, em vigor em 2033)*

- art. 83, ADCT.

III - o produto da arrecadação do imposto de que trata o art. 153, inciso VII, da Constituição; (Incluído pela EC 31/2000.)

IV - dotações orçamentárias; (Incluído pela EC 31/2000.)

V - doações, de qualquer natureza, de pessoas físicas ou jurídicas do país ou do exterior; (Incluído pela EC 31/2000.)

VI - outras receitas, a serem definidas na regulamentação do referido Fundo. (Incluído pela EC 31/2000.)

§ 1º Aos recursos integrantes do Fundo de que trata este artigo não se aplica o disposto nos arts. 159 e 167, inciso IV, da Constituição, assim como qualquer desvinculação de recursos orçamentários. (Incluído pela EC 31/2000.)

§ 2º A arrecadação decorrente do disposto no inciso I deste artigo, no período compreendido entre 18 de junho de 2000 e o início da vigência da lei complementar a que se refere a art. 79, será integralmente repassada ao Fundo, preservado o seu valor real, em títulos públicos federais, progressivamente resgatáveis após 18 de junho de 2002, na forma da lei. (Incluído pela EC 31/2000.)

Art. 81. É instituído Fundo constituído pelos recursos recebidos pela União em decorrência da desestatização de sociedades de economia mista ou empresas públicas por ela controladas, direta ou indiretamente, quando a operação envolver a alienação do respectivo controle acionário a pessoa ou entidade não integrante da Administração Pública, ou de participação societária remanescente após a alienação, cujos rendimentos, gerados a partir de 18 de junho de 2002, reverterão ao Fundo de Combate e Erradicação de Pobreza. (Incluído pela EC 31/2000.)

§ 1º Caso o montante anual previsto nos rendimentos transferidos ao Fundo de Combate e Erradicação da Pobreza, na forma deste artigo, não alcance o valor de quatro bilhões de reais, far-se-á complementação na forma do art. 80, inciso IV, do Ato das disposições Constitucionais Transitórias. (Incluído pela EC 31/2000.)

§ 2º Sem prejuízo do disposto no § 1º, o Poder Executivo poderá destinar ao Fundo a que se refere este artigo outras receitas decorrentes da alienação de bens da União. (Incluído pela EC 31/2000.)

§ 3º A constituição do Fundo a que se refere o *caput*, a transferência de recursos ao Fundo de Combate e Erradicação da Pobreza e as demais disposições referentes ao § 1º deste artigo serão disciplinadas em lei, não se aplicando o disposto no art. 165, § 9º, inciso II, da Constituição. (Incluído pela EC 31/2000.)

Art. 82. Os Estados, o Distrito Federal e os Municípios devem instituir Fundos de Combate à Pobreza, com os recursos de que trata este artigo e outros que vierem a destinar, devendo os referidos Fundos ser geridos por entidades que contem com a participação da sociedade civil. (Incluído pela EC 31/2000.)

§ 1º Para o financiamento dos Fundos Estaduais e Distrital, poderá ser criado adicional de até dois pontos percentuais na alíquota do Imposto sobre Circulação de Mercadorias e Serviços - ICMS, sobre os produtos e serviços supérfluos e nas condições definidas na lei complementar de que trata o art. 155, § 2º, XII, da Constituição, não se aplicando, sobre este percentual, o disposto no art. 158, IV, da Constituição. (Redação dada pela EC 42/2003.)

§ 2º Para o financiamento dos Fundos Municipais, poderá ser criado adicional de até meio ponto percentual na alíquota do Imposto sobre serviços ou do imposto que vier a substituí-lo, sobre serviços supérfluos. (Incluído pela EC 31/2000.)

> **Atualização:** Art. 82. Os Estados, o Distrito Federal e os Municípios devem instituir Fundos de Combate à Pobreza, devendo os referidos Fundos ser geridos por entidades que contem com a participação da sociedade civil. *(Redação dada pela EC 132/2023, em vigor em 2033)*
>
> § 1º Para o financiamento dos Fundos Estaduais, Distrital e Municipais, poderá ser destinado percentual do imposto previsto no art. 156-A da Constituição Federal e dos recursos distribuídos nos termos dos arts. 131 e 132 deste Ato das Disposições Constitucionais Transitórias, nos limites definidos em lei complementar, não se aplicando, sobre estes valores, o disposto no art. 158, IV, da Constituição Federal. *(Redação dada pela EC 132/2023, em vigor em 2033)*
>
> § 2º *(Revogado pela EC 132/2023, em vigor em 2033)*

Art. 83. Lei federal definirá os produtos e serviços supérfluos a que se referem os arts. 80, II, e 82, § 2º. (Redação dada pela EC 42/2003.)

> **Atualização:** Art. 83. *(Revogado pela EC 132/2023, em vigor em 2033)*

Art. 84. A contribuição provisória sobre movimentação ou transmissão de valores e de créditos e direitos de natureza financeira, prevista nos arts. 74, 75 e 80, I, deste Ato das Disposições Constitucionais Transitórias, será cobrada até 31 de dezembro de 2004. (Incluído pela EC 37/2002.)

▸ art. 90, ADCT.

§ 1º Fica prorrogada, até a data referida no *caput* deste artigo, a vigência da Lei n. 9.311, de 24 de outubro de 1996, e suas alterações. (Incluído pela EC 37/2002.)

§ 2º Do produto da arrecadação da contribuição social de que trata este artigo será destinada a parcela correspondente à alíquota de: (Incluído pela EC 37/2002.)

I - vinte centésimos por cento ao Fundo Nacional de Saúde, para financiamento das ações e serviços de saúde; (Incluído pela EC 37/2002.)

II - dez centésimos por cento ao custeio da previdência social; (Incluído pela EC 37/2002.)

III - oito centésimos por cento ao Fundo de Combate e Erradicação da Pobreza, de que tratam os arts. 80 e 81 deste Ato das Disposições Constitucionais Transitórias. (Incluído pela EC 37/2002.)

§ 3º A alíquota da contribuição de que trata este artigo será de: (Incluído pela EC 37/2002.)

I - trinta e oito centésimos por cento, nos exercícios financeiros de 2002 e 2003; (Incluído pela EC 37/2002.)

▸ art. 90, § 2º, ADCT.

II - (Revogado pela EC 42/2003.)

Art. 85. A contribuição a que se refere o art. 84 deste Ato das Disposições Constitucionais Transitórias não incidirá, a partir do trigésimo dia da data de publicação desta Emenda Constitucional, nos lançamentos: (Incluído pela EC 37/2002.)

I - em contas correntes de depósito especialmente abertas e exclusivamente utilizadas para operações de: (Incluído pela EC 37/2002.)

a) câmaras e prestadoras de serviços de compensação e de liquidação de que trata o parágrafo único do art. 2º da Lei n. 10.214, de 27 de março de 2001; (Incluído pela EC 37/2002.)

b) companhias securitizadoras de que trata a Lei n. 9.514, de 20 de novembro de 1997; (Incluído pela EC 37/2002.)

c) sociedades anônimas que tenham por objeto exclusivo a aquisição de créditos oriundos de operações praticadas no mercado financeiro; (Incluído pela EC 37/2002.)

II - em contas correntes de depósito, relativos à: (Incluído pela EC 37/2002.)

a) operações de compra e venda de ações, realizadas em recintos ou sistemas de negociação de bolsas de valores e no mercado de balcão organizado; (Incluído pela EC 37/2002.)

b) contratos referenciados em ações ou índices de ações, em suas diversas modalidades, negociados em bolsas de valores, de mercadorias e de futuros; (Incluído pela EC 37/2002.)

III - em contas de investidores estrangeiros, relativos a entradas no país e a remessas para o exterior de recursos financeiros empregados, exclusivamente, em operações e contratos referidos no inciso II deste artigo. (Incluído pela EC 37/2002.)

§ 1º O Poder Executivo disciplinará o disposto neste artigo no prazo de trinta dias da data de publicação desta Emenda Constitucional. (Incluído pela EC 37/2002.)

§ 2º O disposto no inciso I deste artigo aplica-se somente às operações relacionadas em ato do Poder Executivo, dentre aquelas que constituam o objeto social das referidas entidades. (Incluído pela EC 37/2002.)

§ 3º O disposto no inciso II deste artigo aplica-se somente a operações e contratos efetuados por intermédio de instituições financeiras, sociedades corretoras de títulos e valores mobiliários, sociedades distribuidoras de títulos e valores mobiliários e sociedades corretoras de mercadorias. (Incluído pela EC 37/2002.)

Art. 86. Serão pagos conforme disposto no art. 100 da Constituição Federal, não se lhes aplicando a regra de parcelamento estabelecida no *caput* do art. 78 deste Ato das Disposições Constitucionais Transitórias, os débitos da Fazenda Federal, Estadual, Distrital ou Municipal oriundos de sentenças transitadas em julgado, que preencham, cumulativamente, as seguintes condições: (Incluído pela EC 37/2002.)

I - ter sido objeto de emissão de precatórios judiciários; (Incluído pela EC 37/2002.)

II - ter sido definidos como de pequeno valor pela lei de que trata o § 3º do art. 100 da Constituição Federal ou pelo art. 87 deste Ato das Disposições Constitucionais Transitórias; (Incluído pela EC 37/2002.)

III - estar, total ou parcialmente, pendentes de pagamento na data da publicação desta Emenda Constitucional. (Incluído pela EC 37/2002.)

§ 1º Os débitos a que se refere o *caput* deste artigo, ou os respectivos saldos, serão pagos na ordem cronológica de apresentação dos respectivos precatórios, com precedência sobre os de maior valor. (Incluído pela EC 37/2002.)

§ 2º Os débitos a que se refere o *caput* deste artigo, se ainda não tiverem sido objeto de pagamento parcial, nos termos do art. 78 deste Ato das Disposições Constitucionais Transitórias, poderão ser pagos em duas parcelas anuais, se assim dispuser a lei. (Incluído pela EC 37/2002.)

§ 3º Observada a ordem cronológica de sua apresentação, os débitos de natureza alimentícia previstos neste artigo terão precedência para pagamento sobre todos os demais. (Incluído pela EC 37/2002.)

Art. 87. Para efeito do que dispõem o § 3º do art. 100 da Constituição Federal e o art. 78 deste Ato das Disposições Constitucionais Transitórias serão considerados de pequeno valor, até que se dê a publicação oficial das respectivas leis definidoras pelos entes da Federação, observado o disposto no § 4º do art. 100 da Constituição Federal, os débitos ou obrigações consignados em precatório judiciário, que tenham valor igual ou inferior a: (Incluído pela EC 37/2002.)

I - quarenta salários-mínimos, perante a Fazenda dos Estados e do Distrito Federal; (Incluído pela EC 37/2002.)

II - trinta salários-mínimos, perante a Fazenda dos Municípios. (Incluído pela EC 37/2002.)

Parágrafo único. Se o valor da execução ultrapassar o estabelecido neste artigo, o pagamento far-se-á, sempre, por meio de precatório, sendo facultada à parte exequente a renúncia ao crédito do valor excedente, para que possa optar pelo pagamento do saldo sem o precatório, da forma prevista no § 3º do art. 100. (Incluído pela EC 37/2002.)

Art. 88. Enquanto lei complementar não disciplinar o disposto nos incisos I e III do § 3º do art. 156 da Constituição Federal, o imposto a que se refere o inciso III do *caput* do mesmo artigo: (Incluído pela EC 37/2002.)

I - terá alíquota mínima de dois por cento, exceto para os serviços a que se referem os itens 32, 33 e 34 da Lista de Serviços anexa ao Dec.-Lei n. 406, de 31 de dezembro de 1968; (Incluído pela EC 37/2002.)

II - não será objeto de concessão de isenções, incentivos e benefícios fiscais, que resulte, direta ou indiretamente, na redução da alíquota mínima estabelecida no inciso I. (Incluído pela EC 37/2002.)

Art. 89. Os integrantes da carreira policial militar e os servidores municipais do ex-Território Federal de Rondônia que, comprovadamente, se encontravam no exercício regular de suas funções prestando serviço àquele ex-Território na data em que foi transformado em Estado, bem como os servidores e os policiais militares alcançados pelo disposto no art. 36 da Lei Complementar n. 41, de 22 de dezembro de 1981, e aqueles admitidos regularmente nos quadros do Estado de Rondônia até a data de posse do primeiro Governador eleito, em 15 de março de 1987, constituirão, mediante opção, quadro em extinção da administração federal, assegurados os direitos e as vantagens a eles inerentes, vedado o pagamento, a qualquer título, de diferenças remuneratórias. (Redação dada pela EC 60/2009.)

- art. 1º, EC 60/2009 (Veda o pagamento, a qualquer título em virtude da alteração pela referida emenda de ressarcimentos ou indenizações, de qualquer espécie, referentes à períodos anteriores à data de sua publicação).
- EC 79/2014 (Altera o art. 31 da EC 19/1998, para prever a inclusão, em quadro em extinção da Administração Federal, de servidores e policiais militares admitidos pelos Estados do Amapá e de Roraima, na fase de instalação dessas unidades federadas, e dá outras providências.)

§ 1º Os membros da Polícia Militar continuarão prestando serviços ao Estado de Rondônia, na condição de cedidos, submetidos às corporações da Polícia Militar, observadas as atribuições de função compatíveis com o grau hierárquico. (Incluído pela EC 60/2009.)

§ 2º Os servidores a que se refere o *caput* continuarão prestando serviços ao Estado de Rondônia na condição de cedidos, até seu aproveitamento em órgão ou entidade da administração federal direta, autárquica ou fundacional. (Incluído pela EC 60/2009.)

Art. 90. O prazo previsto no *caput* do art. 84 deste Ato das Disposições Constitucionais Transitórias fica prorrogado até 31 de dezembro de 2007. (Incluído pela EC 42/2003.)

§ 1º Fica prorrogada, até a data referida no *caput* deste artigo, a vigência da Lei n. 9.311, de 24 de outubro de 1996, e suas alterações. (Incluído pela EC 42/2003.)

§ 2º Até a data referida no *caput* deste artigo, a alíquota da contribuição de que trata o art. 84 deste Ato das Disposições Constitucionais Transitórias será de trinta e oito centésimos por cento. (Incluído pela EC 42/2003.)

Art. 91. (Revogado pela EC 109/2021)

Art. 92. São acrescidos dez anos ao prazo fixado no art. 40 deste Ato das Disposições Constitucionais Transitórias. (Incluído pela EC 42/2003.)

Art. 92-A. São acrescidos 50 (cinquenta) anos ao prazo fixado pelo art. 92 deste Ato das Disposições Constitucionais Transitórias. (Acrescentado pela EC 83/2014.)

Art. 92-B. As leis instituidoras dos tributos previstos nos arts. 156-A e 195, V, da Constituição Federal estabelecerão os mecanismos necessários, com ou sem contrapartidas, para manter, em caráter geral, o diferencial competitivo assegurado à Zona Franca de Manaus pelos arts. 40 e 92-A e às áreas de livre comércio existentes em 31 de maio de 2023, nos níveis estabelecidos pela legislação relativa aos tributos extintos a que se referem os arts. 126 a 129, todos deste Ato das Disposições Constitucionais Transitórias. *(Acrescido pela EC 132/2023)*

§ 1º Para assegurar o disposto no *caput*, serão utilizados, isolada ou cumulativamente, instrumentos fiscais, econômicos ou financeiros.

§ 2º Lei complementar instituirá Fundo de Sustentabilidade e Diversificação Econômica do Estado do Amazonas, que será constituído com recursos da União e por ela gerido, com a efetiva participação do Estado do Amazonas na definição das políticas, com o objetivo de fomentar o desenvolvimento e a diversificação das atividades econômicas no Estado.

§ 3º A lei complementar de que trata o § 2º:

I - estabelecerá o montante mínimo de aporte anual de recursos ao Fundo, bem como os critérios para sua correção;

II - preverá a possibilidade de utilização dos recursos do Fundo para compensar eventual perda de receita do Estado do Amazonas em função das alterações no sistema tributário decorrentes da instituição dos tributos previstos nos arts. 156-A e 195, V, da Constituição Federal.

§ 4º A União, mediante acordo com o Estado do Amazonas, poderá reduzir o alcance dos instrumentos previstos no § 1º, condicionado ao aporte de recursos adicionais ao Fundo de que trata o § 2º, asseguradas a diversificação das atividades econômicas e a antecedência mínima de 3 (três) anos.

§ 5º Não se aplica aos mecanismos previstos no *caput* o disposto nos incisos III e IV do *caput* do art. 149-B da Constituição Federal.

§ 6º Lei complementar instituirá Fundo de Desenvolvimento Sustentável dos Estados da Amazônia Ocidental e do Amapá, que será constituído com recursos da União e por ela gerido, com a efetiva participação desses Estados na definição das políticas, com o objetivo de fomentar o desenvolvimento e a diversificação de suas atividades econômicas.

§ 7º O Fundo de que trata o § 6º será integrado pelos Estados onde estão localizadas as áreas de livre comércio de que trata o *caput* e observará, no que couber, o disposto no § 3º, I e II, sendo, quanto a este inciso, considerados os respectivos Estados, e no § 4º.

Art. 93. A vigência do disposto no art. 159, III, e § 4º, iniciará somente após a edição da lei de que trata o referido inciso III. (Incluído pela EC 42/2003.)

Art. 94. Os regimes especiais de tributação para microempresas e empresas de pequeno porte próprios da União, dos Estados, do Distrito Federal e dos Municípios cessarão a partir da entrada em vigor do regime previsto no art. 146, III, *d*, da Constituição. (Incluído pela EC 42/2003.)

- LC 123/2006 (Estatuto Nacional da Microempresa e da Empresa de Pequeno Porte).
- Dec. 8.538/2015 (Regulamenta o tratamento favorecido, diferenciado e simplificado para microempresas, empresas de pequeno porte, agricultores familiares, produtores rurais pessoa física, microempreendedores individuais e sociedades cooperativas nas contratações públicas de bens, serviços e obras no âmbito da administração pública federal).

Art. 95. Os nascidos no estrangeiro entre 07 de junho de 1994 e a data da promulgação desta Emenda Constitucional, filhos de pai brasileiro ou mãe brasileira, poderão ser registrados em repartição diplomática ou consular brasileira competente ou em ofício de registro, se vierem a residir na República Federativa do Brasil. (Incluído pela EC 54/2007.)

- art. 12 desta CF.

Art. 96. Ficam convalidados os atos de criação, fusão, incorporação e desmembramento de Municípios, cuja lei tenha sido publicada até 31 de dezembro de 2006, atendidos os requisitos estabelecidos na legislação do respectivo Estado à época de sua criação. (Incluído pela EC 57/2008.)

Art. 97. Até que seja editada a lei complementar de que trata o § 15 do art. 100 da Constituição Federal, os Estados, o Distrito Federal e os Municípios que, na data de publicação desta Emenda Constitucional, estejam em mora na quitação de precatórios vencidos, relativos às suas administrações direta e indireta, inclusive os emitidos durante o período de vigência do regime especial instituído por este artigo, farão esses pagamentos de acordo com as normas a seguir estabelecidas, sendo inaplicável o disposto no art. 100 desta Constituição Federal, exceto em seus §§ 2º, 3º, 9º, 10, 11, 12, 13 e 14, e sem prejuízo dos acordos de juízos conciliatórios já formalizados na data de promulgação desta Emenda Constitucional. (Incluído pela EC 62/2009.)

- art. 3º, EC 62/2009 (Estabelece que a implantação do regime de pagamento criado por este artigo deverá ocorrer no prazo de 90 dias, contados da data de sua publicação - DOU, 10.12.2009).
- ADIn 4.425 (O STF julgou procedente a ação para declarar a inconstitucionalidade deste artigo). DJE 19-12-2013.

§ 1º Os Estados, o Distrito Federal e os Municípios sujeitos ao regime especial de que trata este artigo optarão, por meio de ato do Poder Executivo: (Incluído pela EC 62/2009.)

- art. 4º, EC 62/2009 (Estabelece os casos em que a entidade financeira voltará a observar somente o disposto no art. 100, CF).

I - pelo depósito em conta especial do valor referido pelo § 2º deste artigo; ou (Incluído pela EC 62/2009.)

II - pela adoção do regime especial pelo prazo de até 15 (quinze) anos, caso em que o percentual a ser depositado na conta especial a que se refere o § 2º deste artigo corresponderá, anualmente, ao saldo total dos precatórios devidos, acrescido do índice oficial de remuneração básica da caderneta de poupança e de juros simples no mesmo percentual de juros incidentes sobre a caderneta de poupança para fins de compensação da mora, excluída a incidência de juros compensatórios, diminuído das amortizações e dividido pelo número de anos restantes no regime especial de pagamento. (Incluído pela EC 62/2009.)

§ 2º Para saldar os precatórios, vencidos e a vencer, pelo regime especial, os Estados, o Distrito Federal e os Municípios devedores depositarão mensalmente, em conta especial criada para tal fim, 1/12 (um doze avos) do valor calculado percentualmente sobre as respectivas receitas correntes líquidas, apuradas no segundo mês anterior ao mês de pagamento, sendo que esse percentual, calculado no momento de opção pelo regime e mantido fixo até o final do prazo a que se refere o § 14 deste artigo, será: (Incluído pela EC 62/2009.)

I - para os Estados e para o Distrito Federal: (Incluído pela EC 62/2009.)

a) de, no mínimo, 1,5% (um inteiro e cinco décimos por cento), para os Estados das regiões Norte, Nordeste e Centro-Oeste, além do Distrito Federal, ou cujo estoque de precatórios pendentes das suas administrações direta e indireta corresponder a até 35% (trinta e cinco por cento) do total da receita corrente líquida; (Incluído pela EC 62/2009.)

b) de, no mínimo, 2% (dois por cento), para os Estados das regiões Sul e Sudeste, cujo estoque de precatórios pendentes das suas administrações direta e indireta corresponder a mais de 35% (trinta e cinco por cento) da receita corrente líquida; (Incluído pela EC 62/2009.)

II - para Municípios: (Incluído pela EC 62/2009.)

a) de, no mínimo, 1% (um por cento), para Municípios das regiões Norte, Nordeste e Centro-Oeste, ou cujo estoque de precatórios pendentes das suas administrações direta e indireta corresponder a até 35% (trinta e cinco por cento) da receita corrente líquida; (Incluído pela EC 62/2009.)

b) de, no mínimo, 1,5% (um inteiro e cinco décimos por cento), para Municípios das regiões Sul e Sudeste, cujo estoque de precatórios pendentes das suas administrações direta e indireta corresponder a mais de 35% (trinta e cinco por cento) da receita corrente líquida. (Incluído pela EC 62/2009.)

§ 3º Entende-se como receita corrente líquida, para os fins de que trata este artigo, o somatório das receitas tributárias, patrimoniais, industriais, agropecuárias, de contribuições e de serviços, transferências correntes e outras receitas correntes, incluindo as oriundas do § 1º do art. 20 da Constituição Federal, verificado no período compreendido pelo mês de referência e os 11 (onze) meses anteriores, excluídas as duplicidades, e deduzidas: (Incluído pela EC 62/2009.)

I - nos Estados, as parcelas entregues aos Municípios por determinação constitucional; (Incluído pela EC 62/2009.)

II - nos Estados, no Distrito Federal e nos Municípios, a contribuição dos servidores para custeio do seu sistema de previdência e assistência social e as receitas provenientes da compensação financeira referida no § 9º do art. 201 da Constituição Federal. (Incluído pela EC 62/2009.)

§ 4º As contas especiais de que tratam os §§ 1º e 2º serão administradas pelo Tribunal de Justiça local, para pagamento de precatórios expedidos pelos tribunais. (Incluído pela EC 62/2009.)

§ 5º Os recursos depositados nas contas especiais de que tratam os §§ 1º e 2º deste artigo não poderão retornar para Estados, Distrito Federal e Municípios devedores. (Incluído pela EC 62/2009.)

§ 6º Pelo menos 50% (cinquenta por cento) dos recursos de que tratam os §§ 1º e 2º deste artigo serão utilizados para pagamento de precatórios em ordem cronológica de apresentação, respeitadas as preferências definidas no § 1º, para os requisitórios do mesmo ano e no § 2º do art. 100, para requisitórios de todos os anos. (Incluído pela EC 62/2009.)

§ 7º Nos casos em que não se possa estabelecer a precedência cronológica entre 2 (dois) precatórios, pagar-se-á primeiramente o precatório de menor valor. (Incluído pela EC 62/2009.)

§ 8º A aplicação dos recursos restantes dependerá de opção a ser exercida por Estados, Distrito Federal e Municípios devedores, por ato do Poder Executivo, obedecendo à seguinte forma, que poderá ser aplicada isoladamente ou simultaneamente: (Incluído pela EC 62/2009.)

I - destinados ao pagamento dos precatórios por meio do leilão; (Incluído pela EC 62/2009.)

II - destinados a pagamento a vista de precatórios não quitados na forma do § 6º e do inciso I, em ordem única e crescente de valor por precatório; (Incluído pela EC 62/2009.)

III - destinados a pagamento por acordo direto com os credores, na forma estabelecida por lei própria da entidade devedora, que poderá prever criação e forma de funcionamento de câmara de conciliação. (Incluído pela EC 62/2009.)

§ 9º Os leilões de que trata o inciso I do § 8º deste artigo: (Incluído pela EC 62/2009.)

I - serão realizados por meio de sistema eletrônico administrado por entidade autorizada pela Comissão de Valores Mobiliários ou pelo Banco Central do Brasil; (Incluído pela EC 62/2009.)

II - admitirão a habilitação de precatórios, ou parcela de cada precatório indicada pelo seu detentor, em relação aos quais não esteja pendente, no âmbito do Poder Judiciário, recurso ou impugnação de qualquer natureza, permitida por iniciativa do Poder Executivo a compensação com débitos líquidos e certos, inscritos ou não em dívida ativa e constituídos contra devedor originário pela Fazenda Pública devedora até a data da expedição do precatório, ressalvados aqueles cuja exigibilidade esteja suspensa nos termos da legislação, ou que já tenham sido objeto de abatimento nos termos do § 9º do art. 100 da Constituição Federal; (Incluído pela EC 62/2009.)

III - ocorrerão por meio de oferta pública a todos os credores habilitados pelo respectivo ente federativo devedor; (Incluído pela EC 62/2009.)

IV - considerarão automaticamente habilitado o credor que satisfaça o que consta no inciso II; (Incluído pela EC 62/2009.)

V - serão realizados tantas vezes quanto necessário em função do valor disponível; (Incluído pela EC 62/2009.)

VI - a competição por parcela do valor total ocorrerá a critério do credor, com deságio sobre o valor desta; (Incluído pela EC 62/2009.)

VII - ocorrerão na modalidade deságio, associado ao maior volume ofertado cumulado ou não com o maior percentual de deságio, pelo maior percentual de deságio, podendo ser fixado valor máximo por credor, ou por outro critério a ser definido em edital; (Incluído pela EC 62/2009.)

VIII - o mecanismo de formação de preço constará nos editais publicados para cada leilão; (Incluído pela EC 62/2009.)

IX - a quitação parcial dos precatórios será homologada pelo respectivo Tribunal que o expediu. (Incluído pela EC 62/2009.)

§ 10. No caso de não liberação tempestiva dos recursos de que tratam o inciso II do § 1º e os §§ 2º e 6º deste artigo: (Incluído pela EC 62/2009.)

I - haverá o sequestro de quantia nas contas de Estados, Distrito Federal e Municípios devedores, por ordem do Presidente do Tribunal referido no § 4º, até o limite do valor não liberado; (Incluído pela EC 62/2009.)

II - constituir-se-á, alternativamente, por ordem do Presidente do Tribunal requerido, em favor dos credores de precatórios, contra Estados, Distrito Federal e Municípios devedores, direito líquido e certo, autoaplicável e independentemente de regulamentação, à compensação automática com débitos líquidos lançados por esta contra aqueles, e, havendo saldo em favor do credor, o valor terá automaticamente poder liberatório do pagamento de tributos de Estados, Distrito Federal e Municípios devedores, até onde se compensarem; (Incluído pela EC 62/2009.)

III - o chefe do Poder Executivo responderá na forma da legislação de responsabilidade fiscal e de improbidade administrativa; (Incluído pela EC 62/2009.)

IV - enquanto perdurar a omissão, a entidade devedora: (Incluído pela EC 62/2009.)

a) não poderá contrair empréstimo externo ou interno; (Incluído pela EC 62/2009.)

b) ficará impedida de receber transferências voluntárias; (Incluído pela EC 62/2009.)

V - a União reterá os repasses relativos ao Fundo de Participação dos Estados e do Distrito Federal e ao Fundo de Participação dos Municípios, e os depositará nas contas especiais referidas no § 1º, devendo sua utilização obedecer ao que prescreve o § 5º, ambos deste artigo. (Incluído pela EC 62/2009.)

§ 11. No caso de precatórios relativos a diversos credores, em litisconsórcio, admite-se o desmembramento do valor, realizado pelo Tribunal de origem do precatório, por credor, e, por este, a habilitação do valor total a que tem direito, não se aplicando, neste caso, a regra do § 3º do art. 100 da Constituição Federal. (Incluído pela EC 62/2009.)

§ 12. Se a lei a que se refere o § 4º do art. 100 não estiver publicada em até 180 (cento e oitenta) dias, contados da data de publicação desta Emenda Constitucional, será considerado, para os fins referidos, em relação a Estados, Distrito Federal e Municípios devedores, omissos na regulamentação, o valor de: (Incluído pela EC 62/2009.)

I - 40 (quarenta) salários-mínimos para Estados e para o Distrito Federal; (Incluído pela EC 62/2009)

II - 30 (trinta) salários-mínimos para Municípios. (Incluído pela EC 62/2009)

§ 13. Enquanto Estados, Distrito Federal e Municípios devedores estiverem realizando pagamentos de precatórios pelo regime especial, não poderão sofrer sequestro de valores, exceto no caso de não liberação tempestiva dos recursos de que tratam o inciso II do § 1º e o § 2º deste artigo. (Incluído pela EC 62/2009.)

§ 14. O regime especial de pagamento de precatório previsto no inciso I do § 1º vigorará enquanto o valor dos precatórios devidos for superior ao valor dos recursos vinculados, nos termos do § 2º, ambos deste artigo, ou pelo prazo fixo de até 15 (quinze) anos, no caso da opção prevista no inciso II do § 1º. (Incluído pela EC 62/2009.)

§ 15. Os precatórios parcelados na forma do art. 33 ou do art. 78 deste Ato das Disposições Constitucionais Transitórias e ainda pendentes de pagamento ingressarão no regime especial com o valor atualizado das parcelas não pagas relativas a cada precatório, bem como o saldo dos acordos judiciais e extrajudiciais. (Incluído pela EC 62/2009.)

§ 16. A partir da promulgação desta Emenda Constitucional, a atualização de valores de requisitórios, até o efetivo pagamento, independentemente de sua natureza, será feita pelo índice oficial de remuneração básica da caderneta de poupança, e, para fins de compensação da mora, incidirão juros simples no mesmo percentual de juros incidentes sobre a caderneta de poupança, ficando excluída a incidência de juros compensatórios. (Incluído pela EC 62/2009.)

§ 17. O valor que exceder o limite previsto no § 2º do art. 100 da Constituição Federal será pago, durante a vigência do regime especial, na forma prevista nos §§ 6º e 7º ou nos incisos I, II e III do § 8º deste artigo, devendo os valores dispendidos para o atendimento do disposto no § 2º do art. 100 da Constituição Federal serem computados para efeito do § 6º deste artigo. (Incluído pela EC 62/2009.)

§ 18. Durante a vigência do regime especial a que se refere este artigo, gozarão também da preferência a que se refere o § 6º os titulares originais de precatórios que tenham completado 60 (sessenta) anos de idade até a data da promulgação desta Emenda Constitucional. (Incluído pela EC 62/2009.)

Art. 98. O número de defensores públicos na unidade jurisdicional será proporcional à efetiva demanda pelo serviço da Defensoria Pública e à respectiva população. (Acrescentado pela EC 80/2014.)

- art. 134, CF.

§ 1º No prazo de 8 (oito) anos, a União, os Estados e o Distrito Federal deverão contar com defensores públicos em todas as unidades jurisdicionais, observado o disposto no *caput* deste artigo. (Acrescentado pela EC 80/2014.)

§ 2º Durante o decurso do prazo previsto no § 1º deste artigo, a lotação dos defensores públicos ocorrerá, prioritariamente, atendendo as regiões com maiores índices de exclusão social e adensamento populacional. (Acrescentado pela EC 80/2014.)

Art. 99. Para efeito do disposto no inciso VII do § 2º do art. 155, no caso de operações e prestações que destinem bens e serviços a consumidor final não contribuinte localizado em outro Estado, o imposto correspondente à diferença entre a alíquota interna e a interestadual será partilhado entre os Estados de origem e de destino, na seguinte proporção: (Acrescido pela EC 87/2015)

I - para o ano de 2015: 20% (vinte por cento) para o Estado de destino e 80% (oitenta por cento) para o Estado de origem;

II - para o ano de 2016: 40% (quarenta por cento) para o Estado de destino e 60% (sessenta por cento) para o Estado de origem;

III - para o ano de 2017: 60% (sessenta por cento) para o Estado de destino e 40% (quarenta por cento) para o Estado de origem;

IV - para o ano de 2018: 80% (oitenta por cento) para o Estado de destino e 20% (vinte por cento) para o Estado de origem;

V - a partir do ano de 2019: 100% (cem por cento) para o Estado de destino.

Art. 100. Até que entre em vigor a lei complementar de que trata o inciso II do § 1º do art. 40 da Constituição Federal, os Ministros do Supremo Tribunal Federal, dos Tribunais Superiores e do Tribunal de Contas da União aposentar-se-ão, compulsoriamente, aos 75 (setenta e cinco) anos de idade, nas condições do art. 52 da Constituição Federal. (Acrescentado pela EC 88/2015.)

- ADIn 5.316 MC/DF (O STF, por maioria de votos, deferiu a medida cautelar para suspender a aplicação da expressão "Nas condições do art. 52 da CF contida neste artigo).

Art. 101. Os Estados, o Distrito Federal e os Municípios que, em 25 de março de 2015, se encontravam em mora no pagamento de seus precatórios quitarão, até 31 de dezembro de 2029, seus débitos vencidos e os que vencerão dentro desse período, atualizados pelo Índice Nacional de Preços ao Consumidor Amplo Especial (IPCA-E), ou por outro índice que venha a substituí-lo, depositando mensalmente em conta especial do Tribunal de Justiça local, sob única e exclusiva administração deste, 1/12 (um doze avos) do valor calculado percentualmente sobre suas receitas correntes líquidas apuradas no segundo mês anterior ao mês de pagamento, em percentual suficiente para a quitação de seus débitos e, ainda que variável, nunca inferior, em cada exercício, ao percentual praticado na data da entrada em vigor do regime especial a que se refere este artigo, em conformidade com plano de pagamento a ser anualmente apresentado ao Tribunal de Justiça local.

§ 1º Entende-se como receita corrente líquida, para os fins de que trata este artigo, o somatório das receitas tributárias, patrimoniais, industriais, agropecuárias, de contribuições e de serviços, de transferências correntes e outras receitas correntes, incluindo as oriundas do § 1º do art. 20 da Constituição Federal, verificado no período compreendido pelo segundo mês imediatamente anterior ao de referência e os 11 (onze) meses precedentes, excluídas as duplicidades, e deduzidas: (Acrescentado pela EC 94/2016.)

I - nos Estados, as parcelas entregues aos Municípios por determinação constitucional; (Acrescentado pela EC 94/2016.)

II - nos Estados, no Distrito Federal e nos Municípios, a contribuição dos servidores para custeio de seu sistema de previdência e assistência social e as receitas provenientes da compensação financeira referida no § 9º do art. 201 da Constituição Federal. (Acrescentado pela EC 94/2016.)

§ 2º O débito de precatórios será pago com recursos orçamentários próprios provenientes das fontes de receita corrente líquida referidas no § 1º deste artigo e, adicionalmente, poderão ser utilizados recursos dos seguintes instrumentos: (Redação dada pela EC 99, de 2017)

I - até 75% (setenta e cinco por cento) dos depósitos judiciais e dos depósitos administrativos em dinheiro referentes a processos judiciais ou administrativos, tributários ou não tributários, nos quais sejam parte os Estados, o Distrito Federal ou os Municípios, e as respectivas autarquias, fundações e empresas estatais dependentes, mediante a instituição de fundo garantidor em montante equivalente a 1/3 (um terço) dos recursos levantados, constituído pela parcela restante dos depósitos judiciais e remunerado pela taxa referencial do Sistema Especial de Liquidação e de Custódia (Selic) para títulos federais, nunca inferior aos índices e critérios aplicados aos depósitos levantados; (Redação dada pela EC 99, de 2017)

II - até 30% (trinta por cento) dos demais depósitos judiciais da localidade sob jurisdição do respectivo Tribunal de Justiça, mediante a instituição de fundo garantidor em montante equivalente aos recursos levantados, constituído pela parcela restante dos depósitos judiciais e remunerado pela taxa referencial do Sistema Especial de Liquidação e de Custódia (Selic) para títulos federais, nunca inferior aos índices e critérios aplicados aos depósitos levantados, destinando-se: (Redação dada pela EC 99, de 2017)

a) no caso do Distrito Federal, 100% (cem por cento) desses recursos ao próprio Distrito Federal; (Acrescentado pela EC 94/2016.)

b) no caso dos Estados, 50% (cinquenta por cento) desses recursos ao próprio Estado e 50% (cinquenta por cento) aos respectivos Municípios, conforme a circunscrição judiciária onde estão depositados os recursos, e, se houver mais de um Município na mesma circunscrição judiciária, os recursos serão rateados entre os Municípios concorrentes, proporcionalmente às respectivas populações, utilizado como referência o último levantamento censitário ou a mais recente estimativa populacional da Fundação Instituto Brasileiro de Geografia e Estatística (IBGE); (Redação dada pela EC 99, de 2017)

III - empréstimos, excetuados para esse fim os limites de endividamento de que tratam os incisos VI e VII do *caput* do art. 52 da Constituição Federal e quaisquer outros limites de endividamento previstos em lei, não se aplicando a esses empréstimos a vedação de vinculação de receita prevista no inciso IV do *caput* do art. 167 da Constituição Federal; (Redação dada pela EC 99, de 2017)

IV - a totalidade dos depósitos em precatórios e requisições diretas de pagamento de obrigações de pequeno valor efetuados até 31 de dezembro de 2009 e ainda não levantados, com o cancelamento dos respectivos requisitórios e a baixa das obrigações, assegurada a revalidação dos requisitórios pelos juízos dos processos perante os Tribunais, a requerimento dos credores e após a oitiva da entidade devedora, mantidas a posição de ordem cronológica original e a remuneração de todo o período. (Incluído pela EC 99, de 2017)

§ 3º Os recursos adicionais previstos nos incisos I, II e IV do § 2º deste artigo serão transferidos diretamente pela instituição financeira depositária para a conta especial referida no *caput* deste artigo, sob única e exclusiva administração do Tribunal de Justiça local, e essa transferência deverá ser realizada em até sessenta dias contados a partir da entrada em vigor deste parágrafo, sob pena de responsabilização pessoal do dirigente da instituição financeira por improbidade. (Incluído pela EC 99, de 2017)

§ 4º (Parágrafo acrescido pela EC nº 99, de 2017 e revogado pela EC nº 109, de 2021)

§ 5º Os empréstimos de que trata o inciso III do § 2º deste artigo poderão ser destinados, por meio de ato do Poder Executivo, exclusivamente ao pagamento de precatórios por acordo direto com os credores, na forma do disposto no inciso III do § 8º do art. 97

deste Ato das Disposições Constitucionais Transitórias. (Acrescido pela EC 113/2021)

- ADIs 7.047 e 7.064: O STF, por maioria, conheceu da ação direta para julgá-la parcialmente procedente e declarar a inconstitucionalidade deste dispositivo. DJE 29.02.2024

Art. 102. Enquanto viger o regime especial previsto nesta Emenda Constitucional, pelo menos 50% (cinquenta por cento) dos recursos que, nos termos do art. 101 deste Ato das Disposições Constitucionais Transitórias, forem destinados ao pagamento dos precatórios em mora serão utilizados no pagamento segundo a ordem cronológica de apresentação, respeitadas as preferências dos créditos alimentares, e, nessas, as relativas à idade, ao estado de saúde e à deficiência, nos termos do § 2º do art. 100 da Constituição Federal, sobre todos os demais créditos de todos os anos. (Acrescentado pela EC 94/2016.)

§ 1º A aplicação dos recursos remanescentes, por opção a ser exercida por Estados, Distrito Federal e Municípios, por ato do respectivo Poder Executivo, observada a ordem de preferência dos credores, poderá ser destinada ao pagamento mediante acordos diretos, perante Juízos Auxiliares de Conciliação de Precatórios, com redução máxima de 40% (quarenta por cento) do valor do crédito atualizado, desde que em relação ao crédito não penda recurso ou defesa judicial e que sejam observados os requisitos definidos na regulamentação editada pelo ente federado. (Parágrafo único renumerado pela EC 99/2017.)

§ 2º Na vigência do regime especial previsto no art. 101 deste Ato das Disposições Constitucionais Transitórias, as preferências relativas à idade, ao estado de saúde e à deficiência serão atendidas até o valor equivalente ao quíntuplo fixado em lei para os fins do disposto no § 3º do art. 100 da Constituição Federal, admitido o fracionamento para essa finalidade, e o restante será pago em ordem cronológica de apresentação do precatório. (Incluído pela EC 99, de 2017)

Art. 103. Enquanto os Estados, o Distrito Federal e os Municípios estiverem efetuando o pagamento da parcela mensal devida como previsto no *caput* do art. 101 deste Ato das Disposições Constitucionais Transitórias, nem eles, nem as respectivas autarquias, fundações e empresas estatais dependentes poderão sofrer sequestro de valores, exceto no caso de não liberação tempestiva dos recursos. (Acrescentado pela EC 94/2016.)

Parágrafo único. Na vigência do regime especial previsto no art. 101 deste Ato das Disposições Constitucionais Transitórias, ficam vedadas desapropriações pelos Estados, pelo Distrito Federal e pelos Municípios, cujos estoques de precatórios ainda pendentes de pagamento, incluídos os precatórios a pagar de suas entidades da administração indireta, sejam superiores a 70% (setenta por cento) das respectivas receitas correntes líquidas, excetuadas as desapropriações para fins de necessidade pública nas áreas de saúde, educação, segurança pública, transporte público, saneamento básico e habitação de interesse social. (Acrescentado pela EC 99/2017.)

Art. 104. Se os recursos referidos no art. 101 deste Ato das Disposições Constitucionais Transitórias para o pagamento de precatórios não forem tempestivamente liberados, no todo ou em parte: (Acrescentado pela EC 94/2016.)

I - o Presidente do Tribunal de Justiça local determinará o sequestro, até o limite do valor não liberado, das contas do ente federado inadimplente; (Acrescentado pela EC 94/2016.)

II - o chefe do Poder Executivo do ente federado inadimplente responderá, na forma da legislação de responsabilidade fiscal e de improbidade administrativa; (Acrescentado pela EC 94/2016.)

III - a União reterá os recursos referentes aos repasses ao Fundo de Participação dos Estados e do Distrito Federal e ao Fundo de Participação dos Municípios e os depositará na conta especial referida no art. 101 deste Ato das Disposições Constitucionais Transitórias, para utilização como nele previsto; (Acrescentado pela EC 94/2016.)

IV - os Estados e o Comitê Gestor do Imposto sobre Bens e Serviços reterão os repasses previstos, respectivamente, nos §§ 1º e 2º do art. 158 da Constituição Federal e os depositarão na conta especial referida no art. 101 deste Ato das Disposições Constitucionais Transitórias, para utilização como nele previsto. *(Redação dada pela EC 132/2023)*

> **Atualização:** IV - o Comitê Gestor do Imposto sobre Bens e Serviços reterá os repasses previstos no § 2º do art. 158 da Constituição Federal e os depositará na conta especial referida no art. 101 deste Ato das Disposições Constitucionais Transitórias, para utilização como nele previsto. *(Redação dada pela EC 132/2023, em vigor em 2033)*

Parágrafo único. Enquanto perdurar a omissão, o ente federado não poderá contrair empréstimo externo ou interno, exceto para os fins previstos no § 2º do art. 101 deste Ato das Disposições Constitucionais Transitórias, e ficará impedido de receber transferências voluntárias. (Acrescentado pela EC 94/2016.)

Art. 105. Enquanto viger o regime de pagamento de precatórios previsto no art. 101 deste Ato das Disposições Constitucionais Transitórias, é facultada aos credores de precatórios, próprios ou de terceiros, a compensação com débitos de natureza tributária ou de outra natureza que até 25 de março de 2015 tenham sido inscritos na dívida ativa dos Estados, do Distrito Federal ou dos Municípios, observados os requisitos definidos em lei própria do ente federado. (Acrescentado pela EC 94/2016.)

§ 1º Não se aplica às compensações referidas no *caput* deste artigo qualquer tipo de vinculação, como as transferências a outros entes e as destinadas à educação, à saúde e a outras finalidades. (Parágrafo único renumerado para § 1º pela EC 99/2017.)

§ 2º Os Estados, o Distrito Federal e os Municípios regulamentarão nas respectivas leis o disposto no *caput* deste artigo em até cento e vinte dias a partir de 1º de janeiro de 2018. (Acrescentado pela EC 99/2017.)

§ 3º Decorrido o prazo estabelecido no § 2º deste artigo sem a regulamentação nele prevista, ficam os credores de precatórios autorizados a exercer a faculdade a que se refere o *caput* deste artigo. (Acrescentado pela EC 99/2017.)

Arts. 106 e 107. *(Revogados pela EC 126/2022)*

- LC 200/2023 (Novo Arcabouço Fiscal).

Art. 107-A. Até o fim de 2026, fica estabelecido, para cada exercício financeiro, limite para alocação na proposta orçamentária das despesas com pagamentos em virtude de sentença judiciária de que trata o art. 100 da Constituição Federal, equivalente ao valor da despesa paga no exercício de 2016, incluídos os restos a pagar pagos, corrigido, para o exercício de 2017, em 7,2% (sete inteiros e dois décimos por cento) e, para os exercícios posteriores, pela variação do Índice Nacional de Preços ao Consumidor Amplo (IPCA), publicado pela Fundação Instituto Brasileiro de Geografia e Estatística, ou de outro índice que vier a substituí-lo, apurado no exercício anterior a que se refere a lei orçamentária, devendo o espaço fiscal decorrente da diferença entre o valor dos precatórios expedidos e o respectivo limite ser destinado ao programa previsto no parágrafo único do art. 6º e à seguridade social, nos termos do art. 194, ambos da Constituição Federal, a ser calculado da seguinte forma: *(Redação dada pela EC 126/2022)*

- ADIn 7.064: O Tribunal, por maioria, conheceu da presente ação direta para julgá-la parcialmente procedente para: (i) dar interpretação conforme a Constituição ao caput do art. 107-A do ADCT, incluído pela Emenda Constitucional 114/2021 para que seus efeitos somente operem para o exercício de 2022; (ii) declarar a inconstitucionalidade, com supressão de texto, dos incisos II e III do art. 107-A do ADCT; (iii) declarar a inconstitucionalidade por arrastamento dos §§ 3º, 5º e 6º do mesmo art. 107-A; (iv) deferir o pedido para abertura de créditos extraordinários para quitação dos precatórios expedidos para os exercícios de 2022, 2023, 2024, 2025 e 2026, quando excedentes do subteto fixado pelo art. 107-A do ADCT, deduzidas as dotações orçamentárias já previstas na proposta orçamentária para o exercício de 2024, estando presentes, no caso concreto, os requisitos constitucionais da imprevisibilidade e urgência previstos no § 3º do art. 167 da CF, e sendo possível a edição de medida provisória para o pagamento ainda no exercício corrente. (DJE de 19.12.2023)

I - no exercício de 2022, o espaço fiscal decorrente da diferença entre o valor dos precatórios expedidos e o limite estabelecido no caput deste artigo deverá ser destinado ao programa previsto no parágrafo único do art. 6º e à seguridade social, nos termos do art. 194, ambos da Constituição Federal;

II - no exercício de 2023, pela diferença entre o total de precatórios expedidos entre 2 de julho de 2021 e 2 de abril de 2022 e o limite de que trata o caput deste artigo válido para o exercício de 2023; e

- ADIn 7.064

III - nos exercícios de 2024 a 2026, pela diferença entre o total de precatórios expedidos entre 3 de abril de dois anos anteriores e 2 de abril do ano anterior ao exercício e o limite de que trata o caput deste artigo válido para o mesmo exercício.

- ADIn 7.064

§ 1º O limite para o pagamento de precatórios corresponderá, em cada exercício, ao limite previsto no caput deste artigo, reduzido da projeção para a despesa com o pagamento de requisições de pequeno valor para o mesmo exercício, que terão prioridade no pagamento.

§ 2º Os precatórios que não forem pagos em razão do previsto neste artigo terão prioridade para pagamento em exercícios seguintes, observada a ordem cronológica e o disposto no § 8º deste artigo.

§ 3º É facultado ao credor de precatório que não tenha sido pago em razão do disposto neste artigo, além das hipóteses previstas no § 11 do art. 100 da Constituição Federal e sem prejuízo dos procedimentos previstos nos §§ 9º e 21 do referido artigo, optar pelo recebimento, mediante acordos diretos perante Juízos Auxiliares de Conciliação de Pagamento de Condenações Judiciais contra a Fazenda Pública Federal, em parcela única, até o final do exercício seguinte, com renúncia de 40% (quarenta por cento) do valor desse crédito.

▸ ADIn 7.064

§ 4º O Conselho Nacional de Justiça regulamentará a atuação dos Presidentes dos Tribunais competentes para o cumprimento deste artigo.

§ 5º Não se incluem no limite estabelecido neste artigo as despesas para fins de cumprimento do disposto nos §§ 11, 20 e 21 do art. 100 da Constituição Federal e no § 3º deste artigo, bem como a atualização monetária dos precatórios inscritos no exercício.

▸ ADIn 7.064

§ 6º Não se incluem nos limites estabelecidos no art. 107 deste Ato das Disposições Constitucionais Transitórias o previsto nos §§ 11, 20 e 21 do art. 100 da Constituição Federal e no § 3º deste artigo.

▸ ADIn 7.064

§ 7º Na situação prevista no § 3º deste artigo, para os precatórios não incluídos na proposta orçamentária de 2022, os valores necessários à sua quitação serão providenciados pela abertura de créditos adicionais durante o exercício de 2022.

§ 8º Os pagamentos em virtude de sentença judiciária de que trata o art. 100 da Constituição Federal serão realizados na seguinte ordem:

I - obrigações definidas em lei como de pequeno valor, previstas no § 3º do art. 100 da Constituição Federal;

II - precatórios de natureza alimentícia cujos titulares, originários ou por sucessão hereditária, tenham no mínimo 60 (sessenta) anos de idade, ou sejam portadores de doença grave ou pessoas com deficiência, assim definidos na forma da lei, até o valor equivalente ao triplo do montante fixado em lei como obrigação de pequeno valor;

III - demais precatórios de natureza alimentícia até o valor equivalente ao triplo do montante fixado em lei como obrigação de pequeno valor;

IV - demais precatórios de natureza alimentícia além do valor previsto no inciso III deste parágrafo;

V - demais precatórios.

Art. 108. (Revogado pela EC 113/2021)

Arts. 109 a 112. *(Revogados pela EC 126/2022)*

▸ LC 200/2023 (Novo Arcabouço Fiscal).

Art. 113. A proposição legislativa que crie ou altere despesa obrigatória ou renúncia de receita deverá ser acompanhada da estimativa do seu impacto orçamentário e financeiro. (Acrescentado pela EC 95/2016.)

Art. 114. *(Revogado pela EC 126/2022)*

▸ LC 200/2023 (Novo Arcabouço Fiscal).

Art. 115. Fica excepcionalmente autorizado o parcelamento das contribuições previdenciárias e dos demais débitos dos Municípios, incluídas suas autarquias e fundações, com os respectivos regimes próprios de previdência social, com vencimento até 31 de outubro de 2021, inclusive os parcelados anteriormente, no prazo máximo de 240 (duzentos e quarenta) prestações mensais, mediante autorização em lei municipal específica, desde que comprovem ter alterado a legislação do regime próprio de previdência social para atendimento das seguintes condições, cumulativamente: (Acrescido pela EC 113/2021)

I - adoção de regras de elegibilidade, de cálculo e de reajustamento dos benefícios que contemplem, nos termos previstos nos incisos I e III do § 1º e nos §§ 3º a 5º, 7º e 8º do art. 40 da Constituição Federal, regras assemelhadas às aplicáveis aos servidores públicos do regime próprio de previdência social da União e que contribuam efetivamente para o atingimento e a manutenção do equilíbrio financeiro e atuarial;

II - adequação do rol de benefícios ao disposto nos §§ 2º e 3º do art. 9º da Emenda Constitucional nº 103, de 12 de novembro de 2019;

III - adequação da alíquota de contribuição devida pelos servidores, nos termos do § 4º do art. 9º da Emenda Constitucional nº 103, de 12 de novembro de 2019; e

IV - instituição do regime de previdência complementar e adequação do órgão ou entidade gestora do regime próprio de previdência social, nos termos do § 6º do art. 9º da Emenda Constitucional nº 103, de 12 de novembro de 2019.

Parágrafo único. Ato do Ministério do Trabalho e Previdência, no âmbito de suas competências, definirá os critérios para o parcelamento previsto neste artigo, inclusive quanto ao cumprimento do disposto nos incisos I, II, III e IV do caput deste artigo, bem como disponibilizará as informações aos Municípios sobre o montante das dívidas, as formas de parcelamento, os juros e os encargos incidentes, de modo a possibilitar o acompanhamento da evolução desses débitos.

Art. 116. Fica excepcionalmente autorizado o parcelamento dos débitos decorrentes de contribuições previdenciárias dos Municípios, incluídas suas autarquias e fundações, com o Regime Geral de Previdência Social, com vencimento até 31 de outubro de 2021, ainda que em fase de execução fiscal ajuizada, inclusive os decorrentes do descumprimento de obrigações acessórias e os parcelados anteriormente, no prazo máximo de 240 (duzentos e quarenta) prestações mensais. (Acrescido pela EC 113/2021)

§ 1º Os Municípios que possuam regime próprio de previdência social deverão comprovar, para fins de formalização do parcelamento com o Regime Geral de Previdência Social, de que trata este artigo, terem atendido as condições estabelecidas nos incisos I, II, III e IV docaputdo art. 115 deste Ato das Disposições Constitucionais Transitórias.

§ 2º Os débitos parcelados terão redução de 40% (quarenta por cento) das multas de mora, de ofício e isoladas, de 80% (oitenta por cento) dos juros de mora, de 40% (quarenta por cento) dos encargos legais e de 25% (vinte e cinco por cento) dos honorários advocatícios.

§ 3º O valor de cada parcela será acrescido de juros equivalentes à taxa referencial do Sistema Especial de Liquidação e de Custódia (Selic), acumulada mensalmente, calculados a partir do mês subsequente ao da consolidação até o mês anterior ao do pagamento.

§ 4º Não constituem débitos dos Municípios aqueles considerados prescritos ou atingidos pela decadência.

§ 5º A Secretaria Especial da Receita Federal do Brasil e a Procuradoria-Geral da Fazenda Nacional, no âmbito de suas competências, deverão fixar os critérios para o parcelamento previsto neste artigo, bem como disponibilizar as informações aos Municípios sobre o montante das dívidas, as formas de parcelamento, os juros e os encargos incidentes, de modo a possibilitar o acompanhamento da evolução desses débitos.

Art. 117. A formalização dos parcelamentos de que tratam os arts. 115 e 116 deste Ato das Disposições Constitucionais Transitórias deverá ocorrer até 30 de junho de 2022 e ficará condicionada à autorização de vinculação do Fundo de Participação dos Municípios para fins de pagamento das prestações acordadas nos termos de parcelamento, observada a seguinte ordem de preferência: (Acrescido pela EC 113/2021)

I - a prestação de garantia ou de contra garantia à União ou os pagamentos de débitos em favor da União, na forma do § 4º do art. 167 da Constituição Federal;

II - as contribuições parceladas devidas ao Regime Geral de Previdência Social;

III - as contribuições parceladas devidas ao respectivo regime próprio de previdência social.

Art. 118. Os limites, as condições, as normas de acesso e os demais requisitos para o atendimento do disposto no parágrafo único do art. 6º e no inciso VI do caput do art. 203 da Constituição Federal serão determinados, na forma da lei e respectivo regulamento, até 31 de dezembro de 2022, dispensada, exclusivamente no exercício de 2022, a observância das limitações legais quanto à criação, à expansão ou ao aperfeiçoamento de ação governamental que acarrete aumento de despesa no referido exercício *(Acrescido pela EC 114/2021)*

Art. 119. Em decorrência do estado de calamidade pública provocado pela pandemia da Covid-19, os Estados, o Distrito Federal, os Municípios e os agentes públicos desses entes federados não poderão ser responsabilizados administrativa, civil ou criminalmente pelo descumprimento, exclusivamente nos exercícios financeiros de 2020 e 2021, do disposto no caput do art. 212 da Constituição Federal. (Acrescido pela EC 119/2022)

Parágrafo único. Para efeitos do disposto no caput deste artigo, o ente deverá complementar na aplicação da manutenção e desenvolvimento do ensino, até o exercício financeiro de 2023, a diferença a menor entre o valor aplicado, conforme informação registrada no sistema integrado de planejamento e orçamento, e o valor mínimo exigível constitucionalmente para os exercícios de 2020 e 2021.

Art. 120. Fica reconhecido, no ano de 2022, o estado de emergência decorrente da elevação extraordinária e imprevisível dos preços do petróleo, combustíveis e seus derivados e dos impactos sociais dela decorrentes. *(Acrescido pela EC 123/2022)*

Parágrafo único. Para enfretamento ou mitigação dos impactos decorrentes do estado de emergência reconhecido, as medidas implementadas, até os limites de despesas previstos em uma única e exclusiva norma constitucional observarão o seguinte:

I – quanto às despesas:

a) serão atendidas por meio de crédito extraordinário;

b) não serão consideradas para fins de apuração da meta de resultado primário estabelecida no *caput* do art. 2º da Lei nº 14.194, de 20 de agosto de 2021, e do limite estabelecido para as despesas primárias, conforme disposto no inciso I do *caput* do art. 107 do Ato das Disposições Constitucionais Transitórias; e

c) ficarão ressalvadas do disposto no inciso III do *caput* do art. 167 da Constituição Federal;

II – a abertura do crédito extraordinário para seu atendimento dar-se-á independentemente da observância dos requisitos exigidos no § 3º do art. 167 da Constituição Federal; e

III – a dispensa das limitações legais, inclusive quanto à necessidade de compensação:

a) à criação, à expansão ou ao aperfeiçoamento de ação governamental que acarrete aumento de despesa; e

b) à renúncia de receita que possa ocorrer.

Art. 121. As contas referentes aos patrimônios acumulados de que trata o § 2º do art. 239 da Constituição Federal cujos recursos não tenham sido reclamados por prazo superior a 20 (vinte) anos serão encerradas após o prazo de 60 (sessenta) dias da publicação de aviso no Diário Oficial da União, ressalvada reivindicação por eventual interessado legítimo dentro do referido prazo. *(Acrescido pela EC 126/2022)*

Parágrafo único. Os valores referidos no caput deste artigo serão tidos por abandonados, nos termos do inciso III do caput do art. 1.275 da Lei nº 10.406, de 10 de janeiro de 2002 (Código Civil), e serão apropriados pelo Tesouro Nacional como receita primária para realização de despesas de investimento de que trata o § 6º-B do art. 107, que não serão computadas nos limites previstos no art. 107, ambos deste Ato das Disposições Constitucionais Transitórias, podendo o interessado reclamar ressarcimento à União no prazo de até 5 (cinco) anos do encerramento das contas.

Art. 122. As transferências financeiras realizadas pelo Fundo Nacional de Saúde e pelo Fundo Nacional de Assistência Social diretamente aos fundos de saúde e assistência social estaduais, municipais e distritais, para enfrentamento da pandemia da Covid-19, poderão ser executadas pelos entes federativos até 31 de dezembro de 2023. *(Acrescido pela EC 126/2022)*

Art. 123. Todos os termos de credenciamentos, contratos, aditivos e outras formas de ajuste de permissão lotérica, em vigor, indistintamente, na data de publicação deste dispositivo, destinados a viabilizar a venda de serviços lotéricos, disciplinados em lei ou em outros instrumentos de alcance específico, terão assegurado prazo de vigência adicional, contado do término do prazo do instrumento vigente, independentemente da data de seu termo inicial. *(Acrescido pela EC 129/2023)*

Art. 124. A transição para os tributos previstos no art. 156-A e no art. 195, V, todos da Constituição Federal, atenderá aos critérios estabelecidos nos arts. 125 a 133 deste Ato das Disposições Constitucionais Transitórias. *(Acrescido pela EC 132/2023)*

Parágrafo único. A contribuição prevista no art. 195, V, será instituída pela mesma lei complementar de que trata o art. 156-A, ambos da Constituição Federal.

Art. 125. Em 2026, o imposto previsto no art. 156-A será cobrado à alíquota estadual de 0,1% (um décimo por cento), e a contribuição prevista no art. 195, V, ambos da Constituição Federal, será cobrada à alíquota de 0,9% (nove décimos por cento). *(Acrescido pela EC 132/2023)*

§ 1º O montante recolhido na forma do *caput* será compensado com o valor devido das contribuições previstas no art. 195, I, "b", e IV, e da contribuição para o Programa de Integração Social a que se refere o art. 239, ambos da Constituição Federal.

§ 2º Caso o contribuinte não possua débitos suficientes para efetuar a compensação de que trata o § 1º, o valor recolhido poderá ser compensado com qualquer outro tributo federal ou ser ressarcido em até 60 (sessenta) dias, mediante requerimento.

§ 3º A arrecadação do imposto previsto no art. 156-A da Constituição Federal decorrente do disposto no *caput* deste artigo não observará as vinculações, repartições e destinações previstas na Constituição Federal, devendo ser aplicada, integral e sucessivamente, para:

I - o financiamento do Comitê Gestor do Imposto sobre Bens e Serviços, nos termos do art. 156-B, § 2º, III, da Constituição Federal;

II - compor o Fundo de Compensação de Benefícios Fiscais ou Financeiro-Fiscais do imposto de que trata o art. 155, II, da Constituição Federal.

§ 4º Durante o período de que trata o *caput*, os sujeitos passivos que cumprirem as obrigações acessórias relativas aos tributos referidos no *caput* poderão ser dispensados do seu recolhimento, nos termos de lei complementar.

Art. 126. A partir de 2027: *(Acrescido pela EC 132/2023)*

I - serão cobrados:

a) a contribuição prevista no art. 195, V, da Constituição Federal;

b) o imposto previsto no art. 153, VIII, da Constituição Federal;

II - serão extintas as contribuições previstas no art. 195, I, "b", e IV, e a contribuição para o Programa de Integração Social de que trata o art. 239, todos da Constituição Federal, desde que instituída a contribuição referida na alínea "a" do inciso I;

III - o imposto previsto no art. 153, IV, da Constituição Federal:

a) terá suas alíquotas reduzidas a zero, exceto em relação aos produtos que tenham industrialização incentivada na Zona Franca de Manaus, conforme critérios estabelecidos em lei complementar; e

b) não incidirá de forma cumulativa com o imposto previsto no art. 153, VIII, da Constituição Federal.

Art. 127. Em 2027 e 2028, o imposto previsto no art. 156-A da Constituição Federal será cobrado à alíquota estadual de 0,05% (cinco centésimos por cento) e à alíquota municipal de 0,05% (cinco centésimos por cento). *(Acrescido pela EC 132/2023)*

Parágrafo único. No período referido no *caput*, a alíquota da contribuição prevista no art. 195, V, da Constituição Federal, será reduzida em 0,1 (um décimo) ponto percentual.

Art. 128. De 2029 a 2032, as alíquotas dos impostos previstos nos arts. 155, II, e 156, III, da Constituição Federal, serão fixadas nas seguintes proporções das alíquotas fixadas nas respectivas legislações: *(Acrescido pela EC 132/2023)*

I - 9/10 (nove décimos), em 2029;

II - 8/10 (oito décimos), em 2030;

III - 7/10 (sete décimos), em 2031;

IV - 6/10 (seis décimos), em 2032.

§ 1º Os benefícios ou os incentivos fiscais ou financeiros relativos aos impostos previstos nos arts. 155, II, e 156, III, da Constituição Federal não alcançados pelo disposto no *caput* deste artigo serão reduzidos na mesma proporção.

§ 2º Os benefícios e incentivos fiscais ou financeiros referidos no art. 3º da Lei Complementar nº 160, de 7 de agosto de 2017, serão reduzidos na forma deste artigo, não se aplicando a redução prevista no § 2º-A do art. 3º da referida Lei Complementar.

§ 3º Ficam mantidos em sua integralidade, até 31 de dezembro de 2032, os percentuais utilizados para calcular os benefícios ou incentivos fiscais ou financeiros já reduzidos por força da redução das alíquotas, em decorrência do disposto no *caput*.

Art. 129. Ficam extintos, a partir de 2033, os impostos previstos nos arts. 155, II, e 156, III, da Constituição Federal. *(Acrescido pela EC 132/2023)*

Art. 130. Resolução do Senado Federal fixará, para todas as esferas federativas, as alíquotas de referência dos tributos previstos nos arts. 156-A e 195, V, da Constituição Federal, observados a forma de cálculo e os limites previstos em lei complementar, de forma a assegurar: *(Acrescido pela EC 132/2023)*

I - de 2027 a 2033, que a receita da União com a contribuição prevista no art. 195, V, e com o imposto previsto no art. 153, VIII, todos da Constituição Federal, seja equivalente à redução da receita:

a) das contribuições previstas no art. 195, I, "b", e IV, e da contribuição para o Programa de Integração Social de que trata o art. 239, todos da Constituição Federal;

b) do imposto previsto no art. 153, IV; e

c) do imposto previsto no art. 153, V, da Constituição Federal, sobre operações de seguros;

II - de 2029 a 2033, que a receita dos Estados e do Distrito Federal com o imposto previsto no art. 156-A da Constituição Federal seja equivalente à redução:

a) da receita do imposto previsto no art. 155, II, da Constituição Federal; e

b) das receitas destinadas a fundos estaduais financiados por contribuições estabelecidas como condição à aplicação de diferimento, regime especial ou outro tratamento diferenciado, relativos ao imposto de que trata o art. 155, II, da Constituição Federal, em funcionamento em 30 de abril de 2023, excetuadas as receitas dos fundos mantidas na forma do art. 136 deste Ato das Disposições Constitucionais Transitórias;

III - de 2029 a 2033, que a receita dos Municípios e do Distrito Federal com o imposto previsto no art. 156-A seja equivalente à redução da receita do imposto previsto no art. 156, III, ambos da Constituição Federal.

§ 1º As alíquotas de referência serão fixadas no ano anterior ao de sua vigência, não se aplicando o disposto no art. 150, III, "c", da Constituição Federal, com base em cálculo realizado pelo Tribunal de Contas da União.

§ 2º Na fixação das alíquotas de referência, deverão ser considerados os efeitos sobre a arrecadação dos regimes específicos, diferenciados ou favorecidos e de qualquer outro regime que resulte em arrecadação menor do que a que seria obtida com a aplicação da alíquota padrão.

§ 3º Para fins do disposto nos §§ 4º a 6º, entende-se por:

I - Teto de Referência da União: a média da receita no período de 2012 a 2021, apurada como proporção do PIB, do imposto previsto no art. 153, IV, das contribuições previstas no art. 195, I, "b", e IV, da contribuição para o Programa de Integração Social de que trata o art. 239 e do imposto previsto no art. 153, V, sobre operações de seguro, todos da Constituição Federal;

II - Teto de Referência Total: a média da receita no período de 2012 a 2021, apurada como proporção do PIB, dos impostos previstos nos arts. 153, IV, 155, II e 156, III, das contribuições previstas no art. 195, I, "b", e IV, da contribuição para o Programa de Integração Social de que trata o art. 239 e do imposto previsto no art. 153, V, sobre operações de seguro, todos da Constituição Federal;

III - Receita-Base da União: a receita da União com a contribuição prevista no art. 195, V, e com o imposto previsto no art. 153, VIII, ambos da Constituição Federal, apurada como proporção do PIB;

IV - Receita-Base dos Entes Subnacionais: a receita dos Estados, do Distrito Federal e dos Municípios com o imposto previsto no art. 156-A da Constituição Federal, deduzida da parcela a que se refere a alínea "b" do inciso II do *caput*, apurada como proporção do PIB;

V - Receita-Base Total: a soma da Receita-Base da União com a Receita-Base dos Entes Subnacionais, sendo essa última:

a) multiplicada por 10 (dez) em 2029;

b) multiplicada por 5 (cinco) em 2030;

c) multiplicada por 10 (dez) e dividida por 3 (três) em 2031;

d) multiplicada por 10 (dez) e dividida por 4 (quatro) em 2032;

e) multiplicada por 1 (um) em 2033.

§ 4º A alíquota de referência da contribuição a que se refere o art. 195, V, da Constituição Federal será reduzida em 2030 caso a média da Receita-Base da União em 2027 e 2028 exceda o Teto de Referência da União.

§ 5º As alíquotas de referência da contribuição a que se refere o art. 195, V, e do imposto a que se refere o art. 156-A, ambos da Constituição Federal, serão reduzidas em 2035 caso a média da Receita-Base Total entre 2029 e 2033 exceda o Teto de Referência Total.

§ 6º As reduções de que tratam os §§ 4º e 5º serão:

I - definidas de forma a que a Receita-Base seja igual ao respectivo Teto de Referência;

II - no caso do § 5º, proporcionais para as alíquotas de referência federal, estadual e municipal.

§ 7º A revisão das alíquotas de referência em função do disposto nos §§ 4º, 5º e 6º não implicará cobrança ou restituição de tributo relativo a anos anteriores ou transferência de recursos entre os entes federativos.

§ 8º Os entes federativos e o Comitê Gestor do Imposto sobre Bens e Serviços fornecerão ao Tribunal de Contas da União as informações necessárias para o cálculo a que se referem os §§ 1º, 4º e 5º.

§ 9º Nos cálculos das alíquotas de que trata o *caput*, deverá ser considerada a arrecadação dos tributos previstos nos arts. 156-A e 195, V, da Constituição Federal, cuja cobrança tenha sido iniciada antes dos períodos de que tratam os incisos I, II e III do *caput*.

§ 10. O cálculo das alíquotas a que se refere este artigo será realizado com base em propostas encaminhadas pelo Poder Executivo da União e pelo Comitê Gestor do Imposto sobre Bens e Serviços, que deverão fornecer ao Tribunal de Contas da União todos os subsídios necessários, mediante o compartilhamento de dados e informações, nos termos de lei complementar.

Art. 131. De 2029 a 2077, o produto da arrecadação dos Estados, do Distrito Federal e dos Municípios com o imposto de que trata o art. 156-A da Constituição Federal será distribuído a esses entes federativos conforme o disposto neste artigo. *(Acrescido pela EC 132/2023)*

§ 1º Serão retidos do produto da arrecadação do imposto de cada Estado, do Distrito Federal e de cada Município apurada com base nas alíquotas de referência de que trata o art. 130 deste Ato das Disposições Constitucionais Transitórias, nos termos dos arts. 149-C e 156-A, § 4º, II, e § 5º, I e IV, antes da aplicação do disposto no art. 158, IV, "b", todos da Constituição Federal:

I - de 2029 a 2032, 80% (oitenta por cento);

II - em 2033, 90% (noventa por cento);

III - de 2034 a 2077, percentual correspondente ao aplicado em 2033, reduzido à razão de 1/45 (um quarenta e cinco avos) por ano.

§ 2º Na forma estabelecida em lei complementar, o montante retido nos termos do § 1º será distribuído entre os Estados, o Distrito Federal e os Municípios proporcionalmente à receita média de cada ente federativo, devendo ser consideradas:

I - no caso dos Estados:

a) a arrecadação do imposto previsto no art. 155, II, após aplicação do disposto no art. 158, IV, "a", todos da Constituição Federal; e

b) as receitas destinadas aos fundos estaduais de que trata o art. 130, II, "b", deste Ato das Disposições Constitucionais Transitórias;

II - no caso do Distrito Federal:

a) a arrecadação do imposto previsto no art. 155, II, da Constituição Federal; e

b) a arrecadação do imposto previsto no art. 156, III, da Constituição Federal;

III - no caso dos Municípios:

a) a arrecadação do imposto previsto no art. 156, III, da Constituição Federal; e

b) a parcela creditada na forma do art. 158, IV, "a", da Constituição Federal.

§ 3º Não se aplica o disposto no art. 158, IV, "b", da Constituição Federal aos recursos distribuídos na forma do § 2º, I, deste artigo.

§ 4º A parcela do produto da arrecadação do imposto não retida nos termos do § 1º, após a retenção de que trata o art. 132 deste Ato das Disposições Constitucionais Transitórias, será distribuída a cada Estado, ao Distrito Federal e a cada Município de acordo com os critérios da lei complementar de que trata o art. 156-A, § 5º, I, da Constituição Federal, nela computada a variação de alíquota fixada pelo ente em relação à de referência.

§ 5º Os recursos de que trata este artigo serão distribuídos nos termos estabelecidos em lei complementar, aplicando-se o seguinte:

I - constituirão a base de cálculo dos fundos de que trata o art. 212-A, II, da Constituição Federal, observado que:

a) para os Estados, o percentual de que trata o art. 212-A, II, será aplicado proporcionalmente à razão entre a soma dos valores distribuídos a cada ente nos termos do § 2º, I, "a", e do § 4º, e a soma dos valores distribuídos nos termos do § 2º, I e do § 4º;

b) para o Distrito Federal, o percentual de que trata o art. 212-A, II, será aplicado proporcionalmente à razão entre a soma dos valores distribuídos nos termos do § 2º, II, "a", e do § 4º, e a soma dos valores distribuídos nos termos do § 2º, II, e do § 4º, considerada, em ambas as somas, somente a parcela estadual nos valores distribuídos nos termos do § 4º;

c) para os Municípios, o percentual de que trata o art. 212-A, II, será aplicado proporcionalmente à razão entre a soma dos valores distribuídos nos termos do § 2º, III, "b", e a soma dos valores distribuídos nos termos do § 2º, III;

II - constituirão as bases de cálculo de que tratam os arts. 29-A, 198, § 2º, 204, parágrafo único, 212 e 216, § 6º, da Constituição Federal, excetuados os valores distribuídos nos termos do § 2º, I, *b*;

III - poderão ser vinculados para prestação de garantias às operações de crédito por antecipação de receita previstas no art. 165, § 8º, para pagamento de débitos com a União e para prestar-lhe garantia ou contragarantia, nos termos do art. 167, § 4º, todos da Constituição Federal.

§ 6º Durante o período de que trata o *caput* deste artigo, é vedado aos Estados, ao Distrito Federal e aos Municípios fixar alíquotas próprias do imposto de que trata o art. 156-A da Constituição Federal inferiores às necessárias para garantir as retenções de que tratam o § 1º deste artigo e o art. 132 deste Ato das Disposições Constitucionais Transitórias.

Art. 132. Do imposto dos Estados, do Distrito Federal e dos Municípios apurado com base nas alíquotas de referência de que trata o art. 130 deste Ato das Disposições Constitucionais Transitórias, deduzida a retenção de que trata o art. 131, § 1º, será retido montante correspondente a 5% (cinco por cento) para distribuição aos entes com as menores razões entre: *(Acrescido pela EC 132/2023)*

I - o valor apurado nos termos dos arts. 149-C e 156-A, § 4º, II, e § 5º, I e IV, com base nas alíquotas de referência, após a aplicação do disposto no art. 158, IV, "b", todos da Constituição Federal; e

II - a respectiva receita média, apurada nos termos do art. 131, § 2º, I, II e III, deste Ato das Disposições Constitucionais Transitórias, limitada a 3 (três) vezes a média nacional por habitante da respectiva esfera federativa.

§ 1º Os recursos serão distribuídos, sequencial e sucessivamente, aos entes com as menores razões de que trata o *caput*, de maneira que, ao final da distribuição, para todos os entes que receberem recursos, seja observada a mesma a razão entre:

I - a soma do valor apurado nos termos do inciso I do *caput* com o valor recebido nos termos deste artigo; e

II - a receita média apurada na forma do inciso II do *caput*.

§ 2º Aplica-se aos recursos distribuídos na forma deste artigo o disposto no art. 131, § 5º deste Ato das Disposições Constitucionais Transitórias.

§ 3º Lei complementar estabelecerá os critérios para a redução gradativa, entre 2078 e 2097, do percentual de que trata o *caput*, até a sua extinção.

Art. 133. Os tributos de que tratam os arts. 153, IV, 155, II, 156, III, e 195, I, "b", e IV, e a contribuição para o Programa de Integração Social a que se refere o art. 239 não integrarão a base de cálculo do imposto de que trata o art. 156-A e da contribuição de que trata o art. 195, V, todos da Constituição Federal. *(Acrescido pela EC 132/2023)*

Art. 134. Os saldos credores relativos ao imposto previsto no art. 155, II, da Constituição Federal, existentes ao final de 2032 serão aproveitados pelos contribuintes na forma deste artigo e nos termos de lei complementar. *(Acrescido pela EC 132/2023)*

§ 1º O disposto neste artigo alcança os saldos credores cujos aproveitamento ou ressarcimento sejam admitidos pela legislação em vigor em 31 de dezembro de 2032 e que tenham sido homologados pelos respectivos entes federativos, observadas as seguintes diretrizes:

I - apresentado o pedido de homologação, o ente federativo deverá se pronunciar no prazo estabelecido na lei complementar a que se refere o *caput*;

II - na ausência de resposta ao pedido de homologação no prazo a que se refere o inciso I deste parágrafo, os respectivos saldos credores serão considerados homologados.

§ 2º Aplica-se o disposto neste artigo também aos créditos reconhecidos após o prazo previsto no *caput*.

§ 3º O saldo dos créditos homologados será informado pelos Estados e pelo Distrito Federal ao Comitê Gestor do Imposto sobre Bens e Serviços para que seja compensado com o imposto de que trata o art. 156-A da Constituição Federal:

I - pelo prazo remanescente, apurado nos termos do art. 20, § 5º, da Lei Complementar nº 87, de 13 de setembro de 1996, para os créditos relativos à entrada de mercadorias destinadas ao ativo permanente;

II - em 240 (duzentos e quarenta) parcelas mensais, iguais e sucessivas, nos demais casos.

§ 4º O Comitê Gestor do Imposto sobre Bens e Serviços deduzirá do produto da arrecadação do imposto previsto no art. 156-A devido ao respectivo ente federativo o valor compensado na forma do § 3º, o qual não comporá base de cálculo para fins do disposto nos arts. 158, IV, 198, § 2º, 204, parágrafo único, 212, 212-A, II, e 216, § 6º, todos da Constituição Federal.

§ 5º A partir de 2033, os saldos credores serão atualizados pelo IPCA ou por outro índice que venha a substituí-lo.

§ 6º Lei complementar disporá sobre:

I - as regras gerais de implementação do parcelamento previsto no § 3º;

II - a forma pela qual os titulares dos créditos de que trata este artigo poderão transferi-los a terceiros;

III - a forma pela qual o crédito de que trata este artigo poderá ser ressarcido ao contribuinte pelo Comitê Gestor do Imposto sobre Bens e Serviços, caso não seja possível compensar o valor da parcela nos termos do § 3º.

Art. 135. Lei complementar disciplinará a forma de utilização dos créditos, inclusive presumidos, do imposto de que trata o art. 153, IV, e das contribuições de que tratam o art. 195, I, "b", e IV, e da contribuição para o Programa de Integração Social a que se refere o art. 239, todos da Constituição Federal, não apropriados ou não utilizados até a extinção, mantendo-se, apenas para os créditos que cumpram os requisitos estabelecidos na legislação vigente na data da extinção de tais tributos, a permissão para compensação com outros tributos federais, inclusive com a contribuição prevista no inciso V do *caput* do art. 195 da Constituição Federal, ou ressarcimento em dinheiro. *(Acrescido pela EC 132/2023)*

Art. 136. Os Estados que possuíam, em 30 de abril de 2023, fundos destinados a investimentos em obras de infraestrutura e habitação e financiados por contribuições sobre produtos primários e semielaborados estabelecidas como condição à aplicação de diferimento, regime especial ou outro tratamento diferenciado, relativos ao imposto de que trata o art. 155, II, da Constituição Federal, poderão instituir contribuições semelhantes, não vinculadas ao referido imposto, observado que: *(Acrescido pela EC 132/2023)*

I - a alíquota ou o percentual de contribuição não poderão ser superiores e a base de incidência não poderá ser mais ampla que os das respectivas contribuições vigentes em 30 de abril de 2023;

II - a instituição de contribuição nos termos deste artigo implicará a extinção da contribuição correspondente, vinculada ao imposto de que trata o art. 155, II, da Constituição Federal, vigente em 30 de abril de 2023;

III - a destinação de sua receita deverá ser a mesma das contribuições vigentes em 30 de abril de 2023;

IV - a contribuição instituída nos termos do *caput* será extinta em 31 de dezembro de 2043.

Parágrafo único. As receitas das contribuições mantidas nos termos deste artigo não serão consideradas como receita do respectivo Estado para fins do disposto nos arts. 130, II, "b", e 131, § 2º, I, "b", deste Ato das Disposições Constitucionais Transitórias.

Art. 137. Os saldos financeiros dos recursos transferidos pelo Fundo Nacional de Saúde e pelo Fundo Nacional de Assistência Social, para enfrentamento da pandemia de Covid-19 no período de 2020 a 2022, aos fundos de saúde e assistência social estaduais, municipais e do Distrito Federal poderão ser aplicados, até 31 de dezembro de 2024, para o custeio de ações e serviços públicos de saúde e de assistência social, observadas, respectivamente, as diretrizes emanadas do Sistema Único de Saúde e do Sistema Único de Assistência Social. *(Acrescido pela EC 132/2023)*

Brasília, 05 de outubro de 1988.

Ulysses Guimarães
Presidente

Mauro Benevides
1º Vice-Presidente

Jorge Arbage
2º Vice-Presidente

› As Emendas Constitucionais que não foram publicadas nesta edição são meramente alteradoras e as respectivas modificações estão processadas no texto da Constituição Federal e do ADCT.

EMENDA CONSTITUCIONAL Nº 2, DE 25 DE AGOSTO DE 1992

Dispõe sobre o plebiscito previsto no art. 2º do Ato das Disposições Constitucionais Transitórias.

As Mesas da Câmara dos Deputados e do Senado Federal, nos termos do § 3º do art. 60 da Constituição Federal, promulgam a seguinte Emenda ao texto constitucional:

Artigo único. O plebiscito de que trata o art. 2º do Ato das Disposições Constitucionais Transitórias realizar-se-á no dia 21 de abril de 1993.

§ 1º. A forma e o sistema de governo definidos pelo plebiscito terão vigência em 1º de janeiro de 1995.

§ 2º. A lei poderá dispor sobre a realização do plebiscito, inclusive sobre a gratuidade da livre divulgação das formas e sistemas de governo, através dos meios de comunicação de massa concessionários ou permissionários de serviço público, assegurada igualdade de tempo e paridade de horários.

§ 3º. A norma constante do parágrafo anterior não exclui a competência do Tribunal Superior Eleitoral para expedir instruções necessárias à realização da consulta plebiscitária.

Brasília, 25 de agosto de 1992.

Mesa da Câmara dos Deputados
Deputado Ibsen Pinheiro
Presidente

Mesa do Senado Federal
Senador Mauro Benevides
Presidente

EMENDA CONSTITUCIONAL Nº 3, DE 17 DE MARÇO DE 1993

Altera dispositivos da Constituição

As Mesas da Câmara dos Deputados e do Senado Federal, nos termos do § 3º do art. 60 da Constituição Federal, promulgam a seguinte emenda ao texto constitucional:

Art. 1º Os dispositivos da Constituição Federal abaixo enumerados passam a vigorar com as seguintes alterações:

› Alteração incorporada ao texto da CF.

Art. 2º A União poderá instituir, nos termos de lei complementar, com vigência até 31 de dezembro de 1994, imposto sobre movimentação ou transmissão de valores e de créditos e direitos de natureza financeira.

§ 1º. A alíquota do imposto de que trata este artigo não excederá a vinte e cinco centésimos por cento, facultado ao Poder Executivo reduzi-la ou restabelecê-la, total ou parcialmente, nas condições e limites fixados em lei.

§ 2º. Ao imposto de que trata este artigo não se aplica o art. 150, III, b, e VI, nem o disposto no § 5º do art. 153 da Constituição.

§ 3º. O produto da arrecadação do imposto de que trata este artigo não se encontra sujeito a qualquer modalidade de repartição com outra entidade federada.

§ 4º. (Revogado pela ECR nº 1, de 01/03/94)

Art. 3º A eliminação do adicional ao imposto de renda, de competência dos Estados, decorrente desta Emenda Constitucional, somente produzirá efeitos a partir de 1º de janeiro de 1996, reduzindo-se a correspondente alíquota, pelo menos, a dois e meio por cento no exercício financeiro de 1995.

Art. 4º A eliminação do imposto sobre vendas a varejo de combustíveis líquidos e gasosos, de competência dos Municípios, decorrente desta Emenda Constitucional, somente produzirá efeitos a partir de 1º de janeiro de 1996, reduzindo-se a correspondente alíquota, pelo menos, a um e meio por cento no exercício financeiro de 1995.

Art. 5º Até 31 de dezembro de 1999, os Estados, o Distrito Federal e os Municípios somente poderão emitir títulos da dívida pública no montante necessário ao refinanciamento do principal devidamente atualizado de suas obrigações, representadas por essa espécie de títulos, ressalvado o disposto no art. 33, parágrafo único, do Ato das Disposições Constitucionais Transitórias.

Art. 6º Revogam-se o inciso IV e o § 4º do art. 156 da Constituição Federal.

Brasília, 17 de março de 1993.

Mesa da Câmara dos Deputados
Deputado Inocêncio Oliveira
Presidente

Mesa do Senado Federal
Senador Humberto Lucena
Presidente

EMENDA CONSTITUCIONAL Nº 8, DE 15 DE AGOSTO DE 1995

Altera o inciso XI e a alínea "a" do inciso XII do art. 21 da Constituição Federal.

As Mesas da Câmara dos Deputados e do Senado Federal, nos termos do § 3º do art. 60 da Constituição Federal, promulgam a seguinte emenda ao texto constitucional:

Art. 1º O inciso XI e a alínea "a" do inciso XII do art. 21 da Constituição Federal passam a vigorar com a seguinte redação:

› Alteração incorporada ao texto da CF.

Art. 2º É vedada a adoção de medida provisória para regulamentar o disposto no inciso XI do art. 21 com a redação dada por esta emenda constitucional.

Brasília, 15 de agosto de 1995

Mesa da Câmara dos Deputados
Deputado Luís Eduardo
Presidente

Mesa do Senado Federal
Senador José Sarney
Presidente

EMENDA CONSTITUCIONAL Nº 9, DE 09 DE NOVEMBRO DE 1995

Dá nova redação ao art. 177 da Constituição Federal, alterando e inserindo parágrafos.

As Mesas da Câmara dos Deputados e do Senado Federal, nos termos do art. 60, § 3º, da Constituição Federal, promulgam a seguinte emenda ao texto constitucional:

Art. 1º O § 1º do art. 177 da Constituição Federal passa a vigorar com a seguinte redação:

› Alteração incorporada ao texto da CF.

Art. 2º Inclua-se um parágrafo, a ser enumerado como § 2º com a redação seguinte, passando o atual § 2º para § 3º, no art. 177 da Constituição Federal:

› Alteração incorporada ao texto da CF.

Art. 3º É vedada a adoção de medida provisória para a regulamentação da matéria prevista nos incisos I a IV e dos §§ 1º e 2º do art. 177 da Constituição Federal.

Brasília, 9 de novembro de 1995

Mesa da Câmara dos Deputados
Deputado Luís Eduardo
Presidente

Mesa do Senado Federal
Senador José Sarney
Presidente

EMENDA CONSTITUCIONAL Nº 17, DE 22 DE NOVEMBRO DE 1997

Altera dispositivos dos arts. 71 e 72 do Ato das Disposições Constitucionais Transitórias, introduzidos pela Emenda Constitucional de Revisão nº 1, de 1994.

As mesas da Câmara dos Deputados e do Senado Federal, nos termos do par. 3. do art. 60 da Constituição Federal, promulgam a seguinte emenda ao Texto Constitucional:

Art. 1º O *caput* do art. 71 do Ato das Disposições Constitucionais Transitórias passa a vigorar com a seguinte redação:

› Alteração incorporada ao texto do ADCT.

Art. 2º O inciso V do art. 72 do Ato das Disposições Constitucionais Transitórias passa a vigorar com a seguinte redação

› Alteração incorporada ao texto do ADCT.

Art. 3º A União repassará aos Municípios, do produto da arrecadação do Imposto sobre a Renda e Proventos de qualquer natureza, tal como considerado na constituição dos fundos de que trata o art. 159, I, da Constituição, excluída a parcela referida no art. 72, I, do Ato das Disposições Constitucionais Transitórias, os seguintes percentuais:

I - um inteiro e cinquenta e seis centésimos por cento, no período de 01/07/1997 a 31/12/1997;

II - um inteiro e oitocentos e setenta e cinco milésimos por cento, no período de 01/01/1998 a 31/12/1998;

III - dois inteiros e cinco décimos por cento, no período de 01/01/1999 a 31/12/1999.

Parágrafo único. O repasse dos recursos de que trata este artigo obedecerá a mesma periodicidade e aos mesmos critérios de repartição e normas adotadas no Fundo de Participação dos Municípios, observado o disposto no art. 160 da Constituição.

Art. 4º Os efeitos do disposto nos arts. 71 e 72 do Ato das Disposições Constitucionais Transitórias, com a redação dada pelos arts. 1º e 2º desta emenda, são retroativos a 01/07/1997.

Parágrafo único. As parcelas de recursos destinados ao Fundo de Estabilização Fiscal e entregues na forma do art. 159, I, da Constituição, no período compreendido entre 01/07/1997 e a data de promulgação desta emenda, serão deduzidas das cotas subsequentes, limitada a dedução a um décimo do valor total entregue em cada mês.

Art. 5º Observado o disposto no artigo anterior, a União aplicará as disposições do art. 3º desta emenda retroativamente a 01/07/1997.

Art. 6º Esta Emenda Constitucional entra em vigor na data de sua publicação.

Brasília, 22 de novembro de 1997.

Mesa da Câmara dos Deputados
Deputado Michel Temer
Presidente
Mesa do Senado Federal
Senador Antonio Carlos Magalhães
Presidente

EMENDA CONSTITUCIONAL Nº 19, DE 04 DE JUNHO DE 1998

Modifica o regime e dispõe sobre princípios e normas da Administração Pública, servidores e agentes políticos, controle de despesas e finanças públicas e custeio de atividades a cargo do Distrito Federal, e dá outras providências.

As Mesas da Câmara dos Deputados e do Senado Federal, nos termos do § 3º do art. 60 da Constituição Federal, promulgam esta Emenda ao texto constitucional:

Arts. 1º a 24. (...)

‣ Alteração incorporada ao texto da CF.

Art. 25. Até a instituição do fundo a que se refere o inciso XIV do art. 21 da Constituição Federal, compete à União manter os atuais compromissos financeiros com a prestação de serviços públicos do Distrito Federal.

Art. 26. No prazo de dois anos da promulgação desta Emenda, as entidades da administração indireta terão seus estatutos revistos quanto à respectiva natureza jurídica, tendo em conta a finalidade e as competências efetivamente executadas.

Art. 27. O Congresso Nacional, dentro de cento e vinte dias da promulgação desta Emenda, elaborará lei de defesa do usuário de serviços públicos.

Art. 28. É assegurado o prazo de dois anos de efetivo exercício para aquisição da estabilidade aos atuais servidores em estágio probatório, sem prejuízo da avaliação a que se refere o § 4º do art. 41 da Constituição Federal.

Art. 29. Os subsídios, vencimentos, remuneração, proventos da aposentadoria e pensões e quaisquer outras espécies remuneratórias adequar-se-ão, a partir da promulgação desta Emenda, aos limites decorrentes da Constituição Federal, não se admitindo a percepção de excesso a qualquer título.

Art. 30. O projeto de lei complementar a que se refere o art. 163 da Constituição Federal será apresentado pelo Poder Executivo ao Congresso Nacional no prazo máximo de cento e oitenta dias da promulgação desta Emenda.

Art. 31. A pessoa que revestiu a condição de servidor público federal da administração direta, autárquica ou fundacional, de servidor municipal ou de integrante da carreira de policial, civil ou militar, dos ex-Territórios Federais do Amapá e de Roraima e que, comprovadamente, encontrava-se no exercício de suas funções, prestando serviço à administração pública dos ex-Territórios ou de prefeituras neles localizadas, na data em que foram transformados em Estado, ou a condição de servidor ou de policial, civil ou militar, admitido pelos Estados do Amapá e de Roraima, entre a data de sua transformação em Estado e outubro de 1993, bem como a pessoa que comprove ter mantido, nesse período, relação ou vínculo funcional, de caráter efetivo ou não, ou relação ou vínculo empregatício, estatutário ou de trabalho com a administração pública dos ex-Territórios, dos Estados ou das prefeituras neles localizadas ou com empresa pública ou sociedade de economia mista que haja sido constituída pelo ex-Território ou pela União para atuar no âmbito do ex-Território Federal, inclusive as extintas, poderão integrar, mediante opção, quadro em extinção da administração pública federal. (Redação dada pela Emenda Constitucional nº 98, de 06.12.2017)

§ 1º. O enquadramento referido no *caput* deste artigo, para os servidores, para os policiais, civis ou militares, e para as pessoas que tenham revestido essa condição, entre a transformação e a instalação dos Estados em outubro de 1993, dar-se-á no cargo em que foram originariamente admitidos ou em cargo equivalente. (Redação dada pela Emenda Constitucional nº 98, de 06.12.2017)

§ 2º. Os integrantes da carreira policial militar a que se refere o *caput* continuarão prestando serviços aos respectivos Estados, na condição de cedidos, submetidos às disposições estatutárias a que estão sujeitas as corporações das respectivas Polícias Militares, observados as atribuições de função compatíveis com seu grau hierárquico e o direito às devidas promoções. (Redação dada pela Emenda Constitucional nº 79, de 27-05-2014)

§ 3º. As pessoas a que se referem este artigo prestarão serviços aos respectivos Estados ou a seus Municípios, na condição de servidores cedidos, sem ônus para o cessionário, até seu aproveitamento em órgão ou entidade da administração federal direta, autárquica ou fundacional, podendo os Estados, por conta e delegação da União, adotar os procedimentos necessários à cessão de servidores a seus Municípios. (Redação dada pela Emenda Constitucional nº 98, de 6.12.2017)

§ 4º. Para fins do disposto no *caput* deste artigo, são meios probatórios de relação ou vínculo funcional, empregatício, estatutário ou de trabalho, independentemente da existência de vínculo atual, além dos admitidos em lei: (Incluído pela Emenda Constitucional nº 98, de 06.12.2017)

I - o contrato, o convênio, o ajuste ou o ato administrativo por meio do qual a pessoa tenha revestido a condição de profissional, empregado, servidor público, prestador de serviço ou trabalhador e tenha atuado ou desenvolvido atividade laboral diretamente com o ex-Território, o Estado ou a prefeitura neles localizada, inclusive mediante a interveniência de cooperativa; (Incluído pela Emenda Constitucional nº 98, de 06.12.2017)

II - a retribuição, a remuneração ou o pagamento documentado ou formalizado, à época, mediante depósito em conta-corrente bancária ou emissão de ordem de pagamento, de recibo, de nota de empenho ou de ordem bancária em que se identifique a administração pública do ex-Território, do Estado ou de prefeitura neles localizada como fonte pagadora ou origem direta dos recursos, assim como aquele realizado à conta de recursos oriundos de fundo de participação ou de fundo especial, inclusive em proveito do pessoal integrante das tabelas especiais. (Incluído pela Emenda Constitucional nº 98, de 06.12.2017)

§ 5º. Além dos meios probatórios de que trata o § 4º deste artigo, sem prejuízo daqueles admitidos em lei, o enquadramento referido no *caput* deste artigo dependerá de a pessoa ter mantido relação ou vínculo funcional, empregatício, estatutário ou de trabalho com o ex-Território ou o Estado que o tenha sucedido por, pelo menos, noventa dias. (Incluído pela Emenda Constitucional nº 98, de 06.12.2017)

§ 6º. As pessoas a que se referem este artigo, para efeito de exercício em órgão ou entidade da administração pública estadual ou municipal dos Estados do Amapá e de Roraima, farão jus à percepção de todas as gratificações e dos demais valores que componham a estrutura remuneratória dos cargos em que tenham sido enquadradas, vedando-se reduzi-los ou suprimi-los por motivo de cessão ao Estado ou a seu Município. (Incluído pela Emenda Constitucional nº 98, de 06.12.2017)

Art. 32. A Constituição Federal passa a vigorar acrescida do seguinte artigo:

‣ Alteração incorporada ao texto da CF.

Art. 33. Consideram-se servidores não estáveis, para os fins do art. 169, § 3º, II, da Constituição Federal aqueles admitidos na administração direta, autárquica e fundacional sem concurso público de provas ou de provas e títulos após o dia 5 de outubro de 1983.

Art. 34. Esta Emenda Constitucional entra em vigor na data de sua promulgação.

Brasília, 4 de junho de 1998

Mesa da Câmara dos Deputados:
Deputado Michel Temer
Presidente
Mesa do Senado Federal:
Senador Antonio Carlos Magalhães
Presidente

EMENDA CONSTITUCIONAL Nº 20, DE 15 DE DEZEMBRO DE 1998

Modifica o sistema de previdência social, estabelece normas de transição e dá outras providências.

As Mesas da Câmara dos Deputados e do Senado Federal, nos termos do § 3º do art. 60 da Constituição Federal, promulgam a seguinte emenda ao texto constitucional:

Art. 1º A Constituição Federal passa a vigorar com as seguintes alterações:

▸ Alteração incorporada ao texto da CF.

Art. 2º A Constituição Federal, nas Disposições Constitucionais Gerais, é acrescida dos seguintes artigos:

▸ Alteração incorporada ao texto da CF.

Art. 3º É assegurada a concessão de aposentadoria e pensão, a qualquer tempo, aos servidores públicos e aos segurados do regime geral de previdência social, bem como aos seus dependentes, que, até a data da publicação desta Emenda, tenham cumprido os requisitos para a obtenção destes benefícios, com base nos critérios da legislação então vigente.

§ 1º. O servidor de que trata este artigo, que tenha completado as exigências para aposentadoria integral e que opte por permanecer em atividade fará jus à isenção da contribuição previdenciária até completar as exigências para aposentadoria contidas no art. 40, § 1º, III, "a", da Constituição Federal.

§ 2º. Os proventos da aposentadoria a ser concedida aos servidores públicos referidos no *caput*, em termos integrais ou proporcionais ao tempo de serviço já exercido até a data de publicação desta Emenda, bem como as pensões de seus dependentes, serão calculados de acordo com a legislação em vigor à época em que foram atendidas as prescrições nela estabelecidas para a concessão destes benefícios ou nas condições da legislação vigente.

§ 3º. São mantidos todos os direitos e garantias assegurados nas disposições constitucionais vigentes à data de publicação desta Emenda aos servidores e militares, inativos e pensionistas, aos anistiados e aos ex-combatentes, assim como àqueles que já cumpriram, até aquela data, os requisitos para usufruírem tais direitos, observado o disposto no art. 37, XI, da Constituição Federal.

Art. 4º Observado o disposto no art. 40, § 10, da Constituição Federal, o tempo de serviço considerado pela legislação vigente para efeito de aposentadoria, cumprido até que a lei discipline a matéria, será contado como tempo de contribuição.

▸ Art. 2º da EC 41/2003 (Reforma Previdenciária).

Art. 5º O disposto no art. 202, § 3º, da Constituição Federal, quanto à exigência de paridade entre a contribuição da patrocinadora e a contribuição do segurado, terá vigência no prazo de dois anos a partir da publicação desta Emenda, ou, caso ocorra antes, na data de publicação da lei complementar a que se refere o § 4º do mesmo artigo.

Art. 6º As entidades fechadas de previdência privada patrocinadas por entidades públicas, inclusive empresas públicas e sociedades de economia mista, deverão rever, no prazo de dois anos, a contar da publicação desta Emenda, seus planos de benefícios e serviços, de modo a ajustá-los atuarialmente a seus ativos, sob pena de intervenção, sendo seus dirigentes e os de suas respectivas patrocinadoras responsáveis civil e criminalmente pelo descumprimento do disposto neste artigo.

Art. 7º Os projetos das leis complementares previstas no art. 202 da Constituição Federal deverão ser apresentados ao Congresso Nacional no prazo máximo de noventa dias após a publicação desta Emenda.

Arts. 8º a 10. (Revogados pela EC 41/2003).

Art. 11. A vedação prevista no art. 37, § 10, da Constituição Federal, não se aplica aos membros de poder e aos inativos, servidores e militares, que, até a publicação desta Emenda, tenham ingressado novamente no serviço público por concurso público de provas ou de provas e títulos, e pelas demais formas previstas na Constituição Federal, sendo-lhes proibida a percepção de mais de uma aposentadoria pelo regime de previdência a que se refere o art. 40 da Constituição Federal, aplicando-se-lhes, em qualquer hipótese, o limite de que trata o § 11 deste mesmo artigo.

Art. 12. Até que produzam efeitos as leis que irão dispor sobre as contribuições de que trata o art. 195 da Constituição Federal, são exigíveis as estabelecidas em lei, destinadas ao custeio da seguridade social e dos diversos regimes previdenciários.

Art. 13. (Revogado pela EC 103/2019).

Art. 14. O limite máximo para o valor dos benefícios do regime geral de previdência social de que trata o art. 201 da Constituição Federal é fixado em R$ 1.200,00 (um mil e duzentos reais), devendo, a partir da data da publicação desta Emenda, ser reajustado de forma a preservar, em caráter permanente, seu valor real, atualizado pelos mesmos índices aplicados aos benefícios do regime geral de previdência social.

Art. 15. (Revogado pela EC 103/2019).

Art. 16. Esta Emenda Constitucional entra em vigor na data de sua publicação.

Art. 17. Revoga-se o inciso II do § 2º do art. 153 da Constituição Federal.

Brasília, 15 de dezembro de 1998

Mesa da Câmara dos Deputados:
Deputado Michel Temer
Presidente

Mesa do Senado Federal:
Senador Antonio Carlos Magalhães
Presidente

EMENDA CONSTITUCIONAL Nº 24, DE 9 DE DEZEMBRO DE 1999

Altera dispositivos da Constituição Federal pertinentes à representação classista na Justiça do Trabalho.

As Mesas da Câmara dos Deputados e do Senado Federal, nos termos do § 3º do art. 60 da Constituição Federal, promulgam a seguinte Emenda ao texto constitucional:

Art. 1º Os arts. 111, 112, 113, 115 e 116 da Constituição Federal passam a vigorar com a seguinte redação:

▸ Alteração incorporada ao texto da CF.

Art. 2º É assegurado o cumprimento dos mandatos dos atuais ministros classistas temporários do Tribunal Superior do Trabalho e dos atuais juízes classistas temporários dos Tribunais Regionais do Trabalho e das Juntas de Conciliação e Julgamento.

Art. 3º Esta Emenda Constitucional entra em vigor na data de sua publicação.

Art. 4º Revoga-se o art. 117 da Constituição Federal.

Brasília, em 9 de dezembro de 1999

Mesa da Câmara dos Deputados:
Deputado Michel Temer
Presidente

Mesa do Senado Federal:
Senador Geraldo Melo
1º Vice-Presidente

EMENDA CONSTITUCIONAL Nº 32, DE 11 DE SETEMBRO DE 2001

Altera dispositivos dos arts. 48, 57, 61, 62, 64, 66, 84, 88 e 246 da Constituição Federal, e dá outras providências.

As Mesas da Câmara dos Deputados e do Senado Federal, nos termos do § 3º do art. 60 da Constituição Federal, promulgam a seguinte Emenda ao texto constitucional:

Art. 1º Os arts. 48, 57, 61, 62, 64, 66, 84, 88 e 246 da Constituição Federal passam a vigorar com as seguintes alterações:

▸ Alteração incorporada ao texto da CF.

Art. 2º As medidas provisórias editadas em data anterior à da publicação desta emenda continuam em vigor até que medida provisória ulterior as revogue explicitamente ou até deliberação definitiva do Congresso Nacional.

Art. 3º Esta Emenda Constitucional entra em vigor na data de sua publicação.

Brasília, 11 de setembro de 2001

Mesa da Câmara dos Deputados
Deputado Aécio Neves
Presidente

Mesa do Senado Federal
Senador Edison Lobão
Presidente, Interino

EMENDA CONSTITUCIONAL Nº 33, DE 11 DE DEZEMBRO DE 2001

Altera os arts. 149, 155 e 177 da Constituição Federal.

As Mesas da Câmara dos Deputados e do Senado Federal, nos termos do § 3º do art. 60 da Constituição Federal, promulgam a seguinte Emenda ao texto constitucional:

Art. 1º O Art. 149 da Constituição Federal passa a vigorar acrescido dos seguintes parágrafos, renumerando-se o atual parágrafo único para § 1º:

▸ Alteração incorporada ao texto da CF.

Art. 2º O art. 155 da Constituição Federal passa a vigorar com as seguintes alterações:

▸ Alteração incorporada ao texto da CF.

Art. 3º O art. 177 da Constituição Federal passa a vigorar acrescido do seguinte parágrafo:

▸ Alteração incorporada ao texto da CF.

Art. 4º Enquanto não entrar em vigor a lei complementar de que trata o art. 155, § 2º, XII, h, da Constituição Federal, os Estados e o Distrito Federal, mediante convênio celebrado nos termos do § 2º, XII, g, do mesmo artigo, fixarão normas para regular provisoriamente a matéria.

Art. 5º Esta Emenda Constitucional entra em vigor na data de sua promulgação.

Brasília, 11 de dezembro de 2001

Mesa da Câmara dos Deputados
Deputado Aécio Neves
Presidente

Mesa do Senado Federal
Senador Ramez Tebet
Presidente

EMENDA CONSTITUCIONAL Nº 41, DE 19 DE DEZEMBRO DE 2003

Modifica os arts. 37, 40, 42, 48, 96, 149 e 201 da Constituição Federal, revoga o inciso IX do § 3º do art. 142 da Constituição Federal e dispositivos da Emenda Constitucional nº 20, de 15 de dezembro de 1998, e dá outras providências.

As Mesas da Câmara dos Deputados e do Senado Federal, nos termos do § 3º do art. 60 da Constituição Federal, promulgam a seguinte Emenda ao texto constitucional:

Art. 1º A Constituição Federal passa a vigorar com as seguintes alterações:

- Alteração incorporada ao texto da CF.

Art. 2º (Revogado pela EC 103/2019, em vigor na data de publicação de lei de iniciativa privativa do respectivo Poder Executivo que referende integralmente a alteração)

- **Texto anterior:** Art. 2º Observado o disposto no art. 4º da Emenda Constitucional nº 20, de 15 de dezembro de 1998, é assegurado o direito de opção pela aposentadoria voluntária com proventos calculados de acordo com o art. 40, §§ 3º e 17, da Constituição Federal, àquele que tenha ingressado regularmente em cargo efetivo na Administração Pública direta, autárquica e fundacional, até a data de publicação daquela Emenda, quando o servidor, cumulativamente:

  I – tiver cinqüenta e três anos de idade, se homem, e quarenta e oito anos de idade, se mulher;

  II – tiver cinco anos de efetivo exercício no cargo em que se der a aposentadoria;

  III – contar tempo de contribuição igual, no mínimo, à soma de:

  a) trinta e cinco anos, se homem, e trinta anos, se mulher; e

  b) um período adicional de contribuição equivalente a vinte por cento do tempo que, na data de publicação daquela Emenda, faltaria para atingir o limite de tempo constante da alínea *a* deste inciso.

  § 1º O servidor de que trata este artigo que cumprir as exigências para aposentadoria na forma do *caput* terá os seus proventos de inatividade reduzidos para cada ano antecipado em relação aos limites de idade estabelecidos pelo art. 40, § 1º, III, a, e § 5º da Constituição Federal, na seguinte proporção:

  I – três inteiros e cinco décimos por cento, para aquele que completar as exigências para aposentadoria na forma do *caput* até 31 de dezembro de 2005;

  II – cinco por cento, para aquele que completar as exigências para aposentadoria na forma do *caput* a partir de 1º de janeiro de 2006.

  § 2º Aplica-se ao magistrado e ao membro do Ministério Público e de Tribunal de Contas o disposto neste artigo.

  § 3º Na aplicação do disposto no § 2º deste artigo, o magistrado ou o membro do Ministério Público ou de Tribunal de Contas, se homem, terá o tempo de serviço exercido até a data de publicação da Emenda Constitucional nº 20, de 15 de dezembro de 1998, contado com acréscimo de dezessete por cento, observado o disposto no § 1º deste artigo.

  § 4º O professor, servidor da União, dos Estados, do Distrito Federal e dos Municípios, incluídas suas autarquias e fundações, que, até a data de publicação da Emenda Constitucional nº 20, de 15 de dezembro de 1998, tenha ingressado, regularmente, em cargo efetivo de magistério e que opte por aposentar-se na forma do disposto no *caput*, terá o tempo de serviço exercido até a publicação daquela Emenda contado com o acréscimo de dezessete por cento, se homem, e de vinte por cento, se mulher, desde que se aposente, exclusivamente, com tempo de efetivo exercício nas funções de magistério, observado o disposto no § 1º.

  § 5º O servidor de que trata este artigo, que tenha completado as exigências para aposentadoria voluntária estabelecidas no *caput*, e que opte por permanecer em atividade, fará jus a um abono de permanência equivalente ao valor da sua contribuição previdenciária até completar as exigências para aposentadoria compulsória contidas no art. 40, § 1º, II, da Constituição Federal.

  § 6º Às aposentadorias concedidas de acordo com este artigo aplica-se o disposto no art. 40, § 8º, da Constituição Federal.

Art. 3º É assegurada a concessão, a qualquer tempo, de aposentadoria aos servidores públicos, bem como pensão aos seus dependentes, que, até a data de publicação desta Emenda, tenham cumprido todos os requisitos para obtenção desses benefícios, com base nos critérios da legislação então vigente.

§ 1º. O servidor de que trata este artigo que opte por permanecer em atividade tendo completado as exigências para aposentadoria voluntária e que conte com, no mínimo, vinte e cinco anos de contribuição, se mulher, ou trinta anos de contribuição, se homem, fará jus a um abono de permanência equivalente ao valor da sua contribuição previdenciária até completar as exigências para aposentadoria compulsória contidas no art. 40, § 1º, II, da Constituição Federal.

§ 2º. Os proventos da aposentadoria a ser concedida aos servidores públicos referidos no *caput*, em termos integrais ou proporcionais ao tempo de contribuição já exercido até a data de publicação desta Emenda, bem como as pensões de seus dependentes, serão calculados de acordo com a legislação em vigor à época em que foram atendidos os requisitos nela estabelecidos para a concessão desses benefícios ou nas condições da legislação vigente.

Art. 4º Os servidores inativos e os pensionistas da União, dos Estados, do Distrito Federal e dos Municípios, incluídas suas autarquias e fundações, em gozo de benefícios na data de publicação desta Emenda, bem como os alcançados pelo disposto no seu art. 3º, contribuirão para o custeio do regime de que trata o art. 40 da Constituição Federal com percentual igual ao estabelecido para os servidores titulares de cargos efetivos.

Parágrafo único. A contribuição previdenciária a que se refere o *caput* incidirá apenas sobre a parcela dos proventos e das pensões que supere:

I - cinquenta por cento do limite máximo estabelecido para os benefícios do regime geral de previdência social de que trata o art. 201 da Constituição Federal, para os servidores inativos e os pensionistas dos Estados, do Distrito Federal e dos Municípios;

II - sessenta por cento do limite máximo estabelecido para os benefícios do regime geral de previdência social de que trata o art. 201 da Constituição Federal, para os servidores inativos e os pensionistas da União.

Art. 5º O limite máximo para o valor dos benefícios do regime geral de previdência social de que trata o art. 201 da Constituição Federal é fixado em R$ 2.400,00 (dois mil e quatrocentos reais), devendo, a partir da data de publicação desta Emenda, ser reajustado de forma a preservar, em caráter permanente, seu valor real, atualizado pelos mesmos índices aplicados aos benefícios do regime geral de previdência social.

Art. 6º (Revogado pela EC 103/2019, em vigor na data de publicação de lei de iniciativa privativa do respectivo Poder Executivo que referende integralmente a alteração)

- **Texto anterior:** Art. 6º Ressalvado o direito de opção à aposentadoria pelas normas estabelecidas pelo art. 40 da Constituição Federal ou pelas regras estabelecidas pelo art. 2º desta Emenda, o servidor da União, dos Estados, do Distrito Federal e dos Municípios, incluídas suas autarquias e fundações, que tenha ingressado no serviço público até a data de publicação desta Emenda poderá aposentar-se com proventos integrais, que corresponderão à totalidade da remuneração do servidor no cargo efetivo em que se der a aposentadoria, na forma da lei, quando, observadas as reduções de idade e tempo de contribuição contidas no § 5º do art. 40 da Constituição Federal, vier a preencher, cumulativamente, as seguintes condições:

  I – sessenta anos de idade, se homem, e cinquenta e cinco anos de idade, se mulher;

  II – trinta e cinco anos de contribuição, se homem, e trinta anos de contribuição, se mulher;

  III – vinte anos de efetivo exercício no serviço público; e

  IV – dez anos de carreira e cinco anos de efetivo exercício no cargo em que se der a aposentadoria.

  Parágrafo único. (Revogado pela Emenda Constitucional nº 47, de 2005)

Art. 6º-A. (Revogado pela EC 103/2019, em vigor na data de publicação de lei de iniciativa privativa do respectivo Poder Executivo que referende integralmente a alteração)

- **Texto anterior:** Art. 6º-A. O servidor da União, dos Estados, do Distrito Federal e dos Municípios, incluídas suas autarquias e fundações, que tenha ingressado no serviço público até a data de publicação desta Emenda Constitucional e que tenha se aposentado ou venha a se aposentar por invalidez permanente, com fundamento no inciso I do § 1º do art. 40 da Constituição Federal, tem direito a proventos de aposentadoria calculados com base na remuneração do cargo efetivo em que se der a aposentadoria, na forma da lei, não sendo aplicáveis as disposições constantes dos §§ 3º, 8º e 17 do art. 40 da Constituição Federal. (Incluído pela Emenda Constitucional nº 70, de 2012)

  Parágrafo único. Aplica-se ao valor dos proventos de aposentadorias concedidas com base no *caput* o disposto no art. 7º desta Emenda Constitucional, observando-se igual critério de revisão às pensões derivadas dos proventos desses servidores. (Incluído pela Emenda Constitucional nº 70, de 2012)

Art. 7º Observado o disposto no art. 37, XI, da Constituição Federal, os proventos de aposentadoria dos servidores públicos titulares de cargo efetivo e as pensões dos seus dependentes pagos pela União, Estados, Distrito Federal e Municípios, incluídas suas autarquias e fundações, em fruição na data de publicação desta Emenda, bem como os proventos de aposentadoria dos servidores e as pensões dos dependentes abrangidos pelo art. 3º desta Emenda, serão revistos na mesma proporção e na mesma data, sempre que se modificar a remuneração dos servidores em atividade, sendo também estendidos aos aposentados e pensionistas quaisquer benefícios ou vantagens posteriormente concedidos aos servidores em atividade, inclusive quando decorrentes da transformação ou reclassificação do cargo ou função em que se deu a aposentadoria ou que serviu de referência para a concessão da pensão, na forma da lei.

Art. 8º Até que seja fixado o valor do subsídio de que trata o art. 37, XI, da Constituição Federal, será considerado, para os fins do limite fixado naquele inciso, o valor da maior remuneração atribuída por lei na data de publicação desta Emenda a Ministro do Supremo Tribunal Federal, a título de vencimento, de representação mensal e da parcela recebida em razão de tempo de serviço, aplicando-se como limite, nos Municípios, o subsídio do Prefeito, e nos Estados e no Distrito Federal, o subsídio mensal do Governador no âmbito do Poder Executivo, o subsídio dos Deputados Estaduais e Distritais no âmbito do Poder Legislativo e o subsídio dos Desembargadores do Tribunal de Justiça, limitado a noventa inteiros e vinte e cinco centésimos por cento da maior remuneração mensal de Ministro do Supremo Tribunal Federal a que se refere este artigo, no âmbito do Poder Judiciário, aplicável este limite aos membros do Ministério Público, aos Procuradores e aos Defensores Públicos.

Art. 9º Aplica-se o disposto no art. 17 do Ato das Disposições Constitucionais Transitórias aos vencimentos, remunerações e subsídios dos ocupantes de cargos, funções e empregos públicos da administração direta, autárquica e fundacional, dos membros de qualquer dos Poderes da União, dos Estados, do Distrito Federal e dos Municípios, dos detentores de mandato eletivo e dos demais agentes políticos e os proventos, pensões ou outra espécie remuneratória percebidos cumulativamente ou não, incluídas as vantagens pessoais ou de qualquer outra natureza.

Art. 10. Revogam-se o inciso IX do § 3º do art. 142 da Constituição Federal, bem como os arts. 8º e 10 da Emenda Constitucional nº 20, de 15 de dezembro de 1998.

Art. 11. Esta Emenda Constitucional entra em vigor na data de sua publicação.

Brasília, em 19 de dezembro de 2003.

Mesa da Câmara dos Deputados
Deputado João Paulo Cunha
Presidente

Mesa do Senado Federal
Senador José Sarney
Presidente

EMENDA CONSTITUCIONAL Nº 42, DE 19 DE DEZEMBRO DE 2003

Altera o Sistema Tributário Nacional e dá outras providências.

As Mesas da Câmara dos Deputados e do Senado Federal, nos termos do § 3º do art. 60 da Constituição Federal, promulgam a seguinte Emenda ao texto constitucional:

Art. 1º Os artigos da Constituição a seguir enumerados passam a vigorar com as seguintes alterações:

‣ Alteração incorporada ao texto da CF.

Art. 2º Os artigos do Ato das Disposições Constitucionais Transitórias a seguir enumerados passam a vigorar com as seguintes alterações:

‣ Alteração incorporada ao texto do ADCT.

Art. 3º O Ato das Disposições Constitucionais Transitórias passa a vigorar acrescido dos seguintes artigos:

‣ Alteração incorporada ao texto do ADCT.

Art. 4º Os adicionais criados pelos Estados e pelo Distrito Federal até a data da promulgação desta Emenda, naquilo em que estiverem em desacordo com o previsto nesta Emenda, na Emenda Constitucional nº 31, de 14 de dezembro de 2000, ou na lei complementar de que trata o art. 155, § 2º, XII, da Constituição, terão vigência, no máximo, até o prazo previsto no art. 79 do Ato das Disposições Constitucionais Transitórias.

Art. 5º O Poder Executivo, em até sessenta dias contados da data da promulgação desta Emenda, encaminhará ao Congresso Nacional projeto de lei, sob o regime de urgência constitucional, que disciplinará os benefícios fiscais para a capacitação do setor de tecnologia da informação, que vigerão até 2019 nas condições que estiverem em vigor no ato da aprovação desta Emenda.

Art. 6º Fica revogado o inciso II do § 3º do art. 84 do Ato das Disposições Constitucionais Transitórias.

Brasília, em 19 de dezembro de 2003.

Mesa da Câmara dos Deputados
Deputado João Paulo Cunha
Presidente

Mesa do Senado Federal
Senador José Sarney
Presidente

EMENDA CONSTITUCIONAL Nº 45, DE 8 DE DEZEMBRO DE 2004

Altera dispositivos dos arts. 5º, 36, 52, 92, 93, 95, 98, 99, 102, 103, 104, 105, 107, 109, 111, 112, 114, 115, 125, 126, 127, 128, 129, 134 e 168 da Constituição Federal, e acrescenta os arts. 103-A, 103B, 111-A e 130-A, e dá outras providências.

As Mesas da Câmara Dos Deputados e do Senado Federal, nos termos do § 3º do art. 60 da Constituição Federal, promulgam a seguinte Emenda ao texto constitucional:

Art. 1º Os arts. 5º, 36, 52, 92, 93, 95, 98, 99, 102, 103, 104, 105, 107, 109, 111, 112, 114, 115, 125, 126, 127, 128, 129, 134 e 168 da Constituição Federal passam a vigorar com a seguinte redação:

‣ Alteração incorporada ao texto da CF.

Art. 2º A Constituição Federal passa a vigorar acrescida dos seguintes arts. 103-A, 103-B, 111-A e 130-A:

‣ Alteração incorporada ao texto da CF.

Art. 3º A lei criará o Fundo de Garantia das Execuções Trabalhistas, integrado pelas multas decorrentes de condenações trabalhistas e administrativas oriundas da fiscalização do trabalho, além de outras receitas.

Art. 4º Ficam extintos os tribunais de Alçada, onde houver, passando os seus membros a integrar os Tribunais de Justiça dos respectivos Estados, respeitadas a antiguidade e classe de origem.

Parágrafo único. No prazo de cento e oitenta dias, contado da promulgação desta Emenda, os Tribunais de Justiça, por ato administrativo, promoverão a integração dos membros dos tribunais extintos em seus quadros, fixando-lhes a competência e remetendo, em igual prazo, ao Poder Legislativo, proposta de alteração da organização e da divisão judiciária correspondentes, assegurados os direitos dos inativos e pensionistas e o aproveitamento dos servidores no Poder Judiciário estadual.

Art. 5º O Conselho Nacional de Justiça e o Conselho Nacional do Ministério Público serão instalados no prazo de cento e oitenta dias a contar da promulgação desta Emenda, devendo a indicação ou escolha de seus membros ser efetuada até trinta dias antes do termo final.

§ 1º. Não efetuadas as indicações e escolha dos nomes para os Conselhos Nacional de Justiça e do Ministério Público dentro do prazo fixado no *caput* deste artigo, caberá, respectivamente, ao Supremo Tribunal Federal e ao Ministério Público da União realiza-las.

§ 2º. Até que entre em vigor o Estatuto da Magistratura, o Conselho Nacional de Justiça, mediante resolução, disciplinará seu funcionamento e definirá as atribuições do Ministro-Corregedor.

Art. 6º O Conselho Superior da Justiça do Trabalho será instalado no prazo de cento e oitenta dias, cabendo ao Tribunal Superior do Trabalho regulamentar seu funcionamento por resolução, enquanto não promulgada a lei a que se refere o art. 111-A, § 2º, II.

Art. 7º O Congresso Nacional instalará, imediatamente após a promulgação desta Emenda Constitucional, comissão especial mista, destinada a elaborar, em cento e oitenta dias, os projetos de lei necessários à regulamentação da matéria nela tratada, bem como promover alterações na legislação federal objetivando tornar mais amplo o acesso à Justiça e mais célere a prestação jurisdicional.

Art. 8º As atuais súmulas do Supremo Tribunal Federal somente produzirão efeito vinculante após sua confirmação por dois terços de seus integrantes e publicação na imprensa oficial.

Art. 9º São revogados o inciso IV do art. 36; a alínea h do inciso I do art. 102; o § 4º do art. 103; e os §§ 1º a 3º do art. 111.

Art. 10. Esta Emenda Constitucional entra em vigor na data de sua publicação.

Brasília, em 8 de dezembro de 2004

Mesa da Câmara dos Deputados
Deputado João Paulo Cunha
Presidente

Mesa do Senado Federal
Senador José Sarney
Presidente

EMENDA CONSTITUCIONAL Nº 47, DE 5 DE JULHO DE 2005

Altera os arts. 37, 40, 195 e 201 da Constituição Federal, para dispor sobre a previdência social, e dá outras providências.

As Mesas da Câmara dos Deputados e do Senado Federal, nos termos do § 3º do art. 60 da Constituição Federal, promulgam a seguinte Emenda ao texto constitucional:

Art. 1º Os arts. 37, 40, 195 e 201 da Constituição Federal passam a vigorar com a seguinte redação:

‣ Alteração incorporada ao texto da CF.

Art. 2º Aplica-se aos proventos de aposentadorias dos servidores públicos que se aposentarem na forma do *caput* do art. 6º da Emenda Constitucional nº 41, de 2003, o disposto no art. 7º da mesma Emenda.

Art. 3º (Revogado pela EC 103/2019, em vigor na data de publicação de lei de iniciativa privativa do respectivo Poder Executivo que referende integralmente a alteração)

› **Texto anterior:** Art. 3º Ressalvado o direito de opção à aposentadoria pelas normas estabelecidas pelo art. 40 da Constituição Federal ou pelas regras estabelecidas pelos arts. 2º e 6º da Emenda Constitucional nº 41, de 2003, o servidor da União, dos Estados, do Distrito Federal e dos Municípios, incluídas suas autarquias e fundações, que tenha ingressado no serviço público até 16 de dezembro de 1998 poderá aposentar-se com proventos integrais, desde que preencha, cumulativamente, as seguintes condições:

I – trinta e cinco anos de contribuição, se homem, e trinta anos de contribuição, se mulher;

II – vinte e cinco anos de efetivo exercício no serviço público, quinze anos de carreira e cinco anos no cargo em que se der a aposentadoria;

III – idade mínima resultante da redução, relativamente aos limites do art. 40, § 1º, inciso III, alínea "a", da Constituição Federal, de um ano de idade para cada ano de contribuição que exceder a condição prevista no inciso I do *caput* deste artigo.

Parágrafo único. Aplica-se ao valor dos proventos de aposentadorias concedidas com base neste artigo o disposto no art. 7º da Emenda Constitucional nº 41, de 2003, observando-se igual critério de revisão às pensões derivadas dos proventos de servidores falecidos que tenham se aposentado em conformidade com este artigo.

Art. 4º Enquanto não editada a lei a que se refere o § 11 do art. 37 da Constituição Federal, não será computada, para efeito dos limites remuneratórios de que trata o inciso XI do *caput* do mesmo artigo, qualquer parcela de caráter indenizatório, assim definida pela legislação em vigor na data de publicação da Emenda Constitucional nº 41, de 2003.

Art. 5º Revoga-se o parágrafo único do art. 6º da Emenda Constitucional nº 41, de 19 de dezembro de 2003.

Art. 6º Esta Emenda Constitucional entra em vigor na data de sua publicação, com efeitos retroativos à data de vigência da Emenda Constitucional nº 41, de 2003.

Brasília, em 5 de julho de 2005

Mesa da Câmara dos Deputados
Deputado Severino Cavalcanti
Presidente
Mesa do Senado Federal
Senador Renan Calheiros
Presidente

EMENDA CONSTITUCIONAL Nº 51, DE 14 DE FEVEREIRO DE 2006

Acrescenta os §§ 4º, 5º e 6º ao art. 198 da Constituição Federal.

As Mesas da Câmara dos Deputados e do Senado Federal, nos termos do art. 60 da Constituição Federal, promulgam a seguinte Emenda ao texto constitucional:

Art. 1º O art. 198 da Constituição Federal passa a vigorar acrescido dos seguintes §§ 4º, 5º e 6º:

› Alteração incorporada ao texto da CF.

Art. 2º Após a promulgação da presente Emenda Constitucional, os agentes comunitários de saúde e os agentes de combate às endemias somente poderão ser contratados diretamente pelos Estados, pelo Distrito Federal ou pelos Municípios na forma do § 4º do art. 198 da Constituição Federal, observado o limite de gasto estabelecido na Lei Complementar de que trata o art. 169 da Constituição Federal.

Parágrafo único. Os profissionais que, na data de promulgação desta Emenda e a qualquer título, desempenharem as atividades de agente comunitário de saúde ou de agente de combate às endemias, na forma da lei, ficam dispensados de se submeter ao processo seletivo público a que se refere o § 4º do art. 198 da Constituição Federal, desde que tenham sido contratados a partir de anterior processo de Seleção Pública efetuado por órgãos ou entes da administração direta ou indireta de Estado, Distrito Federal ou Município ou por outras instituições com a efetiva supervisão e autorização da administração direta dos entes da federação.

Art. 3º Esta Emenda Constitucional entra em vigor na data da sua publicação.

Brasília, em 14 de fevereiro de 2006

Mesa da Câmara dos Deputados
Deputado Aldo Rebelo
Presidente
Mesa do Senado Federal
Senador Renan Calheiros
Presidente

EMENDA CONSTITUCIONAL Nº 53, DE 19 DE DEZEMBRO DE 2006

Dá nova redação aos arts. 7º, 23, 30, 206, 208, 211 e 212 da Constituição Federal e ao art. 60 do Ato das Disposições Constitucionais Transitórias.

As Mesas da Câmara dos Deputados e do Senado Federal, nos termos do § 3º do art. 60 da Constituição Federal, promulgam a seguinte Emenda ao texto constitucional:

Art. 1º A Constituição Federal passa a vigorar com as seguintes alterações:

› Alteração incorporada ao texto da CF.

Art. 2º O art. 60 do Ato das Disposições Constitucionais Transitórias passa a vigorar com a seguinte redação:

› Alteração incorporada ao texto da CF.

Art. 3º Esta Emenda Constitucional entra em vigor na data de sua publicação, mantidos os efeitos do art. 60 do Ato das Disposições Constitucionais Transitórias, conforme estabelecido pela Emenda Constitucional nº 14, de 12 de setembro de 1996, até o início da vigência dos Fundos, nos termos desta Emenda Constitucional.

Brasília, em 19 de dezembro de 2006.

Mesa da Câmara dos Deputados
Deputado Aldo Rebelo
Presidente
Mesa do Senado Federal
Senador Renan Calheiros
Presidente

EMENDA CONSTITUCIONAL Nº 55, DE 20 DE SETEMBRO DE 2007

Altera o art. 159 da Constituição Federal, aumentando a entrega de recursos pela União ao Fundo de Participação dos Municípios.

As Mesas da Câmara dos Deputados e do Senado Federal, nos termos do § 3º do art. 60 da Constituição Federal, promulgam a seguinte Emenda ao texto constitucional:

Art. 1º O art. 159 da Constituição Federal passa a vigorar com as seguintes alterações:

› Alteração incorporada ao texto da CF.

Art. 2º No exercício de 2007, as alterações do art. 159 da Constituição Federal previstas nesta Emenda Constitucional somente se aplicam sobre a arrecadação dos impostos sobre renda e proventos de qualquer natureza e sobre produtos industrializados realizada a partir de 1º de setembro de 2007.

Art. 3º Esta Emenda Constitucional entra em vigor na data de sua publicação.

Mesa da Câmara dos Deputados
Deputado Arlindo Chinaglia
Presidente
Mesa do Senado Federal
Senador Renan Calheiros
Presidente

EMENDA CONSTITUCIONAL Nº 58, DE 23 DE SETEMBRO DE 2009

Altera a redação do inciso IV do *caput* do art. 29 e do art. 29-A da Constituição Federal, tratando das disposições relativas à recomposição das Câmaras Municipais.

As Mesas da Câmara dos Deputados e do Senado Federal, nos termos do § 3º do art. 60 da Constituição Federal, promulgam a seguinte Emenda ao texto constitucional:

Art. 1º O inciso IV do *caput* do art. 29 da Constituição Federal passa a vigorar com a seguinte redação:

› Alteração incorporada ao texto da CF.

Art. 2º O art. 29-A da Constituição Federal passa a vigorar com a seguinte redação:

› Alteração incorporada ao texto da CF.

Art. 3º Esta Emenda Constitucional entra em vigor na data de sua promulgação, produzindo efeitos:

I - o disposto no art. 1º, a partir do processo eleitoral de 2008; e

II - o disposto no art. 2º, a partir de 1º de janeiro do ano subsequente ao da promulgação desta Emenda.

Brasília, em 23 de setembro de 2009.

Mesa da Câmara dos Deputados
Deputado Michel Temer
Presidente
Mesa do Senado Federal
Senador José Sarney
Presidente

EMENDA CONSTITUCIONAL Nº 62, DE 9 DE DEZEMBRO DE 2009

Altera o art. 100 da Constituição Federal e acrescenta o art. 97 ao Ato das Disposições Constitucionais Transitórias, instituindo regime especial de pagamento de precatórios pelos Estados, Distrito Federal e Municípios.

As Mesas da Câmara dos Deputados e do Senado Federal, nos termos do § 3º do art. 60 da Constituição Federal, promulgam a seguinte Emenda ao texto constitucional:

Art. 1º O art. 100 da Constituição Federal passa a vigorar com a seguinte redação:

› Alteração incorporada ao texto da CF.

Art. 2º O Ato das Disposições Constitucionais Transitórias passa a vigorar acrescido do seguinte art. 97:

› Alteração incorporada ao texto do ADCT.

Art. 3º A implantação do regime de pagamento criado pelo art. 97 do Ato das Disposições Constitucionais Transitórias deverá ocorrer no prazo de até 90 (noventa dias), contados da data da publicação desta Emenda Constitucional.

Art. 4º A entidade federativa voltará a observar somente o disposto no art. 100 da Constituição Federal:

I - no caso de opção pelo sistema previsto no inciso I do § 1º do art. 97 do Ato das Disposições Constitucionais Transitórias, quando o valor dos precatórios devidos for inferior ao dos recursos destinados ao seu pagamento;

II - no caso de opção pelo sistema previsto no inciso II do § 1º do art. 97 do Ato das Disposições Constitucionais Transitórias, ao final do prazo.

Art. 5º Ficam convalidadas todas as cessões de precatórios efetuadas antes da promulgação desta Emenda Constitucional, independentemente da concordância da entidade devedora.

Art. 6º Ficam também convalidadas todas as compensações de precatórios com tributos vencidos até 31 de outubro de 2009 da entidade devedora, efetuadas na forma do disposto no § 2º do art. 78 do ADCT, realizadas antes da promulgação desta Emenda Constitucional.

Art. 7º Esta Emenda Constitucional entra em vigor na data de sua publicação.

Brasília, em 9 de dezembro de 2009.

Mesa da Câmara dos Deputados
Deputado Michel Temer
Presidente

Mesa do Senado Federal
Senador Marconi Perillo
1º Vice-Presidente, no exercício da Presidência

EMENDA CONSTITUCIONAL Nº 67, DE 22 DE DEZEMBRO DE 2010

Prorroga, por tempo indeterminado, o prazo de vigência do Fundo de Combate e Erradicação da Pobreza.

As Mesas da Câmara dos Deputados e do Senado Federal, nos termos do § 3º do art. 60 da Constituição Federal, promulgam a seguinte Emenda ao texto constitucional:

Art. 1º Prorrogam-se, por tempo indeterminado, o prazo de vigência do Fundo de Combate e Erradicação da Pobreza a que se refere o *caput* do art. 79 do Ato das Disposições Constitucionais Transitórias e, igualmente, o prazo de vigência da Lei Complementar nº 111, de 6 de julho de 2001, que "Dispõe sobre o Fundo de Combate e Erradicação da Pobreza, na forma prevista nos arts. 79, 80 e 81 do Ato das Disposições Constitucionais Transitórias".

Art. 2º Esta Emenda Constitucional entra em vigor na data de sua publicação.

Brasília, em 22 de dezembro de 2010.

Mesa da Câmara dos Deputados
Deputado Marco Maia
Presidente

Mesa do Senado Federal
Senador José Sarney
Presidente

EMENDA CONSTITUCIONAL Nº 69, DE 29 DE MARÇO DE 2012

Altera os arts. 21, 22 e 48 da Constituição Federal, para transferir da União para o Distrito Federal as atribuições de organizar e manter a Defensoria Pública do Distrito Federal.

As Mesas da Câmara dos Deputados e do Senado Federal, nos termos do art. 60 da Constituição Federal, promulgam a seguinte Emenda ao texto constitucional:

Art. 1º Os arts. 21, 22 e 48 da Constituição Federal passam a vigorar com a seguinte redação:

› Alteração incorporada ao texto da CF.

Art. 2º Sem prejuízo dos preceitos estabelecidos na Lei Orgânica do Distrito Federal, aplicam-se à Defensoria Pública do Distrito Federal os mesmos princípios e regras que, nos termos da Constituição Federal, regem as Defensorias Públicas dos Estados.

Art. 3º O Congresso Nacional e a Câmara Legislativa do Distrito Federal, imediatamente após a promulgação desta Emenda Constitucional e de acordo com suas competências, instalarão comissões especiais destinadas a elaborar, em 60 (sessenta) dias, os projetos de lei necessários à adequação da legislação infraconstitucional à matéria nela tratada.

Art. 4º Esta Emenda Constitucional entra em vigor na data de sua publicação, produzindo efeitos quanto ao disposto no art. 1º após decorridos 120 (cento e vinte) dias de sua publicação oficial.

Brasília, 29 de março de 2012.

Mesa da Câmara dos Deputados
Deputado Marco Maia
Presidente

Mesa do Senado Federal
Senador José Sarney
Presidente

EMENDA CONSTITUCIONAL Nº 70, DE 29 DE MARÇO DE 2012

Acrescenta art. 6º-A à Emenda Constitucional nº 41, de 2003, para estabelecer critérios para o cálculo e a correção dos proventos da aposentadoria por invalidez dos servidores públicos que ingressaram no serviço público até a data da publicação daquela Emenda Constitucional.

As Mesas da Câmara dos Deputados e do Senado Federal, nos termos do § 3º do art. 60 da Constituição Federal, promulgam a seguinte Emenda ao texto constitucional:

Art. 1º A Emenda Constitucional nº 41, de 19 de dezembro de 2003, passa a vigorar acrescida do seguinte art. 6º-A:

› Alteração incorporada ao texto da CF.

Art. 2º A União, os Estados, o Distrito Federal e os Municípios, assim como as respectivas autarquias e fundações, procederão, no prazo de 180 (cento e oitenta) dias da entrada em vigor desta Emenda Constitucional, à revisão das aposentadorias, e das pensões delas decorrentes, concedidas a partir de 1º de janeiro de 2004, com base na redação dada ao § 1º do art. 40 da Constituição Federal pela Emenda Constitucional nº 20, de 15 de dezembro de 1998, com efeitos financeiros a partir da data de promulgação desta Emenda Constitucional.

Art. 3º Esta Emenda Constitucional entra em vigor na data de sua publicação.

Brasília, 29 de março de 2012.

Mesa da Câmara dos Deputados
Deputado Marco Maia
Presidente

Mesa do Senado Federal
Senador José Sarney
Presidente

EMENDA CONSTITUCIONAL Nº 78, DE 14 DE MAIO DE 2014

Acrescenta art. 54-A ao Ato das Disposições Constitucionais Transitórias, para dispor sobre indenização devida aos seringueiros de que trata o art. 54 desse Ato.

As Mesas da Câmara dos Deputados e do Senado Federal, nos termos do § 3º do art. 60 da Constituição Federal, promulgam a seguinte Emenda ao texto constitucional:

Art. 1º O Ato das Disposições Constitucionais Transitórias passa a vigorar acrescido do seguinte art. 54-A:

› Alteração incorporada ao texto da CF.

Art. 2º A indenização de que trata o art. 54-A do Ato das Disposições Constitucionais Transitórias somente se estende aos dependentes dos seringueiros que, na data de entrada em vigor desta Emenda Constitucional, detenham a condição de dependentes na forma do § 2º do art. 54 do Ato das Disposições Constitucionais Transitórias, devendo o valor de R$ 25.000,00 (vinte e cinco mil reais) ser rateado entre os pensionistas na proporção de sua cota-parte na pensão.

Art. 3º Esta Emenda Constitucional entra em vigor no exercício financeiro seguinte ao de sua publicação.

Brasília, em 14 de maio de 2014.

Mesa da Câmara dos Deputados
Deputado Henrique Eduardo Alves
Presidente

Mesa do Senado Federal
Senador Renan Calheiros
Presidente

EMENDA CONSTITUCIONAL Nº 79, DE 27 DE MAIO DE 2014

Altera o art. 31 da Emenda Constitucional nº 19, de 4 de junho de 1998, para prever a inclusão, em quadro em extinção da Administração Federal, de servidores e policiais militares admitidos pelos Estados do Amapá e de Roraima, na fase de instalação dessas unidades federadas, e dá outras providências.

As Mesas da Câmara dos Deputados e do Senado Federal, nos termos do § 3º do art. 60 da Constituição Federal, promulgam a seguinte Emenda ao texto constitucional:

Art. 1º O art. 31 da Emenda Constitucional nº 19, de 4 de junho de 1998, passa a vigorar com a seguinte redação:

› Alteração incorporada ao texto da CF.

Art. 2º Para fins do enquadramento disposto no *caput* do art. 31 da Emenda Constitucional nº 19, de 4 de junho de 1998, e no *caput* do art. 89 do Ato das Disposições

Constitucionais Transitórias, é reconhecido o vínculo funcional, com a União, dos servidores regularmente admitidos nos quadros dos Municípios integrantes dos ex-Territórios do Amapá, de Roraima e de Rondônia em efetivo exercício na data de transformação desses ex-Territórios em Estados.

Art. 3º Os servidores dos ex-Territórios do Amapá, de Roraima e de Rondônia incorporados a quadro em extinção da União serão enquadrados em cargos de atribuições equivalentes ou assemelhadas, integrantes de planos de cargos e carreiras da União, no nível de progressão alcançado, assegurados os direitos, vantagens e padrões remuneratórios a eles inerentes.

Art. 4º Cabe à União, no prazo máximo de 180 (cento e oitenta) dias, contado a partir da data de publicação desta Emenda Constitucional, regulamentar o enquadramento de servidores estabelecido no art. 31 da Emenda Constitucional nº 19, de 4 de junho de 1998, e no art. 89 do Ato das Disposições Constitucionais Transitórias.

Parágrafo único. No caso de a União não regulamentar o enquadramento previsto no *caput*, o optante tem direito ao pagamento retroativo das diferenças remuneratórias desde a data do encerramento do prazo para a regulamentação referida neste artigo.

Art. 5º A opção para incorporação em quadro em extinção da União, conforme disposto no art. 31 da Emenda Constitucional nº 19, de 4 de junho de 1998, e no art. 89 do Ato das Disposições Constitucionais Transitórias, deverá ser formalizada pelos servidores e policiais militares interessados perante a administração, no prazo máximo de 180 (cento e oitenta) dias, contado a partir da regulamentação prevista no Art. 4º

Art. 6º Os servidores admitidos regularmente que comprovadamente se encontravam no exercício de funções policiais nas Secretarias de Segurança Pública dos ex-Territórios do Amapá, de Roraima e de Rondônia na data em que foram transformados em Estados serão enquadrados no quadro da Polícia Civil dos ex-Territórios, no prazo de 180 (cento e oitenta) dias, assegurados os direitos, vantagens e padrões remuneratórios a eles inerentes.

Art. 7º Aos servidores admitidos regularmente pela União nas Carreiras do Grupo Tributação, Arrecadação e Fiscalização de que trata a Lei nº 6.550, de 5 de julho de 1978, cedidos aos Estados do Amapá, de Roraima e de Rondônia são assegurados os mesmos direitos remuneratórios auferidos pelos integrantes das Carreiras correspondentes do Grupo Tributação, Arrecadação e Fiscalização da União de que trata a Lei nº 5.645, de 10 de dezembro de 1970.

Art. 8º Os proventos das aposentadorias, pensões, reformas e reservas remuneradas, originadas no período de outubro de 1988 a outubro de 1993, passam a ser mantidos pela União a partir da data de publicação desta Emenda Constitucional, vedado o pagamento, a qualquer título, de valores referentes a períodos anteriores a sua publicação.

Art. 9º É vedado o pagamento, a qualquer título, em virtude das alterações promovidas por esta Emenda Constitucional, de remunerações, proventos, pensões ou indenizações referentes a períodos anteriores à data do enquadramento, salvo o disposto no parágrafo único do Art. 4º

Art. 10. Esta Emenda Constitucional entra em vigor na data de sua publicação.

Brasília, em 27 de maio de 2014
Mesa da Câmara dos Deputados
Deputado Henrique Eduardo Alves
Presidente
Mesa do Senado Federal
Senador Renan Calheiros
Presidente

EMENDA CONSTITUCIONAL Nº 84, DE 2 DE DEZEMBRO DE 2014

Altera o art. 159 da Constituição Federal para aumentar a entrega de recursos pela União para o Fundo de Participação dos Municípios.

As Mesas da Câmara dos Deputados e do Senado Federal, nos termos do § 3º do art. 60 da Constituição Federal, promulgam a seguinte Emenda ao texto constitucional:

Art. 1º O art. 159 da Constituição Federal passa a vigorar com a seguinte redação:

› Alteração incorporada ao texto da CF.

Art. 2º Para os fins do disposto na alínea "e" do inciso I do *caput* do art. 159 da Constituição Federal, a União entregará ao Fundo de Participação dos Municípios o percentual de 0,5% (cinco décimos por cento) do produto da arrecadação dos impostos sobre renda e proventos de qualquer natureza e sobre produtos industrializados no primeiro exercício em que esta Emenda Constitucional gerar efeitos financeiros, acrescentando-se 0,5% (cinco décimos por cento) a cada exercício, até que se alcance o percentual de 1% (um por cento).

Art. 3º Esta Emenda Constitucional entra em vigor na data de sua publicação, com efeitos financeiros a partir de 1º de janeiro do exercício subsequente.

Brasília, em 2 de dezembro de 2014.
Mesa da Câmara dos Deputados
Deputado Henrique Eduardo Alves
Presidente
Mesa do Senado Federal
Senador Renan Calheiros
Presidente

EMENDA CONSTITUCIONAL Nº 86, DE 17 DE MARÇO DE 2015

Altera os arts. 165, 166 e 198 da Constituição Federal, para tornar obrigatória a execução da programação orçamentária que especifica.

As Mesas da Câmara dos Deputados e do Senado Federal, nos termos do § 3º do art. 60 da Constituição Federal, promulgam a seguinte Emenda ao texto constitucional:

Art. 1º Os arts. 165, 166 e 198 da Constituição Federal passam a vigorar com as seguintes alterações:

› Alteração incorporada ao texto da CF.

Art. 2º *(Revogado pela EC 95/2016)*

Art. 3º As despesas com ações e serviços públicos de saúde custeados com a parcela da União oriunda da participação no resultado ou da compensação financeira pela exploração de petróleo e gás natural, de que trata o § 1º do art. 20 da Constituição Federal, serão computadas para fins de cumprimento do disposto no inciso I do § 2º do art. 198 da Constituição Federal.

Art. 4º Esta Emenda Constitucional entra em vigor na data de sua publicação e produzirá efeitos a partir da execução orçamentária do exercício de 2014.

Art. 5º Fica revogado o inciso IV do § 3º do art. 198 da Constituição Federal.

Brasília, em 17 de março de 2015.
Mesa da Câmara dos Deputado
Deputado Eduardo Cunha
Presidente
Mesa do Senado Federal
Senador Renan Calheiros
Presidente

EMENDA CONSTITUCIONAL Nº 91, DE 18 DE FEVEREIRO DE 2016

Altera a Constituição Federal para estabelecer a possibilidade, excepcional e em período determinado, de desfiliação partidária, sem prejuízo do mandato.

As Mesas da Câmara dos Deputados e do Senado Federal, nos termos do § 3º do art. 60 da Constituição Federal, promulgam a seguinte Emenda ao texto constitucional:

Art. 1º É facultado ao detentor de mandato eletivo desligar-se do partido pelo qual foi eleito nos trinta dias seguintes à promulgação desta Emenda Constitucional, sem prejuízo do mandato, não sendo essa desfiliação considerada para fins de distribuição dos recursos do Fundo Partidário e de acesso gratuito ao tempo de rádio e televisão.

Art. 2º Esta Emenda Constitucional entra em vigor na data de sua publicação.

Brasília, em 18 de fevereiro de 2016.
Mesa da Câmara dos Deputados
Deputado Eduardo Cunha
Presidente
Mesa do Senado Federal
Senador Renan Calheiros
Presidente

EMENDA CONSTITUCIONAL Nº 97, DE 4 DE OUTUBRO DE 2017

Altera a Constituição Federal para vedar as coligações partidárias nas eleições proporcionais, estabelecer normas sobre acesso dos partidos políticos aos recursos do fundo partidário e ao tempo de propaganda gratuito no rádio e na televisão e dispor sobre regras de transição

As Mesas da Câmara dos Deputados e do Senado Federal, nos termos do § 3º do art. 60 da Constituição Federal, promulgam a seguinte Emenda ao texto constitucional:

Art. 1º A Constituição Federal passa a vigorar com as seguintes alterações:

› Alterações incorporadas ao texto da CF.

Art. 2º A vedação à celebração de coligações nas eleições proporcionais, prevista no § 1º do art. 17 da Constituição Federal, aplicar-se-á a partir das eleições de 2020.

Art. 3º O disposto no § 3º do art. 17 da Constituição Federal quanto ao acesso dos partidos políticos aos recursos do fundo partidário e à propaganda gratuita no rádio e na televisão aplicar-se-á a partir das eleições de 2030.

Parágrafo único. Terão acesso aos recursos do fundo partidário e à propaganda gratuita no rádio e na televisão os partidos políticos que:

I - na legislatura seguinte às eleições de 2018:

a) obtiverem, nas eleições para a Câmara dos Deputados, no mínimo, 1,5% (um e meio por cento) dos votos válidos, distribuídos em pelo menos um terço das unidades da Federação, com um mínimo de 1% (um por cento) dos votos válidos em cada uma delas; ou

b) tiverem elegido pelo menos nove Deputados Federais distribuídos em pelo menos um terço das unidades da Federação;

II - na legislatura seguinte às eleições de 2022:

a) obtiverem, nas eleições para a Câmara dos Deputados, no mínimo, 2% (dois por cento) dos votos válidos, distribuídos em pelo menos um terço das unidades da Federação, com um mínimo de 1% (um por cento) dos votos válidos em cada uma delas; ou

b) tiverem elegido pelo menos onze Deputados Federais distribuídos em pelo menos um terço das unidades da Federação;

III - na legislatura seguinte às eleições de 2026:

a) obtiverem, nas eleições para a Câmara dos Deputados, no mínimo, 2,5% (dois e meio por cento) dos votos válidos, distribuídos em pelo menos um terço das unidades da Federação, com um mínimo de 1,5% (um e meio por cento) dos votos válidos em cada uma delas; ou

b) tiverem elegido pelo menos treze Deputados Federais distribuídos em pelo menos um terço das unidades da Federação.

Art. 4º Esta Emenda Constitucional entra em vigor na data de sua publicação.

Brasília, em 4 de outubro de 2017.

Mesa da Câmara dos Deputados

Deputado Rodrigo Maia

Mesa do Senado Federal

Senador Eunício Oliveira

Presidente

EMENDA CONSTITUCIONAL Nº 98, DE 6 DE DEZEMBRO DE 2017

Altera o art. 31 da Emenda Constitucional nº 19, de 4 de junho de 1998, para prever a inclusão, em quadro em extinção da administração pública federal, de servidor público, de integrante da carreira de policial, civil ou militar, e de pessoa que haja mantido relação ou vínculo funcional, empregatício, estatutário ou de trabalho com a administração pública dos ex-Territórios ou dos Estados do Amapá ou de Roraima, inclusive suas prefeituras, na fase de instalação dessas unidades federadas, e dá outras providências.

As Mesas da Câmara dos Deputados e do Senado Federal, nos termos do § 3º do art. 60 da Constituição Federal, promulgam a seguinte Emenda ao texto constitucional:

Art. 1º O art. 31 da Emenda Constitucional nº 19, de 4 de junho de 1998, passa a vigorar com as seguintes alterações:

‣ Alterações incorporadas ao texto da referida EC.

Art. 2º Cabe à União, no prazo máximo de noventa dias, contado a partir da data de publicação desta Emenda Constitucional, regulamentar o disposto no art. 31 da Emenda Constitucional nº 19, de 4 de junho de 1998, a fim de que se exerça o direito de opção nele previsto.

§ 1º Descumprido o prazo de que trata o *caput* deste artigo, a pessoa a quem assista o direito de opção fará jus ao pagamento de eventuais acréscimos remuneratórios, desde a data de encerramento desse prazo, caso se confirme o seu enquadramento.

§ 2º É vedado o pagamento, a qualquer título, de acréscimo remuneratório, ressarcimento, auxílio, salário, retribuição ou valor em virtude de ato ou fato anterior à data de enquadramento da pessoa optante, ressalvado o pagamento de que trata o § 1º deste artigo.

Art. 3º O direito à opção, nos termos previstos no art. 31 da Emenda Constitucional nº 19, de 4 de junho de 1998, deverá ser exercido no prazo de até trinta dias, contado a partir da data de regulamentação desta Emenda Constitucional.

§ 1º São convalidados todos os direitos já exercidos até a data de regulamentação desta Emenda Constitucional, inclusive nos casos em que, feita a opção, o enquadramento ainda não houver sido efetivado, aplicando-se-lhes, para todos os fins, inclusive o de enquadramento, a legislação vigente à época em que houver sido feita a opção ou, sendo mais benéficas ou favoráveis ao optante, as normas previstas nesta Emenda Constitucional e em seu regulamento.

§ 2º Entre a data de promulgação desta Emenda Constitucional e a de publicação de seu regulamento, o exercício do direito de opção será feito com base nas disposições contidas na Emenda Constitucional nº 79, de 27 de maio de 2014, e em suas normas regulamentares, sem prejuízo do disposto no § 1º deste artigo.

Art. 4º É reconhecido o vínculo funcional com a União dos servidores do ex-Território do Amapá, a que se refere a Portaria nº 4.481, de 19 de dezembro de 1995, do Ministério da Administração Federal e Reforma do Estado, publicada no Diário Oficial da União de 21 de dezembro de 1995, convalidando-se os atos de gestão, de admissão, aposentadoria, pensão, progressão, movimentação e redistribuição relativos a esses servidores, desde que não tenham sido excluídos dos quadros da União por decisão do Tribunal de Contas da União, da qual não caiba mais recurso judicial.

Art. 5º O disposto no art. 7º da Emenda Constitucional nº 79, de 27 de maio de 2014, aplica-se aos servidores que, em iguais condições, hajam sido admitidos pelos Estados de Rondônia até 1987, e do Amapá e de Roraima até outubro de 1993.

Art. 6º O disposto no art. 6º da Emenda Constitucional nº 79, de 27 de maio de 2014, aplica-se aos servidores que, admitidos e lotados pelas Secretarias de Segurança Pública dos Estados de Rondônia até 1987, e do Amapá e de Roraima até outubro de 1993, exerciam função policial.

Art. 7º As disposições desta Emenda Constitucional aplicam-se aos aposentados e pensionistas, civis e militares, vinculados aos respectivos regimes próprios de previdência, vedado o pagamento, a qualquer título, de valores referentes a períodos anteriores à sua publicação.

Parágrafo único. Haverá compensação financeira entre os regimes próprios de previdência por ocasião da aposentação ou da inclusão de aposentados e pensionistas em quadro em extinção da União, observado o disposto no § 9º do art. 201 da Constituição Federal.

Art. 8º Esta Emenda Constitucional entra em vigor na data de sua publicação.

Mesa da Câmara dos Deputados

Deputado Rodrigo Maia

Presidente

Mesa do Senado Federal

Senador Eunício Oliveira

Presidente

EMENDA CONSTITUCIONAL Nº 100, DE 26 DE JUNHO DE 2019

Altera os arts. 165 e 166 da Constituição Federal para tornar obrigatória a execução da programação orçamentária proveniente de emendas de bancada de parlamentares de Estado ou do Distrito Federal.

Art. 1º Os arts. 165 e 166 da Constituição Federal passam a vigorar com as seguintes alterações:

‣ Alterações incorporadas ao texto da CF.

Art. 2º O montante previsto no § 12 do art. 166 da Constituição Federal será de 0,8% (oito décimos por cento) no exercício subsequente ao da promulgação desta Emenda Constitucional.

Art. 3º A partir do 3º (terceiro) ano posterior à promulgação desta Emenda Constitucional até o último exercício de vigência do regime previsto na Emenda Constitucional nº 95, de 15 de dezembro de 2016, a execução prevista no § 12 do art. 166 da Constituição Federal corresponderá ao montante de execução obrigatória para o exercício anterior, corrigido na forma estabelecida no inciso II do § 1º do art. 107 do Ato das Disposições Constitucionais Transitórias

Art. 4º Esta Emenda Constitucional entra em vigor na data de sua publicação e produzirá efeitos a partir da execução orçamentária do exercício financeiro subsequente.

Mesa da Câmara dos Deputados

Deputado Rodrigo Maia

Presidente

Mesa do Senado Federal

Senador Davi Alcolumbre

Presidente

EMENDA CONSTITUCIONAL Nº 102, DE 27 DE SETEMBRO DE 2019

Dá nova redação ao art. 20 da Constituição Federal e altera o art. 165 da Constituição Federal e o art. 107 do Ato das Disposições Constitucionais Transitórias.

As Mesas da Câmara dos Deputados e do Senado Federal, nos termos do § 3º do art. 60 da Constituição Federal, promulgam a seguinte Emenda ao texto constitucional:

Art. 1º O § 1º do art. 20 da Constituição Federal passa a vigorar com a seguinte redação:

‣ Alterações incorporadas ao texto da CF.

Art. 2º O art. 165 da Constituição Federal passa a vigorar com a seguinte redação:

‣ Alterações incorporadas ao texto da CF.

Art. 3º O art. 107 do Ato das Disposições Constitucionais Transitórias passa a vigorar com a seguinte redação:

‣ Alteração incorporada ao texto do ADCT.

Art. 4º Esta Emenda Constitucional entra em vigor na data de sua publicação e produzirá efeitos a partir da execução orçamentária do exercício financeiro subsequente, excetuada a alteração ao Ato das Disposições Constitucionais Transitórias, que terá eficácia no mesmo exercício de sua publicação.

Mesa da Câmara dos Deputados
Deputado Rodrigo Maia
Presidente
Mesa do Senado Federal
Senador Davi Alcolumbre
Presidente

EMENDA CONSTITUCIONAL Nº 103, DE 12 DE NOVEMBRO DE 2019

Altera o sistema de previdência social e estabelece regras de transição e disposições transitórias.

As Mesas da Câmara dos Deputados e do Senado Federal, nos termos do § 3º do art. 60 da Constituição Federal, promulgam a seguinte Emenda ao texto constitucional:

Art. 1º A Constituição Federal passa a vigorar com as seguintes alterações:

‣ Alteração incorporada ao texto da CF.

Art. 2º O art. 76 do Ato das Disposições Constitucionais Transitórias passa a vigorar com a seguinte redação:

‣ Alteração incorporada ao texto do ADCT.

Art. 3º A concessão de aposentadoria ao servidor público federal vinculado a regime próprio de previdência social e ao segurado do Regime Geral de Previdência Social e de pensão por morte aos respectivos dependentes será assegurada, a qualquer tempo, desde que tenham sido cumpridos os requisitos para obtenção desses benefícios até a data de entrada em vigor desta Emenda Constitucional, observados os critérios da legislação vigente na data em que foram atendidos os requisitos para a concessão da aposentadoria ou da pensão por morte.

§ 1º Os proventos de aposentadoria devidos ao servidor público a que se refere o *caput* e as pensões por morte devidas aos seus dependentes serão calculados e reajustados de acordo com a legislação em vigor à época em que foram atendidos os requisitos nela estabelecidos para a concessão desses benefícios.

§ 2º Os proventos de aposentadoria devidos ao segurado a que se refere o *caput* e as pensões por morte devidas aos seus dependentes serão apurados de acordo com a legislação em vigor à época em que foram atendidos os requisitos nela estabelecidos para a concessão desses benefícios.

§ 3º Até que entre em vigor lei federal de que trata o § 19 do art. 40 da Constituição Federal, o servidor de que trata o *caput* que tenha cumprido os requisitos para aposentadoria voluntária com base no disposto na alínea "a" do inciso III do § 1º do art. 40 da Constituição Federal, na redação vigente até a data de entrada em vigor desta Emenda Constitucional, no art. 2º, no § 1º do art. 3º ou no art. 6º da Emenda Constitucional nº 41, de 19 de dezembro de 2003, ou no art. 3º da Emenda Constitucional nº 47, de 5 de julho de 2005, que optar por permanecer em atividade fará jus a um abono de permanência equivalente ao valor da sua contribuição previdenciária, até completar a idade para aposentadoria compulsória.

Art. 4º O servidor público federal que tenha ingressado no serviço público em cargo efetivo até a data de entrada em vigor desta Emenda Constitucional poderá aposentar-se voluntariamente quando preencher, cumulativamente, os seguintes requisitos:

I - 56 (cinquenta e seis) anos de idade, se mulher, e 61 (sessenta e um) anos de idade, se homem, observado o disposto no § 1º;

II - 30 (trinta) anos de contribuição, se mulher, e 35 (trinta e cinco) anos de contribuição, se homem;

III - 20 (vinte) anos de efetivo exercício no serviço público;

IV - 5 (cinco) anos no cargo efetivo em que se der a aposentadoria; e

V - somatório da idade e do tempo de contribuição, incluídas as frações, equivalente a 86 (oitenta e seis) pontos, se mulher, e 96 (noventa e seis) pontos, se homem, observado o disposto nos §§ 2º e 3º.

§ 1º A partir de 1º de janeiro de 2022, a idade mínima a que se refere o inciso I do *caput* será de 57 (cinquenta e sete) anos de idade, se mulher, e 62 (sessenta e dois) anos de idade, se homem.

§ 2º A partir de 1º de janeiro de 2020, a pontuação a que se refere o inciso V do *caput* será acrescida a cada ano de 1 (um) ponto, até atingir o limite de 100 (cem) pontos, se mulher, e de 105 (cento e cinco) pontos, se homem.

§ 3º A idade e o tempo de contribuição serão apurados em dias para o cálculo do somatório de pontos a que se referem o inciso V do *caput* e o § 2º.

§ 4º Para o titular do cargo de professor que comprovar exclusivamente tempo de efetivo exercício das funções de magistério na educação infantil e no ensino fundamental e médio, os requisitos de idade e de tempo de contribuição de que tratam os incisos I e II do *caput* serão:

I - 51 (cinquenta e um) anos de idade, se mulher, e 56 (cinquenta e seis) anos de idade, se homem;

II - 25 (vinte e cinco) anos de contribuição, se mulher, e 30 (trinta) anos de contribuição, se homem; e

III - 52 (cinquenta e dois) anos de idade, se mulher, e 57 (cinquenta e sete) anos de idade, se homem, a partir de 1º de janeiro de 2022.

§ 5º O somatório da idade e do tempo de contribuição de que trata o inciso V do *caput* para as pessoas a que se refere o § 4º, incluídas as frações, será de 81 (oitenta e um) pontos, se mulher, e 91 (noventa e um) pontos, se homem, aos quais serão acrescidos, a partir de 1º de janeiro de 2020, 1 (um) ponto a cada ano, até atingir o limite de 92 (noventa e dois) pontos, se mulher, e de 100 (cem) pontos, se homem.

§ 6º Os proventos das aposentadorias concedidas nos termos do disposto neste artigo corresponderão:

I - à totalidade da remuneração do servidor público no cargo efetivo em que se der a aposentadoria, observado o disposto no § 8º, para o servidor público que tenha ingressado no serviço público em cargo efetivo até 31 de dezembro de 2003 e que não tenha feito a opção de que trata o § 16 do art. 40 da Constituição Federal, desde que tenha, no mínimo, 62 (sessenta e dois) anos de idade, se mulher, e 65 (sessenta e cinco) anos de idade, se homem, ou, para os titulares do cargo de professor de que trata o § 4º, 57 (cinquenta e sete) anos de idade, se mulher, e 60 (sessenta) anos de idade, se homem;

II - ao valor apurado na forma da lei, para o servidor público não contemplado no inciso I.

§ 7º Os proventos das aposentadorias concedidas nos termos do disposto neste artigo não serão inferiores ao valor a que se refere o § 2º do art. 201 da Constituição Federal e serão reajustados:

I - de acordo com o disposto no art. 7º da Emenda Constitucional nº 41, de 19 de dezembro de 2003, se cumpridos os requisitos previstos no inciso I do § 6º; ou

II - nos termos estabelecidos para o Regime Geral de Previdência Social, na hipótese prevista no inciso II do § 6º.

§ 8º Considera-se remuneração do servidor público no cargo efetivo, para fins de cálculo dos proventos de aposentadoria com fundamento no disposto no inciso I do § 6º ou no inciso I do § 2º do art. 20, o valor constituído pelo subsídio, pelo vencimento e pelas vantagens pecuniárias permanentes do cargo, estabelecidos em lei, acrescidos dos adicionais de caráter individual e das vantagens pessoais permanentes, observados os seguintes critérios:

I - se o cargo estiver sujeito a variações na carga horária, o valor das rubricas que refletem essa variação integrará o cálculo do valor da remuneração do servidor público no cargo efetivo em que se deu a aposentadoria, considerando-se a média aritmética simples dessa carga horária proporcional ao número de anos completos de recebimento e contribuição, contínuos ou intercalados, em relação ao tempo total exigido para a aposentadoria;

II - se as vantagens pecuniárias permanentes forem variáveis por estarem vinculadas a indicadores de desempenho, produtividade ou situação similar, o valor dessas vantagens integrará o cálculo da remuneração do servidor público no cargo efetivo mediante a aplicação, sobre o valor atual de referência das vantagens pecuniárias permanentes variáveis, da média aritmética simples do indicador, proporcional ao número de anos completos de recebimento e de respectiva contribuição, contínuos ou intercalados, em relação ao tempo total exigido para a aposentadoria ou, se inferior, ao tempo total de percepção da vantagem.

§ 9º Aplicam-se às aposentadorias dos servidores dos Estados, do Distrito Federal e dos Municípios as normas constitucionais e infraconstitucionais anteriores à data de entrada em vigor desta Emenda Constitucional, enquanto não promovidas alterações na legislação interna relacionada ao respectivo regime próprio de previdência social.

§ 10. Estende-se o disposto no § 9º às normas sobre aposentadoria de servidores públicos incompatíveis com a redação atribuída por esta Emenda Constitucional aos §§ 4º, 4º-A, 4º-B e 4º-C do art. 40 da Constituição Federal.

Art. 5º O policial civil do órgão a que se refere o inciso XIV do *caput* do art. 21 da Constituição Federal, o policial dos órgãos a que se referem o inciso IV do *caput* do art. 51, o inciso XIII do *caput* do art. 52 e os incisos I a III do *caput* do art. 144 da Constituição Federal e o ocupante de cargo de agente federal penitenciário ou socioeducativo que tenham ingressado na respectiva carreira até a data de entrada em vigor desta Emenda Constitucional poderão aposentar-se, na forma da Lei Complementar nº 51, de 20 de dezembro de 1985, observada a idade mínima de 55 (cinquenta e cinco) anos para ambos os sexos ou o disposto no § 3º.

§ 1º Serão considerados tempo de exercício em cargo de natureza estritamente policial, para os fins do inciso II do art. 1º da Lei Complementar nº 51, de 20 de dezembro de 1985, o tempo de atividade militar nas Forças Armadas, nas polícias militares e nos corpos de bombeiros militares e o tempo de atividade como agente penitenciário ou socioeducativo.

§ 2º Aplicam-se às aposentadorias dos servidores dos Estados de que trata o § 4º-B do art. 40 da Constituição Federal as normas constitucionais e infraconstitucionais anteriores à data de entrada em vigor desta Emenda Constitucional, enquanto não promovidas alterações na legislação interna relacionada ao respectivo regime próprio de previdência social.

§ 3º Os servidores de que trata o *caput* poderão aposentar-se aos 52 (cinquenta e dois) anos de idade, se mulher, e aos 53 (cinquenta e três) anos de idade, se homem, desde que cumprido período adicional de contribuição correspondente ao tempo que, na data de entrada em vigor desta Emenda Constitucional, faltaria para atingir o tempo de contribuição previsto na Lei Complementar nº 51, de 20 de dezembro de 1985.

Art. 6º O disposto no § 14 do art. 37 da Constituição Federal não se aplica a aposentadorias concedidas pelo Regime Geral de Previdência Social até a data de entrada em vigor desta Emenda Constitucional.

Art. 7º O disposto no § 15 do art. 37 da Constituição Federal não se aplica a complementações de aposentadorias e pensões concedidas até a data de entrada em vigor desta Emenda Constitucional.

Art. 8º Até que entre em vigor lei federal de que trata o § 19 do art. 40 da Constituição Federal, o servidor público federal que cumprir as exigências para a concessão da aposentadoria voluntária nos termos do disposto nos arts. 4º, 5º, 20, 21 e 22 e que optar por permanecer em atividade fará jus a um abono de permanência equivalente ao valor da sua contribuição previdenciária, até completar a idade para aposentadoria compulsória.

Art. 9º Até que entre em vigor lei complementar que discipline o § 22 do art. 40 da Constituição Federal, aplicam-se aos regimes próprios de previdência social o disposto na Lei nº 9.717, de 27 de novembro de 1998, e o disposto neste artigo.

§ 1º O equilíbrio financeiro e atuarial do regime próprio de previdência social deverá ser comprovado por meio de garantia de equivalência, a valor presente, entre o fluxo das receitas estimadas e das despesas projetadas, apuradas atuarialmente, que, juntamente com os bens, direitos e ativos vinculados, comparados às obrigações assumidas, evidenciem a solvência e a liquidez do plano de benefícios.

§ 2º O rol de benefícios dos regimes próprios de previdência social fica limitado às aposentadorias e à pensão por morte.

§ 3º Os afastamentos por incapacidade temporária para o trabalho e o salário-maternidade serão pagos diretamente pelo ente federativo e não correrão à conta do regime próprio de previdência social ao qual o servidor se vincula.

§ 4º Os Estados, o Distrito Federal e os Municípios não poderão estabelecer alíquota inferior à da contribuição dos servidores da União, exceto se demonstrado que o respectivo regime próprio de previdência social não possui deficit atuarial a ser equacionado, hipótese em que a alíquota não poderá ser inferior às alíquotas aplicáveis ao Regime Geral de Previdência Social.

§ 5º Para fins do disposto no § 4º, não será considerada como ausência de deficit a implementação de segregação da massa de segurados ou a previsão em lei de plano de equacionamento de deficit.

§ 6º A instituição do regime de previdência complementar na forma dos §§ 14 a 16 do art. 40 da Constituição Federal e a adequação do órgão ou entidade gestora do regime próprio de previdência social ao § 20 do art. 40 da Constituição Federal deverão ocorrer no prazo máximo de 2 (dois) anos da data de entrada em vigor desta Emenda Constitucional.

§ 7º Os recursos de regime próprio de previdência social poderão ser aplicados na concessão de empréstimos a seus segurados, na modalidade de consignados, observada regulamentação específica estabelecida pelo Conselho Monetário Nacional.

§ 8º Por meio de lei, poderá ser instituída contribuição extraordinária pelo prazo máximo de 20 (vinte) anos, nos termos dos §§ 1º-B e 1º-C do art. 149 da Constituição Federal.

§ 9º O parcelamento ou a moratória de débitos dos entes federativos com seus regimes próprios de previdência social fica limitado ao prazo a que se refere o § 11 do art. 195 da Constituição.

Art. 10. Até que entre em vigor lei federal que discipline os benefícios do regime próprio de previdência social dos servidores da União, aplica-se o disposto neste artigo.

§ 1º Os servidores públicos federais serão aposentados:

I - voluntariamente, observados, cumulativamente, os seguintes requisitos:

a) 62 (sessenta e dois) anos de idade, se mulher, e 65 (sessenta e cinco) anos de idade, se homem; e

b) 25 (vinte e cinco) anos de contribuição, desde que cumprido o tempo mínimo de 10 (dez) anos de efetivo exercício no serviço público e de 5 (cinco) anos no cargo efetivo em que for concedida a aposentadoria;

II - por incapacidade permanente para o trabalho, no cargo em que estiverem investidos, quando insuscetíveis de readaptação, hipótese em que será obrigatória a realização de avaliações periódicas para verificação da continuidade das condições que ensejaram a concessão da aposentadoria; ou

III - compulsoriamente, na forma do disposto no inciso II do § 1º do art. 40 da Constituição Federal.

§ 2º Os servidores públicos federais com direito a idade mínima ou tempo de contribuição distintos da regra geral para concessão de aposentadoria na forma dos §§ 4º-B, 4º-C e 5º do art. 40 da Constituição Federal poderão aposentar-se, observados os seguintes requisitos:

I - o policial civil do órgão a que se refere o inciso XIV do *caput* do art. 21 da Constituição Federal, o policial dos órgãos a que se referem o inciso IV do *caput* do art. 51, o inciso XIII do *caput* do art. 52 e os incisos I a III do *caput* do art. 144 da Constituição Federal e o ocupante de cargo de agente federal penitenciário ou socioeducativo, aos 55 (cinquenta e cinco) anos de idade, com 30 (trinta) anos de contribuição e 25 (vinte e cinco) anos de efetivo exercício em cargo dessas carreiras, para ambos os sexos;

II - o servidor público federal cujas atividades sejam exercidas com efetiva exposição a agentes químicos, físicos e biológicos prejudiciais à saúde, ou associação desses agentes, vedada a caracterização por categoria profissional ou ocupação, aos 60 (sessenta) anos de idade, com 25 (vinte e cinco) anos de efetiva exposição e contribuição, 10 (dez) anos de efetivo exercício de serviço público e 5 (cinco) anos no cargo efetivo em que for concedida a aposentadoria;

III - o titular do cargo federal de professor, aos 60 (sessenta) anos de idade, se homem, aos 57 (cinquenta e sete) anos, se mulher, com 25 (vinte e cinco) anos de contribuição exclusivamente em efetivo exercício das funções de magistério na educação infantil e no ensino fundamental e médio, 10 (dez) anos de efetivo exercício de serviço público e 5 (cinco) anos no cargo efetivo em que for concedida a aposentadoria, para ambos os sexos.

§ 3º A aposentadoria a que se refere o § 4º-C do art. 40 da Constituição Federal observará adicionalmente as condições e os requisitos estabelecidos para o Regime Geral de Previdência Social, naquilo em que não conflitarem com as regras específicas aplicáveis ao regime próprio de previdência social da União, vedada a conversão de tempo especial em comum.

§ 4º Os proventos das aposentadorias concedidas nos termos do disposto neste artigo serão apurados na forma da lei.

§ 5º Até que entre em vigor lei federal de que trata o § 19 do art. 40 da Constituição Federal, o servidor federal que cumprir as exigências para a concessão da aposentadoria voluntária nos termos do disposto neste artigo e que optar por permanecer em atividade fará jus a um abono de permanência equivalente ao valor da sua contribuição previdenciária, até completar a idade para aposentadoria compulsória.

§ 6º A pensão por morte devida aos dependentes do policial civil do órgão a que se refere o inciso XIV do *caput* do art. 21 da Constituição Federal, do policial dos órgãos a que se referem o inciso IV do *caput* do art. 51, o inciso XIII do *caput* do art. 52 e os incisos I a III do *caput* do art. 144 da Constituição Federal e dos ocupantes dos cargos de agente federal penitenciário ou socioeducativo decorrente de agressão sofrida no exercício ou em razão da função será vitalícia para o cônjuge ou companheiro e equivalente à remuneração do cargo.

§ 7º Aplicam-se às aposentadorias dos servidores dos Estados, do Distrito Federal e dos Municípios as normas constitucionais e infraconstitucionais anteriores à data de entrada em vigor desta Emenda Constitucional, enquanto não promovidas alterações na legislação interna relacionada ao respectivo regime próprio de previdência social.

Art. 11. Até que entre em vigor lei que altere a alíquota da contribuição previdenciária de que tratam os arts. 4º, 5º e 6º da Lei nº 10.887, de 18 de junho de 2004, esta será de 14% (quatorze por cento).

§ 1º A alíquota prevista no *caput* será reduzida ou majorada, considerado o valor da base de contribuição ou do benefício recebido, de acordo com os seguintes parâmetros:

I - até 1 (um) salário-mínimo, redução de seis inteiros e cinco décimos pontos percentuais;

II - acima de 1 (um) salário-mínimo até R$ 2.000,00 (dois mil reais), redução de cinco pontos percentuais;

III - de R$ 2.000,01 (dois mil reais e um centavo) até R$ 3.000,00 (três mil reais), redução de dois pontos percentuais;

IV - de R$ 3.000,01 (três mil reais e um centavo) até R$ 5.839,45 (cinco mil, oitocentos e trinta e nove reais e quarenta e cinco centavos), sem redução ou acréscimo;

V - de R$ 5.839,46 (cinco mil, oitocentos e trinta e nove reais e quarenta e seis centavos) até R$ 10.000,00 (dez mil reais), acréscimo de meio ponto percentual;

VI - de R$ 10.000,01 (dez mil reais e um centavo) até R$ 20.000,00 (vinte mil reais), acréscimo de dois inteiros e cinco décimos pontos percentuais;

VII - de R$ 20.000,01 (vinte mil reais e um centavo) até R$ 39.000,00 (trinta e nove mil reais), acréscimo de cinco pontos percentuais; e

VIII - acima de R$ 39.000,00 (trinta e nove mil reais), acréscimo de oito pontos percentuais.

§ 2º A alíquota, reduzida ou majorada nos termos do disposto no § 1º, será aplicada de forma progressiva sobre a base de contribuição do servidor ativo, incidindo cada alíquota sobre a faixa de valores compreendida nos respectivos limites.

§ 3º Os valores previstos no § 1º serão reajustados, a partir da data de entrada em vigor desta Emenda Constitucional, na mesma data e com o mesmo índice em que se der o reajuste dos benefícios do Regime Geral de Previdência Social, ressalvados aqueles vinculados ao salário-mínimo, aos quais se aplica a legislação específica.

§ 4º A alíquota de contribuição de que trata o *caput*, com a redução ou a majoração decorrentes do disposto no § 1º, será devida pelos aposentados e pensionistas de quaisquer dos Poderes da União, incluídas suas entidades autárquicas e suas fundações, e incidirá sobre o valor da parcela dos proventos de aposentadoria e de pensões que supere o limite máximo estabelecido para os benefícios do Regime Geral de Previdência Social, hipótese em que será considerada a totalidade do valor do benefício para fins de definição das alíquotas aplicáveis.

Art. 12. A União instituirá sistema integrado de dados relativos às remunerações, proventos e pensões dos segurados dos regimes de previdência de que tratam os arts. 40, 201 e 202 da Constituição Federal, aos benefícios dos programas de assistência social de que trata o art. 203 da Constituição Federal e às remunerações, proventos de inatividade e pensão por morte decorrentes das atividades militares de que tratam os arts. 42 e 142 da Constituição Federal, em interação com outras bases de dados, ferramentas e plataformas, para o fortalecimento de sua gestão, governança e transparência e o cumprimento das disposições estabelecidas nos incisos XI e XVI do art. 37 da Constituição Federal.

§ 1º A União, os Estados, o Distrito Federal e os Municípios e os órgãos e entidades gestoras dos regimes, dos sistemas e dos programas a que se refere o *caput* disponibilizarão as informações necessárias para a estruturação do sistema integrado de dados e terão acesso ao compartilhamento das referidas informações, na forma da legislação.

§ 2º É vedada a transmissão das informações de que trata este artigo a qualquer pessoa física ou jurídica para a prática de atividade não relacionada à fiscalização dos regimes, dos sistemas e dos programas a que se refere o *caput*.

Art. 13. Não se aplica o disposto no § 9º do art. 39 da Constituição Federal a parcelas remuneratórias decorrentes de incorporação de vantagens de caráter temporário ou vinculadas ao exercício de função de confiança ou de cargo em comissão efetivada até a data de entrada em vigor desta Emenda Constitucional.

Art. 14. Vedadas a adesão de novos segurados e a instituição de novos regimes dessa natureza, os atuais segurados de regime de previdência aplicável a titulares de mandato eletivo da União, dos Estados, do Distrito Federal e dos Municípios poderão, por meio de opção expressa formalizada no prazo de 180 (cento e oitenta) dias, contado da data de entrada em vigor desta Emenda Constitucional, retirar-se dos regimes previdenciários aos quais se encontrem vinculados.

§ 1º Os segurados, atuais e anteriores, do regime de previdência de que trata a Lei nº 9.506, de 30 de outubro de 1997, que fizerem a opção de permanecer nesse regime previdenciário deverão cumprir período adicional correspondente a 30% (trinta por cento) do tempo de contribuição que faltaria para aquisição do direito à aposentadoria na data de entrada em vigor desta Emenda Constitucional e somente poderão aposentar-se a partir dos 62 (sessenta e dois) anos de idade, se mulher, e 65 (sessenta e cinco) anos de idade, se homem.

§ 2º Se for exercida a opção prevista no *caput*, será assegurada a contagem do tempo de contribuição vertido para o regime de previdência ao qual o segurado se encontrava vinculado, nos termos do disposto no § 9º do art. 201 da Constituição Federal.

§ 3º A concessão de aposentadoria aos titulares de mandato eletivo e de pensão por morte aos dependentes de titular de mandato eletivo falecido será assegurada, a qualquer tempo, desde que cumpridos os requisitos para obtenção desses benefícios até a data de entrada em vigor desta Emenda Constitucional, observados os critérios da legislação vigente na data em que foram atendidos os requisitos para a concessão da aposentadoria ou da pensão por morte.

§ 4º Observado o disposto nos §§ 9º e 9º-A do art. 201 da Constituição Federal, o tempo de contribuição a regime próprio de previdência social e ao Regime Geral de Previdência Social, assim como o tempo de contribuição decorrente das atividades militares de que tratam os arts. 42 e 142 da Constituição Federal, que tenha sido considerado para a concessão de benefício pelos regimes a que se refere o *caput* não poderá ser utilizado para obtenção de benefício naqueles regimes.

§ 5º Lei específica do Estado, do Distrito Federal ou do Município deverá disciplinar a regra de transição a ser aplicada aos segurados que, na forma do *caput*, fizerem a opção de permanecer no regime previdenciário de que trata este artigo.

Art. 15. Ao segurado filiado ao Regime Geral de Previdência Social até a data de entrada em vigor desta Emenda Constitucional, fica assegurado o direito à aposentadoria quando forem preenchidos, cumulativamente, os seguintes requisitos:

I - 30 (trinta) anos de contribuição, se mulher, e 35 (trinta e cinco) anos de contribuição, se homem; e

II - somatório da idade e do tempo de contribuição, incluídas as frações, equivalente a 86 (oitenta e seis) pontos, se mulher, e 96 (noventa e seis) pontos, se homem, observado o disposto nos §§ 1º e 2º.

§ 1º A partir de 1º de janeiro de 2020, a pontuação a que se refere o inciso II do *caput* será acrescida a cada ano de 1 (um) ponto, até atingir o limite de 100 (cem) pontos, se mulher, e de 105 (cento e cinco) pontos, se homem.

§ 2º A idade e o tempo de contribuição serão apurados em dias para o cálculo do somatório de pontos a que se referem o inciso II do *caput* e o § 1º.

§ 3º Para o professor que comprovar exclusivamente 25 (vinte e cinco) anos de contribuição, se mulher, e 30 (trinta) anos de contribuição, se homem, em efetivo exercício das funções de magistério na educação infantil e no ensino fundamental e médio, o somatório da idade e do tempo de contribuição, incluídas as frações, será equivalente a 81 (oitenta e um) pontos, se mulher, e 91 (noventa e um) pontos, se homem, aos quais serão acrescidos, a partir de 1º de janeiro de 2020, 1 (um) ponto a cada ano para o homem e para a mulher, até atingir o limite de 92 (noventa e dois) pontos, se mulher, e 100 (cem) pontos, se homem.

§ 4º O valor da aposentadoria concedida nos termos do disposto neste artigo será apurado na forma da lei.

Art. 16. Ao segurado filiado ao Regime Geral de Previdência Social até a data de entrada em vigor desta Emenda Constitucional fica assegurado o direito à aposentadoria quando preencher, cumulativamente, os seguintes requisitos:

I - 30 (trinta) anos de contribuição, se mulher, e 35 (trinta e cinco) anos de contribuição, se homem; e

II - idade de 56 (cinquenta e seis) anos, se mulher, e 61 (sessenta e um) anos, se homem.

§ 1º A partir de 1º de janeiro de 2020, a idade a que se refere o inciso II do *caput* será acrescida de 6 (seis) meses a cada ano, até atingir 62 (sessenta e dois) anos de idade, se mulher, e 65 (sessenta e cinco) anos de idade, se homem.

§ 2º Para o professor que comprovar exclusivamente tempo de efetivo exercício das funções de magistério na educação infantil e no ensino fundamental e médio, o tempo de contribuição e a idade de que tratam os incisos I e II do *caput* deste artigo serão reduzidos em 5 (cinco) anos, sendo, a partir de 1º de janeiro de 2020, acrescidos 6 (seis) meses, a cada ano, às idades previstas no inciso II do *caput*, até atingirem 57 (cinquenta e sete) anos, se mulher, e 60 (sessenta) anos, se homem.

§ 3º O valor da aposentadoria concedida nos termos do disposto neste artigo será apurado na forma da lei.

Art. 17. Ao segurado filiado ao Regime Geral de Previdência Social até a data de entrada em vigor desta Emenda Constitucional e que na referida data contar com mais de 28 (vinte e oito) anos de contribuição, se mulher, e 33 (trinta e três) anos de contribuição, se homem, fica assegurado o direito à aposentadoria quando preencher, cumulativamente, os seguintes requisitos:

I - 30 (trinta) anos de contribuição, se mulher, e 35 (trinta e cinco) anos de contribuição, se homem; e

II - cumprimento de período adicional correspondente a 50% (cinquenta por cento) do tempo que, na data de entrada em vigor desta Emenda Constitucional, faltaria para atingir 30 (trinta) anos de contribuição, se mulher, e 35 (trinta e cinco) anos de contribuição, se homem.

Parágrafo único. O benefício concedido nos termos deste artigo terá seu valor apurado de acordo com a média aritmética simples dos salários de contribuição e das remunerações calculada na forma da lei, multiplicada pelo fator previdenciário, calculado na forma do disposto nos §§ 7º a 9º do art. 29 da Lei nº 8.213, de 24 de julho de 1991.

Art. 18. O segurado de que trata o inciso I do § 7º do art. 201 da Constituição Federal filiado ao Regime Geral de Previdência Social até a data de entrada em vigor desta Emenda Constitucional poderá aposentar-se quando preencher, cumulativamente, os seguintes requisitos:

I - 60 (sessenta) anos de idade, se mulher, e 65 (sessenta e cinco) anos de idade, se homem; e

II - 15 (quinze) anos de contribuição, para ambos os sexos.

§ 1º A partir de 1º de janeiro de 2020, a idade de 60 (sessenta) anos da mulher, prevista no inciso I do *caput*, será acrescida em 6 (seis) meses a cada ano, até atingir 62 (sessenta e dois) anos de idade.

§ 2º O valor da aposentadoria de que trata este artigo será apurado na forma da lei.

Art. 19. Até que lei disponha sobre o tempo de contribuição a que se refere o inciso I do § 7º do art. 201 da Constituição Federal, o segurado filiado ao Regime Geral de Previdência Social após a data de entrada em vigor desta Emenda Constitucional será aposentado aos 62 (sessenta e dois) anos de idade, se mulher, 65 (sessenta e cinco) anos de idade, se homem, com 15 (quinze) anos de tempo de contribuição, se mulher, e 20 (vinte) anos de tempo de contribuição, se homem.

§ 1º Até que lei complementar disponha sobre a redução de idade mínima ou tempo de contribuição prevista nos §§ 1º e 8º do art. 201 da Constituição Federal, será concedida aposentadoria:

I - aos segurados que comprovem o exercício de atividades com efetiva exposição a agentes químicos, físicos e biológicos prejudiciais à saúde, ou associação desses agentes, vedada a caracterização por categoria profissional ou ocupação, durante, no mínimo, 15 (quinze), 20 (vinte) ou 25 (vinte e cinco) anos, nos termos do disposto nos arts. 57 e 58 da Lei nº 8.213, de 24 de julho de 1991, quando cumpridos:

a) 55 (cinquenta e cinco) anos de idade, quando se tratar de atividade especial de 15 (quinze) anos de contribuição;

b) 58 (cinquenta e oito) anos de idade, quando se tratar de atividade especial de 20 (vinte) anos de contribuição; ou

c) 60 (sessenta) anos de idade, quando se tratar de atividade especial de 25 (vinte e cinco) anos de contribuição;

II - ao professor que comprove 25 (vinte e cinco) anos de contribuição exclusivamente em efetivo exercício das funções de magistério na educação infantil e no ensino fundamental e médio e tenha 57 (cinquenta e sete) anos de idade, se mulher, e 60 (sessenta) anos de idade, se homem.

§ 2º O valor das aposentadorias de que trata este artigo será apurado na forma da lei.

Art. 20. O segurado ou o servidor público federal que se tenha filiado ao Regime Geral de Previdência Social ou ingressado no serviço público em cargo efetivo até a data de entrada em vigor desta Emenda Constitucional poderá aposentar-se voluntariamente quando preencher, cumulativamente, os seguintes requisitos:

I - 57 (cinquenta e sete) anos de idade, se mulher, e 60 (sessenta) anos de idade, se homem;

II - 30 (trinta) anos de contribuição, se mulher, e 35 (trinta e cinco) anos de contribuição, se homem;

III - para os servidores públicos, 20 (vinte) anos de efetivo exercício no serviço público e 5 (cinco) anos no cargo efetivo em que se der a aposentadoria;

IV - período adicional de contribuição correspondente ao tempo que, na data de entrada em vigor desta Emenda Constitucional, faltaria para atingir o tempo mínimo de contribuição referido no inciso II.

§ 1º Para o professor que comprovar exclusivamente tempo de efetivo exercício das funções de magistério na educação infantil e no ensino fundamental e médio serão reduzidos, para ambos os sexos, os requisitos de idade e de tempo de contribuição em 5 (cinco) anos.

§ 2º O valor das aposentadorias concedidas nos termos do disposto neste artigo corresponderá:

I - em relação ao servidor público que tenha ingressado no serviço público em cargo efetivo até 31 de dezembro de 2003 e que não tenha feito a opção de que trata o § 16 do art. 40 da Constituição Federal, à totalidade da remuneração no cargo efetivo em que se der a aposentadoria, observado o disposto no § 8º do art. 4º; e

II - em relação aos demais servidores públicos e aos segurados do Regime Geral de Previdência Social, ao valor apurado na forma da lei.

§ 3º O valor das aposentadorias concedidas nos termos do disposto neste artigo não será inferior ao valor a que se refere o § 2º do art. 201 da Constituição Federal e será reajustado:

I - de acordo com o disposto no art. 7º da Emenda Constitucional nº 41, de 19 de dezembro de 2003, se cumpridos os requisitos previstos no inciso I do § 2º;

II - nos termos estabelecidos para o Regime Geral de Previdência Social, na hipótese prevista no inciso II do § 2º.

§ 4º Aplicam-se às aposentadorias dos servidores dos Estados, do Distrito Federal e dos Municípios as normas constitucionais e infraconstitucionais anteriores à data de entrada em vigor desta Emenda Constitucional, enquanto não promovidas alterações na legislação interna relacionada ao respectivo regime próprio de previdência social.

Art. 21. O segurado ou o servidor público federal que se tenha filiado ao Regime Geral de Previdência Social ou ingressado no serviço público em cargo efetivo até a data de entrada em vigor desta Emenda Constitucional cujas atividades tenham sido exercidas com efetiva exposição a agentes químicos, físicos e biológicos prejudiciais à saúde, ou associação desses agentes, vedada a caracterização por categoria profissional ou ocupação, desde que cumpridos, no caso do servidor, o tempo mínimo de 20 (vinte) anos de efetivo exercício no serviço público e de 5 (cinco) anos no cargo efetivo em que for concedida a aposentadoria, na forma dos arts. 57 e 58 da Lei nº 8.213, de 24 de julho de 1991, poderão aposentar-se quando o total da soma resultante da sua idade e do tempo de contribuição e o tempo de efetiva exposição forem, respectivamente, de:

I - 66 (sessenta e seis) pontos e 15 (quinze) anos de efetiva exposição;

II - 76 (setenta e seis) pontos e 20 (vinte) anos de efetiva exposição; e

III - 86 (oitenta e seis) pontos e 25 (vinte e cinco) anos de efetiva exposição.

§ 1º A idade e o tempo de contribuição serão apurados em dias para o cálculo do somatório de pontos a que se refere o *caput*.

§ 2º O valor da aposentadoria de que trata este artigo será apurado na forma da lei.

§ 3º Aplicam-se às aposentadorias dos servidores dos Estados, do Distrito Federal e dos Municípios cujas atividades sejam exercidas com efetiva exposição a agentes químicos, físicos e biológicos prejudiciais à saúde, ou associação desses agentes, vedada a caracterização por categoria profissional ou ocupação, na forma do § 4º-C do art. 40 da Constituição Federal, as normas constitucionais e infraconstitucionais anteriores à data de entrada em vigor desta Emenda Constitucional, enquanto não promovidas alterações na legislação interna relacionada ao respectivo regime próprio de previdência social.

Art. 22. Até que lei discipline o § 4º-A do art. 40 e o inciso I do § 1º do art. 201 da Constituição Federal, a aposentadoria da pessoa com deficiência segurada do Regime Geral de Previdência Social ou do servidor público federal com deficiência vinculado a regime próprio de previdência social, desde que cumpridos, no caso do servidor, o tempo mínimo de 10 (dez) anos de efetivo exercício no serviço público e de 5 (cinco) anos no cargo efetivo em que for concedida a aposentadoria, será concedida na forma da Lei Complementar nº 142, de 8 de maio de 2013, inclusive quanto aos critérios de cálculo dos benefícios.

Parágrafo único. Aplicam-se às aposentadorias dos servidores com deficiência dos Estados, do Distrito Federal e dos Municípios as normas constitucionais e infraconstitucionais anteriores à data de entrada em vigor desta Emenda Constitucional, enquanto não promovidas alterações na legislação interna relacionada ao respectivo regime próprio de previdência social.

Art. 23. A pensão por morte concedida a dependente de segurado do Regime Geral de Previdência Social ou de servidor público federal será equivalente a uma cota familiar de 50% (cinquenta por cento) do valor da aposentadoria recebida pelo segurado ou servidor ou daquela a que teria direito se fosse aposentado por incapacidade permanente na data do óbito, acrescida de cotas de 10 (dez) pontos percentuais por dependente, até o máximo de 100% (cem por cento).

§ 1º As cotas por dependente cessarão com a perda dessa qualidade e não serão reversíveis aos demais dependentes, preservado o valor de 100% (cem por cento) da pensão por morte quando o número de dependentes remanescente for igual ou superior a 5 (cinco).

§ 2º Na hipótese de existir dependente inválido ou com deficiência intelectual, mental ou grave, o valor da pensão por morte de que trata o *caput* será equivalente a:

I - 100% (cem por cento) da aposentadoria recebida pelo segurado ou servidor ou daquela a que teria direito se fosse aposentado por incapacidade permanente na data do óbito, até o limite máximo de benefícios do Regime Geral de Previdência Social; e

II - uma cota familiar de 50% (cinquenta por cento) acrescida de cotas de 10 (dez) pontos percentuais por dependente, até o máximo de 100% (cem por cento), para o valor que supere o limite máximo de benefícios do Regime Geral de Previdência Social.

§ 3º Quando não houver mais dependente inválido ou com deficiência intelectual, mental ou grave, o valor da pensão será recalculado na forma do disposto no *caput* e no § 1º.

§ 4º O tempo de duração da pensão por morte e das cotas individuais por dependente até a perda dessa qualidade, o rol de dependentes e sua qualificação e as condições necessárias para enquadramento serão aqueles estabelecidos na Lei nº 8.213, de 24 de julho de 1991.

§ 5º Para o dependente inválido ou com deficiência intelectual, mental ou grave, sua condição pode ser reconhecida previamente ao óbito do segurado, por meio de avaliação biopsicossocial realizada por equipe multiprofissional e interdisciplinar, observada revisão periódica na forma da legislação.

§ 6º Equiparam-se a filho, para fins de recebimento da pensão por morte, exclusivamente o enteado e o menor tutelado, desde que comprovada a dependência econômica.

§ 7º As regras sobre pensão previstas neste artigo e na legislação vigente na data de entrada em vigor desta Emenda Constitucional poderão ser alteradas na forma da lei para o Regime Geral de Previdência Social e para o regime próprio de previdência social da União.

§ 8º Aplicam-se às pensões concedidas aos dependentes de servidores dos Estados, do Distrito Federal e dos Municípios as normas constitucionais e infraconstitucionais anteriores à data de entrada em vigor desta Emenda Constitucional, enquanto não promovidas alterações na legislação interna relacionada ao respectivo regime próprio de previdência social.

Art. 24. É vedada a acumulação de mais de uma pensão por morte deixada por cônjuge ou companheiro, no âmbito do mesmo regime de previdência social, ressalvadas as pensões do mesmo instituidor decorrentes do exercício de cargos acumuláveis na forma do art. 37 da Constituição Federal.

§ 1º Será admitida, nos termos do § 2º, a acumulação de:

I - pensão por morte deixada por cônjuge ou companheiro de um regime de previdência social com pensão por morte concedida por outro regime de previdência social ou com pensões decorrentes das atividades militares de que tratam os arts. 42 e 142 da Constituição Federal;

II - pensão por morte deixada por cônjuge ou companheiro de um regime de previdência social com aposentadoria concedida no âmbito do Regime Geral de Previdência Social ou de regime próprio de previdência social ou com proventos de inatividade decorrentes das atividades militares de que tratam os arts. 42 e 142 da Constituição Federal; ou

III - pensões decorrentes das atividades militares de que tratam os arts. 42 e 142 da Constituição Federal com aposentadoria concedida no âmbito do Regime Geral de Previdência Social ou de regime próprio de previdência social.

§ 2º Nas hipóteses das acumulações previstas no § 1º, é assegurada a percepção do valor integral do benefício mais vantajoso e de uma parte de cada um dos demais benefícios, apurada cumulativamente de acordo com as seguintes faixas:

I - 60% (sessenta por cento) do valor que exceder 1 (um) salário-mínimo, até o limite de 2 (dois) salários-mínimos;

II - 40% (quarenta por cento) do valor que exceder 2 (dois) salários-mínimos, até o limite de 3 (três) salários-mínimos;

III - 20% (vinte por cento) do valor que exceder 3 (três) salários-mínimos, até o limite de 4 (quatro) salários-mínimos; e

IV - 10% (dez por cento) do valor que exceder 4 (quatro) salários-mínimos.

§ 3º A aplicação do disposto no § 2º poderá ser revista a qualquer tempo, a pedido do interessado, em razão de alteração de algum dos benefícios.

§ 4º As restrições previstas neste artigo não serão aplicadas se o direito aos benefícios houver sido adquirido antes da data de entrada em vigor desta Emenda Constitucional.

§ 5º As regras sobre acumulação previstas neste artigo e na legislação vigente na data de entrada em vigor desta Emenda Constitucional poderão ser alteradas na forma do § 6º do art. 40 e do § 15 do art. 201 da Constituição Federal.

Art. 25. Será assegurada a contagem de tempo de contribuição fictício no Regime Geral de Previdência Social decorrente de hipóteses descritas na legislação vigente até a data de entrada em vigor desta Emenda Constitucional para fins de concessão de aposentadoria, observando-se, a partir da sua entrada em vigor, o disposto no § 14 do art. 201 da Constituição Federal.

§ 1º Para fins de comprovação de atividade rural exercida até a data de entrada em vigor desta Emenda Constitucional, o prazo de que tratam os §§ 1º e 2º do art. 38-B da Lei nº 8.213, de 24 de julho de 1991, será prorrogado até a data em que o Cadastro Nacional de Informações Sociais (CNIS) atingir a cobertura mínima de 50% (cinquenta por cento) dos trabalhadores de que trata o § 8º do art. 195 da Constituição Federal, apurada conforme quantitativo da Pesquisa Nacional por Amostra de Domicílios Contínua (Pnad).

§ 2º Será reconhecida a conversão de tempo especial em comum, na forma prevista na Lei nº 8.213, de 24 de julho de 1991, ao segurado do Regime Geral de Previdência Social que comprovar tempo de efetivo exercício de atividade sujeita a condições especiais que efetivamente prejudiquem a saúde, cumprido até a data de entrada em vigor desta Emenda Constitucional, vedada a conversão para o tempo cumprido após esta data.

§ 3º Considera-se nula a aposentadoria que tenha sido concedida ou que venha a ser concedida por regime próprio de previdência social com contagem recíproca do Regime Geral de Previdência Social mediante o cômputo de tempo de serviço sem o recolhimento da respectiva contribuição ou da correspondente indenização pelo segurado obrigatório responsável, à época do exercício da atividade, pelo recolhimento de suas próprias contribuições previdenciárias.

Art. 26. Até que lei discipline o cálculo dos benefícios do regime próprio de previdência social da União e do Regime Geral de Previdência Social, será utilizada a média aritmética simples dos salários de contribuição e das remunerações adotados como base para contribuições a regime próprio de previdência social e ao Regime Geral de Previdência Social, ou como base para contribuições decorrentes das atividades militares de que tratam os arts. 42 e 142 da

Constituição Federal, atualizados monetariamente, correspondentes a 100% (cem por cento) do período contributivo desde a competência julho de 1994 ou desde o início da contribuição, se posterior àquela competência.

§ 1º A média a que se refere o *caput* será limitada ao valor máximo do salário de contribuição do Regime Geral de Previdência Social para os segurados desse regime e para o servidor que ingressou no serviço público em cargo efetivo após a implantação do regime de previdência complementar ou que tenha exercido a opção correspondente, nos termos do disposto nos §§ 14 a 16 do art. 40 da Constituição Federal.

§ 2º O valor do benefício de aposentadoria corresponderá a 60% (sessenta por cento) da média aritmética definida na forma prevista no *caput* e no § 1º, com acréscimo de 2 (dois) pontos percentuais para cada ano de contribuição que exceder o tempo de 20 (vinte) anos de contribuição nos casos:

I - do inciso II do § 6º do art. 4º, do § 4º do art. 15, do § 3º do art. 16 e do § 2º do art. 18;

II - do § 4º do art. 10, ressalvado o disposto no inciso II do § 3º e no § 4º deste artigo;

III - de aposentadoria por incapacidade permanente aos segurados do Regime Geral de Previdência Social, ressalvado o disposto no inciso II do § 3º deste artigo; e

IV - do § 2º do art. 19 e do § 2º do art. 21, ressalvado o disposto no § 5º deste artigo.

§ 3º O valor do benefício de aposentadoria corresponderá a 100% (cem por cento) da média aritmética definida na forma prevista no *caput* e no § 1º:

I - no caso do inciso II do § 2º do art. 20;

II - no caso de aposentadoria por incapacidade permanente, quando decorrer de acidente de trabalho, de doença profissional e de doença do trabalho.

§ 4º O valor do benefício da aposentadoria de que trata o inciso III do § 1º do art. 10 corresponderá ao resultado do tempo de contribuição dividido por 20 (vinte) anos, limitado a um inteiro, multiplicado pelo valor apurado na forma do *caput* do § 2º deste artigo, ressalvado o caso de cumprimento de critérios de acesso para aposentadoria voluntária que resulte em situação mais favorável.

§ 5º O acréscimo a que se refere o *caput* do § 2º será aplicado para cada ano que exceder 15 (quinze) anos de tempo de contribuição para os segurados de que tratam a alínea "a" do inciso I do § 1º do art. 19 e o inciso I do art. 21 e para as mulheres filiadas ao Regime Geral de Previdência Social.

§ 6º Poderão ser excluídas da média as contribuições que resultem em redução do valor do benefício, desde que mantido o tempo mínimo de contribuição exigido, vedada a utilização do tempo excluído para qualquer finalidade, inclusive para o acréscimo a que se referem os §§ 2º e 5º, para a averbação em outro regime previdenciário ou para a obtenção dos proventos de inatividade das atividades de que tratam os arts. 42 e 142 da Constituição Federal.

§ 7º Os benefícios calculados nos termos do disposto neste artigo serão reajustados nos termos estabelecidos para o Regime Geral de Previdência Social.

Art. 27. Até que lei discipline o acesso ao salário-família e ao auxílio-reclusão de que trata o inciso IV do art. 201 da Constituição Federal, esses benefícios serão concedidos apenas àqueles que tenham renda bruta mensal igual ou inferior a R$ 1.364,43 (mil, trezentos e sessenta e quatro reais e quarenta e três centavos), que serão corrigidos pelos mesmos índices aplicados aos benefícios do Regime Geral de Previdência Social.

§ 1º Até que lei discipline o valor do auxílio-reclusão, de que trata o inciso IV do art. 201 da Constituição Federal, seu cálculo será realizado na forma daquele aplicável à pensão por morte, não podendo exceder o valor de 1 (um) salário-mínimo.

§ 2º Até que lei discipline o valor do salário-família, de que trata o inciso IV do art. 201 da Constituição Federal, seu valor será de R$ 46,54 (quarenta e seis reais e cinquenta e quatro centavos).

Art. 28. Até que lei altere as alíquotas da contribuição de que trata a Lei nº 8.212, de 24 de julho de 1991, devidas pelo segurado empregado, inclusive o doméstico, e pelo trabalhador avulso, estas serão de:

I - até 1 (um) salário-mínimo, 7,5% (sete inteiros e cinco décimos por cento);

II - acima de 1 (um) salário-mínimo até R$ 2.000,00 (dois mil reais), 9% (nove por cento);

III - de R$ 2.000,01 (dois mil reais e um centavo) até R$ 3.000,00 (três mil reais), 12% (doze por cento); e

IV - de R$ 3.000,01 (três mil reais e um centavo) até o limite do salário de contribuição, 14% (quatorze por cento).

§ 1º As alíquotas previstas no *caput* serão aplicadas de forma progressiva sobre o salário de contribuição do segurado, incidindo cada alíquota sobre a faixa de valores compreendida nos respectivos limites.

§ 2º Os valores previstos no *caput* serão reajustados, a partir da data de entrada em vigor desta Emenda Constitucional, na mesma data e com o mesmo índice em que se der o reajuste dos benefícios do Regime Geral de Previdência Social, ressalvados aqueles vinculados ao salário-mínimo, aos quais se aplica a legislação específica.

Art. 29. Até que entre em vigor lei que disponha sobre o § 14 do art. 195 da Constituição Federal, o segurado que, no somatório de remunerações auferidas no período de 1 (um) mês, receber remuneração inferior ao limite mínimo mensal do salário de contribuição poderá:

I - complementar a sua contribuição, de forma a alcançar o limite mínimo exigido;

II - utilizar o valor da contribuição que exceder o limite mínimo de contribuição de uma competência em outra; ou

III - agrupar contribuições inferiores ao limite mínimo de diferentes competências, para aproveitamento em contribuições mínimas mensais.

Parágrafo único. Os ajustes de complementação ou agrupamento de contribuições previstos nos incisos I, II e III do *caput* somente poderão ser feitos ao longo do mesmo ano civil.

Art. 30. A vedação de diferenciação ou substituição de base de cálculo decorrente do disposto no § 9º do art. 195 da Constituição Federal não se aplica a contribuições que substituam a contribuição de que trata a alínea "a" do inciso I do *caput* do art. 195 da Constituição Federal instituídas antes da data de entrada em vigor desta Emenda Constitucional.

Art. 31. O disposto no § 11 do art. 195 da Constituição Federal não se aplica aos parcelamentos previstos na legislação vigente até a data de entrada em vigor desta Emenda Constitucional, sendo vedadas a reabertura ou a prorrogação de prazo para adesão.

Art. 32. Até que entre em vigor lei que disponha sobre a alíquota da contribuição de que trata a Lei nº 7.689, de 15 de dezembro de 1988, esta será de 20% (vinte por cento) no caso das pessoas jurídicas referidas no inciso I do § 1º do art. 1º da Lei Complementar nº 105, de 10 de janeiro de 2001.

Art. 33. Até que seja disciplinada a relação entre a União, os Estados, o Distrito Federal e os Municípios e entidades abertas de previdência complementar na forma do disposto nos §§ 4º e 5º do art. 202 da Constituição Federal, somente entidades fechadas de previdência complementar estão autorizadas a administrar planos de benefícios patrocinados pela União, Estados, Distrito Federal ou Municípios, inclusive suas autarquias, fundações, sociedades de economia mista e empresas controladas direta ou indiretamente.

Art. 34. Na hipótese de extinção por lei de regime previdenciário e migração dos respectivos segurados para o Regime Geral de Previdência Social, serão observados, até que lei federal disponha sobre a matéria, os seguintes requisitos pelo ente federativo:

I - assunção integral da responsabilidade pelo pagamento dos benefícios concedidos durante a vigência do regime extinto, bem como daqueles cujos requisitos já tenham sido implementados antes da sua extinção;

II - previsão de mecanismo de ressarcimento ou de complementação de benefícios aos que tenham contribuído acima do limite máximo do Regime Geral de Previdência Social;

III - vinculação das reservas existentes no momento da extinção, exclusivamente:

a) ao pagamento dos benefícios concedidos e a conceder, ao ressarcimento de contribuições ou à complementação de benefícios, na forma dos incisos I e II; e

b) à compensação financeira com o Regime Geral de Previdência Social.

Parágrafo único. A existência de superavit atuarial não constitui óbice à extinção de regime próprio de previdência social e à consequente migração para o Regime Geral de Previdência Social.

Art. 35. Revogam-se:

I - os seguintes dispositivos da Constituição Federal:

a) o § 21 do art. 40;

b) o § 13 do art. 195;

II - os arts. 9º, 13 e 15 da Emenda Constitucional nº 20, de 15 de dezembro de 1998;

III - os arts. 2º, 6º e 6º-A da Emenda Constitucional nº 41, de 19 de dezembro de 2003;

IV - o art. 3º da Emenda Constitucional nº 47, de 5 de julho de 2005.

Art. 36. Esta Emenda Constitucional entra em vigor:

I - no primeiro dia do quarto mês subsequente ao da data de publicação desta Emenda Constitucional, quanto ao disposto nos arts. 11, 28 e 32;

II - para os regimes próprios de previdência social dos Estados, do Distrito Federal e dos Municípios, quanto à alteração promovida pelo art. 1º desta Emenda Constitucional no art. 149 da Constituição Federal e às revogações previstas na alínea "a" do inciso I e nos incisos III e IV do art. 35, na data de publicação de lei de iniciativa privativa do respectivo Poder Executivo que as referende integralmente;

III - nos demais casos, na data de sua publicação.

Parágrafo único. A lei de que trata o inciso II do *caput* não produzirá efeitos anteriores à data de sua publicação.

Brasília, em 12 de novembro de 2019

Mesa da Câmara dos Deputados
Deputado Rodrigo Maia
Presidente
Mesa do Senado Federal
Senador Davi Alcolumbre
Presidente

EMENDA CONSTITUCIONAL Nº 104, DE 4 DE DEZEMBRO DE 2019

Altera o inciso XIV do *caput* do art. 21, o § 4º do art. 32 e o art. 144 da Constituição Federal, para criar as polícias penais federal, estaduais e distrital.

As Mesas da Câmara dos Deputados e do Senado Federal, nos termos do § 3º do art. 60 da Constituição Federal, promulgam a seguinte Emenda ao texto constitucional:

Art. 1º O inciso XIV do *caput* do art. 21 da Constituição Federal passa a vigorar com a seguinte redação:

‣ Alteração incorporada ao texto da CF.

Art. 2º O § 4º do art. 32 da Constituição Federal passa a vigorar com a seguinte redação:

‣ Alteração incorporada ao texto da CF.

Art. 3º O art. 144 da Constituição Federal passa a vigorar com as seguintes alterações:

‣ Alteração incorporada ao texto da CF.

Art. 4º O preenchimento do quadro de servidores das polícias penais será feito, exclusivamente, por meio de concurso público e por meio da transformação dos cargos isolados, dos cargos de carreira dos atuais agentes penitenciários e dos cargos públicos equivalentes.

Art. 5º Esta Emenda Constitucional entra em vigor na data de sua publicação.

Brasília, em 4 de dezembro de 2019

Mesa da Câmara dos Deputados
Deputado Rodrigo Maia
Presidente
Mesa do Senado Federal
Senador Davi Alcolumbre
Presidente

EMENDA CONSTITUCIONAL Nº 105, DE 12 DE DEZEMBRO DE 2019

Acrescenta o art. 166-A à Constituição Federal, para autorizar a transferência de recursos federais a Estados, ao Distrito Federal e a Municípios mediante emendas ao projeto de lei orçamentária anual.

As Mesas da Câmara dos Deputados e do Senado Federal, nos termos do § 3º do art. 60 da Constituição Federal, promulgam a seguinte Emenda ao texto constitucional:

Art. 1º A Constituição Federal passa a vigorar acrescida do seguinte art. 166-A:

‣ Alteração incorporada ao texto da CF.

Art. 2º No primeiro semestre do exercício financeiro subsequente ao da publicação desta Emenda Constitucional, fica assegurada a transferência financeira em montante mínimo equivalente a 60% (sessenta por cento) dos recursos de que trata o inciso I do *caput* do art. 166-A da Constituição Federal.

Art. 3º Esta Emenda Constitucional entra em vigor em 1º de janeiro do ano subsequente ao de sua publicação.

Brasília, em 12 de dezembro de 2019

Mesa da Câmara dos Deputados
Deputado Rodrigo Maia
Presidente
Mesa do Senado Federal
Senador Davi Alcolumbre
Presidente

EMENDA CONSTITUCIONAL Nº 106, DE 7 DE MAIO DE 2020

Institui regime extraordinário fiscal, financeiro e de contratações para enfrentamento de calamidade pública nacional decorrente de pandemia.

As Mesas da Câmara dos Deputados e do Senado Federal, nos termos do § 3º do art. 60 da Constituição Federal, promulgam a seguinte Emenda ao texto constitucional:

Art. 1º Durante a vigência de estado de calamidade pública nacional reconhecido pelo Congresso Nacional em razão de emergência de saúde pública de importância internacional decorrente de pandemia, a União adotará regime extraordinário fiscal, financeiro e de contratações para atender às necessidades dele decorrentes, somente naquilo em que a urgência for incompatível com o regime regular, nos termos definidos nesta Emenda Constitucional.

Art. 2º Com o propósito exclusivo de enfrentamento do contexto da calamidade e de seus efeitos sociais e econômicos, no seu período de duração, o Poder Executivo federal, no âmbito de suas competências, poderá adotar processos simplificados de contratação de pessoal, em caráter temporário e emergencial, e de obras, serviços e compras que assegurem, quando possível, competição e igualdade de condições a todos os concorrentes, dispensada a observância do § 1º do art. 169 da Constituição Federal na contratação de que trata o inciso IX do *caput* do art. 37 da Constituição Federal, limitada a dispensa às situações de que trata o referido inciso, sem prejuízo da tutela dos órgãos de controle.

Parágrafo único. Nas hipóteses de distribuição de equipamentos e insumos de saúde imprescindíveis ao enfrentamento da calamidade, a União adotará critérios objetivos, devidamente publicados, para a respectiva destinação a Estados e a Municípios.

Art. 3º Desde que não impliquem despesa permanente, as proposições legislativas e os atos do Poder Executivo com propósito exclusivo de enfrentar a calamidade e suas consequências sociais e econômicas, com vigência e efeitos restritos à sua duração, ficam dispensados da observância das limitações legais quanto à criação, à expansão ou ao aperfeiçoamento de ação governamental que acarrete aumento de despesa e à concessão ou à ampliação de incentivo ou benefício de natureza tributária da qual decorra renúncia de receita.

Parágrafo único. Durante a vigência da calamidade pública nacional de que trata o art. 1º desta Emenda Constitucional, não se aplica o disposto no § 3º do art. 195 da Constituição Federal.

Art. 4º Será dispensada, durante a integralidade do exercício financeiro em que vigore a calamidade pública nacional de que trata o art. 1º desta Emenda Constitucional, a observância do inciso III do *caput* do art. 167 da Constituição Federal.

Parágrafo único. O Ministério da Economia publicará, a cada 30 (trinta) dias, relatório com os valores e o custo das operações de crédito realizadas no período de vigência do estado de calamidade pública nacional de que trata o art. 1º desta Emenda Constitucional.

Art. 5º As autorizações de despesas relacionadas ao enfrentamento da calamidade pública nacional de que trata o art. 1º desta Emenda Constitucional e de seus efeitos sociais e econômicos deverão:

‣ Decreto nº 10.579, de 2020

I - constar de programações orçamentárias específicas ou contar com marcadores que as identifiquem; e

II - ser separadamente avaliadas na prestação de contas do Presidente da República e evidenciadas, até 30 (trinta) dias após o encerramento de cada bimestre, no relatório a que se refere o § 3º do art. 165 da Constituição Federal.

Parágrafo único. Decreto do Presidente da República, editado até 15 (quinze) dias após a entrada em vigor desta Emenda Constitucional, disporá sobre a forma de identificação das autorizações de que trata o *caput* deste artigo, incluídas as anteriores à vigência desta Emenda Constitucional.

Art. 6º Durante a vigência da calamidade pública nacional de que trata o art. 1º desta Emenda Constitucional, os recursos decorrentes de operações de crédito realizadas para o refinanciamento da dívida mobiliária poderão ser utilizados também para o pagamento de seus juros e encargos.

Art. 7º O Banco Central do Brasil, limitado ao enfrentamento da calamidade pública nacional de que trata o art. 1º desta Emenda Constitucional, e com vigência e efeitos restritos ao período de sua duração, fica autorizado a comprar e a vender:

I - títulos de emissão do Tesouro Nacional, nos mercados secundários local e internacional; e

II - os ativos, em mercados secundários nacionais no âmbito de mercados financeiros, de capitais e de pagamentos, desde que, no momento da compra, tenham classificação em categoria de risco de crédito no mercado local equivalente a BB- ou superior, conferida por pelo menos 1 (uma) das 3 (três) maiores agências internacionais de classificação de risco, e preço de referência publicado por entidade do mercado financeiro acreditada pelo Banco Central do Brasil.

§ 1º Respeitadas as condições previstas no inciso II do *caput* deste artigo, será dada preferência à aquisição de títulos emitidos por microempresas e por pequenas e médias empresas.

§ 2º O Banco Central do Brasil fará publicar diariamente as operações realizadas, de forma individualizada, com todas as respectivas informações, inclusive as condições financeiras e econômicas das operações, como taxas de juros pactuadas, valores envolvidos e prazos.

§ 3º O Presidente do Banco Central do Brasil prestará contas ao Congresso Nacional, a cada 30 (trinta) dias, do conjunto das operações previstas neste artigo, sem prejuízo do previsto no § 2º deste artigo.

§ 4º A alienação de ativos adquiridos pelo Banco Central do Brasil, na forma deste artigo, poderá dar-se em data posterior à vigência do estado de calamidade pública nacional de que trata o art. 1º desta Emenda Constitucional, se assim justificar o interesse público.

Art. 8º Durante a vigência desta Emenda Constitucional, o Banco Central do Brasil editará regulamentação sobre exigências de contrapartidas ao comprar ativos de instituições financeiras em conformidade com a previsão do inciso II do *caput* do art. 7º desta Emenda Constitucional, em especial a vedação de:

I - pagar juros sobre o capital próprio e dividendos acima do mínimo obrigatório estabelecido em lei ou no estatuto social vigente na data de entrada em vigor desta Emenda Constitucional;

II - aumentar a remuneração, fixa ou variável, de diretores e membros do conselho de administração, no caso das sociedades anônimas, e dos administradores, no caso de sociedades limitadas.

Parágrafo único. A remuneração variável referida no inciso II do *caput* deste artigo inclui bônus, participação nos lucros e quaisquer parcelas de remuneração diferidas e outros incentivos remuneratórios associados ao desempenho.

Art. 9º Em caso de irregularidade ou de descumprimento dos limites desta Emenda Constitucional, o Congresso Nacional poderá sustar, por decreto legislativo, qualquer decisão de órgão ou entidade do Poder Executivo relacionada às medidas autorizadas por esta Emenda Constitucional.

Art. 10. Ficam convalidados os atos de gestão praticados a partir de 20 de março de 2020, desde que compatíveis com o teor desta Emenda Constitucional.

Art. 11. Esta Emenda Constitucional entra em vigor na data de sua publicação e ficará automaticamente revogada na data do encerramento do estado de calamidade pública reconhecido pelo Congresso Nacional.

Brasília, em 7 de maio de 2020

Mesa da Câmara dos Deputados
Deputado Rodrigo Maia
Presidente

Mesa do Senado Federal
Senador Davi Alcolumbre
Presidente

EMENDA CONSTITUCIONAL Nº 107, DE 2 DE JULHO DE 2020

Adia, em razão da pandemia da Covid-19, as eleições municipais de outubro de 2020 e os prazos eleitorais respectivos

As Mesas da Câmara dos Deputados e do Senado Federal, nos termos do § 3º do art. 60 da Constituição Federal, promulgam a seguinte Emenda ao texto constitucional:

Art. 1º As eleições municipais previstas para outubro de 2020 realizar-se-ão no dia 15 de novembro, em primeiro turno, e no dia 29 de novembro de 2020, em segundo turno, onde houver, observado o disposto no § 4º deste artigo.

§ 1º Ficam estabelecidas, para as eleições de que trata o *caput* deste artigo, as seguintes datas:

I - a partir de 11 de agosto, para a vedação às emissoras para transmitir programa apresentado ou comentado por pré-candidato, conforme previsto no § 1º do art. 45 da Lei nº 9.504, de 30 de setembro de 1997;

II - entre 31 de agosto e 16 de setembro, para a realização das convenções para escolha dos candidatos pelos partidos e a deliberação sobre coligações, a que se refere o *caput* do art. 8º da Lei nº 9.504, de 30 de setembro de 1997;

III - até 26 de setembro, para que os partidos e coligações solicitem à Justiça Eleitoral o registro de seus candidatos, conforme disposto no *caput* do art. 11 da Lei nº 9.504, de 30 de setembro de 1997, e no *caput* do art. 93 da Lei nº 4.737, de 15 de julho de 1965;

IV - após 26 de setembro, para o início da propaganda eleitoral, inclusive na internet, conforme disposto nos arts. 36 e 57-A da Lei nº 9.504, de 30 de setembro de 1997, e no *caput do art. 240 da Lei nº 4.737, de 15 de julho de 1965;*

V - a partir de 26 de setembro, para que a Justiça Eleitoral convoque os partidos e a representação das emissoras de rádio e de televisão para elaborarem plano de mídia, conforme disposto no art. 52 da Lei nº 9.504, de 30 de setembro de 1997;

VI - 27 de outubro, para que os partidos políticos, as coligações e os candidatos, obrigatoriamente, divulguem o relatório que discrimina as transferências do Fundo Partidário e do Fundo Especial de Financiamento de Campanha, os recursos em dinheiro e os estimáveis em dinheiro recebidos, bem como os gastos realizados, conforme disposto no inciso II do § 4º do art. 28 da Lei nº 9.504, de 30 de setembro de 1997;

VII - até 15 de dezembro, para o encaminhamento à Justiça Eleitoral do conjunto das prestações de contas de campanha dos candidatos e dos partidos políticos, relativamente ao primeiro e, onde houver, ao segundo turno das eleições, conforme disposto nos incisos III e IV do *caput* do art. 29 da Lei nº 9.504, de 30 de setembro de 1997.

§ 2º Os demais prazos fixados na Lei nº 9.504, de 30 de setembro de 1997, e na Lei nº 4.737, de 15 de julho de 1965, que não tenham transcorrido na data da publicação desta Emenda Constitucional e tenham como referência a data do pleito serão computados considerando-se a nova data das eleições de 2020.

§ 3º Nas eleições de que trata este artigo serão observadas as seguintes disposições:

I - o prazo previsto no § 1º do art. 30 da Lei nº 9.504, de 30 de setembro de 1997, não será aplicado, e a decisão que julgar as contas dos candidatos eleitos deverá ser publicada até o dia 12 de fevereiro de 2021;

II - o prazo para a propositura da representação de que trata o art. 30-A da Lei nº 9.504, de 30 de setembro de 1997, será até o dia 1º de março de 2021;

III - os partidos políticos ficarão autorizados a realizar, por meio virtual, independentemente de qualquer disposição estatutária, convenções ou reuniões para a escolha de candidatos e a formalização de coligações, bem como para a definição dos critérios de distribuição dos recursos do Fundo Especial de Financiamento de Campanha, de que trata o art. 16-C da Lei nº 9.504, de 30 de setembro de 1997;

IV - os prazos para desincompatibilização que, na data da publicação desta Emenda Constitucional, estiverem:

a) a vencer: serão computados considerando-se a nova data de realização das eleições de 2020;

b) vencidos: serão considerados preclusos, vedada a sua reabertura;

V - a diplomação dos candidatos eleitos ocorrerá em todo o País até o dia 18 de dezembro, salvo a situação prevista no § 4º deste artigo;

VI - os atos de propaganda eleitoral não poderão ser limitados pela legislação municipal ou pela Justiça Eleitoral, salvo se a decisão estiver fundamentada em prévio parecer técnico emitido por autoridade sanitária estadual ou nacional;

VII - em relação à conduta vedada prevista no inciso VII do *caput* do art. 73 da Lei nº 9.504, de 30 de setembro de 1997, os gastos liquidados com publicidade institucional realizada até 15 de agosto de 2020 não poderão exceder a média dos gastos dos 2 (dois) primeiros quadrimestres dos 3 (três) últimos anos que antecedem ao pleito, salvo em caso de grave e urgente necessidade pública, assim reconhecida pela Justiça Eleitoral;

VIII - no segundo semestre de 2020, poderá ser realizada a publicidade institucional de atos e campanhas dos órgãos públicos municipais e de suas respectivas entidades da administração indireta destinados ao enfrentamento à pandemia da Covid-19 e à orientação da população quanto a serviços públicos e a outros temas afetados pela pandemia, resguardada a possibilidade de apuração de eventual conduta abusiva nos termos do art. 22 da Lei Complementar nº 64, de 18 de maio de 1990.

§ 4º No caso de as condições sanitárias de um Estado ou Município não permitirem a realização das eleições nas datas previstas no *caput* deste artigo, o Congresso Nacional, por provocação do Tribunal Superior Eleitoral, instruída com manifestação da autoridade sanitária nacional, e após parecer da Comissão Mista de que trata o art. 2º do Decreto Legislativo nº 6, de 20 de março de

2020, poderá editar decreto legislativo a fim de designar novas datas para a realização do pleito, observada como data-limite o dia 27 de dezembro de 2020, e caberá ao Tribunal Superior Eleitoral dispor sobre as medidas necessárias à conclusão do processo eleitoral.

§ 5º O Tribunal Superior Eleitoral fica autorizado a promover ajustes nas normas referentes a:

I - prazos para fiscalização e acompanhamento dos programas de computador utilizados nas urnas eletrônicas para os processos de votação, apuração e totalização, bem como de todas as fases do processo de votação, apuração das eleições e processamento eletrônico da totalização dos resultados, para adequá-los ao novo calendário eleitoral;

II - recepção de votos, justificativas, auditoria e fiscalização no dia da eleição, inclusive no tocante ao horário de funcionamento das seções eleitorais e à distribuição dos eleitores no período, de forma a propiciar a melhor segurança sanitária possível a todos os participantes do processo eleitoral.

Art. 2º Não se aplica o art. 16 da Constituição Federal ao disposto nesta Emenda Constitucional.

Art. 3º Esta Emenda Constitucional entra em vigor na data de sua publicação.

Brasília, em 2 de julho de 2020
Mesa da Câmara dos Deputados
Deputado Rodrigo Maia
Presidente
Mesa do Senado Federal
Senador Davi Alcolumbre
Presidente

EMENDA CONSTITUCIONAL Nº 108, DE 26 DE AGOSTO DE 2020

Altera a Constituição Federal para estabelecer critérios de distribuição da cota municipal do Imposto sobre Operações Relativas à Circulação de Mercadorias e sobre Prestações de Serviços de Transporte Interestadual e Intermunicipal e de Comunicação (ICMS), para disciplinar a disponibilização de dados contábeis pelos entes federados, para tratar do planejamento na ordem social e para dispor sobre o Fundo de Manutenção e Desenvolvimento da Educação Básica e de Valorização dos Profissionais da Educação (Fundeb); altera o Ato das Disposições Constitucionais Transitórias; e dá outras providências.

As Mesas da Câmara dos Deputados e do Senado Federal, nos termos do § 3º do art. 60 da Constituição Federal, promulgam a seguinte Emenda ao texto constitucional:

Art. 1º A Constituição Federal passa a vigorar com as seguintes alterações:

- Alteração incorporada ao texto da CF.

Art. 2º O Ato das Disposições Constitucionais Transitórias passa a vigorar com as seguintes alterações:

- Alteração incorporada ao texto da CF.

Art. 3º Os Estados terão prazo de 2 (dois) anos, contado da data da promulgação desta Emenda Constitucional, para aprovar lei estadual prevista no inciso II do parágrafo único do art. 158 da Constituição Federal.

Art. 4º Esta Emenda Constitucional entra em vigor na data de sua publicação e produzirá efeitos financeiros a partir de 1º de janeiro de 2021.

Parágrafo único. Ficam mantidos os efeitos do art. 60 do Ato das Disposições Constitucionais Transitórias, conforme estabelecido pela Emenda Constitucional nº 53, de 19 de dezembro de 2006, até o início dos efeitos financeiros desta Emenda Constitucional.

Brasília, em 26 de agosto de 2020
Mesa da Câmara dos Deputados
Deputado Rodrigo Maia
Presidente
Mesa do Senado Federal
Senador Davi Alcolumbre
Presidente

EMENDA CONSTITUCIONAL Nº 109, DE 15 DE MARÇO DE 2021

Altera os arts. 29-A, 37, 49, 84, 163, 165, 167, 168 e 169 da Constituição Federal e os arts. 101 e 109 do Ato das Disposições Constitucionais Transitórias; acrescenta à Constituição Federal os arts. 164-A, 167- A, 167-B, 167-C, 167-D, 167-E, 167-F e 167-G; revoga dispositivos do Ato das Disposições Constitucionais Transitórias e institui regras transitórias sobre redução de benefícios tributários; desvincula parcialmente o superávit financeiro de fundos públicos; e suspende condicionalidades para realização de despesas com concessão de auxílio emergencial residual para enfrentar as consequências sociais e econômicas da pandemia da Covid-19.

As Mesas da Câmara dos Deputados e do Senado Federal, nos termos do § 3º do art. 60 da Constituição Federal, promulgam a seguinte Emenda ao texto constitucional:

Art. 1º A Constituição Federal passa a vigorar com as seguintes alterações:

- Alterações incorporadas ao texto da CF.

Art. 2º O Ato das Disposições Constitucionais Transitórias passa a vigorar com as seguintes alterações:

- Alterações incorporadas ao texto do ADCT.

Art. 3º Durante o exercício financeiro de 2021, a proposição legislativa com o propósito exclusivo de conceder auxílio emergencial residual para enfrentar as consequências sociais e econômicas da pandemia da Covid-19 fica dispensada da observância das limitações legais quanto à criação, à expansão ou ao aperfeiçoamento de ação governamental que acarrete aumento de despesa.

§ 1º As despesas decorrentes da concessão do auxílio referido no *caput* deste artigo realizadas no exercício financeiro de 2021 não são consideradas, até o limite de R$ 44.000.000.000,00 (quarenta e quatro bilhões de reais), para fins de:

I – apuração da meta de resultado primário estabelecida no *caput* do art. 2º da Lei nº 14.116, de 31 de dezembro de 2020;

II – limite para despesas primárias estabelecido no inciso I do *caput* do art. 107 do Ato das Disposições Constitucionais Transitórias.

§ 2º As operações de crédito realizadas para custear a concessão do auxílio referido no *caput* deste artigo ficam ressalvadas do limite estabelecido no inciso III do *caput* do art. 167 da Constituição Federal.

§ 3º A despesa de que trata este artigo deve ser atendida por meio de crédito extraordinário.

§ 4º A abertura do crédito extraordinário referido no § 3º deste artigo dar-seá independentemente da observância dos requisitos exigidos no § 3º do art. 167 da Constituição Federal.

§ 5º O disposto neste artigo aplica-se apenas à União, vedada sua adoção pelos Estados, pelo Distrito Federal e pelos Municípios.

Art. 4º O Presidente da República deve encaminhar ao Congresso Nacional, em até 6 (seis) meses após a promulgação desta Emenda Constitucional, plano de redução gradual de incentivos e benefícios federais de natureza tributária, acompanhado das correspondentes proposições legislativas e das estimativas dos respectivos impactos orçamentários e financeiros.

§ 1º As proposições legislativas a que se refere o *caput* devem propiciar, em conjunto, redução do montante total dos incentivos e benefícios referidos no *caput* deste artigo:

I – para o exercício em que forem encaminhadas, de pelo menos 10% (dez por cento), em termos anualizados, em relação aos incentivos e benefícios vigentes por ocasião da promulgação desta Emenda Constitucional;

II – de modo que esse montante, no prazo de até 8 (oito) anos, não ultrapasse 2% (dois por cento) do produto interno bruto.

§ 2º O disposto no *caput* deste artigo, bem como o atingimento das metas estabelecidas no § 1º deste artigo, não se aplica aos incentivos e benefícios:

I – estabelecidos com fundamento na alínea "d" do inciso III do *caput* e no parágrafo único do art. 146 da Constituição Federal;

II – concedidos a entidades sem fins lucrativos com fundamento na alínea "c" do inciso VI do *caput* do art. 150 e no § 7º do art. 195 da Constituição Federal;

III – concedidos aos programas de que trata a alínea "c" do inciso I do *caput* do art. 159 da Constituição Federal;

IV - relativos ao regime especial estabelecido nos termos do art. 40 do Ato das Disposições Constitucionais Transitórias, às áreas de livre comércio e zonas francas e à política industrial para o setor de tecnologias da informação e comunicação e para o setor de semicondutores, na forma da lei; *(Redação dada pela EC 121/2022)*

V – relacionados aos produtos que compõem a cesta básica; e

VI – concedidos aos programas estabelecidos em lei destinados à concessão de bolsas de estudo integrais e parciais para estudantes de cursos superiores em instituições privadas de ensino superior, com ou sem fins lucrativos.

§ 3º Para efeitos deste artigo, considera-se incentivo ou benefício de natureza tributária aquele assim definido na mais recente publicação do demonstrativo a que se refere o § 6º do art. 165 da Constituição Federal.

§ 4º Lei complementar tratará de:

I – critérios objetivos, metas de desempenho e procedimentos para a concessão e a alteração de incentivo ou benefício de natureza tributária, financeira ou creditícia para pessoas jurídicas do qual decorra diminuição de receita ou aumento de despesa;

II – regras para a avaliação periódica obrigatória dos impactos econômicosociais dos incentivos ou benefícios de que trata o inciso I deste parágrafo, com divulgação irrestrita dos respectivos resultados;

III – redução gradual de incentivos fiscais federais de natureza tributária, sem prejuízo do plano emergencial de que trata o *caput* deste artigo.

Art. 5º O superávit financeiro das fontes de recursos dos fundos públicos do Poder Executivo, exceto os saldos decorrentes do esforço de arrecadação dos servidores civis e militares da União, apurado ao final de cada exercício, poderá ser destinado: (Redação dada pela EC 127/2022)

I - à amortização da dívida pública do respectivo ente, nos exercícios de 2021 e de 2022; e (Acrescido pela EC 127/2022)

II - ao pagamento de que trata o § 12 do art. 198 da Constituição Federal, nos exercícios de 2023 a 2027. (Acrescido pela EC 127/2022)

§ 1º No período de que trata o inciso I do *caput* deste artigo, se o ente não tiver dívida pública a amortizar, o superávit financeiro das fontes de recursos dos fundos públicos do Poder Executivo será de livre aplicação. (Redação dada pela EC 127/2022)

§ 2º Não se aplica o disposto no *caput* deste artigo:

I – aos fundos públicos de fomento e desenvolvimento regionais, operados por instituição financeira de caráter regional;

II – aos fundos ressalvados no inciso IV do art. 167 da Constituição Federal.

Art. 6º Ficam revogados:

I – o art. 91 do Ato das Disposições Constitucionais Transitórias; e

II – o § 4º do art. 101 do Ato das Disposições Constitucionais Transitórias.

Art. 7º Esta Emenda Constitucional entra em vigor na data de sua publicação, exceto quanto à alteração do art. 29-A da Constituição Federal, a qual entra em vigor a partir do início da primeira legislatura municipal após a data de publicação desta Emenda Constitucional.

Brasília, em 15 de março de 2021
Mesa da Câmara dos Deputados
Deputado Arthur Lira
Presidente
Mesa do Senado Federal
Senador Rodrigo Pacheco
Presidente

EMENDA CONSTITUCIONAL Nº 111, DE 28 DE SETEMBRO DE 2021

Altera a Constituição Federal para disciplinar a realização de consultas populares concomitantes às eleições municipais, dispor sobre o instituto da fidelidade partidária, alterar a data de posse de Governadores e do Presidente da República e estabelecer regras transitórias para distribuição entre os partidos políticos dos recursos do fundo partidário e do Fundo Especial de Financiamento de Campanha (FEFC) e para o funcionamento dos partidos políticos.

As Mesas da Câmara dos Deputados e do Senado Federal, nos termos do § 3º do art. 60 da Constituição Federal, promulgam a seguinte Emenda ao texto constitucional:

Art. 1º A Constituição Federal passa a vigorar com as seguintes alterações:

› Alterações incorporadas ao texto da CF.

Art. 2º Para fins de distribuição entre os partidos políticos dos recursos do fundo partidário e do Fundo Especial de Financiamento de Campanha (FEFC), os votos dados a candidatas mulheres ou a candidatos negros para a Câmara dos Deputados nas eleições realizadas de 2022 a 2030 serão contados em dobro.

Parágrafo único. A contagem em dobro de votos a que se refere o *caput* somente se aplica uma única vez.

Art. 3º Até que entre em vigor lei que discipline cada uma das seguintes matérias, observar-se-ão os seguintes procedimentos:

I - nos processos de incorporação de partidos políticos, as sanções eventualmente aplicadas aos órgãos partidários regionais e municipais do partido incorporado, inclusive as decorrentes de prestações de contas, bem como as de responsabilização de seus antigos dirigentes, não serão aplicadas ao partido incorporador nem aos seus novos dirigentes, exceto aos que já integravam o partido incorporado;

II - nas anotações relativas às alterações dos estatutos dos partidos políticos, serão objeto de análise pelo Tribunal Superior Eleitoral apenas os dispositivos objeto de alteração.

Art. 4º O Presidente da República e os Governadores de Estado e do Distrito Federal eleitos em 2022 tomarão posse em 1º de janeiro de 2023, e seus mandatos durarão até a posse de seus sucessores, em 5 e 6 de janeiro de 2027, respectivamente.

Art. 5º As alterações efetuadas nos arts. 28 e 82 da Constituição Federal constantes do art. 1º desta Emenda Constitucional, relativas às datas de posse de Governadores, de Vice-Governadores, do Presidente e do Vice-Presidente da República, serão aplicadas somente a partir das eleições de 2026.

Art. 6º Esta Emenda Constitucional entra em vigor na data de sua publicação.

Brasília, em 28 de setembro de 2021.
Mesa da Câmara dos Deputados
Deputado ARTHUR LIRA
Presidente
Mesa do Senado Federal
Senador RODRIGO PACHECO
Presidente

EMENDA CONSTITUCIONAL Nº 112, DE 27 DE OUTUBRO DE 2021

Altera o art. 159 da Constituição Federal para disciplinar a distribuição de recursos pela União ao Fundo de Participação dos Municípios.

As Mesas da Câmara dos Deputados e do Senado Federal, nos termos do § 3º do art. 60 da Constituição Federal, promulgam a seguinte Emenda ao texto constitucional:

Art. 1º O art. 159 da Constituição Federal passa a vigorar com a seguinte redação:

› Alterações incorporadas ao texto da CF.

Art. 2º Para os fins do disposto na alínea "f" do inciso I do *caput* do art. 159 da Constituição Federal, a União entregará ao Fundo de Participação dos Municípios, do produto da arrecadação dos impostos sobre renda e proventos de qualquer natureza e sobre produtos industrializados, 0,25% (vinte e cinco centésimos por cento), 0,5% (cinco décimos por cento) e 1% (um por cento), respectivamente, em cada um dos 2 (dois) primeiros exercícios, no terceiro exercício e a partir do quarto exercício em que esta Emenda Constitucional gerar efeitos financeiros.

Art. 3º Esta Emenda Constitucional entra em vigor na data de sua publicação e produzirá efeitos financeiros a partir de 1º de janeiro do exercício subsequente.

Brasília, em 27 de outubro de 2021
Mesa da Câmara dos Deputados
Deputado ARTHUR LIRA
Presidente
Mesa do Senado Federal
Senador RODRIGO PACHECO
Presidente

EMENDA CONSTITUCIONAL Nº 113, DE 8 DE DEZEMBRO DE 2021

Altera a Constituição Federal e o Ato das Disposições Constitucionais Transitórias para estabelecer o novo regime de pagamentos de precatórios, modificar normas relativas ao Novo Regime Fiscal e autorizar o parcelamento de débitos previdenciários dos Municípios; e dá outras providências.

As Mesas da Câmara dos Deputados e do Senado Federal, nos termos do § 3º do art. 60 da Constituição Federal, promulgam a seguinte Emenda ao texto constitucional:

Art. 1º Os arts. 100 e 160 da Constituição Federal passam a vigorar com as seguintes alterações:

› Alterações incorporadas ao texto da CF.

Art. 2º O Ato das Disposições Constitucionais Transitórias passa a vigorar com as seguintes alterações:

(...)

Art. 3º Nas discussões e nas condenações que envolvam a Fazenda Pública, independentemente de sua natureza e para fins de atualização monetária, de remuneração do capital e de compensação da mora, inclusive do precatório, haverá a incidência, uma única vez, até o efetivo pagamento, do índice da taxa referencial do Sistema Especial de Liquidação e de Custódia (Selic), acumulado mensalmente.

Art. 4º Os limites resultantes da aplicação do disposto no inciso II do § 1º do art. 107 do Ato das Disposições Constitucionais Transitórias serão aplicáveis a partir do exercício de 2021, observado o disposto neste artigo.

§ 1º No exercício de 2021, o eventual aumento dos limites de que trata o *caput* deste artigo fica restrito ao montante de até R$ 15.000.000.000,00 (quinze bilhões de reais), a ser destinado exclusivamente ao atendimento de despesas de vacinação contra a covid-19 ou relacionadas a ações emergenciais e temporárias de caráter socioeconômico.

§ 2º As operações de crédito realizadas para custear o aumento de limite referido no § 1º deste artigo ficam ressalvadas do estabelecido no inciso III do *caput* do art. 167 da Constituição Federal.

§ 3º As despesas de que trata o § 1º deste artigo deverão ser atendidas por meio de créditos extraordinários e ter como fonte de recurso o produto de operações de crédito.

§ 4º A abertura dos créditos extraordinários referidos no § 3º deste artigo dar-se-á independentemente da observância dos requisitos exigidos no § 3º do art. 167 da Constituição Federal.

§ 5º O aumento do limite previsto no § 1º deste artigo será destinado, ainda, ao atendimento de despesas de programa de transferência de renda. *(Acrescido pela EC 114/2021)*

§ 6º O aumento do limite decorrente da aplicação do disposto no inciso II do § 1º do art. 107 do Ato das Disposições Constitucionais Transitórias deverá, no exercício de 2022, ser destinado somente ao atendimento das despesas de ampliação de programas sociais de combate à pobreza e à extrema pobreza, nos termos do parágrafo único do art. 6º e do inciso VI do *caput* do art. 203 da Constituição Federal, à saúde, à previdência e à assistência social. *(Acrescido pela EC 114/2021)*

Art. 5º As alterações relativas ao regime de pagamento dos precatórios aplicam-se a todos os requisitórios já expedidos, inclusive no orçamento fiscal e da seguridade social do exercício de 2022.

Art. 6º Revoga-se o art. 108 do Ato das Disposições Constitucionais Transitórias.

Art. 7º Esta Emenda Constitucional entra em vigor na data de sua publicação.

Brasília, em 8 de dezembro de 2021.

Mesa da Câmara dos Deputados
Deputado ARTHUR LIRA
Presidente
Mesa do Senado Federal
Senador RODRIGO PACHECO
Presidente

EMENDA CONSTITUCIONAL Nº 114, DE 16 DE DEZEMBRO DE 2021

Altera a Constituição Federal e o Ato das Disposições Constitucionais Transitórias para estabelecer o novo regime de pagamentos de precatórios, modificar normas relativas ao Novo Regime Fiscal e autorizar o parcelamento de débitos previdenciários dos Municípios; e dá outras providências.

As Mesas da Câmara dos Deputados e do Senado Federal, nos termos do § 3º do art. 60 da Constituição Federal, promulgam a seguinte Emenda ao texto constitucional:

Art. 1º Os arts. 6º, 100 e 203 da Constituição Federal passam a vigorar com as seguintes alterações:

▸ Alterações incorporadas ao texto da CF.

Art. 2º O Ato das Disposições Constitucionais Transitórias passa a vigorar acrescido dos seguintes arts. 107-A e 118:

▸ Alterações incorporadas ao texto do ADCT.

Art. 3º O art. 4º da Emenda Constitucional nº 113, de 8 de dezembro de 2021, passa a vigorar acrescido dos seguintes §§ 5º e 6º:

▸ Alterações incorporadas ao texto da referida EC.

Art. 4º Os precatórios decorrentes de demandas relativas à complementação da União aos Estados e aos Municípios por conta do Fundo de Manutenção e Desenvolvimento do Ensino Fundamental e de Valorização do Magistério (Fundef) serão pagos em 3 (três) parcelas anuais e sucessivas, da seguinte forma:

I - 40% (quarenta por cento) no primeiro ano;

II - 30% (trinta por cento) no segundo ano;

III - 30% (trinta por cento) no terceiro ano.

Parágrafo único. Não se incluem nos limites estabelecidos nos arts. 107 e 107-A do Ato das Disposições Constitucionais Transitórias, a partir de 2022, as despesas para os fins de que trata este artigo.

Art. 5º As receitas que os Estados e os Municípios receberem a título de pagamentos da União por força de ações judiciais que tenham por objeto a complementação de parcela desta no Fundo de Manutenção e Desenvolvimento do Ensino Fundamental e de Valorização do Magistério (Fundef) deverão ser aplicadas na manutenção e desenvolvimento do ensino fundamental público e na valorização de seu magistério, conforme destinação originária do Fundo.

Parágrafo único. Da aplicação de que trata o *caput* deste artigo, no mínimo 60% (sessenta por cento) deverão ser repassados aos profissionais do magistério, inclusive aposentados e pensionistas, na forma de abono, vedada a incorporação na remuneração, na aposentadoria ou na pensão.

Art. 6º No prazo de 1 (um) ano a contar da promulgação desta Emenda Constitucional, o Congresso Nacional promoverá, por meio de comissão mista, exame analítico dos atos, dos fatos e das políticas públicas com maior potencial gerador de precatórios e de sentenças judiciais contrárias à Fazenda Pública da União.

§ 1º A comissão atuará em cooperação com o Conselho Nacional de Justiça e com o auxílio do Tribunal de Contas da União e poderá requisitar informações e documentos de órgãos e entidades da administração pública direta e indireta de qualquer dos Poderes da União, dos Estados, do Distrito Federal e dos Municípios, buscando identificar medidas legislativas a serem adotadas com vistas a trazer maior segurança jurídica no âmbito federal.

§ 2º O exame de que trata o *caput* deste artigo analisará os mecanismos de aferição de risco fiscal e de prognóstico de efetivo pagamento de valores decorrentes de decisão judicial, segregando esses pagamentos por tipo de risco e priorizando os temas que possuam maior impacto financeiro.

§ 3º Apurados os resultados, o Congresso Nacional encaminhará suas conclusões aos presidentes do Supremo Tribunal Federal e do Superior Tribunal de Justiça, para a adoção de medidas de sua competência.

Art. 7º Os entes da Federação que tiverem descumprido a medida prevista no art. 4º da Lei Complementar nº 156, de 28 de dezembro de 2016, e que optarem por não firmar termo aditivo na forma prevista no art. 4º-A da referida Lei Complementar poderão restituir à União os valores diferidos por força do prazo adicional proporcionalmente à quantidade de prestações remanescentes dos respectivos contratos, aplicados os encargos contratuais de adimplência e desde que adotem, durante o prazo de restituição dos valores para a União, as medidas previstas no art. 167-A da Constituição Federal.

Art. 8º Esta Emenda Constitucional entra em vigor:

I - a partir de 2022, para a alteração do § 5º do art. 100 da Constituição Federal, constante do art. 1º desta Emenda Constitucional;

II - na data de sua publicação, para os demais dispositivos.

Brasília, em 16 de dezembro de 2021

Mesa da Câmara dos Deputados
Deputado ARTHUR LIRA
Presidente
Mesa do Senado Federal
Senador RODRIGO PACHECO
Presidente

EMENDA CONSTITUCIONAL Nº 117, DE 5 DE ABRIL DE 2022

Altera o art. 17 da Constituição Federal para impor aos partidos políticos a aplicação de recursos do fundo partidário na promoção e difusão da participação política das mulheres, bem como a aplicação de recursos desse fundo e do Fundo Especial de Financiamento de Campanha e a divisão do tempo de propaganda gratuita no rádio e na televisão no percentual mínimo de 30% (trinta por cento) para candidaturas femininas.

As Mesas da Câmara dos Deputados e do Senado Federal, nos termos do § 3º do art. 60 da Constituição Federal, promulgam a seguinte Emenda ao texto constitucional:

Art. 1º O art. 17 da Constituição Federal passa a vigorar acrescido dos seguintes §§ 7º e 8º:

[...]

Art. 2º Aos partidos políticos que não tenham utilizado os recursos destinados aos programas de promoção e difusão da participação política das mulheres ou cujos valores destinados a essa finalidade não tenham sido reconhecidos pela Justiça Eleitoral é assegurada a utilização desses valores nas eleições subsequentes, vedada a condenação pela Justiça Eleitoral nos processos de prestação de contas de exercícios financeiros anteriores que ainda não tenham transitado em julgado até a data de promulgação desta Emenda Constitucional.

Art. 3º Não serão aplicadas sanções de qualquer natureza, inclusive de devolução de valores, multa ou suspensão do fundo partidário, aos partidos que não preencheram a cota mínima de recursos ou que não destinaram os valores mínimos em razão de sexo e raça em eleições ocorridas antes da promulgação desta Emenda Constitucional.

Art. 4º Esta Emenda Constitucional entra em vigor na data de sua publicação.

Mesa da Câmara dos Deputados
Deputado ARTHUR LIRA
Mesa do Senado Federal
Senador RODRIGO PACHECO

EMENDA CONSTITUCIONAL Nº 119, DE 27 DE ABRIL DE 2022

Altera o Ato das Disposições Constitucionais Transitórias para determinar a impossibilidade de responsabilização dos Estados, do Distrito Federal, dos Municípios e dos agentes públicos desses entes federados pelo descumprimento, nos exercícios financeiros de 2020 e 2021, do disposto no *caput* do art. 212 da Constituição Federal; e dá outras providências.

As Mesas da Câmara dos Deputados e do Senado Federal, nos termos do § 3º do art. 60 da Constituição Federal, promulgam a seguinte Emenda ao texto constitucional:

Art. 1º O Ato das Disposições Constitucionais Transitórias passa a vigorar acrescido do seguinte art. 119:

[...]

Art. 2º O disposto no *caput* do art. 119 do Ato das Disposições Constitucionais Transitórias impede a aplicação de quaisquer penalidades, sanções ou restrições aos entes subnacionais para fins cadastrais, de aprovação e de celebração de ajustes onerosos ou não, incluídas a contratação, a renovação ou a celebração de aditivos de quaisquer tipos, de ajustes e de convênios, entre outros, inclusive em relação à possibilidade de execução financeira desses ajustes e de recebimento de recursos do orçamento geral da União por meio de transferências voluntárias.

Parágrafo único. O disposto no *caput* do art. 119 do Ato das Disposições Constitucionais Transitórias também obsta a ocorrência dos efeitos do inciso III do *caput* do art. 35 da Constituição Federal.

Art. 3º Esta Emenda Constitucional entra em vigor na data de sua publicação.

Brasília, em 27 de abril de 2022

Mesa da Câmara dos Deputados

Deputado ARTHUR LIRA

Mesa do Senado Federal

Senador RODRIGO PACHECO

EMENDA CONSTITUCIONAL Nº 123, DE 14 DE JULHO DE 2022

Altera o art. 225 da Constituição Federal para estabelecer diferencial de competitividade para os biocombustíveis; inclui o art. 120 no Ato das Disposições Constitucionais Transitórias para reconhecer o estado de emergência decorrente da elevação extraordinária e imprevisível dos preços do petróleo, combustíveis e seus derivados e dos impactos sociais dela decorrentes; autoriza a União a entregar auxílio financeiro aos Estados e ao Distrito Federal que outorgarem créditos tributários do Imposto sobre Operações relativas à Circulação de Mercadorias e sobre Prestações de Serviços de Transporte Interestadual e Intermunicipal e de Comunicação (ICMS) aos produtores e distribuidores de etanol hidratado; expande o auxílio Gás dos Brasileiros, de que trata a Lei nº 14.237, de 19 de novembro de 2021; institui auxílio para caminhoneiros autônomos; expande o Programa Auxílio Brasil, de que trata a Lei nº 14.284, de 29 de dezembro de 2021; e institui auxílio para entes da Federação financiarem a gratuidade do transporte público.

As Mesas da Câmara dos Deputados e do Senado Federal, nos termos do § 3º do art. 60 da Constituição Federal, promulgam a seguinte Emenda ao texto constitucional:

Art. 1º Esta Emenda Constitucional dispõe sobre o estabelecimento de diferencial de competitividade para os biocombustíveis e sobre medidas para atenuar os efeitos do estado de emergência decorrente da elevação extraordinária e imprevisível dos preços do petróleo, combustíveis e seus derivados e dos impactos sociais dela decorrentes.

Art. 2º O § 1º do art. 225 da Constituição Federal passa a vigorar acrescido do seguinte inciso VIII:

- Alterações incorporadas ao texto da CF.

Art. 3º O Ato das Disposições Constitucionais Transitórias passa a vigorar acrescido do seguinte art. 120:

- Alterações incorporadas ao texto do ADCT.

Art. 4º Enquanto não entrar em vigor a lei complementar a que se refere o inciso VIII do § 1º do art. 225 da Constituição Federal, o diferencial competitivo dos biocombustíveis destinados ao consumo final em relação aos combustíveis fósseis será garantido pela manutenção, em termos percentuais, da diferença entre as alíquotas aplicáveis a cada combustível fóssil e aos biocombustíveis que lhe sejam substitutos em patamar igual ou superior ao vigente em 15 de maio de 2022.

§ 1º Alternativamente ao disposto no *caput* deste artigo, quando o diferencial competitivo não for determinado pelas alíquotas, ele será garantido pela manutenção do diferencial da carga tributária efetiva entre os combustíveis.

§ 2º No período de 20 (vinte) anos após a promulgação desta Emenda Constitucional, a lei complementar federal não poderá estabelecer diferencial competitivo em patamar inferior ao referido no *caput* deste artigo.

§ 3º A modificação, por proposição legislativa estadual ou federal ou por decisão judicial com efeito erga omnes, das alíquotas aplicáveis a um combustível fóssil implicará automática alteração das alíquotas aplicáveis aos biocombustíveis destinados ao consumo final que lhe sejam substitutos, a fim de, no mínimo, manter a diferença de alíquotas existente anteriormente.

§ 4º A lei complementar a que se refere o inciso VIII do § 1º do art. 225 da Constituição Federal disporá sobre critérios ou mecanismos para assegurar o diferencial competitivo dos biocombustíveis destinados ao consumo final na hipótese de ser implantada, para o combustível fóssil de que são substitutos, a sistemática de recolhimento de que trata a alínea "h" do inciso XII do § 2º do art. 155 da Constituição Federal.

§ 5º Na aplicação deste artigo, é dispensada a observância do disposto no inciso VI do § 2º do art. 155 da Constituição Federal.

Art. 5º Observado o disposto no art. 120 do Ato das Disposições Constitucionais Transitórias, a União, como únicas e exclusivas medidas a que se refere o parágrafo único do referido dispositivo, excluída a possibilidade de adoção de quaisquer outras:

I - assegurará a extensão do Programa Auxílio Brasil, de que trata a Lei nº 14.284, de 29 de dezembro de 2021, às famílias elegíveis na data de promulgação desta Emenda Constitucional, e concederá às famílias beneficiárias desse programa acréscimo mensal extraordinário, durante 5 (cinco) meses, de R$ 200,00 (duzentos reais), no período de 1º de agosto a 31 de dezembro de 2022, até o limite de R$ 26.000.000.000,00 (vinte e seis bilhões de reais), incluídos os valores essencialmente necessários para a implementação do benefício, vedado o uso para qualquer tipo de publicidade institucional;

II - assegurará às famílias beneficiadas pelo auxílio Gás dos Brasileiros, de que trata a Lei nº 14.237, de 19 de novembro de 2021, a cada bimestre, entre 1º de julho e 31 de dezembro de 2022, valor monetário correspondente a 1 (uma) parcela extraordinária adicional de 50% (cinquenta por cento) da média do preço nacional de referência do botijão de 13 kg (treze quilogramas) de gás liquefeito de petróleo (GLP), estabelecido pelo Sistema de Levantamento de Preços (SLP) da Agência Nacional do Petróleo, Gás Natural e Biocombustíveis (ANP), nos 6 (seis) meses anteriores, até o limite de R$ 1.050.000.000,00 (um bilhão e cinquenta milhões de reais), incluídos os valores essencialmente necessários para a implementação do benefício, vedado o uso para qualquer tipo de publicidade institucional;

III - concederá, entre 1º de julho e 31 de dezembro de 2022, aos Transportadores Autônomos de Cargas devidamente cadastrados no Registro Nacional de Transportadores Rodoviários de Cargas (RNTRC) até a data de 31 de maio de 2022, auxílio de R$ 1.000,00 (mil reais) mensais, até o limite de R$ 5.400.000.000,00 (cinco bilhões e quatrocentos milhões de reais);

IV - aportará à União, aos Estados, ao Distrito Federal e aos Municípios que dispõem de serviços regulares em operação de transporte público coletivo urbano, semiurbano ou metropolitano assistência financeira em caráter emergencial no valor de R$ 2.500.000.000,00 (dois bilhões e quinhentos milhões de reais), a serem utilizados para auxílio no custeio ao direito previsto no § 2º do art. 230 da Constituição Federal, regulamentado no art. 39 da Lei nº 10.741, de 1º de outubro de 2003 (Estatuto do Idoso), até 31 de dezembro de 2022;

V - entregará na forma de auxílio financeiro o valor de até R$ 3.800.000.000,00 (três bilhões e oitocentos milhões de reais), em 5 (cinco) parcelas mensais no valor de até R$ 760.000.000,00 (setecentos e sessenta milhões de reais) cada uma, de agosto a dezembro de 2022, exclusivamente para os Estados e o Distrito Federal que outorgarem créditos tributários do Imposto sobre Operações relativas à Circulação de Mercadorias e sobre Prestações de Serviços de Transporte Interestadual e Intermunicipal e de Comunicação (ICMS) aos produtores ou distribuidores de etanol hidratado em seu território, em montante equivalente ao valor recebido;

VI - concederá, entre 1º de julho e 31 de dezembro de 2022, aos motoristas de táxi devidamente registrados até 31 de maio de 2022, auxílio até o limite de R$ 2.000.000.000,00 (dois bilhões de reais);

VII - assegurará ao Programa Alimenta Brasil, de que trata a Lei nº 14.284, de 29 de dezembro de 2021, a suplementação orçamentária de R$ 500.000.000,00 (quinhentos milhões de reais).

§ 1º O acréscimo mensal extraordinário de que trata o inciso I do *caput* deste artigo será complementar à soma dos benefícios previstos nos incisos I, II, III e IV do *caput* do art. 4º da Lei nº 14.284, de 29 de dezembro de 2021, e não será considerado para fins de cálculo do benefício previsto na Lei nº 14.342, de 18 de maio de 2022.

§ 2º A parcela extraordinária de que trata o inciso II do *caput* deste artigo será complementar ao previsto no art. 3º da Lei nº 14.237, de 19 de novembro de 2021.

§ 3º O auxílio de que trata o inciso III do *caput* deste artigo observará o seguinte:

I - terá por objetivo auxiliar os Transportadores Autônomos de Cargas em decorrência do estado de emergência de que trata o *caput* do art. 120 do Ato das Disposições Constitucionais Transitórias;

II - será concedido para cada Transportador Autônomo de Cargas, independentemente do número de veículos que possuir;

III - será recebido independentemente de comprovação da aquisição de óleo diesel;

IV - será disponibilizada pelo Poder Executivo solução tecnológica em suporte à operacionalização dos pagamentos do auxílio; e

V - para fins de pagamento do auxílio, será definido pelo Ministério do Trabalho e Previdência o operador bancário responsável, entre as instituições financeiras federais, pela operacionalização dos pagamentos.

§ 4º O aporte de recursos da União para os Estados, para o Distrito Federal e para os Municípios de que trata o inciso IV do *caput* deste artigo observará o seguinte:

I - terá função de complementariedade aos subsídios tarifários, subsídios orçamentários e aportes de recursos de todos os gêneros concedidos pelos Estados, pelo Distrito Federal e pelos Municípios, bem como às gratuidades e aos demais custeios do sistema de transporte público coletivo suportados por esses entes;

II - será concedido em observância à premissa de equilíbrio econômico-financeiro dos contratos de concessão do transporte público coletivo e às diretrizes da modicidade tarifária;

III - será repassado a qualquer fundo apto a recebê-lo, inclusive aos que já recebem recursos federais, ou a qualquer conta bancária aberta especificamente para esse fim, ressalvada a necessidade de que o aporte se vincule estritamente à assistência financeira para a qual foi instituído;

IV - será distribuído em proporção à população maior de 65 (sessenta e cinco) anos residente no Distrito Federal e nos Municípios que dispõem de serviços de transporte público coletivo urbano intramunicipal regular em operação;

V - serão retidos 30% (trinta por cento) pela União e repassados aos respectivos entes estaduais ou a órgão da União responsáveis pela gestão do serviço, nos casos de Municípios atendidos por redes de transporte público coletivo intermunicipal ou interestadual de caráter urbano ou semiurbano;

VI - será integralmente entregue ao Município responsável pela gestão, nos casos de Municípios responsáveis pela gestão do sistema de transporte público integrado metropolitano, considerado o somatório da população maior de 65 (sessenta e cinco) anos residente nos Municípios que compõem a região metropolitana administrada;

VII - será distribuído com base na estimativa populacional mais atualizada publicada pelo Departamento de Informática do Sistema Único de Saúde (DataSUS) a partir de dados da Fundação Instituto Brasileiro de Geografia e Estatística (IBGE); e

VIII - será entregue somente aos entes federados que comprovarem possuir, em funcionamento, sistema de transporte público coletivo de caráter urbano, semiurbano ou metropolitano, na forma do regulamento.

§ 5º Os créditos de que trata o inciso V do *caput* deste artigo observarão o seguinte:

I - deverão ser outorgados até 31 de dezembro de 2022, podendo ser aproveitados nos exercícios posteriores;

II - terão por objetivo reduzir a carga tributária da cadeia produtiva do etanol hidratado, de modo a manter diferencial competitivo em relação à gasolina;

III - serão proporcionais à participação dos Estados e do Distrito Federal em relação ao consumo total do etanol hidratado em todos os Estados e no Distrito Federal no ano de 2021;

IV - seu recebimento pelos Estados ou pelo Distrito Federal importará na renúncia ao direito sobre o qual se funda eventual ação que tenha como causa de pedir, direta ou indiretamente, qualquer tipo de indenização relativa a eventual perda de arrecadação decorrente da adoção do crédito presumido de que trata o inciso V do *caput* deste artigo nas operações com etanol hidratado em seu território;

V - o auxílio financeiro será entregue pela Secretaria do Tesouro Nacional da Secretaria Especial do Tesouro e Orçamento do Ministério da Economia, mediante depósito, no Banco do Brasil S.A., na mesma conta bancária em que são depositados os repasses regulares do Fundo de Participação dos Estados e do Distrito Federal (FPE), da seguinte forma:

a) primeira parcela até o dia 31 de agosto de 2022;

b) segunda parcela até o dia 30 de setembro de 2022;

c) terceira parcela até o dia 31 de outubro de 2022;

d) quarta parcela até o dia 30 de novembro de 2022;

e) quinta parcela até o dia 27 de dezembro de 2022;

VI - serão livres de vinculações a atividades ou a setores específicos, observadas:

a) a repartição com os Municípios na proporção a que se refere o inciso IV do *caput* do art. 158 da Constituição Federal;

b) a inclusão na base de cálculo para efeitos de aplicação do art. 212 e do inciso II do *caput* do art. 212-A da Constituição Federal;

VII - serão entregues após a aprovação de norma específica, independentemente da deliberação de que trata a alínea "g" do inciso XII do § 2º do art. 155 da Constituição Federal; e

VIII - serão incluídos, como receita, no orçamento do ente beneficiário do auxílio e, como despesa, no orçamento da União e deverão ser deduzidos da receita corrente líquida da União.

§ 6º O auxílio de que trata o inciso VI do *caput* deste artigo:

I - considerará taxistas os profissionais que residam e trabalhem no Brasil, comprovado mediante apresentação do documento de permissão para prestação do serviço emitido pelo poder público municipal ou distrital;

II - será regulamentado pelo Poder Executivo quanto à formação do cadastro para sua operacionalização, à sistemática de seu pagamento e ao seu valor.

§ 7º Compete aos ministérios setoriais, no âmbito de suas competências, a edição de atos complementares à implementação dos benefícios previstos nos incisos I, II, III e IV do *caput* deste artigo.

Art. 6º Até 31 de dezembro de 2022, a alíquota de tributos incidentes sobre a gasolina poderá ser fixada em zero, desde que a alíquota do mesmo tributo incidente sobre o etanol hidratado também seja fixada em zero.

Art. 7º Esta Emenda Constitucional entra em vigor na data de sua publicação.

Brasília, em 14 de julho de 2022
Mesa da Câmara dos Deputados
Deputado ARTHUR LIRA
Mesa do Senado Federal
Senador RODRIGO PACHECO

EMENDA CONSTITUCIONAL Nº 125, DE 14 DE JULHO DE 2022

Altera o art. 105 da Constituição Federal para instituir no recurso especial o requisito da relevância das questões de direito federal infraconstitucional.

As Mesas da Câmara dos Deputados e do Senado Federal, nos termos do § 3º do art. 60 da Constituição Federal, promulgam a seguinte Emenda ao texto constitucional:

Art. 1º O art. 105 da Constituição Federal passa a vigorar com as seguintes alterações:

▸ Alterações incorporadas ao texto da CF.

Art. 2º A relevância de que trata o § 2º do art. 105 da Constituição Federal será exigida nos recursos especiais interpostos após a entrada em vigor desta Emenda Constitucional, ocasião em que a parte poderá atualizar o valor da causa para os fins de que trata o inciso III do § 3º do referido artigo.

Art. 3º Esta Emenda Constitucional entra em vigor na data de sua publicação.

Brasília, em 14 de julho de 2022
Mesa da Câmara dos Deputados
Deputado ARTHUR LIRA
Mesa do Senado Federal
Senador RODRIGO PACHECO

EMENDA CONSTITUCIONAL Nº 126, DE 21 DE DEZEMBRO DE 2022

Altera a Constituição Federal, para dispor sobre as emendas individuais ao projeto de lei orçamentária, e o Ato das Disposições Constitucionais Transitórias para excluir despesas dos limites previstos no art. 107; define regras para a transição da Presidência da República aplicáveis à Lei Orçamentária de 2023; e dá outras providências.

As Mesas da Câmara dos Deputados e do Senado Federal, nos termos do § 3º do art. 60 da Constituição Federal, promulgam a seguinte Emenda ao texto constitucional:

Art. 1º A Constituição Federal passa a vigorar com as seguintes alterações:

‣ Alterações inseridas no texto da referida norma.

Art. 2º O Ato das Disposições Constitucionais Transitórias passa a vigorar com as seguintes alterações:

‣ Alterações inseridas no texto da referida norma.

Art. 3º O limite estabelecido no inciso I do *caput* do art. 107 do Ato das Disposições Constitucionais Transitórias fica acrescido em R$ 145.000.000.000,00 (cento e quarenta e cinco bilhões de reais) para o exercício financeiro de 2023.

Parágrafo único. As despesas decorrentes do aumento de limite previsto no *caput* deste artigo não serão consideradas para fins de verificação do cumprimento da meta de resultado primário estabelecida no *caput* do art. 2º da Lei nº 14.436, de 9 de agosto de 2022, e ficam ressalvadas, no exercício financeiro de 2023, do disposto no inciso III do *caput* do art. 167 da Constituição Federal.

Art. 4º Os atos editados em 2023 relativos ao programa de que trata o art. 2º da Lei nº 14.284, de 29 de dezembro de 2021, ou ao programa que vier a substituí-lo, e ao programa auxílio Gás dos Brasileiros, de que trata a Lei nº 14.237, de 19 de novembro de 2021, ficam dispensados da observância das limitações legais quanto à criação, à expansão ou ao aperfeiçoamento de ação governamental, inclusive quanto à necessidade de compensação.

Parágrafo único. O disposto no *caput* deste artigo não se aplica a atos cujos efeitos financeiros tenham início a partir do exercício de 2024.

Art. 5º Para o exercício financeiro de 2023, a ampliação de dotações orçamentárias sujeitas ao limite previsto no inciso I do *caput* do art. 107 do Ato das Disposições Constitucionais Transitórias prevista nesta Emenda Constitucional poderá ser destinada ao atendimento de solicitações das comissões permanentes do Congresso Nacional ou de suas Casas.

§ 1º Fica o relator-geral do Projeto de Lei Orçamentária de 2023 autorizado a apresentar emendas para a ampliação de dotações orçamentárias referida no *caput* deste artigo.

§ 2º As emendas referidas no § 1º deste artigo:

I - não se sujeitam aos limites aplicáveis às emendas ao projeto de lei orçamentária;

II - devem ser classificadas de acordo com as alíneas a ou b do inciso II do § 4º do art. 7º da Lei nº 14.436, de 9 de agosto de 2022.

§ 3º O disposto no *caput* deste artigo não impede os cancelamentos necessários à abertura de créditos adicionais.

§ 4º As ações diretamente destinadas a políticas públicas para mulheres deverão constar entre as diretrizes sobre como a margem aberta será empregada.

Art. 6º O Presidente da República deverá encaminhar ao Congresso Nacional, até 31 de agosto de 2023, projeto de lei complementar com o objetivo de instituir regime fiscal sustentável para garantir a estabilidade macroeconômica do País e criar as condições adequadas ao crescimento socioeconômico, inclusive quanto à regra estabelecida no inciso III do *caput* do art. 167 da Constituição Federal.

Art. 7º O disposto nesta Emenda Constitucional não altera a base de cálculo estabelecida no § 1º do art. 107 do Ato das Disposições Constitucionais Transitórias.

Art. 8º Fica o relator-geral do Projeto de Lei Orçamentária de 2023 autorizado a apresentar emendas para ações direcionadas à execução de políticas públicas até o valor de R$ 9.850.000.000,00 (nove bilhões oitocentos e cinquenta milhões de reais), classificadas de acordo com a alínea b do inciso II do § 4º do art. 7º da Lei nº 14.436, de 9 de agosto de 2022.

Art. 9º Ficam revogados os arts. 106, 107, 109, 110, 111, 111-A, 112 e 114 do Ato das Disposições Constitucionais Transitórias após a sanção da lei complementar prevista no art. 6º desta Emenda Constitucional.

Art. 10. Esta Emenda Constitucional entra em vigor na data de sua publicação.

Brasília, em 21 de dezembro de 2022

Mesa da Câmara dos Deputados

Deputado ARTHUR LIRA

Mesa do Senado Federal

Senador RODRIGO PACHECO

EMENDA CONSTITUCIONAL Nº 127, DE 22 DE DEZEMBRO DE 2022

Altera a Constituição Federal e o Ato das Disposições Constitucionais Transitórias para estabelecer que compete à União prestar assistência financeira complementar aos Estados, ao Distrito Federal e aos Municípios e às entidades filantrópicas, para o cumprimento dos pisos salariais profissionais nacionais para o enfermeiro, o técnico de enfermagem, o auxiliar de enfermagem e a parteira; altera a Emenda Constitucional nº 109, de 15 de março de 2021, para estabelecer o superávit financeiro dos fundos públicos do Poder Executivo como fonte de recursos para o cumprimento dos pisos salariais profissionais nacionais para o enfermeiro, o técnico de enfermagem, o auxiliar de enfermagem e a parteira; e dá outras providências.

As Mesas da Câmara dos Deputados e do Senado Federal, nos termos do § 3º do art. 60 da Constituição Federal, promulgam a seguinte Emenda ao texto constitucional:

Art. 1º O art. 198 da Constituição Federal passa a vigorar acrescido dos seguintes §§ 14 e 15:

‣ Alterações inseridas no texto da referida norma.

Art. 2º O Ato das Disposições Constitucionais Transitórias passa a vigorar com as seguintes alterações:

‣ Alterações inseridas no texto da referida norma.

Art. 3º O art. 5º da Emenda Constitucional nº 109, de 15 de março de 2021, passa a vigorar com as seguintes alterações:

‣ Alterações inseridas no texto da referida norma.

Art. 4º Poderão ser utilizados como fonte para pagamento da assistência financeira complementar de que trata o § 15 do art. 198 da Constituição Federal os recursos vinculados ao Fundo Social (FS) de que trata o art. 49 da Lei nº 12.351, de 22 de dezembro de 2010, ou de lei que venha a substituí-la, sem prejuízo à parcela que estiver destinada à área de educação.

Parágrafo único. Os recursos previstos no *caput* deste artigo serão acrescidos ao montante aplicado nas ações e serviços públicos de saúde, nos termos da Lei Complementar nº 141, de 13 de janeiro de 2012, ou de lei complementar que venha a substituí-la, e não serão computados para fins dos recursos mínimos de que trata o § 2º do art. 198 da Constituição Federal.

Art. 5º Esta Emenda Constitucional entra em vigor na data de sua publicação.

Brasília, em 22 de dezembro de 2022

Mesa da Câmara dos Deputados

Deputado ARTHUR LIRA

Mesa do Senado Federal

Senador RODRIGO PACHECO

EMENDA CONSTITUCIONAL Nº 132, DE 20 DE DEZEMBRO DE 2023

Altera o Sistema Tributário Nacional.

As Mesas da Câmara dos Deputados e do Senado Federal, nos termos do § 3º do art. 60 da Constituição Federal, promulgam a seguinte Emenda ao texto constitucional:

Art. 1º A Constituição Federal passa a vigorar com as seguintes alterações:

‣ Alterações inseridas no texto da referida norma.

Art. 2º O Ato das Disposições Constitucionais Transitórias passa a vigorar com as seguintes alterações:

‣ Alterações inseridas no texto da referida norma.

Art. 3º A Constituição Federal passa a vigorar com as seguintes alterações:

‣ Alterações inseridas no texto da referida norma.

Art. 4º A Constituição Federal passa a vigorar com as seguintes alterações:

‣ Alterações inseridas no texto da referida norma.

Art. 5º O Ato das Disposições Constitucionais Transitórias passa a vigorar com as seguintes alterações:

‣ Alterações inseridas no texto da referida norma.

Art. 6º Até que lei complementar disponha sobre a matéria:

I - o crédito das parcelas de que trata o art. 158, IV, "b", da Constituição Federal, obedecido o § 2º do referido artigo, com redação dada pelo art. 1º desta Emenda Constitucional, observará, no que couber, os critérios e os prazos aplicáveis ao Imposto sobre Operações relativas à Circulação de Mercadorias e sobre Prestação de Serviços de Transporte Interestadual e Intermunicipal e de Comunicação a que se refere a Lei Complementar nº 63, de 11 de janeiro de 1990, e respectivas alterações;

II - a entrega dos recursos do art. 153, VIII, nos termos do art. 159, I, ambos da Constituição Federal, com redação dada pelo art. 1º desta Emenda Constitucional, observará os critérios e as condições da Lei Complementar nº 62, de 28 de dezembro de 1989, e respectivas alterações;

III - a entrega dos recursos do imposto de que trata o art. 153, VIII, nos termos do art. 159, II, ambos da Constituição Federal, com redação dada pelo art. 1º desta Emenda Constitucional, observará a Lei Complementar nº 61, de 26 de dezembro de 1989, e respectivas alterações;

IV - as bases de cálculo dos percentuais dos Estados, do Distrito Federal e dos Municípios de que trata a Lei Complementar nº 141, de 13 de janeiro de 2012, compreenderão também:

a) as respectivas parcelas do imposto de que trata o art. 156-A, com os acréscimos e as deduções decorrentes do crédito das parcelas de que trata o art. 158, IV, "b", ambos da Constituição Federal, com redação dada pelo art. 1º desta Emenda Constitucional;

b) os valores recebidos nos termos dos arts. 131 e 132 do Ato das Disposições Constitucionais Transitórias, com redação dada pelo art. 2º desta Emenda Constitucional.

§ 1º As vinculações de receita dos impostos previstos nos arts. 155, II, e 156, III, estabelecidas em legislação de Estados, Distrito Federal ou Municípios até a data de promulgação desta Emenda Constitucional serão aplicadas, em mesmo percentual, sobre a receita do imposto previsto no art. 156-A do ente federativo competente.

§ 2º Aplica-se o disposto no § 1º deste artigo enquanto não houver alteração na legislação dos Estados, Distrito Federal ou Municípios que trata das referidas vinculações.

Art. 7º A partir de 2027, a União compensará eventual redução no montante dos valores entregues nos termos do art. 159, I e II, em razão da substituição da arrecadação do imposto previsto no art. 153, IV, pela arrecadação do imposto previsto no art. 153, VIII, todos da Constituição Federal, nos termos de lei complementar.

§ 1º A compensação de que trata o *caput*:

I - terá como referência a média de recursos transferidos do imposto previsto no art. 153, IV, de 2022 a 2026, atualizada:

a) até 2027, na forma da lei complementar;

b) a partir de 2028, pela variação do produto da arrecadação da contribuição prevista no art. 195, V, da Constituição Federal, apurada com base na alíquota de referência de que trata o art. 130 do Ato das Disposições Constitucionais Transitórias; e

II - observará os mesmos critérios, prazos e garantias aplicáveis à entrega de recursos de que trata o art. 159, I e II, da Constituição Federal.

§ 2º Aplica-se à compensação de que trata o *caput* o disposto nos arts. 167, § 4º, 198, § 2º, 212, *caput* e § 1º, e 212-A, II, da Constituição Federal.

Art. 8º Fica criada a Cesta Básica Nacional de Alimentos, que considerará a diversidade regional e cultural da alimentação do País e garantirá a alimentação saudável e nutricionalmente adequada, em observância ao direito social à alimentação previsto no art. 6º da Constituição Federal.

Parágrafo único. Lei complementar definirá os produtos destinados à alimentação humana que comporão a Cesta Básica Nacional de Alimentos, sobre os quais as alíquotas dos tributos previstos nos arts. 156-A e 195, V, da Constituição Federal serão reduzidas a zero.

Art. 9º A lei complementar que instituir o imposto de que trata o art. 156-A e a contribuição de que trata o art. 195, V, ambos da Constituição Federal, poderá prever os regimes diferenciados de tributação de que trata este artigo, desde que sejam uniformes em todo o território nacional e sejam realizados os respectivos ajustes nas alíquotas de referência com vistas a reequilibrar a arrecadação da esfera federativa.

§ 1º A lei complementar definirá as operações beneficiadas com redução de 60% (sessenta por cento) das alíquotas dos tributos de que trata o *caput* entre as relativas aos seguintes bens e serviços:

I - serviços de educação;

II - serviços de saúde;

III - dispositivos médicos;

IV - dispositivos de acessibilidade para pessoas com deficiência;

V - medicamentos;

VI - produtos de cuidados básicos à saúde menstrual;

VII - serviços de transporte público coletivo de passageiros rodoviário e metroviário de caráter urbano, semiurbano e metropolitano;

VIII - alimentos destinados ao consumo humano;

IX - produtos de higiene pessoal e limpeza majoritariamente consumidos por famílias de baixa renda;

X - produtos agropecuários, aquícolas, pesqueiros, florestais e extrativistas vegetais in natura;

XI - insumos agropecuários e aquícolas;

XII - produções artísticas, culturais, de eventos, jornalísticas e audiovisuais nacionais, atividades desportivas e comunicação institucional;

XIII - bens e serviços relacionados a soberania e segurança nacional, segurança da informação e segurança cibernética.

§ 2º É vedada a fixação de percentual de redução distinto do previsto no § 1º em relação às hipóteses nele previstas.

§ 3º A lei complementar a que se refere o *caput* preverá hipóteses de:

I - isenção, em relação aos serviços de que trata o § 1º, VII;

II - redução em 100% (cem por cento) das alíquotas dos tributos referidos no *caput* para:

a) bens de que trata o § 1º, III a VI;

b) produtos hortícolas, frutas e ovos;

c) serviços prestados por Instituição Científica, Tecnológica e de Inovação (ICT) sem fins lucrativos;

d) automóveis de passageiros, conforme critérios e requisitos estabelecidos em lei complementar, quando adquiridos por pessoas com deficiência e pessoas com transtorno do espectro autista, diretamente ou por intermédio de seu representante legal ou por motoristas profissionais, nos termos de lei complementar, que destinem o automóvel à utilização na categoria de aluguel (táxi);

III - redução em 100% (cem por cento) da alíquota da contribuição de que trata o art. 195, V, da Constituição Federal, para serviços de educação de ensino superior nos termos do Programa Universidade para Todos (Prouni), instituído pela Lei nº 11.096, de 13 de janeiro de 2005;

IV - isenção ou redução em até 100% (cem por cento) das alíquotas dos tributos referidos no *caput* para atividades de reabilitação urbana de zonas históricas e de áreas críticas de recuperação e reconversão urbanística.

§ 4º O produtor rural pessoa física ou jurídica que obtiver receita anual inferior a R$ 3.600.000,00 (três milhões e seiscentos mil reais), atualizada anualmente pelo Índice Nacional de Preços ao Consumidor Amplo (IPCA), e o produtor integrado de que trata o art. 2º, II, da Lei nº 13.288, de 16 de maio de 2016, com a redação vigente em 31 de maio de 2023, poderão optar por ser contribuintes dos tributos de que trata o *caput*.

§ 5º É autorizada a concessão de crédito ao contribuinte adquirente de bens e serviços de produtor rural pessoa física ou jurídica que não opte por ser contribuinte na hipótese de que trata o § 4º, nos termos da lei complementar, observado o seguinte:

I - o Poder Executivo da União e o Comitê Gestor do Imposto de Bens e Serviços poderão revisar, anualmente, de acordo com critérios estabelecidos em lei complementar, o valor do crédito presumido concedido, não se aplicando o disposto no art. 150, I, da Constituição Federal; e

II - o crédito presumido de que trata este parágrafo terá como objetivo permitir a apropriação de créditos não aproveitados por não contribuinte do imposto em razão do disposto no *caput* deste parágrafo.

§ 6º Observado o disposto no § 5º, I, é autorizada a concessão de crédito ao contribuinte adquirente de:

I - serviços de transportador autônomo de carga pessoa física que não seja contribuinte do imposto, nos termos da lei complementar;

II - resíduos e demais materiais destinados à reciclagem, reutilização ou logística reversa, de pessoa física, cooperativa ou outra forma de organização popular.

§ 7º Lei complementar poderá prever a concessão de crédito ao contribuinte que adquira bens móveis usados de pessoa física não contribuinte para revenda, desde que esta seja tributada e o crédito seja vinculado ao respectivo bem, vedado o ressarcimento.

§ 8º Os benefícios especiais de que trata este artigo serão concedidos observando-se o disposto no art. 149-B, III, da Constituição Federal, exceto em relação ao § 3º, III, deste artigo.

§ 9º O imposto previsto no art. 153, VIII, da Constituição Federal não incidirá sobre os bens ou serviços cujas alíquotas sejam reduzidas nos termos do § 1º deste artigo.

§ 10. Os regimes diferenciados de que trata este artigo serão submetidos a avaliação quinquenal de custo-benefício, podendo a lei fixar regime de transição para a alíquota padrão, não observado o disposto no § 2º, garantidos os respectivos ajustes nas alíquotas de referência.

§ 11. A avaliação de que trata o § 10 deverá examinar o impacto da legislação dos tributos a que se refere o *caput* deste artigo na promoção da igualdade entre homens e mulheres.

§ 12. A lei complementar estabelecerá as operações beneficiadas com redução de 30% (trinta por cento) das alíquotas dos tributos de que trata o *caput* relativas à prestação de serviços de profissão intelectual, de natureza científica, literária ou artística, desde que sejam submetidas a fiscalização por conselho profissional.

§ 13. Para fins deste artigo, incluem-se:

I - entre os medicamentos de que trata o inciso V do § 1º, as composições para nutrição enteral ou parenteral e as composições especiais e fórmulas nutricionais destinadas às pessoas com erros inatos do metabolismo; e

II - entre os alimentos de que trata o inciso VIII do § 1º, os sucos naturais sem adição de açúcares e conservantes.

Art. 10. Para fins do disposto no inciso II do § 6º do art. 156-A da Constituição Federal, consideram-se:

I - serviços financeiros:

a) operações de crédito, câmbio, seguro, resseguro, consórcio, arrendamento mercantil, faturização, securitização, previdência privada, capitalização, arranjos de pagamento, operações com títulos e valores mobiliários, inclusive negociação e corretagem, e outras que impliquem captação, repasse, intermediação, gestão ou administração de recursos;

b) outros serviços prestados por entidades administradoras de mercados organizados, infraestruturas de mercado e depositárias centrais e por instituições autorizadas a funcionar pelo Banco Central do Brasil, na forma de lei complementar;

II - operações com bens imóveis:

a) construção e incorporação imobiliária;

b) parcelamento do solo e alienação de bem imóvel;

c) locação e arrendamento de bem imóvel;

d) administração e intermediação de bem imóvel.

§ 1º Em relação às instituições financeiras bancárias:

I - não se aplica o regime específico de que trata o art. 156-A, § 6º, II, da Constituição Federal aos serviços remunerados por tarifas e comissões, observado o disposto nas normas expedidas pelas entidades reguladoras;

II - os demais serviços financeiros sujeitam-se ao regime específico de que trata o art. 156-A, § 6º, II, da Constituição Federal, devendo as alíquotas e as bases de cálculo ser definidas de modo a manter, em caráter geral, até o final do quinto ano da entrada em vigor do regime, a carga tributária decorrente dos tributos extintos por esta Emenda Constitucional incidente sobre as operações de crédito na data de sua promulgação, e a manter, em caráter específico, aquela incidente sobre as operações relacionadas ao fundo de garantia por tempo de serviço, podendo, neste caso, definir alíquota e base de cálculo diferenciadas e abranger os serviços de que trata o inciso I deste parágrafo, não se lhes aplicando o prazo previsto neste inciso.

§ 2º O disposto no § 1º, II, em relação ao fundo de garantia do tempo de serviço, poderá, nos termos da lei complementar, ser estendido para outros fundos garantidores ou executores de políticas públicas previstos em lei.

Art. 11. A revogação do art. 195, I, "b", não produzirá efeitos sobre as contribuições incidentes sobre a receita ou o faturamento vigentes na data de publicação desta Emenda Constitucional que substituam a contribuição de que trata o art. 195, I, "a", ambos da Constituição Federal, e sejam cobradas com base naquele dispositivo, observado o disposto no art. 30 da Emenda Constitucional nº 103, de 12 de novembro de 2019.

› Art. 23, I, desta EC.

Art. 12. Fica instituído o Fundo de Compensação de Benefícios Fiscais ou Financeiro-Fiscais do imposto de que trata o art. 155, II, da Constituição Federal, com vistas a compensar, entre 1º de janeiro de 2029 e 31 de dezembro de 2032, pessoas físicas ou jurídicas beneficiárias de isenções, incentivos e benefícios fiscais ou financeiro-fiscais relativos àquele imposto, concedidos por prazo certo e sob condição.

§ 1º De 2025 a 2032, a União entregará ao Fundo recursos que corresponderão aos seguintes valores, atualizados, de 2023 até o ano anterior ao da entrega, pela variação acumulada do IPCA ou de outro índice que vier a substituí-lo:

I - em 2025, a R$ 8.000.000.000,00 (oito bilhões de reais);

II - em 2026, a R$ 16.000.000.000,00 (dezesseis bilhões de reais);

III - em 2027, a R$ 24.000.000.000,00 (vinte e quatro bilhões de reais);

IV - em 2028, a R$ 32.000.000.000,00 (trinta e dois bilhões de reais);

V - em 2029, a R$ 32.000.000.000,00 (trinta e dois bilhões de reais);

VI - em 2030, a R$ 24.000.000.000,00 (vinte e quatro bilhões de reais);

VII - em 2031, a R$ 16.000.000.000,00 (dezesseis bilhões de reais);

VIII - em 2032, a R$ 8.000.000.000,00 (oito bilhões de reais).

§ 2º Os recursos do Fundo de que trata o *caput* serão utilizados para compensar a redução do nível de benefícios onerosos do imposto previsto no art. 155, II, da Constituição Federal, na forma do § 1º do art. 128 do Ato das Disposições Constitucionais Transitórias, suportada pelas pessoas físicas ou jurídicas em razão da substituição do referido imposto por aquele previsto no art. 156-A da Constituição Federal, nos termos deste artigo.

§ 3º Para efeitos deste artigo, consideram-se benefícios onerosos as isenções, os incentivos e os benefícios fiscais ou financeiro-fiscais vinculados ao imposto referido no *caput* deste artigo concedidos por prazo certo e sob condição, na forma do art. 178 da Lei nº 5.172, de 25 de outubro de 1966 (Código Tributário Nacional).

§ 4º A compensação de que trata o § 1º:

I - aplica-se aos titulares de benefícios onerosos referentes ao imposto previsto no art. 155, II, da Constituição Federal regularmente concedidos até 31 de maio de 2023, sem prejuízo de ulteriores prorrogações ou renovações, observados o prazo estabelecido no *caput* e, se aplicável, a exigência de registro e depósito estabelecida pelo art. 3º, II, da Lei Complementar nº 160, de 7 de agosto de 2017, que tenham cumprido tempestivamente as condições exigidas pela norma concessiva do benefício, bem como aos titulares de projetos abrangidos pelos benefícios a que se refere o art. 19 desta Emenda Constitucional;

II - não se aplica aos titulares de benefícios decorrentes do disposto no art. 3º, § 2º-A, da Lei Complementar nº 160, de 7 de agosto de 2017.

§ 5º A pessoa física ou jurídica perderá o direito à compensação de que trata o § 2º caso deixe de cumprir tempestivamente as condições exigidas pela norma concessiva do benefício.

§ 6º Lei complementar estabelecerá:

I - critérios e limites para apuração do nível de benefícios e de sua redução;

II - procedimentos de análise, pela União, dos requisitos para habilitação do requerente à compensação de que trata o § 2º.

§ 7º É vedada a prorrogação dos prazos de que trata o art. 3º, §§ 2º e 2º-A, da Lei Complementar nº 160, de 7 de agosto de 2017.

§ 8º A União deverá complementar os recursos de que trata o § 1º em caso de insuficiência de recursos para a compensação de que trata o § 2º.

§ 9º Eventual saldo financeiro existente em 31 de dezembro de 2032 será transferido ao Fundo de que trata o art. 159-A da Constituição Federal, com a redação dada pelo art. 1º desta Emenda Constitucional, sem redução ou compensação dos valores consignados no art. 13 desta Emenda Constitucional.

§ 10. O disposto no § 4º, I, aplica-se também aos titulares de benefícios onerosos que, por força de mudanças na legislação estadual, tenham migrado para outros programas ou benefícios entre 31 de maio de 2023 e a data de promulgação desta Emenda Constitucional, ou estejam em processo de migração na data de promulgação desta Emenda Constitucional.

Art. 13. Os recursos de que trata o art. 159-A da Constituição Federal, com a redação dada pelo art. 1º desta Emenda Constitucional, corresponderão aos seguintes valores, atualizados, de 2023 até o ano anterior ao da entrega, pela variação acumulada do IPCA ou de outro índice que vier a substituí-lo:

I - em 2029, a R$ 8.000.000.000,00 (oito bilhões de reais);

II - em 2030, a R$ 16.000.000.000,00 (dezesseis bilhões de reais);

III - em 2031, a R$ 24.000.000.000,00 (vinte e quatro bilhões de reais);

IV - em 2032, a R$ 32.000.000.000,00 (trinta e dois bilhões de reais);

V - em 2033, a R$ 40.000.000.000,00 (quarenta bilhões de reais);

VI - em 2034, a R$ 42.000.000.000,00 (quarenta e dois bilhões de reais);

VII - em 2035, a R$ 44.000.000.000,00 (quarenta e quatro bilhões de reais);

VIII - em 2036, a R$ 46.000.000.000,00 (quarenta e seis bilhões de reais);

IX - em 2037, a R$ 48.000.000.000,00 (quarenta e oito bilhões de reais);

X - em 2038, a R$ 50.000.000.000,00 (cinquenta bilhões de reais);

XI - em 2039, a R$ 52.000.000.000,00 (cinquenta e dois bilhões de reais);

XII - em 2040, a R$ 54.000.000.000,00 (cinquenta e quatro bilhões de reais);

XIII - em 2041, a R$ 56.000.000.000,00 (cinquenta e seis bilhões de reais);

XIV - em 2042, a R$ 58.000.000.000,00 (cinquenta e oito bilhões de reais);

XV - a partir de 2043, a R$ 60.000.000.000,00 (sessenta bilhões de reais), por ano.

Art. 14. A União custeará, com posterior ressarcimento pelo Comitê Gestor do Imposto sobre Bens e Serviços de que trata o art. 156-B da Constituição Federal, as despesas necessárias para sua instalação.

Art. 15. Os recursos entregues na forma do art. 159-A da Constituição Federal, com a redação dada pelo art. 1º desta Emenda Constitucional, os recursos de que trata o art. 12 e as compensações de que trata o art. 7º não se incluem em bases de cálculo ou em limites de despesas estabelecidos pela lei complementar de que trata o art. 6º da Emenda Constitucional nº 126, de 21 de dezembro de 2022.

Art. 16. Até que lei complementar regule o disposto no art. 155, § 1º, III, da Constituição Federal, o imposto incidente nas hipóteses de que trata o referido dispositivo competirá:

I - relativamente a bens imóveis e respectivos direitos, ao Estado da situação do bem, ou ao Distrito Federal;

II - se o doador tiver domicílio ou residência no exterior:

a) ao Estado onde tiver domicílio o donatário ou ao Distrito Federal;

b) se o donatário tiver domicílio ou residir no exterior, ao Estado em que se encontrar o bem ou ao Distrito Federal;

III - relativamente aos bens do de cujus, ainda que situados no exterior, ao Estado onde era domiciliado, ou, se domiciliado ou residente no exterior, onde tiver domicílio o sucessor ou legatário, ou ao Distrito Federal.

Art. 17. A alteração do art. 155, § 1º, II, da Constituição Federal, promovida pelo art. 1º desta Emenda Constitucional, aplica-se às sucessões abertas a partir da data de publicação desta Emenda Constitucional.

Art. 18. O Poder Executivo deverá encaminhar ao Congresso Nacional:

I - em até 90 (noventa) dias após a promulgação desta Emenda Constitucional, projeto de lei que reforme a tributação da renda, acompanhado das correspondentes estimativas e estudos de impactos orçamentários e financeiros;

II - em até 180 (cento e oitenta) dias após a promulgação desta Emenda Constitucional, os projetos de lei referidos nesta Emenda Constitucional;

III - em até 90 (noventa) dias após a promulgação desta Emenda Constitucional, projeto de lei que reforme a tributação da folha de salários.

Parágrafo único. Eventual arrecadação adicional da União decorrente da aprovação da medida de que trata o inciso I do *caput* deste artigo poderá ser considerada como fonte de compensação para redução da tributação incidente sobre a folha de pagamentos e sobre o consumo de bens e serviços.

Art. 19. Os projetos habilitados à fruição dos benefícios estabelecidos pelo art. 11-C da Lei nº 9.440, de 14 de março de 1997, e pelos arts. 1º a 4º da Lei nº 9.826, de 23 de agosto de 1999, farão jus, até 31 de dezembro de 2032, a crédito presumido da contribuição prevista no art. 195, V, da Constituição Federal.

§ 1º O crédito presumido de que trata este artigo:

I - incentivará exclusivamente a produção de veículos equipados com motor elétrico que tenha capacidade de tracionar o veículo somente com energia elétrica, permitida a associação com motor de combustão interna que utilize biocombustíveis isolada ou simultaneamente com combustíveis derivados de petróleo;

II - será concedido exclusivamente:

a) a projetos aprovados até 31 de dezembro de 2024 de pessoas jurídicas habilitadas à fruição dos benefícios estabelecidos pelo art. 11-C da Lei nº 9.440, de 14 de março de 1997, e pelos arts. 1º a 4º da Lei nº 9.826, de 23 de agosto de 1999, na data de promulgação desta Emenda Constitucional;

b) a novos projetos, aprovados até 31 de dezembro de 2025, que ampliem ou reiniciem a produção em planta industrial utilizada em projetos ativos ou inativos habilitados à fruição dos benefícios de que trata a alínea "a"deste inciso;

III - poderá ter sua manutenção condicionada à realização de investimentos produtivos e em pesquisa e desenvolvimento de inovação tecnológica;

IV - equivalerá ao nível de benefício estabelecido, para o ano de 2025, pelo art. 11-C da Lei nº 9.440, de 14 de março de 1997, e pelos arts. 1º a 4º da Lei nº 9.826, de 23 de agosto de 1999; e

V - será reduzido à razão de 20% (vinte por cento) ao ano entre 2029 e 2032.

§ 2º Os créditos apurados em decorrência dos benefícios de que trata o *caput* poderão ser compensados com débitos próprios relativos a tributos administrados pela Secretaria Especial da Receita Federal do Brasil, nos termos da lei, e não poderão ser transferidos a outro estabelecimento da pessoa jurídica, devendo ser utilizados somente pelo estabelecimento habilitado e localizado na região incentivada.

§ 3º O benefício de que trata este artigo será estendido a projetos de pessoas jurídicas de que trata o § 1º, II, "a", relacionados à produção de veículos tracionados por motor de combustão interna que utilize biocombustíveis isolada ou cumulativamente com combustíveis derivados de petróleo, desde que a pessoa jurídica habilitada:

I - no caso de montadoras de veículos, inicie a produção de veículos que atendam ao disposto no § 1º, I, até 1º de janeiro de 2028; e

II - assuma, nos termos do ato concessório do benefício, compromissos relativos:

a) ao volume mínimo de investimentos;

b) ao volume mínimo de produção; e

c) à manutenção da produção por prazo mínimo, inclusive após o encerramento do benefício.

§ 4º A lei complementar estabelecerá as penalidades aplicáveis em razão do descumprimento das condições exigidas para fruição do crédito presumido de que trata este artigo.

Art. 20. Até que lei disponha sobre a matéria, a contribuição para o Programa de Formação do Patrimônio do Servidor Público, criado pela Lei Complementar nº 8, de 3 de dezembro de 1970, de que trata o art. 239 da Constituição Federal, permanecerá sendo cobrada na forma do art. 2º, III, da Lei nº 9.715, de 25 de novembro de 1998, e dos demais dispositivos legais a ele referentes em vigor na data de publicação desta Emenda Constitucional.

Art. 21. Lei complementar poderá estabelecer instrumentos de ajustes nos contratos firmados anteriormente à entrada em vigor das leis instituidoras dos tributos de que tratam o art. 156-A e o art. 195, V, da Constituição Federal, inclusive concessões públicas.

Art. 22. Revogam-se:

I - em 2027, o art. 195, I, "b", e IV, e § 12, da Constituição Federal;

II - em 2033:

a) os arts. 155, II, e §§ 2º a 5º, 156, III, e § 3º, 158, IV, "a", e § 1º, e 161, I, da Constituição Federal; e

b) os arts. 80, II, 82, § 2º, e 83 do Ato das Disposições Constitucionais Transitórias.

Art. 23. Esta Emenda Constitucional entra em vigor:

I - em 2027, em relação aos arts. 3º e 11;

II - em 2033, em relação aos arts. 4º e 5º; e

III - na data de sua publicação, em relação aos demais dispositivos.

Brasília, em 20 de dezembro de 2023

Mesa da Câmara dos Deputados

Deputado ARTHUR LIRA

Mesa do Senado Federal

Senador RODRIGO PACHECO

LINDB

LEI DE INTRODUÇÃO ÀS NORMAS DO DIREITO BRASILEIRO

DECRETO-LEI Nº 4.657, DE 04 DE SETEMBRO DE 1942

Lei de Introdução às normas do Direito Brasileiro

- Antiga Lei de Introdução ao Código Civil (LICC). Ementa com redação dada pela Lei 12.376/2010.
- DOU, 09.09.1942.

O Presidente da República, usando da atribuição que lhe confere o artigo 180 da Constituição, decreta:

Art. 1º Salvo disposição contrária, a lei começa a vigorar em todo o país quarenta e cinco dias depois de oficialmente publicada.

- art. 62, §§ 3º; 4º; 6º e 7º, CF.
- arts. 101 a 104, CTN.
- Lei 2.770/1956 (Suprime a concessão de medidas liminares nas ações e procedimentos judiciais de qualquer natureza que visem a liberação de bens, mercadorias ou coisas de procedência estrangeira).
- Lei 3.244/1957 (Dispõe sobre a reforma da tarifa das alfândegas).
- Lei 4.966/1966 (Isenta dos impostos de importação e consumo e da taxa de despacho aduaneiro os bens dos imigrantes).
- Dec.-Lei 333/1967 (Dispõe sobre a entrada em vigor das deliberações do Conselho de Política Aduaneira e incorpora às alíquotas do imposto de importação a taxa de despacho aduaneiro).
- art. 8º, LC 95/1998 (Dispõe sobre a elaboração, a redação, a alteração e a consolidação das leis).

§ 1º Nos Estados, estrangeiros, a obrigatoriedade da lei brasileira, quando admitida, se inicia três meses depois de oficialmente publicada.

§ 2º (Revogado pela Lei 12.036/2009.)

§ 3º Se, antes de entrar a lei em vigor, ocorrer nova publicação de seu texto, destinada a correção, o prazo deste artigo e dos parágrafos anteriores começará a correr da nova publicação.

§ 4º As correções a texto de lei já em vigor consideram-se lei nova.

Art. 2º Não se destinando à vigência temporária, a lei terá vigor até que outra a modifique ou revogue.

- LC 95/1998 (Dispõe sobre a elaboração, a redação, a alteração e a consolidação das leis).
- » *Vide* Lei Complementar n. 95, de 26-2-1998 (Dispõe sobre a elaboração, a redação, a alteração e a consolidação das leis).

§ 1º A lei posterior revoga a anterior quando expressamente o declare, quando seja com ela incompatível ou quando regule inteiramente a matéria de que tratava a lei anterior.

§ 2º A lei nova, que estabeleça disposições gerais ou especiais a par das já existentes, não revoga nem modifica a lei anterior.

§ 3º Salvo disposição em contrário, a lei revogada não se restaura por ter a lei revogadora perdido a vigência.

Art. 3º Ninguém se escusa de cumprir a lei, alegando que não a conhece.

Art. 4º Quando a lei for omissa, o juiz decidirá o caso de acordo com a analogia, os costumes e os princípios gerais de direito.

- arts. 140, 375 e 723, NCPC.
- arts. 100; 101 e 107 a 111, CTN.
- art. 8º, CLT.
- art. 2º, Lei 9.307/1996 (Lei da Arbitragem).

Art. 5º Na aplicação da lei, o juiz atenderá aos fins sociais a que ela se dirige e às exigências do bem comum.

Art. 6º A Lei em vigor terá efeito imediato e geral, respeitados o ato jurídico perfeito, o direito adquirido e a coisa julgada. (Redação dada pela Lei 3.238/1957.)

- art. 5º, XXXVI, CF.
- art. 1.787, CC/2002.
- Súm. Vinc. 1, STF.
- » *Vide* Súmula Vinculante n. 1 do STF.

§ 1º Reputa-se ato jurídico perfeito o já consumado segundo a lei vigente ao tempo em que se efetuou. (Parágrafo incluído pela Lei 3.238/1957.)

§ 2º Consideram-se adquiridos assim os direitos que o seu titular, ou alguém por ele, possa exercer, como aqueles cujo começo do exercício tenha termo pré-fixo, ou condição preestabelecida inalterável, a arbítrio de outrem. (Parágrafo incluído pela Lei 3.238/1957.)

- arts. 131 e 135, CC/2002.

§ 3º Chama-se coisa julgada ou caso julgado a decisão judicial de que já não caiba recurso. (Parágrafo incluído pela Lei 3.238/1957.)

- art. 5º, XXXVI, CF.
- arts. 121; 126 a 128; 131 e 135, CC/2002.
- art. 502, NCPC.

Art. 7º A lei do país em que domiciliada a pessoa determina as regras sobre o começo e o fim da personalidade, o nome, a capacidade e os direitos de família.

- arts. 1º a 10; 22 a 39, 70 a 78 e 1.511 a 1.638, CC/2002.
- Lei 6.015/1973 (Lei de Registros Públicos).
- v. Dec. 66.605/1970 (Promulgou a Convenção sobre Consentimento para Casamento).
- v. Lei 13.445/2017 (Lei de Migração).
- Enunciado 408 das Jornadas de Direito Civil.

§ 1º Realizando-se o casamento no Brasil, será aplicada a lei brasileira quanto aos impedimentos dirimentes e às formalidades da celebração.

- art. 1.511 e ss., CC/2002.
- arts. 8º e 9º, Lei 1.110/1950 (Dispõe sobre o reconhecimento dos efeitos civis do casamento religioso).
- Lei 6.015/1973 (Lei de Registros Públicos).

§ 2º O casamento de estrangeiros poderá celebrar-se perante autoridades diplomáticas ou consulares do país de ambos os nubentes. (Redação dada pela Lei 3.238/1957.)

- art. 1.544, CC/2002.

§ 3º Tendo os nubentes domicílio diverso, regerá os casos de invalidade do matrimônio a lei do primeiro domicílio conjugal.

- arts. 1.548 a 1.564, CC/2002.

§ 4º O regime de bens, legal ou convencional, obedece à lei do país em que tiverem os nubentes domicílio, e, se este for diverso, a do primeiro domicílio conjugal.

- arts. 1.658 a 1.666, CC/2002.

§ 5º O estrangeiro casado que se naturalizar brasileiro pode, mediante expressa anuência de seu cônjuge, requerer ao juiz, no ato de entrega do decreto de naturalização, se apostile ao mesmo a adoção do regime de comunhão parcial de bens, respeitados os direitos de terceiros e dada esta adoção ao competente registro. (Redação dada pela Lei 6.515/1977.)

- arts. 1.658 a 1.666, CC/2002.

§ 6º O divórcio realizado no estrangeiro, se um ou ambos os cônjuges forem brasileiros, só será reconhecido no Brasil depois de 1 (um) ano da data da sentença, salvo se houver sido antecedida de separação judicial por igual prazo, caso em que a homologação produzirá efeito imediato, obedecidas as condições estabelecidas para a eficácia das sentenças estrangeiras no país. O Superior Tribunal de Justiça, na forma de seu regimento interno, poderá reexaminar, a requerimento do interessado, decisões já proferidas em pedidos de homologação de sentenças estrangeiras de divórcio de brasileiros, a fim de que passem a produzir todos os efeitos legais. (Redação dada pela Lei 12.036/2009.)

- arts. 105, I, l; e 227, § 6º, CF.
- art. 961, NCPC.
- » *Vide* art. 15 da LINDB.
- » *Vide* arts. 105, I, *i*, e 227, § 6.º, da CF.

§ 7º Salvo o caso de abandono, o domicílio do chefe da família estende-se ao outro cônjuge e aos filhos não emancipados, e o do tutor ou curador aos incapazes sob sua guarda.

- arts. 226, § 5º; e 227, § 6º, CF.
- arts. 3º; 4º; e 76, p.u., CC/2002.
- Lei 10.216/2001 (Dispõe sobre a proteção e os direitos das pessoas portadoras de transtornos mentais e redireciona o modelo assistencial em saúde mental).

§ 8º Quando a pessoa não tiver domicílio, considerar-se-á domiciliada no lugar de sua residência ou naquele em que se encontre.

- art. 46, NCPC.

Art. 8º Para qualificar os bens e regular as relações a eles concernentes, aplicar-se-á a lei do país em que estiverem situados.

- arts. 1.431 a 1435; 1.438 a 1.440; 1.442; 1.445; 1.446; 1.451 a 1.460 e 1.467 a 1.471, CC/2002.

§ 1º Aplicar-se-á a lei do país em que for domiciliado o proprietário, quanto aos bens móveis que ele trouxer ou se destinarem a transporte para outros lugares.

§ 2º O penhor regula-se pela lei do domicílio que tiver a pessoa, em cuja posse se encontre a coisa apenhada.

Art. 9º Para qualificar e reger as obrigações, aplicar-se-á a lei do país em que se constituírem.

§ 1º Destinando-se a obrigação a ser executada no Brasil e dependendo de forma essencial, será esta observada, admitidas as peculiaridades da lei estrangeira quanto aos requisitos extrínsecos do ato.

§ 2º A obrigação resultante do contrato reputa-se constituída no lugar em que residir o proponente.

Art. 10. A sucessão por morte ou por ausência obedece à lei do país em que domiciliado o defunto ou o desaparecido, qualquer que seja a natureza e a situação dos bens.

- arts. 26 a 39; 469 a 483; 1.784 e ss., CC/2002.

§ 1º A sucessão de bens de estrangeiros, situados no país, será regulada pela lei brasileira em benefício do cônjuge ou dos filhos brasileiros, ou de quem os represente, sempre que não lhes seja mais favorável à lei pessoal do *de cujus*. (Redação dada pela Lei 9.047/1995.)

- art. 5º, XXXI, CF.
- arts. 1.851 a 1.856, CC/2002.

§ 2º A lei do domicílio do herdeiro ou legatário regula a capacidade para suceder.

- art. 5º, XXX e XXXI, CF.
- arts. 1.798 a 1.803, CC/2002.
- *Vide* arts. 5.º, XXVII, XXX e XXXI, da CF.
- *Vide* art. 610 do CPC.

Art. 11. As organizações destinadas a fins de interesse coletivo, como as sociedades e as fundações, obedecem à lei do Estado em que se constituírem.

- arts. 40 a 69; 981 e ss., CC/2002.
- art. 75, NCPC.

§ 1º Não poderão, entretanto ter no Brasil filiais, agências ou estabelecimentos antes de serem os atos constitutivos aprovados pelo Governo brasileiro, ficando sujeitas à lei brasileira.

- art. 170, p.u., CF.
- arts. 21 e 75, NCPC.
- art. 32, II, Lei 8.934/1994 (Dispõe sobre o Registro Público de Empresas Mercantis e Atividades Afins).

§ 2º Os Governos estrangeiros, bem como as organizações de qualquer natureza, que eles tenham constituído, dirijam ou hajam investido de funções públicas, não poderão adquirir no Brasil bens imóveis ou suscetíveis de desapropriação.

§ 3º Os Governos estrangeiros podem adquirir a propriedade dos prédios necessários à sede dos representantes diplomáticos ou dos agentes consulares.

Art. 12. É competente a autoridade judiciária brasileira, quando for o réu domiciliado no Brasil ou aqui tiver de ser cumprida a obrigação.

- arts. 21 a 24, NCPC.

§ 1º Só à autoridade judiciária brasileira compete conhecer das ações relativas a imóveis situados no Brasil.

§ 2º A autoridade judiciária brasileira cumprirá, concedido o exequatur e segundo a forma estabelecida pele lei brasileira, as diligências deprecadas por autoridade estrangeira competente, observando a lei desta, quanto ao objeto das diligências.

- Com a EC 45/2004 a concessão de exequatur às cartas rogatórias passou a ser da competência do STJ (art. 105, I, i, CF).
- arts. 105, I, i; e 109, X, CF.
- arts. 21, 23, 36, 46, 47, 268, 256, NCPC.
- *Vide* art. 109, X, da CF.

Art. 13. A prova dos fatos ocorridos em país estrangeiro rege-se pela lei que nele vigorar, quanto ao ônus e aos meios de produzir-se, não admitindo os tribunais brasileiros provas que a lei brasileira desconheça.

- arts. 373 e 374, NCPC.
- Lei 6.015/1973 (Lei de Registros Públicos).

Art. 14. Não conhecendo a lei estrangeira, poderá o juiz exigir de quem a invoca prova do texto e da vigência.

- art. 376, NCPC.
- *Vide* art. 116 do RISTF.

Art. 15. Será executada no Brasil a sentença proferida no estrangeiro, que reúna os seguintes requisitos:

- arts. 36, 268, 961 e 965, NCPC.
- *Vide* art. 12 da LINDB.
- *Vide* art. 36 do CPC.
- *Vide* arts. 6.º, I, *i*, 13, IX, 52, III, 215 a 347, I, e 367 do RISTF.

a) haver sido proferida por juiz competente;

- Súm. 381, STF.

b) terem sido as partes citadas ou haver-se legalmente verificado à revelia;

- *Vide* Súmula 420 do STF.

c) ter passado em julgado e estar revestida das formalidades necessárias para a execução no lugar em que foi proferida;

- *Vide* Súmula 420 do STF.

d) estar traduzida por intérprete autorizado;

e) ter sido homologada pelo Supremo Tribunal Federal.

- Com a EC 45/2004 a concessão de exequatur às cartas rogatórias passou a ser da competência do STJ (art. 105, I, i, CF).
- art. 105, I, i, CF.
- art. 961, NCPC.
- art. 9º, CP.
- arts. 787 a 790, CPP.
- *Vide* art. 35 da Lei n. 9.307, de 23-9-1996 (Arbitragem).

Parágrafo único. (Revogado pela Lei 12.036/2009.)

Art. 16. Quando, nos termos dos artigos precedentes, se houver de aplicar a lei estrangeira, ter-se-á em vista a disposição desta, sem considerar-se qualquer remissão por ela feita a outra lei.

Art. 17. As leis, atos e sentenças de outro país, bem como quaisquer declarações de vontade, não terão eficácia no Brasil, quando ofenderem a soberania nacional, a ordem pública e os bons costumes.

- art. 781, CPP.

Art. 18. Tratando-se de brasileiros, são competentes as autoridades consulares brasileiras para lhes celebrar o casamento e os mais atos de Registro Civil e de tabelionato, inclusive o registro de nascimento e de óbito dos filhos de brasileiro ou brasileira nascido no país da sede do Consulado. (Redação dada pela Lei 3.238/1957.)

- *Vide* art. 19 da LINDB.
- Decreto n. 8.742, de 4-5-2016 (Atos notariais e de registro civil do serviço consular).

§ 1º As autoridades consulares brasileiras também poderão celebrar a separação consensual e o divórcio consensual de brasileiros, não havendo filhos menores ou incapazes do casal e observados os requisitos legais quanto aos prazos, devendo constar da respectiva escritura pública as disposições relativas à descrição e à partilha dos bens comuns e à pensão alimentícia e, ainda, ao acordo quanto à retomada pelo cônjuge de seu nome de solteiro ou à manutenção do nome adotado quando se deu o casamento. (Acrescentado pela Lei 12.874/2013)

§ 2º É indispensável a assistência de advogado, devidamente constituído, que se dará mediante a subscrição de petição, juntamente com ambas as partes, ou com apenas uma delas, caso a outra constitua advogado próprio, não se fazendo necessário que a assinatura do advogado conste da escritura pública. (Acrescentado pela Lei 12.874/2013)

Art. 19. Reputam-se válidos todos os atos indicados no artigo anterior e celebrados pelos cônsules brasileiros na vigência do Decreto-Lei n. 4.657, de 04 de setembro de 1942, desde que satisfaçam todos os requisitos legais. (Incluído pela Lei 3.238/1957.)

Parágrafo único. No caso em que a celebração desses atos tiver sido recusada pelas autoridades consulares, com fundamento no artigo 18 do mesmo Decreto-Lei, ao interessado é facultado renovar o pedido dentro em 90 (noventa) dias contados da data da publicação desta lei. (Incluído pela Lei 3.238/1957.)

Art. 20. Nas esferas administrativa, controladora e judicial, não se decidirá com base em valores jurídicos abstratos sem que sejam consideradas as consequências práticas da decisão. (Incluído pela Lei 13.655/2018)

- Dec. 9.830/2019: regulamenta este artigo.
- *Vide* arts. 11 e 489, § 1.º, do CPC.
- *Vide* art. 93, IX, da CF.

Parágrafo único. A motivação demonstrará a necessidade e a adequação da medida imposta ou da invalidação de ato, contrato, ajuste, processo ou norma administrativa, inclusive em face das possíveis alternativas. (Incluído pela Lei 13.655/2018)

- *Vide* art. 489 do CPC.

Art. 21. A decisão que, nas esferas administrativa, controladora ou judicial, decretar a invalidação de ato, contrato, ajuste, processo ou norma administrativa deverá indicar de modo expresso suas consequências jurídicas e administrativas. (Incluído pela Lei 13.655/2018)

- Dec. 9.830/2019: regulamenta este artigo.
- *Vide* art. 489, *caput* e § 1.º, do CPC.

Parágrafo único. A decisão a que se refere o *caput* deste artigo deverá, quando for o caso, indicar as condições para que a regularização ocorra de modo proporcional e equânime e sem prejuízo aos interesses gerais, não se podendo impor aos sujeitos atingidos ônus ou perdas que, em função das peculiaridades do caso, sejam anormais ou excessivos. (Incluído pela Lei 13.655/2018)

Art. 22. Na interpretação de normas sobre gestão pública, serão considerados os obstáculos e as dificuldades reais do gestor e as exigências das políticas públicas a seu cargo, sem prejuízo dos direitos dos administrados.

- Dec. 9.830/2019: regulamenta este artigo.

§ 1º Em decisão sobre regularidade de conduta ou validade de ato, contrato, ajuste, processo ou norma administrativa, serão consideradas as circunstâncias práticas que houverem imposto, limitado ou condicionado a ação do agente. (Incluído pela Lei 13.655/2018)

§ 2º Na aplicação de sanções, serão consideradas a natureza e a gravidade da infração cometida, os danos que dela provierem para a administração pública, as circunstâncias agravantes ou atenuantes e os antecedentes do agente. (Incluído pela Lei 13.655/2018)

§ 3º As sanções aplicadas ao agente serão levadas em conta na dosimetria das demais sanções de mesma natureza e relativas ao mesmo fato. (Incluído pela Lei 13.655/2018)

Art. 23. A decisão administrativa, controladora ou judicial que estabelecer interpretação ou orientação nova sobre norma de conteúdo indeterminado, impondo novo dever ou novo condicionamento de direito, deverá prever regime de transição quando indispensável para que o novo dever ou condicionamento de direito seja cumprido de modo proporcional, equânime e eficiente e sem prejuízo aos interesses gerais.

‣ Dec. 9.830/2019: regulamenta este artigo.

» *Vide* arts. 11 e 489, § 1.º, do CPC.

» *Vide* art. 93, IX, da CF.

Parágrafo único. (Vetado). (Incluído pela Lei 13.655/2018).

Art. 24. A revisão, nas esferas administrativa, controladora ou judicial, quanto à validade de ato, contrato, ajuste, processo ou norma administrativa cuja produção já se houver completado levará em conta as orientações gerais da época, sendo vedado que, com base em mudança posterior de orientação geral, se declarem inválidas situações plenamente constituídas. (Incluído pela Lei 13.655/2018)

‣ Dec. 9.830/2019: regulamenta este artigo.

Parágrafo único. Consideram-se orientações gerais as interpretações e especificações contidas em atos públicos de caráter geral ou em jurisprudência judicial ou administrativa majoritária, e ainda as adotadas por prática administrativa reiterada e de amplo conhecimento público. (Incluído pela Lei 13.655/2018)

Art. 25. (Vetado na Lei 13.655/2018)

Art. 26. Para eliminar irregularidade, incerteza jurídica ou situação contenciosa na aplicação do direito público, inclusive no caso de expedição de licença, a autoridade administrativa poderá, após oitiva do órgão jurídico e, quando for o caso, após realização de consulta pública, e presentes razões de relevante interesse geral, celebrar compromisso com os interessados, observada a legislação aplicável, o qual só produzirá efeitos a partir de sua publicação oficial. (Incluído pela Lei 13.655/2018)

‣ Dec. 9.830/2019: regulamenta este artigo.

» *Vide* Lei n. 7.347, de 24-7-1985 (Lei da Ação Civil Pública).

§ 1º O compromisso referido no *caput* deste artigo: (Incluído pela Lei 13.655/2018)

I – buscará solução jurídica proporcional, equânime, eficiente e compatível com os interesses gerais; (Incluído pela Lei 13.655/2018)

II – (Vetado na Lei 13.655/2018)

III – não poderá conferir desoneração permanente de dever ou condicionamento de direito reconhecidos por orientação geral; (Incluído pela Lei 13.655/2018)

IV – deverá prever com clareza as obrigações das partes, o prazo para seu cumprimento e as sanções aplicáveis em caso de descumprimento. (Incluído pela Lei 13.655/2018)

§ 2º (Vetado na Lei 13.655/2018)

Art. 27. A decisão do processo, nas esferas administrativa, controladora ou judicial, poderá impor compensação por benefícios indevidos ou prejuízos anormais ou injustos resultantes do processo ou da conduta dos envolvidos. (Incluído pela Lei 13.655/2018)

‣ Dec. 9.830/2019: regulamenta este artigo.

§ 1º A decisão sobre a compensação será motivada, ouvidas previamente as partes sobre seu cabimento, sua forma e, se for o caso, seu valor. (Incluído pela Lei 13.655/2018)

§ 2º Para prevenir ou regular a compensação, poderá ser celebrado compromisso processual entre os envolvidos. (Incluído pela Lei 13.655/2018)

Art. 28. O agente público responderá pessoalmente por suas decisões ou opiniões técnicas em caso de dolo ou erro grosseiro. (Incluído pela Lei 13.655/2018)

‣ Dec. 9.830/2019: regulamenta este artigo.

» *Vide* art. 37, § 6.º, da CF.

§§ 1º a 3º (Vetados na Lei 13.655/2018)

Art. 29. Em qualquer órgão ou Poder, a edição de atos normativos por autoridade administrativa, salvo os de mera organização interna, poderá ser precedida de consulta pública para manifestação de interessados, preferencialmente por meio eletrônico, a qual será considerada na decisão. (Incluído pela Lei 13.655/2018).

‣ Dec. 9.830/2019: regulamenta este artigo.

§ 1º A convocação conterá a minuta do ato normativo e fixará o prazo e demais condições da consulta pública, observadas as normas legais e regulamentares específicas, se houver.

§ 2º (VETADO).

Art. 30. As autoridades públicas devem atuar para aumentar a segurança jurídica na aplicação das normas, inclusive por meio de regulamentos, súmulas administrativas e respostas a consultas. (Incluído pela Lei 13.655/2018)

‣ Dec. 9.830/2019: regulamenta este artigo.

Parágrafo único. Os instrumentos previstos no *caput* deste artigo terão caráter vinculante em relação ao órgão ou entidade a que se destinam, até ulterior revisão. (Incluído pela Lei 13.655/2018)

Rio de Janeiro, 04 de setembro de 1942, 121º da Independência e 54º da República.

Getúlio Vargas

Alexandre Marcondes Filho

Oswaldo Aranha

Rio de Janeiro, 04 de setembro de 1942, 121º da Independência e 54º da República.

Getúlio Vargas

Alexandre Marcondes Filho

Oswaldo Aranha

DECRETO Nº 9.830, DE 10 DE JUNHO DE 2019

Regulamenta o disposto nos art. 20 ao art. 30 do Decreto-Lei nº 4.657, de 4 de setembro de 1942, que institui a Lei de Introdução às normas do Direito brasileiro.

‣ *Regulamenta o disposto nos art. 20 ao art. 30 da LINDB*

O PRESIDENTE DA REPÚBLICA, no uso das atribuições que lhe confere o art. 84, *caput*, incisos IV e VI, alínea "a", da Constituição, e tendo em vista o disposto nos art. 20 ao art. 30 do Decreto-Lei nº 4.657, de 4 de setembro de 1942,

DECRETA:

CAPÍTULO I
DISPOSIÇÕES PRELIMINARES

Objeto

Art. 1º Este Decreto regulamenta o disposto nos art. 20 ao art. 30 do Decreto-Lei nº 4.657, de 4 de setembro de 1942, que institui a Lei de Introdução às normas do Direito brasileiro.

CAPÍTULO II
DA DECISÃO

Motivação e decisão

Art. 2º A decisão será motivada com a contextualização dos fatos, quando cabível, e com a indicação dos fundamentos de mérito e jurídicos.

§ 1º A motivação da decisão conterá os seus fundamentos e apresentará a congruência entre as normas e os fatos que a embasaram, de forma argumentativa.

§ 2º A motivação indicará as normas, a interpretação jurídica, a jurisprudência ou a doutrina que a embasaram.

§ 3º A motivação poderá ser constituída por declaração de concordância com o conteúdo de notas técnicas, pareceres, informações, decisões ou propostas que precederam a decisão.

Motivação e decisão baseadas em valores jurídicos abstratos

Art. 3º A decisão que se basear exclusivamente em valores jurídicos abstratos observará o disposto no art. 2º e as consequências práticas da decisão.

§ 1º Para fins do disposto neste Decreto, consideram-se valores jurídicos abstratos aqueles previstos em normas jurídicas com alto grau de indeterminação e abstração.

§ 2º Na indicação das consequências práticas da decisão, o decisor apresentará apenas aquelas consequências práticas que, no exercício diligente de sua atuação, consiga vislumbrar diante dos fatos e fundamentos de mérito e jurídicos.

§ 3º A motivação demonstrará a necessidade e a adequação da medida imposta, inclusive consideradas as possíveis alternativas e observados os critérios de adequação, proporcionalidade e de razoabilidade.

Motivação e decisão na invalidação

Art. 4º A decisão que decretar invalidação de atos, contratos, ajustes, processos ou normas administrativos observará o disposto no art. 2º e indicará, de modo expresso, as suas consequências jurídicas e administrativas.

§ 1º A consideração das consequências jurídicas e administrativas é limitada aos fatos e fundamentos de mérito e jurídicos que se espera do decisor no exercício diligente de sua atuação.

§ 2º A motivação demonstrará a necessidade e a adequação da medida imposta, consideradas as possíveis alternativas e observados os critérios de proporcionalidade e de razoabilidade.

§ 3º Quando cabível, a decisão a que se refere o *caput* indicará, na modulação de seus efeitos, as condições para que a regularização ocorra de forma proporcional e equânime e sem prejuízo aos interesses gerais.

§ 4º Na declaração de invalidade de atos, contratos, ajustes, processos ou normas administrativos, o decisor poderá, consideradas as consequências jurídicas e administrativas da decisão para a administração pública e para o administrado:

I - restringir os efeitos da declaração; ou

II - decidir que sua eficácia se iniciará em momento posteriormente definido.

§ 5º A modulação dos efeitos da decisão buscará a mitigação dos ônus ou das perdas dos administrados ou da administração pública que sejam anormais ou excessivos em função das peculiaridades do caso.

Revisão quanto à validade por mudança de orientação geral

Art. 5º A decisão que determinar a revisão quanto à validade de atos, contratos, ajustes, processos ou normas administrativos cuja produção de efeitos esteja em curso ou que tenha sido concluída levará em consideração as orientações gerais da época.

§ 1º É vedado declarar inválida situação plenamente constituída devido à mudança posterior de orientação geral.

§ 2º O disposto no § 1º não exclui a possibilidade de suspensão de efeitos futuros de relação em curso.

§ 3º Para fins do disposto neste artigo, consideram-se orientações gerais as interpretações e as especificações contidas em atos públicos de caráter geral ou em jurisprudência judicial ou administrativa majoritária e as adotadas por prática administrativa reiterada e de amplo conhecimento público.

§ 4º A decisão a que se refere o *caput* será motivada na forma do disposto nos art. 2º, art. 3º ou art. 4º.

Motivação e decisão na nova interpretação de norma de conteúdo indeterminado

Art. 6º A decisão administrativa que estabelecer interpretação ou orientação nova sobre norma de conteúdo indeterminado e impuser novo dever ou novo condicionamento de direito, preverá regime de transição, quando indispensável para que o novo dever ou o novo condicionamento de direito seja cumprido de modo proporcional, equânime e eficiente e sem prejuízo aos interesses gerais.

§ 1º A instituição do regime de transição será motivada na forma do disposto nos art. 2º, art. 3º ou art. 4º.

§ 2º A motivação considerará as condições e o tempo necessário para o cumprimento proporcional, equânime e eficiente do novo dever ou do novo condicionamento de direito e os eventuais prejuízos aos interesses gerais.

§ 3º Considera-se nova interpretação ou nova orientação aquela que altera o entendimento anterior consolidado.

Regime de transição

Art. 7º Quando cabível, o regime de transição preverá:

I - os órgãos e as entidades da administração pública e os terceiros destinatários;

II - as medidas administrativas a serem adotadas para adequação à interpretação ou à nova orientação sobre norma de conteúdo indeterminado; e

III - o prazo e o modo para que o novo dever ou novo condicionamento de direito seja cumprido.

Interpretação de normas sobre gestão pública

Art. 8º Na interpretação de normas sobre gestão pública, serão considerados os obstáculos, as dificuldades reais do agente público e as exigências das políticas públicas a seu cargo, sem prejuízo dos direitos dos administrados.

§ 1º Na decisão sobre a regularidade de conduta ou a validade de atos, contratos, ajustes, processos ou normas administrativos, serão consideradas as circunstâncias práticas que impuseram, limitaram ou condicionaram a ação do agente público.

§ 2º A decisão a que se refere o § 1º observará o disposto nos art. 2º, art. 3º ou art. 4º.

Compensação

Art. 9º A decisão do processo administrativo poderá impor diretamente à pessoa obrigada compensação por benefícios indevidos ou prejuízos anormais ou injustos resultantes do processo ou da conduta dos envolvidos, com a finalidade de evitar procedimentos contenciosos de ressarcimento de danos.

§ 1º A decisão do processo administrativo é de competência da autoridade pública, que poderá exigir compensação por benefícios indevidamente fruídos pelo particular ou por prejuízos resultantes do processo ou da conduta do particular.

§ 2º A compensação prevista no *caput* será motivada na forma do disposto nos art. 2º, art. 3º ou art. 4º e será precedida de manifestação das partes obrigadas sobre seu cabimento, sua forma e, se for o caso, seu valor.

§ 3º A compensação poderá ser efetivada por meio do compromisso com os interessados a que se refere o art. 10.

CAPÍTULO III
DOS INSTRUMENTOS

Compromisso

Art. 10. Na hipótese de a autoridade entender conveniente para eliminar irregularidade, incerteza jurídica ou situações contenciosas na aplicação do direito público, poderá celebrar compromisso com os interessados, observada a legislação aplicável e as seguintes condições:

I - após oitiva do órgão jurídico;

II - após realização de consulta pública, caso seja cabível; e

III - presença de razões de relevante interesse geral.

§ 1º A decisão de celebrar o compromisso a que se refere o *caput* será motivada na forma do disposto no art. 2º.

§ 2º O compromisso:

I - buscará solução proporcional, equânime, eficiente e compatível com os interesses gerais;

II - não poderá conferir desoneração permanente de dever ou condicionamento de direito reconhecido por orientação geral; e

III - preverá:

a) as obrigações das partes;

b) o prazo e o modo para seu cumprimento;

c) a forma de fiscalização quanto a sua observância;

d) os fundamentos de fato e de direito;

e) a sua eficácia de título executivo extrajudicial; e

f) as sanções aplicáveis em caso de descumprimento.

§ 3º O compromisso firmado somente produzirá efeitos a partir de sua publicação.

§ 4º O processo que subsidiar a decisão de celebrar o compromisso será instruído com:

I - o parecer técnico conclusivo do órgão competente sobre a viabilidade técnica, operacional e, quando for o caso, sobre as obrigações orçamentário-financeiras a serem assumidas;

II - o parecer conclusivo do órgão jurídico sobre a viabilidade jurídica do compromisso, que conterá a análise da minuta proposta;

III - a minuta do compromisso, que conterá as alterações decorrentes das análises técnica e jurídica previstas nos incisos I e II; e

IV - a cópia de outros documentos que possam auxiliar na decisão de celebrar o compromisso.

§ 5º Na hipótese de o compromisso depender de autorização do Advogado- Geral da União e de Ministro de Estado, nos termos do disposto no § 4º do art. 1º ou no art. 4º-A da Lei nº 9.469, de 10 de julho de 1997, ou ser firmado pela Advocacia-Geral da União, o processo de que trata o § 3º será acompanhado de manifestação de interesse da autoridade máxima do órgão ou da entidade da administração pública na celebração do compromisso.

§ 6º Na hipótese de que trata o § 5º, a decisão final quanto à celebração do compromisso será do Advogado-Geral da União, nos termos do disposto no parágrafo único do art. 4º-A da Lei nº 9.469, de 1997.

Termo de ajustamento de gestão

Art. 11. Poderá ser celebrado termo de ajustamento de gestão entre os agentes públicos e os órgãos de controle interno da administração pública com a finalidade de corrigir falhas apontadas em ações de controle, aprimorar procedimentos, assegurar a continuidade da execução do objeto, sempre que possível, e garantir o atendimento do interesse geral.

§ 1º A decisão de celebrar o termo de ajustamento de gestão será motivada na forma do disposto no art. 2º.

§ 2º Não será celebrado termo de ajustamento de gestão na hipótese de ocorrência de dano ao erário praticado por agentes públicos que agirem com dolo ou erro grosseiro.

§ 3º A assinatura de termo de ajustamento de gestão será comunicada ao órgão central do sistema de controle interno.

CAPÍTULO IV
DA RESPONSABILIZAÇÃO DO AGENTE PÚBLICO

Responsabilização na hipótese de dolo ou erro grosseiro

Art. 12. O agente público somente poderá ser responsabilizado por suas decisões ou opiniões técnicas se agir ou se omitir com dolo, direto ou eventual, ou cometer erro grosseiro, no desempenho de suas funções.

§ 1º Considera-se erro grosseiro aquele manifesto, evidente e inescusável praticado com culpa grave, caracterizado por ação ou omissão com elevado grau de negligência, imprudência ou imperícia.

§ 2º Não será configurado dolo ou erro grosseiro do agente público se não restar comprovada, nos autos do processo de responsabilização, situação ou circunstância fática capaz de caracterizar o dolo ou o erro grosseiro.

§ 3º O mero nexo de causalidade entre a conduta e o resultado danoso não implica responsabilização, exceto se comprovado o dolo ou o erro grosseiro do agente público.

§ 4º A complexidade da matéria e das atribuições exercidas pelo agente público serão consideradas em eventual responsabilização do agente público.

§ 5º O montante do dano ao erário, ainda que expressivo, não poderá, por si só, ser elemento para caracterizar o erro grosseiro ou o dolo.

§ 6º A responsabilização pela opinião técnica não se estende de forma automática ao decisor que a adotou como fundamento de decidir e somente se configurará se estiverem presentes elementos suficientes para o decisor aferir o dolo ou o erro grosseiro da opinião técnica ou se houver conluio entre os agentes.

§ 7º No exercício do poder hierárquico, só responderá por culpa in vigilando aquele cuja omissão caracterizar erro grosseiro ou dolo.

§ 8º O disposto neste artigo não exime o agente público de atuar de forma diligente e eficiente no cumprimento dos seus deveres constitucionais e legais.

Análise de regularidade da decisão

Art. 13. A análise da regularidade da decisão não poderá substituir a atribuição do agente público, dos órgãos ou das entidades da administração pública no exercício de suas atribuições e competências, inclusive quanto à definição de políticas públicas.

§ 1º A atuação de órgãos de controle privilegiará ações de prevenção antes de processos sancionadores.

§ 2º A eventual estimativa de prejuízo causado ao erário não poderá ser considerada isolada e exclusivamente como motivação para se concluir pela irregularidade de atos, contratos, ajustes, processos ou normas administrativos.

Direito de regresso, defesa judicial e extrajudicial

Art. 14. No âmbito do Poder Executivo federal, o direito de regresso previsto no § 6º do art. 37 da Constituição somente será exercido na hipótese de o agente público ter agido com dolo ou erro grosseiro em suas decisões ou opiniões técnicas, nos termos do disposto no art. 28 do Decreto-Lei nº 4.657, de 1942, e com observância aos princípios constitucionais da proporcionalidade e da razoabilidade.

Art. 15. O agente público federal que tiver que se defender, judicial ou extrajudicialmente, por ato ou conduta praticada no exercício regular de suas atribuições institucionais, poderá solicitar à Advocacia-Geral da União que avalie a verossimilhança de suas alegações e a consequente possibilidade de realizar sua defesa, nos termos do disposto no art. 22 da Lei nº 9.028, de 12 de abril de 1995, e nas demais normas de regência.

Decisão que impuser sanção ao agente público

Art. 16. A decisão que impuser sanção ao agente público considerará:

I - a natureza e a gravidade da infração cometida;

II - os danos que dela provierem para a administração pública;

III - as circunstâncias agravantes ou atenuantes;

IV - os antecedentes do agente;

V - o nexo de causalidade; e

VI - a culpabilidade do agente.

§ 1º A motivação da decisão a que se refere o *caput* observará o disposto neste Decreto.

§ 2º As sanções aplicadas ao agente público serão levadas em conta na dosimetria das demais sanções da mesma natureza e relativas ao mesmo fato.

Art. 17. O disposto no art. 12 não afasta a possibilidade de aplicação de sanções previstas em normas disciplinares, inclusive nos casos de ação ou de omissão culposas de natureza leve.

CAPÍTULO V
DA SEGURANÇA JURÍDICA NA APLICAÇÃO DAS NORMAS

Consulta pública para edição de atos normativos

Art. 18. A edição de atos normativos por autoridade administrativa poderá ser precedida de consulta pública para manifestação de interessados, preferencialmente por meio eletrônico.

> **Atualização:** Art. 18. *(Revogado pelo Decreto 12.002/2024, em vigor em 1º de junho de 2024)*

§ 1º A decisão pela convocação de consulta pública será motivada na forma do disposto no art. 3º.

§ 2º A convocação de consulta pública conterá a minuta do ato normativo, disponibilizará a motivação do ato e fixará o prazo e as demais condições.

§ 3º A autoridade decisora não será obrigada a comentar ou considerar individualmente as manifestações apresentadas e poderá agrupar manifestações por conexão e eliminar aquelas repetitivas ou de conteúdo não conexo ou irrelevante para a matéria em apreciação.

§ 4º As propostas de consulta pública que envolverem atos normativos sujeitos a despacho presidencial serão formuladas nos termos do disposto no Decreto nº 9.191, de 1º de novembro de 2017.

Segurança jurídica na aplicação das normas

Art. 19. As autoridades públicas atuarão com vistas a aumentar a segurança jurídica na aplicação das normas, inclusive por meio de normas complementares, orientações normativas, súmulas, enunciados e respostas a consultas.

Parágrafo único. Os instrumentos previstos no *caput* terão caráter vinculante em relação ao órgão ou à entidade da administração pública a que se destinarem, até ulterior revisão.

Parecer do Advogado-Geral da União e de consultorias jurídicas e súmulas da Advocacia-Geral da União

Art. 20. O parecer do Advogado-Geral da União de que tratam os art. 40 e art. 41 da Lei Complementar nº 73, 10 de fevereiro de 1993, aprovado pelo Presidente da República e publicado no Diário Oficial da União juntamente com o despacho presidencial, vincula os órgãos e as entidades da administração pública federal, que ficam obrigados a lhe dar fiel cumprimento.

§ 1º O parecer do Advogado-Geral da União aprovado pelo Presidente da República, mas não publicado, obriga apenas as repartições interessadas, a partir do momento em que dele tenham ciência.

§ 2º Os pareceres de que tratam o *caput* e o § 1º têm prevalência sobre outros mecanismos de uniformização de entendimento.

Art. 21. Os pareceres das consultorias jurídicas e dos órgãos de assessoramento jurídico, de que trata o art. 42 da Lei Complementar nº 73, de 1993, aprovados pelo respectivo Ministro de Estado, vinculam o órgão e as respectivas entidades vinculadas.

Orientações normativas

Art. 22. A autoridade que representa órgão central de sistema poderá editar orientações normativas ou enunciados que vincularão os órgãos setoriais e seccionais.

§ 1º As controvérsias jurídicas sobre a interpretação de norma, instrução ou orientação de órgão central de sistema poderão ser submetidas à Advocacia-Geral da União.

§ 2º A submissão à Advocacia-Geral da União de que trata o § 1º será instruída com a posição do órgão jurídico do órgão central de sistema, do órgão jurídico que divergiu e dos outros órgãos que se pronunciaram sobre o caso.

Enunciados

Art. 23. A autoridade máxima de órgão ou da entidade da administração pública poderá editar enunciados que vinculem o próprio órgão ou a entidade e os seus órgãos subordinados.

Transparência

Art. 24. Compete aos órgãos e às entidades da administração pública manter atualizados, em seus sítios eletrônicos, as normas complementares, as orientações normativas, as súmulas e os enunciados a que se referem os art. 19 ao art. 23.

Vigência

Art. 25. Este Decreto entra em vigor na data de sua publicação.

Brasília, 10 de junho de 2019; 198º da Independência e 131º da República.

JAIR MESSIAS BOLSONARO

Paulo Guedes

CONSOLIDAÇÃO DAS LEIS DO TRABALHO

ÍNDICE ALFABÉTICO-REMISSIVO DA CLT, CC, CPC, CDC, CF, DAS SÚMULAS, OJS E PNS DO TST

RECURSO(S)

RECURSO ADESIVO

RECURSO ADMINISTRATIVO

RECURSO DE EMBARGOS

RECURSO DE REVISTA

RECURSO *EX OFFICIO*

ÍNDICE SISTEMÁTICO DA CONSOLIDAÇÃO DAS LEIS DO TRABALHO

EXPOSIÇÃO DE MOTIVOS DA CONSOLIDAÇÃO DAS LEIS DO TRABALHO

Sr. Presidente da República:

Tenho grande honra de apresentar a Vossa Excelência o projeto definitivo de Consolidação das Leis de Proteção ao Trabalho, relevante cometimento jurídico e social, cuja redação última foi procedida, havendo sido escrupulosamente apreciadas as sugestões e emendas propostas ao anteprojeto, após uma verdadeira autocrítica, que a própria Comissão efetuou, do texto original divulgado pelo Diário Oficial de 5 de janeiro do corrente ano.

2. A Comissão cotejou e julgou cerca de dois mil reparos, observações ou comentários feitos à Consolidação.

3. Peço vênia a Vossa Excelência, preliminarmente, para ressaltar o esforço, a cultura, a inteligência com que, no desempenho da difícil incumbência, se houveram os signatários do Relatório incluso no aprofundado exame da matéria.

4. Durante quase um ano, em longas reuniões diárias entregaram-se à tarefa complexa e ilustre, com uma dedicação e um espírito público que bem demonstram o patriotismo que os inspirou. Desejo, por isso, antes de mais nada, e perante V. Exa., patentear o meu reconhecimento e a minha admiração por esses notáveis colaboradores da obra ministerial.

5. É da mais alta significação social e merece uma referência especial o interesse suscitado pela divulgação do anteprojeto.

6. Juristas e magistrados, entidades públicas, empresas privadas e associações culturais concorreram com a judiciosa reflexão de sua experiência para sugerir um ou outro retoque.

7. Revelando, não só a repercussão alcançada pelo monumento legal projetado, mas, principalmente, uma vigorosa consciência sindical – prova plena de um regime social já radicado – manifestaram-se as classes de empregadores e de empregados, através das respectivas instituições representativas. Esta foi, na realidade, a contribuição mais palpitante, trazida à Comissão, quer pelo teor original da discussão das teses, quer pela eficiência patente do sistema paritário de equilíbrio social, evidenciando-se, do contraste de interesses, sob a luz de um pensamento público de bem comum, a fórmula de composição harmônica das forças do capital e do trabalho.

8. A Consolidação corresponde a um estágio no desenvolvimento do progresso jurídico.

9. Entre a compilação ou coleção de leis e um código – que são, respectivamente, os momentos extremos de um processo de corporificação do direito – existe a consolidação, que é a fase própria da concatenação dos textos e da coordenação dos princípios, quando já se denuncia primeiro o pensamento do sistema depois de haverem sido reguladas, de modo amplo, relações sociais em determinado plano da vida política.

10. Projetada a ação do Estado em várias direções, para atender ao tratamento de situações especiais e constantes de uma mesma órbita jurídica, impõe-se, desde o instante em que se surpreende a unidade interna desses problemas, perscrutar a sua inteligência ordenadora, que será então a ratio legis do sistema normativo necessário.

11. Esse o significado da Consolidação, que não é uma coleção de leis, mas a sua coordenação sistematizada. Não é apenas um engenho de arquitetura legislativa, mas uma recapitulação de valores coerentes, que resultaram de uma grande expansão legislativa, anterior, em um dado ramo de direito.

12. É o diploma do idealismo excepcional do Brasil orientado pela clarividência genial de V. Exa., reajustando o imenso e fundamental processo de sua dinâmica econômica, nas suas relações com o trabalho, aos padrões mais altos de dignidade e de humanidade da justiça social. É incontestavelmente a síntese das instituições políticas estabelecidas por V. Exa. desde o início de seu governo.

13. Empenhou-se, por isso, a Comissão, na articulação dos textos legais vigentes, na exata dedução dos princípios, na concordância essencial das regras, na unidade interna do sistema. As lacunas preenchidas propuseram-se a tornar explícitas verdades inerentes às leis anteriores. Algumas inovações aparentes não passam de necessárias conseqüências da Constituição. As omissões intencionalmente ocorridas restringiram-se a excluir do conjunto as leis tipicamente transitórias e que, para atender a situações de emergência decorrentes do estado de guerra, ficaram à margem dos postulados do nosso direito social.

14. O que importa salientar é ter havido a preocupação dominante de subordinação às leis preexistentes e não como se procedesse à organização de um código, para o qual se permite modernamente a originalidade inicial e onde é mesmo espontânea e essencial a livre criação do direito, sem qualquer dependência do regime vigente.

15. A Consolidação representa, portanto, em sua substância normativa e em seu título, neste ano de 1943, não um ponto de partida, nem uma adesão recente a uma doutrina, mas a maturidade de uma ordem social há mais de um decênio instituída, que já se consagrou pelos benefícios distribuídos, como também pelo julgamento da opinião pública consciente, e sob cujo espírito de equidade confraternizaram as classes na vida econômica, instaurando nesse ambiente, antes instável e incerto, os mesmos sentimentos de humanismo cristão que encheram de generosidade e de nobreza os anais da nossa vida pública e social.

16. No relatório elaborado pela Comissão respectiva, que corresponde a um prefácio admirável da obra monumental, e no qual se filia a presente exposição de motivos, encontrará Vossa Excelência minucioso e brilhante estudo das doutrinas, dos sistemas, das leis, dos regulamentos e das emendas sugeridas comprovando que a Consolidação representa um documento resultante da instituição do gênio com que Vossa Excelência vem preparando o Brasil para uma missão universal.

17. A estrutura da Consolidação e a ordenada distribuição das matérias que lhe compõem o texto evidenciam claramente não só um plano lógico como também um pensamento doutrinário.

18. A sucessiva disposição das matérias, nos Títulos e Capítulos, corresponde a uma racional precedência.

19. Assim, sem fazer injúria ao bom senso geral, exemplificarei, entretanto: o contrato individual do trabalho pressupõe a regulamentação legal de tutela do empregado, não lhe podendo ser adversa; a organização sindical pressupõe igualmente a condição de emprego ou o exercício de profissão e a constituição da empresa; o contrato coletivo de trabalho seria, por sua vez, inviável sem a prévia formação sindical das classes.

20. Essa uma distribuição em que os institutos jurídico-políticos são alinhados, não ao saber de classificações subjetivas ou sob a sugestão irrefletida de padrões quaisquer, mas sim, e verdadeiramente, de acordo com dados racionais derivados do próprio valor e da função social que lhes é essencial.

21. Para melhor compreensão, dividiu a Comissão o Título II do anteprojeto em dois Títulos, visando a tornar ainda mais intuitivo o esquema da Consolidação: ocupando-se essas duas divisões, respectivamente, "Das Normas Gerais de Tutela do Trabalho" e "Das Normas Especiais de Tutela do Trabalho", que constituem exatamente os princípios institucionais e básicos da proteção do trabalho.

22. Mais uma vez nota-se nessa concepção um ânimo de ordem que resultou de uma meditação exclusiva sobre os institutos concatenados.

23. O pormenorizado exame, nesta exposição, de todos os temas ali discutidos, importaria reproduzir, quase na íntegra, o referido relatório, com prejuízo talvez de sua harmonia e da lógica irretorquível com que se apresenta.

24. Peço licença, entretanto, para assinalar alguns aspectos principais do trabalho da Comissão.

25. No concernente à identificação profissional, há quem incorra em absoluto equívoco, ignorando o sentido exato dessa instituição jurídica.

26. Houve quem lhe apontasse apenas a utilidade de mero instrumento de contrato do trabalho, quando, na verdade, é este, embora de grande alcance, apenas um aspecto da carteira profissional, cujo caráter fundamental é o de documento de qualificação

profissional, constituindo mesmo a primeira manifestação de tutela do Estado ao trabalhador, antes formalmente "desqualificado" sob o ponto de vista profissional e a seguir, com a emissão daquele título, habilitado à ocupação de um emprego ou ao exercício de uma profissão. Não há como subordinar essa criação típica do Direito Social ao papel acessório de prova do contrato de trabalho, quando, como se vê, a sua emissão antecede livremente o ajuste do emprego e agora, pela Consolidação, passará até a constituir uma condição obrigatória para o trabalho.

27. Foi, aliás, considerando a importância da carteira profissional como elemento primacial para manutenção do cadastro profissional dos trabalhadores, como título de qualificação profissional, como documento indispensável à colocação e à inscrição sindical e, finalmente, por servir de instrumento prático do contrato individual do trabalho, que a Comissão encontrou razões bastantes para reputar uma instituição fundamental de proteção do trabalhador e não admitir fosse relegada à inoperância da franquia liberal, tornando-a, então, obrigatória.

28. Em relação aos contratos de trabalho, cumpre esclarecer que a precedência das "normas" de tutela sobre os "contratos" acentuou que a ordem institucional ou estatutária prevalece sobre a concepção contratualista.

29. A análise do conteúdo da nossa legislação social provava exuberantemente a primazia do caráter institucional sobre o efeito do contrato, restrito este à objetivação do ajuste, à determinação do salário e à estipulação da natureza dos serviços e isso mesmo dentro de standards e sob condições preestabelecidas na lei.

30. Ressaltar essa expressão peculiar constituiria certamente uma conformação com a realidade e com a filosofia do novo Direito justificando-se assim a ênfase inicial atribuída à enumeração das normas de proteção ao trabalho, para somente em seguida ser referido o contrato individual.

31. Nem há como contestar semelhante método, desde que o Direito Social é, por definição, um complexo de normas e de instituições voltadas à proteção do trabalho dependente na atividade privada.

32. Entre as inúmeras sugestões trazidas, uma houve que suscitou singular estranheza, dada a sua procedência de uma entidade representativa de empregados.

33. Objetava contra a exclusão da permissão contida no inciso final do parágrafo único do art. 42 da Lei nº 264, de 5 de outubro de 1936, e reclamava a sua incorporação à Consolidação.

34. Esse texto propositadamente omitido colidia rigorosamente com um dispositivo legal posterior art. 12 do Decreto-lei nº 2.308, de 13 de junho de 1942 – em que se anunciava uma regra irrecusável de proteção ao trabalhador.

35. Como se tolerar, efetivamente, que possa um empregado realizar os encargos de sua função, por mais rudimentar que esta seja, durante oito horas sucessivas, sem um intervalo para repouso ou alimentação?

36. Talvez uma incompreensão tivesse surgido na consideração desse preceito legal vigente: há, na realidade, determinadas funções de supervisão e de controle, tais como as exercidas por encarregados de estações ou usinas elétricas, cujo trabalho é intermitente, não exigindo uma atenção constante e um esforço continuado, sendo benéfica, então, para esses empregados, a exclusão da hora de repouso pela redução que se dá no tempo de permanência no serviço, facilitada, por outro lado, a organização das tabelas de rodízio dos ocupantes desses cargos pelas empresas.

37. Essa hipótese, constituindo tipicamente, o caso do trabalho descontínuo, segundo a conhecida definição de Barassi, não se enquadra, entretanto, na determinação do citado art. 12 do Decreto-lei nº 2.308, que apenas abrange o "trabalho contínuo", conforme foi incluído à Consolidação no Capítulo "Da Duração do Trabalho", parecendo, portanto, resolvida a dúvida.

38. O trabalho dos menores, entre catorze e dezoito anos, ou tem como finalidade a preparação dos mesmos para um ofício, uma profissão, ou, então, constitui uma exploração e um aniquilamento da juventude.

39. Esse pensamento fez com que o Decreto-lei nº 3.616, de 13 de setembro de 1941, salvo nos casos excepcionais de força maior ou de interesse público, proibisse para os menores a prorrogação da duração normal de trabalho. Tal a fonte do dispositivo idêntico que se encontra na Consolidação, sem incorrer em inovação.

40. Atentando, também, nos deveres impostos aos empregadores de menores, ver-se-á que são eles obrigados a permitir a esses seus empregados a frequência às aulas, quer às de instrução primária, conforme sempre foi estabelecido, como também às de formação profissional a cargo do Serviço Nacional de Aprendizagem dos Industriários, de acordo com o estatuído pelo Decreto-lei nº 4.481, de 16 de julho de 1942.

41. Acreditamos que não se levantará mais qualquer argumento contra a razoabilíssima disposição legal de proibição da prorrogação do horário normal do trabalho dos menores, justificada não só por óbvias considerações biológicas de preservação da saúde dos adolescentes, como também por motivos educacionais irrefutáveis.

42. A clara e total definição que do contrato individual do trabalho foi dada pelo anteprojeto da Consolidação, provocou algumas divergências de mero gosto polêmico.

43. A emenda então apresentada não pôde ser aceita. Revelava, primeiramente, incompreensão do espírito institucional tantas vezes salientado nesses empreendimentos. Repetia ainda um conceito prévio e básico já formulado, qual seja, o de empregado.

44. O que os objetantes não alcançaram foi o deliberado propósito de se reconhecer a correspondência e equivalência entre a "relação de emprego" e o "contrato individual do trabalho", para os efeitos da legislação social, correspondência essa que a escola contratualista italiana nega, exigindo a expressa pactuação.

45. Na concepção do projeto, admitido, como fundamento de contrato, o acordo tácito, é lógico que a "relação de emprego" constitui o ato jurídico suficiente para provocar a objetivação das medidas tutelares que se contêm no direito do trabalho em vigor.

46. O conceito firmado na Consolidação é tanto mais justo e relevante quanto é o que se evidencia em face de contratos formalmente nulos ou substancialmente contrários à ordem pública dos preceitos da legislação de proteção ao trabalho.

47. Embora seja plenamente positivo o texto da Consolidação, diante de dúvidas, propostas, urge repetir que o projeto não feriu nenhum direito, garantindo até simples expectativas de direito, uma vez que todos os empregados bancários admitidos até a data da vigência do decreto-lei que aprovar a Consolidação terão assegurada a estabilidade em dois anos, nos termos do art. 15 do mesmo Decreto nº 24.615, de 9 de julho de 1934.

48. O que não poderia ser admitido, em uma Consolidação que se propõe a sistematizar os princípios do nosso Direito Social, era a persistência de um singular privilégio para uma categoria de trabalhadores, quando o prestígio das instituições públicas exige exatamente uma igualdade de tratamento para situações sociais idênticas.

49. Fosse uma medida de proteção especial correlata de peculiares condições de trabalho, e não teria havido a menor dúvida em se manter tal regime, conforme aliás procedeu a Comissão, conservando do estatuto profissional dos bancários todos os preceitos que lhes fossem favoráveis e suprimindo os que não se equiparassem às disposições gerais de proteção à duração de trabalho, tais como os que legitimavam a prorrogação a horas suplementares independentemente de pagamento extraordinário.

50. Houve, portanto, estrita justiça.

51. Conforme ficou esclarecido, inicialmente, a redação final que tenho a subida honra de apresentar a Vossa Excelência foi precedida de um meticuloso exame de todas as sugestões apresentadas, não constituindo menor contribuição a que cada um dos membros da Comissão procurou fazer, corrigindo e completando o anteprojeto.

52. Na revisão realizada, a Comissão assumiu uma posição censora de sua própria obra, promovendo consequentemente o aprimoramento do respectivo teor.

53. Na introdução, aperfeiçoou a redação dos artigos; inseriu a definição de empregador, que integra o conceito definitivo da relação de emprego, acompanhando-a da noção legal de empregadora única dada pela Lei nº 435, de 17 de maio de 1937; removeu, outrossim, para o Capítulo pertinente, a declaração da igualdade de salário por trabalho do mesmo valor sem distinção de sexo. Foi, por outro lado, suprimida a afirmação concernente à proibição da renúncia de direitos, que entendeu a Comissão ser elementar do princípio de ordem pública, mediante o qual são nulos os atos praticados no intuito de excluir a eficácia da legislação social.

54. O Título das normas institucionais foi reconstituído em dois outros, para mais fácil apresentação dos preceitos nele contidos.

55. O Capítulo sobre a identificação profissional e os registros de empregados foi melhorando na nomenclatura, na redação e na disposição das Seções.

56. Sofreu alteração o texto que reproduziu o parágrafo único do art. 18 do Decreto nº 2.035, de 29 de outubro de 1932, eliminando-se agora da carteira profissional a averbação de notas desabonadoras, as quais, somente, quando resultarem de sentença transitada em julgado, serão inscritas no prontuário do portador da carteira.

57. Ligeiros retoques foram dados ao Capítulo sobre a duração geral do trabalho.

58. Considerou-se de justiça equiparar o regime de trabalho dos operadores das empresas de serviços telefônicos aos das que exploram serviços de telegrafia, radiotelegrafia e radiotelefonia, cujas condições de fadiga são idênticas.

59. A duração do trabalho nos serviços ferroviários foi reexaminada de acordo com sugestões do Sindicato dos Empregados Ferroviários do Rio de Janeiro, e das empresas responsáveis por esses serviços, principalmente a Companhia Paulista de Estradas de Ferro, cuja cooperação inteligente favoreceu a racionalização imprimida ao projeto, com a supressão, pela qual se batia a Comissão, do confuso e prejudicial sistema de ciclos de 96 horas em 14 dias, com duração máxima diária de 16 horas, do citado Decreto nº 279, de graves consequências para a saúde dos ferroviários.

60. As disposições destinadas à regulamentação das condições de trabalho nos serviços de estiva mereceram igual reexame, atendidas, em harmonia, as sugestões da Comissão de Marinha Mercante, do Sindicato dos Estivadores do Rio de Janeiro e do Sindicato dos Trabalhadores em Estiva de Minérios desta Capital.

61. Houve também a preocupação de atender tanto quanto possível à equiparação, pleiteada pelo Sindicato dos Operários nos Serviços Portuários de Santos, entre os serviços de estiva e os de capatazias, que realmente funcionam em necessária coordenação.

62. Uma lacuna estava a exigir, há longa data, fosse coberta na nossa legislação. Recomendado, reiteradas vezes, pelo Presidente da República, diante da insuficiência da lei geral, não se ultimara, entretanto, até o presente, o projetado Decreto-lei especial amparando as condições de trabalho em minas de subsolo. Coligindo os dados apurados pelo Departamento Nacional do Trabalho, depois de sucessivas e conclusivas investigações locais, foi constituída uma Seção prevendo as reduções do horário nos trabalhos em minas subterrâneas, trabalhos esses árduos e particularmente ruinosos para a vida dos respectivos operários.

63. Na Seção em que se regula o exercício da profissão de químico, foi adotada a indicação da Federação das Indústrias do Estado de São Paulo, no sentido de ficarem declinados os tipos de indústrias em que se torna obrigatória a admissão de um químico. De acordo com a sugestão e segundo o critério do Instituto Nacional de Tecnologia deste Ministério, ficou resolvida essa questão e homologada a orientação prática deste Ministério.

64. O Capítulo da Nacionalização do Trabalho recebeu pequenas emendas de redação, tendo sido suprimido o dispositivo do anteprojeto relativo aos cargos de chefia. Reconsiderando a matéria, verificou a Comissão que o problema, que suscitava a emenda aditiva ao anteprojeto, encontrava solução no próprio texto legal quando este disciplina que os ocupantes de funções técnicas somente ficarão à margem da proporcionalidade na falta de trabalhadores nacionais especializadas. Sem gerar confusões que não haviam sido, aliás, pretendidas pelo preceito ora suprimido, o qual não continha qualquer restrição à desejada colaboração de iniciativas e de capitais estrangeiros, restará sempre no dispositivo acima referido o remédio para o governo proporcionar garantias às elites de técnicos nacionais.

65. O regime de Higiene e Segurança do Trabalho, pela revisão efetuada, adquiriu maior eficácia, por força da explícita declaração que constitui formalidade longamente seguida, da exigência de prévia verificação e aprovação das instalações dos estabelecimentos industriais para o respectivo funcionamento.

66. Estabeleceu-se, igualmente, a obrigatoriedade do uso, pelos empregados, dos equipamentos de defesa pessoal fornecidos pelos empregadores e aprovados pelas autoridades de Higiene do Trabalho.

67. Quanto aos Capítulos da proteção ao trabalho das mulheres e dos menores, as correções limitaram-se a erros de impressão, tendo sido, por outro lado, restabelecido o preceito inscrito no parágrafo único do art. 16 do antigo Decreto nº 2.042, de 3 de novembro de 1932, que, pela referência feita no § 39 do art. 16 do Decreto-lei nº 3.616, de 13 de setembro de 1941, é intuitivo concluir fora omitido, involuntariamente, neste último diploma legal.

68. Os deveres impostos aos empregadores para o efeito da habilitação profissional dos respectivos empregados menores e consubstanciados no Decreto-lei nº 4.481, de 16 de julho de 1942, corporificando normas de tutela dessa classe de empregados, cujo trabalho tem de ser orientado pelo alto escopo da educação técnica, passaram a integrar a Seção correspondente do Capítulo versando esse regime especial.

69. É oportuno salientar que a legislação social, universalmente, vem atribuindo um remarcado desvelo pelas condições de trabalho dos menores.

70. Em consonância com as convenções internacionais e as recomendações de congressos, e mesmo a estas se antecipando, o Brasil, pela pessoal inspiração de Vossa Excelência, vem realizando, através deste Ministério, uma salutar ação pública de preservação da juventude que trabalha.

71. O prosseguimento dessa política especializada é um imperativo e pareceu à Comissão dever ser assim ponderado na revisão, a que se procede, do Código de Menores, pois os seus preceitos atinentes ao trabalho foram totalmente melhorados e anexados à nossa legislação trabalhista, cujo Decreto-lei nº 3.616, consolidado agora, consagra a melhor solução de articulação e distinção entre a competência dos magistrados de menores e a das autoridades de trabalho, conferindo àqueles a plenitude das funções morais, jurisdicionais e supletivas do pátrio poder, que lhes são eminentemente reservados, e atribuindo às autoridades deste Ministério a efetivação do regime de proteção ao trabalho.

72. O Título em que se compendiam as regras constitutivas do contrato individual de trabalho careceu apenas de pequenas especificações do pensamento já expresso, acrescentando-se-lhes, entretanto, as normas pertinentes aos contratos de artistas teatrais e congêneres, oriundos da celebrada Lei Getúlio Vargas, cuja atualização vinha sendo ultimamente promovida por uma Comissão Interministerial, da qual provieram os artigos de lei aditados ao presente projeto.

73. Estatuiu a Consolidação que aos trabalhadores rurais se aplicam as regras básicas do contrato individual do trabalho, inclusive o aviso prévio, não lhes atingindo, porém, o regime de garantias em caso de rescisão, a que não tenham dado motivo, nem o instituto da estabilidade. A essa conclusão chegou a Comissão, em voto preponderante, sob a alegação de serem imprescindíveis maiores esclarecimentos das exatas condições das classes rurais, inibidas, no momento, por falta de lei, da representação sindical dos respectivos interesses.

74. Em seu relatório, manifesta a Comissão, consequentemente e em princípio, a sua restrição quanto ao projeto do Código Rural, publicado no Diário Oficial de 16 de janeiro último, na parte referente ao Contrato de Trabalho, objeto preciso desta Consolidação e não de um Código em que, com exclusividade, deveriam ser tratados os problemas relativos à produção na agricultura e em atividades conexas.

75. A revisão dos artigos compreendidos no Título da Organização Sindical ofereceu oportunidade para pequenas adaptações, sem afetar o sistema.

76. Procedeu-se à consolidação do Decreto-lei nº 5.242, de 1 de fevereiro de 1943, que dispôs sobre a exigência da sindicalização para o exercício da função de representação social em órgão oficial bem como para o gozo de favores ou isenções tributárias.

77. Suprimiu-se a emenda constante do anteprojeto tendente à instituição do regime de tomada de contas dos sindicatos. A eficiência do sistema de controle contábil do patrimônio das entidades sindicais e o regime de recolhimento do imposto sindical, posteriormente criados pela Portaria Ministerial nº 884, de 5 de dezembro de 1942, veio indicar ser prescindível esse processo de tomada de contas, que poderia determinar a burocratização desses órgãos de classe, por todos os títulos evitável, a fim de se conservar a espontaneidade e originalidade do regime sindical.

78. A Federação das Indústrias do Estado de São Paulo propôs e foram aceitos os aumentos, de um para sete, do número máximo

de membros da diretoria das entidades de grau superior, e de Cr$ 20,0 para Cr$ 30,0, a importância mínima correspondente ao imposto sindical de empregadores.

79. A Comissão de Enquadramento Sindical, dado o crescente desenvolvimento de sua atividade, teve a respectiva composição ampliada, incluindo um representante do Ministério da Agricultura na previsão da próxima sindicalização das classes rurais.

80. Ligeiros reparos foram feitos ao Capítulo do Imposto Sindical, na base do regime estabelecido pelo Decreto-lei nº 4.298, de 14 de maio de 1942, introduzindo-se apenas um artigo destinado a facultar a ação executiva, com os privilégios da Fazenda Pública, excluído o foro próprio, para a cobrança do imposto sindical, quando houver débito certificado pela autoridade competente deste Ministério.

81. Finalmente, quanto à Justiça do Trabalho, deliberou-se a exclusão de toda a parte consistente em regimento dos órgãos e serviços, bem como dos assuntos referentes à administração dos seguros sociais.

82. O julgamento dos agravos foi elevado ao seu verdadeiro nível, que é o da instância superior, necessário à adequada conceituação desses recursos e à jurídica apreciação da respectiva substância. Apurou-se, outrossim, a definição do Prejulgado, estabelecendo-se a forma do seu processamento e os efeitos que gera.

83. Tais, em rápida resenha, as principais modificações operadas no anteprojeto publicado. De todas essas alterações deflui um único pensamento – o de ajustar, mais e mais, a obra constituída às diretrizes da Política Social do Governo, fixadas de maneira tão ampla e coerente no magnífico quadro das disposições legais que acabam de ser recapituladas.

84. Ao pedir a atenção de Vossa Excelência para essa notável obra de construção jurídica, afirmo, com profunda convicção e de um modo geral, que, nesta hora dramática que o mundo sofre, a Consolidação constitui um marco venerável na história de nossa civilização, demonstra a vocação brasileira pelo direito e, na escureza que envolve a humanidade, representa a expressão de uma luz que não se apagou.

Apresento a Vossa Excelência os protestos do meu mais profundo respeito.

Rio de Janeiro, 19 de abril de 1943.

Alexandre Marcondes Filho

CONSOLIDAÇÃO DAS LEIS DO TRABALHO

DECRETO-LEI Nº 5.452, DE 1º DE MAIO DE 1943

Aprova a Consolidação das Leis do Trabalho.

O PRESIDENTE DA REPÚBLICA, usando da atribuição que lhe confere o art. 180 da Constituição,

› Refere-se à CF/1937.

› Art. 22, I da CF.

DECRETA:

Art. 1º Fica aprovada a Consolidação das Leis do Trabalho, que a este Decreto-lei acompanha, com as alterações por ela introduzidas na legislação vigente.

Parágrafo único. Continuam em vigor as disposições legais transitórias ou de emergência, bem como as que não tenham aplicação em todo o território nacional.

Art. 2º O presente Decreto-lei entrará em vigor em 10 de novembro de 1943.

Rio de Janeiro, 1 de maio de 1943, 122º da Independência e 55º da República.

GETÚLIO VARGAS.

CONSOLIDAÇÃO DAS LEIS DO TRABALHO

TÍTULO I INTRODUÇÃO

Art. 1º Esta Consolidação estatui as normas que regulam as relações individuais e coletivas de trabalho, nela previstas.

» *Vide* art. 114 da CF.

» *Vide* art. 7.º da CLT.

» *Vide* Lei n. 7.064, de 6-12-1982, que dispõe sobre a situação dos trabalhadores contratados ou transferidos para prestar serviços no exterior.

Art. 2º Considera-se empregador a empresa, individual ou coletiva, que, assumindo os riscos da atividade econômica, admite, assalaria e dirige a prestação pessoal de serviço.

› Arts. 10 e 448 da CLT.

› Arts. 3º e 4º da Lei 5.889/1973.

› Arts. 50 a 54 da LC 123/2006.

» *Vide* art. 3.º da CLT.

» *Vide* art. 3.º da Lei n. 5.889, de 8-6-1973 (Trabalho Rural).

» *Vide* art. 15, § 1.º, da Lei n. 8.036, de 11-5-1990 (FGTS).

§ 1º Equiparam-se ao empregador, para os efeitos exclusivos da relação de emprego, os profissionais liberais, as instituições de beneficência, as associações recreativas ou outras instituições sem fins lucrativos, que admitirem trabalhadores como empregados.

› Art. 4º da Lei 5.889/1973.

» *Vide* art. 4.º da Lei n. 5.889, de 8-6-1973 (Rural).

§ 2º Sempre que uma ou mais empresas, tendo, embora, cada uma delas, personalidade jurídica própria, estiverem sob a direção, controle ou administração de outra, ou ainda quando, mesmo guardando cada uma sua autonomia, integrem grupo econômico, serão responsáveis solidariamente pelas obrigações decorrentes da relação de emprego.

› § 2º com a redação dada pela Lei 13.467/2017.

› Art. 3º, § 2º, da Lei 5.889/1973.

› Súm. 93, 129 e 239 do TST.

» *Vide* art. 3.º, § 2.º, da Lei n. 5.889, de 8-6-1973 (Rural).

» *Vide* Súmulas 93, 129 e 239 do TST.

» *Vide* OJ 411 da SDI-1 do TST.

§ 3º Não caracteriza grupo econômico a mera identidade de sócios, sendo necessárias, para a configuração do grupo, a demonstração do interesse integrado, a efetiva comunhão de interesses e a atuação conjunta das empresas dele integrantes.

› § 3º incluído pela Lei 13.467/2017.

» *Vide* art. 3.º, § 2.º, da Lei n. 5.889, de 8-6-1973 (Rural).

» *Vide* OJ 411 da SDI-1 do TST.

Art. 3º Considera-se empregado toda pessoa física que prestar serviços de natureza não eventual a empregador, sob a dependência deste e mediante salário.

› Arts. 2º, 6º e 442, parágrafo único, da CLT.

› Art. 100 da Lei 9.504/1997.

› Art. 2º da Lei 5.889/1973.

› Art. 1º da LC 150/2015.

› Súm. 386 e 430 do TST.

› OJs 199 e 366 da SDI-1 do TST.

» *Vide* OJ 199 do TST.

Parágrafo único. Não haverá distinções relativas à espécie de emprego e à condição de trabalhador, nem entre o trabalho intelectual, técnico e manual.

› Art. 7º, XXXII, da CF.

Art. 4º Considera-se como de serviço efetivo o período em que o empregado esteja à disposição do empregador, aguardando ou executando ordens, salvo disposição especial expressamente consignada.

› Arts. 58, §§ 1º e 2º, e 294 da CLT.

› Súm., 96, 118 e 428 do TST.

» *Vide* arts. 58, 238, 294 e 492, parágrafo único, da CLT.

» *Vide* art. 21 da Lei n. 8.213, de 24-7-1991 (Planos de Benefícios da Previdência Social).

» *Vide* Súmulas 90, 118, 320 e 429 do TST.

» *Vide* OJ 36, SDI-1 Transitória.

» *Vide* Precedente Normativo n. 31 do TST.

§ 1º Computar-se-ão, na contagem de tempo de serviço, para efeito de indenização e estabilidade, os períodos em que o empregado estiver afastado do trabalho prestando serviço militar e por motivo de acidente do trabalho.

› § 1º com redação dada pela Lei 13.467/2017.

» *Vide* art. 472 da CLT.

» *Vide* art. 15, § 5.º, da Lei n. 8.036, de 11-5-1990 (Normas regulamentares do FGTS).

» *Vide* art. 28 do Decreto n. 99.684, de 8-11-1990.

» *Vide* Súmula 463 do STF.

» *Vide* Súmula 269 do TST.

§ 2º Por não se considerar tempo à disposição do empregador, não será computado como período extraordinário o que exceder a jornada normal, ainda que ultrapasse o limite de cinco minutos previsto no § 1º do art. 58 desta Consolidação, quando o empregado, por escolha própria, buscar proteção pessoal, em caso de insegurança nas vias públicas ou más condições climáticas, bem como adentrar ou permanecer nas dependências da empresa para exercer atividades particulares, entre outras:

I – práticas religiosas;

II – descanso;

III – lazer;

IV – estudo;

V – alimentação;

VI – atividades de relacionamento social;

VII – higiene pessoal;

VIII – troca de roupa ou uniforme, quando não houver obrigatoriedade de realizar a troca na empresa.

› § 2º incluído pela Lei 13.467/2017.

Art. 5º A todo trabalho de igual valor corresponderá salário igual, sem distinção de sexo.

› Arts. 5º, I e 7º, XXX da CF.

› Arts. 373-A, III, e 461 da CLT.

› Súm. 202 do STF.

› Súm. 6 do TST.

› OJ 297 da SDI-1 do TST.

» *Vide* art. 5.º, I, da CF.

» *Vide* Súmula 6 do TST.

» *Vide* Súmula 202 do STF.

» *Vide* Lei n. 9.029, de 13-4-1995.

Art. 6º Não se distingue entre o trabalho realizado no estabelecimento do empregador, o executado no domicílio do empregado e o realizado a distância, desde que estejam caracterizados os pressupostos da relação de emprego. (Redação dada pela Lei 12.551/2011)

Parágrafo único. Os meios telemáticos e informatizados de comando, controle e supervisão se equiparam, para fins de subordinação jurídica, aos meios pessoais e diretos de comando, controle e supervisão do trabalho alheio. (Redação dada pela Lei 12.551/2011)

› Art. 83 da CLT.

» *Vide* Súmula 428 do TST.

» *Vide* arts. 75-A a 75-F da CLT.

Art. 7º Os preceitos constantes da presente Consolidação salvo quando for em cada caso, expressamente determinado em contrário, não se aplicam:

› *Caput* com a redação dada pelo Dec.-lei 8.079/1945.

a) aos empregados domésticos, assim considerados, de um modo geral, os que prestam serviços de natureza não econômica à pessoa ou à família, no âmbito residencial destas;

› LC 150/2015 (Empregado Doméstico).

b) aos trabalhadores rurais, assim considerados aqueles que, exercendo funções diretamente ligadas à agricultura e à pecuária, não sejam empregados em atividades que, pelos métodos de execução dos respectivos trabalhos ou pela finalidade de suas operações, se classifiquem como Industriais ou comerciais;

› Lei 5.889/1973 (Trabalho Rural).

› Art. 7º, *caput*, e XXIX, da CF.

› Art. 505 da CLT.

- Dec. 7.943/2013 (Política Nacional para os Trabalhadores Rurais Empregados).
- Arts. 83 a 105 do Dec. 10.854/2021 (Estabelece as relações individuais e coletivas de trabalho rural).
- Súm. 196 do STF.
- OJ 417 da SDI-1 do TST.
- » *Vide* art. 505 da CLT.
- » *Vide* Súmula 196 do STF.

c) aos funcionários públicos da União, dos Estados e dos Municípios e aos respectivos extranumerários em serviço nas próprias repartições;

- Lei 8.112/1990: Estatuto dos Servidores Públicos da União.
- » *Vide* Lei n. 8.112, de 11-12-1990 (Estatuto do Servidor Público).
- » *Vide* Súmulas 58, 382, 390, 430 e 455 do TST.

d) aos servidores de autarquias paraestatais, desde que sujeitos a regime próprio de proteção ao trabalho que lhes assegure situação análoga à dos funcionários públicos.

- Alíneas c e d com a redação dada pelo Dec.-lei 8.079/1945.

e) (Suprimida pelo Decreto-Lei 8.079/1945)

f) às atividades de direção e assessoramento nos órgãos, institutos e fundações dos partidos, assim definidas em normas internas de organização partidária. (Acrescida pela Lei 13.877/2019)

Parágrafo único. Revogado pelo Decreto-lei 8.249, de 1945.

Art. 8º As autoridades administrativas e a Justiça do Trabalho, na falta de disposições legais ou contratuais, decidirão, conforme o caso, pela jurisprudência, por analogia, por equidade e outros princípios e normas gerais de direito, principalmente do direito do trabalho, e, ainda, de acordo com os usos e costumes, o direito comparado, mas sempre de maneira que nenhum interesse de classe ou particular prevaleça sobre o interesse público.

- Art. 5º, XXXVI da CF.
- Arts. 4º e 5 da LINDB.
- Art. 140 do CPC.
- Súm. 229 e 346 do TST.

§ 1º O direito comum será fonte subsidiária do direito do trabalho.

- § 1º com redação dada pela Lei 13.467/2017).

§ 2º Súm. e outros enunciados de jurisprudência editados pelo Tribunal Superior do Trabalho e pelos Tribunais Regionais do Trabalho não poderão restringir direitos legalmente previstos nem criar obrigações que não estejam previstas em lei.

- § 2º incluído pela Lei 13.467/2017.
- » *Vide* art. 702, §§ 3.º e 4.º, da CLT.

§ 3º No exame de convenção coletiva ou acordo coletivo de trabalho, a Justiça do Trabalho analisará exclusivamente a conformidade dos elementos essenciais do negócio jurídico, respeitado o disposto no art. 104 da Lei 10.406, de 10 de janeiro de 2002 (Código Civil), e balizará sua atuação pelo princípio da intervenção mínima na autonomia da vontade coletiva.

- § 3º incluído pela Lei 13.467/2017.
- » *Vide* art. 611-A, § 1.º, da CLT.

Art. 9º Serão nulos de pleno direito os atos praticados com o objetivo de desvirtuar, impedir ou fraudar a aplicação dos preceitos contidos na presente Consolidação.

- Arts. 197 a 207 do CP: Crimes contra a Organização do Trabalho.
- Súm. 77 do TST.
- OJ 30 da SDC do TST.

Art. 10. Qualquer alteração na estrutura jurídica da empresa não afetará os direitos adquiridos por seus empregados.

- Arts. 448 e 448-A da CLT.
- Arts. 60, parágrafo único, e 141, II e § 2º, da Lei 11.101/2005.
- OJs 92, 261, 408, 411 da SDI-1 do TST.
- » *Vide* arts. 448 e 448-A da CLT.
- » *Vide* arts. 60, parágrafo único, e 141, II, da Lei n. 11.101, de 9-2-2005.

Art. 10-A. O sócio retirante responde subsidiariamente pelas obrigações trabalhistas da sociedade relativas ao período em que figurou como sócio, somente em ações ajuizadas até dois anos depois de averbada a modificação do contrato, observada a seguinte ordem de preferência: (Acrescido pela Lei 13.467/2017)

- » *Vide* art. 1.003, par. un., e 1.032 do CC.

I – a empresa devedora;

II – os sócios atuais; e

III – os sócios retirantes.

Parágrafo único. O sócio retirante responderá solidariamente com os demais quando ficar comprovada fraude na alteração societária decorrente da modificação do contrato.

Art. 11. A pretensão quanto a créditos resultantes das relações de trabalho prescreve em cinco anos para os trabalhadores urbanos e rurais, até o limite de dois anos após a extinção do contrato de trabalho.

- *Caput* com a redação dada pela Lei 13.467/2017.
- Art. 7º, XXIX, da CF.
- Súm. 308 do TST.
- » *Vide* art. 11-A da CLT.
- » *Vide* art. 43 da Lei Complementar n. 150, de 1.º-6-2015.
- » *Vide* OJs 38, 76, 83, 129, 130, 175, 242, 243, 271, 294, 361, 370, 375, 392, 401, 404 e 417.

I e II – (Revogados pela Lei 13.467/2017);

§ 1º O disposto neste artigo não se aplica às ações que tenham por objeto anotações para fins de prova junto à Previdência Social.

- Arts. 149, 440 e 625-G da CLT.
- Art. 197 a 199 do CC.
- Súm. 327, 349 e 403 do STF.
- Súm. 242 do STJ.
- Súm. 6, IX, 153, 156, 206, 268, 350, 362 e 382 do TST.
- OJs 83, 130, 375, 392 e 401 da SDI-1 do TST.
- » *Vide* arts. 13 e s. da CLT.
- » *Vide* Súmula 230 do STF.
- » *Vide* Súmulas 156, 199, 326, 327, 350 e 362 do TST.

§ 2º Tratando-se de pretensão que envolva pedido de prestações sucessivas decorrente de alteração ou descumprimento do pactuado, a prescrição é total, exceto quando o direito à parcela esteja também assegurado por preceito de lei.

- § 2º com a redação dada pela Lei 13.467/2017.
- » *Vide* Súmulas 6, IX, 199, 275, 294, 326, 327, 373 e 452 do TST.
- » *Vide* OJ 175 da SDI do TST.

§ 3º A interrupção da prescrição somente ocorrerá pelo ajuizamento de reclamação trabalhista, mesmo que em juízo incompetente, ainda que venha a ser extinta sem resolução do mérito, produzindo efeitos apenas em relação aos pedidos idênticos.

- § 3º incluído pela Lei 13.467/2017.
- » *Vide* art. 202, CC.
- » *Vide* Súmula 268, TST.

Art. 11-A. Ocorre a prescrição intercorrente no processo do trabalho no prazo de dois anos. (Acrescido pela Lei 13.467/2017)

- Súm. 327 do STF.

§ 1º A fluência do prazo prescricional intercorrente inicia-se quando o exequente deixa de cumprir determinação judicial no curso da execução.

§ 2º A declaração da prescrição intercorrente pode ser requerida ou declarada de ofício em qualquer grau de jurisdição.

Art. 12. Os preceitos concernentes ao regime de seguro social são objeto de lei especial.

- Leis 8.212/1991, 8.213/1991 e Dec. 3.048/1999: Legislação previdenciária.
- » *Vide* arts. 194 a 204 da CF.
- » *Vide* Leis n. 8.212, de 24-7-1991, e 8.213, de 24-7-1991.
- » *Vide* Decreto n. 3.048, de 6-5-1999.

TÍTULO II
DAS NORMAS GERAIS DE TUTELA DO TRABALHO

CAPÍTULO I
DA IDENTIFICAÇÃO PROFISSIONAL

SEÇÃO I
DA CARTEIRA DE TRABALHO E PREVIDÊNCIA SOCIAL

- Título da Seção I com a redação dada pelo Dec.-lei 926/1969.

Art. 13. A Carteira de Trabalho e Previdência Social é obrigatória para o exercício de qualquer emprego, inclusive de natureza rural, ainda que em caráter temporário, e para o exercício por conta própria de atividade profissional remunerada.

- *Caput* com a redação dada pelo Dec.-lei 926/1969.
- Art. 14-A, § 3º, I e II, Lei 5.889/1973.
- Lei 6.019/1974 (Dispõe sobre o Trabalho Temporário nas Empresas Urbanas).
- Súm. 225 do STF.
- Súm. 12 do TST.
- OJ 82 da SDI-1 do TST.
- » *Vide* Súmula 12 do TST e Súmula 225 do STF.

§ 1º O disposto neste artigo aplica-se, igualmente, a quem:

I – proprietário rural ou não, trabalhe individualmente ou em regime de economia familiar, assim entendido o trabalho dos membros da mesma família, indispensável à própria subsistência, e exercido em condições de mútua dependência e colaboração;

II – em regime de economia familiar e sem empregado, explore área não excedente do módulo rural ou de outro limite que venha a ser fixado, para cada região, pelo Ministério do Trabalho e Previdência Social.

- Art. 4º, II e III, da Lei 4.504/1964.
- § 1º com a redação dada pelo Dec.-lei 926/1969.

§ 2º A Carteira de Trabalho e Previdência Social (CTPS) obedecerá aos modelos que o Ministério da Economia adotar. (Redação dada pela Lei 13.874/2019)

§§ 3º e 4º (Revogados pela Lei 13.874/2019)

SEÇÃO II
DA EMISSÃO DA CARTEIRA

- Título da Seção II com a redação dada pelo Dec.-lei 926/1969.

Art. 14. A CTPS será emitida pelo Ministério da Economia preferencialmente em meio eletrônico. (Redação dada pela Lei 13.874/2019)

Parágrafo único. Excepcionalmente, a CTPS poderá ser emitida em meio físico, desde que: (Redação dada pela Lei 13.874/2019)

I - nas unidades descentralizadas do Ministério da Economia que forem habilitadas para a emissão; (Acrescido pela Lei 13.874/2019)

II - mediante convênio, por órgãos federais, estaduais e municipais da administração direta ou indireta; (Acrescido pela Lei 13.874/2019)

III - mediante convênio com serviços notariais e de registro, sem custos para a administração, garantidas as condições de segurança das informações. (Acrescido pela Lei 13.874/2019)

Art. 15. Os procedimentos para emissão da CTPS ao interessado serão estabelecidos pelo Ministério da Economia em regulamento próprio, privilegiada a emissão em formato eletrônico. (Redação dada pela Lei 13.874/2019)

Art. 16. A CTPS terá como identificação única do empregado o número de inscrição no Cadastro de Pessoas Físicas (CPF). (Redação dada pela Lei 13.874/2019)

I a IV – (Revogados pela Lei 13.874/2019).

Parágrafo único. (Revogado pela Lei 13.874/2019).

Art. 17. (Revogado pela Lei 13.874/2019).

Arts. 18 e 19. (Revogados pela Lei 7.855/1989).

Arts. 20 e 21. (Revogados pela Lei 13.874/2019).

Arts. 22 a 24. (Revogados pelo Dec.-lei 926/1969).

SEÇÃO III
DA ENTREGA DAS CARTEIRAS DE TRABALHO E PREVIDÊNCIA SOCIAL

Arts. 25 e 26. (Revogados pela Lei 13.874/2019).

Arts. 27 e 28. (Revogados pela Lei 7.855/1989).

SEÇÃO IV
DAS ANOTAÇÕES

Art. 29. O empregador terá o prazo de 5 (cinco) dias úteis para anotar na CTPS, em relação aos trabalhadores que admitir, a data de admissão, a remuneração e as condições especiais, se houver, facultada a adoção de sistema manual, mecânico ou eletrônico, conforme instruções a serem expedidas pelo Ministério da Economia. (Redação dada pela Lei 13.874/2019)

- Art. 53 da CLT.
- Art. 9° da LC 150/2015.
- Súm. 225 do STF.
- Súm. 12 do TST.

§ 1º As anotações concernentes à remuneração devem especificar o salário, qualquer que seja sua forma de pagamento, seja ele em dinheiro ou em utilidades, bem como a estimativa da gorjeta.

- § 1º com a redação dada pelo Dec.-lei 229/1967.

§ 2º As anotações na Carteira de Trabalho e Previdência Social serão feitas: (Redação dada pela Lei 7.855/1989)

a) na data-base;

b) a qualquer tempo, por solicitação do trabalhador;

c) no caso de rescisão contratual; ou

d) necessidade de comprovação perante a Previdência Social.

- *Vide* art. 11, § 1.º, CLT.
- *Vide* Súmula 12 do TST e Súmula 225 do STF.

§ 3º A falta de cumprimento pelo empregador do disposto neste artigo acarretará a lavratura do auto de infração, pelo Fiscal do Trabalho, que deverá, de ofício, comunicar a falta de anotação ao órgão competente, para o fim de instaurar o processo de anotação. (Redação dada pela Lei 7.855/1989)

- Súm. 12 do TST.
- *Vide* arts. 626 a 643 da CLT.

§ 4º É vedado ao empregador efetuar anotações desabonadoras à conduta do empregado em sua Carteira de Trabalho e Previdência Social. (Incluído pela Lei 10.270/2001)

§ 5º O descumprimento do disposto no § 4º deste artigo submeterá o empregador ao pagamento de multa prevista no art. 52 deste Capítulo (Incluído pela Lei 10.270/2001)

§ 6º A comunicação pelo trabalhador do número de inscrição no CPF ao empregador equivale à apresentação da CTPS em meio digital, dispensado o empregador da emissão de recibo. (Parágrafo acrescido pela Lei 13.874/2019)

§ 7º Os registros eletrônicos gerados pelo empregador nos sistemas informatizados da CTPS em meio digital equivalem às anotações a que se refere esta Lei. (Parágrafo acrescido pela Lei 13.874/2019)

§ 8º O trabalhador deverá ter acesso às informações da sua CTPS no prazo de até 48 (quarenta e oito) horas a partir de sua anotação. (Parágrafo acrescido pela Lei 13.874/2019)

Art. 29-A. O empregador que infringir o disposto no caput e no § 1º do art. 29 desta Consolidação ficará sujeito a multa no valor de R$ 3.000,00 (três mil reais) por empregado prejudicado, acrescido de igual valor em cada reincidência. *(Acrescido pela Lei 14.438/2022)*

§ 1º No caso de microempresa ou de empresa de pequeno porte, o valor final da multa aplicada será de R$ 800,00 (oitocentos reais) por empregado prejudicado.

§ 2º A infração de que trata o caput deste artigo constitui exceção ao critério da dupla visita.

Art. 29-B. Na hipótese de não serem realizadas as anotações a que se refere o § 2º do art. 29 desta Consolidação, o empregador ficará sujeito a multa no valor de R$ 600,00 (seiscentos reais) por empregado prejudicado. *(Acrescido pela Lei 14.438/2022)*

Arts. 30 a 34. (Revogados pela Lei 13.874/2019).

Art. 35. (Revogado pela Lei 6.533/1978).

SEÇÃO V
DAS RECLAMAÇÕES POR FALTA OU RECUSA DE ANOTAÇÃO

Art. 36. Recusando-se a empresa a fazer as anotações a que se refere o art. 29 ou a devolver a Carteira de Trabalho e Previdência Social recebida, poderá o empregado comparecer, pessoalmente ou por intermédio de seu sindicato perante a Delegacia Regional ou órgão autorizado, para apresentar reclamação.

- Art. 36 com redação dada pelo Dec.-lei 229/1967.

Art. 37. No caso do art. 36, lavrado o termo de reclamação, determinar-se-á a realização de diligência para instrução do feito, observado, se fôr o caso, o disposto no § 2º do art. 29, notificando-se posteriormente o reclamado por carta registrada, caso persista a recusa, para que, em dia e hora previamente designados, venha prestar esclarecimentos ou efetuar as devidas anotações na Carteira de Trabalho e Previdência Social ou sua entrega.

Parágrafo único. Não comparecendo o reclamado, lavrar-se-á termo de ausência, sendo considerado revel e confesso sobre os termos da reclamação feita, devendo as anotações ser efetuadas por despacho da autoridade que tenha processado a reclamação.

- Art. 37 com redação dada pelo Dec.-lei 229/1967.

Art. 38. Comparecendo o empregador e recusando-se a fazer as anotações reclamadas, será lavrado um termo de comparecimento, que deverá conter, entre outras indicações, o lugar, o dia e hora de sua lavratura, o nome e a residência do empregador, assegurando-se-lhe o prazo de 48 (quarenta e oito) horas, a contar do termo, para apresentar defesa.

Parágrafo único. Findo o prazo para a defesa, subirá o processo à autoridade administrativa de primeira instância, para se ordenarem diligências, que completem a instrução do feito, ou para julgamento, se o caso estiver suficientemente esclarecido.

Art. 39. Verificando-se que as alegações feitas pelo reclamado versam sobre a não existência de relação de emprego ou sendo impossível verificar essa condição pelos meios administrativos, será o processo encaminhado à Justiça do Trabalho ficando, nesse caso, sobrestado o julgamento do auto de infração que houver sido lavrado.

§ 1º Se não houver acordo, a Junta de Conciliação e Julgamento, em sua sentença ordenará que a Secretaria efetue as devidas anotações uma vez transitada em julgado, e faça a comunicação à autoridade competente para o fim de aplicar a multa cabível.

- Vide EC 24/1999.

§ 2º Igual procedimento observar-se-á no caso de processo trabalhista de qualquer natureza, quando for verificada a falta de anotações na Carteira de Trabalho e Previdência Social, devendo o Juiz, nesta hipótese, mandar proceder, desde logo, àquelas sobre as quais não houver controvérsia.

- Art. 39 com a redação dada pelo Dec.-lei 229/1967.

SEÇÃO VI
DO VALOR DAS ANOTAÇÕES

Art. 40. A CTPS regularmente emitida e anotada servirá de prova: (Redação dada pela Lei 13.874/2019)

I – Nos casos de dissídio na Justiça do Trabalho entre a empresa e o empregado por motivo de salário, férias ou tempo de serviço;

II – Revogado pela Lei 13.874/2019.

III – Para cálculo de indenização por acidente do trabalho ou moléstia profissional.

- Art. 40 com a redação dada pelo Dec.-lei 229/1967.
- Súm. 225 do STF.
- Súm. 12 do TST.

SEÇÃO VII
DOS LIVROS DE REGISTRO DE EMPREGADOS

Art. 41. Em todas as atividades será obrigatório para o empregador o registro dos respectivos trabalhadores, podendo ser adotados livros, fichas ou sistema eletrônico, conforme instruções a serem expedidas pelo Ministério do Trabalho.

Parágrafo único. Além da qualificação civil ou profissional de cada trabalhador, deverão ser anotados todos os dados relativos à sua admissão no emprego, duração e efetividade do trabalho, a férias, acidentes e demais circunstâncias que interessem à proteção do trabalhador.

‣ Art. 41 com a redação dada pela Lei 7.855/1989.

Art. 42. (Revogado pela Lei 10.243/2001).

Arts. 43 e 44. (Revogados pela Lei 7.855/1989).

Arts. 45 e 46. (Revogados pelo Dec.-lei 229/1967).

Art. 47. O empregador que mantiver empregado não registrado nos termos do art. 41 desta Consolidação ficará sujeito a multa no valor de R$ 3.000,00 (três mil reais) por empregado não registrado, acrescido de igual valor em cada reincidência. (Redação dada pela Lei 13.467/2017)

§ 1° Especificamente quanto à infração a que se refere o *caput* deste artigo, o valor final da multa aplicada será de R$ 800,00 (oitocentos reais) por empregado não registrado, quando se tratar de microempresa ou empresa de pequeno porte. (Redação dada pela Lei 13.467/2017)

§ 2° A infração de que trata o *caput* deste artigo constitui exceção ao critério da dupla visita. (Incluído pela Lei 13.467/2017)

‣ Art. 7º, IV, da CF.

Art. 47-A. Na hipótese de não serem informados os dados a que se refere o parágrafo único do art. 41 desta Consolidação, o empregador ficará sujeito à multa de R$ 600,00 (seiscentos reais) por empregado prejudicado. (Incluído pela Lei 13.467/2017)

Art. 48. As multas previstas nesta Seção serão aplicadas pela autoridade de primeira instância no Distrito Federal, e pelas autoridades regionais do Ministério do Trabalho, Indústria e Comércio, nos Estados e no Território do Acre.

SEÇÃO VIII
DAS PENALIDADES

Art. 49. Para os efeitos da emissão, substituição ou anotação de Carteiras de Trabalho e Previdência Social, considerar-se-á, crime de falsidade, com as penalidades previstas no art. 299 do Código Penal:

I – Fazer, no todo ou em parte, qualquer documento falso ou alterar o verdadeiro;

II – Afirmar falsamente a sua própria identidade, filiação, lugar de nascimento, residência, profissão ou estado civil e beneficiários, ou atestar os de outra pessoa;

III – Servir-se de documentos, por qualquer forma falsificados;

IV – falsificar, fabricando ou alterando, ou vender, usar ou possuir Carteira de Trabalho e Previdência Social assim alteradas;

V – Anotar dolosamente em Carteira de Trabalho e Previdência Social ou registro de empregado, ou confessar ou declarar em juízo ou fora dele, data de admissão em emprego diversa da verdadeira.

‣ Art. 49 com a redação dada pelo Dec.-lei 229/1967.

Art. 50. Comprovando-se falsidade, quer nas declarações para emissão de Carteira de Trabalho e Previdência Social, quer nas respectivas anotações, o fato será levado ao conhecimento da autoridade que houver emitido a carteira, para fins de direito.

Art. 51. Incorrerá em multa de valor igual a 3 (três) vezes o salário mínimo regional aquele que, comerciante ou não, vender ou expuser à venda qualquer tipo de carteira igual ou semelhante ao tipo oficialmente adotado. (Redação dada pelo Dec.-lei 229/1967)

Art. 52. O extravio ou inutilização da Carteira de Trabalho e Previdência Social por culpa da empresa sujeitará esta à multa de valor igual á metade do salário mínimo regional. (Redação dada pelo Dec.-lei 926/1969)

‣ Art. 29, §§ 4º e 5º, da CLT.

Arts. 53 e 54. (Revogados pela Lei 13.874/2019).

Art. 55. Incorrerá na multa de valor igual a 1 (um) salário mínimo regional a empresa que infringir o art. 13 e seus parágrafos. (Redação dada pelo Dec.-lei 229/1967)

Art. 56. (Revogado pela Lei 13.874/2019).

CAPÍTULO II
DA DURAÇÃO DO TRABALHO

SEÇÃO I
DISPOSIÇÃO PRELIMINAR

Art. 57. Os preceitos deste Capítulo aplicam-se a todas as atividades, salvo as expressamente excluídas, constituindo exceções as disposições especiais, concernentes estritamente a peculiaridades profissionais constantes do Capítulo I do Título III.

‣ Art. 7º, parágrafo único, da CF.
‣ Arts. 7º, a, e 62 da CLT.
» *Vide* arts. 224 a 226, 227 a 231, 234, 235, 235-A a 235-H, 236 a 247, 248 a 252, 253, 293 a 301, 302 a 316, 317 a 324, 325 a 350 e 411 a 414, CLT.
» *Vide* Decreto-lei n. 910, de 30-11-1938 (Duração e condições do trabalho em empresas jornalísticas).
» *Vide* Lei n. 3.270, de 30-9-1957 (Jornada de trabalho de cabineiros de elevador).
» *Vide* Lei n. 3.857, de 22-12-1960 (Ordem dos Músicos do Brasil).
» *Vide* Decreto-lei n. 16, de 10-8-1966 (Produção, comércio e transporte clandestino de açúcar e de álcool).
» *Vide* Decreto-lei n. 78, de 8-12-1966 (Altera o Decreto-lei n. 18, de 24-8-1966).
» *Vide* Lei n. 5.811, de 11-10-1972 (Trabalho na indústria petroquímica).
» *Vide* Lei n. 6.533, de 24-5-1978 (Regulamentação das profissões de Artistas e de Técnico em Espetáculos de Diversões).
» *Vide* Lei n. 6.615, de 16-12-1978 (Regulamentação da profissão de Radialista).
» *Vide* Lei n. 7.183, de 5-4-1984 (Regula o exercício da profissão de Aeronauta).
» *Vide* Lei n. 7.394, de 29-10-1985 (Regula o exercício da profissão de Técnico em Radiologia).
» *Vide* Lei n. 8.856, de 1.º-3-1994 (Jornada de trabalho dos profissionais Fisioterapeuta e Terapeuta Ocupacional).
» *Vide* Lei n. 8.906, de 4-7-1994 (Estatuto da Advocacia e OAB).
» *Vide* Lei n. 9.615, de 24-3-1998 (Lei Pelé).
» *Vide* Lei n. 5.811, de 11-10-1972 (Trabalho na indústria petroquímica).
» *Vide* Medida Provisória n. 2.164-41, de 24-8-2001 (Trabalho a tempo parcial e suspensão do contrato de trabalho).
» *Vide* Súmulas 213 e 675, STF.
» *Vide* Súmulas 55, 61, 96, 102, 109, 110, 112, 113, 119, 124, 143, 346, 351, 360, 370, 391, 423, 431 e 444, TST.
» *Vide* OJs 60, 178, 240, 274, 275, 332, 360 e 395 da SDI-1/TST.
» *Vide* Precedente Normativo n. 31, TST.

SEÇÃO II
DA JORNADA DE TRABALHO

Art. 58. A duração normal do trabalho, para os empregados em qualquer atividade privada, não excederá de 8 (oito) horas diárias, desde que não seja fixado expressamente outro limite.

‣ Art. 7º, XIII e XIV da CF.
‣ Arts. 4º, 65 e 414 da CLT.
‣ Súm. 370 e 423 do TST:
‣ OJs 274, 275, 360 da SDI-1 do TST.
» *Vide* art. 7.º, XIII e XVI, da CF.
» *Vide* Súmulas 291 e 360 do TST.
» *Vide* art. 2.º da Lei Complementar n. 150, de 1.º-6-2015 (Empregado Doméstico).

§ 1º Não serão descontadas nem computadas como jornada extraordinária as variações de horário no registro de ponto não excedentes de cinco minutos, observado o limite máximo de dez minutos diários.

‣ § 1º incluído pela Lei 10.243/2001.
‣ Art. 74, § 2º, da CLT.
‣ Súm. 449 do TST.
» *Vide* art. 74, § 2.º, CLT.
» *Vide* Súmulas 366, 429 e 449, TST.

§ 2° O tempo despendido pelo empregado desde a sua residência até a efetiva ocupação do posto de trabalho e para o seu retorno, caminhando ou por qualquer meio de transporte, inclusive o fornecido pelo empregador, não será computado na jornada de trabalho, por não ser tempo à disposição do empregador.

‣ § 2º com a redação dada pela Lei 13.467/2017.
‣ Súms. 90 e 320 do TST.
‣ OJ transitória 36 da SDI-1.

§ 3º (Revogado pela Lei 13.467/2017).

Art. 58-A. Considera-se trabalho em regime de tempo parcial aquele cuja duração não exceda a trinta horas semanais, sem a possibilidade de horas suplementares semanais, ou, ainda, aquele cuja duração não exceda a vinte e seis horas semanais, com a possibilidade de acréscimo de até seis horas suplementares semanais.

‣ *Caput* com a redação dada pela Lei 13.467/2017.
» *Vide* art. 3.º da Lei Complementar n. 150, de 1.º-6-2015 (Empregado Doméstico).

§ 1º O salário a ser pago aos empregados sob o regime de tempo parcial será proporcional à sua jornada, em relação aos empregados que cumprem, nas mesmas funções, tempo integral.

‣ § 1º incluído pela MP 2.164-41/2001.

§ 2º Para os atuais empregados, a adoção do regime de tempo parcial será feita mediante opção manifestada perante a empresa, na forma prevista em instrumento decorrente de negociação coletiva.

‣ § 2º incluído pela MP 2.164-41/2001.
‣ OJ 358 da SDI-1 do TST.

§ 3° As horas suplementares à duração do trabalho semanal normal serão pagas com o acréscimo de 50% (cinquenta por cento) sobre o salário-hora normal.

§ 4° Na hipótese de o contrato de trabalho em regime de tempo parcial ser estabelecido em número inferior a vinte e seis horas semanais, as horas suplementares a este quantitativo serão consideradas horas extras para fins do pagamento estipulado no § 3º, estando também limitadas a seis horas suplementares semanais.

§ 5° As horas suplementares da jornada de trabalho normal poderão ser compensadas diretamente até a semana imediatamente posterior à da sua execução, devendo ser feita a sua quitação na folha de pagamento do mês subsequente, caso não sejam compensadas.

§ 6° É facultado ao empregado contratado sob regime de tempo parcial converter um terço do período de férias a que tiver direito em abono pecuniário.

» *Vide* arts. 143 e 144 da CLT.

§ 7° As férias do regime de tempo parcial são regidas pelo disposto no art. 130 desta Consolidação.

› §§ 3° a 7° incluídos pela Lei 13.467/2017.

» *Vide* art. 3.°, § 3.°, da Lei Complementar n. 150, de 1.°-6-2015 (Empregado Doméstico).

Art. 59. A duração diária do trabalho poderá ser acrescida de horas extras, em número não excedente de duas, por acordo individual, convenção coletiva ou acordo coletivo de trabalho.

› *Caput* com a redação dada pela Lei 13.467/2017.

› Súm. 45, 63, 85, 102, 109, 110, 113, 115, 118, 132, 172, 253, 264, 291, 340, 347, 354, 376 e 444 do TST.

› OJs 47, 233, 235, 332, 394, 397 da SDI-1 do TST.

» *Vide* art. 413, CLT.

§ 1° A remuneração da hora extra será, pelo menos, 50% (cinquenta por cento) superior à da hora normal.

› § 1° com a redação dada pela Lei 13.467/2017.

› Art. 7°, XVI, da CF.

› Art. 20, § 2°, da Lei 8.906/1994.

§ 2° Poderá ser dispensado o acréscimo de salário se, por força de acordo ou convenção coletiva de trabalho, o excesso de horas em um dia for compensado pela correspondente diminuição em outro dia, de maneira que não exceda, no período máximo de um ano, à soma das jornadas semanais de trabalho previstas, nem seja ultrapassado o limite máximo de dez horas diárias.

› § 2° com a redação dada pela MP 2.164-41/2001.

› Súm. 85 do TST.

» *Vide* art. 2.°, §§ 4.°, 5.° e 6.° da Lei Complementar n. 150, de 1.°-6-2015 (Empregado Doméstico).

§ 3° Na hipótese de rescisão do contrato de trabalho sem que tenha havido a compensação integral da jornada extraordinária, na forma dos §§ 2° e 5° deste artigo, o trabalhador terá direito ao pagamento das horas extras não compensadas, calculadas sobre o valor da remuneração na data da rescisão.

› § 3° com a redação dada pela Lei 13.467/2017.

› Art. 59, § 2°, da CLT.

§ 4° Revogado pela Lei 13.467/2017.

§ 5° O banco de horas de que trata o § 2° deste artigo poderá ser pactuado por acordo individual escrito, desde que a compensação ocorra no período máximo de seis meses.

› § 5° incluído pela Lei 13.467/2017.

» *Vide* Súmula 85 do TST.

§ 6° É lícito o regime de compensação de jornada estabelecido por acordo individual, tácito ou escrito, para a compensação no mesmo mês.

› § 6° incluído pela Lei 13.467/2017.

Art. 59-A. Em exceção ao disposto no art. 59 desta Consolidação, é facultado às partes, mediante acordo individual escrito, convenção coletiva ou acordo coletivo de trabalho, estabelecer horário de trabalho de doze horas seguidas por trinta e seis horas ininterruptas de descanso, observados ou indenizados os intervalos para repouso e alimentação.

› Artigo incluído pela Lei 13.467/2017.

» *Vide* art. 10, § 1.°, da Lei Complementar n. 150, de 1.°-6-2015.

Parágrafo único. A remuneração mensal pactuada pelo horário previsto no *caput* deste artigo abrange os pagamentos devidos pelo descanso semanal remunerado e pelo descanso em feriados, e serão considerados compensados os feriados e as prorrogações de trabalho noturno, quando houver, de que tratam o art. 70 e o § 5° do art. 73 desta Consolidação.

» *Vide* Súmula 444 do TST.

Art. 59-B. O não atendimento das exigências legais para compensação de jornada, inclusive quando estabelecida mediante acordo tácito, não implica a repetição do pagamento das horas excedentes à jornada normal diária se não ultrapassada a duração máxima semanal, sendo devido apenas o respectivo adicional.

› Artigo incluído pela Lei 13.467/2017.

» *Vide* Súmula 85, TST.

Parágrafo único. A prestação de horas extras habituais não descaracteriza o acordo de compensação de jornada e o banco de horas.

Art. 60. Nas atividades insalubres, assim consideradas as constantes dos quadros mencionados no Capítulo "Da Higiene e Segurança do Trabalho", ou que neles venham a ser incluídas por ato do Ministro do Trabalho, Indústria e Comércio, quaisquer prorrogações só poderão ser acordadas mediante licença prévia das autoridades competentes em matéria de higiene do trabalho, as quais, para esse efeito, procederão aos necessários exames locais e à verificação dos métodos e processos de trabalho, quer diretamente, quer por intermédio de autoridades sanitárias federais, estaduais e municipais, com quem entrarão em entendimento para tal fim.

› Art. 7°, XIII, da CF.

› A Lei 6.514/1977 alterou a denominação do Capítulo "Da Higiene e Segurança do Trabalho" para "Da Segurança e da Medicina do Trabalho".

› Port. MPT 671/2021: "Regulamenta disposições relativas à legislação trabalhista, à inspeção do trabalho, às políticas públicas e às relações de trabalho."

» *Vide* art. 611-A, XIII, da CLT.

Parágrafo único. Excetuam-se da exigência de licença prévia as jornadas de doze horas de trabalho por trinta e seis horas ininterruptas de descanso. (Incluído pela Lei 13.467/2017).

Art. 61. Ocorrendo necessidade imperiosa, poderá a duração do trabalho exceder do limite legal ou convencionado, seja para fazer face a motivo de força maior, seja para atender à realização ou conclusão de serviços inadiáveis ou cuja inexecução possa acarretar prejuízo manifesto.

› Arts. 413, II, e 501 da CLT.

» *Vide* art. 413 da CLT.

§ 1° O excesso, nos casos deste artigo, pode ser exigido independentemente de convenção coletiva ou acordo coletivo de trabalho.

› § 1° com a redação dada pela Lei 13.467/2017.

§ 2° Nos casos de excesso de horário por motivo de força maior, a remuneração da hora excedente não será inferior à da hora normal. Nos demais casos de excesso previstos neste artigo, a remuneração será, pelo menos, 25% (vinte e cinco por cento) superior à da hora normal, e o trabalho não poderá exceder de 12 (doze) horas, desde que a lei não fixe expressamente outro limite.

› Art. 7°, XVI, da CF (hora extra).

§ 3° Sempre que ocorrer interrupção do trabalho, resultante de causas acidentais, ou de força maior, que determinem a impossibilidade de sua realização, a duração do trabalho poderá ser prorrogada pelo tempo necessário até o máximo de 2 (duas) horas, durante o número de dias indispensáveis à recuperação do tempo perdido, desde que não exceda de 10 (dez) horas diárias, em período não superior a 45 (quarenta e cinco) dias por ano, sujeita essa recuperação à prévia autorização da autoridade competente.

Art. 62. Não são abrangidos pelo regime previsto neste capítulo:

› Art. 7°, parágrafo único, da CF.

I – os empregados que exercem atividade externa incompatível com a fixação de horário de trabalho, devendo tal condição ser anotada na Carteira de Trabalho e Previdência Social e no registro de empregados;

› OJ 332 da SDI-1 do TST.

» *Vide* arts. 235-A e s. da CLT.

II – os gerentes, assim considerados os exercentes de cargos de gestão, aos quais se equiparam, para efeito do disposto neste artigo, os diretores e chefes de departamento ou filial.

› *Caput* e incisos I e II com redação dada pela Lei 8.966/1994.

» *Vide* arts. 224, § 2.°, 468, 469, §1.°, e 499, CLT.

III – os empregados em regime de teletrabalho que prestam serviço por produção ou tarefa. *(Redação dada pela Lei 14.442/2022)*

» *Vide* arts. 75-A a 75-F da CLT.

» *Vide* Súmula 428 do TST.

Parágrafo único. O regime previsto neste capítulo será aplicável aos empregados mencionados no inciso II deste artigo, quando o salário do cargo de confiança, compreendendo a gratificação de função, se houver, for inferior ao valor do respectivo salário efetivo acrescido de 40% (quarenta por cento).

› Súm. 287 do TST.

Art. 63. Não haverá distinção entre empregados e interessados, e a participação em lucros e comissões, salvo em lucros de caráter social, não exclui o participante do regime deste Capítulo.

› Art. 7°, XI da CF.

› Súm. 451 do TST.

Art. 64. O salário-hora normal, no caso de empregado mensalista, será obtido dividindo-se o salário mensal correspondente à duração do trabalho, a que se refere o art. 58, por 30 (trinta) vezes o número de horas dessa duração.

» *Vide* OJs 358 e 396, SDI (I).

Parágrafo único. Sendo o número de dias inferior a 30 (trinta), adotar-se-á para o cálculo, em lugar desse número, o de dias de trabalho por mês.

› Art. 7°, § 2°, da Lei 605/1949.

› Súm. 124, 264, 318, 347 e 431 do TST.

Art. 65. No caso do empregado diarista, o salário-hora normal será obtido dividindo-se o salário diário correspondente à duração do trabalho, estabelecido no art. 58, pelo número de horas de efetivo trabalho.

» *Vide* Súmula 431 do TST.

SEÇÃO III
DOS PERÍODOS DE DESCANSO

Art. 66. Entre 2 (duas) jornadas de trabalho haverá um período mínimo de 11 (onze) horas consecutivas para descanso.

- Arts. 235-C, § 3º, 245, 308 e 382 da CLT.
- Súm. 110 do TST.
- OJ 355 da SDI-1 do TST.

Art. 67. Será assegurado a todo empregado um descanso semanal de 24 (vinte e quatro) horas consecutivas, o qual, salvo motivo de conveniência pública ou necessidade imperiosa do serviço, deverá coincidir com o domingo, no todo ou em parte.

- Art. 235-C, § 3º, da CLT.
- Art. 7º, XV, da CF.
- Art. 6º Lei 10.101/2000.
- Súm. 461 do STF.
- Súm. 27, 113, 146, 172, 225, 351, 354 e 360 do TST
- OJ 410 da SDI-1 do TST.

Parágrafo único. Nos serviços que exijam trabalho aos domingos, com exceção quanto aos elencos teatrais, será estabelecida escala de revezamento, mensalmente organizada e constando de quadro sujeito à fiscalização.

- Lei 605/1949: Repouso semanal remunerado e feriados.

Art. 68. O trabalho em domingo, seja total ou parcial, na forma do art. 67, será sempre subordinado à permissão prévia da autoridade competente em matéria de trabalho.

Parágrafo único. A permissão será concedida a título permanente nas atividades que, por sua natureza ou pela conveniência pública, devem ser exercidas aos domingos, cabendo ao Ministro do Trabalho, Indústria e Comércio, expedir instruções em que sejam especificadas tais atividades. Nos demais casos, ela será dada sob forma transitória, com discriminação do período autorizado, o qual, de cada vez, não excederá de 60 (sessenta) dias.

- Port. MPT 671/2021: "Regulamenta disposições relativas à legislação trabalhista, à inspeção do trabalho, às políticas públicas e às relações de trabalho."

Art. 69. Na regulamentação do funcionamento de atividades sujeitas ao regime deste Capítulo, os municípios atenderão aos preceitos nele estabelecidos, e as regras que venham a fixar não poderão contrariar tais preceitos nem as instruções que, para seu cumprimento, forem expedidas pelas autoridades competentes em matéria de trabalho.

Art. 70. Salvo o disposto nos artigos 68 e 69, é vedado o trabalho em dias feriados nacionais e feriados religiosos, nos termos da legislação própria. (Redação dada pelo Dec.-lei 229/1967)

- Arts. 227, § 2°, 229, § 2°, 249, § 1° e 385, par. único da CLT.
- Leis 662/1949 e 6.802/1980 (Feriados Nacionais).

Art. 71. Em qualquer trabalho contínuo, cuja duração exceda de 6 (seis) horas, é obrigatória a concessão de um intervalo para repouso ou alimentação, o qual será, no mínimo, de 1 (uma) hora e, salvo acordo escrito ou contrato coletivo em contrário, não poderá exceder de 2 (duas) horas.

- Art. 5º e 6º da Lei 5.889/1973.
- Súm. 675 do STF.

§ 1º Não excedendo de 6 (seis) horas o trabalho, será, entretanto, obrigatório um intervalo de 15 (quinze) minutos quando a duração ultrapassar 4 (quatro) horas.

» *Vide* Súmula 675, STF.

» *Vide* OJ 178, SDI (1).

§ 2º Os intervalos de descanso não serão computados na duração do trabalho.

- OJ 178 da SDI-1 do TST.

» *Vide* arts. 72, 253, 298 e 396 da CLT.

§ 3º O limite mínimo de uma hora para repouso ou refeição poderá ser reduzido por ato do Ministro do Trabalho, Indústria e Comércio, quando ouvido o Serviço de Alimentação de Previdência Social, se verificar que o estabelecimento atende integralmente às exigências concernentes à organização dos refeitórios, e quando os respectivos empregados não estiverem sob regime de trabalho prorrogado a horas suplementares.

- Art. 383 da CLT.
- Arts. 5º e 6º da Lei 5.889/1973.

§ 4º A não concessão ou a concessão parcial do intervalo intrajornada mínimo, para repouso e alimentação, a empregados urbanos e rurais, implica o pagamento, de natureza indenizatória, apenas do período suprimido, com acréscimo de 50% (cinquenta por cento) sobre o valor da remuneração da hora normal de trabalho.

- § 4° com a redação dada pela Lei 13.467/2017.

» *Vide* art. 5.º da Lei n. 5.889, de 8-6-1973 (Trabalho rural).

» *Vide* art. 87, Dec. 10.854/2021 (Regulamenta disposições relativas à legislação trabalhista).

§ 5º O intervalo expresso no *caput* poderá ser reduzido e/ou fracionado, e aquele estabelecido no § 1º poderá ser fracionado, quando compreendidos entre o término da primeira hora trabalhada e o início da última hora trabalhada, desde que previsto em convenção ou acordo coletivo de trabalho, ante a natureza do serviço e em virtude das condições especiais de trabalho a que são submetidos estritamente os motoristas, cobradores, fiscalização de campo e afins nos serviços de operação de veículos rodoviários, empregados no setor de transporte coletivo de passageiros, mantida a remuneração e concedidos intervalos para descanso menores ao final de cada viagem.

- § 5º com a redação dada pela Lei 13.103, de 02.03.2015.

» *Vide* arts. 235-A e s. da CLT.

Art. 72. Nos serviços permanentes de mecanografia (datilografia, escrituração ou cálculo), a cada período de 90 (noventa) minutos de trabalho consecutivo corresponderá um repouso de 10 (dez) minutos não deduzidos da duração normal de trabalho.

- Súm. 346 do TST.

» *Vide* Súmula 346 do TST.

SEÇÃO IV
DO TRABALHO NOTURNO

Art. 73. Salvo nos casos de revezamento semanal ou quinzenal, o trabalho noturno terá remuneração superior à do diurno e, para esse efeito, sua remuneração terá um acréscimo de 20% (vinte por cento), pelo menos, sobre a hora diurna.

- Art. 7º, IX, da CF.
- Súm. 213, 214, 313 e 402 do STF.
- Súm. 60, 140 e 265 do TST.
- OJ 388 e 395 da SDI-1 do TST.

» *Vide* art. 14 da Lei Complementar n. 150, de 1.º-6-2015 (Empregado Doméstico).

» *Vide* art. 20 da Lei n. 8.906, de 4-7-1994 (Estatuto da OAB).

§ 1º A hora do trabalho noturno será computada como de 52 (cinquenta e dois) minutos e 30 (trinta) segundos.

- Súm. 65 do TST.
- OJ 395 da SDI-1 do TST.

» *Vide* Súmula 214, STF.

» *Vide* Súmulas 65 e 112, TST.

» *Vide* OJs 60, 127 e 395, SDI (1).

§ 2º Considera-se noturno, para os efeitos deste artigo, o trabalho executado entre as 22 (vinte e duas) horas de um dia e as 5 (cinco) horas do dia seguinte.

- Art. 7º da Lei 5.889/1973.
- Art. 20, § 3º da Lei 8.906/1994.

§ 3º O acréscimo a que se refere o presente artigo, em se tratando de empresas que não mantêm, pela natureza de suas atividades, trabalho noturno habitual, será feito tendo em vista os quantitativos pagos por trabalhos diurnos de natureza semelhante. Em relação às empresas cujo trabalho noturno decorra da natureza de suas atividades, o aumento será calculado sobre o salário mínimo geral vigente na região, não sendo devido quando exceder desse limite, já acrescido da percentagem.

§ 4º Nos horários mistos, assim entendidos os que abrangem períodos diurnos e noturnos, aplica-se às horas de trabalho noturno o disposto neste artigo e seus parágrafos.

- OJ 388 da SDI-1 do TST.

» *Vide* OJ 388, SDI-1, TST.

§ 5º Às prorrogações do trabalho noturno aplica-se o disposto neste Capítulo.

- Art. 73 com a redação dada pelo Dec.-lei 9.666/1946.
- Súm. 60, II, do TST.

SEÇÃO V
DO QUADRO DE HORÁRIO

Art. 74. O horário de trabalho será anotado em registro de empregados. (Redação dada pela Lei 13.874/2019)

§ 1º Revogado pela Lei 13.874/2019.

§ 2º Para os estabelecimentos com mais de 20 (vinte) trabalhadores será obrigatória a anotação da hora de entrada e de saída, em registro manual, mecânico ou eletrônico, conforme instruções expedidas pela Secretaria Especial de Previdência e Trabalho do Ministério da Economia, permitida a pré-assinalação do período de repouso. (Redação dada pela Lei 13.874/2019)

- Art. 58, § 1º, da CLT.
- Port. MPT 671/2021: "Regulamenta disposições relativas à legislação trabalhista, à inspeção do trabalho, às políticas públicas e às relações de trabalho."
- Súm. 338, 366 e 449 do TST.

§ 3º Se o trabalho for executado fora do estabelecimento, o horário dos empregados constará do registro manual, mecânico ou eletrônico em seu poder, sem prejuízo do que dispõe o *caput* deste artigo. (Redação dada pela Lei 13.874/2019)

§ 4º Fica permitida a utilização de registro de ponto por exceção à jornada regular de trabalho, mediante acordo individual escrito, convenção coletiva ou acordo coletivo de trabalho. (Redação dada pela Lei 13.874/2019)

SEÇÃO VI
DAS PENALIDADES

Art. 75. Os infratores dos dispositivos do presente Capítulo incorrerão na multa de cinquenta a cinco mil cruzeiros, segundo a natureza da infração, sua extensão e a intenção de quem a praticou, aplicada em dobro no caso de reincidência e oposição à fiscalização ou desacato à autoridade.

Parágrafo único. São competentes para impor penalidades, no Distrito Federal, a autoridade de 1ª instância do Departamento Nacional do Trabalho e, nos Estados e no Território do Acre, as autoridades regionais do Ministério do Trabalho, Indústria e Comércio.

CAPÍTULO II-A
DO TELETRABALHO

‣ Capítulo II-A incluído pela Lei 13.467/2017.

Art. 75-A. A prestação de serviços pelo empregado em regime de teletrabalho observará o disposto neste Capítulo.

‣ Artigos 75-A a 75-E incluídos pela Lei 13.467/2017.

» *Vide* art. 6.º, *caput* e parágrafo único, da CLT.

Art. 75-B. Considera-se teletrabalho ou trabalho remoto a prestação de serviços fora das dependências do empregador, de maneira preponderante ou não, com a utilização de tecnologias de informação e de comunicação, que, por sua natureza, não configure trabalho externo. *(Redação dada pela Lei 14.442/2022)*

§ 1º O comparecimento, ainda que de modo habitual, às dependências do empregador para a realização de atividades específicas que exijam a presença do empregado no estabelecimento não descaracteriza o regime de teletrabalho ou trabalho remoto. *(Redação dada pela Lei 14.442/2022)*

§ 2º O empregado submetido ao regime de teletrabalho ou trabalho remoto poderá prestar serviços por jornada ou por produção ou tarefa. *(Acrescido pela Lei 14.442/2022)*

§ 3º Na hipótese da prestação de serviços em regime de teletrabalho ou trabalho remoto por produção ou tarefa, não se aplicará o disposto no Capítulo II do Título II desta Consolidação. *(Acrescido pela Lei 14.442/2022)*

§ 4º O regime de teletrabalho ou trabalho remoto não se confunde nem se equipara à ocupação de operador de telemarketing ou de teleatendimento. *(Acrescido pela Lei 14.442/2022)*

§ 5º O tempo de uso de equipamentos tecnológicos e de infraestrutura necessária, bem como de softwares, de ferramentas digitais ou de aplicações de internet utilizados para o teletrabalho, fora da jornada de trabalho normal do empregado não constitui tempo à disposição ou regime de prontidão ou de sobreaviso, exceto se houver previsão em acordo individual ou em acordo ou convenção coletiva de trabalho. *(Acrescido pela Lei 14.442/2022)*

§ 6º Fica permitida a adoção do regime de teletrabalho ou trabalho remoto para estagiários e aprendizes. *(Acrescido pela Lei 14.442/2022)*

§ 7º Aos empregados em regime de teletrabalho aplicam-se as disposições previstas na legislação local e nas convenções e nos acordos coletivos de trabalho relativas à base territorial do estabelecimento de lotação do empregado. *(Acrescido pela Lei 14.442/2022)*

§ 8º Ao contrato de trabalho do empregado admitido no Brasil que optar pela realização de teletrabalho fora do território nacional aplica-se a legislação brasileira, excetuadas as disposições constantes da Lei nº 7.064, de 6 de dezembro de 1982, salvo disposição em contrário estipulada entre as partes. *(Acrescido pela Lei 14.442/2022)*

§ 9º Acordo individual poderá dispor sobre os horários e os meios de comunicação entre empregado e empregador, desde que assegurados os repousos legais. *(Acrescido pela Lei 14.442/2022)*

Art. 75-C. A prestação de serviços na modalidade de teletrabalho deverá constar expressamente do instrumento de contrato individual de trabalho. *(Redação dada pela Lei 14.442/2022)*

§ 1º Poderá ser realizada a alteração entre regime presencial e de teletrabalho desde que haja mútuo acordo entre as partes, registrado em aditivo contratual.

» *Vide* art. 468 da CLT.

§ 2º Poderá ser realizada a alteração do regime de teletrabalho para o presencial por determinação do empregador, garantido prazo de transição mínimo de quinze dias, com correspondente registro em aditivo contratual.

» *Vide* art. 468 da CLT.

§ 3º O empregador não será responsável pelas despesas resultantes do retorno ao trabalho presencial, na hipótese de o empregado optar pela realização do teletrabalho ou trabalho remoto fora da localidade prevista no contrato, salvo disposição em contrário estipulada entre as partes. *(Acrescido pela Lei 14.442/2022)*

Art. 75-D. As disposições relativas à responsabilidade pela aquisição, manutenção ou fornecimento dos equipamentos tecnológicos e da infraestrutura necessária e adequada à prestação do trabalho remoto, bem como ao reembolso de despesas arcadas pelo empregado, serão previstas em contrato escrito.

Parágrafo único. As utilidades mencionadas no *caput* deste artigo não integram a remuneração do empregado.

» *Vide* art. 458 da CLT.

» *Vide* Súmula 367 do TST.

Art. 75-E. O empregador deverá instruir os empregados, de maneira expressa e ostensiva, quanto às precauções a tomar a fim de evitar doenças e acidentes de trabalho.

» *Vide* arts. 19, 20 e 21 da Lei n. 8.213, de 24-7-1991.

Parágrafo único. O empregado deverá assinar termo de responsabilidade comprometendo-se a seguir as instruções fornecidas pelo empregador.

Art. 75-F. Os empregadores deverão dar prioridade aos empregados com deficiência e aos empregados com filhos ou criança sob guarda judicial até 4 (quatro) anos de idade na alocação em vagas para atividades que possam ser efetuadas por meio do teletrabalho ou trabalho remoto. *(Redação dada pela Lei 14.442/2022)*

CAPÍTULO III
DO SALÁRIO MÍNIMO

SEÇÃO I
DO CONCEITO

Art. 76. Salário mínimo é a contraprestação mínima devida e paga diretamente pelo empregador a todo trabalhador, inclusive ao trabalhador rural, sem distinção de sexo, por dia normal de serviço, e capaz de satisfazer, em determinada época e região do País, as suas necessidades normais de alimentação, habitação, vestuário, higiene e transporte.

‣ Art. 7º, IV, da CF.

‣ Súm. Vinculante 4 do STF.

‣ Súm. 201 do STJ.

‣ Súm. 358 do TST.

‣ OJ 71 da SDI-2 do TST.

» *Vide* Lei Complementar n. 103, de 14-7-2000.

» *Vide* Súmulas Vinculantes 4 e 6 do STF.

» *Vide* Súmulas 199, 203, 204, 307 e 467 do STF.

» *Vide* OJ 358 da SDI-1.

Art. 77. (Revogado pela Lei 4.589, de 11.12.1964).

Art. 78. Quando o salário for ajustado por empreitada, ou convencionado por tarefa ou peça, será garantida ao trabalhador uma remuneração diária nunca inferior à do salário mínimo por dia normal da região, zona ou subzona.

» *Vide* art. 483, *g*, CLT.

» *Vide* OJ 397, SDI (1).

Parágrafo único. Quando o salário mínimo mensal do empregado a comissão ou que tenha direito a percentagem for integrado por parte fixa e parte variável, ser-lhe-á sempre garantido o salário mínimo, vedado qualquer desconto em mês subsequente a título de compensação.

‣ Parágrafo único incluído pelo Dec.-lei 229/1967.

Art. 79. (Revogado pela Lei 4.589/1964).

Art. 80. (Revogado pela Lei 10.097/2000).

Art. 81. O salário mínimo será determinado pela fórmula Sm = a + b + c + d + e, em que "a", "b", "c", "d" e "e" representam, respectivamente, o valor das despesas diárias com alimentação, habitação, vestuário, higiene e transporte necessários à vida de um trabalhador adulto.

‣ Art. 7º, IV, da CF.

§ 1º A parcela correspondente à alimentação terá um valor mínimo igual aos valores da lista de provisões, constantes dos quadros devidamente aprovados e necessários à alimentação diária do trabalhador adulto.

» *Vide* Súmula 258 do TST.

§ 2º Poderão ser substituídos pelos equivalentes de cada grupo, também mencionados nos quadros a que alude o parágrafo anterior, os alimentos, quando as condições da região, zona ou subzona o aconselharem, respeitados os valores nutritivos determinados nos mesmos quadros.

§ 3º O Ministério do Trabalho, Indústria e Comércio fará, periodicamente, a revisão dos quadros a que se refere o § 1º deste artigo.

Art. 82. Quando o empregador fornecer, in natura, uma ou mais das parcelas do salário mínimo, o salário em dinheiro será determinado pela fórmula Sd = Sm – P, em que Sd representa o salário em dinheiro, Sm o salário mínimo e P a soma dos valores daquelas parcelas na região, zona ou subzona.

‣ Art. 458 da CLT.

‣ Súm. 258 do TST.

Parágrafo único. O salário mínimo pago em dinheiro não será inferior a 30% (trinta por cento) do salário mínimo fixado para a região, zona ou subzona.

‣ OJ 18 da SDC.

» *Vide* art. 458 da CLT.

Art. 83. É devido o salário mínimo ao trabalhador em domicílio, considerado este como o executado na habitação do empregado ou em oficina de família, por conta de empregador que o remunere.

‣ Art. 6º da CLT.

SEÇÃO II
DAS REGIÕES, ZONAS E SUBZONAS

Art. 84. (Revogado pela Lei 13.467/2017).

Art. 85. (Revogado pela Lei 4.589/1964).

Art. 86. (Revogado pela Lei 13.4672017).

SEÇÃO III
DA CONSTITUIÇÃO DAS COMISSÕES

Arts. 87 a 100. (Revogados pela Lei 4.589/1964).

SEÇÃO IV
DAS ATRIBUIÇÕES DAS COMISSÕES DE SALÁRIO MÍNIMO

Arts. 101 a 111. (Revogados pela Lei 4.589, de 11.12.1964).

SEÇÃO V
DA FIXAÇÃO DO SALÁRIO MÍNIMO

Arts. 112 a 116. (Revogados pela Lei 4.589/1964).

SEÇÃO VI
DISPOSIÇÕES GERAIS

Art. 117. Será nulo de pleno direito, sujeitando o empregador às sanções do art. 120, qualquer contrato ou convenção que estipule remuneração inferior ao salário mínimo estabelecido na região, zona ou subzona, em que tiver de ser cumprido.

› OJ 358 da SDI-1 do TST.

Art. 118. O trabalhador a quem for pago salário inferior ao mínimo terá direito, não obstante qualquer contrato ou convenção em contrário, a reclamar do empregador o complemento de seu salário mínimo estabelecido na região, zona ou subzona, em que tiver de ser cumprido.

› Art. 78 da CLT.

Art. 119. Prescreve em 2 (dois) anos a ação para reaver a diferença, contados, para cada pagamento, da data em que o mesmo tenha sido efetuado.

› Art. 7º, XXIX, da CF (prazo prescricional).
› Arts. 11 e 440 da CLT (prazo prescricional).

Art. 120. Aquele que infringir qualquer dispositivo concernente ao salário mínimo será passível da multa de cinquenta e dois mil cruzeiros, elevada ao dobro na reincidência.

Art. 121. (Revogado pelo Dec.-lei 229/1967).

Arts. 122 e 123. (Revogados pela Lei 4.589/1964.)

Art. 124. A aplicação dos preceitos deste Capítulo não poderá, em caso algum, ser causa determinante da redução do salário.

Art. 125. (Revogado pela Lei 4.589/1964.)

Art. 126. O Ministro do Trabalho, Indústria e Comércio, expedirá as instruções necessárias à fiscalização do salário mínimo, podendo cometer essa fiscalização a qualquer dos órgãos componentes do respectivo Ministério, e, bem assim, aos fiscais dos Institutos de Aposentadoria e Pensões na forma da legislação em vigor.

Arts. 127 e 128. (Revogados pelo Dec.-lei 229/1967.)

CAPÍTULO IV
DAS FÉRIAS ANUAIS

› Título do Capítulo IV com a redação dada pelo Dec.-lei 1.535/1977.

SEÇÃO I
DO DIREITO A FÉRIAS E DA SUA DURAÇÃO

› Título da Seção I com a redação dada pelo Dec.-lei 1.535/1977.

Art. 129. Todo empregado terá direito anualmente ao gozo de um período de férias, sem prejuízo da remuneração.

› Art. 129 com a redação dada pelo Dec.-lei 1.535/1977.
› Art. 7º, XVII, da CF.
› Súm. 198 e 199 do STF.
› Súm. 7, 10, 14, 81, 89, 149, 171, 253, 261 e 328 do TST.
» *Vide* arts. 150 a 152 e 322, CLT.
» *Vide* Súmulas 198, 199 e 200 do STF.
» *Vide* art. 17 da Lei Complementar n. 150, de 1.º-6-2015 (Empregado Doméstico).
» *Vide* OJs 195 e 394 da SDI (1).
» *Vide* OJ 50 da SDI (1) Transitória.
» *Vide* Precedentes Normativos n. 100 e 116 do TST.

Art. 130. Após cada período de 12 (doze) meses de vigência do contrato de trabalho, o empregado terá direito a férias, na seguinte proporção:

I – 30 (trinta) dias corridos, quando não houver faltado ao serviço mais de 5 (cinco) vezes;

II – 24 (vinte e quatro) dias corridos, quando houver tido de 6 (seis) a 14 (quatorze) faltas;

III – 18 (dezoito) dias corridos, quando houver tido de 15 (quinze) a 23 (vinte e três) faltas;

IV – 12 (doze) dias corridos, quando houver tido de 24 (vinte e quatro) a 32 (trinta e duas) faltas.

§ 1º É vedado descontar, do período de férias, as faltas do empregado ao serviço.

› Súm. 46 e 89 do TST.

§ 2º O período das férias será computado, para todos os efeitos, como tempo de serviço.

› Art. 130 com a redação dada pelo Dec.-lei 1.535/1977.

Art. 130-A. (Revogado pela Lei 13.467/2017).

Art. 131. Não será considerada falta ao serviço, para os efeitos do artigo anterior, a ausência do empregado:

› *Caput* com a redação dada pelo Dec.-lei 1.535/1977.
› Súm. 89 do TST.

I – nos casos referidos no art. 473;

› Inciso I com a redação determinada pelo Dec.-lei 1.535/1977.
» *Vide* arts. 320, § 3.º, e 430 da CLT.

II – durante o licenciamento compulsório da empregada por motivo de maternidade ou aborto, observados os requisitos para percepção do salário-maternidade custeado pela Previdência Social;

› Inciso II com a redação dada pela Lei 8.921/1994.
› Art. 395 da CLT.
» *Vide* arts. 392, 392-A, 392-B, 392-C e 395 da CLT.
» *Vide* arts. 71-A a 71-C da Lei n. 8.213, de 24-7-1991 (Plano de Benefícios da Previdência Social).

III – por motivo de acidente do trabalho ou enfermidade atestada pelo Instituto Nacional do Seguro Social – INSS, excetuada a hipótese do inciso IV do art. 133;

› Inciso III com a redação dada pela Lei 8.726/1993.
› Súm. 46 do TST.
» *Vide* arts. 59 a 64 da Lei n. 8.213, de 24-7-1991.
» *Vide* art. 133, IV, da CLT.

IV – justificada pela empresa, entendendo-se como tal a que não tiver determinado o desconto do correspondente salário;

» *Vide* art. 133, II, CLT.

V – durante a suspensão preventiva para responder a inquérito administrativo ou de prisão preventiva, quando for impronunciado ou absolvido; e

VI – nos dias em que não tenha havido serviço, salvo na hipótese do inciso III do art. 133.

› Incisos IV a VI incluídos pelo Dec.-lei 1.535/1977.

Art. 132. O tempo de trabalho anterior à apresentação do empregado para serviço militar obrigatório será computado no período aquisitivo, desde que ele compareça ao estabelecimento dentro de 90 (noventa) dias da data em que se verificar a respectiva baixa.

› Art. 132 com a redação dada pelo Dec.-lei 1.535/1977.
› Art. 472, § 1º, da CLT.

Art. 133. Não terá direito a férias o empregado que, no curso do período aquisitivo:

› *Caput* com a redação dada pelo Dec.-lei 1.535/1977.

I – deixar o emprego e não for readmitido dentro de 60 (sessenta) dias subsequentes à sua saída;

II – permanecer em gozo de licença, com percepção de salários, por mais de 30 (trinta) dias;

III – deixar de trabalhar, com percepção do salário, por mais de 30 (trinta) dias, em virtude de paralisação parcial ou total dos serviços da empresa; e

IV – tiver percebido da Previdência Social prestações de acidente de trabalho ou de auxílio-doença por mais de 6 (seis) meses, embora descontínuos.

› Incisos I a IV Incluídos pelo Dec.-lei 1.535/1977.
› Art. 131, III, da CLT.

§ 1º A interrupção da prestação de serviços deverá ser anotada na Carteira de Trabalho e Previdência Social.

§ 2º Iniciar-se-á o decurso de novo período aquisitivo quando o empregado, após o implemento de qualquer das condições previstas neste artigo, retornar ao serviço.

› §§ 1º e 2º incluídos pelo Dec.-lei 1.535/1977.

§ 3º Para os fins previstos no inciso III deste artigo a empresa comunicará ao órgão local do Ministério do Trabalho, com antecedência mínima de 15 (quinze) dias, as datas de início e fim da paralisação total ou parcial dos serviços da empresa, e, em igual prazo, comunicará, nos mesmos termos, ao sindicato representativo da categoria profissional, bem como afixará aviso nos respectivos locais de trabalho.

› § 3º incluído pela Lei 9.016/1995.

SEÇÃO II
DA CONCESSÃO E DA ÉPOCA DAS FÉRIAS

› Título da Seção II com a redação dada pelo Dec.-lei 1.535/1977.

Art. 134. As férias serão concedidas por ato do empregador, em um só período, nos 12 (doze) meses subsequentes à data em que o empregado tiver adquirido o direito.

› *Caput* com redação dada pelo Dec.-lei 1.535/1977.
» *Vide* Súmulas 7 e 450 do TST.
» *Vide* Precedente Normativo n. 100 do TST.

§ 1º Desde que haja concordância do empregado, as férias poderão ser usufruídas em até três períodos, sendo que um deles não poderá ser inferior a quatorze dias corridos e os demais não poderão ser inferiores a cinco dias corridos, cada um.

› § 1º com a redação dada pela Lei 13.467/2017.
» *Vide* art. 139, § 1.º, da CLT.
» *Vide* art. 17, § 2.º, da Lei Complementar n. 150, de 1.º-6-2015 (Empregado Doméstico).

§ 2º (Revogado pela Lei 13.467/2017);

§ 3º É vedado o início das férias no período de dois dias que antecede feriado ou dia de repouso semanal remunerado.

› § 3º incluído pela Lei 13.467/2017.

Art. 135. A concessão das férias será participada, por escrito, ao empregado, com antecedência de, no mínimo, 30 (trinta) dias. Dessa participação o interessado dará recibo.

› *Caput* com a redação dada pela Lei 7.414/1985.
» *Vide* Precedente Normativo n. 116 do TST.

§ 1º O empregado não poderá entrar no gozo das férias sem que apresente ao empregador sua Carteira de Trabalho e Previdência Social, para que nela seja anotada a respectiva concessão.

§ 2º A concessão das férias será, igualmente, anotada no livro ou nas fichas de registro dos empregados.

› §§ 1º e 2º incluídos pelo Dec.-lei 1.535/1977.
› Art. 51, II, da LC 123/2006 (Estatuto da Microempresa).

§ 3º Nos casos em que o empregado possua a CTPS em meio digital, a anotação será feita nos sistemas a que se refere o § 7º do art. 29 desta Consolidação, na forma do regulamento, dispensadas as anotações de que tratam os §§ 1º e 2º deste artigo. (Incluído pela Lei 13.874/2019)

Art. 136. A época da concessão das férias será a que melhor consulte os interesses do empregador.

§ 1º Os membros de uma família, que trabalharem no mesmo estabelecimento ou empresa, terão direito a gozar férias no mesmo período, se assim o desejarem e se disto não resultar prejuízo para o serviço.

§ 2º O empregado estudante, menor de 18 (dezoito) anos, terá direito a fazer coincidir suas férias com as férias escolares.

› Art. 136 com a redação dada pelo Dec.-lei 1.535/1977.

Art. 137. Sempre que as férias forem concedidas após o prazo de que trata o art. 134, o empregador pagará em dobro a respectiva remuneração.

› Art. 145 da CLT
› Súm. 7 e 81 do TST.

§ 1º Vencido o mencionado prazo sem que o empregador tenha concedido as férias, o empregado poderá ajuizar reclamação pedindo a fixação, por sentença, da época de gozo das mesmas.

§ 2º A sentença cominará pena diária de 5% (cinco por cento) do salário mínimo da região, devida ao empregado até que seja cumprida.

§ 3º Cópia da decisão judicial transitada em julgado será remetida ao órgão local do Ministério do Trabalho, para fins de aplicação da multa de caráter administrativo.

› Art. 137 com a redação dada pelo Dec.-lei 1.535/1977.

Art. 138. Durante as férias, o empregado não poderá prestar serviços a outro empregador, salvo se estiver obrigado a fazê-lo em virtude de contrato de trabalho regularmente mantido com aquele.

› Art. 138 com a redação dada pelo Decreto-lei 1.535, de 13.4.1977.

SEÇÃO III
DAS FÉRIAS COLETIVAS

› Título da Seção III com a redação dada pelo Dec.-lei 1.535/1977.

Art. 139. Poderão ser concedidas férias coletivas a todos os empregados de uma empresa ou de determinados estabelecimentos ou setores da empresa.

» *Vide* Precedente Normativo n. 100 do TST.

§ 1º As férias poderão ser gozadas em 2 (dois) períodos anuais desde que nenhum deles seja inferior a 10 (dez) dias corridos.

› Art. 134, §§ 1º e 3º, da CLT.

§ 2º Para os fins previstos neste artigo, o empregador comunicará ao órgão local do Ministério do Trabalho, com a antecedência mínima de 15 (quinze) dias, as datas de início e fim das férias, precisando quais os estabelecimentos ou setores abrangidos pela medida.

› Art. 51, V, da LC 123/2006.

§ 3º Em igual prazo, o empregador enviará cópia da aludida comunicação aos sindicatos representativos da respectiva categoria profissional, e providenciará a afixação de aviso nos locais de trabalho.

› Art. 139 com a redação dada pelo Dec.-lei 1.535/1977.

Art. 140. Os empregados contratados há menos de 12 (doze) meses gozarão, na oportunidade, férias proporcionais, iniciando-se, então, novo período aquisitivo.

› Art. 140 com a redação dada pelo Dec.-lei 1.535/1977.

Art. 141. (Revogado pela Lei 13.874/2019).

SEÇÃO IV
DA REMUNERAÇÃO E DO ABONO DE FÉRIAS

› Título da Seção IV com a redação dada pelo Dec.-lei 1.535/1977.

Art. 142. O empregado perceberá, durante as férias, a remuneração que lhe for devida na data da sua concessão.

› Art. 7º, XVII, CF (um terço constitucional sobre férias).
› Súm. 253 e 328 do TST (gratificação semestral e férias).

§ 1º Quando o salário for pago por hora com jornadas variáveis, apurar-se-á a média do período aquisitivo, aplicando-se o valor do salário na data da concessão das férias.

› Súm. 199 do STF.
» *Vide* Súmula 199 do STF.

§ 2º Quando o salário for pago por tarefa tomar-se-á por base a média da produção no período aquisitivo do direito a férias, aplicando-se o valor da remuneração da tarefa na data da concessão das férias.

› Súm. 149 do TST.

§ 3º Quando o salário for pago por percentagem, comissão ou viagem, apurar-se-á a média percebida pelo empregado nos 12 (doze) meses que precederem à concessão das férias.

› OJ 181, SDI-1, do TST.
» *Vide* OJs 181 e 397 da SDI-1.

§ 4º A parte do salário paga em utilidades será computada de acordo com a anotação na Carteira de Trabalho e Previdência Social.

» *Vide* art. 458 da CLT.

§ 5º Os adicionais por trabalho extraordinário, noturno, insalubre ou perigoso serão computados no salário que servirá de base ao cálculo da remuneração das férias.

» *Vide* Súmula 347 do TST.

§ 6º Se, no momento das férias, o empregado não estiver percebendo o mesmo adicional do período aquisitivo, ou quando o valor deste não tiver sido uniforme será computada a média duodecimal recebida naquele período, após a atualização das importâncias pagas, mediante incidência dos percentuais dos reajustamentos salariais supervenientes.

› Art. 142 com a redação dada pelo Dec.-lei 1.535/1977.
› Súm. 253 do TST.

Art. 143. É facultado ao empregado converter 1/3 (um terço) do período de férias a que tiver direito em abono pecuniário, no valor da remuneração que lhe seria devida nos dias correspondentes.

› *Caput* com a redação dada pelo Dec.-lei 1.535/1977.

§ 1º O abono de férias deverá ser requerido até 15 (quinze) dias antes do término do período aquisitivo.

§ 2º Tratando-se de férias coletivas, a conversão a que se refere este artigo deverá ser objeto de acordo coletivo entre o empregador e o sindicato representativo da respectiva categoria profissional, independendo de requerimento individual a concessão do abono.

› §§ 1º e 2º incluídos pelo Dec.-lei 1.535/1977.

§ 3º (Revogado pela Lei 13.467/2017);

Art. 144. O abono de férias de que trata o artigo anterior, bem como o concedido em virtude de cláusula do contrato de trabalho, do regulamento da empresa, de convenção ou acordo coletivo, desde que não excedente de vinte dias do salário, não integrarão a remuneração do empregado para os efeitos da legislação do trabalho.

› Art. 144 com a redação dada pela Lei 9.528/1998.
› Súm. 386 do STJ.

Art. 145. O pagamento da remuneração das férias e, se for o caso, o do abono referido no art. 143 serão efetuados até 2 (dois) dias antes do início do respectivo período.

Parágrafo único. O empregado dará quitação do pagamento, com indicação do início e do termo das férias.

› Art. 145 com a redação dada pelo Dec.-lei 1.535/1977.

SEÇÃO V
DOS EFEITOS DA CESSAÇÃO DO CONTRATO DE TRABALHO

› Título da Seção V com a redação dada pelo Dec.-lei 1.535/1977.

Art. 146. Na cessação do contrato de trabalho, qualquer que seja a sua causa, será devida ao empregado a remuneração simples ou em dobro, conforme o caso, correspondente ao período de férias cujo direito tenha adquirido.

Parágrafo único. Na cessação do contrato de trabalho, após 12 (doze) meses de serviço, o empregado, desde que não haja sido demitido por justa causa, terá direito à remuneração relativa ao período incompleto de férias, de acordo com o art. 130, na proporção de 1/12 (um doze avos) por mês de serviço ou fração superior a 14 (quatorze) dias.

› Art. 146 com a redação dada pelo Dec.-lei 1.535/1977.
› Súm. 171 e 261 do TST.

» *Vide* Convenção 132 da OIT.
» *Vide* OJ 195 da SDI-I.

Art. 147. O empregado que for despedido sem justa causa, ou cujo contrato de trabalho se extinguir em prazo predeterminado, antes de completar 12 (doze) meses de serviço, terá direito à remuneração relativa ao período incompleto de férias, de conformidade com o disposto no artigo anterior.

› Art. 147 com a redação dada pelo Dec.-lei 1.535/1977.
» *Vide* Convenção 132 da OIT.

Art. 148. A remuneração das férias, ainda quando devida após a cessação do contrato de trabalho, terá natureza salarial, para os efeitos do art. 449.

› Art. 148 com a redação dada pelo Dec.-lei 1.535/1977.

SEÇÃO VI
DO INÍCIO DA PRESCRIÇÃO

› Título da Seção VI com a redação dada pelo Dec.-lei 1.535/1977.

Art. 149. A prescrição do direito de reclamar a concessão das férias ou o pagamento da respectiva remuneração é contada do término do prazo mencionado no art. 134 ou, se for o caso, da cessação do contrato de trabalho.

› Art. 149 com a redação dada pelo Dec.-lei 1.535/1977.
› Art. 7º, XXIX da CF.
› Súm. 308 do TST.

SEÇÃO VII
DISPOSIÇÕES ESPECIAIS

› Título da Seção VII com a redação dada pelo Dec.-lei 1.535/1977.

Art. 150. O tripulante que, por determinação do armador, for transferido para o serviço de outro, terá computado, para o efeito de gozo de férias, o tempo de serviço prestado ao primeiro, ficando obrigado a concedê-las o armador em cujo serviço ele se encontra na época de gozá-las.

» *Vide* Convenção 146 da OIT.

§ 1º As férias poderão ser concedidas, a pedido dos interessados e com aquiescência do armador, parceladamente, nos portos de escala de grande estadia do navio, aos tripulantes ali residentes.

§ 2º Será considerada grande estadia a permanência no porto por prazo excedente de 6 (seis) dias.

§ 3º Os embarcadiços, para gozarem férias nas condições deste artigo, deverão pedi-las, por escrito, ao armador, antes do início da viagem, no porto de registro ou armação.

§ 4º O tripulante, ao terminar as férias, apresentar-se-á ao armador, que deverá designá-lo para qualquer de suas embarcações ou o adir a algum dos seus serviços terrestres, respeitadas a condição pessoal e a remuneração.

§ 5º Em caso de necessidade, determinada pelo interesse público, e comprovada pela autoridade competente, poderá o armador ordenar a suspensão das férias já iniciadas ou a iniciar-se, ressalvado ao tripulante o direito ao respectivo gozo posteriormente.

§ 6º O Delegado do Trabalho Marítimo poderá autorizar a acumulação de 2 (dois) períodos de férias do marítimo, mediante requerimento justificado:

I – do sindicato, quando se tratar de sindicalizado; e

II – da empresa, quando o empregado não for sindicalizado.

› Art. 150 com a redação dada pelo Dec.-lei 1.535/1977.

Art. 151. Enquanto não se criar um tipo especial de caderneta profissional para os marítimos, as férias serão anotadas pela Capitania do Porto na caderneta-matrícula do tripulante, na página das observações.

› Art. 151 com a redação dada pelo Dec.-lei 1.535/1977.

Art. 152. A remuneração do tripulante, no gozo de férias, será acrescida da importância correspondente à etapa que estiver vencendo.

› Art. 152 com a redação dada pelo Dec.-lei 1.535/1977.

SEÇÃO VIII
DAS PENALIDADES

› Seção VIII incluída pelo Dec.-lei 1.535/1977.

Art. 153. As infrações ao disposto neste Capítulo serão punidas com multas de valor igual a 160 BTN por empregado em situação irregular. (Redação dada pela Lei 7.855/1989)

Parágrafo único. Em caso de reincidência, embaraço ou resistência à fiscalização, emprego de artifício ou simulação com o objetivo de fraudar a lei, a multa será aplicada em dobro.

CAPÍTULO V
DA SEGURANÇA E DA MEDICINA DO TRABALHO

› Título do Capítulo V com a redação dada pela Lei 6.514/1977.
› Art. 50 da LC 123/2006 (Estatuto da Microempresa).
› Port. MPT 671/2021: "Regulamenta disposições relativas à legislação trabalhista, à inspeção do trabalho, às políticas públicas e às relações de trabalho."
» *Vide* art. 7.º, XXII e XXIII, da CF.
» *Vide* Súmula 736 do STF.

SEÇÃO I
DISPOSIÇÕES GERAIS

Art. 154. A observância, em todos os locais de trabalho, do disposto neste Capitulo, não desobriga as empresas do cumprimento de outras disposições que, com relação à matéria, sejam incluídas em códigos de obras ou regulamentos sanitários dos Estados ou Municípios em que se situem os respectivos estabelecimentos, bem como daquelas oriundas de convenções coletivas de trabalho.

› Art. 154 com a redação dada pela Lei 6.514/1977.
› Súm. 39, 47 e 289 do TST.

Art. 155. Incumbe ao órgão de âmbito nacional competente em matéria de segurança e medicina do trabalho:

» *Vide* art. 114, VII, da CF.

I – estabelecer, nos limites de sua competência, normas sobre a aplicação dos preceitos deste Capítulo, especialmente os referidos no art. 200;

II – coordenar, orientar, controlar e supervisionar a fiscalização e as demais atividades relacionadas com a segurança e a medicina do trabalho em todo o território nacional, inclusive a Campanha Nacional de Prevenção de Acidentes do Trabalho;

III – conhecer, em última instância, dos recursos, voluntários ou de ofício, das decisões proferidas pelos Delegados Regionais do Trabalho, em matéria de segurança e medicina do trabalho.

› Art. 155 com a redação dada pela Lei 6.514/1977.

Art. 156. Compete especialmente às Delegacias Regionais do Trabalho, nos limites de sua jurisdição:

I – promover a fiscalização do cumprimento das normas de segurança e medicina do trabalho;

II – adotar as medidas que se tornem exigíveis, em virtude das disposições deste Capítulo, determinando as obras e reparos que, em qualquer local de trabalho, se façam necessárias;

III – impor as penalidades cabíveis por descumprimento das normas constantes deste Capítulo, nos termos do art. 201.

› Art. 156 com a redação dada pela Lei 6.514/1977.
» *Vide* arts. 626 e 642 da CLT.

Art. 157. Cabe às empresas:

I – cumprir e fazer cumprir as normas de segurança e medicina do trabalho;

II – instruir os empregados, através de ordens de serviço, quanto às precauções a tomar no sentido de evitar acidentes do trabalho ou doenças ocupacionais;

» *Vide* art. 75-E da CLT.

III – adotar as medidas que lhes sejam determinadas pelo órgão regional competente;

IV – facilitar o exercício da fiscalização pela autoridade competente.

› Art. 157 com a redação dada pela Lei 6.514/1977.
› Súm. 289 do TST.
» *Vide* art. 11-A da Lei n. 10.593, de 6-12-2002 (Fiscalização do emprego doméstico).

Art. 158. Cabe aos empregados:

I – observar as normas de segurança e medicina do trabalho, inclusive as instruções de que trata o item II do artigo anterior;

II – colaborar com a empresa na aplicação dos dispositivos deste Capítulo.

Parágrafo único. Constitui ato faltoso do empregado a recusa injustificada:

a) à observância das instruções expedidas pelo empregador na forma do item II do artigo anterior;

b) ao uso dos equipamentos de proteção individual fornecidos pela empresa.

› Art. 158 com a redação dada pela Lei 6.514/1977.

Art. 159. Mediante convênio autorizado pelo Ministro do Trabalho, poderão ser delegadas a outros órgãos federais, estaduais ou municipais atribuições de fiscalização ou orientação às empresas quanto ao cumprimento das disposições constantes deste Capítulo. (Redação dada pela Lei 6.514/1977)

SEÇÃO II
DA INSPEÇÃO PRÉVIA E DO EMBARGO OU INTERDIÇÃO

› Título da Seção II com a redação dada pela Lei 6.514/1977.

Art. 160. Nenhum estabelecimento poderá iniciar suas atividades sem prévia inspeção e aprovação das respectivas instalações pela autoridade regional competente em matéria de segurança e medicina do trabalho. (Redação dada pela Lei 6.514/1977)

§ 1º Nova inspeção deverá ser feita quando ocorrer modificação substancial nas instalações, inclusive equipamentos, que a empresa fica obrigada a comunicar, prontamente, à Delegacia Regional do Trabalho.

§ 2º É facultado às empresas solicitar prévia aprovação, pela Delegacia Regional do Trabalho, dos projetos de construção e respectivas instalações.

› Art. 21, XXIV, da CF.

Art. 161. O Delegado Regional do Trabalho, à vista do laudo técnico do serviço competente que demonstre grave e iminente risco para o trabalhador, poderá interditar estabelecimento, setor de serviço, máquina ou equipamento, ou embargar obra, indicando na decisão, tomada com a brevidade que a ocorrência exigir, as providências que deverão ser adotadas para prevenção de infortúnios de trabalho. (Redação dada pela Lei 6.514/1977)

§ 1º As autoridades federais, estaduais e municipais darão imediato apoio às medidas determinadas pelo Delegado Regional do Trabalho.

§ 2º A interdição ou embargo poderão ser requeridos pelo serviço competente da Delegacia Regional do Trabalho e, ainda, por agente da inspeção do trabalho ou por entidade sindical.

§ 3º Da decisão do Delegado Regional do Trabalho poderão os interessados recorrer, no prazo de 10 (dez) dias, para o órgão de âmbito nacional competente em matéria de segurança e medicina do trabalho, ao qual será facultado dar efeito suspensivo ao recurso.

§ 4º Responderá por desobediência, além das medidas penais cabíveis, quem, após determinada a interdição ou embargo, ordenar ou permitir o funcionamento do estabelecimento ou de um dos seus setores, a utilização de máquina ou equipamento, ou o prosseguimento de obra, se, em consequência, resultarem danos a terceiros. (Parágrafo acrescido pela Lei 6.514/1977)

§ 5º O Delegado Regional do Trabalho, independente de recurso, e após laudo técnico do serviço competente, poderá levantar a interdição.

§ 6º Durante a paralisação dos serviços, em decorrência da interdição ou embargo, os empregados receberão os salários como se estivessem em efetivo exercício.

SEÇÃO III
DOS ÓRGÃOS DE SEGURANÇA E DE MEDICINA DO TRABALHO NAS EMPRESAS

Art. 162. As empresas, de acordo com normas a serem expedidas pelo Ministério do Trabalho, estarão obrigadas a manter serviços especializados em segurança e em medicina do trabalho.

» *Vide* NR-4 do Ministério do Trabalho (SESMT).

» *Vide* Convenção 161 da OIT.

Parágrafo único. As normas a que se refere este artigo estabelecerão:

a) classificação das empresas segundo o número de empregados e a natureza do risco de suas atividades;

b) o número mínimo de profissionais especializados exigido de cada empresa, segundo o grupo em que se classifique, na forma da alínea anterior;

c) a qualificação exigida para os profissionais em questão e o seu regime de trabalho;

d) as demais características e atribuições dos serviços especializados em segurança e em medicina do trabalho, nas empresas.

› Art. 162 com a redação dada pela Lei 6.514/1977.

Art. 163. Será obrigatória a constituição de Comissão Interna de Prevenção de Acidentes e de Assédio (Cipa), em conformidade com instruções expedidas pelo Ministério do Trabalho e Previdência, nos estabelecimentos ou nos locais de obra nelas especificadas. *(Redação dada pela Lei 14.457/2022)*

Parágrafo único. O Ministério do Trabalho regulamentará as atribuições, a composição e o funcionamento das CIPA(s).

› Art. 163 com a redação dada pela Lei 6.514/1977.

› Vide NR 5 do MTE.

» *Vide* NR-5 do Ministério do Trabalho (CIPA).

» *Vide* Convenção 174 da OIT.

Art. 164. Cada CIPA será composta de representantes da empresa e dos empregados, de acordo com os critérios que vierem a ser adotados na regulamentação de que trata o parágrafo único do artigo anterior.

§ 1º Os representantes dos empregadores, titulares e suplentes, serão por eles designados.

§ 2º Os representantes dos empregados, titulares e suplentes, serão eleitos em escrutínio secreto, do qual participem, independentemente de filiação sindical, exclusivamente os empregados interessados.

» *Vide* Precedente Normativo n. 86 do TST.

§ 3º O mandato dos membros eleitos da CIPA terá a duração de 1 (um) ano, permitida uma reeleição.

§ 4º O disposto no parágrafo anterior não se aplicará ao membro suplente que, durante o seu mandato, tenha participado de menos da metade do número de reuniões da CIPA.

§ 5º O empregador designará, anualmente, dentre os seus representantes, o Presidente da CIPA e os empregados elegerão, dentre eles, o Vice-Presidente.

› Art. 164 com a redação dada pela Lei 6.514/1977.

Art. 165. Os titulares da representação dos empregados nas CIPA (s) não poderão sofrer despedida arbitrária, entendendo-se como tal a que não se fundar em motivo disciplinar, técnico, econômico ou financeiro.

» *Vide* Súmula 339 do TST.

» *Vide* Súmula 197 do STF.

Parágrafo único. Ocorrendo a despedida, caberá ao empregador, em caso de reclamação à Justiça do Trabalho, comprovar a existência de qualquer dos motivos mencionados neste artigo, sob pena de ser condenado a reintegrar o empregado.

› Art. 165 com a redação dada pela Lei 6.514/1977.

› Art. 10, II, a, do ADCT.

› Súm. 676 do STF.

› Súm. 339 do TST.

› OJ 6 da SDI-2 do TST.

SEÇÃO IV
DO EQUIPAMENTO DE PROTEÇÃO INDIVIDUAL

Art. 166. A empresa é obrigada a fornecer aos empregados, gratuitamente, equipamento de proteção individual adequado ao risco e em perfeito estado de conservação e funcionamento, sempre que as medidas de ordem geral não ofereçam completa proteção contra os riscos de acidentes e danos à saúde dos empregados.

› Art. 166 com a redação dada pela Lei 6.514/1977.

› Súm. 80 e 289 do TST.

» *Vide* NR-6 do Ministério do Trabalho (EPI).

Art. 167. O equipamento de proteção só poderá ser posto à venda ou utilizado com a indicação do Certificado de Aprovação do Ministério do Trabalho. (Redação dada pela Lei 6.514/1977)

SEÇÃO V
DAS MEDIDAS PREVENTIVAS DE MEDICINA DO TRABALHO

Art. 168. Será obrigatório exame médico, por conta do empregador, nas condições estabelecidas neste artigo e nas instruções complementares a serem expedidas pelo Ministério do Trabalho:

I – a admissão;

II – na demissão;

III – periodicamente.

§ 1º O Ministério do Trabalho baixará instruções relativas aos casos em que serão exigíveis exames:

a) por ocasião da demissão;

b) complementares.

§ 2º Outros exames complementares poderão ser exigidos, a critério médico, para apuração da capacidade ou aptidão física e mental do empregado para a função que deva exercer.

§ 3º O Ministério do Trabalho estabelecerá, de acordo com o risco da atividade e o tempo de exposição, a periodicidade dos exames médicos.

§ 4º O empregador manterá, no estabelecimento, o material necessário à prestação de primeiros socorros médicos, de acordo com o risco da atividade.

§ 5º O resultado dos exames médicos, inclusive o exame complementar, será comunicado ao trabalhador, observados os preceitos da ética médica.

› Art. 168 com a redação dada pela Lei 7.855/1989.

§ 6º Serão exigidos exames toxicológicos, previamente à admissão e por ocasião do desligamento, quando se tratar de motorista profissional, assegurados o direito à contraprova em caso de resultado positivo e a confidencialidade dos resultados dos respectivos exames.

› § 6º incluído pela Lei 13.103/2015.

› O art. 13 da Lei 13.103/2015 estabelece regras de vigência para esse parágrafo.

§ 7º Para os fins do disposto no § 6º, será obrigatório exame toxicológico com janela de detecção mínima de 90 (noventa) dias, específico para substâncias psicoativas que causem dependência ou, comprovadamente, comprometam a capacidade de direção, podendo ser utilizado para essa finalidade o exame toxicológico previsto na Lei 9.503, de 23 de setembro de 1997 – Código de Trânsito Brasileiro, desde que realizado nos últimos 60 (sessenta) dias.

› § 7º incluído pela Lei 13.103, de 02.03.2015.

› O art. 13 da Lei 13.103/2015, estabelece regras de vigência para esse parágrafo.

Art. 169. Será obrigatória a notificação das doenças profissionais e das produzidas em virtude de condições especiais de trabalho, comprovadas ou objeto de suspeita, de conformidade com as instruções expedidas pelo Ministério do Trabalho.

› Art. 169 com a redação dada pela Lei 6.514/1977.

› Art. 20 da Lei 8.213/1991:

SEÇÃO VI
DAS EDIFICAÇÕES

Art. 170. As edificações deverão obedecer aos requisitos técnicos que garantam perfeita segurança aos que nelas trabalhem.

› Art. 170 com a redação dada pela Lei 6.514/1977.

» *Vide* NR-8 do Ministério do Trabalho (Edificações).

Art. 171. Os locais de trabalho deverão ter, no mínimo, 3 (três) metros de pé-direito, assim considerada a altura livre do piso ao teto.

Parágrafo único. Poderá ser reduzido esse mínimo desde que atendidas as condições de iluminação e conforto térmico compatíveis com a natureza do trabalho, sujeitando-se tal redução ao controle do órgão competente em matéria de segurança e medicina do trabalho.

› Art. 171 com a redação dada pela Lei 6.514/1977.

Art. 172. Os pisos dos locais de trabalho não deverão apresentar saliências nem depressões que prejudiquem a circulação de pessoas ou a movimentação de materiais.

› Art. 172 com a redação dada pela Lei 6.514/1977.

Art. 173. As aberturas nos pisos e paredes serão protegidas de forma que impeçam a queda de pessoas ou de objetos.

› Art. 173 com a redação dada pela Lei 6.514, de 22.12.1977.

Art. 174. As paredes, escadas, rampas de acesso, passarelas, pisos, corredores, coberturas e passagens dos locais de trabalho deverão obedecer às condições de segurança e de higiene do trabalho estabelecidas pelo Ministério do Trabalho e manter-se em perfeito estado de conservação e limpeza.

› Art. 174 com a redação dada pela Lei 6.514/1977.

SEÇÃO VII
DA ILUMINAÇÃO

Art. 175. Em todos os locais de trabalho deverá haver iluminação adequada, natural ou artificial, apropriada à natureza da atividade.

» *Vide* OJ 57 da SDI-1 transitória.

§ 1º A iluminação deverá ser uniformemente distribuída, geral e difusa, a fim de evitar ofuscamento, reflexos incômodos, sombras e contrastes excessivos.

§ 2º O Ministério do Trabalho estabelecerá os níveis mínimos de iluminamento a serem observados.

› Art. 175 com a redação dada pela Lei 6.514/1977.

SEÇÃO VIII
DO CONFORTO TÉRMICO

» *Vide* NR-9 do Ministério do Trabalho (Riscos Ambientais).

Art. 176. Os locais de trabalho deverão ter ventilação natural, compatível com o serviço realizado.

Parágrafo único. A ventilação artificial será obrigatória sempre que a natural não preencha as condições de conforto térmico.

› Art. 176 com a redação dada pela Lei 6.514/1977.

Art. 177. Se as condições de ambiente se tornarem desconfortáveis, em virtude de instalações geradoras de frio ou de calor, será obrigatório o uso de vestimenta adequada para o trabalho em tais condições ou de capelas, anteparos, paredes duplas, isolamento térmico e recursos similares, de forma que os empregados fiquem protegidos contra as radiações térmicas.

› Art. 177 com a redação dada pela Lei 6.514/1977.

» *Vide* art. 253 da CLT.

» *Vide* Súmula 438 do TST.

Art. 178. As condições de conforto térmico dos locais de trabalho devem ser mantidas dentro dos limites fixados pelo Ministério do Trabalho.

› Art. 178 com a redação dada pela Lei 6.514/1977.

SEÇÃO IX
DAS INSTALAÇÕES ELÉTRICAS

» *Vide* NR-10 do Ministério do Trabalho (Instalações e serviços de eletricidade).

Art. 179. O Ministério do Trabalho disporá sobre as condições de segurança e as medidas especiais a serem observadas relativamente a instalações elétricas, em qualquer das fases de produção, transmissão, distribuição ou consumo de energia.

› Art. 179 com a redação dada pela Lei 6.514/1977.

Art. 180. Somente profissional qualificado poderá instalar, operar, inspecionar ou reparar instalações elétricas.

› Art. 180 com a redação dada pela Lei 6.514/1977.

» *Vide* OJs 324 e 327 da SDI-1.

Art. 181. Os que trabalharem em serviços de eletricidade ou instalações elétricas devem estar familiarizados com os métodos de socorro a acidentados por choque elétrico.

› Art. 181 com a redação dada pela Lei 6.514/1977.

SEÇÃO X
DA MOVIMENTAÇÃO, ARMAZENAGEM E MANUSEIO DE MATERIAIS

Art. 182. O Ministério do Trabalho estabelecerá normas sobre:

I – as precauções de segurança na movimentação de materiais nos locais de trabalho, os equipamentos a serem obrigatoriamente utilizados e as condições especiais a que estão sujeitas a operação e a manutenção desses equipamentos, inclusive exigências de pessoal habilitado;

II – as exigências similares relativas ao manuseio e à armazenagem de materiais, inclusive quanto às condições de segurança e higiene relativas aos recipientes e locais de armazenagem e os equipamentos de proteção individual;

III – a obrigatoriedade de indicação de carga máxima permitida nos equipamentos de transporte, dos avisos de proibição de fumar e de advertência quanto à natureza perigosa ou nociva à saúde das substâncias em movimentação ou em depósito, bem como das recomendações de primeiros socorros e de atendimento médico e símbolo de perigo, segundo padronização internacional, nos rótulos dos materiais ou substâncias armazenados ou transportados.

» *Vide* NR-11 do Ministério do Trabalho (Transporte, movimentação, armazenagem e manuseio de materiais).

Parágrafo único. As disposições relativas ao transporte de materiais aplicam-se, também, no que couber, ao transporte de pessoas nos locais de trabalho.

› Art. 182 com a redação dada pela Lei 6.514/1977.

Art. 183. As pessoas que trabalharem na movimentação de materiais deverão estar familiarizados com os métodos raciocinais de levantamento de cargas.

› Art. 183 com a redação dada pela Lei 6.514/1977.

SEÇÃO XI
DAS MÁQUINAS E EQUIPAMENTOS

› Título da Seção XI com a redação dada pela Lei 6.514/1977.

Art. 184. As máquinas e os equipamentos deverão ser dotados de dispositivos de partida e parada e outros que se fizerem necessários para a prevenção de acidentes do trabalho, especialmente quanto ao risco de acionamento acidental.

» *Vide* NR-12 do Ministério do Trabalho (Máquinas e Equipamentos).

Parágrafo único. É proibida a fabricação, a importação, a venda, a locação e o uso de máquinas e equipamentos que não atendam ao disposto neste artigo.

› Art. 184 com a redação dada pela Lei 6.514/1977.

Art. 185. Os reparos, limpeza e ajustes somente poderão ser executados com as máquinas paradas, salvo se o movimento for indispensável à realização do ajuste.

› Art. 185 com a redação dada pela Lei 6.514/1977.

Art. 186. O Ministério do Trabalho estabelecerá normas adicionais sobre proteção e medidas de segurança na operação de máquinas e equipamentos, especialmente quanto à proteção das partes móveis, distância entre estas, vias de acesso às máquinas e equipamentos de grandes dimensões, emprego de ferramentas, sua adequação e medidas de proteção exigidas quando motorizadas ou elétricas.

› Art. 186 com a redação dada pela Lei 6.514/1977.

SEÇÃO XII
DAS CALDEIRAS, FORNOS E RECIPIENTES SOB PRESSÃO

Art. 187. As caldeiras, equipamentos e recipientes em geral que operam sob pressão deverão dispor de válvula e outros dispositivos de segurança, que evitem seja ultrapassada a pressão interna de trabalho compatível com a sua resistência.

Parágrafo único. O Ministério do Trabalho expedirá normas complementares quanto à segurança das caldeiras, fornos e recipientes sob pressão, especialmente quanto ao revestimento interno, à localização, à ventilação dos locais e outros meios de eliminação de gases ou vapores prejudiciais à saúde, e demais instalações ou equipamentos necessários à execução segura das tarefas de cada empregado.

› Art. 187 com a redação dada pela Lei 6.514/1977.

Art. 188. As caldeiras serão periodicamente submetidas a inspeções de segurança, por engenheiro ou empresa especializada, inscritos no Ministério do Trabalho, de conformidade com as instruções que, para esse fim, forem expedidas.

§ 1º Toda caldeira será acompanhada de "Prontuário", com documentação original do fabricante, abrangendo, no mínimo: especificação técnica, desenhos, detalhes, provas e testes realizados durante a fabricação e a montagem, características funcionais e a pressão máxima de trabalho permitida (PMTP), esta última indicada, em local visível, na própria caldeira.

§ 2º O proprietário da caldeira deverá organizar, manter atualizado e apresentar, quando exigido pela autoridade competente, o Registro de Segurança, no qual serão anotadas, sistematicamente, as indicações das provas efetuadas, inspeções, reparos e quaisquer outras ocorrências.

§ 3º Os projetos de instalação de caldeiras, fornos e recipientes sob pressão deverão ser submetidos à aprovação prévia do órgão regional competente em matéria de segurança do trabalho.

› Art. 188 com a redação dada pela Lei 6.514/1977.

SEÇÃO XIII
DAS ATIVIDADES INSALUBRES OU PERIGOSAS

› Seção XIII com a redação dada pela Lei 6.514/1977.

» *Vide* Normas Regulamentadoras n. 15 e 16 do Ministério do Trabalho.

Art. 189. Serão consideradas atividades ou operações insalubres aquelas que, por sua natureza, condições ou métodos de trabalho, exponham os empregados a agentes nocivos à saúde, acima dos limites de tolerância fixados em razão da natureza e da intensidade do agente e do tempo de exposição aos seus efeitos.

› Art. 189 com a redação dada pela Lei 6.514/1977.

» *Vide* Súmulas 194 e 460 do STF.

» *Vide* Súmulas 47, 80, 139, 228 (eficácia suspensa), 248, 289, 293 e 448 do TST.

» *Vide* OJs 47, 103, 165, 171, 173 e 278 da SDI-1 do TST.

» *Vide* Convenções 162 e 170, OIT.

Art. 190. O Ministério do Trabalho aprovará o quadro das atividades e operações insalubres e adotará normas sobre os critérios de caracterização da insalubridade, os limites de tolerância aos agentes agressivos, meios de proteção e o tempo máximo de exposição do empregado a esses agentes.

Parágrafo único. As normas referidas neste artigo incluirão medidas de proteção do organismo do trabalhador nas operações que produzem aerodispersoides tóxicos, irritantes, alérgicos ou incômodos.

› Art. 190 com a redação dada pela Lei 6.514/1977.

Art. 191. A eliminação ou a neutralização da insalubridade ocorrerá:

› Súm. 289 do TST.

I – com a adoção de medidas que conservem o ambiente de trabalho dentro dos limites de tolerância;

II – com a utilização de equipamentos de proteção individual ao trabalhador, que diminuam a intensidade do agente agressivo a limites de tolerância.

» *Vide* Súmulas 80, 248 e 289 do TST.

Parágrafo único. Caberá às Delegacias Regionais do Trabalho, comprovada a insalubridade, notificar as empresas, estipulando prazos para sua eliminação ou neutralização, na forma deste artigo.

› Art. 191 com a redação dada pela Lei 6.514/1977.

Art. 192. O exercício de trabalho em condições insalubres, acima dos limites de tolerância estabelecidos pelo Ministério do Trabalho, assegura a percepção de adicional respectivamente de 40% (quarenta por cento), 20% (vinte por cento) e 10% (dez por cento) do salário mínimo da região, segundo se classifiquem nos graus máximo, médio e mínimo.

› Art. 192 com a redação dada pela Lei 6.514/1977.

› Art. 7º, XXIII, da CF.

› Súm. Vinculante 4 do STF.

› Súm. 194 e 460 do STF.

› Súm. 47, 80, 139, 228, 248, 289, 293 e 448 do TST.

› OJs 47, 103, 121, 165, 172, 173 e 278 da SDI-1 do TST.

› OJ 2 da SDI-2.

Art. 193. São consideradas atividades ou operações perigosas, na forma da regulamentação aprovada pelo Ministério do Trabalho e Emprego, aquelas que, por sua natureza ou métodos de trabalho, impliquem risco acentuado em virtude de exposição permanente do trabalhador a:

› *Caput* com redação dada pela Lei 12.740/ 2012.

» *Vide* Súmula 212 do STF.

» *Vide* Súmulas 39, 70, 132, 191, 361, 364, 447 e 453 do TST.

» *Vide* OJs 165, 172, 259, 324, 345, 347 e 385 da SDI-1 do TST.

I – inflamáveis, explosivos ou energia elétrica;

II – roubos ou outras espécies de violência física nas atividades profissionais de segurança pessoal ou patrimonial.

› Incisos I e II incluídos pela Lei 12.740/2012.

› Súm. 212 do STF.

› Súm. 39, 191, 364 e 453 do TST.

› OJs 165, 172, 345 e 385 da SDI-1 do TST.

III - colisões, atropelamentos ou outras espécies de acidentes ou violências nas atividades profissionais dos agentes das autoridades de trânsito. *(Acrescido pela Lei 14.684/2023)*

§ 1º O trabalho em condições de periculosidade assegura ao empregado um adicional de 30% (trinta por cento) sobre o salário sem os acréscimos resultantes de gratificações, prêmios ou participações nos lucros da empresa.

› Parágrafo incluído pela Lei 6.514/1977.

› Súm. 132 do TST.

› OJ 259 da SDI-1 do TST.

§ 2º O empregado poderá optar pelo adicional de insalubridade que porventura lhe seja devido.

› Parágrafo incluído pela Lei 6.514/1977.

§ 3º Serão descontados ou compensados do adicional outros da mesma natureza eventualmente já concedidos ao vigilante por meio de acordo coletivo.

› Parágrafo incluído pela Lei 12.740/ 2012.

§ 4º São também consideradas perigosas as atividades de trabalhador em motocicleta.

› § 4º incluído pela Lei 12.997/2014.

› NR 16, Anexo 5, do MTE: Atividades perigosas em motocicleta.

§ 5º O disposto no inciso I do *caput* deste artigo não se aplica às quantidades de inflamáveis contidas nos tanques de combustíveis originais de fábrica e suplementares, para consumo próprio de veículos de carga e de transporte coletivo de passageiros, de máquinas e de equipamentos, certificados pelo órgão competente, e nos equipamentos de refrigeração de carga. *(Acrescido pela Lei 14.766/2023)*

Art. 194. O direito do empregado ao adicional de insalubridade ou de periculosidade cessará com a eliminação do risco à sua saúde ou integridade física, nos termos desta Seção e das normas expedidas pelo Ministério do Trabalho.

› Art. 194 com a redação dada pela Lei 6.514/1977.

» *Vide* Súmulas 80, 248 e 289 do TST.

Art. 195. A caracterização e a classificação da insalubridade e da periculosidade, segundo as normas do Ministério do Trabalho, far-se-ão através de perícia a cargo de Médico do Trabalho ou Engenheiro do Trabalho, registrados no Ministério do Trabalho.

» *Vide* Súmula 293 do TST.

§ 1º É facultado às empresas e aos sindicatos das categorias profissionais interessadas requererem ao Ministério do Trabalho a realização de perícia em estabelecimento ou setor deste, com o objetivo de caracterizar e classificar ou delimitar as atividades insalubres ou perigosas.

§ 2º Arguida em juízo insalubridade ou periculosidade, seja por empregado, seja por Sindicato em favor de grupo de associado, o juiz designará perito habilitado na forma deste artigo, e, onde não houver, requisitará perícia ao órgão competente do Ministério do Trabalho.

› OJ 165 da SDI-1 do TST.

§ 3º O disposto nos parágrafos anteriores não prejudica a ação fiscalizadora do Ministério do Trabalho, nem a realização ex officio da perícia.

› Art. 195 com a redação dada pela Lei 6.514/1977.

Art. 196. Os efeitos pecuniários decorrentes do trabalho em condições de insalubridade ou periculosidade serão devidos a contar da data da inclusão da respectiva atividade nos quadros aprovados pelo Ministro do Trabalho, respeitadas as normas do artigo 11.

› Art. 196 com a redação dada pela Lei 6.514/1977.

» Súmula 460 do STF.

Art. 197. Os materiais e substâncias empregados, manipulados ou transportados nos locais de trabalho, quando perigosos ou nocivos à saúde, devem conter, no rótulo, sua composição, recomendações de socorro imediato e o símbolo de perigo correspondente, segundo a padronização internacional.

» *Vide* arts. 4.º, *caput* e IV, e 6.º, III, do CDC.

Parágrafo único. Os estabelecimentos que mantenham as atividades previstas neste artigo afixarão, nos setores de trabalho atingidos, avisos ou cartazes, com advertência quanto aos materiais e substâncias perigosos ou nocivos à saúde.

› Art. 197 com a redação dada pela Lei 6.514/1977.

SEÇÃO XIV
DA PREVENÇÃO DA FADIGA

Art. 198. É de 60 kg (sessenta quilogramas) o peso máximo que um empregado pode remover individualmente, ressalvadas as disposições especiais relativas ao trabalho do menor e da mulher.

» *Vide* arts. 390 e 405, § 5.º, da CLT.

» *Vide* Convenção 127 da OIT.

Parágrafo único. Não está compreendida na proibição deste artigo a remoção de material feita por impulsão ou tração de vagonetes sobre trilhos, carros de mão ou quaisquer outros aparelhos mecânicos, podendo o Ministério do Trabalho, em tais casos, fixar limites diversos, que evitem sejam exigidos do empregado serviços superiores às suas forças.

› Art. 198 com a redação dada pela Lei 6.514/1977.

› Arts. 390, 405, § 5º, e 483, a, da CLT.

Art. 199. Será obrigatória a colocação de assentos que assegurem postura correta ao trabalhador, capazes de evitar posições incômodas ou forçadas, sempre que a execução da tarefa exija que trabalhe sentado.

Parágrafo único. Quando o trabalho deva ser executado de pé, os empregados terão à sua disposição assentos para serem utilizados nas pausas que o serviço permitir.

› Art. 199 com a redação dada pela Lei 6.514/1977.

SEÇÃO XV
DAS OUTRAS MEDIDAS ESPECIAIS DE PROTEÇÃO

Art. 200. Cabe ao Ministério do Trabalho estabelecer disposições complementares às normas de que trata este Capítulo, tendo em vista as peculiaridades de cada atividade ou setor de trabalho, especialmente sobre:

I – medidas de prevenção de acidentes e os equipamentos de proteção individual em obras de construção, demolição ou reparos;

II – depósitos, armazenagem e manuseio de combustíveis, inflamáveis e explosivos, bem como trânsito e permanência nas áreas respectivas;

III – trabalho em escavações, túneis, galerias, minas e pedreiras, sobretudo quanto à prevenção de explosões, incêndios, desmoronamentos e soterramentos, eliminação de poeiras, gases, etc. e facilidades de rápida saída dos empregados;

IV – proteção contra incêndio em geral e as medidas preventivas adequadas, com exigências ao especial revestimento de portas e paredes, construção de paredes contrafogo, diques e outros anteparos, assim como garantia geral de fácil circulação, corredores de acesso e saídas amplas e protegidas, com suficiente sinalização;

V – proteção contra insolação, calor, frio, umidade e ventos, sobretudo no trabalho a céu aberto, com provisão, quanto a este, de água potável, alojamento profilaxia de endemias;

VI – proteção do trabalhador exposto a substâncias químicas nocivas, radiações ionizantes e não ionizantes, ruídos, vibrações e trepidações ou pressões anormais ao ambiente de trabalho, com especificação das medidas cabíveis para eliminação ou atenuação desses efeitos limites máximos quanto ao tempo de exposição, à intensidade da ação ou de seus efeitos sobre o organismo do trabalhador, exames médicos obrigatórios, limites de idade controle permanente dos locais de trabalho e das demais exigências que se façam necessárias;

VII – higiene nos locais de trabalho, com discriminação das exigências, instalações sanitárias, com separação de sexos, chuveiros, lavatórios, vestiários e armários individuais, refeitórios ou condições de conforto por ocasião das refeições, fornecimento de água potável, condições de limpeza dos locais de trabalho e modo de sua execução, tratamento de resíduos Industriais;

VIII – emprego das cores nos locais de trabalho, inclusive nas sinalizações de perigo.

IX - trabalho realizado em arquivos, em bibliotecas, em museus e em centros de documentação e memória, exposto a agentes patogênicos. *(Acrescido pela Lei 14.846/2024)*

Parágrafo único. Tratando-se de radiações ionizantes e explosivos, as normas a que se referem este artigo serão expedidas de acordo com as resoluções a respeito adotadas pelo órgão técnico.

- Art. 200 com a redação dada pela Lei 6.514/1977.
- OJ 345 da SDI-1 do TST.

SEÇÃO XVI
DAS PENALIDADES

Art. 201. As infrações ao disposto neste Capítulo relativas à medicina do trabalho serão punidas com multa de 3 (três) a 30 (trinta) vezes o valor de referência previsto no artigo 2º, parágrafo único, da Lei 6.205, de 29 de abril de 1975, e as concernentes à segurança do trabalho com multa de 5 (cinco) a 50 (cinquenta) vezes o mesmo valor.

Parágrafo único. Em caso de reincidência, embaraço ou resistência à fiscalização, emprego de artifício ou simulação com o objetivo de fraudar a lei, a multa será aplicada em seu valor máximo.

- Art. 201 com a redação dada pela Lei 6.514/1977.

Arts. 202 a 223. (Revogados pela Lei 6.514/1977).

TÍTULO II-A
DO DANO EXTRAPATRIMONIAL

- Título II-A incluído pela Lei 13.467/2017.

Art. 223-A. Aplicam-se à reparação de danos de natureza extrapatrimonial decorrentes da relação de trabalho apenas os dispositivos deste Título.

- Artigos 223-A a 223-G incluídos pela Lei 13.467/2017.
- ADIs 6.050, 6.069, 6.082.
- *Vide* art. 5.º, V e X, da CF.
- *Vide* art. 114, VI, da CF.
- *Vide* arts. 186, 187 e 927 do CC.
- *Vide* Súmula Vinculante 22.
- *Vide* Súmula 382 do TST.

Art. 223-B. Causa dano de natureza extrapatrimonial a ação ou omissão que ofenda a esfera moral ou existencial da pessoa física ou jurídica, as quais são as titulares exclusivas do direito à reparação.

- ADIs 6.050, 6.069, 6.082.
- *Vide* Súmula 227 do STJ.

Art. 223-C. A honra, a imagem, a intimidade, a liberdade de ação, a autoestima, a sexualidade, a saúde, o lazer e a integridade física são os bens juridicamente tutelados inerentes à pessoa física.

Art. 223-D. A imagem, a marca, o nome, o segredo empresarial e o sigilo da correspondência são bens juridicamente tutelados inerentes à pessoa jurídica.

Art. 223-E. São responsáveis pelo dano extrapatrimonial todos os que tenham colaborado para a ofensa ao bem jurídico tutelado, na proporção da ação ou da omissão.

Art. 223-F. A reparação por danos extrapatrimoniais pode ser pedida cumulativamente com a indenização por danos materiais decorrentes do mesmo ato lesivo.

- *Vide* Súmulas 37 e 387 do STJ.

§ 1º Se houver cumulação de pedidos, o juízo, ao proferir a decisão, discriminará os valores das indenizações a título de danos patrimoniais e das reparações por danos de natureza extrapatrimonial.

§ 2º A composição das perdas e danos, assim compreendidos os lucros cessantes e os danos emergentes, não interfere na avaliação dos danos extrapatrimoniais.

- *Vide* arts. 402 e 403 do CC.

Art. 223-G. Ao apreciar o pedido, o juízo considerará:

- ADIs 6.050, 6.069, 6.082.

I – a natureza do bem jurídico tutelado;

II – a intensidade do sofrimento ou da humilhação;

III – a possibilidade de superação física ou psicológica;

IV – os reflexos pessoais e sociais da ação ou da omissão;

V – a extensão e a duração dos efeitos da ofensa;

VI – as condições em que ocorreu a ofensa ou o prejuízo moral;

VII – o grau de dolo ou culpa;

VIII – a ocorrência de retratação espontânea;

IX – o esforço efetivo para minimizar a ofensa;

X – o perdão, tácito ou expresso;

XI – a situação social e econômica das partes envolvidas;

XII – o grau de publicidade da ofensa.

§ 1º Se julgar procedente o pedido, o juízo fixará a indenização a ser paga, a cada um dos ofendidos, em um dos seguintes parâmetros, vedada a acumulação:

- ADIs 6.050, 6.069, 6.082.

I – ofensa de natureza leve, até três vezes o último salário contratual do ofendido;

II – ofensa de natureza média, até cinco vezes o último salário contratual do ofendido;

III – ofensa de natureza grave, até vinte vezes o último salário contratual do ofendido;

IV – ofensa de natureza gravíssima, até cinquenta vezes o último salário contratual do ofendido.

§ 2º Se o ofendido for pessoa jurídica, a indenização será fixada com observância dos mesmos parâmetros estabelecidos no § 1º deste artigo, mas em relação ao salário contratual do ofensor.

§ 3º Na reincidência entre partes idênticas, o juízo poderá elevar ao dobro o valor da indenização.

TÍTULO III
DAS NORMAS ESPECIAIS DE TUTELA DO TRABALHO

CAPÍTULO I
DAS DISPOSIÇÕES ESPECIAIS SOBRE DURAÇÃO E CONDIÇÕES DE TRABALHO

SEÇÃO I
DOS BANCÁRIOS

Art. 224. A duração normal do trabalho dos empregados em bancos, casas bancárias e Caixa Econômica Federal será de 6 (seis) horas continuas nos dias úteis, com exceção dos sábados, perfazendo um total de 30 (trinta) horas de trabalho por semana. (Redação dada pela Lei 7.430/1985)

- Súm. 55, 93, 102, 109, 113, 117, 119, 124, 199, 226, 239, 240, 247, 257 e 287 do TST.
- OJs 123, 178 e 379 da SDI-1 do TST.

§ 1º A duração normal do trabalho estabelecida neste artigo ficará compreendida entre 7 (sete) e 22 (vinte e duas) horas, assegurando-se ao empregado, no horário diário, um intervalo de 15 (quinze) minutos para alimentação.

- § 1º com a redação dada pelo Dec.-lei 229/1967.

§ 2º As disposições deste artigo não se aplicam aos que exercem funções de direção, gerência, fiscalização, chefia e equivalentes, ou que desempenhem outros cargos de confiança, desde que o valor da gratificação não seja inferior a 1/3 (um terço) do salário do cargo efetivo.

- § 2º com a redação dada pelo Dec.-lei 754/1969.
- Súm. 102, 240 e 287 do TST.
- *Vide* OJs 64, 123, 126, 178, 244 e 379 da SDI-1.

Art. 225. A duração normal de trabalho dos bancários poderá ser excepcionalmente prorrogada até 8 (oito) horas diárias, não excedendo de 40 (quarenta) horas semanais, observados os preceitos gerais sobre a duração do trabalho.

- Art. 225 com a redação dada pela Lei 6.637/1979.
- Súm. 199 do TST.

Art. 226. O regime especial de 6 (seis) horas de trabalho também se aplica aos empregados de portaria e de limpeza, tais como porteiros, telefonistas de mesa, contínuos e serventes, empregados em bancos e casas bancárias.

Parágrafo único. A direção de cada banco organizará a escala de serviço do estabelecimento de maneira a haver empregados do quadro da portaria em função, meia hora antes e até meia hora após o encerramento dos trabalhos, respeitado o limite de 6 (seis) horas diárias.

- Art. 226 com a redação dada pela Lei 3.488/1958.
- Súm. 117, 178 e 257 do TST.

SEÇÃO II
DOS EMPREGADOS NOS SERVIÇOS DE TELEFONIA, DE TELEGRAFIA SUBMARINA E SUBFLUVIAL, DE RADIOTELEGRAFIA E RADIOTELEFONIA

Art. 227. Nas empresas que explorem o serviço de telefonia, telegrafia submarina ou subfluvial, de radiotelegrafia ou de radiotelefonia, fica estabelecida para os respectivos operadores a duração máxima de seis horas contínuas de trabalho por dia ou 36 (trinta e seis) horas semanais.

- Súm. 178 do TST.
- OJ 213 da SDI-1 do TST.
- *Vide* OJs 213 e 273 da SDI-1.

§ 1º Quando, em caso de indeclinável necessidade, forem os operadores obrigados a permanecer em serviço além do período normal fixado neste artigo, a empresa pagar-lhes-á extraordinariamente o tempo excedente com acréscimo de 50% (cinquenta por cento) sobre o seu salário-hora normal.

§ 2º O trabalho aos domingos, feriados e dias santos de guarda será considerado extraordinário e obedecerá, quanto à sua execução e remuneração, ao que dispuserem empregadores e empregados em acordo, ou os respectivos sindicatos em contrato coletivo de trabalho.

Art. 228. Os operadores não poderão trabalhar, de modo ininterrupto, na transmissão manual, bem como na recepção visual, auditiva, com escrita manual ou datilográfica, quando a velocidade for superior a 25 (vinte e cinco) palavras por minuto.

Art. 229. Para os empregados sujeitos a horários variáveis, fica estabelecida a duração máxima de 7 (sete) horas diárias de trabalho e 17 (dezessete) horas de folga, deduzindo-se deste tempo 20 (vinte) minutos para descanso, de cada um dos empregados, sempre que se verificar um esforço contínuo de mais de 3 (três) horas.

§ 1º São considerados empregados sujeitos a horários variáveis, além dos operadores, cujas funções exijam classificação distinta, os que pertençam a seções de técnica, telefones, revisão, expedição, entrega e balcão.

§ 2º Quanto à execução e remuneração aos domingos, feriados e dias santos de guarda e às prorrogações de expediente, o trabalho dos empregados a que se refere o parágrafo anterior será regido pelo que se contém no § 1º do art. 227 desta Seção.

Art. 230. A direção das empresas deverá organizar as turmas de empregados, para a execução dos seus serviços, de maneira que prevaleça sempre o revezamento entre os que exercem a mesma função, quer em escalas diurnas, quer em noturnas.

§ 1º Aos empregados que exerçam a mesma função será permitida, entre si, a troca de turmas, desde que isso não importe em prejuízo dos serviços, cujo chefe ou encarregado resolverá sobre a oportunidade ou possibilidade dessa medida, dentro das prescrições desta Seção.

§ 2º As empresas não poderão organizar horários que obriguem os empregados a fazer a refeição do almoço antes das 10 (dez) e depois das 13 (treze) horas e a de jantar antes das 16 (dezesseis) e depois das 19:30 (dezenove e trinta) horas.

Art. 231. As disposições desta Seção não abrangem o trabalho dos operadores de radiotelegrafia embarcados em navios ou aeronaves.

SEÇÃO III
DOS MÚSICOS PROFISSIONAIS

- Arts. 232 e 233 revogados tacitamente Lei 3.857/1960, que regulamenta a profissão de músico.

Art. 232. Será de seis horas a duração de trabalho dos músicos em teatro e congêneres.

Parágrafo único. Toda vez que o trabalho contínuo em espetáculo ultrapassar de seis horas, o tempo de duração excedente será pago com um acréscimo de 25 % (vinte e cinco por cento) sobre o salário da hora normal.

Art. 233. A duração normal de trabalho dos músicos profissionais poderá ser elevada até oito horas diárias, observados os preceitos gerais sobre duração do trabalho.

SEÇÃO IV
DOS OPERADORES CINEMATOGRÁFICOS

Art. 234. A duração normal do trabalho dos operadores cinematográficos e seus ajudantes não excederá de seis horas diárias, assim distribuídas:

a) 5 (cinco) horas consecutivas de trabalho em cabina, durante o funcionamento cinematográfico;

b) 1 (um) período suplementar, até o máximo de 1 (uma) hora para limpeza, lubrificação dos aparelhos de projeção, ou revisão de filmes.

Parágrafo único. Mediante remuneração adicional de 25% (vinte e cinco por cento) sobre o salário da hora normal e observado um intervalo de 2 (duas) horas para folga, entre o período a que se refere a alínea "b" deste artigo e o trabalho em cabina de que trata a alínea "a", poderá o trabalho dos operadores cinematográficos e seus ajudantes ter a duração prorrogada por 2 (duas) horas diárias, para exibições extraordinárias.

- O art. 7º, XVI da CF assegura um acréscimo de no mínimo 50% (cinquenta por cento) sobre o salário da hora normal.

Art. 235. Nos estabelecimentos cujo funcionamento normal seja noturno, será facultado aos operadores cinematográficos e seus ajudantes, mediante acordo ou contrato coletivo de trabalho e com um acréscimo de 25% (vinte e cinco por cento) sobre o salário da hora normal, executar o trabalho em sessões diurnas extraordinárias e, cumulativamente, nas noturnas, desde que isso se verifique até 3 (três) vezes por semana e entre as sessões diurnas e as noturnas haja o intervalo de 1 (uma) hora, no mínimo, de descanso.

- O art. 7º, XVI da CF assegura um acréscimo de no mínimo 50% (cinquenta por cento) sobre o salário da hora normal.

§ 1º A duração de trabalho cumulativo a que alude o presente artigo não poderá exceder de 10 (dez) horas.

§ 2º Em seguida a cada período de trabalho haverá um intervalo de repouso no mínimo de 12 (doze) horas.

- Art. 66 da CLT.

SEÇÃO IV-A
DO SERVIÇO DO MOTORISTA PROFISSIONAL EMPREGADO

- Rubrica da Seção IV-A com a redação dada pela Lei 13.103/2015.
- Lei 13.103/2015: Motorista profissional.

Art. 235-A. Os preceitos especiais desta Seção aplicam-se ao motorista profissional empregado:

- *Caput* com a redação dada pela Lei 13.103/2015.

I – de transporte rodoviário coletivo de passageiros;

- Inciso I com a redação dada pela Lei 13.103/2015.

II – de transporte rodoviário de cargas.

- Inciso II com a redação dada pela Lei 13.103/2015.

Art. 235-B. São deveres do motorista profissional empregado:

- *Caput* com a redação dada pela Lei 13.103/2015.

I – estar atento às condições de segurança do veículo;

II – conduzir o veículo com perícia, prudência, zelo e com observância aos princípios de direção defensiva;

III – respeitar a legislação de trânsito e, em especial, as normas relativas ao tempo de direção e de descanso controlado e registrado na forma do previsto no art. 67-E da Lei 9.503, de 23 de setembro de 1997 – Código de Trânsito Brasileiro;

- Inciso III com a redação dada pela Lei 13.103/2015.

IV – zelar pela carga transportada e pelo veículo;

V – colocar-se à disposição dos órgãos públicos de fiscalização na via pública;

VI – Vetado;

VII – submeter-se a exames toxicológicos com janela de detecção mínima de 90 (noventa) dias e a programa de controle de uso de droga e de bebida alcoólica, instituído pelo empregador, com sua ampla ciência, pelo menos uma vez a cada 2 (dois) anos e 6 (seis) meses, podendo ser utilizado para esse fim o exame obrigatório previsto na Lei 9.503, de 23 de setembro de 1997 – Código de Trânsito Brasileiro, desde que realizado nos últimos 60 (sessenta) dias.

- Inciso IV com a redação dada pela Lei 13.103/2015.
- O art. 13 da Lei 13.103/2015 estabelece regras de vigência para esse inciso.

Parágrafo único. A recusa do empregado em submeter-se ao teste ou ao programa de controle de uso de droga e de bebida alcoólica previstos no inciso VII será considerada infração disciplinar, passível de penalização nos termos da lei.

- Parágrafo único com a redação dada pela Lei 13.103/2015

Art. 235-C. A jornada diária de trabalho do motorista profissional será de 8 (oito) horas, admitindo-se a sua prorrogação por até 2 (duas) horas extraordinárias ou, mediante previsão em convenção ou acordo coletivo, por até 4 (quatro) horas extraordinárias.

- *Caput* com a redação dada pela Lei 13.103/2015
- *Vide* arts. 62, I, e 71, § 5.º, da CLT.

§ 1º Será considerado como trabalho efetivo o tempo em que o motorista empregado estiver à disposição do empregador, excluídos os intervalos para refeição, repouso e descanso e o tempo de espera.

- § 1º com a redação dada pela Lei 13.103/2015.
- ADI 5.322: O STF declarou inconstitucional, por unanimidade, a expressão "e o tempo de espera". (*DJE* de 12.07.2023)

§ 2º Será assegurado ao motorista profissional empregado intervalo mínimo de 1 (uma) hora para refeição, podendo esse período coincidir com o tempo de parada obrigatória na condução do veículo estabelecido pela Lei 9.503, de 23 de setembro de 1997 – Código de Trânsito Brasileiro, exceto quando se tratar do motorista profissional enquadrado no § 5º do art. 71 desta Consolidação.

- § 2º com a redação dada pela Lei 13.103/2015.
- Os arts. 11, 12 e 14 da Lei 13.103/2015 estabelecem regras de vigência para esse parágrafo.

§ 3º Dentro do período de 24 (vinte e quatro) horas, são asseguradas 11 (onze) horas de descanso, sendo facultados o seu fracionamento e a coincidência com os períodos de parada obrigatória na condução do veículo estabelecida pela Lei 9.503, de 23 de setembro de 1997 – Código de Trânsito Brasileiro, garantidos o mínimo de 8 (oito) horas ininterruptas no primeiro período e o gozo do remanescente dentro das 16 (dezesseis) horas seguintes ao fim do primeiro período.

- § 3º com a redação dada pela Lei 13.103, de 02.03.2015.
- Os arts. 11, 12 e 14 da Lei 13.103/2015 estabelecem regras de vigência para esse parágrafo.
- ADI 5.322: O STF declarou inconstitucional por maioria, a expressão "sendo facultados o seu fracionamento e a coincidência com os períodos de parada obrigatória na condução do veículo estabelecida pela Lei nº 9.503, de 23 de setembro de 1997 - Código de Trânsito Brasileiro, garantidos o mínimo de 8 (oito) horas ininterruptas no primeiro período e o gozo do remanescente dentro das 16 (dezesseis) horas seguintes ao fim do primeiro período". (*DJE* de 12.07.2023)

§ 4º Nas viagens de longa distância, assim consideradas aquelas em que o motorista profissional empregado permanece fora da base da empresa, matriz ou filial e de sua residência por mais de 24 (vinte e quatro) horas, o repouso diário pode ser feito no veículo ou em alojamento do empregador, do contratante do transporte, do embarcador ou do destinatário ou em outro local que ofereça condições adequadas.

- § 4º com a redação dada pela Lei 13.103/2015.

§ 5º As horas consideradas extraordinárias serão pagas com o acréscimo estabelecido na Constituição Federal ou compensadas na forma do § 2º do art. 59 desta Consolidação.

- § 5º com a redação dada pela Lei 13.103/2015.

§ 6º À hora de trabalho noturno aplica-se o disposto no art. 73 desta Consolidação.

- § 6º com a redação dada pela Lei 13.103/2015.

§ 7º Vetado.

§ 8º São considerados tempo de espera as horas em que o motorista profissional empregado ficar aguardando carga ou descarga do veículo nas dependências do embarcador ou do destinatário e o período gasto com a fiscalização da mercadoria transportada em barreiras fiscais ou alfandegárias, não sendo computados como jornada de trabalho e nem como horas extraordinárias.

- § 8º com a redação dada pela Lei 13.103/2015.
- ADI 5.322: O STF declarou inconstitucional, por maioria, a expressão "não sendo computadas como jornada de trabalho e nem como horas extraordinárias". (*DJE* de 12.07.2023)

§ 9º As horas relativas ao tempo de espera serão indenizadas na proporção de 30% (trinta por cento) do salário-hora normal.

- § 9º com a redação dada pela Lei 13.103/2015.
- ADI 5.322: O STF declarou inconstitucional, por unanimidade, o § 9º do art. 235-C da CLT, sem efeito repristinatório. (*DJE* de 12.07.2023)

§ 10. Em nenhuma hipótese, o tempo de espera do motorista empregado prejudicará o direito ao recebimento da remuneração correspondente ao salário-base diário.

- § 10 incluído pela Lei 13.103/2015.

§ 11. Quando a espera de que trata o § 8º for superior a 2 (duas) horas ininterruptas e for exigida a permanência do motorista empregado junto ao veículo, caso o local ofereça condições adequadas, o tempo será considerado como de repouso para os fins do intervalo de que tratam os §§ 2º e 3º, sem prejuízo do disposto no § 9º.

- § 11 incluído pela Lei 13.103/2015.

§ 12. Durante o tempo de espera, o motorista poderá realizar movimentações necessárias do veículo, as quais não serão consideradas como parte da jornada de trabalho, ficando garantido, porém, o gozo do descanso de 8 (oito) horas ininterruptas aludido no § 3º.

- § 12 incluído pela Lei 13.103/2015.
- ADI 5.322: O STF declarou inconstitucional, por maioria, a expressão "as quais não serão consideradas como parte da jornada de trabalho, ficando garantido, porém, o gozo do descanso de 8 (oito) horas ininterruptas aludido no § 3º". (*DJE* de 12.07.2023)

§ 13. Salvo previsão contratual, a jornada de trabalho do motorista empregado não tem horário fixo de início, de final ou de intervalos.

- § 13 incluído pela Lei 13.103/2015.

§ 14. O empregado é responsável pela guarda, preservação e exatidão das informações contidas nas anotações em diário de bordo, papeleta ou ficha de trabalho externo, ou no registrador instantâneo inalterável de velocidade e tempo, ou nos rastreadores ou sistemas e meios eletrônicos, instalados nos veículos, normatizados pelo Contran, até que o veículo seja entregue à empresa.

- § 14 incluído pela Lei 13.103/2015.

§ 15. Os dados referidos no § 14 poderão ser enviados a distância, a critério do empregador, facultando-se a anexação do documento original posteriormente.

- § 15 incluído pela Lei 13.103/2015.

§ 16. Aplicam-se as disposições deste artigo ao ajudante empregado nas operações em que acompanhe o motorista.

- § 16 incluído pela Lei 13.103/2015

§ 17. O disposto no *caput* deste artigo aplica-se também aos operadores de automotores destinados a puxar ou a arrastar maquinaria de qualquer natureza ou a executar trabalhos de construção ou pavimentação e aos operadores de tratores, colheitadeiras, autopropelidos e demais aparelhos automotores destinados a puxar ou a arrastar maquinaria agrícola ou a executar trabalhos agrícolas.

- § 17 incluído pela Lei 13.154/2015.

Art. 235-D. Nas viagens de longa distância com duração superior a 7 (sete) dias, o repouso semanal será de 24 (vinte e quatro) horas por semana ou fração trabalhada, sem prejuízo do intervalo de repouso diário de 11 (onze) horas, totalizando 35 (trinta e cinco) horas, usufruído no retorno do motorista à base (matriz ou filial) ou ao seu domicílio, salvo se a empresa oferecer condições adequadas para o efetivo gozo do referido repouso.

- *Caput* com a redação dada pela Lei 13.103/2015.
- ADI 5.322: O STF declarou inconstitucional, por maioria, a expressão "usufruído no retorno do motorista à base (matriz ou filial) ou ao seu domicílio, salvo se a empresa oferecer condições adequadas para o efetivo gozo do referido repouso". (*DJE* de 12.07.2023)

I a III – (Revogados pela Lei 13.103/2015).

§ 1º É permitido o fracionamento do repouso semanal em 2 (dois) períodos, sendo um destes de, no mínimo, 30 (trinta) horas ininterruptas, a serem cumpridos na mesma semana e em continuidade a um período de repouso diário, que deverão ser usufruídos no retorno da viagem.

- § 1º incluído pela Lei 13.103/2015.
- ADI 5.322: O STF declarou inconstitucional o § 1º do art. 235-D. (*DJE* de 12.07.2023)

§ 2º A cumulatividade de descansos semanais em viagens de longa distância de que trata o *caput* fica limitada ao número de 3 (três) descansos consecutivos.

- § 2º incluído pela Lei 13.103/2015.
- ADI 5.322: O STF declarou inconstitucional o § 2º do art. 235-D. (*DJE* de 12.07.2023)

§ 3º O motorista empregado, em viagem de longa distância, que ficar com o veículo parado após o cumprimento da jornada normal ou das horas extraordinárias fica dispensado do serviço, exceto se for expressamente autorizada a sua permanência junto ao veículo pelo empregador, hipótese em que o tempo será considerado de espera.

- § 3º incluído pela Lei 13.103/2015.

§ 4º Não será considerado como jornada de trabalho, nem ensejará o pagamento de qualquer remuneração, o período em que o motorista empregado ou o ajudante ficarem espontaneamente no veículo usufruindo dos intervalos de repouso.

- § 4º incluído pela Lei 13.103/2015.

§ 5º Nos casos em que o empregador adotar 2 (dois) motoristas trabalhando no mesmo veículo, o tempo de repouso poderá ser feito com o veículo em movimento, assegurado o repouso mínimo de 6 (seis) horas consecutivas fora do veículo em alojamento externo ou, se na cabine leito, com o veículo estacionado, a cada 72 (setenta e duas) horas.

- § 5º incluído pela Lei 13.103/2015.
- ADI 5.322: O STF declarou inconstitucional o § 5º do art. 235-D. (*DJE* de 12.07.2023)

§ 6º Em situações excepcionais de inobservância justificada do limite de jornada de que trata o art. 235-C, devidamente registradas, e desde que não se comprometa a segurança rodoviária, a duração da jornada de trabalho do motorista profissional empregado poderá ser elevada pelo tempo necessário até o veículo chegar a um local seguro ou ao seu destino.

- § 6º incluído pela Lei 13.103/2015.

§ 7º Nos casos em que o motorista tenha que acompanhar o veículo transportado por qualquer meio onde ele siga embarcado e em que o veículo disponha de cabine leito ou a embarcação disponha de alojamento para gozo do intervalo de repouso diário previsto no § 3º do art. 235-C, esse tempo será considerado como tempo de descanso.

- § 7º incluído pela Lei 13.103/2015.

§ 8º Para o transporte de cargas vivas, perecíveis e especiais em longa distância ou em território estrangeiro poderão ser aplicadas regras conforme a especificidade da operação de transporte realizada, cujas condições de trabalho serão fixadas em convenção ou acordo coletivo de modo a assegurar as adequadas condições de viagem e entrega ao destino final.

› § 8º incluído pela Lei 13.103/2015.

Art. 235-E. Para o transporte de passageiros, serão observados os seguintes dispositivos:

› *Caput* com a redação dada pela Lei 13.103/2015.

I – é facultado o fracionamento do intervalo de condução do veículo previsto na Lei 9.503, de 23 de setembro de 1997 – Código de Trânsito Brasileiro, em períodos de no mínimo 5 (cinco) minutos;

› Inciso I incluído pela Lei 13.103/2015.

II – será assegurado ao motorista intervalo mínimo de 1 (uma) hora para refeição, podendo ser fracionado em 2 (dois) períodos e coincidir com o tempo de parada obrigatória na condução do veículo estabelecido pela Lei 9.503, de 23 de setembro de 1997 – Código de Trânsito Brasileiro, exceto quando se tratar do motorista profissional enquadrado no § 5º do art. 71 desta Consolidação;

› Inciso II incluído pela Lei 13.103/2015.

III – nos casos em que o empregador adotar 2 (dois) motoristas no curso da mesma viagem, o descanso poderá ser feito com o veículo em movimento, respeitando-se os horários de jornada de trabalho, assegurado, após 72 (setenta e duas) horas, o repouso em alojamento externo ou, se em poltrona correspondente ao serviço de leito, com o veículo estacionado.

› Inciso III incluído pela Lei 13.103, de 02.03.2015.

› ADI 5.322: O STF declarou inconstitucional, por unanimidade, o inciso III do art. 235-E. (*DJE* de 12.07.2023)

§ 1º (Revogado pela Lei 13.103/2015.)

§ 2º Vetado.

§§ 3º a 7º (Revogados pela Lei 13.103/2015).

§ 8º Vetado.

§§ 9º a 12. (Revogados pela Lei 13.103/2015).

Art. 235-F. Convenção e acordo coletivo poderão prever jornada especial de 12 (doze) horas de trabalho por 36 (trinta e seis) horas de descanso para o trabalho do motorista profissional empregado em regime de compensação.

› Art. 235-F com a redação dada pela Lei 13.103/2015.

Art. 235-G. É permitida a remuneração do motorista em função da distância percorrida, do tempo de viagem ou da natureza e quantidade de produtos transportados, inclusive mediante oferta de comissão ou qualquer outro tipo de vantagem, desde que essa remuneração ou comissionamento não comprometa a segurança da rodovia e da coletividade ou possibilite a violação das normas previstas nesta Lei.

› Art. 235-G com a redação dada pela Lei 13.103/2015.

Art. 235-H. (Revogado pela Lei 13.103/2015.)

SEÇÃO V
DO SERVIÇO FERROVIÁRIO

Art. 236. No serviço ferroviário – considerado este o de transporte em estradas de ferro abertas ao tráfego público, compreendendo a administração, construção, conservação e remoção das vias férreas e seus edifícios, obras de arte, material rodante, instalações complementares e acessórias, bem como o serviço de tráfego, de telegrafia, telefonia e funcionamento de todas as instalações ferroviárias – aplicam-se os preceitos especiais constantes desta Seção.

› Súm. 67 do TST.

» *Vide* Súmula 371 do STF.

» *Vide* Súmulas 61, 67 e 446 do TST.

» *Vide* OJ 274 da SDI-1.

Art. 237. O pessoal a que se refere o artigo antecedente fica dividido nas seguintes categorias:

a) funcionários de alta administração, chefes e ajudantes de departamentos e seções, engenheiros residentes, chefes de depósitos, inspetores e demais empregados que exercem funções administrativas ou fiscalizadoras;

b) pessoal que trabalhe em lugares ou trechos determinados e cujas tarefas requeiram atenção constante; pessoal de escritório, turmas de conservação e construção da via permanente, oficinas e estações principais, inclusive os respectivos telegrafistas; pessoal de tração, lastro e revistadores;

c) das equipagens de trens em geral;

d) pessoal cujo serviço é de natureza intermitente ou de pouca intensidade, embora com permanência prolongada nos locais de trabalho; vigias e pessoal das estações do interior, inclusive os respectivos telegrafistas.

Art. 238. Será computado como de trabalho efetivo todo o tempo, em que o empregado estiver à disposição da estrada.

› Art. 4º da CLT.

» *Vide* Súmulas 61 e 446 do TST.

» *Vide* OJ 274 da SDI -1.

§ 1º Nos serviços efetuados pelo pessoal da categoria c, não será considerado como de trabalho efetivo o tempo gasto em viagens do local ou para o local de terminação e início dos mesmos serviços.

§ 2º Ao pessoal removido ou comissionado fora da sede será contado como de trabalho normal e efetivo o tempo gasto em viagens, sem direito à percepção de horas extraordinárias.

§ 3º No caso das turmas de conservação da via permanente, o tempo efetivo do trabalho será contado desde a hora da saída da casa da turma até a hora em que cessar o serviço em qualquer ponto compreendido dentro dos limites da respectiva turma. Quando o empregado trabalhar fora dos limites da sua turma, ser-lhe-á também computado como de trabalho efetivo o tempo gasto no percurso da volta a esses limites.

§ 4º Para o pessoal da equipagem de trens, só será considerado esse trabalho efetivo, depois de chegado ao destino, o tempo em que o ferroviário estiver ocupado ou retido à disposição da Estrada. Quando, entre dois períodos de trabalho, não mediar intervalo superior a uma hora, será essa intervalo computado como de trabalho efetivo.

§ 5º O tempo concedido para refeição não se computa como de trabalho efetivo, então para o pessoal da categoria c, quando as refeições forem tomadas em viagem ou nas estações durante as paradas. Esse tempo não será inferior a uma hora, exceto para o pessoal da referida categoria em serviço de trens.

Onde consta "então", leia-se "senão".

§ 6º No trabalho das turmas encarregadas da conservação de obras de arte, linhas telegráficas ou telefônicas e edifícios, não será contado, como de trabalho efetivo, o tempo de viagem para o local do serviço, sempre que não exceder de uma hora, seja para ida ou para volta, e a Estrada fornecer os meios de locomoção, computando-se, sempre o tempo excedente a esse limite.

› Art. 238. Restaurado pelo Dec.-lei nº 5/1966.

Art. 239. Para o pessoal da categoria "c", a prorrogação do trabalho independe de acordo ou contrato coletivo, não podendo, entretanto, exceder de 12 (doze) horas, pelo que as empresas organizarão, sempre que possível, os serviços de equipagens de trens com destacamentos nos trechos das linhas de modo a ser observada a duração normal de oito horas de trabalho.

§ 1º Para o pessoal sujeito ao regime do presente artigo, depois de cada jornada de trabalho haverá um repouso de 10 (dez) horas contínuas, no mínimo, observando-se, outrossim, o descanso semanal.

§ 2º Para o pessoal da equipagem de trens, a que se refere o presente artigo, quando a empresa não fornecer alimentação, em viagem, e hospedagem, no destino, concederá uma ajuda de custo para atender a tais despesas.

§ 3º As escalas do pessoal abrangido pelo presente artigo serão organizadas de modo que não caiba a qualquer empregado, quinzenalmente, um total de horas de serviço noturno superior às de serviço diurno.

§ 4º Os períodos de trabalho do pessoal a que alude o presente artigo serão registrados em cadernetas especiais, que ficarão sempre em poder do empregado, de acordo com o modelo aprovado pelo Ministro do Trabalho, Indústria e Comércio.

Art. 240. Nos casos de urgência ou de acidente, capazes de afetar a segurança ou regularidade do serviço, poderá a duração do trabalho ser excepcionalmente elevada a qualquer número de horas, incumbindo à Estrada zelar pela incolumidade dos seus empregados e pela possibilidade de revezamento de turmas, assegurando ao pessoal um repouso correspondente e comunicando a ocorrência ao Ministério do Trabalho, Indústria e Comércio, dentro de 10 (dez) dias da sua verificação.

Parágrafo único. Nos casos previstos neste artigo, a recusa, sem causa justificada, por parte de qualquer empregado, à execução de serviço extraordinário será considerada falta grave.

Art. 241. As horas excedentes das do horário normal de oito horas serão pagas como serviço extraordinário na seguinte base: as duas primeiras com o acréscimo de 25% (vinte e cinco por cento) sobre o salário-hora normal; as duas subsequentes com um adicional de 50% (cinquenta por cento) e as restantes com um adicional de 75% (setenta e cinco por cento).

› Art. 7º, XVI, da CF.

» *Vide* Súmula 431 do TST.

Parágrafo único. Para o pessoal da categoria "c", a primeira hora será majorada de 25% (vinte e cinco por cento), a segunda hora será paga com o acréscimo de 50% (cinquenta por cento) e as duas subsequentes com o de 60% (sessenta por cento), salvo caso de negligência comprovada.

› O art. 7º, XVI, da CF assegura um acréscimo de no mínimo 50% (cinquenta por cento) sobre o salário da hora normal.

» *Vide* Súmula 446 do TST.

Art. 242. As frações de meia hora superiores a 10 (dez) minutos serão computadas como meia hora.

Art. 243. Para os empregados de estações do interior, cujo serviço for de natureza intermitente ou de pouca intensidade, não se aplicam os preceitos gerais sobre duração do trabalho, sendo-lhes, entretanto, assegurado o repouso contínuo de dez horas, no mínimo, entre dois períodos de trabalho e descanso semanal.

Art. 244. As estradas de ferro poderão ter empregados extranumerários, de sobreaviso e de prontidão, para executarem serviços imprevistos ou para substituições de outros empregados que faltem à escala organizada.

§ 1º Considera-se "extranumerário" o empregado não efetivo, candidato efetivação, que se apresentar normalmente ao serviço, embora só trabalhe quando for necessário. O extranumerário só receberá os dias de trabalho efetivo.

§ 2º Considera-se de "sobreaviso" o empregado efetivo, que permanecer em sua própria casa, aguardando a qualquer momento o chamado para o serviço. Cada escala de "sobreaviso" será, no máximo, de vinte e quatro horas, As horas de "sobreaviso", para todos os efeitos, serão contadas à razão de 1/3 (um terço) do salário normal.

› Súm. 61, 132, 229 e 428 do TST.

§ 3º Considera-se de "prontidão" o empregado que ficar nas dependências da estrada, aguardando ordens. A escala de prontidão será, no máximo, de doze horas. As horas de prontidão serão, para todos os efeitos, contadas à razão de 2/3 (dois terços) do salário-hora normal.

§ 4º Quando, no estabelecimento ou dependência em que se achar o empregado, houver facilidade de alimentação, as doze horas do prontidão, a que se refere o parágrafo anterior, poderão ser contínuas. Quando não existir essa facilidade, depois de seis horas de prontidão, haverá sempre um intervalo de uma hora para cada refeição, que não será, nesse caso, computada como de serviço.

› Art. 244 restaurado pelo Decreto-lei nº 5, de 4.4.1966.

Art. 245. O horário normal de trabalho dos cabineiros nas estações de tráfego intenso não excederá de 8 (oito) horas e deverá ser dividido em 2 (dois) turnos com intervalo não inferior a 1 (uma) hora de repouso, não podendo nenhum turno ter duração superior a 5 (cinco) horas, com um período de descanso entre 2 (duas) jornadas de trabalho de 14 (quatorze) horas consecutivas.

Art. 246. O horário de trabalho dos operadores telegrafistas nas estações de tráfego intenso não excederá de 6 (seis) horas diárias.

Art. 247. As estações principais, estações de tráfego intenso e estações do interior serão classificadas para cada empresa pelo Departamento Nacional da Estradas de Ferro.

SEÇÃO VI
DAS EQUIPAGENS DAS EMBARCAÇÕES DA MARINHA MERCANTE NACIONAL, DE NAVEGAÇÃO FLUVIAL E LACUSTRE, DO TRÁFEGO NOS PORTOS E DA PESCA

Art. 248. Entre as horas 0 (zero) e 24 (vinte e quatro) de cada dia civil, o tripulante poderá ser conservado em seu posto durante 8 (oito) horas, quer de modo contínuo, quer de modo intermitente.

» *Vide* Súmula 531 do STF.

§ 1º A exigência do serviço contínuo ou intermitente ficará a critério do comandante e, neste último caso, nunca por período menor que 1 (uma) hora.

§ 2º Os serviços de quarto nas máquinas, passadiço, vigilância e outros que, consoante parecer médico, possam prejudicar a saúde do tripulante serão executados por períodos não maiores e com intervalos não menores de 4 (quatro) horas.

Art. 249. Todo o tempo de serviço efetivo, excedente de 8 (oito) horas, ocupado na forma do artigo anterior, será considerado de trabalho extraordinário, sujeito à compensação a que se refere o art. 250, exceto se se tratar de trabalho executado:

› Art. 7º, XVI, da CF.

› Súm. 96 do TST.

» *Vide* Súmula 96 do TST.

a) em virtude de responsabilidade pessoal do tripulante e no desempenho de funções de direção, sendo consideradas como tais todas aquelas que a bordo se achem constituídas em um único indivíduo com responsabilidade exclusiva e pessoal;

b) na iminência de perigo, para salvaguarda ou defesa da embarcação, dos passageiros, ou da carga, a juízo exclusivo do comandante ou do responsável pela segurança a bordo;

c) por motivo de manobras ou fainas gerais que reclamem a presença, em seus postos, de todo o pessoal de bordo;

d) na navegação lacustre e fluvial, quando se destina ao abastecimento do navio ou embarcação de combustível e rancho, ou por efeito das contingências da natureza da navegação, na transposição de passos ou pontos difíceis, inclusive operações de alívio ou transbordo de carga, para obtenção de calado menor para essa transposição.

§ 1º O trabalho executado aos domingos e feriados será considerado extraordinário, salvo se se destinar:

a) ao serviço de quartos e vigilância, movimentação das máquinas e aparelhos de bordo, limpeza e higiene da embarcação, preparo de alimentação da equipagem e dos passageiros, serviço pessoal destes e, bem assim, aos socorros de urgência ao navio ou ao pessoal;

b) ao fim da navegação ou das manobras para a entrada ou saída de portos, atracação, desatracação, embarque ou desembarque de carga e passageiros.

§ 2º Não excederá de 30 (trinta) horas semanais o serviço extraordinário prestado para o tráfego nos portos.

Art. 250. As horas de trabalho extraordinário serão compensadas, segundo a conveniência do serviço, por descanso em período equivalente no dia seguinte ou no subsequente dentro das do trabalho normal, ou no fim da viagem, ou pelo pagamento do salário correspondente.

Parágrafo único. As horas extraordinárias de trabalho são indivisíveis, computando-se a fração de hora como hora inteira.

Art. 251. Em cada embarcação haverá um livro em que serão anotadas as horas extraordinárias de trabalho de cada tripulante, e outro, do qual constarão, devidamente circunstanciadas, as transgressões dos mesmos tripulantes.

Parágrafo único. Os livros de que trata este artigo obedecerão a modelos organizados pelo Ministério do Trabalho, Indústria e Comércio, serão escriturados em dia pelo comandante da embarcação e ficam sujeitos às formalidades instituídas para os livros de registro de empregados em geral.

Art. 252. Qualquer tripulante que se julgue prejudicado por ordem emanada de superior hierárquico poderá interpor recurso, em termos, perante a Delegacia do Trabalho Marítimo, por intermédio do respectivo comandante, o qual deverá encaminhá-lo com a respectiva informação dentro de 5 (cinco) dias, contados de sua chegada ao porto.

› Súm. 96 do TST.

SEÇÃO VII
DOS SERVIÇOS FRIGORÍFICOS

Art. 253. Para os empregados que trabalham no interior das câmaras frigoríficas e para os que movimentam mercadorias do ambiente quente ou normal para o frio e vice-versa, depois de 1 (uma) hora e 40 (quarenta) minutos de trabalho contínuo, será assegurado um período de 20 (vinte) minutos de repouso, computado esse intervalo como de trabalho efetivo.

› Súm. 438 do TST.

Parágrafo único. Considera-se artificialmente frio, para os fins do presente artigo, o que for inferior, nas primeira, segunda e terceira zonas climáticas do mapa oficial do Ministério do Trabalho, Indústria e Comércio, a 15º (quinze graus), na quarta zona a 12º (doze graus), e nas quinta, sexta e sétima zonas a 10º (dez graus).

SEÇÃO VIII
DOS SERVIÇOS DE ESTIVA

Arts. 254 a 284. (Revogados pela Lei 8.630/1993.)

SEÇÃO IX
DOS SERVIÇOS DE CAPATAZIAS NOS PORTOS

Arts. 285 a 292. (Revogados pela Lei 8.630/1993.)

SEÇÃO X
DO TRABALHO EM MINAS DE SUBSOLO

Art. 293. A duração normal do trabalho efetivo para os empregados em minas no subsolo não excederá de 6 (seis) horas diárias ou de 36 (trinta e seis) semanais.

» *Vide* NR-22, MTE.

» *Vide* Convenção 176 da OIT.

Art. 294. O tempo despendido pelo empregado da boca da mina ao local do trabalho e vice-versa será computado para o efeito de pagamento do salário.

› Art. 4º da CLT.

› Súm. 429 do TST.

» *Vide* art. 4.º da CLT.

» *Vide* Súmula 429 do TST.

Art. 295. A duração normal do trabalho efetivo no subsolo poderá ser elevada até 8 (oito) horas diárias ou 48 (quarenta e oito) semanais, mediante acordo escrito entre empregado e empregador ou contrato coletivo de trabalho, sujeita essa prorrogação à prévia licença da autoridade competente em matéria de higiene do trabalho.

› Art. 7º, XIII, CF (duração do trabalho de 8 horas diárias a 44 horas semanais).

Parágrafo único. A duração normal do trabalho efetivo no subsolo poderá ser inferior a 6 (seis) horas diárias, por determinação da autoridade de que trata este artigo, tendo em vista condições locais de insalubridade e os métodos e processos do trabalho adotado.

Art. 296. A remuneração da hora prorrogada será no mínimo de 25% (vinte e cinco por cento) superior à da hora normal e deverá constar do acordo ou contrato coletivo de trabalho.

› Art. 7º, XVI, da CF.

Art. 297. Ao empregado no subsolo será fornecida, pelas empresas exploradoras de minas, alimentação adequada à natureza do trabalho, de acordo com as instruções estabelecidas pelo Serviço de Alimentação da Previdência Social e aprovadas pelo Ministério do Trabalho, Indústria e Comércio.

Art. 298. Em cada período de 3 (três) horas consecutivas de trabalho, será obrigatória uma pausa de 15 (quinze) minutos para repouso, a qual será computada na duração normal de trabalho efetivo.

Art. 299. Quando nos trabalhos de subsolo ocorrer acontecimentos que possam comprometer a vida ou saúde do empregado, deverá a empresa comunicar o fato imediatamente à autoridade regional do trabalho, do Ministério do Trabalho, Indústria e Comércio.

Art. 300. Sempre que, por motivo de saúde, for necessária a transferência do empregado, a juízo da autoridade competente em matéria da segurança e da medicina do trabalho, dos serviços no subsolo para os de superfície, é a empresa obrigada a realizar essa transferência, assegurando ao transferido a remuneração atribuída ao trabalhador de superfície em serviço equivalente, respeitada a capacidade profissional do interessado.

Parágrafo único. No caso de recusa do empregado em atender a essa transferência, será ouvida a autoridade competente em matéria de higiene e segurança do trabalho, que decidirá a respeito.

› Art. 300 com a redação dada pela Lei 2.924/1956.

Art. 301. O trabalho no subsolo somente será permitido a homens, com idade compreendida entre 21 (vinte e um) e 50 (cinquenta) anos, assegurada a transferência para a superfície nos termos previstos no artigo anterior.

› Art. 7º, XXX, da CF.

› Art. 922 da CLT.

SEÇÃO XI
DOS JORNALISTAS PROFISSIONAIS

Art. 302. Os dispositivos da presente Seção se aplicam aos que nas empresas jornalísticas prestem serviços como jornalistas, revisores, fotógrafos, ou na ilustração, com as exceções nela previstas.

§ 1º Entende-se como jornalista o trabalhador intelectual cuja função se estende desde a busca de informações até a redação de notícias e artigos e a organização, orientação e direção desse trabalho.

§ 2º Consideram-se empresas jornalísticas, para os fins desta Seção, aquelas que têm a seu cargo a edição de jornais, revistas, boletins e periódicos, ou a distribuição de noticiário, e, ainda, a radiodifusão em suas seções destinadas à transmissão de notícias e comentários.

» *Vide* arts. 220 a 224 da CF.

Art. 303. A duração normal do trabalho dos empregados compreendidos nesta Seção não deverá exceder de 5 (cinco) horas, tanto de dia como à noite.

› OJ 407 da SDI-1 do TST.

Art. 304. Poderá a duração normal do trabalho ser elevada a 7 (sete) horas, mediante acordo escrito, em que se estipule aumento de ordenado, correspondente ao excesso do tempo de trabalho, em que se fixe um intervalo destinado a repouso ou a refeição.

Parágrafo único. Para atender a motivos de força maior, poderá o empregado prestar serviços por mais tempo do que aquele permitido nesta Seção. Em tais casos, porém o excesso deve ser comunicado à Divisão de Fiscalização do Departamento Nacional do Trabalho ou às Delegacias Regionais do Ministério do Trabalho, Indústria e Comércio, dentro de 5 (cinco) dias, com a indicação expressa dos seus motivos.

Art. 305. As horas de serviço extraordinário, quer as prestadas em virtude de acordo, quer as que derivam das causas previstas no parágrafo único do artigo anterior, não poderão ser remuneradas com quantia inferior à que resulta do quociente da divisão da importância do salário mensal por 150 (cento e cinquenta) para os mensalistas, e do salário diário por 5 (cinco) para os diaristas, acrescido de, pelo menos, 25% (vinte e cinco por cento).

› Art. 7º, XVI da CF.

Art. 306. Os dispositivos dos arts. 303, 304 e 305 não se aplicam àqueles que exercem as funções de redator-chefe, secretário, subsecretário, chefe e subchefe de revisão, chefe de oficina, de ilustração e chefe de portaria.

Parágrafo único. Não se aplicam, do mesmo modo, os artigos acima referidos aos que se ocuparem unicamente em serviços externos.

» *Vide* art. 62, I, da CLT.

Art. 307. A cada 6 (seis) dias de trabalho efetivo corresponderá 1 (um) dia de descanso obrigatório, que coincidirá com o domingo, salvo acordo escrito em contrário, no qual será expressamente estipulado o dia em que se deve verificar o descanso.

› Art. 7º, XV, da CF.

› Art. 67 da CLT.

» *Vide* art. 67 da CLT.

» A Lei n. 605, de 5-1-1949, dispõe sobre repouso semanal remunerado e o pagamento de salário nos dias feriados civis e religiosos.

Art. 308. Em seguida a cada período diário de trabalho haverá um intervalo mínimo de 10 (dez) horas, destinado ao repouso.

Art. 309. Será computado como de trabalho efetivo o tempo em que o empregado estiver à disposição do empregador.

› Art. 4º da CLT.

Art. 310. (Revogado pelo Dec.-lei 972/1969.)

Art. 311. Para o registro de que trata o artigo anterior, deve o requerente exibir os seguintes documentos:

» *Vide* Decreto-lei n. 972, de 17-10-1969.

a) prova de nacionalidade brasileira;

b) folha corrida;

c) prova de que não responde a processo ou não sofreu condenação por crime contra a segurança nacional;

› Suprimida pelo Dec.-Lei 8.305/1945.

» *Vide* art. 1.º do Decreto-lei n. 8.305, de 6-12-1945, que suprime a exigência contida na alínea *c* do art. 311 da CLT para habilitação ao registro da profissão jornalística.

d) carteira de trabalho e previdência social.

§ 1º Aos profissionais devidamente registrados será feita a necessária declaração na carteira de trabalho e previdência social.

§ 2º Aos novos empregados será concedido o prazo de 60 dias para a apresentação da carteira de trabalho e previdência social, fazendo-se o registro condicionado a essa apresentação e expedindo-se um certificado provisório para aquele período.

› Vide Dec.-lei 972/1969.

» O art. 311 foi revogado tacitamente pelo Decreto-lei n. 972, de 17-10-1969.

Art. 312. O registro dos diretores-proprietários de jornais será feito, no Distrito Federal e nos Estados, e independentemente da exigência constante do art. 311, letra "d", da presente seção.

» *Vide* Decreto-lei n. 972, de 17-10-1969.

§ 1º A prova de profissão, apresentada pelo diretor-proprietário juntamente com os demais documentos exigidos, consistirá em uma certidão, fornecida nos Estados e Território do Acre, pelas Juntas Comerciais ou Cartórios, e, no Distrito Federal, pela seção competente do Departamento Nacional de Indústria e Comércio, do Ministério do Trabalho, Indústria e Comércio.

§ 2º Aos diretores-proprietários regularmente inscritos será fornecido um certificado do qual deverão constar o livro e a folha em que houver sido feito o registro.

› Vide Dec.-lei 972/1969.

» O art. 312 foi revogado tacitamente pelo Decreto-lei n. 972, de 17-10-1969.

Art. 313. Aqueles que, sem caráter profissional, exercerem atividades jornalísticas, visando fins culturais, científicos ou religiosos, poderão promover sua inscrição como jornalistas, na forma desta seção.

§ 1º As repartições competentes do Ministério do Trabalho, Indústria e Comércio manterão, para os fins do artigo anterior, um registro especial, anexo ao dos jornalistas profissionais, nele inscrevendo os que satisfaçam os requisitos das alíneas "a", "b" e "c" do artigo 311 e apresentem prova do exercício de atividade jornalística não profissional, o que poderá ser feito por meio de atestado de associação cultural, científica ou religiosa idônea.

§ 2º O pedido de registro será submetido a despacho do ministro que, em cada caso, apreciará o valor da prova oferecida.

§ 3º O registro de que trata o presente artigo tem caráter puramente declaratório e não implica no reconhecimento de direitos que decorrem do exercício remunerado e profissional do jornalismo.

› Vide Dec.-lei 972/1969.

Art. 314. (Revogado pelo Dec.-lei 972/1969.)

Art. 315. O Governo Federal, de acordo com os governos estaduais, promoverá a criação de escolas de preparação ao jornalismo, destinadas à formação dos profissionais da imprensa.

Art. 316. A empresa jornalística que deixar de pagar pontualmente, e na forma acordada, os salários devidos a seus empregados, terá suspenso o seu funcionamento, até que se efetue o pagamento devido.

› Dec.-lei 368/1968, que dispõe sobre efeitos de débitos salariais.

Parágrafo único. Para os efeitos do cumprimento deste artigo deverão os prejudicados reclamar contra a falta de pagamento perante a autoridade competente e, proferida a condenação, desde que a empresa não a cumpra, ou, em caso de recurso, não deposite o valor da indenização, a autoridade que proferir a condenação oficiará à autoridade competente, para a suspensão da circulação do jornal. Em igual pena de suspensão incorrerá a empresa que deixar de recolher as contribuições devidas às instituições de previdência social.

› Vide Dec.-lei 368/1968.

SEÇÃO XII
DOS PROFESSORES

› Art. 201, § 8º da CF.
› Súm. 10 e 351 do TST.
» *Vide* art. 37, XVI e XVII, da CF.
» *Vide* art. 201, § 8.º, da CF.
» *Vide* art. 207, § 1.º, da CF.
» *Vide* OJ 65 da SDI-1.
» *Vide* OJ 38 da SDI-2.
» *Vide* Súmulas 10 e 351 do TST.

Art. 317. O exercício remunerado do magistério, em estabelecimentos particulares de ensino, exigirá apenas habilitação legal e registro no Ministério da Educação.

› Art. 317 com a redação dada pela Lei 7.855/1989.
› OJ 65 da SDI-1 do TST.

Art. 318. O professor poderá lecionar em um mesmo estabelecimento por mais de um turno, desde que não ultrapasse a jornada de trabalho semanal estabelecida legalmente, assegurado e não computado o intervalo para refeição.

› Art. 318 com a redação dada pela Lei 13.415/2017.
› OJs 206, 244 e 393 da SDI-1 do TST.
» *Vide* Precedentes Normativos n. 31 e 78 do TST.

Art. 319. Aos professores é vedado, aos domingos, a regência de aulas e o trabalho em exames.

Art. 320. A remuneração dos professores será fixada pelo número de aulas semanais, na conformidade dos horários.

› Súm. 351 do TST.
› OJ 393 da SDI-1 do TST.

§ 1º O pagamento far-se-á mensalmente, considerando-se para este efeito cada mês constituído de quatro semanas e meia.

» *Vide* Súmula 351 do TST.
» *Vide* OJ 393 da SDI-1.

§ 2º Vencido cada mês, será descontada, na remuneração dos professores, a importância correspondente ao número de aulas a que tiverem faltado.

§ 3º Não serão descontadas, no decurso de 9 (nove) dias, as faltas verificadas por motivo de gala ou de luto em consequência de falecimento do cônjuge, do pai ou mãe, ou de filho.

› Art. 473, I e II, da CLT.
» *Vide* art. 473, I e II, da CLT.

Art. 321. Sempre que o estabelecimento de ensino tiver necessidade de aumentar o número de aulas marcado nos horários, remunerará o professor, findo cada mês, com uma importância correspondente ao número de aulas excedentes.

Art. 322. No período de exames e no de férias escolares, é assegurado aos professores o pagamento, na mesma periodicidade contratual, da remuneração por eles percebida, na conformidade dos horários, durante o período de aulas.

› *Caput* com a redação dada pela Lei 9.013/1995.
› Súm. 10 do TST.

§ 1º Não se exigirá dos professores, no período de exames, a prestação de mais de 8 (oito) horas de trabalho diário, salvo mediante o pagamento complementar de cada hora excedente pelo preço correspondente ao de uma aula.

§ 2º No período de férias, não se poderá exigir dos professores outro serviço senão o relacionado com a realização de exames.

§ 3º Na hipótese de dispensa sem justa causa, ao término do ano letivo ou no curso das férias escolares, é assegurado ao professor o pagamento a que se refere o *caput* deste artigo.

› § 3º incluído pela Lei 9.013/1995.
› Súm. 10 do TST.

Art. 323. Não será permitido o funcionamento do estabelecimento particular de ensino que não remunere condignamente os seus professores, ou não lhes pague pontualmente a remuneração de cada mês.

Parágrafo único. Compete ao Ministério da Educação e Saúde fixar os critérios para a determinação da condigna remuneração devida aos professores bem como assegurar a execução do preceito estabelecido no presente artigo.

Art. 324. (Revogado pela Lei 7.855/1989.)

SEÇÃO XIII
DOS QUÍMICOS

Art. 325. É livre o exercício da profissão de químico em todo o território da República, observadas as condições de capacidade técnica e outras exigências previstas na presente Seção:

a) aos possuidores de diploma de químico, químico Industrial, químico Industrial agrícola ou engenheiro químico, concedido, no Brasil, por escola oficial ou oficialmente reconhecida;

b) aos diplomados em química por instituto estrangeiro de ensino superior, que tenham, de acordo com a lei e a partir de 14 de julho de 1934, revalidado os seus diplomas;

c) aos que, ao tempo da publicação do Decreto 24.693 de 12 de julho de 1934, se achavam no exercício efetivo de função pública ou particular, para a qual seja exigida a qualidade de químico, e que tenham requerido o respectivo registro até a extinção do prazo fixado pelo Decreto-lei 2.298, de 10 de junho de 1940.

§ 1º Aos profissionais incluídos na alínea "c" deste artigo, se dará, para os efeitos da presente Seção, a denominação de "licenciados".

§ 2º O livre exercício da profissão de que trata o presente artigo só é permitido a estrangeiros, quando compreendidos:

a) nas alíneas "a" e "b", independentemente de revalidação do diploma, se exerciam, legitimamente, na República, a profissão de químico em a data da promulgação da Constituição de 1934;

b) na alínea "b", se a seu favor militar a existência de reciprocidade internacional, admitida em lei, para o reconhecimento dos respectivos diplomas;

c) na alínea "c", satisfeitas as condições nela estabelecidas.

§ 3º O livre exercício da profissão a brasileiros naturalizados está subordinado à prévia prestação do serviço militar, no Brasil.

§ 4º Só aos brasileiros natos é permitida a revalidação dos diplomas de químicos, expedidos por institutos estrangeiros de ensino superior.

› Art. 12, § 2º da CF.
› Art. 2º da Lei 6.192/1974 (condição de "brasileiro nato", exigida em leis ou decretos, para qualquer fim, fica modificada para a de "brasileiro").
» A Lei n. 6.192, de 19-12-1974, veda qualquer distinção entre brasileiros natos e naturalizados.

Art. 326. Todo aquele que exercer ou pretender exercer as funções de químico é obrigado ao uso de Carteira de Trabalho e Previdência Social, devendo os profissionais que se encontrarem nas condições das alíneas "a" e "b" do art. 325, registrar os seus diplomas de acordo com a legislação vigente.

§ 1º A requisição de Carteira de Trabalho e Previdência Social para uso dos químicos, além do disposto no capítulo "Da Identificação Profissional", somente será processada mediante apresentação dos seguintes documentos que provem:

a) ser o requerente brasileiro, nato ou naturalizado, ou estrangeiro;

b) estar, se for brasileiro, de posse dos direitos civis e políticos;

c) ter diploma de químico, químico Industrial, químico Industrial agrícola ou engenheiro químico, expedido por escola superior oficial ou oficializada;

d) ter, se diplomado no estrangeiro, o respectivo diploma revalidado nos termos da lei;

e) haver, o que for brasileiro naturalizado, prestado serviço militar no Brasil;

f) achar-se o estrangeiro, ao ser promulgada a Constituição de 1934, exercendo legitimamente, na República, a profissão de químico, ou concorrer a seu favor a existência de reciprocidade internacional, admitida em lei, para o reconhecimento dos diplomas dessa especialidade.

§ 2º A requisição de que trata o parágrafo anterior deve ser acompanhada:

a) do diploma devidamente autenticado no caso da alínea "b" do artigo precedente, e com as firmas reconhecidas no país de origem e na Secretaria de Estado das Relações Exteriores, ou da respectiva certidão, bem como do título de revalidação, ou certidão respectiva, de acordo com a legislação em vigor;

b) do certificado ou atestado comprobatório de se achar o requerente na hipótese da alínea "c" do referido artigo, ao tempo da publicação do Decreto 24.693 de 12 de julho de 1934, no exercício efetivo de função pública, ou particular, para a qual seja exigida a qualidade de químico, devendo esses documentos ser autenticados pelo Delegado Regional do Trabalho, quando se referirem a requerentes moradores nas capitais dos Estados, ou coletor federal, no caso de residirem os interessados nos municípios do interior;

c) de 3 (três) exemplares de fotografia exigida pelo art. 329 e de 1 (uma) folha com as declarações que devem ser lançadas na Carteira de Trabalho e Previdência Social de conformidade com o disposto nas alíneas do mesmo artigo e seu parágrafo único.

§ 3º Reconhecida a validade dos documentos apresentados, o Serviço de Identificação Profissional do Departamento Nacional do Trabalho, no Distrito Federal, ou os órgãos regionais do Ministério do Trabalho, Indústria e Comércio, nos Estados e no Território do Acre, registrarão, em livros próprios, os documentos a que se refere a alínea "c" do § 1º e, juntamente com a Carteira de Trabalho e Previdência Social emitida, os devolverão ao interessado.

Art. 327. Além dos emolumentos fixados no Capítulo "Da Identificação Profissional", o registro do diploma fica sujeito à taxa de Cr$ 30,00 (trinta cruzeiros).

Art. 328. Só poderão ser admitidos a registro os diplomas, certificados de diplomas, cartas e outros títulos, bem como atestados e certificados que estiverem na devida forma e cujas firmas hajam sido regularmente reconhecidas por tabelião público e, sendo estrangeiros, pela Secretaria do Estado das Relações Exteriores, acompanhados estes últimos da respectiva tradução, feita por intérprete comercial brasileiro.

Parágrafo único. O Departamento Nacional do Trabalho e as Delegacias Regionais do Ministério do Trabalho, Indústria e Comércio, nos Estados, publicarão, periodicamente, a lista dos químicos registrados na forma desta Seção.

Art. 329. A cada inscrito, e como documento comprobatório do registro, será fornecida pelo Departamento Nacional do Trabalho, no Distrito Federal, ou pelas Delegacias Regionais, nos Estados e no Território do Acre, uma Carteira de Trabalho e Previdência Social numerada, que, além da fotografia, medindo 3 (três) por 4 (quatro) centímetros, tirada de frente, com a cabeça descoberta, e das impressões do polegar, conterá as declarações seguintes:

a) o nome por extenso;

b) a nacionalidade e, se estrangeiro, a circunstância de ser ou não naturalizado;

c) a data e lugar do nascimento;

d) a denominação da escola em que houver feito o curso;

e) a data da expedição do diploma e o número do registro no Ministério do Trabalho, Indústria e Comércio;

f) a data da revalidação do diploma, se de instituto estrangeiro;

g) a especificação, inclusive data, de outro título ou títulos de habilitação;

h) a assinatura do inscrito.

Parágrafo único. A carteira destinada aos profissionais a que se refere o § 1º do art. 325 deverá, em vez das declarações indicadas nas alíneas "d", "e" e "f" deste artigo, e além do título – licenciado – posto em destaque, conter a menção do título de nomeação ou admissão e respectiva data, se funcionário público, ou do atestado relativo ao exercício, na qualidade de químico, de um cargo em empresa particular, com designação desta e da data inicial do exercício.

Art. 330. A carteira profissional, expedida nos termos deste secção, é obrigatória para o exercício da profissão, substitui em todos os casos o diploma ou título e servirá de carteira de identidade. (Redação dada pelo Dec.-lei 5.922/1943)

Art. 331. Nenhuma autoridade poderá receber impostos relativos ao exercício profissional de químico, senão à vista da prova de que o interessado se acha registrado de acordo com a presente Seção, e essa prova será também exigida para a realização de concursos periciais e todos os outros atos oficiais que exijam capacidade técnica de químico.

Art. 332. Quem, mediante anúncios, placas, cartões comerciais ou outros meios capazes de ser identificados, se propuser ao exercício da química, em qualquer dos seus ramos, sem que esteja devidamente registrado, fica sujeito às penalidades aplicáveis ao exercício ilegal da profissão.

Art. 333. Os profissionais a que se referem os dispositivos anteriores só poderão exercer legalmente as funções de químicos depois de satisfazerem as obrigações constantes do art. 330 desta Seção.

Art. 334. O exercício da profissão de químico compreende:

a) a fabricação de produtos e subprodutos químicos em seus diversos graus de pureza;

b) a análise química, a elaboração de pareceres, atestados e projetos de especialidade e sua execução, perícia civil ou judiciária sobre essa matéria, a direção e a responsabilidade de laboratórios ou departamentos químicos, de indústria e empresas comerciais;

c) o magistério nas cadeiras de química dos cursos superiores especializados em química;

d) a engenharia química.

§ 1º Aos químicos, químicos Industriais e químicos Industriais agrícolas que estejam nas condições estabelecidas no art. 325, alíneas "a" e "b", compete o exercício das atividades definidas nos itens "a", "b" e "c" deste artigo, sendo privativa dos engenheiros químicos a do item "d".

§ 2º Aos que estiverem nas condições do art. 325, alíneas "a" e "b", compete, como aos diplomados em medicina ou farmácia, as atividades definidas no art. 2º, alíneas "d", "e" e "f" do Decreto 20.377, de 8 de setembro de 1931, cabendo aos agrônomos e engenheiros agrônomos as que se acham especificadas no art. 6º, alínea "h", do Decreto 23.196, de 12 de outubro de 1933.

Art. 335. É obrigatória a admissão de químicos nos seguintes tipos de indústria:

a) de fabricação de produtos químicos;

b) que mantenham laboratório de controle químico;

c) de fabricação de produtos industriais que são obtidos por meio de reações químicas dirigidas, tais como: cimento, açúcar e álcool, vidro, curtume, massas plásticas artificiais, explosivos, derivados de carvão ou de petróleo, refinação de óleos vegetais ou minerais, sabão, celulose e derivados.

Art. 336. No preenchimento de cargos públicos, para os quais se faz mister a qualidade de químico, ressalvadas as especializações referidas no § 2º do art. 334, a partir da data da publicação do Decreto 24.693, de 12 de julho de 1934, requer-se, como condição essencial, que os candidatos previamente hajam satisfeito as exigências do art. 333 desta Seção.

Art. 337. Fazem fé pública os certificados de análises químicas, pareceres, atestados, laudos de perícias e projetos relativos a essa especialidade, assinados por profissionais que satisfaçam as condições estabelecidas nas alíneas "a" e "b" do art. 325.

Art. 338. É facultado aos químicos que satisfizerem as condições constantes do art. 325, alíneas "a" e "b", o ensino da especialidade a que se dedicarem, nas escolas superiores, oficiais ou oficializadas.

Parágrafo único. Na hipótese de concurso para o provimento de cargo ou emprego público, os químicos a que este artigo se refere terão preferência, em igualdade de condições.

Art. 339. O nome do químico responsável pela fabricação dos produtos de uma fábrica, usina ou laboratório deverá figurar nos respectivos rótulos, faturas e anúncios, compreendida entre estes últimos a legenda impressa em cartas e sobrecartas.

Art. 340. Somente os químicos habilitados, nos termos do art. 325, alíneas "a" e "b", poderão ser nomeados ex officio para os exames periciais de fábricas, laboratórios e usinas e de produtos aí fabricados.

Parágrafo único. Não se acham compreendidos no artigo anterior os produtos farmacêuticos e os laboratórios de produtos farmacêuticos.

Art. 341. Cabe aos químicos habilitados, conforme estabelece o art. 325, alíneas "a" e "b", a execução de todos os serviços que, não especificados no presente regulamento, exijam por sua natureza o conhecimento de química.

Art. 342. A fiscalização do exercício da profissão de químico incumbe ao Departamento Nacional do Trabalho no Distrito Federal e às autoridades regionais do Ministério do Trabalho, Indústria e Comércio, nos Estados e Território do Acre.

Art. 343. São atribuições dos órgãos de fiscalização:

a) examinar os documentos exigidos para o registro profissional de que trata o art. 326 e seus §§ 1º e 2º e o art. 327, proceder à respectiva inscrição e indeferir o pedido dos interessados que não satisfizerem as exigências desta Seção;

b) registrar as comunicações e contratos, a que aludem o art. 350 e seus parágrafos, e dar as respectivas baixas;

c) verificar o exato cumprimento das disposições desta Seção, realizando as investigações que forem necessárias, bem como o exame dos arquivos, livros de escrituração, folhas de pagamento, contratos e outros documentos de uso de firmas ou empresas Industriais ou comerciais, em cujos serviços tome parte 1 (um) ou mais profissionais que desempenhem função para a qual se deva exigir a qualidade de químico.

» *Vide* arts. 1.º, 13 e 15 da Lei n. 2.800, de 18-6-1956.

Art. 344. Aos sindicatos de químicos devidamente reconhecidos é facultado auxiliar a fiscalização, no tocante à observação da alínea "c" do artigo anterior.

Art. 345. Verificando-se, pelo Ministério do Trabalho, Indústria e Comércio, serem falsos os diplomas ou outros títulos dessa natureza, atestados, certificados e quaisquer documentos exibidos para os fins de que trata esta Seção, incorrerão os seus autores e cúmplices nas penalidades estabelecidas em lei.

Parágrafo único. A falsificação de diploma ou outros quaisquer títulos, uma vez verificada, será imediatamente comunicada ao Serviço de Identificação Profissional, do Departamento Nacional do Trabalho, remetendo-se-lhe os documentos falsificados, para instauração do processo que no caso couber.

- Art. 297 do CP.
- Súm. 104 do STJ.

Art. 346. Será suspenso do exercício de suas funções, independentemente de outras penas em que possa incorrer, o químico, inclusive o licenciado, que incidir em alguma das seguintes faltas:

a) revelar improbidade profissional, dar falso testemunho, quebrar o sigilo profissional e promover falsificações, referentes à prática de atos de que trata esta Seção;

b) concorrer com seus conhecimentos científicos para a prática de crime ou atentado contra a pátria, a ordem social ou a saúde pública;

c) deixar, no prazo marcado nesta Seção, de requerer a revalidação e registro do diploma estrangeiro, ou o seu registro profissional no Ministério do Trabalho, Indústria e Comércio.

Parágrafo único. O tempo de suspensão a que alude este artigo variará entre 1 (um) mês e 1 (um) ano, a critério do Departamento Nacional do Trabalho, após processo regular, ressalvada a ação da justiça pública.

Art. 347. Aqueles que exercerem a profissão de químico sem ter preenchido as condições do art. 325 e suas alíneas, nem promovido o seu registro, nos termos do art. 326, incorrerão na multa de 200 cruzeiros a 5.000 cruzeiros, que será elevada ao dobro, no caso de reincidência.

Art. 348. Aos licenciados a que alude o § 1º do art. 325 poderão, por ato do Departamento Nacional do Trabalho, sujeito à aprovação do Ministro, ser cassadas as garantias asseguradas por esta Seção, desde que interrompam, por motivo de falta prevista no art. 346, a função pública ou particular em que se encontravam por ocasião da publicação do Decreto 24.693, de 12 de julho de 1934.

Art. 349. O número de químicos estrangeiros a serviço de particulares, empresas ou companhias não poderá exceder de 1/3 (um terço) aos dos profissionais brasileiros compreendidos nos respectivos quadros.

» *Vide* arts. 352 a 358 da CLT.

Art. 350. O químico que assumir a direção técnica ou cargo de químico de qualquer usina, fábrica, ou laboratório Industrial ou de análise deverá, dentro de 24 (vinte e quatro) horas e por escrito, comunicar essa ocorrência ao órgão fiscalizador, contraindo, desde essa data, a responsabilidade da parte técnica referente à sua profissão, assim como a responsabilidade técnica dos produtos manufaturados.

§ 1º Firmando-se contrato entre o químico e o proprietário da usina, fábrica, ou laboratório, será esse documento apresentado, dentro do prazo de 30 (trinta) dias, para registro, ao órgão fiscalizador.

§ 2º Comunicação idêntica à de que trata a primeira parte deste artigo fará o químico quando deixar a direção técnica ou o cargo de químico, em cujo exercício se encontrava, a fim de ressalvar a sua responsabilidade e fazer-se o cancelamento do contrato. Em caso de falência do estabelecimento, a comunicação será feita pela firma proprietária.

- Art. 5º, XIII, da CF.
- Lei 11.101/2005 (Lei de Falência).

SEÇÃO XIV
DAS PENALIDADES

Art. 351. Os infratores dos dispositivos do presente Capítulo incorrerão na multa de cinquenta a cinco mil cruzeiros, segundo a natureza da infração, sua extensão e a intenção de quem a praticou, aplicada em dobro no caso de reincidência, oposição à fiscalização ou desacato à autoridade.

Parágrafo único. São competentes para impor penalidades as autoridades de primeira instância incumbidas da fiscalização dos preceitos constantes do presente Capítulo.

CAPÍTULO II
DA NACIONALIZAÇÃO DO TRABALHO

SEÇÃO I
DA PROPORCIONALIDADE DE EMPREGADOS BRASILEIROS

» A Lei n. 6.192, de 19-12-1974, veda qualquer distinção entre brasileiros natos e naturalizados.

» Dec. 10.088/2019 (Consolida atos normativos editados pelo Poder Executivo Federal que dispõem sobre a promulgação de convenções e recomendações da Organização Internacional do Trabalho - OIT ratificadas pelo Brasil).

Art. 352. As empresas, individuais ou coletivas, que explorem serviços públicos dados em concessão, ou que exerçam atividades industriais ou comerciais, são obrigadas a manter, no quadro do seu pessoal, quando composto de 3 (três) ou mais empregados, uma proporção de brasileiros não inferior à estabelecida no presente Capítulo.

- Arts. 5º, *Caput*, e 12, § 2º, da CF.

» *Vide* arts. 12 e 175 da CF.

§ 1º Sob a denominação geral de atividades industriais e comerciais compreende-se, além de outras que venham a ser determinadas em portaria do Ministro do Trabalho, Indústria e Comércio, as exercidas:

a) nos estabelecimentos industriais em geral;

b) nos serviços de comunicações, de transportes terrestres, marítimos, fluviais, lacustres e aéreos;

c) nas garagens, oficinas de reparos e postos de abastecimento de automóveis e nas cocheiras;

d) na indústria da pesca;

e) nos estabelecimentos comerciais em geral;

f) nos escritórios comerciais em geral;

g) nos estabelecimentos bancários, ou de economia coletiva, nas empresas de seguros e nas de capitalização;

h) nos estabelecimentos jornalísticos, de publicidade e de radiodifusão;

i) nos estabelecimentos de ensino remunerado, excluídos os que neles trabalhem por força de voto religioso;

j) nas drogarias e farmácias;

k) nos salões de barbeiro ou cabeleireiro e de beleza;

l) nos estabelecimentos de diversões públicas, excluídos os elencos teatrais, e nos clubes esportivos;

m) nos hotéis, restaurantes, bares e estabelecimentos congêneres;

n) nos estabelecimentos hospitalares e fisioterápicos cujos serviços sejam remunerados, excluídos os que neles trabalhem por força de voto religioso;

o) nas empresas de mineração;

p) nas autarquias, empresas públicas, sociedades de economia mista e demais órgãos da Administração Pública, direta ou indireta que tenham em seus quadros de pessoal, empregados regidos pela Consolidação das Leis do Trabalho.

§ 2º Não se acham sujeitas às obrigações da proporcionalidade as indústrias rurais, as que, em zona agrícola, se destinem ao beneficiamento ou transformação de produtos da região e as atividades Industriais de natureza extrativa, salvo a mineração.

» *Vide* art. 12, § 1.º, da CF.

» A Lei n. 5.889, de 8-6-1973, dispõe sobre o trabalho rural.

Art. 353. Equiparam-se aos brasileiros, para os fins deste Capítulo, ressalvado o exercício de profissões reservadas aos brasileiros natos ou aos brasileiros em geral, os estrangeiros que, residindo no País há mais de dez anos, tenham cônjuge ou filho brasileiro, e os portugueses.

- Art. 353 com a redação dada pela Lei 6.651/1979.
- Art. 12, § 3º, da CF: Cargos privativos de brasileiros natos.
- Art. 2º da Lei 6.192/1974 (condição de "brasileiro nato", exigida em leis ou decretos, para qualquer fim, fica modificada para a de "brasileiro").
- Art. 3º, XI, da Lei 13.445/2017 (Lei de Migração): Acesso a trabalho para o migrante.

Art. 354. A proporcionalidade será de 2/3 (dois terços) de empregados brasileiros, podendo, entretanto, ser fixada proporcionalidade inferior, em atenção às circunstâncias especiais de cada atividade, mediante ato do Poder Executivo, e depois de devidamente apurada pelo Departamento Nacional do Trabalho e pelo Serviço de Estatística de Previdência e Trabalho a insuficiência do número de brasileiros na atividade de que se tratar.

Parágrafo único. A proporcionalidade é obrigatória não só em relação à totalidade do quadro de empregados, com as exceções desta Lei, como ainda em relação à correspondente folha de salários.

Art. 355. Consideram-se como estabelecimentos autônomos, para os efeitos da proporcionalidade a ser observada, as sucursais, filiais e agências em que trabalhem 3 (três) ou mais empregados.

Art. 356. Sempre que uma empresa ou indivíduo explore atividades sujeitas a proporcionalidades diferentes, observar-se-á, em relação a cada uma delas, a que lhe corresponder.

Art. 357. Não se compreendem na proporcionalidade os empregados que exerçam funções técnicas especializadas, desde que, a juízo do Ministério do Trabalho, Indústria e Comércio, haja falta de trabalhadores nacionais.

Art. 358. Nenhuma empresa, ainda que não sujeita à proporcionalidade, poderá pagar a brasileiro que exerça função análoga, a juízo do Ministério do Trabalho, Indústria e Comércio, à que é exercida por estrangeiro a seu serviço, salário inferior ao deste, excetuando-se os casos seguintes:

a) quando, nos estabelecimentos que não tenham quadros de empregados organizados em carreira, o brasileiro contar menos de 2 (dois) anos de serviço, e o estrangeiro mais de 2 (dois) anos;

b) quando, mediante aprovação do Ministério do Trabalho, Indústria e Comércio, houver quadro organizado em carreira em que seja garantido o acesso por antiguidade;

c) quando o brasileiro for aprendiz, ajudante ou servente, e não o for o estrangeiro;

d) quando a remuneração resultar de maior produção, para os que trabalham à comissão ou por tarefa.

Parágrafo único. Nos casos de falta ou cessação de serviço, a dispensa do empregado estrangeiro deve preceder à de brasileiro que exerça função análoga.

SEÇÃO II
DAS RELAÇÕES ANUAIS DE EMPREGADOS

Art. 359. Nenhuma empresa poderá admitir a seu serviço empregado estrangeiro sem que este exiba a carteira de identidade de estrangeiro devidamente anotada.

Parágrafo único. A empresa é obrigada a assentar no registro de empregados os dados referentes à nacionalidade de qualquer empregado estrangeiro e o número da respectiva carteira de identidade.

Art. 360. Toda empresa compreendida na enumeração do art. 352, § 1º, deste Capítulo, qualquer que seja o número de seus empregados, deve apresentar anualmente às repartições competentes do Ministério do Trabalho, de 2 de maio a 30 de junho, uma relação, em três vias, de todos os seus empregados, segundo o modelo que for expedido.

§ 1º As relações terão, na primeira via, o selo de três cruzeiros pela folha inicial e dois cruzeiros por folha excedente, além do selo do Fundo de Educação, e nelas será assinalada, em tinta vermelha, a modificação havida com referência à última relação apresentada. Se se tratar de nova empresa, a relação, encimada pelos dizeres – Primeira Relação – deverá ser feita dentro de 30 (trinta) dias de seu registro no Departamento Nacional da Indústria e Comércio ou repartições competentes.

§ 2º A entrega das relações far-se-á diretamente às repartições competentes do Ministério do Trabalho, Indústria e Comércio, ou, onde não as houver, às Coletorias Federais, que as remeterão desde logo àquelas repartições. A entrega operar-se-á contra recibo especial, cuja exibição é obrigatória, em caso de fiscalização, enquanto não for devolvida ao empregador a via autenticada da declaração.

§ 3º Quando não houver empregado far-se-á declaração negativa.

Art. 361. Apurando-se, das relações apresentadas, qualquer infração, será concedido ao infrator o prazo de 10 (dez) dias para defesa, seguindo-se o despacho pela autoridade competente.

Art. 362. As repartições às quais competir a fiscalização do disposto no presente Capítulo manterão fichário especial de empresas, do qual constem as anotações referentes ao respectivo cumprimento, e fornecerão aos interessados as certidões de quitação que se tornarem necessárias, no prazo de 30 (trinta) dias, contados da data do pedido.

§ 1º As certidões de quitação farão prova até 30 de setembro do ano seguinte àquele a que se referiram e estarão sujeitas à taxa correspondente a 1/10 (um décimo do salário mínimo regional. Sem elas nenhum fornecimento ou contrato poderá ser feito com o Governo da União, dos Estados ou Municípios, ou com as instituições paraestatais a eles subordinadas, nem será renovada autorização a empresa estrangeira para funcionar no País.

- Taxa extinta pela Lei 8.522/1992.
- Lei 13.999/2020, Art. 4º. Para fins de concessão de crédito no âmbito do Pronampe, as instituições financeiras participantes ficam dispensadas de observar as seguintes disposições: I – o § 1º do art. 362 da Consolidação das Leis do Trabalho (CLT), aprovada pelo Decreto-Lei nº 5.452, de 1º de maio de 1943.

§ 2º A primeira via da relação, depois de considerada pela repartição fiscalizadora, será remetida anualmente ao Departamento Nacional de Mão de Obra (DNMO), como subsídio ao estudo das condições de mercado de trabalho, de um modo geral, e, em particular, no que se refere à mão de obra qualificada.

§ 3º A segunda via da relação será remetida pela repartição competente ao Serviço de Estatística da Previdência e Trabalho e a terceira via devolvida à empresa, devidamente autenticada.

- Art. 362 com a redação dada pelo Dec.-lei 229/1967.

§ 4º O disposto no § 1º deste artigo não se aplica às contratações de operações de crédito realizadas com instituições financeiras criadas por lei própria ou autorizadas a funcionar pelo Banco Central do Brasil. *(Acrescido pela Lei 14.690/2023)*

SEÇÃO III
DAS PENALIDADES

Art. 363. O processo das infrações do presente Capítulo obedecerá ao disposto no Título "Do Processo de Multas Administrativas", no que lhe for aplicável, com observância dos modelos de auto a serem expedidos.

» Arts. 626 a 638 da CLT.

Art. 364. As infrações do presente Capítulo serão punidas com a multa de cem a dez mil cruzeiros.

» *Vide* Lei n. 6.205, de 29-4-1975 c/c a Lei n. 6.986, de 13-4-1982.

Parágrafo único. Em se tratando de empresa concessionária de serviço público, ou de sociedade estrangeira autorizada a funcionar no País, se a infratora, depois de multada, não atender afinal ao cumprimento do texto infringido poderá ser-lhe cassada a concessão ou autorização.

SEÇÃO IV
DISPOSIÇÕES GERAIS

Art. 365. O presente Capítulo não derroga as restrições vigentes quanto às exigências de nacionalidade brasileira para o exercício de determinadas profissões nem as que vigoram para as faixas de fronteiras, na conformidade da respectiva legislação.

Art. 366. Enquanto não for expedida a carteira a que se refere o art. 359 deste Capítulo, valerá, a título precário, como documento hábil, uma certidão, passada pelo serviço competente do Registro de Estrangeiros, provando que o empregado requereu sua permanência no País.

Art. 367. A redução a que se refere o art. 354, enquanto o Serviço de Estatística da Previdência e Trabalho não dispuser dos dados estatísticos necessários à fixação da proporcionalidade conveniente para cada atividade, poderá ser feita por ato do Ministro do Trabalho, Indústria e Comércio, mediante representação fundamentada da associação sindical.

Parágrafo único. O Serviço de Estatística da Previdência e Trabalho deverá promover, e manter em dia, estudos necessários aos fins do presente Capítulo.

SEÇÃO V
DAS DISPOSIÇÕES ESPECIAIS SOBRE A NACIONALIZAÇÃO DA MARINHA MERCANTE

Art. 368. O comando de navio mercante nacional só poderá ser exercido por brasileiro nato.

- Art. 12, § 2º, da CF.
- Lei 6.192/1974: Vedação de distinção entre brasileiros natos e naturalizados.
- Art. 2º da Lei 6.192/1974 (condição de "brasileiro nato", exigida em leis ou decretos, para qualquer fim, fica modificada para a de "brasileiro").

Art. 369. A tripulação de navio ou embarcação nacional será constituída, pelo menos, de 2/3 (dois terços) de brasileiros natos.

- Vide notas ao art. 368 desta CLT.

Parágrafo único. O disposto neste artigo não se aplica aos navios nacionais de pesca, sujeitos a legislação específica.

- Art. 369 com a redação dada pela Lei 5.683/1971.

» *Vide* art. 178, parágrafo único da CF.

Art. 370. As empresas de navegação organizarão as relações dos tripulantes das respectivas embarcações, enviando-as no prazo a que se refere a Seção II deste Capítulo à Delegacia do Trabalho Marítimo onde as mesmas tiverem sede.

Parágrafo único. As relações a que alude o presente artigo obedecerão, na discriminação hierárquica e funcional do pessoal embarcadiço, ao quadro aprovado pelo regulamento das Capitanias dos Portos.

Art. 371. A presente Seção é também aplicável aos serviços de navegação fluvial e lacustre e à praticagem nas barras, portos, rios, lagos e canais.

CAPÍTULO III
DA PROTEÇÃO DO TRABALHO DA MULHER

SEÇÃO I
DA DURAÇÃO, CONDIÇÕES DO TRABALHO E DA DISCRIMINAÇÃO CONTRA A MULHER

› Seção I com a redação dada pela Lei 9.799/1999.

Art. 372. Os preceitos que regulam o trabalho masculino são aplicáveis ao trabalho feminino, naquilo em que não colidirem com a proteção especial instituída por este Capítulo.

› Art. 5°, I, da CF.

» A Lei n. 9.029, de 13-4-1995, proíbe a exigência de atestado de gravidez e esterilização, e outras práticas discriminatórias, para efeitos admissionais ou de permanência da relação jurídica de trabalho.

» Os arts. 190 a 206 da Portaria MTP 671/2021 estabelecem as orientações sobre o combate à discriminação relacionada ao HIV e a Aids nos locais de trabalho.

Parágrafo único. (Revogado pela Lei 13.467/2017);

› Art. 402, parágrafo único, da CLT.

Art. 373. A duração normal de trabalho da mulher será de 8 (oito) horas diárias, exceto nos casos para os quais for fixada duração inferior.

› Art. 7°, XIII, da CF.

» *Vide* arts. 3.° e 9.° da Lei n. 11.340, de 7-8-2006 (Lei Maria da Penha).

» *Vide* Súmula 85 do TST.

Art. 373-A. Ressalvadas as disposições legais destinadas a corrigir as distorções que afetam o acesso da mulher ao mercado de trabalho e certas especificidades estabelecidas nos acordos trabalhistas, é vedado:

› Arts. 5°, *caput* e I, e 7°, XX e XXX, da CF:

› Vide Lei 9.029/1995 (Atestados de gravidez e esterilização).

› Dec. 4.377/2002 (Convenção sobre eliminação de todas as formas de discriminação contra a mulher).

› Súm. 683 do STF.

» *Vide* art. 5.°, *caput* e I, e art. 7.°, XX e XXX da CF.

» A Lei n. 9.029, de 13-4-1995, proíbe a exigência de atestados de gravidez e esterilização, e outras práticas discriminatórias, para efeitos admissionais ou de permanência da relação jurídica de trabalho.

I – publicar ou fazer publicar anúncio de emprego no qual haja referência ao sexo, à idade, à cor ou situação familiar, salvo quando a natureza da atividade a ser exercida, pública e notoriamente, assim o exigir;

II – recusar emprego, promoção ou motivar a dispensa do trabalho em razão de sexo, idade, cor, situação familiar ou estado de gravidez, salvo quando a natureza da atividade seja notória e publicamente incompatível;

III – considerar o sexo, a idade, a cor ou situação familiar como variável determinante para fins de remuneração, formação profissional e oportunidades de ascensão profissional;

IV – exigir atestado ou exame, de qualquer natureza, para comprovação de esterilidade ou gravidez, na admissão ou permanência no emprego;

» *Vide* art. 5.°, V e X, da CF.

» *Vide* arts. 186 e 927 do CC.

» *Vide* arts. 223-A a 223-G da CLT.

» *Vide* Súmula 392 do TST.

V – impedir o acesso ou adotar critérios subjetivos para deferimento de inscrição ou aprovação em concursos, em empresas privadas, em razão de sexo, idade, cor, situação familiar ou estado de gravidez;

VI – proceder o empregador ou preposto a revistas íntimas nas empregadas ou funcionárias.

› Arts. 5°, V e X, e 114, VI, da CF.

› Arts. 186 e 927 do CC.

› Súm. 392 do TST.

» *Vide* art. 5.°, V e X, da CF.

» *Vide* arts. 186 e 927 do CC.

» *Vide* arts. 223-A a 223-G da CLT.

» *Vide* Súmula 392 do TST.

Parágrafo único. O disposto neste artigo não obsta a adoção de medidas temporárias que visem ao estabelecimento das políticas de igualdade entre homens e mulheres, em particular as que se destinam a corrigir as distorções que afetam a formação profissional, o acesso ao emprego e as condições gerais de trabalho da mulher.

› Art. 373-A acrescido pela Lei 9.799/1999.

Arts. 374 e 375. (Revogados pela Lei 7.855/1989.)

Art. 376. (Revogado pela Lei 10.244/2001.)

Art. 377. A adoção de medidas de proteção ao trabalho das mulheres é considerada de ordem pública, não justificando, em hipótese alguma, a redução de salário.

› Art. 7°, VI, da CF.

Art. 378. (Revogado pela Lei 7.855/1989.)

SEÇÃO II
DO TRABALHO NOTURNO

› Art. 7°, IX, da CF.

› Art. 73 da CLT.

Arts. 379 e 380. (Revogados pela Lei 7.855/1989.)

Art. 381. O trabalho noturno das mulheres terá salário superior ao diurno.

› Súm. 265 do TST.

§ 1° Para os fins desse artigo, os salários serão acrescidos duma percentagem adicional de 20% (vinte por cento) no mínimo.

» *Vide* art. 73, *caput*, da CLT.

§ 2° Cada hora do período noturno de trabalho das mulheres terá 52 (cinquenta e dois) minutos e 30 (trinta) segundos.

» *Vide* art. 73, § 1.°, da CLT.

SEÇÃO III
DOS PERÍODOS DE DESCANSO

Art. 382. Entre 2 (duas) jornadas de trabalho, haverá um intervalo de 11(onze) horas consecutivas, no mínimo, destinado ao repouso.

› Art. 66 da CLT.

Art. 383. Durante a jornada de trabalho, será concedido à empregada um período para refeição e repouso não inferior a 1 (uma) hora nem superior a 2 (duas) horas salvo a hipótese prevista no art. 71, § 3°.

› Art. 71, *caput*, da CLT.

Art. 384. (Revogado pela Lei 13.467/2017).

Art. 385. O descanso semanal será de 24 (vinte e quatro) horas consecutivas e coincidirá no todo ou em parte com o domingo, salvo motivo de conveniência pública ou necessidade imperiosa de serviço, a juízo da autoridade competente, na forma das disposições gerais, caso em que recairá em outro dia.

Parágrafo único. Observar-se-ão, igualmente, os preceitos da legislação geral sobre a proibição de trabalho nos feriados civis e religiosos.

Art. 386. Havendo trabalho aos domingos, será organizada uma escala de revezamento quinzenal, que favoreça o repouso dominical.

SEÇÃO IV
DOS MÉTODOS E LOCAIS DE TRABALHO

Art. 387. (Revogado pela Lei 7.855/1989.)

Art. 388. Em virtude de exame e parecer da autoridade competente, o Ministro do Trabalho, Indústria e Comércio poderá estabelecer derrogações totais ou parciais às proibições a que alude o artigo anterior, quando tiver desaparecido, nos serviços considerados perigosos ou insalubres, todo e qualquer caráter perigoso ou prejudicial mediante a aplicação de novos métodos de trabalho ou pelo emprego de medidas de ordem preventiva.

Art. 389. Toda empresa é obrigada:

I – a prover os estabelecimentos de medidas concernentes à higienização dos métodos e locais de trabalho, tais como ventilação e iluminação e outros que se fizerem necessários à segurança e ao conforto das mulheres, a critério da autoridade competente;

II – a instalar bebedouros, lavatórios, aparelhos sanitários; dispor de cadeiras ou bancos, em número suficiente, que permitam às mulheres trabalhar sem grande esgotamento físico;

III – a instalar vestiários com armários individuais privativos das mulheres, exceto os estabelecimentos comerciais, escritórios, bancos e atividades afins, em que não seja exigida a troca de roupa e outros, a critério da autoridade competente em matéria de segurança e higiene do trabalho, admitindo-se como suficientes as gavetas ou escaninhos, onde possam as empregadas guardar seus pertences;

IV – a fornecer, gratuitamente, a juízo da autoridade competente, os recursos de proteção individual, tais como óculos, máscaras, luvas e roupas especiais, para a defesa dos olhos, do aparelho respiratório e da pele, de acordo com a natureza do trabalho.

§ 1° Os estabelecimentos em que trabalharem pelo menos 30 (trinta) mulheres com mais de 16 (dezesseis) anos de idade terão local apropriado onde seja permitido às empregadas guardar sob vigilância e assistência os seus filhos no período da amamentação.

- Art. 7º, XXV, da CF.
- Art. 119 da Port. MPT 671/2021.

§ 2º A exigência do § 1º poderá ser suprida por meio de creches distritais mantidas, diretamente ou mediante convênios, com outras entidades públicas ou privadas, pelas próprias empresas, em regime comunitário, ou a cargo do SESI, do SESC, da LBA ou de entidades sindicais.

- Art. 389 com a redação dada pelo Dec.-lei 229/1967.

Art. 390. Ao empregador é vedado empregar a mulher em serviço que demande o emprego de força muscular superior a 20 (vinte) quilos para o trabalho continuo, ou 25 (vinte e cinco) quilos para o trabalho ocasional.

Parágrafo único. Não está compreendida na determinação deste artigo a remoção de material feita por impulsão ou tração de vagonetes sobre trilhos, de carros de mão ou quaisquer aparelhos mecânicos.

- Arts. 198, 405, § 5º, e 483, a, da CLT.
- » *Vide* art. 198 da CLT.
- » *Vide* art. 483, *a*, da CLT.

Art. 390-A. Vetado. Incluído pela Lei 9.799/1999.

Art. 390-B. As vagas dos cursos de formação de mão de obra, ministrados por instituições governamentais, pelos próprios empregadores ou por qualquer órgão de ensino profissionalizante, serão oferecidas aos empregados de ambos os sexos.

- Art. 390-B incluído pela Lei 9.799/1999.

Art. 390-C. As empresas com mais de cem empregados, de ambos os sexos, deverão manter programas especiais de incentivos e aperfeiçoamento profissional da mão de obra.

- Art. 390-C incluído pela Lei 9.799/1999.

Art. 390-D. Vetado. Incluído pela Lei 9.799/1999.

Art. 390-E. A pessoa jurídica poderá associar-se a entidade de formação profissional, sociedades civis, sociedades cooperativas, órgãos e entidades públicas ou entidades sindicais, bem como firmar convênios para o desenvolvimento de ações conjuntas, visando à execução de projetos relativos ao incentivo ao trabalho da mulher.

- Art. 390-E incluído pela Lei 9.799/1999.

SEÇÃO V
DA PROTEÇÃO À MATERNIDADE

- Salário-maternidade: arts. 71 a 73 da Lei 8.213/1991.
- Lei 11.770/2008: (Licença-maternidade e Programa Empresa Cidadã).

Art. 391. Não constitui justo motivo para a rescisão do contrato de trabalho da mulher o fato de haver contraído matrimônio ou de encontrar-se em estado de gravidez.

- Art. 7º, XVIII, da CF.
- Art. 10, II, b, do ADCT.
- Art. 7º-A da Lei 8.906/1994 (Estatuto da OAB).
- Súm. 244 do TST.
- » *Vide* art. 25 da Lei Complementar n. 150, de 1.º-6-2015 (doméstico).

Parágrafo único. Não serão permitidos em regulamentos de qualquer natureza contratos coletivos ou individuais de trabalho, restrições ao direito da mulher ao seu emprego, por motivo de casamento ou de gravidez.

- Artigo 25 da LC 150/2015.

Art. 391-A. A confirmação do estado de gravidez advindo no curso do contrato de trabalho, ainda que durante o prazo do aviso prévio trabalhado ou indenizado, garante à empregada gestante a estabilidade provisória prevista na alínea b do inciso II do art. 10 do Ato das Disposições Constitucionais Transitórias.

- *Caput* incluído pela Lei 12.812/2013.
- Art. 487, *caput*, da CLT.
- Lei 12.506/2011 (Aviso prévio).
- Art. 1º da LC 146/2014.

Parágrafo único. O disposto no *caput* deste artigo aplica-se ao empregado adotante ao qual tenha sido concedida guarda provisória para fins de adoção.

- Parágrafo único acrescentado pela Lei nº 13.509/2017.

Art. 392. A empregada gestante tem direito a licença-maternidade de 120 (cento e vinte) dias, sem prejuízo do emprego e do salário.

- *Caput* com a redação dada pela Lei 10.421/2002.
- Art. 7º, XVIII, da CF.
- Art. 395 da CLT.
- Lei 13.985/2020, art. 5º, I.
- Lei 11.770/2008.
- Arts. 71 a 73 da Lei 8.213/1991.
- Arts. 137 a 142 do Dec. 10.854/2021 (Programa Empresa Cidadã).
- Arts. 93, *caput* e § 3º, a 103 do Dec. 3.048/1999.
- OJ 44 da SDI-1 do TST.
- » *Vide* art. 7.º, XVIII, da CF.
- » *Vide* art. 395 da CLT.
- » *Vide* arts. 71 a 73 da Lei n. 8.213, de 24-7-1991.
- » *Vide* arts. 93, *caput* e § 3.º, a 103 do Decreto n. 3.048, de 6-5-1999.
- » *Vide* OJs 44 e 399 da SDI-1 do TST.
- » *Vide* OJ 30 da SDC do TST.

§ 1º A empregada deve, mediante atestado médico, notificar o seu empregador da data do início do afastamento do emprego, que poderá ocorrer entre o 28º (vigésimo oitavo) dia antes do parto e ocorrência deste.

- ADI 6327 – O STF, por unanimidade, julgou procedente o pedido formulado para conferir interpretação conforme à Constituição ao artigo 392, § 1º, da CLT, de modo a se considerar como termo inicial da licença-maternidade e do respectivo salário-maternidade a alta hospitalar do recém-nascido e/ou de sua mãe, o que ocorrer por último, prorrogando-se em todo o período o benefício, quando o período de internação exceder as duas semanas previstas no art. 392, § 2º, da CLT, e no art. 93, § 3º, do Decreto n. 3.048/99. (Plenário, Sessão Virtual de 14.10.2022 a 21.10.2022.)

§ 2º Os períodos de repouso, antes e depois do parto, poderão ser aumentados de 2 (duas) semanas cada um, mediante atestado médico.

§ 3º Em caso de parto antecipado, a mulher terá direito aos 120 (cento e vinte) dias previstos neste artigo.

- §§ 1º a 3º com a redação dada pela Lei 10.421/2002.

§ 4º É garantido à empregada, durante a gravidez, sem prejuízo do salário e demais direitos:

I – transferência de função, quando as condições de saúde o exigirem, assegurada a retomada da função anteriormente exercida, logo após o retorno ao trabalho;

II – dispensa do horário de trabalho pelo tempo necessário para a realização de, no mínimo, seis consultas médicas e demais exames complementares.

- § 4º com a redação dada pela Lei 9.799/1999.

§ 5º Vetado. Incluído pela Lei 10.421/2002.

Art. 392-A. À empregada que adotar ou obtiver guarda judicial para fins de adoção de criança ou adolescente será concedida licença-maternidade nos termos do art. 392 desta Lei.

- *Caput* com a redação dada pela Lei nº 13.509/2013.
- Art. 2º da Lei 8.069/1990 (ECA).

§§ 1º a 3º (Revogados pela Lei 12.010/2009.)

§ 4º A licença-maternidade só será concedida mediante apresentação do termo judicial de guarda à adotante ou guardiã.

- § 4º incluído pela Lei nº 10.421/2002.

§ 5º A adoção ou guarda judicial conjunta ensejará a concessão de licença-maternidade a apenas um dos adotantes ou guardiães empregado ou empregada.

- § 5º incluído pela Lei nº 12.873, de 2013.

Art. 392-B. Em caso de morte da genitora, é assegurado ao cônjuge ou companheiro empregado o gozo de licença por todo o período da licença-maternidade ou pelo tempo restante a que teria direito a mãe, exceto no caso de falecimento do filho ou de seu abandono.

- Artigo incluído pela Lei nº 12.873/2013.

Art. 392-C. Aplica-se, no que couber, o disposto no art. 392-A e 392-B ao empregado que adotar ou obtiver guarda judicial para fins de adoção.

- Artigo incluído pela Lei 12.873/2013.

Art. 393. Durante o período a que se refere o art. 392, a mulher terá direito ao salário integral e, quando variável, calculado de acordo com a média dos 6 (seis) últimos meses de trabalho, bem como os direitos e vantagens adquiridos, sendo-lhe ainda facultado reverter à função que anteriormente ocupava.

- Art. 393 com a redação dada pelo Dec.-lei 229/1967.
- Art. 72, § 1º, da Lei 8.213/1991.
- » *Vide* art. 72, § 1.º, da Lei n. 8.213, de 24-7-1991.

Art. 394. Mediante atestado médico, à mulher grávida é facultado romper o compromisso resultante de qualquer contrato de trabalho, desde que este seja prejudicial à gestação.

Art. 394-A. Sem prejuízo de sua remuneração, nesta incluído o valor do adicional de insalubridade, a empregada deverá ser afastada de:

- *Caput* com a redação dada pela Lei 13.467/2017.

I – atividades consideradas insalubres em grau máximo, enquanto durar a gestação;

- Inciso I incluído pela Lei 13.467/2017.

II – atividades consideradas insalubres em grau médio ou mínimo, quando apresentar atestado de saúde, emitido por médico de confiança da mulher, que recomende o afastamento durante a gestação;

- Inciso II incluído pela Lei 13.467/2017.
- ADI 5938: Por maioria, o Tribunal confirmou a medida cautelar e julgou procedente o pedido formulado na ação direta para declarar a inconstitucionalidade da expressão "quando apresentar atestado de saúde, emitido por médico de confiança da mulher, que recomende o afastamento", contida nos incisos II e III do art. 394-A da Consolidação das Leis do Trabalho (CLT), inseridos pelo art. 1º da Lei 13.467/2017

III – atividades consideradas insalubres em qualquer grau, quando apresentar atestado de saúde, emitido por médico de confiança da mulher, que recomende o afastamento durante a lactação.

▸ Inciso III incluído pela Lei 13.467/2017.

▸ ADI 5938: Por maioria, o Tribunal confirmou a medida cautelar e julgou procedente o pedido formulado na ação direta para declarar a inconstitucionalidade da expressão "quando apresentar atestado de saúde, emitido por médico de confiança da mulher, que recomende o afastamento", contida nos incisos II e III do art. 394-A da Consolidação das Leis do Trabalho (CLT), inseridos pelo art. 1º da Lei 13.467/2017

§ 1º Vetado.

▸ Primitivo parágrafo único renumerado pela Lei 13.467/2017.

§ 2º Cabe à empresa pagar o adicional de insalubridade à gestante ou à lactante, efetivando-se a compensação, observado o disposto no art. 248 da Constituição Federal, por ocasião do recolhimento das contribuições incidentes sobre a folha de salários e demais rendimentos pagos ou creditados, a qualquer título, à pessoa física que lhe preste serviço.

▸ § 2º incluído pela Lei 13.467/2017.

§ 3º Quando não for possível que a gestante ou a lactante afastada nos termos do *caput* deste artigo exerça suas atividades em local salubre na empresa, a hipótese será considerada como gravidez de risco e ensejará a percepção de salário-maternidade, nos termos da Lei 8.213, de 24 de julho de 1991, durante todo o período de afastamento.

▸ § 3º incluído pela Lei 13.467/2017.

Art. 395. Em caso de aborto não criminoso, comprovado por atestado médico oficial, a mulher terá um repouso remunerado de 2 (duas) semanas, ficando-lhe assegurado o direito de retornar à função que ocupava antes de seu afastamento.

Art. 396. Para amamentar seu filho, inclusive se advindo de adoção, até que se complete 6 (seis) meses de idade, a mulher terá direito, durante a jornada de trabalho, a 2 (dois) descansos especiais de meia hora cada um.

▸ *Caput* com redação dada pela Lei 13.509/2017.

§ 1º Quando o exigir a saúde do filho, o período de seis meses poderá ser dilatado, a critério da autoridade competente.

▸ Primitivo parágrafo único renumerado pela Lei 13.467/2017.

§ 2º Os horários dos descansos previstos no *caput* deste artigo deverão ser definidos em acordo individual entre a mulher e o empregador.

▸ § 2º incluído pela Lei 13.467/2017.

Art. 397. O SESI, o SESC, a LBA e outras entidades públicas destinadas à assistência à infância manterão ou subvencionarão, de acordo com suas possibilidades financeiras, escolas maternais e jardins de infância, distribuídos nas zonas de maior densidade de trabalhadores, destinados especialmente aos filhos das mulheres empregadas.

▸ Art. 397 com a redação dada pelo Dec.-lei 229/1967.

Art. 398. (Revogado pelo Dec.-lei 229/1967.)

Art. 399. O Ministro do Trabalho, Indústria e Comércio conferirá diploma de benemerência aos empregadores que se distinguirem pela organização e manutenção de creches e de instituições de proteção aos menores em idade pré-escolar, desde que tais serviços se recomendem por sua generosidade e pela eficiência das respectivas instalações.

Art. 400. Os locais destinados à guarda dos filhos das operárias durante o período da amamentação deverão possuir, no mínimo, um berçário, uma saleta de amamentação, uma cozinha dietética e uma instalação sanitária.

▸ Art. 7º, XXV, da CF.

SEÇÃO VI
DAS PENALIDADES

Art. 401. Pela infração de qualquer dispositivo deste Capítulo, será imposta ao empregador a multa de cem a mil cruzeiros, aplicada, nesta Capital, pela autoridade competente de 1ª instância do Departamento Nacional do Trabalho, e, nos Estados e Território do Acre, pelas autoridades competentes do Ministério do Trabalho, Indústria e Comércio ou por aquelas que exerçam funções delegadas.

§ 1º A penalidade será sempre aplicada no grau máximo:

a) se ficar apurado o emprego de artifício ou simulação para fraudar a aplicação dos dispositivos deste Capítulo;

b) nos casos de reincidência.

§ 2º O processo na verificação das infrações, bem como na aplicação e cobrança das multas, será o previsto no título "Do Processo de Multas Administrativas", observadas as disposições deste artigo.

Arts. 401-A e 401-B. *Vetados*. Incluídos pela Lei 9.799/1999.

CAPÍTULO IV
DA PROTEÇÃO DO TRABALHO DO MENOR

▸ Lei 11.692/2008: Programa Nacional de Inclusão de Jovens - PROJOVEM

SEÇÃO I
DISPOSIÇÕES GERAIS

Art. 402. Considera-se menor para os efeitos desta Consolidação o trabalhador de quatorze até dezoito anos. *(Redação dada pela Lei 10.097/2000).*

» Dec. 10.088/2019 (Consolida atos normativos editados pelo Poder Executivo Federal que dispõem sobre a promulgação de convenções e recomendações da Organização Internacional do Trabalho - OIT ratificadas pelo Brasil).

» O Decreto n. 9.579, de 22-11-2018, regulamenta a contratação de aprendizes.

Parágrafo único. O trabalho do menor reger-se-á pelas disposições do presente Capítulo, exceto no serviço em oficinas em que trabalhem exclusivamente pessoas da família do menor e esteja este sob a direção do pai, mãe ou tutor, observado, entretanto, o disposto nos arts. 404, 405 e na Seção II. *(Redação dada pelo Dec.-lei 229/1967).*

▸ Art. 7º, XXX, XXXIII e art. 227, § 3º, CF

» *Vide* art. 227, § 3.º, I, II e III, da CF.

Art. 403. É proibido qualquer trabalho a menores de dezesseis anos de idade, salvo na condição de aprendiz, a partir dos quatorze anos.

Parágrafo único. O trabalho do menor não poderá ser realizado em locais prejudiciais à sua formação, ao seu desenvolvimento físico, psíquico, moral e social e em horários e locais que não permitam a frequência à escola.

» *Vide* art. 60 da Lei n. 8.069, de 13-7-1990 (Estatuto da Criança e do Adolescente).

» *Vide* art. 5.º, parágrafo único, V, do CC.

a) revogada;

b) revogada.

▸ Art. 403 com a redação dada pela Lei 10.097/2000.

▸ Art. 7º, XXXIII, da CF.

▸ Art. 60 da Lei 8.069/1990 (ECA).

▸ Art. 5º, parágrafo único, V, do CC.

Art. 404. Ao menor de 18 (dezoito) anos é vedado o trabalho noturno, considerado este o que for executado no período compreendido entre as 22 (vinte e duas) e as 5 (cinco) horas.

▸ Art. 7º, XXXIII, da CF.

» Vide art. 73 da CLT.

» Dec. 10.088/2019 (Consolida atos normativos editados pelo Poder Executivo Federal que dispõem sobre a promulgação de convenções e recomendações da Organização Internacional do Trabalho - OIT ratificadas pelo Brasil).

Art. 405. Ao menor não será permitido o trabalho:

» O Decreto n. 6.481, de 12-6-2008, lista as Piores Formas de Trabalho Infantil.

I – nos locais e serviços perigosos ou insalubres, constantes de quadro para esse fim aprovado pelo Diretor-Geral do Departamento de Segurança e Higiene do Trabalho;

▸ Decreto 6.481/2008: Lista das Piores Formas de Trabalho Infantil.

II – em locais ou serviços prejudiciais à sua moralidade.

§ 1º (Revogado pela Lei 10.097/2000.)

§ 2º O trabalho exercido nas ruas, praças e outros logradouros dependerá de prévia autorização do Juiz de Menores, ao qual cabe verificar se a ocupação é indispensável à sua própria subsistência ou à de seus pais, avós ou irmãos e se dessa ocupação não poderá advir prejuízo à sua formação moral.

» *Vide* art. 146 do ECA.

§ 3º Considera-se prejudicial à moralidade do menor o trabalho:

a) prestado de qualquer modo, em teatros de revista, cinemas, boates, cassinos, cabarés, dancings e estabelecimentos análogos;

b) em empresas circenses, em funções de acrobata, saltimbanco, ginasta e outras semelhantes;

c) de produção, composição, entrega ou venda de escritos, impressos, cartazes, desenhos, gravuras, pinturas, emblemas, imagens e quaisquer outros objetos que possam, a juízo da autoridade competente, prejudicar sua formação moral;

d) consistente na venda, a varejo, de bebidas alcoólicas.

▸ Art. 67 do ECA.

§ 4º Nas localidades em que existirem, oficialmente reconhecidas, instituições destinadas ao amparo dos menores jornaleiros, só aos que se encontrem sob o patrocínio dessas entidades será outorgada a autorização do trabalho a que alude o § 2º.

§ 5º Aplica-se ao menor o disposto no art. 390 e seu parágrafo único.

▸ Art. 405 com a redação dada pelo Dec.-lei 229/1967.

Art. 406. O Juiz de Menores poderá autorizar ao menor o trabalho a que se referem as letras "a" e "b" do § 3º do art. 405:

I – desde que a representação tenha fim educativo ou a peça de que participe não possa ser prejudicial à sua formação moral;
II – desde que se certifique ser a ocupação do menor indispensável à própria subsistência ou à de seus pais, avós ou irmãos e não advir nenhum prejuízo à sua formação moral.

‣ Art. 406 com a redação dada pelo Dec.-lei 229/1967.

Art. 407. Verificado pela autoridade competente que o trabalho executado pelo menor é prejudicial à sua saúde, ao seu desenvolvimento físico ou a sua moralidade, poderá ela obrigá-lo a abandonar o serviço, devendo a respectiva empresa, quando for o caso, proporcionar ao menor todas as facilidades para mudar de funções.

Parágrafo único. Quando a empresa não tomar as medidas possíveis e recomendadas pela autoridade competente para que o menor mude de função, configurar-se-á a rescisão do contrato de trabalho, na forma do art. 483.

‣ Art. 407 com a redação dada pelo Dec.-lei 229/1967.

Art. 408. Ao responsável legal do menor é facultado pleitear a extinção do contrato de trabalho, desde que o serviço possa acarretar para ele prejuízos de ordem física ou moral.

‣ Art. 408 com a redação dada pelo Dec.-lei 229/1967.

Art. 409. Para maior segurança do trabalho e garantia da saúde dos menores, a autoridade fiscalizadora poderá proibir-lhes o gozo dos períodos de repouso nos locais de trabalho.

Art. 410. O Ministro do Trabalho, Indústria e Comércio poderá derrogar qualquer proibição decorrente do quadro a que se refere a alínea "a" do art. 405 quando se certificar haver desaparecido, parcial ou totalmente, o caráter perigoso ou insalubre, que determinou a proibição.

‣ Art. 194 da CLT.

SEÇÃO II
DA DURAÇÃO DO TRABALHO

Art. 411. A duração do trabalho do menor regular-se-á pelas disposições legais relativas à duração do trabalho em geral, com as restrições estabelecidas neste Capítulo.

‣ Art. 7º, XIII e XVI, da CF.
‣ Arts. 58 e 432, *caput*, da CLT.
» *Vide* arts. 57 a 75 da CLT.
» *Vide* art. 432 da CLT.

Art. 412. Após cada período de trabalho efetivo, quer contínuo, quer dividido em 2 (dois) turnos, haverá um intervalo de repouso, não inferior a 11 (onze) horas.

‣ Art. 66 da CLT.
» *Vide* art. 66 da CLT.

Art. 413. É vedado prorrogar a duração normal diária do trabalho do menor, salvo:

‣ Art. 432 da CLT.

I – até mais 2 (duas) horas, independentemente de acréscimo salarial, mediante convenção ou acordo coletivo nos termos do Título VI desta Consolidação, desde que o excesso de horas em um dia seja compensado pela diminuição em outro, de modo a ser observado o limite máximo de 48 (quarenta e oito) horas semanais ou outro inferior legalmente fixada;

‣ Art. 7º, XIII, da CF.
‣ Art. 59, § 2º, da CLT.

II – excepcionalmente, por motivo de força maior, até o máximo de 12 (doze) horas, com acréscimo salarial de, pelo menos, 25% (vinte e cinco por cento) sobre a hora normal e desde que o trabalho do menor seja imprescindível ao funcionamento do estabelecimento.

‣ O art. 7º, XVI, da CF assegura um acréscimo de, no mínimo, 50% (cinquenta por cento) sobre o salário da hora normal.
‣ Arts. 61 e 501 da CLT.
» *Vide* arts. 501 a 504 da CLT.

Parágrafo único. Aplica-se à prorrogação do trabalho do menor o disposto no art. 375, no parágrafo único do art. 376, no art. 378 e no art. 384 desta Consolidação.

‣ Art. 413 com a redação dada pelo Dec.-lei 229/1967.
» O art. 384 foi revogado pela Lei n. 13.467, de 13-7-2017.

Art. 414. Quando o menor de 18 (dezoito) anos for empregado em mais de um estabelecimento, as horas de trabalho em cada um serão totalizadas.

SEÇÃO III
DA ADMISSÃO EM EMPREGO E DA CARTEIRA DE TRABALHO E PREVIDÊNCIA SOCIAL

‣ Dec.-lei 926/1969: Institui a Carteira de Trabalho e Previdência Social, altera dispositivos da Consolidação das leis do trabalho e do Estatuto do Trabalhador Rural.

Art. 415. Haverá a Carteira de Trabalho e Previdência Social para todos os menores de 18 anos, sem distinção do sexo, empregados em empresas ou estabelecimentos de fins econômicos e daqueles que lhes forem equiparados.

Parágrafo único. (Revogado pela Lei 13.874/2019)

Art. 416. Os menores de 18 anos só poderão ser admitidos, como empregados, nas empresas ou estabelecimentos de fins econômicos e naqueles que lhes forem equiparados, quando possuidores da carteira a que se refere o artigo anterior, salvo a hipótese do art. 422.

Art. 417. (Revogado pela Lei 13.874/2019)

Art. 418. (Revogado pela Lei 7.855/1989)

Arts. 419 a 422. (Revogados pela Lei 13.874/2019)

Art. 423. O empregador não poderá fazer outras anotações na carteira de trabalho e previdência social além das referentes ao salário, data da admissão, férias e saída.

SEÇÃO IV
DOS DEVERES DOS RESPONSÁVEIS LEGAIS DE MENORES E DOS EMPREGADORES DA APRENDIZAGEM

Art. 424. É dever dos responsáveis legais de menores, pais, mães, ou tutores, afastá-los de empregos que diminuam consideravelmente o seu tempo de estudo, reduzam o tempo de repouso necessário à sua saúde e constituição física, ou prejudiquem a sua educação moral.

‣ Art. 16 da Lei 5.889/1973: Trabalho rural.
‣ Lei 8.069/1990 (ECA).

Art. 425. Os empregadores de menores de 18 (dezoito) anos são obrigados a velar pela observância, nos seus estabelecimentos ou empresas, dos bons costumes e da decência pública, bem como das regras da segurança e da medicina do trabalho.

» *Vide* Lei n. 6.514, de 22-12-1977 (Denominação atual: Segurança e Medicina do Trabalho).

Art. 426. É dever do empregador, na hipótese do art. 407, proporcionar ao menor todas as facilidades para mudar de serviço.

Art. 427. O empregador, cuja empresa ou estabelecimento ocupar menores, será obrigado a conceder-lhes o tempo que for necessário para a frequência às aulas.

‣ Art. 227, § 3º da CF.

Parágrafo único. Os estabelecimentos situados em lugar onde a escola estiver a maior distância que 2 (dois) quilômetros, e que ocuparem, permanentemente, mais de 30 (trinta) menores analfabetos, de 14 (quatorze) a 18 (dezoito) anos, serão obrigados a manter local apropriado em que lhes seja ministrada a instrução primária.

‣ Art. 16 da Lei 5.889/1973.
» *Vide* art. 16 da Lei n. 5.889, de 8-6-1973 (Rural).

Art. 428. Contrato de aprendizagem é o contrato de trabalho especial, ajustado por escrito e por prazo determinado, em que o empregador se compromete a assegurar ao maior de 14 (quatorze) e menor de 24 (vinte e quatro) anos inscrito em programa de aprendizagem formação técnico-profissional metódica, compatível com o seu desenvolvimento físico, moral e psicológico, e o aprendiz, a executar com zelo e diligência as tarefas necessárias a essa formação.

‣ *Caput* com a redação dada pela Lei 11.180/2005.
‣ Súm. 657, STJ.
» *Vide* art. 15, § 7.º, da Lei n. 8.036, de 11-5-1990.

§ 1º A validade do contrato de aprendizagem pressupõe anotação na Carteira de Trabalho e Previdência Social, matrícula e frequência do aprendiz na escola, caso não haja concluído o ensino médio, e inscrição em programa de aprendizagem desenvolvido sob orientação de entidade qualificada em formação técnico-profissional metódica.

‣ § 1º com a redação dada pela Lei 11.788/2008.

§ 2º Ao aprendiz, salvo condição mais favorável, será garantido o salário mínimo hora.

‣ § 2º com a redação dada pela Lei 13.420/2017.
‣ Art. 7º, XXX, da CF.
» Súmula 205 do STF.

§ 3º O contrato de aprendizagem não poderá ser estipulado por mais de 2 (dois) anos, exceto quando se tratar de aprendiz portador de deficiência.

‣ § 3º com a redação dada pela Lei 11.788/2008.

§ 4º A formação técnico-profissional a que se refere o *caput* deste artigo caracteriza-se por atividades teóricas e práticas, metodicamente organizadas em tarefas de complexidade progressiva desenvolvidas no ambiente de trabalho.

‣ § 4º incluído pela Lei 10.097/2000.

§ 5º A idade máxima prevista no *caput* deste artigo não se aplica a aprendizes portadores de deficiência.

‣ § 5º acrescentado pela Lei nº 11.180/2005.

§ 6º Para os fins do contrato de aprendizagem, a comprovação da escolaridade de aprendiz com deficiência deve considerar, sobretudo, as habilidades e competências relacionadas com a profissionalização.

‣ § 6º com redação dada pela Lei nº 13.146/2015.

§ 7º Nas localidades onde não houver oferta de ensino médio para o cumprimento do disposto no § 1º deste artigo, a contratação do aprendiz poderá ocorrer sem a frequência à escola, desde que ele já tenha concluído o ensino fundamental.

‣ § 7º incluído pela Lei 11.788/2008.

§ 8º Para o aprendiz com deficiência com 18 (dezoito) anos ou mais, a validade do contrato de aprendizagem pressupõe anotação na CTPS e matrícula e frequência em programa de aprendizagem desenvolvido sob orientação de entidade qualificada em formação técnico-profissional metódica.

‣ § 8º incluído pela Lei 13.146/2015.

Art. 429. Os estabelecimentos de qualquer natureza são obrigados a empregar e matricular nos cursos dos Serviços Nacionais de Aprendizagem número de aprendizes equivalente a cinco por cento, no mínimo, e quinze por cento, no máximo, dos trabalhadores existentes em cada estabelecimento, cujas funções demandem formação profissional.

‣ *Caput* com redação dada pela Lei 10.097/2000.

‣ Art. 51, III, da LC 123/2006.

a) e b) (Revogadas pela Lei 10.097/2000).

§ 1º As frações de unidade, no cálculo da percentagem de que trata o *caput*, darão lugar à admissão de um aprendiz.

§ 1º-A. O limite fixado neste artigo não se aplica quando o empregador for entidade sem fins lucrativos, que tenha por objetivo a educação profissional.

‣ § 1º-A incluído pela Lei 10.097/2000.

§ 1º-B. Os estabelecimentos a que se refere o *caput* poderão destinar o equivalente a até 10% (dez por cento) de sua cota de aprendizes à formação técnico-profissional metódica em áreas relacionadas a práticas de atividades desportivas, à prestação de serviços relacionados à infraestrutura, incluindo as atividades de construção, ampliação, recuperação e manutenção de instalações esportivas e à organização e promoção de eventos esportivos.

‣ § 1º-B incluído pela Lei 13.420/2017, vetado pelo Presidente da República e rejeitado o veto pelo Congresso Nacional (DOU 01.09.2017).

‣ Numeração conforme publicação oficial.

§ 2º Os estabelecimentos de que trata o *caput* ofertarão vagas de aprendizes a adolescentes usuários do Sistema Nacional de Atendimento Socioeducativo (Sinase) nas condições a serem dispostas em instrumentos de cooperação celebrados entre os estabelecimentos e os gestores dos Sistemas de Atendimento Socioeducativo locais.

‣ Redação dada pela Lei 12.594/2012.

§ 3º Os estabelecimentos de que trata o *caput* poderão ofertar vagas de aprendizes a adolescentes usuários do Sistema Nacional de Políticas Públicas sobre Drogas - SISNAD nas condições a serem dispostas em instrumentos de cooperação celebrados entre os estabelecimentos e os gestores locais responsáveis pela prevenção do uso indevido, atenção e reinserção social de usuários e dependentes de drogas. (Incluído pela Lei nº 13.840, de 2019)

Art. 430. Na hipótese de os Serviços Nacionais de Aprendizagem não oferecerem cursos ou vagas suficientes para atender à demanda dos estabelecimentos, esta poderá ser suprida por outras entidades qualificadas em formação técnico-profissional metódica, a saber:

‣ *Caput* com a redação dada pela Lei 10.097/2000.

I – Escolas Técnicas de Educação;

‣ Inciso I incluído pela Lei 10.097/2000.

II – entidades sem fins lucrativos, que tenham por objetivo a assistência ao adolescente e à educação profissional, registradas no Conselho Municipal dos Direitos da Criança e do Adolescente.

‣ Inciso II incluído pela Lei 10.097/2000.

III – entidades de prática desportiva das diversas modalidades filiadas ao Sistema Nacional do Desporto e aos Sistemas de Desporto dos Estados, do Distrito Federal e dos Municípios.

‣ Inciso III incluído pela Lei 13.420/2017.

§ 1º As entidades mencionadas neste artigo deverão contar com estrutura adequada ao desenvolvimento dos programas de aprendizagem, de forma a manter a qualidade do processo de ensino, bem como acompanhar e avaliar os resultados.

‣ § 1º incluído pela Lei 10.097/2000.

§ 2º Aos aprendizes que concluírem os cursos de aprendizagem, com aproveitamento, será concedido certificado de qualificação profissional.

‣ § 2º incluído pela Lei 10.097/2000.

§ 3º O Ministério do Trabalho fixará normas para avaliação da competência das entidades mencionadas nos incisos II e III deste artigo.

‣ § 3º com a redação dada pela Lei 13.420/2017.

§ 4º As entidades mencionadas nos incisos II e III deste artigo deverão cadastrar seus cursos, turmas e aprendizes matriculados no Ministério do Trabalho.

‣ § 4º incluído pela Lei 13.420/2017.

§ 5º As entidades mencionadas neste artigo poderão firmar parcerias entre si para o desenvolvimento dos programas de aprendizagem, conforme regulamento.

‣ § 5º incluído pela Lei 13.420/2017.

Art. 431. A contratação do aprendiz poderá ser efetivada pela empresa onde se realizará a aprendizagem ou pelas entidades mencionadas nos incisos II e III do art. 430, caso em que não gera vínculo de emprego com a empresa tomadora dos serviços.

‣ *Caput* com a redação dada pela Lei 13.420/2017.

a) a c) (Revogadas pela Lei 10.097/2000)

Parágrafo único. Aos candidatos rejeitados pela seleção profissional deverá ser dada, tanto quanto possível, orientação profissional para ingresso em atividade mais adequada às qualidades e aptidões que tiverem demonstrado.

Art. 432. A duração do trabalho do aprendiz não excederá de seis horas diárias, sendo vedadas a prorrogação e a compensação de jornada.

§ 1º O limite previsto neste artigo poderá ser de até oito horas diárias para os aprendizes que já tiverem completado o ensino fundamental, se nelas forem computadas as horas destinadas à aprendizagem teórica.

§ 2º (Revogado pela Lei 10.097/2000).

‣ Art. 432 com a redação dada pela Lei 10.097, de 19.12.2000.

Art. 433. O contrato de aprendizagem extinguir-se-á no seu termo ou quando o aprendiz completar 24 (vinte e quatro) anos, ressalvada a hipótese prevista no § 5º do art. 428 desta Consolidação, ou ainda antecipadamente nas seguintes hipóteses:

‣ *Caput* com a redação dada pela Lei 11.180/2005.

a) e b) (Revogadas pela Lei 10.097/2000);

I – desempenho insuficiente ou inadaptação do aprendiz, salvo para o aprendiz com deficiência quando desprovido de recursos de acessibilidade, de tecnologias assistivas e de apoio necessário ao desempenho de suas atividades;

‣ Inciso I com redação dada pela Lei nº 13.146/2015.

II – falta disciplinar grave.

‣ Art. 482 da CLT.

» *Vide* art. 482 da CLT.

III – ausência injustificada à escola que implique perda do ano letivo; ou

IV – a pedido do aprendiz.

‣ Incisos II a IV com a redação dada pela Lei 10.097, de 19.12.2000.

Parágrafo único. (Revogado pela Lei 10.097/2000.)

§ 2º Não se aplica o disposto nos arts. 479 e 480 desta Consolidação às hipóteses de extinção do contrato mencionadas neste artigo.

‣ § 2º incluído pela Lei 10.097/2000, que não renumerou o parágrafo anterior.

SEÇÃO V
DAS PENALIDADES

Art. 434. Os infratores das disposições deste Capítulo ficam sujeitos à multa de valor igual a 1 (um) salário mínimo regional, aplicada tantas vezes quantos forem os menores empregados em desacordo com a lei, não podendo, todavia, a soma das multas exceder a 5 (cinco) vezes o salário mínimo, salvo no caso de reincidência em que esse total poderá ser elevado ao dobro. (Redação dada pelo Dec.-lei 229/1967)

Art. 435. Fica sujeita à multa de valor igual a 1 (um) salário mínimo regional e ao pagamento da emissão de nova via a empresa que fizer na Carteira de Trabalho e Previdência Social anotação não prevista em lei. (Redação dada pelo Dec.-lei 229/1967)

Arts. 436 e 437. (Revogados pela Lei 10.097/2000.)

Art. 438. São competentes para impor as penalidades previstas neste Capítulo:

a) no Distrito Federal, a autoridade de 1ª instância do Departamento Nacional do Trabalho;

b) nos Estados e Território do Acre, os delegados regionais do Ministério do Trabalho, Indústria e Comércio ou os funcionários por eles designados para tal fim.

Parágrafo único. O processo, na verificação das infrações, bem como na aplicação e cobrança das multas, será o previsto no título "Do Processo de Multas Administrativas", observadas as disposições deste artigo.

SEÇÃO VI
DISPOSIÇÕES FINAIS

Art. 439. É lícito ao menor firmar recibo pelo pagamento dos salários. Tratando-se, porém, de rescisão do contrato de trabalho, é vedado ao menor de 18 (dezoito) anos dar, sem assistência dos seus responsáveis legais, quitação ao empregador pelo recebimento da indenização que lhe for devida.

» *Vide* art. 477 da CLT.

Art. 440. Contra os menores de 18 (dezoito) anos não corre nenhum prazo de prescrição.

‣ Art. 7º, XXIX, da CF.

‣ Arts. 11 da CLT.

‣ Art. 198, I, do CC.

‣ Art. 10, *caput* e parágrafo único, da Lei 5.889/1973.

» *Vide* art. 198, I, do CC.

Art. 441. O quadro a que se refere o item I do art. 405 será revisto bienalmente.

‣ Art. 441 com a redação dada pelo Dec.-lei 229/1967.

TÍTULO IV
DO CONTRATO INDIVIDUAL DO TRABALHO

- Lei 9.601/1998: Contrato de trabalho por prazo determinado.

CAPÍTULO I
DISPOSIÇÕES GERAIS

Art. 442. Contrato individual de trabalho é o acordo tácito ou expresso, correspondente à relação de emprego.

- Súm. 129, 363 e 386 do TST.
- OJ 199 da SDI-1 do TST.
- *Vide* OJ 199 da SDI-1 do TST.

§ 1º Qualquer que seja o ramo de atividade da sociedade cooperativa, não existe vínculo empregatício entre ela e seus associados, nem entre estes e os tomadores de serviços daquela. *(Parágrafo único transformado em § 1º pela Lei 14.647/2023)*

§ 2º Não existe vínculo empregatício entre entidades religiosas de qualquer denominação ou natureza ou instituições de ensino vocacional e ministros de confissão religiosa, membros de instituto de vida consagrada, de congregação ou de ordem religiosa, ou quaisquer outros que a eles se equiparem, ainda que se dediquem parcial ou integralmente a atividades ligadas à administração da entidade ou instituição a que estejam vinculados ou estejam em formação ou treinamento. *(Acrescido pela Lei 14.647/2023)*

§ 3º O disposto no § 2º não se aplica em caso de desvirtuamento da finalidade religiosa e voluntária. *(Acrescido pela Lei 14.647/2023)*

- A Lei n. 5.764, de 16-12-1971, define a Política Nacional de Cooperativismo, institui o regime jurídico das sociedades cooperativas, e dá outras providências.
- A Lei n. 12.690, de 19-7-2012, dispõe sobre a organização e o funcionamento das Cooperativas de Trabalho; institui o Programa Nacional de Fomento às Cooperativas de Trabalho – PRONACOOP.

Art. 442-A. Para fins de contratação, o empregador não exigirá do candidato a emprego comprovação de experiência prévia por tempo superior a 6 (seis) meses no mesmo tipo de atividade.

- Art. 442-A incluído pela Lei 11.644/2008.

Art. 442-B. A contratação do autônomo, cumpridas por este todas as formalidades legais, com ou sem exclusividade, de forma contínua ou não, afasta a qualidade de empregado prevista no art. 3° desta Consolidação.

- Artigo incluído pela Lei 13.467/2017.

Art. 443. O contrato individual de trabalho poderá ser acordado tácita ou expressamente, verbalmente ou por escrito, por prazo determinado ou indeterminado, ou para prestação de trabalho intermitente.

- *Caput* com a redação dada pela Lei 13.467/2017).
- Lei 9.601/1998: Contrato de trabalho por prazo determinado.

§ 1º Considera-se como de prazo determinado o contrato de trabalho cuja vigência dependa de termo prefixado ou da execução de serviços especificados ou ainda da realização de certo acontecimento suscetível de previsão aproximada.

- Primitivo parágrafo único renumerado para § 1º pelo Dec.-lei nº 229/1967.

§ 2º O contrato por prazo determinado só será válido em se tratando:

- § 2º incluído pelo Dec.-lei nº 229/1967.
- Lei 9.615/1998 (Institui normas gerais sobre desporto).
- Lei 9.601/1998 (Dispõe sobre o contrato de trabalho por prazo determinado).
- Lei 6.533/1978 (Dispõe sobre a regulamentação das profissões de Artistas e de técnico em Espetáculos de Diversões).
- Lei 6.019/1974 (Dispõe sobre o Trabalho Temporário nas Empresas Urbanas).
- Súm. 244, III, e 378, III, do TST.

a) de serviço cuja natureza ou transitoriedade justifique a predeterminação do prazo;

b) de atividades empresariais de caráter transitório;

c) de contrato de experiência.

- Art. 37, IX, da CF.
- Súm. 163 e 188 do TST.
- Súmulas 188, 244, III, e 378, III, do TST.

§ 3° Considera-se como intermitente o contrato de trabalho no qual a prestação de serviços, com subordinação, não é contínua, ocorrendo com alternância de períodos de prestação de serviços e de inatividade, determinados em horas, dias ou meses, independentemente do tipo de atividade do empregado e do empregador, exceto para os aeronautas, regidos por legislação própria.

- § 3º incluído pela Lei 13.467/2017.

Art. 444. As relações contratuais de trabalho podem ser objeto de livre estipulação das partes interessadas em tudo quanto não contravenha às disposições de proteção ao trabalho, aos contratos coletivos que lhes sejam aplicáveis e às decisões das autoridades competentes.

- Art. 9º da CLT.

Parágrafo único. A livre estipulação a que se refere o *caput* deste artigo aplica-se às hipóteses previstas no art. 611-A desta Consolidação, com a mesma eficácia legal e preponderância sobre os instrumentos coletivos, no caso de empregado portador de diploma de nível superior e que perceba salário mensal igual ou superior a duas vezes o limite máximo dos benefícios do Regime Geral de Previdência Social.

- Parágrafo único incluído pela Lei 13.467/2017.

Art. 445. O contrato de trabalho por prazo determinado não poderá ser estipulado por mais de 2 (dois) anos, observada a regra do art. 451.

Parágrafo único. O contrato de experiência não poderá exceder de 90 (noventa) dias.

- Art. 445 com a redação dada pelo Dec.-lei 229/1967.
- Art. 30 da Lei 9.615/1998.
- *Vide* art. 30 da Lei n. 9.615, de 24-3-1998.

Art. 446. (Revogado pela Lei 7.855/1989)

Art. 447. Na falta de acordo ou prova sobre condição essencial ao contrato verbal, esta se presume existente, como se a tivessem estatuído os interessados na conformidade dos preceitos jurídicos adequados à sua legitimidade.

- Art. 456 da CLT.
- *Vide* art. 456 da CLT.

Art. 448. A mudança na propriedade ou na estrutura jurídica da empresa não afetará os contratos de trabalho dos respectivos empregados.

- Arts. 10 e 10-A da CLT.
- OJs 92, 261, 408 e 411 da SDI-1 do TST.
- *Vide* arts. 10 e 10-A da CLT.

Art. 448-A. Caracterizada a sucessão empresarial ou de empregadores prevista nos arts. 10 e 448 desta Consolidação, as obrigações trabalhistas, inclusive as contraídas à época em que os empregados trabalhavam para a empresa sucedida, são de responsabilidade do sucessor.

- Artigo incluído pela Lei 13.467/2017.

Parágrafo único. A empresa sucedida responderá solidariamente com a sucessora quando ficar comprovada fraude na transferência.

Art. 449. Os direitos oriundos da existência do contrato de trabalho subsistirão em caso de falência, concordata ou dissolução da empresa.

- Art. 148 da CLT.
- *Vide* arts. 652, parágrafo único, e 768 da CLT.
- *Vide* arts. 83 e 151 da Lei n. 11.101, de 9-2-2005.

§ 1º Na falência constituirão créditos privilegiados a totalidade dos salários devidos ao empregado e a totalidade das indenizações a que tiver direito.

- § 1º com a redação dada pela Lei 6.449/1977.
- Art. 652, parágrafo único, e 768 da CLT.
- Art. 83 e 151 da Lei 11.101/2005.

§ 2º Havendo concordata na falência, será facultado aos contratantes tornar sem efeito a rescisão do contrato de trabalho e consequente indenização, desde que o empregador pague, no mínimo, a metade dos salários que seriam devidos ao empregado durante o interregno.

- Art. 186 do CTN.
- Arts. 83 e 84 da Lei 11.101/2005.
- Súm. 173 do TST e 227 do STF.

Art. 450. Ao empregado chamado a ocupar, em comissão, interinamente, ou em substituição eventual ou temporária, cargo diverso do que exercer na empresa, serão garantidas a contagem do tempo naquele serviço, bem como volta ao cargo anterior.

- Súm. 159 do TST.

Art. 451. O contrato de trabalho por prazo determinado que, tácita ou expressamente, for prorrogado mais de uma vez passará a vigorar sem determinação de prazo.

- Art. 445 da CLT.
- Art. 30 da Lei 9.615/1998.
- Art. 1º, § 2º da Lei 9.601/1998.
- Súm. 188 do TST.

Art. 452. Considera-se por prazo indeterminado todo contrato que suceder, dentro de 6 (seis) meses, a outro contrato por prazo determinado, salvo se a expiração deste dependeu da execução de serviços especializados ou da realização de certos acontecimentos.

Art. 452-A. O contrato de trabalho intermitente deve ser celebrado por escrito e deve conter especificamente o valor da hora de trabalho, que não pode ser inferior ao valor horário do salário mínimo ou àquele devido aos demais empregados do estabelecimento que exerçam a mesma função em contrato intermitente ou não.

- Artigo incluído pela Lei 13.467/2017.

§ 1° O empregador convocará, por qualquer meio de comunicação eficaz, para a prestação de serviços, informando qual será a jornada, com, pelo menos, três dias corridos de antecedência.

§ 2° Recebida a convocação, o empregado terá o prazo de um dia útil para responder ao chamado, presumindo-se, no silêncio, a recusa.

§ 3° A recusa da oferta não descaracteriza a subordinação para fins do contrato de trabalho intermitente.

§ 4º Aceita a oferta para o comparecimento ao trabalho, a parte que descumprir, sem justo motivo, pagará à outra parte, no prazo de trinta dias, multa de 50% (cinquenta por cento) da remuneração que seria devida, permitida a compensação em igual prazo.

§ 5º O período de inatividade não será considerado tempo à disposição do empregador, podendo o trabalhador prestar serviços a outros contratantes.

§ 6º Ao final de cada período de prestação de serviço, o empregado receberá o pagamento imediato das seguintes parcelas:

I – remuneração;

II – férias proporcionais com acréscimo de um terço;

III – décimo terceiro salário proporcional;

IV – repouso semanal remunerado; e

V – adicionais legais.

§ 7º O recibo de pagamento deverá conter a discriminação dos valores pagos relativos a cada uma das parcelas referidas no § 6º deste artigo.

§ 8º O empregador efetuará o recolhimento da contribuição previdenciária e o depósito do Fundo de Garantia do Tempo de Serviço, na forma da lei, com base nos valores pagos no período mensal e fornecerá ao empregado comprovante do cumprimento dessas obrigações.

§ 9º A cada doze meses, o empregado adquire direito a usufruir, nos doze meses subsequentes, um mês de férias, período no qual não poderá ser convocado para prestar serviços pelo mesmo empregador.

Art. 453. No tempo de serviço do empregado, quando readmitido, serão computados os períodos, ainda que não contínuos, em que tiver trabalhado anteriormente na empresa, salvo se houver sido despedido por falta grave, recebido indenização legal ou se aposentado espontaneamente.

- *Caput* com a redação dada pela Lei 6.204/1975.
- Art. 1º Dec.-lei 691/1969.
- Súm. 138 e 156 do TST.
- OJ 361 da SDI-1 do TST.
- » O art. 1.º do Decreto-lei n. 691, de 18-7-1969, dispõe sobre a não aplicação, aos contratos de técnicos estrangeiros, com estipulação de pagamento de salários em moeda estrangeira, de diversas disposições da legislação trabalhista, e dá outras providências.

§ 1º Na aposentadoria espontânea de empregados das empresas públicas e sociedades de economia mista é permitida sua readmissão desde que atendidos aos requisitos constantes do art. 37, inciso XVI, da Constituição, e condicionada à prestação de concurso público.

- § 1º incluído pela Lei 9.528/1997.
- O STF na ADIN 1.770-4, de 20.10.2006, declarou a inconstitucionalidade do dispositivo.

§ 2º O ato de concessão de benefício de aposentadoria a empregado que não tiver completado 35 (trinta e cinco) anos de serviço, se homem, ou trinta, se mulher, importa em extinção do vínculo empregatício.

- § 2º incluído pela Lei 9.528/1997.
- O STF na ADIN N.º 1.721-3, de 20.10.2006, declarou a inconstitucionalidade do dispositivo.

Art. 454. Na vigência do contrato de trabalho, as invenções do empregado, quando decorrentes de sua contribuição pessoal e da instalação ou equipamento fornecidos pelo empregador, serão de propriedade comum, em partes iguais, salvo se o contrato de trabalho tiver por objeto, implícita ou explicitamente, pesquisa científica.

- Lei 9.609/1998.
- Arts. 88 a 93 da Lei 9.279/1996.

Parágrafo único. Ao empregador caberá a exploração do invento, ficando obrigado a promovê-la no prazo de um ano da data da concessão da patente, sob pena de reverter em favor do empregado da plena propriedade desse invento.

Art. 455. Nos contratos de subempreitada responderá o subempreiteiro pelas obrigações derivadas do contrato de trabalho que celebrar, cabendo, todavia, aos empregados, o direito de reclamação contra o empreiteiro principal pelo inadimplemento daquelas obrigações por parte do primeiro.

Parágrafo único. Ao empreiteiro principal fica ressalvada, nos termos da lei civil, ação regressiva contra o subempreiteiro e a retenção de importâncias a este devidas, para a garantia das obrigações previstas neste artigo.

- Súm. 331, IV, do TST.
- OJ 191 da SDI-1 do TST.

Art. 456. A prova do contrato individual do trabalho será feita pelas anotações constantes da carteira profissional ou por instrumento escrito e suprida por todos os meios permitidos em direito.

- Súm. 225 do STF.
- Súm. 212 do TST.
- » *Vide* Súmula 225 do STF.
- » *Vide* Súmula 212 do TST.

Parágrafo único. A falta de prova ou inexistindo cláusula expressa a tal respeito, entender-se-á que o empregado se obrigou a todo e qualquer serviço compatível com a sua condição pessoal.

- Art. 447 da CLT.
- Art. 212 do CC.
- » *Vide* art. 447 da CLT.

Art. 456-A. Cabe ao empregador definir o padrão de vestimenta no meio ambiente laboral, sendo lícita a inclusão no uniforme de logomarcas da própria empresa ou de empresas parceiras e de outros itens de identificação relacionados à atividade desempenhada.

- Artigo incluído pela Lei 13.467/2017.

Parágrafo único. A higienização do uniforme é de responsabilidade do trabalhador, salvo nas hipóteses em que forem necessários procedimentos ou produtos diferentes dos utilizados para a higienização das vestimentas de uso comum.

CAPÍTULO II
DA REMUNERAÇÃO

Art. 457. Compreendem-se na remuneração do empregado, para todos os efeitos legais, além do salário devido e pago diretamente pelo empregador, como contraprestação do serviço, as gorjetas que receber.

- *Caput* com a redação dada pela Lei 1.999, de 1.10.1953.
- Art. 7º, VII, da CF.
- Art. 29, § 1º, da CLT.
- Art. 15 da Lei 8.036/1990.
- Art. 1º, § 1º da Lei 4.090/1962.
- Súm. 91 e 354 do TST.
- » *Vide* art. 29, § 1.º, da CLT.

§ 1º Integram o salário a importância fixa estipulada, as gratificações legais e as comissões pagas pelo empregador.

- § 1º com redação dada pela Lei 13.467/2017.
- Redação e numeração conforme publicação oficial.
- Súm. 207 e 209 do STF.
- Súm. 139, 152, 202, 203, 225 e 247 do TST.
- OJ 181 da SDI-1 do TST.

§ 2º As importâncias, ainda que habituais, pagas a título de ajuda de custo, auxílio-alimentação, vedado seu pagamento em dinheiro, diárias para viagem, prêmios e abonos não integram a remuneração do empregado, não se incorporam ao contrato de trabalho e não constituem base de incidência de qualquer encargo trabalhista e previdenciário.

- § 2º com a redação dada pela Lei 13.467/2017.

§ 3º Considera-se gorjeta não só a importância espontaneamente dada pelo cliente ao empregado, como também o valor cobrado pela empresa, como serviço ou adicional, a qualquer título, e destinado à distribuição aos empregados.

- § 3º com a redação dada pela Lei 13.419/2017.
- Súm. 354 do TST.

§ 4º Consideram-se prêmios as liberalidades concedidas pelo empregador em forma de bens, serviços ou valor em dinheiro a empregado ou a grupo de empregados, em razão de desempenho superior ao ordinariamente esperado no exercício de suas atividades.

- § 4º incluído pela Lei 13.467/2017.
- A Lei 13.467, de 13.07.2017, alterou o art. 457 e deixou de mencionar seus §§ 5º a 11.

§ 5º Inexistindo previsão em convenção ou acordo coletivo de trabalho, os critérios de rateio e distribuição da gorjeta e os percentuais de retenção previstos nos §§ 6º e 7º deste artigo serão definidos em assembleia geral dos trabalhadores, na forma do art. 612 desta Consolidação.

§ 6º As empresas que cobrarem a gorjeta de que trata o § 3º deverão:

I – para as empresas inscritas em regime de tributação federal diferenciado, lançá-la na respectiva nota de consumo, facultada a retenção de até 20% (vinte por cento) da arrecadação correspondente, mediante previsão em convenção ou acordo coletivo de trabalho, para custear os encargos sociais, previdenciários e trabalhistas derivados da sua integração à remuneração dos empregados, devendo o valor remanescente ser revertido integralmente em favor do trabalhador;

II – para as empresas não inscritas em regime de tributação federal diferenciado, lançá-la na respectiva nota de consumo, facultada a retenção de até 33% (trinta e três por cento) da arrecadação correspondente, mediante previsão em convenção ou acordo coletivo de trabalho, para custear os encargos sociais, previdenciários e trabalhistas derivados da sua integração à remuneração dos empregados, devendo o valor remanescente ser revertido integralmente em favor do trabalhador;

III – anotar na Carteira de Trabalho e Previdência Social e no contracheque de seus empregados o salário contratual fixo e o percentual percebido a título de gorjeta.

§ 7º A gorjeta, quando entregue pelo consumidor diretamente ao empregado, terá seus critérios definidos em convenção ou acordo coletivo de trabalho, facultada a retenção nos parâmetros do § 6º deste artigo.

§ 8º As empresas deverão anotar na Carteira de Trabalho e Previdência Social de seus empregados o salário fixo e a média dos valores das gorjetas referente aos últimos doze meses.

§ 9º Cessada pela empresa a cobrança da gorjeta de que trata o § 3º deste artigo, desde que cobrada por mais de doze meses, essa se incorporará ao salário do empregado, tendo como base a média dos últimos doze meses, salvo o estabelecido em convenção ou acordo coletivo de trabalho.

§ 10. Para empresas com mais de sessenta empregados, será constituída comissão de empregados, mediante previsão em convenção ou acordo coletivo de trabalho, para acompanhamento e fiscalização da regularidade da cobrança e distribuição da gorjeta de que trata o § 3º deste artigo, cujos representantes serão eleitos em assembleia geral convocada para esse fim pelo sindicato laboral e gozarão de garantia de emprego vinculada ao desempenho das funções para que foram eleitos, e, para as demais empresas, será constituída comissão intersindical para o referido fim.

§ 11. Comprovado o descumprimento do disposto nos §§ 4º, 6º, 7º e 9º deste artigo, o empregador pagará ao trabalhador prejudicado, a título de multa, o valor correspondente a 1/30 (um trinta avos) da média da gorjeta por dia de atraso, limitada ao piso da categoria, assegurados em qualquer hipótese o contraditório e a ampla defesa, observadas as seguintes regras:

I – a limitação prevista neste parágrafo será triplicada caso o empregador seja reincidente;

II – considera-se reincidente o empregador que, durante o período de doze meses, descumpre o disposto nos §§ 4º, 6º, 7º e 9º deste artigo por mais de sessenta dias.

Art. 458. Além do pagamento em dinheiro, compreende-se no salário, para todos os efeitos legais, a alimentação, habitação, vestuário ou outras prestações "in natura" que a empresa, por força do contrato ou do costume, fornecer habitualmente ao empregado. Em caso algum será permitido o pagamento com bebidas alcoólicas ou drogas nocivas. (Redação dada pelo Dec.-lei 229/1967)

- Art. 29, § 1º e 81 da CLT.
- Súm. 241, 248 e 367 do TST.
- OJs 123, 133 e 413 da SDI-1 do TST.

§ 1º Os valores atribuídos às prestações "in natura" deverão ser justos e razoáveis, não podendo exceder, em cada caso, os dos percentuais das parcelas componentes do salário mínimo (arts. 81 e 82).

- § 1º incluído pelo Dec.-lei 229/1967.

§ 2º Para os efeitos previstos neste artigo, não serão consideradas como salário as seguintes utilidades concedidas pelo empregador:

I – vestuários, equipamentos e outros acessórios fornecidos aos empregados e utilizados no local de trabalho, para a prestação do serviço;

II – educação, em estabelecimento de ensino próprio ou de terceiros, compreendendo os valores relativos a matrícula, mensalidade, anuidade, livros e material didático;

III – transporte destinado ao deslocamento para o trabalho e retorno, em percurso servido ou não por transporte público;

- Súm. 460 do TST.
- » *Vide* Súmula 460 do TST.

IV – assistência médica, hospitalar e odontológica, prestada diretamente ou mediante seguro-saúde;

- Súm. 440 do TST.
- » *Vide* Súmula 440 do TST.

V – seguros de vida e de acidentes pessoais;

VI – previdência privada;

- » *Vide* art. 202, § 2.º, da CF.
- » *Vide* art. 8.º da Lei Complementar n. 109, de 29-5-2001 (Lei do regime de previdência complementar).

VII – Vetado;

VIII – o valor correspondente ao vale-cultura.

- Inciso VIII acrescentado pela Lei 12.761, de 27.12.2012.

§ 3º A habitação e a alimentação fornecidas como salário-utilidade deverão atender aos fins a que se destinam e não poderão exceder, respectivamente, a 25% (vinte e cinco por cento) e 20% (vinte por cento) do salário-contratual.

- Súm. 258 do TST.
- Art. 9º da Lei 5.889/1973.
- » *Vide* art. 9.º da Lei n. 5.889, de 8-6-1973.

§ 4º Tratando-se de habitação coletiva, o valor do salário-utilidade a ela correspondente será obtido mediante a divisão do justo valor da habitação pelo número de coabitantes, vedada, em qualquer hipótese, a utilização da mesma unidade residencial por mais de uma família.

- §§ 3º e 4º incluídos pela Lei 8.860/1994.

§ 5º O valor relativo à assistência prestada por serviço médico ou odontológico, próprio ou não, inclusive o reembolso de despesas com medicamentos, óculos, aparelhos ortopédicos, próteses, órteses, despesas médico-hospitalares e outras similares, mesmo quando concedido em diferentes modalidades de planos e coberturas, não integram o salário do empregado para qualquer efeito nem o salário de contribuição, para efeitos do previsto na alínea q do § 9º do art. 28 da Lei nº 8.212, de 24 de julho de 1991. (Incluído pela Lei nº 13.467/2017)

Art. 459. O pagamento do salário, qualquer que seja a modalidade do trabalho, não deve ser estipulado por período superior a 1 (um) mês, salvo no que concerne a comissões, percentagens e gratificações.

- Art. 7º, VII, da CF.
- Súm. 381 do TST.

§ 1º Quando o pagamento houver sido estipulado por mês, deverá ser efetuado, o mais tardar, até o quinto dia útil do mês subsequente ao vencido.

- § 1º com a redação dada pela Lei 7.855/1989.
- OJ 159 da SDI-1 do TST.

Art. 460. Na falta de estipulação do salário ou não havendo prova sobre a importância ajustada, o empregado terá direito a perceber salário igual ao daquela que, na mesma empresa, fizer serviço equivalente ou do que for habitualmente pago para serviço semelhante.

Art. 461. Sendo idêntica a função, a todo trabalho de igual valor, prestado ao mesmo empregador, no mesmo estabelecimento empresarial, corresponderá igual salário, sem distinção de sexo, etnia, nacionalidade ou idade.

- *Caput* com a redação dada pela Lei 13.467/2017.
- Art. 7º, XXX e XXXI, da CF.
- Súm. 6, 127, 159 e 455 do TST.
- OJs 296, 297 e 383 da SDI-1.

§ 1º Trabalho de igual valor, para os fins deste Capítulo, será o que for feito com igual produtividade e com a mesma perfeição técnica, entre pessoas cuja diferença de tempo de serviço para o mesmo empregador não seja superior a quatro anos e a diferença de tempo na função não seja superior a dois anos.

- § 1º com a redação dada pela Lei 13.467/2017.

§ 2º Os dispositivos deste artigo não prevalecerão quando o empregador tiver pessoal organizado em quadro de carreira ou adotar, por meio de norma interna da empresa ou de negociação coletiva, plano de cargos e salários, dispensada qualquer forma de homologação ou registro em órgão público.

- § 2º com a redação dada pela Lei 13.467/2017.
- Súm. 6, 19, 127 e 275 do TST.

§ 3º No caso do § 2º deste artigo, as promoções poderão ser feitas por merecimento e por antiguidade, ou por apenas um destes critérios, dentro de cada categoria profissional.

- § 3º com a redação dada pela Lei 13.467/2017.
- OJ 418, SDI-1 do TST.

§ 4º O trabalhador readaptado em nova função por motivo de deficiência física ou mental atestada pelo órgão competente da Previdência Social não servirá de paradigma para fins de equiparação salarial.

- § 4º incluído pela Lei 5.798/1972.
- Art. 7º, XXXI, da CF.

§ 5º A equiparação salarial só será possível entre empregados contemporâneos no cargo ou na função, ficando vedada a indicação de paradigmas remotos, ainda que o paradigma contemporâneo tenha obtido a vantagem em ação judicial própria.

- § 5º incluído pela Lei 13.467/2017.

§ 6º Na hipótese de discriminação por motivo de sexo, raça, etnia, origem ou idade, o pagamento das diferenças salariais devidas ao empregado discriminado não afasta seu direito de ação de indenização por danos morais, consideradas as especificidades do caso concreto. *(Redação dada pela Lei 14.611/2023)*

§ 7º Sem prejuízo do disposto no § 6º, no caso de infração ao previsto neste artigo, a multa de que trata o art. 510 desta Consolidação corresponderá a 10 (dez) vezes o valor do novo salário devido pelo empregador ao empregado discriminado, elevada ao dobro, no caso de reincidência, sem prejuízo das demais cominações legais. *(Acrescido pela Lei 14.611/2023)*

Art. 462. Ao empregador é vedado efetuar qualquer desconto nos salários do empregado, salvo quando este resultar de adiantamentos, de dispositivos de lei ou de contrato coletivo.

- Art. 7º, X, da CF.
- Arts. 468 e 582 da CLT.
- Art. 833, IV, §§ 1º e 2º, do CPC.
- Lei 10.820/2003.
- Súm. 155, 342 e 368 do TST.
- OJs 160 e 251 da SDI-1 do TST.
- » *Vide* art. 833, IV, §§ 1.º e 2.º, do CPC.
- » O art. 20 do Decreto-lei n. 229, de 28-2-1967, substituiu a expressão "contratos coletivos de trabalho" por "convenções coletivas de trabalho".

§ 1º Em caso de dano causado pelo empregado, o desconto será lícito, desde de que esta possibilidade tenha sido acordada ou na ocorrência de dolo do empregado.

- Parágrafo único renumerado pelo Dec.-lei 229/1967.
- » *Vide* Súmula 187 do TST.

» *Vide* OJ 251 da SDI-1.

§ 2º É vedado à empresa que mantiver armazém para venda de mercadorias aos empregados ou serviços estimados a proporcionar-lhes prestações "in natura" exercer qualquer coação ou induzimento no sentido de que os empregados se utilizem do armazém ou dos serviços.

‣ Art. 9º da Lei 5.889/1973.

§ 3º Sempre que não for possível o acesso dos empregados a armazéns ou serviços não mantidos pela Empresa, é lícito à autoridade competente determinar a adoção de medidas adequadas, visando a que as mercadorias sejam vendidas e os serviços prestados a preços razoáveis, sem intuito de lucro e sempre em benefício dos empregados.

§ 4º Observado o disposto neste Capítulo, é vedado às empresas limitar, por qualquer forma, a liberdade dos empregados de dispor do seu salário.

‣ §§ 2º a 4º incluídos pelo Dec.-lei 229/1967.

Art. 463. A prestação, em espécie, do salário será paga em moeda corrente do País.

‣ Art. 5º da Lei 7.064/1982.

» O art. 5.º da Lei n. 7.064, de 6-12-1982, dispõe sobre a situação de trabalhadores contratados ou transferidos para prestar serviços no exterior.

Parágrafo único. O pagamento do salário realizado com inobservância deste artigo considera-se como não feito.

Art. 464. O pagamento do salário deverá ser efetuado contra recibo, assinado pelo empregado; em se tratando de analfabeto, mediante sua impressão digital, ou, não sendo esta possível, a seu rogo.

‣ Art. 439 da CLT.

» *Vide* art. 439 da CLT.

Parágrafo único. Terá força de recibo o comprovante de depósito em conta bancária, aberta para esse fim em nome de cada empregado, com o consentimento deste, em estabelecimento de crédito próximo ao local de trabalho.

‣ Parágrafo incluído pela Lei 9.528/1997.

Art. 465. O pagamento dos salários será efetuado em dia útil e no local do trabalho, dentro do horário do serviço ou imediatamente após o encerramento deste, salvo quando efetuado por depósito em conta bancária, observado o disposto no artigo anterior.

‣ Art. 465 com a redação dada pela Lei 9.528/1997.

Art. 466. O pagamento de comissões e percentagens só é exigível depois de ultimada a transação a que se referem.

‣ Arts. 7º, VII, da CF.

§ 1º Nas transações realizadas por prestações sucessivas, é exigível o pagamento das percentagens e comissões que lhes disserem respeito proporcionalmente à respectiva liquidação.

‣ Art. 5º e 7º da Lei 3.207/1957.

§ 2º A cessação das relações de trabalho não prejudica a percepção das comissões e percentagens devidas na forma estabelecida por este artigo.

Art. 467. Em caso de rescisão de contrato de trabalho, havendo controvérsia sobre o montante das verbas rescisórias, o empregador é obrigado a pagar ao trabalhador, à data do comparecimento à Justiça do Trabalho, a parte incontroversa dessas verbas, sob pena de pagá-las acrescidas de cinquenta por cento.

‣ *Caput* com a redação dada pela Lei 10.272/2001.

‣ Súm. 69, 173 e 388 do TST.

Parágrafo único. O disposto no *caput* não se aplica à União, aos Estados, ao Distrito Federal, aos Municípios e às suas autarquias e fundações públicas. (Parágrafo único acrescido pela Medida Provisória nº 2.180-35, de 24/8/2001)

‣ A Lei 10.272/2001, ao modificar o art. 467, *caput*, não revogou expressamente este parágrafo, razão pela qual foi mantido nesta edição.

CAPÍTULO III
DA ALTERAÇÃO

Art. 468. Nos contratos individuais de trabalho só é lícita a alteração das respectivas condições por mútuo consentimento, e ainda assim desde que não resultem, direta ou indiretamente, prejuízos ao empregado, sob pena de nulidade da cláusula infringente desta garantia.

‣ Art. 7º, VI, da CF.

‣ Arts. 9º e 444 da CLT.

‣ Súm. 209 do STF.

‣ Súm. 51, 152, 159, 265, 288 e 391 do TST.

‣ OJs 159, 244, 308, 325 e 413 da SDI-1 do TST.

§ 1º Não se considera alteração unilateral a determinação do empregador para que o respectivo empregado reverta ao cargo efetivo, anteriormente ocupado, deixando o exercício de função de confiança.

‣ Primitivo parágrafo único renumerado pela Lei 13.467/2017.

‣ Súm. 372 do TST.

§ 2º A alteração de que trata o § 1º deste artigo, com ou sem justo motivo, não assegura ao empregado o direito à manutenção do pagamento da gratificação correspondente, que não será incorporada, independentemente do tempo de exercício da respectiva função.

‣ § 2º incluído pela Lei 13.467/2017.

Art. 469. Ao empregador é vedado transferir o empregado, sem a sua anuência, para localidade diversa da que resultar do contrato, não se considerando transferência a que não acarretar necessariamente a mudança do seu domicílio.

‣ Arts. 543, § 1º, e 659, IX, da CLT.

‣ Art. 2º da Lei 7.064/1982.

§ 1º Não estão compreendidos na proibição deste artigo: os empregados que exerçam cargo de confiança e aqueles cujos contratos tenham como condição, implícita ou explícita, a transferência, quando esta decorra de real necessidade de serviço.

‣ § 1º com a redação dada pela Lei 6.203, de 17.4.1975.

‣ Súm. 29 e 43 do TST.

» *Vide* OJ 113 da SDI-1 do TST.

§ 2º É lícita a transferência quando ocorrer extinção do estabelecimento em que trabalhar o empregado.

§ 3º Em caso de necessidade de serviço o empregador poderá transferir o empregado para localidade diversa da que resultar do contrato, não obstante as restrições do artigo anterior, mas, nesse caso, ficará obrigado a um pagamento suplementar, nunca inferior a 25% (vinte e cinco por cento) dos salários que o empregado percebia naquela localidade, enquanto durar essa situação.

‣ § 3º incluído pela Lei 6.203/1975.

‣ OJ 113 da SDI-1 do TST.

Art. 470. As despesas resultantes da transferência correrão por conta do empregador.

‣ Art. 470 com a redação dada pela Lei 6.203/1975.

‣ Súm. 29 do TST.

CAPÍTULO IV
DA SUSPENSÃO E DA INTERRUPÇÃO

Art. 471. Ao empregado afastado do emprego, são asseguradas, por ocasião de sua volta, todas as vantagens que, em sua ausência, tenham sido atribuídas à categoria a que pertencia na empresa.

‣ Súm. 440 do TST.

Art. 472. O afastamento do empregado em virtude das exigências do serviço militar, ou de outro encargo público, não constituirá motivo para alteração ou rescisão do contrato de trabalho por parte do empregador.

‣ Art. 4º, §§ 1º e 2º da CLT.

‣ Art. 60, § 1º, da Lei 4.375/1964.

‣ Art. 15, § 5º, da Lei 8.036/1990.

‣ Art. 28, I, do Dec. 99.684/1990.

‣ Súm. 269 do TST.

» *Vide* art. 4.º, § 1.º, da CLT.

§ 1º Para que o empregado tenha direito a voltar a exercer o cargo do qual se afastou em virtude de exigências do serviço militar ou de encargo público, é indispensável que notifique o empregador dessa intenção, por telegrama ou carta registrada, dentro do prazo máximo de 30 (trinta) dias, contados da data em que se verificar a respectiva baixa ou a terminação do encargo a que estava obrigado.

‣ Art. 60 da Lei 4.375/1964.

§ 2º Nos contratos por prazo determinado, o tempo de afastamento, se assim acordarem as partes interessadas, não será computado na contagem do prazo para a respectiva terminação.

§ 3º Ocorrendo motivo relevante de interesse para a segurança nacional, poderá a autoridade competente solicitar o afastamento do empregado do serviço ou do local de trabalho, sem que se configure a suspensão do contrato de trabalho.

§ 4º O afastamento a que se refere o parágrafo anterior será solicitado pela autoridade competente diretamente ao empregador, em representação fundamentada com audiência da Procuradoria Regional do Trabalho, que providenciará desde logo a instauração do competente inquérito administrativo.

§ 5º Durante os primeiros 90 (noventa) dias desse afastamento, o empregado continuará percebendo sua remuneração.

‣ §§ 3º a 5º incluídos pelo Dec.-lei 3/1966.

Art. 473. O empregado poderá deixar de comparecer ao serviço sem prejuízo do salário:

‣ *Caput* com a redação dada pelo Dec..-lei 229/1967.

‣ Art. 392, § 4º, II, da CLT.

‣ Art. 6º, § 1º, a da Lei 605/1949.

‣ Súm. 15 do TST.

I – até 2 (dois) dias consecutivos, em caso de falecimento do cônjuge, ascendente, descendente, irmão ou pessoa que, declarada em sua carteira de trabalho e previdência social, viva sob sua dependência econômica;

‣ Art. 320, § 3º, da CLT.

II – até 3 (três) dias consecutivos, em virtude de casamento;

‣ Art. 320, § 3º, da CLT.

III – por 5 (cinco) dias consecutivos, em caso de nascimento de filho, de adoção ou de guarda compartilhada; *(Redação dada pela Lei 14.457/2022)*

‣ Art. 7º, XIX, da CF.

- Art. 10, § 1º, do ADCT.
- Lei 11.770/2008 (Programa Empresa Cidadã).

IV – por um dia, em cada 12 (doze) meses de trabalho, em caso de doação voluntária de sangue devidamente comprovada;

V – até 2 (dois) dias consecutivos ou não, para o fim de se alistar eleitor, nos termos da lei respectiva.

- Incisos I a V com a redação dada pelo Dec.-lei 229/1967.
- Art. 48 da Lei 4.737/1965.

VI – no período de tempo em que tiver de cumprir as exigências do Serviço Militar referidas na letra "c" do art. 65 da Lei 4.375, de 17 de agosto de 1964 (Lei do Serviço Militar).

- Inciso VI incluído pelo Dec.-lei 757/1969.

VII – nos dias em que estiver comprovadamente realizando provas de exame vestibular para ingresso em estabelecimento de ensino superior.

- Inciso VII incluído pela Lei 9.471/1997.

VIII – pelo tempo que se fizer necessário, quando tiver que comparecer a juízo.

- Inciso VIII incluído pela Lei 9.853/1999.
- Arts. 729, §§ 1º e 2º, e 822 da CLT.
- Art. 441, CPP.
- Súm. 155 do TST.

IX – pelo tempo que se fizer necessário, quando, na qualidade de representante de entidade sindical, estiver participando de reunião oficial de organismo internacional do qual o Brasil seja membro.

- Inciso IX incluído pela Lei 11.304/ 2006.

X – pelo tempo necessário para acompanhar sua esposa ou companheira em até 6 (seis) consultas médicas, ou em exames complementares, durante o período de gravidez; *(Redação dada pela Lei 14.457/2022)*

XI – por 1 (um) dia por ano para acompanhar filho de até 6 (seis) anos em consulta médica.

- Inciso XI incluído pela Lei 13.257/ 2016.

XII – até 3 (três) dias, em cada 12 (doze) meses de trabalho, em caso de realização de exames preventivos de câncer devidamente comprovada. (Incluída pela Lei 13.767/2018)

Parágrafo único. O prazo a que se refere o inciso III do *caput* deste artigo será contado a partir da data de nascimento do filho. *(Acrescido pela Lei 14.457/2022)*

Art. 474. A suspensão do empregado por mais de 30 (trinta) dias consecutivos importa na rescisão injusta do contrato de trabalho.

Art. 475. O empregado que for aposentado por invalidez terá suspenso o seu contrato de trabalho durante o prazo fixado pelas leis de previdência social para a efetivação do benefício.

- Arts. 42 a 47 da Lei 8.213/1991.
- Súm. 160 do TST.

§ 1º Recuperando o empregado a capacidade de trabalho e sendo a aposentadoria cancelada, ser-lhe-á assegurado o direito à função que ocupava ao tempo da aposentadoria, facultado, porém, ao empregador, o direito de indenizá-lo por rescisão do contrato de trabalho, nos termos dos arts. 477 e 478, salvo na hipótese de ser ele portador de estabilidade, quando a indenização deverá ser paga na forma do art. 497.

- § 1º com a redação dada pela Lei 4.824/1965.

§ 2º Se o empregador houver admitido substituto para o aposentado, poderá rescindir, com este, o respectivo contrato de trabalho sem indenização, desde que tenha havido ciência inequívoca da interinidade ao ser celebrado o contrato.

Art. 476. Em caso de seguro-doença ou auxílio-enfermidade, o empregado é considerado em licença não remunerada, durante o prazo desse benefício.

- Arts. 59 a 63 da Lei 8.213/1991.
- Art. 15, § 5º da Lei 8.036/1990.
- Art. 28, II, do Decreto 99.684/1990.
- Súm. 15, 371 e 440 do TST.
- OJ 375 da SDI-1 do TST.
- » *Vide* OJ 375 da SDI-1 do TST.
- » *Vide* Súmulas 15, 282, 371 e 378 do TST.

Art. 476-A. O contrato de trabalho poderá ser suspenso, por um período de dois a cinco meses, para participação do empregado em curso ou programa de qualificação profissional oferecido pelo empregador, com duração equivalente à suspensão contratual, mediante previsão em convenção ou acordo coletivo de trabalho e aquiescência formal do empregado, observado o disposto no art. 471 desta Consolidação.

§ 1º Após a autorização concedida por intermédio de convenção ou acordo coletivo, o empregador deverá notificar o respectivo sindicato, com antecedência mínima de quinze dias da suspensão contratual.

§ 2º O contrato de trabalho não poderá ser suspenso em conformidade com o disposto no *caput* deste artigo mais de uma vez no período de dezesseis meses.

§ 3º O empregador poderá conceder ao empregado ajuda compensatória mensal, sem natureza salarial, durante o período de suspensão contratual nos termos do *caput* deste artigo, com valor a ser definido em convenção ou acordo coletivo.

§ 4º Durante o período de suspensão contratual para participação em curso ou programa de qualificação profissional, o empregado fará jus aos benefícios voluntariamente concedidos pelo empregador.

§ 5º Se ocorrer a dispensa do empregado no transcurso do período de suspensão contratual ou nos três meses subsequentes ao seu retorno ao trabalho, o empregador pagará ao empregado, além das parcelas indenizatórias previstas na legislação em vigor, multa a ser estabelecida em convenção ou acordo coletivo, sendo de, no mínimo, cem por cento sobre o valor da última remuneração mensal anterior à suspensão do contrato.

§ 6º Se durante a suspensão do contrato não for ministrado o curso ou programa de qualificação profissional, ou o empregado permanecer trabalhando para o empregador, ficará descaracterizada a suspensão, sujeitando o empregador ao pagamento imediato dos salários e dos encargos sociais referentes ao período, às penalidades cabíveis previstas na legislação em vigor, bem como às sanções previstas em convenção ou acordo coletivo.

§ 7º O prazo limite fixado no *caput* poderá ser prorrogado mediante convenção ou acordo coletivo de trabalho e aquiescência formal do empregado, desde que o empregador arque com o ônus correspondente ao valor da bolsa de qualificação profissional, no respectivo período.

- Art. 476-A incluído pela Medida Provisória 2.164-41, de 2001.
- Lei 7.988/1989.
- » Dec. 10.088/2019 (Consolida atos normativos editados pelo Poder Executivo Federal que dispõem sobre a promulgação de convenções e recomendações da Organização Internacional do Trabalho - OIT ratificadas pelo Brasil).

CAPÍTULO V
DA RESCISÃO

Art. 477. Na extinção do contrato de trabalho, o empregador deverá proceder à anotação na Carteira de Trabalho e Previdência Social, comunicar a dispensa aos órgãos competentes e realizar o pagamento das verbas rescisórias no prazo e na forma estabelecidos neste artigo.

- *Caput* com a redação dada pela Lei 13.467/2017.
- Súm. 242 e 314 do TST.
- OJ 207, SDI-1 do TST.

§ 1º (Revogado pela Lei 13.467/2017);

§ 2º O instrumento de rescisão ou recibo de quitação, qualquer que seja a causa ou forma de dissolução do contrato, deve ter especificada a natureza de cada parcela paga ao empregado e discriminado o seu valor, sendo válida a quitação, apenas, relativamente às mesmas parcelas.

- § 2º com a redação dada pela Lei 5.584/1970.
- Súm. 330 do TST.

§ 3º (Revogado pela Lei 13.467/2017).

§ 4º O pagamento a que fizer jus o empregado será efetuado:

- § 4º com a redação dada pela Lei 13.467/2017.

I – em dinheiro, depósito bancário ou cheque visado, conforme acordem as partes; ou

- Inciso I incluído pela Lei 13.467/2017.

II – em dinheiro ou depósito bancário quando o empregado for analfabeto.

- Inciso II incluído pela Lei 13.467/2017.

§ 5º Qualquer compensação no pagamento de que trata o parágrafo anterior não poderá exceder o equivalente a um mês de remuneração do empregado.

- § 5º com a redação dada pela Lei 5.584, de 26.6.1970.

§ 6º A entrega ao empregado de documentos que comprovem a comunicação da extinção contratual aos órgãos competentes bem como o pagamento dos valores constantes do instrumento de rescisão ou recibo de quitação deverão ser efetuados até dez dias contados a partir do término do contrato.

- § 6º com a redação dada pela Lei 13.467/2017.
- Art. 477, § 8º, da CLT.

a) e *b)* (Revogadas pela Lei 13.467/2017);

§ 7º (Revogado pela Lei 13.467/2017).

§ 8º A inobservância do disposto no § 6º deste artigo sujeitará o infrator à multa de 160 BTN, por trabalhador, bem assim ao pagamento da multa a favor do empregado, em valor equivalente ao seu salário, devidamente corrigido pelo índice de variação do BTN, salvo quando, comprovadamente, o trabalhador der causa à mora. (Incluído pela Lei 7.855/1989)

- Art. 477, § 6º, da CLT.
- Súm. 388, 445 e 462 do TST.
- OJs 162 e 238 da SDI-1 do TST.

§ 9º (VETADO na Lei 7.855/1989)

§ 10. A anotação da extinção do contrato na Carteira de Trabalho e Previdência Social é documento hábil para requerer o benefício do seguro-desemprego e a movimentação da conta vinculada no Fundo de Garantia do Tempo de Serviço, nas hipóteses legais, desde que a comunicação prevista no *caput* deste artigo tenha sido realizada.

- § 10 incluído pela Lei 13.467/2017.

Art. 477-A. As dispensas imotivadas individuais, plúrimas ou coletivas equiparam-se para todos os fins, não havendo necessidade de autorização prévia de entidade sindical ou de celebração de convenção coletiva ou acordo coletivo de trabalho para sua efetivação.

- Artigo incluído pela Lei 13.467/2017.

Art. 477-B. Plano de Demissão Voluntária ou Incentivada, para dispensa individual, plúrima ou coletiva, previsto em convenção coletiva ou acordo coletivo de trabalho, enseja quitação plena e irrevogável dos direitos decorrentes da relação empregatícia, salvo disposição em contrário estipulada entre as partes.

- Artigo incluído pela Lei 13.467/2017.

Art. 478. A indenização devida pela rescisão de contrato por prazo indeterminado será de 1 (um) mês de remuneração por ano de serviço efetivo, ou por ano e fração igual ou superior a 6 (seis) meses.

- Arts. 7º, I, da CF, art. 10, I, do ADCT.
- Lei 8.036/1990 (Lei do FGTS).

§ 1º O primeiro ano de duração do contrato por prazo indeterminado é considerado como período de experiência, e, antes que se complete, nenhuma indenização será devida.

§ 2º Se o salário for pago por dia, o cálculo da indenização terá por base 25 (vinte e cinco) dias.

§ 3º Se pago por hora, a indenização apurar-se-á na base de 200 (duzentas) horas por mês.

§ 4º Para os empregados que trabalhem a comissão ou que tenham direito a percentagens, a indenização será calculada pela média das comissões ou percentagens percebidas nos últimos 12 (doze) meses de serviço.

- § 4º redação dada pelo Decreto-lei 229/1967.
- OJ 397, SDI-1 do TST.
- » *Vide* OJ 397 da SDI-1 do TST.

§ 5º Para os empregados que trabalhem por tarefa ou serviço feito, a indenização será calculada na base média do tempo costumeiramente gasto pelo interessado para realização de seu serviço, calculando-se o valor do que seria feito durante 30 (trinta) dias.

Art. 479. Nos contratos que tenham termo estipulado, o empregador que, sem justa causa, despedir o empregado será obrigado a pagar-lhe, a título de indenização, e por metade, a remuneração a que teria direito até o termo do contrato.

- Art. 18, § 1º da Lei 8.036/1990.
- Art. 14 da Lei 5.889/1973.
- Art. 14 do Dec. 99.684/1990.

Parágrafo único. Para a execução do que dispõe o presente artigo, o cálculo da parte variável ou incerta dos salários será feito de acordo com o prescrito para o cálculo da indenização referente à rescisão dos contratos por prazo indeterminado.

Art. 480. Havendo termo estipulado, o empregado não se poderá desligar do contrato, sem justa causa, sob pena de ser obrigado a indenizar o empregador dos prejuízos que desse fato lhe resultarem.

§ 1º A indenização, porém, não poderá exceder àquela a que teria direito o empregado em idênticas condições.

- Parágrafo único renumerado pelo Dec.-lei 6.353/1944.

§ 2º (Revogado pela Lei 6.533/1978.)

Art. 481. Aos contratos por prazo determinado, que contiverem cláusula assecuratória do direito recíproco de rescisão antes de expirado o termo ajustado, aplicam-se, caso seja exercido tal direito por qualquer das partes, os princípios que regem a rescisão dos contratos por prazo indeterminado.

- Súm. 163 do TST.

Art. 482. Constituem justa causa para rescisão do contrato de trabalho pelo empregador:

- Arts. 158, parágrafo único, b, 235-B e 240 da CLT.
- Súm. 316 do STF.
- » *Vide* Súmula 316 do STF.

a) ato de improbidade;

b) incontinência de conduta ou mau procedimento;

c) negociação habitual por conta própria ou alheia sem permissão do empregador, e quando constituir ato de concorrência à empresa para a qual trabalha o empregado, ou for prejudicial ao serviço;

d) condenação criminal do empregado, passada em julgado, caso não tenha havido suspensão da execução da pena;

e) desídia no desempenho das respectivas funções;

f) embriaguez habitual ou em serviço;

g) violação de segredo da empresa;

h) ato de indisciplina ou de insubordinação;

i) abandono de emprego;

- Súm. 32, 62 e 73 do TST.

j) ato lesivo da honra ou da boa fama praticado no serviço contra qualquer pessoa, ou ofensas físicas, nas mesmas condições, salvo em caso de legítima defesa, própria ou de outrem;

k) ato lesivo da honra ou da boa fama ou ofensas físicas praticadas contra o empregador e superiores hierárquicos, salvo em caso de legítima defesa, própria ou de outrem;

l) prática constante de jogos de azar.

m) perda da habilitação ou dos requisitos estabelecidos em lei para o exercício da profissão, em decorrência de conduta dolosa do empregado.

- Alínea m incluída pela Lei 13.467/2017.

Parágrafo único. Constitui igualmente justa causa para dispensa de empregado a prática, devidamente comprovada em inquérito administrativo, de atos atentatórios à segurança nacional.

- Parágrafo único incluído pelo Dec.-lei 3/1966.
- » *Vide* art. 109, VI, da CF.

Art. 483. O empregado poderá considerar rescindido o contrato e pleitear a devida indenização quando:

- Art. 487, § 4º, da CLT.
- Art. 216-A, CP.
- Súm. 13 do TST.

a) forem exigidos serviços superiores às suas forças, defesos por lei, contrários aos bons costumes, ou alheios ao contrato;

- Arts. 198, 390 e 405, § 5º, da CLT.

b) for tratado pelo empregador ou por seus superiores hierárquicos com rigor excessivo;

c) correr perigo manifesto de mal considerável;

d) não cumprir o empregador as obrigações do contrato;

- Art. 407, parágrafo único, da CLT.
- Art. 2º, § 1º, do Decreto-lei 368/1968.
- Súm. 13 do TST.

e) praticar o empregador ou seus prepostos, contra ele ou pessoas de sua família, ato lesivo da honra e boa fama;

f) o empregador ou seus prepostos ofenderem-no fisicamente, salvo em caso de legítima defesa, própria ou de outrem;

g) o empregador reduzir o seu trabalho, sendo este por peça ou tarefa, de forma a afetar sensivelmente a importância dos salários.

- Art. 407, parágrafo único, da CLT.
- » *Vide* OJ 244 da SDI-1 do TST.

§ 1º O empregado poderá suspender a prestação dos serviços ou rescindir o contrato, quando tiver de desempenhar obrigações legais, incompatíveis com a continuação do serviço.

§ 2º No caso de morte do empregador constituído em empresa individual, é facultado ao empregado rescindir o contrato de trabalho.

§ 3º Nas hipóteses das letras "d" e "g", poderá o empregado pleitear a rescisão de seu contrato de trabalho e o pagamento das respectivas indenizações, permanecendo ou não no serviço até final decisão do processo.

- § 3º incluído pela Lei 4.825/1965.

Art. 484. Havendo culpa recíproca no ato que determinou a rescisão do contrato de trabalho, o tribunal de trabalho reduzirá a indenização à que seria devida em caso de culpa exclusiva do empregador, por metade.

- Arts. 18, § 2º, e 20, I, da Lei 8.036/1990.
- Súm. 14 do TST.

Art. 484-A. O contrato de trabalho poderá ser extinto por acordo entre empregado e empregador, caso em que serão devidas as seguintes verbas trabalhistas:

- Artigo incluído pela Lei 13.467/2017.

I – por metade:

a) o aviso prévio, se indenizado; e

b) a indenização sobre o saldo do Fundo de Garantia do Tempo de Serviço, prevista no § 1° do art. 18 da Lei 8.036, de 11 de maio de 1990;

II – na integralidade, as demais verbas trabalhistas.

§ 1º A extinção do contrato prevista no *caput* deste artigo permite a movimentação da conta vinculada do trabalhador no Fundo de Garantia do Tempo de Serviço na forma do inciso I-A do art. 20 da Lei 8.036, de 11 de maio de 1990, limitada até 80% (oitenta por cento) do valor dos depósitos.

§ 2º A extinção do contrato por acordo prevista no *caput* deste artigo não autoriza o ingresso no Programa de Seguro-Desemprego.

Art. 485. Quando cessar a atividade da empresa, por morte do empregador, os empregados terão direito, conforme o caso, à indenização a que se referem os art. 477 e 497.

- Súm. 44 do TST.

Art. 486. No caso de paralisação temporária ou definitiva do trabalho, motivada por ato de autoridade municipal, estadual ou federal, ou pela promulgação de lei ou resolução que impossibilite a continuação da atividade, prevalecerá o pagamento da indenização, que ficará a cargo do governo responsável.

- *Caput* com a redação dada pela Lei 1.530/1951.

§ 1º Sempre que o empregador invocar em sua defesa o preceito do presente artigo, o tribunal do trabalho competente notificará a pessoa de direito público apontada como responsável pela paralisação do trabalho, para que, no prazo de 30 (trinta) dias, alegue o que entender devido, passando a figurar no processo como chamada à autoria.

› § 1º com a redação dada Dec.-lei 6.110/1943.

§ 2º Sempre que a parte interessada, firmada em documento hábil, invocar defesa baseada na disposição deste artigo e indicar qual o juiz competente, será ouvida a parte contrária, para, dentro de 3 (três) dias, falar sobre essa alegação.

§ 3º Verificada qual a autoridade responsável, a Junta de Conciliação ou Juiz dar-se-á por incompetente, remetendo os autos ao Juiz Privativo da Fazenda, perante o qual correrá o feito nos termos previstos no processo comum.

› §§ 2º e 3º incluídos pela Lei 1.530/1951.

CAPÍTULO VI
DO AVISO PRÉVIO

› Vide Lei 12.506/2011, que dispõe sobre o aviso prévio e dá outras providências.

» *Vide* Súmula 369, V, do TST.

Art. 487. Não havendo prazo estipulado, a parte que, sem justo motivo, quiser rescindir o contrato deverá avisar a outra da sua resolução com a antecedência mínima de:

› Art. 7º, XXI e parágrafo único, da CF.

› Súm. 14, 44, 163, 182, 253, 276, 305, 348, 354, 369 V, 371, 380 e 441 do TST.

› OJ, 42 II, 82, 83, 268, 367 e 394 da SDI-1 do TST.

I – oito dias, se o pagamento for efetuado por semana ou tempo inferior;

II – trinta dias aos que perceberem por quinzena ou mês, ou que tenham mais de 12 (doze) meses de serviço na empresa.

› Incisos I e II com a redação dada pela Lei 1.530/1951.

§ 1º A falta do aviso prévio por parte do empregador dá ao empregado o direito aos salários correspondentes ao prazo do aviso, garantida sempre a integração desse período no seu tempo de serviço.

§ 2º A falta de aviso prévio por parte do empregado dá ao empregador o direito de descontar os salários correspondentes ao prazo respectivo.

§ 3º Em se tratando de salário pago na base de tarefa, o cálculo, para os efeitos dos parágrafos anteriores, será feito de acordo com a média dos últimos 12 (doze) meses de serviço.

§ 4º É devido o aviso prévio na despedida indireta.

› § 4º incluído pela Lei 7.108/1983.

§ 5º O valor das horas extraordinárias habituais integra o aviso prévio indenizado.

§ 6º O reajustamento salarial coletivo, determinado no curso do aviso prévio, beneficia o empregado pré-avisado da despedida, mesmo que tenha recebido antecipadamente os salários correspondentes ao período do aviso, que integra seu tempo de serviço para todos os efeitos legais.

› §§ 5º e 6º incluídos pela Lei 10.218/2001.

Art. 488. O horário normal de trabalho do empregado, durante o prazo do aviso, e se a rescisão tiver sido promovida pelo empregador, será reduzido de 2 (duas) horas diárias, sem prejuízo do salário integral.

› Art. 15, da Lei 5.889/1973.

› Súm. 230 do TST.

Parágrafo único. É facultado ao empregado trabalhar sem a redução das 2 (duas) horas diárias previstas neste artigo, caso em que poderá faltar ao serviço, sem prejuízo do salário integral, por 1 (um) dia, na hipótese do inciso I, e por 7 (sete) dias corridos, na hipótese do inciso II do art. 487 desta Consolidação.

› Parágrafo único incluído pela Lei 7.093/1983.

Art. 489. Dado o aviso prévio, a rescisão torna-se efetiva depois de expirado o respectivo prazo, mas, se a parte notificante reconsiderar o ato, antes de seu termo, à outra parte é facultado aceitar ou não a reconsideração.

Parágrafo único. Caso seja aceita a reconsideração ou continuando a prestação depois de expirado o prazo, o contrato continuará a vigorar, como se o aviso prévio não tivesse sido dado.

Art. 490. O empregador que, durante o prazo do aviso prévio dado ao empregado, praticar ato que justifique a rescisão imediata do contrato, sujeita-se ao pagamento da remuneração correspondente ao prazo do referido aviso, sem prejuízo da indenização que for devida.

Art. 491. O empregado que, durante o prazo do aviso prévio, cometer qualquer das faltas consideradas pela lei como justas para a rescisão, perde o direito ao restante do respectivo prazo.

› Súm. 73 do TST.

CAPÍTULO VII
DA ESTABILIDADE

Art. 492. O empregado que contar mais de 10 (dez) anos de serviço na mesma empresa não poderá ser despedido senão por motivo de falta grave ou circunstância de força maior, devidamente comprovadas.

› Art. 7º, I e III, CF.

› Art. 14 da Lei 8.036/1990 (Lei do FGTS).

Parágrafo único. Considera-se como de serviço todo o tempo em que o empregado esteja à disposição do empregador.

Art. 493. Constitui falta grave a prática de qualquer dos fatos a que se refere o art. 482, quando por sua repetição ou natureza representem séria violação dos deveres e obrigações do empregado.

Art. 494. O empregado acusado de falta grave poderá ser suspenso de suas funções, mas a sua despedida só se tornará efetiva após o inquérito e que se verifique a procedência da acusação.

› Art. 853 da CLT.

› Súm. 197 e 403 do STF.

› Súm. 379 do TST.

› OJ 137 da SDI-2 do TST.

Parágrafo único. A suspensão, no caso deste artigo, perdurará até a decisão final do processo.

Art. 495. Reconhecida a inexistência de falta grave praticada pelo empregado, fica o empregador obrigado a readmiti-lo no serviço e a pagar-lhe os salários a que teria direito no período da suspensão.

› Súm. 215 do STF.

Art. 496. Quando a reintegração do empregado estável for desaconselhável, dado o grau de incompatibilidade resultante do dissídio, especialmente quando for o empregador pessoa física, o tribunal do trabalho poderá converter aquela obrigação em indenização devida nos termos do artigo seguinte.

› Súm. 28 e 396 do TST.

› OJ 399 da SDI-1 do TST.

› Dec. 3.048/1999, art. 214, § 12.

Art. 497. Extinguindo-se a empresa, sem a ocorrência de motivo de força maior, ao empregado estável despedido é garantida a indenização por rescisão do contrato por prazo indeterminado, paga em dobro.

› Dec. 3.048/1999, art. 214, § 12.

Art. 498. Em caso de fechamento do estabelecimento, filial ou agência, ou supressão necessária de atividade, sem ocorrência de motivo de força maior, é assegurado aos empregados estáveis, que ali exerçam suas funções, direito à indenização, na forma do artigo anterior.

Art. 499. Não haverá estabilidade no exercício dos cargos de diretoria, gerência ou outros de confiança imediata do empregador, ressalvado o cômputo do tempo de serviço para todos os efeitos legais.

› Súm. 269 do TST.

§ 1º Ao empregado garantido pela estabilidade que deixar de exercer cargo de confiança, é assegurada, salvo no caso de falta grave, a reversão ao cargo efetivo que haja anteriormente ocupado.

§ 2º Ao empregado despedido sem justa causa, que só tenha exercido cargo de confiança e que contar mais de 10 (dez) anos de serviço na mesma empresa, é garantida a indenização proporcional ao tempo de serviço nos termos dos arts. 477 e 478.

§ 3º A despedida que se verificar com o fim de obstar ao empregado a aquisição de estabilidade sujeitará o empregador a pagamento em dobro da indenização prescrita nos arts. 477 e 478.

Art. 500. O pedido de demissão do empregado estável só será válido quando feito com a assistência do respectivo Sindicato e, se não o houver, perante autoridade local competente do Ministério do Trabalho e Previdência Social ou da Justiça do Trabalho.

› Art. 500 com redação dada pela Lei 5.584/1970.

› Art. 11, da Lei 4.725/1965.

» *Vide* art. 11 da Lei n. 4.725, de 13-7-1965, que estabelece normas para o processo dos dissídios coletivos, e dá outras providências.

CAPÍTULO VIII
DA FORÇA MAIOR

Art. 501. Entende-se como força maior todo acontecimento inevitável, em relação à vontade do empregador, e para a realização do qual este não concorreu, direta ou indiretamente.

§ 1º A imprevidência do empregador exclui a razão de força maior.

§ 2º À ocorrência do motivo de força maior que não afetar substancialmente, nem for suscetível de afetar, em tais condições, a situação econômica e financeira da empresa não se aplicam as restrições desta Lei referentes ao disposto neste Capítulo.

Art. 502. Ocorrendo motivo de força maior que determine a extinção da empresa, ou de um dos estabelecimentos em que trabalhe o empregado, é assegurada a este, quando despedido, uma indenização na forma seguinte:

I – sendo estável, nos termos dos arts. 477 e 478;

II – não tendo direito à estabilidade, metade da que seria devida em caso de rescisão sem justa causa;

III – havendo contrato por prazo determinado, aquela a que se refere o art. 479 desta Lei, reduzida igualmente à metade.

- Art. 18, § 1º, da Lei 8.036/1990.
- Súm. 221 do STF.

Art. 503. É lícita, em caso de força maior ou prejuízos devidamente comprovados, a redução geral dos salários dos empregados da empresa, proporcionalmente aos salários de cada um, não podendo, entretanto, ser superior a 25% (vinte e cinco por cento), respeitado, em qualquer caso, o salário mínimo da região.

- Art. 7º, VI e X, da CF.

Parágrafo único. Cessados os efeitos decorrentes do motivo de força maior, é garantido o restabelecimento dos salários reduzidos.

Art. 504. Comprovada a falsa alegação do motivo de força maior, é garantida a reintegração aos empregados estáveis, e aos não estáveis o complemento da indenização já percebida, assegurado a ambos o pagamento da remuneração atrasada.

CAPÍTULO IX
DISPOSIÇÕES ESPECIAIS

Art. 505. São aplicáveis aos trabalhadores rurais os dispositivos constantes dos Capítulos I, II e VI do presente Título.

- Art. 7º, *caput*, da CF.
- Art. 7º, b, da CLT.
- Lei 5.889/1973 (Trabalho Rural).
- Dec. 7.943/2013 (Política Nacional para os Trabalhadores Rurais Empregados).
- Arts. 83 a 105 do Dec. 10.854/2021 (Estabelece as relações individuais e coletivas de trabalho rural).
- *Vide* art. 7.º, *b*, da CLT.

Art. 506. No contrato de trabalho agrícola é lícito o acordo que estabelecer a remuneração in natura, contanto que seja de produtos obtidos pela exploração do negócio e não exceda de 1/3 (um terço) do salário total do empregado.

- Art. 9º da Lei 5.889/1973 (Trabalho Rural)..

Art. 507. As disposições do Capítulo VII do presente Título não serão aplicáveis aos empregados em consultórios ou escritórios de profissionais liberais.

Parágrafo único. (Revogado pela Lei 6.533/1978)

Art. 507-A. Nos contratos individuais de trabalho cuja remuneração seja superior a duas vezes o limite máximo estabelecido para os benefícios do Regime Geral de Previdência Social, poderá ser pactuada cláusula compromissória de arbitragem, desde que por iniciativa do empregado ou mediante a sua concordância expressa, nos termos previstos na Lei 9.307, de 23 de setembro de 1996.

- Artigo incluído pela Lei 13.467/2017.

Art. 507-B. É facultado a empregados e empregadores, na vigência ou não do contrato de emprego, firmar o termo de quitação anual de obrigações trabalhistas, perante o sindicato dos empregados da categoria.

- Artigo incluído pela Lei 13.467/2017.

Parágrafo único. O termo discriminará as obrigações de dar e fazer cumpridas mensalmente e dele constará a quitação anual dada pelo empregado, com eficácia liberatória das parcelas nele especificadas.

Art. 508. (Revogado pela Lei 12.347/2010.)

Art. 509. (Revogado pela Lei 6.533/1978.)

Art. 510. Pela infração das proibições constantes deste Título, será imposta à empresa a multa de valor igual a 1 (um) salário mínimo regional, elevada ao dobro, no caso de reincidência, sem prejuízo das demais cominações legais. (Redação dada pela Lei 5.562/1968)

TÍTULO IV-A
DA REPRESENTAÇÃO DOS EMPREGADOS

- Título IV-A incluído pela Lei 13.467/2017.

Art. 510-A. Nas empresas com mais de duzentos empregados, é assegurada a eleição de uma comissão para representá-los, com a finalidade de promover-lhes o entendimento direto com os empregadores.

- Artigo incluído pela Lei 13.467/2017.

§ 1° A comissão será composta:

I – nas empresas com mais de duzentos e até três mil empregados, por três membros;

II – nas empresas com mais de três mil e até cinco mil empregados, por cinco membros;

III – nas empresas com mais de cinco mil empregados, por sete membros.

§ 2° No caso de a empresa possuir empregados em vários Estados da Federação e no Distrito Federal, será assegurada a eleição de uma comissão de representantes dos empregados por Estado ou no Distrito Federal, na mesma forma estabelecida no § 1° deste artigo.

Art. 510-B. A comissão de representantes dos empregados terá as seguintes atribuições:

- Artigo incluído pela Lei 13.467/2017.

I – representar os empregados perante a administração da empresa;

II – aprimorar o relacionamento entre a empresa e seus empregados com base nos princípios da boa-fé e do respeito mútuo;

III – promover o diálogo e o entendimento no ambiente de trabalho com o fim de prevenir conflitos;

IV – buscar soluções para os conflitos decorrentes da relação de trabalho, de forma rápida e eficaz, visando à efetiva aplicação das normas legais e contratuais;

V – assegurar tratamento justo e imparcial aos empregados, impedindo qualquer forma de discriminação por motivo de sexo, idade, religião, opinião política ou atuação sindical;

VI – encaminhar reivindicações específicas dos empregados de seu âmbito de representação;

VII – acompanhar o cumprimento das leis trabalhistas, previdenciárias e das convenções coletivas e acordos coletivos de trabalho.

§ 1° As decisões da comissão de representantes dos empregados serão sempre colegiadas, observada a maioria simples.

§ 2° A comissão organizará sua atuação de forma independente.

Art. 510-C. A eleição será convocada, com antecedência mínima de trinta dias, contados do término do mandato anterior, por meio de edital que deverá ser fixado na empresa, com ampla publicidade, para inscrição de candidatura.

- Artigo incluído pela Lei 13.467/2017.

§ 1° Será formada comissão eleitoral, integrada por cinco empregados, não candidatos, para a organização e o acompanhamento do processo eleitoral, vedada a interferência da empresa e do sindicato da categoria.

§ 2° Os empregados da empresa poderão candidatar-se, exceto aqueles com contrato de trabalho por prazo determinado, com contrato suspenso ou que estejam em período de aviso prévio, ainda que indenizado.

§ 3° Serão eleitos membros da comissão de representantes dos empregados os candidatos mais votados, em votação secreta, vedado o voto por representação.

§ 4° A comissão tomará posse no primeiro dia útil seguinte à eleição ou ao término do mandato anterior.

§ 5° Se não houver candidatos suficientes, a comissão de representantes dos empregados poderá ser formada com número de membros inferior ao previsto no art. 510-A desta Consolidação.

§ 6° Se não houver registro de candidatura, será lavrada ata e convocada nova eleição no prazo de um ano.

Art. 510-D. O mandato dos membros da comissão de representantes dos empregados será de um ano.

- Artigo incluído pela Lei 13.467/2017.

§ 1° O membro que houver exercido a função de representante dos empregados na comissão não poderá ser candidato nos dois períodos subsequentes.

§ 2° O mandato de membro de comissão de representantes dos empregados não implica suspensão ou interrupção do contrato de trabalho, devendo o empregado permanecer no exercício de suas funções.

§ 3° Desde o registro da candidatura até um ano após o fim do mandato, o membro da comissão de representantes dos empregados não poderá sofrer despedida arbitrária, entendendo-se como tal a que não se fundar em motivo disciplinar, técnico, econômico ou financeiro.

§ 4° Os documentos referentes ao processo eleitoral devem ser emitidos em duas vias, as quais permanecerão sob a guarda dos empregados e da empresa pelo prazo de cinco anos, à disposição para consulta de qualquer trabalhador interessado, do Ministério Público do Trabalho e do Ministério do Trabalho.

TÍTULO V
DA ORGANIZAÇÃO SINDICAL

CAPÍTULO I
DA INSTITUIÇÃO SINDICAL

SEÇÃO I
DA ASSOCIAÇÃO EM SINDICATO

Art. 511. É lícita a associação para fins de estudo, defesa e coordenação dos seus interesses econômicos ou profissionais de todos os que, como empregadores, empregados, agentes ou trabalhadores autônomos ou profissionais liberais exerçam, respectivamente, a mesma atividade ou profissão ou atividades ou profissões similares ou conexas.

- Arts. 8º e 114, III, da CF.
- Art. 3º da Lei 8.073/1990.
- Súm. 374 do TST.
- OJ 9 da SDC.
- *Vide* Súmulas 629, 630 e 677 do STF.

§ 1º A solidariedade de interesses econômicos dos que empreendem atividades idênticas, similares ou conexas, constitui o vínculo social básico que se denomina categoria econômica.

§ 2º A similitude de condições de vida oriunda da profissão ou trabalho em comum, em situação de emprego na mesma atividade econômica ou em atividades econômicas similares ou conexas, compõe a expressão social elementar compreendida como categoria profissional.

§ 3º Categoria profissional diferenciada é a que se forma dos empregados que exerçam profissões ou funções diferenciadas por força de estatuto profissional especial ou em consequência de condições de vida singulares.

§ 4º Os limites de identidade, similaridade ou conexidade fixam as dimensões dentro das quais a categoria econômica ou profissional é homogênea e a associação é natural.

» *Vide* OJs 9, 20 e 36 da SDC do TST.

Art. 512. Somente as associações profissionais constituídas para os fins e na forma do artigo anterior e registradas de acordo com o art. 558 poderão ser reconhecidas como Sindicatos e investidas nas prerrogativas definidas nesta Lei.

- Art. 8º, CF.
- Súm. 677 do STF.
- OJ 15 da SDC do TST.

Art. 513. São prerrogativas dos sindicatos:

a) representar, perante as autoridades administrativas e judiciárias os interesses gerais da respectiva categoria ou profissão liberal ou interesses individuais dos associados relativos à atividade ou profissão exercida;

- Vide Lei 8.632/1993 (Anistia a dirigentes ou representantes sindicais).
- Arts. 5º, LXX, b, 8º, III e 103, IX da CF.

b) celebrar contratos coletivos de trabalho;

- Arts. 7º, XXVI, e 8º, VI, da CF.
- Súm. 286 do TST.

c) eleger ou designar os representantes da respectiva categoria ou profissão liberal;

d) colaborar com o Estado, como órgãos técnicos e consultivos, no estudo e solução dos problemas que se relacionam com a respectiva categoria ou profissão liberal;

e) impor contribuições a todos aqueles que participam das categorias econômicas ou profissionais ou das profissões liberais representadas.

Parágrafo único. Os sindicatos de empregados terão, outrossim, a prerrogativa de fundar e manter agências de colocação.

Art. 514. São deveres dos sindicatos:

- Art. 14 da Lei 5.584/1970.
- OJ 16 da SDC do TST.

a) colaborar com os poderes públicos no desenvolvimento da solidariedade social;

b) manter serviços de assistência judiciária para os associados;

c) promover a conciliação nos dissídios de trabalho;

d) sempre que possível, e de acordo com as suas possibilidades, manter no seu quadro de pessoal, em convênio com entidades assistenciais ou por conta própria, um assistente social com as atribuições específicas de promover a cooperação operacional na empresa e a integração profissional na Classe.

- Alínea d incluída pela Lei 6.200/1975.

Parágrafo único. Os sindicatos de empregados terão, outrossim, o dever de:

a) promover a fundação de cooperativas de consumo e de crédito;

b) fundar e manter escolas de alfabetização e pré-vocacionais.

SEÇÃO II
DO RECONHECIMENTO E INVESTIDURA SINDICAL

Art. 515. As associações profissionais deverão satisfazer os seguintes requisitos para serem reconhecidas como sindicatos:

- Art. 8º, CF.

a) reunião de um terço, no mínimo, de empresas legalmente constituídas, sob a forma individual ou de sociedade, se se tratar de associação de empregadores; ou de um terço dos que integrem a mesma categoria ou exerçam a mesma profissão liberal se se tratar de associação de empregados ou de trabalhadores ou agentes autônomos ou de profissão liberal;

b) duração de 3 (três) anos para o mandato da diretoria;

- Alínea b com a redação dada pelo Dec.-lei 771/1969.

c) exercício do cargo de presidente por brasileiro nato, e dos demais cargos de administração e representação por brasileiros.

- Lei 6.192/1974 (Restrições a brasileiros naturalizados.)

Parágrafo único. O ministro do Trabalho, Indústria, e Comércio poderá, excepcionalmente, reconhecer como sindicato a associação cujo número de associados seja inferior ao terço a que se refere a alínea a.

Art. 516. Não será reconhecido mais de um Sindicato representativo da mesma categoria econômica ou profissional, ou profissão liberal, em uma dada base territorial.

- Art. 8º, II, da CF.
- Súm. 677 do STF.

Art. 517. Os sindicatos poderão ser distritais, municipais, intermunicipais, estaduais e interestaduais. Excepcionalmente, e atendendo às peculiaridades de determinadas categorias ou profissões, o ministro do Trabalho, Indústria e Comércio poderá autorizar o reconhecimento de sindicatos nacionais.

- Art. 8º, CF.

§ 1º O ministro do Trabalho, Indústria e Comércio, outorgará e delimitará a base territorial do sindicato.

§ 2º Dentro da base territorial que lhe for determinada é facultado ao sindicato instituir delegacias ou secções para melhor proteção dos associados e da categoria econômica ou profissional ou profissão liberal representada.

Art. 518. O pedido de reconhecimento será dirigido ao ministro do Trabalho, Indústria e Comércio, instruído com exemplar ou cópia autenticada dos estatutos da associação.

- Art. 8º, I, da CF.

§ 1º Os estatutos deverão conter:

a) a denominação e a sede da associação;

b) a categoria econômica ou profissional ou a profissão liberal cuja representação é requerida;

c) a afirmação de que a associação agirá como órgão de colaboração com os poderes públicos e as demais associações no sentido da solidariedade social e da subordinação dos interesses econômicos ou profissionais ao interesse nacional;

d) as atribuições, o processo eleitoral e das votações, os casos de perda de mandato e de substituição dos administradores;

e) o modo de constituição e administração do patrimônio social e o destino que lhe será dado no caso de dissolução;

f) as condições em que se dissolverá associação.

- OJ 35 da SDC.

§ 2º O processo de reconhecimento será regulado em instruções baixadas pelo ministro do Trabalho, Indústria e Comércio.

Art. 519. A investidura sindical será conferida sempre à associação profissional mais representativa, a juízo do Ministro do Trabalho, constituindo elementos para essa apreciação, entre outros:

- Art. 8º, CF.

a) o número de associados;

b) os serviços sociais fundados e mantidos;

c) o valor do patrimônio.

Art. 520. Reconhecida como sindicato a associação profissional, ser-lhe-á expedida carta de reconhecimento, assinada pelo ministro do Trabalho, Indústria e Comércio, na qual será especificada a representação econômica ou profissional conferida e mencionada a base territorial outorgada.

- Art. 8º, CF.
- OJ 15 e 23 da SDC.

Parágrafo único. O reconhecimento investe a associação nas prerrogativas do art. 513 e a obriga aos deveres do art. 514, cujo inadimplemento a sujeitará às sanções desta lei.

Art. 521. São condições para o funcionamento do Sindicato:

- Art. 8º, CF.

a) proibição de qualquer propaganda de doutrinas incompatíveis com as instituições e os interesses da Nação, bem como de candidaturas a cargos eletivos estranhos ao sindicato.

- Alínea a com a redação dada pelo Dec.-lei 9.502/1946.

b) proibição de exercício de cargo eletivo cumulativamente com o de emprego remunerado pelo sindicato ou por entidade sindical de grau superior;

c) gratuidade do exercício dos cargos eletivos.

d) proibição de quaisquer atividades não compreendidas nas finalidades mencionadas no art. 511, inclusive as de caráter político-partidário;

e) proibição de cessão gratuita ou remunerada da respectiva sede a entidade de índole político-partidária.

- Alíneas d e e incluídas pelo Dec.-lei 9.502/1946.

Parágrafo único. Quando, para o exercício de mandato, tiver o associado de sindicato de empregados, de trabalhadores autônomos ou de profissionais liberais de se afastar do seu trabalho, poderá ser-lhe arbitrada pela assembleia-geral uma gratificação nunca excedente da importância de sua remuneração na profissão respectiva.

SEÇÃO III
DA ADMINISTRAÇÃO DO SINDICATO

Art. 522. A administração do sindicato será exercida por uma diretoria constituída no máximo de sete e no mínimo de três membros e de um Conselho Fiscal composto de três membros, eleitos esses órgãos pela Assembleia-Geral.

▸ Art. 8º, CF.
▸ Súm. 369, II, do TST.
▸ OJ 365 da SDI-1 do TST.

§ 1º A diretoria elegerá, dentre os seus membros, o presidente do sindicato.

§ 2º A competência do Conselho Fiscal é limitada à fiscalização da gestão financeira do sindicato.

§ 3º Constituirão atribuição exclusiva da Diretoria do Sindicato e dos Delegados Sindicais, a que se refere o art. 523, a representação e a defesa dos interesses da entidade perante os poderes públicos e as empresas, salvo mandatário com poderes outorgados por procuração da Diretoria, ou associado investido em representação prevista em lei.

▸ § 3º com a redação dada pelo Dec.-lei 9.502/1946.

Art. 523. Os Delegados Sindicais destinados à direção das delegacias ou seções instituídas na forma estabelecida no § 2º do art. 517 serão designados pela diretoria dentre os associados radicados no território da correspondente delegacia.

▸ Art. 8º, CF.
▸ OJ 369 da SDI-1 do TST.

Art. 524. Serão sempre tomadas por escrutínio secreto, na forma estatutária, as deliberações da Assembleia-Geral concernentes aos seguintes assuntos:

▸ *Caput* com a redação dada pela Lei 2.693/1955.
▸ Art. 8º, CF.
▸ OJs 8, 28, 29 e 35 da SDC do TST.

a) eleição de associado para representação da respectiva categoria prevista em lei;

b) tomada e aprovação de contas da diretoria;

c) aplicação do patrimônio;

d) julgamento dos atos da Diretoria, relativos a penalidades impostas a associados;

▸ Alíneas a a d com a redação dada pelo Dec.-lei 9.502/1946.

e) pronunciamento sobre relações ou dissídio de trabalho. Neste caso, as deliberações da Assembleia-Geral só serão consideradas válidas quando ela tiver sido especialmente convocada para esse fim, de acordo com as disposições dos estatutos da entidade sindical. O quorum para validade da Assembleia será de metade mais um dos associados quites; não obtido esse quorum em primeira convocação, reunir-se-á a Assembleia em segunda convocação com os presentes, considerando-se aprovadas as deliberações que obtiverem 2/3 (dois terços) dos votos.

▸ Alínea e com a redação pela Lei 2.693/1955.
▸ Art. 859 da CLT.

§ 1º A eleição para cargos de diretoria e conselho fiscal será realizada por escrutínio secreto, durante 6 (seis) horas contínuas, pelo menos, na sede do Sindicato, na de suas delegacias e seções e nos principais locais de trabalho, onde funcionarão as mesas coletoras designadas pelos Delegados Regionais do Trabalho.

§ 2º Concomitantemente ao término do prazo estipulado para a votação, instalar-se-á, em Assembleia Eleitoral pública e permanente, na sede do Sindicato, a mesa apuradora, para a qual serão enviadas, imediatamente, pelos presidentes das mesas coletoras, as urnas receptoras e as atas respectivas. Será facultada a designação de mesa apuradora supletiva sempre que as peculiaridades ou conveniências do pleito a exigirem.

§ 3º A mesa apuradora será presidida por membro do Ministério Público do Trabalho ou pessoa de notória idoneidade, designado pelo Procurador-Geral da Justiça do Trabalho ou Procuradores Regionais.

§ 4º O pleito só será válido na hipótese de participarem da votação mais de 2/3 (dois terços) dos associados com capacidade para votar. Não obtido esse coeficiente, será realizada nova eleição dentro de 15 (quinze) dias, a qual terá validade se nela tomarem parte mais de 50% (cinquenta por cento) dos referidos associados. Na hipótese de não ter sido alcançado, na segunda votação, o coeficiente exigido, será realizado o terceiro e último pleito, cuja validade dependerá do voto de mais de 40% (quarenta por cento) dos aludidos associados, proclamando o Presidente da mesa apuradora em qualquer dessas hipóteses os eleitos, os quais serão empossados automaticamente na data do término do mandato expirante, não tendo efeito suspensivo os protestos ou recursos oferecidos na conformidade da lei.

§ 5º Não sendo atingido o coeficiente legal para eleição, o Ministério do Trabalho, Indústria e Comércio declarará a vacância da administração, a partir do término do mandato dos membros em exercício, e designará administrador para o Sindicato, realizando-se novas eleições dentro de 6 (seis) meses.

▸ §§ 1º a 5º incluídos pelo Dec.-lei 9.502/1946.

Art. 525. É vedada a pessoas físicas ou jurídicas, estranhas ao Sindicato, qualquer interferência na sua administração ou nos seus serviços.

▸ *Caput* com a redação dada pelo Dec.-lei 9.502/1946.
▸ Art. 8º, CF.

Parágrafo único. Estão excluídos dessa proibição:

a) os delegados do Ministério do Trabalho, Indústria e Comércio, especialmente designados pelo ministro ou por quem o represente;

b) os que, como empregados, exerçam cargos no Sindicato mediante autorização da Assembleia-Geral.

Art. 526. Os empregados do Sindicato serão nomeados pela diretoria respectiva ad referendum, da Assembleia-Geral, não podendo recair tal nomeação nos que estiverem nas condições previstas nos itens II, IV, V, VI, VII e VIII do art. 530 e, na hipótese de o nomeador haver sido dirigente sindical, também nas do item I do mesmo artigo.

▸ *Caput* com a redação dada pelo Dec.-lei 925/1969.
▸ Art. 8º, CF.

Parágrafo único. (Revogado pela Lei 11.295/2006.)

▸ Consta conforme publicação oficial.

§ 2º Aplicam-se ao empregado de entidade sindical os preceitos das leis de proteção do trabalho e de previdência social, inclusive o direito de associação em sindicato.

▸ § 2º incluído pela Lei 11.295/2006.

Art. 527. Na sede de cada sindicato haverá um livro de registro, autenticado pelo funcionário competente do Ministério do Trabalho, Indústria e Comércio, e do qual deverão constar:

▸ Art. 8º, I, da CF.

a) tratando-se de sindicato de empregadores; a firma, individual ou coletiva, ou a denominação das empresas e sua sede, o nome, idade, estado civil, nacionalidade e residência dos respectivos sócios ou, em se tratando de sociedade por ações, dos diretores, bem como a indicação desses dados quanto ao sócio ou diretor que representar a empresa no sindicato;

b) tratando-se de sindicato de empregados ou de agentes ou trabalhadores autônomos ou de profissionais liberais, alem do nome, idade, estado civil, nacionalidade, profissão ou função e residência de cada associado, o estabelecimento ou lugar onde exerce a sua profissão ou função, o número e a série da respectiva carteira profissional e o número da inscrição na instituição de previdência a que pertencer.

Art. 528. Ocorrendo dissídio ou circunstâncias que perturbem o funcionamento de entidade sindical ou motivos relevantes de segurança nacional, o Ministro do Trabalho e Previdência Social poderá nela intervir, por intermédio de Delegado ou de Junta Interventora, com atribuições para administrá-la e executar ou propor as medidas necessárias para normalizar-lhe o funcionamento.

▸ Art. 528 com a redação dada pelo Dec.-lei 3/1966.
▸ Art. 8º, CF.

SEÇÃO IV
DAS ELEIÇÕES SINDICAIS

Art. 529. São condições para o exercício do direito do voto como para a investidura em cargo de administração ou representação econômica ou profissional:

▸ Art. 8º, VII da CF.

a) ter o associado mais de seis meses de inscrição no Quadro Social e mais de 2 (dois) anos de exercício da atividade ou da profissão;

▸ Alínea a com a redação dada pelo Dec.-lei 8.080/1945.

b) ser maior de 18 (dezoito) anos;

c) estar no gozo dos direitos sindicais.

Parágrafo único. É obrigatório aos associados o voto nas eleições sindicais.

▸ Parágrafo único incluído pelo Dec.-lei 229/1967.

Art. 530. Não podem ser eleitos para cargos administrativos ou de representação econômica ou profissional, nem permanecer no exercício desses cargos:

▸ *Caput* com a redação dada pelo Dec.-lei 229/1967.
▸ Art. 8º, CF.

I – os que não tiverem definitivamente aprovadas as suas contas de exercício em cargos de administração;

II – os que houverem lesado o patrimônio de qualquer entidade sindical;

III – os que não estiverem, desde dois (2) anos antes, pelo menos, no exercício efetivo da atividade ou da profissão dentro da base territorial do sindicato, ou no desempenho de representação econômica ou profissional;

IV – os que tiverem sido condenados por crime doloso enquanto persistirem os efeitos da pena;

V – os que não estiverem no gozo de seus direitos políticos;

▸ Incisos I a V com a redação da pelo Decreto-lei 229/1967.

VI – (Revogado pela Lei 8.865/1994.)

VII – má conduta, devidamente comprovada;

▸ Incisos VII incluído pelo Dec.-lei 507/1969.

VIII – (Revogado pela Lei 8.865/1994.)

Parágrafo único: (Revogado pela Lei 2.693/1955.)

Art. 531. Nas eleições para cargos de diretoria e do conselho fiscal serão considerados eleitos os candidatos que obtiverem maioria absoluta de votos em relação ao total dos associados eleitores.

▸ Art. 8º, CF.

§ 1º Não concorrendo à primeira convocação maioria absoluta de eleitores, ou não obtendo nenhum dos candidatos essa maioria, proceder-se-á à nova convocação para dia posterior, sendo então considerados eleitos os candidatos que obtiverem maioria dos eleitores presentes.

§ 2º Havendo somente uma chapa registrada para as eleições, poderá a assembleia em última convocação ser realizada duas horas após à primeira convocação desde que do edital respectivo conste essa advertência.

§ 3º Concorrendo mais de uma chapa poderá o Ministério do Trabalho, Indústria e Comércio designar o presidente da sessão eleitoral, desde que o requeiram os associados que encabeçarem as respectivas chapas.

▸ § 3º com a redação dada pelo Dec.-lei 8.080/1945.

§ 4º O ministro do Trabalho, Indústria e Comércio expedirá instruções regulando o processo das eleições.

Art. 532. As eleições para a renovação da Diretoria e do Conselho Fiscal deverão ser procedidas dentro do prazo máximo de 60 (sessenta) dias e mínimo de 30 (trinta) dias, antes do término do mandato dos dirigentes em exercício.

▸ *Caput* com a redação dada pelo Dec.-lei 8.080/1945.

▸ Art. 8º, CF.

§ 1º Não havendo protesto na ata da assembleia eleitoral ou recurso interposto por algum dos candidatos, dentro de 15 dias a contar da data das eleições, a posse da diretoria eleita independerá da aprovação das eleições pelo Ministério do Trabalho, Indústria e Comércio.

§ 2º Competirá, à diretoria em exercício, dentro de 30 dias da realização das eleições" e não tendo havido recurso, dar publicidade ao resultado do pleito, fazendo comunicação ao órgão local do Ministério do Trabalho, Indústria e Comércio, da relação dos eleitos, com os dados pessoais de cada um e a designação da função que vai exercer.

§ 3º Havendo protesto na ata da assembleia eleitoral ou recurso interposto dentro de 15 dias da realização das eleições, competirá a diretoria em exercício encaminhar, devidamente instruído, o processo eleitoral ao órgão local do Ministério do Trabalho, Indústria e Comércio, que o encaminhará para decisão do Ministro de Estado. Nesta hipótese, permanecerão na administração até despacho final do processo a diretoria e o conselho fiscal que se encontrarem em exercício.

§ 4º Não se verificando as hipóteses previstas no parágrafo anterior, a posse da nova diretoria deverá se verificar dentro de 30 dias subsequentes ao término do mandato da anterior.

▸ §§ 1º a 4º com a redação pelo Dec.-lei 8.080/1945.

§ 5º Ao assumir o cargo, o eleito prestará, por escrito e solenemente, o compromisso de respeitar, no exercício do mandato, a Constituição, as leis vigentes e os estatutos da entidade.

▸ § 5º incluído pelo Dec.-lei 229/1967.

SEÇÃO V
DAS ASSOCIAÇÕES SINDICAIS DE GRAU SUPERIOR

Art. 533. Constituem associações sindicais de grau superior as federações e confederações organizadas nos termos desta Lei.

▸ Art. 8º, CF.

Art. 534. É facultado aos Sindicatos, quando em número não inferior a 5 (cinco), desde que representem a maioria absoluta de um grupo de atividades ou profissões idênticas, similares ou conexas, organizarem-se em federação.

▸ Art. 8º, CF.

§ 1º Se já existir federação no grupo de atividades ou profissões em que deva ser constituída a nova entidade, a criação desta não poderá reduzir a menos de 5 (cinco) o número de Sindicatos que àquela devam continuar filiados.

§ 2º As federações serão constituídas por Estados, podendo o Ministro do Trabalho, Indústria e Comércio autorizar a constituição de Federações interestaduais ou nacionais.

§ 3º É permitido a qualquer federação, para o fim de lhes coordenar os interesses, agrupar os Sindicatos de determinado município ou região a ela filiados; mas a união não terá direito de representação das atividades ou profissões agrupadas.

▸ Art. 534 com a redação dada pela Lei 3.265/1957.

Art. 535. As Confederações organizar-se-ão com o mínimo de 3 (três) federações e terão sede na Capital da República.

▸ Art. 8º, CF.

§ 1º As confederações formadas por federações de Sindicatos de empregadores denominar-se-ão: Confederação Nacional da Indústria, Confederação Nacional do Comércio, Confederação Nacional de Transportes Marítimos, Fluviais e Aéreos, Confederação Nacional de Transportes Terrestres, Confederação Nacional de Comunicações e Publicidade, Confederação Nacional das Empresas de Crédito e Confederação Nacional de Educação e Cultura.

§ 2º As confederações formadas por federações de Sindicatos de empregados terão a denominação de: Confederação Nacional dos Trabalhadores na Indústria, Confederação Nacional dos Trabalhadores no Comércio, Confederação Nacional dos Trabalhadores em Transportes Marítimos, Fluviais e Aéreos, Confederação Nacional dos Trabalhadores em Transportes Terrestres, Confederação Nacional dos Trabalhadores em Comunicações e Publicidade, Confederação Nacional dos Trabalhadores nas Empresas de Crédito e Confederação Nacional dos Trabalhadores em Estabelecimentos de Educação e Cultura.

§ 3º Denominar-se-á Confederação Nacional das Profissões Liberais a reunião das respectivas federações.

§ 4º As associações sindicais de grau superior da Agricultura e Pecuária serão organizadas na conformidade do que dispuser a lei que regular a sindicalização dessas atividades ou profissões.

Art. 536. (Revogado pelo Dec.-lei 229/1967.)

Art. 537. O pedido de reconhecimento de uma federação será dirigido ao ministro do Trabalho, Indústria e Comércio, acompanhado de um exemplar dos respectivos estatutos e das cópias autenticadas das atas da assembleia de cada sindicato ou federação que autorizar a filiação.

▸ Art. 8º, CF.

§ 1º A organização das federações e confederações obedecerá às exigências contidas nas alíneas b e c do art. 515.

§ 2º A carta de reconhecimento das federações será expedida pelo ministro do Trabalho, Indústria e Comércio, na qual será especificada a coordenação econômica ou profissional conferida e mencionada a base territorial outorgada.

§ 3º O reconhecimento das confederações será feito por decreto do Presidente da República.

Art. 538. A administração das federações e confederações será exercida pelos seguintes órgãos:

▸ *Caput* com a redação dada pela Lei 2.693/1955.

▸ Art. 8º, CF.

a) Diretoria;

b) Conselho de Representantes;

c) Conselho Fiscal.

▸ Alíneas a a c com a redação dada pela Lei 2.693/1955.

§ 1º A Diretoria será constituída no mínimo de 3 (três) membros e de 3 (três) membros se comporá o Conselho Fiscal, os quais serão eleitos pelo Conselho de Representantes com mandato por 3 (três) anos.

▸ § 1º com a redação dada pelo Dec.-lei 771/1969.

§ 2º Só poderão ser eleitos os integrantes dos grupos das federações ou dos planos das confederações, respectivamente.

▸ § 2º com a redação dada pela Lei 2.693/1955.

§ 3º O Presidente da federação ou confederação será escolhido dentre os seus membros, pela Diretoria.

▸ § 3º com a redação dada pela Lei 2.693/1955.

§ 4º O Conselho de Representantes será formado pelas delegações dos Sindicatos ou das Federações filiadas, constituída cada delegação de 2 (dois) membros, com mandato por 3 (três) anos, cabendo 1 (um) voto a cada delegação.

▸ § 4º com a redação dada pelo Dec.-lei 771/1969.

§ 5º A competência do Conselho Fiscal é limitada à fiscalização da gestão financeira.

▸ § 5º com a redação dada pela Lei 2.693/1955.

Art. 539. Para a constituição e administração das Federações serão observadas, no que for aplicável, as disposições das Seções II e III do presente Capítulo.

▸ Art. 8º, CF.

SEÇÃO VI
DOS DIREITOS DOS EXERCENTES DE ATIVIDADES OU PROFISSÕES E DOS SINDICALIZADOS

Art. 540. A toda empresa, ou indivíduo que exerçam respectivamente atividade ou profissão, desde que satisfaçam as exigências desta lei, assiste o direito de ser admitido no sindicato da respectiva categoria.

§ 1º Perderá os direitos de associado o sindicalizado que, por qualquer motivo, deixar o exercício de atividade ou de profissão.

§ 2º Os associados de Sindicatos de empregados, de agentes ou trabalhadores autônomos e de profissões liberais que forem aposentados, estiverem em desemprego ou falta de trabalho ou tiverem sido convocados para prestação de serviço militar não perderão os respectivos direitos sindicais e ficarão isentos de qualquer contribuição, não podendo, entretanto, exercer cargo de administração sindical ou de representação econômica ou profissional.

Art. 541. Os que exercerem determinada atividade ou profissão onde não haja Sindicato da respectiva categoria, ou de atividade ou profissão similar ou conexa, poderão filiar-se a Sindicato de profissão idêntica, similar ou conexa, existente na localidade mais próxima.

Parágrafo único. O disposto neste artigo se aplica aos Sindicatos em relação às respectivas federações, na conformidade do Quadro de Atividades e Profissões a que se refere o art. 577.

Art. 542. De todo o ato lesivo de direitos ou contrário a esta lei, emanado da Diretoria, do Conselho ou da Assembleia-Geral da entidade sindical, poderá qualquer exercente de atividade ou profissão recorrer, dentro de 30 dias, para a autoridade competente do Ministério do Trabalho, Indústria e Comércio.

Art. 543. O empregado eleito para cargo de administração sindical ou representação profissional, inclusive junto a órgão de deliberação coletiva, não poderá ser impedido do exercício de suas funções, nem transferido para lugar ou mister que lhe dificulte ou torne impossível o desempenho das suas atribuições sindicais.

- *Caput* com a redação dada pelo Dec.-lei 229/1967.
- Art. 11 da CF.

§ 1º O empregado perderá o mandato se a transferência for por ele solicitada ou voluntariamente aceita.

§ 2º Considera-se de licença não remunerada, salvo assentimento da empresa ou cláusula contratual, o tempo em que o empregado se ausentar do trabalho no desempenho das funções a que se refere este artigo.

- §§ 1º e 2º com a redação dada pelo Dec.-lei 229/1967.

§ 3º Fica vedada a dispensa do empregado sindicalizado ou associado, a partir do momento do registro de sua candidatura a cargo de direção ou representação de entidade sindical ou de associação profissional, até 1 (um) ano após o final do seu mandato, caso seja eleito inclusive como suplente, salvo se cometer falta grave devidamente apurada nos termos desta Consolidação.

- § 3º com a redação dada pela Lei 7.543/1986 (Política Nacional do Cooperativismo).
- Art. 8º, VIII, da CF.
- Art. 55 da Lei 5.764/1971.
- Súm. 197 do STF.
- Súm. 369 e 379 do TST.
- OJs 365 e 369 da SDI-1 do TST.
- OJs 65, 137 e 142 da SDI-2 do TST.

§ 4º Considera-se cargo de direção ou de representação sindical aquele cujo exercício ou indicação decorre de eleição prevista em lei.

- § 4º com a redação dada pela Lei 7.223/1984.

§ 5º Para os fins deste artigo, a entidade sindical comunicará por escrito à empresa, dentro de 24 (vinte e quatro) horas, o dia e a hora do registro da candidatura do seu empregado e, em igual prazo, sua eleição e posse, fornecendo, outrossim, a este, comprovante no mesmo sentido. O Ministério do Trabalho e Previdência Social fará no mesmo prazo a comunicação no caso da designação referida no final do § 4º. (Incluído pelo Dec.-lei 229/1967)

- Súm. 369, I, do TST.

§ 6º A empresa que, por qualquer modo, procurar impedir que o empregado se associe a sindicato, organize associação profissional ou sindical ou exerça os direitos inerentes à condição de sindicalizado fica sujeita à penalidade prevista na letra a do art. 553, sem prejuízo da reparação a que tiver direito o empregado. (Incluído pelo Dec.-lei 229/1967)

Art. 544. É livre a associação profissional ou sindical, mas ao empregado sindicalizado é assegurada, em igualdade de condições, preferência:

- *Caput* com a redação dada pelo Dec.-lei 229/1967.
- Arts. 5º, XX, e 8º, V, da CF.

I – para a admissão nos trabalhos de empresa que explore serviços públicos ou mantenha contrato com os poderes públicos;

II – para ingresso em funções públicas ou assemelhadas, em caso de cessação coletiva de trabalho, por motivo de fechamento de estabelecimento;

III – nas concorrências para aquisição de casa própria, pelo Plano Nacional de Habitação ou por intermédio de quaisquer instituições públicas;

IV – nos loteamentos urbanos ou rurais, promovidos pela União, por seus órgãos de administração direta ou indireta ou sociedades de economia mista;

V – na locação ou compra de imóveis, de propriedade de pessoa de direito público ou sociedade de economia mista, quando sob ação de despejo em tramitação judicial;

VI – na concessão de empréstimos simples concedidos pelas agências financeiras do Governo ou a ele vinculadas;

VII – na aquisição de automóveis, outros veículos e instrumentos relativos ao exercício da profissão, quando financiados pelas autarquias, sociedades de economia mista ou agências financeiras do Governo;

- Incisos I a VII com a redação dada pelo Dec.-lei 229/1967.

VIII – (Revogado pela Lei 8.630/1993.)

IX – na concessão de bolsas de estudo para si ou para seus filhos, obedecida a legislação que regule a matéria.

- Inciso IX com a redação dada pelo Dec.-lei 229/1967.

Art. 545. Os empregadores ficam obrigados a descontar da folha de pagamento dos seus empregados, desde que por eles devidamente autorizados, as contribuições devidas ao sindicato, quando por este notificados. (Redação dada pela Lei 13.467/2017.)

- Art. 8º, IV, da CF.
- OJ 17 da SDC.
- Precedente Normativo 119 do TST.

Parágrafo único. O recolhimento à entidade sindical beneficiária do importe descontado deverá ser feito até o décimo dia subsequente ao do desconto, sob pena de juros de mora no valor de 10% (dez por cento) sobre o montante retido, sem prejuízo da multa prevista no art. 553 e das cominações penais relativas à apropriação indébita. (Parágrafo único incluído pelo Dec.-lei 925/1969)

Art. 546. Às empresas sindicalizadas é assegurada preferência, em igualdade de condições, nas concorrências para exploração de serviços públicos, bem como nas concorrências para fornecimento às repartições federais, estaduais e municipais e às entidades paraestatais.

Art. 547. É exigida a qualidade de sindicalizado para o exercício de qualquer função representativa de categoria econômica ou profissional, em órgão oficial de deliberação coletiva, bem como para o gozo de favores ou isenções tributárias, salvo em se tratando de atividades não econômicas.

Parágrafo único. Antes da posse ou exercício das funções a que alude o artigo anterior ou de concessão dos favores será indispensável comprovar a sindicalização, ou oferecer prova, mediante certidão negativa no Departamento Nacional do Trabalho, no Distrito Federal, ou da autoridade regional do Ministério do Trabalho, Indústria e Comércio, nos Estados e no Território do Acre, de que não existe sindicato no local onde o interessado exerce a respectiva atividade ou profissão.

- Arts. 5º, XX e 8º, V, da CF.

SEÇÃO VII
DA GESTÃO FINANCEIRA DO SINDICATO E SUA FISCALIZAÇÃO

Art. 548. Constituem o patrimônio das associações sindicais:

a) as contribuições devidas aos Sindicatos pelos que participem das categorias econômicas ou profissionais ou das profissões liberais representadas pelas referidas entidades, sob a denominação de imposto sindical, pagas e arrecadadas na forma do Capítulo III deste Título;

- Art. 35, V, do Dec.-lei 229/1967.

b) as contribuições dos associados, na forma estabelecida nos estatutos ou pelas Assembleias-Gerais;

c) os bens e valores adquiridos e as rendas produzidas pelos mesmos;

d) as doações e legados;

e) as multas e outras rendas eventuais.

Art. 549. A receita dos sindicatos, federações e confederações só poderá ter aplicação na forma prevista nos respectivos orçamentos anuais, obedecidas as disposições estabelecidas na lei e nos seus estatutos.

§ 1º Para alienação, locação ou aquisição de bens imóveis, ficam as entidades sindicais obrigadas a realizar avaliação prévia pela Caixa Econômica Federal ou pelo Banco Nacional da Habitação ou, ainda, por qualquer outra organização legalmente habilitada a tal fim.

§ 2º Os bens imóveis das entidades sindicais não serão alienados sem a prévia autorização das respectivas assembleias-gerais, reunidas com a presença da maioria absoluta dos associados com direito a voto ou dos Conselhos de Representantes com a maioria absoluta dos seus membros.

§ 3º Caso não seja obtido o quorum estabelecido no parágrafo anterior, a matéria poderá ser decidida em nova assembleia-geral, reunida com qualquer número de associados com direito a voto, após o transcurso de 10 (dez) dias da primeira convocação.

§ 4º Nas hipóteses previstas no § 2º e 3º a decisão somente terá validade se adotada pelo mínimo de 2/3 (dois terços) dos presentes, em escrutínio secreto.

§ 5º Da deliberação da assembleia-geral, concernente à alienação de bens imóveis, caberá recurso voluntário, dentro do prazo de 15 (quinze) dias, ao Ministro do Trabalho, com efeito suspensivo.

§ 6º A venda do imóvel será efetuada pela diretoria da entidade, após a decisão da Assembleia-Geral ou do Conselho de Representantes, mediante concorrência pública, com edital publicado no Diário oficial da União e na imprensa diária, com antecedência mínima de 30 (trinta) dias da data de sua realização.

§ 7º Os recursos destinados ao pagamento total ou parcelado dos bens imóveis adquiridos serão consignados, obrigatoriamente, nos orçamentos anuais das entidades sindicais.

› Art. 549 com a redação dada pela Lei 6.386/1976.

Art. 550. Os orçamentos das entidades sindicais serão aprovados, em escrutínio secreto, pelas respectivas Assembleias-Gerais ou Conselho de Representantes, até 30 (trinta) dias antes do início do exercício financeiro a que se referem, e conterão a discriminação da receita e da despesa, na forma das instruções e modelos expedidos pelo Ministério do Trabalho.

§ 1º Os orçamentos, após a aprovação prevista no presente artigo, serão publicados, em resumo, no prazo de 30 (trinta) dias, contados da data da realização da respectiva Assembleia-Geral ou da reunião do Conselho de Representantes, que os aprovou, observada a seguinte sistemática:

a) no Diário oficial da União – Seção I – Parte II, os orçamentos das confederações, federações e sindicatos de base interestadual ou nacional;

b) no órgão de imprensa oficial do Estado ou Território ou jornal de grande circulação local, os orçamentos das federações estaduais e sindicatos distritais municipais, intermunicipais e estaduais.

› Dec. 9.215/2017 (Publicação de atos oficiais no DOU.)

§ 2º As dotações orçamentárias que se apresentarem insuficientes para o atendimento das despesas, ou não incluídas nos orçamentos correntes, poderão ser ajustadas ao fluxo dos gastos, mediante a abertura de créditos adicionais solicitados pela Diretoria da entidade às respectivas Assembleias-Gerais ou Conselhos de Representantes, cujos atos concessórios serão publicados até o último dia do exercício correspondente, obedecida a mesma sistemática prevista no parágrafo anterior.

§ 3º Os créditos adicionais classificam-se em:

a) suplementares, os destinados a reforçar dotações alocadas no orçamento; e

b) especiais, os destinados a incluir dotações no orçamento, a fim de fazer face às despesas para as quais não se tenha consignado crédito específico.

§ 4º A abertura dos créditos adicionais depende da existência de receita para sua compensação, considerando-se, para esse efeito, desde que não comprometidos:

a) o superávit financeiro apurado em balanço do exercício anterior;

b) o excesso de arrecadação, assim entendido o saldo positivo da diferença entre a renda prevista e a realizada, tendo-se em conta, ainda, a tendência do exercício; e

c) a resultante da anulação parcial ou total de dotações alocadas no orçamento ou de créditos adicionais abertos no exercício.

§ 5º Para efeito orçamentário e contábil sindical, o exercício financeiro coincidirá com o ano civil, a ele pertencendo todas as receitas arrecadadas e as despesas compromissadas.

› Art. 550 com a redação dada pela Lei 6.386/1976.

Art. 551. Todas as operações de ordem financeira e patrimonial serão evidenciadas pelos registros contábeis das entidades sindicais, executados sob a responsabilidade de contabilista legalmente habilitado, em conformidade com o plano de contas e as instruções baixadas pelo Ministério do Trabalho.

§ 1º A escrituração contábil a que se refere este artigo será baseada em documentos de receita e despesa, que ficarão arquivados nos serviços de contabilidade, à disposição dos órgãos responsáveis pelo acompanhamento administrativo e da fiscalização financeira da própria entidade, ou do controle que poderá ser exercido pelos órgãos da União, em face da legislação específica.

§ 2º Os documentos comprobatórios dos atos de receita e despesa, a que se refere o parágrafo anterior, poderão ser incinerados, após decorridos 5 (cinco) anos da data de quitação das contas pelo órgão competente.

§ 3º É obrigatório o uso do livro Diário, encadernado, como folhas seguida e tipograficamente numeradas, para a escrituração, pelo método das partidas dobradas, diretamente ou por reprodução, dos atos ou operações que modifiquem ou venham a modificar a situação patrimonial da entidade, o qual conterá, respectivamente, na primeira e na última páginas, os termos de abertura e de encerramento.

§ 4º A entidade sindical que se utilizar de sistema mecânico ou eletrônico para sua escrituração contábil, poderá substituir o Diário e os livros facultativos ou auxiliares por fichas ou formulários contínuos, cujos lançamentos deverão satisfazer a todos os requisitos e normas de escrituração exigidos com relação aos livros mercantis, inclusive no que respeita a termos de abertura e de encerramento e numeração sequencial e tipográfica.

§ 5º Na escrituração por processos de fichas ou formulários contínuos, a entidade adotará livro próprio para inscrição do balanço patrimonial e da demonstração do resultado do exercício, o qual conterá os mesmos requisitos exigidos para os livros de escrituração.

§ 6º Os livros e fichas ou formulários contínuos serão obrigatoriamente submetidos a registro e autenticação das Delegacias Regionais do Trabalho localizadas na base territorial da entidade.

§ 7º As entidades sindicais manterão registro específico dos bens de qualquer natureza, de sua propriedade, em livros ou fichas próprias, que atenderão às mesmas formalidades exigidas para o livro Diário, inclusive no que se refere ao registro e autenticação da Delegacia Regional do Trabalho local.

§ 8º As contas dos administradores das entidades sindicais serão aprovadas, em escrutínio secreto, pelas respectivas Assembleias-Gerais ou Conselhos de Representantes, com prévio parecer do Conselho Fiscal, cabendo ao Ministro do Trabalho estabelecer prazos e procedimentos para a sua elaboração e destinação.

› Art. 551 com a redação dada pela Lei 6.386/1976.

Art. 552. Os atos que importem em malversação ou dilapidação do patrimônio das associações ou entidades sindicais ficam equiparados ao crime de peculato julgado e punido na conformidade da legislação penal.

› Art. 552 com a redação dada pelo Dec.-lei 925/1969.

SEÇÃO VIII
DAS PENALIDADES

Art. 553. As infrações ao disposto neste Capítulo serão punidas, segundo o seu caráter e a sua gravidade, com as seguintes penalidades:

a) multa de Cr$ 100 (cem cruzeiros) e 5.000 (cinco mil cruzeiros), dobrada na reincidência;

› Art. 19 da Lei 5.584/1970 (Normas de Direito Processual do Trabalho.)

b) suspensão de diretores por prazo não superior a 30 (trinta) dias;

c) destituição de diretores ou de membros de conselho;

d) fechamento de Sindicato, Federação ou Confederação por prazo nunca superior a 6 (seis) meses;

e) cassação da carta de reconhecimento;

f) multa de 1/30 (um trinta avos) do salário mínimo regional, aplicável ao associado que deixar de cumprir sem causa justificada, o disposto no parágrafo único do artigo 529.

› Alínea f incluída pelo Dec.-lei 229/1967.

§ 1º A imposição de penalidades aos administradores não exclui a aplicação das que este artigo prevê para a associação.

› Parágrafo único renumerado pelo Dec.-lei 925/1969.

§ 2º Poderá o Ministro do Trabalho e Previdência Social determinar o afastamento preventivo de cargo ou representação sindicais de seus exercentes, com fundamento em elementos constantes de denúncia formalizada que constituam indício veemente ou início de prova bastante do fato e da autoria denunciados.

› § 2º incluído pelo Dec.-lei 925/1969.

Art. 554. Destituída a administração na hipótese da alínea c do artigo anterior, o ministro do Trabalho, Indústria e Comércio nomeará um delegado para dirigir a associação e proceder, dentro do prazo de 90 dias, em assembleia-geral por ele convocada e presidida, à eleição dos novos diretores e membros do Conselho Fiscal.

› Arts. 5º, XIX e 8º, CF.

Art. 555. A pena de cassação da carta de reconhecimento será imposta à entidade sindical:

› Arts. 5º, XIX e 8º, CF.

a) que deixar de satisfazer as condições de constituição e funcionamento estabelecidas nesta Lei;

b) que se recusar ao cumprimento de ato do Presidente da República, no uso da faculdade conferida pelo art. 536;

› O referido art. 536 foi revogado pelo Dec.-lei 229/1967.

c) que criar obstáculos à execução da política econômica adotada pelo Governo.

› Alínea c com a redação dada pelo Dec.-lei 8.080/1945.

Art. 556. A cassação da carta de reconhecimento da entidade sindical não importará no cancelamento de seu registro, nem, consequentemente, a sua dissolução, que se processará de acordo com as disposições da lei que regulam a dissolução das associações civis.

› Art. 8º, CF.

Parágrafo único. No caso de dissolução, por se achar a associação incursa nas leis que definem crimes contra a personalidade internacional, a estrutura e a segurança do Estado e a ordem política e social, os seus bens, pagas as dívidas decorrentes das suas responsabilidades, serão incorporados ao patrimônio da União e aplicados em obras de assistência social.

Art. 557. As penalidades de que trata o art. 553 serão impostas:

a) as das alíneas a e b, pelo diretor-geral do Departamento Nacional do Trabalho, com recurso para o ministro de Estado;

b) as demais, pelo ministro de Estado.

§ 1º Quando se trata de associações de grau superior, as penalidades serão impostas pelo ministro de Estado, salvo se a pena for da cassação da carta de reconhecimento de confederação, caso em que a pena será imposta pelo Presidente da República.

§ 2º Nenhuma pena será imposta sem que seja assegurada defesa ao acusado.

SEÇÃO IX
DISPOSIÇÕES GERAIS

Art. 558. São obrigadas ao registro todas as associações profissionais constituídas por atividades ou profissões idênticas, similares ou conexas, de acordo com o art. 511 e na conformidade do Quadro de Atividades e Profissões a que alude o Capítulo II deste Título. As associações profissionais registradas nos termos deste artigo poderão representar, perante as autoridades administrativas e judiciárias, os interesses individuais dos associados relativos à sua atividade ou profissão, sendo-lhes também extensivas as prerrogativas contidas na alínea "d" e no parágrafo único do art. 513.

› Art. 8º, CF.

§ 1º O registro a que se refere o presente artigo competirá às Delegacias Regionais do Ministério do Trabalho e Previdência Social ou às repartições autorizadas em virtude da lei.

› § 1º com a redação dada pelo Dec.-lei 925/1969.

§ 2º O registro das associações far-se-á mediante requerimento, acompanhado da cópia autêntica dos estatutos e da declaração do número de associados, do patrimônio e dos serviços sociais organizados.

§ 3º As alterações dos estatutos das associações profissionais não entrarão em vigor sem aprovação da autoridade que houver concedido o respectivo registro.

Art. 559. O Presidente da República, excepcionalmente e mediante proposta do Ministro do Trabalho, fundada em razões de utilidade pública, poderá conceder, por decreto, às associações civis constituídas para a defesa e coordenação de interesses econômicos e profissionais e não obrigadas ao registro previsto no artigo anterior, a prerrogativa da alínea "d" do art. 513 deste Capítulo.

› Art. 8º, CF.

Art. 560. Não se reputará transmissão de bens, para efeitos fiscais, a incorporação do patrimônio de uma associação profissional ao da entidade sindical, ou das entidades aludidas entre si.

Art. 561. A denominação "sindicato" é privativa das associações profissionais de primeiro grau, reconhecidas na forma desta Lei.

Art. 562. As expressões "federação" e "confederação", seguidas da designação de uma atividade econômica ou profissional, constituem denominações privativas das entidades sindicais de grau superior.

Art. 563. (Revogado pelo Dec.-lei 925/1969.)

Art. 564. Às entidades sindicais, sendo-lhes peculiar e essencial a atribuição representativa e coordenadora das correspondentes categorias ou profissões, é vedado, direta ou indiretamente, o exercício de atividade econômica.

› Art. 8º, CF.

Art. 565. As entidades sindicais reconhecidas nos termos desta Lei não poderão filiar-se a organizações internacionais, nem com elas manter relações, sem prévia licença concedida por decreto do Presidente da República.

› Art. 565 com a redação dada pela Lei 2.802/1956.

› Art. 8º, CF.

Art. 566. Não podem sindicalizar-se os servidores do Estado e os das instituições paraestatais.

Parágrafo único. Excluem-se da proibição constante deste artigo os empregados das sociedades de economia mista, da Caixa Econômica Federal e das fundações criadas ou mantidas pelo Poder Público da União, dos Estados e Municípios.

› Parágrafo com a redação dada pela Lei 7.449/1985.

› Art. 8º, CF.

Arts. 567 a 569. (Revogados pelo Dec.-lei 229/1967.)

CAPÍTULO II
DO ENQUADRAMENTO SINDICAL

Art. 570. Os sindicatos constituir-se-ão, normalmente, por categorias econômicas ou profissionais, específicas, na conformidade da discriminação do quadro das atividades e profissões a que se refere o art. 577 ou segundo as subdivisões que, sob proposta da Comissão do Enquadramento Sindical, de que trata o art. 576, forem criadas pelo ministro do Trabalho, Indústria e Comércio.

› Art. 8º, CF.

› Súm. 374 do TST.

› OJ 9 da SDC do TST.

Parágrafo único. Quando os exercentes de quaisquer atividades ou profissões se constituírem, seja pelo número reduzido, seja pela natureza mesma dessas atividades ou profissões, seja pelas afinidades existentes entre elas, em condições tais que não se possam sindicalizar eficientemente pelo critério de especificidade de categoria, é-lhes permitido sindicalizar-se pelo critério de categorias similares ou conexas, entendendo-se como tais as que se acham compreendidas nos limites de cada grupo constante do Quadro de Atividades e Profissões.

Art. 571. Qualquer das atividades ou profissões concentradas na forma do parágrafo único do artigo anterior poderá dissociar-se do sindicato principal, formando um sindicato específico, desde que o novo sindicato, a juízo da Comissão do Enquadramento Sindical, ofereça possibilidade de vida associativa regular e de ação sindical eficiente.

› Art. 8º, CF.

Art. 572. Os sindicatos que se constituírem por categorias similares ou conexas, nos termos do parágrafo único do art. 570, adotarão denominação em que fiquem, tanto como possível, explicitamente mencionadas as atividades ou profissões concentradas, de conformidade com o quadro das atividades e profissões, ou se se tratar de subdivisões, de acordo com o que determinar a Comissão do Enquadramento Sindical.

› Art. 8º, CF.

Parágrafo único. Ocorrendo a hipótese do artigo anterior, o Sindicato principal terá a denominação alterada, eliminando-se-lhe a designação relativa à atividade ou profissão dissociada.

Art. 573. O agrupamento dos Sindicatos em Federações obedecerá às mesmas regras que as estabelecidas neste Capítulo para o agrupamento das atividades e profissões em Sindicatos.

› Art. 8º, CF.

Parágrafo único. As Federações de Sindicatos de profissões liberais poderão ser organizadas independentemente do grupo básico da Confederação, sempre que as respectivas profissões se acharem submetidas, por disposições de lei, a um único regulamento.

› § 1º renumerado para parágrafo único pelo Dec.-lei 229/1967.

Art. 574. Dentro da mesma base territorial, as empresas Industriais do tipo artesanal poderão constituir entidades sindicais, de primeiro e segundo graus, distintas das associações sindicais das empresas congêneres, de tipo diferente.

› Art. 8º, CF.

Parágrafo único. Compete à Comissão de Enquadramento Sindical definir, de modo genérico, com a aprovação do ministro do Trabalho, Indústria e Comércio, a dimensão e os demais característicos das empresas Industriais de tipo artesanal.

Art. 575. O quadro de atividades e profissões será revisto de dois em dois anos, por proposta da Comissão do Enquadramento Sindical, para o fim de ajustá-lo às condições da estrutura econômica e profissional do país.

› Art. 8º, CF.

§ 1º Antes de proceder à revisão do Quadro, a Comissão deverá solicitar sugestões às entidades sindicais e às associações profissionais.

§ 2º A proposta de revisão será submetida à aprovação do Ministro do Trabalho, Indústria e Comércio.

Art. 576. A Comissão do Enquadramento Sindical será constituída pelo Diretor-Geral do Departamento Nacional do Trabalho, que a presidirá, e pelos seguintes membros:

› *Caput* com a redação dada pela Lei 5.819/1972.

› Art. 8º, CF.

I – 2 (dois) representantes do Departamento Nacional do Trabalho;

II – 1 (um) representante do Departamento Nacional de Mão de Obra;

III – 1 (um) representante do Instituto Nacional de Tecnologia, do Ministério da Indústria e do Comércio;

IV – 1 (um) representante do Instituto Nacional de Colonização e Reforma Agrária, do Ministério da Agricultura;

V – 1 (um) representante do Ministério dos Transportes;

VI – 2 (dois) representantes das categorias econômicas; e

VII – 2 (dois) representantes das categorias profissionais.

‣ Incisos I a VII com a redação dada pela Lei 5.819/1972.

§ 1º Os membros da CES serão designados pelo Ministro do Trabalho e Previdência Social, mediante.

a) indicação dos titulares das Pastas, quanto aos representantes dos outros Ministérios;

b) indicação do respectivo Diretor-Geral, quanto ao do DNMO;

c) eleição pelas respectivas Confederações, em conjunto, quanto aos representantes das categorias econômicas e profissionais, de acordo com as instruções que forem expedidas pelo Ministro do Trabalho e Previdência Social.

§ 2º Cada Membro terá um suplente designado juntamente com o titular.

‣ §§ 1º e 2º com a redação dada pelo Dec.-lei 229/1967.

§ 3º Será de 3 (três) anos o mandato dos representantes das categorias econômica e profissional.

‣ § 3º com a redação dada pelo Dec.-lei 925/1969.

§ 4º Os integrantes da Comissão perceberão a gratificação de presença que for estabelecida por decreto executivo.

‣ § 4º com a redação dada pelo Dec.-lei 229/1967.

§ 5º Em suas faltas ou impedimentos o Diretor-Geral do DNT será substituído na presidência pelo Diretor substituto do Departamento ou pelo representante deste na Comissão, nesta ordem.

‣ § 5º com a redação dada pelo Dec.-lei 506/1969.

§ 6º Além das atribuições fixadas no presente Capítulo e concernentes ao enquadramento sindical, individual ou coletivo, e à classificação das atividades e profissões, competirá também à CES resolver, com recurso para o Ministro do Trabalho e Previdência Social, todas as dúvidas e controvérsias concernentes à organização sindical.

‣ § 6º com a redação dada pelo Dec.-lei 229/1967.

Art. 577. O Quadro de Atividades e Profissões em vigor fixará o plano básico do enquadramento sindical.

‣ Art. 8º, CF.

CAPÍTULO III
DA CONTRIBUIÇÃO SINDICAL

SEÇÃO I
DA FIXAÇÃO E DO RECOLHIMENTO DO IMPOSTO SINDICAL

‣ O art. 7º da Lei 11.648/2008, determina a vigência dos arts. 578 a 610 desta CLT até que a lei venha a disciplinar a contribuição negocial, vinculada ao exercício efetivo da negociação coletiva e à aprovação em assembleia-geral da categoria.

Art. 578. As contribuições devidas aos sindicatos pelos participantes das categorias econômicas ou profissionais ou das profissões liberais representadas pelas referidas entidades serão, sob a denominação de contribuição sindical, pagas, recolhidas e aplicadas na forma estabelecida neste Capítulo, desde que prévia e expressamente autorizadas. (Artigo com a redação dada pela Lei 13.467/2017.)

‣ Art. 149, da CF.

‣ OJ 17 da SDC.

Art. 579. O desconto da contribuição sindical está condicionado à autorização prévia e expressa dos que participarem de uma determinada categoria econômica ou profissional, ou de uma profissão liberal, em favor do sindicato representativo da mesma categoria ou profissão ou, inexistindo este, na conformidade do disposto no art. 591 desta Consolidação.(Artigo com a redação dada pela Lei 13.467/2017.)

Art. 580. A contribuição sindical será recolhida, de uma só vez, anualmente, e consistirá:

‣ *Caput* com a redação dada pela Lei 6.386/1976.

I – Na importância correspondente à remuneração de um dia de trabalho, para os empregados, qualquer que seja a forma da referida remuneração;

‣ Inciso I com a redação dada pela Lei 6.386/1976.

II – para os agentes ou trabalhadores autônomos e para os profissionais liberais, numa importância correspondente a 30% (trinta por cento) do maior valor de referência fixado pelo Poder Executivo, vigente à época em que é devida a contribuição sindical, arredondada para Cr$ 1,00 (um cruzeiro) a fração porventura existente;

III – para os empregadores, numa importância proporcional ao capital social da firma ou empresa, registrado nas respectivas Juntas Comerciais ou órgãos equivalentes, mediante a aplicação de alíquotas, conforme a seguinte tabela progressiva:

‣ Incisos II e III com a redação dada pela Lei 7.047/1982.

	Classe de Capital	Alíquota
1.	até 150 vezes o maior valor de referência	0,8%
2.	acima de 150 até 1.500 vezes o maior valor de referência	0,2%
3.	acima de 1.500 até 150.000 vezes o maior valor de referência	0,1%
4.	acima de 150.000 até 800.000 vezes o maior valor de referência	0,02%

§ 1º A contribuição sindical prevista na tabela constante do item III deste artigo corresponderá à soma da aplicação das alíquotas sobre a porção do capital distribuído em cada classe, observados os respectivos limites.

§ 2º Para efeito do cálculo de que trata a tabela progressiva inserta no item III deste artigo, considerar-se-á o valor de referência fixado pelo Poder Executivo, vigente à data de competência da contribuição, arredondando-se para Cr$ 1,00 (um cruzeiro) a fração porventura existente.

‣ §§ 1º e 2º com a redação dada pela Lei 6.386/1976.

§ 3º É fixada em 60% (sessenta por cento) do maior valor de referência, a que alude o parágrafo anterior, a contribuição mínima devida pelos empregadores, independentemente do capital social da firma ou empresa, ficando, do mesmo modo, estabelecido o capital equivalente a 800.000 (oitocentas mil) vezes o maior valor de referência, para efeito do cálculo da contribuição máxima, respeitada a Tabela progressiva constante do item III.

‣ § 3º com a redação dada pela Lei 7.047/1982.

§ 4º Os agentes ou trabalhadores autônomos e os profissionais liberais, organizados em firma ou empresa, com capital social registrado, recolherão a contribuição sindical de acordo com a tabela progressiva a que se refere o item III.

§ 5º As entidades ou instituições que não estejam obrigadas ao registro de capital social, considerarão, como capital, para efeito do cálculo de que trata a tabela progressiva constante do item III deste artigo, o valor resultante da aplicação do percentual de 40% (quarenta por cento) sobre o movimento econômico registrado no exercício imediatamente anterior, do que darão conhecimento à respectiva entidade sindical ou à Delegacia Regional do Trabalho, observados os limites estabelecidos no § 3º deste artigo.

§ 6º Excluem-se da regra do § 5º as entidades ou instituições que comprovarem, através de requerimento dirigido ao Ministério do Trabalho, que não exercem atividade econômica com fins lucrativos.

‣ §§ 4º a 6º com a redação dada pela Lei 6.386/1976.

Art. 581. Para os fins do item III do artigo anterior, as empresas atribuirão parte do respectivo capital às suas sucursais, filiais ou agências, desde que localizadas fora da base territorial da entidade sindical representativa da atividade econômica do estabelecimento principal, na proporção das correspondentes operações econômicas, fazendo a devida comunicação às Delegacias Regionais do Trabalho, conforme localidade da sede da empresa, sucursais, filiais ou agências.

‣ *Caput* com a redação dada pela Lei 6.386/1976.

§ 1º Quando a empresa realizar diversas atividades econômicas, sem que nenhuma delas seja preponderante, cada uma dessas atividades será incorporada à respectiva categoria econômica, sendo a contribuição sindical devida à entidade sindical representativa da mesma categoria, procedendo-se, em relação às correspondentes sucursais, agências ou filiais, na forma do presente artigo.

‣ § 1º com a redação dada pela Lei 6.386/1976.

§ 2º Entende-se por atividade preponderante a que caracterizar a unidade de produto, operação ou objetivo final, para cuja obtenção todas as demais atividades convirjam, exclusivamente em regime de conexão funcional.

‣ § 2º com a redação dada pela Lei 6.386/1976.

Art. 582. Os empregadores são obrigados a descontar da folha de pagamento de seus empregados relativa ao mês de março de cada ano a contribuição sindical dos empregados que autorizaram prévia e expressamente o seu recolhimento aos respectivos sindicatos. (*Caput* com a redação dada pela Lei 13.467/2017.)

§ 1º Considera-se um dia de trabalho, para efeito de determinação da importância a que alude o item I do Art. 580, o equivalente:

a) a uma jornada normal de trabalho, se o pagamento ao empregado for feito por unidade de tempo;

b) a 1/30 (um trinta avos) da quantia percebida no mês anterior, se a remuneração for paga por tarefa, empreitada ou comissão.

§ 2º Quando o salário for pago em utilidades, ou nos casos em que o empregado receba, habitualmente, gorjetas, a contribuição sindical corresponderá a 1/30 (um trinta avos) da importância que tiver servido de base, no mês de janeiro, para a contribuição do empregado à Previdência Social. (§§ 1º e 2º com a redação dada pela Lei 6.386/1976.)

Art. 583. O recolhimento da contribuição sindical referente aos empregados e trabalhadores avulsos será efetuado no mês de abril de cada ano, e o relativo aos agentes ou trabalhadores autônomos e profissionais liberais realizar-se-á no mês de fevereiro, observada a exigência de autorização prévia e expressa prevista no art. 579 desta Consolidação.

‣ *Caput* com a redação dada pela Lei 13.467/2017.

§ 1º O recolhimento obedecerá ao sistema de guias, de acordo com as instruções expedidas pelo Ministro do Trabalho.

§ 2º O comprovante de depósito da contribuição sindical será remetido ao respectivo Sindicato; na falta deste, à correspondente entidade sindical de grau superior, e, se for o caso, ao Ministério do Trabalho.

‣ §§ 1º e 2º com a redação dada pela Lei 6.386/1976.

Art. 584. Servirá de base para o pagamento da contribuição sindical, pelos agentes ou trabalhadores autônomos e profissionais liberais, a lista de contribuintes organizada pelos respectivos sindicatos e, na falta destes, pelas federações ou confederações coordenadoras da categoria.

‣ Art. 584 com a redação dada pela Lei 6.386/1976.

Art. 585. Os profissionais liberais poderão optar pelo pagamento da contribuição sindical unicamente à entidade sindical representativa da respectiva profissão, desde que a exerça, efetivamente, na firma ou empresa e como tal sejam nelas registrados.

Parágrafo único. Na hipótese referida neste artigo, à vista da manifestação do contribuinte e da exibição da prova de quitação da contribuição, dada por sindicato de profissionais liberais, o empregador deixará de efetuar, no salário do contribuinte, o desconto a que se refere o Art. 582.

‣ Art. 585 com a redação dada pela Lei 6.386/1976.

Art. 586. A contribuição sindical será recolhida, nos meses fixados no presente Capítulo, à Caixa Econômica Federal, ao Banco do Brasil S. A. ou aos estabelecimentos bancários nacionais integrantes do sistema de arrecadação dos tributos federais, os quais, de acordo com instruções expedidas pelo Conselho Monetário Nacional, repassarão à Caixa Econômica Federal as importâncias arrecadadas.

§ 1º Integrarão a rede arrecadadora as Caixas Econômicas Estaduais, nas localidades onde inexistam os estabelecimentos previstos no *caput* deste artigo.

§ 2º Tratando-se de empregador, agentes ou trabalhadores autônomos ou profissionais liberais o recolhimento será efetuado pelos próprios, diretamente ao estabelecimento arrecadador.

§ 3º A contribuição sindical devida pelos empregados e trabalhadores avulsos será recolhida pelo empregador e pelo sindicato, respectivamente.

‣ Art. 586 com a redação dada pela Lei 6.386/1976.

Art. 587. Os empregadores que optarem pelo recolhimento da contribuição sindical deverão fazê-lo no mês de janeiro de cada ano, ou, para os que venham a se estabelecer após o referido mês, na ocasião em que requererem às repartições o registro ou a licença para o exercício da respectiva atividade.

‣ Artigo com a redação dada pela Lei 13.467/2017.

Art. 588. A Caixa Econômica Federal manterá conta corrente intitulada "Depósitos da Arrecadação da Contribuição Sindical", em nome de cada uma das entidades sindicais beneficiadas, cabendo ao Ministério do Trabalho cientificá-la das ocorrências pertinentes à vida administrativa dessas entidades.

§ 1º Os saques na conta corrente referida no *caput* deste artigo far-se-ão mediante ordem bancária ou cheque com as assinaturas conjuntas do presidente e do tesoureiro da entidade sindical.

§ 2º A Caixa Econômica Federal remeterá, mensalmente, a cada entidade sindical, um extrato da respectiva conta corrente, e, quando solicitado, aos órgãos do Ministério do Trabalho.

‣ Art. 588 com a redação dada pela Lei 6.386/1976.

Art. 589. Da importância da arrecadação da contribuição sindical serão feitos os seguintes créditos pela Caixa Econômica Federal, na forma das instruções que forem expedidas pelo Ministro do Trabalho:

‣ *Caput* com a redação dada pela Lei 6.386/1976.

I – para os empregadores:

a) 5% (cinco por cento) para a confederação correspondente;

b) 15% (quinze por cento) para a federação;

c) 60% (sessenta por cento) para o sindicato respectivo; e

d) 20% (vinte por cento) para a 'Conta Especial Emprego e Salário';

II – para os trabalhadores:

a) 5% (cinco por cento) para a confederação correspondente;

b) 10% (dez por cento) para a central sindical;

c) 15% (quinze por cento) para a federação;

d) 60% (sessenta por cento) para o sindicato respectivo; e

e) 10% (dez por cento) para a 'Conta Especial Emprego e Salário';

‣ Incisos I e II com a redação dada pela Lei 11.648/2008.

III e IV – (Revogados pela Lei 11.648/2008.)

§ 1º O sindicato de trabalhadores indicará ao Ministério do Trabalho e Emprego a central sindical a que estiver filiado como beneficiária da respectiva contribuição sindical, para fins de destinação dos créditos previstos neste artigo.

§ 2º A central sindical a que se refere a alínea b do inciso II do *caput* deste artigo deverá atender aos requisitos de representatividade previstos na legislação específica sobre a matéria.

‣ §§ 1º e 2º incluídos pela Lei 11.648/2008.

Art. 590. Inexistindo confederação, o percentual previsto no art. 589 desta Consolidação caberá à federação representativa do grupo.

‣ *Caput* com a redação dada pela Lei 11.648/2008.

§§ 1º e 2º (Revogados pela Lei 11.648/2008)

§ 3º Não havendo sindicato, nem entidade sindical de grau superior ou central sindical, a contribuição sindical será creditada, integralmente, à 'Conta Especial Emprego e Salário'.

‣ § 3º com a redação dada pela Lei 11.648/2008.

§ 4º Não havendo indicação de central sindical, na forma do § 1º do art. 589 desta Consolidação, os percentuais que lhe caberiam serão destinados à 'Conta Especial Emprego e Salário'.

‣ § 4º incluído pela Lei 11.648/2008.

Art. 591. Inexistindo sindicato, os percentuais previstos na alínea c do inciso I e na alínea d do inciso II do *caput* do art. 589 desta Consolidação serão creditados à federação correspondente à mesma categoria econômica ou profissional.

Parágrafo único. Na hipótese do *caput* deste artigo, os percentuais previstos nas alíneas a e b do inciso I e nas alíneas a e c do inciso II do *caput* do art. 589 desta Consolidação caberão à confederação.

‣ Art. 591 com a redação dada pela Lei 11.648/2008.

SEÇÃO II
DA APLICAÇÃO DO IMPOSTO SINDICAL

Art. 592. A contribuição sindical, além das despesas vinculadas à sua arrecadação, recolhimento e controle, será aplicada pelos sindicatos, na conformidade dos respectivos estatutos, usando aos seguintes objetivos:

I – Sindicatos de empregadores e de agentes autônomos:

a) assistência técnica e jurídica;

‣ Súm. 82 do TST.

b) assistência médica, dentária, hospitalar e farmacêutica;

c) realização de estudos econômicos e financeiros;

d) agências de colocação;

e) cooperativas;

f) bibliotecas;

g) creches;

h) congressos e conferências;

i) medidas de divulgação comercial e Industrial no País, e no estrangeiro, bem como em outras tendentes a incentivar e aperfeiçoar a produção nacional;

j) feiras e exposições;

l) prevenção de acidentes do trabalho;

m) finalidades desportivas.

II – Sindicatos de empregados:

a) assistência jurídica;

b) assistência médica, dentária, hospitalar e farmacêutica;

c) assistência à maternidade;

d) agências de colocação;

e) cooperativas;

f) bibliotecas;

g) creches;

h) congressos e conferências;

i) auxílio-funeral;

j) colônias de férias e centros de recreação;

l) prevenção de acidentes do trabalho;

m) finalidades desportivas e sociais;

n) educação e formação profissional;

o) bolsas de estudo.

III – Sindicatos de profissionais liberais:

a) assistência jurídica;

b) assistência médica, dentária, hospitalar e farmacêutica;

c) assistência à maternidade;

d) bolsas de estudo;

e) cooperativas;

f) bibliotecas;

g) creches;
h) congressos e conferências;
i) auxílio-funeral;
j) colônias de férias e centros de recreação;
l) estudos técnicos e científicos;
m) finalidades desportivas e sociais;
n) educação e formação profissional;
o) prêmios por trabalhos técnicos e científicos.

IV – Sindicatos de trabalhadores autônomos:
a) assistência técnica e jurídica;
b) assistência médica, dentária, hospitalar e farmacêutica;
c) assistência à maternidade;
d) bolsas de estudo;
e) cooperativas;
f) bibliotecas;
g) creches;
h) congressos e conferências;
i) auxílio-funeral;
j) colônias de férias e centros de recreação;
l) educação e formação profissional;
m) finalidades desportivas e sociais.

§ 1º A aplicação prevista neste artigo ficará a critério de cada entidade, que, para tal fim, obedecerá, sempre, às peculiaridades do respectivo grupo ou categoria, facultado ao Ministro do Trabalho permitir a inclusão de novos programas, desde que assegurados os serviços assistenciais fundamentais da entidade.

§ 2º Os sindicatos poderão destacar, em seus orçamentos anuais, até 20% (vinco por cento) dos recursos da contribuição sindical para o custeio das suas atividades administrativas, independentemente de autorização ministerial.

§ 3º O uso da contribuição sindical prevista no § 2º não poderá exceder do valor total das mensalidades sociais consignadas nos orçamentos dos sindicatos, salvo autorização expressa do Ministro do Trabalho.

▸ Art. 592 com a redação dada pela Lei 6.386/1976.

Art. 593. As percentagens atribuídas às entidades sindicais de grau superior e às centrais sindicais serão aplicadas de conformidade com o que dispuserem os respectivos conselhos de representantes ou estatutos.

Parágrafo único. Os recursos destinados às centrais sindicais deverão ser utilizados no custeio das atividades de representação geral dos trabalhadores decorrentes de suas atribuições legais.

▸ Art. 593 com a redação dada pela Lei 11.648/2008.

Art. 594. O "Fundo Social Sindical" será gerido e aplicado pela Comissão do Imposto Sindical em objetivos que atendam aos interesses gerais da organização sindical nacional ou à assistência social aos trabalhadores.

▸ Art. 594 com a redação dada pelo Decreto-lei 9.615, de 20.8.1946.
▸ A Lei 4.589/1964 extingue a Comissão do Imposto Sindical e a Comissão Técnica de Orientação Sindical.

SEÇÃO III
DA COMISSÃO DO IMPOSTO SINDICAL

Arts. 595 a 597. (Revogados pela Lei 4.589/1964.)

SEÇÃO IV
DAS PENALIDADES

Art. 598. Sem prejuízo da ação criminal e das penalidades previstas no art. 553, serão aplicadas multas de Cr$ 10,00 (dez cruzeiros) a Cr$ 10.000,00 (dez mil cruzeiros) pelas infrações deste Capítulo impostas no Distrito Federal pela autoridade competente de 1ª instância do Departamento Nacional do Trabalho e nos Estados e no Território do Acre pelas autoridades regionais do Ministério do Trabalho, Indústria e Comércio.

Parágrafo único. A gradação da multa atenderá à natureza da infração e às condições sociais e econômicas do infrator.

Art. 599. Para os profissionais liberais, a penalidade consistirá na suspensão do exercício profissional, até a necessária quitação, e será aplicada pelos órgãos públicos ou autárquicos disciplinadores das respectivas profissões mediante comunicação das autoridades fiscalizadoras.

Art. 600. O recolhimento da contribuição sindical efetuado fora do prazo referido neste Capítulo, quando espontâneo, será acrescido da multa de 10% (dez por cento), nos 30 (trinta) primeiros dias, com o adicional de 2% (dois por cento) por mês subsequente de atraso, além de juros de mora de 1 % (um por cento) ao mês e correção monetária, ficando, nesse caso, o infrator, isento de outra penalidade.

▸ Súm. 432 do TST.

§ 1º O montante das cominações previstas neste artigo reverterá sucessivamente:
a) ao Sindicato respectivo;
b) à Federação respectiva, na ausência de Sindicato;
c) à Confederação respectiva, inexistindo Federação.

§ 2º Na falta de Sindicato ou entidade de grau superior, o montante a que alude o parágrafo precedente reverterá à conta "Emprego e Salário".

▸ Art. 600 com a redação dada pela Lei 6.181/1974.

SEÇÃO V
DISPOSIÇÕES GERAIS

Art. 601. (Revogado pela Lei 13.467/2017).

Art. 602. Os empregados que não estiverem trabalhando no mês destinado ao desconto da contribuição sindical e que venham a autorizar prévia e expressamente o recolhimento serão descontados no primeiro mês subsequente ao do reinício do trabalho.

▸ *Caput* com a redação dada pela Lei 13.467/2017.

Parágrafo único. De igual forma se procederá com os empregados que forem admitidos depois daquela data e que não tenham trabalhado anteriormente nem apresentado a respectiva quitação.

Art. 603. Os empregadores são obrigados a prestar aos encarregados da fiscalização os esclarecimentos necessários ao desempenho de sua missão e a exibir-lhes, quando exigidos, na parte relativa ao pagamento de empregados, os seus livros, folhas de pagamento e outros documentos comprobatórios desses pagamentos, sob pena da multa cabível.

Art. 604. (Revogado pela Lei 13.467/2017.)

Art. 605. As entidades sindicais são obrigadas a promover a publicação de editais concernentes ao recolhimento do imposto sindical, durante 3 (três) dias, nos jornais de maior circulação local e até 10 (dez) dias da data fixada para depósito bancário.

Art. 606. Às entidades sindicais cabe, em caso de falta de pagamento da contribuição sindical, promover a respectiva cobrança judicial, mediante ação executiva, valendo como título de dívida a certidão expedida pelas autoridades regionais do Ministério do Trabalho e Previdência Social.

▸ *Caput* com a redação dada pelo Dec.-lei 925/1969.

§ 1º O Ministro do Trabalho, Indústria e Comércio baixará as instruções regulando a expedição das certidões a que se refere o presente artigo das quais deverá constar a individualização de contribuinte, a indicação do débito e a designação da entidade a favor da qual será recolhida a importância de imposto, de acordo com o respectivo enquadramento sindical.

§ 2º Para os fins da cobrança judicial do imposto sindical, são extensivos às entidades sindicais, com exceção do foro especial, os privilégios da Fazenda Pública, para cobrança da dívida ativa.

Art. 607. É considerado como documento essencial ao comparecimento às concorrências públicas ou administrativas e para o fornecimento às repartições paraestatais ou autárquicas a prova da quitação do respectivo imposto sindical e a de recolhimento do imposto sindical, descontado dos respectivos empregados.

▸ Art. 37, XXI, da CF.
» Lei 14.133/2021 (Nova Lei de Licitações e Contratos Administrativos).
» *Vide* art. 37, XXI, da CF.

Art. 608. As repartições federais, estaduais ou municipais não concederão registro ou licenças para funcionamento ou renovação de atividades aos estabelecimentos de empregadores e aos escritórios ou congêneres dos agentes ou trabalhadores autônomos e profissionais liberais, nem concederão alvarás de licença ou localização, sem que sejam exibidas as provas de quitação do imposto sindical, na forma do artigo anterior.

Parágrafo único. A não observância do disposto neste artigo acarretará, de pleno direito, a nulidade dos atos nele referidos, bem como dos mencionados no artigo 607.

▸ Parágrafo incluído pela Lei 6.386/1976.

Art. 609. O recolhimento da contribuição sindical e todos os lançamentos e movimentos nas contas respectivas são isentos de selos e taxas federais, estaduais ou municipais.

» *Vide* art. 150, VI, *c*, da CF.

Art. 610. As dúvidas no cumprimento deste Capítulo serão resolvidas pelo Diretor-Geral do Departamento Nacional do Trabalho, que expedirá as instruções que se tornarem necessárias à sua execução.

▸ Art. 610 com a redação dada pela Lei 4.589/1964.

TÍTULO VI
CONVENÇÕES COLETIVAS DE TRABALHO

▸ Título VI com a redação dada pelo Dec.-lei 229/1967.

Art. 611. Convenção Coletiva de Trabalho é o acordo de caráter normativo, pelo qual dois ou mais Sindicatos representativos de categorias econômicas e profissionais estipulam condições de trabalho aplicáveis, no âmbito das respectivas representações, às relações individuais de trabalho.

› Art. 8º, VI, da CF.
» *Vide* art. 8.º, VI, da CF.
» *Vide* Súmula 286 do TST.
» *Vide* Súmula 349 do STF.

§ 1º É facultado aos Sindicatos representativos de categorias profissionais celebrar Acordos Coletivos com uma ou mais empresas da correspondente categoria econômica, que estipulem condições de trabalho, aplicáveis no âmbito da empresa ou das acordantes respectivas relações de trabalho.

§ 2º As Federações e, na falta desta, as Confederações representativas de categorias econômicas ou profissionais poderão celebrar convenções coletivas de trabalho para reger as relações das categorias a elas vinculadas, inorganizadas em Sindicatos, no âmbito de suas representações.

› Art. 611 com a redação dada pelo Dec.-lei 229/1967.
» *Vide* art. 7.º, XXVI, da CF.
» *Vide* Súmula 364 do TST.
» *Vide* OJ 323 da SDI-1 do TST.

Art. 611-A. A convenção coletiva e o acordo coletivo de trabalho têm prevalência sobre a lei quando, entre outros, dispuserem sobre:

› Artigo incluído pela Lei 13.467/2017.

I – pacto quanto à jornada de trabalho, observados os limites constitucionais;

› Súmula 85 do TST.

II – banco de horas anual;

III – intervalo intrajornada, respeitado o limite mínimo de trinta minutos para jornadas superiores a seis horas;

IV – adesão ao Programa Seguro-Emprego (PSE), de que trata a Lei 13.189, de 19 de novembro de 2015;

V – plano de cargos, salários e funções compatíveis com a condição pessoal do empregado, bem como identificação dos cargos que se enquadram como funções de confiança;

VI – regulamento empresarial;

VII – representante dos trabalhadores no local de trabalho;

VIII – teletrabalho, regime de sobreaviso, e trabalho intermitente;

IX – remuneração por produtividade, incluídas as gorjetas percebidas pelo empregado, e remuneração por desempenho individual;

X – modalidade de registro de jornada de trabalho;

XI – troca do dia de feriado;

XII – enquadramento do grau de insalubridade;

XIII – prorrogação de jornada em ambientes insalubres, sem licença prévia das autoridades competentes do Ministério do Trabalho;

XIV – prêmios de incentivo em bens ou serviços, eventualmente concedidos em programas de incentivo;

XV – participação nos lucros ou resultados da empresa.

§ 1º No exame da convenção coletiva ou do acordo coletivo de trabalho, a Justiça do Trabalho observará o disposto no § 3º do art. 8º desta Consolidação.

§ 2º A inexistência de expressa indicação de contrapartidas recíprocas em convenção coletiva ou acordo coletivo de trabalho não ensejará sua nulidade por não caracterizar um vício do negócio jurídico.

§ 3º Se for pactuada cláusula que reduza o salário ou a jornada, a convenção coletiva ou o acordo coletivo de trabalho deverão prever a proteção dos empregados contra dispensa imotivada durante o prazo de vigência do instrumento coletivo.

§ 4º Na hipótese de procedência de ação anulatória de cláusula de convenção coletiva ou de acordo coletivo de trabalho, quando houver a cláusula compensatória, esta deverá ser igualmente anulada, sem repetição do indébito.

§ 5º Os sindicatos subscritores de convenção coletiva ou de acordo coletivo de trabalho deverão participar, como litisconsortes necessários, em ação individual ou coletiva, que tenha como objeto a anulação de cláusulas desses instrumentos.

Art. 611-B. Constituem objeto ilícito de convenção coletiva ou de acordo coletivo de trabalho, exclusivamente, a supressão ou a redução dos seguintes direitos:

› Artigo incluído pela Lei 13.467/2017.

I – normas de identificação profissional, inclusive as anotações na Carteira de Trabalho e Previdência Social;

II – seguro-desemprego, em caso de desemprego involuntário;

III – valor dos depósitos mensais e da indenização rescisória do Fundo de Garantia do Tempo de Serviço (FGTS);

IV – salário mínimo;

V – valor nominal do décimo terceiro salário;

VI – remuneração do trabalho noturno superior à do diurno;

VII – proteção do salário na forma da lei, constituindo crime sua retenção dolosa;

VIII – salário-família;

IX – repouso semanal remunerado;

X – remuneração do serviço extraordinário superior, no mínimo, em 50% (cinquenta por cento) à do normal;

XI – número de dias de férias devidas ao empregado;

XII – gozo de férias anuais remuneradas com, pelo menos, um terço a mais do que o salário normal;

XIII – licença-maternidade com a duração mínima de cento e vinte dias;

XIV – licença-paternidade nos termos fixados em lei;

XV – proteção do mercado de trabalho da mulher, mediante incentivos específicos, nos termos da lei;

XVI – aviso prévio proporcional ao tempo de serviço, sendo no mínimo de trinta dias, nos termos da lei;

XVII – normas de saúde, higiene e segurança do trabalho previstas em lei ou em normas regulamentadoras do Ministério do Trabalho;

XVIII – adicional de remuneração para as atividades penosas, insalubres ou perigosas;

XIX – aposentadoria;

XX – seguro contra acidentes de trabalho, a cargo do empregador;

XXI – ação, quanto aos créditos resultantes das relações de trabalho, com prazo prescricional de cinco anos para os trabalhadores urbanos e rurais, até o limite de dois anos após a extinção do contrato de trabalho;

XXII – proibição de qualquer discriminação no tocante a salário e critérios de admissão do trabalhador com deficiência;

XXIII – proibição de trabalho noturno, perigoso ou insalubre a menores de dezoito anos e de qualquer trabalho a menores de dezesseis anos, salvo na condição de aprendiz, a partir de quatorze anos;

XXIV – medidas de proteção legal de crianças e adolescentes;

XXV – igualdade de direitos entre o trabalhador com vínculo empregatício permanente e o trabalhador avulso;

XXVI – liberdade de associação profissional ou sindical do trabalhador, inclusive o direito de não sofrer, sem sua expressa e prévia anuência, qualquer cobrança ou desconto salarial estabelecidos em convenção coletiva ou acordo coletivo de trabalho;

XXVII – direito de greve, competindo aos trabalhadores decidir sobre a oportunidade de exercê-lo e sobre os interesses que devam por meio dele defender;

XXVIII – definição legal sobre os serviços ou atividades essenciais e disposições legais sobre o atendimento das necessidades inadiáveis da comunidade em caso de greve;

XXIX – tributos e outros créditos de terceiros;

XXX – as disposições previstas nos arts. 373-A, 390, 392, 392-A, 394, 394-A, 395, 396 e 400 desta Consolidação.

Parágrafo único. Regras sobre duração do trabalho e intervalos não são consideradas como normas de saúde, higiene e segurança do trabalho para os fins do disposto neste artigo.

Art. 612. Os Sindicatos só poderão celebrar Convenções ou Acordos Coletivos de Trabalho, por deliberação de Assembleia-Geral especialmente convocada para esse fim, consoante o disposto nos respectivos Estatutos, dependendo a validade da mesma do comparecimento e votação, em primeira convocação, de 2/3 (dois terços) dos associados da entidade, se se tratar de Convenção, e dos interessados, no caso de Acordo, e, em segunda, de 1/3 (um terço) dos membros.

› OJs 8, 29 e 35 da SDC do TST.
» OJs 8, 29 e 35 da SDC do TST.

Parágrafo único. O "quorum" de comparecimento e votação será de 1/8 (um oitavo) dos associados em segunda convocação, nas entidades sindicais que tenham mais de 5.000 (cinco mil) associados.

› Art. 612 com a redação dada pelo Dec.-lei 229/1967.

Art. 613. As Convenções e os Acordos deverão conter obrigatoriamente:

I – Designação dos Sindicatos convenentes ou dos Sindicatos e empresas acordantes;

II – Prazo de vigência;

III – Categorias ou classes de trabalhadores abrangidas pelos respectivos dispositivos;

IV – Condições ajustadas para reger as relações individuais de trabalho durante sua vigência;

V – Normas para a conciliação das divergências sugeridas entre os convenentes por motivos da aplicação de seus dispositivos;

VI – Disposições sobre o processo de sua prorrogação e de revisão total ou parcial de seus dispositivos;

VII – Direitos e deveres dos empregados e empresas;

VIII – Penalidades para os Sindicatos convenentes, os empregados e as empresas em caso de violação de seus dispositivos.

Parágrafo único. As convenções e os Acordos serão celebrados por escrito, sem emendas nem rasuras, em tantas vias quantos forem os Sindicatos convenentes ou as empresas acordantes, além de uma destinada a registro.

› Art. 613 com a redação dada pelo Dec.-lei 229/1967.

Art. 614. Os Sindicatos convenentes ou as empresas acordantes promoverão, conjunta ou separadamente, dentro de 8 (oito) dias da assinatura da Convenção ou Acordo, o depósito de uma via do mesmo, para fins de registro e arquivo, no Departamento Nacional do Trabalho, em se tratando de instrumento de caráter nacional ou interestadual, ou nos órgãos regionais do Ministério do Trabalho e Previdência Social, nos demais casos.

› OJ 34 da SDC do TST.

» *Vide* OJ 34 da SDC do TST.

§ 1º As Convenções e os Acordos entrarão em vigor 3 (três) dias após a data da entrega dos mesmos no órgão referido neste artigo.

§ 2º Cópias autênticas das Convenções e dos Acordos deverão ser afixados de modo visível, pelos Sindicatos convenentes, nas respectivas sedes e nos estabelecimentos das empresas compreendidas no seu campo de aplicação, dentro de 5 (cinco) dias da data do depósito previsto neste artigo.

› OJ 36 da SDI-1 do TST.

» *Vide* OJ 36 da SDI-1 do TST.

§ 3º Não será permitido estipular duração de convenção coletiva ou acordo coletivo de trabalho superior a dois anos, sendo vedada a ultratividade.

› § 3º com a redação dada pela Lei 13.467/2017.

» *Vide* OJ 41 da SDI-1 do TST.

Art. 615. O processo de prorrogação, revisão, denúncia ou revogação total ou parcial de Convenção ou Acordo ficará subordinado, em qualquer caso, à aprovação de Assembleia-Geral dos Sindicatos convenentes ou partes acordantes, com observância do disposto no art. 612.

§ 1º O instrumento de prorrogação, revisão, denúncia ou revogação de Convenção ou Acordo será depositado para fins de registro e arquivamento, na repartição em que o mesmo originariamente foi depositado observado o disposto no art. 614.

§ 2º As modificações introduzidos em Convenção ou Acordo, por força de revisão ou de revogação parcial de suas cláusulas passarão a vigorar 3 (três) dias após a realização de depósito previsto no § 1º.

› Art. 615 com a redação dada pelo Dec.-lei 229/1967.

Art. 616. Os Sindicatos representativos de categorias econômicas ou profissionais e as empresas, inclusive as que não tenham representação sindical, quando provocados, não podem recusar-se à negociação coletiva.

› *Caput* com a redação dada pelo Dec.-lei 229/1967.

§ 1º Verificando-se recusa à negociação coletiva, cabe aos Sindicatos ou empresas interessadas dar ciência do fato, conforme o caso, ao Departamento Nacional do Trabalho ou aos órgãos regionais do Ministério do Trabalho e Previdência Social, para convocação compulsória dos Sindicatos ou empresas recalcitrantes.

§ 2º No caso de persistir a recusa à negociação coletiva, pelo desatendimento às convocações feitas pelo Departamento Nacional do Trabalho ou órgãos regionais do Ministério de Trabalho e Previdência Social, ou se malograr a negociação entabulada, é facultada aos Sindicatos ou empresas interessadas a instauração de dissídio coletivo.

› §§ 1º e 2º com a redação dada pelo Dec.-lei 229/1967.

› Art. 114, §§ 1º e 2º da CF.

› Art. 3º da Lei 7.783/1989.

› OJ 5 da SDC.

§ 3º Havendo convenção, acordo ou sentença normativa em vigor, o dissídio coletivo deverá ser instaurado dentro dos 60 (sessenta) dias anteriores ao respectivo termo final, para que o novo instrumento possa ter vigência no dia imediato a esse termo.

› § 3º com a redação dada pelo Dec.-lei 424, /1969.

§ 4º Nenhum processo de dissídio coletivo de natureza econômica será admitido sem antes se esgotarem as medidas relativas à formalização da Convenção ou Acordo correspondente.

› § 4º com a redação dada pelo Dec.-lei 229/1967.

Art. 617. Os empregados de uma ou mais empresas que decidirem celebrar Acordo Coletivo de Trabalho com as respectivas empresas darão ciência de sua resolução, por escrito, ao Sindicato representativo da categoria profissional, que terá o prazo de 8 (oito) dias para assumir a direção dos entendimentos entre os interessados, devendo igual procedimento ser observado pelas empresas interessadas com relação ao Sindicato da respectiva categoria econômica.

§ 1º Expirado o prazo de 8 (oito) dias sem que o Sindicato tenha se desincumbido do encargo recebido, poderão os interessados dar conhecimento do fato à Federação a que estiver vinculado o Sindicato e, em falta dessa, à correspondente Confederação, para que, no mesmo prazo, assuma a direção dos entendimentos. Esgotado esse prazo, poderão os interessados prosseguir diretamente na negociação coletiva até final.

§ 2º Para o fim de deliberar sobre o Acordo, a entidade sindical convocará assembleia-geral dos diretamente interessados, sindicalizados ou não, nos termos do art. 612.

› Art. 617 com a redação dada pelo Dec.-lei 229/1967.

› OJ 29 da SDC do TST.

» *Vide* OJ 29 da SDC do TST.

Art. 618. As empresas e instituições que não estiverem incluídas no enquadramento sindical a que se refere o art. 577 desta Consolidação poderão celebrar Acordos Coletivos de Trabalho com os Sindicatos representativos dos respectivos empregados, nos termos deste Título.

› Art. 618 com a redação dada pelo Dec.-lei 229/1967.

Art. 619. Nenhuma disposição de contrato individual de trabalho que contrarie normas de Convenção ou Acordo Coletivo de Trabalho poderá prevalecer na execução do mesmo, sendo considerada nula de pleno direito.

› Art. 619 com a redação dada pelo Dec.-lei 229/1967.

› Súm. 85, II, do TST.

Art. 620. As condições estabelecidas em acordo coletivo de trabalho sempre prevalecerão sobre as estipuladas em convenção coletiva de trabalho.

› Artigo com a redação dada pela Lei 13.467/2017.

› Súm. 202 do TST.

Art. 621. As Convenções e os Acordos poderão incluir entre suas cláusulas disposição sobre a constituição e funcionamento de comissões mistas de consulta e colaboração, no plano da empresa e sobre participação, nos lucros. Estas disposições mencionarão a forma de constituição, o modo de funcionamento e as atribuições das comissões, assim como o plano de participação, quando for o caso.

› Art. 621 com a redação dada pelo Dec.-lei 229/1967.

› Lei 10.101/2000 (Participação nos lucros e resultados).

› Súm. 451 do TST.

» *Vide* art. 611-A, XV, da CLT.

Art. 622. Os empregados e as empresas que celebrarem contratos individuais de trabalho, estabelecendo condições contrárias ao que tiver sido ajustado em Convenção ou Acordo que lhes for aplicável, serão passíveis da multa neles fixada.

› Súm. 384 do TST.

› OJ 54 da SDI-1 do TST.

» *Vide* art. 619 da CLT.

Parágrafo único. A multa a ser imposta ao empregado não poderá exceder da metade daquela que, nas mesmas condições seja estipulada para a empresa.

› Art. 622 com a redação dada pelo Dec.-lei 229/1967.

Art. 623. Será nula de pleno direito disposição de Convenção ou Acordo que, direta ou indiretamente, contrarie proibição ou norma disciplinadora da política econômico-financeira do Governo ou concernente à política salarial vigente, não produzindo quaisquer efeitos perante autoridades e repartições públicas, inclusive para fins de revisão de preços e tarifas de mercadorias e serviços.

Parágrafo único. Na hipótese deste artigo, a nulidade será declarada, de ofício ou mediante representação, pelo Ministro do Trabalho e Previdência Social, ou pela Justiça do Trabalho em processo submetido ao seu julgamento.

› Art. 623 com a redação dada pelo Dec.-lei 229/1967.

» *Vide* art. 8.º, § 3.º, da CLT.

Art. 624. A vigência de cláusula de aumento ou reajuste salarial, que implique elevação de tarifas ou de preços sujeitos à fixação por autoridade pública ou repartição governamental, dependerá de prévia audiência dessa autoridade ou repartição e sua expressa declaração no tocante à possibilidade de elevação da tarifa ou do preço e quanto ao valor dessa elevação.

› Art. 624 com a redação dada pelo Dec.-lei 229/1967.

Art. 625. As controvérsias resultantes da aplicação de Convenção ou de Acordo celebrado nos termos deste Título serão dirimidas pela Justiça do Trabalho.

› Art. 625 com a redação dada pelo Dec.-lei 229/1967.

TÍTULO VI-A
DAS COMISSÕES DE CONCILIAÇÃO PRÉVIA

› Título VI-A incluído pela Lei 9.958/2000.

Art. 625-A. As empresas e os sindicatos podem instituir Comissões de Conciliação Prévia, de composição paritária, com representante dos empregados e dos empregadores, com a atribuição de tentar conciliar os conflitos individuais do trabalho.

Parágrafo único. As Comissões referidas no *caput* deste artigo poderão ser constituídas por grupos de empresas ou ter caráter intersindical.

Art. 625-B. A Comissão instituída no âmbito da empresa será composta de, no mínimo, dois e, no máximo, dez membros, e observará as seguintes normas:

I – a metade de seus membros será indicada pelo empregador e outra metade eleita pelos empregados, em escrutínio, secreto, fiscalizado pelo sindicato de categoria profissional;

II – haverá na Comissão tantos suplentes quantos forem os representantes titulares;

III – o mandato dos seus membros, titulares e suplentes, é de um ano, permitida uma recondução.

§ 1º É vedada a dispensa dos representantes dos empregados membros da Comissão de Conciliação Prévia, titulares e suplentes, até um ano após o final do mandato, salvo se cometerem falta grave, nos termos da lei.

» *Vide* arts. 494 e 853 da CLT.

§ 2º O representante dos empregados desenvolverá seu trabalho normal na empresa afastando-se de suas atividades apenas quando convocado para atuar como conciliador, sendo computado como tempo de trabalho efetivo o despendido nessa atividade.

Art. 625-C. A Comissão instituída no âmbito do sindicato terá sua constituição e normas de funcionamento definidas em convenção ou acordo coletivo.

Art. 625-D. Qualquer demanda de natureza trabalhista será submetida à Comissão de Conciliação Prévia se, na localidade da prestação de serviços, houver sido instituída a Comissão no âmbito da empresa ou do sindicato da categoria.

§ 1º A demanda será formulada por escrito ou reduzida a termo por qualquer dos membros da Comissão, sendo entregue cópia datada e assinada pelo membro aos interessados.

§ 2º Não prosperando a conciliação, será fornecida ao empregado e ao empregador declaração da tentativa conciliatória frustrada com a descrição de seu objeto, firmada pelos membros da Comissão, que deverá ser juntada à eventual reclamação trabalhista.

§ 3º Em caso de motivo relevante que impossibilite a observância do procedimento previsto no *caput* deste artigo, será a circunstância declarada na petição da ação intentada perante a Justiça do Trabalho.

§ 4º Caso exista, na mesma localidade e para a mesma categoria, Comissão de empresa e Comissão sindical, o interessado optará por uma delas para submeter a sua demanda, sendo competente aquela que primeiro conhecer do pedido.

‣ ADI 2.139 e 2.160, DJE 23.10.2009: deferida parcialmente a cautelar para dar interpretação conforme a Constituição Federal relativamente ao art. 625-D, não estando o empregado obrigado a se submeter a Comissão de Conciliação Prévia antes de ingressar em juízo.

‣ ADI 2.237, DJE 06.08.2018: por maioria, julgou parcialmente procedentes os pedidos, para dar interpretação conforme a Constituição ao art. 625-D, § 1º a § 4º, da Consolidação das Leis do Trabalho, assentando que a Comissão de Conciliação Previa constitui meio legitimo, mas não obrigatório, de solução de conflitos, permanecendo o acesso a Justiça resguardado para todos os que venham a ajuizar demanda diretamente ao órgão judiciário competente, e para manter hígido o inciso II do art. 852-B da CLT, no sentido de se considerar legitima a citação nos termos estabelecidos na norma.

Art. 625-E. Aceita a conciliação, será lavrado termo assinado pelo empregado, pelo empregador ou seu proposto e pelos membros da Comissão, fornecendo-se cópia às partes.

Parágrafo único. O termo de conciliação é título executivo extrajudicial e terá eficácia liberatória geral, exceto quanto às parcelas expressamente ressalvadas.

‣ Arts. 876 e 877-A da CLT.

‣ OJ 270 da SDI-1 do TST.

» Vide art. 876 da CLT.

Art. 625-F. As Comissões de Conciliação Prévia têm prazo de dez dias para a realização da sessão de tentativa de conciliação a partir da provocação do interessado.

Parágrafo único. Esgotado o prazo sem a realização da sessão, será fornecida, no último dia do prazo, a declaração a que se refere o § 2º do art. 625-D.

Art. 625-G. O prazo prescricional será suspenso a partir da provocação da Comissão de Conciliação Prévia, recomeçando a fluir, pelo que lhe resta, a partir da tentativa frustrada de conciliação ou do esgotamento do prazo previsto no art. 625-F.

» *Vide* art. 11 da CLT.

» *Vide* art. 7.º, XXIX, da CF.

Art. 625-H. Aplicam-se aos Núcleos Intersindicais de Conciliação Trabalhista em funcionamento ou que vierem a ser criados, no que couber, as disposições previstas neste Título, desde que observados os princípios da paridade e da negociação coletiva na sua constituição.

TÍTULO VII
DO PROCESSO DE MULTAS ADMINISTRATIVAS

CAPÍTULO I
DA FISCALIZAÇÃO, DA AUTUAÇÃO E DA IMPOSIÇÃO DE MULTAS

‣ Vide arts. 21, XXIV, e 114, VII, da CF.

Art. 626. Incumbe às autoridades competentes do Ministério do Trabalho, Indústria e Comércio, ou àquelas que exerçam funções delegadas, a fiscalização do fiel cumprimento das normas de proteção ao trabalho.

Parágrafo único. Os fiscais dos Institutos de Seguro Social e das entidades paraestatais em geral dependentes do Ministério do Trabalho, Indústria e Comércio serão competentes para a fiscalização a que se refere o presente artigo, na forma das instruções que forem expedidas pelo Ministro do Trabalho, Indústria e Comércio.

Art. 627. A fim de promover a instrução dos responsáveis no cumprimento das leis de proteção do trabalho, a fiscalização deverá observar o critério de dupla visita nos seguintes casos:

a) quando ocorrer promulgação ou expedição de novas leis, regulamentos ou instruções ministeriais, sendo que, com relação exclusivamente a esses atos, será feita apenas a instrução dos responsáveis;

b) em se realizando a primeira inspeção dos estabelecimentos ou dos locais de trabalho, recentemente inaugurados ou empreendidos.

Art. 627-A. Poderá ser instaurado procedimento especial para a ação fiscal, objetivando a orientação sobre o cumprimento das leis de proteção ao trabalho, bem como a prevenção e o saneamento de infrações à legislação mediante Termo de Compromisso, na forma a ser disciplinada no Regulamento da Inspeção do Trabalho. (Incluído pela MP 2.164-41/2001)

‣ Dec. 4.552/2002: Aprova o Regulamento da Inspeção do Trabalho.

Art. 628. Salvo o disposto nos arts. 627 e 627-A, a toda verificação em que o Auditor-Fiscal do Trabalho concluir pela existência de violação de preceito legal deve corresponder, sob pena de responsabilidade administrativa, a lavratura de auto de infração. (Redação dada pela MP 2.164-41/2001)

§ 1º Ficam as empresas obrigadas a possuir o livro intitulado "Inspeção do Trabalho", cujo modelo será aprovado por portaria Ministerial.

§ 2º Nesse livro, registrará o agente da inspeção sua visita ao estabelecimento, declarando a data e a hora do início e término da mesma, bem como o resultado da inspeção, nele consignando, se for o caso, todas as irregularidades verificadas e as exigências feitas, com os respectivos prazos para seu atendimento, e, ainda, de modo legível, os elementos de sua identificação funcional.

§ 3º Comprovada má-fé do agente da inspeção, quanto à omissão ou lançamento de qualquer elemento no livro, responderá ele por falta grave no cumprimento do dever, ficando passível, desde logo, da pena de suspensão até 30 (trinta) dias, instaurando-se, obrigatoriamente, em caso de reincidência, inquérito administrativo.

§ 4º A lavratura de autos contra empresas fictícias e de endereços inexistentes, assim como a apresentação de falsos relatórios, constituem falta grave, punível na forma do § 3º.

‣ §§ 1º a 4º incluídos pelo Dec.-lei 229/1967.

Art. 628-A. Fica instituído o Domicílio Eletrônico Trabalhista, regulamentado pelo Ministério do Trabalho e Previdência, destinado a: *(Acrescido pela Lei 14.261/2021)*

I - cientificar o empregador de quaisquer atos administrativos, ações fiscais, intimações e avisos em geral; e

II - receber, por parte do empregador, documentação eletrônica exigida no curso das ações fiscais ou apresentação de defesa e recurso no âmbito de processos administrativos.

§ 1º As comunicações eletrônicas realizadas pelo Domicílio Eletrônico Trabalhista dispensam a sua publicação no Diário Oficial da União e o envio por via postal e são consideradas pessoais para todos os efeitos legais.

§ 2º A ciência por meio do sistema de comunicação eletrônica, com utilização de certificação digital ou de código de acesso, possuirá os requisitos de validade.

Art. 629. O auto de infração será lavrado em duplicata, nos termos dos modelos e instruções expedidos, sendo uma via entregue ao infrator, contra recibo, ou ao mesmo enviada, dentro de 10 (dez) dias da lavratura, sob pena de responsabilidade, em registro postal, com franquia e recibo de volta. (Redação dada pelo Dec.-lei 229/1967)

§ 1º O auto não terá o seu valor probante condicionado à assinatura do infrator ou de testemunhas, e será lavrado no local da inspeção, salvo havendo motivo justificado que será declarado no próprio auto, quando então deverá ser lavrado no prazo de 24 (vinte e quatro) horas, sob pena de responsabilidade. (Redação dada pelo Dec.-lei 229/1967)

§ 2º Lavrado o auto de infração, não poderá ele ser inutilizado, nem sustado o curso do respectivo processo, devendo o agente da inspeção apresentá-lo à autoridade competente, mesmo se incidir em erro. (Redação dada pelo Dec.-lei 229/1967)

§ 3º O infrator terá, para apresentar defesa, o prazo de 10 (dez) dias contados do recebimento do auto. (Redação dada pelo Dec.-lei 229/1967)

§ 4º O auto de infração será registrado com a indicação sumária de seus elementos característicos, em livro próprio que deverá existir em cada órgão fiscalizador, de modo a assegurar o controle do seu processamento. (Redação dada pelo Dec.-lei 229/1967)

Art. 630. Nenhum agente da inspeção poderá exercer as atribuições do seu cargo sem exibir a carteira de identidade fiscal, devidamente autenticada, fornecida pela autoridade competente.

§ 1º É proibida a outorga de identidade fiscal a quem não esteja autorizado, em razão do cargo ou função, a exercer ou praticar, no âmbito da legislação trabalhista, atos de fiscalização.

§ 2º A credencial a que se refere este artigo deverá ser devolvida para inutilização, sob as penas da lei em casos de provimentos em outro cargo público, exoneração ou demissão bem como nos de licenciamento por prazo superior a 60 (sessenta) dias e de suspensão do exercício do cargo.

§ 3º O agente da inspeção terá livre acesso a todas as dependências dos estabelecimentos sujeitos ao regime da legislação, sendo as empresas, por seus dirigentes ou prepostos, obrigadas a prestar-lhes os esclarecimentos necessários ao desempenho de suas atribuições legais e a exibir-lhes, quando exigidos, quaisquer documentos que digam respeito ao fiel cumprimento das normas de proteção ao trabalho.

§ 4º Os documentos sujeitos à inspeção deverão permanecer, sob as penas da lei nos locais de trabalho, somente se admitindo, por exceção, a critério da autoridade competente, sejam os mesmos apresentados em dia hora previamente fixados pelo agente da inspeção.

§ 5º No território do exercício de sua função, o agente da inspeção gozará de passe livre nas empresas de transportes, públicas ou privadas, mediante a apresentação da carteira de identidade fiscal.

§ 6º A inobservância do disposto nos §§ 3º, 4º e 5º configurará resistência ou embaraço à fiscalização e justificará a lavratura do respectivo auto de infração, cominada a multa de valor igual a meio (1/2) salário mínimo regional até 5 (cinco) vezes esse salário, levando-se em conta, além das circunstâncias atenuantes ou agravantes, a situação econômico-financeira do infrator e os meios a seu alcance para cumprir a lei.

§ 7º Para o efeito do disposto no § 5º, a autoridade competente divulgará em janeiro e julho, de cada ano, a relação dos agentes da inspeção titulares da carteira de identidade fiscal.

§ 8º As autoridades policiais, quando solicitadas, deverão prestar aos agentes da inspeção a assistência de que necessitarem para o fiel cumprimento de suas atribuições legais.

- Art. 630 com a redação dada pelo Dec.-lei 229/1967.

Art. 631. Qualquer funcionário público federal, estadual ou municipal, ou representante legal de associação sindical, poderá comunicar à autoridade competente do Ministério do Trabalho, Indústria e Comércio as infrações que verificar.

Parágrafo único. De posse dessa comunicação, a autoridade competente procederá desde logo às necessárias diligências, lavrando os autos de que haja mister.

Art. 632. Poderá o autuado requerer a audiência de testemunhas e as diligências que lhe parecerem necessárias à elucidação do processo, cabendo, porém, à autoridade, julgar da necessidade de tais provas.

Art. 633. Revogado pela Lei 13.874/2019.

Art. 634. Na falta de disposição especial, a imposição das multas incumbe às autoridades regionais competentes em matéria de trabalho, na forma estabelecida por este Título.

§ 1º A aplicação da multa não eximirá o infrator da responsabilidade em que incorrer por infração das leis penais. (Primitivo parágrafo único renumerado pela Lei 13.467/2017)

§ 2º Os valores das multas administrativas expressos em moeda corrente serão reajustados anualmente pela Taxa Referencial (TR), divulgada pelo Banco Central do Brasil, ou pelo índice que vier a substituí-lo. (Incluído pela Lei 13.467/2017)

- Art. 203 do CP.

CAPÍTULO II
DOS RECURSOS

Art. 635. De toda decisão que impuser multa por infração das leis e disposições reguladoras do trabalho, e não havendo forma especial de processo caberá recurso para o Diretor-Geral Departamento ou Serviço do Ministério do Trabalho e Previdência Social, que for competente na matéria. (Art. 635 com a redação dada pelo Dec.-lei 229/1967)

Parágrafo único. As decisões serão sempre fundamentadas.

Art. 636. Os recursos devem ser interpostos no prazo de 10 (dez) dias, contados do recebimento da notificação, perante autoridade que houver imposto a multa, a qual, depois de os informar encaminhá-los-á à autoridade de instância superior. (Art. 636 com a redação dada pelo Dec.-lei 229/1967)

§ 1º O recurso só terá seguimento se o interessado o instruir com a prova do depósito da multa.

- ADPF 156: declarada a não recepção deste parágrafo pela CF/1988.
- Art. 5º, LV, da CF.
- Art. 114, VIII, da CF.
- Súm. Vinculante 21 do STF.
- Súm. 373 do STJ.
- Súm. 424 do TST.

§ 2º A notificação somente será realizada por meio de edital, publicada no órgão oficial, quando o infrator estiver em lugar incerto e não sabido.

§ 3º A notificação de que trata este artigo fixará igualmente o prazo de 10 (dez) dias para que o infrator recolha o valor da multa, sob pena de cobrança executiva.

§ 4º As guias de depósito ou recolhimento serão emitidas em 3 (três) vias e o recolhimento da multa deverá preceder-se dentro de 5 (cinco) dias às repartições federais competentes, que escriturarão a receita a crédito do Ministério da Trabalho e Previdência Social.

§ 5º A segunda via da guia do recolhimento será devolvida pelo infrator à repartição que a emitiu, até o sexto dia depois de sua expedição, para a averbação no processo.

§ 6º A multa será reduzida de 50% (cinquenta por cento) se o infrator, renunciando ao recurso a recolher ao Tesouro Nacional dentro do prazo de 10 (dez) dias contados do recebimento da notificação ou da publicação do edital.

§ 7º Para a expedição da guia, no caso do § 6º, deverá o infrator juntar a notificação com a prova da data do seu recebimento, ou a folha do órgão oficial que publicou o edital.

Art. 637. De todas as decisões que proferirem em processos de infração das leis de proteção ao trabalho e que impliquem arquivamento destes, observado o disposto no parágrafo único do art. 635, deverão as autoridades prolatoras recorrer de ofício para a autoridade competente de instância superior. (Redação dada pelo Dec.-lei 229/1967)

Art. 638. Ao Ministro do Trabalho, Indústria e Comércio é facultado avocar ao seu exame e decisão, dentro de 90 (noventa) dias do despacho final do assunto, ou no curso do processo, as questões referentes à fiscalização dos preceitos estabelecidos nesta Consolidação.

CAPÍTULO III
DO DEPÓSITO, DA INSCRIÇÃO E DA COBRANÇA

Art. 639. Não sendo provido o recurso, o depósito se converterá em pagamento.

Art. 640. É facultado às Delegacias Regionais do Trabalho, na conformidade de instruções expedidas pelo Ministro de Estado, promover a cobrança amigável das multas antes do encaminhamento dos processos à cobrança executiva. (Redação dada pelo Dec.-lei 229/1967)

Art. 641. Não comparecendo o infrator, ou não depositando a importância da multa ou penalidade, far-se-á a competente inscrição em livro especial, existente nas repartições das quais se tiver originado a multa ou penalidade, ou de onde tenha provindo a reclamação que a determinou, sendo extraída cópia autentica dessa inscrição e enviada às autoridades competentes para a respectiva cobrança judicial, valendo tal instrumento como título de dívida líquida e certa.

Art. 642. A cobrança judicial das multas impostas pelas autoridades administrativas do trabalho obedecerá ao disposto na legislação aplicável à cobrança da dívida ativa da União, sendo promovida, no Distrito Federal e nas capitais dos Estados em que funcionarem Tribunais Regionais do Trabalho, pela Procuradoria da Justiça do

Trabalho, e nas demais localidades, pelo Ministério Público Estadual e do Território do Acre, nos termos do Decreto-lei 960, de 17 de dezembro de 1938.

- Art. 114, VIII, da CF

Parágrafo único. No Estado de São Paulo a cobrança continuará a cargo da Procuradoria do Departamento Estadual do Trabalho, na forma do convênio em vigor.

TÍTULO VII-A
DA PROVA DE INEXISTÊNCIA DE DÉBITO TRABALHISTA

Art. 642-A. É instituída a Certidão Negativa de Débitos Trabalhistas (CNDT), expedida gratuita e eletronicamente, para comprovar a inexistência de débitos inadimplidos perante a Justiça do Trabalho.

§ 1º O interessado não obterá a certidão quando em seu nome constar:

I – o inadimplemento de obrigações estabelecidas em sentença condenatória transitada em julgado proferida pela Justiça do Trabalho ou em acordos judiciais trabalhistas, inclusive no concernente aos recolhimentos previdenciários, a honorários, a custas, a emolumentos ou a recolhimentos determinados em lei; ou

II – o inadimplemento de obrigações decorrentes de execução de acordos firmados perante o Ministério Público do Trabalho ou Comissão de Conciliação Prévia.

§ 2º Verificada a existência de débitos garantidos por penhora suficiente ou com exigibilidade suspensa, será expedida Certidão Positiva de Débitos Trabalhistas em nome do interessado com os mesmos efeitos da CNDT.

§ 3º A CNDT certificará a empresa em relação a todos os seus estabelecimentos, agências e filiais.

§ 4º O prazo de validade da CNDT é de 180 (cento e oitenta) dias, contado da data de sua emissão.

TÍTULO VIII
DA JUSTIÇA DO TRABALHO

CAPÍTULO I
INTRODUÇÃO

Art. 643. Os dissídios, oriundos das relações entre empregados e empregadores bem como de trabalhadores avulsos e seus tomadores de serviços, em atividades reguladas na legislação social, serão dirimidos pela Justiça do Trabalho, de acordo com o presente Título e na forma estabelecida pelo processo judiciário do trabalho.

- *Caput* com a redação dada pela Lei 7.494/1986.
- Arts. 109, I, e 114 da CF.
- Súm. Vinculantes 22 e 23 do STF.
- Súm. 433 e 736 do STF.
- Súm. 10, 97, 137, 170, 173, 218 e 367 do STJ.
- Súm. 19, 189, 300, 368, 389 e 392 do TST.
- OJs 26 e 138 da SDI-1 do TST.

§ 1º As questões concernentes à Previdência Social serão decididas pelos órgãos e autoridades previstos no Capítulo V deste Título e na legislação sobre seguro social.

- Lei 3.807/1960 (Lei Orgânica da Previdência Social.)
- Leis 8.212 e 8.213/1991 (Seguridade e Previdência Social, respectivamente.)
- Art. 114, VIII, da CF.
- *Vide* Súmula 368, I, do TST.
- *Vide* Súmula Vinculante 53 do STF.

§ 2º As questões referentes a acidentes do trabalho continuam sujeitas a justiça ordinária, na forma do Decreto 24.637, de 10 de julho de 1934, e legislação subsequente.

§ 3º A Justiça do Trabalho é competente, ainda, para processar e julgar as ações entre trabalhadores portuários e os operadores portuários ou o Órgão Gestor de Mão de Obra – OGMO decorrentes da relação de trabalho.

- § 3º incluído pela MP 2.164-41/2001.

Art. 644. São órgãos da Justiça do Trabalho:

a) o Tribunal Superior do Trabalho;

b) os Tribunais Regionais do Trabalho;

c) as Juntas de Conciliação e Julgamento ou os Juízos de Direito.

- Redação dada pelo Dec.-lei 9.797/1946.
- Art. 111 da CF.

Art. 645. O serviço da Justiça do Trabalho é relevante e obrigatório, ninguém dele podendo eximir-se, salvo motivo justificado.

Art. 646. Os órgãos da Justiça do Trabalho funcionarão perfeitamente coordenados, em regime de mútua colaboração, sob a orientação do presidente do Tribunal Superior do Trabalho.

CAPÍTULO II
DAS JUNTAS DE CONCILIAÇÃO E JULGAMENTO

- A EC 24/1999 extinguiu as Juntas de Conciliação e Julgamento e a figura do juiz classista. Em seu lugar, estabeleceu a jurisdição singular do juiz togado, que a exercerá nas Varas do Trabalho.
- Art. 116 da CF.

SEÇÃO I
DA COMPOSIÇÃO E FUNCIONAMENTO

Art. 647. Cada Junta de Conciliação e Julgamento terá a seguinte composição:

a) um juiz do trabalho, que será seu Presidente;

b) dois vogais, sendo um representante dos empregadores e outro dos empregados.

Parágrafo único. Haverá um suplente para cada vogal.

- Art. 647 com a redação dada pelo Dec.-lei 9.797/1946.
- Art. 111 da CF.

Art. 648. São incompatíveis entre si, para os trabalhos da mesma Junta, os parentes consanguíneos e afins até o terceiro grau civil.

Parágrafo único. A incompatibilidade resolve-se a favor do primeiro vogal designado ou empossado, ou por sorteio, se a designação ou posse for da mesma data.

Art. 649. As Juntas poderão conciliar, instruir ou julgar com qualquer número, sendo, porém, indispensável a presença do Presidente, cujo voto prevalecerá em caso de empate.

- As Juntas de Conciliação foram extintas pela EC 24/1999.

§ 1º No julgamento de embargos deverão estar presentes todos os membros da Junta.

§ 2º Na execução e na liquidação das decisões funciona apenas o Presidente.

- Art. 649 com a redação dada pelo Dec.-lei 8.737/1946.

SEÇÃO II
DA JURISDIÇÃO E COMPETÊNCIA DAS JUNTAS

- As Juntas de Conciliação foram extintas pela EC 24/1999.

Art. 650. A jurisdição de cada Junta de Conciliação e Julgamento abrange todo o território da Comarca em que tem sede, só podendo ser estendida ou restringida por lei federal.

Parágrafo único. As leis locais de Organização Judiciária não influirão sobre a competência de Juntas de Conciliação e Julgamento já criadas até que lei federal assim determine.

- Art. 650 com a redação dada pela Lei 5.442/1968.
- Art. 112 da CF.

Art. 651. A competência das Juntas de Conciliação e Julgamento é determinada pela localidade onde o empregado, reclamante ou reclamado, prestar serviços ao empregador, ainda que tenha sido contratado noutro local ou no estrangeiro.

- Súm. 33 do STJ.

§ 1º Quando for parte de dissídio agente ou viajante comercial, a competência será da Junta da localidade em que a empresa tenha agência ou filial e a esta o empregado esteja subordinado e, na falta, será competente a Junta da localização em que o empregado tenha domicílio ou a localidade mais próxima.

- § 1º com a redação dada pela Lei 9.851/1999.

§ 2º A competência das Juntas de Conciliação e Julgamento, estabelecida neste artigo, estende-se aos dissídios ocorridos em agência ou filial no estrangeiro, desde que o empregado seja brasileiro e não haja convenção internacional dispondo em contrário.

- Lei 7.064/1982.
- OJs 232 e 416 da SDI-1 do TST.

§ 3º Em se tratando de empregador que promova realização de atividades fora do lugar do contrato de trabalho, é assegurado ao empregado apresentar reclamação no foro da celebração do contrato ou no da prestação dos respectivos serviços.

Art. 652. Compete às Varas do Trabalho:

- *Caput* com a redação dada pela Lei 13.467/2017.

a) conciliar e julgar:

I – os dissídios em que se pretenda o reconhecimento da estabilidade de empregado;

II – os dissídios concernentes a remuneração, férias e indenizações por motivo de rescisão do contrato individual de trabalho;

III – os dissídios resultantes de contratos de empreitadas em que o empreiteiro seja operário ou artífice;

IV – os demais dissídios concernentes ao contrato individual de trabalho;

- Súm. 300, 368, 389, 392 e 454 do TST.
- OJs 26 e 138 da SDI-1 do TST.

V – as ações entre trabalhadores portuários e os operadores portuários ou o Órgão Gestor de Mão de Obra – OGMO decorrentes da relação de trabalho;

- Inciso V incluído pela MP 2.164-41/2001.

b) processar e julgar os inquéritos para apuração de falta grave;

c) julgar os embargos opostos às suas próprias decisões;

- Súm. 419 do TST.

d) impor multas e demais penalidades relativas aos atos de sua competência;

- Alínea d com a redação dada pelo Dec.-lei 6.353/1944.

e) (Suprimida pelo Dec.-lei 6.353/1944.)

f) decidir quanto à homologação de acordo extrajudicial em matéria de competência da Justiça do Trabalho.

- Alínea f acrescida pela Lei 13.467/2017.
- Arts. 855-B a E da CLT.

Parágrafo único. Terão preferência para julgamento os dissídios sobre pagamento de salário e aqueles que derivarem da falência do empregador, podendo o Presidente da Junta, a pedido do interessado, constituir processo em separado, sempre que a reclamação também versar sobre outros assuntos.

Art. 653. Compete, ainda, às Juntas de Conciliação e Julgamento:

a) requisitar às autoridades competentes a realização das diligências necessárias ao esclarecimento dos feitos sob sua apreciação, representando contra aquelas que não atenderem a tais requisições;

b) realizar as diligências e praticar os atos processuais ordenados pelos Tribunais Regionais do Trabalho ou pelo Tribunal Superior do Trabalho;

c) julgar as suspeições arguidas contra os seus membros;

d) julgar as exceções de incompetência que lhes forem opostas;

e) expedir precatórias e cumprir as que lhes forem deprecadas;

f) exercer, em geral, no interesse da Justiça do Trabalho, quaisquer outras atribuições que decorram da sua jurisdição.

SEÇÃO III
DOS PRESIDENTES DAS JUNTAS

- As Juntas de Conciliação foram extintas pela EC 24/1999.

Art. 654. O ingresso na magistratura do trabalho far-se-á para o cargo de juiz do trabalho substituto. As nomeações subsequentes por promoção alternadamente, por antiguidade e merecimento.

- *Caput* com a redação dada pelo Dec.-lei 229/1967.
- Art. 92 da LC 35/1979.
- *Vide* art. 93, I, da CF.

§ 1º Nas 7ª e 8ª Regiões da Justiça do Trabalho, nas localidades fora das respectivas sedes, haverá suplentes de juiz do trabalho presidente de Junta, sem direito a acesso, nomeados pelo Presidente da República, dentre brasileiros, bacharéis em direito, de reconhecida idoneidade moral, especializados em direito do trabalho, pelo período de 2 (dois) anos, podendo ser reconduzidos.

§ 2º Os suplentes de juiz do trabalho receberão, quando em exercício, vencimentos iguais aos dos juízes que substituírem.

- §§ 1º e 2º com a redação dada pelo Dec.-lei 229/1967.

§ 3º Os juízes substitutos serão nomeados após aprovação em concurso público de provas e títulos realizado perante o Tribunal Regional do Trabalho da Região, válido por 2 (dois) anos e prorrogável, a critério do mesmo órgão, por igual período, uma só vez, e organizado de acordo com as instruções expedidas pelo Tribunal Superior do Trabalho.

- § 3º com a redação dada pela Lei 6.087/1974.
- Art. 37, III, da CF.

§ 4º Os candidatos inscritos só serão admitidos ao concurso após apreciação prévia, pelo Tribunal Regional do Trabalho da respectiva Região, dos seguintes requisitos:

a) idade maior de 25 (vinte e cinco) anos e menor de 45 (quarenta e cinco) anos;

b) idoneidade para o exercício das funções.

- § 4º com a redação dada pelo Dec.-lei 229/1967.

§ 5º O preenchimento dos cargos do presidente de Junta, vagos ou criadas por lei, será feito dentro de cada Região:

- § 5º com a redação dada pelo Dec.-lei 229/1967.

a) pela remoção de outro presidente, prevalecendo a antiguidade no cargo, caso haja mais de um pedido, desde que a remoção tenha sido requerida, dentro de quinze dias, contados da abertura da vaga, ao Presidente do Tribunal Regional, a quem caberá expedir o respectivo ato.

- Alínea a com a redação dada pela Lei 6.090/1974.
- Res. 26/2006 do CSJT

b) pela promoção de substituto, cuja aceitação será facultativa, obedecido o critério alternado de antiguidade e merecimento.

- Alínea b com a redação dada pelo Dec.-lei 229/1967.

§ 6º Os juízes do trabalho, presidentes de Junta, juízes substitutos e suplentes de juiz tomarão posse perante o presidente do Tribunal da respectiva Região. Nos Estados que, não forem sede de Tribunal Regional do Trabalho, a posse dar-se-á perante o presidente do Tribunal de Justiça, que remeterá o termo ao presidente do Tribunal Regional da jurisdição do empossado. Nos Territórios a posse dar-se-á perante o presidente do Tribunal Regional do Trabalho da respectiva Região.

- § 6º com a redação dada pelo Dec.-lei 229/1967.

Art. 655. Os Presidentes e os Presidentes substitutos tomarão posse do cargo perante o presidente do Tribunal Regional da respectiva jurisdição.

§ 1º Nos Estados em que não houver sede de Tribunais a posse dar-se-á perante o presidente do Tribunal de Apelação, que remeterá o respectivo termo ao presidente do Tribunal Regional da Jurisdição do empossado.

§ 2º Nos Territórios a posse dar-se-á perante a Juiz de Direito da capital, que procederá na forma prevista no § 1º.

- Art. 655 com a redação dada pelo Dec.-lei 8.737/1946.

Art. 656. O Juiz do Trabalho Substituto, sempre que não estiver substituindo o Juiz-Presidente de Junta, poderá ser designado para atuar nas Juntas de Conciliação e Julgamento.

§ 1º Para o fim mencionado no *caput* deste artigo, o território da Região poderá ser dividido em zonas, compreendendo a jurisdição de uma ou mais Juntas, a juízo do Tribunal Regional do Trabalho respectivo.

§ 2º A designação referida no *caput* deste artigo será de atribuição do Juiz-Presidente do Tribunal Regional do Trabalho ou, não havendo disposição regimental específica, de quem este indicar.

§ 3º Os Juízes do Trabalho Substitutos, quando designados ou estiverem substituindo os Juízes Presidentes de Juntas, perceberão os vencimentos destes.

§ 4º O Juiz-Presidente do Tribunal Regional do Trabalho ou, não havendo disposição regimental específica, que este indicar, fará a lotação e a movimentação dos Juízes Substitutos entre as diferentes zonas da Região na hipótese de terem sido criadas na forma do § 1º deste artigo.

- Art. 656 com a redação dada pela Lei 8.432/1992.

Art. 657. Os Presidentes de Junta e os Presidentes Substitutos perceberão os vencimentos fixados em lei.

- Art. 657 com a redação dada pelo Dec.-lei 8.737/1946.

Art. 658. São deveres precípuos dos Presidentes das Juntas, além dos que decorram do exercício de sua função:

a) manter perfeita conduta pública e privada;

b) abster-se de atender a solicitações ou recomendações relativamente aos feitos que hajam sido ou tenham de ser submetidos à sua apreciação;

c) residir dentro dos limites de sua jurisdição, não podendo ausentar-se sem licença do Presidente do Tribunal Regional;

d) despachar e praticar todos os atos decorrentes de suas funções, dentro dos prazos estabelecidos, sujeitando-se ao desconto correspondente a 1 (um) dia de vencimento para cada dia de retardamento.

- Art. 658 com a redação dada pelo Dec.-lei 8.737/1946.

Art. 659. Competem privativamente aos Presidentes das Juntas, além das que lhes forem conferidas neste Título e das decorrentes de seu cargo, as seguintes atribuições:

I – presidir às audiências das Juntas;

II – executar as suas próprias decisões, as proferidas pela Junta e aquelas cuja execução lhes for deprecada;

III – dar posse aos vogais nomeados para a Junta, ao Secretário e aos demais funcionários da Secretaria;

- Vide EC 24/1999.

IV – convocar os suplentes dos vogais, no impedimento destes;

V – representar ao Presidente do Tribunal Regional da respectiva jurisdição, no caso de falta de qualquer vogal a 3 (três) reuniões consecutivas, sem motivo justificado, para os fins do art. 727;

VI – despachar os recursos interpostos pelas partes, fundamentando a decisão recorrida antes da remessa ao Tribunal Regional, ou submetendo-os à decisão da Junta, no caso do art. 894;

- IN 16/1999 do TST.

VII – assinar as folhas de pagamento dos membros e funcionários da Junta;

VIII – apresentar ao Presidente do Tribunal Regional, até 15 de fevereiro de cada ano, o relatório dos trabalhos do ano anterior;

IX – conceder medida liminar, até decisão final do processo, em reclamações trabalhistas que visem a tornar sem efeito transferência disciplinada pelos parágrafos do artigo 469 desta Consolidação.

- Inciso IX incluído pela Lei 6.203/1975.
- OJ 67 da SDI-2 do TST.
- *Vide* art. 300 do CPC.

X – conceder medida liminar, até decisão final do processo, em reclamações trabalhistas que visem reintegrar no emprego dirigente sindical afastado, suspenso ou dispensado pelo empregador.

- Inciso X incluído pela Lei 9.270/1996.
- *Vide* art. 300 do CPC.
- *Vide* art. 8.º, VIII, da CF.
- *Vide* art. 543, § 3.º, da CLT.

SEÇÃO IV
DOS VOGAIS DAS JUNTAS

- As Juntas de Conciliação foram extintas pela EC 24/1999.

Art. 660. Os vogais das Juntas são designados pelo Presidente do Tribunal Regional da respectiva jurisdição.

Art. 661. Para o exercício da função de vogal da Junta ou suplente deste são exigidos os seguintes requisitos:

a) ser brasileiro;

- Alínea *a* com a redação dada pelo Dec.-lei 229/1967.

b) ter reconhecida idoneidade moral;

c) ser maior de 25 (vinte e cinco) anos e ter menos de 70 (setenta) anos;

- Alínea *c* com a redação dada pelo Dec.-lei 229/1967.

d) estar no gozo dos direitos civis e políticos;

e) estar quite com o serviço militar;

f) contar mais de 2 (dois) anos de efetivo exercício na profissão e ser sindicalizado.

Parágrafo único. A prova da qualidade profissional a que se refere a alínea "f" deste artigo é feita mediante declaração do respectivo Sindicato.

Art. 662. A escolha dos vogais das Juntas e seus suplentes far-se-á dentre os nomes constantes das listas que, para esse efeito, forem encaminhadas pelas associações sindicais de primeiro grau ao presidente do Tribunal Regional.

§ 1º Para esse fim, cada Sindicato de empregadores e de empregados, com base territorial extensiva à área de jurisdição da Junta, no todo ou em parte, procederá, na ocasião determinada pelo Presidente do Tribunal Regional, à escolha de 3 (três) nomes que comporão a lista, aplicando-se à eleição o disposto no art. 524 e seus §§ 1º a 3º.

- § 1º com a redação dada pela Lei 5.657/1971.

§ 2º Recebidas as listas pelo presidente do Tribunal Regional, designará este, dentro de cinco dias, os nomes dos vogais e dos respectivos suplentes, expedindo para cada um deles um título, mediante a apresentação do qual será empossado.

§ 3º Dentro de quinze dias, contados da data da posse, pode ser contestada a investidura do vogal ou do suplente, por qualquer interessado, sem efeito suspensivo, por meio de representação escrita, dirigida ao presidente do Tribunal Regional.

§ 4º Recebida a contestação, o Presidente do Tribunal designará imediatamente relator, o qual, se houver necessidade de ouvir testemunhas ou de proceder a quaisquer diligências, providenciará para que tudo se realize com a maior brevidade, submetendo, por fim, a contestação ao parecer do Tribunal, na primeira sessão.

- § 4º com a redação dada pela Lei 2.244/1954.

§ 5º Se o Tribunal julgar procedente a contestação, o Presidente providenciará a designação de novo vogal ou suplente.

- § 5º com a redação dada pelo Dec.-lei 229/1967.

§ 6º Em falta de indicação pelos Sindicatos, de nomes para representantes das respectivas categorias profissionais e econômicas nas Juntas de Conciliação e Julgamento, ou nas localidades onde não existirem Sindicatos, serão esses representantes livremente designados pelo Presidente do Tribunal Regional do Trabalho, observados os requisitos exigidos para o exercício da função.

- § 6º incluído pelo Dec.-lei 229/1967.

Art. 663. A investidura dos vogais das Juntas e seus suplentes é de 3 (três) anos, podendo, entretanto, ser dispensado, a pedido, aquele que tiver servido, sem interrupção, durante metade desse período.

- *Caput* com a redação dada pela Lei 2.244/1954.

§ 1º Na hipótese da dispensa do vogal a que alude este artigo, assim como nos casos de impedimento, morte ou renúncia, sua substituição far-se-á pelo suplente, mediante convocação do Presidente da Junta.

- § 1º com a redação dada pela Lei 2.244/1954.

§ 2º Na falta do suplente, por impedimento, morte ou renúncia serão designados novo vogal e o respectivo suplente, dentre os nomes constantes das listas a que se refere o art. 662, servindo os designados até o fim do período.

Art. 664. Os vogais das Juntas e seus suplentes tomam posse perante o Presidente da Junta em que têm de funcionar.

Art. 665. Enquanto durar sua investidura, gozam os vogais das Juntas e seus suplentes das prerrogativas asseguradas aos jurados.

Art. 666. Por audiência a que comparecerem, até o máximo de 20 (vinte) por mês, os vogais das Juntas e seus suplentes perceberão a gratificação fixada em lei.

Art. 667. São prerrogativas dos vogais das Juntas, além das referidas no art. 665:

a) tomar parte nas reuniões do Tribunal a que pertençam;

b) aconselhar às partes a conciliação;

c) votar no julgamento dos feitos e nas matérias de ordem interna do Tribunal, submetidas às suas deliberações;

d) pedir vista dos processos pelo prazo de 24 (vinte e quatro) horas;

e) formular, por intermédio do Presidente, aos litigantes, testemunhas e peritos, as perguntas que quiserem fazer, para esclarecimento do caso.

CAPÍTULO III
DOS JUÍZOS DE DIREITO

Art. 668. Nas localidades não compreendidas na jurisdição das Juntas de Conciliação e Julgamento, os Juízos de Direito são os órgãos de administração da Justiça do Trabalho, com a jurisdição que lhes for determinada pela lei de organização judiciária local.

- Art. 112 da CF.
- EC 24/1999.
- Súm. 10 e 180 do STJ.

Art. 669. A competência dos Juízos de Direito, quando investidos na administração da Justiça do Trabalho, é a mesma das Juntas de Conciliação e Julgamento, na forma da Seção II do Capítulo II.

§ 1º Nas localidades onde houver mais de um Juízo de Direito a competência é determinada, entre os Juízes do Cível, por distribuição ou pela divisão judiciária local, na conformidade da lei de organização respectiva.

§ 2º Quando o critério de competência da lei de organização judiciária for diverso do previsto no parágrafo anterior, será competente o Juiz do Cível mais antigo.

CAPÍTULO IV
DOS TRIBUNAIS REGIONAIS DO TRABALHO

SEÇÃO I
DA COMPOSIÇÃO E DO FUNCIONAMENTO

Art. 670. Os Tribunais Regionais das 1ª e 2ª Regiões compor-se-ão de onze juízes togados, vitalícios, e de seis juízes classistas, temporários; os da 3ª e 4ª Regiões, de oito juízes togados, vitalícios, e de quatro classistas, temporários; os da 5ª e 6ª Regiões, de sete juízes togados, vitalícios e de dois classistas, temporários; os da 7ª e 8ª Regiões, de seis juízes togados, vitalícios, e de dois classistas, temporários, todos nomeados pelo Presidente da República.

- *Caput* com a redação dada pela Lei 5.442/1968.
- Art. 674 da CLT.

§ 1º Há um primeiro suplente e um segundo suplente para o presidente e um suplente para cada vogal.

- § 1º com redação dada pelo Dec.-lei 9.797/1946.

§ 2º Nos Tribunais Regionais constituídos de seis ou mais juízes togados, e menos de onze, um deles será escolhido dentre advogados, um dentre membros do Ministério Público da União junto à Justiça do Trabalho e os demais dentre juízes do Trabalho Presidente de Junta da respectiva Região, na forma prevista no parágrafo anterior.

- § 2º com a redação dada pela Lei 5.442/1968.

§ 3º Nos Tribunais do Trabalho das demais Regiões, terão assento três juízes alheios aos interesses profissionais.

- § 3º com redação dada pelo Dec.-lei 9.797/1946.

§ 4º Os juízes classistas referidos neste artigo representarão, paritariamente, empregadores e empregados.

§ 5º Haverá um suplente para cada Juiz classista.

§ 6º Os Tribunais Regionais, no respectivo regimento interno, disporão sobre a substituição de seus juízes, observados, na convocação de juízes inferiores, os critérios de livre escolha e antiguidade, alternadamente.

- Arts. 93 e 118 da LC 35/1979 (Lei Orgânica da Magistratura Nacional).

§ 7º Dentre os seus juízes togados, os Tribunais Regionais elegerão os respectivos Presidente e Vice-Presidente, assim como os Presidentes de Turmas, onde as houver.

§ 8º Os Tribunais Regionais da 1ª e 2ª Regiões dividir-se-ão em Turmas, facultada essa divisão aos constituídos de pelo menos, doze juízes. Cada turma se comporá de três juízes togados e dois classistas, um representante dos empregados e outro dos empregadores.

- §§ 4º a 8º incluídos pela Lei 5.442/1968.

Art. 671. Para os trabalhos dos Tribunais Regionais existe a mesma incompatibilidade prevista no art. 648, sendo idêntica a forma de sua resolução.

- Art. 2º Dec.-lei 9.797/1946: "Onde se lê, na Consolidação das Leis do Trabalho, 'Conselho Regional' e 'Conselho Nacional', leia-se 'Tribunal Regional' e 'Tribunal Superior'".

Art. 672. Os Tribunais Regionais, em sua composição plena, deliberarão com a presença, além do Presidente, da metade e mais um, do número de seus juízes, dos quais, no mínimo, um representante dos empregados e outro dos empregadores.

- Vide nota ao art. 671 desta CLT.

§ 1º As Turmas somente poderão deliberar presentes, pelo menos, três dos seus juízes, entre eles os dois classistas. Para a integração desse quorum, poderá o Presidente de uma Turma convocar juízes de outra, da classe a que pertencer o ausente ou impedido.

§ 2º Nos Tribunais Regionais, as decisões tomar-se-ão pelo voto da maioria dos juízes presentes, ressalvada, no Tribunal Pleno, a hipótese de declaração de inconstitucionalidade de lei ou ato do poder público (artigo 111 da Constituição).

- Art. 97 da CF.
- Súm. Vinculante 10 do STF.

§ 3º O Presidente do Tribunal Regional, excetuada a hipótese de declaração de inconstitucionalidade de lei ou ato do poder público, somente terá voto de desempate. Nas sessões administrativas, o Presidente votará como os demais juízes, cabendo-lhe, ainda, o voto de qualidade.

§ 4º No julgamento de recursos contra decisão ou despacho do Presidente, do Vice-Presidente ou de Relator, ocorrendo empate, prevalecerá a decisão ou despacho recorrido.

- Art. 672 com a redação dada pela Lei 5.442/1968.

Art. 673. A ordem das sessões dos Tribunais Regionais será estabelecida no respectivo Regimento Interno.

SEÇÃO II
DA JURISDIÇÃO E COMPETÊNCIA

Art. 674. Para efeito da jurisdição dos Tribunais Regionais, o território nacional é dividido nas 24 regiões seguintes:

1ª Região – Estado do Rio de Janeiro; (Criada pela Lei nº 5.839/1972)

2ª Região – Estado de São Paulo; (Criada pela Lei nº 5.839/1972)

3ª Região – Estado de Minas Gerais; (Criada pela Lei nº 5.839/1972)

4ª Região – Estado do Rio Grande do Sul; (Criada pela Lei nº 5.839/1972)

5ª Região – Estado da Bahia; (Criada pela Lei nº 5.839/1972)

6ª Região – Estado Pernambuco; (Criada pela Lei nº 5.839/1972)

7ª Região – Estado do Ceará; (Criada pela Lei nº 5.839/1972)

8ª Região – Estados do Pará e Amapá; (Criada pela Lei nº 5.839/1972)

9ª Região – Estado do Paraná; (Criada pela Lei nº 6.241/1975)

10ª Região – Estado do Distrito Federal; (Criada pela Lei nº 6.927/1981)

11ª Região – Estados do Amazonas e de Roraima; (Criada pela Lei nº 6.915/1981)

12ª Região – Estado de Santa Catarina; (Criada pela Lei nº 6.928/1981)

13ª Região – Estado da Paraíba; (Criada pela Lei nº 7.324/1985)

14ª Região – Estados de Rondônia e Acre; (Criada pela Lei nº 7.523,/1986)

15ª Região – Estado de São Paulo; (Criada pela Lei nº 7.520/1986)

16ª Região – Estado do Maranhão; (Criada pela Lei nº 7.671/1988)

17ª Região – Estado do Espírito Santo; (Criada pela Lei nº 7.872/1989)

18ª Região – Estado de Goiás; (Criada pela Lei nº 7.873/1989)

19ª Região – Estado de Alagoas; (Criada pela Lei nº 8.219/1991)

20ª Região – Estado de Sergipe; (Criada pela Lei nº 8.233/1991)

21ª Região – Estado do Rio Grande do Norte; (Criada pela Lei nº 8.215/1991)

22ª Região – Estado do Piauí; (Criada pela Lei nº 8.221/1991)

23ª Região – Estado do Mato Grosso; (Criada pela Lei nº 8.430/1992)

24ª Região – Estado do Mato Grosso do Sul; (Criada pela Lei nº 8.431/1992)

- Artigo atualizado de acordo com as referidas Leis.

Parágrafo único. Os tribunais têm sede nas cidades: Rio de Janeiro (1ª Região), São Paulo (2ª Região), Belo Horizonte (3ª Região), Porto Alegre (4ª Região), Salvador (5ª Região), Recife (6ª Região), Fortaleza (7ª Região), Belém (8ª Região), Curitiba (9ª Região), Brasília (10ª Região), Manaus (11ª Região), Florianópolis (12ª Região), João Pessoa (13ª Região), Porto Velho (14ª Região), Campinas (15ª Região), São Luís (16ª Região), Vitória (17ª Região), Goiânia (18ª Região), Maceió (19ª Região), Aracaju (20ª Região), Natal (21ª Região), Teresina (22ª Região), Cuiabá (23ª Região) e Campo Grande (24ª Região).

- Sedes determinadas pelas Leis que criaram as Regiões.

Art. 675. (Revogado pela Lei 5.442/1968.)

Art. 676. O número de regiões, a jurisdição e a categoria dos Tribunais Regionais, estabelecidos nos artigos anteriores, somente podem ser alterados pelo Presidente da República.

- Arts. 96, II e 113, CF.

Art. 677. A competência dos Tribunais Regionais determina-se pela forma indicada no art. 651 e seus parágrafos e, nos casos de dissídio coletivo, pelo local onde este ocorrer.

- Súm. 420 do TST.

Art. 678. Aos Tribunais Regionais, quando divididos em Turmas, compete:

- Súm. 433 do STF.

I – ao Tribunal Pleno, especialmente:

a) processar, conciliar e julgar originariamente os dissídios coletivos;

b) processar e julgar originariamente:

1) as revisões de sentenças normativas;

2) a extensão das decisões proferidas em dissídios coletivos;

3) os mandados de segurança;

4) as impugnações à investidura de vogais e seus suplentes nas Juntas de Conciliação e Julgamento;

c) processar e julgar em última instância:

1) os recursos das multas impostas pelas Turmas;

2) as ações rescisórias das decisões das Juntas de Conciliação e Julgamento, dos juízes de direito investidos na jurisdição trabalhista, das Turmas e de seus próprios acórdãos;

3) os conflitos de jurisdição entre as suas Turmas, os juízes de direito investidos na jurisdição trabalhista, as Juntas de Conciliação e Julgamento, ou entre aqueles e estas;

d) julgar em única ou última instâncias:

1) os processos e os recursos de natureza administrativa atinentes aos seus serviços auxiliares e respectivos servidores;

2) as reclamações contra atos administrativos de seu presidente ou de qualquer de seus membros, assim como dos juízes de primeira instância e de seus funcionários.

II – às Turmas:

a) julgar os recursos ordinários previstos no art. 895, alínea a;

b) julgar os agravos de petição e de instrumento, estes de decisões denegatórias de recursos de sua alçada;

c) impor multas e demais penalidades relativas e atos de sua competência jurisdicional, e julgar os recursos interpostos das decisões das Juntas dos juízes de direito que as impuserem.

Parágrafo único. Das decisões das Turmas não caberá recurso para o Tribunal Pleno, exceto no caso do item I, alínea "c", inciso 1, deste artigo.

- Art. 678 com a redação dada pela Lei 5.442/1968.

Art. 679. Aos Tribunais Regionais não divididos em Turmas, compete o julgamento das matérias a que se refere o artigo anterior, exceto a de que trata o inciso I da alínea c do Item I, como os conflitos de jurisdição entre Turmas.

- Art. 679 com a redação dada pela Lei 5.442/1968.

Art. 680. Compete, ainda, aos Tribunais Regionais, ou suas Turmas:

a) determinar às Juntas e aos juízes de direito a realização dos atos processuais e diligências necessárias ao julgamento dos feitos sob sua apreciação;

b) fiscalizar o cumprimento de suas próprias decisões;

c) declarar a nulidade dos atos praticados com infração de suas decisões;

d) julgar as suspeições arguidas contra seus membros;

e) julgar as exceções de incompetência que lhes forem opostas;

f) requisitar às autoridades competentes as diligências necessárias ao esclarecimento dos feitos sob apreciação, representando contra aquelas que não atenderem a tais requisições;

g) exercer, em geral, no interesse da Justiça do Trabalho, as demais atribuições que decorram de sua Jurisdição.

- Art. 680 restabelecido com nova redação pela Lei 5.442/1968.

SEÇÃO III
DOS PRESIDENTES DOS TRIBUNAIS REGIONAIS

Art. 681. Os presidentes e vice-presidentes dos Tribunais Regionais do Trabalho tomarão posse perante os respectivos Tribunais.

- *Caput* com a redação dada pela Lei 6.320/1976.

Parágrafo único. (Revogado pela Lei 6.320/1976.)

Art. 682. Competem privativamente aos Presidentes dos Tribunais Regionais, além das que forem conferidas neste e no título e das decorrentes do seu cargo, as seguintes atribuições:

- *Caput* com a redação dada pelo Dec.-lei 8.737/1946.

I – (Revogado pela Lei 5.442/1968.)

II – designar os vogais das Juntas e seus suplentes;

- As Juntas de Conciliação foram extintas pela EC 24/1999.

III – dar posse aos Presidentes de Juntas e Presidentes Substitutos, aos vogais e suplentes e funcionários do próprio Tribunal e conceder férias e licenças aos mesmos e aos vogais e suplentes das Juntas;

IV – presidir às sessões do Tribunal;

V – presidir às audiências de conciliação nos dissídios coletivos;

VI – executar suas próprias decisões e as proferidas pelo Tribunal;

VII – convocar suplentes dos vogais do Tribunal, nos impedimentos destes;

VIII – representar ao Presidente do Tribunal Superior do Trabalho contra os Presidentes e os vogais, nos casos previstos no art. 727 e seu parágrafo único;

IX – despachar os recursos interpostos pelas partes;

X – requisitar às autoridades competentes, nos casos de dissídio coletivo, a força necessária, sempre que houver ame e perturbação da ordem;

XI – exercer correição, pelo menos uma vez por ano, sobre as Juntas, ou parcialmente sempre que se fizer necessário, e solicitá-la, quando julgar conveniente, ao Presidente do Tribunal de Apelação relativamente aos Juízes de Direito investidos na administração da Justiça do Trabalho;

XII – distribuir os feitos, designando os vogais que os devem relatar;

XIII – designar, dentre os funcionários do Tribunal e das Juntas existentes em uma mesma localidade, o que deve exercer a função de distribuidor;

XIV – assinar as folhas de pagamento dos vogais e servidores do Tribunal.

- Incisos II a XIV com a redação dada pelo Dec.-lei 8.737/1946.

§ 1º Na falta ou impedimento do Presidente da Junta e do substituto da mesma localidade, é facultado ao Presidente do Tribunal Regional designar substituto de outra localidade, observada a ordem de antiguidade entre os substitutos desimpedidos.

§ 2º Na falta ou impedimento do Juiz classista da Junta e do respectivo suplente, é facultado ao Presidente do Tribunal Regional designar suplente de outra Junta, respeitada a categoria profissional ou econômica do representante e a ordem de antiguidade dos suplentes desimpedidos.

- §§ 1º e 2º com a redação dada pelo Dec.-lei 8.737/1946.

§ 3º Na falta ou impedimento de qualquer Juiz representante classista e seu respectivo suplente, é facultado ao Presidente do Tribunal Regional designar um dos Juízes classistas de Junta de Conciliação e Julgamento para funcionar nas sessões do Tribunal, respeitada a categoria profissional ou econômica do representante.

- § 3º incluído pela Lei 3.440/1958.

Art. 683. Na falta ou impedimento dos Presidentes dos Tribunais Regionais, e como auxiliares destes, sempre que necessário, funcionarão seus substitutos.

§ 1º Nos casos de férias, por 30 (trinta) dias, licença, morte ou renúncia, a convocação competirá diretamente ao Presidente do Tribunal Superior do Trabalho.

§ 2º Nos demais casos, mediante convocação do próprio Presidente do Tribunal ou comunicação do secretário deste, o Presidente Substituto assumirá imediatamente o exercício, ciente o Presidente do Tribunal Superior do Trabalho.

- Art. 683 com a redação dada pelo Dec.-lei 8.737/1946.

SEÇÃO IV
DOS JUÍZES REPRESENTANTES CLASSISTAS DOS TRIBUNAIS REGIONAIS

- A EC 24/1999 extinguiu as Juntas de Conciliação e Julgamento e a figura do juiz classista. Em seu lugar, estabeleceu a jurisdição singular do juiz togado, que a exercerá nas Varas do Trabalho.

Art. 684. Os Juízes representantes classistas dos Tribunais Regionais são designados pelo Presidente da República.

Parágrafo único. Aos Juízes representantes classistas dos empregados e dos empregadores, nos Tribunais Regionais, aplicam-se as disposições do art. 661. (§ 1º transformado em parágrafo único pela Lei 5.442/1968)

§ 2º (Revogado pela Lei 5.442/1968)

Art. 685. A escolha dos vogais e suplentes dos Tribunais Regionais, representantes dos empregadores e empregados, é feita dentre os nomes constantes das listas para esse fim encaminhadas ao Presidente do Tribunal Superior do Trabalho pelas associações sindicais de grau superior com sede nas respectivas Regiões.

§ 1º Para o efeito deste artigo, o Conselho de Representantes de cada associação sindical de grau superior, na ocasião determinada pelo Presidente do Tribunal Superior do Trabalho, organizará, por maioria de votos, uma lista de 3 (três) nomes.

§ 2º O Presidente do Tribunal Superior do Trabalho submeterá os nomes constantes das listas ao Presidente da República, por intermédio do Ministro da Justiça e Negócios Interiores.

- § 2º com a redação dada pela Lei 2.244/1954.

Art. 686. (Suprimido pelo Dec.-lei 9.797/1946.)

Art. 687. Os juízes representantes classistas dos Tribunais Regionais tomam posse perante o respectivo Presidente.

- Expressão "vogais dos Conselhos Regionais" substituída por "juízes representantes classistas dos Tribunais Regionais" pelo Dec-Lei 9.797/1946.

Art. 688. Aos juízes representantes classistas dos Tribunais Regionais aplicam-se as disposições do art. 663, sendo a nova escolha feita dentre os nomes constantes das listas a que se refere o art. 685, ou na forma indicada no art. 686 e, bem assim, as dos arts. 665 e 667.

- Vide nota ao art. 687 desta CLT.

Art. 689. Por sessão a que comparecerem, até o máximo de quinze por mês, perceberão os Juízes representantes classistas e suplentes dos Tribunais Regionais a gratificação fixada em lei.

- Vide nota ao art. 687 desta CLT.

Parágrafo único. Os Juízes representantes classistas que retiverem processos além dos prazos estabelecidos no Regimento Interno dos Tribunais Regionais sofrerão automaticamente, na gratificação mensal a que teriam direito, desconto equivalente a 1/30 (um trinta avos) por processo retido.

- Art. 689 com a redação dada pelo Dec.-lei 8.737/1946.

CAPÍTULO V
DO TRIBUNAL SUPERIOR DO TRABALHO

- Arts. 111 e 111-A, da CF.
- Súm. 190 do TST.

SEÇÃO I
DISPOSIÇÕES PRELIMINARES

- Vide Resolução Administrativa do TST 1.295/2008 (Regimento Interno do TST).

Art. 690. O Tribunal Superior do Trabalho, com sede na Capital da República e jurisdição em todo o território nacional, é a instância suprema da Justiça do Trabalho.

Parágrafo único. O Tribunal funciona na plenitude de sua composição ou dividido em Turmas, com observância da paridade de representação de empregados e empregadores.

- Art. 690 com a redação dada pela Lei 2.244, de 23.6.1954.
- Súm. 190 do TST.

Arts. 691 e 692. (Suprimidos pelo Dec.-lei 8.737/1946.)

SEÇÃO II
DA COMPOSIÇÃO E FUNCIONAMENTO DO TRIBUNAL SUPERIOR DO TRABALHO

Art. 693. O Tribunal Superior do Trabalho compõe-se de dezessete juízes com a denominação de Ministros, sendo:

- *Caput* com a redação dada pela Lei 5.442, de 24.5.1968.
- Art. 111-A, da CF.

a) onze togados e vitalícios, nomeados pelo Presidente da República, depois de aprovada a escolha pelo Senado Federal, dentre brasileiros natos, maiores de trinta e cinco anos, de notável saber jurídico e reputação ilibada;

b) seis classistas, com mandato de três anos, em representação paritária dos empregadores e dos empregados, nomeados pelo Presidente da República de conformidade com o disposto nos §§ 2º e 3º deste artigo.

- Alíneas a e b com a redação dada pela Lei 5.442/1968.
- Art. 111-A, CF.

§ 1º Dentre os Juízes Togados do Tribunal Superior do Trabalho, alheios aos interesses profissionais, serão eleitos o Presidente, o Vice-Presidente e o corregedor, além dos presidentes das turmas na forma estabelecida em seu regimento interno.

§ 2º Para nomeação trienal dos juízes classistas, o Presidente do Tribunal Superior do Trabalho publicará edital, com antecedência mínima de 15 (quinze) dias, convocando as associações sindicais de grau superior, para que cada uma, mediante maioria de votos do respectivo Conselho de Representantes, organize uma lista de três nomes, que será encaminhada, por intermédio daquele Tribunal, ao Ministro da Justiça e Negócios Interiores dentro do prazo que for fixado no edital.

- §§ 1º e 2º com a redação dada pela Lei 2.244/1954.

§ 3º Na lista de que trata o parágrafo anterior figurarão somente brasileiros natos, de reconhecida idoneidade, maiores de 25 anos, quites com o serviço militar, que estejam no gozo de seus direitos civis e políticos e contem mais de dois anos de efetivo exercício da profissão ou se encontrem no desempenho de representação profissional prevista em lei.

- § 3º com a redação dada pelo Dec.-lei 9.797/1946.

Art. 694. Os juízes togados escolher-se-ão: sete, dentre magistrados da Justiça do Trabalho, dois, dentre advogados no efetivo exercício da profissão, e dois, dentre membros do Ministério Público da União junto à Justiça do Trabalho.

- Art. 694 restabelecido com nova redação dada pela Lei 5.442/1968.
- Vide nota ao art. 687 desta CLT.

Art. 695. (Suprimido pelo Dec.-lei 9.797/1946.)

Art. 696. Importará em renúncia o não comparecimento do membro do Conselho, sem motivo justificado, a mais de três sessões ordinárias consecutivas.

- *Caput* com a redação dada pelo Dec.-lei 8.737/1946.
- Art. 95, CF.
- LC 35/1979 (Lei Orgânica da Magistratura Nacional).

§ 1º Ocorrendo a hipótese prevista neste artigo o Presidente do Tribunal comunicará imediatamente o fato ao Ministro da Justiça e Negócios Interiores, a fim de que seja feita a substituição do juiz renunciante, sem prejuízo das sanções cabíveis.

§ 2º Para os efeitos do parágrafo anterior, a designação do substituto será feita dentre os nomes constantes das listas de que trata o 2º do art. 693.

- §§ 1º e 2º incluídos pela Lei 2.244/1954.

Art. 697. Em caso de licença, superior a trinta dias, ou de vacância, enquanto não for preenchido o cargo, os Ministros do Tribunal poderão ser substituídos mediante convocação de Juízes, de igual categoria, de qualquer dos Tribunais Regionais do Trabalho, na forma que dispuser o Regimento do Tribunal Superior do Trabalho.

- Art. 697 com a redação dada pela Lei 6.289/1975.

Art. 698. (Suprimido pelo Dec.-lei 8.737/1946.)

Art. 699. O Tribunal Superior do Trabalho não poderá deliberar, na plenitude de sua composição senão com a presença de pelo menos nove de seus juízes, além do Presidente.

- Lei 7.701/1988 (especialização de TST em processos coletivos).

Parágrafo único. As turmas do Tribunal, compostas de 5 (cinco) juízes, só poderão deliberar com a presença de pelo menos, três de seus membros, além do respectivo presidente, cabendo também a este funcionar como relator ou revisor nos feitos que lhe forem distribuídos conforme estabelecer o regimento interno.

- Art. 699 com a redação dada pela Lei 2.244/1954.

Art. 700. O Tribunal reunir-se-á em dias previamente fixados pelo Presidente, o qual poderá, sempre que for necessário, convocar sessões extraordinárias.

- Art. 700 com a redação dada pelo Dec.-lei 8.737/1946.
- Art. 96, I, a, da CF.

Art. 701. As sessões do Tribunal serão públicas e começarão às 14 (quatorze) horas, terminando às 17 (dezessete) horas, mas poderão ser prorrogadas pelo Presidente em caso de manifesta necessidade.

§ 1º As sessões extraordinárias do Tribunal só se realizarão quando forem comunicadas aos seus membros com 24 (vinte e quatro) horas, no mínimo, de antecedência.

§ 2º Nas sessões do Tribunal, os debates poderão tornar-se secretos, desde que, por motivo de interesse público, assim resolva a maioria de seus membros.

- Art. 701 com a redação dada pelo Dec.-lei 8.737/1946.

SEÇÃO III
DA COMPETÊNCIA DO CONSELHO PLENO

- Art. 4º da Lei 7.701/1988 (Competência do Tribunal Pleno do TST).
- Art. 70 do RITST.

Art. 702. Ao Tribunal Pleno compete:

- *Caput* com a redação dada pela Lei 2.244/1954.
- Vide Lei 7.701/1988.

I – em única instância:

- Inciso I com a redação dada pela Lei 2.244/1954.

a) decidir sobre matéria constitucional, quando arguido, para invalidar lei ou ato do poder público;

b) conciliar e julgar os dissídios coletivos que excedam a jurisdição dos Tribunais Regionais do Trabalho, bem como estender ou rever suas próprias decisões normativas, nos casos previstos em lei;

c) homologar os acordos celebrados em dissídios de que trata a alínea anterior;

d) julgar os agravos dos despachos do presidente, nos casos previstos em lei;

e) julgar as suspeições arguidas contra o presidente e demais juízes do Tribunal, nos feitos pendentes de sua decisão;

- Alíneas a a e com a redação dada pela Lei 2.244/1954.

f) estabelecer ou alterar Súm. e outros enunciados de jurisprudência uniforme, pelo voto de pelo menos dois terços de seus membros, caso a mesma matéria já tenha sido decidida de forma idêntica por unanimidade em, no mínimo, dois terços das turmas em pelo menos dez sessões diferentes em cada uma delas, podendo, ainda, por maioria de dois terços de seus membros, restringir os efeitos daquela declaração ou decidir que ela só tenha eficácia a partir de sua publicação no Diário Oficial;

- Alínea f com a redação dada pela Lei 13.467/2017.

g) aprovar tabelas de custas emolumentos, nos termos da lei;

- Alínea g com a redação dada pela Lei 2.244/1954.

h) elaborar o Regimento Interno do Tribunal e exercer as atribuições administrativas previstas em lei, ou decorrentes da Constituição Federal.

II – em última instância:

- Inciso II com a redação dada pela Lei 2.244/1954.

a) julgar os recursos ordinários das decisões proferidas pelos Tribunais Regionais em processos de sua competência originária;

b) julgar os embargos opostos às decisões de que tratam as alíneas b e c do inciso I deste artigo;

- Alíneas a e b com a redação dada pela Lei 2.244/1954.

c) julgar embargos das decisões das Turmas, quando esta divirjam entre si ou de decisão proferida pelo próprio Tribunal Pleno, ou que forem contrárias à letra de lei federal;

- Alínea c com a redação dada pelo Dec.-lei 229/1967.

d) julgar os agravos de despachos denegatórios dos presidentes de turmas, em matéria de embargos na forma estabelecida no regimento interno;

e) julgar os embargos de declaração opostos aos seus acórdãos.

- Alíneas d e e com a redação dada pela Lei 2.244/1954.

§ 1º Quando adotada pela maioria de dois terços dos juízes do Tribunal Pleno, a decisão proferida nos embargos de que trata o inciso II, alínea "c", deste artigo, terá força de prejulgado, nos termos dos §§ 2º e 3º, do art. 902.

- O art. 902 da CLT foi revogado pela Lei 7.033/1982.

§ 2º É da competência de cada uma das turmas do Tribunal:

a) julgar, em única instância, os conflitos de jurisdição entre Tribunais Regionais do Trabalho e os que se suscitarem entre juízes de direito ou juntas de conciliação e julgamento de regiões diferentes;

b) julgar, em última instância, os recursos de revista interpostos de decisões dos Tribunais Regionais e das Juntas de Conciliação e julgamento ou juízes de direito, nos casos previstos em lei;

c) julgar os agravos de instrumento dos despachos que denegarem a interposição de recursos ordinários ou de revista;

d) julgar os embargos de declaração opostos aos seus acórdãos;

e) julgar as habilitações incidentes e arguições de falsidade, suspeição e outras nos casos pendentes de sua decisão.

- §§ 1º e 2º com a redação dada pela Lei 2.244/1954.

§ 3º As sessões de julgamento sobre estabelecimento ou alteração de Súm. e outros enunciados de jurisprudência deverão ser públicas, divulgadas com, no mínimo, trinta dias de antecedência, e deverão possibilitar a sustentação oral pelo Procurador-Geral do Trabalho, pelo Conselho Federal da Ordem dos Advogados do Brasil, pelo Advogado-Geral da União e por confederações sindicais ou entidades de classe de âmbito nacional.

- § 3º incluído pela Lei 13.467/2017.

§ 4º O estabelecimento ou a alteração de Súm. e outros enunciados de jurisprudência pelos Tribunais Regionais do Trabalho deverão observar o disposto na alínea f do inciso I e no § 3º deste artigo, com rol equivalente de legitimados para sustentação oral, observada a abrangência de sua circunscrição judiciária.

- § 4º incluído pela Lei 13.467/2017.

SEÇÃO IV
DA COMPETÊNCIA DA CÂMARA DE JUSTIÇA DO TRABALHO

Arts. 703 a 705. (Suprimidos pelo Dec.-lei 8.737/1946.)

SEÇÃO V
DA COMPETÊNCIA DA CÂMARA DE PREVIDÊNCIA SOCIAL

Art. 706. (Suprimido pelo Dec.-lei 8.737/1946.)

SEÇÃO VI
DAS ATRIBUIÇÕES DO PRESIDENTE DO TRIBUNAL SUPERIOR DO TRABALHO

Art. 707. Compete ao Presidente do Tribunal:

- Vide Lei 7.701/1998 (Dispõe sobre a especialização de Turmas dos Tribunais do Trabalho em processos coletivos).

a) presidir às sessões do Tribunal, fixando os dias para a realização das sessões ordinárias e convocando as extraordinárias;

b) superintender todos os serviços do Tribunal;

c) expedir instruções e adotar as providências necessárias para o bom funcionamento do Tribunal e dos demais órgãos da Justiça do Trabalho;

d) fazer cumprir as decisões originárias do Tribunal, determinando aos Tribunais Regionais e aos demais órgãos da Justiça do Trabalho a realização dos atos processuais e das diligências necessárias;
e) submeter ao Tribunal os processos em que tenha de deliberar e designar, na forma do Regimento Interno, os respectivos relatores;
f) despachar os recursos interpostos pelas partes e os demais papéis em que deva deliberar;
g) determinar as alterações que se fizerem necessárias na lotação do pessoal da Justiça do Trabalho, fazendo remoções ex officio de servidores entre os Tribunais Regionais, Juntas de Conciliação e Julgamento e outros órgãos; bem como conceder as requeridas que julgar convenientes ao serviço, respeitada a lotação de cada órgão;
h) conceder licenças e férias aos servidores do Tribunal, bem como impor-lhes as penas disciplinares que excederem da alçada das demais autoridades;
i) dar posse e conceder licença aos membros do Tribunal, bem como conceder licenças e férias aos Presidentes dos Tribunais Regionais;
j) apresentar ao Ministro do Trabalho, Indústria e Comércio, até 31 de março de cada ano, o relatório das atividades do Tribunal e dos demais órgãos da Justiça do Trabalho.
Parágrafo único. O Presidente terá 1 (um) secretário por ele designado dentre os funcionários lotados no Tribunal, e será auxiliado por servidores designados nas mesmas condições.
- Art. 707 com a redação dada pelo Dec.-lei 8.737/1946.

SEÇÃO VII
DAS ATRIBUIÇÕES DO VICE-PRESIDENTE

Art. 708. Compete ao Vice-Presidente do Tribunal substituir o Presidente em suas faltas e impedimentos. *(Redação dada pela Lei 14.824/2024)*
- Art. 96, I, a, da CF.

a) (Revogada pela Lei 14.824/2024)
b) (Suprimida pela Lei 2.244/1954):
Parágrafo único. Na ausência do Presidente e do Vice-Presidente, será o Tribunal presidido pelo Juiz togado mais antigo, ou pelo mais idoso quando igual a antiguidade.
- Art. 708 com a redação dada pela Lei 2.244/1954.

SEÇÃO VIII
(Revogada pela Lei 14.824/2024)

Art. 709. *(Revogado pela Lei 14.824/2024)*

CAPÍTULO VI
DOS SERVIÇOS AUXILIARES DA JUSTIÇA DO TRABALHO

SEÇÃO I
DA SECRETARIA DAS JUNTAS DE CONCILIAÇÃO E JULGAMENTO

Art. 710. Cada Junta terá 1 (uma) secretaria, sob a direção de funcionário que o Presidente designar, para exercer a função de secretário, e que receberá, além dos vencimentos correspondentes ao seu padrão, a gratificação de função fixada em lei.
- Art. 710 com a redação dada pelo Dec.-lei 8.737/1946.
- Art. 112 da CF: Criação das varas da Justiça do Trabalho.

Art. 711. Compete à secretaria das Juntas:
a) o recebimento, a autuação, o andamento, a guarda e a conservação dos processos e outros papéis que lhe forem encaminhados;
b) a manutenção do protocolo de entrada e saída dos processos e demais papéis;
c) o registro das decisões;
d) a informação, às partes interessadas e seus procuradores, do andamento dos respectivos processos, cuja consulta lhes facilitará;
e) a abertura de vista dos processos às partes, na própria secretaria;
f) a contagem das custas devidas pelas partes, nos respectivos processos;
g) o fornecimento de certidões sobre o que constar dos livros ou do arquivamento da secretaria;
h) a realização das penhoras e demais diligências processuais;
i) o desempenho dos demais trabalhos que lhe forem cometidos pelo Presidente da Junta, para melhor execução dos serviços que lhe estão afetos.

Art. 712. Compete especialmente aos secretários das Juntas de Conciliação e Julgamento:
a) superintender os trabalhos da secretaria, velando pela boa ordem do serviço;
b) cumprir e fazer cumprir as ordens emanadas do Presidente e das autoridades superiores;
c) submeter a despacho e assinatura do Presidente o expediente e os papéis que devam ser por ele despachados e assinados;
d) abrir a correspondência oficial dirigida à Junta e ao seu Presidente, a cuja deliberação será submetida;
e) tomar por termo as reclamações verbais nos casos de dissídios individuais;
f) promover o rápido andamento dos processos, especialmente na fase de execução, e a pronta realização dos atos e diligências deprecadas pelas autoridades superiores;
g) secretariar as audiências da Junta, lavrando as respectivas atas;
- Súm. 30 do TST.

h) subscrever as certidões e os termos processuais;
i) dar aos litigantes ciência das reclamações e demais atos processuais de que devam ter conhecimento, assinando as respectivas notificações;
j) executar os demais trabalhos que lhe forem atribuídos pelo Presidente da Junta.
Parágrafo único. Os serventuários que, sem motivo justificado, não realizarem os atos, dentro dos prazos fixados, serão descontados em seus vencimentos, em tantos dias quantos os do excesso.
- Art. 712 com a redação dada pelo Dec-lei 8.737/1946.

SEÇÃO II
DOS DISTRIBUIDORES

Art. 713. Nas localidades em que existir mais de uma Junta de Conciliação e Julgamento haverá um distribuidor.

Art. 714. Compete ao distribuidor:
a) a distribuição, pela ordem rigorosa de entrada, e sucessivamente a cada Junta, dos feitos que, para esse fim, lhe forem apresentados pelos interessados;
b) o fornecimento, aos interessados, do recibo correspondente a cada feito distribuído;
c) a manutenção de 2 (dois) fichários dos feitos distribuídos, sendo um organizado pelos nomes dos reclamantes e o outro dos reclamados, ambos por ordem alfabética;
d) o fornecimento a qualquer pessoa que o solicite, verbalmente ou por certidão, de informações sobre os feitos distribuídos;
e) a baixa na distribuição dos feitos, quando isto lhe for determinado pelos Presidentes das Juntas, formando, com as fichas correspondentes, fichários à parte, cujos dados poderão ser consultados pelos interessados, mas não serão mencionados em certidões.

Art. 715. Os distribuidores são designados pelo Presidente do Tribunal Regional dentre os funcionários das Juntas e do Tribunal Regional, existentes na mesma localidade, e ao mesmo Presidente diretamente subordinados.

SEÇÃO III
DO CARTÓRIO DOS JUÍZOS DE DIREITO

Art. 716. Os cartórios dos Juízos de Direito, investidos na administração da Justiça do Trabalho, têm, para esse fim, as mesmas atribuições e obrigações conferidas na Seção I às secretarias das Juntas de Conciliação e Julgamento.
Parágrafo único. Nos Juízos em que houver mais de um cartório, far-se-á entre eles a distribuição alternada e sucessiva das reclamações.

Art. 717. Aos escrivães dos Juízos de Direito, investidos na administração da Justiça do Trabalho, competem especialmente as atribuições e obrigações dos secretários das Juntas; e aos demais funcionários dos cartórios, as que couberem nas respectivas funções, dentre as que competem às secretarias das Juntas, enumeradas no art. 711.

SEÇÃO IV
DAS SECRETARIAS DOS TRIBUNAIS REGIONAIS

Art. 718. Cada Tribunal Regional tem 1 (uma) secretaria, sob a direção do funcionário designado para exercer a função de secretário, com a gratificação de função fixada em lei.
- Art. 718 com a redação dada pelo Decreto-lei 8.737, de 19.1.1946.

Art. 719. Competem à Secretaria dos Conselhos, além das atribuições estabelecidas no art. 711, para a secretaria das Juntas, mais as seguintes:
a) a conclusão dos processos ao Presidente e sua remessa, depois de despachados, aos respectivos relatores;
b) a organização e a manutenção de um fichário de jurisprudência do Conselho, para consulta dos interessados.
Parágrafo único. No regimento interno dos Tribunais Regionais serão estabelecidas as demais atribuições, o funcionamento e a ordem dos trabalhos de suas secretarias.

Art. 720. Competem aos secretários dos Tribunais Regionais as mesmas atribuições conferidas no art. 712 aos secretários das Juntas, além das que lhes forem fixadas no regimento interno dos Conselhos.

SEÇÃO V
DOS OFICIAIS DE DILIGÊNCIA

Art. 721. Incumbe aos Oficiais de Justiça e Oficiais de Justiça Avaliadores da Justiça do Trabalho a realização dos atos decorrentes da execução dos julgados das Juntas de Conciliação e Julgamento e dos Tribunais Regionais do Trabalho, que lhes forem cometidos pelos respectivos Presidentes.

- OJ 164 da SBDI-1 do TST.

§ 1º Para efeito de distribuição dos referidos atos, cada Oficial de Justiça ou Oficial de Justiça Avaliador funcionará perante uma Junta de Conciliação e Julgamento, salvo quando da existência, nos Tribunais Regionais do Trabalho, de órgão específico, destinado à distribuição de mandados judiciais.

§ 2º Nas localidades onde houver mais de uma Junta, respeitado o disposto no parágrafo anterior, a atribuição para o cumprimento do ato deprecado ao Oficial de Justiça ou Oficial de Justiça Avaliador será transferida a outro Oficial, sempre que, após o decurso de 9 (nove) dias, sem razões que o justifiquem, não tiver sido cumprido o ato, sujeitando-se o serventuário às penalidades da lei.

§ 3º No caso de avaliação, terá o Oficial de Justiça Avaliador, para cumprimento da ato, o prazo previsto no art. 888.

§ 4º É facultado aos Presidentes dos Tribunais Regionais do Trabalho cometer a qualquer Oficial de Justiça ou Oficial de Justiça Avaliador a realização dos atos de execução das decisões desses Tribunais.

§ 5º Na falta ou impedimento do Oficial de Justiça ou Oficial de Justiça Avaliador, o Presidente da Junta poderá atribuir a realização do ato a qualquer serventuário.

- Art. 721 com a redação dada pela Lei 5.442/1968.

CAPÍTULO VII
DAS PENALIDADES

SEÇÃO I
DO "LOCK-OUT" E DA GREVE

- Arts. 9º e 114, II, da CF.
- Lei 7.783/1989 (Dispõe sobre o exercício do direito de greve).
- Súm. 316 do STF.

Art. 722. Os empregadores que, individual ou coletivamente, suspenderem os trabalhos dos seus estabelecimentos, sem prévia autorização do Tribunal competente, ou que violarem, ou se recusarem a cumprir decisão proferida em dissídio coletivo, incorrerão nas seguintes penalidades:

- Súm. 189 do TST.
- OJs 10, 11 e 38 da SDC do TST.

a) multa de cinco mil cruzeiros a cinquenta mil cruzeiros;

b) perda do cargo de representação profissional em cujo desempenho estiverem;

c) suspensão, pelo prazo de 2 (dois) a 5 (cinco) anos, do direito de serem eleitos para cargos de representação profissional.

§ 1º Se o empregador for pessoa jurídica, as penas previstas nas alíneas "b" e "c" incidirão sobre os administradores responsáveis.

§ 2º Se o empregador for concessionário de serviço público, as penas serão aplicadas em dobro. Nesse caso, se o concessionário for pessoa jurídica o Presidente do Tribunal que houver proferido a decisão poderá, sem prejuízo do cumprimento desta e da aplicação das penalidades cabíveis, ordenar o afastamento dos administradores responsáveis, sob pena de ser cassada a concessão.

§ 3º Sem prejuízo das sanções cominadas neste artigo, os empregadores ficarão obrigados a pagar os salários devidos aos seus empregados, durante o tempo de suspensão do trabalho.

Arts. 723 a 725. (Revogados pela Lei 9.842/1999.)

SEÇÃO II
DAS PENALIDADES CONTRA OS MEMBROS DA JUSTIÇA DO TRABALHO

Art. 726. Aquele que recusar o exercício da função de vogal de Junta de Conciliação e Julgamento ou de Tribunal Regional, sem motivo justificado, incorrerá nas seguintes penas:

a) sendo representante de empregadores, multa de Cr$ 100,00 (cem cruzeiros) a Cr$ 1.000,00 (mil cruzeiros) e suspensão do direito de representação profissional por 2 (dois) a 5 (cinco) anos;

b) sendo representante de empregados, multa de Cr$ 100,00 (cem cruzeiros) e suspensão do direito de representação profissional por 2 (dois) a 5 (cinco) anos.

Art. 727. Os vogais das Juntas de Conciliação e Julgamento, ou dos Tribunais Regionais, que faltarem a 3 (três) reuniões ou sessões consecutivas, sem motivo justificado, perderão o cargo, além de incorrerem nas penas do artigo anterior.

Parágrafo único. Se a falta for de presidente, incorrerá ele na pena de perda do cargo, além da perda dos vencimentos correspondentes aos dias em que tiver faltado às audiências ou sessões consecutivas.

Art. 728. Aos presidentes, membros, juízes, vogais, e funcionários auxiliares da Justiça do Trabalho, aplica-se o disposto no Título XI do Código Penal.

- Arts. 312 a 359-H do CP: Crimes contra a Administração Pública.

SEÇÃO III
DE OUTRAS PENALIDADES

Art. 729. O empregador que deixar de cumprir decisão passada em julgado sobre a readmissão ou reintegração de empregado, além do pagamento dos salários deste, incorrerá na multa de Cr$ 10,00 (dez cruzeiros) a Cr$ 50,00 (cinquenta cruzeiros) por dia, até que seja cumprida a decisão.

- Vide EC 24/1999, que extinguiu a representação classista na Justiça do Trabalho.
- Vide Leis 6.205/1978 c/c a 6.986/1982.
- Arts. 660 a 667 da CLT.

§ 1º O empregador que impedir ou tentar impedir que empregado seu sirva como vogal em Tribunal de Trabalho, ou que perante este preste depoimento, incorrerá na multa de Cr$ 500,00 (quinhentos cruzeiros) a Cr$ 5.000,00 (cinco mil cruzeiros).

§ 2º Na mesma pena do parágrafo anterior incorrerá o empregador que dispensar seu empregado pelo fato de haver servido como vogal ou prestado depoimento como testemunha, sem prejuízo da indenização que a lei estabeleça.

Art. 730. Aqueles que se recusarem a depor como testemunhas, sem motivo justificado, incorrerão na multa de Cr$ 50,00 (cinquenta cruzeiros) a Cr$ 500,00 (quinhentos cruzeiros).

Art. 731. Aquele que, tendo apresentado ao distribuidor reclamação verbal, não se apresentar, no prazo estabelecido no parágrafo único do art. 786, à Junta ou Juízo para fazê-lo tomar por termo, incorrerá na pena de perda, pelo prazo de 6 (seis) meses, do direito de reclamar perante a Justiça do Trabalho.

Art. 732. Na mesma pena do artigo anterior incorrerá o reclamante que, por 2 (duas) vezes seguidas, der causa ao arquivamento de que trata o art. 844.

- Súm. 268 do TST.

Art. 733. As infrações de disposições deste Título, para as quais não haja penalidades cominadas, serão punidas com a multa de Cr$ 50,00 (cinquenta cruzeiros) a Cr$ 5.000,00 (cinco mil cruzeiros), elevada ao dobro na reincidência.

CAPÍTULO VIII
DISPOSIÇÕES GERAIS

Art. 734. O ministro do Trabalho, Indústria e Comércio, poderá rever, ex officio, dentro do prazo de 30 (trinta) dias, contados de sua publicação no órgão oficial, ou mediante representação apresentada dentro de igual prazo:

- Dec.-lei 72/1966 (Unifica os Institutos de Aposentadoria e Pensões).

a) as decisões da Câmara da Previdência Social, quando proferidas pelo voto de desempate, ou que violarem disposições expressas de direito ou modificarem jurisprudência até então observada;

b) as decisões do presidente do Tribunal Nacional do Trabalho em matéria de previdência social.

Parágrafo único. O ministro do Trabalho, Indústria e Comércio, poderá avocar ao seu conhecimento os assuntos de natureza administrativa referentes às instituições de previdência social, sempre que houver interesse público.

Art. 735. As repartições públicas e as associações sindicais são obrigadas a fornecer aos Juízes e Tribunais do Trabalho e à Procuradoria da Justiça do Trabalho as informações e os dados necessários à instrução e ao julgamento dos feitos submetidos à sua apreciação.

- Art. 370 do CPC.

Parágrafo único. A recusa de informações ou dados a que se refere este artigo, por parte de funcionários públicos, importa na aplicação das penalidades previstas pelo Estatuto dos Funcionários Públicos por desobediência.

TÍTULO IX
DO MINISTÉRIO PÚBLICO DO TRABALHO

- LC 75/1993 (Organização, atribuições e Estatuto do MPU e MPT).

CAPÍTULO I
DISPOSIÇÕES GERAIS

Art. 736. O Ministério Público do Trabalho é constituído por agentes diretos do Poder Executivo, tendo por função zelar pela exata observância da Constituição Federal, das leis e demais atos emanados dos poderes públicos, na esfera de suas atribuições.

‣ LC 75/1993 (Organização, atribuições e Estatuto do MPU e MPT).

Parágrafo único. Para o exercício de suas funções, o Ministério Público do Trabalho reger-se-á pelo que estatui esta Consolidação e, na falta de disposição expressa, pelas normas que regem o Ministério Público Federal.

‣ Arts. 127 a 130-A da CF.
‣ Súm. 407 do TST.
‣ OJs 130, 237 e 350 da SDI-1 do TST.

Art. 737. O Ministério Público do Trabalho compõe-se da Procuradoria da Justiça do Trabalho e da Procuradoria da Previdência Social aquela funcionando como órgão de coordenação entre a Justiça do Trabalho e o Ministério do Trabalho, Indústria e Comércio, ambas diretamente subordinadas ao Ministro de Estado.

‣ Art. 737 com a redação dada pelo Dec.-lei 8.737/1946.

Art. 738. Os procuradores, além dos vencimentos fixados na tabela constante do Decreto-lei 2.874, de 16 de dezembro de 1940, continuarão a perceber a percentagem de 8%, por motivo de cobrança da dívida ativa da União ou de multas impostas pelas autoridades administrativas e judiciárias do trabalho e da previdência social.

Parágrafo único. Essa percentagem será calculada sobre as somas efetivamente arrecadadas e rateada de acordo com as instruções expedidas pelos respectivos procuradores-gerais.

Art. 739. Não estão sujeitos a ponto os procuradores-gerais e os procuradores.

CAPÍTULO II
DA PROCURADORIA DA JUSTIÇA DO TRABALHO

SEÇÃO I
DA ORGANIZAÇÃO

Art. 740. A Procuradoria da Justiça do Trabalho compreende:

a) 1 (uma) Procuradoria-Geral, que funcionará junto ao Tribunal Superior do Trabalho;

b) 8 (oito) Procuradorias Regionais, que funcionarão junto aos Tribunais Regionais do Trabalho.

Art. 741. As Procuradorias Regionais são subordinadas diretamente ao procurador-geral.

Art. 742. A Procuradoria-Geral é constituída de 1 (um) procurador-geral e de procuradores.

Parágrafo único. As Procuradorias Regionais compõem-se de 1 (um) procurador regional, auxiliado, quando necessário, por procuradores adjuntos.

Art. 743. Haverá, nas Procuradorias Regionais, substitutos de procurador adjunto ou, quando não houver este cargo, de procurador regional, designados previamente por decreto do Presidente da República, sem ônus para os cofres públicos.

§ 1º O substituto tomará posse perante o respectivo procurador regional, que será a autoridade competente para convocá-lo.

§ 2º O procurador regional será substituído em suas faltas e impedimentos pelo procurador adjunto, quando houver, e, havendo mais de um, pelo que for por ele designado.

§ 3º O procurador adjunto será substituído, em suas faltas e impedimentos, pelo respectivo procurador substituto.

§ 4º Será dispensado, automaticamente, o substituto que não atender à convocação, salvo motivo de doença, devidamente comprovada.

§ 5º Nenhum direito ou vantagem terá o substituto além do vencimento do cargo do substituído e somente durante o seu impedimento legal.

Art. 744. A nomeação do procurador-geral deverá recair em bacharel em ciências jurídicas e sociais, que tenha exercido, por 5 (cinco) ou mais anos, cargo de magistratura ou de Ministério Público, ou a advocacia.

Art. 745. Para a nomeação dos demais procuradores, atender-se-á aos mesmos requisitos estabelecidos no artigo anterior, reduzido a 2 (dois) anos, no mínimo, o tempo de exercício.

SEÇÃO II
DA COMPETÊNCIA DA PROCURADORIA-GERAL

Art. 746. Compete à Procuradoria-Geral da Justiça do Trabalho:

a) oficiar, por escrito, em todos os processos e questões de trabalho de competência do Tribunal Superior do Trabalho;

b) funcionar nas sessões do mesmo Tribunal, opinando verbalmente sobre a matéria em debate e solicitando as requisições e diligências que julgar convenientes, sendo-lhe assegurado o direito de vista do processo em julgamento sempre que for suscitada questão nova, não examinada no parecer exarado;

c) requerer prorrogação das sessões do Tribunal, quando essa medida for necessária para que se ultime o julgamento;

d) exarar, por intermédio do procurador-geral, o seu "ciente" nos acórdãos do Tribunal;

e) proceder às diligências e inquéritos solicitados pelo Tribunal;

f) recorrer das decisões do Tribunal, nos casos previstos em lei;

g) promover, perante o Juízo competente, a cobrança executiva das multas impostas pelas autoridades administrativas e judiciárias do trabalho;

h) representar às autoridades competentes contra os que não cumprirem as decisões do Tribunal;

i) prestar às autoridades do Ministério do Trabalho, Indústria e Comércio as informações que lhe forem solicitadas sobre os dissídios submetidos à apreciação do Tribunal e encaminhar aos órgãos competentes cópia autenticada das decisões que por eles devam ser atendidas ou cumpridas;

j) requisitar, de quaisquer autoridades, inquéritos, exames periciais, diligências, certidões e esclarecimentos que se tornem necessários no desempenho de suas atribuições;

l) defender a jurisdição dos órgãos da Justiça do Trabalho;

m) suscitar conflitos de jurisdição.

‣ Art. 746 com a redação dada pelo Dec.-lei 8.737/1946.

SEÇÃO III
DA COMPETÊNCIA DAS PROCURADORIAS REGIONAIS

Art. 747. Compete às Procuradorias Regionais exercer, dentro da jurisdição do Tribunal Regional respectivo, as atribuições indicadas na Seção anterior.

SEÇÃO IV
DAS ATRIBUIÇÕES DO PROCURADOR-GERAL

Art. 748. Como chefe da Procuradoria-Geral da Justiça do Trabalho, incumbe ao procurador-geral:

a) dirigir os serviços da Procuradoria-Geral, orientar e fiscalizar as Procuradorias Regionais, expedindo as necessárias instruções;

b) funcionar nas sessões do Tribunal Superior do Trabalho, pessoalmente ou por intermédio do procurador que designar;

c) exarar o seu "ciente" nos acórdãos do Tribunal;

d) designar o procurador que o substitua nas faltas e impedimentos e o chefe da secretaria da Procuradoria;

e) apresentar, até o dia 31 de março, ao Ministro do Trabalho, Indústria e Comércio, relatório dos trabalhos da Procuradoria-Geral no ano anterior, com as observações e sugestões que julgar convenientes;

f) conceder férias aos procuradores e demais funcionários que sirvam na Procuradoria e impor-lhes penas disciplinares, observada, quanto aos procuradores, a legislação em vigor para o Ministério Público Federal;

g) funcionar em Juízo, em primeira instância, ou designar os procuradores que o devam fazer;

h) admitir e dispensar o pessoal extranumerário da secretaria e prorrogar o expediente remunerado dos funcionários e extranumerários.

‣ Art. 748 com a redação dada pelo Dec.-lei 8.737/1946.

SEÇÃO V
DAS ATRIBUIÇÕES DOS PROCURADORES

Art. 749. Incumbe aos procuradores com exercício na Procuradoria-Geral:

a) funcionar, por designação do procurador-geral, nas sessões do Tribunal Superior do Trabalho;

b) desempenhar os demais encargos que lhes forem atribuídos pelo procurador-geral.

Parágrafo único. Aos procuradores é facultado, nos processos em que oficiarem, requerer ao procurador-geral as diligências e investigações necessárias.

‣ Art. 749 com a redação dada pelo Dec.-lei 8.737/1946.

SEÇÃO VI
DAS ATRIBUIÇÕES DOS PROCURADORES REGIONAIS

Art. 750. Incumbe aos procuradores regionais:

a) dirigir os serviços da respectiva Procuradoria;

b) funcionar nas sessões do Tribunal Regional, pessoalmente ou por intermédio do procurador adjunto que designar;

c) apresentar, semestralmente, ao procurador-geral, um relatório das atividades da respectiva Procuradoria, bem como dados e informações sobre a administração da Justiça do Trabalho na respectiva região;

d) requerer e acompanhar perante as autoridades administrativas ou judiciárias as diligências necessárias à execução das medidas e providências ordenadas pelo procurador-geral;

e) prestar ao procurador-geral as informações necessárias sobre os feitos em andamento e consultá-lo nos casos de dúvidas;

f) funcionar em juízo, na sede do respectivo Tribunal Regional;

g) exarar o seu "ciente" nos acórdãos do Tribunal;

h) designar o procurador que o substitua nas faltas e impedimentos e o secretário da Procuradoria.

- Art. 750 com a redação dada pelo Dec.-lei 8.737/1946.

Art. 751. Incumbe aos procuradores adjuntos das Procuradorias Regionais:

a) funcionar por designação do procurador regional, nas sessões do Tribunal Regional;

b) desempenhar os demais encargos que lhes forem atribuídos pelo procurador regional.

- Art. 751 com a redação dada pelo Dec.-lei 8.737/1946.

SEÇÃO VII
DA SECRETARIA

Art. 752. A secretaria da Procuradoria-Geral funcionará sob a direção de um chefe designado pelo procurador-geral e terá o pessoal designado pelo Ministro do Trabalho, Indústria e Comércio.

- Art. 752 com a redação dada pelo Dec.-lei 8.737/1946.

Art. 753. Compete à secretaria:

a) receber, registrar e encaminhar os processos ou papéis entrados;

b) classificar e arquivar os pareceres e outros papéis;

c) prestar informações sobre os processos ou papéis sujeitos à apreciação da Procuradoria;

d) executar o expediente da Procuradoria;

e) providenciar sobre o suprimento do material necessário;

f) desempenhar os demais trabalhos que lhes forem cometidos pelo procurador-geral, para melhor execução dos serviços a seu cargo.

Art. 754. Nas Procuradorias Regionais, os trabalhos a que se refere o artigo anterior serão executados pelos funcionários para esse fim designados.

CAPÍTULO III
DA PROCURADORIA DE PREVIDÊNCIA SOCIAL

SEÇÃO I
DA ORGANIZAÇÃO

Art. 755. A Procuradoria de Previdência Social compõe-se de um procurador-geral e de procuradores.

- Dec.-lei 72/1966 (Unifica os Institutos de Aposentadoria e Pensões).

Art. 756. Para a nomeação do procurador-geral e dos demais procuradores atender-se-á ao disposto nos arts. 744 e 745.

- Vide nota ao art. 755 desta CLT.

SEÇÃO II
DA COMPETÊNCIA DA PROCURADORIA

Art. 757. Compete à Procuradoria da Previdência Social:

- Vide nota ao art. 755 desta CLT.

a) oficiar, por escrito, nos processos que tenham de ser sujeitos à decisão do Conselho Superior de Previdência Social;

b) oficiar, por escrito, nos pedidos de revisão das decisões do mesmo Conselho;

c) funcionar nas sessões do mesmo Conselho, opinando verbalmente sobre a matéria em debate e solicitando as requisições e diligências que julgar convenientes, sendo-lhe assegurado o direito de vista do processo em julgamento, sempre que for suscitada questão nova, não examinada no parecer exarado;

d) opinar, quando solicitada, nos processos sujeitos à deliberação do Ministro de Estado, do Conselho Técnico do Departamento Nacional de Previdência Social ou do Diretor do mesmo Departamento, em que houver matéria jurídica a examinar;

e) funcionar, em primeira instância, nas ações propostas contra a União, no Distrito Federal, para anulação de atos e decisões do Conselho Superior de Previdência Social ou do Departamento Nacional de Previdência Social, bem como do Ministro do Trabalho, Industria e Comercio, em matéria de previdência social;

f) fornecer ao Ministério Público as informações por este solicitadas em virtude de ações propostas nos Estados e Territórios para execução ou anulação de atos e decisões dos órgãos ou da autoridade a que se refere a alínea anterior;

g) promover em juízo, no Distrito Federal, qualquer procedimento necessário ao cumprimento das decisões do Conselho Superior de Previdência Social e do Departamento Nacional de Previdência Social, bem como do Ministro do Trabalho, Indústria e Comércio, em matéria de previdência social;

h) recorrer das decisões dos órgãos e autoridades competentes em matéria de previdência social e requerer revisão das decisões do Conselho Superior de Previdência Social, que lhe pareçam contrárias à lei.

- Art. 757 com redação dada pela Lei 8.737/1946.

SEÇÃO III
DAS ATRIBUIÇÕES DO PROCURADOR-GERAL

Art. 758. Como chefe da Procuradoria da Previdência Social, incumbe ao Procurador-Geral:

- Vide nota ao art. 755 desta CLT.

a) dirigir os serviços da Procuradoria, expedindo as necessárias instruções;

b) funcionar nas sessões do Conselho Superior de Previdência Social, pessoalmente ou por intermédio do procurador que designar;

c) designar o procurador que o substitua nas faltas e impedimentos e o chefe da Secretaria da Procuradoria;

d) conceder férias aos procuradores e demais funcionários lotados na Procuradoria e impor-lhes penas disciplinares, observada, quanto aos procuradores, a legislação em vigor para o Ministério Público Federal;

e) funcionar em juízo, em primeira instância, ou designar os procuradores que devam fazê-lo;

f) admitir e dispensar o pessoal extranumerário da Secretária e prorrogar o expediente renumerado dos funcionários e extranumerários;

g) apresentar, até 31 de março de cada ano, ao Ministro do Trabalho, Industria e Comercio, o relatório dos trabalhos da Procuradoria no ano anterior, com as observações e sugestões que julgar convenientes.

- Art. 758 com redação dada pelo Dec.-lei 8.737/1946.

SEÇÃO IV
DAS ATRIBUIÇÕES DOS PROCURADORES

Art. 759. Aos procuradores e demais funcionários incumbe desempenhar os encargos que lhes forem cometidos pelo procurador-geral.

- Vide nota ao art. 755 desta CLT.

Parágrafo único. Aos procuradores é facultado, nos processos em que oficiarem, requerer ao procurador-geral as diligências e investigações necessárias.

SEÇÃO V
DA SECRETARIA

- Vide nota ao art. 755 desta CLT.

Art. 760. A Procuradoria da Previdência Social terá uma Secretaria dirigida por um chefe designado pelo Procurador-Geral.

Art. 761. A Secretaria terá o pessoal designado pelo Ministro do Trabalho, Indústria e Comércio.

Art. 762. À Secretaria da Procuradoria de Previdência Social compete executar serviços idênticos aos referidos no art. 753.

TÍTULO X
DO PROCESSO JUDICIÁRIO DO TRABALHO

CAPÍTULO I
DISPOSIÇÕES PRELIMINARES

Art. 763. O processo da Justiça do Trabalho, no que concerne aos dissídios individuais e coletivos e à aplicação de penalidades, reger-se-á, em todo o território nacional, pelas normas estabelecidas neste Título.

- Lei 5.584/1970 (Normas de Direito Processual do Trabalho).

Art. 764. Os dissídios individuais ou coletivos submetidos à apreciação da Justiça do Trabalho serão sempre sujeitos à conciliação.

- Súm. 259 do TST.

§ 1º Para os efeitos deste artigo, os juízes e Tribunais do Trabalho empregarão sempre os seus bons ofícios e persuasão no sentido de uma solução conciliatória dos conflitos.

- Art. 852-E da CLT.
- Súm. 418 do TST.
- OJ 376 da SDI-1 do TST.
- OJ 34 da SDC.

§ 2º Não havendo acordo, o juízo conciliatório converter-se-á obrigatoriamente em arbitral, proferindo decisão na forma prescrita neste Título.

§ 3º É lícito às partes celebrar acordo que ponha termo ao processo, ainda mesmo depois de encerrado o juízo conciliatório.

- Arts. 831, 832, § 6º, 846, 850, 852-E e 862 da CLT.

Art. 765. Os Juízos e Tribunais do Trabalho terão ampla liberdade na direção do processo e velarão pelo andamento rápido das causas, podendo determinar qualquer diligência necessária ao esclarecimento delas.

- Art. 370 do CPC.

Art. 766. Nos dissídios sobre estipulação de salários, serão estabelecidas condições que, assegurando justos salários aos trabalhadores, permitam também justa retribuição às empresas interessadas.

Art. 767. A compensação, ou retenção, só poderá ser arguida como matéria de defesa.

- Art. 477, § 5º, da CLT.
- Súm. 18, 48 e 109 do TST.

Art. 768. Terá preferência em todas as fases processuais o dissídio cuja decisão tiver de ser executada perante o Juízo da falência.

- Art. 449, § 1º da CLT.
- Art. 6º da Lei 11.101/2005.
- Súm. 86 e 388 do TST.

Art. 769. Nos casos omissos, o direito processual comum será fonte subsidiária do direito processual do trabalho, exceto naquilo em que for incompatível com as normas deste Título.

- Arts. 8º, § 1º, e 889 da CLT.

CAPÍTULO II
DO PROCESSO EM GERAL

SEÇÃO I
DOS ATOS, TERMOS E PRAZOS PROCESSUAIS

Art. 770. Os atos processuais serão públicos salvo quando o contrário determinar o interesse social, e realizar-se-ão nos dias úteis das 6 (seis) às 20 (vinte) horas.

- Arts. 5º, LX e 93, IX, da CF.
- Art. 813 da CLT.
- Art. 11, parágrafo único, 189, 212 e 368 do CPC.

Parágrafo único. A penhora poderá realizar-se em domingo ou dia feriado, mediante autorização expressa do juiz ou presidente.

- Art. 212, § 2º, do CPC.

Art. 771. Os atos e termos processuais poderão ser escritos a tinta, datilografados ou a carimbo.

Art. 772. Os atos e termos processuais, que devam ser assinados pelas partes interessadas, quando estas, por motivo justificado, não possam fazê-lo, serão firmados a rogo, na presença de 2 (duas) testemunhas, sempre que não houver procurador legalmente constituído.

- Art. 460, § 1º, do CPC.

Art. 773. Os termos relativos ao movimento dos processos constarão de simples notas, datadas e rubricadas pelos diretores de secretaria ou escrivães.

- Art. 773 atualizado pela Lei 409/1948.

Art. 774. Salvo disposição em contrário, os prazos previstos neste Título contam-se, conforme o caso, a partir da data em que for feita pessoalmente, ou recebida a notificação, daquela em que for publicado o edital no jornal oficial ou no que publicar o expediente da Justiça do Trabalho, ou, ainda, daquela em que for afixado o edital na sede da Junta, Juízo ou Tribunal.

- *Caput* com a redação dada pela Lei 2.244/1954.

Parágrafo único. Tratando-se de notificação postal, no caso de não ser encontrado o destinatário ou no de recusa de recebimento, o Correio ficará obrigado, sob pena de responsabilidade do servidor, a devolvê-la, no prazo de 48 (quarenta e oito) horas, ao Tribunal de origem.

- Parágrafo único com a redação dada pelo Dec.-lei 8.737/1946.
- Art. 230 do CPC.
- Súm. 310 do STF e 429 do STJ.
- Súm. 16 e 427 do TST.

Art. 775. Os prazos estabelecidos neste Título serão contados em dias úteis, com exclusão do dia do começo e inclusão do dia do vencimento.

- *Caput* com a redação dada pela Lei 13.467/2017.
- Arts. 218 a 235 do CPC.
- Súm. 1, 16, 30, 100, 197, 262, 385 e 387 do TST.

§ 1º Os prazos podem ser prorrogados, pelo tempo estritamente necessário, nas seguintes hipóteses:

- § 1º incluído pela Lei 13.467/2017.

I – quando o juízo entender necessário;

- Inciso I incluído pela Lei 13.467/2017.

II – em virtude de força maior, devidamente comprovada.

- Inciso II incluído pela Lei 13.467/2017.

§ 2º Ao juízo incumbe dilatar os prazos processuais e alterar a ordem de produção dos meios de prova, adequando-os às necessidades do conflito de modo a conferir maior efetividade à tutela do direito.

- § 2º incluído pela Lei 13.467/2017.
- Arts. 3º e 4º da Lei 11.419/2006.
- Art. 216, do CPC.

Art. 775-A. Suspende-se o curso do prazo processual nos dias compreendidos entre 20 de dezembro e 20 de janeiro, inclusive. (Artigo incluído pela Lei 13.545/2017)

- Art. 220 do CPC.

§ 1º Ressalvadas as férias individuais e os feriados instituídos por lei, os juízes, os membros do Ministério Público, da Defensoria Pública e da Advocacia Pública e os auxiliares da Justiça exercerão suas atribuições durante o período previsto no *caput* deste artigo.

§ 2º Durante a suspensão do prazo, não se realizarão audiências nem sessões de julgamento.

Art. 776. O vencimento dos prazos será certificado nos processos pelos escrivães ou diretores de secretaria.

- Art. 776 atualizado pela Lei 409/1948.

Art. 777. Os requerimentos e documentos apresentados, os atos e termos processuais, as petições ou razões de recursos e quaisquer outros papéis referentes aos feitos formarão os autos dos processos, os quais ficarão sob a responsabilidade dos escrivães ou diretores de secretaria.

- Art. 777 atualizado pela Lei 409/1948.

Art. 778. Os autos dos processos da Justiça do Trabalho, não poderão sair dos cartórios ou secretarias, salvo se solicitados por advogados regularmente constituído por qualquer das partes, ou quando tiverem de ser remetidos aos órgãos competentes, em caso de recurso ou requisição.

- Art. 778 com a redação dada pela Lei 6.598, de 1º.12.1978.

Art. 779. As partes, ou seus procuradores, poderão consultar, com ampla liberdade, os processos nos cartórios ou secretarias.

Art. 780. Os documentos juntos aos autos poderão ser desentranhados somente depois de findo o processo, ficando traslado.

Art. 781. As partes poderão requerer certidões dos processos em curso ou arquivados, as quais serão lavradas pelos escrivães ou diretores de secretaria.

- Art. 781 atualizado pela Lei 409/1948.

Parágrafo único. As certidões dos processos que correrem em segredo de justiça dependerão de despacho do juiz ou presidente.

Art. 782. São isentos de selo as reclamações, representações, requerimentos, atos e processos relativos à Justiça do Trabalho.

SEÇÃO II
DA DISTRIBUIÇÃO

Art. 783. A distribuição das reclamações será feita entre as Juntas de Conciliação e Julgamento, ou os Juízes de Direito do Cível, nos casos previstos no art. 669, § 1º, pela ordem rigorosa de sua apresentação ao distribuidor, quando o houver.

- Art. 93, XV, da CF.
- Arts. 713 a 715 e 838 da CLT.
- Art. 286 do CPC.

Art. 784. As reclamações serão registradas em livro próprio, rubricado em todas as folhas pela autoridade a que estiver subordinado o distribuidor.

Art. 785. O distribuidor fornecerá ao interessado um recibo do qual constarão, essencialmente, o nome do reclamante e do reclamado, a data da distribuição, o objeto da reclamação e a Junta ou o Juízo a que coube a distribuição.

Art. 786. A reclamação verbal será distribuída antes de sua redução a termo.

Parágrafo único. Distribuída a reclamação verbal, o reclamante deverá, salvo motivo de força maior, apresentar-se no prazo de 5 (cinco) dias, ao cartório ou à secretaria, para reduzi-la a termo, sob a pena estabelecida no art. 731.

- Arts. 840, §§ 2º e 3º, e 844 da CLT.

Art. 787. A reclamação escrita deverá ser formulada em 2 (duas) vias e desde logo acompanhada dos documentos em que se fundar.

- Art. 830 da CLT.

Art. 788. Feita a distribuição, a reclamação será remetida pelo distribuidor à Junta ou Juízo competente, acompanhada do bilhete de distribuição.

SEÇÃO III
DAS CUSTAS E EMOLUMENTOS

Art. 789. Nos dissídios individuais e nos dissídios coletivos do trabalho, nas ações e procedimentos de competência da Justiça do Trabalho, bem como nas demandas propostas perante a Justiça Estadual, no exercício da jurisdição trabalhista, as custas relativas ao processo de conhecimento incidirão à base de 2% (dois por cento), observado o mínimo de R$ 10,64 (dez reais e sessenta e quatro centavos) e o máximo de quatro vezes o limite máximo dos benefícios do Regime Geral de Previdência Social, e serão calculadas:

- *Caput* com a redação dada pela Lei 13.467/2017.
- Arts. 82 a 97 do CPC.
- Art. 832, § 2º, da CLT.
- Súm. 25, 36, 53, 86 e 170 do TST.
- OJs 33, 140 e 158 da SDI-1 do TST.
- OJ 148 da SDI-2 do TST.
- OJ 27 da SDC.

I – quando houver acordo ou condenação, sobre o respectivo valor;

II – quando houver extinção do processo, sem julgamento do mérito, ou julgado totalmente improcedente o pedido, sobre o valor da causa;

- OJ 88 da SDI-2.

III – no caso de procedência do pedido formulado em ação declaratória e em ação constitutiva, sobre o valor da causa;

IV – quando o valor for indeterminado, sobre o que o juiz fixar.

§ 1º As custas serão pagas pelo vencido, após o trânsito em julgado da decisão. No caso de recurso, as custas serão pagas e comprovado o recolhimento dentro do prazo recursal.

§ 2º Não sendo líquida a condenação, o juízo arbitrar-lhe-á o valor e fixará o montante das custas processuais.

§ 3º Sempre que houver acordo, se de outra forma não for convencionado, o pagamento das custas caberá em partes iguais aos litigantes.

§ 4º Nos dissídios coletivos, as partes vencidas responderão solidariamente pelo pagamento das custas, calculadas sobre o valor arbitrado na decisão, ou pelo Presidente do Tribunal.

- Incisos I a IV e §§ 1º a 4º incluídos pela Lei 10.537/2002.

Art. 789-A. No processo de execução são devidas custas, sempre de responsabilidade do executado e pagas ao final, de conformidade com a seguinte tabela:

I – autos de arrematação, de adjudicação e de remição: 5% (cinco por cento) sobre o respectivo valor, até o máximo de R$ 1.915,38 (um mil, novecentos e quinze reais e trinta e oito centavos);

II – atos dos oficiais de justiça, por diligência certificada:

a) em zona urbana: R$ 11,06 (onze reais e seis centavos);

b) em zona rural: R$ 22,13 (vinte e dois reais e treze centavos);

III – agravo de instrumento: R$ 44,26 (quarenta e quatro reais e vinte e seis centavos);

IV – agravo de petição: R$ 44,26 (quarenta e quatro reais e vinte e seis centavos);

V – embargos à execução, embargos de terceiro e embargos à arrematação: R$ 44,26 (quarenta e quatro reais e vinte e seis centavos);

VI – recurso de revista: R$ 55,35 (cinquenta e cinco reais e trinta e cinco centavos);

VII – impugnação à sentença de liquidação: R$ 55,35 (cinquenta e cinco reais e trinta e cinco centavos);

VIII – despesa de armazenagem em depósito judicial – por dia: 0,1% (um décimo por cento) do valor da avaliação;

IX – cálculos de liquidação realizados pelo contador do juízo – sobre o valor liquidado: 0,5% (cinco décimos por cento) até o limite de R$ 638,46 (seiscentos e trinta e oito reais e quarenta e seis centavos).

- Art. 789-A incluído pela Lei 10.537/2002.

Art. 789-B. Os emolumentos serão suportados pelo Requerente, nos valores fixados na seguinte tabela:

I – autenticação de traslado de peças mediante cópia reprográfica apresentada pelas partes – por folha: R$ 0,55 (cinquenta e cinco centavos de real);

II – fotocópia de peças – por folha: R$ 0,28 (vinte e oito centavos de real);

III – autenticação de peças – por folha: R$ 0,55 (cinquenta e cinco centavos de real);

IV – cartas de sentença, de adjudicação, de remição e de arrematação – por folha: R$ 0,55 (cinquenta e cinco centavos de real);

V – certidões – por folha: R$ 5,53 (cinco reais e cinquenta e três centavos).

- Art. 789-B incluído pela Lei 10.537/2002.

Art. 790. Nas Varas do Trabalho, nos Juízos de Direito, nos Tribunais e no Tribunal Superior do Trabalho, a forma de pagamento das custas e emolumentos obedecerá às instruções que serão expedidas pelo Tribunal Superior do Trabalho.

- *Caput* com a redação dada pela Lei 10.537/2002.
- Art. 24, IV, da CF.

§ 1º Tratando-se de empregado que não tenha obtido o benefício da justiça gratuita, ou isenção de custas, o sindicato que houver intervindo no processo responderá solidariamente pelo pagamento das custas devidas.

- § 1º com a redação dada pela Lei 10.537/2002.
- Súm. 223 do STF.

§ 2º No caso de não pagamento das custas, far-se-á execução da respectiva importância, segundo o procedimento estabelecido no Capítulo V deste Título.

- § 2º com a redação dada pela Lei 10.537/2002.

§ 3º É facultado aos juízes, órgãos julgadores e presidentes dos tribunais do trabalho de qualquer instância conceder, a requerimento ou de ofício, o benefício da justiça gratuita, inclusive quanto a traslados e instrumentos, àqueles que perceberem salário igual ou inferior a 40% (quarenta por cento) do limite máximo dos benefícios do Regime Geral de Previdência Social.

- § 3º com a redação dada pela Lei 13.467/2017.

§ 4º O benefício da justiça gratuita será concedido à parte que comprovar insuficiência de recursos para o pagamento das custas do processo.

- § 4º incluído pela Lei 13.467/2017.
- Arts. 98 a 102 do CPC.
- Súm. 481 do STJ.
- OJ 269 da SDI-1 do TST.

Art. 790-A. São isentos do pagamento de custas, além dos beneficiários de justiça gratuita:

I – a União, os Estados, o Distrito Federal, os Municípios e respectivas autarquias e fundações públicas federais, estaduais ou municipais que não explorem atividade econômica;

II – o Ministério Público do Trabalho.

Parágrafo único. A isenção prevista neste artigo não alcança as entidades fiscalizadoras do exercício profissional, nem exime as pessoas jurídicas referidas no inciso I da obrigação de reembolsar as despesas judiciais realizadas pela parte vencedora.

- Art. 790-A incluído pela Lei 10.537/2002.
- Súm. 86 e 170 do TST.

Art. 790-B. A responsabilidade pelo pagamento dos honorários periciais é da parte sucumbente na pretensão objeto da perícia, ainda que beneficiária da justiça gratuita.

- O STF, por maioria, julgou parcialmente procedente a ADI 5766 para declarar inconstitucional os arts. 790-B, *caput* e § 4º, e 791-A, § 4º, da CLT.
- *Caput* com a redação dada pela Lei 13.467/2017.
- Art. 3º da Lei 5.584/1970.
- Súm. 341 e 457 do TST.
- OJs 165, 198 e 278 da SDI-1 do TST.
- OJ 98 da SDI-2 do TST.
- Art. 6º da IN 27/2005 do TST.
- Resolução 66/2010 e 78/2011 do CSJT.

§ 1º Ao fixar o valor dos honorários periciais, o juízo deverá respeitar o limite máximo estabelecido pelo Conselho Superior da Justiça do Trabalho.

- § 1º incluído pela Lei 13.467/2017.

§ 2º O juízo poderá deferir parcelamento dos honorários periciais.

- § 2º incluído pela Lei 13.467/2017.

§ 3º O juízo não poderá exigir adiantamento de valores para realização de perícias.

- § 3º incluído pela Lei 13.467, de 13.07.2017/2017.

» *Vide* OJ 98 da SDI-2 do TST.

§ 4º Somente no caso em que o beneficiário da justiça gratuita não tenha obtido em juízo créditos capazes de suportar a despesa referida no *caput*, ainda que em outro processo, a União responderá pelo encargo.

- O STF, por maioria, julgou parcialmente procedente a ADI 5766 para declarar inconstitucional os arts. 790-B, *caput* e § 4º, e 791-A, § 4º, da CLT.
- § 4º incluído pela Lei 13.467/2017.

SEÇÃO IV
DAS PARTES E DOS PROCURADORES

Art. 791. Os empregados e os empregadores poderão reclamar pessoalmente perante a Justiça do Trabalho e acompanhar as suas reclamações até o final.

- Arts. 70 e s. do CPC.
- Art. 839, a, e 843 da CLT.
- Arts. 14 a 20 da Lei 5.584/1970.
- Súm. 329 e 425 do TST.

§ 1º Nos dissídios individuais os empregados e empregadores poderão fazer-se representar por intermédio do sindicato, advogado, solicitador, ou provisionado, inscrito na Ordem dos Advogados do Brasil.

- Arts. 75, 76 § 1º, 105 e 112 § 1º, do CPC/2015.
- Súm. 286, 329, 425, 427, 436 e 456 do TST.
- OJs 7, 75, 200, 255, 286, 318, 319, 348, 349, 371 e 374 da SDI-1 do TST.

§ 2º Nos dissídios coletivos é facultada aos interessados a assistência por advogado.

§ 3º A constituição de procurador com poderes para o foro em geral poderá ser efetivada, mediante simples registro em ata de audiência, a requerimento verbal do advogado interessado, com anuência da parte representada.

- § 3º incluído pela Lei 12.437, de 2011.

Art. 791-A. Ao advogado, ainda que atue em causa própria, serão devidos honorários de sucumbência, fixados entre o mínimo de 5% (cinco por cento) e o máximo de 15% (quinze por cento) sobre o valor que resultar da liquidação da sentença, do proveito econômico obtido ou, não sendo possível mensurá-lo, sobre o valor atualizado da causa.

- Artigo incluído pela Lei 13.467/2017.

§ 1º Os honorários são devidos também nas ações contra a Fazenda Pública e nas ações em que a parte estiver assistida ou substituída pelo sindicato de sua categoria.

§ 2º Ao fixar os honorários, o juízo observará:

I – o grau de zelo do profissional;

II – o lugar de prestação do serviço;

III – a natureza e a importância da causa;

IV – o trabalho realizado pelo advogado e o tempo exigido para o seu serviço.

§ 3º Na hipótese de procedência parcial, o juízo arbitrará honorários de sucumbência recíproca, vedada a compensação entre os honorários.

§ 4º Vencido o beneficiário da justiça gratuita, desde que não tenha obtido em juízo, ainda que em outro processo, créditos capazes de suportar a despesa, as obrigações decorrentes de sua sucumbência ficarão sob condição suspensiva de exigibilidade e somente poderão ser executadas se, nos dois anos subsequentes ao trânsito em julgado da decisão que as certificou, o credor demonstrar que deixou de existir a situação de insuficiência de recursos que justificou a concessão de gratuidade, extinguindo-

-se, passado esse prazo, tais obrigações do beneficiário.

▸ O STF, por maioria, julgou parcialmente procedente a ADI 5766 para declarar inconstitucional os arts. 790-B, *caput* e § 4º, e 791-A, § 4º, da CLT.

§ 5º São devidos honorários de sucumbência na reconvenção.

Art. 792. (Revogado pela Lei 13.467/2017.)

Art. 793. A reclamação trabalhista do menor de 18 anos será feita por seus representantes legais e, na falta destes, pela Procuradoria da Justiça do Trabalho, pelo sindicato, pelo Ministério Público estadual ou curador nomeado em juízo.

▸ Art. 793 com a redação dada pela Lei 10.288/2001.

SEÇÃO IV-A
DA RESPONSABILIDADE POR DANO PROCESSUAL

▸ Seção IV-A incluída pela Lei 13.467/2017.

Art. 793-A. Responde por perdas e danos aquele que litigar de má-fé como reclamante, reclamado ou interveniente.

▸ Artigo incluído pela Lei 13.467/2017.

Art. 793-B. Considera-se litigante de má-fé aquele que:

▸ Artigo incluído pela Lei 13.467/2017.

I – deduzir pretensão ou defesa contra texto expresso de lei ou fato incontroverso;

II – alterar a verdade dos fatos;

III – usar do processo para conseguir objetivo ilegal;

IV – opuser resistência injustificada ao andamento do processo;

V – proceder de modo temerário em qualquer incidente ou ato do processo;

VI – provocar incidente manifestamente infundado;

VII – interpuser recurso com intuito manifestamente protelatório.

Art. 793-C. De ofício ou a requerimento, o juízo condenará o litigante de má-fé a pagar multa, que deverá ser superior a 1% (um por cento) e inferior a 10% (dez por cento) do valor corrigido da causa, a indenizar a parte contrária pelos prejuízos que esta sofreu e a arcar com os honorários advocatícios e com todas as despesas que efetuou.

▸ Artigo incluído pela Lei 13.467/2017.

§ 1º Quando forem dois ou mais os litigantes de má-fé, o juízo condenará cada um na proporção de seu respectivo interesse na causa ou solidariamente aqueles que se coligaram para lesar a parte contrária.

§ 2º Quando o valor da causa for irrisório ou inestimável, a multa poderá ser fixada em até duas vezes o limite máximo dos benefícios do Regime Geral de Previdência Social.

§ 3º O valor da indenização será fixado pelo juízo ou, caso não seja possível mensurá-lo, liquidado por arbitramento ou pelo procedimento comum, nos próprios autos.

Art. 793-D. Aplica-se a multa prevista no art. 793-C desta Consolidação à testemunha que intencionalmente alterar a verdade dos fatos ou omitir fatos essenciais ao julgamento da causa.

▸ Artigo incluído pela Lei 13.467/2017.

Parágrafo único. A execução da multa prevista neste artigo dar-se-á nos mesmos autos.

SEÇÃO V
DAS NULIDADES

Art. 794. Nos processos sujeitos à apreciação da Justiça do Trabalho só haverá nulidade quando resultar dos atos inquinados manifesto prejuízo às partes litigantes.

▸ Arts. 188, 276 e 277 do CPC.

» *Vide* art. 5.º, LV, da CF.

Art. 795. As nulidades não serão declaradas senão mediante provocação das partes, as quais deverão argui-las à primeira vez em que tiverem de falar em audiência ou nos autos.

▸ Arts. 278 do CPC.

§ 1º Deverá, entretanto, ser declarada ex officio a nulidade fundada em incompetência de foro. Nesse caso, serão considerados nulos os atos decisórios.

▸ Arts. 64, § 4º, do CPC.

▸ Súm. 33 do STJ.

§ 2º O juiz ou Tribunal que se julgar incompetente determinará, na mesma ocasião, que se faça remessa do processo, com urgência, à autoridade competente, fundamentando sua decisão.

Art. 796. A nulidade não será pronunciada:

▸ Arts. 282 do CPC.

a) quando for possível suprir-se a falta ou repetir-se o ato;

b) quando arguida por quem lhe tiver dado causa.

▸ Arts. 276 do CPC.

Art. 797. O juiz ou Tribunal que pronunciar a nulidade declarará os atos a que ela se estende.

▸ Arts. 282, *caput*, do CPC.

Art. 798. A nulidade do ato não prejudicará senão os posteriores que dele dependam ou sejam consequência.

▸ Arts. 281 do CPC.

SEÇÃO VI
DAS EXCEÇÕES

Art. 799. Nas causas da jurisdição da Justiça do Trabalho, somente podem ser opostas, com suspensão do feito, as exceções de suspeição ou incompetência.

§ 1º As demais exceções serão alegadas como matéria de defesa.

▸ Art. 893, § 1º, da CLT.

▸ Súm. 214 do TST.

§ 2º Das decisões sobre exceções de suspeição e incompetência, salvo, quanto a estas, se terminativas do feito, não caberá recurso, podendo, no entanto, as partes alegá-las novamente no recurso que couber da decisão final.

▸ Art. 799 com a redação dada pelo Dec.-lei 8.737/1946.

Art. 800. Apresentada exceção de incompetência territorial no prazo de cinco dias a contar da notificação, antes da audiência e em peça que sinalize a existência desta exceção, seguir-se-á o procedimento estabelecido neste artigo.

▸ *Caput* com a redação dada pela Lei 13.467/2017.

§ 1º Protocolada a petição, será suspenso o processo e não se realizará a audiência a que se refere o art. 843 desta Consolidação até que se decida a exceção.

▸ § 1º incluído pela Lei 13.467/2017.

§ 2º Os autos serão imediatamente conclusos ao juiz, que intimará o reclamante e, se existentes, os litisconsortes, para manifestação no prazo comum de cinco dias.

▸ § 2º incluído pela Lei 13.467/2017.

§ 3º Se entender necessária a produção de prova oral, o juízo designará audiência, garantindo o direito de o excipiente e de suas testemunhas serem ouvidos, por carta precatória, no juízo que este houver indicado como competente.

▸ § 3º incluído pela Lei 13.467/2017.

§ 4º Decidida a exceção de incompetência territorial, o processo retomará seu curso, com a designação de audiência, a apresentação de defesa e a instrução processual perante o juízo competente.

▸ § 4º incluído pela Lei 13.467/2017.

Art. 801. O juiz, presidente ou vogal, é obrigado a dar-se por suspeito, e pode ser recusado, por algum dos seguintes motivos, em relação à pessoa dos litigantes:

a) inimizade pessoal;

b) amizade íntima;

c) parentesco por consanguinidade ou afinidade até o terceiro grau civil;

d) interesse particular na causa.

▸ Arts. 144 e 148 do CPC.

Parágrafo único. Se o recusante houver praticado algum ato pelo qual haja consentido na pessoa do juiz, não mais poderá alegar exceção de suspeição, salvo sobrevindo novo motivo. A suspeição não será também admitida, se do processo constar que o recusante deixou de alegá-la anteriormente, quando já a conhecia, ou que, depois de conhecida, aceitou o juiz recusado ou, finalmente, se procurou de propósito o motivo de que ela se originou.

Art. 802. Apresentada a exceção de suspeição, o juiz ou Tribunal designará audiência dentro de 48 (quarenta e oito) horas, para instrução e julgamento da exceção.

▸ Art. 146 do CPC.

§ 1º Nas Juntas de Conciliação e Julgamento e nos Tribunais Regionais, julgada procedente a exceção de suspeição, será logo convocado para a mesma audiência ou sessão, ou para a seguinte, o suplente do membro suspeito, o qual continuará a funcionar no feito até decisão final. Proceder-se-á da mesma maneira quando algum dos membros se declarar suspeito.

§ 2º Se se tratar de suspeição de Juiz de Direito, será este substituído na forma da organização judiciária local.

SEÇÃO VII
DOS CONFLITOS DE JURISDIÇÃO

Art. 803. Os conflitos de jurisdição podem ocorrer entre:

▸ Súm. 59 e 137 do STJ.

▸ Súm. 420 do TST.

▸ OJ 149 da SDI-2 do TST.

a) Juntas de Conciliação e Julgamento e Juízes de Direito investidos na administração da Justiça do Trabalho;

b) Tribunais Regionais do Trabalho;

c) Juízos e Tribunais do Trabalho e órgãos da Justiça Ordinária;

d) (Revogada pelo Dec.-lei 8.737/1946.)

Art. 804. Dar-se-á conflito de jurisdição:

a) quando ambas as autoridades se considerarem competentes;

▸ Art. 66 do CPC/2015.

b) quando ambas as autoridades se considerarem incompetentes.

Art. 805. Os conflitos de jurisdição podem ser suscitados:

a) pelos Juízes e Tribunais do Trabalho;

b) pelo procurador-geral e pelos procuradores regionais da Justiça do Trabalho;

c) pela parte interessada, ou o seu representante.

‣ Art. 951 e 953 do CPC/2015.

Art. 806. É vedado à parte interessada suscitar conflitos de jurisdição quando já houver oposto na causa exceção de incompetência.

‣ Art. 952 do CPC.

Art. 807. No ato de suscitar o conflito deverá a parte interessada produzir a prova de existência dele.

‣ Art. 953, parágrafo único, do CPC.

Art. 808. Os conflitos de jurisdição de que trata o art. 803 serão resolvidos:

‣ Arts. 102, I, o, 105, I, d, e 114, V, da CF.

‣ A EC 24/1999 extinguiu as Juntas de Conciliação e Julgamento e a figura do juiz classista. Em seu lugar, estabeleceu a jurisdição singular do juiz togado, que a exercerá nas Varas do Trabalho.

a) pelos Tribunais Regionais, os suscitados entre Juntas e entre Juízos de Direito, ou entre uma e outras, nas respectivas regiões;

‣ Súm. 180 do STJ.

b) pela Câmara de Justiça do Trabalho, os suscitados entre Tribunais Regionais, ou entre Juntas e Juízos de Direito sujeitos à jurisdição de Tribunais Regionais diferentes;

‣ Art. 105, I, d, da CF.

‣ Súm. 236 do STJ.

c) pelo Conselho Pleno, os suscitados entre as Câmaras de Justiça do Trabalho e de Previdência Social;

d) pelo Supremo Tribunal Federal, os suscitados entre as autoridades da Justiça do Trabalho e as da Justiça Ordinária.

‣ Art. 102, I, o, da CF.

Art. 809. Nos conflitos de jurisdição entre as Juntas e os Juízos de Direito observar-se-á o seguinte:

‣ A EC 24/1999 extinguiu as Juntas de Conciliação e Julgamento e a figura do juiz classista. Em seu lugar, estabeleceu a jurisdição singular do juiz togado, que a exercerá nas Varas do Trabalho.

I – o juiz ou presidente mandará extrair dos autos as provas do conflito e, com a sua informação, remeterá o processo assim formado, no mais breve prazo possível, ao Presidente do Tribunal Regional competente;

II – no Tribunal Regional, logo que der entrada o processo, o presidente determinará a distribuição do feito, podendo o relator ordenar imediatamente às Juntas e aos Juízos, nos casos de conflito positivo, que sobrestejam o andamento dos respectivos processos, e solicitar, ao mesmo tempo, quaisquer informações que julgue convenientes. Seguidamente, será ouvida a Procuradoria, após o que o relator submeterá o feito a julgamento na primeira sessão;

III – proferida a decisão, será a mesma comunicada, imediatamente, às autoridades em conflito, prosseguindo no foro julgado competente.

Art. 810. Aos conflitos de jurisdição entre os Tribunais Regionais aplicar-se-ão as normas estabelecidas no artigo anterior.

Art. 811. Nos conflitos suscitados na Justiça do Trabalho entre as autoridades desta e os órgãos da Justiça Ordinária, o processo do conflito, formado de acordo com o inciso I do art. 809, será remetido diretamente ao presidente do Supremo Tribunal Federal.

‣ Arts. 102, I, *o*, e 105, I, *d*, CF.

Art. 812. A ordem processual dos conflitos de jurisdição entre as Câmaras do Tribunal Superior do Trabalho será a estabelecida no seu regimento interno.

SEÇÃO VIII
DAS AUDIÊNCIAS

Art. 813. As audiências dos órgãos da Justiça do Trabalho serão públicas e realizar-se-ão na sede do Juízo ou Tribunal em dias úteis previamente fixados, entre 8 (oito) e 18 (dezoito) horas, não podendo ultrapassar 5 (cinco) horas seguidas, salvo quando houver matéria urgente.

‣ Arts. 5º, LX e 93, IX, da CF.

‣ Art. 770 da CLT.

‣ Art. 11, parágrafo único, 189 e 368 do CPC.

§ 1º Em casos especiais, poderá ser designado outro local para a realização das audiências, mediante edital afixado na sede do Juízo ou Tribunal, com a antecedência mínima de 24 (vinte e quatro) horas.

§ 2º Sempre que for necessário, poderão ser convocadas audiências extraordinárias, observado o prazo do parágrafo anterior.

Art. 814. Às audiências deverão estar presentes, comparecendo com a necessária antecedência os escrivães ou diretores de secretaria.

‣ Art. 814 atualizado pela Lei 409/1948.

Art. 815. À hora marcada, o juiz ou presidente declarará aberta a audiência, sendo feita pelo secretário ou escrivão a chamada das partes, testemunhas e demais pessoas que devam comparecer.

§ 1º Se, até 15 (quinze) minutos após a hora marcada, o juiz ou presidente não houver comparecido, os presentes poderão retirar-se, devendo o ocorrido constar do livro de registro das audiências. *(Parágrafo único transformado em § 1º pela Lei 14.657/2023)*

§ 2º Se, até 30 (trinta) minutos após a hora marcada, a audiência, injustificadamente, não houver sido iniciada, as partes e os advogados poderão retirar-se, consignando seus nomes, devendo o ocorrido constar do livro de registro das audiências. *(Acrescido pela Lei 14.657/2023)*

§ 3º Na hipótese do § 2º deste artigo, a audiência deverá ser remarcada pelo juiz ou presidente para a data mais próxima possível, vedada a aplicação de qualquer penalidade às partes. *(Acrescido pela Lei 14.657/2023)*

Art. 816. O juiz ou presidente manterá a ordem nas audiências, podendo mandar retirar do recinto os assistentes que a perturbarem.

‣ Art. 360, II, do CPC.

Art. 817. O registro das audiências será feito em livro próprio, constando de cada registro os processos apreciados e a respectiva solução, bem como as ocorrências eventuais.

Parágrafo único. Do registro das audiências poderão ser fornecidas certidões às pessoas que o requererem.

SEÇÃO IX
DAS PROVAS

‣ Art. 5º, LVI, da CF.

‣ Arts. 369 e s. do CPC.

‣ Súm. 225 do STF.

‣ Súm. 212 do TST.

Art. 818. O ônus da prova incumbe:

‣ *Caput* com a redação dada pela Lei 13.467/2017.

» *Vide* Súmula 461 do TST

I – ao reclamante, quanto ao fato constitutivo de seu direito;

‣ Inciso I incluído pela Lei 13.467/2017.

II – ao reclamado, quanto à existência de fato impeditivo, modificativo ou extintivo do direito do reclamante.

‣ Inciso II incluído pela Lei 13.467/2017.

§ 1º Nos casos previstos em lei ou diante de peculiaridades da causa relacionadas à impossibilidade ou à excessiva dificuldade de cumprir o encargo nos termos deste artigo ou à maior facilidade de obtenção da prova do fato contrário, poderá o juízo atribuir o ônus da prova de modo diverso, desde que o faça por decisão fundamentada, caso em que deverá dar à parte a oportunidade de se desincumbir do ônus que lhe foi atribuído.

‣ § 1º incluído pela Lei 13.467, de 13.07.2017/2017.

§ 2º A decisão referida no § 1º deste artigo deverá ser proferida antes da abertura da instrução e, a requerimento da parte, implicará o adiamento da audiência e possibilitará provar os fatos por qualquer meio em direito admitido.

‣ § 2º incluído pela Lei 13.467/2017.

§ 3º A decisão referida no § 1º deste artigo não pode gerar situação em que a desincumbência do encargo pela parte seja impossível ou excessivamente difícil.

‣ § 3º incluído pela Lei 13.467/2017.

‣ Art. 373 do CPC.

‣ Súm. 6, VIII, 212, 254, 338, 460 e 461 do TST.

‣ OJ 233 da SDI-1 do TST.

Art. 819. O depoimento das partes e testemunhas que não souberem falar a língua nacional será feito por meio de intérprete nomeado pelo juiz ou presidente.

‣ Art. 162 a 164 do CPC.

§ 1º Proceder-se-á da forma indicada neste artigo, quando se tratar de surdo-mudo, ou de mudo que não saiba escrever.

§ 2º As despesas decorrentes do disposto neste artigo correrão por conta da parte sucumbente, salvo se beneficiária de justiça gratuita. (Redação dada pela Lei nº 13.660, de 2018)

Art. 820. As partes e testemunhas serão inquiridas pelo juiz ou presidente, podendo ser reinquiridas, por seu intermédio, a requerimento dos vogais, das partes, seus representantes ou advogados.

‣ Art. 848 da CLT.

‣ Art. 229 do CC.

Art. 821. Cada uma das partes não poderá indicar mais de 3 (três) testemunhas, salvo quando se tratar de inquérito, caso em que esse número poderá ser elevado a 6 (seis).

‣ Art. 821 com a redação dada pelo Dec.-lei 8.737/1946.

‣ Art. 852-H, § 2º, da CLT.

‣ Art. 442 e 443 do CPC.

Art. 822. As testemunhas não poderão sofrer qualquer desconto pelas faltas ao serviço, ocasionadas pelo seu comparecimento para depor, quando devidamente arroladas ou convocadas.

‣ Art. 473, VIII, da CLT.

‣ Art. 462 e 463 do CPC.

‣ Súm. 155 do TST.

Art. 823. Se a testemunha for funcionário civil ou militar, e tiver de depor em hora de serviço, será requisitada ao chefe da repartição para comparecer à audiência marcada.

‣ Art. 454 do CPC.

Art. 824. O juiz ou presidente providenciará para que o depoimento de uma testemunha não seja ouvido pelas demais que tenham de depor no processo.

› Art. 451 e 456 do CPC/2015.

Art. 825. As testemunhas comparecerão a audiência independentemente de notificação ou intimação.

› Art. 845 da CLT.

Parágrafo único. As que não comparecerem serão intimadas, ex officio ou a requerimento da parte, ficando sujeitas a condução coercitiva, além das penalidades do art. 730, caso, sem motivo justificado, não atendam à intimação.

› Arts. 852-H, §§ 2º e 3º da CLT.

» *Vide* art. 852-H, § 3.º, da CLT.

Art. 826. É facultado a cada uma das partes apresentar um perito ou técnico.

› O disposto no art. 826 ficou prejudicado pelo art. 3º da Lei 5.584/1970.

› Art. 465 do CPC.

› Resolução 66/2010 do CSJT.

Art. 827. O juiz ou presidente poderá arguir os peritos compromissados ou os técnicos, e rubricará, para ser junto ao processo, o laudo que os primeiros tiverem apresentado.

› Art. 477, § 3º, do CPC/2015.

Art. 828. Toda testemunha, antes de prestar o compromisso legal, será qualificada, indicando o nome, nacionalidade, profissão, idade, residência, e, quando empregada, o tempo de serviço prestado ao empregador, ficando sujeita, em caso de falsidade, às leis penais.

› Art. 457 do CPC.

› Art. 2º, § 3º, da Lei 5.584/1970.

› Art. 342 do CP.

› Súm. 165 do STJ.

Parágrafo único. Os depoimentos das testemunhas serão resumidos, por ocasião da audiência, pelo secretário da Junta ou funcionário para esse fim designado, devendo a súmula ser assinada pelo Presidente do Tribunal e pelos depoentes.

› As Juntas de Conciliação foram extintas pela EC 24/1999.

Art. 829. A testemunha que for parente até o terceiro grau civil, amigo íntimo ou inimigo de qualquer das partes, não prestará compromisso, e seu depoimento valerá como simples informação.

› Art. 447 do CPC.

› Súm. 357 do TST.

Art. 830. O documento em cópia oferecido para prova poderá ser declarado autêntico pelo próprio advogado, sob sua responsabilidade pessoal.

Parágrafo único. Impugnada a autenticidade da cópia, a parte que a produziu será intimada para apresentar cópias devidamente autenticadas ou o original, cabendo ao serventuário competente proceder à conferência e certificar a conformidade entre esses documentos.

› Art. 830 com a redação dada pela Lei 11.925/2009.

› Art. 425, IV, do CPC.

› Lei 13.726/2018 (Dispensa de autenticação de cópias de documentos).

› Súm. 8 do TST.

› OJ 33, 36, 134 e 158 da SDI-1 do TST.

SEÇÃO X
DA DECISÃO E SUA EFICÁCIA

Art. 831. A decisão será proferida depois de rejeitada pelas partes a proposta de conciliação.

Parágrafo único. No caso de conciliação, o termo que for lavrado valerá como decisão irrecorrível, salvo para a Previdência Social quanto às contribuições que lhe forem devidas.

› Parágrafo único com a redação dada pela Lei 10.035/2000.

› Arts. 764, 846, 850, 852, 852-E e 860 a 867 da CLT.

› Súm. 259 do TST.

Art. 832. Da decisão deverão constar o nome das partes, o resumo do pedido e da defesa, a apreciação das provas, os fundamentos da decisão e a respectiva conclusão.

› Arts. 852 e 852-I da CLT.

› Art. 489 do CPC/2015.

§ 1º Quando a decisão concluir pela procedência do pedido, determinará o prazo e as condições para o seu cumprimento.

§ 2º A decisão mencionará sempre as custas que devam ser pagas pela parte vencida.

› Arts. 789 e seguintes da CLT.

§ 3º As decisões cognitivas ou homologatórias deverão sempre indicar a natureza jurídica das parcelas constantes da condenação ou do acordo homologado, inclusive o limite de responsabilidade de cada parte pelo recolhimento da contribuição previdenciária, se for o caso.

› § 3º incluído pela Lei 10.035/2000.

› Súm. 368 do TST e OJ 368 da SDI-1.

§ 3º-A. Para os fins do § 3º deste artigo, salvo na hipótese de o pedido da ação limitar-se expressamente ao reconhecimento de verbas de natureza exclusivamente indenizatória, a parcela referente às verbas de natureza remuneratória não poderá ter como base de cálculo valor inferior: (Incluído pela Lei 13.876/2019)

I - ao salário-mínimo, para as competências que integram o vínculo empregatício reconhecido na decisão cognitiva ou homologatória; ou

II - à diferença entre a remuneração reconhecida como devida na decisão cognitiva ou homologatória e a efetivamente paga pelo empregador, cujo valor total referente a cada competência não será inferior ao salário-mínimo.

§ 3º-B. Caso haja piso salarial da categoria definido por acordo ou convenção coletiva de trabalho, o seu valor deverá ser utilizado como base de cálculo para os fins do § 3º-A deste artigo. (Incluído pela Lei 13.876/2019)

§ 4º A União será intimada das decisões homologatórias de acordos que contenham parcela indenizatória, na forma do art. 20 da Lei 11.033, de 21 de dezembro de 2004, facultada a interposição de recurso relativo aos tributos que lhe forem devidos.

› § 4º com a redação dada pela Lei 11.457/2007.

› Art. 831 da CLT.

§ 5º Intimada da sentença, a União poderá interpor recurso relativo à discriminação de que trata o § 3º deste artigo.

§ 6º O acordo celebrado após o trânsito em julgado da sentença ou após a elaboração dos cálculos de liquidação de sentença não prejudicará os créditos da União.

› Art. 43, § 5º da Lei 8.212/1991.

› OJs 368, 376 e 398 da SDI-1 do TST.

§ 7º O Ministro de Estado da Fazenda poderá, mediante ato fundamentado, dispensar a manifestação da União nas decisões homologatórias de acordos em que o montante da parcela indenizatória envolvida ocasionar perda de escala decorrente da atuação do órgão jurídico.

› §§ 5º a 7º incluídos pela Lei 11.457/ 2007.

Art. 833. Existindo na decisão evidentes erros ou enganos de escrita, de datilografia ou de cálculo, poderão os mesmos, antes da execução, ser corrigidos, ex officio, ou a requerimento dos interessados ou da Procuradoria da Justiça do Trabalho.

› Art. 897-A, § 1º, da CLT.

› Art. 494 do CPC.

Art. 834. Salvo nos casos previstos nesta Consolidação, a publicação das decisões e sua notificação aos litigantes, ou a seus patronos, consideram-se realizadas nas próprias audiências em que forem as mesmas proferidas.

› Arts. 852 e 852-I, § 3º, da CLT.

› Súm. 30 e 197 do TST.

Art. 835. O cumprimento do acordo ou da decisão far-se-á no prazo e condições estabelecidas.

› Arts. 832, § 1º, da CLT.

Art. 836. É vedado aos órgãos da Justiça do Trabalho conhecer de questões já decididas, excetuados os casos expressamente previstos neste Título e a ação rescisória, que será admitida na forma do disposto no Capítulo IV do Título IX da Lei 5.869, de 11 de janeiro de 1973 – Código de Processo Civil, sujeita ao depósito prévio de 20% (vinte por cento) do valor da causa, salvo prova de miserabilidade jurídica do autor.

› *Caput* com a redação dada pela Lei 11.495/2007.

› Art. 966 e 975 do CPC.

› Súm. 514 do STF.

› Súm. 83, 99, 100, 192, 259, 298, 299, 303, 365, 397, 398, 399, 400 a 413 do TST.

› OJ 84, 157 e 158 da SDI-2 do TST.

» Vide art. 791-A da CLT.

Parágrafo único. A execução da decisão proferida em ação rescisória far-se-á nos próprios autos da ação que lhe deu origem, e será instruída com o acórdão da rescisória e a respectiva certidão de trânsito em julgado.

› Parágrafo único incluído pela MP 2.180-35/2001.

CAPÍTULO III
DOS DISSÍDIOS INDIVIDUAIS

SEÇÃO I
DA FORMA DE RECLAMAÇÃO E DA NOTIFICAÇÃO

Art. 837. Nas localidades em que houver apenas 1 (uma) Junta de Conciliação e Julgamento, ou 1 (um) escrivão do cível, a reclamação será apresentada diretamente à secretaria da Junta, ou ao cartório do Juízo.

Art. 838. Nas localidades em que houver mais de 1 (uma) Junta ou mais de 1 (um) Juízo, ou escrivão do cível, a reclamação será, preliminarmente, sujeita a distribuição, na forma do disposto no Capítulo II, Seção II, deste Título.

› Art. 93, XV, da CF.

› Arts. 713 a 715 e 783 a 788 da CLT.

› Art. 286 do CPC.

Art. 839. A reclamação poderá ser apresentada:

a) pelos empregados e empregadores, pessoalmente, ou por seus representantes, e pelos sindicatos de classe;

› Art. 8º, III, da CF.

› Art. 791 e 872, parágrafo único, da CLT.

› Súm. 425 do TST.

b) por intermédio das Procuradorias Regionais da Justiça do Trabalho.

Art. 840. A reclamação poderá ser escrita ou verbal.

» *Vide* arts. 651, 659, 790 e 791-A da CLT.
» *Vide* art. 300 do CPC.

§ 1º Sendo escrita, a reclamação deverá conter a designação do juízo, a qualificação das partes, a breve exposição dos fatos de que resulte o dissídio, o pedido, que deverá ser certo, determinado e com indicação de seu valor, a data e a assinatura do reclamante ou de seu representante.

› § 1º com a redação dada pela Lei 13.467/2017.
› Arts. 292, V e 319 a 331 do CPC.
› Súm. 263 e 268 do TST.

§ 2º Se verbal, a reclamação será reduzida a termo, em duas vias datadas e assinadas pelo escrivão ou secretário, observado, no que couber, o disposto no § 1º deste artigo.

› § 2ºcom a redação dada pela Lei 13.467/2017.

§ 3º Os pedidos que não atendam ao disposto no § 1º deste artigo serão julgados extintos sem resolução do mérito.

› § 3º incluído pela Lei 13.467/2017.
› Arts. 731 e 786 da CLT.

Art. 841. Recebida e protocolada a reclamação, o escrivão ou secretário, dentro de 48 (quarenta e oito) horas, remeterá a segunda via da petição, ou do termo, ao reclamado, notificando-o ao mesmo tempo, para comparecer à audiência do julgamento, que será a primeira desimpedida, depois de 5 (cinco) dias.

§ 1º A notificação será feita em registro postal com franquia. Se o reclamado criar embaraços ao seu recebimento ou não for encontrado, far-se-á a notificação por edital, inserto no jornal oficial ou no que publicar o expediente forense, ou, na falta, afixado na sede da Junta ou Juízo.

› Art. 852 e 852-B, II, da CLT.
› Art. 246, 247, 249, 252, 253 e 255 do CPC.
› Súm. 429 do STJ.
› Súm. 16 do TST.

§ 2º O reclamante será notificado no ato da apresentação da reclamação ou na forma do parágrafo anterior.

§ 3º Oferecida a contestação, ainda que eletronicamente, o reclamante não poderá, sem o consentimento do reclamado, desistir da ação.

› § 3º incluído pela Lei 13.467/2017.
» *Vide* art. 847 da CLT.

Art. 842. Sendo várias as reclamações e havendo identidade de matéria, poderão ser acumuladas num só processo, se se tratar de empregados da mesma empresa ou estabelecimento.

› Art. 113 a 118 do CPC.
› Súm. 36 do TST.
› OJ 9 do Tribunal Pleno do TST.

SEÇÃO II
DA AUDIÊNCIA DE JULGAMENTO

Art. 843. Na audiência de julgamento deverão estar presentes o reclamante e o reclamado, independentemente do comparecimento de seus representantes salvo, nos casos de Reclamatórias Plúrimas ou Ações de Cumprimento, quando os empregados poderão fazer-se representar pelo Sindicato de sua categoria.

› *Caput* com a redação dada pela Lei 6.667/1979.
› Art. 861 da CLT.
› Art. 54 da LC 123/2006.

§ 1º É facultado ao empregador fazer-se substituir pelo gerente, ou qualquer outro preposto que tenha conhecimento do fato, e cujas declarações obrigarão o proponente.

› Súm. 377 do TST.

§ 2º Se por doença ou qualquer outro motivo poderoso, devidamente comprovado, não for possível ao empregado comparecer pessoalmente, poderá fazer-se representar por outro empregado que pertença à mesma profissão, ou pelo seu sindicato.

§ 3º O preposto a que se refere o § 1º deste artigo não precisa ser empregado da parte reclamada.

› § 3º incluído pela Lei 13.467/2017.

Art. 844. O não comparecimento do reclamante à audiência importa o arquivamento da reclamação, e o não comparecimento do reclamado importa revelia, além de confissão quanto à matéria de fato.

› Arts. 731 e 732 da CLT.
› Art. 344 a 346 e 392 do CPC.
› Súm. 9, 74 e 122 do TST.
› OJs 152 e 245 da SDI-1 do TST.
» *Vide* Súmula 398 do TST.

§ 1º Ocorrendo motivo relevante, poderá o juiz suspender o julgamento, designando nova audiência.

› § 1º com a redação dada pela Lei 13.467/2017.
› Art. 849 da CLT.

§ 2º Na hipótese de ausência do reclamante, este será condenado ao pagamento das custas calculadas na forma do art. 789 desta Consolidação, ainda que beneficiário da justiça gratuita, salvo se comprovar, no prazo de quinze dias, que a ausência ocorreu por motivo legalmente justificável.

› § 2º incluído pela Lei 13.467/2017.

§ 3º O pagamento das custas a que se refere o § 2º é condição para a propositura de nova demanda.

› § 3º incluído pela Lei 13.467/2017.

§ 4º A revelia não produz o efeito mencionado no *caput* deste artigo se:

› § 4º incluído pela Lei 13.467/2017.

I – havendo pluralidade de reclamados, algum deles contestar a ação;

II – o litígio versar sobre direitos indisponíveis;

III – a petição inicial não estiver acompanhada de instrumento que a lei considere indispensável à prova do ato;

IV – as alegações de fato formuladas pelo reclamante forem inverossímeis ou estiverem em contradição com prova constante dos autos.

§ 5º Ainda que ausente o reclamado, presente o advogado na audiência, serão aceitos a contestação e os documentos eventualmente apresentados.

› § 5º incluído pela Lei 13.467/2017.

Art. 845. O reclamante e o reclamado comparecerão à audiência acompanhados das suas testemunhas, apresentando, nessa ocasião, as demais provas.

› Arts. 825 e 852-H, § 2º, da CLT.

Art. 846. Aberta a audiência, o juiz ou presidente proporá a conciliação.

› Arts. 764, 831, 850 e 852-E da CLT.

§ 1º Se houver acordo lavrar-se-á termo, assinado pelo presidente e pelos litigantes, consignando-se o prazo e demais condições para seu cumprimento.

› Art. 764 e 850 da CLT.
› Art. 832, § 4º, da CLT.
› Súm. 100, V, 259, 368, I, e 418 do TST.
› OJs 368, 376 e 398 da SDI-1 do TST.
› OJ 132 SDI-2 do TST.

§ 2º Entre as condições a que se refere o parágrafo anterior, poderá ser estabelecida a de ficar a parte que não cumprir o acordo obrigada a satisfazer integralmente o pedido ou pagar uma indenização convencionada, sem prejuízo do cumprimento do acordo.

› Art. 846 com a redação dada pela Lei 9.022/1995.

Art. 847. Não havendo acordo, o reclamado terá vinte minutos para aduzir sua defesa, após a leitura da reclamação, quando esta não for dispensada por ambas as partes.

› *Caput* com redação dada pela Lei nº 9.022/1995.
› Art. 5º, LV, da CF.
» *Vide* arts. 11, 767 e 791-A da CLT.
» *Vide* Súmulas 18 e 48 do TST.

Parágrafo único. A parte poderá apresentar defesa escrita pelo sistema de processo judicial eletrônico até a audiência.

› Parágrafo único incluído pela Lei 13.467/2017.

Art. 848. Terminada a defesa, seguir-se-á a instrução do processo, podendo o presidente, ex officio ou a requerimento de qualquer juiz temporário, interrogar os litigantes.

› Art. 848 com a redação dada pela Lei 9.022, de 5.4.1995.

§ 1º Findo o interrogatório, poderá qualquer dos litigantes retirar-se, prosseguindo a instrução com o seu representante.

§ 2º Serão, a seguir, ouvidas as testemunhas, os peritos e os técnicos, se houver.

Art. 849. A audiência de julgamento será contínua; mas, se não for possível, por motivo de força maior, concluí-la no mesmo dia, o juiz ou presidente marcará a sua continuação para a primeira desimpedida, independentemente de nova notificação.

› Arts. 765, 813 e 852-C da CLT.

Art. 850. Terminada a instrução, poderão as partes aduzir razões finais, em prazo não excedente de 10 (dez) minutos para cada uma. Em seguida, o juiz ou presidente renovará a proposta de conciliação, e não se realizando esta, será proferida a decisão.

Parágrafo único. O Presidente da Junta, após propor a solução do dissídio, tomará os votos dos vogais e, havendo divergência entre estes, poderá desempatar ou proferir decisão que melhor atenda ao cumprimento da lei e ao justo equilíbrio entre os votos divergentes e ao interesse social.

Art. 851. Os tramites de instrução e julgamento da reclamação serão resumidos em ata, de que constará, na íntegra, a decisão.

› Art. 852-F da CLT.

§ 1º Nos processos de exclusiva alçada das Juntas, será dispensável, a juízo do presidente, o resumo dos depoimentos, devendo constar da ata a conclusão do Tribunal quanto à matéria de fato.

› Art. 2º, § 3º, da Lei 5.584/1970.

§ 2º A ata será, pelo presidente ou juiz, junta ao processo, devidamente assinada, no prazo improrrogável de 48 (quarenta e oito) horas, contado da audiência de julgamento, e assinada pelos juízes classistas presentes à mesma audiência.

› Art. 851 com a redação pelo Dec.-lei 8.737/1946.
› Súm. 30 e 197 do TST.

Art. 852. Da decisão serão os litigantes notificados, pessoalmente, ou por seu representante, na própria audiência. No caso de revelia, a notificação far-se-á pela forma estabelecida no § 1º do art. 841.

SEÇÃO II-A
DO PROCEDIMENTO SUMARÍSSIMO

› Seção II-A incluída pela Lei 9.957/2000.

Art. 852-A. Os dissídios individuais cujo valor não exceda a quarenta vezes o salário mínimo vigente na data do ajuizamento da reclamação ficam submetidos ao procedimento sumaríssimo.

Parágrafo único. Estão excluídas do procedimento sumaríssimo as demandas em que é parte a Administração Pública direta, autárquica e fundacional.

- Art. 852-A incluído pela Lei 9.957/2000.
- Súm. 356 do TST.

Art. 852-B. Nas reclamações enquadradas no procedimento sumaríssimo:

I – o pedido deverá ser certo ou determinado e indicará o valor correspondente;

II – não se fará citação por edital, incumbindo ao autor a correta indicação do nome e endereço do reclamado;

III – a apreciação da reclamação deverá ocorrer no prazo máximo de quinze dias do seu ajuizamento, podendo constar de pauta especial, se necessário, de acordo com o movimento judiciário da Junta de Conciliação e Julgamento.

§ 1º O não atendimento, pelo reclamante, do disposto nos incisos I e II deste artigo importará no arquivamento da reclamação e condenação ao pagamento de custas sobre o valor da causa.

§ 2º As partes e advogados comunicarão ao juízo as mudanças de endereço ocorridas no curso do processo, reputando-se eficazes as intimações enviadas ao local anteriormente indicado, na ausência de comunicação.

- Art. 852-B incluído pela Lei 9.957/2000.

Art. 852-C. As demandas sujeitas a rito sumaríssimo serão instruídas e julgadas em audiência única, sob a direção de juiz presidente ou substituto, que poderá ser convocado para atuar simultaneamente com o titular.

- Art. 852-C incluído pela Lei 9.957/2000.

Art. 852-D. O juiz dirigirá o processo com liberdade para determinar as provas a serem produzidas, considerado o ônus probatório de cada litigante, podendo limitar ou excluir as que considerar excessivas, impertinentes ou protelatórias, bem como para apreciá-las e dar especial valor às regras de experiência comum ou técnica.

- Art. 852-D incluído pela Lei 9.957/2000.
- Art. 765 da CLT.
- Art. 370 e 371 e 392 do CPC/2015.

Art. 852-E. Aberta a sessão, o juiz esclarecerá as partes presentes sobre as vantagens da conciliação e usará os meios adequados de persuasão para a solução conciliatória do litígio, em qualquer fase da audiência.

- Art. 852-E incluído pela Lei 9.957/2000.
- Arts. 764, 846 e 850 da CLT.

Art. 852-F. Na ata de audiência serão registrados resumidamente os atos essenciais, as afirmações fundamentais das partes e as informações úteis à solução da causa trazidas pela prova testemunhal.

- Art. 852-F incluído pela Lei 9.957/2000.

Art. 852-G. Serão decididos, de plano, todos os incidentes e exceções que possam interferir no prosseguimento da audiência e do processo. As demais questões serão decididas na sentença.

- Art. 852-G incluído pela Lei 9.957/2000.

Art. 852-H. Todas as provas serão produzidas na audiência de instrução e julgamento, ainda que não requeridas previamente.

- Art. 845 da CLT.

§ 1º Sobre os documentos apresentados por uma das partes manifestar-se-á imediatamente a parte contrária, sem interrupção da audiência, salvo absoluta impossibilidade, a critério do juiz.

§ 2º As testemunhas, até o máximo de duas para cada parte, comparecerão à audiência de instrução e julgamento independentemente de intimação.

- Arts. 821, 825 e 845 da CLT.

§ 3º Só será deferida intimação de testemunha que, comprovadamente convidada, deixar de comparecer. Não comparecendo a testemunha intimada, o juiz poderá determinar sua imediata condução coercitiva.

- Art. 825, parágrafo único, da CLT.

§ 4º Somente quando a prova do fato o exigir, ou for legalmente imposta, será deferida prova técnica, incumbindo ao juiz, desde logo, fixar o prazo, o objeto da perícia e nomear perito.

- Art. 3º da Lei 5.584/1970.
- Súm. 341 do TST.
- OJs 165, 198 e 278 da SDI-1 do TST.
- OJ 98 da SDI-2 do TST.
- Art. 6º da IN 27/2005 do TST.
- Resolução 66/2010 e 78/2011 do CSJT.

§ 5º Vetado.

§ 6º As partes serão intimadas a manifestar-se sobre o laudo, no prazo comum de cinco dias.

§ 7º Interrompida a audiência, o seu prosseguimento e a solução do processo dar-se-ão no prazo máximo de trinta dias, salvo motivo relevante justificado nos autos pelo juiz da causa.

- Art. 852-H incluído pela Lei 9.957/2000.

Art. 852-I. A sentença mencionará os elementos de convicção do juízo, com resumo dos fatos relevantes ocorridos em audiência, dispensado o relatório.

§ 1º O juízo adotará em cada caso a decisão que reputar mais justa e equânime, atendendo aos fins sociais da lei e as exigências do bem comum.

§ 2º Vetado.

§ 3º As partes serão intimadas da sentença na própria audiência em que prolatada.

- Art. 852-I incluído pela Lei 9.957/2000.

SEÇÃO III
DO INQUÉRITO PARA APURAÇÃO DE FALTA GRAVE

Art. 853. Para a instauração do inquérito para apuração de falta grave contra empregado garantido com estabilidade, o empregador apresentará reclamação por escrito à Junta ou Juízo de Direito, dentro de 30 (trinta) dias, contados da data da suspensão do empregado.

- Art. 8º, VIII, da CF.
- Arts. 492, 494, 495, 543, § 3º, da CLT.
- Art. 3º, § 7º da Lei 8.213/1991.
- Súm. 197 e 403 do STF.
- Súm. 62 e 379 do TST.
- OJ 253 da SDI-1 do TST.
- OJ 137 da SDI-2 do TST.
- » Vide arts. 543, § 3.º, 625-B, § 1.º, e 791-A da CLT.
- » Vide art. 55 da Lei n. 5.764/71.
- » Vide art. 3.º, § 9.º, da Lei n. 8.036/90.
- » Vide art. 3.º, § 7.º, da Lei n. 8.213/91.
- » Vide Súmula 359 do TST.
- » Vide Súmula 403 do STF.

Art. 854. O processo do inquérito perante a Junta ou Juízo obedecerá às normas estabelecidas no presente Capítulo, observadas as disposições desta Seção.

Art. 855. Se tiver havido prévio reconhecimento da estabilidade do empregado, o julgamento do inquérito pela Junta ou Juízo não prejudicará a execução para pagamento dos salários devidos ao empregado, até a data da instauração do mesmo inquérito.

- Art. 495 da CLT.

SEÇÃO IV
DO INCIDENTE DE DESCONSIDERAÇÃO DA PERSONALIDADE JURÍDICA

- Seção IV incluída pela Lei 13.467/2017.

Art. 855-A. Aplica-se ao processo do trabalho o incidente de desconsideração da personalidade jurídica previsto nos arts. 133 a 137 da Lei 13.105, de 16 de março de 2015 – Código de Processo Civil.

- Artigo incluído pela Lei 13.467/2017.

§ 1º Da decisão interlocutória que acolher ou rejeitar o incidente:

I – na fase de cognição, não cabe recurso de imediato, na forma do § 1º do art. 893 desta Consolidação;

II – na fase de execução, cabe agravo de petição, independentemente de garantia do juízo;

III – cabe agravo interno se proferida pelo relator em incidente instaurado originariamente no tribunal.

§ 2º A instauração do incidente suspenderá o processo, sem prejuízo de concessão da tutela de urgência de natureza cautelar de que trata o art. 301 da Lei 13.105, de 16 de março de 2015 (Código de Processo Civil).

CAPÍTULO III-A
DO PROCESSO DE JURISDIÇÃO VOLUNTÁRIA PARA HOMOLOGAÇÃO DE ACORDO EXTRAJUDICIAL

- Capítulo III-A incluído pela Lei 13.467/2017.

Art. 855-B. O processo de homologação de acordo extrajudicial terá início por petição conjunta, sendo obrigatória a representação das partes por advogado.

- Artigo incluído pela Lei 13.467/2017.

§ 1º As partes não poderão ser representadas por advogado comum.

§ 2º Faculta-se ao trabalhador ser assistido pelo advogado do sindicato de sua categoria.

Art. 855-C. O disposto neste Capítulo não prejudica o prazo estabelecido no § 6º do art. 477 desta Consolidação e não afasta a aplicação da multa prevista no § 8º art. 477 desta Consolidação.

- Artigo incluído pela Lei 13.467/2017.

Art. 855-D. No prazo de quinze dias a contar da distribuição da petição, o juiz analisará o acordo, designará audiência se entender necessário e proferirá sentença.

- Artigo incluído pela Lei 13.467/2017.

Art. 855-E. A petição de homologação de acordo extrajudicial suspende o prazo prescricional da ação quanto aos direitos nela especificados.

- Artigo incluído pela Lei 13.467/2017.

Parágrafo único. O prazo prescricional voltará a fluir no dia útil seguinte ao do trânsito em julgado da decisão que negar a homologação do acordo.

CAPÍTULO IV
DOS DISSÍDIOS COLETIVOS

SEÇÃO I
DA INSTAURAÇÃO DA INSTÂNCIA

Art. 856. A instância será instaurada mediante representação escrita ao Presidente do Tribunal. Poderá ser também instaurada por iniciativa do presidente, ou, ainda, a requerimento da Procuradoria da Justiça do Trabalho, sempre que ocorrer suspensão do trabalho.

- Arts. 8º, III, VI, 114, II e III, §§ 2º e 3º, da CF.
- Súm. 189 e 190 do TST.
- OJs 5, 7, 9, 11, 19, 22, 23, 28, 29 e 35 da SDC do TST.

Art. 857. A representação para instaurar a instância em dissídio coletivo constitui prerrogativa das associações sindicais, excluídas as hipóteses aludidas no art. 856, quando ocorrer suspensão do trabalho.

- *Caput* com a redação dada pelo Dec.-lei 7.321/1945.
- Súm. 286 do TST.
- OJ 15 e 19 da SDC do TST.

Parágrafo único. Quando não houver sindicato representativo da categoria econômica ou profissional, poderá a representação ser instaurada pelas federações correspondentes e, na falta destas, pelas confederações respectivas, no âmbito de sua representação.

- Parágrafo único com a redação dada pela Lei 2.693, de 23.12.1955.

Art. 858. A representação será apresentada em tantas vias quantos forem os reclamados e deverá conter:

a) designação e qualificação dos reclamantes e dos reclamados e a natureza do estabelecimento ou do serviço;

b) os motivos do dissídio e as bases da conciliação.

- OJ 8 da SDC do TST.

Art. 859. A representação dos sindicatos para instauração da instância fica subordinada à aprovação de assembleia, da qual participem os associados interessados na solução do dissídio coletivo, em primeira convocação, por maioria de 2/3 (dois terços) dos mesmos, ou, em segunda convocação, por 2/3 (dois terços) dos presentes.

- Art. 859 com a redação dada pelo Dec.-lei 7.321/1945.
- OJs 8, 19, 28 e 29, 35 da SDC do TST.

Parágrafo único. (Revogado pelo Dec.-lei 7.321/1945.)

SEÇÃO II
DA CONCILIAÇÃO E DO JULGAMENTO

Art. 860. Recebida e protocolada a representação, e estando na devida forma, o Presidente do Tribunal designará a audiência de conciliação, dentro do prazo de 10 (dez) dias, determinando a notificação dos dissidentes, com observância do disposto no art. 841.

Parágrafo único. Quando a instância for instaurada ex officio, a audiência deverá ser realizada dentro do prazo mais breve possível, após o reconhecimento do dissídio.

Art. 861. É facultado ao empregador fazer-se representar na audiência pelo gerente, ou por qualquer outro preposto que tenha conhecimento do dissídio, e por cujas declarações será sempre responsável.

- Art. 843, § 1º, da CLT.
- Art. 54 da LC 123/2006.
- Vide art. 843, §§ 1º e 3º, da CLT.

Art. 862. Na audiência designada, comparecendo ambas as partes ou seus representantes, o Presidente do Tribunal as convidará para se pronunciarem sobre as bases da conciliação. Caso não sejam aceitas as bases propostas, o Presidente submeterá aos interessados a solução que lhe pareça capaz de resolver o dissídio.

Art. 863. Havendo acordo, o Presidente o submeterá à homologação do Tribunal na primeira sessão.

- Súm. 190 do TST.

Art. 864. Não havendo acordo, ou não comparecendo ambas as partes ou uma delas, o presidente submeterá o processo a julgamento, depois de realizadas as diligências que entender necessárias e ouvida a Procuradoria.

- Art. 864 com a redação dada pelo Dec.-lei 8.737/1946.
- Art. 8º da Lei 5.584/1970.

Art. 865. Sempre que, no decorrer do dissídio, houver ameaça de perturbação da ordem, o presidente requisitará à autoridade competente as providências que se tornarem necessárias.

Art. 866. Quando o dissídio ocorrer fora da sede do Tribunal, poderá o presidente, se julgar conveniente, delegar à autoridade local as atribuições de que tratam os arts. 860 e 862. Nesse caso, não havendo conciliação, a autoridade delegada encaminhará o processo ao Tribunal, fazendo exposição circunstanciada dos fatos e indicando a solução que lhe parecer conveniente.

Art. 867. Da decisão do Tribunal serão notificadas as partes, ou seus representantes, em registrado postal, com franquia, fazendo-se, outrossim, a sua publicação no jornal oficial, para ciência dos demais interessados.

Parágrafo único. A sentença normativa vigorará:

- Art. 614, § 3º, da CLT.
- PN 120 da SDC do TST.

a) a partir da data de sua publicação, quando ajuizado o dissídio após o prazo do art. 616, § 3º, ou, quando não existir acordo, convenção ou sentença normativa em vigor, da data do ajuizamento;

b) a partir do dia imediato ao termo final de vigência do acordo, convenção ou sentença normativa, quando ajuizado o dissídio no prazo do art. 616, § 3º.

- Parágrafo único incluído pelo Dec.-lei 424/1969.

SEÇÃO III
DA EXTENSÃO DAS DECISÕES

Art. 868. Em caso de dissídio coletivo que tenha por motivo novas condições de trabalho e no qual figure como parte apenas uma fração de empregados de uma empresa, poderá o Tribunal competente, na própria decisão, estender tais condições de trabalho, se julgar justo e conveniente, aos demais empregados da empresa que forem da mesma profissão dos dissidentes.

Parágrafo único. O Tribunal fixará a data em que a decisão deve entrar em execução, bem como o prazo de sua vigência, o qual não poderá ser superior a 4 (quatro) anos.

- Art. 614, § 3º, da CLT.
- OJ 322 da SDI-1 do TST.
- OJ 2 da SDC do TST.
- PN 120 da SDC do TST.

Art. 869. A decisão sobre novas condições de trabalho poderá também ser estendida a todos os empregados da mesma categoria profissional compreendida na jurisdição do Tribunal:

a) por solicitação de 1 (um) ou mais empregadores, ou de qualquer sindicato destes;

b) por solicitação de 1 (um) ou mais sindicatos de empregados;

c) ex officio, pelo Tribunal que houver proferido a decisão;

d) por solicitação da Procuradoria da Justiça do Trabalho.

Art. 870. Para que a decisão possa ser estendida, na forma do artigo anterior, torna-se preciso que 3/4 (três quartos) dos empregadores e 3/4 (três quartos) dos empregados, ou os respectivos sindicatos, concordem com a extensão da decisão.

§ 1º O Tribunal competente marcará prazo, não inferior a 30 (trinta) nem superior a 60 (sessenta) dias, a fim de que se manifestem os interessados.

§ 2º Ouvidos os interessados e a Procuradoria da Justiça do Trabalho, será o processo submetido ao julgamento do Tribunal.

Art. 871. Sempre que o Tribunal estender a decisão, marcará a data em que a extensão deva entrar em vigor.

SEÇÃO IV
DO CUMPRIMENTO DAS DECISÕES

Art. 872. Celebrado o acordo, ou transitada em julgado a decisão, seguir-se-á o seu cumprimento, sob as penas estabelecidas neste Título.

- Súm. 246, 286, 350, 384 e 397 do TST.
- OJ 277 da SDI-1 do TST.

Parágrafo único. Quando os empregadores deixarem de satisfazer o pagamento de salários, na conformidade da decisão proferida, poderão os empregados ou seus sindicatos, independentes de outorga de poderes de seus associados, juntando certidão de tal decisão, apresentar reclamação à Junta ou Juízo competente, observado o processo previsto no Capítulo II deste Título, sendo vedado, porém, questionar sobre a matéria de fato e de direito já apreciada na decisão.

- Parágrafo único com a redação dada pela Lei 2.275/1954.

SEÇÃO V
DA REVISÃO

Art. 873. Decorrido mais de 1 (um) ano de sua vigência, caberá revisão das decisões que fixarem condições de trabalho, quando se tiverem modificado as circunstâncias que as ditaram, de modo que tais condições se hajam tornado injustas ou inaplicáveis.

Art. 874. A revisão poderá ser promovida por iniciativa do Tribunal prolator, da Procuradoria da Justiça do Trabalho, das associações sindicais ou de empregador ou empregadores interessados no cumprimento da decisão.

Parágrafo único. Quando a revisão for promovida por iniciativa do Tribunal prolator ou da Procuradoria, as associações sindicais e o empregador ou empregadores interessados serão ouvidos no prazo de 30 (trinta) dias. Quando promovida por uma das partes interessadas, serão as outras ouvidas também por igual prazo.

Art. 875. A revisão será julgada pelo Tribunal que tiver proferido a decisão, depois de ouvida a Procuradoria da Justiça do Trabalho.

CAPÍTULO V
DA EXECUÇÃO

- Arts. 771 e s. do CPC.

SEÇÃO I
DAS DISPOSIÇÕES PRELIMINARES

Art. 876. As decisões passadas em julgado ou das quais não tenha havido recurso com efeito suspensivo; os acordos, quando não cumpridos; os termos de ajuste de conduta firmados perante o Ministério Público do Trabalho e os termos de conciliação firmados perante as Comissões de Conciliação Prévia serão executada pela forma estabelecida neste Capítulo.

- *Caput* com a redação dada pela Lei 9.958/2000.
- Art. 114, VII, da CF.
- Art. 784, I, do CPC.
- » Vide art. 625-E da CLT.
- » Vide art. 5.º, § 6.º, da Lei n. 7.347/85.

Parágrafo único. A Justiça do Trabalho executará, de ofício, as contribuições sociais previstas na alínea a do inciso I e no inciso II do *caput* do art. 195 da Constituição Federal, e seus acréscimos legais, relativas ao objeto da condenação constante das sentenças que proferir e dos acordos que homologar.

- Parágrafo único com a redação dada pela Lei 13.467/2017.
- Art. 114, VIII, da CF.
- Art. 43, § 5º da Lei 8.212/1991.
- Súm. 368, I, do TST.
- OJs 376 e 398 da SDI-1 do TST.

Art. 877. É competente para a execução das decisões o Juiz ou Presidente do Tribunal que tiver conciliado ou julgado originariamente o dissídio.

- OJ 143 da SDI-1 do TST.

Art. 877-A. É competente para a execução de título executivo extrajudicial o juiz que teria competência para o processo de conhecimento relativo à matéria.

- Art. 877-A incluído pela Lei 9.958, de 25.10.2000.

Art. 878. A execução será promovida pelas partes, permitida a execução de ofício pelo juiz ou pelo Presidente do Tribunal apenas nos casos em que as partes não estiverem representadas por advogado.

- *Caput* com a redação dada pela Lei 13.467/2017.
- » Vide art. 791 da CLT.
- » Vide Súmula 425 do TST.

Parágrafo único. (Revogado pela Lei 13.467/2017).

Art. 878-A. Faculta-se ao devedor o pagamento imediato da parte que entender devida à Previdência Social, sem prejuízo da cobrança de eventuais diferenças encontradas na execução ex officio.

- Art. 878-A incluído pela Lei 10.035/2000.

Art. 879. Sendo ilíquida a sentença exequenda, ordenar-se-á, previamente, a sua liquidação, que poderá ser feita por cálculo, por arbitramento ou por artigos.

- *Caput* com a redação dada pela Lei 2.244/1954.
- Art. 322, § 1º, 509, I e II do CPC/2015.
- Súm. 211 e 344 do STJ.

§ 1º Na liquidação, não se poderá modificar, ou inovar, a sentença liquidanda nem discutir matéria pertinente à causa principal.

- § 1º com a redação dada pela Lei 8.432, 11.6.1992.
- Art. 509, § 4º, do CPC.

§ 1º-A. A liquidação abrangerá, também, o cálculo das contribuições previdenciárias devidas.

§ 1º-B. As partes deverão ser previamente intimadas para a apresentação do cálculo de liquidação, inclusive da contribuição previdenciária incidente.

- §§ 1º-A e 1º-B incluído pela Lei 10.035/2000.

§ 2º Elaborada a conta e tornada líquida, o juízo deverá abrir às partes prazo comum de oito dias para impugnação fundamentada com a indicação dos itens e valores objeto da discordância, sob pena de preclusão.

- § 2º com a redação dada pela Lei 13.467/2017.

§ 3º Elaborada a conta pela parte ou pelos órgãos auxiliares da Justiça do Trabalho, o juiz procederá à intimação da União para manifestação, no prazo de 10 (dez) dias, sob pena de preclusão.

- § 3º com a redação dada pela Lei 11.457/2007.

§ 4º A atualização do crédito devido à Previdência Social observará os critérios estabelecidos na legislação previdenciária.

§ 5º O Ministro de Estado da Fazenda poderá, mediante ato fundamentado, dispensar a manifestação da União quando o valor total das verbas que integram o salário de contribuição, na forma do art. 28 da Lei 8.212, de 24 de julho de 1991, ocasionar perda de escala decorrente da atuação do órgão jurídico.

- §§ 4º e 5º incluídos pela Lei 11.457/2007.

§ 6º Tratando-se de cálculos de liquidação complexos, o juiz poderá nomear perito para a elaboração e fixará, depois da conclusão do trabalho, o valor dos respectivos honorários com observância, entre outros, dos critérios de razoabilidade e proporcionalidade.

- § 6º incluído pela Lei 12.405/2011.

§ 7º A atualização dos créditos decorrentes de condenação judicial será feita pela Taxa Referencial (TR), divulgada pelo Banco Central do Brasil, conforme a Lei 8.177, de 1ºde março de 1991. (Incluído pela Lei 13.467/2017)

- O Tribunal, por maioria, julgou parcialmente procedentes as ADI 6.021, ADC 58 e ADC 59, para: "conferir interpretação conforme à Constituição ao art. 879, § 7º, e ao art. 899, § 4º, da CLT, na redação dada pela Lei 13.467 de 2017, no sentido de considerar que à atualização dos créditos decorrentes de condenação judicial e à correção dos depósitos recursais em contas judiciais na Justiça do Trabalho deverão ser aplicados, até que sobrevenha solução legislativa, os mesmos índices de correção monetária e de juros que vigentes para as condenações cíveis em geral, quais sejam a incidência do IPCA-E na fase pré-judicial e, a partir da citação, a incidência da taxa SELIC (art. 406 do Código Civil)". DJE 12/02/2021
- Súm. 211 do TST.

SEÇÃO II
DO MANDADO E DA PENHORA

Art. 880. Requerida a execução, o juiz ou presidente do tribunal mandará expedir mandado de citação do executado, a fim de que cumpra a decisão ou o acordo no prazo, pelo modo e sob as cominações estabelecidas ou, quando se tratar de pagamento em dinheiro, inclusive de contribuições sociais devidas à União, para que o faça em 48 (quarenta e oito) horas ou garanta a execução, sob pena de penhora.

- *Caput* com a redação dada pela Lei 11.457/2007.

§ 1º O mandado de citação deverá conter a decisão exequenda ou o termo de acordo não cumprido.

§ 2º A citação será feita pelos oficiais de diligência.

§ 3º Se o executado, procurado por 2 (duas) vezes no espaço de 48 (quarenta e oito) horas, não for encontrado, far-se-á citação por edital, publicado no jornal oficial ou, na falta deste, afixado na sede da Junta ou Juízo, durante 5 (cinco) dias.

Art. 881. No caso de pagamento da importância reclamada, será este feito perante o escrivão ou diretor de secretaria, lavrando-se termo de quitação, em 2 (duas) vias, assinadas pelo exequente, pelo executado e pelo mesmo escrivão ou secretário, entregando-se a segunda via ao executado e juntando-se a outra ao processo.

- *Caput* atualizado pela Lei 409/1948.

Parágrafo único. Não estando presente o exequente, será depositada a importância, mediante guia, em estabelecimento oficial de crédito ou, em falta deste, em estabelecimento bancário idôneo.

- Parágrafo único com a redação dada pela Lei 7.305/1985.

Art. 882. O executado que não pagar a importância reclamada poderá garantir a execução mediante depósito da quantia correspondente, atualizada e acrescida das despesas processuais, apresentação de seguro-garantia judicial ou nomeação de bens à penhora, observada a ordem preferencial estabelecida no art. 835 da Lei 13.105, de 16 de março de 2015 – Código de Processo Civil.

- Artigo com a redação dada pela Lei 13.467/2017.
- Art. 11 da Lei 6.830/1980.
- Art. 835 do CPC/2015.

Art. 883. Não pagando o executado, nem garantindo a execução, seguir-se-á penhora dos bens, tantos quantos bastem ao pagamento da importância da condenação, acrescida de custas e juros de mora, sendo estes, em qualquer caso, devidos a partir da data em que for ajuizada a reclamação inicial.

- Art. 883 com a redação dada pela Lei 2.244/1954.
- Art. 879, § 7º da CLT.
- Art. 5º, XXVI, da CF.
- Arts. 1º e 3º da Lei 8.009/1990.
- Art. 833 do CPC/2015.
- Súm. 449, 464 e 486 do STJ.
- Súm. 187, 200, 211, 304, 311 e 417 do TST.
- OJs 226, 300 e 343 da SDI-1 do TST.
- OJs 59, 89, 93, 143 e 153 da SDI-2 do TST.

Art. 883-A. A decisão judicial transitada em julgado somente poderá ser levada a protesto, gerar inscrição do nome do executado em órgãos de proteção ao crédito ou no Banco Nacional de Devedores Trabalhistas (BNDT), nos termos da lei, depois de transcorrido o prazo de quarenta e cinco dias a contar da citação do executado, se não houver garantia do juízo.

- Artigo incluído pela Lei 13.467/2017.
- » Vide art. 642-A da CLT.

SEÇÃO III
DOS EMBARGOS À EXECUÇÃO E DA SUA IMPUGNAÇÃO

Art. 884. Garantida a execução ou penhorados os bens, terá o executado 5 (cinco) dias para apresentar embargos, cabendo igual prazo ao exequente para impugnação.

- Art. 1º-B da Lei 9.494/1997.
- » *Vide* arts. 518, 525, 674, 803 e 917 do CPC.
- » *Vide* art. 880 da CLT.

» *Vide* Lei n. 8.009, de 29-3-1990.

§ 1º A matéria de defesa será restrita às alegações de cumprimento da decisão ou do acordo, quitação ou prescrição da dívida.

» *Vide* art. 11-A da CLT.

§ 2º Se na defesa tiverem sido arroladas testemunhas, poderá o Juiz ou o Presidente do Tribunal, caso julgue necessários seus depoimentos, marcar audiência para a produção das provas, a qual deverá realizar-se dentro de 5 (cinco) dias.

§ 3º Somente nos embargos à penhora poderá o executado impugnar a sentença de liquidação, cabendo ao exequente igual direito e no mesmo prazo.

‣ § 3º com a redação dada pela Lei 2.244/1954.

§ 4º Julgar-se-ão na mesma sentença os embargos e as impugnações à liquidação apresentadas pelos credores trabalhista e previdenciário.

‣ § 4º com a redação dada pela Lei 10.035/2000.

§ 5º Considera-se inexigível o título judicial fundado em lei ou ato normativo declarados inconstitucionais pelo Supremo Tribunal Federal ou em aplicação ou interpretação tidas por incompatíveis com a Constituição Federal.

‣ § 5º incluído pela MP 2.180-35/2001.

‣ Art. 525, § 12 do CPC.

§ 6º A exigência da garantia ou penhora não se aplica às entidades filantrópicas e/ou àqueles que compõem ou compuseram a diretoria dessas instituições.

‣ § 6º incluído pela Lei 13.467/2017.

SEÇÃO IV
DO JULGAMENTO E DOS TRÂMITES FINAIS DA EXECUÇÃO

Art. 885. Não tendo sido arroladas testemunhas na defesa, o juiz ou presidente, conclusos os autos, proferirá sua decisão, dentro de 5 (cinco) dias, julgando subsistente ou insubsistente a penhora.

Art. 886. Se tiverem sido arroladas testemunhas, finda a sua inquirição em audiência, o escrivão ou secretário fará, dentro de 48 (quarenta e oito) horas, conclusos os autos ao juiz ou presidente, que proferirá sua decisão, na forma prevista no artigo anterior.

§ 1º Proferida a decisão, serão da mesma notificadas as partes interessadas, em registrado postal, com franquia.

§ 2º Julgada subsistente a penhora, o juiz, ou presidente, mandará proceder logo à avaliação dos bens penhorados.

Art. 887. A avaliação dos bens penhorados em virtude da execução de decisão condenatória, será feita por avaliador escolhido de comum acordo pelas partes, que perceberá as custas arbitradas pelo juiz, ou presidente do tribunal trabalhista, de conformidade com a tabela a ser expedida pelo Tribunal Superior do Trabalho.

‣ O disposto no art. 887 ficou prejudicado pelo art. 3º da Lei 5.584/1970.

§ 1º Não acordando as partes quanto à designação de avaliador, dentro de cinco dias após o despacho que o determinou a avaliação, será o avaliador designado livremente pelo juiz ou presidente do tribunal.

§ 2º Os servidores da Justiça do Trabalho não poderão ser escolhidos ou designados para servir de avaliador.

‣ Art. 721 da CLT.

Art. 888. Concluída a avaliação, dentro de dez dias, contados da data da nomeação do avaliador, seguir-se-á a arrematação, que será anunciada por edital afixado na sede do juízo ou tribunal e publicado no jornal local, se houver, com a antecedência de vinte (20) dias.

§ 1º A arrematação far-se-á em dia, hora e lugar anunciados e os bens serão vendidos pelo maior lance, tendo o exequente preferência para a adjudicação.

‣ Súm. 458 do STF.

§ 2º O arrematante deverá garantir o lance com o sinal correspondente a 20% (vinte por cento) do seu valor.

§ 3º Não havendo licitante, e não requerendo o exequente a adjudicação dos bens penhorados, poderão os mesmos ser vendidos por leiloeiro nomeado pelo Juiz ou Presidente.

§ 4º Se o arrematante, ou seu fiador, não pagar dentro de 24 (vinte e quatro) horas o preço da arrematação, perderá, em benefício da execução, o sinal de que trata o § 2º deste artigo, voltando à praça os bens executados.

‣ Art. 888 com a redação dada pela Lei 5.584/1970.

Art. 889. Aos trâmites e incidentes do processo da execução são aplicáveis, naquilo em que não contravierem ao presente Título, os preceitos que regem o processo dos executivos fiscais para a cobrança judicial da dívida ativa da Fazenda Pública Federal.

‣ Vide Lei 6.830/1980 (Lei de Execução Fiscal).

Art. 889-A. Os recolhimentos das importâncias devidas, referentes às contribuições sociais, serão efetuados nas agências locais da Caixa Econômica Federal ou do Banco do Brasil S.A., por intermédio de documento de arrecadação da Previdência Social, dele se fazendo constar o número do processo.

‣ *Caput* incluído pela Lei 10.035/2000.

§ 1º Concedido parcelamento pela Secretaria da Receita Federal do Brasil, o devedor juntará aos autos a comprovação do ajuste, ficando a execução da contribuição social correspondente suspensa até a quitação de todas as parcelas.

§ 2º As Varas do Trabalho encaminharão mensalmente à Secretaria da Receita Federal do Brasil informações sobre os recolhimentos efetivados nos autos, salvo se outro prazo for estabelecido em regulamento.

‣ §§ 1º e 2º com a redação dada pela Lei 11.457/2007.

SEÇÃO V
DA EXECUÇÃO POR PRESTAÇÕES SUCESSIVAS

Art. 890. A execução para pagamento de prestações sucessivas far-se-á com observância das normas constantes desta Seção, sem prejuízo das demais estabelecidas neste Capítulo.

Art. 891. Nas prestações sucessivas por tempo determinado, a execução pelo não pagamento de uma prestação compreenderá as que lhe sucederem.

Art. 892. Tratando-se de prestações sucessivas por tempo indeterminado, a execução compreenderá inicialmente as prestações devidas até a data do ingresso na execução.

‣ Art. 323 do CPC/2015.

CAPÍTULO VI
DOS RECURSOS

‣ Ato 491/2014 do TST (Aplicação da Lei 13.015/2014).

‣ Art. 1º, § 2º da IN 39/2016 do TST

Art. 893. Das decisões são admissíveis os seguintes recursos:

I – embargos;

II – recurso ordinário;

III – recurso de revista;

IV – agravo.

‣ *Caput* com a redação dada pela Lei 861/1949.

‣ Arts. 2º, §§ 2º e 4º, da Lei 5.584/1970.

‣ Art. 1º, III, do Dec.-lei 779/1969.

‣ Súm. 640 do STF.

‣ Súm. 283 do TST.

‣ OJ 310 da SDI-1 do TST.

§ 1º Os incidentes do processo são resolvidos pelo próprio Juízo ou Tribunal, admitindo-se a apreciação do merecimento das decisões interlocutórias somente em recursos da decisão definitiva.

‣ Art. 799, § 2º, da CLT.

‣ Art. 2º, § 1º, da Lei 5.584/1970.

‣ Art. 203, § 2º, do CPC.

‣ Súm. 214, 414, II, e 458 do TST.

§ 2º A interposição de recurso para o Supremo Tribunal Federal não prejudicará a execução do julgado.

‣ §§ 1º e 2º com a redação dada pelo Dec.-lei 8.737/1946.

‣ Art. 995 do CPC.

‣ OJ 56 da SDI-2 do TST.

Art. 894. No Tribunal Superior do Trabalho cabem embargos, no prazo de 8 (oito) dias:

I – de decisão não unânime de julgamento que:

a) conciliar, julgar ou homologar conciliação em dissídios coletivos que excedam a competência territorial dos Tribunais Regionais do Trabalho e estender ou rever as sentenças normativas do Tribunal Superior do Trabalho, nos casos previstos em lei; e

b) Vetado.

II – das decisões das Turmas que divergirem entre si ou das decisões proferidas pela Seção de Dissídios Individuais, ou contrárias a Súm. ou orientação jurisprudencial do Tribunal Superior do Trabalho ou Súm. vinculante do Supremo Tribunal Federal.

‣ Inciso II com redação dada pela Lei 13.015/2014.

‣ Súm. 458 do TST.

Parágrafo único. (Revogado pela Lei 11.496/2007)

‣ Consta conforme publicação oficial.

‣ Súm. 126, 283 e 433 TST.

‣ OJs 95 e 378 da SDI-1 do TST.

§ 2º A divergência apta a ensejar os embargos deve ser atual, não se considerando tal a ultrapassada por Súm. do Tribunal Superior do Trabalho ou do Supremo Tribunal Federal, ou superada por iterativa e notória jurisprudência do Tribunal Superior do Trabalho.

‣ § 2º incluído pela Lei nº 13.015/2014.

§ 3º O Ministro Relator denegará seguimento aos embargos:

I – se a decisão recorrida estiver em consonância com Súm. da jurisprudência do Tribunal Superior do Trabalho ou do Supremo Tribunal Federal, ou com iterativa, notória e atual jurisprudência do Tribunal Superior do Trabalho, cumprindo-lhe indicá-la;

II – nas hipóteses de intempestividade, deserção, irregularidade de representação ou de ausência de qualquer outro pressuposto extrínseco de admissibilidade.

‣ § 3º incluído pela Lei nº 13.015/2014.

§ 4º Da decisão denegatória dos embargos caberá agravo, no prazo de 8 (oito) dias.

‣ § 4º incluído pela Lei nº 13.015/2014.

Art. 895. Cabe recurso ordinário para a instância superior:

› *Vide* arts. 789, 794, 899 e 900 da CLT.

I – das decisões definitivas ou terminativas das Varas e Juízos, no prazo de 8 (oito) dias; e

II – das decisões definitivas ou terminativas dos Tribunais Regionais, em processos de sua competência originária, no prazo de 8 (oito) dias, quer nos dissídios individuais, quer nos dissídios coletivos.

› Incisos I e II com a redação dada pela Lei 11.925/2009.

› Súm. 153, 158, 201, 283, 393 e 414 do TST.

› OJ 389 da SDI-1 do TST.

› OJs 69, 100 e 148 da SDI-2 do TST.

§ 1º Nas reclamações sujeitas ao procedimento sumaríssimo, o recurso ordinário:

› § 1º incluído pela Lei 9.957/2000.

I – Vetado.

II – será imediatamente distribuído, uma vez recebido no Tribunal, devendo o relator liberá-lo no prazo máximo de dez dias, e a Secretaria do Tribunal ou Turma colocá-lo imediatamente em pauta para julgamento, sem revisor;

III – terá parecer oral do representante do Ministério Público presente à sessão de julgamento, se este entender necessário o parecer, com registro na certidão;

IV – terá acórdão consistente unicamente na certidão de julgamento, com a indicação suficiente do processo e parte dispositiva, e das razões de decidir do voto prevalente. Se a sentença for confirmada pelos próprios fundamentos, a certidão de julgamento, registrando tal circunstância, servirá de acórdão.

› Incisos II a IV com a redação pela Lei 9.957/2000.

§ 2º Os Tribunais Regionais, divididos em Turmas, poderão designar Turma para o julgamento dos recursos ordinários interpostos das sentenças prolatadas nas demandas sujeitas ao procedimento sumaríssimo.

› § 2º incluído pela Lei 9.957/2000.

Art. 896. Cabe Recurso de Revista para Turma do Tribunal Superior do Trabalho das decisões proferidas em grau de recurso ordinário, em dissídio individual, pelos Tribunais Regionais do Trabalho, quando:

› Súm. 126, 218, 283, 297, 333, 337, 422 e 459 do TST.

› OJs 334 e 374 da SDI-1 do TST.

› OJ 78 da SDI-1 Transitória.

› *Vide* Súmula 25 do TST.

a) derem ao mesmo dispositivo de lei federal interpretação diversa da que lhe houver dado outro Tribunal Regional do Trabalho, no seu Pleno ou Turma, ou a Seção de Dissídios Individuais do Tribunal Superior do Trabalho, ou contrariarem súmula de jurisprudência uniforme dessa Corte ou Súm. vinculante do Supremo Tribunal Federal;

› Alínea a com redação dada pela Lei 13.015/2014.

› Súm. 296 do TST.

› OJs 111, 219 e 257 da SDI-1 do TST.

b) derem ao mesmo dispositivo de lei estadual, Convenção Coletiva de Trabalho, Acordo Coletivo, sentença normativa ou regulamento empresarial de observância obrigatória em área territorial que exceda a jurisdição do Tribunal Regional prolator da decisão recorrida, interpretação divergente, na forma da alínea a;

› Súm. 221 e 312 do TST.

› OJ 147 da SDI-1 do TST.

c) proferidas com violação literal de disposição de lei federal ou afronta direta e literal à Constituição Federal.

› *Caput* com a redação dada pela Lei 9.756/1998.

§ 1º O recurso de revista, dotado de efeito apenas devolutivo, será interposto perante o Presidente do Tribunal Regional do Trabalho, que, por decisão fundamentada, poderá recebê-lo ou denegá-lo.

› § 1º com redação dada pela Lei nº 13.015/2014.

§ 1º-A. Sob pena de não conhecimento, é ônus da parte:

› § 1º-A incluído pela Lei nº 13.015 2014.

I – indicar o trecho da decisão recorrida que consubstancia o prequestionamento da controvérsia objeto do recurso de revista;

› Inciso I incluído pela Lei nº 13.015/2014.

II – indicar, de forma explícita e fundamentada, contrariedade a dispositivo de lei, Súm. ou orientação jurisprudencial do Tribunal Superior do Trabalho que conflite com a decisão regional;

› Inciso II incluído pela Lei nº 13.015/2014.

III – expor as razões do pedido de reforma, impugnando todos os fundamentos jurídicos da decisão recorrida, inclusive mediante demonstração analítica de cada dispositivo de lei, da Constituição Federal, de Súm. ou orientação jurisprudencial cuja contrariedade aponte.

› Inciso III incluído pela Lei nº 13.015/2014.

IV – transcrever na peça recursal, no caso de suscitar preliminar de nulidade de julgado por negativa de prestação jurisdicional, o trecho dos embargos declaratórios em que foi pedido o pronunciamento do tribunal sobre questão veiculada no recurso ordinário e o trecho da decisão regional que rejeitou os embargos quanto ao pedido, para cotejo e verificação, de plano, da ocorrência da omissão.

› Inciso IV incluído pela Lei 13.467/2017.

§ 2º Das decisões proferidas pelos Tribunais Regionais do Trabalho ou por suas Turmas, em execução de sentença, inclusive em processo incidente de embargos de terceiro, não caberá Recurso de Revista, salvo na hipótese de ofensa direta e literal de norma da Constituição Federal.

› § 2º com a redação dada pela Lei 9.756/1998.

› Súm. 266 do TST.

§§ 3º ao 6º (Revogados pela Lei 13.467/2017).

§ 7º A divergência apta a ensejar o recurso de revista deve ser atual, não se considerando como tal a ultrapassada por Súm. do Tribunal Superior do Trabalho ou do Supremo Tribunal Federal, ou superada por iterativa e notória jurisprudência do Tribunal Superior do Trabalho.

§ 8º Quando o recurso fundar-se em dissenso de julgados, incumbe ao recorrente o ônus de produzir prova da divergência jurisprudencial, mediante certidão, cópia ou citação do repositório de jurisprudência, oficial ou credenciado, inclusive em mídia eletrônica, em que houver sido publicada a decisão divergente, ou ainda pela reprodução de julgado disponível na internet, com indicação da respectiva fonte, mencionando, em qualquer caso, as circunstâncias que identifiquem ou assemelhem os casos confrontados.

§ 9º Nas causas sujeitas ao procedimento sumaríssimo, somente será admitido recurso de revista por contrariedade a Súm. de jurisprudência uniforme do Tribunal Superior do Trabalho ou a Súm. vinculante do Supremo Tribunal Federal e por violação direta da Constituição Federal.

› Súm. 442 do TST.

› Vide arts. 852-A a 852-I da CLT.

§ 10. Cabe recurso de revista por violação a lei federal, por divergência jurisprudencial e por ofensa à Constituição Federal nas execuções fiscais e nas controvérsias da fase de execução que envolvam a Certidão Negativa de Débitos Trabalhistas (CNDT), criada pela Lei 12.440, de 7 de julho de 2011.

› Vide art. 642-A da CLT.

§ 11. Quando o recurso tempestivo contiver defeito formal que não se repute grave, o Tribunal Superior do Trabalho poderá desconsiderar o vício ou mandar saná-lo, julgando o mérito.

§ 12. Da decisão denegatória caberá agravo, no prazo de 8 (oito) dias.

§ 13. Dada a relevância da matéria, por iniciativa de um dos membros da Seção Especializada em Dissídios Individuais do Tribunal Superior do Trabalho, aprovada pela maioria dos integrantes da Seção, o julgamento a que se refere o § 3º poderá ser afeto ao Tribunal Pleno.

› §§ 7º a 13 incluídos pela Lei nº 13.015, de 2014.

§ 14. O relator do recurso de revista poderá denegar-lhe seguimento, em decisão monocrática, nas hipóteses de intempestividade, deserção, irregularidade de representação ou de ausência de qualquer outro pressuposto extrínseco ou intrínseco de admissibilidade.

› § 14 incluído pela Lei 13.467/2017.

Art. 896-A. O Tribunal Superior do Trabalho, no recurso de revista, examinará previamente se a causa oferece transcendência com relação aos reflexos gerais de natureza econômica, política, social ou jurídica.

› Art. 896-A incluído pela MP 2.226/2001.

§ 1° São indicadores de transcendência, entre outros:

I – econômica, o elevado valor da causa;

II – política, o desrespeito da instância recorrida à jurisprudência sumulada do Tribunal Superior do Trabalho ou do Supremo Tribunal Federal;

III – social, a postulação, por reclamante-recorrente, de direito social constitucionalmente assegurado;

IV – jurídica, a existência de questão nova em torno da interpretação da legislação trabalhista.

§ 2° Poderá o relator, monocraticamente, denegar seguimento ao recurso de revista que não demonstrar transcendência, cabendo agravo desta decisão para o colegiado.

§ 3° Em relação ao recurso que o relator considerou não ter transcendência, o recorrente poderá realizar sustentação oral sobre a questão da transcendência, durante cinco minutos em sessão.

§ 4° Mantido o voto do relator quanto à não transcendência do recurso, será lavrado acórdão com fundamentação sucinta, que constituirá decisão irrecorrível no âmbito do tribunal.

§ 5° É irrecorrível a decisão monocrática do relator que, em agravo de instrumento em recurso de revista, considerar ausente a transcendência da matéria.

§ 6° O juízo de admissibilidade do recurso de revista exercido pela Presidência dos

Tribunais Regionais do Trabalho limita- se à análise dos pressupostos intrínsecos e extrínsecos do apelo, não abrangendo o critério da transcendência das questões nele veiculadas.

- §§ 1º a 6º incluídos pela Lei 13.467/2017.

Art. 896-B. Aplicam-se ao recurso de revista, no que couber, as normas da Lei 5.869, de 11 de janeiro de 1973 (Código de Processo Civil), relativas ao julgamento dos recursos extraordinário e especial repetitivos.

- Art. 896-B incluído pela Lei 13.015/2014.

Art. 896-C. Quando houver multiplicidade de recursos de revista fundados em idêntica questão de direito, a questão poderá ser afetada à Seção Especializada em Dissídios Individuais ou ao Tribunal Pleno, por decisão da maioria simples de seus membros, mediante requerimento de um dos Ministros que compõem a Seção Especializada, considerando a relevância da matéria ou a existência de entendimentos divergentes entre os Ministros dessa Seção ou das Turmas do Tribunal.

§ 1º O Presidente da Turma ou da Seção Especializada, por indicação dos relatores, afetará um ou mais recursos representativos da controvérsia para julgamento pela Seção Especializada em Dissídios Individuais ou pelo Tribunal Pleno, sob o rito dos recursos repetitivos.

§ 2º O Presidente da Turma ou da Seção Especializada que afetar processo para julgamento sob o rito dos recursos repetitivos deverá expedir comunicação aos demais Presidentes de Turma ou de Seção Especializada, que poderão afetar outros processos sobre a questão para julgamento conjunto, a fim de conferir ao órgão julgador visão global da questão.

§ 3º O Presidente do Tribunal Superior do Trabalho oficiará os Presidentes dos Tribunais Regionais do Trabalho para que suspendam os recursos interpostos em casos idênticos aos afetados como recursos repetitivos, até o pronunciamento definitivo do Tribunal Superior do Trabalho.

§ 4º Caberá ao Presidente do Tribunal de origem admitir um ou mais recursos representativos da controvérsia, os quais serão encaminhados ao Tribunal Superior do Trabalho, ficando suspensos os demais recursos de revista até o pronunciamento definitivo do Tribunal Superior do Trabalho.

§ 5º O relator no Tribunal Superior do Trabalho poderá determinar a suspensão dos recursos de revista ou de embargos que tenham como objeto controvérsia idêntica à do recurso afetado como repetitivo.

§ 6º O recurso repetitivo será distribuído a um dos Ministros membros da Seção Especializada ou do Tribunal Pleno e a um Ministro revisor.

§ 7º O relator poderá solicitar, aos Tribunais Regionais do Trabalho, informações a respeito da controvérsia, a serem prestadas no prazo de 15 (quinze) dias.

§ 8º O relator poderá admitir manifestação de pessoa, órgão ou entidade com interesse na controvérsia, inclusive como assistente simples, na forma da Lei 5.869, de 11 de janeiro de 1973 (Código de Processo Civil).

§ 9º Recebidas as informações e, se for o caso, após cumprido o disposto no § 7º deste artigo, terá vista o Ministério Público pelo prazo de 15 (quinze) dias.

§ 10. Transcorrido o prazo para o Ministério Público e remetida cópia do relatório aos demais Ministros, o processo será incluído em pauta na Seção Especializada ou no Tribunal Pleno, devendo ser julgado com preferência sobre os demais feitos.

§ 11. Publicado o acórdão do Tribunal Superior do Trabalho, os recursos de revista sobrestados na origem:

I – terão seguimento denegado na hipótese de o acórdão recorrido coincidir com a orientação a respeito da matéria no Tribunal Superior do Trabalho; ou

II – serão novamente examinados pelo Tribunal de origem na hipótese de o acórdão recorrido divergir da orientação do Tribunal Superior do Trabalho a respeito da matéria.

§ 12. Na hipótese prevista no inciso II do § 11 deste artigo, mantida a decisão divergente pelo Tribunal de origem, far-se-á o exame de admissibilidade do recurso de revista.

§ 13. Caso a questão afetada e julgada sob o rito dos recursos repetitivos também contenha questão constitucional, a decisão proferida pelo Tribunal Pleno não obstará o conhecimento de eventuais recursos extraordinários sobre a questão constitucional.

§ 14. Aos recursos extraordinários interpostos perante o Tribunal Superior do Trabalho será aplicado o procedimento previsto no art. 543-B da Lei 5.869, de 11 de janeiro de 1973 (Código de Processo Civil), cabendo ao Presidente do Tribunal Superior do Trabalho selecionar um ou mais recursos representativos da controvérsia e encaminhá-los ao Supremo Tribunal Federal, sobrestando os demais até o pronunciamento definitivo da Corte, na forma do § 1º do art. 543-B da Lei 5.869, de 11 de janeiro de 1973 (Código de Processo Civil).

§ 15. O Presidente do Tribunal Superior do Trabalho poderá oficiar os Tribunais Regionais do Trabalho e os Presidentes das Turmas e da Seção Especializada do Tribunal para que suspendam os processos idênticos aos selecionados como recursos representativos da controvérsia e encaminhados ao Supremo Tribunal Federal, até o seu pronunciamento definitivo.

§ 16. A decisão firmada em recurso repetitivo não será aplicada aos casos em que se demonstrar que a situação de fato ou de direito é distinta das presentes no processo julgado sob o rito dos recursos repetitivos.

§ 17. Caberá revisão da decisão firmada em julgamento de recursos repetitivos quando se alterar a situação econômica, social ou jurídica, caso em que será respeitada a segurança jurídica das relações firmadas sob a égide da decisão anterior, podendo o Tribunal Superior do Trabalho modular os efeitos da decisão que a tenha alterado.

- Art. 896-C incluído pela Lei 13.015/2014.

Art. 897. Cabe agravo, no prazo de 8 (oito) dias:

- Súm. 218, 266 e 283 do TST.
- *Vide* art. 899 da CLT.

a) de petição, das decisões do Juiz ou Presidente, nas execuções;

b) de instrumento, dos despachos que denegarem a interposição de recursos.

- *Caput* com a redação dada pela Lei 8.432/1992.
- OJs 282, 374 e 412 da SDI-1 do TST.

§ 1º O agravo de petição só será recebido quando o agravante delimitar, justificadamente, as matérias e os valores impugnados, permitida a execução imediata da parte remanescente até o final, nos próprios autos ou por carta de sentença.

§ 2º O agravo de instrumento interposto contra o despacho que não receber agravo de petição não suspende a execução da sentença.

- §§ 1º e 2º com a redação dada pela Lei 8.432/1992.

§ 3º Na hipótese da alínea a deste artigo, o agravo será julgado pelo próprio tribunal, presidido pela autoridade recorrida, salvo se se tratar de decisão de Juiz do Trabalho de 1ª Instância ou de Juiz de Direito, quando o julgamento competirá a uma das Turmas do Tribunal Regional a que estiver subordinado o prolator da sentença, observado o disposto no art. 679, a quem este remeterá as peças necessárias para o exame da matéria controvertida, em autos apartados, ou nos próprios autos, se tiver sido determinada a extração de carta de sentença.

- § 3º com a redação dada pela Lei 10.035/2000.

§ 4º Na hipótese da alínea b deste artigo, o agravo será julgado pelo Tribunal que seria competente para conhecer o recurso cuja interposição foi denegada.

- § 4º com a redação dada pela Lei 8.432/1992.

§ 5º Sob pena de não conhecimento, as partes promoverão a formação do instrumento do agravo de modo a possibilitar, caso provido, o imediato julgamento do recurso denegado, instruindo a petição de interposição:

- OJs 217, 283 e 286 da SDI-1 do TST.
- Resolução Administrativa TST 1.418/2010.

I – obrigatoriamente, com cópias da decisão agravada, da certidão da respectiva intimação, das procurações outorgadas aos advogados do agravante e do agravado, da petição inicial, da contestação, da decisão originária, do depósito recursal referente ao recurso que se pretende destrancar, da comprovação do recolhimento das custas e do depósito recursal a que se refere o § 7º do art. 899 desta Consolidação;

- Inciso I com a redação dada pela Lei 12.275/2010.

II – facultativamente, com outras peças que o agravante reputar úteis ao deslinde da matéria de mérito controvertida.

§ 6º O agravado será intimado para oferecer resposta ao agravo e ao recurso principal, instruindo-a com as peças que considerar necessárias ao julgamento de ambos os recursos.

§ 7º Provido o agravo, a Turma deliberará sobre o julgamento do recurso principal, observando-se, se for o caso, daí em diante, o procedimento relativo a esse recurso.

- §§ 5º a 7º incluídos pela Lei 9.756/1998.

§ 8º Quando o agravo de petição versar apenas sobre as contribuições sociais, o juiz da execução determinará a extração de cópias das peças necessárias, que serão autuadas em apartado, conforme dispõe o § 3º, parte final, e remetidas à instância superior para apreciação, após contraminuta.

- § 8º incluído pela Lei 10.035/2000.

Art. 897-A. Caberão embargos de declaração da sentença ou acórdão, no prazo de cinco dias, devendo seu julgamento ocorrer na primeira audiência ou sessão subsequente a sua apresentação, registrado na certidão, admitido efeito modificativo da decisão nos casos de omissão e contradição no julgado e manifesto equívoco no exame dos pressupostos extrínsecos do recurso.

- Art. 1.022 do CPC/2015.
- Súm. 184, 278, 297 e 421 do TST.
- OJs 142 e 192 da SDI-1 do TST.

§ 1º Os erros materiais poderão ser corrigidos de ofício ou a requerimento de qualquer das partes.

- Primitivo parágrafo único renumerado pela Lei nº 13.015/2014.

§ 2º Eventual efeito modificativo dos embargos de declaração somente poderá ocorrer em virtude da correção de vício na decisão embargada e desde que ouvida a parte contrária, no prazo de 5 (cinco) dias.

- § 2º incluído pela Lei 13.015/2014.

§ 3º Os embargos de declaração interrompem o prazo para interposição de outros recursos, por qualquer das partes, salvo quando intempestivos, irregular a representação da parte ou ausente a sua assinatura.

- § 3º incluído pela Lei 13.015/2014.

Art. 898. Das decisões proferidas em dissídio coletivo que afete empresa de serviço público, ou, em qualquer caso, das proferidas em revisão, poderão recorrer, além dos interessados, o Presidente do Tribunal e a Procuradoria da Justiça do Trabalho.

Art. 899. Os recursos serão interpostos por simples petição e terão efeito meramente devolutivo, salvo as exceções previstas neste Título, permitida a execução provisória até a penhora.

- *Caput* com a redação dada pela Lei 5.442/1968.

§ 1º Sendo a condenação de valor até 10 (dez) vezes o salário mínimo regional, nos dissídios individuais, só será admitido o recurso inclusive o extraordinário, mediante prévio depósito da respectiva importância. Transitada em julgado a decisão recorrida, ordenar-se-á o levantamento imediato da importância de depósito, em favor da parte vencedora, por simples despacho do juiz.

- Art. 1º, IV, do Dec.-lei 779/1969.
- Súm. 86, 99, 128, 161 e 217 do TST.
- OJ 140 SDI-1 do TST.

§ 2º Tratando-se de condenação de valor indeterminado, o depósito corresponderá ao que for arbitrado, para efeito de custas, pela Junta ou Juízo de Direito, até o limite de 10 (dez) vezes o salário mínimo da região.

- §§ 1º e 2º com a redação dada pela Lei 5.442/1968.

§ 3º (Revogado pela Lei 7.033/1982.)

§ 4º O depósito recursal será feito em conta vinculada ao juízo e corrigido com os mesmos índices da poupança.

- § 4º com a redação dada pela Lei 13.467/2017.
- O Tribunal, por maioria, julgou parcialmente procedentes as ADI 6.021, ADC 58 e ADC 59, para: "conferir interpretação conforme à Constituição ao art. 879, § 7º, e ao art. 899, § 4º, da CLT, na redação dada pela Lei 13.467 de 2017, no sentido de considerar que à atualização dos créditos decorrentes de condenação judicial e à correção dos depósitos recursais em contas judiciais na Justiça do Trabalho deverão ser aplicados, até que sobrevenha solução legislativa, os mesmos índices de correção monetária e de juros que vigentes para as condenações cíveis em geral, quais sejam a incidência do IPCA-E na fase pré-judicial e, a partir da citação, a incidência da taxa SELIC (art. 406 do Código Civil)". DJE 12/02/2021

§ 5º (Revogado pela Lei 13.467/2017).

§ 6º Quando o valor da condenação, ou o arbitrado para fins de custas, exceder o limite de 10 (dez) vezes o salário mínimo da região, o depósito para fins de recursos será limitado a este valor.

- §§ 4º a 6º com a redação dada pela Lei 5.442/1968.

§ 7º No ato de interposição do agravo de instrumento, o depósito recursal corresponderá a 50% (cinquenta por cento) do valor do depósito do recurso ao qual se pretende destrancar.

- § 7º incluído pela Lei 12.275/2010.
- Súm. 245 do TST.

§ 8º Quando o agravo de instrumento tem a finalidade de destrancar recurso de revista que se insurge contra decisão que contraria a jurisprudência uniforme do Tribunal Superior do Trabalho, consubstanciada nas suas Súm. ou em orientação jurisprudencial, não haverá obrigatoriedade de se efetuar o depósito referido no § 7º deste artigo.

- § 8º incluído pela Lei nº 13.015/2014.

§ 9º O valor do depósito recursal será reduzido pela metade para entidades sem fins lucrativos, empregadores domésticos, microempreendedores individuais, microempresas e empresas de pequeno porte.

§ 10. São isentos do depósito recursal os beneficiários da justiça gratuita, as entidades filantrópicas e as empresas em recuperação judicial.

§ 11. O depósito recursal poderá ser substituído por fiança bancária ou seguro garantia judicial.

- §§ 9º a 11 incluídos pela Lei 13.467/2017.

Art. 900. Interposto o recurso, será notificado o recorrido para oferecer as suas razões, em prazo igual ao que tiver tido o recorrente.

- *Vide* arts. 794 e 896, § 14, da CLT.

Art. 901. Sem prejuízo dos prazos previstos neste Capítulo, terão as partes vistas dos autos em cartório ou na secretaria.

Parágrafo único. Salvo quando estiver correndo prazo comum, aos procuradores das partes será permitido ter vista dos autos fora do cartório ou secretaria.

- Parágrafo único incluído pela Lei 8.638/1993.

Art. 902. (Revogado pela Lei 7.033/1982.)

CAPÍTULO VII
DA APLICAÇÃO DAS PENALIDADES

Art. 903. As penalidades estabelecidas no título anterior serão aplicadas pelo juiz, ou tribunal que tiver de conhecer da desobediência, violação recusa, falta, ou coação, ex-officio, ou mediante, representação de qualquer interessado ou da Procuradoria da Justiça do Trabalho.

- Art. 903 com a redação dada pela Dec.-lei 8.737/1946.

Art. 904. As sanções em que incorrerem as autoridades da Justiça do Trabalho serão aplicadas pela autoridade ou Tribunal imediatamente superior, conforme o caso, ex officio, ou mediante representação de qualquer interessado ou da Procuradoria.

- *Caput* com a redação dada pelo Dec.-lei 8.737/1946.

Parágrafo único. Tratando de membro do Tribunal Superior do Trabalho será competente para a imposição de execuções o Conselho Federal.

- Art. 105, CF (competência do STJ).

Art. 905. Tomando conhecimento do fato imputado, o Juiz, ou Tribunal competente, mandará notificar o acusado, para apresentar, no prazo de 15 (quinze) dias, defesa por escrito.

§ 1º É facultado ao acusado, dentro do prazo estabelecido neste artigo, requerer a produção de testemunhas, até ao máximo de 5 (cinco). Nesse caso, será marcada audiência para a inquirição.

§ 2º Findo o prazo de defesa, o processo será imediatamente concluso para julgamento, que deverá ser proferido no prazo de 10 (dez) dias.

Art. 906. Da imposição das penalidades a que se refere este Capítulo, caberá recurso ordinário para o Tribunal Superior, no prazo de 10 (dez) dias, salvo se a imposição resultar de dissídio coletivo, caso em que o prazo será de 20 (vinte) dias.

Art. 907. Sempre que o infrator incorrer em pena criminal far-se-á remessa das peças necessárias à autoridade competente.

Art. 908. A cobrança das multas estabelecidas neste Título será feita mediante executivo fiscal, perante o Juiz competente para a cobrança de dívida ativa da Fazenda Pública Federal.

Parágrafo único. A cobrança das multas será promovida, no Distrito Federal e nos Estados em que funcionarem os Tribunais Regionais pela Procuradoria da Justiça do Trabalho, e, nos demais Estados, de acordo com o disposto no Decreto-lei 960, de 17 de dezembro de 1938.

- Lei 6.830/1980: Lei de Execução Fiscal.

CAPÍTULO VIII
DISPOSIÇÕES FINAIS

Art. 909. A ordem dos processos no Tribunal Superior do Trabalho será regulada em seu regimento interno.

Art. 910. Para os efeitos deste Título, equiparam-se aos serviços públicos os de utilidade pública, bem como os que forem prestados em armazéns de gêneros alimentícios, açougues, padarias, leiterias, farmácias, hospitais, minas, empresas de transportes e comunicações, bancos e estabelecimentos que interessem à segurança nacional.

TÍTULO XI
DISPOSIÇÕES FINAIS E TRANSITÓRIAS

Art. 911. Esta Consolidação entrará em vigor em 10 de novembro de 1943.

Art. 912. Os dispositivos de caráter imperativo terão aplicação imediata às relações iniciadas, mas não consumadas, antes da vigência desta Consolidação.

Art. 913. O Ministro do Trabalho, Indústria e Comércio expedirá instruções, quadros, tabelas e modelos que se tornarem necessários à execução desta Consolidação.

Parágrafo único. O Tribunal Superior do Trabalho adaptará o seu regimento interno e o dos Tribunais Regionais do Trabalho às normas contidas nesta Consolidação.

Art. 914. Continuarão em vigor os quadros, tabelas e modelos, aprovados em virtude de dispositivos não alterados pela presente Consolidação.

Art. 915. Não serão prejudicados os recursos interpostos com apoio em dispositivos alterados ou cujo prazo para interposição esteja em curso à data da vigência desta Consolidação.

Art. 916. Os prazos de prescrição fixados pela presente Consolidação começarão a correr da data da vigência desta, quando menores do que os previstos pela legislação anterior.

Art. 917. O Ministro do Trabalho, Indústria e Comércio marcará prazo para adaptação dos atuais estabelecimentos às exigências contidas no capítulo "Da Higiene e Segurança do Trabalho". Compete ainda àquela autoridade fixar os prazos dentro dos quais, em cada Estado, entrará em vigor a obrigatoriedade do uso da Carteira Profissional, para os atuais empregados.

Parágrafo único. O Ministro do Trabalho, Indústria e Comércio fixará, para cada Estado e quando julgar conveniente, o início da vigência de parte ou de todos os dispositivos contidos no Capítulo "Da Segurança e da Medicina do Trabalho".

Art. 918. Enquanto não for expedida a Lei Orgânica da Previdência Social, competirá ao presidente do Tribunal Superior do Trabalho julgar os recursos interpostos com apoio no art. 1º, alínea "c", do Decreto-lei nº 3.710, de 14 de outubro de 1941, cabendo recurso de suas decisões nos termos do disposto no art. 734, alínea "b", desta Consolidação.

- Dec.-lei 72/1966 (Unifica os Institutos de Aposentadoria e Pensões).

Parágrafo único. Ao diretor do Departamento de Previdência Social incumbirá presidir as eleições para a constituição dos Conselhos Fiscais dos Institutos e Caixas de Aposentadoria e Pensões e julgar, com recurso para a instância superior, os recursos sobre matéria tecnico-administrativa dessas instituições.

Art. 919. Ao empregado bancário, admitido até a data da vigência da presente Lei, fica assegurado o direito à aquisição da estabilidade nos termos do art. 15 do Decreto 24.615, de 9 de julho de 1934.

Art. 920. Enquanto não forem constituídas as confederações, ou, na falta destas, a representação de classes, econômicas ou profissionais, que derivar da indicação desses órgãos ou dos respectivos presidentes, será suprida por equivalente designação ou eleição realizada pelas correspondentes federações.

Art. 921. As empresas que não estiverem incluídas no enquadramento sindical em que trata o art. 577 poderão firmar contratos coletivos de trabalho com os sindicatos representativos da respectiva categoria profissional.

Art. 922. O disposto no art. 301 regerá somente as relações de empregos iniciadas depois da vigência desta Consolidação.

- Art. 922 incluído pelo Dec.-lei 6.353/1944.
- Optamos, nesta edição, pela não publicação do Anexo.

CÓDIGO DE PROCESSO CIVIL

ÍNDICE ALFABÉTICO-REMISSIVO DO CÓDIGO DE PROCESSO CIVIL E DAS SÚMULAS CORRELATAS

ÍNDICE SISTEMÁTICO DO CÓDIGO DE PROCESSO CIVIL

LEI Nº 13.105, DE 16 DE MARÇO DE 2015

A PRESIDENTA DA REPÚBLICA.

Faço saber que o Congresso Nacional decreta e eu sanciono a seguinte Lei:

PARTE GERAL

LIVRO I
DAS NORMAS PROCESSUAIS CIVIS

TÍTULO ÚNICO
DAS NORMAS FUNDAMENTAIS E DA APLICAÇÃO DAS NORMAS PROCESSUAIS

CAPÍTULO I
DAS NORMAS FUNDAMENTAIS DO PROCESSO CIVIL

Art. 1º O processo civil será ordenado, disciplinado e interpretado conforme os valores e as normas fundamentais estabelecidos na Constituição da República Federativa do Brasil, observando-se as disposições deste Código.

- art. 5º, XXXV a XXXVII, LIII a LVI, LXVII, LXXIV e LXXVIII, CF.

Art. 2º O processo começa por iniciativa da parte e se desenvolve por impulso oficial, salvo as exceções previstas em lei.

- art. 312, CPC.
- » *Vide* arts. 712, 738 e 744 do CPC.

Art. 3º Não se excluirá da apreciação jurisdicional ameaça ou lesão a direito.

- art. 5º, XXXV, CF.

§ 1º É permitida a arbitragem, na forma da lei.

- Lei 9.307/1996 (Arbitragem).
- Súm. 485, STJ.

§ 2º O Estado promoverá, sempre que possível, a solução consensual dos conflitos.

- » *Vide* art. 139, V, do CPC.

§ 3º A conciliação, a mediação e outros métodos de solução consensual de conflitos deverão ser estimulados por juízes, advogados, defensores públicos e membros do Ministério Público, inclusive no curso do processo judicial.

- Lei 13.140/2015 (Mediação e autocomposição).
- » *Vide* arts. 165, §§ 2.º e 3.º, 334 e 359 do CPC.

Art. 4º As partes têm o direito de obter em prazo razoável a solução integral do mérito, incluída a atividade satisfativa.

- art. 5º, LXXVIII, CF.
- » *Vide* art. 317 do CPC.

Art. 5º Aquele que de qualquer forma participa do processo deve comportar-se de acordo com a boa-fé.

- arts. 26 a 41 e 67 a 69, CPC.
- » *Vide* arts. 142, 322, § 2.º, 435, parágrafo único, 489, § 3.º, do CPC.

Art. 6º Todos os sujeitos do processo devem cooperar entre si para que se obtenha, em tempo razoável, decisão de mérito justa e efetiva.

- » *Vide* art. 357, § 3.º, do CPC.

Art. 7º É assegurada às partes paridade de tratamento em relação ao exercício de direitos e faculdades processuais, aos meios de defesa, aos ônus, aos deveres e à aplicação de sanções processuais, competindo ao juiz zelar pelo efetivo contraditório.

- art. 5º, *caput* e LV, CF.
- » *Vide* arts. 115, 98, § 1.º, e 732 do CPC.

Art. 8º Ao aplicar o ordenamento jurídico, o juiz atenderá aos fins sociais e às exigências do bem comum, resguardando e promovendo a dignidade da pessoa humana e observando a proporcionalidade, a razoabilidade, a legalidade, a publicidade e a eficiência.

- arts. 35 e 49, LC 35/1979 (Lei Orgânica da Magistratura Nacional).
- art. 5º, LINDB.

Art. 9º Não se proferirá decisão contra uma das partes sem que ela seja previamente ouvida.

- » *Vide* art. 115 do CPC.

Parágrafo único. O disposto no *caput* não se aplica:

I - à tutela provisória de urgência;

- arts. 300 a 310, CPC.

II - às hipóteses de tutela da evidência previstas no art. 311, incisos II e III;

III - à decisão prevista no art. 701.

Art. 10. O juiz não pode decidir, em grau algum de jurisdição, com base em fundamento a respeito do qual não se tenha dado às partes oportunidade de se manifestar, ainda que se trate de matéria sobre a qual deva decidir de ofício.

- » *Vide* arts. 332, 932, IV, do CPC.

Art. 11. Todos os julgamentos dos órgãos do Poder Judiciário serão públicos, e fundamentadas todas as decisões, sob pena de nulidade.

- art. 93, IX, CF.
- arts. 489, § 1º, e 1.013, § 3º, IV, CPC.
- » *Vide* arts. 489, § 1.º, 1.013, § 3.º, IV, do CPC.

Parágrafo único. Nos casos de segredo de justiça, pode ser autorizada a presença somente das partes, de seus advogados, de defensores públicos ou do Ministério Público.

- art. 7º, XIII, Estatuto da OAB.
- Súm. Vinc. 14, STF.
- » *Vide* art. 189 do CPC.

Art. 12. Os juízes e os tribunais atenderão, preferencialmente, à ordem cronológica de conclusão para proferir sentença ou acórdão. (Alterado pela Lei 13.256/2016)

- art. 153, CPC.
- Res. 202/2015, CNJ.

§ 1º A lista de processos aptos a julgamento deverá estar permanentemente à disposição para consulta pública em cartório e na rede mundial de computadores.

- art. 1.046, § 5º, CPC.

§ 2º Estão excluídos da regra do *caput*:

I - as sentenças proferidas em audiência, homologatórias de acordo ou de improcedência liminar do pedido;

- » *Vide* arts. 334, § 11.º, 332, 487, III, 998, II, do CPC.

II - o julgamento de processos em bloco para aplicação de tese jurídica firmada em julgamento de casos repetitivos;

- » *Vide* arts. 976, 928 e 1.036 do CPC.

III - o julgamento de recursos repetitivos ou de incidente de resolução de demandas repetitivas;

- » *Vide* arts. 980, 1.037, § 4.º, 1.038, § 2.º, do CPC.

IV - as decisões proferidas com base nos arts. 485 e 932;

V - o julgamento de embargos de declaração;

VI - o julgamento de agravo interno;

- » *Vide* art. 1.021 do CPC.

VII - as preferências legais e as metas estabelecidas pelo Conselho Nacional de Justiça;

- » *Vide* arts. 1.048, 936, 1.035, § 9.º, do CPC.

VIII - os processos criminais, nos órgãos jurisdicionais que tenham competência penal;

IX - a causa que exija urgência no julgamento, assim reconhecida por decisão fundamentada.

§ 3º Após elaboração de lista própria, respeitar-se-á a ordem cronológica das conclusões entre as preferências legais.

§ 4º Após a inclusão do processo na lista de que trata o § 1º, o requerimento formulado pela parte não altera a ordem cronológica para a decisão, exceto quando implicar a reabertura da instrução ou a conversão do julgamento em diligência.

§ 5º Decidido o requerimento previsto no § 4º, o processo retornará à mesma posição em que anteriormente se encontrava na lista.

§ 6º Ocupará o primeiro lugar na lista prevista no § 1º ou, conforme o caso, no § 3º, o processo que:

I - tiver sua sentença ou acórdão anulado, salvo quando houver necessidade de realização de diligência ou de complementação da instrução;

II - se enquadrar na hipótese do art. 1.040, inciso II.

CAPÍTULO II
DA APLICAÇÃO DAS NORMAS PROCESSUAIS

Art. 13. A jurisdição civil será regida pelas normas processuais brasileiras, ressalvadas as disposições específicas previstas em tratados, convenções ou acordos internacionais de que o Brasil seja parte.

Art. 14. A norma processual não retroagirá e será aplicável imediatamente aos processos em curso, respeitados os atos processuais praticados e as situações jurídicas consolidadas sob a vigência da norma revogada.

Art. 15. Na ausência de normas que regulem processos eleitorais, trabalhistas ou administrativos, as disposições deste Código lhes serão aplicadas supletiva e subsidiariamente.

› art. 769, CLT.

› IN 39/2016, TST.

LIVRO II
DA FUNÇÃO JURISDICIONAL

TÍTULO I
DA JURISDIÇÃO E DA AÇÃO

Art. 16. A jurisdição civil é exercida pelos juízes e pelos tribunais em todo o território nacional, conforme as disposições deste Código.

› art. 5º, XXXVII, CF.

› arts. 3º a 12, CPC.

Art. 17. Para postular em juízo é necessário ter interesse e legitimidade.

› arts. 19, 109, 120, p.ún., 189, § 2º, 337, XI, 339, 485, VI, 615 e ss., 722 e 726, CPC.

Art. 18. Ninguém poderá pleitear direito alheio em nome próprio, salvo quando autorizado pelo ordenamento jurídico.

› arts. 5º, XXI e LXX, 8º, III, e 103, I a IX, CF.

› arts. 81 e 82, CDC.

» *Vide* art. 21 da Lei n. 12.016, de 7-8-2009.

» *Vide* Súmula 594 do STJ.

Parágrafo único. Havendo substituição processual, o substituído poderá intervir como assistente litisconsorcial.

› Súm. 219, III, 286, e 406, II; e OJ-SDI1 121, 359, TST.

Art. 19. O interesse do autor pode limitar-se à declaração:

› Súm. 150 e 181, STJ.

› Súm. 82; OJ-SDI1 188, TST.

I - da existência, da inexistência ou do modo de ser de uma relação jurídica;

› Súm. 181, e 242, STJ.

» *Vide* Súmulas 181 e 242 do STJ.

II - da autenticidade ou da falsidade de documento.

Art. 20. É admissível a ação meramente declaratória, ainda que tenha ocorrido a violação do direito.

› Súm. 258, STF.

» *Vide* Súmulas 181 e 242 do STJ.

TÍTULO II
DOS LIMITES DA JURISDIÇÃO NACIONAL E DA COOPERAÇÃO INTERNACIONAL

CAPÍTULO I
DOS LIMITES DA JURISDIÇÃO NACIONAL

Art. 21. Compete à autoridade judiciária brasileira processar e julgar as ações em que:

› arts. 70 a 78, CC.

I - o réu, qualquer que seja a sua nacionalidade, estiver domiciliado no Brasil;

» *Vide* art. 46, § 3.º, do CPC.

II - no Brasil tiver de ser cumprida a obrigação;

› art. 12, LINDB.

III - o fundamento seja fato ocorrido ou ato praticado no Brasil.

Parágrafo único. Para o fim do disposto no inciso I, considera-se domiciliada no Brasil a pessoa jurídica estrangeira que nele tiver agência, filial ou sucursal.

Art. 22. Compete, ainda, à autoridade judiciária brasileira processar e julgar as ações:

I - de alimentos, quando:

› art. 227, CF.

› art. 53, II, CPC.

› arts. 1.694 a 1.710, CC.

› Lei 5.478/1968 (Lei de alimentos).

› Súm. 1, 144, 309, STJ.

a) o credor tiver domicílio ou residência no Brasil;

b) o réu mantiver vínculos no Brasil, tais como posse ou propriedade de bens, recebimento de renda ou obtenção de benefícios econômicos;

II - decorrentes de relações de consumo, quando o consumidor tiver domicílio ou residência no Brasil;

› art. 101, I, CDC.

» *Vide* art. 101, I, do CDC.

III - em que as partes, expressa ou tacitamente, se submeterem à jurisdição nacional.

Art. 23. Compete à autoridade judiciária brasileira, com exclusão de qualquer outra:

I - conhecer de ações relativas a imóveis situados no Brasil;

› arts. 8º e 12, § 1º, LINDB.

II - em matéria de sucessão hereditária, proceder à confirmação de testamento particular e ao inventário e à partilha de bens situados no Brasil, ainda que o autor da herança seja de nacionalidade estrangeira ou tenha domicílio fora do território nacional;

› art. 10, LINDB.

III - em divórcio, separação judicial ou dissolução de união estável, proceder à partilha de bens situados no Brasil, ainda que o titular seja de nacionalidade estrangeira ou tenha domicílio fora do território nacional.

› art. 7º, LINDB.

» *Vide* arts. 693 a 699 do CPC.

Art. 24. A ação proposta perante tribunal estrangeiro não induz litispendência e não obsta a que a autoridade judiciária brasileira conheça da mesma causa e das que lhe são conexas, ressalvadas as disposições em contrário de tratados internacionais e acordos bilaterais em vigor no Brasil.

› art. 102, I, e, CF.

Parágrafo único. A pendência de causa perante a jurisdição brasileira não impede a homologação de sentença judicial estrangeira quando exigida para produzir efeitos no Brasil.

» *Vide* arts. 960 a 965 do CPC.

Art. 25. Não compete à autoridade judiciária brasileira o processamento e o julgamento da ação quando houver cláusula de eleição de foro exclusivo estrangeiro em contrato internacional, arguida pelo réu na contestação.

§ 1º Não se aplica o disposto no *caput* às hipóteses de competência internacional exclusiva previstas neste Capítulo.

§ 2º Aplica-se à hipótese do *caput* o art. 63, §§ 1º a 4º.

CAPÍTULO II
DA COOPERAÇÃO INTERNACIONAL

SEÇÃO I
DISPOSIÇÕES GERAIS

› art. 4º, IX, CF.

Art. 26. A cooperação jurídica internacional será regida por tratado de que o Brasil faz parte e observará:

I - o respeito às garantias do devido processo legal no Estado requerente;

› art. 5º, LIV, CF.

II - a igualdade de tratamento entre nacionais e estrangeiros, residentes ou não no Brasil, em relação ao acesso à justiça e à tramitação dos processos, assegurando-se assistência judiciária aos necessitados;

› arts. 5º, LXXIV, e 134, CF.

› art. 4º, IX, Lei 13.445/2017 (Lei de Migração).

III - a publicidade processual, exceto nas hipóteses de sigilo previstas na legislação brasileira ou na do Estado requerente;

› art. 93, IX, CF.

IV - a existência de autoridade central para recepção e transmissão dos pedidos de cooperação;

V - a espontaneidade na transmissão de informações a autoridades estrangeiras.

§ 1º Na ausência de tratado, a cooperação jurídica internacional poderá realizar-se com base em reciprocidade, manifestada por via diplomática.

§ 2º Não se exigirá a reciprocidade referida no § 1º para homologação de sentença estrangeira.

§ 3º Na cooperação jurídica internacional não será admitida a prática de atos que contrariem ou que produzam resultados incompatíveis com as normas fundamentais que regem o Estado brasileiro.

§ 4º O Ministério da Justiça exercerá as funções de autoridade central na ausência de designação específica.

Art. 27. A cooperação jurídica internacional terá por objeto:

I - citação, intimação e notificação judicial e extrajudicial;

› arts. 238, 269, 726 a 729, CPC.

II - colheita de provas e obtenção de informações;

› Dec. 9.039/2017 (Obtenção de provas no estrangeiro em matéria civil ou comercial).

III - homologação e cumprimento de decisão;

› arts. 960 a 965, CPC.

IV - concessão de medida judicial de urgência;

V - assistência jurídica internacional;

VI - qualquer outra medida judicial ou extrajudicial não proibida pela lei brasileira.

SEÇÃO II
DO AUXÍLIO DIRETO

Art. 28. Cabe auxílio direto quando a medida não decorrer diretamente de decisão de autoridade jurisdicional estrangeira a ser submetida a juízo de delibação no Brasil.

Art. 29. A solicitação de auxílio direto será encaminhada pelo órgão estrangeiro interessado à autoridade central, cabendo ao Estado requerente assegurar a autenticidade e a clareza do pedido.

Art. 30. Além dos casos previstos em tratados de que o Brasil faz parte, o auxílio direto terá os seguintes objetos:

I - obtenção e prestação de informações sobre o ordenamento jurídico e sobre processos administrativos ou jurisdicionais findos ou em curso;

II - colheita de provas, salvo se a medida for adotada em processo, em curso no estrangeiro, de competência exclusiva de autoridade judiciária brasileira;

III - qualquer outra medida judicial ou extrajudicial não proibida pela lei brasileira.

Art. 31. A autoridade central brasileira comunicar-se-á diretamente com suas congêneres e, se necessário, com outros órgãos estrangeiros responsáveis pela tramitação e pela execução de pedidos de cooperação enviados e recebidos pelo Estado brasileiro, respeitadas disposições específicas constantes de tratado.

Art. 32. No caso de auxílio direto para a prática de atos que, segundo a lei brasileira, não necessitem de prestação jurisdicional, a autoridade central adotará as providências necessárias para seu cumprimento.

Art. 33. Recebido o pedido de auxílio direto passivo, a autoridade central o encaminhará à Advocacia-Geral da União, que requererá em juízo a medida solicitada.

Parágrafo único. O Ministério Público requererá em juízo a medida solicitada quando for autoridade central.

Art. 34. Compete ao juízo federal do lugar em que deva ser executada a medida apreciar pedido de auxílio direto passivo que demande prestação de atividade jurisdicional.

- art. 109, CF.

SEÇÃO III
DA CARTA ROGATÓRIA

Art. 35. (Vetado).

Art. 36. O procedimento da carta rogatória perante o Superior Tribunal de Justiça é de jurisdição contenciosa e deve assegurar às partes as garantias do devido processo legal.

- arts. 5º, LIV, 105, I, i, e 109, X, CF.
- » *Vide* art. 109, X, da CF.

§ 1º A defesa restringir-se-á à discussão quanto ao atendimento dos requisitos para que o pronunciamento judicial estrangeiro produza efeitos no Brasil.

§ 2º Em qualquer hipótese, é vedada a revisão do mérito do pronunciamento judicial estrangeiro pela autoridade judiciária brasileira.

SEÇÃO IV
DISPOSIÇÕES COMUNS ÀS SEÇÕES ANTERIORES

Art. 37. O pedido de cooperação jurídica internacional oriundo de autoridade brasileira competente será encaminhado à autoridade central para posterior envio ao Estado requerido para lhe dar andamento.

Art. 38. O pedido de cooperação oriundo de autoridade brasileira competente e os documentos anexos que o instruem serão encaminhados à autoridade central, acompanhados de tradução para a língua oficial do Estado requerido.

Art. 39. O pedido passivo de cooperação jurídica internacional será recusado se configurar manifesta ofensa à ordem pública.

- art. 26, § 3º, CPC.

Art. 40. A cooperação jurídica internacional para execução de decisão estrangeira dar-se-á por meio de carta rogatória ou de ação de homologação de sentença estrangeira, de acordo com o art. 960.

- arts. 105, I, i, e 109, X, CF.

Art. 41. Considera-se autêntico o documento que instruir pedido de cooperação jurídica internacional, inclusive tradução para a língua portuguesa, quando encaminhado ao Estado brasileiro por meio de autoridade central ou por via diplomática, dispensando-se ajuramentação, autenticação ou qualquer procedimento de legalização.

Parágrafo único. O disposto no *caput* não impede, quando necessária, a aplicação pelo Estado brasileiro do princípio da reciprocidade de tratamento.

TÍTULO III
DA COMPETÊNCIA INTERNA

CAPÍTULO I
DA COMPETÊNCIA

SEÇÃO I
DISPOSIÇÕES GERAIS

Art. 42. As causas cíveis serão processadas e decididas pelo juiz nos limites de sua competência, ressalvado às partes o direito de instituir juízo arbitral, na forma da lei.

- Lei 9.307/1996 (Arbitragem).
- » *Vide* Lei n. 9.099, de 26-9-1995, Lei n. 10.259, de 12-7-2001, da Lei n. 12.153, de 22-12-2009 (Juizados Especiais).
- » *Vide* art. 58, II, da Lei n. 8.245, de 18-10-1991 (Lei de Locações).
- » *Vide* art. 101, I, da Lei n. 8.078, de 11-9-1990 (Código de Defesa do Consumidor).
- » *Vide* art. 3.º da Lei n. 11.101, de 9-2-2005 (Lei de Recuperação de Empresas e Falência).
- » *Vide* art. 2.º da Lei n. 7.347, de 24-7-1985 (Lei da Ação Civil Pública).

Art. 43. Determina-se a competência no momento do registro ou da distribuição da petição inicial, sendo irrelevantes as modificações do estado de fato ou de direito ocorridas posteriormente, salvo quando suprimirem órgão judiciário ou alterarem a competência absoluta.

Art. 44. Obedecidos os limites estabelecidos pela Constituição Federal, a competência é determinada pelas normas previstas neste Código ou em legislação especial, pelas normas de organização judiciária e, ainda, no que couber, pelas constituições dos Estados.

Art. 45. Tramitando o processo perante outro juízo, os autos serão remetidos ao juízo federal competente se nele intervier a União, suas empresas públicas, entidades autárquicas e fundações, ou conselho de fiscalização de atividade profissional, na qualidade de parte ou de terceiro interveniente, exceto as ações:

- art. 109, I, CF.
- Súm. 66, 206, 224 e 254, STJ.

I - de recuperação judicial, falência, insolvência civil e acidente de trabalho;

- Lei 11.101/2005 (Lei de falência).

II - sujeitas à Justiça Eleitoral e à Justiça do Trabalho.

- arts. 114 e 121, CF.

§ 1º Os autos não serão remetidos se houver pedido cuja apreciação seja de competência do juízo perante o qual foi proposta a ação.

§ 2º Na hipótese do § 1º, o juiz, ao não admitir a cumulação de pedidos em razão da incompetência para apreciar qualquer deles, não examinará o mérito daquele em que exista interesse da União, de suas entidades autárquicas ou de suas empresas públicas.

§ 3º O juízo federal restituirá os autos ao juízo estadual sem suscitar conflito se o ente federal cuja presença ensejou a remessa for excluído do processo.

Art. 46. A ação fundada em direito pessoal ou em direito real sobre bens móveis será proposta, em regra, no foro de domicílio do réu.

- arts. 70 a 78, CC.

§ 1º Tendo mais de um domicílio, o réu será demandado no foro de qualquer deles.

- art. 71, CC.

§ 2º Sendo incerto ou desconhecido o domicílio do réu, ele poderá ser demandado onde for encontrado ou no foro de domicílio do autor.

§ 3º Quando o réu não tiver domicílio ou residência no Brasil, a ação será proposta no foro de domicílio do autor, e, se este também residir fora do Brasil, a ação será proposta em qualquer foro.

§ 4º Havendo 2 (dois) ou mais réus com diferentes domicílios, serão demandados no foro de qualquer deles, à escolha do autor.

§ 5º A execução fiscal será proposta no foro de domicílio do réu, no de sua residência ou no do lugar onde for encontrado.

- Lei 6.830/1980 (Execução fiscal).
- ADIs 5.492 e 5.737.

Art. 47. Para as ações fundadas em direito real sobre imóveis é competente o foro de situação da coisa.

- art. 12, §1º, LINDB.
- art. 48, Lei 6.766/1979 (Parcelamento do solo urbano).
- art. 58, II, Lei 8.245/1991 (Lei de locação).

§ 1º O autor pode optar pelo foro de domicílio do réu ou pelo foro de eleição se o litígio não recair sobre direito de propriedade, vizinhança, servidão, divisão e demarcação de terras e de nunciação de obra nova.

§ 2º A ação possessória imobiliária será proposta no foro de situação da coisa, cujo juízo tem competência absoluta.

Art. 48. O foro de domicílio do autor da herança, no Brasil, é o competente para o inventário, a partilha, a arrecadação, o cumprimento de disposições de última vontade, a impugnação ou anulação de partilha extrajudicial e para todas as ações em que o espólio for réu, ainda que o óbito tenha ocorrido no estrangeiro.

Parágrafo único. Se o autor da herança não possuía domicílio certo, é competente:

I - o foro de situação dos bens imóveis;

II - havendo bens imóveis em foros diferentes, qualquer destes;

III - não havendo bens imóveis, o foro do local de qualquer dos bens do espólio.

Art. 49. A ação em que o ausente for réu será proposta no foro de seu último domicílio, também competente para a arrecadação, o inventário, a partilha e o cumprimento de disposições testamentárias.

Art. 50. A ação em que o incapaz for réu será proposta no foro de domicílio de seu representante ou assistente.

Art. 51. É competente o foro de domicílio do réu para as causas em que seja autora a União.

- art. 109, §§ 1º e 2º, CF.

Parágrafo único. Se a União for a demandada, a ação poderá ser proposta no foro de domicílio do autor, no de ocorrência do ato ou fato que originou a demanda, no de situação da coisa ou no Distrito Federal.

Art. 52. É competente o foro de domicílio do réu para as causas em que seja autor Estado ou o Distrito Federal.

Parágrafo único. Se Estado ou o Distrito Federal for o demandado, a ação poderá ser proposta no foro de domicílio do autor, no de ocorrência do ato ou fato que originou a demanda, no de situação da coisa ou na capital do respectivo ente federado.

‣ ADIs 5.492 e 5.737.

Art. 53. É competente o foro:

I - para a ação de divórcio, separação, anulação de casamento e reconhecimento ou dissolução de união estável:

‣ art. 7º, LINDB.

a) de domicílio do guardião de filho incapaz;

‣ Súm. 383, STJ.

b) do último domicílio do casal, caso não haja filho incapaz;

c) de domicílio do réu, se nenhuma das partes residir no antigo domicílio do casal;

d) de domicílio da vítima de violência doméstica e familiar, nos termos da Lei nº 11.340, de 7 de agosto de 2006 (Lei Maria da Penha); (Alínea acrescida pela Lei 13.894/2019)

II - de domicílio ou residência do alimentando, para a ação em que se pedem alimentos;

‣ art. 693, p.ún., CPC.

‣ Lei 5.478/1968 (Lei de alimentos).

» *Vide* Súmula 1 do STJ.

III - do lugar:

‣ art. 75, CC.

a) onde está a sede, para a ação em que for ré pessoa jurídica;

» *Vide* arts. 57 e 175 da Lei n. 9.279, de 14-5-1996.

b) onde se acha agência ou sucursal, quanto às obrigações que a pessoa jurídica contraiu;

c) onde exerce suas atividades, para a ação em que for ré sociedade ou associação sem personalidade jurídica;

d) onde a obrigação deve ser satisfeita, para a ação em que se lhe exigir o cumprimento;

‣ art. 327 e 328, CC.

e) de residência do idoso, para a causa que verse sobre direito previsto no respectivo estatuto;

‣ art. 80, Estatuto da Pessoa Idosa.

f) da sede da serventia notarial ou de registro, para a ação de reparação de dano por ato praticado em razão do ofício;

IV - do lugar do ato ou fato para a ação:

a) de reparação de dano;

» *Vide* art. 101, I, do CDC.

b) em que for réu administrador ou gestor de negócios alheios;

» *Vide* art. 550 do CPC.

V - de domicílio do autor ou do local do fato, para a ação de reparação de dano sofrido em razão de delito ou acidente de veículos, inclusive aeronaves.

SEÇÃO II
DA MODIFICAÇÃO DA COMPETÊNCIA

Art. 54. A competência relativa poderá modificar-se pela conexão ou pela continência, observado o disposto nesta Seção.

Art. 55. Reputam-se conexas 2 (duas) ou mais ações quando lhes for comum o pedido ou a causa de pedir.

‣ Súm. 383, STJ.

§ 1º Os processos de ações conexas serão reunidos para decisão conjunta, salvo se um deles já houver sido sentenciado.

‣ Súm. 235, STJ.

§ 2º Aplica-se o disposto no *caput*:

I - à execução de título extrajudicial e à ação de conhecimento relativa ao mesmo ato jurídico;

II - às execuções fundadas no mesmo título executivo.

§ 3º Serão reunidos para julgamento conjunto os processos que possam gerar risco de prolação de decisões conflitantes ou contraditórias caso decididos separadamente, mesmo sem conexão entre eles.

‣ arts. 286, III, e 337, VIII, CPC.

Art. 56. Dá-se a continência entre 2 (duas) ou mais ações quando houver identidade quanto às partes e à causa de pedir, mas o pedido de uma, por ser mais amplo, abrange o das demais.

‣ Súm. 489, STJ.

Art. 57. Quando houver continência e a ação continente tiver sido proposta anteriormente, no processo relativo à ação contida será proferida sentença sem resolução de mérito, caso contrário, as ações serão necessariamente reunidas.

‣ art. 286, I, CPC.

Art. 58. A reunião das ações propostas em separado far-se-á no juízo prevento, onde serão decididas simultaneamente.

» *Vide* art. 6.º, § 8.º, da Lei n. 11.101, de 9-2-2005 (Lei de Recuperação de Empresas e Falência).

Art. 59. O registro ou a distribuição da petição inicial torna prevento o juízo.

‣ art. 6º, § 8º, Lei 11.101/2005 (Lei de falência).

Art. 60. Se o imóvel se achar situado em mais de um Estado, comarca, seção ou subseção judiciária, a competência territorial do juízo prevento estender-se-á sobre a totalidade do imóvel.

Art. 61. A ação acessória será proposta no juízo competente para a ação principal.

» *Vide* art. 286 do CPC.

Art. 62. A competência determinada em razão da matéria, da pessoa ou da função é inderrogável por convenção das partes.

Art. 63. As partes podem modificar a competência em razão do valor e do território, elegendo foro onde será proposta ação oriunda de direitos e obrigações.

‣ art. 58, II, Lei 8.245/1991 (Lei de locação).

‣ Súm. 335, STF.

§ 1º A eleição de foro só produz efeito quando constar de instrumento escrito e aludir expressamente a determinado negócio jurídico.

§ 2º O foro contratual obriga os herdeiros e sucessores das partes.

§ 3º Antes da citação, a cláusula de eleição de foro, se abusiva, pode ser reputada ineficaz de ofício pelo juiz, que determinará a remessa dos autos ao juízo do foro de domicílio do réu.

§ 4º Citado, incumbe ao réu alegar a abusividade da cláusula de eleição de foro na contestação, sob pena de preclusão.

SEÇÃO III
DA INCOMPETÊNCIA

Art. 64. A incompetência, absoluta ou relativa, será alegada como questão preliminar de contestação.

§ 1º A incompetência absoluta pode ser alegada em qualquer tempo e grau de jurisdição e deve ser declarada de ofício.

§ 2º Após manifestação da parte contrária, o juiz decidirá imediatamente a alegação de incompetência.

§ 3º Caso a alegação de incompetência seja acolhida, os autos serão remetidos ao juízo competente.

§ 4º Salvo decisão judicial em sentido contrário, conservar-se-ão os efeitos de decisão proferida pelo juízo incompetente até que outra seja proferida, se for o caso, pelo juízo competente.

Art. 65. Prorrogar-se-á a competência relativa se o réu não alegar a incompetência em preliminar de contestação.

Parágrafo único. A incompetência relativa pode ser alegada pelo Ministério Público nas causas em que atuar.

Art. 66. Há conflito de competência quando:

‣ arts. 951 a 959, CPC.

‣ Súm. 3, 59, 224, 236 e 428, STJ.

‣ Súm. 420 e OJ-SDI2 149, TST.

» *Vide* art. 951 do CPC.

I - 2 (dois) ou mais juízes se declaram competentes;

II - 2 (dois) ou mais juízes se consideram incompetentes, atribuindo um ao outro a competência;

III - entre 2 (dois) ou mais juízes surge controvérsia acerca da reunião ou separação de processos.

Parágrafo único. O juiz que não acolher a competência declinada deverá suscitar o conflito, salvo se a atribuir a outro juízo.

CAPÍTULO II
DA COOPERAÇÃO NACIONAL

Art. 67. Aos órgãos do Poder Judiciário, estadual ou federal, especializado ou comum, em todas as instâncias e graus de jurisdição, inclusive aos tribunais superiores, incumbe o dever de recíproca cooperação, por meio de seus magistrados e servidores.

‣ art. 6º, CPC.

Art. 68. Os juízos poderão formular entre si pedido de cooperação para prática de qualquer ato processual.

Art. 69. O pedido de cooperação jurisdicional deve ser prontamente atendido, prescinde de forma específica e pode ser executado como:

I - auxílio direto;

‣ art. 377, CPC.

II - reunião ou apensamento de processos;

III - prestação de informações;

IV - atos concertados entre os juízes cooperantes.

§ 1º As cartas de ordem, precatória e arbitral seguirão o regime previsto neste Código.

‣ arts. 237 e 260, CPC.

§ 2º Os atos concertados entre os juízes cooperantes poderão consistir, além de outros, no estabelecimento de procedimento para:

I - a prática de citação, intimação ou notificação de ato;

II - a obtenção e apresentação de provas e a coleta de depoimentos;

III - a efetivação de tutela provisória;

‣ arts. 294 a 311, CPC.

IV - a efetivação de medidas e providências para recuperação e preservação de empresas;

‣ art. 3º, Lei 11.101/2005 (Lei de falência).

V - a facilitação de habilitação de créditos na falência e na recuperação judicial;

‣ art. 3º, Lei 11.101/2005 (Lei de falência).

VI - a centralização de processos repetitivos;

‣ art. 12, § 2º, II, CPC.

VII - a execução de decisão jurisdicional.

§ 3º O pedido de cooperação judiciária pode ser realizado entre órgãos jurisdicionais de diferentes ramos do Poder Judiciário.

LIVRO III
DOS SUJEITOS DO PROCESSO

TÍTULO I
DAS PARTES E DOS PROCURADORES

CAPÍTULO I
DA CAPACIDADE PROCESSUAL

Art. 70. Toda pessoa que se encontre no exercício de seus direitos tem capacidade para estar em juízo.

› art. 8º, § 2º, Lei 9.099/1995 (Juizados Especiais Cíveis e Criminais).

Art. 71. O incapaz será representado ou assistido por seus pais, por tutor ou por curador, na forma da lei.

» *Vide* arts. 1.728 a 1.766 (tutela) e 1.767 a 1.783 (curatela) do CC.

» *Vide* arts. 36 a 38 do ECA.

Art. 72. O juiz nomeará curador especial ao:

I - incapaz, se não tiver representante legal ou se os interesses deste colidirem com os daquele, enquanto durar a incapacidade;

II - réu preso revel, bem como ao réu revel citado por edital ou com hora certa, enquanto não for constituído advogado.

› art. 8º, Lei 9.099/1995 (Juizados Especiais Cíveis e Criminais).

› Súm. 196, STJ.

» *Vide* art. 341, parágrafo único, do CPC.

Parágrafo único. A curatela especial será exercida pela Defensoria Pública, nos termos da lei.

› arts. 134 e 135, CF.

› LC 80/1994 (Lei Orgânica da Defensoria Pública).

Art. 73. O cônjuge necessitará do consentimento do outro para propor ação que verse sobre direito real imobiliário, salvo quando casados sob o regime de separação absoluta de bens.

§ 1º Ambos os cônjuges serão necessariamente citados para a ação:

› art. 1.663, CC.

» *Vide* art. 337, I, do CPC.

I - que verse sobre direito real imobiliário, salvo quando casados sob o regime de separação absoluta de bens;

II - resultante de fato que diga respeito a ambos os cônjuges ou de ato praticado por eles;

III - fundada em dívida contraída por um dos cônjuges a bem da família;

IV - que tenha por objeto o reconhecimento, a constituição ou a extinção de ônus sobre imóvel de um ou de ambos os cônjuges.

§ 2º Nas ações possessórias, a participação do cônjuge do autor ou do réu somente é indispensável nas hipóteses de composse ou de ato por ambos praticado.

§ 3º Aplica-se o disposto neste artigo à união estável comprovada nos autos.

› art. 226, § 3º, CF.

Art. 74. O consentimento previsto no art. 73 pode ser suprido judicialmente quando for negado por um dos cônjuges sem justo motivo, ou quando lhe seja impossível concedê-lo.

› art. 1.648, CC.

Parágrafo único. A falta de consentimento, quando necessário e não suprido pelo juiz, invalida o processo.

› art. 1.649, CC.

Art. 75. Serão representados em juízo, ativa e passivamente:

I - a União, pela Advocacia-Geral da União, diretamente ou mediante órgão vinculado;

› art. 131, CF.

II - o Estado e o Distrito Federal, por seus procuradores;

› art. 132, CF.

III - o Município, por seu prefeito, procurador ou Associação de Representação de Municípios, quando expressamente autorizada; *(Redação dada pela Lei 14.341/2022)*

› arts. 182 e 184, CPC.

IV - a autarquia e a fundação de direito público, por quem a lei do ente federado designar;

V - a massa falida, pelo administrador judicial;

VI - a herança jacente ou vacante, por seu curador;

› arts. 1.819 a 1.823, CC.

VII - o espólio, pelo inventariante;

VIII - a pessoa jurídica, por quem os respectivos atos constitutivos designarem ou, não havendo essa designação, por seus diretores;

› arts. 46, III, e 47, CC.

IX - a sociedade e a associação irregulares e outros entes organizados sem personalidade jurídica, pela pessoa a quem couber a administração de seus bens;

X - a pessoa jurídica estrangeira, pelo gerente, representante ou administrador de sua filial, agência ou sucursal aberta ou instalada no Brasil;

› art. 21, p.ún., CPC.

XI - o condomínio, pelo administrador ou síndico.

› arts. 1.323 a 1.326 e 1.348, CC.

› art. 22, § 1º, Lei 4.591/1964 (Lei do condomínio).

§ 1º Quando o inventariante for dativo, os sucessores do falecido serão intimados no processo no qual o espólio seja parte.

§ 2º A sociedade ou associação sem personalidade jurídica não poderá opor a irregularidade de sua constituição quando demandada.

§ 3º O gerente de filial ou agência presume-se autorizado pela pessoa jurídica estrangeira a receber citação para qualquer processo.

§ 4º Os Estados e o Distrito Federal poderão ajustar compromisso recíproco para prática de ato processual por seus procuradores em favor de outro ente federado, mediante convênio firmado pelas respectivas procuradorias.

§ 5º A representação judicial do Município pela Associação de Representação de Municípios somente poderá ocorrer em questões de interesse comum dos Municípios associados e dependerá de autorização do respectivo chefe do Poder Executivo municipal, com indicação específica do direito ou da obrigação a ser objeto das medidas judiciais. *(Acrescido pela Lei 14.341/2022)*

Art. 76. Verificada a incapacidade processual ou a irregularidade da representação da parte, o juiz suspenderá o processo e designará prazo razoável para que seja sanado o vício.

› arts. 111 e 337, IX, CPC.

› Súm. 456, TST.

§ 1º Descumprida a determinação, caso o processo esteja na instância originária:

I - o processo será extinto, se a providência couber ao autor;

II - o réu será considerado revel, se a providência lhe couber;

III - o terceiro será considerado revel ou excluído do processo, dependendo do polo em que se encontre.

§ 2º Descumprida a determinação em fase recursal perante tribunal de justiça, tribunal regional federal ou tribunal superior, o relator:

I - não conhecerá do recurso, se a providência couber ao recorrente;

II - determinará o desentranhamento das contrarrazões, se a providência couber ao recorrido.

CAPÍTULO II
DOS DEVERES DAS PARTES E DE SEUS PROCURADORES

SEÇÃO I
DOS DEVERES

Art. 77. Além de outros previstos neste Código, são deveres das partes, de seus procuradores e de todos aqueles que de qualquer forma participem do processo:

› art. 379, CPC.

I - expor os fatos em juízo conforme a verdade;

› art. 80, II, CPC.

» *Vide* art. 80, II, do CPC.

II - não formular pretensão ou de apresentar defesa quando cientes de que são destituídas de fundamento;

» *Vide* art. 80, I, do CPC.

III - não produzir provas e não praticar atos inúteis ou desnecessários à declaração ou à defesa do direito;

» *Vide* art. 370, parágrafo único, do CPC.

IV - cumprir com exatidão as decisões jurisdicionais, de natureza provisória ou final, e não criar embaraços à sua efetivação;

V - declinar, no primeiro momento que lhes couber falar nos autos, o endereço residencial ou profissional onde receberão intimações, atualizando essa informação sempre que ocorrer qualquer modificação temporária ou definitiva;

VI - não praticar inovação ilegal no estado de fato de bem ou direito litigioso.

VII - informar e manter atualizados seus dados cadastrais perante os órgãos do Poder Judiciário e, no caso do § 6º do art. 246 deste Código, da Administração Tributária, para recebimento de citações e intimações. *(Acrescido pela Lei 14.195/2021)*

§ 1º Nas hipóteses dos incisos IV e VI, o juiz advertirá qualquer das pessoas mencionadas no *caput* de que sua conduta poderá ser punida como ato atentatório à dignidade da justiça.

› art. 1º, Res. nº 9/2018, STJ/GP.

§ 2º A violação ao disposto nos incisos IV e VI constitui ato atentatório à dignidade da justiça, devendo o juiz, sem prejuízo das sanções criminais, civis e processuais cabíveis, aplicar ao responsável multa de até vinte por cento do valor da causa, de acordo com a gravidade da conduta.

› art. 1º, Res. nº 9/2018, STJ/GP.

§ 3º Não sendo paga no prazo a ser fixado pelo juiz, a multa prevista no § 2º será inscrita como dívida ativa da União ou do Estado após o trânsito em julgado da decisão que a fixou, e sua execução observará o procedimento da execução fiscal, revertendo-se aos fundos previstos no art. 97.

§ 4º A multa estabelecida no § 2º poderá ser fixada independentemente da incidência das previstas nos arts. 523, § 1º, e 536, § 1º.

§ 5º Quando o valor da causa for irrisório ou inestimável, a multa prevista no § 2º poderá ser fixada em até 10 (dez) vezes o valor do salário-mínimo.

§ 6º Aos advogados públicos ou privados e aos membros da Defensoria Pública e do Ministério Público não se aplica o disposto nos §§ 2º a 5º, devendo eventual responsabilidade disciplinar ser apurada pelo respectivo órgão de classe ou corregedoria, ao qual o juiz oficiará.

§ 7º Reconhecida violação ao disposto no inciso VI, o juiz determinará o restabelecimento do estado anterior, podendo, ainda, proibir a parte de falar nos autos até a purgação do atentado, sem prejuízo da aplicação do § 2º.

§ 8º O representante judicial da parte não pode ser compelido a cumprir decisão em seu lugar.

Art. 78. É vedado às partes, a seus procuradores, aos juízes, aos membros do Ministério Público e da Defensoria Pública e a qualquer pessoa que participe do processo empregar expressões ofensivas nos escritos apresentados.

§ 1º Quando expressões ou condutas ofensivas forem manifestadas oral ou presencialmente, o juiz advertirá o ofensor de que não as deve usar ou repetir, sob pena de lhe ser cassada a palavra.

§ 2º De ofício ou a requerimento do ofendido, o juiz determinará que as expressões ofensivas sejam riscadas e, a requerimento do ofendido, determinará a expedição de certidão com inteiro teor das expressões ofensivas e a colocará à disposição da parte interessada.

SEÇÃO II
DA RESPONSABILIDADE DAS PARTES POR DANO PROCESSUAL

Art. 79. Responde por perdas e danos aquele que litigar de má-fé como autor, réu ou interveniente.

- arts. 402 a 405 e 927, CC.

Art. 80. Considera-se litigante de má-fé aquele que:

- art. 32, Estatuto da OAB.

I - deduzir pretensão ou defesa contra texto expresso de lei ou fato incontroverso;

- art. 77, II, CPC.

II - alterar a verdade dos fatos;

- art. 77, I, CPC.

III - usar do processo para conseguir objetivo ilegal;

IV - opuser resistência injustificada ao andamento do processo;

V - proceder de modo temerário em qualquer incidente ou ato do processo;

VI - provocar incidente manifestamente infundado;

VII - interpuser recurso com intuito manifestamente protelatório.

Art. 81. De ofício ou a requerimento, o juiz condenará o litigante de má-fé a pagar multa, que deverá ser superior a um por cento e inferior a dez por cento do valor corrigido da causa, a indenizar a parte contrária pelos prejuízos que esta sofreu e a arcar com os honorários advocatícios e com todas as despesas que efetuou.

- art. 96, CPC.
- art. 87, p.ún., CDC.
- art. 27, Lei 9.307/1996 (Arbitragem).
- art. 17, Lei 7.347/1985 (Ação Civil Pública).
- art. 1º, Res. nº 9/2018, STJ/GP.

» *Vide* art. 100, parágrafo único, do CPC.

» *Vide* art. 17 da Lei n. 7.347, de 24-7-1985 (Lei da Ação Civil Pública).

§ 1º Quando forem 2 (dois) ou mais os litigantes de má-fé, o juiz condenará cada um na proporção de seu respectivo interesse na causa ou solidariamente aqueles que se coligaram para lesar a parte contrária.

- arts. 275 a 285 e 942, CC.
- art. 32, p.ún., Estatuto da OAB.

§ 2º Quando o valor da causa for irrisório ou inestimável, a multa poderá ser fixada em até 10 (dez) vezes o valor do salário-mínimo.

§ 3º O valor da indenização será fixado pelo juiz ou, caso não seja possível mensurá-lo, liquidado por arbitramento ou pelo procedimento comum, nos próprios autos.

» *Vide* arts. 509, 510 e 511 do CPC.

SEÇÃO III
DAS DESPESAS, DOS HONORÁRIOS ADVOCATÍCIOS E DAS MULTAS

Art. 82. Salvo as disposições concernentes à gratuidade da justiça, incumbe às partes prover as despesas dos atos que realizarem ou requererem no processo, antecipando-lhes o pagamento, desde o início até a sentença final ou, na execução, até a plena satisfação do direito reconhecido no título.

- Lei 1.060/1950 (Assistência judiciária gratuita).
- art. 4º, II, Lei 9.289/1996 (Custas na Justiça Federal).

» *Vide* arts. 98 a 100 do CPC.

§ 1º Incumbe ao autor adiantar as despesas relativas a ato cuja realização o juiz determinar de ofício ou a requerimento do Ministério Público, quando sua intervenção ocorrer como fiscal da ordem jurídica.

- art. 18, Lei 7.347/1985 (Ação Civil Pública).

§ 2º A sentença condenará o vencido a pagar ao vencedor as despesas que antecipou.

- Súm. 257; 389; 512; STF.
- Súm. 14; 29; 105; 111; 141; 303; 325; 326; 517 e 519, STJ.

Art. 83. O autor, brasileiro ou estrangeiro, que residir fora do Brasil ou deixar de residir no país ao longo da tramitação de processo prestará caução suficiente ao pagamento das custas e dos honorários de advogado da parte contrária nas ações que propuser, se não tiver no Brasil bens imóveis que lhes assegurem o pagamento.

- arts. 300, § 1º, e 337, XII, CPC.
- art. 97, § 2º, Lei 11.101/2005 (Lei de falência).

» *Vide* art. 337, XII, do CPC.

§ 1º Não se exigirá a caução de que trata o *caput*:

I - quando houver dispensa prevista em acordo ou tratado internacional de que o Brasil faz parte;

II - na execução fundada em título extrajudicial e no cumprimento de sentença;

III - na reconvenção.

- art. 343, CPC.

§ 2º Verificando-se no trâmite do processo que se desfalcou a garantia, poderá o interessado exigir reforço da caução, justificando seu pedido com a indicação da depreciação do bem dado em garantia e a importância do reforço que pretende obter.

Art. 84. As despesas abrangem as custas dos atos do processo, a indenização de viagem, a remuneração do assistente técnico e a diária de testemunha.

Art. 85. A sentença condenará o vencido a pagar honorários ao advogado do vencedor.

- arts. 22 e s., Estatuto da OAB.
- Súm. 105, 345 e 453, STJ; 234, STF.
- OJ-SDI1 421, TST.

§ 1º São devidos honorários advocatícios na reconvenção, no cumprimento de sentença, provisório ou definitivo, na execução, resistida ou não, e nos recursos interpostos, cumulativamente.

§ 2º Os honorários serão fixados entre o mínimo de dez e o máximo de vinte por cento sobre o valor da condenação, do proveito econômico obtido ou, não sendo possível mensurá-lo, sobre o valor atualizado da causa, atendidos:

- art. 85, CPC.

» *Vide* art. 701 do CPC.

I - o grau de zelo do profissional;

II - o lugar de prestação do serviço;

III - a natureza e a importância da causa;

IV - o trabalho realizado pelo advogado e o tempo exigido para o seu serviço.

§ 3º Nas causas em que a Fazenda Pública for parte, a fixação dos honorários observará os critérios estabelecidos nos incisos I a IV do § 2º e os seguintes percentuais:

- Súm. 201, STJ.

I - mínimo de dez e máximo de vinte por cento sobre o valor da condenação ou do proveito econômico obtido até 200 (duzentos) salários-mínimos;

II - mínimo de oito e máximo de dez por cento sobre o valor da condenação ou do proveito econômico obtido acima de 200 (duzentos) salários-mínimos até 2.000 (dois mil) salários-mínimos;

III - mínimo de cinco e máximo de oito por cento sobre o valor da condenação ou do proveito econômico obtido acima de 2.000 (dois mil) salários-mínimos até 20.000 (vinte mil) salários-mínimos;

IV - mínimo de três e máximo de cinco por cento sobre o valor da condenação ou do proveito econômico obtido acima de 20.000 (vinte mil) salários-mínimos até 100.000 (cem mil) salários-mínimos;

V - mínimo de um e máximo de três por cento sobre o valor da condenação ou do proveito econômico obtido acima de 100.000 (cem mil) salários-mínimos.

§ 4º Em qualquer das hipóteses do § 3º:

I - os percentuais previstos nos incisos I a V devem ser aplicados desde logo, quando for líquida a sentença;

II - não sendo líquida a sentença, a definição do percentual, nos termos previstos nos incisos I a V, somente ocorrerá quando liquidado o julgado;

III - não havendo condenação principal ou não sendo possível mensurar o proveito econômico obtido, a condenação em honorários dar-se-á sobre o valor atualizado da causa;

» *Vide* Súmula 14 do STJ.

IV - será considerado o salário-mínimo vigente quando prolatada sentença líquida ou o que estiver em vigor na data da decisão de liquidação.

§ 5º Quando, conforme o caso, a condenação contra a Fazenda Pública ou o benefício econômico obtido pelo vencedor ou o valor da causa for superior ao valor previsto no inciso I do § 3º, a fixação do percentual de honorários deve observar a faixa inicial e, naquilo que a exceder, a faixa subsequente, e assim sucessivamente.

§ 6º Os limites e critérios previstos nos §§ 2º e 3º aplicam-se independentemente de qual seja o conteúdo da decisão, inclusive aos casos de improcedência ou de sentença sem resolução de mérito.

§ 6º-A. Quando o valor da condenação ou do proveito econômico obtido ou o valor atualizado da causa for líquido ou liquidável, para fins de fixação dos honorários advocatícios, nos termos dos §§ 2º e 3º, é proibida a apreciação equitativa, salvo nas hipóteses expressamente previstas no § 8º deste artigo. *(Acrescido pela Lei 14.365/2022)*

§ 7º Não serão devidos honorários no cumprimento de sentença contra a Fazenda Pública que enseje expedição de precatório, desde que não tenha sido impugnada.

▸ art. 100, CF.

§ 8º Nas causas em que for inestimável ou irrisório o proveito econômico ou, ainda, quando o valor da causa for muito baixo, o juiz fixará o valor dos honorários por apreciação equitativa, observando o disposto nos incisos do § 2º.

▸ Súm. 153, STJ.

§ 8º-A. Na hipótese do § 8º deste artigo, para fins de fixação equitativa de honorários sucumbenciais, o juiz deverá observar os valores recomendados pelo Conselho Seccional da Ordem dos Advogados do Brasil a título de honorários advocatícios ou o limite mínimo de 10% (dez por cento) estabelecido no § 2º deste artigo, aplicando-se o que for maior. *(Acrescido pela Lei 14.365/2022)*

§ 9º Na ação de indenização por ato ilícito contra pessoa, o percentual de honorários incidirá sobre a soma das prestações vencidas acrescida de 12 (doze) prestações vincendas.

§ 10. Nos casos de perda do objeto, os honorários serão devidos por quem deu causa ao processo.

§ 11. O tribunal, ao julgar recurso, majorará os honorários fixados anteriormente levando em conta o trabalho adicional realizado em grau recursal, observando, conforme o caso, o disposto nos §§ 2º a 6º, sendo vedado ao tribunal, no cômputo geral da fixação de honorários devidos ao advogado do vencedor, ultrapassar os respectivos limites estabelecidos nos §§ 2º e 3º para a fase de conhecimento.

§ 12. Os honorários referidos no § 11 são cumuláveis com multas e outras sanções processuais, inclusive as previstas no art. 77.

§ 13. As verbas de sucumbência arbitradas em embargos à execução rejeitados ou julgados improcedentes e em fase de cumprimento de sentença serão acrescidas no valor do débito principal, para todos os efeitos legais.

» *Vide* art. 827, § 2.º, do CPC.

§ 14. Os honorários constituem direito do advogado e têm natureza alimentar, com os mesmos privilégios dos créditos oriundos da legislação do trabalho, sendo vedada a compensação em caso de sucumbência parcial.

▸ Súm. Vinc. 47, STF.

» *Vide* arts. 21 a 23 da Lei n. 8.906, de 4-7-1994 (Estatuto da Advocacia e da OAB).

» *Vide* Súmula Vinculante 47 do STF.

§ 15. O advogado pode requerer que o pagamento dos honorários que lhe caibam seja efetuado em favor da sociedade de advogados que integra na qualidade de sócio, aplicando-se à hipótese o disposto no § 14.

§ 16. Quando os honorários forem fixados em quantia certa, os juros moratórios incidirão a partir da data do trânsito em julgado da decisão.

§ 17. Os honorários serão devidos quando o advogado atuar em causa própria.

§ 18. Caso a decisão transitada em julgado seja omissa quanto ao direito aos honorários ou ao seu valor, é cabível ação autônoma para sua definição e cobrança.

» *Vide* Súmula 453 do STJ.

§ 19. Os advogados públicos perceberão honorários de sucumbência, nos termos da lei.

▸ O STF, por maioria, declarou a constitucionalidade da percepção de honorários de sucumbência pelos advogados públicos e julgou parcialmente procedente o pedido formulado na ADI 6053 para: "conferindo interpretação conforme à Constituição ao art. 23 da Lei 8.906/1994, ao art. 85, § 19, da Lei 13.105/2015, e aos arts. 27 e 29 a 36 da Lei 13.327/2016, estabelecer que a somatória dos subsídios e honorários de sucumbência percebidos mensalmente pelos advogados públicos não poderá exceder ao teto dos Ministros do STF, conforme o que dispõe o art. 37, XI, da Constituição Federal".

§ 20. O disposto nos §§ 2º, 3º, 4º, 5º, 6º, 6º-A, 8º, 8º-A, 9º e 10 deste artigo aplica-se aos honorários fixados por arbitramento judicial. *(Acrescido pela Lei 14.365/2022)*

Art. 86. Se cada litigante for, em parte, vencedor e vencido, serão proporcionalmente distribuídas entre eles as despesas.

Parágrafo único. Se um litigante sucumbir em parte mínima do pedido, o outro responderá, por inteiro, pelas despesas e pelos honorários.

Art. 87. Concorrendo diversos autores ou diversos réus, os vencidos respondem proporcionalmente pelas despesas e pelos honorários.

§ 1º A sentença deverá distribuir entre os litisconsortes, de forma expressa, a responsabilidade proporcional pelo pagamento das verbas previstas no *caput*.

» *Vide* arts. 113 a 118 do CPC.

§ 2º Se a distribuição de que trata o § 1º não for feita, os vencidos responderão solidariamente pelas despesas e pelos honorários.

Art. 88. Nos procedimentos de jurisdição voluntária, as despesas serão adiantadas pelo requerente e rateadas entre os interessados.

Art. 89. Nos juízos divisórios, não havendo litígio, os interessados pagarão as despesas proporcionalmente a seus quinhões.

Art. 90. Proferida sentença com fundamento em desistência, em renúncia ou em reconhecimento do pedido, as despesas e os honorários serão pagos pela parte que desistiu, renunciou ou reconheceu.

§ 1º Sendo parcial a desistência, a renúncia ou o reconhecimento, a responsabilidade pelas despesas e pelos honorários será proporcional à parcela reconhecida, à qual se renunciou ou da qual se desistiu.

§ 2º Havendo transação e nada tendo as partes disposto quanto às despesas, estas serão divididas igualmente.

§ 3º Se a transação ocorrer antes da sentença, as partes ficam dispensadas do pagamento das custas processuais remanescentes, se houver.

§ 4º Se o réu reconhecer a procedência do pedido e, simultaneamente, cumprir integralmente a prestação reconhecida, os honorários serão reduzidos pela metade.

Art. 91. As despesas dos atos processuais praticados a requerimento da Fazenda Pública, do Ministério Público ou da Defensoria Pública serão pagas ao final pelo vencido.

▸ art. 39, Lei 6.830/1980 (Execução Fiscal).

▸ Súm. 483, STJ.

§ 1º As perícias requeridas pela Fazenda Pública, pelo Ministério Público ou pela Defensoria Pública poderão ser realizadas por entidade pública ou, havendo previsão orçamentária, ter os valores adiantados por aquele que requerer a prova.

▸ Súm. 232, STJ.

§ 2º Não havendo previsão orçamentária no exercício financeiro para adiantamento dos honorários periciais, eles serão pagos no exercício seguinte ou ao final, pelo vencido, caso o processo se encerre antes do adiantamento a ser feito pelo ente público.

Art. 92. Quando, a requerimento do réu, o juiz proferir sentença sem resolver o mérito, o autor não poderá propor novamente a ação sem pagar ou depositar em cartório as despesas e os honorários a que foi condenado.

Art. 93. As despesas de atos adiados ou cuja repetição for necessária ficarão a cargo da parte, do auxiliar da justiça, do órgão do Ministério Público ou da Defensoria Pública ou do juiz que, sem justo motivo, houver dado causa ao adiamento ou à repetição.

Art. 94. Se o assistido for vencido, o assistente será condenado ao pagamento das custas em proporção à atividade que houver exercido no processo.

Art. 95. Cada parte adiantará a remuneração do assistente técnico que houver indicado, sendo a do perito adiantada pela parte que houver requerido a perícia ou rateada quando a perícia for determinada de ofício ou requerida por ambas as partes.

§ 1º O juiz poderá determinar que a parte responsável pelo pagamento dos honorários do perito deposite em juízo o valor correspondente.

§ 2º A quantia recolhida em depósito bancário à ordem do juízo será corrigida monetariamente e paga de acordo com o art. 465, § 4º.

§ 3º Quando o pagamento da perícia for de responsabilidade de beneficiário de gratuidade da justiça, ela poderá ser:

I - custeada com recursos alocados no orçamento do ente público e realizada por servidor do Poder Judiciário ou por órgão público conveniado;

II - paga com recursos alocados no orçamento da União, do Estado ou do Distrito Federal, no caso de ser realizada por particular, hipótese em que o valor será fixado conforme tabela do tribunal respectivo ou, em caso de sua omissão, do Conselho Nacional de Justiça.

§ 4º Na hipótese do § 3º, o juiz, após o trânsito em julgado da decisão final, oficiará a Fazenda Pública para que promova, contra quem tiver sido condenado ao pagamento das despesas processuais, a execução dos valores gastos com a perícia particular ou com a utilização de servidor público ou da estrutura de órgão público, observando-se, caso o responsável pelo pagamento das despesas seja beneficiário de gratuidade da justiça, o disposto no art. 98, § 2º.

§ 5º Para fins de aplicação do § 3º, é vedada a utilização de recursos do fundo de custeio da Defensoria Pública.

Art. 96. O valor das sanções impostas ao litigante de má-fé reverterá em benefício da parte contrária, e o valor das sanções impostas aos serventuários pertencerá ao Estado ou à União.

Art. 97. A União e os Estados podem criar fundos de modernização do Poder Judiciário, aos quais serão revertidos os valores das sanções pecuniárias processuais destinadas à União e aos Estados, e outras verbas previstas em lei.

SEÇÃO IV
DA GRATUIDADE DA JUSTIÇA

Art. 98. A pessoa natural ou jurídica, brasileira ou estrangeira, com insuficiência de recursos para pagar as custas, as despesas processuais e os honorários advocatícios tem direito à gratuidade da justiça, na forma da lei.

- Súm. 481, STJ.
- Súm. 463, OJ-SDI1 269 e 331, TST.
- Lei 1.060/1950 (Assistência judiciária gratuita).

» *Vide* Súmula 481 do STJ.

§ 1º A gratuidade da justiça compreende:

I - as taxas ou as custas judiciais;

II - os selos postais;

III - as despesas com publicação na imprensa oficial, dispensando-se a publicação em outros meios;

IV - a indenização devida à testemunha que, quando empregada, receberá do empregador salário integral, como se em serviço estivesse;

V - as despesas com a realização de exame de código genético - DNA e de outros exames considerados essenciais;

VI - os honorários do advogado e do perito e a remuneração do intérprete ou do tradutor nomeado para apresentação de versão em português de documento redigido em língua estrangeira;

VII - o custo com a elaboração de memória de cálculo, quando exigida para instauração da execução;

VIII - os depósitos previstos em lei para interposição de recurso, para propositura de ação e para a prática de outros atos processuais inerentes ao exercício da ampla defesa e do contraditório;

IX - os emolumentos devidos a notários ou registradores em decorrência da prática de registro, averbação ou qualquer outro ato notarial necessário à efetivação de decisão judicial ou à continuidade de processo judicial no qual o benefício tenha sido concedido.

§ 2º A concessão de gratuidade não afasta a responsabilidade do beneficiário pelas despesas processuais e pelos honorários advocatícios decorrentes de sua sucumbência.

§ 3º Vencido o beneficiário, as obrigações decorrentes de sua sucumbência ficarão sob condição suspensiva de exigibilidade e somente poderão ser executadas se, nos 5 (cinco) anos subsequentes ao trânsito em julgado da decisão que as certificou, o credor demonstrar que deixou de existir a situação de insuficiência de recursos que justificou a concessão de gratuidade, extinguindo-se, passado esse prazo, tais obrigações do beneficiário.

§ 4º A concessão de gratuidade não afasta o dever de o beneficiário pagar, ao final, as multas processuais que lhe sejam impostas.

» *Vide* art. 334, § 8.º, do CPC.

§ 5º A gratuidade poderá ser concedida em relação a algum ou a todos os atos processuais, ou consistir na redução percentual de despesas processuais que o beneficiário tiver de adiantar no curso do procedimento.

§ 6º Conforme o caso, o juiz poderá conceder direito ao parcelamento de despesas processuais que o beneficiário tiver de adiantar no curso do procedimento.

§ 7º Aplica-se o disposto no art. 95, §§ 3º a 5º, ao custeio dos emolumentos previstos no § 1º, inciso IX, do presente artigo, observada a tabela e as condições da lei estadual ou distrital respectiva.

§ 8º Na hipótese do § 1º, inciso IX, havendo dúvida fundada quanto ao preenchimento atual dos pressupostos para a concessão de gratuidade, o notário ou registrador, após praticar o ato, pode requerer, ao juízo competente para decidir questões notariais ou registrais, a revogação total ou parcial do benefício ou a sua substituição pelo parcelamento de que trata o § 6º deste artigo, caso em que o beneficiário será citado para, em 15 (quinze) dias, manifestar-se sobre esse requerimento.

Art. 99. O pedido de gratuidade da justiça pode ser formulado na petição inicial, na contestação, na petição para ingresso de terceiro no processo ou em recurso.

- Súm. 481, STJ.
- OJ-SDI1 269 e 331, TST.

§ 1º Se superveniente à primeira manifestação da parte na instância, o pedido poderá ser formulado por petição simples, nos autos do próprio processo, e não suspenderá seu curso.

§ 2º O juiz somente poderá indeferir o pedido se houver nos autos elementos que evidenciem a falta dos pressupostos legais para a concessão de gratuidade, devendo, antes de indeferir o pedido, determinar à parte a comprovação do preenchimento dos referidos pressupostos.

§ 3º Presume-se verdadeira a alegação de insuficiência deduzida exclusivamente por pessoa natural.

§ 4º A assistência do requerente por advogado particular não impede a concessão de gratuidade da justiça.

§ 5º Na hipótese do § 4º, o recurso que verse exclusivamente sobre valor de honorários de sucumbência fixados em favor do advogado de beneficiário estará sujeito a preparo, salvo se o próprio advogado demonstrar que tem direito à gratuidade.

» *Vide* art. 1.007 do CPC.

§ 6º O direito à gratuidade da justiça é pessoal, não se estendendo a litisconsorte ou a sucessor do beneficiário, salvo requerimento e deferimento expressos.

§ 7º Requerida a concessão de gratuidade da justiça em recurso, o recorrente estará dispensado de comprovar o recolhimento do preparo, incumbindo ao relator, neste caso, apreciar o requerimento e, se indeferi-lo, fixar prazo para realização do recolhimento.

Art. 100. Deferido o pedido, a parte contrária poderá oferecer impugnação na contestação, na réplica, nas contrarrazões de recurso ou, nos casos de pedido superveniente ou formulado por terceiro, por meio de petição simples, a ser apresentada no prazo de 15 (quinze) dias, nos autos do próprio processo, sem suspensão de seu curso.

Parágrafo único. Revogado o benefício, a parte arcará com as despesas processuais que tiver deixado de adiantar e pagará, em caso de má-fé, até o décuplo de seu valor a título de multa, que será revertida em benefício da Fazenda Pública estadual ou federal e poderá ser inscrita em dívida ativa.

» *Vide* art. 1.015, V, do CPC.

Art. 101. Contra a decisão que indeferir a gratuidade ou a que acolher pedido de sua revogação caberá agravo de instrumento, exceto quando a questão for resolvida na sentença, contra a qual caberá apelação.

- arts. 1.009 e 1.015, CPC.

§ 1º O recorrente estará dispensado do recolhimento de custas até decisão do relator sobre a questão, preliminarmente ao julgamento do recurso.

» *Vide* art. 1.007 do CPC.

§ 2º Confirmada a denegação ou a revogação da gratuidade, o relator ou o órgão colegiado determinará ao recorrente o recolhimento das custas processuais, no prazo de 5 (cinco) dias, sob pena de não conhecimento do recurso.

Art. 102. Sobrevindo o trânsito em julgado de decisão que revoga a gratuidade, a parte deverá efetuar o recolhimento de todas as despesas de cujo adiantamento foi dispensada, inclusive as relativas ao recurso interposto, se houver, no prazo fixado pelo juiz, sem prejuízo de aplicação das sanções previstas em lei.

Parágrafo único. Não efetuado o recolhimento, o processo será extinto sem resolução de mérito, tratando-se do autor, e, nos demais casos, não poderá ser deferida a realização de nenhum ato ou diligência requerida pela parte enquanto não efetuado o depósito.

CAPÍTULO III
DOS PROCURADORES

Art. 103. A parte será representada em juízo por advogado regularmente inscrito na Ordem dos Advogados do Brasil.

- art. 133, CF.
- art. 791, §§ 1º e 2º, CLT.
- art. 1º, I, Estatuto da OAB.
- art. 9º, Lei 9.099/1995 (Juizados Especiais Cíveis e Criminais).

Parágrafo único. É lícito à parte postular em causa própria quando tiver habilitação legal.

» *Vide* arts. 77, V, 85, § 17, do CPC.

Art. 104. O advogado não será admitido a postular em juízo sem procuração, salvo para evitar preclusão, decadência ou prescrição, ou para praticar ato considerado urgente.

- art. 287, p.ún., CPC.
- art. 16, Lei 1.060/1950 (Assistência judiciária gratuita).
- arts. 5º, § 1º, Estatuto da OAB.

‣ Súm. 644, STF.

§ 1º Nas hipóteses previstas no *caput*, o advogado deverá, independentemente de caução, exibir a procuração no prazo de 15 (quinze) dias, prorrogável por igual período por despacho do juiz.

§ 2º O ato não ratificado será considerado ineficaz relativamente àquele em cujo nome foi praticado, respondendo o advogado pelas despesas e por perdas e danos.

Art. 105. A procuração geral para o foro, outorgada por instrumento público ou particular assinado pela parte, habilita o advogado a praticar todos os atos do processo, exceto receber citação, confessar, reconhecer a procedência do pedido, transigir, desistir, renunciar ao direito sobre o qual se funda a ação, receber, dar quitação, firmar compromisso e assinar declaração de hipossuficiência econômica, que devem constar de cláusula específica.

‣ art. 654, CC.

‣ Súm. 463, TST.

» *Vide* Súmula 644 do STJ.

§ 1º A procuração pode ser assinada digitalmente, na forma da lei.

§ 2º A procuração deverá conter o nome do advogado, seu número de inscrição na Ordem dos Advogados do Brasil e endereço completo.

§ 3º Se o outorgado integrar sociedade de advogados, a procuração também deverá conter o nome dessa, seu número de registro na Ordem dos Advogados do Brasil e endereço completo.

‣ art. 15, Estatuto da OAB.

§ 4º Salvo disposição expressa em sentido contrário constante do próprio instrumento, a procuração outorgada na fase de conhecimento é eficaz para todas as fases do processo, inclusive para o cumprimento de sentença.

Art. 106. Quando postular em causa própria, incumbe ao advogado:

I - declarar, na petição inicial ou na contestação, o endereço, seu número de inscrição na Ordem dos Advogados do Brasil e o nome da sociedade de advogados da qual participa, para o recebimento de intimações;

‣ art. 77, V, CPC.

» *Vide* art. 77, V, do CPC.

II - comunicar ao juízo qualquer mudança de endereço.

§ 1º Se o advogado descumprir o disposto no inciso I, o juiz ordenará que se supra a omissão, no prazo de 5 (cinco) dias, antes de determinar a citação do réu, sob pena de indeferimento da petição.

§ 2º Se o advogado infringir o previsto no inciso II, serão consideradas válidas as intimações enviadas por carta registrada ou meio eletrônico ao endereço constante dos autos.

Art. 107. O advogado tem direito a:

‣ art. 7º, Estatuto da OAB.

I - examinar, em cartório de fórum e secretaria de tribunal, mesmo sem procuração, autos de qualquer processo, independentemente da fase de tramitação, assegurados a obtenção de cópias e o registro de anotações, salvo na hipótese de segredo de justiça, nas quais apenas o advogado constituído terá acesso aos autos;

‣ arts. 11, p.ún., 189, CPC.

II - requerer, como procurador, vista dos autos de qualquer processo, pelo prazo de 5 (cinco) dias;

III - retirar os autos do cartório ou da secretaria, pelo prazo legal, sempre que neles lhe couber falar por determinação do juiz, nos casos previstos em lei.

§ 1º Ao receber os autos, o advogado assinará carga em livro ou documento próprio.

§ 2º Sendo o prazo comum às partes, os procuradores poderão retirar os autos somente em conjunto ou mediante prévio ajuste, por petição nos autos.

§ 3º Na hipótese do § 2º, é lícito ao procurador retirar os autos para obtenção de cópias, pelo prazo de 2 (duas) a 6 (seis) horas, independentemente de ajuste e sem prejuízo da continuidade do prazo.

§ 4º O procurador perderá no mesmo processo o direito a que se refere o § 3º se não devolver os autos tempestivamente, salvo se o prazo for prorrogado pelo juiz.

§ 5º O disposto no inciso I do *caput* deste artigo aplica-se integralmente a processos eletrônicos. *(Inserido pela Lei 13.793/2019)*

CAPÍTULO IV
DA SUCESSÃO DAS PARTES E DOS PROCURADORES

Art. 108. No curso do processo, somente é lícita a sucessão voluntária das partes nos casos expressos em lei.

Art. 109. A alienação da coisa ou do direito litigioso por ato entre vivos, a título particular, não altera a legitimidade das partes.

» *Vide* art. 17 do CPC.

§ 1º O adquirente ou cessionário não poderá ingressar em juízo, sucedendo o alienante ou cedente, sem que o consinta a parte contrária.

§ 2º O adquirente ou cessionário poderá intervir no processo como assistente litisconsorcial do alienante ou cedente.

‣ art. 124, CPC.

§ 3º Estendem-se os efeitos da sentença proferida entre as partes originárias ao adquirente ou cessionário.

Art. 110. Ocorrendo a morte de qualquer das partes, dar-se-á a sucessão pelo seu espólio ou pelos seus sucessores, observado o disposto no art. 313, §§ 1º e 2º.

Art. 111. A parte que revogar o mandato outorgado a seu advogado constituirá, no mesmo ato, outro que assuma o patrocínio da causa.

‣ arts. 683 a 687, CC.

Parágrafo único. Não sendo constituído novo procurador no prazo de 15 (quinze) dias, observar-se-á o disposto no art. 76.

Art. 112. O advogado poderá renunciar ao mandato a qualquer tempo, provando, na forma prevista neste Código, que comunicou a renúncia ao mandante, a fim de que este nomeie sucessor.

‣ arts. 682 e 688, CC.

» *Vide* art. 5.º da Lei n. 8.906, de 4-7-1994 (Estatuto da Advocacia e da OAB).

§ 1º Durante os 10 (dez) dias seguintes, o advogado continuará a representar o mandante, desde que necessário para lhe evitar prejuízo.

§ 2º Dispensa-se a comunicação referida no *caput* quando a procuração tiver sido outorgada a vários advogados e a parte continuar representada por outro, apesar da renúncia.

TÍTULO II
DO LITISCONSÓRCIO

» *Vide* art. 1.015, VII, do CPC.

Art. 113. Duas ou mais pessoas podem litigar, no mesmo processo, em conjunto, ativa ou passivamente, quando:

» *Vide* art. 87 do CPC.

» *Vide* art. 10 da Lei n. 9.099, de 26-9-1995 (Juizado Especial).

I - entre elas houver comunhão de direitos ou de obrigações relativamente à lide;

II - entre as causas houver conexão pelo pedido ou pela causa de pedir;

‣ art. 5º, § 5º, Lei 7.347/1985 (Ação Civil Pública).

III - ocorrer afinidade de questões por ponto comum de fato ou de direito.

§ 1º O juiz poderá limitar o litisconsórcio facultativo quanto ao número de litigantes na fase de conhecimento, na liquidação de sentença ou na execução, quando este comprometer a rápida solução do litígio ou dificultar a defesa ou o cumprimento da sentença.

§ 2º O requerimento de limitação interrompe o prazo para manifestação ou resposta, que recomeçará da intimação da decisão que o solucionar.

» *Vide* art. 1.015, VIII, do CPC.

Art. 114. O litisconsórcio será necessário por disposição de lei ou quando, pela natureza da relação jurídica controvertida, a eficácia da sentença depender da citação de todos que devam ser litisconsortes.

» *Vide* arts. 73 e 74 do CPC.

» *Vide* art. 246, § 3.º, do CPC.

» *Vide* art. 682, 683, parágrafo único, do CPC.

» *Vide* art. 903, § 4.º, do CPC.

» *Vide* arts. 161 e 1.647, III, do CC.

» *Vide* art. 6.º da Lei n. 4.717, de 29-6-1965.

Art. 115. A sentença de mérito, quando proferida sem a integração do contraditório, será:

‣ art. 5º, LV, CF.

‣ art. 9º, CPC.

I - nula, se a decisão deveria ser uniforme em relação a todos que deveriam ter integrado o processo;

II - ineficaz, nos outros casos, apenas para os que não foram citados.

Parágrafo único. Nos casos de litisconsórcio passivo necessário, o juiz determinará ao autor que requeira a citação de todos que devam ser litisconsortes, dentro do prazo que assinar, sob pena de extinção do processo.

‣ art. 94, CDC.

‣ Súm. 631 e 701, STF.

» *Vide* art. 337, I, do CPC.

Art. 116. O litisconsórcio será unitário quando, pela natureza da relação jurídica, o juiz tiver de decidir o mérito de modo uniforme para todos os litisconsortes.

Art. 117. Os litisconsortes serão considerados, em suas relações com a parte adversa, como litigantes distintos, exceto no litisconsórcio unitário, caso em que os atos e as omissões de um não prejudicarão os outros, mas os poderão beneficiar.

» *Vide* arts. 87, § 1.º, 99, § 6.º, 124, 229 e 334, § 6.º, do CPC.

» *Vide* arts. 335, § 1.º, 343, § 4.º, 364, § 1.º, 391, 998 e 1.005 do CPC.

» *Vide* arts. 341 e 1.005, I, do CPC.

Art. 118. Cada litisconsorte tem o direito de promover o andamento do processo, e todos devem ser intimados dos respectivos atos.

‣ Súm. 641, STF.

TÍTULO III
DA INTERVENÇÃO DE TERCEIROS

» *Vide* art. 1.015, IX, do CPC.

» *Vide* art. 10 da Lei n. 9.009, de 26-5-1995 (Juizado Especial).

» *Vide* art. 7.º da Lei n. 9.868, de 10-11-1999 (Lei da ADI e ADC).

CAPÍTULO I
DA ASSISTÊNCIA

SEÇÃO I
DISPOSIÇÕES COMUNS

Art. 119. Pendendo causa entre 2 (duas) ou mais pessoas, o terceiro juridicamente interessado em que a sentença seja favorável a uma delas poderá intervir no processo para assisti-la.

» *Vide* art. 10 da Lei n. 9.009, de 26-5-1995 (Juizado Especial).

Parágrafo único. A assistência será admitida em qualquer procedimento e em todos os graus de jurisdição, recebendo o assistente o processo no estado em que se encontre.

Art. 120. Não havendo impugnação no prazo de 15 (quinze) dias, o pedido do assistente será deferido, salvo se for caso de rejeição liminar.

Parágrafo único. Se qualquer parte alegar que falta ao requerente interesse jurídico para intervir, o juiz decidirá o incidente, sem suspensão do processo.

» *Vide* art. 1.015, IX, do CPC.

SEÇÃO II
DA ASSISTÊNCIA SIMPLES

Art. 121. O assistente simples atuará como auxiliar da parte principal, exercerá os mesmos poderes e sujeitar-se-á aos mesmos ônus processuais que o assistido.

Parágrafo único. Sendo revel ou, de qualquer outro modo, omisso o assistido, o assistente será considerado seu substituto processual.

» *Vide* art. 18, parágrafo único, do CPC.

Art. 122. A assistência simples não obsta a que a parte principal reconheça a procedência do pedido, desista da ação, renuncie ao direito sobre o que se funda a ação ou transija sobre direitos controvertidos.

Art. 123. Transitada em julgado a sentença no processo em que interveio o assistente, este não poderá, em processo posterior, discutir a justiça da decisão, salvo se alegar e provar que:

» *Vide* art. 506 do CPC.

I - pelo estado em que recebeu o processo ou pelas declarações e pelos atos do assistido, foi impedido de produzir provas suscetíveis de influir na sentença;

II - desconhecia a existência de alegações ou de provas das quais o assistido, por dolo ou culpa, não se valeu.

SEÇÃO III
DA ASSISTÊNCIA LITISCONSORCIAL

Art. 124. Considera-se litisconsorte da parte principal o assistente sempre que a sentença influir na relação jurídica entre ele e o adversário do assistido.

‣ arts. 113 a 118, CPC.

CAPÍTULO II
DA DENUNCIAÇÃO DA LIDE

» *Vide* art. 1.015, IX, do CPC.

» *Vide* art. 88 do CDC.

Art. 125. É admissível a denunciação da lide, promovida por qualquer das partes:

» *Vide* art. 10 da Lei n. 9.099, de 26-9-1995 (Juizado Especial).

I - ao alienante imediato, no processo relativo à coisa cujo domínio foi transferido ao denunciante, a fim de que possa exercer os direitos que da evicção lhe resultam;

II - àquele que estiver obrigado, por lei ou pelo contrato, a indenizar, em ação regressiva, o prejuízo de quem for vencido no processo.

‣ Súm. 188, STF.

§ 1º O direito regressivo será exercido por ação autônoma quando a denunciação da lide for indeferida, deixar de ser promovida ou não for permitida.

§ 2º Admite-se uma única denunciação sucessiva, promovida pelo denunciado, contra seu antecessor imediato na cadeia dominial ou quem seja responsável por indenizá-lo, não podendo o denunciado sucessivo promover nova denunciação, hipótese em que eventual direito de regresso será exercido por ação autônoma.

Art. 126. A citação do denunciado será requerida na petição inicial, se o denunciante for autor, ou na contestação, se o denunciante for réu, devendo ser realizada na forma e nos prazos previstos no art. 131.

Art. 127. Feita a denunciação pelo autor, o denunciado poderá assumir a posição de litisconsorte do denunciante e acrescentar novos argumentos à petição inicial, procedendo-se em seguida à citação do réu.

‣ arts. 113 a 118, CPC.

Art. 128. Feita a denunciação pelo réu:

I - se o denunciado contestar o pedido formulado pelo autor, o processo prosseguirá tendo, na ação principal, em litisconsórcio, denunciante e denunciado;

II - se o denunciado for revel, o denunciante pode deixar de prosseguir com sua defesa, eventualmente oferecida, e abster-se de recorrer, restringindo sua atuação à ação regressiva;

III - se o denunciado confessar os fatos alegados pelo autor na ação principal, o denunciante poderá prosseguir com sua defesa ou, aderindo a tal reconhecimento, pedir apenas a procedência da ação de regresso.

Parágrafo único. Procedente o pedido da ação principal, pode o autor, se for o caso, requerer o cumprimento da sentença também contra o denunciado, nos limites da condenação deste na ação regressiva.

» *Vide* Súmula 537 do STJ.

Art. 129. Se o denunciante for vencido na ação principal, o juiz passará ao julgamento da denunciação da lide.

Parágrafo único. Se o denunciante for vencedor, a ação de denunciação não terá o seu pedido examinado, sem prejuízo da condenação do denunciante ao pagamento das verbas de sucumbência em favor do denunciado.

‣ Súm. 537, STJ.

CAPÍTULO III
DO CHAMAMENTO AO PROCESSO

Art. 130. É admissível o chamamento ao processo, requerido pelo réu:

» *Vide* art. 513, § 5.º, do CPC.

» *Vide* art. 10 da Lei n. 9.099, de 26-9-1995 (Juizado Especial).

I - do afiançado, na ação em que o fiador for réu;

» *Vide* art. 794, § 2.º, do CPC.

» *Vide* Súmula 332 do STJ.

II - dos demais fiadores, na ação proposta contra um ou alguns deles;

III - dos demais devedores solidários, quando o credor exigir de um ou de alguns o pagamento da dívida comum.

Art. 131. A citação daqueles que devam figurar em litisconsórcio passivo será requerida pelo réu na contestação e deve ser promovida no prazo de 30 (trinta) dias, sob pena de ficar sem efeito o chamamento.

‣ arts. 113 a 118 e 126, CPC.

Parágrafo único. Se o chamado residir em outra comarca, seção ou subseção judiciárias, ou em lugar incerto, o prazo será de 2 (dois) meses.

Art. 132. A sentença de procedência valerá como título executivo em favor do réu que satisfizer a dívida, a fim de que possa exigi-la, por inteiro, do devedor principal, ou, de cada um dos codevedores, a sua quota, na proporção que lhes tocar.

CAPÍTULO IV
DO INCIDENTE DE DESCONSIDERAÇÃO DA PERSONALIDADE JURÍDICA

Art. 133. O incidente de desconsideração da personalidade jurídica será instaurado a pedido da parte ou do Ministério Público, quando lhe couber intervir no processo.

‣ art. 1.062, CPC.

‣ art. 50, CC.

‣ art. 28, CDC.

‣ art. 135, CTN.

‣ art. 855-A, CLT.

» *Vide* art. 790, II e VII, do CPC.

» *Vide* art. 10 da Lei n. 9.099, de 26-9-1995.

§ 1º O pedido de desconsideração da personalidade jurídica observará os pressupostos previstos em lei.

§ 2º Aplica-se o disposto neste Capítulo à hipótese de desconsideração inversa da personalidade jurídica.

Art. 134. O incidente de desconsideração é cabível em todas as fases do processo de conhecimento, no cumprimento de sentença e na execução fundada em título executivo extrajudicial.

§ 1º A instauração do incidente será imediatamente comunicada ao distribuidor para as anotações devidas.

§ 2º Dispensa-se a instauração do incidente se a desconsideração da personalidade jurídica for requerida na petição inicial, hipótese em que será citado o sócio ou a pessoa jurídica.

§ 3º A instauração do incidente suspenderá o processo, salvo na hipótese do § 2º.

§ 4º O requerimento deve demonstrar o preenchimento dos pressupostos legais específicos para desconsideração da personalidade jurídica.

Art. 135. Instaurado o incidente, o sócio ou a pessoa jurídica será citado para manifestar-se e requerer as provas cabíveis no prazo de 15 (quinze) dias.

Art. 136. Concluída a instrução, se necessária, o incidente será resolvido por decisão interlocutória.

» *Vide* art. 1.015, IV, do CPC.

Parágrafo único. Se a decisão for proferida pelo relator, cabe agravo interno.

‣ art. 1.015, IV, CPC.

» *Vide* art. 1.021 do CPC.

Art. 137. Acolhido o pedido de desconsideração, a alienação ou a oneração de bens, havida em fraude de execução, será ineficaz em relação ao requerente.

» *Vide* arts. 790, VII, e 792, § 3.º, do CPC.

CAPÍTULO V
DO *AMICUS CURIAE*

» *Vide* art. 7.º, § 2.º, da Lei n. 9.868, de 10-11-1999 (Lei da ADI e ADC).

Art. 138. O juiz ou o relator, considerando a relevância da matéria, a especificidade do tema objeto da demanda ou a repercussão social da controvérsia, poderá, por decisão irrecorrível, de ofício ou a requerimento das partes ou de quem pretenda manifestar-se, solicitar ou admitir a participação de pessoa natural ou jurídica, órgão ou entidade especializada, com representatividade adequada, no prazo de 15 (quinze) dias de sua intimação.

» *Vide* art. 950, § 3.º, do CPC.

§ 1º A intervenção de que trata o *caput* não implica alteração de competência nem autoriza a interposição de recursos, ressalvadas a oposição de embargos de declaração e a hipótese do § 3º.

§ 2º Caberá ao juiz ou ao relator, na decisão que solicitar ou admitir a intervenção, definir os poderes do amicus curiae.

§ 3º O amicus curiae pode recorrer da decisão que julgar o incidente de resolução de demandas repetitivas.

» *Vide* art. 987 do CPC.

TÍTULO IV
DO JUIZ E DOS AUXILIARES DA JUSTIÇA

CAPÍTULO I
DOS PODERES, DOS DEVERES E DA RESPONSABILIDADE DO JUIZ

Art. 139. O juiz dirigirá o processo conforme as disposições deste Código, incumbindo-lhe:

I - assegurar às partes igualdade de tratamento;

‣ art. 7º, CPC.

II - velar pela duração razoável do processo;

‣ art. 5º, LXXVIII, CF.

‣ art. 35, II e III, LC 35/1979 (Lei Orgânica da Magistratura Nacional).

III - prevenir ou reprimir qualquer ato contrário à dignidade da justiça e indeferir postulações meramente protelatórias;

IV - determinar todas as medidas indutivas, coercitivas, mandamentais ou sub-rogatórias necessárias para assegurar o cumprimento de ordem judicial, inclusive nas ações que tenham por objeto prestação pecuniária;

V - promover, a qualquer tempo, a autocomposição, preferencialmente com auxílio de conciliadores e mediadores judiciais;

VI - dilatar os prazos processuais e alterar a ordem de produção dos meios de prova, adequando-os às necessidades do conflito de modo a conferir maior efetividade à tutela do direito;

VII - exercer o poder de polícia, requisitando, quando necessário, força policial, além da segurança interna dos fóruns e tribunais;

VIII - determinar, a qualquer tempo, o comparecimento pessoal das partes, para inquiri-las sobre os fatos da causa, hipótese em que não incidirá a pena de confesso;

IX - determinar o suprimento de pressupostos processuais e o saneamento de outros vícios processuais;

X - quando se deparar com diversas demandas individuais repetitivas, oficiar o Ministério Público, a Defensoria Pública e, na medida do possível, outros legitimados a que se referem o art. 5º da Lei n. 7.347, de 24 de julho de 1985, e o art. 82 da Lei n. 8.078, de 11 de setembro de 1990, para, se for o caso, promover a propositura da ação coletiva respectiva.

Parágrafo único. A dilação de prazos prevista no inciso VI somente pode ser determinada antes de encerrado o prazo regular.

Art. 140. O juiz não se exime de decidir sob a alegação de lacuna ou obscuridade do ordenamento jurídico.

‣ art. 4º, LINDB.

Parágrafo único. O juiz só decidirá por equidade nos casos previstos em lei.

Art. 141. O juiz decidirá o mérito nos limites propostos pelas partes, sendo-lhe vedado conhecer de questões não suscitadas a cujo respeito a lei exige iniciativa da parte.

‣ arts. 2º e 492, CPC.

Art. 142. Convencendo-se, pelas circunstâncias, de que autor e réu se serviram do processo para praticar ato simulado ou conseguir fim vedado por lei, o juiz proferirá decisão que impeça os objetivos das partes, aplicando, de ofício, as penalidades da litigância de má-fé.

Art. 143. O juiz responderá, civil e regressivamente, por perdas e danos quando:

‣ art. 37, § 6º, CF.

I - no exercício de suas funções, proceder com dolo ou fraude;

II - recusar, omitir ou retardar, sem justo motivo, providência que deva ordenar de ofício ou a requerimento da parte.

Parágrafo único. As hipóteses previstas no inciso II somente serão verificadas depois que a parte requerer ao juiz que determine a providência e o requerimento não for apreciado no prazo de 10 (dez) dias.

CAPÍTULO II
DOS IMPEDIMENTOS E DA SUSPEIÇÃO

Art. 144. Há impedimento do juiz, sendo-lhe vedado exercer suas funções no processo:

I - em que interveio como mandatário da parte, oficiou como perito, funcionou como membro do Ministério Público ou prestou depoimento como testemunha;

II - de que conheceu em outro grau de jurisdição, tendo proferido decisão;

‣ art. 277, p.ún., RISTF.

‣ Súm. 252, STF.

III - quando nele estiver postulando, como defensor público, advogado ou membro do Ministério Público, seu cônjuge ou companheiro, ou qualquer parente, consanguíneo ou afim, em linha reta ou colateral, até o terceiro grau, inclusive;

IV - quando for parte no processo ele próprio, seu cônjuge ou companheiro, ou parente, consanguíneo ou afim, em linha reta ou colateral, até o terceiro grau, inclusive;

V - quando for sócio ou membro de direção ou de administração de pessoa jurídica parte no processo;

VI - quando for herdeiro presuntivo, donatário ou empregador de qualquer das partes;

VII - em que figure como parte instituição de ensino com a qual tenha relação de emprego ou decorrente de contrato de prestação de serviços;

VIII - em que figure como parte cliente do escritório de advocacia de seu cônjuge, companheiro ou parente, consanguíneo ou afim, em linha reta ou colateral, até o terceiro grau, inclusive, mesmo que patrocinado por advogado de outro escritório;

» ADI 5.953: O STF, por maioria, julgou procedente a presente ação direta, declarando-se a inconstitucionalidade deste inciso. (DJE de 01.09.2023)

IX - quando promover ação contra a parte ou seu advogado.

§ 1º Na hipótese do inciso III, o impedimento só se verifica quando o defensor público, o advogado ou o membro do Ministério Público já integrava o processo antes do início da atividade judicante do juiz.

§ 2º É vedada a criação de fato superveniente a fim de caracterizar impedimento do juiz.

§ 3º O impedimento previsto no inciso III também se verifica no caso de mandato conferido a membro de escritório de advocacia que tenha em seus quadros advogado que individualmente ostente a condição nele prevista, mesmo que não intervenha diretamente no processo.

Art. 145. Há suspeição do juiz:

I - amigo íntimo ou inimigo de qualquer das partes ou de seus advogados;

II - que receber presentes de pessoas que tiverem interesse na causa antes ou depois de iniciado o processo, que aconselhar alguma das partes acerca do objeto da causa ou que subministrar meios para atender às despesas do litígio;

III - quando qualquer das partes for sua credora ou devedora, de seu cônjuge ou companheiro ou de parentes destes, em linha reta até o terceiro grau, inclusive;

IV - interessado no julgamento do processo em favor de qualquer das partes.

§ 1º Poderá o juiz declarar-se suspeito por motivo de foro íntimo, sem necessidade de declarar suas razões.

‣ art. 93, IX, CF.

§ 2º Será ilegítima a alegação de suspeição quando:

I - houver sido provocada por quem a alega;

II - a parte que a alega houver praticado ato que signifique manifesta aceitação do arguido.

Art. 146. No prazo de 15 (quinze) dias, a contar do conhecimento do fato, a parte alegará o impedimento ou a suspeição, em petição específica dirigida ao juiz do processo, na qual indicará o fundamento da recusa, podendo instruí-la com documentos em que se fundar a alegação e com rol de testemunhas.

§ 1º Se reconhecer o impedimento ou a suspeição ao receber a petição, o juiz ordenará imediatamente a remessa dos autos a seu substituto legal, caso contrário, determinará a autuação em apartado da petição e, no prazo de 15 (quinze) dias, apresentará suas razões, acompanhadas de documentos e de rol de testemunhas, se houver, ordenando a remessa do incidente ao tribunal.

§ 2º Distribuído o incidente, o relator deverá declarar os seus efeitos, sendo que, se o incidente for recebido:

I - sem efeito suspensivo, o processo voltará a correr;

II - com efeito suspensivo, o processo permanecerá suspenso até o julgamento do incidente.

§ 3º Enquanto não for declarado o efeito em que é recebido o incidente ou quando este for recebido com efeito suspensivo, a tutela de urgência será requerida ao substituto legal.

§ 4º Verificando que a alegação de impedimento ou de suspeição é improcedente, o tribunal rejeitá-la-á.

§ 5º Acolhida a alegação, tratando-se de impedimento ou de manifesta suspeição, o tribunal condenará o juiz nas custas e remeterá os autos ao seu substituto legal, podendo o juiz recorrer da decisão.

§ 6º Reconhecido o impedimento ou a suspeição, o tribunal fixará o momento a partir do qual o juiz não poderia ter atuado.

§ 7º O tribunal decretará a nulidade dos atos do juiz, se praticados quando já presente o motivo de impedimento ou de suspeição.

Art. 147. Quando 2 (dois) ou mais juízes forem parentes, consanguíneos ou afins, em linha reta ou colateral, até o terceiro grau, inclusive, o primeiro que conhecer do processo impede que o outro nele atue, caso em que o segundo se escusará, remetendo os autos ao seu substituto legal.

Art. 148. Aplicam-se os motivos de impedimento e de suspeição:

I - ao membro do Ministério Público;

- art. 127 e ss., CF.
- Lei 8.625/1993 (Lei Orgânica do Ministério Público).
- LC 75/1993 (Estatuto do Ministério Público da União).

II - aos auxiliares da justiça;

III - aos demais sujeitos imparciais do processo.

§ 1º A parte interessada deverá arguir o impedimento ou a suspeição, em petição fundamentada e devidamente instruída, na primeira oportunidade em que lhe couber falar nos autos.

§ 2º O juiz mandará processar o incidente em separado e sem suspensão do processo, ouvindo o arguido no prazo de 15 (quinze) dias e facultando a produção de prova, quando necessária.

§ 3º Nos tribunais, a arguição a que se refere o § 1º será disciplinada pelo regimento interno.

§ 4º O disposto nos §§ 1º e 2º não se aplica à arguição de impedimento ou de suspeição de testemunha.

CAPÍTULO III
DOS AUXILIARES DA JUSTIÇA

Art. 149. São auxiliares da Justiça, além de outros cujas atribuições sejam determinadas pelas normas de organização judiciária, o escrivão, o chefe de secretaria, o oficial de justiça, o perito, o depositário, o administrador, o intérprete, o tradutor, o mediador, o conciliador judicial, o partidor, o distribuidor, o contabilista e o regulador de avarias.

SEÇÃO I
DO ESCRIVÃO, DO CHEFE DE SECRETARIA E DO OFICIAL DE JUSTIÇA

Art. 150. Em cada juízo haverá um ou mais ofícios de justiça, cujas atribuições serão determinadas pelas normas de organização judiciária.

Art. 151. Em cada comarca, seção ou subseção judiciária haverá, no mínimo, tantos oficiais de justiça quantos sejam os juízos.

Art. 152. Incumbe ao escrivão ou ao chefe de secretaria:

I - redigir, na forma legal, os ofícios, os mandados, as cartas precatórias e os demais atos que pertençam ao seu ofício;

II - efetivar as ordens judiciais, realizar citações e intimações, bem como praticar todos os demais atos que lhe forem atribuídos pelas normas de organização judiciária;

III - comparecer às audiências ou, não podendo fazê-lo, designar servidor para substituí-lo;

IV - manter sob sua guarda e responsabilidade os autos, não permitindo que saiam do cartório, exceto:

a) quando tenham de seguir à conclusão do juiz;

b) com vista a procurador, à Defensoria Pública, ao Ministério Público ou à Fazenda Pública;

- art. 7º, XV e XVI, Estatuto da OAB.

c) quando devam ser remetidos ao contabilista ou ao partidor;

d) quando forem remetidos a outro juízo em razão da modificação da competência;

V - fornecer certidão de qualquer ato ou termo do processo, independentemente de despacho, observadas as disposições referentes ao segredo de justiça;

VI - praticar, de ofício, os atos meramente ordinatórios.

§ 1º O juiz titular editará ato a fim de regulamentar a atribuição prevista no inciso VI.

§ 2º No impedimento do escrivão ou chefe de secretaria, o juiz convocará substituto e, não o havendo, nomeará pessoa idônea para o ato.

Art. 153. O escrivão ou o chefe de secretaria atenderá, preferencialmente, à ordem cronológica de recebimento para publicação e efetivação dos pronunciamentos judiciais. (Alterado pela Lei 13.256/2016)

- art. 1.046, § 5º, CPC.

§ 1º A lista de processos recebidos deverá ser disponibilizada, de forma permanente, para consulta pública.

§ 2º Estão excluídos da regra do *caput*:

I - os atos urgentes, assim reconhecidos pelo juiz no pronunciamento judicial a ser efetivado;

II - as preferências legais.

§ 3º Após elaboração de lista própria, respeitar-se-ão a ordem cronológica de recebimento entre os atos urgentes e as preferências legais.

§ 4º A parte que se considerar preterida na ordem cronológica poderá reclamar, nos próprios autos, ao juiz do processo, que requisitará informações ao servidor, a serem prestadas no prazo de 2 (dois) dias.

§ 5º Constatada a preterição, o juiz determinará o imediato cumprimento do ato e a instauração de processo administrativo disciplinar contra o servidor.

Art. 154. Incumbe ao oficial de justiça:

I - fazer pessoalmente citações, prisões, penhoras, arrestos e demais diligências próprias do seu ofício, sempre que possível na presença de 2 (duas) testemunhas, certificando no mandado o ocorrido, com menção ao lugar, ao dia e à hora;

II - executar as ordens do juiz a que estiver subordinado;

III - entregar o mandado em cartório após seu cumprimento;

IV - auxiliar o juiz na manutenção da ordem;

V - efetuar avaliações, quando for o caso;

VI - certificar, em mandado, proposta de autocomposição apresentada por qualquer das partes, na ocasião de realização de ato de comunicação que lhe couber.

Parágrafo único. Certificada a proposta de autocomposição prevista no inciso VI, o juiz ordenará a intimação da parte contrária para manifestar-se, no prazo de 5 (cinco) dias, sem prejuízo do andamento regular do processo, entendendo-se o silêncio como recusa.

Art. 155. O escrivão, o chefe de secretaria e o oficial de justiça são responsáveis, civil e regressivamente, quando:

- art. 37, § 6º, CF.

I - sem justo motivo, se recusarem a cumprir no prazo os atos impostos pela lei ou pelo juiz a que estão subordinados;

II - praticarem ato nulo com dolo ou culpa.

SEÇÃO II
DO PERITO

Art. 156. O juiz será assistido por perito quando a prova do fato depender de conhecimento técnico ou científico.

§ 1º Os peritos serão nomeados entre os profissionais legalmente habilitados e os órgãos técnicos ou científicos devidamente inscritos em cadastro mantido pelo tribunal ao qual o juiz está vinculado.

§ 2º Para formação do cadastro, os tribunais devem realizar consulta pública, por meio de divulgação na rede mundial de computadores ou em jornais de grande circulação, além de consulta direta a universidades, a conselhos de classe, ao Ministério Público, à Defensoria Pública e à Ordem dos Advogados do Brasil, para a indicação de profissionais ou de órgãos técnicos interessados.

§ 3º Os tribunais realizarão avaliações e reavaliações periódicas para manutenção do cadastro, considerando a formação profissional, a atualização do conhecimento e a experiência dos peritos interessados.

§ 4º Para verificação de eventual impedimento ou motivo de suspeição, nos termos dos arts. 148 e 467, o órgão técnico ou científico nomeado para realização da perícia informará ao juiz os nomes e os dados de qualificação dos profissionais que participarão da atividade.

§ 5º Na localidade onde não houver inscrito no cadastro disponibilizado pelo tribunal, a nomeação do perito é de livre escolha pelo juiz e deverá recair sobre profissional ou órgão técnico ou científico comprovadamente detentor do conhecimento necessário à realização da perícia.

Art. 157. O perito tem o dever de cumprir o ofício no prazo que lhe designar o juiz, empregando toda sua diligência, podendo escusar-se do encargo alegando motivo legítimo.

§ 1º A escusa será apresentada no prazo de 15 (quinze) dias, contado da intimação, da suspeição ou do impedimento supervenientes, sob pena de renúncia ao direito a alegá-la.

§ 2º Será organizada lista de peritos na vara ou na secretaria, com disponibilização dos documentos exigidos para habilitação à consulta de interessados, para que a nomeação seja distribuída de modo equitativo, observadas a capacidade técnica e a área de conhecimento.

Art. 158. O perito que, por dolo ou culpa, prestar informações inverídicas responderá pelos prejuízos que causar à parte e ficará inabilitado para atuar em outras perícias no prazo de 2 (dois) a 5 (cinco) anos, independentemente das demais sanções previstas em lei, devendo o juiz comunicar o fato ao respectivo órgão de classe para adoção das medidas que entender cabíveis.

SEÇÃO III
DO DEPOSITÁRIO E DO ADMINISTRADOR

Art. 159. A guarda e a conservação de bens penhorados, arrestados, sequestrados ou arrecadados serão confiadas a depositário ou a administrador, não dispondo a lei de outro modo.

Art. 160. Por seu trabalho o depositário ou o administrador perceberá remuneração que o juiz fixará levando em conta a situação dos bens, ao tempo do serviço e às dificuldades de sua execução.

Parágrafo único. O juiz poderá nomear um ou mais prepostos por indicação do depositário ou do administrador.

Art. 161. O depositário ou o administrador responde pelos prejuízos que, por dolo ou culpa, causar à parte, perdendo a remuneração que lhe foi arbitrada, mas tem o direito a haver o que legitimamente despendeu no exercício do encargo.

‣ art. 168, § 1º, II, CP.

» *Vide* art. 318 do CPC.

Parágrafo único. O depositário infiel responde civilmente pelos prejuízos causados, sem prejuízo de sua responsabilidade penal e da imposição de sanção por ato atentatório à dignidade da justiça.

‣ Súm. Vinc. 25, STF.

‣ Pacto de São José da Costa Rica.

SEÇÃO IV
DO INTÉRPRETE E DO TRADUTOR

Art. 162. O juiz nomeará intérprete ou tradutor quando necessário para:

I - traduzir documento redigido em língua estrangeira;

II - verter para o português as declarações das partes e das testemunhas que não conhecerem o idioma nacional;

III - realizar a interpretação simultânea dos depoimentos das partes e testemunhas com deficiência auditiva que se comuniquem por meio da Língua Brasileira de Sinais, ou equivalente, quando assim for solicitado.

Art. 163. Não pode ser intérprete ou tradutor quem:

I - não tiver a livre administração de seus bens;

II - for arrolado como testemunha ou atuar como perito no processo;

III - estiver inabilitado para o exercício da profissão por sentença penal condenatória, enquanto durarem seus efeitos.

‣ art. 47, II, CP.

Art. 164. O intérprete ou tradutor, oficial ou não, é obrigado a desempenhar seu ofício, aplicando-se-lhe o disposto nos arts. 157 e 158.

SEÇÃO V
DOS CONCILIADORES E MEDIADORES JUDICIAIS

‣ Lei 13.140/2015 (Mediação e autocomposição).

‣ Res. 125/2010, CNJ. (Dispõe sobre a Política Judiciária Nacional de tratamento adequado dos conflitos de interesses no âmbito do Poder Judiciário).

Art. 165. Os tribunais criarão centros judiciários de solução consensual de conflitos, responsáveis pela realização de sessões e audiências de conciliação e mediação e pelo desenvolvimento de programas destinados a auxiliar, orientar e estimular a autocomposição.

‣ arts. 139, V, 334, §1º, e 694, CPC.

§ 1º A composição e a organização dos centros serão definidas pelo respectivo tribunal, observadas as normas do Conselho Nacional de Justiça.

§ 2º O conciliador, que atuará preferencialmente nos casos em que não houver vínculo anterior entre as partes, poderá sugerir soluções para o litígio, sendo vedada a utilização de qualquer tipo de constrangimento ou intimidação para que as partes conciliem.

§ 3º O mediador, que atuará preferencialmente nos casos em que houver vínculo anterior entre as partes, auxiliará aos interessados a compreender as questões e os interesses em conflito, de modo que eles possam, pelo restabelecimento da comunicação, identificar, por si próprios, soluções consensuais que gerem benefícios mútuos.

Art. 166. A conciliação e a mediação são informadas pelos princípios da independência, da imparcialidade, da autonomia da vontade, da confidencialidade, da oralidade, da informalidade e da decisão informada.

§ 1º A confidencialidade estende-se a todas as informações produzidas no curso do procedimento, cujo teor não poderá ser utilizado para fim diverso daquele previsto por expressa deliberação das partes.

§ 2º Em razão do dever de sigilo, inerente às suas funções, o conciliador e o mediador, assim como os membros de suas equipes, não poderão divulgar ou depor acerca de fatos ou elementos oriundos da conciliação ou da mediação.

§ 3º Admite-se a aplicação de técnicas negociais, com o objetivo de proporcionar ambiente favorável à autocomposição.

§ 4º A mediação e a conciliação serão regidas conforme a livre autonomia dos interessados, inclusive no que diz respeito à definição das regras procedimentais.

Art. 167. Os conciliadores, os mediadores e as câmaras privadas de conciliação e mediação serão inscritos em cadastro nacional e em cadastro de tribunal de justiça ou de tribunal regional federal, que manterá registro de profissionais habilitados, com indicação de sua área profissional.

§ 1º Preenchendo o requisito da capacitação mínima, por meio de curso realizado por entidade credenciada, conforme parâmetro curricular definido pelo Conselho Nacional de Justiça em conjunto com o Ministério da Justiça, o conciliador ou o mediador, com o respectivo certificado, poderá requerer sua inscrição no cadastro nacional e no cadastro de tribunal de justiça ou de tribunal regional federal.

§ 2º Efetivado o registro, que poderá ser precedido de concurso público, o tribunal remeterá ao diretor do foro da comarca, seção ou subseção judiciária onde atuará o conciliador ou o mediador os dados necessários para que seu nome passe a constar da respectiva lista, a ser observada na distribuição alternada e aleatória, respeitado o princípio da igualdade dentro da mesma área de atuação profissional.

§ 3º Do credenciamento das câmaras e do cadastro de conciliadores e mediadores constarão todos os dados relevantes para a sua atuação, tais como o número de processos de que participou, o sucesso ou insucesso da atividade, a matéria sobre a qual versou a controvérsia, bem como outros dados que o tribunal julgar relevantes.

§ 4º Os dados colhidos na forma do § 3º serão classificados sistematicamente pelo tribunal, que os publicará, ao menos anualmente, para conhecimento da população e para fins estatísticos e de avaliação da conciliação, da mediação, das câmaras privadas de conciliação e de mediação, dos conciliadores e dos mediadores.

§ 5º Os conciliadores e mediadores judiciais cadastrados na forma do *caput*, se advogados, estarão impedidos de exercer a advocacia nos juízos em que desempenhem suas funções.

§ 6º O tribunal poderá optar pela criação de quadro próprio de conciliadores e mediadores, a ser preenchido por concurso público de provas e títulos, observadas as disposições deste Capítulo.

Art. 168. As partes podem escolher, de comum acordo, o conciliador, o mediador ou a câmara privada de conciliação e de mediação.

§ 1º O conciliador ou mediador escolhido pelas partes poderá ou não estar cadastrado no tribunal.

§ 2º Inexistindo acordo quanto à escolha do mediador ou conciliador, haverá distribuição entre aqueles cadastrados no registro do tribunal, observada a respectiva formação.

§ 3º Sempre que recomendável, haverá a designação de mais de um mediador ou conciliador.

Art. 169. Ressalvada a hipótese do art. 167, § 6º, o conciliador e o mediador receberão pelo seu trabalho remuneração prevista em tabela fixada pelo tribunal, conforme parâmetros estabelecidos pelo Conselho Nacional de Justiça.

§ 1º A mediação e a conciliação podem ser realizadas como trabalho voluntário, observada a legislação pertinente e a regulamentação do tribunal.

§ 2º Os tribunais determinarão o percentual de audiências não remuneradas que deverão ser suportadas pelas câmaras privadas de conciliação e mediação, com o fim de atender aos processos em que deferida gratuidade da justiça, como contrapartida de seu credenciamento.

Art. 170. No caso de impedimento, o conciliador ou mediador o comunicará imediatamente, de preferência por meio eletrônico, e devolverá os autos ao juiz do processo ou ao coordenador do centro judiciário de solução de conflitos, devendo este realizar nova distribuição.

- art. 148, III, CPC.

Parágrafo único. Se a causa de impedimento for apurada quando já iniciado o procedimento, a atividade será interrompida, lavrando-se ata com relatório do ocorrido e solicitação de distribuição para novo conciliador ou mediador.

Art. 171. No caso de impossibilidade temporária do exercício da função, o conciliador ou mediador informará o fato ao centro, preferencialmente por meio eletrônico, para que, durante o período em que perdurar a impossibilidade, não haja novas distribuições.

Art. 172. O conciliador e o mediador ficam impedidos, pelo prazo de 1 (um) ano, contado do término da última audiência em que atuaram, de assessorar, representar ou patrocinar qualquer das partes.

- art. 167, § 5º, CPC.

Art. 173. Será excluído do cadastro de conciliadores e mediadores aquele que:

I - agir com dolo ou culpa na condução da conciliação ou da mediação sob sua responsabilidade ou violar qualquer dos deveres decorrentes do art. 166, §§ 1º e 2º;

II - atuar em procedimento de mediação ou conciliação, apesar de impedido ou suspeito.

§ 1º Os casos previstos neste artigo serão apurados em processo administrativo.

§ 2º O juiz do processo ou o juiz coordenador do centro de conciliação e mediação, se houver, verificando atuação inadequada do mediador ou conciliador, poderá afastá-lo de suas atividades por até 180 (cento e oitenta) dias, por decisão fundamentada, informando o fato imediatamente ao tribunal para instauração do respectivo processo administrativo.

Art. 174. A União, os Estados, o Distrito Federal e os Municípios criarão câmaras de mediação e conciliação, com atribuições relacionadas à solução consensual de conflitos no âmbito administrativo, tais como:

I - dirimir conflitos envolvendo órgãos e entidades da administração pública;

II - avaliar a admissibilidade dos pedidos de resolução de conflitos, por meio de conciliação, no âmbito da administração pública;

III - promover, quando couber, a celebração de termo de ajustamento de conduta.

Art. 175. As disposições desta Seção não excluem outras formas de conciliação e mediação extrajudiciais vinculadas a órgãos institucionais ou realizadas por intermédio de profissionais independentes, que poderão ser regulamentadas por lei específica.

Parágrafo único. Os dispositivos desta Seção aplicam-se, no que couber, às câmaras privadas de conciliação e mediação.

TÍTULO V
DO MINISTÉRIO PÚBLICO

- art. 127 e ss., CF.
- Lei 8.625/1993 (Lei Orgânica do Ministério Público).
- LC 75/1993 (Estatuto do Ministério Público da União).

Art. 176. O Ministério Público atuará na defesa da ordem jurídica, do regime democrático e dos interesses e direitos sociais e individuais indisponíveis.

- art. 82, p.ún., I, CDC.

Art. 177. O Ministério Público exercerá o direito de ação em conformidade com suas atribuições constitucionais.

- art. 129, CF.
- » *Vide* Súmulas 594 e 601 do STJ.

Art. 178. O Ministério Público será intimado para, no prazo de 30 (trinta) dias, intervir como fiscal da ordem jurídica nas hipóteses previstas em lei ou na Constituição Federal e nos processos que envolvam:

- art. 6º, § 4º, Lei 4.717/1964 (Ação Popular).
- art. 279, CPC.
- Súm. 189, STJ.
- » *Vide* arts. 189, IV, 237, IV, 337, *caput* e §§ 5.º e 6.º, e 515 do CPC.

I - interesse público ou social;

II - interesse de incapaz;

III - litígios coletivos pela posse de terra rural ou urbana.

Parágrafo único. A participação da Fazenda Pública não configura, por si só, hipótese de intervenção do Ministério Público.

Art. 179. Nos casos de intervenção como fiscal da ordem jurídica, o Ministério Público:

- Súm. 99, STJ.

I - terá vista dos autos depois das partes, sendo intimado de todos os atos do processo;

II - poderá produzir provas, requerer as medidas processuais pertinentes e recorrer.

- art. 1.047, CPC.

Art. 180. O Ministério Público gozará de prazo em dobro para manifestar-se nos autos, que terá início a partir de sua intimação pessoal, nos termos do art. 183, § 1º.

- Súm. 116, STJ.

§ 1º Findo o prazo para manifestação do Ministério Público sem o oferecimento de parecer, o juiz requisitará os autos e dará andamento ao processo.

§ 2º Não se aplica o benefício da contagem em dobro quando a lei estabelecer, de forma expressa, prazo próprio para o Ministério Público.

Art. 181. O membro do Ministério Público será civil e regressivamente responsável quando agir com dolo ou fraude no exercício de suas funções.

- art. 37, § 6º, CF.

TÍTULO VI
DA ADVOCACIA PÚBLICA

- arts. 131 e 132, CF.
- LC 73/1993 (Lei Orgânica da Advocacia-Geral da União).
- Lei 9.028/1995 (Atribuições da Advocacia-Geral da União).

Art. 182. Incumbe à Advocacia Pública, na forma da lei, defender e promover os interesses públicos da União, dos Estados, do Distrito Federal e dos Municípios, por meio da representação judicial, em todos os âmbitos federativos, das pessoas jurídicas de direito público que integram a administração direta e indireta.

Art. 183. A União, os Estados, o Distrito Federal, os Municípios e suas respectivas autarquias e fundações de direito público gozarão de prazo em dobro para todas as suas manifestações processuais, cuja contagem terá início a partir da intimação pessoal.

- Súm. 116, STJ.

§ 1º A intimação pessoal far-se-á por carga, remessa ou meio eletrônico.

§ 2º Não se aplica o benefício da contagem em dobro quando a lei estabelecer, de forma expressa, prazo próprio para o ente público.

Art. 184. O membro da Advocacia Pública será civil e regressivamente responsável quando agir com dolo ou fraude no exercício de suas funções.

- art. 37, § 6º, CF.

TÍTULO VII
DA DEFENSORIA PÚBLICA

Art. 185. A Defensoria Pública exercerá a orientação jurídica, a promoção dos direitos humanos e a defesa dos direitos individuais e coletivos dos necessitados, em todos os graus, de forma integral e gratuita.

- arts. 134, 135, CF.
- LC 80/1994 (Lei Orgânica da Defensoria Pública).
- » *Vide* arts. 72, parágrafo único, do CPC.
- » *Vide* arts. 565, § 2.º, e 720 do CPC.
- » *Vide* arts. 784, IV, 947, § 1.º, e 977, III, do CPC.

Art. 186. A Defensoria Pública gozará de prazo em dobro para todas as suas manifestações processuais.

- arts. 44, I, 89, I, 128, I, LC 80/1994 (Lei Orgânica da Defensoria Pública).

§ 1º O prazo tem início com a intimação pessoal do defensor público, nos termos do art. 183, § 1º.

- » *Vide* art. 1.003 do CPC.

§ 2º A requerimento da Defensoria Pública, o juiz determinará a intimação pessoal da parte patrocinada quando o ato processual depender de providência ou informação que somente por ela possa ser realizada ou prestada.

§ 3º O disposto no *caput* aplica-se aos escritórios de prática jurídica das faculdades de Direito reconhecidas na forma da lei e às entidades que prestam assistência jurídica gratuita em razão de convênios firmados com a Defensoria Pública.

§ 4º Não se aplica o benefício da contagem em dobro quando a lei estabelecer, de forma expressa, prazo próprio para a Defensoria Pública.

Art. 187. O membro da Defensoria Pública será civil e regressivamente responsável quando agir com dolo ou fraude no exercício de suas funções.

- art. 37, § 6º, CF.

» *Vide* art. 77, § 6.º, do CPC.

LIVRO IV
DOS ATOS PROCESSUAIS

TÍTULO I
DA FORMA, DO TEMPO E DO LUGAR DOS ATOS PROCESSUAIS

CAPÍTULO I
DA FORMA DOS ATOS PROCESSUAIS

SEÇÃO I
DOS ATOS EM GERAL

Art. 188. Os atos e os termos processuais independem de forma determinada, salvo quando a lei expressamente a exigir, considerando-se válidos os que, realizados de outro modo, lhe preencham a finalidade essencial.

Art. 189. Os atos processuais são públicos, todavia tramitam em segredo de justiça os processos:

» *Vide* art. 11, parágrafo único, do CPC.

I - em que o exija o interesse público ou social;

II - que versem sobre casamento, separação de corpos, divórcio, separação, união estável, filiação, alimentos e guarda de crianças e adolescentes;

› art. 27, ECA.

III - em que constem dados protegidos pelo direito constitucional à intimidade;

› art. 5º, X e LX, CF.

IV - que versem sobre arbitragem, inclusive sobre cumprimento de carta arbitral, desde que a confidencialidade estipulada na arbitragem seja comprovada perante o juízo.

› Lei 9.307/1996 (Arbitragem).

§ 1º O direito de consultar os autos de processo que tramite em segredo de justiça e de pedir certidões de seus atos é restrito às partes e aos seus procuradores.

§ 2º O terceiro que demonstrar interesse jurídico pode requerer ao juiz certidão do dispositivo da sentença, bem como de inventário e de partilha resultantes de divórcio ou separação.

Art. 190. Versando o processo sobre direitos que admitam autocomposição, é lícito às partes plenamente capazes estipular mudanças no procedimento para ajustá-lo às especificidades da causa e convencionar sobre os seus ônus, poderes, faculdades e deveres processuais, antes ou durante o processo.

› arts. 221, p.ún., CPC.

› Lei 13.140/2015 (Mediação e autocomposição).

» *Vide* arts. 168, 373, §§ 3.º, e 4.º, 357, § 2.º, e 471 do CPC.

Parágrafo único. De ofício ou a requerimento, o juiz controlará a validade das convenções previstas neste artigo, recusando-lhes aplicação somente nos casos de nulidade ou de inserção abusiva em contrato de adesão ou em que alguma parte se encontre em manifesta situação de vulnerabilidade.

Art. 191. De comum acordo, o juiz e as partes podem fixar calendário para a prática dos atos processuais, quando for o caso.

§ 1º O calendário vincula as partes e o juiz, e os prazos nele previstos somente serão modificados em casos excepcionais, devidamente justificados.

§ 2º Dispensa-se a intimação das partes para a prática de ato processual ou a realização de audiência cujas datas tiverem sido designadas no calendário.

Art. 192. Em todos os atos e termos do processo é obrigatório o uso da língua portuguesa.

› art. 13, CF.

Parágrafo único. O documento redigido em língua estrangeira somente poderá ser juntado aos autos quando acompanhado de versão para a língua portuguesa tramitada por via diplomática ou pela autoridade central, ou firmada por tradutor juramentado.

› art. 162, I, CPC.

SEÇÃO II
DA PRÁTICA ELETRÔNICA DE ATOS PROCESSUAIS

› Lei 11.419/2006 (Informatização do processo judicial).

Art. 193. Os atos processuais podem ser total ou parcialmente digitais, de forma a permitir que sejam produzidos, comunicados, armazenados e validados por meio eletrônico, na forma da lei.

Parágrafo único. O disposto nesta Seção aplica-se, no que for cabível, à prática de atos notariais e de registro.

Art. 194. Os sistemas de automação processual respeitarão a publicidade dos atos, o acesso e a participação das partes e de seus procuradores, inclusive nas audiências e sessões de julgamento, observadas as garantias da disponibilidade, independência da plataforma computacional, acessibilidade e interoperabilidade dos sistemas, serviços, dados e informações que o Poder Judiciário administre no exercício de suas funções.

› art. 937, § 4º, CPC.

Art. 195. O registro de ato processual eletrônico deverá ser feito em padrões abertos, que atenderão aos requisitos de autenticidade, integridade, temporalidade, não repúdio, conservação e, nos casos que tramitem em segredo de justiça, confidencialidade, observada a infraestrutura de chaves públicas unificada nacionalmente, nos termos da lei.

Art. 196. Compete ao Conselho Nacional de Justiça e, supletivamente, aos tribunais, regulamentar a prática e a comunicação oficial de atos processuais por meio eletrônico e velar pela compatibilidade dos sistemas, disciplinando a incorporação progressiva de novos avanços tecnológicos e editando, para esse fim, os atos que forem necessários, respeitadas as normas fundamentais deste Código.

Art. 197. Os tribunais divulgarão as informações constantes de seu sistema de automação em página própria na rede mundial de computadores, gozando a divulgação de presunção de veracidade e confiabilidade.

Parágrafo único. Nos casos de problema técnico do sistema e de erro ou omissão do auxiliar da justiça responsável pelo registro dos andamentos, poderá ser configurada a justa causa prevista no art. 223, *caput* e § 1º.

Art. 198. As unidades do Poder Judiciário deverão manter gratuitamente, à disposição dos interessados, equipamentos necessários à prática de atos processuais e à consulta e ao acesso ao sistema e aos documentos dele constantes.

Parágrafo único. Será admitida a prática de atos por meio não eletrônico no local onde não estiverem disponibilizados os equipamentos previstos no *caput*.

Art. 199. As unidades do Poder Judiciário assegurarão às pessoas com deficiência acessibilidade aos seus sítios na rede mundial de computadores, ao meio eletrônico de prática de atos judiciais, à comunicação eletrônica dos atos processuais e à assinatura eletrônica.

SEÇÃO III
DOS ATOS DAS PARTES

Art. 200. Os atos das partes consistentes em declarações unilaterais ou bilaterais de vontade produzem imediatamente a constituição, modificação ou extinção de direitos processuais.

Parágrafo único. A desistência da ação só produzirá efeitos após homologação judicial.

Art. 201. As partes poderão exigir recibo de petições, arrazoados, papéis e documentos que entregarem em cartório.

Art. 202. É vedado lançar nos autos cotas marginais ou interlineares, as quais o juiz mandará riscar, impondo a quem as escrever multa correspondente à metade do salário-mínimo.

SEÇÃO IV
DOS PRONUNCIAMENTOS DO JUIZ

Art. 203. Os pronunciamentos do juiz consistirão em sentenças, decisões interlocutórias e despachos.

§ 1º Ressalvadas as disposições expressas dos procedimentos especiais, sentença é o pronunciamento por meio do qual o juiz, com fundamento nos arts. 485 e 487, põe fim à fase cognitiva do procedimento comum, bem como extingue a execução.

› art. 1.009, CPC.

» *Vide* art. 1.009 do CPC.

» *Vide* art. 1.015 do CPC.

§ 2º Decisão interlocutória é todo pronunciamento judicial de natureza decisória que não se enquadre no § 1º.

› art. 1.015, CPC.

» *Vide* arts. 354, parágrafo único, 356, § 5.º, e 1.015, do CPC.

§ 3º São despachos todos os demais pronunciamentos do juiz praticados no processo, de ofício ou a requerimento da parte.

› arts. 152, VI, e 1.001, CPC.

» *Vide* art. 1.001 do CPC.

§ 4º Os atos meramente ordinatórios, como a juntada e a vista obrigatória, independem de despacho, devendo ser praticados de ofício pelo servidor e revistos pelo juiz quando necessário.

» *Vide* art. 93, XIV, da CF.

Art. 204. Acórdão é o julgamento colegiado proferido pelos tribunais.

Art. 205. Os despachos, as decisões, as sentenças e os acórdãos serão redigidos, datados e assinados pelos juízes.

§ 1º Quando os pronunciamentos previstos no *caput* forem proferidos oralmente, o servidor os documentará, submetendo-os aos juízes para revisão e assinatura.

§ 2º A assinatura dos juízes, em todos os graus de jurisdição, pode ser feita eletronicamente, na forma da lei.

§ 3º Os despachos, as decisões interlocutórias, o dispositivo das sentenças e a ementa dos acórdãos serão publicados no Diário de Justiça Eletrônico.

SEÇÃO V
DOS ATOS DO ESCRIVÃO OU DO CHEFE DE SECRETARIA

Art. 206. Ao receber a petição inicial de processo, o escrivão ou o chefe de secretaria a autuará, mencionando o juízo, a natureza do processo, o número de seu registro, os nomes das partes e a data de seu início, e procederá do mesmo modo em relação aos volumes em formação.

Art. 207. O escrivão ou o chefe de secretaria numerará e rubricará todas as folhas dos autos.

Parágrafo único. À parte, ao procurador, ao membro do Ministério Público, ao defensor público e aos auxiliares da justiça é facultado rubricar as folhas correspondentes aos atos em que intervierem.

Art. 208. Os termos de juntada, vista, conclusão e outros semelhantes constarão de notas datadas e rubricadas pelo escrivão ou pelo chefe de secretaria.

Art. 209. Os atos e os termos do processo serão assinados pelas pessoas que neles intervierem, todavia, quando essas não puderem ou não quiserem firmá-los, o escrivão ou o chefe de secretaria certificará a ocorrência.

- art. 228, § 2º, CPC.

§ 1º Quando se tratar de processo total ou parcialmente documentado em autos eletrônicos, os atos processuais praticados na presença do juiz poderão ser produzidos e armazenados de modo integralmente digital em arquivo eletrônico inviolável, na forma da lei, mediante registro em termo, que será assinado digitalmente pelo juiz e pelo escrivão ou chefe de secretaria, bem como pelos advogados das partes.

- art. 193, CPC.

§ 2º Na hipótese do § 1º, eventuais contradições na transcrição deverão ser suscitadas oralmente no momento de realização do ato, sob pena de preclusão, devendo o juiz decidir de plano e ordenar o registro, no termo, da alegação e da decisão.

Art. 210. É lícito o uso da taquigrafia, da estenotipia ou de outro método idôneo em qualquer juízo ou tribunal.

Art. 211. Não se admitem nos atos e termos processuais espaços em branco, salvo os que forem inutilizados, assim como entrelinhas, emendas ou rasuras, exceto quando expressamente ressalvadas.

CAPÍTULO II
DO TEMPO E DO LUGAR DOS ATOS PROCESSUAIS

SEÇÃO I
DO TEMPO

Art. 212. Os atos processuais serão realizados em dias úteis, das 6 (seis) às 20 (vinte) horas.

§ 1º Serão concluídos após as 20 (vinte) horas os atos iniciados antes, quando o adiamento prejudicar a diligência ou causar grave dano.

§ 2º Independentemente de autorização judicial, as citações, intimações e penhoras poderão realizar-se no período de férias forenses, onde as houver, e nos feriados ou dias úteis fora do horário estabelecido neste artigo, observado o disposto no art. 5º, inciso XI, da Constituição Federal.

§ 3º Quando o ato tiver de ser praticado por meio de petição em autos não eletrônicos, essa deverá ser protocolada no horário de funcionamento do fórum ou tribunal, conforme o disposto na lei de organização judiciária local.

Art. 213. A prática eletrônica de ato processual pode ocorrer em qualquer horário até as 24 (vinte e quatro) horas do último dia do prazo.

- arts. 3º e 10, Lei 11.419/2006 (Informatização do processo judicial).

Parágrafo único. O horário vigente no juízo perante o qual o ato deve ser praticado será considerado para fins de atendimento do prazo.

Art. 214. Durante as férias forenses e nos feriados, não se praticarão atos processuais, excetuando-se:

- art. 220, CPC.
- » *Vide* art. 58, I, da Lei n. 8.245, de 18-10-1991 (Lei de Locações).

I - os atos previstos no art. 212, § 2º;

II - a tutela de urgência.

Art. 215. Processam-se durante as férias forenses, onde as houver, e não se suspendem pela superveniência delas:

I - os procedimentos de jurisdição voluntária e os necessários à conservação de direitos, quando puderem ser prejudicados pelo adiamento;

II - a ação de alimentos e os processos de nomeação ou remoção de tutor e curador;

- arts. 693, p.ún., 759 a 763, CPC.
- Lei 5.478/1968 (Lei de alimentos).

III - os processos que a lei determinar.

- art. 39, Dec.-Lei 3.365/1941 (Desapropriação por utilidade pública).
- art. 129, II, Lei 8.213/1991 (Previdência Social).
- art. 58, I, Lei 8.245/1991 (Lei de locação).
- art. 2º, § 1º, LC 76/1993 (Desapropriação de imóvel rural por interesse social).

Art. 216. Além dos declarados em lei, são feriados, para efeito forense, os sábados, os domingos e os dias em que não haja expediente forense.

- Lei 9.093/1995 (Lei dos feriados).
- » *Vide* art. 1.º da Lei n. 662, de 6-4-1949 (Declara feriados nacionais dias 1.º de janeiro, 1.º de maio, 7 de setembro, 15 de novembro e 25 de dezembro).
- » *Vide* Lei n. 6.802, de 30-6-1980 (Declara Feriado Nacional o dia 12 de outubro, consagrado a Nossa Senhora Aparecida, Padroeira do Brasil).
- » *Vide* Lei n. 9.093, de 12-9-1995 (Dispõe sobre feriados).

SEÇÃO II
DO LUGAR

Art. 217. Os atos processuais realizar-se-ão ordinariamente na sede do juízo, ou, excepcionalmente, em outro lugar em razão de deferência, de interesse da justiça, da natureza do ato ou de obstáculo arguido pelo interessado e acolhido pelo juiz.

CAPÍTULO III
DOS PRAZOS

SEÇÃO I
DISPOSIÇÕES GERAIS

Art. 218. Os atos processuais serão realizados nos prazos prescritos em lei.

§ 1º Quando a lei for omissa, o juiz determinará os prazos em consideração à complexidade do ato.

§ 2º Quando a lei ou o juiz não determinar prazo, as intimações somente obrigarão a comparecimento após decorridas 48 (quarenta e oito) horas.

§ 3º Inexistindo preceito legal ou prazo determinado pelo juiz, será de 5 (cinco) dias o prazo para a prática de ato processual a cargo da parte.

§ 4º Será considerado tempestivo o ato praticado antes do termo inicial do prazo.

Art. 219. Na contagem de prazo em dias, estabelecido por lei ou pelo juiz, computar-se-ão somente os dias úteis.

- » *Vide* art. 220 do CPC.
- » *Vide* art. 1.º da Lei n. 662, de 6-4-1949 (Declara feriados nacionais dias 1.º de janeiro, 1.º de maio, 7 de setembro, 15 de novembro e 25 de dezembro).
- » *Vide* Lei n. 6.802, de 30-6-1980 (Declara Feriado Nacional o dia 12 de outubro, consagrado a Nossa Senhora Aparecida, Padroeira do Brasil).
- » *Vide* Lei n. 9.093, de 12-9-1995 (Dispõe sobre feriados).
- » *Vide* arts. 975 e 1.003, § 6.º, do CPC .
- » *Vide* art. 12-A da Lei n. 9.099, de 26-9-1995.

Parágrafo único. O disposto neste artigo aplica-se somente aos prazos processuais.

Art. 220. Suspende-se o curso do prazo processual nos dias compreendidos entre 20 de dezembro e 20 de janeiro, inclusive.

- » *Vide* art. 58, I, da Lei n. 8.245, de 18-10-1991 (Lei de Locações).

§ 1º Ressalvadas as férias individuais e os feriados instituídos por lei, os juízes, os membros do Ministério Público, da Defensoria Pública e da Advocacia Pública e os auxiliares da Justiça exercerão suas atribuições durante o período previsto no *caput*.

- arts. 212, § 2º, 215, CPC.
- arts. 775-A da CLT.

§ 2º Durante a suspensão do prazo, não se realizarão audiências nem sessões de julgamento.

Art. 221. Suspende-se o curso do prazo por obstáculo criado em detrimento da parte ou ocorrendo qualquer das hipóteses do art. 313, devendo o prazo ser restituído por tempo igual ao que faltava para sua complementação.

Parágrafo único. Suspendem-se os prazos durante a execução de programa instituído pelo Poder Judiciário para promover a autocomposição, incumbindo aos tribunais especificar, com antecedência, a duração dos trabalhos.

Art. 222. Na comarca, seção ou subseção judiciária onde for difícil o transporte, o juiz poderá prorrogar os prazos por até 2 (dois) meses.

§ 1º Ao juiz é vedado reduzir prazos peremptórios sem anuência das partes.

§ 2º Havendo calamidade pública, o limite previsto no *caput* para prorrogação de prazos poderá ser excedido.

Art. 223. Decorrido o prazo, extingue-se o direito de praticar ou de emendar o ato processual, independentemente de declaração judicial, ficando assegurado, porém, à parte provar que não o realizou por justa causa.

§ 1º Considera-se justa causa o evento alheio à vontade da parte e que a impediu de praticar o ato por si ou por mandatário.

- art. 197, p.ún., CPC.

§ 2º Verificada a justa causa, o juiz permitirá à parte a prática do ato no prazo que lhe assinar.

Art. 224. Salvo disposição em contrário, os prazos serão contados excluindo o dia do começo e incluindo o dia do vencimento.

§ 1º Os dias do começo e do vencimento do prazo serão protraídos para o primeiro dia útil seguinte, se coincidirem com dia em que o expediente forense for encerrado antes ou iniciado depois da hora normal ou houver indisponibilidade da comunicação eletrônica.

§ 2º Considera-se como data de publicação o primeiro dia útil seguinte ao da disponibilização da informação no Diário da Justiça eletrônico.

- art. 4º, § 3º, Lei 11.419/2006 (Informatização do processo judicial).

§ 3º A contagem do prazo terá início no primeiro dia útil que seguir ao da publicação.

- art. 132, CC.
- art. 775, CLT.
- Súm. 310, STF.

Art. 225. A parte poderá renunciar ao prazo estabelecido exclusivamente em seu favor, desde que o faça de maneira expressa.

Art. 226. O juiz proferirá:

I - os despachos no prazo de 5 (cinco) dias;

II - as decisões interlocutórias no prazo de 10 (dez) dias;

III - as sentenças no prazo de 30 (trinta) dias.

Art. 227. Em qualquer grau de jurisdição, havendo motivo justificado, pode o juiz exceder, por igual tempo, os prazos a que está submetido.

Art. 228. Incumbirá ao serventuário remeter os autos conclusos no prazo de 1 (um) dia e executar os atos processuais no prazo de 5 (cinco) dias, contado da data em que:

I - houver concluído o ato processual anterior, se lhe foi imposto pela lei;

II - tiver ciência da ordem, quando determinada pelo juiz.

§ 1º Ao receber os autos, o serventuário certificará o dia e a hora em que teve ciência da ordem referida no inciso II.

§ 2º Nos processos em autos eletrônicos, a juntada de petições ou de manifestações em geral ocorrerá de forma automática, independentemente de ato de serventuário da justiça.

- art. 10, Lei 11.419/2006 (Informatização do processo judicial).

Art. 229. Os litisconsortes que tiverem diferentes procuradores, de escritórios de advocacia distintos, terão prazos contados em dobro para todas as suas manifestações, em qualquer juízo ou tribunal, independentemente de requerimento.

- arts. 525, §3º, 915, §3º e 1023, § 1º, CPC.
- Súm. 641, STF.
- » *Vide* art. 915, § 3.º, do CPC.
- » *Vide* art. 525, § 3.º do CPC.

§ 1º Cessa a contagem do prazo em dobro se, havendo apenas 2 (dois) réus, é oferecida defesa por apenas um deles.

§ 2º Não se aplica o disposto no *caput* aos processos em autos eletrônicos.

Art. 230. O prazo para a parte, o procurador, a Advocacia Pública, a Defensoria Pública e o Ministério Público será contado da citação, da intimação ou da notificação.

- » *Vide* art. 43, I, da Lei Complementar n. 80 (Lei Orgânica da Defensoria Pública).

Art. 231. Salvo disposição em sentido diverso, considera-se dia do começo do prazo:

- arts. 335, III, 915 e 1.003, § 2º, CPC.

I - a data de juntada aos autos do aviso de recebimento, quando a citação ou a intimação for pelo correio;

- art. 247, CPC.
- Súm. 429, STJ.

II - a data de juntada aos autos do mandado cumprido, quando a citação ou a intimação for por oficial de justiça;

- art. 249, CPC.

III - a data de ocorrência da citação ou da intimação, quando ela se der por ato do escrivão ou do chefe de secretaria;

- art. 246, III, CPC.

IV - o dia útil seguinte ao fim da dilação assinada pelo juiz, quando a citação ou a intimação for por edital;

- art. 256, CPC.

V - o dia útil seguinte à consulta ao teor da citação ou da intimação ou ao término do prazo para que a consulta se dê, quando a citação ou a intimação for eletrônica;

- Lei 11.419/2006 (Informatização do processo judicial).

VI - a data de juntada do comunicado de que trata o art. 232 ou, não havendo esse, a data de juntada da carta aos autos de origem devidamente cumprida, quando a citação ou a intimação se realizar em cumprimento de carta;

- art. 1.003, § 2º, CPC.

VII - a data de publicação, quando a intimação se der pelo Diário da Justiça impresso ou eletrônico;

VIII - o dia da carga, quando a intimação se der por meio da retirada dos autos, em carga, do cartório ou da secretaria.

IX - o quinto dia útil seguinte à confirmação, na forma prevista na mensagem de citação, do recebimento da citação realizada por meio eletrônico. *(Acrescido pela Lei 14.195/2021)*

§ 1º Quando houver mais de um réu, o dia do começo do prazo para contestar corresponderá à última das datas a que se referem os incisos I a VI do *caput*.

- » *Vide* art. 915, § 1.º, do CPC.

§ 2º Havendo mais de um intimado, o prazo para cada um é contado individualmente.

§ 3º Quando o ato tiver de ser praticado diretamente pela parte ou por quem, de qualquer forma, participe do processo, sem a intermediação de representante judicial, o dia do começo do prazo para cumprimento da determinação judicial corresponderá à data em que se der a comunicação.

§ 4º Aplica-se o disposto no inciso II do *caput* à citação com hora certa.

Art. 232. Nos atos de comunicação por carta precatória, rogatória ou de ordem, a realização da citação ou da intimação será imediatamente informada, por meio eletrônico, pelo juiz deprecado ao juiz deprecante.

SEÇÃO II
DA VERIFICAÇÃO DOS PRAZOS E DAS PENALIDADES

Art. 233. Incumbe ao juiz verificar se o serventuário excedeu, sem motivo legítimo, os prazos estabelecidos em lei.

- arts. 35, III, LC 35/1979 (Lei Orgânica da Magistratura Nacional).

§ 1º Constatada a falta, o juiz ordenará a instauração de processo administrativo, na forma da lei.

- art. 5º, LV, CF.

§ 2º Qualquer das partes, o Ministério Público ou a Defensoria Pública poderá representar ao juiz contra o serventuário que injustificadamente exceder os prazos previstos em lei.

Art. 234. Os advogados públicos ou privados, o defensor público e o membro do Ministério Público devem restituir os autos no prazo do ato a ser praticado.

- arts. 7º, XV e XVI, §§ 1º e 3º; e 34, XXII, Estatuto da OAB.

§ 1º É lícito a qualquer interessado exigir os autos do advogado que exceder prazo legal.

§ 2º Se, intimado, o advogado não devolver os autos no prazo de 3 (três) dias, perderá o direito à vista fora de cartório e incorrerá em multa correspondente à metade do salário-mínimo.

§ 3º Verificada a falta, o juiz comunicará o fato à seção local da Ordem dos Advogados do Brasil para procedimento disciplinar e imposição de multa.

§ 4º Se a situação envolver membro do Ministério Público, da Defensoria Pública ou da Advocacia Pública, a multa, se for o caso, será aplicada ao agente público responsável pelo ato.

§ 5º Verificada a falta, o juiz comunicará o fato ao órgão competente responsável pela instauração de procedimento disciplinar contra o membro que atuou no feito.

Art. 235. Qualquer parte, o Ministério Público ou a Defensoria Pública poderá representar ao corregedor do tribunal ou ao Conselho Nacional de Justiça contra juiz ou relator que injustificadamente exceder os prazos previstos em lei, regulamento ou regimento interno.

§ 1º Distribuída a representação ao órgão competente e ouvido previamente o juiz, não sendo caso de arquivamento liminar, será instaurado procedimento para apuração da responsabilidade, com intimação do representado por meio eletrônico para, querendo, apresentar justificativa no prazo de 15 (quinze) dias.

§ 2º Sem prejuízo das sanções administrativas cabíveis, em até 48 (quarenta e oito) horas após a apresentação ou não da justificativa de que trata o § 1º, se for o caso, o corregedor do tribunal ou o relator no Conselho Nacional de Justiça determinará a intimação do representado por meio eletrônico para que, em 10 (dez) dias, pratique o ato.

§ 3º Mantida a inércia, os autos serão remetidos ao substituto legal do juiz ou do relator contra o qual se representou para decisão em 10 (dez) dias.

TÍTULO II
DA COMUNICAÇÃO DOS ATOS PROCESSUAIS

CAPÍTULO I
DISPOSIÇÕES GERAIS

Art. 236. Os atos processuais serão cumpridos por ordem judicial.

§ 1º Será expedida carta para a prática de atos fora dos limites territoriais do tribunal, da comarca, da seção ou da subseção judiciárias, ressalvadas as hipóteses previstas em lei.

§ 2º O tribunal poderá expedir carta para juízo a ele vinculado, se o ato houver de se realizar fora dos limites territoriais do local de sua sede.

› art. 237, I, CPC.

§ 3º Admite-se a prática de atos processuais por meio de videoconferência ou outro recurso tecnológico de transmissão de sons e imagens em tempo real.

› arts. 385, § 3º, 453, § 1º, 461, § 2º, 937, § 4º, CPC.

Art. 237. Será expedida carta:

I - de ordem, pelo tribunal, na hipótese do § 2º do art. 236;

II - rogatória, para que órgão jurisdicional estrangeiro pratique ato de cooperação jurídica internacional, relativo a processo em curso perante órgão jurisdicional brasileiro;

› art. 105, I, i, CF.

III - precatória, para que órgão jurisdicional brasileiro pratique ou determine o cumprimento, na área de sua competência territorial, de ato relativo a pedido de cooperação judiciária formulado por órgão jurisdicional de competência territorial diversa;

IV - arbitral, para que órgão do Poder Judiciário pratique ou determine o cumprimento, na área de sua competência territorial, de ato objeto de pedido de cooperação judiciária formulado por juízo arbitral, inclusive os que importem efetivação de tutela provisória.

Parágrafo único. Se o ato relativo a processo em curso na Justiça Federal ou em tribunal superior houver de ser praticado em local onde não haja vara federal, a carta poderá ser dirigida ao juízo estadual da respectiva comarca.

› art. 109, § 3º, CF.

CAPÍTULO II
DA CITAÇÃO

Art. 238. Citação é o ato pelo qual são convocados o réu, o executado ou o interessado para integrar a relação processual.

Parágrafo único. A citação será efetivada em até 45 (quarenta e cinco) dias a partir da propositura da ação. *(Acrescido pela Lei 14.195/2021)*

Art. 239. Para a validade do processo é indispensável a citação do réu ou do executado, ressalvadas as hipóteses de indeferimento da petição inicial ou de improcedência liminar do pedido.

› arts. 280, 308, § 3º, 319, § 2º, 332, 337, I, CPC.

» *Vide* art. 331 do CPC.

§ 1º O comparecimento espontâneo do réu ou do executado supre a falta ou a nulidade da citação, fluindo a partir desta data o prazo para apresentação de contestação ou de embargos à execução.

§ 2º Rejeitada a alegação de nulidade, tratando-se de processo de:

I - conhecimento, o réu será considerado revel;

II - execução, o feito terá seguimento.

Art. 240. A citação válida, ainda quando ordenada por juízo incompetente, induz litispendência, torna litigiosa a coisa e constitui em mora o devedor, ressalvado o disposto nos arts. 397 e 398 da Lei n. 10.406, de 10 de janeiro de 2002 (Código Civil).

› art. 312, CPC.

› Súm. 204 e 426, STJ.

§ 1º A interrupção da prescrição, operada pelo despacho que ordena a citação, ainda que proferido por juízo incompetente, retroagirá à data de propositura da ação.

› arts. 202 a 204 e 397, CC.

› art. 8º, § 2º, Lei 6.830/1980 (Execução Fiscal).

§ 2º Incumbe ao autor adotar, no prazo de 10 (dez) dias, as providências necessárias para viabilizar a citação, sob pena de não se aplicar o disposto no § 1º.

› art. 802, CPC.

§ 3º A parte não será prejudicada pela demora imputável exclusivamente ao serviço judiciário.

› Súm. 106, STJ.

§ 4º O efeito retroativo a que se refere o § 1º aplica-se à decadência e aos demais prazos extintivos previstos em lei.

Art. 241. Transitada em julgado a sentença de mérito proferida em favor do réu antes da citação, incumbe ao escrivão ou ao chefe de secretaria comunicar-lhe o resultado do julgamento.

› art. 332, § 4º, CPC.

Art. 242. A citação será pessoal, podendo, no entanto, ser feita na pessoa do representante legal ou do procurador do réu, do executado ou do interessado.

§ 1º Na ausência do citando, a citação será feita na pessoa de seu mandatário, administrador, preposto ou gerente, quando a ação se originar de atos por eles praticados.

§ 2º O locador que se ausentar do Brasil sem cientificar o locatário de que deixou, na localidade onde estiver situado o imóvel, procurador com poderes para receber citação será citado na pessoa do administrador do imóvel encarregado do recebimento dos aluguéis, que será considerado habilitado para representar o locador em juízo.

§ 3º A citação da União, dos Estados, do Distrito Federal, dos Municípios e de suas respectivas autarquias e fundações de direito público será realizada perante o órgão de Advocacia Pública responsável por sua representação judicial.

› arts. 182 a 184, CPC.

Art. 243. A citação poderá ser feita em qualquer lugar em que se encontre o réu, o executado ou o interessado.

Parágrafo único. O militar em serviço ativo será citado na unidade em que estiver servindo, se não for conhecida sua residência ou nela não for encontrado.

Art. 244. Não se fará a citação, salvo para evitar o perecimento do direito:

I - de quem estiver participando de ato de culto religioso;

II - de cônjuge, de companheiro ou de qualquer parente do morto, consanguíneo ou afim, em linha reta ou na linha colateral em segundo grau, no dia do falecimento e nos 7 (sete) dias seguintes;

III - de noivos, nos 3 (três) primeiros dias seguintes ao casamento;

IV - de doente, enquanto grave o seu estado.

Art. 245. Não se fará citação quando se verificar que o citando é mentalmente incapaz ou está impossibilitado de recebê-la.

§ 1º O oficial de justiça descreverá e certificará minuciosamente a ocorrência.

§ 2º Para examinar o citando, o juiz nomeará médico, que apresentará laudo no prazo de 5 (cinco) dias.

§ 3º Dispensa-se a nomeação de que trata o § 2º se pessoa da família apresentar declaração do médico do citando que ateste a incapacidade deste.

§ 4º Reconhecida a impossibilidade, o juiz nomeará curador ao citando, observando, quanto à sua escolha, a preferência estabelecida em lei e restringindo a nomeação à causa.

› art. 1.775, CC.

§ 5º A citação será feita na pessoa do curador, a quem incumbirá a defesa dos interesses do citando.

Art. 246. A citação será feita preferencialmente por meio eletrônico, no prazo de até 2 (dois) dias úteis, contado da decisão que a determinar, por meio dos endereços eletrônicos indicados pelo citando no banco de dados do Poder Judiciário, conforme regulamento do Conselho Nacional de Justiça. *(Redação dada pela Lei 14.195/2021)*

I a V - *(Revogados pela Lei 14.195/2021)*

§ 1º As empresas públicas e privadas são obrigadas a manter cadastro nos sistemas de processo em autos eletrônicos, para efeito de recebimento de citações e intimações, as quais serão efetuadas preferencialmente por esse meio. *(Redação dada pela Lei 14.195/2021)*

§ 1º-A. A ausência de confirmação, em até 3 (três) dias úteis, contados do recebimento da citação eletrônica, implicará a realização da citação: *(Acrescido pela Lei 14.195/2021)*

I - pelo correio;

II - por oficial de justiça;

III - pelo escrivão ou chefe de secretaria, se o citando comparecer em cartório;

IV - por edital.

§ 1º-B. Na primeira oportunidade de falar nos autos, o réu citado nas formas previstas nos incisos I, II, III e IV do § 1º-A deste artigo deverá apresentar justa causa para a ausência de confirmação do recebimento da citação enviada eletronicamente. *(Acrescido pela Lei 14.195/2021)*

§ 1º-C. Considera-se ato atentatório à dignidade da justiça, passível de multa de até 5% (cinco por cento) do valor da causa, deixar de confirmar no prazo legal, sem justa causa, o recebimento da citação recebida por meio eletrônico. *(Acrescido pela Lei 14.195/2021)*

§ 2º O disposto no § 1º aplica-se à União, aos Estados, ao Distrito Federal, aos Municípios e às entidades da administração indireta.

› art. 1.050, CPC.

§ 3º Na ação de usucapião de imóvel, os confinantes serão citados pessoalmente, exceto quando tiver por objeto unidade autônoma de prédio em condomínio, caso em que tal citação é dispensada.

› Súm. 391, STF.

» *Vide* art. 259 do CPC.

§ 4º As citações por correio eletrônico serão acompanhadas das orientações para realização da confirmação de recebimento e de código identificador que permitirá a sua identificação na página eletrônica do órgão judicial citante. *(Acrescido pela Lei 14.195/2021)*

§ 5º As microempresas e as pequenas empresas somente se sujeitam ao disposto no § 1º deste artigo quando não possuírem endereço eletrônico cadastrado no sistema integrado da Rede Nacional para a Simplificação do Registro e da Legalização de Empresas e Negócios (Redesim). *(Acrescido pela Lei 14.195/2021)*

§ 6º Para os fins do § 5º deste artigo, deverá haver compartilhamento de cadastro com o órgão do Poder Judiciário, incluído o endereço eletrônico constante do sistema integrado da Redesim, nos termos da legislação aplicável ao sigilo fiscal e ao tratamento de dados pessoais. *(Acrescido pela Lei 14.195/2021)*

Art. 247. A citação será feita por meio eletrônico ou pelo correio para qualquer comarca do País, exceto: *(Redação dada pela Lei 14.195/2021)*

I - nas ações de estado, observado o disposto no art. 695, § 3º;

II - quando o citando for incapaz;

» *Vide* arts. 3.º e 4.º do CC.

III - quando o citando for pessoa de direito público;

» *Vide* arts. 41 e 42 CC.

IV - quando o citando residir em local não atendido pela entrega domiciliar de correspondência;

V - quando o autor, justificadamente, a requerer de outra forma.

Art. 248. Deferida a citação pelo correio, o escrivão ou o chefe de secretaria remeterá ao citando cópias da petição inicial e do despacho do juiz e comunicará o prazo para resposta, o endereço do juízo e o respectivo cartório.

§ 1º A carta será registrada para entrega ao citando, exigindo-lhe o carteiro, ao fazer a entrega, que assine o recibo.

› Súm. 429, STJ.

§ 2º Sendo o citando pessoa jurídica, será válida a entrega do mandado a pessoa com poderes de gerência geral ou de administração ou, ainda, a funcionário responsável pelo recebimento de correspondências.

§ 3º Da carta de citação no processo de conhecimento constarão os requisitos do art. 250.

§ 4º Nos condomínios edilícios ou nos loteamentos com controle de acesso, será válida a entrega do mandado a funcionário da portaria responsável pelo recebimento de correspondência, que, entretanto, poderá recusar o recebimento, se declarar, por escrito, sob as penas da lei, que o destinatário da correspondência está ausente.

Art. 249. A citação será feita por meio de oficial de justiça nas hipóteses previstas neste Código ou em lei, ou quando frustrada a citação pelo correio.

Art. 250. O mandado que o oficial de justiça tiver de cumprir conterá:

› arts. 248, § 3º, e 264, CPC.

I - os nomes do autor e do citando e seus respectivos domicílios ou residências;

II - a finalidade da citação, com todas as especificações constantes da petição inicial, bem como a menção do prazo para contestar, sob pena de revelia, ou para embargar a execução;

III - a aplicação de sanção para o caso de descumprimento da ordem, se houver;

IV - se for o caso, a intimação do citando para comparecer, acompanhado de advogado ou de defensor público, à audiência de conciliação ou de mediação, com a menção do dia, da hora e do lugar do comparecimento;

› art. 334, CPC.

V - a cópia da petição inicial, do despacho ou da decisão que deferir tutela provisória;

VI - a assinatura do escrivão ou do chefe de secretaria e a declaração de que o subscreve por ordem do juiz.

Art. 251. Incumbe ao oficial de justiça procurar o citando e, onde o encontrar, citá-lo:

I - lendo-lhe o mandado e entregando-lhe a contrafé;

II - portando por fé se recebeu ou recusou a contrafé;

III - obtendo a nota de ciente ou certificando que o citando não a apôs no mandado.

Art. 252. Quando, por 2 (duas) vezes, o oficial de justiça houver procurado o citando em seu domicílio ou residência sem o encontrar, deverá, havendo suspeita de ocultação, intimar qualquer pessoa da família ou, em sua falta, qualquer vizinho de que, no dia útil imediato, voltará a fim de efetuar a citação, na hora que designar.

Parágrafo único. Nos condomínios edilícios ou nos loteamentos com controle de acesso, será válida a intimação a que se refere o *caput* feita a funcionário da portaria responsável pelo recebimento de correspondência.

Art. 253. No dia e na hora designados, o oficial de justiça, independentemente de novo despacho, comparecerá ao domicílio ou à residência do citando a fim de realizar a diligência.

› arts. 70 a 78, CC.

§ 1º Se o citando não estiver presente, o oficial de justiça procurará informar-se das razões da ausência, dando por feita a citação, ainda que o citando se tenha ocultado em outra comarca, seção ou subseção judiciárias.

§ 2º A citação com hora certa será efetivada mesmo que a pessoa da família ou o vizinho que houver sido intimado esteja ausente, ou se, embora presente, a pessoa da família ou o vizinho se recusar a receber o mandado.

§ 3º Da certidão da ocorrência, o oficial de justiça deixará contrafé com qualquer pessoa da família ou vizinho, conforme o caso, declarando-lhe o nome.

§ 4º O oficial de justiça fará constar do mandado a advertência de que será nomeado curador especial se houver revelia.

» *Vide* arts. 72, II, e 341, parágrafo único, do CPC.

Art. 254. Feita a citação com hora certa, o escrivão ou chefe de secretaria enviará ao réu, executado ou interessado, no prazo de 10 (dez) dias, contado da data da juntada do mandado aos autos, carta, telegrama ou correspondência eletrônica, dando-lhe de tudo ciência.

» *Vide* Súmula 196 do STJ.

Art. 255. Nas comarcas contíguas de fácil comunicação e nas que se situem na mesma região metropolitana, o oficial de justiça poderá efetuar, em qualquer delas, citações, intimações, notificações, penhoras e quaisquer outros atos executivos.

Art. 256. A citação por edital será feita:

› Súm. 282 e 414, STJ.

I - quando desconhecido ou incerto o citando;

II - quando ignorado, incerto ou inacessível o lugar em que se encontrar o citando;

III - nos casos expressos em lei.

§ 1º Considera-se inacessível, para efeito de citação por edital, o país que recusar o cumprimento de carta rogatória.

§ 2º No caso de ser inacessível o lugar em que se encontrar o réu, a notícia de sua citação será divulgada também pelo rádio, se na comarca houver emissora de radiodifusão.

§ 3º O réu será considerado em local ignorado ou incerto se infrutíferas as tentativas de sua localização, inclusive mediante requisição pelo juízo de informações sobre seu endereço nos cadastros de órgãos públicos ou de concessionárias de serviços públicos.

Art. 257. São requisitos da citação por edital:

I - a afirmação do autor ou a certidão do oficial informando a presença das circunstâncias autorizadoras;

II - a publicação do edital na rede mundial de computadores, no sítio do respectivo tribunal e na plataforma de editais do Conselho Nacional de Justiça, que deve ser certificada nos autos;

III - a determinação, pelo juiz, do prazo, que variará entre 20 (vinte) e 60 (sessenta) dias, fluindo da data da publicação única ou, havendo mais de uma, da primeira;

IV - a advertência de que será nomeado curador especial em caso de revelia.

› Súm. 196, STJ.

» *Vide* art. 72, II, do CPC.

Parágrafo único. O juiz poderá determinar que a publicação do edital seja feita também em jornal local de ampla circulação ou por outros meios, considerando as peculiaridades da comarca, da seção ou da subseção judiciárias.

Art. 258. A parte que requerer a citação por edital, alegando dolosamente a ocorrência das circunstâncias autorizadoras para sua realização, incorrerá em multa de 5 (cinco) vezes o salário-mínimo.

Parágrafo único. A multa reverterá em benefício do citando.

Art. 259. Serão publicados editais:

I - na ação de usucapião de imóvel;

› art. 246, § 3º, CPC.

› Súm. 263, STF.

» *Vide* art. 246, § 3.º, do CPC.

II - na ação de recuperação ou substituição de título ao portador;

III - em qualquer ação em que seja necessária, por determinação legal, a provocação, para participação no processo, de interessados incertos ou desconhecidos.

CAPÍTULO III
DAS CARTAS

Art. 260. São requisitos das cartas de ordem, precatória e rogatória:

I - a indicação dos juízes de origem e de cumprimento do ato;

II - o inteiro teor da petição, do despacho judicial e do instrumento do mandato conferido ao advogado;

III - a menção do ato processual que lhe constitui o objeto;

IV - o encerramento com a assinatura do juiz.

§ 1º O juiz mandará trasladar para a carta quaisquer outras peças, bem como instruí-la com mapa, desenho ou gráfico, sempre que esses documentos devam ser examinados, na diligência, pelas partes, pelos peritos ou pelas testemunhas.

§ 2º Quando o objeto da carta for exame pericial sobre documento, este será remetido em original, ficando nos autos reprodução fotográfica.

§ 3º A carta arbitral atenderá, no que couber, aos requisitos a que se refere o *caput* e será instruída com a convenção de arbitragem e com as provas da nomeação do árbitro e de sua aceitação da função.

- art. 237, IV, CPC.
- Lei 9.307/1996 (Arbitragem).

Art. 261. Em todas as cartas o juiz fixará o prazo para cumprimento, atendendo à facilidade das comunicações e à natureza da diligência.

§ 1º As partes deverão ser intimadas pelo juiz do ato de expedição da carta.

§ 2º Expedida a carta, as partes acompanharão o cumprimento da diligência perante o juízo destinatário, ao qual compete a prática dos atos de comunicação.

§ 3º A parte a quem interessar o cumprimento da diligência cooperará para que o prazo a que se refere o *caput* seja cumprido.

Art. 262. A carta tem caráter itinerante, podendo, antes ou depois de lhe ser ordenado o cumprimento, ser encaminhada a juízo diverso do que dela consta, a fim de se praticar o ato.

Parágrafo único. O encaminhamento da carta a outro juízo será imediatamente comunicado ao órgão expedidor, que intimará as partes.

Art. 263. As cartas deverão, preferencialmente, ser expedidas por meio eletrônico, caso em que a assinatura do juiz deverá ser eletrônica, na forma da lei.

Art. 264. A carta de ordem e a carta precatória por meio eletrônico, por telefone ou por telegrama conterão, em resumo substancial, os requisitos mencionados no art. 250, especialmente no que se refere à aferição da autenticidade.

- art. 260, CPC.

Art. 265. O secretário do tribunal, o escrivão ou o chefe de secretaria do juízo deprecante transmitirá, por telefone, a carta de ordem ou a carta precatória ao juízo em que houver de se cumprir o ato, por intermédio do escrivão do primeiro ofício da primeira vara, se houver na comarca mais de um ofício ou de uma vara, observando-se, quanto aos requisitos, o disposto no art. 264.

§ 1º O escrivão ou o chefe de secretaria, no mesmo dia ou no dia útil imediato, telefonará ou enviará mensagem eletrônica ao secretário do tribunal, ao escrivão ou ao chefe de secretaria do juízo deprecante, lendo-lhe os termos da carta e solicitando-lhe que os confirme.

§ 2º Sendo confirmada, o escrivão ou o chefe de secretaria submeterá a carta a despacho.

Art. 266. Serão praticados de ofício os atos requisitados por meio eletrônico e de telegrama, devendo a parte depositar, contudo, na secretaria do tribunal ou no cartório do juízo deprecante, a importância correspondente às despesas que serão feitas no juízo em que houver de praticar-se o ato.

Art. 267. O juiz recusará cumprimento a carta precatória ou arbitral, devolvendo-a com decisão motivada quando:

I - a carta não estiver revestida dos requisitos legais;

II - faltar ao juiz competência em razão da matéria ou da hierarquia;

III - o juiz tiver dúvida acerca de sua autenticidade.

Parágrafo único. No caso de incompetência em razão da matéria ou da hierarquia, o juiz deprecado, conforme o ato a ser praticado, poderá remeter a carta ao juiz ou ao tribunal competente.

Art. 268. Cumprida a carta, será devolvida ao juízo de origem no prazo de 10 (dez) dias, independentemente de traslado, pagas as custas pela parte.

CAPÍTULO IV
DAS INTIMAÇÕES

Art. 269. Intimação é o ato pelo qual se dá ciência a alguém dos atos e dos termos do processo.

§ 1º É facultado aos advogados promover a intimação do advogado da outra parte por meio do correio, juntando aos autos, a seguir, cópia do ofício de intimação e do aviso de recebimento.

§ 2º O ofício de intimação deverá ser instruído com cópia do despacho, da decisão ou da sentença.

§ 3º A intimação da União, dos Estados, do Distrito Federal, dos Municípios e de suas respectivas autarquias e fundações de direito público será realizada perante o órgão de Advocacia Pública responsável por sua representação judicial.

Art. 270. As intimações realizam-se, sempre que possível, por meio eletrônico, na forma da lei.

- art. 9º, Lei 11.419/2006 (Informatização do processo judicial).

Parágrafo único. Aplica-se ao Ministério Público, à Defensoria Pública e à Advocacia Pública o disposto no § 1º do art. 246.

- art. 1.050, CPC.

Art. 271. O juiz determinará de ofício as intimações em processos pendentes, salvo disposição em contrário.

Art. 272. Quando não realizadas por meio eletrônico, consideram-se feitas as intimações pela publicação dos atos no órgão oficial.

§ 1º Os advogados poderão requerer que, na intimação a eles dirigida, figure apenas o nome da sociedade a que pertençam, desde que devidamente registrada na Ordem dos Advogados do Brasil.

§ 2º Sob pena de nulidade, é indispensável que da publicação constem os nomes das partes e de seus advogados, com o respectivo número de inscrição na Ordem dos Advogados do Brasil, ou, se assim requerido, da sociedade de advogados.

- art. 14, p.ún., Estatuto da OAB.

§ 3º A grafia dos nomes das partes não deve conter abreviaturas.

§ 4º A grafia dos nomes dos advogados deve corresponder ao nome completo e ser a mesma que constar da procuração ou que estiver registrada na Ordem dos Advogados do Brasil.

§ 5º Constando dos autos pedido expresso para que as comunicações dos atos processuais sejam feitas em nome dos advogados indicados, o seu desatendimento implicará nulidade.

§ 6º A retirada dos autos do cartório ou da secretaria em carga pelo advogado, por pessoa credenciada a pedido do advogado ou da sociedade de advogados, pela Advocacia Pública, pela Defensoria Pública ou pelo Ministério Público implicará intimação de qualquer decisão contida no processo retirado, ainda que pendente de publicação.

§ 7º O advogado e a sociedade de advogados deverão requerer o respectivo credenciamento para a retirada de autos por preposto.

§ 8º A parte arguirá a nulidade da intimação em capítulo preliminar do próprio ato que lhe caiba praticar, o qual será tido por tempestivo se o vício for reconhecido.

§ 9º Não sendo possível a prática imediata do ato diante da necessidade de acesso prévio aos autos, a parte limitar-se-á a arguir a nulidade da intimação, caso em que o prazo será contado da intimação da decisão que a reconheça.

Art. 273. Se inviável a intimação por meio eletrônico e não houver na localidade publicação em órgão oficial, incumbirá ao escrivão ou chefe de secretaria intimar de todos os atos do processo os advogados das partes:

I - pessoalmente, se tiverem domicílio na sede do juízo;

II - por carta registrada, com aviso de recebimento, quando forem domiciliados fora do juízo.

Art. 274. Não dispondo a lei de outro modo, as intimações serão feitas às partes, aos seus representantes legais, aos advogados e aos demais sujeitos do processo pelo correio ou, se presentes em cartório, diretamente pelo escrivão ou chefe de secretaria.

Parágrafo único. Presumem-se válidas as intimações dirigidas ao endereço constante dos autos, ainda que não recebidas pessoalmente pelo interessado, se a modificação temporária ou definitiva não tiver sido devidamente comunicada ao juízo, fluindo os prazos a partir da juntada aos autos do comprovante de entrega da correspondência no primitivo endereço.

Art. 275. A intimação será feita por oficial de justiça quando frustrada a realização por meio eletrônico ou pelo correio.

§ 1º A certidão de intimação deve conter:

I - a indicação do lugar e a descrição da pessoa intimada, mencionando, quando possível, o número de seu documento de identidade e o órgão que o expediu;

II - a declaração de entrega da contrafé;

III - a nota de ciente ou a certidão de que o interessado não a após no mandado.

§ 2º Caso necessário, a intimação poderá ser efetuada com hora certa ou por edital.

- arts. 252 a 254 e 256 a 259, CPC.

TÍTULO III
DAS NULIDADES

Art. 276. Quando a lei prescrever determinada forma sob pena de nulidade, a decretação desta não pode ser requerida pela parte que lhe deu causa.

Art. 277. Quando a lei prescrever determinada forma, o juiz considerará válido o ato se, realizado de outro modo, lhe alcançar a finalidade.

Art. 278. A nulidade dos atos deve ser alegada na primeira oportunidade em que couber à parte falar nos autos, sob pena de preclusão.

Parágrafo único. Não se aplica o disposto no *caput* às nulidades que o juiz deva decretar de ofício, nem prevalece a preclusão provando a parte legítimo impedimento.

Art. 279. É nulo o processo quando o membro do Ministério Público não for intimado a acompanhar o feito em que deva intervir.

§ 1º Se o processo tiver tramitado sem conhecimento do membro do Ministério Público, o juiz invalidará os atos praticados a partir do momento em que ele deveria ter sido intimado.

§ 2º A nulidade só pode ser decretada após a intimação do Ministério Público, que se manifestará sobre a existência ou a inexistência de prejuízo.

» *Vide* art. 179 do CPC.

Art. 280. As citações e as intimações serão nulas quando feitas sem observância das prescrições legais.

‣ arts. 238 a 259 e 269 a 275, CPC.

Art. 281. Anulado o ato, consideram-se de nenhum efeito todos os subsequentes que dele dependam, todavia, a nulidade de uma parte do ato não prejudicará as outras que dela sejam independentes.

Art. 282. Ao pronunciar a nulidade, o juiz declarará que atos são atingidos e ordenará as providências necessárias a fim de que sejam repetidos ou retificados.

§ 1º O ato não será repetido nem sua falta será suprida quando não prejudicar a parte.

§ 2º Quando puder decidir o mérito a favor da parte a quem aproveite a decretação da nulidade, o juiz não a pronunciará nem mandará repetir o ato ou suprir-lhe a falta.

Art. 283. O erro de forma do processo acarreta unicamente a anulação dos atos que não possam ser aproveitados, devendo ser praticados os que forem necessários a fim de se observarem as prescrições legais.

Parágrafo único. Dar-se-á o aproveitamento dos atos praticados desde que não resulte prejuízo à defesa de qualquer parte.

TÍTULO IV
DA DISTRIBUIÇÃO E DO REGISTRO

Art. 284. Todos os processos estão sujeitos a registro, devendo ser distribuídos onde houver mais de um juiz.

‣ art. 59, CPC.

Art. 285. A distribuição, que poderá ser eletrônica, será alternada e aleatória, obedecendo-se rigorosa igualdade.

Parágrafo único. A lista de distribuição deverá ser publicada no Diário de Justiça.

Art. 286. Serão distribuídas por dependência as causas de qualquer natureza:

» *Vide* arts. 642, 676, 683, parágrafo único, e 914, § 1.º, do CPC.

I - quando se relacionarem, por conexão ou continência, com outra já ajuizada;

‣ arts. 54 a 58, CPC.
‣ Súm. 235, STJ.

II - quando, tendo sido extinto o processo sem resolução de mérito, for reiterado o pedido, ainda que em litisconsórcio com outros autores ou que sejam parcialmente alterados os réus da demanda;

‣ arts. 485 a 488, CPC.

III - quando houver ajuizamento de ações nos termos do art. 55, § 3º, ao juízo prevento.

Parágrafo único. Havendo intervenção de terceiro, reconvenção ou outra hipótese de ampliação objetiva do processo, o juiz, de ofício, mandará proceder à respectiva anotação pelo distribuidor.

Art. 287. A petição inicial deve vir acompanhada de procuração, que conterá os endereços do advogado, eletrônico e não eletrônico.

Parágrafo único. Dispensa-se a juntada da procuração:

I - no caso previsto no art. 104;

II - se a parte estiver representada pela Defensoria Pública;

‣ arts. 134 e 135, CF.
‣ LC 80/1994 (Lei Orgânica da Defensoria Pública).

III - se a representação decorrer diretamente de norma prevista na Constituição Federal ou em lei.

Art. 288. O juiz, de ofício ou a requerimento do interessado, corrigirá o erro ou compensará a falta de distribuição.

Art. 289. A distribuição poderá ser fiscalizada pela parte, por seu procurador, pelo Ministério Público e pela Defensoria Pública.

Art. 290. Será cancelada a distribuição do feito se a parte, intimada na pessoa de seu advogado, não realizar o pagamento das custas e despesas de ingresso em 15 (quinze) dias.

TÍTULO V
DO VALOR DA CAUSA

Art. 291. A toda causa será atribuído valor certo, ainda que não tenha conteúdo econômico imediatamente aferível.

‣ arts. 12, § 2º, IN 41/2018, TST.

Art. 292. O valor da causa constará da petição inicial ou da reconvenção e será:

‣ arts. 319, V, e 343, CPC.

I - na ação de cobrança de dívida, a soma monetariamente corrigida do principal, dos juros de mora vencidos e de outras penalidades, se houver, até a data de propositura da ação;

II - na ação que tiver por objeto a existência, a validade, o cumprimento, a modificação, a resolução, a resilição ou a rescisão de ato jurídico, o valor do ato ou o de sua parte controvertida;

III - na ação de alimentos, a soma de 12 (doze) prestações mensais pedidas pelo autor;

‣ art. 693, p.ún., CPC.
‣ Lei 5.478/1968 (Lei de alimentos).

IV - na ação de divisão, de demarcação e de reivindicação, o valor de avaliação da área ou do bem objeto do pedido;

‣ arts. 569 e ss., CPC.

V - na ação indenizatória, inclusive a fundada em dano moral, o valor pretendido;

‣ Súm. 326, STJ.

VI - na ação em que há cumulação de pedidos, a quantia correspondente à soma dos valores de todos eles;

‣ art. 327, CPC.

VII - na ação em que os pedidos são alternativos, o de maior valor;

‣ art. 325, CPC.

VIII - na ação em que houver pedido subsidiário, o valor do pedido principal.

§ 1º Quando se pedirem prestações vencidas e vincendas, considerar-se-á o valor de umas e outras.

§ 2º O valor das prestações vincendas será igual a uma prestação anual, se a obrigação for por tempo indeterminado ou por tempo superior a 1 (um) ano, e, se por tempo inferior, será igual à soma das prestações.

§ 3º O juiz corrigirá, de ofício e por arbitramento, o valor da causa quando verificar que não corresponde ao conteúdo patrimonial em discussão ou ao proveito econômico perseguido pelo autor, caso em que se procederá ao recolhimento das custas correspondentes.

Art. 293. O réu poderá impugnar, em preliminar da contestação, o valor atribuído à causa pelo autor, sob pena de preclusão, e o juiz decidirá a respeito, impondo, se for o caso, a complementação das custas.

» *Vide* art. 337, III, do CPC.

LIVRO V
DA TUTELA PROVISÓRIA

TÍTULO I
DISPOSIÇÕES GERAIS

» *Vide* arts. 1.015, I, e 1.013, § 4.º, do CPC.

Art. 294. A tutela provisória pode fundamentar-se em urgência ou evidência.

Parágrafo único. A tutela provisória de urgência, cautelar ou antecipada, pode ser concedida em caráter antecedente ou incidental.

‣ Lei 8.437/1992 (Medidas Cautelares).
» *Vide* art. 562 do CPC.
» *Vide* art. 678 do CPC.
» *Vide* arts. 525, § 6.º, e 919, § 1.º, do CPC.
» *Vide* art. 969 do CPC.
» *Vide* art. 989, III, do CPC.
» *Vide* art. 955 do CPC.
» *Vide* art. 84, § 3.º, do CDC.
» *Vide* art. 659, IX e X, da CLT.
» *Vide* art. 59, § 1.º, da Lei n. 8.245, de 18-10-1991 (Lei de Locações).
» *Vide* art. 4.º da Lei n 5.478, de 25-7-1968 (Ação de Alimentos).
» *Vide* art. 22-A da Lei n. 9.307, de 23-9-1996 (Lei da Arbitragem).
» *Vide* art. 1.º da Lei n. 8.397, de 6-1-1992 (Medida cautelar fiscal).
» *Vide* art. 7.º, III, da Lei n. 12.016, de 7-8-2009 (Lei do Mandado de Segurança).
» *Vide* art. 10 da Lei n. 9.868, de 10-11-1999 (Processo da ADI e ADC) e art. 102, I, *p*, da CF.

Art. 295. A tutela provisória requerida em caráter incidental independe do pagamento de custas.

Art. 296. A tutela provisória conserva sua eficácia na pendência do processo, mas pode, a qualquer tempo, ser revogada ou modificada.

Parágrafo único. Salvo decisão judicial em contrário, a tutela provisória conservará a eficácia durante o período de suspensão do processo.

Art. 297. O juiz poderá determinar as medidas que considerar adequadas para efetivação da tutela provisória.

» *Vide* art. 381 do CPC.

Parágrafo único. A efetivação da tutela provisória observará as normas referentes ao cumprimento provisório da sentença, no que couber.

‣ arts. 520 e ss., CPC.
» *Vide* art. 520 do CPC.

Art. 298. Na decisão que conceder, negar, modificar ou revogar a tutela provisória, o juiz motivará seu convencimento de modo claro e preciso.

‣ art. 93, IX, CF.
» *Vide* arts. 1.015, I, e 1.013, § 4.º, do CPC.

Art. 299. A tutela provisória será requerida ao juízo da causa e, quando antecedente, ao juízo competente para conhecer do pedido principal.

› Súm. 634 e 635, STF.

» *Vide* art. 22-A da Lei n. 9.307, de 23-9-1996 (Lei da Arbitragem).

Parágrafo único. Ressalvada disposição especial, na ação de competência originária de tribunal e nos recursos a tutela provisória será requerida ao órgão jurisdicional competente para apreciar o mérito.

» *Vide* art. 932, II, do CPC.

TÍTULO II
DA TUTELA DE URGÊNCIA

CAPÍTULO I
DISPOSIÇÕES GERAIS

» *Vide* art. 1.º da Lei n. 8.397, de 6-1-1992 (Medida cautelar fiscal).

Art. 300. A tutela de urgência será concedida quando houver elementos que evidenciem a probabilidade do direito e o perigo de dano ou o risco ao resultado útil do processo.

› art. 7º, § 5º, Lei 12.016/2009 (Mandado de segurança).

§ 1º Para a concessão da tutela de urgência, o juiz pode, conforme o caso, exigir caução real ou fidejussória idônea para ressarcir os danos que a outra parte possa vir a sofrer, podendo a caução ser dispensada se a parte economicamente hipossuficiente não puder oferecê-la.

§ 2º A tutela de urgência pode ser concedida liminarmente ou após justificação prévia.

» *Vide* art. 9.º, parágrafo único, I, do CPC.

§ 3º A tutela de urgência de natureza antecipada não será concedida quando houver perigo de irreversibilidade dos efeitos da decisão.

Art. 301. A tutela de urgência de natureza cautelar pode ser efetivada mediante arresto, sequestro, arrolamento de bens, registro de protesto contra alienação de bem e qualquer outra medida idônea para asseguração do direito.

› art. 855-A, §2º, CLT.

Art. 302. Independentemente da reparação por dano processual, a parte responde pelo prejuízo que a efetivação da tutela de urgência causar à parte adversa, se:

I - a sentença lhe for desfavorável;

II - obtida liminarmente a tutela em caráter antecedente, não fornecer os meios necessários para a citação do requerido no prazo de 5 (cinco) dias;

III - ocorrer a cessação da eficácia da medida em qualquer hipótese legal;

IV - o juiz acolher a alegação de decadência ou prescrição da pretensão do autor.

› arts. 189 a 211, CC.

Parágrafo único. A indenização será liquidada nos autos em que a medida tiver sido concedida, sempre que possível.

CAPÍTULO II
DO PROCEDIMENTO DA TUTELA ANTECIPADA REQUERIDA EM CARÁTER ANTECEDENTE

Art. 303. Nos casos em que a urgência for contemporânea à propositura da ação, a petição inicial pode limitar-se ao requerimento da tutela antecipada e à indicação do pedido de tutela final, com a exposição da lide, do direito que se busca realizar e do perigo de dano ou do risco ao resultado útil do processo.

› art. 305, p.ún., CPC.

§ 1º Concedida a tutela antecipada a que se refere o *caput* deste artigo:

I - o autor deverá aditar a petição inicial, com a complementação de sua argumentação, a juntada de novos documentos e a confirmação do pedido de tutela final, em 15 (quinze) dias ou em outro prazo maior que o juiz fixar;

II - o réu será citado e intimado para a audiência de conciliação ou de mediação na forma do art. 334;

III - não havendo autocomposição, o prazo para contestação será contado na forma do art. 335.

§ 2º Não realizado o aditamento a que se refere o inciso I do § 1º deste artigo, o processo será extinto sem resolução do mérito.

§ 3º O aditamento a que se refere o inciso I do § 1º deste artigo dar-se-á nos mesmos autos, sem incidência de novas custas processuais.

§ 4º Na petição inicial a que se refere o *caput* deste artigo, o autor terá de indicar o valor da causa, que deve levar em consideração o pedido de tutela final.

§ 5º O autor indicará na petição inicial, ainda, que pretende valer-se do benefício previsto no *caput* deste artigo.

§ 6º Caso entenda que não há elementos para a concessão de tutela antecipada, o órgão jurisdicional determinará a emenda da petição inicial em até 5 (cinco) dias, sob pena de ser indeferida e de o processo ser extinto sem resolução de mérito.

Art. 304. A tutela antecipada, concedida nos termos do art. 303, torna-se estável se da decisão que a conceder não for interposto o respectivo recurso.

» *Vide* art. 1.015, I, do CPC.

§ 1º No caso previsto no *caput*, o processo será extinto.

§ 2º Qualquer das partes poderá demandar a outra com o intuito de rever, reformar ou invalidar a tutela antecipada estabilizada nos termos do *caput*.

» *Vide* art. 318 do CPC.

§ 3º A tutela antecipada conservará seus efeitos enquanto não revista, reformada ou invalidada por decisão de mérito proferida na ação de que trata o § 2º.

§ 4º Qualquer das partes poderá requerer o desarquivamento dos autos em que foi concedida a medida, para instruir a petição inicial da ação a que se refere o § 2º, prevento o juízo em que a tutela antecipada foi concedida.

§ 5º O direito de rever, reformar ou invalidar a tutela antecipada, previsto no § 2º deste artigo, extingue-se após 2 (dois) anos, contados da ciência da decisão que extinguiu o processo, nos termos do § 1º.

§ 6º A decisão que concede a tutela não fará coisa julgada, mas a estabilidade dos respectivos efeitos só será afastada por decisão que a revir, reformar ou invalidar, proferida em ação ajuizada por uma das partes, nos termos do § 2º deste artigo.

CAPÍTULO III
DO PROCEDIMENTO DA TUTELA CAUTELAR REQUERIDA EM CARÁTER ANTECEDENTE

Art. 305. A petição inicial da ação que visa à prestação de tutela cautelar em caráter antecedente indicará a lide e seu fundamento, a exposição sumária do direito que se objetiva assegurar e o perigo de dano ou o risco ao resultado útil do processo.

Parágrafo único. Caso entenda que o pedido a que se refere o *caput* tem natureza antecipada, o juiz observará o disposto no art. 303.

Art. 306. O réu será citado para, no prazo de 5 (cinco) dias, contestar o pedido e indicar as provas que pretende produzir.

› arts. 369 a 484, CPC.

Art. 307. Não sendo contestado o pedido, os fatos alegados pelo autor presumir-se-ão aceitos pelo réu como ocorridos, caso em que o juiz decidirá dentro de 5 (cinco) dias.

Parágrafo único. Contestado o pedido no prazo legal, observar-se-á o procedimento comum.

Art. 308. Efetivada a tutela cautelar, o pedido principal terá de ser formulado pelo autor no prazo de 30 (trinta) dias, caso em que será apresentado nos mesmos autos em que deduzido o pedido de tutela cautelar, não dependendo do adiantamento de novas custas processuais.

› Súm. 482, STJ.

§ 1º O pedido principal pode ser formulado conjuntamente com o pedido de tutela cautelar.

§ 2º A causa de pedir poderá ser aditada no momento de formulação do pedido principal.

§ 3º Apresentado o pedido principal, as partes serão intimadas para a audiência de conciliação ou de mediação, na forma do art. 334, por seus advogados ou pessoalmente, sem necessidade de nova citação do réu.

§ 4º Não havendo autocomposição, o prazo para contestação será contado na forma do art. 335.

Art. 309. Cessa a eficácia da tutela concedida em caráter antecedente, se:

I - o autor não deduzir o pedido principal no prazo legal;

II - não for efetivada dentro de 30 (trinta) dias;

III - o juiz julgar improcedente o pedido principal formulado pelo autor ou extinguir o processo sem resolução de mérito.

› art. 485, CPC.

Parágrafo único. Se por qualquer motivo cessar a eficácia da tutela cautelar, é vedado à parte renovar o pedido, salvo sob novo fundamento.

Art. 310. O indeferimento da tutela cautelar não obsta a que a parte formule o pedido principal, nem influi no julgamento desse, salvo se o motivo do indeferimento for o reconhecimento de decadência ou de prescrição.

TÍTULO III
DA TUTELA DA EVIDÊNCIA

Art. 311. A tutela da evidência será concedida, independentemente da demonstração de perigo de dano ou de risco ao resultado útil do processo, quando:

I - ficar caracterizado o abuso do direito de defesa ou o manifesto propósito protelatório da parte;

› art. 139, III, CPC.

II - as alegações de fato puderem ser comprovadas apenas documentalmente e houver tese firmada em julgamento de casos repetitivos ou em súmula vinculante;

‣ art. 103-A, CF.

‣ arts. 926 a 928, CPC.

» *Vide* art. 928 do CPC.

» *Vide* art. 103-A da CF.

III - se tratar de pedido reipersecutório fundado em prova documental adequada do contrato de depósito, caso em que será decretada a ordem de entrega do objeto custodiado, sob cominação de multa;

» *Vide* arts. 627 e 652 do CC.

IV - a petição inicial for instruída com prova documental suficiente dos fatos constitutivos do direito do autor, a que o réu não oponha prova capaz de gerar dúvida razoável.

Parágrafo único. Nas hipóteses dos incisos II e III, o juiz poderá decidir liminarmente.

» *Vide* art. 9.º, parágrafo único, II, do CPC.

LIVRO VI
DA FORMAÇÃO, DA SUSPENSÃO E DA EXTINÇÃO DO PROCESSO

TÍTULO I
DA FORMAÇÃO DO PROCESSO

Art. 312. Considera-se proposta a ação quando a petição inicial for protocolada, todavia, a propositura da ação só produz quanto ao réu os efeitos mencionados no art. 240 depois que for validamente citado.

TÍTULO II
DA SUSPENSÃO DO PROCESSO

Art. 313. Suspende-se o processo:

I - pela morte ou pela perda da capacidade processual de qualquer das partes, de seu representante legal ou de seu procurador;

‣ art. 485, IX, CPC.

II - pela convenção das partes;

III - pela arguição de impedimento ou de suspeição;

‣ art. 148, CPC.

» *Vide* art. 146 do CPC.

IV- pela admissão de incidente de resolução de demandas repetitivas;

‣ arts. 976 a 987, CPC.

» *Vide* arts. 976, 980 e 982, I, do CPC.

V - quando a sentença de mérito:

a) depender do julgamento de outra causa ou da declaração de existência ou de inexistência de relação jurídica que constitua o objeto principal de outro processo pendente;

b) tiver de ser proferida somente após a verificação de determinado fato ou a produção de certa prova, requisitada a outro juízo;

VI - por motivo de força maior;

‣ art. 393, p.ún., CC.

VII - quando se discutir em juízo questão decorrente de acidentes e fatos da navegação de competência do Tribunal Marítimo;

VIII - nos demais casos que este Código regula.

» *Vide* art. 76, 134, § 3.º, 146, § 2.º, II, 377, 685, 689, 694, parágrafo único, e 955 do CPC.

IX - pelo parto ou pela concessão de adoção, quando a advogada responsável pelo processo constituir a única patrona da causa; (Acrescentado pela Lei 13.363/2016.)

X - quando o advogado responsável pelo processo constituir o único patrono da causa e tornar-se pai. (Acrescentado pela Lei 13.363/2016.)

» *Vide* art. 313, § 7.º, do CPC.

§ 1º Na hipótese do inciso I, o juiz suspenderá o processo, nos termos do art. 689.

‣ art. 110, CPC.

§ 2º Não ajuizada ação de habilitação, ao tomar conhecimento da morte, o juiz determinará a suspensão do processo e observará o seguinte:

I - falecido o réu, ordenará a intimação do autor para que promova a citação do respectivo espólio, de quem for o sucessor ou, se for o caso, dos herdeiros, no prazo que designar, de no mínimo 2 (dois) e no máximo 6 (seis) meses;

II - falecido o autor e sendo transmissível o direito em litígio, determinará a intimação de seu espólio, de quem for o sucessor ou, se for o caso, dos herdeiros, pelos meios de divulgação que reputar mais adequados, para que manifestem interesse na sucessão processual e promovam a respectiva habilitação no prazo designado, sob pena de extinção do processo sem resolução de mérito.

§ 3º No caso de morte do procurador de qualquer das partes, ainda que iniciada a audiência de instrução e julgamento, o juiz determinará que a parte constitua novo mandatário, no prazo de 15 (quinze) dias, ao final do qual extinguirá o processo sem resolução de mérito, se o autor não nomear novo mandatário, ou ordenará o prosseguimento do processo à revelia do réu, se falecido o procurador deste.

§ 4º O prazo de suspensão do processo nunca poderá exceder 1 (um) ano nas hipóteses do inciso V e 6 (seis) meses naquela prevista no inciso II.

§ 5º O juiz determinará o prosseguimento do processo assim que esgotados os prazos previstos no § 4º.

§ 6º No caso do inciso IX, o período de suspensão será de 30 (trinta) dias, contado a partir da data do parto ou da concessão da adoção, mediante apresentação de certidão de nascimento ou documento similar que comprove a realização do parto, ou de termo judicial que tenha concedido a adoção, desde que haja notificação ao cliente. (Acrescentado pela Lei 13.363/2016.)

§ 7º No caso do inciso X, o período de suspensão será de 8 (oito) dias, contado a partir da data do parto ou da concessão da adoção, mediante apresentação de certidão de nascimento ou documento similar que comprove a realização do parto, ou de termo judicial que tenha concedido a adoção, desde que haja notificação ao cliente. (Acrescentado pela Lei 13.363/2016.)

Art. 314. Durante a suspensão é vedado praticar qualquer ato processual, podendo o juiz, todavia, determinar a realização de atos urgentes a fim de evitar dano irreparável, salvo no caso de arguição de impedimento e de suspeição.

Art. 315. Se o conhecimento do mérito depender de verificação da existência de fato delituoso, o juiz pode determinar a suspensão do processo até que se pronuncie a justiça criminal.

‣ art. 935, CC.

‣ art. 103, § 4º, CDC.

‣ arts. 64 e 65, CPP.

§ 1º Se a ação penal não for proposta no prazo de 3 (três) meses, contado da intimação do ato de suspensão, cessará o efeito desse, incumbindo ao juiz cível examinar incidentemente a questão prévia.

§ 2º Proposta a ação penal, o processo ficará suspenso pelo prazo máximo de 1 (um) ano, ao final do qual aplicar-se-á o disposto na parte final do § 1º.

TÍTULO III
DA EXTINÇÃO DO PROCESSO

Art. 316. A extinção do processo dar-se-á por sentença.

» *Vide* art. 485 e 487 do CPC.

Art. 317. Antes de proferir decisão sem resolução de mérito, o juiz deverá conceder à parte oportunidade para, se possível, corrigir o vício.

» *Vide* art. 4.º do CPC.

PARTE ESPECIAL

LIVRO I
DO PROCESSO DE CONHECIMENTO E DO CUMPRIMENTO DE SENTENÇA

TÍTULO I
DO PROCEDIMENTO COMUM

CAPÍTULO I
DISPOSIÇÕES GERAIS

Art. 318. Aplica-se a todas as causas o procedimento comum, salvo disposição em contrário deste Código ou de lei.

Parágrafo único. O procedimento comum aplica-se subsidiariamente aos demais procedimentos especiais e ao processo de execução.

CAPÍTULO II
DA PETIÇÃO INICIAL

SEÇÃO I
DOS REQUISITOS DA PETIÇÃO INICIAL

Art. 319. A petição inicial indicará:

‣ arts. 67, I; 68, I; e 71, Lei 8.245/1991 (Dispõe sobre a locação dos imóveis urbanos).

‣ art. 37, Lei 9.307/1996 (Arbitragem).

» *Vide* arts. 515 e 784 do CPC.

» *Vide* arts. 798 e 799 do CPC.

I - o juízo a que é dirigida;

» *Vide* arts. 46 a 53 do CPC.

» *Vide* art. 286 do CPC.

» *Vide* arts. 102, I, 105, I, e 109 da CF.

» *Vide* art. 101, I, do CDC.

» *Vide* art. 58, II, da Lei n. 8.245, de 18-10-1991.

II - os nomes, os prenomes, o estado civil, a existência de união estável, a profissão, o número de inscrição no Cadastro de Pessoas Físicas ou no Cadastro Nacional da Pessoa Jurídica, o endereço eletrônico, o domicílio e a residência do autor e do réu;

» *Vide* art. 77, V, do CPC.

III - o fato e os fundamentos jurídicos do pedido;

IV - o pedido com as suas especificações;

» *Vide* arts. 178 e 294 do CPC.

» *Vide* arts. 82, § 2.º, 85, 98, e 1.048 do CPC.

V - o valor da causa;

‣ arts. 291 a 293, CPC.

» *Vide* art. 58, III, da Lei n. 8.245, de 18-10-1991.

VI - as provas com que o autor pretende demonstrar a verdade dos fatos alegados;

‣ arts. 369 a 484 e 1.047, CPC.

» *Vide* art. 434 do CPC.

VII - a opção do autor pela realização ou não de audiência de conciliação ou de mediação.

› arts. 334 e ss., CPC.

§ 1º Caso não disponha das informações previstas no inciso II, poderá o autor, na petição inicial, requerer ao juiz diligências necessárias a sua obtenção.

§ 2º A petição inicial não será indeferida se, a despeito da falta de informações a que se refere o inciso II, for possível a citação do réu.

§ 3º A petição inicial não será indeferida pelo não atendimento ao disposto no inciso II deste artigo se a obtenção de tais informações tornar impossível ou excessivamente oneroso o acesso à justiça.

» *Vide* art. 178 do CPC.

Art. 320. A petição inicial será instruída com os documentos indispensáveis à propositura da ação.

» *Vide* art. 599, § 1.º, do CPC.

» *Vide* art. 801 do CPC.

Art. 321. O juiz, ao verificar que a petição inicial não preenche os requisitos dos arts. 319 e 320 ou que apresenta defeitos e irregularidades capazes de dificultar o julgamento de mérito, determinará que o autor, no prazo de 15 (quinze) dias, a emende ou a complete, indicando com precisão o que deve ser corrigido ou completado.

› art. 106, Lei 11.101/2005 (Lei de falência).

» *Vide* arts. 9.º e 10 do CPC.

Parágrafo único. Se o autor não cumprir a diligência, o juiz indeferirá a petição inicial.

» *Vide* art. 801 do CPC.

SEÇÃO II
DO PEDIDO

Art. 322. O pedido deve ser certo.

§ 1º Compreendem-se no principal os juros legais, a correção monetária e as verbas de sucumbência, inclusive os honorários advocatícios.

§ 2º A interpretação do pedido considerará o conjunto da postulação e observará o princípio da boa-fé.

› art. 5º, CPC.

Art. 323. Na ação que tiver por objeto cumprimento de obrigação em prestações sucessivas, essas serão consideradas incluídas no pedido, independentemente de declaração expressa do autor, e serão incluídas na condenação, enquanto durar a obrigação, se o devedor, no curso do processo, deixar de pagá-las ou de consigná-las.

Art. 324. O pedido deve ser determinado.

§ 1º É lícito, porém, formular pedido genérico:

I - nas ações universais, se o autor não puder individuar os bens demandados;

II - quando não for possível determinar, desde logo, as consequências do ato ou do fato;

III - quando a determinação do objeto ou do valor da condenação depender de ato que deva ser praticado pelo réu.

§ 2º O disposto neste artigo aplica-se à reconvenção.

Art. 325. O pedido será alternativo quando, pela natureza da obrigação, o devedor puder cumprir a prestação de mais de um modo.

› arts. 252 a 256, CC.

» *Vide* arts. 252 a 256 do CC.

» *Vide* art. 800 do CPC.

Parágrafo único. Quando, pela lei ou pelo contrato, a escolha couber ao devedor, o juiz lhe assegurará o direito de cumprir a prestação de um ou de outro modo, ainda que o autor não tenha formulado pedido alternativo.

Art. 326. É lícito formular mais de um pedido em ordem subsidiária, a fim de que o juiz conheça do posterior, quando não acolher o anterior.

› art. 327, § 3º, CPC.

Parágrafo único. É lícito formular mais de um pedido, alternativamente, para que o juiz acolha um deles.

Art. 327. É lícita a cumulação, em um único processo, contra o mesmo réu, de vários pedidos, ainda que entre eles não haja conexão.

› Súm. 37 e 387, STJ.

§ 1º São requisitos de admissibilidade da cumulação que:

I - os pedidos sejam compatíveis entre si;

II - seja competente para conhecer deles o mesmo juízo;

III - seja adequado para todos os pedidos o tipo de procedimento.

§ 2º Quando, para cada pedido, corresponder tipo diverso de procedimento, será admitida a cumulação se o autor empregar o procedimento comum, sem prejuízo do emprego das técnicas processuais diferenciadas previstas nos procedimentos especiais a que se sujeitam um ou mais pedidos cumulados, que não forem incompatíveis com as disposições sobre o procedimento comum.

§ 3º O inciso I do § 1º não se aplica às cumulações de pedidos de que trata o art. 326.

Art. 328. Na obrigação indivisível com pluralidade de credores, aquele que não participou do processo receberá sua parte, deduzidas as despesas na proporção de seu crédito.

Art. 329. O autor poderá:

I - até a citação, aditar ou alterar o pedido ou a causa de pedir, independentemente de consentimento do réu;

II - até o saneamento do processo, aditar ou alterar o pedido e a causa de pedir, com consentimento do réu, assegurado o contraditório mediante a possibilidade de manifestação deste no prazo mínimo de 15 (quinze) dias, facultado o requerimento de prova suplementar.

Parágrafo único. Aplica-se o disposto neste artigo à reconvenção e à respectiva causa de pedir.

› art. 343, CPC.

SEÇÃO III
DO INDEFERIMENTO DA PETIÇÃO INICIAL

Art. 330. A petição inicial será indeferida quando:

» *Vide* art. 58, II, da Lei n. 8.245, de 18-10-1991.

» *Vide* arts. 485, I, 918, 924, II, e 968, § 3.º, do CPC.

I - for inepta;

» *Vide* art. 337, I, do CPC.

II - a parte for manifestamente ilegítima;

III - o autor carecer de interesse processual;

IV - não atendidas as prescrições dos arts. 106 e 321.

§ 1º Considera-se inepta a petição inicial quando:

I - lhe faltar pedido ou causa de pedir;

II - o pedido for indeterminado, ressalvadas as hipóteses legais em que se permite o pedido genérico;

III - da narração dos fatos não decorrer logicamente a conclusão;

› Súm. 284 e 287, STF.

IV - contiver pedidos incompatíveis entre si.

§ 2º Nas ações que tenham por objeto a revisão de obrigação decorrente de empréstimo, de financiamento ou de alienação de bens, o autor terá de, sob pena de inépcia, discriminar na petição inicial, dentre as obrigações contratuais, aquelas que pretende controverter, além de quantificar o valor incontroverso do débito.

§ 3º Na hipótese do § 2º, o valor incontroverso deverá continuar a ser pago no tempo e modo contratados.

» *Vide* Súmula 380 do STJ.

Art. 331. Indeferida a petição inicial, o autor poderá apelar, facultado ao juiz, no prazo de 5 (cinco) dias, retratar-se.

» *Vide* arts. 1.009 e 1.013, § 3.º, I, do CPC.

§ 1º Se não houver retratação, o juiz mandará citar o réu para responder ao recurso.

§ 2º Sendo a sentença reformada pelo tribunal, o prazo para a contestação começará a correr da intimação do retorno dos autos, observado o disposto no art. 334.

§ 3º Não interposta a apelação, o réu será intimado do trânsito em julgado da sentença.

CAPÍTULO III
DA IMPROCEDÊNCIA LIMINAR DO PEDIDO

Art. 332. Nas causas que dispensem a fase instrutória, o juiz, independentemente da citação do réu, julgará liminarmente improcedente o pedido que contrariar:

› art. 968, § 4º, CPC.

» *Vide* arts. 9.º e 10 do CPC.

» *Vide* art. 968, § 4.º, do CPC.

I - enunciado de súmula do Supremo Tribunal Federal ou do Superior Tribunal de Justiça;

› art. 927, II e IV, CPC.

II - acórdão proferido pelo Supremo Tribunal Federal ou pelo Superior Tribunal de Justiça em julgamento de recursos repetitivos;

› arts. 927, III, e 987, § 2º, CPC.

» *Vide* arts. 927, III, e 1.039 do CPC.

III - entendimento firmado em incidente de resolução de demandas repetitivas ou de assunção de competência;

› arts. 927, III, 928, e 976 e ss., CPC.

» *Vide* arts. 927, III, 947 e 985 do CPC.

IV - enunciado de súmula de tribunal de justiça sobre direito local.

§ 1º O juiz também poderá julgar liminarmente improcedente o pedido se verificar, desde logo, a ocorrência de decadência ou de prescrição.

› arts. 189 a 211, CC.

» *Vide* arts. 9.º e 10 do CPC.

§ 2º Não interposta a apelação, o réu será intimado do trânsito em julgado da sentença, nos termos do art. 241.

» *Vide* arts. 197, 198 e 202 do CC.

§ 3º Interposta a apelação, o juiz poderá retratar-se em 5 (cinco) dias.

› art. 485, § 7º, CPC.

§ 4º Se houver retratação, o juiz determinará o prosseguimento do processo, com a citação do réu, e, se não houver retratação, determinará a citação do réu para apresentar contrarrazões, no prazo de 15 (quinze) dias.

CAPÍTULO IV
DA CONVERSÃO DA AÇÃO INDIVIDUAL EM AÇÃO COLETIVA

Art. 333. (Vetado).

CAPÍTULO V
DA AUDIÊNCIA DE CONCILIAÇÃO OU DE MEDIAÇÃO

Art. 334. Se a petição inicial preencher os requisitos essenciais e não for o caso de improcedência liminar do pedido, o juiz designará audiência de conciliação ou de mediação com antecedência mínima de 30 (trinta) dias, devendo ser citado o réu com pelo menos 20 (vinte) dias de antecedência.

- art. 331, § 2º, CPC.
- *Vide* arts. 565 e 695 do CPC.
- *Vide* art. 340, §§ 3.º e 4.º, do CPC.

§ 1º O conciliador ou mediador, onde houver, atuará necessariamente na audiência de conciliação ou de mediação, observando o disposto neste Código, bem como as disposições da lei de organização judiciária.

§ 2º Poderá haver mais de uma sessão destinada à conciliação e à mediação, não podendo exceder a 2 (dois) meses da data de realização da primeira sessão, desde que necessárias à composição das partes.

- *Vide* art. 696 do CPC.

§ 3º A intimação do autor para a audiência será feita na pessoa de seu advogado.

§ 4º A audiência não será realizada:

I - se ambas as partes manifestarem, expressamente, desinteresse na composição consensual;

II - quando não se admitir a autocomposição.

§ 5º O autor deverá indicar, na petição inicial, seu desinteresse na autocomposição, e o réu deverá fazê-lo, por petição, apresentada com 10 (dez) dias de antecedência, contados da data da audiência.

- *Vide* art. 319, VII, do CPC.

§ 6º Havendo litisconsórcio, o desinteresse na realização da audiência deve ser manifestado por todos os litisconsortes.

§ 7º A audiência de conciliação ou de mediação pode realizar-se por meio eletrônico, nos termos da lei.

§ 8º O não comparecimento injustificado do autor ou do réu à audiência de conciliação é considerado ato atentatório à dignidade da justiça e será sancionado com multa de até dois por cento da vantagem econômica pretendida ou do valor da causa, revertida em favor da União ou do Estado.

- *Vide* art. 98, § 4.º, do CPC.

§ 9º As partes devem estar acompanhadas por seus advogados ou defensores públicos.

- *Vide* art. 695, § 4.º, do CPC.

§ 10. A parte poderá constituir representante, por meio de procuração específica, com poderes para negociar e transigir.

§ 11. A autocomposição obtida será reduzida a termo e homologada por sentença.

- *Vide* art. 487, III, do CPC.
- *Vide* art. 515, § 2.º, do CPC.
- *Vide* art. 966, § 4.º, do CPC.

§ 12. A pauta das audiências de conciliação ou de mediação será organizada de modo a respeitar o intervalo mínimo de 20 (vinte) minutos entre o início de uma e o início da seguinte.

CAPÍTULO VI
DA CONTESTAÇÃO

Art. 335. O réu poderá oferecer contestação, por petição, no prazo de 15 (quinze) dias, cujo termo inicial será a data:

- *Vide* arts. 180, 183, 186, 218, 219, 229 e 231 do CPC.
- *Vide* arts. 306 e 970 do CPC.
- *Vide* arts. 98 da Lei n. 11.101, de 9-2-2005 (Recuperação de Empresas e Falência).
- *Vide* art. 17, § 7.º, da Lei n. 8.429, de 2-6-1992 (Improbidade Administrativa).
- *Vide* art. 72 da Lei n. 8.245, de 18-10-1991.

I - da audiência de conciliação ou de mediação, ou da última sessão de conciliação, quando qualquer parte não comparecer ou, comparecendo, não houver autocomposição;

- *Vide* art. 334 do CPC.

II - do protocolo do pedido de cancelamento da audiência de conciliação ou de mediação apresentado pelo réu, quando ocorrer a hipótese do art. 334, § 4º, inciso I;

III - prevista no art. 231, de acordo com o modo como foi feita a citação, nos demais casos.

§ 1º No caso de litisconsórcio passivo, ocorrendo a hipótese do art. 334, § 6º, o termo inicial previsto no inciso II será, para cada um dos réus, a data de apresentação de seu respectivo pedido de cancelamento da audiência.

§ 2º Quando ocorrer a hipótese do art. 334, § 4º, inciso II, havendo litisconsórcio passivo e o autor desistir da ação em relação a réu ainda não citado, o prazo para resposta correrá da data de intimação da decisão que homologar a desistência.

Art. 336. Incumbe ao réu alegar, na contestação, toda a matéria de defesa, expondo as razões de fato e de direito com que impugna o pedido do autor e especificando as provas que pretende produzir.

- art. 342, CPC.
- *Vide* arts. 77, V, 85, 434, e 487, I, do CPC.
- *Vide* art. 17, § 7.º, da Lei n. 8.429, de 2-6-1992 (Improbidade Administrativa).
- *Vide* art. 206 do CC.

Art. 337. Incumbe ao réu, antes de discutir o mérito, alegar:

- art. 351, CPC.
- *Vide* art. 11 da CLT.

I - inexistência ou nulidade da citação;

- arts. 239 e 280, CPC.
- *Vide* art. 115, parágrafo único, do CPC.
- *Vide* arts. 239, § 1.º, 280 e 282, do CPC.
- *Vide* art. 73, § 1.º, do CPC.

II - incompetência absoluta e relativa;

- arts. 64 e 340, CPC.
- *Vide* arts. 64, 65 e 340 do CPC.
- *Vide* Súmula 33 do STJ.

III - incorreção do valor da causa;

- arts. 291 a 293, CPC.
- *Vide* art. 293 do CPC.

IV - inépcia da petição inicial;

- art. 330, I, CPC.
- *Vide* art. 485, I, do CPC.

V - perempção;

- art. 486, §3º, CPC.
- *Vide* art. 485, V, do CPC.

VI - litispendência;

- art. 240, CPC.
- *Vide* art. 337, § 3.º, do CPC.
- *Vide* arts. 240, 485, V, e 486, § 1.º, do CPC.

VII - coisa julgada;

- arts. 502 a 508, CPC.
- *Vide* art. 337, § 4.º, do CPC.
- *Vide* arts. 485, V, e 486, § 1.º, do CPC.

VIII - conexão;

- art. 55, CPC.
- Súm. 235, STJ.
- *Vide* art. 55 do CPC.

IX - incapacidade da parte, defeito de representação ou falta de autorização;

- arts. 70 a 76, CPC.
- *Vide* arts. 70 a 76 do CPC.

X - convenção de arbitragem;

- Súm. 485, STJ.
- Lei 9.307/1996 (Arbitragem).
- *Vide* art. 1.015, III, do CPC.

XI - ausência de legitimidade ou de interesse processual;

- *Vide* arts. 17, 18, 338, 339, e 485, VI, do CPC.
- *Vide* Súmula 614 do STJ.

XII - falta de caução ou de outra prestação que a lei exige como preliminar;

- arts. 83, §1º, e 300, § 1º, CPC.
- *Vide* art. 83 do CPC.
- *Vide* art. 968, II, do CPC.
- *Vide* art. 544, III e IV, do CPC.
- *Vide* art. 542, parágrafo único, do CPC.

XIII - indevida concessão do benefício de gratuidade de justiça.

- art. 100, CPC.
- Lei 1.060/1950 (Assistência judiciária gratuita).
- *Vide* art. 100 do CPC.

§ 1º Verifica-se a litispendência ou a coisa julgada quando se reproduz ação anteriormente ajuizada.

- art. 5º, XXXVI, CF.
- *Vide* art. 312 do CPC.

§ 2º Uma ação é idêntica a outra quando possui as mesmas partes, a mesma causa de pedir e o mesmo pedido.

§ 3º Há litispendência quando se repete ação que está em curso.

§ 4º Há coisa julgada quando se repete ação que já foi decidida por decisão transitada em julgado.

§ 5º Excetuadas a convenção de arbitragem e a incompetência relativa, o juiz conhecerá de ofício das matérias enumeradas neste artigo.

- Lei 9.307/1996 (Arbitragem).
- *Vide* Súmula 33 do STJ.

§ 6º A ausência de alegação da existência de convenção de arbitragem, na forma prevista neste Capítulo, implica aceitação da jurisdição estatal e renúncia ao juízo arbitral.

Art. 338. Alegando o réu, na contestação, ser parte ilegítima ou não ser o responsável pelo prejuízo invocado, o juiz facultará ao autor, em 15 (quinze) dias, a alteração da petição inicial para substituição do réu.

Parágrafo único. Realizada a substituição, o autor reembolsará as despesas e pagará os honorários ao procurador do réu excluído, que serão fixados entre três e cinco por cento do valor da causa ou, sendo este irrisório, nos termos do art. 85, § 8º.

Art. 339. Quando alegar sua ilegitimidade, incumbe ao réu indicar o sujeito passivo da relação jurídica discutida sempre que tiver conhecimento, sob pena de arcar com as despesas processuais e de indenizar o autor pelos prejuízos decorrentes da falta de indicação.

§ 1º O autor, ao aceitar a indicação, procederá, no prazo de 15 (quinze) dias, à alteração da petição inicial para a substituição do réu, observando-se, ainda, o parágrafo único do art. 338.

§ 2º No prazo de 15 (quinze) dias, o autor pode optar por alterar a petição inicial para incluir, como litisconsorte passivo, o sujeito indicado pelo réu.

Art. 340. Havendo alegação de incompetência relativa ou absoluta, a contestação poderá ser protocolada no foro de domicílio do réu, fato que será imediatamente comunicado ao juiz da causa, preferencialmente por meio eletrônico.

§ 1º A contestação será submetida a livre distribuição ou, se o réu houver sido citado por meio de carta precatória, juntada aos autos dessa carta, seguindo-se a sua imediata remessa para o juízo da causa.

§ 2º Reconhecida a competência do foro indicado pelo réu, o juízo para o qual for distribuída a contestação ou a carta precatória será considerado prevento.

§ 3º Alegada a incompetência nos termos do *caput*, será suspensa a realização da audiência de conciliação ou de mediação, se tiver sido designada.

§ 4º Definida a competência, o juízo competente designará nova data para a audiência de conciliação ou de mediação.

Art. 341. Incumbe também ao réu manifestar-se precisamente sobre as alegações de fato constantes da petição inicial, presumindo-se verdadeiras as não impugnadas, salvo se:

‣ art. 430, CPC.

» *Vide* arts. 345, 392 e 434 do CPC.

I - não for admissível, a seu respeito, a confissão;

‣ art. 389, CPC.

II - a petição inicial não estiver acompanhada de instrumento que a lei considerar da substância do ato;

‣ arts. 108 e 215, CC.

III - estiverem em contradição com a defesa, considerada em seu conjunto.

Parágrafo único. O ônus da impugnação especificada dos fatos não se aplica ao defensor público, ao advogado dativo e ao curador especial.

» *Vide* art. 72 do CPC.

Art. 342. Depois da contestação, só é lícito ao réu deduzir novas alegações quando:

I - relativas a direito ou a fato superveniente;

II - competir ao juiz conhecer delas de ofício;

III - por expressa autorização legal, puderem ser formuladas em qualquer tempo e grau de jurisdição.

CAPÍTULO VII
DA RECONVENÇÃO

Art. 343. Na contestação, é lícito ao réu propor reconvenção para manifestar pretensão própria, conexa com a ação principal ou com o fundamento da defesa.

‣ art. 16, § 3º, Lei 6.830/1980 (Execução Fiscal).

‣ art. 7º, Lei 9.289/1996 (Custas na Justiça Federal).

‣ Súm. 292, STJ; 258, STF.

» *Vide* arts. 83, III, 85, § 1.º, 324, § 2.º, 343, 487, I, do CPC.

» *Vide* art. 319, V, e 292 do CPC.

» *Vide* art. 700, § 6.º, do CPC.

» *Vide* Súmula 292 do STJ.

§ 1º Proposta a reconvenção, o autor será intimado, na pessoa de seu advogado, para apresentar resposta no prazo de 15 (quinze) dias.

» *Vide* arts. 329, parágrafo único, e 335 do CPC.

§ 2º A desistência da ação ou a ocorrência de causa extintiva que impeça o exame de seu mérito não obsta ao prosseguimento do processo quanto à reconvenção.

‣ arts. 90, 200, p.ún., CPC.

§ 3º A reconvenção pode ser proposta contra o autor e terceiro.

§ 4º A reconvenção pode ser proposta pelo réu em litisconsórcio com terceiro.

§ 5º Se o autor for substituto processual, o reconvinte deverá afirmar ser titular de direito em face do substituído, e a reconvenção deverá ser proposta em face do autor, também na qualidade de substituto processual.

» *Vide* art. 18, parágrafo único, do CPC.

§ 6º O réu pode propor reconvenção independentemente de oferecer contestação.

» *Vide* art. 286 e parágrafo único, do CPC.

» *Vide* art. 319 do CPC.

CAPÍTULO VIII
DA REVELIA

Art. 344. Se o réu não contestar a ação, será considerado revel e presumir-se-ão verdadeiras as alegações de fato formuladas pelo autor.

‣ arts. 348 e 355, II, CPC.

Art. 345. A revelia não produz o efeito mencionado no art. 344 se:

I - havendo pluralidade de réus, algum deles contestar a ação;

» *Vide* art. 1.005 do CPC.

II - o litígio versar sobre direitos indisponíveis;

III - a petição inicial não estiver acompanhada de instrumento que a lei considere indispensável à prova do ato;

IV - as alegações de fato formuladas pelo autor forem inverossímeis ou estiverem em contradição com prova constante dos autos.

Art. 346. Os prazos contra o revel que não tenha patrono nos autos fluirão da data de publicação do ato decisório no órgão oficial.

Parágrafo único. O revel poderá intervir no processo em qualquer fase, recebendo-o no estado em que se encontrar.

‣ Súm. 231, STF.

CAPÍTULO IX
DAS PROVIDÊNCIAS PRELIMINARES E DO SANEAMENTO

Art. 347. Findo o prazo para a contestação, o juiz tomará, conforme o caso, as providências preliminares constantes das seções deste Capítulo.

SEÇÃO I
DA NÃO INCIDÊNCIA DOS EFEITOS DA REVELIA

Art. 348. Se o réu não contestar a ação, o juiz, verificando a inocorrência do efeito da revelia previsto no art. 344, ordenará que o autor especifique as provas que pretenda produzir, se ainda não as tiver indicado.

‣ art. 1.047, CPC.

Art. 349. Ao réu revel será lícita a produção de provas, contrapostas às alegações do autor, desde que se faça representar nos autos a tempo de praticar os atos processuais indispensáveis a essa produção.

SEÇÃO II
DO FATO IMPEDITIVO, MODIFICATIVO OU EXTINTIVO DO DIREITO DO AUTOR

Art. 350. Se o réu alegar fato impeditivo, modificativo ou extintivo do direito do autor, este será ouvido no prazo de 15 (quinze) dias, permitindo-lhe o juiz a produção de prova.

SEÇÃO III
DAS ALEGAÇÕES DO RÉU

Art. 351. Se o réu alegar qualquer das matérias enumeradas no art. 337, o juiz determinará a oitiva do autor no prazo de 15 (quinze) dias, permitindo-lhe a produção de prova.

Art. 352. Verificando a existência de irregularidades ou de vícios sanáveis, o juiz determinará sua correção em prazo nunca superior a 30 (trinta) dias.

Art. 353. Cumpridas as providências preliminares ou não havendo necessidade delas, o juiz proferirá julgamento conforme o estado do processo, observando o que dispõe o Capítulo X.

CAPÍTULO X
DO JULGAMENTO CONFORME O ESTADO DO PROCESSO

SEÇÃO I
DA EXTINÇÃO DO PROCESSO

Art. 354. Ocorrendo qualquer das hipóteses previstas nos arts. 485 e 487, incisos II e III, o juiz proferirá sentença.

» *Vide* art. 1.009 do CPC.

Parágrafo único. A decisão a que se refere o *caput* pode dizer respeito a apenas parcela do processo, caso em que será impugnável por agravo de instrumento.

» *Vide* art. 1.015 do CPC.

SEÇÃO II
DO JULGAMENTO ANTECIPADO DO MÉRITO

Art. 355. O juiz julgará antecipadamente o pedido, proferindo sentença com resolução de mérito, quando:

‣ art. 487, CPC.

» *Vide* arts. 203, § 1.º, e 1.009 do CPC.

I - não houver necessidade de produção de outras provas;

‣ arts. 369 a 484, CPC.

II - o réu for revel, ocorrer o efeito previsto no art. 344 e não houver requerimento de prova, na forma do art. 349.

‣ art. 550, § 4º, CPC.

SEÇÃO III
DO JULGAMENTO ANTECIPADO PARCIAL DO MÉRITO

Art. 356. O juiz decidirá parcialmente o mérito quando um ou mais dos pedidos formulados ou parcela deles:

» *Vide* arts. 203, § 2.º e 1.015, II, do CPC.

I - mostrar-se incontroverso;

‣ art. 374, III, CPC.

II - estiver em condições de imediato julgamento, nos termos do art. 355.

§ 1º A decisão que julgar parcialmente o mérito poderá reconhecer a existência de obrigação líquida ou ilíquida.

§ 2º A parte poderá liquidar ou executar, desde logo, a obrigação reconhecida na decisão que julgar parcialmente o mérito, independentemente de caução, ainda que haja recurso contra essa interposto.

» *Vide* arts. 512 e 520 do CPC.

§ 3º Na hipótese do § 2º, se houver trânsito em julgado da decisão, a execução será definitiva.

§ 4º A liquidação e o cumprimento da decisão que julgar parcialmente o mérito poderão ser processados em autos suplementares, a requerimento da parte ou a critério do juiz.

§ 5º A decisão proferida com base neste artigo é impugnável por agravo de instrumento.

› art. 1.015, CPC.

» *Vide* art. 1.015, II, do CPC.

SEÇÃO IV
DO SANEAMENTO E DA ORGANIZAÇÃO DO PROCESSO

Art. 357. Não ocorrendo nenhuma das hipóteses deste Capítulo, deverá o juiz, em decisão de saneamento e de organização do processo:

› Súm. 424, STF.

» *Vide* art. 139, VI, do CPC.

I - resolver as questões processuais pendentes, se houver;

II - delimitar as questões de fato sobre as quais recairá a atividade probatória, especificando os meios de prova admitidos;

III - definir a distribuição do ônus da prova, observado o art. 373;

IV - delimitar as questões de direito relevantes para a decisão do mérito;

V - designar, se necessário, audiência de instrução e julgamento.

§ 1º Realizado o saneamento, as partes têm o direito de pedir esclarecimentos ou solicitar ajustes, no prazo comum de 5 (cinco) dias, findo o qual a decisão se torna estável.

§ 2º As partes podem apresentar ao juiz, para homologação, delimitação consensual das questões de fato e de direito a que se referem os incisos II e IV, a qual, se homologada, vincula as partes e o juiz.

§ 3º Se a causa apresentar complexidade em matéria de fato ou de direito, deverá o juiz designar audiência para que o saneamento seja feito em cooperação com as partes, oportunidade em que o juiz, se for o caso, convidará as partes a integrar ou esclarecer suas alegações.

§ 4º Caso tenha sido determinada a produção de prova testemunhal, o juiz fixará prazo comum não superior a 15 (quinze) dias para que as partes apresentem rol de testemunhas.

» *Vide* arts.447, 450 e 455 do CPC.

§ 5º Na hipótese do § 3º, as partes devem levar, para a audiência prevista, o respectivo rol de testemunhas.

§ 6º O número de testemunhas arroladas não pode ser superior a 10 (dez), sendo 3 (três), no máximo, para a prova de cada fato.

§ 7º O juiz poderá limitar o número de testemunhas levando em conta a complexidade da causa e dos fatos individualmente considerados.

§ 8º Caso tenha sido determinada a produção de prova pericial, o juiz deve observar o disposto no art. 465 e, se possível, estabelecer, desde logo, calendário para sua realização.

» *Vide* arts. 191 e 471 do CPC.

§ 9º As pautas deverão ser preparadas com intervalo mínimo de 1 (uma) hora entre as audiências.

CAPÍTULO XI
DA AUDIÊNCIA DE INSTRUÇÃO E JULGAMENTO

Art. 358. No dia e na hora designados, o juiz declarará aberta a audiência de instrução e julgamento e mandará apregoar as partes e os respectivos advogados, bem como outras pessoas que dela devam participar.

Art. 359. Instalada a audiência, o juiz tentará conciliar as partes, independentemente do emprego anterior de outros métodos de solução consensual de conflitos, como a mediação e a arbitragem.

› Lei 9.307/1996 (Arbitragem).

» *Vide* art. 139, V, do CPC.

Art. 360. O juiz exerce o poder de polícia, incumbindo-lhe:

› arts. 139, VII, 782, § 2º, 846, §2º, CPC.

I - manter a ordem e o decoro na audiência;

II - ordenar que se retirem da sala de audiência os que se comportarem inconvenientemente;

III - requisitar, quando necessário, força policial;

IV - tratar com urbanidade as partes, os advogados, os membros do Ministério Público e da Defensoria Pública e qualquer pessoa que participe do processo;

V - registrar em ata, com exatidão, todos os requerimentos apresentados em audiência.

Art. 361. As provas orais serão produzidas em audiência, ouvindo-se nesta ordem, preferencialmente:

» *Vide* art. 139, VI, do CPC.

I - o perito e os assistentes técnicos, que responderão aos quesitos de esclarecimentos requeridos no prazo e na forma do art. 477, caso não respondidos anteriormente por escrito;

II - o autor e, em seguida, o réu, que prestarão depoimentos pessoais;

III - as testemunhas arroladas pelo autor e pelo réu, que serão inquiridas.

Parágrafo único. Enquanto depuserem o perito, os assistentes técnicos, as partes e as testemunhas, não poderão os advogados e o Ministério Público intervir ou apartear, sem licença do juiz.

Art. 362. A audiência poderá ser adiada:

I - por convenção das partes;

II - se não puder comparecer, por motivo justificado, qualquer pessoa que dela deva necessariamente participar;

III - por atraso injustificado de seu início em tempo superior a 30 (trinta) minutos do horário marcado.

§ 1º O impedimento deverá ser comprovado até a abertura da audiência, e, não o sendo, o juiz procederá à instrução.

§ 2º O juiz poderá dispensar a produção das provas requeridas pela parte cujo advogado ou defensor público não tenha comparecido à audiência, aplicando-se a mesma regra ao Ministério Público.

§ 3º Quem der causa ao adiamento responderá pelas despesas acrescidas.

Art. 363. Havendo antecipação ou adiamento da audiência, o juiz, de ofício ou a requerimento da parte, determinará a intimação dos advogados ou da sociedade de advogados para ciência da nova designação.

Art. 364. Finda a instrução, o juiz dará a palavra ao advogado do autor e do réu, bem como ao membro do Ministério Público, se for o caso de sua intervenção, sucessivamente, pelo prazo de 20 (vinte) minutos para cada um, prorrogável por 10 (dez) minutos, a critério do juiz.

§ 1º Havendo litisconsorte ou terceiro interveniente, o prazo, que formará com o da prorrogação um só todo, dividir-se-á entre os do mesmo grupo, se não convencionarem de modo diverso.

§ 2º Quando a causa apresentar questões complexas de fato ou de direito, o debate oral poderá ser substituído por razões finais escritas, que serão apresentadas pelo autor e pelo réu, bem como pelo Ministério Público, se for o caso de sua intervenção, em prazos sucessivos de 15 (quinze) dias, assegurada vista dos autos.

Art. 365. A audiência é una e contínua, podendo ser excepcional e justificadamente cindida na ausência de perito ou de testemunha, desde que haja concordância das partes.

Parágrafo único. Diante da impossibilidade de realização da instrução, do debate e do julgamento no mesmo dia, o juiz marcará seu prosseguimento para a data mais próxima possível, em pauta preferencial.

Art. 366. Encerrado o debate ou oferecidas as razões finais, o juiz proferirá sentença em audiência ou no prazo de 30 (trinta) dias.

Art. 367. O servidor lavrará, sob ditado do juiz, termo que conterá, em resumo, o ocorrido na audiência, bem como, por extenso, os despachos, as decisões e a sentença, se proferida no ato.

§ 1º Quando o termo não for registrado em meio eletrônico, o juiz rubricar-lhe-á as folhas, que serão encadernadas em volume próprio.

§ 2º Subscreverão o termo o juiz, os advogados, o membro do Ministério Público e o escrivão ou chefe de secretaria, dispensadas as partes, exceto quando houver ato de disposição para cuja prática os advogados não tenham poderes.

§ 3º O escrivão ou chefe de secretaria trasladará para os autos cópia autêntica do termo de audiência.

§ 4º Tratando-se de autos eletrônicos, observar-se-á o disposto neste Código, em legislação específica e nas normas internas dos tribunais.

§ 5º A audiência poderá ser integralmente gravada em imagem e em áudio, em meio digital ou analógico, desde que assegure o rápido acesso das partes e dos órgãos julgadores, observada a legislação específica.

§ 6º A gravação a que se refere o § 5º também pode ser realizada diretamente por qualquer das partes, independentemente de autorização judicial.

Art. 368. A audiência será pública, ressalvadas as exceções legais.

CAPÍTULO XII
DAS PROVAS

› Dec. 9.039/2017 (Obtenção de provas no estrangeiro em matéria civil ou comercial).

SEÇÃO I
DISPOSIÇÕES GERAIS

Art. 369. As partes têm o direito de empregar todos os meios legais, bem como os moralmente legítimos, ainda que não especificados neste Código, para provar a verdade dos fatos em que se funda o pedido ou a defesa e influir eficazmente na convicção do juiz.

‣ art. 5º, LVI, CF.
‣ art. 212 a 232, CC.
‣ Lei 9.296/1996 (Interceptação telefônica).
‣ Súm. 231, STF.

Art. 370. Caberá ao juiz, de ofício ou a requerimento da parte, determinar as provas necessárias ao julgamento do mérito.

‣ art. 1.047, CPC.

Parágrafo único. O juiz indeferirá, em decisão fundamentada, as diligências inúteis ou meramente protelatórias.

Art. 371. O juiz apreciará a prova constante dos autos, independentemente do sujeito que a tiver promovido, e indicará na decisão as razões da formação de seu convencimento.

‣ art. 93, IX, CF.

Art. 372. O juiz poderá admitir a utilização de prova produzida em outro processo, atribuindo-lhe o valor que considerar adequado, observado o contraditório.

‣ art. 5º, LV, CF.

Art. 373. O ônus da prova incumbe:

‣ arts. 38 e 51, VI, CDC.

I - ao autor, quanto ao fato constitutivo de seu direito;

II - ao réu, quanto à existência de fato impeditivo, modificativo ou extintivo do direito do autor.

‣ Súm. 461, TST.

§ 1º Nos casos previstos em lei ou diante de peculiaridades da causa relacionadas à impossibilidade ou à excessiva dificuldade de cumprir o encargo nos termos do *caput* ou à maior facilidade de obtenção da prova do fato contrário, poderá o juiz atribuir o ônus da prova de modo diverso, desde que o faça por decisão fundamentada, caso em que deverá dar à parte a oportunidade de se desincumbir do ônus que lhe foi atribuído.

‣ art. 6º, VIII, CDC.
» *Vide* Súmula 618 do STJ.

§ 2º A decisão prevista no § 1º deste artigo não pode gerar situação em que a desincumbência do encargo pela parte seja impossível ou excessivamente difícil.

§ 3º A distribuição diversa do ônus da prova também pode ocorrer por convenção das partes, salvo quando:

I - recair sobre direito indisponível da parte;

II - tornar excessivamente difícil a uma parte o exercício do direito.

§ 4º A convenção de que trata o § 3º pode ser celebrada antes ou durante o processo.

» *Vide* art. 190 do CPC.

Art. 374. Não dependem de prova os fatos:

I - notórios;

II - afirmados por uma parte e confessados pela parte contrária;

III - admitidos no processo como incontroversos;

IV - em cujo favor milita presunção legal de existência ou de veracidade.

» *Vide* Súmula 301 do STJ.

Art. 375. O juiz aplicará as regras de experiência comum subministradas pela observação do que ordinariamente acontece e, ainda, as regras de experiência técnica, ressalvado, quanto a estas, o exame pericial.

Art. 376. A parte que alegar direito municipal, estadual, estrangeiro ou consuetudinário provar-lhe-á o teor e a vigência, se assim o juiz determinar.

‣ art. 14, LINDB.

Art. 377. A carta precatória, a carta rogatória e o auxílio direto suspenderão o julgamento da causa no caso previsto no art. 313, inciso V, alínea "b", quando, tendo sido requeridos antes da decisão de saneamento, a prova neles solicitada for imprescindível.

‣ arts. 36, 69, I, 260 a 268, CPC.

Parágrafo único. A carta precatória e a carta rogatória não devolvidas no prazo ou concedidas sem efeito suspensivo poderão ser juntadas aos autos a qualquer momento.

Art. 378. Ninguém se exime do dever de colaborar com o Poder Judiciário para o descobrimento da verdade.

Art. 379. Preservado o direito de não produzir prova contra si própria, incumbe à parte:

I - comparecer em juízo, respondendo ao que lhe for interrogado;

II - colaborar com o juízo na realização de inspeção judicial que for considerada necessária;

III - praticar o ato que lhe for determinado.

‣ art. 5º, II, CF.

Art. 380. Incumbe ao terceiro, em relação a qualquer causa:

I - informar ao juiz os fatos e as circunstâncias de que tenha conhecimento;

‣ art. 5º, XIV, CF.

II - exibir coisa ou documento que esteja em seu poder.

Parágrafo único. Poderá o juiz, em caso de descumprimento, determinar, além da imposição de multa, outras medidas indutivas, coercitivas, mandamentais ou sub-rogatórias.

SEÇÃO II
DA PRODUÇÃO ANTECIPADA DA PROVA

Art. 381. A produção antecipada da prova será admitida nos casos em que:

I - haja fundado receio de que venha a tornar-se impossível ou muito difícil a verificação de certos fatos na pendência da ação;

II - a prova a ser produzida seja suscetível de viabilizar a autocomposição ou outro meio adequado de solução de conflito;

III - o prévio conhecimento dos fatos possa justificar ou evitar o ajuizamento de ação.

§ 1º O arrolamento de bens observará o disposto nesta Seção quando tiver por finalidade apenas a realização de documentação e não a prática de atos de apreensão.

§ 2º A produção antecipada da prova é da competência do juízo do foro onde esta deva ser produzida ou do foro de domicílio do réu.

§ 3º A produção antecipada da prova não previne a competência do juízo para a ação que venha a ser proposta.

§ 4º O juízo estadual tem competência para produção antecipada de prova requerida em face da União, de entidade autárquica ou de empresa pública federal se, na localidade, não houver vara federal.

‣ art. 109, § 3º, CF.

§ 5º Aplica-se o disposto nesta Seção àquele que pretender justificar a existência de algum fato ou relação jurídica para simples documento e sem caráter contencioso, que exporá, em petição circunstanciada, a sua intenção.

Art. 382. Na petição, o requerente apresentará as razões que justificam a necessidade de antecipação da prova e mencionará com precisão os fatos sobre os quais a prova há de recair.

» *Vide* art. 319 do CPC.

§ 1º O juiz determinará, de ofício ou a requerimento da parte, a citação de interessados na produção da prova ou no fato a ser provado, salvo se inexistente caráter contencioso.

§ 2º O juiz não se pronunciará sobre a ocorrência ou a inocorrência do fato, nem sobre as respectivas consequências jurídicas.

§ 3º Os interessados poderão requerer a produção de qualquer prova no mesmo procedimento, desde que relacionada ao mesmo fato, salvo se a sua produção conjunta acarretar excessiva demora.

§ 4º Neste procedimento, não se admitirá defesa ou recurso, salvo contra decisão que indeferir totalmente a produção da prova pleiteada pelo requerente originário.

Art. 383. Os autos permanecerão em cartório durante 1 (um) mês para extração de cópias e certidões pelos interessados.

Parágrafo único. Findo o prazo, os autos serão entregues ao promovente da medida.

SEÇÃO III
DA ATA NOTARIAL

Art. 384. A existência e o modo de existir de algum fato podem ser atestados ou documentados, a requerimento do interessado, mediante ata lavrada por tabelião.

‣ art. 236, CF.
‣ art. 215, CC.
‣ art. 7º, III, Lei 8.935/1994 (Lei dos Cartórios).

Parágrafo único. Dados representados por imagem ou som gravados em arquivos eletrônicos poderão constar da ata notarial.

SEÇÃO IV
DO DEPOIMENTO PESSOAL

Art. 385. Cabe à parte requerer o depoimento pessoal da outra parte, a fim de que esta seja interrogada na audiência de instrução e julgamento, sem prejuízo do poder do juiz de ordená-lo de ofício.

§ 1º Se a parte, pessoalmente intimada para prestar depoimento pessoal e advertida da pena de confesso, não comparecer ou, comparecendo, se recusar a depor, o juiz aplicar-lhe-á a pena.

§ 2º É vedado a quem ainda não depôs assistir ao interrogatório da outra parte.

§ 3º O depoimento pessoal da parte que residir em comarca, seção ou subseção judiciária diversa daquela onde tramita o processo poderá ser colhido por meio de videoconferência ou outro recurso tecnológico de transmissão de sons e imagens em tempo real, o que poderá ocorrer, inclusive, durante a realização da audiência de instrução e julgamento.

Art. 386. Quando a parte, sem motivo justificado, deixar de responder ao que lhe for perguntado ou empregar evasivas, o juiz, apreciando as demais circunstâncias e os elementos de prova, declarará, na sentença, se houve recusa de depor.

Art. 387. A parte responderá pessoalmente sobre os fatos articulados, não podendo servir-se de escritos anteriormente preparados, permitindo-lhe o juiz, todavia, a consulta a notas breves, desde que objetivem completar esclarecimentos.

Art. 388. A parte não é obrigada a depor sobre fatos:

I - criminosos ou torpes que lhe forem imputados;

II - a cujo respeito, por estado ou profissão, deva guardar sigilo;

‣ art. 154, CP.

III - acerca dos quais não possa responder sem desonra própria, de seu cônjuge, de seu companheiro ou de parente em grau sucessível;

IV - que coloquem em perigo a vida do depoente ou das pessoas referidas no inciso III.

Parágrafo único. Esta disposição não se aplica às ações de estado e de família.

» *Vide* arts. 693 a 699 do CPC.

SEÇÃO V
DA CONFISSÃO

Art. 389. Há confissão, judicial ou extrajudicial, quando a parte admite a verdade de fato contrário ao seu interesse e favorável ao do adversário.

‣ art. 212, I, CC.

Art. 390. A confissão judicial pode ser espontânea ou provocada.

§ 1º A confissão espontânea pode ser feita pela própria parte ou por representante com poder especial.

§ 2º A confissão provocada constará do termo de depoimento pessoal.

Art. 391. A confissão judicial faz prova contra o confitente, não prejudicando, todavia, os litisconsortes.

Parágrafo único. Nas ações que versarem sobre bens imóveis ou direitos reais sobre imóveis alheios, a confissão de um cônjuge ou companheiro não valerá sem a do outro, salvo se o regime de casamento for o de separação absoluta de bens.

‣ arts. 1.687 e 1.688, CC.

Art. 392. Não vale como confissão a admissão, em juízo, de fatos relativos a direitos indisponíveis.

§ 1º A confissão será ineficaz se feita por quem não for capaz de dispor do direito a que se referem os fatos confessados.

§ 2º A confissão feita por um representante somente é eficaz nos limites em que este pode vincular o representado.

Art. 393. A confissão é irrevogável, mas pode ser anulada se decorreu de erro de fato ou de coação.

‣ art. 214, CC.

Parágrafo único. A legitimidade para a ação prevista no *caput* é exclusiva do confitente e pode ser transferida a seus herdeiros se ele falecer após a propositura.

Art. 394. A confissão extrajudicial, quando feita oralmente, só terá eficácia nos casos em que a lei não exija prova literal.

Art. 395. A confissão é, em regra, indivisível, não podendo a parte que a quiser invocar como prova aceitá-la no tópico que a beneficiar e rejeitá-la no que lhe for desfavorável, porém cindir-se-á quando o confitente a ela aduzir fatos novos, capazes de constituir fundamento de defesa de direito material ou de reconvenção.

SEÇÃO VI
DA EXIBIÇÃO DE DOCUMENTO OU COISA

‣ art. 1.015, VI, CPC.

Art. 396. O juiz pode ordenar que a parte exiba documento ou coisa que se encontre em seu poder.

» *Vide* art. 1.015, VI, do CPC.

Art. 397. O pedido formulado pela parte conterá:

I - a descrição, tão completa quanto possível, do documento ou da coisa, ou das categorias de documentos ou de coisas buscados; *(Redação dada pela Lei 14.195/2021)*

II - a finalidade da prova, com indicação dos fatos que se relacionam com o documento ou com a coisa, ou com suas categorias; *(Redação dada pela Lei 14.195/2021)*

III - as circunstâncias em que se funda o requerente para afirmar que o documento ou a coisa existe, ainda que a referência seja a categoria de documentos ou de coisas, e se acha em poder da parte contrária. *(Redação dada pela Lei 14.195/2021)*

Art. 398. O requerido dará sua resposta nos 5 (cinco) dias subsequentes à sua intimação.

Parágrafo único. Se o requerido afirmar que não possui o documento ou a coisa, o juiz permitirá que o requerente prove, por qualquer meio, que a declaração não corresponde à verdade.

Art. 399. O juiz não admitirá a recusa se:

I - o requerido tiver obrigação legal de exibir;

‣ art. 195, CTN.

II - o requerido tiver aludido ao documento ou à coisa, no processo, com o intuito de constituir prova;

III - o documento, por seu conteúdo, for comum às partes.

Art. 400. Ao decidir o pedido, o juiz admitirá como verdadeiros os fatos que, por meio do documento ou da coisa, a parte pretendia provar se:

I - o requerido não efetuar a exibição nem fizer nenhuma declaração no prazo do art. 398;

II - a recusa for havida por ilegítima.

Parágrafo único. Sendo necessário, o juiz pode adotar medidas indutivas, coercitivas, mandamentais ou sub-rogatórias para que o documento seja exibido.

‣ arts. 139, IV, e 380, p.ún., e 403, p.ún., CPC.

Art. 401. Quando o documento ou a coisa estiver em poder de terceiro, o juiz ordenará sua citação para responder no prazo de 15 (quinze) dias.

Art. 402. Se o terceiro negar a obrigação de exibir ou a posse do documento ou da coisa, o juiz designará audiência especial, tomando-lhe o depoimento, bem como o das partes e, se necessário, o de testemunhas, e em seguida proferirá decisão.

Art. 403. Se o terceiro, sem justo motivo, se recusar a efetuar a exibição, o juiz ordenar-lhe-á que proceda ao respectivo depósito em cartório ou em outro lugar designado, no prazo de 5 (cinco) dias, impondo ao requerente que o ressarça pelas despesas que tiver.

Parágrafo único. Se o terceiro descumprir a ordem, o juiz expedirá mandado de apreensão, requisitando, se necessário, força policial, sem prejuízo da responsabilidade por crime de desobediência, pagamento de multa e outras medidas indutivas, coercitivas, mandamentais ou sub-rogatórias necessárias para assegurar a efetivação da decisão.

‣ arts. 139, IV, e 360, III, CPC.

‣ art. 330, CP.

Art. 404. A parte e o terceiro se escusam de exibir, em juízo, o documento ou a coisa se:

I - concernente a negócios da própria vida da família;

II - sua apresentação puder violar dever de honra;

‣ art. 5º, X, CF.

III - sua publicidade redundar em desonra à parte ou ao terceiro, bem como a seus parentes consanguíneos ou afins até o terceiro grau, ou lhes representar perigo de ação penal;

IV - sua exibição acarretar a divulgação de fatos a cujo respeito, por estado ou profissão, devam guardar segredo;

‣ art. 5º, XIV, CF.

‣ art. 154, CP.

‣ art. 8º, § 2º, Lei 7.347/1985 (Ação Civil Pública).

‣ art. 34, VII, Estatuto da OAB.

V - subsistirem outros motivos graves que, segundo o prudente arbítrio do juiz, justifiquem a recusa da exibição;

VI - houver disposição legal que justifique a recusa da exibição.

Parágrafo único. Se os motivos de que tratam os incisos I a VI do *caput* disserem respeito a apenas uma parcela do documento, a parte ou o terceiro exibirá a outra em cartório, para dela ser extraída cópia reprográfica, de tudo sendo lavrado auto circunstanciado.

SEÇÃO VII
DA PROVA DOCUMENTAL

SUBSEÇÃO I
DA FORÇA PROBANTE DOS DOCUMENTOS

Art. 405. O documento público faz prova não só da sua formação, mas também dos fatos que o escrivão, o chefe de secretaria, o tabelião ou o servidor declarar que ocorreram em sua presença.

‣ art. 215, CC.

Art. 406. Quando a lei exigir instrumento público como da substância do ato, nenhuma outra prova, por mais especial que seja, pode suprir-lhe a falta.

‣ arts. 108 e 215, CC.

Art. 407. O documento feito por oficial público incompetente ou sem a observância das formalidades legais, sendo subscrito pelas partes, tem a mesma eficácia probatória do documento particular.

Art. 408. As declarações constantes do documento particular escrito e assinado ou somente assinado presumem-se verdadeiras em relação ao signatário.

‣ art. 219, CC.

Parágrafo único. Quando, todavia, contiver declaração de ciência de determinado fato, o documento particular prova a ciência, mas não o fato em si, incumbindo o ônus de prová-lo ao interessado em sua veracidade.

Art. 409. A data do documento particular, quando a seu respeito surgir dúvida ou impugnação entre os litigantes, provar-se-á por todos os meios de direito.

Parágrafo único. Em relação a terceiros, considerar-se-á datado o documento particular:

I - no dia em que foi registrado;

II - desde a morte de algum dos signatários;

III - a partir da impossibilidade física que sobreveio a qualquer dos signatários;

IV - da sua apresentação em repartição pública ou em juízo;

V - do ato ou do fato que estabeleça, de modo certo, a anterioridade da formação do documento.

Art. 410. Considera-se autor do documento particular:

I - aquele que o fez e o assinou;

II - aquele por conta de quem ele foi feito, estando assinado;

III - aquele que, mandando compô-lo, não o firmou porque, conforme a experiência comum, não se costuma assinar, como livros empresariais e assentos domésticos.

Art. 411. Considera-se autêntico o documento quando:

I - o tabelião reconhecer a firma do signatário;

II - a autoria estiver identificada por qualquer outro meio legal de certificação, inclusive eletrônico, nos termos da lei;

III - não houver impugnação da parte contra quem foi produzido o documento.

Art. 412. O documento particular de cuja autenticidade não se duvida prova que o seu autor fez a declaração que lhe é atribuída.

Parágrafo único. O documento particular admitido expressa ou tacitamente é indivisível, sendo vedado à parte que pretende utilizar-se dele aceitar os fatos que lhe são favoráveis e recusar os que são contrários ao seu interesse, salvo se provar que estes não ocorreram.

Art. 413. O telegrama, o radiograma ou qualquer outro meio de transmissão tem a mesma força probatória do documento particular se o original constante da estação expedidora tiver sido assinado pelo remetente.

‣ art. 222, CC.

Parágrafo único. A firma do remetente poderá ser reconhecida pelo tabelião, declarando-se essa circunstância no original depositado na estação expedidora.

Art. 414. O telegrama ou o radiograma presume-se conforme com o original, provando as datas de sua expedição e de seu recebimento pelo destinatário.

Art. 415. As cartas e os registros domésticos provam contra quem os escreveu quando:

I - enunciam o recebimento de um crédito;

II - contêm anotação que visa a suprir a falta de título em favor de quem é apontado como credor;

III - expressam conhecimento de fatos para os quais não se exija determinada prova.

‣ art. 219, CC.

Art. 416. A nota escrita pelo credor em qualquer parte de documento representativo de obrigação, ainda que não assinada, faz prova em benefício do devedor.

‣ art. 112, CC.

Parágrafo único. Aplica-se essa regra tanto para o documento que o credor conservar em seu poder quanto para aquele que se achar em poder do devedor ou de terceiro.

Art. 417. Os livros empresariais provam contra seu autor, sendo lícito ao empresário, todavia, demonstrar, por todos os meios permitidos em direito, que os lançamentos não correspondem à verdade dos fatos.

‣ art. 19, Lei 5.474/1968 (Lei da duplicata).

Art. 418. Os livros empresariais que preencham os requisitos exigidos por lei provam a favor de seu autor no litígio entre empresários.

‣ art. 226, CC.

Art. 419. A escrituração contábil é indivisível, e, se dos fatos que resultam dos lançamentos, uns são favoráveis ao interesse de seu autor e outros lhe são contrários, ambos serão considerados em conjunto, como unidade.

Art. 420. O juiz pode ordenar, a requerimento da parte, a exibição integral dos livros empresariais e dos documentos do arquivo:

‣ art. 105, Lei 6.404/1976 (Lei da sociedade anônima).

‣ art. 22, Lei 11.101/2005 (Lei de falência).

» *Vide* art. 318 do CPC.

I - na liquidação de sociedade;

II - na sucessão por morte de sócio;

III - quando e como determinar a lei.

Art. 421. O juiz pode, de ofício, ordenar à parte a exibição parcial dos livros e dos documentos, extraindo-se deles a suma que interessar ao litígio, bem como reproduções autenticadas.

‣ Súm. 260, STF.

Art. 422. Qualquer reprodução mecânica, como a fotográfica, a cinematográfica, a fonográfica ou de outra espécie, tem aptidão para fazer prova dos fatos ou das coisas representadas, se a sua conformidade com o documento original não for impugnada por aquele contra quem foi produzida.

‣ art. 225, CC.

§ 1º As fotografias digitais e as extraídas da rede mundial de computadores fazem prova das imagens que reproduzem, devendo, se impugnadas, ser apresentada a respectiva autenticação eletrônica ou, não sendo possível, realizada perícia.

§ 2º Se se tratar de fotografia publicada em jornal ou revista, será exigido um exemplar original do periódico, caso impugnada a veracidade pela outra parte.

§ 3º Aplica-se o disposto neste artigo à forma impressa de mensagem eletrônica.

Art. 423. As reproduções dos documentos particulares, fotográficas ou obtidas por outros processos de repetição, valem como certidões sempre que o escrivão ou o chefe de secretaria certificar sua conformidade com o original.

Art. 424. A cópia de documento particular tem o mesmo valor probante que o original, cabendo ao escrivão, intimadas as partes, proceder à conferência e certificar a conformidade entre a cópia e o original.

Art. 425. Fazem a mesma prova que os originais:

I - as certidões textuais de qualquer peça dos autos, do protocolo das audiências ou de outro livro a cargo do escrivão ou do chefe de secretaria, se extraídas por ele ou sob sua vigilância e por ele subscritas;

‣ art. 216, CC.

II - os traslados e as certidões extraídas por oficial público de instrumentos ou documentos lançados em suas notas;

‣ arts. 217 e 218, CC.

‣ art. 161, Lei 6.015/1973 (Lei de registros públicos).

III - as reproduções dos documentos públicos, desde que autenticadas por oficial público ou conferidas em cartório com os respectivos originais;

IV - as cópias reprográficas de peças do próprio processo judicial declaradas autênticas pelo advogado, sob sua responsabilidade pessoal, se não lhes for impugnada a autenticidade;

V - os extratos digitais de bancos de dados públicos e privados, desde que atestado pelo seu emitente, sob as penas da lei, que as informações conferem com o que consta na origem;

VI - as reproduções digitalizadas de qualquer documento público ou particular, quando juntadas aos autos pelos órgãos da justiça e seus auxiliares, pelo Ministério Público e seus auxiliares, pela Defensoria Pública e seus auxiliares, pelas procuradorias, pelas repartições públicas em geral e por advogados, ressalvada a alegação motivada e fundamentada de adulteração.

§ 1º Os originais dos documentos digitalizados mencionados no inciso VI deverão ser preservados pelo seu detentor até o final do prazo para propositura de ação rescisória.

§ 2º Tratando-se de cópia digital de título executivo extrajudicial ou de documento relevante à instrução do processo, o juiz poderá determinar seu depósito em cartório ou secretaria.

Art. 426. O juiz apreciará fundamentadamente a fé que deva merecer o documento, quando em ponto substancial e sem ressalva contiver entrelinha, emenda, borrão ou cancelamento.

Art. 427. Cessa a fé do documento público ou particular sendo-lhe declarada judicialmente a falsidade.

Parágrafo único. A falsidade consiste em:

I - formar documento não verdadeiro;

II - alterar documento verdadeiro.

Art. 428. Cessa a fé do documento particular quando:

I - for impugnada sua autenticidade e enquanto não se comprovar sua veracidade;

II - assinado em branco, for impugnado seu conteúdo, por preenchimento abusivo.

Parágrafo único. Dar-se-á abuso quando aquele que recebeu documento assinado com texto não escrito no todo ou em parte formá-lo ou completá-lo por si ou por meio de outrem, violando o pacto feito com o signatário.

Art. 429. Incumbe o ônus da prova quando:

I - se tratar de falsidade de documento ou de preenchimento abusivo, à parte que a arguir;

‣ art. 373, CPC.

II - se tratar de impugnação da autenticidade, à parte que produziu o documento.

‣ arts. 412 e 428, I, CPC.

SUBSEÇÃO II
DA ARGUIÇÃO DE FALSIDADE

Art. 430. A falsidade deve ser suscitada na contestação, na réplica ou no prazo de 15 (quinze) dias, contado a partir da intimação da juntada do documento aos autos.

Parágrafo único. Uma vez arguida, a falsidade será resolvida como questão incidental, salvo se a parte requerer que o juiz a decida como questão principal, nos termos do inciso II do art. 19.

Art. 431. A parte arguirá a falsidade expondo os motivos em que funda a sua pretensão e os meios com que provará o alegado.

Art. 432. Depois de ouvida a outra parte no prazo de 15 (quinze) dias, será realizado o exame pericial.

‣ art. 478, CPC.

Parágrafo único. Não se procederá ao exame pericial se a parte que produziu o documento concordar em retirá-lo.

Art. 433. A declaração sobre a falsidade do documento, quando suscitada como questão principal, constará da parte dispositiva da sentença e sobre ela incidirá também a autoridade da coisa julgada.

SUBSEÇÃO III
DA PRODUÇÃO DA PROVA DOCUMENTAL

Art. 434. Incumbe à parte instruir a petição inicial ou a contestação com os documentos destinados a provar suas alegações.

Parágrafo único. Quando o documento consistir em reprodução cinematográfica ou fonográfica, a parte deverá trazê-lo nos termos do *caput*, mas sua exposição será realizada em audiência, intimando-se previamente as partes.

Art. 435. É lícito às partes, em qualquer tempo, juntar aos autos documentos novos, quando destinados a fazer prova de fatos ocorridos depois dos articulados ou para contrapô-los aos que foram produzidos nos autos.

Parágrafo único. Admite-se também a juntada posterior de documentos formados após a petição inicial ou a contestação, bem como dos que se tornaram conhecidos, acessíveis ou disponíveis após esses atos, cabendo à parte que os produzir comprovar o motivo que a impediu de juntá-los anteriormente e incumbindo ao juiz, em qualquer caso, avaliar a conduta da parte de acordo com o art. 5º.

Art. 436. A parte, intimada a falar sobre documento constante dos autos, poderá:

I - impugnar a admissibilidade da prova documental;

II - impugnar sua autenticidade;

III - suscitar sua falsidade, com ou sem deflagração do incidente de arguição de falsidade;

IV - manifestar-se sobre seu conteúdo.

Parágrafo único. Nas hipóteses dos incisos II e III, a impugnação deverá basear-se em argumentação específica, não se admitindo alegação genérica de falsidade.

Art. 437. O réu manifestar-se-á na contestação sobre os documentos anexados à inicial, e o autor manifestar-se-á na réplica sobre os documentos anexados à contestação.

§ 1º Sempre que uma das partes requerer a juntada de documento aos autos, o juiz ouvirá, a seu respeito, a outra parte, que disporá do prazo de 15 (quinze) dias para adotar qualquer das posturas indicadas no art. 436.

§ 2º Poderá o juiz, a requerimento da parte, dilatar o prazo para manifestação sobre a prova documental produzida, levando em consideração a quantidade e a complexidade da documentação.

Art. 438. O juiz requisitará às repartições públicas, em qualquer tempo ou grau de jurisdição:

‣ art. 5º, XXXIII e XXXIV, b, CF.

I - as certidões necessárias à prova das alegações das partes;

‣ art. 1º, § 6º, Lei 4.717/1965 (Ação Popular).

‣ art. 8º, Lei 7.347/1985 (Ação Civil Pública).

II - os procedimentos administrativos nas causas em que forem interessados a União, os Estados, o Distrito Federal, os Municípios ou entidades da administração indireta.

‣ art. 41, p.ún., Lei 6.830/1980 (Execução Fiscal).

§ 1º Recebidos os autos, o juiz mandará extrair, no prazo máximo e improrrogável de 1 (um) mês, certidões ou reproduções fotográficas das peças que indicar e das que forem indicadas pelas partes, e, em seguida, devolverá os autos à repartição de origem.

§ 2º As repartições públicas poderão fornecer todos os documentos em meio eletrônico, conforme disposto em lei, certificando, pelo mesmo meio, que se trata de extrato fiel do que consta em seu banco de dados ou no documento digitalizado.

SEÇÃO VIII
DOS DOCUMENTOS ELETRÔNICOS

Art. 439. A utilização de documentos eletrônicos no processo convencional dependerá de sua conversão à forma impressa e da verificação de sua autenticidade, na forma da lei.

Art. 440. O juiz apreciará o valor probante do documento eletrônico não convertido, assegurado às partes o acesso ao seu teor.

Art. 441. Serão admitidos documentos eletrônicos produzidos e conservados com a observância da legislação específica.

SEÇÃO IX
DA PROVA TESTEMUNHAL

SUBSEÇÃO I
DA ADMISSIBILIDADE E DO VALOR DA PROVA TESTEMUNHAL

Art. 442. A prova testemunhal é sempre admissível, não dispondo a lei de modo diverso.

Art. 443. O juiz indeferirá a inquirição de testemunhas sobre fatos:

I - já provados por documento ou confissão da parte;

II - que só por documento ou por exame pericial puderem ser provados.

Art. 444. Nos casos em que a lei exigir prova escrita da obrigação, é admissível a prova testemunhal quando houver começo de prova por escrito, emanado da parte contra a qual se pretende produzir a prova.

Art. 445. Também se admite a prova testemunhal quando o credor não pode ou não podia, moral ou materialmente, obter a prova escrita da obrigação, em casos como o de parentesco, de depósito necessário ou de hospedagem em hotel ou em razão das práticas comerciais do local onde contraída a obrigação.

Art. 446. É lícito à parte provar com testemunhas:

I - nos contratos simulados, a divergência entre a vontade real e a vontade declarada;

‣ art. 167, § 1º, CC.

II - nos contratos em geral, os vícios de consentimento.

‣ arts. 138 a 157, CC.

Art. 447. Podem depor como testemunhas todas as pessoas, exceto as incapazes, impedidas ou suspeitas.

‣ art. 829, CLT.

§ 1º São incapazes:

I - o interdito por enfermidade ou deficiência mental;

II - o que, acometido por enfermidade ou retardamento mental, ao tempo em que ocorreram os fatos, não podia discerni-los, ou, ao tempo em que deve depor, não está habilitado a transmitir as percepções;

III - o que tiver menos de 16 (dezesseis) anos;

IV - o cego e o surdo, quando a ciência do fato depender dos sentidos que lhes faltam.

§ 2º São impedidos:

I - o cônjuge, o companheiro, o ascendente e o descendente em qualquer grau e o colateral, até o terceiro grau, de alguma das partes, por consanguinidade ou afinidade, salvo se o exigir o interesse público ou, tratando-se de causa relativa ao estado da pessoa, não se puder obter de outro modo a prova que o juiz repute necessária ao julgamento do mérito;

II - o que é parte na causa;

III - o que intervém em nome de uma parte, como o tutor, o representante legal da pessoa jurídica, o juiz, o advogado e outros que assistam ou tenham assistido as partes.

§ 3º São suspeitos:

I - o inimigo da parte ou o seu amigo íntimo;

II - o que tiver interesse no litígio.

§ 4º Sendo necessário, pode o juiz admitir o depoimento das testemunhas menores, impedidas ou suspeitas.

‣ art. 228, CC.

§ 5º Os depoimentos referidos no § 4º serão prestados independentemente de compromisso, e o juiz lhes atribuirá o valor que possam merecer.

Art. 448. A testemunha não é obrigada a depor sobre fatos:

I - que lhe acarretem grave dano, bem como ao seu cônjuge ou companheiro e aos seus parentes consanguíneos ou afins, em linha reta ou colateral, até o terceiro grau;

II - a cujo respeito, por estado ou profissão, deva guardar sigilo.

‣ art. 5º XIV, CF.

‣ arts. 153 e 154, CP.

‣ art. 207, CPP.

‣ arts. 116, VIII; e 132, IX, Lei 8.112/1990 (Lei dos servidores públicos).

‣ art. 7º, XIX, Estatuto da OAB.

Art. 449. Salvo disposição especial em contrário, as testemunhas devem ser ouvidas na sede do juízo.

Parágrafo único. Quando a parte ou a testemunha, por enfermidade ou por outro motivo relevante, estiver impossibilitada de comparecer, mas não de prestar depoimento, o juiz designará, conforme as circunstâncias, dia, hora e lugar para inquiri-la.

SUBSEÇÃO II
DA PRODUÇÃO DA PROVA TESTEMUNHAL

Art. 450. O rol de testemunhas conterá, sempre que possível, o nome, a profissão, o estado civil, a idade, o número de inscrição no Cadastro de Pessoas Físicas, o número de registro de identidade e o endereço completo da residência e do local de trabalho.

- art. 357, §4º, CPC.

Art. 451. Depois de apresentado o rol de que tratam os §§ 4º e 5º do art. 357, a parte só pode substituir a testemunha:

I - que falecer;

II - que, por enfermidade, não estiver em condições de depor;

III - que, tendo mudado de residência ou de local de trabalho, não for encontrada.

Art. 452. Quando for arrolado como testemunha, o juiz da causa:

I - declarar-se-á impedido, se tiver conhecimento de fatos que possam influir na decisão, caso em que será vedado à parte que o incluiu no rol desistir de seu depoimento;

II - se nada souber, mandará excluir o seu nome.

Art. 453. As testemunhas depõem, na audiência de instrução e julgamento, perante o juiz da causa, exceto:

I - as que prestam depoimento antecipadamente;

II - as que são inquiridas por carta.

§ 1º A oitiva de testemunha que residir em comarca, seção ou subseção judiciária diversa daquela onde tramita o processo poderá ser realizada por meio de videoconferência ou outro recurso tecnológico de transmissão e recepção de sons e imagens em tempo real, o que poderá ocorrer, inclusive, durante a audiência de instrução e julgamento.

§ 2º Os juízos deverão manter equipamento para a transmissão e recepção de sons e imagens a que se refere o § 1º.

Art. 454. São inquiridos em sua residência ou onde exercem sua função:

I - o presidente e o vice-presidente da República;

II - os ministros de Estado;

III - os ministros do Supremo Tribunal Federal, os conselheiros do Conselho Nacional de Justiça e os ministros do Superior Tribunal de Justiça, do Superior Tribunal Militar, do Tribunal Superior Eleitoral, do Tribunal Superior do Trabalho e do Tribunal de Contas da União;

IV - o procurador-geral da República e os conselheiros do Conselho Nacional do Ministério Público;

V - o advogado-geral da União, o procurador-geral do Estado, o procurador-geral do Município, o defensor público-geral federal e o defensor público-geral do Estado;

VI - os senadores e os deputados federais;

VII - os governadores dos Estados e do Distrito Federal;

VIII - o prefeito;

IX - os deputados estaduais e distritais;

X - os desembargadores dos Tribunais de Justiça, dos Tribunais Regionais Federais, dos Tribunais Regionais do Trabalho e dos Tribunais Regionais Eleitorais e os conselheiros dos Tribunais de Contas dos Estados e do Distrito Federal;

- art. 33, I, LC 35/1979 (Lei Orgânica da Magistratura Nacional).

XI - o procurador-geral de justiça;

- art. 40, I, Lei 8.625/1993 (Lei Orgânica do Ministério Público).

XII - o embaixador de país que, por lei ou tratado, concede idêntica prerrogativa a agente diplomático do Brasil.

§ 1º O juiz solicitará à autoridade que indique dia, hora e local a fim de ser inquirida, remetendo-lhe cópia da petição inicial ou da defesa oferecida pela parte que a arrolou como testemunha.

§ 2º Passado 1 (um) mês sem manifestação da autoridade, o juiz designará dia, hora e local para o depoimento, preferencialmente na sede do juízo.

§ 3º O juiz também designará dia, hora e local para o depoimento, quando a autoridade não comparecer, injustificadamente, à sessão agendada para a colheita de seu testemunho no dia, hora e local por ela mesma indicados.

Art. 455. Cabe ao advogado da parte informar ou intimar a testemunha por ele arrolada do dia, da hora e do local da audiência designada, dispensando-se a intimação do juízo.

§ 1º A intimação deverá ser realizada por carta com aviso de recebimento, cumprindo ao advogado juntar aos autos, com antecedência de pelo menos 3 (três) dias da data da audiência, cópia da correspondência de intimação e do comprovante de recebimento.

§ 2º A parte pode comprometer-se a levar a testemunha à audiência, independentemente da intimação de que trata o § 1º, presumindo-se, caso a testemunha não compareça, que a parte desistiu de sua inquirição.

§ 3º A inércia na realização da intimação a que se refere o § 1º importa desistência da inquirição da testemunha.

§ 4º A intimação será feita pela via judicial quando:

I - for frustrada a intimação prevista no § 1º deste artigo;

II - sua necessidade for devidamente demonstrada pela parte ao juiz;

III - figurar no rol de testemunhas servidor público ou militar, hipótese em que o juiz o requisitará ao chefe da repartição ou ao comando do corpo em que servir;

IV - a testemunha houver sido arrolada pelo Ministério Público ou pela Defensoria Pública;

V - a testemunha for uma daquelas previstas no art. 454.

§ 5º A testemunha que, intimada na forma do § 1º ou do § 4º, deixar de comparecer sem motivo justificado será conduzida e responderá pelas despesas do adiamento.

Art. 456. O juiz inquirirá as testemunhas separada e sucessivamente, primeiro as do autor e depois as do réu, e providenciará para que uma não ouça o depoimento das outras.

Parágrafo único. O juiz poderá alterar a ordem estabelecida no *caput* se as partes concordarem.

Art. 457. Antes de depor, a testemunha será qualificada, declarará ou confirmará seus dados e informará se tem relações de parentesco com a parte ou interesse no objeto do processo.

§ 1º É lícito à parte contraditar a testemunha, arguindo-lhe a incapacidade, o impedimento ou a suspeição, bem como, caso a testemunha negue os fatos que lhe são imputados, provar a contradita com documentos ou com testemunhas, até 3 (três), apresentadas no ato e inquiridas em separado.

§ 2º Sendo provados ou confessados os fatos a que se refere o § 1º, o juiz dispensará a testemunha ou lhe tomará o depoimento como informante.

§ 3º A testemunha pode requerer ao juiz que a escuse de depor, alegando os motivos previstos neste Código, decidindo o juiz de plano após ouvidas as partes.

Art. 458. Ao início da inquirição, a testemunha prestará o compromisso de dizer a verdade do que souber e lhe for perguntado.

Parágrafo único. O juiz advertirá à testemunha que incorre em sanção penal quem faz afirmação falsa, cala ou oculta a verdade.

- art. 342, CP.

Art. 459. As perguntas serão formuladas pelas partes diretamente à testemunha, começando pela que a arrolou, não admitindo o juiz aquelas que puderem induzir a resposta, não tiverem relação com as questões de fato objeto da atividade probatória ou importarem repetição de outra já respondida.

§ 1º O juiz poderá inquirir a testemunha tanto antes quanto depois da inquirição feita pelas partes.

§ 2º As testemunhas devem ser tratadas com urbanidade, não se lhes fazendo perguntas ou considerações impertinentes, capciosas ou vexatórias.

§ 3º As perguntas que o juiz indeferir serão transcritas no termo, se a parte o requerer.

Art. 460. O depoimento poderá ser documentado por meio de gravação.

§ 1º Quando digitado ou registrado por taquigrafia, estenotipia ou outro método idôneo de documentação, o depoimento será assinado pelo juiz, pelo depoente e pelos procuradores.

§ 2º Se houver recurso em processo em autos não eletrônicos, o depoimento somente será digitado quando for impossível o envio de sua documentação eletrônica.

§ 3º Tratando-se de autos eletrônicos, observar-se-á o disposto neste Código e na legislação específica sobre a prática eletrônica de atos processuais.

Art. 461. O juiz pode ordenar, de ofício ou a requerimento da parte:

I - a inquirição de testemunhas referidas nas declarações da parte ou das testemunhas;

II - a acareação de 2 (duas) ou mais testemunhas ou de alguma delas com a parte, quando, sobre fato determinado que possa influir na decisão da causa, divergirem as suas declarações.

§ 1º Os acareados serão reperguntados para que expliquem os pontos de divergência, reduzindo-se a termo o ato de acareação.

§ 2º A acareação pode ser realizada por videoconferência ou por outro recurso tecnológico de transmissão de sons e imagens em tempo real.

- art. 229, CPP.

Art. 462. A testemunha pode requerer ao juiz o pagamento da despesa que efetuou para comparecimento à audiência, devendo a parte pagá-la logo que arbitrada ou depositá-la em cartório dentro de 3 (três) dias.

Art. 463. O depoimento prestado em juízo é considerado serviço público.

Parágrafo único. A testemunha, quando sujeita ao regime da legislação trabalhista, não sofre, por comparecer à audiência, perda de salário nem desconto no tempo de serviço.

SEÇÃO X
DA PROVA PERICIAL

Art. 464. A prova pericial consiste em exame, vistoria ou avaliação.

› arts. 156 a 158 e 573, CPC.

» *Vide* art. 95 do CPC.

§ 1º O juiz indeferirá a perícia quando:

I - a prova do fato não depender de conhecimento especial de técnico;

II - for desnecessária em vista de outras provas produzidas;

III - a verificação for impraticável.

§ 2º De ofício ou a requerimento das partes, o juiz poderá, em substituição à perícia, determinar a produção de prova técnica simplificada, quando o ponto controvertido for de menor complexidade.

§ 3º A prova técnica simplificada consistirá apenas na inquirição de especialista, pelo juiz, sobre ponto controvertido da causa que demande especial conhecimento científico ou técnico.

§ 4º Durante a arguição, o especialista, que deverá ter formação acadêmica específica na área objeto de seu depoimento, poderá valer-se de qualquer recurso tecnológico de transmissão de sons e imagens com o fim de esclarecer os pontos controvertidos da causa.

Art. 465. O juiz nomeará perito especializado no objeto da perícia e fixará de imediato o prazo para a entrega do laudo.

§ 1º Incumbe às partes, dentro de 15 (quinze) dias contados da intimação do despacho de nomeação do perito:

I - arguir o impedimento ou a suspeição do perito, se for o caso;

II - indicar assistente técnico;

III - apresentar quesitos.

§ 2º Ciente da nomeação, o perito apresentará em 5 (cinco) dias:

I - proposta de honorários;

II - currículo, com comprovação de especialização;

III - contatos profissionais, em especial o endereço eletrônico, para onde serão dirigidas as intimações pessoais.

§ 3º As partes serão intimadas da proposta de honorários para, querendo, manifestar-se no prazo comum de 5 (cinco) dias, após o que o juiz arbitrará o valor, intimando-se as partes para os fins do art. 95.

§ 4º O juiz poderá autorizar o pagamento de até cinquenta por cento dos honorários arbitrados a favor do perito no início dos trabalhos, devendo o remanescente ser pago apenas ao final, depois de entregue o laudo e prestados todos os esclarecimentos necessários.

§ 5º Quando a perícia for inconclusiva ou deficiente, o juiz poderá reduzir a remuneração inicialmente arbitrada para o trabalho.

§ 6º Quando tiver de realizar-se por carta, poder-se-á proceder à nomeação de perito e à indicação de assistentes técnicos no juízo ao qual se requisitar a perícia.

Art. 466. O perito cumprirá escrupulosamente o encargo que lhe foi cometido, independentemente de termo de compromisso.

§ 1º Os assistentes técnicos são de confiança da parte e não estão sujeitos a impedimento ou suspeição.

§ 2º O perito deve assegurar aos assistentes das partes o acesso e o acompanhamento das diligências e dos exames que realizar, com prévia comunicação, comprovada nos autos, com antecedência mínima de 5 (cinco) dias.

Art. 467. O perito pode escusar-se ou ser recusado por impedimento ou suspeição.

› arts. 156, § 4º, 157, § 1º, 158, e 465, § 1º, I, CPC.

Parágrafo único. O juiz, ao aceitar a escusa ou ao julgar procedente a impugnação, nomeará novo perito.

Art. 468. O perito pode ser substituído quando:

I - faltar-lhe conhecimento técnico ou científico;

II - sem motivo legítimo, deixar de cumprir o encargo no prazo que lhe foi assinado.

§ 1º No caso previsto no inciso II, o juiz comunicará a ocorrência à corporação profissional respectiva, podendo, ainda, impor multa ao perito, fixada tendo em vista o valor da causa e o possível prejuízo decorrente do atraso no processo.

§ 2º O perito substituído restituirá, no prazo de 15 (quinze) dias, os valores recebidos pelo trabalho não realizado, sob pena de ficar impedido de atuar como perito judicial pelo prazo de 5 (cinco) anos.

§ 3º Não ocorrendo a restituição voluntária de que trata o § 2º, a parte que tiver realizado o adiantamento dos honorários poderá promover execução contra o perito, na forma dos arts. 513 e seguintes deste Código, com fundamento na decisão que determinar a devolução do numerário.

Art. 469. As partes poderão apresentar quesitos suplementares durante a diligência, que poderão ser respondidos pelo perito previamente ou na audiência de instrução e julgamento.

Parágrafo único. O escrivão dará à parte contrária ciência da juntada dos quesitos aos autos.

Art. 470. Incumbe ao juiz:

I - indeferir quesitos impertinentes;

II - formular os quesitos que entender necessários ao esclarecimento da causa.

Art. 471. As partes podem, de comum acordo, escolher o perito, indicando-o mediante requerimento, desde que:

I - sejam plenamente capazes;

II - a causa possa ser resolvida por autocomposição.

§ 1º As partes, ao escolher o perito, já devem indicar os respectivos assistentes técnicos para acompanhar a realização da perícia, que se realizará em data e local previamente anunciados.

§ 2º O perito e os assistentes técnicos devem entregar, respectivamente, laudo e pareceres em prazo fixado pelo juiz.

§ 3º A perícia consensual substitui, para todos os efeitos, a que seria realizada por perito nomeado pelo juiz.

Art. 472. O juiz poderá dispensar prova pericial quando as partes, na inicial e na contestação, apresentarem, sobre as questões de fato, pareceres técnicos ou documentos elucidativos que considerar suficientes.

Art. 473. O laudo pericial deverá conter:

I - a exposição do objeto da perícia;

II - a análise técnica ou científica realizada pelo perito;

III - a indicação do método utilizado, esclarecendo-o e demonstrando ser predominantemente aceito pelos especialistas da área do conhecimento da qual se originou;

IV - resposta conclusiva a todos os quesitos apresentados pelo juiz, pelas partes e pelo órgão do Ministério Público.

§ 1º No laudo, o perito deve apresentar sua fundamentação em linguagem simples e com coerência lógica, indicando como alcançou suas conclusões.

§ 2º É vedado ao perito ultrapassar os limites de sua designação, bem como emitir opiniões pessoais que excedam o exame técnico ou científico do objeto da perícia.

§ 3º Para o desempenho de sua função, o perito e os assistentes técnicos podem valer-se de todos os meios necessários, ouvindo testemunhas, obtendo informações, solicitando documentos que estejam em poder da parte, de terceiros ou em repartições públicas, bem como instruir o laudo com planilhas, mapas, plantas, desenhos, fotografias ou outros elementos necessários ao esclarecimento do objeto da perícia.

Art. 474. As partes terão ciência da data e do local designados pelo juiz ou indicados pelo perito para ter início a produção da prova.

Art. 475. Tratando-se de perícia complexa que abranja mais de uma área de conhecimento especializado, o juiz poderá nomear mais de um perito, e a parte, indicar mais de um assistente técnico.

Art. 476. Se o perito, por motivo justificado, não puder apresentar o laudo dentro do prazo, o juiz poderá conceder-lhe, por uma vez, prorrogação pela metade do prazo originalmente fixado.

Art. 477. O perito protocolará o laudo em juízo, no prazo fixado pelo juiz, pelo menos 20 (vinte) dias antes da audiência de instrução e julgamento.

§ 1º As partes serão intimadas para, querendo, manifestar-se sobre o laudo do perito do juízo no prazo comum de 15 (quinze) dias, podendo o assistente técnico de cada uma das partes, em igual prazo, apresentar seu respectivo parecer.

§ 2º O perito do juízo tem o dever de, no prazo de 15 (quinze) dias, esclarecer ponto:

I - sobre o qual exista divergência ou dúvida de qualquer das partes, do juiz ou do órgão do Ministério Público;

II - divergente apresentado no parecer do assistente técnico da parte.

§ 3º Se ainda houver necessidade de esclarecimentos, a parte requererá ao juiz que mande intimar o perito ou o assistente técnico a comparecer à audiência de instrução e julgamento, formulando, desde logo, as perguntas, sob forma de quesitos.

§ 4º O perito ou o assistente técnico será intimado por meio eletrônico, com pelo menos 10 (dez) dias de antecedência da audiência.

Art. 478. Quando o exame tiver por objeto a autenticidade ou a falsidade de documento ou for de natureza médico-legal, o perito será escolhido, de preferência, entre os técnicos dos estabelecimentos oficiais especializados, a cujos diretores o juiz autorizará a remessa dos autos, bem como do material sujeito a exame.

§ 1º Nas hipóteses de gratuidade de justiça, os órgãos e as repartições oficiais deverão cumprir a determinação judicial com preferência, no prazo estabelecido.

§ 2º A prorrogação do prazo referido no § 1º pode ser requerida motivadamente.

§ 3º Quando o exame tiver por objeto a autenticidade da letra e da firma, o perito poderá requisitar, para efeito de comparação, documentos existentes em repartições públicas e, na falta destes, poderá requerer ao juiz que a pessoa a quem se atribuir a autoria do documento lance em folha de papel, por cópia ou sob ditado, dizeres diferentes, para fins de comparação.

Art. 479. O juiz apreciará a prova pericial de acordo com o disposto no art. 371, indicando na sentença os motivos que o levaram a considerar ou a deixar de considerar as conclusões do laudo, levando em conta o método utilizado pelo perito.

Art. 480. O juiz determinará, de ofício ou a requerimento da parte, a realização de nova perícia quando a matéria não estiver suficientemente esclarecida.

§ 1º A segunda perícia tem por objeto os mesmos fatos sobre os quais recaiu a primeira e destina-se a corrigir eventual omissão ou inexatidão dos resultados a que esta conduziu.

§ 2º A segunda perícia rege-se pelas disposições estabelecidas para a primeira.

§ 3º A segunda perícia não substitui a primeira, cabendo ao juiz apreciar o valor de uma e de outra.

SEÇÃO XI
DA INSPEÇÃO JUDICIAL

Art. 481. O juiz, de ofício ou a requerimento da parte, pode, em qualquer fase do processo, inspecionar pessoas ou coisas, a fim de se esclarecer sobre fato que interesse à decisão da causa.

Art. 482. Ao realizar a inspeção, o juiz poderá ser assistido por um ou mais peritos.

Art. 483. O juiz irá ao local onde se encontre a pessoa ou a coisa quando:

I - julgar necessário para a melhor verificação ou interpretação dos fatos que deva observar;

II - a coisa não puder ser apresentada em juízo sem consideráveis despesas ou graves dificuldades;

III - determinar a reconstituição dos fatos.

Parágrafo único. As partes têm sempre direito a assistir à inspeção, prestando esclarecimentos e fazendo observações que considerem de interesse para a causa.

› art. 126, p.ún., CF.

Art. 484. Concluída a diligência, o juiz mandará lavrar auto circunstanciado, mencionando nele tudo quanto for útil ao julgamento da causa.

Parágrafo único. O auto poderá ser instruído com desenho, gráfico ou fotografia.

CAPÍTULO XIII
DA SENTENÇA E DA COISA JULGADA

SEÇÃO I
DISPOSIÇÕES GERAIS

Art. 485. O juiz não resolverá o mérito quando:

› art. 6º, § 5º, Lei 12.016/2009 (Mandado de Segurança).

I - indeferir a petição inicial;

› arts. 321, p.ún., 330, 700, § 4º, 918, II, CPC.

II - o processo ficar parado durante mais de 1 (um) ano por negligência das partes;

III - por não promover os atos e as diligências que lhe incumbir, o autor abandonar a causa por mais de 30 (trinta) dias;

IV - verificar a ausência de pressupostos de constituição e de desenvolvimento válido e regular do processo;

V - reconhecer a existência de perempção, de litispendência ou de coisa julgada;

› art. 5º, XXXVI, CF.

› art. 337, V a VII, CPC.

VI - verificar ausência de legitimidade ou de interesse processual;

VII - acolher a alegação de existência de convenção de arbitragem ou quando o juízo arbitral reconhecer sua competência;

› Lei 9.307/1996 (Arbitragem).

VIII - homologar a desistência da ação;

IX - em caso de morte da parte, a ação for considerada intransmissível por disposição legal; e

X - nos demais casos prescritos neste Código.

§ 1º Nas hipóteses descritas nos incisos II e III, a parte será intimada pessoalmente para suprir a falta no prazo de 5 (cinco) dias.

§ 2º No caso do § 1º, quanto ao inciso II, as partes pagarão proporcionalmente as custas, e, quanto ao inciso III, o autor será condenado ao pagamento das despesas e dos honorários de advogado.

§ 3º O juiz conhecerá de ofício da matéria constante dos incisos IV, V, VI e IX, em qualquer tempo e grau de jurisdição, enquanto não ocorrer o trânsito em julgado.

§ 4º Oferecida a contestação, o autor não poderá, sem o consentimento do réu, desistir da ação.

§ 5º A desistência da ação pode ser apresentada até a sentença.

§ 6º Oferecida a contestação, a extinção do processo por abandono da causa pelo autor depende de requerimento do réu.

› Súm. 240, STJ.

§ 7º Interposta a apelação em qualquer dos casos de que tratam os incisos deste artigo, o juiz terá 5 (cinco) dias para retratar-se.

» *Vide* art. 1.009 do CPC.

Art. 486. O pronunciamento judicial que não resolve o mérito não obsta a que a parte proponha de novo a ação.

§ 1º No caso de extinção em razão de litispendência e nos casos dos incisos I, IV, VI e VII do art. 485, a propositura da nova ação depende da correção do vício que levou à sentença sem resolução do mérito.

§ 2º A petição inicial, todavia, não será despachada sem a prova do pagamento ou do depósito das custas e dos honorários de advogado.

§ 3º Se o autor der causa, por 3 (três) vezes, a sentença fundada em abandono da causa, não poderá propor nova ação contra o réu com o mesmo objeto, ficando-lhe ressalvada, entretanto, a possibilidade de alegar em defesa o seu direito.

Art. 487. Haverá resolução de mérito quando o juiz:

I - acolher ou rejeitar o pedido formulado na ação ou na reconvenção;

II - decidir, de ofício ou a requerimento, sobre a ocorrência de decadência ou prescrição;

› arts. 189 a 211, CC.

III - homologar:

» *Vide* art. 966, § 4.º, do CPC.

a) o reconhecimento da procedência do pedido formulado na ação ou na reconvenção;

b) a transação;

› arts. 840 a 850, CC.

c) a renúncia à pretensão formulada na ação ou na reconvenção.

Parágrafo único. Ressalvada a hipótese do § 1º do art. 332, a prescrição e a decadência não serão reconhecidas sem que antes seja dada às partes oportunidade de manifestar-se.

Art. 488. Desde que possível, o juiz resolverá o mérito sempre que a decisão for favorável à parte a quem aproveitaria eventual pronunciamento nos termos do art. 485.

SEÇÃO II
DOS ELEMENTOS E DOS EFEITOS DA SENTENÇA

Art. 489. São elementos essenciais da sentença:

I - o relatório, que conterá os nomes das partes, a identificação do caso, com a suma do pedido e da contestação, e o registro das principais ocorrências havidas no andamento do processo;

› art. 38, Lei 9.099/1995 (Juizados Especiais Cíveis e Criminais).

II - os fundamentos, em que o juiz analisará as questões de fato e de direito;

III - o dispositivo, em que o juiz resolverá as questões principais que as partes lhe submeterem.

§ 1º Não se considera fundamentada qualquer decisão judicial, seja ela interlocutória, sentença ou acórdão, que:

I - se limitar à indicação, à reprodução ou à paráfrase de ato normativo, sem explicar sua relação com a causa ou a questão decidida;

II - empregar conceitos jurídicos indeterminados, sem explicar o motivo concreto de sua incidência no caso;

III - invocar motivos que se prestariam a justificar qualquer outra decisão;

IV - não enfrentar todos os argumentos deduzidos no processo capazes de, em tese, infirmar a conclusão adotada pelo julgador;

V - se limitar a invocar precedente ou enunciado de súmula, sem identificar seus fundamentos determinantes nem demonstrar que o caso sob julgamento se ajusta àqueles fundamentos;

VI - deixar de seguir enunciado de súmula, jurisprudência ou precedente invocado pela parte, sem demonstrar a existência de distinção no caso em julgamento ou a superação do entendimento.

§ 2º No caso de colisão entre normas, o juiz deve justificar o objeto e os critérios gerais da ponderação efetuada, enunciando as razões que autorizam a interferência na norma afastada e as premissas fáticas que fundamentam a conclusão.

§ 3º A decisão judicial deve ser interpretada a partir da conjugação de todos os seus elementos e em conformidade com o princípio da boa-fé.

Art. 490. O juiz resolverá o mérito acolhendo ou rejeitando, no todo ou em parte, os pedidos formulados pelas partes.

Art. 491. Na ação relativa à obrigação de pagar quantia, ainda que formulado pedido genérico, a decisão definirá desde logo a extensão da obrigação, o índice de correção monetária, a taxa de juros, o termo inicial de ambos e a periodicidade da capitalização dos juros, se for o caso, salvo quando:

› Súm. 362, STJ.

I - não for possível determinar, de modo definitivo, o montante devido;

II - a apuração do valor devido depender da produção de prova de realização demorada ou excessivamente dispendiosa, assim reconhecida na sentença.

§ 1º Nos casos previstos neste artigo, seguir-se-á a apuração do valor devido por liquidação.

› arts. 509 a 512, CPC.

§ 2º O disposto no *caput* também se aplica quando o acórdão alterar a sentença.

Art. 492. É vedado ao juiz proferir decisão de natureza diversa da pedida, bem como condenar a parte em quantidade superior ou em objeto diverso do que lhe foi demandado.

» *Vide* art. 1.013, § 3.º, II, do CPC.

Parágrafo único. A decisão deve ser certa, ainda que resolva relação jurídica condicional.

Art. 493. Se, depois da propositura da ação, algum fato constitutivo, modificativo ou extintivo do direito influir no julgamento do mérito, caberá ao juiz tomá-lo em consideração, de ofício ou a requerimento da parte, no momento de proferir a decisão.

Parágrafo único. Se constatar de ofício o fato novo, o juiz ouvirá as partes sobre ele antes de decidir.

Art. 494. Publicada a sentença, o juiz só poderá alterá-la:

› arts. 331, 332, § 3º, e 485, § 7º, CPC.

I - para corrigir-lhe, de ofício ou a requerimento da parte, inexatidões materiais ou erros de cálculo;

› art. 96, § 6º, RISTF.
› art. 103, § 2º, RISTJ.

II - por meio de embargos de declaração.

› Súm. 317, STF.
› arts. 1.022 a 1.026, CPC.

Art. 495. A decisão que condenar o réu ao pagamento de prestação consistente em dinheiro e a que determinar a conversão de prestação de fazer, de não fazer ou de dar coisa em prestação pecuniária valerão como título constitutivo de hipoteca judiciária.

› art. 1.489, CC.

§ 1º A decisão produz a hipoteca judiciária:

I - embora a condenação seja genérica;

II - ainda que o credor possa promover o cumprimento provisório da sentença ou esteja pendente arresto sobre bem do devedor;

III - mesmo que impugnada por recurso dotado de efeito suspensivo.

§ 2º A hipoteca judiciária poderá ser realizada mediante apresentação de cópia da sentença perante o cartório de registro imobiliário, independentemente de ordem judicial, de declaração expressa do juiz ou de demonstração de urgência.

§ 3º No prazo de até 15 (quinze) dias da data de realização da hipoteca, a parte informá-la-á ao juízo da causa, que determinará a intimação da outra parte para que tome ciência do ato.

§ 4º A hipoteca judiciária, uma vez constituída, implicará, para o credor hipotecário, o direito de preferência, quanto ao pagamento, em relação a outros credores, observada a prioridade no registro.

§ 5º Sobrevindo a reforma ou a invalidação da decisão que impôs o pagamento de quantia, a parte responderá, independentemente de culpa, pelos danos que a outra parte tiver sofrido em razão da constituição da garantia, devendo o valor da indenização ser liquidado e executado nos próprios autos.

SEÇÃO III
DA REMESSA NECESSÁRIA

Art. 496. Está sujeita ao duplo grau de jurisdição, não produzindo efeito senão depois de confirmada pelo tribunal, a sentença:

› art. 19, *caput*, Lei 4.717/1965 (Ação Popular).
› Súm. 45 e 325, STJ; 423, STF.
› art. 14, § 1º, Lei 12.016/2009 (Mandado de Segurança).

» *Vide* art. 14, Lei n. 12.016, de 7-8-2009 (Mandado de segurança).

I - proferida contra a União, os Estados, o Distrito Federal, os Municípios e suas respectivas autarquias e fundações de direito público;

II - que julgar procedentes, no todo ou em parte, os embargos à execução fiscal.

› Lei 6.830/1980 (Execução Fiscal).
› art. 13, § 1º, LC 76/1993 (Desapropriação de imóvel rural por interesse social).

§ 1º Nos casos previstos neste artigo, não interposta a apelação no prazo legal, o juiz ordenará a remessa dos autos ao tribunal, e, se não o fizer, o presidente do respectivo tribunal avocá-los-á.

§ 2º Em qualquer dos casos referidos no § 1º, o tribunal julgará a remessa necessária.

§ 3º Não se aplica o disposto neste artigo quando a condenação ou o proveito econômico obtido na causa for de valor certo e líquido inferior a:

› Súm. 490, STJ.

I - 1.000 (mil) salários-mínimos para a União e as respectivas autarquias e fundações de direito público;

II - 500 (quinhentos) salários-mínimos para os Estados, o Distrito Federal, as respectivas autarquias e fundações de direito público e os Municípios que constituam capitais dos Estados;

III - 100 (cem) salários-mínimos para todos os demais Municípios e respectivas autarquias e fundações de direito público.

§ 4º Também não se aplica o disposto neste artigo quando a sentença estiver fundada em:

I - súmula de tribunal superior;

II - acórdão proferido pelo Supremo Tribunal Federal ou pelo Superior Tribunal de Justiça em julgamento de recursos repetitivos;

› arts. 1.036 a 1.041, CPC.

III - entendimento firmado em incidente de resolução de demandas repetitivas ou de assunção de competência;

› arts. 927, III, 928, e 976 e ss., CPC.

IV - entendimento coincidente com orientação vinculante firmada no âmbito administrativo do próprio ente público, consolidada em manifestação, parecer ou súmula administrativa.

SEÇÃO IV
DO JULGAMENTO DAS AÇÕES RELATIVAS ÀS PRESTAÇÕES DE FAZER, DE NÃO FAZER E DE ENTREGAR COISA

Art. 497. Na ação que tenha por objeto a prestação de fazer ou de não fazer, o juiz, se procedente o pedido, concederá a tutela específica ou determinará providências que assegurem a obtenção de tutela pelo resultado prático equivalente.

› arts. 233 a 242 e 247 a 251, CC.
› art. 84, *caput*, CDC.

Parágrafo único. Para a concessão da tutela específica destinada a inibir a prática, a reiteração ou a continuação de um ilícito, ou a sua remoção, é irrelevante a demonstração da ocorrência de dano ou da existência de culpa ou dolo.

Art. 498. Na ação que tenha por objeto a entrega de coisa, o juiz, ao conceder a tutela específica, fixará o prazo para o cumprimento da obrigação.

Parágrafo único. Tratando-se de entrega de coisa determinada pelo gênero e pela quantidade, o autor individualizá-la-á na petição inicial, se lhe couber a escolha, ou, se a escolha couber ao réu, este a entregará individualizada, no prazo fixado pelo juiz.

Art. 499. A obrigação somente será convertida em perdas e danos se o autor o requerer ou se impossível a tutela específica ou a obtenção de tutela pelo resultado prático equivalente.

› art. 84, § 1º, CDC.

Parágrafo único. Nas hipóteses de responsabilidade contratual previstas nos arts. 441, 618 e 757 da Lei nº 10.406, de 10 de janeiro de 2002 (Código Civil), e de responsabilidade subsidiária e solidária, se requerida a conversão da obrigação em perdas e danos, o juiz concederá, primeiramente, a faculdade para o cumprimento da tutela específica. (*Acrescido pela Lei 14.833/2024*)

Art. 500. A indenização por perdas e danos dar-se-á sem prejuízo da multa fixada periodicamente para compelir o réu ao cumprimento específico da obrigação.

› art. 84, § 2º, CDC.

Art. 501. Na ação que tenha por objeto a emissão de declaração de vontade, a sentença que julgar procedente o pedido, uma vez transitada em julgado, produzirá todos os efeitos da declaração não emitida.

SEÇÃO V
DA COISA JULGADA

Art. 502. Denomina-se coisa julgada material a autoridade que torna imutável e indiscutível a decisão de mérito não mais sujeita a recurso.

› art. 5º, XXXVI, CF.
› art. 485, V, CPC.
› art. 6º, § 3º, LINDB.
› Súm. 734, STF.

Art. 503. A decisão que julgar total ou parcialmente o mérito tem força de Lei nos limites da questão principal expressamente decidida.

§ 1º O disposto no *caput* aplica-se à resolução de questão prejudicial, decidida expressa e incidentemente no processo, se:

› art. 1.054, CPC.

I - dessa resolução depender o julgamento do mérito;

II - a seu respeito tiver havido contraditório prévio e efetivo, não se aplicando no caso de revelia;

III - o juízo tiver competência em razão da matéria e da pessoa para resolvê-la como questão principal.

§ 2º A hipótese do § 1º não se aplica se no processo houver restrições probatórias ou limitações à cognição que impeçam o aprofundamento da análise da questão prejudicial.

Art. 504. Não fazem coisa julgada:

I - os motivos, ainda que importantes para determinar o alcance da parte dispositiva da sentença;

II - a verdade dos fatos, estabelecida como fundamento da sentença.

Art. 505. Nenhum juiz decidirá novamente as questões já decididas relativas à mesma lide, salvo:

I - se, tratando-se de relação jurídica de trato continuado, sobreveio modificação no estado de fato ou de direito, caso em que poderá a parte pedir a revisão do que foi estatuído na sentença;

II - nos demais casos prescritos em lei.

Art. 506. A sentença faz coisa julgada às partes entre as quais é dada, não prejudicando terceiros.

› art. 16, Lei 7.347/1985 (Ação Civil Pública).
» *Vide* art. 123 do CPC.

Art. 507. É vedado à parte discutir no curso do processo as questões já decididas a cujo respeito se operou a preclusão.

› art. 1.009, § 1º, CPC.
» *Vide* art. 1.009, § 1.º, do CPC.

Art. 508. Transitada em julgado a decisão de mérito, considerar-se-ão deduzidas e repelidas todas as alegações e as defesas que a parte poderia opor tanto ao acolhimento quanto à rejeição do pedido.

CAPÍTULO XIV
DA LIQUIDAÇÃO DE SENTENÇA

» *Vide* art. 1.015, parágrafo único, do CPC e Súmula 118 do STJ.

Art. 509. Quando a sentença condenar ao pagamento de quantia ilíquida, proceder-se-á à sua liquidação, a requerimento do credor ou do devedor:

› Súm. 318 e 344, STJ.

I - por arbitramento, quando determinado pela sentença, convencionado pelas partes ou exigido pela natureza do objeto da liquidação;

II - pelo procedimento comum, quando houver necessidade de alegar e provar fato novo.

§ 1º Quando na sentença houver uma parte líquida e outra ilíquida, ao credor é lícito promover simultaneamente a execução daquela e, em autos apartados, a liquidação desta.

§ 2º Quando a apuração do valor depender apenas de cálculo aritmético, o credor poderá promover, desde logo, o cumprimento da sentença.

§ 3º O Conselho Nacional de Justiça desenvolverá e colocará à disposição dos interessados programa de atualização financeira.

§ 4º Na liquidação é vedado discutir de novo a lide ou modificar a sentença que a julgou.

» *Vide* Súmula 344 do STJ.

Art. 510. Na liquidação por arbitramento, o juiz intimará as partes para a apresentação de pareceres ou documentos elucidativos, no prazo que fixar, e, caso não possa decidir de plano, nomeará perito, observando-se, no que couber, o procedimento da prova pericial.

» *Vide* arts. 464 a 480 do CPC.

Art. 511. Na liquidação pelo procedimento comum, o juiz determinará a intimação do requerido, na pessoa de seu advogado ou da sociedade de advogados a que estiver vinculado, para, querendo, apresentar contestação no prazo de 15 (quinze) dias, observando-se, a seguir, no que couber, o disposto no Livro I da Parte Especial deste Código.

» *Vide* art. 319 do CPC.

Art. 512. A liquidação poderá ser realizada na pendência de recurso, processando-se em autos apartados no juízo de origem, cumprindo ao liquidante instruir o pedido com cópias das peças processuais pertinentes.

TÍTULO II
DO CUMPRIMENTO DA SENTENÇA

CAPÍTULO I
DISPOSIÇÕES GERAIS

Art. 513. O cumprimento da sentença será feito segundo as regras deste Título, observando-se, no que couber e conforme a natureza da obrigação, o disposto no Livro II da Parte Especial deste Código.

§ 1º O cumprimento da sentença que reconhece o dever de pagar quantia, provisório ou definitivo, far-se-á a requerimento do exequente.

» *Vide* art. 526 do CPC.

§ 2º O devedor será intimado para cumprir a sentença:

I - pelo Diário da Justiça, na pessoa de seu advogado constituído nos autos;

II - por carta com aviso de recebimento, quando representado pela Defensoria Pública ou quando não tiver procurador constituído nos autos, ressalvada a hipótese do inciso IV;

III - por meio eletrônico, quando, no caso do § 1º do art. 246, não tiver procurador constituído nos autos;

IV - por edital, quando, citado na forma do art. 256, tiver sido revel na fase de conhecimento.

§ 3º Na hipótese do § 2º, incisos II e III, considera-se realizada a intimação quando o devedor houver mudado de endereço sem prévia comunicação ao juízo, observado o disposto no parágrafo único do art. 274.

§ 4º Se o requerimento a que alude o § 1º for formulado após 1 (um) ano do trânsito em julgado da sentença, a intimação será feita na pessoa do devedor, por meio de carta com aviso de recebimento encaminhada ao endereço constante dos autos, observado o disposto no parágrafo único do art. 274 e no § 3º deste artigo.

§ 5º O cumprimento da sentença não poderá ser promovido em face do fiador, do coobrigado ou do corresponsável que não tiver participado da fase de conhecimento.

» *Vide* Súmula 268 do STJ.

Art. 514. Quando o juiz decidir relação jurídica sujeita a condição ou termo, o cumprimento da sentença dependerá de demonstração de que se realizou a condição ou de que ocorreu o termo.

› arts. 121 a 135, CC.

Art. 515. São títulos executivos judiciais, cujo cumprimento dar-se-á de acordo com os artigos previstos neste Título:

» *Vide* art. 784 do CPC.

I - as decisões proferidas no processo civil que reconheçam a exigibilidade de obrigação de pagar quantia, de fazer, de não fazer ou de entregar coisa;

» *Vide* art. 487 do CPC.

II - a decisão homologatória de autocomposição judicial;

» *Vide* arts. 334, § 11, e 487, III, do CPC.

III - a decisão homologatória de autocomposição extrajudicial de qualquer natureza;

» *Vide* art. 487, III, do CPC.
» *Vide* art. 725, VIII, do CPC.

IV - o formal e a certidão de partilha, exclusivamente em relação ao inventariante, aos herdeiros e aos sucessores a título singular ou universal;

V - o crédito de auxiliar da justiça, quando as custas, emolumentos ou honorários tiverem sido aprovados por decisão judicial;

» *Vide* art. 149 do CPC.

VI - a sentença penal condenatória transitada em julgado;

» *Vide* art. 387, IV, do CPP.

VII - a sentença arbitral;

› art. 31, Lei 9.307/1996 (Arbitragem).
» *Vide* art. 32 da Lei n. 9.307, de 23-9-1996.

VIII - a sentença estrangeira homologada pelo Superior Tribunal de Justiça;

» *Vide* arts. 105, I, *i*, e 109, X, da CF.
» *Vide* art. 961 do CPC.

IX - a decisão interlocutória estrangeira, após a concessão do exequatur à carta rogatória pelo Superior Tribunal de Justiça;

› art. 105, I, i, CF.
» *Vide* art. 961 do CPC.

X - (Vetado).

§ 1º Nos casos dos incisos VI a IX, o devedor será citado no juízo cível para o cumprimento da sentença ou para a liquidação no prazo de 15 (quinze) dias.

» *Vide* art. 319 do CPC.

§ 2º A autocomposição judicial pode envolver sujeito estranho ao processo e versar sobre relação jurídica que não tenha sido deduzida em juízo.

» *Vide* art. 334, § 11, do CPC.

Art. 516. O cumprimento da sentença efetuar-se-á perante:

I - os tribunais, nas causas de sua competência originária;

II - o juízo que decidiu a causa no primeiro grau de jurisdição;

III - o juízo cível competente, quando se tratar de sentença penal condenatória, de sentença arbitral, de sentença estrangeira ou de acórdão proferido pelo Tribunal Marítimo.

Parágrafo único. Nas hipóteses dos incisos II e III, o exequente poderá optar pelo juízo do atual domicílio do executado, pelo juízo do local onde se encontrem os bens sujeitos à execução ou pelo juízo do local onde deva ser executada a obrigação de fazer ou de não fazer, casos em que a remessa dos autos do processo será solicitada ao juízo de origem.

» *Vide* arts. 528 e 590 do CPC.

» *Vide* art. 528, § 9.º, do CPC.

Art. 517. A decisão judicial transitada em julgado poderá ser levada a protesto, nos termos da lei, depois de transcorrido o prazo para pagamento voluntário previsto no art. 523.

» *Vide* art. 782, § 5.º, do CPC.

§ 1º Para efetivar o protesto, incumbe ao exequente apresentar certidão de teor da decisão.

§ 2º A certidão de teor da decisão deverá ser fornecida no prazo de 3 (três) dias e indicará o nome e a qualificação do exequente e do executado, o número do processo, o valor da dívida e a data de decurso do prazo para pagamento voluntário.

§ 3º O executado que tiver proposto ação rescisória para impugnar a decisão exequenda pode requerer, a suas expensas e sob sua responsabilidade, a anotação da propositura da ação à margem do título protestado.

§ 4º A requerimento do executado, o protesto será cancelado por determinação do juiz, mediante ofício a ser expedido ao cartório, no prazo de 3 (três) dias, contado da data de protocolo do requerimento, desde que comprovada a satisfação integral da obrigação.

Art. 518. Todas as questões relativas à validade do procedimento de cumprimento da sentença e dos atos executivos subsequentes poderão ser arguidas pelo executado nos próprios autos e nestes serão decididas pelo juiz.

» *Vide* art. 803, parágrafo único, do CPC.

» *Vide* Súmula 393 do STJ.

Art. 519. Aplicam-se as disposições relativas ao cumprimento da sentença, provisório ou definitivo, e à liquidação, no que couber, às decisões que concederem tutela provisória.

› art. 297, p.ún., CPC.

CAPÍTULO II
DO CUMPRIMENTO PROVISÓRIO DA SENTENÇA QUE RECONHECE A EXIGIBILIDADE DE OBRIGAÇÃO DE PAGAR QUANTIA CERTA

Art. 520. O cumprimento provisório da sentença impugnada por recurso desprovido de efeito suspensivo será realizado da mesma forma que o cumprimento definitivo, sujeitando-se ao seguinte regime:

» *Vide* arts. 1.012, § 1.º, e 1.029 do CPC.

I - corre por iniciativa e responsabilidade do exequente, que se obriga, se a sentença for reformada, a reparar os danos que o executado haja sofrido;

II - fica sem efeito, sobrevindo decisão que modifique ou anule a sentença objeto da execução, restituindo-se as partes ao estado anterior e liquidando-se eventuais prejuízos nos mesmos autos;

III - se a sentença objeto de cumprimento provisório for modificada ou anulada apenas em parte, somente nesta ficará sem efeito a execução;

IV - o levantamento de depósito em dinheiro e a prática de atos que importem transferência de posse ou alienação de propriedade ou de outro direito real, ou dos quais possa resultar grave dano ao executado, dependem de caução suficiente e idônea, arbitrada de plano pelo juiz e prestada nos próprios autos.

» *Vide* arts. 521, 537, § 3.º, do CPC.

§ 1º No cumprimento provisório da sentença, o executado poderá apresentar impugnação, se quiser, nos termos do art. 525.

§ 2º A multa e os honorários a que se refere o § 1º do art. 523 são devidos no cumprimento provisório de sentença condenatória ao pagamento de quantia certa.

§ 3º Se o executado comparecer tempestivamente e depositar o valor, com a finalidade de isentar-se da multa, o ato não será havido como incompatível com o recurso por ele interposto.

§ 4º A restituição ao estado anterior a que se refere o inciso II não implica o desfazimento da transferência de posse ou da alienação de propriedade ou de outro direito real eventualmente já realizada, ressalvado, sempre, o direito à reparação dos prejuízos causados ao executado.

§ 5º Ao cumprimento provisório de sentença que reconheça obrigação de fazer, de não fazer ou de dar coisa aplica-se, no que couber, o disposto neste Capítulo.

Art. 521. A caução prevista no inciso IV do art. 520 poderá ser dispensada nos casos em que:

I - o crédito for de natureza alimentar, independentemente de sua origem;

II - o credor demonstrar situação de necessidade;

III – pender o agravo do art. 1.042; (Alterado pela Lei 13.256/2016)

IV - a sentença a ser provisoriamente cumprida estiver em consonância com súmula da jurisprudência do Supremo Tribunal Federal ou do Superior Tribunal de Justiça ou em conformidade com acórdão proferido no julgamento de casos repetitivos.

Parágrafo único. A exigência de caução será mantida quando da dispensa possa resultar manifesto risco de grave dano de difícil ou incerta reparação.

Art. 522. O cumprimento provisório da sentença será requerido por petição dirigida ao juízo competente.

› arts. 513 e ss., CPC.

Parágrafo único. Não sendo eletrônicos os autos, a petição será acompanhada de cópias das seguintes peças do processo, cuja autenticidade poderá ser certificada pelo próprio advogado, sob sua responsabilidade pessoal:

I - decisão exequenda;

II - certidão de interposição do recurso não dotado de efeito suspensivo;

III - procurações outorgadas pelas partes;

IV - decisão de habilitação, se for o caso;

V - facultativamente, outras peças processuais consideradas necessárias para demonstrar a existência do crédito.

CAPÍTULO III
DO CUMPRIMENTO DEFINITIVO DA SENTENÇA QUE RECONHECE A EXIGIBILIDADE DE OBRIGAÇÃO DE PAGAR QUANTIA CERTA

Art. 523. No caso de condenação em quantia certa, ou já fixada em liquidação, e no caso de decisão sobre parcela incontroversa, o cumprimento definitivo da sentença far-se-á a requerimento do exequente, sendo o executado intimado para pagar o débito, no prazo de 15 (quinze) dias, acrescido de custas, se houver.

» *Vide* arts. 515, § 1.º, e 526 do CPC.

§ 1º Não ocorrendo pagamento voluntário no prazo do *caput*, o débito será acrescido de multa de dez por cento e, também, de honorários de advogado de dez por cento.

» *Vide* Súmula 517 do STJ.

§ 2º Efetuado o pagamento parcial no prazo previsto no *caput*, a multa e os honorários previstos no § 1º incidirão sobre o restante.

§ 3º Não efetuado tempestivamente o pagamento voluntário, será expedido, desde logo, mandado de penhora e avaliação, seguindo-se os atos de expropriação.

» *Vide* art. 831 do CPC.

Art. 524. O requerimento previsto no art. 523 será instruído com demonstrativo discriminado e atualizado do crédito, devendo a petição conter:

I - o nome completo, o número de inscrição no Cadastro de Pessoas Físicas ou no Cadastro Nacional da Pessoa Jurídica do exequente e do executado, observado o disposto no art. 319, §§ 1º a 3º;

II - o índice de correção monetária adotado;

III - os juros aplicados e as respectivas taxas;

IV - o termo inicial e o termo final dos juros e da correção monetária utilizados;

V - a periodicidade da capitalização dos juros, se for o caso;

VI - especificação dos eventuais descontos obrigatórios realizados;

VII - indicação dos bens passíveis de penhora, sempre que possível.

» *Vide* arts. 782, §§ 3.º e 4.º, e 517 do CPC.

§ 1º Quando o valor apontado no demonstrativo aparentemente exceder os limites da condenação, a execução será iniciada pelo valor pretendido, mas a penhora terá por base a importância que o juiz entender adequada.

§ 2º Para a verificação dos cálculos, o juiz poderá valer-se de contabilista do juízo, que terá o prazo máximo de 30 (trinta) dias para efetuá-la, exceto se outro lhe for determinado.

§ 3º Quando a elaboração do demonstrativo depender de dados em poder de terceiros ou do executado, o juiz poderá requisitá-los, sob cominação do crime de desobediência.

› art. 330, CP.

§ 4º Quando a complementação do demonstrativo depender de dados adicionais em poder do executado, o juiz poderá, a requerimento do exequente, requisitá-los, fixando prazo de até 30 (trinta) dias para o cumprimento da diligência.

§ 5º Se os dados adicionais a que se refere o § 4º não forem apresentados pelo executado, sem justificativa, no prazo designado, reputar-se-ão corretos os cálculos apresentados pelo exequente apenas com base nos dados de que dispõe.

Art. 525. Transcorrido o prazo previsto no art. 523 sem o pagamento voluntário, inicia-se o prazo de 15 (quinze) dias para que o executado, independentemente de penhora ou nova intimação, apresente, nos próprios autos, sua impugnação.

‣ arts. 520, §1º, 536, §4º, CPC.

§ 1º Na impugnação, o executado poderá alegar:

I - falta ou nulidade da citação se, na fase de conhecimento, o processo correu à revelia;

‣ arts. 239 e 280, CPC.

II - ilegitimidade de parte;

‣ arts. 17, 485, VI, CPC.

III - inexequibilidade do título ou inexigibilidade da obrigação;

» *Vide* arts. 583 e 586 do CPC.

» *Vide* arts. 32 e 33, § 3.º, da Lei n. 9.307, de 23-9-1996.

IV - penhora incorreta ou avaliação errônea;

‣ art. 831, CPC.

» *Vide* arts. 833 e 834 do CPC.

» *Vide* Lei 8.009, de 29-3-1990 (Bem de Família).

V - excesso de execução ou cumulação indevida de execuções;

» *Vide* art. 525, §§ 4.º e 5.º do CPC.

VI - incompetência absoluta ou relativa do juízo da execução;

VII - qualquer causa modificativa ou extintiva da obrigação, como pagamento, novação, compensação, transação ou prescrição, desde que supervenientes à sentença.

‣ art. 33, § 3º, Lei 9.307/1996 (Arbitragem).

§ 2º A alegação de impedimento ou suspeição observará o disposto nos arts. 146 e 148.

§ 3º Aplica-se à impugnação o disposto no art. 229.

§ 4º Quando o executado alegar que o exequente, em excesso de execução, pleiteia quantia superior à resultante da sentença, cumprir-lhe-á declarar de imediato o valor que entende correto, apresentando demonstrativo discriminado e atualizado de seu cálculo.

§ 5º Na hipótese do § 4º, não apontado o valor correto ou não apresentado o demonstrativo, a impugnação será liminarmente rejeitada, se o excesso de execução for o seu único fundamento, ou, se houver outro, a impugnação será processada, mas o juiz não examinará a alegação de excesso de execução.

§ 6º A apresentação de impugnação não impede a prática dos atos executivos, inclusive os de expropriação, podendo o juiz, a requerimento do executado e desde que garantido o juízo com penhora, caução ou depósito suficientes, atribuir-lhe efeito suspensivo, se seus fundamentos forem relevantes e se o prosseguimento da execução for manifestamente suscetível de causar ao executado grave dano de difícil ou incerta reparação.

§ 7º A concessão de efeito suspensivo a que se refere o § 6º não impedirá a efetivação dos atos de substituição, de reforço ou de redução da penhora e de avaliação dos bens

§ 8º Quando o efeito suspensivo atribuído à impugnação disser respeito apenas a parte do objeto da execução, esta prosseguirá quanto à parte restante.

§ 9º A concessão de efeito suspensivo à impugnação deduzida por um dos executados não suspenderá a execução contra os que não impugnaram, quando o respectivo fundamento disser respeito exclusivamente ao impugnante.

§ 10. Ainda que atribuído efeito suspensivo à impugnação, é lícito ao exequente requerer o prosseguimento da execução, oferecendo e prestando, nos próprios autos, caução suficiente e idônea a ser arbitrada pelo juiz.

§ 11. As questões relativas a fato superveniente ao término do prazo para apresentação da impugnação, assim como aquelas relativas à validade e à adequação da penhora, da avaliação e dos atos executivos subsequentes, podem ser arguidas por simples petição, tendo o executado, em qualquer dos casos, o prazo de 15 (quinze) dias para formular esta arguição, contado da comprovada ciência do fato ou da intimação do ato.

§ 12. Para efeito do disposto no inciso III do § 1º deste artigo, considera-se também inexigível a obrigação reconhecida em título executivo judicial fundado em lei ou ato normativo considerado inconstitucional pelo Supremo Tribunal Federal, ou fundado em aplicação ou interpretação da lei ou do ato normativo tido pelo Supremo Tribunal Federal como incompatível com a Constituição Federal, em controle de constitucionalidade concentrado ou difuso.

‣ art. 102, CF.

‣ Súm. 487, STJ.

§ 13. No caso do § 12, os efeitos da decisão do Supremo Tribunal Federal poderão ser modulados no tempo, em atenção à segurança jurídica.

§ 14. A decisão do Supremo Tribunal Federal referida no § 12 deve ser anterior ao trânsito em julgado da decisão exequenda.

‣ art. 1.057, CPC.

§ 15. Se a decisão referida no § 12 for proferida após o trânsito em julgado da decisão exequenda, caberá ação rescisória, cujo prazo será contado do trânsito em julgado da decisão proferida pelo Supremo Tribunal Federal.

‣ art. 1.057, CPC.

Art. 526. É lícito ao réu, antes de ser intimado para o cumprimento da sentença, comparecer em juízo e oferecer em pagamento o valor que entender devido, apresentando memória discriminada do cálculo.

§ 1º O autor será ouvido no prazo de 5 (cinco) dias, podendo impugnar o valor depositado, sem prejuízo do levantamento do depósito a título de parcela incontroversa.

§ 2º Concluindo o juiz pela insuficiência do depósito, sobre a diferença incidirão multa de dez por cento e honorários advocatícios, também fixados em dez por cento, seguindo-se a execução com penhora e atos subsequentes.

§ 3º Se o autor não se opuser, o juiz declarará satisfeita a obrigação e extinguirá o processo.

Art. 527. Aplicam-se as disposições deste Capítulo ao cumprimento provisório da sentença, no que couber.

CAPÍTULO IV
DO CUMPRIMENTO DE SENTENÇA QUE RECONHEÇA A EXIGIBILIDADE DE OBRIGAÇÃO DE PRESTAR ALIMENTOS

» *Vide* Súmulas 1, 277, 309, 336, 594, 596 e 621 do STJ.

Art. 528. No cumprimento de sentença que condene ao pagamento de prestação alimentícia ou de decisão interlocutória que fixe alimentos, o juiz, a requerimento do exequente, mandará intimar o executado pessoalmente para, em 3 (três) dias, pagar o débito, provar que o fez ou justificar a impossibilidade de efetuá-lo.

‣ art. 5º, LXVII, CF.

‣ arts. 1.694 a 1.710, CC.

‣ Súm. 144, STJ.

» *Vide* art. 911 do CPC.

» *Vide* Súmulas 309 e 621 do STJ.

» *Vide* Enunciados n. 572 da VI Jornada de Direito Civil e n. 599 da VII Jornada de Direito Civil.

§ 1º Caso o executado, no prazo referido no *caput*, não efetue o pagamento, não prove que o efetuou ou não apresente justificativa da impossibilidade de efetuá-lo, o juiz mandará protestar o pronunciamento judicial, aplicando-se, no que couber, o disposto no art. 517.

§ 2º Somente a comprovação de fato que gere a impossibilidade absoluta de pagar justificará o inadimplemento.

§ 3º Se o executado não pagar ou se a justificativa apresentada não for aceita, o juiz, além de mandar protestar o pronunciamento judicial na forma do § 1º, decretar-lhe-á a prisão pelo prazo de 1 (um) a 3 (três) meses.

‣ art. 5º, LXVII, CF.

‣ art. 7º, 7, Pacto de San José da Costa Rica.

» *Vide* art. 1.015, parágrafo único, do CPC.

§ 4º A prisão será cumprida em regime fechado, devendo o preso ficar separado dos presos comuns.

§ 5º O cumprimento da pena não exime o executado do pagamento das prestações vencidas e vincendas.

§ 6º Paga a prestação alimentícia, o juiz suspenderá o cumprimento da ordem de prisão.

§ 7º O débito alimentar que autoriza a prisão civil do alimentante é o que compreende até as 3 (três) prestações anteriores ao ajuizamento da execução e as que se vencerem no curso do processo.

‣ Súm. 309, STJ.

» *Vide* Súmula 309 do STJ.

§ 8º O exequente pode optar por promover o cumprimento da sentença ou decisão desde logo, nos termos do disposto neste Livro, Título II, Capítulo III, caso em que não será admissível a prisão do executado, e, recaindo a penhora em dinheiro, a concessão de efeito suspensivo à impugnação não obsta a que o exequente levante mensalmente a importância da prestação.

» *Vide* art. 805 do CPC.

§ 9º Além das opções previstas no art. 516, parágrafo único, o exequente pode promover o cumprimento da sentença ou decisão que condena ao pagamento de prestação alimentícia no juízo de seu domicílio.

Art. 529. Quando o executado for funcionário público, militar, diretor ou gerente de empresa ou empregado sujeito à legislação do trabalho, o exequente poderá requerer o desconto em folha de pagamento da importância da prestação alimentícia.

‣ art. 1.701, p.ún., CC.

‣ art. 462, CLT.

‣ art. 115, IV, Lei 8.213/1991 (Previdência Social).

§ 1º Ao proferir a decisão, o juiz oficiará à autoridade, à empresa ou ao empregador, determinando, sob pena de crime de desobediência, o desconto a partir da primeira remuneração posterior do executado, a contar do protocolo do ofício.

‣ art. 330, CP.

‣ art. 5º, § 7º, Lei 5.478/1968 (Lei de alimentos).

§ 2º O ofício conterá o nome e o número de inscrição no Cadastro de Pessoas Físicas do exequente e do executado, a importância a ser descontada mensalmente, o tempo de sua duração e a conta na qual deve ser feito o depósito.

§ 3º Sem prejuízo do pagamento dos alimentos vincendos, o débito objeto de execução pode ser descontado dos rendimentos ou rendas do executado, de forma parcelada, nos termos do *caput* deste artigo, contanto que, somado à parcela devida, não ultrapasse cinquenta por cento de seus ganhos líquidos.

Art. 530. Não cumprida a obrigação, observar-se-á o disposto nos arts. 831 e seguintes.

Art. 531. O disposto neste Capítulo aplica-se aos alimentos definitivos ou provisórios.

§ 1º A execução dos alimentos provisórios, bem como a dos alimentos fixados em sentença ainda não transitada em julgado, se processa em autos apartados.

§ 2º O cumprimento definitivo da obrigação de prestar alimentos será processado nos mesmos autos em que tenha sido proferida a sentença.

Art. 532. Verificada a conduta procrastinatória do executado, o juiz deverá, se for o caso, dar ciência ao Ministério Público dos indícios da prática do crime de abandono material.

‣ art. 244, CP.

Art. 533. Quando a indenização por ato ilícito incluir prestação de alimentos, caberá ao executado, a requerimento do exequente, constituir capital cuja renda assegure o pagamento do valor mensal da pensão.

‣ Súm. 313, STJ.

§ 1º O capital a que se refere o *caput*, representado por imóveis ou por direitos reais sobre imóveis suscetíveis de alienação, títulos da dívida pública ou aplicações financeiras em banco oficial, será inalienável e impenhorável enquanto durar a obrigação do executado, além de constituir-se em patrimônio de afetação.

§ 2º O juiz poderá substituir a constituição do capital pela inclusão do exequente em folha de pagamento de pessoa jurídica de notória capacidade econômica ou, a requerimento do executado, por fiança bancária ou garantia real, em valor a ser arbitrado de imediato pelo juiz.

§ 3º Se sobrevier modificação nas condições econômicas, poderá a parte requerer, conforme as circunstâncias, redução ou aumento da prestação.

§ 4º A prestação alimentícia poderá ser fixada tomando por base o salário-mínimo.

§ 5º Finda a obrigação de prestar alimentos, o juiz mandará liberar o capital, cessar o desconto em folha ou cancelar as garantias prestadas.

CAPÍTULO V
DO CUMPRIMENTO DE SENTENÇA QUE RECONHEÇA A EXIGIBILIDADE DE OBRIGAÇÃO DE PAGAR QUANTIA CERTA PELA FAZENDA PÚBLICA

Art. 534. No cumprimento de sentença que impuser à Fazenda Pública o dever de pagar quantia certa, o exequente apresentará demonstrativo discriminado e atualizado do crédito contendo:

‣ art. 100, CF.
‣ arts. 78, 86, 87 e 97, ADCT.
‣ Súm. 279 e 339, STJ.

I - o nome completo e o número de inscrição no Cadastro de Pessoas Físicas ou no Cadastro Nacional da Pessoa Jurídica do exequente;

II - o índice de correção monetária adotado;

III - os juros aplicados e as respectivas taxas;

IV - o termo inicial e o termo final dos juros e da correção monetária utilizados;

V - a periodicidade da capitalização dos juros, se for o caso;

VI - a especificação dos eventuais descontos obrigatórios realizados.

§ 1º Havendo pluralidade de exequentes, cada um deverá apresentar o seu próprio demonstrativo, aplicando-se à hipótese, se for o caso, o disposto nos §§ 1º e 2º do art. 113.

§ 2º A multa prevista no § 1º do art. 523 não se aplica à Fazenda Pública.

Art. 535. A Fazenda Pública será intimada na pessoa de seu representante judicial, por carga, remessa ou meio eletrônico, para, querendo, no prazo de 30 (trinta) dias e nos próprios autos, impugnar a execução, podendo arguir:

‣ art. 33, § 3º, Lei 9.307/1996 (Arbitragem).

I - falta ou nulidade da citação se, na fase de conhecimento, o processo correu à revelia;

II - ilegitimidade de parte;

III - inexequibilidade do título ou inexigibilidade da obrigação;

» Vide arts. 783 e 786 do CPC.

IV - excesso de execução ou cumulação indevida de execuções;

V - incompetência absoluta ou relativa do juízo da execução;

VI - qualquer causa modificativa ou extintiva da obrigação, como pagamento, novação, compensação, transação ou prescrição, desde que supervenientes ao trânsito em julgado da sentença.

‣ Súm. 150, STF.
‣ Súm. 394, STJ.

§ 1º A alegação de impedimento ou suspeição observará o disposto nos arts. 146 e 148.

‣ art. 16, § 3º, Lei 6.830/1980 (Execução Fiscal).

§ 2º Quando se alegar que o exequente, em excesso de execução, pleiteia quantia superior à resultante do título, cumprirá à executada declarar de imediato o valor que entende correto, sob pena de não conhecimento da arguição.

§ 3º Não impugnada a execução ou rejeitadas as arguições da executada:

I - expedir-se-á, por intermédio do presidente do tribunal competente, precatório em favor do exequente, observando-se o disposto na Constituição Federal;

‣ Súm. 655 e 733, STF.
‣ Súm. 311, STJ.

II - por ordem do juiz, dirigida à autoridade na pessoa de quem o ente público foi citado para o processo, o pagamento de obrigação de pequeno valor será realizado no prazo de 2 (dois) meses contado da entrega da requisição, mediante depósito na agência de banco oficial mais próxima da residência do exequente.

‣ ADI 5.492: O STF, por maioria, julgou parcialmente procedente o pedido para declarar a inconstitucionalidade da expressão "de banco oficial" e conferir interpretação conforme ao dispositivo para que se entenda que a "agência" nele referida pode ser de instituição financeira pública ou privada. (*DJE* de 09.08.2023)

§ 4º Tratando-se de impugnação parcial, a parte não questionada pela executada será, desde logo, objeto de cumprimento.

§ 5º Para efeito do disposto no inciso III do *caput* deste artigo, considera-se também inexigível a obrigação reconhecida em título executivo judicial fundado em lei ou ato normativo considerado inconstitucional pelo Supremo Tribunal Federal, ou fundado em aplicação ou interpretação da lei ou do ato normativo tido pelo Supremo Tribunal Federal como incompatível com a Constituição Federal, em controle de constitucionalidade concentrado ou difuso.

‣ Lei 9.868/1999 (Lei de ADI e ADC).
‣ Súm. 487, STJ.

§ 6º No caso do § 5º, os efeitos da decisão do Supremo Tribunal Federal poderão ser modulados no tempo, de modo a favorecer a segurança jurídica.

§ 7º A decisão do Supremo Tribunal Federal referida no § 5º deve ter sido proferida antes do trânsito em julgado da decisão exequenda.

‣ art. 1.057, CPC.

§ 8º Se a decisão referida no § 5º for proferida após o trânsito em julgado da decisão exequenda, caberá ação rescisória, cujo prazo será contado do trânsito em julgado da decisão proferida pelo Supremo Tribunal Federal.

‣ art. 1.057, CPC.

CAPÍTULO VI
DO CUMPRIMENTO DE SENTENÇA QUE RECONHEÇA A EXIGIBILIDADE DE OBRIGAÇÃO DE FAZER, DE NÃO FAZER OU DE ENTREGAR COISA

SEÇÃO I
DO CUMPRIMENTO DE SENTENÇA QUE RECONHEÇA A EXIGIBILIDADE DE OBRIGAÇÃO DE FAZER OU DE NÃO FAZER

Art. 536. No cumprimento de sentença que reconheça a exigibilidade de obrigação de fazer ou de não fazer, o juiz poderá, de ofício ou a requerimento, para a efetivação da tutela específica ou a obtenção de tutela pelo resultado prático equivalente, determinar as medidas necessárias à satisfação do exequente.

‣ arts. 247 a 251, CC.
‣ art. 84, CDC.
‣ art. 213, *caput*, ECA.
‣ art. 11, Lei 7.347/1985 (Ação Civil Pública).
‣ art. 52, V e VI, Lei 9.099/1995 (Juizados Especiais Cíveis e Criminais).

§ 1º Para atender ao disposto no *caput*, o juiz poderá determinar, entre outras medidas, a imposição de multa, a busca e apreensão, a remoção de pessoas e coisas, o desfazimento de obras e o impedimento de atividade nociva, podendo, caso necessário, requisitar o auxílio de força policial.

‣ art. 84, § 5º, CDC.
» *Vide* art. 134, IV, do CPC.
» *Vide* Súmula 410 do STJ.

§ 2º O mandado de busca e apreensão de pessoas e coisas será cumprido por 2 (dois) oficiais de justiça, observando-se o disposto no art. 846, §§ 1º a 4º, se houver necessidade de arrombamento.

§ 3º O executado incidirá nas penas de litigância de má-fé quando injustificadamente descumprir a ordem judicial, sem prejuízo de sua responsabilização por crime de desobediência.

‣ art. 330, CP.

§ 4º No cumprimento de sentença que reconheça a exigibilidade de obrigação de fazer ou de não fazer, aplica-se o art. 525, no que couber.

§ 5º O disposto neste artigo aplica-se, no que couber, ao cumprimento de sentença que reconheça deveres de fazer e de não fazer de natureza não obrigacional.

Art. 537. A multa independe de requerimento da parte e poderá ser aplicada na fase de conhecimento, em tutela provisória ou na sentença, ou na fase de execução, desde que seja suficiente e compatível com a obrigação e que se determine prazo razoável para cumprimento do preceito.

‣ Súm. 410, STJ.

§ 1º O juiz poderá, de ofício ou a requerimento, modificar o valor ou a periodicidade da multa vincenda ou excluí-la, caso verifique que:

I - se tornou insuficiente ou excessiva;

II - o obrigado demonstrou cumprimento parcial superveniente da obrigação ou justa causa para o descumprimento.

§ 2º O valor da multa será devido ao exequente.

§ 3º A decisão que fixa a multa é passível de cumprimento provisório, devendo ser depositada em juízo, permitido o levantamento do valor após o trânsito em julgado da sentença favorável à parte. (Alterado pela Lei 13.256/2016)

§ 4º A multa será devida desde o dia em que se configurar o descumprimento da decisão e incidirá enquanto não for cumprida a decisão que a tiver cominado.

§ 5º O disposto neste artigo aplica-se, no que couber, ao cumprimento de sentença que reconheça deveres de fazer e de não fazer de natureza não obrigacional.

SEÇÃO II
DO CUMPRIMENTO DE SENTENÇA QUE RECONHEÇA A EXIGIBILIDADE DE OBRIGAÇÃO DE ENTREGAR COISA

Art. 538. Não cumprida a obrigação de entregar coisa no prazo estabelecido na sentença, será expedido mandado de busca e apreensão ou de imissão na posse em favor do credor, conforme se tratar de coisa móvel ou imóvel.

§ 1º A existência de benfeitorias deve ser alegada na fase de conhecimento, em contestação, de forma discriminada e com atribuição, sempre que possível e justificadamente, do respectivo valor.

§ 2º O direito de retenção por benfeitorias deve ser exercido na contestação, na fase de conhecimento.

§ 3º Aplicam-se ao procedimento previsto neste artigo, no que couber, as disposições sobre o cumprimento de obrigação de fazer ou de não fazer.

TÍTULO III
DOS PROCEDIMENTOS ESPECIAIS

» *Vide* arts. 539 a 766, 960, 966 e 988 do CPC.

» *Vide* Lei n. 4.717, de 29-6-1965 (Ação Popular).

» *Vide* Lei n. 5.478, de 25-7-1968 (Ação de Alimentos) e Lei n. 11.804, de 5-11-2008 (Alimentos gravídicos).

» *Vide* Decreto-lei n. 911, de 1-10-1969 (Alienação Fiduciária).

» *Vide* Lei n. 7.347, de 24-7-85 (Ação Civil Pública).

» *Vide* Lei n. 8.245, de 18-10-1991 (Lei de Locações).

» *Vide* Lei n. 9.507, de 12-11-1997 (*Habeas Data*).

» *Vide* Leis n. 9.868, de 10-11-99 (ADI e ADC) e 9.882, de 3-12-1999 (ADPF).

» *Vide* Lei n. 12.016, de 7-8-2009 (Mandado de Segurança).

» *Vide* Lei n. 11.101, de 9-2-2005 (Recuperação judicial e falência).

» *Vide* Lei n. 13.300, de 23-6-2016 (Mandado de Injunção).

» *Vide* Lei n. 13.188, de 11-11-2015 (Ação de direito de resposta).

» *Vide* art. 381 do CPC (Produção antecipada de provas).

» *Vide* art. 104-A do CDC (Repactuação de dívida).

CAPÍTULO I
DA AÇÃO DE CONSIGNAÇÃO EM PAGAMENTO

‣ arts. 334 a 345, CC.

» *Vide* arts. 334 a 345 do CC.

» *Vide* art. 381 do CPC (Produção antecipada de provas).

Art. 539. Nos casos previstos em lei, poderá o devedor ou terceiro requerer, com efeito de pagamento, a consignação da quantia ou da coisa devida.

‣ arts. 304 e 334, CC.

‣ art. 67, Lei 8.245/1991 (Lei de locação).

» *Vide* art. 791-A da CLT.

§ 1º Tratando-se de obrigação em dinheiro, poderá o valor ser depositado em estabelecimento bancário, oficial onde houver, situado no lugar do pagamento, cientificando-se o credor por carta com aviso de recebimento, assinado o prazo de 10 (dez) dias para a manifestação de recusa.

§ 2º Decorrido o prazo do § 1º, contado do retorno do aviso de recebimento, sem a manifestação de recusa, considerar-se-á o devedor liberado da obrigação, ficando à disposição do credor a quantia depositada.

§ 3º Ocorrendo a recusa, manifestada por escrito ao estabelecimento bancário, poderá ser proposta, dentro de 1 (um) mês, a ação de consignação, instruindo-se a inicial com a prova do depósito e da recusa.

‣ art. 542, I, CPC.

§ 4º Não proposta a ação no prazo do § 3º, ficará sem efeito o depósito, podendo levantá-lo o depositante.

Art. 540. Requerer-se-á a consignação no lugar do pagamento, cessando para o devedor, à data do depósito, os juros e os riscos, salvo se a demanda for julgada improcedente.

‣ arts. 327 e 328, CC.

Art. 541. Tratando-se de prestações sucessivas, consignada uma delas, pode o devedor continuar a depositar, no mesmo processo e sem mais formalidades, as que se forem vencendo, desde que o faça em até 5 (cinco) dias contados da data do respectivo vencimento.

‣ art. 323, CPC.

Art. 542. Na petição inicial, o autor requererá:

I - o depósito da quantia ou da coisa devida, a ser efetivado no prazo de 5 (cinco) dias contados do deferimento, ressalvada a hipótese do art. 539, § 3º;

II - a citação do réu para levantar o depósito ou oferecer contestação.

Parágrafo único. Não realizado o depósito no prazo do inciso I, o processo será extinto sem resolução do mérito.

» *Vide* art. 337, XII, do CPC.

Art. 543. Se o objeto da prestação for coisa indeterminada e a escolha couber ao credor, será este citado para exercer o direito dentro de 5 (cinco) dias, se outro prazo não constar de lei ou do contrato, ou para aceitar que o devedor a faça, devendo o juiz, ao despachar a petição inicial, fixar lugar, dia e hora em que se fará a entrega, sob pena de depósito.

Art. 544. Na contestação, o réu poderá alegar que:

I - não houve recusa ou mora em receber a quantia ou a coisa devida;

II - foi justa a recusa;

III - o depósito não se efetuou no prazo ou no lugar do pagamento;

» *Vide* art. 337, XII, do CPC.

IV - o depósito não é integral.

Parágrafo único. No caso do inciso IV, a alegação somente será admissível se o réu indicar o montante que entende devido.

Art. 545. Alegada a insuficiência do depósito, é lícito ao autor completá-lo, em 10 (dez) dias, salvo se corresponder a prestação cujo inadimplemento acarrete a rescisão do contrato.

§ 1º No caso do *caput*, poderá o réu levantar, desde logo, a quantia ou a coisa depositada, com a consequente liberação parcial do autor, prosseguindo o processo quanto à parcela controvertida.

§ 2º A sentença que concluir pela insuficiência do depósito determinará, sempre que possível, o montante devido e valerá como título executivo, facultado ao credor promover-lhe o cumprimento nos mesmos autos, após liquidação, se necessária.

» *Vide* arts. 509 e 523 do CPC.

Art. 546. Julgado procedente o pedido, o juiz declarará extinta a obrigação e condenará o réu ao pagamento de custas e honorários advocatícios.

Parágrafo único. Proceder-se-á do mesmo modo se o credor receber e der quitação.

Art. 547. Se ocorrer dúvida sobre quem deva legitimamente receber o pagamento, o autor requererá o depósito e a citação dos possíveis titulares do crédito para provarem o seu direito.

‣ art. 335, IV, CC.

Art. 548. No caso do art. 547:

I - não comparecendo pretendente algum, converter-se-á o depósito em arrecadação de coisas vagas;

II - comparecendo apenas um, o juiz decidirá de plano;

III - comparecendo mais de um, o juiz declarará efetuado o depósito e extinta a obrigação, continuando o processo a correr unicamente entre os presuntivos credores, observado o procedimento comum.

Art. 549. Aplica-se o procedimento estabelecido neste Capítulo, no que couber, ao resgate do aforamento.

CAPÍTULO II
DA AÇÃO DE EXIGIR CONTAS

» *Vide* arts. 668, 996, 1.020, 1.348, VIII, 1583, § 5.º, 1.783 e 1980 do CC.

» *Vide* art. 34, XXI, do EAOAB, e art. 9.º do CE.

Art. 550. Aquele que afirmar ser titular do direito de exigir contas requererá a citação do réu para que as preste ou ofereça contestação no prazo de 15 (quinze) dias.

‣ Súm. 259 e 477, STJ.

» *Vide* art. 53, IV, *b*, do CPC.

» *Vide* art. 1.020 do CC.

§ 1º Na petição inicial, o autor especificará, detalhadamente, as razões pelas quais exige as contas, instruindo-a com documentos comprobatórios dessa necessidade, se existirem.

§ 2º Prestadas as contas, o autor terá 15 (quinze) dias para se manifestar, prosseguindo-se o processo na forma do Capítulo X do Título I deste Livro.

§ 3º A impugnação das contas apresentadas pelo réu deverá ser fundamentada e específica, com referência expressa ao lançamento questionado.

§ 4º Se o réu não contestar o pedido, observar-se-á o disposto no art. 355.

§ 5º A decisão que julgar procedente o pedido condenará o réu a prestar as contas no prazo de 15 (quinze) dias, sob pena de não lhe ser lícito impugnar as que o autor apresentar.

» *Vide* art. 1.015 do CPC.

§ 6º Se o réu apresentar as contas no prazo previsto no § 5º, seguir-se-á o procedimento do § 2º, caso contrário, o autor apresentá-las-á no prazo de 15 (quinze) dias, podendo o juiz determinar a realização de exame pericial, se necessário.

Art. 551. As contas do réu serão apresentadas na forma adequada, especificando-se as receitas, a aplicação das despesas e os investimentos, se houver.

§ 1º Havendo impugnação específica e fundamentada pelo autor, o juiz estabelecerá prazo razoável para que o réu apresente os documentos justificativos dos lançamentos individualmente impugnados.

§ 2º As contas do autor, para os fins do art. 550, § 5º, serão apresentadas na forma adequada, já instruídas com os documentos justificativos, especificando-se as receitas, a aplicação das despesas e os investimentos, se houver, bem como o respectivo saldo.

Art. 552. A sentença apurará o saldo e constituirá título executivo judicial.

» *Vide* art. 1.009 do CPC.

Art. 553. As contas do inventariante, do tutor, do curador, do depositário e de qualquer outro administrador serão prestadas em apenso aos autos do processo em que tiver sido nomeado.

Parágrafo único. Se qualquer dos referidos no *caput* for condenado a pagar o saldo e não o fizer no prazo legal, o juiz poderá destituí-lo, sequestrar os bens sob sua guarda, glosar o prêmio ou a gratificação a que teria direito e determinar as medidas executivas necessárias à recomposição do prejuízo.

CAPÍTULO III
DAS AÇÕES POSSESSÓRIAS

SEÇÃO I
DISPOSIÇÕES GERAIS

» *Vide* arts. 1.196 a 1.224 do CC.

» *Vide* Súmulas 637, 619, 564, 228 e 84 do STJ.

Art. 554. A propositura de uma ação possessória em vez de outra não obstará a que o juiz conheça do pedido e outorgue a proteção legal correspondente àquela cujos pressupostos estejam provados.

› arts. 1.196 a 1.224, CC.

» *Vide* art. 791-A da CLT.

§ 1º No caso de ação possessória em que figure no polo passivo grande número de pessoas, serão feitas a citação pessoal dos ocupantes que forem encontrados no local e a citação por edital dos demais, determinando-se, ainda, a intimação do Ministério Público e, se envolver pessoas em situação de hipossuficiência econômica, da Defensoria Pública.

› art. 178, III, CPC.

§ 2º Para fim da citação pessoal prevista no § 1º, o oficial de justiça procurará os ocupantes no local por uma vez, citando-se por edital os que não forem encontrados.

§ 3º O juiz deverá determinar que se dê ampla publicidade da existência da ação prevista no § 1º e dos respectivos prazos processuais, podendo, para tanto, valer-se de anúncios em jornal ou rádio locais, da publicação de cartazes na região do conflito e de outros meios.

Art. 555. É lícito ao autor cumular ao pedido possessório o de:

I - condenação em perdas e danos;

› arts. 402 a 405 e 927, CC.

» *Vide* arts. 1.217 a 1.219 do CC.

» *Vide* Súmula 619 do STJ.

II - indenização dos frutos.

» *Vide* arts. 1.214 e 1.215 do CC

Parágrafo único. Pode o autor requerer, ainda, imposição de medida necessária e adequada para:

I - evitar nova turbação ou esbulho;

II - cumprir-se a tutela provisória ou final.

› arts. 294 a 311, CPC.

Art. 556. É lícito ao réu, na contestação, alegando que foi o ofendido em sua posse, demandar a proteção possessória e a indenização pelos prejuízos resultantes da turbação ou do esbulho cometido pelo autor.

Art. 557. Na pendência de ação possessória é vedado, tanto ao autor quanto ao réu, propor ação de reconhecimento do domínio, exceto se a pretensão for deduzida em face de terceira pessoa.

Parágrafo único. Não obsta à manutenção ou à reintegração de posse a alegação de propriedade ou de outro direito sobre a coisa.

Art. 558. Regem o procedimento de manutenção e de reintegração de posse as normas da Seção II deste Capítulo quando a ação for proposta dentro de ano e dia da turbação ou do esbulho afirmado na petição inicial.

» *Vide* arts. 560 a 566 do CPC.

» *Vide* art. 562 do CPC.

Parágrafo único. Passado o prazo referido no *caput*, será comum o procedimento, não perdendo, contudo, o caráter possessório.

» *Vide* art. 318 do CPC.

» *Vide* arts. 294 e 300 do CPC.

Art. 559. Se o réu provar, em qualquer tempo, que o autor provisoriamente mantido ou reintegrado na posse carece de idoneidade financeira para, no caso de sucumbência, responder por perdas e danos, o juiz designar-lhe-á o prazo de 5 (cinco) dias para requerer caução, real ou fidejussória, sob pena de ser depositada a coisa litigiosa, ressalvada a impossibilidade da parte economicamente hipossuficiente.

SEÇÃO II
DA MANUTENÇÃO E DA REINTEGRAÇÃO DE POSSE

Art. 560. O possuidor tem direito a ser mantido na posse em caso de turbação e reintegrado em caso de esbulho.

» *Vide* art. 1.210 do CC

Art. 561. Incumbe ao autor provar:

I - a sua posse;

› arts. 1.196 e 1.209, CC.

II - a turbação ou o esbulho praticado pelo réu;

III - a data da turbação ou do esbulho;

IV - a continuação da posse, embora turbada, na ação de manutenção, ou a perda da posse, na ação de reintegração.

Art. 562. Estando a petição inicial devidamente instruída, o juiz deferirá, sem ouvir o réu, a expedição do mandado liminar de manutenção ou de reintegração, caso contrário, determinará que o autor justifique previamente o alegado, citando-se o réu para comparecer à audiência que for designada.

Parágrafo único. Contra as pessoas jurídicas de direito público não será deferida a manutenção ou a reintegração liminar sem prévia audiência dos respectivos representantes judiciais.

Art. 563. Considerada suficiente a justificação, o juiz fará logo expedir mandado de manutenção ou de reintegração.

Art. 564. Concedido ou não o mandado liminar de manutenção ou de reintegração, o autor promoverá, nos 5 (cinco) dias subsequentes, a citação do réu para, querendo, contestar a ação no prazo de 15 (quinze) dias.

Parágrafo único. Quando for ordenada a justificação prévia, o prazo para contestar será contado da intimação da decisão que deferir ou não a medida liminar.

Art. 565. No litígio coletivo pela posse de imóvel, quando o esbulho ou a turbação afirmado na petição inicial houver ocorrido há mais de ano e dia, o juiz, antes de apreciar o pedido de concessão da medida liminar, deverá designar audiência de mediação, a realizar-se em até 30 (trinta) dias, que observará o disposto nos §§ 2º e 4º.

» *Vide* art. 334 do CPC.

§ 1º Concedida a liminar, se essa não for executada no prazo de 1 (um) ano, a contar da data de distribuição, caberá ao juiz designar audiência de mediação, nos termos dos §§ 2º a 4º deste artigo.

§ 2º O Ministério Público será intimado para comparecer à audiência, e a Defensoria Pública será intimada sempre que houver parte beneficiária de gratuidade da justiça.

› art. 134, CF.

» *Vide* art. 178, III, do CPC.

§ 3º O juiz poderá comparecer à área objeto do litígio quando sua presença se fizer necessária à efetivação da tutela jurisdicional.

§ 4º Os órgãos responsáveis pela política agrária e pela política urbana da União, de Estado ou do Distrito Federal e de Município onde se situe a área objeto do litígio poderão ser intimados para a audiência, a fim de se manifestarem sobre seu interesse no processo e sobre a existência de possibilidade de solução para o conflito possessório.

§ 5º Aplica-se o disposto neste artigo ao litígio sobre propriedade de imóvel.

Art. 566. Aplica-se, quanto ao mais, o procedimento comum.

SEÇÃO III
DO INTERDITO PROIBITÓRIO

Art. 567. O possuidor direto ou indireto que tenha justo receio de ser molestado na posse poderá requerer ao juiz que o segure da turbação ou esbulho iminente, mediante mandado proibitório em que se comine ao réu determinada pena pecuniária caso transgrida o preceito.

» *Vide* art. 1.210 do CC

Art. 568. Aplica-se ao interdito proibitório o disposto na Seção II deste Capítulo.

CAPÍTULO IV
DA AÇÃO DE DIVISÃO E DA DEMARCAÇÃO DE TERRAS PARTICULARES

SEÇÃO I
DISPOSIÇÕES GERAIS

» *Vide* arts. 1.297 e 1.298 do CC.

Art. 569. Cabe:

I - ao proprietário a ação de demarcação, para obrigar o seu confinante a estremar os respectivos prédios, fixando-se novos limites entre eles ou aviventando-se os já apagados;

› arts. 574 a 587, CPC.

› Lei 6.383/1976 (Terras devolutas da União).

II - ao condômino a ação de divisão, para obrigar os demais consortes a estremar os quinhões.

› arts. 588 a 598, CPC.

› art. 1.320, CC.

Art. 570. É lícita a cumulação dessas ações, caso em que deverá processar-se primeiramente a demarcação total ou parcial da coisa comum, citando-se os confinantes e os condôminos.

Art. 571. A demarcação e a divisão poderão ser realizadas por escritura pública, desde que maiores, capazes e concordes todos os interessados, observando-se, no que couber, os dispositivos deste Capítulo.

Art. 572. Fixados os marcos da linha de demarcação, os confinantes considerar-se-ão terceiros quanto ao processo divisório, ficando-lhes, porém, ressalvado o direito de vindicar os terrenos de que se julguem despojados por invasão das linhas limítrofes constitutivas do perímetro ou de reclamar indenização correspondente ao seu valor.

§ 1º No caso do *caput*, serão citados para a ação todos os condôminos, se a sentença homologatória da divisão ainda não houver transitado em julgado, e todos os quinhoeiros dos terrenos vindicados, se a ação for proposta posteriormente.

§ 2º Neste último caso, a sentença que julga procedente a ação, condenando a restituir os terrenos ou a pagar a indenização, valerá como título executivo em favor dos quinhoeiros para haverem dos outros condôminos que forem parte na divisão ou de seus sucessores a título universal, na proporção que lhes tocar, a composição pecuniária do desfalque sofrido.

Art. 573. Tratando-se de imóvel georreferenciado, com averbação no registro de imóveis, pode o juiz dispensar a realização de prova pericial.

› art. 464, § 1º, II, CPC.

SEÇÃO II
DA DEMARCAÇÃO

Art. 574. Na petição inicial, instruída com os títulos da propriedade, designar-se-á o imóvel pela situação e pela denominação, descrever-se-ão os limites por constituir, aviventar ou renovar e nomear-se-ão todos os confinantes da linha demarcanda.

› arts. 1.297 e 1.298, CC.

Art. 575. Qualquer condômino é parte legítima para promover a demarcação do imóvel comum, requerendo a intimação dos demais para, querendo, intervir no processo.

Art. 576. A citação dos réus será feita por correio, observado o disposto no art. 247.

Parágrafo único. Será publicado edital, nos termos do inciso III do art. 259.

Art. 577. Feitas as citações, terão os réus o prazo comum de 15 (quinze) dias para contestar.

Art. 578. Após o prazo de resposta do réu, observar-se-á o procedimento comum.

› art. 598, CPC.

Art. 579. Antes de proferir a sentença, o juiz nomeará um ou mais peritos para levantar o traçado da linha demarcanda.

Art. 580. Concluídos os estudos, os peritos apresentarão minucioso laudo sobre o traçado da linha demarcanda, considerando os títulos, os marcos, os rumos, a fama da vizinhança, as informações de antigos moradores do lugar e outros elementos que coligirem.

Art. 581. A sentença que julgar procedente o pedido determinará o traçado da linha demarcanda.

Parágrafo único. A sentença proferida na ação demarcatória determinará a restituição da área invadida, se houver, declarando o domínio ou a posse do prejudicado, ou ambos.

Art. 582. Transitada em julgado a sentença, o perito efetuará a demarcação e colocará os marcos necessários.

› art. 22, p.ún., Lei 6.383/1976 (Terras devolutas da União).

Parágrafo único. Todas as operações serão consignadas em planta e memorial descritivo com as referências convenientes para a identificação, em qualquer tempo, dos pontos assinalados, observada a legislação especial que dispõe sobre a identificação do imóvel rural.

Art. 583. As plantas serão acompanhadas das cadernetas de operações de campo e do memorial descritivo, que conterá:

I - o ponto de partida, os rumos seguidos e a aviventação dos antigos com os respectivos cálculos;

II - os acidentes encontrados, as cercas, os valos, os marcos antigos, os córregos, os rios, as lagoas e outros;

III - a indicação minuciosa dos novos marcos cravados, dos antigos aproveitados, das culturas existentes e da sua produção anual;

IV - a composição geológica dos terrenos, bem como a qualidade e a extensão dos campos, das matas e das capoeiras;

V - as vias de comunicação;

VI - as distâncias a pontos de referência, tais como rodovias federais e estaduais, ferrovias, portos, aglomerações urbanas e polos comerciais;

VII - a indicação de tudo o mais que for útil para o levantamento da linha ou para a identificação da linha já levantada.

Art. 584. É obrigatória a colocação de marcos tanto na estação inicial, dita marco primordial, quanto nos vértices dos ângulos, salvo se algum desses últimos pontos for assinalado por acidentes naturais de difícil remoção ou destruição.

› art. 596, p.ún., CPC.

Art. 585. A linha será percorrida pelos peritos, que examinarão os marcos e os rumos, consignando em relatório escrito a exatidão do memorial e da planta apresentados pelo agrimensor ou as divergências porventura encontradas.

› art. 596, p.ún., CPC.

Art. 586. Juntado aos autos o relatório dos peritos, o juiz determinará que as partes se manifestem sobre ele no prazo comum de 15 (quinze) dias.

› art. 597, § 1º, CPC.

Parágrafo único. Executadas as correções e as retificações que o juiz determinar, lavrar-se-á, em seguida, o auto de demarcação em que os limites demarcandos serão minuciosamente descritos de acordo com o memorial e a planta.

Art. 587. Assinado o auto pelo juiz e pelos peritos, será proferida a sentença homologatória da demarcação.

SEÇÃO III
DA DIVISÃO

› art. 89, CPC.

Art. 588. A petição inicial será instruída com os títulos de domínio do promovente e conterá:

› art. 1.320, CC.

I - a indicação da origem da comunhão e a denominação, a situação, os limites e as características do imóvel;

II - o nome, o estado civil, a profissão e a residência de todos os condôminos, especificando-se os estabelecidos no imóvel com benfeitorias e culturas;

III - as benfeitorias comuns.

Art. 589. Feitas as citações como preceitua o art. 576, prosseguir-se-á na forma dos arts. 577 e 578.

Art. 590. O juiz nomeará um ou mais peritos para promover a medição do imóvel e as operações de divisão, observada a legislação especial que dispõe sobre a identificação do imóvel rural.

Parágrafo único. O perito deverá indicar as vias de comunicação existentes, as construções e as benfeitorias, com a indicação dos seus valores e dos respectivos proprietários e ocupantes, as águas principais que banham o imóvel e quaisquer outras informações que possam concorrer para facilitar a partilha.

Art. 591. Todos os condôminos serão intimados a apresentar, dentro de 10 (dez) dias, os seus títulos, se ainda não o tiverem feito, e a formular os seus pedidos sobre a constituição dos quinhões.

Art. 592. O juiz ouvirá as partes no prazo comum de 15 (quinze) dias.

§ 1º Não havendo impugnação, o juiz determinará a divisão geodésica do imóvel.

§ 2º Havendo impugnação, o juiz proferirá, no prazo de 10 (dez) dias, decisão sobre os pedidos e os títulos que devam ser atendidos na formação dos quinhões.

Art. 593. Se qualquer linha do perímetro atingir benfeitorias permanentes dos confinantes feitas há mais de 1 (um) ano, serão elas respeitadas, bem como os terrenos onde estiverem, os quais não se computarão na área dividenda.

Art. 594. Os confinantes do imóvel dividendo podem demandar a restituição dos terrenos que lhes tenham sido usurpados.

§ 1º Serão citados para a ação todos os condôminos, se a sentença homologatória da divisão ainda não houver transitado em julgado, e todos os quinhoeiros dos terrenos vindicados, se a ação for proposta posteriormente.

§ 2º Nesse último caso terão os quinhoeiros o direito, pela mesma sentença que os obrigar à restituição, a haver dos outros condôminos do processo divisório ou de seus sucessores a título universal a composição pecuniária proporcional ao desfalque sofrido.

Art. 595. Os peritos proporão, em laudo fundamentado, a forma da divisão, devendo consultar, quanto possível, a comodidade das partes, respeitar, para adjudicação a cada condômino, a preferência dos terrenos contíguos às suas residências e benfeitorias e evitar o retalhamento dos quinhões em glebas separadas.

Art. 596. Ouvidas as partes, no prazo comum de 15 (quinze) dias, sobre o cálculo e o plano da divisão, o juiz deliberará a partilha.

Parágrafo único. Em cumprimento dessa decisão, o perito procederá à demarcação dos quinhões, observando, além do disposto nos arts. 584 e 585, as seguintes regras:

I - as benfeitorias comuns que não comportarem divisão cômoda serão adjudicadas a um dos condôminos mediante compensação;

II - instituir-se-ão as servidões que forem indispensáveis em favor de uns quinhões sobre os outros, incluindo o respectivo valor no orçamento para que, não se tratando de servidões naturais, seja compensado o condômino aquinhoado com o prédio serviente;

‣ arts. 1.378 a 1.389, CC.

III - as benfeitorias particulares dos condôminos que excederem à área a que têm direito serão adjudicadas ao quinhoeiro vizinho mediante reposição;

IV - se outra coisa não acordarem as partes, as compensações e as reposições serão feitas em dinheiro.

Art. 597. Terminados os trabalhos e desenhados na planta os quinhões e as servidões aparentes, o perito organizará o memorial descritivo.

§ 1º Cumprido o disposto no art. 586, o escrivão, em seguida, lavrará o auto de divisão, acompanhado de uma folha de pagamento para cada condômino.

§ 2º Assinado o auto pelo juiz e pelo perito, será proferida sentença homologatória da divisão.

§ 3º O auto conterá:

I - a confinação e a extensão superficial do imóvel;

II - a classificação das terras com o cálculo das áreas de cada consorte e com a respectiva avaliação ou, quando a homogeneidade das terras não determinar diversidade de valores, a avaliação do imóvel na sua integridade;

III - o valor e a quantidade geométrica que couber a cada condômino, declarando-se as reduções e as compensações resultantes da diversidade de valores das glebas componentes de cada quinhão.

§ 4º Cada folha de pagamento conterá:

I - a descrição das linhas divisórias do quinhão, mencionadas as confinantes;

II - a relação das benfeitorias e das culturas do próprio quinhoeiro e das que lhe foram adjudicadas por serem comuns ou mediante compensação;

III - a declaração das servidões instituídas, especificados os lugares, a extensão e o modo de exercício.

Art. 598. Aplica-se às divisões o disposto nos arts. 575 a 578.

CAPÍTULO V
DA AÇÃO DE DISSOLUÇÃO PARCIAL DE SOCIEDADE

» *Vide* arts. 1.004, 1.028 a 1.035, 1.077 e 1.085, do CC.

Art. 599. A ação de dissolução parcial de sociedade pode ter por objeto:

» *Vide* arts. 1.028 a 1.031 do CC.

» *Vide* Súmula 265 do STF.

I - a resolução da sociedade empresária contratual ou simples em relação ao sócio falecido, excluído ou que exerceu o direito de retirada ou recesso; e

II - a apuração dos haveres do sócio falecido, excluído ou que exerceu o direito de retirada ou recesso; ou

III - somente a resolução ou a apuração de haveres.

§ 1º A petição inicial será necessariamente instruída com o contrato social consolidado.

» *Vide* art. 320 do CPC.

§ 2º A ação de dissolução parcial de sociedade pode ter também por objeto a sociedade anônima de capital fechado quando demonstrado, por acionista ou acionistas que representem cinco por cento ou mais do capital social, que não pode preencher o seu fim.

Art. 600. A ação pode ser proposta:

I - pelo espólio do sócio falecido, quando a totalidade dos sucessores não ingressar na sociedade;

II - pelos sucessores, após concluída a partilha do sócio falecido;

III - pela sociedade, se os sócios sobreviventes não admitirem o ingresso do espólio ou dos sucessores do falecido na sociedade, quando esse direito decorrer do contrato social;

IV - pelo sócio que exerceu o direito de retirada ou recesso, se não tiver sido providenciada, pelos demais sócios, a alteração contratual consensual formalizando o desligamento, depois de transcorridos 10 (dez) dias do exercício do direito;

V - pela sociedade, nos casos em que a lei não autoriza a exclusão extrajudicial; ou

VI - pelo sócio excluído.

Parágrafo único. O cônjuge ou companheiro do sócio cujo casamento, união estável ou convivência terminou poderá requerer a apuração de seus haveres na sociedade, que serão pagos à conta da quota social titulada por este sócio.

‣ art. 226, § 3º, CF.

Art. 601. Os sócios e a sociedade serão citados para, no prazo de 15 (quinze) dias, concordar com o pedido ou apresentar contestação.

‣ arts. 335 e ss., CPC.

Parágrafo único. A sociedade não será citada se todos os seus sócios o forem, mas ficará sujeita aos efeitos da decisão e à coisa julgada.

Art. 602. A sociedade poderá formular pedido de indenização compensável com o valor dos haveres a apurar.

Art. 603. Havendo manifestação expressa e unânime pela concordância da dissolução, o juiz a decretará, passando-se imediatamente à fase de liquidação.

§ 1º Na hipótese prevista no *caput*, não haverá condenação em honorários advocatícios de nenhuma das partes, e as custas serão rateadas segundo a participação das partes no capital social.

§ 2º Havendo contestação, observar-se-á o procedimento comum, mas a liquidação da sentença seguirá o disposto neste Capítulo.

Art. 604. Para apuração dos haveres, o juiz:

I - fixará a data da resolução da sociedade;

II - definirá o critério de apuração dos haveres à vista do disposto no contrato social; e

III - nomeará o perito.

§ 1º O juiz determinará à sociedade ou aos sócios que nela permanecerem que depositem em juízo a parte incontroversa dos haveres devidos.

§ 2º O depósito poderá ser, desde logo, levantando pelo ex-sócio, pelo espólio ou pelos sucessores.

§ 3º Se o contrato social estabelecer o pagamento dos haveres, será observado o que nele se dispôs no depósito judicial da parte incontroversa.

Art. 605. A data da resolução da sociedade será:

I - no caso de falecimento do sócio, a do óbito;

II - na retirada imotivada, o sexagésimo dia seguinte ao do recebimento, pela sociedade, da notificação do sócio retirante;

III - no recesso, o dia do recebimento, pela sociedade, da notificação do sócio dissidente;

IV - na retirada por justa causa de sociedade por prazo determinado e na exclusão judicial de sócio, a do trânsito em julgado da decisão que dissolver a sociedade; e

V - na exclusão extrajudicial, a data da assembleia ou da reunião de sócios que a tiver deliberado.

Art. 606. Em caso de omissão do contrato social, o juiz definirá, como critério de apuração de haveres, o valor patrimonial apurado em balanço de determinação, tomando-se por referência a data da resolução e avaliando-se bens e direitos do ativo, tangíveis e intangíveis, a preço de saída, além do passivo também a ser apurado de igual forma.

Parágrafo único. Em todos os casos em que seja necessária a realização de perícia, a nomeação do perito recairá preferencialmente sobre especialista em avaliação de sociedades.

Art. 607. A data da resolução e o critério de apuração de haveres podem ser revistos pelo juiz, a pedido da parte, a qualquer tempo antes do início da perícia.

Art. 608. Até a data da resolução, integram o valor devido ao ex-sócio, ao espólio ou aos sucessores a participação nos lucros ou os juros sobre o capital próprio declarados pela sociedade e, se for o caso, a remuneração como administrador.

Parágrafo único. Após a data da resolução, o ex-sócio, o espólio ou os sucessores terão direito apenas à correção monetária dos valores apurados e aos juros contratuais ou legais.

Art. 609. Uma vez apurados, os haveres do sócio retirante serão pagos conforme disciplinar o contrato social e, no silêncio deste, nos termos do § 2º do art. 1.031 da Lei n. 10.406, de 10 de janeiro de 2002 (Código Civil).

CAPÍTULO VI
DO INVENTÁRIO E DA PARTILHA

» *Vide* arts. 1.784 a 1.789 (disposições gerais), 1.798 a 1.803 (vocação hereditária), 1.829 a 1.844 (ordem de vocação hereditária) e 1.857 e s. (sucessão testamentária) do CC.
» *Vide* arts. 1.784 e s. do CC.
» *Vide* art. 1.991 do CC.
» *Vide* art. 1.824 do CC.

SEÇÃO I
DISPOSIÇÕES GERAIS

Art. 610. Havendo testamento ou interessado incapaz, proceder-se-á ao inventário judicial.

‣ arts. 1.991 e ss., CC.
‣ Res. 35/2007, CNJ.
» *Vide* arts. 23, II, e 48 do CPC.
» *Vide* art. 1.857 do CC.
» *Vide* Enunciado n. 600 da VII Jornada de Direito Civil.

§ 1º Se todos forem capazes e concordes, o inventário e a partilha poderão ser feitos por escritura pública, a qual constituirá documento hábil para qualquer ato de registro, bem como para levantamento de importância depositada em instituições financeiras.

» *Vide* art. 5.º do CC.

§ 2º O tabelião somente lavrará a escritura pública se todas as partes interessadas estiverem assistidas por advogado ou por defensor público, cuja qualificação e assinatura constarão do ato notarial.

Art. 611. O processo de inventário e de partilha deve ser instaurado dentro de 2 (dois) meses, a contar da abertura da sucessão, ultimando-se nos 12 (doze) meses subsequentes, podendo o juiz prorrogar esses prazos, de ofício ou a requerimento de parte.

‣ art. 1.796, CC.
‣ Res. 35/2007, CNJ.
‣ Súm. 542, STF.

Art. 612. O juiz decidirá todas as questões de direito desde que os fatos relevantes estejam provados por documento, só remetendo para as vias ordinárias as questões que dependerem de outras provas.

» *Vide* art. 1.824 do CC.

Art. 613. Até que o inventariante preste o compromisso, continuará o espólio na posse do administrador provisório.

Art. 614. O administrador provisório representa ativa e passivamente o espólio, é obrigado a trazer ao acervo os frutos que desde a abertura da sucessão percebeu, tem direito ao reembolso das despesas necessárias e úteis que fez e responde pelo dano a que, por dolo ou culpa, der causa.

SEÇÃO II
DA LEGITIMIDADE PARA REQUERER O INVENTÁRIO

Art. 615. O requerimento de inventário e de partilha incumbe a quem estiver na posse e na administração do espólio, no prazo estabelecido no art. 611.

» *Vide* art. 1.797 do CC.

Parágrafo único. O requerimento será instruído com a certidão de óbito do autor da herança.

Art. 616. Têm, contudo, legitimidade concorrente:

I - o cônjuge ou companheiro supérstite;

‣ art. 226, § 3º, CF.
» *Vide* arts. 1.829 e 1.830, do CC.

II - o herdeiro;

III - o legatário;

» *Vide* arts. 1.912 a 1.922 do CC.

IV - o testamenteiro;

» *Vide* arts. 1.976 a 1.990 do CC.

V - o cessionário do herdeiro ou do legatário;

» *Vide* arts. 1.793 e 1.794 do CC.

VI - o credor do herdeiro, do legatário ou do autor da herança;

» *Vide* art. 1.813 do CC.

VII - o Ministério Público, havendo herdeiros incapazes;

» *Vide* art. 178, II, do CPC.

VIII - a Fazenda Pública, quando tiver interesse;

IX - o administrador judicial da falência do herdeiro, do legatário, do autor da herança ou do cônjuge ou companheiro supérstite.

» *Vide* arts. 1.844 e 1.819 a 1.823 do CC.

SEÇÃO III
DO INVENTARIANTE E DAS PRIMEIRAS DECLARAÇÕES

Art. 617. O juiz nomeará inventariante na seguinte ordem:

‣ Art. 1.991 do CC.

I - o cônjuge ou companheiro sobrevivente, desde que estivesse convivendo com o outro ao tempo da morte deste;

II - o herdeiro que se achar na posse e na administração do espólio, se não houver cônjuge ou companheiro sobrevivente ou se estes não puderem ser nomeados;

» *Vide* art. 1.797 do CC.

III - qualquer herdeiro, quando nenhum deles estiver na posse e na administração do espólio;

» *Vide* art. 1.829 do CC.

IV - o herdeiro menor, por seu representante legal;

V - o testamenteiro, se lhe tiver sido confiada a administração do espólio ou se toda a herança estiver distribuída em legados;

VI - o cessionário do herdeiro ou do legatário;

» *Vide* art. 1.793 do CC.

VII - o inventariante judicial, se houver;

VIII - pessoa estranha idônea, quando não houver inventariante judicial.

Parágrafo único. O inventariante, intimado da nomeação, prestará, dentro de 5 (cinco) dias, o compromisso de bem e fielmente desempenhar a função.

» *Vide* art. 622 do CPC.

Art. 618. Incumbe ao inventariante:

» *Vide* art. 1.981 do CC.

I - representar o espólio ativa e passivamente, em juízo ou fora dele, observando-se, quanto ao dativo, o disposto no art. 75, § 1º;

II - administrar o espólio, velando-lhe os bens com a mesma diligência que teria se seus fossem;

» *Vide* art. 1.991 do CC.

III - prestar as primeiras e as últimas declarações pessoalmente ou por procurador com poderes especiais;

‣ arts. 622, I, e 636, CPC.

IV - exibir em cartório, a qualquer tempo, para exame das partes, os documentos relativos ao espólio;

V - juntar aos autos certidão do testamento, se houver;

VI - trazer à colação os bens recebidos pelo herdeiro ausente, renunciante ou excluído;

‣ arts. 639 e ss., CPC.

VII - prestar contas de sua gestão ao deixar o cargo ou sempre que o juiz lhe determinar;

‣ arts. 553 e 622, V, CPC.

VIII - requerer a declaração de insolvência.

Art. 619. Incumbe ainda ao inventariante, ouvidos os interessados e com autorização do juiz:

I - alienar bens de qualquer espécie;

II - transigir em juízo ou fora dele;

‣ arts. 840 a 850, CC.

III - pagar dívidas do espólio;

‣ arts. 134, IV, e 192, CTN.

IV - fazer as despesas necessárias para a conservação e o melhoramento dos bens do espólio.

Art. 620. Dentro de 20 (vinte) dias contados da data em que prestou o compromisso, o inventariante fará as primeiras declarações, das quais se lavrará termo circunstanciado, assinado pelo juiz, pelo escrivão e pelo inventariante, no qual serão exarados:

I - o nome, o estado, a idade e o domicílio do autor da herança, o dia e o lugar em que faleceu e se deixou testamento;

II - o nome, o estado, a idade, o endereço eletrônico e a residência dos herdeiros e, havendo cônjuge ou companheiro supérstite, além dos respectivos dados pessoais, o regime de bens do casamento ou da união estável;

III - a qualidade dos herdeiros e o grau de parentesco com o inventariado, III;

IV - a relação completa e individualizada de todos os bens do espólio, inclusive aqueles que devem ser conferidos à colação, e dos bens alheios que nele forem encontrados, descrevendo-se:

a) os imóveis, com as suas especificações, nomeadamente local em que se encontram, extensão da área, limites, confrontações, benfeitorias, origem dos títulos, números das matrículas e ônus que os gravam;

b) os móveis, com os sinais característicos;

c) os semoventes, seu número, suas espécies, suas marcas e seus sinais distintivos;

d) o dinheiro, as joias, os objetos de ouro e prata e as pedras preciosas, declarando-se-lhes especificadamente a qualidade, o peso e a importância;

e) os títulos da dívida pública, bem como as ações, as quotas e os títulos de sociedade, mencionando-se-lhes o número, o valor e a data;

f) as dívidas ativas e passivas, indicando-se-lhes as datas, os títulos, a origem da obrigação e os nomes dos credores e dos devedores;

g) direitos e ações;

h) o valor corrente de cada um dos bens do espólio.

§ 1º O juiz determinará que se proceda:

I - ao balanço do estabelecimento, se o autor da herança era empresário individual;

II - à apuração de haveres, se o autor da herança era sócio de sociedade que não anônima.

‣ Súm. 265, STF.

§ 2º As declarações podem ser prestadas mediante petição, firmada por procurador com poderes especiais, à qual o termo se reportará.

Art. 621. Só se pode arguir sonegação ao inventariante depois de encerrada a descrição dos bens, com a declaração, por ele feita, de não existirem outros por inventariar.

‣ art. 1.996, CC.

» *Vide* art. 1.992 a 1.996 do CC.

Art. 622. O inventariante será removido de ofício ou a requerimento:

I - se não prestar, no prazo legal, as primeiras ou as últimas declarações;

II - se não der ao inventário andamento regular, se suscitar dúvidas infundadas ou se praticar atos meramente protelatórios;

III - se, por culpa sua, bens do espólio se deteriorarem, forem dilapidados ou sofrerem dano;

IV - se não defender o espólio nas ações em que for citado, se deixar de cobrar dívidas ativas ou se não promover as medidas necessárias para evitar o perecimento de direitos;

V - se não prestar contas ou se as que prestar não forem julgadas boas;

VI - se sonegar, ocultar ou desviar bens do espólio.

Art. 623. Requerida a remoção com fundamento em qualquer dos incisos do art. 622, será intimado o inventariante para, no prazo de 15 (quinze) dias, defender-se e produzir provas.

Parágrafo único. O incidente da remoção correrá em apenso aos autos do inventário.

Art. 624. Decorrido o prazo, com a defesa do inventariante ou sem ela, o juiz decidirá.

Parágrafo único. Se remover o inventariante, o juiz nomeará outro, observada a ordem estabelecida no art. 617.

Art. 625. O inventariante removido entregará imediatamente ao substituto os bens do espólio e, caso deixe de fazê-lo, será compelido mediante mandado de busca e apreensão ou de imissão na posse, conforme se tratar de bem móvel ou imóvel, sem prejuízo da multa a ser fixada pelo juiz em montante não superior a três por cento do valor dos bens inventariados.

SEÇÃO IV
DAS CITAÇÕES E DAS IMPUGNAÇÕES

Art. 626. Feitas as primeiras declarações, o juiz mandará citar, para os termos do inventário e da partilha, o cônjuge, o companheiro, os herdeiros e os legatários e intimar a Fazenda Pública, o Ministério Público, se houver herdeiro incapaz ou ausente, e o testamenteiro, se houver testamento.

» *Vide* arts. 1.829, 1.830, 1.857 e 1.912 a 1.922 do CC.

§ 1º O cônjuge ou o companheiro, os herdeiros e os legatários serão citados pelo correio, observado o disposto no art. 247, sendo, ainda, publicado edital, nos termos do inciso III do art. 259.

§ 2º Das primeiras declarações extrair-se-ão tantas cópias quantas forem as partes.

§ 3º A citação será acompanhada de cópia das primeiras declarações.

§ 4º Incumbe ao escrivão remeter cópias à Fazenda Pública, ao Ministério Público, ao testamenteiro, se houver, e ao advogado, se a parte já estiver representada nos autos.

Art. 627. Concluídas as citações, abrir-se-á vista às partes, em cartório e pelo prazo comum de 15 (quinze) dias, para que se manifestem sobre as primeiras declarações, incumbindo às partes:

I - arguir erros, omissões e sonegação de bens;

II - reclamar contra a nomeação de inventariante;

III - contestar a qualidade de quem foi incluído no título de herdeiro.

§ 1º Julgando procedente a impugnação referida no inciso I, o juiz mandará retificar as primeiras declarações.

§ 2º Se acolher o pedido de que trata o inciso II, o juiz nomeará outro inventariante, observada a preferência legal.

§ 3º Verificando que a disputa sobre a qualidade de herdeiro a que alude o inciso III demanda produção de provas que não a documental, o juiz remeterá a parte às vias ordinárias e sobrestará, até o julgamento da ação, a entrega do quinhão que na partilha couber ao herdeiro admitido.

Art. 628. Aquele que se julgar preterido poderá demandar sua admissão no inventário, requerendo-a antes da partilha.

§ 1º Ouvidas as partes no prazo de 15 (quinze) dias, o juiz decidirá.

§ 2º Se para solução da questão for necessária a produção de provas que não a documental, o juiz remeterá o requerente às vias ordinárias, mandando reservar, em poder do inventariante, o quinhão do herdeiro excluído até que se decida o litígio.

Art. 629. A Fazenda Pública, no prazo de 15 (quinze) dias, após a vista de que trata o art. 627, informará ao juízo, de acordo com os dados que constam de seu cadastro imobiliário, o valor dos bens de raiz descritos nas primeiras declarações.

SEÇÃO V
DA AVALIAÇÃO E DO CÁLCULO DO IMPOSTO

Art. 630. Findo o prazo previsto no art. 627 sem impugnação ou decidida a impugnação que houver sido oposta, o juiz nomeará, se for o caso, perito para avaliar os bens do espólio, se não houver na comarca avaliador judicial.

‣ art. 660, II, CPC.

Parágrafo único. Na hipótese prevista no art. 620, § 1º, o juiz nomeará perito para avaliação das quotas sociais ou apuração dos haveres.

Art. 631. Ao avaliar os bens do espólio, o perito observará, no que for aplicável, o disposto nos arts. 872 e 873.

Art. 632. Não se expedirá carta precatória para a avaliação de bens situados fora da comarca onde corre o inventário se eles forem de pequeno valor ou perfeitamente conhecidos do perito nomeado.

Art. 633. Sendo capazes todas as partes, não se procederá à avaliação se a Fazenda Pública, intimada pessoalmente, concordar de forma expressa com o valor atribuído, nas primeiras declarações, aos bens do espólio.

Art. 634. Se os herdeiros concordarem com o valor dos bens declarados pela Fazenda Pública, a avaliação cingir-se-á aos demais.

Art. 635. Entregue o laudo de avaliação, o juiz mandará que as partes se manifestem no prazo de 15 (quinze) dias, que correrá em cartório.

§ 1º Versando a impugnação sobre o valor dado pelo perito, o juiz a decidirá de plano, à vista do que constar dos autos.

§ 2º Julgando procedente a impugnação, o juiz determinará que o perito retifique a avaliação, observando os fundamentos da decisão.

Art. 636. Aceito o laudo ou resolvidas as impugnações suscitadas a seu respeito, lavrar-se-á em seguida o termo de últimas declarações, no qual o inventariante poderá emendar, aditar ou completar as primeiras.

‣ art. 622, I, CPC.

Art. 637. Ouvidas as partes sobre as últimas declarações no prazo comum de 15 (quinze) dias, proceder-se-á ao cálculo do tributo.

‣ Súm. 112 a 115, 331 e 590, STF.

Art. 638. Feito o cálculo, sobre ele serão ouvidas todas as partes no prazo comum de 5 (cinco) dias, que correrá em cartório, e, em seguida, a Fazenda Pública.

§ 1º Se acolher eventual impugnação, o juiz ordenará nova remessa dos autos ao contabilista, determinando as alterações que devam ser feitas no cálculo.

§ 2º Cumprido o despacho, o juiz julgará o cálculo do tributo.

SEÇÃO VI
DAS COLAÇÕES

Art. 639. No prazo estabelecido no art. 627, o herdeiro obrigado à colação conferirá por termo nos autos ou por petição à qual o termo se reportará os bens que recebeu ou, se já não os possuir, trar-lhes-á o valor.

‣ arts. 2.002 a 2.012, CC.

Parágrafo único. Os bens a serem conferidos na partilha, assim como as acessões e as benfeitorias que o donatário fez, calcular-se-ão pelo valor que tiverem ao tempo da abertura da sucessão.

Art. 640. O herdeiro que renunciou à herança ou o que dela foi excluído não se exime, pelo fato da renúncia ou da exclusão, de conferir, para o efeito de repor a parte inoficiosa, as liberalidades que obteve do doador.

» *Vide* art. 1.806 do CC.

§ 1º É lícito ao donatário escolher, dentre os bens doados, tantos quantos bastem para perfazer a legítima e a metade disponível, entrando na partilha o excedente para ser dividido entre os demais herdeiros.

§ 2º Se a parte inoficiosa da doação recair sobre bem imóvel que não comporte divisão cômoda, o juiz determinará que sobre ela se proceda a licitação entre os herdeiros.

§ 3º O donatário poderá concorrer na licitação referida no § 2º e, em igualdade de condições, terá preferência sobre os herdeiros.

Art. 641. Se o herdeiro negar o recebimento dos bens ou a obrigação de os conferir, o juiz, ouvidas as partes no prazo comum de 15 (quinze) dias, decidirá à vista das alegações e das provas produzidas.

» *Vide* arts. 1.992 a 1.996 do CC.

§ 1º Declarada improcedente a oposição, se o herdeiro, no prazo improrrogável de 15 (quinze) dias, não proceder à conferência, o juiz mandará sequestrar-lhe, para serem inventariados e partilhados, os bens sujeitos à colação ou imputar ao seu quinhão hereditário o valor deles, se já não os possuir.

§ 2º Se a matéria exigir dilação probatória diversa da documental, o juiz remeterá as partes às vias ordinárias, não podendo o herdeiro receber o seu quinhão hereditário, enquanto pender a demanda, sem prestar caução correspondente ao valor dos bens sobre os quais versar a conferência.

SEÇÃO VII
DO PAGAMENTO DAS DÍVIDAS

Art. 642. Antes da partilha, poderão os credores do espólio requerer ao juízo do inventário o pagamento das dívidas vencidas e exigíveis.

‣ arts. 1.997 a 2.001, CC.
‣ arts. 187 a 189, CTN.
» *Vide* arts. 1.997 a 2.001 do CC.

§ 1º A petição, acompanhada de prova literal da dívida, será distribuída por dependência e autuada em apenso aos autos do processo de inventário.

§ 2º Concordando as partes com o pedido, o juiz, ao declarar habilitado o credor, mandará que se faça a separação de dinheiro ou, em sua falta, de bens suficientes para o pagamento.

§ 3º Separados os bens, tantos quantos forem necessários para o pagamento dos credores habilitados, o juiz mandará aliená-los, observando-se as disposições deste Código relativas à expropriação.

‣ art. 647, CPC.

§ 4º Se o credor requerer que, em vez de dinheiro, lhe sejam adjudicados, para o seu pagamento, os bens já reservados, o juiz deferir-lhe-á o pedido, concordando todas as partes.

§ 5º Os donatários serão chamados a pronunciar-se sobre a aprovação das dívidas, sempre que haja possibilidade de resultar delas a redução das liberalidades.

Art. 643. Não havendo concordância de todas as partes sobre o pedido de pagamento feito pelo credor, será o pedido remetido às vias ordinárias.

‣ art. 612, CPC.

Parágrafo único. O juiz mandará, porém, reservar, em poder do inventariante, bens suficientes para pagar o credor quando a dívida constar de documento que comprove suficientemente a obrigação e a impugnação não se fundar em quitação.

Art. 644. O credor de dívida líquida e certa, ainda não vencida, pode requerer habilitação no inventário.

Parágrafo único. Concordando as partes com o pedido referido no *caput*, o juiz, ao julgar habilitado o crédito, mandará que se faça separação de bens para o futuro pagamento.

Art. 645. O legatário é parte legítima para manifestar-se sobre as dívidas do espólio:

I - quando toda a herança for dividida em legados;

II - quando o reconhecimento das dívidas importar redução dos legados.

‣ arts. 1.912 a 1.940, CC.

Art. 646. Sem prejuízo do disposto no art. 860, é lícito aos herdeiros, ao separarem bens para o pagamento de dívidas, autorizar que o inventariante os indique à penhora no processo em que o espólio for executado.

SEÇÃO VIII
DA PARTILHA

Art. 647. Cumprido o disposto no art. 642, § 3º, o juiz facultará às partes que, no prazo comum de 15 (quinze) dias, formulem o pedido de quinhão e, em seguida, proferirá a decisão de deliberação da partilha, resolvendo os pedidos das partes e designando os bens que devam constituir quinhão de cada herdeiro e legatário.

‣ arts. 2.013 a 2.022, CC.

Parágrafo único. O juiz poderá, em decisão fundamentada, deferir antecipadamente a qualquer dos herdeiros o exercício dos direitos de usar e de fruir de determinado bem, com a condição de que, ao término do inventário, tal bem integre a cota desse herdeiro, cabendo a este, desde o deferimento, todos os ônus e bônus decorrentes do exercício daqueles direitos.

Art. 648. Na partilha, serão observadas as seguintes regras:

I - a máxima igualdade possível quanto ao valor, à natureza e à qualidade dos bens;

• Art. 2.017 do CC.

II - a prevenção de litígios futuros;

III - a máxima comodidade dos coerdeiros, do cônjuge ou do companheiro, se for o caso.

Art. 649. Os bens insuscetíveis de divisão cômoda que não couberem na parte do cônjuge ou companheiro supérstite ou no quinhão de um só herdeiro serão licitados entre os interessados ou vendidos judicialmente, partilhando-se o valor apurado, salvo se houver acordo para que sejam adjudicados a todos.

Art. 650. Se um dos interessados for nascituro, o quinhão que lhe caberá será reservado em poder do inventariante até o seu nascimento.

» *Vide* arts. 2.º, 1.597, IV e V, e 1.798 do CC.

Art. 651. O partidor organizará o esboço da partilha de acordo com a decisão judicial, observando nos pagamentos a seguinte ordem:

I - dívidas atendidas;

II - meação do cônjuge;

III - meação disponível;

IV - quinhões hereditários, a começar pelo coerdeiro mais velho.

Art. 652. Feito o esboço, as partes manifestar-se-ão sobre esse no prazo comum de 15 (quinze) dias, e, resolvidas as reclamações, a partilha será lançada nos autos.

Art. 653. A partilha constará:

I - de auto de orçamento, que mencionará:

a) os nomes do autor da herança, do inventariante, do cônjuge ou companheiro supérstite, dos herdeiros, dos legatários e dos credores admitidos;

b) o ativo, o passivo e o líquido partível, com as necessárias especificações;

c) o valor de cada quinhão;

II - de folha de pagamento para cada parte, declarando a quota a pagar-lhe, a razão do pagamento e a relação dos bens que lhe compõem o quinhão, as características que os individualizam e os ônus que os gravam.

Parágrafo único. O auto e cada uma das folhas serão assinados pelo juiz e pelo escrivão.

Art. 654. Pago o imposto de transmissão a título de morte e juntada aos autos certidão ou informação negativa de dívida para com a Fazenda Pública, o juiz julgará por sentença a partilha.

‣ art. 192, CTN.

Parágrafo único. A existência de dívida para com a Fazenda Pública não impedirá o julgamento da partilha, desde que o seu pagamento esteja devidamente garantido.

Art. 655. Transitada em julgado a sentença mencionada no art. 654, receberá o herdeiro os bens que lhe tocarem e um formal de partilha, do qual constarão as seguintes peças:

I - termo de inventariante e título de herdeiros;

II - avaliação dos bens que constituíram o quinhão do herdeiro;

III - pagamento do quinhão hereditário;

IV - quitação dos impostos;

V - sentença.

Parágrafo único. O formal de partilha poderá ser substituído por certidão de pagamento do quinhão hereditário quando esse não exceder a 5 (cinco) vezes o salário-mínimo, caso em que se transcreverá nela a sentença de partilha transitada em julgado.

Art. 656. A partilha, mesmo depois de transitada em julgado a sentença, pode ser emendada nos mesmos autos do inventário, convindo todas as partes, quando tenha havido erro de fato na descrição dos bens, podendo o juiz, de ofício ou a requerimento da parte, a qualquer tempo, corrigir-lhe as inexatidões materiais.

Art. 657. A partilha amigável, lavrada em instrumento público, reduzida a termo nos autos do inventário ou constante de escrito particular homologado pelo juiz, pode ser anulada por dolo, coação, erro essencial ou intervenção de incapaz, observado o disposto no § 4º do art. 966.

Parágrafo único. O direito à anulação de partilha amigável extingue-se em 1 (um) ano, contado esse prazo:

‣ art. 2.027, CC.

I - no caso de coação, do dia em que ela cessou;

‣ arts. 151, CC.

II - no caso de erro ou dolo, do dia em que se realizou o ato;

‣ arts. 138 a 150, CC.

III - quanto ao incapaz, do dia em que cessar a incapacidade.

‣ arts. 3º, 4º, CC.

Art. 658. É rescindível a partilha julgada por sentença:

I - nos casos mencionados no art. 657;

II - se feita com preterição de formalidades legais;

III - se preteriu herdeiro ou incluiu quem não o seja.

SEÇÃO IX
DO ARROLAMENTO

Art. 659. A partilha amigável, celebrada entre partes capazes, nos termos da lei, será homologada de plano pelo juiz, com observância dos arts. 660 a 663.

› art. 2.015, CC.
› Res. 35/2007, CNJ.
» *Vide* art. 2.015 do CC.

§ 1º O disposto neste artigo aplica-se, também, ao pedido de adjudicação, quando houver herdeiro único.

§ 2º Transitada em julgado a sentença de homologação de partilha ou de adjudicação, será lavrado o formal de partilha ou elaborada a carta de adjudicação e, em seguida, serão expedidos os alvarás referentes aos bens e às rendas por ele abrangidos, intimando-se o fisco para lançamento administrativo do imposto de transmissão e de outros tributos porventura incidentes, conforme dispuser a legislação tributária, nos termos do § 2º do art. 662.

» *Vide* tema 1074 do STJ.

Art. 660. Na petição de inventário, que se processará na forma de arrolamento sumário, independentemente da lavratura de termos de qualquer espécie, os herdeiros:

I - requererão ao juiz a nomeação do inventariante que designarem;

II - declararão os títulos dos herdeiros e os bens do espólio, observado o disposto no art. 630;

III - atribuirão valor aos bens do espólio, para fins de partilha.

Art. 661. Ressalvada a hipótese prevista no parágrafo único do art. 663, não se procederá à avaliação dos bens do espólio para nenhuma finalidade.

Art. 662. No arrolamento, não serão conhecidas ou apreciadas questões relativas ao lançamento, ao pagamento ou à quitação de taxas judiciárias e de tributos incidentes sobre a transmissão da propriedade dos bens do espólio.

§ 1º A taxa judiciária, se devida, será calculada com base no valor atribuído pelos herdeiros, cabendo ao fisco, se apurar em processo administrativo valor diverso do estimado, exigir a eventual diferença pelos meios adequados ao lançamento de créditos tributários em geral.

§ 2º O imposto de transmissão será objeto de lançamento administrativo, conforme dispuser a legislação tributária, não ficando as autoridades fazendárias adstritas aos valores dos bens do espólio atribuídos pelos herdeiros.

Art. 663. A existência de credores do espólio não impedirá a homologação da partilha ou da adjudicação, se forem reservados bens suficientes para o pagamento da dívida.

Parágrafo único. A reserva de bens será realizada pelo valor estimado pelas partes, salvo se o credor, regularmente notificado, impugnar a estimativa, caso em que se promoverá a avaliação dos bens a serem reservados.

Art. 664. Quando o valor dos bens do espólio for igual ou inferior a 1.000 (mil) salários-mínimos, o inventário processar-se-á na forma de arrolamento, cabendo ao inventariante nomeado, independentemente de assinatura de termo de compromisso, apresentar, com suas declarações, a atribuição de valor aos bens do espólio e o plano da partilha.

› art. 1º, Lei 6.858/1980 (Pagamento de valores não recebidos em vida).
› art. 112, Lei 8.213/1991 (Previdência Social).

§ 1º Se qualquer das partes ou o Ministério Público impugnar a estimativa, o juiz nomeará avaliador, que oferecerá laudo em 10 (dez) dias.

§ 2º Apresentado o laudo, o juiz, em audiência que designar, deliberará sobre a partilha, decidindo de plano todas as reclamações e mandando pagar as dívidas não impugnadas.

§ 3º Lavrar-se-á de tudo um só termo, assinado pelo juiz, pelo inventariante e pelas partes presentes ou por seus advogados.

§ 4º Aplicam-se a essa espécie de arrolamento, no que couber, as disposições do art. 672, relativamente ao lançamento, ao pagamento e à quitação da taxa judiciária e do imposto sobre a transmissão da propriedade dos bens do espólio.

§ 5º Provada a quitação dos tributos relativos aos bens do espólio e às suas rendas, o juiz julgará a partilha.

Art. 665. O inventário processar-se-á também na forma do art. 664, ainda que haja interessado incapaz, desde que concordem todas as partes e o Ministério Público.

Art. 666. Independerá de inventário ou de arrolamento o pagamento dos valores previstos na Lei n. 6.858, de 24 de novembro de 1980.

Art. 667. Aplicam-se subsidiariamente a esta Seção as disposições das Seções VII e VIII deste Capítulo.

SEÇÃO X
DISPOSIÇÕES COMUNS A TODAS AS SEÇÕES

Art. 668. Cessa a eficácia da tutela provisória prevista nas Seções deste Capítulo:

I - se a ação não for proposta em 30 (trinta) dias contados da data em que da decisão foi intimado o impugnante, o herdeiro excluído ou o credor não admitido;

II - se o juiz extinguir o processo de inventário com ou sem resolução de mérito.

Art. 669. São sujeitos à sobrepartilha os bens:

› art. 2.021 e 2.022, CC.

I - sonegados;

II - da herança descobertos após a partilha;

III - litigiosos, assim como os de liquidação difícil ou morosa;

IV - situados em lugar remoto da sede do juízo onde se processa o inventário.

Parágrafo único. Os bens mencionados nos incisos III e IV serão reservados à sobrepartilha sob a guarda e a administração do mesmo ou de diverso inventariante, a consentimento da maioria dos herdeiros.

Art. 670. Na sobrepartilha dos bens, observar-se-á o processo de inventário e de partilha.

Parágrafo único. A sobrepartilha correrá nos autos do inventário do autor da herança.

Art. 671. O juiz nomeará curador especial:

I - ao ausente, se não o tiver;

II - ao incapaz, se concorrer na partilha com o seu representante, desde que exista colisão de interesses.

Art. 672. É lícita a cumulação de inventários para a partilha de heranças de pessoas diversas quando houver:

› art. 664, § 4º, CPC.

I - identidade de pessoas entre as quais devam ser repartidos os bens;

II - heranças deixadas pelos dois cônjuges ou companheiros;

III - dependência de uma das partilhas em relação à outra.

Parágrafo único. No caso previsto no inciso III, se a dependência for parcial, por haver outros bens, o juiz pode ordenar a tramitação separada, se melhor convier ao interesse das partes ou à celeridade processual.

Art. 673. No caso previsto no art. 672, inciso II, prevalecerão as primeiras declarações, assim como o laudo de avaliação, salvo se alterado o valor dos bens.

CAPÍTULO VII
DOS EMBARGOS DE TERCEIRO

Art. 674. Quem, não sendo parte no processo, sofrer constrição ou ameaça de constrição sobre bens que possua ou sobre os quais tenha direito incompatível com o ato constritivo, poderá requerer seu desfazimento ou sua inibição por meio de embargos de terceiro.

› Súm. 84, 134 e 303, STJ.
» *Vide* art. 319 do CPC.
» *Vide* art. 791-A da CLT.
» *Vide* art. 93 da Lei n. 11.101, de 9-2-2005.
» *Vide* arts. 1.196 e 1.228 do CC.

§ 1º Os embargos podem ser de terceiro proprietário, inclusive fiduciário, ou possuidor.

§ 2º Considera-se terceiro, para ajuizamento dos embargos:

I - o cônjuge ou companheiro, quando defende a posse de bens próprios ou de sua meação, ressalvado o disposto no art. 843;

II - o adquirente de bens cuja constrição decorreu de decisão que declara a ineficácia da alienação realizada em fraude à execução;

III - quem sofre constrição judicial de seus bens por força de desconsideração da personalidade jurídica, de cujo incidente não fez parte;

IV - o credor com garantia real para obstar expropriação judicial do objeto de direito real de garantia, caso não tenha sido intimado, nos termos legais dos atos expropriatórios respectivos.

» *Vide* arts. 133 a 137 do CPC.

Art. 675. Os embargos podem ser opostos a qualquer tempo no processo de conhecimento enquanto não transitada em julgado a sentença e, no cumprimento de sentença ou no processo de execução, até 5 (cinco) dias depois da adjudicação, da alienação por iniciativa particular ou da arrematação, mas sempre antes da assinatura da respectiva carta.

Parágrafo único. Caso identifique a existência de terceiro titular de interesse em embargar o ato, o juiz mandará intimá-lo pessoalmente.

Art. 676. Os embargos serão distribuídos por dependência ao juízo que ordenou a constrição e autuados em apartado.

› art. 286, CPC.

» *Vide* art. 286 do CPC.

Parágrafo único. Nos casos de ato de constrição realizado por carta, os embargos serão oferecidos no juízo deprecado, salvo se indicado pelo juízo deprecante o bem constrito ou se já devolvida a carta.

Art. 677. Na petição inicial, o embargante fará a prova sumária de sua posse ou de seu domínio e da qualidade de terceiro, oferecendo documentos e rol de testemunhas.

§ 1º É facultada a prova da posse em audiência preliminar designada pelo juiz.

§ 2º O possuidor direto pode alegar, além da sua posse, o domínio alheio.

§ 3º A citação será pessoal, se o embargado não tiver procurador constituído nos autos da ação principal.

› arts. 238 a 259, CPC.

§ 4º Será legitimado passivo o sujeito a quem o ato de constrição aproveita, assim como o será seu adversário no processo principal quando for sua a indicação do bem para a constrição judicial.

Art. 678. A decisão que reconhecer suficientemente provado o domínio ou a posse determinará a suspensão das medidas constritivas sobre os bens litigiosos objeto dos embargos, bem como a manutenção ou a reintegração provisória da posse, se o embargante a houver requerido.

Parágrafo único. O juiz poderá condicionar a ordem de manutenção ou de reintegração provisória de posse à prestação de caução pelo requerente, ressalvada a impossibilidade da parte economicamente hipossuficiente.

Art. 679. Os embargos poderão ser contestados no prazo de 15 (quinze) dias, findo o qual se seguirá o procedimento comum.

» *Vide* arts. 318 a 512 do CPC.

Art. 680. Contra os embargos do credor com garantia real, o embargado somente poderá alegar que:

I - o devedor comum é insolvente;

II - o título é nulo ou não obriga a terceiro;

III - outra é a coisa dada em garantia.

Art. 681. Acolhido o pedido inicial, o ato de constrição judicial indevida será cancelado, com o reconhecimento do domínio, da manutenção da posse ou da reintegração definitiva do bem ou do direito ao embargante.

CAPÍTULO VIII
DA OPOSIÇÃO

Art. 682. Quem pretender, no todo ou em parte, a coisa ou o direito sobre que controvertem autor e réu poderá, até ser proferida a sentença, oferecer oposição contra ambos.

» *Vide* art. 319 do CPC.

Art. 683. O opoente deduzirá o pedido em observação aos requisitos exigidos para propositura da ação.

Parágrafo único. Distribuída a oposição por dependência, serão os opostos citados, na pessoa de seus respectivos advogados, para contestar o pedido no prazo comum de 15 (quinze) dias.

Art. 684. Se um dos opostos reconhecer a procedência do pedido, contra o outro prosseguirá o opoente.

Art. 685. Admitido o processamento, a oposição será apensada aos autos e tramitará simultaneamente à ação originária, sendo ambas julgadas pela mesma sentença.

Parágrafo único. Se a oposição for proposta após o início da audiência de instrução, o juiz suspenderá o curso do processo ao fim da produção das provas, salvo se concluir que a unidade da instrução atende melhor ao princípio da duração razoável do processo.

Art. 686. Cabendo ao juiz decidir simultaneamente a ação originária e a oposição, desta conhecerá em primeiro lugar.

CAPÍTULO IX
DA HABILITAÇÃO

Art. 687. A habilitação ocorre quando, por falecimento de qualquer das partes, os interessados houverem de suceder-lhe no processo.

› arts. 108 a 110, 313, I e § 1º, CPC.

Art. 688. A habilitação pode ser requerida:

I - pela parte, em relação aos sucessores do falecido;

II - pelos sucessores do falecido, em relação à parte.

Art. 689. Proceder-se-á à habilitação nos autos do processo principal, na instância em que estiver, suspendendo-se, a partir de então, o processo.

› art. 745, § 2º, CPC.

Art. 690. Recebida a petição, o juiz ordenará a citação dos requeridos para se pronunciarem no prazo de 5 (cinco) dias.

Parágrafo único. A citação será pessoal, se a parte não tiver procurador constituído nos autos.

Art. 691. O juiz decidirá o pedido de habilitação imediatamente, salvo se este for impugnado e houver necessidade de dilação probatória diversa da documental, caso em que determinará que o pedido seja autuado em apartado e disporá sobre a instrução.

Art. 692. Transitada em julgado a sentença de habilitação, o processo principal retomará o seu curso, e cópia da sentença será juntada aos autos respectivos.

CAPÍTULO X
DAS AÇÕES DE FAMÍLIA

» *Vide* Súmula 197 do STJ.

» *Vide* Súmulas 309, 336, 594, 596 e 621 do STJ.

» *Vide* Súmulas 1, 277 e 301 do STJ.

Art. 693. As normas deste Capítulo aplicam-se aos processos contenciosos de divórcio, separação, reconhecimento e extinção de união estável, guarda, visitação e filiação.

› Lei 6.515/1977 (Lei do divórcio).

› Lei 9.278/1996 (União estável).

» *Vide* Resolução n. 175 do CNJ, de 14-5-2013 (União homoafetiva).

Parágrafo único. A ação de alimentos e a que versar sobre interesse de criança ou de adolescente observarão o procedimento previsto em legislação específica, aplicando-se, no que couber, as disposições deste Capítulo.

› Lei 5.478/1968 (Lei de alimentos).

» *Vide* Lei n. 5.478, de 25-7-1968 (Ação de Alimentos).

» *Vide* Lei n. 11.804, de 5-11-2008 (Alimentos gravídicos).

» *Vide* arts. 11 e s. da Lei n. 10.741, de 1.º-10-2003 (Estatuto da Pessoa Idosa).

» *Vide* arts. 1.571 a 1.582 (dissolução do casamento), 1.583, § 2.º, 1.589 do CC (convivência familiar) e 1.723 a 1.727 CC (união estável).

Art. 694. Nas ações de família, todos os esforços serão empreendidos para a solução consensual da controvérsia, devendo o juiz dispor do auxílio de profissionais de outras áreas de conhecimento para a mediação e conciliação.

» *Vide* arts. 165, § 3.º, e 696 do CPC.

» *Vide* art. 699-A do CPC.

Parágrafo único. A requerimento das partes, o juiz pode determinar a suspensão do processo enquanto os litigantes se submetem a mediação extrajudicial ou a atendimento multidisciplinar.

Art. 695. Recebida a petição inicial e, se for o caso, tomadas as providências referentes à tutela provisória, o juiz ordenará a citação do réu para comparecer à audiência de mediação e conciliação, observado o disposto no art. 694.

› arts. 238 a 259, CPC.

» *Vide* art. 247, I, 294, 300 e 311 do CPC.

§ 1º O mandado de citação conterá apenas os dados necessários à audiência e deverá estar desacompanhado de cópia da petição inicial, assegurado ao réu o direito de examinar seu conteúdo a qualquer tempo.

§ 2º A citação ocorrerá com antecedência mínima de 15 (quinze) dias da data designada para a audiência.

§ 3º A citação será feita na pessoa do réu.

§ 4º Na audiência, as partes deverão estar acompanhadas de seus advogados ou de defensores públicos.

Art. 696. A audiência de mediação e conciliação poderá dividir-se em tantas sessões quantas sejam necessárias para viabilizar a solução consensual, sem prejuízo de providências jurisdicionais para evitar o perecimento do direito.

› art. 334, CPC.

» *Vide* arts. 165, § 3.º, e 694, *caput*, do CPC.

Art. 697. Não realizado o acordo, passarão a incidir, a partir de então, as normas do procedimento comum, observado o art. 335.

Art. 698. Nas ações de família, o Ministério Público somente intervirá quando houver interesse de incapaz e deverá ser ouvido previamente à homologação de acordo.

› art. 178, II, CPC.

» *Vide* art. 178, II, do CPC.

Parágrafo único. O Ministério Público intervirá, quando não for parte, nas ações de família em que figure como parte vítima de violência doméstica e familiar, nos termos da Lei nº 11.340, de 7 de agosto de 2006 (Lei Maria da Penha). (Parágrafo único acrescido pela Lei 13.894/2019)

Art. 699. Quando o processo envolver discussão sobre fato relacionado a abuso ou a alienação parental, o juiz, ao tomar o depoimento do incapaz, deverá estar acompanhado por especialista.

› art. 2º, Lei 12.318/2010 (Alienação parental).

» *Vide* Lei n. 13.431, de 4-4-2017 (sistema de garantia de direitos da criança e do adolescente vítima ou testemunha de violência).

Art. 699-A. Nas ações de guarda, antes de iniciada a audiência de mediação e conciliação de que trata o art. 695 deste Código, o juiz indagará às partes e ao Ministério Público se há risco de violência doméstica ou familiar, fixando o prazo de 5 (cinco) dias para a apresentação de prova ou de indícios pertinentes. *(Acrescido pela Lei 14.713/2023)*

» *Vide* art. 8.º da Lei n. 12.318, de 26-8-2010.

CAPÍTULO XI
DA AÇÃO MONITÓRIA

» *Vide* Súmulas 531, 504, 503, 384, 339, 299, 282 e 247 do STJ.

Art. 700. A ação monitória pode ser proposta por aquele que afirmar, com base em prova escrita sem eficácia de título executivo, ter direito de exigir do devedor capaz:

› Súm. 247, 282, 292, 299, 339, 384, 503 e 504, STJ.

» *Vide* Súmulas 503 e 504 do STJ.

I - o pagamento de quantia em dinheiro;

II - a entrega de coisa fungível ou infungível ou de bem móvel ou imóvel;

III - o adimplemento de obrigação de fazer ou de não fazer.

§ 1º A prova escrita pode consistir em prova oral documentada, produzida antecipadamente nos termos do art. 381.

§ 2º Na petição inicial, incumbe ao autor explicitar, conforme o caso:

I - a importância devida, instruindo-a com memória de cálculo;

II - o valor atual da coisa reclamada;

III - o conteúdo patrimonial em discussão ou o proveito econômico perseguido.

§ 3º O valor da causa deverá corresponder à importância prevista no § 2º, incisos I a III.

§ 4º Além das hipóteses do art. 330, a petição inicial será indeferida quando não atendido o disposto no § 2º deste artigo.

§ 5º Havendo dúvida quanto à idoneidade de prova documental apresentada pelo autor, o juiz intimá-lo-á para, querendo, emendar a petição inicial, adaptando-a ao procedimento comum.

§ 6º É admissível ação monitória em face da Fazenda Pública.

» *Vide* Súmula 339 do STJ.

§ 7º Na ação monitória, admite-se citação por qualquer dos meios permitidos para o procedimento comum.

» *Vide* Súmula 282 do STJ.

Art. 701. Sendo evidente o direito do autor, o juiz deferirá a expedição de mandado de pagamento, de entrega de coisa ou para execução de obrigação de fazer ou de não fazer, concedendo ao réu prazo de 15 (quinze) dias para o cumprimento e o pagamento de honorários advocatícios de cinco por cento do valor atribuído à causa.

» *Vide* art. 9.º, parágrafo único, III, do CPC.

§ 1º O réu será isento do pagamento de custas processuais se cumprir o mandado no prazo.

§ 2º Constituir-se-á de pleno direito o título executivo judicial, independentemente de qualquer formalidade, se não realizado o pagamento e não apresentados os embargos previstos no art. 702, observando-se, no que couber, o Título II do Livro I da Parte Especial.

» *Vide* arts. 515, I, e 525 do CPC.

§ 3º É cabível ação rescisória da decisão prevista no *caput* quando ocorrer a hipótese do § 2º.

§ 4º Sendo a ré Fazenda Pública, não apresentados os embargos previstos no art. 702, aplicar-se-á o disposto no art. 496, observando-se, a seguir, no que couber, o Título II do Livro I da Parte Especial.

§ 5º Aplica-se à ação monitória, no que couber, o art. 916.

Art. 702. Independentemente de prévia segurança do juízo, o réu poderá opor, nos próprios autos, no prazo previsto no art. 701, embargos à ação monitória.

» *Vide* arts. 335 e 337 do CPC.

§ 1º Os embargos podem se fundar em matéria passível de alegação como defesa no procedimento comum.

§ 2º Quando o réu alegar que o autor pleiteia quantia superior à devida, cumprir-lhe-á declarar de imediato o valor que entende correto, apresentando demonstrativo discriminado e atualizado da dívida.

§ 3º Não apontado o valor correto ou não apresentado o demonstrativo, os embargos serão liminarmente rejeitados, se esse for o seu único fundamento, e, se houver outro fundamento, os embargos serão processados, mas o juiz deixará de examinar a alegação de excesso.

§ 4º A oposição dos embargos suspende a eficácia da decisão referida no *caput* do art. 701 até o julgamento em primeiro grau.

§ 5º O autor será intimado para responder aos embargos no prazo de 15 (quinze) dias.

§ 6º Na ação monitória admite-se a reconvenção, sendo vedado o oferecimento de reconvenção à reconvenção.

› Súm. 292, STJ.

» *Vide* Súmula 292 do STJ.

§ 7º A critério do juiz, os embargos serão autuados em apartado, se parciais, constituindo-se de pleno direito o título executivo judicial em relação à parcela incontroversa.

§ 8º Rejeitados os embargos, constituir-se-á de pleno direito o título executivo judicial, prosseguindo-se o processo em observância ao disposto no Título II do Livro I da Parte Especial, no que for cabível.

§ 9º Cabe apelação contra a sentença que acolhe ou rejeita os embargos.

» *Vide* art. 1.009 do CPC.

§ 10. O juiz condenará o autor de ação monitória proposta indevidamente e de má-fé ao pagamento, em favor do réu, de multa de até dez por cento sobre o valor da causa.

§ 11. O juiz condenará o réu que de má-fé opuser embargos à ação monitória ao pagamento de multa de até dez por cento sobre o valor atribuído à causa, em favor do autor.

CAPÍTULO XII
DA HOMOLOGAÇÃO DO PENHOR LEGAL

Art. 703. Tomado o penhor legal nos casos previstos em lei, requererá o credor, ato contínuo, a homologação.

§ 1º Na petição inicial, instruída com o contrato de locação ou a conta pormenorizada das despesas, a tabela dos preços e a relação dos objetos retidos, o credor pedirá a citação do devedor para pagar ou contestar na audiência preliminar que for designada.

§ 2º A homologação do penhor legal poderá ser promovida pela via extrajudicial mediante requerimento, que conterá os requisitos previstos no § 1º deste artigo, do credor a notário de sua livre escolha.

§ 3º Recebido o requerimento, o notário promoverá a notificação extrajudicial do devedor para, no prazo de 5 (cinco) dias, pagar o débito ou impugnar sua cobrança, alegando por escrito uma das causas previstas no art. 704, hipótese em que o procedimento será encaminhado ao juízo competente para decisão.

§ 4º Transcorrido o prazo sem manifestação do devedor, o notário formalizará a homologação do penhor legal por escritura pública.

Art. 704. A defesa só pode consistir em:

I - nulidade do processo;

› arts. 276 a 283, CPC.

II - extinção da obrigação;

III - não estar a dívida compreendida entre as previstas em lei ou não estarem os bens sujeitos a penhor legal;

› arts. 1.467 e ss. CC.

IV - alegação de haver sido ofertada caução idônea, rejeitada pelo credor.

Art. 705. A partir da audiência preliminar, observar-se-á o procedimento comum.

Art. 706. Homologado judicialmente o penhor legal, consolidar-se-á a posse do autor sobre o objeto.

§ 1º Negada a homologação, o objeto será entregue ao réu, ressalvado ao autor o direito de cobrar a dívida pelo procedimento comum, salvo se acolhida a alegação de extinção da obrigação.

§ 2º Contra a sentença caberá apelação, e, na pendência de recurso, poderá o relator ordenar que a coisa permaneça depositada ou em poder do autor.

› arts. 1.009 a 1.014, CPC.

CAPÍTULO XIII
DA REGULAÇÃO DE AVARIA GROSSA

Art. 707. Quando inexistir consenso acerca da nomeação de um regulador de avarias, o juiz de direito da comarca do primeiro porto onde o navio houver chegado, provocado por qualquer parte interessada, nomeará um de notório conhecimento.

Art. 708. O regulador declarará justificadamente se os danos são passíveis de rateio na forma de avaria grossa e exigirá das partes envolvidas a apresentação de garantias idôneas para que possam ser liberadas as cargas aos consignatários.

§ 1º A parte que não concordar com o regulador quanto à declaração de abertura da avaria grossa deverá justificar suas razões ao juiz, que decidirá no prazo de 10 (dez) dias.

§ 2º Se o consignatário não apresentar garantia idônea a critério do regulador, este fixará o valor da contribuição provisória com base nos fatos narrados e nos documentos que instruírem a petição inicial, que deverá ser caucionado sob a forma de depósito judicial ou de garantia bancária.

§ 3º Recusando-se o consignatário a prestar caução, o regulador requererá ao juiz a alienação judicial de sua carga na forma dos arts. 879 a 903.

§ 4º É permitido o levantamento, por alvará, das quantias necessárias ao pagamento das despesas da alienação a serem arcadas pelo consignatário, mantendo-se o saldo remanescente em depósito judicial até o encerramento da regulação.

Art. 709. As partes deverão apresentar nos autos os documentos necessários à regulação da avaria grossa em prazo razoável a ser fixado pelo regulador.

Art. 710. O regulador apresentará o regulamento da avaria grossa no prazo de até 12 (doze) meses, contado da data da entrega dos documentos nos autos pelas partes, podendo o prazo ser estendido a critério do juiz.

§ 1º Oferecido o regulamento da avaria grossa, dele terão vista as partes pelo prazo comum de 15 (quinze) dias, e, não havendo impugnação, o regulamento será homologado por sentença.

§ 2º Havendo impugnação ao regulamento, o juiz decidirá no prazo de 10 (dez) dias, após a oitiva do regulador.

Art. 711. Aplicam-se ao regulador de avarias os arts. 156 a 158, no que couber.

‣ art. 149, CPC.

CAPÍTULO XIV
DA RESTAURAÇÃO DE AUTOS

Art. 712. Verificado o desaparecimento dos autos, eletrônicos ou não, pode o juiz, de ofício, qualquer das partes ou o Ministério Público, se for o caso, promover-lhes a restauração.

Parágrafo único. Havendo autos suplementares, nesses prosseguirá o processo.

Art. 713. Na petição inicial, declarará a parte o estado do processo ao tempo do desaparecimento dos autos, oferecendo:

I - certidões dos atos constantes do protocolo de audiências do cartório por onde haja corrido o processo;

II - cópia das peças que tenha em seu poder;

III - qualquer outro documento que facilite a restauração.

Art. 714. A parte contrária será citada para contestar o pedido no prazo de 5 (cinco) dias, cabendo-lhe exibir as cópias, as contrafés e as reproduções dos atos e dos documentos que estiverem em seu poder.

§ 1º Se a parte concordar com a restauração, lavrar-se-á o auto que, assinado pelas partes e homologado pelo juiz, suprirá o processo desaparecido.

§ 2º Se a parte não contestar ou se a concordância for parcial, observar-se-á o procedimento comum.

Art. 715. Se a perda dos autos tiver ocorrido depois da produção das provas em audiência, o juiz, se necessário, mandará repeti-las.

§ 1º Serão reinquiridas as mesmas testemunhas, que, em caso de impossibilidade, poderão ser substituídas de ofício ou a requerimento.

§ 2º Não havendo certidão ou cópia do laudo, far-se-á nova perícia, sempre que possível pelo mesmo perito.

§ 3º Não havendo certidão de documentos, esses serão reconstituídos mediante cópias ou, na falta dessas, pelos meios ordinários de prova.

§ 4º Os serventuários e os auxiliares da justiça não podem eximir-se de depor como testemunhas a respeito de atos que tenham praticado ou assistido.

§ 5º Se o juiz houver proferido sentença da qual ele próprio ou o escrivão possua cópia, esta será juntada aos autos e terá a mesma autoridade da original.

Art. 716. Julgada a restauração, seguirá o processo os seus termos.

Parágrafo único. Aparecendo os autos originais, neles se prosseguirá, sendo-lhes apensados os autos da restauração.

Art. 717. Se o desaparecimento dos autos tiver ocorrido no tribunal, o processo de restauração será distribuído, sempre que possível, ao relator do processo.

‣ arts. 298 a 303, RISTF.

§ 1º A restauração far-se-á no juízo de origem quanto aos atos nele realizados.

§ 2º Remetidos os autos ao tribunal, nele completar-se-á a restauração e proceder-se-á ao julgamento.

Art. 718. Quem houver dado causa ao desaparecimento dos autos responderá pelas custas da restauração e pelos honorários de advogado, sem prejuízo da responsabilidade civil ou penal em que incorrer.

‣ arts. 79 a 81, 143, I, e 181, CPC.

CAPÍTULO XV
DOS PROCEDIMENTOS DE JURISDIÇÃO VOLUNTÁRIA

SEÇÃO I
DISPOSIÇÕES GERAIS

Art. 719. Quando este Código não estabelecer procedimento especial, regem os procedimentos de jurisdição voluntária as disposições constantes desta Seção.

‣ arts. 88 e 215, I, CPC.

Art. 720. O procedimento terá início por provocação do interessado, do Ministério Público ou da Defensoria Pública, cabendo-lhes formular o pedido devidamente instruído com os documentos necessários e com a indicação da providência judicial.

Art. 721. Serão citados todos os interessados, bem como intimado o Ministério Público, nos casos do art. 178, para que se manifestem, querendo, no prazo de 15 (quinze) dias.

Art. 722. A Fazenda Pública será sempre ouvida nos casos em que tiver interesse.

Art. 723. O juiz decidirá o pedido no prazo de 10 (dez) dias.

Parágrafo único. O juiz não é obrigado a observar critério de legalidade estrita, podendo adotar em cada caso a solução que considerar mais conveniente ou oportuna.

Art. 724. Da sentença caberá apelação.

‣ arts. 1.009 a 1.014, CPC.

Art. 725. Processar-se-á na forma estabelecida nesta Seção o pedido de:

I - emancipação;

‣ art. 5º, p.ún. I, CC.

‣ art. 90, Lei 6.015/1973 (Lei dos registros públicos).

‣ art. 148, p.ún., ECA.

II - sub-rogação;

‣ arts. 346 a 351, CC.

III - alienação, arrendamento ou oneração de bens de crianças ou adolescentes, de órfãos e de interditos;

IV - alienação, locação e administração da coisa comum;

‣ arts. 1.323 a 1.326, CC.

V - alienação de quinhão em coisa comum;

‣ art. 1.322, CC.

VI - extinção de usufruto, quando não decorrer da morte do usufrutuário, do termo da sua duração ou da consolidação, e de fideicomisso, quando decorrer de renúncia ou quando ocorrer antes do evento que caracterizar a condição resolutória;

‣ arts. 1.410 e 1.411, e 1.951 a 1.960, CC.

VII - expedição de alvará judicial;

» *Vide* art. 9.º da Lei n. 9.434, de 4-2-1997.

VIII - homologação de autocomposição extrajudicial, de qualquer natureza ou valor.

‣ art. 515, III, CPC.

» *Vide* art. 515, III, do CPC.

Parágrafo único. As normas desta Seção aplicam-se, no que couber, aos procedimentos regulados nas seções seguintes.

SEÇÃO II
DA NOTIFICAÇÃO E DA INTERPELAÇÃO

Art. 726. Quem tiver interesse em manifestar formalmente sua vontade a outrem sobre assunto juridicamente relevante poderá notificar pessoas participantes da mesma relação jurídica para dar-lhes ciência de seu propósito.

§ 1º Se a pretensão for a de dar conhecimento geral ao público, mediante edital, o juiz só a deferirá se a tiver por fundada e necessária ao resguardo de direito.

§ 2º Aplica-se o disposto nesta Seção, no que couber, ao protesto judicial.

Art. 727. Também poderá o interessado interpelar o requerido, no caso do art. 726, para que faça ou deixe de fazer o que o requerente entenda ser de seu direito.

‣ Súm. 76, STJ.

Art. 728. O requerido será previamente ouvido antes do deferimento da notificação ou do respectivo edital:

I - se houver suspeita de que o requerente, por meio da notificação ou do edital, pretende alcançar fim ilícito;

II - se tiver sido requerida a averbação da notificação em registro público.

Art. 729. Deferida e realizada a notificação ou interpelação, os autos serão entregues ao requerente.

SEÇÃO III
DA ALIENAÇÃO JUDICIAL

Art. 730. Nos casos expressos em lei, não havendo acordo entre os interessados sobre o modo como se deve realizar a alienação do bem, o juiz, de ofício ou a requerimento dos interessados ou do depositário, mandará aliená-lo em leilão, observando-se o disposto na Seção I deste Capítulo e, no que couber, o disposto nos arts. 879 a 903.

‣ Dec.-Lei 911/1969 (Alienação fiduciária).

SEÇÃO IV
DO DIVÓRCIO E DA SEPARAÇÃO CONSENSUAIS, DA EXTINÇÃO CONSENSUAL DE UNIÃO ESTÁVEL E DA ALTERAÇÃO DO REGIME DE BENS DO MATRIMÔNIO

‣ art. 226, § 3º, CF.

Art. 731. A homologação do divórcio ou da separação consensuais, observados os requisitos legais, poderá ser requerida em petição assinada por ambos os cônjuges, da qual constarão:

‣ EC 66/2010.

» *Vide* arts. 1.571 a 1.582 do CC (dissolução do casamento).

I - as disposições relativas à descrição e à partilha dos bens comuns;

‣ Súm. 197, STJ.

» *Vide* art. 1.581 do CC.

II - as disposições relativas à pensão alimentícia entre os cônjuges;

‣ Súm. 305, STF.

» *Vide* Lei n. 5.478, de 25-7-1968 (Lei de Alimentos).

III - o acordo relativo à guarda dos filhos incapazes e ao regime de visitas; e

‣ arts. 1.583 a 1.589, CC.

‣ art. 15, Lei 6.515/1977 (Lei do Divórcio).

» *Vide* arts. 1.583, § 2.º, e 1.589 do CC (convivência familiar)

IV - o valor da contribuição para criar e educar os filhos.

‣ art. 20, Lei 6.515/1977 (Lei do Divórcio).

Parágrafo único. Se os cônjuges não acordarem sobre a partilha dos bens, far-se-á esta depois de homologado o divórcio, na forma estabelecida nos arts. 647 a 658.

Art. 732. As disposições relativas ao processo de homologação judicial de divórcio ou de separação consensuais aplicam-se, no que couber, ao processo de homologação da extinção consensual de união estável.

‣ art. 226, § 3º, CF.

Art. 733. O divórcio consensual, a separação consensual e a extinção consensual de união estável, não havendo nascituro ou filhos incapazes e observados os requisitos legais, poderão ser realizados por escritura pública, da qual constarão as disposições de que trata o art. 731.

‣ Res. 35/2007, CNJ.

» *Vide* art. 911 do CPC.

» *Vide* Enunciado n. 571 da VI Jornada de Direito Civil.

§ 1º A escritura não depende de homologação judicial e constitui título hábil para qualquer ato de registro, bem como para levantamento de importância depositada em instituições financeiras.

§ 2º O tabelião somente lavrará a escritura se os interessados estiverem assistidos por advogado ou por defensor público, cuja qualificação e assinatura constarão do ato notarial.

Art. 734. A alteração do regime de bens do casamento, observados os requisitos legais, poderá ser requerida, motivadamente, em petição assinada por ambos os cônjuges, na qual serão expostas as razões que justificam a alteração, ressalvados os direitos de terceiros.

‣ arts. 1.639 e ss., CC.

§ 1º Ao receber a petição inicial, o juiz determinará a intimação do Ministério Público e a publicação de edital que divulgue a pretendida alteração de bens, somente podendo decidir depois de decorrido o prazo de 30 (trinta) dias da publicação do edital.

§ 2º Os cônjuges, na petição inicial ou em petição avulsa, podem propor ao juiz meio alternativo de divulgação da alteração do regime de bens, a fim de resguardar direitos de terceiros.

» *Vide* Enunciado n. 113 da I Jornada de Direito Civil e Enunciados n. 260 e 262 da II Jornada de Direito Civil.

§ 3º Após o trânsito em julgado da sentença, serão expedidos mandados de averbação aos cartórios de registro civil e de imóveis e, caso qualquer dos cônjuges seja empresário, ao Registro Público de Empresas Mercantis e Atividades Afins.

SEÇÃO V
DOS TESTAMENTOS E DOS CODICILOS

Art. 735. Recebendo testamento cerrado, o juiz, se não achar vício externo que o torne suspeito de nulidade ou falsidade, o abrirá e mandará que o escrivão o leia em presença do apresentante.

‣ art. 1.868, CC.

§ 1º Do termo de abertura constarão o nome do apresentante e como ele obteve o testamento, a data e o lugar do falecimento do testador, com as respectivas provas, e qualquer circunstância digna de nota.

§ 2º Depois de ouvido o Ministério Público, não havendo dúvidas a serem esclarecidas, o juiz mandará registrar, arquivar e cumprir o testamento.

‣ art. 1.875, CC.

§ 3º Feito o registro, será intimado o testamenteiro para assinar o termo da testamentária.

‣ arts. 1.976 e ss., CC.

§ 4º Se não houver testamenteiro nomeado ou se ele estiver ausente ou não aceitar o encargo, o juiz nomeará testamenteiro dativo, observando-se a preferência legal.

§ 5º O testamenteiro deverá cumprir as disposições testamentárias e prestar contas em juízo do que recebeu e despendeu, observando-se o disposto em lei.

Art. 736. Qualquer interessado, exibindo o traslado ou a certidão de testamento público, poderá requerer ao juiz que ordene o seu cumprimento, observando-se, no que couber, o disposto nos parágrafos do art. 735.

» *Vide* arts. 1.864 a 1.867 do CC.

Art. 737. A publicação do testamento particular poderá ser requerida, depois da morte do testador, pelo herdeiro, pelo legatário ou pelo testamenteiro, bem como pelo terceiro detentor do testamento, se impossibilitado de entregá-lo a algum dos outros legitimados para requerê-la.

‣ arts. 1.876 a 1.880, CC.

§ 1º Serão intimados os herdeiros que não tiverem requerido a publicação do testamento.

§ 2º Verificando a presença dos requisitos da lei, ouvido o Ministério Público, o juiz confirmará o testamento.

§ 3º Aplica-se o disposto neste artigo ao codicilo e aos testamentos marítimo, aeronáutico, militar e nuncupativo.

‣ arts. 1.890 a 1.896, CC.

» *Vide* arts. 1.881, 1.888, 1.889 e 1.893 a 1.896 do CC

§ 4º Observar-se-á, no cumprimento do testamento, o disposto nos parágrafos do art. 735.

SEÇÃO VI
DA HERANÇA JACENTE

‣ arts. 1.819 e ss., CC.

Art. 738. Nos casos em que a lei considere jacente a herança, o juiz em cuja comarca tiver domicílio o falecido procederá imediatamente à arrecadação dos respectivos bens.

Art. 739. A herança jacente ficará sob a guarda, a conservação e a administração de um curador até a respectiva entrega ao sucessor legalmente habilitado ou até a declaração de vacância.

§ 1º Incumbe ao curador:

I - representar a herança em juízo ou fora dele, com intervenção do Ministério Público;

II - ter em boa guarda e conservação os bens arrecadados e promover a arrecadação de outros porventura existentes;

III - executar as medidas conservatórias dos direitos da herança;

IV - apresentar mensalmente ao juiz balancete da receita e da despesa;

V - prestar contas ao final de sua gestão.

§ 2º Aplica-se ao curador o disposto nos arts. 159 a 161.

Art. 740. O juiz ordenará que o oficial de justiça, acompanhado do escrivão ou do chefe de secretaria e do curador, arrole os bens e descreva-os em auto circunstanciado.

§ 1º Não podendo comparecer ao local, o juiz requisitará à autoridade policial que proceda à arrecadação e ao arrolamento dos bens, com 2 (duas) testemunhas, que assistirão às diligências.

§ 2º Não estando ainda nomeado o curador, o juiz designará depositário e lhe entregará os bens, mediante simples termo nos autos, depois de compromissado.

§ 3º Durante a arrecadação, o juiz ou a autoridade policial inquirirá os moradores da casa e da vizinhança sobre a qualificação do falecido, o paradeiro de seus sucessores e a existência de outros bens, lavrando-se de tudo auto de inquirição e informação.

§ 4º O juiz examinará reservadamente os papéis, as cartas missivas e os livros domésticos e, verificando que não apresentam interesse, mandará empacotá-los e lacrá-los para serem assim entregues aos sucessores do falecido ou queimados quando os bens forem declarados vacantes.

§ 5º Se constar ao juiz a existência de bens em outra comarca, mandará expedir carta precatória a fim de serem arrecadados.

§ 6º Não se fará a arrecadação, ou essa será suspensa, quando, iniciada, apresentarem-se para reclamar os bens o cônjuge ou companheiro, o herdeiro ou o testamenteiro notoriamente reconhecido e não houver oposição motivada do curador, de qualquer interessado, do Ministério Público ou do representante da Fazenda Pública.

Art. 741. Ultimada a arrecadação, o juiz mandará expedir edital, que será publicado na rede mundial de computadores, no sítio do tribunal a que estiver vinculado o juízo e na plataforma de editais do Conselho Nacional de Justiça, onde permanecerá por 3 (três) meses, ou, não havendo sítio, no órgão oficial e na imprensa da comarca, por 3 (três) vezes com intervalos de 1 (um) mês, para que os sucessores do falecido venham a habilitar-se no prazo de 6 (seis) meses contado da primeira publicação.

§ 1º Verificada a existência de sucessor ou de testamenteiro em lugar certo, far-se-á a sua citação, sem prejuízo do edital.

§ 2º Quando o falecido for estrangeiro, será também comunicado o fato à autoridade consular.

§ 3º Julgada a habilitação do herdeiro, reconhecida a qualidade do testamenteiro ou provada a identidade do cônjuge ou companheiro, a arrecadação converter-se-á em inventário.

§ 4º Os credores da herança poderão habilitar-se como nos inventários ou propor a ação de cobrança.

Art. 742. O juiz poderá autorizar a alienação:

I - de bens móveis, se forem de conservação difícil ou dispendiosa;

II - de semoventes, quando não empregados na exploração de alguma indústria;

III - de títulos e papéis de crédito, havendo fundado receio de depreciação;

IV - de ações de sociedade quando, reclamada a integralização, não dispuser a herança de dinheiro para o pagamento;

V - de bens imóveis:

a) se ameaçarem ruína, não convindo a reparação;

b) se estiverem hipotecados e vencer-se a dívida, não havendo dinheiro para o pagamento.

§ 1º Não se procederá, entretanto, à venda se a Fazenda Pública ou o habilitando adiantar a importância para as despesas.

§ 2º Os bens com valor de afeição, como retratos, objetos de uso pessoal, livros e obras de arte, só serão alienados depois de declarada a vacância da herança.

Art. 743. Passado 1 (um) ano da primeira publicação do edital e não havendo herdeiro habilitado nem habilitação pendente, será a herança declarada vacante.

‣ art. 1.820, CC.

§ 1º Pendendo habilitação, a vacância será declarada pela mesma sentença que a julgar improcedente, aguardando-se, no caso de serem diversas as habilitações, o julgamento da última.

§ 2º Transitada em julgado a sentença que declarou a vacância, o cônjuge, o companheiro, os herdeiros e os credores só poderão reclamar o seu direito por ação direta.

SEÇÃO VII
DOS BENS DOS AUSENTES

Art. 744. Declarada a ausência nos casos previstos em lei, o juiz mandará arrecadar os bens do ausente e nomear-lhes-á curador na forma estabelecida na Seção VI, observando-se o disposto em lei.

‣ arts. 22 a 39, CC.

‣ arts. 29, VI, 94, Lei 6.015/1973 (Lei de registros públicos).

‣ Súm. 331, STF.

Art. 745. Feita a arrecadação, o juiz mandará publicar editais na rede mundial de computadores, no sítio do tribunal a que estiver vinculado e na plataforma de editais do Conselho Nacional de Justiça, onde permanecerá por 1 (um) ano, ou, não havendo sítio, no órgão oficial e na imprensa da comarca, durante 1 (um) ano, reproduzida de 2 (dois) em 2 (dois) meses, anunciando a arrecadação e chamando o ausente a entrar na posse de seus bens.

§ 1º Findo o prazo previsto no edital, poderão os interessados requerer a abertura da sucessão provisória, observando-se o disposto em lei.

§ 2º O interessado, ao requerer a abertura da sucessão provisória, pedirá a citação pessoal dos herdeiros presentes e do curador e, por editais, a dos ausentes para requererem habilitação, na forma dos arts. 689 a 692.

§ 3º Presentes os requisitos legais, poderá ser requerida a conversão da sucessão provisória em definitiva.

§ 4º Regressando o ausente ou algum de seus descendentes ou ascendentes para requerer ao juiz a entrega de bens, serão citados para contestar o pedido os sucessores provisórios ou definitivos, o Ministério Público e o representante da Fazenda Pública, seguindo-se o procedimento comum.

SEÇÃO VIII
DAS COISAS VAGAS

‣ arts. 1.233 a 1.237, CC.

Art. 746. Recebendo do descobridor coisa alheia perdida, o juiz mandará lavrar o respectivo auto, do qual constará a descrição do bem e as declarações do descobridor.

§ 1º Recebida a coisa por autoridade policial, esta a remeterá em seguida ao juízo competente.

§ 2º Depositada a coisa, o juiz mandará publicar edital na rede mundial de computadores, no sítio do tribunal a que estiver vinculado e na plataforma de editais do Conselho Nacional de Justiça ou, não havendo sítio, no órgão oficial e na imprensa da comarca, para que o dono ou o legítimo possuidor a reclame, salvo se se tratar de coisa de pequeno valor e não for possível a publicação no sítio do tribunal, caso em que o edital será apenas afixado no átrio do edifício do fórum.

§ 3º Observar-se-á, quanto ao mais, o disposto em lei.

SEÇÃO IX
DA INTERDIÇÃO

‣ arts. 1.767 e ss., CC.

» *Vide* arts. 1.767 e s. do CC.

Art. 747. A interdição pode ser promovida:

I - pelo cônjuge ou companheiro;

II - pelos parentes ou tutores;

III - pelo representante da entidade em que se encontra abrigado o interditando;

IV - pelo Ministério Público.

‣ art. 129, CF.

Parágrafo único. A legitimidade deverá ser comprovada por documentação que acompanhe a petição inicial.

Art. 748. O Ministério Público só promoverá interdição em caso de doença mental grave:

I - se as pessoas designadas nos incisos I, II e III do art. 747 não existirem ou não promoverem a interdição;

II - se, existindo, forem incapazes as pessoas mencionadas nos incisos I e II do art. 747.

Art. 749. Incumbe ao autor, na petição inicial, especificar os fatos que demonstram a incapacidade do interditando para administrar seus bens e, se for o caso, para praticar atos da vida civil, bem como o momento em que a incapacidade se revelou.

Parágrafo único. Justificada a urgência, o juiz pode nomear curador provisório ao interditando para a prática de determinados atos.

Art. 750. O requerente deverá juntar laudo médico para fazer prova de suas alegações ou informar a impossibilidade de fazê-lo.

Art. 751. O interditando será citado para, em dia designado, comparecer perante o juiz, que o entrevistará minuciosamente acerca de sua vida, negócios, bens, vontades, preferências e laços familiares e afetivos e sobre o que mais lhe parecer necessário para convencimento quanto à sua capacidade para praticar atos da vida civil, devendo ser reduzidas a termo as perguntas e respostas.

§ 1º Não podendo o interditando deslocar-se, o juiz o ouvirá no local onde estiver.

§ 2º A entrevista poderá ser acompanhada por especialista.

§ 3º Durante a entrevista, é assegurado o emprego de recursos tecnológicos capazes de permitir ou de auxiliar o interditando a expressar suas vontades e preferências e a responder às perguntas formuladas.

§ 4º A critério do juiz, poderá ser requisitada a oitiva de parentes e de pessoas próximas.

Art. 752. Dentro do prazo de 15 (quinze) dias contado da entrevista, o interditando poderá impugnar o pedido.

§ 1º O Ministério Público intervirá como fiscal da ordem jurídica.

‣ art. 178, CPC.

§ 2º O interditando poderá constituir advogado, e, caso não o faça, deverá ser nomeado curador especial.

§ 3º Caso o interditando não constitua advogado, o seu cônjuge, companheiro ou qualquer parente sucessível poderá intervir como assistente.

» *Vide* art. 72, I, do CPC.

Art. 753. Decorrido o prazo previsto no art. 752, o juiz determinará a produção de prova pericial para avaliação da capacidade do interditando para praticar atos da vida civil.

§ 1º A perícia pode ser realizada por equipe composta por expertos com formação multidisciplinar.

§ 2º O laudo pericial indicará especificadamente, se for o caso, os atos para os quais haverá necessidade de curatela.

Art. 754. Apresentado o laudo, produzidas as demais provas e ouvidos os interessados, o juiz proferirá sentença.

Art. 755. Na sentença que decretar a interdição, o juiz:

» *Vide* art. 1.012, § 1.º, VI, do CPC.

» *Vide* Enunciado n. 638 da VIII Jornada de Direito Civil.

I - nomeará curador, que poderá ser o requerente da interdição, e fixará os limites da curatela, segundo o estado e o desenvolvimento mental do interdito;

II - considerará as características pessoais do interdito, observando suas potencialidades, habilidades, vontades e preferências.

§ 1º A curatela deve ser atribuída a quem melhor possa atender aos interesses do curatelado.

§ 2º Havendo, ao tempo da interdição, pessoa incapaz sob a guarda e a responsabilidade do interdito, o juiz atribuirá a curatela a quem melhor puder atender aos interesses do interdito e do incapaz.

§ 3º A sentença de interdição será inscrita no registro de pessoas naturais e imediatamente publicada na rede mundial de computadores, no sítio do tribunal a que estiver vinculado o juízo e na plataforma de editais do Conselho Nacional de Justiça, onde permanecerá por 6 (seis) meses, na imprensa local, 1 (uma) vez, e no órgão oficial, por 3 (três) vezes, com intervalo de 10 (dez) dias, constando do edital os nomes do interdito e do curador, a causa da interdição, os limites da curatela e, não sendo total a interdição, os atos que o interdito poderá praticar autonomamente.

‣ art. 9º, III, CC.

‣ arts. 29, V; 92; e 107, § 1º, Lei 6.015/1973 (Lei de registros públicos).

Art. 756. Levantar-se-á a curatela quando cessar a causa que a determinou.

§ 1º O pedido de levantamento da curatela poderá ser feito pelo interdito, pelo curador ou pelo Ministério Público e será apensado aos autos da interdição.

§ 2º O juiz nomeará perito ou equipe multidisciplinar para proceder ao exame do interdito e designará audiência de instrução e julgamento após a apresentação do laudo.

§ 3º Acolhido o pedido, o juiz decretará o levantamento da interdição e determinará a publicação da sentença, após o trânsito em julgado, na forma do art. 755, § 3º, ou, não sendo possível, na imprensa local e no órgão oficial, por 3 (três) vezes, com intervalo de 10 (dez) dias, seguindo-se a averbação no registro de pessoas naturais.

§ 4º A interdição poderá ser levantada parcialmente quando demonstrada a capacidade do interdito para praticar alguns atos da vida civil.

Art. 757. A autoridade do curador estende-se à pessoa e aos bens do incapaz que se encontrar sob a guarda e a responsabilidade do curatelado ao tempo da interdição, salvo se o juiz considerar outra solução como mais conveniente aos interesses do incapaz.

Art. 758. O curador deverá buscar tratamento e apoio apropriados à conquista da autonomia pelo interdito.

SEÇÃO X
DISPOSIÇÕES COMUNS À TUTELA E À CURATELA

‣ arts. 1.728 e ss., CC.

Art. 759. O tutor ou o curador será intimado a prestar compromisso no prazo de 5 (cinco) dias contado da:

» *Vide* arts. 1.728 a 1.766 (tutela) e 1.767 a 1.783 (curatela) do CC.

I - nomeação feita em conformidade com a lei;

II - intimação do despacho que mandar cumprir o testamento ou o instrumento público que o houver instituído.

§ 1º O tutor ou o curador prestará o compromisso por termo em livro rubricado pelo juiz.

§ 2º Prestado o compromisso, o tutor ou o curador assume a administração dos bens do tutelado ou do interditado.

Art. 760. O tutor ou o curador poderá eximir-se do encargo apresentando escusa ao juiz no prazo de 5 (cinco) dias contado:

» *Vide* arts. 1.736 a 1.739 do CC.

I - antes de aceitar o encargo, da intimação para prestar compromisso;

II - depois de entrar em exercício, do dia em que sobrevier o motivo da escusa.

§ 1º Não sendo requerida a escusa no prazo estabelecido neste artigo, considerar-se-á renunciado o direito de alegá-la.

§ 2º O juiz decidirá de plano o pedido de escusa, e, não o admitindo, exercerá o nomeado a tutela ou a curatela enquanto não for dispensado por sentença transitada em julgado.

Art. 761. Incumbe ao Ministério Público ou a quem tenha legítimo interesse requerer, nos casos previstos em lei, a remoção do tutor ou do curador.

» *Vide* art. 1.766 do CC.

» *Vide* art. 916, § 7.º, do CPC.

Parágrafo único. O tutor ou o curador será citado para contestar a arguição no prazo de 5 (cinco) dias, findo o qual observar-se-á o procedimento comum.

Art. 762. Em caso de extrema gravidade, o juiz poderá suspender o tutor ou o curador do exercício de suas funções, nomeando substituto interino.

Art. 763. Cessando as funções do tutor ou do curador pelo decurso do prazo em que era obrigado a servir, ser-lhe-á lícito requerer a exoneração do encargo.

» *Vide* arts. 1.763 e 1.764 do CC.

§ 1º Caso o tutor ou o curador não requeira a exoneração do encargo dentro dos 10 (dez) dias seguintes à expiração do termo, entender-se-á reconduzido, salvo se o juiz o dispensar.

§ 2º Cessada a tutela ou a curatela, é indispensável a prestação de contas pelo tutor ou pelo curador, na forma da lei civil.

SEÇÃO XI
DA ORGANIZAÇÃO E DA FISCALIZAÇÃO DAS FUNDAÇÕES

Art. 764. O juiz decidirá sobre a aprovação do estatuto das fundações e de suas alterações sempre que o requeira o interessado, quando:

‣ arts. 62 e ss., CC.

I - ela for negada previamente pelo Ministério Público ou por este forem exigidas modificações com as quais o interessado não concorde;

II - o interessado discordar do estatuto elaborado pelo Ministério Público.

§ 1º O estatuto das fundações deve observar o disposto na Lei n. 10.406, de 10 de janeiro de 2002 (Código Civil).

§ 2º Antes de suprir a aprovação, o juiz poderá mandar fazer no estatuto modificações a fim de adaptá-lo ao objetivo do instituidor.

Art. 765. Qualquer interessado ou o Ministério Público promoverá em juízo a extinção da fundação quando:

I - se tornar ilícito o seu objeto;

II - for impossível a sua manutenção;

III - vencer o prazo de sua existência.

SEÇÃO XII
DA RATIFICAÇÃO DOS PROTESTOS MARÍTIMOS E DOS PROCESSOS TESTEMUNHÁVEIS FORMADOS A BORDO

Art. 766. Todos os protestos e os processos testemunháveis formados a bordo e lançados no livro Diário da Navegação deverão ser apresentados pelo comandante ao juiz de direito do primeiro porto, nas primeiras 24 (vinte e quatro) horas de chegada da embarcação, para sua ratificação judicial.

Art. 767. A petição inicial conterá a transcrição dos termos lançados no livro Diário da Navegação e deverá ser instruída com cópias das páginas que contenham os termos que serão ratificados, dos documentos de identificação do comandante e das testemunhas arroladas, do rol de tripulantes, do documento de registro da embarcação e, quando for o caso, do manifesto das cargas sinistradas e a qualificação de seus consignatários, traduzidos, quando for o caso, de forma livre para o português.

Art. 768. A petição inicial deverá ser distribuída com urgência e encaminhada ao juiz, que ouvirá, sob compromisso a ser prestado no mesmo dia, o comandante e as testemunhas em número mínimo de 2 (duas) e máximo de 4 (quatro), que deverão comparecer ao ato independentemente de intimação.

§ 1º Tratando-se de estrangeiros que não dominem a língua portuguesa, o autor deverá fazer-se acompanhar por tradutor, que prestará compromisso em audiência.

§ 2º Caso o autor não se faça acompanhar por tradutor, o juiz deverá nomear outro que preste compromisso em audiência.

Art. 769. Aberta a audiência, o juiz mandará apregoar os consignatários das cargas indicados na petição inicial e outros eventuais interessados, nomeando para os ausentes curador para o ato.

Art. 770. Inquiridos o comandante e as testemunhas, o juiz, convencido da veracidade dos termos lançados no Diário da Navegação, em audiência, ratificará por sentença o protesto ou o processo testemunhável lavrado a bordo, dispensado o relatório.

Parágrafo único. Independentemente do trânsito em julgado, o juiz determinará a entrega dos autos ao autor ou ao seu advogado, mediante a apresentação de traslado.

LIVRO II
DO PROCESSO DE EXECUÇÃO

TÍTULO I
DA EXECUÇÃO EM GERAL

CAPÍTULO I
DISPOSIÇÕES GERAIS

Art. 771. Este Livro regula o procedimento da execução fundada em título extrajudicial, e suas disposições aplicam-se, também, no que couber, aos procedimentos especiais de execução, aos atos executivos realizados no procedimento de cumprimento de sentença, bem como aos efeitos de atos ou fatos processuais a que a lei atribuir força executiva.

Parágrafo único. Aplicam-se subsidiariamente à execução as disposições do Livro I da Parte Especial.

Art. 772. O juiz pode, em qualquer momento do processo:

I - ordenar o comparecimento das partes;

II - advertir o executado de que seu procedimento constitui ato atentatório à dignidade da justiça;

III - determinar que sujeitos indicados pelo exequente forneçam informações em geral relacionadas ao objeto da execução, tais como documentos e dados que tenham em seu poder, assinando-lhes prazo razoável.

Art. 773. O juiz poderá, de ofício ou a requerimento, determinar as medidas necessárias ao cumprimento da ordem de entrega de documentos e dados.

Parágrafo único. Quando, em decorrência do disposto neste artigo, o juízo receber dados sigilosos para os fins da execução, o juiz adotará as medidas necessárias para assegurar a confidencialidade.

Art. 774. Considera-se atentatória à dignidade da justiça a conduta comissiva ou omissiva do executado que:

I - frauda a execução;

‣ art. 792, CPC.

II - se opõe maliciosamente à execução, empregando ardis e meios artificiosos;

III - dificulta ou embaraça a realização da penhora;

‣ arts. 831 e ss., CPC.

IV - resiste injustificadamente às ordens judiciais;

V - intimado, não indica ao juiz quais são e onde estão os bens sujeitos à penhora e os respectivos valores, nem exibe prova de sua propriedade e, se for o caso, certidão negativa de ônus.

Parágrafo único. Nos casos previstos neste artigo, o juiz fixará multa em montante não superior a vinte por cento do valor atualizado do débito em execução, a qual será revertida em proveito do exequente, exigível nos próprios autos do processo, sem prejuízo de outras sanções de natureza processual ou material.

Art. 775. O exequente tem o direito de desistir de toda a execução ou de apenas alguma medida executiva.

- Súm. 153, STJ.

Parágrafo único. Na desistência da execução, observar-se-á o seguinte:

I - serão extintos a impugnação e os embargos que versarem apenas sobre questões processuais, pagando o exequente as custas processuais e os honorários advocatícios;

- Súm. 517 e 519, STJ.

II - nos demais casos, a extinção dependerá da concordância do impugnante ou do embargante.

Art. 776. O exequente ressarcirá ao executado os danos que este sofreu, quando a sentença, transitada em julgado, declarar inexistente, no todo ou em parte, a obrigação que ensejou a execução.

Art. 777. A cobrança de multas ou de indenizações decorrentes de litigância de má-fé ou de prática de ato atentatório à dignidade da justiça será promovida nos próprios autos do processo.

- arts. 77, § 1º, e 536, § 3º, CPC.
- » *Vide* art. 100, parágrafo único, do CPC.

CAPÍTULO II
DAS PARTES

Art. 778. Pode promover a execução forçada o credor a quem a lei confere título executivo.

- arts. 783 a 785, CPC.

§ 1º Podem promover a execução forçada ou nela prosseguir, em sucessão ao exequente originário:

I - o Ministério Público, nos casos previstos em lei;

- art. 178, CPC.

II - o espólio, os herdeiros ou os sucessores do credor, sempre que, por morte deste, lhes for transmitido o direito resultante do título executivo;

- art. 110, CPC.

III - o cessionário, quando o direito resultante do título executivo lhe for transferido por ato entre vivos;

IV - o sub-rogado, nos casos de sub-rogação legal ou convencional.

- arts. 346 a 351, CC.

§ 2º A sucessão prevista no § 1º independe de consentimento do executado.

Art. 779. A execução pode ser promovida contra:

I - o devedor, reconhecido como tal no título executivo;

II - o espólio, os herdeiros ou os sucessores do devedor;

III - o novo devedor que assumiu, com o consentimento do credor, a obrigação resultante do título executivo;

IV - o fiador do débito constante em título extrajudicial;

- Súm. 268, STJ.
- » *Vide* art. 827 do CC.

V - o responsável titular do bem vinculado por garantia real ao pagamento do débito;

VI - o responsável tributário, assim definido em lei.

- arts. 121, p.ún.; e 128 a 138, CTN.
- » *Vide* arts. 128 a 138 do CTN.

Art. 780. O exequente pode cumular várias execuções, ainda que fundadas em títulos diferentes, quando o executado for o mesmo e desde que para todas elas seja competente o mesmo juízo e idêntico o procedimento.

- Súm. 27, STJ.
- » *Vide* Súmula 27 do STJ.

CAPÍTULO III
DA COMPETÊNCIA

Art. 781. A execução fundada em título extrajudicial será processada perante o juízo competente, observando-se o seguinte:

I - a execução poderá ser proposta no foro de domicílio do executado, de eleição constante do título ou, ainda, de situação dos bens a ela sujeitos;

II - tendo mais de um domicílio, o executado poderá ser demandado no foro de qualquer deles;

III - sendo incerto ou desconhecido o domicílio do executado, a execução poderá ser proposta no lugar onde for encontrado ou no foro de domicílio do exequente;

IV - havendo mais de um devedor, com diferentes domicílios, a execução será proposta no foro de qualquer deles, à escolha do exequente;

V - a execução poderá ser proposta no foro do lugar em que se praticou o ato ou em que ocorreu o fato que deu origem ao título, mesmo que nele não mais resida o executado.

Art. 782. Não dispondo a lei de modo diverso, o juiz determinará os atos executivos, e o oficial de justiça os cumprirá.

§ 1º O oficial de justiça poderá cumprir os atos executivos determinados pelo juiz também nas comarcas contíguas, de fácil comunicação, e nas que se situem na mesma região metropolitana.

§ 2º Sempre que, para efetivar a execução, for necessário o emprego de força policial, o juiz a requisitará.

§ 3º A requerimento da parte, o juiz pode determinar a inclusão do nome do executado em cadastros de inadimplentes.

§ 4º A inscrição será cancelada imediatamente se for efetuado o pagamento, se for garantida a execução ou se a execução for extinta por qualquer outro motivo.

§ 5º O disposto nos §§ 3º e 4º aplica-se à execução definitiva de título judicial.

CAPÍTULO IV
DOS REQUISITOS NECESSÁRIOS PARA REALIZAR QUALQUER EXECUÇÃO

SEÇÃO I
DO TÍTULO EXECUTIVO

Art. 783. A execução para cobrança de crédito fundar-se-á sempre em título de obrigação certa, líquida e exigível.

- Súm. 233, 279 e 300, STJ.

Art. 784. São títulos executivos extrajudiciais:

- Súm. 317, STJ.
- art. 57, p.ún., Lei 9.099/1995 (Juizados Especiais Cíveis e Criminais).
- » *Vide* art. 515 do CPC.
- » *Vide* Súmulas 247 e 279 do STJ.
- » *Vide* Lei n. 10.931, de 2-8-2004.
- » *Vide* Lei n. 8.929, de 22-8-1994.
- » *Vide* Lei n. 9.514, de 20-11-1997.
- » *Vide* Lei n. 7.684, de 2-12-1988.
- » *Vide* Lei n. 6.315, de 16-12-1975.
- » *Vide* Lei n. 6.840, de 3-11-1980.

I - a letra de câmbio, a nota promissória, a duplicata, a debênture e o cheque;

- Dec. 2.044/1908 (Lei da letra de câmbio e nota promissória).
- Lei 5.474/1968 (Lei da duplicata).
- art. 52 e s., Lei 6.404/1976 (Lei da sociedade anônima).
- Lei 7.357/1985 (Lei do cheque).
- Súm. 258 e 531, STJ; Súm. 600, STF.
- » *Vide* art. 223, parágrafo único, do CC.
- » *Vide* arts. 887 a 926 do CC.
- » *Vide* art. 52 da Lei n. 6.404, de 15-12-1976 (Sociedade por Ações).
- » *Vide* Súmulas 388, 299 e 258 do STJ.
- » *Vide* Súmula 387 do STF.

II - a escritura pública ou outro documento público assinado pelo devedor;

- arts. 215 e 221, CC.
- » *Vide* arts. 108 e 215 do CC.

III - o documento particular assinado pelo devedor e por 2 (duas) testemunhas;

- » *Vide* art. 221 do CC.
- » *Vide* Súmulas 233 e 300 do STJ.
- » *Vide* art. 75 da Lei n. 4.728, de 14-7-1965.
- » *Vide* art. 5.º do Decreto-lei n. 911, de 1.º-10-1969.

IV - o instrumento de transação referendado pelo Ministério Público, pela Defensoria Pública, pela Advocacia Pública, pelos advogados dos transatores ou por conciliador ou mediador credenciado por tribunal;

- arts. 840 a 850, CC.

V - o contrato garantido por hipoteca, penhor, anticrese ou outro direito real de garantia e aquele garantido por caução;

- arts. 1.419 a 1.510, CC.

VI - o contrato de seguro de vida em caso de morte;

- arts. 789 e ss., CC.

VII - o crédito decorrente de foro e laudêmio;

VIII - o crédito, documentalmente comprovado, decorrente de aluguel de imóvel, bem como de encargos acessórios, tais como taxas e despesas de condomínio;

- Lei 4.591/1964 (Lei do condomínio).
- » *Vide* arts. 3.º, 37 e 46 da Lei n. 8.245, de 18-10-1991 (Lei de Locações).

IX - a certidão de dívida ativa da Fazenda Pública da União, dos Estados, do Distrito Federal e dos Municípios, correspondente aos créditos inscritos na forma da lei;

- arts. 201 a 204, CTN.
- arts. 2º e 3º, Lei 6.830/1980 (Execução Fiscal).
- Súm. 392, STJ.
- » *Vide* art. 201 do CTN.

X - o crédito referente às contribuições ordinárias ou extraordinárias de condomínio edilício, previstas na respectiva convenção ou aprovadas em assembleia geral, desde que documentalmente comprovadas;

- arts. 1.331 e ss., CC.

XI - a certidão expedida por serventia notarial ou de registro relativa a valores de emolumentos e demais despesas devidas pelos atos por ela praticados, fixados nas tabelas estabelecidas em lei;

XI-A - o contrato de contragarantia ou qualquer outro instrumento que materialize o direito de ressarcimento da seguradora contra tomadores de seguro-garantia e seus garantidores; *(Acrescido pela Lei 14.711/2023)*

XII - todos os demais títulos aos quais, por disposição expressa, a lei atribuir força executiva.

‣ art. 107, I, Lei 6.404/1976 (Lei da sociedade anônima).
‣ art. 211, ECA.
‣ arts. 85 e 93, Lei 12.529/2011 (Defesa da concorrência).
‣ art. 24, Estatuto da OAB.
» *Vide* art. 107, I, da Lei n. 6404, de 15-12-1976 (Sociedade por ações).

§ 1º A propositura de qualquer ação relativa a débito constante de título executivo não inibe o credor de promover-lhe a execução.

§ 2º Os títulos executivos extrajudiciais oriundos de país estrangeiro não dependem de homologação para serem executados.

§ 3º O título estrangeiro só terá eficácia executiva quando satisfeitos os requisitos de formação exigidos pela lei do lugar de sua celebração e quando o Brasil for indicado como o lugar de cumprimento da obrigação.

§ 4º Nos títulos executivos constituídos ou atestados por meio eletrônico, é admitida qualquer modalidade de assinatura eletrônica prevista em lei, dispensada a assinatura de testemunhas quando sua integridade for conferida por provedor de assinatura. *(Acrescido pela Lei 14.620/2023)*

Art. 785. A existência de título executivo extrajudicial não impede a parte de optar pelo processo de conhecimento, a fim de obter título executivo judicial.

SEÇÃO II
DA EXIGIBILIDADE DA OBRIGAÇÃO

Art. 786. A execução pode ser instaurada caso o devedor não satisfaça a obrigação certa, líquida e exigível consubstanciada em título executivo.

Parágrafo único. A necessidade de simples operações aritméticas para apurar o crédito exequendo não retira a liquidez da obrigação constante do título.

Art. 787. Se o devedor não for obrigado a satisfazer sua prestação senão mediante a contraprestação do credor, este deverá provar que a adimpliu ao requerer a execução, sob pena de extinção do processo.

Parágrafo único. O executado poderá eximir-se da obrigação, depositando em juízo a prestação ou a coisa, caso em que o juiz não permitirá que o credor a receba sem cumprir a contraprestação que lhe tocar.

Art. 788. O credor não poderá iniciar a execução ou nela prosseguir se o devedor cumprir a obrigação, mas poderá recusar o recebimento da prestação se ela não corresponder ao direito ou à obrigação estabelecidos no título executivo, caso em que poderá requerer a execução forçada, ressalvado ao devedor o direito de embargá-la.

CAPÍTULO V
DA RESPONSABILIDADE PATRIMONIAL

Art. 789. O devedor responde com todos os seus bens presentes e futuros para o cumprimento de suas obrigações, salvo as restrições estabelecidas em lei.

Art. 790. São sujeitos à execução os bens:

I - do sucessor a título singular, tratando-se de execução fundada em direito real ou obrigação reipersecutória;

II - do sócio, nos termos da lei;

» *Vide* arts. 133 a 137 do CPC.
» *Vide* arts. 50 do CC e 28 do CDC.
» *Vide* arts. 973, 1.039, 1.045, 1.158, § 3.º, do CC.
» *Vide* arts. 10, 10-A, 448, 448-A, e 855-A da CLT.
» *Vide* arts. 133 e s. do CTN.
» *Vide* art. 18, § 3.º, da Lei n. 9.847, de 26-10-1999 (Abastecimento nacional de combustíveis).
» *Vide* art. 34 da Lei n. 12.529, de 30-11-2011 (Sistema Brasileiro de Defesa da Concorrência).

III - do devedor, ainda que em poder de terceiros;

IV - do cônjuge ou companheiro, nos casos em que seus bens próprios ou de sua meação respondem pela dívida;

» *Vide* arts. 1.643 e 1.644 do CC.
» *Vide* art. 1.659, IV, do CC.
» *Vide* Súmula 251 do STJ.

V - alienados ou gravados com ônus real em fraude à execução;

» *Vide* art. 792 do CPC.
» *Vide* Súmula 375 do STJ.

VI - cuja alienação ou gravação com ônus real tenha sido anulada em razão do reconhecimento, em ação autônoma, de fraude contra credores;

» *Vide* art. 161 do CC.

VII - do responsável, nos casos de desconsideração da personalidade jurídica.

‣ arts. 133 a 137, CPC.
‣ art. 50, CC.
‣ art. 28, CDC.
‣ art. 34, Lei 12.529/2011 (Defesa da concorrência).
» *Vide* arts. 133 a 137 do CPC.
» *Vide* art. 50 do CC e 28 do CDC.

Art. 791. Se a execução tiver por objeto obrigação de que seja sujeito passivo o proprietário de terreno submetido ao regime do direito de superfície, ou o superficiário, responderá pela dívida, exclusivamente, o direito real do qual é titular o executado, recaindo a penhora ou outros atos de constrição exclusivamente sobre o terreno, no primeiro caso, ou sobre a construção ou a plantação, no segundo caso.

‣ arts. 1.369 a 1.377, CC.

§ 1º Os atos de constrição a que se refere o *caput* serão averbados separadamente na matrícula do imóvel, com a identificação do executado, do valor do crédito e do objeto sobre o qual recai o gravame, devendo o oficial destacar o bem que responde pela dívida, se o terreno, a construção ou a plantação, de modo a assegurar a publicidade da responsabilidade patrimonial de cada um deles pelas dívidas e pelas obrigações que a eles estão vinculadas.

§ 2º Aplica-se, no que couber, o disposto neste artigo à enfiteuse, à concessão de uso especial para fins de moradia e à concessão de direito real de uso.

» *Vide* arts. 1.369 a 1.377 do CC.

Art. 792. A alienação ou a oneração de bem é considerada fraude à execução:

‣ art. 185, CTN.

I - quando sobre o bem pender ação fundada em direito real ou com pretensão reipersecutória, desde que a pendência do processo tenha sido averbada no respectivo registro público, se houver;

II - quando tiver sido averbada, no registro do bem, a pendência do processo de execução, na forma do art. 828;

III - quando tiver sido averbado, no registro do bem, hipoteca judiciária ou outro ato de constrição judicial originário do processo onde foi arguida a fraude;

» *Vide* art. 495 do CPC.

IV - quando, ao tempo da alienação ou da oneração, tramitava contra o devedor ação capaz de reduzi-lo à insolvência;

» *Vide* Súmula 375 do STJ.

V - nos demais casos expressos em lei.

‣ art. 179, CP.

§ 1º A alienação em fraude à execução é ineficaz em relação ao exequente.

§ 2º No caso de aquisição de bem não sujeito a registro, o terceiro adquirente tem o ônus de provar que adotou as cautelas necessárias para a aquisição, mediante a exibição das certidões pertinentes, obtidas no domicílio do vendedor e no local onde se encontra o bem.

§ 3º Nos casos de desconsideração da personalidade jurídica, a fraude à execução verifica-se a partir da citação da parte cuja personalidade se pretende desconsiderar.

‣ art. 50, CC.
‣ art. 28, CDC.

§ 4º Antes de declarar a fraude à execução, o juiz deverá intimar o terceiro adquirente, que, se quiser, poderá opor embargos de terceiro, no prazo de 15 (quinze) dias.

‣ art. 675, CPC.
» *Vide* arts. 674 a 681 do CPC.

Art. 793. O exequente que estiver, por direito de retenção, na posse de coisa pertencente ao devedor não poderá promover a execução sobre outros bens senão depois de excutida a coisa que se achar em seu poder.

Art. 794. O fiador, quando executado, tem o direito de exigir que primeiro sejam executados os bens do devedor situados na mesma comarca, livres e desembargados, indicando-os pormenorizadamente à penhora.

‣ art. 827, CC.

§ 1º Os bens do fiador ficarão sujeitos à execução se os do devedor, situados na mesma comarca que os seus, forem insuficientes à satisfação do direito do credor.

§ 2º O fiador que pagar a dívida poderá executar o afiançado nos autos do mesmo processo.

» *Vide* art. 130, I, do CPC.

§ 3º O disposto no *caput* não se aplica se o fiador houver renunciado ao benefício de ordem.

‣ art. 828, I, CC.

Art. 795. Os bens particulares dos sócios não respondem pelas dívidas da sociedade, senão nos casos previstos em lei.

‣ arts. 134, VII; e 135, I, CTN.
» *Vide* arts. 133 a 137 do CPC.
» *Vide* arts. 50 do CC e 28 do CDC.
» *Vide* arts. 973, 1.039, 1.045, 1.158, § 3.º, do CC.
» *Vide* arts. 10, 10-A, 448, 448-A e 855-A da CLT.
» *Vide* arts. 133 e s. do CTN.
» *Vide* art. 18, § 3.º, da Lei n. 9.847, de 30-11-2011 (Abastecimento nacional de combustíveis).
» *Vide* art. 34 da Lei n. 12.529, de 30-11-2011 (Sistema Brasileiro de Defesa da Concorrência).

§ 1º O sócio réu, quando responsável pelo pagamento da dívida da sociedade, tem o direito de exigir que primeiro sejam excutidos os bens da sociedade.

‣ Súm. 435, STJ.

§ 2º Incumbe ao sócio que alegar o benefício do § 1º nomear quantos bens da sociedade situados na mesma comarca, livres e desembargados, bastem para pagar o débito.

§ 3º O sócio que pagar a dívida poderá executar a sociedade nos autos do mesmo processo.

§ 4º Para a desconsideração da personalidade jurídica é obrigatória a observância do incidente previsto neste Código.

- arts. 133 a 137, CPC.
- art. 50, CC.
- art. 28, CDC.

Art. 796. O espólio responde pelas dívidas do falecido, mas, feita a partilha, cada herdeiro responde por elas dentro das forças da herança e na proporção da parte que lhe coube.

- arts. 1.792, e 1.997, CC.

TÍTULO II
DAS DIVERSAS ESPÉCIES DE EXECUÇÃO

CAPÍTULO I
DISPOSIÇÕES GERAIS

Art. 797. Ressalvado o caso de insolvência do devedor, em que tem lugar o concurso universal, realiza-se a execução no interesse do exequente que adquire, pela penhora, o direito de preferência sobre os bens penhorados.

Parágrafo único. Recaindo mais de uma penhora sobre o mesmo bem, cada exequente conservará o seu título de preferência.

Art. 798. Ao propor a execução, incumbe ao exequente:

I - instruir a petição inicial com:

a) o título executivo extrajudicial;

» *Vide* art. 784 do CPC.
» *Vide* Súmula 27 do STJ.

b) o demonstrativo do débito atualizado até a data de propositura da ação, quando se tratar de execução por quantia certa;

» *Vide* Súmula 559 do STJ.

c) a prova de que se verificou a condição ou ocorreu o termo, se for o caso;

- arts. 121 a 131 e 135, CC.

» *Vide* arts. 787 e 788 do CPC.

d) a prova, se for o caso, de que adimpliu a contraprestação que lhe corresponde ou que lhe assegura o cumprimento, se o executado não for obrigado a satisfazer a sua prestação senão mediante a contraprestação do exequente;

» *Vide* arts. 787 e 788 do CPC.

II - indicar:

a) a espécie de execução de sua preferência, quando por mais de um modo puder ser realizada;

» *Vide* arts. 806, 814, 824, 910 e 911 do CPC.
» *Vide* art. 1.052 do CPC/2015.

b) os nomes completos do exequente e do executado e seus números de inscrição no Cadastro de Pessoas Físicas ou no Cadastro Nacional da Pessoa Jurídica;

» *Vide* art. 319, II, do CPC.

c) os bens suscetíveis de penhora, sempre que possível.

» *Vide* arts. 831 a 836 do CPC.

Parágrafo único. O demonstrativo do débito deverá conter:

I - o índice de correção monetária adotado;

II - a taxa de juros aplicada;

III - os termos inicial e final de incidência do índice de correção monetária e da taxa de juros utilizados;

IV - a periodicidade da capitalização dos juros, se for o caso;

V - a especificação de desconto obrigatório realizado.

Art. 799. Incumbe ainda ao exequente:

I - requerer a intimação do credor pignoratício, hipotecário, anticrético ou fiduciário, quando a penhora recair sobre bens gravados por penhor, hipoteca, anticrese ou alienação fiduciária;

II - requerer a intimação do titular de usufruto, uso ou habitação, quando a penhora recair sobre bem gravado por usufruto, uso ou habitação;

III - requerer a intimação do promitente-comprador, quando a penhora recair sobre bem em relação ao qual haja promessa de compra e venda registrada;

IV - requerer a intimação do promitente vendedor, quando a penhora recair sobre direito aquisitivo derivado de promessa de compra e venda registrada;

V - requerer a intimação do superficiário, enfiteuta ou concessionário, em caso de direito de superfície, enfiteuse, concessão de uso especial para fins de moradia ou concessão de direito real de uso, quando a penhora recair sobre imóvel submetido ao regime do direito de superfície, enfiteuse ou concessão;

VI - requerer a intimação do proprietário de terreno com regime de direito de superfície, enfiteuse, concessão de uso especial para fins de moradia ou concessão de direito real de uso, quando a penhora recair sobre direitos do superficiário, do enfiteuta ou do concessionário;

VII - requerer a intimação da sociedade, no caso de penhora de quota social ou de ação de sociedade anônima fechada, para o fim previsto no art. 876, § 7º;

VIII - pleitear, se for o caso, medidas urgentes;

IX - proceder à averbação em registro público do ato de propositura da execução e dos atos de constrição realizados, para conhecimento de terceiros.

X - requerer a intimação do titular da construção-base, bem como, se for o caso, do titular de lajes anteriores, quando a penhora recair sobre o direito real de laje; (Incluído pela Lei nº 13.465, de 2017)

XI - requerer a intimação do titular das lajes, quando a penhora recair sobre a construção-base. (Incluído pela Lei nº 13.465, de 2017)

Art. 800. Nas obrigações alternativas, quando a escolha couber ao devedor, esse será citado para exercer a opção e realizar a prestação dentro de 10 (dez) dias, se outro prazo não lhe foi determinado em lei ou em contrato.

- arts. 252 a 256, CC.

» *Vide* arts. 252 a 256 do CC.

§ 1º Devolver-se-á ao credor a opção, se o devedor não a exercer no prazo determinado.

§ 2º A escolha será indicada na petição inicial da execução quando couber ao credor exercê-la.

Art. 801. Verificando que a petição inicial está incompleta ou que não está acompanhada dos documentos indispensáveis à propositura da execução, o juiz determinará que o exequente a corrija, no prazo de 15 (quinze) dias, sob pena de indeferimento.

» *Vide* art. 321 do CC.

Art. 802. Na execução, o despacho que ordena a citação, desde que realizada em observância ao disposto no § 2º do art. 240, interrompe a prescrição, ainda que proferido por juízo incompetente.

- art. 312, CPC.
- arts. 202 a 204, CC.
- art. 8º, § 2º, Lei 6.830/1980 (Execução Fiscal).
- Súm. 150 e 154 do STF.

Parágrafo único. A interrupção da prescrição retroagirá à data de propositura da ação.

Art. 803. É nula a execução se:

I - o título executivo extrajudicial não corresponder a obrigação certa, líquida e exigível;

- arts. 783 e 784, CPC.

» *Vide* arts. 783 e 786 do CPC.

II - o executado não for regularmente citado;

- arts. 239 e 280, CPC.

III - for instaurada antes de se verificar a condição ou de ocorrer o termo.

- arts. 798, I, c, e 917, § 2º, V, CPC.

» *Vide* art. 798, I, *c*, do CPC.

Parágrafo único. A nulidade de que cuida este artigo será pronunciada pelo juiz, de ofício ou a requerimento da parte, independentemente de embargos à execução.

» *Vide* art. 518 do CPC.
» *Vide* Súmula 393 do STJ.

Art. 804. A alienação de bem gravado por penhor, hipoteca ou anticrese será ineficaz em relação ao credor pignoratício, hipotecário ou anticrético não intimado.

§ 1º A alienação de bem objeto de promessa de compra e venda ou de cessão registrada será ineficaz em relação ao promitente-comprador ou ao cessionário não intimado.

§ 2º A alienação de bem sobre o qual tenha sido instituído direito de superfície, seja do solo, da plantação ou da construção, será ineficaz em relação ao concedente ou ao concessionário não intimado.

§ 3º A alienação de direito aquisitivo de bem objeto de promessa de venda, de promessa de cessão ou de alienação fiduciária será ineficaz em relação ao promitente vendedor, ao promitente cedente ou ao proprietário fiduciário não intimado.

§ 4º A alienação de imóvel sobre o qual tenha sido instituída enfiteuse, concessão de uso especial para fins de moradia ou concessão de direito real de uso será ineficaz em relação ao enfiteuta ou ao concessionário não intimado.

§ 5º A alienação de direitos do enfiteuta, do concessionário de direito real de uso ou do concessionário de uso especial para fins de moradia será ineficaz em relação ao proprietário do respectivo imóvel não intimado.

§ 6º A alienação de bem sobre o qual tenha sido instituído usufruto, uso ou habitação será ineficaz em relação ao titular desses direitos reais não intimado.

Art. 805. Quando por vários meios o exequente puder promover a execução, o juiz mandará que se faça pelo modo menos gravoso para o executado.

- art. 867, CPC.

Parágrafo único. Ao executado que alegar ser a medida executiva mais gravosa incumbe indicar outros meios mais eficazes e menos onerosos, sob pena de manutenção dos atos executivos já determinados.

CAPÍTULO II
DA EXECUÇÃO PARA A ENTREGA DE COISA

SEÇÃO I
DA ENTREGA DE COISA CERTA

Art. 806. O devedor de obrigação de entrega de coisa certa, constante de título executivo extrajudicial, será citado para, em 15 (quinze) dias, satisfazer a obrigação.

- art. 35, I, CDC.

§ 1º Ao despachar a inicial, o juiz poderá fixar multa por dia de atraso no cumprimento da obrigação, ficando o respectivo valor sujeito a alteração, caso se revele insuficiente ou excessivo.

§ 2º Do mandado de citação constará ordem para imissão na posse ou busca e apreensão, conforme se tratar de bem imóvel ou móvel, cujo cumprimento se dará de imediato, se o executado não satisfizer a obrigação no prazo que lhe foi designado.

Art. 807. Se o executado entregar a coisa, será lavrado o termo respectivo e considerada satisfeita a obrigação, prosseguindo-se a execução para o pagamento de frutos ou o ressarcimento de prejuízos, se houver.

Art. 808. Alienada a coisa quando já litigiosa, será expedido mandado contra o terceiro adquirente, que somente será ouvido após depositá-la.

- art. 674, CPC.

Art. 809. O exequente tem direito a receber, além de perdas e danos, o valor da coisa, quando essa se deteriorar, não lhe for entregue, não for encontrada ou não for reclamada do poder de terceiro adquirente.

§ 1º Não constando do título o valor da coisa e sendo impossível sua avaliação, o exequente apresentará estimativa, sujeitando-a ao arbitramento judicial.

§ 2º Serão apurados em liquidação o valor da coisa e os prejuízos.

Art. 810. Havendo benfeitorias indenizáveis feitas na coisa pelo executado ou por terceiros de cujo poder ela houver sido tirada, a liquidação prévia é obrigatória.

- arts. 509 e ss., CPC.
- arts. 1.219 a 1.222, CC.

Parágrafo único. Havendo saldo:

I - em favor do executado ou de terceiros, o exequente o depositará ao requerer a entrega da coisa;

II - em favor do exequente, esse poderá cobrá-lo nos autos do mesmo processo.

SEÇÃO II
DA ENTREGA DE COISA INCERTA

Art. 811. Quando a execução recair sobre coisa determinada pelo gênero e pela quantidade, o executado será citado para entregá-la individualizada, se lhe couber a escolha.

Parágrafo único. Se a escolha couber ao exequente, esse deverá indicá-la na petição inicial.

Art. 812. Qualquer das partes poderá, no prazo de 15 (quinze) dias, impugnar a escolha feita pela outra, e o juiz decidirá de plano ou, se necessário, ouvindo perito de sua nomeação.

Art. 813. Aplicar-se-ão à execução para entrega de coisa incerta, no que couber, as disposições da Seção I deste Capítulo.

CAPÍTULO III
DA EXECUÇÃO DAS OBRIGAÇÕES DE FAZER OU DE NÃO FAZER

SEÇÃO I
DISPOSIÇÕES COMUNS

Art. 814. Na execução de obrigação de fazer ou de não fazer fundada em título extrajudicial, ao despachar a inicial, o juiz fixará multa por período de atraso no cumprimento da obrigação e a data a partir da qual será devida.

- arts. 536, § 1º, 537, CPC.
- Súm. 410, STJ.

Parágrafo único. Se o valor da multa estiver previsto no título e for excessivo, o juiz poderá reduzi-lo.

SEÇÃO II
DA OBRIGAÇÃO DE FAZER

Art. 815. Quando o objeto da execução for obrigação de fazer, o executado será citado para satisfazê-la no prazo que o juiz lhe designar, se outro não estiver determinado no título executivo.

- arts. 247 e ss., CC.

Art. 816. Se o executado não satisfizer a obrigação no prazo designado, é lícito ao exequente, nos próprios autos do processo, requerer a satisfação da obrigação à custa do executado ou perdas e danos, hipótese em que se converterá em indenização.

- arts. 536, § 1º, 821, CPC.
- arts. 35 e 84, CDC.

Parágrafo único. O valor das perdas e danos será apurado em liquidação, seguindo-se a execução para cobrança de quantia certa.

- arts. 509 a 512, 824 a 909, CPC.

Art. 817. Se a obrigação puder ser satisfeita por terceiro, é lícito ao juiz autorizar, a requerimento do exequente, que aquele a satisfaça à custa do executado.

Parágrafo único. O exequente adiantará as quantias previstas na proposta que, ouvidas as partes, o juiz houver aprovado.

Art. 818. Realizada a prestação, o juiz ouvirá as partes no prazo de 10 (dez) dias e, não havendo impugnação, considerará satisfeita a obrigação.

Parágrafo único. Caso haja impugnação, o juiz a decidirá.

Art. 819. Se o terceiro contratado não realizar a prestação no prazo ou se o fizer de modo incompleto ou defeituoso, poderá o exequente requerer ao juiz, no prazo de 15 (quinze) dias, que o autorize a concluí-la ou a repará-la à custa do contratante.

Parágrafo único. Ouvido o contratante no prazo de 15 (quinze) dias, o juiz mandará avaliar o custo das despesas necessárias e o condenará a pagá-lo.

Art. 820. Se o exequente quiser executar ou mandar executar, sob sua direção e vigilância, as obras e os trabalhos necessários à realização da prestação, terá preferência, em igualdade de condições de oferta, em relação ao terceiro.

Parágrafo único. O direito de preferência deverá ser exercido no prazo de 5 (cinco) dias, após aprovada a proposta do terceiro.

Art. 821. Na obrigação de fazer, quando se convencionar que o executado a satisfaça pessoalmente, o exequente poderá requerer ao juiz que lhe assine prazo para cumpri-la.

Parágrafo único. Havendo recusa ou mora do executado, sua obrigação pessoal será convertida em perdas e danos, caso em que se observará o procedimento de execução por quantia certa.

SEÇÃO III
DA OBRIGAÇÃO DE NÃO FAZER

Art. 822. Se o executado praticou ato a cuja abstenção estava obrigado por lei ou por contrato, o exequente requererá ao juiz que assine prazo ao executado para desfazê-lo.

- arts. 250 e 251, CC.

Art. 823. Havendo recusa ou mora do executado, o exequente requererá ao juiz que mande desfazer o ato à custa daquele, que responderá por perdas e danos.

Parágrafo único. Não sendo possível desfazer-se o ato, a obrigação resolve-se em perdas e danos, caso em que, após a liquidação, se observará o procedimento de execução por quantia certa.

CAPÍTULO IV
DA EXECUÇÃO POR QUANTIA CERTA

SEÇÃO I
DISPOSIÇÕES GERAIS

Art. 824. A execução por quantia certa realiza-se pela expropriação de bens do executado, ressalvadas as execuções especiais.

- art. 913, CPC.

Art. 825. A expropriação consiste em:

I - adjudicação;

- arts. 876 e ss., CPC.

II - alienação;

- arts. 879 e ss., CPC.

III - apropriação de frutos e rendimentos de empresa ou de estabelecimentos e de outros bens.

- arts. 862 e 867, CPC.

Art. 826. Antes de adjudicados ou alienados os bens, o executado pode, a todo tempo, remir a execução, pagando ou consignando a importância atualizada da dívida, acrescida de juros, custas e honorários advocatícios.

- arts. 304 e 305, CC.
- art. 19, Lei 6.830/1980 (Execução Fiscal).

SEÇÃO II
DA CITAÇÃO DO DEVEDOR E DO ARRESTO

Art. 827. Ao despachar a inicial, o juiz fixará, de plano, os honorários advocatícios de dez por cento, a serem pagos pelo executado.

- art. 85, CPC.

» *Vide* art. 85, § 1.º, do CPC.

§ 1º No caso de integral pagamento no prazo de 3 (três) dias, o valor dos honorários advocatícios será reduzido pela metade.

§ 2º O valor dos honorários poderá ser elevado até vinte por cento, quando rejeitados os embargos à execução, podendo a majoração, caso não opostos os embargos, ocorrer ao final do procedimento executivo, levando-se em conta o trabalho realizado pelo advogado do exequente.

» *Vide* art. 85, § 13, do CPC.

Art. 828. O exequente poderá obter certidão de que a execução foi admitida pelo juiz, com identificação das partes e do valor da causa, para fins de averbação no registro de imóveis, de veículos ou de outros bens sujeitos a penhora, arresto ou indisponibilidade.

» *Vide* art. 908, § 2.º, do CPC.

§ 1º No prazo de 10 (dez) dias de sua concretização, o exequente deverá comunicar ao juízo as averbações efetivadas.

§ 2º Formalizada penhora sobre bens suficientes para cobrir o valor da dívida, o exequente providenciará, no prazo de 10 (dez) dias, o cancelamento das averbações relativas àqueles não penhorados.

§ 3º O juiz determinará o cancelamento das averbações, de ofício ou a requerimento, caso o exequente não o faça no prazo.

§ 4º Presume-se em fraude à execução a alienação ou a oneração de bens efetuada após a averbação.

‣ art. 792, II, CPC.

» *Vide* art. 792 do CPC.

§ 5º O exequente que promover averbação manifestamente indevida ou não cancelar as averbações nos termos do § 2º indenizará a parte contrária, processando-se o incidente em autos apartados.

Art. 829. O executado será citado para pagar a dívida no prazo de 3 (três) dias, contado da citação.

‣ art. 8º, Lei 6.830/1980 (Execução Fiscal).

» *Vide* art. 274 do CPC.

» *Vide* art. 915 do CPC.

§ 1º Do mandado de citação constarão, também, a ordem de penhora e a avaliação a serem cumpridas pelo oficial de justiça tão logo verificado o não pagamento no prazo assinalado, de tudo lavrando-se auto, com intimação do executado.

» *Vide* arts. 833 e 835 do CPC.

§ 2º A penhora recairá sobre os bens indicados pelo exequente, salvo se outros forem indicados pelo executado e aceitos pelo juiz, mediante demonstração de que a constrição proposta lhe será menos onerosa e não trará prejuízo ao exequente.

‣ arts. 805, 847 e 867, CPC.

‣ art. 15, I, Lei 6.830/1980 (Execução Fiscal).

Art. 830. Se o oficial de justiça não encontrar o executado, arrestar-lhe-á tantos bens quantos bastem para garantir a execução.

§ 1º Nos 10 (dez) dias seguintes à efetivação do arresto, o oficial de justiça procurará o executado 2 (duas) vezes em dias distintos e, havendo suspeita de ocultação, realizará a citação com hora certa, certificando pormenorizadamente o ocorrido.

‣ arts. 252 a 254, CPC.

‣ Súm. 196, STJ.

§ 2º Incumbe ao exequente requerer a citação por edital, uma vez frustradas a pessoal e a com hora certa.

‣ arts. 256 e ss., CPC.

§ 3º Aperfeiçoada a citação e transcorrido o prazo de pagamento, o arresto converter-se-á em penhora, independentemente de termo.

SEÇÃO III
DA PENHORA, DO DEPÓSITO E DA AVALIAÇÃO

SUBSEÇÃO I
DO OBJETO DA PENHORA

» *Vide* Súmulas 134, 205, 328, 364, 375, 417, 449, 451, 486 e 549 do STJ.

Art. 831. A penhora deverá recair sobre tantos bens quantos bastem para o pagamento do principal atualizado, dos juros, das custas e dos honorários advocatícios.

‣ Súm. 328, STJ.

Art. 832. Não estão sujeitos à execução os bens que a lei considera impenhoráveis ou inalienáveis.

‣ arts. 833 e 834, CPC.

Art. 833. São impenhoráveis:

‣ Lei 8.009/1990 (Impenhorabilidade do bem de família).

‣ art. 69, Dec.-Lei 167/1967 (Título de crédito rural).

‣ art. 57, Dec.-Lei 413/1969 (Títulos de crédito industrial).

‣ Súm. 205, 364 e 486, STJ.

» *Vide* arts. 525, IV, e 917, II, do CPC.

I - os bens inalienáveis e os declarados, por ato voluntário, não sujeitos à execução;

» *Vide* art. 231, § 4.º, da CF.

» *Vide* art. 1.711 do CC.

» *Vide* art. 4.º da Lei n. 8.009, de 29-3-1990 (bem de família).

II - os móveis, os pertences e as utilidades domésticas que guarnecem a residência do executado, salvo os de elevado valor ou os que ultrapassem as necessidades comuns correspondentes a um médio padrão de vida;

» *Vide* Súmulas 364, 449 e 549 do STJ.

III - os vestuários, bem como os pertences de uso pessoal do executado, salvo se de elevado valor;

IV - os vencimentos, os subsídios, os soldos, os salários, as remunerações, os proventos de aposentadoria, as pensões, os pecúlios e os montepios, bem como as quantias recebidas por liberalidade de terceiro e destinadas ao sustento do devedor e de sua família, os ganhos de trabalhador autônomo e os honorários de profissional liberal, ressalvado o § 2º;

‣ art. 114, Lei 8.213/1991 (Previdência Social).

V - os livros, as máquinas, as ferramentas, os utensílios, os instrumentos ou outros bens móveis necessários ou úteis ao exercício da profissão do executado;

‣ Súm. 451, STJ.

VI - o seguro de vida;

‣ art. 5º, p.ún., Dec.-Lei 911/1969 (Alienação fiduciária).

VII - os materiais necessários para obras em andamento, salvo se essas forem penhoradas;

‣ arts. 81 e 84, CC.

VIII - a pequena propriedade rural, assim definida em lei, desde que trabalhada pela família;

‣ art. 5º, XXVI, CF.

‣ art. 4º, § 2º, Lei 8.009/1990 (Impenhorabilidade do bem de família).

‣ art. 5º, p.ún., Dec.-Lei 911/1969 (Alienação fiduciária).

» *Vide* art. 5.º, XXVI, da CF.

» *Vide* art. 4.º, II, da Lei n. 8.629, de 25-2-1993 (Regulamenta dispositivos constitucionais e inclui a pequena propriedade rural).

IX - os recursos públicos recebidos por instituições privadas para aplicação compulsória em educação, saúde ou assistência social;

X - a quantia depositada em caderneta de poupança, até o limite de 40 (quarenta) salários-mínimos;

XI - os recursos públicos do fundo partidário recebidos por partido político, nos termos da lei;

XII - os créditos oriundos de alienação de unidades imobiliárias, sob regime de incorporação imobiliária, vinculados à execução da obra.

‣ Lei 10.931/2004 (Incorporações imobiliárias).

§ 1º A impenhorabilidade não é oponível à execução de dívida relativa ao próprio bem, inclusive àquela contraída para sua aquisição.

§ 2º O disposto nos incisos IV e X do *caput* não se aplica à hipótese de penhora para pagamento de prestação alimentícia, independentemente de sua origem, bem como às importâncias excedentes a 50 (cinquenta) salários-mínimos mensais, devendo a constrição observar o disposto no art. 528, § 8º, e no art. 529, § 3º.

§ 3º Incluem-se na impenhorabilidade prevista no inciso V do *caput* os equipamentos, os implementos e as máquinas agrícolas pertencentes a pessoa física ou a empresa individual produtora rural, exceto quando tais bens tenham sido objeto de financiamento e estejam vinculados em garantia a negócio jurídico ou quando respondam por dívida de natureza alimentar, trabalhista ou previdenciária.

Art. 834. Podem ser penhorados, à falta de outros bens, os frutos e os rendimentos dos bens inalienáveis.

Art. 835. A penhora observará, preferencialmente, a seguinte ordem:

‣ art. 11, Lei 6.830/1980 (Execução Fiscal).

‣ art. 882, CLT.

I - dinheiro, em espécie ou em depósito ou aplicação em instituição financeira;

‣ arts. 837, 840, I, CPC.

‣ Súm. 328 e 417, STJ.

» *Vide* Súmulas 328 e 417 do STJ.

II - títulos da dívida pública da União, dos Estados e do Distrito Federal com cotação em mercado;

III - títulos e valores mobiliários com cotação em mercado;

IV - veículos de via terrestre;

V - bens imóveis;

‣ arts. 79 a 81, CC.

VI - bens móveis em geral;

‣ arts. 82 a 84, CC.

VII - semoventes;

‣ art. 862, CPC.

VIII - navios e aeronaves;

‣ art. 864, CPC.

‣ art. 155, Lei 7.565/1986 (Código Brasileiro da Aeronáutica).

IX - ações e quotas de sociedades simples e empresárias;

X - percentual do faturamento de empresa devedora;

XI - pedras e metais preciosos;

XII - direitos aquisitivos derivados de promessa de compra e venda e de alienação fiduciária em garantia;

XIII - outros direitos.

§ 1º É prioritária a penhora em dinheiro, podendo o juiz, nas demais hipóteses, alterar a ordem prevista no *caput* de acordo com as circunstâncias do caso concreto.

§ 2º Para fins de substituição da penhora, equiparam-se a dinheiro a fiança bancária e o seguro garantia judicial, desde que em valor não inferior ao do débito constante da inicial, acrescido de trinta por cento.

§ 3º Na execução de crédito com garantia real, a penhora recairá sobre a coisa dada em garantia, e, se a coisa pertencer a terceiro garantidor, este também será intimado da penhora.

Art. 836. Não se levará a efeito a penhora quando ficar evidente que o produto da execução dos bens encontrados será totalmente absorvido pelo pagamento das custas da execução.

§ 1º Quando não encontrar bens penhoráveis, independentemente de determinação judicial expressa, o oficial de justiça descreverá na certidão os bens que guarnecem a residência ou o estabelecimento do executado, quando este for pessoa jurídica.

§ 2º Elaborada a lista, o executado ou seu representante legal será nomeado depositário provisório de tais bens até ulterior determinação do juiz.

SUBSEÇÃO II
DA DOCUMENTAÇÃO DA PENHORA, DE SEU REGISTRO E DO DEPÓSITO

Art. 837. Obedecidas as normas de segurança instituídas sob critérios uniformes pelo Conselho Nacional de Justiça, a penhora de dinheiro e as averbações de penhoras de bens imóveis e móveis podem ser realizadas por meio eletrônico.

Art. 838. A penhora será realizada mediante auto ou termo, que conterá:

I - a indicação do dia, do mês, do ano e do lugar em que foi feita;

II - os nomes do exequente e do executado;

III - a descrição dos bens penhorados, com as suas características;

IV - a nomeação do depositário dos bens.

- Súm. 319, STJ.

Art. 839. Considerar-se-á feita a penhora mediante a apreensão e o depósito dos bens, lavrando-se um só auto se as diligências forem concluídas no mesmo dia.

Parágrafo único. Havendo mais de uma penhora, serão lavrados autos individuais.

Art. 840. Serão preferencialmente depositados:

I - as quantias em dinheiro, os papéis de crédito e as pedras e os metais preciosos, no Banco do Brasil, na Caixa Econômica Federal ou em banco do qual o Estado ou o Distrito Federal possua mais da metade do capital social integralizado, ou, na falta desses estabelecimentos, em qualquer instituição de crédito designada pelo juiz;

- art. 32, Lei 6.830/1980 (Execução Fiscal).
- art. 1.058, CPC.
- ADI 5.492: O STF, por maioria, julgou parcialmente procedente o pedido para declarar a inconstitucionalidade da expressão "na falta desses estabelecimentos" e conferir interpretação conforme ao preceito para que se entenda que poderá a administração do tribunal efetuar os depósitos judiciais (a) no Banco do Brasil, na Caixa Econômica Federal ou em banco do qual o Estado ou o Distrito Federal possua mais da metade do capital social integralizado, ou, (b) não aceitando o critério preferencial proposto pelo legislador e observada a realidade do caso concreto, os regramentos legais e os princípios constitucionais aplicáveis, realizar procedimento licitatório visando à escolha da proposta mais adequada para a administração dos recursos dos particulares. (*DJE* de 09.08.2023)

II - os móveis, os semoventes, os imóveis urbanos e os direitos aquisitivos sobre imóveis urbanos, em poder do depositário judicial;

III - os imóveis rurais, os direitos aquisitivos sobre imóveis rurais, as máquinas, os utensílios e os instrumentos necessários ou úteis à atividade agrícola, mediante caução idônea, em poder do executado.

§ 1º No caso do inciso II do *caput*, se não houver depositário judicial, os bens ficarão em poder do exequente.

§ 2º Os bens poderão ser depositados em poder do executado nos casos de difícil remoção ou quando anuir o exequente.

§ 3º As joias, as pedras e os objetos preciosos deverão ser depositados com registro do valor estimado de resgate.

Art. 841. Formalizada a penhora por qualquer dos meios legais, dela será imediatamente intimado o executado.

§ 1º A intimação da penhora será feita ao advogado do executado ou à sociedade de advogados a que aquele pertença.

§ 2º Se não houver constituído advogado nos autos, o executado será intimado pessoalmente, de preferência por via postal.

§ 3º O disposto no § 1º não se aplica aos casos de penhora realizada na presença do executado, que se reputa intimado.

§ 4º Considera-se realizada a intimação a que se refere o § 2º quando o executado houver mudado de endereço sem prévia comunicação ao juízo, observado o disposto no parágrafo único do art. 274.

Art. 842. Recaindo a penhora sobre bem imóvel ou direito real sobre imóvel, será intimado também o cônjuge do executado, salvo se forem casados em regime de separação absoluta de bens.

- Súm. 134, STJ.

Art. 843. Tratando-se de penhora de bem indivisível, o equivalente à quota-parte do coproprietário ou do cônjuge alheio à execução recairá sobre o produto da alienação do bem.

§ 1º É reservada ao coproprietário ou ao cônjuge não executado a preferência na arrematação do bem em igualdade de condições.

§ 2º Não será levada a efeito expropriação por preço inferior ao da avaliação na qual o valor auferido seja incapaz de garantir, ao coproprietário ou ao cônjuge alheio à execução, o correspondente à sua quota-parte calculado sobre o valor da avaliação.

Art. 844. Para presunção absoluta de conhecimento por terceiros, cabe ao exequente providenciar a averbação do arresto ou da penhora no registro competente, mediante apresentação de cópia do auto ou do termo, independentemente de mandado judicial.

- Súm. 375, STJ.

SUBSEÇÃO III
DO LUGAR DE REALIZAÇÃO DA PENHORA

Art. 845. Efetuar-se-á a penhora onde se encontrem os bens, ainda que sob a posse, a detenção ou a guarda de terceiros.

§ 1º A penhora de imóveis, independentemente de onde se localizem, quando apresentada certidão da respectiva matrícula, e a penhora de veículos automotores, quando apresentada certidão que ateste a sua existência, serão realizadas por termo nos autos.

§ 2º Se o executado não tiver bens no foro do processo, não sendo possível a realização da penhora nos termos do § 1º, a execução será feita por carta, penhorando-se, avaliando-se e alienando-se os bens no foro da situação.

- Súm. 46, STJ.

Art. 846. Se o executado fechar as portas da casa a fim de obstar a penhora dos bens, o oficial de justiça comunicará o fato ao juiz, solicitando-lhe ordem de arrombamento.

§ 1º Deferido o pedido, 2 (dois) oficiais de justiça cumprirão o mandado, arrombando cômodos e móveis em que se presuma estarem os bens, e lavrarão de tudo auto circunstanciado, que será assinado por 2 (duas) testemunhas presentes à diligência.

§ 2º Sempre que necessário, o juiz requisitará força policial, a fim de auxiliar os oficiais de justiça na penhora dos bens.

- art. 360, III, CPC.

§ 3º Os oficiais de justiça lavrarão em duplicata o auto da ocorrência, entregando uma via ao escrivão ou ao chefe de secretaria, para ser juntada aos autos, e a outra à autoridade policial a quem couber a apuração criminal dos eventuais delitos de desobediência ou de resistência.

§ 4º Do auto da ocorrência constará o rol de testemunhas, com a respectiva qualificação.

SUBSEÇÃO IV
DAS MODIFICAÇÕES DA PENHORA

Art. 847. O executado pode, no prazo de 10 (dez) dias contado da intimação da penhora, requerer a substituição do bem penhorado, desde que comprove que lhe será menos onerosa e não trará prejuízo ao exequente.

- art. 15, I, Lei 6.830/1980 (Execução Fiscal).
- *Vide* art. 805 do CPC.

§ 1º O juiz só autorizará a substituição se o executado:

I - comprovar as respectivas matrículas e os registros por certidão do correspondente ofício, quanto aos bens imóveis;

II - descrever os bens móveis, com todas as suas propriedades e características, bem como o estado deles e o lugar onde se encontram;

III - descrever os semoventes, com indicação de espécie, de número, de marca ou sinal e do local onde se encontram;

IV - identificar os créditos, indicando quem seja o devedor, qual a origem da dívida, o título que a representa e a data do vencimento; e

V - atribuir, em qualquer caso, valor aos bens indicados à penhora, além de especificar os ônus e os encargos a que estejam sujeitos.

§ 2º Requerida a substituição do bem penhorado, o executado deve indicar onde se encontram os bens sujeitos à execução, exibir a prova de sua propriedade e a certidão negativa ou positiva de ônus, bem como abster-se de qualquer atitude que dificulte ou embarace a realização da penhora.

§ 3º O executado somente poderá oferecer bem imóvel em substituição caso o requeira com a expressa anuência do cônjuge, salvo se o regime for o de separação absoluta de bens.

- arts. 842 e 843, CPC.

§ 4º O juiz intimará o exequente para manifestar-se sobre o requerimento de substituição do bem penhorado.

Art. 848. As partes poderão requerer a substituição da penhora se:

‣ Súm. 406, STJ.

I - ela não obedecer à ordem legal;

‣ art. 835, CPC.

II - ela não incidir sobre os bens designados em lei, contrato ou ato judicial para o pagamento;

III - havendo bens no foro da execução, outros tiverem sido penhorados;

IV - havendo bens livres, ela tiver recaído sobre bens já penhorados ou objeto de gravame;

V - ela incidir sobre bens de baixa liquidez;

VI - fracassar a tentativa de alienação judicial do bem; ou

VII - o executado não indicar o valor dos bens ou omitir qualquer das indicações previstas em lei.

Parágrafo único. A penhora pode ser substituída por fiança bancária ou por seguro garantia judicial, em valor não inferior ao do débito constante da inicial, acrescido de trinta por cento.

Art. 849. Sempre que ocorrer a substituição dos bens inicialmente penhorados, será lavrado novo termo.

Art. 850. Será admitida a redução ou a ampliação da penhora, bem como sua transferência para outros bens, se, no curso do processo, o valor de mercado dos bens penhorados sofrer alteração significativa.

Art. 851. Não se procede à segunda penhora, salvo se:

I - a primeira for anulada;

II - executados os bens, o produto da alienação não bastar para o pagamento do exequente;

III - o exequente desistir da primeira penhora, por serem litigiosos os bens ou por estarem submetidos a constrição judicial.

Art. 852. O juiz determinará a alienação antecipada dos bens penhorados quando:

I - se tratar de veículos automotores, de pedras e metais preciosos e de outros bens móveis sujeitos à depreciação ou à deterioração;

II - houver manifesta vantagem.

Art. 853. Quando uma das partes requerer alguma das medidas previstas nesta Subseção, o juiz ouvirá sempre a outra, no prazo de 3 (três) dias, antes de decidir.

Parágrafo único. O juiz decidirá de plano qualquer questão suscitada.

SUBSEÇÃO V
DA PENHORA DE DINHEIRO EM DEPÓSITO OU EM APLICAÇÃO FINANCEIRA

Art. 854. Para possibilitar a penhora de dinheiro em depósito ou em aplicação financeira, o juiz, a requerimento do exequente, sem dar ciência prévia do ato ao executado, determinará às instituições financeiras, por meio de sistema eletrônico gerido pela autoridade supervisora do sistema financeiro nacional, que torne indisponíveis ativos financeiros existentes em nome do executado, limitando-se a indisponibilidade ao valor indicado na execução.

‣ art. 837, CPC.

§ 1º No prazo de 24 (vinte e quatro) horas a contar da resposta, de ofício, o juiz determinará o cancelamento de eventual indisponibilidade excessiva, o que deverá ser cumprido pela instituição financeira em igual prazo.

§ 2º Tornados indisponíveis os ativos financeiros do executado, este será intimado na pessoa de seu advogado ou, não o tendo, pessoalmente.

§ 3º Incumbe ao executado, no prazo de 5 (cinco) dias, comprovar que:

I - as quantias tornadas indisponíveis são impenhoráveis;

II - ainda remanesce indisponibilidade excessiva de ativos financeiros.

§ 4º Acolhida qualquer das arguições dos incisos I e II do § 3º, o juiz determinará o cancelamento de eventual indisponibilidade irregular ou excessiva, a ser cumprido pela instituição financeira em 24 (vinte e quatro) horas.

§ 5º Rejeitada ou não apresentada a manifestação do executado, converter-se-á a indisponibilidade em penhora, sem necessidade de lavratura de termo, devendo o juiz da execução determinar à instituição financeira depositária que, no prazo de 24 (vinte e quatro) horas, transfira o montante indisponível para conta vinculada ao juízo da execução.

§ 6º Realizado o pagamento da dívida por outro meio, o juiz determinará, imediatamente, por sistema eletrônico gerido pela autoridade supervisora do sistema financeiro nacional, a notificação da instituição financeira para que, em até 24 (vinte e quatro) horas, cancele a indisponibilidade.

§ 7º As transmissões das ordens de indisponibilidade, de seu cancelamento e de determinação de penhora previstas neste artigo far-se-ão por meio de sistema eletrônico gerido pela autoridade supervisora do sistema financeiro nacional.

§ 8º A instituição financeira será responsável pelos prejuízos causados ao executado em decorrência da indisponibilidade de ativos financeiros em valor superior ao indicado na execução ou pelo juiz, bem como na hipótese de não cancelamento da indisponibilidade no prazo de 24 (vinte e quatro) horas, quando assim determinar o juiz.

§ 9º Quando se tratar de execução contra partido político, o juiz, a requerimento do exequente, determinará às instituições financeiras, por meio de sistema eletrônico gerido por autoridade supervisora do sistema bancário, que tornem indisponíveis ativos financeiros somente em nome do órgão partidário que tenha contraído a dívida executada ou que tenha dado causa à violação de direito ou ao dano, ao qual cabe exclusivamente a responsabilidade pelos atos praticados, na forma da lei.

SUBSEÇÃO VI
DA PENHORA DE CRÉDITOS

Art. 855. Quando recair em crédito do executado, enquanto não ocorrer a hipótese prevista no art. 856, considerar-se-á feita a penhora pela intimação:

‣ art. 312, CC.

I - ao terceiro devedor para que não pague ao executado, seu credor;

II - ao executado, credor do terceiro, para que não pratique ato de disposição do crédito.

Art. 856. A penhora de crédito representado por letra de câmbio, nota promissória, duplicata, cheque ou outros títulos far-se-á pela apreensão do documento, esteja ou não este em poder do executado.

§ 1º Se o título não for apreendido, mas o terceiro confessar a dívida, será este tido como depositário da importância.

§ 2º O terceiro só se exonerará da obrigação depositando em juízo a importância da dívida.

§ 3º Se o terceiro negar o débito em conluio com o executado, a quitação que este lhe der caracterizará fraude à execução.

‣ art. 792, CPC.

§ 4º A requerimento do exequente, o juiz determinará o comparecimento, em audiência especialmente designada, do executado e do terceiro, a fim de lhes tomar os depoimentos.

Art. 857. Feita a penhora em direito e ação do executado, e não tendo ele oferecido embargos ou sendo estes rejeitados, o exequente ficará sub-rogado nos direitos do executado até a concorrência de seu crédito.

§ 1º O exequente pode preferir, em vez da sub-rogação, a alienação judicial do direito penhorado, caso em que declarará sua vontade no prazo de 10 (dez) dias contado da realização da penhora.

§ 2º A sub-rogação não impede o sub-rogado, se não receber o crédito do executado, de prosseguir na execução, nos mesmos autos, penhorando outros bens.

Art. 858. Quando a penhora recair sobre dívidas de dinheiro a juros, de direito a rendas ou de prestações periódicas, o exequente poderá levantar os juros, os rendimentos ou as prestações à medida que forem sendo depositados, abatendo-se do crédito as importâncias recebidas, conforme as regras de imputação do pagamento.

Art. 859. Recaindo a penhora sobre direito a prestação ou a restituição de coisa determinada, o executado será intimado para, no vencimento, depositá-la, correndo sobre ela a execução.

Art. 860. Quando o direito estiver sendo pleiteado em juízo, a penhora que recair sobre ele será averbada, com destaque, nos autos pertinentes ao direito e na ação correspondente à penhora, a fim de que esta seja efetivada nos bens que forem adjudicados ou que vierem a caber ao executado.

‣ arts. 646, 792, II, 799, IX, CPC.

SUBSEÇÃO VII
DA PENHORA DAS QUOTAS OU DAS AÇÕES DE SOCIEDADES PERSONIFICADAS

Art. 861. Penhoradas as quotas ou as ações de sócio em sociedade simples ou empresária, o juiz assinará prazo razoável, não superior a 3 (três) meses, para que a sociedade:

I - apresente balanço especial, na forma da lei;

II - ofereça as quotas ou as ações aos demais sócios, observado o direito de preferência legal ou contratual;

III - não havendo interesse dos sócios na aquisição das ações, proceda à liquidação das quotas ou das ações, depositando em juízo o valor apurado, em dinheiro.

‣ arts. 1.102 a 1.112, CC.

§ 1º Para evitar a liquidação das quotas ou das ações, a sociedade poderá adquiri-las sem redução do capital social e com utilização de reservas, para manutenção em tesouraria.

§ 2º O disposto no *caput* e no § 1º não se aplica à sociedade anônima de capital aberto, cujas ações serão adjudicadas ao exequente ou alienadas em bolsa de valores, conforme o caso.

§ 3º Para os fins da liquidação de que trata o inciso III do *caput*, o juiz poderá, a requerimento do exequente ou da sociedade, nomear administrador, que deverá submeter à aprovação judicial a forma de liquidação.

§ 4º O prazo previsto no *caput* poderá ser ampliado pelo juiz, se o pagamento das quotas ou das ações liquidadas:

I - superar o valor do saldo de lucros ou reservas, exceto a legal, e sem diminuição do capital social, ou por doação; ou

II - colocar em risco a estabilidade financeira da sociedade simples ou empresária.

§ 5º Caso não haja interesse dos demais sócios no exercício de direito de preferência, não ocorra a aquisição das quotas ou das ações pela sociedade e a liquidação do inciso III do *caput* seja excessivamente onerosa para a sociedade, o juiz poderá determinar o leilão judicial das quotas ou das ações.

SUBSEÇÃO VIII
DA PENHORA DE EMPRESA, DE OUTROS ESTABELECIMENTOS E DE SEMOVENTES

Art. 862. Quando a penhora recair em estabelecimento comercial, industrial ou agrícola, bem como em semoventes, plantações ou edifícios em construção, o juiz nomeará administrador-depositário, determinando-lhe que apresente em 10 (dez) dias o plano de administração.

§ 1º Ouvidas as partes, o juiz decidirá.

§ 2º É lícito às partes ajustar a forma de administração e escolher o depositário, hipótese em que o juiz homologará por despacho a indicação.

§ 3º Em relação aos edifícios em construção sob regime de incorporação imobiliária, a penhora somente poderá recair sobre as unidades imobiliárias ainda não comercializadas pelo incorporador.

§ 4º Sendo necessário afastar o incorporador da administração da incorporação, será ela exercida pela comissão de representantes dos adquirentes ou, se se tratar de construção financiada, por empresa ou profissional indicado pela instituição fornecedora dos recursos para a obra, devendo ser ouvida, neste último caso, a comissão de representantes dos adquirentes.

Art. 863. A penhora de empresa que funcione mediante concessão ou autorização far-se-á, conforme o valor do crédito, sobre a renda, sobre determinados bens ou sobre todo o patrimônio, e o juiz nomeará como depositário, de preferência, um de seus diretores.

‣ Súm. 319, STJ.

§ 1º Quando a penhora recair sobre a renda ou sobre determinados bens, o administrador-depositário apresentará a forma de administração e o esquema de pagamento, observando-se, quanto ao mais, o disposto em relação ao regime de penhora de frutos e rendimentos de coisa móvel e imóvel.

§ 2º Recaindo a penhora sobre todo o patrimônio, prosseguirá a execução em seus ulteriores termos, ouvindo-se, antes da arrematação ou da adjudicação, o ente público que houver outorgado a concessão.

Art. 864. A penhora de navio ou de aeronave não obsta que continuem navegando ou operando até a alienação, mas o juiz, ao conceder a autorização para tanto, não permitirá que saiam do porto ou do aeroporto antes que o executado faça o seguro usual contra riscos.

Art. 865. A penhora de que trata esta Subseção somente será determinada se não houver outro meio eficaz para a efetivação do crédito.

SUBSEÇÃO IX
DA PENHORA DE PERCENTUAL DE FATURAMENTO DE EMPRESA

Art. 866. Se o executado não tiver outros bens penhoráveis ou se, tendo-os, esses forem de difícil alienação ou insuficientes para saldar o crédito executado, o juiz poderá ordenar a penhora de percentual de faturamento de empresa.

§ 1º O juiz fixará percentual que propicie a satisfação do crédito exequendo em tempo razoável, mas que não torne inviável o exercício da atividade empresarial.

§ 2º O juiz nomeará administrador-depositário, o qual submeterá à aprovação judicial a forma de sua atuação e prestará contas mensalmente, entregando em juízo as quantias recebidas, com os respectivos balancetes mensais, a fim de serem imputadas no pagamento da dívida.

§ 3º Na penhora de percentual de faturamento de empresa, observar-se-á, no que couber, o disposto quanto ao regime de penhora de frutos e rendimentos de coisa móvel e imóvel.

SUBSEÇÃO X
DA PENHORA DE FRUTOS E RENDIMENTOS DE COISA MÓVEL OU IMÓVEL

‣ arts. 1.390 a 1.411, CC.

Art. 867. O juiz pode ordenar a penhora de frutos e rendimentos de coisa móvel ou imóvel quando a considerar mais eficiente para o recebimento do crédito e menos gravosa ao executado.

‣ arts. 805, 829, § 2º, e 847, CPC.

Art. 868. Ordenada a penhora de frutos e rendimentos, o juiz nomeará administrador-depositário, que será investido de todos os poderes que concernem à administração do bem e à fruição de seus frutos e utilidades, perdendo o executado o direito de gozo do bem, até que o exequente seja pago do principal, dos juros, das custas e dos honorários advocatícios.

§ 1º A medida terá eficácia em relação a terceiros a partir da publicação da decisão que a conceda ou de sua averbação no ofício imobiliário, em caso de imóveis.

‣ art. 1.391, CC.

§ 2º O exequente providenciará a averbação no ofício imobiliário mediante a apresentação de certidão de inteiro teor do ato, independentemente de mandado judicial.

Art. 869. O juiz poderá nomear administrador-depositário o exequente ou o executado, ouvida a parte contrária, e, não havendo acordo, nomeará profissional qualificado para o desempenho da função.

‣ art. 1.394, CC.

§ 1º O administrador submeterá à aprovação judicial a forma de administração e a de prestar contas periodicamente.

§ 2º Havendo discordância entre as partes ou entre essas e o administrador, o juiz decidirá a melhor forma de administração do bem.

§ 3º Se o imóvel estiver arrendado, o inquilino pagará o aluguel diretamente ao exequente, salvo se houver administrador.

§ 4º O exequente ou o administrador poderá celebrar locação do móvel ou do imóvel, ouvido o executado.

§ 5º As quantias recebidas pelo administrador serão entregues ao exequente, a fim de serem imputadas ao pagamento da dívida.

§ 6º O exequente dará ao executado, por termo nos autos, quitação das quantias recebidas.

SUBSEÇÃO XI
DA AVALIAÇÃO

Art. 870. A avaliação será feita pelo oficial de justiça.

‣ art. 154, V, CPC.

Parágrafo único. Se forem necessários conhecimentos especializados e o valor da execução o comportar, o juiz nomeará avaliador, fixando-lhe prazo não superior a 10 (dez) dias para entrega do laudo.

Art. 871. Não se procederá à avaliação quando:

I - uma das partes aceitar a estimativa feita pela outra;

‣ art. 1.484, CC.

II - se tratar de títulos ou de mercadorias que tenham cotação em bolsa, comprovada por certidão ou publicação no órgão oficial;

III - se tratar de títulos da dívida pública, de ações de sociedades e de títulos de crédito negociáveis em bolsa, cujo valor será o da cotação oficial do dia, comprovada por certidão ou publicação no órgão oficial;

IV - se tratar de veículos automotores ou de outros bens cujo preço médio de mercado possa ser conhecido por meio de pesquisas realizadas por órgãos oficiais ou de anúncios de venda divulgados em meios de comunicação, caso em que caberá a quem fizer a nomeação o encargo de comprovar a cotação de mercado.

Parágrafo único. Ocorrendo a hipótese do inciso I deste artigo, a avaliação poderá ser realizada quando houver fundada dúvida do juiz quanto ao real valor do bem.

Art. 872. A avaliação realizada pelo oficial de justiça constará de vistoria e de laudo anexados ao auto de penhora ou, em caso de perícia realizada por avaliador, de laudo apresentado no prazo fixado pelo juiz, devendo-se, em qualquer hipótese, especificar:

‣ art. 631, CPC.

I - os bens, com as suas características, e o estado em que se encontram;

II - o valor dos bens.

§ 1º Quando o imóvel for suscetível de cômoda divisão, a avaliação, tendo em conta o crédito reclamado, será realizada em partes, sugerindo-se, com a apresentação de memorial descritivo, os possíveis desmembramentos para alienação.

§ 2º Realizada a avaliação e, sendo o caso, apresentada a proposta de desmembramento, as partes serão ouvidas no prazo de 5 (cinco) dias.

Art. 873. É admitida nova avaliação quando:

▸ arts. 631 e 878, CPC.

I - qualquer das partes arguir, fundamentadamente, a ocorrência de erro na avaliação ou dolo do avaliador;

II - se verificar, posteriormente à avaliação, que houve majoração ou diminuição no valor do bem;

III - o juiz tiver fundada dúvida sobre o valor atribuído ao bem na primeira avaliação.

Parágrafo único. Aplica-se o art. 480 à nova avaliação prevista no inciso III do *caput* deste artigo.

Art. 874. Após a avaliação, o juiz poderá, a requerimento do interessado e ouvida a parte contrária, mandar:

I - reduzir a penhora aos bens suficientes ou transferi-la para outros, se o valor dos bens penhorados for consideravelmente superior ao crédito do exequente e dos acessórios;

II - ampliar a penhora ou transferi-la para outros bens mais valiosos, se o valor dos bens penhorados for inferior ao crédito do exequente.

▸ art. 15, II, Lei 6.830/1980 (Execução Fiscal).

Art. 875. Realizadas a penhora e a avaliação, o juiz dará início aos atos de expropriação do bem.

SEÇÃO IV
DA EXPROPRIAÇÃO DE BENS

SUBSEÇÃO I
DA ADJUDICAÇÃO

Art. 876. É lícito ao exequente, oferecendo preço não inferior ao da avaliação, requerer que lhe sejam adjudicados os bens penhorados.

§ 1º Requerida a adjudicação, o executado será intimado do pedido:

I - pelo Diário da Justiça, na pessoa de seu advogado constituído nos autos;

II - por carta com aviso de recebimento, quando representado pela Defensoria Pública ou quando não tiver procurador constituído nos autos;

III - por meio eletrônico, quando, sendo o caso do § 1º do art. 246, não tiver procurador constituído nos autos.

§ 2º Considera-se realizada a intimação quando o executado houver mudado de endereço sem prévia comunicação ao juízo, observado o disposto no art. 274, parágrafo único.

§ 3º Se o executado, citado por edital, não tiver procurador constituído nos autos, é dispensável a intimação prevista no § 1º.

§ 4º Se o valor do crédito for:

I - inferior ao dos bens, o requerente da adjudicação depositará de imediato a diferença, que ficará à disposição do executado;

II - superior ao dos bens, a execução prosseguirá pelo saldo remanescente.

§ 5º Idêntico direito pode ser exercido por aqueles indicados no art. 889, incisos II a VIII, pelos credores concorrentes que hajam penhorado o mesmo bem, pelo cônjuge, pelo companheiro, pelos descendentes ou pelos ascendentes do executado.

§ 6º Se houver mais de um pretendente, proceder-se-á a licitação entre eles, tendo preferência, em caso de igualdade de oferta, o cônjuge, o companheiro, o descendente ou o ascendente, nessa ordem.

§ 7º No caso de penhora de quota social ou de ação de sociedade anônima fechada realizada em favor de exequente alheio à sociedade, esta será intimada, ficando responsável por informar aos sócios a ocorrência da penhora, assegurando-se a estes a preferência.

Art. 877. Transcorrido o prazo de 5 (cinco) dias, contado da última intimação, e decididas eventuais questões, o juiz ordenará a lavratura do auto de adjudicação.

§ 1º Considera-se perfeita e acabada a adjudicação com a lavratura e a assinatura do auto pelo juiz, pelo adjudicatário, pelo escrivão ou chefe de secretaria, e, se estiver presente, pelo executado, expedindo-se:

I - a carta de adjudicação e o mandado de imissão na posse, quando se tratar de bem imóvel;

II - a ordem de entrega ao adjudicatário, quando se tratar de bem móvel.

§ 2º A carta de adjudicação conterá a descrição do imóvel, com remissão à sua matrícula e aos seus registros, a cópia do auto de adjudicação e a prova de quitação do imposto de transmissão.

§ 3º No caso de penhora de bem hipotecado, o executado poderá remi-lo até a assinatura do auto de adjudicação, oferecendo preço igual ao da avaliação, se não tiver havido licitantes, ou ao do maior lance oferecido.

§ 4º Na hipótese de falência ou de insolvência do devedor hipotecário, o direito de remição previsto no § 3º será deferido à massa ou aos credores em concurso, não podendo o exequente recusar o preço da avaliação do imóvel.

Art. 878. Frustradas as tentativas de alienação do bem, será reaberta oportunidade para requerimento de adjudicação, caso em que também se poderá pleitear a realização de nova avaliação.

SUBSEÇÃO II
DA ALIENAÇÃO

Art. 879. A alienação far-se-á:

I - por iniciativa particular;

II - em leilão judicial eletrônico ou presencial.

Art. 880. Não efetivada a adjudicação, o exequente poderá requerer a alienação por sua própria iniciativa ou por intermédio de corretor ou leiloeiro público credenciado perante o órgão judiciário.

§ 1º O juiz fixará o prazo em que a alienação deve ser efetivada, a forma de publicidade, o preço mínimo, as condições de pagamento, as garantias e, se for o caso, a comissão de corretagem.

§ 2º A alienação será formalizada por termo nos autos, com a assinatura do juiz, do exequente, do adquirente e, se estiver presente, do executado, expedindo-se:

I - a carta de alienação e o mandado de imissão na posse, quando se tratar de bem imóvel;

II - a ordem de entrega ao adquirente, quando se tratar de bem móvel.

§ 3º Os tribunais poderão editar disposições complementares sobre o procedimento da alienação prevista neste artigo, admitindo, quando for o caso, o concurso de meios eletrônicos, e dispor sobre o credenciamento dos corretores e leiloeiros públicos, os quais deverão estar em exercício profissional por não menos que 3 (três) anos.

§ 4º Nas localidades em que não houver corretor ou leiloeiro público credenciado nos termos do § 3º, a indicação será de livre escolha do exequente.

Art. 881. A alienação far-se-á em leilão judicial se não efetivada a adjudicação ou a alienação por iniciativa particular.

§ 1º O leilão do bem penhorado será realizado por leiloeiro público.

§ 2º Ressalvados os casos de alienação a cargo de corretores de bolsa de valores, todos os demais bens serão alienados em leilão público.

Art. 882. Não sendo possível a sua realização por meio eletrônico, o leilão será presencial.

§ 1º A alienação judicial por meio eletrônico será realizada, observando-se as garantias processuais das partes, de acordo com regulamentação específica do Conselho Nacional de Justiça.

§ 2º A alienação judicial por meio eletrônico deverá atender aos requisitos de ampla publicidade, autenticidade e segurança, com observância das regras estabelecidas na legislação sobre certificação digital.

§ 3º O leilão presencial será realizado no local designado pelo juiz.

▸ art. 23, Lei 6.830/1980 (Execução Fiscal).

Art. 883. Caberá ao juiz a designação do leiloeiro público, que poderá ser indicado pelo exequente.

Art. 884. Incumbe ao leiloeiro público:

I - publicar o edital, anunciando a alienação;

II - realizar o leilão onde se encontrem os bens ou no lugar designado pelo juiz;

III - expor aos pretendentes os bens ou as amostras das mercadorias;

IV - receber e depositar, dentro de 1 (um) dia, à ordem do juiz, o produto da alienação;

V - prestar contas nos 2 (dois) dias subsequentes ao depósito.

Parágrafo único. O leiloeiro tem o direito de receber do arrematante a comissão estabelecida em lei ou arbitrada pelo juiz.

Art. 885. O juiz da execução estabelecerá o preço mínimo, as condições de pagamento e as garantias que poderão ser prestadas pelo arrematante.

▸ art. 130, p.ún., CTN.

Art. 886. O leilão será precedido de publicação de edital, que conterá:

▸ art. 22, Lei 6.830/1980 (Execução Fiscal).

I - a descrição do bem penhorado, com suas características, e, tratando-se de imóvel, sua situação e suas divisas, com remissão à matrícula e aos registros;

II - o valor pelo qual o bem foi avaliado, o preço mínimo pelo qual poderá ser alienado, as condições de pagamento e, se for o caso, a comissão do leiloeiro designado;

III - o lugar onde estiverem os móveis, os veículos e os semoventes e, tratando-se de créditos ou direitos, a identificação dos autos do processo em que foram penhorados;

IV - o sítio, na rede mundial de computadores, e o período em que se realizará o leilão, salvo se este se der de modo presencial, hipótese em que serão indicados o local, o dia e a hora de sua realização;

V - a indicação de local, dia e hora de segundo leilão presencial, para a hipótese de não haver interessado no primeiro;

VI - menção da existência de ônus, recurso ou processo pendente sobre os bens a serem leiloados.

Parágrafo único. No caso de títulos da dívida pública e de títulos negociados em bolsa, constará do edital o valor da última cotação.

Art. 887. O leiloeiro público designado adotará providências para a ampla divulgação da alienação.

§ 1º A publicação do edital deverá ocorrer pelo menos 5 (cinco) dias antes da data marcada para o leilão.

§ 2º O edital será publicado na rede mundial de computadores, em sítio designado pelo juízo da execução, e conterá descrição detalhada e, sempre que possível, ilustrada dos bens, informando expressamente se o leilão se realizará de forma eletrônica ou presencial.

§ 3º Não sendo possível a publicação na rede mundial de computadores ou considerando o juiz, em atenção às condições da sede do juízo, que esse modo de divulgação é insuficiente ou inadequado, o edital será afixado em local de costume e publicado, em resumo, pelo menos uma vez em jornal de ampla circulação local.

§ 4º Atendendo ao valor dos bens e às condições da sede do juízo, o juiz poderá alterar a forma e a frequência da publicidade na imprensa, mandar publicar o edital em local de ampla circulação de pessoas e divulgar avisos em emissora de rádio ou televisão local, bem como em sítios distintos do indicado no § 2º.

§ 5º Os editais de leilão de imóveis e de veículos automotores serão publicados pela imprensa ou por outros meios de divulgação, preferencialmente na seção ou no local reservados à publicidade dos respectivos negócios.

§ 6º O juiz poderá determinar a reunião de publicações em listas referentes a mais de uma execução.

Art. 888. Não se realizando o leilão por qualquer motivo, o juiz mandará publicar a transferência, observando-se o disposto no art. 887.

Parágrafo único. O escrivão, o chefe de secretaria ou o leiloeiro que culposamente der causa à transferência responde pelas despesas da nova publicação, podendo o juiz aplicar-lhe a pena de suspensão por 5 (cinco) dias a 3 (três) meses, em procedimento administrativo regular.

Art. 889. Serão cientificados da alienação judicial, com pelo menos 5 (cinco) dias de antecedência:

I - o executado, por meio de seu advogado ou, se não tiver procurador constituído nos autos, por carta registrada, mandado, edital ou outro meio idôneo;

II - o coproprietário de bem indivisível do qual tenha sido penhorada fração ideal;

III - o titular de usufruto, uso, habitação, enfiteuse, direito de superfície, concessão de uso especial para fins de moradia ou concessão de direito real de uso, quando a penhora recair sobre bem gravado com tais direitos reais;

IV - o proprietário do terreno submetido ao regime de direito de superfície, enfiteuse, concessão de uso especial para fins de moradia ou concessão de direito real de uso, quando a penhora recair sobre tais direitos reais;

V - o credor pignoratício, hipotecário, anticrético, fiduciário ou com penhora anteriormente averbada, quando a penhora recair sobre bens com tais gravames, caso não seja o credor, de qualquer modo, parte na execução;

VI - o promitente comprador, quando a penhora recair sobre bem em relação ao qual haja promessa de compra e venda registrada;

VII - o promitente vendedor, quando a penhora recair sobre direito aquisitivo derivado de promessa de compra e venda registrada;

VIII - a União, o Estado e o Município, no caso de alienação de bem tombado.

Parágrafo único. Se o executado for revel e não tiver advogado constituído, não constando dos autos seu endereço atual ou, ainda, não sendo ele encontrado no endereço constante do processo, a intimação considerar-se-á feita por meio do próprio edital de leilão.

Art. 890. Pode oferecer lance quem estiver na livre administração de seus bens, com exceção:

I - dos tutores, dos curadores, dos testamenteiros, dos administradores ou dos liquidantes, quanto aos bens confiados à sua guarda e à sua responsabilidade;

II - dos mandatários, quanto aos bens de cuja administração ou alienação estejam encarregados;

III - do juiz, do membro do Ministério Público e da Defensoria Pública, do escrivão, do chefe de secretaria e dos demais servidores e auxiliares da justiça, em relação aos bens e direitos objeto de alienação na localidade onde servirem ou a que se estender a sua autoridade;

IV - dos servidores públicos em geral, quanto aos bens ou aos direitos da pessoa jurídica a que servirem ou que estejam sob sua administração direta ou indireta;

V - dos leiloeiros e seus prepostos, quanto aos bens de cuja venda estejam encarregados;

VI - dos advogados de qualquer das partes.

Art. 891. Não será aceito lance que ofereça preço vil.

▸ art. 903, § 1º, I, CPC.

▸ Súm. 128, STJ.

Parágrafo único. Considera-se vil o preço inferior ao mínimo estipulado pelo juiz e constante do edital, e, não tendo sido fixado preço mínimo, considera-se vil o preço inferior a cinquenta por cento do valor da avaliação.

Art. 892. Salvo pronunciamento judicial em sentido diverso, o pagamento deverá ser realizado de imediato pelo arrematante, por depósito judicial ou por meio eletrônico.

▸ art. 130, p.ún., CTN.

§ 1º Se o exequente arrematar os bens e for o único credor, não estará obrigado a exibir o preço, mas, se o valor dos bens exceder ao seu crédito, depositará, dentro de 3 (três) dias, a diferença, sob pena de tornar-se sem efeito a arrematação, e, nesse caso, realizar-se-á novo leilão, à custa do exequente.

§ 2º Se houver mais de um pretendente, proceder-se-á entre eles à licitação, e, no caso de igualdade de oferta, terá preferência o cônjuge, o companheiro, o descendente ou o ascendente do executado, nessa ordem.

§ 3º No caso de leilão de bem tombado, a União, os Estados e os Municípios terão, nessa ordem, o direito de preferência na arrematação, em igualdade de oferta.

Art. 893. Se o leilão for de diversos bens e houver mais de um lançador, terá preferência aquele que se propuser a arrematá-los todos, em conjunto, oferecendo, para os bens que não tiverem lance, preço igual ao da avaliação e, para os demais, preço igual ao do maior lance que, na tentativa de arrematação individualizada, tenha sido oferecido para eles.

▸ art. 23, § 1º, Lei 6.830/1980 (Execução Fiscal).

Art. 894. Quando o imóvel admitir cômoda divisão, o juiz, a requerimento do executado, ordenará a alienação judicial de parte dele, desde que suficiente para o pagamento do exequente e para a satisfação das despesas da execução.

§ 1º Não havendo lançador, far-se-á a alienação do imóvel em sua integridade.

§ 2º A alienação por partes deverá ser requerida a tempo de permitir a avaliação das glebas destacadas e sua inclusão no edital, e, nesse caso, caberá ao executado instruir o requerimento com planta e memorial descritivo subscritos por profissional habilitado.

Art. 895. O interessado em adquirir o bem penhorado em prestações poderá apresentar, por escrito:

I - até o início do primeiro leilão, proposta de aquisição do bem por valor não inferior ao da avaliação;

II - até o início do segundo leilão, proposta de aquisição do bem por valor que não seja considerado vil.

§ 1º A proposta conterá, em qualquer hipótese, oferta de pagamento de pelo menos vinte e cinco por cento do valor do lance à vista e o restante parcelado em até 30 (trinta) meses, garantido por caução idônea, quando se tratar de móveis, e por hipoteca do próprio bem, quando se tratar de imóveis.

§ 2º As propostas para aquisição em prestações indicarão o prazo, a modalidade, o indexador de correção monetária e as condições de pagamento do saldo.

§ 3º (Vetado).

§ 4º No caso de atraso no pagamento de qualquer das prestações, incidirá multa de dez por cento sobre a soma da parcela inadimplida com as parcelas vincendas.

§ 5º O inadimplemento autoriza o exequente a pedir a resolução da arrematação ou promover, em face do arrematante, a execução do valor devido, devendo ambos os pedidos ser formulados nos autos da execução em que se deu a arrematação.

§ 6º A apresentação da proposta prevista neste artigo não suspende o leilão.

§ 7º A proposta de pagamento do lance à vista sempre prevalecerá sobre as propostas de pagamento parcelado.

§ 8º Havendo mais de uma proposta de pagamento parcelado:

I - em diferentes condições, o juiz decidirá pela mais vantajosa, assim compreendida, sempre, a de maior valor;

II - em iguais condições, o juiz decidirá pela formulada em primeiro lugar.

§ 9º No caso de arrematação a prazo, os pagamentos feitos pelo arrematante pertencerão ao exequente até o limite de seu crédito, e os subsequentes, ao executado.

Art. 896. Quando o imóvel de incapaz não alcançar em leilão pelo menos oitenta por cento do valor da avaliação, o juiz o confiará à guarda e à administração de depositário idôneo, adiando a alienação por prazo não superior a 1 (um) ano.

§ 1º Se, durante o adiamento, algum pretendente assegurar, mediante caução idônea, o preço da avaliação, o juiz ordenará a alienação em leilão.

§ 2º Se o pretendente à arrematação se arrepender, o juiz impor-lhe-á multa de vinte por cento sobre o valor da avaliação, em benefício do incapaz, valendo a decisão como título executivo.

§ 3º Sem prejuízo do disposto nos §§ 1º e 2º, o juiz poderá autorizar a locação do imóvel no prazo do adiamento.

§ 4º Findo o prazo do adiamento, o imóvel será submetido a novo leilão.

Art. 897. Se o arrematante ou seu fiador não pagar o preço no prazo estabelecido, o juiz impor-lhe-á, em favor do exequente, a perda da caução, voltando os bens a novo leilão, do qual não serão admitidos a participar o arrematante e o fiador remissos.

Art. 898. O fiador do arrematante que pagar o valor do lance e a multa poderá requerer que a arrematação lhe seja transferida.

Art. 899. Será suspensa a arrematação logo que o produto da alienação dos bens for suficiente para o pagamento do credor e para a satisfação das despesas da execução.

Art. 900. O leilão prosseguirá no dia útil imediato, à mesma hora em que teve início, independentemente de novo edital, se for ultrapassado o horário de expediente forense.

› art. 212, CPC.

Art. 901. A arrematação constará de auto que será lavrado de imediato e poderá abranger bens penhorados em mais de uma execução, nele mencionadas as condições nas quais foi alienado o bem.

§ 1º A ordem de entrega do bem móvel ou a carta de arrematação do bem imóvel, com o respectivo mandado de imissão na posse, será expedida depois de efetuado o depósito ou prestadas as garantias pelo arrematante, bem como realizado o pagamento da comissão do leiloeiro e das demais despesas da execução.

§ 2º A carta de arrematação conterá a descrição do imóvel, com remissão à sua matrícula ou individuação e aos seus registros, a cópia do auto de arrematação e a prova de pagamento do imposto de transmissão, além da indicação da existência de eventual ônus real ou gravame.

Art. 902. No caso de leilão de bem hipotecado, o executado poderá remi-lo até a assinatura do auto de arrematação, oferecendo preço igual ao do maior lance oferecido.

Parágrafo único. No caso de falência ou insolvência do devedor hipotecário, o direito de remição previsto no *caput* defere-se à massa ou aos credores em concurso, não podendo o exequente recusar o preço da avaliação do imóvel.

Art. 903. Qualquer que seja a modalidade de leilão, assinado o auto pelo juiz, pelo arrematante e pelo leiloeiro, a arrematação será considerada perfeita, acabada e irretratável, ainda que venham a ser julgados procedentes os embargos do executado ou a ação autônoma de que trata o § 4º deste artigo, assegurada a possibilidade de reparação pelos prejuízos sofridos.

§ 1º Ressalvadas outras situações previstas neste Código, a arrematação poderá, no entanto, ser:

I - invalidada, quando realizada por preço vil ou com outro vício;

II - considerada ineficaz, se não observado o disposto no art. 804;

III - resolvida, se não for pago o preço ou se não for prestada a caução.

§ 2º O juiz decidirá acerca das situações referidas no § 1º, se for provocado em até 10 (dez) dias após o aperfeiçoamento da arrematação.

§ 3º Passado o prazo previsto no § 2º sem que tenha havido alegação de qualquer das situações previstas no § 1º, será expedida a carta de arrematação e, conforme o caso, a ordem de entrega ou mandado de imissão na posse.

§ 4º Após a expedição da carta de arrematação ou da ordem de entrega, a invalidação da arrematação poderá ser pleiteada por ação autônoma, em cujo processo o arrematante figurará como litisconsorte necessário.

» *Vide* art. 114 do CPC.

§ 5º O arrematante poderá desistir da arrematação, sendo-lhe imediatamente devolvido o depósito que tiver feito:

I - se provar, nos 10 (dez) dias seguintes, a existência de ônus real ou gravame não mencionado no edital;

II - se, antes de expedida a carta de arrematação ou a ordem de entrega, o executado alegar alguma das situações previstas no § 1º;

III - uma vez citado para responder a ação autônoma de que trata o § 4º deste artigo, desde que apresente a desistência no prazo de que dispõe para responder a essa ação.

§ 6º Considera-se ato atentatório à dignidade da justiça a suscitação infundada de vício com o objetivo de ensejar a desistência do arrematante, devendo o suscitante ser condenado, sem prejuízo da responsabilidade por perdas e danos, ao pagamento de multa, a ser fixada pelo juiz e devida ao exequente, em montante não superior a vinte por cento do valor atualizado do bem.

SEÇÃO V
DA SATISFAÇÃO DO CRÉDITO

Art. 904. A satisfação do crédito exequendo far-se-á:

› art. 916, *caput*, §§ 3º a 5º, CPC.

I - pela entrega do dinheiro;

II - pela adjudicação dos bens penhorados.

Art. 905. O juiz autorizará que o exequente levante, até a satisfação integral de seu crédito, o dinheiro depositado para segurar o juízo ou o produto dos bens alienados, bem como do faturamento de empresa ou de outros frutos e rendimentos de coisas ou empresas penhoradas, quando:

› art. 858, CPC.

I - a execução for movida só a benefício do exequente singular, a quem, por força da penhora, cabe o direito de preferência sobre os bens penhorados e alienados;

II - não houver sobre os bens alienados outros privilégios ou preferências instituídos anteriormente à penhora.

Parágrafo único. Durante o plantão judiciário, veda-se a concessão de pedidos de levantamento de importância em dinheiro ou valores ou de liberação de bens apreendidos.

Art. 906. Ao receber o mandado de levantamento, o exequente dará ao executado, por termo nos autos, quitação da quantia paga.

Parágrafo único. A expedição de mandado de levantamento poderá ser substituída pela transferência eletrônica do valor depositado em conta vinculada ao juízo para outra indicada pelo exequente.

Art. 907. Pago ao exequente o principal, os juros, as custas e os honorários, a importância que sobrar será restituída ao executado.

Art. 908. Havendo pluralidade de credores ou exequentes, o dinheiro lhes será distribuído e entregue consoante a ordem das respectivas preferências.

§ 1º No caso de adjudicação ou alienação, os créditos que recaem sobre o bem, inclusive os de natureza propter rem, sub-rogam-se sobre o respectivo preço, observada a ordem de preferência.

§ 2º Não havendo título legal à preferência, o dinheiro será distribuído entre os concorrentes, observando-se a anterioridade de cada penhora.

Art. 909. Os exequentes formularão as suas pretensões, que versarão unicamente sobre o direito de preferência e a anterioridade da penhora, e, apresentadas as razões, o juiz decidirá.

CAPÍTULO V
DA EXECUÇÃO CONTRA A FAZENDA PÚBLICA

Art. 910. Na execução fundada em título extrajudicial, a Fazenda Pública será citada para opor embargos em 30 (trinta) dias.

› Súm. 279 e 339, STJ.

§ 1º Não opostos embargos ou transitada em julgado a decisão que os rejeitar, expedir-se-á precatório ou requisição de pequeno valor em favor do exequente, observando-se o disposto no art. 100 da Constituição Federal.

§ 2º Nos embargos, a Fazenda Pública poderá alegar qualquer matéria que lhe seria lícito deduzir como defesa no processo de conhecimento.

§ 3º Aplica-se a este Capítulo, no que couber, o disposto nos artigos 534 e 535.

CAPÍTULO VI
DA EXECUÇÃO DE ALIMENTOS

» *Vide* arts. 528 a 533 do CPC.

» *Vide* Súmulas 309 e 621 do STJ.

Art. 911. Na execução fundada em título executivo extrajudicial que contenha obrigação alimentar, o juiz mandará citar o executado para, em 3 (três) dias, efetuar o pagamento das parcelas anteriores ao início da execução e das que se vencerem no seu curso, provar que o fez ou justificar a impossibilidade de fazê-lo.

‣ arts. 1.694 a 1.710, CC.
‣ Súm. 144 e 309, STJ.
» *Vide* arts. 733 e 784, IV, do CPC.

Parágrafo único. Aplicam-se, no que couber, os §§ 2º a 7º do art. 528.

» *Vide* art. 19, § 2.º, da Lei n. 5478, de 25-7-1968.

Art. 912. Quando o executado for funcionário público, militar, diretor ou gerente de empresa, bem como empregado sujeito à legislação do trabalho, o exequente poderá requerer o desconto em folha de pagamento de pessoal da importância da prestação alimentícia.

‣ art. 1.701, p.ún., CC.
‣ art. 115, IV, Lei 8.213/1991 (Previdência Social).

§ 1º Ao despachar a inicial, o juiz oficiará à autoridade, à empresa ou ao empregador, determinando, sob pena de crime de desobediência, o desconto a partir da primeira remuneração posterior do executado, a contar do protocolo do ofício.

§ 2º O ofício conterá os nomes e o número de inscrição no Cadastro de Pessoas Físicas do exequente e do executado, a importância a ser descontada mensalmente, a conta na qual deve ser feito o depósito e, se for o caso, o tempo de sua duração.

Art. 913. Não requerida a execução nos termos deste Capítulo, observar-se-á o disposto no art. 824 e seguintes, com a ressalva de que, recaindo a penhora em dinheiro, a concessão de efeito suspensivo aos embargos à execução não obsta a que o exequente levante mensalmente a importância da prestação.

TÍTULO III
DOS EMBARGOS À EXECUÇÃO

Art. 914. O executado, independentemente de penhora, depósito ou caução, poderá se opor à execução por meio de embargos.

‣ art. 917, CPC.
» *Vide* art. 319 do CPC.

§ 1º Os embargos à execução serão distribuídos por dependência, autuados em apartado e instruídos com cópias das peças processuais relevantes, que poderão ser declaradas autênticas pelo próprio advogado, sob sua responsabilidade pessoal.

‣ art. 425, IV, CPC.

§ 2º Na execução por carta, os embargos serão oferecidos no juízo deprecante ou no juízo deprecado, mas a competência para julgá-los é do juízo deprecante, salvo se versarem unicamente sobre vícios ou defeitos da penhora, da avaliação ou da alienação dos bens efetuadas no juízo deprecado.

‣ arts. 260 a 268, CPC.
‣ Súm. 46, STJ.

Art. 915. Os embargos serão oferecidos no prazo de 15 (quinze) dias, contado, conforme o caso, na forma do art. 231.

§ 1º Quando houver mais de um executado, o prazo para cada um deles embargar conta-se a partir da juntada do respectivo comprovante da citação, salvo no caso de cônjuges ou de companheiros, quando será contado a partir da juntada do último.

‣ Súm. 134, STJ.

§ 2º Nas execuções por carta, o prazo para embargos será contado:

I - da juntada, na carta, da certificação da citação, quando versarem unicamente sobre vícios ou defeitos da penhora, da avaliação ou da alienação dos bens;

II - da juntada, nos autos de origem, do comunicado de que trata o § 4º deste artigo ou, não havendo este, da juntada da carta devidamente cumprida, quando versarem sobre questões diversas da prevista no inciso I deste parágrafo.

§ 3º Em relação ao prazo para oferecimento dos embargos à execução, não se aplica o disposto no art. 229.

§ 4º Nos atos de comunicação por carta precatória, rogatória ou de ordem, a realização da citação será imediatamente informada, por meio eletrônico, pelo juiz deprecado ao juiz deprecante.

Art. 916. No prazo para embargos, reconhecendo o crédito do exequente e comprovando o depósito de trinta por cento do valor em execução, acrescido de custas e de honorários de advogado, o executado poderá requerer que lhe seja permitido pagar o restante em até 6 (seis) parcelas mensais, acrescidas de correção monetária e de juros de um por cento ao mês.

» *Vide* arts. 921, VI, 701, § 5.º, do CPC.

§ 1º O exequente será intimado para manifestar-se sobre o preenchimento dos pressupostos do *caput*, e o juiz decidirá o requerimento em 5 (cinco) dias.

§ 2º Enquanto não apreciado o requerimento, o executado terá de depositar as parcelas vincendas, facultado ao exequente seu levantamento.

§ 3º Deferida a proposta, o exequente levantará a quantia depositada, e serão suspensos os atos executivos.

§ 4º Indeferida a proposta, seguir-se-ão os atos executivos, mantido o depósito, que será convertido em penhora.

§ 5º O não pagamento de qualquer das prestações acarretará cumulativamente:

I - o vencimento das prestações subsequentes e o prosseguimento do processo, com o imediato reinício dos atos executivos;

II - a imposição ao executado de multa de dez por cento sobre o valor das prestações não pagas.

§ 6º A opção pelo parcelamento de que trata este artigo importa renúncia ao direito de opor embargos.

§ 7º O disposto neste artigo não se aplica ao cumprimento da sentença.

Art. 917. Nos embargos à execução, o executado poderá alegar:

I - inexequibilidade do título ou inexigibilidade da obrigação;

‣ arts. 525, § 1º, III, § 12, 783, CPC.
» *Vide* arts. 783 e 789 do CPC.

II - penhora incorreta ou avaliação errônea;

» *Vide* arts. 833 e 834 do CPC.
» *Vide* Lei n. 8.009, de 29-3-1990.

III - excesso de execução ou cumulação indevida de execuções;

‣ art. 780, CPC.
» *Vide* art. 780 do CPC.

IV - retenção por benfeitorias necessárias ou úteis, nos casos de execução para entrega de coisa certa;

‣ art. 810, CPC.
‣ art. 96, §§ 2º e 3º, CC.

V - incompetência absoluta ou relativa do juízo da execução;

» *Vide* art. 781 do CPC.

VI - qualquer matéria que lhe seria lícito deduzir como defesa em processo de conhecimento.

» *Vide* arts. 335 e 337 do CPC.

§ 1º A incorreção da penhora ou da avaliação poderá ser impugnada por simples petição, no prazo de 15 (quinze) dias, contado da ciência do ato.

» *Vide* arts. 833 e 834 do CPC.
» *Vide* Lei n. 8.009, de 29-3-1990.

§ 2º Há excesso de execução quando:

‣ art. 780, CPC.

I - o exequente pleiteia quantia superior à do título;

II - ela recai sobre coisa diversa daquela declarada no título;

III - ela se processa de modo diferente do que foi determinado no título;

IV - o exequente, sem cumprir a prestação que lhe corresponde, exige o adimplemento da prestação do executado;

V - o exequente não prova que a condição se realizou.

§ 3º Quando alegar que o exequente, em excesso de execução, pleiteia quantia superior à do título, o embargante declarará na petição inicial o valor que entende correto, apresentando demonstrativo discriminado e atualizado de seu cálculo.

§ 4º Não apontado o valor correto ou não apresentado o demonstrativo, os embargos à execução:

I - serão liminarmente rejeitados, sem resolução de mérito, se o excesso de execução for o seu único fundamento;

II - serão processados, se houver outro fundamento, mas o juiz não examinará a alegação de excesso de execução.

§ 5º Nos embargos de retenção por benfeitorias, o exequente poderá requerer a compensação de seu valor com o dos frutos ou dos danos considerados devidos pelo executado, cumprindo ao juiz, para a apuração dos respectivos valores, nomear perito, observando-se, então, o art. 464.

§ 6º O exequente poderá a qualquer tempo ser imitido na posse da coisa, prestando caução ou depositando o valor devido pelas benfeitorias ou resultante da compensação.

§ 7º A arguição de impedimento e suspeição observará o disposto nos arts. 146 e 148.

Art. 918. O juiz rejeitará liminarmente os embargos:

I - quando intempestivos;

II - nos casos de indeferimento da petição inicial e de improcedência liminar do pedido;

‣ arts. 330, 332 e 485, I, CPC.

III - manifestamente protelatórios.

Parágrafo único. Considera-se conduta atentatória à dignidade da justiça o oferecimento de embargos manifestamente protelatórios.

Art. 919. Os embargos à execução não terão efeito suspensivo.

§ 1º O juiz poderá, a requerimento do embargante, atribuir efeito suspensivo aos embargos quando verificados os requisitos para a concessão da tutela provisória e desde que a execução já esteja garantida por penhora, depósito ou caução suficientes.

» *Vide* arts. 294, 300 e 311 do CPC.
» *Vide* art. 1.015, X, do CPC.

§ 2º Cessando as circunstâncias que a motivaram, a decisão relativa aos efeitos dos embargos poderá, a requerimento da parte, ser modificada ou revogada a qualquer tempo, em decisão fundamentada.

§ 3º Quando o efeito suspensivo atribuído aos embargos disser respeito apenas a parte do objeto da execução, esta prosseguirá quanto à parte restante.

§ 4º A concessão de efeito suspensivo aos embargos oferecidos por um dos executados não suspenderá a execução contra os que não embargaram quando o respectivo fundamento disser respeito exclusivamente ao embargante.

§ 5º A concessão de efeito suspensivo não impedirá a efetivação dos atos de substituição, de reforço ou de redução da penhora e de avaliação dos bens.

Art. 920. Recebidos os embargos:

‣ art. 17, *caput*, Lei 6.830/1980 (Execução Fiscal).

» *Vide* art. 1.012, §1.º, III, do CPC.

I - o exequente será ouvido no prazo de 15 (quinze) dias;

» *Vide* art. 335 do CPC.

II - a seguir, o juiz julgará imediatamente o pedido ou designará audiência;

III - encerrada a instrução, o juiz proferirá sentença.

» *Vide* arts. 85, § 13, e 827, § 2.º, do CPC.

» *Vide* art. 1.009 do CPC.

TÍTULO IV
DA SUSPENSÃO E DA EXTINÇÃO DO PROCESSO DE EXECUÇÃO

CAPÍTULO I
DA SUSPENSÃO DO PROCESSO DE EXECUÇÃO

Art. 921. Suspende-se a execução:

‣ Art. 206-A do CC.

‣ art. 40, Lei 6.830/1980 (Execução Fiscal).

I - nas hipóteses dos arts. 313 e 315, no que couber;

II - no todo ou em parte, quando recebidos com efeito suspensivo os embargos à execução;

III - quando não for localizado o executado ou bens penhoráveis; *(Redação dada pela Lei 14.195/2021)*

IV - se a alienação dos bens penhorados não se realizar por falta de licitantes e o exequente, em 15 (quinze) dias, não requerer a adjudicação nem indicar outros bens penhoráveis;

V - quando concedido o parcelamento de que trata o art. 916.

§ 1º Na hipótese do inciso III, o juiz suspenderá a execução pelo prazo de 1 (um) ano, durante o qual se suspenderá a prescrição.

§ 2º Decorrido o prazo máximo de 1 (um) ano sem que seja localizado o executado ou que sejam encontrados bens penhoráveis, o juiz ordenará o arquivamento dos autos.

§ 3º Os autos serão desarquivados para prosseguimento da execução se a qualquer tempo forem encontrados bens penhoráveis.

§ 4º O termo inicial da prescrição no curso do processo será a ciência da primeira tentativa infrutífera de localização do devedor ou de bens penhoráveis, e será suspensa, por uma única vez, pelo prazo máximo previsto no § 1º deste artigo. *(Redação dada pela Lei 14.195/2021)*

§ 4º-A A efetiva citação, intimação do devedor ou constrição de bens penhoráveis interrompe o prazo de prescrição, que não corre pelo tempo necessário à citação e à intimação do devedor, bem como para as formalidades da constrição patrimonial, se necessária, desde que o credor cumpra os prazos previstos na lei processual ou fixados pelo juiz. *(Acrescido pela Lei 14.195/2021)*

§ 5º O juiz, depois de ouvidas as partes, no prazo de 15 (quinze) dias, poderá, de ofício, reconhecer a prescrição no curso do processo e extingui-lo, sem ônus para as partes. *(Redação dada pela Lei 14.195/2021)*

§ 6º A alegação de nulidade quanto ao procedimento previsto neste artigo somente será conhecida caso demonstrada a ocorrência de efetivo prejuízo, que será presumido apenas em caso de inexistência da intimação de que trata o § 4º deste artigo. *(Acrescido pela Lei 14.195/2021)*

§ 7º Aplica-se o disposto neste artigo ao cumprimento de sentença de que trata o art. 523 deste Código. *(Acrescido pela Lei 14.195/2021)*

Art. 922. Convindo as partes, o juiz declarará suspensa a execução durante o prazo concedido pelo exequente para que o executado cumpra voluntariamente a obrigação.

Parágrafo único. Findo o prazo sem cumprimento da obrigação, o processo retomará o seu curso.

Art. 923. Suspensa a execução, não serão praticados atos processuais, podendo o juiz, entretanto, salvo no caso de arguição de impedimento ou de suspeição, ordenar providências urgentes.

CAPÍTULO II
DA EXTINÇÃO DO PROCESSO DE EXECUÇÃO

Art. 924. Extingue-se a execução quando:

‣ Súm. 150, STF.

I - a petição inicial for indeferida;

‣ art. 798, I, CPC.

» *Vide* art. 801 do CPC.

II - a obrigação for satisfeita;

‣ arts. 807 e ss., CPC.

III - o executado obtiver, por qualquer outro meio, a extinção total da dívida;

IV - o exequente renunciar ao crédito;

V - ocorrer a prescrição intercorrente.

» *Vide* art. 921, § 4.º, do CPC.

» *Vide* art. 206-A do CC.

Art. 925. A extinção só produz efeito quando declarada por sentença.

‣ Súm. 150, STF.

LIVRO III
DOS PROCESSOS NOS TRIBUNAIS E DOS MEIOS DE IMPUGNAÇÃO DAS DECISÕES JUDICIAIS

TÍTULO I
DA ORDEM DOS PROCESSOS E DOS PROCESSOS DE COMPETÊNCIA ORIGINÁRIA DOS TRIBUNAIS

CAPÍTULO I
DISPOSIÇÕES GERAIS

Art. 926. Os tribunais devem uniformizar sua jurisprudência e mantê-la estável, íntegra e coerente.

» *Vide* art. 927 do CPC.

§ 1º Na forma estabelecida e segundo os pressupostos fixados no regimento interno, os tribunais editarão enunciados de súmula correspondentes a sua jurisprudência dominante.

§ 2º Ao editar enunciados de súmula, os tribunais devem ater-se às circunstâncias fáticas dos precedentes que motivaram sua criação.

Art. 927. Os juízes e os tribunais observarão:

I - as decisões do Supremo Tribunal Federal em controle concentrado de constitucionalidade;

‣ art. 102, I, a, e § 2º, CF.

II - os enunciados de súmula vinculante;

‣ art. 103-A, CF.

III - os acórdãos em incidente de assunção de competência ou de resolução de demandas repetitivas e em julgamento de recursos extraordinário e especial repetitivos;

» *Vide* arts. 947 e 976 do CPC.

IV - os enunciados das súmulas do Supremo Tribunal Federal em matéria constitucional e do Superior Tribunal de Justiça em matéria infraconstitucional;

V - a orientação do plenário ou do órgão especial aos quais estiverem vinculados.

§ 1º Os juízes e os tribunais observarão o disposto no art. 10 e no art. 489, § 1º, quando decidirem com fundamento neste artigo.

§ 2º A alteração de tese jurídica adotada em enunciado de súmula ou em julgamento de casos repetitivos poderá ser precedida de audiências públicas e da participação de pessoas, órgãos ou entidades que possam contribuir para a rediscussão da tese.

§ 3º Na hipótese de alteração de jurisprudência dominante do Supremo Tribunal Federal e dos tribunais superiores ou daquela oriunda de julgamento de casos repetitivos, pode haver modulação dos efeitos da alteração no interesse social e no da segurança jurídica.

§ 4º A modificação de enunciado de súmula, de jurisprudência pacificada ou de tese adotada em julgamento de casos repetitivos observará a necessidade de fundamentação adequada e específica, considerando os princípios da segurança jurídica, da proteção da confiança e da isonomia.

§ 5º Os tribunais darão publicidade a seus precedentes, organizando-os por questão jurídica decidida e divulgando-os, preferencialmente, na rede mundial de computadores.

Art. 928. Para os fins deste Código, considera-se julgamento de casos repetitivos a decisão proferida em:

I - incidente de resolução de demandas repetitivas;

II - recursos especial e extraordinário repetitivos.

Parágrafo único. O julgamento de casos repetitivos tem por objeto questão de direito material ou processual.

CAPÍTULO II
DA ORDEM DOS PROCESSOS NO TRIBUNAL

Art. 929. Os autos serão registrados no protocolo do tribunal no dia de sua entrada, cabendo à secretaria ordená-los, com imediata distribuição.

Parágrafo único. A critério do tribunal, os serviços de protocolo poderão ser descentralizados, mediante delegação a ofícios de justiça de primeiro grau.

Art. 930. Far-se-á a distribuição de acordo com o regimento interno do tribunal, observando-se a alternatividade, o sorteio eletrônico e a publicidade.

Parágrafo único. O primeiro recurso protocolado no tribunal tornará prevento o relator para eventual recurso subsequente interposto no mesmo processo ou em processo conexo.

Art. 931. Distribuídos, os autos serão imediatamente conclusos ao relator, que, em 30 (trinta) dias, depois de elaborar o voto, restitui-los-á, com relatório, à secretaria.

Art. 932. Incumbe ao relator:

› Súm. 253, STJ.

» *Vide* art. 1.021 do CPC.

I - dirigir e ordenar o processo no tribunal, inclusive em relação à produção de prova, bem como, quando for o caso, homologar autocomposição das partes;

II - apreciar o pedido de tutela provisória nos recursos e nos processos de competência originária do tribunal;

» *Vide* arts. 294, 300 e 311 do CPC.

» *Vide* art. 1.021 do CPC.

» *Vide* arts. 995 e 1.019, I, do CPC.

III - não conhecer de recurso inadmissível, prejudicado ou que não tenha impugnado especificamente os fundamentos da decisão recorrida;

› Súm. 182, STJ.

IV - negar provimento a recurso que for contrário a:

› §§ 3º e 4º, e 557, *caput* e § 1º-A.

» *Vide* Súmula 568 do CPC.

a) súmula do Supremo Tribunal Federal, do Superior Tribunal de Justiça ou do próprio tribunal;

b) acórdão proferido pelo Supremo Tribunal Federal ou pelo Superior Tribunal de Justiça em julgamento de recursos repetitivos;

c) entendimento firmado em incidente de resolução de demandas repetitivas ou de assunção de competência;

V - depois de facultada a apresentação de contrarrazões, dar provimento ao recurso se a decisão recorrida for contrária a:

» *Vide* Súmula 568 do CPC.

a) súmula do Supremo Tribunal Federal, do Superior Tribunal de Justiça ou do próprio tribunal;

b) acórdão proferido pelo Supremo Tribunal Federal ou pelo Superior Tribunal de Justiça em julgamento de recursos repetitivos;

c) entendimento firmado em incidente de resolução de demandas repetitivas ou de assunção de competência;

VI - decidir o incidente de desconsideração da personalidade jurídica, quando este for instaurado originariamente perante o tribunal;

› art. 50, CC.

› art. 28, CDC.

» *Vide* arts. 133, 136, parágrafo único, e 1.021 do CPC.

VII - determinar a intimação do Ministério Público, quando for o caso;

» *Vide* art. 178 do CPC.

VIII - exercer outras atribuições estabelecidas no regimento interno do tribunal.

Parágrafo único. Antes de considerar inadmissível o recurso, o relator concederá o prazo de 5 (cinco) dias ao recorrente para que seja sanado vício ou complementada a documentação exigível.

» *Vide* arts. 9.º e 10 do CPC.

Art. 933. Se o relator constatar a ocorrência de fato superveniente à decisão recorrida ou a existência de questão apreciável de ofício ainda não examinada que devam ser considerados no julgamento do recurso, intimará as partes para que se manifestem no prazo de 5 (cinco) dias.

§ 1º Se a constatação ocorrer durante a sessão de julgamento, esse será imediatamente suspenso a fim de que as partes se manifestem especificamente.

§ 2º Se a constatação se der em vista dos autos, deverá o juiz que a solicitou encaminhá-los ao relator, que tomará as providências previstas no *caput* e, em seguida, solicitará a inclusão do feito em pauta para prosseguimento do julgamento, com submissão integral da nova questão aos julgadores.

Art. 934. Em seguida, os autos serão apresentados ao presidente, que designará dia para julgamento, ordenando, em todas as hipóteses previstas neste Livro, a publicação da pauta no órgão oficial.

Art. 935. Entre a data de publicação da pauta e a da sessão de julgamento decorrerá, pelo menos, o prazo de 5 (cinco) dias, incluindo-se em nova pauta os processos que não tenham sido julgados, salvo aqueles cujo julgamento tiver sido expressamente adiado para a primeira sessão seguinte.

§ 1º Às partes será permitida vista dos autos em cartório após a publicação da pauta de julgamento.

§ 2º Afixar-se-á a pauta na entrada da sala em que se realizar a sessão de julgamento.

Art. 936. Ressalvadas as preferências legais e regimentais, os recursos, a remessa necessária e os processos de competência originária serão julgados na seguinte ordem:

I - aqueles nos quais houver sustentação oral, observada a ordem dos requerimentos;

II - os requerimentos de preferência apresentados até o início da sessão de julgamento;

III - aqueles cujo julgamento tenha iniciado em sessão anterior; e

IV - os demais casos.

Art. 937. Na sessão de julgamento, depois da exposição da causa pelo relator, o presidente dará a palavra, sucessivamente, ao recorrente, ao recorrido e, nos casos de sua intervenção, ao membro do Ministério Público, pelo prazo improrrogável de 15 (quinze) minutos para cada um, a fim de sustentarem suas razões, nas seguintes hipóteses, nos termos da parte final do *caput* do art. 1.021:

» *Vide* art. 7.º-A do EAOAB (direitos da mulher advogada).

I - no recurso de apelação;

› arts. 1.009 a 1.014, CPC.

II - no recurso ordinário;

› arts. 1.027 e 1.028, CPC.

III - no recurso especial;

› arts. 1.029 a 1.041, CPC.

IV - no recurso extraordinário;

› arts. 1.029 a 1.041, CPC.

V - nos embargos de divergência;

› arts. 1.043 e 1.044, CPC.

VI - na ação rescisória, no mandado de segurança e na reclamação;

› art. 5º, LXIX e LXX, 102, I, i, e 103-A, § 3º, CF.

› arts. 966 a 975 e 988 a 993, CPC.

› arts. 7º, I, 12, Lei 12.016/2009 (Mandado de Segurança).

› art. 156, RISTF.

VII - (Vetado)

VIII - no agravo de instrumento interposto contra decisões interlocutórias que versem sobre tutelas provisórias de urgência ou da evidência;

IX - em outras hipóteses previstas em lei ou no regimento interno do tribunal.

§ 1º A sustentação oral no incidente de resolução de demandas repetitivas observará o disposto no art. 984, no que couber.

§ 2º O procurador que desejar proferir sustentação oral poderá requerer, até o início da sessão, que o processo seja julgado em primeiro lugar, sem prejuízo das preferências legais.

§ 3º Nos processos de competência originária previstos no inciso VI, caberá sustentação oral no agravo interno interposto contra decisão de relator que o extinga.

§ 4º É permitido ao advogado com domicílio profissional em cidade diversa daquela onde está sediado o tribunal realizar sustentação oral por meio de videoconferência ou outro recurso tecnológico de transmissão de sons e imagens em tempo real, desde que o requeira até o dia anterior ao da sessão.

Art. 938. A questão preliminar suscitada no julgamento será decidida antes do mérito, deste não se conhecendo caso seja incompatível com a decisão.

» *Vide* art. 1.009, parágrafo único, do CPC.

§ 1º Constatada a ocorrência de vício sanável, inclusive aquele que possa ser conhecido de ofício, o relator determinará a realização ou a renovação do ato processual, no próprio tribunal ou em primeiro grau de jurisdição, intimadas as partes.

§ 2º Cumprida a diligência de que trata o § 1º, o relator, sempre que possível, prosseguirá no julgamento do recurso.

§ 3º Reconhecida a necessidade de produção de prova, o relator converterá o julgamento em diligência, que se realizará no tribunal ou em primeiro grau de jurisdição, decidindo-se o recurso após a conclusão da instrução.

§ 4º Quando não determinadas pelo relator, as providências indicadas nos §§ 1º e 3º poderão ser determinadas pelo órgão competente para julgamento do recurso.

Art. 939. Se a preliminar for rejeitada ou se a apreciação do mérito for com ela compatível, seguir-se-ão a discussão e o julgamento da matéria principal, sobre a qual deverão se pronunciar os juízes vencidos na preliminar.

» *Vide* Súmula 1.009, § 1.º, do CPC.

Art. 940. O relator ou outro juiz que não se considerar habilitado a proferir imediatamente seu voto poderá solicitar vista pelo prazo máximo de 10 (dez) dias, após o qual o recurso será reincluído em pauta para julgamento na sessão seguinte à data da devolução.

› Res. 202/2015, CNJ.

§ 1º Se os autos não forem devolvidos tempestivamente ou se não for solicitada pelo juiz prorrogação de prazo de no máximo mais 10 (dez) dias, o presidente do órgão fracionário os requisitará para julgamento do recurso na sessão ordinária subsequente, com publicação da pauta em que for incluído.

§ 2º Quando requisitar os autos na forma do § 1º, se aquele que fez o pedido de vista ainda não se sentir habilitado a votar, o presidente convocará substituto para proferir voto, na forma estabelecida no regimento interno do tribunal.

Art. 941. Proferidos os votos, o presidente anunciará o resultado do julgamento, designando para redigir o acórdão o relator ou, se vencido este, o autor do primeiro voto vencedor.

§ 1º O voto poderá ser alterado até o momento da proclamação do resultado pelo presidente, salvo aquele já proferido por juiz afastado ou substituído.

§ 2º No julgamento de apelação ou de agravo de instrumento, a decisão será tomada, no órgão colegiado, pelo voto de 3 (três) juízes.

§ 3º O voto vencido será necessariamente declarado e considerado parte integrante do acórdão para todos os fins legais, inclusive de pré-questionamento.

Art. 942. Quando o resultado da apelação for não unânime, o julgamento terá prosseguimento em sessão a ser designada com a presença de outros julgadores, que serão convocados nos termos previamente definidos no regimento interno, em número suficiente para garantir a possibilidade de inversão do resultado inicial, assegurado às partes e a eventuais terceiros o direito de sustentar oralmente suas razões perante os novos julgadores.

§ 1º Sendo possível, o prosseguimento do julgamento dar-se-á na mesma sessão, colhendo-se os votos de outros julgadores que porventura componham o órgão colegiado.

§ 2º Os julgadores que já tiverem votado poderão rever seus votos por ocasião do prosseguimento do julgamento.

§ 3º A técnica de julgamento prevista neste artigo aplica-se, igualmente, ao julgamento não unânime proferido em:

I - ação rescisória, quando o resultado for a rescisão da sentença, devendo, nesse caso, seu prosseguimento ocorrer em órgão de maior composição previsto no regimento interno;

II - agravo de instrumento, quando houver reforma da decisão que julgar parcialmente o mérito.

» *Vide* art. 1.015, II, do CPC.

§ 4º Não se aplica o disposto neste artigo ao julgamento:

I - do incidente de assunção de competência e ao de resolução de demandas repetitivas;

II - da remessa necessária;

III - não unânime proferido, nos tribunais, pelo plenário ou pela corte especial.

Art. 943. Os votos, os acórdãos e os demais atos processuais podem ser registrados em documento eletrônico inviolável e assinados eletronicamente, na forma da lei, devendo ser impressos para juntada aos autos do processo quando este não for eletrônico.

§ 1º Todo acórdão conterá ementa.

§ 2º Lavrado o acórdão, sua ementa será publicada no órgão oficial no prazo de 10 (dez) dias.

Art. 944. Não publicado o acórdão no prazo de 30 (trinta) dias, contado da data da sessão de julgamento, as notas taquigráficas o substituirão, para todos os fins legais, independentemente de revisão.

Parágrafo único. No caso do *caput*, o presidente do tribunal lavrará, de imediato, as conclusões e a ementa e mandará publicar o acórdão.

Art. 945. (Revogado pela Lei 13.256/2016)

Art. 946. O agravo de instrumento será julgado antes da apelação interposta no mesmo processo.

Parágrafo único. Se ambos os recursos de que trata o *caput* houverem de ser julgados na mesma sessão, terá precedência o agravo de instrumento.

CAPÍTULO III
DO INCIDENTE DE ASSUNÇÃO DE COMPETÊNCIA

Art. 947. É admissível a assunção de competência quando o julgamento de recurso, de remessa necessária ou de processo de competência originária envolver relevante questão de direito, com grande repercussão social, sem repetição em múltiplos processos.

» *Vide* arts. 271-B a 271-G do RISTJ.

§ 1º Ocorrendo a hipótese de assunção de competência, o relator proporá, de ofício ou a requerimento da parte, do Ministério Público ou da Defensoria Pública, que seja o recurso, a remessa necessária ou o processo de competência originária julgado pelo órgão colegiado que o regimento indicar.

§ 2º O órgão colegiado julgará o recurso, a remessa necessária ou o processo de competência originária se reconhecer interesse público na assunção de competência.

§ 3º O acórdão proferido em assunção de competência vinculará todos os juízes e órgãos fracionários, exceto se houver revisão de tese.

» *Vide* art. 988 do CPC.

§ 4º Aplica-se o disposto neste artigo quando ocorrer relevante questão de direito a respeito da qual seja conveniente a prevenção ou a composição de divergência entre câmaras ou turmas do tribunal.

CAPÍTULO IV
DO INCIDENTE DE ARGUIÇÃO DE INCONSTITUCIONALIDADE

» *Vide* arts. 199 e 200 do RISTJ.

Art. 948. Arguida, em controle difuso, a inconstitucionalidade de lei ou de ato normativo do poder público, o relator, após ouvir o Ministério Público e as partes, submeterá a questão à turma ou à câmara à qual competir o conhecimento do processo.

› arts. 52, X; 97; 102, I, a, e III; 103; 125, § 2º; e 129, CF.

› Lei 9.868/1999 (Lei de ADI e ADC).

› Súm. Vinc. 10, STF.

Art. 949. Se a arguição for:

I - rejeitada, prosseguirá o julgamento;

II - acolhida, a questão será submetida ao plenário do tribunal ou ao seu órgão especial, onde houver.

Parágrafo único. Os órgãos fracionários dos tribunais não submeterão ao plenário ou ao órgão especial a arguição de inconstitucionalidade quando já houver pronunciamento destes ou do plenário do Supremo Tribunal Federal sobre a questão.

Art. 950. Remetida cópia do acórdão a todos os juízes, o presidente do tribunal designará a sessão de julgamento.

§ 1º As pessoas jurídicas de direito público responsáveis pela edição do ato questionado poderão manifestar-se no incidente de inconstitucionalidade se assim o requererem, observados os prazos e as condições previstos no regimento interno do tribunal.

§ 2º A parte legitimada à propositura das ações previstas no art. 103 da Constituição Federal poderá manifestar-se, por escrito, sobre a questão constitucional objeto de apreciação, no prazo previsto pelo regimento interno, sendo-lhe assegurado o direito de apresentar memoriais ou de requerer a juntada de documentos.

§ 3º Considerando a relevância da matéria e a representatividade dos postulantes, o relator poderá admitir, por despacho irrecorrível, a manifestação de outros órgãos ou entidades.

» *Vide* art. 138 do CPC.

CAPÍTULO V
DO CONFLITO DE COMPETÊNCIA

» *Vide* arts. 102, I, *d*, da CF, e 163 a 168 do RISTF.

» *Vide* arts. 105, I, *o*, da CF, e 193 a 198 do RISTJ.

» *Vide* art. 108, *e*, da CF.

» *Vide* art. 114, V, da CF

Art. 951. O conflito de competência pode ser suscitado por qualquer das partes, pelo Ministério Público ou pelo juiz.

› art. 66, CPC.

» *Vide* art. 66 do CPC.

Parágrafo único. O Ministério Público somente será ouvido nos conflitos de competência relativos aos processos previstos no art. 178, mas terá qualidade de parte nos conflitos que suscitar.

Art. 952. Não pode suscitar conflito a parte que, no processo, arguiu incompetência relativa.

» *Vide* art. 337, II, do CPC.

Parágrafo único. O conflito de competência não obsta, porém, a que a parte que não o arguiu suscite a incompetência.

Art. 953. O conflito será suscitado ao tribunal:

› Súm. 59, STJ.

I - pelo juiz, por ofício;

II - pela parte e pelo Ministério Público, por petição.

› arts. 102, I, o; 105, I, d; e 108, e, CF.

Parágrafo único. O ofício e a petição serão instruídos com os documentos necessários à prova do conflito.

Art. 954. Após a distribuição, o relator determinará a oitiva dos juízes em conflito ou, se um deles for suscitante, apenas do suscitado.

Parágrafo único. No prazo designado pelo relator, incumbirá ao juiz ou aos juízes prestar as informações.

Art. 955. O relator poderá, de ofício ou a requerimento de qualquer das partes, determinar, quando o conflito for positivo, o sobrestamento do processo e, nesse caso, bem como no de conflito negativo, designará um dos juízes para resolver, em caráter provisório, as medidas urgentes.

Parágrafo único. O relator poderá julgar de plano o conflito de competência quando sua decisão se fundar em:

I - súmula do Supremo Tribunal Federal, do Superior Tribunal de Justiça ou do próprio tribunal;

II - tese firmada em julgamento de casos repetitivos ou em incidente de assunção de competência.

Art. 956. Decorrido o prazo designado pelo relator, será ouvido o Ministério Público, no prazo de 5 (cinco) dias, ainda que as informações não tenham sido prestadas, e, em seguida, o conflito irá a julgamento.

Art. 957. Ao decidir o conflito, o tribunal declarará qual o juízo competente, pronunciando-se também sobre a validade dos atos do juízo incompetente.

Parágrafo único. Os autos do processo em que se manifestou o conflito serão remetidos ao juiz declarado competente.

Art. 958. No conflito que envolva órgãos fracionários dos tribunais, desembargadores e juízes em exercício no tribunal, observar-se-á o que dispuser o regimento interno do tribunal.

- arts. 163 a 168, RISTF.
- arts. 193 a 198, RISTJ.

Art. 959. O regimento interno do tribunal regulará o processo e o julgamento do conflito de atribuições entre autoridade judiciária e autoridade administrativa.

- art. 105, I, g, CF.

CAPÍTULO VI
DA HOMOLOGAÇÃO DE DECISÃO ESTRANGEIRA E DA CONCESSÃO DO *EXEQUATUR* À CARTA ROGATÓRIA

» *Vide* arts. 105, I, *i*, 109, X, da CF.
» *Vide* art. 515, VIII, do CPC.

Art. 960. A homologação de decisão estrangeira será requerida por ação de homologação de decisão estrangeira, salvo disposição especial em sentido contrário prevista em tratado.

- art. 105, I, i, CF.
- art. 36, Lei 9.307/1996 (Arbitragem).
- arts. 216-A a 216-X, RISTJ.

» *Vide* art. 784, § 2.º, do CPC.

§ 1º A decisão interlocutória estrangeira poderá ser executada no Brasil por meio de carta rogatória.

§ 2º A homologação obedecerá ao que dispuserem os tratados em vigor no Brasil e o Regimento Interno do Superior Tribunal de Justiça.

- art. 37, Lei 9.307/1996 (Arbitragem).

» *Vide* art. 216-A do RISTJ.

§ 3º A homologação de decisão arbitral estrangeira obedecerá ao disposto em tratado e em lei, aplicando-se, subsidiariamente, as disposições deste Capítulo.

- arts. 34 e s., Lei 9.307/1996 (Arbitragem).

» *Vide* art. 36 Lei n. 9.307, de 23-9-1996 (Arbitragem).

Art. 961. A decisão estrangeira somente terá eficácia no Brasil após a homologação de sentença estrangeira ou a concessão do exequatur às cartas rogatórias, salvo disposição em sentido contrário de lei ou tratado.

- art. 36, Lei 9.307/1996 (Arbitragem).

§ 1º É passível de homologação a decisão judicial definitiva, bem como a decisão não judicial que, pela lei brasileira, teria natureza jurisdicional.

§ 2º A decisão estrangeira poderá ser homologada parcialmente.

§ 3º A autoridade judiciária brasileira poderá deferir pedidos de urgência e realizar atos de execução provisória no processo de homologação de decisão estrangeira.

§ 4º Haverá homologação de decisão estrangeira para fins de execução fiscal quando prevista em tratado ou em promessa de reciprocidade apresentada à autoridade brasileira.

§ 5º A sentença estrangeira de divórcio consensual produz efeitos no Brasil, independentemente de homologação pelo Superior Tribunal de Justiça.

- art. 7º, § 6º, LINDB.

§ 6º Na hipótese do § 5º, competirá a qualquer juiz examinar a validade da decisão, em caráter principal ou incidental, quando essa questão for suscitada em processo de sua competência.

Art. 962. É passível de execução a decisão estrangeira concessiva de medida de urgência.

§ 1º A execução no Brasil de decisão interlocutória estrangeira concessiva de medida de urgência dar-se-á por carta rogatória.

§ 2º A medida de urgência concedida sem audiência do réu poderá ser executada, desde que garantido o contraditório em momento posterior.

- art. 5º, LV, CF.
- art. 9º, CPC.

§ 3º O juízo sobre a urgência da medida compete exclusivamente à autoridade jurisdicional prolatora da decisão estrangeira.

§ 4º Quando dispensada a homologação para que a sentença estrangeira produza efeitos no Brasil, a decisão concessiva de medida de urgência dependerá, para produzir efeitos, de ter sua validade expressamente reconhecida pelo juiz competente para dar-lhe cumprimento, dispensada a homologação pelo Superior Tribunal de Justiça.

Art. 963. Constituem requisitos indispensáveis à homologação da decisão:

I - ser proferida por autoridade competente;

» *Vide* arts. 21 e 24, parágrafo único, do CPC.

II - ser precedida de citação regular, ainda que verificada a revelia;

III - ser eficaz no país em que foi proferida;

IV - não ofender a coisa julgada brasileira;

V - estar acompanhada de tradução oficial, salvo disposição que a dispense prevista em tratado;

VI - não conter manifesta ofensa à ordem pública.

Parágrafo único. Para a concessão do exequatur às cartas rogatórias, observar-se-ão os pressupostos previstos no *caput* deste artigo e no art. 962, § 2º.

Art. 964. Não será homologada a decisão estrangeira na hipótese de competência exclusiva da autoridade judiciária brasileira.

» *Vide* art. 23 do CPC.

Parágrafo único. O dispositivo também se aplica à concessão do exequatur à carta rogatória.

Art. 965. O cumprimento de decisão estrangeira far-se-á perante o juízo federal competente, a requerimento da parte, conforme as normas estabelecidas para o cumprimento de decisão nacional.

- arts. 513 a 538, CPC.

Parágrafo único. O pedido de execução deverá ser instruído com cópia autenticada da decisão homologatória ou do exequatur, conforme o caso.

CAPÍTULO VII
DA AÇÃO RESCISÓRIA

» *Vide* art. 784, § 2.º, do CPC.

Art. 966. A decisão de mérito, transitada em julgado, pode ser rescindida quando:

- arts. 102, I, j; 105, I, e; e 108, I, b, CF.
- arts. 525, § 15, 535, § 8º, 701, § 3º, CPC.
- art. 836, CLT.
- art. 59, Lei 9.099/1995 (Juizados Especiais Cíveis e Criminais).
- Súm. 514, STF.
- Súm. 100, II, TST.

» *Vide* arts. 502, 525, § 15, 535, § 8.º, 658, 701, § 1.º, do CPC.
» *Vide* art. 59 da Lei n. 9.099, de 26-9-1995 (Juizado Especial Cível).
» *Vide* art. 5.º, III, da Lei n. 12.016, de 7-8-2009 (Mandado de Segurança).
» *Vide* Súmula 514 do STF.

I - se verificar que foi proferida por força de prevaricação, concussão ou corrupção do juiz;

- arts. 316, 317, 319 e 333, CP.

II - for proferida por juiz impedido ou por juízo absolutamente incompetente;

» *Vide* arts. 144, 62, 64, §1.º, do CPC.

III - resultar de dolo ou coação da parte vencedora em detrimento da parte vencida ou, ainda, de simulação ou colusão entre as partes, a fim de fraudar a lei;

- arts. 145 a 150 e 167, CC.

IV - ofender a coisa julgada;

- arts. 502 a 508, CPC.

» *Vide* art. 337, § 4.º, do CPC.

V - violar manifestamente norma jurídica;

VI - for fundada em prova cuja falsidade tenha sido apurada em processo criminal ou venha a ser demonstrada na própria ação rescisória;

VII - obtiver o autor, posteriormente ao trânsito em julgado, prova nova cuja existência ignorava ou de que não pôde fazer uso, capaz, por si só, de lhe assegurar pronunciamento favorável;

- art. 975, § 2º, CPC.

VIII - for fundada em erro de fato verificável do exame dos autos.

§ 1º Há erro de fato quando a decisão rescindenda admitir fato inexistente ou quando considerar inexistente fato efetivamente ocorrido, sendo indispensável, em ambos os casos, que o fato não represente ponto controvertido sobre o qual o juiz deveria ter se pronunciado.

§ 2º Nas hipóteses previstas nos incisos do *caput*, será rescindível a decisão transitada em julgado que, embora não seja de mérito, impeça:

- art. 968, §5º, I, CPC.

I - nova propositura da demanda; ou

II - admissibilidade do recurso correspondente.

§ 3º A ação rescisória pode ter por objeto apenas 1 (um) capítulo da decisão.

§ 4º Os atos de disposição de direitos, praticados pelas partes ou por outros participantes do processo e homologados pelo juízo, bem como os atos homologatórios praticados no curso da execução, estão sujeitos à anulação, nos termos da lei.

- art. 966, §4º, CPC.

» *Vide* arts. 334, § 11, e 487, III, do CPC.

§ 5º Cabe ação rescisória, com fundamento no inciso V do *caput* deste artigo, contra decisão baseada em enunciado de súmula ou acórdão proferido em julgamento de casos repetitivos que não tenha considerado a existência de distinção entre a questão discutida no processo e o padrão decisório que lhe deu fundamento. (Acrescentado pela Lei 13.256/2016)

§ 6º Quando a ação rescisória fundar-se na hipótese do § 5º deste artigo, caberá ao autor, sob pena de inépcia, demonstrar, fundamentadamente, tratar-se de situação particularizada por hipótese fática distinta ou de questão jurídica não examinada, a impor outra solução jurídica. (Acrescentado pela Lei 13.256/2016)

Art. 967. Têm legitimidade para propor a ação rescisória:

I - quem foi parte no processo ou o seu sucessor a título universal ou singular;

» *Vide* arts. 108 a 110 do CPC.

II - o terceiro juridicamente interessado;

III - o Ministério Público:

a) se não foi ouvido no processo em que lhe era obrigatória a intervenção;

» *Vide* art. 178 do CPC.

b) quando a decisão rescindenda é o efeito de simulação ou de colusão das partes, a fim de fraudar a lei;

c) em outros casos em que se imponha sua atuação;

IV - aquele que não foi ouvido no processo em que lhe era obrigatória a intervenção.

Parágrafo único. Nas hipóteses do art. 178, o Ministério Público será intimado para intervir como fiscal da ordem jurídica quando não for parte.

Art. 968. A petição inicial será elaborada com observância dos requisitos essenciais do art. 319, devendo o autor:

I - cumular ao pedido de rescisão, se for o caso, o de novo julgamento do processo;

» *Vide* art. 974 do CPC.

II - depositar a importância de cinco por cento sobre o valor da causa, que se converterá em multa caso a ação seja, por unanimidade de votos, declarada inadmissível ou improcedente.

› Súm. 175, STJ.

› art. 1º, Res. nº 9/2018, STJ/GP.

§ 1º Não se aplica o disposto no inciso II à União, aos Estados, ao Distrito Federal, aos Municípios, às suas respectivas autarquias e fundações de direito público, ao Ministério Público, à Defensoria Pública e aos que tenham obtido o benefício de gratuidade da justiça.

» *Vide* art. 98, VIII, do CPC.

» *Vide* Súmula 175 do STJ.

§ 2º O depósito previsto no inciso II do *caput* deste artigo não será superior a 1.000 (mil) salários-mínimos.

§ 3º Além dos casos previstos no art. 330, a petição inicial será indeferida quando não efetuado o depósito exigido pelo inciso II do *caput* deste artigo.

§ 4º Aplica-se à ação rescisória o disposto no art. 332.

§ 5º Reconhecida a incompetência do tribunal para julgar a ação rescisória, o autor será intimado para emendar a petição inicial, a fim de adequar o objeto da ação rescisória, quando a decisão apontada como rescindenda:

I - não tiver apreciado o mérito e não se enquadrar na situação prevista no § 2º do art. 966;

II - tiver sido substituída por decisão posterior.

§ 6º Na hipótese do § 5º, após a emenda da petição inicial, será permitido ao réu complementar os fundamentos de defesa, e, em seguida, os autos serão remetidos ao tribunal competente.

Art. 969. A propositura da ação rescisória não impede o cumprimento da decisão rescindenda, ressalvada a concessão de tutela provisória.

» *Vide* arts. 294, 300 e 311 do CPC.

Art. 970. O relator ordenará a citação do réu, designando-lhe prazo nunca inferior a 15 (quinze) dias nem superior a 30 (trinta) dias para, querendo, apresentar resposta, ao fim do qual, com ou sem contestação, observar-se-á, no que couber, o procedimento comum.

» *Vide* arts. 335 a 342 do CPC.

Art. 971. Na ação rescisória, devolvidos os autos pelo relator, a secretaria do tribunal expedirá cópias do relatório e as distribuirá entre os juízes que compuserem o órgão competente para o julgamento.

Parágrafo único. A escolha de relator recairá, sempre que possível, em juiz que não haja participado do julgamento rescindendo.

Art. 972. Se os fatos alegados pelas partes dependerem de prova, o relator poderá delegar a competência ao órgão que proferiu a decisão rescindenda, fixando prazo de 1 (um) a 3 (três) meses para a devolução dos autos.

Art. 973. Concluída a instrução, será aberta vista ao autor e ao réu para razões finais, sucessivamente, pelo prazo de 10 (dez) dias.

Parágrafo único. Em seguida, os autos serão conclusos ao relator, procedendo-se ao julgamento pelo órgão competente.

› Súm. 249, 252 e 515, STF.

» *Vide* art. 942, § 3.º, do CPC.

Art. 974. Julgando procedente o pedido, o tribunal rescindirá a decisão, proferirá, se for o caso, novo julgamento e determinará a restituição do depósito a que se refere o inciso II do art. 968.

» *Vide* art. 85 do CPC.

Parágrafo único. Considerando, por unanimidade, inadmissível ou improcedente o pedido, o tribunal determinará a reversão, em favor do réu, da importância do depósito, sem prejuízo do disposto no § 2º do art. 82.

Art. 975. O direito à rescisão se extingue em 2 (dois) anos contados do trânsito em julgado da última decisão proferida no processo.

› Súm. 401, STJ; 264, STF.

» *Vide* Súmula 401 do STJ.

§ 1º Prorroga-se até o primeiro dia útil imediatamente subsequente o prazo a que se refere o *caput*, quando expirar durante férias forenses, recesso, feriados ou em dia em que não houver expediente forense.

§ 2º Se fundada a ação no inciso VII do art. 966, o termo inicial do prazo será a data de descoberta da prova nova, observado o prazo máximo de 5 (cinco) anos, contado do trânsito em julgado da última decisão proferida no processo.

§ 3º Nas hipóteses de simulação ou de colusão das partes, o prazo começa a contar, para o terceiro prejudicado e para o Ministério Público, que não interveio no processo, a partir do momento em que têm ciência da simulação ou da colusão.

CAPÍTULO VIII
DO INCIDENTE DE RESOLUÇÃO DE DEMANDAS REPETITIVAS

» *Vide* art. 271-A do RISTJ.

Art. 976. É cabível a instauração do incidente de resolução de demandas repetitivas quando houver, simultaneamente:

I - efetiva repetição de processos que contenham controvérsia sobre a mesma questão unicamente de direito;

II - risco de ofensa à isonomia e à segurança jurídica.

§ 1º A desistência ou o abandono do processo não impede o exame de mérito do incidente.

§ 2º Se não for o requerente, o Ministério Público intervirá obrigatoriamente no incidente e deverá assumir sua titularidade em caso de desistência ou de abandono.

» *Vide* art. 178, I, do CPC.

§ 3º A inadmissão do incidente de resolução de demandas repetitivas por ausência de qualquer de seus pressupostos de admissibilidade não impede que, uma vez satisfeito o requisito, seja o incidente novamente suscitado.

§ 4º É incabível o incidente de resolução de demandas repetitivas quando um dos tribunais superiores, no âmbito de sua respectiva competência, já tiver afetado recurso para definição de tese sobre questão de direito material ou processual repetitiva.

» *Vide* art. 1.036 do CPC.

§ 5º Não serão exigidas custas processuais no incidente de resolução de demandas repetitivas.

Art. 977. O pedido de instauração do incidente será dirigido ao presidente de tribunal:

I - pelo juiz ou relator, por ofício;

II - pelas partes, por petição;

III - pelo Ministério Público ou pela Defensoria Pública, por petição.

Parágrafo único. O ofício ou a petição será instruído com os documentos necessários à demonstração do preenchimento dos pressupostos para a instauração do incidente.

Art. 978. O julgamento do incidente caberá ao órgão indicado pelo regimento interno dentre aqueles responsáveis pela uniformização de jurisprudência do tribunal.

» *Vide* art. 942, § 4.º, I, do CPC.

Parágrafo único. O órgão colegiado incumbido de julgar o incidente e de fixar a tese jurídica julgará igualmente o recurso, a remessa necessária ou o processo de competência originária de onde se originou o incidente.

Art. 979. A instauração e o julgamento do incidente serão sucedidos da mais ampla e específica divulgação e publicidade, por meio de registro eletrônico no Conselho Nacional de Justiça.

§ 1º Os tribunais manterão banco eletrônico de dados atualizados com informações específicas sobre questões de direito submetidas ao incidente, comunicando-o imediatamente ao Conselho Nacional de Justiça para inclusão no cadastro.

§ 2º Para possibilitar a identificação dos processos abrangidos pela decisão do incidente, o registro eletrônico das teses jurídicas constantes do cadastro conterá, no mínimo, os fundamentos determinantes da decisão e os dispositivos normativos a ela relacionados.

§ 3º Aplica-se o disposto neste artigo ao julgamento de recursos repetitivos e da repercussão geral em recurso extraordinário.

Art. 980. O incidente será julgado no prazo de 1 (um) ano e terá preferência sobre os demais feitos, ressalvados os que envolvam réu preso e os pedidos de habeas corpus.

Parágrafo único. Superado o prazo previsto no *caput*, cessa a suspensão dos processos prevista no art. 982, salvo decisão fundamentada do relator em sentido contrário.

Art. 981. Após a distribuição, o órgão colegiado competente para julgar o incidente procederá ao seu juízo de admissibilidade, considerando a presença dos pressupostos do art. 976.

Art. 982. Admitido o incidente, o relator:

I - suspenderá os processos pendentes, individuais ou coletivos, que tramitam no Estado ou na região, conforme o caso;

II - poderá requisitar informações a órgãos em cujo juízo tramita processo no qual se discute o objeto do incidente, que as prestarão no prazo de 15 (quinze) dias;

III - intimará o Ministério Público para, querendo, manifestar-se no prazo de 15 (quinze) dias.

§ 1º A suspensão será comunicada aos órgãos jurisdicionais competentes.

§ 2º Durante a suspensão, o pedido de tutela de urgência deverá ser dirigido ao juízo onde tramita o processo suspenso.

§ 3º Visando à garantia da segurança jurídica, qualquer legitimado mencionado no art. 977, incisos II e III, poderá requerer, ao tribunal competente para conhecer do recurso extraordinário ou especial, a suspensão de todos os processos individuais ou coletivos em curso no território nacional que versem sobre a questão objeto do incidente já instaurado.

§ 4º Independentemente dos limites da competência territorial, a parte no processo em curso no qual se discuta a mesma questão objeto do incidente é legitimada para requerer a providência prevista no § 3º deste artigo.

§ 5º Cessa a suspensão a que se refere o inciso I do *caput* deste artigo se não for interposto recurso especial ou recurso extraordinário contra a decisão proferida no incidente.

Art. 983. O relator ouvirá as partes e os demais interessados, inclusive pessoas, órgãos e entidades com interesse na controvérsia, que, no prazo comum de 15 (quinze) dias, poderão requerer a juntada de documentos, bem como as diligências necessárias para a elucidação da questão de direito controvertida, e, em seguida, manifestar-se-á o Ministério Público, no mesmo prazo.

§ 1º Para instruir o incidente, o relator poderá designar data para, em audiência pública, ouvir depoimentos de pessoas com experiência e conhecimento na matéria.

§ 2º Concluídas as diligências, o relator solicitará dia para o julgamento do incidente.

Art. 984. No julgamento do incidente, observar-se-á a seguinte ordem:

I - o relator fará a exposição do objeto do incidente;

II - poderão sustentar suas razões, sucessivamente:

a) o autor e o réu do processo originário e o Ministério Público, pelo prazo de 30 (trinta) minutos;

b) os demais interessados, no prazo de 30 (trinta) minutos, divididos entre todos, sendo exigida inscrição com 2 (dois) dias de antecedência.

§ 1º Considerando o número de inscritos, o prazo poderá ser ampliado.

§ 2º O conteúdo do acórdão abrangerá a análise de todos os fundamentos suscitados concernentes à tese jurídica discutida, sejam favoráveis ou contrários.

Art. 985. Julgado o incidente, a tese jurídica será aplicada:

» *Vide* art. 927, III, do CPC.

I - a todos os processos individuais ou coletivos que versem sobre idêntica questão de direito e que tramitem na área de jurisdição do respectivo tribunal, inclusive àqueles que tramitem nos juizados especiais do respectivo Estado ou região;

II - aos casos futuros que versem idêntica questão de direito e que venham a tramitar no território de competência do tribunal, salvo revisão na forma do art. 986.

§ 1º Não observada a tese adotada no incidente, caberá reclamação.

» *Vide* art. 988 do CPC.

§ 2º Se o incidente tiver por objeto questão relativa a prestação de serviço concedido, permitido ou autorizado, o resultado do julgamento será comunicado ao órgão, ao ente ou à agência reguladora competente para fiscalização da efetiva aplicação, por parte dos entes sujeitos a regulação, da tese adotada.

Art. 986. A revisão da tese jurídica firmada no incidente far-se-á pelo mesmo tribunal, de ofício ou mediante requerimento dos legitimados mencionados no art. 977, inciso III.

Art. 987. Do julgamento do mérito do incidente caberá recurso extraordinário ou especial, conforme o caso.

» *Vide* art. 138, § 3.º, do CPC.

§ 1º O recurso tem efeito suspensivo, presumindo-se a repercussão geral de questão constitucional eventualmente discutida.

§ 2º Apreciado o mérito do recurso, a tese jurídica adotada pelo Supremo Tribunal Federal ou pelo Superior Tribunal de Justiça será aplicada no território nacional a todos os processos individuais ou coletivos que versem sobre idêntica questão de direito.

CAPÍTULO IX
DA RECLAMAÇÃO

› Res. 3/2016, STJ/GP.

Art. 988. Caberá reclamação da parte interessada ou do Ministério Público para:

› art. 156, RISTF.

› Súm. 734, STF.

I - preservar a competência do tribunal;

II - garantir a autoridade das decisões do tribunal;

» *Vide* arts. 927 e 985, § 1.º, do CPC.

III – garantir a observância de enunciado de súmula vinculante e de decisão do Supremo Tribunal Federal em controle concentrado de constitucionalidade; (Alterado pela Lei 13.256/2016)

» *Vide* art. 103-A, § 3.º, da CF.

IV – garantir a observância de acórdão proferido em julgamento de incidente de resolução de demandas repetitivas ou de incidente de assunção de competência; (Alterado pela Lei 13.256/2016)

» *Vide* art. 985, § 1.º, do CPC.

» *Vide* art. 947, § 3.º, do CPC.

§ 1º A reclamação pode ser proposta perante qualquer tribunal, e seu julgamento compete ao órgão jurisdicional cuja competência se busca preservar ou cuja autoridade se pretenda garantir.

» *Vide* art. 319 do CPC.

» *Vide* art. 102, I, *l*, da CF.

» *Vide* art. 105, I, *f*, da CF.

» *Vide* art. 111-A, § 3.º, da CF.

§ 2º A reclamação deverá ser instruída com prova documental e dirigida ao presidente do tribunal.

§ 3º Assim que recebida, a reclamação será autuada e distribuída ao relator do processo principal, sempre que possível.

§ 4º As hipóteses dos incisos III e IV compreendem a aplicação indevida da tese jurídica e sua não aplicação aos casos que a ela correspondam.

§ 5º É inadmissível a reclamação: (Alterado pela Lei 13.256/2016)

I – proposta após o trânsito em julgado da decisão reclamada; (Acrescentado pela Lei 13.256/2016)

II – proposta para garantir a observância de acórdão de recurso extraordinário com repercussão geral reconhecida ou de acórdão proferido em julgamento de recursos extraordinário ou especial repetitivos, quando não esgotadas as instâncias ordinárias. (Acrescentado pela Lei 13.256/2016)

§ 6º A inadmissibilidade ou o julgamento do recurso interposto contra a decisão proferida pelo órgão reclamado não prejudica a reclamação.

Art. 989. Ao despachar a reclamação, o relator:

I - requisitará informações da autoridade a quem for imputada a prática do ato impugnado, que as prestará no prazo de 10 (dez) dias;

II - se necessário, ordenará a suspensão do processo ou do ato impugnado para evitar dano irreparável;

» *Vide* art. 1.021 do CPC.

III - determinará a citação do beneficiário da decisão impugnada, que terá prazo de 15 (quinze) dias para apresentar a sua contestação.

Art. 990. Qualquer interessado poderá impugnar o pedido do reclamante.

Art. 991. Na reclamação que não houver formulado, o Ministério Público terá vista do processo por 5 (cinco) dias, após o decurso do prazo para informações e para o oferecimento da contestação pelo beneficiário do ato impugnado.

Art. 992. Julgando procedente a reclamação, o tribunal cassará a decisão exorbitante de seu julgado ou determinará medida adequada à solução da controvérsia.

Art. 993. O presidente do tribunal determinará o imediato cumprimento da decisão, lavrando-se o acórdão posteriormente.

TÍTULO II
DOS RECURSOS

CAPÍTULO I
DISPOSIÇÕES GERAIS

Art. 994. São cabíveis os seguintes recursos:

» *Vide* arts. 994, 996, 1.003, § 5.º, e 1.007 do CPC.

I - apelação;

› arts. 1.009 a 1.014, CPC.

» Vide art. 41 da Lei n. 9.099, de 26-9-1995

II - agravo de instrumento;

› arts. 1.015 a 1.020, CPC.

III - agravo interno;

› art. 1.021, CPC.

IV - embargos de declaração;

› arts. 1.022 a 1.026, CPC.

V - recurso ordinário;

› arts. 1.027 e 1.028, CPC.

VI - recurso especial;

› arts. 1.029 a 1.041, CPC.

VII - recurso extraordinário;

› arts. 1.029 a 1.041, CPC.

VIII - agravo em recurso especial ou extraordinário;

› art. 1.042, CPC.

IX - embargos de divergência.

› arts. 1.043 e 1.044, CPC.

› Súm. 158; 168; 315; 316; e 420, STJ.

Art. 995. Os recursos não impedem a eficácia da decisão, salvo disposição legal ou decisão judicial em sentido diverso.

Parágrafo único. A eficácia da decisão recorrida poderá ser suspensa por decisão do relator, se da imediata produção de seus efeitos houver risco de dano grave, de difícil ou impossível reparação, e ficar demonstrada a probabilidade de provimento do recurso.

› art. 14, Lei 7.347/1985 (Ação Civil Pública).

» *Vide* art. 932, II, do CPC.

» *Vide* arts. 1.026, § 1.º, 1.029, § 5.º, do CPC.

» *Vide* art. 14, § 3.º, da Lei n. 12.016, de 7-8-2009 (Mandado de Segurança).

» *Vide* art. 58, V, da Lei n. 8.245, de 18-10-1991 (Lei de Locações).

» *Vide* art. 215 do ECA.

Art. 996. O recurso pode ser interposto pela parte vencida, pelo terceiro prejudicado e pelo Ministério Público, como parte ou como fiscal da ordem jurídica.

› Súm. 99 e 226, STJ.

Parágrafo único. Cumpre ao terceiro demonstrar a possibilidade de a decisão sobre a relação jurídica submetida à apreciação judicial atingir direito de que se afirme titular ou que possa discutir em juízo como substituto processual.

Art. 997. Cada parte interporá o recurso independentemente, no prazo e com observância das exigências legais.

§ 1º Sendo vencidos autor e réu, ao recurso interposto por qualquer deles poderá aderir o outro.

§ 2º O recurso adesivo fica subordinado ao recurso independente, sendo-lhe aplicáveis as mesmas regras deste quanto aos requisitos de admissibilidade e julgamento no tribunal, salvo disposição legal diversa, observado, ainda, o seguinte:

I - será dirigido ao órgão perante o qual o recurso independente fora interposto, no prazo de que a parte dispõe para responder;

» *Vide* art. 1.009, § 2.º, do CPC.

II - será admissível na apelação, no recurso extraordinário e no recurso especial;

» *Vide* art. 1.010, § 2.º, do CPC.

III - não será conhecido, se houver desistência do recurso principal ou se for ele considerado inadmissível.

Art. 998. O recorrente poderá, a qualquer tempo, sem a anuência do recorrido ou dos litisconsortes, desistir do recurso.

Parágrafo único. A desistência do recurso não impede a análise de questão cuja repercussão geral já tenha sido reconhecida e daquela objeto de julgamento de recursos extraordinários ou especiais repetitivos.

» *Vide* art. 1.035 do CPC.

Art. 999. A renúncia ao direito de recorrer independe da aceitação da outra parte.

Art. 1.000. A parte que aceitar expressa ou tacitamente a decisão não poderá recorrer.

Parágrafo único. Considera-se aceitação tácita a prática, sem nenhuma reserva, de ato incompatível com a vontade de recorrer.

Art. 1.001. Dos despachos não cabe recurso.

» *Vide* art. 203, § 3.º, do CPC.

Art. 1.002. A decisão pode ser impugnada no todo ou em parte.

Art. 1.003. O prazo para interposição de recurso conta-se da data em que os advogados, a sociedade de advogados, a Advocacia Pública, a Defensoria Pública ou o Ministério Público são intimados da decisão.

» *Vide* arts. 180. 183, 186, 219 e 224 do CPC.

§ 1º Os sujeitos previstos no *caput* considerar-se-ão intimados em audiência quando nesta for proferida a decisão.

§ 2º Aplica-se o disposto no art. 231, incisos I a VI, ao prazo de interposição de recurso pelo réu contra decisão proferida anteriormente à citação.

§ 3º No prazo para interposição de recurso, a petição será protocolada em cartório ou conforme as normas de organização judiciária, ressalvado o disposto em regra especial.

§ 4º Para aferição da tempestividade do recurso remetido pelo correio, será considerada como data de interposição a data de postagem.

§ 5º Excetuados os embargos de declaração, o prazo para interpor os recursos e para responder-lhes é de 15 (quinze) dias.

» *Vide* art. 1.070 do CPC.

§ 6º O recorrente comprovará a ocorrência de feriado local no ato de interposição do recurso.

Art. 1.004. Se, durante o prazo para a interposição do recurso, sobrevier o falecimento da parte ou de seu advogado ou ocorrer motivo de força maior que suspenda o curso do processo, será tal prazo restituído em proveito da parte, do herdeiro ou do sucessor, contra quem começará a correr novamente depois da intimação.

Art. 1.005. O recurso interposto por um dos litisconsortes a todos aproveita, salvo se distintos ou opostos os seus interesses.

Parágrafo único. Havendo solidariedade passiva, o recurso interposto por um devedor aproveitará aos outros quando as defesas opostas ao credor lhes forem comuns.

› arts. 275 a 285, CC.

Art. 1.006. Certificado o trânsito em julgado, com menção expressa da data de sua ocorrência, o escrivão ou o chefe de secretaria, independentemente de despacho, providenciará a baixa dos autos ao juízo de origem, no prazo de 5 (cinco) dias.

Art. 1.007. No ato de interposição do recurso, o recorrente comprovará, quando exigido pela legislação pertinente, o respectivo preparo, inclusive porte de remessa e de retorno, sob pena de deserção.

› Súm. 484, STJ.

» *Vide* arts. 99, § 7.º, e 101, § 1.º, do CPC.

» *Vide* art. 932, parágrafo único, do CPC.

» *Vide* art. 1.017, § 1.º, do CPC.

» *Vide* Súmula 484 do STJ.

§ 1º São dispensados de preparo, inclusive porte de remessa e de retorno, os recursos interpostos pelo Ministério Público, pela União, pelo Distrito Federal, pelos Estados, pelos Municípios, e respectivas autarquias, e pelos que gozam de isenção legal.

» *Vide* arts. 98, VIII, 99, § 5.º, do CPC.

» *Vide* art. 198, I, do ECA.

» *Vide* Súmula 483 do STJ.

§ 2º A insuficiência no valor do preparo, inclusive porte de remessa e de retorno, implicará deserção se o recorrente, intimado na pessoa de seu advogado, não vier a supri-lo no prazo de 5 (cinco) dias.

§ 3º É dispensado o recolhimento do porte de remessa e de retorno no processo em autos eletrônicos.

§ 4º O recorrente que não comprovar, no ato de interposição do recurso, o recolhimento do preparo, inclusive porte de remessa e de retorno, será intimado, na pessoa de seu advogado, para realizar o recolhimento em dobro, sob pena de deserção.

» *Vide* art. 932, parágrafo único, do CPC.

§ 5º É vedada a complementação se houver insuficiência parcial do preparo, inclusive porte de remessa e de retorno, no recolhimento realizado na forma do § 4º.

§ 6º Provando o recorrente justo impedimento, o relator relevará a pena de deserção, por decisão irrecorrível, fixando-lhe prazo de 5 (cinco) dias para efetuar o preparo.

» *Vide* Súmula 484 do CPC.

§ 7º O equívoco no preenchimento da guia de custas não implicará a aplicação da pena de deserção, cabendo ao relator, na hipótese de dúvida quanto ao recolhimento, intimar o recorrente para sanar o vício no prazo de 5 (cinco) dias.

Art. 1.008. O julgamento proferido pelo tribunal substituirá a decisão impugnada no que tiver sido objeto de recurso.

CAPÍTULO II
DA APELAÇÃO

Art. 1.009. Da sentença cabe apelação.

› art. 156, p.ún., Lei 11.101/2005 (Lei de falência).

» *Vide* arts 85, § 11, 203, § 1.º, 331, 332, § 3.º, 485, 487, 490, 920, III, 937, I, e 1.003, § 5.º, do CPC.

» *Vide* arts. 1.013, § 4.º, e 294, do CPC.

» *Vide* art. 702, § 7.º, do CPC.

» *Vide* art. 41 da Lei n. 9.099, de 26-9-1995 (Juizado Especial Cível).

» *Vide* arts. 10, § 1.º, e 14 da Lei n. 12.016, de 7-8-2009 (Mandado de Segurança).

» *Vide* arts. 90, 100, 135, 154, § 6.º, 156, parágrafo único, 159, § 5.º, 164, § 7.º, da Lei n. 11.101, de 9-2-2005 (Recuperação de Empresas e Falência).

» *Vide* art. 17 da Lei n. 6.830, de 22-7-1980 (Execução Fiscal).

» *Vide* arts. 331, 332, § 3.º, 485, § 7.º do CPC, e 198, VII, ECA.

§ 1º As questões resolvidas na fase de conhecimento, se a decisão a seu respeito não comportar agravo de instrumento, não são cobertas pela preclusão e devem ser suscitadas em preliminar de apelação, eventualmente interposta contra a decisão final, ou nas contrarrazões.

» *Vide* arts. 938 e 939 do CPC.

» *Vide* art. 1.015 do CPC.

§ 2º Se as questões referidas no § 1º forem suscitadas em contrarrazões, o recorrente será intimado para, em 15 (quinze) dias, manifestar-se a respeito delas.

§ 3º O disposto no *caput* deste artigo aplica-se mesmo quando as questões mencionadas no art. 1.015 integrarem capítulo da sentença.

Art. 1.010. A apelação, interposta por petição dirigida ao juízo de primeiro grau, conterá:

» *Vide* art. 1.029 do CPC.

I - os nomes e a qualificação das partes;

II - a exposição do fato e do direito;

III - as razões do pedido de reforma ou de decretação de nulidade;

IV - o pedido de nova decisão.

» *Vide* art. 1.009, § 1.º, do CPC.

§ 1º O apelado será intimado para apresentar contrarrazões no prazo de 15 (quinze) dias.

» *Vide* art. 997, §§ 1.º e 2.º, do CPC.

§ 2º Se o apelado interpuser apelação adesiva, o juiz intimará o apelante para apresentar contrarrazões.

» *Vide* art. 997, §§ 1.º e 2.º, do CPC.

§ 3º Após as formalidades previstas nos §§ 1º e 2º, os autos serão remetidos ao tribunal pelo juiz, independentemente de juízo de admissibilidade.

Art. 1.011. Recebido o recurso de apelação no tribunal e distribuído imediatamente, o relator:

I - decidi-lo-á monocraticamente apenas nas hipóteses do art. 932, incisos III a V;

II - se não for o caso de decisão monocrática, elaborará seu voto para julgamento do recurso pelo órgão colegiado.

Art. 1.012. A apelação terá efeito suspensivo.

› art. 58, V, Lei 8.245/1991 (Lei de locação).

› Súm. 331, STJ.

» *Vide* art. 512 do CPC.

» *Vide* art. 14 da Lei n. 7.347, de 24-7-1985 (Lei da Ação Civil Pública).

§ 1º Além de outras hipóteses previstas em lei, começa a produzir efeitos imediatamente após a sua publicação a sentença que:

» *Vide* art. 58, V, da Lei n. 8.245, de 18-10-1991 (Lei de Locações).

» *Vide* art. 14, § 3.º, da Lei n. 12.016, de 7-8-2009 (Lei do Mandado de Segurança).

» *Vide* art. 90 da Lei n. 11.101, de 9-2-2005 (Recuperação Judicial e Falência).

» *Vide* art. 215 do ECA.

I - homologa divisão ou demarcação de terras;

› arts. 569 a 598, CPC.

II - condena a pagar alimentos;

› arts. 528 a 533, CPC.

› art. 19, Lei 5.478/1968 (Lei de alimentos).

› Lei 11.804/2008 (Alimentos gravídicos).

III - extingue sem resolução do mérito ou julga improcedentes os embargos do executado;

» *Vide* arts. 918 e 920, III, do CPC.

IV - julga procedente o pedido de instituição de arbitragem;

› Lei 9.307/1996 (Arbitragem).

V - confirma, concede ou revoga tutela provisória;

› arts. 294 a 311, CPC.

VI - decreta a interdição.

› arts. 747 a 758, CPC.

» *Vide* arts. 754 e755 do CPC

§ 2º Nos casos do § 1º, o apelado poderá promover o pedido de cumprimento provisório depois de publicada a sentença.

§ 3º O pedido de concessão de efeito suspensivo nas hipóteses do § 1º poderá ser formulado por requerimento dirigido ao:

I - tribunal, no período compreendido entre a interposição da apelação e sua distribuição, ficando o relator designado para seu exame prevento para julgá-la;

II - relator, se já distribuída a apelação.

§ 4º Nas hipóteses do § 1º, a eficácia da sentença poderá ser suspensa pelo relator se o apelante demonstrar a probabilidade de provimento do recurso ou se, sendo relevante a fundamentação, houver risco de dano grave ou de difícil reparação.

» *Vide* art. 995, parágrafo único, do CPC.

Art. 1.013. A apelação devolverá ao tribunal o conhecimento da matéria impugnada.

§ 1º Serão, porém, objeto de apreciação e julgamento pelo tribunal todas as questões suscitadas e discutidas no processo, ainda que não tenham sido solucionadas, desde que relativas ao capítulo impugnado.

› Súm. 393, TST.

§ 2º Quando o pedido ou a defesa tiver mais de um fundamento e o juiz acolher apenas um deles, a apelação devolverá ao tribunal o conhecimento dos demais.

§ 3º Se o processo estiver em condições de imediato julgamento, o tribunal deve decidir desde logo o mérito quando:

I - reformar sentença fundada no art. 485;

II - decretar a nulidade da sentença por não ser ela congruente com os limites do pedido ou da causa de pedir;

» *Vide* art. 492 do CPC.

III - constatar a omissão no exame de um dos pedidos, hipótese em que poderá julgá-lo;

IV - decretar a nulidade de sentença por falta de fundamentação.

› art. 93, IX, CF.

§ 4º Quando reformar sentença que reconheça a decadência ou a prescrição, o tribunal, se possível, julgará o mérito, examinando as demais questões, sem determinar o retorno do processo ao juízo de primeiro grau.

§ 5º O capítulo da sentença que confirma, concede ou revoga a tutela provisória é impugnável na apelação.

Art. 1.014. As questões de fato não propostas no juízo inferior poderão ser suscitadas na apelação, se a parte provar que deixou de fazê-lo por motivo de força maior.

› art. 393, p.ún., CC.

CAPÍTULO III
DO AGRAVO DE INSTRUMENTO

Art. 1.015. Cabe agravo de instrumento contra as decisões interlocutórias que versarem sobre:

› art. 203, § 2º, CPC.

› art. 7º, § 1º, Lei 12.016/2009 (Mandado de Segurança).

» *Vide* arts. 17 e 59, § 2.º, da Lei n. 11.101, de 9-2-2005.

I - tutelas provisórias;

› arts. 294 a 311, CPC.

» *Vide* arts. 294, 1.013, § 5.º, do CPC.

» *Vide* art. 304 do CPC.

II - mérito do processo;

» *Vide* art. 356, § 5.º, do CPC.

III - rejeição da alegação de convenção de arbitragem;

› Lei 9.307/1996 (Arbitragem).

» *Vide* art. 337, X, do CPC.

IV - incidente de desconsideração da personalidade jurídica;

› art. 50, CC.

› art. 136, CPC.

› art. 28, CDC.

» *Vide* arts. 133 e 136, parágrafo único, do CPC.

» *Vide* arts. 50 do CC, e 28 do CDC.

V - rejeição do pedido de gratuidade da justiça ou acolhimento do pedido de sua revogação;

› art. 101, CPC.

» *Vide* art. 100, parágrafo único, do CPC.

VI - exibição ou posse de documento ou coisa;

› arts. 396 a 404, CPC.

» *Vide* art. 396 do CPC.

VII - exclusão de litisconsorte;

» *Vide* art. 354, parágrafo único, do CPC.

VIII - rejeição do pedido de limitação do litisconsórcio;

› arts. 113 a 118, CPC.

» *Vide* art. 133, § 1.º, do CPC.

» *Vide* art. 116 do CPC.

IX - admissão ou inadmissão de intervenção de terceiros;

› arts. 119 a 138, CPC.

» *Vide* arts. 120, 125, 131 e 136 do CPC.

X - concessão, modificação ou revogação do efeito suspensivo aos embargos à execução;

› art. 919, CPC.

» *Vide* art. 919, § 1.º, do CPC.

XI - redistribuição do ônus da prova nos termos do art. 373, § 1º;

XII - (Vetado);

XIII - outros casos expressamente referidos em lei.

» *Vide* arts. 354, parágrafo único, e 356, § 5.º, do CPC.

» *Vide* art. 1.027, § 1.º, do CPC.

» *Vide* art. 1.037, § 13, I, do CPC.

» *Vide* art. 19, § 2.º, da Lei n. 5.478, de 25-7-1968 (Lei da Ação de Alimentos).

» *Vide* art. 7.º, § 1.º, da Lei n. 12.016, de 7-8-2009 (Lei do Mandado de Segurança).

» *Vide* art. 100 da Lei n. 11.101, de 9-2-2005 (Lei da Recuperação de Empresas e Falência).

Parágrafo único. Também caberá agravo de instrumento contra decisões interlocutórias proferidas na fase de liquidação de sentença ou de cumprimento de sentença, no processo de execução e no processo de inventário.

» *Vide* art. 19, § 2.º, da Lei n. 5.478, de 25-7-1968 (Lei da Ação de Alimentos).

Art. 1.016. O agravo de instrumento será dirigido diretamente ao tribunal competente, por meio de petição com os seguintes requisitos:

I - os nomes das partes;

II - a exposição do fato e do direito;

III - as razões do pedido de reforma ou de invalidação da decisão e o próprio pedido;

» *Vide* art. 1.019, I, do CPC.

IV - o nome e o endereço completo dos advogados constantes do processo.

Art. 1.017. A petição de agravo de instrumento será instruída:

I - obrigatoriamente, com cópias da petição inicial, da contestação, da petição que ensejou a decisão agravada, da própria decisão agravada, da certidão da respectiva intimação ou outro documento oficial que comprove a tempestividade e das procurações outorgadas aos advogados do agravante e do agravado;

› Súm. 223, STJ.

II - com declaração de inexistência de qualquer dos documentos referidos no inciso I, feita pelo advogado do agravante, sob pena de sua responsabilidade pessoal;

III - facultativamente, com outras peças que o agravante reputar úteis.

§ 1º Acompanhará a petição o comprovante do pagamento das respectivas custas e do porte de retorno, quando devidos, conforme tabela publicada pelos tribunais.

» *Vide* arts. 99, § 7.º, e 1.007 do CPC.

§ 2º No prazo do recurso, o agravo será interposto por:

» *Vide* art. 1.003, § 5.º, do CPC.

I - protocolo realizado diretamente no tribunal competente para julgá-lo;

II - protocolo realizado na própria comarca, seção ou subseção judiciárias;

III - postagem, sob registro, com aviso de recebimento;

IV - transmissão de dados tipo fac-símile, nos termos da lei;

V - outra forma prevista em lei.

§ 3º Na falta da cópia de qualquer peça ou no caso de algum outro vício que comprometa a admissibilidade do agravo de instrumento, deve o relator aplicar o disposto no art. 932, parágrafo único.

§ 4º Se o recurso for interposto por sistema de transmissão de dados tipo fac-símile ou similar, as peças devem ser juntadas no momento de protocolo da petição original.

§ 5º Sendo eletrônicos os autos do processo, dispensam-se as peças referidas nos incisos I e II do *caput*, facultando-se ao agravante anexar outros documentos que entender úteis para a compreensão da controvérsia.

Art. 1.018. O agravante poderá requerer a juntada, aos autos do processo, de cópia da petição do agravo de instrumento, do comprovante de sua interposição e da relação dos documentos que instruíram o recurso.

» *Vide* art. 201 do CPC.

§ 1º Se o juiz comunicar que reformou inteiramente a decisão, o relator considerará prejudicado o agravo de instrumento.

§ 2º Não sendo eletrônicos os autos, o agravante tomará a providência prevista no *caput*, no prazo de 3 (três) dias a contar da interposição do agravo de instrumento.

§ 3º O descumprimento da exigência de que trata o § 2º, desde que arguido e provado pelo agravado, importa inadmissibilidade do agravo de instrumento.

Art. 1.019. Recebido o agravo de instrumento no tribunal e distribuído imediatamente, se não for o caso de aplicação do art. 932, incisos III e IV, o relator, no prazo de 5 (cinco) dias:

I - poderá atribuir efeito suspensivo ao recurso ou deferir, em antecipação de tutela, total ou parcialmente, a pretensão recursal, comunicando ao juiz sua decisão;

» *Vide* arts. 294 e 300 do CPC.

» *Vide* art. 995, parágrafo único, do CPC.

II - ordenará a intimação do agravado pessoalmente, por carta com aviso de recebimento, quando não tiver procurador constituído, ou pelo Diário da Justiça ou por carta com aviso de recebimento dirigida ao seu advogado, para que responda no prazo de 15 (quinze) dias, facultando-lhe juntar a documentação que entender necessária ao julgamento do recurso;

III - determinará a intimação do Ministério Público, preferencialmente por meio eletrônico, quando for o caso de sua intervenção, para que se manifeste no prazo de 15 (quinze) dias.

» *Vide* art. 178 do CPC.

» *Vide* art. 12 da Lei n. 12.016, de 7-8-2009 (Lei MS).

Art. 1.020. O relator solicitará dia para julgamento em prazo não superior a 1 (um) mês da intimação do agravado.

CAPÍTULO IV
DO AGRAVO INTERNO

» *Vide* art. 1.070 do CPC.

Art. 1.021. Contra decisão proferida pelo relator caberá agravo interno para o respectivo órgão colegiado, observadas, quanto ao processamento, as regras do regimento interno do tribunal.

› Súm. 182, STJ.

» *Vide* art. 136, parágrafo único, do CPC.

» *Vide* arts. 932, III, IV e V, e 937, do CPC.

» *Vide* art. 1.030, § 2.º, do CPC.

» *Vide* arts. 1.035, § 7.º, e 1.036, § 3.º, do CPC.

» *Vide* art. 1.037, § 13, II, do CPC.

§ 1º Na petição de agravo interno, o recorrente impugnará especificadamente os fundamentos da decisão agravada.

§ 2º O agravo será dirigido ao relator, que intimará o agravado para manifestar-se sobre o recurso no prazo de 15 (quinze) dias, ao final do qual, não havendo retratação, o relator levá-lo-á a julgamento pelo órgão colegiado, com inclusão em pauta.

» *Vide* art. 937, § 3.º, do CPC.

» *Vide* art. 85, § 11.º, do CPC.

§ 3º É vedado ao relator limitar-se à reprodução dos fundamentos da decisão agravada para julgar improcedente o agravo interno.

§ 4º Quando o agravo interno for declarado manifestamente inadmissível ou improcedente em votação unânime, o órgão colegiado, em decisão fundamentada, condenará o agravante a pagar ao agravado multa fixada entre um e cinco por cento do valor atualizado da causa.

› art. 1º, Res. nº 9/2018, STJ/GP.

§ 5º A interposição de qualquer outro recurso está condicionada ao depósito prévio do valor da multa prevista no § 4º, à exceção da Fazenda Pública e do beneficiário de gratuidade da justiça, que farão o pagamento ao final.

› art. 1º, Res. nº 9/2018, STJ/GP.

CAPÍTULO V
DOS EMBARGOS DE DECLARAÇÃO

Art. 1.022. Cabem embargos de declaração contra qualquer decisão judicial para:

I - esclarecer obscuridade ou eliminar contradição;

II - suprir omissão de ponto ou questão sobre o qual devia se pronunciar o juiz de ofício ou a requerimento;

» *Vide* art. 489, § 1.º, do CPC.

» *Vide* art. 357, § 1.º, do CPC.

III - corrigir erro material.

› art. 494, II, CPC.

Parágrafo único. Considera-se omissa a decisão que:

I - deixe de se manifestar sobre tese firmada em julgamento de casos repetitivos ou em incidente de assunção de competência aplicável ao caso sob julgamento;

› arts. 928 e 947, CPC.

II - incorra em qualquer das condutas descritas no art. 489, § 1º.

Art. 1.023. Os embargos serão opostos, no prazo de 5 (cinco) dias, em petição dirigida ao juiz, com indicação do erro, obscuridade, contradição ou omissão, e não se sujeitam a preparo.

› art. 1.003, § 5º, CPC.

§ 1º Aplica-se aos embargos de declaração o art. 229.

§ 2º O juiz intimará o embargado para, querendo, manifestar-se, no prazo de 5 (cinco) dias, sobre os embargos opostos, caso seu eventual acolhimento implique a modificação da decisão embargada.

» *Vide* arts. 9.º e 10 do CPC.

Art. 1.024. O juiz julgará os embargos em 5 (cinco) dias.

› art. 12, § 2º, V, CPC.

§ 1º Nos tribunais, o relator apresentará os embargos em mesa na sessão subsequente, proferindo voto, e, não havendo julgamento nessa sessão, será o recurso incluído em pauta automaticamente.

§ 2º Quando os embargos de declaração forem opostos contra decisão de relator ou outra decisão unipessoal proferida em tribunal, o órgão prolator da decisão embargada decidi-los-á monocraticamente.

§ 3º O órgão julgador conhecerá dos embargos de declaração como agravo interno se entender ser este o recurso cabível, desde que determine previamente a intimação do recorrente para, no prazo de 5 (cinco) dias, complementar as razões recursais, de modo a ajustá-las às exigências do art. 1.021, § 1º.

§ 4º Caso o acolhimento dos embargos de declaração implique modificação da decisão embargada, o embargado que já tiver interposto outro recurso contra a decisão originária tem o direito de complementar ou alterar suas razões, nos exatos limites da modificação, no prazo de 15 (quinze) dias, contado da intimação da decisão dos embargos de declaração.

§ 5º Se os embargos de declaração forem rejeitados ou não alterarem a conclusão do julgamento anterior, o recurso interposto pela outra parte antes da publicação do julgamento dos embargos de declaração será processado e julgado independentemente de ratificação.

› Súm. 579, STJ.

Art. 1.025. Consideram-se incluídos no acórdão os elementos que o embargante suscitou, para fins de pré-questionamento, ainda que os embargos de declaração sejam inadmitidos ou rejeitados, caso o tribunal superior considere existentes erro, omissão, contradição ou obscuridade.

» *Vide* Súmula 579 do STJ.

Art. 1.026. Os embargos de declaração não possuem efeito suspensivo e interrompem o prazo para a interposição de recurso.

» *Vide* art. 50 da Lei n. 9.099/95.

§ 1º A eficácia da decisão monocrática ou colegiada poderá ser suspensa pelo respectivo juiz ou relator se demonstrada a probabilidade de provimento do recurso ou, sendo relevante a fundamentação, se houver risco de dano grave ou de difícil reparação.

» *Vide* art. 995, parágrafo único, do CPC.

§ 2º Quando manifestamente protelatórios os embargos de declaração, o juiz ou o tribunal, em decisão fundamentada, condenará o embargante a pagar ao embargado multa não excedente a dois por cento sobre o valor atualizado da causa.

› art. 1º, Res. nº 9/2018, STJ/GP.

» *Vide* Súmula 98 do STJ.

§ 3º Na reiteração de embargos de declaração manifestamente protelatórios, a multa será elevada a até dez por cento sobre o valor atualizado da causa, e a interposição de qualquer recurso ficará condicionada ao depósito prévio do valor da multa, à exceção da Fazenda Pública e do beneficiário de gratuidade da justiça, que a recolherão ao final.

› Súm. 98, STJ; Súm. 353, TST.

› art. 1º, Res. nº 9/2018, STJ.

§ 4º Não serão admitidos novos embargos de declaração se os 2 (dois) anteriores houverem sido considerados protelatórios.

CAPÍTULO VI
DOS RECURSOS PARA O SUPREMO TRIBUNAL FEDERAL E PARA O SUPERIOR TRIBUNAL DE JUSTIÇA

SEÇÃO I
DO RECURSO ORDINÁRIO

› arts. 102 a 105, CF.

Art. 1.027. Serão julgados em recurso ordinário:

› arts. 102, II; e 105, II, CF.

» *Vide* arts. 16 e 18 da Lei 12.016, de 7-8-2009.

I - pelo Supremo Tribunal Federal, os mandados de segurança, os habeas data e os mandados de injunção decididos em única instância pelos tribunais superiores, quando denegatória a decisão;

II - pelo Superior Tribunal de Justiça:

a) os mandados de segurança decididos em única instância pelos tribunais regionais federais ou pelos tribunais de justiça dos Estados e do Distrito Federal e Territórios, quando denegatória a decisão;

b) os processos em que forem partes, de um lado, Estado estrangeiro ou organismo internacional e, de outro, Município ou pessoa residente ou domiciliada no País.

§ 1º Nos processos referidos no inciso II, alínea "b", contra as decisões interlocutórias caberá agravo de instrumento dirigido ao Superior Tribunal de Justiça, nas hipóteses do art. 1.015.

§ 2º Aplica-se ao recurso ordinário o disposto nos arts. 1.013, § 3º, e 1.029, § 5º.

Art. 1.028. Ao recurso mencionado no art. 1.027, inciso II, alínea "b", aplicam-se, quanto aos requisitos de admissibilidade e ao procedimento, as disposições relativas à apelação e o Regimento Interno do Superior Tribunal de Justiça.

› Súm. 272 e 513, STF.

§ 1º Na hipótese do art. 1.027, § 1º, aplicam-se as disposições relativas ao agravo de instrumento e o Regimento Interno do Superior Tribunal de Justiça.

§ 2º O recurso previsto no art. 1.027, incisos I e II, alínea "a", deve ser interposto perante o tribunal de origem, cabendo ao seu presidente ou vice-presidente determinar a intimação do recorrido para, em 15 (quinze) dias, apresentar as contrarrazões.

§ 3º Findo o prazo referido no § 2º, os autos serão remetidos ao respectivo tribunal superior, independentemente de juízo de admissibilidade.

SEÇÃO II
DO RECURSO EXTRAORDINÁRIO E DO RECURSO ESPECIAL

SUBSEÇÃO I
DISPOSIÇÕES GERAIS

› Lei 8.038/1990 (Lei dos Recursos Especial e Extraordinário).

Art. 1.029. O recurso extraordinário e o recurso especial, nos casos previstos na Constituição Federal, serão interpostos perante o presidente ou o vice-presidente do tribunal recorrido, em petições distintas que conterão:

› Súm. 272, 279, 282, 513, 634 a 637, 640, 733 e 735, STF.

› Súm. 5, 7, 13, 83, 86, 126, 203 e 579, STJ.

» *Vide* Súmula 203 do STJ e Súmulas 640 e 727 do STF.

I - a exposição do fato e do direito;

II - a demonstração do cabimento do recurso interposto;

» *Vide* arts. 1.035 do CPC, e 102, § 3.º, da CF.

» *Vide* art. 1.025 do CPC.

» *Vide* arts. 994, 996, e 1.003, § 5.º, do CPC.

» *Vide* arts. 997, § 2.º, II, do CPC.

» *Vide* art. 1.007 do CPC.

» *Vide* art. 105, § 2º, da CF.

III - as razões do pedido de reforma ou de invalidação da decisão recorrida.

§ 1º Quando o recurso fundar-se em dissídio jurisprudencial, o recorrente fará a prova da divergência com a certidão, cópia ou citação do repositório de jurisprudência, oficial ou credenciado, inclusive em mídia eletrônica, em que houver sido publicado o acórdão divergente, ou ainda com a reprodução de julgado disponível na rede mundial de computadores, com indicação da respectiva fonte, devendo-se, em qualquer caso, mencionar as circunstâncias que identifiquem ou assemelhem os casos confrontados.

§ 2º (Revogado pela Lei 13.256/2016)

§ 3º O Supremo Tribunal Federal ou o Superior Tribunal de Justiça poderá desconsiderar vício formal de recurso tempestivo ou determinar sua correção, desde que não o repute grave.

§ 4º Quando, por ocasião do processamento do incidente de resolução de demandas repetitivas, o presidente do Supremo Tribunal Federal ou do Superior Tribunal de Justiça receber requerimento de suspensão de processos em que se discuta questão federal constitucional ou infraconstitucional, poderá, considerando razões de segurança jurídica ou de excepcional interesse social, estender a suspensão a todo o território nacional, até ulterior decisão do recurso extraordinário ou do recurso especial a ser interposto.

§ 5º O pedido de concessão de efeito suspensivo a recurso extraordinário ou a recurso especial poderá ser formulado por requerimento dirigido:

» *Vide* art. 995, parágrafo único, do CPC.

» *Vide* art. 987, I, do CPC.

I – ao tribunal superior respectivo, no período compreendido entre a publicação da decisão de admissão do recurso e sua distribuição, ficando o relator designado para seu exame prevento para julgá-lo; (Alterado pela Lei 13.256/2016)

II - ao relator, se já distribuído o recurso;

III – ao presidente ou ao vice-presidente do tribunal recorrido, no período compreendido entre a interposição do recurso e a publicação da decisão de admissão do recurso, assim como no caso de o recurso ter sido sobrestado, nos termos do art. 1.037. (Alterado pela Lei 13.256/2016)

Art. 1.030. Recebida a petição do recurso pela secretaria do tribunal, o recorrido será intimado para apresentar contrarrazões no prazo de 15 (quinze) dias, findo o qual os autos serão conclusos ao presidente ou ao vice-presidente do tribunal recorrido, que deverá: (Alterado pela Lei 13.256/2016)

I – negar seguimento: (Alterado pela Lei 13.256/2016)

a) a recurso extraordinário que discuta questão constitucional à qual o Supremo Tribunal Federal não tenha reconhecido a existência de repercussão geral ou a recurso extraordinário interposto contra acórdão que esteja em conformidade com entendimento do Supremo Tribunal Federal exarado no regime de repercussão geral; (Alterado pela Lei 13.256/2016)

b) a recurso extraordinário ou a recurso especial interposto contra acórdão que esteja em conformidade com entendimento do Supremo Tribunal Federal ou do Superior Tribunal de Justiça, respectivamente, exarado no regime de julgamento de recursos repetitivos; (Alterado pela Lei 13.256/2016)

II – encaminhar o processo ao órgão julgador para realização do juízo de retratação, se o acórdão recorrido divergir do entendimento do Supremo Tribunal Federal ou do Superior Tribunal de Justiça exarado, conforme o caso, nos regimes de repercussão geral ou de recursos repetitivos; (Alterado pela Lei 13.256/2016)

III – sobrestar o recurso que versar sobre controvérsia de caráter repetitivo ainda não decidida pelo Supremo Tribunal Federal ou pelo Superior Tribunal de Justiça, conforme se trate de matéria constitucional ou infraconstitucional; (Alterado pela Lei 13.256/2016)

IV – selecionar o recurso como representativo de controvérsia constitucional ou infraconstitucional, nos termos do § 6º do art. 1.036; (Alterado pela Lei 13.256/2016)

V – realizar o juízo de admissibilidade e, se positivo, remeter o feito ao Supremo Tribunal Federal ou ao Superior Tribunal de Justiça, desde que: (Alterado pela Lei 13.256/2016)

» *Vide* art. 1.042 do CPC.

a) o recurso ainda não tenha sido submetido ao regime de repercussão geral ou de julgamento de recursos repetitivos; (Alterado pela Lei 13.256/2016)

b) o recurso tenha sido selecionado como representativo da controvérsia; ou (Alterado pela Lei 13.256/2016)

c) o tribunal recorrido tenha refutado o juízo de retratação. (Alterado pela Lei 13.256/2016)

§ 1º Da decisão de inadmissibilidade proferida com fundamento no inciso V caberá agravo ao tribunal superior, nos termos do art. 1.042. (Alterado pela Lei 13.256/2016)

§ 2º Da decisão proferida com fundamento nos incisos I e III caberá agravo interno, nos termos do art. 1.021. (Alterado pela Lei 13.256/2016)

Art. 1.031. Na hipótese de interposição conjunta de recurso extraordinário e recurso especial, os autos serão remetidos ao Superior Tribunal de Justiça.

§ 1º Concluído o julgamento do recurso especial, os autos serão remetidos ao Supremo Tribunal Federal para apreciação do recurso extraordinário, se este não estiver prejudicado.

§ 2º Se o relator do recurso especial considerar prejudicial o recurso extraordinário, em decisão irrecorrível, sobrestará o julgamento e remeterá os autos ao Supremo Tribunal Federal.

§ 3º Na hipótese do § 2º, se o relator do recurso extraordinário, em decisão irrecorrível, rejeitar a prejudicialidade, devolverá os autos ao Superior Tribunal de Justiça para o julgamento do recurso especial.

Art. 1.032. Se o relator, no Superior Tribunal de Justiça, entender que o recurso especial versa sobre questão constitucional, deverá conceder prazo de 15 (quinze) dias para que o recorrente demonstre a existência de repercussão geral e se manifeste sobre a questão constitucional.

Parágrafo único. Cumprida a diligência de que trata o *caput*, o relator remeterá o recurso ao Supremo Tribunal Federal, que, em juízo de admissibilidade, poderá devolvê-lo ao Superior Tribunal de Justiça.

Art. 1.033. Se o Supremo Tribunal Federal considerar como reflexa a ofensa à Constituição afirmada no recurso extraordinário, por pressupor a revisão da interpretação de lei federal ou de tratado, remetê-lo-á ao Superior Tribunal de Justiça para julgamento como recurso especial.

‣ Súm. 636, STF.

Art. 1.034. Admitido o recurso extraordinário ou o recurso especial, o Supremo Tribunal Federal ou o Superior Tribunal de Justiça julgará o processo, aplicando o direito.

‣ Súm. 292, STF.

Parágrafo único. Admitido o recurso extraordinário ou o recurso especial por um fundamento, devolve-se ao tribunal superior o conhecimento dos demais fundamentos para a solução do capítulo impugnado.

Art. 1.035. O Supremo Tribunal Federal, em decisão irrecorrível, não conhecerá do recurso extraordinário quando a questão constitucional nele versada não tiver repercussão geral, nos termos deste artigo.

‣ art. 102, § 3º, CF.

‣ arts. 321 a 329, RISTF.

» *Vide* art. 102, § 3.º, da CF.

§ 1º Para efeito de repercussão geral, será considerada a existência ou não de questões relevantes do ponto de vista econômico, político, social ou jurídico que ultrapassem os interesses subjetivos do processo.

§ 2º O recorrente deverá demonstrar a existência de repercussão geral para apreciação exclusiva pelo Supremo Tribunal Federal.

§ 3º Haverá repercussão geral sempre que o recurso impugnar acórdão que:

I - contrarie súmula ou jurisprudência dominante do Supremo Tribunal Federal;

II – (Revogado pela Lei 13.256/2016)

III - tenha reconhecido a inconstitucionalidade de tratado ou de lei federal, nos termos do art. 97 da Constituição Federal.

§ 4º O relator poderá admitir, na análise da repercussão geral, a manifestação de terceiros, subscrita por procurador habilitado, nos termos do Regimento Interno do Supremo Tribunal Federal.

§ 5º Reconhecida a repercussão geral, o relator no Supremo Tribunal Federal determinará a suspensão do processamento de todos os processos pendentes, individuais ou coletivos, que versem sobre a questão e tramitem no território nacional.

§ 6º O interessado pode requerer, ao presidente ou ao vice-presidente do tribunal de origem, que exclua da decisão de sobrestamento e inadmita o recurso extraordinário que tenha sido interposto intempestivamente, tendo o recorrente o prazo de 5 (cinco) dias para manifestar-se sobre esse requerimento.

§ 7º Da decisão que indeferir o requerimento referido no § 6º ou que aplicar entendimento firmado em regime de repercussão geral ou em julgamento de recursos repetitivos caberá agravo interno. (Alterado pela Lei 13.256/2016)

§ 8º Negada a repercussão geral, o presidente ou o vice-presidente do tribunal de origem negará seguimento aos recursos extraordinários sobrestados na origem que versem sobre matéria idêntica.

§ 9º O recurso que tiver a repercussão geral reconhecida deverá ser julgado no prazo de 1 (um) ano e terá preferência sobre os demais feitos, ressalvados os que envolvam réu preso e os pedidos de habeas corpus.

§ 10. (Revogado pela Lei 13.256/2016)

§ 11. A súmula da decisão sobre a repercussão geral constará de ata, que será publicada no diário oficial e valerá como acórdão.

SUBSEÇÃO II
DO JULGAMENTO DOS RECURSOS EXTRAORDINÁRIO E ESPECIAL REPETITIVOS

» *Vide* arts. 256 a 256-V do RISTJ.

Art. 1.036. Sempre que houver multiplicidade de recursos extraordinários ou especiais com fundamento em idêntica questão de direito, haverá afetação para julgamento de acordo com as disposições desta Subseção, observado o disposto no Regimento Interno do Supremo Tribunal Federal e no do Superior Tribunal de Justiça.

‣ arts. 321 a 329, RISTF.

§ 1º O presidente ou o vice-presidente de tribunal de justiça ou de tribunal regional federal selecionará 2 (dois) ou mais recursos representativos da controvérsia, que serão encaminhados ao Supremo Tribunal Federal ou ao Superior Tribunal de Justiça para fins de afetação, determinando a suspensão do trâmite de todos os processos pendentes, individuais ou coletivos, que tramitem no Estado ou na região, conforme o caso.

§ 2º O interessado pode requerer, ao presidente ou ao vice-presidente, que exclua da decisão de sobrestamento e inadmita o recurso especial ou o recurso extraordinário que tenha sido interposto intempestivamente, tendo o recorrente o prazo de 5 (cinco) dias para manifestar-se sobre esse requerimento.

§ 3º Da decisão que indeferir o requerimento referido no § 2º caberá apenas agravo interno. (Alterado pela Lei 13.256/2016)

§ 4º A escolha feita pelo presidente ou vice-presidente do tribunal de justiça ou do tribunal regional federal não vinculará o relator no tribunal superior, que poderá selecionar outros recursos representativos da controvérsia.

§ 5º O relator em tribunal superior também poderá selecionar 2 (dois) ou mais recursos representativos da controvérsia para julgamento da questão de direito independentemente da iniciativa do presidente ou do vice-presidente do tribunal de origem.

§ 6º Somente podem ser selecionados recursos admissíveis que contenham abrangente argumentação e discussão a respeito da questão a ser decidida.

Art. 1.037. Selecionados os recursos, o relator, no tribunal superior, constatando a presença do pressuposto do *caput* do art. 1.036, proferirá decisão de afetação, na qual:

I - identificará com precisão a questão a ser submetida a julgamento;

II - determinará a suspensão do processamento de todos os processos pendentes, individuais ou coletivos, que versem sobre a questão e tramitem no território nacional;

III - poderá requisitar aos presidentes ou aos vice-presidentes dos tribunais de justiça ou dos tribunais regionais federais a remessa de um recurso representativo da controvérsia.

§ 1º Se, após receber os recursos selecionados pelo presidente ou pelo vice-presidente de tribunal de justiça ou de tribunal regional federal, não se proceder à afetação, o relator, no tribunal superior, comunicará o fato ao presidente ou ao vice-presidente que os houver enviado, para que seja revogada a decisão de suspensão referida no art. 1.036, § 1º.

§ 2º (Revogado pela Lei 13.256/2016)

§ 3º Havendo mais de uma afetação, será prevento o relator que primeiro tiver proferido a decisão a que se refere o inciso I do *caput*.

§ 4º Os recursos afetados deverão ser julgados no prazo de 1 (um) ano e terão preferência sobre os demais feitos, ressalvados os que envolvam réu preso e os pedidos de habeas corpus.

§ 5º (Revogado pela Lei 13.256/2016)

§ 6º Ocorrendo a hipótese do § 5º, é permitido a outro relator do respectivo tribunal superior afetar 2 (dois) ou mais recursos representativos da controvérsia na forma do art. 1.036.

§ 7º Quando os recursos requisitados na forma do inciso III do *caput* contiverem outras questões além daquela que é objeto da afetação, caberá ao tribunal decidir esta em primeiro lugar e depois as demais, em acórdão específico para cada processo.

§ 8º As partes deverão ser intimadas da decisão de suspensão de seu processo, a ser proferida pelo respectivo juiz ou relator quando informado da decisão a que se refere o inciso II do *caput*.

§ 9º Demonstrando distinção entre a questão a ser decidida no processo e aquela a ser julgada no recurso especial ou extraordinário afetado, a parte poderá requerer o prosseguimento do seu processo.

§ 10. O requerimento a que se refere o § 9º será dirigido:

I - ao juiz, se o processo sobrestado estiver em primeiro grau;

II - ao relator, se o processo sobrestado estiver no tribunal de origem;

III - ao relator do acórdão recorrido, se for sobrestado recurso especial ou recurso extraordinário no tribunal de origem;

IV - ao relator, no tribunal superior, de recurso especial ou de recurso extraordinário cujo processamento houver sido sobrestado.

§ 11. A outra parte deverá ser ouvida sobre o requerimento a que se refere o § 9º, no prazo de 5 (cinco) dias.

§ 12. Reconhecida a distinção no caso:

I - dos incisos I, II e IV do § 10, o próprio juiz ou relator dará prosseguimento ao processo;

II - do inciso III do § 10, o relator comunicará a decisão ao presidente ou ao vice-presidente que houver determinado o sobrestamento, para que o recurso especial ou o recurso extraordinário seja encaminhado ao respectivo tribunal superior, na forma do art. 1.030, parágrafo único.

§ 13. Da decisão que resolver o requerimento a que se refere o § 9º caberá:

I - agravo de instrumento, se o processo estiver em primeiro grau;

II - agravo interno, se a decisão for de relator.

Art. 1.038. O relator poderá:

I - solicitar ou admitir manifestação de pessoas, órgãos ou entidades com interesse na controvérsia, considerando a relevância da matéria e consoante dispuser o regimento interno;

II - fixar data para, em audiência pública, ouvir depoimentos de pessoas com experiência e conhecimento na matéria, com a finalidade de instruir o procedimento;

III - requisitar informações aos tribunais inferiores a respeito da controvérsia e, cumprida a diligência, intimará o Ministério Público para manifestar-se.

§ 1º No caso do inciso III, os prazos respectivos são de 15 (quinze) dias, e os atos serão praticados, sempre que possível, por meio eletrônico.

§ 2º Transcorrido o prazo para o Ministério Público e remetida cópia do relatório aos demais ministros, haverá inclusão em pauta, devendo ocorrer o julgamento com preferência sobre os demais feitos, ressalvados os que envolvam réu preso e os pedidos de habeas corpus.

§ 3º O conteúdo do acórdão abrangerá a análise dos fundamentos relevantes da tese jurídica discutida. (Alterado pela Lei 13.256/2016)

Art. 1.039. Decididos os recursos afetados, os órgãos colegiados declararão prejudicados os demais recursos versando sobre idêntica controvérsia ou os decidirão aplicando a tese firmada.

Parágrafo único. Negada a existência de repercussão geral no recurso extraordinário afetado, serão considerados automaticamente inadmitidos os recursos extraordinários cujo processamento tenha sido sobrestado.

Art. 1.040. Publicado o acórdão paradigma:

I - o presidente ou o vice-presidente do tribunal de origem negará seguimento aos recursos especiais ou extraordinários sobrestados na origem, se o acórdão recorrido coincidir com a orientação do tribunal superior;

II - o órgão que proferiu o acórdão recorrido, na origem, reexaminará o processo de competência originária, a remessa necessária ou o recurso anteriormente julgado, se o acórdão recorrido contrariar a orientação do tribunal superior;

III - os processos suspensos em primeiro e segundo graus de jurisdição retomarão o curso para julgamento e aplicação da tese firmada pelo tribunal superior;

IV - se os recursos versarem sobre questão relativa a prestação de serviço público objeto de concessão, permissão ou autorização, o resultado do julgamento será comunicado ao órgão, ao ente ou à agência reguladora competente para fiscalização da efetiva aplicação, por parte dos entes sujeitos a regulação, da tese adotada.

§ 1º A parte poderá desistir da ação em curso no primeiro grau de jurisdição, antes de proferida a sentença, se a questão nela discutida for idêntica à resolvida pelo recurso representativo da controvérsia.

§ 2º Se a desistência ocorrer antes de oferecida contestação, a parte ficará isenta do pagamento de custas e de honorários de sucumbência.

§ 3º A desistência apresentada nos termos do § 1º independe de consentimento do réu, ainda que apresentada contestação.

Art. 1.041. Mantido o acórdão divergente pelo tribunal de origem, o recurso especial ou extraordinário será remetido ao respectivo tribunal superior, na forma do art. 1.036, § 1º.

§ 1º Realizado o juízo de retratação, com alteração do acórdão divergente, o tribunal de origem, se for o caso, decidirá as demais questões ainda não decididas cujo enfrentamento se tornou necessário em decorrência da alteração.

§ 2º Quando ocorrer a hipótese do inciso II do *caput* do art. 1.040 e o recurso versar sobre outras questões, caberá ao presidente ou ao vice-presidente do tribunal recorrido, depois do reexame pelo órgão de origem e independentemente de ratificação do recurso, sendo positivo o juízo de admissibilidade, determinar a remessa do recurso ao tribunal superior para julgamento das demais questões. (Alterado pela Lei 13.256/2016)

SEÇÃO III
DO AGRAVO EM RECURSO ESPECIAL E EM RECURSO EXTRAORDINÁRIO

Art. 1.042. Cabe agravo contra decisão do presidente ou do vice-presidente do tribunal recorrido que inadmitir recurso extraordinário ou recurso especial, salvo quando fundada na aplicação de entendimento firmado em regime de repercussão geral ou em julgamento de recursos repetitivos. (Alterado pela Lei 13.256/2016)

- Res. 450/2010, STF.
- Res. 7/2010, STJ.
- Súm. 727, STF.
- Súm. 315, STJ.

» *Vide* art. 1.030, V, §§ 1.º e 2.º, do CPC.

I a III – (Revogados pela Lei 13.256/2016);

§ 1º (Revogado pela Lei 13.256/2016).

§ 2º A petição de agravo será dirigida ao presidente ou ao vice-presidente do tribunal de origem e independe do pagamento de custas e despesas postais, aplicando-se a ela o regime de repercussão geral e de recursos repetitivos, inclusive quanto à possibilidade de sobrestamento e do juízo de retratação. (Alterado pela Lei 13.256/2016)

§ 3º O agravado será intimado, de imediato, para oferecer resposta no prazo de 15 (quinze) dias.

§ 4º Após o prazo de resposta, não havendo retratação, o agravo será remetido ao tribunal superior competente.

§ 5º O agravo poderá ser julgado, conforme o caso, conjuntamente com o recurso especial ou extraordinário, assegurada, neste caso, sustentação oral, observando-se, ainda, o disposto no regimento interno do tribunal respectivo.

§ 6º Na hipótese de interposição conjunta de recursos extraordinário e especial, o agravante deverá interpor um agravo para cada recurso não admitido.

§ 7º Havendo apenas um agravo, o recurso será remetido ao tribunal competente, e, havendo interposição conjunta, os autos serão remetidos ao Superior Tribunal de Justiça.

§ 8º Concluído o julgamento do agravo pelo Superior Tribunal de Justiça e, se for o caso, do recurso especial, independentemente de pedido, os autos serão remetidos ao Supremo Tribunal Federal para apreciação do agravo a ele dirigido, salvo se estiver prejudicado.

SEÇÃO IV
DOS EMBARGOS DE DIVERGÊNCIA

Art. 1.043. É embargável o acórdão de órgão fracionário que:

- Súm. 158; 168; e 316, STJ.

I - em recurso extraordinário ou em recurso especial, divergir do julgamento de qualquer outro órgão do mesmo tribunal, sendo os acórdãos, embargado e paradigma, de mérito;

II - (Revogado pela Lei 13.256/2016)

III - em recurso extraordinário ou em recurso especial, divergir do julgamento de qualquer outro órgão do mesmo tribunal, sendo um acórdão de mérito e outro que não tenha conhecido do recurso, embora tenha apreciado a controvérsia;

IV - (Revogado pela Lei 13.256/2016)

§ 1º Poderão ser confrontadas teses jurídicas contidas em julgamentos de recursos e de ações de competência originária.

§ 2º A divergência que autoriza a interposição de embargos de divergência pode verificar-se na aplicação do direito material ou do direito processual.

§ 3º Cabem embargos de divergência quando o acórdão paradigma for da mesma turma que proferiu a decisão embargada, desde que sua composição tenha sofrido alteração em mais da metade de seus membros.

§ 4º O recorrente provará a divergência com certidão, cópia ou citação de repositório oficial ou credenciado de jurisprudência, inclusive em mídia eletrônica, onde foi publicado o acórdão divergente, ou com a reprodução de julgado disponível na rede mundial de computadores, indicando a respectiva fonte, e mencionará as circunstâncias que identificam ou assemelham os casos confrontados.

§ 5º (Revogado pela Lei 13.256/2016)

Art. 1.044. No recurso de embargos de divergência, será observado o procedimento estabelecido no regimento interno do respectivo tribunal superior.

- Súm. 315 e 316, STJ.

§ 1º A interposição de embargos de divergência no Superior Tribunal de Justiça interrompe o prazo para interposição de recurso extraordinário por qualquer das partes.

§ 2º Se os embargos de divergência forem desprovidos ou não alterarem a conclusão do julgamento anterior, o recurso extraordinário interposto pela outra parte antes da publicação do julgamento dos embargos de divergência será processado e julgado independentemente de ratificação.

LIVRO COMPLEMENTAR
DISPOSIÇÕES FINAIS E TRANSITÓRIAS

Art. 1.045. Este Código entra em vigor após decorrido 1 (um) ano da data de sua publicação oficial.

- art. 8º, § 1º, LC 95/1998.

Art. 1.046. Ao entrar em vigor este Código, suas disposições se aplicarão desde logo aos processos pendentes, ficando revogada a Lei n. 5.869, de 11 de janeiro de 1973.

- arts. 14 e 1.052, CPC.

§ 1º As disposições da Lei n. 5.869, de 11 de janeiro de 1973, relativas ao procedimento sumário e aos procedimentos especiais que forem revogadas aplicar-se-ão às ações propostas e não sentenciadas até o início da vigência deste Código.

§ 2º Permanecem em vigor as disposições especiais dos procedimentos regulados em outras leis, aos quais se aplicará supletivamente este Código.

- IN 39/2016, TST (Normas do CPC aplicáveis e inaplicáveis ao Processo do Trabalho).

§ 3º Os processos mencionados no art. 1.218 da Lei n. 5.869, de 11 de janeiro de 1973, cujo procedimento ainda não tenha sido incorporado por lei submetem-se ao procedimento comum previsto neste Código.

§ 4º As remissões a disposições do Código de Processo Civil revogado, existentes em outras leis, passam a referir-se às que lhes são correspondentes neste Código.

§ 5º A primeira lista de processos para julgamento em ordem cronológica observará a antiguidade da distribuição entre os já conclusos na data da entrada em vigor deste Código.

- art. 12, CPC.

Art. 1.047. As disposições de direito probatório adotadas neste Código aplicam-se apenas às provas requeridas ou determinadas de ofício a partir da data de início de sua vigência.

- arts. 369 a 484, CPC.

Art. 1.048. Terão prioridade de tramitação, em qualquer juízo ou tribunal, os procedimentos judiciais:

I - em que figure como parte ou interessado pessoa com idade igual ou superior a 60 (sessenta) anos ou portadora de doença grave, assim compreendida qualquer das enumeradas no art. 6º, inciso XIV, da Lei n. 7.713, de 22 de dezembro de 1988;

- Lei 7.713/1988 (Imposto de renda).
- art. 71, Estatuto da Pessoa Idosa.

II - regulados pela Lei n. 8.069, de 13 de julho de 1990 (Estatuto da Criança e do Adolescente).

III - em que figure como parte a vítima de violência doméstica e familiar, nos termos da Lei nº 11.340, de 7 de agosto de 2006 (Lei Maria da Penha). (Inciso acrescido pela Lei 13.894/2019)

IV - em que se discuta a aplicação do disposto nas normas gerais de licitação e contratação a que se refere o inciso XXVII do *caput* do art. 22 da Constituição Federal. *(Acrescido pela Lei 14.133/2021)*

§ 1º A pessoa interessada na obtenção do benefício, juntando prova de sua condição, deverá requerê-lo à autoridade judiciária competente para decidir o feito, que determinará ao cartório do juízo as providências a serem cumpridas.

§ 2º Deferida a prioridade, os autos receberão identificação própria que evidencie o regime de tramitação prioritária.

§ 3º Concedida a prioridade, essa não cessará com a morte do beneficiado, estendendo-se em favor do cônjuge supérstite ou do companheiro em união estável.

§ 4º A tramitação prioritária independe de deferimento pelo órgão jurisdicional e deverá ser imediatamente concedida diante da prova da condição de beneficiário.

Art. 1.049. Sempre que a lei remeter a procedimento previsto na lei processual sem especificá-lo, será observado o procedimento comum previsto neste Código.

Parágrafo único. Na hipótese de a lei remeter ao procedimento sumário, será observado o procedimento comum previsto neste Código, com as modificações previstas na própria lei especial, se houver.

Art. 1.050. A União, os Estados, o Distrito Federal, os Municípios, suas respectivas entidades da administração indireta, o Ministério Público, a Defensoria Pública e a Advocacia Pública, no prazo de 30 (trinta) dias a contar da data da entrada em vigor deste Código, deverão se cadastrar perante a administração do tribunal no qual atuem para cumprimento do disposto nos arts. 246, § 2º, e 270, parágrafo único.

Art. 1.051. As empresas públicas e privadas devem cumprir o disposto no art. 246, § 1º, no prazo de 30 (trinta) dias, a contar da data de inscrição do ato constitutivo da pessoa jurídica, perante o juízo onde tenham sede ou filial.

Parágrafo único. O disposto no *caput* não se aplica às microempresas e às empresas de pequeno porte.

Art. 1.052. Até a edição de lei específica, as execuções contra devedor insolvente, em curso ou que venham a ser propostas, permanecem reguladas pelo Livro II, Título IV, da Lei n. 5.869, de 11 de janeiro de 1973.

Art. 1.053. Os atos processuais praticados por meio eletrônico até a transição definitiva para certificação digital ficam convalidados, ainda que não tenham observado os requisitos mínimos estabelecidos por este Código, desde que tenham atingido sua finalidade e não tenha havido prejuízo à defesa de qualquer das partes.

- arts. 193 a 199, CPC.

Art. 1.054. O disposto no art. 503, § 1º, somente se aplica aos processos iniciados após a vigência deste Código, aplicando-se aos anteriores o disposto nos arts. 5º, 325 e 470 da Lei n. 5.869, de 11 de janeiro de 1973.

Art. 1.055. (Vetado).

Art. 1.056. Considerar-se-á como termo inicial do prazo da prescrição prevista no art. 924, inciso V, inclusive para as execuções em curso, a data de vigência deste Código.

Art. 1.057. O disposto no art. 525, §§ 14 e 15, e no art. 535, §§ 7º e 8º, aplica-se às decisões transitadas em julgado após a entrada em vigor deste Código, e, às decisões transitadas em julgado anteriormente, aplica-se o disposto no art. 475-L, § 1º, e no art. 741, parágrafo único, da Lei n. 5.869, de 11 de janeiro de 1973.

Art. 1.058. Em todos os casos em que houver recolhimento de importância em dinheiro, esta será depositada em nome da parte ou do interessado, em conta especial movimentada por ordem do juiz, nos termos do art. 840, inciso I.

Art. 1.059. À tutela provisória requerida contra a Fazenda Pública aplica-se o disposto nos arts. 1º a 4º da Lei n. 8.437, de 30 de junho de 1992, e no art. 7º, § 2º, da Lei n. 12.016, de 7 de agosto de 2009.

Art. 1.060. O inciso II do art. 14 da Lei n. 9.289, de 4 de julho de 1996, passa a vigorar com a seguinte redação:

"Art. 14. [...]

[...]

II – aquele que recorrer da sentença adiantará a outra metade das custas, comprovando o adiantamento no ato de interposição do recurso, sob pena de deserção, observado o disposto nos §§ 1º a 7º do art. 1.007 do Código de Processo Civil;

[...]"

Art. 1.061. O § 3º do art. 33 da Lei n. 9.307, de 23 de setembro de 1996 (Lei de Arbitragem), passa a vigorar com a seguinte redação:

[...]

§ 3º A decretação da nulidade da sentença arbitral também poderá ser requerida na impugnação ao cumprimento da sentença, nos termos dos arts. 525 e seguintes do Código de Processo Civil, se houver execução judicial."

Art. 1.062. O incidente de desconsideração da personalidade jurídica aplica-se ao processo de competência dos juizados especiais.

- arts. 133 a 137, CPC; art. 50, CC; art. 28, CDC.
- art. 4º, Lei 9.605/1998 (Crimes ambientais).

Art. 1.063. Até a edição de lei específica, os juizados especiais cíveis previstos na Lei n. 9.099, de 26 de setembro de 1995, continuam competentes para o processamento e julgamento das causas previstas no art. 275, inciso II, da Lei n. 5.869, de 11 de janeiro de 1973.

- Lei 5.869/1973, art. 275, II: Observar-se-á o procedimento sumaríssimo nas causas, qualquer que seja o valor: a) de reivindicação de coisas móveis e de semoventes; b) de arrendamento rural e de parceria agrícola; c) de responsabilidade pelo pagamento de impostos, taxas, contribuições, despesas e administração de prédio em condomínio; d) de ressarcimento por danos em prédio urbano ou rústico; e) de reparação de dano causado em acidente de veículo; f) de eleição de cabecel; g) que tiverem por objeto o cumprimento de leis e posturas municipais quanto à distância entre prédios, plantio de árvores, construção e conservação de tapumes e paredes divisórias; h) oriundas de comissão mercantil, condução e transporte, depósito de mercadorias, gestão de negócios, comodato, mandato e edificação; i) de cobrança de quantia devida, a título de retribuição ou indenização, a depositário e leiloeiro; j) do proprietário ou inquilino de um prédio para impedir, sob cominação de multa, que o dono ou inquilino do prédio vizinho faça dele uso nocivo à segurança, sossego ou saúde dos que naquele habitam; l) do proprietário do prédio encravado para lhe ser permitida a passagem pelo prédio vizinho, ou para restabelecimento da servidão de caminho, perdida por culpa sua; m) para a cobrança de honorários dos profissionais liberais, ressalvado o disposto em legislação especial.

Art. 1.064. O *caput* do art. 48 da Lei n. 9.099, de 26 de setembro de 1995, passa a vigorar com a seguinte redação:

- Alteração promovida no texto da referida lei.

Art. 1.065. O art. 50 da Lei n. 9.099, de 26 de setembro de 1995, passa a vigorar com a seguinte redação:

- Alteração promovida no texto da referida lei.

Art. 1.066. O art. 83 da Lei n. 9.099, de 26 de setembro de 1995, passam a vigorar com a seguinte redação:

- Alterações promovidas no texto da referida lei.

Art. 1.067. O art. 275 da Lei n. 4.737, de 15 de julho de 1965 (Código Eleitoral), passa a vigorar com a seguinte redação:

"Art. 275. São admissíveis embargos de declaração nas hipóteses previstas no Código de Processo Civil .

§ 1º Os embargos de declaração serão opostos no prazo de 3 (três) dias, contado da data de publicação da decisão embargada, em petição dirigida ao juiz ou relator, com a indicação do ponto que lhes deu causa.

§ 2º Os embargos de declaração não estão sujeitos a preparo.

§ 3º O juiz julgará os embargos em 5 (cinco) dias.

§ 4º Nos tribunais:

I - o relator apresentará os embargos em mesa na sessão subsequente, proferindo voto;

II - não havendo julgamento na sessão referida no inciso I, será o recurso incluído em pauta;

III - vencido o relator, outro será designado para lavrar o acórdão.

§ 5º Os embargos de declaração interrompem o prazo para a interposição de recurso.

§ 6º Quando manifestamente protelatórios os embargos de declaração, o juiz ou o tribunal, em decisão fundamentada, condenará o embargante a pagar ao embargado multa não excedente a 2 (dois) salários-mínimos.

§ 7º Na reiteração de embargos de declaração manifestamente protelatórios, a multa será elevada a até 10 (dez) salários-mínimos." (NR)

Art. 1.068. O art. 274 e o *caput* do art. 2.027 da Lei n. 10.406, de 10 de janeiro de 2002 (Código Civil), passam a vigorar com a seguinte redação:

"Art. 274. O julgamento contrário a um dos credores solidários não atinge os demais, mas o julgamento favorável aproveita-lhes, sem prejuízo de exceção pessoal que o devedor tenha direito de invocar em relação a qualquer deles." (NR)

"Art. 2.027. A partilha é anulável pelos vícios e defeitos que invalidam, em geral, os negócios jurídicos.

...." (NR)

Art. 1.069. O Conselho Nacional de Justiça promoverá, periodicamente, pesquisas estatísticas para avaliação da efetividade das normas previstas neste Código.

Art. 1.070. É de 15 (quinze) dias o prazo para a interposição de qualquer agravo, previsto em lei ou em regimento interno de tribunal, contra decisão de relator ou outra decisão unipessoal proferida em tribunal.

Art. 1.071. O Capítulo III do Título V da Lei n. 6.015, de 31 de dezembro de 1973 (Lei de Registros Públicos), passa a vigorar acrescida do seguinte art. 216-A:

"Art. 216-A. Sem prejuízo da via jurisdicional, é admitido o pedido de reconhecimento extrajudicial de usucapião, que será processado diretamente perante o cartório do registro de imóveis da comarca em que estiver situado o imóvel usucapiendo, a requerimento do interessado, representado por advogado, instruído com:

I - ata notarial lavrada pelo tabelião, atestando o tempo de posse do requerente e seus antecessores, conforme o caso e suas circunstâncias;

II - planta e memorial descritivo assinado por profissional legalmente habilitado, com prova de anotação de responsabilidade técnica no respectivo conselho de fiscalização profissional, e pelos titulares de direitos reais e de outros direitos registrados ou averbados na matrícula do imóvel usucapiendo e na matrícula dos imóveis confinantes;

III - certidões negativas dos distribuidores da comarca da situação do imóvel e do domicílio do requerente;

IV - justo título ou quaisquer outros documentos que demonstrem a origem, a continuidade, a natureza e o tempo da posse, tais como o pagamento dos impostos e das taxas que incidirem sobre o imóvel.

§ 1º O pedido será autuado pelo registrador, prorrogando-se o prazo da prenotação até o acolhimento ou a rejeição do pedido.

§ 2º Se a planta não contiver a assinatura de qualquer um dos titulares de direitos reais e de outros direitos registrados ou averbados na matrícula do imóvel usucapiendo e na matrícula dos imóveis confinantes, esse será notificado pelo registrador competente, pessoalmente ou pelo correio com aviso de recebimento, para manifestar seu consentimento expresso em 15 (quinze) dias, interpretado o seu silêncio como discordância.

§ 3º O oficial de registro de imóveis dará ciência à União, ao Estado, ao Distrito Federal e ao Município, pessoalmente, por intermédio do oficial de registro de títulos e documentos, ou pelo correio com aviso de recebimento, para que se manifestem, em 15 (quinze) dias, sobre o pedido.

§ 4º O oficial de registro de imóveis promoverá a publicação de edital em jornal de grande circulação, onde houver, para a ciência de terceiros eventualmente interessados, que poderão se manifestar em 15 (quinze) dias.

§ 5º Para a elucidação de qualquer ponto de dúvida, poderão ser solicitadas ou realizadas diligências pelo oficial de registro de imóveis.

§ 6º Transcorrido o prazo de que trata o § 4º deste artigo, sem pendência de diligências na forma do § 5º deste artigo e achando-se em ordem a documentação, com inclusão da concordância expressa dos titulares de direitos reais e de outros direitos registrados ou averbados na matrícula do imóvel usucapiendo e na matrícula dos imóveis confinantes, o oficial de registro de imóveis registrará a aquisição do imóvel com as descrições apresentadas, sendo permitida a abertura de matrícula, se for o caso.

§ 7º Em qualquer caso, é lícito ao interessado suscitar o procedimento de dúvida, nos termos desta Lei.

§ 8º Ao final das diligências, se a documentação não estiver em ordem, o oficial de registro de imóveis rejeitará o pedido.

§ 9º A rejeição do pedido extrajudicial não impede o ajuizamento de ação de usucapião.

§ 10. Em caso de impugnação do pedido de reconhecimento extrajudicial de usucapião, apresentada por qualquer um dos titulares de direito reais e de outros direitos registrados ou averbados na matrícula do imóvel usucapiendo e na matrícula dos imóveis confinantes, por algum dos entes públicos ou por algum terceiro interessado, o oficial de registro de imóveis remeterá os autos ao juízo competente da comarca da situação do imóvel, cabendo ao requerente emendar a petição inicial para adequá-la ao procedimento comum."

Art. 1.072. Revogam-se:

I - o art. 22 do Decreto-Lei n. 25, de 30 de novembro de 1937;

II - os arts. 227, *caput*, 229, 230, 456, 1.482, 1.483 e 1.768 a 1.773 da Lei n. 10.406, de 10 de janeiro de 2002 (Código Civil);

III - os arts. 2º, 3º, 4º, 6º, 7º, 11, 12 e 17 da Lei n. 1.060, de 5 de fevereiro de 1950;

IV - os arts. 13 a 18, 26 a 29 e 38 da Lei n. 8.038, de 28 de maio de 1990;

V - os arts. 16 a 18 da Lei n. 5.478, de 25 de julho de 1968; e

VI - o art. 98, § 4º, da Lei n. 12.529, de 30 de novembro de 2011.

Brasília, 16 de março de 2015;
194º da Independência e 127º da República.
Dilma Rousseff

LEI Nº 5.869, DE 11 DE JANEIRO DE 1973
(EXCERTOS)

Institui o Código de Processo Civil.

(DISPOSIÇÕES EM VIGOR)

(...)

LIVRO I
DO PROCESSO DE CONHECIMENTO

TÍTULO I
DA JURISDIÇÃO E DA AÇÃO

(...)

CAPÍTULO II
DA AÇÃO

(...)

Art. 5º Se, no curso do processo, se tornar litigiosa relação jurídica de cuja existência ou inexistência depender o julgamento da lide, qualquer das partes poderá requerer que o juiz a declare por sentença. (Redação dada pela Lei nº 5.925, de 1973)

(...)

TÍTULO VII
DO PROCESSO E DO PROCEDIMENTO

CAPÍTULO III
DO PROCEDIMENTO SUMÁRIO

Art. 275. Observar-se-á o procedimento sumário: (Redação dada pela Lei nº 9.245, de 26.12.1995)

I – nas causas cujo valor não exceda a 60 (sessenta) vezes o valor do salário mínimo; (Redação determinada pela Lei n. 10.444, de 7-5-2002)

II – nas causas, qualquer que seja o valor; (Redação dada pela Lei nº 9.245, de 26.12.1995)

a) de arrendamento rural e de parceria agrícola; (Redação dada pela Lei nº 9.245, de 26.12.1995)

b) de cobrança ao condômino de quaisquer quantias devidas ao condomínio; (Redação dada pela Lei nº 9.245, de 26.12.1995)

c) de ressarcimento por danos em prédio urbano ou rústico; (Redação dada pela Lei nº 9.245, de 26.12.1995)

d) de ressarcimento por danos causados em acidente de veículo de via terrestre; (Redação dada pela Lei nº 9.245, de 26.12.1995)

e) de cobrança de seguro, relativamente aos danos causados em acidente de veículo, ressalvados os casos de processo de execução; (Redação dada pela Lei nº 9.245, de 26.12.1995)

f) de cobrança de honorários dos profissionais liberais, ressalvado o disposto em legislação especial; (Redação dada pela Lei nº 9.245, de 26.12.1995)

g) que versem sobre revogação de doação; (Redação dada pela Lei nº 12.122, de 2009).

h) nos demais casos previstos em lei. (Incluído pela Lei nº 12.122, de 2009).

(...)

TÍTULO VIII
DO PROCEDIMENTO ORDINÁRIO

(...)

CAPÍTULO IV
DAS PROVIDÊNCIAS PRELIMINARES

(...)

SEÇÃO II
DA DECLARAÇÃO INCIDENTE

Art. 325. Contestando o réu o direito que constitui fundamento do pedido, o autor poderá requerer, no prazo de 10 (dez) dias, que sobre ele o juiz profira sentença incidente, se da declaração da existência ou da inexistência do direito depender, no todo ou em parte, o julgamento da lide (art. 5º).

(...)

CAPÍTULO VIII
DA SENTENÇA E DA COISA JULGADA

(...)

SEÇÃO II
DA COISA JULGADA

(...)

Art. 470. Faz, todavia, coisa julgada a resolução da questão prejudicial, se a parte o requerer (arts. 5º e 325), o juiz for competente em razão da matéria e constituir pressuposto necessário para o julgamento da lide.

(...)

CAPÍTULO X
DO CUMPRIMENTO DA SENTENÇA
(Incluído pela Lei nº 11.232, de 2005)

(...)

Art. 475-L. A impugnação somente poderá versar sobre: (Incluído pela Lei nº 11.232, de 2005)

I – falta ou nulidade da citação, se o processo correu à revelia; (Incluído pela Lei nº 11.232, de 2005)

II – inexigibilidade do título; (Incluído pela Lei nº 11.232, de 2005)

III – penhora incorreta ou avaliação errônea; (Incluído pela Lei nº 11.232, de 2005)

IV – ilegitimidade das partes; (Incluído pela Lei nº 11.232, de 2005)

V – excesso de execução; (Incluído pela Lei nº 11.232, de 2005)

VI – qualquer causa impeditiva, modificativa ou extintiva da obrigação, como pagamento, novação, compensação, transação ou prescrição, desde que superveniente à sentença. (Incluído pela Lei nº 11.232, de 2005)

§ 1º Para efeito do disposto no inciso II do *caput* deste artigo, considera-se também inexigível o título judicial fundado em lei ou ato normativo declarados inconstitucionais pelo Supremo Tribunal Federal, ou fundado em aplicação ou interpretação da lei ou ato normativo tidas pelo Supremo Tribunal Federal como incompatíveis com a Constituição Federal. (Incluído pela Lei nº 11.232, de 2005)

(...)

LIVRO II
DO PROCESSO DE EXECUÇÃO

(...)

TÍTULO III
DOS EMBARGOS DO DEVEDOR

(...)

CAPÍTULO II
DOS EMBARGOS À EXECUÇÃO CONTRA A FAZENDA PÚBLICA
(Redação dada pela Lei nº 11.232/2005)

Art. 741. Na execução contra a Fazenda Pública, os embargos só poderão versar sobre: (Redação dada pela Lei nº 11.232, de 2005)

I – falta ou nulidade da citação, se o processo correu à revelia; (Redação dada pela Lei nº 11.232, de 2005)

II – inexigibilidade do título;

III – ilegitimidade das partes;

IV – cumulação indevida de execuções;

V – excesso de execução; (Redação dada pela Lei nº 11.232, de 2005)

VI – qualquer causa impeditiva, modificativa ou extintiva da obrigação, como pagamento, novação, compensação, transação ou prescrição, desde que superveniente à sentença;(Redação dada pela Lei nº 11.232, de 2005)

VII – incompetência do juízo da execução, bem como suspeição ou impedimento do juiz.

Parágrafo único. Para efeito do disposto no inciso II do *caput* deste artigo, considera-se também inexigível o título judicial fundado em lei ou ato normativo declarados inconstitucionais pelo Supremo Tribunal Federal, ou fundado em aplicação ou interpretação da lei ou ato normativo tidas pelo Supremo Tribunal Federal como incompatíveis com a Constituição Federal. (Redação pela Lei nº 11.232, de 2005)

(...)

TÍTULO IV
DA EXECUÇÃO POR QUANTIA CERTA CONTRA DEVEDOR INSOLVENTE

CAPÍTULO I
DA INSOLVÊNCIA

Art. 748. Dá-se a insolvência toda vez que as dívidas excederem à importância dos bens do devedor.

Art. 749. Se o devedor for casado e o outro cônjuge, assumindo a responsabilidade por dívidas, não possuir bens próprios que bastem ao pagamento de todos os credores, poderá ser declarada, nos autos do mesmo processo, a insolvência de ambos.

Art. 750. Presume-se a insolvência quando:

I – o devedor não possuir outros bens livres e desembaraçados para nomear à penhora;

II – forem arrestados bens do devedor, com fundamento no art. 813, I, II e III.

Art. 751. A declaração de insolvência do devedor produz:

I – o vencimento antecipado das suas dívidas;

II – a arrecadação de todos os seus bens suscetíveis de penhora, quer os atuais, quer os adquiridos no curso do processo;

III – a execução por concurso universal dos seus credores.

Art. 752. Declarada a insolvência, o devedor perde o direito de administrar os seus bens e de dispor deles, até a liquidação total da massa.

Art. 753. A declaração de insolvência pode ser requerida:

I – por qualquer credor quirografário;

II – pelo devedor;

III – pelo inventariante do espólio do devedor.

CAPÍTULO II
DA INSOLVÊNCIA REQUERIDA PELO CREDOR

Art. 754. O credor requererá a declaração de insolvência do devedor, instruindo o pedido com título executivo judicial ou extrajudicial (art. 586).

Art. 755. O devedor será citado para, no prazo de 10 (dez) dias, opor embargos; se os não oferecer, o juiz proferirá, em 10 (dez) dias, a sentença.

Art. 756. Nos embargos pode o devedor alegar:

I – que não paga por ocorrer alguma das causas enumeradas nos arts. 741, 742 e 745, conforme o pedido de insolvência se funde em título judicial ou extrajudicial;

II – que o seu ativo é superior ao passivo.

Art. 757. O devedor ilidirá o pedido de insolvência se, no prazo para opor embargos, depositar a importância do crédito, para lhe discutir a legitimidade ou o valor.

Art. 758. Não havendo provas a produzir, o juiz dará a sentença em 10 (dez) dias; havendo-as, designará audiência de instrução e julgamento.

CAPÍTULO III
DA INSOLVÊNCIA REQUERIDA PELO DEVEDOR OU PELO SEU ESPÓLIO

Art. 759. É lícito ao devedor ou ao seu espólio, a todo tempo, requerer a declaração de insolvência.

Art. 760. A petição, dirigida ao juiz da comarca em que o devedor tem o seu domicílio, conterá:

I – a relação nominal de todos os credores, com a indicação do domicílio de cada um, bem como da importância e da natureza dos respectivos créditos;

II – a individuação de todos os bens, com a estimativa do valor de cada um;

III – o relatório do estado patrimonial, com a exposição das causas que determinaram a insolvência.

CAPÍTULO IV
DA DECLARAÇÃO JUDICIAL DE INSOLVÊNCIA

Art. 761. Na sentença, que declarar a insolvência, o juiz:

I – nomeará, dentre os maiores credores, um administrador da massa;

II – mandará expedir edital, convocando os credores para que apresentem, no prazo de 20 (vinte) dias, a declaração do crédito, acompanhada do respectivo título.

Art. 762. Ao juízo da insolvência concorrerão todos os credores do devedor comum.

§ 1º As execuções movidas por credores individuais serão remetidas ao juízo da insolvência.

§ 2º Havendo, em alguma execução, dia designado para a praça ou o leilão, far-se-á a arrematação, entrando para a massa o produto dos bens.

CAPÍTULO V
DAS ATRIBUIÇÕES DO ADMINISTRADOR

Art. 763. A massa dos bens do devedor insolvente ficará sob a custódia e responsabilidade de um administrador, que exercerá as suas atribuições, sob a direção e superintendência do juiz.

Art. 764. Nomeado o administrador, o escrivão o intimará a assinar, dentro de 24 (vinte e quatro) horas, termo de compromisso de desempenhar bem e fielmente o cargo.

Art. 765. Ao assinar o termo, o administrador entregará a declaração de crédito, acompanhada do título executivo. Não o tendo em seu poder, juntá-lo-á no prazo fixado pelo art. 761, II.

Art. 766. Cumpre ao administrador:

I – arrecadar todos os bens do devedor, onde quer que estejam, requerendo para esse fim as medidas judiciais necessárias;

II – representar a massa, ativa e passivamente, contratando advogado, cujos honorários serão previamente ajustados e submetidos à aprovação judicial;

III – praticar todos os atos conservatórios de direitos e de ações, bem como promover a cobrança das dívidas ativas;

IV – alienar em praça ou em leilão, com autorização judicial, os bens da massa.

Art. 767. O administrador terá direito a uma remuneração, que o juiz arbitrará, atendendo à sua diligência, ao trabalho, à responsabilidade da função e à importância da massa.

CAPÍTULO VI
DA VERIFICAÇÃO E DA CLASSIFICAÇÃO DOS CRÉDITOS

Art. 768. Findo o prazo, a que se refere o nº II do art. 761, o escrivão, dentro de 5 (cinco) dias, ordenará todas as declarações, autuando cada uma com o seu respectivo título. Em seguida intimará, por edital, todos os credores para, no prazo de 20 (vinte) dias, que lhes é comum, alegarem as suas preferências, bem como a nulidade, simulação, fraude, ou falsidade de dívidas e contratos.

Parágrafo único. No prazo, a que se refere este artigo, o devedor poderá impugnar quaisquer créditos.

Art. 769. Não havendo impugnações, o escrivão remeterá os autos ao contador, que organizará o quadro geral dos credores, observando, quanto à classificação dos créditos e dos títulos legais de preferência, o que dispõe a lei civil.

Parágrafo único. Se concorrerem aos bens apenas credores quirografários, o contador organizará o quadro, relacionando-os em ordem alfabética.

Art. 770. Se, quando for organizado o quadro geral dos credores, os bens da massa já tiverem sido alienados, o contador indicará a percentagem, que caberá a cada credor no rateio.

Art. 771. Ouvidos todos os interessados, no prazo de 10 (dez) dias, sobre o quadro geral dos credores, o juiz proferirá sentença.

Art. 772. Havendo impugnação pelo credor ou pelo devedor, o juiz deferirá, quando necessário, a produção de provas e em seguida proferirá sentença.

§ 1º Se for necessária prova oral, o juiz designará audiência de instrução e julgamento.

§ 2º Transitada em julgado a sentença, observar-se-á o que dispõem os três artigos antecedentes.

Art. 773. Se os bens não foram alienados antes da organização do quadro geral, o juiz determinará a alienação em praça ou em leilão, destinando-se o produto ao pagamento dos credores.

CAPÍTULO VII
DO SALDO DEVEDOR

Art. 774. Liquidada a massa sem que tenha sido efetuado o pagamento integral a todos os credores, o devedor insolvente continua obrigado pelo saldo.

Art. 775. Pelo pagamento dos saldos respondem os bens penhoráveis que o devedor adquirir, até que se lhe declare a extinção das obrigações.

Art. 776. Os bens do devedor poderão ser arrecadados nos autos do mesmo processo, a requerimento de qualquer credor incluído no quadro geral, a que se refere o art. 769, procedendo-se à sua alienação e à distribuição do respectivo produto aos credores, na proporção dos seus saldos.

CAPÍTULO VIII
DA EXTINÇÃO DAS OBRIGAÇÕES

Art. 777. A prescrição das obrigações, interrompida com a instauração do concurso universal de credores, recomeça a correr no dia em que passar em julgado a sentença que encerrar o processo de insolvência.

Art. 778. Consideram-se extintas todas as obrigações do devedor, decorrido o prazo de 5 (cinco) anos, contados da data do encerramento do processo de insolvência.

Art. 779. É lícito ao devedor requerer ao juízo da insolvência a extinção das obrigações; o juiz mandará publicar edital, com o prazo de 30 (trinta) dias, no órgão oficial e em outro jornal de grande circulação.

Art. 780. No prazo estabelecido no artigo antecedente, qualquer credor poderá opor-se ao pedido, alegando que:

I – não transcorreram 5 (cinco) anos da data do encerramento da insolvência;

II – o devedor adquiriu bens, sujeitos à arrecadação (art. 776).

Art. 781. Ouvido o devedor no prazo de 10 (dez) dias, o juiz proferirá sentença; havendo provas a produzir, o juiz designará audiência de instrução e julgamento.

Art. 782. A sentença, que declarar extintas as obrigações, será publicada por edital, ficando o devedor habilitado a praticar todos os atos da vida civil.

CAPÍTULO IX
DAS DISPOSIÇÕES GERAIS

Art. 783. O devedor insolvente poderá, depois da aprovação do quadro a que se refere o art. 769, acordar com os seus credores, propondo-lhes a forma de pagamento. Ouvidos os credores, se não houver oposição, o juiz aprovará a proposta por sentença.

Art. 784. Ao credor retardatário é assegurado o direito de disputar, por ação direta, antes do rateio final, a prelação ou a cota proporcional ao seu crédito.

Art. 785. O devedor, que caiu em estado de insolvência sem culpa sua, pode requerer ao juiz, se a massa o comportar, que lhe arbitre uma pensão, até a alienação dos bens. Ouvidos os credores, o juiz decidirá.

Art. 786. As disposições deste Título aplicam-se às sociedades civis, qualquer que seja a sua forma.

Art. 786-A. Os editais referidos neste Título também serão publicados, quando for o caso, nos órgãos oficiais dos Estados em que o devedor tenha filiais ou representantes. (Incluído pela Lei nº 9.462, de 19.6.1997)

(...)

LIVRO V
DAS DISPOSIÇÕES FINAIS E TRANSITÓRIAS

(...)

Art. 1.218. Continuam em vigor até serem incorporados nas leis especiais os procedimentos regulados pelo Decreto-lei n. 1.608, de 18 de setembro de 1939, concernentes:

I – ao loteamento e venda de imóveis a prestações (arts. 345 a 349);

II – ao despejo (arts. 350 a 353);

III – à renovação de contrato de locação de imóveis destinados a fins comerciais (arts. 354 a 365);

IV – ao Registro Torrens (arts. 457 a 464);

V – às averbações ou retificações do registro civil (arts. 595 a 599);

V – ao bem de família (arts. 647 a 651);

VII – à dissolução e liquidação das sociedades (arts. 655 a 674);

VIII – aos protestos formados a bordo (arts. 725 a 729);

IX – à habilitação para casamento (arts. 742 a 745);

X – ao dinheiro a risco (arts. 754 e 755);

XI – à vistoria de fazendas avariadas (art. 756);

XII – à apreensão de embarcações (arts. 757 a 761);

XIII – à avaria a cargo do segurador (arts. 762 a 764);

XIV – às avarias (arts. 765 a 768);

XV – (Revogado pela Lei n. 7.542, de 26-9-1986.);

XVI – às arribadas forçadas (arts. 772 a 775).

Brasília, 11 de janeiro de 1973; 152.º da Independência e 85.º da República.

EMÍLIO G. MÉDICI

LEGISLAÇÃO TRABALHISTA

LEGISLAÇÃO TRABALHISTA

Legislação Selecionada

- Agravo de instrumento manifestamente inadmissível – Resolução STJ 4/2006
- Altera a legislação previdenciária – Lei n. 10.887/2004*
- Ampliação da competência da Justiça do Trabalho pela EC n. 45/2004 – Instrução TST n. 27/2005
- Aposentadoria da pessoa com deficiência – Lei Complementar n. 142/2013
- Atividades de movimentação de mercadorias em geral e trabalho avulso – Lei n. 12.023/2009
- Audiência prévia de conciliação – Instrução TST n. 24/2003
- Autorização para desconto na folha de pagamento – Decreto n. 4.840/2003
- Cadastro permanente de admissões e dispensas de empregados e redução da jornada de trabalho – Lei n. 4.923/65
- Comprovação do depósito recursal na Justiça do Trabalho – Instrução TST n. 18/99
- Contribuição Previdenciária do Contribuinte Individual – Lei n. 9.876/99
- Consolidação dos Provimentos da Corregedoria-Geral da Justiça do Trabalho
- Débitos salariais – Decreto-lei n. 368/68
- Dedução do IR de despesas do PAT – Lei n. 6.321/76
- Depósito recursal na Justiça do Trabalho – Instrução TST n. 3/93
- Direito de férias aos trabalhadores avulsos – Lei n. 5.085/66
- Eliminação de autos findos na Justiça do Trabalho – Lei n. 7.627/87
- Empregados vendedores, viajantes ou pracistas – Lei n. 3.207/57
- Estatuto do Ministério Público da União – Lei Complementar n. 75/93*
- Estende a competência da Justiça do Trabalho (art. 144 da CF) – Lei n. 8.984/95
- Expedição de precatórios e requisições de pequeno valor – Instrução TST n. 32/2007
- Feriados – Lei n. 9.093/95
- Fiscalização e cobrança judicial das contribuições do FGTS – Lei n. 8.844/94
- Fundo de Aposentadoria Programada Individual – Fapi e Plano de Incentivo à Aposentadoria Programada Individual – Lei n. 9.477/97
- Institui contribuições sociais e autoriza créditos de complementos em contas do FGTS – Lei Complementar n. 110/2001
- Lei Pelé – Lei n. 9.615/98*
- Mediação na negociação coletiva de natureza trabalhista – arts. 33 a 38 do Decreto n. 10.854, de 10-11-2021
- Medidas complementares ao Plano Real – Lei n. 10.192/2001
- Multas administrativas trabalhistas – Portaria MTb n. 290/97
- Multas trabalhistas – Lei n. 7.855/89
- Não aplicação de dispositivos da CLT aos contratos de técnicos estrangeiros – Decreto-lei n. 691/69
- Negociações coletivas de trabalho das entidades estatais – Decreto n. 908/93
- Normas processuais trabalhistas a entes públicos que não explorem atividade econômica – Decreto-lei n. 779/69
- Normas regulamentares do FGTS – Decreto n. 99.684/90
- Normas relativas à inserção de tema na Orientação Jurisprudencial do TST – Instrução TST n. 19/2000
- Pagamentos de valores aos dependentes ou sucessores – Lei n. 6.858/80
- Piso salarial proporcional – Lei Complementar n. 103/2000
- Política Nacional de Salários – Lei n. 8.073/90
- Política Nacional de Salários – Salário Mínimo – Lei n. 8.542/92
- Prestação de serviços no exterior – Lei n. 7.064/82
- Processo de dissídios coletivos – Lei n. 4.725/65
- Processo judicial eletrônico no TST – Ato TST n. 342/2010
- Programa de Prorrogação da Licença-Paternidade para os servidores regidos pela Lei n. 8.112/90 – Decreto n. 8.737/2016
- Prova documental – Lei n. 7.115/83
- Quadro demonstrativo de feriados

DECRETO-LEI Nº 2.848, DE 07 DE DEZEMBRO DE 1940 (Excertos)

- *Código Penal*
- DOU, 31.12.1940.
- art. 22, I, CF.

O PRESIDENTE DA REPÚBLICA, usando da atribuição que lhe confere o art. 180 da Constituição, decreta a seguinte Lei:

(...)

PARTE ESPECIAL

TÍTULO I
DOS CRIMES CONTRA A PESSOA

(...)

CAPÍTULO VI
DOS CRIMES CONTRA A LIBERDADE INDIVIDUAL

SEÇÃO I
DOS CRIMES CONTRA A LIBERDADE PESSOAL

(...)

Redução à condição análoga à de escravo

- Res. 212/2015, CNJ.
- Decreto nº 5.017 de 12/03/04 (Protocolo Adicional à Convenção das Nações Unidas contra o Crime Organizado Transnacional Relativo à Prevenção, Repressão e Punição do Tráfico de Pessoas, em Especial Mulheres e Crianças)

Art. 149. Reduzir alguém à condição análoga à de escravo, quer submetendo-o a trabalhos forçados ou à jornada exaustiva, quer sujeitando-o a condições degradantes de trabalho, quer restringindo, por qualquer meio, sua locomoção em razão de dívida contraída com o empregador ou preposto: (Redação dada pela Lei 10.803/2003.)

Pena - Reclusão, de dois a oito anos, e multa, além da pena correspondente à violência. (Redação dada pela Lei 10.803/2003.)

- art. 6º, Pacto de São José da Costa Rica.

§ 1º Nas mesmas penas incorre quem: (Incluído pela Lei 10.803/2003.)

I - cerceia o uso de qualquer meio de transporte por parte do trabalhador, com o fim de retê-lo no local de trabalho; (Incluído pela Lei 10.803/2003.)

II - mantém vigilância ostensiva no local de trabalho ou se apodera de documentos ou objetos pessoais do trabalhador, com o fim de retê-lo no local de trabalho. (Incluído pela Lei 10.803/2003.)

§ 2º A pena é aumentada de metade, se o crime é cometido: (Incluído pela Lei 10.803/2003.)

I - contra criança ou adolescente; (Incluído pela Lei 10.803/2003.)

II - por motivo de preconceito de raça, cor, etnia, religião ou origem. (Incluído pela Lei 10.803/2003.)

Tráfico de Pessoas (Acrescentado pela Lei 13.344/2016.)

- Art. 13-A e 13-B do CPP

Art. 149-A. Agenciar, aliciar, recrutar, transportar, transferir, comprar, alojar ou acolher pessoa, mediante grave ameaça, violência, coação, fraude ou abuso, com a finalidade de: (Acrescentado pela Lei 13.344/2016.)

- art. 3º, Dec. 5.017/2004 (Protocolo Adicional à Convenção das Nações Unidas contra o Crime Organizado Transnacional Relativo à Prevenção, Repressão e Punição do Tráfico de Pessoas, em Especial Mulheres e Crianças).
- Dec. 9.833/2019 (Dispõe sobre o Comitê Nacional de Enfrentamento ao Tráfico de Pessoas).

I - remover-lhe órgãos, tecidos ou partes do corpo; (Acrescentado pela Lei 13.344/2016.)

II - submetê-la a trabalho em condições análogas à de escravo; (Acrescentado pela Lei 13.344/2016.)

III - submetê-la a qualquer tipo de servidão; (Acrescentado pela Lei 13.344/2016.)

- Dec. 58.563/1966 (Convenção Suplementar sobre a Abolição da Escravatura, do Tráfico de Escravos e das Instituições e Práticas Análogas à Escravatura).

IV - adoção ilegal; ou (Acrescentado pela Lei 13.344/2016.)

- arts. 39 a 52-D, 237 e 238, Lei 8.069/1990, ECA.
- art. 21, Dec. 99.710/1990 (Convenção sobre os Direitos da Criança).

V - exploração sexual. (Acrescentado pela Lei 13.344/2016.)

- Dec. Leg. 6/1958 (Convenção das Nações Unidas destinada à repressão do tráfico de pessoas e do lenocínio).

Pena - reclusão, de 4 (quatro) a 8 (oito) anos, e multa. (Acrescentado pela Lei 13.344/2016.)

§ 1º A pena é aumentada de um terço até a metade se: (Acrescentado pela Lei 13.344/2016.)

I - o crime for cometido por funcionário público no exercício de suas funções ou a pretexto de exercê-las; (Acrescentado pela Lei 13.344/2016.)

- arts. 327 e § 1º, e 337-D, CP.

II - o crime for cometido contra criança, adolescente ou pessoa idosa ou com deficiência; (Acrescentado pela Lei 13.344/2016.)

- art. 2º, Lei 8.069/1990, ECA.
- art. 1º, Lei 10.741/2003 (Estatuto da Pessoa Idosa).
- Dec. 3.298/1999 (Regulamenta a Lei 7.853/1989).

III - o agente se prevalecer de relações de parentesco, domésticas, de coabitação, de hospitalidade, de dependência econômica, de autoridade ou de superioridade hierárquica inerente ao exercício de emprego, cargo ou função; ou (Acrescentado pela Lei 13.344/2016.)

- arts. 1.591 a 1.595, CC.

IV - a vítima do tráfico de pessoas for retirada do território nacional. (Acrescentado pela Lei 13.344/2016.)

§ 2º A pena é reduzida de um a dois terços se o agente for primário e não integrar organização criminosa. (Acrescentado pela Lei 13.344/2016.)

- § 1º, art. 1º, Lei 12.850/2013 (organização criminosa).

(...)

SEÇÃO III
DOS CRIMES CONTRA A INVIOLABILIDADE DE CORRESPONDÊNCIA

(...)

Correspondência comercial

Art. 152. Abusar da condição de sócio ou empregado de estabelecimento comercial ou industrial para, no todo ou em parte, desviar, sonegar, subtrair ou suprimir correspondência, ou revelar a estranho seu conteúdo:

Pena - Detenção, de três meses a dois anos.

- art. 11, Pacto de São José da Costa Rica.
- *Vide* art. 11 do Decreto n. 678, de 6-11-1992 (Pacto de São José da Costa Rica).

Parágrafo único. Somente se procede mediante representação.

- art. 100, § 1º, deste Código.
- arts. 24, 38 e 39, CPP.

SEÇÃO IV
DOS CRIMES CONTRA A INVIOLABILIDADE DOS SEGREDOS

(...)

Violação do segredo profissional

- Art. 313-A e 313-B do CP

Art. 154. Revelar alguém, sem justa causa, segredo, de que tem ciência em razão de função, ministério, ofício ou profissão, e cuja revelação possa produzir dano a outrem:

Pena - Detenção, de três meses a um ano, ou multa.

- art. 230, CPM.
- art. 11, Pacto de São José da Costa Rica.
- art. 7º, XIX, EAOAB.
- *Vide* art. 11 do Decreto n. 678, de 6-11-1992 (Pacto de São José da Costa Rica).

Parágrafo único. Somente se procede mediante representação.

- art. 100, § 1º, deste Código.
- arts. 24, 38 e 39, CPP.
- *Vide* art. 100, § 1.º, do CP.
- *Vide* art. 24 do CPP.

(...)

TÍTULO II
DOS CRIMES CONTRA O PATRIMÔNIO

(...)

CAPÍTULO V
DA APROPRIAÇÃO INDÉBITA

(...)

Apropriação indébita previdenciária

- Incluído pela Lei 9.983/2000.
- Art. 68 e 69 da Lei 11.941/09 de 27/05/09 (Lei que altera o parcelamento ordinário de débitos tributários e concede remissão em alguns casos e institui regime tributário de transição.
- Art. 34 da Lei nº 9.249 de 26/12/95 (Altera o imposto de renda das pessoas jurídicas, bem como da Contribuição Social sobre lucro líquido, e dá outras providências)
- Súmula Vinculante nº 24

Art. 168-A. Deixar de repassar à previdência social as contribuições recolhidas dos contribuintes, no prazo e forma legal ou convencional: (Incluído pela Lei 9.983/2000.)

Pena - Reclusão, de 2 (dois) a 5 (cinco) anos, e multa. (Incluído pela Lei 9.983/2000.)

- art. 83, Lei 9.430/1996 (Dispõe sobre a legislação tributária federal e as contribuições para a seguridade social).

§ 1º Nas mesmas penas incorre quem deixar de: (Incluído pela Lei 9.983/2000.)

I - recolher, no prazo legal, contribuição ou outra importância destinada à previdência social que tenha sido descontada de pagamento efetuado a segurados, a terceiros ou arrecadada do público; (Incluído pela Lei 9.983/2000.)

II - recolher contribuições devidas à previdência social que tenham integrado despesas contábeis ou custos relativos à venda de produtos ou à prestação de serviços; (Incluído pela Lei 9.983/2000.)

III - pagar benefício devido a segurado, quando as respectivas cotas ou valores já tiverem sido reembolsados à empresa pela previdência social. (Incluído pela Lei 9.983/2000.)

§ 2º É extinta a punibilidade se o agente, espontaneamente, declara, confessa e efetua o pagamento das contribuições, importâncias ou valores e presta as informações devidas à previdência social, na forma definida em lei ou regulamento, antes do início da ação fiscal. (Incluído pela Lei 9.983/2000.)

§ 3º É facultado ao juiz deixar de aplicar a pena ou aplicar somente a de multa se o agente for primário e de bons antecedentes, desde que: (Incluído pela Lei 9.983/2000.)

I - tenha promovido, após o início da ação fiscal e antes de oferecida a denúncia, o pagamento da contribuição social previdenciária, inclusive acessórios; ou (Incluído pela Lei 9.983/2000.)

II - o valor das contribuições devidas, inclusive acessórios, seja igual ou inferior àquele estabelecido pela previdência social, administrativamente, como sendo o mínimo para o ajuizamento de suas execuções fiscais. (Incluído pela Lei 9.983/2000.)

§ 4º A faculdade prevista no § 3º deste artigo não se aplica aos casos de parcelamento de contribuições cujo valor, inclusive dos acessórios, seja superior àquele estabelecido, administrativamente, como sendo o mínimo para o ajuizamento de suas execuções fiscais. (Incluído pela Lei 13.606/2018.)

(...)

TÍTULO IV
DOS CRIMES CONTRA A ORGANIZAÇÃO DO TRABALHO

» Art. 2º da Lei nº 9.029 de 13/04/95

Atentado contra a liberdade de trabalho

Art. 197. Constranger alguém, mediante violência ou grave ameaça:

I - a exercer ou não exercer arte, ofício, profissão ou indústria, ou a trabalhar ou não trabalhar durante certo período ou em determinados dias:

Pena - Detenção, de um mês a um ano, e multa, além da pena correspondente à violência;

II - a abrir ou fechar o seu estabelecimento de trabalho, ou a participar de parede ou paralisação de atividade econômica:

Pena - Detenção, de três meses a um ano, e multa, além da pena correspondente à violência.

Atentado contra a liberdade de contrato de trabalho e boicotagem violenta

Art. 198. Constranger alguém, mediante violência ou grave ameaça, a celebrar contrato de trabalho, ou a não fornecer a outrem ou não adquirir de outrem matéria-prima ou produto industrial ou agrícola:

Pena - Detenção, de um mês a um ano, e multa, além da pena correspondente à violência.

Atentado contra a liberdade de associação

Art. 199. Constranger alguém, mediante violência ou grave ameaça, a participar ou deixar de participar de determinado sindicato ou associação profissional:

Pena - Detenção, de um mês a um ano, e multa, além da pena correspondente à violência.

Paralisação de trabalho, seguida de violência ou perturbação da ordem

Art. 200. Participar de suspensão ou abandono coletivo de trabalho, praticando violência contra pessoa ou contra coisa:

Pena - Detenção, de um mês a um ano, e multa, além da pena correspondente à violência.

Parágrafo único. Para que se considere coletivo o abandono de trabalho é indispensável o concurso de, pelo menos, três empregados.

Paralisação de trabalho de interesse coletivo

Art. 201. Participar de suspensão ou abandono coletivo de trabalho, provocando a interrupção de obra pública ou serviço de interesse coletivo:

Pena - Detenção, de seis meses a dois anos, e multa.

› art. 3º, II, Lei 1.521/1951 (Lei dos Crimes Contra a Economia Popular).

Invasão de estabelecimento industrial, comercial ou agrícola. Sabotagem

Art. 202. Invadir ou ocupar estabelecimento industrial, comercial ou agrícola, com o intuito de impedir ou embaraçar o curso normal do trabalho, ou com o mesmo fim danificar o estabelecimento ou as coisas nele existentes ou delas dispor:

Pena - Reclusão, de um a três anos, e multa.

Frustração de direito assegurado por lei trabalhista

Art. 203. Frustrar, mediante fraude ou violência, direito assegurado pela legislação do trabalho:

Pena - Detenção de um ano a dois anos, e multa, além da pena correspondente à violência. (Redação dada pela Lei 9.777/1998.)

§ 1º Na mesma pena incorre quem: (Incluído pela Lei 9.777/1998.)

I - obriga ou coage alguém a usar mercadorias de determinado estabelecimento, para impossibilitar o desligamento do serviço em virtude de dívida; (Incluído pela Lei 9.777/1998.)

II - impede alguém de se desligar de serviços de qualquer natureza, mediante coação ou por meio da retenção de seus documentos pessoais ou contratuais. (Incluído pela Lei 9.777/1998.)

§ 2º A pena é aumentada de um sexto a um terço se a vítima é menor de dezoito anos, idosa, gestante, indígena ou portadora de deficiência física ou mental. (Incluído pela Lei 9.777/1998.)

Frustração de lei sobre a nacionalização do trabalho

Art. 204. Frustrar, mediante fraude ou violência, obrigação legal relativa à nacionalização do trabalho:

Pena - Detenção, de um mês a um ano, e multa, além da pena correspondente à violência.

› arts. 47 e 48, Dec.-Lei 3.688/1941 (Lei das Contravenções Penais)

Exercício de atividade com infração de decisão administrativa

Art. 205. Exercer atividade, de que está impedido por decisão administrativa:

Pena - Detenção, de três meses a dois anos, ou multa.

Aliciamento para o fim de emigração

Art. 206. Recrutar trabalhadores, mediante fraude, com o fim de levá-los para território estrangeiro. (Redação dada pela Lei 8.683/1993)

Pena - Detenção, de 1 (um) a 3 (três) anos e multa. (Redação dada pela Lei 8.683/1993.)

Aliciamento de trabalhadores de um local para outro do território nacional

Art. 207. Aliciar trabalhadores, com o fim de levá-los de uma para outra localidade do território nacional:

Pena - Detenção de um a três anos, e multa. (Redação dada pela Lei 9.777/1998.)

› arts. 40 e 65, Dec.-Lei 3.688/1941 (Lei das Contravenções Penais).

› art. 58, I, Lei 6.001/1973 (Estatuto do Índio).

§ 1º Incorre na mesma pena quem recrutar trabalhadores fora da localidade de execução do trabalho, dentro do território nacional, mediante fraude ou cobrança de qualquer quantia do trabalhador, ou, ainda, não assegurar condições do seu retorno ao local de origem. (Incluído pela Lei 9.777/1998.)

§ 2º A pena é aumentada de um sexto a um terço se a vítima é menor de dezoito anos, idosa, gestante, indígena ou portadora de deficiência física ou mental. (Incluído pela Lei 9.777/1998.)

(...)

TÍTULO VI
DOS CRIMES CONTRA A DIGNIDADE SEXUAL

› Redação dada pela Lei 12.015/2009.

CAPÍTULO I
DOS CRIMES CONTRA A LIBERDADE SEXUAL

› Redação dada pela Lei 12.015/2009.

(...)

Assédio sexual

Art. 216-A. Constranger alguém com o intuito de obter vantagem ou favorecimento sexual, prevalecendo-se o agente da sua condição de superior hierárquico ou ascendência inerentes ao exercício de emprego, cargo ou função. (Incluído pela Lei 10.224/2001.)

Pena - Detenção, de 1 (um) a 2 (dois) anos. (Incluído pela Lei 10.224/2001.)

Parágrafo único. (Vetado na Lei 10.224/2001)

§ 2º A pena é aumentada em até um terço se a vítima é menor de 18 (dezoito) anos. (Incluído pela Lei 12.015/2009.)

› Consta conforme publicação oficial.

CAPÍTULO I-A
DA EXPOSIÇÃO DA INTIMIDADE SEXUAL

› Incluído pela Lei 13.772/2018.

Registro não autorizado da intimidade sexual

Art. 216-B. Produzir, fotografar, filmar ou registrar, por qualquer meio, conteúdo com cena de nudez ou ato sexual ou libidinoso de caráter íntimo e privado sem autorização dos participantes: (Incluído pela Lei 13.772/2018)

» *Vide* art. 225 do CP.

Pena - detenção, de 6 (seis) meses a 1 (um) ano, e multa.

» *Vide* arts. 76 e 89 da Lei n. 9.099, de 26- 9-1995.

Parágrafo único. Na mesma pena incorre quem realiza montagem em fotografia, vídeo, áudio ou qualquer outro registro com o fim de incluir pessoa em cena de nudez ou ato sexual ou libidinoso de caráter íntimo.

(...)

CAPÍTULO IV
DISPOSIÇÕES GERAIS

(...)

Ação penal

Art. 225. Nos crimes definidos nos Capítulos I e II deste Título, procede-se mediante ação penal pública incondicionada. (*Redação dada pela Lei 13.718/2018*).

- art. 129, I, CF.
- art. 100, § 1º, deste Código.
- arts. 24 e 39, CPP.

Parágrafo único. (*Revogado pela Lei 13.718/2018.*)

- Súm. 608, STF.
- *Vide* arts. 24, 25, 38 e 39 do CPP e arts. 100, § 1.º, 102 e 103 do CP.

Aumento de pena

Art. 226. A pena é aumentada: (Redação dada pela Lei 11.106/2005.)

- art. 237, CPM.

(...)

II - de metade, se o agente é ascendente, padrasto ou madrasta, tio, irmão, cônjuge, companheiro, tutor, curador, preceptor ou empregador da vítima ou por qualquer outro título tiver autoridade sobre ela; (*Redação dada pela Lei 13.718/2018*)

(...)

TÍTULO X
DOS CRIMES CONTRA A FÉ PÚBLICA

- Súms. 17, 48, 62, 73, 104, 107, 165 e 200, STJ.
- Súmulas nº 17, 48, 62, 73, 104, 107, 165 e 200 do STJ

CAPÍTULO I
DA MOEDA FALSA

(...)

CAPÍTULO III
DA FALSIDADE DOCUMENTAL

(...)

Falsificação de documento público

Art. 297. Falsificar, no todo ou em parte, documento público, ou alterar documento público verdadeiro:

Pena - Reclusão, de dois a seis anos, e multa.

- art. 311, CPM.
- art. 348, CE.
- art. 5º, § 1º, IV, a, Lei 13.254/2016 (Dispõe sobre o Regime Especial de Regularização Cambial e Tributária (RERCT) de recursos, bens ou direitos de origem lícita, não declarados ou declarados incorretamente, remetidos, mantidos no exterior ou repatriados por residentes ou domiciliados no País).

(...)

§ 3º Nas mesmas penas incorre quem insere ou faz inserir: (Incluído pela Lei 9.983/2000.)

I - na folha de pagamento ou em documento de informações que seja destinado a fazer prova perante a previdência social, pessoa que não possua a qualidade de segurado obrigatório; (Incluído pela Lei 9.983/2000.)

II - na Carteira de Trabalho e Previdência Social do empregado ou em documento que deva produzir efeito perante a previdência social, declaração falsa ou diversa da que deveria ter sido escrita; (Incluído pela Lei 9.983/2000.)

III - em documento contábil ou em qualquer outro documento relacionado com as obrigações da empresa perante a previdência social, declaração falsa ou diversa da que deveria ter constado. (Incluído pela Lei 9.983/2000.)

§ 4º Nas mesmas penas incorre quem omite, nos documentos mencionados no § 3º, nome do segurado e seus dados pessoais, a remuneração, a vigência do contrato de trabalho ou de prestação de serviços. (Incluído pela Lei 9.983/2000.)

(...)

CAPÍTULO V

- Acrescentado pela Lei 12.550/2011.

DAS FRAUDES EM CERTAMES DE INTERESSE PÚBLICO

Fraudes em certames de interesse público

Art. 311-A. Utilizar ou divulgar, indevidamente, com o fim de beneficiar a si ou a outrem, ou de comprometer a credibilidade do certame, conteúdo sigiloso de:

I - concurso público;

II - avaliação ou exame públicos;

III - processo seletivo para ingresso no ensino superior; ou

IV - exame ou processo seletivo previstos em lei:

Pena - Reclusão, de 1 (um) a 4 (quatro) anos, e multa.

§ 1º Nas mesmas penas incorre quem permite ou facilita, por qualquer meio, o acesso de pessoas não autorizadas às informações mencionadas no *caput*.

§ 2º Se da ação ou omissão resulta dano à administração pública:

Pena - Reclusão, de 2 (dois) a 6 (seis) anos, e multa.

§ 3º Aumenta-se a pena de 1/3 (um terço) se o fato é cometido por funcionário público.'

TÍTULO XI
DOS CRIMES CONTRA A ADMINISTRAÇÃO PÚBLICA

- *Vide* Súmula 599 do STJ.

CAPÍTULO I
DOS CRIMES PRATICADOS POR FUNCIONÁRIO PÚBLICO CONTRA A ADMINISTRAÇÃO EM GERAL

Peculato

- Art. 1º, I do Dec.-lei nº 201 de 27//02/67 (Lei de responsabilidade dos Prefeitos e Vereadores)
- Art. 327 do CP

Art. 312. Apropriar-se o funcionário público de dinheiro, valor ou qualquer outro bem móvel, público ou particular, de que tem a posse em razão do cargo, ou desviá-lo, em proveito próprio ou alheio:

Pena - Reclusão, de dois a doze anos, e multa.

- art. 303, CPM.
- art. 1º, I, Dec.-Lei 201/1967 (Lei de Responsabilidade dos Prefeitos e Vereadores).
- art. 5º, Lei 7.492/1986 (Lei dos Crimes Contra o Sistema Financeiro Nacional).
- art. 173, Lei 11.101/2005 (Lei de Recuperação de Empresas e Falências).
- Súm 599 do STJ.
- *Vide* art. 30 do CP.

§ 1º Aplica-se a mesma pena, se o funcionário público, embora não tendo a posse do dinheiro, valor ou bem, o subtrai, ou concorre para que seja subtraído, em proveito próprio ou alheio, valendo-se de facilidade que lhe proporciona a qualidade de funcionário.

Peculato culposo

§ 2º Se o funcionário concorre culposamente para o crime de outrem:

- Art. 18, II e parágrafo único do CP

Pena - Detenção, de três meses a um ano.

§ 3º No caso do parágrafo anterior, a reparação do dano, se precede à sentença irrecorrível, extingue a punibilidade; se lhe é posterior, reduz de metade a pena imposta.

Peculato mediante erro de outrem

Art. 313. Apropriar-se de dinheiro ou qualquer utilidade que, no exercício do cargo, recebeu por erro de outrem:

Pena - Reclusão, de um a quatro anos, e multa.

- art. 304, CPM.

Inserção de dados falsos em sistema de informações

- Incluído pela Lei 9.983/2000.

Art. 313-A. Inserir ou facilitar, o funcionário autorizado, a inserção de dados falsos, alterar ou excluir indevidamente dados corretos nos sistemas informatizados ou bancos de dados da Administração Pública com o fim de obter vantagem indevida para si ou para outrem ou para causar dano: (Incluído pela Lei 9.983/2000.)

Pena - Reclusão, de 2 (dois) a 12 (doze) anos, e multa. (Incluído pela Lei 9.983/2000.)

Modificação ou alteração não autorizada de sistema de informações

Art. 313-B. Modificar ou alterar, o funcionário, sistema de informações ou programa de informática sem autorização ou solicitação de autoridade competente: (Incluído pela Lei 9.983/2000.)

Pena - Detenção, de 3 (três) meses a 2 (dois) anos, e multa. (Incluído pela Lei 9.983/2000.)

Parágrafo único. As penas são aumentadas de um terço até a metade se da modificação ou alteração resulta dano para a Administração Pública ou para o administrado. (Incluído pela Lei 9.983/2000.)

Extravio, sonegação ou inutilização de livro ou documento

Art. 314. Extraviar livro oficial ou qualquer documento, de que tem a guarda em razão do cargo; sonegá-lo ou inutilizá-lo, total ou parcialmente:

Pena - Reclusão, de um a quatro anos, se o fato não constitui crime mais grave.

- art. 337, CPM.

Emprego irregular de verbas ou rendas públicas

Art. 315. Dar às verbas ou rendas públicas aplicação diversa da estabelecida em lei:

- Art. 1º, II do Dec.-lei nº 201 de 27//02/67 (Lei de responsabilidade dos Prefeitos e Vereadores)
- Art. 327 do CP

Pena - Detenção, de um a três meses, ou multa.

- art. 331, CPM.
- art. 1º, II, Dec.-Lei 201/1967 (Lei de Responsabilidade dos Prefeitos e Vereadores).

Concussão

- Art. 3º, II da Lei nº 8.137 de 27/12/90 (Lei dos crimes contra a ordem tributária, econômica e contra as relações de consumo)

Art. 316. Exigir, para si ou para outrem, direta ou indiretamente, ainda que fora da função ou antes de assumi-la, mas em razão dela, vantagem indevida:

Pena - reclusão, de 2 (dois) a 12 (doze) anos, e multa. (*Redação dada pela Lei 13.964/2019*)

- art. 438, CPP.
- art. 305, CPM.
- art. 1º, V, Lei 9.613/1998 (Lei dos Crimes de Lavagem de Dinheiro).

Excesso de exação

§ 1º Se o funcionário exige tributo ou contribuição social que sabe ou deveria saber indevido, ou, quando devido, emprega na cobrança meio vexatório ou gravoso, que a lei não autoriza: (Redação dada pela Lei 8.137/1990 .)

Pena - Reclusão, de 3 (três) a 8 (oito) anos, e multa. (Redação dada pela Lei 8.137/1990 .)

- art. 306, CPM.
- art. 3º, II, Lei 8.137/1990 (Lei dos Crimes Contra a Ordem Tributária, Econômica e Contra as Relações de Consumo).

§ 2º Se o funcionário desvia, em proveito próprio ou de outrem, o que recebeu indevidamente para recolher aos cofres públicos:

Pena - Reclusão, de dois a doze anos, e multa.

Corrupção passiva

» Art. 333 do CP

» Art. 299 do CE

Art. 317. Solicitar ou receber, para si ou para outrem, direta ou indiretamente, ainda que fora da função ou antes de assumi-la, mas em razão dela, vantagem indevida, ou aceitar promessa de tal vantagem:

Pena - Reclusão, de 2 (dois) a 12 (doze) anos, e multa. (Redação dada pela Lei 10.763/2003.)

- art. 438, CPP
- art. 308, CPM.

§ 1º A pena é aumentada de um terço, se, em consequência da vantagem ou promessa, o funcionário retarda ou deixa de praticar qualquer ato de ofício ou o pratica infringindo dever funcional.

§ 2º Se o funcionário pratica, deixa de praticar ou retarda ato de ofício, com infração de dever funcional, cedendo a pedido ou influência de outrem:

Pena - Detenção, de três meses a um ano, ou multa.

Facilitação de contrabando ou descaminho

Art. 318. Facilitar, com infração de dever funcional, a prática de contrabando ou descaminho (art. 334):

- Súm. 151, STJ.

Pena - Reclusão, de 3 (três) a 8 (oito) anos, e multa. (Redação dada pela Lei 8.137/1990.)

Prevaricação

Art. 319. Retardar ou deixar de praticar, indevidamente, ato de ofício, ou praticá-lo contra disposição expressa de lei, para satisfazer interesse ou sentimento pessoal:

Pena - Detenção, de três meses a um ano, e multa.

- art. 438, CPP
- art. 319, CPM.
- art. 345, CE.
- art. 10, § 4º, Lei 1.521/1951 (Lei dos Crimes Contra a Economia Popular).
- art. 23, Lei 7.492/1986 (Lei dos Crimes Contra o Sistema Financeiro Nacional).

Art. 319-A. Deixar o Diretor de Penitenciária e/ou agente público, de cumprir seu dever de vedar ao preso o acesso a aparelho telefônico, de rádio ou similar, que permita a comunicação com outros presos ou com o ambiente externo: (Incluído pela Lei 11.466/2007.)

Pena: Detenção, de 3 (três) meses a 1 (um) ano.

- art. 50, VII, Lei 7.210/1984 (Lei de Execuções Penais).

- Súm. 441, STJ.

» *Vide* Súmula 441 do STJ.

Condescendência criminosa

Art. 320. Deixar o funcionário, por indulgência, de responsabilizar subordinado que cometeu infração no exercício do cargo ou, quando lhe falte competência, não levar o fato ao conhecimento da autoridade competente:

Pena - Detenção, de quinze dias a um mês, ou multa.

- art. 322, CPM.
- art. 9º, 3, Lei 1.079/1950 (Define os crimes de responsabilidade e regula o respectivo processo de julgamento).
- Súm. Vinc. 46, STF.

Advocacia administrativa

» Art. 300 do CE

» Art. 3º, III da Lei nº 8.137 de 27/12/90 (Lei dos crimes contra a ordem tributária, econômica e contra as relações de consumo)

Art. 321. Patrocinar, direta ou indiretamente, interesse privado perante a administração pública, valendo-se da qualidade de funcionário:

Pena - Detenção, de um a três meses, ou multa.

- art. 334, CPM.
- art. 3º, III, Lei 8.137/1990 (Lei dos Crimes Contra a Ordem Tributária, Econômica e Contra as Relações de Consumo).

Parágrafo único. Se o interesse é ilegítimo:

Pena - Detenção, de três meses a um ano, além da multa.

Violência arbitrária

Art. 322. Praticar violência, no exercício de função ou a pretexto de exercê-la:

Pena - Detenção, de seis meses a três anos, além da pena correspondente à violência.

- art. 333, CPM.
- art. 21, Dec.-Lei 3.688/1941 (Lei das Contravenções Penais).

» *Vide* art. 301 do CE.

Abandono de função

Art. 323. Abandonar cargo público, fora dos casos permitidos em lei:

Pena - Detenção, de quinze dias a um mês, ou multa.

- art. 344, CE.
- art. 330, CPM.

» *Vide* art. 344 do CE.

§ 1º Se do fato resulta prejuízo público:

Pena - Detenção, de três meses a um ano, e multa.

§ 2º Se o fato ocorre em lugar compreendido na faixa de fronteira:

Pena - Detenção, de um a três anos, e multa.

Exercício funcional ilegalmente antecipado ou prolongado

Art. 324. Entrar no exercício de função pública antes de satisfeitas as exigências legais, ou continuar a exercê-la, sem autorização, depois de saber oficialmente que foi exonerado, removido, substituído ou suspenso:

Pena - Detenção, de quinze dias a um mês, ou multa.

- art. 329, CPM.

Violação de sigilo funcional

» Art. 302 do CE

» Art. 3º, IV da Lei nº 12.850 de 02/08/13 (Lei de Organização Criminosa)

Art. 325. Revelar fato de que tem ciência em razão do cargo e que deva permanecer em segredo, ou facilitar-lhe a revelação:

Pena - Detenção, de seis meses a dois anos, ou multa, se o fato não constitui crime mais grave.

- art. 326, CPM.

» *Vide* art. 312 do CP.

§ 1º Nas mesmas penas deste artigo incorre quem: (Incluído pela Lei 9.983/2000.)

I - permite ou facilita, mediante atribuição, fornecimento e empréstimo de senha ou qualquer outra forma, o acesso de pessoas não autorizadas a sistemas de informações ou banco de dados da Administração Pública; (Incluído pela Lei 9.983/2000.)

II - se utiliza, indevidamente, do acesso restrito. (Incluído pela Lei 9.983/2000.)

§ 2º Se da ação ou omissão resulta dano à Administração Pública ou a outrem: (Incluído pela Lei 9.983/2000.)

Pena - Reclusão, de 2 (dois) a 6 (seis) anos, e multa. (Incluído pela Lei 9.983/2000.)

Violação do sigilo de proposta de concorrência

Art. 326. Devassar o sigilo de proposta de concorrência pública, ou proporcionar a terceiro o ensejo de devassá-lo:

Pena - Detenção, de três meses a um ano, e multa.

- art. 327, CPM.

Funcionário público

Art. 327. Considera-se funcionário público, para os efeitos penais, quem, embora transitoriamente ou sem remuneração, exerce cargo, emprego ou função pública.

§ 1º Equipara-se a funcionário público quem exerce cargo, emprego ou função em entidade paraestatal, e quem trabalha para empresa prestadora de serviço contratada ou conveniada para a execução de atividade típica da Administração Pública. (Incluído pela Lei 9.983/2000.)

§ 2º A pena será aumentada da terça parte quando os autores dos crimes previstos neste Capítulo forem ocupantes de cargos em comissão ou de função de direção ou assessoramento de órgão da administração direta, sociedade de economia mista, empresa pública ou fundação instituída pelo Poder Público. (Incluído pela Lei 6.799/1980.)

- Lei 13.303/2016 (Dispõe sobre o estatuto jurídico da empresa pública, da sociedade de economia mista e de suas subsidiárias, no âmbito da União, dos Estados, do Distrito Federal e dos Municípios).

CAPÍTULO II
DOS CRIMES PRATICADOS POR PARTICULAR CONTRA A ADMINISTRAÇÃO EM GERAL

(...)

Sonegação de contribuição previdenciária

- Incluído pela Lei 9.983/2000.

Art. 337-A. Suprimir ou reduzir contribuição social previdenciária e qualquer acessório, mediante as seguintes condutas: (Incluído pela Lei 9.983/2000.)

- art. 83, Lei 9.430/1996 (Dispõe sobre a legislação tributária federal e as contribuições para a seguridade social

I - omitir de folha de pagamento da empresa ou de documento de informações previsto pela legislação previdenciária segurados empregado, empresário, trabalhador avulso ou trabalhador autônomo ou a este equiparado que lhe prestem serviços; (Incluído pela Lei 9.983/2000.)

II - deixar de lançar mensalmente nos títulos próprios da contabilidade da empresa as quantias descontadas dos segurados ou as devidas pelo empregador ou pelo tomador de serviços; (Incluído pela Lei 9.983/2000.)

III - omitir, total ou parcialmente, receitas ou lucros auferidos, remunerações pagas ou creditadas e demais fatos geradores de contribuições sociais previdenciárias: (Incluído pela Lei 9.983/2000.)

Pena - Reclusão, de 2 (dois) a 5 (cinco) anos, e multa. (Incluído pela Lei 9.983/2000.)

§ 1º É extinta a punibilidade se o agente, espontaneamente, declara e confessa as contribuições, importâncias ou valores e presta as informações devidas à previdência social, na forma definida em lei ou regulamento, antes do início da ação fiscal. (Incluído pela Lei 9.983/2000.)

§ 2º É facultado ao juiz deixar de aplicar a pena ou aplicar somente a de multa se o agente for primário e de bons antecedentes, desde que: (Incluído pela Lei 9.983/2000.)

I - (Vetado na Lei 9.983/2000)

II - o valor das contribuições devidas, inclusive acessórios, seja igual ou inferior àquele estabelecido pela previdência social, administrativamente, como sendo o mínimo para o ajuizamento de suas execuções fiscais. (Incluído pela Lei 9.983/2000.)

§ 3º Se o empregador não é pessoa jurídica e sua folha de pagamento mensal não ultrapassa R$ 1.510,00 (um mil, quinhentos e dez reais), o juiz poderá reduzir a pena de um terço até a metade ou aplicar apenas a de multa. (Incluído pela Lei 9.983/2000.)

- Valores e alíquotas sujeitos a atualização por meio de ato do Ministério ou Órgão competente.

§ 4º O valor a que se refere o parágrafo anterior será reajustado nas mesmas datas e nos mesmos índices do reajuste dos benefícios da previdência social. (Incluído pela Lei 9.983/2000.)

(...)

DISPOSIÇÕES FINAIS

(...)

Art. 361. Este Código entrará em vigor no dia 1º de janeiro de 1942.

Rio de Janeiro, 07 de dezembro de 1940; 119º da Independência e 52º da República.

Getúlio Vargas

LEI Nº 605, DE 5 DE JANEIRO DE 1949

Repouso semanal remunerado e o pagamento de salário nos dias feriados civis e religiosos.

- *Repouso semanal remunerado*

O PRESIDENTE DA REPÚBLICA

Faço saber que o Congresso Nacional decreta e eu sanciono a seguinte lei:

- CF/1988: art. 7º, XV.
- arts. 151 a 162 do Dec. 10.854/2021 (Dispõe sobre o repouso semanal remunerado e o pagamento de salário nos feriados civis e religiosos).

Art. 1º. Todo empregado tem direito ao repouso semanal remunerado de vinte e quatro horas consecutivas, preferentemente aos domingos e, nos limites das exigências técnicas das empresas, nos feriados civis e religiosos, de acordo com a tradição local.

Art. 2º. Entre os empregados a que se refere esta lei, incluem-se os trabalhos rurais, salvo os que operem em qualquer regime de parceria, meação, ou forma semelhante de participação na produção.

Art. 3º. O regime desta lei será extensivo àqueles que, sob forma autônoma, trabalhem agrupados, por intermédio de Sindicato, Caixa Portuária, ou entidade congênere. A remuneração do repouso obrigatório, nesse caso, consistirá no acréscimo de um 1/6 (um sexto) calculado sobre os salários efetivamente percebidos pelo trabalhador e paga juntamente com os mesmos.

Art. 4º. É devido o repouso semanal remunerado, nos termos desta lei, aos trabalhadores das autarquias e de empresas industriais, ou sob administração da União, dos Estados e dos Municípios ou incorporadas nos seus patrimônios, que não estejam subordinados ao regime do funcionalismo público.

Art. 5º. Esta lei não se aplica às seguintes pessoas:

a) (*Revogada pela Lei nº 11.324, de 2006*).

b) aos funcionários públicos da União, dos Estados e dos Municípios e aos respectivos extranumerários em serviço nas próprias repartições;

c) aos servidores de autarquias paraestatais, desde que sujeitos a regime próprio de proteção ao trabalho que lhes assegure situação análoga à dos funcionários públicos.

Parágrafo único. São exigências técnicas, para os efeitos desta lei, as que, pelas condições peculiares às atividades da empresa, ou em razão do interesse público, tornem indispensável a continuidade do serviço.

Art. 6º. Não será devida a remuneração quando, sem motivo justificado, o empregado não tiver trabalhado durante toda a semana anterior, cumprindo integralmente o seu horário de trabalho.

§ 1º. São motivos justificados:

a) os previstos no artigo 473 e seu parágrafo único da Consolidação das Leis do Trabalho;

b) a ausência do empregado devidamente justificada, a critério da administração do estabelecimento;

c) a paralisação do serviço nos dias em que, por conveniência do empregador, não tenha havido trabalho;

d) a ausência do empregado, até três dias consecutivos, em virtude do seu casamento;

e) a falta ao serviço com fundamento na lei sobre acidente do trabalho;

f) a doença do empregado, devidamente comprovada.

§ 2º. A doença será comprovada mediante atestado de médico da instituição da previdência social a que estiver filiado o empregado, e, na falta deste e sucessivamente, de médico do Serviço Social do Comércio ou da Indústria; de médico da empresa ou por ela designado; de médico a serviço de representação federal, estadual ou municipal incumbido de assuntos de higiene ou de saúde pública; ou não existindo estes, na localidade em que trabalhar, de médico de sua escolha. (Redação dada pela Lei nº 2.761, de 1956)

§ 3º. Nas empresas em que vigorar regime de trabalho reduzido, a frequência exigida corresponderá ao número de dias em que o empregado tiver de trabalhar.

§ 4º Durante período de emergência em saúde pública decorrente da Covid-19, a imposição de isolamento dispensará o empregado da comprovação de doença por 7 (sete) dias. *(Acrescido pela Lei 14.128/2021)*

§ 5º No caso de imposição de isolamento em razão da Covid-19, o trabalhador poderá apresentar como justificativa válida, no oitavo dia de afastamento, além do disposto neste artigo, documento de unidade de saúde do Sistema Único de Saúde (SUS) ou documento eletrônico regulamentado pelo Ministério da Saúde. *(Acrescido pela Lei 14.128/2021)*

Art. 7º. A remuneração do repouso semanal corresponderá:

a) para os que trabalham por dia, semana, quinzena ou mês, à de um dia de serviço, computadas as horas extraordinárias habitualmente prestadas; (Redação dada pela Lei nº 7.415, de 1985)

b) para os que trabalham por hora, à sua jornada norma de trabalho, computadas as horas extraordinárias habitualmente prestadas; (Redação dada pela Lei nº 7.415, de 1985)

c) para os que trabalham por tarefa ou peça, o equivalente ao salário correspondente às tarefas ou peças feitas durante a semana, no horário normal de trabalho, dividido pelos dias de serviço efetivamente prestados ao empregador;

d) para o empregado em domicílio, o equivalente ao quociente da divisão por 6 (seis) da importância total da sua produção na semana.

§ 1º. Os empregados cujos salários não sofram descontos por motivo de feriados civis ou religiosos são considerados já remunerados nesses mesmos dias de repouso, conquanto tenham direito à remuneração dominical.

§ 2º. Consideram-se já remunerados os dias de repouso semanal do empregado mensalista ou quinzenalista cujo cálculo de salário mensal ou quinzenal, ou cujos descontos por falta sejam efetuados na base do número de dias do mês ou de 30 (trinta) e 15 (quinze) diárias, respectivamente.

Art. 8º. Excetuados os casos em que a execução do serviço for imposta pelas exigências técnicas das empresas, é vedado o trabalho em dias feriados, civis e religiosos, garantida, entretanto, aos empregados a remuneração respectiva, observados os dispositivos dos artigos 6º e 7º desta lei.

Art. 9º. Nas atividades em que não for possível, em virtude das exigências técnicas das empresas, a suspensão do trabalho, nos dias feriados civis e religiosos, a remuneração será paga em dobro, salvo se o empregador determinar outro dia de folga.

Art. 10. Na verificação das exigências técnicas a que se referem os artigos anteriores, ter-se-ão em vista as de ordem econômica, permanentes ou ocasionais, bem como as peculiaridades locais.

Parágrafo único. O Poder Executivo, em decreto especial ou no regulamento que expedir par fiel execução desta lei, definirá as mesmas exigências e especificará, tanto quanto possível, as empresas a elas sujeitas, ficando desde já incluídas entre elas as de serviços públicos e de transportes.

Art. 11. (*Revogado pela Lei nº 9.093, de 1995*).

Art. 12. As infrações ao disposto nesta Lei serão punidas, com multa de R$ 40,25 (quarenta reais e vinte e cinco centavos) a

R$ 4.025,33 (quatro mil e vinte e cinco reais e trinta e três centavos), segundo a natureza da infração, sua extensão e a intenção de quem a praticou, aplicada em dobro no caso de reincidência e oposição à fiscalização ou desacato à autoridade. (Redação dada pela Lei nº 12.544, de 2011)

Art. 13. Serão originariamente competentes, para a imposição das multas de que trata a presente lei, os delegados regionais do Ministério do Trabalho e, nos Estados, onde houver delegação de atribuições, a autoridade delegada.

Art. 14. A fiscalização da execução da presente lei, o processo de autuação dos seus infratores, os recursos e a cobrança das multas reger-se-ão pelo disposto no Título VII da Consolidação das Leis do Trabalho.

Art. 15. A presente lei entrará em vigor na data de sua publicação.

Art. 16. Revogam-se as disposições em contrário.

Rio de Janeiro, 5 de janeiro de 1949; 128º da Independência e 61º da República.

EURICO GASPAR DUTRA

D.O.U. de 14.1.1949

LEI Nº 1.060, DE 5 DE FEVEREIRO DE 1950

Estabelece normas para a concessão de assistência judiciária aos necessitados.

› *Assistência judiciária gratuita*

O PRESIDENTE DA REPÚBLICA

Faço saber que o Congresso Nacional decreta e eu sanciono a seguinte Lei:

› CF/1988: arts. 134 e 135.

› CPC/15: arts. 185 a 187.

› LC 80/1994 - Organiza a Defensoria Pública da União, do Distrito Federal e dos Territórios e prescre normas gerais para sua organização nos Estados, e dá outras providências.

Art. 1º. Os poderes públicos federal e estadual, independentemente da colaboração que possam receber dos municípios e da Ordem dos Advogados do Brasil – OAB, concederão assistência judiciária aos necessitados, nos termos desta Lei *(vetado)*. (Redação dada pela Lei 7.510, de 1986)

› Súm. 79 do JEF.

› CF/88: art. 5º, LXXIV.

› CPC/15: arts. 26, *caput*, II, 82, e 98 a 102.

Arts. 2º a 4º. *(Revogados pela Lei 13.105/2015)*

Art. 5º. O juiz, se não tiver fundadas razões para indeferir o pedido, deverá julgá-lo de plano, motivando ou não o deferimento dentro do prazo de 72 (setenta e duas) horas.

§ 1º. Deferido o pedido, o juiz determinará que o serviço de assistência judiciária, organizado e mantido pelo Estado, onde houver, indique, no prazo de 2 (dois) dias úteis, o advogado que patrocinará a causa do necessitado.

§ 2º. Se no Estado não houver serviço de assistência judiciária, por ele mantido, caberá a indicação à Ordem dos Advogados, por suas seções estaduais, ou subseções municipais.

§ 3º. Nos municípios em que não existem Subseções da Ordem dos Advogados do Brasil, o próprio juiz fará a nomeação do advogado que patrocinará a causa do necessitado.

§ 4º. Será preferido para a defesa da causa o advogado que o interessado indicar e que declare aceitar o encargo.

§ 5º. Nos Estados onde a Assistência Judiciária seja organizada e por eles mantida, o Defensor Público, ou quem exerça cargo equivalente, será intimado pessoalmente de todos os atos do processo, em ambas as Instâncias, contando-se lhes em dobro todos os prazos. (Incluído pela Lei nº 7.871, de 1989)

Art. 6º. *(Revogado pela Lei nº 13.105, de 2015)*

Art. 7º. *(Revogado pela Lei nº 13.105, de 2015)*

Parágrafo único. Tal requerimento não suspenderá o curso da ação e se processará pela forma estabelecida no final do art. 6º desta Lei.

Art. 8º. Ocorrendo as circunstâncias mencionadas no artigo anterior, poderá o juiz, *ex officio*, decretar a revogação dos benefícios, ouvida a parte interessada dentro de 48 (quarenta e oito) horas improrrogáveis.

Art. 9º. Os benefícios da assistência judiciária compreendem todos os atos do processo até decisão final do litígio, em todas as instâncias.

Art. 10. São individuais e concedidos em cada caso ocorrente os benefícios de assistência judiciária que se não transmitem ao cessionário de direito e se extinguem pela morte do beneficiário, podendo, entretanto, ser concedidos aos herdeiros que continuarem a demanda, e que necessitarem de tais favores na forma estabelecida nesta Lei.

Arts. 11 e 12. *(Revogados pela Lei 13.105/2015)*

Art. 13. Se o assistido puder atender, em parte, às despesas do processo, o juiz mandará pagar as custas, que serão rateadas entre os que tiverem direito ao seu recebimento.

Art. 14. Os profissionais liberais designados para o desempenho do encargo de defensor ou de perito, conforme o caso, salvo justo motivo previsto em lei ou, na sua omissão, a critério da autoridade judiciária competente, são obrigados ao respectivo cumprimento, sob pena de multa de mil cruzeiros a dez mil cruzeiros, sujeita ao reajustamento estabelecido na Lei nº 6.205, de 29 de abril de 1975, sem prejuízo da sanção disciplinar cabível. (Redação dada pela Lei nº 6.465, de 1977)

§ 1º. Na falta de indicação pela assistência ou pela própria parte, o juiz solicitará a do órgão de classe respectivo. (Incluído pela Lei nº 6.465, de 1977)

§ 2º. A multa prevista neste artigo reverterá em benefício do profissional que assumir o encargo na causa. (Renumerado do Parágrafo único, com nova redação, pela Lei nº 6.465, de 1977)

Art. 15. São motivos para a recusa do mandato pelo advogado designado ou nomeado:

1º) estar impedido de exercer a advocacia;

2º) ser procurador constituído pela parte contrária ou ter com ela relações profissionais de interesse atual;

3º) ter necessidade de se ausentar da sede do juízo para atender a outro mandato anteriormente outorgado ou para defender interesses próprios inadiáveis;

4º) já haver manifestado, por escrito, sua opinião contrária ao direito que o necessitado pretende pleitear;

5º) haver dado à parte contrária parecer escrito sobre a contenda.

Parágrafo único. A recusa será solicitada ao juiz que, de plano, a concederá, temporária ou definitivamente, ou a denegará.

Art. 16. Se o advogado, ao comparecer em juízo, não exibir o instrumento de mandato outorgado pelo assistido, o juiz determinará que se exarem na ata da audiência os termos da referida outorga.

Parágrafo único. O instrumento de mandato não será exigido, quando a parte for representada em juízo por advogado integrante de entidade de direito público incumbido, na forma da lei, de prestação de assistência judiciária gratuita, ressalvados: (Incluído pela Lei nº 6.248, de 1975)

a) os atos previstos no art. 38 do Código de Processo Civil; (Incluído pela Lei nº 6.248, de 1975)

› CPC/15: art. 105.

b) o requerimento de abertura de inquérito por crime de ação privada, a proposição de ação penal privada ou o oferecimento de representação por crime de ação pública condicionada. (Incluído pela Lei nº 6.248, de 1975)

Art. 17. *(Revogado pela Lei nº 13.105, de 2015)*

Art. 18. Os acadêmicos de direito, a partir da 4ª série, poderão ser indicados pela assistência judiciária, ou nomeados pelo juiz para auxiliar o patrocínio das causas dos necessitados, ficando sujeitos às mesmas obrigações impostas por esta Lei aos advogados.

Art. 19. Esta Lei entrará em vigor 30 (trinta) dias depois de sua publicação no *Diário Oficial da União*, revogadas as disposições em contrário.

Rio de Janeiro, 5 de fevereiro de 1950; 129º da Independência e 62º da República.

EURICO G. DUTRA

D.O.U. 13.2.1950

LEI Nº 3.207, DE 18 DE JULHO DE 1957

Regulamenta as atividades dos empregados vendedores, viajantes ou pracistas.

› *Empregados vendedores, viajantes e pracistas*

O PRESIDENTE DA REPÚBLICA: faço saber que o CONGRESSO NACIONAL decreta e eu sanciono a seguinte Lei:

Art. 1º As atividades dos empregados vendedores, viajantes ou pracistas serão reguladas pelos preceitos desta lei, sem prejuízo das normas estabelecidas na Consolidação das Leis do Trabalho – Decreto-lei número 5.452, de 1 de maio de 1943 – no que lhes for aplicável.

Art. 2º O empregado vendedor terá direito à comissão avençada sobre as vendas que realizar. No caso de lhe ter sido reservada expressamente, com exclusividade, uma zona de trabalho, terá esse direito sobre as vendas ali realizadas diretamente pela empresa ou por um preposto desta.

§ 1º A zona de trabalho do empregado vendedor poderá ser ampliada ou restringida de acordo com a necessidade da empresa, respeitados os dispositivos desta lei quanto à irredutibilidade da remuneração.

§ 2º Sempre que, por conveniência da empresa empregadora, for o empregado viajante transferido da zona de trabalho, com redução de vantagens, ser-lhe-á assegurado, como mínimo de remuneração, um salário correspondente à média dos 12 (doze) últimos meses, anteriores à transferência.

Art. 3º A transação será considerada aceita se o empregador não a recusar por escrito, dentro de 10 (dez) dias, contados da data da proposta. Tratando-se de transação a ser concluída com comerciante ou empresa estabelecida noutro Estado ou no estrangeiro, o prazo para aceitação ou recusa da proposta de venda será de 90 (noventa) dias podendo, ainda, ser prorrogado, por tempo determinado, mediante comunicação escrita feita ao empregado.

Art. 4º O pagamento de comissões e percentagem deverá ser feito mensalmente, expedindo a empresa, no fim de cada mês, a conta respectiva com as cópias das faturas correspondentes aos negócios concluídos.

Parágrafo único. Ressalva-se às partes interessadas fixar outra época para o pagamento de comissões e percentagens, o que, no entanto, não poderá exceder a um trimestre, contado da aceitação do negócio, sendo sempre obrigatória a expedição, pela empresa, da conta referida neste artigo.

Art. 5º Nas transações em que a empresa se obrigar por prestações sucessivas, o pagamento das comissões e percentagens será exigível de acordo com a ordem de recebimento das mesmas.

Art. 6º A cessação das relações de trabalho, ou a inexecução voluntária do negócio pelo empregador, não prejudicará a percepção das comissões e percentagens devidas.

Art. 7º Verificada a insolvência do comprador, cabe ao empregador o direito de estornar a comissão que houver pago.

Art. 8º Quando for prestado serviço de inspeção e fiscalização pelo empregado vendedor, ficará a empresa vendedora obrigada ao pagamento adicional de 1/10 (um décimo) da remuneração atribuída ao mesmo.

Art. 9º O empregado vendedor viajante não poderá permanecer em viagem por tempo superior a 6 (seis) meses consecutivos. Em seguida a cada viagem haverá um intervalo para descanso, calculado na base de 3 (três) dias por mês da viagem realizada, não podendo, porém, ultrapassar o limite de 15 (quinze) dias.

Art. 10. Caracterizada a relação de emprego, aplicam-se os preceitos desta lei a quantos exercerem funções iguais, semelhantes ou equivalentes aos empregados-viajantes, embora sob outras designações.

Art. 11. Esta lei entrará em vigor na data de sua publicação, revogadas as disposições em contrário.

Rio de janeiro, em 18 de julho de 1957; 136º da Independência e 69º da República.

Juscelino Kubitschek

LEI Nº 4.090, DE 13 DE JULHO DE 1962

Institui a gratificação de Natal para os trabalhadores.

▸ *Gratificação de Natal*

O PRESIDENTE DA REPÚBLICA Faço saber que o Congresso Nacional decreta e eu sanciono a seguinte Lei:

Art. 1º. No mês de dezembro de cada ano, a todo empregado será paga, pelo empregador, uma gratificação salarial, independentemente da remuneração a que fizer jus.

▸ CF/88: art. 201, § 6º.

▸ arts. 76 a 82 do Dec. 10.854/2021 (Dispõe sobre o pagamento da gratificação de Natal).

§ 1º. A gratificação corresponderá a 1/12 (um doze avos) da remuneração devida em dezembro, por mês de serviço, do ano correspondente.

§ 2º. A fração igual ou superior a 15 (quinze) dias de trabalho será havida como mês integral para os efeitos do parágrafo anterior.

§ 3º. A gratificação será proporcional: (Incluído pela Lei nº 9.011, de 1995)

I – na extinção dos contratos a prazo, entre estes incluídos os de safra, ainda que a relação de emprego haja findado antes de dezembro; e (Incluído pela Lei nº 9.011, de 1995)

II – na cessação da relação de emprego resultante da aposentadoria do trabalhador, ainda que verificada antes de dezembro. (Incluído pela Lei nº 9.011, de 1995)

Art. 2º. As faltas legais e justificadas ao serviço não serão deduzidas para os fins previstos no § 1º do art. 1º desta Lei.

Art. 3º. Ocorrendo rescisão, sem justa causa, do contrato de trabalho, o empregado receberá a gratificação devida nos termos dos §§ 1º e 2º do art. 1º desta Lei, calculada sobre a remuneração do mês da rescisão.

▸ CLT: art. 477.

Art. 4º. Esta Lei entrará em vigor na data de sua publicação, revogadas as disposições em contrário.

Brasília, 13 de julho de 1962; 141º da Independência e 74º da República.

JOÃO GOULART

D.O.U. de 26.7.1962

LEI Nº 4.266, DE 3 DE OUTUBRO DE 1963

Institui o salário-família do Trabalhador e dá outras providências.

▸ *Salário-família*

O PRESIDENTE DA REPÚBLICA, faço saber que o CONGRESSO NACIONAL decreta e eu sanciono a seguinte lei:

Art. 1º O salário-família, instituído por esta lei, será devido, pelas empresas vinculadas à Previdência Social, a todo empregado, como tal definido na Consolidação das Leis do Trabalho, qualquer que seja o valor e a forma de sua remuneração, e na proporção do respectivo número de filhos.

Art. 2º O salário-família será pago sob a forma de uma quota percentual, calculada sobre o valor do salário mínimo local, arredondado este para o múltiplo de mil seguinte, por filho menor de qualquer condição, até 14 anos de idade.

Art. 3º O custeio do salário-família será feito mediante o sistema de compensação, cabendo a cada empresa, qualquer que seja o número e o estado civil de seus empregados, recolher, para esse fim, ao Instituto ou Institutos de Aposentadoria e Pensões a que estiver vinculada, a contribuição que for fixada em correspondência com o valor da quota percentual referida no art. 2º.

§ 1º A contribuição de que trata esse artigo corresponderá a uma percentagem incidente sobre o salário mínimo local multiplicado pelo número total de empregados da empresa, observados os mesmos prazos de recolhimento, sanções administrativas e penais e demais condições estabelecidas com relação às contribuições destinadas ao custeio da Previdência Social.

§ 2º As contribuições recolhidas pelas as empresas, nos termos deste artigo, constituirão, em cada Instituto, um "Fundo de Compensação do Salário-Família" em regime de repartição anual, cuja destinação será exclusivamente a de custeio do pagamento das quotas, não podendo a parcela relativa às respectivas despesas de administração exceder de 0,5% (meio por cento) do total do mesmo Fundo.

Art. 4º O pagamento das quotas do salário-família será feito pelas próprias empresas, mensalmente, aos seus empregados, juntamente com o do respectivo salário, nos termos do art. 2º.

§ 1º Quando os pagamentos forem semanais ou por outros períodos, as quotas serão pagas juntamente com o último relativo ao mês.

§ 2º Para efeito de pagamento das quotas, exigirão as empresas, dos empregados, as certidões de nascimento dos filhos, que a isto os habilitam.

§ 3º As certidões expedidas para os fins do § 2º deste artigo são isentas de selo, taxas ou emolumentos de qualquer espécie, assim como o reconhecimento de firmas a elas referente, quando necessário.

§ 4º Dos pagamentos de quotas feitos, guardarão as empresas os respectivos comprovantes, bem como as certidões, para o efeito da fiscalização dos Institutos, no tocante ao reembolso a que se refere o art. 5º.

Art. 5º As empresas serão reembolsadas, mensalmente, dos pagamentos das quotas feitos aos seus empregados, na forma desta lei, mediante desconto do valor respectivo no total das contribuições recolhidas ao Instituto ou Institutos de Aposentadoria e Pensões a que forem vinculadas.

Art. 6º A fixação do salário mínimo, de que trata o Capítulo II do Título II da Consolidação das Leis do Trabalho, terá por base unicamente as necessidades normais do trabalhador sem filhos, considerando-se atendido, com o pagamento do salário-família instituído por esta lei, o preceituado no art. 157, nº I, da Constituição Federal.

Art. 7º Ficam fixados, pelo período de 3 (três) anos, os seguintes valores relativos à presente lei:

I – de 5% (cinco por cento) para cada quota percentual a que se refere o art. 2º;

II – de 6% (seis por cento) para a contribuição de que trata o art. 3º.

§ 1º Se, findo o período previsto neste artigo, não forem revistos os valores nele fixados, continuarão a vigorar até que isto se venha a efetuar.

§ 2º A qualquer alteração no valor de um das percentagens deverá corresponder proporcionalmente o da outra, de modo a que seja assegurado o perfeito equilíbrio do custeio do sistema, no regime de repartição anual.

Art. 8º Os empregados abrangidos pela presente lei ficam excluídos do campo de aplicação do Decreto-lei nº 3.200, de 19 de abril de 1941, no tocante ao abono às famílias numerosas.

Art. 9º As quotas do salário-família não se incorporarão, para nenhum efeito, ao salário ou remuneração devidos aos empregados.

Art. 10. Esta lei entrará em vigor a partir do primeiro dia do mês que se seguir ao decurso de 30 (trinta) dias, contados da data de sua publicação.

Parágrafo único. Dentro do prazo referido neste artigo, o Poder Executivo expedirá o Regulamento desta lei.

Art. 11. Revogam-se as disposições em contrário.

Brasília, 3 de outubro de 1963; 142º da Independência e 75º da República.

João Goulart

LEI Nº 4.725, DE 13 DE JULHO DE 1965 (Excertos)

Estabelece normas para o processo dos dissídios coletivos, e dá outras providências.

‣ *Dissídios coletivos*

O PRESIDENTE DA REPÚBLICA: faço saber que o CONGRESSO NACIONAL decreta e eu sanciono a seguinte lei:

Art. 1º A Justiça do Trabalho, no processo dos dissídios coletivos, entre categorias profissionais e econômicas, observará as normas previstas na Consolidação das Leis do Trabalho (arts. 856 a 874), com as alterações subsequentes e as constantes desta lei.

(...)

Art. 6º Os recursos das decisões proferidas nos dissídios coletivos terão efeito meramente devolutivo.

§ 1º O Presidente do Tribunal Superior do Trabalho poderá dar efeito suspensivo ao recurso, a requerimento do recorrente em petição fundamentada. Do despacho caberá agravo para o Pleno, no prazo de 5 (cinco) dias, de conformidade com o disposto no Regimento Interno do Tribunal. *(Redação de acordo com a Lei nº 4.903, de 1965)*

§ 2º O Tribunal "ad quem" deverá julgar o recurso no prazo de 60 (sessenta) dias, improrrogàvelmente.

§ 3º O provimento do recurso não importará na restituição dos salários ou vantagens pagos, em execução do julgado.

(...)

Art. 10. Os ajustamentos de salário fixados em decisões da Justiça do Trabalho, aprovados em julgamento de dissídios coletivos ou em acôrdos homologados, serão aplicados, automàticamente, nas mesmas condições estabelecidas para os integrantes das categorias profissionais litigantes ou interessadas, aos empregados das próprias entidades suscitantes e suscitadas, observadas as peculiaridades que lhes sejam inerentes, ficando, desde logo, autorizado o reajustamento das respectivas verbas orçamentárias.

Art. 11. A assistência aos trabalhadores prevista no art. 500 da Consolidação das Leis do Trabalho aprovada pelo Decreto-lei nº 5.452, de 1º de maio de 1943, e na Lei nº 4.066, de 28 de maio de 1962, será gratuita, vedada aos órgãos e autoridades a quem fôr solicitada a cobrança de qualquer importância para o atendimento de custas, taxas, emolumentos, remuneração ou a qualquer título.

Art. 12. Nenhum reajustamento de salário será homologado ou determinado pela Justiça do Trabalho antes de decorrido um ano do último acôrdo ou dissídio coletivo, não sendo possível a inclusão da cláusula de antecipação do aumento salarial durante o prazo de vigência da sentença normativa.

Parágrafo único. *(Revogado pelo DL nº 424, de 1969)*

Art. 13. Esta lei entrará em vigor na data de sua publicação, revogadas as disposições em contrário.

Brasília, 13 de julho de 1965; 144º da Independência e 77º da República.

H. Castello Branco

LEI Nº 4.749, DE 12 DE AGOSTO DE 1965

Dispõe sobre o pagamento da gratificação prevista na Lei nº 4.090, de 13 de julho de 1962.

‣ *Pagamento da gratificação de Natal*

‣ arts. 76 a 82 do Dec. 10.854/2021 (Da Gratificação de Natal).

O PRESIDENTE DA REPÚBLICA Faço saber que o Congresso Nacional decreta e eu sanciono a seguinte Lei:

Art. 1º. A gratificação salarial instituída pela Lei nº 4.090, de 13 de julho de 1962, será paga pelo empregador até o dia 20 de dezembro de cada ano, compensada a importância que, a título de adiantamento, o empregado houver recebido na forma do artigo seguinte.

‣ CF/88: art. 201.

Parágrafo único. *(VETADO).*

Art. 2º. Entre os meses de fevereiro e novembro de cada ano, o empregador pagará, como adiantamento da gratificação referida no artigo precedente, de uma só vez, metade do salário recebido pelo respectivo empregado no mês anterior.

§ 1º. O empregador não estará obrigado a pagar o adiantamento, no mesmo mês, a todos os seus empregados.

§ 2º. O adiantamento será pago ao ensejo das férias do empregado, sempre que este o requerer no mês de janeiro do correspondente ano.

Art. 3º Ocorrendo a extinção do contrato de trabalho antes do pagamento de que trata o art. 1º desta Lei, o empregador poderá compensar o adiantamento mencionado com a gratificação devida nos termos do art. 3º da Lei nº 4.090, de 13 de julho de 1962, e, se não bastar, com outro crédito de natureza trabalhista que possua o respectivo empregado.

‣ CLT: art. 477 e ss.

Art. 4º. As contribuições devidas ao Instituto Nacional de Previdência Social, que incidem sobre a gratificação salarial referida nesta Lei, ficam sujeitas ao limite estabelecido na legislação de Previdência Social.

‣ Lei 8.212/1991 – Dispõe sobre a organização da Seguridade Social, institui Plano de Custeio.

‣ Lei 8.213/1991 – Dispõe sobre os Planos de Benefícios da Previdência Social.

Art. 5º. Aplica-se, no corrente ano, a regra estatuída no art. 2º desta Lei, podendo o empregado usar da faculdade estatuída no seu § 2º no curso dos primeiros 30 (trinta) dias de vigência desta Lei.

Art. 6º. O Poder Executivo, no prazo de 30 (trinta) dias, adaptará o regulamento aprovado pelo Decreto nº 1.881, de 14 de dezembro de 1962, aos preceitos desta Lei.

Art. 7º. Esta Lei entra em vigor na data de sua publicação.

Art. 8º. Revogam-se as disposições em contrário.

Brasília, 12 de agosto de 1965; 144º da Independência e 77º da República.

H. CASTELLO BRANCO

D.O.U. de 13.8.1965

LEI Nº 4.886, DE 9 DE DEZEMBRO DE 1965

Regula as atividades dos representantes comerciais autônomos.

‣ *Representante comercial autônomo*

O PRESIDENTE DA REPÚBLICA: faço saber que o CONGRESSO NACIONAL decreta e eu sanciono a seguinte Lei:

Art. 1º Exerce a representação comercial autônoma a pessoa jurídica ou a pessoa física, sem relação de emprego, que desempenha, em caráter não eventual por conta de uma ou mais pessoas, a mediação para a realização de negócios mercantis, agenciando propostas ou pedidos, para, transmiti-los aos representados, praticando ou não atos relacionados com a execução dos negócios.

Parágrafo único. Quando a representação comercial incluir poderes atinentes ao mandato mercantil, serão aplicáveis, quanto ao exercício deste, os preceitos próprios da legislação comercial.

Art. 2º É obrigatório o registro dos que exerçam a representação comercial autônoma nos Conselhos Regionais criados pelo art. 6º desta Lei.

Parágrafo único. As pessoas que, na data da publicação da presente Lei, estiverem no exercício da atividade, deverão registrar-se nos Conselhos Regionais, no prazo de 90 dias a contar da data em que estes forem instalados.

Art. 3º O candidato a registro, como representante comercial, deverá apresentar:

a) prova de identidade;

b) prova de quitação com o serviço militar, quando a ele obrigado;

c) prova de estar em dia com as exigências da legislação eleitoral;

d) folha-corrida de antecedentes, expedida pelos cartórios criminais das comarcas em que o registrado houver sido domiciliado nos últimos dez (10) anos;

e) quitação com o impôsto sindical.

§ 1º O estrangeiro é desobrigado da apresentação dos documentos constantes das alíneas *b* e *c* deste artigo.

§ 2º Nos casos de transferência ou de exercício simultâneo da profissão, em mais de uma região, serão feitas as devidas anotações na carteira profissional do interessado, pelos respectivos Conselhos Regionais.

§ 3º As pessoas jurídicas deverão fazer prova de sua existência legal.

Art. 4º Não pode ser representante comercial:

a) o que não pode ser comerciante;

b) o falido não reabilitado;

c) o que tenha sido condenado por infração penal de natureza infamante, tais como falsidade, estelionato, apropriação indébita, contrabando, roubo, furto, lenocínio ou crimes também punidos com a perda de cargo público;

d) o que estiver com seu registro comercial cancelado como penalidade.

Art. 5º Somente será devida remuneração, como mediador de negócios comerciais, a representante comercial devidamente registrado.

Art. 6º São criados o Conselho Federal e os Conselhos Regionais dos Representantes Comerciais, aos quais incumbirá a fiscalização do exercício da profissão, na forma desta Lei.

Parágrafo único. É vedado, aos Conselhos Federal e Regionais dos Representantes Comerciais, desenvolverem quaisquer atividades não compreendidas em suas finalidades previstas nesta Lei, inclusive as de caráter político e partidárias.

Art. 7º O Conselho Federal instalar-se-á dentro de noventa (90) dias, a contar da vigência da presente Lei, no Estado da Guanabara, onde funcionará provisòriamente, transferindo-se para a Capital da República, quando estiver em condições de fazê-lo, a juízo da maioria dos Conselhos Regionais.

§ 1º O Conselho Federal será presidido por um dos seus membros, na forma que dispuser o regimento interno do Conselho, cabendo lhe, além do próprio voto, o de qualidade, no caso de empate.

§ 2º A renda do Conselho Federal será constituída de vinte por cento (20%) da renda bruta dos Conselhos Regionais.

Art. 8º O Conselho Federal será composto de representantes comerciais de cada Estado, eleitos pelos Conselhos Regionais, dentre seus membros, cabendo a cada Conselho Regional a escolha de dois (2) delegados.

Art. 9º Compete ao Conselho Federal determinar o número dos Conselhos Regionais, o qual não poderá ser superior a um por Estado, Território Federal e Distrito Federal, e estabelecer-lhes as bases territoriais.

Art. 10. Compete privativamente, ao Conselho Federal:

I – elaborar o seu regimento interno; *(Renumerado pela Lei nº 12.246, de 2010)*

II – dirimir as dúvidas suscitadas pelos Conselhos Regionais; *(Renumerado pela Lei nº 12.246, de 2010)*

III – aprovar os regimentos internos dos Conselhos Regionais; *(Renumerado pela Lei nº 12.246, de 2010)*

IV – julgar quaisquer recursos relativos às decisões dos Conselhos Regionais; *(Renumerado pela Lei nº 12.246, de 2010)*

V – baixar instruções para a fiel observância da presente Lei; *(Renumerado pela Lei nº 12.246, de 2010)*

VI – elaborar o Código de Ética Profissional; *(Renumerado pela Lei nº 12.246, de 2010)*

VII – resolver os casos omissos. *(Renumerado pela Lei nº 12.246, de 2010)*

VIII – fixar, mediante resolução, os valores das anuidades e emolumentos devidos pelos representantes comerciais, pessoas físicas e jurídicas, aos Conselhos Regionais dos Representantes Comerciais nos quais estejam registrados, observadas as peculiaridades regionais e demais situações inerentes à capacidade contributiva da categoria profissional nos respectivos Estados e necessidades de cada entidade, e respeitados os seguintes limites máximos: *(Acrescentado pela Lei nº 12.246, de 2010)*

a) anuidade para pessoas físicas – até R$ 300,00 (trezentos reais); *(Acrescentado pela Lei nº 12.246, de 2010)*

b) (Vetado); (Acrescentado pela Lei nº 12.246, de 2010)

c) anuidade para pessoas jurídicas, de acordo com as seguintes classes de capital social: *(Acrescentado pela Lei nº 12.246, de 2010)*

1. de R$ 1,00 (um real) a R$ 10.000,00 (dez mil reais) – até R$ 350,00 (trezentos e cinquenta reais); *(Acrescentado pela Lei nº 12.246, de 2010)*

2. de R$ 10.000,01 (dez mil reais e um centavo) a R$ 50.000,00 (cinquenta mil reais) – até R$ 420,00 (quatrocentos e vinte reais); *(Acrescentado pela Lei nº 12.246, de 2010)*

3. de R$ 50.000,01 (cinquenta mil reais e um centavo) a R$ 100.000,00 (cem mil reais) – até R$ 504,00 (quinhentos e quatro reais); *(Acrescentado pela Lei nº 12.246, de 2010)*

4. de R$ 100.000,01 (cem mil reais e um centavo) a R$ 300.000,00 (trezentos mil reais) – até R$ 604,00 (seiscentos e quatro reais); *(Acrescentado pela Lei nº 12.246, de 2010)*

5. de R$ 300.000,01 (trezentos mil reais e um centavo) a R$ 500.000,00 (quinhentos mil reais) – até R$ 920,00 (novecentos e vinte reais); *(Acrescentado pela Lei nº 12.246, de 2010)*

6. acima de R$ 500.000,00 (quinhentos mil reais) – até R$ 1.370,00 (mil, trezentos e setenta reais); *(Acrescentado pela Lei nº 12.246, de 2010)*

d) (Vetado); (Acrescentado pela Lei nº 12.246, de 2010)

e) (Vetado). (Acrescentado pela Lei nº 12.246, de 2010)

§ 1º Antigo parágrafo único suprimido pela Lei 8.420, de 08.05.1992, *(DOU 11.05.1992)* e renomeado pela Lei 12.246, de 27.05.2010 *(DOU 28.05.2010)*.

§ 2º Os valores correspondentes aos limites máximos estabelecidos neste artigo serão corrigidos anualmente pelo índice oficial de preços ao consumidor. *(Acrescentado pela Lei nº 12.246, de 2010)*

§ 3º O pagamento da anuidade será efetuado pelo representante comercial, pessoa física ou jurídica, até o dia 31 de março de cada ano, com desconto de 10% (dez por cento), ou em até 3 (três) parcelas, sem descontos, vencendo-se a primeira em 30 de abril, a segunda em 31 de agosto e a terceira em 31 de dezembro de cada ano. *(Acrescentado pela Lei nº 12.246, de 2010)*

§ 4º Ao pagamento antecipado será concedido desconto de 20% (vinte por cento) até 31 de janeiro e 15% (quinze por cento) até 28 de fevereiro de cada ano. *(Acrescentado pela Lei nº 12.246, de 2010)*

§ 5º As anuidades que forem pagas após o vencimento serão acrescidas de 2% (dois por cento) de multa, 1% (um por cento) de juros de mora por mês de atraso e atualização monetária pelo índice oficial de preços ao consumidor. *(Acrescentado pela Lei nº 12.246, de 2010)*

§ 6º A filial ou representação de pessoa jurídica instalada em jurisdição de outro Conselho Regional que não o da sua sede pagará anuidade em valor que não exceda a 50% (cinquenta por cento) do que for pago pela matriz. *(Acrescentado pela Lei nº 12.246, de 2010)*

§ 7º *(Vetado) (Acrescentado pela Lei nº 12.246, de 2010)*

§ 8º *(Vetado) (Acrescentado pela Lei nº 12.246, de 2010)*

§ 9º O representante comercial pessoa física, como responsável técnico de pessoa jurídica devidamente registrada no Conselho Regional dos Representantes Comerciais, pagará anuidade em valor correspondente a 50% (cinquenta por cento) da anuidade devida pelos demais profissionais autônomos registrados no mesmo Conselho. *(Acrescentado pela Lei nº 12.246, de 2010)*

Art. 11. Dentro de sessenta (60) dias, contados da vigência da presente Lei, serão instalados os Conselhos Regionais correspondentes aos Estados onde existirem órgãos sindicais de representação da classe dos representantes comerciais, atualmente reconhecidos pelo Ministério do Trabalho e Previdência Social.

Art. 12. Os Conselhos Regionais terão a seguinte composição:

a) dois terços (2/3) de seus membros serão constituídos pelo Presidente do mais antigo sindicato da classe do respectivo Estado e por diretores de sindicatos da classe, do mesmo Estado, eleitos estes em assembleia-geral;

b) um terço (1/3) formado de representantes comerciais no exercício efetivo da profissão, eleitos em assembleia-geral realizada no sindicato da classe.

§ 1º A secretaria do sindicato incumbido da realização das eleições organizará cédula única, por ordem alfabética dos candidatos, destinada à votação.

§ 2º Se os órgãos sindicais de representação da classe não tomarem as providências previstas quanto à instalação dos Conselhos Regionais, o Conselho Federal determinará, imediatamente, a sua constituição, mediante eleições em assembleia-geral, com a participação dos representantes comerciais no exercício efetivo da profissão no respectivo Estado.

§ 3º Havendo, num mesmo Estado, mais de um sindicato de representantes comerciais, as eleições a que se refere este artigo se processarão na sede do sindicato da classe situado na Capital e, na sua falta, na sede do mais antigo.

§ 4º O Conselho Regional será presidido por um dos seus membros, na forma que dispuser o seu regimento interno, cabendo-lhe, além do próprio voto, o de qualidade, no caso de empate.

§ 5º Os Conselhos Regionais terão no máximo trinta (30) membros e, no mínimo, o número que for fixado pelo Conselho Federal.

Art. 13. Os mandatos dos membros do Conselho Federal e dos Conselhos Regionais serão de três (3) anos.

§ 1º Todos os mandatos serão exercidos gratuitamente.

§ 2º A aceitação do cargo de Presidente, Secretário ou Tesoureiro importará na obrigação de residir na localidade em que estiver sediado o respectivo Conselho.

Art. 14. O Conselho Federal e os Conselhos Regionais serão administrados por uma Diretoria que não poderá exceder a um terço (1/3) dos seus integrantes.

Art. 15. Os Presidentes dos Conselhos Federal e Regionais completarão o prazo do seu mandato, caso sejam substituídos na presidência do sindicato.

Art. 16. Constituem renda dos Conselhos Regionais as contribuições e multas devidas pelos representantes comerciais, pessoas físicas ou jurídicas, neles registrados.

Art. 17. Compete aos Conselhos Regionais:

a) elaborar o seu regimento interno, submetendo-o à apreciação do Conselho Federal;

b) decidir sobre os pedidos de registro de representantes comerciais, pessoas físicas ou jurídicas, na conformidade desta Lei;

c) manter o cadastro profissional;

d) expedir as carteiras profissionais e anotá-las, quando necessário;

e) impor as sanções disciplinares previstas nesta Lei, mediante a feitura de processo adequado, de acordo com o disposto no artigo 18;

f) arrecadar, cobrar e executar as anuidades e emolumentos devidos pelos representantes comerciais, pessoas físicas e jurídicas, registrados, servindo como título executivo extrajudicial a certidão relativa aos seus créditos. *(Redação de acordo com a Lei nº 12.246, de 2010.)*

Parágrafo único. (Suprimido pela Lei nº 8.420, de 08.05.1992, *DOU* 11.05.1992)

Art. 18. Compete aos Conselhos Regionais aplicar, ao representante comercial faltoso, as seguintes penas disciplinares:

a) advertência, sempre sem publicidade;

b) multa até a importância equivalente ao maior salário mínimo vigente no País;

c) suspensão do exercício profissional, até um (1) ano;

d) cancelamento do registro, com apreensão da carteira profissional.

§ 1º No caso de reincidência ou de falta manifestamente grave, o representante comercial poderá ser suspenso do exercício de sua atividade ou ter cancelado o seu registro.

§ 2º As penas disciplinares serão aplicadas após processo regular, sem prejuízo, quando couber, da responsabilidade civil ou criminal.

§ 3º O acusado deverá ser citado, inicialmente, dando-se-lhe ciência do inteiro teor da denúncia ou queixa, sendo-lhe assegurado, sempre, o amplo direito de defesa, por si ou por procurador regularmente constituído.

§ 4º O processo disciplinar será presidido por um dos membros do Conselho Regional, ao qual incumbirá coligir as provas necessárias.

§ 5º Encerradas as provas de iniciativa da autoridade processante, ao acusado será dado requerer e produzir as suas próprias provas, após o que lhe será assegurado o direito de apresentar, por escrito, defesa final e o de sustentar, oralmente, suas razões, na sessão do julgamento.

§ 6º Da decisão dos Conselhos Regionais caberá recurso voluntário, com efeito suspensivo, para o Conselho Federal.

Art. 19. Constituem faltas no exercício da profissão de representante comercial:

a) prejudicar, por dolo ou culpa, os interesses confiados aos seus cuidados;

b) auxiliar ou facilitar, por qualquer meio, o exercício da profissão aos que estiverem proibidos, impedidos ou não habilitados a exercê-la;

c) promover ou facilitar negócios ilícitos, bem como quaisquer transações que prejudiquem interesse da Fazenda Pública;

d) violar o sigilo profissional;

e) negar ao representado as competentes prestações de contas, recibos de quantias ou documentos que lhe tiverem sido entregues, para qualquer fim;

f) recusar a apresentação da carteira profissional, quando solicitada por quem de direito.

Art. 20. Observados os princípios desta Lei, o Conselho Federal dos Representantes Comerciais, expedirá instruções relativas à aplicação das penalidades em geral e, em particular, aos casos em que couber imposições da pena de multa.

Art. 21. As repartições federais, estaduais e municipais, ao receberem tributos relativos à atividade do representante comercial, pessoa física ou jurídica, exigirão prova de seu registro no Conselho Regional da respectiva região.

Art. 22. Da propaganda deverá constar, obrigatòriamente, o número da carteira profissional.

Parágrafo único. As pessoas jurídicas farão constar também, da propaganda, além do número da carteira do representante comercial responsável, o seu próprio número de registro no Conselho Regional.

Art. 23. O exercício financeiro dos Conselhos Federal e Regionais coincidirá com o ano civil.

Art. 24. As diretorias dos Conselhos Regionais prestarão contas da sua gestão ao próprio conselho, até o dia 15 de fevereiro de cada ano. *(Redação de acordo com a Lei nº 8.420, de 8.5.1992)*

Art. 25. Os Conselhos Regionais prestarão contas até o último dia do mês de fevereiro de cada ano ao Conselho Federal. *(Redação de acordo com a Lei nº 8.420, de 8.5.1992)*

Parágrafo único. A Diretoria do Conselho Federal prestará contas ao respectivo plenário até o último dia do mês de março de cada ano. *(Redação de acordo com a Lei nº 8.420, de 8.5.1992)*

Art. 26. Os sindicatos incumbidos do processamento das eleições, a que se refere o art. 12, deverão tomar, dentro do prazo de trinta (30) dias, a contar da publicação desta lei, as providências necessárias à instalação dos Conselhos Regionais dentro do prazo previsto no art. 11.

Art. 27. Do contrato de representação comercial, além dos elementos comuns e outros a juízo dos interessados, constarão obrigatoriamente: *(Redação de acordo com a Lei nº 8.420, de 8.5.1992)*

a) condições e requisitos gerais da representação;

b) indicação genérica ou específica dos produtos ou artigos objeto da representação;

c) prazo certo ou indeterminado da representação;

d) indicação da zona ou zonas em que será exercida a representação; *(Redação de acordo com a Lei nº 8.420, de 8.5.1992)*

e) garantia ou não, parcial ou total, ou por certo prazo, da exclusividade de zona ou setor de zona;

f) retribuição e época do pagamento, pelo exercício da representação, dependente da efetiva realização dos negócios, e recebimento, ou não, pelo representado, dos valores respectivos;

g) os casos em que se justifique a restrição de zona concedida com exclusividade;

h) obrigações e responsabilidades das partes contratantes;

i) exercício exclusivo ou não da representação a favor do representado;

j) indenização devida ao representante pela rescisão do contrato fora dos casos previstos no art. 35, cujo montante não poderá ser inferior a 1/12 (um doze avos) do total da retribuição auferida durante o tempo em que exerceu a representação. *(Redação de acordo com a Lei nº 8.420, de 8.5.1992)*

§ 1º Na hipótese de contrato a prazo certo, a indenização corresponderá à importância equivalente à média mensal da retribuição auferida até a data da rescisão, multiplicada pela metade dos meses resultantes do prazo contratual. *(Redação de acordo com a Lei nº 8.420, de 8.5.1992)*

§ 2º O contrato com prazo determinado, uma vez prorrogado o prazo inicial, tácita ou expressamente, torna-se a prazo indeterminado. *(Acrescentado pela Lei nº 8.420, de 8.5.1992)*

§ 3º Considera-se por prazo indeterminado todo contrato que suceder, dentro de seis meses, a outro contrato, com ou sem determinação de prazo. *(Acrescentado pela Lei nº 8.420, de 8.5.1992)*

Art. 28. O representante comercial fica obrigado a fornecer ao representado, segundo as disposições do contrato ou, sendo este omisso, quando lhe for solicitado, informações detalhadas sobre o andamento dos negócios a seu cargo, devendo dedicar-se à representação, de modo a expandir os negócios do representado e promover os seus produtos.

Art. 29. Salvo autorização expressa, não poderá o representante conceder abatimentos, descontos ou dilações, nem agir em desacordo com as instruções do representado.

Art. 30. Para que o representante possa exercer a representação em Juízo, em nome do representado, requer-se mandato expresso. Incumbir-lhe-á porém, tomar conhecimento das reclamações atinentes aos negócios, transmitindo-as ao representado e sugerindo as providências acauteladoras do interesse deste.

Parágrafo único. O representante, quanto aos atos que praticar, responde segundo as normas do contrato e, sendo este omisso, na conformidade do direito comum.

Art. 31. Prevendo o contrato de representação a exclusividade de zona ou zonas, ou quando este for omisso, fará jus o representante à comissão pelos negócios aí realizados, ainda que diretamente pelo representado ou por intermédio de terceiros. *(Redação de acordo com a Lei nº 8.420, de 8.5.1992)*

Parágrafo único. A exclusividade de representação não se presume na ausência de ajustes expressos. *(Redação de acordo com a Lei nº 8.420, de 8.5.1992)*

Art. 32. O representante comercial adquire o direito às comissões quando do pagamento dos pedidos ou propostas. *(Redação de acordo com a Lei nº 8.420, de 8.5.1992)*

§ 1º O pagamento das comissões deverá ser efetuado até o dia 15 do mês subsequente ao da liquidação da fatura, acompanhada das respectivas cópias das notas fiscais. *(Acrescentado pela Lei nº 8.420, de 8.5.1992)*

§ 2º As comissões pagas fora do prazo previsto no parágrafo anterior deverão ser corrigidas monetariamente. *(Acrescentado pela Lei nº 8.420, de 8.5.1992)*

§ 3º É facultado ao representante comercial emitir títulos de créditos para cobrança de comissões. *(Acrescentado pela Lei nº 8.420, de 8.5.1992)*

§ 4º As comissões deverão ser calculadas pelo valor total das mercadorias. *(Acrescentado pela Lei nº 8.420, de 8.5.1992)*

§ 5º Em caso de rescisão injusta do contrato por parte do representando, a eventual retribuição pendente, gerada por pedidos em carteira ou em fase de execução e recebimento, terá vencimento na data da rescisão. *(Acrescentado pela Lei nº 8.420, de 8.5.1992)*

§ 6º *(Vetado). (Acrescentado pela Lei nº 8.420, de 8.5.1992)*

§ 7º São vedadas na representação comercial alterações que impliquem, direta ou indiretamente, a diminuição da média dos resultados auferidos pelo representante nos últimos seis meses de vigência.*(Acrescentado pela Lei nº 8.420, de 8.5.1992)*

Art. 33. Não sendo previstos, no contrato de representação, os prazos para recusa das propostas ou pedidos, que hajam sido entregues pelo representante, acompanhados dos requisitos exigíveis, ficará o representado obrigado a creditar-lhe a respectiva comissão, se não manifestar a recusa, por escrito, nos prazos de 15, 30, 60 ou 120 dias, conforme se trate de comprador domiciliado, respectivamente, na mesma praça, em outra do mesmo Estado, em outro Estado ou no estrangeiro.

§ 1º Nenhuma retribuição será devida ao representante comercial, se a falta de pagamento resultar de insolvência do comprador, bem como se o negócio vier a ser por ele desfeito ou for sustada a entrega de mercadorias devido à situação comercial do comprador, capaz de comprometer ou tornar duvidosa a liquidação.

§ 2º Salvo ajuste em contrário, as comissões devidas serão pagas mensalmente, expedindo o representado a conta respectiva, conforme cópias das faturas remetidas aos compradores, no respectivo período.

§ 3º Os valores das comissões para efeito tanto do pré-aviso como da indenização, prevista nesta lei, deverão ser corrigidos monetariamente. *(Acrescentado pela Lei nº 8.420, de 8.5.1992)*

Art. 34. A denúncia, por qualquer das partes, sem causa justificada, do contrato de representação, ajustado por tempo indeterminado e que haja vigorado por mais de seis meses, obriga o denunciante, salvo outra garantia prevista no contrato, à concessão de pré-aviso, com antecedência mínima de trinta dias, ou ao pagamento de importância igual a um terço (1/3) das comissões auferidas pelo representante, nos três meses anteriores.

Art. 35. Constituem motivos justos para rescisão do contrato de representação comercial, pelo representado:

a) a desídia do representante no cumprimento das obrigações decorrentes do contrato;

b) a prática de atos que importem em descrédito comercial do representado;

c) a falta de cumprimento de quaisquer obrigações inerentes ao contrato de representação comercial;

d) a condenação definitiva por crime considerado infamante;

e) força maior.

Art. 36. Constituem motivos justos para rescisão do contrato de representação comercial, pelo representante:

a) redução de esfera de atividade do representante em desacordo com as cláusulas do contrato;

b) a quebra, direta ou indireta, da exclusividade, se prevista no contrato;

c) a fixação abusiva de preços em relação à zona do representante, com o exclusivo escopo de impossibilitar-lhe ação regular;

d) o não pagamento de sua retribuição na época devida;

e) força maior.

Art. 37. Somente ocorrendo motivo justo para a rescisão do contrato, poderá o representado reter comissões devidas ao representante, com o fim de ressarcir-se de danos por este causados e, bem assim, nas hipóteses previstas no art. 35, a título de compensação.

Art. 38. Não serão prejudicados os direitos dos representantes comerciais quando, a título de cooperação, desempenhem, temporàriamente, a pedido do representado, encargos ou atribuições diversos dos previstos no contrato de representação.

Art. 39. Para julgamento das controvérsias que surgirem entre representante e representado é competente a Justiça Comum e o foro do domicílio do representante, aplicando-se o procedimento sumaríssimo previsto no art. 275 do Código de Processo Civil, ressalvada a competência do Juizado de Pequenas Causas. *(Redação de acordo com a Lei nº 8.420, de 8.5.1992)*

Art. 40. Dentro de cento e oitenta (180) dias da publicação da presente lei, serão formalizadas, entre representado e representantes, em documento escrito, as condições das representações comerciais vigentes.

Parágrafo único. A indenização devida pela rescisão dos contratos de representação comercial vigentes na data desta lei, fora dos casos previstos no art. 35, e quando as partes não tenham usado da faculdade prevista neste artigo, será calculada, sobre a retribuição percebida, pelo representante, nos últimos cinco anos anteriores à vigência desta lei.

Art. 41. Ressalvada expressa vedação contratual, o representante comercial poderá exercer sua atividade para mais de uma empresa e empregá-la em outros misteres ou ramos de negócios. *(Redação de acordo com a Lei nº 8.420, de 8.5.1992)*

Art. 42. Observadas as disposições constantes do artigo anterior, é facultado ao representante contratar com outros representantes comerciais a execução dos serviços relacionados com a representação. *(Acrescentado pela Lei nº 8.420, de 8.5.1992)*

§ 1º Na hipótese deste artigo, o pagamento das comissões a representante comercial contratado dependerá da liquidação da conta de comissão devida pelo representando ao representante contratante. *(Acrescentado pela Lei nº 8.420, de 8.5.1992)*

§ 2º Ao representante contratado, no caso de rescisão de representação, será devida pelo representante contratante a participação no que houver recebido da representada a título de indenização e aviso prévio, proporcionalmente às retribuições auferidas pelo representante contratado na vigência do contrato. *(Acrescentado pela Lei nº 8.420, de 8.5.1992)*

§ 3º Se o contrato referido no *caput* deste artigo for rescindido sem motivo justo pelo representante contratante, o representante contratado fará jus ao aviso prévio e indenização na forma da lei. *(Acrescentado pela Lei nº 8.420, de 8.5.1992)*

§ 4º Os prazos de que trata o art. 33 desta lei são aumentados em dez dias quando se tratar de contrato realizado entre representantes comerciais. *(Acrescentado pela Lei nº 8.420, de 8.5.1992)*

Art. 43. É vedada no contrato de representação comercial a inclusão de cláusulas *del credere*. *(Acrescentado pela Lei nº 8.420, de 8.5.1992)*

Art. 44. No caso de falência ou de recuperação judicial do representado, as importâncias por ele devidas ao representante comercial, relacionadas com a representação, inclusive comissões vencidas e vincendas, indenização e aviso prévio, e qualquer outra verba devida ao representante oriunda da relação estabelecida com base nesta Lei, serão consideradas créditos da mesma natureza dos créditos trabalhistas para fins de inclusão no pedido de falência ou plano de recuperação judicial. *(Redação dada pela Lei nº 14.195, de 26.8.2021)*

Parágrafo único. Os créditos devidos ao representante comercial reconhecidos em título executivo judicial transitado em julgado após o deferimento do processamento da recuperação judicial, e a sua respectiva execução, inclusive quanto aos honorários advocatícios, não se sujeitarão à recuperação judicial, aos seus efeitos e à competência do juízo da recuperação, ainda que existentes na data do pedido, e prescreverá em 5 (cinco) anos a ação do representante comercial para pleitear a retribuição que lhe é devida e os demais direitos garantidos por esta Lei. *(Redação dada pela Lei nº 14.195, de 26.8.2021)*

Art. 45. Não constitui motivo justo para rescisão do contrato de representação comercial o impedimento temporário do representante comercial que estiver em gozo do benefício de auxílio-doença concedido pela previdência social. *(Acrescentado pela Lei nº 8.420, de 8.5.1992)*

Art. 46. Os valores a que se referem a alínea *j* do art. 27, o § 5º do art. 32 e o art. 34 desta lei serão corrigidos monetariamente com base na variação dos BTNs ou por outro indexador que venha a substituí-los e legislação ulterior aplicável à matéria. *(Acrescentado pela Lei nº 8.420, de 8.5.1992)*

Art. 47. Compete ao Conselho Federal dos Representantes Comerciais fiscalizar a execução da presente lei. *(Acrescentado pela Lei nº 8.420, de 8.5.1992)*

Parágrafo único. Em caso de inobservância das prescrições legais, caberá intervenção do Conselho Federal nos Conselhos Regionais, por decisão da Diretoria do primeiro ad referendum da reunião plenária, assegurado, em qualquer caso, o direito de defesa. A intervenção cessará quando do cumprimento da lei. *(Acrescentado pela Lei nº 8.420, de 8.5.1992)*

Art. 48. Esta lei entra em vigor na data de sua publicação.

Art. 49. Revogam-se as disposições em contrário.

Brasília, 9 de dezembro de 1965; 144º da Independência e 77º da República.

H. Castello Branco

LEI Nº 4.923, DE 23 DE DEZEMBRO DE 1965 (Excertos)

Institui o Cadastro Permanente das Admissões e dispensas de empregados, estabelece medidas contra o desemprego e de assistência aos desempregados, e dá outras providências.

‣ *Cadastro das admissões e dispensas*

O PRESIDENTE DA REPÚBLICA: Faço saber que o Congresso Nacional decreta e eu sanciono a seguinte Lei:

Art. 1º Fica instituído, em caráter permanente, no Ministério do Trabalho e Previdência Social, o registro das admissões e dispensas de empregados nas empresas abrangidas pelo sistema da Consolidação das Leis do Trabalho.

§ 1º As empresas que dispensarem ou admitirem empregados ficam obrigadas a fazer a respectiva comunicação às Delegacias Regionais do Trabalho, mensalmente, até o dia sete do mês subsequente ou como estabelecido em regulamento, em relação nominal por estabelecimento, da qual constará também a indicação da Carteira de Trabalho e Previdência Social ou, para os que ainda não a possuírem, nos termos da lei, os dados indispensáveis à sua identificação pessoal. *(Renumerado do parágrafo único pela Medida Provisória nº 2.164-41, de 24.8.2001)*

§ 2º O cumprimento do prazo fixado no § 1º será exigido a partir de 1º de janeiro de 2001. *(Acrescentado pela Medida Provisória nº 2.164-41, de 24.8.2001)*

Art. 2º A empresa que, em face de conjuntura econômica, devidamente comprovada, se encontrar em condições que recomendem, transitoriamente, a redução da jornada normal ou do número de dias do trabalho, poderá fazê-lo, mediante prévio acordo com a entidade sindical representativa dos seus empregados, homologado pela Delegacia Regional do Trabalho, por prazo certo, não excedente de 3 (três) meses, prorrogável, nas mesmas condições, se ainda indispensável, e sempre de modo que a redução do salário mensal resultante não seja superior a 25% (vinte e cinco por cento) do salário contratual, respeitado o salário mínimo regional e reduzidas proporcionalmente a remuneração e as gratificações de gerentes e diretores.

§ 1º Para o fim de deliberar sobre o acordo, a entidade sindical profissional convocará assembleia-geral dos empregados diretamente interessados, sindicalizados ou não, que decidirão por maioria de votos, obedecidas as normas estatutárias.

§ 2º Não havendo acordo, poderá a empresa submeter o caso à Justiça do Trabalho, por intermédio da Junta de Conciliação e Julgamento ou, em sua falta, do Juiz de Direito, com jurisdição na localidade. Da decisão de primeira instância caberá recurso ordinário, no prazo de 10 (dez) dias, para o Tribunal Regional do Trabalho da correspondente Região, sem efeito suspensivo.

§ 3º A redução de que trata o artigo não é considerada alteração unilateral do contrato individual de trabalho para os efeitos do disposto no art. 468 da Consolidação das Leis do Trabalho.

Art. 3º As empresas que tiverem autorização para redução de tempo de trabalho, nos termos do art. 2º e seus parágrafos, não poderão, até 6 (seis) meses depois da cessação desse regime admitir novos empregados, antes de readmitirem os que tenham sido dispensados pelos motivos que hajam justificado a citada redução ou comprovarem que não atenderam, no prazo de 8 (oito) dias, ao chamado para a readmissão.

§ 1º O empregador notificará diretamente o empregado para reassumir o cargo, ou, por intermédio da sua entidade sindical, se desconhecida sua localização, correndo o prazo de 8 (oito) dias a partir da data do recebimento da notificação pelo empregado ou pelo órgão de classe, conforme o caso.

§ 2º O disposto neste artigo não se aplica aos cargos de natureza técnica.

Art. 4º É igualmente vedado às empresas mencionadas no art. 3º, nas condições e prazos nele contidos, trabalhar em regime de horas extraordinárias, ressalvadas estritamente as hipóteses previstas no art. 61, e seus parágrafos 1º e 2º, da Consolidação das Leis do Trabalho.

(...)

Art. 10. A falta da comunicação a que se refere o parágrafo único do art. 1º desta Lei, no prazo ali estipulado, importará na aplicação automática de multa no valor de 1/3 (um terço) do salário mínimo regional, por empregado, de competência da Delegacia Regional do Trabalho. *(Redação dada pelo Decreto-Lei nº 193 de 24.02.1967)*

Parágrafo único. A multa prevista no artigo ficará reduzida para 1/9 (um nono) e 1/6 (um sexto) do salário mínimo regional, por empregado, quando, antes de qualquer procedimento fiscal por parte do Ministério do Trabalho e Previdência Social, a comunicação for feita, respectivamente, dentro de 30 (trinta) ou 60 (sessenta) dias, após o término do prazo fixado. *(Redação dada pelo Decreto-Lei nº 193 de 24.02.1967)*

Art. 11. A empresa que mantiver empregado não registrado, nos termos do art. 41 e seu parágrafo único da Consolidação das Leis do Trabalho, incorrerá na multa de valor igual a um salário mínimo regional, por trabalhador não registrado, acrescido de igual valor em cada reincidência. *(Redação dada pelo Decreto-Lei nº 193 de 24.02.1967)*

(...)

Art. 14. Esta Lei entra em vigor na data de sua publicação.

Art. 15. Revogam-se as disposições em contrário.

Brasília, 23 de dezembro de 1965; 144º da Independência e 77º da República.

H. Castello Branco

LEI N. 5.085, DE 27 DE AGOSTO DE 1966

Reconhece aos trabalhadores avulsos o direito a férias.

‣ *Férias - trabalhadores avulsos*

O Presidente da República.

Faço saber que o Congresso Nacional decreta e eu sanciono a seguinte Lei:

Art. 1.º É reconhecido aos trabalhadores avulsos, inclusive aos estivadores, conferentes e consertadores de carga e descarga, vigias portuários, arrumadores e ensacadores de café e de cacau, o direito a férias anuais remuneradas, aplicando-se aos mesmos, no que couber, as disposições constantes das Seções I a V, do Capítulo IV, do Título II, arts. 130 a 147, da Consolidação das Leis do Trabalho, aprovada pelo Decreto-lei n. 5.452, de 1.º de maio de 1943.

Art. 2.º As férias serão pagas pelos empregadores que adicionarão, ao salário normal do trabalhador avulso, uma importância destinada a esse fim.

Art. 3.º Os sindicatos representativos das respectivas categorias profissionais agirão como intermediários, recebendo as importâncias correspondentes às férias, fiscalizado o preenchimento das condições, legais e regulamentares, aquisitivas do direito, e efetuando o pagamento das férias aos trabalhadores, sindicalizados ou não, que fizerem jus a elas.

Art. 4.º O Poder Executivo, dentro de 60 (sessenta) dias, regulamentará a presente lei, fixando o "quantum" percentual a ser acrescido ao salário para o pagamento das férias, que deverá ter em vista a relação existente entre o número de dias e horas trabalhadas e os referentes às férias, e estabelecendo a importância a ser recebida pelos sindicatos para atender às necessárias despesas de administração.

Art. 5.º Esta lei entra em vigor na data de sua publicação.

Art. 6.º Revogam-se as disposições em contrário.

Brasília, 27 de agosto de 1966; 145.º da Independência e 78.º da República.

H. Castello Branco

DECRETO-LEI Nº 368, DE 19 DE DEZEMBRO DE 1968

Dispõe sobre Efeitos de Débitos Salariais e dá outras providências.

‣ *Efeitos dos Débitos Salariais*

O PRESIDENTE DA REPÚBLICA, usando da atribuição que lhe confere o § 1º do artigo 2º do Ato Institucional nº 5, de 13 de dezembro de 1968,

DECRETA:

Art. 1º A empresa em débito salarial com seus empregados não poderá:

I – pagar honorário, gratificação, pro labore ou qualquer outro tipo de retribuição ou retirada a seus diretores, sócios, gerentes ou titulares da firma individual;

II – distribuir quaisquer lucros, bonificações, dividendos ou interesses a seus sócios, titulares, acionistas, ou membros de órgãos dirigentes, fiscais ou consultivos;

III – ser dissolvida.

Parágrafo único. Considera-se em débito salarial a empresa que não paga, no prazo e nas condições da lei ou do contrato, o salário devido a seus empregados.

Art. 2º A empresa em mora contumaz relativamente a salários não poderá, além do disposto no Art. 1, ser favorecida com qualquer benefício de natureza fiscal, tributária, ou financeira, por parte de órgãos da União, dos Estados ou dos Municípios, ou de que estes participem.

§ 1º Considera-se mora contumaz o atraso ou sonegação de salários devidos aos empregados, por período igual ou superior a 3 (três) meses, sem motivo grave e relevante, excluídas as causas pertinentes ao risco do empreendimento.

§ 2º Não se incluem na proibição do artigo as operações de crédito destinadas à liquidação dos débitos salariais existentes, o que deverá ser expressamente referido em documento firmado pelo responsável legal da empresa, como justificação do crédito.

Art. 3º A mora contumaz e a infração ao Art. 1º serão apuradas mediante denúncia de empregado da empresa ou entidade sindical da respectiva categoria profissional, pela Delegacia Regional do Trabalho, em processo sumário, assegurada ampla defesa ao interessado.

§ 1º Encerrado o processo, o Delegado Regional do Trabalho submeterá ao Ministro do Trabalho e Previdência Social parecer conclusivo para decisão.

§ 2º A decisão que concluir pela mora contumaz será comunicada às autoridades fazendárias locais pelo Delegado Regional do Trabalho, sem prejuízo da comunicação que deverá ser feita ao Ministro da Fazenda.

Art. 4º Os diretores, sócios, gerentes, membros de órgãos fiscais ou consultivos, titulares de firma individual ou quaisquer outros dirigentes de empresa responsável por infração do disposto no Art. 1, incisos I e II, estarão sujeitos à pena de detenção de um mês a um ano.

Parágrafo único. Apurada a infração prevista neste artigo, o Delegado Regional do Trabalho representará, sob pena de responsabilidade, ao Ministério Público, para a instauração da competente ação penal.

Art. 5º No caso do inciso III do Art.1, a empresa requererá a expedição de Certidão Negativa de Débito Salarial, a ser passada pela Delegacia Regional do Trabalho mediante prova bastante do cumprimento, pela empresa, das obrigações salariais respectivas.

Art. 6º Considera-se salário devido, para os efeitos deste Decreto-lei, a retribuição de responsabilidade direta da empresa, inclusive comissões, percentagens, gratificações, diárias para viagens e abonos, quando a sua liquidez e certeza não sofram contestação nem estejam pendentes de decisão judicial.

Art. 7º As infrações descritas no Art.1, incisos I e II, e seu parágrafo único, sujeitam a empresa infratora a multa variável de 10 (dez) a 50% (cinquenta por cento) do débito salarial, a ser aplicada pelo Delegado Regional do Trabalho, mediante o processo previsto nos artigos 626 e seguintes da Consolidação das Leis do Trabalho, sem prejuízo da responsabilidade criminal das pessoas implicadas.

Art. 8º O Ministério do Trabalho e Previdência Social expedirá as instruções necessárias à execução deste Decreto-lei.

Art. 9º Este Decreto-lei entrará em vigor na data de sua publicação, revogadas as disposições em contrário.

Brasília, 19 de dezembro de 1968; 147º da Independência e 80º da República.

A. Costa e Silva

DECRETO-LEI Nº 691, DE 18 DE JULHO DE 1969

Dispõe sobre a não aplicação, aos contratos de técnicos estrangeiros, com estipulação de pagamento de salários em moeda estrangeira, de diversas disposições da legislação trabalhista, e dá outras providências.

‣ *Técnicos estrangeiros*

O PRESIDENTE DA REPÚBLICA , no uso da atribuição que lhe confere o § 1º do artigo 2º do Ato Institucional nº 5, de 13 de dezembro de 1968,

DECRETA:

Art. 1º Os contratos de técnicos estrangeiros domiciliados ou residentes no exterior, para execução, no Brasil, de serviços especializados, em caráter provisório, com estipulação de salários em moeda estrangeira, serão, obrigatoriamente, celebrados por prazo determinado e prorrogáveis sempre a termo certo, ficando excluídos da aplicação do disposto nos artigos 451, 452, 453, no Capítulo VII do Título IV da Consolidação das Leis do Trabalho e na Lei nº 5.107, de 13 de setembro de 1966, com as alterações do Decreto-Lei nº 20, de 14 de setembro de 1966, e legislação subsequente.

Parágrafo único. A rescisão dos contratos de que trata este artigo reger-se-á pelas normas estabelecidas nos artigos 479, 480, e seu § 1º, e 481 da Consolidação das Leis do Trabalho.

Art. 2º Aos técnicos estrangeiros contratados nos termos deste Decreto-Lei serão assegurados, além das vantagens previstas no contrato, apenas as garantias relativas a salário mínimo, repouso semanal remunerado, férias anuais, duração, higiene e segurança do trabalho, seguro contra acidente do trabalho e previdência social deferidas ao trabalhador que perceba salário exclusivamente em moeda nacional.

Parágrafo único. É vedada a estipulação contratual de participação nos lucros da empresa.

Art. 3º A taxa de conversão da moeda estrangeira será, para todos os efeitos, a da data do vencimento da obrigação.

Art. 4º A competência para dirimir as controvérsias oriundas das relações estabelecidas sob o regime deste Decreto-Lei será da Justiça do Trabalho.

Art. 5º O presente Decreto-Lei entrará em vigor na data de sua publicação, aplicando-se às relações em curso.

Art. 6º Revogam-se as disposições em contrário.

Brasília, 18 de julho de 1969; 148º da Independência e 81º da República.

A. Costa e Silva

DECRETO-LEI Nº 779, DE 21 DE AGOSTO DE 1969

Dispõe sobre a aplicação de normas processuais trabalhistas à União Federal, aos Estados, Municípios, Distrito Federal e Autarquias ou Fundações de direito público que não explorem atividade econômica.

‣ *Normas processuais trabalhistas*

O PRESIDENTE DA REPÚBLICA, usando das atribuições que lhe confere o § 1º do artigo 2º do Ato Institucional nº 5, de 13 de dezembro de 1968,

DECRETA:

Art. 1º Nos processos perante a Justiça do Trabalho, constituem privilégio da União, dos Estados, do Distrito Federal, dos Municípios e das autarquias ou fundações de direito público federais, estaduais ou municipais que não explorem atividade econômica:

I – a presunção relativa de validade dos recibos de quitação ou pedidos de demissão de seus empregados ainda que não homologados nem submetidos à assistência mencionada nos parágrafos 1º, 2º e 3º do artigo 477 da Consolidação das Leis do Trabalho;

II – o quádruplo do prazo fixado no artigo 841, "in fine", da Consolidação das Leis do Trabalho;

III – o prazo em dobro para recurso;

IV – a dispensa de depósito para interposição de recurso;

V – o recurso ordinário "ex officio" das decisões que lhe sejam total ou parcialmente contrárias;

VI – o pagamento de custas a final salva quanto à União Federal, que não as pagará.

Art. 2º O disposto no artigo anterior aplica-se aos processos em curso mas não acarretará a restituição de depósitos ou custas pagas para efeito de recurso até decisão passada em julgado.

Art. 3º Este Decreto-lei entra em vigor na data de sua publicação, revogadas as disposições em contrário.

Brasília, 21 de agosto de 1969; 148º da Independência e 81º da República.

A. Costa e Silva

LEI Nº 5.584, DE 26 DE JUNHO DE 1970

Dispõe sobre normas de direito processual do trabalho, altera dispositivo da Consolidação das Leis do Trabalho, disciplina a concessão e prestação de assistência judiciária na Justiça do Trabalho e dá outras providências.

‣ *Assistência judiciária – Processo do Trabalho*

O PRESIDENTE DA REPÚBLICA Faço saber que o Congresso Nacional decreta e eu sanciono a seguinte Lei:

Art. 1º. Nos processos perante a Justiça do Trabalho, observar-se-ão os princípios estabelecidos nesta Lei.

Art. 2º. Nos dissídios individuais, proposta a conciliação, e não havendo acordo, o presidente da Junta ou o Juiz, antes de passar à instrução da causa, fixar-lhe-á o valor para a determinação da alçada, se este for indeterminado no pedido.

§ 1º. Em audiência, ao aduzir razões finais, poderá qualquer das partes impugnar o valor fixado e, se o juiz o mantiver, pedir revisão da decisão, no prazo de 48 (quarenta e oito) horas, ao presidente do Tribunal Regional.

§ 2º. O pedido de revisão, que não terá efeito suspensivo, deverá ser instruído com a petição inicial e a Ata da Audiência, em cópia autenticada pela Secretaria da Junta, e será julgado em 48 (quarenta e oito) horas, a partir do seu recebimento pelo presidente do Tribunal Regional.

§ 3º. Quando o valor fixado para a causa, na forma deste artigo, não exceder de 2 (duas) vezes o salário mínimo vigente na sede do Juízo, será dispensável o resumo dos depoimentos, devendo constar da Ata a conclusão da Junta quanto à matéria de fato.

§ 4º. Salvo se versarem sobre matéria constitucional, nenhum recurso caberá das sentenças proferidas nos dissídios da alçada a que se refere o parágrafo anterior, considerado, para esse fim, o valor do salário mínimo à data do ajuizamento da ação. (Redação dada pela Lei nº 7.402, de 1985)

Art. 3º. Os exames periciais serão realizados por perito único designado pelo juiz, que fixará o prazo para entrega do laudo.

Parágrafo único. Permitir-se-á a cada parte a indicação de um assistente, cujo laudo terá que ser apresentado no mesmo prazo assinado para o perito, sob pena de ser desentranhado dos autos.

Art. 4º. Nos dissídios de alçada exclusiva das Juntas e naqueles em que os empregados ou empregadores reclamarem pessoalmente, o processo poderá ser impulsionado de ofício pelo juiz.

Art. 5º. Para exarar parecer, terá o órgão do Ministério Público da União, junto à Justiça do Trabalho, o prazo de 8 (oito) dias, contados da data em que lhe for distribuído o processo.

Art. 6º. Será de 8 (oito) dias o prazo para interpor e contra-arrazoar qualquer recurso (CLT, art. 893).

Art. 7º. A comprovação do depósito da condenação (CLT, art. 899, §§ 1º a 5º) terá que ser feita dentro do prazo para a interposição do recurso, sob pena de ser este considerado deserto.

Art. 8º. Das decisões proferidas nos dissídios coletivos poderá a União interpor recurso, o qual será sempre recebido no efeito suspensivo quanto à parte que exceder o índice fixado pela política salarial do Governo.

Art. 9º. No Tribunal Superior do Trabalho, quando o pedido do recorrente contrariar súmula de jurisprudência uniforme deste Tribunal já compendiada, poderá o relator negar prosseguimento ao recurso, indicando a correspondente súmula. (Redação dada pela Lei nº 7.033, de 1982)

Art. 10. O art. 477 da Consolidação das Leis do Trabalho, alterado pela Lei nº 5.562, de 12.12.1968, e pelo Decreto-lei nº 766, de 15.8.1969, passa a vigorar com a seguinte redação:

- Alteração incorporada ao texto da CLT.

Art. 11. O art. 500 da Consolidação das Leis do Trabalho, revogado pela Lei nº 5.562, de 12.12.1968, passa a vigorar com a seguinte redação:

- Alteração incorporada ao texto da CLT.

Art. 12. O art. 888 da Consolidação das Leis do Trabalho passa a vigorar com a seguinte redação:

- Alteração incorporada ao texto da CLT.

Art. 13. Em qualquer hipótese, a remição só será deferível ao executado se este oferecer preço igual ao valor da condenação.

DA ASSISTÊNCIA JUDICIÁRIA

Art. 14. Na Justiça do Trabalho, a assistência judiciária a que se refere a Lei nº 1.060, de 5 de fevereiro de 1950, será prestada pelo Sindicato da categoria profissional a que pertencer o trabalhador.

§ 1º. A assistência é devida a todo aquele que perceber salário igual ou inferior ao dobro do mínimo legal, ficando assegurado igual benefício ao trabalhador de maior salário, uma vez provado que sua situação econômica não lhe permite demandar, sem prejuízo do sustento próprio ou da família.

§ 2º. A situação econômica do trabalhador será comprovada em atestado fornecido pela autoridade local do Ministério do Trabalho e Previdência Social, mediante diligência sumária, que não poderá exceder de 48 (quarenta e oito) horas.

§ 3º. Não havendo no local a autoridade referida no parágrafo anterior, o atestado deverá ser expedido pelo Delegado de Polícia da circunscrição onde resida o empregado.

Art. 15. Para auxiliar no patrocínio das causas, observados os arts. 50 e 72 da Lei nº 4.215, de 27 de abril de 1963, poderão ser designados pelas Diretorias dos Sindicatos Acadêmicos, de Direito, a partir da 4ª série, comprovadamente matriculados em estabelecimento de ensino oficial ou sob fiscalização do Governo Federal.

- Lei 8.906/1994 revogou a Lei 4.215/1963.

Art. 16. (Revogado pela Lei 13.725/2018).

Art. 17. Quando, nas respectivas comarcas, não houver Juntas de Conciliação e Julgamento ou não existir Sindicato da categoria profissional do trabalhador, é atribuído aos Promotores Públicos ou Defensores Públicos o encargo de prestar a assistência judiciária prevista nesta Lei.

Parágrafo único. Na hipótese prevista neste artigo, a importância proveniente da condenação nas despesas processuais será recolhida ao Tesouro do respectivo Estado.

Art. 18. A assistência judiciária, nos termos da presente lei, será prestada ao trabalhador ainda que não seja associado do respectivo Sindicato.

Art. 19. Os diretores do Sindicato que, sem comprovado motivo de ordem financeira, deixarem de dar cumprimento às disposições desta Lei ficarão sujeitos à penalidade prevista no art. 553, alínea *a*, da Consolidação das Leis do Trabalho.

Art. 20. Esta Lei entra em vigor na data de sua publicação, revogadas as disposições em contrário.

Brasília, 26 de junho de 1970; 149º da Independência e 82º da República.

EMÍLIO G. MÉDICI

D.O.U. de 29.6.1970

LEI Nº 5.764, DE 16 DE DEZEMBRO DE 1971

Define a Política Nacional de Cooperativismo, institui o regime jurídico das sociedades cooperativas, e dá outras providências.

- *Lei do cooperativismo*

O PRESIDENTE DA REPÚBLICA Faço saber que o Congresso Nacional decreta e eu sanciono a seguinte Lei:

CAPÍTULO I. DA POLÍTICA NACIONAL DE COOPERATIVISMO

Art. 1º. Compreende-se como Política Nacional de Cooperativismo a atividade decorrente das iniciativas ligadas ao sistema cooperativo, originárias de setor público ou privado, isoladas ou coordenadas entre si, desde que reconhecido seu interesse público.

- CC: arts. 1.093 a 1.096.
- Lei 12.690/2012 – Dispõe sobre a organização e o funcionamento das Cooperativas de Trabalho.
- LC 130/2009 – Dispõe sobre o Sistema Nacional de Crédito Cooperativo e revoga dispositivos das Leis 4.595/1964, e 5.764/1971.

Art. 2º. As atribuições do Governo Federal na coordenação e no estímulo às atividades de cooperativismo no território nacional serão exercidas na forma desta Lei e das normas que surgirem em sua decorrência.

Parágrafo único. A ação do Poder Público se exercerá, principalmente, mediante prestação de assistência técnica e de incentivos financeiros e creditórios especiais, necessários à criação, desenvolvimento e integração das entidades cooperativas.

CAPÍTULO II. DAS SOCIEDADES COOPERATIVAS

Art. 3º. Celebram contrato de sociedade cooperativa as pessoas que reciprocamente se obrigam a contribuir com bens ou serviços para o exercício de uma atividade econômica, de proveito comum, sem objetivo de lucro.

- CC: arts. 1.093 a 1.096.
- Lei 5.764/1971: arts. 21 e 29.

Art. 4º. As cooperativas são sociedades de pessoas, com forma e natureza jurídica próprias, de natureza civil, não sujeitas à falência, constituídas para prestar serviços aos associados, distinguindo-se das demais sociedades pelas seguintes características:

I – adesão voluntária, com número ilimitado de associados, salvo impossibilidade técnica de prestação de serviços;

II – variabilidade do capital social representado por quotas-partes;

III – limitação do número de quotas-partes do capital para cada associado, facultado, porém, o estabelecimento de critérios de proporcionalidade, se assim for mais adequado para o cumprimento dos objetivos sociais;

IV – incessibilidade das quotas-partes do capital a terceiros, estranhos à sociedade;

V – singularidade de voto, podendo as cooperativas centrais, federações e confederações de cooperativas, com exceção das que exerçam atividade de crédito, optar pelo critério da proporcionalidade;

VI – *quorum* para o funcionamento e deliberação da Assembleia Geral baseado no número de associados e não no capital;

VII – retorno das sobras líquidas do exercício, proporcionalmente às operações realizadas pelo associado, salvo deliberação em contrário da Assembleia Geral;

VIII – indivisibilidade dos Fundos de Reserva e de Assistência Técnica Educacional e Social;

IX – neutralidade política e indiscriminação religiosa, racial e social;

X – prestação de assistência aos associados, e, quando previsto nos estatutos, aos empregados da cooperativa;

XI – área de admissão de associados limitada às possibilidades de reunião, controle, operações e prestação de serviços.

› CC: art. 1.094, II.

CAPÍTULO III. DO OBJETIVO E CLASSIFICAÇÃO DAS SOCIEDADES COOPERATIVAS

Art. 5º. As sociedades cooperativas poderão adotar por objeto qualquer gênero de serviço, operação ou atividade, assegurando-se lhes o direito exclusivo e exigindo-se lhes a obrigação do uso da expressão "cooperativa" em sua denominação.

Parágrafo único. É vedado às cooperativas o uso da expressão "banco".

› CC: art. 1.159.

Art. 6º. As sociedades cooperativas são consideradas:

I – singulares, as constituídas pelo número mínimo de 20 (vinte) pessoas físicas, sendo excepcionalmente permitida a admissão de pessoas jurídicas que tenham por objeto as mesmas ou correlatas atividades econômicas das pessoas físicas ou, ainda, aquelas sem fins lucrativos;

II – cooperativas centrais ou federações de cooperativas, as constituídas de, no mínimo, 3 (três) singulares, podendo, excepcionalmente, admitir associados individuais;

III – confederações de cooperativas, as constituídas, pelo menos, de 3 (três) federações de cooperativas ou cooperativas centrais, da mesma ou de diferentes modalidades.

§ 1º. Os associados individuais das cooperativas centrais e federações de cooperativas serão inscritos no Livro de Matrícula da sociedade e classificados em grupos visando à transformação, no futuro, em cooperativas singulares que a elas se filiarão.

§ 2º. A exceção estabelecida no item II, *in fine*, do *caput* deste art. não se aplica às centrais e federações que exerçam atividades de crédito.

Art. 7º. As cooperativas singulares se caracterizam pela prestação direta de serviços aos associados.

Art. 8º. As cooperativas centrais e federações de cooperativas objetivam organizar, em comum e em maior escala, os serviços econômicos e assistenciais de interesse das filiadas, integrando e orientando suas atividades, bem como facilitando a utilização recíproca dos serviços.

Parágrafo único. Para a prestação de serviços de interesse comum, é permitida a constituição de cooperativas centrais, às quais se associem outras cooperativas de objetivo e finalidades diversas.

Art. 9º. As confederações de cooperativas têm por objetivo orientar e coordenar as atividades das filiadas, nos casos em que o vulto dos empreendimentos transcender o âmbito de capacidade ou conveniência de atuação das centrais e federações.

Art. 10. As cooperativas se classificam também de acordo com o objeto ou pela natureza das atividades desenvolvidas por elas ou por seus associados.

§ 1º. Além das modalidades de cooperativas já consagradas, caberá ao respectivo órgão controlador apreciar e caracterizar outras que se apresentem.

§ 2º. Serão consideradas mistas as cooperativas que apresentarem mais de um objeto de atividades.

§ 3º. *(Revogado pela LC nº 130, de 2009).*

Art. 11. As sociedades cooperativas serão de responsabilidade limitada, quando a responsabilidade do associado pelos compromissos da sociedade se limitar ao valor do capital por ele subscrito.

Art. 12. As sociedades cooperativas serão de responsabilidade ilimitada, quando a responsabilidade do associado pelos compromissos da sociedade for pessoal, solidária e não tiver limite.

Art. 13. A responsabilidade do associado para com terceiros, como membro da sociedade, somente poderá ser invocada depois de judicialmente exigida da cooperativa.

CAPÍTULO IV. DA CONSTITUIÇÃO DAS SOCIEDADES COOPERATIVAS

Art. 14. A sociedade cooperativa constitui-se por deliberação da Assembleia Geral dos fundadores, constantes da respectiva ata ou por instrumento público.

Art. 15. O ato constitutivo, sob pena de nulidade, deverá declarar:

I – a denominação da entidade, sede e objeto de funcionamento;

II – o nome, nacionalidade, idade, estado civil, profissão e residência dos associados, fundadores que o assinaram, bem como o valor e número da quota-parte de cada um;

III – aprovação do estatuto da sociedade;

IV – o nome, nacionalidade, estado civil, profissão e residência dos associados eleitos para os órgãos de administração, fiscalização e outros.

Art. 16. O ato constitutivo da sociedade e os estatutos, quando não transcritos naquele, serão assinados pelos fundadores.

SEÇÃO I. DA AUTORIZAÇÃO DE FUNCIONAMENTO

Art. 17. A cooperativa constituída na forma da legislação vigente apresentará ao respectivo órgão executivo federal de controle, no Distrito Federal, Estados ou Territórios, ou ao órgão local para isso credenciado, dentro de 30 (trinta) dias da data da constituição, para fins de autorização, requerimento acompanhado de 4 (quatro) vias do ato constitutivo, estatuto e lista nominativa, além de outros documentos considerados necessários.

› Lei 5.764/1971: art. 62.

Art. 18. Verificada, no prazo máximo de 60 (sessenta) dias, a contar da data de entrada em seu protocolo, pelo respectivo órgão executivo federal de controle ou órgão local para isso credenciado, a existência de condições de funcionamento da cooperativa em constituição, bem como a regularidade da documentação apresentada, o órgão controlador devolverá, devidamente autenticadas, 2 (duas) vias à cooperativa, acompanhadas de documento dirigido à Junta Comercial do Estado, onde a entidade estiver sediada, comunicando a aprovação do ato constitutivo da requerente.

§ 1º. Dentro desse prazo, o órgão controlador, quando julgar conveniente, no interesse do fortalecimento do sistema, poderá ouvir o Conselho Nacional de Cooperativismo, caso em que não se verificará a aprovação automática prevista no parágrafo seguinte.

§ 2º. A falta de manifestação do órgão controlador no prazo a que se refere este artigo implicará a aprovação do ato constitutivo e o seu subsequente arquivamento na Junta Comercial respectiva.

§ 3º. Se qualquer das condições citadas neste artigo não for atendida satisfatoriamente, o órgão ao qual compete conceder a autorização dará ciência ao requerente, indicando as exigências a serem cumpridas no prazo de 60 (sessenta) dias, findos os quais, se não atendidas, o pedido será automaticamente arquivado.

§ 4º. À parte é facultado interpor da decisão proferida pelo órgão controlador, nos Estados, Distrito Federal ou Territórios, recurso para a respectiva administração central, dentro do prazo de 30 (trinta) dias contado da data do recebimento da comunicação e, em segunda e última instância, ao Conselho Nacional de Cooperativismo, também no prazo de 30 (trinta dias), exceção feita às cooperativas de crédito, às seções de crédito das cooperativas agrícolas mistas, e às cooperativas habitacionais, hipótese em que o recurso será apreciado pelo Conselho Monetário Nacional, no tocante às duas primeiras, e pelo Banco Nacional da Habitação em relação às últimas.

§ 5º. Cumpridas as exigências, deverá o despacho do deferimento ou indeferimento da autorização ser exarado dentro de 60 (sessenta) dias, findos os quais, na ausência de decisão, o requerimento será considerado deferido. Quando a autorização depender de dois ou mais órgãos do Poder Público, cada um deles terá o prazo de 60 (sessenta) dias para se manifestar.

§ 6º. Arquivados os documentos na Junta Comercial e feita a respectiva publicação, a cooperativa adquire personalidade jurídica, tornando-se apta a funcionar.

§ 7º. A autorização caducará, independentemente de qualquer despacho, se a cooperativa não entrar em atividade dentro do prazo de 90 (noventa) dias contados da data em que forem arquivados os documentos na Junta Comercial.

§ 8º. Cancelada a autorização, o órgão de controle expedirá comunicação à respectiva Junta Comercial, que dará baixa nos documentos arquivados.

§ 9º. A autorização para funcionamento das cooperativas de habitação, das de crédito e das seções de crédito das cooperativas agrícolas mistas subordina-se ainda, à política dos respectivos órgãos normativos.

§ 10. *(Revogado pela LC nº 130, de 2009).*

Art. 19. A cooperativa escolar não estará sujeita ao arquivamento dos documentos de constituição, bastando remetê-los ao Instituto Nacional de Colonização e Reforma Agrária, ou respectivo órgão local de controle, devidamente autenticados pelo diretor do estabelecimento de ensino ou a maior autoridade escolar do município, quando a cooperativa congregar associações de mais de um estabelecimento de ensino.

Art. 20. A reforma de estatutos obedecerá, no que couber, ao disposto nos artigos anteriores, observadas as prescrições dos órgãos normativos.

SEÇÃO II.
DO ESTATUTO SOCIAL

Art. 21. O estatuto da cooperativa, além de atender ao disposto no art. 4º, deverá indicar:

I – a denominação, sede, prazo de duração, área de ação, objeto da sociedade, fixação do exercício social e da data do levantamento do balanço geral;

II – os direitos e deveres dos associados, natureza de suas responsabilidades e as condições de admissão, demissão, eliminação e exclusão e as normas para sua representação nas Assembleias Gerais;

III – o capital mínimo, o valor da quota-parte, o mínimo de quotas-partes a ser subscrito pelo associado, o modo de integralização das quotas-partes, bem como as condições de sua retirada nos casos de demissão, eliminação ou de exclusão do associado;

IV – a forma de devolução das sobras registradas aos associados, ou do rateio das perdas apuradas por insuficiência de contribuição para cobertura das despesas da sociedade;

V – o modo de administração e fiscalização, estabelecendo os respectivos órgãos, com definição de suas atribuições, poderes e funcionamento, a representação ativa e passiva da sociedade em juízo ou fora dele, o prazo do mandato, bem como o processo de substituição dos administradores e conselheiros fiscais;

VI – as formalidades de convocação das Assembleias Gerais e a maioria requerida para a sua instalação e validade de suas deliberações, vedado o direito de voto aos que nelas tiverem interesse particular sem privá-los da participação nos debates;

VII – os casos de dissolução voluntária da sociedade;

VIII – o modo e o processo de alienação ou oneração de bens imóveis da sociedade;

IX – o modo de reformar o estatuto;

X – o número mínimo de associados.

XI - se a cooperativa tem poder para agir como substituta processual de seus associados, na forma do art. 88-A desta Lei. (*Acrescido pela Lei 13.806/2019*)

CAPÍTULO V.
DOS LIVROS

Art. 22. A sociedade cooperativa deverá possuir os seguintes livros:

I – de Matrícula;

II – de Atas das Assembleias Gerais;

III – de Atas dos Órgãos de Administração;

IV – de Atas do Conselho Fiscal;

V – de presença dos Associados nas Assembleias Gerais;

VI – outros, fiscais e contábeis, obrigatórios.

Parágrafo único. É facultada a adoção de livros de folhas soltas ou fichas ou em meio digital, nos termos de regulamento do órgão competente do Poder Executivo federal. *(Redação dada pela Lei 14.195/2021)*

Art. 23. No Livro de Matrícula, os associados serão inscritos por ordem cronológica de admissão, dele constando:

I – o nome, idade, estado civil, nacionalidade, profissão e residência do associado;

II – a data de sua admissão e, quando for o caso, de sua demissão a pedido, eliminação ou exclusão;

III – a conta corrente das respectivas quotas-partes do capital social.

CAPÍTULO VI.
DO CAPITAL SOCIAL

Art. 24. O capital social será subdividido em quotas-partes, cujo valor unitário não poderá ser superior ao maior salário mínimo vigente no País.

§ 1º. Nenhum associado poderá subscrever mais de 1/3 (um terço) do total das quotas-partes, salvo nas sociedades em que a subscrição deva ser diretamente proporcional ao movimento financeiro do cooperado ou ao quantitativo dos produtos a serem comercializados, beneficiados ou transformados, ou ainda, em relação à área cultivada ou ao número de plantas e animais em exploração.

§ 2º. Não estão sujeitas ao limite estabelecido no parágrafo anterior as pessoas jurídicas de direito público que participem de cooperativas de eletrificação, irrigação e telecomunicações.

§ 3º. É vedado às cooperativas distribuírem qualquer espécie de benefício às quotas-partes do capital ou estabelecer outras vantagens ou privilégios, financeiros ou não, em favor de quaisquer associados ou terceiros excetuando-se os juros até o máximo de 12% (doze por cento) ao ano que incidirão sobre a parte integralizada.

§ 4º. As quotas de que trata o *caput* deixam de integrar o patrimônio líquido da cooperativa quando se tornar exigível, na forma prevista no estatuto social e na legislação vigente, a restituição do capital integralizado pelo associado, em razão do seu desligamento, por demissão, exclusão ou eliminação. (Incluído pela Lei nº 13.097, de 2015)

Art. 25. Para a formação do capital social poder-se-á estipular que o pagamento das quotas-partes seja realizado mediante prestações periódicas, independentemente de chamada, por meio de contribuições ou outra forma estabelecida a critério dos respectivos órgãos executivos federais.

Art. 26. A transferência de quotas-partes será averbada no Livro de Matrícula, mediante termo que conterá as assinaturas do cedente, do cessionário e do diretor que o estatuto designar.

Art. 27. A integralização das quotas-partes e o aumento do capital social poderão ser feitos com bens avaliados previamente e após homologação em Assembleia Geral ou mediante retenção de determinada porcentagem do valor do movimento financeiro de cada associado.

§ 1º. O disposto neste artigo não se aplica às cooperativas de crédito, às agrícolas mistas com seção de crédito e às habitacionais.

§ 2º. Nas sociedades cooperativas em que a subscrição de capital for diretamente proporcional ao movimento ou à expressão econômica de cada associado, o estatuto deverá prever sua revisão periódica para ajustamento às condições vigentes.

CAPÍTULO VII.
DOS FUNDOS

Art. 28. As cooperativas são obrigadas a constituir:

I – Fundo de Reserva destinado a reparar perdas e atender ao desenvolvimento de suas atividades, constituído com 10% (dez por cento), pelo menos, das sobras líquidas do exercício;

II – Fundo de Assistência Técnica, Educacional e Social, destinado a prestação de assistência aos associados, seus familiares e, quando previsto nos estatutos, aos empregados da cooperativa, constituído de 5% (cinco por cento), pelo menos, das sobras líquidas apuradas no exercício.

§ 1º. Além dos previstos neste artigo, a Assembleia Geral poderá criar outros fundos, inclusive rotativos, com recursos destinados a fins específicos fixando o modo de formação, aplicação e liquidação.

§ 2º. Os serviços a serem atendidos pelo Fundo de Assistência Técnica, Educacional e Social poderão ser executados mediante convênio com entidades públicas e privadas.

CAPÍTULO VIII.
DOS ASSOCIADOS

Art. 29. O ingresso nas cooperativas é livre a todos que desejarem utilizar os serviços prestados pela sociedade, desde que adiram aos propósitos sociais e preencham as condições estabelecidas no estatuto, ressalvado o disposto no art. 4º, I, desta Lei.

§ 1º. A admissão dos associados poderá ser restrita, a critério do órgão normativo respectivo, às pessoas que exerçam determinada atividade ou profissão, ou estejam vinculadas a determinada entidade.

§ 2º. Poderão ingressar nas cooperativas de pesca e nas constituídas por produtores rurais ou extrativistas, as pessoas jurídicas que pratiquem as mesmas atividades econômicas das pessoas físicas associadas.

§ 3º. Nas cooperativas de eletrificação, irrigação e telecomunicações, poderão ingressar as pessoas jurídicas que se localizem na respectiva área de operações.

§ 4º. Não poderão ingressar no quadro das cooperativas os agentes de comércio e empresários que operem no mesmo campo econômico da sociedade.

Art. 30. À exceção das cooperativas de crédito e das agrícolas mistas com seção de crédito, a admissão de associados, que se efetive mediante aprovação de seu pedido de ingresso pelo órgão de administração, complementa-se com a subscrição das quotas-partes de capital social e a sua assinatura no Livro de Matrícula.

Art. 31. O associado que aceitar e estabelecer relação empregatícia com a cooperativa, perde o direito de votar e ser votado, até que sejam aprovadas as contas do exercício em que ele deixou o emprego.

Art. 32. A demissão do associado será unicamente a seu pedido.

Art. 33. A eliminação do associado é aplicada em virtude de infração legal ou estatutária, ou por fato especial previsto no estatuto, mediante termo firmado por quem de direito no Livro de Matrícula, com os motivos que a determinaram.

Art. 34. A diretoria da cooperativa tem o prazo de 30 (trinta) dias para comunicar ao interessado a sua eliminação.

Parágrafo único. Da eliminação cabe recurso, com efeito suspensivo à primeira Assembleia Geral.

Art. 35. A exclusão do associado será feita:

I – por dissolução da pessoa jurídica;

II – por morte da pessoa física;

III – por incapacidade civil não suprida;

IV – por deixar de atender aos requisitos estatutários de ingresso ou permanência na cooperativa.

Art. 36. A responsabilidade do associado perante terceiros, por compromissos da sociedade, perdura para os demitidos, eliminados ou excluídos até quando aprovadas as contas do exercício em que se deu o desligamento.

Parágrafo único. As obrigações dos associados falecidos, contraídas com a sociedade, e as oriundas de sua responsabilidade como associado em face de terceiros, passam aos herdeiros, prescrevendo, porém, após um ano contado do dia da abertura da sucessão, ressalvados os aspectos peculiares das cooperativas de eletrificação rural e habitacionais.

Art. 37. A cooperativa assegurará a igualdade de direitos dos associados sendo-lhe defeso:

I – remunerar a quem agencie novos associados;

II – cobrar prêmios ou ágio pela entrada de novos associados ainda a título de compensação das reservas;

III – estabelecer restrições de qualquer espécie ao livre exercício dos direitos sociais.

CAPÍTULO IX.
DOS ÓRGÃOS SOCIAIS

SEÇÃO I.
DAS ASSEMBLEIAS GERAIS

Art. 38. A Assembleia Geral dos associados é o órgão supremo da sociedade, dentro dos limites legais e estatutários, tendo poderes para decidir os negócios relativos ao objeto da sociedade e tomar as resoluções convenientes ao desenvolvimento e defesa desta, e suas deliberações vinculam a todos, ainda que ausentes ou discordantes.

§ 1º. As Assembleias Gerais serão convocadas com antecedência mínima de 10 (dez) dias, em primeira convocação, mediante editais afixados em locais apropriados das dependências comumente mais frequentadas pelos associados, publicação em jornal e comunicação aos associados por intermédio de circulares. Não havendo no horário estabelecido *quorum* de instalação, as assembleias poderão ser realizadas em segunda ou terceira convocações desde que assim permitam os estatutos e conste do respectivo edital, quando então será observado o intervalo mínimo de 1 (uma) hora entre a realização por uma ou outra convocação.

§ 2º. A convocação será feita pelo presidente, ou por qualquer dos órgãos de administração, pelo Conselho Fiscal, ou após solicitação não atendida, por 1/5 (um quinto) dos associados em pleno gozo dos seus direitos.

§ 3º. As deliberações nas Assembleias Gerais serão tomadas por maioria de votos dos associados presentes com direito de votar.

Art. 39. É da competência das Assembleias Gerais, ordinárias ou extraordinárias, a destituição dos membros dos órgãos de administração ou fiscalização.

Parágrafo único. Ocorrendo destituição que possa afetar a regularidade da administração ou fiscalização da entidade, poderá a assembleia designar administradores e conselheiros provisórios, até a posse dos novos, cuja eleição se efetuará no prazo máximo de 30 (trinta) dias.

Art. 40. Nas Assembleias Gerais o *quorum* de instalação será o seguinte:

I – 2/3 (dois terços) do número de associados, em primeira convocação;

II – metade mais 1 (um) dos associados em segunda convocação;

III – mínimo de 10 (dez) associados na terceira convocação ressalvado o caso de cooperativas centrais e federações e confederações de cooperativas, que se instalarão com qualquer número.

Art. 41. Nas Assembleias Gerais das cooperativas centrais, federações e confederações de cooperativas, a representação será feita por delegados indicados na forma dos seus estatutos e credenciados pela diretoria das respectivas filiadas.

Parágrafo único. Os grupos de associados individuais das cooperativas centrais e federações de cooperativas serão representados por 1 (um) delegado, escolhido entre seus membros e credenciado pela respectiva administração.

Art. 42. Nas cooperativas singulares, cada associado presente não terá direito a mais de 1 (um) voto, qualquer que seja o número de suas quotas-partes. (Redação dada pela Lei nº 6.981, de 1982)

§ 1º. Não será permitida a representação por meio de mandatário. (Redação dada pela Lei nº 6.981, de 1982)

§ 2º. Quando o número de associados, nas cooperativas singulares exceder a 3.000 (três mil), pode o estatuto estabelecer que os mesmos sejam representados nas Assembleias Gerais por delegados que tenham a qualidade de associados no gozo de seus direitos sociais e não exerçam cargos eletivos na sociedade. (Redação dada pela Lei nº 6.981, de 1982)

§ 3º. O estatuto determinará o número de delegados, a época e forma de sua escolha por grupos seccionais de associados de igual número e o tempo de duração da delegação. (Redação dada pela Lei nº 6.981, de 1982)

§ 4º. Admitir-se-á, também, a delegação definida no parágrafo anterior nas cooperativas singulares cujo número de associados seja inferior a 3.000 (três mil), desde que haja filiados residindo a mais de 50 km (cinquenta quilômetros) da sede. (Redação dada pela Lei nº 6.981, de 1982)

§ 5º. Os associados, integrantes de grupos seccionais, que não sejam delegados, poderão comparecer às Assembleias Gerais, privados, contudo, de voz e voto. (Redação dada pela Lei nº 6.981, de 1982)

§ 6º. As Assembleias Gerais compostas por delegados decidem sobre todas as matérias que, nos termos da lei ou dos estatutos, constituem objeto de decisão da Assembleia Geral dos associados. (Redação dada pela Lei nº 6.981, de 1982)

Art. 43. Prescreve em 4 (quatro) anos, a ação para anular as deliberações da Assembleia Geral viciadas de erro, dolo, fraude ou simulação, ou tomadas com violação da lei ou do estatuto, contado o prazo da data em que a assembleia foi realizada.

Art. 43-A. O associado poderá participar e votar a distância em reunião ou em assembleia, que poderão ser realizadas em meio digital, nos termos do regulamento do órgão competente do Poder Executivo federal. *(Acrescido pela Lei 14.030/2020)*

Parágrafo único. A assembleia geral poderá ser realizada de forma digital, respeitados os direitos legalmente previstos de participação e de manifestação dos associados e os demais requisitos regulamentares.

SEÇÃO II.
DAS ASSEMBLEIAS GERAIS ORDINÁRIAS

Art. 44. A Assembleia Geral ordinária, que se realizará anualmente nos 3 (três) primeiros meses após o término do exercício social, deliberará sobre os seguintes assuntos que deverão constar da ordem do dia:

I – prestação de contas dos órgãos de administração acompanhada de parecer do Conselho Fiscal, compreendendo:

a) relatório da gestão;

b) balanço;

c) demonstrativo das sobras apuradas ou das perdas decorrentes da insuficiência das contribuições para cobertura das despesas da sociedade e o parecer do Conselho Fiscal;

II – destinação das sobras apuradas ou rateio das perdas decorrentes da insuficiência das contribuições para cobertura das despesas da sociedade, deduzindo-se, no primeiro caso as parcelas para os fundos obrigatórios;

III – eleição dos componentes dos órgãos de administração, do Conselho Fiscal e de outros, quando for o caso;

IV – quando previsto, a fixação do valor dos honorários, gratificações e cédula de presença dos membros do Conselho de Administração ou da Diretoria e do Conselho Fiscal;

V – quaisquer assuntos de interesse social, excluídos os enumerados no art. 46.

§ 1º. Os membros dos órgãos de administração e fiscalização não poderão participar da votação das matérias referidas nos itens I e IV deste artigo.

§ 2º. À exceção das cooperativas de crédito e das agrícolas mistas com seção de crédito, a aprovação do relatório, balanço e contas dos órgãos de administração, desonera seus componentes de responsabilidade, ressalvados os casos de erro, dolo, fraude ou simulação, bem como a infração da lei ou do estatuto.

SEÇÃO III.
DAS ASSEMBLEIAS GERAIS
EXTRAORDINÁRIAS

Art. 45. A Assembleia Geral extraordinária realizar-se-á sempre que necessário e poderá deliberar sobre qualquer assunto de interesse da sociedade, desde que mencionado no edital de convocação.

Art. 46. É da competência exclusiva da Assembleia Geral extraordinária deliberar sobre os seguintes assuntos:

I – reforma do estatuto;

II – fusão, incorporação ou desmembramento;

III – mudança do objeto da sociedade;

IV – dissolução voluntária da sociedade e nomeação de liquidantes;

V – contas do liquidante.

Parágrafo único. São necessários os votos de 2/3 (dois terços) dos associados presentes, para tornar válidas as deliberações de que trata este artigo.

SEÇÃO IV.
DOS ÓRGÃOS DE ADMINISTRAÇÃO

Art. 47. A sociedade será administrada por uma Diretoria ou Conselho de Administração, composto exclusivamente de associados eleitos pela Assembleia Geral, com mandato nunca superior a 4 (quatro) anos, sendo obrigatória a renovação de, no mínimo, 1/3 (um terço) do Conselho de Administração.

§ 1º. O estatuto poderá criar outros órgãos necessários à administração.

§ 2º. A posse dos administradores e conselheiros fiscais das cooperativas de crédito e das agrícolas mistas com seção de crédito e habitacionais fica sujeita à prévia homologação dos respectivos órgãos normativos.

Art. 48. Os órgãos de administração podem contratar gerentes técnicos ou comerciais, que não pertençam ao quadro de associados, fixando-lhes as atribuições e salários.

Art. 49. Ressalvada a legislação específica que rege as cooperativas de crédito, as seções de crédito das cooperativas agrícolas mistas e as de habitação, os administradores eleitos ou contratados não serão pessoalmente responsáveis pelas obrigações que contraírem em nome da sociedade, mas responderão solidariamente pelos prejuízos resultantes de seus atos, se procederem com culpa ou dolo.

Parágrafo único. A sociedade responderá pelos atos a que se refere a última parte deste artigo se os houver ratificado ou deles logrado proveito.

Art. 50. Os participantes de ato ou operação social em que se oculte a natureza da sociedade podem ser declarados pessoalmente responsáveis pelas obrigações em nome dela contraídas, sem prejuízo das sanções penais cabíveis.

Art. 51. São inelegíveis, além das pessoas impedidas por lei, os condenados a pena que vede, ainda que temporariamente, o acesso a cargos públicos; ou por crime falimentar, de prevaricação, peita ou suborno, concussão, peculato, ou contra a economia popular, a fé pública ou a propriedade.

Parágrafo único. Não podem compor uma mesma Diretoria ou Conselho de Administração, os parentes entre si até 2º (segundo) grau, em linha reta ou colateral.

Art. 52. O diretor ou associado que, em qualquer operação, tenha interesse oposto ao da sociedade, não pode participar das deliberações referentes a essa operação, cumprindo-lhe acusar o seu impedimento.

Art. 53. Os componentes da Administração e do Conselho Fiscal, bem como os liquidantes, equiparam-se aos administradores das sociedades anônimas para efeito de responsabilidade criminal.

Art. 54. Sem prejuízo da ação que couber ao associado, a sociedade, por seus diretores, ou representada pelo associado escolhido em Assembleia Geral, terá direito de ação contra os administradores, para promover sua responsabilidade.

Art. 55. Os empregados de empresas que sejam eleitos diretores de sociedades cooperativas pelos mesmos criadas, gozarão das garantias asseguradas aos dirigentes sindicais pelo art. 543 da Consolidação das Leis do Trabalho (Decreto-Lei nº 5.452, de 1º de maio de 1943).

SEÇÃO V.
DO CONSELHO FISCAL

Art. 56. A administração da sociedade será fiscalizada, assídua e minuciosamente, por um Conselho Fiscal, constituído de 3 (três) membros efetivos e 3 (três) suplentes, todos associados eleitos anualmente pela Assembleia Geral, sendo permitida apenas a reeleição de 1/3 (um terço) dos seus componentes.

‣ Lei 12.690/2012: art. 16.

§ 1º. Não podem fazer parte do Conselho Fiscal, além dos inelegíveis enumerados no artigo 51, os parentes dos diretores até o 2º (segundo) grau, em linha reta ou colateral, bem como os parentes entre si até esse grau.

§ 2º. O associado não pode exercer cumulativamente cargos nos órgãos de administração e de fiscalização.

CAPÍTULO X.
FUSÃO, INCORPORAÇÃO E DESMEMBRAMENTO

Art. 57. Pela fusão, duas ou mais cooperativas formam nova sociedade.

§ 1º. Deliberada a fusão, cada cooperativa interessada indicará nomes para comporem comissão mista que procederá aos estudos necessários à constituição da nova sociedade, tais como o levantamento patrimonial, balanço geral, plano de distribuição de quotas-partes, destino dos fundos de reserva e outros e o projeto de estatuto.

§ 2º. Aprovado o relatório da comissão mista e constituída a nova sociedade em Assembleia Geral conjunta os respectivos documentos serão arquivados, para aquisição de personalidade jurídica, na Junta Comercial competente, e duas vias dos mesmos, com a publicação do arquivamento, serão encaminhadas ao órgão executivo de controle ou ao órgão local credenciado.

§ 3º. Exclui-se do disposto no parágrafo anterior a fusão que envolver cooperativas que exerçam atividades de crédito. Nesse caso, aprovado o relatório da comissão mista e constituída a nova sociedade em Assembleia Geral conjunta, a autorização para funcionar e o registro dependerão de prévia anuência do Banco Central do Brasil.

Art. 58. A fusão determina a extinção das sociedades que se unem para formar a nova sociedade que lhe sucederá nos direitos e obrigações.

Art. 59. Pela incorporação, uma sociedade cooperativa absorve o patrimônio, recebe os associados, assume as obrigações e se investe nos direitos de outra ou outras cooperativas.

Parágrafo único. Na hipótese prevista neste artigo, serão obedecidas as mesmas formalidades estabelecidas para a fusão, limitadas as avaliações ao patrimônio da ou das sociedades incorporandas.

Art. 60. As sociedades cooperativas poderão desmembrar-se em tantas quantas forem necessárias para atender aos interesses dos seus associados, podendo uma das novas entidades ser constituída como cooperativa central ou federação de cooperativas, cujas autorizações de funcionamento e os arquivamentos serão requeridos conforme o disposto nos artigos 17 e seguintes.

Art. 61. Deliberado o desmembramento, a assembleia designará uma comissão para estudar as providências necessárias à efetivação da medida.

§ 1º. O relatório apresentado pela comissão, acompanhado dos projetos de estatutos das novas cooperativas, será apreciado em nova assembleia especialmente convocada para esse fim.

§ 2º. O plano de desmembramento preverá o rateio, entre as novas cooperativas, do ativo e passivo da sociedade desmembrada.

§ 3º. No rateio previsto no parágrafo anterior, atribuir-se-á a cada nova cooperativa parte do capital social da sociedade desmembrada em quota correspondente à participação dos associados que passam a integrá-la.

§ 4º. Quando uma das cooperativas for constituída como cooperativa central ou federação de cooperativas, prever-se-á o montante das quotas-partes que as associadas terão no capital social.

Art. 62. Constituídas as sociedades e observado o disposto nos artigos 17 e seguintes, proceder-se-á às transferências contábeis e patrimoniais necessárias à concretização das medidas adotadas.

CAPÍTULO XI.
DA DISSOLUÇÃO E LIQUIDAÇÃO

Art. 63. As sociedades cooperativas se dissolvem de pleno direito:

I – quando assim deliberar a Assembleia Geral, desde que os associados, totalizando o número mínimo exigido por esta Lei, não se disponham a assegurar a sua continuidade;

II – pelo decurso do prazo de duração;

III – pela consecução dos objetivos predeterminados;

IV – devido à alteração de sua forma jurídica;

V – pela redução do número mínimo de associados ou do capital social mínimo se, até a Assembleia Geral subsequente, realizada em prazo não inferior a 6 (seis) meses, eles não forem restabelecidos;

VI – pelo cancelamento da autorização para funcionar;

VII – pela paralisação de suas atividades por mais de 120 (cento e vinte) dias.

Parágrafo único. A dissolução da sociedade importará no cancelamento da autorização para funcionar e do registro.

Art. 64. Quando a dissolução da sociedade não for promovida voluntariamente, nas hipóteses previstas no artigo anterior, a medida poderá ser tomada judicialmente a pedido de qualquer associado ou por iniciativa do órgão executivo federal.

Art. 65. Quando a dissolução for deliberada pela Assembleia Geral, esta nomeará um liquidante ou mais, e um Conselho Fiscal de 3 (três) membros para proceder à sua liquidação.

§ 1º. O processo de liquidação só poderá ser iniciado após a audiência do respectivo órgão executivo federal.

§ 2º. A Assembleia Geral, nos limites de suas atribuições, poderá, em qualquer época, destituir os liquidantes e os membros do Conselho Fiscal, designando os seus substitutos.

Art. 66. Em todos os atos e operações, os liquidantes deverão usar a denominação da cooperativa, seguida da expressão: "Em liquidação".

Art. 67. Os liquidantes terão todos os poderes normais de administração podendo praticar atos e operações necessários à realização do ativo e pagamento do passivo.

Art. 68. São obrigações dos liquidantes:

I – providenciar o arquivamento, na Junta Comercial, da Ata da Assembleia Geral em que foi deliberada a liquidação;

II – comunicar à administração central do respectivo órgão executivo federal e ao Banco Nacional de Crédito Cooperativo S/A., a sua nomeação, fornecendo cópia da Ata da Assembleia Geral que decidiu a matéria;

III – arrecadar os bens, livros e documentos da sociedade, onde quer que estejam;

IV – convocar os credores e devedores e promover o levantamento dos créditos e débitos da sociedade;

V – proceder nos 15 (quinze) dias seguintes ao de sua investidura e com a assistência, sempre que possível, dos administradores, ao levantamento do inventário e balanço geral do ativo e passivo;

VI – realizar o ativo social para saldar o passivo e reembolsar os associados de suas quotas-partes, destinando o remanescente, inclusive o dos fundos indivisíveis, ao Banco Nacional de Crédito Cooperativo S/A.;

VII – exigir dos associados a integralização das respectivas quotas-partes do capital social não realizadas, quando o ativo não bastar para solução do passivo;

VIII – fornecer aos credores a relação dos associados, se a sociedade for de responsabilidade ilimitada e se os recursos apurados forem insuficientes para o pagamento das dívidas;

IX – convocar a Assembleia Geral, cada 6 (seis) meses ou sempre que necessário, para apresentar relatório e balanço do estado da liquidação e prestar contas dos atos praticados durante o período anterior;

X – apresentar à Assembleia Geral, finda a liquidação, o respectivo relatório e as contas finais;

XI – averbar, no órgão competente, a Ata da Assembleia Geral que considerar encerrada a liquidação.

Art. 69. As obrigações e as responsabilidades dos liquidantes regem-se pelos preceitos peculiares aos dos administradores da sociedade liquidanda.

Art. 70. Sem autorização da assembleia não poderá o liquidante gravar de ônus os móveis e imóveis, contrair empréstimos, salvo quando indispensáveis para o pagamento de obrigações inadiáveis, nem prosseguir, embora para facilitar a liquidação, na atividade social.

Art. 71. Respeitados os direitos dos credores preferenciais, pagará o liquidante as dívidas sociais proporcionalmente e sem distinção entre vencidas ou não.

Art. 72. A Assembleia Geral poderá resolver, antes de ultimada a liquidação, mas depois de pagos os credores, que o liquidante faça rateios por antecipação da partilha, à medida em que se apurem os haveres sociais.

Art. 73. Solucionado o passivo, reembolsados os cooperados até o valor de suas quotas-partes e encaminhado o remanescente conforme o estatuído, convocará o liquidante Assembleia Geral para prestação final de contas.

Art. 74. Aprovadas as contas, encerra-se a liquidação e a sociedade se extingue, devendo a ata da assembleia ser arquivada na Junta Comercial e publicada.

Parágrafo único. O associado discordante terá o prazo de 30 (trinta) dias, a contar da publicação da ata, para promover a ação que couber.

Art. 75. A liquidação extrajudicial das cooperativas poderá ser promovida por iniciativa do respectivo órgão executivo federal, que designará o liquidante, e será processada de acordo com a legislação específica e demais disposições regulamentares, desde que a sociedade deixe de oferecer condições operacionais, principalmente por constatada insolvência.

§ 1º. A liquidação extrajudicial, tanto quanto possível, deverá ser precedida de intervenção na sociedade.

§ 2º. Ao interventor, além dos poderes expressamente concedidos no ato de intervenção, são atribuídas funções, prerrogativas e obrigações dos órgãos de administração.

Art. 76. A publicação no Diário Oficial, da Ata da Assembleia Geral da sociedade, que deliberou sua liquidação, ou da decisão do órgão executivo federal quando a medida for de sua iniciativa, implicará a sustação de qualquer ação judicial contra a cooperativa, pelo prazo de 1 (um) ano, sem prejuízo, entretanto, da fluência dos juros legais ou pactuados e seus acessórios.

Parágrafo único. Decorrido o prazo previsto neste artigo, sem que, por motivo relevante, esteja encerrada a liquidação, poderá ser o mesmo prorrogado, no máximo por mais 1 (um) ano, mediante decisão do órgão citado no artigo, publicada, com os mesmos efeitos, no Diário Oficial.

Art. 77. Na realização do ativo da sociedade, o liquidante deverá:

I – mandar avaliar, por avaliadores judiciais ou de instituições financeiras públicas, os bens de sociedade;

II – proceder à venda dos bens necessários ao pagamento do passivo da sociedade, observadas, no que couber, as normas constantes dos artigos 117 e 118 do Decreto-Lei nº 7.661, de 21 de junho de 1945.

- Lei 11.101/2005 revogou o Dec.-lei 7.661/1945.
- Lei 11.101/2005: art. 142.

Art. 78. A liquidação das cooperativas de crédito e da seção de crédito das cooperativas agrícolas mistas reger-se-á pelas normas próprias legais e regulamentares.

CAPÍTULO XII. DO SISTEMA OPERACIONAL DAS COOPERATIVAS

SEÇÃO I. DO ATO COOPERATIVO

Art. 79. Denominam-se atos cooperativos os praticados entre as cooperativas e seus associados, entre estes e aquelas e pelas cooperativas entre si quando associadas, para a consecução dos objetivos sociais.

Parágrafo único. O ato cooperativo não implica operação de mercado, nem contrato de compra e venda de produto ou mercadoria.

SEÇÃO II. DAS DISTRIBUIÇÕES DE DESPESAS

Art. 80. As despesas da sociedade serão cobertas pelos associados mediante rateio na proporção direta da fruição de serviços.

Parágrafo único. A cooperativa poderá, para melhor atender à equanimidade de cobertura das despesas da sociedade, estabelecer:

I – rateio, em partes iguais, das despesas gerais da sociedade entre todos os associados, quer tenham ou não, no ano, usufruído dos serviços por ela prestados, conforme definidas no estatuto;

II – rateio, em razão diretamente proporcional, entre os associados que tenham usufruído dos serviços durante o ano, das sobras líquidas ou dos prejuízos verificados no balanço do exercício, excluídas as despesas gerais já atendidas na forma do item anterior.

- Lei 5.764/1971: art. 89.

Art. 81. A cooperativa que tiver adotado o critério de separar as despesas da sociedade e estabelecido o seu rateio na forma indicada no parágrafo único do artigo anterior deverá levantar separadamente as despesas gerais.

SEÇÃO III. DAS OPERAÇÕES DA COOPERATIVA

Art. 82. A cooperativa que se dedicar a vendas em comum poderá registrar-se como armazém geral, podendo também desenvolver as atividades previstas na Lei nº 9.973, de 29 de maio de 2000, e nessa condição expedir Conhecimento de Depósito, *Warrant*, Certificado de Depósito Agropecuário – CDA e *Warrant* Agropecuário – WA para os produtos de seus associados conservados em seus armazéns, próprios ou arrendados, sem prejuízo da emissão de outros títulos decorrentes de suas atividades normais, aplicando-se, no que couber, a legislação específica. (Redação dada pela Lei nº 11.076, de 2004)

§ 1º. Para efeito deste artigo, os armazéns da cooperativa se equiparam aos "armazéns gerais", com as prerrogativas e obrigações destes, ficando os componentes do Conselho de Administração ou Diretoria Executiva, emitente do título, responsáveis pessoal e solidariamente, pela boa guarda e conservação dos produtos vinculados, respondendo criminal e civilmente pelas declarações constantes do título, como também por qualquer ação ou omissão que acarrete o desvio, deterioração ou perda dos produtos.

§ 2º. Observado o disposto no § 1º, as cooperativas poderão operar unidades de armazenagem, embalagem e frigorificação, bem como armazéns gerais alfandegários, nos termos do disposto no Capítulo IV da Lei nº 5.025, de 10 de junho de 1966.

Art. 83. A entrega da produção do associado à sua cooperativa significa a outorga a esta de plenos poderes para a sua livre disposição, inclusive para gravá-la e dá-la em garantia de operações de crédito realizadas pela sociedade, salvo se, tendo em vista os usos e costumes relativos à comercialização de determinados produtos, sendo de interesse do produtor, os estatutos dispuserem de outro modo.

Art. 84. *(Revogado pela LC nº 130, de 2009).*

Art. 85. As cooperativas agropecuárias e de pesca poderão adquirir produtos de não associados, agricultores, pecuaristas ou pescadores, para completar lotes destinados ao cumprimento de contratos ou suprir capacidade ociosa de instalações industriais das cooperativas que as possuem.

Art. 86. As cooperativas poderão fornecer bens e serviços a não associados, desde que tal faculdade atenda aos objetivos sociais e estejam de conformidade com a presente Lei.

Parágrafo único. *(Revogado pela LC nº 130, de 2009).*

Art. 87. Os resultados das operações das cooperativas com não associados, mencionados nos artigos 85 e 86, serão levados à conta do "Fundo de Assistência Técnica, Educacional e Social" e serão contabilizados em separado, de molde a permitir cálculo para incidência de tributos.

Art. 88. Poderão as cooperativas participar de sociedades não cooperativas para melhor atendimento dos próprios objetivos e de outros de caráter acessório ou complementar. (Redação dada pela Medida Provisória nº 2.168-40, de 2001)

Art. 88-A. A cooperativa poderá ser dotada de legitimidade extraordinária autônoma concorrente para agir como substituta processual em defesa dos direitos coletivos de seus associados quando a causa de pedir versar sobre atos de interesse direto dos associados que tenham relação com as operações de mercado da cooperativa, desde que isso seja previsto em seu estatuto e haja, de forma expressa, autorização manifestada individualmente pelo associado ou por meio de assembleia geral que delibere sobre a propositura da medida judicial. *(Acrescido pela Lei 13.806/2019)*

SEÇÃO IV. DOS PREJUÍZOS

Art. 89. Os prejuízos verificados no decorrer do exercício serão cobertos com recursos provenientes do Fundo de Reserva e, se insuficiente este, mediante rateio, entre os associados, na razão direta dos serviços usufruídos, ressalvada a opção prevista no parágrafo único do art. 80.

SEÇÃO V. DO SISTEMA TRABALHISTA

Art. 90. Qualquer que seja o tipo de cooperativa, não existe vínculo empregatício entre ela e seus associados.

Art. 91. As cooperativas igualam-se às demais empresas em relação aos seus empregados para os fins da legislação trabalhista e previdenciária.

CAPÍTULO XIII. DA FISCALIZAÇÃO E CONTROLE

Art. 92. A fiscalização e o controle das sociedades cooperativas, nos termos desta Lei e dispositivos legais específicos, serão exercidos, de acordo com o objeto de funcionamento, da seguinte forma:

I – as de crédito e as seções de crédito das agrícolas mistas pelo Banco Central do Brasil;

II – as de habitação pelo Banco Nacional da Habitação;

III – as demais pelo Instituto Nacional de Colonização e Reforma Agrária.

§ 1º. Mediante autorização do Conselho Nacional de Cooperativismo, os órgãos controladores federais, poderão solicitar, quando julgarem necessário, a colaboração de outros órgãos administrativos, na execução das atribuições previstas neste artigo.

§ 2º. As sociedades cooperativas permitirão quaisquer verificações determinadas pelos respectivos órgãos de controle, prestando os esclarecimentos que lhes forem solicitados, além de serem obrigadas a remeter-lhes anualmente a relação dos associados admitidos, demitidos, eliminados e excluídos no período, cópias de atas, de balanços e dos relatórios do exercício social e parecer do Conselho Fiscal.

Art. 93. O Poder Público, por intermédio da administração central dos órgãos executivos federais competentes, por iniciativa própria ou solicitação da Assembleia Geral ou do Conselho Fiscal, intervirá nas cooperativas quando ocorrer um dos seguintes casos:

I – violação contumaz das disposições legais;

II – ameaça de insolvência em virtude de má administração da sociedade;

III – paralisação das atividades sociais por mais de 120 (cento e vinte) dias consecutivos;

IV – inobservância do art. 56, § 2º.

Parágrafo único. Aplica-se, no que couber, às cooperativas habitacionais, o disposto neste artigo.

Art. 94. Observar-se-á, no processo de intervenção, a disposição constante do § 2º do art. 75.

CAPÍTULO XIV. DO CONSELHO NACIONAL DE COOPERATIVISMO

Art. 95. A orientação geral da política cooperativista nacional caberá ao Conselho Nacional de Cooperativismo – CNC, que passará a funcionar junto ao Instituto Nacional de Colonização e Reforma Agrária – Incra, com plena autonomia administrativa e financeira, na forma do art. 172 do Decreto-Lei nº 200, de 25 de fevereiro de 1967, sob a presidência do Ministro da Agricultura e composto de 8 (oito) membros indicados pelos seguintes representados:

I – Ministério do Planejamento e Coordenação-Geral;

II – Ministério da Fazenda, por intermédio do Banco Central do Brasil;

III – Ministério do Interior, por intermédio do Banco Nacional da Habitação;

IV – Ministério da Agricultura, por intermédio do Instituto Nacional de Colonização e Reforma Agrária – Incra, e do Banco Nacional de Crédito Cooperativo S/A.;

V – Organização das Cooperativas Brasileiras.

Parágrafo único. A entidade referida no inciso V deste artigo contará com 3 (três) elementos para fazer-se representar no Conselho.

Art. 96. O Conselho, que deverá reunir-se ordinariamente uma vez por mês, será presidido pelo Ministro da Agricultura, a quem caberá o voto de qualidade, sendo suas resoluções votadas por maioria simples, com a presença, no mínimo, de 3 (três) representantes dos órgãos oficiais mencionados nos itens I a IV do artigo anterior.

Parágrafo único. Nos seus impedimentos eventuais, o substituto do presidente será o presidente do Instituto Nacional de Colonização e Reforma Agrária.

Art. 97. Ao Conselho Nacional de Cooperativismo compete:

I – editar atos normativos para a atividade cooperativista nacional;

II – baixar normas regulamentadoras, complementares e interpretativas, da legislação cooperativista;

III – organizar e manter atualizado o cadastro geral das cooperativas nacionais;

IV – decidir, em última instância, os recursos originários de decisões do respectivo órgão executivo federal;

V – apreciar os anteprojetos que objetivam a revisão da legislação cooperativista;

VI – estabelecer condições para o exercício de quaisquer cargos eletivos de administração ou fiscalização de cooperativas;

VII – definir as condições de funcionamento do empreendimento cooperativo, a que se refere o art. 18;

VIII – votar o seu próprio regimento;

IX – autorizar, onde houver condições, a criação de Conselhos Regionais de Cooperativismo, definindo-lhes as atribuições;

X – decidir sobre a aplicação do Fundo Nacional de Cooperativismo, nos termos do art. 102 desta Lei;

XI – estabelecer em ato normativo ou de caso a caso, conforme julgar necessário, o limite a ser observado nas operações com não associados a que se referem os artigos 85 e 86.

Parágrafo único. As atribuições do Conselho Nacional de Cooperativismo não se estendem às cooperativas de habitação, às de crédito e às seções de crédito das cooperativas agrícolas mistas, no que forem regidas por legislação própria.

Art. 98. O Conselho Nacional de Cooperativismo – CNC contará com uma secretaria executiva que se incumbirá de seus encargos administrativos, podendo seu secretário executivo requisitar funcionários de qualquer órgão da Administração Pública.

§ 1º. O secretário executivo do Conselho Nacional de Cooperativismo será o diretor do Departamento de Desenvolvimento Rural do Instituto Nacional de Colonização e Reforma Agrária – Incra, devendo o Departamento referido incumbir-se dos encargos administrativos do Conselho Nacional de Cooperativismo.

§ 2º. Para os impedimentos eventuais do secretário executivo, este indicará à apreciação do Conselho seu substituto.

Art. 99. Compete ao presidente do Conselho Nacional de Cooperativismo:

I – presidir as reuniões;

II – convocar as reuniões extraordinárias;

III – proferir o voto de qualidade.

Art. 100. Compete à Secretaria Executiva do Conselho Nacional de Cooperativismo:

I – dar execução às resoluções do Conselho;

II – comunicar as decisões do Conselho ao respectivo órgão executivo federal;

III – manter relações com os órgãos executivos federais, bem assim com quaisquer outros órgãos públicos ou privados, nacionais ou estrangeiros, que possam influir no aperfeiçoamento do cooperativismo;

IV – transmitir aos órgãos executivos federais e entidade superior do movimento cooperativista nacional todas as informações relacionadas com a doutrina e práticas cooperativistas de seu interesse;

V – organizar e manter atualizado o cadastro geral das cooperativas nacionais e expedir as respectivas certidões;

VI – apresentar ao Conselho, em tempo hábil, a proposta orçamentária do órgão, bem como o relatório anual de suas atividades;

VII – providenciar todos os meios que assegurem o regular funcionamento do Conselho;

VIII – executar quaisquer outras atividades necessárias ao pleno exercício das atribuições do Conselho.

Art. 101. O Ministério da Agricultura incluirá, em sua proposta orçamentária anual, os recursos financeiros solicitados pelo Conselho Nacional de Cooperativismo – CNC, para custear seu funcionamento.

Parágrafo único. As contas do Conselho Nacional de Cooperativismo – CNC, serão prestadas por intermédio do Ministério da Agricultura, observada a legislação específica que regula a matéria.

Art. 102. Fica mantido, junto ao Banco Nacional de Crédito Cooperativo S/A., o "Fundo Nacional de Cooperativismo", criado pelo Decreto-Lei 59, de 21 de novembro de 1966, destinado a prover recursos de apoio ao movimento cooperativista nacional.

§ 1º. O Fundo de que trata este artigo será suprido por:

I – dotação incluída no orçamento do Ministério da Agricultura para o fim específico de incentivos às atividades cooperativas;

II – juros e amortizações dos financiamentos realizados com seus recursos;

III – doações, legados e outras rendas eventuais;

IV – dotações consignadas pelo Fundo Federal Agropecuário e pelo Instituto Nacional de Colonização e Reforma Agrária – Incra.

§ 2º. Os recursos do Fundo, deduzido o necessário ao custeio de sua administração, serão aplicados pelo Banco Nacional de Crédito Cooperativo S/A., obrigatoriamente, em financiamento de atividades que interessem de maneira relevante ao abastecimento das populações, a critério do Conselho Nacional de Cooperativismo.

§ 3º. O Conselho Nacional de Cooperativismo poderá, por conta do Fundo, autorizar a concessão de estímulos ou auxílios para execução de atividades que, pela sua relevância socioeconômica, concorram para o desenvolvimento do sistema cooperativista nacional.

CAPÍTULO XV. DOS ÓRGÃOS GOVERNAMENTAIS

Art. 103. As cooperativas permanecerão subordinadas, na parte normativa, ao Conselho Nacional de Cooperativismo, com exceção das de crédito, das seções de crédito das agrícolas mistas e das de habitação, cujas normas continuarão a ser baixadas pelo Conselho Monetário Nacional, relativamente às duas primeiras, e Banco Nacional da Habitação, com relação à última, observado o disposto no art. 92 desta Lei.

Parágrafo único. Os órgãos executivos federais, visando à execução descentralizada de seus serviços, poderão delegar sua competência, total ou parcialmente, a órgãos e entidades da administração estadual e municipal, bem como, excepcionalmente, a outros órgãos e entidades da administração federal.

Art. 104. Os órgãos executivos federais comunicarão todas as alterações havidas nas cooperativas sob a sua jurisdição ao Conselho Nacional de Cooperativismo, para fins de atualização do cadastro geral das cooperativas nacionais.

CAPÍTULO XVI. DA REPRESENTAÇÃO DO SISTEMA COOPERATIVISTA

Art. 105. A representação do sistema cooperativista nacional cabe à Organização das Cooperativas Brasileiras – OCB, sociedade civil, com sede na Capital Federal, órgão técnico-consultivo do Governo, estruturada nos termos desta Lei, sem finalidade lucrativa, competindo-lhe precipuamente:

a) manter a neutralidade política e indiscriminação racial, religiosa e social;

b) integrar todos os ramos das atividades cooperativistas;

c) manter registro de todas as sociedades cooperativas que, para todos os efeitos, integram a Organização das Cooperativas Brasileiras – OCB;

d) manter serviços de assistência geral ao sistema cooperativista, seja quanto à estrutura social, seja quanto aos métodos operacionais e orientação jurídica, mediante pareceres e recomendações, sujeitas, quando for o caso, à aprovação do Conselho Nacional de Cooperativismo – CNC;

e) denunciar ao Conselho Nacional de Cooperativismo práticas nocivas ao desenvolvimento cooperativista;

f) opinar nos processos que lhe sejam encaminhados pelo Conselho Nacional de Cooperativismo;

g) dispor de setores consultivos especializados, de acordo com os ramos de cooperativismo;

h) fixar a política da organização com base nas proposições emanadas de seus órgãos técnicos;

i) exercer outras atividades inerentes à sua condição de órgão de representação e defesa do sistema cooperativista;

j) manter relações de integração com as entidades congêneres do exterior e suas cooperativas.

§ 1º. A Organização das Cooperativas Brasileiras – OCB, será constituída de entidades, uma para cada Estado, Território e Distrito Federal, criadas com as mesmas características da organização nacional.

§ 2º. As Assembleias Gerais do órgão central serão formadas pelos representantes credenciados das filiadas, 1 (um) por entidade, admitindo-se proporcionalidade de voto.

§ 3º. A proporcionalidade de voto, estabelecida no parágrafo anterior, ficará a critério da OCB, baseando-se no número de associados – pessoas físicas e as exceções previstas nesta Lei – que compõem o quadro das cooperativas filiadas.

§ 4º. A composição da diretoria da Organização das Cooperativas Brasileiras – OCB será estabelecida em seus estatutos sociais.

§ 5º. Para o exercício de cargos de diretoria e Conselho Fiscal, as eleições se processarão por escrutínio secreto, permitida a reeleição para mais um mandato consecutivo.

Art. 106. A atual Organização das Cooperativas Brasileiras e as suas filiadas ficam investidas das atribuições e prerrogativas conferidas nesta Lei, devendo, no prazo de 1 (um) ano, promover a adaptação de seus estatutos e a transferência da sede nacional.

Art. 107. As cooperativas são obrigadas, para seu funcionamento, a registrar-se na Organização das Cooperativas Brasileiras ou na entidade estadual, se houver, mediante apresentação dos estatutos sociais e suas alterações posteriores.

Parágrafo único. Por ocasião do registro, a cooperativa pagará 10% (dez por cento) do maior salário mínimo vigente, se a soma do respectivo capital integralizado e fundos não exceder de 250 (duzentos e cinquenta) salários mínimos e 50% (cinquenta por cento) se aquele montante for superior.

Art. 108. Fica instituída, além do pagamento previsto no parágrafo único do artigo anterior, a Contribuição Cooperativista, que será recolhida anualmente pela cooperativa após o encerramento de seu exercício social, a favor da Organização das Cooperativas Brasileiras de que trata o art. 105 desta Lei.

§ 1º. A Contribuição Cooperativista constituir-se-á de importância correspondente a 0,2% (dois décimos por cento) do valor do capital integralizado e fundos da sociedade cooperativa, no exercício social do ano anterior, sendo o respectivo montante distribuído, por metade, a suas filiadas, quando constituídas.

§ 2º. No caso das cooperativas centrais ou federações, a Contribuição de que trata o parágrafo anterior será calculada sobre os fundos e reservas existentes.

§ 3º. A Organização das Cooperativas Brasileiras poderá estabelecer um teto à Contribuição Cooperativista, com base em estudos elaborados pelo seu corpo técnico.

CAPÍTULO XVII. DOS ESTÍMULOS CREDITÍCIOS

Art. 109. Caberá ao Banco Nacional de Crédito Cooperativo S/A., estimular e apoiar as cooperativas, mediante concessão de financiamentos necessários ao seu desenvolvimento.

§ 1º. Poderá o Banco Nacional de Crédito Cooperativo S/A., receber depósitos das cooperativas de crédito e das seções de crédito das cooperativas agrícolas mistas.

§ 2º. Poderá o Banco Nacional de Crédito Cooperativo S/A., operar com pessoas físicas ou jurídicas, estranhas ao quadro social cooperativo, desde que haja benefício para as cooperativas e estas figurem na operação bancária.

§ 3º. O Banco Nacional de Crédito Cooperativo S/A., manterá linhas de crédito específicas para as cooperativas, de acordo com o objeto e a natureza de suas atividades, a juros módicos e prazos adequados inclusive com sistema de garantias ajustado às peculiaridades das cooperativas a que se destinam.

§ 4º. O Banco Nacional de Crédito Cooperativo S/A., manterá linha especial de crédito para financiamento de quotas-partes de capital.

Art. 110. Fica extinta a contribuição de que trata o art. 13 do Decreto-Lei nº 60, de 21 de novembro de 1966, com a redação dada pelo Decreto-Lei nº 668, de 3 de julho de 1969.

CAPÍTULO XVIII. DAS DISPOSIÇÕES GERAIS E TRANSITÓRIAS

Art. 111. Serão considerados como renda tributável os resultados positivos obtidos pelas cooperativas nas operações de que tratam os artigos 85, 86 e 88 desta Lei.

Art. 112. O Balanço Geral e o Relatório do exercício social que as cooperativas deverão encaminhar anualmente aos órgãos de controle serão acompanhados, a juízo destes, de parecer emitido por um serviço independente de auditoria credenciado pela Organização das Cooperativas Brasileiras.

Parágrafo único. Em casos especiais, tendo em vista a sede da Cooperativa, o volume de suas operações e outras circunstâncias dignas de consideração, a exigência da apresentação do parecer pode ser dispensada.

Art. 113. Atendidas as deduções determinadas pela legislação específica, às sociedades cooperativas ficará assegurada primeira prioridade para o recebimento de seus créditos de pessoas jurídicas que efetuem descontos na folha de pagamento de seus empregados, associados de cooperativas.

Art. 114. Fica estabelecido o prazo de 36 (trinta e seis) meses para que as cooperativas atualmente registradas nos órgãos competentes reformulem os seus estatutos, no que for cabível, adaptando-os ao disposto na presente Lei.

Art. 115. As Cooperativas dos Estados, Territórios ou do Distrito Federal, enquanto não constituírem seus órgãos de representação, serão convocadas às assembleias da OCB, como vogais, com 60 (sessenta) dias de antecedência, mediante editais publicados 3 (três) vezes em jornal de grande circulação local.

Art. 116. A presente Lei não altera o disposto nos sistemas próprios instituídos para as cooperativas de habitação e cooperativas de crédito, aplicando-se ainda, no que couber, o regime instituído para essas últimas às seções de crédito das agrícolas mistas.

Art. 117. Esta Lei entrará em vigor na data de sua publicação, revogadas as disposições em contrário e especificamente o Decreto-Lei nº 59, de 21 de novembro de 1966, bem como o Decreto nº 60.597, de 19 de abril de 1967.

Brasília, 16 de dezembro de 1971; 150º da Independência e 83º da República.

EMÍLIO G. MÉDICI

D.O.U. de 16.12.1971

LEI Nº 5.889, DE 8 DE JUNHO DE 1973

Estatui normas reguladoras do trabalho rural e dá outras providências.

- *Lei do trabalho rural*
- Súm. 196 do STF.
- CF/88: art. 7º.
- arts. 83 a 105 do Dec. 10.854/2021 (Dispõe sobre normas reguladoras do trabalho rural).

O PRESIDENTE DA REPÚBLICA Faço saber que o Congresso Nacional decreta e eu sanciono a seguinte Lei:

Art. 1º. As relações de trabalho rural serão reguladas por esta Lei e, no que com ela não colidirem, pelas normas da Consolidação das Leis do Trabalho, aprovada pelo Decreto-lei nº 5.452, de 1º de maio de 1943.

Parágrafo único. Observadas as peculiaridades do trabalho rural, a ele também se aplicam as Leis nºs 605, de 5 de janeiro de 1949; 4.090, de 13 de julho de 1962; 4.725, de 13 de julho de 1965, com as alterações da Lei nº 4.903, de 16 de dezembro de 1965; e os Decretos-leis nºs 15, de 29 de julho de 1966; 17, de 22 de agosto de 1966, e 368, de 19 de dezembro de 1968.

- CLT: art. 506.

Art. 2º. Empregado rural é toda pessoa física que, em propriedade rural ou prédio rústico, presta serviços de natureza não eventual a empregador rural, sob a dependência deste e mediante salário.

- CLT: art. 7º, b.

Art. 3º. Considera-se empregador rural, para os efeitos desta Lei, a pessoa física ou jurídica, proprietário ou não, que explore atividade agro econômica, em caráter permanente ou temporário, diretamente ou através de prepostos e com auxílio de empregados.

§ 1º. Inclui-se na atividade econômica referida no *caput* deste artigo, além da exploração industrial em estabelecimento agrário não compreendido na Consolidação das Leis do Trabalho – CLT, aprovada pelo Decreto-Lei nº 5.452, de 1º de maio de 1943, a exploração do turismo rural ancilar à exploração agroeconômica. (Redação dada pela Lei nº 13.171, de 2015)

§ 2º. Sempre que uma ou mais empresas, embora tendo cada uma delas personalidade jurídica própria, estiverem sob direção, controle ou administração de outra, ou ainda quando, mesmo guardando cada uma sua autonomia, integrem grupo econômico ou financeiro rural, serão responsáveis solidariamente nas obrigações decorrentes da relação de emprego.

Art. 4º. Equipara-se ao empregador rural, a pessoa física ou jurídica que, habitualmente, em caráter profissional e por conta de terceiros, execute serviços de natureza agrária, mediante utilização do trabalho de outrem.

Art. 5º. Em qualquer trabalho contínuo, de duração superior a seis horas, será obrigatória a concessão de um intervalo para repouso ou alimentação, observados os usos e costumes da região, não se computando este intervalo na duração do trabalho. Entre duas jornadas de trabalho haverá um período mínimo de 11 horas consecutivas para descanso.

Art. 6º. Nos serviços, caracteristicamente intermitentes, não serão computados, como de efetivo exercício, os intervalos entre uma e outra parte da execução da tarefa diária, desde que tal hipótese seja expressamente ressalvada na Carteira de Trabalho e Previdência Social.

Art. 7º. Para os efeitos desta Lei, considera-se trabalho noturno o executado entre as 21 horas de um dia e as 5 horas do dia seguinte, na lavoura, e entre as 20 horas de um dia e as 4 horas do dia seguinte, na atividade pecuária.

Parágrafo único. Todo trabalho noturno será acrescido de 25% (vinte e cinco por cento) sobre a remuneração normal.

- CF/88: art. 7º, IX.

Art. 8º. Ao menor de 18 anos é vedado o trabalho noturno.

- CF/88: art. 7º, XXXIII.
- CLT: arts. 402 e ss.

Art. 9º. Salvo as hipóteses de autorização legal ou decisão judiciária, só poderão ser descontadas do empregado rural as seguintes parcelas, calculadas sobre o salário mínimo:

a) até o limite de 20% (vinte por cento) pela ocupação da morada;

b) até 25% (vinte e cinco por cento) pelo fornecimento de alimentação sadia e farta, atendidos os preços vigentes na região;

c) adiantamentos em dinheiro.

§ 1º. As deduções acima especificadas deverão ser previamente autorizadas, sem o que serão nulas de pleno direito.

§ 2º. Sempre que mais de um empregado residir na mesma morada, o desconto, previsto na letra *a* deste artigo, será dividido proporcionalmente ao número de empregados, vedada, em qualquer hipótese, a moradia coletiva de famílias.

§ 3º. Rescindido ou findo o contrato de trabalho, o empregado será obrigado a desocupar a casa dentro de 30 dias.

§ 4º. O Regulamento desta Lei especificará os tipos de morada para fins de dedução.

§ 5º. A cessão pelo empregador, de moradia e de sua infraestrutura básica, assim como, bens destinados à produção para sua subsistência e de sua família, não integram o salário do trabalhador rural, desde que caracterizados como tais, em contrato escrito celebrado entre as partes, com testemunhas e notificação obrigatória ao respectivo sindicato de trabalhadores rurais. (Incluído pela Lei nº 9.300, de 1996)

Art. 10. A prescrição dos direitos assegurados por esta lei aos trabalhadores rurais só ocorrerá após dois anos de cessação do contrato de trabalho.

Parágrafo único. Contra o menor de 18 anos não corre qualquer prescrição.

› CC: art. 198.

Art. 11. Ao empregado rural maior de 16 anos é assegurado salário mínimo igual ao do empregado adulto.

Parágrafo único. Ao empregado menor de 16 anos é assegurado salário mínimo fixado em valor correspondente à metade do salário mínimo estabelecido para o adulto.

Art. 12. Nas regiões em que se adota a plantação subsidiária ou intercalar (cultura secundária), a cargo do empregado rural, quando autorizada ou permitida, será objeto de contrato em separado.

Parágrafo único. Embora devendo integrar o resultado anual a que tiver direito o empregado rural, a plantação subsidiária ou intercalar não poderá compor a parte correspondente ao salário mínimo na remuneração geral do empregado, durante o ano agrícola.

Art. 13. Nos locais de trabalho rural serão observadas as normas de segurança e higiene estabelecidas em portaria do Ministro do Trabalho e Previdência Social.

› CLT: art. 182.

Art. 14. Expirado normalmente o contrato, a empresa pagará ao safrista, a título de indenização do tempo de serviço, importância correspondente a 1/12 (um doze avos) do salário mensal, por mês de serviço ou fração superior a 14 dias.

Parágrafo único. Considera-se contrato de safra o que tenha sua duração dependente de variações estacionais da atividade agrária.

Art. 14-A. O produtor rural pessoa física poderá realizar contratação de trabalhador rural por pequeno prazo para o exercício de atividades de natureza temporária. (Incluído pela Lei nº 11.718, de 2008)

§ 1º. A contratação de trabalhador rural por pequeno prazo que, dentro do período de 1 (um) ano, superar 2 (dois) meses fica convertida em contrato de trabalho por prazo indeterminado, observando-se os termos da legislação aplicável. (Incluído pela Lei nº 11.718, de 2008)

§ 2º. A filiação e a inscrição do trabalhador de que trata este artigo na Previdência Social decorrem, automaticamente, da sua inclusão pelo empregador na Guia de Recolhimento do Fundo de Garantia do Tempo de Serviço e Informações à Previdência Social – GFIP, cabendo à Previdência Social instituir mecanismo que permita a sua identificação. (Incluído pela Lei nº 11.718, de 2008)

§ 3º. O contrato de trabalho por pequeno prazo deverá ser formalizado mediante a inclusão do trabalhador na GFIP, na forma do disposto no § 2º deste artigo, e: (Incluído pela Lei nº 11.718, de 2008)

I – mediante a anotação na Carteira de Trabalho e Previdência Social e em Livro ou Ficha de Registro de Empregados; ou (Incluído pela Lei nº 11.718, de 2008)

II – mediante contrato escrito, em 2 (duas) vias, uma para cada parte, onde conste, no mínimo: (Incluído pela Lei nº 11.718, de 2008)

a) expressa autorização em acordo coletivo ou convenção coletiva; (Incluído pela Lei nº 11.718, de 2008)

b) identificação do produtor rural e do imóvel rural onde o trabalho será realizado e indicação da respectiva matrícula; (Incluído pela Lei nº 11.718, de 2008)

c) identificação do trabalhador, com indicação do respectivo Número de Inscrição do Trabalhador – NIT. (Incluído pela Lei nº 11.718, de 2008)

§ 4º. A contratação de trabalhador rural por pequeno prazo só poderá ser realizada por produtor rural pessoa física, proprietário ou não, que explore diretamente atividade agro econômica. (Incluído pela Lei nº 11.718, de 2008)

§ 5º. A contribuição do segurado trabalhador rural contratado para prestar serviço na forma deste artigo é de 8% (oito por cento) sobre o respectivo salário-de-contribuição definido no inciso I do *caput* do art. 28 da Lei nº 8.212, de 24 de julho de 1991. (Incluído pela Lei nº 11.718, de 2008)

› Decreto 3.048/1999: art. 214.

§ 6º. A não inclusão do trabalhador na GFIP pressupõe a inexistência de contratação na forma deste artigo, sem prejuízo de comprovação, por qualquer meio admitido em direito, da existência de relação jurídica diversa. (Incluído pela Lei nº 11.718, de 2008)

§ 7º. Compete ao empregador fazer o recolhimento das contribuições previdenciárias nos termos da legislação vigente, cabendo à Previdência Social e à Receita Federal do Brasil instituir mecanismos que facilitem o acesso do trabalhador e da entidade sindical que o representa às informações sobre as contribuições recolhidas. (Incluído pela Lei nº 11.718, de 2008)

§ 8º. São assegurados ao trabalhador rural contratado por pequeno prazo, além de remuneração equivalente à do trabalhador rural permanente, os demais direitos de natureza trabalhista. (Incluído pela Lei nº 11.718, de 2008)

§ 9º. Todas as parcelas devidas ao trabalhador de que trata este artigo serão calculadas dia a dia e pagas diretamente a ele mediante recibo. (Incluído pela Lei nº 11.718, de 2008)

§ 10. O Fundo de Garantia do Tempo de Serviço – FGTS deverá ser recolhido e poderá ser levantado nos termos da Lei 8.036, de 11 de maio de 1990. (Incluído pela Lei nº 11.718, de 2008)

Art. 15. Durante o prazo do aviso-prévio, se a rescisão tiver sido promovida pelo empregador, o empregado rural terá direito a um dia por semana, sem prejuízo do salário integral, para procurar outro trabalho.

› CLT: art. 487 e ss.

Art. 16. Toda propriedade rural, que mantenha a seu serviço ou trabalhando em seus limites mais de 50 famílias de trabalhadores de qualquer natureza, é obrigada a possuir e conservar em funcionamento escola primária, inteiramente gratuita, para os filhos destes, com tantas classes quantos sejam os grupos de 40 crianças em idade escolar.

Parágrafo único. A matrícula da população em idade escolar será obrigatória, sem qualquer outra exigência, além da certidão de nascimento, para cuja obtenção o empregador proporcionará todas as facilidades aos responsáveis pelas crianças.

Art. 17. As normas da presente Lei são aplicáveis, no que couber, aos trabalhadores rurais não compreendidos na definição do art. 2º, que prestem serviços a empregador rural.

Art. 18. As infrações aos dispositivos desta Lei serão punidas com multa de R$ 380,00 (trezentos e oitenta reais) por empregado em situação irregular. (Redação dada pela Medida Provisória nº 2.164-41, de 2001)

§ 1º. As infrações aos dispositivos da Consolidação das Leis do Trabalho – CLT e legislação esparsa, cometidas contra o trabalhador rural, serão punidas com as multas nelas previstas. (Redação dada pela Medida Provisória nº 2.164-41, de 2001)

§ 2º. As penalidades serão aplicadas pela autoridade competente do Ministério do Trabalho e Emprego, de acordo com o disposto no Título VII da CLT. (Redação dada pela Medida Provisória nº 2.164-41, de 2001)

§ 3º. A fiscalização do Ministério do Trabalho e Emprego exigirá dos empregadores rurais ou produtores equiparados a comprovação do recolhimento da Contribuição Sindical Rural das categorias econômica e profissional. (Redação dada pela Medida Provisória nº 2.164-41, de 2001)

Art. 19. O enquadramento e a contribuição sindical rurais continuam regidos pela legislação ora em vigor; o seguro social e o seguro contra acidente do trabalho rurais serão regulados por lei especial.

› Lei 6.195/1974 – Atribui ao FUNRURAL a concessão de prestações por acidente do trabalho.

Art. 20. Lei especial disporá sobre a aplicação ao trabalhador rural, no que couber, do regime do Fundo de Garantia do Tempo de Serviço.

Art. 21. Esta Lei entra em vigor na data de sua publicação, revogadas as disposições em contrário, em especial a Lei nº 4.214, de 2 de março de 1963, e o Dec.-lei nº 761, de 14 de agosto de 1969.

Brasília, 8 de junho de 1973; 152º da Independência e 85º da República.

EMÍLIO G. MÉDICI

D.O.U. de 11.6.1973

LEI Nº 6.019, DE 3 DE JANEIRO DE 1974

Dispõe sobre o trabalho temporário nas empresas urbanas e dá outras providências.

› *Lei do Trabalho Temporário*

O PRESIDENTE DA REPÚBLICA Faço saber que o Congresso Nacional decreta e eu sanciono a seguinte Lei:

Art. 1º. As relações de trabalho na empresa de trabalho temporário, na empresa de prestação de serviços e nas respectivas tomadoras de serviço e contratante regem-se por esta Lei. (Redação dada pela Lei nº 13.429, de 2017)

› arts. 41 a 75 do Dec. 10.854/2021 (Dispõe sobre o trabalho temporário).

Art. 2º. Trabalho temporário é aquele prestado por pessoa física contratada por uma empresa de trabalho temporário que a coloca à disposição de uma empresa tomadora de serviços, para atender à necessidade de substituição transitória de pessoal permanente ou à demanda complementar de serviços. (Redação dada pela Lei nº 13.429, de 2017)

› CLT: art. 13.

§ 1º. É proibida a contratação de trabalho temporário para a substituição de trabalhadores em greve, salvo nos casos previstos em lei. (Incluído pela Lei nº 13.429, de 2017)

§ 2º. Considera-se complementar a demanda de serviços que seja oriunda de fatores imprevisíveis ou, quando decorrente de fatores previsíveis, tenha natureza intermitente, periódica ou sazonal. (Incluído pela Lei nº 13.429, de 2017)

Art. 3º. É reconhecida a atividade da empresa de trabalho temporário, que passa a integrar o plano básico do enquadramento sindical a que se refere o art. 577, da Consolidação das Leis do Trabalho.

Art. 4º. Empresa de trabalho temporário é a pessoa jurídica, devidamente registrada no Ministério do Trabalho, responsável pela colocação de trabalhadores à disposição de outras empresas temporariamente. (Redação dada pela Lei nº 13.429, de 2017)

Art. 4º-A. Considera-se prestação de serviços a terceiros a transferência feita pela contratante da execução de quaisquer de suas atividades, inclusive sua atividade principal, à pessoa jurídica de direito privado prestadora de serviços que possua capacidade econômica compatível com a sua execução. (Redação dada pela Lei nº 13.467, de 2017)

§ 1º. A empresa prestadora de serviços contrata, remunera e dirige o trabalho realizado por seus trabalhadores, ou subcontrata outras empresas para realização desses serviços. (Incluído pela Lei nº 13.429, de 2017)

§ 2º. Não se configura vínculo empregatício entre os trabalhadores, ou sócios das empresas prestadoras de serviços, qualquer que seja o seu ramo, e a empresa contratante. (Incluído pela Lei nº 13.429, de 2017)

Art. 4º-B. São requisitos para o funcionamento da empresa de prestação de serviços a terceiros: (Incluído pela Lei nº 13.429, de 2017)

I – prova de inscrição no Cadastro Nacional da Pessoa Jurídica (CNPJ); (Incluído pela Lei nº 13.429, de 2017)

II – registro na Junta Comercial; (Incluído pela Lei nº 13.429, de 2017)

III – capital social compatível com o número de empregados, observando-se os seguintes parâmetros: (Incluído pela Lei nº 13.429, de 2017)

a) empresas com até dez empregados – capital mínimo de R$ 10.000,00 (dez mil reais); (Incluído pela Lei nº 13.429, de 2017)

b) empresas com mais de dez e até vinte empregados – capital mínimo de R$ 25.000,00 (vinte e cinco mil reais); (Incluído pela Lei nº 13.429, de 2017)

c) empresas com mais de vinte e até cinquenta empregados – capital mínimo de R$ 45.000,00 (quarenta e cinco mil reais); (Incluído pela Lei nº 13.429, de 2017)

d) empresas com mais de cinquenta e até cem empregados – capital mínimo de R$ 100.000,00 (cem mil reais); e (Incluído pela Lei nº 13.429, de 2017)

e) empresas com mais de cem empregados – capital mínimo de R$ 250.000,00 (duzentos e cinquenta mil reais). (Incluído pela Lei nº 13.429, de 2017)

Art. 4º-C. São asseguradas aos empregados da empresa prestadora de serviços a que se refere o art. 4º-A desta Lei, quando e enquanto os serviços, que podem ser de qualquer uma das atividades da contratante, forem executados nas dependências da tomadora, as mesmas condições: (Incluído pela Lei nº 13.467, de 2017)

I - relativas a:

a) alimentação garantida aos empregados da contratante, quando oferecida em refeitórios;

b) direito de utilizar os serviços de transporte;

c) atendimento médico ou ambulatorial existente nas dependências da contratante ou local por ela designado;

d) treinamento adequado, fornecido pela contratada, quando a atividade o exigir.

II - sanitárias, de medidas de proteção à saúde e de segurança no trabalho e de instalações adequadas à prestação do serviço.

§ 1º Contratante e contratada poderão estabelecer, se assim entenderem, que os empregados da contratada farão jus a salário equivalente ao pago aos empregados da contratante, além de outros direitos não previstos neste artigo.

§ 2º Nos contratos que impliquem mobilização de empregados da contratada em número igual ou superior a 20% (vinte por cento) dos empregados da contratante, esta poderá disponibilizar aos empregados da contratada os serviços de alimentação e atendimento ambulatorial em outros locais apropriados e com igual padrão de atendimento, com vistas a manter o pleno funcionamento dos serviços existentes.

Art. 5º. Empresa tomadora de serviços é a pessoa jurídica ou entidade a ela equiparada que celebra contrato de prestação de trabalho temporário com a empresa definida no art. 4º desta Lei. (Redação dada pela Lei nº 13.429, de 2017)

Art. 5º-A. Contratante é a pessoa física ou jurídica que celebra contrato com empresa de prestação de serviços relacionados a quaisquer de suas atividades, inclusive sua atividade principal. (Redação dada pela Lei nº 13.467, de 2017)

§ 1º. É vedada à contratante a utilização dos trabalhadores em atividades distintas daquelas que foram objeto do contrato com a empresa prestadora de serviços. (Incluído pela Lei nº 13.429, de 2017)

§ 2º. Os serviços contratados poderão ser executados nas instalações físicas da empresa contratante ou em outro local, de comum acordo entre as partes. (Incluído pela Lei nº 13.429, de 2017)

§ 3º. É responsabilidade da contratante garantir as condições de segurança, higiene e salubridade dos trabalhadores, quando o trabalho for realizado em suas dependências ou local previamente convencionado em contrato. (Incluído pela Lei nº 13.429, de 2017)

§ 4º. A contratante poderá estender ao trabalhador da empresa de prestação de serviços o mesmo atendimento médico, ambulatorial e de refeição destinado aos seus empregados, existente nas dependências da contratante, ou local por ela designado. (Incluído pela Lei nº 13.429, de 2017)

§ 5º. A empresa contratante é subsidiariamente responsável pelas obrigações trabalhistas referentes ao período em que ocorrer a prestação de serviços, e o recolhimento das contribuições previdenciárias observará o disposto no art. 31 da Lei nº 8.212, de 24 de julho de 1991. (Incluído pela Lei nº 13.429, de 2017)

Art. 5º-B. O contrato de prestação de serviços conterá: (Incluído pela Lei nº 13.429, de 2017)

I – qualificação das partes; (Incluído pela Lei nº 13.429, de 2017)

II – especificação do serviço a ser prestado; (Incluído pela Lei nº 13.429, de 2017)

III – prazo para realização do serviço, quando for o caso; (Incluído pela Lei nº 13.429, de 2017)

IV – valor. (Incluído pela Lei nº 13.429, de 2017)

Art. 5º-C. Não pode figurar como contratada, nos termos do art. 4º-A desta Lei, a pessoa jurídica cujos titulares ou sócios tenham, nos últimos dezoito meses, prestado serviços à contratante na qualidade de empregado ou trabalhador sem vínculo empregatício, exceto se os referidos titulares ou sócios forem aposentados. (Incluído pela Lei nº 13.467, de 2017)

Art. 5º-D. O empregado que for demitido não poderá prestar serviços para esta mesma empresa na qualidade de empregado de empresa prestadora de serviços antes do decurso de prazo de dezoito meses, contados a partir da demissão do empregado. (Incluído pela Lei nº 13.467, de 2017)

Art. 6º. São requisitos para funcionamento e registro da empresa de trabalho temporário no Ministério do Trabalho: (Redação dada pela Lei nº 13.429, de 2017)

a) a f) (Revogadas pela Lei 13.429/2017)

I – prova de inscrição no Cadastro Nacional da Pessoa Jurídica (CNPJ), do Ministério da Fazenda; (Incluído pela Lei nº 13.429, de 2017)

II – prova do competente registro na Junta Comercial da localidade em que tenha sede; (Incluído pela Lei nº 13.429, de 2017)

III – prova de possuir capital social de, no mínimo, R$ 100.000,00 (cem mil reais). (Incluído pela Lei nº 13.429, de 2017)

Parágrafo único. (Revogada pela Lei nº 13.429, de 2017)

Art. 7º. A empresa de trabalho temporário que estiver funcionando na data da vigência desta Lei terá o prazo de 90 (noventa) dias para o atendimento das exigências contidas no artigo anterior.

Parágrafo único. A empresa infratora do presente artigo poderá ter o seu funcionamento suspenso, por ato do Diretor-Geral do Departamento Nacional de Mão de Obra, cabendo recurso ao Ministro de Estado, no prazo de 10 (dez) dias, a contar da publicação do ato no Diário Oficial da União.

Art. 8º. A empresa de trabalho temporário é obrigada a fornecer ao Departamento Nacional de Mão de Obra, quando solicitada, os elementos de informação julgados necessários ao estudo do mercado de trabalho.

Art. 9º. O contrato celebrado pela empresa de trabalho temporário e a tomadora de serviços será por escrito, ficará à disposição da autoridade fiscalizadora no estabelecimento da tomadora de serviços e conterá: (Redação dada pela Lei nº 13.429, de 2017)

I – qualificação das partes; (Incluído pela Lei nº 13.429, de 2017)

II – motivo justificador da demanda de trabalho temporário; (Incluído pela Lei nº 13.429, de 2017)

III – prazo da prestação de serviços; (Incluído pela Lei nº 13.429, de 2017)

IV – valor da prestação de serviços; (Incluído pela Lei nº 13.429, de 2017)

V – disposições sobre a segurança e a saúde do trabalhador, independentemente do local de realização do trabalho. (Incluído pela Lei nº 13.429, de 2017)

§ 1º. É responsabilidade da empresa contratante garantir as condições de segurança, higiene e salubridade dos trabalhadores, quando o trabalho for realizado em suas dependências ou em local por ela designado. (Incluído pela Lei nº 13.429, de 2017)

§ 2º. A contratante estenderá ao trabalhador da empresa de trabalho temporário o mesmo atendimento médico, ambulatorial e de refeição destinado aos seus empregados, existente nas dependências da contratante, ou local por ela designado. (Incluído pela Lei nº 13.429, de 2017)

§ 3º. O contrato de trabalho temporário pode versar sobre o desenvolvimento de atividades-meio e atividades-fim a serem executadas na empresa tomadora de serviços. (Incluído pela Lei nº 13.429, de 2017)

Art. 10. Qualquer que seja o ramo da empresa tomadora de serviços, não existe vínculo de emprego entre ela e os trabalhadores contratados pelas empresas de trabalho temporário. (Redação dada pela Lei nº 13.429, de 2017)

§ 1º. O contrato de trabalho temporário, com relação ao mesmo empregador, não poderá exceder ao prazo de cento e oitenta dias, consecutivos ou não. (Incluído pela Lei nº 13.429, de 2017)

§ 2º. O contrato poderá ser prorrogado por até noventa dias, consecutivos ou não, além do prazo estabelecido no § 1º deste artigo, quando comprovada a manutenção das condições que o ensejaram. (Incluído pela Lei nº 13.429, de 2017)

§ 3º *(Vetado na Lei 13.429/2017)*

§ 4º. Não se aplica ao trabalhador temporário, contratado pela tomadora de serviços, o contrato de experiência previsto no parágrafo único do art. 445 da Consolidação das Leis do Trabalho (CLT), aprovada pelo Decreto-Lei nº 5.452, de 1º de maio de 1943. (Incluído pela Lei nº 13.429, de 2017)

§ 5º. O trabalhador temporário que cumprir o período estipulado nos §§ 1º e 2º deste artigo somente poderá ser colocado à disposição da mesma tomadora de serviços em novo contrato temporário, após noventa dias do término do contrato anterior. (Incluído pela Lei nº 13.429, de 2017)

§ 6º. A contratação anterior ao prazo previsto no § 5º deste artigo caracteriza vínculo empregatício com a tomadora.

§ 7º. A contratante é subsidiariamente responsável pelas obrigações trabalhistas referentes ao período em que ocorrer o trabalho temporário, e o recolhimento das contribuições previdenciárias observará o disposto no art. 31 da Lei nº 8.212, de 24 de julho de 1991. (Incluído pela Lei nº 13.429, de 2017)

Art. 11. O contrato de trabalho celebrado entre empresa de trabalho temporário e cada um dos assalariados colocados à disposição de uma empresa tomadora ou cliente será, obrigatoriamente, escrito e dele deverão constar, expressamente, os direitos conferidos aos trabalhadores por esta Lei.

Parágrafo único. Será nula de pleno direito qualquer cláusula de reserva, proibindo a contratação do trabalhador pela empresa tomadora ou cliente ao fim do prazo em que tenha sido colocado à sua disposição pela empresa de trabalho temporário.

Art. 12. Ficam assegurados ao trabalhador temporário os seguintes direitos:

a) remuneração equivalente à percebida pelos empregados de mesma categoria da empresa tomadora ou cliente calculados à base horária, garantida, em qualquer hipótese, a percepção do salário mínimo regional;

b) jornada de oito horas, remuneradas as horas extraordinárias não excedentes de duas, com acréscimo de 20% (vinte por cento);

- CLT: art. 58.

c) férias proporcionais, nos termos do art. 26 da Lei nº 5.107, de 13 de setembro de 1966;

- Lei 5.107/1966 foi revogada pela Lei 7.839/1989.
- Lei 7.839/1989 foi revogada pela Lei 8.036/1990.
- CLT: arts. 129 e 130.

d) repouso semanal remunerado;

- CLT: art. 71.

e) adicional por trabalho noturno;

- CLT: art. 381.

f) indenização por dispensa sem justa causa ou término normal do contrato, correspondente a 1/12 (um doze avos) do pagamento recebido;

- CLT: art. 479.

g) seguro contra acidente do trabalho;

h) proteção previdenciária nos termos do disposto na Lei Orgânica da Previdência Social, com as alterações introduzidas pela Lei nº 5.890, de 8 de junho de 1973 (art. 5º, item III, letra c, do Decreto nº 72.771, de 6 de setembro de 1973).

§ 1º. Registrar-se-á na Carteira de Trabalho e Previdência Social do trabalhador sua condição de temporário.

- CLT: arts. 13 e 14.
- Decreto-lei 926/1969 – Carteira de Trabalho e Previdência Social.

§ 2º. A empresa tomadora ou cliente é obrigada a comunicar à empresa de trabalho temporário a ocorrência de todo acidente cuja vítima seja um assalariado posto à sua disposição, considerando-se local de trabalho, para efeito da legislação específica, tanto aquele onde se efetua a prestação do trabalho quanto a sede da empresa de trabalho temporário.

Art. 13. Constituem justa causa para rescisão do contrato do trabalhador temporário os atos e circunstâncias mencionados nos arts. 482 e 483, da Consolidação das Leis do Trabalho, ocorrentes entre o trabalhador e a empresa de trabalho temporário ou entre aquele e a empresa cliente onde estiver prestando serviço.

Art. 14. As empresas de trabalho temporário são obrigadas a fornecer às empresas tomadoras ou clientes, a seu pedido, comprovante da regularidade de sua situação com o Instituto Nacional de Previdência Social.

Art. 15. A fiscalização do trabalho poderá exigir da empresa tomadora ou cliente a apresentação do contrato firmado com a empresa de trabalho temporário, e, desta última, o contrato firmado com o trabalhador, bem como a comprovação do respectivo recolhimento das contribuições previdenciárias.

Art. 16. No caso de falência da empresa de trabalho temporário, a empresa tomadora ou cliente é solidariamente responsável pelo recolhimento das contribuições previdenciárias, no tocante ao tempo em que o trabalhador esteve sob suas ordens, assim como em referência ao mesmo período, pela remuneração e indenização previstas nesta Lei.

- CLT: art. 449.
- Lei 11.101/2005 – Regula a recuperação judicial, a extrajudicial e a falência do empresário e da sociedade empresária.

Art. 17. É defeso às empresas de prestação de serviço temporário a contratação de estrangeiros com visto provisório de permanência no País.

- CLT: art. 353.
- Lei 13.445/2017 (Lei de Migração).

Art. 18. É vedado à empresa de trabalho temporário cobrar do trabalhador qualquer importância, mesmo a título de mediação, podendo apenas efetuar os descontos previstos em Lei.

Parágrafo único. A infração deste artigo importa no cancelamento do registro para funcionamento da empresa de trabalho temporário, sem prejuízo das sanções administrativas e penais cabíveis.

Art. 19. Competirá à Justiça do Trabalho dirimir os litígios entre as empresas de serviço temporário e seus trabalhadores.

Art. 19-A. O descumprimento do disposto nesta Lei sujeita a empresa infratora ao pagamento de multa. (Incluído pela Lei nº 13.429, de 2017)

Parágrafo único. A fiscalização, a autuação e o processo de imposição das multas reger-se-ão pelo Título VII da Consolidação das Leis do Trabalho (CLT), aprovada pelo Decreto-Lei nº 5.452, de 1º de maio de 1943. (Incluído pela Lei nº 13.429, de 2017)

Art. 19-B. O disposto nesta Lei não se aplica às empresas de vigilância e transporte de valores, permanecendo as respectivas relações de trabalho reguladas por legislação especial, e subsidiariamente pela Consolidação das Leis do Trabalho (CLT), aprovada pelo Decreto-Lei nº 5.452, de 1º de maio de 1943. (Incluído pela Lei nº 13.429, de 2017)

Art. 19-C. Os contratos em vigência, se as partes assim acordarem, poderão ser adequados aos termos desta Lei. (Incluído pela Lei nº 13.429, de 2017)

Art. 20. Esta Lei entrará em vigor 60 (sessenta) dias após sua publicação, revogadas as disposições em contrário.

Brasília, 3 de janeiro de 1974; 153º da Independência e 86º da República.

EMÍLIO G. MÉDICI

D.O.U. de 4.1.1974

DECRETO-LEI N. 1.422, DE 23 DE OUTUBRO DE 1975

Dispõe sobre o salário-educação.

- *Salário-Educação*

O Presidente da República, no uso das atribuições que lhe confere o art. 55, II, da Constituição, decreta:

Art. 1.º O salário-educação, previsto no art. 178 da Constituição, será calculado com base em alíquota incidente sobre a folha do salário de contribuição, como definido no art. 76 da Lei n. 3.807, de 26 de agosto de 1960, com as modificações introduzidas pelo Decreto-lei n. 66, de 21 de novembro de 1966, e pela Lei n. 5.890, de 8 de junho de 1973, não se aplicando ao salário-educação o disposto no art. 14, *in fine*, dessa lei, relativo à limitação da base de cálculo da contribuição.

§ 1.º O salário-educação será estipulado pelo sistema de compensação do custo atuarial, cabendo a todas empresas recolher, para este fim, em relação aos seus titulares, sócios e diretores e aos empregados independentemente da idade, do estado civil e do número de filhos, a contribuição que for fixada em correspondência com o valor da quota respectiva.

§ 2.º A alíquota prevista neste artigo será fixada por ato do Poder Executivo, que poderá alterá-la mediante demonstração, pelo Ministério da Educação e Cultura, da efetiva variação do custo real unitário do ensino de 1.º Grau.

§ 3.º A contribuição da empresa obedecerá aos mesmos prazos de recolhimento e estará sujeita às mesmas sanções administrativas, penais e demais normas relativas às contribuições destinadas à Previdência Social.

§ 4.º O salário-educação não tem caráter remuneratório na relação de emprego e não se vincula, para nenhum efeito, ao salário ou à remuneração percebida pelos empregados das empresas compreendidas por este Decreto-lei.

§ 5.º Entende-se por empresa, para os fins deste Decreto-lei, o empregador como tal definido no art. 2.º da Consolidação das Leis do Trabalho e no art. 4.º da Lei n. 3.807, de 26 de agosto de 1960, com a redação dada pelo art. 1.º da Lei n. 5.890, de 8 de junho de 1973, bem como as empresas e demais entidades públicas ou privadas, vinculadas à Previdência Social, ressalvadas as exceções previstas na legislação específica e excluídos os órgãos da Administração Direta.

Art. 2.º O montante da arrecadação do salário-educação, em cada Estado e Território e no Distrito Federal, depois de feita a dedução prevista no § 3.º deste artigo, será creditado pelo Banco do Brasil S/A, em duas contas distintas:

a) 2/3 (dois terços) em favor dos programas de ensino de 1.º Grau, regular e supletivo, no respectivo Estado, Território ou Distrito Federal;

b) 1/3 (um terço) em favor do Fundo Nacional de Desenvolvimento da Educação.

§ 1.º Os recursos de que trata a alínea *a* deste artigo serão empregados nos Estados e no Distrito Federal, de acordo com planos de aplicação aprovados pelos respectivos Conselhos de Educação, e nos Territórios de conformidade com o Plano Setorial de Educação e Cultura.

§ 2.º O terço destinado ao Fundo Nacional de Desenvolvimento da Educação será aplicado:

a) em programas de iniciativa própria do Ministério da Educação e Cultura, de pesquisa, planejamento, currículos, material escolar, formação e aperfeiçoamento de pessoal docente e outros programas especiais relacionados com o ensino de 1.º Grau;

b) na concessão de auxílios, na forma do disposto nos arts. 42 e 54, e seus parágrafos, da Lei n. 5.692, de 11 de agosto de 1971, sempre respeitando critérios que levem em conta o grau de desenvolvimento econômico e social relativo, tal como especificados em Regulamento e, especialmente, os *deficits* de escolarização da população na faixa etária entre os 7 (sete) e os 14 (quatorze) anos, em cada Estado e Território e no Distrito Federal, de modo a contemplar os mais necessitados.

§ 3.º O INPS reterá, do montante recolhido, a título de taxa de administração, a importância equivalente a 1% (um por cento), depositando o restante no Banco do Brasil, para os fins previstos neste artigo.

Art. 3.º Ficam isentas do recolhimento do salário-educação:

I – as empresas que, obedecidas as normas que forem estabelecidas em Regulamento, mantenham, diretamente e às suas expensas, instituições de ensino de 1.º Grau ou programas de bolsas para seus empregados e os filhos destes;

II – as instituições públicas de ensino de qualquer grau, e as particulares, devidamente registradas e reconhecidas pela Administração Estadual de ensino;

III – as organizações hospitalares e de assistência social, desde que comprovem enquadrar-se nos benefícios da Lei n. 3.577, de 4 de julho de 1959;

IV – as organizações de fins culturais que, para este fim, vierem a ser definidas no Regulamento.

Art. 4.º O Ministério da Educação e Cultura fiscalizará a aplicação de todos os recursos provenientes do salário-educação, na forma do Regulamento e das instruções que para esse fim forem baixadas pelo Fundo Nacional de Desenvolvimento da Educação.

Art. 5.º O Poder Executivo baixará decreto aprovando Regulamento deste Decreto-lei, no prazo de 60 (sessenta) dias a contar de sua publicação.

Art. 6.º Este Decreto-lei entrará em vigor a 1.º de janeiro de 1976, revogadas a Lei n. 4.440, de 27 de outubro de 1964, e demais disposições em contrário.

Brasília, 23 de outubro de 1975; 154.º da Independência e 87.º da República.

Ernesto Geisel

LEI Nº 6.321, DE 14 DE ABRIL DE 1976

Dispõe sobre a dedução, do lucro tributável para fins de imposto sobre a renda das pessoas jurídicas, do dobro das despesas realizadas em programas de alimentação do trabalhador.

▸ *Lei do PAT*

O PRESIDENTE DA REPÚBLICA: faço saber que o CONGRESSO NACIONAL decreta e eu sanciono a seguinte Lei:

Art. 1º As pessoas jurídicas poderão deduzir do lucro tributável, para fins de apuração do imposto sobre a renda, o dobro das despesas comprovadamente realizadas no período-base em programas de alimentação do trabalhador previamente aprovados pelo Ministério do Trabalho e Previdência, na forma e de acordo com os limites dispostos no decreto que regulamenta esta Lei. *(Redação dada pela Lei 14.442/2022)*

§ 1º A dedução a que se refere o *caput* deste artigo não poderá exceder em cada exercício financeiro, isoladamente, a 5% (cinco por cento) e cumulativamente com a dedução de que trata a Lei nº 6.297, de 15 de dezembro de 1975, a 10% (dez por cento) do lucro tributável.

▸ *A Lei nº 9.532/1997, nos arts. 5º e 6º trata sobre a dedução do imposto de renda relativo aos incentivos fiscais previstos neste artigo.*

§ 2º As despesas não deduzidas no exercício financeiro correspondente poderão ser transferidas para dedução nos dois exercícios financeiros subsequentes.

§ 3º As despesas destinadas aos programas de alimentação do trabalhador deverão abranger exclusivamente o pagamento de refeições em restaurantes e estabelecimentos similares e a aquisição de gêneros alimentícios em estabelecimentos comerciais. *(Acrescido pela Lei 14.442/2022)*

§ 4º As pessoas jurídicas beneficiárias não poderão exigir ou receber: *(Acrescido pela Lei 14.442/2022)*

I - qualquer tipo de deságio ou imposição de descontos sobre o valor contratado;

II - prazos de repasse ou pagamento que descaracterizem a natureza pré-paga dos valores a serem disponibilizados aos trabalhadores; ou

III - outras verbas e benefícios diretos ou indiretos de qualquer natureza não vinculados diretamente à promoção de saúde e segurança alimentar do trabalhador, no âmbito do contrato firmado com empresas emissoras de instrumentos de pagamento de auxílio-alimentação.

§ 5º A vedação de que trata o § 4º deste artigo terá vigência conforme definido em regulamento para os programas de alimentação do trabalhador. *(Acrescido pela Lei 14.442/2022)*

Art. 1º-A. Os serviços de pagamentos de alimentação contratados para execução dos programas de alimentação de que trata esta Lei observarão o seguinte: *(Acrescido pela Lei 14.442/2022)*

I - a operacionalização por meio de arranjo de pagamento fechado ou aberto, devendo as empresas organizadas na forma de arranjo de pagamento fechado permitir a interoperabilidade entre si e com arranjos abertos, indistintamente, com o objetivo de compartilhar a rede credenciada de estabelecimentos comerciais, a partir de 1º de maio de 2023;

II - a portabilidade gratuita do serviço, mediante solicitação expressa do trabalhador, além de outras normas fixadas em decreto do Poder Executivo, a partir de 1º de maio de 2023;

III - (Vetado na Lei 14.442/2022)

Art. 2º Os programas de alimentação a que se refere o artigo anterior deverão conferir prioridade ao atendimento dos trabalhadores de baixa renda e limitar-se-ão aos contratos pela pessoa jurídica beneficiária.

§ 1º O Ministério do Trabalho articular-se-á com o Instituto Nacional de Alimentação e Nutrição – INAN, para efeito do exame e aprovação dos programas a que se refere a presente Lei. *(Renumerado pela Medida Provisória nº 2.164-41, de 2001)*

§ 2º As pessoas jurídicas beneficiárias do Programa de Alimentação do Trabalhador – PAT poderão estender o benefício previsto nesse Programa aos trabalhadores por elas dispensados, no período de transição para um novo emprego, limitada a extensão ao período de seis meses. *(Acrescentado pela Medida Provisória nº 2.164-41, de 2001)*

§ 3º As pessoas jurídicas beneficiárias do PAT poderão estender o benefício previsto nesse Programa aos empregados que estejam com contrato suspenso para participação em curso ou programa de qualificação profissional, limitada essa extensão ao período de cinco meses. *(Acrescentado pela Medida Provisória nº 2.164-41, de 2001)*

Art. 3º Não se inclui como salário de contribuição a parcela paga in natura, pela empresa, nos programas de alimentação aprovados pelo Ministério do Trabalho.

Art. 3º-A. A execução inadequada, o desvio ou o desvirtuamento das finalidades dos programas de alimentação do trabalhador pelas pessoas jurídicas beneficiárias ou pelas empresas registradas no Ministério do Trabalho e Previdência, sem prejuízo da aplicação de outras penalidades cabíveis pelos órgãos competentes, acarretarão: *(Acrescido pela Lei 14.442/2022)*

I - a aplicação de multa no valor de R$ 5.000,00 (cinco mil reais) a R$ 50.000,00 (cinquenta mil reais), a qual será aplicada em dobro em caso de reincidência ou de embaraço à fiscalização;

II - o cancelamento da inscrição da pessoa jurídica beneficiária ou do registro das empresas vinculadas aos programas de alimentação do trabalhador cadastradas no Ministério do Trabalho e Previdência, desde a data da primeira irregularidade passível de cancelamento, conforme estabelecido em ato específico; e

III - a perda do incentivo fiscal da pessoa jurídica beneficiária, em consequência do cancelamento previsto no inciso II deste *caput*.

§ 1º Os critérios de cálculo e os parâmetros de gradação da multa prevista no inciso I do *caput* deste artigo serão estabelecidos em ato do Ministro de Estado do Trabalho e Previdência.

§ 2º O estabelecimento que comercializa produtos não relacionados à alimentação do trabalhador e a empresa que o credenciou sujeitam-se à aplicação da multa prevista no inciso I do *caput* deste artigo.

§ 3º Na hipótese do cancelamento previsto no inciso II do *caput* deste artigo, novo registro ou inscrição perante o Ministério do Trabalho e Previdência somente poderá ser pleiteado decorrido o prazo a ser definido em regulamento.

Art. 4º O Poder Executivo regulamentará a presente Lei no prazo de 60 (sessenta) dias.

Art. 5º Esta Lei entrará em vigor na data de sua publicação, revogadas as disposições em contrário.

Brasília, 14 de abril de 1976; 155º da Independência e 88º da República.

Ernesto Geisel

PORTARIA N. 3.214, DE 8 DE JUNHO DE 1978

Aprova as Normas Regulamentadoras – NR – do Capítulo V, Título II, da Consolidação das Leis do Trabalho, relativas a Segurança e Medicina do Trabalho.

› *Aprova as Normas Regulamentadoras de nº 1 a 28*

O Ministro do Estado do Trabalho, no uso de suas atribuições legais, considerando o disposto no art. 200, da Consolidação das Leis do Trabalho, com redação dada pela Lei n. 6.514, de 22 de dezembro de 1977, resolve:

Art. 1.º Aprovar as Normas Regulamentadoras – NR – do Capítulo V, Título II, da Consolidação das Leis do Trabalho, relativas à Segurança e Medicina do Trabalho:

NORMAS REGULAMENTADORAS

NR – 1 – Disposições Gerais

NR – 2 – Inspeção Prévia

NR – 3 – Embargo e Interdição

NR – 4 – Serviço Especializado em Segurança e Medicina do Trabalho – SESMT

NR – 5 – Comissão Interna de Prevenção de Acidentes – CIPA

NR – 6 – Equipamento de Proteção Individual – EPI

NR – 7 – Exames Médicos

NR – 8 – Edificações

NR – 9 – Riscos Ambientais

NR – 10 – Instalações e Serviços de Eletricidade

NR – 11 – Transporte, Movimentação, Armazenagem e Manuseio de Materiais

NR – 12 – Máquinas e Equipamentos

NR – 13 – Vasos Sob Pressão

NR – 14 – Fornos

NR – 15 – Atividades e Operações Insalubre

NR – 16 – Atividades e Operações Perigosas

NR – 17 – Ergonomia

NR – 18 – Obras de Construção, Demolição, e Reparos

NR – 19 – Explosivos

NR – 20 – Combustíveis Líquidos e Inflamáveis

NR – 21 – Trabalhos a Céu Aberto

NR – 22 – Trabalhos Subterrâneos

NR – 23 – Proteção Contra Incêndios

NR – 24 – Condições Sanitárias dos Locais de Trabalho

NR – 25 – Resíduos Industriais

NR – 26 – Sinalização de Segurança

NR – 27 – Registro de Profissionais

NR – 28 – Fiscalização e Penalidades

NR – 29 – Segurança e Saúde no Trabalho Portuário

» NR aprovada pela Portaria n. 53, de 17-12-1997.

NR – 30 – Segurança e Saúde no Trabalho Aquaviário

» NR aprovada pela Portaria n. 425, de 7-10-2021.

NR – 31 – Segurança e Saúde no Trabalho na Agricultura, Pecuária, Silvicultura, Exploração Florestal e Aquicultura

» NR aprovada pela n. 22.677, de 22-10-2020.

NR – 32 – Segurança e Saúde no Trabalho em Serviços de Saúde

» NR aprovada pela Portaria n. 485, de 11-11-2005.

NR – 33 – Segurança e Saúde nos Trabalhos em Espaços Confinados

» NR aprovada pela Portaria n. 202, de 22-12-2006.

NR – 34 – Trabalho na Indústria Naval

» NR aprovada pela Portaria n. 200, de 20-1-2011.

NR – 35 – Trabalho em Altura

» NR aprovada pela Portaria n. 313, de 23-3-2012.

NR – 36 – Abate e Processamento de Carnes e Derivados

» NR aprovada pela Portaria n. 555, de 18-4-2013.

NR – 37 – Segurança e Saúde em Plataformas de Petróleo

» NR aprovada pela Portaria n. 90, de 18-1-2022.

NR-38 - Segurança e Saúde no Trabalho nas Atividades de Limpeza Urbana e Manejo de Resíduos Sólidos

» NR aprovada pela 4.101, de 16-12-2022

Art. 2.º As alterações posteriores, decorrentes da experiência e necessidade, serão baixadas pela Secretaria de Segurança e Medicina do Trabalho.

» Artigo revigorado pela Portaria n. 3.144, de 2-5-1989.

Art. 3.º Ficam revogadas as Portarias MTIC 31, de 6-4-54; 34, de 8-4-54; 30, de 7-2-58; 73, de 2-5-59; 1, de 5-1-60; 49, de 8-4-60; Portarias MTPS 46, de 19-2-62; 133, de 30-4-62; 1.032, de 11-11-64; 607, de 20-10-65; 491, de 10-9-65; 608, de 20-10-65; Portarias MTb 3.442, 23-12-74; 3.460, 31-12-75; 3.456, de 3-8-77; Portarias DNSHT 16, de 21-6-66; 6, de 26-1-67; 26, de 26-9-67; 8, de 7-5-68; 9, de 9-5-68; 20, de 6-5-70; 13, de 26-6-72; 15, de 18-8-72; 18, de 2-7-74; Portaria SRT 7, de 18-3-76, e demais disposições em contrário.

Art. 4.º As dúvidas suscitadas e os casos omissos serão decididos pela Secretaria de Segurança e Medicina do Trabalho.

» Artigo revigorado pela Portaria n. 3.144, de 2-5-1989.

Art. 5.º Esta Portaria entrará em vigor na data de sua publicação.

Arnaldo Prieto

NR 4

› *Serviços Especializados em Segurança e Medicina do Trabalho*

» **SUMÁRIO**

4.1. Objetivo

4.1.1. Esta Norma estabelece os parâmetros e os requisitos para constituição e manutenção dos Serviços Especializados em Segurança e Medicina do Trabalho – SESMT, com a finalidade de promover a saúde e proteger a integridade do trabalhador.

4.2. Campo de aplicação

4.2.1. As organizações e os órgãos públicos da administração direta e indireta, bem como os órgãos dos Poderes Legislativo e Judiciário e do Ministério Público, que possuam empregados regidos pelo Decreto-Lei n. 5.452, de 1.º de maio de 1943 – Consolidação das Leis do Trabalho – CLT, devem constituir e manter os SESMT, no local de trabalho, nos termos definidos nesta NR.

4.2.2. Nos termos previstos em lei, aplica-se o disposto nesta NR a outras relações jurídicas de trabalho.

4.3. Competência, composição e funcionamento

4.3.1. Compete aos SESMT:

a) elaborar ou participar da elaboração do inventário de riscos;

b) acompanhar a implementação do plano de ação do Programa de Gerenciamento de Riscos – PGR;

c) implementar medidas de prevenção de acordo com a classificação de risco do PGR e na ordem de prioridade estabelecida na Norma Regulamentadora n. 1 (NR-1) – Disposições Gerais e Gerenciamento de Riscos Ocupacionais;

d) elaborar plano de trabalho e monitorar metas, indicadores e resultados de segurança e saúde no trabalho;

e) responsabilizar-se tecnicamente pela orientação quanto ao cumprimento do disposto nas NR aplicáveis às atividades executadas pela organização;

f) manter permanente interação com a Comissão Interna de Prevenção de Acidentes e de Assédio – CIPA, quando existente;

» Alínea *f* com redação determinada pela Portaria n. 4.219, de 20-12-2022, em vigor a partir de 20-3-2023.

g) promover a realização de atividades de orientação, informação e conscientização dos trabalhadores para a prevenção de acidentes e doenças relacionadas ao trabalho;

h) propor, imediatamente, a interrupção das atividades e a adoção de medidas corretivas e/ou de controle quando constatar condições ou situações de trabalho que estejam associadas a grave e iminente risco para a segurança ou a saúde dos trabalhadores;

i) conduzir ou acompanhar as investigações dos acidentes e das doenças relacionadas ao trabalho, em conformidade com o previsto no PGR;

j) compartilhar informações relevantes para a prevenção de acidentes e de doenças relacionadas ao trabalho com outros SESMT de uma mesma organização, assim como a CIPA, quando por esta solicitado; e

k) acompanhar e participar nas ações do Programa de Controle Médico de Saúde Ocupacional – PCMSO, nos termos da Norma Regulamentadora n. 7 (NR-7).

4.3.2. O SESMT deve ser composto por médico do trabalho, engenheiro de segurança do trabalho, técnico de segurança do trabalho, enfermeiro do trabalho e auxiliar/técnico em enfermagem do trabalho, obedecido o Anexo II.

4.3.3. Os profissionais integrantes do SESMT devem possuir formação e registro profissional em conformidade com o disposto na regulamentação da profissão e nos instrumentos normativos emitidos pelo respectivo conselho profissional, quando existente.

4.3.4. O SESMT deve ser coordenado por um dos profissionais integrantes deste serviço.

4.3.5. O técnico de segurança do trabalho e o auxiliar/técnico de enfermagem do trabalho devem dedicar quarenta e quatro horas por semana para as atividades do SESMT, de acordo com o estabelecido no Anexo II, observadas as disposições, inclusive relativas à duração do trabalho, de legislação pertinente, de acordo ou de convenção coletiva de trabalho.

4.3.6. Na modalidade de SESMT individual, caso a organização possua mais de um técnico de segurança do trabalho, conforme dimensionamento previsto nesta NR, as escalas de trabalho devem ser estabelecidas de forma a garantir o atendimento por pelo menos um desses profissionais em cada turno que atingir cento e um ou mais trabalhadores, para a atividade de grau de risco 3, e cinquenta ou mais trabalhadores, para a atividade de grau de risco 4, sem implicar em acréscimo no número de profissionais previstos no Anexo II.

4.3.7. O engenheiro de segurança do trabalho, o médico do trabalho e o enfermeiro do trabalho devem dedicar, no mínimo, quinze horas (tempo parcial) ou trinta horas (tempo integral) por semana, para as atividades do SESMT, de acordo com o estabelecido no Anexo II, respeitada a legislação pertinente em vigor, durante o horário de expediente do estabelecimento.

4.3.7.1. Relativamente aos profissionais referidos no item 4.3.7, para cumprimento das atividades dos SESMT em tempo integral, a organização pode contratar mais de um profissional, desde que cada um dedique, no mínimo, a metade da carga horária semanal.

4.3.8. Aos profissionais do SESMT é vedado o exercício de atividades que não façam parte das atribuições previstas no item 4.3.1 desta NR e em outras NR, durante o horário de atuação neste serviço.

4.3.9. A organização deve garantir os meios e recursos necessários para o cumprimento dos objetivos e atribuições do SESMT.

4.4. Modalidades

4.4.1. O SESMT deve ser constituído nas modalidades individual, regionalizado ou estadual.

4.4.1.1. O SESMT, independentemente de sua modalidade, deve atender estabelecimentos da mesma unidade da federação, ressalvado o previsto no item 4.4.5.

4.4.2. A organização deve constituir SESMT individual quando possuir estabelecimento enquadrado no Anexo II desta NR.

4.4.3. A organização deve constituir SESMT regionalizado quando possuir estabelecimento que se enquadre no Anexo II e outro(s) estabelecimento(s) que não se enquadre(m), devendo o primeiro estender a assistência em segurança e saúde aos demais e considerar o somatório de trabalhadores atendidos no seu dimensionamento, bem como o disposto no item 4.5.1 e seus subitens.

4.4.3.1. Havendo mais de um estabelecimento que se enquadre no Anexo II, a empresa pode constituir mais de um SESMT regionalizado.

4.4.4. A organização deve constituir SESMT estadual quando o somatório de trabalhadores de todos os estabelecimentos da mesma unidade da federação alcance os limites previstos no Anexo II, desde que nenhum estabelecimento individualmente se enquadre, observado o disposto no item 4.5.1 e seus subitens.

4.4.5. Uma ou mais organizações de mesma atividade econômica, localizadas em um mesmo município ou em municípios limítrofes, ainda que em diferentes unidades da federação, cujos estabelecimentos se enquadrem no Anexo II, podem constituir SESMT compartilhado, organizado pelas próprias interessadas ou na forma definida em acordo ou convenção coletiva de trabalho.

4.4.5.1. O SESMT compartilhado pode ser estendido a organizações cujos estabelecimentos não se enquadrem no Anexo II, devendo considerar no dimensionamento o somatório dos trabalhadores assistidos e o disposto no item 4.5.1 e seus subitens.

4.4.5.2. Os trabalhadores assistidos pelo SESMT compartilhado não integram a base de cálculo para dimensionamento de outras modalidades de SESMT.

4.5. Dimensionamento

4.5.1. O dimensionamento do SESMT vincula-se ao número de empregados da organização e ao maior grau de risco entre a atividade econômica principal e atividade econômica preponderante no estabelecimento, nos termos dos Anexos I e II, observadas as exceções previstas nesta NR.

4.5.1.1. A atividade econômica principal é a constante no Cadastro Nacional de Pessoa Jurídica – CNPJ.

4.5.1.2. A atividade econômica preponderante é aquela que ocupa o maior número de trabalhadores.

4.5.1.2.1. Em atividades econômicas distintas com o mesmo número de trabalhadores, deve ser considerada como preponderante aquela com maior grau de risco.

4.5.2. Na contratação de empresa prestadora de serviços a terceiros, o SESMT da contratante deve ser dimensionado considerando o número total de empregados da contratante e trabalhadores das contratadas, quando o trabalho for realizado de forma não eventual nas dependências da contratante ou local previamente convencionado em contrato, observado o disposto no item 4.5.1 e seus subitens.

4.5.2.1. Considera-se, para fins desta NR, trabalho eventual aquele decorrente de evento futuro e incerto.

4.5.2.2. Excluem-se do dimensionamento do SESMT da contratante os trabalhadores das contratadas atendidos pelos SESMT das contratadas.

4.5.3. O dimensionamento do SESMT regionalizado ou estadual com estabelecimentos de graus de risco diversos deve considerar o somatório dos trabalhadores de todos os estabelecimentos atendidos.

4.5.3.1. Para estabelecimentos graus de risco 1 e 2 de Microempresas – ME e Empresas de Pequeno Porte – EPP, deve ser considerado o somatório da metade do número de trabalhadores desses estabelecimentos.

4.5.4. Para fins de dimensionamento, os canteiros de obras e as frentes de trabalho com menos de mil trabalhadores e situados na mesma unidade da federação não são considerados como estabelecimentos, mas como integrantes da empresa de engenharia principal responsável, a quem cabe organizar os SESMT.

4.5.4.1. Para fins de aplicação do item 4.5.4:

a) os engenheiros de segurança do trabalho, os médicos do trabalho e os enfermeiros do trabalho podem ficar centralizados; e

b) o dimensionamento para os técnicos de segurança do trabalho e auxiliares/técnicos de enfermagem do trabalho deve ser feito por canteiro de obra ou frente de trabalho, conforme o Anexo II.

4.5.4.2. A organização deve garantir que o SESMT atenda, no exercício de suas competências, a todos os canteiros de obras e frentes de trabalho.

4.5.5. Quando se tratar de empreiteiras, considera-se estabelecimento, para fins de aplicação desta NR, o local em que os seus empregados estiverem exercendo suas atividades.

4.5.6. Para as organizações que já possuem SESMT constituído, em qualquer uma das suas modalidades, em caso de aumento no dimensionamento decorrente da contratação de trabalhadores por prazo determinado, o SESMT deve ser complementado durante o período de aumento para atender ao disposto no Anexo II.

4.6. Registro

4.6.1. A organização deve registrar os SESMT de que trata esta NR por meio de sistema eletrônico disponível no portal gov.br.

4.6.1.1. A organização deve informar e manter atualizados os seguintes dados:

a) número de Cadastro de Pessoa Física – CPF dos profissionais integrantes do SESMT;

b) qualificação e número de registro dos profissionais;

c) grau de risco estabelecido, conforme item 4.5.1 e seus subitens e o número de trabalhadores atendidos, por estabelecimento; e

d) horário de trabalho dos profissionais do SESMT.

4.7. Disposições finais

4.7.1. As organizações que forem obrigadas a constituir SESMT, nos termos desta NR, e Serviço Especializado em Segurança e Saúde no Trabalho Rural – SESTR, nos termos da Norma Regulamentadora n. 31 (NR-31) – Segurança e Saúde no Trabalho na Agricultura, Pecuária, Silvicultura, Exploração Florestal e Aquicultura, podem optar em constituir apenas um destes serviços, considerando o somatório de trabalhadores de ambas as atividades.

4.7.2. A organização que constituir SESMT é responsável pelo cumprimento desta NR, devendo assegurar a isenção técnica e o exercício profissional dos integrantes do SESMT.

4.7.3. A organização deve indicar, entre os médicos do SESMT, um responsável pelo PCMSO.

▸ Deixamos de publicar os anexos dessa norma.

NR 5

▸ *Comissão Interna de Prevenção de Acidentes e de Assédio – CIPA*

» Título com redação determinada pela Portaria n. 4.219, de 20-12-2022, em vigor a partir de 20-3-2023.

SUMÁRIO

5.1. Objetivo

5.1.1 Esta norma regulamentadora – NR estabelece dos parâmetros e os requisitos da Comissão Interna de Prevenção de Acidentes e de Assédio – CIPA tendo por objetivo a prevenção de acidentes e doenças relacionadas ao trabalho, de modo a tornar compatível permanentemente o trabalho com a preservação da vida e promoção da saúde do trabalhador.

» Item 5.1.1 com redação determinada pela Portaria n. 4.219, de 20-12-2022, em vigor a partir de 20-3-2023.

5.2. Campo de aplicação

5.2.1. As organizações e os órgãos públicos da administração direta e indireta, bem como os órgãos dos Poderes Legislativo, Judiciário e Ministério Público, que possuam empregados regidos pela Consolidação das Leis do Trabalho – CLT, devem constituir e manter CIPA.

5.2.2. Nos termos previstos em lei, aplica-se o disposto nesta NR a outras relações jurídicas de trabalho.

5.3. Atribuições

5.3.1. A CIPA tem por atribuição:

a) acompanhar o processo de identificação de perigos e avaliação de riscos, bem como a adoção de medidas de prevenção implementadas pela organização;

b) registrar a percepção dos riscos dos trabalhadores, em conformidade com o subitem 1.5.3.3 da NR-01, por meio do mapa de risco ou outra técnica ou ferramenta apropriada à sua escolha, sem ordem de preferência, com assessoria do Serviço Especializado em Segurança e em Medicina do Trabalho – SESMT, onde houver;

c) verificar os ambientes e as condições de trabalho, visando identificar situações que possam trazer riscos para a segurança e saúde dos trabalhadores;

d) elaborar e acompanhar plano de trabalho que possibilite a ação preventiva em segurança e saúde no trabalho;

e) participar no desenvolvimento e implementação de programas relacionados à segurança e saúde no trabalho;

f) acompanhar a análise dos acidentes e doenças relacionadas ao trabalho, nos termos da NR-1, e propor, quando for o caso, medidas para a solução dos problemas identificados;

g) requisitar à organização as informações sobre questões relacionadas à segurança e saúde dos trabalhadores, incluindo as Comunicações de Acidente de Trabalho – CAT emitidas pela organização, resguardados o sigilo médico e as informações pessoais;

h) propor ao SESMT, quando houver, ou à organização, a análise das condições ou situações de trabalho nas quais considere haver risco grave e iminente à segurança e saúde dos trabalhadores e, se for o caso, a interrupção das atividades até a adoção das medidas corretivas e de controle;

i) promover, anualmente, em conjunto com o SESMT, onde houver, a Semana Interna de Prevenção de Acidentes do Trabalho – SIPAT, conforme programação definida pela CIPA;

j) incluir temas referentes à prevenção e ao combate ao assédio sexual e a outras formas de violência no trabalho nas suas atividades e práticas.

» Alínea *j* acrescentada pela Portaria n. 4.219, de 20-12-2022, em vigor a partir de 20-3-2023.

5.3.2. Cabe à organização:

a) proporcionar aos membros da CIPA os meios necessários ao desempenho de suas atribuições, garantindo tempo suficiente para a realização das tarefas constantes no plano de trabalho;

b) permitir a colaboração dos trabalhadores nas ações da CIPA; e

c) fornecer à CIPA, quando requisitadas, as informações relacionadas às suas atribuições.

5.3.3. Cabe aos trabalhadores indicar à CIPA, ao SESMT e à organização situações de riscos e apresentar sugestões para melhoria das condições de trabalho.

5.3.4. Cabe ao Presidente da CIPA:

a) convocar os membros para as reuniões; e

b) coordenar as reuniões, encaminhando à organização e ao SESMT, quando houver, as decisões da comissão.

5.3.5. Cabe ao Vice-Presidente substituir o Presidente nos seus impedimentos eventuais ou nos seus afastamentos temporários.

5.3.6. O Presidente e o Vice-Presidente da CIPA, em conjunto, terão as seguintes atribuições de:

a) coordenar e supervisionar as atividades da CIPA, zelando para que os objetivos propostos sejam alcançados; e

b) divulgar as decisões da CIPA a todos os trabalhadores do estabelecimento.

5.4. Constituição e estruturação

5.4.1. A CIPA será constituída por estabelecimento e composta de representantes da organização e dos empregados, de acordo com o dimensionamento previsto no Quadro I desta NR, ressalvadas as disposições para setores econômicos específicos.

5.4.2. A CIPA das organizações que operem em regime sazonal devem ser dimensionadas tomando-se por base a média aritmética do número de trabalhadores do ano civil anterior e obedecido o Quadro I desta NR.

5.4.3. Os representantes da organização na CIPA, titulares e suplentes, serão por ela designados.

5.4.4. Os representantes dos empregados, titulares e suplentes, serão eleitos em escrutínio secreto, do qual participem, independentemente de filiação sindical, exclusivamente os empregados interessados.

5.4.5. A organização designará dentre seus representantes o Presidente da CIPA, e os representantes eleitos dos empregados escolherão dentre os titulares o vice-presidente.

5.4.6. O mandato dos membros eleitos da CIPA terá a duração de um ano, permitida uma reeleição.

5.4.7. Os membros da CIPA, eleitos e designados, serão empossados no primeiro dia útil após o término do mandato anterior.

5.4.8. A organização deve fornecer cópias das atas de eleição e posse aos membros titulares e suplentes da CIPA.

5.4.9. Quando solicitada, a organização encaminhará a documentação referente ao processo eleitoral da CIPA, podendo ser em meio eletrônico, ao sindicato dos trabalhadores da categoria preponderante, no prazo de até 10 (dez) dias.

5.4.10. A CIPA não poderá ter seu número de representantes reduzido, bem como não poderá ser desativada pela organização, antes do término do mandato de seus membros, ainda que haja redução do número de empregados, exceto no caso de encerramento das atividades do estabelecimento.

5.4.11. É vedada à organização, em relação ao integrante eleito da CIPA:

a) a alteração de suas atividades normais na organização que prejudique o exercício de suas atribuições; e *b)* a transferência para outro estabelecimento, sem a sua anuência, ressalvado o disposto nos parágrafos primeiro e segundo do art. 469 da CLT.

5.4.12. É vedada a dispensa arbitrária ou sem justa causa do empregado eleito para cargo de direção da CIPA, desde o registro de sua candidatura até um ano após o final de seu mandato.

5.4.12.1. O término do contrato de trabalho por prazo determinado não caracteriza dispensa arbitrária ou sem justa causa do empregado eleito para cargo de direção da CIPA.

5.4.13. Quando o estabelecimento não se enquadrar no Quadro I e não for atendido por SESMT, nos termos da Norma Regulamentadora nº 4 (NR-04), a organização nomeará um representante da organização dentre seus empregados para auxiliar na execução das ações de prevenção em segurança e saúde no trabalho, podendo ser adotados mecanismos de participação dos empregados, por meio de negociação coletiva.

5.4.13.1. No caso de atendimento pelo SESMT, este deverá desempenhar as atribuições da CIPA.

5.4.13.2. O microempreendedor individual – MEI está dispensado de nomear o representante previsto no item 5.4.13.

5.4.14. A nomeação de empregado como representante da NR-05 e sua forma de atuação devem ser formalizadas anualmente pela organização.

5.4.15. A nomeação de empregado como representante da organização não impede o seu ingresso na CIPA, quando da sua constituição, seja como representante do empregador ou como dos empregados.

5.5. Processo eleitoral

5.5.1. Compete ao empregador convocar eleições para escolha dos representantes dos empregados na CIPA, no prazo mínimo de 60 (sessenta) dias antes do término do mandato em curso.

5.5.1.1. A organização deve comunicar, com antecedência, podendo ser por meio eletrônico, com confirmação de entrega, o início do processo eleitoral ao sindicato da categoria preponderante.

5.5.2. O Presidente e o Vice-Presidente da CIPA constituirão dentre seus membros a comissão eleitoral, que será a responsável pela organização e acompanhamento do processo eleitoral.

5.5.2.1. Nos estabelecimentos onde não houver CIPA, a comissão eleitoral será constituída pela organização.

5.5.3. O processo eleitoral deve observar as seguintes condições:

a) publicação e divulgação de edital de convocação da eleição e abertura de prazos para inscrição de candidatos, em locais de fácil acesso e visualização, podendo ser em meio físico ou eletrônico;

b) inscrição e eleição individual, sendo que o período mínimo para inscrição será de 15 (quinze) dias corridos;

c) liberdade de inscrição para todos os empregados do estabelecimento, independentemente de setores ou locais de trabalho, com fornecimento de comprovante em meio físico ou eletrônico;

d) garantia de emprego até a eleição para todos os empregados inscritos;

e) publicação e divulgação da relação dos empregados inscritos, em locais de fácil acesso e visualização, podendo ser em meio físico ou eletrônico;

f) realização da eleição no prazo mínimo de 30 (trinta) dias antes do término do mandato da CIPA, quando houver;

g) realização de eleição em dia normal de trabalho, respeitando os horários de turnos e em horário que possibilite a participação da maioria dos empregados do estabelecimento;

h) voto secreto;

i) apuração dos votos, em horário normal de trabalho, com acompanhamento de representante da organização e dos empregados, em número a ser definido pela comissão eleitoral, facultado o acompanhamento dos candidatos; e

j) organização da eleição por meio de processo que garanta tanto a segurança do sistema como a confidencialidade e a precisão do registro dos votos.

5.5.4. Havendo participação inferior a cinquenta por cento dos empregados na votação, não haverá a apuração dos votos e a comissão eleitoral deverá prorrogar o período de votação para o dia subsequente, computando-se os votos já registrados no dia anterior, a qual será considerada válida com a participação de, no mínimo, um terço dos empregados.

5.5.4.1. Constatada a participação inferior a um terço dos empregados no segundo dia de votação, não haverá a apuração dos votos e a comissão eleitoral deverá prorrogar o período de votação para o dia subsequente, computando-se os votos já registrados nos dias anteriores, a qual será considerada válida com a participação de qualquer número de empregados.

5.5.4.2. A prorrogação referida nos subitens 5.5.4 e 5.5.4.1 deve ser comunicada ao sindicato da categoria profissional preponderante.

5.5.5. As denúncias sobre o processo eleitoral deverão ser protocolizadas na unidade descentralizada de inspeção do trabalho, até 30 (trinta) dias após a data da divulgação do resultado da eleição da CIPA.

5.5.5.1. Compete à autoridade máxima regional em matéria de inspeção do trabalho, confirmadas irregularidades no processo eleitoral, determinar a sua correção ou proceder à anulação, quando for o caso.

5.5.5.2. Em caso de anulação somente da votação, a organização convocará nova votação no prazo de 10 (dez) dias, a contar da data de ciência, garantidas as inscrições anteriores.

5.5.5.3. Nos demais casos, a decisão da autoridade máxima regional em matéria de inspeção do trabalho determinará os atos atingidos, as providências, e os prazos a serem adotados, atendidos os prazos previstos nesta NR.

5.5.5.4. Quando a anulação se der antes da posse dos membros da CIPA, ficará assegurada a prorrogação do mandato anterior, quando houver, até a complementação do processo eleitoral.

5.5.6. Assumirão a condição de membros titulares e suplentes os candidatos mais votados.

5.5.7. Em caso de empate, assumirá aquele que tiver maior tempo de serviço no estabelecimento.

5.5.8. Os candidatos votados e não eleitos serão relacionados na ata de eleição e apuração, em ordem decrescente de votos, possibilitando nomeação posterior, em caso de vacância de suplentes.

5.6. Funcionamento

5.6.1. A CIPA terá reuniões ordinárias mensais, de acordo com o calendário preestabelecido.

5.6.1.1. A critério da CIPA, nas Microempresas – ME e Empresas de Pequeno Porte – EPP, graus de risco 1 e 2, as reuniões poderão ser bimestrais.

5.6.2. As reuniões ordinárias da CIPA serão realizadas na organização, preferencialmente, de forma presencial, podendo a participação ocorrer de forma remota.

5.6.2.1. A data e horário das reuniões serão acordadas entre os seus membros, observando os turnos e as jornadas de trabalho.

5.6.3. As reuniões da CIPA terão atas assinadas pelos presentes.

5.6.3.1. As atas das reuniões devem ser disponibilizadas a todos os integrantes da CIPA, podendo ser por meio eletrônico.

5.6.3.2. As deliberações e encaminhamentos das reuniões da CIPA devem ser disponibilizadas a todos os empregados, em quadro de aviso ou por meio eletrônico.

5.6.4. As reuniões extraordinárias devem ser realizadas quando:

a) ocorrer acidente do trabalho grave ou fatal; ou

b) houver solicitação de uma das representações.

5.6.5. Para cada reunião ordinária ou extraordinária, os membros da CIPA designarão o secretário responsável por redigir a ata.

5.6.6. O membro titular perderá o mandato, sendo substituído por suplente, quando faltar a mais de quatro reuniões ordinárias sem justificativa.

5.6.7. A vacância definitiva de cargo, ocorrida durante o mandato, será suprida por suplente, obedecida a ordem de colocação decrescente que consta na ata de eleição, devendo os motivos ser registrados em ata de reunião.

5.6.7.1. Caso não existam mais suplentes, durante os primeiros 6 (seis) meses do mandato, a organização deve realizar eleição extraordinária para suprir a vacância, que somente será considerada válida com a participação de, no mínimo, um terço dos trabalhadores.

5.6.7.1.1. Os prazos da eleição extraordinária serão reduzidos à metade dos prazos previstos no processo eleitoral definidos nesta NR.

5.6.7.1.2. As demais exigências estabelecidas para o processo eleitoral devem ser atendidas.

5.6.7.2. No caso de afastamento definitivo do presidente, a organização indicará o substituto, em dois dias úteis, preferencialmente entre os membros da CIPA.

5.6.7.3. No caso de afastamento definitivo do vice-presidente, os membros titulares da representação dos empregados, escolherão o substituto, entre seus titulares, em dois dias úteis.

5.6.7.4. O mandato do membro eleito em processo eleitoral extraordinário deve ser compatibilizado com o mandato dos demais membros da Comissão.

5.6.7.5. O treinamento de membro eleito em processo extraordinário deve ser realizado no prazo máximo de 30 (trinta) dias, contados a partir da data da posse.

5.6.8. As decisões da CIPA serão, preferencialmente, por consenso.

5.6.8.1. Não havendo consenso, a CIPA deve regular o procedimento de votação e o pedido de reconsideração da decisão.

5.7. Treinamento

5.7.1 A organização deve promover treinamento para o representante nomeado da NR-5 e para os membros da CIPA, titulares e suplentes, antes da posse.

5.7.1.1 O treinamento de CIPA em primeiro mandato será realizado no prazo máximo de 30 (trinta) dias, contados a partir da data da posse.

5.7.2. O treinamento deve contemplar, no mínimo, os seguintes itens:

a) estudo do ambiente, das condições de trabalho, bem como, dos riscos originados do processo produtivo;

b) noções sobre acidentes e doenças relacionadas ao trabalho, decorrentes das condições de trabalho e da exposição aos riscos existentes no estabelecimento e suas medidas de prevenção;

c) metodologia de investigação e análise de acidentes e doenças relacionadas ao trabalho;

d) princípios gerais de higiene do trabalho e de medidas de prevenção dos riscos;

e) noções sobre as legislações trabalhista e previdenciária relativas à segurança e saúde no trabalho;

f) noções sobre a inclusão de pessoas com deficiência e reabilitados nos processos de trabalho;

g) organização da CIPA e outros assuntos necessários ao exercício das atribuições da Comissão; e

h) prevenção e combate ao assédio sexual e a outras formas de violência no trabalho.

» Alínea *h* acrescentada pela Portaria n. 4.219, de 20-12-2022, em vigor a partir de 20-3-2023.

5.7.3 O treinamento realizado há menos de 2 (dois) anos contados da conclusão do curso pode ser aproveitado na mesma organização, observado o estabelecido na NR-1.

5.7.4. O treinamento deve ter carga horária mínima de:

a) 8 (oito) horas para estabelecimentos de grau de risco 1;

b) 12 (doze) horas para estabelecimentos de grau de risco 2;

c) 16 (dezesseis) horas para estabelecimentos de grau de risco 3; e

d) 20 (vinte) horas para estabelecimentos de grau de risco 4.

5.7.4.1 A carga horária do treinamento deve ser distribuída em no máximo 8 (oito) horas diárias.

5.7.4.2. Para a modalidade presencial deve ser observada a seguinte carga horária mínima do treinamento:

a) 4 (quatro) horas para estabelecimentos de grau de risco 2; e

b) 8 (oito) horas para estabelecimentos de grau de risco 3 e 4.

5.7.4.3 A carga horária do treinamento dos estabelecimentos de grau de risco 1 e do representante nomeado da NR-05 podem ser realizadas integralmente na modalidade de ensino à distância ou semipresencial, nos termos da NR-01.

5.7.4.4. O treinamento realizado integralmente na modalidade de ensino à distância deve contemplar os riscos específicos do estabelecimento, nos termos do subitem 5.7.2.

5.7.4.5. O integrante do SESMT fica dispensado do treinamento da CIPA.

5.8. CIPA das organizações contratadas para prestação de serviços

5.8.1 A organização de prestação de serviços deve constituir CIPA centralizada quando o número total de seus empregados na Unidade da Federação se enquadrar no Quadro I desta NR.

5.8.1.1 Quando a organização contratada para prestação de serviços a terceiros exercer suas atividades em estabelecimento de contratante enquadrado em grau de riscos 3 ou 4 e o número total de seus empregados no estabelecimento da contratante se enquadrar no Quadro I desta NR, deve constituir CIPA própria neste estabelecimento, considerando o grau de risco da contratante.

5.8.1.1.1 A organização contratada está dispensada da constituição da CIPA própria no caso de prestação de serviços a terceiros com até 180 (centro e oitenta) dias de duração.

5.8.1.2. O número total de empregados da organização contratada para prestação de serviços, para efeito de dimensionamento da CIPA centralizada, deve desconsiderar os empregados alcançados por CIPA própria.

5.8.2 A organização contratada para prestação de serviços, quando desobrigada de constituir CIPA própria, deve nomear um representante da NR-5 para cumprir os objetivos desta NR se possuir 5 (cinco) ou mais empregados no estabelecimento da contratante.

5.8.2.1. A nomeação de representante da NR-05 em estabelecimento onde há empregado membro de CIPA centralizada é dispensada.

5.8.2.2. O estabelecido no subitem 5.8.2 não exclui o disposto no subitem 5.4.13 quanto ao estabelecimento sede da organização contratada para a prestação de serviços.

5.8.2.3. A nomeação do representante da organização contratada para a prestação de serviços deve ser feita entre os empregados que exercem suas atividades no estabelecimento.

5.8.3. A organização contratada para a prestação de serviços deve garantir que a CIPA centralizada mantenha interação entre os estabelecimentos nos quais possua empregados.

5.8.3.1 A organização deve garantir a participação dos representantes nomeados da NR-05 nas reuniões da CIPA centralizada.

5.8.3.2. A organização deve dar condições aos integrantes da CIPA centralizada de atuarem nos estabelecimentos que não possuem representante nomeado da NR-05, atendido o disposto no subitem 5.6.2.

5.8.4 O representante nomeado da NR-05 das organizações contratadas para a prestação de serviço deve participar de treinamento de acordo com o grau de risco da contratante.

5.8.5 A CIPA da prestadora de serviços a terceiros constituída nos termos do subitem 5.8.1.1 será considerada encerrada, para todos os efeitos, quando encerradas as suas atividades no estabelecimento.

5.8.6 A organização contratante deve exigir da organização prestadora de serviços a nomeação do representante da NR-05 prevista no subitem 5.8.2.

5.8.7. A contratante deve convidar a contratada para participar da reunião da CIPA da contratante, com a finalidade de integrar as ações de prevenção, sempre que as organizações atuarem em um mesmo estabelecimento.

5.8.7.1 A contratada deve indicar um representante da CIPA ou o representante nomeado da NR05 para participar da reunião da CIPA da contratante.

5.9. Disposições finais

5.9.1 A contratante adotará medidas para que as contratadas, suas CIPA, os representantes nomeados da NR-05 e os demais trabalhadores lotados naquele estabelecimento recebam informações sobre os riscos presentes nos ambientes de trabalho, bem como sobre as medidas de prevenção, em conformidade com o Programa de Gerenciamento de Riscos, previsto na NR-01.

5.9.2 Toda a documentação referente à CIPA deve ser mantida no estabelecimento à disposição da inspeção do trabalho pelo prazo mínimo de 5 (cinco) anos.

5.9.3 Em havendo alteração do grau de risco do estabelecimento, o redimensionamento da CIPA deve ser efetivado na próxima eleição.

QUADRO I
DIMENSIONAMENTO DA CIPA

		NÚMERO DE EMPREGADOS NO ESTABELECIMENTO													
GRAU de RISCO*	Nº de INTEGRANTES da CIPA	0 a 19	20 a 29	30 a 50	51 a 80	81 a 100	101 a 120	121 a 140	141 a 300	301 a 500	501 a 1000	1001 a 2500	2501 a 5000	5001 a 10.000	Acima de 10.000 para cada grupo de 2500 acrescentar
1	Efetivos					1	1	1	1	2	4	5	6	8	1

LEGISLAÇÃO COMPLEMENTAR

	Suplentes					1	1	1	1	2	3	4	5	6	1
2	Efetivos				1	1	2	2	3	4	5	6	8	10	1
	Suplentes				1	1	1	1	2	3	4	5	6	8	1
3	Efetivos		1	1	2	2	2	3	4	5	6	8	10	12	2
	Suplentes		1	1	1	1	1	2	2	4	4	6	8	8	2
4	Efetivos		1	2	3	3	4	4	4	5	6	9	11	13	2
	Suplentes		1	1	2	2	2	2	3	4	5	7	8	10	2

*Grau de Risco conforme estabelecido no Quadro I da NR-4 – Relação da Classificação Nacional de Atividades Econômicas – CNAE (Versão 2.0), com correspondente Grau de Risco – GR para fins de dimensionamento do Serviço Especializado em Segurança e em Medicina do Trabalho – SESMT.

» Havia aqui os Quadros II e III, não previstos pela Portaria n. 422, de 7-10-2021.

ANEXO I
DA NR-5 – CIPA DA INDÚSTRIA DA CONSTRUÇÃO

Sumário

1. Objetivo
2. Campo de aplicação
3. Disposições gerais

1. Objetivo

1.1 Este anexo estabelece requisitos específicos para a Comissão Interna de Prevenção de Acidentes e de Assédio – CIPA da indústria da construção.

» Item 1.1 com redação determinada pela Portaria n. 4.219, de 20-12-2022, em vigor a partir de 20-3-2023.

2. Campo de aplicação

2.1 As disposições estabelecidas neste Anexo se aplicam às organizações previstas no subitem 18.2.1 da Norma Regulamentadora nº 18 - CONDIÇÕES DE SEGURANÇA E SAÚDE NO TRABALHO NA INDÚSTRIA DA CONSTRUÇÃO.

3. Disposições gerais

3.1 A organização responsável pela obra deve constituir a CIPA por canteiro de obras quando o número de empregados se enquadrar no dimensionamento previsto no Quadro I da NR05, observadas as disposições gerais dessa Norma.

3.1.1 Quando o canteiro de obras não se enquadrar no dimensionamento previsto no Quadro I da NR-05, a organização responsável pela obra deverá nomear entre seus empregados do local, no mínimo, um representante para cumprir os objetivos da NR-05.

3.1.2. A organização responsável pela obra está dispensada de constituir CIPA por frente de trabalho.

3.1.3 Quando existir frente de trabalho, independentemente da quantidade de empregados próprios no local, a organização responsável pela obra deverá nomear, entre seus empregados, no mínimo, um representante, que exerça suas atividades na frente de trabalho ou no canteiro de obras, para cumprir os objetivos da NR-05.

3.1.3.1. O representante nomeado da organização responsável pela obra pode ser nomeado como representante para mais de uma frente de trabalho.

3.2 Havendo no canteiro de obras ou na frente de trabalho organização prestadora de serviços a terceiros, essa deve nomear, no mínimo, um representante da NR-05, quando possuir cinco ou mais empregados próprios no local.

3.2.1 A nomeação do representante da NR-05 da organização prestadora de serviços a terceiros, no canteiro de obras ou na frente de trabalho, deve ser feita entre os empregados que obrigatoriamente exercem suas atividades no local.

3.2.2 A organização responsável pela obra deve exigir da organização prestadora de serviços a terceiros que presta serviços no canteiro de obras ou na frente de trabalho a nomeação do representante da NR-05, quando essa alcançar o mínimo previsto no item 3.2.

3.2.3 A organização que presta serviços a terceiros nos canteiros de obras ou frentes de trabalho, quando o dimensionamento se enquadrar no Quadro I da NR-05, considerando o número total de empregados nos diferentes locais de trabalho, deve constituir uma CIPA centralizada.

3.2.3.1 O dimensionamento da CIPA centralizada da organização prestadora de serviços a terceiros nos canteiros de obras ou frentes de trabalho deve levar em consideração o número de empregados da organização distribuídos nos diferentes locais de trabalho onde presta serviços, tendo como limite territorial, para o dimensionamento da CIPA Centralizada, a Unidade da Federação.

3.2.3.1.1. A organização deve garantir que a CIPA centralizada mantenha interação entre os canteiros de obras e frentes de trabalho onde atua na unidade da Federação.

3.3 Obras com até 180 (cento e oitenta) dias de duração estão dispensadas da constituição da CIPA, devendo a Comunicação Prévia de Obra ser enviada ao sindicato dos trabalhadores da categoria preponderante do local, no prazo máximo de 10 (dez) dias, a partir de seu registro eletrônico no Sistema de Comunicação Prévia de Obras - SCPO.

3.3.1 Para obras com até 180 (cento e oitenta) dias de duração, a organização responsável pela obra deverá nomear, no mínimo, um representante da NR-05, aplicando-se o disposto no subitem 3.1.2 quando existir frente de trabalho.

3.3.2 Para obras com até 180 (cento e oitenta) dias de duração, havendo no canteiro de obras ou na frente de trabalho organização prestadora de serviços a terceiros, essa deverá nomear, no mínimo, um representante da NR-05, quando possuir cinco ou mais empregados próprios no local.

3.4 A escolha do representante nomeado da NR-05 compete à organização, observado o disposto nos itens 5.4.14 e 5.4.15.

3.4.1 A organização deve fornecer ao representante nomeado da NR-05 cópia da sua nomeação.

3.5. Os membros da CIPA do canteiro de obras devem participar de treinamento, conforme estabelecido nesta Norma.

3.5.1. O representante nomeado deve participar de treinamento, com carga horária mínima de oito horas, considerando o disposto no item 1.7 da NR-1 e observadas as disposições gerais dessa Norma, com o seguinte conteúdo:

a) noções de prevenção de acidentes e doenças relacionadas ao trabalho;

b) estudo do ambiente e das condições de trabalho, dos riscos originados no processo produtivo e das medidas de prevenção, de acordo com a etapa da obra; e

c) noções sobre a legislação trabalhista e previdenciária relativas à segurança e saúde no trabalho; e

d) prevenção e combate ao assédio sexual e a outras formas de violência no trabalho.

» Alínea *d* acrescentada pela Portaria n. 4.219, de 20-12-2022, em vigor a partir de 20-3-2023.

3.5.1.1 A validade do treinamento do representante nomeado da NR-05 deverá atender ao disposto nessa Norma, podendo ser, dentro do prazo de validade e para a organização que promoveu o treinamento, aproveitado em diferentes canteiros de obras ou frentes de trabalho.

3.5.1.2 É permitida a convalidação do treinamento do representante nomeado da NR-05 por diferentes organizações, desde que atendido o disposto no item 1.7 da NR-01.

3.6 A organização responsável pela obra deve coordenar, observadas as disposições gerais dessa Norma, o trabalho da CIPA, quando existente no canteiro de obras, e, quando aplicável, do representante nomeado da NR-05.

3.6.1 A organização responsável pela obra deve promover a integração entre a CIPA, quando existente, e o representante nomeado da NR-05, quando aplicável, no canteiro de obras e na frente de trabalho, observadas as disposições gerais dessa Norma.

3.6.2. A participação dos membros da CIPA e do representante nomeado da NR-05 nas reuniões, para cumprir os objetivos dessa Norma, deve atender ao disposto em sua parte geral.

3.7. A CIPA do canteiro de obras será considerada encerrada, para todos os efeitos, quando as atividades da obra forem finalizadas.

3.7.1. Consideram-se finalizadas as atividades da obra, para os efeitos de aplicação do disposto nessa Norma, quando todas as suas etapas previstas em projetos estiverem concluídas.

3.7.2. A conclusão da obra deverá ser formalizada em documento próprio pelo responsável técnico da obra e cuja cópia deve ser encaminhada – física ou eletronicamente – ao sindicato da categoria dos trabalhadores predominante no estabelecimento.

NR 6

› *Equipamentos de Proteção Individual – EPI*

» SUMÁRIO

6.1. Objetivo

6.1.1. O objetivo desta Norma Regulamentadora – NR é estabelecer os requisitos para aprovação, comercialização, fornecimento e utilização de Equipamentos de Proteção Individual – EPI.

6.2. Campo de aplicação

6.2.1. As disposições desta NR se aplicam às organizações que adquiram EPI, aos trabalhadores que os utilizam, assim como aos fabricantes e importadores de EPI.

6.2.1.1. Para os fins de aplicação desta NR considera-se fabricante a pessoa jurídica estabelecida em território nacional que fabrica o EPI ou o manda projetar ou fabricar, assumindo a responsabilidade pela fabricação, desempenho, garantia e assistência técnica pós-venda, e que o comercializa sob seu nome ou marca.

6.2.1.2. Para os fins de aplicação desta NR considera-se importador a pessoa jurídica estabelecida em território nacional que, sob seu nome ou marca, importa e assume a responsabilidade pela comercialização, desempenho, garantia e assistência técnica pós-venda do EPI.

6.2.1.2.1. Equiparam-se a importador o adquirente da importação por conta e ordem de terceiro e o encomendante predeterminado da importação por encomenda previstos na legislação nacional.

6.3. Disposições gerais

6.3.1. Para os fins de aplicação desta NR considera-se EPI o dispositivo ou produto de uso individual utilizado pelo trabalhador, concebido e fabricado para oferecer proteção contra os riscos ocupacionais existentes no ambiente de trabalho, conforme previsto no Anexo I.

6.3.2. Entende-se como Equipamento Conjugado de Proteção Individual todo aquele utilizado pelo trabalhador, composto por vários dispositivos que o fabricante tenha conjugado contra um ou mais riscos ocupacionais existentes no ambiente de trabalho.

6.3.3. As solicitações para que os produtos que não estejam relacionados no Anexo I sejam considerados como EPI, bem como as propostas para reexame daqueles ora elencados, devem ser avaliadas pelo órgão de âmbito nacional competente em matéria de segurança e saúde no trabalho.

6.4. Comercialização e utilização

6.4.1. O EPI, de fabricação nacional ou importado, só pode ser posto à venda ou utilizado com a indicação do Certificado de Aprovação – CA, expedido pelo órgão de âmbito nacional competente em matéria de segurança e saúde no trabalho.

6.5. Compete ao Serviço Especializado em Engenharia de Segurança e em Medicina do Trabalho – SESMT, ouvida a Comissão Interna de Prevenção de Acidentes e de Assédio – CIPA e trabalhadores usuários, recomendar ao empregador o EPI adequado ao risco existente em determinada atividade.

» Item 6.5 com redação determinada pela Portaria n. 4.219, de 20-12-2022, em vigor a partir de 20-3-2023.

6.5.1. Cabe à organização, quanto ao EPI:

a) adquirir somente o aprovado pelo órgão de âmbito nacional competente em matéria de segurança e saúde no trabalho;

b) orientar e treinar o empregado;

c) fornecer ao empregado, gratuitamente, EPI adequado ao risco, em perfeito estado de conservação e funcionamento, nas situações previstas no subitem 1.5.5.1.2 da Norma Regulamentadora nº 01 (NR-01) – Disposições Gerais e Gerenciamento de Riscos Ocupacionais, observada a hierarquia das medidas de prevenção;

d) registrar o seu fornecimento ao empregado, podendo ser adotados livros, fichas ou sistema eletrônico, inclusive, por sistema biométrico;

e) exigir seu uso;

f) responsabilizar-se pela higienização e manutenção periódica, quando aplicáveis esses procedimentos, em conformidade com as informações fornecidas pelo fabricante ou importador;

g) substituir imediatamente, quando danificado ou extraviado; e

h) comunicar ao órgão de âmbito nacional competente em matéria de segurança e saúde no trabalho qualquer irregularidade observada.

6.5.1.1. O sistema eletrônico, para fins de registro de fornecimento de EPI, caso seja adotado, deve permitir a extração de relatórios.

6.5.1.2. Quando inviável o registro de fornecimento de EPI descartável e creme de proteção, cabe à organização garantir sua disponibilização, na embalagem original, em quantidade suficiente para cada trabalhador nos locais de trabalho, assegurando-se imediato fornecimento ou reposição.

6.5.1.2.1. Caso não seja mantida a embalagem original, deve-se disponibilizar no local de fornecimento as informações de identificação do produto, nome do fabricante ou importador, lote de fabricação, data de validade e CA do EPI.

6.5.1.3. A organização pode estabelecer procedimentos específicos para a higienização, manutenção periódica e substituição de EPI, referidas nas alíneas "f" e "g" do item 6.5.1, com a correspondente informação aos empregados envolvidos, nos termos do capítulo 6.7.

6.5.2. A organização deve selecionar os EPI, considerando:

a) a atividade exercida;

b) as medidas de prevenção em função dos perigos identificados e dos riscos ocupacionais avaliados;

c) o disposto no Anexo I;

d) a eficácia necessária para o controle da exposição ao risco;

e) as exigências estabelecidas em normas regulamentadoras e nos dispositivos legais;

f) a adequação do equipamento ao empregado e o conforto oferecido, segundo avaliação do conjunto de empregados; e

g) a compatibilidade, em casos que exijam a utilização simultânea de vários EPI, de maneira a assegurar as respectivas eficácias para proteção contra os riscos existentes.

6.5.2.1. A seleção do EPI deve ser registrada, podendo integrar ou ser referenciada no Programa de Gerenciamento de Riscos – PGR.

6.5.2.1.1. Para as organizações dispensadas de elaboração do PGR, deve ser mantido registro que especifique as atividades exercidas e os respectivos EPI.

6.5.2.2. A seleção do EPI deve ser realizada pela organização com a participação do Serviço Especializado em Engenharia de Segurança e em Medicina do Trabalho – SESMT, quando houver, após ouvidos empregados usuários e a Comissão Interna de Prevenção de Acidentes e de Assédio – CIPA ou nomeado.

» Item 6.5.2.2 com redação determinada pela Portaria n. 4.219, de 20-12-2022, em vigor a partir de 20-3-2023.

6.5.2.3. A seleção do EPI deve ser revista nas situações previstas no subitem 1.5.4.4.6 da NR-01, quando couber.

6.5.3. A seleção, uso e manutenção de EPI deve, ainda, considerar os programas e regulamentações relacionados a EPI.

6.5.4. A seleção do EPI deve considerar o uso de óculos de segurança de sobrepor em conjunto com lentes corretivas ou a adaptação do EPI, sem ônus para o empregado, quando for necessária a utilização de correção visual pelo empregado no desempenho de suas funções.

6.6. Responsabilidades do trabalhador

6.6.1. Cabe ao trabalhador, quanto ao EPI:

a) usar o fornecido pela organização, observado o disposto no item 6.5.2;

b) utilizar apenas para a finalidade a que se destina;

c) responsabilizar-se pela limpeza, guarda e conservação;

d) comunicar à organização quando extraviado, danificado ou qualquer alteração que o torne impróprio para uso; e

e) cumprir as determinações da organização sobre o uso adequado.

6.7. Treinamentos e informações em segurança e saúde no trabalho

6.7.1. As informações e treinamentos referidos nesta NR devem atender às disposições da NR-01.

6.7.2. Quando do fornecimento de EPI, a organização deve assegurar a prestação de informações, observadas as recomendações do manual de instruções fornecidas pelo fabricante ou importador do EPI, em especial sobre:

a) descrição do equipamento e seus componentes;

b) risco ocupacional contra o qual o EPI oferece proteção;

c) restrições e limitações de proteção;

d) forma adequada de uso e ajuste;

e) manutenção e substituição; e

f) cuidados de limpeza, higienização, guarda e conservação.

6.7.2.1. A organização deve realizar treinamento acerca do EPI a ser fornecido, quando as características do EPI requeiram, observada a atividade realizada e as exigências estabelecidas em normas regulamentadoras e nos dispositivos legais.

6.8. Responsabilidades de fabricantes e importadores

6.8.1. Cabe ao fabricante e ao importador de EPI:

a) comercializar ou colocar à venda somente o EPI portador de CA, emitido pelo órgão de âmbito nacional competente em matéria de segurança e saúde no trabalho;

b) comercializar o EPI com manual de instruções em língua portuguesa, orientando sua utilização, manutenção, processos de limpeza e higienização, restrição e demais referências ao seu uso;

c) comercializar o EPI com as marcações previstas nesta norma;

d) responsabilizar-se pela manutenção da qualidade do EPI que deu origem ao CA; e

e) promover, quando solicitado e se tecnicamente possível, a adaptação do EPI detentor de CA para pessoas com deficiência, preservando a sua eficácia.

6.8.1.1. As informações sobre os processos de limpeza e higienização do EPI devem indicar, quando for o caso, o número de higienizações acima do qual não é possível garantir a manutenção da proteção original, sendo necessária a substituição do equipamento.

6.8.1.2. Salvo disposição em contrário da norma técnica de avaliação, o manual de instruções do EPI pode ser disponibilizado em meio eletrônico, desde que presentes na embalagem final ou no próprio EPI:

a) a descrição;

b) os materiais de composição;

c) as instruções de uso;

d) a indicação de proteção oferecida;

e) as restrições e as limitações do equipamento; e

f) o meio de acesso eletrônico ao manual completo do equipamento.

6.9. Certificado de Aprovação – CA

6.9.1. Os procedimentos para emissão e renovação de CA são estabelecidos em regulamento emitido pelo órgão de âmbito nacional competente em matéria de segurança e saúde no trabalho.

6.9.2. O CA concedido ao EPI tem validade vinculada ao prazo da avaliação da conformidade definida em regulamento emitido pelo órgão de âmbito nacional competente em matéria de segurança e saúde no trabalho.

6.9.2.1. O EPI deve ser comercializado com o CA válido.

6.9.2.1.1. Após adquirido, o fornecimento do EPI deve observar as condições de armazenamento e o prazo de validade do equipamento informados pelo fabricante ou importador.

6.9.3. Todo EPI deve apresentar, em caracteres indeléveis, legíveis e visíveis, marcações com o nome comercial do fabricante ou do importador, o lote de fabricação e o número do CA.

6.9.3.1. Na impossibilidade de cumprir o determinado no item 6.9.3, pode ser autorizada forma alternativa de gravação, devendo esta constar do CA.

6.9.4. É vedada a cessão de uso do CA emitido a determinado fabricante ou importador para que outro fabricante ou importador o utilize sem que se submeta ao procedimento regular para a obtenção de CA próprio, ressalvados os casos de matriz e filial.

6.9.5. A adaptação do EPI para uso por pessoa com deficiência feita pelo fabricante ou importador detentor do CA, prevista no item 6.8.1, não invalida o certificado já emitido, sendo desnecessária a emissão de novo CA.

6.10. Competências

6.10.1. Cabe ao órgão de âmbito nacional competente em matéria de segurança e saúde no trabalho:

a) estabelecer os regulamentos para aprovação de EPI;

b) emitir ou renovar o CA;

c) fiscalizar a qualidade do EPI;

d) solicitar o recolhimento de amostras de EPI ao órgão regional competente em matéria de segurança e saúde no trabalho; e

e) suspender e cancelar o CA.

6.10.1.1. Caso seja identificada alguma irregularidade ou em caso de denúncia fundamentada, o órgão de âmbito nacional competente em matéria de segurança e saúde no trabalho pode requisitar amostras de EPI ao fabricante ou importador.

ANEXO I
LISTA DE EQUIPAMENTOS DE PROTEÇÃO INDIVIDUAL

A – EPI PARA PROTEÇÃO DA CABEÇA

A.1 – Capacete:

a) capacete para proteção contra impactos de objetos sobre o crânio;

b) capacete para proteção contra choques elétricos; e

c) capacete para proteção do crânio e face contra agentes térmicos.

A.2 – Capuz ou balaclava:

a) capuz para proteção do crânio e pescoço contra agentes térmicos;

b) capuz para proteção do crânio, face e pescoço contra agentes químicos;

c) capuz para proteção do crânio e pescoço contra agentes abrasivos e escoriantes; e

d) capuz para proteção do crânio e pescoço contra umidade proveniente de operações com utilização de água.

B – EPI PARA PROTEÇÃO DOS OLHOS E FACE

B.1 – Óculos:

a) óculos para proteção dos olhos contra impactos de partículas volantes;

b) óculos para proteção dos olhos contra luminosidade intensa;

c) óculos para proteção dos olhos contra radiação ultravioleta;

d) óculos para proteção dos olhos contra radiação infravermelha; e

e) óculos de tela para proteção limitada dos olhos contra impactos de partículas volantes (em cumprimento à decisão judicial proferida nos autos 2008.38.11.001984-6, em trâmite na 2ª Vara do Juizado Especial Federal da Subseção Judiciária de Divinópolis/MG).

B.2 – Protetor facial:

a) protetor facial para proteção da face contra impactos de partículas volantes;

b) protetor facial para proteção dos olhos contra luminosidade intensa;

c) protetor facial para proteção da face contra radiação infravermelha;

d) protetor facial para proteção da face contra radiação ultravioleta; e

e) protetor facial para proteção da face contra agentes térmicos.

B.3 – Máscara de solda para proteção dos olhos e face contra impactos de partículas volantes, radiação ultravioleta, radiação infravermelha e luminosidade intensa.

C – EPI PARA PROTEÇÃO AUDITIVA

C.1 – Protetor auditivo:

a) protetor auditivo circum-auricular para proteção do sistema auditivo contra níveis de pressão sonora superiores ao estabelecido na NR-15, Anexos nº 1 e 2;

b) protetor auditivo de inserção para proteção do sistema auditivo contra níveis de pressão sonora superiores ao estabelecido na NR-15, Anexos nº 1 e 2; e

c) protetor auditivo semiauricular para proteção do sistema auditivo contra níveis de pressão sonora superiores ao estabelecido na NR-15, Anexos nº 1 e 2.

D – EPI PARA PROTEÇÃO RESPIRATÓRIA

D.1 – Respirador purificador de ar não motorizado:

a) peça semifacial filtrante para partículas PFF1 para proteção das vias respiratórias contra poeiras e névoas;

b) peça semifacial filtrante para partículas PFF2 para proteção das vias respiratórias contra poeiras, névoas e fumos;

c) peça semifacial filtrante para partículas PFF3 para proteção das vias respiratórias contra poeiras, névoas, fumos e radionuclídeos;

d) peça um quarto facial ou semifacial com filtros para partículas classe P1, para proteção das vias respiratórias contra poeiras e névoas; peça um quarto facial, semifacial ou facial inteira com filtros para partículas classe P2, para proteção das vias respiratórias contra poeira, névoas e fumos, ou com filtros para partículas classe P3, para proteção das vias respiratórias contra poeiras, névoas, fumos ou radionuclídeos; e

e) peça um quarto facial, semifacial ou facial inteira com filtros químicos para proteção das vias respiratórias contra gases e vapores; ou com filtros combinados para proteção das vias respiratórias contra gases e vapores e/ou material particulado.

D.2 – Respirador purificador de ar motorizado:

a) sem vedação facial tipo touca com anteparo tipo protetor facial, capuz ou capacete com filtros para partículas para proteção das vias respiratórias contra material particulado; ou com filtros químicos para proteção contra gases e vapores; ou com filtros combinados para proteção contra material particulado e/ou gases e vapores; e

b) com vedação facial tipo peça semifacial ou facial inteira com filtros para partículas para proteção das vias respiratórias contra material particulado; ou com filtros químicos para proteção contra gases e vapores; ou com filtros combinados para proteção contra material particulado e/ou gases e vapores.

D.3 - Respirador de adução de ar tipo linha de ar comprimido:

a) sem vedação facial de fluxo contínuo tipo capuz, protetor facial ou capacete, para proteção das vias respiratórias em atmosferas com concentração de oxigênio maior que 12,5% ao nível do mar;

b) sem vedação facial de fluxo contínuo tipo capuz ou capacete, para proteção das vias respiratórias em operações de jateamento e em atmosferas com concentração de oxigênio maior que 12,5% ao nível do mar;

c) com vedação facial de fluxo contínuo tipo peça semifacial ou facial inteira, para proteção das vias respiratórias em atmosferas com concentração de oxigênio maior que 12,5% ao nível do mar;

d) de demanda com ou sem pressão positiva, com peça semifacial ou facial inteira, para proteção das vias respiratórias em atmosferas com concentração de oxigênio maior que 12,5% ao nível do mar; e

e) de demanda com pressão positiva, com peça facial inteira, combinado com cilindro auxiliar para fuga, para proteção das vias respiratórias em atmosferas Imediatamente Perigosas à Vida e à Saúde - IPVS.

D.4 - Respirador de adução de ar tipo máscara autônoma:

a) de circuito aberto de demanda com pressão positiva, com peça facial inteira, para proteção das vias respiratórias em atmosferas IPVS; e

b) de circuito fechado de demanda com pressão positiva, com peça facial inteira, para proteção das vias respiratórias em atmosferas IPVS.

D.5 - Respirador de fuga:

a) tipo purificador de ar para fuga, com bocal e pinça nasal, capuz ou peça facial, para proteção das vias respiratórias contra gases e vapores, quando utilizado com filtros químicos ou combinados, ou contra material particulado, quando utilizado com filtros para partículas ou combinados, em condições de escape de atmosferas perigosas com concentração de oxigênio maior que 18% ao nível do mar; e

b) tipo máscara autônoma para fuga, com bocal e pinça nasal, capuz ou peça facial inteira, para proteção das vias respiratórias em condições de escape de atmosferas IPVS.

E - EPI PARA PROTEÇÃO DO TRONCO

E.1 - Vestimentas:

a) vestimenta para proteção do tronco contra agentes térmicos;

b) vestimenta para proteção do tronco contra agentes mecânicos;

c) vestimenta para proteção do tronco contra agentes químicos;

d) vestimenta para proteção do tronco contra radiação ionizante;

e) vestimenta para proteção do tronco contra umidade proveniente de precipitação pluviométrica; e

f) vestimenta para proteção do tronco contra umidade proveniente de operações com utilização de água.

E.2 - Colete à prova de balas de uso permitido para vigilantes que trabalhem portando arma de fogo, para proteção do tronco contra agentes mecânicos.

F - EPI PARA PROTEÇÃO DOS MEMBROS SUPERIORES

F.1 - Luvas:

a) luvas para proteção das mãos contra agentes abrasivos e escoriantes;

b) luvas para proteção das mãos contra agentes cortantes e perfurantes;

c) luvas para proteção das mãos contra choques elétricos;

d) luvas para proteção das mãos contra agentes térmicos;

e) luvas para proteção das mãos contra agentes biológicos;

f) luvas para proteção das mãos contra agentes químicos;

g) luvas para proteção das mãos contra vibrações;

h) luvas para proteção contra umidade proveniente de operações com utilização de água; e

i) luvas para proteção das mãos contra radiação ionizante.

F.2 - Creme protetor de segurança para proteção dos membros superiores contra agentes químicos.

F.3 - Manga:

a) manga para proteção do braço e do antebraço contra choques elétricos;

b) manga para proteção do braço e do antebraço contra agentes abrasivos e escoriantes;

c) manga para proteção do braço e do antebraço contra agentes cortantes e perfurantes;

d) manga para proteção do braço e do antebraço contra umidade proveniente de operações com utilização de água;

e) manga para proteção do braço e do antebraço contra agentes térmicos; e

f) manga para proteção do braço e do antebraço contra agentes químicos.

F.4 - Braçadeira:

a) braçadeira para proteção do antebraço contra agentes cortantes; e

b) braçadeira para proteção do antebraço contra agentes escoriantes.

F.5 - Dedeira para proteção dos dedos contra agentes abrasivos e escoriantes.

G - EPI PARA PROTEÇÃO DOS MEMBROS INFERIORES

G.1 - Calçado:

a) calçado para proteção contra impactos de quedas de objetos sobre os artelhos;

b) calçado para proteção dos pés contra choques elétricos;

c) calçado para proteção dos pés contra agentes térmicos;

d) calçado para proteção dos pés contra agentes abrasivos e escoriantes;

e) calçado para proteção dos pés contra agentes cortantes e perfurantes;

f) calçado para proteção dos pés e pernas contra umidade proveniente de operações com utilização de água; e

g) calçado para proteção dos pés e pernas contra agentes químicos.

G.2 - Meia para proteção dos pés contra baixas temperaturas.

G.3 - Perneira:

a) perneira para proteção da perna contra agentes abrasivos e escoriantes;

b) perneira para proteção da perna contra agentes cortantes e perfurantes;

c) perneira para proteção da perna contra agentes térmicos;

d) perneira para proteção da perna contra agentes químicos; e

e) perneira para proteção da perna contra umidade proveniente de operações com utilização de água.

G.4 - Calça:

a) calça para proteção das pernas contra agentes abrasivos e escoriantes;

b) calça para proteção das pernas contra agentes cortantes e perfurantes;

c) calça para proteção das pernas contra agentes químicos;

d) calça para proteção das pernas contra agentes térmicos;

e) calça para proteção das pernas contra umidade proveniente de operações com utilização de água; e

f) calça para proteção das pernas contra umidade proveniente de precipitação pluviométrica.

H - EPI PARA PROTEÇÃO DO CORPO INTEIRO

H.1 - Macacão:

a) macacão para proteção do tronco e membros superiores e inferiores contra agentes térmicos;

b) macacão para proteção do tronco e membros superiores e inferiores contra agentes químicos;

c) macacão para proteção do tronco e membros superiores e inferiores contra umidade proveniente de operações com utilização de água; e

d) macacão para proteção do tronco e membros superiores e inferiores contra umidade proveniente de precipitação pluviométrica.

H.2 - Vestimenta de corpo inteiro:

a) vestimenta para proteção de todo o corpo contra agentes químicos;

b) vestimenta condutiva para proteção de todo o corpo contra choques elétricos;

c) vestimenta para proteção de todo o corpo contra umidade proveniente de operações com utilização de água; e

d) vestimenta para proteção de todo o corpo contra umidade proveniente de precipitação pluviométrica.

I - EPI PARA PROTEÇÃO CONTRA QUEDAS COM DIFERENÇA DE NÍVEL

I.1 - Cinturão de segurança com dispositivo trava-queda para proteção do usuário contra quedas em operações com movimentação vertical ou horizontal.

I.2 - Cinturão de segurança com talabarte:

a) cinturão de segurança com talabarte para proteção do usuário contra riscos de queda em trabalhos em altura; e

b) cinturão de segurança com talabarte para proteção do usuário contra riscos de queda no posicionamento em trabalhos em altura.

Glossário

Adquirente da importação por conta e ordem de terceiro: a pessoa jurídica que realiza transação comercial de compra e venda da mercadoria no exterior, em seu nome e com recursos próprios, e contrata o importador por conta e ordem para promover o despacho aduaneiro de importação.

Aprovação de EPI: emissão do CA pelo órgão nacional competente em matéria de segurança e saúde no trabalho.

Avaliação de conformidade: demonstração de que os requisitos especificados são atendidos.

Certificado de Aprovação: documento emitido pelo órgão nacional competente em matéria de segurança e saúde no trabalho autorizando a comercialização e utilização do EPI no território nacional.

Encomendante predeterminado: a pessoa jurídica que contrata o importador por encomenda para realizar a transação comercial de compra e venda de mercadoria estrangeira a ser importada, o despacho aduaneiro de importação e a revenda ao próprio encomendante predeterminado.

Higienização: remoção de contaminantes que necessitam de cuidados ou procedimentos específicos. Contempla os processos de descontaminação e desinfecção.

Limpeza: remoção de sujidades e resíduos de forma manual ou mecânica, utilizando produtos de uso comum, tais como água, detergente, sabão ou sanitizante.

Nome comercial: Para fins desta NR, é considerada a razão social ou nome fantasia, que conste no Cadastro Nacional da Pessoa Jurídica – CNPJ, emitido pela Receita Federal do Brasil, ou, ainda, marca registrada da qual o fabricante ou importador do EPI seja o detentor.

Sistema biométrico: Para fins desta NR, é considerado o sistema que analisa características físicas para identificar de forma inequívoca um indivíduo, como por exemplo impressão digital, reconhecimento facial e íris.

NR 7

- *Programa de Controle Médico de Saúde Ocupacional – PCMSO*

SUMÁRIO

7.1 Objetivo

7.1.1 Esta Norma Regulamentadora – NR estabelece diretrizes e requisitos para o desenvolvimento do Programa de Controle Médico de Saúde Ocupacional – PCMSO nas organizações, com o objetivo de proteger e preservar a saúde de seus empregados em relação aos riscos ocupacionais, conforme avaliação de riscos do Programa de Gerenciamento de Risco – PGR da organização.

7.2 Campo de aplicação

7.2.1 Esta Norma se aplica às organizações e aos órgãos públicos da administração direta e indireta, bem como aos órgãos dos poderes legislativo e judiciário e ao Ministério Público, que possuam empregados regidos pela Consolidação das Leis do Trabalho – CLT.

7.3 Diretrizes

7.3.1 O PCMSO é parte integrante do conjunto mais amplo de iniciativas da organização no campo da saúde de seus empregados, devendo estar harmonizado com o disposto nas demais NR.

7.3.2 São diretrizes do PCMSO:

a) rastrear e detectar precocemente os agravos à saúde relacionados ao trabalho;

b) detectar possíveis exposições excessivas a agentes nocivos ocupacionais;

c) definir a aptidão de cada empregado para exercer suas funções ou tarefas determinadas;

d) subsidiar a implantação e o monitoramento da eficácia das medidas de prevenção adotadas na organização;

e) subsidiar análises epidemiológicas e estatísticas sobre os agravos à saúde e sua relação com os riscos ocupacionais;

f) subsidiar decisões sobre o afastamento de empregados de situações de trabalho que possam comprometer sua saúde;

g) subsidiar a emissão de notificações de agravos relacionados ao trabalho, de acordo com a regulamentação pertinente;

h) subsidiar o encaminhamento de empregados à Previdência Social;

i) acompanhar de forma diferenciada o empregado cujo estado de saúde possa ser especialmente afetado pelos riscos ocupacionais;

j) subsidiar a Previdência Social nas ações de reabilitação profissional;

k) subsidiar ações de readaptação profissional;

l) controlar da imunização ativa dos empregados, relacionada a riscos ocupacionais, sempre que houver recomendação do Ministério da Saúde.

7.3.2.1 O PCMSO deve incluir ações de:

a) vigilância passiva da saúde ocupacional, a partir de informações sobre a demanda espontânea de empregados que procurem serviços médicos;

b) vigilância ativa da saúde ocupacional, por meio de exames médicos dirigidos que incluam, além dos exames previstos nesta NR, a coleta de dados sobre sinais e sintomas de agravos à saúde relacionados aos riscos ocupacionais.

7.3.2.2 O PCMSO não deve ter caráter de seleção de pessoal.

7.4 Responsabilidades

7.4.1 Compete ao empregador:

a) garantir a elaboração e efetiva implantação do PCMSO;

b) custear sem ônus para o empregado todos os procedimentos relacionados ao PCMSO;

c) indicar médico do trabalho responsável pelo PCMSO.

7.5 Planejamento

7.5.1 O PCMSO deve ser elaborado considerando os riscos ocupacionais identificados e classificados pelo PGR.

7.5.2 Inexistindo médico do trabalho na localidade, a organização pode contratar médico de outra especialidade como responsável pelo PCMSO.

7.5.3 O PCMSO deve incluir a avaliação do estado de saúde dos empregados em atividades críticas, como definidas nesta Norma, considerando os riscos envolvidos em cada situação e a investigação de patologias que possam impedir o exercício de tais atividades com segurança.

7.5.4 A organização deve garantir que o PCMSO:

a) descreva os possíveis agravos à saúde relacionados aos riscos ocupacionais identificados e classificados no PGR;

b) contenha planejamento de exames médicos clínicos e complementares necessários, conforme os riscos ocupacionais identificados, atendendo ao determinado nos Anexos desta NR;

c) contenha os critérios de interpretação e planejamento das condutas relacionadas aos achados dos exames médicos;

d) seja conhecido e atendido por todos os médicos que realizarem os exames médicos ocupacionais dos empregados;

e) inclua relatório analítico sobre o desenvolvimento do programa, conforme o subitem 7.6.2 desta NR.

7.5.5 O médico responsável pelo PCMSO, caso observe inconsistências no inventário de riscos da organização, deve reavaliá-las em conjunto com os responsáveis pelo PGR.

7.5.6 O PCMSO deve incluir a realização obrigatória dos exames médicos:

a) admissional;

b) periódico;

c) de retorno ao trabalho;

d) de mudança de riscos ocupacionais;

e) demissional.

7.5.7 Os exames médicos de que trata o subitem 7.5.6 compreendem exame clínico e exames complementares, realizados de acordo com as especificações desta e de outras NR.

7.5.8 O exame clínico deve obedecer aos prazos e à seguinte periodicidade:

I – no exame admissional: ser realizado antes que o empregado assuma suas atividades;

II – no exame periódico: ser realizado de acordo com os seguintes intervalos:

a) para empregados expostos a riscos ocupacionais identificados e classificados no PGR e para portadores de doenças crônicas que aumentem a susceptibilidade a tais riscos:

1. a cada ano ou a intervalos menores, a critério do médico responsável;

2. de acordo com a periodicidade especificada no Anexo IV desta Norma, relativo a empregados expostos a condições hiperbáricas;

b) para os demais empregados, o exame clínico deve ser realizado a cada dois anos.

7.5.9 No exame de retorno ao trabalho, o exame clínico deve ser realizado antes que o empregado reassuma suas funções, quando ausente por período igual ou superior a 30 (trinta) dias por motivo de doença ou acidente, de natureza ocupacional ou não.

7.5.9.1 No exame de retorno ao trabalho, a avaliação médica deve definir a necessidade de retorno gradativo ao trabalho.

7.5.10 O exame de mudança de risco ocupacional deve, obrigatoriamente, ser realizado antes da data da mudança, adequando-se o controle médico aos novos riscos.

7.5.11 No exame demissional, o exame clínico deve ser realizado em até 10 (dez) dias contados do término do contrato, podendo ser dispensado caso o exame clínico ocupacional mais recente tenha sido realizado há menos de 135 (centro e trinta e cinco) dias, para as organizações graus de risco 1 e 2, e há menos de 90 (noventa) dias, para as organizações graus de risco 3 e 4.

7.5.12 Os exames complementares laboratoriais previstos nesta NR devem ser executados por laboratório que atenda ao disposto na RDC/Anvisa n.º 302/2005, no que se refere aos procedimentos de coleta, acondicionamento, transporte e análise, e interpretados com base nos critérios constantes nos Anexos desta Norma e são obrigatórios quando:

a) o levantamento preliminar do PGR indicar a necessidade de medidas de prevenção imediatas;

b) houver exposições ocupacionais acima dos níveis de ação determinados na NR-09 ou se a classificação de riscos do PGR indicar.

7.5.12.1 O momento da coleta das amostras biológicas deve seguir o determinado nos Quadros 1 e 2 do Anexo I desta NR.

7.5.12.2 Quando a organização realizar o armazenamento e o transporte das amostras, devem ser seguidos os procedimentos recomendados pelo laboratório contratado.

7.5.13 Os exames previstos nos Quadros 1 e 2 do Anexo I desta NR devem ser realizados a cada seis meses, podendo ser antecipados ou postergados por até 45 (quarenta e cinco) dias, a critério do médico responsável, mediante justificativa técnica, a fim de que os exames sejam realizados em situações mais representativas da exposição do empregado ao agente.

7.5.14 Para as atividades realizadas de forma sazonal, a periodicidade dos exames constantes nos Quadros 1 e 2 do Anexo I desta NR pode ser anual, desde que realizada em concomitância com o período da execução da atividade.

7.5.15 Os exames previstos no Quadro 1 do Anexo I desta NR não serão obrigatórios nos exames admissional, de retorno ao trabalho, de mudança de risco ocupacional e demissional.

7.5.16 Os empregados devem ser informados, durante o exame clínico, das razões da realização dos exames complementares previstos nesta NR e do significado dos resultados de tais exames.

7.5.17 No exame admissional, a critério do médico responsável, poderão ser aceitos exames complementares realizados nos 90 (noventa) dias anteriores, exceto quando definidos prazos diferentes nos Anexos desta NR.

7.5.18 Podem ser realizados outros exames complementares, a critério do médico responsável, desde que relacionados aos riscos ocupacionais classificados no PGR e tecnicamente justificados no PCMSO.

7.5.19 Para cada exame clínico ocupacional realizado, o médico emitirá Atestado de Saúde Ocupacional - ASO, que deve ser comprovadamente disponibilizado ao empregado, devendo ser fornecido em meio físico quando solicitado.

7.5.19.1 O ASO deve conter no mínimo:

a) razão social e CNPJ ou CAEPF da organização;

b) nome completo do empregado, o número de seu CPF e sua função;

c) a descrição dos perigos ou fatores de risco identificados e classificados no PGR que necessitem de controle médico previsto no PCMSO, ou a sua inexistência;

d) indicação e data de realização dos exames ocupacionais clínicos e complementares a que foi submetido o empregado;

e) definição de apto ou inapto para a função do empregado;

f) o nome e número de registro profissional do médico responsável pelo PCMSO, se houver;

g) data, número de registro profissional e assinatura do médico que realizou o exame clínico.

7.5.19.2 A aptidão para trabalho em atividades específicas, quando assim definido em Normas Regulamentadoras e seus Anexos, deve ser consignada no ASO.

7.5.19.3 Quando forem realizados exames complementares sem que tenha ocorrido exame clínico, a organização emitirá recibo de entrega do resultado do exame, devendo o recibo ser fornecido ao empregado em meio físico, quando solicitado.

7.5.19.4 Sendo verificada a possibilidade de exposição excessiva a agentes listados no Quadro 1 do Anexo I desta NR, o médico do trabalho responsável pelo PCMSO deve informar o fato aos responsáveis pelo PGR para reavaliação dos riscos ocupacionais e das medidas de prevenção.

7.5.19.5 Constatada ocorrência ou agravamento de doença relacionada ao trabalho ou alteração que revele disfunção orgânica por meio dos exames complementares do Quadro 2 do Anexo I, dos demais Anexos desta NR ou dos exames complementares incluídos com base no subitem 7.5.18 da presente NR, caberá à organização, após informada pelo médico responsável pelo PCMSO:

a) emitir a Comunicação de Acidente do Trabalho - CAT;

b) afastar o empregado da situação, ou do trabalho, quando necessário;

c) encaminhar o empregado à Previdência Social, quando houver afastamento do trabalho superior a 15 (quinze) dias, para avaliação de incapacidade e definição da conduta previdenciária;

d) reavaliar os riscos ocupacionais e as medidas de prevenção pertinentes no PGR.

7.5.19.6 O empregado, em uma das situações previstas nos subitens 7.5.19.4 ou 7.5.19.5, deve ser submetido a exame clínico e informado sobre o significado dos exames alterados e condutas necessárias.

7.5.19.6.1 O médico responsável pelo PCMSO deve avaliar a necessidade de realização de exames médicos em outros empregados sujeitos às mesmas situações de trabalho.

7.6 Documentação

7.6.1 Os dados dos exames clínicos e complementares deverão ser registrados em prontuário médico individual sob a responsabilidade do médico responsável pelo PCMSO, ou do médico responsável pelo exame, quando a organização estiver dispensada de PCMSO.

7.6.1.1 O prontuário do empregado deve ser mantido pela organização, no mínimo, por 20 (vinte) anos após o seu desligamento, exceto em caso de previsão diversa constante nos Anexos desta NR.

7.6.1.2 Em caso de substituição do médico responsável pelo PCMSO, a organização deve garantir que os prontuários médicos sejam formalmente transferidos para seu sucessor.

7.6.1.3 Podem ser utilizados prontuários médicos em meio eletrônico desde que atendidas as exigências do Conselho Federal de Medicina.

7.6.2 O médico responsável pelo PCMSO deve elaborar relatório analítico do Programa, anualmente, considerando a data do último relatório, contendo, no mínimo:

a) o número de exames clínicos realizados;

b) o número e tipos de exames complementares realizados;

c) estatística de resultados anormais dos exames complementares, categorizados por tipo do exame e por unidade operacional, setor ou função;

d) incidência e prevalência de doenças relacionadas ao trabalho, categorizadas por unidade operacional, setor ou função;

e) informações sobre o número, tipo de eventos e doenças informadas nas CAT, emitidas pela organização, referentes a seus empregados;

f) análise comparativa em relação ao relatório anterior e discussão sobre as variações nos resultados.

7.6.3 A organização deve garantir que o médico responsável pelo PCMSO considere, na elaboração do relatório analítico, os dados dos prontuários médicos a ele transferidos, se for o caso.

7.6.4 Caso o médico responsável pelo PCMSO não tenha recebido os prontuários médicos ou considere as informações insuficientes, deve informar o ocorrido no relatório analítico.

7.6.5 O relatório analítico deve ser apresentado e discutido com os responsáveis por segurança e saúde no trabalho da organização, incluindo a CIPA, quando existente, para que as medidas de prevenção necessárias sejam adotadas na organização.

7.6.6 As organizações de graus de risco 1 e 2 com até 25 (vinte e cinco) empregados e as organizações de graus de risco 3 e 4 com até 10 (dez) empregados podem elaborar relatório analítico apenas com as informações solicitadas nas alíneas "a" e "b" do subitem 7.6.2.

7.7 Microempreendedor Individual - MEI, Microempresa - ME e Empresa de Pequeno Porte - EPP

7.7.1 As MEI, ME e EPP desobrigadas de elaborar PCMSO, de acordo com o subitem 1.8.6 da NR01, devem realizar e custear exames médicos ocupacionais admissionais, demissionais e periódicos, a cada dois anos, de seus empregados.

7.7.1.1 Os empregados devem ser encaminhados pela organização, para realização dos exames médicos ocupacionais, a:

a) médico do trabalho; ou

b) serviço médico especializado em medicina do trabalho, devidamente registrado, de acordo com a legislação.

7.7.2 A organização deve informar, ao médico do trabalho ou ao serviço médico especializado em medicina do trabalho, que está dispensada da elaboração do PCMSO, de acordo com a NR-01, e que a função que o empregado exerce ou irá exercer não apresenta riscos ocupacionais.

7.7.3 Para cada exame clínico ocupacional, o médico que realizou o exame emitirá ASO, que deve ser disponibilizado ao empregado, mediante recibo, em meio físico, quando assim solicitado, e atender ao subitem 7.5.19.1 desta NR.

7.7.4 O relatório analítico não será exigido para:

a) Microempreendedores Individuais – MEI;

b) ME e EPP dispensadas da elaboração do PCMSO.

ANEXO I
MONITORAÇÃO DA EXPOSIÇÃO OCUPACIONAL A AGENTES QUÍMICOS

» Anexo I com redação determinada pela Portaria n. 567, de 10-3-2022.

QUADRO 1
INDICADORES BIOLÓGICOS DE EXPOSIÇÃO EXCESSIVA (IBE/EE)*

Substância	Número CAS	Indicador(es)	Momento da Coleta	Valor do IBE/EE	Observações
1,1,1 Tricloroetano	71-55-6	1,1,1 Tricloroetano no ar exalado final ou	AJFS	40 ppm	–
		Ácido tricloroacético na urina ou	FJFS	10 mg/L	NE
		Tricloroetanol total na urina ou	FJFS	30 mg/L	NE
		Tricloroetanol total no sangue	FJFS	1 mg/L	NE
1,3 butadieno	106-99-0	1,2 dihidro-4 (nacetilcisteína) butano na urina	FJ	2,5 mg/L	EPNE
1,6 diisocianato de hexametileno (HDI)	822-06-0	1,6 hexametilenodiamina na urina	FJ	15 µg/g creat.	NE
2-butoxietanol	111-76-2	Ácido butoxiacético na urina (BAA) (H)	FJ	200 mg/g creat.	–
2-metoxietanol e 2-metoxietilacetato	109-86-4 109-49-6	Ácido 2-metóxiacético na urina	FJFS	1 mg/g creat.	–
2-propanol	67-63-0	Acetona na urina	FJFS	40 mg/L	EPNE, NE
2,4 e 2,6 Tolueno diisocianato (puros ou em mistura dos dois isômeros)	58484-9 9108-7	Isômeros 2,4 e 2,6 toluenodiamino na urina(H) (soma dos isômeros)	FJ	5 µg/g creat.	NE
Acetona	67-64-1	Acetona na urina	FJ	25 mg/L	NE
Anilina	62-53-3	p-amino-fenol na urina(H) ou	FJ	50 mg/L	EPNE, NE
		metahemoglobina no sangue	FJ	1,5% da hemoglobina	EPNE, NE
Arsênico elementar e seus compostos inorgânicos solúveis, exceto arsina e arsenato de gálio	7440-38-2	Arsênico inorgânico mais metabólitos metilados na urina	FS	35 µg/L	EPNE
Benzeno	71-43-2	Ácido s-fenilmercaptúrico (S- PMA) na urina ou	FJ	45 µg/g creat.	EPNE, NF
		Ácido trans- transmucônico (TTMA) na urina	FJ	750 µg/g creat. Observação: para a siderurgia será mantida a regra atualmente vigente.	EPNE, NE
Chumbo tetraetila	78-00-2	Chumbo na urina	FJ	50 µg/L	–
Ciclohexanona	108-94-1	1,2 ciclohexanodiol(H) na urina ou	FJFS	80 mg/L	NE
		Ciclohexanol(H) na urina	FJ	8 mg/L	NE
Clorobenzeno	108-90-7	4clorocatecol(H) na urina ou	FJFS	100 mg/g creat.	NE

		p-clorofenol(H) na urina	FJFS	20 mg/g creat.	NE
Cobalto e seus compostos inorgânicos, incluindo óxidos de cobalto, mas não combinados com carbeto de tungstênio	7440-48-4	Cobalto na urina	FJFS	15 µg/L	NE
Cromo hexavalente (compostos solúveis)	7440-47-3	Cromo na urina ou	FJFS	25 µg/L	–
		Cromo na urina	AJ-FJ (Aumento durante a Jornada)	10 µg/L	–
Diclorometano	75-09-2	Diclorometano na urina	FJ	0,3 mg/L	–
Estireno	100-42-5	Soma dos ácidos mandélico e fenilglioxílico na urina ou	FJ	400 mg/g creat.	NE
		Estireno na urina	FJ	40 µg/L	–
Etilbenzeno	100-41-4	Soma dos ácidos mandélico e fenilglioxílico na urina	FJ	0,15 g/g creat.	NE
Etoxietanol e Etoxietilacetato	1. 111-15-9	Ácido etoxiacético na urina	FJFS	100 mg/g creat.	–
Fenol	108-95-2	Fenol(H) na urina	FJ	250 mg/g creat.	EPNE, NE
Furfural	98-01-1	Ácido furóico(H) na urina	FJ	200 mg/L	NE
Indutores de Metahemoglobina		Metahemoglobina no sangue	FJ	1,5% da hemoglobina	EPNE, NE
Mercúrio metálico	7439-97-6	Mercúrio na urina	AJ	20 µg/g creat.	EPNE
Metanol	67-56-1	Metanol na urina	FJ	15 mg/L	EPNE, NE
Metil butil cetona	591-78-6	2,5 hexanodiona(SH) (2,5HD) na urina	FJFS	0,4 mg/L	–
Metiletilcetona (MEK)	78-93-3	MEK na urina	FJ	2 mg/L	NE
Metilisobutilcetona (MIBK)	108-10-1	MIBK na urina	FJ	1 mg/L	–
Monóxido de carbono	630-08-0	Carboxihemoglobina no sangue ou	FJ	3,5% da hemoglobina	EPNE, NE, NF
		Monóxido de carbono no ar exalado final	FJ	20 ppm	EPNE, NE, NF
n-hexano	110-54-3	2,5 hexanodiona(SH) (2,5HD) na urina	FJ	0,5 mg/L	–
Nitrobenzeno	98-95-3	Metahemoglobina no sangue	FJ	1,5% da hemoglobina	EPNE, NE
N-metil-2- pirrolidona	872-50-4	5-hidroxi-n-metil-	FJ	100 mg/L	–
		2-pirrolidona(SH) na urina			
N,N Dimetilacetami da	127-19-5	Nmetilacetamida na urina	FJFS	30 mg/g creat.	–
N,N Dimetilformamida	68-12-2	Nmetilformamida total1 na urina 1(soma da N-metilformamida e N-(hidroximetil)-N- metilformamida) ou	FJ	30 mg/L	–
		N-Acetil-S-(N- metilcarbemoil) cisteína na urina	FJFS	30 mg/L	–
Óxido de etileno	75-21-8	Adutos de N-(2- hidroxietil) valina (HEV) em hemoglobina	NC	5.000 pmol/g hemog.	NE
Sulfeto de carbono	75-15-0	Ácido 2-tioxotiazolidina 4 carboxílico (TTCA) na urina	FJ	0,5 mg/g creat.	EPNE, NE
Tetracloroetileno	127-18-4	Tetracloretile no ar exalado final ou	AJ	3 ppm	–
		Tetracloroetieno no sangue	AJ	0,5 mg/L	–

Tetrahidrofurano	109-99-9	Tetrahidrofurano na Urina	FJ	2 mg/L	–
Tolueno	108-88-3	Tolueno no sangue ou	AJFS	0,02 mg/L	–
		Tolueno na urina ou	FJ	0,03 mg/L	–
		Orto-cresol na urina(H)	FJ	0,3 mg/g creat.	EPNE
Tricloroetileno	79-01-6	Ácido tricloroacético na urina ou	FJFS	15 mg/L	NE
		Tricloroetanol no sangue (SH)	FJFS	0,5 mg/L	NE
Xilenos	9547-6 10642-3 10838-3 1330-27-7	Ácido metilhipúrico na urina	FJ	1,5 g/g creat.	–

*São indicadores de exposição excessiva (EE) aqueles que não têm caráter diagnóstico ou significado clínico. Avaliam a absorção dos agentes por todas as vias de exposição e indicam, quando alterados, após descartadas outras causas não ocupacionais que justifiquem o achado, a possibilidade de exposição acima dos limites de exposição ocupacional. As amostras devem ser colhidas nas jornadas de trabalho em que o trabalhador efetivamente estiver exposto ao agente a ser monitorado.

QUADRO 2

INDICADORES BIOLÓGICOS DE EXPOSIÇÃO COM SIGNIFICADO CLÍNICO (IBE/SC)*

Substância	NúmeroCAS	Indicador	Coleta	Valor do IBE/SC	Observações
Cádmio e seus compostos inorgânicos	7440-43-9	Cádmio na urina	NC	5 µg/g creat.	–
Chumbo e seus compostos inorgânicos	7439-92-1	Chumbo no sangue (Pb-S) e	NC	60 µg/100ml(M)	EPNE
		Ácido Delta Amino Levulínico na urina (ALA- U)	NC	10 mg/g creat.	EPNE, PNE
Inseticidas inibidores da Colinesterase		Atividade da acetilcolinesterase eritrocitária ou	FJ	70% da atividade basal (#)	NE
		Atividade da butilcolinesterase no plasma ou soro	FJ	60% da atividade basal (#)	NE
Flúor, ácido fluorídrico e fluoretos inorgânicos		Fluoreto urinário	AJ48	2 mg/L	EPNE

(*) Indicadores biológicos com significado clínico (SC) evidenciam disfunções orgânicas e efeitos adversos à saúde.

(#) A atividade basal é a atividade enzimática pré-ocupacional e deve ser estabelecida com o empregado afastado por pelo menos 30 (trinta) dias da exposição a inseticidas inibidores da colinesterase.

(M) Mulheres em idade fértil, com valores de Chumbo no sangue (Pb-S) a partir de 30 µg/100ml, devem ser afastadas da exposição ao agente.

Abreviaturas

IBE/EE – Indicadores Biológicos de Exposição Excessiva

IBE/SC – Indicadores Biológicos de Exposição com Significado Clínico µg/g creat. – Microgramas por grama de creatinina µg/L – Microgramas por litro

AJ – Antes da Jornada

AJ-FJ – Diferença pré e pós-jornada

AJ48 – Antes da jornada com no mínimo 48 horas sem exposição

AJFS – Início da última jornada de trabalho da semana

EPNE – Encontrado em populações não expostas ocupacionalmente

FJ – Final de jornada de trabalho

FJFS – Final do último dia de jornada da semana

FS – Após 4 ou 5 jornadas de trabalho consecutivas

H – Método analítico exige hidrólise para este IBE/EE

SH – O método analítico deve ser realizado sem hidrólise para este IBE/EE mg/L – Miligramas por litro

NC – Não crítica (pode ser colhido a qualquer momento desde que o trabalhador esteja trabalhando nas últimas semanas)

NE – Não específico (pode ser encontrado por exposições a outras substâncias)

NF – Valores para não fumantes (fumantes apresentam valores basais elevados deste indicador que inviabilizam a interpretação)

pmol/g hemog – Picomoles por grama de hemoglobina

ppm – Partes por milhão”

ANEXO II
CONTROLE MÉDICO OCUPACIONAL DA EXPOSIÇÃO A NÍVEIS DE PRESSÃO SONORA ELEVADOS

1. Este Anexo estabelece diretrizes para avaliação e controle médico ocupacional da audição de empregados expostos a níveis de pressão sonora elevados.

2. Devem ser submetidos a exames audiométricos de referência e sequenciais todos os empregados que exerçam ou exercerão suas atividades em ambientes cujos níveis de pressão sonora estejam acima dos níveis de ação, conforme informado no PGR da organização, independentemente do uso de protetor auditivo.

2.1 Compõem os exames audiológicos de referência e sequenciais:

a) anamnese clínico-ocupacional;

b) exame otológico;

c) exame audiométrico realizado segundo os termos previstos neste Anexo;

d) outros exames audiológicos complementares solicitados a critério médico.

3. Exame audiométrico

3.1 O exame audiométrico será realizado em cabina audiométrica, cujos níveis de pressão sonora não ultrapassem os níveis máximos permitidos, de acordo com a norma técnica ISO 8253-1.

3.1.1 Nas empresas em que existir ambiente acusticamente tratado, que atenda à norma técnica ISO 8253-1, a cabina audiométrica poderá ser dispensada.

3.2 O audiômetro deve ser submetido a procedimentos de verificação e controle periódico do seu funcionamento, incluindo:

I - aferição acústica anual;

II - calibração acústica:

a) sempre que a aferição acústica indicar alteração;

b) quando houver recomendação de prazo pelo fabricante;

c) a cada 5 (cinco) anos, se não houver indicação do fabricante.

III - aferição biológica precedendo a realização dos exames audiométricos.

3.2.1 Os procedimentos constantes das alíneas *a* e *b* acima devem seguir o preconizado na norma técnica ISO 8253-1, e os resultados devem ser incluídos em certificado de aferição e/ou calibração que acompanhará o equipamento.

3.2.1.1 Na impossibilidade da realização do exame audiométrico nas condições previstas no item 3.1, o responsável pela execução do exame avaliará a viabilidade de sua realização em ambiente silencioso, por meio do exame audiométrico em 2 (dois) indivíduos, cujos limiares auditivos sejam conhecidos, detectados em exames audiométricos de referência atuais, e que não haja diferença de limiar auditivo, em qualquer frequência e em qualquer um dos 2 (dois) indivíduos examinados, acima de 5 (cinco) dB (NA) (nível de audição em decibéis).

3.3 O exame audiométrico deve ser executado por médico ou fonoaudiólogo, conforme resoluções dos respectivos conselhos federais profissionais.

3.4 O empregado deve permanecer em repouso auditivo por um período mínimo de 14 horas até o exame audiométrico.

3.5 O resultado do exame audiométrico deve ser registrado e conter, no mínimo:

a) nome, idade, CPF e função do empregado;

b) razão social da organização e CNPJ ou CPF;

c) tempo de repouso auditivo cumprido para a realização do exame audiométrico;

d) nome do fabricante, modelo e data da última aferição acústica do audiômetro;

e) traçado audiométrico e símbolos, conforme indicados neste Anexo;

f) nome, número de registro no conselho regional e assinatura do profissional responsável pelo exame audiométrico.

3.6 O exame audiométrico deve ser realizado, sempre, pela via aérea nas frequências de 500, 1.000, 2.000. 3.000, 4.000, 6.000 e 8.000 Hz.

3.6.1 No caso de alteração detectada no teste pela via aérea, a audiometria deve ser feita, também, por via óssea, nas frequências de 500, 1.000, 2.000, 3.000 e 4.000 Hz, ou ainda segundo a avaliação do profissional responsável pela execução do exame.

3.6.2 Segundo a avaliação do profissional responsável, no momento da execução do exame, podem ser determinados os Limiares de Reconhecimento de Fala - LRF.

4. Periodicidade dos exames audiométricos

4.1 O exame audiométrico deve ser realizado, no mínimo:

a) na admissão;

b) anualmente, tendo como referência o exame da alínea *a* acima;

c) na demissão.

4.1.1 Na demissão pode ser aceito exame audiométrico realizado até 120 (cento e vinte) dias antes da data de finalização do contrato de trabalho.

4.2 O intervalo entre os exames audiométricos pode ser reduzido a critério do médico do trabalho responsável pelo PCMSO.

4.3 O empregado deve ser submetido a exame audiométrico de referência e a exames audiométricos sequenciais na forma descrita nos subitens seguintes.

4.3.1 Exame audiométrico de referência é aquele com o qual os exames sequenciais serão comparados e que deve ser realizado:

a) quando não houver um exame audiométrico de referência prévio;

b) quando algum exame audiométrico sequencial apresentar alteração significativa em relação ao exame de referência.

4.3.2 Exame audiométrico sequencial é aquele que será comparado com o exame de referência e se aplica a todo empregado que já possua um exame audiométrico de referência prévio.

5. Interpretação dos resultados dos exames audiométricos

5.1 São considerados dentro dos limites aceitáveis, para efeito deste Anexo, os casos cujos audiogramas mostram limiares auditivos menores ou iguais a 25 (vinte e cinco) dB (NA) em todas as frequências examinadas.

5.2 São considerados sugestivos de Perda Auditiva Induzida por Níveis de Pressão Sonora Elevados (PAINPSE) os casos cujos audiogramas, nas frequências de 3.000 e/ou 4.000 e/ou 6.000 Hz, apresentem limiares auditivos acima de 25 (vinte e cinco) dB (NA) e mais elevados do que nas outras frequências testadas, estando estas comprometidas ou não, tanto no teste da via aérea quanto da via óssea, em um ou em ambos os lados.

5.2.1 Não são consideradas alterações sugestivas de PAINPSE aquelas que não se enquadrem nos critérios definidos no item 5.2 acima.

5.3 São considerados sugestivos de desencadeamento de PAINPSE os casos em que os limiares auditivos em todas as frequências testadas no exame audiométrico de referência e no sequencial permaneçam menores ou iguais a 25 (vinte e cinco) dB (NA), mas a comparação do audiograma sequencial com o de referência mostra evolução que preencha um dos critérios abaixo:

a) a diferença entre as médias aritméticas dos limiares auditivos no grupo de frequências de 3.000, 4.000 e 6.000 Hz iguala ou ultrapassa 10 (dez) dB (NA);

b) a piora em pelo menos uma das frequências de 3.000, 4.000 ou 6.000 Hz iguala ou ultrapassa 15 (quinze) dB (NA).

5.3.1 São considerados também sugestivos de desencadeamento de PAINPSE os casos em que apenas o exame audiométrico de referência apresente limiares auditivos em todas as frequências testadas menores ou iguais a 25 (vinte e cinco) dB (NA), e a comparação do audiograma sequencial com o de referência preencha um dos critérios abaixo:

a) a diferença entre as médias aritméticas dos limiares auditivos no grupo de frequências de 3.000, 4.000 e 6.000 Hz iguala ou ultrapassa 10 (dez) dB (NA);

b) a piora em pelo menos uma das frequências de 3.000, 4.000 ou 6.000 Hz iguala ou ultrapassa 15 dB (NA).

5.4 São considerados sugestivos de agravamento da PAINPSE os casos já confirmados em exame audiométrico de referência e nos quais a comparação de exame audiométrico sequencial com o de referência mostra evolução que preenche um dos critérios abaixo:

a) a diferença entre as médias aritméticas dos limiares auditivos no grupo de frequências de 500, 1.000 e 2.000 Hz, ou no grupo de frequências de 3.000, 4.000 e 6.000 Hz iguala ou ultrapassa 10 (dez) dB (NA);

b) a piora em uma frequência isolada iguala ou ultrapassa 15 (quinze) dB (NA).

5.5 Para fins deste Anexo, o exame audiométrico de referência deve permanecer como tal até que algum dos exames audiométricos sequenciais demonstre desencadeamento ou agravamento de PAINPSE.

5.5.1 O exame audiométrico sequencial que venha a demonstrar desencadeamento ou agravamento de PAINPSE passará a ser, a partir de então, o novo exame audiométrico de referência.

6. O diagnóstico conclusivo, o diagnóstico diferencial e a definição da aptidão para a função ou atividade, na suspeita de PAINPSE, são atribuições do médico do trabalho responsável pelo PCMSO.

7. Devem ser motivo de especial atenção empregados expostos a substâncias ototóxicas e/ou vibração, de forma isolada ou simultanea à exposição a ruído potencialmente nocivo à audição.

8. A PAINPSE, por si só, não é indicativa de inaptidão para o trabalho, devendo-se levar em consideração na análise de cada caso, além do traçado audiométrico ou da evolução sequencial de exames audiométricos, os seguintes fatores:

a) a história clínica e ocupacional do empregado;

b) o resultado da otoscopia e de outros testes audiológicos complementares;

c) a idade do empregado;

d) os tempos de exposição pregressa e atual a níveis de pressão sonora elevados;

e) os níveis de pressão sonora a que o empregado estará, está ou esteve exposto no exercício do trabalho;

f) a demanda auditiva do trabalho ou da função;

g) a exposição não ocupacional a níveis de pressão sonora elevados;

h) a exposição ocupacional a outro(s) agente(s) de risco ao sistema auditivo;

i) a exposição não ocupacional a outro(s) agentes de risco ao sistema auditivo;

j) a capacitação profissional do empregado examinado;

k) os programas de conservação auditiva aos quais tem ou terá acesso o empregado.

9. Nos casos de desencadeamento ou agravamento de PAINPSE, conforme os critérios deste Anexo, o médico do trabalho responsável pelo PCMSO deve:

a) definir a aptidão do empregado para a função;

b) incluir o caso no Relatório Analítico do PCMSO;

c) participar da implantação, aprimoramento e controle de programas que visem à conservação auditiva e prevenção da progressão da perda auditiva do empregado acometido e de outros expostos a riscos ocupacionais à audição, levando-se em consideração, inclusive, a exposição à vibração e a agentes ototóxicos ocupacionais;

d) disponibilizar cópias dos exames audiométricos aos empregados.

10. Nos casos em que o exame audiométrico de referência demonstre alterações cuja evolução esteja em desacordo com os moldes definidos neste Anexo para PAINPSE, o médico do trabalho responsável pelo PCMSO deve:

a) verificar a possibilidade da presença concomitante de mais de um tipo de agressão ao sistema auditivo;

b) orientar e encaminhar o empregado para avaliação especializada;

c) definir sobre a aptidão do empregado para função;

d) participar da implantação e aprimoramento de programas que visem à conservação auditiva e prevenção da progressão da perda auditiva do empregado acometido e de outros expostos a riscos ocupacionais à audição, levando-se em consideração, inclusive, a exposição à vibração e a agentes ototóxicos ocupacionais;

e) disponibilizar cópias dos exames audiométricos aos empregados.

MODELO DE FORMULÁRIO PARA REGISTRO DE TRAÇADO AUDIOMÉTRICO

ORELHA DIREITA FREQUÊNCIA EM KHZ

NÍVEL DE AUDIÇÃO EM dD

-10	0,25	0,5	1	2	3	4	6	8
0								
10								
20								
30								
40								
50								
60								
70								
80								
90								
100								
110								
120								
D 130								

D

A distância entre cada oitiva de frequência deve corresponder a uma variação de 20 dB no eixo do nível de audição (D).

ORELHA ESQUERDA FREQUÊNCIA EM KHZ

NÍVEL DE AUDIÇÃO EM dD

-10	0,25	0,5	1	2	3	4	6	8
0								
10								
20								
30								
40								
50								
60								
70								
80								
90								
100								
110								
120								
D 130								

D

A distância entre cada oitiva de frequência deve corresponder a uma variação de 20 dB no eixo do nível de audição (D).

SÍMBOLOS PARA REGISTROS DE AUDIOMETRIAS

	ORELHA DIREITA	ORELHA ESQUERDA
RESPOSTAS PRESENTES		
Via de Condução Aérea	○	X
Via de Condução Óssea	<	>
RESPOSTAS PRESENTES		
Via de Condução Aérea	○↙	X↘
Via de Condução Óssea	<	>↓

Observações:

a) Os símbolos referentes à via de condução aérea devem ser ligados por meio de linhas contínuas para a orelha direita e linhas interrompidas para a orelha esquerda.

b) Os símbolos de condução óssea não devem ser interligados.

c) No caso do uso de cores: a cor vermelha deve ser usada para os símbolos referentes à orelha direita; a cor azul deve ser usada para os símbolos referentes à orelha esquerda.

ANEXO III
CONTROLE RADIOLÓGICO E ESPIROMÉTRICO DA EXPOSIÇÃO A AGENTES QUÍMICOS

1. A organização deve atender às obrigações de periodicidade, condições técnicas e parâmetros mínimos definidos neste Anexo para a realização de:

» Item 1, *caput*, com redação determinada pela Portaria n. 567, de 10-3-2022.

a) Radiografias de Tórax – RXTP em programas de controle médico em saúde ocupacional de empregados expostos a poeiras minerais, de acordo com os critérios da Organização Internacional do Trabalho – OIT;

b) Espirometrias para avaliação da função respiratória em empregados expostos a poeiras minerais e para avaliação de empregados com indicação de uso de equipamentos individuais de proteção respiratória.

2. RADIOGRAFIAS DE TÓRAX PARA APOIO AO DIAGNÓSTICO DE PNEUMOCONIOSES

2.1 Os procedimentos para realização de RXTP devem atender às diretrizes da Resolução da Diretoria Colegiada – RDC n. 330, de 20 de dezembro de 2019, que dispõe sobre o uso dos raios X diagnósticos em todo o território nacional, ou suas revisões mais recentes.

2.2 Os equipamentos utilizados para realização de RXTP devem possuir as seguintes características:

a) gerador monofásico de alta frequência de preferência e/ou trifásico de 6 a 12 pulsos, no mínimo de 500 mA;

b) tubo de raios X – 30/50;

c) filtro de alumínio de 3 a 5 mm;

d) grade fixa com distância focal de 1,50 m;

e) razão da grade 10:1 com mais de 100 colunas;

f) razão da grade 12:1 com 100 colunas.

2.2.1 A unidades móveis de raios X podem utilizar equipamentos de 300 mA (trezentos miliamperes) desde que o gerador tenha potência mínima de 30 kW (trinta quilowatts).

2.2.2 No caso de utilização de equipamentos para RXTP em unidades móveis, devem ser cumpridas, além do exigido acima, as seguintes condições:

a) dispor de alvará específico para funcionamento da unidade transportável de raios X;

b) ser realizado por profissional legalmente habilitado e sob a supervisão de responsável técnico nos termos da RDC já referida;

c) dispor de Laudo Técnico emitido por profissional legalmente habilitado, comprovando que os equipamentos utilizados atendem ao exigido neste Anexo.

2.3 A técnica radiológica para RXTP deve observar os seguintes padrões:

a) foco fino (0,6 a 1,2 mm);

b) 100 mA ou 200 mA (tubo de alta rotação);

c) tempo – 0,01 a 0,02 ou 0,03 segundos;

d) constante – 40 ou 50 kV (quilovolts).

2.4 O processamento dos filmes deve ser realizado por processadora automática e que atenda às exigências dos órgãos ambientais responsáveis.

2.5 A identificação dos filmes radiográficos utilizados em radiologia convencional deve incluir, no canto superior direito do filme radiográfico, a data da realização do exame, o número de ordem do serviço ou do prontuário do empregado e nome completo do empregado ou as iniciais do nome completo.

2.6 A leitura radiológica deve ser descritiva e, para a interpretação e emissão dos laudos dos RXTP, devem ser utilizados, obrigatoriamente, os critérios da OIT na sua revisão mais recente e a coleção de radiografias-padrão da OIT.

2.6.1 Em casos selecionados, a critério clínico, pode ser realizada a Tomografia Computadorizada de Alta Resolução de Tórax.

2.6.2 As leituras radiológicas devem ser anotadas em Folha de Leitura Radiológica que contenha a identificação da radiografia e do leitor, informações sobre a qualidade da imagem e os itens da classificação.

2.7 O laudo do exame radiológico deve ser assinado por um ou mais de um, em caso de múltiplas leituras, dos seguintes profissionais:

a) médico radiologista com título de especialista ou registro de especialidade no Conselho Regional de Medicina e com qualificação e/ou certificação em Leitura Radiológica das Pneumoconioses – Classificação Radiológica da OIT, por meio de curso/módulo específico;

b) médicos de outras especialidades, que possuam título ou registro de especialidade no Conselho Regional de Medicina em Pneumologia, Medicina do Trabalho ou Clínica Médica (ou uma das suas subespecialidades) e que possuam qualificação e/ou certificação em Leitura Radiológica das Pneumoconioses – Classificação Radiológica da OIT, por meio de curso/módulo específico.

2.8 As certificações são concedidas por aprovação nos exames do National Institute for Occupational Safety and Health – NIOSH ou pelo exame "AIR-Pneumo", sendo que, em caso de certificação concedida pelo exame do NIOSH, o profissional também pode ser denominado "Leitor B".

2.9 Sistemas de radiologia digital do tipo CR ou DR podem ser utilizados para a obtenção de imagens radiológicas do tórax para fins de interpretação radiológica da OIT.

2.9.1 Os parâmetros físicos para obtenção de RXTP de qualidade técnica adequada, utilizando-se equipamentos de radiologia digital, devem ser similares aos da radiologia convencional.

2.9.2 A identificação dos filmes digitais deve conter, no mínimo, a data da realização do exame, número de ordem do serviço ou do prontuário do paciente e nome completo do paciente ou as iniciais do nome completo.

2.10 A Interpretação Radiológica de radiografias digitais deve seguir os critérios da OIT.

2.10.1 Imagens geradas em sistemas de radiologia digital (CR ou DR) e transferidas para monitores só podem ser interpretadas com as radiografias-padrão em monitor anexo.

2.10.2 Os monitores utilizados para exibição da radiografia a ser interpretada e das radiografias-padrão devem ser de qualidade diagnóstica, possuir resolução mínima de 3 megapixels e 21" (54 cm) de exibição diagonal por imagem.

2.10.3 Imagens digitais impressas em filmes radiológicos devem ser interpretadas com as radiografias-padrão em formato impresso, em negatoscópios.

2.10.4 Não é permitida a interpretação de radiografias digitais, para fins de classificação radiológica da OIT, nas seguintes condições:

a) radiografias em monitores comparadas com as radiografias-padrão em negatoscópio, ou o inverso;

b) radiografias digitais impressas em filmes radiológicos com reduções menores do que 2/3 do tamanho original;

c) radiografias digitais impressas em papel fotográfico;

d) imagens originadas no sistema de radiografia convencional que foram digitalizadas por scanner e, posteriormente, impressas ou exibidas em tela.

2.11 Os serviços que ofertem radiologia digital devem assegurar a confidencialidade dos arquivos eletrônicos e de dados dos trabalhadores submetidos a RXTP admissionais, periódicos e demissionais, para fins da classificação radiológica da OIT, por meio de procedimentos técnicos e administrativos adequados.

2.12 RXTP obtidas pelo método convencional devem ser guardadas em filmes radiológicos, em formato original.

2.13 Imagens obtidas por sistemas digitais (CR ou DR) devem ser armazenadas nos seguintes formatos:

a) impressas em filmes radiológicos cuja redução máxima seja equivalente a 2/3 do tamanho original; ou

b) em mídia digital, gravadas em formato DICOM e acompanhadas de visualizador (viewer) de imagens radiológicas.

2.14 A guarda das imagens deve ter sua responsabilidade definida e documentada.

2.15 São responsáveis pela guarda o médico do trabalho responsável pelo PCMSO ou, no caso de a empresa possuir serviço próprio, o responsável pelo serviço de radiologia.

2.15.1 A guarda das imagens refere-se às radiografias de cunho ocupacional, admissionais, periódicas e demissionais, bem como a eventuais radiografias cujas alterações sejam suspeitas ou atribuíveis à exposição ocupacional.

2.16 O tempo de guarda dos exames deve obedecer aos critérios definidos na NR 7.

2.17. Cabe ao empregador, após o término do contrato de trabalho envolvendo exposição ao asbesto, disponibilizar a realização periódica de exames médicos de controle durante, no mínimo, trinta anos, sem custos aos trabalhadores.

» Item 2.17 acrescentado pela Portaria n. 567, de 10-3-2022.

2.17.1. Estes exames, incluindo raios X de Tórax, devem ser realizados com a seguinte periodicidade:

» Item 2.17.1, *caput*, acrescentado pela Portaria n. 567, de 10-3-2022.

a) a cada três anos para trabalhadores com período de exposição até doze anos;

» Alínea *a* acrescentada pela Portaria n. 567, de 10-3-2022.

b) a cada dois anos para trabalhadores com período de exposição de mais de doze a vinte anos; e

» Alínea *b* acrescentada pela Portaria n. 567, de 10-3-2022.

c) anual para trabalhadores com período de exposição superior a vinte anos.

» Alínea *c* acrescentada pela Portaria n. 567, de 10-3-2022.

2.17.2. O trabalhador receberá, por ocasião da demissão e retornos posteriores, comunicação da data e local da próxima avaliação médica.

» Item 2.17.2 acrescentado pela Portaria n. 567, de 10-3-2022.

QUADRO 1

PERIODICIDADE DOS EXAMES RADIOLÓGICOS PARA EMPREGADOS EXPOSTOS A POEIRA CONTENDO SÍLICA, ASBESTO OU CARVÃO MINERAL

» Quadro 1 com redação determinada pela Portaria n. 567, de 10-3-2022.

Empresas com medições quantitativas periódicas	Radiografia de tórax
LSC* < 10% LEO**	– na admissão; e – na demissão, se o último exame foi realizado há mais de 2 anos.
LSC > 10% e < 50% LEO	– na admissão; – a cada 5 anos até os 15 anos de exposição, e, após, a cada 3 anos; e – na demissão, se o último exame foi realizado há mais de 2 anos.
LSC >50% e < 100% LEO	– na admissão; – a cada 3 anos até 15 anos de exposição, e, após, a cada 2 anos; e – na demissão, se o último exame foi realizado há mais de 1 ano.
LSC > 100% LEO	– na admissão; – a cada ano de exposição; e – na demissão, se o último exame foi realizado há mais de 1 ano.
Empresas sem avaliações quantitativas	– na admissão; – a cada 2 anos até 15 anos de exposição, e, após, a cada ano; e – na demissão, se o último exame foi realizado há mais de 1 ano.

*LSC = Limite superior do intervalo de confiança da média aritmética estimada para uma distribuição lognormal com confiança estatística de 95%.

**LEO = Limite de exposição ocupacional.

NOTA 1: Trabalhadores que apresentarem Leitura Radiológica 0/1 ou mais deverão ser avaliados por profissionais médicos especializados.

NOTA 2: Para trabalhadores que tenham a sua exposição diminuída, mas que estiveram expostos a concentrações superiores por um ano ou mais, deverá ser mantido o mesmo intervalo de exames radiológicos do período de maior exposição.

QUADRO 2

PERIODICIDADE DOS EXAMES RADIOLÓGICOS PARA EMPREGADOS EXPOSTOS A POEIRAS CONTENDO PARTÍCULAS INSOLÚVEIS OU POUCO SOLÚVEIS DE BAIXA TOXICIDADE E NÃO CLASSIFICADAS DE OUTRA FORMA***

» Quadro 2 com redação determinada pela Portaria n. 567, de 10-3-2022.

Empresas com medições quantitativas periódicas de poeira respirável	Radiografia de tórax
LSC* < 10% LEO**	– na admissão.
LSC > 10% e < 100% LEO	– na admissão; – após 5 anos de exposição; e – repetir a critério clínico.

LSC> 100% LEO	– na admissão; e – a cada 5 anos.
Empresas sem avaliações quantitativas	– na admissão; e – a cada 5 anos.

» Tabela acrescentada pela Portaria n. 567, de 10-3-2022.

*LSC = Limite superior do intervalo de confiança da média aritmética estimada para uma distribuição lognormal com confiança estatística de 95%

**LEO = Limite de exposição ocupacional

***Para ser classificado como PNOS (particles not otherwise specified), o material particulado sólido deve ter as seguintes características (ACGIH, 2017):

a) não possuir um LEO definido;

b) ser insolúvel ou pouco solúvel na água (ou preferencialmente no fluido pulmonar, se esta informação estiver disponível);

c) ter baixa toxicidade, isto é, não ser citotóxico, genotóxico ou quimicamente reativo com o tecido pulmonar, não ser emissor de radiação ionizante, não ser sensibilizante, não causar efeitos tóxicos além de inflamação ou mecanismo de sobrecarga.

1. Cabe ao empregador, após o término do contrato de trabalho envolvendo exposição ao asbesto, disponibilizar a realização periódica de exames médicos de controle durante, no mínimo, 30 (trinta) anos, sem custos aos trabalhadores.

1.1 Estes exames, incluindo raios X de Tórax, devem ser realizados com a seguinte periodicidade:

a) a cada 3 (três) anos para trabalhadores com período de exposição até 12 (doze) anos;

b) a cada 2 (dois) anos para trabalhadores com período de exposição de mais de 12 (doze) a 20 (vinte) anos;

c) anual para trabalhadores com período de exposição superior a 20 (vinte) anos.

2. O trabalhador receberá, por ocasião da demissão e retornos posteriores, comunicação da data e local da próxima avaliação médica.

3. ESPIROMETRIAS OCUPACIONAIS

» Item 3 acrescentado pela Portaria n. 567, de 10-3-2022.

3.1. Os empregados expostos ocupacionalmente a poeiras minerais indicadas no inventário de riscos do PGR devem ser submetidos a espirometria nos exames médicos admissional e a cada dois anos.

3.2. Os empregados expostos ocupacionalmente a outros agentes agressores pulmonares[1] indicados no inventário de riscos do PGR, que não as poeiras minerais, deverão ser submetidos a espirometria se desenvolverem sinais ou sintomas respiratórios.

3.3. Nas funções com indicação de uso de equipamentos individuais de proteção respiratória, os empregados com histórico de doença respiratória crônica ou sinais e sintomas respiratórios devem ser submetidos a espirometria no exame médico admissional ou no exame de mudança de risco.

3.4. No caso da constatação de alteração espirométrica, o médico do trabalho responsável pelo PCMSO deve:

a) investigar possíveis relações do resultado com as exposições ocupacionais; e

b) avaliar a necessidade de encaminhamento para avaliação médica especializada.

3.5. Nos exames pós-demissionais em empregados expostos ao asbesto, a periodicidade da espirometria deve ser a mesma do exame radiológico.

3.6. A organização deve garantir que a execução e a interpretação das espirometrias sigam as padronizações constantes nas Diretrizes do Consenso Brasileiro sobre Espirometria na sua mais recente versão.

3.7. A interpretação do exame e o laudo da espirometria devem ser feitos por médico.

ANEXO IV
CONTROLE MÉDICO OCUPACIONAL DE EXPOSIÇÃO A CONDIÇÕES HIPERBÁRICAS

1. TRABALHADOR NA INDÚSTRIA DA CONSTRUÇÃO EXPOSTO A CONDIÇÕES HIPERBÁRICAS

» Item 1 com redação determinada pela Portaria n. 567, de 10-3-2022.

1.1 É obrigatória a realização de exames médicos, dentro dos padrões estabelecidos neste Anexo, para o exercício de atividade sob pressão atmosférica elevada (pressão hiperbárica).

1.2. Os exames médicos para trabalhadores candidatos a trabalho em pressões hiperbáricas deverão ser avaliados por médico qualificado.

1.3. O atestado de aptidão terá validade por 6 (seis) meses.

1.4 O trabalhador não pode sofrer mais que uma compressão num período de 24 (vinte e quatro) horas.

1.5 Profissionais que realizem liberação de base dentro dos tubulões de ar comprimido em jornadas de curta duração, de até 30 minutos, podem ser submetidos a mais de uma compressão em menos de 24 horas e até o máximo de três compressões.

1.6 O trabalhador não pode ser exposto à pressão superior a 4,4 ATA, exceto em caso de emergência, sob supervisão direta do médico qualificado.

1.7 A duração do período de trabalho sob ar comprimido não pode ser superior a 8 (oito) horas, em pressões de trabalho de 1,0 a 2,0 ATA; a 6 (seis) horas, em pressões de trabalho de 2,1 a 3,5 ATA; e a 4 (quatro) horas, em pressão de trabalho de 3,6 a 4,4 ATA.

1.8 Após a descompressão, os trabalhadores devem ser obrigados a permanecer, no mínimo, por 2 (duas) horas, no canteiro de obra, cumprindo um período de observação médica.

1.9 O local adequado para o cumprimento do período de observação deve ser designado pelo médico do trabalho responsável pelo PCMSO ou pelo médico qualificado.

1.10 O médico qualificado deve manter disponibilidade para contato enquanto houver trabalho sob ar comprimido, sendo que, em caso de acidente de trabalho, deve ser providenciada assistência, bem como local apropriado para atendimento médico.

1.11 Todo empregado que trabalhe sob ar comprimido deve ter um prontuário médico, no qual devem ser registrados os dados relativos aos exames realizados.

1.12 Em caso de ausência ao trabalho por mais de 15 (quinze) dias ou afastamento por doença, o empregado, ao retornar, deve ser submetido a novo exame médico, com emisão de ASO.

1.13 Em caso de ausência ao trabalho por doença, por até 15 (quinze) dias, o empregado deve ser submetido a novo exame clínico supervisionado pelo médico qualificado, sem a necessidade da emissão de um novo ASO.

1.14 Se durante o processo de compressão o empregado apresentar queixas, dores no ouvido ou de cabeça, a compressão deve ser imediatamente interrompida com redução gradual da pressão na campânula até que o empregado se recupere.

1.14.1 Caso não ocorra a recuperação, a descompressão deve continuar até a pressão atmosférica, retirando-se, então, o empregado e encaminhando-o ao serviço médico.

1.15 Todo empregado que vá exercer trabalho sob ar comprimido deve ser orientado quanto aos riscos decorrentes da atividade e às precauções que devem ser tomadas.

1.16 A capacidade física de empregados para trabalho em condições hiperbáricas deve ser avaliada antes do início das atividades e supervisionada por médico qualificado.

1.17 É proibido o trabalho de menores de 18 anos em qualquer ambiente hiperbárico.

1.18 Devem ser realizados os seguintes exames complementares quando da realização do admissional e periódico, para trabalho em condições hiperbáricas:

a) radiografia de tórax em visão anteroposterior e de perfil: admissional e anual;

b) eletrocardiograma: admissional e anual;

c) hemograma completo: admissional e anual;

d) grupo sanguíneo e fator RH: apenas admissional;

e) dosagem de glicose sanguínea: admissional e anual;

f) radiografia bilateral das articulações escapuloumerais, coxofemorais e de joelhos: admissional e bienal;

g) audiometria: admissional, seis meses após o início da atividade, e, a seguir, anualmente;

1 "Outros agentes agressores pulmonares" referem-se a agentes químicos que possam ser inalados na forma de partículas, fumos, névoas ou vapores e que sejam considerados como sensibilizantes e/ou irritantes pelos critérios constantes no Sistema Globalmente Harmonizado de Classificação e Rotulagem de Produtos Químicos – GHS.

h) eletroencefalograma: apenas admissional;
i) espirometria: admissional e bienal.

1.18.1 A critério médico, outros exames complementares poderão ser solicitados a qualquer tempo.

1.19 A descompressão deve ser realizada segundo as tabelas constantes deste Anexo.

1.20 Deve ser disponibilizada uma câmara hiperbárica de tratamento, 24 horas por dia, 7 dias por semana, situada a uma distância tal que o trabalhador seja atendido em, no máximo, 1 (uma) hora após a ocorrência.

1.21 O empregador deve garantir a disponibilidade, no local de trabalho, de recursos médicos, incluindo oxigênio medicinal de superfície, e de pessoal necessário para os primeiros socorros, em casos de acidentes descompressivos ou outros eventos que comprometam a saúde dos trabalhadores na frente de trabalho, sendo que o planejamento desses recursos cabe ao médico do trabalho responsável pelo PCMSO ou ao médico qualificado.

1.22 O tratamento recompressivo deve ser conduzido sob supervisão do médico qualificado.

1.23 Em relação à ventilação, à temperatura e à qualidade do ar, devem ser observadas as seguintes condições:

a) durante a permanência dos trabalhadores na câmara de trabalho ou na campânula ou eclusa, a ventilação deve ser contínua, à razão de, no mínimo, 30 (trinta) pés cúbicos/min./homem;

b) a temperatura, no interior da campânula ou eclusa e da câmara de trabalho, não deve exceder a 27 °C (vinte e sete graus centígrados);

c) a qualidade do ar deve ser mantida dentro dos padrões de pureza a seguir: monóxido de carbono menor que 20 ppm; dióxido de carbono menor que 2.500 ppm; óleo menor que 5 mg/m^3 (PT>2atm); material particulado menor que 3 g/m^3 (PT<2atm);

d) oxigênio maior que 20% (vinte por cento).

1.24 A compressão deve ser realizada a uma vazão máxima de 0,3 atm no primeiro minuto e não poderá exceder 0,7 atm nos minutos subsequentes.

1.25 Não é permitido à organização submeter o empregado a voos ou elevações acima de 700 metros nas 24 (vinte e quatro) horas que sucederem um mergulho seco.

2. GUIAS INTERNOS DE CÂMARAS HIPERBÁRICAS MULTIPLACE

2.1. Esta categoria profissional deve ser avaliada com os mesmos critérios clínicos e de exames complementares do item "1. TRABALHADOR NA INDÚSTRIA DA CONSTRUÇÃO EXPOSTO A CONDIÇÕES HIPERBÁRICAS" deste Anexo.

» Item 2.1 com redação determinada pela Portaria n. 567, de 10-3-2022.

2.2 Esta categoria profissional pode ser submetida a até 2 (duas) exposições em 24 (vinte e quatro) horas, sob supervisão do médico qualificado.

2.3 Não é permitido à organização submeter o empregado a voos ou elevações acima de 700 metros nas 24 (vinte e quatro) horas que sucederem um mergulho seco.

3. MERGULHADORES PROFISSIONAIS

3.1. Para mergulho profissional, as atividades devem ser acompanhadas e orientadas por médico qualificado com conhecimento de fisiologia de mergulho, escolha de misturas gasosas, diagnóstico e tratamento de doenças e acidentes ligados ao mergulho.

3.2. Todos os mergulhos devem ser registrados, incluindo a identificação dos mergulhadores participantes e os dados técnicos de pressões, tempos e composição do gás respirado.

3.3. Nos mergulhos em que se utilize mistura gasosa diferente do ar, devem ser obedecidas medidas específicas para evitar enganos, troca de cilindros e erros na execução de paradas de descompressão.

3.4. Os exames médicos ocupacionais dos empregados em mergulho profissional devem ser realizados:

a) por ocasião da admissão;

b) a cada 6 (seis) meses, para todo o pessoal em efetiva atividade de mergulho;

c) após acidente ocorrido no desempenho de atividade de mergulho ou doença grave;

d) em situações especiais outros exames podem ser solicitados a critério médico.

3.5 Devem ser realizados os seguintes exames complementares quando da realização do admissional e periódico, para mergulho profissional:

a) radiografia de tórax em visão anteroposterior e de perfil: admissional e anual;

b) eletrocardiograma ou teste ergométrico de esforço, a critério médico: anual;

c) ecocardiograma: apenas admissional;

d) teste ergométrico de esforço: admissional;

e) hemograma completo: admissional e anual;

f) grupo sanguíneo e fator RH: apenas admissional;

g) dosagem de glicose sanguínea: admissional e anual;

h) radiografia bilateral das articulações escapuloumerais, coxofemorais e de joelhos: admissional e bienal, que poderão ser substituídos, a critério médico, por Ressonância Nuclear Magnética ou Tomografia Computadorizada;

i) audiometria: admissional, seis meses após o início da atividade e, a seguir, anualmente;

j) eletroencefalograma: admissional;

k) espirometria: admissional e bienal;

l) acuidade visual: admissional e anual.

3.6 A critério médico, outros exames complementares e pareceres de outros profissionais de saúde podem ser solicitados a qualquer tempo.

3.7 É vedada a atividade de mergulho para gestantes e lactantes.

3.8 A compressão e a descompressão devem ser definidas pelo médico qualificado responsável pelo mergulho.

3.9 Todas as embarcações para trabalho de mergulho profissional devem ter, a bordo, uma câmara hiperbárica de tratamento para atendimento de doenças ou acidentes de mergulho.

3.10 Os tratamentos de doenças ou acidentes de mergulho devem estar a cargo de médico qualificado.

3.11 Para os mergulhos realizados a partir de bases em terra, deve se disponibilizada uma câmara hiperbárica de tratamento, 24 horas por dia, 7 dias por semana, para que o mergulhador seja atendido em, no máximo, 1 hora após a ocorrência.

3.12 O empregador deve garantir a disponibilidade, no local de trabalho, de recursos médicos, incluindo oxigênio medicinal de superfície, e de pessoal necessário para os primeiros socorros, em casos de acidentes descompressivos ou outros eventos que comprometam a saúde dos trabalhadores na frente de traballho, sendo que o planejamento desses recursos cabe ao médico qualificado.

3.13 A segurança de mergulho deve seguir a NORMAM-15/DPC em sua última revisão.

3.14 Não é permitido à organização submeter o empregado a voos ou elevações acima de 700 metros nas 24 horas que sucederem um mergulho raso, ou 48 horas para mergulho saturado.

3.15 O tratamento recompressivo deve ser conduzido sob supervisão do médico qualificado.

TABELAS DE DESCOMPRESSÃO PARA O TRABALHO NA INDÚSTRIA DA CONSTRUÇÃO

» Tabelas com redação determinada pela Portaria n. 567, de 10-3-2022.

TABELA 1 – PRESSÃO DE TRABALHO DE 1 A 1,9 ATA

PERÍODO DE TRABALHO (HORAS)	ESTÁGIO DE DESCOMPRESSÃO 1,3 ATA	TEMPO TOTAL DE DESCOMPRESSÃO (**)	
0 a 6:00	4 min	4min	Linha 1
6:00 a 8:00	14min	14min	Linha 2
+ de 8:00 (**)	30min	30min	Linha 3

TABELA 2 – PRESSÃO DE TRABALHO DE 2,0 A 2,9 ATA											
TABELA 2.1 – PERÍODO DE TRABALHO DE 30 MINUTOS A 1 HORA											
PRESSÃO DE TRABALHO* (ATA)**	**ESTÁGIO DE DESCOMPRESSÃO (ATA)***									**TEMPO TOTAL DE DESCOMPRESSÃO** (min.)**	
	2,8	2,6	2,4	2,2	2,0	1,8	1,6	1,4	1,2		
2,0 a 2,2										-	Linha 4
2,2 a 2,4										-	Linha 5
2,4 a 2,6									5	5	Linha 6
2,6 a 2,8									10	10	Linha 7
2,8 a 2,9								5	15	20	Linha 8
TABELA 2.2 – PERÍODO DE TRABALHO DE 1 HORA A 1 HORA E 30 MINUTOS											
2,0 a 2,2										–	Linha 9
2,2 a 2,4									5	5	Linha 10
2,4 a 2,6									10	10	Linha 11
2,6 a 2,8								5	15	20	Linha 12
2,8 a 2,9								5	20	35	Linha 13
TABELA 2.3 – PERÍODO DE TRABALHO DE 1 HORA E 30 MINUTOS A 2 HORAS											
2,0 a 2,2									5	5	Linha 14
2,2 a 2,4									10	10	Linha 15
2,4 a 2,6								5	20	25	Linha 16
2,6 a 2,8								10	30	40	Linha 17
2,8 a 2,9							5	15	35	55	Linha 18
TABELA 2.4 – PERÍODO DE TRABALHO DE 2 HORAS A 2 HORAS E 30 MINUTOS											
2,0 a 2,2									5	5	Linha 19
2,2 a 2,4									20	20	Linha 20
2,4 a 2,6								5	30	35	Linha 21
2,6 a 2,8								15	40	55	Linha 22
2,8 a 2,9							5	25	40	70	Linha 23
TABELA 2.5 – PERÍODO DE TRABALHO DE 2 HORAS E 30 MINUTOS A 3 HORAS											
2,0 a 2,2									10	10	Linha 24
2,2 a 2,4								5	20	25	Linha 25
2,4 a 2,6								10	35	45	Linha 26
2,6 a 2,8							5	20	40	65	Linha 27
2,8 a 2,9							10	30	40	80	Linha 28
TABELA 2.6 – PERÍODO DE TRABALHO DE 3 HORAS A 4 HORAS											
2,0 a 2,2									15	15	Linha 29
2,2 a 2,4								5	30	35	Linha 30

2,4 a 2,6								15	40	55	Linha 31
2,6 a 2,8							5	25	45	75	Linha 32
2,8 a 2,9						5	15	30	45	95	Linha 33
TABELA 2.7 – PERÍODO DE TRABALHO DE 4 HORAS A 6 HORAS											
2,0 a 2,2									20	20	Linha 34
2,2 a 2,4								5	35	40	Linha 35
2,4 a 2,6							5	20	40	65	Linha 36
2,6 a 2,8							10	30	45	85	Linha 37
2,8 a 2,9						5	20	35	45	105	Linha 38

TABELA 3 – PRESSÃO DE TRABALHO DE 3,0 A 4,4 ATA

TABELA 3.1 – PERÍODO DE TRABALHO DE 0 A 30 MINUTOS

PRESSÃO DE TRABALHO*** (ATA)	2,6	2,4	2,2	2,0	1,8	1,6	1,4	1,2	TEMPO TOTAL DE DESCOMPRESSÃO** (min.)	
3,0 a 3,2								5	5	Linha 39
3,2 a 3,4								5	5	Linha 40
3,4 a 3,6								5	5	Linha 41
3,6 a 3,8								5	5	Linha 42
3,8 a 4,0							5	5	10	Linha 43
4,0 a 4,2							5	5	10	Linha 44
4,2 a 4,4							5	10	15	Linha 45
TABELA 3.2 – PERÍODO DE TRABALHO DE 30 MINUTOS A 1 HORA										
3,0 a 3,2							5	15	20	Linha 46
3,2 a 3,4							5	20	25	Linha 47
3,4 a 3,6							10	25	35	Linha 48
3,6 a 3,8						5	10	35	50	Linha 49
3,8 a 4,0						5	15	40	60	Linha 50
4,0 a 4,2					5	5	20	40	70	Linha 51
4,2 a 4,4					5	10	25	40	80	Linha 52
TABELA 3.3 – PERÍODO DE TRABALHO DE 1 HORA A 1 HORA E 30 MINUTOS										
3,0 a 3,2						5	10	35	50	Linha 53
3,2 a 3,4						5	20	35	60	Linha 54
3,4 a 3,6						10	25	40	75	Linha 55
3,6 a 3,8					5	10	30	45	90	Linha 56
3,8 a 4,0					5	20	35	45	105	Linha 57

4,0 a 4,2				5	10	20	35	45	115	Linha 58
4,2 a 4,4				5	15	25	35	45	125	Linha 59
TABELA 3.4 – PERÍODO DE TRABALHO DE 1 HORA E 30 MINUTOS A 2 HORAS										
3,0 a 3,2						5	25	40	70	Linha 60
3,2 a 3,4					5	10	30	40	85	Linha 61
3,4 a 3,6					5	20	35	40	100	Linha 62
3,6 a 3,8				5	10	25	35	40	115	Linha 63
3,8 a 4,0				5	15	30	35	45	130	Linha 64
4,0 a 4,2			5	10	20	30	35	45	145	Linha 66
4,2 a 4,4			5	15	25	30	35	45	155	Linha 67
TABELA 3.5 – PERÍODO DE TRABALHO DE 2 HORAS A 2 HORAS E 30 MINUTOS										
3,0 a 3,2					5	10	30	45	90	Linha 68
3,2 a 3,4					5	20	35	45	105	Linha 69
3,4 a 3,6				5	10	25	35	45	120	Linha 70
3,6 a 3,8				5	20	30	35	45	135	Linha 71
3,8 a 4,0			5	10	20	30	35	45	145	Linha 72
4,0 a 4,2		5	5	15	25	30	35	45	160	Linha 73
4,2 a 4,4		5	10	20	25	30	40	45	175	Linha 74
TABELA 3.6 – PERÍODO DE TRABALHO DE 2 HORAS E 30 MINUTOS A 3 HORAS										
3,0 a 3,2					5	15	35	40	95	Linha 75
3,2 a 3,4					10	25	35	45	115	Linha 76
3,4 a 3,6				5	15	30	35	45	130	Linha 77
3,6 a 3,8			5	10	20	30	35	45	145	Linha 78
3,8 a 4,0			5	20	25	30	35	45	160	Linha 79
4,0 a 4,2		5	10	20	25	30	40	45	175	Linha 80
4,2 a 4,4	5	5	15	25	25	30	40	45	190	Linha 81
TABELA 3.7 – PERÍODO DE TRABALHO DE 3 HORAS A 4 HORAS										
3,0 a 3,2					10	20	35	45	110	Linha 82
3,2 a 3,4				5	15	25	40	45	130	Linha 83
3,4 a 3,6			5	5	25	30	40	45	150	Linha 84
3,6 a 3,8			5	15	25	30	40	45	160	Linha 85
3,8 a 4,0		5	10	20	25	30	40	45	175	Linha 86

4,0 a 4,2	5	5	15	25	25	30	40	45	190	Linha 87
4,2 a 4,4	5	15	20	25	30	30	40	45	210	Linha 88
TABELA 3.8 – PERÍODO DE TRABALHO DE 4 HORAS A 6 HORAS										
3,0 a 3,2				5	10	25	40	50	130	Linha 89
3,2 a 3,4				10	20	30	40	55	155	Linha 90
3,4 a 3,6			5	15	25	30	45	60	180	Linha 91
3,6 a 3,8		5	10	20	25	30	45	70	205	Linha 92
3,8 a 4,0		10	15	20	30	40	50	80	245 ****	Linha 93

NOTAS:

(*) A descompressão tanto para o 1.º estágio quanto entre os estágios subsequentes deve ser feita a velocidade não superior a 0,4 atm/minuto.

(**) Não está incluído o tempo entre estágios.

(***) Para os valores limites de pressão de trabalho, use a maior descompressão.

(****) O período de trabalho mais o tempo de descompressão (incluindo o tempo entre os estágios) não deverá exceder a 12 horas.

ANEXO V
CONTROLE MÉDICO OCUPACIONAL DA EXPOSIÇÃO A SUBSTÂNCIAS QUÍMICAS CANCERÍGENAS E A RADIAÇÕES IONIZANTES

1. OBJETIVOS

1.1 Estabelecer diretrizes e parâmetros complementares no PCMSO para vigilância da saúde dos empregados expostos ocupacionalmente a substâncias químicas cancerígenas e a radiações ionizantes, de acordo com as informações fornecidas pelo Programa de Gerenciamento de Risco – PGR, visando à prevenção e à detecção do câncer e de lesões e alterações pré-cancerígenas relacionados ao trabalho.

2. CAMPO DE APLICAÇÃO

2.1 O presente Anexo aplica-se às organizações que produzam, transportem, armazenem, utilizem ou manipulem substâncias químicas cancerígenas, com registro CAS, conforme indicadas no Inventário de Riscos do PGR, misturas líquidas contendo concentração igual ou maior que 0,1% (zero vírgula um por cento) em volume dessas substâncias, ou mistura gasosa contendo essas substâncias, e às organizações nas quais os processos de trabalho exponham seus empregados a radiações ionizantes.

3. DIRETRIZES

3.1 O médico do trabalho responsável deve registrar no PCMSO as atividades e funções na organização com exposição ocupacional a radiações ionizantes e a substâncias químicas cancerígenas, identificadas e classificadas no PGR.

3.1.1 O médico responsável pelo PCMSO deve orientar os médicos que realizam o exame clínico desses empregados sobre a importância da identificação de lesões e alterações clínicas ou laboratoriais que possam estar relacionadas à exposição ocupacional a substâncias químicas cancerígenas e a radiações ionizantes.

4. SUBSTÂNCIAS QUÍMICAS CANCERÍGENAS

4.1 Os prontuários médicos dos empregados expostos a substâncias químicas cancerígenas devem ser mantidos por período mínimo de 40 (quarenta) anos após o desligamento do empregado.

4.1.1 Os exames complementares para os empregados expostos a agentes químicos cancerígenos, conforme informado no PGR da organização, são obrigatórios quando a exposição ocupacional estiver acima de 10% (dez por cento) dos limites de exposição ocupacional, ou quando não houver avaliação ambiental, e devem ser executados e interpretados com base nos critérios constantes nesta NR.

4.2 Benzeno

4.2.1 As ações de vigilância da saúde dos empregados expostos a benzeno devem seguir o disposto na Instrução Normativa n. 2, de 20 de dezembro de 1995, da SSST/Ministério do Trabalho, e na Portaria de Consolidação n. 5, Anexos LXVIII, LXIX, LXX e LXXI, de 28 de setembro de 2017, do Ministério da Saúde.

5. RADIAÇÕES IONIZANTES

5.1 Os empregados devem ser avaliados, no exame médico admissional, de retorno ao trabalho ou de mudança de risco, quanto à sua aptidão para exercer atividades em áreas controladas ou supervisionadas, de acordo com as informações do PGR e a classificação da Comissão Nacional de Energia Nuclear – CNEN (Norma CNEN NN 3.01) para áreas de trabalho com radiação ou material radioativo.

5.1.1 A informação sobre aptidão ou inaptidão para exercer atividade com exposição a radiação ou material radioativo deve ser consignada no ASO do empregado.

5.2 No caso de exposição ocupacional acima do limite de dose anual de radiação ionizante, efetiva ou equivalente, deve ser realizada nova avaliação médica do empregado para definição sobre a sua continuidade na atividade, quando deve ser emitido novo ASO.

5.3 No caso de exposição ocupacional acidental a níveis elevados de radiação ionizante, deve ser realizada nova avaliação médica, com coleta de hemograma completo imediatamente e 24 horas após a exposição.

5.4 Os prontuários médicos dos empregados expostos a radiações ionizantes devem ser mantidos até a data em que o empregado completará 75 anos e, pelo menos, por período mínimo de 30 (trinta) anos após o des-ligamento do empregado.

GLOSSÁRIO

ATA: abreviação de Atmosfera de Pressão Absoluta. Unidade de pressão que considera a pressão manométrica e a pressão atmosférica ambiente.

Atividades críticas: aquelas que exijam avaliação médica específica para definir a aptidão do empregado.

Câmara hiperbárica de tratamento: câmara que, independentemente da câmara de trabalho, é usada para tratamento de indivíduos que adquiram doença descompressiva ou embolia e é diretamente supervisionada por médico qualificado; constitui Vaso de Pressão para Ocupação Humana – VPOH, do tipo multipaciente (para mais de uma pessoa).

Câmara de superfície: uma câmara hiperbárica especialmente projetada para ser utilizada na descompressão dos mergulhadores, requerida pela operação ou pelo tratamento hiperbárico.

Câmara de trabalho: espaço ou compartimento com pressão superior à pressão atmosférica, onde o trabalho é realizado.

Câmara submersível de pressão atmosférica: câmara resistente à pressão externa, especialmente projetada para uso submerso, na qual os seus ocupantes permanecem submetidos à pressão atmosférica.

Campânula: câmara através da qual o trabalhador passa do ar livre para a câmara de trabalho do tubulão e vice-versa. O termo é utilizado nos trabalhos em tubulões de ar comprimido e define a câmara onde o trabalhador permanece aguardando enquanto a pressão é aumentada no início da atividade laboral, e onde a pressão é diminuída no final da atividade laboral.

Descompressão: o conjunto de procedimentos, por meio do qual um mergulhador elimina do seu organismo o excesso de gases inertes absorvidos durante determinadas condições hiperbáricas, sendo tais procedimentos absolutamente necessários no seu retorno à pressão atmosférica.

Eclusa de pessoal: câmara através da qual o trabalhador passa do ar livre para a câmara de trabalho em túneis pressurizados e vice-versa; termo utilizado nos trabalhos em perfuração de túneis, também conhecidas como "Shield", em referência ao nome da marca do equipamento de perfuração de túneis, que tem acoplada uma câmara hiperbárica para a compressão. É a câmara onde o trabalhador aguarda enquanto a pressão é aumentada no início da atividade laboral, e onde a pressão é diminuída no final da atividade laboral.

Encarregado de ar comprimido: profissional treinado e conhecedor das técnicas empregadas nos trabalhos em condições hiperbáricas, designado pela organização como o responsável imediato pelos empregados e por toda a operação de ar comprimido, incluindo pessoal e equipamento.

Guia interno: profissional de saúde ou mergulhador profissional que é pressurizado juntamente com o paciente.

Médico qualificado: médico com habilitação em medicina hiperbárica.

Mergulhador: trabalhador qualificado para utilização de equipamentos de mergulho com suprimento de gás respiratório, em ambiente submerso.

Misturas respiratórias artificiais: misturas de oxigênio, hélio ou outros gases, apropriadas à respiração durante os trabalhos submersos, quando não seja indicado o uso do ar natural.

Operador de eclusa ou de campânula: trabalhador previamente treinado nas manobras de compressão e descompressão das eclusas ou campânulas, responsável pelo controle da pressão no seu interior, tanto no tubulão quanto na eclusa de pessoal.

Operação de mergulho: toda aquela que envolve trabalhos submersos e que se estende desde os procedimentos iniciais de preparação até o final do período de observação, determinado pelo médico qualificado responsável pelo mergulho.

Período de trabalho: tempo em que o trabalhador permanece sob condição hiperbárica excluindo-se o tempo de descompressão. Na atividade de mergulho é chamado "tempo de fundo".

Poeiras contendo partículas insolúveis ou pouco solúveis de baixa toxicidade e não classificadas de outra forma: também chamadas de "poeiras incômodas", "biologicamente inertes", "partículas não classificadas de outra forma" – PNOC e que, quando inaladas em quantidades excessivas, podem contribuir para doenças pulmonares.

Pressão Máxima de Trabalho – PMT: a maior pressão de ar à qual o trabalhador é exposto durante sua jornada de trabalho. Esta pressão é aquela que deve ser considerada na programação da descompressão.

Trabalhos sob ar comprimido: os efetuados em ambientes onde o trabalhador é obrigado a suportar pressões maiores que a atmosférica, e onde se exige cuidadosa descompressão, de acordo com padrões técnicos estabelecidos.

Tratamento recompressivo: tratamento de emergência em câmara hiperbárica multipaciente, realizado ou supervisionado exclusivamente por médico qualificado e acompanhado diretamente por guia interno junto ao paciente.

Tubulão de ar comprimido: equipamento para fundações com estrutura vertical, que se estende abaixo da superfície da água ou solo, no interior da qual os trabalhadores devem penetrar, entrando pela campânula, para uma pressão maior que atmosférica. A atmosfera pressurizada opõe-se à pressão da água e permite trabalho em seu interior.

Túnel pressurizado: escavação abaixo da superfície do solo, cujo maior eixo faz um ângulo não superior a 45° (quarenta e cinco graus) com a horizontal, fechado nas duas extremidades, em cujo interior haja pressão superior a uma atmosfera.

NR 9

› *Avaliação e Controle das Exposições Ocupacionais a Agentes Físicos, Químicos e Biológicos*

SUMÁRIO

» Item I acrescentado pela Portaria n. 426, de 7-10-2021.

» Item II acrescentado pela Portaria n. 426, de 7-10-2021.

9.1. Objetivo

9.1.1. Esta Norma Regulamentadora – NR estabelece os requisitos para a avaliação das exposições ocupacionais a agentes físicos, químicos e biológicos quando identificados no Programa de Gerenciamento de Riscos – PGR, previsto na NR-1, e subsidiá-lo quanto às medidas de prevenção para os riscos ocupacionais.

9.2. Campo de Aplicação

9.2.1. As medidas de prevenção estabelecidas nesta Norma se aplicam onde houver exposições ocupacionais aos agentes físicos, químicos e biológicos.

9.2.1.1. A abrangência e profundidade das medidas de prevenção dependem das características das exposições e das necessidades de controle.

9.2.2. Esta NR e seus anexos devem ser utilizados para fins de prevenção e controle dos riscos ocupacionais causados por agentes físicos, químicos e biológicos.

9.2.2.1. Para fins de caracterização de atividades ou operações insalubres ou perigosas, devem ser aplicadas as disposições previstas na NR 15 – Atividades e operações insalubres e NR 16 – Atividades e operações perigosas.

9.3. Identificação das Exposições Ocupacionais aos Agentes Físicos, Químicos e Biológicos

9.3.1. A identificação das exposições ocupacionais aos agentes físicos, químicos e biológicos deverá considerar:

a) descrição das atividades;

b) identificação do agente e formas de exposição;

c) possíveis lesões ou agravos à saúde relacionados às exposições identificadas;

d) fatores determinantes da exposição;

e) medidas de prevenção já existentes; e

f) identificação dos grupos de trabalhadores expostos.

9.4. Avaliação das Exposições Ocupacionais aos Agentes Físicos, Químicos e Biológicos

9.4.1. Deve ser realizada análise preliminar das atividades de trabalho e dos dados já disponíveis relativos aos agentes físicos, químicos e biológicos, a fim de determinar a necessidade de adoção direta de medidas de prevenção ou de realização de avaliações qualitativas ou, quando aplicáveis, de avaliações quantitativas.

9.4.2. A avaliação quantitativa das exposições ocupacionais aos agentes físicos, químicos e biológicos, quando necessária, deverá ser realizada para:

a) comprovar o controle da exposição ocupacional aos agentes identificados;

b) dimensionar a exposição ocupacional dos grupos de trabalhadores;

c) subsidiar o equacionamento das medidas de prevenção.

9.4.2.1. A avaliação quantitativa deve ser representativa da exposição ocupacional, abrangendo aspectos organizacionais e condições ambientais que envolvam o trabalhador no exercício das suas atividades.

9.4.3. Os resultados das avaliações das exposições ocupacionais aos agentes físicos, químicos e biológicos devem ser incorporados ao inventário de riscos do PGR.

9.4.4. As avaliações das exposições ocupacionais devem ser registradas pela organização, conforme os aspectos específicos constantes nos Anexos desta NR.

9.5. Medidas de Prevenção e Controle das Exposições Ocupacionais aos Agentes Físicos, Químicos e Biológicos

9.5.1. As medidas de prevenção e controle das exposições ocupacionais referentes a cada agente físico, químico e biológico estão estabelecidas nos Anexos desta NR.

9.5.2. Devem ser adotadas as medidas necessárias para a eliminação ou o controle das exposições ocupacionais relacionados aos agentes físicos, químicos e biológicos, de acordo com os critérios estabelecidos nos Anexos desta NR, em conformidade com o PGR.

9.5.3. As medidas de prevenção e controle das exposições ocupacionais integram os controles dos riscos do PGR e devem ser incorporados ao Plano de Ação.

9.6. Disposições Transitórias

9.6.1. Enquanto não forem estabelecidos os Anexos a esta Norma, devem ser adotados para fins de medidas de prevenção:

a) os critérios e limites de tolerância constantes na NR 15 e seus anexos;

b) como nível de ação para agentes químicos, a metade dos limites de tolerância;

c) como nível de ação para o agente físico ruído, a metade da dose.

9.6.1.1. Na ausência de limites de tolerância previstos na NR 15 e seus anexos, devem ser utilizados como referência para a adoção de medidas de prevenção aqueles previstos pela American Conference of Governmental Industrial Higyenists – ACGIH.

9.6.1.2. Considera-se nível de ação, o valor acima do qual devem ser implementadas ações de controle sistemático de forma a minimizar a probabilidade de que as exposições ocupacionais ultrapassem os limites de exposição.

ANEXO I
VIBRAÇÃO

» Anexo I com redação determinada pela Portaria n. 426, de 7-10-2021.

1. Objetivos

1.1 Estabelecer os requisitos para a avaliação da exposição ocupacional às Vibrações em Mãos e Braços - VMB e às Vibrações de Corpo Inteiro - VCI, quando identificadas no Programa de Gerenciamento de Riscos - PGR, previsto na NR-01, e subsidiá-lo quanto às medidas de prevenção.

2. Campo de Aplicação

2.1. As disposições estabelecidas neste Anexo se aplicam onde houver exposição ocupacional às Vibrações em Mãos e Braços - VMB e às Vibrações de Corpo Inteiro - VCI.

3. Disposições Gerais

3.1. As organizações devem adotar medidas de prevenção e controle da exposição às vibrações mecânicas que possam afetar a segurança e a saúde dos trabalhadores, eliminando o risco ou, onde comprovadamente não houver tecnologia disponível, reduzindo-o aos menores níveis possíveis.

3.1.1. No processo de eliminação ou redução dos riscos relacionados à exposição às vibrações mecânicas, devem ser considerados, entre outros fatores, os esforços físicos e aspectos posturais.

3.2. A organização deve comprovar, no âmbito das ações de manutenção preventiva e corretiva de veículos, máquinas, equipamentos e ferramentas, a adoção de medidas que visem ao controle e à redução da exposição a vibrações.

3.3. As ferramentas manuais vibratórias que produzam acelerações superiores a 2,5 m/s^2 nas mãos dos operadores devem informar junto às suas especificações técnicas a vibração emitida pelas mesmas, indicando as normas de ensaio que foram utilizadas para a medição.

4. Avaliação Preliminar da Exposição

4.1. Deve ser realizada avaliação preliminar da exposição às VMB e VCI, considerando os seguintes aspectos:

a) ambientes de trabalho, processos, operações e condições de exposição;

b) características das máquinas, veículos, ferramentas ou equipamentos de trabalho;

c) informações fornecidas por fabricantes sobre os níveis de vibração gerados por ferramentas, veículos, máquinas ou equipamentos envolvidos na exposição, quando disponíveis;

d) condições de uso e estado de conservação de veículos, máquinas, equipamentos e ferramentas, incluindo componentes ou dispositivos de isolamento e amortecimento que interfiram na exposição de operadores ou condutores;

e) características da superfície de circulação, cargas transportadas e velocidades de operação, no caso de VCI;

f) estimativa de tempo efetivo de exposição diária;

g) constatação de condições específicas de trabalho que possam contribuir para o agravamento dos efeitos decorrentes da exposição;

h) esforços físicos e aspectos posturais;

i) dados de exposição ocupacional existentes; e

j) informações ou registros relacionados a queixas e antecedentes médicos relacionados aos trabalhadores expostos.

4.2. Os resultados da avaliação preliminar devem subsidiar a adoção de medidas preventivas e corretivas, sem prejuízo de outras medidas previstas nas demais NR.

4.3. Se a avaliação preliminar não for suficiente para permitir a tomada de decisão quanto à necessidade de implantação de medidas preventivas e corretivas, deve-se proceder à avaliação quantitativa da exposição.

5. Avaliação quantitativa da exposição

5.1. A avaliação quantitativa deve ser representativa da exposição, abrangendo aspectos organizacionais e condições ambientais que envolvam o trabalhador no exercício de suas funções.

5.1.1 Os procedimentos de avaliação quantitativa para VCI e VMB, a serem adotados no âmbito deste anexo, são aqueles estabelecidos nas Normas de Higiene Ocupacional – NHO, publicadas pela FUNDACENTRO.

5.2. Avaliação quantitativa da exposição dos trabalhadores às VMB

5.2.1. A avaliação da exposição ocupacional à vibração em mãos e braços deve ser feita utilizando-se sistemas de medição que permitam a obtenção da aceleração resultante de exposição normalizada – Aren, parâmetro representativo da exposição diária do trabalhador.

5.2.2. O nível de ação para a avaliação da exposição ocupacional diária à vibração em mãos e braços corresponde a um valor de Aren de 2,5 m/s^2.

5.2.3. O limite de exposição ocupacional diária à vibração em mãos e braços corresponde a um valor de Aren de 5 m/s^2.

5.2.4 As situações de exposição ocupacional superior ao nível de ação, independentemente do uso de equipamentos de proteção individual, implicam obrigatória adoção de medidas de caráter preventivo, sem prejuízo do disposto no subitem 1.5.5 da NR-01

5.2.5 As situações de exposição ocupacional superior ao limite de exposição, independentemente do uso de equipamentos de proteção individual, implicam obrigatória adoção de medidas de caráter corretivo, sem prejuízo do disposto no subitem 1.5.5 da NR-01.

5.3. Avaliação quantitativa da exposição dos trabalhadores às VCI

5.3.1 A avaliação da exposição ocupacional à vibração de corpo inteiro deve ser feita utilizando-se sistemas de medição que permitam a determinação da aceleração resultante de exposição normalizada (aren) e do valor da dose de vibração resultante (VDVR), parâmetros representativos da exposição diária do trabalhador.

5.3.2. O nível de ação para a avaliação da exposição ocupacional diária à vibração de corpo inteiro corresponde a um valor da Aren de 0,5 m/s^2, ou ao VDVR de 9,1 $m/s^{1,75}$.

5.3.3. O limite de exposição ocupacional diária à vibração de corpo inteiro corresponde ao:

a) valor da aceleração resultante de exposição normalizada (aren) de 1,1 m/s2; ou

b) valor da dose de vibração resultante (VDVR) de 21,0 m/s1,75.

5.3.3.1. Para fins de caracterização da exposição, a organização deve comprovar a avaliação dos dois parâmetros acima descritos.

5.3.4 As situações de exposição ocupacional superiores ao nível de ação implicam obrigatória adoção de medidas de caráter preventivo, sem prejuízo do disposto no subitem 1.5.5 da NR-01.

5.3.5 As situações de exposição ocupacional superiores ao limite de exposição ocupacional implicam obrigatória adoção de medidas de caráter corretivo, sem prejuízo do disposto no subitem 1.5.5 da NR-01.

6. Medidas de Prevenção

6.1. As medidas de prevenção devem contemplar:

a) avaliação periódica da exposição;

b) orientação dos trabalhadores quanto aos riscos decorrentes da exposição à vibração e à utilização adequada dos equipamentos de trabalho, bem como quanto ao direito de comunicar aos seus superiores sobre níveis anormais de vibração observados durante suas atividades;

c) vigilância da saúde dos trabalhadores focada nos efeitos da exposição à vibração; e

d) adoção de procedimentos e métodos de trabalho alternativos que permitam reduzir a exposição a vibrações mecânicas.

6.1.1. As medidas de prevenção descritas neste item não excluem outras medidas que possam ser consideradas necessárias ou recomendáveis em função das particularidades de cada condição de trabalho.

6.2 As medidas de caráter corretivo devem contemplar, no mínimo, uma das medidas abaixo, obedecida a hierarquia prevista na alínea "g" do subitem 1.4.1 da NR-01:

I – no caso de exposição às VMB, modificação do processo ou da operação de trabalho, podendo envolver:

a) a substituição de ferramentas e acessórios;

b) a reformulação ou a reorganização de bancadas e postos de trabalho;

c) a alteração das rotinas ou dos procedimentos de trabalho; e

d) a adequação do tipo de ferramenta, do acessório utilizado e das velocidades operacionais;

II – no caso de exposição às VCI, modificação do processo ou da operação de trabalho, podendo envolver:

a) o reprojeto de plataformas de trabalho;

b) a reformulação, a reorganização ou a alteração das rotinas ou dos procedimentos e organização do trabalho;

c) a adequação de veículos utilizados, especialmente pela adoção de assentos antivibratórios; e

d) a melhoria das condições e das características dos pisos e pavimentos utilizados para circulação das máquinas e dos veículos;

III – redução do tempo e da intensidade de exposição diária à vibração; e

IV – alternância de atividades ou operações que gerem exposições a níveis mais elevados de vibração, com outras que não apresentem exposições ou impliquem exposições a menores níveis.

6.2.1. As medidas de caráter corretivo mencionadas não excluem outras medidas que possam ser consideradas necessárias ou recomendáveis, em função das particularidades de cada condição de trabalho.

ANEXO II

(*Revogado pela Portaria n. 426, de 7-10-2021.*)

ANEXO III
CALOR

» Anexo III com redação determinada pela Portaria n. 426, de 7-10-2021.

1. Objetivos

1.1. Estabelecer os requisitos para a avaliação da exposição ocupacional ao agente físico calor, quando identificado no Programa de Gerenciamento de Riscos – PGR, previsto na NR 1, e subsidiá-lo quanto às medidas de prevenção.

2. Campo de Aplicação

2.1. As disposições estabelecidas neste Anexo se aplicam onde houver exposição ocupacional ao agente físico calor.

3. Responsabilidades da organização

3.1. A organização deve adotar medidas de prevenção, de modo que a exposição ocupacional ao calor não cause efeitos adversos à saúde do trabalhador.

3.1.1. A organização deve orientar os trabalhadores, especialmente, quanto aos seguintes aspectos:

a) fatores que influenciam os riscos relacionados à exposição ao calor;

b) distúrbios relacionados ao calor, com exemplos de seus sinais e sintomas, tratamentos, entre outros;

c) necessidade de informar ao superior hierárquico ou ao médico a ocorrência de sinais e sintomas relacionados ao calor;

d) medidas de prevenção relacionadas à exposição ao calor, de acordo com a avalição de risco da atividade;

e) informações sobre o ambiente de trabalho e suas características; e

f) situações de emergência decorrentes da exposição ocupacional ao calor e condutas a serem adotadas.

3.1.2. Devem ser realizados treinamentos periódicos anuais específicos, quando indicados nas medidas de prevenção.

3.2. A avaliação preliminar da exposição ocupacional ao calor deve considerar os seguintes aspectos, quando aplicáveis:

a) a identificação do perigo;

b) a caracterização das fontes geradoras;

c) a identificação das possíveis trajetórias e dos meios de propagação dos agentes no ambiente de trabalho;

d) a identificação das funções e determinação do número de trabalhadores expostos;

e) a caracterização das atividades e do tipo da exposição, considerando a organização do trabalho;

f) a obtenção de dados existentes na empresa, indicativos de possível comprometimento da saúde decorrente do trabalho;

g) as possíveis lesões ou agravos à saúde relacionados aos perigos identificados, disponíveis na literatura técnica;

h) a descrição das medidas de prevenção já existentes;

i) as características dos fatores ambientais e demais condições de trabalho que possam influenciar na exposição ao calor e no mecanismo de trocas térmicas entre o trabalhador e o ambiente;

j) as estimativas do tempo de permanência em cada atividade e situação térmica às quais o trabalhador permanece exposto ao longo da sua jornada de trabalho;

k) a taxa metabólica para execução das atividades com exposição ao calor; e

l) os registros disponíveis sobre a exposição ocupacional ao calor.

3.2.1. A avaliação preliminar deve subsidiar a adoção de medidas de prevenção, sem prejuízo de outras medidas previstas nas demais Normas Regulamentadoras.

3.2.1.1. Se as informações obtidas na avaliação preliminar não forem suficientes para permitir a tomada de decisão quanto à necessidade de implementação de medidas de prevenção, deve-se proceder à avaliação quantitativa para:

a) comprovar o controle da exposição ou a inexistência de riscos identificados na etapa de avaliação preliminar;

b) dimensionar a exposição dos trabalhadores; e

c) subsidiar o equacionamento das medidas de prevenção.

3.3. A avaliação quantitativa do calor deverá ser realizada com base na metodologia e procedimentos descritos na Norma de Higiene Ocupacional n. 6 – NHO 6 (2.ª edição – 2017) da Fundação Jorge Duprat Figueiredo, de Segurança e Medicina do Trabalho – Fundacentro, nos seguintes aspectos:

a) determinação de sobrecarga térmica por meio do Índice de Bulbo Úmido Termômetro de Globo – IBUTG;

b) equipamentos de medição e formas de montagem, posicionamento e procedimentos de uso dos mesmos nos locais avaliados;

c) procedimentos quanto à conduta do avaliador; e

d) medições e cálculos.

3.3.1. A taxa metabólica deve ser estimada com base na comparação da atividade realizada pelo trabalhador com as opções apresentadas no Quadro 3 deste Anexo.

3.3.1.1. Caso uma atividade específica não esteja apresentada no Quadro 3 deste Anexo, o valor da taxa metabólica deverá ser obtido por associação com atividade similar do referido Quadro.

3.3.1.1.1. Na impossibilidade de enquadramento por similaridade, a taxa metabólica também pode ser estimada com base em outras referências técnicas, desde que justificadas tecnicamente.

3.3.2. Para atividades em ambientes externos sem fontes artificiais de calor, alternativamente ao previsto nas alíneas *b*, *c*, e *d* do subitem 3.3, poderá ser utilizada ferramenta da Fundacentro, para estimativa do IBUTG, se disponível.

4. Medidas de prevenção

4.1. Medidas preventivas

4.1.1. Sempre que os níveis de ação para exposição ocupacional ao calor, estabelecidos no Quadro 1, forem excedidos, devem ser adotadas pela organização uma ou mais das seguintes medidas:

a) disponibilizar água fresca potável (ou outro líquido de reposição adequado) e incentivar a sua ingestão; e

b) programar os trabalhos mais pesados (acima de quatrocentos e quatorze watts), preferencialmente, nos períodos com condições térmicas mais amenas, desde que nesses períodos não ocorram riscos adicionais.

4.1.2. Para os ambientes fechados ou com fontes artificiais de calor, além de observar o disposto no subitem 4.1.1, o empregador deve fornecer vestimentas de trabalho adaptadas ao tipo de exposição e à natureza da atividade.

4.2. Medidas corretivas

4.2.1. As medidas corretivas visam reduzir a exposição ocupacional ao calor a valores abaixo do limite de exposição.

4.2.2. Quando ultrapassados os limites de exposição estabelecidos no Quadro 2, devem ser adotadas pela organização uma ou mais das seguintes medidas corretivas:

a) adequar os processos, as rotinas ou as operações de trabalho;

b) alternar operações que gerem exposições a níveis mais elevados de calor com outras que não apresentem exposições ou impliquem exposições a menores níveis, resultando na redução da exposição; e

c) disponibilizar acesso a locais, inclusive naturais, termicamente mais amenos, que possibilitem pausas espontâneas, permitindo a recuperação térmica nas atividades realizadas em locais abertos e distantes de quaisquer edificações ou estruturas naturais ou artificiais.

4.2.2.1. Para os ambientes fechados ou com fontes artificiais de calor, além das medidas definidas no subitem 4.2.2, a organização deve:

a) adaptar os locais e postos de trabalho;

b) reduzir a temperatura ou a emissividade das fontes de calor;

c) utilizar barreiras para o calor radiante;

d) adequar o sistema de ventilação do ar; e

e) adequar a temperatura e a umidade relativa do ar.

4.2.3. O Programa de Controle Médico de Saúde Ocupacional – PCMSO, previsto na Norma Regulamentadora n. 7, deve prever procedimentos e avaliações médicas considerando a necessidade de exames complementares e monitoramento fisiológico, quando ultrapassados os limites de exposição previstos no Quadro 2 deste Anexo e caracterizado risco de sobrecarga térmica e fisiológica dos trabalhadores expostos ao calor.

4.2.3.1. Fica caracterizado o risco de sobrecarga térmica e fisiológica com possibilidade de lesão grave à integridade física ou à saúde dos trabalhadores:

a) quando não forem adotadas as medidas previstas no item 4 deste Anexo; ou

b) quando as medidas adotadas não forem suficientes para a redução do risco.

5. Aclimatização

5.1. Para atividades de exposição ocupacional ao calor acima do nível de ação, deve ser considerada a aclimatização dos trabalhadores descrita no PCMSO.

5.2. Quando houver a necessidade de elaboração de plano de aclimatização dos trabalhadores, devem ser considerados os parâmetros previstos na NHO 6 da Fundacentro ou outras referências técnicas emitidas por organização competente.

6. Procedimentos de emergência

6.1. A organização deve possuir procedimento de emergência específico para o calor, contemplando:

a) meios e recursos necessários para o primeiro atendimento ou encaminhamento do trabalhador para atendimento; e

b) informação a todas as pessoas envolvidas nos cenários de emergências.

QUADRO 1
NÍVEL DE AÇÃO PARA TRABALHADORES ACLIMATIZADOS

M [W]	$IBUTG_{MÁX}$ [ºC]	M [W]	$IBUTG_{MÁX}$ [ºC]	M [W]	$IBUTG_{MÁX}$ [ºC]
100	31,7	183	28,0	334	24,3
101	31,6	186	27,9	340	24,2
103	31,5	189	27,8	345	24,1
105	31,4	192	27,7	351	24,0
106	31,3	195	27,6	357	23,9
108	31,2	198	27,5	363	23,8
110	31,1	201	27,4	369	23,7
112	31,0	205	27,3	375	23,6
114	30,9	208	27,2	381	23,5
115	30,8	212	27,1	387	23,4
117	30,7	215	27,0	394	23,3
119	30,6	219	26,9	400	23,2
121	30,5	222	26,8	407	23,1
123	30,4	226	26,7	414	23,0
125	30,3	230	26,6	420	22,9
127	30,2	233	26,5	427	22,8
129	30,1	237	26,4	434	22,7
132	30,0	241	26,3	442	22,6
134	29,9	245	26,2	449	22,5
136	29,8	249	26,1	456	22,4
138	29,7	253	26,0	464	22,3
140	29,6	257	25,9	479	22,1
143	29,5	262	25,8	487	22,0
145	29,4	266	25,7	495	21,9
148	29,3	270	25,6	503	21,8
150	29,2	275	25,5	511	21,7
152	29,1	279	25,4	520	21,6
155	29,0	284	25,3	528	21,5
158	28,9	289	25,2	537	21,4
160	28,8	293	25,1	546	21,3
163	28,7	298	25,0	555	21,2
165	28,6	303	24,9	564	21,1
168	28,5	308	24,8	573	21,0
171	28,4	313	24,7	583	20,9
174	28,3	318	24,6	593	20,8
177	28,2	324	24,5	602	20,7
180	28,1	329	24,4		

QUADRO 2
LIMITE DE EXPOSIÇÃO OCUPACIONAL AO CALOR PARA TRABALHADORES ACLIMATIZADOS

M [W]	$IBUTG_{MÁX}$ [°C]	M [W]	$IBUTG_{MÁX}$ [°C]	M [W]	$IBUTG_{MÁX}$ [°C]
100	33,7	186	30,6	346	27,5
102	33,6	189	30,5	353	27,4
104	33,5	193	30,4	360	27,3
106	33,4	197	30,3	367	27,2
108	33,3	201	30,2	374	27,1
110	33,2	205	30,1	382	27,0
112	33,1	209	30,0	390	26,9
115	33,0	214	29,9	398	26,8
117	32,9	218	29,8	406	26,7
119	32,8	222	29,7	414	26,6
122	32,7	227	29,6	422	26,5
124	32,6	231	29,5	431	26,4
127	32,5	236	29,4	440	26,3
129	32,4	241	29,3	448	26,2
132	32,3	246	29,2	458	26,1
135	32,2	251	29,1	467	26,0
137	32,1	256	29,0	476	25,9
140	32,0	261	28,9	486	25,8
143	31,9	266	28,8	496	25,7
146	31,8	272	28,7	506	25,6
149	31,7	277	28,6	516	25,5
152	31,6	283	28,5	526	25,4
155	31,5	289	28,4	537	25,3
158	31,4	294	28, 3	548	25,2
161	31,3	300	28,2	559	25,1
165	31,2	306	28,1	570	25,0
168	31,1	313	28,0	582	24,9
171	31,0	319	27,9	594	24,8
175	30,9	325	27,8	606	24,7
178	30,8	332	27,7		
182	30,7	339	27,6		

Nota 1: Os limites estabelecidos são válidos apenas para trabalhadores com uso de vestimentas que não incrementem ajuste de Índice de Bulbo Úmido Termômetro de Globo – IBUTG médio, conforme correções previstas no Quadro 4 deste Anexo.

Nota 2: Os limites são válidos para trabalhadores com aptidão para o trabalho, conforme avaliação médica prevista na NR 7.

QUADRO 3
TAXA METABÓLICA POR TIPO DE ATIVIDADE

Atividade	Taxa metabólica (W)
Sentado	
Em repouso	100
Trabalho leve com as mãos	126
Trabalho moderado com as mãos	153
Trabalho pesado com as mãos	171

Trabalho leve com um braço	162
Trabalho moderado com um braço	198
Trabalho pesado com um braço	234
Trabalho leve com dois braços	216
Trabalho moderado com dois braços	252
Trabalho pesado com dois braços	288
Trabalho leve com braços e pernas	324
Trabalho moderado com braços e pernas	441
Trabalho pesado com braços e pernas	603
Em pé, agachado ou ajoelhado	
Em repouso	126
Trabalho leve com as mãos	153
Trabalho moderado com as mãos	180
Trabalho pesado com as mãos	198
Trabalho leve com um braço	189
Trabalho moderado com um braço	225
Trabalho pesado com um braço	261
Trabalho leve com dois braços	243
Trabalho moderado com dois braços	279
Trabalho pesado com dois braços	315
Trabalho leve com o corpo	351
Trabalho moderado com o corpo	468
Trabalho pesado com o corpo	630
Em pé, em movimento	
Andando no plano	
1. Sem carga	
2 km/h	198
3 km/h	252
4 km/h	297
5 km/h	360
2. Com carga	
10 kg, 4 km/h	333
30 kg, 4 km/h	450
Correndo no plano	
9 km/h	787
12 km/h	873
15 km/h	990
Subindo rampa	
1. Sem carga	
com 5° de inclinação, 4 km/h	324
com 15° de inclinação, 3 km/h	378
com 25° de inclinação, 3 km/h	540
2. Com carga de 20 kg	
com 15° de inclinação, 4 km/h	486
com 25° de inclinação, 4 km/h	738
Descendo rampa (5 km/h) sem carga	
com 5° de inclinação	243
com 15° de inclinação	252

com 25° de inclinação	324
Subindo escada (80 degraus por minuto – altura do degrau de 0,17 m)	
Sem carga	522
Com carga (20 kg)	648
Descendo escada (80 degraus por minuto – altura do degrau de 0,17 m)	
Sem carga	279
Com carga (20 kg)	400
Trabalho moderado de braços (ex.: varrer, trabalho em almoxarifado)	320
Trabalho moderado de levantar ou empurrar	349
Trabalho de empurrar carrinhos de mão, no mesmo plano, com carga	391
Trabalho de carregar pesos ou com movimentos vigorosos com os braços (ex.: trabalho com foice)	495
Trabalho pesado de levantar, empurrar ou arrastar pesos (ex.: remoção com pá, abertura de valas)	524

QUADRO 4
INCREMENTOS DE AJUSTE DO ÍNDICE DE BULBO ÚMIDO TERMÔMETRO DE GLOBO — IBUTG MÉDIO PARA ALGUNS TIPOS DE VESTIMENTAS*

Tipo de roupa	Adição ao IBUTG (°C)
Uniforme de trabalho (calça e camisa de manga comprida)	0
Macacão de tecido	0
Macacão de polipropileno SMS (*Spun-Melt-Spun*)	0,5
Macacão de poliolefina	2
Vestimenta ou macacão forrado (tecido duplo)	3
Avental longo de manga comprida impermeável ao vapor	4
Macacão impermeável ao vapor	10
Macacão impermeável ao vapor sobreposto à roupa de trabalho	12

* O valor do IBUTG para vestimentas com capuz deve ter seu valor acrescido em 1°C

NR 15

› *Atividades e Operações Insalubres*

15.1. São consideradas atividades ou operações insalubres as que se desenvolvem:

15.1.1. Acima dos limites de tolerância previstos nos anexos ns. 1, 2, 3, 5, 11 e 12;

15.1.2. (*Revogado pela Portaria n. 3.751, de 23-11-1990.*)

15.1.3. Nas atividades mencionadas nos Anexos ns. 6, 13 e 14;

15.1.4. Comprovadas através de laudo de inspeção do local de trabalho, constantes dos Anexos n. 7, 8, 9 e 10.

15.1.5. Entende-se por Limite de Tolerância, para os fins desta Norma, a concentração ou intensidade máxima ou mínima, relacionada com a natureza e o tempo de exposição ao agente, que não causará dano à saúde do trabalhador, durante a sua vida laboral.

15.2. O exercício de trabalho em condições de insalubridade, de acordo com os subitens do item anterior, assegura ao trabalhador a percepção de adicional, incidente sobre o salário mínimo da região, equivalente a:

» Código: 115.001-4. Infração: 1. Tipo: S.

15.2.1. 40% (quarenta por cento), para insalubridade de grau máximo;

15.2.2. 20% (vinte por cento), para insalubridade de grau médio;

15.2.3. 10% (dez por cento), para insalubridade de grau mínimo.

15.3. No caso de incidência de mais de um fator de insalubridade, será apenas considerado o de grau mais elevado, para efeito de acréscimo salarial, sendo vedada a percepção cumulativa.

15.4. A eliminação ou neutralização da insalubridade determinará a cessação do pagamento do adicional respectivo.

15.4.1. A eliminação ou neutralização da insalubridade deverá ocorrer:

a) com a adoção de medidas de ordem geral que conservem o ambiente de trabalho dentro dos limites de tolerância;

b) com a utilização de equipamento de proteção individual.

15.4.1.1. Cabe à autoridade regional competente em matéria de segurança e saúde do trabalhador, comprovada a insalubridade por laudo técnico de engenheiro de segurança do trabalho ou médico do trabalho, devidamente habilitado, fixar adicional devido aos empregados expostos à insalubridade quando impraticável sua eliminação ou neutralização.

» Item com redação determinada pela Portaria n. 3, de 1.º-7-1992.

15.4.1.2. A eliminação ou neutralização da insalubridade ficará caracterizada através de avaliação pericial por órgão competente, que comprove a inexistência de risco à saúde do trabalhador.

15.5. É facultado às empresas e aos sindicatos das categorias profissionais interessadas requererem ao Ministério do Trabalho, através das DRTs, a realização de perícia em estabelecimento ou setor deste, com o objetivo de caracterizar e classificar ou determinar atividade insalubre.

15.5.1. Nas perícias requeridas às Delegacias Regionais do Trabalho, desde que comprovada a insalubridade, o perito do Ministério do Trabalho indicará o adicional devido.

15.6. O perito descreverá no laudo a técnica e a aparelhagem utilizadas.

15.7. O disposto no item 15.5 não prejudica a ação fiscalizadora do MTb, nem a realização *ex officio* da perícia, quando solicitado pela Justiça, nas localidades onde não houver perito.

› Deixamos de publicar os anexos dessa norma.

NR 16

› *Atividades e Operações Perigosas*

16.1. São consideradas atividades e operações perigosas as constantes dos Anexos desta Norma Regulamentadora – NR.

» Item com redação determinada pela Portaria n. 1.565, de 13-10-2014.

16.2. O exercício de trabalho em condições de periculosidade assegura ao trabalhador a percepção de adicional de 30% (trinta por cento), incidente sobre o salário, sem os acréscimos resultantes de gratificações, prêmios ou participação nos lucros da empresa.

16.2.1. O empregado poderá optar pelo adicional de insalubridade que porventura lhe seja devido.

16.3. É responsabilidade do empregador a caracterização ou a descaracterização da periculosidade, mediante laudo técnico elaborado por Médico do Trabalho ou Engenheiro de Segurança do Trabalho, nos termos do artigo 195 da CLT.

» Item com redação determinada pela Portaria n. 1.565, de 13-10-2014.

16.4. O disposto no item 16.3 não prejudica a ação fiscalizadora do Ministério do Trabalho nem a realização *ex officio* da perícia.

16.5. Para os fins desta Norma Regulamentadora - NR são consideradas atividades ou operações perigosas as executadas com explosivos sujeitos a:

a) degradação química ou autocatalítica;

b) ação de agentes exteriores, tais como, calor, umidade, faíscas, fogo, fenômenos sísmicos, choque e atritos.

16.6. As operações de transporte de inflamáveis líquidos ou gasosos liquefeitos, em quaisquer vasilhames e a granel, são consideradas em condições de periculosidade, com exclusão para o transporte em pequenas quantidades, até o limite de 200 (duzentos) litros para os inflamáveis líquidos e 135 (cento e trinta e cinco) quilos para os inflamáveis gasosos liquefeitos.

16.6.1. As quantidades de inflamáveis, contidas nos tanques de consumo próprio dos veículos, não serão consideradas para efeito desta Norma.

16.6.1.1. Não se aplica o item 16.6 às quantidades de inflamáveis contidas nos tanques de combustível originais de fábrica e suplementares, certificados pelo órgão competente.

» Item acrescentado pela Portaria n. 1.357, de 9-12-2019.

16.7. Para efeito desta Norma Regulamentadora considera-se líquido combustível todo aquele que possua ponto de fulgor maior que 60 °C (sessenta graus Celsius) e menor ou igual a 93 °C (noventa e três graus Celsius).

» Item com redação determinada pela Portaria n. 312, de 23-3-2012.

16.8. Todas as áreas de risco previstas nesta NR devem ser delimitadas, sob responsabilidade do empregador.

» Item acrescentado pela Portaria n. 25, de 29-12-1994.

› Deixamos de publicar os anexos dessa norma.

NR 28

› *Fiscalização e Penalidades*

28.1. FISCALIZAÇÃO:

28.1.1. A fiscalização do cumprimento das disposições legais e/ou regulamentares sobre segurança e saúde do trabalhador será efetuada obedecendo ao disposto nos Decretos n. 55.841, de 15 de março de 1965, 97.995, de 26 de julho de 1989, no Título VII da CLT e no § 3.º do art. 6.º da Lei n. 7.855, de 24 de outubro de 1989, e nesta Norma Regulamentadora - NR.

» Item com redação determinada pela Portaria n. 7, de 5-10-1992.

28.1.2. Aos processos resultantes da ação fiscalizadora é facultado anexar quaisquer documentos, quer de pormenorização de fatos circunstanciais, quer comprobatórios, podendo, no exercício das funções de inspeção do trabalho, o Agente de Inspeção do Trabalho usar de todos os meios, inclusive audiovisuais, necessários à comprovação da infração.

28.1.3. O Agente da Inspeção do Trabalho deverá lavrar o respectivo auto de infração à vista de descumprimento dos preceitos legais e/ou regulamentares contidos nas Normas Regulamentadoras Urbanas e Rurais, considerando o critério da dupla visita, elencados no Decreto n. 55.841, de 15 de março de 1965, no Título VII da CLT e no § 3.º do art. 6.º da Lei n. 7.855, de 24 de outubro de 1989.

» Item com redação determinada pela Portaria n. 7, de 5-10-1992.

28.1.4. O agente da inspeção do trabalho, com base em critérios técnicos, poderá notificar os empregadores concedendo prazos para a correção das irregularidades encontradas.

28.1.4.1. O prazo para cumprimento dos itens notificados deverá ser limitado a, no máximo, 60 (sessenta) dias.

28.1.4.2. A autoridade regional competente, diante de solicitação escrita do notificado, acompanhada de exposição de motivos relevantes, apresentada no prazo de 10 (dez) dias do recebimento da notificação, poderá prorrogar por 120 (cento e vinte) dias, contados da data do Termo de Notificação, o prazo para seu cumprimento.

» Item com redação determinada pela Portaria n. 7, de 5-10-1992.

28.1.4.3. A concessão de prazos superiores a 120 (cento e vinte) dias fica condicionada à prévia negociação entre o notificado e o sindicato representante da categoria dos empregados, com a presença da autoridade regional competente.

» Item com redação determinada pela Portaria n. 7, de 5-10-1992.

28.1.4.4. A empresa poderá recorrer ou solicitar prorrogação de prazo de cada item notificado até no máximo 10 (dez) dias a contar da data de emissão da notificação.

28.1.5. Poderão, ainda, os agentes da inspeção do trabalho lavrar auto de infração pelo descumprimento dos preceitos legais e/ou regulamentares sobre segurança e saúde do trabalhador, à vista de laudo técnico emitido por engenheiro de segurança do trabalho ou médico do trabalho, devidamente habilitado.

28.2. EMBARGO OU INTERDIÇÃO:

28.2.1. Quando o agente da inspeção do trabalho constatar situação de grave e iminente risco à saúde e/ou integridade física do trabalhador, com base em critérios técnicos, deverá propor de imediato à autoridade regional competente a interdição do estabelecimento, setor de serviço, máquina ou equipamento, ou o embargo parcial ou total da obra, determinando as medidas que deverão ser adotadas para a correção das situações de risco.

» Item com redação determinada pela Portaria n. 7, de 5-10-1992.

28.2.2. A autoridade regional competente, à vista de novo laudo técnico do agente da inspeção do trabalho, procederá à suspensão ou não da interdição ou embargo.

» Item com redação determinada pela Portaria n. 7, de 5-10-1992.

28.2.3. A autoridade regional competente, à vista de relatório circunstanciado, elaborado por agente da inspeção do trabalho que comprove o descumprimento reiterado das disposições legais e/ou regulamentares sobre segurança e saúde do trabalhador, poderá convocar representante legal da empresa para apurar o motivo da irregularidade e propor solução para corrigir as situações que estejam em desacordo com exigências legais.

» Item com redação determinada pela Portaria n. 7, de 5-10-1992.

28.2.3.1. Entende-se por descumprimento reiterado a lavratura do auto de infração por 3 (três) vezes no tocante ao descumprimento do mesmo item de norma regulamentadora ou a negligência do empregador em cumprir as disposições legais e/ou regulamentares sobre segurança e saúde do trabalhador, violando-as reiteradamente, deixando de atender às advertências, intimações ou sanções e sob reiterada ação fiscal por parte dos agentes da inspeção do trabalho.

28.3. PENALIDADES:

28.3.1. As infrações aos preceitos legais e/ou regulamentadores sobre segurança e saúde do trabalhador terão as penalidades aplicadas conforme o disposto no quadro de gradação de multas (Anexo I), obedecendo às infrações previstas no quadro de classificação das infrações (Anexo II) desta Norma.

» Item com redação determinada pela Portaria n. 7, de 5-10-1992.

28.3.1.1. Em caso de reincidência, embaraço ou resistência à fiscalização, emprego de artifício ou simulação com o objetivo de fraudar a lei, a multa será aplicada na forma do art. 201, parágrafo único, da CLT, conforme os seguintes valores estabelecidos:

» Item com redação determinada pela Portaria n. 7, de 5-10-1992.

VALOR DA MULTA (EM UFIR)	
Segurança do Trabalho	Medicina do Trabalho
6.304	3.782

› Deixamos de publicar os anexos dessa norma

LEI Nº 6.615, DE 16 DE DEZEMBRO DE 1978

Dispõe sobre a regulamentação da profissão de Radialista e dá outras providências.

› *Radialista - regulamentação*

O PRESIDENTE DA REPÚBLICA, faço saber que o CONGRESSO NACIONAL decreta e eu sanciono a seguinte Lei:

Art. 1º O exercício da profissão de Radialista é regulado pela presente Lei.

Art. 2º Considera-se Radialista o empregado de empresa de radiodifusão que exerça uma das funções em que se desdobram as atividades mencionadas no art. 4º.

Art. 3º Considera-se empresa de radiodifusão, para os efeitos desta Lei, aquela que explora serviços de transmissão de programas e mensagens, destinada a ser recebida livre e gratuitamente pelo público em geral, compreendendo a radiodifusão sonora (rádio) e radiodifusão de sons e imagens (televisão).

Parágrafo único. Considera-se, igualmente, para os efeitos desta lei, empresa de radiodifusão:

a) a que explore serviço de música funcional ou ambiental e outras que executem, por quaisquer processos, transmissões de rádio ou de televisão;

b) a que se dedique, exclusivamente, à produção de programas para empresas de radiodifusão;

c) a entidade que execute serviços de repetição ou de retransmissão de radiodifusão;

d) a entidade privada e a fundação mantenedora que executem serviços de radiodifusão, inclusive em circuito fechado de qualquer natureza;

e) as empresas ou agências de qualquer natureza destinadas, em sua finalidade, a produção de programas, filmes e dublagens, comerciais ou não, para serem divulgados através das empresas de radiodifusão.

Art. 4º A profissão de Radialista compreende as seguintes atividades:

I – Administração;

II – Produção;

III – Técnica.

§ 1º As atividades de administração compreendem somente as especializadas, peculiares às empresas de radiodifusão.

§ 2º As atividades de produção se subdividem nos seguintes setores:

a) autoria;

b) direção;

c) produção;

d) interpretação;

e) dublagem;

f) locução

g) caracterização;

h) cenografia.

§ 3º As atividades técnicas se subdividem nos seguintes setores:

a) direção;

b) tratamento e registros sonoros;

c) tratamento e registros visuais;

d) montagem e arquivamento;

e) transmissão de sons e imagens;

f) revelação e copiagem de filmes;

g) artes plásticas e animação de desenhos e objetos;

h) manutenção técnica.

§ 4º As denominações e descrições das funções em que se desdobram as atividades e os setores mencionados nos §§ 1º, 2º e 3º, a serem previstas e atualizadas em regulamento, deverão considerar: *(Redação pela Lei nº 13.424, de 2017).*

I – as ocupações e multifuncionalidades geradas pela digitalização das emissoras de radiodifusão, novas tecnologias, equipamentos e meios de informação e comunicação; *(Acrescido pela Lei nº 13.424, de 2017).*

II – exclusivamente as funções técnicas ou especializadas, próprias das atividades de empresas de radiodifusão. *(Acrescido pela Lei nº 13.424, de 2017).*

Art. 5º Não se incluem no disposto nesta Lei os Atores e Figurantes que prestam serviços a empresas de radiodifusão.

Art. 6º O exercício da profissão de Radialista requer prévio registro na Delegacia Regional do Trabalho do Ministério do Trabalho, qual terá validade em todo o território nacional.

Parágrafo único. O pedido de registro, de que trata este artigo, poderá ser encaminhado através do sindicato representativo da categoria profissional ou da federação respectiva.

Art. 7º Para registro do Radialista, é necessário a apresentação de:

I – diploma de curso superior, quando existente para as funções em que se desdobram as atividades de Radialista, fornecido por escola reconhecida na forma da lei; ou

II – diploma ou certificado correspondente às habilitações profissionais ou básicas de 2º Grau, quando existente para as funções em que se desdobram as atividades de Radialista, fornecido por escola reconhecida na forma da lei; ou

III – atestado de capacitação profissional conforme dispuser a regulamentação desta Lei.

Art. 8º O contrato de trabalho, quando por tempo determinado, deverá ser registrado no Ministério do Trabalho, até a véspera da sua vigência, e conter, obrigatoriamente:

I – a qualificação completa das partes contrates;

II – prazo de vigência;

III – a natureza do serviço;

IV – o local em que será prestado o serviço;

V – cláusula relativa a exclusividade e transferibilidade;

VI – a jornada de trabalho, com especificação do horário e intervalo de repouso;

VII – a remuneração e sua forma de pagamento;

VIII – especificação quanto à categoria de transporte e hospedagem assegurada em caso de prestação de serviços fora do local onde foi contratado;

IX – dia de folga semanal;

X – número da Carteira de Trabalho e Previdência Social.

§ 1º O contrato de trabalho de que trata este artigo será visado pelo sindicato representativo da categoria profissional ou pela federação respectiva, como condição para registro no Ministério do Trabalho.

§ 2º A entidade sindical deverá visar ou não o contrato, no prazo máximo de 2 (dois) dias úteis, findos os quais ele poderá ser registrado no Ministério do Trabalho, se faltar a manifestação sindical.

§ 3º Da decisão da entidade sindical que negar o visto, caberá recurso para o Ministério do Trabalho.

Art. 9º No caso de se tratar de rede de radiodifusão, de propriedade ou controle de um mesmo grupo, deverá ser mencionado na Carteira de Trabalho e Previdência Social o nome da emissora na qual será prestado o serviço.

Parágrafo único. Quando se tratar de emissora de Onda Tropical pertencente à mesma concessionária e que transmita simultânea, integral e permanentemente a programação de emissora de Onda Média, serão mencionados os nomes das duas emissoras.

Art. 10. Para contratação de estrangeiro, domiciliado no exterior, exigir-se-á prévio recolhimento de importância equivalente a 10% (dez por cento) do valor total do ajuste à Caixa Econômica Federal, a título de contribuição sindical, em nome da entidade sindical da categoria profissional.

Art. 11. A utilização de profissional, contratado por agência de locação de mão de obra, obrigará o tomador de serviço, solidariamente, pelo cumprimento das obrigações legais e contratuais, se se caracterizar a tentativa pelo tomador de serviço, de utilizar a agência para fugir às responsabilidades e obrigações decorrentes desta Lei ou do contrato de trabalho.

Art. 12. Nos contratos de trabalho por tempo determinado, para produção de mensagens publicitárias, feitas para rádio e televisão, constará obrigatoriamente do contrato de trabalho:

I – o nome do produtor, do anunciante e, se houver, da agência de publicidade para quem a mensagem é produzida;

II – o tempo de exploração comercial da mensagem;

III – o produto a ser promovido;

IV – os meios de comunicação através dos quais a mensagem será exibida;

V – o tempo de duração da mensagem e suas características.

Art. 13. Na hipótese de exercício de funções acumuladas dentro de um mesmo setor em que se desdobram as atividades mencionadas no art. 4º, será assegurado ao Radialista um adicional mínimo de:

I – 40% (quarenta por cento), pela função acumulada, tomando-se por base a função melhor remunerada, nas emissoras de potência igual ou superior a 10 (dez) quilowatts e, nas empresas equiparadas segundo o parágrafo único do art. 3º;

II – 20% (vinte por cento), pela função acumulada, tomando-se por base a função melhor remunerada, nas emissoras de potência inferior a 10 (dez) quilowatts e, superior a 1 (um) quilowatt;

III – 10% (dez por cento), pela função acumulada, tomando-se por base a função melhor remunerada, nas emissoras de potência igual ou inferior a 1 (um) quilowatt.

Art. 14. Não será permitido, por força de um só contrato de trabalho, o exercício para diferentes setores, dentre os mencionados no art. 4º.

Art. 15. Quando o exercício de qualquer função for acumulado com responsabilidade de chefia, o Radialista fará jus a um acréscimo de 40% (quarenta por cento) sobre o salário.

Art. 16. Na hipótese de trabalho executado fora do local constante do contrato de trabalho, correrão à conta do empregador, além do salário, as despesas de transportes e de alimentação e hospedagem, até o respectivo retorno.

Art. 17. Não será permitida a cessão ou promessa de cessão dos direitos de autor e dos que lhes são conexos, de que trata a Lei nº 5.988, de 14 de dezembro de 1973, decorrentes da prestação de serviços profissionais.

Parágrafo único. Os direitos autorais e conexos dos profissionais serão devidos em decorrência de cada exibição da obra.

Art. 18. A duração normal do trabalho do Radialista é de:

I – 5 (cinco) horas para os setores de autoria e de locução;

II – 6 (seis) horas para os setores de produção, interpretação, dublagem, tratamento e registros sonoros, tratamento e registros visuais, montagem e arquivamento, transmissão de sons e imagens, revelação e copiagem de filmes, artes plásticas e animação de desenhos e objetos e manutenção técnica;

III – 7 (sete) horas para os setores de cenografia e caracterização, deduzindo-se desse tempo 20 (vinte) minutos para descanso, sempre que se verificar um esforço contínuo de mais de 3 (três) horas;

IV – 8 (oito) horas para os demais setores.

Parágrafo único. O trabalho prestado, além das limitações diárias previstas nos itens acima, será considerado trabalho extraordinário, aplicando-lhe o disposto nos arts. 59 a 61 da Consolidação das Leis do Trabalho (CLT).

Art. 19. Será considerado como serviço efetivo o período em que o Radialista permanecer à disposição do empregador.

Art. 20. Assegurada ao Radialista uma folga semanal remunerada de 24 (vinte e quatro) horas consecutivas, de preferência aos domingos.

Parágrafo único. As empresas organizarão escalas de revezamento de maneira a favorecer o empregado com um repouso dominical mensal, pelo menos, salvo quando, pela natureza do serviço, a atividade do Radialista for desempenhada habitualmente aos domingos.

Art. 21. A jornada de trabalho dos Radialistas, que prestem serviços em condições de insalubridade ou periculosidade, poderá ser organizada em turnos, respeitada a duração semanal do trabalho, desde que previamente autorizado pelo Ministério do Trabalho.

Art. 22. A cláusula de exclusividade não impedirá o Radialista de prestar serviços a outro empregador, desde que em outro meio de comunicação, e sem que se caracterize prejuízo para o primeiro contratante.

Art. 23. Os textos destinados a memorização, juntamente com o roteiro da gravação ou plano de trabalho, deverão ser entregues ao profissional com antecedência mínima de 24 (vinte e quatro) horas, em relação ao início dos trabalhos.

Art. 24. Nenhum profissional será obrigado a participar de qualquer trabalho que coloque em risco sua integridade física ou moral.

Art. 25. O fornecimento de guarda-roupa de mais recursos indispensáveis ao cumprimento das tarefas contratuais será de responsabilidade do empregador.

Art. 26. A empresa não poderá obrigar o Radialista a fazer uso de uniformes durante o desempenho de suas funções, que contenham símbolos, marcas ou qualquer mensagem de caráter publicitário.

Parágrafo único. Não se incluem nessa proibição os símbolos ou marcas identificadores do empregador.

Art. 27. As infrações ao disposto nesta Lei serão punidas com multa de 2 (duas) a 20 (vinte) vezes o maior valor de referência previsto no art. 2º, parágrafo único, da Lei nº 6.205, de 29 de abril de 1975, calculada a razão de um valor de referência por empregado em situação irregular.

Parágrafo único. Em caso de reincidência, embaraço ou resistência à fiscalização, emprego de artifício ou simulação com objetivo de fraudar a lei, a multa será aplicada em seu valor máximo.

Art. 28. O empregador punido na forma do artigo anterior, enquanto não regularizar a situação que deu causa à autuação, e não recolher a multa aplicada, após esgotados os recursos cabíveis não poderá receber benefício, incentivo ou subvenção concedidos por órgãos públicos.

Art. 29. É assegurado o registro, a que se refere o art. 6º, ao Radialista que, até a data da publicação desta Lei, tenha exercido, comprovadamente, a respectiva profissão.

Art. 30. Aplicam-se ao Radialista as normas da legislação do trabalho, exceto naquilo que for incompatível com as disposições desta Lei.

Art. 31. São inaplicáveis a órgãos da Administração Pública, direta ou indireta, as disposições constantes do § 1º do art. 8º e do art. 10 desta Lei.

Art. 32. O Poder Executivo expedirá o regulamento desta Lei.

Art. 33. Esta Lei entrará em vigor 90 (noventa) dias após sua publicação.

Art. 34. Revogam-se as disposições em contrário.

Brasília, em 16 de dezembro de 1978; 157º da Independência e 90º da República.

Ernesto Geisel

LEI Nº 6.830, DE 22 DE SETEMBRO DE 1980

Dispõe sobre a cobrança judicial da Dívida Ativa da Fazenda Pública e dá outras providências.

‣ *Execução fiscal*

O PRESIDENTE DA REPÚBLICA Faço saber que o Congresso Nacional decreta e eu sanciono a seguinte Lei:

Art. 1º. A execução judicial para cobrança da Dívida Ativa da União, dos Estados, do Distrito Federal, dos Municípios e respectivas autarquias será regida por esta Lei e, subsidiariamente, pelo Código de Processo Civil.

‣ CPC/15: arts. 46, § 5º e 782, § 2º.

» *Vide* arts. 789 e 824 do CPC.

Art. 2º. Constitui Dívida Ativa da Fazenda Pública aquela definida como tributária ou não tributária na Lei nº 4.320, de 17 de março de 1964, com as alterações posteriores, que estatui normas gerais de direito financeiro para elaboração e controle dos orçamentos e balanços da União, dos Estados, dos Municípios e do Distrito Federal.

» *Vide* arts. 282, §§ 1.º e 2.º, e 784, IX, do CPC.

§ 1º. Qualquer valor, cuja cobrança seja atribuída por lei às entidades de que trata o art. 1º, será considerado Dívida Ativa da Fazenda Pública.

§ 2º. A Dívida Ativa da Fazenda Pública, compreendendo a tributária e a não tributária, abrange atualização monetária, juros e multa de mora e demais encargos previstos em lei ou contrato.

‣ CTN: art. 161, § 1º.

§ 3º. A inscrição, que se constitui no ato de controle administrativo da legalidade, será feita pelo órgão competente para apurar a liquidez e certeza do crédito e suspenderá a prescrição, para todos os efeitos de direito, por 180 (cento e oitenta) dias ou até a distribuição da execução fiscal, se esta ocorrer antes de findo aquele prazo.

‣ CTN: art. 174, par. único.

§ 4º. A Dívida Ativa da União será apurada e inscrita na Procuradoria da Fazenda Nacional.

‣ Súm. 139 do STJ.

‣ Lei 8.022/1990: art. 1º.

§ 5º. O Termo de Inscrição de Dívida Ativa deverá conter:

‣ CTN: art. 202.

I – o nome do devedor, dos corresponsáveis e, sempre que conhecido, o domicílio ou residência de um e de outros;

II – o valor originário da dívida, bem como o termo inicial e a forma de calcular os juros de mora e demais encargos previstos em lei ou contrato;

III – a origem, a natureza e o fundamento legal ou contratual da dívida;

IV – a indicação, se for o caso, de estar a dívida sujeita à atualização monetária, bem como o respectivo fundamento legal e o termo inicial para o cálculo;

V – a data e o número da inscrição, no Registro de Dívida Ativa; e

VI – o número do processo administrativo ou do auto de infração, se neles estiver apurado o valor da dívida.

§ 6º. A Certidão de Dívida Ativa conterá os mesmos elementos do Termo de Inscrição e será autenticada pela autoridade competente.

§ 7º. O Termo de Inscrição e a Certidão de Dívida Ativa poderão ser preparados e numerados por processo manual, mecânico ou eletrônico.

§ 8º. Até a decisão de primeira instância, a Certidão de Dívida Ativa poderá ser emendada ou substituída, assegurada ao executado a devolução do prazo para embargos.

§ 9º. O prazo para a cobrança das contribuições previdenciárias continua a ser o estabelecido no art. 144 da Lei nº 3.807, de 26 de agosto de 1960.

Art. 3º. A Dívida Ativa regularmente inscrita goza da presunção de certeza e liquidez.

‣ CTN: art. 204, par. único.

Parágrafo único. A presunção a que se refere este artigo é relativa e pode ser ilidida por prova inequívoca, a cargo do executado ou de terceiro, a quem aproveite.

Art. 4º. A execução fiscal poderá ser promovida contra:

‣ CPC/15: art. 779.

» *Vide* arts. 779, 794, §§ 1.º a 3.º, e 795, §§ 1.º a 4.º, do CPC.

I – o devedor;

II – o fiador;

III – o espólio;

IV – a massa;

V – o responsável, nos termos da lei, por dívidas, tributárias ou não, de pessoas físicas ou pessoas jurídicas de direito privado; e

VI – os sucessores a qualquer título.

§ 1º. Ressalvado o disposto no art. 31, o síndico, o comissário, o liquidante, o inventariante e o administrador, nos casos de falência, concordata, liquidação, inventário, insolvência ou concurso de credores, se, antes de garantidos os créditos da Fazenda Pública, alienarem ou derem em garantia quaisquer dos bens administrados, respondem, solidariamente, pelo valor desses bens.

‣ Lei. 11.101/2005 – Regula a recuperação judicial, a extrajudicial e a falência do empresário e da sociedade empresária.

§ 2º. À Dívida Ativa da Fazenda Pública, de qualquer natureza, aplicam-se as normas relativas à responsabilidade prevista na legislação tributária, civil e comercial.

§ 3º. Os responsáveis, inclusive as pessoas indicadas no § 1º deste artigo, poderão nomear bens livres e desembaraçados do devedor, tantos quantos bastem para pagar a dívida. Os bens dos responsáveis ficarão, porém, sujeitos à execução, se os do devedor forem insuficientes à satisfação da dívida.

‣ CPC/15: art. 794.

§ 4º. Aplica-se à Dívida Ativa da Fazenda Pública de natureza não tributária o disposto nos arts. 186 e 188 a 192 do Código Tributário Nacional.

Art. 5º. A competência para processar e julgar a execução da Dívida Ativa da Fazenda Pública exclui a de qualquer outro juízo, inclusive o da falência, da concordata, da liquidação, da insolvência ou do inventário.

‣ Súm. 66 do STJ.
‣ CF/88: art. 109, § 3º.
‣ Lei. 11.101/2005 – Regula a recuperação judicial, a extrajudicial e a falência do empresário e da sociedade empresária.
» *Vide* arts. 46, § 5.º, 51 e 52, do CPC.

Art. 6º. A petição inicial indicará apenas:

‣ Súm. 58, 66, 121, 153, 190, 251, 314, 393, 409, 414, 515, 558 e 559 do STJ.
‣ CPC/15: art. 319.

I – o juiz a quem é dirigida;

II – o pedido; e

III – o requerimento para a citação.

§ 1º. A petição inicial será instruída com a Certidão da Dívida Ativa, que dela fará parte integrante, como se estivesse transcrita.

§ 2º. A petição inicial e a Certidão de Dívida Ativa poderão constituir um único documento, preparado inclusive por processo eletrônico.

§ 3º. A produção de provas pela Fazenda Pública independe de requerimento na petição inicial.

§ 4º. O valor da causa será o da dívida constante da certidão, com os encargos legais.

Art. 7º. O despacho do juiz que deferir a inicial importa em ordem para:

» *Vide* arts. 827 e 829 do CPC.

I – citação, pelas sucessivas modalidades previstas no art. 8º;

‣ Súm. 414 do STJ.

II – penhora, se não for paga a dívida, nem garantida a execução, por meio de depósito, fiança ou seguro garantia; (Redação dada pela Lei nº 13.043, de 2014)

III – arresto, se o executado não tiver domicílio ou dele se ocultar;

IV – registro da penhora ou do arresto, independentemente do pagamento de custas ou outras despesas, observado o disposto no art. 14; e

V – avaliação dos bens penhorados ou arrestados.

Art. 8º. O executado será citado para, no prazo de 5 (cinco) dias, pagar a dívida com os juros e multa de mora e encargos indicados na Certidão de Dívida Ativa, ou garantir a execução, observadas as seguintes normas:

‣ CPC/15: art. 828, *caput*.
» *Vide* art. 246 do CPC.

I – a citação será feita pelo correio, com aviso de recepção, se a Fazenda Pública não a requerer por outra forma;

‣ Súm. 58 do STJ.
‣ CPC/15: art. 248.

II – a citação pelo correio considera-se feita na data da entrega da carta no endereço do executado; ou, se a data for omitida, no aviso de recepção, 10 (dez) dias após a entrega da carta à agência postal;

III – se o aviso de recepção não retornar no prazo de 15 (quinze) dias da entrega da carta à agência postal, a citação será feita por oficial de justiça ou por edital;

‣ Súm. 414 do STJ.

IV – o edital de citação será afixado na sede do juízo, publicado uma só vez no órgão oficial, gratuitamente, como expediente judiciário, com o prazo de 30 (trinta) dias, e conterá, apenas, a indicação da exequente, o nome do devedor e dos corresponsáveis, a quantia devida, a natureza da dívida, a data e o número da inscrição no Registro da Dívida Ativa, o prazo e o endereço da sede do juízo.

‣ Súm. 414 do STJ.

§ 1º. O executado ausente do País será citado por edital, com prazo de 60 (sessenta) dias.

‣ Súm. 414 do STJ.

§ 2º. O despacho do juiz, que ordenar a citação, interrompe a prescrição.

‣ CTN: art. 174, par. único, I.

Art. 9º. Em garantia da execução, pelo valor da dívida, juros e multa de mora e encargos indicados na Certidão da Dívida Ativa, o executado poderá:

I – efetuar depósito em dinheiro, à ordem do juízo em estabelecimento oficial de crédito, que assegure atualização monetária;

II – oferecer fiança bancária ou seguro garantia; (Redação dada pela Lei nº 13.043, de 2014)

III – nomear bens à penhora, observada a ordem do art. 11; ou

IV – indicar à penhora bens oferecidos por terceiros e aceitos pela Fazenda Pública.

§ 1º. O executado só poderá indicar e o terceiro oferecer bem imóvel à penhora com o consentimento expresso do respectivo cônjuge.

§§ 1º-A e 1º-B. (Vetados na Lei 14.689/2023)

§ 2º. Juntar-se-á aos autos a prova do depósito, da fiança bancária, do seguro garantia ou da penhora dos bens do executado ou de terceiros. (Redação dada pela Lei nº 13.043, de 2014)

§ 3º. A garantia da execução, por meio de depósito em dinheiro, fiança bancária ou seguro garantia, produz os mesmos efeitos da penhora. (Redação dada pela Lei nº 13.043, de 2014)

§ 4º. Somente o depósito em dinheiro, na forma do art. 32, faz cessar a responsabilidade pela atualização monetária e juros de mora.

§ 5º. A fiança bancária prevista no inciso II obedecerá às condições preestabelecidas pelo Conselho Monetário Nacional.

§ 6º. O executado poderá pagar parcela da dívida, que julgar incontroversa, e garantir a execução do saldo devedor.

§ 7º As garantias apresentadas na forma do inciso II do *caput* deste artigo somente serão liquidadas, no todo ou parcialmente, após o trânsito em julgado de decisão de mérito em desfavor do contribuinte, vedada a sua liquidação antecipada. *(Acrescido pela Lei 14.689/2023, vetado pelo Presidente da República, mantido pelo Congresso Nacional e publicado na Edição Extra C do DOU de 22.12.2023)*

Art. 10. Não ocorrendo o pagamento, nem a garantia da execução de que trata o art. 9º, a penhora poderá recair em qualquer bem do executado, exceto os que a lei declare absolutamente impenhoráveis.

» *Vide* art. 833 do CPC.

Art. 11. A penhora ou arresto de bens obedecerá à seguinte ordem:

» *Vide* arts. 835 e 854 do CPC.

I – dinheiro;

II – título da dívida pública, bem como título de crédito, que tenham cotação em Bolsa;

III – pedras e metais preciosos;

IV – imóveis;

V – navios e aeronaves;

VI – veículos;

VII – móveis ou semoventes; e

VIII – direitos e ações.

§ 1º. Excepcionalmente, a penhora poderá recair sobre estabelecimento comercial, industrial ou agrícola, bem como em plantações ou edifícios em construção.

§ 2º. A penhora efetuada em dinheiro será convertida no depósito de que trata o inciso I do art. 9º.

§ 3º. O juiz ordenará a remoção do bem penhorado para depósito judicial, particular ou da Fazenda Pública exequente, sempre que esta o requerer, em qualquer fase do processo.

Art. 12. Na execução fiscal, far-se-á a intimação da penhora ao executado, mediante publicação, no órgão oficial, do ato de juntada do termo ou do auto de penhora.

» *Vide* art. 843 do CPC.

§ 1º. Nas comarcas do interior dos Estados, a intimação poderá ser feita pela remessa de cópia do termo ou do auto de penhora, pelo correio, na forma estabelecida no art. 8º, I e II, para a citação.

§ 2º. Se a penhora recair sobre imóvel, far-se-á a intimação ao cônjuge, observadas as normas previstas para a citação.

§ 3º. Far-se-á a intimação da penhora pessoalmente ao executado se, na citação feita pelo correio, o aviso de recepção não contiver a assinatura do próprio executado, ou de seu representante legal.

Art. 13. O termo ou auto de penhora conterá, também, a avaliação dos bens penhorados, efetuada por quem o lavrar.

» *Vide* arts. 870, 871, 872 e 873 do CPC.

§ 1º. Impugnada a avaliação, pelo executado, ou pela Fazenda Pública, antes de publicado o edital de leilão, o juiz, ouvida a outra parte, nomeará avaliador oficial para proceder a nova avaliação dos bens penhorados.

‣ Súm. 121 e 128 do STJ.

§ 2º. Se não houver, na comarca, avaliador oficial ou este não puder apresentar o laudo de avaliação no prazo de 15 (quinze) dias, será nomeada pessoa ou entidade habilitada, a critério do juiz.

§ 3º. Apresentado o laudo, o juiz decidirá de plano sobre a avaliação.

Art. 14. O oficial de justiça entregará contrafé e cópia do termo ou do auto de penhora ou arresto, com a ordem de registro de que trata o art. 7º, IV:

I – no Ofício próprio, se o bem for imóvel ou a ele equiparado;

II – na repartição competente para emissão de certificado de registro, se for veículo;

III – na Junta Comercial, na Bolsa de Valores, e na sociedade comercial, se forem ações, debênture, parte beneficiária, cota ou qualquer outro título, crédito ou direito societário nominativo.

Art. 15. Em qualquer fase do processo, será deferida pelo juiz:

» *Vide* arts. 847, 874 e 875 do CPC.

I – ao executado, a substituição da penhora por depósito em dinheiro, fiança bancária ou seguro garantia; e (Redação dada pela Lei nº 13.043, de 2014)

II – à Fazenda Pública, a substituição dos bens penhorados por outros, independentemente da ordem enumerada no art. 11, bem como o reforço da penhora insuficiente.

‣ CPC/15: art. 874, II.

Art. 16. O executado oferecerá embargos, no prazo de 30 (trinta) dias, contados:

I – do depósito;

II – da juntada da prova da fiança bancária ou do seguro garantia; (Redação dada pela Lei nº 13.043, de 2014)

III – da intimação da penhora.

§ 1º. Não são admissíveis embargos do executado antes de garantida a execução.

§ 2º. No prazo dos embargos, o executado deverá alegar toda matéria útil à defesa, requerer provas e juntar aos autos os documentos e rol de testemunhas, até três, ou, a critério do juiz, até o dobro desse limite.

§ 3º. Não será admitida reconvenção, nem compensação, e as exceções, salvo as de suspeição, incompetência e impedimento, serão arguidas como matéria preliminar e serão processadas e julgadas com os embargos.

‣ Súm. 393 do STJ.

Art. 17. Recebidos os embargos, o juiz mandará intimar a Fazenda, para impugná-los no prazo de 30 (trinta) dias, designando, em seguida, audiência de instrução e julgamento.

» *Vide* art. 920 do CPC.

Parágrafo único. Não se realizará audiência, se os embargos versarem sobre matéria de direito ou, sendo de direito e de fato, a prova for exclusivamente documental, caso em que o juiz proferirá a sentença no prazo de 30 (trinta) dias.

Art. 18. Caso não sejam oferecidos os embargos, a Fazenda Pública manifestar-se-á sobre a garantia da execução.

Art. 19. Não sendo embargada a execução ou sendo rejeitados os embargos, no caso de garantia prestada por terceiro, será este intimado, sob pena de contra ele prosseguir a execução nos próprios autos, para, no prazo de 15 (quinze) dias:

I – remir o bem, se a garantia for real; ou

II – pagar o valor da dívida, juros e multa de mora e demais encargos, indicados na Certidão de Dívida Ativa, pelos quais se obrigou, se a garantia for fidejussória.

Art. 20. Na execução por carta, os embargos do executado serão oferecidos no juízo deprecado, que os remeterá ao juízo deprecante, para instrução e julgamento.

» *Vide* art. 914 do CPC.

Parágrafo único. Quando os embargos tiverem por objeto vícios ou irregularidades de atos do próprio juízo deprecado, caber-lhe-á unicamente o julgamento dessa matéria.

Art. 21. Na hipótese de alienação antecipada dos bens penhorados, o produto será depositado em garantia da execução, nos termos previstos no art. 9º, I.

‣ CPC/15: art. 730.

» *Vide* art. 852 e 853 do CPC.

Art. 22. A arrematação será precedida de edital, afixado no local do costume, na sede do juízo, e publicado, em resumo, uma só vez, gratuitamente, como expediente judiciário, no órgão oficial.

‣ Súm. 121 e 128 do STJ.

» *Vide* arts. 885 e 886 do CPC.

§ 1º. O prazo entre as datas de publicação do edital e do leilão não poderá ser superior a 30 (trinta), nem inferior a 10 (dez) dias.

§ 2º. O representante judicial da Fazenda Pública será intimado, pessoalmente, da realização do leilão, com a antecedência prevista no parágrafo anterior.

Art. 23. A alienação de quaisquer bens penhorados será feita em leilão público, no lugar designado pelo juiz.

» *Vide* art. 881 do CPC.

§ 1º. A Fazenda Pública e o executado poderão requerer que os bens sejam leiloados englobadamente ou em lotes que indicarem.

‣ CPC/15: art. 891.

§ 2º. Cabe ao arrematante o pagamento da comissão do leiloeiro e demais despesas indicadas no edital.

‣ CPC/15: art. 884, par. único.

Art. 24. A Fazenda Pública poderá adjudicar os bens penhorados:

I – antes do leilão, pelo preço da avaliação, se a execução não for embargada ou se rejeitados os embargos;

II – findo o leilão:

a) se não houver licitante, pelo preço da avaliação;

b) havendo licitantes, com preferência, em igualdade de condições com a melhor oferta, no prazo de 30 (trinta) dias.

Parágrafo único. Se o preço da avaliação ou o valor da melhor oferta for superior ao dos créditos da Fazenda Pública, a adjudicação somente será deferida pelo juiz se a diferença for depositada, pela exequente, à ordem do juízo, no prazo de 30 (trinta) dias.

Art. 25. Na execução fiscal, qualquer intimação ao representante judicial da Fazenda Pública será feita pessoalmente.

‣ Súm. 121 do STJ.

Parágrafo único. A intimação de que trata este artigo poderá ser feita mediante vista dos autos, com imediata remessa ao representante judicial da Fazenda Pública, pelo cartório ou secretaria.

Art. 26. Se, antes da decisão de primeira instância, a inscrição de Dívida Ativa for, a qualquer título, cancelada, a execução fiscal será extinta, sem qualquer ônus para as partes.

Art. 27. As publicações de atos processuais poderão ser feitas resumidamente ou reunir num só texto os de diferentes processos.

Parágrafo único. As publicações farão sempre referência ao número do processo no respectivo juízo e ao número da correspondente inscrição de Dívida Ativa, bem como ao nome das partes e de seus advogados, suficientes para a sua identificação.

Art. 28. O juiz, a requerimento das partes, poderá, por conveniência da unidade da garantia da execução, ordenar a reunião de processos contra o mesmo devedor.

‣ Súmula 515 do STJ.

‣ CPC/15: arts. 57 e 58.

Parágrafo único. Na hipótese deste artigo, os processos serão redistribuídos ao juízo da primeira distribuição.

Art. 29. A cobrança judicial da Dívida Ativa da Fazenda Pública não é sujeita a concurso de credores ou habilitação em falência, concordata, liquidação, inventário ou arrolamento.

Parágrafo único. O concurso de preferência somente se verifica entre pessoas jurídicas de direito público, na seguinte ordem:

‣ ADPF 357/2021: Parágrafo único declarado não recepcionado pela Constituição Federal de 1988, em controle concentrado, pelo Supremo Tribunal Federal.

I – União e suas autarquias;

II – Estados, Distrito Federal e Territórios e suas autarquias, conjuntamente e *pro rata*;

III – Municípios e suas autarquias, conjuntamente e *pro rata*.

Art. 30. Sem prejuízo dos privilégios especiais sobre determinados bens, que sejam previstos em lei, responde pelo pagamento da Dívida Ativa da Fazenda Pública a totalidade dos bens e das rendas, de qualquer origem ou natureza, do sujeito passivo, seu espólio ou sua massa, inclusive os gravados por ônus real ou cláusula de inalienabilidade ou impenhorabilidade, seja qual for a data da constituição do ônus ou da cláusula, excetuados unicamente os bens e rendas que a lei declara absolutamente impenhoráveis.

» *Vide* art. 833 do CPC.

Art. 31. Nos processos de falência, concordata, liquidação, inventário, arrolamento ou concurso de credores, nenhuma alienação será judicialmente autorizada sem a prova de quitação da Dívida Ativa ou a concordância da Fazenda Pública.

‣ Lei. 11.101/2005 – Regula a recuperação judicial, a extrajudicial e a falência do empresário e da sociedade empresária.

Art. 32. Os depósitos judiciais em dinheiro serão obrigatoriamente feitos:

» *Vide* art. 840 do CPC.

I – na Caixa Econômica Federal, de acordo com o Dec.-lei nº 1.737, de 20 de dezembro de 1979, quando relacionados com a execução fiscal proposta pela União ou suas autarquias;

II – na Caixa Econômica ou no banco oficial da unidade federativa ou, à sua falta, na Caixa Econômica Federal, quando relacionados com execução fiscal proposta pelo Estado, Distrito Federal, Municípios e suas autarquias.

§ 1º. Os depósitos de que trata este artigo estão sujeitos à atualização monetária, segundo os índices estabelecidos para os débitos tributários federais.

§ 2º. Após o trânsito em julgado da decisão, o depósito, monetariamente atualizado, será devolvido ao depositante ou entregue à Fazenda Pública, mediante ordem do juízo competente.

Art. 33. O juízo, de ofício, comunicará à repartição competente da Fazenda Pública, para fins de averbação no Registro da Dívida Ativa, a decisão final, transitada em julgado, que der por improcedente a execução, total ou parcialmente.

» *Vide* art. 496 do CPC.

Art. 34. Das sentenças de primeira instância proferidas em execuções de valor igual ou inferior a 50 (cinquenta) Obrigações Reajustáveis do Tesouro Nacional – ORTN, só se admitirão embargos infringentes e de declaração.

‣ Súm. 640 do STF.

§ 1º. Para os efeitos deste artigo, considerar-se-á o valor da dívida monetariamente atualizado e acrescido de multa e juros de mora e demais encargos legais, na data da distribuição.

§ 2º. Os embargos infringentes, instruídos, ou não, com documentos novos, serão deduzidos, no prazo de 10 (dez) dias perante o mesmo juízo, em petição fundamentada.

§ 3º. Ouvido o embargado, no prazo de 10 (dez) dias, serão os autos conclusos ao juiz, que, dentro de 20 (vinte) dias, os rejeitará ou reformará a sentença.

Art. 35. Nos processos regulados por esta Lei, poderá ser dispensada a audiência de revisor, no julgamento das apelações.

» *Vide* art. 932 do CPC.

Art. 36. Compete à Fazenda Pública baixar normas sobre o recolhimento da Dívida Ativa respectiva, em juízo ou fora dele, e aprovar, inclusive, os modelos de documentos de arrecadação.

» *Vide* art. 149 do CPC.

Art. 37. O auxiliar de justiça que, por ação ou omissão, culposa ou dolosa, prejudicar a execução, será responsabilizado, civil, penal e administrativamente.

Parágrafo único. O oficial de justiça deverá efetuar, em 10 (dez) dias, as diligências que lhe forem ordenadas, salvo motivo de força maior devidamente justificado perante o juízo.

Art. 38. A discussão judicial da Dívida Ativa da Fazenda Pública só é admissível em execução, na forma desta Lei, salvo as hipóteses de mandado de segurança, ação de repetição do indébito ou ação anulatória do ato declarativo da dívida, esta precedida do depósito preparatório do valor do débito, monetariamente corrigido e acrescido dos juros e multa de mora e demais encargos.

› CTN: arts. 165 a 169.
› CPC/15: arts. 19 e 20.
› Lei 12.016/2009 – Disciplina o mandado de segurança individual e coletivo.
» *Vide* art. 784, § 1.º, do CPC.

Parágrafo único. A propositura, pelo contribuinte, da ação prevista neste artigo importa em renúncia ao poder de recorrer na esfera administrativa e desistência do recurso acaso interposto.

Art. 39. A Fazenda Pública não está sujeita ao pagamento de custas e emolumentos. A prática dos atos judiciais de seu interesse independerá de preparo ou de prévio depósito.

» *Vide* art. 91 do CPC.

Parágrafo único. Se vencida, a Fazenda Pública ressarcirá o valor das despesas feitas pela parte contrária.

› CPC/15: arts. 84 e 85.

Art. 40. O juiz suspenderá o curso da execução, enquanto não for localizado o devedor ou encontrados bens sobre os quais possa recair a penhora, e, nesses casos, não correrá o prazo de prescrição.

› Súm. 314 do STJ.
› CPC/15: art. 921.
› CTN: art. 174, par. único.
» *Vide* art. 421 do CPC.

§ 1º. Suspenso o curso da execução, será aberta vista dos autos ao representante judicial da Fazenda Pública.

› CTN: art. 151.

§ 2º. Decorrido o prazo máximo de 1 (um) ano, sem que seja localizado o devedor ou encontrados bens penhoráveis, o juiz ordenará o arquivamento dos autos.

§ 3º. Encontrados que sejam, a qualquer tempo, o devedor ou os bens, serão desarquivados os autos para prosseguimento da execução.

§ 4º. Se da decisão que ordenar o arquivamento tiver decorrido o prazo prescricional, o juiz, depois de ouvida a Fazenda Pública, poderá, de ofício, reconhecer a prescrição intercorrente e decretá-la de imediato. (Incluído pela Lei nº 11.051, de 2004)

› Súm. 314 do STJ.

§ 5º. A manifestação prévia da Fazenda Pública prevista no § 4º deste artigo será dispensada no caso de cobranças judiciais cujo valor seja inferior ao mínimo fixado por ato do Ministro de Estado da Fazenda. (Incluído pela Lei nº 11.960, de 2009)

Art. 41. O processo administrativo correspondente à inscrição de Dívida Ativa, à execução fiscal ou à ação proposta contra a Fazenda Pública será mantido na repartição competente, dele se extraindo as cópias autenticadas ou certidões, que forem requeridas pelas partes ou requisitadas pelo juiz ou pelo Ministério Público.

› Dec. 70.235/1972 – Dispõe sobre o processo administrativo fiscal.
» *Vide* art. 438 do CPC.

Parágrafo único. Mediante requisição do juiz à repartição competente, com dia e hora previamente marcados, poderá o processo administrativo ser exibido na sede do juízo, pelo funcionário para esse fim designado, lavrando o serventuário termo da ocorrência, com indicação, se for o caso, das peças a serem trasladadas.

Art. 42. Revogadas as disposições em contrário, esta Lei entrará em vigor 90 (noventa) dias após a data de sua publicação.

Brasília, em 22 de setembro de 1980; 159º da Independência e 92º da República.

JOÃO FIGUEIREDO

D.O.U. 24.9.1980

LEI Nº 6.858, DE 24 DE NOVEMBRO DE 1980

Dispõe sobre o Pagamento, aos Dependentes ou Sucessores, de Valores Não Recebidos em Vida pelos Respectivos Titulares.

› *Pagamento de valores*

Regulamento: Decreto 85.845/1981.

O PRESIDENTE DA REPÚBLICA:

Faço saber que o Congresso Nacional decreta e eu sanciono a seguinte Lei:

Art. 1º Os valores devidos pelos empregadores aos empregados e os montantes das contas individuais do Fundo de Garantia do Tempo de Serviço e do Fundo de Participação PIS-PASEP, não recebidos em vida pelos respectivos titulares, serão pagos, em quotas iguais, aos dependentes habilitados perante a Previdência Social ou na forma da legislação específica dos servidores civis e militares, e, na sua falta, aos sucessores previstos na lei civil, indicados em alvará judicial, independentemente de inventário ou arrolamento.

§ 1º As quotas atribuídas a menores ficarão depositadas em caderneta de poupança, rendendo juros e correção monetária, e só serão disponíveis após o menor completar 18 (dezoito) anos, salvo autorização do juiz para aquisição de imóvel destinado à residência do menor e de sua família ou para dispêndio necessário à subsistência e educação do menor.

§ 2º Inexistindo dependentes ou sucessores, os valores de que trata este artigo reverterão em favor, respectivamente, do Fundo de Previdência e Assistência Social, do Fundo de Garantia do Tempo de Serviço ou do Fundo de Participação PIS-PASEP, conforme se tratar de quantias devidas pelo empregador ou de contas de FGTS e do Fundo PIS PASEP.

Art. 2º O disposto nesta Lei se aplica às restituições relativas ao Imposto de Renda e outros tributos, recolhidos por pessoa física, e, não existindo outros bens sujeitos a inventário, aos saldos bancários e de contas de cadernetas de poupança e fundos de investimento de valor até 500 (quinhentas) Obrigações Reajustaveis do Tesouro Nacional.

Parágrafo único. Na hipótese de inexistirem dependentes ou sucessores do titular, os valores referidos neste artigo reverterão em favor do Fundo de Previdência e Assistência Social.

Art. 3º Esta Lei entrará em vigor na data de sua publicação.

Art. 4º Revogam-se as disposições em contrário.

Brasília, 24 de novembro de 1980; 159º da Independência e 92º da República.

João Figueiredo

DECRETO Nº 85.845, DE 26 DE MARÇO DE 1981

Regulamenta a Lei nº 6.858, de 24 de novembro de 1980, que dispõe sobre o pagamento, aos dependentes ou sucessores, de valores não recebidos em vida pelos respectivos titulares.

› *Pagamento de valores - regulamento*

Lei regulamentada: Lei 6.858/1980.

O PRESIDENTE DA REPÚBLICA: usando da atribuição que lhe confere o artigo 81, item III, da Constituição e tendo em vista o disposto na Lei nº 6.858, de 24 de novembro de 1980, e no Decreto 83.740, de 18 de julho de 1979, que instituiu a Programa Nacional de Desburocratização,

DECRETA:

Art. 1º Os valores discriminados no parágrafo único deste artigo, não recebidos em vida pelos respectivos titulares, serão pagos, em quotas iguais, aos seus dependentes habilitados na forma do artigo 2º.

Parágrafo Único. O disposto neste Decreto aplica-se aos seguintes valores:

I – quantias devidas a qualquer título pelos empregadores a seus empregados, em decorrência de relação de emprego;

II – quaisquer valores devidos, em razão de cargo ou emprego, pela União, Estado, Distrito Federal, Territórios, Municípios e suas autarquias, aos respectivos servidores;

III – saldos das contas individuais do Fundo de Garantia do Tempo de Serviço e do Fundo de Participação PIS/PASEP;

IV – restituições relativas ao imposto de renda e demais tributos recolhidos por pessoas físicas;

V – saldos de contas bancárias, saldos de cadernetas de poupança e saldos de contas de fundos de investimento, desde que não ultrapassem o valor de 500 (quinhentas) Obrigações Reajustáveis do Tesouro

Nacional e não existam, na sucessão, outros bens sujeitos a inventário.

Art. 2º A condição de dependente habilitado será declarada em documento fornecido pela instituição de Previdência ou se for o caso, pelo órgão encarregado, na forma da legislação própria, do processamento do benefício por morte.

Parágrafo Único. Da declaração constarão, obrigatoriamente, o nome completo, a filiação, a data de nascimento de cada um dos interessados e o respectivo grau de parentesco ou relação de dependência com o falecido.

Art. 3º À vista da apresentação da declaração de que trata o artigo 2º, o pagamento das quantias devidas será feito aos dependentes do falecido pelo empregador, repartição, entidade, órgão ou unidade civil ou militar, estabelecimento bancário, fundo de participação ou, em geral, por pessoa física ou jurídica, quem caiba efetuar o pagamento.

Art. 4º A inexistência de outros bens sujeitos a inventário, para os fins do item V, parágrafo único, do artigo 1º, será comprovada por meio de declaração, conforme modelo anexo, firmada pelos interessados perante a instituição onde esteja depositada a quantia a receber.

§ 1º As declarações feitas nos termos deste artigo ter-se-ão por verdadeiras até prova em contrário.

§ 2º A falsa declaração sujeitará o declarante às sanções previstas no Código Penal e demais cominações legais aplicáveis.

§ 3º Verificada, a qualquer tempo, a existência de fraude ou falsidade na declaração, será dado conhecimento do fato à autoridade competente, dentro de 5 (cinco) dias, para instauração de processo criminal.

Art. 5º Na falta de dependentes, farão jus ao recebimento das quotas de que trata o artigo 1º deste decreto os sucessores do titular, previstos na lei civil, indicados em alvará judicial, expedido a requerimento do interessado, independentemente de inventário ou arrolamento.

Art. 6º As quotas a que se refere o artigo 1º, atribuídas a menores, ficarão depositadas em caderneta de poupança, rendendo juros e correção monetária, e só serão disponíveis após o menor completar 18 (dezoito) anos, salvo autorização do juiz para aquisição de imóvel destinado a residência do menor e de sua família ou para dispêndio necessário à subsistência e educação do menor.

Art. 7º Inexistindo dependentes ou sucessores, os valores de que trata o parágrafo do artigo 1º reverterão em favor, respectivamente, do Fundo de Previdência e Assistência Social, do Fundo de Garantia do Tempo de Serviço ou do Fundo de Participação PIS-PASEP, conforme se tratar de quantias devidas pelo empregador ou de contas de F.G.T.S. e do Fundo PIS-PASEP.

Art. 8º Caberá ao Banco Central do Brasil, ao Banco Nacional da Habitação, à Caixa Econômica Federal, ao Banco do Brasil S.A. e aos demais órgãos e entidades da Administração Federal, Estadual e Municipal, nas respectivas áreas de competência, orientar e fiscalizar o cumprimento deste Decreto pelas pessoas físicas e jurídicas responsáveis pelo pagamento dos valores de que trata o artigo 1º.

Art. 9º Ao Ministro Extraordinário para a Desburocratização caberá acompanhar e coordenar a execução do disposto neste decreto, assim como dirimir as dúvidas suscitadas na sua aplicação.

Art. 10. Este decreto entrará em vigor na data de sua publicação.

Art. 11. Revogam-se as disposições em contrário.

Brasília, em 26 de março de 1981; 160º da Independência e 93º da República.

Deixamos de publicar o Anexo constante desta norma.

João Figueiredo

LEI Nº 6.899, DE 8 DE ABRIL DE 1981

Determina a aplicação da correção monetária nos débitos oriundos de decisão judicial e dá outras providências.

- *Correção Monetária em Juízo*
- Lei 10.192/2001 – Dispõe sobre medidas complementares ao Plano Real.
- Lei 8.177/1991 – Estabelece regras para a desindexação da economia.
- Lei 4.357/1964 – Autoriza a emissão de Obrigações do Tesouro Nacional, altera a legislação do imposto sobre a renda.

O PRESIDENTE DA REPÚBLICA Faço saber que o Congresso Nacional decreta e eu sanciono a seguinte Lei:

Art. 1º. A correção monetária incide sobre qualquer débito resultante de decisão judicial, inclusive sobre custas e honorários advocatícios.

- Súm. 29, 36 e 67 do STJ.

§ 1º. Nas execuções de títulos de dívida líquida e certa, a correção será calculada a contar do respectivo vencimento.

§ 2º. Nos demais casos, o cálculo far-se-á a partir do ajuizamento da ação.

Art. 2º. O Poder Executivo, no prazo de 60 (sessenta) dias, regulamentará a forma pela qual será efetuado o cálculo da correção monetária.

Art. 3º. O disposto nesta Lei aplica-se a todas as causas pendentes de julgamento.

Art. 4º. Esta Lei entrará em vigor na data de sua publicação.

Art. 5º. Revogam-se as disposições em contrário.

Brasília, em 8 de abril de 1981; 160º da Independência e 93º da República.

JOÃO FIGUEIREDO

D.O.U. 9.4.1981

DECRETO N. 86.649, DE 25 DE NOVEMBRO DE 1981

Regulamenta a Lei n. 6.899, de 8 de abril de 1981, que determina a aplicação de correção monetária nos débitos oriundos de decisão judicial.

- *Correção Monetária em Juízo - regulamento*

O Presidente da República, no uso da atribuição que lhe confere o art. 81, III, da Constituição, e tendo em vista o disposto no art. 2.º da Lei n. 6.899, de 8 de abril de 1981, combinado com o art. 2.º da Lei n. 6.423, de 17 de junho de 1977, decreta:

Art. 1.º Quando se tratar de dívida líquida e certa, a correção monetária a que se refere o art. 1.º da Lei n. 6.899, de 8 de abril de 1981, será calculada multiplicando-se o valor do débito pelo coeficiente obtido mediante a divisão do valor nominal reajustado de uma Obrigação do Tesouro Nacional (OTN) no mês em que se efetivar o pagamento (dividendo) pelo valor da OTN no mês do vencimento do título (divisor), com abandono dos algarismos a partir da quinta casa decimal, inclusive.

Parágrafo único. Nos demais casos, o divisor será o valor da OTN no mês do ajuizamento da ação.

Art. 2.º A correção monetária das custas a serem reembolsadas à parte vencedora será calculada a partir do mês do respectivo pagamento.

Art. 3.º Nas causas pendentes de julgamento à data da entrada em vigor da Lei n. 6.899/81 e nas ações de execução de títulos de dívida líquida e certa vencidos antes do advento da mesma Lei, mas ajuizadas a partir do início de sua vigência, o cálculo a que se refere o art. 1.º se fará a partir de 9 de abril de 1981.

Art. 4.º Nos débitos para com a Fazenda Pública objeto de cobrança executiva ou decorrentes de decisão judicial, a correção monetária continuará a ser calculada em obediência à legislação especial pertinente.

Art. 5.º Este Decreto entra em vigor na data de sua publicação.

Brasília, 25 de novembro de 1981; 160.º da Independência e 93.º da República.

João Figueiredo

DECRETO N. 87.043, DE 22 DE MARÇO DE 1982 (Excertos)

Regulamenta o Decreto-lei n. 1.422, de 23 de outubro de 1975, que dispõe sobre o cumprimento do art. 178 da Constituição por empresas e empregadores de toda natureza, mediante a manutenção do ensino de 1.º Grau gratuito ou recolhimento da contribuição do salário-educação.

- *Regulamento do Decreto-Lei n. 1.422/1975*

O Presidente da República, usando das atribuições que lhe confere o art. 81, III, da Constituição, decreta:

Art. 1.º As empresas comerciais, industriais e agrícolas são obrigadas a manter o ensino de 1.º Grau gratuito para seus empregados e para os filhos destes, entre os 7 (sete) e 14 (quatorze) anos, ou a concorrer para esse fim, mediante a contribuição do salário-educação.

Art. 2.º O salário-educação, previsto no art. 178 da Constituição, instituído pela Lei n. 4.440, de 27 de outubro de 1964, e reestruturado pelo Decreto-lei n. 1.422, de 23 de outubro de 1975, é uma contribuição patronal devida pelas empresas comerciais, industriais e agrícolas e destinada ao financiamento do ensino de 1.º Grau dos empregados de qualquer idade, e dos filhos destes, na faixa etária dos 7 (sete) aos 14 (quatorze) anos, suplementando os recursos públicos destinados à manutenção e ao desenvolvimento desse grau de ensino.

Parágrafo único. Consideram-se empresas, para os efeitos desta regulamentação, em relação à Previdência Social, Urbana e Rural, respectivamente:

I – o empregador, como tal definido no art. 2.º da Consolidação das Leis do Trabalho e no art. 4.º da Lei n. 3.807, de 26 de agosto de 1960, com redação dada pelo art. 1.º da Lei n. 5.890, de 8 de junho de 1973;

II – a empresa, o empregador e o produtor rurais, como tal definidos no Estatuto da Terra, item VI do art. 4.º da Lei n. 4.504, de 30 de novembro de 1964, no § 1.º do art. 1.º da Lei n. 6.260, de 6 de novembro de 1975, e no item *b* do § 1.º do art. 3.º da Lei Complementar n. 11, de 25 de maio de 1971, dos quais se origine o produto rural mencionado no § 1.º do art. 15 da Lei Complementar n. 11, de 25 de maio de 1971;

III – todas as demais empresas e entidades públicas, sociedades de economia mista e empresas privadas, vinculadas à Previdência Social.

Art. 3.º O salário-educação é estipulado com base no custo de ensino de 1.º Grau, cabendo a todas as empresas vinculadas à Previdência Social, Urbana e Rural, respectivamente, recolher:

I – 2,5% (dois e meio por cento) sobre a folha de salário de contribuição, definido na legislação previdenciária, e sobre a soma dos salários-base dos titulares, sócios e diretores, constantes dos carnês de contribuintes individuais;

II – 0,8% (oito décimos por cento) sobre o valor comercial dos produtos rurais definidos no § 1.º, do art. 15, da Lei Complementar n. 11, de 25 de maio de 1971.

§ 1.º A incidência do salário-educação sobre os valores dos salários-base de titulares, sócios e diretores somente ocorrerá quando houver contribuições para o Instituto de Administração Financeira da Previdência e Assistência Social, em virtude de pagamentos pelas empresas a empregados ou autônomos.

§ 2.º O cálculo da contribuição mencionada no item I deste artigo incidirá sobre os valores da folha de salário de contribuição somados aos dos salários-base lançados nos carnês de contribuintes individuais, até o limite máximo de exigência das contribuições previdenciárias.

§ 3.º A contribuição de 0,8% (oito décimos por cento) mencionada no item II deste artigo será adicional à fixada no item I do art. 15 da Lei Complementar n. 11, de 25 de maio de 1971, e deverá ser recolhida na mesma guia, nas mesmas condições e sob as mesmas sanções.

§ 4.º As alíquotas da contribuição a que se refere este artigo poderão ser alteradas mediante demonstração pelo Fundo Nacional de Desenvolvimento da Educação, da variação do custo efetivo do ensino de 1.º Grau.

§ 5.º Integram a receita do salário-educação as multas, a correção monetária e os juros de mora a que estão sujeitos os contribuintes em atraso com o pagamento da contribuição.

(...)

Art. 8.º Estão, respectivamente, excluídas ou isentas do recolhimento da contribuição do salário-educação:

I – a União, os Estados, o Distrito Federal, os Territórios e os Municípios, bem como suas respectivas autarquias;

II – as instituições oficiais de ensino de qualquer grau;

III – as instituições particulares de ensino de qualquer grau, devidamente autorizadas ou reconhecidas, mediante apresentação dos atos de registro nos órgãos próprios dos sistemas de ensino;

IV – as organizações hospitalares e de assistência social, desde que portadoras do Certificado de Fins Filantrópicos expedido pelo órgão competente, na forma do disposto no Decreto-lei n. 1.572, de 1.º de setembro de 1977;

V – as organizações de fins culturais que, através de portaria do Ministro da Educação e Cultura, venham a ser reconhecidas como de significação relevante para o desenvolvimento cultural do País.

Art. 9.º As empresas poderão deixar de recolher a contribuição do salário-educação ao Instituto de Administração Financeira da Previdência e Assistência Social quando optarem pela manutenção do ensino de 1.º Grau, quer regular, quer supletivo, através de:

a) escola própria gratuita para os seus empregados ou para os filhos destes, e, havendo vaga, para quaisquer crianças, adolescentes e adultos;

b) programa de bolsas tendo em vista a aquisição de vagas na rede de ensino particular de 1.º Grau para seus empregados e os filhos destes, recolhendo, para esse efeito, no FNDE, a importância correspondente ao valor mensal devido a título de salário-educação;

c) indenização das despesas realizadas pelo próprio empregado com sua educação de 1.º Grau, pela via supletiva, fixada nos limites estabelecidos no § 1.º do art. 10 deste Decreto, e comprovada por meio de apresentação do respectivo certificado;

d) indenização para os filhos de seus empregados, entre 7 (sete) e 14 (quatorze) anos, mediante comprovação de frequência em estabelecimentos pagos, fixada nos mesmos limites da alínea anterior;

e) esquema misto, usando combinações das alternativas anteriores.

» *Caput* com redação determinada pelo Decreto n. 88.374, de 7-6-1983.

Parágrafo único. As operações concernentes à receita e à despesa com o recolhimento do Salário-Educação e com a manutenção direta ou indireta do ensino, previstas no artigo 3º e neste artigo, deverão ser lançadas sob o título "Salário-Educação", na escrituração tanto da empresa quanto da escola, ficando sujeitas à fiscalização, nos termos do art. 3º deste Decreto e demais normas aplicáveis.

» Parágrafo único com redação determinada pelo Decreto n. 88.374, de 7-6-1983.

Art. 10. São condições para a opção a que se refere o artigo anterior:

I – responsabilidade integral, pela empresa, das despesas com a manutenção do ensino, direta ou indiretamente;

II – equivalência dessas despesas ao total da contribuição correspondente ao salário-educação respectivo;

III – prefixação de vagas em número equivalente ao quociente da divisão da importância correspondente a 2,5% (dois e meio por cento) da folha mensal do salário de contribuição pelo preço da vaga de ensino de 1.º Grau a ser fixado anualmente pelo Fundo Nacional de Desenvolvimento da Educação.

» *Caput* com redação determinada pelo Decreto n. 88.374, de 7-6-1983.

§ 1.º O preço fixado passa a ser, para os beneficiários do sistema, o valor da anuidade, não sendo o aluno obrigado a efetivar qualquer complementação, cabendo ainda à empresa, à escola e à família zelar, solidariamente, por sua frequência e aproveitamento.

» § 1.º com redação determinada pelo Decreto n. 88.374, de 7-6-1983.

§ 2.º As variações para menos, decorrentes da matrícula efetiva ou de alterações nas folhas do salário de contribuição serão compensadas, mediante o recolhimento da diferença no Banco do Brasil S/A, à conta do Fundo Nacional de Desenvolvimento da Educação, para distribuição na forma do art. 5.º deste Decreto.

» § 2.º com redação determinada pelo Decreto n. 88.374, de 7-6-1983.

Art. 11. A cobertura financeira necessária ao cumprimento do disposto no art. 9.º será efetuada:

I – no caso da alínea *a*, mensalmente, pela empresa, à sua escola;

II – no caso da alínea *b*, trimestralmente e diretamente à escola, pelo Fundo Nacional de Desenvolvimento da Educação;

III – no caso das alíneas *c* e *d*, semestralmente e diretamente aos beneficiários ou responsáveis pelos mesmos, pela empresa.

§ 1.º As empresas optantes deverão efetuar, mensalmente, ao Fundo Nacional de Desenvolvimento da Educação, o recolhimento da diferença referida no § 2.º do art. 10, entre o valor gerado e o valor aplicado nas formas de opção previstas nas alíneas *a*, *c*, *d* e *e* do art. 9.º, para distribuição na forma do art. 5.º deste Decreto.

§ 2.º (*Revogado pelo Decreto n. 994, de 25-11-1993.*)

Art. 12. A autorização para a forma alternativa de cumprimento da obrigação patronal, referida no art. 9.º deste Decreto, será o documento mediante o qual a empresa faz a opção prevista no art. 178 da Constituição, devidamente protocolado no Ministério da Educação e Cultura, tudo de conformidade com as instruções que, para tal fim, forem baixadas pelo Fundo Nacional de Desenvolvimento da Educação.

§ 1.º O documento a que se refere este artigo comprovará, perante os órgãos fiscalizadores, o cumprimento formal da obrigação fixada no art. 1.º deste Decreto.

§ 2.º Compete ao Fundo Nacional de Desenvolvimento da Educação comunicar ao Instituto de Administração Financeira da Previdência e Assistência Social quais as empresas optantes pelo cumprimento da obrigação constitucional sob a forma de manutenção direta ou indireta de ensino.

Art. 13. Cabe ao Instituto de Administração Financeira da Previdência e Assistência Social a arrecadação bem como a fiscalização do salário-educação e da manutenção direta ou indireta de ensino pelas empresas, obedecidos os mesmos prazos e mesmas sanções administrativas e penais, e as demais normas das contribuições destinadas ao custeio da Previdência Social.

Parágrafo único. A fiscalização a ser exercida pelo Fundo Nacional de Desenvolvimento da Educação, sem prejuízo das atribuições dos Tribunais de Contas da União, dos Estados e Distrito Federal, das Secretarias de Educação das Unidades da Federação e do Instituto de Administração Financeira da Previdência e Assistência Social, este na forma do *caput* deste artigo, incidirá sobre todas as fases de arrecadação, transferência e manutenção direta ou indireta de ensino, conforme disposto neste Decreto.

Art. 14. Fica suspensa, até ulterior deliberação, a cobrança da contribuição do salário-educação sobre a soma dos salários-base dos titulares, sócios e diretores e sobre o valor comercial dos produtos rurais, prevista nos itens I *in fine*, e II do art. 3.º deste Decreto.

Art. 15. Este Decreto entra em vigor na data de sua publicação, revogados o Decreto n. 76.923, de 26 de dezembro de 1975, e demais disposições em contrário.

Brasília, 22 de março de 1982; 161.º da Independência e 94.º da República.

João Figueiredo

LEI Nº 7.064, DE 6 DE DEZEMBRO DE 1982

Dispõe sobre a situação de trabalhadores contratados ou transferidos para prestar serviços no exterior.

› *Serviços no exterior*

Regulamento: Decreto 10.854/2021.

O PRESIDENTE DA REPÚBLICA: Faço saber que o Congresso Nacional decreta e eu sanciono a seguinte Lei:

CAPÍTULO I
INTRODUÇÃO (ART. 1º)

Art. 1º Esta Lei regula a situação de trabalhadores contratados no Brasil ou transferidos por seus empregadores para prestar serviço no exterior. *(Redação dada pela Lei nº 11.962, de 2009)*

Parágrafo único. Fica excluído do regime desta Lei o empregado designado para prestar serviços de natureza transitória, por período não superior a 90 (noventa) dias, desde que:

a) tenha ciência expressa dessa transitoriedade;

b) receba, além da passagem de ida e volta, diárias durante o período de trabalho no exterior, as quais, seja qual for o respectivo valor, não terão natureza salarial.

CAPÍTULO II
DA TRANSFERÊNCIA

Art. 2º Para os efeitos desta Lei, considera-se transferido:

I – o empregado removido para o exterior, cujo contrato estava sendo executado no território brasileiro;

II – o empregado cedido à empresa sediada no estrangeiro, para trabalhar no exterior, desde que mantido o vínculo trabalhista com o empregador brasileiro;

III – o empregado contratado por empresa sediada no Brasil para trabalhar a seu serviço no exterior.

Art. 3º A empresa responsável pelo contrato de trabalho do empregado transferido assegurar-lhe-á, independentemente da observância da legislação do local da execução dos serviços:

I – os direitos previstos nesta Lei;

II – a aplicação da legislação brasileira de proteção ao trabalho, naquilo que não for incompatível com o disposto nesta Lei, quando mais favorável do que a legislação territorial, no conjunto de normas e em relação a cada matéria.

Parágrafo único. Respeitadas as disposições especiais desta Lei, aplicar-se-á a legislação brasileira sobre Previdência Social, Fundo de Garantia por Tempo de Serviço – FGTS e Programa de Integração Social – PIS/PASEP.

Art. 4º Mediante ajuste escrito, empregador e empregado fixarão os valores do salário-base e do adicional de transferência.

§ 1º O salário-base ajustado na forma deste artigo fica sujeito aos reajustes e aumentos compulsórios previstos na legislação brasileira.

§ 2º O valor do salário-base não poderá ser inferior ao mínimo estabelecido para a categoria profissional do empregado.

§ 3º Os reajustes e aumentos compulsórios previstos no § 1º incidirão exclusivamente sobre os valores ajustados em moeda nacional.

Art. 5º O salário-base do contrato será obrigatoriamente estipulado em moeda nacional, mas a remuneração devida durante a transferência do empregado, computado o adicional de que trata o artigo anterior, poderá, no todo ou em parte, ser paga no exterior, em moeda estrangeira.

§ 1º Por opção escrita do empregado, a parcela da remuneração a ser paga em moeda nacional poderá ser depositada em conta bancária.

§ 2º É assegurada ao empregado, enquanto estiver prestando serviços no exterior, a conversão e remessa dos correspondentes valores para o local de trabalho, observado o disposto em regulamento.

Art. 6º Após 2 (dois) anos de permanência no exterior, será facultado ao empregado gozar anualmente férias no Brasil, correndo por conta da empresa empregadora, ou para a qual tenha sido cedido, o custeio da viagem.

§ 1º O custeio de que trata este artigo se estende ao cônjuge e aos demais dependentes do empregado com ele residentes.

§ 2º O disposto neste artigo não se aplicará ao caso de retorno definitivo do empregado antes da época do gozo das férias.

Art. 7º O retorno do empregado ao Brasil poderá ser determinado pela empresa quando:

I – não se tornar mais necessário ou conveniente o serviço do empregado no exterior;

II – der o empregado justa causa para a rescisão do contrato.

Parágrafo único. Fica assegurado ao empregado seu retorno ao Brasil, ao término do prazo da transferência ou, antes deste, na ocorrência das seguintes hipóteses:

a) após 3 (três) anos de trabalho contínuo;

b) para atender à necessidade grave de natureza familiar, devidamente comprovada;

c) por motivo de saúde, conforme recomendação constante de laudo médico;

d) quando der o empregador justa causa para a rescisão do contrato;

e) na hipótese prevista no inciso I deste artigo.

Art. 8º Cabe à empresa o custeio do retorno do empregado.

Parágrafo único. Quando o retorno se verificar, por iniciativa do empregado, ou quando der justa causa para rescisão do contrato, ficará ele obrigado ao reembolso das respectivas despesas, ressalvados os casos previstos no parágrafo único do artigo anterior.

Art. 9º O período de duração da transferência será computado no tempo de serviço do empregado para todos os efeitos da legislação brasileira, ainda que a lei local de prestação do serviço considere essa prestação como resultante de um contrato autônomo e determine a liquidação dos direitos oriundos da respectiva cessação.

§ 1º Na hipótese de liquidação de direitos prevista neste artigo, a empresa empregadora fica autorizada a deduzir esse pagamento dos depósitos do FGTS em nome do empregado, existentes na conta vinculada de que trata o art. 2º da Lei nº 5.107, de 13 de setembro de 1966.

§ 2º Se o saldo da conta a que se refere o parágrafo anterior não comportar a dedução ali mencionada, a diferença poderá ser novamente deduzida do saldo dessa conta quando da cessação, no Brasil, do respectivo contrato de trabalho.

§ 3º As deduções acima mencionadas, relativamente ao pagamento em moeda estrangeira, serão calculadas mediante conversão em cruzeiros ao câmbio do dia em que se operar o pagamento.

§ 4º O levantamento pelo empregador, decorrente da dedução acima prevista, dependerá de homologação judicial.

Art. 10. O adicional de transferência, as prestações "in natura", bem como quaisquer outras vantagens a que fizer jus o empregado em função de sua permanência no exterior, não serão devidas após seu retorno ao Brasil.

Art. 11. Durante a prestação de serviços no exterior não serão devidas, em relação aos empregados transferidos, as contribuições referentes a: Salário-Educação, Serviço Social da Indústria, Serviço Social do Comércio, Serviço Nacional de Aprendizagem Comercial, Serviço Nacional de Aprendizagem Industrial e Instituto Nacional de Colonização e de Reforma Agrária.

CAPÍTULO III
DA CONTRATAÇÃO POR EMPRESA ESTRANGEIRA

Art. 12. A contratação de trabalhador, por empresa estrangeira, para trabalhar no exterior está condicionada à prévia autorização do Ministério do Trabalho.

Art. 13. A autorização a que se refere o art. 12 somente poderá ser dada à empresa de cujo capital participe, em pelo menos 5% (cinco por cento) pessoa jurídica domiciliada no Brasil.

Art. 14. Sem prejuízo da aplicação das leis do país da prestação dos serviços, no que respeita a direitos, vantagens e garantias trabalhistas e previdenciárias, a empresa estrangeira assegurará ao trabalhador os direitos a ele conferidos neste Capítulo.

Art. 15. Correrão obrigatoriamente por conta da empresa estrangeira as despesas de viagem de ida e volta do trabalhador ao exterior, inclusive a dos dependentes com ele residentes.

Art. 16. A permanência do trabalhador no exterior não poderá ser ajustada por período superior a 3 (três) anos, salvo quando for assegurado a ele e a seus dependentes o direito de gozar férias anuais no Brasil, com despesas de viagem pagas pela empresa estrangeira.

Art. 17. A empresa estrangeira assegurará o retorno definitivo do trabalhador ao Brasil quando:

I – houver terminado o prazo de duração do contrato, ou for o mesmo rescindido;

II – por motivo de saúde do trabalhador, devidamente comprovado por laudo médico oficial que o recomende.

Art. 18. A empresa estrangeira manterá no Brasil procurador bastante, com poderes especiais de representação, inclusive o de receber citação.

Art. 19. A pessoa jurídica domiciliada no Brasil a que alude o art. 13 será solidariamente responsável com a empresa estrangeira por todas as obrigações decorrentes da contratação do trabalhador.

Art. 20. O aliciamento de trabalhador domiciliado no Brasil, para trabalhar no exterior, fora do regime desta Lei, configurará o crime previsto no art. 206 do Código Penal Brasileiro.

CAPÍTULO IV
DISPOSIÇÕES COMUNS E FINAIS

Art. 21. As empresas de que trata esta Lei farão, obrigatoriamente, seguro de vida e acidentes pessoais a favor do trabalhador, cobrindo o período a partir do embarque para o exterior, até o retorno ao Brasil.

Parágrafo único. O valor do seguro não poderá ser inferior a 12 (doze) vezes o valor da remuneração mensal do trabalhador.

Art. 22. As empresas a que se refere esta Lei garantirão ao empregado, no local de trabalho no exterior ou próximo a ele, serviços gratuitos e adequados de assistência médica e social.

Art. 23. Serão regulamentadas no prazo de 90 (noventa) dias as disposições dos artigos 5º, § 2º; 9º, parágrafos 1º e 4º; e 12.

Art. 24. Esta Lei entra em vigor na data de sua publicação, revogadas as disposições em contrário.

Brasília, 6 de dezembro de 1982; 161º da Independência e 94º da República.

João Figueiredo

LEI Nº 7.102, DE 20 DE JUNHO DE 1983
(Excertos)

Dispõe sobre segurança para estabelecimentos financeiros, estabelece normas para constituição e funcionamento das empresas particulares que exploram serviços de vigilância e de transporte de valores, e dá outras providências.

- *Segurança para estabelecimento financeiro*
- Publicada no DOU de 21.6.1983

O Presidente da República,

Faço saber que o Congresso Nacional decreta e eu sanciono a seguinte lei:

Art. 1º É vedado o funcionamento de qualquer estabelecimento financeiro onde haja guarda de valores ou movimentação de numerário, que não possua sistema de segurança com parecer favorável à sua aprovação, elaborado pelo Ministério da Justiça, na forma desta lei. (Redação dada pela Lei nº 9.017, de 1995)

§ 1º Os estabelecimentos financeiros referidos neste artigo compreendem bancos oficiais ou privados, caixas econômicas, sociedades de crédito, associações de poupança, suas agências, postos de atendimento, subagências e seções, assim como as cooperativas singulares de crédito e suas respectivas dependências. (Renumerado do parágrafo único com nova redação pela Lei nº 11.718, de 2008)

§ 2º O Poder Executivo estabelecerá, considerando a reduzida circulação financeira, requisitos próprios de segurança para as cooperativas singulares de crédito e suas dependências que contemplem, entre outros, os seguintes procedimentos: (Incluído pela Lei nº 11.718, de 2008)

I – dispensa de sistema de segurança para o estabelecimento de cooperativa singular de crédito que se situe dentro de qualquer edificação que possua estrutura de segurança instalada em conformidade com o art. 2o desta Lei; (Incluído pela Lei nº 11.718, de 2008)

II – necessidade de elaboração e aprovação de apenas um único plano de segurança por cooperativa singular de crédito, desde que detalhadas todas as suas dependências; (Incluído pela Lei nº 11.718, de 2008)

III – dispensa de contratação de vigilantes, caso isso inviabilize economicamente a existência do estabelecimento. (Incluído pela Lei nº 11.718, de 2008)

§ 3º Os processos administrativos em curso no âmbito do Departamento de Polícia Federal observarão os requisitos próprios de segurança para as cooperativas singulares de crédito e suas dependências. (Incluído pela Lei nº 11.718, de 2008)

Art. 2º O sistema de segurança referido no artigo anterior inclui pessoas adequadamente preparadas, assim chamadas vigilantes; alarme capaz de permitir, com segurança, comunicação entre o estabelecimento financeiro e outro da mesma instituição, empresa de vigilância ou órgão policial mais próximo; e, pelo menos, mais um dos seguintes dispositivos:

I - equipamentos elétricos, eletrônicos e de filmagens que possibilitem a identificação dos assaltantes;

II - artefatos que retardem a ação dos criminosos, permitindo sua perseguição, identificação ou captura; e

III - cabina blindada com permanência ininterrupta de vigilante durante o expediente para o público e enquanto houver movimentação de numerário no interior do estabelecimento.

Parágrafo único. (Revogado pela Lei nº 9.017, de 1995)

Art. 2º-A. As instituições financeiras e demais instituições autorizadas a funcionar pelo Banco Central do Brasil, que colocarem à disposição do público caixas eletrônicos, são obrigadas a instalar equipamentos que inutilizem as cédulas de moeda corrente depositadas no interior das máquinas em caso de arrombamento, movimento brusco ou alta temperatura. (Incluído pela Lei 13.654, de 2018)

§ 1º Para cumprimento do disposto no *caput* deste artigo, as instituições financeiras poderão utilizar-se de qualquer tipo de tecnologia existente para inutilizar as cédulas de moeda corrente depositadas no interior dos seus caixas eletrônicos, tais como:

I - tinta especial colorida;

II - pó químico;

III - ácidos insolventes;

IV - pirotecnia, desde que não coloque em perigo os usuários e funcionários que utilizam os caixas eletrônicos;

V - qualquer outra substância, desde que não coloque em perigo os usuários dos caixas eletrônicos.

§ 2º Será obrigatória a instalação de placa de alerta, que deverá ser afixada de forma visível no caixa eletrônico, bem como na entrada da instituição bancária que possua caixa eletrônico em seu interior, informando a existência do referido dispositivo e seu funcionamento.

§ 3º O descumprimento do disposto acima sujeitará as instituições financeiras infratoras às penalidades previstas no art. 7º desta Lei.

§ 4º As exigências previstas neste artigo poderão ser implantadas pelas instituições financeiras de maneira gradativa, atingindo-se, no mínimo, os seguintes percentuais, a partir da entrada em vigor desta Lei:

I - nos municípios com até 50.000 (cinquenta mil) habitantes, 50% (cinquenta por cento) em nove meses e os outros 50% (cinquenta por cento) em dezoito meses;

II - nos municípios com mais de 50.000 (cinquenta mil) até 500.000 (quinhentos mil) habitantes, 100% (cem por cento) em até vinte e quatro meses;

III - nos municípios com mais de 500.000 (quinhentos mil) habitantes, 100% (cem por cento) em até trinta e seis meses.

Art. 3º A vigilância ostensiva e o transporte de valores serão executados: (Redação dada pela Lei nº 9.017, de 1995)

I - por empresa especializada contratada; ou (Redação dada pela Lei nº 9.017, de 1995)

II - pelo próprio estabelecimento financeiro, desde que organizado e preparado para tal fim, com pessoal próprio, aprovado em curso de formação de vigilante autorizado pelo Ministério da Justiça e cujo sistema de segurança tenha parecer favorável à sua aprovação emitido pelo Ministério da Justiça. (Redação dada pela Lei nº 9.017, de 1995)

Parágrafo único. Nos estabelecimentos financeiros estaduais, o serviço de vigilância ostensiva poderá ser desempenhado pelas Polícias Militares, a critério do Governo da respectiva Unidade da Federação. (Redação dada pela Lei nº 9.017, de 1995)

(...)

Art. 7º O estabelecimento financeiro que infringir disposição desta lei ficará sujeito às seguintes penalidades, conforme a gravidade da infração e levando-se em conta a reincidência e a condição econômica do infrator: (Redação dada pela Lei nº 9.017, de 1995)

I - advertência; (Redação dada pela Lei nº 9.017, de 1995)

II - multa, de mil a vinte mil Ufirs; (Redação dada pela Lei nº 9.017, de 1995)

III - interdição do estabelecimento. (Redação dada pela Lei nº 9.017, de 1995)

(...)

Art. 10. São considerados como segurança privada as atividades desenvolvidas em prestação de serviços com a finalidade de: (Redação dada pela Lei nº 8.863, de 1994)

I - proceder à vigilância patrimonial das instituições financeiras e de outros estabelecimentos, públicos ou privados, bem como a segurança de pessoas físicas; (Incluído pela Lei nº 8.863, de 1994)

II - realizar o transporte de valores ou garantir o transporte de qualquer outro tipo de carga. (Incluído pela Lei nº 8.863, de 1994)

§ 1º Os serviços de vigilância e de transporte de valores poderão ser executados por uma mesma empresa. (Renumerado do parágrafo único pela Lei nº 8.863, de 1994)

§ 2º As empresas especializadas em prestação de serviços de segurança, vigilância e transporte de valores, constituídas sob a forma de empresas privadas, além das hipóteses previstas nos incisos do *caput* deste artigo, poderão se prestar ao exercício das atividades de segurança privada a pessoas; a estabelecimentos comerciais, industriais, de prestação de serviços e residências; a entidades sem fins lucrativos; e órgãos e empresas públicas. (Incluído pela Lei nº 8.863, de 1994)

§ 3º Serão regidas por esta lei, pelos regulamentos dela decorrentes e pelas disposições da legislação civil, comercial, trabalhista, previdenciária e penal, as empresas definidas no parágrafo anterior. (Incluído pela Lei nº 8.863, de 1994)

§ 4º As empresas que tenham objeto econômico diverso da vigilância ostensiva e do transporte de valores, que utilizem pessoal de quadro funcional próprio, para execução dessas atividades, ficam obrigadas ao cumprimento do disposto nesta lei e demais legislações pertinentes. (Incluído pela Lei nº 8.863, de 1994)

§ 5º (Vetado). (Incluído pela Lei nº 8.863, de 1994)

§ 6º (Vetado). (Incluído pela Lei nº 8.863, de 1994)

(...)

Art. 12. Os diretores e demais empregados das empresas especializadas não poderão ter antecedentes criminais registrados.

(...)

Art. 15. Vigilante, para os efeitos desta lei, é o empregado contratado para a execução das atividades definidas nos incisos I e II do *caput* e §§ 2º, 3º e 4º do art. 10. (Redação dada pela Lei nº 8.863, de 1994)

Art. 16. Para o exercício da profissão, o vigilante preencherá os seguintes requisitos:

I - ser brasileiro;

II - ter idade mínima de 21 (vinte e um) anos;

III - ter instrução correspondente à quarta série do primeiro grau;

IV - ter sido aprovado, em curso de formação de vigilante, realizado em estabelecimento com funcionamento autorizado nos termos desta lei. (Redação dada pela Lei nº 8.863, de 1994)

V - ter sido aprovado em exame de saúde física, mental e psicotécnico;

VI - não ter antecedentes criminais registrados; e

VII - estar quite com as obrigações eleitorais e militares.

Parágrafo único. O requisito previsto no inciso III deste artigo não se aplica aos vigilantes admitidos até a publicação da presente Lei.

Art. 17. O exercício da profissão de vigilante requer prévio registro no Departamento de Polícia Federal, que se fará após a apresentação dos documentos comprobatórios das situações enumeradas no art. 16. (Redação dada pela Medida Provisória nº 2.184-23, de 2001)

Art. 18. O vigilante usará uniforme somente quando em efetivo serviço.

Art. 19. É assegurado ao vigilante:

I - uniforme especial às expensas da empresa a que se vincular;

II - porte de arma, quando em serviço;

III - prisão especial por ato decorrente do serviço;

IV - seguro de vida em grupo, feito pela empresa empregadora.

Art. 20. Cabe ao Ministério da Justiça, por intermédio do seu órgão competente ou mediante convênio com as Secretarias de Segurança Pública dos Estados e Distrito Federal: (Redação dada pela Lei nº 9.017, de 1995)

I - conceder autorização para o funcionamento:

a) das empresas especializadas em serviços de vigilância;

b) das empresas especializadas em transporte de valores; e

c) dos cursos de formação de vigilantes;

II - fiscalizar as empresas e os cursos mencionados dos no inciso anterior;

III - aplicar às empresas e aos cursos a que se refere o inciso I deste artigo as penalidades previstas no art. 23 desta Lei;

IV - aprovar uniforme;

V - fixar o currículo dos cursos de formação de vigilantes;

VI - fixar o número de vigilantes das empresas especializadas em cada unidade da Federação;

VII - fixar a natureza e a quantidade de armas de propriedade das empresas especializadas e dos estabelecimentos financeiros;

VIII - autorizar a aquisição e a posse de armas e munições; e

IX - fiscalizar e controlar o armamento e a munição utilizados.

X - rever anualmente a autorização de funcionamento das empresas elencadas no inciso I deste artigo. (Incluído pela Lei nº 8.863, de 1994)

Parágrafo único. As competências previstas nos incisos I e V deste artigo não serão objeto de convênio. (Redação dada pela Lei nº 9.017, de 1995)

(...)

Art. 27. Revogam-se os Decretos-leis nº 1.034, de 21 de outubro de 1969, e nº 1.103, de 6 de abril de 1970, e as demais disposições em contrário.

Brasília, em 20 de junho de 1983;
162º da Independência
e 95º da República.
JOÃO FIGUEIREDO

LEI Nº 7.115, DE 29 DE AGOSTO DE 1983

Dispõe sobre prova documental nos casos que indica e dá outras providências.

› *Prova documental*

O PRESIDENTE DA REPÚBLICA, faço saber que o Congresso Nacional decreta e eu sanciono a seguinte Lei:

Art. 1º A declaração destinada a fazer prova de vida, residência, pobreza, dependência econômica, homonímia ou bons antecedentes, quando firmada pelo próprio interesse ou por procurador bastante, e sob as penas da Lei, presume-se verdadeira.

Parágrafo único – O dispositivo neste artigo não se aplica para fins de prova em processo penal.

Art. 2º Se comprovadamente falsa a declaração, sujeitar-se-á o declarante às sanções civis, administrativas e criminais previstas na legislação aplicável.

Art. 3º A declaração mencionará expressamente a responsabilidade do declarante.

Art. 4º Esta Lei entra em vigor na data de sua publicação.

Art. 5º Revogam-se as disposições em contrário.

Brasília, em 29 de agosto de 1983; 162º da Independência e 95º da República.
João Figueiredo

LEI Nº 7.238, DE 29 DE OUTUBRO de 1984

Dispõe sobre a manutenção da correção automática semestral dos salários, de acordo com o Índice Nacional de Preços ao Consumidor - INPC, e revoga dispositivos do decreto-lei nº 2.065, de 26 de outubro de 1983.

› *Lei do Reajuste Salarial Automático*

O PRESIDENTE DA REPÚBLICA

Faço saber que o CONGRESSO NACIONAL decreta e eu sanciono a seguinte Lei:

Art. 1º O valor monetário dos salários será corrigido semestralmente, de acordo com Índice Nacional de Preços ao Consumidor – INPC, variando o fator de aplicação na forma desta lei.

Art. 2º A correção efetuar-se-á segundo a diversidade das faixas salariais e cumulativamente, observados os seguintes critérios:

I – até 3 (três) vezes o valor do salário mínimo, multiplicando-se o salário ajustado por um fator correspondente a 1,0 (uma unidade) da variação semestral do Índice Nacional de Preços ao Consumidor – INPC;

II – acima de 3 (três) salários mínimos aplicar-se-á, até o limite do inciso anterior, a regra nele contida e, no que exceder, o fator 0,8 (oito décimos).

§ 1º Para os fins deste artigo, o Poder Executivo publicará, mensalmente, a variação do Índice Nacional de Preços ao Consumidor – INPC, ocorrida nos seis meses anteriores.

§ 2º O Poder Executivo colocará à disposição da Justiça do Trabalho e das entidades sindicais, os elementos básicos utilizados para a fixação do Índice Nacional de Preços ao Consumidor – INPC.

Art. 3º A correção de valores monetários dos salários, na forma do artigo anterior, independerá de negociação coletiva e poderá ser reclamada, individualmente, pelos empregados.

§ 1º Para a correção a ser feita no mês, será utilizada a variação a que se refere o § 1º do artigo 2º desta lei, publicada no mês anterior.

§ 2º Será facultado aos sindicatos, independente da outorga de poderes dos integrantes da respectiva categoria profissional, apresentar reclamação na qualidade de substituto processual de seus associados, com o objetivo de assegurar a percepção dos valores salariais corrigidos na forma do artigo anterior.

Art. 4º A contagem de tempo para fins de correção salarial será feita a partir da data-base da categoria profissional.

§ 1º Entende-se por data-base, para fins desta lei, a data de início de vigência de acordo ou convenção coletiva, ou sentença normativa.

§ 2º Os empregados que não estejam incluídos numa das hipóteses do parágrafo anterior terão como data-base a data do seu último aumento ou reajustamento de salário, ou, na falta desta, a data de início de vigência de seu contrato de trabalho.

Art. 5º O salário do empregado admitido após a correção salarial da categoria será atualizado na subsequente revisão, proporcionalmente ao número de meses a partir da admissão.

Parágrafo único. A regra deste artigo não se aplica às empresas que adotem quadro de pessoal organizado em carreira, no qual a correção incida sobre os respectivos níveis ou classes de salários.

Art. 6º A correção do valor monetário dos salários dos empregados que trabalham em regime de horário parcial, será calculada proporcionalmente à correção de seu salário por hora de trabalho.

§ 1º Para o cálculo da correção do salário por hora de trabalho, aplicar-se-á o disposto no artigo 2º desta lei, substituindo-se o salário do trabalhador pelo seu salário por hora de trabalho e o salário mínimo pelo salário mínimo-hora.

§ 2º (VETADO)

Art. 7º A correção monetária a que se referem os artigos 1º e 2º desta lei não se estende às remunerações variáveis, percebidas com base em comissões percentuais pré-ajustadas, aplicando-se, porém, à parte fixa do salário o misto percebido pelo empregado assim remunerado.

Art. 8º A correção dos valores monetários dos salários de trabalhadores avulsos, negociados para grupos de trabalhadores, diretamente, pela suas entidades sindicais, será efetuada de acordo com o disposto no artigo 2º desta lei.

Parágrafo único. No caso de trabalhadores avulsos, cuja remuneração seja disciplinada pelo Conselho Nacional de Política Salarial – CNPS, a data-base será a de sua última revisão salarial.

Art. 9º O empregado dispensado, sem justa causa, no período de 30 (trinta) dias que antecede a data de sua correção salarial, terá direito à indenização adicional equivalente a um salário mensal, seja ele optante ou não pelo Fundo de Garantia do Tempo de Serviço – FGTS.

Art. 10. Ficam mantidas as datas-bases das categorias profissionais, para efeito de negociações coletivas com finalidade de obtenção de aumento de salários e de estabelecimento de cláusulas que regulem condições especiais de trabalho.

Parágrafo único. Os aumentos coletivos de salários serão reajustados por um ano, não podendo ocorrer revisão a esse título, antes de vencido aquele prazo.

Art. 11. Mediante convenção, acordo coletivo ou sentença normativa, fica ainda facultado complementar a correção de salário a que se refere o inciso II do artigo 2º desta lei até o limite de 100% (cem por cento).

§ 1º Poderão ser estabelecidos percentuais diferentes para os empregados, segundo os níveis de remuneração.

§ 2º A convenção coletiva poderá fixar níveis diversos para a correção e o aumento dos salários, em empresas de diferentes portes, sempre que razões de caráter econômico justificarem essa diversificação, ou excluir as empresas que comprovarem sua incapacidade econômica para suportar esse aumento.

§ 3º Será facultado à empresa não excluída do campo de incidência do aumento determinado na forma deste artigo, comprovar, na ação de cumprimento, sua incapacidade econômica, para efeito de sua exclusão ou colocação em nível compatível com suas possibilidades.

Art. 12. Parcela suplementar poderá ser negociada entre empregados e empregadores, por ocasião da data-base, com fundamento no acréscimo de produtividade da categoria, parcela essa que terá por limite superior, fixado pelo Poder Executivo, a variação do Produto Interno Bruto – PIB, real per capita.

Art. 13. As empresas não poderão repassar para os preços de seus produtos ou serviços a parcela suplementar de aumento salarial de que trata o artigo anterior, sob pena de:

I – suspensão temporária de concessão de empréstimos e financiamentos por instituições financeiras oficiais;

II – revisão de concessão de incentivos fiscais e de tratamentos tributários especiais.

Art. 14. Garantida a correção automática prevista no artigo 2º desta lei, as empresas públicas, as sociedades de economia mista, as fundações instituídas ou mantidas pelo Poder Público, as entidades governamentais cujo regime de remuneração de pessoal não obedeça integralmente ao disposto na Lei nº 5.645, de 10 de dezembro de 1970, e legislação complementar, as empresas privadas subvencionadas pelo Poder Público, as concessionárias de serviços públicos federais e demais empresas sob controle direto ou indireto do Poder Público somente poderão celebrar contratos coletivos de trabalho, de natureza econômica, ou conceder aumentos coletivos de salários, nos termos das Resoluções do Conselho Nacional de Política Salarial – CNPS.

§ 1º As disposições deste artigo aplicam-se aos trabalhadores avulsos, cuja remuneração seja disciplinada pelo Conselho Nacional de Política Salarial.

§ 2º Quando se tratar de trabalhadores avulsos da orla marítima subordinados à Superintendência Nacional da Marinha Mercante – SUNAMAN, compete a esta rever os salários, inclusive taxas de produção.

§ 3º A inobservância das disposições deste artigo, por parte de dirigentes de entidades sujeitas à jurisdição do Tribunal de Contas da União, poderá, a critério da referida Corte, ser considerada ato irregular de gestão e acarretar, para os infratores, inabilitação temporária para o exercício de cargo em comissão ou função de confiança nos órgãos ou entidades da administração direta ou indireta e nas fundações sob supervisão ministerial.

§ 4º Na hipótese de dissídio coletivo que envolva entidade referida no *caput* deste artigo, quando couber e sob pena de inépcia, a petição inicial será acompanhada de parecer do Conselho Nacional de Política Salarial – CNPS, relativo à possibilidade, ou não, de acolhimento, sob aspectos econômicos e financeiro da proposta de acordo.

§ 5º O parecer a que se refere o parágrafo anterior deverá ser substituído pelo proferido pelo Conselho Nacional de Política Salarial – CNPS.

Art. 15. Às categorias cuja data-base tenha ocorrido nos últimos três meses anteriores a vigência desta lei, será facultada a negociação de que trata o artigo 11 quando prova documental de que, tendo sido solicitado há mais de 30 (trinta) dias, não foi da próxima correção automática semestral de salários, para viger no semestre subsequente.

Art. 16. Esta lei entra em vigor na data de sua publicação.

Art. 17. Revogam-se as disposições em contrário, em especial os artigos 24 a 42 do Decreto-Lei nº 2.065, de 26 de outubro de 1983.

Brasília, em 29 de outubro de 1984; 163º da Independência e 96º da República.

João Figueiredo

LEI Nº 7.347, DE 24 DE JULHO DE 1985

Disciplina a ação civil pública de responsabilidade por danos causados ao meio ambiente, ao consumidor, a bens e direitos de valor artístico, estético, histórico, turístico e paisagístico (vetado) e dá outras providências.

‣ *Ação civil pública*

O PRESIDENTE DA REPÚBLICA Faço saber que o Congresso Nacional decreta e eu sanciono a seguinte Lei:

Art. 1º. Regem-se pelas disposições desta Lei, sem prejuízo da ação popular, as ações de responsabilidade por danos morais e patrimoniais causados: (Redação dada pela Lei nº 12.529, de 2011)

‣ CF/88: arts. 5º, LXXIII, e 129, III.

‣ Lei 7.913/1989 – Dispõe sobre a ação civil pública de responsabilidade por danos causados aos investidores no mercado de valores mobiliários.

‣ Lei 4.717/1965 – Regula a Ação popular.

I – ao meio ambiente;

‣ CF/1988: arts. 24, VIII, 170, VI, e 225, § 3º.

‣ Lei 9.605/1998 – Dispõe sobre as sanções penais e administrativas derivadas de condutas e atividades lesivas ao meio ambiente.

‣‣ *Vide* art. 225 da CF.

II – ao consumidor;

‣ Lei 8.078/1990: arts. 81, 82 e 91.

III – aos bens e direitos de valor artístico, estético, histórico, turístico e paisagístico;

› CF/1988: art. 216, § 1º.

IV – a qualquer outro interesse difuso ou coletivo; (Incluído pela Lei nº 8.078, de 1990)

V – por infração da ordem econômica; (Redação dada pela Lei nº 12.529, de 2011)

› Lei 7.913/1989: art. 3º.

VI – à ordem urbanística. (Incluído pela Medida Provisória nº 2.180-35, de 2001)

› Lei 10.257/2001: art. 8º, § 4º.

VII – à honra e à dignidade de grupos raciais, étnicos ou religiosos. (Incluído pela Lei nº 12.966, de 2014)

VIII – ao patrimônio público e social. (Incluído pela Lei nº 13.004, de 2014)

Parágrafo único. Não será cabível ação civil pública para veicular pretensões que envolvam tributos, contribuições previdenciárias, o Fundo de Garantia do Tempo de Serviço – FGTS ou outros fundos de natureza institucional cujos beneficiários podem ser individualmente determinados. (Incluído pela Medida Provisória nº 2.180-35, de 2001)

Art. 2º. As ações previstas nesta Lei serão propostas no foro do local onde ocorrer o dano, cujo juízo terá competência funcional para processar e julgar a causa.

› CF/88: art. 109, § 3º.
› CPC/15: art. 53, IV, a.
› Lei 8.078/1991: art. 93.
» *Vide* Súmula 489 do STJ.
» *Vide* OJ 130 da SDI-2 do TST.

Parágrafo único. A propositura da ação prevenirá a jurisdição do juízo para todas as ações posteriormente intentadas que possuam a mesma causa de pedir ou o mesmo objeto. (Incluído pela Medida Provisória nº 2.180-35, de 2001)

› CPC/15: art. 59.

Art. 3º. A ação civil poderá ter por objeto a condenação em dinheiro ou o cumprimento de obrigação de fazer ou não fazer.

› Lei 8.078/1991: art. 84.
» *Vide* art. 497 do CPC.
» *Vide* Súmula 629 do STJ.

Art. 4º. Poderá ser ajuizada ação cautelar para os fins desta Lei, objetivando, inclusive, evitar dano ao patrimônio público e social, ao meio ambiente, ao consumidor, à honra e à dignidade de grupos raciais, étnicos ou religiosos, à ordem urbanística ou aos bens e direitos de valor artístico, estético, histórico, turístico e paisagístico. (Redação dada pela Lei nº 13.004, de 2014)

› CPC/15: arts. 305 a 310.
› Lei 8.078/1991: art. 84, § 3º.
» *Vide* arts. 305 a 310 do CPC.

Art. 5º. Têm legitimidade para propor a ação principal e a ação cautelar: (Redação dada pela Lei nº 11.448, de 2007)

» *Vide* Súmula 329 do STJ.

I – o Ministério Público; (Redação dada pela Lei nº 11.448, de 2007)

› Súm. 643 do STF.
› Súm. 329 do STJ.
› CF/88: art. 129, III e § 1º.

II – a Defensoria Pública; (Redação dada pela Lei nº 11.448, de 2007)

› CF/88: art. 134.

III – a União, os Estados, o Distrito Federal e os Municípios; (Incluído pela Lei nº 11.448, de 2007)

› CF/88: art. 24, VIII.

IV – a autarquia, empresa pública, fundação ou sociedade de economia mista; (Incluído pela Lei nº 11.448, de 2007)

V – a associação que, concomitantemente: (Incluído pela Lei nº 11.448, de 2007)

› CF/1988: art. 5º, XXI.
› CC: arts. 53 a 61.

a) esteja constituída há pelo menos 1 (um) ano nos termos da lei civil; (Incluído pela Lei nº 11.448, de 2007)

» *Vide* art. 5.º, § 4.º, desta Lei.

b) inclua, entre suas finalidades institucionais, a proteção ao patrimônio público e social, ao meio ambiente, ao consumidor, à ordem econômica, à livre concorrência, aos direitos de grupos raciais, étnicos ou religiosos ou ao patrimônio artístico, estético, histórico, turístico e paisagístico. (Redação dada pela Lei 13.004, de 2014)

§ 1º. O Ministério Público, se não intervier no processo como parte, atuará obrigatoriamente como fiscal da lei.

› CC: arts. 176 a 181.
» *Vide* arts. 177, 180 e 181 do CPC.

§ 2º. Fica facultado ao Poder Público e a outras associações legitimadas nos termos deste artigo habilitar-se como litisconsortes de qualquer das partes.

› CC: arts. 113 a 118.

§ 3º. Em caso de desistência infundada ou abandono da ação por associação legitimada, o Ministério Público ou outro legitimado assumirá a titularidade ativa. (Redação dada pela Lei nº 8.078, de 1990)

§ 4º. O requisito da pré-constituição poderá ser dispensado pelo juiz, quando haja manifesto interesse social evidenciado pela dimensão ou característica do dano, ou pela relevância do bem jurídico a ser protegido. (Incluído pela Lei nº 8.078, de 1990)

› Lei 8.078/1991: art. 84, § 1º.

§ 5º. Admitir-se-á o litisconsórcio facultativo entre os Ministérios Públicos da União, do Distrito Federal e dos Estados na defesa dos interesses e direitos de que cuida esta Lei. (Incluído pela Lei nº 8.078, de 1990)

§ 6º. Os órgãos públicos legitimados poderão tomar dos interessados compromisso de ajustamento de sua conduta às exigências legais, mediante cominações, que terá eficácia de título executivo extrajudicial. (Incluído pela Lei nº 8.078, de 1990)

› Lei 9.469/1997: art. 4º-A.

Art. 6º. Qualquer pessoa poderá e o servidor público deverá provocar a iniciativa do Ministério Público, ministrando-lhe informações sobre fatos que constituam objeto da ação civil e indicando-lhe os elementos de convicção.

› CF/88: art. 129, § 1º.

Art. 7º. Se, no exercício de suas funções, os juízes e tribunais tiverem conhecimento de fatos que possam ensejar a propositura da ação civil, remeterão peças ao Ministério Público para as providências cabíveis.

› CF/88: art. 129, § 1º.

Art. 8º. Para instruir a inicial, o interessado poderá requerer às autoridades competentes as certidões e informações que julgar necessárias, a serem fornecidas no prazo de 15 (quinze) dias.

§ 1º. O Ministério Público poderá instaurar, sob sua presidência, inquérito civil, ou requisitar, de qualquer organismo público ou particular, certidões, informações, exames ou perícias, no prazo que assinalar, o qual não poderá ser inferior a 10 (dez) dias úteis.

› CF/88: art. 129, VI.

§ 2º. Somente nos casos em que a lei impuser sigilo, poderá ser negada certidão ou informação, hipótese em que a ação poderá ser proposta desacompanhada daqueles documentos, cabendo ao juiz requisitá-los.

Art. 9º. Se o órgão do Ministério Público, esgotadas todas as diligências, se convencer da inexistência de fundamento para a propositura da ação civil, promoverá o arquivamento dos autos do inquérito civil ou das peças informativas, fazendo-o fundamentadamente.

› CPP: art. 28.
› Lei 8.069/1990: art. 23.

§ 1º. Os autos do inquérito civil ou das peças de informação arquivadas serão remetidos, sob pena de se incorrer em falta grave, no prazo de 3 (três) dias, ao Conselho Superior do Ministério Público.

§ 2º. Até que, em sessão do Conselho Superior do Ministério Público, seja homologada ou rejeitada a promoção de arquivamento, poderão as associações legitimadas apresentar razões escritas ou documentos, que serão juntados aos autos do inquérito ou anexados às peças de informação.

§ 3º. A promoção de arquivamento será submetida a exame e deliberação do Conselho Superior do Ministério Público, conforme dispuser o seu regimento.

§ 4º. Deixando o Conselho Superior de homologar a promoção de arquivamento, designará, desde logo, outro órgão do Ministério Público para o ajuizamento da ação.

Art. 10. Constitui crime, punido com pena de reclusão de 1 (um) a 3 (três) anos, mais multa de dez a 1.000 Obrigações do Tesouro Nacional – OTN, a recusa, o retardamento ou a omissão de dados técnicos indispensáveis à propositura da ação civil, quando requisitados pelo Ministério Público.

› Lei 7.730/1989: art. 15.

Art. 11. Na ação que tenha por objeto o cumprimento de obrigação de fazer ou não fazer, o juiz determinará o cumprimento da prestação da atividade devida ou a cessação da atividade nociva, sob pena de execução específica, ou de cominação de multa diária, se esta for suficiente ou compatível, independentemente de requerimento do autor.

› CPC/15: arts. 497, 499, 500, 536, § 1º e 537, § 1º.
› Lei 8.078/1991: art. 84.

Art. 12. Poderá o juiz conceder mandado liminar, com ou sem justificação prévia, em decisão sujeita a agravo.

› CPC/15: arts. 995 e 1.019, I.
› Lei 7.347/1985: art. 14.
» *Vide* arts. 300 e s. do CPC.

§ 1º. A requerimento de pessoa jurídica de direito público interessada, e para evitar grave lesão à ordem, à saúde, à segurança e à economia pública, poderá o Presidente do Tribunal a que competir o conhecimento do respectivo recurso suspender a execução da liminar, em decisão fundamentada, da qual caberá agravo para uma das turmas julgadoras, no prazo de 5 (cinco) dias a partir da publicação do ato.

› Lei 12.016/2009: art. 15.

§ 2º. A multa cominada liminarmente só será exigível do réu após o trânsito em julgado da decisão favorável ao autor, mas será devida desde o dia em que se houver configurado o descumprimento.

Art. 13. Havendo condenação em dinheiro, a indenização pelo dano causado reverterá a um fundo gerido por um Conselho Federal ou por Conselhos Estaduais de que participarão necessariamente o Ministério Público e representantes da comunidade, sendo seus recursos destinados à reconstituição dos bens lesados.

- Lei 9.008/1995 – Cria, na estrutura organizacional do Ministério da Justiça, o Conselho Federal de que trata o art. 13 da Lei 7.347/1985.
- Decreto 1.306/1994 – Regulamenta o Fundo de Defesa de Direitos Difusos, de que tratam os arts. 13 e 20 da Lei 7.347/1985.

§ 1º. Enquanto o fundo não for regulamentado, o dinheiro ficará depositado em estabelecimento oficial de crédito, em conta com correção monetária. (Renumerado para § 1º pela Lei nº 12.288, de 2010)

§ 2º. Havendo acordo ou condenação com fundamento em dano causado por ato de discriminação étnica nos termos do disposto no art. 1º desta Lei, a prestação em dinheiro reverterá diretamente ao fundo de que trata o *caput* e será utilizada para ações de promoção da igualdade étnica, conforme definição do Conselho Nacional de Promoção da Igualdade Racial, na hipótese de extensão nacional, ou dos Conselhos de Promoção de Igualdade Racial estaduais ou locais, nas hipóteses de danos com extensão regional ou local, respectivamente. (Incluído pela Lei nº 12.288, de 2010)

Art. 14. O juiz poderá conferir efeito suspensivo aos recursos, para evitar dano irreparável à parte.

- CPC/15: arts. 995 e 1.019, I.

Art. 15. Decorridos 60 (sessenta) dias do trânsito em julgado da sentença condenatória, sem que a associação autora lhe promova a execução, deverá fazê-lo o Ministério Público, facultada igual iniciativa aos demais legitimados. (Redação dada pela Lei nº 8.078, de 1990)

Art. 16. A sentença civil fará coisa julgada *erga omnes*, nos limites da competência territorial do órgão prolator, exceto se o pedido for julgado improcedente por insuficiência de provas, hipótese em que qualquer legitimado poderá intentar outra ação com idêntico fundamento, valendo-se de nova prova. (Redação dada pela Lei nº 9.494, de 1997)

- Lei 8.078/1991: art. 103, I e § 3º.

Art. 17. Em caso de litigância de má-fé, a associação autora e os diretores responsáveis pela propositura da ação serão solidariamente condenados em honorários advocatícios e ao décuplo das custas, sem prejuízo da responsabilidade por perdas e danos. (Redação dada pela Lei nº 8.078, de 1990)

- CPC/15: arts. 141 e 777.
- Lei 8.078/1991: art. 87, par. único.

Art. 18. Nas ações de que trata esta Lei, não haverá adiantamento de custas, emolumentos, honorários periciais e quaisquer outras despesas, nem condenação da associação autora, salvo comprovada má-fé, em honorários de advogado, custas e despesas processuais. (Redação dada pela Lei nº 8.078, de 1990)

- Lei 8.078/1991: art. 87.

Art. 19. Aplica-se à ação civil pública, prevista nesta Lei, o Código de Processo Civil, aprovado pela Lei 5.869, de 11 de janeiro de 1973, naquilo em que não contrarie suas disposições.

- Referida Lei 5.869/1973 foi revogado pela Lei 13.105/2015.

Art. 20. O fundo de que trata o art. 13 desta Lei será regulamentado pelo Poder Executivo no prazo de 90 (noventa) dias.

- Decreto 1.306/1994 – Regulamenta o Fundo de Defesa de Direitos Difusos, de que tratam os arts. 13 e 20 da Lei 7.347/1985.

Art. 21. Aplicam-se à defesa dos direitos e interesses difusos, coletivos e individuais, no que for cabível, os dispositivos do Título III da Lei que instituiu o Código de Defesa do Consumidor. (Incluído pela Lei nº 8.078, de 1990)

- CF/1988: art. 5º, XXXII.
- Lei 8.078/1991: arts. 81 a 104.

Art. 22. Esta Lei entra em vigor na data de sua publicação. (Renumerado pela Lei nº 8.078, de 1990)

Art. 23. Revogam-se as disposições em contrário. (Renumerado pela Lei nº 8.078, de 1990)

Brasília, 24 de julho de 1985; 164º da Independência e 97º da República.

JOSÉ SARNEY

D.O.U. de 25.7.1985

LEI Nº 7.418, DE 16 DE DEZEMBRO DE 1985

Institui o Vale-Transporte e dá outras providências.

- *Lei do vale-transporte*

Regulamento: Decreto 10.854/2021.

O PRESIDENTE DA REPÚBLICA, faço saber que o Congresso Nacional decreta e eu sanciono a seguinte Lei:

Art. 1º Fica instituído o vale-transporte, *(Vetado) que o empregador, pessoa física ou jurídica, antecipará ao empregado para utilização efetiva em despesas de deslocamento residência-trabalho e vice-versa, através do sistema de transporte coletivo público, urbano ou intermunicipal e/ou interestadual com características semelhantes aos urbanos, geridos diretamente ou mediante concessão ou permissão de linhas regulares e com tarifas fixadas pela autoridade competente, excluídos os serviços seletivos e os especiais. (Redação de acordo com a Lei nº 7.619, de 30.9.1987)*

§ 1º *(Revogado pela Medida Provisória nº 2.165-36, de 2001)*

§ 2º (Parágrafo revogado pela Lei nº 7.619, de 30.9.1987)

Art. 2º O Vale-Transporte, concedido nas condições e limites definidos, nesta Lei, no que se refere à contribuição do empregador: (Artigo renumerado pela Lei 7.619, de 30.9.1987)

a) não tem natureza salarial, nem se incorpora à remuneração para quaisquer efeitos;

b) não constitui base de incidência de contribuição previdenciária ou de Fundo de Garantia por Tempo de Serviço;

c) não se configura como rendimento tributável do trabalhador.

Art. 3º *(Artigo renumerado pela Lei nº 7.619, de 30/9/1987 e revogado pela Lei nº 9.532, de 10/12/1997).*

Art. 4º A concessão do benefício ora instituído implica a aquisição pelo empregador dos Vales-Transporte necessários aos deslocamentos do trabalhador no percurso residência-trabalho e vice-versa, no serviço de transporte que melhor se adequar. (Artigo renumerado pela Lei 7.619, de 30.9.1987)

Parágrafo único. O empregador participará dos gastos de deslocamento do trabalhador com a ajuda de custo equivalente à parcela que exceder a 6% (seis por cento) de seu salário básico.

Art. 5º A empresa operadora do sistema de transporte coletivo público fica obrigada a emitir e a comercializar o Vale-Transporte, ao preço da tarifa vigente, colocando-o à disposição dos empregadores em geral e assumindo os custos dessa obrigação, sem repassá-los para a tarifa dos serviços. (Artigo renumerado pela Lei 7.619, de 30.9.1987)

§ 1º Nas regiões metropolitanas, aglomerações urbanas e microrregiões, será instalado, pelo menos, um posto de vendas para cada grupo de cem mil habitantes na localidade, que comercializarão todos os tipos de Vale-Transporte. *(Redação de acordo com a Lei nº 7.855, de 24.10.89)*

§ 2º Fica facultado à empresa operadora delegar a emissão e a comercialização do Vale-Transporte, bem como consorciar-se em central de vendas, para efeito de cumprimento do disposto nesta Lei.

§ 3º Para fins de cálculo do valor do Vale-Transporte, será adotada a tarifa integral do deslocamento do trabalhador, sem descontos, mesmo que previstos na legislação local.

Art. 6º O poder concedente fixará as sanções a serem aplicadas à empresa operadora que comercializar o vale diretamente ou através de delegação, no caso de falta ou insuficiência de estoque de Vales-Transporte necessários ao atendimento da demanda e ao funcionamento do sistema. (Artigo renumerado pela Lei 7.619, de 30.9.1987)

Art. 7º Ficam resguardados os direitos adquiridos do trabalhador, se superiores aos instituídos nesta Lei, vedada a cumulação de vantagens. (Artigo renumerado pela Lei 7.619, de 30.9.1987)

Art. 8º Asseguram-se os benefícios desta Lei ao empregador que proporcionar, por meios próprios ou contratados, em veículos adequados ao transporte coletivo, o deslocamento integral de seus trabalhadores. (Artigo renumerado pela Lei 7.619, de 30.9.1987)

Art. 9º Os Vales-Transporte anteriores perdem sua validade decorridos 30 (trinta) dias da data de reajuste tarifário. (Artigo renumerado pela Lei 7.619, de 30.9.1987)

Art. 10. O Poder Executivo regulamentará a presente Lei no prazo de 45 (quarenta e cinco) dias. (Artigo renumerado pela Lei 7.619, de 30.9.1987)

Art. 11. Esta Lei entra em vigor na data de sua publicação. (Artigo renumerado pela Lei 7.619, de 30.9.1987)

Art. 12. Revogam-se as disposições em contrário. (Artigo renumerado pela Lei 7.619, de 30.9.1987)

Brasília, em 16 de dezembro de 1985; 164º da Independência e 97º da República.

José Sarney

LEI Nº 7.627, DE 10 DE NOVEMBRO DE 1987

Dispõe sobre a eliminação de autos findos nos órgãos da Justiça do Trabalho e dá outras providências.

▸ *Eliminação de autos findos na Justiça do Trabalho*

O PRESIDENTE DA REPÚBLICA

Faço saber que o Congresso Nacional decreta e eu sanciono a seguinte lei:

Art. 1º Fica facilitado aos Tribunais do Trabalho determinar a eliminação, por incineração, destruição mecânica ou por outro meio adequado, de autos findos há mais de cinco anos, contado o prazo da data do arquivamento do processo.

Art. 2º A eliminação de autos findos, nos termos do disposto no artigo anterior, será decidida pelo Tribunal Pleno, mediante proposta circunstanciada do seu Presidente.

Parágrafo único. Os feitos arquivados nas Juntas de Conciliação e Julgamento poderão ser eliminados, atendidas as mesmas condições, mediante proposta do respectivo Titular, aprovada pelo Pleno do Tribunal a que estiver o órgão subordinado.

▸ *EC nº 24, de 9-12-1999, extinguiu a representação pelos juízes classistas na Justiça do Trabalho e criou as Varas do Trabalho, em substituição às Juntas de Conciliação e Julgamento.*

Art. 3º Deliberada a eliminação, o Presidente do Tribunal, para conhecimento dos interessados, fará publicar a decisão em órgão oficial de imprensa, por duas vezes, com prazo de sessenta dias.

§ 1º É lícito às partes interessadas requerer, às suas expensas, o desentranhamento dos documentos que juntaram aos autos, certidões ou cópias de peças do processo ou a microfilmagem total ou parcial do mesmo.

§ 2º Se, a juízo da autoridade competente, houver, nos autos, documentos de valor histórico, serão eles recolhidos em arquivo próprio, no Tribunal respectivo.

Art. 4º Esta Lei entra em vigor na data de sua publicação.

Art. 5º Revogam-se as disposições em contrário.

Brasília, 10 de novembro de 1987; 166º da Independência e 99º da República.

José Sarney

LEI Nº 7.644, DE 18 DE DEZEMBRO DE 1987

Dispõe sobre a Regulamentação da Atividade de Mãe Social e dá outras Providências.

▸ *Mãe Social*

O PRESIDENTE DA REPÚBLICA: Faço saber que o Congresso Nacional decreta e eu sanciono a seguinte Lei:

Art. 1º As instituições sem finalidade lucrativa, ou de utilidade pública de assistência ao menor abandonado, e que funcionem pelo sistema de casas-lares, utilizarão mães sociais visando a propiciar ao menor as condições familiares ideais ao seu desenvolvimento e reintegração social.

Art. 2º Considera-se mãe social, para efeito desta Lei, aquela que, dedicando-se à assistência ao menor abandonado, exerça o encargo em nível social, dentro do sistema de casas-lares.

Art. 3º Entende-se como casa-lar a unidade residencial sob responsabilidade de mãe social, que abrigue até 10 (dez) menores.

§ 1º As casas-lares serão isoladas, formando, quando agrupadas, uma aldeia assistencial ou vila de menores.

§ 2º A instituição fixará os limites de idade em que os menores ficarão sujeitos às casas-lares.

§ 3º Para os efeitos dos benefícios previdenciários, os menores residentes nas casas-lares e nas Casas da Juventude são considerados dependentes da mãe social a que foram confiados pela instituição empregadora.

Art. 4º São atribuições da mãe social:

I – propiciar o surgimento de condições próprias de uma família, orientando e assistindo os menores colocados sob seus cuidados;

II – administrar o lar, realizando e organizando as tarefas a ele pertinentes;

III – dedicar-se, com exclusividade, aos menores e à casa-lar que lhes forem confiados.

Parágrafo único. A mãe social, enquanto no desempenho de suas atribuições, deverá residir, juntamente com os menores que lhe forem confiados, na casa-lar que lhe for destinada.

Art. 5º À mãe social ficam assegurados os seguintes direitos:

I – anotação na Carteira de Trabalho e Previdência Social;

II – remuneração, em valor não inferior ao salário mínimo;

III – repouso semanal remunerado de 24 (vinte e quatro) horas consecutivas;

IV – apoio técnico, administrativo e financeiro no desempenho de suas funções;

V – 30 (trinta) dias de férias anuais remuneradas nos termos do que dispõe o capítulo IV, da Consolidação das Leis do Trabalho;

VI – benefícios e serviços previdenciários, inclusive, em caso de acidente do trabalho, na qualidade de segurada obrigatória;

VII – gratificação de Natal (13º salário);

VIII – Fundo de Garantia do Tempo de Serviço ou indenização, nos termos da legislação pertinente.

Art. 6º O trabalho desenvolvido pela mãe social é de caráter intermitente, realizando-se pelo tempo necessário ao desempenho de suas tarefas.

Art. 7º Os salários devidos à mãe social serão reajustados de acordo com as disposições legais aplicáveis, deduzido o percentual de alimentação fornecida pelo empregador.

Art. 8º A candidata ao exercício da profissão de mãe social deverá submeter-se a seleção e treinamento específicos, a cujo término será verificada sua habilitação.

§ 1º O treinamento será composto de um conteúdo teórico e de uma aplicação prática, esta sob forma de estágio.

§ 2º O treinamento e estágio a que se refere o parágrafo anterior não excederão de 60 (sessenta) dias, nem criarão vínculo empregatício de qualquer natureza.

§ 3º A estagiária deverá estar segurada contra acidentes pessoais e receberá alimentação, habitação e bolsa de ajuda para vestuário e despesas pessoais.

§ 4º O Ministério da Previdência e Assistência Social assegurará assistência médica e hospitalar à estagiária.

Art. 9º São condições para admissão como mãe social:

a) idade mínima de 25 (vinte e cinco) anos;

b) boa sanidade física e mental;

c) curso de primeiro grau, ou equivalente;

d) ter sido aprovada em treinamento e estágio exigidos por esta Lei;

e) boa conduta social;

f) aprovação em teste psicológico específico.

Art. 10. A instituição manterá mães sociais para substituir as efetivas durante seus períodos de afastamento do serviço.

§ 1º A mãe social substituta, quando não estiver em efetivo serviço de substituição, deverá residir na aldeia assistencial e cumprir tarefas determinadas pelo empregador.

§ 2º A mãe social, quando no exercício da substituição, terá direito à retribuição percebida pela titular e ficará sujeita ao mesmo horário de trabalho.

Art. 11. As instituições que funcionam pelo sistema de casas-lares manterão, além destas, Casas de Juventude, para jovens com mais de 13 (treze) anos de idade, os quais encaminharão ao ensino profissionalizante.

Parágrafo único. O ensino a que se refere o *caput* deste artigo poderá ser ministrado em comum, em cada aldeia assistencial ou em várias dessas aldeias assistenciais reunidas, ou, ainda, em outros estabelecimentos de ensino, públicos ou privados, conforme julgar conveniente a instituição.

Art. 12. Caberá à administração de cada aldeia assistencial providenciar a colocação dos menores no mercado de trabalho, como estagiários, aprendizes ou como empregados, em estabelecimentos públicos ou privados.

Parágrafo único. As retribuições percebidas pelos menores nas condições mencionadas no *caput* deste artigo serão assim distribuídas e destinadas:

I – até 40% (quarenta por cento) para a casa-lar a que estiverem vinculados, revertidos no custeio de despesas com manutenção do próprio menor;

II – 40% (quarenta por cento) para o menor destinados a despesas pessoais;

III – até 30% (trinta por cento) para depósito em caderneta de poupança ou equivalente, em nome do menor, com assistência da instituição mantenedora, e que poderá ser levantado pelo menor a partir dos 18 (dezoito) anos de idade.

Art. 13. Extinto o contrato de trabalho, a mãe social deverá retirar se da casa-lar que ocupava, cabendo à entidade empregadora providenciar a imediata substituição.

Art. 14. As mães sociais ficam sujeitas às seguintes penalidades aplicáveis pela entidade empregadora:

I – advertência;

II – suspensão;

III – demissão.

Parágrafo único. Em caso de demissão sem justa causa, a mãe social será indenizada, na forma da legislação vigente, ou levantará os depósitos do Fundo de Garantia por Tempo de Serviço, com os acréscimos previstos em lei.

Art. 15. As casas-lares e as aldeias assistenciais serão mantidas exclusivamente com rendas próprias, doações, legados, contribuições e subvenções de entidades públicas ou privadas, vedada a aplicação em outras atividades que não sejam de seus objetivos.

Art. 16. Fica facultado a qualquer entidade manter casas-lares, desde que cumprido o disposto nesta Lei.

Art. 17. Por menor abandonado entende-se, para os efeitos desta Lei, o "menor em situação irregular" pela morte ou abandono dos pais, ou, ainda, pela incapacidade destes.

Art. 18. As instituições que mantenham ou coordenem o sistema de casas-lares para o atendimento gratuito de menores abandonados, registradas como tais no Conselho Nacional do Serviço Social, ficam isentas do recolhimento dos encargos patronais à previdência social.

Art. 19. Às relações do trabalho previstas nesta Lei, no que couber, aplica-se o disposto nos capítulos I e IV do Título II, Seções IV, V e VI do Capítulo IV do Título III e nos Títulos IV e VII, todos da Consolidação das Leis do Trabalho – CLT.

Art. 20. Incumbe às autoridades competentes do Ministério do Trabalho e do Ministério da Previdência e Assistência Social, observadas as áreas de atuação, a fiscalização do disposto nesta Lei, competindo à Justiça do Trabalho dirimir as controvérsias entre empregado e empregador.

Art. 21. Esta Lei entra em vigor na data de sua publicação.

Art. 22. Revogam-se as disposições em contrário.

Brasília, 18 de dezembro de 1987; 166º da Independência e 99º da República.

José Sarney

LEI Nº 7.701, DE 21 DE DEZEMBRO DE 1988

Dispõe sobre a especialização de Turmas dos Tribunais do Trabalho em processos coletivos e dá outras providências.

› *Turmas dos Tribunais do Trabalho em processos coletivos*

O PRESIDENTE DA REPÚBLICA, faço saber que o Congresso Nacional decreta e eu sanciono a seguinte Lei:

Art. 1º O Tribunal Superior do Trabalho, nos processos de sua competência, será dividido em turmas e seções especializadas para a conciliação e julgamento de dissídios coletivos de natureza econômica ou jurídica e de dissídios individuais, respeitada a paridade da representação classista.

Parágrafo único. O Regimento Interno do Tribunal disporá sobre a constituição e o funcionamento de cada uma das seções especializadas do Tribunal Superior do Trabalho, bem como sobre o número, composição e funcionamento das respectivas Turmas do Tribunal. Caberá ao Presidente do Tribunal Superior do Trabalho presidir os atos de julgamento das seções especializadas, delas participando o Vice-Presidente e o Corregedor-Geral, este quando não estiver ausente em função corregedora.

Art. 2º Compete à seção especializada em dissídios coletivos, ou seção normativa:

I – originariamente:

a) conciliar e julgar os dissídios coletivos que excedam a jurisdição dos Tribunais Regionais do Trabalho e estender ou rever suas próprias sentenças normativas, nos casos previstos em lei;

b) homologar as conciliações celebradas nos dissídios coletivos de que trata a alínea anterior;

c) julgar as ações rescisórias propostas contra suas sentenças normativas;

d) julgar os mandados de segurança contra os atos praticados pelo Presidente do Tribunal ou por qualquer dos Ministros integrantes da seção especializada em processo de dissídio coletivo; e

e) julgar os conflitos de competência entre Tribunais Regionais do Trabalho em processos de dissídio coletivo.

II – em última instância julgar:

a) os recursos ordinários interpostos contra as decisões proferidas pelos Tribunais Regionais do Trabalho em dissídios coletivos de natureza econômica ou jurídica;

b) os recursos ordinários interpostos contra as decisões proferidas pelos Tribunais Regionais do Trabalho em ações rescisórias e mandados de segurança pertinentes a dissídios coletivos;

c) os embargos infringentes interpostos contra decisão não unânime proferida em processo de dissídio coletivo de sua competência originária, salvo se a decisão atacada estiver em consonância com procedente jurisprudencial do Tribunal Superior do Trabalho ou da Súmula de sua jurisprudência predominante;

d) os embargos de declaração opostos aos seus acórdãos e os agravos regimentais pertinentes aos dissídios coletivos;

e) as suspeições arguidas contra o Presidente e demais Ministros que integram a seção, nos feitos pendentes de sua decisão; e

f) os agravos de instrumento interpostos contra despacho denegatório de recurso ordinário nos processos de sua competência.

Art. 3º Compete à Seção de Dissídios Individuais julgar:

I – originariamente:

a) as ações rescisórias propostas contra decisões das Turmas do Tribunal Superior do Trabalho e suas próprias, inclusive as anteriores à especialização em seções; e

b) os mandados de segurança de sua competência originária, na forma da lei.

II – em única instância:

a) os agravos regimentais interpostos em dissídios individuais; e

b) os conflitos de competência entre Tribunais Regionais e aqueles que envolvem Juízes de Direito investidos da jurisdição trabalhista e Juntas de Conciliação e Julgamento em processos de dissídio individual.

III – em última instância:

a) os recursos ordinários interpostos contra decisões dos Tribunais Regionais em processos de dissídio individual de sua competência originária;

b) os embargos das decisões das Turmas que divergirem entre si, ou das decisões proferidas pela Seção de Dissídios Individuais; *(Redação de acordo com a Lei nº 11.496, de 2007)*

c) os agravos regimentais de despachos denegatórios dos Presidentes das Turmas, em matéria de embargos, na forma estabelecida no Regimento Interno;

d) os embargos de declaração opostos aos seus acórdãos;

e) as suspeições arguidas contra o Presidente e demais Ministros que integram a seção, nos feitos pendentes de julgamento; e

f) os agravos de instrumento interpostos contra despacho denegatório de recurso ordinário em processo de sua competência.

Art. 4º É da competência do Tribunal Pleno do Tribunal Superior do Trabalho:

a) a declaração de inconstitucionalidade ou não de lei ou de ato normativo do Poder Público;

b) aprovar os enunciados da Súmula da jurisprudência predominante em dissídios individuais;

c) julgar os incidentes de uniformização da jurisprudência em dissídios individuais;

d) aprovar os precedentes da jurisprudência predominante em dissídios coletivos;

e) aprovar as tabelas de custas e emolumentos, nos termos da lei; e

f) elaborar o Regimento Interno do Tribunal e exercer as atribuições administrativas previstas em lei ou na Constituição Federal.

Art. 5º As Turmas do Tribunal Superior do Trabalho terão, cada uma, a seguinte competência:

a) julgar os recursos de revista interpostos de decisões dos Tribunais Regionais do Trabalho, nos casos previstos em lei;

b) julgar, em última instância, os agravos de instrumento dos despachos de Presidente de Tribunal Regional que denegarem seguimento a recurso de revista, explicitando em que efeito a revista deve ser processada, caso providos;

c) julgar, em última instância, os agravos regimentais; e

d) julgar os embargos de declaração opostos aos seus acórdãos.

Art. 6º Os Tribunais Regionais do Trabalho que funcionarem divididos em Grupos de Turmas promoverão a especialização de um deles com a competência exclusiva para a conciliação e julgamento de dissídios coletivos, na forma prevista no *caput* do art. 1º desta Lei.

Parágrafo único. O Regimento Interno disporá sobre a constituição e funcionamento do Grupo Normativo, bem como dos demais Grupos de Turmas de Tribunal Regional do Trabalho.

Art. 7º Das decisões proferidas pelo Grupo Normativo dos Tribunais Regionais do Trabalho, caberá recurso ordinário para o Tribunal Superior do Trabalho.

§ 1º O Juiz relator ou o redator designado disporá de 10 (dez) dias para redigir o acórdão.

§ 2º Não publicado o acórdão nos 20 (vinte) dias subsequentes ao julgamento, poderá qualquer dos litigantes ou o Ministério Público do Trabalho interpor recurso ordinário, fundado, apenas, na certidão de Julgamento, inclusive com pedido de efeito suspensivo, pagas as custas, se for o caso. Publicado o acórdão, reabrir-se-á o prazo para o aditamento do recurso interposto.

§ 3º Interposto o recurso na forma do parágrafo anterior, deverão os recorrentes comunicar o fato à Corregedoria-Geral, para as providências legais cabíveis.

§ 4º Publicado o acórdão, quando as partes serão consideradas intimadas, seguir-se-á o procedimento recursal como previsto em lei, com a intimação pessoal do Ministério Público, por qualquer dos seus procuradores.

§ 5º Formalizado o acordo pelas partes e homologado pelo Tribunal, não caberá qualquer recurso, salvo por parte do Ministério Público.

§ 6º A sentença normativa poderá ser objeto de ação de cumprimento a partir do 20º (vigésimo) dia subsequente ao do julgamento, fundada no acórdão ou na certidão de julgamento, salvo se concedido efeito suspensivo pelo Presidente do Tribunal Superior do Trabalho.

Art. 8º O disposto no Art. 7º e respectivos parágrafos desta Lei aplica-se aos demais Tribunais Regionais do Trabalho não divididos em grupos de Turmas.

Art. 9º O efeito suspensivo deferido pelo Presidente do Tribunal Superior do Trabalho terá eficácia pelo prazo improrrogável de 120 (cento e vinte) dias contados da publicação, salvo se o recurso ordinário for julgado antes do término do prazo.

Art. 10. Nos dissídios coletivos de natureza econômica ou jurídica de competência originária ou recursal da seção normativa do Tribunal Superior do Trabalho, a sentença poderá ser objeto de ação de cumprimento com a publicação da certidão de julgamento.

Art. 11. Nos processos de dissídio coletivo, o Ministério Público emitirá parecer escrito, ou protestará pelo pronunciamento oral, na audiência ou sessão de julgamento.

Art. 12. O Art. 896 da Consolidação das Leis do Trabalho – CLT, aprovada pelo Decreto-Lei número 5.452, de 1º de maio de 1943, passa a ter a seguinte redação:

"Art. 896 – Cabe Recurso de Revista das decisões de última instância para o Tribunal Superior do Trabalho, quando:

a) derem ao mesmo dispositivo de lei federal interpretação diversa da que lhe houver dado o mesmo ou outro Tribunal Regional, através do Pleno ou de Turmas, ou a Seção de Dissídios Individuais do Tribunal Superior do Trabalho, salvo se a decisão recorrida estiver em consonância com enunciado da Súmula de Jurisprudência Uniforme do Tribunal Superior do Trabalho;

b) derem ao mesmo disposto de lei estadual, Convenção Coletiva de Trabalho, Acordo Coletivo, sentença normativa ou regulamento empresarial de observância obrigatória em área territorial que exceda a jurisdição do Tribunal Regional prolator interpretação divergente, na forma da alínea a; e

c) proferidas com violação de literal dispositivo de lei federal, ou da Constituição da República.

§ 1º O Recurso de Revista será apresentado no prazo de 8 (oito) dias ao Presidente do Tribunal recorrido, que poderá recebê-lo ou denegá-lo, fundamentando, em qualquer caso, o despacho.

§ 2º Recebido o Recurso, a autoridade recorrida declarará o efeito em que o recebe, podendo a parte interessada requerer carta de sentença para a execução provisória, salvo se for dado efeito suspensivo ao Recurso.

§ 3º Denegado seguimento ao Recurso, poderá o recorrente interpor Agravo de Instrumento no prazo de 8 (oito) dias para o Tribunal Superior do Trabalho.

§ 4º Das decisões proferidas pelos Tribunais Regionais do Trabalho, ou por suas Turmas, em execução de sentença, inclusive em processo incidente de embargos de terceiro, não caberá o Recurso de Revista, salvo na hipótese de ofensa direta à Constituição Federal.

§ 5º Estando a decisão recorrida em consonância com enunciado da Súmula da Jurisprudência do Tribunal Superior do Trabalho, poderá o Ministro Relator, indicando-o, negar seguimento ao Recurso de Revista, aos Embargos, ou ao Agravo de Instrumento. Será denegado seguimento ao Recurso nas hipóteses de intempestividade, deserção, falta de alçada e ilegitimidade da representação, cabendo a interposição de Agravo."

Art. 13. O depósito recursal de que trata o Art. 899 e seus parágrafos da Consolidação das Leis do Trabalho fica limitado, no recurso ordinário, a 20 (vinte) vezes o valor de referência e, no de revista, a 40 (quarenta) vezes o referido valor de referência. Será considerado valor de referência aquele vigente à data da interposição do recurso, devendo ser complementado o valor total de 40 (quarenta) valores, no caso de revista.

Art. 14. O Regimento Interno dos Tribunais Regionais do Trabalho deverá dispor sobre a súmula da respectiva jurisprudência predominante e sobre o incidente de uniformização, inclusive os pertinentes às leis estaduais e normas coletivas.

Art. 15. Esta Lei entra em vigor na data de sua publicação.

Art. 16. Revogam-se as disposições em contrário da Consolidação das Leis do Trabalho e da legislação especial.

Brasília, 21 de dezembro de 1988; 167º da Independência e 100º da República.

José Sarney

LEI Nº 7.783, DE 28 DE JUNHO DE 1989

Dispõe sobre o exercício do direito de greve, define as atividades essenciais, regula o atendimento das necessidades inadiáveis da comunidade, e dá outras providências.

- *Greve*
- CF/1988: art. 114, II.
- Decreto 7.777/2012 – Medidas para a continuidade de atividades e serviços públicos dos órgãos e entidades da administração pública federal durante greves.

O PRESIDENTE DA REPÚBLICA Faço saber que o Congresso Nacional decreta e eu sanciono a seguinte Lei:

Art. 1º. É assegurado o direito de greve, competindo aos trabalhadores decidir sobre a oportunidade de exercê-lo e sobre os interesses que devam por meio dele defender.

- CF/1988: art. 9º.

Parágrafo único. O direito de greve será exercido na forma estabelecida nesta Lei.

Art. 2º. Para os fins desta Lei, considera-se legítimo exercício do direito de greve a suspensão coletiva, temporária e pacífica, total ou parcial, de prestação pessoal de serviços a empregador.

Art. 3º. Frustrada a negociação ou verificada a impossibilidade de recurso via arbitral, é facultada a cessação coletiva do trabalho.

Parágrafo único. A entidade patronal correspondente ou os empregadores diretamente interessados serão notificados, com antecedência mínima de 48 (quarenta e oito) horas, da paralisação.

Art. 4º. Caberá à entidade sindical correspondente convocar, na forma do seu estatuto, assembleia geral que definirá as reivindicações da categoria e deliberará sobre a paralisação coletiva da prestação de serviços.

§ 1º. O estatuto da entidade sindical deverá prever as formalidades de convocação e o quorum para a deliberação, tanto da deflagração quanto da cessação da greve.

§ 2º. Na falta de entidade sindical, a assembleia geral dos trabalhadores interessados deliberará para os fins previstos no *caput*, constituindo comissão de negociação.

Art. 5º. A entidade sindical ou comissão especialmente eleita representará os interesses dos trabalhadores nas negociações ou na Justiça do Trabalho.

Art. 6º. São assegurados aos grevistas, dentre outros direitos:

I – o emprego de meios pacíficos tendentes a persuadir ou aliciar os trabalhadores a aderirem à greve;

II – a arrecadação de fundos e a livre divulgação do movimento.

§ 1º. Em nenhuma hipótese, os meios adotados por empregados e empregadores poderão violar ou constranger os direitos e garantias fundamentais de outrem.

§ 2º. É vedado às empresas adotar meios para constranger o empregado ao comparecimento ao trabalho, bem como capazes de frustrar a divulgação do movimento.

§ 3º. As manifestações e atos de persuasão utilizados pelos grevistas não poderão impedir o acesso ao trabalho nem causar ameaça ou dano à propriedade ou pessoa.

Art. 7º. Observadas as condições previstas nesta Lei, a participação em greve suspende o contrato de trabalho, devendo as relações obrigacionais durante o período ser regidas pelo acordo, convenção, laudo arbitral ou decisão da Justiça do Trabalho.

Parágrafo único. É vedada a rescisão do contrato de trabalho durante a greve, bem como a contratação de trabalhadores substitutos, exceto na ocorrência das hipóteses previstas nos arts. 9º e 14.

Art. 8º. A Justiça do Trabalho, por iniciativa de qualquer das partes ou do Ministério Público do Trabalho, decidirá sobre a procedência, total ou parcial, ou improcedência das reivindicações, cumprindo ao Tribunal publicar, de imediato, o competente acórdão.

Art. 9º. Durante a greve, o sindicato ou a comissão de negociação, mediante acordo com a entidade patronal ou diretamente com o empregador, manterá em atividade equipes de empregados com o propósito de assegurar os serviços cuja paralisação resultem em prejuízo irreparável, pela deterioração irreversível de bens, máquinas e equipamentos, bem como a manutenção daqueles essenciais à retomada das atividades da empresa quando da cessação do movimento.

Parágrafo único. Não havendo acordo, é assegurado ao empregador, enquanto perdurar a greve o direito de contratar diretamente os serviços necessários a que se refere este artigo.

Art. 10. São considerados serviços ou atividades essenciais:

- CF/1988: art. 9º, § 1º.

I – tratamento e abastecimento de água; produção e distribuição de energia elétrica, gás e combustíveis;

II – assistência médica e hospitalar;

III – distribuição e comercialização de medicamentos e alimentos;

IV – funerários;

V – transporte coletivo;

VI – captação e tratamento de esgoto e lixo;

VII – telecomunicações;

VIII – guarda, uso e controle de substâncias radioativas, equipamentos e materiais nucleares;

IX – processamento de dados ligados a serviços essenciais;

X - controle de tráfego aéreo e navegação aérea; *(Redação dada pela Lei 13.903/2019)*

XI – compensação bancária.

XII - atividades médico-periciais relacionadas com o regime geral de previdência social e a assistência social; *(Acrescido pela Lei 13.846/2019)*

XIII - atividades médico-periciais relacionadas com a caracterização do impedimento físico, mental, intelectual ou sensorial da pessoa com deficiência, por meio da integração de equipes multiprofissionais e interdisciplinares, para fins de reconhecimento de direitos previstos em lei, em especial na Lei nº 13.146, de 6 de julho de 2015 (Estatuto da Pessoa com Deficiência); e *(Acrescido pela Lei 13.846/2019)*

XIV - outras prestações médico-periciais da carreira de Perito Médico Federal indispensáveis ao atendimento das necessidades inadiáveis da comunidade. *(Acrescido pela Lei 13.846/2019)*

XV – atividades portuárias. *(Acrescido pela Lei 14.047/2020)*

Art. 11. Nos serviços ou atividades essenciais, os sindicatos, os empregadores e os trabalhadores ficam obrigados, de comum acordo, a garantir, durante a greve, a prestação dos serviços indispensáveis ao atendimento das necessidades inadiáveis da comunidade.

Parágrafo único. São necessidades inadiáveis da comunidade aquelas que, não atendidas, coloquem em perigo iminente a sobrevivência, a saúde ou a segurança da população.

Art. 12. No caso de inobservância do disposto no artigo anterior, o Poder Público assegurará a prestação dos serviços indispensáveis.

Art. 13. Na greve em serviços ou atividades essenciais, ficam as entidades sindicais ou os trabalhadores, conforme o caso, obrigados a comunicar a decisão aos empregadores e aos usuários com antecedência mínima de 72 (setenta e duas) horas da paralisação.

Art. 14. Constitui abuso do direito de greve a inobservância das normas contidas na presente Lei, bem como a manutenção da paralisação após a celebração de acordo, convenção ou decisão da Justiça do Trabalho.

Parágrafo único. Na vigência de acordo, convenção ou sentença normativa não constitui abuso do exercício do direito de greve a paralisação que:

I – tenha por objetivo exigir o cumprimento de cláusula ou condição;

II – seja motivada pela superveniência de fato novo ou acontecimento imprevisto que modifique substancialmente a relação de trabalho.

Art. 15. A responsabilidade pelos atos praticados, ilícitos ou crimes cometidos, no curso da greve, será apurada, conforme o caso, segundo a legislação trabalhista, civil ou penal.

Parágrafo único. Deverá o Ministério Público, de ofício, requisitar a abertura do competente inquérito e oferecer denúncia quando houver indício da prática de delito.

Art. 16. Para os fins previstos no art. 37, inciso VII, da Constituição, lei complementar definirá os termos e os limites em que o direito de greve poderá ser exercido.

Art. 17. Fica vedada a paralisação das atividades, por iniciativa do empregador, com o objetivo de frustrar negociação ou dificultar o atendimento de reivindicações dos respectivos empregados (*lock-out*).

Parágrafo único. A prática referida no *caput* assegura aos trabalhadores o direito à percepção dos salários durante o período de paralisação.

Art. 18. Ficam revogados a Lei nº 4.330, de 1º de junho de 1964, o Decreto-lei nº 1.632, de 4 de agosto de 1978, e demais disposições em contrário.

Art. 19. Esta Lei entra em vigor na data de sua publicação.

Brasília, 28 de junho de 1989; 168º da Independência e 101º da República.

JOSÉ SARNEY

D.O.U. de 29.6.1989

LEI Nº 7.853, DE 24 DE OUTUBRO DE 1989

Dispõe sobre o apoio às pessoas portadoras de deficiência, sua integração social, sobre a Coordenadoria Nacional para Integração da Pessoa Portadora de Deficiência - Corde, institui a tutela jurisdicional de interesses coletivos ou difusos dessas pessoas, disciplina a atuação do Ministério Público, define crimes, e dá outras providências.

- *Portadores de Deficiência*

O PRESIDENTE DA REPÚBLICA Faço saber que o Congresso Nacional decreta e eu sanciono a seguinte Lei:

Art. 1º. Ficam estabelecidas normas gerais que asseguram o pleno exercício dos direitos individuais e sociais das pessoas portadoras de deficiências, e sua efetiva integração social, nos termos desta Lei.

- Decreto 3.298/1999 – Regulamenta a Lei 7.853/1989, dispõe sobre a Política Nacional para a Integração da Pessoa Portadora de Deficiência, consolida as normas de proteção.

§ 1º. Na aplicação e interpretação desta Lei, serão considerados os valores básicos da igualdade de tratamento e oportunidade, da justiça social, do respeito à dignidade da pessoa humana, do bem-estar, e outros, indicados na Constituição ou justificados pelos princípios gerais de direito.

§ 2º. As normas desta Lei visam garantir às pessoas portadoras de deficiência as ações governamentais necessárias ao seu cumprimento e das demais disposições constitucionais e legais que lhes concernem, afastadas as discriminações e os preconceitos de qualquer espécie, e entendida a matéria como obrigação nacional a cargo do Poder Público e da sociedade.

Art. 2º. Ao Poder Público e seus órgãos cabe assegurar às pessoas portadoras de deficiência o pleno exercício de seus direitos básicos, inclusive dos direitos à educação, à saúde, ao trabalho, ao lazer, à previdência social, ao amparo à infância e à maternidade, e de outros que, decorrentes da Constituição e das leis, propiciem seu bem-estar pessoal, social e econômico.

Parágrafo único. Para o fim estabelecido no *caput* deste artigo, os órgãos e entidades da administração direta e indireta devem dispensar, no âmbito de sua competência e finalidade, aos assuntos objetos esta Lei, tratamento prioritário e adequado, tendente a viabilizar, sem prejuízo de outras, as seguintes medidas:

I – na área da educação:

a) a inclusão, no sistema educacional, da Educação Especial como modalidade educativa que abranja a educação precoce, a pré-escolar, as de 1º e 2º graus, a supletiva, a habilitação e reabilitação profissionais, com currículos, etapas e exigências de diplomação próprios;

b) a inserção, no referido sistema educacional, das escolas especiais, privadas e públicas;

c) a oferta, obrigatória e gratuita, da Educação Especial em estabelecimento público de ensino;

d) o oferecimento obrigatório de programas de Educação Especial a nível pré-escolar, em unidades hospitalares e congêneres nas quais estejam internados, por prazo igual ou superior a 1 (um) ano, educandos portadores de deficiência;

e) o acesso de alunos portadores de deficiência aos benefícios conferidos aos demais educandos, inclusive material escolar, merenda escolar e bolsas de estudo;

f) a matrícula compulsória em cursos regulares de estabelecimentos públicos e particulares de pessoas portadoras de deficiência capazes de se integrarem no sistema regular de ensino;

II – na área da saúde:

a) a promoção de ações preventivas, como as referentes ao planejamento familiar, ao aconselhamento genético, ao acompanhamento da gravidez, do parto e do puerpério, à nutrição da mulher e da criança, à identificação e ao controle da gestante e do feto de alto risco, à imunização, às doenças do metabolismo e seu diagnóstico e ao encaminhamento precoce de outras doenças causadoras de deficiência;

b) o desenvolvimento de programas especiais de prevenção de acidente do trabalho e de trânsito, e de tratamento adequado a suas vítimas;

c) a criação de uma rede de serviços especializados em reabilitação e habilitação;

d) a garantia de acesso das pessoas portadoras de deficiência aos estabelecimentos de saúde públicos e privados, e de seu adequado tratamento neles, sob normas técnicas e padrões de conduta apropriados;

e) a garantia de atendimento domiciliar de saúde ao deficiente grave não internado;

f) o desenvolvimento de programas de saúde voltados para as pessoas portadoras de deficiência, desenvolvidos com a participação da sociedade e que lhes ensejem a integração social;

III – na área da formação profissional e do trabalho:

a) o apoio governamental à formação profissional, e a garantia de acesso aos serviços concernentes, inclusive aos cursos regulares voltados à formação profissional;

b) o empenho do Poder Público quanto ao surgimento e à manutenção de empregos, inclusive de tempo parcial, destinados às pessoas portadoras de deficiência que não tenham acesso aos empregos comuns;

c) a promoção de ações eficazes que propiciem a inserção, nos setores públicos e privado, de pessoas portadoras de deficiência;

d) a adoção de legislação específica que discipline a reserva de mercado de trabalho, em favor das pessoas portadoras de deficiência, nas entidades da Administração Pública e do setor privado, e que regulamente a organização de oficinas e congêneres integradas ao mercado de trabalho, e a situação, nelas, das pessoas portadoras de deficiência;

IV – na área de recursos humanos:

a) a formação de professores de nível médio para a Educação Especial, de técnicos de nível médio especializados na habilitação e reabilitação, e de instrutores para formação profissional;

b) a formação e qualificação de recursos humanos que, nas diversas áreas de conhecimento, inclusive de nível superior, atendam à demanda e às necessidades reais das pessoas portadoras de deficiências;

c) o incentivo à pesquisa e ao desenvolvimento tecnológico em todas as áreas do conhecimento relacionadas com a pessoa portadora de deficiência;

V – na área das edificações:

a) a adoção e a efetiva execução de normas que garantam a funcionalidade das edificações e vias públicas, que evitem ou removam os óbices às pessoas portadoras de deficiência, permitam o acesso destas a edifícios, a logradouros e a meios de transporte.

Art. 3º. As medidas judiciais destinadas à proteção de interesses coletivos, difusos, individuais homogêneos e individuais indisponíveis da pessoa com deficiência poderão ser propostas pelo Ministério Público, pela Defensoria Pública, pela União, pelos Estados, pelos Municípios, pelo Distrito Federal, por associação constituída há mais de 1 (um) ano, nos termos da lei civil, por autarquia, por empresa pública e por fundação ou sociedade de economia mista que inclua, entre suas finalidades institucionais, a proteção dos interesses e a promoção de direitos da pessoa com deficiência. (Redação dada pela Lei nº 13.146, de 2015)

§ 1º. Para instruir a inicial, o interessado poderá requerer às autoridades competentes as certidões e informações que julgar necessárias.

§ 2º. As certidões e informações a que se refere o parágrafo anterior deverão ser fornecidas dentro de 15 (quinze) dias da entrega, sob recibo, dos respectivos requerimentos, e só poderão se utilizadas para a instrução da ação civil.

§ 3º. Somente nos casos em que o interesse público, devidamente justificado, impuser sigilo, poderá ser negada certidão ou informação.

§ 4º. Ocorrendo a hipótese do parágrafo anterior, a ação poderá ser proposta desacompanhada das certidões ou informações negadas, cabendo ao juiz, após apreciar os motivos do indeferimento, e, salvo quando se tratar de razão de segurança nacional, requisitar umas e outras; feita a requisição, o processo correrá em segredo de justiça, que cessará com o trânsito em julgado da sentença.

§ 5º. Fica facultado aos demais legitimados ativos habilitarem-se como litisconsortes nas ações propostas por qualquer deles.

§ 6º. Em caso de desistência ou abandono da ação, qualquer dos colegitimados pode assumir a titularidade ativa.

Art. 4º. A sentença terá eficácia de coisa julgada oponível *erga omnes*, exceto no caso de haver sido a ação julgada improcedente por deficiência de prova, hipótese em que qualquer legitimado poderá intentar outra ação com idêntico fundamento, valendo-se de nova prova.

§ 1º. A sentença que concluir pela carência ou pela improcedência da ação fica sujeita ao duplo grau de jurisdição, não produzindo efeito senão depois de confirmada pelo tribunal.

§ 2º. Das sentenças e decisões proferidas contra o autor da ação e suscetíveis de recurso, poderá recorrer qualquer legitimado ativo, inclusive o Ministério Público.

Art. 5º. O Ministério Público intervirá obrigatoriamente nas ações públicas, coletivas ou individuais, em que se discutam interesses relacionados à deficiência das pessoas.

Art. 6º. O Ministério Público poderá instaurar, sob sua presidência, inquérito civil, ou requisitar, de qualquer pessoa física ou jurídica, pública ou particular, certidões, informações, exame ou perícias, no prazo que assinalar, não inferior a 10 (dez) dias úteis.

§ 1º. Esgotadas as diligências, caso se convença o órgão do Ministério Público da inexistência de elementos para a propositura de ação civil, promoverá fundamentadamente o arquivamento do inquérito civil, ou das peças informativas. Neste caso, deverá remeter a reexame os autos ou as respectivas peças, em 3 (três) dias, ao Conselho Superior do Ministério Público, que os examinará, deliberando a respeito, conforme dispuser seu Regimento.

§ 2º. Se a promoção do arquivamento for reformada, o Conselho Superior do Ministério Público designará desde logo outro órgão do Ministério Público para o ajuizamento da ação.

Art. 7º. Aplicam-se à ação civil pública prevista nesta Lei, no que couber, os dispositivos da Lei nº 7.347, de 24 de julho de 1985.

Art. 8º. Constitui crime punível com reclusão de 2 (dois) a 5 (cinco) anos e multa: (Redação dada pela Lei nº 13.146, de 2015)

I – recusar, cobrar valores adicionais, suspender, procrastinar, cancelar ou fazer cessar inscrição de aluno em estabelecimento de ensino de qualquer curso ou grau, público ou privado, em razão de sua deficiência; (Redação dada pela Lei nº 13.146, de 2015)

II – obstar inscrição em concurso público ou acesso de alguém a qualquer cargo ou emprego público, em razão de sua deficiência; (Redação dada pela Lei nº 13.146, de 2015)

III – negar ou obstar emprego, trabalho ou promoção à pessoa em razão de sua deficiência; (Redação dada pela Lei nº 13.146, de 2015)

IV – recusar, retardar ou dificultar internação ou deixar de prestar assistência médico-hospitalar e ambulatorial à pessoa com deficiência; (Redação dada pela Lei nº 13.146, de 2015)

V – deixar de cumprir, retardar ou frustrar execução de ordem judicial expedida na ação civil a que alude esta Lei; (Redação dada pela Lei nº 13.146, de 2015)

VI – recusar, retardar ou omitir dados técnicos indispensáveis à propositura da ação civil pública objeto desta Lei, quando requisitados. (Redação dada pela Lei nº 13.146, de 2015)

§ 1º. Se o crime for praticado contra pessoa com deficiência menor de 18 (dezoito) anos, a pena é agravada em 1/3 (um terço). (Incluído pela Lei nº 13.146, de 2015)

§ 2º. A pena pela adoção deliberada de critérios subjetivos para indeferimento de inscrição, de aprovação e de cumprimento de estágio probatório em concursos públicos não exclui a responsabilidade patrimonial pessoal do administrador público pelos danos causados. (Incluído pela Lei nº 13.146, de 2015)

§ 3º. Incorre nas mesmas penas quem impede ou dificulta o ingresso de pessoa com deficiência em planos privados de assistência à saúde, inclusive com cobrança de valores diferenciados. (Incluído pela Lei nº 13.146, de 2015)

§ 4º. Se o crime for praticado em atendimento de urgência e emergência, a pena é agravada em 1/3 (um terço). (Incluído pela Lei nº 13.146, de 2015)

Art. 9º. A Administração Pública Federal conferirá aos assuntos relativos às pessoas portadoras de deficiência tratamento prioritário e apropriado, para que lhes seja efetivamente ensejado o pleno exercício de seus direitos individuais e sociais, bem como sua completa integração social.

§ 1º. Os assuntos a que alude este artigo serão objeto de ação, coordenada e integrada, dos órgãos da Administração Pública Federal, e incluir-se-ão em Política Nacional para Integração da Pessoa Portadora de Deficiência, na qual estejam compreendidos planos, programas e projetos sujeitos a prazos e objetivos determinados.

§ 2º. Ter-se-ão como integrantes da Administração Pública Federal, para os fins desta Lei, além dos órgãos públicos, das autarquias, das empresas públicas e sociedades de economia mista, as respectivas subsidiárias e as fundações públicas.

Art. 10. A coordenação superior dos assuntos, ações governamentais e medidas referentes a pessoas portadoras de deficiência caberá à Secretaria Especial dos Direitos Humanos da Presidência da República. (Redação dada pela Lei nº 11.958, de 2009)

Parágrafo único. Ao órgão a que se refere este artigo caberá formular a Política Nacional para a Integração da Pessoa Portadora de Deficiência, seus planos, programas e projetos e cumprir as instruções superiores que lhes digam respeito, com a cooperação dos demais órgãos públicos. (Redação dada pela Lei nº 8.028, de 1990)

Art. 11. *(Revogado pela Lei nº 8.028, de 1990).*

Art. 12. Compete à Corde:

I – coordenar as ações governamentais e medidas que se refiram às pessoas portadoras de deficiência;

II – elaborar os planos, programas e projetos subsumidos na Política Nacional para a Integração de Pessoa Portadora de Deficiência, bem como propor as providências necessárias a sua completa implantação e seu adequado desenvolvimento, inclusive as pertinentes a recursos e as de caráter legislativo;

III – acompanhar e orientar a execução, pela Administração Pública Federal, dos planos, programas e projetos mencionados no inciso anterior;

IV – manifestar-se sobre a adequação à Política Nacional para a Integração da Pessoa Portadora de Deficiência dos projetos federais a ela conexos, antes da liberação dos recursos respectivos;

V – manter, com os Estados, Municípios, Territórios, o Distrito Federal, e o Ministério Público, estreito relacionamento, objetivando a concorrência de ações destinadas à integração social das pessoas portadoras de deficiência;

VI – provocar a iniciativa do Ministério Público, ministrando-lhe informações sobre fatos que constituam objeto da ação civil de que esta Lei, e indicando-lhe os elementos de convicção;

VII – emitir opinião sobre os acordos, contratos ou convênios firmados pelos demais órgãos da Administração Pública Federal, no âmbito da Política Nacional para a Integração da Pessoa Portadora de Deficiência;

VIII – promover e incentivar a divulgação e o debate das questões concernentes à pessoa portadora de deficiência, visando à conscientização da sociedade.

Parágrafo único. Na elaboração dos planos, programas e projetos a seu cargo, deverá a Corde recolher, sempre que possível, a opinião das pessoas e entidades interessadas, bem como considerar a necessidade de efetivo apoio aos entes particulares voltados para a integração social das pessoas portadoras de deficiência.

Art. 13. (Revogado pela MP 2.216-37/2001)

Art. 14. *(VETADO).*

Art. 15. Para atendimento e fiel cumprimento do que dispõe esta Lei, será reestruturada a Secretaria de Educação Especial do Ministério da Educação, e serão instituídos, no Ministério do Trabalho, no Ministério da Saúde e no Ministério da Previdência e Assistência Social, órgão encarregados da coordenação setorial dos assuntos concernentes às pessoas portadoras de deficiência.

Art. 16. O Poder Executivo adotará, nos 60 (sessenta) dias posteriores à vigência desta Lei, as providências necessárias à reestruturação e ao regular funcionamento da Corde, como aquelas decorrentes do artigo anterior.

Art. 17. Serão incluídas no censo demográfico de 1990, e nos subsequentes, questões concernentes à problemática da pessoa portadora de deficiência, objetivando o conhecimento atualizado do número de pessoas portadoras de deficiência no País.

Parágrafo único. Os censos demográficos realizados a partir de 2019 incluirão as especificidades inerentes ao transtorno do espectro autista, em consonância com o § 2º do art. 1º da Lei nº 12.764, de 27 de dezembro de 2012. (Acrescido pela Lei nº 13.861/2019)

Art. 18. Os órgãos federais desenvolverão, no prazo de 12 (doze) meses contado da publicação desta Lei, as ações necessárias à efetiva implantação das medidas indicadas no art. 2º desta Lei.

Art. 19. Esta Lei entra em vigor na data de sua publicação.

Art. 20. Revogam-se as disposições em contrário.

Brasília, 24 de outubro de 1989; 168º da Independência e 101º da República.

JOSÉ SARNEY

D.O.U. de 25.10.1989

LEI N. 7.855, DE 24 DE OUTUBRO DE 1989

Altera a Consolidação das Leis do Trabalho, atualiza os valores das multas trabalhistas, amplia sua aplicação, institui o Programa de Desenvolvimento do Sistema Federal de Inspeção do Trabalho e dá outras providências.

› *Programa de Desenvolvimento do Sistema Federal de Inspeção do Trabalho*

O Presidente da República.

Faço saber que o Congresso Nacional decreta e eu sanciono a seguinte Lei:

Art. 1.º A Consolidação das Leis do Trabalho, aprovada pelo Decreto-lei n. 5.452, de 1.º de maio de 1943 (CLT), passa a vigorar com as seguintes alterações:

» Alterações já processadas no diploma modificado.

Art. 2.º O valor das multas administrativas decorrentes da violação das normas trabalhistas, previstas na CLT e legislação extravagante, será, na data da publicação desta Lei, triplicado e, em seguida, expresso em quantidade de BTN.

Parágrafo único. O disposto neste artigo não se aplica às multas constantes do Capítulo V do Título II da CLT, que terão seus valores convertidos em quantidades de BTN, nem às previstas nos arts. 153 e 477, § 8.º, com a redação dada por esta Lei.

Art. 3.º Acarretarão a aplicação de multa de 160 BTN, por trabalhador prejudicado, dobrada no caso de reincidência, as infrações ao disposto:

I – na Lei n. 4.090, de 13 de julho de 1962, que dispõe sobre a Gratificação de Natal;

II – na Lei n. 5.811, de 11 de outubro de 1972, que dispõe sobre o regime de trabalho nas atividades petrolíferas;

III – na Lei n. 6.019, de 3 de janeiro de 1974, que dispõe sobre o trabalho temporário nas empresas urbanas;

IV – na Lei n. 7.183, de 5 de abril de 1984; que regula o exercício da profissão de aeronauta;

V – na Lei n. 7.418, de 16 de dezembro de 1985, alterada pela Lei n. 7.619, de 30 de setembro de 1987, que instituiu o Vale-Transporte; e

VI – no Decreto-lei n. 2.284, de 10 de março de 1986, que instituiu o Seguro-Desemprego.

Art. 4.º O salário pago fora dos prazos previstos em lei, acordos ou convenções coletivas e sentenças normativas sujeitará o infrator a multa administrativa de 160 BTN por trabalhador prejudicado, salvo motivo de força maior (art. 501 da CLT).

Art. 5.º As multas previstas na legislação trabalhista serão, quando for o caso, e sem prejuízo das demais cominações legais, agravadas até o grau máximo, nos casos de artifício, ardil, simulação, desacato, embaraço ou resistência a ação fiscal, levando-se em conta, além das circunstâncias atenuantes ou agravantes, a situação econômico-financeira do infrator e os meios a seu alcance para cumprir a lei.

Art. 6.º O valor das multas não recolhidas no prazo previsto no § 3.º do art. 636 da CLT será atualizado monetariamente pelo BTN Fiscal, acrescido de juros de mora de um por cento ao mês calendário, na forma da legislação aplicada aos tributos federais, até a data do seu efetivo pagamento.

§ 1.º Não será considerado reincidente o empregador que não for novamente autuado por infração ao mesmo dispositivo, decorridos dois anos da imposição da penalidade.

§ 2.º A fiscalização, a autuação e o processo de imposição das multas reger-se-ão pelo Título VII da CLT.

§ 3.º Será observado o critério de dupla visita nas empresas com até dez empregados, salvo quando for constatada infração por falta de registro de empregado, a notação da sua Carteira de Trabalho e Previdência Social e na ocorrência de fraude, resistência ou embaraço à fiscalização.

§ 4.º Na empresa que for autuada, após obedecido o disposto no parágrafo anterior, não será mais observado o critério da dupla visita em relação ao dispositivo infringido.

Art. 7.º Fica instituído o Programa de Desenvolvimento do Sistema Federal de Inspeção do Trabalho, destinado a promover e desenvolver as atividades de inspeção das normas de proteção, segurança e medicina do trabalho.

§ 1.º O Ministro de Estado do Trabalho estabelecerá os princípios norteadores do Programa que terá como objetivo principal assegurar o reconhecimento do vínculo empregatício do trabalhador e os direitos dele decorrentes e, para maior eficiência em sua operacionalização, fará observar o critério de rodízios dos agentes de Inspeção do Trabalho na forma prevista no Regulamento da Inspeção do Trabalho.

§ 2.º O deferimento da gratificação a que se refere o Decreto-lei n. 2.357, de 28 de agosto de 1987, com as alterações introduzidas pelos arts. 11 e 12 do Decreto-lei n. 2.365, de 27 de outubro de 1987, é estendido aos servidores pertencentes às seguintes categorias funcionais integrantes do Grupo Outras Atividades de Nível Superior (NS-900), instituído na conformidade da Lei n. 5.645, de 10 de dezembro de 1970:

a) Fiscal do Trabalho – Códigos NS-933 e LT-NS-933;

b) Médico do Trabalho – Códigos NS-903 e LT-NS-903, quando no efetivo exercício de funções de inspeção de medicina do trabalho;

c) Engenheiro – Códigos NS-916 e LT-NS-916, quando no efetivo exercício de funções de inspeção da segurança do trabalho; e

d) Assistente Social – Códigos NS-930 e LT-NS-930, quando no efetivo exercício de funções de inspeção do trabalho das mulheres e menores.

§ 3.º À gratificação de que trata o parágrafo anterior será atribuída até o máximo de 2.800 pontos por servidor correspondente cada ponto a 0,285% do respectivo vencimento básico, mediante ato do Ministro de Estado do Trabalho, que fixará a pontuação proporcionalmente à jornada legal de trabalho das referidas categorias.

Art. 8.º O § 1.º do art. 5.º da Lei n. 7.418, de 16 de dezembro de 1985, modificado pela Lei n. 7.619, de 30 de setembro de 1987, passa a ter a seguinte redação:

» Alteração já processada no diploma modificado.

Art. 9.º *(Vetado.)*

Art. 10. Os efeitos financeiros decorrentes da publicação desta Lei terão início em 1.º de outubro de 1989.

Art. 11. As despesas com a execução do disposto nesta Lei correrão à conta das dotações próprias constantes do Orçamento Geral da União.

Art. 12. Esta Lei entra em vigor na data de sua publicação.

Art. 13. Revogam-se o parágrafo único do art. 16, os arts. 18, 19, 27, 28, 43, 44, 324, 374, 375, 378, 379, 380, 387, 418 e 446 da CLT e demais disposições em contrário.

Brasília, em 24 de outubro de 1989; 168.º da Independência e 101.º da República.

José Sarney

LEI Nº 7.998, DE 11 DE JANEIRO DE 1990

Regula o Programa do Seguro-Desemprego, o Abono Salarial, institui o Fundo de Amparo ao Trabalhador (FAT), e dá outras providências.

› *Lei do seguro-desemprego*

O PRESIDENTE DA REPÚBLICA, faço saber que o Congresso Nacional decreta e eu sanciono a seguinte Lei:

Art. 1º Esta Lei regula o Programa do Seguro-Desemprego e o abono de que tratam o inciso II do art. 7º, o inciso IV do art. 201 e o art. 239, da Constituição Federal, bem como institui o Fundo de Amparo ao Trabalhador (FAT)

DO PROGRAMA DE SEGURO-DESEMPREGO

Art. 2º O Programa de Seguro-Desemprego tem por finalidade:

I – prover assistência financeira temporária ao trabalhador desempregado em virtude de dispensa sem justa causa, inclusive a indireta, e ao trabalhador comprovadamente resgatado de regime de trabalho forçado ou da condição análoga à de escravo; *(Redação de acordo com a Lei nº 10.608, de 20.12.2002)*

II – auxiliar os trabalhadores na busca ou preservação do emprego, promovendo, para tanto, ações integradas de orientação, recolocação e qualificação profissional. *(Redação de acordo com a Medida Provisória nº 2.164-41, de 2001)*

Art. 2º-A. Para efeito do disposto no inciso II do art. 2º, fica instituída a bolsa de qualificação profissional, a ser custeada pelo Fundo de Amparo ao Trabalhador – FAT, à qual fará jus o trabalhador que estiver com o contrato de trabalho suspenso em virtude de participação em curso ou programa de qualificação profissional oferecido pelo empregador, em conformidade com o disposto em convenção ou acordo coletivo celebrado para este fim. *(Acrescentado pela Medida Provisória nº 2.164-41, de 2001)*

Art. 2º-B. *Revogado pela Lei 13.134/2015.*

Art. 2º-C. O trabalhador que vier a ser identificado como submetido a regime de trabalho forçado ou reduzido a condição análoga à de escravo, em decorrência de ação de fiscalização do Ministério do Trabalho e Emprego, será dessa situação resgatado e terá direito à percepção de três parcelas de seguro-desemprego no valor de um salário mínimo cada, conforme o disposto no § 2º deste artigo. (Artigo acrescentado pela Lei nº 10.608, de 20.12.2002)

§ 1º O trabalhador resgatado nos termos do *caput* deste artigo será encaminhado, pelo Ministério do Trabalho e Emprego, para qualificação profissional e recolocação no mercado de trabalho, por meio do Sistema Nacional de Emprego – SINE, na forma estabelecida pelo Conselho Deliberativo do Fundo de Amparo ao Trabalhador – CODEFAT. (Parágrafo acrescentado pela Lei nº 10.608, de 20.12.2002)

§ 2º Caberá ao CODEFAT, por proposta do Ministro de Estado do Trabalho e Emprego, estabelecer os procedimentos necessários ao recebimento do benefício previsto no *caput* deste artigo, observados os respectivos limites de comprometimento dos recursos do FAT, ficando vedado ao mesmo trabalhador o recebimento do benefício, em circunstâncias similares, nos doze meses seguintes à percepção da última parcela. (Parágrafo acrescentado pela Lei nº 10.608, de 20.12.2002)

Art. 3º Terá direito à percepção do seguro-desemprego o trabalhador dispensado sem justa causa que comprove:

I – ter recebido salários de pessoa jurídica ou de pessoa física a ela equiparada, relativos a: *(Redação dada pela Lei nº 13.134, de 2015).*

a) pelo menos 12 (doze) meses nos últimos 18 (dezoito) meses imediatamente anteriores à data de dispensa, quando da primeira solicitação; *(Redação dada pela Lei nº 13.134, de 2015).*

b) pelo menos 9 (nove) meses nos últimos 12 (doze) meses imediatamente anteriores à data de dispensa, quando da segunda solicitação; e *(Redação dada pela Lei nº 13.134, de 2015).*

c) cada um dos 6 (seis) meses imediatamente anteriores à data de dispensa, quando das demais solicitações; *(Redação dada pela Lei nº 13.134, de 2015).*

II – *Revogado pela Lei nº 13.134, de 2015.*

III – não estar em gozo de qualquer benefício previdenciário de prestação continuada, previsto no Regulamento dos Benefícios da Previdência Social, excetuado o auxílio-acidente e o auxílio suplementar previstos na Lei nº 6.367, de 19 de outubro de 1976, bem como o abono de permanência em serviço previsto na Lei nº 5.890, de 8 de junho de 1973;

IV – não estar em gozo do auxílio-desemprego; e

V – não possuir renda própria de qualquer natureza suficiente à sua manutenção e de sua família.

VI – matrícula e frequência, quando aplicável, nos termos do regulamento, em curso de formação inicial e continuada ou de qualificação profissional habilitado pelo Ministério da Educação, nos termos do art. 18 da Lei nº 12.513, de 26 de outubro de 2011, ofertado por meio da Bolsa-Formação Trabalhador concedida no âmbito do Programa Nacional de Acesso ao Ensino Técnico e Emprego (PRONATEC), instituído pela Lei nº 12.513, de 26 de outubro de 2011, ou de vagas gratuitas na rede de educação profissional e tecnológica. (*Acrescentado pela Lei 13.134, de 2015*).

§ 1º A União poderá condicionar o recebimento da assistência financeira do Programa de Seguro-Desemprego à comprovação da matrícula e da frequência do trabalhador segurado em curso de formação inicial e continuada ou qualificação profissional, com carga horária mínima de 160 (cento e sessenta) horas. (Parágrafo acrescido pela Lei nº 12.513, de 26/10/2011)

§ 2º O Poder Executivo regulamentará os critérios e requisitos para a concessão da assistência financeira do Programa de Seguro-Desemprego nos casos previstos no § 1º, considerando a disponibilidade de bolsas-formação no âmbito do PRONATEC ou de vagas gratuitas na rede de educação profissional e tecnológica para o cumprimento da condicionalidade pelos respectivos beneficiários. (Parágrafo acrescido pela Lei nº 12.513, de 26/10/2011)

§ 3º A oferta de bolsa para formação dos trabalhadores de que trata este artigo considerará, entre outros critérios, a capacidade de oferta, a reincidência no recebimento do benefício, o nível de escolaridade e a faixa etária do trabalhador. (Parágrafo acrescido pela Lei nº 12.513, de 26/10/2011)

§ 4º O registro como Microempreendedor Individual – MEI, de que trata o art. 18-A da Lei Complementar 123, de 14 de dezembro de 2006, não comprovará renda própria suficiente à manutenção da família, exceto se demonstrado na declaração anual simplificada da microempresa individual. (*Acrescentado pela Lei Complementar nº 155, de 27.10.2016, em vigor na data de sua publicação, produzindo efeitos a partir de 01.01.2018 – DOU 28.10.2016*).

Art. 3º-A. A periodicidade, os valores, o cálculo do número de parcelas e os demais procedimentos operacionais de pagamento da bolsa de qualificação profissional, nos termos do art. 2º-A desta Lei, bem como os pré-requisitos para habilitação serão os mesmos adotados em relação ao benefício do Seguro-Desemprego, exceto quanto à dispensa sem justa causa. *(Acrescentado pela Medida Provisória nº 2.164-41, de 2001).*

Art. 4º O benefício do seguro-desemprego será concedido ao trabalhador desempregado, por período máximo variável de 3 (três) a 5 (cinco) meses, de forma contínua ou alternada, a cada período aquisitivo, contados da data de dispensa que deu origem à última habilitação, cuja duração será definida pelo Conselho Deliberativo do Fundo de Amparo ao Trabalhador (CODEFAT). *(Redação dada pela Lei nº 13.134, de 2015).*

§ 1º O benefício do seguro-desemprego poderá ser retomado a cada novo período aquisitivo, satisfeitas as condições arroladas nos incisos I, III, IV e V do *caput* do art. 3º. *(Redação dada pela Lei nº 13.134, de 2015).*

§ 2º A determinação do período máximo mencionado no *caput* observará a seguinte relação entre o número de parcelas mensais do benefício do seguro-desemprego e o tempo de serviço do trabalhador nos 36 (trinta e seis) meses que antecederem a data de dispensa que originou o requerimento do seguro-desemprego, vedado o cômputo de vínculos empregatícios utilizados em períodos aquisitivos anteriores: *(Redação dada pela Lei nº 13.134, de 2015).*

I – para a primeira solicitação: *(Redação dada pela Lei nº 13.134, de 2015).*

a) 4 (quatro) parcelas, se o trabalhador comprovar vínculo empregatício com pessoa jurídica ou pessoa física a ela equiparada de, no mínimo, 12 (doze) meses e, no máximo, 23 (vinte e três) meses, no período de referência; ou *(Redação dada pela Lei nº 13.134, de 2015).*

b) 5 (cinco) parcelas, se o trabalhador comprovar vínculo empregatício com pessoa jurídica ou pessoa física a ela equiparada de, no mínimo, 24 (vinte e quatro) meses, no período de referência; *(Redação dada pela Lei nº 13.134, de 2015).*

II – para a segunda solicitação: *(Redação dada pela Lei nº 13.134, de 2015).*

a) 3 (três) parcelas, se o trabalhador comprovar vínculo empregatício com pessoa jurídica ou pessoa física a ela equiparada de, no mínimo, 9 (nove) meses e, no máximo, 11 (onze) meses, no período de referência; *(Redação dada pela Lei nº 13.134, de 2015).*

b) 4 (quatro) parcelas, se o trabalhador comprovar vínculo empregatício com pessoa jurídica ou pessoa física a ela equiparada de, no mínimo, 12 (doze) meses e, no máximo, 23 (vinte e três) meses, no período de referência; ou *(Redação dada pela Lei nº 13.134, de 2015).*

c) 5 (cinco) parcelas, se o trabalhador comprovar vínculo empregatício com pessoa jurídica ou pessoa física a ela equiparada de, no mínimo, 24 (vinte e quatro) meses, no período de referência; *(Acrescentado pela Lei nº 13.134, de 2015)*

III – a partir da terceira solicitação: *(Redação dada pela Lei nº 13.134, de 2015).*

a) 3 (três) parcelas, se o trabalhador comprovar vínculo empregatício com pessoa jurídica ou pessoa física a ela equiparada de, no mínimo, 6 (seis) meses e, no máximo, 11 (onze) meses, no período de referência; *(Redação dada pela Lei nº 13.134, de 2015).*

b) 4 (quatro) parcelas, se o trabalhador comprovar vínculo empregatício com pessoa jurídica ou pessoa física a ela equiparada de, no mínimo, 12 (doze) meses e, no máximo, 23 (vinte e três) meses, no período de referência; ou *(Redação dada pela Lei nº 13.134, de 2015).*

c) 5 (cinco) parcelas, se o trabalhador comprovar vínculo empregatício com pessoa jurídica ou pessoa física a ela equiparada de, no mínimo, 24 (vinte e quatro) meses, no período de referência. *(Acrescido pela Lei nº 13.134, de 2015).*

§ 3º A fração igual ou superior a 15 (quinze) dias de trabalho será havida como mês integral para os efeitos do § 2º. *(Redação dada pela Lei nº 13.134, de 2015).*

§ 4º Nos casos em que o cálculo da parcela do seguro desemprego resultar em valores decimais, o valor a ser pago deverá ser arredondado para a unidade inteira imediatamente superior. (*Acrescentado pela Lei nº 13.134, de 2015*).

§ 5º O período máximo de que trata o *caput* poderá ser excepcionalmente prolongado por até 2 (dois) meses, para grupos específicos de segurados, a critério do CODEFAT, desde que o gasto adicional representado por esse prolongamento não ultrapasse, em cada semestre, 10% (dez por cento) do montante da reserva mínima de liquidez de que trata o § 2º do art. 9º da Lei 8.019, de 11 de abril de 1990. *(Primitivo § 4º acrescido pela Lei nº 13.134, de 2015).*

§ 6º Na hipótese de prolongamento do período máximo de percepção do benefício do seguro-desemprego, o CODEFAT observará, entre outras variáveis, a evolução geográfica e setorial das taxas de desemprego no País e o tempo médio de desemprego grupos específicos de trabalhadores. *(Primitivo § 5º acrescido pela Lei nº 13.134, de 2015).*

§ 7º O CODEFAT observará as estatísticas do mercado de trabalho, inclusive o tempo médio de permanência no emprego, por setor, e recomendará ao Ministro de Estado do Trabalho e Emprego a adoção de políticas públicas que julgar adequadas à mitigação da alta rotatividade no emprego. (*Acrescentado pela Lei nº 13.134, de 2015*).

Art. 4º-A. (VETADO na Lei nº 13.134, de 2015)

Art. 5º O valor do benefício será fixado em Bônus do Tesouro Nacional (BTN), devendo ser calculado segundo 3 (três) faixas salariais, observados os seguintes critérios:

I – até 300 (trezentos) BTN, multiplicar-se-á o salário médio dos últimos 3 (três) meses pelo fator 0,8 (oito décimos);

II – de 300 (trezentos) a 500 (quinhentos) BTN aplicar-se-á, até o limite do inciso anterior, a regra nele contida e, no que exceder, o fator 0,5 (cinco décimos);

III – acima de 500 (quinhentos) BTN, o valor do benefício será igual a 340 (trezentos e quarenta) BTN.

§ 1º Para fins de apuração do benefício, será considerada a média dos salários dos últimos 3 (três) meses anteriores à dispensa, devidamente convertidos em BTN pelo valor vigente nos respectivos meses trabalhados.

§ 2º O valor do benefício não poderá ser inferior ao valor do salário mínimo.

§ 3º No pagamento dos benefícios, considerar-se-á:

I – o valor do BTN ou do salário mínimo do mês imediatamente anterior, para benefícios colocados à disposição do beneficiário até o dia 10 (dez) do mês;

II – o valor do BTN ou do salário mínimo do próprio mês, para benefícios colocados à disposição do beneficiário após o dia 10 (dez) do mês.

Art. 6º O seguro-desemprego é direito pessoal e intransferível do trabalhador, podendo ser requerido a partir do sétimo dia subsequente à rescisão do contrato de trabalho.

Art. 7º O pagamento do benefício do seguro-desemprego será suspenso nas seguintes situações:

I – admissão do trabalhador em novo emprego;

II – início de percepção de benefício de prestação continuada da Previdência Social, exceto o auxílio-acidente, o auxílio suplementar e o abono de permanência em serviço;

III – início de percepção de auxílio-desemprego.

IV – recusa injustificada por parte do trabalhador desempregado em participar de ações de recolocação de emprego, conforme regulamentação do CODEFAT. (*Acrescentado pela Lei nº 13.134, de 2015*)

Art. 7º-A. O pagamento da bolsa de qualificação profissional será suspenso se ocorrer a rescisão do contrato de trabalho. *(Acrescentado pela Medida Provisória nº 2.164-41, de 2001).*

Art. 8º O benefício do seguro-desemprego será cancelado:

I – pela recusa por parte do trabalhador desempregado de outro emprego condizente com sua qualificação registrada ou declarada e com sua remuneração anterior;

II – por comprovação de falsidade na prestação das informações necessárias à habilitação;

III – por comprovação de fraude visando à percepção indevida do benefício do seguro-desemprego; ou

IV – por morte do segurado.

§ 1º Nos casos previstos nos incisos I a III deste artigo, será suspenso por um período de 2 (dois) anos, ressalvado o prazo de carência, o direito do trabalhador à percepção do seguro-desemprego, dobrando-se este período em caso de reincidência.

§ 2º O benefício poderá ser cancelado na hipótese de o beneficiário deixar de cumprir a condicionalidade de que trata o § 1º do art. 3º desta Lei, na forma do regulamento. (Artigo com redação dada pela Lei nº 12.513, de 26/10/2011)

Art. 8º-A. O benefício da bolsa de qualificação profissional será cancelado nas seguintes situações: *(Acrescentado pela Medida Provisória nº 2.164-41, de 2001).*

I – fim da suspensão contratual e retorno ao trabalho; *(Acrescentado pela Medida Provisória nº 2.164-41, de 2001)*

II – por comprovação de falsidade na prestação das informações necessárias à habilitação; *(Acrescentado pela Medida Provisória nº 2.164-41, de 2001).*

III – por comprovação de fraude visando à percepção indevida da bolsa de qualificação profissional; *(Acrescentado pela Medida Provisória nº 2.164-41, de 2001).*

IV – por morte do beneficiário. *(Acrescentado pela Medida Provisória nº 2.164-41, de 2001).*

Art. 8º-B. Na hipótese prevista no § 5º do art. 476-A da Consolidação das Leis do Trabalho – CLT, as parcelas da bolsa de qualificação profissional que o empregado tiver recebido serão descontadas das parcelas do benefício do Seguro-Desemprego a que fizer jus, sendo-lhe garantido, no mínimo, o recebimento de uma parcela do Seguro-Desemprego. *(Acrescentado pela Medida Provisória nº 2.164-41, de 2001).*

Art. 8º-C. Para efeito de habilitação ao Seguro-Desemprego, desconsiderar-se-á o período de suspensão contratual de que trata o art. 476-A da CLT, para o cálculo dos períodos de que tratam os incisos I e II do art. 3º desta Lei. *(Acrescentado pela Medida Provisória nº 2.164-41, de 2001).*

DO ABONO SALARIAL

Art. 9º É assegurado o recebimento de abono salarial anual, no valor máximo de 1 (um) salário mínimo vigente na data do respectivo pagamento, aos empregados que: *(Redação dada pela Lei nº 13.134, de 2015, com produção de efeitos financeiros a partir do exercício financeiro de 2016).*

I – tenham percebido, de empregadores que contribuem para o Programa de Integração Social (PIS) ou para o Programa de Formação do Patrimônio do Servidor Público (PASEP), até dois salários mínimos médios de remuneração mensal no período trabalhado e que tenham exercido atividade remunerada pelo menos durante 30 dias no ano-base;

II – estejam cadastrados há pelo menos 5 (cinco) anos no Fundo de Participação PIS-PASEP ou no Cadastro Nacional do Trabalhador.

§ 1º No caso de beneficiários integrantes do Fundo de Participação PIS-PASEP, serão computados no valor do abono salarial os rendimentos proporcionados pelas respectivas contas individuais. *(Primitivo parágrafo único renumerado pela Lei 13.134/ 2015).*

§ 2º O valor do abono salarial anual de que trata o *caput* será calculado na proporção de 1/12 (um doze avos) do valor do salário mínimo vigente na data do respectivo pagamento, multiplicado pelo número de meses trabalhados no ano correspondente. *(Acrescido pela Lei nº 13.134, de 2015, com produção de efeitos financeiros a partir do exercício financeiro de 2016).*

§ 3º A fração igual ou superior a 15 (quinze) dias de trabalho será contada como mês integral para os efeitos do § 2º deste artigo. *(Acrescido pela Lei nº 13.134, de 2015, com produção de efeitos financeiros a partir do exercício financeiro de 2016).*

§ 4º O valor do abono salarial será emitido em unidades inteiras de moeda corrente, com a suplementação das partes decimais até a unidade inteira imediatamente superior. *(Acrescido pela Lei nº 13.134, de 2015, com produção de efeitos financeiros a partir do exercício financeiro de 2016).*

Art. 9º-A. O abono será pago pelo Banco do Brasil S.A. e pela Caixa Econômica Federal mediante: *(Acrescido pela Lei nº 13.134, de 2015, com produção de efeitos financeiros a partir do exercício financeiro de 2016).*

I – depósito em nome do trabalhador;

II – saque em espécie; ou

III – folha de salários.

§ 1º Ao Banco do Brasil S.A. caberá o pagamento aos servidores e empregados dos contribuintes mencionados no art. 14 do Decreto-Lei 2.052, de 3 de agosto de 1983, e à Caixa Econômica Federal, aos empregados dos contribuintes a que se refere o art. 15 desse Decreto-Lei.

§ 2º As instituições financeiras pagadoras manterão em seu poder, à disposição das autoridades fazendárias, por processo que possibilite sua imediata recuperação, os comprovantes de pagamentos efetuados.

DO FUNDO DE AMPARO AO TRABALHADOR

Art. 10. É instituído o Fundo de Amparo ao Trabalhador (FAT), vinculado ao Ministério do Trabalho e Emprego, destinado ao custeio do Programa de Seguro-Desemprego, ao pagamento do abono salarial e ao financiamento de programas de educação profissional e tecnológica e de desenvolvimento econômico. *(Redação dada ao caput pela Lei nº 12.513, de 26.10.2011).*

Parágrafo único. O FAT é um fundo contábil, de natureza financeira, subordinando-se, no que couber, à legislação vigente.

Art. 11. Constituem recursos do FAT:

I – o produto da arrecadação das contribuições devidas ao PIS e ao Pasep;

II – o produto dos encargos devidos pelos contribuintes, em decorrência da inobservância de suas obrigações;

III – a correção monetária e os juros devidos pelo agente aplicador dos recursos do fundo, bem como pelos agentes pagadores, incidentes sobre o saldo dos repasses recebidos;

IV – o produto da arrecadação da contribuição adicional pelo índice de rotatividade, de que trata o § 4º do art. 239 da Constituição Federal.

V – outros recursos que lhe sejam destinados.

Art. 12. *(Vetado).*

Art. 13. *(Vetado).*

Art. 14. *(Vetado).*

Art. 15. Compete aos Bancos Oficiais Federais o pagamento das despesas relativas ao Programa do Seguro-Desemprego e ao abono salarial conforme normas a serem definidas pelos gestores do FAT. (Vide lei nº 8.019, de 12.5.1990)

Parágrafo único. Sobre o saldo de recursos não desembolsados, os agentes pagadores remunerarão o FAT, no mínimo com correção monetária.

Art. 16. Revogado pela Lei nº 8.019, de 11/04/90.

Art. 17. Revogado pela Lei nº 8.019, de 11/04/90.

GESTÃO

Art. 18. É instituído o Conselho Deliberativo do Fundo de Amparo ao Trabalhador – CODEFAT, composto por representação de trabalhadores, empregadores e órgãos e entidades governamentais, na forma estabelecida pelo Poder Executivo. *(Redação de acordo com a Medida Provisória nº 2.216-37, de 2001)*

§§ 1º e 2º Revogados pela Medida Provisória nº 2.216-37, de 2001.

§ 3º Os representantes dos trabalhadores serão indicados pelas centrais sindicais e confederações de trabalhadores; e os representantes dos empregadores, pelas respectivas confederações.

§ 4º Compete ao Ministro do Trabalho a nomeação dos membros do Codefat.

§ 5º Revogado pela Medida Provisória nº 2.216-37, de 2001.

§ 6º Pela atividade exercida no Codefat seus membros não serão remunerados.

Art. 19. Compete ao Codefat gerir o FAT e deliberar sobre as seguintes matérias:

I – *(Vetado).*

II – aprovar e acompanhar a execução do Plano de Trabalho Anual do Programa do Seguro-Desemprego e do abono salarial e os respectivos orçamentos;

III – deliberar sobre a prestação de conta e os relatórios de execução orçamentária e financeira do FAT;

IV – elaborar a proposta orçamentária do FAT, bem como suas alterações;

V – propor o aperfeiçoamento da legislação relativa ao seguro-desemprego e ao abono salarial e regulamentar os dispositivos desta Lei no âmbito de sua competência;

VI – decidir sobre sua própria organização, elaborando seu regimento interno;

VII – analisar relatórios do agente aplicador quanto à forma, prazo e natureza dos investimentos realizados;

VIII – fiscalizar a administração do fundo, podendo solicitar informações sobre contratos celebrados ou em vias de celebração e quaisquer outros atos;

IX – definir indexadores sucedâneos no caso de extinção ou alteração daqueles referidos nesta Lei;

X – baixar instruções necessárias à devolução de parcelas do benefício do seguro-desemprego, indevidamente recebidas;

XI – propor alteração das alíquotas referentes às contribuições a que alude o art. 239 da Constituição Federal, com vistas a assegurar a viabilidade econômico-financeira do FAT;

XII – *(Vetado);*

XIII – *(Vetado);*

XIV – fixar prazos para processamento e envio ao trabalhador da requisição do benefício do seguro-desemprego, em função das possibilidades técnicas existentes, estabelecendo-se como objetivo o prazo de 30 (trinta) dias;

XV – *(Vetado);*

XVI – *(Vetado);*

XVII – deliberar sobre outros assuntos de interesses do FAT.

Art. 19-A. O CODEFAT poderá priorizar projetos das entidades integrantes do Sistema Nacional de Atendimento Socioeducativo (SINASE) desde que:

I – o ente federado de vinculação da entidade que solicita o recurso possua o respectivo Plano de Atendimento Socioeducativo aprovado;

II – as entidades governamentais e não governamentais integrantes do SINASE que solicitem recursos tenham se submetido à avaliação nacional do atendimento socioeducativo. (Artigo acrescentado pela Lei nº 12.594, de 18.01.2012).

Art. 20. A Secretaria-Executiva do Conselho Deliberativo será exercida pelo Ministério do Trabalho, e a ela caberão as tarefas técnico-administrativas relativas ao seguro-desemprego e abono salarial.

Art. 21. As despesas com a implantação, administração e operação do Programa do Seguro-Desemprego e do abono salarial, exceto as de pessoal, correrão por conta do FAT.

Art. 22. Os recursos do FAT integrarão o orçamento da seguridade social na forma da legislação pertinente.

DA FISCALIZAÇÃO E PENALIDADES

Art. 23. Compete ao Ministério do Trabalho e Previdência a fiscalização do cumprimento do Programa de Seguro-Desemprego e do abono salarial, bem como do pagamento, pelas empresas, da bolsa de qualificação profissional de que trata o art. 2º-A desta Lei, ou de benefícios de programas instituídos para promover a manutenção de empregos ou a qualificação de trabalhadores, custeados com recursos do FAT. (Redação dada pela Lei nº 14.261, de 2021)

Art. 24. Os trabalhadores, os empregadores e os serviços nacionais de aprendizagem ou entidades qualificadas em formação técnico profissional, bem como os trabalhadores de programas instituídos para promover a manutenção de empregos ou a qualificação de trabalhadores, prestarão as informações necessárias, bem como atenderão às exigências para a concessão do seguro-desemprego e o pagamento do abono salarial e da bolsa de qualificação profissional de que trata o art. 2º-A desta Lei, ou de benefícios de programas instituídos para promover a manutenção de empregos ou a qualificação de trabalhadores, nos termos e nos prazos fixados pelo Ministério do Trabalho e Previdência. (Redação dada pela Lei nº 14.261, de 2021)

Art. 25. O empregador que infringir os dispositivos desta Lei estará sujeito a multas de 400 (quatrocentos) a 40.000 (quarenta mil) BTN, segundo a natureza da infração, sua extensão e intenção do infrator, a serem aplicadas em dobro, no caso de reincidência, oposição à fiscalização ou desacato à autoridade.

§ 1º Serão competentes para impor as penalidades as Delegacias Regionais do Trabalho, nos termos do Título VII da Consolidação das Leis do Trabalho (CLT).

§ 2º Além das penalidades administrativas já referidas, os responsáveis por meios fraudulentos na habilitação ou na percepção do seguro-desemprego serão punidos civil e criminalmente, nos termos desta Lei.

Art. 25-A. O trabalhador que infringir o disposto nesta Lei e houver percebido indevidamente parcela de seguro-desemprego sujeitar-se-á à compensação automática do débito com o novo benefício, na forma e no percentual definidos por resolução do CODEFAT. (*Acrescentado pela Lei nº 13.134, de 2015*)

§ 1º O ato administrativo de compensação automática poderá ser objeto de impugnação, no prazo de 10 (dez) dias, pelo trabalhador, por meio de requerimento de revisão simples, o qual seguirá o rito prescrito pela Lei 9.784, de 29 de janeiro de 1999.

§ 2º A restituição de valor devido pelo trabalhador de que trata o *caput* deste artigo será realizada mediante compensação do saldo de valores nas datas de liberação de cada parcela ou pagamento com Guia de Recolhimento da União (GRU), conforme regulamentação do CODEFAT.

DAS DISPOSIÇÕES FINAIS E TRANSITÓRIAS

Art. 26. *(Vetado).*

Art. 27. A primeira investidura do Codefat dar-se-á no prazo de 30 (trinta) dias da publicação desta Lei.

Art. 28. No prazo de trinta dias as contribuições ao PIS e ao Pasep, arrecadadas a partir de 5 de outubro de 1988 e não utilizadas nas finalidades previstas no art. 239 da Constituição Federal, serão recolhidas como receita do FAT. *(Redação de acordo com a Lei nº 8.019, de 11/04/90)*

Parágrafo único. *(Vetado).*

Art. 29. Revogado pela Lei nº 8.019, de 11/04/90.

Art. 30. O Poder Executivo regulamentará esta Lei no prazo de 90 (noventa) dias e apresentará projeto lei regulamentando a contribuição adicional pelo índice de rotatividade, de que trata o § 4º do art. 239 da Constituição Federal, no prazo de 180 (cento e oitenta) dias.

Art. 31. Esta Lei entra em vigor na data de sua publicação.

Art. 32. Revogam-se as disposições em contrário.

Brasília, 11 de janeiro de 1990; 169º da Independência e 102º da República.

José Sarney

LEI Nº 8.009, DE 29 DE MARÇO DE 1990

Dispõe sobre a impenhorabilidade do bem de família.

- *Impenhorabilidade do bem de família*

Faço saber que o Presidente da República adotou a Medida Provisória 143, de 1990, que o Congresso Nacional aprovou, e eu Nelson Carneiro, Presidente do Senado Federal, para os efeitos do disposto no parágrafo único do art. 62 da Constituição Federal, promulgo a seguinte Lei:

» *Vide* Súmulas 205, 364, 449, 446 e 549 do STJ.

» *Vide* art. 1.711 a 1.722 do CC.

Art. 1º. O imóvel residencial próprio do casal, ou da entidade familiar, é impenhorável e não responderá por qualquer tipo de dívida civil, comercial, fiscal, previdenciária ou de outra natureza, contraída pelos cônjuges ou pelos pais ou filhos que sejam seus proprietários e nele residam, salvo nas hipóteses previstas nesta Lei.

- Súm. 205, 364 e 449 do STJ.
- CF/1988: art. 226, *caput* e §4º.
- CC: arts. 1.711 a 1.722.
- CPC/15: arts. 260 a 265, 832 e 833.
- Lei 6.015/1973: arts. 167, I-1, e 260 a 265.

» *Vide* Súmula 486 do STJ.

» *Vide* arts. 832 e 832 do CPC.

Parágrafo único. A impenhorabilidade compreende o imóvel sobre o qual se assentam a construção, as plantações, as benfeitorias de qualquer natureza e todos os equipamentos, inclusive os de uso profissional, ou móveis que guarnecem a casa, desde que quitados.

- Súm. 364 e 449 do STJ.
- CPC/15: art. 833.

» *Vide* art. 833, II e V, do CPC.

Art. 2º. Excluem-se da impenhorabilidade os veículos de transporte, obras de arte e adornos suntuosos.

- v. CPC/15: art. 835.

Parágrafo único. No caso de imóvel locado, a impenhorabilidade aplica-se aos bens móveis quitados que guarneçam a residência e que sejam de propriedade do locatário, observado o disposto neste artigo.

Art. 3º. A impenhorabilidade é oponível em qualquer processo de execução civil, fiscal, previdenciária, trabalhista ou de outra natureza, salvo se movido:

- CPC/15: art. 833, § 1º.

I – (*Revogado pela Lei Complementar nº 150, de 2015*);

II – pelo titular do crédito decorrente do financiamento destinado à construção ou à aquisição do imóvel, no limite dos créditos e acréscimos constituídos em função do respectivo contrato;

III – pelo credor da pensão alimentícia, resguardados os direitos, sobre o bem, do seu coproprietário que, com o devedor, integre união estável ou conjugal, observadas as hipóteses em que ambos responderão pela dívida; (Redação dada pela Lei nº 13.144, de 2015)

» *Vide* art. 674 do CPC.

IV – para cobrança de impostos, predial ou territorial, taxas e contribuições devidas em função do imóvel familiar;

V – para execução de hipoteca sobre o imóvel oferecido como garantia real pelo casal ou pela entidade familiar;

VI – por ter sido adquirido com produto de crime ou para execução de sentença penal condenatória a ressarcimento, indenização ou perdimento de bens;

VII – por obrigação decorrente de fiança concedida em contrato de locação. (Incluído pela Lei nº 8.245, de 1991)

» *Vide* Súmula 549 do STJ.

Art. 4º. Não se beneficiará do disposto nesta Lei aquele que, sabendo-se insolvente, adquire de má-fé imóvel mais valioso para transferir a residência familiar, desfazendo-se ou não da moradia antiga.

§ 1º. Neste caso poderá o juiz, na respectiva ação do credor, transferir a impenhorabilidade para a moradia familiar anterior, ou anular-lhe a venda, liberando a mais valiosa para execução ou concurso, conforme a hipótese.

§ 2º. Quando a residência familiar constituir-se em imóvel rural, a impenhorabilidade restringir-se-á à sede de moradia, com os respectivos bens móveis, e, nos casos do art. 5º, inciso XXVI, da Constituição, à área limitada como pequena propriedade rural.

Art. 5º. Para os efeitos de impenhorabilidade, de que trata esta Lei, considera-se residência um único imóvel utilizado pelo casal ou pela entidade familiar para moradia permanente.

» *Vide* Súmulas 364 e 486 do STJ.

Parágrafo único. Na hipótese de o casal, ou entidade familiar, ser possuidor de vários imóveis utilizados como residência, a impenhorabilidade recairá sobre o de menor valor, salvo se outro tiver sido registrado, para esse fim, no Registro de Imóveis e na forma do art. 70 do Código Civil.

- Refere-se ao art. 70 do Código Civil de 1916.

Art. 6º. São canceladas as execuções suspensas pela Medida Provisória 143, de 8 de março de 1990, que deu origem a esta Lei.

Art. 7º. Esta Lei entra em vigor na data de sua publicação.

Art. 8º. Revogam-se as disposições em contrário.

Senado Federal, em 29 de março de 1990; 169º da Independência e 102º da República.

NELSON CARNEIRO

D.O.U. de 30.3.1990

LEI Nº 8.036, DE 11 DE MAIO DE 1990

Dispõe sobre o Fundo de Garantia do Tempo de Serviço, e dá outras providências.

- *Fundo de Garantia do Tempo de Serviço – FGTS*
- LC 110/2001 – Institui contribuições sociais, autoriza créditos de complementos de atualização monetária em contas vinculadas do Fundo de Garantia do Tempo de Serviço (FGTS).
- Lei 9.012/1995 – Proíbe as instituições oficiais de crédito de conceder empréstimos, financiamentos e outros benefícios a pessoas jurídicas em débito com o FGTS.
- Decreto 3.914/2001 – Dispõe sobre a regulamentação das contribuições sociais instituídas pela LC 110/2001.
- Decreto 99.684/1990 – Consolida as normas regulamentares do Fundo de Garantia do Tempo de Serviço (FGTS).

O PRESIDENTE DA REPÚBLICA, faço saber que o Congresso Nacional decreta e eu sanciono a seguinte Lei:

Art. 1º. O Fundo de Garantia do Tempo de Serviço – FGTS, instituído pela Lei 5.107, de 13 de setembro de 1966, passa a reger-se por esta Lei.

- Súm. 593 do STF.
- Súm. 82 do STJ.

Art. 2º. O FGTS é constituído pelos saldos das contas vinculadas a que se refere esta Lei e outros recursos a ele incorporados, devendo ser aplicados com atualização monetária e juros, de modo a assegurar a cobertura de suas obrigações.

- Súm. 571 do STJ.

§ 1º. Constituem recursos incorporados ao FGTS, nos termos do *caput* deste artigo:

a) eventuais saldos apurados nos termos do art. 12, § 4º;

b) dotações orçamentárias específicas;

c) resultados das aplicações dos recursos do FGTS;

d) multas, correção monetária e juros moratórios devidos;

e) demais receitas patrimoniais e financeiras.

§ 2º. As contas vinculadas em nome dos trabalhadores são absolutamente impenhoráveis.

Art. 3º. O FGTS será regido por normas e diretrizes estabelecidas por um Conselho Curador, composto por representação de trabalhadores, empregadores e órgãos e entidades governamentais, na forma estabelecida pelo Poder Executivo. (Redação dada pela Lei nº 9.649, de 1998)

- MP 2.216-37/2001: art. 1º.
- Arts 33 a 37, Decreto 11.496/2023 (Dispõe sobre o Conselho Curador do Fundo de Garantia do Tempo de Serviço - Conselho Curador do FGTS).

§ 1º A Presidência do Conselho Curador será exercida pelo Ministro de Estado do Trabalho e Previdência ou representante por ele indicado. *(Redação dada pelo Lei nº 14.261, de 2021)*

§ 2º. *(Revogado pela Medida Provisória nº 2.216-37, de 31/8/2001)*

§ 3º Os representantes dos trabalhadores e dos empregadores e seus suplentes serão indicados pelas respectivas centrais sindicais e confederações nacionais, serão nomeados pelo Poder Executivo, terão mandato de 2 (dois) anos e poderão ser reconduzidos uma única vez, vedada a permanência de uma mesma pessoa como membro titular, como suplente ou, de forma alternada, como titular e suplente, por período consecutivo superior a 4 (quatro) anos no Conselho. *(Redação dada pela Lei 13.932/2019)*

§ 4º. O Conselho Curador reunir-se-á ordinariamente, a cada bimestre, por convocação de seu Presidente. Esgotado esse período, não tendo ocorrido convocação, qualquer de seus membros poderá fazê-la, no prazo de 15 (quinze) dias. Havendo necessidade, qualquer membro poderá convocar reunião extraordinária, na forma que vier a ser regulamentada pelo Conselho Curador.

§ 4º-A. As reuniões do Conselho Curador serão públicas, bem como gravadas e transmitidas ao vivo por meio do sítio do FGTS na internet, o qual também possibilitará acesso a todas as gravações que tiverem sido efetuadas dessas reuniões, resguardada a possibilidade de tratamento sigiloso de matérias assim classificadas na forma da lei. *(Acrescido pela Lei 13.932/2019)*

§ 5º. As decisões do Conselho serão tomadas com a presença da maioria simples de seus membros, tendo o Presidente voto de qualidade. (Redação dada pela Lei nº 9.649, de 1998)

§ 6º. As despesas porventura exigidas para o comparecimento às reuniões do Conselho constituirão ônus das respectivas entidades representadas.

§ 7º. As ausências ao trabalho dos representantes dos trabalhadores no Conselho Curador, decorrentes das atividades desse órgão, serão abonadas, computando-se como jornada efetivamente trabalhada para todos os fins e efeitos legais.

§ 8º O Poder Executivo designará, entre os órgãos governamentais com representação no Conselho Curador do FGTS, aquele que lhe proporcionará estrutura administrativa de suporte para o exercício de sua competência e que atuará na função de Secretaria Executiva do colegiado, não permitido ao Presidente do Conselho Curador acumular a titularidade dessa Secretaria Executiva. *(Redação dada pela Lei 13.932/2019)*

§ 9º. Aos membros do Conselho Curador, enquanto representantes dos trabalhadores, efetivos e suplentes, é assegurada a estabilidade no emprego, da nomeação até 1 (um) ano após o término do mandato de representação, somente podendo ser demitidos por motivo de falta grave, regularmente comprovada através de processo sindical.

§ 10. Os membros do Conselho Curador do FGTS serão escolhidos dentre cidadãos de reputação ilibada e de notório conhecimento, e deverão ser atendidos os seguintes requisitos: *(Acrescido pela Lei 13.932/2019)*

I – ter formação acadêmica superior; e

II – não se enquadrar nas hipóteses de inelegibilidade previstas nas alíneas "a" a "q" do inciso I do *caput* do art. 1º da Lei Complementar nº 64, de 18 de maio de 1990.

Art. 4º. O gestor da aplicação dos recursos do FGTS será o órgão do Poder Executivo responsável pela política de habitação, e caberá à Caixa Econômica Federal (CEF) o papel de agente operador. *(Redação dada pela Lei 13.932/2019)*

Art. 5º. Ao Conselho Curador do FGTS compete:

I – estabelecer as diretrizes e os programas de alocação dos recursos do FGTS, de acordo com os critérios definidos nesta Lei, em conformidade com a política nacional de desenvolvimento urbano e as políticas setoriais de habitação popular, saneamento básico, microcrédito e infraestrutura urbana estabelecidas pelo governo federal; *(Redação dada pela Lei 14.438/2022)*

II – acompanhar e avaliar a gestão econômica e financeira dos recursos, bem como os ganhos sociais e o desempenho dos programas aprovados;

III – apreciar e aprovar os programas anuais e plurianuais do FGTS;

IV – aprovar as demonstrações financeiras do FGTS, com base em parecer de auditoria externa independente, antes de sua publicação e encaminhamento aos órgãos de controle, bem como da distribuição de resultados; *(Redação dada pela Lei 13.932/2019)*

V – adotar as providências cabíveis para a correção de atos e fatos do gestor da aplicação e da CEF que prejudiquem o desempenho e o cumprimento das finalidades no que concerne aos recursos do FGTS; *(Redação dada pela Lei 13.932/2019)*

VI – dirimir dúvidas quanto à aplicação das normas regulamentares, relativas ao FGTS, nas matérias de sua competência;

VII – aprovar seu regimento interno;

VIII – fixar as normas e valores de remuneração do Agente Operador e dos Agentes Financeiros;

IX – fixar critérios para parcelamento de recolhimentos em atraso;

X – fixar critério e valor de remuneração para o exercício da fiscalização;

XI – divulgar, no Diário Oficial da União, todas as decisões proferidas pelo Conselho, bem como as contas do FGTS e os respectivos pareceres emitidos;

XII – fixar critérios e condições para compensação entre créditos do empregador, decorrentes de depósitos relativos a trabalhadores não optantes, com contratos extintos, e débitos resultantes de competências em atraso, inclusive aqueles que forem objeto de composição de dívida com o FGTS. (Incluído pela Lei nº 9.711, de 1998)

XIII – em relação ao Fundo de Investimento do Fundo de Garantia do Tempo de Serviço – FI-FGTS: (Incluído pela Lei nº 11.491, de 2007)

a) aprovar a política de investimento do FI-FGTS por proposta do Comitê de Investimento; (Incluído pela Lei nº 11.491, de 2007)

b) decidir sobre o reinvestimento ou distribuição dos resultados positivos aos cotistas do FI-FGTS, em cada exercício; (Incluído pela Lei nº 11.491, de 2007)

c) definir a forma de deliberação, de funcionamento e a composição do Comitê de Investimento; (Incluído pela Lei nº 11.491, de 2007)

d) estabelecer o valor da remuneração da Caixa Econômica Federal pela administração e gestão do FI-FGTS, inclusive a taxa de risco; (Incluído pela Lei nº 11.491, de 2007)

e) definir a exposição máxima de risco dos investimentos do FI-FGTS; (Incluído pela Lei nº 11.491, de 2007)

f) estabelecer o limite máximo de participação dos recursos do FI-FGTS por setor, por empreendimento e por classe de ativo, observados os requisitos técnicos aplicáveis; (Incluído pela Lei nº 11.491, de 2007) *g)* estabelecer o prazo mínimo de resgate das cotas e de retorno dos recursos à conta vinculada, observado o disposto no § 19 do art. 20 desta Lei; (Incluído pela Lei nº 11.491, de 2007)

h) aprovar o regulamento do FI-FGTS, elaborado pela Caixa Econômica Federal; e (Incluído pela Lei nº 11.491, de 2007)

i) autorizar a integralização de cotas do FI-FGTS pelos trabalhadores, estabelecendo previamente os limites globais e individuais, parâmetros e condições de aplicação e resgate. (Incluído pela Lei nº 11.491, de 2007)

XIV - (*Revogado pela Lei 13.932/2019*)

XV - autorizar a aplicação de recursos do FGTS em outros fundos de investimento, no mercado de capitais e em títulos públicos e privados, com base em proposta elaborada pelo agente operador, devendo o Conselho Curador regulamentar as formas e condições do investimento, vedado o aporte em fundos nos quais o FGTS seja o único cotista; (*Acrescido pela Lei 13.932/2019*)

XVI - estipular limites às tarifas cobradas pelo agente operador ou pelos agentes financeiros na intermediação da movimentação dos recursos da conta vinculada do FGTS, inclusive nas hipóteses de que tratam os incisos V, VI e VII do *caput* do art. 20 desta Lei. (*Acrescido pela Lei 13.932/2019*)

XVII – estabelecer, em relação à autorização de aplicação de recursos do FGTS em fundos garantidores de crédito e sua regulamentação quanto às formas e condições: (*Acrescido pela Lei 14.438/2022*)

a) o valor da aplicação com fundamento em proposta elaborada pelo gestor da aplicação; e

b) a cada 3 (três) anos, percentual mínimo do valor proposto para aplicação na política setorial do microcrédito, respeitado o piso de 30% (trinta por cento).

§ 1º O Conselho Curador será assistido por um Comitê de Auditoria e Riscos, constituído na forma do Regimento Interno, cujas atribuições e condições abrangerão, no mínimo, aquelas estipuladas nos arts. 24 e 25, §§ 1º a 3º, da Lei nº 13.303, de 30 de junho de 2016, ao Comitê de Auditoria Estatutário das empresas públicas e sociedades de economia mista que forem aplicáveis, ainda que por similaridade, ao FGTS, e cujas despesas serão custeadas pelo Fundo, por meio de sua Secretaria Executiva, observado o disposto no § 3º deste artigo. (*Acrescido pela Lei 13.932/2019*)

§ 2º O Conselho Curador poderá ser assistido regularmente por pessoas naturais ou jurídicas especializadas em planejamento, em gestão de investimentos, em avaliação de programas e políticas, em tecnologia da informação ou em qualquer outra especialização julgada necessária para subsidiá-lo no exercício de suas atribuições, e as despesas decorrentes ficarão a cargo do FGTS, observado o disposto no § 3º deste artigo. (*Acrescido pela Lei 13.932/2019*)

§ 3º Os custos e despesas incorridos pelo FGTS não poderão superar limite a ser estabelecido pelo Conselho Curador, o qual observará, no mínimo, os custos por atividades, os ganhos de escala e produtividade, os avanços tecnológicos e a remuneração praticada por outros fundos no mercado de capitais, excluídos da base de cálculo aqueles cuja administradora receba remuneração específica, e incluirão: (*Acrescido pela Lei 13.932/2019*)

I - os serviços de fiscalização, as atividades de arrecadação, de cobrança administrativa e de emissão de certidões;

II - os serviços de cobrança judicial dos créditos inscritos em dívida ativa;

III - os serviços contratados pela Secretaria Executiva para suporte às ações e decisões do Conselho Curador e do Comitê de Auditoria e Riscos, bem como os valores despendidos com terceiros;

IV - a capacitação dos gestores.

§ 4º O Conselho Curador especificará os serviços de suporte à gestão e à operação que poderão ser contratados pela Secretaria Executiva com recursos do FGTS, cabendo-lhe aprovar o montante destinado a tal finalidade no orçamento anual. (*Acrescido pela Lei 13.932/2019*)

§ 5º As auditorias externas contratadas pelo Comitê a que se refere o § 1º deste artigo não poderão prestar serviços ao agente operador durante a execução dos contratos de auditoria com o FGTS. (*Acrescido pela Lei 13.932/2019*)

§ 6º O limite de custos e despesas a que se refere o § 3º deste artigo não inclui taxas de risco de crédito e demais custos e despesas devidos ao agente operador e aos agentes financeiros. (*Acrescido pela Lei 13.932/2019*)

§ 7º O limite de que trata o § 3º deste artigo será, em cada exercício, de até 0,06% (seis centésimos por cento) do valor dos ativos do FGTS ao final do exercício anterior e, até a publicação das demonstrações financeiras, esse limite será calculado a partir de estimativas divulgadas pelo Conselho Curador para o valor dos ativos do FGTS ao final daquele exercício. (*Redação dada pela Lei 14.438/2022*)

§ 8º A taxa de administração do FGTS devida ao agente operador não será superior a 0,5% (cinco décimos por cento) ao ano do valor total dos ativos do Fundo. (*Acrescido pela Lei 13.932/2019*)

§ 9º A taxa de administração de que trata a alínea "d" do inciso XIII do *caput* deste artigo não será superior a 0,5% (cinco décimos por cento) ao ano do valor total dos ativos do FI-FGTS. (*Acrescido pela Lei 13.932/2019*)

§ 10. O piso de que trata a alínea "b" do inciso XVII do caput deste artigo poderá ser revisto pelo Conselho Curador a cada 3 (três) anos. (*Acrescido pela Lei 14.438/2022*)

Art. 6º Ao gestor da aplicação compete: (*Redação dada pela Lei 13.932/2019*)

I - praticar todos os atos necessários à gestão da aplicação do Fundo, de acordo com as diretrizes e programas estabelecidos pelo Conselho Curador;

II - expedir atos normativos relativos à alocação dos recursos para implementação dos programas aprovados pelo Conselho Curador;

III – elaborar orçamentos anuais e planos plurianuais de aplicação dos recursos, discriminados por região geográfica, e submetê-los até 31 de julho ao Conselho Curador do FGTS; (*Redação dada pela Lei 14.118/2021*)

IV – acompanhar a execução dos programas de habitação popular, saneamento básico e infraestrutura urbana previstos no orçamento do FGTS e implementados pela CEF, no papel de agente operador; (*Redação dada pela Lei 13.932/2019*)

V – submeter à apreciação do Conselho Curador as contas do FGTS;

VI – subsidiar o Conselho Curador com estudos técnicos necessários ao aprimoramento operacional dos programas de habitação popular, saneamento básico e infraestrutura urbana;

VII – definir as metas a serem alcançadas nos programas de habitação popular, saneamento básico e infraestrutura urbana.

Art. 6º-A. Caberá ao Ministério da Saúde regulamentar, acompanhar a execução, subsidiar o Conselho Curador com estudos técnicos necessários ao seu aprimoramento operacional e definir as metas a serem alcançadas nas operações de crédito destinadas às entidades hospitalares filantrópicas, bem como a instituições que atuem no campo para pessoas com deficiência, sem fins lucrativos, que participem de forma complementar do Sistema Único de Saúde (SUS). (*Redação dada pela Lei 13.832/2019*)

Art. 6º-B. (*Revogado pela Lei 14.620/2023*)

Art. 7º. À Caixa Econômica Federal, na qualidade de Agente Operador, cabe:

I – centralizar os recursos do FGTS, manter e controlar as contas vinculadas, e emitir regularmente os extratos individuais correspondentes às contas vinculadas e participar da rede arrecadadora dos recursos do FGTS;

II – expedir atos normativos referentes aos procedimentos administrativo-operacionais dos bancos depositários, dos agentes financeiros, dos empregadores e dos trabalhadores, integrantes do sistema do FGTS;

III – definir procedimentos operacionais necessários à execução dos programas estabelecidos pelo Conselho Curador, com base nas normas e diretrizes de aplicação elaboradas pelo gestor da aplicação; (*Redação dada pela Lei 13.932/2019*)

IV – elaborar as análises jurídica e econômico-financeira dos projetos de habitação popular, infraestrutura urbana e saneamento básico a serem financiados com recursos do FGTS;

V – emitir Certificado de Regularidade do FGTS;

VI – elaborar as demonstrações financeiras do FGTS, incluídos o Balanço Patrimonial, a Demonstração do Resultado do Exercício e a Demonstração de Fluxo de Caixa, em conformidade com as Normas Contábeis Brasileiras, e encaminhá-las, até 30 de junho do exercício subsequente, ao gestor de aplicação; (*Redação dada pela Lei 14.438/2022*)

VII – implementar atos emanados do gestor da aplicação relativos à alocação e à aplicação dos recursos do FGTS, de acordo com as diretrizes estabelecidas pelo Conselho Curador; (*Redação dada pela Lei 13.932/2019*)

VIII – (*Vetado na Lei 9.491/1997*)

IX – garantir aos recursos alocados ao FI-FGTS, em cotas de titularidade do FGTS, a remuneração aplicável às cotas vinculadas, na forma do *caput* do art. 13 desta Lei. (Incluído pela Lei nº 11.491, de 2007)

X – realizar todas as aplicações com recursos do FGTS por meio de sistemas informatizados e auditáveis; (*Acrescido pela Lei 13.932/2019*)

XI – colocar à disposição do Conselho Curador, em formato digital, as informações gerenciais que estejam sob gestão do agente operador e que sejam necessárias ao desempenho das atribuições daquele colegiado. (*Acrescido pela Lei 13.932/2019*)

Parágrafo único. O gestor da aplicação e o agente operador deverão dar pleno cumprimento aos programas anuais em andamento, aprovados pelo Conselho Curador, e eventuais alterações somente poderão ser processadas mediante prévia anuência daquele colegiado. (*Redação dada pela Lei 13.932/2019*)

Art. 8º O gestor da aplicação, o agente operador e o Conselho Curador do FGTS serão responsáveis pelo fiel cumprimento e observância dos critérios estabelecidos nesta Lei. (*Redação dada pela Lei 13.932/2019*)

Art. 9º As aplicações com recursos do FGTS serão realizadas exclusivamente segundo critérios fixados pelo Conselho Curador do FGTS e em operações que preencham os seguintes requisitos: (*Redação dada pela Lei 13.932/2019*)

I – garantias: (Redação dada pela Lei nº 9.467, de 1997)

a) hipotecária; (Incluída pela Lei nº 9.467, de 1997)

b) caução de créditos hipotecários próprios, relativos a financiamentos concedidos com recursos do Agente Financeiro; (Incluída pela Lei nº 9.467, de 1997)

c) caução dos créditos hipotecários vinculados aos imóveis objeto de financiamento; (Incluída pela Lei nº 9.467, de 1997)

d) hipoteca sobre outros imóveis de propriedade do Agente Financeiro, desde que livres e desembaraçados de quaisquer ônus; (Incluída pela Lei nº 9.467, de 1997)

e) cessão de créditos do agente financeiro, derivados de financiamentos concedidos com recursos próprios, garantidos por penhor ou hipoteca; (Incluída pela Lei nº 9.467, de 1997)

f) hipoteca sobre imóvel de propriedade de terceiros; (Incluída pela Lei nº 9.467, de 1997)

g) seguro de crédito; (Incluída pela Lei nº 9.467, de 1997)

h) garantia real ou vinculação de receitas, inclusive tarifárias, nas aplicações contratadas com pessoa jurídica de direito público ou de direito privado a ela vinculada; (Incluída pela Lei nº 9.467, de 1997)

i) aval em nota promissória; (Incluída pela Lei nº 9.467, de 1997)

j) fiança pessoal; (Incluída pela Lei nº 9.467, de 1997)

l) alienação fiduciária de bens móveis em garantia; (Incluída pela Lei nº 9.467, de 1997)

m) fiança bancária; (Incluída pela Lei nº 9.467, de 1997)

n) consignação de recebíveis, exclusivamente para operações de crédito destinadas às entidades hospitalares filantrópicas, bem como a instituições que atuam no campo para pessoas com deficiência, e sem fins lucrativos que participem de forma complementar do Sistema Único de Saúde (SUS), em percentual máximo a ser definido pelo Ministério da Saúde; e (Redação dada pela Lei nº 13.778/2018)

o) outras, a critério do Conselho Curador do FGTS; (Acrescida pela Lei nº 13.778/2018)

II – correção monetária igual à das contas vinculadas;

III – taxa de juros média mínima, por projeto, de 3% a.a. (três por cento ao ano);

IV – prazo máximo de 35 (trinta e cinco) anos. (*Redação dada pela Lei 14.438/2022*)

§ 1º A rentabilidade média das aplicações deverá ser suficiente à cobertura de todos os custos incorridos pelo Fundo e ainda à formação de reserva técnica para o atendimento de gastos eventuais não previstos, e caberá ao agente operador o risco de crédito. (*Redação dada pela Lei 13.932/2019*)

§ 2º Os recursos do FGTS deverão ser aplicados em habitação, saneamento básico, infraestrutura urbana, operações de microcrédito e operações de crédito destinadas às entidades hospitalares filantrópicas, às instituições que atuem com pessoas com deficiência e às entidades sem fins lucrativos que participem do SUS de forma complementar, desde que as disponibilidades financeiras sejam mantidas em volume que satisfaça as condições de liquidez e de remuneração mínima necessárias à preservação do poder aquisitivo da moeda. (*Redação dada pela Lei 14.438/2022*)

§ 3º. O programa de aplicações deverá destinar: (Redação dada pela Lei 13.778/2018)

I – no mínimo, 60% (sessenta por cento) para investimentos em habitação popular, e, (*Acrescido pela Lei 13.778/2018*)

II – 5% (cinco por cento)para operações de crédito destinadas às entidades hospitalares filantrópicas, bem como a instituições que atuam no campo para pessoas com deficiência, e sem fins lucrativos que participem de forma complementar do SUS. (*Acrescido pela Lei 13.778/2018*)

III – (*Revogado pela Lei 14.620/2023*)

§ 3º-A. Os recursos previstos no inciso II do § 3º deste artigo não utilizados pelas entidades hospitalares filantrópicas, bem como pelas instituições que atuam no campo para pessoas com deficiência, e sem fins lucrativos que participem de forma complementar do SUS poderão ser destinados a aplicações em habitação, em saneamento básico e em infraestrutura urbana. (*Acrescido pela Lei 13.778/2018*)

§§ 3º-B e 3º-C. (*Revogados pela Lei 14.620/2023*)

§ 4º Os projetos de saneamento básico e infraestrutura urbana financiados com recursos do FGTS serão, preferencialmente, complementares aos programas habitacionais. (Redação dada pela Lei 14.438/2022)

§ 5º. As garantias, nas diversas modalidades discriminadas no inciso I do *caput* deste artigo, serão admitidas singular ou supletivamente, considerada a suficiência de cobertura para os empréstimos e financiamentos concedidos. (Redação dada pela Lei nº 9.467, de 1997)

§ 6º. Mantida a rentabilidade média de que trata o § 1º, as aplicações em habitação popular poderão contemplar sistemática de desconto, direcionada em função da renda familiar do beneficiário, onde o valor do benefício seja concedido mediante redução no valor das prestações a serem pagas pelo mutuário ou pagamento de parte da aquisição ou construção de imóvel, dentre outras, a critério do Conselho Curador do FGTS. (Incluído pela Medida Provisória nº 2.197-43, de 2001)

§§ 6º-A e 6º-B. (*Vetados na Lei 13.932/2019*)

§ 7º. Os recursos necessários para a consecução da sistemática de desconto serão destacados, anualmente, do orçamento de aplicação de recursos do FGTS, constituindo reserva específica, com contabilização própria. (Incluído pela Medida Provisória nº 2.197-43, de 2001)

§ 8º. É da União o risco de crédito nas aplicações efetuadas até 1º de junho de 2001 pelos demais órgãos integrantes do Sistema Financeiro da Habitação – SFH e pelas entidades credenciadas pelo Banco Central do Brasil como agentes financeiros, sub-rogando-se nas garantias prestadas à Caixa Econômica Federal. (Incluído pela Medida Provisória nº 2.196-3, de 2001)

§ 9º. A Caixa Econômica Federal, o Banco do Brasil S.A. e o Banco Nacional de Desenvolvimento Econômico e Social – BNDES poderão atuar como agentes financeiros autorizados para aplicação dos recursos do FGTS em operações de crédito destinadas às entidades hospitalares filantrópicas e sem fins lucrativos que participem de forma complementar do SUS. (Acrescido pela Lei 13.778/2018)

§ 10. Nas operações de crédito destinadas às entidades hospitalares filantrópicas e sem fins lucrativos que participem de forma complementar do SUS, serão observadas as seguintes condições:

I – a taxa de juros efetiva não será superior àquela cobrada para o financiamento habitacional na modalidade pró-cotista ou outra que venha a substituí-la;

II – a tarifa operacional única não será superior a cinco décimos por cento do valor da operação; e

III – o risco das operações de crédito ficará a cargo dos agentes financeiros de que trata o § 9º. (*Acrescido pela Lei 13.778/2018*)

§ 11. As entidades hospitalares filantrópicas, bem como a instituições que atuam no campo para pessoas com deficiência, e sem fins lucrativos que participem de forma complementar do SUS deverão, para contratar operações de crédito com recursos do FGTS, atender ao disposto nos incisos II e III do *caput* do art. 4º da Lei nº 12.101, de 27 de novembro de 2009. (*Acrescido pela Lei 13.778/2018*)

§ 12. (*Revogado pela Lei 14.620/2023*)

§ 13. Para garantir o risco em operações de microcrédito e em operações de crédito de habitação popular para famílias com renda mensal de até 2 (dois) salários mínimos, o FGTS poderá destinar, na forma estabelecida por seu Conselho Curador, observado o disposto no inciso XVII do caput do art. 5º desta Lei, parte dos recursos de que trata o § 7º deste artigo para a aquisição de cotas de fundos garantidores que observem o seguinte: (*Acrescido pela Lei 14.438/2022*)

I - tenham natureza privada e patrimônio segregado do patrimônio dos cotistas e da própria administradora do fundo garantidor e estejam sujeitos a direitos e obrigações próprios;

II - respondam por suas obrigações até o limite dos bens e direitos que integram o seu patrimônio, vedado qualquer tipo de garantia ou aval por parte do FGTS; e

III - não paguem rendimentos a seus cotistas, assegurado o direito de resgate total ou parcial das cotas com base na situação patrimonial dos fundos em valor não superior ao montante de recursos financeiros ainda não vinculados às garantias contratadas.

§ 14. Aos recursos do FGTS destinados à aquisição de cota de fundos garantidores de que trata o § 13 deste artigo não se aplicam os requisitos de correção monetária, taxa de juros mínima e prazo máximo previstos nos incisos II, III e IV do caput deste artigo e de rentabilidade prevista no § 1º deste artigo. *(Acrescido pela Lei 14.438/2022)*

§§ 15 a 17. *(Revogados pela Lei 14.620/2023)*

Art. 9º-A. O risco das operações de crédito de que trata o § 10 do art. 9º desta Lei ficará a cargo dos agentes financeiros referidos no § 9º do art. 9º desta Lei, hipótese em que o Conselho Curador poderá definir o percentual da taxa de risco, limitado a 3% (três por cento), a ser acrescido à taxa de juros de que trata o inciso I do § 10 do art. 9º desta Lei. *(Redação dada pela Lei 13.832/2019)*

Art. 9º-B. As garantias de que trata o inciso I do *caput* do art. 9º desta Lei podem ser exigidas isolada ou cumulativamente. *(Acrescido pela Lei 13.832/2019)*

Art. 9º-C. As aplicações do FGTS em operações de crédito destinadas às entidades hospitalares filantrópicas, bem como a instituições que atuem no campo para pessoas com deficiência, sem fins lucrativos e que participem de forma complementar do SUS, ocorrerão até o final do exercício de 2022. *(Redação dada pela Lei 13.832/2019)*

Art. 10. O Conselho Curador fixará diretrizes e estabelecerá critérios técnicos para as aplicações dos recursos do FGTS, visando:

I – exigir a participação dos contratantes de financiamentos nos investimentos a serem realizados;

II – assegurar o cumprimento, por parte dos contratantes inadimplentes, das obrigações decorrentes dos financiamentos obtidos;

III – evitar distorções na aplicação entre as regiões do País, considerando para tanto a demanda habitacional, a população e outros indicadores sociais.

Art. 11. Os recolhimentos efetuados na rede arrecadadora relativos ao FGTS serão transferidos à Caixa Econômica Federal até o primeiro dia útil subsequente à data do recolhimento, observada a regra do meio de pagamento utilizado, data em que os respectivos valores serão incorporados ao FGTS. *(Redação dada pela Lei 14.438/2022)*

Art. 12. No prazo de 1 (um) ano, a contar da promulgação desta Lei, a Caixa Econômica Federal assumirá o controle de todas as contas vinculadas, nos termos do item I do art. 7º, passando os demais estabelecimentos bancários, findo esse prazo, à condição de agentes recebedores e pagadores do FGTS, mediante recebimento de tarifa, a ser fixada pelo Conselho Curador.

§ 1º. Enquanto não ocorrer a centralização prevista no *caput* deste artigo, o depósito efetuado no decorrer do mês será contabilizado no saldo da conta vinculada do trabalhador, no primeiro dia útil do mês subsequente.

§ 2º. Até que a Caixa Econômica Federal implemente as disposições do *caput* deste artigo, as contas vinculadas continuarão sendo abertas em estabelecimento bancário escolhido pelo empregador, dentre os para tanto autorizados pelo Banco Central do Brasil, em nome do trabalhador.

§ 3º. Verificando-se mudança de emprego, até que venha a ser implementada a centralização no *caput* deste artigo, a conta vinculada será transferida para o estabelecimento bancário da escolha do novo empregador.

§ 4º. Os resultados financeiros auferidos pela Caixa Econômica Federal no período entre o repasse dos bancos e o depósito nas contas vinculadas dos trabalhadores destinar-se-ão à cobertura das despesas de administração do FGTS e ao pagamento da tarifa aos bancos depositários, devendo os eventuais saldos ser incorporados ao patrimônio do Fundo nos termos do art. 2º, § 1º.

§ 5º *(Revogado pela Lei 14.438/2022)*

Art. 13. Os depósitos efetuados nas contas vinculadas serão corrigidos monetariamente com base nos parâmetros fixados para atualização dos saldos dos depósitos de poupança e capitalizarão juros de 3% a.a. (três por cento ao ano).

§ 1º A atualização monetária e a capitalização de juros nas contas vinculadas correrão à conta do FGTS, e a Caixa Econômica Federal efetuará o crédito respectivo no vigésimo primeiro dia de cada mês, com base no saldo existente no vigésimo primeiro dia do mês anterior, deduzidos os débitos ocorridos no período. *(Redação dada pela Lei 14.438/2022, produzindo efeitos a partir da data de início da arrecadação por meio da prestação dos serviços digitais de geração de guias, a que se refere o inciso II do "caput" do art. 17 da Lei nº 8.036, de 11/5/1990, para fatos geradores ocorridos a partir da referida data)*

§ 1º-A. Para fins do disposto no § 1º deste artigo, o depósito realizado no prazo legal será contabilizado no saldo da conta vinculada no vigésimo primeiro dia do mês de sua ocorrência. *(Acrescido pela Lei 14.438/2022, produzindo efeitos a partir da data de início da arrecadação por meio da prestação dos serviços digitais de geração de guias, a que se refere o inciso II do "caput" do art. 17 da Lei nº 8.036, de 11/5/1990, para fatos geradores ocorridos a partir da referida data)*

§ 1º-B Na hipótese de depósito realizado intempestivamente, a atualização monetária e a parcela de juros devida ao empregado comporão o saldo-base no vigésimo primeiro dia do mês imediatamente anterior, ou comporão o saldo no vigésimo primeiro dia do mês do depósito, se o depósito ocorrer nesta data. *(Acrescido pela Lei 14.438/2022, produzindo efeitos a partir da data de início da arrecadação por meio da prestação dos serviços digitais de geração de guias, a que se refere o inciso II do "caput" do art. 17 da Lei nº 8.036, de 11/5/1990, para fatos geradores ocorridos a partir da referida data)*

§ 2º No primeiro mês em que for exigível o recolhimento do FGTS no vigésimo dia, na forma prevista no art. 15 desta Lei, a atualização monetária e os juros correspondentes da conta vinculada serão realizados: *(Redação dada pela Lei 14.438/2022, produzindo efeitos a partir da data de início da arrecadação por meio da prestação dos serviços digitais de geração de guias, a que se refere o inciso II do "caput" do art. 17 da Lei nº 8.036, de 11/5/1990, para fatos geradores ocorridos a partir da referida data)*

I - no décimo dia, com base no saldo existente no décimo dia do mês anterior, deduzidos os débitos ocorridos no período; e *(Acrescido pela Lei 14.438/2022, produzindo efeitos a partir da data de início da arrecadação por meio da prestação dos serviços digitais de geração de guias, a que se refere o inciso II do "caput" do art. 17 da Lei nº 8.036, de 11/5/1990, para fatos geradores ocorridos a partir da referida data)*

II - no vigésimo primeiro dia, com base no saldo existente no décimo dia do mesmo mês, atualizado na forma prevista no inciso I deste parágrafo, deduzidos os débitos ocorridos no período, com a atualização monetária *pro rata die* e os juros correspondentes. *(Acrescido pela Lei 14.438/2022, produzindo efeitos a partir da data de início da arrecadação por meio da prestação dos serviços digitais de geração de guias, a que se refere o inciso II do "caput" do art. 17 da Lei nº 8.036, de 11/5/1990, para fatos geradores ocorridos a partir da referida data)*

§ 3º. Para as contas vinculadas dos trabalhadores optantes existentes à data de 22 de setembro de 1971, a capitalização dos juros dos depósitos continuará a ser feita na seguinte progressão, salvo no caso de mudança de empresa, quando a capitalização dos juros passará a ser feita à taxa de 3% a.a. (três por cento ao ano):

I – 3% (três por cento), durante os dois primeiros anos de permanência na mesma empresa;

II – 4% (quatro por cento), do terceiro ao quinto ano de permanência na mesma empresa;

III – 5% (cinco por cento), do sexto ao décimo ano de permanência na mesma empresa;

IV – 6% (seis por cento), a partir do décimo primeiro ano de permanência na mesma empresa.

§ 4º. O saldo das contas vinculadas é garantido pelo Governo Federal, podendo ser instituído seguro especial para esse fim.

§ 5º. O Conselho Curador autorizará a distribuição de parte do resultado positivo auferido pelo FGTS, mediante crédito nas contas vinculadas de titularidade dos trabalhadores, observadas as seguintes condições, entre outras a seu critério: (Incluído pela Lei nº 13.446, de 2017)

I - a distribuição alcançará todas as contas vinculadas que apresentarem saldo positivo em 31 de dezembro do exercício-base do resultado auferido, inclusive as contas vinculadas de que trata o art. 21 desta Lei; (Incluído pela Lei nº 13.446, de 2017)

II - a distribuição será proporcional ao saldo de cada conta vinculada em 31 de dezembro do exercício-base e deverá ocorrer até 31 de agosto do ano seguinte ao exercício de apuração do resultado; e (Incluído pela Lei nº 13.446, de 2017)

III - *(Revogado pela Lei 13.932/2019)*

§ 6º. O valor de distribuição do resultado auferido será calculado posteriormente ao valor desembolsado com o desconto realizado no âmbito do Programa Minha Casa, Minha Vida (PMCMV), de que trata a Lei nº

11.977, de 7 de julho de 2009. (Incluído pela Lei nº 13.446, de 2017)

§ 7º. O valor creditado nas contas vinculadas a título de distribuição de resultado, acrescido de juros e atualização monetária, não integrará a base de cálculo do depósito da multa rescisória de que tratam os §§ 1º e 2º do art. 18 desta Lei. (Incluído pela Lei nº 13.446, de 2017)

Art. 14. Fica ressalvado o direito adquirido dos trabalhadores que, à data da promulgação da Constituição Federal de 1988, já tinham o direito à estabilidade no emprego nos termos do Capítulo V do Título IV da CLT.

§ 1º. O tempo do trabalhador não optante do FGTS, anterior a 5 de outubro de 1988, em caso de rescisão sem justa causa pelo empregador, reger-se-á pelos dispositivos constantes dos arts. 477, 478 e 497 da CLT.

§ 2º. O tempo de serviço anterior à atual Constituição poderá ser transacionado entre empregador e empregado, respeitado o limite mínimo de 60% (sessenta por cento) da indenização prevista.

§ 3º. É facultado ao empregador desobrigar-se da responsabilidade da indenização relativa ao tempo de serviço anterior à opção, depositando na conta vinculada do trabalhador, até o último dia útil do mês previsto em lei para o pagamento de salário, o valor correspondente à indenização, aplicando-se ao depósito, no que couber, todas as disposições desta Lei.

§ 4º. Os trabalhadores poderão a qualquer momento optar pelo FGTS com efeito retroativo a 1º de janeiro de 1967 ou à data de sua admissão, quando posterior àquela.

Art. 15. Para os fins previstos nesta Lei, todos os empregadores ficam obrigados a depositar, até o vigésimo dia de cada mês, em conta vinculada, a importância correspondente a 8% (oito por cento) da remuneração paga ou devida, no mês anterior, a cada trabalhador, incluídas na remuneração as parcelas de que tratam os arts. 457 e 458 da Consolidação das Leis do Trabalho (CLT), aprovada pelo Decreto-Lei nº 5.452, de 1º de maio de 1943, e a Gratificação de Natal de que trata a Lei nº 4.090, de 13 de julho de 1962. *(Redação dada pela Lei 14.438/2022, produzindo efeitos a partir da data de início da arrecadação por meio da prestação dos serviços digitais de geração de guias, a que se refere o inciso II do "caput" do art. 17 da Lei nº 8.036, de 11/5/1990, para fatos geradores ocorridos a partir da referida data)*

§ 1º. Entende-se por empregador a pessoa física ou a pessoa jurídica de direito privado ou de direito público, da administração pública direta, indireta ou fundacional de qualquer dos Poderes, da União, dos Estados, do Distrito Federal e dos Municípios, que admitir trabalhadores a seu serviço, bem assim aquele que, regido por legislação especial, encontrar-se nessa condição ou figurar como fornecedor ou tomador de mão-de-obra, independente da responsabilidade solidária e/ou subsidiária a que eventualmente venha obrigar-se.

§ 2º. Considera-se trabalhador toda pessoa física que prestar serviços a empregador, a locador ou tomador de mão de obra, excluídos os eventuais, os autônomos e os servidores públicos civis e militares sujeitos a regime jurídico próprio.

§ 3º. Os trabalhadores domésticos poderão ter acesso ao regime do FGTS, na forma que vier a ser prevista em Lei.

§ 4º. Considera-se remuneração as retiradas de diretores não empregados, quando haja deliberação da empresa, garantindo-lhes os direitos decorrentes do contrato de trabalho de que trata o art. 16. (Incluído pela Lei nº 9.711, de 1998)

§ 5º. O depósito de que trata o *caput* deste artigo é obrigatório nos casos de afastamento para prestação do serviço militar obrigatório e licença por acidente do trabalho. (Incluído pela Lei nº 9.711, de 1998)

§ 6º. Não se incluem na remuneração, para os fins desta Lei, as parcelas elencadas no § 9º do art. 28 da Lei nº 8.212, de 24 de julho de 1991. (Incluído pela Lei nº 9.711, de 1998)

§ 7º. Os contratos de aprendizagem terão a alíquota a que se refere o *caput* deste artigo reduzida para 2% (dois por cento). (Incluído pela Lei nº 10.097, de 2000)

Art. 16. Para efeito desta Lei, as empresas sujeitas ao regime da legislação trabalhista poderão equiparar seus diretores não empregados aos demais trabalhadores sujeitos ao regime do FGTS. Considera-se diretor aquele que exerça cargo de administração previsto em Lei, estatuto ou contrato social, independente da denominação do cargo.

Art. 17. O Poder Executivo assegurará a prestação de serviços digitais: *(Redação dada pela Lei 13.932/2019)*

I - aos trabalhadores, que incluam a prestação de informações sobre seus créditos perante o Fundo e o acionamento imediato da inspeção do trabalho em caso de inadimplemento do empregador, de forma que seja possível acompanhar a evolução de eventuais cobranças administrativas e judiciais dos valores não recolhidos; *(Acrescido pela Lei 13.932/2019)*

II - aos empregadores, que facilitem e desburocratizem o cumprimento de suas obrigações perante o Fundo, incluídos a geração de guias, o parcelamento de débitos, a emissão sem ônus do Certificado de Regularidade do FGTS e a realização de procedimentos de restituição e compensação. *(Acrescido pela Lei 13.932/2019)*

Parágrafo único. O desenvolvimento, a manutenção e a evolução dos sistemas e ferramentas necessários à prestação dos serviços a que se refere o *caput* deste artigo serão custeados com recursos do FGTS. *(Acrescido pela Lei 13.932/2019)*

Art. 17-A. O empregador ou o responsável fica obrigado a elaborar folha de pagamento e a declarar os dados relacionados aos valores do FGTS e outras informações de interesse do poder público por meio de sistema de escrituração digital, na forma, no prazo e nas condições estabelecidos em ato do Ministro de Estado do Trabalho e Previdência. *(Redação dada pela Lei 14.438/2022)*

§ 1º As informações prestadas na forma do *caput* deste artigo constituem declaração e reconhecimento dos créditos delas decorrentes, caracterizam confissão de débito e constituem instrumento hábil e suficiente para a cobrança do crédito de FGTS. *(Acrescido pela Lei 13.932/2019)*

§ 2º O lançamento da obrigação principal e das obrigações acessórias relativas ao FGTS será efetuado de ofício pela autoridade competente, no caso de o empregador não apresentar a declaração na forma do *caput* deste artigo, e será revisto de ofício, nas hipóteses de omissão, erro, fraude ou sonegação. *(Redação dada pela Lei 13.932/2019)*

Art. 18. Ocorrendo rescisão do contrato de trabalho, por parte do empregador, ficará este obrigado a depositar na conta vinculada do trabalhador no FGTS os valores relativos aos depósitos referentes ao mês da rescisão e ao imediatamente anterior, que ainda não houver sido recolhido, sem prejuízo das cominações legais. (Redação dada pela Lei nº 9.491, de 1997)

§ 1º. Na hipótese de despedida pelo empregador sem justa causa, depositará este, na conta vinculada do trabalhador no FGTS importância igual a 40% (quarenta por cento) do montante de todos os depósitos realizados na conta vinculada durante a vigência do contrato de trabalho, atualizados monetariamente e acrescidos dos respectivos juros. (Redação dada pela Lei nº 9.491, de 1997)

§ 2º. Quando ocorrer despedida por culpa recíproca ou força maior, reconhecida pela Justiça do Trabalho, o percentual de que trata o § 1º será de 20% (vinte por cento).

§ 3º. As importâncias de que trata este artigo deverão constar da documentação comprobatória do recolhimento dos valores devidos a título de rescisão do contrato de trabalho, observado o disposto no art. 477 da CLT, eximindo o empregador, exclusivamente, quanto aos valores discriminados. (Redação dada pela Lei nº 9.491, de 1997)

Art. 19. No caso de extinção do contrato de trabalho prevista no art. 14 desta Lei, serão observados os seguintes critérios:

I – havendo indenização a ser paga, o empregador, mediante comprovação do pagamento daquela, poderá sacar o saldo dos valores por ele depositados na conta individualizada do trabalhador;

II – não havendo indenização a ser paga, ou decorrido o prazo prescricional para a reclamação de direitos por parte do trabalhador, o empregador poderá levantar em seu favor o saldo da respectiva conta individualizada, mediante comprovação perante o órgão competente do Ministério do Trabalho e da Previdência Social.

Art. 19-A. É devido o depósito do FGTS na conta vinculada do trabalhador cujo contrato de trabalho seja declarado nulo nas hipóteses previstas no art. 37, § 2º, da Constituição Federal, quando mantido o direito ao salário. (Incluído pela Medida Provisória nº 2.164-41, de 2001)

Parágrafo único. O saldo existente em conta vinculada, oriundo de contrato declarado nulo até 28 de julho de 2001, nas condições do *caput*, que não tenha sido levantado até essa data, será liberado ao trabalhador a partir do mês de agosto de 2002. (Incluído pela Medida Provisória nº 2.164-41, de 2001)

Art. 20. A conta vinculada do trabalhador no FGTS poderá ser movimentada nas seguintes situações:

I – despedida sem justa causa, inclusive a indireta, de culpa recíproca e de força maior; (Redação dada pela Medida Provisória nº 2.197-43, de 2001)

I-A - extinção do contrato de trabalho prevista no art. 484-A da Consolidação das Leis do Trabalho (CLT), aprovada pelo Decreto-Lei nº 5.452, de 1º de maio de 1943; (Incluída pela Lei nº 13.467, de 2017, em vigor após decorridos cento e vinte dias de sua publicação oficial - DOU de 14.7.2017)

II – extinção total da empresa, fechamento de quaisquer de seus estabelecimentos, filiais ou agências, supressão de parte de suas atividades, declaração de nulidade do contrato de trabalho nas condições do art. 19-A, ou ainda falecimento do empregador individual sempre que qualquer dessas ocorrências implique rescisão de contrato de trabalho, comprovada por declaração escrita da empresa, suprida, quando for o caso, por decisão judicial transitada em julgado; (Redação dada pela Medida Provisória nº 2.164-41, de 2001)

III – aposentadoria concedida pela Previdência Social;

IV – falecimento do trabalhador, sendo o saldo pago a seus dependentes, para esse fim habilitados perante a Previdência Social, segundo o critério adotado para a concessão de pensões por morte. Na falta de dependentes, farão jus ao recebimento do saldo da conta vinculada os seus sucessores previstos na lei civil, indicados em alvará judicial, expedido a requerimento do interessado, independente de inventário ou arrolamento;

V – pagamento de parte das prestações decorrentes de financiamento habitacional concedido no âmbito do Sistema Financeiro da Habitação (SFH), desde que:

a) o mutuário conte com o mínimo de 3 (três) anos de trabalho sob o regime do FGTS, na mesma empresa ou em empresas diferentes;

b) o valor bloqueado seja utilizado, no mínimo, durante o prazo de 12 (doze) meses;

c) o valor do abatimento atinja, no máximo, 80% (oitenta por cento) do montante da prestação;

VI – liquidação ou amortização extraordinária do saldo devedor de financiamento imobiliário, observadas as condições estabelecidas pelo Conselho Curador, dentre elas a de que o financiamento seja concedido no âmbito do SFH e haja interstício mínimo de 2 (dois) anos para cada movimentação;

VII – pagamento total ou parcial do preço de aquisição de moradia própria, ou lote urbanizado de interesse social não construído, observadas as seguintes condições: (Redação dada pela Lei nº 11.977, de 2009)

a) o mutuário deverá contar com o mínimo de 3 (três) anos de trabalho sob o regime do FGTS, na mesma empresa ou empresas diferentes;

b) seja a operação financiável nas condições vigentes para o SFH;

VIII - quando o trabalhador permanecer três anos ininterruptos fora do regime do FGTS; (*Redação dada pela Lei 13.932/2019*)

IX – extinção normal do contrato a termo, inclusive o dos trabalhadores temporários regidos pela Lei nº 6.019, de 3 de janeiro de 1974;

X – suspensão total do trabalho avulso por período igual ou superior a 90 (noventa) dias, comprovada por declaração do sindicato representativo da categoria profissional;

XI – quando o trabalhador ou qualquer de seus dependentes for acometido de neoplasia maligna; (Incluído pela Lei nº 8.922, de 1994)

XII – aplicação em quotas de Fundos Mútuos de Privatização, regidos pela Lei nº 6.385, de 7 de dezembro de 1976, permitida a utilização máxima de 50% (cinquenta por cento) do saldo existente e disponível em sua conta vinculada do Fundo de Garantia do Tempo de Serviço, na data em que exercer a opção. (Incluído pela Lei nº 9.491, de 1997)

- Decreto 2.430/1997 – Regulamenta o art. 31 da Lei 9.491/1997, que altera procedimentos relativos ao Programa Nacional de Desestatização.

XIII – quando o trabalhador ou qualquer de seus dependentes for portador do vírus HIV; (Incluído pela Medida Provisória nº 2.164-41, de 2001)

XIV – quando o trabalhador ou qualquer de seus dependentes estiver em estágio terminal, em razão de doença grave, nos termos do regulamento; (Incluído pela Medida Provisória nº 2.164-41, de 2001)

XV – quando o trabalhador tiver idade igual ou superior a 70 (setenta) anos. (Incluído pela Medida Provisória nº 2.164-41, de 2001)

XVI – necessidade pessoal, cuja urgência e gravidade decorra de desastre natural, conforme disposto em regulamento, observadas as seguintes condições: (Incluído pela Lei nº 10.878, de 2004)

- Decreto 5.113/2004 – Regulamenta o art. 20, XVI da Lei 8.036/1990.

a) o trabalhador deverá ser residente em áreas comprovadamente atingidas de Município ou do Distrito Federal em situação de emergência ou em estado de calamidade pública, formalmente reconhecidos pelo Governo Federal; (Incluído pela Lei nº 10.878, de 2004)

b) a solicitação de movimentação da conta vinculada será admitida até 90 (noventa) dias após a publicação do ato de reconhecimento, pelo Governo Federal, da situação de emergência ou de estado de calamidade pública; e (Incluído pela Lei nº 10.878, de 2004)

c) o valor máximo do saque da conta vinculada será definido na forma do regulamento. (Incluído pela Lei nº 10.878, de 2004)

XVII – integralização de cotas do FI-FGTS, respeitado o disposto na alínea *i* do inciso XIII do art. 5º desta Lei, permitida a utilização máxima de 30% (trinta por cento) do saldo existente e disponível na data em que exercer a opção. (Redação dada pela Lei nº 12.087, de 2009)

XVIII – quando o trabalhador com deficiência, por prescrição, necessite adquirir órtese ou prótese para promoção de acessibilidade e de inclusão social. (Incluído pela Lei nº 13.146, de 2015)

XIX - pagamento total ou parcial do preço de aquisição de imóveis da União inscritos em regime de ocupação ou aforamento, a que se referem o art. 4º da Lei nº 13.240, de 30 de dezembro de 2015, e o art. 16-A da Lei nº 9.636, de 15 de maio de 1998, respectivamente, observadas as seguintes condições: (Incluído pela Lei nº 13.465, de 2017)

a) o mutuário deverá contar com o mínimo de três anos de trabalho sob o regime do FGTS, na mesma empresa ou em empresas diferentes; (Incluído pela Lei nº 13.465, de 2017)

b) seja a operação financiável nas condições vigentes para o Sistema Financeiro da Habitação (SFH) ou ainda por intermédio de parcelamento efetuado pela Secretaria do Patrimônio da União (SPU), mediante a contratação da Caixa Econômica Federal como agente financeiro dos contratos de parcelamento; (Incluído pela Lei nº 13.465, de 2017)

c) sejam observadas as demais regras e condições estabelecidas para uso do FGTS. (Incluído pela Lei nº 13.465, de 2017)

XX – anualmente, no mês de aniversário do trabalhador, por meio da aplicação dos valores constantes do Anexo desta Lei, observado o disposto no art. 20-D desta Lei; (*Acrescido pela Lei 13.932/2019*)

XXI – a qualquer tempo, quando seu saldo for inferior a R$ 80,00 (oitenta reais) e não houver ocorrido depósitos ou saques por, no mínimo, 1 (um) ano, exceto na hipótese prevista no inciso I do § 5º do art. 13 desta Lei; (*Acrescido pela Lei 13.932/2019, DOU 12.12.2019, em vigor 180 dias após a publicação*)

XXII – quando o trabalhador ou qualquer de seus dependentes for, nos termos do regulamento, pessoa com doença rara, consideradas doenças raras aquelas assim reconhecidas pelo Ministério da Saúde, que apresentará, em seu sítio na internet, a relação atualizada dessas doenças. (*Acrescido pela Lei 13.932/2019, DOU 12.12.2019, em vigor 180 dias após a publicação*)

§ 1º. A regulamentação das situações previstas nos incisos I e II assegurar que a retirada a que faz jus o trabalhador corresponda aos depósitos efetuados na conta vinculada durante o período de vigência do último contrato de trabalho, acrescida de juros e atualização monetária, deduzidos os saques.

§ 2º. O Conselho Curador disciplinará o disposto no inciso V, visando a beneficiar os trabalhadores de baixa renda e preservar o equilíbrio financeiro do FGTS.

§ 3º. O direito de adquirir moradia com recursos de FGTS, pelo trabalhador, só poderá ser exercido para um único imóvel.

§ 4º. O imóvel objeto de utilização do FGTS somente poderá ser objeto de outra transação com recursos do fundo, na forma que vier a ser regulamentada pelo Conselho Curador.

§ 5º. O pagamento da retirada, após o período previsto em regulamento, implicará atualização monetária dos valores devidos.

§ 6º. Os recursos aplicados em cotas de fundos Mútuos de Privatização, referidos no inciso XII, serão destinados, nas condições aprovadas pelo CND, a aquisições de valores mobiliários, no âmbito do Programa Nacional de Desestatização, de que trata a Lei no 9.491, de 1997, e de programas estaduais de desestatização, desde que, em ambos os casos, tais destinações sejam aprovadas pelo CND. (Redação dada pela Lei nº 9.635, de 1998)

§ 7º. Ressalvadas as alienações decorrentes das hipóteses de que trata o § 8º, os valores mobiliários a que se refere o parágrafo anterior só poderão ser integralmente vendidos, pelos respectivos Fundos, 6 (seis) meses após a sua aquisição, podendo ser alienada em prazo inferior parcela equivalente a 10% (dez por cento) do valor adquirido, autorizada a livre aplicação do produto dessa alienação, nos termos da Lei nº 6.385, de 7 de dezembro de 1976. (Redação dada pela Lei nº 9.635, de 1998)

§ 8º. As aplicações em Fundos Mútuos de Privatização e no FI-FGTS são nominativas, impenhoráveis e, salvo as hipóteses previstas nos incisos I a XI e XIII a XVI do *caput* deste artigo, indisponíveis por seus titulares. (Redação dada pela Lei nº 11.491, de 2007)

§ 9º. Decorrido o prazo mínimo de 12 (doze) meses, contados da efetiva transferência das quotas para os Fundos Mútuos de Privatização, os titulares poderão optar pelo retorno para sua conta vinculada no Fundo de Garantia do Tempo de Serviço. (Incluído pela Lei nº 9.491, de 1997)

§ 10. A cada período de 6 (seis) meses, os titulares das aplicações em Fundos Mútuos de Privatização poderão transferi-las para outro fundo de mesma natureza. (Incluído pela Lei nº 9.491, de 1997)

§ 11. O montante das aplicações de que trata o § 6º deste artigo ficará limitado ao valor dos créditos contra o Tesouro Nacional de que seja titular o Fundo de Garantia do Tempo de Serviço. (Incluído pela Lei nº 9.491, de 1997)

§ 12. Desde que preservada a participação individual dos quotistas, será permitida a constituição de clubes de investimento, visando a aplicação em quotas de Fundos Mútuos de Privatização. (Incluído pela Lei nº 9.491, de 1997)

§ 13. A garantia a que alude o § 4º do art. 13 desta Lei não compreende as aplicações a que se referem os incisos XII e XVII do *caput* deste artigo. (Redação dada pela Lei nº 11.491, de 2007)

§ 14. Ficam isentos do imposto de renda: (Redação dada pela Lei nº 11.491, de 2007)

I – a parcela dos ganhos nos Fundos Mútuos de Privatização até o limite da remuneração das contas vinculadas de que trata o art. 13 desta Lei, no mesmo período; e (Incluído pela Lei nº 11.491, de 2007)

II – os ganhos do FI-FGTS e do Fundo de Investimento em Cotas – FIC, de que trata o § 19 deste artigo. (Incluído pela Lei nº 11.491, de 2007)

§ 15. A transferência de recursos da conta do titular no Fundo de Garantia do Tempo de Serviço em razão da aquisição de ações, nos termos do inciso XII do *caput* deste artigo, ou de cotas do FI-FGTS não afetará a base de cálculo da multa rescisória de que tratam os §§ 1º e 2º do art. 18 desta Lei. (Redação dada pela Lei nº 11.491, de 2007)

§ 16. Os clubes de investimento a que se refere o § 12 poderão resgatar, durante os 6 (seis) primeiros meses da sua constituição, parcela equivalente a 5% (cinco por cento) das quotas adquiridas, para atendimento de seus desembolsos, autorizada a livre aplicação do produto dessa venda, nos termos da Lei nº 6.385, de 7 de dezembro de 1976. (Incluído pela Lei nº 9.635, de 1998)

§ 17. Fica vedada a movimentação da conta vinculada do FGTS nas modalidades previstas nos incisos V, VI e VII deste artigo, nas operações firmadas, a partir de 25 de junho de 1998, no caso em que o adquirente já seja proprietário ou promitente comprador de imóvel localizado no município onde resida, bem como no caso em que o adquirente já detenha, em qualquer parte do País, pelo menos um financiamento nas condições do SFH. (Incluído pela Medida Provisória nº 2.197-43, de 2001)

§ 18. É indispensável o comparecimento pessoal do titular da conta vinculada para o pagamento da retirada nas hipóteses previstas nos incisos I, II, III, VIII, IX e X deste artigo, salvo em caso de grave moléstia comprovada por perícia médica, quando será paga a procurador especialmente constituído para esse fim. (Incluído pela Medida Provisória nº 2.197-43, de 2001)

§ 19. A integralização das cotas previstas no inciso XVII do *caput* deste artigo será realizada por meio de Fundo de Investimento em Cotas – FIC, constituído pela Caixa Econômica Federal especificamente para essa finalidade. (Incluído pela Lei nº 11.491, de 2007)

§ 20. A Comissão de Valores Mobiliários estabelecerá os requisitos para a integralização das cotas referidas no § 19 deste artigo, devendo condicioná-la pelo menos ao atendimento das seguintes exigências: (Incluído pela Lei nº 11.491, de 2007)

I – elaboração e entrega de prospecto ao trabalhador; e (Incluído pela Lei nº 11.491, de 2007)

II – declaração por escrito, individual e específica, pelo trabalhador, de sua ciência quanto aos riscos do investimento que está realizando. (Incluído pela Lei nº 11.491, de 2007)

§ 21. As movimentações autorizadas nos incisos V e VI do *caput* serão estendidas aos contratos de participação de grupo de consórcio para aquisição de imóvel residencial, cujo bem já tenha sido adquirido pelo consorciado, na forma a ser regulamentada pelo Conselho Curador do FGTS. (Incluído pela Lei nº 12.058, de 2009)

§ 22. Na movimentação das contas vinculadas a contrato de trabalho extinto até 31 de dezembro de 2015, ficam isentas as exigências de que trata o inciso VIII do *caput* deste artigo, podendo o saque, nesta hipótese, ser efetuado segundo cronograma de atendimento estabelecido pelo agente operador do FGTS. (Incluído pela Lei nº 13.446, de 2017)

§ 23. As movimentações das contas vinculadas nas situações previstas nos incisos V, VI e VII do *caput* deste artigo poderão ser realizadas fora do âmbito do SFH, observados os mesmos limites financeiros das operações realizadas no âmbito desse sistema, no que se refere ao valor máximo de movimentação da conta vinculada, e os limites, critérios e condições estabelecidos pelo Conselho Curador. (*Redação dada pela Lei 13.932/2019*)

§ 24. O trabalhador poderá sacar os valores decorrentes da situação de movimentação de que trata o inciso XX do *caput* deste artigo até o último dia útil do segundo mês subsequente ao da aquisição do direito de saque. (*Redação dada pela Lei 13.932/2019*)

§ 25. O agente operador deverá oferecer, nos termos do regulamento do Conselho Curador, em plataformas de interação com o titular da conta, inclusive por meio de dispositivos móveis, opções para consulta e transferência, a critério do trabalhador, para conta de depósitos de sua titularidade em qualquer instituição financeira do Sistema Financeiro Nacional, dos recursos disponíveis para movimentação em decorrência das situações previstas neste artigo, cabendo ao agente operador estabelecer os procedimentos operacionais a serem observados. (*Redação dada pela Lei 13.932/2019*)

§ 26. As transferências de que trata o § 25 deste artigo não acarretarão a cobrança de tarifas pelo agente operador ou pelas demais instituições financeiras. (*Acrescido pela Lei 13.932/2019*)

§ 27. A critério do titular da conta vinculada do FGTS, em ato formalizado no momento da contratação do financiamento habitacional, os direitos aos saques de que trata o *caput* deste artigo poderão ser objeto de alienação ou cessão fiduciária para liquidação, amortização ou pagamento de parte das prestações decorrentes de financiamento habitacional concedido no âmbito do SFH, dispensados os prazos mencionados na alínea "b" do inciso V e o interstício mínimo de 2 (dois) anos do inciso VI, ambos deste artigo, observadas as condições estabelecidas pelo Conselho Curador, mediante caucionamento dos depósitos a serem realizados na conta vinculada do trabalhador, exceto os previstos nos § 1º e § 2º do art. 18 desta Lei. *(Redação dada pela Lei 14.620/2023)*

§ 28. A vedação prevista no § 2º do art. 2º desta Lei não se aplica ao que dispõe o § 27. *(Acrescido pela Lei 14.620/2023)*

Art. 20-A. O titular de contas vinculadas do FGTS estará sujeito a somente uma das seguintes sistemáticas de saque: (*Acrescido pela Lei 13.932/2019*)

I - saque-rescisão; ou

II - saque-aniversário.

§ 1º Todas as contas do mesmo titular estarão sujeitas à mesma sistemática de saque.

§ 2º São aplicáveis às sistemáticas de saque de que trata o *caput* deste artigo as seguintes situações de movimentação de conta:

I - para a sistemática de saque-rescisão, as previstas no art. 20 desta Lei, à exceção da estabelecida no inciso XX do *caput* do referido artigo; e

II - para a sistemática de saque-aniversário, as previstas no art. 20 desta Lei, à exceção das estabelecidas nos incisos I, I-A, II, IX e X do *caput* do referido artigo.

Art. 20-B. O titular de contas vinculadas do FGTS estará sujeito originalmente à sistemática de saque-rescisão e poderá optar por alterá-la, observado o disposto no art. 20-C desta Lei. (*Acrescido pela Lei 13.932/2019*)

Art. 20-C. A primeira opção pela sistemática de saque-aniversário poderá ser feita a qualquer tempo e terá efeitos imediatos. (*Acrescido pela Lei 13.932/2019*)

§ 1º Caso o titular solicite novas alterações de sistemática será observado o seguinte:

I - a alteração será efetivada no primeiro dia do vigésimo quinto mês subsequente ao da solicitação, desde que não haja cessão ou alienação de direitos futuros aos saques anuais de que trata o § 3º do art. 20-D desta Lei;

II - a solicitação poderá ser cancelada pelo titular antes da sua efetivação; e

III - na hipótese de cancelamento, a nova solicitação estará sujeita ao disposto no inciso I do *caput* deste artigo.

§ 2º Para fins do disposto no § 2º do art. 20-A desta Lei, as situações de movimentação obedecerão à sistemática a que o titular estiver sujeito no momento dos eventos que as ensejarem.

Art. 20-D. Na situação de movimentação de que trata o inciso XX do *caput* do art. 20 desta Lei, o valor do saque será determinado: (*Acrescido pela Lei 13.932/2019*)

I - pela aplicação da alíquota correspondente, estabelecida no Anexo desta Lei, à soma de todos os saldos das contas vinculadas do titular, apurados na data do débito; e

II - pelo acréscimo da parcela adicional correspondente, estabelecida no Anexo desta Lei, ao valor apurado de acordo com o disposto no inciso I do *caput* deste artigo.

§ 1º Na hipótese de o titular possuir mais de uma conta vinculada, o saque de que trata este artigo será feito na seguinte ordem:

I - contas vinculadas relativas a contratos de trabalho extintos, com início pela conta que tiver o menor saldo; e

II - demais contas vinculadas, com início pela conta que tiver o menor saldo.

§ 2º O Poder Executivo federal, respeitada a alíquota mínima de 5% (cinco por cento), poderá alterar, até o dia 30 de junho de cada ano, os valores das faixas, das alíquotas e das parcelas adicionais constantes do Anexo desta Lei para vigência no primeiro dia do ano subsequente.

§ 3º A critério do titular da conta vinculada do FGTS, os direitos aos saques anuais de que trata o *caput* deste artigo poderão ser objeto de alienação ou cessão fiduciária, nos termos do art. 66-B da Lei nº 4.728, de 14 de julho de 1965, em favor de qualquer instituição financeira do Sistema Financeiro Nacional, sujeitas as taxas de juros praticadas nessas operações aos limites estipulados pelo Conselho Curador, os quais serão inferiores aos limites de taxas de juros estipulados para os empréstimos consignados dos servidores públicos federais do Poder Executivo.

§ 3º-A. *(Revogado pela Lei 14.620/2023)*

§ 4º O Conselho Curador poderá regulamentar o disposto no § 3º deste artigo, com vistas ao cumprimento das obrigações financeiras de seu titular, inclusive quanto ao:

I - bloqueio de percentual do saldo total existente nas contas vinculadas;

II - impedimento da efetivação da opção pela sistemática de saque-rescisão prevista no inciso I do § 1º do art. 20-C desta Lei; e

III - saque em favor do credor.

§ 5º As situações de movimentação de que trata o § 2º do art. 20-A desta Lei serão efetuadas com observância ao limite decorrente do bloqueio referido no § 4º deste artigo.

§ 6º A vedação prevista no § 2º do art. 2º desta Lei não se aplica às disposições dos §§ 3º, 4º e 5º deste artigo.

§ 7º Na hipótese de despedida sem justa causa, o trabalhador que optar pela sistemática saque-aniversário também fará jus à movimentação da multa rescisória de que tratam os §§ 1º e 2º do art. 18 desta Lei.

Art. 21. Os saldos das contas não individualizadas e das contas vinculadas que se conservem ininterruptamente sem créditos de depósitos por mais de 5 (cinco) anos, a partir de 1º de junho de 1990, em razão de o seu titular ter estado fora do regime do FGTS, serão incorporados ao patrimônio do fundo, resguardado o direito do beneficiário reclamar, a qualquer tempo, a reposição do valor transferido. (Redação dada pela Lei nº 8.678, de 1993)

Parágrafo único. O valor, quando reclamado, será pago ao trabalhador acrescido da remuneração prevista no § 2º do art. 13 desta Lei. (Incluído pela Lei nº 8.678, de 1993)

Art. 22. O empregador que não realizar os depósitos nos termos dos arts. 15 e 18 desta Lei responderá pela incidência da Taxa Referencial (TR) sobre a importância correspondente. *(Redação dada pela Lei 14.438/2022)*

§ 1º. Sobre o valor dos depósitos, acrescidos da TR, incidirão, ainda, juros de mora de 0,5% a.m. (meio por cento ao mês) ou fração e multa, sujeitando-se, também, às obrigações e sanções previstas no Decreto-Lei nº 368, de 19 de dezembro de 1968. (Redação dada pela Lei nº 9.964, de 2000)

§ 2º. A incidência da TR de que trata o *caput* deste artigo será cobrada por dia de atraso, tomando-se por base o índice de atualização das contas vinculadas do FGTS. (Redação dada pela Lei nº 9.964, de 2000)

§ 2º-A. A multa referida no § 1º deste artigo será cobrada nas condições que se seguem: (Incluído pela Lei nº 9.964, de 2000)

I – 5% (cinco por cento) no mês de vencimento da obrigação; (Incluído pela Lei nº 9.964, de 2000)

II – 10% (dez por cento) a partir do mês seguinte ao do vencimento da obrigação. (Incluído pela Lei nº 9.964, de 2000)

§ 3º. Para efeito de levantamento de débito para com o FGTS, o percentual de 8% (oito por cento) incidirá sobre o valor acrescido da TR até a data da respectiva operação. (Redação dada pela Lei nº 9.964, de 2000)

Art. 23. Compete ao Ministério do Trabalho e Previdência a verificação do cumprimento do disposto nesta Lei, especialmente quanto à apuração dos débitos e das infrações praticadas pelos empregadores ou tomadores de serviço, que serão notificados para efetuar e comprovar os depósitos correspondentes e cumprir as demais determinações legais. *(Redação dada pela Lei 14.438/2022)*

§ 1º. Constituem infrações para efeito desta Lei:

I – não depositar mensalmente o percentual referente ao FGTS, bem como os valores previstos no art. 18 desta Lei, nos prazos de que trata o § 6º do art. 477 da Consolidação das Leis do Trabalho – CLT; (Redação dada pela Medida Provisória nº 2.197-43, de 2001)

II e III - *(Revogados pela Lei 14.438/2022, produzindo efeitos a partir da data de início da arrecadação por meio da prestação dos serviços digitais de geração de guias, a que se refere o inciso II do "caput" do art. 17 da Lei nº 8.036, de 11/5/1990, para fatos geradores ocorridos a partir da referida data)*

IV – deixar de computar, para efeito de cálculo dos depósitos do FGTS, parcela componente da remuneração;

V – deixar de efetuar os depósitos e os acréscimos legais do FGTS constituído em notificação de débito, no prazo concedido pelo ato de notificação da decisão definitiva exarada no processo administrativo; *(Redação dada pela Lei 14.438/2022, produzindo efeitos a partir da data de início da arrecadação por meio da prestação dos serviços digitais de geração de guias, a que se refere o inciso II do "caput" do art. 17 da Lei nº 8.036, de 11/5/1990, para fatos geradores ocorridos a partir da referida data)*

VI – deixar de apresentar, ou apresentar com erros ou omissões, as informações de que trata o art. 17-A desta Lei e as demais informações legalmente exigíveis; e *(Redação dada pela Lei 14.438/2022, produzindo efeitos a partir da data de início da arrecadação por meio da prestação dos serviços digitais de geração de guias, a que se refere o inciso II do "caput" do art. 17 da Lei nº 8.036, de 11/5/1990, para fatos geradores ocorridos a partir da referida data)*

VII - deixar de apresentar ou de promover a retificação das informações de que trata o art. 17-A desta Lei no prazo concedido na notificação da decisão definitiva exarada no processo administrativo que reconheceu a procedência da notificação de débito decorrente de omissão, de erro, de fraude ou de sonegação constatados. *(Acrescido pela Lei 14.438/2022, produzindo efeitos a partir da data de início da arrecadação por meio da prestação dos serviços digitais de geração de guias, a que se refere o inciso II do "caput" do art. 17 da Lei nº 8.036, de 11/5/1990, para fatos geradores ocorridos a partir da referida data)*

§ 1º-A. A formalização de parcelamento da integralidade do débito suspende a ação punitiva da infração prevista: *(Acrescido pela Lei 14.438/2022, produzindo efeitos a partir da data de início da arrecadação por meio da prestação dos serviços digitais de geração de guias, a que se refere o inciso II do "caput" do art. 17 da Lei nº 8.036, de 11/5/1990, para fatos geradores ocorridos a partir da referida data)*

I - no inciso I do § 1º deste artigo, quando realizada anteriormente ao início de qualquer processo administrativo ou medida de fiscalização; e

II - no inciso V do § 1º deste artigo, quando realizada no prazo nele referido.

§ 1º-B. A suspensão da ação punitiva prevista no § 1º-A deste artigo será mantida durante a vigência do parcelamento, e a quitação integral dos valores parcelados extinguirá a infração. *(Acrescido pela Lei 14.438/2022, produzindo efeitos a partir da data de início da arrecadação por meio da prestação dos serviços digitais de geração de guias, a que se refere o inciso II do "caput" do art. 17 da Lei nº 8.036, de 11/5/1990, para fatos geradores ocorridos a partir da referida data)*

§ 2º Pela infração ao disposto no § 1º deste artigo, o infrator estará sujeito às seguintes multas: *(Acrescido pela Lei 14.438/2022, produzindo efeitos a partir da data de início da arrecadação por meio da prestação dos serviços digitais de geração de guias, a que se refere o inciso II do "caput" do art. 17 da Lei nº 8.036, de 11/5/1990, para fatos geradores ocorridos a partir da referida data)*

a) (Revogada pela Lei 14.438/2022, produzindo efeitos a partir da data de início da arrecadação por meio da prestação dos serviços digitais de geração de guias, a que se refere o inciso II do "caput" do art. 17 da Lei nº 8.036, de 11/5/1990, para fatos geradores ocorridos a partir da referida data)

b) 30% (trinta por cento) sobre o débito atualizado apurado pela inspeção do trabalho, confessado pelo empregador ou lançado de ofício, nas hipóteses previstas nos incisos I, IV e V do § 1º deste artigo; e *(Redação dada pela Lei 14.438/2022, produzindo efeitos a partir da data de início da arrecadação por meio da prestação dos serviços digitais de geração de guias, a que se refere o inciso II do "caput" do art. 17 da Lei nº 8.036, de 11/5/1990, para fatos geradores ocorridos a partir da referida data)*

c) de R$ 100,00 (cem reais) a R$ 300,00 (trezentos reais) por trabalhador prejudicado, nas hipóteses previstas nos incisos VI e VII do § 1º deste artigo. *(Redação dada pela Lei 14.438/2022, produzindo efeitos a partir da data de início da arrecadação por meio da prestação dos serviços digitais de geração de guias, a que se refere o inciso II do "caput" do art. 17 da Lei nº 8.036, de 11/5/1990, para fatos geradores ocorridos a partir da referida data)*

§ 3º. Nos casos de fraude, simulação, artifício, ardil, resistência, embaraço ou desacato à fiscalização, assim como na reincidência, a multa especificada no parágrafo anterior será duplicada, sem prejuízo das demais cominações legais.

§ 3º-A. Estabelecidas a multa-base e a majoração na forma prevista nos §§ 2º e 3º deste artigo, o valor final será reduzido pela metade quando o infrator for empregador doméstico, microempresa ou empresa de pequeno porte. *(Acrescido pela Lei 14.438/2022, produzindo efeitos a partir da data de início da arrecadação por meio da prestação dos serviços digitais de geração de guias, a que se refere o inciso II do "caput" do art. 17 da Lei nº 8.036, de 11/5/1990, para fatos geradores ocorridos a partir da referida data)*

§ 4º. Os valores das multas, quando não recolhidas no prazo legal, serão atualizados monetariamente até a data de seu efetivo pagamento, através de sua conversão pelo BTN Fiscal.

§ 5º O processo de fiscalização, de autuação e de imposição de multas reger-se-á pelo disposto no Título VII da CLT. (*Redação dada pela Lei 13.932/2019)*

§ 6º. Quando julgado procedente o recurso interposto na forma do Título VII da CLT, os depósitos efetuados para garantia de instância serão restituídos com os valores atualizados na forma da Lei.

§ 7º. A rede arrecadadora e a Caixa Econômica Federal deverão prestar ao Ministério do Trabalho e da Previdência Social as informações necessárias à fiscalização.

Art. 23-A. A notificação do empregador relativa aos débitos com o FGTS, o início de procedimento administrativo ou a medida de fiscalização interrompem o prazo prescricional. (*Acrescido pela Lei 13.932/2019)*

§ 1º O contencioso administrativo é causa de suspensão do prazo prescricional.

§ 2º A data de publicação da liquidação do crédito será considerada como a data de sua constituição definitiva, a partir da qual será retomada a contagem do prazo prescricional.

§ 3º Todos os documentos relativos às obrigações perante o FGTS, referentes a todo o contrato de trabalho de cada trabalhador, devem ser mantidos à disposição da fiscalização por até 5 (cinco) anos após o fim de cada contrato.

Art. 24. Por descumprimento ou inobservância de quaisquer das obrigações que lhe compete como agente arrecadador, pagador e mantenedor do cadastro de contas vinculadas, na forma que vier a ser regulamentada pelo Conselho Curador, fica o banco depositário sujeito ao pagamento de multa equivalente a 10% (dez por cento) do montante da conta do empregado, independentemente das demais cominações legais.

Art. 25. Poderá o próprio trabalhador, seus dependentes e sucessores, ou ainda o Sindicato a que estiver vinculado, acionar diretamente a empresa por intermédio da Justiça do Trabalho, para compeli-la a efetuar o depósito das importâncias devidas nos termos desta Lei.

Parágrafo único. A Caixa Econômica Federal e o Ministério do Trabalho e da Previdência Social deverão ser notificados da propositura da reclamação.

Art. 26. É competente a Justiça do Trabalho para julgar os dissídios entre os trabalhadores e os empregadores decorrentes da aplicação desta Lei, mesmo quando a Caixa Econômica Federal e o Ministério do Trabalho e da Previdência Social figurarem como litisconsortes.

Parágrafo único. Nas reclamatórias trabalhistas que objetivam o ressarcimento de parcelas relativas ao FGTS, ou que, direta ou indiretamente, impliquem essa obrigação de fazer, o juiz determinará que a empresa sucumbente proceda ao recolhimento imediato das importâncias devidas a tal título.

Art. 26-A. Para fins de apuração e lançamento, considera-se não quitado o valor relativo ao FGTS pago diretamente ao trabalhador, vedada a sua conversão em indenização compensatória. (*Acrescido pela Lei 13.932/2019)*

§ 1º Os débitos reconhecidos e declarados por meio de sistema de escrituração digital serão recolhidos integralmente, acrescidos dos encargos devidos.

§ 2º Para a geração das guias de depósito, os valores devidos a título de FGTS e o período laboral a que se referem serão expressamente identificados.

Art. 27. A apresentação do Certificado de Regularidade do FGTS, fornecido na forma do regulamento, é obrigatória nas seguintes situações: (*Redação dada pela Lei 13.932/2019)*

a) habilitação e licitação promovida por órgão da Administração Federal, Estadual e Municipal, direta, indireta ou fundacional ou por entidade controlada direta ou indiretamente pela União, Estado e Município;

b) obtenção, por parte da União, dos Estados ou dos Municípios, ou por órgãos da Administração federal, estadual ou municipal, direta, indireta ou fundacional, ou indiretamente pela União, pelos Estados ou pelos Municípios, de empréstimos ou financiamentos realizados com lastro em recursos públicos ou oriundos do FGTS perante quaisquer instituições de crédito; *(Redação dada pela Lei 13.805/2019)*

▸ Lei 12.453/2011: art. 5º.

c) obtenção de favores creditícios, isenções, subsídios, auxílios, outorga ou concessão de serviços ou quaisquer outros benefícios concedidos por órgão da Administração Federal, Estadual e Municipal, salvo quando destinados a saldar débitos para com o FGTS;

d) transferência de domicílio para o exterior;

e) registro ou arquivamento, nos órgãos competentes, de alteração ou distrato de contrato social, de estatuto, ou de qualquer documento que implique modificação na estrutura jurídica do empregador ou na sua extinção.

Art. 28. São isentos de tributos federais os atos e operações necessários à aplicação desta Lei, quando praticados pela Caixa Econômica Federal, pelos trabalhadores e seus dependentes ou sucessores, pelos empregadores e pelos estabelecimentos bancários.

Parágrafo único. Aplica-se o disposto neste artigo às importâncias devidas, nos termos desta Lei, aos trabalhadores e seus dependentes ou sucessores.

Art. 29. Os depósitos em conta vinculada, efetuados nos termos desta Lei, constituirão despesas dedutíveis do lucro operacional dos empregadores e as importâncias levantadas a seu favor implicarão receita tributável.

Art. 29-A. Quaisquer créditos relativos à correção dos saldos das contas vinculadas do FGTS serão liquidados mediante lançamento pelo agente operador na respectiva conta do trabalhador. (Incluído pela Medida Provisória nº 2.197-43, de 2001)

Art. 29-B. Não será cabível medida liminar em mandado de segurança, no procedimento cautelar ou em quaisquer outras ações de natureza cautelar ou preventiva, nem a tutela antecipada prevista nos arts. 273 e 461 do Código de Processo Civil que impliquem saque ou movimentação da conta vinculada do trabalhador no FGTS. (Incluído pela Medida Provisória nº 2.197-43, de 2001)

▸ Citados dispositivos referem-se ao CPC/73.

Art. 29-C. Nas ações entre o FGTS e os titulares de contas vinculadas, bem como naquelas em que figurem os respectivos representantes ou substitutos processuais, não haverá condenação em honorários advocatícios. (Incluído pela Medida Provisória nº 2.164-41, de 2001)

▸ ADI 2.736: O STF, por unanimidade, julgou inconstitucional o art. 9º da MP 2.164-41/2001, no tocante ao art. 29-C à Lei 8.036/1990. (D.J.E. 29.3.2011)

Art. 29-D. A penhora em dinheiro, na execução fundada em título judicial em que se determine crédito complementar de saldo de conta vinculada do FGTS, será feita mediante depósito de recursos do Fundo em conta vinculada em nome do exequente, à disposição do juízo. (Incluído pela Medida Provisória nº 2.164-41, de 2001)

Parágrafo único. O valor do depósito só poderá ser movimentado, após liberação judicial, nas hipóteses previstas no art. 20 ou para reversão ao Fundo. (Incluído pela Medida Provisória nº 2.164-41, de 2001)

Art. 30. Fica reduzida para 1,5% (um e meio por cento) a contribuição devida pelas empresas ao Serviço Social do Comércio e ao Serviço Social da Indústria e dispensadas estas entidades da subscrição compulsória a que alude o art. 21 da Lei nº 4.380, de 21 de agosto de 1964.

Art. 31. O Poder Executivo expedirá o Regulamento desta Lei no prazo de 60 (sessenta) dias a contar da data de sua promulgação.

Art. 32. Esta Lei entra em vigor na data de sua publicação, revogada a Lei nº 7.839, de 12 de outubro de 1989, e as demais disposições em contrário.

Brasília, 11 de maio de 1990; 169º da Independência e 102º da República.
FERNANDO COLLOR
D.O.U. de 14.5.1990;
ret. 15.5.1990

ANEXO
(Acrescido pela Lei nº 13.932/2019)

LIMITE DAS FAIXAS DE SALDO (Em R$)		ALÍQUOTA	PARCELA ADICIONAL (EM R$)
de 00,01	até 500,00	50%	–
de 500,01	até 1.000,00	40%	50,00
de 1.000,01	até 5.000,00	30%	150,00
de 5.000,01	até 10.000,00	20%	650,00
de 10000,01	até 15.000,00	15%	1.150,00
de 15.000,01	até 20.000,00	10%	1.900,00
acima de 20.000,00	–	5%	2.900,00

LEI Nº 8.038, DE 28 DE MAIO DE 1990

Institui normas procedimentais para os processos que especifica, perante o Superior Tribunal de Justiça e o Supremo Tribunal Federal.

▸ *Recurso Especial e Extraordinário*

O PRESIDENTE DA REPÚBLICA, faço saber que o Congresso Nacional decreta e eu sanciono a seguinte Lei:

▸ Lei 11.419/2006 – Dispõe sobre a informatização do processo judicial; altera a Lei 5.869/1973 (Código de Processo Civil).

▸ Resolução 693/2020 do STF – Regulamenta o processo judicial eletrônico no âmbito do STF.

▸ Resolução 10/2015 do STJ – Regulamenta o processo judicial eletrônico no âmbito do STJ.

TÍTULO I. PROCESSOS DE COMPETÊNCIA ORIGINÁRIA

CAPÍTULO I. AÇÃO PENAL ORIGINÁRIA

▸ Lei 8.658/1993: art. 1º.

Art. 1º. Nos crimes de ação penal pública, o Ministério Público terá o prazo de 15 (quinze) dias para oferecer denúncia ou pedir arquivamento do inquérito ou das peças informativas.

▸ CF/88: art. 129.

§ 1º. Diligências complementares poderão ser deferidas pelo relator, com interrupção do prazo deste artigo.

▸ CPP: art. 798.

§ 2º. Se o indiciado estiver preso:

a) o prazo para oferecimento da denúncia será de 5 (cinco) dias;

b) as diligências complementares não interromperão o prazo, salvo se o relator, ao deferi-las, determinar o relaxamento da prisão.

▸ CF/88: art. 5º, LXV.

§ 3º Não sendo o caso de arquivamento e tendo o investigado confessado formal e circunstanciadamente a prática de infração penal sem violência ou grave ameaça e com pena mínima inferior a 4 (quatro) anos, o Ministério Público poderá propor acordo de não persecução penal, desde que necessário e suficiente para a reprovação e prevenção do crime, nos termos do art. 28-A do Decreto-Lei nº 3.689, de 3 de outubro de 1941 (Código de Processo Penal). (Incluído pela Lei 13.964/2019)

Art. 2º. O relator, escolhido na forma regimental, será o juiz da instrução, que se realizará segundo o disposto neste capítulo, no Código de Processo Penal, no que for aplicável, e no Regimento Interno do Tribunal.

Parágrafo único. O relator terá as atribuições que a legislação processual confere aos juízes singulares.

Art. 3º. Compete ao relator:

I – determinar o arquivamento do inquérito ou de peças informativas, quando o requerer o Ministério Público, ou submeter o requerimento à decisão competente do Tribunal;

II – decretar a extinção da punibilidade, nos casos previstos em lei.

III – convocar desembargadores de Turmas Criminais dos Tribunais de Justiça ou dos Tribunais Regionais Federais, bem como juízes de varas criminais da Justiça dos Estados e da Justiça Federal, pelo prazo de 6 (seis) meses, prorrogável por igual período, até o máximo de 2 (dois) anos, para a realização do interrogatório e de outros atos da instrução, na sede do tribunal ou no local onde se deva produzir o ato. (Incluído pela Lei nº 12.019, de 2009)

Art. 4º. Apresentada a denúncia ou a queixa ao Tribunal, far-se-á a notificação do acusado para oferecer resposta no prazo de 15 (quinze) dias.

▸ CF/88: art. 5º, LIV e LV.

§ 1º. Com a notificação, serão entregues ao acusado cópia da denúncia ou da queixa, do despacho do relator e dos documentos por este indicados.

§ 2º. Se desconhecido o paradeiro do acusado, ou se este criar dificuldades para que o oficial cumpra a diligência, proceder-se-á à sua notificação por edital, contendo o teor resumido da acusação, para que compareça ao Tribunal, em 5 (cinco) dias, onde terá vista dos autos pelo prazo de 15 (quinze) dias, a fim de apresentar a resposta prevista neste artigo.

Art. 5º. Se, com a resposta, forem apresentados novos documentos, será intimada a parte contrária para sobre eles se manifestar, no prazo de 5 (cinco) dias.

Parágrafo único. Na ação penal de iniciativa privada, será ouvido, em igual prazo, o Ministério Público.

▸ CPP: art. 45.

Art. 6º. A seguir, o relator pedirá dia para que o Tribunal delibere sobre o recebimento, a rejeição da denúncia ou da queixa, ou a improcedência da acusação, se a decisão não depender de outras provas.

▸ CPP: art. 395.

§ 1º. No julgamento de que trata este artigo, será facultada sustentação oral pelo prazo de 15 (quinze) minutos, primeiro à acusação, depois à defesa.

§ 2º. Encerrados os debates, o Tribunal passará a deliberar, determinando o Presidente as pessoas que poderão permanecer no recinto, observado o disposto no inciso II, do art. 12, desta Lei.

Art. 7º. Recebida a denúncia ou a queixa, o relator designará dia e hora para o interrogatório, mandando citar o acusado ou querelado e intimar o órgão do Ministério Público, bem como o querelante ou o assistente, se for o caso.

▸ CPP: art. 188.

Art. 8º. O prazo para defesa prévia será de 5 (cinco) dias, contado do interrogatório ou da intimação do defensor dativo.

Art. 9º. A instrução obedecerá, no que couber, ao procedimento comum do Código de Processo Penal.

▸ CPP: arts. 394 a 405.

§ 1º. O relator poderá delegar a realização do interrogatório ou de outro ato da instrução ao juiz ou membro de tribunal com competência territorial no local de cumprimento da carta de ordem.

▸ CPC/15: arts. 260, 262, 263 e 266.

§ 2º. Por expressa determinação do relator, as intimações poderão ser feitas por carta registrada com aviso de recebimento.

▸ CPC/15: arts. 231, I, 246 a 249, 269, § 1º, 274 e 275.

Art. 10. Concluída a inquirição de testemunhas, serão intimadas a acusação e a defesa, para requerimento de diligências no prazo de 5 (cinco) dias.

Art. 11. Realizadas as diligências, ou não sendo estas requeridas nem determinadas pelo relator, serão intimadas a acusação e a defesa para, sucessivamente, apresentarem, no prazo de 15 (quinze) dias, alegações escritas.

§ 1º. Será comum o prazo do acusador e do assistente, bem como o dos corréus.

§ 2º. Na ação penal de iniciativa privada, o Ministério Público terá vista, por igual prazo, após as alegações das partes.

§ 3º. O relator poderá, após as alegações escritas, determinar de ofício a realização de provas reputadas imprescindíveis para o julgamento da causa.

Art. 12. Finda a instrução, o Tribunal procederá ao julgamento, na forma determinada pelo regimento interno, observando-se o seguinte:

I – a acusação e a defesa terão, sucessivamente, nessa ordem, prazo de 1 (uma) hora para sustentação oral, assegurado ao assistente 1/4 (um quarto) do tempo da acusação;

II – encerrados os debates, o Tribunal passará a proferir o julgamento, podendo o Presidente limitar a presença no recinto às partes e seus advogados, ou somente a estes, se o interesse público exigir.

CAPÍTULO II. RECLAMAÇÃO

Arts. 13 a 18. (Revogados pela Lei nº 13.105, de 2015)

CAPÍTULO III. INTERVENÇÃO FEDERAL

Art. 19. A requisição de intervenção federal prevista nos incisos II e IV do art. 36 da Constituição Federal será promovida:

I – de ofício, ou mediante pedido de Presidente de Tribunal de Justiça do Estado, ou de Presidente de Tribunal Federal, quando se tratar de prover a execução de ordem ou decisão judicial, com ressalva, conforme a matéria, da competência do Supremo Tribunal Federal ou do Tribunal Superior Eleitoral;

II – de ofício, ou mediante pedido da parte interessada, quando se tratar de prover a execução de ordem ou decisão do Superior Tribunal de Justiça;

III – mediante representação do Procurador-Geral da República, quando se tratar de prover a execução de lei federal.

Art. 20. O Presidente, ao receber o pedido:

I – tomará as providências que lhe parecerem adequadas para remover, administrativamente, a causa do pedido;

II – mandará arquivá-lo, se for manifestamente infundado, cabendo do seu despacho agravo regimental.

Art. 21. Realizada a gestão prevista no inciso I do artigo anterior, solicitadas informações à autoridade estadual e ouvido o Procurador-Geral, o pedido será distribuído a um relator.

Parágrafo único. Tendo em vista o interesse público, poderá ser permitida a presença no recinto às partes e seus advogados, ou somente a estes.

Art. 22. Julgado procedente o pedido, o Presidente do Superior Tribunal de Justiça comunicará, imediatamente, a decisão aos órgãos do poder público interessados e requisitará a intervenção ao Presidente da República.

CAPÍTULO IV. HABEAS CORPUS

- CF/88: art. 5º, LXVIII.

Art. 23. Aplicam-se ao *habeas corpus* perante o Superior Tribunal de Justiça as normas do Livro III, Título II, Capítulo X, do Código de Processo Penal.

CAPÍTULO V. OUTROS PROCEDIMENTOS

Art. 24. Na ação rescisória, nos conflitos de competência, de jurisdição e de atribuições, na revisão criminal e no mandado de segurança, será aplicada a legislação processual em vigor.

- CF/88: arts. 5º, LXIX, 102, I, e 105, I.
- CPC/15: arts. 966 a 975
- CPP: arts. 621 a 631.

Parágrafo único. No mandado de injunção e no *habeas data*, serão observadas, no que couber, as normas do mandado de segurança, enquanto não editada legislação específica.

- CF/88: art. 5º, LXXI e LXXII.
- CPC/15: arts. 1.027 e 1.028.
- Lei 13.300/2016 – Disciplina o processo e o julgamento dos mandados de injunção individual e coletivo.
- Lei 12.016/2009 – Disciplina o mandado de segurança individual e coletivo.
- Lei 9.507/1997 – Regula o direito de acesso a informações e disciplina o rito processual do habeas data.

Art. 25. Salvo quando a causa tiver por fundamento matéria constitucional, compete ao Presidente do Superior Tribunal de Justiça, a requerimento do Procurador-Geral da República ou da pessoa jurídica de direito público interessada, e para evitar grave lesão à ordem, à saúde, à segurança e à economia pública, suspender, em despacho fundamentado, a execução de liminar ou de decisão concessiva de mandado de segurança, proferida, em única ou última instância, pelos Tribunais Regionais Federais ou pelos Tribunais dos Estados e do Distrito Federal.

§ 1º. O Presidente pode ouvir o impetrante, em 5 (cinco) dias, e o Procurador-Geral quando não for o requerente, em igual prazo.

§ 2º. Do despacho que conceder a suspensão caberá agravo regimental.

§ 3º. A suspensão de segurança vigorará enquanto pender o recurso, ficando sem efeito, se a decisão concessiva for mantida pelo Superior Tribunal de Justiça ou transitar em julgado.

- Súm. 626 do STJ.

TÍTULO II. RECURSOS

CAPÍTULO I. RECURSO EXTRAORDINÁRIO E RECURSO ESPECIAL

- CPC/15: arts. 1.029 a 1.041.

Arts. 26 a 29. (Revogados pela Lei nº 13.105, de 2015)

CAPÍTULO II. RECURSO ORDINÁRIO EM *HABEAS CORPUS*

Art. 30. O recurso ordinário para o Superior Tribunal de Justiça, das decisões denegatórias de *habeas corpus*, proferidas pelos Tribunais Regionais Federais ou pelos Tribunais dos Estados e do Distrito Federal, será interposto no prazo de 5 (cinco) dias, com as razões do pedido de reforma.

- CF/88: art. 105, II, a.
- CPP: art. 650, I.

Art. 31. Distribuído o recurso, a Secretaria, imediatamente, fará os autos com vista ao Ministério Público, pelo prazo de 2 (dois) dias.

Parágrafo único. Conclusos os autos ao relator, este submeterá o feito a julgamento independentemente de pauta.

Art. 32. Será aplicado, no que couber, ao processo e julgamento do recurso, o disposto com relação ao pedido originário de *habeas corpus*.

- CF/88: art. 102, I, d e i.

CAPÍTULO III. RECURSO ORDINÁRIO EM MANDADO DE SEGURANÇA

Art. 33. O recurso ordinário para o Superior Tribunal de Justiça, das decisões denegatórias de mandado de segurança, proferidas em única instância pelos Tribunais Regionais Federais ou pelos Tribunais de Estados e do Distrito Federal, será interposto no prazo de 15 (quinze) dias, com as razões do pedido de reforma.

- CF/88: art. 105, II, b.

Art. 34. Serão aplicadas, quanto aos requisitos de admissibilidade e o procedimento no Tribunal recorrido, as regras do Código de Processo Civil relativas à apelação.

- CPC/15: arts. 1.009 a 1.014.

Art. 35. Distribuído o recurso, a Secretaria, imediatamente, fará os autos com vista ao Ministério Público, pelo prazo de 5 (cinco) dias.

Parágrafo único. Conclusos os autos ao relator, este pedirá dia para julgamento.

CAPÍTULO IV. APELAÇÃO CÍVEL E AGRAVO DE INSTRUMENTO

Art. 36. Nas causas em que forem partes, de um lado, Estado estrangeiro ou organismo internacional e, de outro, município ou pessoa domiciliada ou residente no País, caberá:

- CF/88: art. 105, II, b.

I – apelação da sentença;

- CPC/15: arts. 1.009 a 1.014.

II – agravo de instrumento, das decisões interlocutórias.

- CPC/15: arts. 1.015 a 1.020.

Art. 37. Os recursos mencionados no artigo anterior serão interpostos para o Superior Tribunal de Justiça, aplicando-se-lhes, quanto aos requisitos de admissibilidade e ao procedimento o disposto no Código de Processo Civil.

- CPC/15: arts. 929 a 946.

TÍTULO III. DISPOSIÇÕES GERAIS

Art. 38. (Revogado pela Lei n º 13.105, de 2015)

Art. 39. Da decisão do Presidente do Tribunal, de Seção, de Turma ou de Relator que causar gravame à parte, caberá agravo para o órgão especial, Seção ou Turma, conforme o caso, no prazo de 5 (cinco) dias.

- Súm. 116 do STJ.

Art. 40. Haverá revisão, no Superior Tribunal de Justiça, nos seguintes processos:

I – ação rescisória;
II – ação penal originária;
III – revisão criminal.

Art. 41. Em caso de vaga ou afastamento do Ministro do Superior Tribunal de Justiça, por prazo superior a 30 (trinta) dias, poderá ser convocado Juiz de Tribunal Regional Federal ou Desembargador, para substituição, pelo voto da maioria absoluta dos seus membros.

Art. 41-A. A decisão de Turma, no Supremo Tribunal Federal e no Superior Tribunal de Justiça, será tomada pelo voto da maioria absoluta de seus membros. *(Redação dada pela Lei 14.836/2024)*

Parágrafo único. Em todos os julgamentos em matéria penal ou processual penal em órgãos colegiados, havendo empate, prevalecerá a decisão mais favorável ao indivíduo imputado, proclamando-se de imediato esse resultado, ainda que, nas hipóteses de vaga aberta a ser preenchida, de impedimento, de suspeição ou de ausência, tenha sido o julgamento tomado sem a totalidade dos integrantes do colegiado. *(Redação dada pela Lei 14.836/2024)*

Art. 41-B. As despesas do porte de remessa e retorno dos autos serão recolhidas mediante documento de arrecadação, de conformidade com instruções e tabela expedidas pelo Supremo Tribunal Federal e pelo Superior Tribunal de Justiça. (Incluído pela Lei nº 9.756, de 1998)

Parágrafo único. A secretaria do tribunal local zelará pelo recolhimento das despesas postais. (Incluído pela Lei nº 9.756, de 1998)

Art. 42. Os arts. 496, 497, 498, inciso II do art. 500, e 508 da Lei nº 5.869, de 11 de janeiro de 1973 – Código de Processo Civil, passam a vigorar com a seguinte redação:

"Art. 496. São cabíveis os seguintes recursos:
I – apelação;
II – agravo de instrumento;
III – embargos infringentes;
IV – embargos de declaração;
V – recurso ordinário;
VI – recurso especial;
VII – recurso extraordinário.

Art. 497. O recurso extraordinário e o recurso especial não impedem a execução da sentença; a interposição do agravo de instrumento não obsta o andamento do processo, ressalvado o disposto no art. 558 desta lei.

Art. 498. Quando o dispositivo do acórdão contiver julgamento por maioria de votos e julgamento unânime e forem interpostos simultaneamente embargos infringentes e recurso extraordinário ou recurso especial, ficarão estes sobrestados até o julgamento daquele.

[...]

Art. 500. [...]

II – será admissível na apelação, nos embargos infringentes, no recurso extraordinário e no recurso especial;

[...]

Art. 508. Na apelação e nos embargos infringentes, o prazo para interpor e para responder é de quinze dias."

Art. 43. Esta Lei entra em vigor na data de sua publicação.

Art. 44. Revogam-se as disposições em contrário, especialmente os arts. 541 a 546 do Código de Processo Civil e a Lei nº 3.396, de 2 de junho de 1958.

Brasília, em 28 de maio de 1990; 169º da Independência e 102º da República.

FERNANDO COLLOR

D.O.U. 29.5.1990

LEI Nº 8.069, DE 13 DE JULHO DE 1990 (Excertos)

Dispõe sobre o Estatuto da Criança e do Adolescente e dá outras providências.

- *Estatuto da criança e do adolescente*
- *DOU*, 16.07.1990, retificada no DOU, 27.09.1990.
- Lei 8.242/1991 (Cria o Conselho Nacional dos Direitos da Criança e do Adolescente - CONANDA).
- Lei 12.010/2009 (Lei da Adoção).
- Lei 12.318/2010 (Lei da Alienação Parental).
- Lei 12.594/2012 (Institui o Sistema Nacional de Atendimento Socioeducativo (Sinase), regulamenta a execução das medidas socioeducativas destinadas a adolescente que pratique ato infracional).
- Lei 13.257/2016 (Dispõe sobre as políticas públicas para a primeira infância e altera o ECA, o CPP, a CLT, a Lei 11.770/2008, e a Lei 12.662/2012).
- Lei 13.431/2017 (Estabelece o sistema de garantia de direitos da criança e do adolescente vítima ou testemunha de violência).
- Dec. 9.579/2018 (Consolida atos normativos editados pelo Poder Executivo federal que dispõem sobre a temática do lactente, da criança e do adolescente e do aprendiz, e sobre o Conselho Nacional dos Direitos da Criança e do Adolescente, o Fundo Nacional para a Criança e o Adolescente e os programas federais da criança e do adolescente).
- Res. CNJ 94/2009 (Criação de Coordenadorias da Infância e da Juventude no âmbito dos Tribunais de Justiça dos Estados e do Distrito Federal).

O Presidente da República. Faço saber que o Congresso Nacional decreta e eu sanciono a seguinte Lei:

(...)

TÍTULO II DOS DIREITOS FUNDAMENTAIS

(...)

CAPÍTULO V DO DIREITO À PROFISSIONALIZAÇÃO E À PROTEÇÃO NO TRABALHO

- art. 207, CF.
- arts. 402 a 441, CLT.
- art. 149, CP.
- Dec. 10.088/2019 (Consolida atos normativos editados pelo Poder Executivo Federal que dispõem sobre a promulgação de convenções e recomendações da Organização Internacional do Trabalho - OIT ratificadas pelo Brasil).

Art. 60. É proibido qualquer trabalho a menores de quatorze anos de idade, salvo na condição de aprendiz.

- arts. 7º, XXXIII; e 227, § 3º, I, CF.
- art. 62, desta lei.
- art. 402, CLT.
- *Vide* art. 227, § 3.º, I, da CF.
- *Vide* art. 402 da CLT.

Art. 61. A proteção ao trabalho dos adolescentes é regulada por legislação especial, sem prejuízo do disposto nesta Lei.

- art. 2º desta lei.
- arts. 402 a 441, CLT.
- *Vide* arts. 402 a 441 da CLT.

Art. 62. Considera-se aprendizagem a formação técnico-profissional ministrada segundo as diretrizes e bases da legislação de educação em vigor.

- art. 428, CLT.
- *Vide* art. 429 da CLT.

Art. 63. A formação técnico-profissional obedecerá aos seguintes princípios:

I - garantia de acesso e frequência obrigatória ao ensino regular;

- art. 227, § 3º, III, CF.
- *Vide* art. 227, § 3.º, III, da CF.

II - atividade compatível com o desenvolvimento do adolescente;

- art. 69, I, desta lei.
- *Vide* art. 69, I, do ECA.

III - horário especial para o exercício das atividades.

- *Vide* art. 67, I, do ECA.

Art. 64. Ao adolescente até quatorze anos de idade é assegurada bolsa de aprendizagem.

- arts. 429, CLT.

Art. 65. Ao adolescente aprendiz, maior de quatorze anos, são assegurados os direitos trabalhistas e previdenciários.

- art. 227, § 3º, III, CF.
- *Vide* art. 227, § 3.º, I, da CF.

Art. 66. Ao adolescente portador de deficiência é assegurado trabalho protegido.

- arts. 7º, XXXI; 23, II; 24, XIV; 37, VIII; e 227, § 1º, II, CF.
- *Vide* art. 429 da CLT.

Art. 67. Ao adolescente empregado, aprendiz, em regime familiar de trabalho, aluno de escola técnica, assistido em entidade governamental ou não governamental, é vedado trabalho:

- art. 7º, XXXIII, CF.
- arts. 62; 68; e 90 a 94, desta lei.
- *Vide* arts. 62, 68 e 90 a 94 do ECA.

I - noturno, realizado entre as vinte e duas horas de um dia e as cinco horas do dia seguinte;

- *Vide* art. 63, III, do ECA.

II - perigoso, insalubre ou penoso;

- arts. 189 a 197, CLT.
- *Vide* arts. 189 a 197 da CLT.

III - realizado em locais prejudiciais à sua formação e ao seu desenvolvimento físico, psíquico, moral e social;

- art. 69, I, desta lei.
- *Vide* art. 69, I, do ECA.

IV - realizado em horários e locais que não permitam a frequência à escola.

- art. 63, I e III, desta lei.
- *Vide* art. 63, I e III, do ECA.

Art. 68. O programa social que tenha por base o trabalho educativo, sob responsabilidade de entidade governamental ou não governamental sem fins lucrativos, deverá assegurar ao adolescente que dele participe condições de capacitação para o exercício de atividade regular remunerada.

- arts. 69, II; e 90 a 94, desta lei.
- *Vide* arts. 69, II, e 90 a 94 do ECA.

§ 1º Entende-se por trabalho educativo a atividade laboral em que as exigências pedagógicas relativas ao desenvolvimento pessoal e social do educando prevalecem sobre o aspecto produtivo.

- Lei 11.692/2008 (Dispõe sobre o Programa Nacional de Inclusão de Jovens - Projovem, instituído pela Lei 11.129/2005).
- *Vide* art. 69, II, do ECA.

§ 2º A remuneração que o adolescente recebe pelo trabalho efetuado ou a participação na venda dos produtos de seu trabalho não desfigura o caráter educativo.

Art. 69. O adolescente tem direito à profissionalização e à proteção no trabalho, observados os seguintes aspectos, entre outros:

- art. 227, *caput*, CF.
- art. 4º desta lei.
- *Vide* art. 4.º do ECA.
- *Vide* art. 227, *caput*, da CF.

I - respeito à condição peculiar de pessoa em desenvolvimento;

- *Vide* art. 15 do ECA.

II - capacitação profissional adequada ao mercado de trabalho.

- *Vide* art. 63 do ECA.

(...)

PARTE ESPECIAL

(...)

TÍTULO VII
DOS CRIMES E DAS INFRAÇÕES ADMINISTRATIVAS

(...)

CAPÍTULO II
DAS INFRAÇÕES ADMINISTRATIVAS

(...)

DISPOSIÇÕES FINAIS E TRANSITÓRIAS

(...)

Art. 266. Esta Lei entra em vigor noventa dias após sua publicação.

(...)

Art. 267. Revogam-se as Leis n. 4.513, de 1964, e 6.697, de 10 de outubro de 1979 (Código de Menores), e as demais disposições em contrário.

Brasília, 13 de julho de 1990, 169º da Independência e 102º da República.

Fernando Collor

LEI Nº 8.073, DE 30 DE JULHO DE 1990

Estabelece a Política Nacional de Salários e dá outras providências.

- *Política Nacional de Salários*

O Presidente da República,

Faço saber que o Congresso Nacional decreta e eu sanciono a seguinte lei:

Art. 1º (VETADO)

Art. 2º (VETADO)

Art. 3º As entidades sindicais poderão atuar como substitutos processuais dos integrantes da categoria.

Parágrafo único. (VETADO).

Art. 4º Esta lei entra em vigor na data de sua publicação.

Art. 5º Revogam-se as disposições em contrário.

Fernando Collor

LEI Nº 8.078, DE 11 DE SETEMBRO DE 1990 (Excertos)

Dispõe sobre a proteção do consumidor e dá outras providências.

- *Código de defesa do consumidor*
- *DOU*, 12.09.1990, edição extra, retificada no *DOU*, 10.01.2007.
- Lei 12.291/2010 (Torna obrigatória a manutenção de exemplar do Código de Defesa do Consumidor nos estabelecimentos comerciais e de prestação de serviços).
- Lei 13.179/2015 (Obriga o fornecedor de ingresso para evento cultural pela internet a tornar disponível a venda de meia-entrada por esse veículo).
- Dec. 2.181/1997 (Dispõe sobre a organização do Sistema Nacional de Defesa do Consumidor – SNDC, e estabelece normas gerais de aplicação das sanções administrativas previstas nesta Lei).
- Dec. 5.903/2006 (Regulamenta este Código no que se refere às práticas infracionais que atentam contra o direito básico do consumidor de obter informação adequada e clara sobre produtos e serviços).
- Dec. 7.962/2013 (Regulamenta esta lei, para dispor sobre a contratação no comércio eletrônico).
- Dec. 7.963/2013 (Institui o Plano Nacional de Consumo e Cidadania e cria a Câmara Nacional das Relações de Consumo).
- Dec. 8.264/2014 (Regulamenta a Lei 12.741/2012, que dispõe sobre as medidas de esclarecimento ao consumidor quanto à carga tributária incidente sobre mercadorias e serviços).
- Dec. 8.573/2015 (Dispõe sobre o Consumidor. gov.br, sistema alternativo de solução de conflitos de consumo).
- Dec. 11.034/2022 (Regulamenta este Código para estabelecer diretrizes e normas sobre o Serviço de Atendimento ao Consumidor).
- Port. MJ 2.014/2008 (Estabelece o tempo máximo para o contato direto com o atendente e o horário de funcionamento no Serviço de Atendimento ao Consumidor – SAC).

O Presidente da República. Faço saber que o Congresso Nacional decreta e eu sanciono a seguinte lei:

TÍTULO I
DOS DIREITOS DO CONSUMIDOR

CAPÍTULO I
DISPOSIÇÕES GERAIS

Art. 1º O presente Código estabelece normas de proteção e defesa do consumidor, de ordem pública e interesse social, nos termos dos arts. 5º, inciso XXXII, 170, inciso V, da Constituição Federal e art. 48 de suas Disposições Transitórias.

- arts. 24, VIII; 150, § 5º; e 170, V, CF.
- *Vide* Súmulas 130 e 381 do STJ.

Art. 2º Consumidor é toda pessoa física ou jurídica que adquire ou utiliza produto ou serviço como destinatário final.

- arts. 17 e 29 deste Código.

Parágrafo único. Equipara-se a consumidor a coletividade de pessoas, ainda que indetermináveis, que haja intervindo nas relações de consumo.

- art. 81, p.u., deste Código.
- Súm. 643, STF.
- Súm. 563, STJ.
- *Vide* arts. 17 e 29 do CDC.
- *Vide* Súmulas 563, 602 e 608 do STJ.

Art. 3º Fornecedor é toda pessoa física ou jurídica, pública ou privada, nacional ou estrangeira, bem como os entes despersonalizados, que desenvolvem atividade de produção, montagem, criação, construção, transformação, importação, exportação, distribuição ou comercialização de produtos ou prestação de serviços.

- art. 28 deste Código.
- Súm. 297, STJ.
- *Vide* art. 28 do CDC.
- *Vide* Súmulas 563, 602 e 608 do STJ.

§ 1º Produto é qualquer bem, móvel ou imóvel, material ou imaterial.

- *Vide* art. 26, I e II, do CDC.

§ 2º Serviço é qualquer atividade fornecida no mercado de consumo, mediante remuneração, inclusive as de natureza bancária, financeira, de crédito e securitária, salvo as decorrentes das relações de caráter trabalhista.

- Súm. 297, 563, STJ.

(...)

CAPÍTULO III
DOS DIREITOS BÁSICOS DO CONSUMIDOR

Art. 6º São direitos básicos do consumidor:

I - a proteção da vida, saúde e segurança contra os riscos provocados por práticas no fornecimento de produtos e serviços considerados perigosos ou nocivos;

- arts. 5º, *caput*; e 196 a 200, CF.
- *Vide* art. 5.º, *caput*, e 196 a 200 da CF.

II - a educação e divulgação sobre o consumo adequado dos produtos e serviços, asseguradas a liberdade de escolha e a igualdade nas contratações;

III - a informação adequada e clara sobre os diferentes produtos e serviços, com especificação correta de quantidade, características, composição, qualidade, tributos incidentes e preço, bem como sobre os riscos que apresentem; (Alterado pela Lei 12.741/2012. Vigência: 6 meses após a data de publicação).

- arts. 31 e 66 deste Código.
- Súm. 595, do STJ.
- Lei 10.962/2004 (Dispõe sobre a oferta e as formas de afixação de preços de produtos e serviços para o consumidor) e Dec. 5.903/2006 (Regulamento).
- Dec. 4.680/2003 (Regulamenta o direito à informação quanto aos alimentos e ingredientes alimentares destinados ao consumo humano ou animal que contenham ou sejam produzidos a partir de organismos geneticamente modificados).
- Dec. 5.903/2006 (Regulamenta o CDC e a Lei 10.962/2004).
- Dec. 7.962/2013 (Regulamenta o CDC).
- Dec. 8.264/2014 (Regulamenta a Lei 12.741/2012, que dispõe sobre as medidas de esclarecimento ao consumidor quanto à carga tributária incidente sobre mercadorias e serviços).
- *Vide* parágrafo único e art. 4, IV do CDC.
- *Vide* Lei n. 13.186, de 11-11-2015 (Política de Educação para o Consumo Sustentável).
- *Vide* art. 5-A da Lei 10.962, de 11-10-2004 (Ofertas e forma de afixação de preços de produtos e serviços para o consumidor). O Decreto n. 5.903, de 20-9-2006, regulamenta esta Lei.
- *Vide* arts. 12, 157, 186, 317, 402 e 927 do CC.
- *Vide* Súmula 595 do STJ.

IV - a proteção contra a publicidade enganosa e abusiva, métodos comerciais coercitivos ou desleais, bem como contra práticas e cláusulas abusivas ou impostas no fornecimento de produtos e serviços;

- arts. 37; 39 a 41; 51 a 53; e 67 deste Código.

V - a modificação das cláusulas contratuais que estabeleçam prestações desproporcionais ou sua revisão em razão de fatos supervenientes que as tornem excessivamente onerosas;

- arts. 478 a 480, CC/2002.
- *Vide* art. 51, § 2.º, do CDC.
- *Vide* arts. 12, 157, 317, 402, 421, 422 e 478 do CC.

VI - a efetiva prevenção e reparação de danos patrimoniais e morais, individuais, coletivos e difusos;

- arts. 25; 57, *caput*; e 100, deste Código.
- art. 13, Lei 7.347/1985 (Lei da Ação Civil Pública).
- Súm. 37, STJ.
- *Vide* art. 5.º, X, da CF.
- *Vide* arts. 12, 157, 186, 317, 402 e 927 do CC.
- *Vide* Súmula 227 do STJ.

VII - o acesso aos órgãos judiciários e administrativos com vistas à prevenção ou reparação de danos patrimoniais e morais, individuais, coletivos ou difusos, assegurada a proteção Jurídica, administrativa e técnica aos necessitados;

- art. 5º, LXXIV, CF.
- Lei 1.060/1950 (Lei de Assistência Judiciária).
- » *Vide* art. 83 do CDC.
- » *Vide* art. 5.º, LXXIV, da CF.

VIII - a facilitação da defesa de seus direitos, inclusive com a inversão do ônus da prova, a seu favor, no processo civil, quando, a critério do juiz, for verossímil a alegação ou quando for ele hipossuficiente, segundo as regras ordinárias de experiências;

- art. 5º, LV, CF.
- art. 373, NCPC.
- art. 14, Lei 7.347/1985 (Lei da Ação Civil Pública).
- » *Vide* arts. 93 e 38 do CDC.
- » *Vide* art. 5.º, LV, da CF.
- » *Vide* Súmula 618 do STJ.
- » *Vide* art. 373, § 1.º, do CPC.

IX - (Vetado.);

X - a adequada e eficaz prestação dos serviços públicos em geral.

XI - a garantia de práticas de crédito responsável, de educação financeira e de prevenção e tratamento de situações de superendividamento, preservado o mínimo existencial, nos termos da regulamentação, por meio da revisão e da repactuação da dívida, entre outras medidas; *(Acrescido pela Lei 14.181/2021)*

XII - a preservação do mínimo existencial, nos termos da regulamentação, na repactuação de dívidas e na concessão de crédito; *(Acrescido pela Lei 14.181/2021)*

XIII - a informação acerca dos preços dos produtos por unidade de medida, tal como por quilo, por litro, por metro ou por outra unidade, conforme o caso. *(Acrescido pela Lei 14.181/2021)*

Parágrafo único. A informação de que trata o inciso III do *caput* deste artigo deve ser acessível à pessoa com deficiência, observado o disposto em regulamento. (Acrescentado pela Lei 13.146/2015.)

Art. 7º Os direitos previstos neste Código não excluem outros decorrentes de tratados ou convenções internacionais de que o Brasil seja signatário, da legislação interna ordinária, de regulamentos expedidos pelas autoridades administrativas competentes, bem como dos que derivem dos princípios gerais do direito, analogia, costumes e equidade.

- art. 4º, Dec.-Lei 4.657/1942 (Lei de Introdução às normas do Direito Brasileiro – LINDB, antiga LICC).

Parágrafo único. Tendo mais de um autor a ofensa, todos responderão solidariamente pela reparação dos danos previstos nas normas de consumo.

- arts. 264 a 266; 275, *caput*; 285; e 942, *caput*, 2ª parte, CC/2002.
- art. 113, NCPC.
- » *Vide* arts. 18, *caput*, 19, *caput*, 25, § 1.º, 28, § 3.º, e 34 do CDC.
- » *Vide* arts. 264 a 266, 275, *caput*, 285, e 942, *caput*, 2.ª parte, do CC.
- » *Vide* art. 113 do CPC.

(...)

TÍTULO III
DA DEFESA DO CONSUMIDOR EM JUÍZO

CAPÍTULO I
DISPOSIÇÕES GERAIS

- Lei 7.347/1985 (Lei da Ação Civil Pública).

Art. 81. A defesa dos interesses e direitos dos consumidores e das vítimas poderá ser exercida em juízo individualmente, ou a título coletivo.

- art. 129, III, CF.
- Dec. 2.181/1997 (Dispõe sobre a organização do Sistema Nacional de Defesa do Consumidor – SNDC, e estabelece normas gerais de aplicação das sanções administrativas previstas nesta Lei).
- » *Vide* art. 129, III, da CF.
- » *Vide* art. 8.º do CPC.

Parágrafo único. A defesa coletiva será exercida quando se tratar de:

- arts. 82; 91; 93; e 98, § 2º, deste Código.
- » *Vide* arts. 82, 91, 93 e 98, § 2.º, do CDC.

I - interesses ou direitos difusos, assim entendidos, para efeitos deste Código, os transindividuais, de natureza indivisível, de que sejam titulares pessoas indeterminadas e ligadas por circunstâncias de fato;

- arts. 103, I, § 1º; e 104 deste Código.
- » *Vide* arts. 103, I e § 1.º, e 104 do CDC.

II - interesses ou direitos coletivos, assim entendidos, para efeitos deste Código, os transindividuais, de natureza indivisível de que seja titular grupo, categoria ou classe de pessoas ligadas entre si ou com a parte contrária por uma relação jurídica base;

- arts. 103, II, § 1º; e 104 deste Código.
- » *Vide* arts. 103, II e § 1.º, e 104 do CDC.

III - interesses ou direitos individuais homogêneos, assim entendidos os decorrentes de origem comum.

- arts. 93 a 100; e 103, III, e § 2º, deste Código.
- » *Vide* arts. 93 a 100 e 103, III e § 2.º, do CDC.

Art. 82. Para os fins do art. 81, parágrafo único, são legitimados concorrentemente: (Redação dada pela Lei 9.008/1995.)

- arts. 83; 90; 91; 97; 98; e 100 deste Código.
- art. 139, X, NCPC.
- art. 5º, Lei 7.347/1985 (Lei da Ação Civil Pública).
- art. 56, § 3º, Dec. 2.181/1997 (Dispõe sobre a organização do Sistema Nacional de Defesa do Consumidor – SNDC, e estabelece normas gerais de aplicação das sanções administrativas previstas nesta Lei).
- Lei 12.529/2011 (Estrutura o Sistema Brasileiro de Defesa da Concorrência; dispõe sobre a prevenção e repressão às infrações contra a ordem econômica).
- » *Vide* arts. 83, 90, 91, 97, 98 e 100 do CDC.

I - o Ministério Público,

- arts. 127 a 129, III, CF.
- arts. 51, § 4º; 80; e 92 deste Código.
- art. 177, NCPC.
- arts. 3º, VI, Dec. 2.181/1997 (Dispõe sobre a organização do Sistema Nacional de Defesa do Consumidor – SNDC, e estabelece normas gerais de aplicação das sanções administrativas previstas nesta Lei).
- » *Vide* Súmula 643 do STF.

II - a União, os Estados, os Municípios e o Distrito Federal;

III - as entidades e órgãos da Administração Pública, direta ou indireta, ainda que sem personalidade jurídica, especificamente destinados à defesa dos interesses e direitos protegidos por este Código;

- art. 80 deste Código.
- » *Vide* art. 80 do CDC.

IV - as associações legalmente constituídas há pelo menos um ano e que incluam entre seus fins institucionais a defesa dos interesses e direitos protegidos por este Código, dispensada a autorização assemblear.

- arts. 5º, XXI e LXX; e 8º, III, CF.
- art. 80 deste Código.
- arts. 45 a 61, CC/2002.
- art. 114, I, Lei 6.015/1973 (Lei dos Registros Públicos).
- art. 5º, Lei 7.347/1985 (Lei da Ação Civil Pública).
- art. 3º, Lei 8.073/1990 (Estabelece a Política Nacional de Salários).
- art. 7º, Lei 9.870/1999 (Dispõe sobre o valor total das anuidades escolares).
- art. 8º, II, Dec. 2.181/1997 (Dispõe sobre a organização do Sistema Nacional de Defesa do Consumidor – SNDC, e estabelece normas gerais de aplicação das sanções administrativas previstas nesta Lei).
- » *Vide* art. 80 do CDC.
- » *Vide* arts. 5.º, XXI e LXX, e 8.º, III, da CF.
- » *Vide* arts. 45 a 61 da CC.

§ 1º O requisito da pré-constituição pode ser dispensado pelo juiz, nas ações previstas nos arts. 91 e seguintes, quando haja manifesto interesse social evidenciado pela dimensão ou característica do dano, ou pela relevância do bem jurídico a ser protegido.

- » *Vide* arts. 53 a 61 do CC.

§§ 2º e 3º (Vetados.)

Art. 83. Para a defesa dos direitos e interesses protegidos por este Código são admissíveis todas as espécies de ações capazes de propiciar sua adequada e efetiva tutela.

- » *Vide* arts. 3.º a 4.º do CPC.

Parágrafo único. (Vetado.)

Art. 84. Na ação que tenha por objeto o cumprimento da obrigação de fazer ou não fazer, o juiz concederá a tutela específica da obrigação ou determinará providências que assegurem o resultado prático equivalente ao do adimplemento.

- arts 30; 35, I; e 48 deste Código.
- arts. 497, 499, 500, 536 e 537, NCPC.
- » *Vide* arts. 30, 35, I, e 48 do CDC.

§ 1º A conversão da obrigação em perdas e danos somente será admissível se por elas optar o autor ou se impossível a tutela específica ou a obtenção do resultado prático correspondente.

§ 2º A indenização por perdas e danos se fará sem prejuízo da multa (art. 287 do Código de Processo Civil).

- Refere-se ao CPC/1973.

§ 3º Sendo relevante o fundamento da demanda e havendo justificado receio de ineficácia do provimento final, é lícito ao juiz conceder a tutela liminarmente ou após justificação prévia, citado o réu.

- arts. 303 a 305, NCPC.
- » *Vide* art. 294 do CPC.

§ 4º O juiz poderá, na hipótese do § 3º ou na sentença, impor multa diária ao réu, independentemente de pedido do autor, se for suficiente ou compatível com a obrigação, fixando prazo razoável para o cumprimento do preceito.

- art. 537, NCPC.

§ 5º Para a tutela específica ou para a obtenção do resultado prático equivalente, poderá o juiz determinar as medidas necessárias, tais como busca e apreensão, remoção de coisas e pessoas, desfazimento de obra, impedimento de atividade nociva, além de requisição de força policial.

- » *Vide* art. 297 do CPC.

Arts. 85 e 86. (Vetados.)

Art. 87. Nas ações coletivas de que trata este Código não haverá adiantamento de custas, emolumentos, honorários periciais e quaisquer outras despesas, nem condenação da associação autora, salvo comprovada má-fé, em honorários de advogados, custas e despesas processuais.

- art. 18, Lei 7.347/1985 (Lei da Ação Civil Pública).
- art. 4º, IV, Lei 9.289/1996 (Dispõe sobre as custas devidas à União, na Justiça Federal de primeiro e segundo graus).
- » *Vide* art. 81, parágrafo único, do CDC.

Parágrafo único. Em caso de litigância de má-fé, a associação autora e os diretores responsáveis pela propositura da ação serão solidariamente condenados em honorários advocatícios e ao décuplo das custas, sem prejuízo da responsabilidade por perdas e danos.

- arts. 264; 265; e 402 a 405, CC/2002.
- arts. 79 a 81, 82, 84 e 85, NCPC.
- » *Vide* arts. 5.º, 77 e 78 do CPC.

Art. 88. Na hipótese do art. 13, parágrafo único, deste Código, a ação de regresso poderá ser ajuizada em processo autônomo, facultada a possibilidade de prosseguir-se nos mesmos autos, vedada a denunciação da lide.

- art. 283, CC/2002.
- arts. 125 a 128, NCPC.
- » *Vide* art. 13, parágrafo único, do CDC.
- » *Vide* art. 283 do CC.

Art. 89. (Vetado.)

Art. 90. Aplicam-se às ações previstas neste título as normas do Código de Processo Civil e da Lei n. 7.347, de 24 de julho de 1985, inclusive no que respeita ao inquérito civil, naquilo que não contrariar suas disposições.

- art. 26, § 2º, III, deste Código.
- art. 1.046, § 4º, NCPC.
- arts. 8º, § 1º; e 9º, Lei 7.347/1985 (Lei da Ação Civil Pública).
- » *Vide* art. 26, § 2.º, III, do CDC.
- » *Vide* arts. 8.º, § 1.º, e 9.º, da Lei n. 7.347, de 24-7-1985 (Ação civil pública).

CAPÍTULO II
DAS AÇÕES COLETIVAS PARA A DEFESA DE INTERESSES INDIVIDUAIS HOMOGÊNEOS

Art. 91. Os legitimados de que trata o art. 82 poderão propor, em nome próprio e no interesse das vítimas ou seus sucessores, ação civil coletiva de responsabilidade pelos danos individualmente sofridos, de acordo com o disposto nos artigos seguintes. (Redação dada pela Lei 9.008/1995.)

- art. 82, § 1º, deste Código.
- art. 18, NCPC.
- » *Vide* art. 82, § 1.º, do CDC.

Art. 92. O Ministério Público, se não ajuizar a ação, atuará sempre como fiscal da lei.

- arts. 127 a 129, IX, CF.
- arts. 51, § 4º; e 82, I, deste Código.
- art. 178, NCPC.
- » *Vide* Súmula 643 do STF.
- » *Vide* arts. 51, § 4.º, e 82, I, do CDC.

Parágrafo único. (Vetado.)

Art. 93. Ressalvada a competência da Justiça Federal, é competente para a causa a justiça local:

- art. 109, I, e § 2º, CF.
- art. 51, NCPC.

I - no foro do lugar onde ocorreu ou deva ocorrer o dano, quando de âmbito local;

- art. 53, NCPC.
- » *Vide* art. 53, IV, *a*, do CPC.

II - no foro da Capital do Estado ou no do Distrito Federal, para os danos de âmbito nacional ou regional, aplicando-se as regras do Código de Processo Civil aos casos de competência concorrente.

- arts. 46, 51, 57 e 58, NCPC.
- art. 2º, Lei 7.347/1985 (Lei da Ação Civil Pública).

Art. 94. Proposta a ação, será publicado edital no órgão oficial, a fim de que os interessados possam intervir no processo como litisconsortes, sem prejuízo de ampla divulgação pelos meios de comunicação social por parte dos órgãos de defesa do consumidor.

- arts. 113 a 118 e 257, NCPC.
- art. 5º, § 2º, Lei 7.347/1985 (Lei da Ação Civil Pública).

Art. 95. Em caso de procedência do pedido, a condenação será genérica, fixando a responsabilidade do réu pelos danos causados.

- arts. 509 e 512, NCPC.

Art. 96. (Vetado.)

Art. 97. A liquidação e a execução de sentença poderão ser promovidas pela vítima e seus sucessores, assim como pelos legitimados de que trata o art. 82.

- art. 103, § 3º, deste Código.
- art. 509 e ss., NCPC.
- » *Vide* art. 103, § 3.º, do CDC.

Parágrafo único. (Vetado.)

Art. 98. A execução poderá ser coletiva, sendo promovida pelos legitimados de que trata o art. 82, abrangendo as vítimas cujas indenizações já tiveram sido fixadas em sentença de liquidação, sem prejuízo do ajuizamento de outras execuções. (Redação dada pela Lei 9.008/1995.)

- art. 103, § 3º, deste Código.
- » *Vide* art. 103, § 3.º do CDC.

§ 1º A execução coletiva far-se-á com base em certidão das sentenças de liquidação, da qual deverá constar a ocorrência ou não do trânsito em julgado.

§ 2º É competente para a execução o juízo:

I - da liquidação da sentença ou da ação condenatória, no caso de execução individual;

II - da ação condenatória, quando coletiva a execução.

Art. 99. Em caso de concurso de créditos decorrentes de condenação prevista na Lei n. 7.347, de 24 de julho de 1985 e de indenizações pelos prejuízos individuais resultantes do mesmo evento danoso, estas terão preferência no pagamento.

- art. 103, § 3º, deste Código.
- Lei 7.347/1985 (Lei da Ação Civil Pública).
- » *Vide* art. 103, § 3.º, do CDC.

Parágrafo único. Para efeito do disposto neste artigo, a destinação da importância recolhida ao fundo criado pela Lei n. 7.347, de 24 de julho de 1985, ficará sustada enquanto pendentes de decisão de segundo grau as ações de indenização pelos danos individuais, salvo na hipótese de o patrimônio do devedor ser manifestamente suficiente para responder pela integralidade das dívidas.

- art. 57 deste Código.
- Dec. 1.306/1994 (Regulamenta o Fundo de Defesa de Direitos Difusos).

Art. 100. Decorrido o prazo de um ano sem habilitação de interessados em número compatível com a gravidade do dano, poderão os legitimados do art. 82 promover a liquidação e execução da indenização devida.

- art. 57 deste Código.
- art. 13, Lei 7.347/1985 (Lei da Ação Civil Pública).
- Dec. 1.306/1994 (Regulamenta o Fundo de Defesa de Direitos Difusos).

Parágrafo único. O produto da indenização devida reverterá para o fundo criado pela Lei n. 7.347, de 24 de julho de 1985.

- art. 13, Lei 7.347/1985 (Lei da Ação Civil Pública).
- art. 2º, III, Dec. 1.306/1994 (Regulamenta o Fundo de Defesa de Direitos Difusos).
- » *Vide* art. 57 do CDC.

CAPÍTULO III
DAS AÇÕES DE RESPONSABILIDADE DO FORNECEDOR DE PRODUTOS E SERVIÇOS

Art. 101. Na ação de responsabilidade civil do fornecedor de produtos e serviços, sem prejuízo do disposto nos Capítulos I e II deste Título, serão observadas as seguintes normas:

- arts. 27; e 81 a 100 deste Código.
- » *Vide* arts. 81 a 100 do CDC.

I - a ação pode ser proposta no domicílio do autor;

- art. 22, NCPC.
- » *Vide* arts. 70 a 78 do CC.

II - o réu que houver contratado seguro de responsabilidade poderá chamar ao processo o segurador, vedada a integração do contraditório pelo Instituto de Resseguros do Brasil. Nesta hipótese, a sentença que julgar procedente o pedido condenará o réu nos termos do art. 80 do Código de Processo Civil. Se o réu houver sido declarado falido, o síndico será intimado a informar a existência de seguro de responsabilidade, facultando-se, em caso afirmativo, o ajuizamento de ação de indenização diretamente contra o segurador, vedada a denunciação da lide ao Instituto de Resseguros do Brasil e dispensado o litisconsórcio obrigatório com este.

- Refere-se ao CPC/1973.
- arts. 53, 125 a 128, 130 a 132, NCPC.
- arts. 21 a 25, Lei 11.101/2005 (Lei de Recuperação de Empresas e Falências).

Art. 102. Os legitimados a agir na forma deste Código poderão propor ação visando compelir o Poder Público competente a proibir, em todo o território nacional, a produção, divulgação distribuição ou venda, ou a determinar a alteração na composição, estrutura, fórmula ou acondicionamento de produto, cujo uso ou consumo regular se revele nocivo ou perigoso à saúde pública e à incolumidade pessoal.

- art. 82 deste Código.
- » *Vide* art. 82 do CDC.

§§ 1º e 2º (Vetados.)

CAPÍTULO IV
DA COISA JULGADA

Art. 103. Nas ações coletivas de que trata este Código, a sentença fará coisa julgada:

- arts. 496 e 502 a 508, NCPC.
- » *Vide* arts. 502 e 506 do CPC.
- » *Vide* Lei n. 7.347, de 24-7-1985 (Ação civil pública).

I - *erga omnes*, exceto se o pedido for julgado improcedente por insuficiência de provas, hipótese em que qualquer legitimado poderá intentar outra ação, com idêntico fundamento valendo-se de nova prova, na hipótese do inciso I do parágrafo único do art. 81;

II - *ultra partes*, mas limitadamente ao grupo, categoria ou classe, salvo improcedência por insuficiência de provas, nos termos do inciso anterior, quando se tratar da hipótese prevista no inciso II do parágrafo único do art. 81;

› art. 104 deste Código.

III - *erga omnes*, apenas no caso de procedência do pedido, para beneficiar todas as vítimas e seus sucessores, na hipótese do inciso III do parágrafo único do art. 81.

› art. 104 deste Código.

§ 1º Os efeitos da coisa julgada previstos nos incisos I e II não prejudicarão interesses e direitos individuais dos integrantes da coletividade, do grupo, categoria ou classe.

§ 2º Na hipótese prevista no inciso III, em caso de improcedência do pedido, os interessados que não tiverem intervindo no processo como litisconsortes poderão propor ação de indenização a título individual.

§ 3º Os efeitos da coisa julgada de que cuida o art. 16, combinado com o art. 13 da Lei n. 7.347, de 24 de julho de 1985, não prejudicarão as ações de indenização por danos pessoalmente sofridos, propostas individualmente ou na forma prevista neste Código, mas, se procedente o pedido, beneficiarão as vítimas e seus sucessores, que poderão proceder à liquidação e à execução, nos termos dos arts. 96 a 99.

› O referido art. 96 foi vetado.

› Lei 7.347/1985 (Lei da Ação Civil Pública).

§ 4º Aplica-se o disposto no parágrafo anterior à sentença penal condenatória.

Art. 104. As ações coletivas, previstas nos incisos I e II e do parágrafo único do art. 81, não induzem litispendência para as ações individuais, mas os efeitos da coisa julgada *erga omnes* ou *ultra partes* a que aludem os incisos II e III do artigo anterior não beneficiarão os autores das ações individuais, se não for requerida sua suspensão no prazo de trinta dias, a contar da ciência nos autos do ajuizamento da ação coletiva.

› arts. 81, p.u., II e III, deste Código.

› art. 337, NCPC.

CAPÍTULO V
DA CONCILIAÇÃO NO SUPERENDIVIDAMENTO

(Acrescido pela Lei 14.181/2021)

Art. 104-A. A requerimento do consumidor superendividado pessoa natural, o juiz poderá instaurar processo de repactuação de dívidas, com vistas à realização de audiência conciliatória, presidida por ele ou por conciliador credenciado no juízo, com a presença de todos os credores de dívidas previstas no art. 54-A deste Código, na qual o consumidor apresentará proposta de plano de pagamento com prazo máximo de 5 (cinco) anos, preservados o mínimo existencial, nos termos da regulamentação, e as garantias e as formas de pagamento originalmente pactuadas. *(Acrescido pela Lei 14.181/2021)*

§ 1º Excluem-se do processo de repactuação as dívidas, ainda que decorrentes de relações de consumo, oriundas de contratos celebrados dolosamente sem o propósito de realizar pagamento, bem como as dívidas provenientes de contratos de crédito com garantia real, de financiamentos imobiliários e de crédito rural.

§ 2º O não comparecimento injustificado de qualquer credor, ou de seu procurador com poderes especiais e plenos para transigir, à audiência de conciliação de que trata o caput deste artigo acarretará a suspensão da exigibilidade do débito e a interrupção dos encargos da mora, bem como a sujeição compulsória ao plano de pagamento da dívida se o montante devido ao credor ausente for certo e conhecido pelo consumidor, devendo o pagamento a esse credor ser estipulado para ocorrer apenas após o pagamento aos credores presentes à audiência conciliatória.

§ 3º No caso de conciliação, com qualquer credor, a sentença judicial que homologar o acordo descreverá o plano de pagamento da dívida e terá eficácia de título executivo e força de coisa julgada.

§ 4º Constarão do plano de pagamento referido no § 3º deste artigo:

I - medidas de dilação dos prazos de pagamento e de redução dos encargos da dívida ou da remuneração do fornecedor, entre outras destinadas a facilitar o pagamento da dívida;

II - referência à suspensão ou à extinção das ações judiciais em curso;

III - data a partir da qual será providenciada a exclusão do consumidor de bancos de dados e de cadastros de inadimplentes;

IV - condicionamento de seus efeitos à abstenção, pelo consumidor, de condutas que importem no agravamento de sua situação de superendividamento.

§ 5º O pedido do consumidor a que se refere o caput deste artigo não importará em declaração de insolvência civil e poderá ser repetido somente após decorrido o prazo de 2 (dois) anos, contado da liquidação das obrigações previstas no plano de pagamento homologado, sem prejuízo de eventual repactuação.

Art. 104-B. Se não houver êxito na conciliação em relação a quaisquer credores, o juiz, a pedido do consumidor, instaurará processo por superendividamento para revisão e integração dos contratos e repactuação das dívidas remanescentes mediante plano judicial compulsório e procederá à citação de todos os credores cujos créditos não tenham integrado o acordo porventura celebrado. *(Acrescido pela Lei 14.181/2021)*

§ 1º Serão considerados no processo por superendividamento, se for o caso, os documentos e as informações prestadas em audiência.

§ 2º No prazo de 15 (quinze) dias, os credores citados juntarão documentos e as razões da negativa de aceder ao plano voluntário ou de renegociar.

§ 3º O juiz poderá nomear administrador, desde que isso não onere as partes, o qual, no prazo de até 30 (trinta) dias, após cumpridas as diligências eventualmente necessárias, apresentará plano de pagamento que contemple medidas de temporização ou de atenuação dos encargos.

§ 4º O plano judicial compulsório assegurará aos credores, no mínimo, o valor do principal devido, corrigido monetariamente por índices oficiais de preço, e preverá a liquidação total da dívida, após a quitação do plano de pagamento consensual previsto no art. 104-A deste Código, em, no máximo, 5 (cinco) anos, sendo que a primeira parcela será devida no prazo máximo de 180 (cento e oitenta) dias, contado de sua homologação judicial, e o restante do saldo será devido em parcelas mensais iguais e sucessivas.

Art. 104-C. Compete concorrente e facultativamente aos órgãos públicos integrantes do Sistema Nacional de Defesa do Consumidor a fase conciliatória e preventiva do processo de repactuação de dívidas, nos moldes do art. 104-A deste Código, no que couber, com possibilidade de o processo ser regulado por convênios específicos celebrados entre os referidos órgãos e as instituições credoras ou suas associações. *(Acrescido pela Lei 14.181/2021)*

§ 1º Em caso de conciliação administrativa para prevenir o superendividamento do consumidor pessoa natural, os órgãos públicos poderão promover, nas reclamações individuais, audiência global de conciliação com todos os credores e, em todos os casos, facilitar a elaboração de plano de pagamento, preservado o mínimo existencial, nos termos da regulamentação, sob a supervisão desses órgãos, sem prejuízo das demais atividades de reeducação financeira cabíveis.

§ 2º O acordo firmado perante os órgãos públicos de defesa do consumidor, em caso de superendividamento do consumidor pessoa natural, incluirá a data a partir da qual será providenciada a exclusão do consumidor de bancos de dados e de cadastros de inadimplentes, bem como o condicionamento de seus efeitos à abstenção, pelo consumidor, de condutas que importem no agravamento de sua situação de superendividamento, especialmente a de contrair novas dívidas.

(...)

TÍTULO VI
DISPOSIÇÕES FINAIS

(...)

Art. 118. Este Código entrará em vigor dentro de cento e oitenta dias a contar de sua publicação.

Art. 119. Revogam-se as disposições em contrário.

Brasília, 11 de setembro de 1990; 169º da Independência e 102º da República.

Fernando Collor

DECRETO Nº 99.684, DE 8 DE NOVEMBRO DE 1990

Consolida as normas regulamentares do Fundo de Garantia do Tempo de Serviço (FGTS).

› *Normas Regulamentares do FGTS*

O PRESIDENTE DA REPÚBLICA, no uso da atribuição que lhe confere o art. 84, inciso IV, da Constituição,

DECRETA:

Art. 1º Fica aprovado o Regulamento Consolidado do Fundo de Garantia do Tempo de Serviço, que com este baixa.

Art. 2º Este decreto entra em vigor na data de sua publicação.

Art. 3º Revogam-se as disposições em contrário, em especial os Decretos nºs:

I – 59.820, de 20 de dezembro de 1966;
II – 61.405, de 28 de setembro de 1967;
III – 66.619, de 21 de maio de 1970;
IV – 66.819, de 1º de julho de 1970;
V – 66.867, de 13 de julho de 1970;
VI – 66.939 de 22 de julho de 1970;
VII – 69.265 de 22 de setembro de 1971;
VIII – 71.636, de 29 de dezembro de 1972;
IX – 72.141, de 26 de abril de 1973;
X – 73.423, de 7 de janeiro de 1974;

XI – 76.218, de 9 de setembro de 1975;
XII – 76.750, de 5 de dezembro de 1975;
XIII – 77.357, de 1º de abril de 1976;
XIV – 79.891, de 29 de junho de 1977;
XV – 84.509, de 25 de fevereiro de 1980;
XVI – 87.567 de 16 de setembro de 1982;
XVII – 90.408, de 7 de novembro de 1984;
XVIII – 92.366, de 4 de fevereiro de 1986;
XIX – 97.848, de 20 de junho de 1989; e
XX – 98.813, de 10 de janeiro de 1990.

Brasília, 8 de novembro de 1990; 169º da Independência e 102º da República.

Fernando Collor

LEI Nº 8.112, DE 11 DE DEZEMBRO DE 1990

Dispõe sobre o regime jurídico dos servidores públicos civis da União, das autarquias e das fundações públicas federais.

- *Servidores Públicos*
- DOU, 12.12.1990.
- Republicado no DOU, 18.03.1998.
- Publicação consolidada determinada pelo art. 13, Lei 9.527/1997.
- Lei 9.962/2000 (Disciplina o regime de emprego público do pessoal da Administração federal direta, autárquica e fundacional).
- art. 12, Lei 12.813/2013 (Dispõe sobre o conflito de interesses no exercício de cargo ou emprego do Poder Executivo federal e impedimentos posteriores ao exercício do cargo ou emprego).
- Lei 12.855/2013 (Institui a indenização devida a ocupante de cargo efetivo das Carreiras e Planos Especiais de Cargos que especifica, em exercício nas unidades situadas em localidades estratégicas vinculadas à prevenção, controle, fiscalização e repressão dos delitos transfronteiriços).
- Decreto 6.833/2009 (Institui o Subsistema Integrado de Atenção à Saúde do Servidor Público Federal - SIASS e o Comitê Gestor de Atenção à Saúde do Servidor).
- Dec. Leg. 206/2010, (Aprova, com ressalvas, os textos da Convenção 151 e da Recomendação 159, da Organização Internacional do Trabalho, ambas de 1978, sobre as relações de trabalho na Administração Pública).
- Dec. 8.690/2016 (Dispõe sobre a gestão das consignações em folha de pagamento no âmbito do sistema de gestão de pessoas do Poder Executivo federal.)
- Dec. 8.737/2016 (Institui o Programa de Prorrogação da Licença-Paternidade).
- Decreto 9.991/2019 – Dispõe sobre a Política Nacional de Desenvolvimento de Pessoas da administração pública federal direta, autárquica e fundacional, e regulamenta dispositivos da Lei nº 8.112, de 11 de dezembro de 1990, quanto a licenças e afastamentos para ações de desenvolvimento.

O Presidente da República. Faço saber que o Congresso Nacional decreta e eu sanciono a seguinte Lei:

TÍTULO I
CAPÍTULO ÚNICO
DAS DISPOSIÇÕES PRELIMINARES

Art. 1º Esta Lei institui o Regime Jurídico dos Servidores Públicos Civis da União, das autarquias, inclusive as em regime especial, e das fundações públicas federais.

- Lei 11.440/2006 (Institui o regime jurídico dos servidores do serviço exterior brasileiro).

Art. 2º Para os efeitos desta lei, servidor é a pessoa legalmente investida em cargo público.

- Lei 9.962/2000 (Disciplina o regime de emprego público do pessoal da Administração Federal direta, autárquica e fundacional).

Art. 3º Cargo público é o conjunto de atribuições e responsabilidades previstas na estrutura organizacional que devem ser cometidas a um servidor.

Parágrafo único. Os cargos públicos, acessíveis a todos os brasileiros, são criados por lei, com denominação própria e vencimento pago pelos cofres públicos, para provimento em caráter efetivo ou em comissão.

Art. 4º É proibida a prestação de serviços gratuitos, salvo os casos previstos em lei.

TÍTULO II
DO PROVIMENTO, VACÂNCIA, REMOÇÃO, REDISTRIBUIÇÃO E SUBSTITUIÇÃO

CAPÍTULO I
DO PROVIMENTO

SEÇÃO I
DISPOSIÇÕES GERAIS

Art. 5º São requisitos básicos para investidura em cargo público:

I - a nacionalidade brasileira;

II - o gozo dos direitos políticos;

III - a quitação com as obrigações militares e eleitorais;

IV - o nível de escolaridade exigido para o exercício do cargo;

V - a idade mínima de dezoito anos;

VI - aptidão física e mental.

§ 1º As atribuições do cargo podem justificar a exigência de outros requisitos estabelecidos em lei.

§ 2º Às pessoas portadoras de deficiência é assegurado o direito de se inscrever em concurso público para provimento de cargo cujas atribuições sejam compatíveis com a deficiência de que são portadoras; para tais pessoas serão reservadas até 20% (vinte por cento) das vagas oferecidas no concurso.

- Súm. 377, STJ.

§ 3º As universidades e instituições de pesquisa científica e tecnológica federais poderão prover seus cargos com professores, técnicos e cientistas estrangeiros, de acordo com as normas e os procedimentos desta lei. (Incluído pela Lei 9.515/1997.)

Art. 6º O provimento dos cargos públicos far-se-á mediante ato da autoridade competente de cada Poder.

Art. 7º A investidura em cargo público ocorrerá com a posse.

Art. 8º São formas de provimento de cargo público:

I - nomeação;

II - promoção;

III e IV - (Revogados pela Lei 9.527/1997.)

V - readaptação;

VI - reversão;

VII - aproveitamento;

VIII - reintegração;

IX - recondução.

SEÇÃO II
DA NOMEAÇÃO

Art. 9º A nomeação far-se-á:

I - em caráter efetivo, quando se tratar de cargo isolado de provimento efetivo ou de carreira;

II - em comissão, inclusive na condição de interino, para cargos de confiança vagos. (Redação dada pela Lei 9.527/1997.)

Parágrafo único. O servidor ocupante de cargo em comissão ou de natureza especial poderá ser nomeado para ter exercício, interinamente, em outro cargo de confiança, sem prejuízo das atribuições do que atualmente ocupa, hipótese em que deverá optar pela remuneração de um deles durante o período da interinidade. (Redação dada pela Lei 9.527/1997.)

Art. 10. A nomeação para cargo de carreira ou cargo isolado de provimento efetivo depende de prévia habilitação em concurso público de provas ou de provas e títulos, obedecidos a ordem de classificação e o prazo de sua validade.

Parágrafo único. Os demais requisitos para o ingresso e o desenvolvimento do servidor na carreira, mediante promoção, serão estabelecidos pela lei que fixar as diretrizes do sistema de carreira na Administração Pública Federal e seus regulamentos. (Redação dada pela Lei 9.527/1997.)

SEÇÃO III
DO CONCURSO PÚBLICO

Art. 11. O concurso será de provas ou de provas e títulos, podendo ser realizado em duas etapas, conforme dispuserem a lei e o regulamento do respectivo plano de carreira, condicionada a inscrição do candidato ao pagamento do valor fixado no edital, quando indispensável ao seu custeio, e ressalvadas as hipóteses de isenção nele expressamente previstas. (Redação dada pela Lei 9.527/1997.)

- Dec. 6.593/2008 (Regulamenta este artigo quanto à isenção de pagamento de taxa de inscrição em concursos públicos realizados no âmbito do Poder Executivo Federal).

Art. 12. O concurso público terá validade de até 2 (dois) anos, podendo ser prorrogado uma única vez, por igual período.

§ 1º O prazo de validade do concurso e as condições de sua realização serão fixados em edital, que será publicado no Diário Oficial da União e em jornal diário de grande circulação.

§ 2º Não se abrirá novo concurso enquanto houver candidato aprovado em concurso anterior com prazo de validade não expirado.

SEÇÃO IV
DA POSSE E DO EXERCÍCIO

Art. 13. A posse dar-se-á pela assinatura do respectivo termo, no qual deverão constar as atribuições, os deveres, as responsabilidades e os direitos inerentes ao cargo ocupado, que não poderão ser alterados unilateralmente, por qualquer das partes, ressalvados os atos de ofício previstos em lei.

§ 1º A posse ocorrerá no prazo de trinta dias contados da publicação do ato de provimento. (Redação dada pela Lei 9.527/1997.)

§ 2º Em se tratando de servidor, que esteja na data de publicação do ato de provimento, em licença prevista nos incisos I, III e V do art. 81, ou afastado nas hipóteses dos incisos I, IV, VI, VIII, alíneas *a*, *b*, *d*, *e* e *f*, IX e X do art. 102, o prazo será contado do término do impedimento. (Redação dada pela Lei 9.527/1997.)

§ 3º A posse poderá dar-se mediante procuração específica.

§ 4º Só haverá posse nos casos de provimento de cargo por nomeação. (Redação dada pela Lei 9.527/1997.)

§ 5º No ato da posse, o servidor apresentará declaração de bens e valores que constituem seu patrimônio e declaração quanto ao exercício ou não de outro cargo, emprego ou função pública.

- art. 13, Lei 8.429/1992 (Lei da Improbidade Administrativa).
- Lei 8.730/1993 (Estabelece a obrigatoriedade da declaração de bens e rendas para o exercício de cargos, empregos e funções nos Poderes Executivo, Legislativo e Judiciário).

§ 6º Será tornado sem efeito o ato de provimento se a posse não ocorrer no prazo previsto no § 1º deste artigo.

Art. 14. A posse em cargo público dependerá de prévia inspeção médica oficial.

Parágrafo único. Só poderá ser empossado aquele que for julgado apto física e mentalmente para o exercício do cargo.

Art. 15. Exercício é o efetivo desempenho das atribuições do cargo público ou da função de confiança. (Redação dada pela Lei 9.527/1997.)

§ 1º É de quinze dias o prazo para o servidor empossado em cargo público entrar em exercício, contados da data da posse. (Redação dada pela Lei 9.527/1997.)

§ 2º O servidor será exonerado do cargo ou será tornado sem efeito o ato de sua designação para função de confiança, se não entrar em exercício nos prazos previstos neste artigo, observado o disposto no art. 18. (Redação dada pela Lei 9.527/1997.)

§ 3º À autoridade competente do órgão ou entidade para onde for nomeado ou designado o servidor compete dar-lhe exercício. (Redação dada pela Lei 9.527/1997.)

§ 4º O início do exercício de função de confiança coincidirá com a data de publicação do ato de designação, salvo quando o servidor estiver em licença ou afastado por qualquer outro motivo legal, hipótese em que recairá no primeiro dia útil após o término do impedimento, que não poderá exceder a trinta dias da publicação. (Incluído pela Lei 9.527/1997.)

Art. 16. O início, a suspensão, a interrupção e o reinício do exercício serão registrados no assentamento individual do servidor.

Parágrafo único. Ao entrar em exercício, o servidor apresentará ao órgão competente os elementos necessários ao seu assentamento individual.

Art. 17. A promoção não interrompe o tempo de exercício, que é contado no novo posicionamento na carreira a partir da data de publicação do ato que promover o servidor. (Redação dada pela Lei 9.527/1997.)

Art. 18. O servidor que deva ter exercício em outro município em razão de ter sido removido, redistribuído, requisitado, cedido ou posto em exercício provisório terá, no mínimo, dez e, no máximo, trinta dias de prazo, contados da publicação do ato, para a retomada do efetivo desempenho das atribuições do cargo, incluído nesse prazo o tempo necessário para o deslocamento para a nova sede. (Redação dada pela Lei 9.527/1997.)

§ 1º Na hipótese de o servidor encontrar-se em licença ou afastado legalmente, o prazo a que se refere este artigo será contado a partir do término do impedimento. (Parágrafo renumerado e alterado pela Lei 9.527/1997.)

§ 2º É facultado ao servidor declinar dos prazos estabelecidos no *caput*. (Incluído pela Lei 9.527/1997.)

Art. 19. Os servidores cumprirão jornada de trabalho fixada em razão das atribuições pertinentes aos respectivos cargos, respeitada a duração máxima do trabalho semanal de quarenta horas e observados os limites mínimo e máximo de seis horas e oito horas diárias, respectivamente. (Redação dada pela Lei 8.270/1991)

- Dec. 1.590/1995 (Dispõe sobre a jornada de trabalho dos servidores da Administração Pública Federal direta, das autarquias e das fundações públicas federais).

§ 1º O ocupante de cargo em comissão ou função de confiança submete-se a regime de integral dedicação ao serviço, observado o disposto no art. 120, podendo ser convocado sempre que houver interesse da Administração. (Redação dada pela Lei 9.527/1997.)

§ 2º O disposto neste artigo não se aplica a duração de trabalho estabelecida em leis especiais. (Incluído pela Lei 8.270/1991)

Art. 20. Ao entrar em exercício, o servidor nomeado para cargo de provimento efetivo ficará sujeito a estágio probatório por período de 24 (vinte e quatro) meses, durante o qual a sua aptidão e capacidade serão objeto de avaliação para o desempenho do cargo, observados os seguinte fatores:

- EC 19/1998 que alterou o art. 41 da CF para estabelecer o prazo de três anos para o estágio probatório.
- » *Vide* art. 41 da CF.

I - assiduidade;

II - disciplina;

III - capacidade de iniciativa;

IV - produtividade;

V - responsabilidade.

§ 1º 4 (quatro) meses antes de findo o período do estágio probatório, será submetida à homologação da autoridade competente a avaliação do desempenho do servidor, realizada por comissão constituída para essa finalidade, de acordo com o que dispuser a lei ou o regulamento da respectiva carreira ou cargo, sem prejuízo da continuidade de apuração dos fatores enumerados nos incisos I a V do *caput* deste artigo. (Redação dada pela Lei 11.784/2008.)

§ 2º O servidor não aprovado no estágio probatório será exonerado ou, se estável, reconduzido ao cargo anteriormente ocupado, observado o disposto no parágrafo único do art. 29.

§ 3º O servidor em estágio probatório poderá exercer quaisquer cargos de provimento em comissão ou funções de direção, chefia ou assessoramento no órgão ou entidade de lotação, e somente poderá ser cedido a outro órgão ou entidade para ocupar cargos de Natureza Especial, cargos de provimento em comissão do Grupo-Direção e Assessoramento Superiores - DAS, de níveis 6, 5 e 4, ou equivalentes. (Incluído pela Lei 9.527/1997.)

§ 4º Ao servidor em estágio probatório somente poderão ser concedidas as licenças e os afastamentos previstos nos arts. 81, incisos I a IV, 94, 95 e 96, bem assim afastamento para participar de curso de formação decorrente de aprovação em concurso para outro cargo na Administração Pública Federal. (Incluído pela Lei 9.527/1997.)

§ 5º O estágio probatório ficará suspenso durante as licenças e os afastamentos previstos nos arts. 83, 84, § 1º, 86 e 96, bem assim na hipótese de participação em curso de formação, e será retomado a partir do término do impedimento. (Incluído pela Lei 9.527/1997.)

SEÇÃO V
DA ESTABILIDADE

Art. 21. O servidor habilitado em concurso público e empossado em cargo de provimento efetivo adquirirá estabilidade no serviço público ao completar 2 (dois) anos de efetivo exercício.

- art. 41, CF.
- arts. 19 a 21, ADCT.
- Súm. 390, TST.

Art. 22. O servidor estável só perderá o cargo em virtude de sentença judicial transitada em julgado ou de processo administrativo disciplinar no qual lhe seja assegurada ampla defesa.

SEÇÃO VI
DA TRANSFERÊNCIA

Art. 23. (Revogado pela Lei 9.527/1997.)

SEÇÃO VII
DA READAPTAÇÃO

Art. 24. Readaptação é a investidura do servidor em cargo de atribuições e responsabilidades compatíveis com a limitação que tenha sofrido em sua capacidade física ou mental verificada em inspeção médica.

§ 1º Se julgado incapaz para o serviço público, o readaptando será aposentado.

§ 2º A readaptação será efetivada em cargo de atribuições afins, respeitada a habilitação exigida, nível de escolaridade e equivalência de vencimentos e, na hipótese de inexistência de cargo vago, o servidor exercerá suas atribuições como excedente, até a ocorrência de vaga. (Redação dada pela Lei 9.527/1997.)

SEÇÃO VIII
DA REVERSÃO

- Dec. 3.644/2000 (Regulamento).

Art. 25. Reversão é o retorno à atividade de servidor aposentado: (Redação dada pela Med. Prov. 2.225-45/2001.)

I - por invalidez, quando junta médica oficial declarar insubsistentes os motivos da aposentadoria; ou (Incluído pela Med. Prov. 2.225-45/2001.)

II - no interesse da administração, desde que: (Incluído pela Med. Prov. 2.225-45/2001.)

a) tenha solicitado a reversão; (Incluído pela Med. Prov. 2.225-45/2001.)

b) a aposentadoria tenha sido voluntária; (Incluído pela Med. Prov. 2.225-45/2001.)

c) estável quando na atividade; (Incluído pela Med. Prov. 2.225-45/2001.)

d) a aposentadoria tenha ocorrido nos cinco anos anteriores à solicitação; (Incluído pela Med. Prov. 2.225-45/2001.)

e) haja cargo vago. (Incluído pela Med. Prov. 2.225-45/2001.)

§ 1º A reversão far-se-á no mesmo cargo ou no cargo resultante de sua transformação. (Incluído pela Med. Prov. 2.225-45/2001.)

§ 2º O tempo em que o servidor estiver em exercício será considerado para concessão da aposentadoria. (Incluído pela Med. Prov. 2.225-45/2001.)

§ 3º No caso do inciso I, encontrando-se provido o cargo, o servidor exercerá suas atribuições como excedente, até a ocorrência de vaga. (Incluído pela Med. Prov. 2.225-45/2001.)

§ 4º O servidor que retornar à atividade por interesse da administração perceberá, em substituição aos proventos da aposentadoria, a remuneração do cargo que voltar a exercer, inclusive com as vantagens de natureza pessoal que percebia anteriormente à aposentadoria. (Incluído pela Med. Prov. 2.225-45/2001.)

§ 5º O servidor de que trata o inciso II somente terá os proventos calculados com base nas regras atuais se permanecer pelo menos cinco anos no cargo. (Incluído pela Med. Prov. 2.225-45/2001.)

§ 6º O Poder Executivo regulamentará o disposto neste artigo. (Incluído pela Med. Prov. 2.225-45/2001.)

Art. 26. (Revogado pela Med. Prov. 2.225-45/2001.)

Art. 27. Não poderá reverter o aposentado que já tiver completado 70 (setenta) anos de idade.

SEÇÃO IX
DA REINTEGRAÇÃO

Art. 28. A reintegração é a reinvestidura do servidor estável no cargo anteriormente ocupado, ou no cargo resultante de sua transformação, quando invalidada a sua demissão por decisão administrativa ou judicial, com ressarcimento de todas as vantagens.

‣ Súm. 173, STJ.

‣‣ *Vide* art. 41, § 2.º, da CF.

§ 1º Na hipótese de o cargo ter sido extinto, o servidor ficará em disponibilidade, observado o disposto nos arts. 30 e 31.

‣ art. 41, § 3º, CF.

§ 2º Encontrando-se provido o cargo, o seu eventual ocupante será reconduzido ao cargo de origem, sem direito à indenização ou aproveitado em outro cargo, ou, ainda, posto em disponibilidade.

‣ art. 41, § 3º, CF.

SEÇÃO X
DA RECONDUÇÃO

Art. 29. Recondução é o retorno do servidor estável ao cargo anteriormente ocupado e decorrerá de:

I - inabilitação em estágio probatório relativo a outro cargo;

II - reintegração do anterior ocupante.

Parágrafo único. Encontrando-se provido o cargo de origem, o servidor será aproveitado em outro, observado o disposto no art. 30.

SEÇÃO XI
DA DISPONIBILIDADE E DO APROVEITAMENTO

Art. 30. O retorno à atividade de servidor em disponibilidade far-se-á mediante aproveitamento obrigatório em cargo de atribuições e vencimentos compatíveis com o anteriormente ocupado.

Art. 31. O órgão central do Sistema de Pessoal Civil determinará o imediato aproveitamento de servidor em disponibilidade em vaga que vier a ocorrer nos órgãos ou entidades da Administração Pública Federal.

‣ Dec. 3.151/1999 (Disciplina a prática dos atos de extinção e de declaração de desnecessidade de cargos públicos, bem assim a dos atos de colocação em disponibilidade remunerada e de aproveitamento de servidores públicos em decorrência da extinção ou da reorganização de órgãos ou entidades da Administração Pública Federal direta, autárquica e fundacional).

Parágrafo único. Na hipótese prevista no § 3º do art. 37, o servidor posto em disponibilidade poderá ser mantido sob responsabilidade do órgão central do Sistema de Pessoal Civil da Administração Federal - SIPEC, até o seu adequado aproveitamento em outro órgão ou entidade. (Parágrafo incluído pela Lei 9.527/1997.)

Art. 32. Será tornado sem efeito o aproveitamento e cassada a disponibilidade se o servidor não entrar em exercício no prazo legal, salvo doença comprovada por junta médica oficial.

CAPÍTULO II
DA VACÂNCIA

Art. 33. A vacância do cargo público decorrerá de:

I - exoneração;

II - demissão;

III - promoção;

IV e V - (Revogados pela Lei 9.527/1997.)

VI - readaptação;

VII - aposentadoria;

VIII - posse em outro cargo inacumulável;

IX - falecimento.

Art. 34. A exoneração de cargo efetivo dar-se-á a pedido do servidor, ou de ofício.

‣ Súm. 21, STF.

Parágrafo único. A exoneração de ofício dar-se-á:

I - quando não satisfeitas as condições do estágio probatório;

II - quando, tendo tomado posse, o servidor não entrar em exercício no prazo estabelecido.

Art. 35. A exoneração de cargo em comissão e a dispensa de função de confiança dar-se-á: (Redação dada pela Lei 9.527/1997.)

I - a juízo da autoridade competente;

II - a pedido do próprio servidor.

Parágrafo único. (Revogado pela Lei 9.527/1997.)

CAPÍTULO III
DA REMOÇÃO E DA REDISTRIBUIÇÃO

SEÇÃO I
DA REMOÇÃO

Art. 36. Remoção é o deslocamento do servidor, a pedido ou de ofício, no âmbito do mesmo quadro, com ou sem mudança de sede.

‣ art. 20, Lei 11.416/2006 (Dispõe sobre as carreiras dos servidores do Poder Judiciário da União).

Parágrafo único. Para fins do disposto neste artigo, entende-se por modalidades de remoção: (Redação dada pela Lei 9.527/1997.)

I - de ofício, no interesse da Administração; (Incluído pela Lei 9.527/1997.)

II - a pedido, a critério da Administração; (Incluído pela Lei 9.527/1997.)

III - a pedido, para outra localidade, independentemente do interesse da Administração: (Incluído pela Lei 9.527/1997.)

a) para acompanhar cônjuge ou companheiro, também servidor público civil ou militar, de qualquer dos Poderes da União, dos Estados, do Distrito Federal e dos Municípios, que foi deslocado no interesse da Administração; (Incluído pela Lei 9.527/1997.)

‣ art. 142, § 3º, CF.

b) por motivo de saúde do servidor, cônjuge, companheiro ou dependente que viva às suas expensas e conste do seu assentamento funcional, condicionada à comprovação por junta médica oficial; (Incluído pela Lei 9.527/1997.)

c) em virtude de processo seletivo promovido, na hipótese em que o número de interessados for superior ao número de vagas, de acordo com normas preestabelecidas pelo órgão ou entidade em que aqueles estejam lotados. (Incluído pela Lei 9.527/1997.)

SEÇÃO II
DA REDISTRIBUIÇÃO

Art. 37. Redistribuição é o deslocamento de cargo de provimento efetivo, ocupado ou vago no âmbito do quadro geral de pessoal, para outro órgão ou entidade do mesmo Poder, com prévia apreciação do órgão central do SIPEC, observados os seguintes preceitos: (Redação dada pela Lei 9.527/1997.)

I - interesse da administração; (Incluído pela Lei 9.527/1997.)

II - equivalência de vencimentos; (Incluído pela Lei 9.527/1997.)

III - manutenção da essência das atribuições do cargo; (Incluído pela Lei 9.527/1997.)

IV - vinculação entre os graus de responsabilidade e complexidade das atividades; (Incluído pela Lei 9.527/1997.)

V - mesmo nível de escolaridade, especialidade ou habilitação profissional; (Incluído pela Lei 9.527/1997.)

VI - compatibilidade entre as atribuições do cargo e as finalidades institucionais do órgão ou entidade. (Incluído pela Lei 9.527/1997.)

‣ Dec. 3.151/1999 (Disciplina a prática dos atos de extinção e de declaração de desnecessidade de cargos públicos, bem assim a dos atos de colocação em disponibilidade remunerada e de aproveitamento de servidores públicos em decorrência da extinção ou da reorganização de órgãos ou entidades da Administração Pública Federal direta, autárquica e fundacional).

§ 1º A redistribuição ocorrerá *ex officio* para ajustamento de lotação e da força de trabalho às necessidades dos serviços, inclusive nos casos de reorganização, extinção ou criação de órgão ou entidade. (Incluído pela Lei 9.527/1997.)

§ 2º A redistribuição de cargos efetivos vagos se dará mediante ato conjunto entre o órgão central do SIPEC e os órgãos e entidades da Administração Pública Federal envolvidos. (Incluído pela Lei 9.527/1997.)

§ 3º Nos casos de reorganização ou extinção de órgão ou entidade, extinto o cargo ou declarada sua desnecessidade no órgão ou entidade, o servidor estável que não for redistribuído será colocado em disponibilidade, até seu aproveitamento na forma dos arts. 30 e 31. (Parágrafo renumerado e alterado pela Lei 9.527/1997.)

§ 4º O servidor que não for redistribuído ou colocado em disponibilidade poderá ser mantido sob responsabilidade do órgão central do SIPEC, e ter exercício provisório, em outro órgão ou entidade, até seu adequado aproveitamento. (Incluído pela Lei 9.527/1997.)

CAPÍTULO IV
DA SUBSTITUIÇÃO

Art. 38. Os servidores investidos em cargo ou função de direção ou chefia e os ocupantes de cargo de Natureza Especial terão substitutos indicados no regimento interno ou, no caso de omissão, previamente designados pelo dirigente máximo do órgão ou entidade. (Redação dada pela Lei 9.527/1997.)

§ 1º O substituto assumirá automática e cumulativamente, sem prejuízo do cargo que ocupa, o exercício do cargo ou função de direção ou chefia e os de Natureza Especial, nos afastamentos, impedimentos legais ou regulamentares do titular e na vacância do cargo, hipóteses em que deverá optar pela remuneração de um deles durante o respectivo período. (Redação dada pela Lei 9.527/1997.)

§ 2º O substituto fará jus à retribuição pelo exercício do cargo ou função de direção ou chefia ou de cargo de Natureza Especial, nos casos dos afastamentos ou impedimentos legais do titular, superiores a trinta dias consecutivos, paga na proporção dos dias de efetiva substituição, que excederem o referido período. (Redação dada pela Lei 9.527/1997.)

Art. 39. O disposto no artigo anterior aplica-se aos titulares de unidades administrativas organizadas em nível de assessoria.

TÍTULO III
DOS DIREITOS E VANTAGENS

CAPÍTULO I
DO VENCIMENTO E DA REMUNERAÇÃO

Art. 40. Vencimento é a retribuição pecuniária pelo exercício de cargo público, com valor fixado em lei.

- Súm. 378, STJ.

Parágrafo único. (Revogado pela Lei 11.784/2008.)

Art. 41. Remuneração é o vencimento do cargo efetivo, acrescido das vantagens pecuniárias permanentes estabelecidas em lei.

- Súm. Vinc. 4, STF.
- Súm. 339, 680, 681 e 682, STF.

§ 1º A remuneração do servidor investido em função ou cargo em comissão será paga na forma prevista no art. 62.

§ 2º O servidor investido em cargo em comissão de órgão ou entidade diversa da de sua lotação receberá a remuneração de acordo com o estabelecido no § 1º do art. 93.

§ 3º O vencimento do cargo efetivo, acrescido das vantagens de caráter permanente, é irredutível.

§ 4º É assegurada a isonomia de vencimentos para cargos de atribuições iguais ou assemelhadas do mesmo Poder, ou entre servidores dos três Poderes, ressalvadas as vantagens de caráter individual e as relativas à natureza ou ao local de trabalho.

- art. 37, XIII, CF.

§ 5º Nenhum servidor receberá remuneração inferior ao salário-mínimo. (Incluído pela Lei 11.784/2008.)

- Súm. Vinc. 6, 15 e 16, STF.
- Súm. 378, STJ.

Art. 42. Nenhum servidor poderá perceber, mensalmente, a título de remuneração, importância superior à soma dos valores percebidos como remuneração, em espécie, a qualquer título, no âmbito dos respectivos Poderes, pelos Ministros de Estado, por membros do Congresso Nacional e Ministros do Supremo Tribunal Federal.

- art. 37, XI, CF.

Parágrafo único. Excluem-se do teto de remuneração as vantagens previstas nos incisos II a VII do art. 61.

Art. 43. (Revogado pela Lei 9.624/1998.)

Art. 44. O servidor perderá:

I - a remuneração do dia em que faltar ao serviço, sem motivo justificado; (Redação dada pela Lei 9.527/1997.)

- art. 4º, §§ 4º e 5º, do Dec. 7.003/2009, (que Regulamenta a licença para tratamento de saúde do servidor da Administração Federal direta, autárquica e fundacional e os casos em que poderá ser dispensada a perícia oficial).

II - a parcela de remuneração diária, proporcional aos atrasos, ausências justificadas, ressalvadas as concessões de que trata o art. 97, e saídas antecipadas, salvo na hipótese de compensação de horário, até o mês subsequente ao da ocorrência, a ser estabelecida pela chefia imediata. (Redação dada pela Lei 9.527/1997.)

Parágrafo único. As faltas justificadas decorrentes de caso fortuito ou de força maior poderão ser compensadas a critério da chefia imediata, sendo assim consideradas como efetivo exercício. (Incluído pela Lei 9.527/1997.)

Art. 45. Salvo por imposição legal, ou mandado judicial, nenhum desconto incidirá sobre a remuneração ou provento.

§§ 1º e 2º *(Revogados pela Lei 14.509/2022)*

Art. 46. As reposições e indenizações ao erário, atualizadas até 30 de junho de 1994, serão previamente comunicadas ao servidor ativo, aposentado ou ao pensionista, para pagamento, no prazo máximo de trinta dias, podendo ser parceladas, a pedido do interessado. (Redação dada pela Med. Prov. 2.225-45/2001.)

- Res. CJF 68/2009 (Dispõe sobre o processo administrativo relativo à devolução de valores indevidamente recebidos, bem como ao ressarcimento de danos causados ao erário por juiz ou servidor da Justiça Federal de primeiro e segundo graus e por servidor do Conselho da Justiça Federal).

§ 1º O valor de cada parcela não poderá ser inferior ao correspondente a dez por cento da remuneração, provento ou pensão. (Redação dada pela Med. Prov. 2.225-45/2001.)

§ 2º Quando o pagamento indevido houver ocorrido no mês anterior ao do processamento da folha, a reposição será feita imediatamente, em uma única parcela. (Redação dada pela Med. Prov. 2.225-45/2001.)

§ 3º Na hipótese de valores recebidos em decorrência de cumprimento a decisão liminar, a tutela antecipada ou a sentença que venha a ser revogada ou rescindida, serão eles atualizados até a data da reposição. (Redação dada pela Med. Prov. 2.225-45/2001.)

Art. 47. O servidor em débito com o erário, que for demitido, exonerado ou que tiver sua aposentadoria ou disponibilidade cassada, terá o prazo de sessenta dias para quitar o débito. (Redação dada pela Med. Prov. 2.225-45/2001.)

Parágrafo único. A não quitação do débito no prazo previsto implicará sua inscrição em dívida ativa. (Redação dada pela Med. Prov. 2.225-45/2001.)

Art. 48. O vencimento, a remuneração e o provento não serão objeto de arresto, sequestro ou penhora, exceto nos casos de prestação de alimentos resultante de decisão judicial.

- Súm. 97, STJ.

CAPÍTULO II
DAS VANTAGENS

Art. 49. Além do vencimento, poderão ser pagas ao servidor as seguintes vantagens:

I - indenizações;

II - gratificações;

III - adicionais.

§ 1º As indenizações não se incorporam ao vencimento ou provento para qualquer efeito.

§ 2º As gratificações e os adicionais incorporam-se ao vencimento ou provento, nos casos e condições indicados em lei.

Art. 50. As vantagens pecuniárias não serão computadas, nem acumuladas, para efeito de concessão de quaisquer outros acréscimos pecuniários ulteriores, sob o mesmo título ou idêntico fundamento.

- art. 37, XIV, CF.

SEÇÃO I
DAS INDENIZAÇÕES

Art. 51. Constituem indenizações ao servidor:

I - ajuda de custo;

II - diárias;

III - transporte.

IV - auxílio-moradia. (Incluído pela Lei 11.355/2006.)

Art. 52. Os valores das indenizações estabelecidas nos incisos I a III do art. 51, assim como as condições para a sua concessão, serão estabelecidos em regulamento. (Redação dada pela Lei 11.355/2006.)

- Dec. 3.184/1999 (Regulamenta este artigo).

SUBSEÇÃO I
DA AJUDA DE CUSTO

- Dec. 4.004/2001 (Dispõe sobre a concessão de ajuda de custo e de transporte aos servidores públicos civis da União, das autarquias e das fundações públicas federais).

Art. 53. A ajuda de custo destina-se a compensar as despesas de instalação do servidor que, no interesse do serviço, passar a ter exercício em nova sede, com mudança de domicílio em caráter permanente, vedado o duplo pagamento de indenização, a qualquer tempo, no caso de o cônjuge ou companheiro que detenha também a condição de servidor, vier a ter exercício na mesma sede. (Redação dada pela Lei 9.527/1997.)

§ 1º Correm por conta da administração as despesas de transporte do servidor e de sua família, compreendendo passagem, bagagem e bens pessoais.

§ 2º À família do servidor que falecer na nova sede são assegurados ajuda de custo e transporte para a localidade de origem, dentro do prazo de 1 (um) ano, contado do óbito.

§ 3º Não será concedida ajuda de custo nas hipóteses de remoção previstas nos incisos II e III do parágrafo único do art. 36. (Acrescentado pela Lei 12.998/2014.)

Art. 54. A ajuda de custo é calculada sobre a remuneração do servidor, conforme se dispuser em regulamento, não podendo exceder a importância correspondente a 3 (três) meses.

Art. 55. Não será concedida ajuda de custo ao servidor que se afastar do cargo, ou reassumi-lo, em virtude de mandato eletivo.

Art. 56. Será concedida ajuda de custo àquele que, não sendo servidor da União, for nomeado para cargo em comissão, com mudança de domicílio.

Parágrafo único. No afastamento previsto no inciso I do art. 93, a ajuda de custo será paga pelo órgão cessionário, quando cabível.

Art. 57. O servidor ficará obrigado a restituir a ajuda de custo quando, injustificadamente, não se apresentar na nova sede no prazo de 30 (trinta) dias.

SUBSEÇÃO II
DAS DIÁRIAS

Art. 58. O servidor que, a serviço, afastar-se da sede em caráter eventual ou transitório para outro ponto do território nacional ou para o exterior, fará jus a passagens e diárias destinadas a indenizar as parcelas de despesas extraordinárias com pousada, alimentação e locomoção urbana, conforme dispuser em regulamento. (Redação dada pela Lei 9.527/1997.)

§ 1º A diária será concedida por dia de afastamento, sendo devida pela metade quando o deslocamento não exigir pernoite fora da sede, ou quando a União custear, por meio diverso, as despesas extraordinárias cobertas por diárias. (Redação dada pela Lei 9.527/1997.)

§ 2º Nos casos em que o deslocamento da sede constituir exigência permanente do cargo, o servidor não fará jus a diárias.

§ 3º Também não fará jus a diárias o servidor que se deslocar dentro da mesma região metropolitana, aglomeração urbana ou microrregião, constituídas por municípios limítrofes e regularmente instituídas, ou em áreas de controle integrado mantidas com países limítrofes, cuja jurisdição e competência dos órgãos, entidades e servidores brasileiros considera-se estendida, salvo se houver pernoite fora da sede, hipóteses em que as diárias pagas serão sempre as fixadas para os afastamentos dentro do território nacional. (Incluído pela Lei 9.527/1997.)

Art. 59. O servidor que receber diárias e não se afastar da sede, por qualquer motivo, fica obrigado a restituí-las integralmente, no prazo de 5 (cinco) dias.

Parágrafo único. Na hipótese de o servidor retornar à sede em prazo menor do que o previsto para o seu afastamento, restituirá as diárias recebidas em excesso, no prazo previsto no *caput*.

SUBSEÇÃO III
DA INDENIZAÇÃO DE TRANSPORTE

Art. 60. Conceder-se-á indenização de transporte ao servidor que realizar despesas com a utilização de meio próprio de locomoção para a execução de serviços externos, por força das atribuições próprias do cargo, conforme se dispuser em regulamento.

‣ Dec. 3.184/1999 (Regulamenta este artigo).

SUBSEÇÃO IV
DO AUXÍLIO-MORADIA

‣ Incluído pela Lei 11.355/2006.

Art. 60-A. O auxílio-moradia consiste no ressarcimento das despesas comprovadamente realizadas pelo servidor com aluguel de moradia ou com meio de hospedagem administrado por empresa hoteleira, no prazo de um mês após a comprovação da despesa pelo servidor. (Incluído pela Lei nº 11.355, de 2006)

Art. 60-B. Conceder-se-á auxílio-moradia ao servidor se atendidos os seguintes requisitos: (Incluído pela Lei 11.355/2006.)

I - não exista imóvel funcional disponível para uso pelo servidor; (Incluído pela Lei 11.355/2006.)

II - o cônjuge ou companheiro do servidor não ocupe imóvel funcional; (Incluído pela Lei 11.355/2006.)

III - o servidor ou seu cônjuge ou companheiro não seja ou tenha sido proprietário, promitente comprador, cessionário ou promitente cessionário de imóvel no Município aonde for exercer o cargo, incluída a hipótese de lote edificado sem averbação de construção, nos doze meses que antecederem a sua nomeação; (Incluído pela Lei 11.355/2006.)

IV - nenhuma outra pessoa que resida com o servidor receba auxílio-moradia; (Incluído pela Lei 11.355/2006.)

V - o servidor tenha se mudado do local de residência para ocupar cargo em comissão ou função de confiança do Grupo-Direção e Assessoramento Superiores - DAS, níveis 4, 5 e 6, de Natureza Especial, de Ministro de Estado ou equivalentes; (Incluído pela Lei 11.355/2006.)

VI - o Município no qual assuma o cargo em comissão ou função de confiança não se enquadre nas hipóteses do art. 58, § 3º, em relação ao local de residência ou domicílio do servidor; (Incluído pela Lei 11.355/2006.)

VII - o servidor não tenha sido domiciliado ou tenha residido no Município, nos últimos doze meses, aonde for exercer o cargo em comissão ou função de confiança, desconsiderando-se prazo inferior a sessenta dias dentro desse período; e (Incluído pela Lei 11.355/2006.)

VIII - o deslocamento não tenha sido por força de alteração de lotação ou nomeação para cargo efetivo. (Incluído pela Lei 11.355/2006.)

IX - o deslocamento tenha ocorrido após 30 de junho de 2006. (Incluído pela Lei 11.490/2007.)

Parágrafo único. Para fins do inciso VII, não será considerado o prazo no qual o servidor estava ocupando outro cargo em comissão relacionado no inciso V. (Incluído pela Lei 11.355/2006.)

Art. 60-C. (Revogado pela Lei 12.998/2014.)

Art. 60-D. O valor mensal do auxílio-moradia é limitado a 25% (vinte e cinco por cento) do valor do cargo em comissão, função comissionada ou cargo de Ministro de Estado ocupado. (Incluído pela Lei nº 11.784, de 2008

§ 1º O valor do auxílio-moradia não poderá superar 25% (vinte e cinco por cento) da remuneração de Ministro de Estado. (Incluído pela Lei 11.784/2008.)

§ 2º Independentemente do valor do cargo em comissão ou função comissionada, fica garantido a todos os que preencherem os requisitos o ressarcimento até o valor de R$ 1.800,00 (mil e oitocentos reais). (Incluído pela Lei nº 11.784, de 2008)

Art. 60-E. No caso de falecimento, exoneração, colocação de imóvel funcional à disposição do servidor ou aquisição de imóvel, o auxílio-moradia continuará sendo pago por um mês. (Incluído pela Lei nº 11.355, de 2006)

SEÇÃO II
DAS GRATIFICAÇÕES E ADICIONAIS

‣ art. 39, § 7º, CF.

Art. 61. Além do vencimento e das vantagens previstas nesta Lei, serão deferidos aos servidores as seguintes retribuições, gratificações e adicionais: (Redação dada pela Lei 9.527/1997.)

‣ Súm. Vinc. 4, STF.

I - retribuição pelo exercício de função de direção, chefia e assessoramento; (Redação dada pela Lei 9.527/1997.)

II - gratificação natalina;

III - (Revogado pela Med. Prov. 2.225-45/2001.)

IV - adicional pelo exercício de atividades insalubres, perigosas ou penosas;

V - adicional pela prestação de serviço extraordinário;

VI - adicional noturno;

VII - adicional de férias;

VIII - outros, relativos ao local ou à natureza do trabalho;

IX - gratificação por encargo de curso ou concurso. (Incluído pela Lei 11.314/2006.)

SUBSEÇÃO I
DA RETRIBUIÇÃO PELO EXERCÍCIO DE FUNÇÃO DE DIREÇÃO, CHEFIA E ASSESSORAMENTO

‣ Redação dada pela Lei 9.527/1997.

Art. 62. Ao servidor ocupante de cargo efetivo investido em função de direção, chefia ou assessoramento, cargo de provimento em comissão ou de Natureza Especial é devida retribuição pelo seu exercício. (Redação dada pela Lei 9.527/1997.)

Parágrafo único. Lei específica estabelecerá a remuneração dos cargos em comissão de que trata o inciso II do art. 9º. (Redação dada pela Lei 9.527/1997.)

Art. 62-A. Fica transformada em Vantagem Pessoal Nominalmente Identificada - VPNI a incorporação da retribuição pelo exercício de função de direção, chefia ou assessoramento, cargo de provimento em comissão ou de Natureza Especial a que se referem os arts. 3º e 10 da Lei n. 8.911, de 11 de julho de 1994, e o art. 3º da Lei n. 9.624, de 02 de abril de 1998. (Incluído pela Med. Prov. 2.225-45/2001. Até o encerramento desta edição não havia sido convertida em Lei.)

Parágrafo único. A VPNI de que trata o *caput* deste artigo somente estará sujeita às revisões gerais de remuneração dos servidores públicos federais. (Incluído pela Med. Prov. 2.225-45/2001.)

SUBSEÇÃO II
DA GRATIFICAÇÃO NATALINA

Art. 63. A gratificação natalina corresponde a 1/12 (um doze avos) da remuneração a que o servidor fizer jus no mês de dezembro, por mês de exercício no respectivo ano.

Parágrafo único. A fração igual ou superior a 15 (quinze) dias será considerada como mês integral.

Art. 64. A gratificação será paga até o dia 20 (vinte) do mês de dezembro de cada ano.

Parágrafo único. (Vetado.)

Art. 65. O servidor exonerado perceberá sua gratificação natalina, proporcionalmente aos meses de exercício, calculada sobre a remuneração do mês da exoneração.

Art. 66. A gratificação natalina não será considerada para cálculo de qualquer vantagem pecuniária.

SUBSEÇÃO III
DO ADICIONAL POR TEMPO DE SERVIÇO

Art. 67. (Revogado pela Med. Prov. 2.225-45/2001, respeitadas as situações constituídas até 08.03.1999. Até o encerramento desta edição não convertida em Lei).

SUBSEÇÃO IV
DOS ADICIONAIS DE INSALUBRIDADE, PERICULOSIDADE OU ATIVIDADES PENOSAS

Art. 68. Os servidores que trabalhem com habitualidade em locais insalubres ou em contato permanente com substâncias tóxicas, radioativas ou com risco de vida, fazem jus a um adicional sobre o vencimento do cargo efetivo.

§ 1º O servidor que fizer jus aos adicionais de insalubridade e de periculosidade deverá optar por um deles.

§ 2º O direito ao adicional de insalubridade ou periculosidade cessa com a eliminação das condições ou dos riscos que deram causa a sua concessão.

Art. 69. Haverá permanente controle da atividade de servidores em operações ou locais considerados penosos, insalubres ou perigosos.

Parágrafo único. A servidora gestante ou lactante será afastada, enquanto durar a gestação e a lactação, das operações e locais previstos neste artigo, exercendo suas atividades em local salubre e em serviço não penoso e não perigoso.

Art. 70. Na concessão dos adicionais de atividades penosas, de insalubridade e de periculosidade, serão observadas as situações estabelecidas em legislação específica.

‣ Port. PGR - MPU 633/2010 (Regulamenta o pagamento do adicional de atividade penosa de que trata este artigo).

Art. 71. O adicional de atividade penosa será devido aos servidores em exercício em zonas de fronteira ou em localidades cujas condições de vida o justifiquem, nos termos, condições e limites fixados em regulamento.

‣ Port. PGR - MPU 633/2010 (Regulamenta o pagamento do adicional de atividade penosa de que trata este artigo).

Art. 72. Os locais de trabalho e os servidores que operam com Raios X ou substâncias radioativas serão mantidos sob controle permanente, de modo que as doses de radiação ionizante não ultrapassem o nível máximo previsto na legislação própria.

Parágrafo único. Os servidores a que se refere este artigo serão submetidos a exames médicos a cada 6 (seis) meses.

SUBSEÇÃO V
DO ADICIONAL POR SERVIÇO EXTRAORDINÁRIO

Art. 73. O serviço extraordinário será remunerado com acréscimo de 50% (cinquenta por cento) em relação à hora normal de trabalho.

‣ Dec. 948/1993 (Regulamenta este artigo).

Art. 74. Somente será permitido serviço extraordinário para atender a situações excepcionais e temporárias, respeitado o limite máximo de 2 (duas) horas por jornada.

SUBSEÇÃO VI
DO ADICIONAL NOTURNO

Art. 75. O serviço noturno, prestado em horário compreendido entre 22 (vinte e duas) horas de um dia e 5 (cinco) horas do dia seguinte, terá o valor-hora acrescido de 25% (vinte e cinco por cento), computando-se cada hora como cinquenta e dois minutos e trinta segundos.

Parágrafo único. Em se tratando de serviço extraordinário, o acréscimo de que trata este artigo incidirá sobre a remuneração prevista no art. 73.

SUBSEÇÃO VII
DO ADICIONAL DE FÉRIAS

Art. 76. Independentemente de solicitação, será pago ao servidor, por ocasião das férias, um adicional correspondente a 1/3 (um terço) da remuneração do período das férias.

‣ Súm. 125 e 136, STJ.

Parágrafo único. No caso de o servidor exercer função de direção, chefia ou assessoramento, ou ocupar cargo em comissão, a respectiva vantagem será considerada no cálculo do adicional de que trata este artigo.

SUBSEÇÃO VIII
DA GRATIFICAÇÃO POR ENCARGO DE CURSO OU CONCURSO

‣ Incluída pela Lei 11.314/2006.

Art. 76-A. A Gratificação por Encargo de Curso ou Concurso é devida ao servidor que, em caráter eventual: (Incluído pela Lei 11.314/2006)

‣ Dec. 11.069/2022 (Regulamenta este artigo).

I - atuar como instrutor em curso de formação, de desenvolvimento ou de treinamento regularmente instituído no âmbito da administração pública federal; (Incluído pela Lei 11.314/2006.)

‣ art. 98, § 4º, desta lei.

II - participar de banca examinadora ou de comissão para exames orais, para análise curricular, para correção de provas discursivas, para elaboração de questões de provas ou para julgamento de recursos intentados por candidatos; (Incluído pela Lei 11.314/2006.)

‣ art. 98, § 4º, desta lei.

III - participar da logística de preparação e de realização de concurso público envolvendo atividades de planejamento, coordenação, supervisão, execução e avaliação de resultado, quando tais atividades não estiverem incluídas entre as suas atribuições permanentes; (Incluído pela Lei 11.314/2006.)

IV - participar da aplicação, fiscalizar ou avaliar provas de exame vestibular ou de concurso público ou supervisionar essas atividades. (Incluído pela Lei 11.314/2006.)

§ 1º Os critérios de concessão e os limites da gratificação de que trata este artigo serão fixados em regulamento, observados os seguintes parâmetros: (Incluído pela Lei 11.314/2006.)

I - o valor da gratificação será calculado em horas, observadas a natureza e a complexidade da atividade exercida; (Incluído pela Lei 11.314/2006.)

II - a retribuição não poderá ser superior ao equivalente a 120 (cento e vinte) horas de trabalho anuais, ressalvada situação de excepcionalidade, devidamente justificada e previamente aprovada pela autoridade máxima do órgão ou entidade, que poderá autorizar o acréscimo de até 120 (cento e vinte) horas de trabalho anuais; (Incluído pela Lei 11.314/2006.)

III - o valor máximo da hora trabalhada corresponderá aos seguintes percentuais, incidentes sobre o maior vencimento básico da administração pública federal: (Incluído pela Lei 11.314/2006.)

a) 2,2% (dois inteiros e dois décimos por cento), em se tratando de atividades previstas nos incisos I e II do *caput* deste artigo; (Redação dada pela Lei 11.501/2007.)

b) 1,2% (um inteiro e dois décimos por cento), em se tratando de atividade prevista nos incisos III e IV do *caput* deste artigo. (Redação dada pela Lei 11.501/2007.)

§ 2º A Gratificação por Encargo de Curso ou Concurso somente será paga se as atividades referidas nos incisos do *caput* deste artigo forem exercidas sem prejuízo das atribuições do cargo de que o servidor for titular, devendo ser objeto de compensação de carga horária quando desempenhadas durante a jornada de trabalho, na forma do § 4º do art. 98 desta Lei. (Incluído pela Lei 11.314/2006.)

§ 3º A Gratificação por Encargo de Curso ou Concurso não se incorpora ao vencimento ou salário do servidor para qualquer efeito e não poderá ser utilizada como base de cálculo para quaisquer outras vantagens, inclusive para fins de cálculo dos proventos da aposentadoria e das pensões. (Incluído pela Lei 11.314/2006.)

CAPÍTULO III
DAS FÉRIAS

Art. 77. O servidor fará jus a trinta dias de férias, que podem ser acumuladas, até o máximo de dois períodos, no caso de necessidade do serviço, ressalvadas as hipóteses em que haja legislação específica. (Redação dada pela Lei 9.525/1997.)

§ 1º Para o primeiro período aquisitivo de férias serão exigidos 12 (doze) meses de exercício.

§ 2º É vedado levar à conta de férias qualquer falta ao serviço.

§ 3º As férias poderão ser parceladas em até três etapas, desde que assim requeridas pelo servidor, e no interesse da administração pública. (Incluído pela Lei 9.525/1997.)

Art. 78. O pagamento da remuneração das férias será efetuado até 2 (dois) dias antes do início do respectivo período, observando-se o disposto no § 1º deste artigo.

▸ art. 2º, Lei 9.525/1997 (Ministros de Estado.)

§§ 1º e 2º (Revogados pela Lei 9.527/1997.)

§ 3º O servidor exonerado do cargo efetivo, ou em comissão, perceberá indenização relativa ao período das férias a que tiver direito e ao incompleto, na proporção de um doze avos por mês de efetivo exercício, ou fração superior a quatorze dias. (Incluído pela Lei 8.216/1991.)

§ 4º A indenização será calculada com base na remuneração do mês em que for publicado o ato exoneratório. (Incluído pela Lei 8.216/1991.)

§ 5º Em caso de parcelamento, o servidor receberá o valor adicional previsto no inciso XVII do art. 7º da Constituição Federal quando da utilização do primeiro período. (Incluído pela Lei 9.525/1997.)

Art. 79. O servidor que opera direta e permanentemente com raios X ou substâncias radioativas gozará 20 (vinte) dias consecutivos de férias, por semestre de atividade profissional, proibida em qualquer hipótese a acumulação.

Parágrafo único. (Revogado pela Lei 9.527/1997.)

Art. 80. As férias somente poderão ser interrompidas por motivo de calamidade pública, comoção interna, convocação para júri, serviço militar ou eleitoral, ou por necessidade do serviço declarada pela autoridade máxima do órgão ou entidade. (Redação dada pela Lei 9.527/1997.)

Parágrafo único. O restante do período interrompido será gozado de uma só vez, observado o disposto no art. 77. (Incluído pela Lei 9.527/1997.)

CAPÍTULO IV
DAS LICENÇAS

SEÇÃO I
DISPOSIÇÕES GERAIS

Art. 81. Conceder-se-á ao servidor licença:

I - por motivo de doença em pessoa da família;

II - por motivo de afastamento do cônjuge ou companheiro;

III - para o serviço militar;

IV - para atividade política;

V - para capacitação; (Redação dada pela Lei 9.527/1997.)

VI - para tratar de interesses particulares;

VII - para desempenho de mandato classista.

§ 1º A licença prevista no inciso I do *caput* deste artigo bem como cada uma de suas prorrogações serão precedidas de exame por perícia médica oficial, observado o disposto no art. 204 desta lei. (Redação dada pela Lei 11.907/2009.)

§ 2º (Revogado pela Lei 9.527/1997.)

§ 3º É vedado o exercício de atividade remunerada durante o período da licença prevista no inciso I deste artigo.

Art. 82. A licença concedida dentro de 60 (sessenta) dias do término de outra da mesma espécie será considerada como prorrogação.

SEÇÃO II
DA LICENÇA POR MOTIVO DE DOENÇA EM PESSOA DA FAMÍLIA

Art. 83. Poderá ser concedida licença ao servidor por motivo de doença do cônjuge ou companheiro, dos pais, dos filhos, do padrasto ou madrasta e enteado, ou dependente que viva a suas expensas e conste do seu assentamento funcional, mediante comprovação por perícia médica oficial. (Redação dada pela Lei 11.907/2009.)

▸ art. 9º, Dec. 7.003/2009 (Regulamenta a licença para tratamento de saúde do servidor da administração federal direta, autárquica e fundacional e os casos em que poderá ser dispensada a perícia oficial).

§ 1º A licença somente será deferida se a assistência direta do servidor for indispensável e não puder ser prestada simultaneamente com o exercício do cargo ou mediante compensação de horário, na forma do disposto no inciso II do art. 44. (Redação dada pela Lei 9.527/1997.)

§ 2º A licença de que trata o *caput*, incluídas as prorrogações, poderá ser concedida a cada período de doze meses nas seguintes condições: (Redação dada pela Lei 12.269/2010.)

I - por até 60 (sessenta) dias, consecutivos ou não, mantida a remuneração do servidor; e (Incluído pela Lei 12.269/2010.)

II - por até 90 (noventa) dias, consecutivos ou não, sem remuneração. (Incluído pela Lei 12.269/2010.)

§ 3º O início do interstício de 12 (doze) meses será contado a partir da data do deferimento da primeira licença concedida. (Incluído pela Lei 12.269/2010.)

§ 4º A soma das licenças remuneradas e das licenças não remuneradas, incluídas as respectivas prorrogações, concedidas em um mesmo período de 12 (doze) meses, observado o disposto no § 3º, não poderá ultrapassar os limites estabelecidos nos incisos I e II do § 2º. (Incluído pela Lei 12.269/2010.)

SEÇÃO III
DA LICENÇA POR MOTIVO DE AFASTAMENTO DO CÔNJUGE

Art. 84. Poderá ser concedida licença ao servidor para acompanhar cônjuge ou companheiro que foi deslocado para outro ponto do território nacional, para o exterior ou para o exercício de mandato eletivo dos Poderes Executivo e Legislativo.

▸ Res. 5/2008, CJF (Regulamenta, no âmbito do Conselho e da Justiça Federal de 1º e 2º graus a concessão de horário especial, da cessão e requisição, da licença por motivo de doença em pessoa da família, da licença para atividade política, do afastamento para exercício de mandato eletivo, da licença por motivo de afastamento do cônjuge, da licença para o trato de assuntos particulares e da licença-prêmio por assiduidade previstos, na Lei 8.112/1990).

§ 1º A licença será por prazo indeterminado e sem remuneração.

§ 2º No deslocamento de servidor cujo cônjuge ou companheiro também seja servidor público, civil ou militar, de qualquer dos Poderes da União, dos Estados, do Distrito Federal e dos Municípios, poderá haver exercício provisório em órgão ou entidade da Administração Federal direta, autárquica ou fundacional, desde que para o exercício de atividade compatível com o seu cargo. (Redação dada pela Lei 9.527/1997.)

▸ art. 142, § 3º, CF.

SEÇÃO IV
DA LICENÇA PARA O SERVIÇO MILITAR

Art. 85. Ao servidor convocado para o serviço militar será concedida licença, na forma e condições previstas na legislação específica.

Parágrafo único. Concluído o serviço militar, o servidor terá até 30 (trinta) dias sem remuneração para reassumir o exercício do cargo.

SEÇÃO V
DA LICENÇA PARA ATIVIDADE POLÍTICA

Art. 86. O servidor terá direito a licença, sem remuneração, durante o período que mediar entre a sua escolha em convenção partidária, como candidato a cargo eletivo, e a véspera do registro de sua candidatura perante a Justiça Eleitoral.

§ 1º O servidor candidato a cargo eletivo na localidade onde desempenha suas funções e que exerça cargo de direção, chefia, assessoramento, arrecadação ou fiscalização, dele será afastado, a partir do dia imediato ao do registro de sua candidatura perante a Justiça Eleitoral, até o décimo dia seguinte ao do pleito. (Redação dada pela Lei 9.527/1997.)

§ 2º A partir do registro da candidatura e até o décimo dia seguinte ao da eleição, o servidor fará jus à licença, assegurados os vencimentos do cargo efetivo, somente pelo período de três meses. (Redação dada pela Lei 9.527/1997.)

SEÇÃO VI
DA LICENÇA PARA CAPACITAÇÃO

▸ Redação dada pela Lei 9.527/1997.

▸ arts. 25 a 30 do Decreto 9.991/2019 (Dispõe sobre a licença para capacitação).

Art. 87. Após cada quinquênio de efetivo exercício, o servidor poderá, no interesse da Administração, afastar-se do exercício do cargo efetivo, com a respectiva remuneração, por até três meses, para participar de curso de capacitação profissional. (Redação dada pela Lei 9.527/1997.)

Parágrafo único. Os períodos de licença de que trata o *caput* não são acumuláveis. (Redação dada pela Lei 9.527/1997.)

Arts. 88 e 89. (Revogados pela Lei 9.527/1997.)

Art. 90. (Vetado.)

SEÇÃO VII
DA LICENÇA PARA TRATAR DE INTERESSES PARTICULARES

Art. 91. A critério da Administração, poderão ser concedidas ao servidor ocupante de cargo efetivo, desde que não esteja em estágio probatório, licenças para o trato de assuntos particulares pelo prazo de até três anos consecutivos, sem remuneração. (Redação dada pela Med. Prov. 2.225-45/2001.)

Parágrafo único. A licença poderá ser interrompida, a qualquer tempo, a pedido do servidor ou no interesse do serviço. (Redação dada pela Med. Prov. 2.225-45/2001.)

SEÇÃO VIII
DA LICENÇA PARA O DESEMPENHO DE MANDATO CLASSISTA

Art. 92. É assegurado ao servidor o direito à licença sem remuneração para o desempenho de mandato em confederação, federação, associação de classe de âmbito nacional, sindicato representativo da categoria ou entidade fiscalizadora da profissão ou, ainda, para participar de gerência ou administração em sociedade cooperativa constituída por servidores públicos para prestar serviços a seus membros, observado o disposto na alínea *c* do inciso VIII do art. 102 desta lei, conforme disposto em regulamento e observados os seguintes limites: (Redação dada pela Lei 11.094/2005.)

- Dec. 11.411/2023 (Regulamenta este artigo).

I - para entidades com até 5.000 (cinco mil) associados, 2 (dois) servidores; (Alterado pela Lei 12.998/2014.)

II - para entidades com 5.001 (cinco mil e um) a 30.000 (trinta mil) associados, 4 (quatro) servidores; (Alterado pela Lei 12.998/2014.)

III - para entidades com mais de 30.000 (trinta mil) associados, 8 (oito) servidores. (Alterado pela Lei 12.998/2014.)

§ 1º Somente poderão ser licenciados os servidores eleitos para cargos de direção ou de representação nas referidas entidades, desde que cadastradas no órgão competente. (Alterado pela Lei 12.998/2014.)

§ 2º A licença terá duração igual à do mandato, podendo ser renovada, no caso de reeleição. (Alterado pela Lei 12.998/2014.)

CAPÍTULO V
DOS AFASTAMENTOS

SEÇÃO I
DO AFASTAMENTO PARA SERVIR A OUTRO ÓRGÃO OU ENTIDADE

Art. 93. O servidor poderá ser cedido para ter exercício em outro órgão ou entidade dos Poderes da União, dos Estados, ou do Distrito Federal e dos Municípios, nas seguintes hipóteses: (Redação dada pela Lei 8.270/1991.)

- Decreto 10.835/2021 (Dispõe sobre as cessões, as requisições e as alterações de exercício para composição da força de trabalho em que a administração pública federal, direta e indireta, seja parte).

I - para exercício de cargo em comissão ou função de confiança; (Redação dada pela Lei 8.270/1991.)

II - em casos previstos em leis específicas. (Redação dada pela Lei 8.270/1991.)

§ 1º Na hipótese do inciso I, sendo a cessão para órgãos ou entidades dos Estados, do Distrito Federal ou dos Municípios, o ônus da remuneração será do órgão ou entidade cessionária, mantido o ônus para o cedente nos demais casos. (Redação dada pela Lei 8.270/1991.)

§ 2º Na hipótese de o servidor cedido a empresa pública ou sociedade de economia mista, nos termos das respectivas normas, optar pela remuneração do cargo efetivo ou pela remuneração do cargo efetivo acrescida de percentual da retribuição do cargo em comissão, a entidade cessionária efetuará o reembolso das despesas realizadas pelo órgão ou entidade de origem. (Redação dada pela Lei 11.355/2006.)

§ 3º A cessão far-se-á mediante Portaria publicada no Diário Oficial da União. (Redação dada pela Lei 8.270/1991.)

§ 4º Mediante autorização expressa do Presidente da República, o servidor do Poder Executivo poderá ter exercício em outro órgão da Administração Federal direta que não tenha quadro próprio de pessoal, para fim determinado e a prazo certo. (Incluído pela Lei 8.270/1991.)

§ 5º Aplica-se à União, em se tratando de empregado ou servidor por ela requisitado, as disposições dos §§ 1º e 2º deste artigo. (Redação dada pela Lei 10.470/2002.)

§ 6º As cessões de empregados de empresa pública ou de sociedade de economia mista, que receba recursos de Tesouro Nacional para o custeio total ou parcial da sua folha de pagamento de pessoal, independem das disposições contidas nos incisos I e II e §§ 1º e 2º deste artigo, ficando o exercício do empregado cedido condicionado a autorização específica do Ministério do Planejamento, Orçamento e Gestão, exceto nos casos de ocupação de cargo em comissão ou função gratificada. (Incluído pela Lei 10.470/2002.)

- Lei 13.303/2016 (Dispõe sobre o estatuto jurídico da empresa pública, da sociedade de economia mista e de suas subsidiárias, no âmbito da União, dos Estados, do Distrito Federal e dos Municípios).

§ 7º O Ministério do Planejamento, Orçamento e Gestão, com a finalidade de promover a composição da força de trabalho dos órgãos e entidades da Administração Pública Federal, poderá determinar a lotação ou o exercício de empregado ou servidor, independentemente da observância do constante no inciso I e nos §§ 1º e 2º deste artigo. (Incluído pela Lei 10.470/2002.)

- Dec. 5.375/2005 (Dispõe sobre a aplicação deste parágrafo, para compor força de trabalho no âmbito dos projetos que especifica).

SEÇÃO II
DO AFASTAMENTO PARA EXERCÍCIO DE MANDATO ELETIVO

Art. 94. Ao servidor investido em mandato eletivo aplicam-se as seguintes disposições:

I - tratando-se de mandato federal, estadual ou distrital, ficará afastado do cargo;

II - investido no mandato de Prefeito, será afastado do cargo, sendo-lhe facultado optar pela sua remuneração;

III - investido no mandato de vereador:

a) havendo compatibilidade de horário, perceberá as vantagens de seu cargo, sem prejuízo da remuneração do cargo eletivo;

b) não havendo compatibilidade de horário, será afastado do cargo, sendo-lhe facultado optar pela sua remuneração.

§ 1º No caso de afastamento do cargo, o servidor contribuirá para a seguridade social como se em exercício estivesse.

§ 2º O servidor investido em mandato eletivo ou classista não poderá ser removido ou redistribuído de ofício para localidade diversa daquela onde exerce o mandato.

SEÇÃO III
DO AFASTAMENTO PARA ESTUDO OU MISSÃO NO EXTERIOR

Art. 95. O servidor não poderá ausentar-se do País para estudo ou missão oficial, sem autorização do Presidente da República, Presidente dos Órgãos do Poder Legislativo e Presidente do Supremo Tribunal Federal.

§ 1º A ausência não excederá a 4 (quatro) anos, e finda a missão ou estudo, somente decorrido igual período, será permitida nova ausência.

§ 2º Ao servidor beneficiado pelo disposto neste artigo não será concedida exoneração ou licença para tratar de interesse particular antes de decorrido período igual ao do afastamento, ressalvada a hipótese de ressarcimento da despesa havida com seu afastamento.

§ 3º O disposto neste artigo não se aplica aos servidores da carreira diplomática.

§ 4º As hipóteses, condições e formas para a autorização de que trata este artigo, inclusive no que se refere à remuneração do servidor, serão disciplinadas em regulamento. (Incluído pela Lei 9.527/1997.)

Art. 96. O afastamento de servidor para servir em organismo internacional de que o Brasil participe ou com o qual coopere dar-se-á com perda total da remuneração.

- Dec. 201/1991 (Dispõe sobre o afastamento de servidores federais para servir em organismos internacionais).
- Dec. 3.456/2000 (Delega competência ao Ministro de Estado do Planejamento, Orçamento e Gestão para a prática do ato que menciona).

SEÇÃO IV
DO AFASTAMENTO PARA PARTICIPAÇÃO EM PROGRAMA DE PÓS-GRADUAÇÃO STRICTO SENSU NO PAÍS

- Incluído pela Lei 11.907/2009.

Art. 96-A. O servidor poderá, no interesse da Administração, e desde que a participação não possa ocorrer simultaneamente com o exercício do cargo ou mediante compensação de horário, afastar-se do exercício do cargo efetivo, com a respectiva remuneração, para participar em programa de pós-graduação *stricto sensu* em instituição de ensino superior no País. (Incluído pela Lei 11.907/2009.)

§ 1º Ato do dirigente máximo do órgão ou entidade definirá, em conformidade com a legislação vigente, os programas de capacitação e os critérios para participação em programas de pós-graduação no País, com ou sem afastamento do servidor, que serão avaliados por um comitê constituído para este fim. (Incluído pela Lei 11.907/2009.)

§ 2º Os afastamentos para realização de programas de mestrado e doutorado somente serão concedidos aos servidores titulares de cargos efetivos no respectivo órgão ou entidade há pelo menos 3 (três) anos para mestrado e 4 (quatro) anos para doutorado, incluído o período de estágio probatório, que não tenham se afastado por licença para tratar de assuntos particulares para gozo de licença capacitação ou com fundamento neste artigo nos 2 (dois) anos anteriores à data da solicitação de afastamento. (Incluído pela Lei 11.907/2009.)

§ 3º Os afastamentos para realização de programas de pós-doutorado somente serão concedidos aos servidores titulares de cargos efetivo no respectivo órgão ou entidade há pelo menos quatro anos, incluído o período de estágio probatório, e que não tenham se afastado por licença para tratar de assuntos particulares ou com fundamento neste artigo, nos quatro anos anteriores à data da solicitação de afastamento. (Redação dada pela Lei 12.269/2010.)

§ 4º Os servidores beneficiados pelos afastamentos previstos nos §§ 1º, 2º e 3º deste artigo terão que permanecer no exercício de suas funções após o seu retorno por um período igual ao do afastamento concedido. (Incluído pela Lei 11.907/2009.)

§ 5º Caso o servidor venha a solicitar exoneração do cargo ou aposentadoria, antes de cumprido o período de permanência previsto no § 4º deste artigo, deverá ressarcir o órgão ou entidade, na forma do art. 47 da Lei n. 8.112, de 11 de dezembro de 1990, dos gastos com seu aperfeiçoamento. (Incluído pela Lei 11.907/2009.)

§ 6º Caso o servidor não obtenha o título ou grau que justificou seu afastamento no período previsto, aplica-se o disposto no § 5º deste artigo, salvo na hipótese comprovada de força maior ou de caso fortuito, a critério do dirigente máximo do órgão ou entidade. (Incluído pela Lei 11.907/2009.)

§ 7º Aplica-se à participação em programa de pós-graduação no Exterior, autorizado nos termos do art. 95 desta lei, o disposto nos §§ 1º a 6º deste artigo. (Incluído pela Lei 11.907/2009.)

CAPÍTULO VI
DAS CONCESSÕES

Art. 97. Sem qualquer prejuízo, poderá o servidor ausentar-se do serviço:

I - por 1 (um) dia, para doação de sangue;

II - pelo período comprovadamente necessário para alistamento ou recadastramento eleitoral, limitado, em qualquer caso, a 2 (dois) dias; e (Alterado pela Lei 12.998/2014.)

III - por 8 (oito) dias consecutivos em razão de:

a) casamento;

b) falecimento do cônjuge, companheiro, pais, madrasta ou padrasto, filhos, enteados, menor sob guarda ou tutela e irmãos.

Art. 98. Será concedido horário especial ao servidor estudante, quando comprovada a incompatibilidade entre o horário escolar e o da repartição, sem prejuízo do exercício do cargo.

§ 1º Para efeito do disposto neste artigo, será exigida a compensação de horário no órgão ou entidade que tiver exercício, respeitada a duração semanal do trabalho. (Parágrafo renumerado e alterado pela Lei 9.527/1997.)

§ 2º Também será concedido horário especial ao servidor portador de deficiência, quando comprovada a necessidade por junta médica oficial, independentemente de compensação de horário. (Incluído pela Lei 9.527/1997.)

§ 3º As disposições constantes do § 2º são extensivas ao servidor que tenha cônjuge, filho ou dependente com deficiência. (Alterado pela Lei 13.370/2016.)

§ 4º Será igualmente concedido horário especial, vinculado à compensação de horário a ser efetivada no prazo de até 1 (um) ano, ao servidor que desempenhe atividade prevista nos incisos I e II do *caput* do art. 76-A desta lei. (Redação dada pela Lei 11.501/2007.)

Art. 99. Ao servidor estudante que mudar de sede no interesse da administração é assegurada, na localidade da nova residência ou na mais próxima, matrícula em instituição de ensino congênere, em qualquer época, independentemente de vaga.

Parágrafo único. O disposto neste artigo estende-se ao cônjuge ou companheiro, aos filhos, ou enteados do servidor que vivam na sua companhia, bem como aos menores sob sua guarda, com autorização judicial.

CAPÍTULO VII
DO TEMPO DE SERVIÇO

‣ art. 40, §§ 9º e 10, CF.

Art. 100. É contado para todos os efeitos o tempo de serviço público federal, inclusive o prestado às Forças Armadas.

Art. 101. A apuração do tempo de serviço será feita em dias, que serão convertidos em anos, considerado o ano como de trezentos e sessenta e cinco dias.

Parágrafo único. (Revogado pela Lei 9.527/1997.)

Art. 102. Além das ausências ao serviço previstas no art. 97, são considerados como de efetivo exercício os afastamentos em virtude de:

I - férias;

II - exercício de cargo em comissão ou equivalente, em órgão ou entidade dos Poderes da União, dos Estados, Municípios e Distrito Federal;

III - exercício de cargo ou função de governo ou administração, em qualquer parte do território nacional, por nomeação do Presidente da República;

IV - participação em programa de treinamento regularmente instituído ou em programa de pós-graduação *stricto sensu* no País, conforme dispuser o regulamento; (Redação dada pela Lei 11.907/2009.)

V - desempenho de mandato eletivo federal, estadual, municipal ou do Distrito Federal, exceto para promoção por merecimento;

VI - júri e outros serviços obrigatórios por lei;

VII - missão ou estudo no exterior, quando autorizado o afastamento, conforme dispuser o regulamento; (Redação dada pela Lei 9.527/1997.)

VIII - licença:

a) à gestante, à adotante e à paternidade;

b) para tratamento da própria saúde, até o limite de vinte e quatro meses, cumulativo ao longo do tempo de serviço público prestado à União, em cargo de provimento efetivo; (Redação dada pela Lei 9.527/1997.)

c) para o desempenho de mandato classista ou participação de gerência ou administração em sociedade cooperativa constituída por servidores para prestar serviços a seus membros, exceto para efeito de promoção por merecimento; (Redação dada pela Lei 11.094/2005.)

d) por motivo de acidente em serviço ou doença profissional;

e) para capacitação, conforme dispuser o regulamento; (Redação dada pela Lei 9.527/1997.)

f) por convocação para o serviço militar;

IX - deslocamento para a nova sede de que trata o art. 18;

X - participação em competição desportiva nacional ou convocação para integrar representação desportiva nacional, no País ou no exterior, conforme disposto em lei específica;

XI - afastamento para servir em organismo internacional de que o Brasil participe ou com o qual coopere. (Incluído pela Lei 9.527/1997.)

Art. 103. Contar-se-á apenas para efeito de aposentadoria e disponibilidade:

I - o tempo de serviço público prestado aos Estados, Municípios e Distrito Federal;

II - a licença para tratamento de saúde de pessoal da família do servidor, com remuneração, que exceder a 30 (trinta) dias em período de 12 (doze) meses. (Redação dada pela Lei 12.269/2010.)

III - a licença para atividade política, no caso do art. 86, § 2º;

IV - o tempo correspondente ao desempenho de mandato eletivo federal, estadual, municipal ou distrital, anterior ao ingresso no serviço público federal;

V - o tempo de serviço em atividade privada, vinculada à Previdência Social;

VI - o tempo de serviço relativo a tiro de guerra;

VII - o tempo de licença para tratamento da própria saúde que exceder o prazo a que se refere a alínea *"b"* do inciso VIII do art. 102. (Incluído pela Lei 9.527/1997.)

§ 1º O tempo em que o servidor esteve aposentado será contado apenas para nova aposentadoria.

§ 2º Será contado em dobro o tempo de serviço prestado às Forças Armadas em operações de guerra.

§ 3º É vedada a contagem cumulativa de tempo de serviço prestado concomitantemente em mais de um cargo ou função de órgão ou entidades dos Poderes da União, Estado, Distrito Federal e Município, autarquia, fundação pública, sociedade de economia mista e empresa pública.

‣ Lei 13.303/2016 (Dispõe sobre o estatuto jurídico da empresa pública, da sociedade de economia mista e de suas subsidiárias, no âmbito da União, dos Estados, do Distrito Federal e dos Municípios).

CAPÍTULO VIII
DO DIREITO DE PETIÇÃO

Art. 104. É assegurado ao servidor o direito de requerer aos Poderes Públicos, em defesa de direito ou interesse legítimo.

Art. 105. O requerimento será dirigido à autoridade competente para decidi-lo e encaminhado por intermédio daquela a que estiver imediatamente subordinado o requerente.

Art. 106. Cabe pedido de reconsideração à autoridade que houver expedido o ato ou proferido a primeira decisão, não podendo ser renovado.

‣ Lei 12.300/2010. (Altera o Plano de Carreira dos Servidores do Senado Federal).

Parágrafo único. O requerimento e o pedido de reconsideração de que tratam os artigos anteriores deverão ser despachados no prazo de 5 (cinco) dias e decididos dentro de 30 (trinta) dias.

Art. 107. Caberá recurso:

‣ Lei 12.300/2010. (Altera o Plano de Carreira dos Servidores do Senado Federal).

I - do indeferimento do pedido de reconsideração;

II - das decisões sobre os recursos sucessivamente interpostos.

§ 1º O recurso será dirigido à autoridade imediatamente superior à que tiver expedido o ato ou proferido a decisão, e, sucessivamente, em escala ascendente, às demais autoridades.

§ 2º O recurso será encaminhado por intermédio da autoridade a que estiver imediatamente subordinado o requerente.

Art. 108. O prazo para interposição de pedido de reconsideração ou de recurso é de 30 (trinta) dias, a contar da publicação ou da ciência, pelo interessado, da decisão recorrida.

Art. 109. O recurso poderá ser recebido com efeito suspensivo, a juízo da autoridade competente.

Parágrafo único. Em caso de provimento do pedido de reconsideração ou do recurso, os efeitos da decisão retroagirão à data do ato impugnado.

Art. 110. O direito de requerer prescreve:

I - em 5 (cinco) anos, quanto aos atos de demissão e de cassação de aposentadoria ou disponibilidade, ou que afetem interesse patrimonial e créditos resultantes das relações de trabalho;

II - em 120 (cento e vinte) dias, nos demais casos, salvo quando outro prazo for fixado em lei.

Parágrafo único. O prazo de prescrição será contado da data da publicação do ato impugnado ou da data da ciência pelo interessado, quando o ato não for publicado.

Art. 111. O pedido de reconsideração e o recurso, quando cabíveis, interrompem a prescrição.

Art. 112. A prescrição é de ordem pública, não podendo ser relevada pela administração.

Art. 113. Para o exercício do direito de petição, é assegurada vista do processo ou documento, na repartição, ao servidor ou a procurador por ele constituído.

Art. 114. A administração deverá rever seus atos, a qualquer tempo, quando eivados de ilegalidade.

Art. 115. São fatais e improrrogáveis os prazos estabelecidos neste Capítulo, salvo motivo de força maior.

- arts. 53 e 54, Lei 9.784/1999 (Lei do Processo Administrativo Federal).

TÍTULO IV
DO REGIME DISCIPLINAR

CAPÍTULO I
DOS DEVERES

Art. 116. São deveres do servidor:

- art. 312 e ss. do CP.
- Lei 8.027/1990 (Dispõe sobre as normas de conduta dos servidores públicos civis da União, das Autarquias e das Fundações Públicas).
- Lei 8.429/1992 (Lei da Improbidade Administrativa).

I - exercer com zelo e dedicação as atribuições do cargo;

II - ser leal às instituições a que servir;

III - observar as normas legais e regulamentares;

IV - cumprir as ordens superiores, exceto quando manifestamente ilegais;

V - atender com presteza:

a) ao público em geral, prestando as informações requeridas, ressalvadas as protegidas por sigilo;

b) à expedição de certidões requeridas para defesa de direito ou esclarecimento de situações de interesse pessoal;

c) às requisições para a defesa da Fazenda Pública;

VI - levar as irregularidades de que tiver ciência em razão do cargo ao conhecimento da autoridade superior ou, quando houver suspeita de envolvimento desta, ao conhecimento de outra autoridade competente para apuração; (Alterado pela Lei 12.527/2011.)

- Dec. 7.845/2012 (Regulamenta procedimentos para credenciamento de segurança e tratamento de informação classificada em qualquer grau de sigilo, e dispõe sobre o Núcleo de Segurança e Credenciamento).

VII - zelar pela economia do material e a conservação do patrimônio público;

VIII - guardar sigilo sobre assunto da repartição;

IX - manter conduta compatível com a moralidade administrativa;

X - ser assíduo e pontual ao serviço;

XI - tratar com urbanidade as pessoas;

XII - representar contra ilegalidade, omissão ou abuso de poder.

Parágrafo único. A representação de que trata o inciso XII será encaminhada pela via hierárquica e apreciada pela autoridade superior àquela contra a qual é formulada, assegurando-se ao representando ampla defesa.

CAPÍTULO II
DAS PROIBIÇÕES

- Dec. 1.171/1994 (Aprova o Código de Ética Profissional do Servidor Público Civil do Poder Executivo Federal).

Art. 117. Ao servidor é proibido:

I - ausentar-se do serviço durante o expediente, sem prévia autorização do chefe imediato;

- Dec. 1.480/1995 (Dispõe sobre os procedimentos a serem adotados em casos de paralisações dos serviços públicos federais, enquanto não regulado o disposto no art. 37, VII, CF).

II - retirar, sem prévia anuência da autoridade competente, qualquer documento ou objeto da repartição;

III - recusar fé a documentos públicos;

IV - opor resistência injustificada ao andamento de documento e processo ou execução de serviço;

V - promover manifestação de apreço ou desapreço no recinto da repartição;

VI - cometer a pessoa estranha à repartição, fora dos casos previstos em lei, o desempenho de atribuição que seja de sua responsabilidade ou de seu subordinado;

VII - coagir ou aliciar subordinados no sentido de filiarem-se a associação profissional ou sindical, ou a partido político;

VIII - manter sob sua chefia imediata, em cargo ou função de confiança, cônjuge, companheiro ou parente até o segundo grau civil;

- Dec. 7.203/2010 (Dispõe sobre a vedação do nepotismo no âmbito da administração pública federal).

IX - valer-se do cargo para lograr proveito pessoal ou de outrem, em detrimento da dignidade da função pública;

X - participar de gerência ou administração de sociedade privada, personificada ou não personificada, exercer o comércio, exceto na qualidade de acionista, cotista ou comanditário; (Redação dada pela Lei 11.784/2008.)

XI - atuar, como procurador ou intermediário, junto a repartições públicas, salvo quando se tratar de benefícios previdenciários ou assistenciais de parentes até o segundo grau, e de cônjuge ou companheiro;

XII - receber propina, comissão, presente ou vantagem de qualquer espécie, em razão de suas atribuições;

XIII - aceitar comissão, emprego ou pensão de estado estrangeiro;

XIV - praticar usura sob qualquer de suas formas;

XV - proceder de forma desidiosa;

XVI - utilizar pessoal ou recursos materiais da repartição em serviços ou atividades particulares;

XVII - cometer a outro servidor atribuições estranhas ao cargo que ocupa, exceto em situações de emergência e transitórias;

XVIII - exercer quaisquer atividades que sejam incompatíveis com o exercício do cargo ou função e com o horário de trabalho;

XIX - recusar-se a atualizar seus dados cadastrais quando solicitado. (Incluído pela Lei 9.527/1997.)

Parágrafo único. A vedação de que trata o inciso X do *caput* deste artigo não se aplica nos seguintes casos: (Incluído pela Lei 11.784/2008.)

I - participação nos conselhos de administração e fiscal de empresas ou entidades em que a União detenha, direta ou indiretamente, participação no capital social ou em sociedade cooperativa constituída para prestar serviços a seus membros; e (Incluído pela Lei 11.784/2008.)

II - gozo de licença para o trato de interesses particulares, na forma do art. 91 desta lei, observada a legislação sobre conflito de interesses. (Incluído pela Lei 11.784/2008.)

CAPÍTULO III
DA ACUMULAÇÃO

Art. 118. Ressalvados os casos previstos na Constituição, é vedada a acumulação remunerada de cargos públicos.

- art. 37, XVII, CF.

§ 1º A proibição de acumular estende-se a cargos, empregos e funções em autarquias, fundações públicas, empresas públicas, sociedades de economia mista da União, do Distrito Federal, dos Estados, dos Territórios e dos Municípios.

§ 2º A acumulação de cargos, ainda que lícita, fica condicionada à comprovação da compatibilidade de horários.

§ 3º Considera-se acumulação proibida a percepção de vencimento de cargo ou emprego público efetivo com proventos da inatividade, salvo quando os cargos de que decorram essas remunerações forem acumuláveis na atividade. (Incluído pela Lei 9.527/1997.)

Art. 119. O servidor não poderá exercer mais de um cargo em comissão, exceto no caso previsto no parágrafo único do art. 9º, nem ser remunerado pela participação em órgão de deliberação coletiva. (Redação dada pela Lei 9.527/1997.)

Parágrafo único. O disposto neste artigo não se aplica à remuneração devida pela participação em conselhos de administração e fiscal das empresas públicas e sociedades de economia mista, suas subsidiárias e controladas, bem como quaisquer empresas ou entidades em que a União, direta ou indiretamente, detenha participação no capital social, observado o que, a respeito, dispuser legislação específica. (Redação dada pela Med. Prov. 2.225-45/2001.)

Art. 120. O servidor vinculado ao regime desta lei, que acumular licitamente dois cargos efetivos, quando investido em cargo de provimento em comissão, ficará afastado de ambos os cargos efetivos, salvo na hipótese em que houver compatibilidade de horário e local com o exercício de um deles, declarada pelas autoridades máximas dos órgãos ou entidades envolvidos. (Redação dada pela Lei 9.527/1997.)

CAPÍTULO IV
DAS RESPONSABILIDADES

Art. 121. O servidor responde civil, penal e administrativamente pelo exercício irregular de suas atribuições.

Art. 122. A responsabilidade civil decorre de ato omissivo ou comissivo, doloso ou culposo, que resulte em prejuízo ao erário ou a terceiros.

- art. 37, § 6º, CF.

§ 1º A indenização de prejuízo dolosamente causado ao erário somente será liquidada na forma prevista no art. 46, na falta de outros bens que assegurem a execução do débito pela via judicial.

§ 2º Tratando-se de dano causado a terceiros, responderá o servidor perante a Fazenda Pública, em ação regressiva.

§ 3º A obrigação de reparar o dano estende-se aos sucessores e contra eles será executada, até o limite do valor da herança recebida.

Art. 123. A responsabilidade penal abrange os crimes e contravenções imputadas ao servidor, nessa qualidade.

Art. 124. A responsabilidade civil-administrativa resulta de ato omissivo ou comissivo praticado no desempenho do cargo ou função.

Art. 125. As sanções civis, penais e administrativas poderão cumular-se, sendo independentes entre si.

Art. 126. A responsabilidade administrativa do servidor será afastada no caso de absolvição criminal que negue a existência do fato ou sua autoria.

Art. 126-A. Nenhum servidor poderá ser responsabilizado civil, penal ou administrativamente por dar ciência à autoridade superior ou, quando houver suspeita de envolvimento desta, a outra autoridade competente para apuração de informação concernente à prática de crimes ou improbidade de que tenha conhecimento, ainda que em decorrência do exercício de cargo, emprego ou função pública. (Incluído pela Lei 12.527/2011.)

- Dec. 7.845/2012 (Regulamenta procedimentos para credenciamento de segurança e tratamento de informação classificada em qualquer grau de sigilo, e dispõe sobre o Núcleo de Segurança e Credenciamento).

CAPÍTULO V
DAS PENALIDADES

Art. 127. São penalidades disciplinares:

I - advertência;

II - suspensão;

III - demissão;

- art. 12, p.u., Lei 12.813/2013 (Dispõe sobre o conflito de interesses no exercício de cargo ou emprego do Poder Executivo federal e impedimentos posteriores ao exercício do cargo ou emprego).

IV - cassação de aposentadoria ou disponibilidade;

V - destituição de cargo em comissão;

VI - destituição de função comissionada.

Art. 128. Na aplicação das penalidades serão consideradas a natureza e a gravidade da infração cometida, os danos que dela provierem para o serviço público, as circunstâncias agravantes ou atenuantes e os antecedentes funcionais.

Parágrafo único. O ato de imposição da penalidade mencionará sempre o fundamento legal e a causa da sanção disciplinar. (Incluído pela Lei 9.527/1997.)

Art. 129. A advertência será aplicada por escrito, nos casos de violação de proibição constante do art. 117, incisos I a VIII e XIX, e de inobservância de dever funcional previsto em lei, regulamentação ou norma interna, que não justifique imposição de penalidade mais grave. (Redação dada pela Lei 9.527/1997.)

Art. 130. A suspensão será aplicada em caso de reincidência das faltas punidas com advertência e de violação das demais proibições que não tipifiquem infração sujeita a penalidade de demissão, não podendo exceder de 90 (noventa) dias.

§ 1º Será punido com suspensão de até 15 (quinze) dias o servidor que, injustificadamente, recusar-se a ser submetido a inspeção médica determinada pela autoridade competente, cessando os efeitos da penalidade uma vez cumprida a determinação.

§ 2º Quando houver conveniência para o serviço, a penalidade de suspensão poderá ser convertida em multa, na base de 50% (cinquenta por cento) por dia de vencimento ou remuneração, ficando o servidor obrigado a permanecer em serviço.

Art. 131. As penalidades de advertência e de suspensão terão seus registros cancelados, após o decurso de 3 (três) e 5 (cinco) anos de efetivo exercício, respectivamente, se o servidor não houver, nesse período, praticado nova infração disciplinar.

Parágrafo único. O cancelamento da penalidade não surtirá efeitos retroativos.

Art. 132. A demissão será aplicada nos seguintes casos:

- art. 12, p.u., Lei 12.813/2013 (Dispõe sobre o conflito de interesses no exercício de cargo ou emprego do Poder Executivo federal e impedimentos posteriores ao exercício do cargo ou emprego).
- Súm. 650, STJ.

I - crime contra a administração pública;

- art. 312 e ss., CP.

II - abandono de cargo;

III - inassiduidade habitual;

IV - improbidade administrativa;

- Súm. 651, STJ.

V - incontinência pública e conduta escandalosa, na repartição;

VI - insubordinação grave em serviço;

VII - ofensa física, em serviço, a servidor ou a particular, salvo em legítima defesa própria ou de outrem;

VIII - aplicação irregular de dinheiros públicos;

IX - revelação de segredo do qual se apropriou em razão do cargo;

X - lesão aos cofres públicos e dilapidação do patrimônio nacional;

XI - corrupção;

XII - acumulação ilegal de cargos, empregos ou funções públicas;

XIII - transgressão dos incisos IX a XVI do art. 117.

Art. 133. Detectada a qualquer tempo a acumulação ilegal de cargos, empregos ou funções públicas, a autoridade a que se refere o art. 143 notificará o servidor, por intermédio de sua chefia imediata, para apresentar opção no prazo improrrogável de dez dias, contados da data da ciência e, na hipótese de omissão, adotará procedimento sumário para a sua apuração e regularização imediata, cujo processo administrativo disciplinar se desenvolverá nas seguintes fases: (Redação dada pela Lei 9.527/1997.)

I - instauração, com a publicação do ato que constituir a comissão, a ser composta por dois servidores estáveis, e simultaneamente indicar a autoria e a materialidade da transgressão objeto da apuração; (Incluído pela Lei 9.527/1997.)

II - instrução sumária, que compreende indiciação, defesa e relatório; (Incluído pela Lei 9.527/1997.)

III - julgamento. (Incluído pela Lei 9.527/1997.)

§ 1º A indicação da autoria de que trata o inciso I dar-se-á pelo nome e matrícula do servidor, e a materialidade pela descrição dos cargos, empregos ou funções públicas em situação de acumulação ilegal, dos órgãos ou entidades de vinculação, das datas de ingresso, do horário de trabalho e do correspondente regime jurídico. (Redação dada pela Lei 9.527/1997.)

§ 2º A comissão lavrará, até três dias após a publicação do ato que a constituiu, termo de indiciação em que serão transcritas as informações de que trata o parágrafo anterior, bem como promoverá a citação pessoal do servidor indiciado, ou por intermédio de sua chefia imediata, para, no prazo de cinco dias, apresentar defesa escrita, assegurando-se-lhe vista do processo na repartição, observado o disposto nos arts. 163 e 164. (Redação dada pela Lei 9.527/1997.)

§ 3º Apresentada a defesa, a comissão elaborará relatório conclusivo quanto à inocência ou à responsabilidade do servidor, em que resumirá as peças principais dos autos, opinará sobre a licitude da acumulação em exame, indicará o respectivo dispositivo legal e remeterá o processo à autoridade instauradora, para julgamento. (Incluído pela Lei 9.527/1997.)

§ 4º No prazo de cinco dias, contados do recebimento do processo, a autoridade julgadora proferirá a sua decisão, aplicando-se, quando for o caso, o disposto no § 3º do art. 167. (Incluído pela Lei 9.527/1997.)

§ 5º A opção pelo servidor até o último dia de prazo para defesa configurará sua boa-fé, hipótese em que se converterá automaticamente em pedido de exoneração do outro cargo. (Incluído pela Lei 9.527/1997.)

§ 6º Caracterizada a acumulação ilegal e provada a má-fé, aplicar-se-á a pena de demissão, destituição ou cassação de aposentadoria ou disponibilidade em relação aos cargos, empregos ou funções públicas em regime de acumulação ilegal, hipótese em que os órgãos ou entidades de vinculação serão comunicados. (Incluído pela Lei 9.527/1997.)

§ 7º O prazo para a conclusão do processo administrativo disciplinar submetido ao rito sumário não excederá trinta dias, contados da data de publicação do ato que constituir a comissão, admitida a sua prorrogação por até quinze dias, quando as circunstâncias o exigirem. (Incluído pela Lei 9.527/1997.)

§ 8º O procedimento sumário rege-se pelas disposições deste artigo, observando-se, no que lhe for aplicável, subsidiariamente, as disposições dos Títulos IV e V desta lei. (Incluído pela Lei 9.527/1997.)

Art. 134. Será cassada a aposentadoria ou a disponibilidade do inativo que houver praticado, na atividade, falta punível com a demissão.

Art. 135. A destituição de cargo em comissão exercido por não ocupante de cargo efetivo será aplicada nos casos de infração sujeita às penalidades de suspensão e de demissão.

Parágrafo único. Constatada a hipótese de que trata este artigo, a exoneração efetuada nos termos do art. 35 será convertida em destituição de cargo em comissão.

Art. 136. A demissão ou a destituição de cargo em comissão, nos casos dos incisos IV, VIII, X e XI do art. 132, implica a indisponibilidade dos bens e o ressarcimento ao erário, sem prejuízo da ação penal cabível.

Art. 137. A demissão ou a destituição de cargo em comissão, por infringência do art. 117, incisos IX e XI, incompatibiliza o ex-servidor para nova investidura em cargo público federal, pelo prazo de 5 (cinco) anos.

Parágrafo único. Não poderá retornar ao serviço público federal o servidor que for demitido ou destituído do cargo em comissão por infringência do art. 132, incisos I, IV, VIII, X e XI.

- ADI 2.975, DOU 08.01.2021: Parágrafo declarado inconstitucional, em controle concentrado, pelo Supremo Tribunal Federal.

Art. 138. Configura abandono de cargo a ausência intencional do servidor ao serviço por mais de trinta dias consecutivos.

Art. 139. Entende-se por inassiduidade habitual a falta ao serviço, sem causa justificada, por sessenta dias, interpoladamente, durante o período de doze meses.

Art. 140. Na apuração de abandono de cargo ou inassiduidade habitual, também será adotado o procedimento sumário a que se refere o art. 133, observando-se especialmente que: (Redação dada pela Lei 9.527/1997.)

I - a indicação da materialidade dar-se-á: (Incluído pela Lei 9.527/1997.)

a) na hipótese de abandono de cargo, pela indicação precisa do período de ausência intencional do servidor ao serviço superior a trinta dias; (Incluído pela Lei 9.527/1997.)

b) no caso de inassiduidade habitual, pela indicação dos dias de falta ao serviço sem causa justificada, por período igual ou superior a sessenta dias interpoladamente, durante o período de doze meses; (Incluído pela Lei 9.527/1997.)

II - após a apresentação da defesa a comissão elaborará relatório conclusivo quanto à inocência ou à responsabilidade do servidor, em que resumirá as peças principais dos autos, indicará o respectivo dispositivo legal, opinará, na hipótese de abandono de cargo, sobre a intencionalidade da ausência ao serviço superior a trinta dias e remeterá o processo à autoridade instauradora para julgamento. (Incluído pela Lei 9.527/1997.)

Art. 141. As penalidades disciplinares serão aplicadas:

I - pelo Presidente da República, pelos Presidentes das Casas do Poder Legislativo e dos Tribunais Federais e pelo Procurador-Geral da República, quando se tratar de demissão e cassação de aposentadoria ou disponibilidade de servidor vinculado ao respectivo Poder, órgão, ou entidade;

- Súm. 651, STJ.

II - pelas autoridades administrativas de hierarquia imediatamente inferior àquelas mencionadas no inciso anterior quando se tratar de suspensão superior a 30 (trinta) dias;

III - pelo chefe da repartição e outras autoridades na forma dos respectivos regimentos ou regulamentos, nos casos de advertência ou de suspensão de até 30 (trinta) dias;

IV - pela autoridade que houver feito a nomeação, quando se tratar de destituição de cargo em comissão.

Art. 142. A ação disciplinar prescreverá:

I - em 5 (cinco) anos, quanto às infrações puníveis com demissão, cassação de aposentadoria ou disponibilidade e destituição de cargo em comissão;

II - em 2 (dois) anos, quanto à suspensão;

III - em 180 (cento e oitenta) dias, quanto à advertência.

§ 1º O prazo de prescrição começa a correr da data em que o fato se tornou conhecido.

§ 2º Os prazos de prescrição previstos na lei penal aplicam-se às infrações disciplinares capituladas também como crime.

§ 3º A abertura de sindicância ou a instauração de processo disciplinar interrompe a prescrição, até a decisão final proferida por autoridade competente.

§ 4º Interrompido o curso da prescrição, o prazo começará a correr a partir do dia em que cessar a interrupção.

- Lei 9.784/1999 (Lei dos Processos Administrativos Federais).

TÍTULO V
DO PROCESSO ADMINISTRATIVO DISCIPLINAR

CAPÍTULO I
DISPOSIÇÕES GERAIS

Art. 143. A autoridade que tiver ciência de irregularidade no serviço público é obrigada a promover a sua apuração imediata, mediante sindicância ou processo administrativo disciplinar, assegurada ao acusado ampla defesa.

- art. 11, II, Lei 8.429/1992 (Lei da Improbidade Administrativa).
- art. 17, Lei 9.784/1999 (Regula o processo administrativo no âmbito da Administração Pública Federal).

§§ 1º e 2º (Revogados pela Lei 11.204/2005.)

§ 3º A apuração de que trata o *caput*, por solicitação da autoridade a que se refere, poderá ser promovida por autoridade de órgão ou entidade diverso daquele em que tenha ocorrido a irregularidade, mediante competência específica para tal finalidade, delegada em caráter permanente ou temporário pelo Presidente da República, pelos presidentes das Casas do Poder Legislativo e dos Tribunais Federais e pelo Procurador-Geral da República, no âmbito do respectivo Poder, órgão ou entidade, preservadas as competências para o julgamento que se seguir à apuração. (Incluído pela Lei 9.527/1997.)

Art. 144. As denúncias sobre irregularidades serão objeto de apuração, desde que contenham a identificação e o endereço do denunciante e sejam formuladas por escrito, confirmada a autenticidade.

» *Vide* Súmula 611 do STJ.

Parágrafo único. Quando o fato narrado não configurar evidente infração disciplinar ou ilícito penal, a denúncia será arquivada, por falta de objeto.

Art. 145. Da sindicância poderá resultar:

I - arquivamento do processo;

II - aplicação de penalidade de advertência ou suspensão de até 30 (trinta) dias;

III - instauração de processo disciplinar.

Parágrafo único. O prazo para conclusão da sindicância não excederá 30 (trinta) dias, podendo ser prorrogado por igual período, a critério da autoridade superior.

Art. 146. Sempre que o ilícito praticado pelo servidor ensejar a imposição de penalidade de suspensão por mais de 30 (trinta) dias, de demissão, cassação de aposentadoria ou disponibilidade, ou destituição de cargo em comissão, será obrigatória a instauração de processo disciplinar.

CAPÍTULO II
DO AFASTAMENTO PREVENTIVO

Art. 147. Como medida cautelar e a fim de que o servidor não venha a influir na apuração da irregularidade, a autoridade instauradora do processo disciplinar poderá determinar o seu afastamento do exercício do cargo, pelo prazo de até 60 (sessenta) dias, sem prejuízo da remuneração.

Parágrafo único. O afastamento poderá ser prorrogado por igual prazo, findo o qual cessarão os seus efeitos, ainda que não concluído o processo.

CAPÍTULO III
DO PROCESSO DISCIPLINAR

Art. 148. O processo disciplinar é o instrumento destinado a apurar responsabilidade de servidor por infração praticada no exercício de suas atribuições, ou que tenha relação com as atribuições do cargo em que se encontre investido.

- Lei 8.429/1992 (Lei da Improbidade Administrativa).

Art. 149. O processo disciplinar será conduzido por comissão composta de três servidores estáveis designados pela autoridade competente, observado o disposto no § 3º do art. 143, que indicará, dentre eles, o seu presidente, que deverá ser ocupante de cargo efetivo superior ou de mesmo nível, ou ter nível de escolaridade igual ou superior ao do indiciado. (Redação dada pela Lei 9.527/1997.)

§ 1º A Comissão terá como secretário servidor designado pelo seu presidente, podendo a indicação recair em um de seus membros.

§ 2º Não poderá participar de comissão de sindicância ou de inquérito, cônjuge, companheiro ou parente do acusado, consanguíneo ou afim, em linha reta ou colateral, até o terceiro grau.

Art. 150. A Comissão exercerá suas atividades com independência e imparcialidade, assegurado o sigilo necessário à elucidação do fato ou exigido pelo interesse da administração.

Parágrafo único. As reuniões e as audiências das comissões terão caráter reservado.

Art. 151. O processo disciplinar se desenvolve nas seguintes fases:

I - instauração, com a publicação do ato que constituir a comissão;

II - inquérito administrativo, que compreende instrução, defesa e relatório;

» *Vide* Súmula Vinculante 5 do STF.

III - julgamento.

Art. 152. O prazo para a conclusão do processo disciplinar não excederá 60 (sessenta) dias, contados da data de publicação do ato que constituir a comissão, admitida a sua prorrogação por igual prazo, quando as circunstâncias o exigirem.

» *Vide* Súmulas 592 e 635 do STJ.

§ 1º Sempre que necessário, a comissão dedicará tempo integral aos seus trabalhos, ficando seus membros dispensados do ponto, até a entrega do relatório final.

§ 2º As reuniões da comissão serão registradas em atas que deverão detalhar as deliberações adotadas.

SEÇÃO I
DO INQUÉRITO

Art. 153. O inquérito administrativo obedecerá ao princípio do contraditório, assegurada ao acusado ampla defesa, com a utilização dos meios e recursos admitidos em direito.

Art. 154. Os autos da sindicância integrarão o processo disciplinar, como peça informativa da instrução.

Parágrafo único. Na hipótese de o relatório da sindicância concluir que a infração está capitulada como ilícito penal, a autoridade competente encaminhará cópia dos autos ao Ministério Público, independentemente da imediata instauração do processo disciplinar.

Art. 155. Na fase do inquérito, a comissão promoverá a tomada de depoimentos, acareações, investigações e diligências cabíveis, objetivando a coleta de prova, recorrendo, quando necessário, a técnicos e peritos, de modo a permitir a completa elucidação dos fatos.

Art. 156. É assegurado ao servidor o direito de acompanhar o processo pessoalmente ou por intermédio de procurador, arrolar e reinquirir testemunhas, produzir provas e contraprovas e formular quesitos, quando se tratar de prova pericial.

» *Vide* Súmula 591 do STJ.

§ 1º O presidente da comissão poderá denegar pedidos considerados impertinentes, meramente protelatórios, ou de nenhum interesse para o esclarecimento dos fatos.

§ 2º Será indeferido o pedido de prova pericial, quando a comprovação do fato independer de conhecimento especial de perito.

Art. 157. As testemunhas serão intimadas a depor mediante mandado expedido pelo presidente da comissão, devendo a segunda via, com o ciente do interessado, ser anexado aos autos.

Parágrafo único. Se a testemunha for servidor público, a expedição do mandado será imediatamente comunicada ao chefe da repartição onde serve, com a indicação do dia e hora marcados para inquirição.

Art. 158. O depoimento será prestado oralmente e reduzido a termo, não sendo lícito à testemunha trazê-lo por escrito.

§ 1º As testemunhas serão inquiridas separadamente.

§ 2º Na hipótese de depoimentos contraditórios ou que se infirmem, proceder-se-á à acareação entre os depoentes.

Art. 159. Concluída a inquirição das testemunhas, a comissão promoverá o interrogatório do acusado, observados os procedimentos previstos nos arts. 157 e 158.

§ 1º No caso de mais de um acusado, cada um deles será ouvido separadamente, e sempre que divergirem em suas declarações sobre fatos ou circunstâncias, será promovida a acareação entre eles.

§ 2º O procurador do acusado poderá assistir ao interrogatório, bem como à inquirição das testemunhas, sendo-lhe vedado interferir nas perguntas e respostas, facultando-se-lhe, porém, reinquiri-las, por intermédio do presidente da comissão.

Art. 160. Quando houver dúvida sobre a sanidade mental do acusado, a comissão proporá à autoridade competente que ele seja submetido a exame por junta médica oficial, da qual participe pelo menos um médico psiquiatra.

Parágrafo único. O incidente de sanidade mental será processado em auto apartado e apenso ao processo principal, após a expedição do laudo pericial.

Art. 161. Tipificada a infração disciplinar, será formulada a indiciação do servidor, com a especificação dos fatos a ele imputados e das respectivas provas.

§ 1º O indiciado será citado por mandado expedido pelo presidente da comissão para apresentar defesa escrita, no prazo de 10 (dez) dias, assegurando-se-lhe vista do processo na repartição.

§ 2º Havendo dois ou mais indiciados, o prazo será comum e de 20 (vinte) dias.

§ 3º O prazo de defesa poderá ser prorrogado pelo dobro, para diligências reputadas indispensáveis.

§ 4º No caso de recusa do indiciado em apor o ciente na cópia da citação, o prazo para defesa contar-se-á da data declarada, em termo próprio, pelo membro da comissão que fez a citação, com a assinatura de (2) duas testemunhas.

Art. 162. O indiciado que mudar de residência fica obrigado a comunicar à comissão o lugar onde poderá ser encontrado.

Art. 163. Achando-se o indiciado em lugar incerto e não sabido, será citado por edital, publicado no Diário Oficial da União e em jornal de grande circulação na localidade do último domicílio conhecido, para apresentar defesa.

Parágrafo único. Na hipótese deste artigo, o prazo para defesa será de 15 (quinze) dias a partir da última publicação do edital.

Art. 164. Considerar-se-á revel o indiciado que, regularmente citado, não apresentar defesa no prazo legal.

§ 1º A revelia será declarada, por termo, nos autos do processo e devolverá o prazo para a defesa.

§ 2º Para defender o indiciado revel, a autoridade instauradora do processo designará um servidor como defensor dativo, que deverá ser ocupante de cargo efetivo superior ou de mesmo nível, ou ter nível de escolaridade igual ou superior ao do indiciado. (Redação dada pela Lei 9.527/1997.)

Art. 165. Apreciada a defesa, a comissão elaborará relatório minucioso, onde resumirá as peças principais dos autos e mencionará as provas em que se baseou para formar a sua convicção.

§ 1º O relatório será sempre conclusivo quanto à inocência ou à responsabilidade do servidor.

§ 2º Reconhecida a responsabilidade do servidor, a comissão indicará o dispositivo legal ou regulamentar transgredido, bem como as circunstâncias agravantes ou atenuantes.

Art. 166. O processo disciplinar, com o relatório da comissão, será remetido à autoridade que determinou a sua instauração, para julgamento.

SEÇÃO II
DO JULGAMENTO

Art. 167. No prazo de 20 (vinte) dias, contados do recebimento do processo, a autoridade julgadora proferirá a sua decisão.

‣ Súm. 651, STJ.

§ 1º Se a penalidade a ser aplicada exceder a alçada da autoridade instauradora do processo, este será encaminhado à autoridade competente, que decidirá em igual prazo.

§ 2º Havendo mais de um indiciado e diversidade de sanções, o julgamento caberá à autoridade competente para a imposição da pena mais grave.

§ 3º Se a penalidade prevista for a demissão ou cassação de aposentadoria ou disponibilidade, o julgamento caberá às autoridades de que trata o inciso I do art. 141.

§ 4º Reconhecida pela comissão a inocência do servidor, a autoridade instauradora do processo determinará o seu arquivamento, salvo se flagrantemente contrária à prova dos autos. (Incluído pela Lei 9.527/1997.)

Art. 168. O julgamento acatará o relatório da comissão, salvo quando contrário às provas dos autos.

Parágrafo único. Quando o relatório da comissão contrariar as provas dos autos, a autoridade julgadora poderá, motivadamente, agravar a penalidade proposta, abrandá-la ou isentar o servidor de responsabilidade.

Art. 169. Verificada a ocorrência de vício insanável, a autoridade que determinou a instauração do processo ou outra de hierarquia superior declarará a sua nulidade, total ou parcial, e ordenará, no mesmo ato, a constituição de outra comissão para instauração de novo processo. (Redação dada pela Lei 9.527/1997.)

§ 1º O julgamento fora do prazo legal não implica nulidade do processo.

‣ Súm. 592, STJ.

§ 2º A autoridade julgadora que der causa à prescrição de que trata o art. 142, § 2º, será responsabilizada na forma do Capítulo IV do Título IV.

Art. 170. Extinta a punibilidade pela prescrição, a autoridade julgadora determinará o registro do fato nos assentamentos individuais do servidor.

Art. 171. Quando a infração estiver capitulada como crime, o processo disciplinar será remetido ao Ministério Público para instauração da ação penal, ficando trasladado na repartição.

Art. 172. O servidor que responder a processo disciplinar só poderá ser exonerado a pedido, ou aposentado voluntariamente, após a conclusão do processo e o cumprimento da penalidade, acaso aplicada.

Parágrafo único. Ocorrida a exoneração de que trata o parágrafo único, inciso I do art. 34, o ato será convertido em demissão, se for o caso.

Art. 173. Serão assegurados transporte e diárias:

I - ao servidor convocado para prestar depoimento fora da sede de sua repartição, na condição de testemunha, denunciado ou indiciado;

II - aos membros da comissão e ao secretário, quando obrigados a se deslocarem da sede dos trabalhos para a realização de missão essencial ao esclarecimento dos fatos.

SEÇÃO III
DA REVISÃO DO PROCESSO

Art. 174. O processo disciplinar poderá ser revisto, a qualquer tempo, a pedido ou de ofício, quando se aduzirem fatos novos ou circunstâncias suscetíveis de justificar a inocência do punido ou a inadequação da penalidade aplicada.

§ 1º Em caso de falecimento, ausência ou desaparecimento do servidor, qualquer pessoa da família poderá requerer a revisão do processo.

§ 2º No caso de incapacidade mental do servidor, a revisão será requerida pelo respectivo curador.

Art. 175. No processo revisional, o ônus da prova cabe ao requerente.

Art. 176. A simples alegação de injustiça da penalidade não constitui fundamento para a revisão, que requer elementos novos, ainda não apreciados no processo originário.

Art. 177. O requerimento de revisão do processo será dirigido ao Ministro de Estado ou autoridade equivalente, que, se autorizar a revisão, encaminhará o pedido ao dirigente do órgão ou entidade onde se originou o processo disciplinar.

Parágrafo único. Deferida a petição, a autoridade competente providenciará a constituição de comissão, na forma do art. 149.

Art. 178. A revisão correrá em apenso ao processo originário.

Parágrafo único. Na petição inicial, o requerente pedirá dia e hora para a produção de provas e inquirição das testemunhas que arrolar.

Art. 179. A comissão revisora terá 60 (sessenta) dias para a conclusão dos trabalhos.

Art. 180. Aplicam-se aos trabalhos da comissão revisora, no que couber, as normas e procedimentos próprios da comissão do processo disciplinar.

Art. 181. O julgamento caberá à autoridade que aplicou a penalidade, nos termos do art. 141.

Parágrafo único. O prazo para julgamento será de 20 (vinte) dias, contados do recebimento do processo, no curso do qual a autoridade julgadora poderá determinar diligências.

Art. 182. Julgada procedente a revisão, será declarada sem efeito a penalidade aplicada, restabelecendo-se todos os direitos do servidor, exceto em relação à destituição do cargo em comissão, que será convertida em exoneração.

Parágrafo único. Da revisão do processo não poderá resultar agravamento de penalidade.

TÍTULO VI
DA SEGURIDADE SOCIAL DO SERVIDOR

CAPÍTULO I
DISPOSIÇÕES GERAIS

Art. 183. A União manterá Plano de Seguridade Social para o servidor e sua família.

§ 1º O servidor ocupante de cargo em comissão que não seja, simultaneamente, ocupante de cargo ou emprego efetivo na administração pública direta, autárquica e fundacional não terá direito aos benefícios do Plano de Seguridade Social, com exceção da assistência à saúde. (Redação dada pela Lei 10.667/2003.)

§ 2º O servidor afastado ou licenciado do cargo efetivo, sem direito à remuneração, inclusive para servir em organismo oficial internacional do qual o Brasil seja membro efetivo ou com o qual coopere, ainda que contribua para regime de previdência social no exterior, terá suspenso o seu vínculo com o regime do Plano de Seguridade Social do Servidor Público enquanto durar o afastamento ou a licença, não lhes assistindo, neste período, os benefícios do mencionado regime de previdência. (Incluído pela Lei 10.667/2003.)

§ 3º Será assegurada ao servidor licenciado ou afastado sem remuneração a manutenção da vinculação ao regime do Plano de Seguridade Social do Servidor Público, mediante o recolhimento mensal da respectiva contribuição, no mesmo percentual devido pelos servidores em atividade, incidente sobre a remuneração total do cargo a que faz jus no exercício de suas atribuições, computando-se, para esse efeito, inclusive, as vantagens pessoais. (Acrescentado pela Lei 10.667/2003.)

§ 4º O recolhimento de que trata o § 3º deve ser efetuado até o segundo dia útil após a data do pagamento das remunerações dos servidores públicos, aplicando-se os procedimentos de cobrança e execução dos tributos federais quando não recolhidas na data de vencimento. (Incluído pela Lei 10.667/2003.)

Art. 184. O Plano de Seguridade Social visa a dar cobertura aos riscos a que estão sujeitos o servidor e sua família, e compreende um conjunto de benefícios e ações que atendam às seguintes finalidades:

I - garantir meios de subsistência nos eventos de doença, invalidez, velhice, acidente em serviço, inatividade, falecimento e reclusão;

II - proteção à maternidade, à adoção e à paternidade;

III - assistência à saúde.

Parágrafo único. Os benefícios serão concedidos nos termos e condições definidos em regulamento, observadas as disposições desta lei.

Art. 185. Os benefícios do Plano de Seguridade Social do servidor compreendem:

I - quanto ao servidor:

a) aposentadoria;

b) auxílio-natalidade;

c) salário-família;

d) licença para tratamento de saúde;

e) licença à gestante, à adotante e licença-paternidade;

f) licença por acidente em serviço;

g) assistência à saúde;

h) garantia de condições individuais e ambientais de trabalho satisfatórias;

II - quanto ao dependente:

a) pensão vitalícia e temporária;

b) auxílio-funeral;

c) auxílio-reclusão;

d) assistência à saúde.

§ 1º As aposentadorias e pensões serão concedidas e mantidas pelos órgãos ou entidades aos quais se encontram vinculados os servidores, observado o disposto nos arts. 189 e 224.

§ 2º O recebimento indevido de benefícios havidos por fraude, dolo ou má-fé, implicará devolução ao erário do total auferido, sem prejuízo da ação penal cabível.

CAPÍTULO II
DOS BENEFÍCIOS

SEÇÃO I
DA APOSENTADORIA

Art. 186. O servidor será aposentado:

▸ art. 40, CF.

I - por invalidez permanente, sendo os proventos integrais quando decorrente de acidente em serviço, moléstia profissional ou doença grave, contagiosa ou incurável, especificada em lei, e proporcionais nos demais casos;

II - compulsoriamente, aos setenta anos de idade, com proventos proporcionais ao tempo de serviço;

III - voluntariamente:

a) aos 35 (trinta e cinco) anos de serviço, se homem, e aos 30 (trinta) se mulher, com proventos integrais;

b) aos 30 (trinta) anos de efetivo exercício em funções de magistério se professor, e 25 (vinte e cinco) se professora, com proventos integrais;

c) aos 30 (trinta) anos de serviço, se homem, e aos 25 (vinte e cinco) se mulher, com proventos proporcionais a esse tempo;

d) aos 65 (sessenta e cinco) anos de idade, se homem, e aos 60 (sessenta) se mulher, com proventos proporcionais ao tempo de serviço.

§ 1º Consideram-se doenças graves, contagiosas ou incuráveis, a que se refere o inciso I deste artigo, tuberculose ativa, alienação mental, esclerose múltipla, neoplasia maligna, cegueira posterior ao ingresso no serviço público, hanseníase, cardiopatia grave, doença de Parkinson, paralisia irreversível e incapacitante, espondiloartrose anquilosante, nefropatia grave, estados avançados do mal de Paget (osteíte deformante), Síndrome de Imunodeficiência Adquirida - AIDS, e outras que a lei indicar, com base na medicina especializada.

§ 2º Nos casos de exercício de atividades consideradas insalubres ou perigosas, bem como nas hipóteses previstas no art. 71, a aposentadoria de que trata o inciso III, *a* e *c*, observará o disposto em lei específica.

§ 3º Na hipótese do inciso I o servidor será submetido à junta médica oficial, que atestará a invalidez quando caracterizada a incapacidade para o desempenho das atribuições do cargo ou a impossibilidade de se aplicar o disposto no art. 24. (Incluído pela Lei 9.527/1997.)

Art. 187. A aposentadoria compulsória será automática, e declarada por ato, com vigência a partir do dia imediato àquele em que o servidor atingir a idade-limite de permanência no serviço ativo.

Art. 188. A aposentadoria voluntária ou por invalidez vigorará a partir da data da publicação do respectivo ato.

§ 1º A aposentadoria por invalidez será precedida de licença para tratamento de saúde, por período não excedente a 24 (vinte e quatro) meses.

§ 2º Expirado o período de licença e não estando em condições de reassumir o cargo ou de ser readaptado, o servidor será aposentado.

§ 3º O lapso de tempo compreendido entre o término da licença e a publicação do ato da aposentadoria será considerado como de prorrogação da licença.

§ 4º Para os fins do disposto no § 1º deste artigo, serão consideradas apenas as licenças motivadas pela enfermidade ensejadora da invalidez ou doenças correlacionadas. (Incluído pela Lei 11.907/2009.)

§ 5º A critério da Administração, o servidor em licença para tratamento de saúde ou aposentado por invalidez poderá ser convocado a qualquer momento, para avaliação das condições que ensejaram o afastamento ou a aposentadoria. (Incluído pela Lei 11.907/2009.)

Art. 189. O provento da aposentadoria será calculado com observância do disposto no § 3º do art. 41, e revisto na mesma data e proporção, sempre que se modificar a remuneração dos servidores em atividade.

Parágrafo único. São estendidos aos inativos quaisquer benefícios ou vantagens posteriormente concedidas aos servidores em atividade, inclusive quando decorrentes de transformação ou reclassificação do cargo ou função em que se deu a aposentadoria.

› arts. 185, § 1º, e 224 desta lei.

Art. 190. O servidor aposentado com provento proporcional ao tempo de serviço se acometido de qualquer das moléstias especificadas no § 1º do art. 186 desta lei e, por esse motivo, for considerado inválido por junta médica oficial passará a perceber provento integral, calculado com base no fundamento legal de concessão da aposentadoria. (Redação dada pela Lei 11.907/2009.)

Art. 191. Quando proporcional ao tempo de serviço, o provento não será inferior a 1/3 (um terço) da remuneração da atividade.

Arts. 192 e 193. (Revogados pela Lei 9.527/1997.)

Art. 194. Ao servidor aposentado será paga a gratificação natalina, até o dia vinte do mês de dezembro, em valor equivalente ao respectivo provento, deduzido o adiantamento recebido.

Art. 195. Ao ex-combatente que tenha efetivamente participado de operações bélicas, durante a Segunda Guerra Mundial, nos termos da Lei n. 5.315, de 12 de setembro de 1967, será concedida aposentadoria com provento integral, aos 25 (vinte e cinco) anos de serviço efetivo.

› art. 53, V, ADCT.

SEÇÃO II
DO AUXÍLIO-NATALIDADE

Art. 196. O auxílio-natalidade é devido à servidora por motivo de nascimento de filho, em quantia equivalente ao menor vencimento do serviço público, inclusive no caso de natimorto.

§ 1º Na hipótese de parto múltiplo, o valor será acrescido de 50% (cinquenta por cento), por nascituro.

§ 2º O auxílio será pago ao cônjuge ou companheiro servidor público, quando a parturiente não for servidora.

SEÇÃO III
DO SALÁRIO-FAMÍLIA

Art. 197. O salário-família é devido ao servidor ativo ou ao inativo, por dependente econômico.

Parágrafo único. Consideram-se dependentes econômicos para efeito de percepção do salário-família:

I - o cônjuge ou companheiro e os filhos, inclusive os enteados até 21 (vinte e um) anos de idade ou, se estudante, até 24 (vinte e quatro) anos ou, se inválido, de qualquer idade;

II - o menor de 21 (vinte e um) anos que, mediante autorização judicial, viver na companhia e às expensas do servidor, ou do inativo;

III - a mãe e o pai sem economia própria.

Art. 198. Não se configura a dependência econômica quando o beneficiário do salário-família perceber rendimento do trabalho ou de qualquer outra fonte, inclusive pensão ou provento da aposentadoria, em valor igual ou superior ao salário-mínimo.

Art. 199. Quando o pai e mãe forem servidores públicos e viverem em comum, o salário-família será pago a um deles; quando separados, será pago a um e outro, de acordo com a distribuição dos dependentes.

Parágrafo único. Ao pai e à mãe equiparam-se o padrasto, a madrasta e, na falta destes, os representantes legais dos incapazes.

Art. 200. O salário-família não está sujeito a qualquer tributo, nem servirá de base para qualquer contribuição, inclusive para a Previdência Social.

Art. 201. O afastamento do cargo efetivo, sem remuneração, não acarreta a suspensão do pagamento do salário-família.

SEÇÃO IV
DA LICENÇA PARA TRATAMENTO DE SAÚDE

› Dec. 7.003/2009 (Regulamenta a licença para tratamento de saúde, de que tratam os arts. 202 a 205 desta lei).

Art. 202. Será concedida ao servidor licença para tratamento de saúde, a pedido ou de ofício, com base em perícia médica, sem prejuízo da remuneração a que fizer jus.

Art. 203. A licença de que trata o art. 202 desta lei será concedida com base em perícia oficial. (Redação dada pela Lei 11.907/2009.)

§ 1º Sempre que necessário, a inspeção médica será realizada na residência do servidor ou no estabelecimento hospitalar onde se encontrar internado.

§ 2º Inexistindo médico no órgão ou entidade no local onde se encontra ou tenha exercício em caráter permanente o servidor, e não se configurando as hipóteses previstas nos parágrafos do art. 230, será aceito atestado passado por médico particular. (Redação dada pela Lei 9.527/1997.)

§ 3º No caso do § 2º deste artigo, o atestado somente produzirá efeitos depois de recepcionado pela unidade de recursos humanos do órgão ou entidade. (Redação dada pela Lei 11.907/2009.)

§ 4º A licença que exceder o prazo de 120 (cento e vinte) dias no período de 12 (doze) meses a contar do primeiro dia de afastamento será concedida mediante avaliação por junta médica oficial. (Redação dada pela Lei 11.907/2009.)

§ 5º A perícia oficial para concessão da licença de que trata o *caput* deste artigo, bem como nos demais casos de perícia oficial previstos nesta Lei, será efetuada por cirurgiões-dentistas, nas hipóteses em que abranger o campo de atuação da odontologia. (Incluído pela Lei 11.907/2009.)

Art. 204. A licença para tratamento de saúde inferior a 15 (quinze) dias, dentro de 1 (um) ano, poderá ser dispensada de perícia oficial, na forma definida em regulamento. (Redação dada pela Lei 11.907/2009.)

Art. 205. O atestado e o laudo da junta médica não se referirão ao nome ou natureza da doença, salvo quando se tratar de lesões produzidas por acidente em serviço, doença profissional ou qualquer das doenças especificadas no art. 186, § 1º.

Art. 206. O servidor que apresentar indícios de lesões orgânicas ou funcionais será submetido a inspeção médica.

Art. 206-A. O servidor será submetido a exames médicos periódicos, nos termos e condições definidos em regulamento. (Incluído pela Lei 11.907/2009.)

› Dec. 6.856/2009 (Regulamenta este artigo).

Parágrafo único. Para os fins do disposto no *caput*, a União e suas entidades autárquicas e fundacionais poderão: (Acrescentado pela Lei 12.998/2014.)

I - prestar os exames médicos periódicos diretamente pelo órgão ou entidade à qual se encontra vinculado o servidor; (Acrescentado pela Lei 12.998/2014.)

II - celebrar convênio ou instrumento de cooperação ou parceria com os órgãos e entidades da administração direta, suas autarquias e fundações; (Acrescentado pela Lei 12.998/2014.)

III - celebrar convênios com operadoras de plano de assistência à saúde, organizadas na modalidade de autogestão, que possuam autorização de funcionamento do órgão regulador, na forma do art. 230; ou (Acrescentado pela Lei 12.998/2014.)

IV - prestar os exames médicos periódicos mediante contrato administrativo, observado o disposto na Lei n. 8.666, de 21 de junho de 1993, e demais normas pertinentes. (Acrescentado pela Lei 12.998/2014.)

SEÇÃO V
DA LICENÇA À GESTANTE, À ADOTANTE E DA LICENÇA-PATERNIDADE

Art. 207. Será concedida licença à servidora gestante por 120 (cento e vinte) dias consecutivos, sem prejuízo da remuneração.

- art. 2º, § 2º, Dec. 6.690/2008 (Institui o Programa de Prorrogação da Licença à Gestante e à Adotante e estabelece os critérios de adesão ao Programa).

§ 1º A licença poderá ter início no primeiro dia do nono mês de gestação, salvo antecipação por prescrição médica.

§ 2º No caso de nascimento prematuro, a licença terá início a partir do parto.

§ 3º No caso de natimorto, decorridos 30 (trinta) dias do evento, a servidora será submetida a exame médico, e se julgada apta, reassumirá o exercício.

§ 4º No caso de aborto atestado por médico oficial, a servidora terá direito a 30 (trinta) dias de repouso remunerado.

Art. 208. Pelo nascimento ou adoção de filhos, o servidor terá direito à licença-paternidade de 5 (cinco) dias consecutivos.

- Dec. 8.737/2016 (Institui o Programa de Prorrogação da Licença-Paternidade).

Art. 209. Para amamentar o próprio filho, até a idade de seis meses, a servidora lactante terá direito, durante a jornada de trabalho, a uma hora de descanso, que poderá ser parcelada em dois períodos de meia hora.

Art. 210. À servidora que adotar ou obtiver guarda judicial de criança até 1 (um) ano de idade, serão concedidos 90 (noventa) dias de licença remunerada.

- art. 2º, § 3º, II, Dec. 6.690/2008 (Institui o Programa de Prorrogação da Licença à Gestante e à Adotante e estabelece os critérios de adesão ao Programa).

Parágrafo único. No caso de adoção ou guarda judicial de criança com mais de 1 (um) ano de idade, o prazo de que trata este artigo será de 30 (trinta) dias.

SEÇÃO VI
DA LICENÇA POR ACIDENTE EM SERVIÇO

Art. 211. Será licenciado, com remuneração integral, o servidor acidentado em serviço.

Art. 212. Configura acidente em serviço o dano físico ou mental sofrido pelo servidor, que se relacione, mediata ou imediatamente, com as atribuições do cargo exercido.

Parágrafo único. Equipara-se ao acidente em serviço o dano:

I - decorrente de agressão sofrida e não provocada pelo servidor no exercício do cargo;

II - sofrido no percurso da residência para o trabalho e vice-versa.

Art. 213. O servidor acidentado em serviço que necessite de tratamento especializado poderá ser tratado em instituição privada, à conta de recursos públicos.

Parágrafo único. O tratamento recomendado por junta médica oficial constitui medida de exceção e somente será admissível quando inexistirem meios e recursos adequados em instituição pública.

Art. 214. A prova do acidente será feita no prazo de 10 (dez) dias, prorrogável quando as circunstâncias o exigirem.

SEÇÃO VII
DA PENSÃO

Art. 215. Por morte do servidor, os seus dependentes, nas hipóteses legais, fazem jus à pensão por morte, observados os limites estabelecidos no inciso XI do *caput* do art. 37 da Constituição Federal e no art. 2º da Lei nº 10.887, de 18 de junho de 2004. (Redação dada pela Lei nº 13.846/2019)

Art. 216. (Revogado pela Lei 13.135/2015.)

Art. 217. São beneficiários das pensões:

I - o cônjuge; (Alterado pela Lei 13.135/2015.)

a) a e) (Revogadas pela Lei 13.135/2015);

II - o cônjuge divorciado ou separado judicialmente ou de fato, com percepção de pensão alimentícia estabelecida judicialmente; (Alterado pela Lei 13.135/2015.)

a) a d) (Revogadas pela Lei 13.135/2015);

III - o companheiro ou companheira que comprove união estável como entidade familiar; (Alterado pela Lei 13.135/2015.)

IV - o filho de qualquer condição que atenda a um dos seguintes requisitos: (Alterado pela Lei 13.135/2015.)

a) seja menor de 21 (vinte e um) anos; (Alterado pela Lei 13.135/2015.)

b) seja inválido; (Alterado pela Lei 13.135/2015.)

c) tenha deficiência grave; ou (Alterado pela Lei 13.135/2015. Vigência: 2 anos a partir da publicação 18.06.2015.)

d) tenha deficiência intelectual ou mental; (Redação dada pela Lei nº 13.846/2019)

V - a mãe e o pai que comprovem dependência econômica do servidor; e (Alterado pela Lei 13.135/2015.)

VI - o irmão de qualquer condição que comprove dependência econômica do servidor e atenda a um dos requisitos previstos no inciso IV. (Alterado pela Lei 13.135/2015.)

§ 1º A concessão de pensão aos beneficiários de que tratam os incisos I a IV do *caput* exclui os beneficiários referidos nos incisos V e VI. (Alterado pela Lei 13.135/2015.)

§ 2º A concessão de pensão aos beneficiários de que trata o inciso V do *caput* exclui o beneficiário referido no inciso VI. (Alterado pela Lei 13.135/2015.)

§ 3º O enteado e o menor tutelado equiparam-se a filho mediante declaração do servidor e desde que comprovada dependência econômica, na forma estabelecida em regulamento. (Alterado pela Lei 13.135/2015.)

§ 4º (VETADO na Lei nº 13.846/2019)

Art. 218. Ocorrendo habilitação de vários titulares à pensão, o seu valor será distribuído em partes iguais entre os beneficiários habilitados. (Alterado pela Lei 13.135/2015.)

§§ 1º a 3º (Revogados pela Lei 13.135/2015).

Art. 219. A pensão por morte será devida ao conjunto dos dependentes do segurado que falecer, aposentado ou não, a contar da data: (Redação dada pela Lei nº 13.846/2019)

I – do óbito, quando requerida em até 180 (cento e oitenta dias) após o óbito, para os filhos menores de 16 (dezesseis) anos, ou em até 90 (noventa) dias após o óbito, para os demais dependentes; (Acrescido pela Lei nº 13.846/2019)

II – do requerimento, quando requerida após o prazo previsto no inciso I do *caput* deste artigo; ou (Acrescido pela Lei nº 13.846/2019)

III – da decisão judicial, na hipótese de morte presumida. (Acrescido pela Lei nº 13.846/2019)

§ 1º A concessão da pensão por morte não será protelada pela falta de habilitação de outro possível dependente e a habilitação posterior que importe em exclusão ou inclusão de dependente só produzirá efeito a partir da data da publicação da portaria de concessão da pensão ao dependente habilitado. (Parágrafo único transformado em § 1º, com redação dada pela Lei nº 13.846/2019)

§ 2º Ajuizada a ação judicial para reconhecimento da condição de dependente, este poderá requerer a sua habilitação provisória ao benefício de pensão por morte, exclusivamente para fins de rateio dos valores com outros dependentes, vedado o pagamento da respectiva cota até o trânsito em julgado da respectiva ação, ressalvada a existência de decisão judicial em contrário. (Redação dada pela Lei nº 13.846/2019)

§ 3º Nas ações em que for parte o ente público responsável pela concessão da pensão por morte, este poderá proceder de ofício à habilitação excepcional da referida pensão, apenas para efeitos de rateio, descontando-se os valores referentes a esta habilitação das demais cotas, vedado o pagamento da respectiva cota até o trânsito em julgado da respectiva ação, ressalvada a existência de decisão judicial em contrário. (Redação dada pela Lei nº 13.846/2019)

§ 4º Julgada improcedente a ação prevista no § 2º ou § 3º deste artigo, o valor retido será corrigido pelos índices legais de reajustamento e será pago de forma proporcional aos demais dependentes, de acordo com as suas cotas e o tempo de duração de seus benefícios. (Redação dada pela Lei nº 13.846/2019)

§ 5º Em qualquer hipótese, fica assegurada ao órgão concessor da pensão por morte a cobrança dos valores indevidamente pagos em função de nova habilitação. (Acrescido pela Lei nº 13.846/2019)

Art. 220. Perde o direito à pensão por morte: (Alterado pela Lei 13.135/2015.)

I - após o trânsito em julgado, o beneficiário condenado pela prática de crime de que tenha dolosamente resultado a morte do servidor; (Alterado pela Lei 13.135/2015.)

II - o cônjuge, o companheiro ou a companheira se comprovada, a qualquer tempo, simulação ou fraude no casamento ou na união estável, ou a formalização desses com o fim exclusivo de constituir benefício previdenciário, apuradas em processo judicial no qual será assegurado o direito ao contraditório e à ampla defesa. (Alterado pela Lei 13.135/2015.)

Art. 221. Será concedida pensão provisória por morte presumida do servidor, nos seguintes casos:

I - declaração de ausência, pela autoridade judiciária competente;

II - desaparecimento em desabamento, inundação, incêndio ou acidente não caracterizado como em serviço;

III - desaparecimento no desempenho das atribuições do cargo ou em missão de segurança.

Parágrafo único. A pensão provisória será transformada em vitalícia ou temporária, conforme o caso, decorridos 5 (cinco) anos de sua vigência, ressalvado o eventual reaparecimento do servidor, hipótese em que o benefício será automaticamente cancelado.

Art. 222. Acarreta perda da qualidade de beneficiário:

I - o seu falecimento;

II - a anulação do casamento, quando a decisão ocorrer após a concessão da pensão ao cônjuge;

III - a cessação da invalidez, em se tratando de beneficiário inválido, ou o afastamento da deficiência, em se tratando de beneficiário com deficiência, respeitados os períodos mínimos decorrentes da aplicação das alíneas a e b do inciso VII do *caput* deste artigo; (Redação dada pela Lei nº 13.846/2019)

IV - o implemento da idade de 21 (vinte e um) anos, pelo filho ou irmão; (Alterado pela Lei 13.135/2015.)

V - a acumulação de pensão na forma do art. 225;

VI - a renúncia expressa; e (Alterado pela Lei 13.135/2015.)

VII - em relação aos beneficiários de que tratam os incisos I a III do *caput* do art. 217: (Alterado pela Lei 13.135/2015.)

a) o decurso de 4 (quatro) meses, se o óbito ocorrer sem que o servidor tenha vertido 18 (dezoito) contribuições mensais ou se o casamento ou a união estável tiverem sido iniciados em menos de 2 (dois) anos antes do óbito do servidor; (Alterado pela Lei 13.135/2015.)

b) o decurso dos seguintes períodos, estabelecidos de acordo com a idade do pensionista na data de óbito do servidor, depois de vertidas 18 (dezoito) contribuições mensais e pelo menos 2 (dois) anos após o início do casamento ou da união estável: (Alterado pela Lei 13.135/2015.)

1) 3 (três) anos, com menos de 21 (vinte e um) anos de idade;

- Art. 1º, I, da Port. ME 424/2020, altera o período previsto neste item para: "I - três anos, com menos de vinte e dois anos de idade;"

2) 6 (seis) anos, entre 21 (vinte e um) e 26 (vinte e seis) anos de idade;

- Art. 1º, II, da Port. ME 424/2020, altera o período previsto neste item para: "II - seis anos, entre vinte e dois e vinte e sete anos de idade;"

3) 10 (dez) anos, entre 27 (vinte e sete) e 29 (vinte e nove) anos de idade;

- Art. 1º, III, da Port. ME 424/2020, altera o período previsto neste item para: "III - dez anos, entre vinte e oito e trinta anos de idade;"

4) 15 (quinze) anos, entre 30 (trinta) e 40 (quarenta) anos de idade;

- Art. 1º, IV, da Port. ME 424/2020, altera o período previsto neste item para: "IV - quinze anos, entre trinta e um e quarenta e um anos de idade;"

5) 20 (vinte) anos, entre 41 (quarenta e um) e 43 (quarenta e três) anos de idade;

- Art. 1º, V, da Port. ME 424/2020, altera o período previsto neste item para: "V - vinte anos, entre quarenta e dois e quarenta e quatro anos de idade;"

6) vitalícia, com 44 (quarenta e quatro) ou mais anos de idade.

- Art. 1º, VI, da Port. ME 424/2020, altera o período previsto neste item para: "VI - vitalícia, com quarenta e cinco ou mais anos de idade."

§ 1º A critério da administração, o beneficiário de pensão cuja preservação seja motivada por invalidez, por incapacidade ou por deficiência poderá ser convocado a qualquer momento para avaliação das referidas condições. (Alterado pela Lei 13.135/2015.)

§ 2º Serão aplicados, conforme o caso, a regra contida no inciso III ou os prazos previstos na alínea "b" do inciso VII, ambos do *caput*, se o óbito do servidor decorrer de acidente de qualquer natureza ou de doença profissional ou do trabalho, independentemente do recolhimento de 18 (dezoito) contribuições mensais ou da comprovação de 2 (dois) anos de casamento ou de união estável. (Alterado pela Lei 13.135/2015.)

§ 3º Após o transcurso de pelo menos 3 (três) anos e desde que nesse período se verifique o incremento mínimo de um ano inteiro na média nacional única, para ambos os sexos, correspondente à expectativa de sobrevida da população brasileira ao nascer, poderão ser fixadas, em números inteiros, novas idades para os fins previstos na alínea "b" do inciso VII do *caput*, em ato do Ministro de Estado do Planejamento, Orçamento e Gestão, limitado o acréscimo na comparação com as idades anteriores ao referido incremento. (Alterado pela Lei 13.135/2015.)

§ 4º O tempo de contribuição a Regime Próprio de Previdência Social (RPPS) ou ao Regime Geral de Previdência Social (RGPS) será considerado na contagem das 18 (dezoito) contribuições mensais referidas nas alíneas "a" e "b" do inciso VII do *caput*. (Alterado pela Lei 13.135/2015.)

§ 5º Na hipótese de o servidor falecido estar, na data de seu falecimento, obrigado por determinação judicial a pagar alimentos temporários a ex-cônjuge, ex-companheiro ou ex-companheira, a pensão por morte será devida pelo prazo remanescente na data do óbito, caso não incida outra hipótese de cancelamento anterior do benefício. (Redação dada pela Lei nº 13.846/2019)

§ 6º O beneficiário que não atender à convocação de que trata o § 1º deste artigo terá o benefício suspenso, observado o disposto nos incisos I e II do *caput* do art. 95 da Lei nº 13.146, de 6 de julho de 2015. (Redação dada pela Lei nº 13.846/2019)

§ 7º O exercício de atividade remunerada, inclusive na condição de microempreendedor individual, não impede a concessão ou manutenção da cota da pensão de dependente com deficiência intelectual ou mental ou com deficiência grave. (Acrescido pela Lei nº 13.846/2019)

§ 8º No ato de requerimento de benefícios previdenciários, não será exigida apresentação de termo de curatela de titular ou de beneficiário com deficiência, observados os procedimentos a serem estabelecidos em regulamento. (Acrescido pela Lei nº 13.846/2019)

Art. 223. Por morte ou perda da qualidade de beneficiário, a respectiva cota reverterá para os cobeneficiários. (Alterado pela Lei 13.135/2015.)

I e II - (Revogados pela Lei 13.135/2015);

Art. 224. As pensões serão automaticamente atualizadas na mesma data e na mesma proporção dos reajustes dos vencimentos dos servidores, aplicando-se o disposto no parágrafo único do art. 189.

Art. 225. Ressalvado o direito de opção, é vedada a percepção cumulativa de pensão deixada por mais de um cônjuge ou companheiro ou companheira e de mais de 2 (duas) pensões. (Alterado pela Lei 13.135/2015.)

SEÇÃO VIII
DO AUXÍLIO-FUNERAL

Art. 226. O auxílio-funeral é devido à família do servidor falecido na atividade ou aposentado, em valor equivalente a um mês da remuneração ou provento.

§ 1º No caso de acumulação legal de cargos, o auxílio será pago somente em razão do cargo de maior remuneração.

§ 2º (Vetado.)

§ 3º O auxílio será pago no prazo de 48 (quarenta e oito) horas, por meio de procedimento sumaríssimo, à pessoa da família que houver custeado o funeral.

- arts. 275 a 281, CPC.

Art. 227. Se o funeral for custeado por terceiro, este será indenizado, observado o disposto no artigo anterior.

Art. 228. Em caso de falecimento de servidor em serviço fora do local de trabalho, inclusive no exterior, as despesas de transporte do corpo correrão à conta de recursos da União, autarquia ou fundação pública.

SEÇÃO IX
DO AUXÍLIO-RECLUSÃO

Art. 229. A família do servidor ativo é devido o auxílio-reclusão, nos seguintes valores:

I - dois terços da remuneração, quando afastado por motivo de prisão, em flagrante ou preventiva, determinada pela autoridade competente, enquanto perdurar a prisão;

II - metade da remuneração, durante o afastamento, em virtude de condenação, por sentença definitiva, a pena que não determine a perda de cargo.

§ 1º Nos casos previstos no inciso I deste artigo, o servidor terá direito à integralização da remuneração, desde que absolvido.

§ 2º O pagamento do auxílio-reclusão cessará a partir do dia imediato àquele em que o servidor for posto em liberdade, ainda que condicional.

§ 3º Ressalvado o disposto neste artigo, o auxílio-reclusão será devido, nas mesmas condições da pensão por morte, aos dependentes do segurado recolhido à prisão. (Acrescentado pela Lei 13.135/2015.)

CAPÍTULO III
DA ASSISTÊNCIA À SAÚDE

Art. 230. A assistência à saúde do servidor, ativo ou inativo, e de sua família compreende assistência médica, hospitalar, odontológica, psicológica e farmacêutica, terá como diretriz básica o implemento de ações preventivas voltadas para a promoção da saúde e será prestada pelo Sistema Único de Saúde - SUS, diretamente pelo órgão ou entidade ao qual estiver vinculado o servidor, ou mediante convênio ou contrato, ou ainda na forma de auxílio, mediante ressarcimento parcial do valor despendido pelo servidor, ativo ou inativo, e seus dependentes ou pensionistas com planos ou seguros privados de assistência à saúde, na forma estabelecida em regulamento. (Redação dada pela Lei 11.302/2006.)

- Dec. 4.978/2004 (Regulamenta este artigo).

§ 1º Nas hipóteses previstas nesta Lei em que seja exigida perícia, avaliação ou inspeção médica, na ausência de médico ou junta médica oficial, para a sua realização o órgão ou entidade celebrará, preferencialmente, convênio com unidades de atendimento do sistema público de saúde, entidades sem fins lucrativos declaradas de utilidade pública, ou com o Instituto Nacional do Seguro Social - INSS. (Incluído pela Lei 9.527/1997.)

§ 2º Na impossibilidade, devidamente justificada, da aplicação do disposto no parágrafo anterior, o órgão ou entidade promoverá a contratação da prestação de serviços por pessoa jurídica, que constituirá junta médica especificamente para esses fins, indicando os nomes e especialidades dos seus integrantes, com a comprovação de suas habilitações e de que não estejam respondendo a processo disciplinar junto à entidade fiscalizadora da profissão. (Incluído pela Lei 9.527/1997.)

§ 3º Para os fins do disposto no *caput* deste artigo, ficam a União e suas entidades autárquicas e fundacionais autorizadas a: (Incluído pela Lei 11.302/2006.)

I - celebrar convênios exclusivamente para a prestação de serviços de assistência à saúde para os seus servidores ou empregados ativos, aposentados, pensionistas, bem como para seus respectivos grupos familiares definidos, com entidades de autogestão por elas patrocinadas por meio de instrumentos jurídicos efetivamente celebrados e publicados até 12 de fevereiro de 2006 e que possuam autorização de funcionamento do órgão regulador, sendo certo que os convênios celebrados depois dessa data somente poderão sê-lo na forma da regulamentação específica sobre patrocínio de autogestões, a ser publicada pelo mesmo órgão regulador, no prazo de 180 (cento e oitenta) dias da vigência desta lei, normas essas também aplicáveis aos convênios existentes até 12 de fevereiro de 2006; (Incluído pela Lei 11.302/2006.)

II - contratar, mediante licitação, na forma da Lei n. 8.666, de 21 de junho de 1993, operadoras de planos e seguros privados de assistência à saúde que possuam autorização de funcionamento do órgão regulador; (Incluído pela Lei 11.302/2006.)

III - *(Vetado na Lei 11.302/2006)*

§ 4º *(Vetado na Lei 11.302/2006)*

§ 5º O valor do ressarcimento fica limitado ao total despendido pelo servidor ou pensionista civil com plano ou seguro privado de assistência à saúde. (Incluído pela Lei 11.302/2006.)

CAPÍTULO IV
DO CUSTEIO

Art. 231. (Revogado pela Lei 9.783/1999.)

TÍTULO VII

CAPÍTULO ÚNICO
DA CONTRATAÇÃO TEMPORÁRIA DE EXCEPCIONAL INTERESSE PÚBLICO

Arts. 232 a 235. (Revogados pela Lei 8.745/1993.)

TÍTULO VIII

CAPÍTULO ÚNICO
DAS DISPOSIÇÕES GERAIS

Art. 236. O Dia do Servidor Público será comemorado a vinte e oito de outubro.

Art. 237. Poderão ser instituídos, no âmbito dos Poderes Executivo, Legislativo e Judiciário, os seguintes incentivos funcionais, além daqueles já previstos nos respectivos planos de carreira:

- art. 39, § 7º, CF.

I - prêmios pela apresentação de ideias, inventos ou trabalhos que favoreçam o aumento de produtividade e a redução dos custos operacionais;

II - concessão de medalhas, diplomas de honra ao mérito, condecoração e elogio.

Art. 238. Os prazos previstos nesta Lei serão contados em dias corridos, excluindo-se o dia do começo e incluindo-se o do vencimento, ficando prorrogado, para o primeiro dia útil seguinte, o prazo vencido em dia em que não haja expediente.

Art. 239. Por motivo de crença religiosa ou de convicção filosófica ou política, o servidor não poderá ser privado de quaisquer dos seus direitos, sofrer discriminação em sua vida funcional, nem eximir-se do cumprimento de seus deveres.

Art. 240. Ao servidor público civil é assegurado, nos termos da Constituição Federal, o direito à livre associação sindical e os seguintes direitos, entre outros, dela decorrentes:

a) de ser representado pelo sindicato, inclusive como substituto processual;

b) de inamovibilidade do dirigente sindical, até um ano após o final do mandato, exceto se a pedido;

c) de descontar em folha, sem ônus para a entidade sindical a que for filiado, o valor das mensalidades e contribuições definidas em assembleia geral da categoria.

d) e *e)* (Revogadas pela Lei 9.527/1997.)

Art. 241. Consideram-se da família do servidor, além do cônjuge e filhos, quaisquer pessoas que vivam às suas expensas e constem do seu assentamento individual.

Parágrafo único. Equipara-se ao cônjuge a companheira ou companheiro, que comprove união estável como entidade familiar.

Art. 242. Para os fins desta lei, considera-se sede o município onde a repartição estiver instalada e onde o servidor tiver exercício, em caráter permanente.

TÍTULO IX
CAPÍTULO ÚNICO

DAS DISPOSIÇÕES TRANSITÓRIAS E FINAIS

Art. 243. Ficam submetidos ao regime jurídico instituído por esta Lei, na qualidade de servidores públicos, os servidores dos Poderes da União, dos ex-Territórios, das autarquias, inclusive as em regime especial, e das fundações públicas, regidos pela Lei n. 1.711, de 28 de outubro de 1952 - Estatuto dos Funcionários Públicos Civis da União, ou pela Consolidação das Leis do Trabalho, aprovada pelo Decreto-Lei n. 5.452, de 1º de maio de 1943, exceto os contratados por prazo determinado, cujos contratos não poderão ser prorrogados após o vencimento do prazo de prorrogação.

- Lei 9.962/2000 (Disciplina o regime de emprego público do pessoal da Administração Federal direta, autárquica e fundacional).

§ 1º Os empregos ocupados pelos servidores incluídos no regime instituído por esta Lei ficam transformados em cargos, na data de sua publicação.

§ 2º As funções de confiança exercidas por pessoas não integrantes de tabela permanente do órgão ou entidade onde têm exercício ficam transformadas em cargos em comissão, e mantidas enquanto não for implantado o plano de cargos dos órgãos ou entidades na forma da lei.

§ 3º As Funções de Assessoramento Superior - FAS, exercidas por servidor integrante de quadro ou tabela de pessoal, ficam extintas na data da vigência desta lei.

§ 4º (Vetado.)

§ 5º O regime jurídico desta lei é extensivo aos serventuários da Justiça, remunerados com recursos da União, no que couber.

§ 6º Os empregos dos servidores estrangeiros com estabilidade no serviço público, enquanto não adquirirem a nacionalidade brasileira, passarão a integrar tabela em extinção, do respectivo órgão ou entidade, sem prejuízo dos direitos inerentes aos planos de carreira aos quais se encontrem vinculados os empregos.

§ 7º Os servidores públicos de que trata o *caput* deste artigo, não amparados pelo art. 19 do Ato das Disposições Constitucionais Transitórias, poderão, no interesse da Administração e conforme critérios estabelecidos em regulamento, ser exonerados mediante indenização de um mês de remuneração por ano de efetivo exercício no serviço público federal. (Incluído pela Lei 9.527/1997.)

§ 8º Para fins de incidência do imposto de renda na fonte e na declaração de rendimentos, serão considerados como indenizações isentas os pagamentos efetuados a título de indenização prevista no parágrafo anterior. (Incluído pela Lei 9.527/1997.)

§ 9º Os cargos vagos em decorrência da aplicação do disposto no § 7º poderão ser extintos pelo Poder Executivo quando considerados desnecessários. (Incluído pela Lei 9.527/1997.)

Art. 244. Os adicionais por tempo de serviço, já concedidos aos servidores abrangidos por esta Lei, ficam transformados em anuênio.

Art. 245. A licença especial disciplinada pelo art. 116 da Lei n. 1.711, de 1952, ou por outro diploma legal, fica transformada em licença-prêmio por assiduidade, na forma prevista nos arts. 87 a 90.

Art. 246. (Vetado.)

Art. 247. Para efeito do disposto no Título VI desta lei, haverá ajuste de contas com a Previdência Social, correspondente ao período de contribuição por parte dos servidores celetistas abrangidos pelo art. 243. (Redação dada pela Lei 8.162/1991.)

Art. 248. As pensões estatutárias, concedidas até a vigência desta lei, passam a ser mantidas pelo órgão ou entidade de origem do servidor.

Art. 249. Até a edição da lei prevista no § 1º do art. 231, os servidores abrangidos por esta Lei contribuirão na forma e nos percentuais atualmente estabelecidos para o servidor civil da União conforme regulamento próprio.

Art. 250. O servidor que já tiver satisfeito ou vier a satisfazer, dentro de 1 (um) ano, as condições necessárias para a aposentadoria nos termos do inciso II do art. 184 do antigo Estatuto dos Funcionários Públicos Civis da União, Lei n. 1.711, de 28 de outubro de 1952, aposentar-se-á com a vantagem prevista naquele dispositivo.

› Mantido pelo Congresso Nacional.

Art. 251. (Revogado pela Lei 9.527/1997.)

Art. 252. Esta Lei entra em vigor na data de sua publicação, com efeitos financeiros a partir do primeiro dia do mês subsequente.

Art. 253. Ficam revogadas a Lei n. 1.711, de 28 de outubro de 1952, e respectiva legislação complementar, bem como as demais disposições em contrário.

Brasília, 11 de dezembro de 1990; 169º da Independência e 102º da República.

Fernando Collor

LEI Nº 8.177, DE 1º DE MARÇO DE 1991

Estabelece regras para a desindexação da economia e dá outras providências.

› *Desindexação da economia*

O Presidente da República:

Faço saber que o Congresso Nacional decreta e eu sanciono a seguinte lei:

Art. 1º O Banco Central do Brasil divulgará Taxa Referencial – TR, calculada a partir da remuneração mensal média líquida de impostos, dos depósitos a prazo fixo captados nos bancos comerciais, bancos de investimentos, bancos múltiplos com carteira comercial ou de investimentos, caixas econômicas, ou dos títulos públicos federais, estaduais e municipais, de acordo com metodologia a ser aprovada pelo Conselho Monetário Nacional, no prazo de sessenta dias, e enviada ao conhecimento do Senado Federal.

§ 1º (Revogado pela Lei nº 8.660, de 28.05.1993)

§ 2º As instituições que venham a ser utilizadas como bancos de referência, dentre elas, necessariamente, as dez maiores do país, classificadas pelo volume de depósitos a prazo fixo, estão obrigadas a fornecer as informações de que trata este artigo, segundo normas estabelecidas pelo Conselho Monetário Nacional, sujeitando-se a instituição e seus administradores, no caso de infração às referidas normas, às penas estabelecidas no artigo 44 da Lei nº 4.595, de 31 de dezembro de 1964.

§ 3º Enquanto não aprovada a metodologia de cálculo de que trata este artigo, o Banco Central do Brasil fixará a TR.

Art. 2º O Banco Central do Brasil divulgará, para cada dia útil, a Taxa Referencial Diária – TRD, correspondendo seu valor diário à distribuição pro rata dia da TR fixada para o mês corrente.

§ 1º Enquanto não divulgada a TR relativa ao mês corrente, o valor da TRD será fixado pelo Banco Central do Brasil com base em estimativa daquela taxa.

§ 2º Divulgada a TR, a fixação da TRD nos dias úteis restantes do mês deve ser realizada de forma tal que a TRD acumulada entre o 1º dia útil do mês e o 1º dia útil do mês subsequente seja igual a TR do mês corrente.

Art. 3º Ficam extintos a partir de 1º de fevereiro de 1991:

I – o BTN fiscal instituído pela Lei nº 7.799, de 10 de julho de 1989;

II – o Bônus do Tesouro Nacional (BTN) de que trata o artigo 5º da Lei nº 7.777, de 19 de junho de 1989, assegurada a liquidação dos títulos em circulação, nos seus respectivos vencimentos;

III – o Maior Valor de Referência (MVR) e as demais unidades de conta assemelhadas que são atualizadas, direta ou indiretamente por índice de preços.

Parágrafo único. O valor do BTN e do BTN Fiscal destinado à conversão, para cruzeiros, dos contratos existentes na data de publicação desta Medida Provisória que deu origem a esta Lei, assim como para efeitos fiscais, é de Cr$ 126,8621.

Art. 4º A partir da vigência da Medida Provisória que deu origem a esta Lei, a Fundação Instituto Brasileiro de Geografia e Estatística deixará de calcular o Índice de Reajustes de Valores Fiscais (IRVF) e o Índice da Cesta Básica (ICB), mantido o cálculo do Índice Nacional de Preços ao Consumidor (INPC).

Art. 5º A partir de 1º de março de 1991, o valor nominal das Obrigações do Tesouro Nacional (OTN), emitidas anteriormente a 15 de janeiro de 1989 (artigo 6º do Decreto-Lei nº 2.284, de 10 de março de 1986), dos Bônus do Tesouro Nacional (BTN), emitidos até a data de vigência da Medida Provisória que deu origem a esta Lei, das Letras do Tesouro Nacional, de Série Especial (§ 1º do artigo 11 do Decreto-Lei nº 2.376, de 25 de novembro de 1987), e dos Títulos da Dívida Agrária (TDA), será atualizado, no primeiro dia de cada mês, por índice calculado com base na TR referente ao mês anterior.

§ 1º O disposto neste artigo aplica-se também aos BTN emitidos anteriormente à vigência da Medida Provisória que deu origem a esta Lei, com cláusula de opção, ficando assegurada, por ocasião do resgate, a alternativa de atualização com base na variação da cotação do dólar norte-americano divulgada pelo Banco Central do Brasil.

§ 2º Os BTN – Série Especial, emitidos em conformidade com o § 2º do artigo 9º da Lei nº 8.024, de 12 de abril de 1990, passam a ser atualizados, a partir de 1º de fevereiro de 1991, pelo TRD, acrescidos de juros de seis por cento ao ano, ou fração pro rata.

§ 3º A partir de 5 de maio de 2000, os Títulos da Dívida Agrária – TDA emitidos para desapropriação terão as seguintes remunerações:

I – três por cento ao ano para indenização de imóvel com área de até setenta módulos fiscais;

II – dois por cento ao ano para indenização de imóvel com área acima de setenta e até cento e cinquenta módulos fiscais; e

III – um por cento ao ano para indenização de imóvel com área acima de cento e cinquenta módulos fiscais. (Redação dada pela Medida Provisória nº 2.183-56, de 24.08.2001)

§ 4º Os TDA emitidos até 4 de maio de 2000 e os a serem emitidos para aquisição por compra e venda de imóveis rurais destinados à implantação de projetos integrantes do Programa Nacional de Reforma Agrária, nos termos das Leis nºs 4.504, de 30 de novembro de 1964, e 8.629, de 25 de fevereiro de 1993, e os decorrentes de acordo judicial, em audiência de conciliação, com o objetivo de fixar a prévia e justa indenização, a ser celebrado com a União, bem como com os entes federados, mediante convênio, serão remunerados a seis por cento ao ano. (Parágrafo acrescentado pela Medida Provisória nº 2.183-56, de 24.08.2001)

§ 5º Os TDA a que se referem os §§ 3º e 4º terão remuneração anual ou fração pro rata, mantido o seu poder liberatório nos termos da legislação em vigor, podendo, a partir de seu vencimento, ser utilizados na aquisição de ações de empresas estatais incluídas no Programa Nacional de Desestatização. (Parágrafo acrescentado pela Medida Provisória nº 2.183-56, de 24.08.2001)

Art. 6º Para atualização de obrigações com cláusula de correção monetária pela variação do BTN, do BTN Fiscal, das demais unidades referidas no artigo 3º e dos índices mencionados no artigo 4º, relativas a contratos em geral, exceto aqueles cujo objeto seja a venda de bens para entrega futura, a prestação de serviços contínuos ou futuros e a realização de obras, firmados anteriormente à Medida Provisória que deu origem a esta Lei, deverá ser observado o seguinte:

I – nos contratos que preveem índice substitutivo deverá ser adotado esse índice, exceto nos casos em que esta Lei dispuser em contrário;

II – nos contratos em que não houver previsão de índice substitutivo, será utilizada a TR, no caso dos contratos referentes ao BTN ou a unidade corrigida mensalmente, ou a TRD, no caso daqueles referentes ao BTN Fiscal e a unidades corrigidas diariamente.

› *(VIDE ADI 959)*

Parágrafo único. Para atualização, no mês de fevereiro de 1991, dos contratos referentes ao BTN, a unidade de conta com correção mensal ou a índice de preços, deverá ser utilizado índice resultante de composição entre o índice pro rata, no período decorrido entre a data de aniversário do contrato no mês de janeiro de 1991 e o dia 1º de fevereiro de 1991 e a TRD entre 1º de fevereiro e o dia de aniversário do contrato no mês de fevereiro.

› *(VIDE ADI 959)*

Art. 7º Os saldos dos cruzados novos transferidos ao Banco Central do Brasil, na forma da Lei nº 8.024, de 12 de abril de 1990, serão remunerados, a partir de 1º de fevereiro de 1991 e até a data da conversão, pela TRD, acrescida de juros de seis por cento ao ano, ou fração pro rata, e serão, improrrogavelmente, convertidos em cruzeiros, na forma da Lei nº 8.024, de 12 de abril de 1990.

Art. 8º O artigo 5º da Lei nº 7.862, de 30 de outubro de 1989, passa a vigorar com a seguinte redação:

"Art. 5º. O Banco Central do Brasil e as instituições financeiras a que se refere o § 2º deste artigo recolherão ao Tesouro Nacional, no último dia útil de cada decêndio, remuneração incidente sobre os saldos diários dos depósitos da União existentes no decêndio imediatamente anterior.

§ 1º Os saldos de que trata este artigo, a partir de 4 de fevereiro de 1991, serão remunerados pela Taxa Referencial Diária (TRD), divulgada pelo Banco Central do Brasil.

§ 2º No caso em que órgãos e entidades da União, em virtude de características operacionais específicas, não possam integrar o sistema de caixa único do Tesouro Nacional, os recursos destinados a atender suas necessidades poderão, excepcionalmente, ser depositados no Banco do Brasil S.A. ou na Caixa Econômica Federal."

Art. 9º A partir de fevereiro de 1991, incidirão juros de mora equivalentes à TRD sobre os débitos de qualquer natureza para com a Fazenda Nacional, com a Seguridade Social, com o Fundo de Participação PIS-PASEP, com o Fundo de Garantia do Tempo de Serviço-FGTS e sobre os passivos de empresas concordatárias, em falência e de instituições em regime de liquidação extrajudicial, intervenção, e administração especial temporária. (Redação dada pela Lei nº 8.218, de 29.08.1991)

§ 1º (VETADO).

§ 2º A base de cálculo do imposto de renda incidente sobre os rendimentos produzidos por títulos e aplicações de renda fixa será determinada mediante a exclusão, do rendimento bruto, da parcela correspondente à remuneração pelo TRD, verificada no período da aplicação.

Art. 10. A partir da vigência da medida provisória que deu origem a esta lei, é vedado estipular, nos contratos referidos no art. 6º, cláusula de correção monetária com base em índice de preços, quando celebrados com prazo ou período de repactuação inferior a um ano.

Parágrafo único. (Revogado pela Lei nº 9.069, de 29.06.1995).

Art. 11. É admitida a utilização da Taxa Referencial – TR como base de remuneração de contratos somente quando tenham prazo ou período de repactuação igual ou superior a três meses. (Redação dada ao *caput* pela Lei nº 8.660, de 28.05.1993).

Parágrafo único. O Banco Central do Brasil poderá alterar o prazo mencionado neste artigo, respeitados os contratos firmados.

Art. 12. Em cada período de rendimento, os depósitos de poupança serão remunerados:

I – como remuneração básica, por taxa correspondente à acumulação das TRD, no período transcorrido entre o dia do último crédito de rendimento, inclusive, e o dia do crédito de rendimento, exclusive;

II – como remuneração adicional, por juros de:

a) 0,5% (cinco décimos por cento) ao mês, enquanto a meta da taxa Selic ao ano, definida pelo Banco Central do Brasil, for superior a 8,5% (oito inteiros e cinco décimos por cento); ou

b) 70% (setenta por cento) da meta da taxa Selic ao ano, definida pelo Banco Central do Brasil, mensalizada, vigente na data de início do período de rendimento, nos demais casos. (Redação dada ao inciso pela Lei nº 12.703, de 07.08.2012).

§ 1º A remuneração será calculada sobre o menor saldo apresentado em cada período de rendimento.

§ 2º Para os efeitos do disposto neste artigo, considera-se período de rendimento:

I – para os depósitos de pessoas físicas e entidades sem fins lucrativos, o mês corrido, a partir da data de aniversário da conta de depósito de poupança;

II – para os demais depósitos, o trimestre corrido a partir da data de aniversário da conta de depósito de poupança.

§ 3º A data de aniversário da conta de depósito de poupança será o dia do mês de sua abertura, considerando-se a data de aniversário das contas abertas nos dias 29, 30 e 31 como o dia 1º do mês seguinte.

§ 4º O crédito dos rendimentos será efetuado:

I – mensalmente, na data de aniversário da conta, para os depósitos de pessoa física e de entidades sem fins lucrativos; e

II – trimestralmente, na data de aniversário no último mês do trimestre, para os demais depósitos.

§ 5º O Banco Central do Brasil divulgará as taxas resultantes da aplicação do contido nas alíneas a e b do inciso II do *caput* deste artigo. (Parágrafo acrescentado pela Lei nº 12.703, de 07.08.2012).

Art. 13. O disposto no artigo anterior aplica-se ao crédito de rendimento realizado a partir do mês de fevereiro de 1991, inclusive.

Parágrafo único. Para o cálculo do rendimento a ser creditado no mês de fevereiro de 1991 – cadernetas mensais – e nos meses de fevereiro, março e abril – cadernetas trimestrais –, será utilizado um índice composto da variação do BTN Fiscal observado entre a data do último crédito de rendimentos, inclusive, e o dia 1º de fevereiro de 1991, e da TRD, a partir dessa data e até o dia do próximo crédito de rendimentos, exclusive.

Art. 14. (Revogado pela Lei nº 10.192, de 14.02.2001).

Art. 15. Para os contratos já existentes, contendo cláusula expressa de utilização da Unidade Padrão de Capital (UPC) como fator de atualização, esta passa a ser atualizada mediante a aplicação do índice de remuneração básica dos depósitos de poupança com data de aniversário no dia primeiro.

▸ *(VIDE ADI 959)*

Art. 16. O disposto no artigo anterior aplica-se à atualização da UPC a ser realizada em 1º de abril de 1991.

▸ *(VIDE ADI 959)*

Art. 17. A partir de fevereiro de 1991, os saldos das contas do Fundo de Garantia por Tempo de Serviço (FGTS) passam a ser remunerados pela taxa aplicável à remuneração básica dos depósitos de poupança, com data de aniversário no dia 1º, observada a periodicidade mensal para remuneração.

Parágrafo único. As taxas de juros previstas na legislação em vigor do FGTS são mantidas e consideradas como adicionais à remuneração prevista neste artigo.

Art. 18. Os saldos devedores e as prestações dos contratos celebrados até 24 de novembro de 1986, por entidades integrantes dos Sistemas Financeiros da Habitação e do Saneamento (SFH e SFS), com cláusula de atualização monetária pela variação da UPC, da OTN, do Salário Mínimo ou do Salário Mínimo de Referência, passam, a partir de fevereiro de 1991, a ser atualizados pela taxa aplicável à remuneração básica dos Depósitos de Poupança com data de aniversário no dia primeiro, mantidas a periodicidade e as taxas de juros estabelecidas contratualmente.

▸ *Vide ADIN 493-0.*

§ 1º Os saldos devedores e as prestações dos contratos celebrados, no período de 25 de novembro de 1986 a 31 de janeiro de 1991, pelas entidades mencionadas neste artigo, com recursos de depósitos de poupança, passam, a partir de fevereiro de 1991, a ser atualizados mensalmente pela taxa aplicável à remuneração básica dos Depósitos de Poupança, com data de aniversário no dia de assinatura dos respectivos contratos.

▸ *Vide ADIN 493-0.*

§ 2º Os contratos celebrados a partir da vigência da medida provisória que deu origem a esta Lei pelas entidades mencionadas neste artigo, com recursos de Depósitos de Poupança, terão cláusula de atualização pela remuneração básica aplicável aos Depósitos de Poupança, com data de aniversário no dia de assinatura dos respectivos contratos. (Parágrafo revogado pela Medida Provisória nº 668, de 30/1/2015, convertida na Lei nº 13.137, de 19/6/2015, a partir da data de entrada em vigor da regulamentação de que trata o inciso III do § 2º do art. 97 da Lei nº 13.097, de 19/1/2015)

§ 3º O disposto neste artigo aplica-se igualmente às operações ativas e passivas dos fundos vinculados ao SFH, ressalvado o disposto no parágrafo seguinte.

§ 4º O disposto no § 1º deste artigo aplica-se às Letras Hipotecárias emitidas e aos depósitos efetuados a qualquer título, com recursos oriundos dos Depósitos de Poupança, pelas entidades mencionadas neste artigo, junto ao Banco Central do Brasil; e às obrigações do Fundo de Compensação de Variações Salariais (FCVS).

▸ *Vide ADIN 493-0.*

§ 5º As instituições financeiras detentoras de Carteira de Crédito Imobiliário ficam autorizadas a emitir letras hipotecárias, adotando-se, para efeito de remuneração básica, os índices abaixo relacionados, obedecendo o previsto na Lei nº 7.684, de 2 de dezembro de 1988:

I – Índice de Remuneração da Poupança;

II – Índice Geral de Preços – Mercado (IGP-M), divulgado pela Fundação Getúlio Vargas;

III – Índice Nacional de Preços ao Consumidor (INPC), divulgado pela Fundação Instituto Brasileiro de Geografia e Estatística – IBGE;

IV – Índice Geral de Preços – Disponibilidade Interna (IGP-DI), divulgado pela Fundação Getúlio Vargas. (Parágrafo acrescentado pela Medida Provisória nº 2.181-45, de 24.08.2001)

§ 6º As letras hipotecárias emitidas com base em índice de preços terão prazo mínimo de sessenta meses. (Parágrafo acrescentado pela Medida Provisória nº 2.181-45, de 24.08.2001)

§ 7º As instituições financeiras a que se refere o § 5º deverão determinar no ato da emissão da letra hipotecária um único índice de atualização, sendo vedada cláusula de opção. (Parágrafo acrescentado pela Medida Provisória nº 2.181-45, de 24.08.2001)

Art. 18-A. *Revogado pela MP 668, de 2015, consolidado sem alterações pela Lei nº 13.137, de 2015, em vigor a partir da data de entrada em vigor da regulamentação de que trata o*

inciso III do § 2º do art. 95 da Lei nº 13.097, de 2015 (DOU 20.01.2015).

Art. 19. Os contratos celebrados a partir de 1º de fevereiro de 1991, relativos a operações realizadas por empresas construtoras e incorporadoras com adquirentes de imóveis residenciais e comerciais poderão conter cláusula de remuneração pela taxa básica aplicável aos depósitos de poupança, desde que vinculados a financiamento junto a instituições integrantes do Sistema Brasileiro de Poupança e Empréstimo (SBPE).

Art. 20. O resultado apurado pela aplicação do critério de cálculo de atualização das operações de que trata o artigo 18, lastreadas com recursos de Depósitos de Poupança e da atualização desses depósitos, na forma do disposto no parágrafo único do artigo 13 desta Lei, será incorporado ao Fundo de Compensação de Variações Salariais (FCVS), nos termos das instruções a serem expedidas pelo Banco Central do Brasil.

‣ *Vide ADIN 493-0.*

Art. 21. Os saldos dos contratos de financiamento celebrados até o dia 31 de janeiro de 1991, realizados com recursos dos depósitos de poupança rural, serão atualizados, no mês de fevereiro de 1991, por índice composto:

‣ *Vide ADIN 493-0.*

I – da variação do BTN Fiscal observado entre a data de aniversário ou de assinatura do contrato no mês de janeiro de 1991 e o dia 1º de fevereiro de 1991; e

II – da TRD acumulada entre 1º de fevereiro de 1991 e o dia do aniversário do contrato no mês de fevereiro de 1991.

Parágrafo único. A partir do mês de março de 1991, os saldos dos contratos mencionados neste artigo serão atualizados pela remuneração básica aplicada aos depósitos de poupança com data de aniversário no dia da assinatura dos respectivos contratos.

Art. 22. Os contratos celebrados a partir de 1º de fevereiro de 1991 com recursos dos depósitos de poupança rural terão cláusulas de atualização pela remuneração básica aplicada aos depósitos de poupança com data de aniversário no dia da assinatura dos respectivos contratos.

Art. 23. A partir de fevereiro de 1991, as prestações mensais nos contratos de financiamento firmados no âmbito do SFH, vinculados ao Plano de Equivalência Salarial por Categoria Profissional – PES/CP, serão reajustadas em função da data base para a respectiva revisão salarial, mediante a aplicação:

‣ *Vide ADIN 493-0.*

I – do índice derivado da taxa de remuneração básica aplicável aos depósitos de poupança livre no período, observado que:

a) nos contratos firmados até 24 de novembro de 1986, o índice a ser utilizado corresponderá àquele aplicável às contas de poupança com data de aniversário no dia primeiro de cada mês;

b) nos contratos firmados até 25 de novembro de 1986, o índice a ser utilizado corresponderá àquele aplicável às contas de depósitos de poupança com data de aniversário no dia da assinatura dos respectivos contratos;

II – do índice correspondente ao percentual relativo ao ganho real de salário.

§ 1º No caso de contratos enquadrados na modalidade plena do PES/CP, far-se-á, a partir do mês de fevereiro de 1991, o reajuste mensal das respectivas prestações, observado o disposto nas alíneas "a" e "b" do item I deste artigo.

§ 2º Do percentual de reajuste de que trata o *caput* deste artigo será deduzido o percentual de reajuste a que se refere o parágrafo anterior.

§ 3º É facultado ao agente financeiro aplicar, em substituição aos percentuais previstos no *caput* e § 1º deste artigo, o índice de aumento salarial da categoria profissional, quando conhecido.

Art. 24. Aos mutuários com contratos vinculados ao PES/CP, firmados a qualquer tempo, é assegurado que, na aplicação de qualquer reajuste, a participação da prestação mensal na renda atual não excederá a relação prestação/renda verificada na data da assinatura do contrato de financiamento ou da opção pelo PES, desde que efetuem a devida comprovação perante o agente financeiro, podendo ser solicitada essa revisão a qualquer tempo.

‣ *Vide ADIN 493-0.*

§ 1º Respeitada a relação de que trata este artigo, o valor de cada prestação mensal deverá corresponder, no mínimo, ao valor da parcela mensal de juros, calculado à taxa convencionada no contrato.

§ 2º Não se aplica o disposto neste artigo às hipóteses de redução de renda por mudança de emprego ou por alteração na composição da renda familiar em decorrência da exclusão de um ou mais coadquirentes, assegurado ao mutuário, nesses casos, o direito à renegociação da dívida junto ao agente financeiro, visando a restabelecer o comprometimento inicial da renda.

§ 3º Sempre que, em virtude da aplicação do PES/CP, a prestação for reajustada em percentagem inferior àquela referida no artigo 23 desta Lei, a diferença será incorporada em futuros reajustes de prestações, até o limite de que trata o *caput* deste artigo.

Art. 25. (Revogado pela Lei nº 9.365, de 16.12.1996, DOU 18.12.1996)

Art. 26. As operações de crédito rural contratadas junto às instituições financeiras, com recursos oriundos de depósitos à vista e com cláusula de atualização pelo Índice de Preços ao Consumidor (IPC), passam a ser atualizadas pela TR, observado o disposto no artigo 6º desta Lei.

‣ *Vide ADIN 493-0.*

Art. 27. As obrigações contratuais e pecuniárias e os títulos de crédito, inclusive duplicatas, que tenham sido constituídos no período de 1º de setembro de 1990 a 31 de janeiro de 1991, sem cláusula de reajuste ou com cláusula de correção monetária prefixada, serão deflacionados, no dia do vencimento, dividindo-se o montante expresso em cruzeiros pelo fator de deflação a que se refere o § 1º deste artigo.

§ 1º O fator de deflação será diário e calculado pela multiplicação cumulativa de 1,0116 para cada dia útil, a partir de 1º de fevereiro de 1991.

§ 2º O Banco Central do Brasil poderá alterar e, a partir da data que fixar, tornar constante o fator de deflação de que trata este artigo, desde que, neste caso, seja observado o intervalo mínimo de trinta dias entre a divulgação da alteração e sua efetiva vigência.

§ 3º. Não estão sujeitas ao regime de deflação de que trata este artigo as obrigações tributárias, mensalidades escolares, mensalidades de clubes, associações e entidades sem fins lucrativos, despesas condominiais e os pagamentos em geral contra a prestação de serviços de telefonia, esgoto, fornecimento de água, energia elétrica e gás.

Art. 28. As operações realizadas em mercados a termo e de opções das bolsas de valores e de mercadorias e de futuros sujeitam-se ao regime de deflação previsto no artigo anterior, nas seguintes condições:

I – nos contratos a termo, o fator de deflação incidirá na data de vencimento, inclusive no caso de encerramento antecipado;

II – nas operações com opções, o fator de deflação incidirá sobre o preço de exercício na data em que o direito for exercido.

§ 1º O fator de deflação não incide sobre os preços das operações realizadas no mercado à vista ou disponível das bolsas de valores, de mercadorias e de futuros.

§ 2º Os contratos futuros das bolsas de valores, de mercadorias e de futuros deverão ser liquidados, compulsoriamente, no primeiro dia de pregão após a publicação da Medida Provisória que deu origem a esta Lei.

Art. 29. As entidades de previdência privada, as companhias seguradoras e as de capitalização são equiparadas às instituições financeiras e às instituições do sistema de distribuição do mercado de valores mobiliários, com relação a suas operações realizadas nos mercados financeiro e de valores mobiliários, respectivamente, inclusive em relação ao cumprimento das diretrizes do Conselho Monetário Nacional quanto às suas aplicações, para efeito de fiscalização do Banco Central do Brasil e da Comissão de Valores Mobiliários e da aplicação de penalidades previstas nas Leis 4.595, de 31 de dezembro de 1964, e 6.385, de 7 de dezembro de 1976.

‣ *Vide ADIN 493-0.*

Parágrafo único. O disposto neste artigo não modifica o tratamento tributário definido em lei nem a competência específica, relativamente àquelas entidades, do Ministério do Trabalho e da Previdência Social e da Superintendência de Seguros Privados, que deverão ser comunicados de quaisquer irregularidades constatadas pelo Banco Central do Brasil e pela Comissão de Valores Mobiliários.

Art. 30. (Revogado pela Lei nº 10.179, de 06.02.2001)

Art. 31. Os bancos comerciais, os bancos de desenvolvimento, os bancos múltiplos, e as caixas econômicas, com carteira comercial ou de investimento, poderão emitir Títulos de Desenvolvimento Econômico (TDE), para captação de recursos destinados ao financiamento de projetos no âmbito do Programa de Fomento à Competitividade Industrial (PFCI), aos quais terão acesso somente as empresas referidas no inciso II do artigo 171 da Constituição Federal.

§ 1º Os TDE terão as seguintes características:

I – prazo: compatível com o cronograma financeiro dos projetos;

II – remuneração: TR;

III – colocação: por intermédio de instituições financeiras e do mercado de capitais, junto a investidores institucionais, pessoas físicas e jurídicas.

§ 2º O Banco Central do Brasil expedirá as instruções necessárias ao cumprimento do disposto neste artigo.

Art. 32. As receitas geradas pelos contratos de financiamentos de projetos aprovados no âmbito do PFCI não constituirão base de cálculo da contribuição para o Programa de Formação do Patrimônio do Servidor Público (Pasep) e para o Programa de Integração Social (PIS}, bem como para o Finsocial.

Art. 33. A partir de 1º de maio de 1991, são transferidas ao Banco Central do Brasil as atribuições previstas nos artigos 7º e 8º da Lei nº 5.768, de 20 de dezembro de 1971, no que se refere às operações conhecidas como consórcio, fundo mútuo e outras formas associativas assemelhadas, que objetivem a aquisição de bens de qualquer natureza.

Parágrafo único. A fiscalização das operações mencionadas neste artigo, inclusive a aplicação de penalidades, será exercida pelo Banco Central do Brasil.

Art. 34. (*VETADO*).

Art. 35. É, também, permitida a utilização dos saldos em cruzados novos transferidos ao Banco Central do Brasil na forma do artigo 9º da Lei nº 8.024, de 12 de abril de 1990, para fins de aquisição, exclusivamente por seus beneficiários, de unidades habitacionais de propriedade de Fundações que integrem, por força da Lei de sua criação, o Sistema Financeiro da Habitação – SFH, desde que tais recursos estivessem depositados, em 15 de março de 1990, em contas de poupança de titularidade do adquirente.

Parágrafo único. Às Fundações mencionadas neste artigo aplica-se o disposto no artigo 11 da Lei nº 8.024, de 12 de abril de 1990.

Art. 36. No interesse da segurança do abastecimento de produtos agrícolas alimentares e da estabilização dos preços, é o Poder Executivo, por intermédio da Companhia Nacional de Abastecimento, autorizado a realizar operações de compra e venda de estoques de produtos básicos essenciais ao consumo da população, ao abrigo das disposições contidas no Decreto-Lei nº 2.300, de 21 de novembro de 1986, do artigo 35 da Lei nº 8.171, de 17 de janeiro de 1991, do artigo 3º da Lei nº 8.174, de 30 de janeiro de 1991, demais legislação pertinente e respectiva regulamentação.

Art. 37. O Banco Central do Brasil enviará, trimestralmente, ao Senado Federal demonstrativos financeiros das aplicações em projetos com recursos do Programa de Fomento à Competitividade Industrial (PFCI).

Art. 38. Os saldos das contas do Fundo de Participação PIS/PASEP e as obrigações emitidas pelo Fundo Nacional de Desenvolvimento – FND serão reajustados pela TR nas épocas estabelecidas na legislação pertinente.

Art. 39. Os débitos trabalhistas de qualquer natureza, quando não satisfeitos pelo empregador nas épocas próprias assim definidas em lei, acordo ou convenção coletiva, sentença normativa ou cláusula contratual sofrerão juros de mora equivalentes à TRD acumulada no período compreendido entre a data de vencimento da obrigação e o seu efetivo pagamento.

§ 1º Aos débitos trabalhistas constantes de condenação pela Justiça do Trabalho ou decorrentes dos acordos feitos em reclamatória trabalhista, quando não cumpridos nas condições homologadas ou constantes do termo de conciliação, serão acrescidos, nos juros de mora previstos no *caput*, juros de um por cento ao mês, contados do ajuizamento da reclamatória e aplicados *pro rata die*, ainda que não explicitados na sentença ou no termo de conciliação.

§ 2º Na hipótese de a data de vencimento das obrigações de que trata este artigo ser anterior a 1º de fevereiro de 1991, os juros de mora serão calculados pela composição entre a variação acumulada do BTN Fiscal no período compreendido entre a data de vencimento da obrigação e 31 de janeiro de 1991, e a TRD acumulada entre 1º de fevereiro de 1991 e seu efetivo pagamento.

- *(Parágrafo declarado inconstitucional, em controle concentrado, pelo Supremo Tribunal Federal, pela ADI nº 1.220, publicada no DOU de 20/2/2020, com modulação temporal dos efeitos da decisão)*

Art. 40. O depósito recursal de que trata o artigo 899 da Consolidação das Leis do Trabalho fica limitado a Cr$ 20.000.000,00 (vinte milhões de cruzeiros), nos casos de interposição de recurso ordinário, e de Cr$ 40.000.000,00 (quarenta milhões de cruzeiros), em se tratando de recurso de revista, embargos infringentes e recursos extraordinários, sendo devido a cada novo recurso interposto no decorrer do processo.

§ 1º Em se tratando de condenação imposta em ação rescisória, o depósito recursal terá, como limite máximo, qualquer que seja o recurso, o valor de Cr$ 40.000.000,00 (quarenta milhões de cruzeiros).

§ 2º A exigência de depósito aplica-se, igualmente, aos embargos, à execução e a qualquer recurso subsequente do devedor.

§ 3º O valor do recurso ordinário, quando interposto em dissídio coletivo, será equivalente ao quádruplo do previsto no *caput* deste artigo.

§ 4º Os valores previstos neste artigo serão reajustados bimestralmente pela variação acumulada do INPC do IBGE dos dois meses imediatamente anteriores. (Redação dada ao artigo Lei nº 8.542, de 23.12.1992).

Art. 41. (Revogado pela Lei nº 9.126, de 10.11.1995).

Art. 42. O Poder Executivo enviará ao Congresso Nacional, até 31 de março de 1991, Projeto de Lei, dispondo sobre a atualização das demonstrações financeiras das pessoas jurídicas de que trata a Lei nº 1.799, de 10 de julho de 1989, em virtude da extinção do BTN e do BTN Fiscal.

Art. 43. Esta Lei entra em vigor na ata de sua publicação.

Art. 44. Revogam-se o Decreto-Lei nº 75, de 21 de novembro de 1966, e demais disposições em contrário.

Brasília, em 01 de março de 1991; 170º da Independência e 103º da República.

Fernando Collor

LEI Nº 8.212, DE 24 DE JULHO DE 1991

Dispõe sobre a organização da Seguridade Social, institui Plano de Custeio, e dá outras providências.

- *Seguridade Social*
- DOU 25.07.1991; Republicada no DOU 11.04.1996 e no DOU de 14.08.1998.
- Dec. nº 3.048, de 6-5-1999 (Regulamento da Previdência Social).

O PRESIDENTE DA REPÚBLICA

Faço saber que o Congresso Nacional decreta e eu sanciono a seguinte Lei:

LEI ORGÂNICA DA SEGURIDADE SOCIAL

TÍTULO I. CONCEITUAÇÃO E PRINCÍPIOS CONSTITUCIONAIS

Art. 1º A Seguridade Social compreende um conjunto integrado de ações de iniciativa dos poderes públicos e da sociedade, destinado a assegurar o direito relativo à saúde, à previdência e à assistência social.

Parágrafo único. A Seguridade Social obedecerá aos seguintes princípios e diretrizes:

a) universalidade da cobertura e do atendimento;

b) uniformidade e equivalência dos benefícios e serviços às populações urbanas e rurais;

c) seletividade e distributividade na prestação dos benefícios e serviços;

d) irredutibilidade do valor dos benefícios;

e) equidade na forma de participação no custeio;

f) diversidade da base de financiamento;

g) caráter democrático e descentralizado da gestão administrativa com a participação da comunidade, em especial de trabalhadores, empresários e aposentados.

TÍTULO II. DA SAÚDE

Art. 2º A Saúde é direito de todos e dever do Estado, garantido mediante políticas sociais e econômicas que visem à redução do risco de doença e de outros agravos e ao acesso universal e igualitário às ações e serviços para sua promoção, proteção e recuperação.

Parágrafo único. As atividades de saúde são de relevância pública e sua organização obedecerá aos seguintes princípios e diretrizes:

a) acesso universal e igualitário;

b) provimento das ações e serviços através de rede regionalizada e hierarquizada, integrados em sistema único;

c) descentralização, com direção única em cada esfera de governo;

d) atendimento integral, com prioridade para as atividades preventivas;

e) participação da comunidade na gestão, fiscalização e acompanhamento das ações e serviços de saúde;

f) participação da iniciativa privada na assistência à saúde, obedecidos os preceitos constitucionais.

TÍTULO III. DA PREVIDÊNCIA SOCIAL

Art. 3º A Previdência Social tem por fim assegurar aos seus beneficiários meios indispensáveis de manutenção, por motivo de incapacidade, idade avançada, tempo de serviço, desemprego involuntário, encargos de família e reclusão ou morte daqueles de quem dependiam economicamente.

Parágrafo único. A organização da Previdência Social obedecerá aos seguintes princípios e diretrizes:

a) universalidade de participação nos planos previdenciários, mediante contribuição;

b) valor da renda mensal dos benefícios, substitutos do salário de contribuição ou do rendimento do trabalho do segurado, não inferior ao do salário mínimo;

c) cálculo dos benefícios considerando-se os salários de contribuição, corrigidos monetariamente;

d) preservação do valor real dos benefícios;

e) previdência complementar facultativa, custeada por contribuição adicional.

TÍTULO IV. DA ASSISTÊNCIA SOCIAL

Art. 4º A Assistência Social é a política social que provê o atendimento das necessidades básicas, traduzidas em proteção à família, à maternidade, à infância, à adolescência, à velhice e à pessoa portadora de deficiência, independentemente de contribuição à Seguridade Social.

Parágrafo único. A organização da Assistência Social obedecerá às seguintes diretrizes:

a) descentralização político-administrativa;

b) participação da população na formulação e controle das ações em todos os níveis.

TÍTULO V. DA ORGANIZAÇÃO DA SEGURIDADE SOCIAL

Art. 5º As ações nas áreas de Saúde, Previdência Social e Assistência Social, conforme o disposto no Capítulo II do Título VIII da Constituição Federal, serão organizadas em Sistema Nacional de Seguridade Social, na forma desta Lei.

Arts. 6º e 7º *Revogados pela* MP 2.216-37/2001.

Art. 8º As propostas orçamentárias anuais ou plurianuais da Seguridade Social serão elaboradas por Comissão integrada por três representantes, sendo um da área da saúde, um da área da previdência social e um da área de assistência social.

Art. 9º As áreas de Saúde, Previdência Social e Assistência Social são objeto de leis específicas, que regulamentarão sua organização e funcionamento.

TÍTULO VI. DO FINANCIAMENTO DA SEGURIDADE SOCIAL

Introdução

Art. 10. A Seguridade Social será financiada por toda sociedade, de forma direta e indireta, nos termos do artigo 195 da Constituição Federal e desta Lei, mediante recursos provenientes da União, dos Estados, do Distrito Federal, dos Municípios e de contribuições sociais.

Art. 11. No âmbito federal, o orçamento da Seguridade Social é composto das seguintes receitas:

I – receitas da União;

II – receitas das contribuições sociais;

III – receitas de outras fontes.

Parágrafo único. Constituem contribuições sociais:

a) as das empresas, incidentes sobre a remuneração paga ou creditada aos segurados a seu serviço;

b) as dos empregadores domésticos;

c) as dos trabalhadores, incidentes sobre o seu salário de contribuição;

d) as das empresas, incidentes sobre faturamento e lucro;

e) as incidentes sobre a receita de concursos de prognósticos.

CAPÍTULO I. DOS CONTRIBUINTES

SEÇÃO I DOS SEGURADOS

Art. 12. São segurados obrigatórios da Previdência Social as seguintes pessoas físicas:

I – como empregado:

a) aquele que presta serviço de natureza urbana ou rural à empresa, em caráter não eventual, sob sua subordinação e mediante remuneração, inclusive como diretor empregado;

b) aquele que, contratado por empresa de trabalho temporário, definida em legislação específica, presta serviço para atender a necessidade transitória de substituição de pessoal regular e permanente ou a acréscimo extraordinário de serviços de outras empresas;

c) o brasileiro ou estrangeiro domiciliado e contratado no Brasil para trabalhar como empregado em sucursal ou agência de empresa nacional no exterior;

d) aquele que presta serviço no Brasil a missão diplomática ou a repartição consular de carreira estrangeira e a órgãos a ela subordinados, ou a membros dessas missões e repartições, excluídos o não brasileiro sem residência permanente no Brasil e o brasileiro amparado pela legislação previdenciária do país da respectiva missão diplomática ou repartição consular;

e) o brasileiro civil que trabalha para a União, no exterior, em organismos oficiais brasileiros ou internacionais dos quais o Brasil seja membro efetivo, ainda que lá domiciliado e contratado, salvo se segurado na forma da legislação vigente do país do domicílio;

f) o brasileiro ou estrangeiro domiciliado e contratado no Brasil para trabalhar como empregado em empresa domiciliada no exterior, cuja maioria do capital votante pertença a empresa brasileira de capital nacional;

g) o servidor público ocupante de cargo em comissão, sem vínculo efetivo com a União, Autarquias, inclusive em regime especial, e Fundações Públicas Federais; (Alínea acrescida pela Lei 8.647/1993)

h) o exercente de mandato eletivo federal, estadual ou municipal, desde que não vinculado a regime próprio de previdência social (Alínea acrescida pela Lei nº 9.506, de 1997, com execução suspensa pelo Senado Federal, na forma do art. 52, X da Constituição Federal, pela Resolução nº 26, de 2005)

i) o empregado de organismo oficial internacional ou estrangeiro em funcionamento no Brasil, salvo quando coberto por regime próprio de previdência social; (Alínea acrescida pela Lei 9.876/1999)

j) o exercente de mandato eletivo federal, estadual ou municipal, desde que não vinculado a regime próprio de previdência social; (Alínea acrescida pela Lei 10.887/2004)

II – como empregado doméstico: aquele que presta serviço de natureza contínua a pessoa ou família, no âmbito residencial desta, em atividades sem fins lucrativos;

III e IV – *Revogados.* Lei 9.876/1999;

V – como contribuinte individual: (Redação dada pela Lei 9.876/1999)

a) a pessoa física, proprietária ou não, que explora atividade agropecuária, a qualquer título, em caráter permanente ou temporário, em área superior a 4 (quatro) módulos fiscais; ou, quando em área igual ou inferior a 4 (quatro) módulos fiscais ou atividade pesqueira, com auxílio de empregados ou por intermédio de prepostos; ou ainda nas hipóteses dos §§ 10 e 11 deste artigo; (Redação dada pela Lei 11.718/2008)

b) a pessoa física, proprietária ou não, que explora atividade de extração mineral – garimpo, em caráter permanente ou temporário, diretamente ou por intermédio de prepostos, com ou sem o auxílio de empregados, utilizados a qualquer título, ainda que de forma não contínua; (Alínea com a redação dada pela Lei 9.876/1999)

c) o ministro de confissão religiosa e o membro de instituto de vida consagrada, de congregação ou de ordem religiosa; (Redação dada pela Lei 10.403/2002)

d) Revogada. Lei 9.876/1999;

e) o brasileiro civil que trabalha no exterior para organismo oficial internacional do qual o Brasil é membro efetivo, ainda que lá domiciliado e contratado, salvo quando coberto por regime próprio de previdência social; (Redação dada pela Lei 9.876, de 26-1 1-1999)

f) o titular de firma individual urbana ou rural, o diretor não empregado e o membro de conselho de administração de sociedade anônima, o sócio solidário, o sócio de indústria, o sócio gerente e o sócio cotista que recebam remuneração decorrente de seu trabalho em empresa urbana ou rural, e o associado eleito para cargo de direção em cooperativa, associação ou entidade de qualquer natureza ou finalidade, bem como o síndico ou administrador eleito para exercer atividade de direção condominial, desde que recebam remuneração; (Acrescida pela Lei 9.876/1999)

g) quem presta serviço de natureza urbana ou rural, em caráter eventual, a uma ou mais empresas, sem relação de emprego; (Acrescida pela Lei 9.876/1999)

h) a pessoa física que exerce, por conta própria, atividade econômica de natureza urbana, com fins lucrativos ou não; (Acrescida pela Lei 9.876/1999)

VI – como trabalhador avulso: quem presta, a diversas empresas, sem vínculo empregatício, serviços de natureza urbana ou rural definidos no regulamento;

VII – como segurado especial: a pessoa física residente no imóvel rural ou em aglomerado urbano ou rural próximo a ele que, individualmente ou em regime de economia familiar, ainda que com o auxílio eventual de terceiros a título de mútua colaboração, na condição de: (Redação dada pela Lei 11.718/2008)

- A Resolução 15/2017, do Senado Federal, suspendeu a execução deste inciso, declarado inconstitucional pelo STF, no julgamento do RE 363.852 (DOU 13.09.2017).

a) produtor, seja proprietário, usufrutuário, possuidor, assentado, parceiro ou meeiro outorgados, comodatário ou arrendatário rurais, que explore atividade: (Acrescida pela Lei 11.718/2008).

1. agropecuária em área de até quatro módulos fiscais; ou

2. de seringueiro ou extrativista vegetal que exerça suas atividades nos termos do inciso XII do *caput* do art. 2º da Lei nº 9.985, de 18 de julho de 2000, e faça dessas atividades o principal meio de vida;

b) pescador artesanal ou a este assemelhado, que faça da pesca profissão habitual ou principal meio de vida; e (Acrescida pela Lei 11.718/2008).

c) cônjuge ou companheiro, bem como filho maior de 16 (dezesseis) anos de idade ou a este equiparado, do segurado de que tratam as alíneas *a* e *b* deste inciso, que, comprovadamente, trabalhem com o grupo familiar respectivo. (Acrescida pela Lei 11.718/2008).

§ 1º Entende-se como regime de economia familiar a atividade em que o trabalho dos membros da família é indispensável à própria subsistência e ao desenvolvimento socioeconômico do núcleo familiar e é exercido em condições de mútua dependência e colaboração, sem a utilização de empregados permanentes. (Redação dada pela Lei 11.718/2008)

§ 2º Todo aquele que exercer, concomitantemente, mais de uma atividade remunerada sujeita ao Regime Geral de Previdência Social é obrigatoriamente filiado em relação a cada uma delas.

§ 3º *Revogado pela Lei 11.718/2008.*

§ 4º O aposentado pelo Regime Geral de Previdência Social – RGPS que estiver exercendo ou que voltar a exercer atividade abrangida por este Regime é segurado obrigatório em relação a essa atividade, ficando sujeito às contribuições de que trata esta Lei, para fins de custeio da Seguridade Social. (Acrescido pela Lei 9.032/1995)

§ 5º O dirigente sindical mantém, durante o exercício do mandato eletivo, o mesmo enquadramento no Regime Geral de Previdência Social – RGPS de antes da investidura. (Acrescido pela Lei 9.528/1997)

§ 6º Aplica-se o disposto na alínea *g* do inciso I do *caput* ao ocupante de cargo de Ministro de Estado, de Secretário Estadual, Distrital ou Municipal, sem vínculo efetivo com a União, Estados, Distrito Federal e Municípios, suas autarquias, ainda que em regime especial, e fundações. (Acrescido pela Lei 9.876/1999)

§ 7º Para serem considerados segurados especiais, o cônjuge ou companheiro e os filhos maiores de 16 (dezesseis) anos ou os a estes equiparados deverão ter participação ativa nas atividades rurais do grupo familiar. (Acrescido pela Lei 11.718/2008)

§ 8º O grupo familiar poderá utilizar-se de empregados contratados por prazo determinado ou trabalhador de que trata a alínea g do inciso V do *caput* deste artigo, à razão de no máximo 120 (cento e vinte) pessoas por dia no ano civil, em períodos corridos ou intercalados ou, ainda, por tempo equivalente em horas de trabalho, não sendo computado nesse prazo o período de afastamento em decorrência da percepção de auxílio-doença. (Redação dada pela Lei nº 12.873, de 2013)

§ 9º Não descaracteriza a condição de segurado especial: (Acrescido pela Lei 11.718/2008)

I – a outorga, por meio de contrato escrito de parceria, meação ou comodato, de até 50% (cinquenta por cento) de imóvel rural cuja área total não seja superior a quatro módulos fiscais, desde que outorgante e outorgado continuem a exercer a respectiva atividade, individualmente ou em regime de economia familiar;

II – a exploração da atividade turística da propriedade rural, inclusive com hospedagem, por não mais de 120 (cento e vinte) dias ao ano;

III – a participação em plano de previdência complementar instituído por entidade classista a que seja associado, em razão da condição de trabalhador rural ou de produtor rural em regime de economia familiar;

IV – ser beneficiário ou fazer parte de grupo familiar que tem algum componente que seja beneficiário de programa assistencial oficial de governo;

V – a utilização pelo próprio grupo familiar, na exploração da atividade, de processo de beneficiamento ou industrialização artesanal, na forma do § 11 do art. 25 desta Lei; e

VI – a associação em cooperativa agropecuária ou de crédito rural; e (Redação dada pela Lei 13.183, de 2015)

VII – a incidência do Imposto Sobre Produtos Industrializados – IPI sobre o produto das atividades desenvolvidas nos termos do § 14 deste artigo. (Incluído pela Lei nº 12.873, de 2013)

VIII – a participação em programas e ações de pagamento por serviços ambientais. *(Acrescido pela Lei 14.119/2021)*

§ 10. Não é segurado especial o membro de grupo familiar que possuir outra fonte de rendimento, exceto se decorrente de: (Acrescido pela Lei 11.718/2008)

I – benefício de pensão por morte, auxílio-acidente ou auxílio-reclusão, cujo valor não supere o do menor benefício de prestação continuada da Previdência Social;

II – benefício previdenciário pela participação em plano de previdência complementar instituído nos termos do inciso IV do § 9º deste artigo;

III – exercício de atividade remunerada em período não superior a 120 (cento e vinte) dias, corridos ou intercalados, no ano civil, observado o disposto no § 13 deste artigo; (Redação dada pela Lei nº 12.873, de 2013)

IV – exercício de mandato eletivo de dirigente sindical de organização da categoria de trabalhadores rurais;

V – exercício de mandato de vereador do município onde desenvolve a atividade rural, ou de dirigente de cooperativa rural constituída exclusivamente por segurados especiais, observado o disposto no § 13 deste artigo;

VI – parceria ou meação outorgada na forma e condições estabelecidas no inciso I do § 9º deste artigo;

VII – atividade artesanal desenvolvida com matéria-prima produzida pelo respectivo grupo familiar, podendo ser utilizada matéria-prima de outra origem, desde que a renda mensal obtida na atividade não exceda ao menor benefício de prestação continuada da Previdência Social; e

VIII – atividade artística, desde que em valor mensal inferior ao menor benefício de prestação continuada da Previdência Social.

§ 11. O segurado especial fica excluído dessa categoria (Acrescido pela Lei 11.718/2008)

I – a contar do primeiro dia do mês em que:

a) deixar de satisfazer as condições estabelecidas no inciso VII do *caput* deste artigo, sem prejuízo do disposto no art. 15 da Lei nº 8.213, de 24 de julho de 1991, ou exceder qualquer dos limites estabelecidos no inciso I do § 9º deste artigo;

b) enquadrar-se em qualquer outra categoria de segurado obrigatório do Regime Geral de Previdência Social, ressalvado o disposto nos incisos III, V, VII e VIII do § 10 e no § 14 deste artigo, sem prejuízo do disposto no art. 15 da Lei nº 8.213, de 24 de julho de 1991; (Redação dada pela Lei nº 12.873, de 2013)

c) tornar-se segurado obrigatório de outro regime previdenciário; e (Redação dada pela Lei nº 12.873, de 2013)

d) participar de sociedade empresária, de sociedade simples, como empresário individual ou como titular de empresa individual de responsabilidade limitada em desacordo com as limitações impostas pelo § 14 deste artigo; (Incluído pela Lei nº 12.873, de 2013)

II – a contar do primeiro dia do mês subsequente ao da ocorrência, quando o grupo familiar a que pertence exceder o limite de:

a) utilização de trabalhadores nos termos do § 8º deste artigo;

b) dias em atividade remunerada estabelecidos no inciso III do § 10 deste artigo; e

c) dias de hospedagem a que se refere o inciso II do § 9º deste artigo.

§ 12. Aplica-se o disposto na alínea *a* do inciso V do *caput* deste artigo ao cônjuge ou companheiro do produtor que participe da atividade rural por este explorada. (Acrescido pela Lei 11.718/2008)

§ 13. O disposto nos incisos III e V do § 10 e no § 14 deste artigo não dispensa o recolhimento da contribuição devida em relação ao exercício das atividades de que tratam os referidos dispositivos. (Redação dada pela Lei nº 12.873, de 2013)

§ 14. A participação do segurado especial em sociedade empresária, em sociedade simples, como empresário individual ou como titular de empresa individual de responsabilidade limitada de objeto ou âmbito agrícola, agroindustrial ou agroturístico, considerada microempresa nos termos da Lei Complementar nº 123, de 14 de dezembro de 2006, não o exclui de tal categoria previdenciária, desde que, mantido o exercício da sua atividade rural na forma do inciso VII do *caput* e do § 1º, a pessoa jurídica componha-se apenas de segurados de igual natureza e sedie-se no mesmo Município ou em Município limítrofe àquele em que eles desenvolvam suas atividades. (Incluído pela Lei nº 12.873, de 2013)

§ 15. *(Vetado na Lei 12.873/2013).*

Art. 13. O servidor civil ocupante de cargo efetivo ou o militar da União, dos Estados, do Distrito Federal ou dos Municípios, bem como o das respectivas autarquias e fundações, são excluídos do Regime Geral de Previdência Social consubstanciado nesta Lei, desde que amparados por regime próprio de previdência social.

§ 1º Caso o servidor ou o militar venham a exercer, concomitantemente, uma ou mais atividades abrangidas pelo Regime Geral de Previdência Social, tornar-se-ão segurados obrigatórios em relação a essas atividades.

§ 2º Caso o servidor ou o militar, amparados por regime próprio de previdência social, sejam requisitados para outro órgão ou entidade cujo regime previdenciário não permita a filiação nessa condição, permanecerão vinculados ao regime de origem, obedecidas as regras que cada ente estabeleça acerca de sua contribuição. (Redação dada pela Lei 9.876/1999)

Art. 14. É segurado facultativo o maior de quatorze anos de idade que se filiar ao Regime Geral de Previdência Social, mediante contribuição, na forma do artigo 21, desde que não incluído nas disposições do artigo 12.

SEÇÃO II
DA EMPRESA E DO EMPREGADOR DOMÉSTICO

Art. 15. Considera-se:

I – empresa – a firma individual ou sociedade que assume o risco de atividade econômica urbana ou rural, com fins lucrativos ou não, bem como os órgãos e entidades da administração pública direta, indireta e fundacional;

II – empregador doméstico – a pessoa ou família que admite a seu serviço, sem finalidade lucrativa, empregado doméstico.

Parágrafo único. Equiparam-se a empresa, para os efeitos desta Lei, o contribuinte individual e a pessoa física na condição de proprietário ou dono de obra de construção civil, em relação a segurado que lhe presta serviço, bem como a cooperativa, a associação ou a entidade de qualquer natureza ou finalidade, a missão diplomática e a repartição consular de carreira estrangeiras. (Redação dada pela Lei nº 13.202, de 2015).

CAPÍTULO II. DA CONTRIBUIÇÃO DA UNIÃO

Art. 16. A contribuição da União é constituída de recursos adicionais do Orçamento Fiscal, fixados obrigatoriamente na lei orçamentária anual.

Parágrafo único. A União é responsável pela cobertura de eventuais insuficiências financeiras da Seguridade Social, quando decorrentes do pagamento de benefícios de prestação continuada da Previdência Social, na forma da Lei Orçamentária Anual.

Art. 17. Para pagamento dos encargos previdenciários da União, poderão contribuir os recursos da Seguridade Social referidos na alínea *d* do parágrafo único do artigo 11 desta Lei, na forma da Lei Orçamentária anual, assegurada a destinação de recursos para as ações desta Lei de Saúde e Assistência Social. (Redação dada pela Lei 9.711/1998)

Art. 18. Os recursos da Seguridade Social referidos nas alíneas a, b, *c* e *d* do parágrafo único do artigo 11 desta Lei poderão contribuir, a partir do exercício de 1992, para o financiamento das despesas com pessoal e administração-geral apenas do Instituto Nacional do Seguro Social – INSS, do Instituto Nacional de Assistência Médica da Previdência Social – INAMPS, da Fundação Legião Brasileira de Assistência – LBA e da Fundação Centro Brasileira para Infância e Adolescência.

Art. 19. O Tesouro Nacional repassará mensalmente recursos referentes às contribuições mencionadas nas alíneas *d* e *e* do parágrafo único do artigo 11 desta Lei, destinados à execução do Orçamento da Seguridade Social. (Redação dada pela Lei 9.711/1998)

CAPÍTULO III. DA CONTRIBUIÇÃO DO SEGURADO

SEÇÃO I
DA CONTRIBUIÇÃO DOS SEGURADOS EMPREGADO, EMPREGADO DOMÉSTICO E TRABALHADOR AVULSO

Art. 20. A contribuição do empregado, inclusive o doméstico, e a do trabalhador avulso é calculada mediante a aplicação da correspondente alíquota sobre o seu salário de contribuição mensal, de forma não cumulativa, observado o disposto no artigo 28, de acordo com a seguinte tabela: (*Caput* com Redação dada pela Lei 9.032/1995)

Salário de contribuição	Alíquota em %
até R$ 249,80	8,00
de R$ 249,81 até R$ 416,33	9,00
de R$ 416,34 até R$ 832,66	11,00
Valores e alíquotas com redação pela Lei nº 9.129, de 20.11.1995.	

▸ Valores e alíquotas sujeitos a atualização por meio de ato do Ministério ou Órgão competente.

§ 1º Os valores do salário de contribuição serão reajustados, a partir da data de entrada em vigor desta Lei, na mesma época e com os mesmos índices que os do reajustamento dos benefícios de prestação continuada da Previdência Social. (Redação dada pela Lei 8.620/1993)

§ 2º O disposto neste artigo aplica-se também aos segurados empregados e trabalhadores avulsos que prestem serviços a microempresas. (Acrescido pela Lei 8.620/1993)

SEÇÃO II
DA CONTRIBUIÇÃO DOS SEGURADOS CONTRIBUINTE INDIVIDUAL E FACULTATIVO

▸ Rubrica da Seção com Redação dada pela Lei 9.876/1999.

Art. 21. A alíquota de contribuição dos segurados contribuinte individual e facultativo será de vinte por cento sobre o respectivo salário de contribuição. (Redação de acordo Lei 9.876/1999)

I e II – *Revogados pela Lei 9.876/1999.*

§ 1º Os valores do salário de contribuição serão reajustados, a partir da data de entrada em vigor desta Lei, na mesma época e com os mesmos índices que os do reajustamento dos benefícios de prestação continuada da Previdência Social. (Parágrafo renumerado pela LC 123/2006)

§ 2º No caso de opção pela exclusão do direito ao benefício de aposentadoria por tempo de contribuição, a alíquota de contribuição incidente sobre o limite mínimo mensal do salário de contribuição será de: (Redação dada pela Lei 12.470/2011)

I – 11% (onze por cento), no caso do segurado contribuinte individual, ressalvado o disposto no inciso II, que trabalhe por conta própria, sem relação de trabalho com empresa ou equiparado e do segurado facultativo, observado o disposto na alínea *b* do inciso II deste parágrafo;

II – 5% (cinco por cento): (*caput* com Redação dada pela Lei 12.470/2011)

a) no caso do microempreendedor individual, de que trata o art. 18-A da Lei Complementar no 123, de 14 de dezembro de 2006; e (Acrescida pela Lei 12.470/2011)

b) do segurado facultativo sem renda própria que se dedique exclusivamente ao trabalho doméstico no âmbito de sua residência, desde que pertencente a família de baixa renda. (Acrescida pela Lei 12.470/2011)

§ 3º O segurado que tenha contribuído na forma do § 2º deste artigo e pretenda contar o tempo de contribuição correspondente para fins de obtenção da aposentadoria por tempo de contribuição ou da contagem recíproca do tempo de contribuição a que se refere o art. 94 da Lei nº 8.213, de 24 de julho de 1991, deverá complementar a contribuição mensal mediante recolhimento, sobre o valor correspondente ao limite mínimo mensal do salário de contribuição em vigor na competência a ser complementada, da diferença entre o percentual pago e o de 20% (vinte por cento), acrescido dos juros moratórios de que trata o § 3º do art. 5º da Lei nº 9.430, de 27 de dezembro de 1996. (Redação dada pela Lei 12.470/2011)

§ 4º Considera-se de baixa renda, para os fins do disposto na alínea *b* do inciso II do § 2º deste artigo, a família inscrita no Cadastro Único para Programas Sociais do Governo Federal – CadÚnico cuja renda mensal seja de até 2 (dois) salários mínimos. (Redação dada pela Lei 12.470/2011)

§ 5º A contribuição complementar a que se refere o § 3º deste artigo será exigida a qualquer tempo, sob pena de indeferimento do benefício. (Acrescido pela Lei 12.507/2011)

CAPÍTULO IV. DA CONTRIBUIÇÃO DA EMPRESA

Art. 22. A contribuição a cargo da empresa, destinada à Seguridade Social, além do disposto no artigo 23, é de:

I – 20% (vinte por cento) sobre o total das remunerações pagas, devidas ou creditadas a qualquer título, durante o mês, aos segurados empregados e trabalhadores avulsos que lhe prestem serviços, destinadas a retribuir o trabalho, qualquer que seja a sua forma, inclusive as gorjetas, os ganhos habituais sob a forma de utilidades e os adiantamentos decorrentes de reajuste salarial, quer pelos serviços efetivamente prestados, quer pelo tempo à disposição do empregador ou tomador de serviços, nos termos da lei ou do contrato ou, ainda, de convenção ou acordo coletivo de trabalho ou sentença normativa;

II – para o financiamento do benefício previsto nos artigos 57 e 58 da Lei nº 8.213, de 24 de julho de 1991, e daqueles concedidos em razão do grau de incidência de incapacidade laborativa decorrente dos riscos ambientais do trabalho, sobre o total das remunerações pagas ou creditadas, no decorrer do mês, aos segurados empregados e trabalhadores avulsos:

a) 1% (um por cento) para as empresas em cuja atividade preponderante o risco de acidentes do trabalho seja considerado leve;

b) 2% (dois por cento) para as empresas em cuja atividade preponderante esse risco seja considerado médio;

c) 3% (três por cento) para as empresas em cuja atividade preponderante esse risco seja considerado grave. (Redação dada pela Lei 9.732/1998)

III – vinte por cento sobre o total das remunerações pagas ou creditadas a qualquer título, no decorrer do mês, aos segurados contribuintes individuais que lhe prestem serviços; (Acrescido pela Lei 9.876/1999)

IV – quinze por cento sobre o valor bruto da nota fiscal ou fatura de prestação de serviços, relativamente a serviços que lhe são prestados por cooperados por intermédio de cooperativas de trabalho. (Acrescido pela Lei 9.876/1999, com execução suspensa pelo Senado Federal, na forma do art. 52, X da Constituição Federal, pela Resolução nº 10, de 2016)

§ 1º No caso de bancos comerciais, bancos de investimentos, bancos de desenvolvimento, caixas econômicas, sociedades de crédito, financiamento e investimento, sociedades de crédito imobiliário, sociedades corretoras, distribuidoras de títulos e valores mobiliários, empresas de arrendamento mercantil, cooperativas de crédito, empresas de seguros privados e de capitalização, agentes autônomos de seguros privados e de crédito e entidades de previdência privada abertas e fechadas, além das contribuições referidas neste artigo e no artigo 23, é devida a contribuição adicional de dois vírgula cinco por cento sobre a base de cálculo definida nos incisos I e III deste artigo. (Redação dada pela Lei 9.876/1999)

§ 2º Não integram a remuneração as parcelas de que trata o § 9º do artigo 28.

§ 3º O Ministério do Trabalho e da Previdência Social poderá alterar, com base nas estatísticas de acidentes do trabalho, apuradas em inspeção, o enquadramento de empresas para efeito da contribuição a que se refere o inciso II deste artigo, a fim de estimular investimentos em prevenção de acidentes.

§ 4º O Poder Executivo estabelecerá, na forma da lei, ouvido o Conselho Nacional da Seguridade Social, mecanismos de estímulo às empresas que se utilizem de empregados portadores de deficiências física, sensorial e/ou mental com desvio do padrão médio.

§ 5º *Revogado pela Lei 10.256/2001.*

§ 6º A contribuição empresarial da associação desportiva que mantém equipe de futebol profissional destinada à Seguridade Social, em substituição à prevista nos incisos I e II deste artigo, corresponde a cinco por cento da receita bruta, decorrente dos espetáculos desportivos de que participem em todo território nacional em qualquer modalidade desportiva, inclusive jogos internacionais, e de qualquer forma de patrocínio, licenciamento de uso de marcas e símbolos, publicidade, propaganda e de transmissão de espetáculos desportivos. (Acrescido pela Lei 9.528/1997)

§ 7º Caberá à entidade promotora do espetáculo a responsabilidade de efetuar o desconto de cinco por cento da receita bruta decorrente dos espetáculos desportivos e o respectivo recolhimento ao Instituto Nacional do Seguro Social, no prazo de até dois dias úteis após a realização do evento. (Acrescido pela Lei 9.528/1997)

§ 8º Caberá à associação desportiva que mantém equipe de futebol profissional informar à entidade promotora do espetáculo desportivo todas as receitas auferidas no evento, discriminando-as detalhadamente. (Acrescido pela Lei 9.528/1997)

§ 9º No caso de a associação desportiva que mantém equipe de futebol profissional receber recursos de empresa ou entidade, a título de patrocínio, licenciamento de uso de marcas e símbolos, publicidade, propaganda e transmissão de espetáculos, esta última ficará com a responsabilidade de reter e recolher o percentual de cinco por cento da receita bruta decorrente do evento, inadmitida qualquer dedução, no prazo estabelecido na alínea *b,* inciso I, do artigo 30 desta Lei. (Acrescido pela Lei 9.528/1997)

§ 10. Não se aplica o disposto nos §§ 6º ao 9º às demais associações desportivas, que devem contribuir na forma dos incisos I e II deste artigo e do artigo 23 desta Lei. (Acrescido pela Lei 9.528/1997)

§ 11. O disposto nos §§ 6º ao 9º deste artigo aplica-se à associação desportiva que mantenha equipe de futebol profissional e atividade econômica organizada para a produção e circulação de bens e serviços e que se organize regularmente, segundo um dos tipos regulados nos arts. 1.039 a 1.092 da Lei 10.406, de 10 de janeiro de 2002 – Código Civil. (Redação dada pela Lei 11.345/2006)

§ 11-A. O disposto no § 11 deste artigo aplica-se apenas às atividades diretamente relacionadas com a manutenção e administração de equipe profissional de futebol, não se estendendo às outras atividades econômicas exercidas pelas referidas sociedades empresariais beneficiárias. (Acrescido pela Lei 11.505/2007)

§ 12. VETADO.

§ 13. Não se considera como remuneração direta ou indireta, para os efeitos desta Lei, os valores despendidos pelas entidades religiosas e instituições de ensino vocacional com ministro de confissão religiosa, membros de instituto de vida consagrada, de congregação ou de ordem religiosa em face de seu mister religioso ou para sua subsistência desde que fornecidos em condições que independam da natureza e da quantidade do trabalho executado. (Acrescido pela Lei 10.170/2000)

§ 14. Para efeito de interpretação do § 13 deste artigo:

▸ § 14 com redação pela Lei 13.137/2015.

I – os critérios informadores dos valores despendidos pelas entidades religiosas e instituições de ensino vocacional aos ministros de confissão religiosa, membros de vida consagrada, de congregação ou de ordem religiosa não são taxativos e sim exemplificativos;

II – os valores despendidos, ainda que pagos de forma e montante diferenciados, em pecúnia ou a título de ajuda de custo de moradia, transporte, formação educacional, vinculados exclusivamente à atividade religiosa não configuram remuneração direta ou indireta.

§ 15. Na contratação de serviços de transporte rodoviário de carga ou de passageiro, de serviços prestados com a utilização de trator, máquina de terraplenagem, colheitadeira e assemelhados, a base de cálculo da contribuição da empresa corresponde a 20% (vinte por cento) do valor da nota fiscal, fatura ou recibo, quando esses serviços forem prestados por condutor autônomo de veículo rodoviário, auxiliar de condutor autônomo de veículo rodoviário, bem como por operador de máquinas. (Acrescido pela Lei nº 13.202, de 2015).

§ 16. Conforme previsto nos arts. 106 e 110 da Lei nº 5.172, de 25 de outubro de 1966 (Código Tributário Nacional), o disposto no § 14 deste artigo aplica-se aos fatos geradores anteriores à data de vigência da Lei nº 13.137, de 19 de junho de 2015, consideradas nulas as autuações emitidas em desrespeito ao previsto no respectivo diploma legal. *(Acrescido pela Lei 14.057/2020)*

§ 17. A alíquota da contribuição prevista no inciso I do *caput* deste artigo será de 8% (oito por cento) para os Municípios enquadrados nos coeficientes inferiores a 4,0 (quatro inteiros) da tabela de faixas de habitantes do § 2º do art. 91 da Lei nº 5.172, de 25 de outubro de 1966. *(Acrescido pela Lei 14.784/2023)*

Art. 22-A. A contribuição devida pela agroindústria, definida, para os efeitos desta Lei, como sendo o produtor rural pessoa jurídica cuja atividade econômica seja a industrialização de produção própria ou de produção própria e adquirida de terceiros, incidente sobre o valor da receita bruta proveniente da comercialização da produção, em substituição às previstas nos incisos I e II do artigo 22 desta Lei, é de:

I – 2,5 % (dois vírgula cinco por cento) destinados à Seguridade Social;

II – 0,1 % (zero vírgula um por cento) para o financiamento do benefício previsto nos artigos 57 e 58 da Lei nº 8.213, de 24 de julho de 1991, e daqueles concedidos em razão do grau de incidência de incapacidade para o trabalho decorrente dos riscos ambientais da atividade.

§ 1º VETADO.

§ 2º O disposto neste artigo não se aplica às operações relativas à prestação de serviços a terceiros, cujas contribuições previdenciárias continuam sendo devidas na forma do artigo 22 desta Lei.

§ 3º Na hipótese do § 2º, a receita bruta correspondente aos serviços prestados a terceiros será excluída da base de cálculo da contribuição de que trata o *caput.*

§ 4º O disposto neste artigo não se aplica às sociedades cooperativas e às agroindústrias de piscicultura, carcini-cultura, suinocultura e avicultura.

§ 5º O disposto no inciso I do artigo 3º da Lei nº 8.315, de 23 de dezembro de 1991, não se aplica ao empregador de que trata este artigo, que contribuirá com o adicional de 0,25% (zero vírgula vinte e cinco por cento) da receita bruta proveniente da comercialização da produção, destinado ao Serviço

Nacional de Aprendizagem Rural (SENAR). (Acrescido pela Lei 10.256/2011)

§ 6º Não se aplica o regime substitutivo de que trata este artigo à pessoa jurídica que, relativamente à atividade rural, se dedique ao florestamento e reflorestamento como fonte de matéria-prima para industrialização própria mediante a utilização de processo industrial que modifique a natureza química ou a transforme em pasta celulósica. (Lei 10.684/2003)

§ 7º Aplica-se o disposto no § 6º ainda que a pessoa jurídica comercialize resíduos vegetais ou sobras ou partes da produção, desde que a receita bruta decorrente dessa comercialização represente menos de um por cento de sua receita bruta proveniente da comercialização da produção. (Lei 10.684/2003)

Art. 22-B. As contribuições de que tratam os incisos I e II do artigo 22 desta Lei são substituídas, em relação à remuneração paga, devida ou creditada ao trabalhador rural contratado pelo consórcio simplificado de produtores rurais de que trata o artigo 25-A, pela contribuição dos respectivos produtores rurais, calculada na forma do artigo 25 desta Lei. (Acrescido pela Lei 10.256/2001)

Art. 23. As contribuições a cargo da empresa provenientes do faturamento e do lucro, destinadas à Seguridade Social, além do disposto no artigo 22, são calculadas mediante a aplicação das seguintes alíquotas:

I – Dois por cento sobre sua receita bruta, estabelecida segundo o disposto no § 1º do artigo 1º do Decreto-Lei nº 1.940, de 25 de maio de 1982, com a redação dada pelo artigo 22, do Decreto-Lei nº 2.397, de 21 de dezembro de 1987, e alterações posteriores;

- Conforme LC 70/1991 a partir de 01.04.1992 a alíquota prevista neste inciso passou a incidir sobre o faturamento mensal.

II – Dez por cento sobre o lucro líquido do período base, antes da provisão para o Imposto de Renda, ajustado na forma do artigo 2º da Lei nº 8.034, de 12 de abril de 1990.

- Vide art. 19 da Lei 9.249/1995, que alterou para 8% a alíquota prevista neste inciso.

§ 1º No caso das instituições citadas no § 1º do artigo 22 desta Lei, a alíquota da contribuição prevista no inciso II é de quinze por cento.

- Vide LC 70/1991 que elevou em mais 8% a alíquota prevista neste parágrafo. Com o tempo a Lei 9.249/1995, reduziu a mesma alíquota para 18%.

§ 2º O disposto neste artigo não se aplica às pessoas de que trata o artigo 25.

CAPÍTULO V. DA CONTRIBUIÇÃO DO EMPREGADOR DOMÉSTICO

Art. 24. A contribuição do empregador doméstico incidente sobre o salário de contribuição do empregado doméstico a seu serviço é de: (Redação dada pela Lei nº 13.202, de 2015).

I – 8% (oito por cento); e (Acrescido pela Lei nº 13.202, de 2015).

II – 0,8% (oito décimos por cento) para o financiamento do seguro contra acidentes de trabalho. (Acrescido pela Lei nº 13.202, de 2015).

Parágrafo único. Presentes os elementos da relação de emprego doméstico, o empregador doméstico não poderá contratar microempreendedor individual de que trata o art. 18-A da Lei Complementar 123, de 14 de dezembro de 2006, sob pena de ficar sujeito a todas as obrigações dela decorrentes, inclusive trabalhistas, tributárias e previdenciárias. (Acrescido pela Lei nº 12.470, de 2011).

CAPÍTULO VI. DA CONTRIBUIÇÃO DO PRODUTOR RURAL E DO PESCADOR

- Rubrica do Capítulo com redação de acordo a Lei 8.398/1992.

Art. 25. A contribuição do empregador rural pessoa física, em substituição à contribuição de que tratam os incisos I e II do artigo 22, e a do segurado especial, referidos, respectivamente, na alínea *a* do inciso V e no inciso VII do artigo 12 desta Lei, destinada à Seguridade Social, é de:

- *Caput* com redação dada pela Lei 10.256/2001.

I - 1,2% (um inteiro e dois décimos por cento) da receita bruta proveniente da comercialização da sua produção; (Redação dada pela Lei 13.606, de 2018).

II – 0,1% da receita bruta proveniente da comercialização da sua produção para financiamento das prestações por acidente do trabalho. (Redação dada pela Lei 9.528/1997)

- Vide Decisão monocrática proferida pelo STF na Petição nº 8.140-DF, incidental ao Recurso Extraordinário nº 718.874.

§ 1º O segurado especial de que trata este artigo, além da contribuição obrigatória referida no *caput*, poderá contribuir, facultativamente, na forma do artigo 21 desta Lei. (Redação de acordo coma Lei 8.540/1992)

§ 2º A pessoa física de que trata a alínea *a* do inciso V do artigo 12 contribui, também, obrigatoriamente, na forma do artigo 21 desta Lei. (Redação dada pela Lei 8.540/1992)

§ 3º Integram a produção, para os efeitos deste artigo, os produtos de origem animal ou vegetal, em estado natural ou submetidos a processos de beneficiamento ou industrialização rudimentar, assim compreendidos, entre outros, os processos de lavagem, limpeza, descaroçamento, pilagem, descascamento, lenhamento, pasteurização, resfriamento, secagem, fermentação, embalagem, cristalização, fundição, carvoejamento, cozimento, destilação, moagem e torrefação, bem como os subprodutos e os resíduos obtidos por meio desses processos, exceto, no caso de sociedades cooperativas, a parcela de produção que não seja objeto de repasse ao cooperado por meio de fixação de preço. *(Vetado pelo Presidente da República na Lei nº 13.986/2020, mantido pelo Congresso Nacional e publicado no DOU de 20/08/2020)*

§ 4º *Revogado pela Lei 11.718/2008.*

§ 5º Vetado.

§§ 6º a 8º *Revogados pela Lei 10.256/2001.*

§ 9º *(Vetado na Lei 10.256/2001)*

§ 10. Integra a receita bruta de que trata este artigo, além dos valores decorrentes da comercialização da produção relativa aos produtos a que se refere o § 3º deste artigo, a receita proveniente: (Acrescido pela Lei 11.718/2008).

I – da comercialização da produção obtida em razão de contrato de parceria ou meação de parte do imóvel rural;

II – da comercialização de artigos de artesanato de que trata o inciso VII do § 10 do art. 12 desta Lei;

III – de serviços prestados, de equipamentos utilizados e de produtos comercializados no imóvel rural, desde que em atividades turística e de entretenimento desenvolvidas no próprio imóvel, inclusive hospedagem, alimentação, recepção, recreação e atividades pedagógicas, bem como taxa de visitação e serviços especiais;

IV – do valor de mercado da produção rural dada em pagamento ou que tiver sido trocada por outra, qualquer que seja o motivo ou finalidade; e

V – de atividade artística de que trata o inciso VIII do § 10 do art. 12 desta Lei.

§ 11. Considera-se processo de beneficiamento ou industrialização artesanal aquele realizado diretamente pelo próprio produtor rural pessoa física, desde que não esteja sujeito à incidência do Imposto Sobre Produtos Industrializados – IPI. (Acrescido pela Lei 11.718/2008)

§ 12. Não integra a base de cálculo da contribuição de que trata o *caput* deste artigo a produção rural destinada ao plantio ou reflorestamento, nem o produto animal destinado à reprodução ou criação pecuária ou granjeira e à utilização como cobaia para fins de pesquisas científicas, quando vendido pelo próprio produtor e por quem a utilize diretamente com essas finalidades e, no caso de produto vegetal, por pessoa ou entidade registrada no Ministério da Agricultura, Pecuária e Abastecimento que se dedique ao comércio de sementes e mudas no País. (Parágrafo vetado pelo Presidente da República na Lei nº 13.606, de 2018, mantido pelo Congresso Nacional e publicado no DOU de 18.04.2018)

§ 13. O produtor rural pessoa física poderá optar por contribuir na forma prevista no *caput* deste artigo ou na forma dos incisos I e II do *caput* do art. 22 desta Lei, manifestando sua opção mediante o pagamento da contribuição incidente sobre a folha de salários relativa a janeiro de cada ano, ou à primeira competência subsequente ao início da atividade rural, e será irretratável para todo o ano-calendário. (Acrescido pela Lei 13.606/2018).

§ 14. Considera-se receita bruta proveniente da comercialização da produção o valor da fixação de preço repassado ao cooperado pela cooperativa ao qual esteja associado, por ocasião da realização do ato cooperativo de que trata o art. 79 da Lei nº 5.764, de 16 de dezembro de 1971, não compreendidos valores pagos, creditados ou capitalizados a título de sobras, os quais não representam preço ou complemento de preço. *(Vetado pelo Presidente da República na Lei nº 13.986/2020, mantido pelo Congresso Nacional e publicado no DOU de 20/08/2020)*

§ 15. Não se considera receita bruta, para fins de base de cálculo das contribuições sociais devidas pelo produtor rural cooperado, a entrega ou o retorno de produção para a cooperativa nas operações em que não ocorra repasse pela cooperativa a título de fixação de preço, não podendo o mero retorno caracterizar permuta, compensação, dação em pagamento ou ressarcimento que represente valor, preço ou complemento de preço. *(Vetado pelo Presidente da República* *na Lei nº 13.986/2020, mantido pelo Congresso Nacional e publicado no DOU de 20/08/2020)*

§ 16. Aplica-se ao disposto no *caput* e nos §§ 3º, 14 e 15 deste artigo o caráter interpretativo de que trata o art. 106 da Lei nº 5.172, de 25 de outubro de 1966 (Código Tributário Nacional). (Vetado pelo Presidente da República na Lei nº 13.986/2020, mantido pelo Congresso Nacional e publicado no DOU de 20/08/2020)

Art. 25-A. Equipara-se ao empregador rural pessoa física o consórcio simplificado de produtores rurais, formado pela união de produtores rurais pessoas físicas, que outorgar a um deles poderes para contratar, gerir e demitir trabalhadores para prestação de serviços, exclusivamente, aos seus integrantes, mediante documento registrado em cartório de títulos e documentos. (Acrescido pela Lei 10.256/2001)

§ 1º O documento de que trata o *caput* deverá conter a identificação de cada produtor, seu endereço pessoal e o de sua propriedade rural, bem como o respectivo registro no Instituto Nacional de Colonização e Reforma Agrária – INCRA ou informações relativas a parceria, arrendamento ou equivalente e a matrícula no Instituto Nacional do Seguro Social – INSS de cada um dos produtores rurais.

§ 2º O consórcio deverá ser matriculado no INSS em nome do empregador a quem hajam sido outorgados os poderes, na forma do regulamento.

§ 3º Os produtores rurais integrantes do consórcio de que trata o *caput* serão responsáveis solidários em relação às obrigações previdenciárias.

§ 4º Vetado. (Acrescido pela Lei 10.256/2001)

CAPÍTULO VII. DA CONTRIBUIÇÃO SOBRE A RECEITA DE CONCURSOS DE PROGNÓSTICOS

Art. 26. Constitui receita da Seguridade Social a contribuição social sobre a receita de concursos de prognósticos a que se refere o inciso III do *caput* do art. 195 da Constituição. *(Redação dada pela Lei 13.756/2018)*

§§ 1º a 3º *(Revogados pela Lei 13.756/2018)*

§ 4º O produto da arrecadação da contribuição será destinado ao financiamento da Seguridade Social. *(Incluído pela Lei nº 13.756/2018)*

§ 5º A base de cálculo da contribuição equivale à receita auferida nos concursos de prognósticos, sorteios e loterias. *(Incluído pela Lei 13.756/2018)*

§ 6º A alíquota da contribuição corresponde ao percentual vinculado à Seguridade Social em cada modalidade lotérica, conforme previsto em lei. *(Incluído pela Lei 13.756/2018)*

CAPÍTULO VIII. DAS OUTRAS RECEITAS

Art. 27. Constituem outras receitas da Seguridade Social:

I – as multas, a atualização monetária e os juros moratórios;

II – a remuneração recebida por serviços de arrecadação, fiscalização e cobrança prestados a terceiros;

III – as receitas provenientes de prestação de outros serviços e de fornecimento ou arrendamento de bens;

IV – as demais receitas patrimoniais, industriais e financeiras;

V – as doações, legados, subvenções e outras receitas eventuais;

VI – 50% (cinquenta por cento) dos valores obtidos e aplicados na forma do parágrafo único do artigo 243 da Constituição Federal;

VII – 40% (quarenta por cento) do resultado dos leilões dos bens apreendidos pelo Departamento da Receita Federal;

VIII – outras receitas previstas em legislação específica.

Parágrafo único. As companhias seguradoras que mantêm o seguro obrigatório de danos pessoais causados por veículos automotores de vias terrestres, de que trata a Lei nº 6.194, de dezembro de 1974, deverão repassar à Seguridade Social 50% (cinquenta por cento) do valor total do prêmio recolhido e destinado ao Sistema Único de Saúde – SUS, para custeio da assistência médico-hospitalar dos segurados vitimados em acidentes de trânsito.

CAPÍTULO IX. DO SALÁRIO DE CONTRIBUIÇÃO

Art. 28. Entende-se por salário de contribuição:

I – para o empregado e trabalhador avulso: a remuneração auferida em uma ou mais empresas, assim entendida a totalidade dos rendimentos pagos, devidos ou creditados a qualquer título, durante o mês, destinados a retribuir o trabalho, qualquer que seja a sua forma, inclusive as gorjetas, os ganhos habituais sob a forma de utilidades e os adiantamentos decorrentes de reajuste salarial, quer pelos serviços efetivamente prestados, quer pelo tempo à disposição do empregador ou tomador de serviços nos termos da lei ou do contrato ou, ainda, de convenção ou acordo coletivo de trabalho ou sentença normativa; (Redação dada pela Lei 9.528/1997)

II – para o empregado doméstico: a remuneração registrada na Carteira de Trabalho e Previdência Social, observadas as normas a serem estabelecidas em regulamento para comprovação do vínculo empregatício e do valor da remuneração;

III – para o contribuinte individual: a remuneração auferida em uma ou mais empresas ou pelo exercício de sua atividade por conta própria, durante o mês, observado o limite máximo a que se refere o § 5º; (Redação de acordo com Lei 9.876/1999)

IV – para o segurado facultativo: o valor por ele declarado, observado o limite máximo a que se refere o § 5º. (Acrescido pela Lei 9.876/1999)

§ 1º Quando a admissão, a dispensa, o afastamento ou a falta do empregado ocorrer no curso do mês, o salário de contribuição será proporcional ao número de dias de trabalho efetivo, na forma estabelecida em regulamento.

§ 2º O salário-maternidade é considerado salário de contribuição.

§ 3º O limite mínimo do salário de contribuição corresponde ao piso salarial, legal ou normativo, da categoria ou, inexistindo este, ao salário mínimo, tomado no seu valor mensal, diário ou horário, conforme o ajustado e o tempo de trabalho efetivo durante o mês. (Redação dada pela Lei 9.528/1997)

§ 4º O limite mínimo do salário de contribuição do menor aprendiz corresponde à sua remuneração mínima definida em lei.

§ 5º O limite máximo do salário de contribuição é de Cr$ 170.000,00 (cento e setenta mil cruzeiros), reajustado a partir da data da entrada em vigor desta Lei, na mesma época e com os mesmos índices que os do reajustamento dos benefícios de prestação continuada da Previdência Social.

▸ Valores e alíquotas sujeitos a atualização por meio de ato do Ministério ou Órgão competente.

§ 6º No prazo de cento e oitenta dias, a contar da data de publicação desta Lei, o Poder Executivo encaminhará ao Congresso Nacional projeto de lei estabelecendo a previdência complementar, pública e privada, em especial para os que possam contribuir acima do limite máximo estipulado no parágrafo anterior deste artigo.

§ 7º O décimo-terceiro salário (gratificação natalina) integra o salário de contribuição, exceto para o cálculo de benefício, na forma estabelecida em regulamento. (Redação dada pela Lei 8.870/1994)

§ 8º Revogado pela Lei nº 13.467, de 2017.

a) Revogada pela Lei nº 13.467, de 2017.

b) Vetada.

c) (Revogada pela Lei 9.711/1998).

§ 9º Não integram o salário de contribuição para os fins desta Lei, exclusivamente: (Redação dada pela Lei 9.528/1997)

a) os benefícios da previdência social, nos termos e limites legais, salvo o salário-maternidade; (Redação dada pela Lei 9.528/1997)

b) as ajudas de custo e o adicional mensal recebidos pelo aeronauta nos termos da Lei nº 5.929, de 30 de outubro de 1973;

c) a parcela *in natura* recebida de acordo com os programas de alimentação aprovados pelo Ministério do Trabalho e da Previdência Social, nos termos da Lei nº 6.321, de 14 de abril de 1976;

d) as importâncias recebidas a título de férias indenizadas e respectivo adicional constitucional, inclusive o valor correspondente à dobra da remuneração de férias de que trata o artigo 137 da Consolidação das Leis do Trabalho – CLT; (Redação dada pela Lei 9.528/1997)

e) as importâncias: (Redação dada pela Lei 9.528/1997).

1. previstas no inciso I do artigo 10 do Ato das Disposições Constitucionais Transitórias; (Acrescido pela Lei 9.528/1997)
2. relativas à indenização por tempo de serviço, anterior a 5 de outubro de 1988, do empregado não optante pelo Fundo de Garantia do Tempo de Serviço – FGTS; (Acrescido pela Lei 9.528/1997)
3. recebidas a título da indenização de que trata o artigo 479 da CLT; (Acrescido pela Lei 9.528/1997)
4. recebidas a título da indenização de que trata o artigo 14 da Lei nº 5.889, de 8 de junho de 1973; (Acrescido pela Lei 9.528/1997)
5. recebidas a título de incentivo à demissão; (Acrescido pela Lei 9.528/1997)
6. recebidas a título de abono de férias na forma dos artigos 143 e 144 da CLT; (Acrescido pela Lei 9.711/1998)

7. recebidas a título de ganhos eventuais e os abonos expressamente desvinculados do salário; (Acrescido pela Lei 9.711/1998)
8. recebidas a título de licença-prêmio indenizada; (Acrescido pela Lei 9.711/1998)
9. recebidas a título da indenização de que trata o artigo 9º da Lei nº 7.238, de 29 de outubro de 1984; (Acrescido pela Lei 9.711/1998)
f) a parcela recebida a título de vale-transporte, na forma da legislação própria;
g) a ajuda de custo, em parcela única, recebida exclusivamente em decorrência de mudança de local de trabalho do empregado, na forma do artigo 470 da CLT; (Redação dada pela Lei 9.528/1997)
h) as diárias para viagens; (*Redação dada pela Lei nº 13.467, de 2017*).
i) a importância recebida a título de bolsa de complementação educacional de estagiário, quando paga nos termos da Lei nº 6.494, de 7 de dezembro de 1977;
j) a participação nos lucros ou resultados da empresa, quando paga ou creditada de acordo com lei específica;
l) o abono do Programa de Integração Social – PIS e do Programa de Assistência ao Servidor Público – PASEP; (Acrescida pela Lei 9.528/1997)
m) os valores correspondentes a transporte, alimentação e habitação fornecidos pela empresa ao empregado contratado para trabalhar em localidade distante da de sua residência, em canteiro de obras ou local que, por força da atividade, exija deslocamento e estada, observadas as normas de proteção estabelecidas pelo Ministério do Trabalho; (Acrescida pela Lei 9.528/1997)
n) a importância paga ao empregado a título de complementação ao valor do auxílio-doença, desde que este direito seja extensivo à totalidade dos empregados da empresa; (Acrescida pela Lei 9.528/1997)
o) as parcelas destinadas à assistência ao trabalhador da agroindústria canavieira, de que trata o artigo 36 da Lei nº 4.870, de 1º de dezembro de 1965; (Acrescida pela Lei 9.528/1997)
p) o valor das contribuições efetivamente pago pela pessoa jurídica relativo a programa de previdência complementar, aberto ou fechado, desde que disponível à totalidade de seus empregados e dirigentes, observados, no que couber, os artigos 9º e 468 da CLT; (Acrescida pela Lei 9.528/1997)
q) o valor relativo à assistência prestada por serviço médico ou odontológico, próprio da empresa ou por ela conveniado, inclusive o reembolso de despesas com medicamentos, óculos, aparelhos ortopédicos, próteses, órteses, despesas médico-hospitalares e outras similares; (*Redação dada pela Lei nº 13.467*).
r) o valor correspondente a vestuários, equipamentos e outros acessórios fornecidos ao empregado e utilizados no local do trabalho para prestação dos respectivos serviços; (Acrescida pela Lei 9.528/1997)
s) o ressarcimento de despesas pelo uso de veículo do empregado e o reembolso creche pago em conformidade com a legislação trabalhista, observado o limite máximo de seis anos de idade, quando devidamente comprovadas as despesas realizadas; (Acrescida pela Lei 9.528/1997)
t) o valor relativo a plano educacional, ou bolsa de estudo, que vise à educação básica de empregados e seus dependentes e, desde que vinculada às atividades desenvolvidas pela empresa, à educação profissional e tecnológica de empregados, nos termos da Lei nº 9.394, de 20 de dezembro de 1996, e: (Redação dada pela Lei 12.513/2011.)
1. não seja utilizado em substituição de parcela salarial; e (Acrescido pela Lei 12.513/2011.)
2. o valor mensal do plano educacional ou bolsa de estudo, considerado individualmente, não ultrapasse 5% (cinco por cento) da remuneração do segurado a que se destina ou o valor correspondente a uma vez e meia o valor do limite mínimo mensal do salário de contribuição, o que for maior; (Acrescido pela Lei 12.513/2011.)
u) a importância recebida a título de bolsa de aprendizagem garantida ao adolescente até quatorze anos de idade, de acordo com o disposto no artigo 64 da Lei nº 8.069, de 13 de julho de 1990;
v) os valores recebidos em decorrência da cessão de direitos autorais; (Acrescida pela Lei 9.528/1997)
x) o valor da multa prevista no § 8º do artigo 477 da CLT; (Acrescida pela Lei 9.528/1997)
y) o valor correspondente ao vale-cultura. (Acrescida pela Lei 12.761/2012)
z) os prêmios e os abonos. (*Acrescida pela Lei nº 13.467, de 2017*).
aa) os valores recebidos a título de bolsa-atleta, em conformidade com a Lei nº 10.891, de 9 de julho de 2004. (*Acrescida pela Lei 13.756/2018*)

§ 10. Considera-se salário de contribuição, para o segurado empregado e trabalhador avulso, na condição prevista no § 5º do artigo 12, a remuneração efetivamente auferida na entidade sindical ou empresa de origem. (Acrescido pela Lei 9.528/1997)

§ 11. Considera-se remuneração do contribuinte individual que trabalha como condutor autônomo de veículo rodoviário, como auxiliar de condutor autônomo de veículo rodoviário, em automóvel cedido em regime de colaboração, nos termos da Lei 6.094, de 30 de agosto de 1974, como operador de trator, máquina de terraplenagem, colheitadeira e assemelhados, o montante correspondente a 20% (vinte por cento) do valor bruto do frete, carreto, transporte de passageiros ou do serviço prestado, observado o limite máximo a que se refere o § 5º. (Acrescido pela Lei nº 13.202, de 2015).

Art. 29. *Revogado pela Lei 9.876/1999.*

CAPÍTULO X. DA ARRECADAÇÃO E RECOLHIMENTO DAS CONTRIBUIÇÕES

Art. 30. A arrecadação e o recolhimento das contribuições ou de outras importâncias devidas à Seguridade Social obedecem às seguintes normas: (Redação dada pela Lei nº 8.620, de 1993).

I – a empresa é obrigada a:
a) arrecadar as contribuições dos segurados empregados e trabalhadores avulsos a seu serviço, descontando-as da respectiva remuneração;
b) recolher os valores arrecadados na forma da alínea *a* deste inciso, a contribuição a que se refere o inciso IV do art. 22 desta Lei, assim como as contribuições a seu cargo incidentes sobre as remunerações pagas, devidas ou creditadas, a qualquer título, aos segurados empregados, trabalhadores avulsos e contribuintes individuais a seu serviço até o dia 20 (vinte) do mês subsequente ao da competência; (*Redação dada pela Lei 11.933/2009*)
c) recolher as contribuições de que tratam os incisos I e II do artigo 23, na forma e prazos definidos pela legislação tributária federal vigente;

II – os segurados contribuinte individual e facultativo estão obrigados a recolher sua contribuição por iniciativa própria, até o dia 15 (quinze) do mês seguinte ao da competência; (Redação dada pela Lei nº 9.876, de 1999).

III – a empresa adquirente, consumidora ou consignatária ou a cooperativa são obrigadas a recolher a contribuição de que trata o art. 25 até o dia 20 (vinte) do mês subsequente ao da operação de venda ou consignação da produção, independentemente de essas operações terem sido realizadas diretamente com o produtor ou com intermediário pessoa física, na forma estabelecida em regulamento; (*Redação dada pela Lei 11.933/2009*)

IV – a empresa adquirente, consumidora ou consignatária ou a cooperativa ficam sub-rogadas nas obrigações da pessoa física de que trata a alínea *a* do inciso V do artigo 12 e do segurado especial pelo cumprimento das obrigações do artigo 25 desta Lei, independentemente de as operações de venda ou consignação terem sido realizadas diretamente com o produtor ou com intermediário pessoa física, exceto no caso do inciso X deste artigo, na forma estabelecida em regulamento; (Redação dada pela Lei 9.528/1997)

- Vide Decisão monocrática proferida pelo STF na Petição nº 8.140-DF, incidental ao Recurso Extraordinário nº 718.874.

V – o empregador doméstico fica obrigado a arrecadar e a recolher a contribuição do segurado empregado a seu serviço e a parcela a seu cargo, até o vigésimo dia do mês seguinte ao da competência; (*Redação dada pela Lei 14.438/2022, produzindo efeitos a partir da data de início da arrecadação por meio da prestação dos serviços digitais de geração de guias, a que se refere o inciso II do "caput" do art. 17 da Lei nº 8.036, de 11/5/1990, para fatos geradores ocorridos a partir da referida data*)

VI – o proprietário, o incorporador definido na Lei 4.591, de 16 de dezembro de 1964, o dono da obra ou condômino da unidade imobiliária, qualquer que seja a forma de contratação da construção, reforma ou acréscimo, são solidários com o construtor, e estes com a subempreiteira, pelo cumprimento das obrigações para com a Seguridade Social, ressalvado o seu direito regressivo contra o executor ou contratante da obra e admitida a retenção de importância a este devida para garantia do cumprimento dessas obrigações, não se aplicando, em qualquer hipótese, o benefício de ordem; (Redação dada pela Lei nº 9.528, de 1997).

VII – exclui-se da responsabilidade solidária perante a Seguridade Social o adquirente de prédio ou unidade imobiliária que realizar a operação com empresa de comercialização ou incorporador de imóveis, ficando estes solidariamente responsáveis com o construtor;

VIII – nenhuma contribuição à Seguridade Social é devida se a construção residencial unifamiliar, destinada ao uso próprio, de tipo econômico, for executada sem mão de obra assalariada, observadas as exigências do regulamento;

IX – as empresas que integram grupo econômico de qualquer natureza respondem entre si, solidariamente, pelas obrigações decorrentes desta Lei;

X – a pessoa física de que trata a alínea *a* do inciso V do artigo 12 e o segurado especial são obrigados a recolher a contribuição de que trata o artigo 25 desta lei no prazo estabelecido no inciso III deste artigo, caso comercializem a sua produção: (Redação dada pela Lei nº 9.528, de 1997).

a) no exterior;

b) diretamente, no varejo, ao consumidor pessoa física;

c) à pessoa física de que trata a alínea *a* do inciso V do artigo 12;

d) ao segurado especial;

XI – aplica-se o disposto nos incisos III e IV deste artigo à pessoa física não produtor rural que adquire produção para venda no varejo a consumidor pessoa física; (Acrescido pela Lei nº 9.528, de 1997).

XII – sem prejuízo do disposto no inciso X do *caput* deste artigo, o produtor rural pessoa física e o segurado especial são obrigados a recolher, diretamente, a contribuição incidente sobre a receita bruta proveniente:

a) da comercialização de artigos de artesanato elaborados com matéria-prima produzida pelo respectivo grupo familiar;

b) de comercialização de artesanato ou do exercício de atividade artística, observado o disposto nos incisos VII e VIII do § 10 do art. 12 desta Lei; e

c) de serviços prestados, de equipamentos utilizados e de produtos comercializados no imóvel rural, desde que em atividades turística e de entretenimento desenvolvidas no próprio imóvel, inclusive hospedagem, alimentação, recepção, recreação e atividades pedagógicas, bem como taxa de visitação e serviços especiais; (Acrescido pela Lei nº 11.718, de 2008).

XIII – o segurado especial é obrigado a arrecadar a contribuição de trabalhadores a seu serviço e a recolhê-la no prazo referido na alínea *b* do inciso I do *caput* deste artigo. (Acrescido pela Lei nº 11.718, de 2008).

§ 1º *Revogado pela Lei nº 9.032, de 1995.*

§ 2º Se não houver expediente bancário nas datas indicadas: *(Redação dada pela Lei 11.933/2009)*

I – no inciso II do *caput*, o recolhimento deverá ser efetuado até o dia útil imediatamente posterior; e (Redação dada pela Lei nº 13.202, de 2015).

II – na alínea *b* do inciso I e nos incisos III, V, X e XIII do *caput*, até o dia útil imediatamente anterior. (Redação pela Lei nº 13.202, de 2015).

§ 3º Aplica-se à entidade sindical e à empresa de origem o disposto nas alíneas *a* e *b* do inciso I, relativamente à remuneração do segurado referido no § 5º do artigo 12. (Acrescido pela Lei nº 9.528, de 1997).

§ 4º Na hipótese de o contribuinte individual prestar serviço a uma ou mais empresas, poderá deduzir, da sua contribuição mensal, 45% (quarenta e cinco por cento) da contribuição da empresa, efetivamente recolhida ou declarada, incidente sobre a remuneração que esta lhe tenha pago ou creditado, limitada a dedução a nove por cento do respectivo salário de contribuição. (Acrescido pela Lei nº 9.876, de 1999).

§ 5º Aplica-se o disposto no § 4º ao cooperado que prestar serviço a empresa por intermédio de cooperativa de trabalho. (Acrescido pela Lei nº 9.876, de 1999).

§ 6º *Revogado pela Lei nº 13.202, de 2015.*

§ 7º A empresa ou cooperativa adquirente, consumidora ou consignatária da produção fica obrigada a fornecer ao segurado especial cópia do documento fiscal de entrada da mercadoria, para fins de comprovação da operação e da respectiva contribuição previdenciária. (Acrescido pela Lei nº 11.718, de 2008).

§ 8º Quando o grupo familiar a que o segurado especial estiver vinculado não tiver obtido, no ano, por qualquer motivo, receita proveniente de comercialização de produção deverá comunicar a ocorrência à Previdência Social, na forma do regulamento. (Acrescido pela Lei nº 11.718, de 2008).

§ 9º Quando o segurado especial tiver comercializado sua produção do ano anterior exclusivamente com empresa adquirente, consignatária ou cooperativa, tal fato deverá ser comunicado à Previdência Social pelo respectivo grupo familiar. (Acrescido pela Lei nº 11.718, de 2008).

Art. 31. A empresa contratante de serviços executados mediante cessão de mão de obra, inclusive em regime de trabalho temporário, deverá reter 11 % (onze por cento) do valor bruto da nota fiscal ou fatura de prestação de serviços e recolher, em nome da empresa cedente da mão de obra, a importância retida até o dia 20 (vinte) do mês subsequente ao da emissão da respectiva nota fiscal ou fatura, ou até o dia útil imediatamente anterior se não houver expediente bancário naquele dia, observado o disposto no § 5º do art. 33 desta Lei. (Redação dada pela Lei 11.933/2009)

§ 1º O valor retido de que trata o *caput* deste artigo, que deverá ser destacado na nota fiscal ou fatura de prestação de serviços, poderá ser compensado por qualquer estabelecimento da empresa cedente da mão de obra, por ocasião do recolhimento das contribuições destinadas à Seguridade Social devidas sobre a folha de pagamento dos seus segurados. (Redação dada pela Lei 11.941/2009)

§ 2º Na impossibilidade de haver compensação integral na forma do parágrafo anterior, o saldo remanescente será objeto de restituição. (Redação dada pela Lei 9.711/1998)

§ 3º Para os fins desta Lei, entende-se como cessão de mão de obra a colocação à disposição do contratante, em suas dependências ou nas de terceiros, de segurados que realizem serviços contínuos, relacionados ou não com a atividade-fim da empresa, quaisquer que sejam a natureza e a forma de contratação. (Redação dada pela Lei 9.711/1998)

§ 4º Enquadram-se na situação prevista no parágrafo anterior, além de outros estabelecidos em regulamento, os seguintes serviços:

I – limpeza, conservação e zeladoria;

II – vigilância e segurança; (Redação dada pela Lei 9.711/1998)

III – empreitada de mão de obra; (Redação dada pela Lei 9.711/1998)

IV – contratação de trabalho temporário na forma da Lei nº 6.019, de 3 de janeiro de 1974. (Redação dada pela Lei 9.711/1998)

§ 5º O cedente da mão de obra deverá elaborar folhas de pagamento distintas para cada contratante. (Acrescido pela Lei 9.711/1998)

§ 6º Em se tratando de retenção e recolhimento realizados na forma do *caput* deste artigo, em nome de consórcio, de que tratam os arts. 278 e 279 da Lei nº 6.404, de 15 de dezembro de 1976, aplica-se o disposto em todo este artigo, observada a participação de cada uma das empresas consorciadas, na forma do respectivo ato constitutivo. (Redação dada pela Lei 11.941/2009)

Art. 32. A empresa é também obrigada a:

I – preparar folhas de pagamento das remunerações pagas ou creditadas a todos os segurados a seu serviço, de acordo com os padrões e normas estabelecidos pelo órgão competente da Seguridade Social;

II – lançar mensalmente em títulos próprios de sua contabilidade, de forma discriminada, os fatos geradores de todas as contribuições, o montante das quantias descontadas, as contribuições da empresa e os totais recolhidos;

III – prestar à Secretaria da Receita Federal do Brasil todas as informações cadastrais, financeiras e contábeis de seu interesse, na forma por ela estabelecida, bem como os esclarecimentos necessários à fiscalização; (Redação dada pela 11.941/2009)

IV – declarar à Secretaria da Receita Federal do Brasil e ao Conselho Curador do Fundo de Garantia do Tempo de Serviço – FGTS, na forma, prazo e condições estabelecidos por esses órgãos, dados relacionados a fatos geradores, base de cálculo e valores devidos da contribuição previdenciária e outras informações de interesse do INSS ou do Conselho Curador do FGTS; (Redação dada pela 11.941/2009)

- O art. 49 da Lei 13.097/2015 dispõe que: Ficam anistiadas as multas previstas no art. 32-A da Lei 8.212, de 24 de julho de 1991, lançadas até a publicação desta Lei, desde que a declaração de que trata o inciso IV do *caput* do art. 32 da Lei 8.212, de 24 de julho de 1991, tenha sido apresentada até o último dia do mês subsequente ao previsto para a entrega.

V – *(Vetado na Lei 10.403/2002)*

VI – comunicar, mensalmente, aos empregados, por intermédio de documento a ser definido em regulamento, os valores recolhidos sobre o total de sua remuneração ao INSS. (Acrescido pela Lei 12.692/2012).

§ 1º *Revogado pela Lei 11.941/2009.*

§ 2º A declaração de que trata o inciso IV do *caput* deste artigo constitui instrumento hábil e suficiente para a exigência do crédito tributário, e suas informações comporão a base de dados para fins de cálculo e concessão dos benefícios previdenciários. (Redação dada pela 11.941/2009)

§§ 3º a 8º *Revogados pela Lei 11.941/2009.*

§ 9º A empresa deverá apresentar o documento a que se refere o inciso IV do *caput* deste artigo ainda que não ocorram fatos geradores de contribuição previdenciária, aplicando-se, quando couber, a penalidade prevista no art. 32-A desta Lei. (Redação dada pela 11.941/2009)

§ 10. O descumprimento do disposto no inciso IV do *caput* deste artigo impede a expedição da certidão de prova de regularidade fiscal perante a Fazenda Nacional. (Redação dada pela 11.941/2009)

§ 11. Em relação aos créditos tributários, os documentos comprobatórios do cumprimento das obrigações de que trata este artigo devem ficar arquivados na empresa até que ocorra a prescrição relativa aos créditos decorrentes das operações a que se refiram. (Redação dada pela 11.941/2009)

§ 12. *(Vetado na Lei 12.692/2012)*

Art. 32-A. O contribuinte que deixar de apresentar a declaração de que trata o inciso IV do *caput* do art. 32 desta Lei no prazo fixado ou que a apresentar com incorreções ou omissões será intimado a apresentá-la ou a prestar esclarecimentos e sujeitar-se-á às seguintes multas: (Acrescido pela 11.941/2009)

- O art. 48 da Lei 13.097/2015 dispõe que: O disposto no art. 32-A da Lei 8.212, de 24 de julho de 1991, deixa de produzir efeitos em relação aos fatos geradores ocorridos no período de 27 de maio de 2009 a 31 de dezembro de 2013, no caso de entrega de declaração sem ocorrência de fatos geradores de contribuição previdenciária.
- O art. 49 da Lei 13.097/2015 dispõe que: Ficam anistiadas as multas previstas no art. 32-A da Lei 8.212, de 24 de julho de 1991, lançadas até a publicação desta Lei, desde que a declaração de que trata o inciso IV do *caput* do art. 32 da Lei 8.212, de 24 de julho de 1991, tenha sido apresentada até o último dia do mês subsequente ao previsto para a entrega.

I – de R$ 20,00 (vinte reais) para cada grupo de 10 (dez) informações incorretas ou omitidas; e

II – de 2% (dois por cento) ao mês-calendário ou fração, incidentes sobre o montante das contribuições informadas, ainda que integralmente pagas, no caso de falta de entrega da declaração ou entrega após o prazo, limitada a 20% (vinte por cento), observado o disposto no § 3º deste artigo.

§ 1º Para efeito de aplicação da multa prevista no inciso II do *caput* deste artigo, será considerado como termo inicial o dia seguinte ao término do prazo fixado para entrega da declaração e como termo final a data da efetiva entrega ou, no caso de não apresentação, a data da lavratura do auto de infração ou da notificação de lançamento.

§ 2º Observado o disposto no § 3º deste artigo, as multas serão reduzidas:

I – à metade, quando a declaração for apresentada após o prazo, mas antes de qualquer procedimento de ofício; ou

II – a 75% (setenta e cinco por cento), se houver apresentação da declaração no prazo fixado em intimação.

§ 3º A multa mínima a ser aplicada será de:

I – R$ 200,00 (duzentos reais), tratando-se de omissão de declaração sem ocorrência de fatos geradores de contribuição previdenciária; e

II – R$ 500,00 (quinhentos reais), nos demais casos.

Art. 32-B. Os órgãos da administração direta, as autarquias, as fundações e as empresas públicas da União, dos Estados, do Distrito Federal e dos Municípios, cujas Normas Gerais de Direito Financeiro para elaboração e controle dos orçamentos estão definidas pela Lei nº 4.320, de 17 de março de 1964, e pela Lei Complementar nº 101, de 4 de maio de 2000, ficam obrigados, na forma estabelecida pela Secretaria da Receita Federal do Brasil do Ministério da Fazenda, a apresentar: (Artigo acrescido pela Lei nº 12.810, de 15.05.2013)

I – a contabilidade entregue ao Tribunal de Controle Externo; e

II – a folha de pagamento.

Parágrafo único. As informações de que trata o *caput* deverão ser apresentadas até o dia 30 de abril do ano seguinte ao encerramento do exercício.

Art. 32-C. O segurado especial responsável pelo grupo familiar que contratar na forma do § 8º do art. 12 apresentará as informações relacionadas ao registro de trabalhadores, aos fatos geradores, à base de cálculo e aos valores das contribuições devidas à Previdência Social e ao Fundo de Garantia do Tempo de Serviço – FGTS e outras informações de interesse da Secretaria da Receita Federal do Brasil, do Ministério da Previdência Social, do Ministério do Trabalho e Emprego e do Conselho Curador do FGTS, por meio de sistema eletrônico com entrada única de dados, e efetuará os recolhimentos por meio de documento único de arrecadação. (Incluído pela Lei nº 12.873, de 2013)

§ 1º Os Ministros de Estado da Fazenda, da Previdência Social e do Trabalho e Emprego disporão, em ato conjunto, sobre a prestação das informações, a apuração, o recolhimento e a distribuição dos recursos recolhidos e sobre as informações geradas por meio do sistema eletrônico e da guia de recolhimento de que trata o *caput*.

§ 2º As informações prestadas no sistema eletrônico de que trata o *caput* têm caráter declaratório, constituem instrumento hábil e suficiente para a exigência dos tributos e encargos apurados e substituirão, na forma regulamentada pelo ato conjunto que prevê o § 1º, a obrigatoriedade de entrega de todas as informações, formulários e declarações a que está sujeito o grupo familiar, inclusive as relativas ao recolhimento do FGTS.

§ 3º O segurado especial de que trata o caput deste artigo fica obrigado a arrecadar, até o vigésimo dia do mês seguinte ao da competência: *(Redação dada pela Lei 14.438/2022, produzindo efeitos a partir da data de início da arrecadação por meio da prestação dos serviços digitais de geração de guias, a que se refere o inciso II do "caput" do art. 17 da Lei nº 8.036, de 11/5/1990, para fatos geradores ocorridos a partir da referida data)*

I – as contribuições previstas nos incisos X, XII e XIII do caput do art. 30 desta Lei; *(Acrescido pela Lei 14.438/2022, produzindo efeitos a partir da data de início da arrecadação por meio da prestação dos serviços digitais de geração de guias, a que se refere o inciso II do "caput" do art. 17 da Lei nº 8.036, de 11/5/1990, para fatos geradores ocorridos a partir da referida data)*

II – os valores referentes ao FGTS; e *(Acrescido pela Lei 14.438/2022, produzindo efeitos a partir da data de início da arrecadação por meio da prestação dos serviços digitais de geração de guias, a que se refere o inciso II do "caput" do art. 17 da Lei nº 8.036, de 11/5/1990, para fatos geradores ocorridos a partir da referida data)*

III – os encargos trabalhistas sob a sua responsabilidade. *(Acrescido pela Lei 14.438/2022, produzindo efeitos a partir da data de início da arrecadação por meio da prestação dos serviços digitais de geração de guias, a que se refere o inciso II do "caput" do art. 17 da Lei nº 8.036, de 11/5/1990, para fatos geradores ocorridos a partir da referida data)*

§ 4º Os recolhimentos devidos, nos termos do § 3º, deverão ser pagos por meio de documento único de arrecadação.

§ 5º Se não houver expediente bancário na data indicada no § 3º, o recolhimento deverá ser antecipado para o dia útil imediatamente anterior.

§ 6º Os valores não pagos até a data do vencimento sujeitar-se-ão à incidência de acréscimos e encargos legais na forma prevista na legislação do Imposto sobre a Renda e Proventos de Qualquer Natureza para as contribuições de caráter tributário, e conforme o art. 22 da Lei nº 8.036, de 11 de maio de 1990, para os depósitos do FGTS, inclusive no que se refere às multas por atraso.

§ 7º O recolhimento do valor do FGTS na forma deste artigo será creditado diretamente em conta vinculada do trabalhador, assegurada a transferência dos elementos identificadores do recolhimento ao agente operador do fundo.

§ 8º O ato de que trata o § 1º regulará a compensação e a restituição dos valores dos tributos e dos encargos trabalhistas recolhidos, no documento único de arrecadação, indevidamente ou em montante superior ao devido.

§ 9º A devolução de valores do FGTS, depositados na conta vinculada do trabalhador, será objeto de norma regulamentar do Conselho Curador e do Agente Operador do Fundo de Garantia do Tempo de Serviço.

§ 10. O produto da arrecadação de que trata o § 3º será centralizado na Caixa Econômica Federal.

§ 11. A Caixa Econômica Federal, com base nos elementos identificadores do recolhimento, disponíveis no sistema de que trata o *caput* deste artigo, transferirá para a Conta Única do Tesouro Nacional os valores arrecadados dos tributos e das contribuições previstas nos incisos X, XII e XIII do *caput* do art. 30.

§ 12. A impossibilidade de utilização do sistema eletrônico referido no *caput* será objeto de regulamento, a ser editado pelo Ministério da Fazenda e pelo Agente Operador do FGTS.

§ 13. A sistemática de entrega das informações e recolhimentos de que trata o *caput* poderá ser estendida pelas autoridades previstas no § 1º para o produtor rural pessoa física de que trata a alínea a do inciso V do *caput* do art. 12.

§ 14. Aplica-se às informações entregues na forma deste artigo o disposto no § 2º do art. 32 e no art. 32-A.

Art. 33. À Secretaria da Receita Federal do Brasil compete planejar, executar, acompanhar e avaliar as atividades relativas à tributação, à fiscalização, à arrecadação, à cobrança e ao recolhimento das contribuições sociais previstas no parágrafo único do art. 11 desta Lei, das contribuições incidentes a título de substituição e das devidas a outras entidades e fundos. (Redação dada pela Lei 11.941/2009)

§ 1º É prerrogativa da Secretaria da Receita Federal do Brasil, por intermédio dos Auditores Fiscais da Receita Federal do Brasil, o exame da contabilidade das empresas, ficando obrigados a prestar todos os esclarecimentos e informações solicitados o segurado e os terceiros responsáveis pelo recolhimento das contribuições previdenciárias e das contribuições devidas a outras entidades e fundos. (Redação dada pela Lei 11.941/2009)

§ 2º A empresa, o segurado da Previdência Social, o serventuário da Justiça, o síndico ou seu representante, o comissário e o liquidante de empresa em liquidação judicial ou extrajudicial são obrigados a exibir todos os documentos e livros relacionados com as contribuições previstas nesta Lei. (Redação dada pela Lei 11.941/2009)

§ 3º Ocorrendo recusa ou sonegação de qualquer documento ou informação, ou sua apresentação deficiente, a Secretaria da Receita Federal do Brasil pode, sem prejuízo da penalidade cabível, lançar de ofício a importância devida. (Redação dada pela Lei 11.941/2009)

§ 4º Na falta de prova regular e formalizada pelo sujeito passivo, o montante dos salários pagos pela execução de obra de construção civil pode ser obtido mediante cálculo da mão de obra empregada, proporcional à área construída, de acordo com critérios estabelecidos pela Secretaria da Receita Federal do Brasil, cabendo ao proprietário, dono da obra, condômino da unidade imobiliária ou empresa corresponsável o ônus da prova em contrário. (Redação dada pela Lei 11.941/2009)

§ 5º O desconto de contribuição e de consignação legalmente autorizadas sempre se presume feito oportuna e regularmente pela empresa a isso obrigada, não lhe sendo lícito alegar omissão para se eximir do recolhimento, ficando diretamente responsável pela importância que deixou de receber ou arrecadou em desacordo com o disposto nesta Lei.

§ 6º Se, no exame da escrituração contábil e de qualquer outro documento da empresa, a fiscalização constatar que a contabilidade não registra o movimento real de remuneração dos segurados a seu serviço, do faturamento e do lucro, serão apuradas, por aferição indireta, as contribuições efetivamente devidas, cabendo à empresa o ônus da prova em contrário.

§ 7º O crédito da seguridade social é constituído por meio de notificação de lançamento, de auto de infração e de confissão de valores devidos e não recolhidos pelo contribuinte. (Redação dada pela Lei 11.941/2009)

§ 8º Aplicam-se às contribuições sociais mencionadas neste artigo as presunções legais de omissão de receita previstas nos §§ 2º e 3º do art. 12 do Decreto-Lei nº 1.598, de 26 de dezembro de 1977, e nos arts. 40, 41 e 42 da Lei nº 9.430, de 27 de dezembro de 1996. (Redação dada pela Lei 11.941/2009)

Art. 34. *Revogado pela Lei 11.941/2009.*

Art. 35. Os débitos com a União decorrentes das contribuições sociais previstas nas alíneas a, *b* e *c* do parágrafo único do art. 11 desta Lei, das contribuições instituídas a título de substituição e das contribuições devidas a terceiros, assim entendidas outras entidades e fundos, não pagos nos prazos previstos em legislação, serão acrescidos de multa de mora e juros de mora, nos termos do art. 61 da Lei nº 9.430, de 27 de dezembro de 1996. (Redação dada pela Lei 11.941/2009)

I a III – *Revogados pela Lei 11.941/2009.*

§§ 1º a 4º *Revogados pela Lei 11.941/2009.*

Art. 35-A. Nos casos de lançamento de ofício relativos às contribuições referidas no art. 35 desta Lei, aplica-se o disposto no art. 44 da Lei nº 9.430, de 27 de dezembro de 1996. (Redação dada pela Lei 11.941/2009)

Art. 36. *Revogado pela Lei 8.218/1991.*

Art. 37. Constatado o não recolhimento total ou parcial das contribuições tratadas nesta Lei, não declaradas na forma do art. 32 desta Lei, a falta de pagamento de benefício reembolsado ou o descumprimento de obrigação acessória, será lavrado auto de infração ou notificação de lançamento. (Redação dada pela Lei 11.941/2009)

§§ 1º e 2º *Revogados pela Lei 8.218/1991.*

Art. 38. *Revogado pela Lei 11.941/2009.*

Art. 39. O débito original e seus acréscimos legais, bem como outras multas previstas em lei, constituem dívida ativa da União, promovendo-se a inscrição em livro próprio daquela resultante das contribuições de que tratam as alíneas a, *b* e *c* do parágrafo único do art. 11 desta Lei. (Redação dada pela Lei 11.457/2007).

§ 1º *Revogado pela Lei 11.501/2007.*

§ 2º É facultado aos órgãos competentes, antes de ajuizar a cobrança da dívida ativa de que trata o *caput* deste artigo, promover o protesto de título dado em garantia, que será recebido *pro solvendo. (*Redação dada pela Lei nº 11.457/2007)

§ 3º Serão inscritas como dívida ativa da União as contribuições que não tenham sido recolhidas ou parceladas resultantes das informações prestadas no documento a que se refere o inciso IV do art. 32 desta Lei. (Redação dada pela Lei nº 11.457/2007)

Art. 40. Vetado.

Art. 41. *Revogado pela Lei 11.941/2009.*

Art. 42. Os administradores de autarquias e fundações públicas, criadas e mantidas pelo Poder Público, de empresas públicas e de sociedades de economia mista sujeitas ao controle da União, dos Estados, do Distrito Federal ou dos Municípios, que se encontrarem em mora, por mais de 30 (trinta) dias, no recolhimento das contribuições previstas nesta Lei, tornam-se solidariamente responsáveis pelo respectivo pagamento, ficando ainda sujeitos às proibições do artigo 1º e às sanções dos artigos 4º e 7º do Decreto-Lei nº 368, de 19 de dezembro de 1968.

Art. 43. Nas ações trabalhistas de que resultar o pagamento de direitos sujeitos à incidência de contribuição previdenciária, o juiz, sob pena de responsabilidade, determinará o imediato recolhimento das importâncias devidas à Seguridade Social.

§ 1º Nas sentenças judiciais ou nos acordos homologados em que não figurarem, discriminadamente, as parcelas legais relativas às contribuições sociais, estas incidirão sobre o valor total apurado em liquidação de sentença ou sobre o valor do acordo homologado. (Redação dada pela Lei 11.941/2009)

§ 2º Considera-se ocorrido o fato gerador das contribuições sociais na data da prestação do serviço. (Redação dada pela Lei 11.941/2009)

§ 3º As contribuições sociais serão apuradas mês a mês, com referência ao período da prestação de serviços, mediante a aplicação de alíquotas, limites máximos do salário de contribuição e acréscimos legais moratórios vigentes relativamente a cada uma das competências abrangidas, devendo o recolhimento ser efetuado no mesmo prazo em que devam ser pagos os créditos encontrados em liquidação de sentença ou em acordo homologado, sendo que nesse último caso o recolhimento será feito em tantas parcelas quantas as previstas no acordo, nas mesmas datas em que sejam exigíveis e proporcionalmente a cada uma delas. (Redação dada pela Lei 11.941/2009)

§ 4º No caso de reconhecimento judicial da prestação de serviços em condições que permitam a aposentadoria especial após 15 (quinze), 20 (vinte) ou 25 (vinte e cinco) anos de contribuição, serão devidos os acréscimos de contribuição de que trata o § 6º do art. 57 da Lei nº 8.213, de 24 de julho de 1991. (Redação dada pela Lei 11.941/2009)

§ 5º Na hipótese de acordo celebrado após ter sido proferida decisão de mérito, a contribuição será calculada com base no valor do acordo. (Redação dada pela Lei 11.941/2009)

§ 6º Aplica-se o disposto neste artigo aos valores devidos ou pagos nas Comissões de Conciliação Prévia de que trata a Lei nº 9.958, de 12 de janeiro de 2000. (Redação dada pela Lei 11.941/2009)

Art. 44. *Revogado pela Lei 11.501/2007.*

Art. 45. *Revogado pela LC 128/2008.*

Art. 45-A. O contribuinte individual que pretenda contar como tempo de contribuição, para fins de obtenção de benefício no Regime Geral de Previdência Social ou de contagem recíproca do tempo de contribuição, período de atividade remunerada alcançada pela decadência deverá indenizar o INSS. (Artigo acrescido pela Lei 128/2008).

§ 1º O valor da indenização a que se refere o *caput* deste artigo e o § 1º do art. 55 da Lei nº 8.213, de 24 de julho de 1991, corresponderá a 20% (vinte por cento):

I – da média aritmética simples dos maiores salários de contribuição, reajustados, correspondentes a 80% (oitenta por cento) de todo o período contributivo decorrido desde a competência julho de 1994; ou

II – da remuneração sobre a qual incidem as contribuições para o regime próprio de previdência social a que estiver filiado o interessado, no caso de indenização para fins da contagem recíproca de que tratam os arts. 94 a 99 da Lei nº 8.213, de 24 de julho de 1991, observados o limite máximo previsto no art. 28 e o disposto em regulamento.

§ 2º Sobre os valores apurados na forma do § 1º deste artigo incidirão juros moratórios de 0,5% (cinco décimos por cento) ao mês, capitalizados anualmente, limitados ao percentual máximo de 50% (cinquenta por cento), e multa de 10% (dez por cento).

§ 3º O disposto no § 1º deste artigo não se aplica aos casos de contribuições em atraso não alcançadas pela decadência do direito de a Previdência constituir o respectivo crédito, obedecendo-se, em relação a elas, as disposições aplicadas às empresas em geral.

Art. 46. *Revogado pela LC 128/2008.*

CAPÍTULO XI. DA PROVA DE INEXISTÊNCIA DE DÉBITO

Art. 47. É exigida Certidão Negativa de Débito – CND, fornecida pelo órgão competente, nos seguintes casos: (Redação dada pela Lei 9.032/1995)

I – da empresa:

a) na contratação com o Poder Público e no recebimento de benefícios ou incentivo fiscal ou creditício concedido por ele;

b) na alienação ou oneração, a qualquer título, de bem imóvel ou direito a ele relativo;

c) na alienação ou oneração, a qualquer título, de bem móvel de valor superior a Cr$ 2.500.000,00 (dois milhões e quinhentos mil cruzeiros) incorporado ao ativo permanente da empresa;

- Valores e alíquotas sujeitos a atualização por meio de ato do Ministério ou Órgão competente.

d) no registro ou arquivamento, no órgão próprio, de ato relativo a baixa ou redução de capital de firma individual, redução de capital social, cisão total ou parcial, transformação ou extinção de entidade ou sociedade comercial ou civil e transferência de controle de cotas de sociedades de responsabilidade limitada; (Redação dada pela Lei 9.528/1997)

II – do proprietário, pessoa física ou jurídica, de obra de construção civil, quando de sua averbação no registro de imóveis, salvo no caso do inciso VIII do artigo 30.

§ 1º A prova de inexistência de débito deve ser exigida da empresa em relação a todas as suas dependências, estabelecimentos e obras de construção civil, independentemente do local onde se encontrem, ressalvado aos órgãos competentes o direito de cobrança de qualquer débito apurado posteriormente.

§ 2º A prova de inexistência de débito, quando exigível ao incorporador, independe da apresentada no registro de imóveis por ocasião da inscrição do memorial de incorporação.

§ 3º Fica dispensada a transcrição, em instrumento público ou particular, do inteiro teor do documento comprobatório de inexistência de débito, bastando a referência ao seu número de série e data da emissão, bem como a guarda do documento comprobatório à disposição dos órgãos competentes.

§ 4º O documento comprobatório de inexistência de débito poderá ser apresentado por cópia autenticada, dispensada a indicação de sua finalidade, exceto no caso do inciso II deste artigo.

§ 5º O prazo de validade da certidão expedida conjuntamente pela Secretaria Especial da Receita Federal do Brasil e pela Procuradoria-Geral da Fazenda Nacional do Ministério da Economia, referente aos tributos federais e à dívida ativa da União por elas administrados, será de até 180 (cento e oitenta) dias, contado da data de emissão da certidão, prorrogável, excepcionalmente, pelo prazo determinado em ato conjunto dos referidos órgãos. *(Redação dada pela Lei 14.148/2021)*

§ 6º Independe de prova de inexistência de débito:

a) a lavratura ou assinatura de instrumento, ato ou contrato que constitua retificação, ratificação ou efetivação de outro anterior para o qual já foi feita a prova;

b) a constituição de garantia para concessão de crédito rural, em qualquer de suas modalidades, por instituição de crédito pública ou privada, desde que o contribuinte referido no artigo 25, não seja responsável direto pelo recolhimento de contribuições sobre a sua produção para a Seguridade Social;

c) a averbação prevista no inciso II deste artigo, relativa a imóvel cuja construção tenha sido concluída antes de 22 de novembro de 1966;

d) o recebimento pelos Municípios de transferência de recursos destinados a ações de assistência social, educação, saúde e em caso de calamidade pública; (Acrescida pela Lei 11.960/2009)

e) a averbação da construção civil localizada em área objeto de regularização fundiária de interesse social, na forma da Lei nº 11.977, de 7 de julho de 2009. (Acrescida pela Lei 12.424/2011)

§ 7º O condômino adquirente de unidades imobiliárias de obra de construção civil não incorporada na forma da Lei nº 4.591, de 16 de dezembro de 1964, poderá obter documento comprobatório de inexistência de débito, desde que comprove o pagamento das contribuições relativas à sua unidade, conforme dispuser o regulamento.

§ 8º *Revogado pela Lei 11.941/2009.*

Art. 48. A prática de ato com inobservância do disposto no artigo anterior, ou o seu registro, acarretará a responsabilidade solidária dos contratantes e do oficial que lavrar ou registrar o instrumento, sendo o ato nulo para todos os efeitos.

§ 1º Os órgãos competentes podem intervir em instrumento que depender de prova de inexistência de débito, a fim de autorizar sua lavratura, desde que o débito seja pago no ato ou o seu pagamento fique assegurado mediante confissão de dívida fiscal com o oferecimento de garantias reais suficientes, na forma estabelecida em regulamento.

§ 2º Em se tratando de alienação de bens do ativo de empresa em regime de liquidação extrajudicial, visando à obtenção de recursos necessários ao pagamento dos credores, independentemente do pagamento ou da confissão de dívida fiscal, o Instituto Nacional do Seguro Social – INSS poderá autorizar a lavratura do respectivo instrumento, desde que o valor do crédito previdenciário conste, regularmente, do quadro geral de credores, observada a ordem de preferência legal. (Acrescido pela Lei 9.639/1998)

§ 3º O servidor, o serventuário da Justiça, o titular de serventia extrajudicial e a autoridade ou órgão que infringirem o disposto no artigo anterior incorrerão em multa aplicada na forma estabelecida no artigo 92, sem prejuízo da responsabilidade administrativa e penal cabível. (§ 3º renumerado pela Lei 9.639/1998)

TÍTULO VII. DAS DISPOSIÇÕES GERAIS

Art. 49. A matrícula da empresa será efetuada nos termos e condições estabelecidos pela Secretaria da Receita Federal do Brasil. (Redação dada pela Lei 11.941/2009)

I e II – *Revogados pela Lei 11.941/2009.*

§ 1º No caso de obra de construção civil, a matrícula deverá ser efetuada mediante comunicação obrigatória do responsável por sua execução, no prazo de 30 (trinta) dias, contado do início de suas atividades, quando obterá número cadastral básico, de caráter permanente. (Redação dada pela Lei 11.941/2009)

a) e b) *Revogadas pela Lei 11.941/2009.*

§ 2º *Revogado pela Lei 11.941/2009.*

§ 3º O não cumprimento do disposto no § 1º deste artigo sujeita o responsável a multa na forma estabelecida no art. 92 desta Lei. (Redação dada pela Lei 11.941/2009)

§ 4º O Departamento Nacional de Registro do Comércio (DNRC), por intermédio das Juntas Comerciais, e os Cartórios de Registro Civil de Pessoas Jurídicas prestarão, obrigatoriamente, ao Ministério da Economia, ao INSS e à Secretaria da Receita Federal do Brasil todas as informações referentes aos atos constitutivos e alterações posteriores relativos a empresas e entidades neles registradas. (Redação dada pela Lei 13.846/2019)

§ 5º A matrícula atribuída pela Secretaria da Receita Federal do Brasil ao produtor rural pessoa física ou segurado especial é o documento de inscrição do contribuinte, em substituição à inscrição no Cadastro Nacional de Pessoa Jurídica – CNPJ, a ser apresentado em suas relações com o Poder Público, inclusive para licenciamento sanitário de produtos de origem animal ou vegetal submetidos a processos de beneficiamento ou industrialização artesanal, com as instituições financeiras, para fins de contratação de operações de crédito, e com os adquirentes de sua produção ou fornecedores de sementes, insumos, ferramentas e demais implementos agrícolas. (Acrescido pela Lei 11.718/2008)

§ 6º O disposto no § 5º deste artigo não se aplica ao licenciamento sanitário de produtos sujeitos à incidência de Imposto sobre Produtos Industrializados ou ao contribuinte cuja inscrição no Cadastro Nacional de Pessoa Jurídica – CNPJ seja obrigatória. (Acrescido pela Lei 11.718/2008)

Art. 50. Para fins de fiscalização do INSS, o Município, por intermédio do órgão competente, fornecerá relação de alvarás para construção civil e documentos de "habite-se" concedidos. (Redação dada pela Lei nº 9.476/1997)

Art. 51. O crédito relativo a contribuições, cotas e respectivos adicionais ou acréscimos de qualquer natureza arrecadados pelos órgãos competentes, bem como a atualização monetária e os juros de mora, estão sujeitos, nos processos de falência, concordata ou concurso de credores, às disposições atinentes aos créditos da União, aos quais são equiparados.

- A concordata foi substituída pela recuperação judicial, conforme Lei 11.101/2005 (Recuperação de Empresas e Falências).

Parágrafo único. O Instituto Nacional do Seguro Social – INSS reivindicará os valores descontados pela empresa de seus empregados e ainda não recolhidos.

Art. 52. Às empresas, enquanto estiverem em débito não garantido com a União, aplica-se o disposto no art. 32 da Lei nº 4.357, de 16 de julho de 1964. (*Caput* com redação dada pela Lei 11.941/2009)

I e II – *Revogados pela Lei 11.941/2009.*

Parágrafo único. *Revogado pela Lei 11.941/2009.*

Art. 53. Na execução judicial da dívida ativa da União, suas autarquias e fundações públicas, será facultado ao exequente indicar bens à penhora, a qual será efetivada concomitantemente com a citação inicial do devedor.

§ 1º Os bens penhorados nos termos deste artigo ficam desde logo indisponíveis.

§ 2º Efetuado o pagamento integral da dívida executada, com seus acréscimos legais, no prazo de 2 (dois) dias úteis contados da citação, independentemente da juntada aos autos do respectivo mandado, poderá ser liberada a penhora, desde que não haja outra execução pendente.

§ 3º O disposto neste artigo aplica-se também às execuções já processadas.

§ 4º Não sendo opostos embargos, no caso legal, ou sendo eles julgados improcedentes, os autos serão conclusos ao juiz do feito, para determinar o prosseguimento da execução.

Art. 54. Os órgãos competentes estabelecerão critério para a dispensa de constituição ou exigência de crédito de valor inferior ao custo dessa medida.

Art. 55. *Revogado pela Lei 12.101/2009.*

Art. 56. A inexistência de débitos em relação às contribuições devidas ao Instituto Nacional do Seguro Social -INSS, a partir da publicação desta Lei, é condição necessária para que os Estados, o Distrito Federal e os Municípios possam receber as transferências dos recursos do Fundo de Participação dos Estados e do Distrito Federal – FPE e do Fundo de Participação dos Municípios – FPM, celebrar acordos, contratos, convênios ou ajustes, bem como receber empréstimos, financiamentos, avais e subvenções em geral de órgãos ou entidades da administração direta e indireta da União.

§ 1º (Artigo com eficácia interrompida pela MP nº 2.187-13, de 24.08.2001 e posteriormente renumerado pela Lei nº 12.810, de 15.05.2013).

§ 2º Os recursos do FPE e do FPM não transferidos em decorrência da aplicação do *caput* deste artigo poderão ser utilizados para quitação, total ou parcial, dos débitos relativos às contribuições de que tratam as alíneas a e c do parágrafo único do art. 11 desta Lei, a pedido do representante legal do Estado, Distrito Federal ou Município. (Parágrafo acrescentado pela Lei nº 12.810, de 15.05.2013).

Art. 57. Os Estados, o Distrito Federal e os Municípios serão, igualmente, obrigados a apresentar, a partir de 1º de junho de 1992, para os fins do disposto no artigo anterior, comprovação de pagamento da parcela mensal referente aos débitos com o Instituto Nacional do Seguro Social – INSS, existentes até 1º de setembro de 1991, renegociados nos termos desta Lei.

Art. 58. Os débitos dos Estados, do Distrito Federal e dos Municípios para com o Instituto Nacional do Seguro Social – INSS, existentes até 1º de setembro de 1991, poderão ser liquidados em até 240 (duzentos e quarenta) parcelas mensais.

§ 1º Para apuração dos débitos será considerado o valor original atualizado pelo índice oficial utilizado pela Seguridade Social para correção de seus créditos. (Parágrafo único renumerado pela Lei 8.444/1992)

§ 2º As contribuições descontadas até 30 de junho de 1992 dos segurados que tenham prestado serviços aos Estados, ao Distrito Federal e aos Municípios poderão ser objeto de acordo para parcelamento em até doze meses, não se lhes aplicando o disposto no § 1º do artigo 38 desta Lei. (Acrescido pela Lei 8.444/1992)

Art. 59. O Instituto Nacional do Seguro Social – INSS implantará, no prazo de 90 (noventa) dias a contar da data da publicação desta Lei, sistema próprio e informatizado de cadastro dos pagamentos e débitos dos Governos Estaduais, do Distrito Federal e das Prefeituras Municipais, que viabilize o permanente acompanhamento e fiscalização do disposto nos artigos 56, 57 e 58 e permita a divulgação periódica dos devedores da Previdência Social.

Art. 60. O pagamento dos benefícios da Seguridade Social será realizado por intermédio da rede bancária ou por outras formas definidas pelo Ministério da Previdência Social. (Redação dada pela Lei 11.941/2009)

Parágrafo único. *Revogado pela MP 2.170-36/2001.*

Art. 61. As receitas provenientes da cobrança de débitos dos Estados e Municípios e da alienação, arrendamento ou locação de bens móveis ou imóveis pertencentes ao patrimônio do Instituto Nacional do Seguro Social – INSS, deverão constituir reserva técnica, de longo prazo, que garantirá o seguro social estabelecido no Plano de Benefícios da Previdência Social.

Parágrafo único. É vedada a utilização dos recursos de que trata este artigo, para cobrir despesas de custeio em geral, inclusive as decorrentes de criação, majoração ou extensão dos benefícios ou serviços da Previdência Social, admitindo-se sua utilização, excepcionalmente, em despesas de capital, na forma da lei de orçamento.

Art. 62. A contribuição estabelecida na Lei nº 5.161, de 21 de outubro de 1966, em favor da Fundação Jorge Duprat Figueiredo de Segurança e Medicina do Trabalho – FUNDACENTRO, será de 2% (dois por cento) da receita proveniente da contribuição a cargo da empresa, a título de financiamento da complementação das prestações por acidente do trabalho, estabelecida no inciso II do artigo 22.

Parágrafo único. Os recursos referidos neste artigo poderão contribuir para o financiamento das despesas com pessoal e administração-geral da Fundação Jorge Duprat Figueiredo de Segurança e Medicina do Trabalho – FUNDACENTRO. (Acrescido pela Lei 9.639/1998)

TÍTULO VIII
DAS DISPOSIÇÕES FINAIS E TRANSITÓRIAS

CAPÍTULO I
DA MODERNIZAÇÃO DA PREVIDÊNCIA SOCIAL

Arts. 63 a 66. *Revogados pela MP 2.216-37/2001.*

Art. 67. Até que seja implantado o Cadastro Nacional do Trabalhador – CNT, as instituições e órgãos federais, estaduais, do Distrito Federal e municipais, detentores de cadastros de empresas e de contribuintes em geral, deverão colocar à disposição do Instituto Nacional do Seguro Social – INSS, mediante a realização de convênios, todos os dados necessários à permanente atualização dos cadastros da Previdência Social.

Art. 68. O Titular do Cartório de Registro Civil de Pessoas Naturais remeterá ao INSS, em até 1 (um) dia útil, pelo Sistema Nacional de Informações de Registro Civil (Sirc) ou por outro meio que venha a substituí-lo, a relação dos nascimentos, dos natimortos, dos casamentos, dos óbitos, das averbações, das anotações e das retificações registradas na serventia. (Redação dada pela Lei 13.846/2019)

§ 1º Para os Municípios que não dispõem de provedor de conexão à internet ou de qualquer meio de acesso à internet, fica autorizada a remessa da relação em até 5 (cinco) dias úteis. (Redação dada pela Lei 13.846/2019)

§ 2º Para os registros de nascimento e de natimorto, constarão das informações, obrigatoriamente, a inscrição no Cadastro de Pessoas Físicas (CPF), o sexo, a data e o local de nascimento do registrado, bem como o nome completo, o sexo, a data e o local de nascimento e a inscrição no CPF da filiação. (Redação dada pela Lei 13.846/2019)

§ 3º Para os registros de casamento e de óbito, constarão das informações, obrigatoriamente, a inscrição no CPF, o sexo, a data e o local de nascimento do registrado, bem como, acaso disponíveis, os seguintes dados: (Redação dada pela Lei 13.846/2019)

I - número do cadastro perante o Programa de Integração Social (PIS) ou o Programa de Formação do Patrimônio do Servidor Público (Pasep); (Incluído pela Lei 13.846/2019)

II - Número de Identificação do Trabalhador (NIT); (Incluído pela Lei 13.846/2019)

III - número de benefício previdenciário ou assistencial, se a pessoa falecida for titular de qualquer benefício pago pelo INSS; (Incluído pela Lei 13.846/2019)

IV - número de registro da Carteira de Identidade e respectivo órgão emissor; (Incluído pela Lei 13.846/2019)

V - número do título de eleitor; (Incluído pela Lei 13.846/2019)

VI - número e série da Carteira de Trabalho e Previdência Social (CTPS). (Incluído pela Lei 13.846/2019)

§ 4º No caso de não haver sido registrado nenhum nascimento, natimorto, casamento, óbito ou averbações, anotações e retificações no mês, deverá o Titular do Cartório de Registro Civil de Pessoas Naturais comunicar este fato ao INSS até o 5º (quinto) dia útil do mês subsequente. (Redação dada pela Lei 13.846/2019)

§ 5º O descumprimento de qualquer obrigação imposta neste artigo e o fornecimento de informação inexata sujeitarão o Titular do Cartório de Registro Civil de Pessoas Naturais, além de outras penalidades previstas, à penalidade prevista no art. 92 desta Lei e à ação regressiva proposta pelo INSS, em razão dos danos sofridos. (Redação dada pela Lei 13.846/2019)

Art. 68-A. A lavratura de procuração pública e a emissão de sua primeira via para fins exclusivos de recebimento de benefícios previdenciários ou assistenciais administrados pelo INSS são isentas do pagamento das custas e dos emolumentos. (Acrescido pela Lei 14.199/2021)

Art. 69. O INSS manterá programa permanente de revisão da concessão e da manutenção dos benefícios por ele administrados, a fim de apurar irregularidades ou erros materiais. (Redação dada pela Lei 13.846/2019)

§ 1º Na hipótese de haver indícios de irregularidade ou erros materiais na concessão, na manutenção ou na revisão do benefício, o INSS notificará o beneficiário, o seu representante legal ou o seu procurador para apresentar defesa, provas ou documentos dos quais dispuser, no prazo de: (Redação dada pela Lei 13.846/2019)

I - 30 (trinta) dias, no caso de trabalhador urbano; (Redação dada pela Lei 13.846/2019)

II - 60 (sessenta) dias, no caso de trabalhador rural individual e avulso, agricultor familiar ou segurado especial. (Redação dada pela Lei 13.846/2019)

§ 2º A notificação a que se refere o § 1º deste artigo será feita: (Redação dada pela Lei 13.846/2019)

I - preferencialmente por rede bancária ou por meio eletrônico, conforme previsto em regulamento; (Redação dada pela Lei 13.846/2019)

II - por via postal, por carta simples, considerado o endereço constante do cadastro do benefício, hipótese em que o aviso de recebimento será considerado prova suficiente da notificação; (Redação dada pela Lei 13.846/2019)

III - pessoalmente, quando entregue ao interessado em mãos; ou (Redação dada pela Lei 13.846/2019)

IV - por edital, nos casos de retorno com a não localização do segurado, referente à comunicação indicada no inciso II deste parágrafo. (Redação dada pela Lei 13.846/2019)

§ 3º A defesa poderá ser apresentada pelo canal de atendimento eletrônico do INSS ou na Agência da Previdência Social do domicílio do beneficiário, na forma do regulamento. (Redação dada pela Lei 13.846/2019)

§ 4º O benefício será suspenso nas seguintes hipóteses: (Redação dada pela Lei 13.846/2019)

I - não apresentação da defesa no prazo estabelecido no § 1º deste artigo; (Redação dada pela Lei 13.846/2019)

II - defesa considerada insuficiente ou improcedente pelo INSS. (Redação dada pela Lei 13.846/2019)

§ 5º O INSS deverá notificar o beneficiário quanto à suspensão do benefício de que trata o § 4º deste artigo e conceder-lhe prazo de 30 (trinta) dias para interposição de recurso. (Redação dada pela Lei 13.846/2019)

§ 6º Decorrido o prazo de 30 (trinta) dias após a suspensão a que se refere o § 4º deste artigo, sem que o beneficiário, o seu representante legal ou o seu procurador apresente recurso administrativo aos canais de atendimento do INSS ou a outros canais autorizados, o benefício será cessado. (Redação dada pela Lei 13.846/2019)

§ 7º Para fins do disposto no *caput* deste artigo, o INSS poderá realizar recenseamento para atualização do cadastro dos beneficiários, abrangidos os benefícios administrados pelo INSS, observado o disposto no § 8º deste artigo. (Redação dada pela Lei 14.199/2021)

§ 8º Aquele que receber benefício realizará anualmente, no mês de aniversário do titular do benefício, a comprovação de vida, preferencialmente por meio de atendimento eletrônico com uso de biometria, ou outro meio definido pelo INSS que assegure a identificação inequívoca do beneficiário, implementado pelas instituições financeiras pagadoras dos benefícios, observadas as seguintes disposições: (Redação dada pela Lei nº 14.199/2021)

I – a prova de vida e a renovação de senha serão efetuadas pelo beneficiário, preferencialmente no mesmo ato, mediante identificação por funcionário da instituição financeira responsável pelo pagamento, quando não realizadas por atendimento eletrônico com uso de biometria; (Redação dada pela Lei 14.199/2021)

II – a prova de vida poderá ser realizada por representante legal ou por procurador do beneficiário, legalmente cadastrado no INSS; (Redação dada pela Lei 14.199/2021)

III – (Revogado pela Lei 14.199/2021)

IV – os órgãos competentes deverão dispor de meios alternativos que garantam a realização da prova de vida do beneficiário com idade igual ou superior a 80 (oitenta) anos ou com dificuldade de locomoção, inclusive por meio de atendimento domiciliar quando necessário; (Redação dada pela Lei 14.199/2021)

IV-A – as instituições financeiras deverão, obrigatoriamente, envidar esforços a fim de facilitar e auxiliar o beneficiário com idade igual ou superior a 80 (oitenta) anos ou com dificuldade de locomoção, de forma a evitar ao máximo o seu deslocamento até a agência bancária e, caso isso ocorra, dar-lhe preferência máxima de atendimento, para diminuir o tempo de permanência do idoso no recinto e evitar sua exposição a aglomeração; (Acrescido pela Lei 14.199/2021)

IV-B – a instituição financeira, quando a prova de vida for nela realizada, deverá enviar as informações ao INSS, bem como divulgar aos beneficiários, de forma ampla, todos os meios existentes para efetuar o procedimento, especialmente os remotos, a fim de evitar o deslocamento dos beneficiários; e (Acrescido pela Lei 14.199/2021)

V – o INSS poderá bloquear o pagamento do benefício encaminhado às instituições financeiras até que o beneficiário realize a prova de vida, permitida a liberação do pagamento automaticamente pela instituição financeira. (Redação dada pela Lei 14.199/2021)

§ 9º O recurso de que trata o § 5º deste artigo não terá efeito suspensivo. (Redação dada pela Lei 13.846/2019)

§ 10. Apurada irregularidade recorrente ou fragilidade nos procedimentos, reconhecida na forma prevista no *caput* deste artigo ou pelos órgãos de controle, os procedimentos de análise e concessão de benefícios serão revistos, de modo a reduzir o risco de fraude e concessão irregular. (Redação dada pela Lei 13.846/2019)

§ 11. Para fins do disposto no § 8º deste artigo, preservados a integridade dos dados e o sigilo eventualmente existente, o INSS: (Redação dada pela Lei 13.846/2019)

I - terá acesso a todos os dados biométricos mantidos e administrados pelos órgãos públicos federais; e (Acrescido pela Lei 13.846/2019)

II - poderá ter, por meio de convênio, acesso aos dados biométricos: (Acrescido pela Lei 13.846/2019)

a) da Justiça Eleitoral; e

b) de outros entes federativos.

Art. 70. Os beneficiários da Previdência Social, aposentados por invalidez, ficam obrigados, sob pena de sustação do pagamento do benefício, a submeterem-se a exames médico-periciais, estabelecidos na forma do regulamento, que definirá sua periodicidade e os mecanismos de fiscalização e auditoria.

Art. 71. O Instituto Nacional do Seguro Social – INSS deverá rever os benefícios, inclusive os concedidos por acidente do trabalho, ainda que concedidos judicialmente, para avaliar a persistência, atenuação ou agravamento da incapacidade para o trabalho alegada como causa para a sua concessão.

Parágrafo único. Será cabível a concessão de liminar nas ações rescisórias e revisional, para suspender a execução do julgado rescindendo ou revisando, em caso de fraude ou erro material comprovado. (Acrescido pela Lei 9.032/1995)

Art. 72. O Instituto Nacional do Seguro Social – INSS promoverá, no prazo de 180 (cento e oitenta) dias a contar da publicação desta Lei, a revisão das indenizações associadas a benefícios por acidentes do trabalho, cujos valores excedam a Cr$ 1.700.000,00 (um milhão e setecentos mil cruzeiros).

Art. 73. O setor encarregado pela área de benefícios no âmbito do Instituto Nacional do Seguro Social – INSS deverá estabelecer indicadores qualitativos e quantitativos para acompanhamento e avaliação das concessões de benefícios realizadas pelos órgãos locais de atendimento.

Art. 74. Os postos de benefícios deverão adotar como prática o cruzamento das informações declaradas pelos segurados com os dados de cadastros de empresas e de contribuintes em geral quando da concessão de benefícios.

Art. 75. *Revogado pela Lei 9.711/1998.*

Art. 76. O Instituto Nacional do Seguro Social – INSS deverá proceder ao recadastramento de todos aqueles que, por intermédio de procuração, recebem benefícios da Previdência Social.

§ 1º O documento de procuração deverá ser revalidado, anualmente, nos termos de norma definida pelo INSS. (Parágrafo único transformado em § 1º e com redação dada pela Lei 14.199/2021)

§ 2º Na hipótese de pagamento indevido de benefício a pessoa não autorizada, ou após o óbito do titular do benefício, a instituição financeira é responsável pela devolução dos valores ao INSS, em razão do descumprimento das obrigações a ela impostas por lei ou por força contratual. (Acrescido pela Lei 14.199/2021)

Art. 77. *Revogado pela MP 2.216-37/2001.*

Art. 78. O Instituto Nacional do Seguro Social – INSS, na forma da legislação específica, fica autorizado a contratar auditorias externas, periodicamente, para analisar e emitir parecer sobre demonstrativos econômico-financeiros e contábeis, arrecadação, cobrança e fiscalização das contribuições, bem como pagamento dos benefícios, submetendo os resultados obtidos à apreciação do Conselho Nacional da Seguridade Social.

Art. 79. *Revogado pela Lei 9.711/1998.*

Art. 80. Fica o Instituto Nacional do Seguro Social – INSS obrigado a:

I – enviar às empresas e aos seus segurados, quando solicitado, extrato relativo ao recolhimento das suas contribuições; (Redação dada pela Lei 12.692/2012)

II – *Revogado pela Lei 11.941/2009;*

III – emitir e enviar aos beneficiários o Aviso de Concessão de Benefício, além da memória de cálculo do valor dos benefícios concedidos;

IV – reeditar versão atualizada, nos termos do Plano de Benefícios, da Carta dos Direitos dos Segurados;

V – divulgar, com a devida antecedência, através dos meios de comunicação, alterações porventura realizadas na forma de contribuição das empresas e segurados em geral;

VI – descentralizar, progressivamente, o processamento eletrônico das informações, mediante extensão dos programas de informatização de postos de atendimento e de Regiões Fiscais;

VII – disponibilizará ao público, inclusive por meio de rede pública de transmissão de dados, informações atualizadas sobre as receitas e despesas do regime geral de previdência social, bem como os critérios e parâmetros adotados para garantir o equilíbrio financeiro e atuarial do regime. (Acrescido pela Lei 10.887/2004)

§ 1º O Ministério do Trabalho e Previdência divulgará, mensalmente, o resultado financeiro do Regime Geral de Previdência Social, no qual considerará: *(Acrescido pela Lei 14.360/2022)*

I - para fins de aferição do equilíbrio financeiro do regime, as renúncias previdenciárias em adição às receitas realizadas; e

II - para os demais fins, apenas as receitas efetivamente arrecadadas e as despesas orçamentárias e financeiras efetivamente liquidadas e pagas.

§ 2º Para fins de apuração das renúncias previdenciárias de que trata o inciso I do § 1º deste artigo, serão consideradas as informações prestadas pela Secretaria Especial da Receita Federal do Brasil do Ministério da Economia. *(Acrescido pela Lei 14.360/2022)*

Art. 81. *Revogado pela Lei 11.941/2009;*

Art. 82. A Auditoria e a Procuradoria do Instituto Nacional do Seguro Social – INSS deverão, a cada trimestre, elaborar relação das auditorias realizadas e dos trabalhos executados, bem como dos resultados obtidos, enviando-a a apreciação do Conselho Nacional da Seguridade Social.

Art. 83. O Instituto Nacional do Seguro Social – INSS deverá implantar um programa de qualificação e treinamento sistemático de pessoal, bem como promover a reciclagem e redistribuição de funcionários conforme as demandas dos órgãos regionais e locais, visando a melhoria da qualidade do atendimento e o controle e a eficiência dos sistemas de arrecadação e fiscalização de contribuições, bem como de pagamento de benefícios.

Art. 84. *Revogado pela MP 2.216-37/2001.*

CAPÍTULO II
DAS DEMAIS DISPOSIÇÕES

Art. 85. O Conselho Nacional da Seguridade Social será instalado no prazo de 30 (trinta) dias após a promulgação desta Lei.

Art. 85-A. Os tratados, convenções e outros acordos internacionais de que Estado estrangeiro ou organismo internacional e o Brasil sejam partes, e que versem sobre matéria previdenciária, serão interpretados como lei especial.(Acrescido pela Lei 9.876/1999)

Art. 86. *Revogado pela MP 2.216-37/2001.*

Art. 87. Os orçamentos das pessoas jurídicas de direito público e das entidades da administração pública indireta devem consignar as dotações necessárias ao pagamento das contribuições da Seguridade Social, de modo a assegurar a sua regular liquidação dentro do exercício.

Art. 88. Os prazos de prescrição de que goza a União aplicam-se à Seguridade Social, ressalvado o disposto no artigo 46.

Art. 89. As contribuições sociais previstas nas alíneas a, *b* e *c* do parágrafo único do art. 11 desta Lei, as contribuições instituídas a título de substituição e as contribuições devidas a terceiros somente poderão ser restituídas ou compensadas nas hipóteses de pagamento ou recolhimento indevido ou maior que o devido, nos termos e condições estabelecidos pela Secretaria da Receita Federal do Brasil.(Redação dada pela Lei 11.941/2009)

§§ 1º a 3º *Revogados pela Lei 11.941/2009;*

§ 4º O valor a ser restituído ou compensado será acrescido de juros obtidos pela aplicação da taxa referencial do Sistema Especial de Liquidação e de Custódia – SELIC para títulos federais, acumulada mensalmente, a partir do mês subsequente ao do pagamento indevido ou a maior que o devido até o mês anterior ao da compensação ou restituição e de 1 % (um por cento) relativamente ao mês em que estiver sendo efetuada. (Redação dada pela Lei 11.941/2009)

§§ 5º a 7º *Revogados pela Lei 11.941/2009;*

§ 8º Verificada a existência de débito em nome do sujeito passivo, o valor da restituição será utilizado para extingui-lo, total ou parcialmente, mediante compensação. (Acrescido pela Lei 11.196/2005)

§ 9º Os valores compensados indevidamente serão exigidos com os acréscimos moratórios de que trata o art. 35 desta Lei. (Redação dada pela Lei 11.941/2009)

§ 10. Na hipótese de compensação indevida, quando se comprove falsidade da declaração apresentada pelo sujeito passivo, o contribuinte estará sujeito à multa isolada aplicada no percentual previsto no inciso I do *caput* do art. 44 da Lei nº 9.430, de 27 de dezembro de 1996, aplicado em dobro, e terá como base de cálculo o valor total do débito indevidamente compensado. (Redação dada pela Lei 11.941/2009)

§ 11. Aplica-se aos processos de restituição das contribuições de que trata este artigo e de reembolso de salário-família e salário-maternidade o rito previsto no Decreto nº 70.235, de 6 de março de 1972. (Redação dada pela Lei 11.941/2009)

§ 12. O disposto no § 10 deste artigo não se aplica à compensação efetuada nos termos do art. 74 da Lei nº 9.430, de 27 de dezembro de 1996. *(Acrescido pela Lei 13.670/2018)*

Art. 90. O Conselho Nacional da Seguridade Social, dentro de 180 (cento e oitenta) dias da sua instalação, adotará as providências necessárias ao levantamento das dívidas da União para com a Seguridade Social.

Art. 91. Mediante requisição da Seguridade Social, a empresa é obrigada a descontar, da remuneração paga aos segurados a seu serviço, a importância proveniente de dívida ou responsabilidade por eles contraída junto à Seguridade Social, relativa a benefícios pagos indevidamente.

Art. 92. A infração de qualquer dispositivo desta Lei para a qual não haja penalidade expressamente cominada sujeita o responsável, conforme a gravidade da infração, a multa variável de Cr$ 100.000,00 (cem mil cruzeiros) a Cr$ 10.000.000,00 (dez milhões de cruzeiros), conforme dispuser o regulamento.

Art. 93. *Revogado pela Lei 9.639/1998.*

Parágrafo único. *Revogado pela Lei 11.941/2009.*

Art. 94. *Revogado pela Lei 11.501/2007.*

Art. 95. *Revogado pela Lei 9.983/2000.*

a) a *j) Revogadas pela Lei 9.983/2000.*

§ 1º *Revogado pela Lei 9.983/2000.*

§ 2º A empresa que transgredir as normas desta Lei, além das outras sanções previstas, sujeitar-se-á, nas condições em que dispuser o regulamento:

a) à suspensão de empréstimos e financiamentos, por instituições financeiras oficiais;

b) à revisão de incentivos fiscais de tratamento tributário especial;

c) à inabilitação para licitar e contratar com qualquer órgão ou entidade da administração pública direta ou indireta federal, estadual, do Distrito Federal ou municipal;

d) à interdição para o exercício do comércio, se for sociedade mercantil ou comerciante individual;

e) à desqualificação para impetrar concordata;

› A concordata foi substituída pela recuperação judicial, conforme Lei 11.101/2005 (Lei de Recuperação de Empresas e Falências).

f) à cassação de autorização para funcionar no país, quando for o caso.

§§ 3º a 5º *Revogados pela Lei 9.983/2000.*

Art. 96. O Poder Executivo enviará ao Congresso Nacional, anualmente, acompanhando a Proposta Orçamentária da Seguridade Social, projeções atuariais relativas à Seguridade Social, abrangendo um horizonte temporal de, no mínimo, 20 (vinte) anos, considerando hipóteses alternativas quanto às variáveis demográficas, econômicas e institucionais relevantes.

Art. 97. Fica o Instituto Nacional do Seguro Social – INSS autorizado a proceder a alienação ou permuta, por ato da autoridade competente, de bens imóveis de sua propriedade considerados desnecessários ou não vinculados às suas atividades operacionais. (*Caput* com redação dada pela Lei 9.528/1997)

§ 1º Na alienação a que se refere este artigo será observado o disposto no artigo 18 e nos incisos I, II e III do artigo 19, da Lei nº 8.666, de 21 de junho de 1993, alterada pelas Leis 8.883, de 8 de junho de 1994, e 9.032, de 28 de abril de 1995. (Acrescido pela Lei 9.528/1997)

§ 2º *Vetado.*

Art. 98. Nas execuções fiscais da dívida ativa do INSS, o leilão judicial dos bens penhorados realizar-se-á por leiloeiro oficial, indicado pelo credor, que procederá à hasta pública:

I – no primeiro leilão, pelo valor do maior lance, que não poderá ser inferior ao da avaliação;

II – no segundo leilão, por qualquer valor, excetuado o vil.

§ 1º Poderá o juiz, a requerimento do credor, autorizar seja parcelado o pagamento do valor da arrematação, na forma prevista para os parcelamentos administrativos de débitos previdenciários.

§ 2º Todas as condições do parcelamento deverão constar do edital de leilão.

§ 3º O débito do executado será quitado na proporção do valor de arrematação.

§ 4º O arrematante deverá depositar, no ato, o valor da primeira parcela.

§ 5º Realizado o depósito, será expedida carta de arrematação, contendo as seguintes disposições:

a) valor da arrematação, valor e número de parcelas mensais em que será pago;

b) constituição de hipoteca do bem adquirido, ou de penhor, em favor do credor, servindo a carta de título hábil para registro da garantia;

c) indicação do arrematante como fiel depositário do bem móvel, quando constituído penhor;

d) especificação dos critérios de reajustamento do saldo e das parcelas, que será sempre o mesmo vigente para os parcelamentos de débitos previdenciários.

§ 6º Se o arrematante não pagar, no vencimento, qualquer das parcelas mensais, o saldo devedor remanescente vencerá antecipadamente, que será acrescido em cinquenta por cento de seu valor a título de multa, e, imediatamente inscrito em dívida ativa e executado.

§ 7º Se no primeiro ou no segundo leilões a que se refere o *caput* não houver licitante, o INSS poderá adjudicar o bem por cinquenta por cento do valor da avaliação.

§ 8º Se o bem adjudicado não puder ser utilizado pelo INSS, e for de difícil venda, poderá ser negociado ou doado a outro órgão ou entidade pública que demonstre interesse na sua utilização.

§ 9º Não havendo interesse na adjudicação, poderá o juiz do feito, de ofício ou a requerimento do credor, determinar sucessivas repetições da hasta pública.

§ 10. O leiloeiro oficial, a pedido do credor, poderá ficar como fiel depositário dos bens penhorados e realizar a respectiva remoção. (Restabelecido e com redação dada pela Lei 9.528/1997)

§ 11. O disposto neste artigo aplica-se às execuções fiscais da Dívida Ativa da União. (Redação dada pela Lei 10.522/2002)

Art. 99. O Instituto Nacional do Seguro Social – INSS poderá contratar leiloeiros oficiais para promover a venda administrativa dos bens, adjudicados judicialmente ou que receber em dação de pagamento.

Parágrafo único. O INSS, no prazo de sessenta dias, providenciará alienação do bem por intermédio do leiloeiro oficial. (Restabelecido e com redação dada pela Lei 9.528/1997)

Art. 100. *Revogado pela Lei 9.528/1997.*

Art. 101. *Revogado pela MP 2.187-13/2001.*

Art. 102. Os valores expressos em moeda corrente nesta Lei serão reajustados nas mesmas épocas e com os mesmos índices utilizados para o reajustamento dos benefícios de prestação continuada da Previdência Social.

§ 1º O disposto neste artigo não se aplica às penalidades previstas no art. 32-A desta Lei. (Redação dada pela Lei 11.941/2009)

§ 2º O reajuste dos valores dos salários de contribuição em decorrência da alteração do salário mínimo será descontado por ocasião da aplicação dos índices a que se refere o *caput* deste artigo. (Redação dada pela Lei 11.941/2009)

Art. 103. O Poder Executivo regulamentará esta lei no prazo de sessenta dias a partir da data de sua publicação.

Art. 104. Esta Lei entrará em vigor na data de sua publicação.

Art. 105. Revogam-se as disposições em contrário.

Brasília, em 24 de julho de 1991; 170º da Independência e 103º da República.

Fernando Collor

LEI Nº 8.213, DE 24 DE JULHO DE 1991

Dispõe sobre os Planos de Benefícios da Previdência Social e dá outras providências.

- *Previdência Social*

O PRESIDENTE DA REPÚBLICA Faço saber que o Congresso Nacional decreta e eu sanciono a seguinte Lei:

- CF/88: arts. 6º, 7º, IV, par. único, 40, 194, 195, II e § 2º, 201 e 202.
- EC 20/1998 – Modifica o sistema de previdência social, estabelece normas de transição.
- EC 103/2019 – Reforma Previdenciária (2019).
- Lei 13.146/2015 – Estatuto da Pessoa com Deficiência.
- LC 142/2013 – Aposentadoria da pessoa com deficiência.
- LC 109/2001 – Dispõe sobre o Regime de Previdência Complementar.
- Lei 8.212/1991 – Dispõe sobre a organização da Seguridade Social, institui Plano de Custeio.
- Decreto 3.048/1999 – Aprova o Regulamento da Previdência Social.

TÍTULO I. DA FINALIDADE E DOS PRINCÍPIOS BÁSICOS DA PREVIDÊNCIA SOCIAL

Art. 1º. A Previdência Social, mediante contribuição, tem por fim assegurar aos seus beneficiários meios indispensáveis de manutenção, por motivo de incapacidade, desemprego involuntário, idade avançada, tempo de serviço, encargos familiares e prisão ou morte daqueles de quem dependiam economicamente.

- CF/88: art. 201.

Art. 2º. A Previdência Social rege-se pelos seguintes princípios e objetivos:

- CF/88: art. 194.
- Decreto 3.048/1999.

I – universalidade de participação nos planos previdenciários;

II – uniformidade e equivalência dos benefícios e serviços às populações urbanas e rurais;

III – seletividade e distributividade na prestação dos benefícios;

IV – cálculo dos benefícios considerando-se os salários de contribuição corrigidos monetariamente;

V – irredutibilidade do valor dos benefícios de forma a preservar-lhes o poder aquisitivo;

- Decreto 3.048/1999.

VI – valor da renda mensal dos benefícios substitutos do salário de contribuição ou do rendimento do trabalho do segurado não inferior ao do salário mínimo;

- ADCT: art. 58.
- Decreto 3.048/1999.

VII – previdência complementar facultativa, custeada por contribuição adicional;

- LC 109/2001 – Dispõe sobre o Regime de Previdência Complementar.

VIII – caráter democrático e descentralizado da gestão administrativa, com a participação do governo e da comunidade, em especial de trabalhadores em atividade, empregadores e aposentados.

- Decreto 3.048/1999.

Parágrafo único. A participação referida no inciso VIII deste artigo será efetivada a nível federal, estadual e municipal.

Art. 3º. Fica instituído o Conselho Nacional de Previdência Social – CNPS, órgão superior de deliberação colegiada, que terá como membros:

- Lei 3.048/1999: art. 296-A.

I – seis representantes do Governo Federal; (Redação dada pela Lei nº 8.619, de 1993)

II – nove representantes da sociedade civil, sendo: (Redação dada pela Lei nº 8.619, de 1993)

a) três representantes dos aposentados e pensionistas; (Redação dada pela Lei nº 8.619, de 1993)

b) três representantes dos trabalhadores em atividade; (Redação dada pela Lei nº 8.619, de 1993)

c) três representantes dos empregadores. (Redação dada pela Lei nº 8.619, de 1993)

§ 1º. Os membros do CNPS e seus respectivos suplentes serão nomeados pelo Presidente da República, tendo os representantes titulares da sociedade civil mandato de 2 (dois) anos, podendo ser reconduzidos, de imediato, uma única vez.

§ 2º. Os representantes dos trabalhadores em atividade, dos aposentados, dos empregadores e seus respectivos suplentes serão indicados pelas centrais sindicais e confederações nacionais.

§ 3º. O CNPS reunir-se-á, ordinariamente, uma vez por mês, por convocação de seu Presidente, não podendo ser adiada a reunião por mais de 15 (quinze) dias se houver requerimento nesse sentido da maioria dos conselheiros.

§ 4º. Poderá ser convocada reunião extraordinária por seu Presidente ou a requerimento de um terço de seus membros, conforme dispuser o regimento interno do CNPS.

§ 5º. (Revogado pela Lei nº 9.528, de 1997)

§ 6º. As ausências ao trabalho dos representantes dos trabalhadores em atividade, decorrentes das atividades do Conselho, serão abonadas, computando-se como jornada efetivamente trabalhada para todos os fins e efeitos legais.

§ 7º. Aos membros do CNPS, enquanto representantes dos trabalhadores em atividade, titulares e suplentes, é assegurada a estabilidade no emprego, da nomeação até um ano após o término do mandato de representação, somente podendo ser demitidos por motivo de falta grave, regularmente comprovada através de processo judicial.

§ 8º. Competirá ao Ministério do Trabalho e da Previdência Social proporcionar ao CNPS os meios necessários ao exercício de suas competências, para o que contará com uma Secretaria-Executiva do Conselho Nacional de Previdência Social.

§ 9º. O CNPS deverá se instalar no prazo de 30 (trinta) dias a contar da publicação desta Lei.

Art. 4º. Compete ao Conselho Nacional de Previdência Social–CNPS:

- Decreto 3.048/1999: art. 296.

I – estabelecer diretrizes gerais e apreciar as decisões de políticas aplicáveis à Previdência Social;

II – participar, acompanhar e avaliar sistematicamente a gestão previdenciária;

III – apreciar e aprovar os planos e programas da Previdência Social;

IV – apreciar e aprovar as propostas orçamentárias da Previdência Social, antes de sua consolidação na proposta orçamentária da Seguridade Social;

V – acompanhar e apreciar, através de relatórios gerenciais por ele definidos, a execução dos planos, programas e orçamentos no âmbito da Previdência Social;

VI – acompanhar a aplicação da legislação pertinente à Previdência Social;

VII – apreciar a prestação de contas anual a ser remetida ao Tribunal de Contas da União, podendo, se for necessário, contratar auditoria externa;

VIII – estabelecer os valores mínimos em litígio, acima dos quais será exigida a anuência prévia do Procurador-Geral ou do Presidente do INSS para formalização de desistência ou transigência judiciais, conforme o disposto no art. 132;

IX – elaborar e aprovar seu regimento interno.

Parágrafo único. As decisões proferidas pelo CNPS deverão ser publicadas no Diário Oficial da União.

Art. 5º. Compete aos órgãos governamentais:

I – prestar toda e qualquer informação necessária ao adequado cumprimento das competências do CNPS, fornecendo inclusive estudos técnicos;

II – encaminhar ao CNPS, com antecedência mínima de 2 (dois) meses do seu envio ao Congresso Nacional, a proposta orçamentária da Previdência Social, devidamente detalhada.

Art. 6º. Haverá, no âmbito da Previdência Social, uma Ouvidoria Geral, cujas atribuições serão definidas em regulamento. (Redação dada pela Lei nº 9.711, 1998)

Arts. 7º e 8º. (Revogados pela Medida Provisória nº 2.216-37, de 2001)

TÍTULO II. DO PLANO DE BENEFÍCIOS DA PREVIDÊNCIA SOCIAL

CAPÍTULO ÚNICO DOS REGIMES DE PREVIDÊNCIA SOCIAL

Art. 9º. A Previdência Social compreende:

- Decreto 3.048/1999: art. 6º.

I – o Regime Geral de Previdência Social;

- Decreto 3.048/1999: art. 5º.
- Lei 8.036/1990 – Fundo de Garantia do Tempo de Serviço – FGTS.

II – o Regime Facultativo Complementar de Previdência Social.

- LC 109/2001 – Dispõe sobre o Regime de Previdência Complementar.

§ 1º. O Regime Geral de Previdência Social – RGPS garante a cobertura de todas as situações expressas no art. 1º desta Lei, exceto as de desemprego involuntário, objeto de lei específica, e de aposentadoria por tempo de contribuição para o trabalhador de que trata o § 2º do art. 21 da Lei nº 8.212, de 24 de julho de 1991. (Redação dada pela Lei Complementar nº 123, de 2006)

- Decreto 3.048/1999: arts. 56 a 63.

§ 2º. O Regime Facultativo Complementar de Previdência Social será objeto de lei especifica.

- LC 109/2001 – Dispõe sobre o Regime de Previdência Complementar.

TÍTULO III. DO REGIME GERAL DE PREVIDÊNCIA SOCIAL

- Decreto 3.048/1999: arts. 8º a 193.

CAPÍTULO I. DOS BENEFICIÁRIOS

Art. 10. Os beneficiários do Regime Geral de Previdência Social classificam-se como segurados e dependentes, nos termos das Seções I e II deste capítulo.

- Decreto 3.048/1999: art. 8º.

SEÇÃO I. DOS SEGURADOS

Art. 11. São segurados obrigatórios da Previdência Social as seguintes pessoas físicas: (Redação dada pela Lei nº 8.647, de 1993)

- Decreto 3.048/1999: arts. 9º a 11.

I – como empregado: (Redação dada pela Lei nº 8.647, de 1993)

- CLT: art. 3º.

a) aquele que presta serviço de natureza urbana ou rural à empresa, em caráter não eventual, sob sua subordinação e mediante remuneração, inclusive como diretor empregado;

b) aquele que, contratado por empresa de trabalho temporário, definida em legislação específica, presta serviço para atender a necessidade transitória de substituição de pessoal regular e permanente ou a acréscimo extraordinário de serviços de outras empresas;

- Lei 13.429/2017 – Altera dispositivos da Lei 6.019/1974; e dispõe sobre as relações de trabalho na empresa de prestação de serviços a terceiros.
- Lei 6.019/1974 – Dispõe sobre o Trabalho Temporário nas Empresas Urbanas.

c) o brasileiro ou o estrangeiro domiciliado e contratado no Brasil para trabalhar como empregado em sucursal ou agência de empresa nacional no exterior;

d) aquele que presta serviço no Brasil a missão diplomática ou a repartição consular de carreira estrangeira e a órgãos a elas subordinados, ou a membros dessas missões e repartições, excluídos o não brasileiro sem residência permanente no Brasil e o brasileiro amparado pela legislação previdenciária do país da respectiva missão diplomática ou repartição consular;

e) o brasileiro civil que trabalha para a União, no exterior, em organismos oficiais brasileiros ou internacionais dos quais o Brasil seja membro efetivo, ainda que lá domiciliado e contratado, salvo se segurado na forma da legislação vigente do país do domicílio;

f) o brasileiro ou estrangeiro domiciliado e contratado no Brasil para trabalhar como empregado em empresa domiciliada no exterior, cuja maioria do capital votante pertença a empresa brasileira de capital nacional;

g) o servidor público ocupante de cargo em comissão, sem vínculo efetivo com a União, Autarquias, inclusive em regime especial, e Fundações Públicas Federais. (Incluída pela Lei nº 8.647, de 1993)

- Lei 8.112/1990: arts. 183 a 185.

h) o exercente de mandato eletivo federal, estadual ou municipal, desde que não vinculado a regime próprio de previdência social; (Incluída pela Lei nº 9.506, de 1997)

i) o empregado de organismo oficial internacional ou estrangeiro em funcionamento no Brasil, salvo quando coberto por regime próprio de previdência social; (Incluída pela Lei nº 9.876, de 26.11.99)

j) o exercente de mandato eletivo federal, estadual ou municipal, desde que não vinculado a regime próprio de previdência social; (Incluído pela Lei nº 10.887, de 2004)

II – como empregado doméstico: aquele que presta serviço de natureza contínua a pessoa ou família, no âmbito residencial desta, em atividades sem fins lucrativos;

- LC 150/2015: Dispõe sobre o contrato de trabalho doméstico.

III e IV – *(Revogados pela Lei 9.876/1999)*

V – como contribuinte individual: (Redação dada pela Lei nº 9.876, de 1999)

a) a pessoa física, proprietária ou não, que explora atividade agropecuária, a qualquer título, em caráter permanente ou temporário, em área superior a 4 (quatro) módulos fiscais; ou, quando em área igual ou inferior a 4 (quatro) módulos fiscais ou atividade pesqueira, com auxílio de empregados ou por intermédio de prepostos; ou ainda nas hipóteses dos §§ 9º e 10 deste artigo; (Redação dada pela Lei nº 11.718, de 2008)

- Lei 5.889/1973 – Estatui normas reguladoras do trabalho rural.

b) a pessoa física, proprietária ou não, que explora atividade de extração mineral – garimpo, em caráter permanente ou temporário, diretamente ou por intermédio de prepostos, com ou sem o auxílio de empregados, utilizados a qualquer título, ainda que de forma não contínua; (Redação dada pela Lei nº 9.876, de 1999)

‣ Lei 11.685/2008 – Institui o Estatuto do Garimpeiro.

c) o ministro de confissão religiosa e o membro de instituto de vida consagrada, de congregação ou de ordem religiosa; (Redação dada pela Lei nº 10.403, de 2002)

d) (Revogada pela Lei 9.876/1999)

e) o brasileiro civil que trabalha no exterior para organismo oficial internacional do qual o Brasil é membro efetivo, ainda que lá domiciliado e contratado, salvo quando coberto por regime próprio de previdência social; (Redação dada pela Lei nº 9.876, de 1999)

f) o titular de firma individual urbana ou rural, o diretor não empregado e o membro de conselho de administração de sociedade anônima, o sócio solidário, o sócio de indústria, o sócio gerente e o sócio cotista que recebam remuneração decorrente de seu trabalho em empresa urbana ou rural, e o associado eleito para cargo de direção em cooperativa, associação ou entidade de qualquer natureza ou finalidade, bem como o síndico ou administrador eleito para exercer atividade de direção condominial, desde que recebam remuneração; (Incluído pela Lei nº 9.876, de 1999)

g) quem presta serviço de natureza urbana ou rural, em caráter eventual, a uma ou mais empresas, sem relação de emprego; (Incluído pela Lei nº 9.876, de 1999)

h) a pessoa física que exerce, por conta própria, atividade econômica de natureza urbana, com fins lucrativos ou não; (Incluído pela Lei nº 9.876, de 1999)

VI – como trabalhador avulso: quem presta, a diversas empresas, sem vínculo empregatício, serviço de natureza urbana ou rural definidos no Regulamento;

VII – como segurado especial: a pessoa física residente no imóvel rural ou em aglomerado urbano ou rural próximo a ele que, individualmente ou em regime de economia familiar, ainda que com o auxílio eventual de terceiros, na condição de: (Redação dada pela Lei nº 11.718, de 2008)

a) produtor, seja proprietário, usufrutuário, possuidor, assentado, parceiro ou meeiro outorgados, comodatário ou arrendatário rurais, que explore atividade: (Incluído pela Lei nº 11.718, de 2008)

1. agropecuária em área de até 4 (quatro) módulos fiscais; (Incluído pela Lei nº 11.718, de 2008)

2. de seringueiro ou extrativista vegetal que exerça suas atividades nos termos do inciso XII do *caput* do art. 2º da Lei nº 9.985, de 18 de julho de 2000, e faça dessas atividades o principal meio de vida; (Incluído pela Lei nº 11.718, de 2008)

b) pescador artesanal ou a este assemelhado que faça da pesca profissão habitual ou principal meio de vida; e (Incluído pela Lei nº 11.718, de 2008)

‣ Lei 10.779/2003 – Dispõe sobre a concessão do benefício de seguro desemprego, durante o período de defeso, ao pescador profissional que exerce a atividade pesqueira de forma artesanal.

c) cônjuge ou companheiro, bem como filho maior de 16 (dezesseis) anos de idade ou a este equiparado, do segurado de que tratam as alíneas a e b deste inciso, que, comprovadamente, trabalhem com o grupo familiar respectivo. (Incluído pela Lei nº 11.718, de 2008)

§ 1º. Entende-se como regime de economia familiar a atividade em que o trabalho dos membros da família é indispensável à própria subsistência e ao desenvolvimento socioeconômico do núcleo familiar e é exercido em condições de mútua dependência e colaboração, sem a utilização de empregados permanentes. (Redação dada pela Lei nº 11.718, de 2008)

§ 2º. Todo aquele que exercer, concomitantemente, mais de uma atividade remunerada sujeita ao Regime Geral de Previdência Social é obrigatoriamente filiado em relação a cada uma delas.

§ 3º. O aposentado pelo Regime Geral de Previdência Social–RGPS que estiver exercendo ou que voltar a exercer atividade abrangida por este Regime é segurado obrigatório em relação a essa atividade, ficando sujeito às contribuições de que trata a Lei nº 8.212, de 24 de julho de 1991, para fins de custeio da Seguridade Social. (Incluído pela Lei nº 9.032, de 1995)

§ 4º. O dirigente sindical mantém, durante o exercício do mandato eletivo, o mesmo enquadramento no Regime Geral de Previdência Social-RGPS de antes da investidura. (Incluído pela Lei nº 9.528, de 1997)

§ 5º. Aplica-se o disposto na alínea *g* do inciso I do *caput* ao ocupante de cargo de Ministro de Estado, de Secretário Estadual, Distrital ou Municipal, sem vínculo efetivo com a União, Estados, Distrito Federal e Municípios, suas autarquias, ainda que em regime especial, e fundações. (Incluído pela Lei nº 9.876, de 26.11.99)

§ 6º. Para serem considerados segurados especiais, o cônjuge ou companheiro e os filhos maiores de 16 (dezesseis) anos ou os a estes equiparados deverão ter participação ativa nas atividades rurais do grupo familiar. (Incluído pela Lei nº 11.718, de 2008)

‣ Súm. 657 do STJ.

§ 7º. O grupo familiar poderá utilizar-se de empregados contratados por prazo determinado ou de trabalhador de que trata a alínea *g* do inciso V do *caput*, à razão de no máximo 120 (cento e vinte) pessoas por dia no ano civil, em períodos corridos ou intercalados ou, ainda, por tempo equivalente em horas de trabalho, não sendo computado nesse prazo o período de afastamento em decorrência da percepção de auxílio-doença. (Redação dada pela Lei nº 12.873, de 2013)

§ 8º. Não descaracteriza a condição de segurado especial: (Incluído pela Lei nº 11.718, de 2008)

I – a outorga, por meio de contrato escrito de parceria, meação ou comodato, de até 50% (cinquenta por cento) de imóvel rural cuja área total não seja superior a 4 (quatro) módulos fiscais, desde que outorgante e outorgado continuem a exercer a respectiva atividade, individualmente ou em regime de economia familiar; (Incluído pela Lei nº 11.718, de 2008)

II – a exploração da atividade turística da propriedade rural, inclusive com hospedagem, por não mais de 120 (cento e vinte) dias ao ano; (Incluído pela Lei nº 11.718, de 2008)

III – a participação em plano de previdência complementar instituído por entidade classista a que seja associado em razão da condição de trabalhador rural ou de produtor rural em regime de economia familiar; e (Incluído pela Lei nº 11.718, de 2008)

IV – ser beneficiário ou fazer parte de grupo familiar que tem algum componente que seja beneficiário de programa assistencial oficial de governo; (Incluído pela Lei nº 11.718, de 2008)

V – a utilização pelo próprio grupo familiar, na exploração da atividade, de processo de beneficiamento ou industrialização artesanal, na forma do § 11 do art. 25 da Lei nº 8.212, de 24 de julho de 1991; e (Incluído pela Lei nº 11.718, de 2008)

VI – a associação em cooperativa agropecuária ou de crédito rural; e (Redação dada pela Lei nº 13.183, de 2015)

VII – a incidência do Imposto Sobre Produtos Industrializados – IPI sobre o produto das atividades desenvolvidas nos termos do § 12. (Incluído pela Lei nº 12.873, de 2013)

§ 9º. Não é segurado especial o membro de grupo familiar que possuir outra fonte de rendimento, exceto se decorrente de: (Incluído pela Lei nº 11.718, de 2008)

I – benefício de pensão por morte, auxílio-acidente ou auxílio-reclusão, cujo valor não supere o do menor benefício de prestação continuada da Previdência Social; (Incluído pela Lei nº 11.718, de 2008)

II – benefício previdenciário pela participação em plano de previdência complementar instituído nos termos do inciso IV do § 8º deste artigo; (Incluído pela Lei nº 11.718, de 2008)

III – exercício de atividade remunerada em período não superior a 120 (cento e vinte) dias, corridos ou intercalados, no ano civil, observado o disposto no § 13 do art. 12 da Lei nº 8.212, de 24 de julho de 1991; (Redação dada pela Lei nº 12.873, de 2013)

IV – exercício de mandato eletivo de dirigente sindical de organização da categoria de trabalhadores rurais; (Incluído pela Lei nº 11.718, de 2008)

V – exercício de mandato de vereador do Município em que desenvolve a atividade rural ou de dirigente de cooperativa rural constituída, exclusivamente, por segurados especiais, observado o disposto no § 13 do art. 12 da Lei nº 8.212, de 24 de julho de 1991; (Incluído pela Lei nº 11.718, de 2008)

VI – parceria ou meação outorgada na forma e condições estabelecidas no inciso I do § 8º deste artigo; (Incluído pela Lei nº 11.718, de 2008)

VII – atividade artesanal desenvolvida com matéria-prima produzida pelo respectivo grupo familiar, podendo ser utilizada matéria-prima de outra origem, desde que a renda mensal obtida na atividade não exceda ao menor benefício de prestação continuada da Previdência Social; e (Incluído pela Lei nº 11.718, de 2008)

VIII – atividade artística, desde que em valor mensal inferior ao menor benefício de prestação continuada da Previdência Social. (Incluído pela Lei nº 11.718, de 2008)

§ 10. O segurado especial fica excluído dessa categoria: (Incluído pela Lei nº 11.718, de 2008)

I – a contar do primeiro dia do mês em que: (Incluído pela Lei nº 11.718, de 2008) *a)* deixar de satisfazer as condições estabelecidas no inciso VII do *caput* deste artigo, sem prejuízo do disposto no art. 15 desta Lei, ou exceder qualquer dos limites estabelecidos no inciso I do § 8º deste artigo; (Incluído pela Lei nº 11.718, de 2008)

b) enquadrar-se em qualquer outra categoria de segurado obrigatório do Regime Geral de Previdência Social, ressalvado o disposto nos incisos III, V, VII e VIII do § 9º e no § 12, sem prejuízo do disposto no art. 15; (Redação dada pela Lei nº 12.873, de 2013)

c) tornar-se segurado obrigatório de outro regime previdenciário; e (Redação dada pela Lei nº 12.873, de 2013)

d) participar de sociedade empresária, de sociedade simples, como empresário individual ou como titular de empresa individual de responsabilidade limitada em desacordo com as limitações impostas pelo § 12; (Incluído pela Lei nº 12.873, de 2013)

II – a contar do primeiro dia do mês subsequente ao da ocorrência, quando o grupo familiar a que pertence exceder o limite de: (Incluído pela Lei nº 11.718, de 2008)

a) utilização de terceiros na exploração da atividade a que se refere o § 7º deste artigo; (Incluído pela Lei nº 11.718, de 2008)

b) dias em atividade remunerada estabelecidos no inciso III do § 9º deste artigo; e (Incluído pela Lei nº 11.718, de 2008)

c) dias de hospedagem a que se refere o inciso II do § 8º deste artigo. (Incluído pela Lei nº 11.718, de 2008)

§ 11. Aplica-se o disposto na alínea a do inciso V do *caput* deste artigo ao cônjuge ou companheiro do produtor que participe da atividade rural por este explorada. (Incluído pela Lei nº 11.718, de 2008)

§ 12. A participação do segurado especial em sociedade empresária, em sociedade simples, como empresário individual ou como titular de empresa individual de responsabilidade limitada de objeto ou âmbito agrícola, agroindustrial ou agroturístico, considerada microempresa nos termos da Lei Complementar nº 123, de 14 de dezembro de 2006, não o exclui de tal categoria previdenciária, desde que, mantido o exercício da sua atividade rural na forma do inciso VII do *caput* e do § 1º, a pessoa jurídica componha-se apenas de segurados de igual natureza e sedie-se no mesmo Município ou em Município limítrofe àquele em que eles desenvolvam suas atividades. (Incluído pela Lei nº 12.873, de 2013)

§ 13. *(Vetado na Lei 12.873/2013)*

Art. 12. O servidor civil ocupante de cargo efetivo ou o militar da União, dos Estados, do Distrito Federal ou dos Municípios, bem como o das respectivas autarquias e fundações, são excluídos do Regime Geral de Previdência Social consubstanciado nesta Lei, desde que amparados por regime próprio de previdência social. (Redação dada pela Lei nº 9.876, de 1999)

- Lei 8.112/1990 – Dispõe sobre o regime jurídico dos servidores públicos civis da União, das autarquias e das fundações públicas federais.
- Decreto 3.048/1999: art. 10.

§ 1º. Caso o servidor ou o militar venham a exercer, concomitantemente, uma ou mais atividades abrangidas pelo Regime Geral de Previdência Social, tornar-se-ão segurados obrigatórios em relação a essas atividades. (Incluído pela Lei nº 9.876, de 1999)

§ 2º. Caso o servidor ou o militar, amparados por regime próprio de previdência social, sejam requisitados para outro órgão ou entidade cujo regime previdenciário não permita a filiação, nessa condição, permanecerão vinculados ao regime de origem, obedecidas as regras que cada ente estabeleça acerca de sua contribuição. (Incluído pela Lei nº 9.876, de 1999)

Art. 13. É segurado facultativo o maior de 14 (quatorze) anos que se filiar ao Regime Geral de Previdência Social, mediante contribuição, desde que não incluído nas disposições do art. 11.

- Decreto 3.048/1999: art. 11.

Art. 14. Consideram-se:

- Decreto 3.048/1999: art. 12.

I – empresa – a firma individual ou sociedade que assume o risco de atividade econômica urbana ou rural, com fins lucrativos ou não, bem como os órgãos e entidades da administração pública direta, indireta ou fundacional;

- CLT: art. 2º.

II – empregador doméstico – a pessoa ou família que admite a seu serviço, sem finalidade lucrativa, empregado doméstico.

- LC 150/2015 – Dispõe sobre o contrato de trabalho doméstico.

Parágrafo único. Equiparam-se a empresa, para os efeitos desta Lei, o contribuinte individual e a pessoa física na condição de proprietário ou dono de obra de construção civil, em relação a segurado que lhe presta serviço, bem como a cooperativa, a associação ou entidade de qualquer natureza ou finalidade, a missão diplomática e a repartição consular de carreira estrangeiras. (Redação dada pela Lei nº 13.202, de 2015)

- Lei 10.666/2003 – Dispõe sobre a concessão da aposentadoria especial ao cooperado de cooperativa de trabalho ou de produção.

Art. 15. Mantém a qualidade de segurado, independentemente de contribuições:

I – sem limite de prazo, quem está em gozo de benefício, exceto do auxílio-acidente; (Redação dada pela Lei 13.846/2019)

II – até 12 (doze) meses após a cessação das contribuições, o segurado que deixar de exercer atividade remunerada abrangida pela Previdência Social ou estiver suspenso ou licenciado sem remuneração;

III – até 12 (doze) meses após cessar a segregação, o segurado acometido de doença de segregação compulsória;

- CLT: art. 476.
- Decreto 3.048/1999: arts. 13, III, e 71a 80.

IV – até 12 (doze) meses após o livramento, o segurado retido ou recluso;

- Decreto 3.048/1999: arts. 116 a119.

V – até 3 (três) meses após o licenciamento, o segurado incorporado às Forças Armadas para prestar serviço militar;

- Decreto 3.048/1999: art. 13, V.

VI – até 6 (seis) meses após a cessação das contribuições, o segurado facultativo.

§ 1º. O prazo do inciso II será prorrogado para até 24 (vinte e quatro) meses se o segurado já tiver pago mais de 120 (cento e vinte) contribuições mensais sem interrupção que acarrete a perda da qualidade de segurado.

§ 2º. Os prazos do inciso II ou do § 1º serão acrescidos de 12 (doze) meses para o segurado desempregado, desde que comprovada essa situação pelo registro no órgão próprio do Ministério do Trabalho e da Previdência Social.

§ 3º. Durante os prazos deste artigo, o segurado conserva todos os seus direitos perante a Previdência Social.

- Decreto 3.048/1999: art. 13, § 3º.

§ 4º. A perda da qualidade de segurado ocorrerá no dia seguinte ao do término do prazo fixado no Plano de Custeio da Seguridade Social para recolhimento da contribuição referente ao mês imediatamente posterior ao do final dos prazos fixados neste artigo e seus parágrafos.

- Decreto 3.048/1999: art. 14.

SEÇÃO II.
DOS DEPENDENTES

Art. 16. São beneficiários do Regime Geral de Previdência Social, na condição de dependentes do segurado:

- Decreto 3.048/1999: arts. 16 e 17.

I – o cônjuge, a companheira, o companheiro e o filho não emancipado, de qualquer condição, menor de 21 (vinte e um) anos ou inválido ou que tenha deficiência intelectual ou mental ou deficiência grave; (Redação dada pela Lei nº 13.146, de 2015)

II – os pais;

III – o irmão não emancipado, de qualquer condição, menor de 21 (vinte e um) anos ou inválido ou que tenha deficiência intelectual ou mental ou deficiência grave; (Redação dada pela Lei nº 13.146, de 2015)

IV – (Revogada pela Lei nº 9.032, de 1995)

§ 1º. A existência de dependente de qualquer das classes deste artigo exclui do direito às prestações os das classes seguintes.

§ 2º. O enteado e o menor tutelado equiparam-se a filho mediante declaração do segurado e desde que comprovada a dependência econômica na forma estabelecida no Regulamento. (Redação dada pela Lei nº 9.528, de 1997)

§ 3º. Considera-se companheira ou companheiro a pessoa que, sem ser casada, mantém união estável com o segurado ou com a segurada, de acordo com o § 3º do art. 226 da Constituição Federal.

- Lei 9.278/1996 – Regula o § 3º do art. 226 da CF.
- Decreto 3.048/1999: art. 16, § 6º.

§ 4º. A dependência econômica das pessoas indicadas no inciso I é presumida e a das demais deve ser comprovada.

§ 5º As provas de união estável e de dependência econômica exigem início de prova material contemporânea dos fatos, produzido em período não superior a 24 (vinte e quatro) meses anterior à data do óbito ou do recolhimento à prisão do segurado, não admitida a prova exclusivamente testemunhal, exceto na ocorrência de motivo de força maior ou caso fortuito, conforme disposto no regulamento. (Redação dada pela Lei 13.846/2019)

§ 6º Na hipótese da alínea c do inciso V do § 2º do art. 77 desta Lei, a par da exigência do § 5º deste artigo, deverá ser apresentado, ainda, início de prova material que comprove união estável por pelo menos 2 (dois) anos antes do óbito do segurado. (Acrescido pela Lei 13.846/2019)

§ 7º Será excluído definitivamente da condição de dependente quem tiver sido condenado criminalmente por sentença com trânsito em julgado, como autor, coautor ou partícipe de homicídio doloso, ou de tentativa desse crime, cometido contra a pessoa do segurado, ressalvados os absolutamente incapazes e os inimputáveis. (Acrescido pela Lei 13.846/2019)

SEÇÃO III.
DAS INSCRIÇÕES

‣ Decreto 3.048/1999: arts. 18 a 24.

Art. 17. O Regulamento disciplinará a forma de inscrição do segurado e dos dependentes.

§ 1º. Incumbe ao dependente promover a sua inscrição quando do requerimento do benefício a que estiver habilitado. (Redação dada pela Lei nº 10.403, de 2002)

§ 2º. (Revogado pela Lei 13.135/2015)

§ 3º. (Revogado pela Lei nº 11.718, de 2008)

§ 4º. A inscrição do segurado especial será feita de forma a vinculá-lo ao respectivo grupo familiar e conterá, além das informações pessoais, a identificação da propriedade em que desenvolve a atividade e a que título, se nela reside ou o Município onde reside e, quando for o caso, a identificação e inscrição da pessoa responsável pelo grupo familiar. (Redação dada pela Lei nº 12.873, de 2013)

§ 5º. O segurado especial integrante de grupo familiar que não seja proprietário ou dono do imóvel rural em que desenvolve sua atividade deverá informar, no ato da inscrição, conforme o caso, o nome do parceiro ou meeiro outorgante, arrendador, comodante ou assemelhado. (Incluído Lei nº 11.718, de 2008)

§ 6º. (Revogado pela Lei nº 12.873, de 2013)

§ 7º Não será admitida a inscrição *post mortem* de segurado contribuinte individual e de segurado facultativo. (Acrescido pela Lei 13.846/2019)

CAPÍTULO II.
DAS PRESTAÇÕES EM GERAL

SEÇÃO I.
DAS ESPÉCIES DE PRESTAÇÕES

Art. 18. O Regime Geral de Previdência Social compreende as seguintes prestações, devidas inclusive em razão de eventos decorrentes de acidente do trabalho, expressas em benefícios e serviços:

‣ Decreto 3.048/1999: art. 25.

I – quanto ao segurado:

a) aposentadoria por invalidez;

‣ Lei 8.213/1991: arts. 42 a 47.
‣ Decreto 3.048/1999: arts. 43 a 50.

b) aposentadoria por idade;

‣ Lei 8.213/1991: arts. 48 a 51.
‣ Decreto 3.048/1999: arts. 51 a 54.

c) aposentadoria por tempo de contribuição; (Redação dada pela Lei Complementar nº 123, de 2006)

‣ Decreto 3.048/1999: arts. 56 a 63.

d) aposentadoria especial;

‣ Lei 8.213/1991: arts. 57 e 58.
‣ Decreto 3.048/1999: arts. 64 a 70.

e) auxílio-doença;

‣ Lei 8.213/1991: arts. 59 a 63.
‣ CLT: art. 476.
‣ Decreto 3.048/1999: arts. 71 a 80.

f) salário-família;

‣ Lei 8.213/1991: arts. 65 a 70.
‣ Decreto 3.048/1999: arts. 81 a 92.

g) salário-maternidade;

‣ Lei 8.213/1991: arts. 71 a 73.
‣ Decreto 3.048/1999: arts. 93 a 103.

h) auxílio-acidente;

‣ Lei 8.213/1991: art. 86.
‣ Decreto 3.048/1999: art. 104.

i) (Revogada pela Lei nº 8.870, de 1994)

II – quanto ao dependente:

a) pensão por morte;

‣ Lei 8.213/1991: arts 74 a 79.
‣ Decreto 3.048/1999: arts. 105 a 115.

b) auxílio-reclusão;

‣ Decreto 3.048/1999: arts. 116 a 119.

III – quanto ao segurado e dependente:

a) (Revogada pela Lei nº 9.032, de 1995)

b) serviço social;

c) reabilitação profissional.

‣ Lei 8.213/1991: arts. 89 a 93.
‣ Decreto 3.048/1999: arts. 136 a 141.

§ 1º. Somente poderão beneficiar-se do auxílio-acidente os segurados incluídos nos incisos I, II, VI e VII do art. 11 desta Lei. (Redação dada pela Lei Complementar nº 150, de 2015)

§ 2º. O aposentado pelo Regime Geral de Previdência Social–RGPS que permanecer em atividade sujeita a este Regime, ou a ele retornar, não fará jus a prestação alguma da Previdência Social em decorrência do exercício dessa atividade, exceto ao salário-família e à reabilitação profissional, quando empregado. (Redação dada pela Lei nº 9.528, de 1997)

§ 3º. O segurado contribuinte individual, que trabalhe por conta própria, sem relação de trabalho com empresa ou equiparado, e o segurado facultativo que contribuam na forma do § 2º do art. 21 da Lei nº 8.212, de 24 de julho de 1991, não farão jus à aposentadoria por tempo de contribuição. (Incluído pela Lei Complementar nº 123, de 2006)

§ 4º Os benefícios referidos no *caput* deste artigo poderão ser solicitados, pelos interessados, aos Oficiais de Registro Civil das Pessoas Naturais, que encaminharão, eletronicamente, requerimento e respectiva documentação comprobatória de seu direito para deliberação e análise do Instituto Nacional do Seguro Social (INSS), nos termos do regulamento. (Redação dada pela Lei 13.846/2019)

Art. 19. Acidente do trabalho é o que ocorre pelo exercício do trabalho a serviço de empresa ou de empregador doméstico ou pelo exercício do trabalho dos segurados referidos no inciso VII do art. 11 desta Lei, provocando lesão corporal ou perturbação funcional que cause a morte ou a perda ou redução, permanente ou temporária, da capacidade para o trabalho. (Redação dada pela Lei Complementar nº 150, de 2015)

‣ Lei 6.367/1976: art. 2º.

§ 1º. A empresa é responsável pela adoção e uso das medidas coletivas e individuais de proteção e segurança da saúde do trabalhador.

§ 2º. Constitui contravenção penal, punível com multa, deixar a empresa de cumprir as normas de segurança e higiene do trabalho.

§ 3º. É dever da empresa prestar informações pormenorizadas sobre os riscos da operação a executar e do produto a manipular.

§ 4º. O Ministério do Trabalho e da Previdência Social fiscalizará e os sindicatos e entidades representativas de classe acompanharão o fiel cumprimento do disposto nos parágrafos anteriores, conforme dispuser o Regulamento.

Art. 20. Consideram-se acidente do trabalho, nos termos do artigo anterior, as seguintes entidades mórbidas:

I – doença profissional, assim entendida a produzida ou desencadeada pelo exercício do trabalho peculiar a determinada atividade e constante da respectiva relação elaborada pelo Ministério do Trabalho e da Previdência Social;

II – doença do trabalho, assim entendida a adquirida ou desencadeada em função de condições especiais em que o trabalho é realizado e com ele se relacione diretamente, constante da relação mencionada no inciso I.

§ 1º. Não são consideradas como doença do trabalho:

a) a doença degenerativa;

b) a inerente a grupo etário;

c) a que não produza incapacidade laborativa;

d) a doença endêmica adquirida por segurado habitante de região em que ela se desenvolva, salvo comprovação de que é resultante de exposição ou contato direto determinado pela natureza do trabalho.

§ 2º. Em caso excepcional, constatando-se que a doença não incluída na relação prevista nos incisos I e II deste artigo resultou das condições especiais em que o trabalho é executado e com ele se relaciona diretamente, a Previdência Social deve considerá-la acidente do trabalho.

Art. 21. Equiparam-se também ao acidente do trabalho, para efeitos desta Lei:

‣ Lei 6.367/1976: art. 2º, § 1º.

I – o acidente ligado ao trabalho que, embora não tenha sido a causa única, haja contribuído diretamente para a morte do segurado, para redução ou perda da sua capacidade para o trabalho, ou produzido lesão que exija atenção médica para a sua recuperação;

II – o acidente sofrido pelo segurado no local e no horário do trabalho, em consequência de:

a) ato de agressão, sabotagem ou terrorismo praticado por terceiro ou companheiro de trabalho;

b) ofensa física intencional, inclusive de terceiro, por motivo de disputa relacionada ao trabalho;

c) ato de imprudência, de negligência ou de imperícia de terceiro ou de companheiro de trabalho;

d) ato de pessoa privada do uso da razão;

e) desabamento, inundação, incêndio e outros casos fortuitos ou decorrentes de força maior;

III – a doença proveniente de contaminação acidental do empregado no exercício de sua atividade;

IV – o acidente sofrido pelo segurado ainda que fora do local e horário de trabalho:

a) na execução de ordem ou na realização de serviço sob a autoridade da empresa;

b) na prestação espontânea de qualquer serviço à empresa para lhe evitar prejuízo ou proporcionar proveito;

c) em viagem a serviço da empresa, inclusive para estudo quando financiada por esta dentro de seus planos para melhor capacitação da mão de obra, independentemente do meio de locomoção utilizado, inclusive veículo de propriedade do segurado;

d) no percurso da residência para o local de trabalho ou deste para aquela, qualquer que seja o meio de locomoção, inclusive veículo de propriedade do segurado.

§ 1º. Nos períodos destinados a refeição ou descanso, ou por ocasião da satisfação de outras necessidades fisiológicas, no local do trabalho ou durante este, o empregado é considerado no exercício do trabalho.

§ 2º. Não é considerada agravação ou complicação de acidente do trabalho a lesão que, resultante de acidente de outra origem, se associe ou se superponha às consequências do anterior.

Art. 21-A. A perícia médica do Instituto Nacional do Seguro Social (INSS) considerará caracterizada a natureza acidentária da incapacidade quando constatar ocorrência de nexo técnico epidemiológico entre o trabalho e o agravo, decorrente da relação entre a atividade da empresa ou do empregado doméstico e a entidade mórbida motivadora da incapacidade elencada na Classificação Internacional de Doenças (CID), em conformidade com o que dispuser o regulamento. (Redação dada pela Lei Complementar nº 150, de 2015)

§ 1º. A perícia médica do INSS deixará de aplicar o disposto neste artigo quando demonstrada a inexistência do nexo de que trata o *caput* deste artigo. (Incluído pela Lei nº 11.430, de 2006)

§ 2º. A empresa ou o empregador doméstico poderão requerer a não aplicação do nexo técnico epidemiológico, de cuja decisão caberá recurso, com efeito suspensivo, da empresa, do empregador doméstico ou do segurado ao Conselho de Recursos da Previdência Social. (Redação dada pela Lei Complementar nº 150, de 2015)

Art. 22. A empresa ou o empregador doméstico deverão comunicar o acidente do trabalho à Previdência Social até o primeiro dia útil seguinte ao da ocorrência e, em caso de morte, de imediato, à autoridade competente, sob pena de multa variável entre o limite mínimo e o limite máximo do salário de contribuição, sucessivamente aumentada nas reincidências, aplicada e cobrada pela Previdência Social. (Redação dada pela Lei Complementar nº 150, de 2015)

§ 1º. Da comunicação a que se refere este artigo receberão cópia fiel o acidentado ou seus dependentes, bem como o sindicato a que corresponda a sua categoria.

§ 2º. Na falta de comunicação por parte da empresa, podem formalizá-la o próprio acidentado, seus dependentes, a entidade sindical competente, o médico que o assistiu ou qualquer autoridade pública, não prevalecendo nestes casos o prazo previsto neste artigo.

§ 3º. A comunicação a que se refere o § 2º não exime a empresa de responsabilidade pela falta do cumprimento do disposto neste artigo.

§ 4º. Os sindicatos e entidades representativas de classe poderão acompanhar a cobrança, pela Previdência Social, das multas previstas neste artigo.

§ 5º. A multa de que trata este artigo não se aplica na hipótese do *caput* do art. 21-A. (Incluído pela Lei nº 11.430, de 2006)

Art. 23. Considera-se como dia do acidente, no caso de doença profissional ou do trabalho, a data do início da incapacidade laborativa para o exercício da atividade habitual, ou o dia da segregação compulsória, ou o dia em que for realizado o diagnóstico, valendo para este efeito o que ocorrer primeiro.

‣ Súm. 507 do STJ.

SEÇÃO II.
DOS PERÍODOS DE CARÊNCIA

‣ Decreto 3.048/1999: arts. 26 a 30.

Art. 24. Período de carência é o número mínimo de contribuições mensais indispensáveis para que o beneficiário faça jus ao benefício, consideradas a partir do transcurso do primeiro dia dos meses de suas competências.

Parágrafo único. (Revogado pela lei nº 13.457, de 2017)

Art. 25. A concessão das prestações pecuniárias do Regime Geral de Previdência Social depende dos seguintes períodos de carência, ressalvado o disposto no art. 26:

I – auxílio-doença e aposentadoria por invalidez: 12 (doze) contribuições mensais;

II – aposentadoria por idade, aposentadoria por tempo de serviço e aposentadoria especial: 180 contribuições mensais. (Redação dada pela Lei nº 8.870, de 1994)

III – salário-maternidade para as seguradas de que tratam os incisos V e VII do *caput* do art. 11 e o art. 13 desta Lei: 10 (dez) contribuições mensais, respeitado o disposto no parágrafo único do art. 39 desta Lei; e (Redação dada pela Lei 13.846/2019)

» ADIs 2.110 e 2.111: O STF, por maioria, conheceu parcialmente das ADIs e, na parte conhecida, julgou parcialmente procedente o pedido constante da ADI 2.110, para declarar a inconstitucionalidade da exigência de carência para a fruição de salário-maternidade, prevista neste inciso. (DJE de 05.04.2024)

‣ Súm. 657 do STJ.

IV - auxílio-reclusão: 24 (vinte e quatro) contribuições mensais. (Redação dada pela Lei 13.846/2019)

Parágrafo único. Em caso de parto antecipado, o período de carência a que se refere o inciso III será reduzido em número de contribuições equivalente ao número de meses em que o parto foi antecipado. (Incluído pela Lei nº 9.876, de 1999)

Art. 26. Independe de carência a concessão das seguintes prestações:

I - pensão por morte, salário-família e auxílio-acidente; *(Redação dada pela Lei 13.846/2019)*

II – auxílio-doença e aposentadoria por invalidez nos casos de acidente de qualquer natureza ou causa e de doença profissional ou do trabalho, bem como nos casos de segurado que, após filiar-se ao RGPS, for acometido de alguma das doenças e afecções especificadas em lista elaborada pelos Ministérios da Saúde e da Previdência Social, atualizada a cada 3 (três) anos, de acordo com os critérios de estigma, deformação, mutilação, deficiência ou outro fator que lhe confira especificidade e gravidade que mereçam tratamento particularizado; (Redação dada pela Lei 13.135/2015)

III – os benefícios concedidos na forma do inciso I do art. 39, aos segurados especiais referidos no inciso VII do art. 11 desta Lei;

IV – serviço social;

V – reabilitação profissional.

VI – salário-maternidade para as seguradas empregada, trabalhadora avulsa e empregada doméstica. (Incluído pela Lei nº 9.876, de 1999)

Art. 27. Para cômputo do período de carência, serão consideradas as contribuições: (Redação dada pela Lei Complementar nº 150, de 2015)

I – referentes ao período a partir da data de filiação ao Regime Geral de Previdência Social (RGPS), no caso dos segurados empregados, inclusive os domésticos, e dos trabalhadores avulsos; (Redação dada pela Lei Complementar nº 150, de 2015)

II – realizadas a contar da data de efetivo pagamento da primeira contribuição sem atraso, não sendo consideradas para este fim as contribuições recolhidas com atraso referentes a competências anteriores, no caso dos segurados contribuinte individual, especial e facultativo, referidos, respectivamente, nos incisos V e VII do art. 11 e no art. 13. (Redação dada pela Lei Complementar nº 150, de 2015)

Art. 27-A. Na hipótese de perda da qualidade de segurado, para fins da concessão dos benefícios de auxílio-doença, de aposentadoria por invalidez, de salário-maternidade e de auxílio-reclusão, o segurado deverá contar, a partir da data da nova filiação à Previdência Social, com metade dos períodos previstos nos incisos I, III e IV do *caput* do art. 25 desta Lei. (Redação dada pela Lei 13.846/2019)

SEÇÃO III.
DO CÁLCULO DO VALOR DOS BENEFÍCIOS

SUBSEÇÃO I.
DO SALÁRIO DE BENEFÍCIO

‣ Decreto 3.048/1999: arts. 31 a 34.

Art. 28. O valor do benefício de prestação continuada, inclusive o regido por norma especial e o decorrente de acidente do trabalho, exceto o salário-família e o salário-maternidade, será calculado com base no salário de benefício. (Redação dada pela Lei nº 9.032, de 1995)

‣ Decreto 3.048/1999: art. 31.

§§ 1º a 4º (Revogados pela Lei 9.032/1995).

Art. 29. O salário de benefício consiste: (Redação dada pela Lei nº 9.876, de 1999)

‣ Decreto 3.048/1999: art. 32.

I – para os benefícios de que tratam as alíneas *b* e *c* do inciso I do art. 18, na média aritmética simples dos maiores salários de contribuição correspondentes a oitenta por cento de todo o período contributivo, multiplicada pelo fator previdenciário; (Incluído pela Lei nº 9.876, de 1999)

II – para os benefícios de que tratam as alíneas *a, d, e* e *h* do inciso I do art. 18, na média aritmética simples dos maiores salários de contribuição correspondentes a oitenta por cento de todo o período contributivo. (Incluído pela Lei nº 9.876, de 1999)

§ 1º. (Revogado pela Lei nº 9.876, de 1999)

§ 2º. O valor do salário de benefício não será inferior ao de um salário mínimo, nem superior ao do limite máximo do salário de contribuição na data de início do benefício.

§ 3º. Serão considerados para cálculo do salário de benefício os ganhos habituais do segurado empregado, a qualquer título, sob forma de moeda corrente ou de utilidades, sobre os quais tenha incidido contribuições previdenciárias, exceto o décimo-terceiro salário (gratificação natalina). (Redação dada pela Lei nº 8.870, de 1994)

§ 4º. Não será considerado, para o cálculo do salário de benefício, o aumento dos salários de contribuição que exceder o limite legal, inclusive o voluntariamente concedido nos 36 (trinta e seis) meses imediatamente anteriores ao início do benefício, salvo se homologado pela Justiça do Trabalho, resultante de promoção regulada por normas gerais da empresa, admitida pela legislação do trabalho, de sentença normativa ou de reajustamento salarial obtido pela categoria respectiva.

§ 5º. Se, no período básico de cálculo, o segurado tiver recebido benefícios por incapacidade, sua duração será contada, considerando-se como salário de contribuição, no período, o salário de benefício que serviu de base para o cálculo da renda mensal, reajustado nas mesmas épocas e bases dos benefícios em geral, não podendo ser inferior ao valor de 1 (um) salário mínimo.

§ 6º. O salário de benefício do segurado especial consiste no valor equivalente ao salário mínimo, ressalvado o disposto no inciso II do art. 39 e nos §§ 3º e 4º do art. 48 desta Lei. (Redação dada pela Lei nº 11.718, de 2008)

I e II – *(Revogados pela Lei 11.718/2008)*

§ 7º. O fator previdenciário será calculado considerando-se a idade, a expectativa de sobrevida e o tempo de contribuição do segurado ao se aposentar, segundo a fórmula constante do Anexo desta Lei. (Incluído pela Lei nº 9.876, de 1999)

§ 8º. Para efeito do disposto no § 7º, a expectativa de sobrevida do segurado na idade da aposentadoria será obtida a partir da tábua completa de mortalidade construída pela Fundação Instituto Brasileiro de Geografia e Estatística – IBGE, considerando-se a média nacional única para ambos os sexos. (Incluído pela Lei nº 9.876, de 1999)

§ 9º. Para efeito da aplicação do fator previdenciário, ao tempo de contribuição do segurado serão adicionados: (Incluído pela Lei nº 9.876, de 1999)

I – 5 (cinco) anos, quando se tratar de mulher; (Incluído pela Lei nº 9.876, de 26.11.99)

II – 5 (cinco) anos, quando se tratar de professor que comprove exclusivamente tempo de efetivo exercício das funções de magistério na educação infantil e no ensino fundamental e médio; (Incluído pela Lei nº 9.876, de 1999)

III – dez anos, quando se tratar de professora que comprove exclusivamente tempo de efetivo exercício das funções de magistério na educação infantil e no ensino fundamental e médio. (Incluído pela Lei nº 9.876, de 1999)

§ 10. O auxílio-doença não poderá exceder a média aritmética simples dos últimos 12 (doze) salários de contribuição, inclusive em caso de remuneração variável, ou, se não alcançado o número de 12 (doze), a média aritmética simples dos salários de contribuição existentes. (Incluído pela Lei 13.135/2015)

§§ 11 a 13. *(VETADOS na Lei 13.135/2015)*

Art. 29-A. O INSS utilizará as informações constantes no Cadastro Nacional de Informações Sociais – CNIS sobre os vínculos e as remunerações dos segurados, para fins de cálculo do salário de benefício, comprovação de filiação ao Regime Geral de Previdência Social, tempo de contribuição e relação de emprego. (Redação dada pela Lei Complementar nº 128, de 2008)

§ 1º. O INSS terá até 180 (cento e oitenta) dias, contados a partir da solicitação do pedido, para fornecer ao segurado as informações previstas no *caput* deste artigo. (Incluído pela Lei nº 10.403, de 2002)

§ 2º. O segurado poderá solicitar, a qualquer momento, a inclusão, exclusão ou retificação de informações constantes do CNIS, com a apresentação de documentos comprobatórios dos dados divergentes, conforme critérios definidos pelo INSS. (Redação dada pela Lei Complementar nº 128, de 2008)

§ 3º. A aceitação de informações relativas a vínculos e remunerações inseridas extemporaneamente no CNIS, inclusive retificações de informações anteriormente inseridas, fica condicionada à comprovação dos dados ou das divergências apontadas, conforme critérios definidos em regulamento. (Incluído pela Lei Complementar nº 128, de 2008)

§ 4º. Considera-se extemporânea a inserção de dados decorrentes de documento inicial ou de retificação de dados anteriormente informados, quando o documento ou a retificação, ou a informação retificadora, forem apresentados após os prazos estabelecidos em regulamento. (Incluído pela Lei Complementar nº 128, de 2008)

§ 5º. Havendo dúvida sobre a regularidade do vínculo incluído no CNIS e inexistência de informações sobre remunerações e contribuições, o INSS exigirá a apresentação dos documentos que serviram de base à anotação, sob pena de exclusão do período. (Incluído pela Lei Complementar nº 128, de 2008)

Art. 29-B. Os salários de contribuição considerados no cálculo do valor do benefício serão corrigidos mês a mês de acordo com a variação integral do Índice Nacional de Preços ao Consumidor – INPC, calculado pela Fundação Instituto Brasileiro de Geografia e Estatística – IBGE. (Incluído pela Lei nº 10.877, de 2004)

Art. 29-C. O segurado que preencher o requisito para a aposentadoria por tempo de contribuição poderá optar pela não incidência do fator previdenciário no cálculo de sua aposentadoria, quando o total resultante da soma de sua idade e de seu tempo de contribuição, incluídas as frações, na data de requerimento da aposentadoria, for: (Incluído pela Lei nº 13.183, de 2015)

I – igual ou superior a noventa e cinco pontos, se homem, observando o tempo mínimo de contribuição de trinta e cinco anos; ou (Incluído pela Lei nº 13.183, de 2015)

II – igual ou superior a oitenta e cinco pontos, se mulher, observado o tempo mínimo de contribuição de trinta anos. (Incluído pela Lei nº 13.183, de 2015)

§ 1º. Para os fins do disposto no *caput*, serão somadas as frações em meses completos de tempo de contribuição e idade. (Incluído pela Lei nº 13.183, de 2015)

§ 2º. As somas de idade e de tempo de contribuição previstas no *caput* serão majoradas em um ponto em: (Incluído pela Lei nº 13.183, de 2015)

I – 31 de dezembro de 2018; (Incluído pela Lei nº 13.183, de 2015)

II – 31 de dezembro de 2020; (Incluído pela Lei nº 13.183, de 2015)

III – 31 de dezembro de 2022; (Incluído pela Lei nº 13.183, de 2015)

IV – 31 de dezembro de 2024; e (Incluído pela Lei nº 13.183, de 2015)

V – 31 de dezembro de 2026. (Incluído pela Lei nº 13.183, de 2015)

§ 3º. Para efeito de aplicação do disposto no *caput* e no § 2º, o tempo mínimo de contribuição do professor e da professora que comprovarem exclusivamente tempo de efetivo exercício de magistério na educação infantil e no ensino fundamental e médio será de, respectivamente, trinta e vinte e cinco anos, e serão acrescidos cinco pontos à soma da idade com o tempo de contribuição. (Incluído pela Lei nº 13.183, de 2015)

§ 4º. Ao segurado que alcançar o requisito necessário ao exercício da opção de que trata o *caput* e deixar de requerer aposentadoria será assegurado o direito à opção com a aplicação da pontuação exigida na data do cumprimento do requisito nos termos deste artigo. (Incluído pela Lei nº 13.183, de 2015)

§ 5º. *(VETADO na Lei nº 13.183, de 2015)*

Art. 29-D. (VETADO na Lei nº 13.183, de 2015)

Art. 30. (Revogado pela Lei nº 9.032, de 1995)

Art. 31. O valor mensal do auxílio-acidente integra o salário de contribuição, para fins de cálculo do salário de benefício de qualquer aposentadoria, observado, no que couber, o disposto no art. 29 e no art. 86, § 5º. (Restabelecido com nova redação pela Lei nº 9.528, de 1997)

Art. 32. O salário de benefício do segurado que contribuir em razão de atividades concomitantes será calculado com base na soma dos salários de contribuição das atividades exercidas na data do requerimento ou do óbito, ou no período básico de cálculo, observado o disposto no art. 29 desta Lei. (Redação dada pela Lei 13.846/2019)

I a III– (Revogados pela Lei 13.846/2019)

§ 1º. O disposto neste artigo não se aplica ao segurado que, em obediência ao limite máximo do salário de contribuição, contribuiu apenas por uma das atividades concomitantes. (Redação dada pela Lei 13.846/2019)

§ 2º. Não se aplica o disposto neste artigo ao segurado que tenha sofrido redução do salário de contribuição das atividades concomitantes em respeito ao limite máximo desse salário. (Redação dada pela Lei 13.846/2019)

SUBSEÇÃO II.
DA RENDA MENSAL DO BENEFÍCIO

▸ Decreto 3.048/1999: arts. 35 a 39.

Art. 33. A renda mensal do benefício de prestação continuada que substituir o salário de contribuição ou o rendimento do trabalho do segurado não terá valor inferior ao do salário-mínimo, nem superior ao do limite máximo do salário de contribuição, ressalvado o disposto no art. 45 desta Lei.

Art. 34. No cálculo do valor da renda mensal do benefício, inclusive o decorrente de acidente do trabalho, serão computados: (Redação dada pela Lei Complementar nº 150, de 2015)

I – para o segurado empregado, inclusive o doméstico, e o trabalhador avulso, os salários de contribuição referentes aos meses de contribuições devidas, ainda que não recolhidas pela empresa ou pelo empregador doméstico, sem prejuízo da respectiva cobrança e da aplicação das penalidades cabíveis, observado o disposto no § 5º do art. 29-A; (Redação dada pela Lei Complementar nº 150, de 2015)

II – para o segurado empregado, inclusive o doméstico, o trabalhador avulso e o segurado especial, o valor mensal do auxílio-acidente, considerado como salário de contribuição para fins de concessão de qualquer aposentadoria, nos termos do art. 31; (Redação dada pela Lei Complementar nº 150, de 2015)

III – para os demais segurados, os salários de contribuição referentes aos meses de contribuições efetivamente recolhidas. (Incluído pela Lei nº 9.528, de 1997)

Art. 35. Ao segurado empregado, inclusive o doméstico, e ao trabalhador avulso que tenham cumprido todas as condições para a concessão do benefício pleiteado, mas não possam comprovar o valor de seus salários de contribuição no período básico de cálculo, será concedido o benefício de valor mínimo, devendo esta renda ser recalculada quando da apresentação de prova dos salários de contribuição. (Redação dada pela Lei Complementar nº 150, de 2015)

Art. 36. Para o segurado empregado doméstico que, tendo satisfeito as condições exigidas para a concessão do benefício requerido, não comprovar o efetivo recolhimento das contribuições devidas, será concedido o benefício de valor mínimo, devendo sua renda ser recalculada quando da apresentação da prova do recolhimento das contribuições.

Art. 37. A renda mensal inicial, recalculada de acordo com o disposto no art. 35, deve ser reajustada como a dos benefícios correspondentes com igual data de início e substituirá, a partir da data do requerimento de revisão do valor do benefício, a renda mensal que prevalecia até então. (Redação dada pela Lei Complementar nº 150, de 2015)

Art. 38. Sem prejuízo do disposto no art. 35, cabe à Previdência Social manter cadastro dos segurados com todos os informes necessários para o cálculo da renda mensal dos benefícios. (Redação dada pela Lei Complementar nº 150, de 2015)

Art. 38-A. O Ministério da Economia manterá sistema de cadastro dos segurados especiais no Cadastro Nacional de Informações Sociais (CNIS), observado o disposto nos §§ 4º e 5º do art. 17 desta Lei, e poderá firmar acordo de cooperação com o Ministério da Agricultura, Pecuária e Abastecimento e com outros órgãos da administração pública federal, estadual, distrital e municipal para a manutenção e a gestão do sistema de cadastro. (Redação dada pela Lei 13.846/2019)

§ 1º O sistema de que trata o *caput* deste artigo preverá a manutenção e a atualização anual do cadastro e conterá as informações necessárias à caracterização da condição de segurado especial, nos termos do disposto no regulamento. (Redação dada pela Lei 13.846/2019)

§ 2º Da aplicação do disposto neste artigo não poderá resultar nenhum ônus para os segurados, sem prejuízo do disposto no § 4º deste artigo. (Redação dada pela Lei 13.846/2019)

§ 3º O INSS, no ato de habilitação ou de concessão de benefício, deverá verificar a condição de segurado especial e, se for o caso, o pagamento da contribuição previdenciária, nos termos da Lei nº 8.212, de 24 de julho de 1991, considerando, dentre outros, o que consta do Cadastro Nacional de Informações Sociais (CNIS) de que trata o art. 29-A desta Lei. (Redação dada pela Lei 13.134/2015)

§ 4º A atualização anual de que trata o § 1º deste artigo será feita até 30 de junho do ano subsequente. (Redação dada pela Lei 13.846/2019)

§ 5º É vedada a atualização de que trata o § 1º deste artigo após o prazo de 5 (cinco) anos, contado da data estabelecida no § 4º deste artigo. (Redação dada pela Lei 13.846/2019)

§ 6º Decorrido o prazo de 5 (cinco) anos de que trata o § 5º deste artigo, o segurado especial só poderá computar o período de trabalho rural se efetuados em época própria a comercialização da produção e o recolhimento da contribuição prevista no art. 25 da Lei nº 8.212, de 24 de julho de 1991. (Acrescido pela Lei 13.846/2019)

Art. 38-B. O INSS utilizará as informações constantes do cadastro de que trata o art. 38-A para fins de comprovação do exercício da atividade e da condição do segurado especial e do respectivo grupo familiar. (Incluído pela Lei nº 13.134, de 2015)

§ 1º A partir de 1º de janeiro de 2023, a comprovação da condição e do exercício da atividade rural do segurado especial ocorrerá, exclusivamente, pelas informações constantes do cadastro a que se refere o art. 38-A desta Lei. (Acrescido pela Lei 13.846/2019)

§ 2º Para o período anterior a 1º de janeiro de 2023, o segurado especial comprovará o tempo de exercício da atividade rural por meio de autodeclaração ratificada por entidades públicas credenciadas, nos termos do art. 13 da Lei nº 12.188, de 11 de janeiro de 2010, e por outros órgãos públicos, na forma prevista no regulamento. (Acrescido pela Lei 13.846/2019)

§ 3º Até 1º de janeiro de 2025, o cadastro de que trata o art. 38-A poderá ser realizado, atualizado e corrigido, sem prejuízo do prazo de que trata o § 1º deste artigo e da regra permanente prevista nos §§ 4º e 5º do art. 38-A desta Lei. (Acrescido pela Lei 13.846/2019)

§ 4º Na hipótese de divergência de informações entre o cadastro e outras bases de dados, para fins de reconhecimento do direito ao benefício, o INSS poderá exigir a apresentação dos documentos referidos no art. 106 desta Lei. (Acrescido pela Lei 13.846/2019)

§ 5º O cadastro e os prazos de que tratam este artigo e o art. 38-A desta Lei deverão ser amplamente divulgados por todos os meios de comunicação cabíveis para que todos os cidadãos tenham acesso à informação sobre a existência do referido cadastro e a obrigatoriedade de registro. (Acrescido pela Lei 13.846/2019)

Art. 39. Para os segurados especiais, referidos no inciso VII do art. 11 desta Lei, fica garantida a concessão: (Redação dada pela Lei 13.846/2019)

I – de aposentadoria por idade ou por invalidez, de auxílio-doença, de auxílio-reclusão ou de pensão, no valor de 1 (um) salário mínimo, e de auxílio-acidente, conforme disposto no art. 86 desta Lei, desde que comprovem o exercício de atividade rural, ainda que de forma descontínua, no período imediatamente anterior ao requerimento do benefício, igual ao número de meses correspondentes à carência do benefício requerido, observado o disposto nos arts. 38-A e 38-B desta Lei; ou (Redação dada pela Lei 13.846/2019)

II – dos benefícios especificados nesta Lei, observados os critérios e a forma de cálculo estabelecidos, desde que contribuam facultativamente para a Previdência Social, na forma estipulada no Plano de Custeio da Seguridade Social.

Parágrafo único. Para a segurada especial fica garantida a concessão do salário-maternidade no valor de 1 (um) salário mínimo, desde que comprove o exercício de atividade rural, ainda que de forma descontínua, nos 12 (doze) meses imediatamente anteriores ao do início do benefício. (Incluído pela Lei nº 8.861, de 1994)

› Súm. 657 do STJ.

Art. 40. É devido abono anual ao segurado e ao dependente da Previdência Social que, durante o ano, recebeu auxílio-doença, auxílio-acidente ou aposentadoria, pensão por morte ou auxílio-reclusão.

Parágrafo único. O abono anual será calculado, no que couber, da mesma forma que a Gratificação de Natal dos trabalhadores, tendo por base o valor da renda mensal do benefício do mês de dezembro de cada ano.

SEÇÃO IV.
DO REAJUSTAMENTO DO VALOR DOS BENEFÍCIOS

› Decreto 3.048/1999: arts. 40 a 42.

Art. 41. (Revogado pela lei nº 11.430, de 2006)

I – (Revogado pela Lei nº 11.430, de 2006)

II – (Revogado pela Lei nº 8.542, de 1992)

III e IV – (Revogados pela Lei nº 11.430, de 2006)

§§ 1º a 6º. (Revogados pela lei nº 11.430, de 2006)

§ 7º. (Revogado pela Lei nº 8.880, de 1994)

§§ 8º e 9º. (Revogados pela Lei nº 11.430, de 2006)

Art. 41-A. O valor dos benefícios em manutenção será reajustado, anualmente, na mesma data do reajuste do salário mínimo, *pro rata*, de acordo com suas respectivas datas de início ou do último reajustamento, com base no Índice Nacional de Preços ao Consumidor – INPC, apurado pela Fundação Instituto Brasileiro de Geografia e Estatística – IBGE. (Incluído pela Lei nº 11.430, de 2006)

§ 1º. Nenhum benefício reajustado poderá exceder o limite máximo do salário de benefício na data do reajustamento, respeitados os direitos adquiridos. (Incluído pela Lei nº 11.430, de 2006)

§ 2º. Os benefícios com renda mensal superior a um salário mínimo serão pagos do primeiro ao quinto dia útil do mês subsequente ao de sua competência, observada a distribuição proporcional do número de beneficiários por dia de pagamento. (Redação dada pela Lei nº 11.665, de 2008)

§ 3º. Os benefícios com renda mensal no valor de até um salário mínimo serão pagos no período compreendido entre o quinto dia útil que anteceder o final do mês de sua competência e o quinto dia útil do mês subsequente, observada a distribuição proporcional dos beneficiários por dia de pagamento. (Redação dada pela Lei nº 11.665, de 2008)

§ 4º. Para os efeitos dos §§ 2º e 3º deste artigo, considera-se dia útil aquele de expediente bancário com horário normal de atendimento. (Redação dada pela Lei nº 11.665, de 2008).

§ 5º. O primeiro pagamento do benefício será efetuado até quarenta e cinco dias após a data da apresentação, pelo segurado, da documentação necessária a sua concessão. (Incluído pela Lei nº 11.665, de 2008)

§ 6º. Para os benefícios que tenham sido majorados devido à elevação do salário mínimo, o referido aumento deverá ser compensado no momento da aplicação do disposto no *caput* deste artigo, de acordo com normas a serem baixadas pelo Ministério da Previdência Social. (Incluído pela Lei nº 11.665, de 2008)

SEÇÃO V. DOS BENEFÍCIOS

SUBSEÇÃO I. DA APOSENTADORIA POR INVALIDEZ

- Súm. 576 do STJ.
- Decreto 3.048/1999: arts. 43 a 50.

Art. 42. A aposentadoria por invalidez, uma vez cumprida, quando for o caso, a carência exigida, será devida ao segurado que, estando ou não em gozo de auxílio-doença, for considerado incapaz e insusceptível de reabilitação para o exercício de atividade que lhe garanta a subsistência, e ser-lhe-á paga enquanto permanecer nesta condição.

§ 1º. A concessão de aposentadoria por invalidez dependerá da verificação da condição de incapacidade mediante exame médico-pericial a cargo da Previdência Social, podendo o segurado, às suas expensas, fazer-se acompanhar de médico de sua confiança.

§ 1º-A. O exame médico-pericial previsto no § 1º deste artigo poderá ser realizado com o uso de tecnologia de telemedicina ou por análise documental conforme situações e requisitos definidos em regulamento. *(Acrescido pela Lei 14.724/2023)*

§ 2º. A doença ou lesão de que o segurado já era portador ao filiar-se ao Regime Geral de Previdência Social não lhe conferirá direito à aposentadoria por invalidez, salvo quando a incapacidade sobrevier por motivo de progressão ou agravamento dessa doença ou lesão.

Art. 43. A aposentadoria por invalidez será devida a partir do dia imediato ao da cessação do auxílio-doença, ressalvado o disposto nos §§ 1º, 2º e 3º deste artigo.

§ 1º. Concluindo a perícia médica inicial pela existência de incapacidade total e definitiva para o trabalho, a aposentadoria por invalidez será devida: (Redação dada pela Lei nº 9.032, de 1995)

a) ao segurado empregado, a contar do décimo sexto dia do afastamento da atividade ou a partir da entrada do requerimento, se entre o afastamento e a entrada do requerimento decorrerem mais de trinta dias; (Redação Dada pela Lei nº 9.876, de 1999)

b) ao segurado empregado doméstico, trabalhador avulso, contribuinte individual, especial e facultativo, a contar da data do início da incapacidade ou da data da entrada do requerimento, se entre essas datas decorrerem mais de trinta dias. (Redação Dada pela Lei nº 9.876, de 1999)

§ 2º. Durante os primeiros quinze dias de afastamento da atividade por motivo de invalidez, caberá à empresa pagar ao segurado empregado o salário. (Redação Dada pela Lei nº 9.876, de 1999)

§ 3º. (Revogado pela Lei nº 9.032, de 1995)

§ 4º O segurado aposentado por invalidez poderá ser convocado a qualquer momento para avaliação das condições que ensejaram o afastamento ou a aposentadoria, concedida judicial ou administrativamente, observado o disposto no art. 101 desta Lei. (Incluído pela Lei nº 13.457, de 2017)

§ 5º A pessoa com HIV/aids é dispensada da avaliação referida no § 4º deste artigo. (Redação dada pela Lei nº 13.847/2019)

Art. 44. A aposentadoria por invalidez, inclusive a decorrente de acidente do trabalho, consistirá numa renda mensal correspondente a 100% (cem por cento) do salário de benefício, observado o disposto na Seção III, especialmente no art. 33 desta Lei. (Redação dada pela Lei nº 9.032, de 1995)

§ 1º. (Revogado pela Lei nº 9.528, de 1997)

§ 2º. Quando o acidentado do trabalho estiver em gozo de auxílio-doença, o valor da aposentadoria por invalidez será igual ao do auxílio-doença se este, por força de reajustamento, for superior ao previsto neste artigo.

Art. 45. O valor da aposentadoria por invalidez do segurado que necessitar da assistência permanente de outra pessoa será acrescido de 25% (vinte e cinco por cento).

Parágrafo único. O acréscimo de que trata este artigo:

a) será devido ainda que o valor da aposentadoria atinja o limite máximo legal;

b) será recalculado quando o benefício que lhe deu origem for reajustado;

c) cessará com a morte do aposentado, não sendo incorporável ao valor da pensão.

Art. 46. O aposentado por invalidez que retornar voluntariamente à atividade terá sua aposentadoria automaticamente cancelada, a partir da data do retorno.

Art. 47. Verificada a recuperação da capacidade de trabalho do aposentado por invalidez, será observado o seguinte procedimento:

I – quando a recuperação ocorrer dentro de 5 (cinco) anos, contados da data do início da aposentadoria por invalidez ou do auxílio-doença que a antecedeu sem interrupção, o benefício cessará:

a) de imediato, para o segurado empregado que tiver direito a retornar à função que desempenhava na empresa quando se aposentou, na forma da legislação trabalhista, valendo como documento, para tal fim, o certificado de capacidade fornecido pela Previdência Social; ou

b) após tantos meses quantos forem os anos de duração do auxílio-doença ou da aposentadoria por invalidez, para os demais segurados;

II – quando a recuperação for parcial, ou ocorrer após o período do inciso I, ou ainda quando o segurado for declarado apto para o exercício de trabalho diverso do qual habitualmente exercia, a aposentadoria será mantida, sem prejuízo da volta à atividade:

a) no seu valor integral, durante 6 (seis) meses contados da data em que for verificada a recuperação da capacidade;

b) com redução de 50% (cinquenta por cento), no período seguinte de 6 (seis) meses;

c) com redução de 75% (setenta e cinco por cento), também por igual período de 6 (seis) meses, ao término do qual cessará definitivamente.

SUBSEÇÃO II. DA APOSENTADORIA POR IDADE

- Decreto 3.048/1999: arts. 51 a 54.

Art. 48. A aposentadoria por idade será devida ao segurado que, cumprida a carência exigida nesta Lei, completar 65 (sessenta e cinco) anos de idade, se homem, e 60 (sessenta), se mulher. (Redação dada pela Lei nº 9.032, de 1995)

§ 1º. Os limites fixados no *caput* são reduzidos para sessenta e cinquenta e cinco anos no caso de trabalhadores rurais, respectivamente homens e mulheres, referidos na alínea a do inciso I, na alínea g do inciso V e nos incisos VI e VII do art. 11. (Redação Dada pela Lei nº 9.876, de 1999)

§ 2º. Para os efeitos do disposto no § 1º deste artigo, o trabalhador rural deve comprovar o efetivo exercício de atividade rural, ainda que de forma descontínua, no período imediatamente anterior ao requerimento do benefício, por tempo igual ao número de meses de contribuição correspondente à carência do benefício pretendido, computado o período a que se referem os incisos III a VIII do § 9º do art. 11 desta Lei. (Redação dada pela Lei nº 11.718, de 2008)

§ 3º. Os trabalhadores rurais de que trata o § 1º deste artigo que não atendam ao disposto no § 2º deste artigo, mas que satisfaçam essa condição, se forem considerados períodos de contribuição sob outras categorias do segurado, farão jus ao benefício ao completarem 65 (sessenta e cinco) anos de idade, se homem, e 60 (sessenta) anos, se mulher. (Incluído pela Lei nº 11.718, de 2008)

§ 4º. Para efeito do § 3º deste artigo, o cálculo da renda mensal do benefício será apurado de acordo com o disposto no inciso II do *caput* do art. 29 desta Lei, considerando-se como salário de contribuição mensal do período como segurado especial o limite mínimo de salário de contribuição da Previdência Social. (Incluído pela Lei nº 11,718, de 2008)

Art. 49. A aposentadoria por idade será devida:

I – ao segurado empregado, inclusive o doméstico, a partir:

a) da data do desligamento do emprego, quando requerida até essa data ou até 90 (noventa) dias depois dela; ou

b) da data do requerimento, quando não houver desligamento do emprego ou quando for requerida após o prazo previsto na alínea "a";

II - para os demais segurados, da data da entrada do requerimento.

Art. 50. A aposentadoria por idade, observado o disposto na Seção III deste Capítulo, especialmente no art. 33, consistirá numa renda mensal de 70% (setenta por cento) do salário de benefício, mais 1% (um por cento) deste, por grupo de 12 (doze) contribuições, não podendo ultrapassar 100% (cem por cento) do salário de benefício.

- Decreto 3.048/1999: arts. 31 e 32.

Art. 51. A aposentadoria por idade pode ser requerida pela empresa, desde que o segurado empregado tenha cumprido o período de carência e completado 70 (setenta) anos de idade, se do sexo masculino, ou 65 (sessenta e cinco) anos, se do sexo feminino, sendo compulsória, caso em que será garantida ao empregado a indenização prevista na legislação trabalhista, considerada como data da rescisão do contrato de trabalho a imediatamente anterior à do início da aposentadoria.

SUBSEÇÃO III.
DA APOSENTADORIA POR TEMPO DE SERVIÇO

Art. 52. A aposentadoria por tempo de serviço será devida, cumprida a carência exigida nesta Lei, ao segurado que completar 25 (vinte e cinco) anos de serviço, se do sexo feminino, ou 30 (trinta) anos, se do sexo masculino.

- Súm. 272 do STJ.
- CF/88: arts. 40 e 201, § 7º.

Art. 53. A aposentadoria por tempo de serviço, observado o disposto na Seção III deste Capítulo, especialmente no art. 33, consistirá numa renda mensal de:

I - para a mulher: 70% (setenta por cento) do salário de benefício aos 25 (vinte e cinco) anos de serviço, mais 6% (seis por cento) deste, para cada novo ano completo de atividade, até o máximo de 100% (cem por cento) do salário de benefício aos 30 (trinta) anos de serviço;

II - para o homem: 70% (setenta por cento) do salário de benefício aos 30 (trinta) anos de serviço, mais 6% (seis por cento) deste, para cada novo ano completo de atividade, até o máximo de 100% (cem por cento) do salário de benefício aos 35 (trinta e cinco) anos de serviço.

Art. 54. A data do início da aposentadoria por tempo de serviço será fixada da mesma forma que a da aposentadoria por idade, conforme o disposto no art. 49.

Art. 55. O tempo de serviço será comprovado na forma estabelecida no Regulamento, compreendendo, além do correspondente às atividades de qualquer das categorias de segurados de que trata o art. 11 desta Lei, mesmo que anterior à perda da qualidade de segurado:

I - o tempo de serviço militar, inclusive o voluntário, e o previsto no § 1º do art. 143 da Constituição Federal, ainda que anterior à filiação ao Regime Geral de Previdência Social, desde que não tenha sido contado para inatividade remunerada nas Forças Armadas ou aposentadoria no serviço público;

II - o tempo intercalado em que esteve em gozo de auxílio-doença ou aposentadoria por invalidez;

III - o tempo de contribuição efetuada como segurado facultativo; (Redação dada pela Lei nº 9.032, de 1995)

IV - o tempo de serviço referente ao exercício de mandato eletivo federal, estadual ou municipal, desde que não tenha sido contado para efeito de aposentadoria por outro regime de previdência social; (Redação dada pela Lei nº 9.506, de 1997)

V - o tempo de contribuição efetuado por segurado depois de ter deixado de exercer atividade remunerada que o enquadrava no art. 11 desta Lei;

VI - o tempo de contribuição efetuado com base nos artigos 8º e 9º da Lei nº 8.162, de 8 de janeiro de 1991, pelo segurado definido no artigo 11, inciso I, alínea "g", desta Lei, sendo tais contribuições computadas para efeito de carência. (Incluído pela Lei nº 8.647, de 1993)

§ 1º. A averbação de tempo de serviço durante o qual o exercício da atividade não determinava filiação obrigatória ao anterior Regime de Previdência Social Urbana só será admitida mediante o recolhimento das contribuições correspondentes, conforme dispuser o Regulamento, observado o disposto no § 2º.

§ 2º. O tempo de serviço do segurado trabalhador rural, anterior à data de início de vigência desta Lei, será computado independentemente do recolhimento das contribuições a ele correspondentes, exceto para efeito de carência, conforme dispuser o Regulamento.

§ 3º. A comprovação do tempo de serviço para fins do disposto nesta Lei, inclusive mediante justificativa administrativa ou judicial, observado o disposto no art. 108, só produzirá efeito quando for baseada em início de prova material contemporânea dos fatos, não admitida a prova exclusivamente testemunhal, exceto na ocorrência de motivo de força maior ou caso fortuito, na forma prevista no Regulamento. (Redação dada pela Lei 13.846/2019)

§ 4º. Não será computado como tempo de contribuição, para efeito de concessão do benefício de que trata esta subseção, o período em que o segurado contribuinte individual ou facultativo tiver contribuído na forma do § 2º do art. 21 da Lei nº 8.212, de 24 de julho de 1991, salvo se tiver complementado as contribuições na forma do § 3º do mesmo artigo. (Incluído pela Lei Complementar nº 123, de 2006)

Art. 56. O professor, após 30 (trinta) anos, e a professora, após 25 (vinte e cinco) anos de efetivo exercício em funções de magistério poderão aposentar-se por tempo de serviço, com renda mensal correspondente a 100% (cem por cento) do salário de benefício, observado o disposto na Seção III deste Capítulo.

- Súm. 726 do STF.
- CF/88: art. 201, § 8º.

SUBSEÇÃO IV.
DA APOSENTADORIA ESPECIAL

- Súm. Vinculante 33 do STF.
- Decreto 3.048/1999: arts. 64 a 70.

Art. 57. A aposentadoria especial será devida, uma vez cumprida a carência exigida nesta Lei, ao segurado que tiver trabalhado sujeito a condições especiais que prejudiquem a saúde ou a integridade física, durante 15 (quinze), 20 (vinte) ou 25 (vinte e cinco) anos, conforme dispuser a lei. (Redação dada pela Lei nº 9.032, de 1995)

- EC 20/1998

§ 1º. A aposentadoria especial, observado o disposto no art. 33 desta Lei, consistirá numa renda mensal equivalente a 100% (cem por cento) do salário-de-benefício. *(Parágrafo com redação dada pela Lei 9.032, de 28.04.1995)*

§ 2º. A data de início do benefício será fixada da mesma forma que a da aposentadoria por idade, conforme o disposto no art. 49.

§ 3º. A concessão da aposentadoria especial dependerá de comprovação pelo segurado, perante o Instituto Nacional do Seguro Social–INSS, do tempo de trabalho permanente, não ocasional nem intermitente, em condições especiais que prejudiquem a saúde ou a integridade física, durante o período mínimo fixado. (Redação dada pela Lei nº 9.032, de 1995)

§ 4º. O segurado deverá comprovar, além do tempo de trabalho, exposição aos agentes nocivos químicos, físicos, biológicos ou associação de agentes prejudiciais à saúde ou à integridade física, pelo período equivalente ao exigido para a concessão do benefício. (Redação dada pela Lei nº 9.032, de 1995)

§ 5º. O tempo de trabalho exercido sob condições especiais que sejam ou venham a ser consideradas prejudiciais à saúde ou à integridade física será somado, após a respectiva conversão ao tempo de trabalho exercido em atividade comum, segundo critérios estabelecidos pelo Ministério da Previdência e Assistência Social, para efeito de concessão de qualquer benefício. (Incluído pela Lei nº 9.032, de 1995)

§ 6º. O benefício previsto neste artigo será financiado com os recursos provenientes da contribuição de que trata o inciso II do art. 22 da Lei nº 8.212, de 24 de julho de 1991, cujas alíquotas serão acrescidas de doze, nove ou seis pontos percentuais, conforme a atividade exercida pelo segurado a serviço da empresa permita a concessão de aposentadoria especial após quinze, vinte ou vinte e cinco anos de contribuição, respectivamente. (Redação dada pela Lei nº 9.732, de 1998)

§ 7º. O acréscimo de que trata o parágrafo anterior incide exclusivamente sobre a remuneração do segurado sujeito às condições especiais referidas no *caput*. (Incluído pela Lei nº 9.732, de 1998)

§ 8º. Aplica-se o disposto no art. 46 ao segurado aposentado nos termos deste artigo que continuar no exercício de atividade ou operação que o sujeite aos agentes nocivos constantes da relação referida no art. 58 desta Lei. (Incluído pela Lei nº 9.732, de 1998)

Art. 58. A relação dos agentes nocivos químicos, físicos e biológicos ou associação de agentes prejudiciais à saúde ou à integridade física considerados para fins de concessão da aposentadoria especial de que trata o artigo anterior será definida pelo Poder Executivo. (Redação dada pela Lei nº 9.528, de 1997)

- EC 20/1998: art.15.

§ 1º. A comprovação da efetiva exposição do segurado aos agentes nocivos será feita mediante formulário, na forma estabelecida pelo Instituto Nacional do Seguro Social – INSS, emitido pela empresa ou seu preposto, com base em laudo técnico de condições ambientais do trabalho expedido por médico do trabalho ou engenheiro de segurança do trabalho nos termos da legislação trabalhista. (Redação dada pela Lei nº 9.732, de 1998)

§ 2º. Do laudo técnico referido no parágrafo anterior deverão constar informação sobre a existência de tecnologia de proteção coletiva ou individual que diminua a intensidade do agente agressivo a limites de tolerância e recomendação sobre a sua adoção pelo estabelecimento respectivo. (Redação dada pela Lei nº 9.732, de 1998)

§ 3º. A empresa que não mantiver laudo técnico atualizado com referência aos agentes nocivos existentes no ambiente de trabalho de seus trabalhadores ou que emitir documento de comprovação de efetiva exposição em desacordo com o respectivo laudo estará sujeita à penalidade prevista no art. 133 desta Lei. (Incluído pela Lei nº 9.528, de 1997)

§ 4º. A empresa deverá elaborar e manter atualizado perfil profissiográfico abrangendo as atividades desenvolvidas pelo trabalhador e fornecer a este, quando da rescisão do contrato de trabalho, cópia autêntica desse documento. (Incluído pela Lei nº 9.528, de 1997)

SUBSEÇÃO V.
DO AUXÍLIO-DOENÇA

‣ Decreto 3.048/1999.

Art. 59. O auxílio-doença será devido ao segurado que, havendo cumprido, quando for o caso, o período de carência exigido nesta Lei, ficar incapacitado para o seu trabalho ou para a sua atividade habitual por mais de 15 (quinze) dias consecutivos.

‣ CLT: art. 476.

§ 1º Não será devido o auxílio-doença ao segurado que se filiar ao Regime Geral de Previdência Social já portador da doença ou da lesão invocada como causa para o benefício, exceto quando a incapacidade sobrevier por motivo de progressão ou agravamento da doença ou da lesão. (Redação dada pela Lei 13.846/2019)

§ 2º Não será devido o auxílio-doença para o segurado recluso em regime fechado. (Redação dada pela Lei 13.846/2019)

§ 3º O segurado em gozo de auxílio-doença na data do recolhimento à prisão terá o benefício suspenso. (Redação dada pela Lei 13.846/2019)

§ 4º A suspensão prevista no § 3º será de até sessenta dias, contados da data do recolhimento à prisão, cessado o benefício após o referido prazo. (Redação dada pela Lei 13.846/2019)

§ 5º Na hipótese de o segurado ser colocado em liberdade antes do prazo previsto no § 4º, o benefício será restabelecido a partir da data da soltura. (Redação dada pela Lei 13.846/2019)

§ 6º Em caso de prisão declarada ilegal, o segurado terá direito à percepção do benefício por todo o período devido. (Acrescido pela Lei 13.846/2019)

§ 7º O disposto nos §§ 2º, 3º, 4º, 5º e 6º deste artigo aplica-se somente aos benefícios dos segurados que forem recolhidos à prisão a partir da data de publicação desta Lei. (Acrescido pela Lei 13.846/2019)

§ 8º O segurado recluso em cumprimento de pena em regime aberto ou semiaberto terá direito ao auxílio-doença. (Acrescido pela Lei 13.846/2019)

Art. 60. O auxílio-doença será devido ao segurado empregado a contar do décimo sexto dia do afastamento da atividade, e, no caso dos demais segurados, a contar da data do início da incapacidade e enquanto ele permanecer incapaz. (Redação dada pela Lei nº 9.876, de 1999)

§ 1º. Quando requerido por segurado afastado da atividade por mais de 30 (trinta) dias, o auxílio-doença será devido a contar da data da entrada do requerimento.

§ 2º. *(Revogado pela Lei nº 9.032, de 1995)*

§ 3º. Durante os primeiros quinze dias consecutivos ao do afastamento da atividade por motivo de doença, incumbirá à empresa pagar ao segurado empregado o seu salário integral. (Redação Dada pela Lei nº 9.876, de 1999)

§ 4º. A empresa que dispuser de serviço médico, próprio ou em convênio, terá a seu cargo o exame médico e o abono das faltas correpondentes ao período referido no § 3º, somente devendo encaminhar o segurado à perícia médica da Previdência Social quando a incapacidade ultrapassar 15 (quinze) dias.

‣ Consta conforme publicação oficial. Onde se lê "correpondentes"; leia-se "correspondentes".

§ 5º (Revogado pela Lei 13.846/2019)

§ 6º. O segurado que durante o gozo do auxílio-doença vier a exercer atividade que lhe garanta subsistência poderá ter o benefício cancelado a partir do retorno à atividade. (Incluído pela Lei 13.135/2015)

§ 7º. Na hipótese do § 6º, caso o segurado, durante o gozo do auxílio-doença, venha a exercer atividade diversa daquela que gerou o benefício, deverá ser verificada a incapacidade para cada uma das atividades exercidas. (Incluído pela Lei 13.135/2015)

§ 8º Sempre que possível, o ato de concessão ou de reativação de auxílio-doença, judicial ou administrativo, deverá fixar o prazo estimado para a duração do benefício. (Incluído pela Lei nº 13.457, de 2017)

§ 9º Na ausência de fixação do prazo de que trata o § 8º deste artigo, o benefício cessará após o prazo de cento e vinte dias, contado da data de concessão ou de reativação do auxílio-doença, exceto se o segurado requerer a sua prorrogação perante o INSS, na forma do regulamento, observado o disposto no art. 62 desta Lei. (Incluído pela Lei nº 13.457, de 2017)

§ 10. O segurado em gozo de auxílio-doença, concedido judicial ou administrativamente, poderá ser convocado a qualquer momento para avaliação das condições que ensejaram sua concessão ou manutenção, observado o disposto no art. 101 desta Lei. (Incluído pela Lei nº 13.457, de 2017)

§ 11. O segurado que não concordar com o resultado da avaliação da qual dispõe o § 10 deste artigo poderá apresentar, no prazo máximo de trinta dias, recurso da decisão da administração perante o Conselho de Recursos do Seguro Social, cuja análise médica pericial, se necessária, será feita pelo assistente técnico médico da junta de recursos do seguro social, perito diverso daquele que indeferiu o benefício. (Incluído pela Lei nº 13.457, de 2017)

§ 11-A. O exame médico-pericial previsto nos §§ 4º e 10 deste artigo, a cargo da Previdência Social, poderá ser realizado com o uso de tecnologia de telemedicina ou por análise documental conforme situações e requisitos definidos em regulamento. *(Acrescido pela Lei 14.724/2023)*

§§ 12 e 13. *(Acrescidos pela MP 767/2017, e não mantidos na Lei 13.457/2017, na qual foi convertida a referida Medida Provisória)*

§ 14. Ato do Ministro de Estado do Trabalho e Previdência poderá estabelecer as condições de dispensa da emissão de parecer conclusivo da perícia médica federal quanto à incapacidade laboral, hipótese na qual a concessão do benefício de que trata este artigo será feita por meio de análise documental, incluídos atestados ou laudos médicos, realizada pelo INSS. *(Acrescido pela Lei 14.441/2022)*

Art. 61. O auxílio-doença, inclusive o decorrente de acidente do trabalho, consistirá numa renda mensal correspondente a 91% (noventa e um por cento) do salário de benefício, observado o disposto na Seção III, especialmente no art. 33 desta Lei. (Redação dada pela Lei nº 9.032, de 1995)

Art. 62. O segurado em gozo de auxílio-doença, insuscetível de recuperação para sua atividade habitual, deverá submeter-se a processo de reabilitação profissional para o exercício de outra atividade. (Redação dada pela Lei nº 13.457, de 2017)

§ 1º O benefício a que se refere o *caput* deste artigo será mantido até que o segurado seja considerado reabilitado para o desempenho de atividade que lhe garanta a subsistência ou, quando considerado não recuperável, seja aposentado por invalidez. (Parágrafo único transformado em § 1º pela Lei 13.846/2019)

§ 2º A alteração das atribuições e responsabilidades do segurado compatíveis com a limitação que tenha sofrido em sua capacidade física ou mental não configura desvio de cargo ou função do segurado reabilitado ou que estiver em processo de reabilitação profissional a cargo do INSS. (Redação dada pela Lei 13.846/2019)

Art. 63. O segurado empregado, inclusive o doméstico, em gozo de auxílio-doença será considerado pela empresa e pelo empregador doméstico como licenciado. (Redação dada pela Lei Complementar nº 150, de 2015)

Parágrafo único. A empresa que garantir ao segurado licença remunerada ficará obrigada a pagar-lhe durante o período de auxílio-doença a eventual diferença entre o valor deste e a importância garantida pela licença.

Art. 64. (Revogado pela Lei nº 9.032, de 1995)

SUBSEÇÃO VI.
DO SALÁRIO-FAMÍLIA

‣ Decreto 3.048/1999.

Art. 65. O salário-família será devido, mensalmente, ao segurado empregado, inclusive o doméstico, e ao segurado trabalhador avulso, na proporção do respectivo número de filhos ou equiparados nos termos do § 2º do art. 16 desta Lei, observado o disposto no art. 66. (Redação dada pela Lei Complementar nº 150, de 2015)

Parágrafo único. O aposentado por invalidez ou por idade e os demais aposentados com 65 (sessenta e cinco) anos ou mais de idade, se do sexo masculino, ou 60 (sessenta) anos ou mais, se do feminino, terão direito ao salário-família, pago juntamente com a aposentadoria.

Art. 66. O valor da cota do salário-família por filho ou equiparado de qualquer condição, até 14 (quatorze) anos de idade ou inválido de qualquer idade é de:

I – Cr$ 1.360,00 (um mil trezentos e sessenta cruzeiros), para o segurado com remuneração mensal não superior a Cr$ 51.000,00 (cinquenta e um mil cruzeiros);

- Valores e alíquotas sujeitos a atualização por meio de ato do Ministério ou Órgão competente.

II – Cr$ 170,00 (cento e setenta cruzeiros), para o segurado com remuneração mensal superior a Cr$ 51.000,00 (cinquenta e um mil cruzeiros).

- Valores e alíquotas sujeitos a atualização por meio de ato do Ministério ou Órgão competente.

Art. 67. O pagamento do salário-família é condicionado à apresentação da certidão de nascimento do filho ou da documentação relativa ao equiparado ou ao inválido, e à apresentação anual de atestado de vacinação obrigatória e de comprovação de frequência à escola do filho ou equiparado, nos termos do regulamento. (Redação dada pela Lei nº 9.876, de 1999)

Parágrafo único. O empregado doméstico deve apresentar apenas a certidão de nascimento referida no *caput*. (Incluído pela Lei Complementar nº 150, de 2015)

Art. 68. As cotas do salário-família serão pagas pela empresa ou pelo empregador doméstico, mensalmente, junto com o salário, efetivando-se a compensação quando do recolhimento das contribuições, conforme dispuser o Regulamento. (Redação dada pela Lei Complementar nº 150, de 2015)

§ 1º. A empresa ou o empregador doméstico conservarão durante 10 (dez) anos os comprovantes de pagamento e as cópias das certidões correspondentes, para fiscalização da Previdência Social. (Redação dada pela Lei Complementar nº 150, de 2015)

§ 2º. Quando o pagamento do salário não for mensal, o salário-família será pago juntamente com o último pagamento relativo ao mês.

Art. 69. O salário-família devido ao trabalhador avulso poderá ser recebido pelo sindicato de classe respectivo, que se incumbirá de elaborar as folhas correspondentes e de distribuí-lo.

Art. 70. A cota do salário-família não será incorporada, para qualquer efeito, ao salário ou ao benefício.

SUBSEÇÃO VII. DO SALÁRIO-MATERNIDADE

- Lei 13.301/2016: art. 18, § 3º.
- Lei 13.257/2016 – Dispõe sobre as políticas públicas para a primeira infância.
- Lei 11.770/2008 – Cria o Programa Empresa Cidadã, destinado à prorrogação da licença-maternidade mediante concessão de incentivo fiscal.
- Decreto 6.690/2008 – Institui o Programa de Prorrogação da Licença à Gestante e à Adotante, estabelece os critérios de adesão ao Programa.
- Decreto 3.048/1999.

Art. 71. O salário-maternidade é devido à segurada da Previdência Social, durante 120 (cento e vinte) dias, com início no período entre 28 (vinte e oito) dias antes do parto e a data de ocorrência deste, observadas as situações e condições previstas na legislação no que concerne à proteção à maternidade. (Redação dada pala Lei nº 10.710, de 2003)

- ADI 6327 – O STF, por unanimidade, julgou procedente o pedido formulado para conferir interpretação conforme à Constituição ao artigo 71 da Lei n. 8.213/91 de modo a se considerar como termo inicial da licença-maternidade e do respectivo salário-maternidade a alta hospitalar do recém-nascido e/ou de sua mãe, o que ocorrer por último, prorrogando-se em todo o período o benefício, quando o período de internação exceder as duas semanas previstas no art. 392, § 2º, da CLT, e no art. 93, § 3º, do Decreto n. 3.048/99. (Plenário, Sessão Virtual de 14.10.2022 a 21.10.2022.)
- Lei 13.985/2020, art. 5º, II.
- Súm. 657 do STJ.

Parágrafo único. (*Revogado pela Lei nº 9.528, de 1997*)

Art. 71-A. Ao segurado ou segurada da Previdência Social que adotar ou obtiver guarda judicial para fins de adoção de criança é devido salário-maternidade pelo período de 120 (cento e vinte) dias. (Redação dada pela Lei nº 12.873, de 2013)

§ 1º. O salário-maternidade de que trata este artigo será pago diretamente pela Previdência Social. (Redação dada pela Lei nº 12.873, de 2013)

§ 2º. Ressalvado o pagamento do salário-maternidade à mãe biológica e o disposto no art. 71-B, não poderá ser concedido o benefício a mais de um segurado, decorrente do mesmo processo de adoção ou guarda, ainda que os cônjuges ou companheiros estejam submetidos a Regime Próprio de Previdência Social. (Incluído pela Lei nº 12.873, de 2013)

Art. 71-B. No caso de falecimento da segurada ou segurado que fizer jus ao recebimento do salário-maternidade, o benefício será pago, por todo o período ou pelo tempo restante a que teria direito, ao cônjuge ou companheiro sobrevivente que tenha a qualidade de segurado, exceto no caso do falecimento do filho ou de seu abandono, observadas as normas aplicáveis ao salário-maternidade. (Incluído pela Lei nº 12.873, de 2013)

§ 1º. O pagamento do benefício de que trata o *caput* deverá ser requerido até o último dia do prazo previsto para o término do salário-maternidade originário. (Incluído pela Lei nº 12.873, de 2013)

§ 2º. O benefício de que trata o *caput* será pago diretamente pela Previdência Social durante o período entre a data do óbito e o último dia do término do salário-maternidade originário e será calculado sobre: (Incluído pela Lei nº 12.873, de 2013)

I – a remuneração integral, para o empregado e trabalhador avulso; (Incluído pela Lei nº 12.873, de 2013)

II – o último salário de contribuição, para o empregado doméstico; (Incluído pela Lei nº 12.873, de 2013)

III – 1/12 (um doze avos) da soma dos 12 (doze) últimos salários de contribuição, apurados em um período não superior a 15 (quinze) meses, para o contribuinte individual, facultativo e desempregado; e (Incluído pela Lei nº 12.873, de 2013)

IV – o valor do salário mínimo, para o segurado especial. (Incluído pela Lei nº 12.873, de 2013)

§ 3º. Aplica-se o disposto neste artigo ao segurado que adotar ou obtiver guarda judicial para fins de adoção. (Incluído pela Lei nº 12.873, de 2013)

Art. 71-C. A percepção do salário-maternidade, inclusive o previsto no art. 71-B, está condicionada ao afastamento do segurado do trabalho ou da atividade desempenhada, sob pena de suspensão do benefício. (Incluído pela Lei nº 12.873, de 2013)

Art. 72. O salário-maternidade para a segurada empregada ou trabalhadora avulsa consistirá numa renda mensal igual a sua remuneração integral. (Redação Dada pela Lei nº 9.876, de 1999)

§ 1º. Cabe à empresa pagar o salário-maternidade devido à respectiva empregada gestante, efetivando-se a compensação, observado o disposto no art. 248 da Constituição Federal, quando do recolhimento das contribuições incidentes sobre a folha de salários e demais rendimentos pagos ou creditados, a qualquer título, à pessoa física que lhe preste serviço. (Incluído pela Lei nº 10.710, de 2003)

§ 2º. A empresa deverá conservar durante 10 (dez) anos os comprovantes dos pagamentos e os atestados correspondentes para exame pela fiscalização da Previdência Social. (Incluído pela Lei nº 10.710, de 2003)

§ 3º. O salário-maternidade devido à trabalhadora avulsa e à empregada do microempreendedor individual de que trata o art. 18-A da Lei Complementar nº 123, de 14 de dezembro de 2006, será pago diretamente pela Previdência Social. (Redação dada pela Lei nº 12.470, de 2011)

Art. 73. Assegurado o valor de um salário-mínimo, o salário-maternidade para as demais seguradas, pago diretamente pela Previdência Social, consistirá: (Redação dada pela Lei nº 10.710, de 2003)

I – em um valor correspondente ao do seu último salário de contribuição, para a segurada empregada doméstica; (Incluído pela lei nº 9.876, de 1999)

II – em um doze avos do valor sobre o qual incidiu sua última contribuição anual, para a segurada especial; (Incluído pela lei nº 9.876, de 1999)

III – em um doze avos da soma dos doze últimos salários de contribuição, apurados em um período não superior a quinze meses, para as demais seguradas. (Incluído pela lei nº 9.876, de 1999)

Parágrafo único. Aplica-se à segurada desempregada, desde que mantida a qualidade de segurada, na forma prevista no art. 15 desta Lei, o disposto no inciso III do *caput* deste artigo. (Acrescido pela Lei 13.846/2019)

SUBSEÇÃO VIII. DA PENSÃO POR MORTE

- Súm. 340 e 416 do STJ.
- Decreto 3.048/1999.

Art. 74. A pensão por morte será devida ao conjunto dos dependentes do segurado que falecer, aposentado ou não, a contar da data: (Redação dada pela Lei nº 9.528, de 1997)

I - do óbito, quando requerida em até cento e oitenta dias após o óbito, para os filhos menores de dezesseis anos, ou em até noventa dias após o óbito, para os demais dependentes; *(Redação dada pela Lei 13.846/2019)*

II – do requerimento, quando requerida após o prazo previsto no inciso anterior; (Incluído pela Lei nº 9.528, de 1997)

III – da decisão judicial, no caso de morte presumida. (Incluído pela Lei nº 9.528, de 1997)

§ 1º. Perde o direito à pensão por morte o condenado criminalmente por sentença com trânsito em julgado, como autor, coautor ou partícipe de homicídio doloso, ou de tentativa desse crime, cometido contra a pessoa do segurado, ressalvados os absolutamente incapazes e os inimputáveis. (Redação dada pela Lei 13.846/2019)

§ 2º. Perde o direito à pensão por morte o cônjuge, o companheiro ou a companheira se comprovada, a qualquer tempo, simulação ou fraude no casamento ou na união estável, ou a formalização desses com o fim exclusivo de constituir benefício previdenciário, apuradas em processo judicial no qual será assegurado o direito ao contraditório e à ampla defesa. (Incluído pela Lei 13.135/2015)

§ 3º Ajuizada a ação judicial para reconhecimento da condição de dependente, este poderá requerer a sua habilitação provisória ao benefício de pensão por morte, exclusivamente para fins de rateio dos valores com outros dependentes, vedado o pagamento da respectiva cota até o trânsito em julgado da respectiva ação, ressalvada a existência de decisão judicial em contrário. (Redação dada pela Lei 13.846/2019)

§ 4º Nas ações em que o INSS for parte, este poderá proceder de ofício à habilitação excepcional da referida pensão, apenas para efeitos de rateio, descontando-se os valores referentes a esta habilitação das demais cotas, vedado o pagamento da respectiva cota até o trânsito em julgado da respectiva ação, ressalvada a existência de decisão judicial em contrário. (Acrescido pela Lei 13.846/2019)

§ 5º Julgada improcedente a ação prevista no § 3º ou § 4º deste artigo, o valor retido será corrigido pelos índices legais de reajustamento e será pago de forma proporcional aos demais dependentes, de acordo com as suas cotas e o tempo de duração de seus benefícios. (Redação dada pela Lei 13.846/2019)

§ 6º Em qualquer caso, fica assegurada ao INSS a cobrança dos valores indevidamente pagos em função de nova habilitação. (Acrescido pela Lei 13.846/2019)

Art. 75. O valor mensal da pensão por morte será de cem por cento do valor da aposentadoria que o segurado recebia ou daquela a que teria direito se estivesse aposentado por invalidez na data de seu falecimento, observado o disposto no art. 33 desta lei. (Redação dada pela Lei nº 9.528, de 1997)

Art. 76. A concessão da pensão por morte não será protelada pela falta de habilitação de outro possível dependente, e qualquer inscrição ou habilitação posterior que importe em exclusão ou inclusão de dependente só produzirá efeito a contar da data da inscrição ou habilitação.

§ 1º. O cônjuge ausente não exclui do direito à pensão por morte o companheiro ou a companheira, que somente fará jus ao benefício a partir da data de sua habilitação e mediante prova de dependência econômica.

§ 2º. O cônjuge divorciado ou separado judicialmente ou de fato que recebia pensão de alimentos concorrerá em igualdade de condições com os dependentes referidos no inciso I do art. 16 desta Lei.

‣ Súm. 336 do STJ.

§ 3º. Na hipótese de o segurado falecido estar, na data de seu falecimento, obrigado por determinação judicial a pagar alimentos temporários a ex-cônjuge, ex-companheiro ou ex-companheira, a pensão por morte será devida pelo prazo remanescente na data do óbito, caso não incida outra hipótese de cancelamento anterior do benefício. (Redação dada pela Lei 13.846/2019)

Art. 77. A pensão por morte, havendo mais de um pensionista, será rateada entre todos em parte iguais. (Redação dada pela Lei nº 9.032, de 1995)

§ 1º. Reverterá em favor dos demais a parte daquele cujo direito à pensão cessar. (Redação dada pela Lei nº 9.032, de 1995)

§ 2º. O direito à percepção da cota individual cessará: (Redação dada pela Lei nº 13.846/2019)

I – pela morte do pensionista; (Incluído pela Lei nº 9.032, de 1995)

II – para o filho, a pessoa a ele equiparada ou o irmão, de ambos os sexos, ao completar vinte e um anos de idade, salvo se for inválido ou tiver deficiência intelectual ou mental ou deficiência grave; (Redação dada pela Lei nº 13.183, de 2015)

III – para filho ou irmão inválido, pela cessação da invalidez; (Redação dada pela Lei 13.135/2015)

IV – para filho ou irmão que tenha deficiência intelectual ou mental ou deficiência grave, pelo afastamento da deficiência, nos termos do regulamento; (Redação dada pela Lei 13.135/2015)

V – para cônjuge ou companheiro: (Redação dada pela Lei nº 13.135/2015)

a) se inválido ou com deficiência, pela cessação da invalidez ou pelo afastamento da deficiência, respeitados os períodos mínimos decorrentes da aplicação das alíneas "b" e "c"; (Incluído pela Lei 13.135/2015)

b) em 4 (quatro) meses, se o óbito ocorrer sem que o segurado tenha vertido 18 (dezoito) contribuições mensais ou se o casamento ou a união estável tiverem sido iniciados em menos de 2 (dois) anos antes do óbito do segurado; (Incluído pela Lei 13.135/2015)

c) transcorridos os seguintes períodos, estabelecidos de acordo com a idade do beneficiário na data de óbito do segurado, se o óbito ocorrer depois de vertidas 18 (dezoito) contribuições mensais e pelo menos 2 (dois) anos após o início do casamento ou da união estável: (Incluído pela Lei 13.135/2015)

1) 3 (três) anos, com menos de 21 (vinte e um) anos de idade; (Incluído pela Lei 13.135/2015)

2) 6 (seis) anos, entre 21 (vinte e um) e 26 (vinte e seis) anos de idade; (Incluído pela Lei 13.135/2015)

3) 10 (dez) anos, entre 27 (vinte e sete) e 29 (vinte e nove) anos de idade; (Incluído pela Lei 13.135/2015)

4) 15 (quinze) anos, entre 30 (trinta) e 40 (quarenta) anos de idade; (Incluído pela Lei 13.135/2015)

5) 20 (vinte) anos, entre 41 (quarenta e um) e 43 (quarenta e três) anos de idade; (Incluído pela Lei 13.135/2015)

6) vitalícia, com 44 (quarenta e quatro) ou mais anos de idade. (Incluído pela Lei 13.135/2015)

VI – pela perda do direito, na forma do § 1º do art. 74 desta Lei. (Incluído pela Lei nº 13.846/2019)

§ 2º-A. Serão aplicados, conforme o caso, a regra contida na alínea "a" ou os prazos previstos na alínea "c", ambas do inciso V do § 2º, se o óbito do segurado decorrer de acidente de qualquer natureza ou de doença profissional ou do trabalho, independentemente do recolhimento de 18 (dezoito) contribuições mensais ou da comprovação de 2 (dois) anos de casamento ou de união estável. (Incluído pela Lei 13.135/2015)

§ 2º-B. Após o transcurso de pelo menos 3 (três) anos e desde que nesse período se verifique o incremento mínimo de um ano inteiro na média nacional única, para ambos os sexos, correspondente à expectativa de sobrevida da população brasileira ao nascer, poderão ser fixadas, em números inteiros, novas idades para os fins previstos na alínea "c" do inciso V do § 2º, em ato do Ministro de Estado da Previdência Social, limitado o acréscimo na comparação com as idades anteriores ao referido incremento. (Incluído pela Lei 13.135/2015)

§ 3º. Com a extinção da parte do último pensionista a pensão extinguir-se-á. (Incluído pela Lei nº 9.032, de 1995)

§ 4º. (Revogado pela Lei 13.135/2015)

§ 5º. O tempo de contribuição a Regime Próprio de Previdência Social (RPPS) será considerado na contagem das 18 (dezoito) contribuições mensais de que tratam as alíneas "b" e "c" do inciso V do § 2º. (Incluído pela Lei 13.135/2015)

§ 6º. O exercício de atividade remunerada, inclusive na condição de microempreendedor individual, não impede a concessão ou manutenção da parte individual da pensão do dependente com deficiência intelectual ou mental ou com deficiência grave. (Incluído pela Lei 13.183/2015)

§ 7º. Se houver fundados indícios de autoria, coautoria ou participação de dependente, ressalvados os absolutamente incapazes e os inimputáveis, em homicídio, ou em tentativa desse crime, cometido contra a pessoa do segurado, será possível a suspensão provisória de sua parte no benefício de pensão por morte, mediante processo administrativo próprio, respeitados a ampla defesa e o contraditório, e serão devidas, em caso de absolvição, todas as parcelas corrigidas desde a data da suspensão, bem como a reativação imediata do benefício. (Incluído pela Lei 13.846/2019)

Art. 78. Por morte presumida do segurado, declarada pela autoridade judicial competente, depois de 6 (seis) meses de ausência, será concedida pensão provisória, na forma desta Subseção.

§ 1º. Mediante prova do desaparecimento do segurado em consequência de acidente, desastre ou catástrofe, seus dependentes farão jus à pensão provisória independentemente da declaração e do prazo deste artigo.

§ 2º. Verificado o reaparecimento do segurado, o pagamento da pensão cessará imediatamente, desobrigados os dependentes da reposição dos valores recebidos, salvo má-fé.

Art. 79. (Revogado pela Lei 13.846/2019).

SUBSEÇÃO IX.
DO AUXÍLIO-RECLUSÃO

‣ Decreto 3.048/1999.

Art. 80. O auxílio-reclusão, cumprida a carência prevista no inciso IV do *caput* do art. 25 desta Lei, será devido, nas condições da pensão por morte, aos dependentes do segurado de baixa renda recolhido à prisão em regime fechado que não receber remuneração da empresa nem estiver em gozo de auxílio-doença, de pensão por morte, de salário-maternidade, de aposentadoria ou de abono de permanência em serviço. (Redação dada pela Lei nº 13.846/2019)

§ 1º O requerimento do auxílio-reclusão será instruído com certidão judicial que ateste o recolhimento efetivo à prisão, e será obrigatória a apresentação de prova de permanência na condição de presidiário para a manutenção do benefício. (Redação dada pela Lei nº 13.846/2019)

§ 2º O INSS celebrará convênios com os órgãos públicos responsáveis pelo cadastro dos presos para obter informações sobre o recolhimento à prisão. (Incluído pela Lei nº 13.846/2019)

§ 3º Para fins do disposto nesta Lei, considera-se segurado de baixa renda aquele que, no mês de competência de recolhimento à prisão, tenha renda, apurada nos termos do disposto no § 4º deste artigo, de valor igual ou inferior àquela prevista no art. 13 da Emenda Constitucional nº 20, de 15 de dezembro de 1998, corrigido pelos índices de reajuste aplicados aos benefícios do RGPS. (Incluído pela Lei nº 13.846/2019)

§ 4º A aferição da renda mensal bruta para enquadramento do segurado como de baixa renda ocorrerá pela média dos salários de contribuição apurados no período de 12 (doze) meses anteriores ao mês do recolhimento à prisão. (Incluído pela Lei nº 13.846/2019)

§ 5º A certidão judicial e a prova de permanência na condição de presidiário poderão ser substituídas pelo acesso à base de dados, por meio eletrônico, a ser disponibilizada pelo Conselho Nacional de Justiça, com dados cadastrais que assegurem a identificação plena do segurado e da sua condição de presidiário. (Incluído pela Lei 13.846/2019)

§ 6º Se o segurado tiver recebido benefícios por incapacidade no período previsto no § 4º deste artigo, sua duração será contada considerando-se como salário de contribuição no período o salário de benefício que serviu de base para o cálculo da renda mensal, reajustado na mesma época e com a mesma base dos benefícios em geral, não podendo ser inferior ao valor de 1 (um) salário mínimo. (Incluído pela Lei 13.846/2019)

§ 7º O exercício de atividade remunerada do segurado recluso, em cumprimento de pena em regime fechado, não acarreta a perda do direito ao recebimento do auxílio-reclusão para seus dependentes. (Incluído pela Lei 13.846/2019)

§ 8º Em caso de morte de segurado recluso que tenha contribuído para a previdência social durante o período de reclusão, o valor da pensão por morte será calculado levando-se em consideração o tempo de contribuição adicional e os correspondentes salários de contribuição, facultada a opção pelo valor do auxílio-reclusão. (Incluído pela Lei 13.846/2019)

SUBSEÇÃO X.
DOS PECÚLIOS

Art. 81. (Revogado pela Lei nº 9.129, de 1995)

I – (Revogado pela Lei nº 9.129, de 1995)

II – (Revogado pela Lei nº 8.870, de 1994)

III – (Revogado pela Lei nº 9.129, de 1995)

Arts. 82 e 83. (Revogados pela Lei nº 9.032, de 1995)

Art. 84. (Revogado pela Lei nº 8.870, de 1994)

Art. 85. (Revogado pela Lei nº 9.032, de 1995)

SUBSEÇÃO XI.
DO AUXÍLIO-ACIDENTE

‣ Súm. 507 do STJ.
‣ Decreto 3.048/1999.

Art. 86. O auxílio-acidente será concedido, como indenização, ao segurado quando, após consolidação das lesões decorrentes de acidente de qualquer natureza, resultarem sequelas que impliquem redução da capacidade para o trabalho que habitualmente exercia. (Redação dada pela Lei nº 9.528, de 1997)

§ 1º. O auxílio-acidente mensal corresponderá a cinquenta por cento do salário de benefício e será devido, observado o disposto no § 5º, até a véspera do início de qualquer aposentadoria ou até a data do óbito do segurado. (Redação dada pela Lei nº 9.528, de 1997)

‣ Lei 9.032/1995 revogou o citado § 5º.

§ 2º. O auxílio-acidente será devido a partir do dia seguinte ao da cessação do auxílio-doença, independentemente de qualquer remuneração ou rendimento auferido pelo acidentado, vedada sua acumulação com qualquer aposentadoria. (Redação dada pela Lei nº 9.528, de 1997)

§ 3º. O recebimento de salário ou concessão de outro benefício, exceto de aposentadoria, observado o disposto no § 5º, não prejudicará a continuidade do recebimento do auxílio-acidente. (Redação dada pela Lei nº 9.528, de 1997)

‣ Lei 9.032/1995 revogou o citado § 5º.

§ 4º. A perda da audição, em qualquer grau, somente proporcionará a concessão do auxílio-acidente, quando, além do reconhecimento de causalidade entre o trabalho e a doença, resultar, comprovadamente, na redução ou perda da capacidade para o trabalho que habitualmente exercia. (Restabelecido com nova redação pela Lei nº 9.528, de 1997)

§ 5º. (Revogado pela Lei nº 9.032, de 1995)

SUBSEÇÃO XII.
DO ABONO DE PERMANÊNCIA EM SERVIÇO

Art. 87. (Revogado pela Lei nº 8.870, de 1994)

SEÇÃO VI.
DOS SERVIÇOS

SUBSEÇÃO I.
DO SERVIÇO SOCIAL

Art. 88. Compete ao Serviço Social esclarecer junto aos beneficiários seus direitos sociais e os meios de exercê-los e estabelecer conjuntamente com eles o processo de solução dos problemas que emergirem da sua relação com a Previdência Social, tanto no âmbito interno da instituição como na dinâmica da sociedade.

§ 1º. Será dada prioridade aos segurados em benefício por incapacidade temporária e atenção especial aos aposentados e pensionistas.

§ 2º. Para assegurar o efetivo atendimento dos usuários serão utilizadas intervenção técnica, assistência de natureza jurídica, ajuda material, recursos sociais, intercâmbio com empresas e pesquisa social, inclusive mediante celebração de convênios, acordos ou contratos.

§ 3º. O Serviço Social terá como diretriz a participação do beneficiário na implementação e no fortalecimento da política previdenciária, em articulação com as associações e entidades de classe.

§ 4º. O Serviço Social, considerando a universalização da Previdência Social, prestará assessoramento técnico aos Estados e Municípios na elaboração e implantação de suas propostas de trabalho.

SUBSEÇÃO II.
DA HABILITAÇÃO E DA REABILITAÇÃO PROFISSIONAL

‣ Decreto 3.048/1999.

Art. 89. A habilitação e a reabilitação profissional e social deverão proporcionar ao beneficiário incapacitado parcial ou totalmente para o trabalho, e às pessoas portadoras de deficiência, os meios para a (re)educação e de (re)adaptação profissional e social indicados para participar do mercado de trabalho e do contexto em que vive.

Parágrafo único. A reabilitação profissional compreende:

a) o fornecimento de aparelho de prótese, órtese e instrumentos de auxílio para locomoção quando a perda ou redução da capacidade funcional puder ser atenuada por seu uso e dos equipamentos necessários à habilitação e reabilitação social e profissional;

b) a reparação ou a substituição dos aparelhos mencionados no inciso anterior, desgastados pelo uso normal ou por ocorrência estranha à vontade do beneficiário;

c) o transporte do acidentado do trabalho, quando necessário.

Art. 90. A prestação de que trata o artigo anterior é devida em caráter obrigatório aos segurados, inclusive aposentados e, na medida das possibilidades do órgão da Previdência Social, aos seus dependentes.

Art. 91. Será concedido, no caso de habilitação e reabilitação profissional, auxílio para tratamento ou exame fora do domicílio do beneficiário, conforme dispuser o Regulamento.

Art. 92. Concluído o processo de habilitação ou reabilitação social e profissional, a Previdência Social emitirá certificado individual, indicando as atividades que poderão ser exercidas pelo beneficiário, nada impedindo que este exerça outra atividade para a qual se capacitar.

Art. 93. A empresa com 100 (cem) ou mais empregados está obrigada a preencher de

2% (dois por cento) a 5% (cinco por cento) dos seus cargos com beneficiários reabilitados ou pessoas portadoras de deficiência, habilitadas, na seguinte proporção:

I – até 200 empregados.......2%

II – de 201 a 500..................3%

III – de 501 a 1.000..............4%

IV – de 1.001 em diante.......5%

V – *(Vetado na Lei 13.146/2015)*

§ 1º. A dispensa de pessoa com deficiência ou de beneficiário reabilitado da Previdência Social ao final de contrato por prazo determinado de mais de 90 (noventa) dias e a dispensa imotivada em contrato por prazo indeterminado somente poderão ocorrer após a contratação de outro trabalhador com deficiência ou beneficiário reabilitado da Previdência Social. (Redação dada pela Lei nº 13.146, de 2015)

§ 2º. Ao Ministério do Trabalho e Emprego incumbe estabelecer a sistemática de fiscalização, bem como gerar dados e estatísticas sobre o total de empregados e as vagas preenchidas por pessoas com deficiência e por beneficiários reabilitados da Previdência Social, fornecendo-os, quando solicitados, aos sindicatos, às entidades representativas dos empregados ou aos cidadãos interessados. (Redação dada pela Lei nº 13.146, de 2015)

§ 3º. Para a reserva de cargos será considerada somente a contratação direta de pessoa com deficiência, excluído o aprendiz com deficiência de que trata a Consolidação das Leis do Trabalho (CLT), aprovada pelo Decreto-Lei nº 5.452, de 1º de maio de 1943. (Incluído pela Lei nº 13.146, de 2015)

§ 4º. *(Vetado na Lei 13.146/2015)*

SEÇÃO VII.
DA CONTAGEM RECÍPROCA DE TEMPO DE SERVIÇO

‣ Decreto 3.048/1999.

Art. 94. Para efeito dos benefícios previstos no Regime Geral de Previdência Social ou no serviço público é assegurada a contagem recíproca do tempo de contribuição na atividade privada, rural e urbana, e do tempo de contribuição ou de serviço na administração pública, hipótese em que os diferentes sistemas de previdência social se compensarão financeiramente. (Redação dada pela Lei nº 9.711, 1998)

§ 1º. A compensação financeira será feita ao sistema a que o interessado estiver vinculado ao requerer o benefício pelos demais sistemas, em relação aos respectivos tempos de contribuição ou de serviço, conforme dispuser o Regulamento. (Renumerado pela Lei Complementar nº 123, de 2006)

§ 2º. Não será computado como tempo de contribuição, para efeito dos benefícios previstos em regimes próprios de previdência social, o período em que o segurado contribuinte individual ou facultativo tiver contribuído na forma do § 2º do art. 21 da Lei nº 8.212, de 24 de julho de 1991, salvo se complementadas as contribuições na forma do § 3º do mesmo artigo. (Incluído pela Lei Complementar nº 123, de 2006)

Art. 95. Observada a carência de 36 (trinta e seis) contribuições mensais, o segurado poderá contar, para fins de obtenção dos benefícios do Regime Geral de Previdência Social, o tempo de serviço prestado à administração pública federal direta, autárquica e fundacional. (Eficácia suspensa pela Medida Provisória nº 2.187-13, de 2001)

Parágrafo único. Poderá ser contado o tempo de serviço prestado à administração pública direta, autárquica e fundacional dos Estados, do Distrito Federal e dos Municípios, desde que estes assegurem aos seus servidores a contagem de tempo do serviço em atividade vinculada ao Regime Geral de Previdência Social. (Eficácia suspensa pela Medida Provisória nº 2.187-13, de 2001)

Art. 96. O tempo de contribuição ou de serviço de que trata esta Seção será contado de acordo com a legislação pertinente, observadas as normas seguintes:

I – não será admitida a contagem em dobro ou em outras condições especiais;

II – é vedada a contagem de tempo de serviço público com o de atividade privada, quando concomitantes;

III – não será contado por um sistema o tempo de serviço utilizado para concessão de aposentadoria pelo outro;

IV – o tempo de serviço anterior ou posterior à obrigatoriedade de filiação à Previdência Social só será contado mediante indenização da contribuição correspondente ao período respectivo, com acréscimo de juros moratórios de zero vírgula cinco por cento ao mês, capitalizados anualmente, e multa de dez por cento. (Redação dada pela Medida Provisória nº 2.187-13, de 2001)

V - é vedada a emissão de Certidão de Tempo de Contribuição (CTC) com o registro exclusivo de tempo de serviço, sem a comprovação de contribuição efetiva, exceto para o segurado empregado, empregado doméstico, trabalhador avulso e, a partir de 1º de abril de 2003, para o contribuinte individual que presta serviço a empresa obrigada a arrecadar a contribuição a seu cargo, observado o disposto no § 5º do art. 4º da Lei nº 10.666, de 8 de maio de 2003; (Incluído pela Lei nº 13.846/2019)

VI - a CTC somente poderá ser emitida por regime próprio de previdência social para ex-servidor; (Incluído pela Lei nº 13.846/2019)

VII - é vedada a contagem recíproca de tempo de contribuição do RGPS por regime próprio de previdência social sem a emissão da CTC correspondente, ainda que o tempo de contribuição referente ao RGPS tenha sido prestado pelo servidor público ao próprio ente instituidor; (Incluído pela Lei nº 13.846/2019)

VIII - é vedada a desaverbação de tempo em regime próprio de previdência social quando o tempo averbado tiver gerado a concessão de vantagens remuneratórias ao servidor público em atividade; e (Incluído pela Lei nº 13.846/2019)

IX - para fins de elegibilidade às aposentadorias especiais referidas no § 4º do art. 40 e no § 1º do art. 201 da Constituição Federal, os períodos reconhecidos pelo regime previdenciário de origem como de tempo especial, sem conversão em tempo comum, deverão estar incluídos nos períodos de contribuição compreendidos na CTC e discriminados de data a data. (Incluído pela Lei nº 13.846/2019)

Parágrafo único. O disposto no inciso V do *caput* deste artigo não se aplica ao tempo de serviço anterior à edição da Emenda Constitucional nº 20, de 15 de dezembro de 1998, que tenha sido equiparado por lei a tempo de contribuição. (Incluído pela Lei nº 13.846/2019)

Art. 97. A aposentadoria por tempo de serviço, com contagem de tempo na forma desta Seção, será concedida ao segurado do sexo feminino a partir de 25 (vinte e cinco) anos completos de serviço, e, ao segurado do sexo masculino, a partir de 30 (trinta) anos completos de serviço, ressalvadas as hipóteses de redução previstas em lei.

Art. 98. Quando a soma dos tempos de serviço ultrapassar 30 (trinta) anos, se do sexo feminino, e 35 (trinta e cinco) anos, se do sexo masculino, o excesso não será considerado para qualquer efeito.

Art. 99. O benefício resultante de contagem de tempo de serviço na forma desta Seção será concedido e pago pelo sistema a que o interessado estiver vinculado ao requerê-lo, e calculado na forma da respectiva legislação.

SEÇÃO VIII.
DAS DISPOSIÇÕES DIVERSAS RELATIVAS ÀS PRESTAÇÕES

Art. 100. (VETADO)

Art. 101. O segurado em gozo de auxílio por incapacidade temporária, auxílio-acidente ou aposentadoria por incapacidade permanente e o pensionista inválido, cujos benefícios tenham sido concedidos judicial ou administrativamente, estão obrigados, sob pena de suspensão do benefício, a submeter-se a: *(Redação dada pela Lei 14.441/2022)*

I - exame médico a cargo da Previdência Social para avaliação das condições que ensejaram sua concessão ou manutenção; *(Acrescido pela Lei 14.441/2022)*

II - processo de reabilitação profissional prescrito e custeado pela Previdência Social; e *(Redação dada pela Lei 14.441/2022)*

III - tratamento oferecido gratuitamente, exceto o cirúrgico e a transfusão de sangue, que são facultativos. *(Redação dada pela Lei 14.441/2022)*

§ 1º O aposentado por invalidez e o pensionista inválido que não tenham retornado à atividade estarão isentos do exame de que trata o *caput* deste artigo: (Redação dada pela lei nº 13.457, de 2017)

I - após completarem cinquenta e cinco anos ou mais de idade e quando decorridos quinze anos da data da concessão da aposentadoria por invalidez ou do auxílio-doença que a precedeu; ou (Incluído pela lei nº 13.457, de 2017)

II - após completarem sessenta anos de idade. (Incluído pela lei nº 13.457, de 2017)

§ 2º. A isenção de que trata o § 1º não se aplica quando o exame tem as seguintes finalidades: (Incluído pela Lei nº 13.063, de 2014)

I – verificar a necessidade de assistência permanente de outra pessoa para a concessão do acréscimo de 25% (vinte e cinco por cento) sobre o valor do benefício, conforme dispõe o art. 45; (Incluído pela Lei nº 13.063, de 2014)

II – verificar a recuperação da capacidade de trabalho, mediante solicitação do aposentado ou pensionista que se julgar apto; (Incluído pela Lei nº 13.063, de 2014)

III – subsidiar autoridade judiciária na concessão de curatela, conforme dispõe o art. 110. (Incluído pela Lei nº 13.063, de 2014)

§ 3º *(Vetado na Lei 13.457/2017)*

§ 4º A perícia de que trata este artigo terá acesso aos prontuários médicos do periciado no Sistema Único de Saúde (SUS), desde que haja a prévia anuência do periciado e seja garantido o sigilo sobre os dados dele. (Incluído pela lei nº 13.457, de 2017)

§ 5º É assegurado o atendimento domiciliar e hospitalar pela perícia médica e social do INSS ao segurado com dificuldades de locomoção, quando seu deslocamento, em razão de sua limitação funcional e de condições de acessibilidade, imponha-lhe ônus desproporcional e indevido, nos termos do regulamento. (Incluído pela lei nº 13.457, de 2017)

§ 6º As avaliações e os exames médico-periciais de que trata o inciso I do *caput*, inclusive na hipótese de que trata o § 5º deste artigo, poderão ser realizados com o uso de tecnologia de telemedicina ou por análise documental conforme situações e requisitos definidos em regulamento, observado o disposto nos §§ 11-A e 14 do art. 60 desta Lei e no § 12 do art. 30 da Lei nº 11.907, de 2 de fevereiro de 2009. *(Redação dada pela Lei 14.724/2023)*

§ 7º *(Revogado pela Lei 14.724/2023)*

§ 8º Em caso de cancelamento de agendamento para perícia presencial, o horário vago poderá ser preenchido por perícia com o uso de tecnologia de telemedicina, antecipando o atendimento previsto para data futura, obedecida a ordem da fila. *(Acrescido pela Lei 14.724/2023)*

§ 9º No caso da antecipação de atendimento prevista no § 8º deste artigo, observar-se-á a disponibilidade do periciando para se submeter à perícia remota no horário tornado disponível. *(Acrescido pela Lei 14.724/2023)*

Art. 102. A perda da qualidade de segurado importa em caducidade dos direitos inerentes a essa qualidade. (Redação dada pela Lei nº 9.528, de 1997)

§ 1º. A perda da qualidade de segurado não prejudica o direito à aposentadoria para cuja concessão tenham sido preenchidos todos os requisitos, segundo a legislação em vigor à época em que estes requisitos foram atendidos. (Incluído pela Lei nº 9.528, de 1997)

§ 2º. Não será concedida pensão por morte aos dependentes do segurado que falecer após a perda desta qualidade, nos termos do art. 15 desta Lei, salvo se preenchidos os requisitos para obtenção da aposentadoria na forma do parágrafo anterior. (Incluído pela Lei nº 9.528, de 1997)

Art. 103. O prazo de decadência do direito ou da ação do segurado ou beneficiário para a revisão do ato de concessão, indeferimento, cancelamento ou cessação de benefício e do ato de deferimento, indeferimento ou não concessão de revisão de benefício é de 10 (dez) anos, contado: (Redação dada pela Lei nº 13.846/2019)

I - do dia primeiro do mês subsequente ao do recebimento da primeira prestação ou da data em que a prestação deveria ter sido paga com o valor revisto; ou (Incluído pela Lei nº 13.846/2019)

II - do dia em que o segurado tomar conhecimento da decisão de indeferimento, cancelamento ou cessação do seu pedido de benefício ou da decisão de deferimento ou indeferimento de revisão de benefício, no âmbito administrativo. (Incluído pela Lei nº 13.846/2019)

- Súm. 81 do JEF.

Parágrafo único. Prescreve em cinco anos, a contar da data em que deveriam ter sido pagas, toda e qualquer ação para haver prestações vencidas ou quaisquer restituições ou diferenças devidas pela Previdência Social, salvo o direito dos menores, incapazes e ausentes, na forma do Código Civil. (Incluído pela Lei nº 9.528, de 1997)

Art. 103-A. O direito da Previdência Social de anular os atos administrativos de que decorram efeitos favoráveis para os seus beneficiários decai em dez anos, contados da data em que foram praticados, salvo comprovada má-fé. (Incluído pela Lei nº 10.839, de 2004)

§ 1º. No caso de efeitos patrimoniais contínuos, o prazo decadencial contar-se-á da percepção do primeiro pagamento. (Incluído pela Lei nº 10.839, de 2004)

§ 2º. Considera-se exercício do direito de anular qualquer medida de autoridade administrativa que importe impugnação à validade do ato. (Incluído pela Lei nº 10.839, de 2004)

Art. 104. As ações referentes à prestação por acidente do trabalho prescrevem em 5 (cinco) anos, observado o disposto no art. 103 desta Lei, contados da data:

- Súm. Vinculante 22 do STF.
- Súm. 35 do STF.
- CLT: art. 4º, par. único.

I – do acidente, quando dele resultar a morte ou a incapacidade temporária, verificada esta em perícia médica a cargo da Previdência Social; ou

II – em que for reconhecida pela Previdência Social, a incapacidade permanente ou o agravamento das sequelas do acidente.

Art. 105. A apresentação de documentação incompleta não constitui motivo para recusa do requerimento de benefício.

Art. 106. A comprovação do exercício de atividade rural será feita, complementarmente à autodeclaração de que trata o § 2º e ao cadastro de que trata o § 1º, ambos do art. 38-B desta Lei, por meio de, entre outros: (Redação dada pela Lei nº 13.846/2019)

- Súm. 577 do STJ.

I – contrato individual de trabalho ou Carteira de Trabalho e Previdência Social; (Redação dada pela Lei nº 11.718, de 2008)

II – contrato de arrendamento, parceria ou comodato rural; (Redação dada pela Lei nº 11.718, de 2008)

III – (Revogado pela Lei nº 13.846/2019)

IV – Declaração de Aptidão ao Programa Nacional de Fortalecimento da Agricultura Familiar, de que trata o inciso II do *caput* do art. 2º da Lei nº 12.188, de 11 de janeiro de 2010, ou por documento que a substitua; (Redação dada pela Lei nº 13.846/2019)

V – bloco de notas do produtor rural; (Redação dada pela Lei nº 11.718, de 2008)

VI – notas fiscais de entrada de mercadorias, de que trata o § 7º do art. 30 da Lei nº 8.212, de 24 de julho de 1991, emitidas pela empresa adquirente da produção, com indicação do nome do segurado como vendedor; (Incluído pela Lei nº 11.718, de 2008)

VII – documentos fiscais relativos a entrega de produção rural à cooperativa agrícola, entreposto de pescado ou outros, com indicação do segurado como vendedor ou consignante; (Incluído pela Lei nº 11.718, de 2008)

VIII – comprovantes de recolhimento de contribuição à Previdência Social decorrentes da comercialização da produção; (Incluído pela Lei nº 11.718, de 2008)

IX – cópia da declaração de imposto de renda, com indicação de renda proveniente da comercialização de produção rural; ou (Incluído pela Lei nº 11.718, de 2008)

X – licença de ocupação ou permissão outorgada pelo Incra. (Incluído pela Lei nº 11.718, de 2008)

Art. 107. O tempo de serviço de que trata o art. 55 desta Lei será considerado para cálculo do valor da renda mensal de qualquer benefício.

Art. 108. Mediante justificação processada perante a Previdência Social, observado o disposto no § 3º do art. 55 e na forma estabelecida no Regulamento, poderá ser suprida a falta de documento ou provado ato do interesse de beneficiário ou empresa, salvo no que se refere a registro público.

Art. 109. O benefício será pago diretamente ao beneficiário, salvo em caso de ausência, moléstia contagiosa ou impossibilidade de locomoção, quando será pago a procurador, cujo mandato não terá prazo superior a doze meses, podendo ser renovado. (Redação dada pela Lei nº 8.870, de 1994)

Parágrafo único. A impressão digital do beneficiário incapaz de assinar, aposta na presença de servidor da Previdência Social, vale como assinatura para quitação de pagamento de benefício.

Art. 110. O benefício devido ao segurado ou dependente civilmente incapaz será feito ao cônjuge, pai, mãe, tutor ou curador, admitindo-se, na sua falta e por período não superior a 6 (seis) meses, o pagamento a herdeiro necessário, mediante termo de compromisso firmado no ato do recebimento.

§ 1º Para efeito de curatela, no caso de interdição do beneficiário, a autoridade judiciaria pode louvar-se no laudo médico-pericial da Previdência Social. (Redação dada pela Lei nº 13.846/2019)

§ 2º O dependente excluído, na forma do § 7º do art. 16 desta Lei, ou que tenha a parte provisoriamente suspensa, na forma do § 7º do art. 77 desta Lei, não poderá representar outro dependente para fins de recebimento e percepção do benefício. (Incluído pela Lei nº 13.846/2019)

§ 3º O dependente que perde o direito à pensão por morte, na forma do § 1º do art. 74 desta Lei, não poderá representar outro dependente para fins de recebimento e percepção do benefício. (Incluído pela Lei nº 13.846/2019)

Art. 110-A. No ato de requerimento de benefícios operacionalizados pelo INSS, não será exigida apresentação de termo de curatela de titular ou de beneficiário com deficiência, observados os procedimentos a serem estabelecidos em regulamento. (Incluído pela Lei nº 13.146, de 2015)

Art. 111. O segurado menor poderá, conforme dispuser o Regulamento, firmar recibo de benefício, independentemente da presença dos pais ou do tutor.

Art. 112. O valor não recebido em vida pelo segurado só será pago aos seus dependentes habilitados à pensão por morte ou, na falta deles, aos seus sucessores na forma da lei civil, independentemente de inventário ou arrolamento.

Art. 113. O benefício poderá ser pago mediante depósito em conta corrente ou por autorização de pagamento, conforme se dispuser em regulamento.

Parágrafo único. (Revogado pela Lei nº 9.876, de 1999)

Art. 114. Salvo quanto a valor devido à Previdência Social e a desconto autorizado por esta Lei, ou derivado da obrigação de prestar alimentos reconhecida em sentença judicial, o benefício não pode ser objeto de penhora, arresto ou sequestro, sendo nula de pleno direito a sua venda ou cessão, ou a constituição de qualquer ônus sobre ele, bem como a outorga de poderes irrevogáveis ou em causa própria para o seu recebimento.

Art. 115. Podem ser descontados dos benefícios:

I – contribuições devidas pelo segurado à Previdência Social;

II – pagamento administrativo ou judicial de benefício previdenciário ou assistencial indevido, ou além do devido, inclusive na hipótese de cessação do benefício pela revogação de decisão judicial, em valor que não exceda 30% (trinta por cento) da sua importância, nos termos do regulamento; (Redação dada pela Lei nº 13.846/2019)

III – Imposto de Renda retido na fonte;

IV – pensão de alimentos decretada em sentença judicial;

V – mensalidades de associações e demais entidades de aposentados legalmente reconhecidas, desde que autorizadas por seus filiados.

VI - pagamento de empréstimos, financiamentos e operações de arrendamento mercantil concedidos por instituições financeiras e sociedades de arrendamento mercantil, ou por entidades fechadas ou abertas de previdência complementar, públicas e privadas, quando expressamente autorizado pelo beneficiário, até o limite de 45% (quarenta e cinco por cento) do valor do benefício, sendo 35% (trinta e cinco por cento) destinados exclusivamente a empréstimos, financiamentos e arrendamentos mercantis, 5% (cinco por cento) destinados exclusivamente à amortização de despesas contraídas por meio de cartão de crédito consignado ou à utilização com a finalidade de saque por meio de cartão de crédito consignado e 5% (cinco por cento) destinados exclusivamente à amortização de despesas contraídas por meio de cartão consignado de benefício ou à utilização com a finalidade de saque por meio de cartão consignado de benefício. *(Redação dada pela Lei 14.431/2022)*

› Art. 5º da Lei 14.431/2022.

a) e b) *(Revogadas pela Lei 14.431/2022)*

§ 1º. Na hipótese do inciso II, o desconto será feito em parcelas, conforme dispuser o regulamento, salvo má-fé. (Renumerado do Parágrafo único pela Lei nº 10.820, de 2003)

§ 2º. Na hipótese dos incisos II e VI, haverá prevalência do desconto do inciso II. (Incluído pela Lei nº 10.820, de 2003)

§ 3º Serão inscritos em dívida ativa pela Procuradoria-Geral Federal os créditos constituídos pelo INSS em decorrência de benefício previdenciário ou assistencial pago indevidamente ou além do devido, inclusive na hipótese de cessação do benefício pela revogação de decisão judicial, nos termos da Lei nº 6.830, de 22 de setembro de 1980, para a execução judicial. (Redação dada pela Lei nº 13.846/2019)

§ 4º Será objeto de inscrição em dívida ativa, para os fins do disposto no § 3º deste artigo, em conjunto ou separadamente, o terceiro beneficiado que sabia ou deveria saber da origem do benefício pago indevidamente em razão de fraude, de dolo ou de coação, desde que devidamente identificado em procedimento administrativo de responsabilização. (Incluído pela Lei nº 13.846/2019)

§ 5º O procedimento de que trata o § 4º deste artigo será disciplinado em regulamento, nos termos da Lei nº 9.784, de 29 de janeiro de 1999, e no art. 27 do Decreto-Lei nº 4.657, de 4 de setembro de 1942. (Incluído pela Lei nº 13.846/2019)

§ 6º *(Revogado pela Lei 14.438/2022)*

Art. 116. Será fornecido ao beneficiário demonstrativo minucioso das importâncias pagas, discriminando-se o valor da mensalidade, as diferenças eventualmente pagas com o período a que se referem e os descontos efetuados.

Art. 117. Empresas, sindicatos e entidades fechadas de previdência complementar poderão, mediante celebração de acordo de cooperação técnica com o INSS, encarregar-se, relativamente a seus empregados, associados ou beneficiários, de requerer benefícios previdenciários por meio eletrônico, preparando-os e instruindo-os nos termos do acordo. *(Redação dada pela Lei 14.020/2020)*

I a III – *(Revogados pela Lei 14.020/2020).*

Parágrafo único. *(Revogado pela Lei 14.020/2020)*

Art. 117-A. Empresas, sindicatos e entidades fechadas de previdência complementar poderão realizar o pagamento integral dos benefícios previdenciários devidos a seus beneficiários, mediante celebração de contrato com o INSS, dispensada a licitação. *(Incluído pela Lei 14.020/2020)*

§ 1º Os contratos referidos no *caput* deste artigo deverão prever as mesmas obrigações, condições e valores devidos pelas instituições financeiras responsáveis pelo pagamento dos benefícios pelo INSS.

§ 2º As obrigações, condições e valores referidos no § 1º deste artigo serão definidos em ato próprio do INSS.

Art. 118. O segurado que sofreu acidente do trabalho tem garantida, pelo prazo mínimo de doze meses, a manutenção do seu contrato de trabalho na empresa, após a cessação do auxílio-doença acidentário, independentemente de percepção de auxílio-acidente.

Parágrafo único. (Revogado pela Lei nº 9.032, de 1995)

Art. 119. Por intermédio dos estabelecimentos de ensino, sindicatos, associações de classe, Fundação Jorge Duprat Figueiredo de Segurança e Medicina do Trabalho-FUNDACENTRO, órgãos públicos e outros meios, serão promovidas regularmente instrução e formação com vistas a incrementar costumes e atitudes prevencionistas em matéria de acidente, especialmente do trabalho.

Art. 120. A Previdência Social ajuizará ação regressiva contra os responsáveis nos casos de: (Redação dada pela Lei 13.846/2019)

I - negligência quanto às normas padrão de segurança e higiene do trabalho indicadas para a proteção individual e coletiva; (Inciso acrescido pela Lei 13.846/2019)

II - violência doméstica e familiar contra a mulher, nos termos da Lei nº 11.340, de 7 de agosto de 2006. (Inciso acrescido pela Lei 13.846/2019)

Art. 121. O pagamento de prestações pela Previdência Social em decorrência dos casos previstos nos incisos I e II do *caput* do art. 120 desta Lei não exclui a responsabilidade civil da empresa, no caso do inciso I, ou do responsável pela violência doméstica e familiar, no caso do inciso II. (Artigo com redação dada pela Lei 13.846/2019)

Art. 122. Se mais vantajoso, fica assegurado o direito à aposentadoria, nas condições legalmente previstas na data do cumprimento de todos os requisitos necessários à obtenção do benefício, ao segurado que, tendo completado 35 anos de serviço, se homem, ou trinta anos, se mulher, optou por permanecer em atividade. (Redação dada pela Lei nº 9.528, de 1997)

Art. 123. (Revogado pela Lei nº 9.032, de 1995)

Art. 124. Salvo no caso de direito adquirido, não é permitido o recebimento conjunto dos seguintes benefícios da Previdência Social:

I – aposentadoria e auxílio-doença;

II – mais de uma aposentadoria; (Redação dada pela Lei nº 9.032, de 1995)

III – aposentadoria e abono de permanência em serviço;

IV – salário-maternidade e auxílio-doença; (Incluído pela Lei nº 9.032, de 1995)

V – mais de um auxílio-acidente; (Incluído pela Lei nº 9.032, de 1995)

VI – mais de uma pensão deixada por cônjuge ou companheiro, ressalvado o direito de opção pela mais vantajosa. (Incluído pela Lei nº 9.032, de 1995)

Parágrafo único. É vedado o recebimento conjunto do seguro-desemprego com qualquer benefício de prestação continuada da Previdência Social, exceto pensão por morte ou auxílio-acidente. (Incluído pela Lei nº 9.032, de 1995)

Art. 124-A. O INSS implementará e manterá processo administrativo eletrônico para requerimento de benefícios e serviços e disponibilizará canais eletrônicos de atendimento. (Redação dada pela Lei 13.846/2019)

§ 1º O INSS facilitará o atendimento, o requerimento, a concessão, a manutenção e a revisão de benefícios por meio eletrônico e implementará procedimentos automatizados, de atendimento e prestação de serviços por meio de atendimento telefônico ou de canais remotos. (Acrescido pela Lei 13.846/2019)

§ 2º Poderão ser celebrados acordos de cooperação, na modalidade de adesão, com órgãos e entidades da União, dos Estados, do Distrito Federal e dos Municípios, para a recepção de documentos e o apoio administrativo às atividades do INSS que demandem serviços presenciais. (Acrescido pela Lei 13.846/2019)

§ 3º A implementação de serviços eletrônicos preverá mecanismos de controle preventivos de fraude e de identificação segura do cidadão. (Acrescido pela Lei 13.846/2019)

§ 4º As ligações telefônicas realizadas de telefone fixo ou móvel que visem à solicitação dos serviços referidos no § 1º deste artigo deverão ser gratuitas e serão consideradas de utilidade pública. (Acrescido pela Lei 14.199/2021)

Art. 124-B. O INSS, para o exercício de suas competências, observado o disposto nos incisos XI e XII do art. 5º da Constituição Federal e na Lei nº 13.709, de 14 de agosto de 2018, terá acesso aos dados necessários para a análise, a concessão, a revisão e a manutenção de benefícios por ele administrados, em especial aos dados: (Redação dada pela Lei 13.846/2019)

I – (VETADO na Lei 13.846/2019)

II – dos registros e dos prontuários eletrônicos do Sistema Único de Saúde (SUS), administrados pelo Ministério da Saúde; (Acrescido pela Lei 13.846/2019)

III – dos documentos médicos mantidos por entidades públicas e privadas, sendo necessária, no caso destas últimas, a celebração de convênio para garantir o acesso; e (Acrescido pela Lei 13.846/2019)

IV – de movimentação das contas do Fundo de Garantia por Tempo de Serviço (FGTS), instituído pela Lei nº 5.107, de 13 de setembro de 1966, mantidas pela Caixa Econômica Federal. (Acrescido pela Lei 13.846/2019)

§ 1º Para fins do cumprimento do disposto no *caput* deste artigo, serão preservados a integridade e o sigilo dos dados acessados pelo INSS, eventualmente existentes, e o acesso aos dados dos prontuários eletrônicos do Sistema Único de Saúde (SUS) e dos documentos médicos mantidos por entidades públicas e privadas será exclusivamente franqueado aos peritos médicos federais designados pelo INSS. (Redação dada pela Lei 13.846/2019)

§ 2º O Ministério da Economia terá acesso às bases de dados geridas ou administradas pelo INSS, incluída a folha de pagamento de benefícios com o detalhamento dos pagamentos. (Acrescido pela Lei 13.846/2019)

§ 3º As bases de dados e as informações de que tratam o *caput* e o § 1º deste artigo poderão ser compartilhadas com os regimes próprios de previdência social, para estrita utilização em suas atribuições relacionadas à recepção, à análise, à concessão, à revisão e à manutenção de benefícios por eles administrados, preservados a integridade dos dados e o sigilo eventualmente existente, na forma disciplinada conjuntamente pela Secretaria Especial de Previdência e Trabalho do Ministério da Economia e pelo gestor dos dados. (Acrescido pela Lei 13.846/2019)

§ 4º Fica dispensada a celebração de convênio, de acordo de cooperação técnica ou de instrumentos congêneres para a efetivação do acesso aos dados de que trata o *caput* deste artigo, quando se tratar de dados hospedados por órgãos da administração pública federal, e caberá ao INSS a responsabilidade de arcar com os custos envolvidos, quando houver, no acesso ou na extração dos dados, exceto quando estabelecido de forma diversa entre os órgãos envolvidos. (Acrescido pela Lei 13.846/2019)

§ 5º As solicitações de acesso a dados hospedados por entidades privadas possuem característica de requisição, dispensados a celebração de convênio, acordo de cooperação técnica ou instrumentos congêneres para a efetivação do acesso aos dados de que trata o *caput* deste artigo e o ressarcimento de eventuais custos, vedado o compartilhamento dos dados com demais entidades de direito privado. (Redação dada pela Lei 13.846/2019)

§ 6º Excetua-se da vedação de que trata o § 5º deste artigo a autorização para compartilhamento com as entidades de previdência complementar das informações sobre o óbito de beneficiários dos planos de previdência por elas administrados. *(Acrescido pela Lei 14.131/2021)*

Art. 124-C. O servidor responsável pela análise dos pedidos dos benefícios previstos nesta Lei motivará suas decisões ou opiniões técnicas e responderá pessoalmente apenas na hipótese de dolo ou erro grosseiro. (Acrescido pela Lei 13.846/2019)

Art. 124-D A administração pública federal desenvolverá ações de segurança da informação e comunicações, incluídas as de segurança cibernética, de segurança das infraestruturas, de qualidade dos dados e de segurança de interoperabilidade de bases governamentais, e efetuará a sua integração, inclusive com as bases de dados e informações dos Estados, dos Municípios e do Distrito Federal, com o objetivo de atenuar riscos e inconformidades em pagamentos de benefícios sociais. (Acrescido pela Lei 13.846/2019)

Arts. 124-E e 124-F. (VETADOS na Lei 13.846/2019)

TÍTULO IV. DAS DISPOSIÇÕES FINAIS E TRANSITÓRIAS

▸ Decreto 3.048/1999.

Art. 125. Nenhum benefício ou serviço da Previdência Social poderá ser criado, majorado ou estendido, sem a correspondente fonte de custeio total.

Art. 125-A. Compete ao Instituto Nacional do Seguro Social – INSS realizar, por meio dos seus próprios agentes, quando designados, todos os atos e procedimentos necessários à verificação do atendimento das obrigações não tributárias impostas pela legislação previdenciária e à imposição da multa por seu eventual descumprimento. (Incluído pela Lei nº 11.941, de 2009)

§ 1º. A empresa disponibilizará a servidor designado por dirigente do INSS os documentos necessários à comprovação de vínculo empregatício, de prestação de serviços e de remuneração relativos a trabalhador previamente identificado. (Incluído pela Lei nº 11.941, de 2009)

§ 2º. Aplica-se ao disposto neste artigo, no que couber, o art. 126 desta Lei. (Incluído pela Lei nº 11.941, de 2009)

§ 3º. O disposto neste artigo não abrange as competências atribuídas em caráter privativo aos ocupantes do cargo de Auditor-Fiscal da Receita Federal do Brasil previstas no inciso I do *caput* do art. 6º da Lei nº 10.593, de 6 de dezembro de 2002. (Incluído pela Lei nº 11.941, de 2009)

Art. 126. Compete ao Conselho de Recursos da Previdência Social julgar, entre outras demandas, na forma do regulamento: (Redação dada pela Lei 13.876/2019)

I - recursos das decisões do INSS nos processos de interesse dos beneficiários; (Inciso acrescido pela Lei 13.846/2019)

II - contestações e recursos relativos à atribuição, pelo Ministério da Economia, do Fator Acidentário de Prevenção aos estabelecimentos das empresas; (Inciso acrescido pela Lei 13.846/2019)

III - recursos das decisões do INSS relacionados à comprovação de atividade rural de segurado especial de que tratam os arts. 38-A e 38-B, ou demais informações relacionadas ao CNIS de que trata o art. 29-A desta Lei. (Inciso acrescido pela Lei 13.846/2019)

IV - recursos de processos relacionados à compensação financeira de que trata a Lei nº 9.796, de 5 de maio de 1999, e à supervisão e à fiscalização dos regimes próprios de previdência social de que trata a Lei nº 9.717, de 27 de novembro de 1998. (Acrescido pela Lei 13.876/2019)

§§ 1º e 2º. (Revogados pela Lei nº 11.727, de 2008)

§ 3º A propositura de ação que tenha por objeto idêntico pedido sobre o qual versa o processo administrativo importa renúncia ao direito de recorrer na esfera administrativa e desistência do recurso interposto. (Redação dada pela Lei 13.846/2019)

§ 4º Os recursos de que tratam os incisos I e III do caput deste artigo poderão ser interpostos diretamente ao Conselho de Recursos da Previdência Social, que emitirá notificação eletrônica automática para o INSS reanalisar, no prazo máximo de 30 (trinta) dias, a decisão administrativa, na forma disciplinada por ato conjunto do Ministério do Trabalho e Previdência, do Conselho de Recursos da Previdência Social e do INSS. *(Acrescido pela Lei 14.441/2022)*

Art. 127. *(Revogado pela Lei nº 9.711, de 1998)*

Art. 128. As demandas judiciais que tiverem por objeto o reajuste ou a concessão de benefícios regulados nesta Lei cujos valores de execução não forem superiores a R$ 5.180,25 (cinco mil, cento e oitenta reais e vinte e cinco centavos) por autor poderão, por opção de cada um dos exequentes, ser quitadas no prazo de até sessenta dias após a intimação do trânsito em julgado da decisão, sem necessidade da expedição de precatório. (Redação dada pela Lei nº 10.099, de 2000)

▸ Valores e alíquotas sujeitos a atualização por meio de ato do Ministério ou Órgão competente.

§ 1º. É vedado o fracionamento, repartição ou quebra do valor da execução, de modo que o pagamento se faça, em parte, na forma estabelecida no *caput* e, em parte, mediante expedição do precatório. (Incluído pela Lei nº 10.099, de 2000)

§ 2º. É vedada a expedição de precatório complementar ou suplementar do valor pago na forma do *caput*. (Incluído pela Lei nº 10.099, de 2000)

§ 3º. Se o valor da execução ultrapassar o estabelecido no *caput*, o pagamento far-se-á sempre por meio de precatório. (Incluído pela Lei nº 10.099, de 2000)

§ 4º. É facultada à parte exequente a renúncia ao crédito, no que exceder ao valor estabelecido no *caput*, para que possa optar pelo pagamento do saldo sem o precatório, na forma ali prevista. (Incluído pela Lei nº 10.099, de 2000)

§ 5º. A opção exercida pela parte para receber os seus créditos na forma prevista no *caput* implica a renúncia do restante dos créditos porventura existentes e que sejam oriundos do mesmo processo. (Incluído pela Lei nº 10.099, de 2000)

§ 6º. O pagamento sem precatório, na forma prevista neste artigo, implica quitação total do pedido constante da petição inicial e determina a extinção do processo. (Incluído pela Lei nº 10.099, de 2000)

§ 7º. O disposto neste artigo não obsta a interposição de embargos à execução por parte do INSS. (Incluído pela Lei nº 10.099, de 2000)

Art. 129. Os litígios e medidas cautelares relativos a acidentes do trabalho serão apreciados:

I – na esfera administrativa, pelos órgãos da Previdência Social, segundo as regras e prazos aplicáveis às demais prestações, com prioridade para conclusão; e

II – na via judicial, pela Justiça dos Estados e do Distrito Federal, segundo o rito sumaríssimo, inclusive durante as férias forenses, mediante petição instruída pela prova de efetiva notificação do evento à Previdência Social, através de Comunicação de Acidente do Trabalho–CAT.

Parágrafo único. O procedimento judicial de que trata o inciso II deste artigo é isento do pagamento de quaisquer custas e de verbas relativas à sucumbência.

Art. 129-A. Os litígios e as medidas cautelares relativos aos benefícios por incapacidade de que trata esta Lei, inclusive os relativos a acidentes do trabalho, observarão o seguinte: *(Acrescido pela Lei 14.331/2022)*

I - quando o fundamento da ação for a discussão de ato praticado pela perícia médica federal, a petição inicial deverá conter, em complemento aos requisitos previstos no art. 319 da Lei nº 13.105, de 16 de março de 2015 (Código de Processo Civil):

a) descrição clara da doença e das limitações que ela impõe;

b) indicação da atividade para a qual o autor alega estar incapacitado;

c) possíveis inconsistências da avaliação médico-pericial discutida; e

d) declaração quanto à existência de ação judicial anterior com o objeto de que trata este artigo, esclarecendo os motivos pelos quais se entende não haver litispendência ou coisa julgada, quando for o caso;

II - para atendimento do disposto no art. 320 da Lei nº 13.105, de 16 de março de 2015 (Código de Processo Civil), a petição inicial, qualquer que seja o rito ou procedimento adotado, deverá ser instruída pelo autor com os seguintes documentos:

a) comprovante de indeferimento do benefício ou de sua não prorrogação, quando for o caso, pela administração pública;

b) comprovante da ocorrência do acidente de qualquer natureza ou do acidente do trabalho, sempre que houver um acidente apontado como causa da incapacidade;

c) documentação médica de que dispuser relativa à doença alegada como a causa da incapacidade discutida na via administrativa.

§ 1º Determinada pelo juízo a realização de exame médico-pericial por perito do juízo, este deverá, no caso de divergência com as conclusões do laudo administrativo, indicar em seu laudo de forma fundamentada as razões técnicas e científicas que amparam o dissenso, especialmente no que se refere à comprovação da incapacidade, sua data de início e a sua correlação com a atividade laboral do periciando.

§ 2º Quando a conclusão do exame médico pericial realizado por perito designado pelo juízo mantiver o resultado da decisão proferida pela perícia realizada na via administrativa, poderá o juízo, após a oitiva da parte autora, julgar improcedente o pedido.

§ 3º Se a controvérsia versar sobre outros pontos além do que exige exame médico-pericial, observado o disposto no § 1º deste artigo, o juízo dará seguimento ao processo, com a citação do réu.

Art. 130. Na execução contra o Instituto Nacional do Seguro Social-INSS, o prazo a que se refere o art. 730 do Código de Processo Civil é de trinta dias. (Redação dada pela Lei nº 9.528, de 1997)

- Refere-se ao CPC/1973.
- CPC/15: arts. 535 e 910.

Parágrafo único. *(Revogado pela Lei nº 9.528, de 1997)*

Art. 131. O Ministro da Previdência e Assistência Social poderá autorizar o INSS a formalizar a desistência ou abster-se de propor ações e recursos em processos judiciais sempre que a ação versar matéria sobre a qual haja declaração de inconstitucionalidade proferida pelo Supremo Tribunal Federal – STF, Súm. ou jurisprudência consolidada do STF ou dos tribunais superiores. (Redação dada pela Lei nº 9.528, de 1997)

Parágrafo único. O Ministro da Previdência e Assistência Social disciplinará as hipóteses em que a administração previdenciária federal, relativamente aos créditos previdenciários baseados em dispositivo declarado inconstitucional por decisão definitiva do Supremo Tribunal Federal, possa: (Incluído pela Lei nº 9.528, de 1997)

a) abster-se de constituí-los; (Incluído pela Lei nº 9.528, de 1997)

b) retificar o seu valor ou declará-los extintos, de ofício, quando houverem sido constituídos anteriormente, ainda que inscritos em dívida ativa; (Incluído pela Lei nº 9.528, de 1997)

c) formular desistência de ações de execução fiscal já ajuizadas, bem como deixar de interpor recursos de decisões judiciais. (Incluído pela Lei nº 9.528, de 1997)

Art. 132. A formalização de desistência ou transigência judiciais, por parte de procurador da Previdência Social, será sempre precedida da anuência, por escrito, do Procurador-Geral do Instituto Nacional do Seguro Social INSS, ou do presidente desse órgão, quando os valores em litígio ultrapassarem os limites definidos pelo Conselho Nacional de Previdência Social – CNPS.

§ 1º. Os valores, a partir dos quais se exigirá a anuência do Procurador-Geral ou do presidente do INSS, serão definidos periodicamente pelo CNPS, através de resolução própria.

§ 2º. Até que o CNPS defina os valores mencionados neste artigo, deverão ser submetidos à anuência prévia do Procurador-Geral ou do presidente do INSS a formalização de desistência ou transigência judiciais, quando os valores, referentes a cada segurado considerado separadamente, superarem, respectivamente, 10 (dez) ou 30 (trinta) vezes o teto do salário de benefício.

Art. 133. A infração a qualquer dispositivo desta Lei, para a qual não haja penalidade expressamente cominada, sujeita o responsável, conforme a gravidade da infração, à multa variável de Cr$ 100.000,00 (cem mil cruzeiros) a Cr$ 10.000.000,00 (dez milhões de cruzeiros). Atualizações decorrentes de normas de hierarquia inferior

- Valores e alíquotas sujeitos a atualização por meio de ato do Ministério ou Órgão competente.

Parágrafo único. *(Revogado pela Lei nº 11.941, de 2009)*

Art. 134. Os valores expressos em moeda corrente nesta Lei serão reajustados nas mesmas épocas e com os mesmos índices utilizados para o reajustamento dos valores dos benefícios. (Redação dada pela Medida Provisória nº 2.187-13, de 2001)

Art. 135. Os salários de contribuição utilizados no cálculo do valor de benefício serão considerados respeitando-se os limites mínimo e máximo vigentes nos meses a que se referirem.

Art. 135-A. Para o segurado filiado à Previdência Social até julho de 1994, no cálculo do salário de benefício das aposentadorias, exceto a aposentadoria por incapacidade permanente, o divisor considerado no cálculo da média dos salários de contribuição não poderá ser inferior a 108 (cento e oito) meses. *(Acrescido pela Lei 14.331/2022)*

Art. 136. Ficam eliminados o menor e o maior valor-teto para cálculo do salário de benefício.

Art. 137. Fica extinto o Programa de Previdência Social aos Estudantes, instituído pela Lei nº 7.004, de 24 de junho de 1982, mantendo-se o pagamento dos benefícios de prestação continuada com data de início até a entrada em vigor desta Lei.

Art. 138. Ficam extintos os regimes de Previdência Social instituídos pela Lei Complementar nº 11, de 25 de maio de 1971, e pela Lei nº 6.260, de 6 de novembro de 1975, sendo mantidos, com valor não inferior ao do salário mínimo, os benefícios concedidos até a vigência desta Lei.

Parágrafo único. Para os que vinham contribuindo regularmente para os regimes a que se refere este artigo, será contado o tempo de contribuição para fins do Regime Geral de Previdência Social, conforme disposto no Regulamento.

Arts. 139 a 141. (Revogados pela Lei 9.528/1997)

Art. 142. Para o segurado inscrito na Previdência Social Urbana até 24 de julho de 1991, bem como para o trabalhador e o empregador rural cobertos pela Previdência Social Rural, a carência das aposentadorias por idade, por tempo de serviço e especial obedecerá à seguinte tabela, levando-se em conta o ano em que o segurado implementou todas as condições necessárias à obtenção do benefício: (Redação dada pela Lei nº 9.032, de 1995)

Ano de implementação das condições	Meses de contribuição exigidos
1991	60 meses
1992	60 meses
1993	66 meses
1994	72 meses
1995	78 meses
1996	90 meses
1997	96 meses
1998	102 meses
1999	108 meses
2000	114 meses
2001	120 meses
2002	126 meses
2003	132 meses
2004	138 meses
2005	144 meses
2006	150 meses
2007	156 meses
2008	162 meses
2009	168 meses
2010	174 meses
2011	180 meses

Art. 143. O trabalhador rural ora enquadrado como segurado obrigatório no Regime Geral de Previdência Social, na forma da alínea *a* do inciso I, ou do inciso IV ou VII do art. 11 desta Lei, pode requerer aposentadoria por idade, no valor de um salário mínimo, durante 15 (quinze) anos, contados a partir da data de vigência desta Lei, desde que comprove o exercício de atividade rural, ainda que descontínua, no período imediatamente anterior ao requerimento do benefício, em número de meses idêntico à carência do referido benefício. (Redação dada pela Lei nº 9.063, de 1995)

- Lei 11.718/2008: arts. 2º e 3º, I.

Arts. 144 a 147. (Revogados pela Medida Provisória nº 2.187-13, de 2001)

Art. 148. (*Revogado pela Lei 9.528, de 1997*)

Art. 149. As prestações, e o seu financiamento, referentes aos benefícios de ex-combatente e de ferroviário servidor público ou autárquico federal ou em regime especial que não optou pelo regime da Consolidação das Leis do Trabalho, na forma da Lei 6.184, de 11 de dezembro de 1974, bem como seus dependentes, serão objeto de legislação específica.

Art. 150. (*Revogado pela Lei nº 10.559, de 2002*)

Art. 151. Até que seja elaborada a lista de doenças mencionada no inciso II do art. 26, independe de carência a concessão de auxílio-doença e de aposentadoria por invalidez ao segurado que, após filiar-se ao RGPS, for acometido das seguintes doenças: tuberculose ativa, hanseníase, alienação mental, esclerose múltipla, hepatopatia grave, neoplasia maligna, cegueira, paralisia irreversível e incapacitante, cardiopatia grave, doença de Parkinson, espondiloartrose anquilosante, nefropatia grave, estado avançado da doença de Paget (osteíte deformante), síndrome da deficiência imunológica adquirida (aids) ou contaminação por radiação, com base em conclusão da medicina especializada. (Redação dada pela Lei 13.135/2015)

Art. 152. (Revogado pela Lei nº 9.528, de 1997)

Art. 153. O Regime Facultativo Complementar de Previdência Social será objeto de lei especial, a ser submetida à apreciação do Congresso Nacional dentro do prazo de 180 (cento e oitenta) dias.

Art. 154. O Poder Executivo regulamentará esta Lei no prazo de 60 (sessenta) dias a partir da data da sua publicação.

Art. 155. Esta Lei entra em vigor na data de sua publicação.

Art. 156. Revogam-se as disposições em contrário.

Brasília, em 24 de julho de 1991; 170º da Independência e 103º da República.

FERNANDO COLLOR

D.O.U. 25.7.1991, rep. 11.4.1996 e 14.8.1998

LEI COMPLEMENTAR Nº 70, DE 30 DE DEZEMBRO DE 1991

Institui contribuição para financiamento da Seguridade Social, eleva a alíquota da contribuição social sobre o lucro das instituições financeiras, e dá outras providências.

- *COFINS*
- Lei 10.522/2002 – Dispõe sobre o Cadastro Informativo dos créditos não quitados de órgãos e entidades federais.
- Lei 10.485/2002 – Dispõe sobre a incidência das contribuições para os Programas de Integração Social e de Formação do Patrimônio do Servidor Público (PIS/Pasep) e da Contribuição para o Financiamento da Seguridade Social (Cofins), nas hipóteses que menciona.
- Decreto 4.524/2002 – Regulamenta a Contribuição para o PIS/Pasep e a Cofins devidas pelas pessoas jurídicas em geral.

O PRESIDENTE DA REPÚBLICA Faço saber que o Congresso Nacional decreta e eu sanciono a seguinte Lei Complementar:

Art. 1º. Sem prejuízo da cobrança das contribuições para o Programa de Integração Social – PIS e para o Programa de Formação do Patrimônio do Servidor Público – PASEP, fica instituída contribuição social para financiamento da Seguridade Social, nos termos do inciso I do art. 195 da Constituição Federal, devida pelas pessoas jurídicas, inclusive as a elas equiparadas pela legislação do Imposto sobre a Renda, destinadas exclusivamente às despesas com atividades fins das áreas de saúde, previdência e assistência social.

Art. 2º. A contribuição de que trata o artigo anterior será de 2% (dois por cento) e incidirá sobre o faturamento mensal, assim considerado a receita bruta das vendas de mercadorias, de mercadorias e serviços e de serviço de qualquer natureza.

- Lei 9.718/1998: art. 8º.
- Súm. 659 do STF.
- Súm. 423 do STJ.

Parágrafo único. Não integra a receita de que trata este artigo, para efeito de determinação da base de cálculo da contribuição, o valor:

a) do imposto sobre produtos industrializados, quando destacado em separado no documento fiscal;

b) das vendas canceladas, das devolvidas e dos descontos a qualquer título concedidos incondicionalmente.

Art. 3º. A base de cálculo da contribuição mensal devida pelos fabricantes de cigarros, na condição de contribuintes e de substitutos dos comerciantes varejistas, será obtida multiplicando-se o preço de venda do produto no varejo por 118% (cento e dezoito por cento).

Art. 4º. A contribuição mensal devida pelos distribuidores de derivados de petróleo e álcool etílico hidratado para fins carburantes, na condição de substitutos dos comerciantes varejistas, será calculada sobre o menor valor, no País, constante da tabela de preços máximos fixados para venda a varejo, sem prejuízo da contribuição incidente sobre suas próprias vendas.

Art. 5º. A contribuição será convertida, no primeiro dia do mês subsequente ao de ocorrência do fato gerador, pela medida de valor e parâmetro de atualização monetária diária utilizada para os tributos federais, e paga até o dia vinte do mesmo mês.

Art. 6º. São isentas da contribuição:

I – *(Revogado pela MP 2158-35/2001)*

II – as sociedades civis de que trata o art. 1º do Decreto-lei nº 2.397, de 21 de dezembro de 1987;

- Súm. 508 do STJ.

III – *(Revogado pela MP 2158-35/2001)*

IV – a Academia Brasileira de Letras, a Associação Brasileira de Imprensa e o Instituto Histórico e Geográfico Brasileiro. (Incluído pela Lei nº 13.353, de 2016)

Art. 7º. *(Revogado pela MP 2158-35/2001)*

Art. 8º. (*VETADO*).

Art. 9º. A contribuição social sobre o faturamento de que trata esta Lei Complementar não extingue as atuais fontes de custeio da Seguridade Social, salvo a prevista no art. 23, inciso I, da Lei nº 8.212, de 24 de julho de 1991, a qual deixará de ser cobrada a partir da data em que for exigível a contribuição ora instituída.

Art. 10. O produto da arrecadação da contribuição social sobre o faturamento, instituída por esta Lei Complementar, observado o disposto na segunda parte do art. 33 da Lei nº 8.212, de 24 de julho de 1991, integrará o Orçamento da Seguridade Social.

Parágrafo único. À contribuição referida neste artigo aplicam-se as normas relativas ao processo administrativo-fiscal de determinação e exigência de créditos tributários federais, bem como, subsidiariamente e no que couber, as disposições referentes ao Imposto sobre a Renda, especialmente quanto a atraso de pagamento e quanto a penalidades.

Art. 11. Fica elevada em oito pontos percentuais a alíquota referida no § 1º do art. 23 da Lei nº 8.212, de 24 de julho de 1991, relativa à contribuição social sobre o lucro das instituições a que se refere o § 1º do art. 22 da mesma lei, mantidas as demais normas da Lei nº 7.689, de 15 de dezembro de 1988, com as alterações posteriormente introduzidas.

- Lei 12.839/2013 – Reduz a zero as alíquotas da Contribuição para o PIS/Pasep, da Cofins, da

Contribuição para o PIS/Pasep-Importação e da Cofins-Importação incidentes sobre a receita decorrente da venda no mercado interno e sobre a importação de produtos que compõem a cesta básica.

Parágrafo único. As pessoas jurídicas sujeitas ao disposto neste artigo ficam excluídas do pagamento da contribuição social sobre o faturamento, instituída pelo art. 1º desta Lei Complementar.

Art. 12. Sem prejuízo do disposto na legislação em vigor, as instituições financeiras, as sociedades corretoras e distribuidoras de títulos e valores mobiliários, as sociedades de investimento e as de arrendamento mercantil, os agentes do Sistema Financeiro da Habitação, as bolsas de valores, de mercadorias, de futuros e instituições assemelhadas e seus associados, e as empresas administradoras de cartões de crédito fornecerão à Receita Federal, nos termos estabelecidos pelo Ministro da Economia, Fazenda e Planejamento, informações cadastrais sobre os usuários dos respectivos serviços, relativas ao nome, à filiação, ao endereço e ao número de inscrição do cliente no Cadastro de Pessoas Físicas – CPF ou no Cadastro Geral de Contribuintes – CGC.

§ 1º. Às informações recebidas nos termos deste artigo aplica-se o disposto no § 7º do art. 38 da Lei nº 4.595, de 31 de dezembro de 1964.

§ 2º. As informações de que trata o *caput* deste artigo serão prestadas a partir das relações de usuários constantes dos registros relativos ao ano-calendário de 1992.

§ 3º. A não observância do disposto neste artigo sujeitará o infrator, independentemente de outras penalidades administrativas, à multa equivalente a trinta e cinco unidades de valor referidas no art. 5º desta Lei Complementar, por usuário omitido.

Art. 13. Esta Lei Complementar entra em vigor na data de sua publicação, produzindo efeitos a partir do primeiro dia do mês seguinte aos 90 (noventa) dias posteriores àquela publicação, mantidos, até essa data, o Decreto-lei nº 1.940, de 25 de maio de 1982 e alterações posteriores, a alíquota fixada no art. 11 da Lei nº 8.114, de 12 de dezembro de 1990.

Art. 14. Revoga-se o art. 2º do Decreto-lei nº 326, de 8 de maio de 1967 e demais disposições em contrário.

Brasília, 30 de dezembro de 1991; 170º da Independência e 103º da República.

FERNANDO COLLOR

D.O.U. 31.12.1991

LEI Nº 8.542, DE 23 DE DEZEMBRO DE 1992

Dispõe sobre a política nacional de salários.

› *Lei da política nacional de salários*

VICE-PRESIDENTE DA REPÚBLICA no exercício do cargo de PRESIDENTE DA REPÚBLICA Faço saber que o Congresso Nacional decreta e eu sanciono a seguinte lei:

Art. 1º A política nacional de salários, respeitado o princípio da irredutibilidade, tem por fundamento a livre negociação coletiva e reger-se-á pelas normas estabelecidas nesta lei.

§§ 1º e 2º Revogados pela Lei 10.192, de 14.2.2001.

Arts. 2º a 5º Revogados pela Lei nº 8.880, de 27.05.1994.

Art. 6º Salário mínimo é a contraprestação mínima devida e paga diretamente pelo empregador a todo trabalhador, por jornada normal de trabalho, capaz de satisfazer, em qualquer região do País, às suas necessidades vitais básicas e às de sua família com moradia, alimentação, educação, saúde, lazer, vestuário, higiene, transporte e previdência social.

§ 1º O salário mínimo diário corresponderá a um trinta avos do salário mínimo mensal, e o salário mínimo horário a um duzentos e vinte avos do salário mínimo.

§ 2º Para os trabalhadores que tenham por disposição legal a jornada máxima diária de trabalho inferior a oito horas, o salário mínimo será igual ao definido no parágrafo anterior multiplicado por oito e dividido pelo máximo legal.

Art. 7º Revogado pela Lei nº 8.880, de 27.05.1994.

Art. 8º O art. 40 da Lei nº 8.177, de 1º de março de 1991, passa a vigorar com a seguinte redação:

› Alterações incorporadas no texto da referida Lei.

Art. 9º Revogado pela Lei nº 8.880, de 27.05.1994.

Art. 10. Revogado pela Lei nº 8.700, de 27.08.1993.

Art. 11. Esta lei entra em vigor na data de sua publicação.

Art. 12. Revogam-se as disposições em contrário, especialmente a Lei nº 8.419, de 7 de maio de 1992, e o inciso II do art. 41 da Lei nº 8.213, de 24 de julho de 1991, mantidos os efeitos financeiros quanto ao reajuste dos benefícios em janeiro.

Brasília, 23 de dezembro de 1992, 171º da Independência e 104º da República.

Itamar Franco

INSTRUÇÃO NORMATIVA TST Nº 3, DE 5 DE MARÇO DE 1993

Interpreta o art. 8.º da Lei nº 8.542, de 23/12/92 (DOU de 24/12/1992), que trata do depósito para recurso nas ações na Justiça do Trabalho e a Lei nº 12.275, de 29 de junho de 2010, que altera a redação do inciso I do § 5º do art. 897 e acresce o § 7º ao art. 899, ambos da Consolidação das Leis do Trabalho – CLT, aprovada pelo Decreto-Lei n. 5.452, de 1º de maio de 1943.

** Republicada em 7 de março de 2012, com as alterações da Resolução TST 190, de 11 de dezembro de 2013.*

› *Depósito recursal*

I – Os depósitos de que trata o art. 40, e seus parágrafos, da Lei nº 8.177/1991, com a redação dada pelo art. 8º da Lei nº 8.542/1992, *e o depósito de que tratam o § 5º, I, do art. 897 e o § 7º do art. 899, ambos da CLT, com a redação dada pela Lei nº 12.275, de 29/6/2010,* não têm natureza jurídica de taxa de recurso, mas de garantia do juízo recursal, que pressupõe decisão condenatória ou executória de obrigação de pagamento em pecúnia, com valor líquido ou arbitrado.

II – No processo de conhecimento dos dissídios individuais o valor do depósito é limitado a *R$ 10.059,15 (dez mil e cinquenta e nove reais e quinze centavos)*, ou novo valor corrigido, para o recurso ordinário, e a *R$ 20.118,30 (vinte mil e cento e dezoito reais e trinta centavos)*, ou novo valor corrigido, para cada um dos recursos subsequentes, isto é, de revista e de embargos, bem como para recurso em ação rescisória observando-se o seguinte: *(Redação dada pela Resolução n. 222, de 26 de outubro de 2020)*

a) para o recurso de agravo de instrumento, o valor do "depósito recursal corresponderá a 50% (cinquenta por cento) do valor do depósito do recurso ao qual se pretende destrancar";

b) depositado o valor total da condenação, nenhum depósito será exigido nos recursos das decisões posteriores, salvo se o valor da condenação vier a ser ampliado;

c) se o valor constante do primeiro depósito, efetuado no limite legal, é inferior ao da condenação, será devida complementação de depósito em recurso posterior, observado o valor nominal remanescente da condenação e/ou os limites legais para cada novo recurso;

d) havendo acréscimo ou redução da condenação em grau recursal, o juízo prolator da decisão arbitrará novo valor à condenação, quer para a exigibilidade de depósito ou complementação do já depositado, para o caso de recurso subsequente, quer para liberação do valor excedente decorrente da redução da condenação;

e) nos dissídios individuais singulares o depósito será efetivado pelo recorrente em conta vinculada ao juízo, por meio de guia de depósito judicial; *(Redação dada pela Resolução Administrativa n. 2048, de 17 de dezembro de 2018)*

f) nas reclamações trabalhistas plúrimas e nas em que houver substituição processual, será arbitrado o valor total da condenação, para o atendimento da exigência legal do depósito recursal, em conformidade com as alíneas anteriores; *(Redação dada pela Resolução Administrativa n. 2048, de 17 de dezembro de 2018)*

g) a expedição de Mandado de Citação Penhora e Avaliação em fase definitiva ou provisória de execução deverá levar em conta a dedução dos valores já depositados nos autos, em especial o depósito recursal *(Redação dada pela Res. TST 180, de 2012)*

h) com o trânsito em julgado da decisão que absolveu o demandado da condenação, ser-lhe-á autorizado o levantamento do valor depositado e seus acréscimos.

i) destinando-se o agravo de instrumento a destrancar recurso de revista que se insurge contra decisão que contraria a jurisprudência uniforme do Tribunal Superior do Trabalho, consubstanciada em súmulas ou em orientação jurisprudencial, não haverá obrigatoriedade de se efetuar o depósito recursal; *(Inserida pela Resolução Administrativa n. 2048, de 17 de dezembro de 2018)*

j) o valor do depósito recursal será reduzido pela metade para entidades sem fins lucrativos, empregadores domésticos, microempreendedores individuais, microempresas e empresas de pequeno porte; *(Inserida pela Resolução Administrativa n. 2048, de 17 de dezembro de 2018)*

k) são isentos do depósito recursal os beneficiários da justiça gratuita, as entidades filantrópicas e as empresas em recuperação judicial. *(Inserida pela Resolução Administrativa n. 2048, de 17 de dezembro de 2018)*

II-A – Ato Conjunto da Presidência do Tribunal Superior do Trabalho e da Corregedoria-Geral da Justiça do Trabalho definirá os requisitos para a admissibilidade do seguro garantia judicial e da fiança bancária em substituição ao depósito recursal. *(Inserido pela Resolução Administrativa n. 2048, de 17 de dezembro de 2018)*

III – Julgada procedente ação rescisória e imposta condenação em pecúnia, será exigido apenas um depósito recursal, com valor máximo equivalente ao do depósito em recurso de revista, dispensado novo depósito para os recursos subsequentes, salvo o depósito do agravo de instrumento, previsto no § 7° do art. 899 da CLT, observando-se o seguinte: *(Redação dada pela Resolução Administrativa n. 2048, de 17 de dezembro de 2018)*

a) o depósito será efetivado pela parte recorrente vencida, em conta vinculada ao juízo da causa, mediante guia de depósito judicial; *(Redação dada pela Resolução Administrativa n. 2048, de 17 de dezembro de 2018)*

b) com o trânsito em julgado da decisão, se condenatória, o valor depositado e seus acréscimos serão considerados na execução; se absolutória, será liberado o levantamento do valor do depositado e seus acréscimos.

IV – A exigência de depósito no processo de execução observará o seguinte:

a) a inserção da vírgula entre as expressões "...aos embargos" e "à execução..." é atribuída a erro de redação, devendo ser considerada a locução "embargos à execução";

b) dada a natureza jurídica dos embargos à execução, não será exigido depósito para a sua oposição quando estiver suficientemente garantida a execução por depósito recursal já existente nos autos, efetivado no processo de conhecimento, que permaneceu vinculado à execução, e/ou pela nomeação ou apreensão judicial de bens do devedor, observada a ordem preferencial estabelecida em lei;

c) garantida integralmente a execução nos embargos, só haverá exigência de depósito em qualquer recurso subsequente do devedor se tiver havido elevação do valor do débito, hipótese em que o depósito recursal corresponderá ao valor do acréscimo, sem qualquer limite;

d) o depósito previsto no item anterior será efetivado pelo executado recorrente, mediante guia de depósito judicial, em conta vinculada ao juízo da execução; *(Redação dada pela Resolução Administrativa n. 2048, de 17 de dezembro de 2018)*

e) com o trânsito em julgado da decisão que liquidar a sentença condenatória, serão liberados em favor do exequente os valores disponíveis, no limite da quantia exequenda, prosseguindo, se for o caso, a execução por crédito remanescente, e autorizando-se o levantamento, pelo executado, dos valores que acaso sobejarem.

V – Nos termos do § 3º do art. 40 da Lei nº 8.177/1991, não é exigido depósito para recurso ordinário interposto em dissídio coletivo, uma vez que a regra aludida atribui apenas valor ao recurso, com efeitos limitados, portanto, ao cálculo das custas processuais. *(Redação dada pela Resolução Administrativa n. 2048, de 17 de dezembro de 2018)*

VI – Os valores alusivos aos limites de depósito recursal serão reajustados anualmente pela variação acumulada do INPC do IBGE dos dois meses imediatamente anteriores, e serão calculados e publicados no *Diário Eletrônico da Justiça do Trabalho* por ato do Presidente do Tribunal Superior do Trabalho, tornando-se obrigatória a sua observância a partir do quinto dia seguinte ao da publicação.

VII – Toda decisão condenatória ilíquida deverá conter o arbitramento do valor da condenação. O acréscimo de condenação em grau recursal, quando ilíquido, deverá ser arbitrado também para fins de depósito.

VIII – O depósito recursal, realizado em estabelecimento bancário oficial em conta vinculada ao juízo, mediante guia de depósito judicial, e corrigido com os mesmos índices da poupança (art. 899, § 4°, da CLT), será da responsabilidade da parte quanto à exatidão dos valores depositados e deverá ser comprovado, nos autos, pelo recorrente, no prazo do recurso a que se refere, independentemente da sua antecipada interposição, observado o limite do valor vigente na data da efetivação do depósito, bem como o contido no item VI. No caso de agravo de instrumento, o depósito recursal deverá ser comprovado no ato de interposição do recurso, nos ternos do art. 899, § 7º, da CLT, com a redação da Lei n.º 12.275/2010. *(Redação dada pela Resolução Administrativa n. 2048, de 17 de dezembro de 2018)*

IX – É exigido depósito recursal para o recurso adesivo, observados os mesmos critérios e procedimentos do recurso principal previsto nesta Instrução Normativa.

X – Não é exigido depósito recursal, em qualquer fase do processo ou grau de jurisdição, dos entes de direito público externo e das pessoas de direito público contempladas no Decreto-Lei nº 779, de 21/8/1969, bem assim da massa falida, da herança jacente.

XI – Não se exigirá a efetivação de depósito em qualquer fase ou grau recursal do processo, fora das hipóteses previstas nesta Instrução Normativa.

XII – Havendo acordo para extinção do processo, as partes disporão sobre o valor depositado. Na ausência de expressa estipulação dos interessados, o valor disponível será liberado em favor da parte depositante.

XIII – Em caso de recolhimento insuficiente do depósito recursal, somente haverá deserção do recurso se, concedido o prazo de 5 (cinco) dias previsto no § 2º do art. 1.007 do CPC de 2015, o recorrente não complementar e comprovar o valor devido. *(Inserido pela Resolução Administrativa n. 2048, de 17 de dezembro de 2018)*

XIV – Em caso de equívoco no preenchimento da guia de recolhimento do depósito recursal, o relator deverá conceder o prazo de 5 (cinco) dias previsto no § 7º do art. 1.007 do CPC de 2015 para o recorrente sanar o vício, sob pena de deserção. *(Inserido pela Resolução Administrativa n. 2048, de 17 de dezembro de 2018)*

LEI COMPLEMENTAR Nº 75, DE 20 DE MAIO DE 1993

Dispõe sobre a organização, as atribuições e o estatuto do Ministério Público da União.

Estatuto do Ministério Público da União

O PRESIDENTE DA REPÚBLICA Faço saber que o Congresso Nacional decreta e eu sanciono a seguinte Lei Complementar:

TÍTULO I. DAS DISPOSIÇÕES GERAIS

CAPÍTULO I. DA DEFINIÇÃO, DOS PRINCÍPIOS E DAS FUNÇÕES INSTITUCIONAIS

Art. 1º. O Ministério Público da União, organizado por esta Lei Complementar, é instituição permanente, essencial à função jurisdicional do Estado, incumbindo-lhe a defesa da ordem jurídica, do regime democrático, dos interesses sociais e dos interesses individuais indisponíveis.

Art. 2º. Incumbem ao Ministério Público as medidas necessárias para garantir o respeito dos Poderes Públicos e dos serviços de relevância pública aos direitos assegurados pela Constituição Federal.

Art. 3º. O Ministério Público da União exercerá o controle externo da atividade policial tendo em vista:

a) o respeito aos fundamentos do Estado Democrático de Direito, aos objetivos fundamentais da República Federativa do Brasil, aos princípios informadores das relações internacionais, bem como aos direitos assegurados na Constituição Federal e na lei;

b) a preservação da ordem pública, da incolumidade das pessoas e do patrimônio público;

c) a prevenção e a correção de ilegalidade ou de abuso de poder;

d) a indisponibilidade da persecução penal;

e) a competência dos órgãos incumbidos da segurança pública.

Art. 4º. São princípios institucionais do Ministério Público da União a unidade, a indivisibilidade e a independência funcional.

Art. 5º. São funções institucionais do Ministério Público da União:

I – a defesa da ordem jurídica, do regime democrático, dos interesses sociais e dos interesses individuais indisponíveis, considerados, dentre outros, os seguintes fundamentos e princípios:

a) a soberania e a representatividade popular;

b) os direitos políticos;

c) os objetivos fundamentais da República Federativa do Brasil;

d) a indissolubilidade da União;

e) a independência e a harmonia dos Poderes da União;

f) a autonomia dos Estados, do Distrito Federal e dos Municípios;

g) as vedações impostas à União, aos Estados, ao Distrito Federal e aos Municípios;

h) a legalidade, a impessoabilidade, a moralidade e a publicidade, relativas à administração pública direta, indireta ou fundacional, de qualquer dos Poderes da União;

II – zelar pela observância dos princípios constitucionais relativos:

a) ao sistema tributário, às limitações do poder de tributar, à repartição do poder impositivo e das receitas tributárias e aos direitos do contribuinte;
b) às finanças públicas;
c) à atividade econômica, à política urbana, agrícola, fundiária e de reforma agrária e ao sistema financeiro nacional;
d) à seguridade social, à educação, à cultura e ao desporto, à ciência e à tecnologia, à comunicação social e ao meio ambiente;
e) à segurança pública;
III – a defesa dos seguintes bens e interesses:
a) o patrimônio nacional;
b) o patrimônio público e social;
c) o patrimônio cultural brasileiro;
d) o meio ambiente;
e) os direitos e interesses coletivos, especialmente das comunidades indígenas, da família, da criança, do adolescente e do idoso;
IV – zelar pelo efetivo respeito dos Poderes Públicos da União, dos serviços de relevância pública e dos meios de comunicação social aos princípios, garantias, condições, direitos, deveres e vedações previstos na Constituição Federal e na lei, relativos à comunicação social;
V – zelar pelo efetivo respeito dos Poderes Públicos da União e dos serviços de relevância pública quanto:
a) aos direitos assegurados na Constituição Federal) relativos às ações e aos serviços de saúde e à educação;
b) aos princípios da legalidade, da impessoalidade, da moralidade e da publicidade;
VI – exercer outras funções previstas na Constituição Federal e na lei.
§ 1º. Os órgãos do Ministério Público da União devem zelar pela observância dos princípios e competências da Instituição, bem como pelo livre exercício de suas funções.
§ 2º. Somente a lei poderá especificar as funções atribuídas pela Constituição Federal e por esta Lei Complementar ao Ministério Público da União, observados os princípios e normas nelas estabelecidos.

CAPÍTULO II. DOS INSTRUMENTOS DE ATUAÇÃO

Art. 6º. Compete ao Ministério Público da União:
I – promover a ação direta de inconstitucionalidade e o respectivo pedido de medida cautelar;
II – promover a ação direta de inconstitucionalidade por omissão;
III – promover a arguição de descumprimento de preceito fundamental decorrente da Constituição Federal;
IV – promover a representação para intervenção federal nos Estados e no Distrito Federal;
V – promover, privativamente, a ação penal pública, na forma da lei;
VI – impetrar habeas corpus e mandado de segurança;
VII – promover o inquérito civil e a ação civil pública para:
a) a proteção dos direitos constitucionais;
b) a proteção do patrimônio público e social, do meio ambiente, dos bens e direitos de valor artístico, estético, histórico, turístico e paisagístico;
c) a proteção dos interesses individuais indisponíveis, difusos e coletivos, relativos às comunidades indígenas, à família, à criança, ao adolescente, ao idoso, às minorias étnicas e ao consumidor;
d) outros interesses individuais indisponíveis, homogêneos, sociais, difusos e coletivos;
VIII – promover outras ações, nelas incluído o mandado de injunção sempre que a falta de norma regulamentadora torne inviável o exercício dos direitos e liberdades constitucionais e das prerrogativas inerentes à nacionalidade, à soberania e à cidadania, quando difusos os interesses a serem protegidos;
IX – promover ação visando ao cancelamento de naturalização, em virtude de atividade nociva ao interesse nacional;
X – promover a responsabilidade dos executores ou agentes do estado de defesa ou do estado de sítio, pelos ilícitos cometidos no período de sua duração;
XI – defender judicialmente os direitos e interesses das populações indígenas, incluídos os relativos às terras por elas tradicionalmente habitadas, propondo as ações cabíveis;
XII – propor ação civil coletiva para defesa de interesses individuais homogêneos;
XIII – propor ações de responsabilidade do fornecedor de produtos e serviços;
XIV – promover outras ações necessárias ao exercício de suas funções institucionais, em defesa da ordem jurídica, do regime democrático e dos interesses sociais e individuais indisponíveis, especialmente quanto:
a) ao Estado de Direito e às instituições democráticas;
b) à ordem econômica e financeira;
c) à ordem social;
d) ao patrimônio cultural brasileiro;
e) à manifestação de pensamento, de criação, de expressão ou de informação;
f) à probidade administrativa;
g) ao meio ambiente;
XV – manifestar-se em qualquer fase dos processos, acolhendo solicitação do juiz ou por sua iniciativa, quando entender existente interesse em causa que justifique a intervenção;
XVI – (VETADO).
XVII – propor as ações cabíveis para:
a) perda ou suspensão de direitos políticos, nos casos previstos na Constituição Federal;
b) declaração de nulidade de atos ou contratos geradores do endividamento externo da União, de suas autarquias, fundações e demais entidades controladas pelo Poder Público Federal, ou com repercussão direta ou indireta em suas finanças;
c) dissolução compulsória de associações, inclusive de partidos políticos, nos casos previstos na Constituição Federal);
d) cancelamento de concessão ou de permissão, nos casos previstos na Constituição Federal;
e) declaração de nulidade de cláusula contratual que contrarie direito do consumidor;
XVIII – representar:
a) ao órgão judicial competente para quebra de sigilo da correspondência e das comunicações telegráficas, de dados e das comunicações telefônicas, para fins de investigação criminal ou instrução processual penal, bem como manifestar-se sobre representação a ele dirigida para os mesmos fins;
b) ao Congresso Nacional, visando ao exercício das competências deste ou de qualquer de suas Casas ou comissões;
c) ao Tribunal de Contas da União, visando ao exercício das competências deste;
d) ao órgão judicial competente, visando à aplicação de penalidade por infrações cometidas contra as normas de proteção à infância e à juventude, sem prejuízo da promoção da responsabilidade civil e penal do infrator, quando cabível;
XIX – promover a responsabilidade:
a) da autoridade competente, pelo não exercício das incumbências, constitucional e legalmente impostas ao Poder Público da União, em defesa do meio ambiente, de sua preservação e de sua recuperação;
b) de pessoas físicas ou jurídicas, em razão da prática de atividade lesiva ao meio ambiente, tendo em vista a aplicação de sanções penais e a reparação dos danos causados;
XX – expedir recomendações, visando à melhoria dos serviços públicos e de relevância pública, bem como ao respeito, aos interesses, direitos e bens cuja defesa lhe cabe promover, fixando prazo razoável para a adoção das providências cabíveis.
§ 1º. Será assegurada a participação do Ministério Público da União, como instituição observadora, na forma e nas condições estabelecidas em ato do Procurador-Geral da República, em qualquer órgão da administração pública direta, indireta ou fundacional da União, que tenha atribuições correlatas às funções da Instituição.
§ 2º. A lei assegurará a participação do Ministério Público da União nos órgãos colegiados estatais, federais ou do Distrito Federal, constituídos para defesa de direitos e interesses relacionados com as funções da Instituição.
Art. 7º. Incumbe ao Ministério Público da União, sempre que necessário ao exercício de suas funções institucionais:
I – instaurar inquérito civil e outros procedimentos administrativos correlatos;
II – requisitar diligências investigatórias e a instauração de inquérito policial e de inquérito policial militar, podendo acompanhá-los e apresentar provas;
III – requisitar à autoridade competente a instauração de procedimentos administrativos, ressalvados os de natureza disciplinar, podendo acompanhá-los e produzir provas.
Art. 8º. Para o exercício de suas atribuições, o Ministério Público da União poderá, nos procedimentos de sua competência:
I – notificar testemunhas e requisitar sua condução coercitiva, no caso de ausência injustificada;
II – requisitar informações, exames, perícias e documentos de autoridades da Administração Pública direta ou indireta;
III – requisitar da Administração Pública serviços temporários de seus servidores e meios materiais necessários para a realização de atividades específicas;

IV - requisitar informações e documentos a entidades privadas;

V - realizar inspeções e diligências investigatórias;

VI - ter livre acesso a qualquer local público ou privado, respeitadas as normas constitucionais pertinentes à inviolabilidade do domicílio;

VII - expedir notificações e intimações necessárias aos procedimentos e inquéritos que instaurar;

VIII - ter acesso incondicional a qualquer banco de dados de caráter público ou relativo a serviço de relevância pública;

IX - requisitar o auxílio de força policial.

§ 1º. O membro do Ministério Público será civil e criminalmente responsável pelo uso indevido das informações e documentos que requisitar; a ação penal, na hipótese, poderá ser proposta também pelo ofendido, subsidiariamente, na forma da lei processual penal.

§ 2º. Nenhuma autoridade poderá opor ao Ministério Público, sob qualquer pretexto, a exceção de sigilo, sem prejuízo da subsistência do caráter sigiloso da informação, do registro, do dado ou do documento que lhe seja fornecido.

§ 3º. A falta injustificada e o retardamento indevido do cumprimento das requisições do Ministério Público implicarão a responsabilidade de quem lhe der causa.

§ 4º. As correspondências, notificações, requisições e intimações do Ministério Público quando tiverem como destinatário o Presidente da República, o Vice-Presidente da República, membro do Congresso Nacional, Ministro do Supremo Tribunal Federal, Ministro de Estado, Ministro de Tribunal Superior, Ministro do Tribunal de Contas da União ou chefe de missão diplomática de caráter permanente serão encaminhadas e levadas a efeito pelo Procurador-Geral da República ou outro órgão do Ministério Público a quem essa atribuição seja delegada, cabendo às autoridades mencionadas fixar data, hora e local em que puderem ser ouvidas, se for o caso.

§ 5º. As requisições do Ministério Público serão feitas fixando-se prazo razoável de até 10 (dez) dias úteis para atendimento, prorrogável mediante solicitação justificada.

CAPÍTULO III.
DO CONTROLE EXTERNO DA ATIVIDADE POLICIAL

Art. 9º. O Ministério Público da União exercerá o controle externo da atividade policial por meio de medidas judiciais e extrajudiciais, podendo:

I - ter livre ingresso em estabelecimentos policiais ou prisionais;

II - ter acesso a quaisquer documentos relativos à atividade-fim policial;

III - representar à autoridade competente pela adoção de providências para sanar a omissão indevida, ou para prevenir ou corrigir ilegalidade ou abuso de poder;

IV - requisitar à autoridade competente a instauração de inquérito policial sobre a omissão ou fato ilícito ocorrido no exercício da atividade policial;

V - promover a ação penal por abuso de poder.

Art. 10. A prisão de qualquer pessoa, por parte de autoridade federal ou do Distrito Federal e Territórios, deverá ser comunicada imediatamente ao Ministério Público competente, com indicação do lugar onde se encontra o preso e cópia dos documentos comprobatórios da legalidade da prisão.

CAPÍTULO IV.
DA DEFESA DOS DIREITOS CONSTITUCIONAIS

Art. 11. A defesa dos direitos constitucionais do cidadão visa à garantia do seu efetivo respeito pelos Poderes Públicos e pelos prestadores de serviços de relevância pública.

Art. 12. O Procurador dos Direitos do Cidadão agirá de ofício ou mediante representação, notificando a autoridade questionada para que preste informação, no prazo que assinar.

Art. 13. Recebidas ou não as informações e instruído o caso, se o Procurador dos Direitos do Cidadão concluir que direitos constitucionais foram ou estão sendo desrespeitados, deverá notificar o responsável para que tome as providências necessárias a prevenir a repetição ou que determine a cessação do desrespeito verificado.

Art. 14. Não atendida, no prazo devido, a notificação prevista no artigo anterior, a Procuradoria dos Direitos do Cidadão representará ao poder ou autoridade competente para promover a responsabilidade pela ação ou omissão inconstitucionais.

Art. 15. É vedado aos órgãos de defesa dos direitos constitucionais do cidadão promover em juízo a defesa de direitos individuais lesados.

§ 1º. Quando a legitimidade para a ação decorrente da inobservância da Constituição Federal, verificada pela Procuradoria, couber a outro órgão do Ministério Público, os elementos de informação ser-lhe-ão remetidos.

§ 2º. Sempre que o titular do direito lesado não puder constituir advogado e a ação cabível não incumbir ao Ministério Público, o caso, com os elementos colhidos, será encaminhado à Defensoria Pública competente.

Art. 16. A lei regulará os procedimentos da atuação do Ministério Público na defesa dos direitos constitucionais do cidadão.

CAPÍTULO V.
DAS GARANTIAS E DAS PRERROGATIVAS

Art. 17. Os membros do Ministério Público da União gozam das seguintes garantias:

I - vitaliciedade, após 2 (dois) anos de efetivo exercício, não podendo perder o cargo senão por sentença judicial transitada em julgado;

II - inamovibilidade, salvo por motivo de interesse público, mediante decisão do Conselho Superior, por voto de 2/3 (dois terços) de seus membros, assegurada ampla defesa;

III - (VETADO).

Art. 18. São prerrogativas dos membros do Ministério Público da União:

I - institucionais:

a) sentar-se no mesmo plano e imediatamente à direita dos juízes singulares ou presidentes dos órgãos judiciários perante os quais oficiem;

b) usar vestes talares;

c) ter ingresso e trânsito livres, em razão de serviço, em qualquer recinto público ou privado, respeitada a garantia constitucional da inviolabilidade do domicílio;

d) a prioridade em qualquer serviço de transporte ou comunicação, público ou privado, no território nacional, quando em serviço de caráter urgente;

e) o porte de arma, independentemente de autorização;

f) carteira de identidade especial, de acordo com modelo aprovado pelo Procurador-Geral da República e por ele expedida, nela se consignando as prerrogativas constantes do inciso I, alíneas *c*, *d* e *e* do inciso II, alíneas *d*, e e *f*, deste artigo;

II - processuais:

a) do Procurador-Geral da República, ser processado e julgado, nos crimes comuns, pelo Supremo Tribunal Federal e pelo Senado Federal, nos crimes de responsabilidade;

b) do membro do Ministério Público da União que oficie perante tribunais, ser processado e julgado, nos crimes comuns e de responsabilidade, pelo Superior Tribunal de Justiça;

c) do membro do Ministério Público da União que oficie perante juízos de primeira instância, ser processado e julgado, nos crimes comuns e de responsabilidade, pelos Tribunais Regionais Federais, ressalvada a competência da Justiça Eleitoral;

d) ser preso ou detido somente por ordem escrita do tribunal competente ou em razão de flagrante de crime inafiançável, caso em que a autoridade fará imediata comunicação àquele tribunal e ao Procurador-Geral da República, sob pena de responsabilidade;

e) ser recolhido à prisão especial ou à sala especial de Estado-Maior, com direito a privacidade e à disposição do tribunal competente para o julgamento, quando sujeito a prisão antes da decisão final; e a dependência separada no estabelecimento em que tiver de ser cumprida a pena;

f) não ser indiciado em inquérito policial, observado o disposto no parágrafo único deste artigo;

g) ser ouvido, como testemunhas, em dia, hora e local previamente ajustados com o magistrado ou a autoridade competente;

h) receber intimação pessoalmente nos autos em qualquer processo e grau de jurisdição nos feitos em que tiver que oficiar.

Parágrafo único. Quando, no curso de investigação, houver indício da prática de infração penal por membro do Ministério Público da União, a autoridade policial, civil ou militar, remeterá imediatamente os autos ao Procurador-Geral da República, que designará membro do Ministério Público para prosseguimento da apuração do fato.

Art. 19. O Procurador-Geral da República terá as mesmas honras e tratamento dos Ministros do Supremo Tribunal Federal; e os demais membros da Instituição, as que forem reservadas aos magistrados perante os quais oficiem.

Art. 20. Os órgãos do Ministério Público da União terão presença e palavra asseguradas em todas as sessões dos colegiados em que oficiem.

Art. 21. As garantias e prerrogativas dos membros do Ministério Público da União são inerentes ao exercício de suas funções e irrenunciáveis.

Parágrafo único. As garantias e prerrogativas previstas nesta Lei Complementar não excluem as que sejam estabelecidas em outras leis.

CAPÍTULO VI. DA AUTONOMIA DO MINISTÉRIO PÚBLICO

Art. 22. Ao Ministério Público da União é assegurada autonomia funcional, administrativa e financeira, cabendo-lhe:

I – propor ao Poder Legislativo a criação e extinção de seus cargos e serviços auxiliares, bem como a fixação dos vencimentos de seus membros e servidores;

II – prover os cargos de suas carreiras e dos serviços auxiliares;

III – organizar os serviços auxiliares;

IV – praticar atos próprios de gestão.

Art. 23. O Ministério Público da União elaborará sua proposta orçamentária dentro dos limites da lei de diretrizes orçamentárias.

§ 1º. Os recursos correspondentes às suas dotações orçamentárias, compreendidos os créditos suplementares e especiais, ser-lhe-ão entregues até o dia 20 de cada mês.

§ 2º. A fiscalização contábil, financeira, orçamentária, operacional e patrimonial do Ministério Público da União será exercida pelo Congresso Nacional, mediante controle externo, com o auxílio do Tribunal de Contas da União, segundo o disposto no Título IV, Capítulo I, Seção IX, da Constituição Federal, e por sistema próprio de controle interno.

§ 3º. As contas referentes ao exercício anterior serão prestadas, anualmente, dentro de 60 (sessenta) dias da abertura da sessão legislativa do Congresso Nacional.

CAPÍTULO VII. DA ESTRUTURA

Art. 24. O Ministério Público da União compreende:

I – o Ministério Público Federal;

II – o Ministério Público do Trabalho;

III – o Ministério Público Militar;

IV – o Ministério Público do Distrito Federal e Territórios.

Parágrafo único. A estrutura básica do Ministério Público da União será organizada por regulamento, nos termos da lei.

CAPÍTULO VIII. DO PROCURADOR-GERAL DA REPÚBLICA

Art. 25. O Procurador-Geral da República é o chefe do Ministério Público da União, nomeado pelo Presidente da República dentre integrantes da carreira, maiores de 35 (trinta e cinco) anos, após a aprovação de seu nome pela maioria absoluta do Senado Federal, para mandato de 2 (dois) anos, permitida a recondução, precedida de nova decisão do Senado Federal.

Parágrafo único. A exoneração, de ofício, do Procurador-Geral da República, por iniciativa do Presidente da República, deverá ser precedida de autorização da maioria absoluta do Senado Federal, em votação secreta.

Art. 26. São atribuições do Procurador-Geral da República, como Chefe do Ministério Público da União:

I – representar a instituição;

II – propor ao Poder Legislativo os projetos de lei sobre o Ministério Público da União;

III – apresentar a proposta de orçamento do Ministério Público da União, compatibilizando os anteprojetos dos diferentes ramos da Instituição, na forma da lei de diretrizes orçamentárias;

IV – nomear e dar posse ao Vice-Procurador-Geral da República, ao Procurador-Geral do Trabalho, ao Procurador-Geral da Justiça Militar, bem como dar posse ao Procurador-Geral de Justiça do Distrito Federal e Territórios;

V – encaminhar ao Presidente da República a lista tríplice para nomeação do Procurador-Geral de Justiça do Distrito Federal e Territórios;

VI – encaminhar aos respectivos Presidentes as listas sêxtuplas para composição dos Tribunais Regionais Federais, do Tribunal de Justiça do Distrito Federal e Territórios, do Superior Tribunal de Justiça, do Tribunal Superior do Trabalho e dos Tribunais Regionais do Trabalho;

VII – dirimir conflitos de atribuição entre integrantes de ramos diferentes do Ministério Público da União;

VIII – praticar atos de gestão administrativa, financeira e de pessoal;

IX – prover e desprover os cargos das carreiras do Ministério Público da União e de seus serviços auxiliares;

X – arbitrar o valor das vantagens devidas aos membros do Ministério Público da União, nos casos previstos nesta Lei Complementar;

XI – fixar o valor das bolsas devidas aos estagiários;

XII – exercer outras atribuições previstas em lei;

XIII – exercer o poder regulamentar, no âmbito do Ministério Público da União, ressalvadas as competências estabelecidas nesta Lei Complementar para outros órgãos nela instituídos.

§ 1º. O Procurador-Geral da República poderá delegar aos Procuradores-Gerais as atribuições previstas nos incisos VII e VIII deste artigo.

§ 2º. A delegação também poderá ser feita ao Diretor-Geral da Secretaria do Ministério Público da União para a prática de atos de gestão administrativa, financeira e de pessoal, estes apenas em relação aos servidores e serviços auxiliares.

Art. 27. O Procurador-Geral da República designará, dentre os integrantes da carreira, maiores de 35 (trinta e cinco) anos, o Vice-Procurador-Geral da República, que o substituirá em seus impedimentos. No caso de vacância, exercerá o cargo o Vice-Presidente do Conselho Superior do Ministério Público Federal, até o provimento definitivo do cargo.

CAPÍTULO IX. DO CONSELHO DE ASSESSORAMENTO SUPERIOR DO MINISTÉRIO PÚBLICO DA UNIÃO

Art. 28. O Conselho de Assessoramento Superior do Ministério Público da União, sob a presidência do Procurador-Geral da República, será integrado pelo Vice-Procurador-Geral da República, pelo Procurador-Geral do Trabalho, pelo Procurador-Geral da Justiça Militar e pelo Procurador-Geral de Justiça do Distrito Federal e Territórios.

Art. 29. As reuniões do Conselho de Assessoramento Superior do Ministério Público da União serão convocadas pelo Procurador-Geral da República, podendo solicitá-las qualquer de seus membros.

Art. 30. O Conselho de Assessoramento Superior do Ministério Público da União deverá opinar sobre as matérias de interesse geral da Instituição, e em especial sobre:

I – projetos de lei de interesse comum do Ministério Público da União, neles incluídos:

a) os que visem a alterar normas gerais da Lei Orgânica do Ministério Público da União;

b) a proposta de orçamento do Ministério Público da União;

c) os que proponham a fixação dos vencimentos nas carreiras e nos serviços auxiliares;

II – a organização e o funcionamento da Diretoria-Geral e dos Serviços da Secretaria do Ministério Público da União.

Art. 31. O Conselho de Assessoramento Superior poderá propor aos Conselhos Superiores dos diferentes ramos do Ministério Público da União medidas para uniformizar os atos decorrentes de seu poder normativo.

CAPÍTULO X. DAS CARREIRAS

Art. 32. As carreiras dos diferentes ramos do Ministério Público da União são independentes entre si, tendo cada uma delas organização própria, na forma desta Lei Complementar.

Art. 33. As funções do Ministério Público da União só podem ser exercidas por integrantes da respectiva carreira, que deverão residir onde estiverem lotados.

Art. 34. A lei estabelecerá o número de cargos das carreiras do Ministério Público da União e os ofícios em que serão exercidas suas funções.

CAPÍTULO XI. DOS SERVIÇOS AUXILIARES

Art. 35. A Secretaria do Ministério Público da União é dirigida pelo seu Diretor-Geral de livre escolha do Procurador-Geral da República e demissível *ad nutum*, incumbindo-lhe os serviços auxiliares de apoio técnico e administrativo à Instituição.

Art. 36. O pessoal dos serviços auxiliares será organizado em quadro próprio de carreira, sob regime estatutário, para apoio técnico-administrativo adequado às atividades específicas da Instituição.

TÍTULO II. DOS RAMOS DO MINISTÉRIO PÚBLICO DA UNIÃO

CAPÍTULO I. DO MINISTÉRIO PÚBLICO FEDERAL

SEÇÃO I.
DA COMPETÊNCIA, DOS ÓRGÃOS E DA CARREIRA

Art. 37. O Ministério Público Federal exercerá as suas funções:

I – nas causas de competência do Supremo Tribunal Federal, do Superior Tribunal de Justiça, dos Tribunais Regionais Federais e dos Juízes Federais, e dos Tribunais e Juízes Eleitorais;

II – nas causas de competência de quaisquer juízes e tribunais, para defesa de direitos e interesses dos índios e das populações indígenas, do meio ambiente, de bens e direitos de valor artístico, estético, histórico, turístico e paisagístico, integrantes do patrimônio nacional;

III – (VETADO).

Parágrafo único. O Ministério Público Federal será parte legítima para interpor recurso extraordinário das decisões da Justiça dos Estados nas representações de inconstitucionalidade.

Art. 38. São funções institucionais do Ministério Público Federal as previstas nos Capítulos I, II, III e IV do Título I, incumbindo-lhe, especialmente:

I – instaurar inquérito civil e outros procedimentos administrativos correlatos;

II – requisitar diligências investigatórias e instauração de inquérito policial, podendo acompanhá-los e apresentar provas;

III – requisitar à autoridade competente a instauração de procedimentos administrativos, ressalvados os de natureza disciplinar, podendo acompanhá-los e produzir provas;

IV – exercer o controle externo da atividade das polícias federais, na forma do artigo 9º;

V – participar dos Conselhos Penitenciários;

VI – integrar os órgãos colegiados previstos no § 2º do artigo 6º, quando componentes da estrutura administrativa da União;

VII – fiscalizar a execução da pena, nos processos de competência da Justiça Federal e da Justiça Eleitoral.

Art. 39. Cabe ao Ministério Público Federal exercer a defesa dos direitos constitucionais do cidadão, sempre que se cuidar de garantir-lhes o respeito:

I – pelos Poderes Públicos Federais;

II – pelos órgãos da administração pública federal direta ou indireta;

III – pelos concessionários e permissionários de serviço público federal;

IV – por entidades que exerçam outra função delegada da União.

Art. 40. O Procurador-Geral da República designará, dentre os Subprocuradores-Gerais da República e mediante prévia aprovação do nome pelo Conselho Superior, o Procurador Federal dos Direitos do Cidadão, para exercer as funções do ofício pelo prazo de 2 (dois) anos, permitida uma recondução, precedida de nova decisão do Conselho Superior.

§ 1º. Sempre que possível, o Procurador não acumulará o exercício de suas funções com outras do Ministério Público Federal.

§ 2º. O Procurador somente será dispensado, antes do termo de sua investidura, por iniciativa do Procurador-Geral da República, anuindo a maioria absoluta do Conselho Superior.

Art. 41. Em cada Estado e no Distrito Federal será designado, na forma do artigo 49, III, órgão do Ministério Público Federal para exercer as funções do ofício de Procurador Regional dos Direitos do Cidadão.

Parágrafo único. O Procurador Federal dos Direitos do Cidadão expedirá instruções para o exercício das funções dos ofícios de Procurador dos Direitos do Cidadão, respeitado o princípio da independência funcional.

Art. 42. A execução da medida prevista no art. 14 incumbe ao Procurador Federal dos Direitos do Cidadão.

Art. 43. São órgãos do Ministério Público Federal:

I – o Procurador-Geral da República;

II – o Colégio de Procuradores da República;

III – o Conselho Superior do Ministério Público Federal;

IV – as Câmaras de Coordenação e Revisão do Ministério Público Federal;

V – a Corregedoria do Ministério Público Federal;

VI – os Subprocuradores-Gerais da República;

VII – os Procuradores Regionais da República;

VIII – os Procuradores da República.

Parágrafo único. As Câmaras de Coordenação e Revisão poderão funcionar isoladas ou reunidas, integrando Conselho Institucional, conforme dispuser o seu regimento.

Art. 44. A carreira do Ministério Público Federal é constituída pelos cargos de Subprocurador-Geral da República, Procurador Regional da República e Procurador da República.

Parágrafo único. O cargo inicial da carreira é o de Procurador da República e o do último nível o de Subprocurador-Geral da República.

SEÇÃO II.
DA CHEFIA DO MINISTÉRIO PÚBLICO FEDERAL

Art. 45. O Procurador-Geral da República é o Chefe do Ministério Público Federal.

Art. 46. Incumbe ao Procurador-Geral da República exercer as funções do Ministério Público junto ao Supremo Tribunal Federal, manifestando-se previamente em todos os processos de sua competência.

Parágrafo único. O Procurador-Geral da República proporá perante o Supremo Tribunal Federal:

I – a ação direta de inconstitucionalidade de lei ou ato normativo federal ou estadual e o respectivo pedido de medida cautelar;

II – a representação para intervenção federal nos Estados e no Distrito Federal, nas hipóteses do art. 34, VII, da Constituição Federal;

III – as ações cíveis e penais cabíveis.

Art. 47. O Procurador-Geral da República designará os Subprocuradores-Gerais da República que exercerão, por delegação, suas funções junto aos diferentes órgãos jurisdicionais do Supremo Tribunal Federal.

§ 1º. As funções do Ministério Público Federal junto aos Tribunais Superiores da União, perante os quais lhe compete atuar, somente poderão ser exercidas por titular do cargo de Subprocurador-Geral da República.

§ 2º. Em caso de vaga ou afastamento de Subprocurador-Geral da República, por prazo superior a 30 (trinta) dias, poderá ser convocado Procurador Regional da República para substituição, pelo voto da maioria do Conselho Superior.

§ 3º. O Procurador Regional da República convocado receberá a diferença de vencimento correspondente ao cargo de Subprocurador-Geral da República, inclusive diárias e transporte, se for o caso.

Art. 48. Incumbe ao Procurador-Geral da República propor perante o Superior Tribunal de Justiça:

I – a representação para intervenção federal nos Estados e no Distrito Federal, no caso de recusa à execução de lei federal;

II – a ação penal, nos casos previstos no art. 105, I, *a*, da Constituição Federal.

Parágrafo único. A competência prevista neste artigo poderá ser delegada a Subprocurador-Geral da República.

Art. 49. São atribuições do Procurador-Geral da República, como Chefe do Ministério Público Federal:

I – representar o Ministério Público Federal;

II – integrar, como membro nato, e presidir o Colégio de Procuradores da República, o Conselho Superior do Ministério Público Federal e a Comissão de Concurso;

III – designar o Procurador Federal dos Direitos do Cidadão e os titulares da Procuradoria nos Estados e no Distrito Federal;

IV – designar um dos membros e o Coordenador de cada uma das Câmaras de Coordenação e Revisão do Ministério Público Federal;

V – nomear o Corregedor-Geral do Ministério Público Federal segundo lista formada pelo Conselho Superior;

VI – designar, observados os critérios da lei e os estabelecidos pelo Conselho Superior, os ofícios em que exercerão suas funções os membros do Ministério Público Federal;

VII – designar:

a) o Chefe da Procuradoria Regional da República, dentre os Procuradores Regionais da República lotados na respectiva Procuradoria Regional;

b) o Chefe da Procuradoria da República nos Estados e no Distrito Federal, dentre os Procuradores da República lotados na respectiva unidade;

VIII – decidir, em grau de recurso, os conflitos de atribuições entre órgãos do Ministério Público Federal;

IX – determinar a abertura de correição, sindicância ou inquérito administrativo;

X – determinar instauração de inquérito ou processo administrativo contra servidores dos serviços auxiliares;

XI – decidir processo disciplinar contra membro da carreira ou servidor dos serviços auxiliares, aplicando as sanções cabíveis;

XII – decidir, atendendo à necessidade do serviço, sobre:

a) remoção a pedido ou por permuta;

b) alteração parcial da lista bienal de designações;

XIII – autorizar o afastamento de membros do Ministério Público Federal depois de ouvido o Conselho Superior, nas hipóteses previstas em lei;

XIV – dar posse aos membros do Ministério Público Federal;

XV – designar membro do Ministério Público Federal para:

a) funcionar nos órgãos em que a participação da Instituição seja legalmente prevista, ouvido o Conselho Superior;

b) integrar comissões técnicas ou científicas, relacionadas às funções da Instituição, ouvido o Conselho Superior;

c) assegurar a continuidade dos serviços, em caso de vacância, afastamento temporário, ausência, impedimento ou suspeição do titular, na inexistência ou falta do substituto designado;

d) funcionar perante juízos que não os previstos no inciso I, do art. 37, desta Lei Complementar;

e) acompanhar procedimentos administrativos e inquéritos policiais instaurados em áreas estranhas à sua competência específica desde que relacionados a fatos de interesse da Instituição;

XVI – homologar, ouvido o Conselho Superior, o resultado do concurso para ingresso na carreira;

XVII – fazer publicar aviso de existência de vaga na lotação e na relação bienal de designações;

XVIII – elaborar a proposta orçamentária do Ministério Público Federal, submetendo-a, para aprovação, ao Conselho Superior;

XIX – organizar a prestação de contas do exercício anterior;

XX – praticar atos de gestão administrativa, financeira e de pessoal;

XXI – elaborar o relatório das atividades do Ministério Público Federal;

XXII – coordenar as atividades do Ministério Público Federal;

XXIII – exercer outras atividades previstas em lei.

Art. 50. As atribuições do Procurador-Geral da República, previstas no artigo anterior, poderão ser delegadas:

I – a Coordenador de Câmara de Coordenação e Revisão, as dos incisos XV, alínea *c*, e XXII;

II – aos Chefes das Procuradorias Regionais da República e aos Chefes das Procuradorias da República nos Estados e no Distrito Federal, as dos incisos I, XV, alínea *c*, XX e XXII.

Art. 51. A ação penal pública contra o Procurador-Geral da República, quando no exercício do cargo, caberá ao Subprocurador-Geral da República que for designado pelo Conselho Superior do Ministério Público Federal.

SEÇÃO III.
DO COLÉGIO DE PROCURADORES DA REPÚBLICA

Art. 52. O Colégio de Procuradores da República, presidido pelo Procurador-Geral da República, é integrado por todos os membros da carreira em atividade no Ministério Público Federal.

Art. 53. Compete ao Colégio de Procuradores da República:

I – elaborar, mediante voto plurinominal, facultativo e secreto, a lista sêxtupla para a composição do Superior Tribunal de Justiça, sendo elegíveis os membros do Ministério Público Federal, com mais de 10 (dez) anos na carreira, tendo mais de 35 (trinta e cinco) e menos de 65 (sessenta e cinco) anos de idade;

II – elaborar, mediante voto plurinominal, facultativo e secreto, a lista sêxtupla para a composição dos Tribunais Regionais Federais, sendo elegíveis os membros do Ministério Público Federal, com mais de 10 (dez) anos de carreira, que contém mais de 30 (trinta) e menos de 65 (sessenta e cinco) anos de idade, sempre que possível lotados na respectiva região;

III – eleger, dentre os Subprocuradores-Gerais da República e mediante voto plurinominal, facultativo e secreto, quatro membros do Conselho Superior do Ministério Público Federal;

IV – opinar sobre assuntos gerais de interesse da instituição.

§ 1º. Para os fins previstos nos incisos I, II e III deste artigo, prescindir-se-á de reunião do Colégio de Procuradores, procedendo-se segundo dispuser o seu Regimento Interno e exigindo-se o voto da maioria absoluta dos eleitores.

§ 2º. Excepcionalmente, em caso de interesse relevante da Instituição, o Colégio de Procuradores reunir-se-á em local designado pelo Procurador-Geral da República, desde que convocado por ele ou pela maioria de seus membros.

§ 3º. O Regimento Interno do Colégio de Procuradores da República disporá sobre seu funcionamento.

SEÇÃO IV.
DO CONSELHO SUPERIOR DO MINISTÉRIO PÚBLICO FEDERAL

Art. 54. O Conselho Superior do Ministério Público Federal, presidido pelo Procurador-Geral da República, tem a seguinte composição:

I – o Procurador-Geral da República e o Vice-Procurador-Geral da República, que o integram como membros natos;

II – quatro Subprocuradores-Gerais da República eleitos, para mandato de 2 (dois) anos, na forma do art. 53, inciso III, permitida uma reeleição;

III – quatro Subprocuradores-Gerais da República eleitos, para mandato de 2 (dois) anos, por seus pares, mediante voto plurinominal, facultativo e secreto, permitida uma reeleição.

§ 1º. Serão suplentes dos membros de que tratam os incisos II e III os demais votados, em ordem decrescente, observados os critérios gerais de desempate.

§ 2º. O Conselho Superior elegerá o seu Vice-Presidente, que substituirá o Presidente em seus impedimentos e em caso de vacância.

Art. 55. O Conselho Superior do Ministério Público Federal reunir-se-á, ordinariamente, uma vez por mês, em dia previamente fixado, e, extraordinariamente, quando convocado pelo Procurador-Geral da República, ou por proposta da maioria de seus membros.

Art. 56. Salvo disposição em contrário, as deliberações do Conselho Superior serão tomadas por maioria de votos, presente a maioria absoluta dos seus membros.

§ 1º. Em caso de empate, prevalecerá o voto do Presidente, exceto em matéria de sanções, caso em que prevalecerá a solução mais favorável ao acusado.

§ 2º. As deliberações do Conselho Superior serão publicadas no Diário da Justiça, exceto quando o Regimento Interno determinar sigilo.

Art. 57. Compete ao Conselho Superior do Ministério Público Federal:

I – exercer o poder normativo no âmbito do Ministério Público Federal, observados os princípios desta Lei Complementar, especialmente para elaborar e aprovar:

a) o seu Regimento Interno, o do Colégio de Procuradores da República e os das Câmaras de Coordenação e Revisão do Ministério Público Federal;

b) as normas e as instruções para o concurso de ingresso na carreira;

c) as normas sobre as designações para os diferentes ofícios do Ministério Público Federal;

d) os critérios para distribuição de inquéritos, procedimentos administrativos e quaisquer outros feitos, no Ministério Público Federal;

e) os critérios de promoção por merecimento, na carreira;

f) o procedimento para avaliar o cumprimento das condições do estágio probatório;

II – aprovar o nome do Procurador Federal dos Direitos do Cidadão;

III – indicar integrantes das Câmaras de Coordenação e Revisão;

IV – aprovar a destituição do Procurador Regional Eleitoral;

V – destituir, por iniciativa do Procurador-Geral da República e pelo voto de 2/3 (dois terços) de seus membros, antes do término do mandato, o Corregedor-Geral;

VI – elaborar a lista tríplice para Corregedor-Geral do Ministério Público Federal;

VII – elaborar a lista tríplice destinada à promoção por merecimento;

VIII – aprovar a lista de antiguidade dos membros do Ministério Público Federal e decidir sobre as reclamações a ela concernentes;

IX – indicar o membro do Ministério Público Federal para promoção por antiguidade, observado o disposto no artigo 93, inciso II, alínea *d*, da Constituição Federal;

X – designar o Subprocurador-Geral da República para conhecer de inquérito, peças de informação ou representação sobre crime comum atribuível ao Procurador-Geral da República e, sendo o caso, promover a ação penal;

XI – opinar sobre a designação de membro do Ministério Público Federal para:

a) funcionar nos órgãos em que a participação da Instituição seja legalmente prevista;

b) integrar comissões técnicas ou científicas relacionadas às funções da Instituição;

XII – opinar sobre o afastamento temporário de membro do Ministério Público Federal;

XIII – autorizar a designação, em caráter excepcional, de membros do Ministério Público Federal, para exercício de atribuições processuais perante juízos, tribunais ou ofícios diferentes dos estabelecidos para cada categoria;

XIV – determinar a realização de correições e sindicâncias e apreciar os relatórios correspondentes;

XV – determinar a instauração de processos administrativos em que o acusado seja membro do Ministério Público Federal, apreciar seus relatórios e propor as medidas cabíveis;

XVI – determinar o afastamento preventivo do exercício de suas funções, do membro do Ministério Público Federal, indiciado ou acusado em processo disciplinar, e o seu retorno;

XVII – designar a comissão de processo administrativo em que o acusado seja membro do Ministério Público Federal;

XVIII – decidir sobre o cumprimento do estágio probatório por membro do Ministério Público Federal, encaminhando cópia da decisão ao Procurador-Geral da República, quando for o caso, para ser efetivada sua exoneração;

XIX – decidir sobre remoção e disponibilidade de membro do Ministério Público Federal, por motivo de interesse público;

XX – autorizar, pela maioria absoluta de seus membros, que o Procurador-Geral da República ajuíze a ação de perda de cargo contra membro vitalício do Ministério Público Federal, nos casos previstos nesta Lei;

XXI – opinar sobre os pedidos de reversão de membro da carreira;

XXII – opinar sobre o encaminhamento de proposta de lei de aumento do número de cargos da carreira;

XXIII – deliberar sobre a realização de concurso para o ingresso na carreira, designar os membros da Comissão de Concurso e opinar sobre a homologação dos resultados;

XXIV – aprovar a proposta orçamentária que integrará o projeto de orçamento do Ministério Público da União;

XXV – exercer outras funções estabelecidas em lei.

§ 1º. O Procurador-Geral e qualquer membro do Conselho Superior estão impedidos de participar das decisões deste nos casos previstos nas leis processuais para o impedimento e a suspeição de membro do Ministério Público.

§ 2º. As deliberações relativas aos incisos I, alíneas *a* e *e*, IV, XIII, XV, XVI, XVII, XIX e XXI somente poderão ser tomadas com o voto favorável de 2/3 (dois terços) dos membros do Conselho Superior.

SEÇÃO V.
DAS CÂMARAS DE COORDENAÇÃO E REVISÃO DO MINISTÉRIO PÚBLICO FEDERAL

Art. 58. As Câmaras de Coordenação e Revisão do Ministério Público Federal são os órgãos setoriais de coordenação, de integração e de revisão do exercício funcional na instituição.

Art. 59. As Câmaras de Coordenação e Revisão serão organizadas por função ou por matéria, através de ato normativo.

Parágrafo único. Regimento Interno que disporá sobre o funcionamento das Câmaras de Coordenação e Revisão será elaborado pelo Conselho Superior.

Art. 60. As Câmaras de Coordenação e Revisão serão compostas por três membros do Ministério Público Federal, sendo um indicado pelo Procurador-Geral da República e dois pelo Conselho Superior, juntamente com seus suplentes, para um mandato de 2 (dois) anos, dentre integrantes do último grau da carreira, sempre que possível.

Art. 61. Dentre os integrantes da Câmara de Coordenação e Revisão, um deles será designado pelo Procurador-Geral para a função executiva de Coordenador.

Art. 62. Compete às Câmaras de Coordenação e Revisão:

I – promover a integração e a coordenação dos órgãos institucionais que atuem em ofícios ligados ao setor de sua competência, observado o princípio da independência funcional;

II – manter intercâmbio com órgãos ou entidades que atuem em áreas afins;

III – encaminhar informações técnico-jurídicas aos órgãos institucionais que atuem em seu setor;

IV – manifestar-se sobre o arquivamento de inquérito policial, inquérito parlamentar ou peças de informação, exceto nos casos de competência originária do Procurador-Geral;

V – resolver sobre a distribuição especial de feitos que, por sua contínua reiteração, devam receber tratamento uniforme;

VI – resolver sobre a distribuição especial de inquéritos, feitos e procedimentos, quando a matéria, por sua natureza ou relevância, assim o exigir;

VII – decidir os conflitos de atribuições entre os órgãos do Ministério Público Federal.

Parágrafo único. A competência fixada nos incisos V e VI será exercida segundo critérios objetivos previamente estabelecidos pelo Conselho Superior.

SEÇÃO VI.
DA CORREGEDORIA DO MINISTÉRIO PÚBLICO FEDERAL

Art. 63. A Corregedoria do Ministério Público Federal, dirigida pelo Corregedor-Geral é o órgão fiscalizador das atividades funcionais e da conduta dos membros do Ministério Público.

Art. 64. O Corregedor-Geral será nomeado pelo Procurador-Geral da República dentre os Subprocuradores-Gerais da República, integrantes de lista tríplice elaborada pelo Conselho Superior, para mandato de 2 (dois) anos, renovável uma vez.

§ 1º. Não poderão integrar a lista tríplice os membros do Conselho Superior.

§ 2º. Serão suplentes do Corregedor-Geral os demais integrantes da lista tríplice, na ordem em que os designar o Procurador-Geral.

§ 3º. O Corregedor-Geral poderá ser destituído por iniciativa do Procurador-Geral, antes do término do mandato, pelo Conselho Superior, observado o disposto no inciso V do art. 57.

Art. 65. Compete ao Corregedor-Geral do Ministério Público Federal:

I – participar, sem direito a voto, das reuniões do Conselho Superior;

II – realizar, de ofício, ou por determinação do Procurador-Geral ou do Conselho Superior, correições e sindicâncias, apresentando os respectivos relatórios;

III – instaurar inquérito contra integrante da carreira e propor ao Conselho Superior a instauração do processo administrativo consequente;

IV – acompanhar o estágio probatório dos membros do Ministério Público Federal;

V – propor ao Conselho Superior a exoneração de membro do Ministério Público Federal que não cumprir as condições do estágio probatório.

SEÇÃO VII.
DOS SUBPROCURADORES-GERAIS DA REPÚBLICA

Art. 66. Os Subprocuradores-Gerais da República serão designados para oficiar junto ao Supremo Tribunal Federal, ao Superior Tribunal de Justiça, ao Tribunal Superior Eleitoral e nas Câmaras de Coordenação e Revisão.

§ 1º. No Supremo Tribunal Federal e no Tribunal Superior Eleitoral, os Subprocuradores-Gerais da República atuarão por delegação do Procurador-Geral da República.

§ 2º. A designação de Subprocurador-Geral da República para oficiar em órgãos jurisdicionais diferentes dos previstos para a categoria dependerá de autorização do Conselho Superior.

Art. 67. Cabe aos Subprocuradores-Gerais da República, privativamente, o exercício das funções de:

I – Vice-Procurador-Geral da República;

II – Vice-Procurador-Geral Eleitoral;

III – Corregedor-Geral do Ministério Público Federal;

IV – Procurador Federal dos Direitos do Cidadão;

V – Coordenador de Câmara de Coordenação e Revisão.

SEÇÃO VIII.
DOS PROCURADORES REGIONAIS DA REPÚBLICA

Art. 68. Os Procuradores Regionais da República serão designados para oficiar junto aos Tribunais Regionais Federais.

Parágrafo único. A designação de Procurador Regional da República para oficiar em órgãos jurisdicionais diferentes dos previstos para a categoria dependerá de autorização do Conselho Superior.

Art. 69. Os Procuradores Regionais da República serão lotados nos ofícios nas Procuradorias Regionais da República.

▸ Lei 8.721/1993 - Reestruturação das Procuradorias Regionais da República.

SEÇÃO IX.
DOS PROCURADORES DA REPÚBLICA

Art. 70. Os Procuradores da República serão designados para oficiar junto aos Juízes Federais e junto aos Tribunais Regionais Eleitorais, onde não tiver sede a Procuradoria Regional da República.

Parágrafo único. A designação de Procurador da República para oficiar em órgãos jurisdicionais diferentes dos previstos para a categoria dependerá de autorização do Conselho Superior.

Art. 71. Os Procuradores da República serão lotados nos ofícios nas Procuradorias da República nos Estados e no Distrito Federal.

SEÇÃO X.
DAS FUNÇÕES ELEITORAIS DO MINISTÉRIO PÚBLICO FEDERAL

Art. 72. Compete ao Ministério Público Federal exercer, no que couber, junto à Justiça Eleitoral, as funções do Ministério Público, atuando em todas as fases e instâncias do processo eleitoral.

Parágrafo único. O Ministério Público Federal tem legitimação para propor, perante o juízo competente, as ações para declarar ou decretar a nulidade de negócios jurídicos ou atos da administração pública, infringentes de vedações legais destinadas a proteger a normalidade e a legitimidade das eleições, contra a influência do poder econômico ou o abuso do poder político ou administrativo.

Art. 73. O Procurador-Geral Eleitoral é o Procurador-Geral da República.

Parágrafo único. O Procurador-Geral Eleitoral, designará, dentre os Subprocuradores-Gerais da República, o Vice-Procurador-Geral Eleitoral, que o substituirá em seus impedimentos e exercerá o cargo em caso de vacância, até o provimento definitivo.

Art. 74. Compete ao Procurador-Geral Eleitoral exercer as funções do Ministério Público nas causas de competência do Tribunal Superior Eleitoral.

Parágrafo único. Além do Vice-Procurador-Geral Eleitoral, o Procurador-Geral poderá designar, por necessidade de serviço, membros do Ministério Público Federal para oficiarem, com sua aprovação, perante o Tribunal Superior Eleitoral.

Art. 75. Incumbe ao Procurador-Geral Eleitoral:

I – designar o Procurador Regional Eleitoral em cada Estado e no Distrito Federal;

II – acompanhar os procedimentos do Corregedor-Geral Eleitoral;

III – dirimir conflitos de atribuições;

IV – requisitar servidores da União e de suas autarquias, quando o exigir a necessidade do serviço, sem prejuízo dos direitos e vantagens inerentes ao exercício de seus cargos ou empregos.

Art. 76. O Procurador Regional Eleitoral, juntamente com o seu substituto, será designado pelo Procurador-Geral Eleitoral, dentre os Procuradores Regionais da República no Estado e no Distrito Federal, ou, onde não houver, dentre os Procuradores da República vitalícios, para um mandato de 2 (dois) anos.

§ 1º. O Procurador Regional Eleitoral poderá ser reconduzido uma vez.

§ 2º. O Procurador Regional Eleitoral poderá ser destituído, antes do término do mandato, por iniciativa do Procurador-Geral Eleitoral, anuindo a maioria absoluta do Conselho Superior do Ministério Público Federal.

Art. 77. Compete ao Procurador Regional Eleitoral exercer as funções do Ministério Público nas causas de competência do Tribunal Regional Eleitoral respectivo, além de dirigir, no Estado, as atividades do setor.

Parágrafo único. O Procurador-Geral Eleitoral poderá designar, por necessidade de serviço, outros membros do Ministério Público Federal para oficiar, sob a coordenação do Procurador Regional, perante os Tribunais Regionais Eleitorais.

Art. 78. As funções eleitorais do Ministério Público Federal perante os Juízes e Juntas Eleitorais serão exercidas pelo Promotor Eleitoral.

Art. 79. O Promotor Eleitoral será o membro do Ministério Público local que oficie junto ao Juízo incumbido do serviço eleitoral de cada Zona.

Parágrafo único. Na inexistência de Promotor que oficie perante a Zona Eleitoral, ou havendo impedimento ou recusa justificada, o Chefe do Ministério Público local indicará ao Procurador Regional Eleitoral o substituto a ser designado.

Art. 80. A filiação a partido político impede o exercício de funções eleitorais por membro do Ministério Público, até 2 (dois) anos do seu cancelamento.

SEÇÃO XI.
DAS UNIDADES DE LOTAÇÃO E DE ADMINISTRAÇÃO

Art. 81. Os ofícios na Procuradoria-Geral da República, nas Procuradorias Regionais da República e nas Procuradorias da República nos Estados e no Distrito Federal são unidades de lotação e de administração do Ministério Público Federal.

Parágrafo único. Nos municípios do interior onde tiverem sede juízos federais, a lei criará unidades da Procuradoria da República no respectivo Estado.

Art. 82. A estrutura básica das unidades de lotação e de administração será organizada por regulamento, nos termos da lei.

CAPÍTULO II.
DO MINISTÉRIO PÚBLICO DO TRABALHO

SEÇÃO I.
DA COMPETÊNCIA, DOS ÓRGÃOS E DA CARREIRA

Art. 83. Compete ao Ministério Público do Trabalho o exercício das seguintes atribuições junto aos órgãos da Justiça do Trabalho:

I – promover as ações que lhe sejam atribuídas pela Constituição Federal e pelas leis trabalhistas;

II – manifestar-se em qualquer fase do processo trabalhista, acolhendo solicitação do juiz ou por sua iniciativa, quando entender existente interesse público que justifique a intervenção;

III – promover a ação civil pública no âmbito da Justiça do Trabalho, para defesa de interesses coletivos, quando desrespeitados os direitos sociais constitucionalmente garantidos;

IV – propor as ações cabíveis para declaração de nulidade de cláusula de contrato, acordo coletivo ou convenção coletiva que viole as liberdades individuais ou coletivas ou os direitos individuais indisponíveis dos trabalhadores;

V – propor as ações necessárias à defesa dos direitos e interesses dos menores, incapazes e índios, decorrentes das relações de trabalho;

VI – recorrer das decisões da Justiça do Trabalho, quando entender necessário, tanto nos processos em que for parte, como naqueles em que oficiar como fiscal da lei, bem como pedir revisão dos Enunciados da Súm. de Jurisprudência do Tribunal Superior do Trabalho;

VII – funcionar nas sessões dos Tribunais Trabalhistas, manifestando-se verbalmente sobre a matéria em debate, sempre que entender necessário, sendo-lhe assegurado o direito de vista dos processos em julgamento, podendo solicitar as requisições e diligências que julgar convenientes;

VIII – instaurar instância em caso de greve, quando a defesa da ordem jurídica ou o interesse público assim o exigir;

IX – promover ou participar da instrução e conciliação em dissídios decorrentes da paralisação de serviços de qualquer natureza, oficiando obrigatoriamente nos processos, manifestando sua concordância ou discordância, em eventuais acordos firmados antes da homologação, resguardado o direito de recorrer em caso de violação à lei e à Constituição Federal;

X – promover mandado de injunção, quando a competência for da Justiça do Trabalho;

XI – atuar como árbitro, se assim for solicitado pelas partes, nos dissídios de competência da Justiça do Trabalho;

XII – requerer as diligências que julgar convenientes para o correto andamento dos processos e para a melhor solução das lides trabalhistas;

XIII – intervir obrigatoriamente em todos os feitos nos segundo e terceiro graus de jurisdição da Justiça do Trabalho, quando a parte for pessoa jurídica de Direito Público, Estado estrangeiro ou organismo internacional.

Art. 84. Incumbe ao Ministério Público do Trabalho, no âmbito das suas atribuições, exercer as funções institucionais previstas nos Capítulos I, II, III e IV do Título I, especialmente:

I – integrar os órgãos colegiados previstos no § 1º do art. 6º, que lhes sejam pertinentes;

II – instaurar inquérito civil e outros procedimentos administrativos, sempre que cabíveis, para assegurar a observância dos direitos sociais dos trabalhadores;

III – requisitar à autoridade administrativa federal competente, dos órgãos de proteção ao trabalho, a instauração de procedimentos administrativos, podendo acompanhá-los e produzir provas;

IV – ser cientificado pessoalmente das decisões proferidas pela Justiça do Trabalho, nas causas em que o órgão tenha intervido ou emitido parecer escrito;

V – exercer outras atribuições que lhe forem conferidas por lei, desde que compatíveis com sua finalidade.

Art. 85. São órgãos do Ministério Público do Trabalho:

I – o Procurador-Geral do Trabalho;

II – o Colégio de Procuradores do Trabalho;

III – o Conselho Superior do Ministério Público do Trabalho;

IV – a Câmara de Coordenação e Revisão do Ministério Público do Trabalho;

V – a Corregedoria do Ministério Público do Trabalho;

VI – os Subprocuradores-Gerais do Trabalho;

VII – os Procuradores Regionais do Trabalho;

VIII – os Procuradores do Trabalho.

Art. 86. A carreira do Ministério Público do Trabalho será constituída pelos cargos de Subprocurador-Geral do Trabalho, Procurador Regional do Trabalho e Procurador do Trabalho.

Parágrafo único. O cargo inicial da carreira é o de Procurador do Trabalho e o do último nível o de Subprocurador-Geral do Trabalho.

SEÇÃO II.
DO PROCURADOR-GERAL
DO TRABALHO

Art. 87. O Procurador-Geral do Trabalho é o Chefe do Ministério Público do Trabalho.

Art. 88. O Procurador-Geral do Trabalho será nomeado pelo Procurador-Geral da República, dentre integrantes da Instituição, com mais de 35 (trinta e cinco) anos de idade e de 5 (cinco) anos na carreira, integrantes de lista tríplice escolhida mediante voto plurinominal, facultativo e secreto, pelo Colégio de Procuradores para um mandato de 2 (dois) anos, permitida uma recondução, observado o mesmo processo. Caso não haja número suficiente de candidatos com mais de 5 (cinco) anos na carreira, poderá concorrer à lista tríplice quem contar mais de 2 (dois) anos na carreira.

Parágrafo único. A exoneração do Procurador-Geral do Trabalho, antes do término do mandato, será proposta ao Procurador-Geral da República pelo Conselho Superior, mediante deliberação obtida com base em voto secreto de 2/3 (dois terços) de seus integrantes.

Art. 89. O Procurador-Geral do Trabalho designará, dentre os Subprocuradores-Gerais do Trabalho, o Vice-Procurador-Geral do Trabalho, que o substituirá em seus impedimentos. Em caso de vacância, exercerá o cargo o Vice-Presidente do Conselho Superior, até o seu provimento definitivo.

Art. 90. Compete ao Procurador-Geral do Trabalho exercer as funções atribuídas ao Ministério Público do Trabalho junto ao Plenário do Tribunal Superior do Trabalho, propondo as ações cabíveis e manifestando-se nos processos de sua competência.

Art. 91. São atribuições do Procurador-Geral do Trabalho:

I – representar o Ministério Público do Trabalho;

II – integrar, como membro nato, e presidir o Colégio de Procuradores do Trabalho, o Conselho Superior do Ministério Público do Trabalho e a Comissão de Concurso;

III – nomear o Corregedor-Geral do Ministério Público do Trabalho, segundo lista tríplice formada pelo Conselho Superior;

IV – designar um dos membros e o Coordenador da Câmara de Coordenação e Revisão do Ministério Público do Trabalho;

V – designar, observados os critérios da lei e os estabelecidos pelo Conselho Superior, os ofícios em que exercerão suas funções os membros do Ministério Público do Trabalho;

VI – designar o Chefe da Procuradoria Regional do Trabalho dentre os Procuradores Regionais do Trabalho lotados na respectiva Procuradoria Regional;

VII – decidir, em grau de recurso, os conflitos de atribuição entre os órgãos do Ministério Público do Trabalho;

VIII – determinar a abertura de correição, sindicância ou inquérito administrativo;

IX – determinar a instauração de inquérito ou processo administrativo contra servidores dos serviços auxiliares;

X – decidir processo disciplinar contra membro da carreira ou servidor dos serviços auxiliares, aplicando as sanções que sejam de sua competência;

XI – decidir, atendendo a necessidade do serviço, sobre:

a) remoção a pedido ou por permuta;

b) alteração parcial da lista bienal de designações;

XII – autorizar o afastamento de membros do Ministério Público do Trabalho, ouvido o Conselho Superior, nos casos previstos em lei;

XIII – dar posse aos membros do Ministério Público do Trabalho;

XIV – designar membro do Ministério Público do Trabalho para:

a) funcionar nos órgãos em que a participação da Instituição seja legalmente prevista, ouvido o Conselho Superior;

b) integrar comissões técnicas ou científicas, relacionadas às funções da Instituição, ouvido o Conselho Superior;

c) assegurar a continuidade dos serviços, em caso de vacância, afastamento temporário, ausência, impedimento ou suspeição do titular, na inexistência ou falta do substituto designado;

XV – homologar, ouvido o Conselho Superior, o resultado do concurso para ingresso na carreira;

XVI – fazer publicar aviso de existência de vaga, na lotação e na relação bienal de designações;

XVII – propor ao Procurador-Geral da República, ouvido o Conselho Superior, a criação e extinção de cargos da carreira e dos ofícios em que devam ser exercidas suas funções;

XVIII – elaborar a proposta orçamentária do Ministério Público do Trabalho, submetendo-a, para aprovação, ao Conselho Superior;

XIX – encaminhar ao Procurador-Geral da República a proposta orçamentária do Ministério Público do Trabalho, após sua aprovação pelo Conselho Superior;

XX – organizar a prestação de contas do exercício anterior, encaminhando-a ao Procurador-Geral da República;

XXI – praticar atos de gestão administrativa, financeira e de pessoal;

XXII – elaborar o relatório de atividades do Ministério Público do Trabalho;

XXIII – coordenar as atividades do Ministério Público do Trabalho;

XXIV – exercer outras atribuições previstas em lei.

Art. 92. As atribuições do Procurador-Geral do Trabalho, previstas no artigo anterior, poderão ser delegadas:

I – ao Coordenador da Câmara de Coordenação e Revisão, as dos incisos XIV, alínea *c*, e XXIII;

II – aos Chefes das Procuradorias Regionais do Trabalho nos Estados e no Distrito Federal, as dos incisos I, XIV, alínea *c*, XXI e XXIII.

SEÇÃO III.
DO COLÉGIO DE PROCURADORES
DO TRABALHO

Art. 93. O Colégio de Procuradores do Trabalho, presidido pelo Procurador-Geral do Trabalho, é integrado por todos os membros da carreira em atividade no Ministério Público do Trabalho.

Art. 94. São atribuições do Colégio de Procuradores do Trabalho:

I – elaborar, mediante voto plurinominal, facultativo e secreto, a lista tríplice para a escolha do Procurador-Geral do Trabalho;

II – elaborar, mediante voto plurinominal, facultativo e secreto, a lista sêxtupla para a composição do Tribunal Superior do Trabalho, sendo elegíveis os membros do Ministério Público do Trabalho com mais de 10 (dez) anos na carreira, tendo mais de 35 (trinta e cinco) e menos de 65 (sessenta e cinco) anos de idade;

III – elaborar, mediante voto plurinominal, facultativo e secreto, a lista sêxtupla para os Tribunais Regionais do Trabalho, dentre os Procuradores com mais de 10 (dez) anos de carreira;

IV – eleger, dentre os Subprocuradores-Gerais do Trabalho e mediante voto plurinominal, facultativo e secreto, quatro membros do Conselho Superior do Ministério Público do Trabalho.

§ 1º. Para os fins previstos nos incisos deste artigo, prescindir-se-á de reunião do Colégio de Procuradores, procedendo-se segundo dispuser o seu Regimento Interno, exigido o voto da maioria absoluta dos eleitores.

§ 2º. Excepcionalmente, em caso de interesse relevante da Instituição, o Colégio de Procuradores reunir-se-á em local designado pelo Procurador-Geral do Trabalho, desde que convocado por ele ou pela maioria de seus membros.

§ 3º. Regimento Interno do Colégio de Procuradores do Trabalho disporá sobre seu funcionamento.

SEÇÃO IV.
DO CONSELHO SUPERIOR DO
MINISTÉRIO PÚBLICO DO TRABALHO

Art. 95. O Conselho Superior do Ministério Público do Trabalho, presidido pelo Procurador-Geral do Trabalho, tem a seguinte composição:

I – o Procurador-Geral do Trabalho e o Vice-Procurador-Geral do Trabalho, que o integram como membros natos;

II – quatro Subprocuradores-Gerais do Trabalho, eleitos para um mandato de 2 (dois) anos, pelo Colégio de Procuradores do Trabalho, mediante voto plurinominal, facultativo e secreto, permitida uma reeleição;

III – quatro Subprocuradores-Gerais do Trabalho, eleitos para um mandato de 2 (dois) anos, por seus pares, mediante voto plurinominal, facultativo e secreto, permitida uma reeleição.

§ 1º. Serão suplentes dos membros de que tratam os incisos II e III os demais votados, em ordem decrescente, observados os critérios gerais de desempate.

§ 2º. O Conselho Superior elegerá o seu Vice-Presidente, que substituirá o Presidente em seus impedimentos e em caso de vacância.

Art. 96. O Conselho Superior do Ministério Público do Trabalho reunir-se-á ordinariamente, uma vez por mês, em dia previamente fixado e, extraordinariamente, quando convocado pelo Procurador-Geral do Trabalho ou por proposta da maioria absoluta de seus membros.

Art. 97. Salvo disposição em contrário, as deliberações do Conselho Superior serão tomadas por maioria de votos, presente a maioria absoluta dos seus membros.

§ 1º. Em caso de empate, prevalecerá o voto do Presidente, exceto em matéria de sanções, caso em que prevalecerá a solução mais favorável ao acusado.

§ 2º. As deliberações do Conselho Superior serão publicadas no Diário da Justiça, exceto quando o Regimento Interno determinar sigilo.

Art. 98. Compete ao Conselho Superior do Ministério Público do Trabalho:

I – exercer o poder normativo no âmbito do Ministério Público do Trabalho, observados os princípios desta Lei Complementar, especialmente para elaborar e aprovar:

a) o seu Regimento Interno, o do Colégio de Procuradores do Trabalho e o da Câmara de Coordenação e Revisão do Ministério Público do Trabalho;

b) as normas e as instruções para o concurso de ingresso na carreira;

c) as normas sobre as designações para os diferentes ofícios do Ministério Público do Trabalho;

d) os critérios para distribuição de procedimentos administrativos e quaisquer outros feitos no Ministério Público do Trabalho;

e) os critérios de promoção por merecimento na carreira;

f) o procedimento para avaliar o cumprimento das condições do estágio probatório;

II – indicar os integrantes da Câmara de Coordenação e Revisão do Ministério Público do Trabalho;

III – propor a exoneração do Procurador-Geral do Trabalho;

IV – destituir, por iniciativa do Procurador-Geral do Trabalho e pelo voto de 2/3 (dois terços) de seus membros, antes do término do mandato, o Corregedor-Geral;

V – elaborar a lista tríplice destinada à promoção por merecimento;

VI – elaborar a lista tríplice para Corregedor-Geral do Ministério Público do Trabalho;

VII – aprovar a lista de antiguidade do Ministério Público do Trabalho e decidir sobre as reclamações a ela concernentes;

VIII – indicar o membro do Ministério Público do Trabalho para promoção por antiguidade, observado o disposto no art. 93, II, alínea *d*, da Constituição Federal;

IX – opinar sobre a designação de membro do Ministério Público do Trabalho para:

a) funcionar nos órgãos em que a participação da Instituição seja legalmente prevista;

b) integrar comissões técnicas ou científicas relacionadas às funções da Instituição;

X – opinar sobre o afastamento temporário de membro do Ministério Público do Trabalho;

XI – autorizar a designação, em caráter excepcional, de membros do Ministério Público do Trabalho, para exercício de atribuições processuais perante juízos, tribunais ou ofícios diferentes dos estabelecidos para cada categoria;

XII – determinar a realização de correições e sindicâncias e apreciar os relatórios correspondentes;

XIII – determinar a instauração de processos administrativos em que o acusado seja membro do Ministério Público do Trabalho, apreciar seus relatórios e propor as medidas cabíveis;

XIV – determinar o afastamento do exercício de suas funções, de membro do Ministério Público do Trabalho, indiciado ou acusado em processo disciplinar, e o seu retorno;

XV – designar a comissão de processo administrativo em que o acusado seja membro do Ministério Público do Trabalho;

XVI – decidir sobre o cumprimento do estágio probatório por membro do Ministério Público do Trabalho, encaminhando cópia da decisão ao Procurador-Geral da República, quando for o caso, para ser efetivada sua exoneração;

XVII – decidir sobre remoção e disponibilidade de membro do Ministério Público do Trabalho, por motivo de interesse público;

XVIII – autorizar, pela maioria absoluta de seus membros, que o Procurador-Geral da República ajuíze a ação de perda de cargo contra membro vitalício do Ministério Público do Trabalho, nos casos previstos em lei;

XIX – opinar sobre os pedidos de reversão de membro da carreira;

XX – aprovar a proposta de lei para o aumento do número de cargos da carreira e dos ofícios;

XXI – deliberar sobre a realização de concurso para o ingresso na carreira, designar os membros da Comissão de Concurso e opinar sobre a homologação dos resultados;

XXII - aprovar a proposta orçamentária que integrará o projeto de orçamento do Ministério Público da União;

XXIII – exercer outras funções atribuídas em lei.

§ 1º. Aplicam-se ao Procurador-Geral e aos demais membros do Conselho Superior as normas processuais em geral, pertinentes aos impedimentos e suspeição dos membros do Ministério Público.

§ 2º. As deliberações relativas aos incisos I, alíneas *a* e *e*, XI, XIII, XIV, XV e XVII somente poderão ser tomadas com o voto favorável de 2/3 (dois terços) dos membros do Conselho Superior.

SEÇÃO V. DA CÂMARA DE COORDENAÇÃO E REVISÃO DO MINISTÉRIO PÚBLICO DO TRABALHO

Art. 99. A Câmara de Coordenação e Revisão do Ministério Público do Trabalho é um órgão de coordenação, de integração e de revisão do exercício funcional na Instituição.

Art. 100. A Câmara de Coordenação e Revisão do Ministério Público do Trabalho será organizada por ato normativo, e o Regimento Interno, que disporá sobre seu funcionamento, será elaborado pelo Conselho Superior.

Art. 101. A Câmara de Coordenação e Revisão do Ministério Público do Trabalho será composta por três membros do Ministério Público do Trabalho, sendo um indicado pelo Procurador-Geral do Trabalho e dois pelo Conselho Superior do Ministério Público do Trabalho, juntamente com seus suplentes, para um mandato de dois anos, sempre que possível, dentre integrantes do último grau da carreira.

Art. 102. Dentre os integrantes da Câmara de Coordenação e Revisão, um deles será designado pelo Procurador-Geral para a função executiva de Coordenador.

Art. 103. Compete à Câmara de Coordenação e Revisão do Ministério Público do Trabalho:

I – promover a integração e a coordenação dos órgãos institucionais do Ministério Público do Trabalho, observado o princípio da independência funcional;

II – manter intercâmbio com órgãos ou entidades que atuem em áreas afins;

III – encaminhar informações técnico-jurídicas aos órgãos institucionais do Ministério Público do Trabalho;

IV – resolver sobre a distribuição especial de feitos e procedimentos, quando a matéria, por sua natureza ou relevância, assim o exigir;

V – resolver sobre a distribuição especial de feitos, que por sua contínua reiteração, devam receber tratamento uniforme;

VI – decidir os conflitos de atribuição entre os órgãos do Ministério Público do Trabalho.

Parágrafo único. A competência fixada nos incisos IV e V será exercida segundo critérios objetivos previamente estabelecidos pelo Conselho Superior.

SEÇÃO VI. DA CORREGEDORIA DO MINISTÉRIO PÚBLICO DO TRABALHO

Art. 104. A Corregedoria do Ministério Público do Trabalho, dirigida pelo Corregedor-Geral, é o órgão fiscalizador das atividades funcionais e da conduta dos membros do Ministério Público.

Art. 105. O Corregedor-Geral será nomeado pelo Procurador-Geral do Trabalho dentre os Subprocuradores-Gerais do Trabalho, integrantes de lista tríplice elaborada pelo Conselho Superior, para mandato de 2 (dois) anos, renovável uma vez.

§ 1º. Não poderão integrar a lista tríplice os membros do Conselho Superior.

§ 2º. Serão suplentes do Corregedor-Geral os demais integrantes da lista tríplice, na ordem em que os designar o Procurador-Geral.

§ 3º. O Corregedor-Geral poderá ser destituído, por iniciativa do Procurador-Geral, antes do término do mandato, pelo voto de 2/3 (dois terços) dos membros do Conselho Superior.

Art. 106. Incumbe ao Corregedor-Geral do Ministério Público:

I – participar, sem direito a voto, das reuniões do Conselho Superior;

II – realizar, de ofício ou por determinação do Procurador-Geral ou do Conselho Superior, correições e sindicâncias, apresentando os respectivos relatórios;

III - instaurar inquérito contra integrante da carreira e propor ao Conselho Superior a instauração do processo administrativo consequente;

IV - acompanhar o estágio probatório dos membros do Ministério Público do Trabalho;

V - propor ao Conselho Superior a exoneração de membro do Ministério Público do Trabalho que não cumprir as condições do estágio probatório.

SEÇÃO VII.
DOS SUBPROCURADORES-GERAIS DO TRABALHO

Art. 107. Os Subprocuradores-Gerais do Trabalho serão designados para oficiar junto ao Tribunal Superior do Trabalho e nos ofícios na Câmara de Coordenação e Revisão.

Parágrafo único. A designação de Subprocurador-Geral do Trabalho para oficiar em órgãos jurisdicionais diferentes do previsto para a categoria dependerá de autorização do Conselho Superior.

Art. 108. Cabe aos Subprocuradores-Gerais do Trabalho, privativamente, o exercício das funções de:

I - Corregedor-Geral do Ministério Público do Trabalho;

II - Coordenador da Câmara de Coordenação e Revisão do Ministério Público do Trabalho.

Art. 109. Os Subprocuradores-Gerais do Trabalho serão lotados nos ofícios na Procuradoria-Geral do Trabalho.

SEÇÃO VIII.
DOS PROCURADORES REGIONAIS DO TRABALHO

Art. 110. Os Procuradores Regionais do Trabalho serão designados para oficiar junto aos Tribunais Regionais do Trabalho.

Parágrafo único. Em caso de vaga ou de afastamento de Subprocurador-Geral do Trabalho por prazo superior a 30 (trinta) dias, poderá ser convocado pelo Procurador-Geral, mediante aprovação do Conselho Superior, Procurador Regional do Trabalho para substituição.

Art. 111. O Procuradores Regionais do Trabalho serão lotados nos ofícios nas Procuradorias Regionais do Trabalho nos Estados e no Distrito Federal.

SEÇÃO IX.
DOS PROCURADORES DO TRABALHO

Art. 112. Os Procuradores do Trabalho serão designados para funcionar junto aos Tribunais Regionais do Trabalho e, na forma das leis processuais, nos litígios trabalhistas que envolvam, especialmente, interesses de menores e incapazes.

Parágrafo único. A designação de Procurador do Trabalho para oficiar em órgãos jurisdicionais diferentes dos previstos para a categoria dependerá de autorização do Conselho Superior.

Art. 113. Os Procuradores do Trabalho serão lotados nos ofícios nas Procuradorias Regionais do Trabalho nos Estados e no Distrito Federal.

SEÇÃO X.
DAS UNIDADES DE LOTAÇÃO E DE ADMINISTRAÇÃO

Art. 114. Os ofícios na Procuradoria-Geral do Trabalho e nas Procuradorias Regionais do Trabalho nos Estados e no Distrito Federal são unidades de lotação e de administração do Ministério Público do Trabalho.

Art. 115. A estrutura básica das unidades de lotação e de administração será organizada por regulamento, nos termos da lei.

CAPÍTULO III.
DO MINISTÉRIO PÚBLICO MILITAR

SEÇÃO I.
DA COMPETÊNCIA, DOS ÓRGÃOS E DA CARREIRA

Art. 116. Compete ao Ministério Público Militar o exercício das seguintes atribuições junto aos órgãos da Justiça Militar:

I - promover, privativamente, a ação penal pública;

II - promover a declaração de indignidade ou de incompatibilidade para o oficialato;

III - manifestar-se em qualquer fase do processo, acolhendo solicitação do juiz ou por sua iniciativa, quando entender existente interesse público que justifique a intervenção.

Art. 117. Incumbe ao Ministério Público Militar:

I - requisitar diligências investigatórias e a instauração de inquérito policial-militar, podendo acompanhá-los e apresentar provas;

II - exercer o controle externo da atividade da polícia judiciária militar.

Art. 118. São órgãos do Ministério Público Militar:

I - o Procurador-Geral da Justiça Militar;

II - o Colégio de Procuradores da Justiça Militar;

III - o Conselho Superior do Ministério Público Militar;

IV - a Câmara de Coordenação e Revisão do Ministério Público Militar;

V - a Corregedoria do Ministério Público Militar;

VI - os Subprocuradores-Gerais da Justiça Militar;

VII - os Procuradores da Justiça Militar;

VIII - os Promotores da Justiça Militar.

Art. 119. A carreira do Ministério Público Militar é constituída pelos cargos de Subprocurador-Geral da Justiça Militar, Procurador da Justiça Militar e Promotor da Justiça Militar.

Parágrafo único. O cargo inicial da carreira é o de Promotor da Justiça Militar e o do último nível é o de Subprocurador-Geral da Justiça Militar.

SEÇÃO II.
DO PROCURADOR-GERAL DA JUSTIÇA MILITAR

Art. 120. O Procurador-Geral da Justiça Militar é o Chefe do Ministério Público Militar.

Art. 121. O Procurador-Geral da Justiça Militar será nomeado pelo Procurador-Geral da República, dentre integrantes da Instituição, com mais de 35 (trinta e cinco) anos de idade e de 5 (cinco) anos na carreira, escolhidos em lista tríplice mediante voto plurinominal, facultativo e secreto, pelo Colégio de Procuradores, para um mandato de 2 (dois) anos, permitida uma recondução, observado o mesmo processo. Caso não haja número suficiente de candidatos com mais de 5 (cinco) anos na carreira, poderá concorrer à lista tríplice quem contar mais de 2 (dois) anos na carreira.

Parágrafo único. A exoneração do Procurador-Geral da Justiça Militar, antes do término do mandato, será proposta pelo Conselho Superior ao Procurador-Geral da República, mediante deliberação obtida com base em voto secreto de 2/3 (dois terços) de seus integrantes.

Art. 122. O Procurador-Geral da Justiça Militar designará, dentre os Subprocuradores-Gerais, o Vice-Procurador-Geral da Justiça Militar, que o substituirá em seus impedimentos. Em caso de vacância, exercerá o cargo o Vice-Presidente do Conselho Superior, até o seu provimento definitivo.

Art. 123. Compete ao Procurador-Geral da Justiça Militar exercer as funções atribuídas ao Ministério Público Militar junto ao Superior Tribunal Militar, propondo as ações cabíveis e manifestando-se nos processos de sua competência.

Art. 124. São atribuições do Procurador-Geral da Justiça Militar:

I - representar o Ministério Público Militar;

II - integrar, como membro nato, e presidir o Colégio de Procuradores da Justiça Militar, o Conselho Superior do Ministério Público da Justiça Militar e a Comissão de Concurso;

III - nomear o Corregedor-Geral do Ministério Público Militar, segundo lista tríplice elaborada pelo Conselho Superior;

IV - designar um dos membros e o Coordenador da Câmara de Coordenação e Revisão do Ministério Público Militar;

V - designar, observados os critérios da lei e os estabelecidos pelo Conselho Superior, os ofícios em que exercerão suas funções os membros do Ministério Público Militar;

VI - decidir, em grau de recurso, os conflitos de atribuições entre os órgãos do Ministério Público Militar;

VII - determinar a abertura de correição, sindicância ou inquérito administrativo;

VIII - determinar a instauração de inquérito ou processo administrativo contra servidores dos serviços auxiliares;

IX - decidir processo disciplinar contra membro da carreira ou servidor dos serviços auxiliares, aplicando as sanções que sejam de sua competência;

X - decidir, atendida a necessidade do serviço, sobre:

a) remoção a pedido ou por permuta;

b) alteração parcial da lista bienal de designações;

XI - autorizar o afastamento de membros do Ministério Público Militar, ouvido o Conselho Superior, nas hipóteses da lei;

XII - dar posse aos membros do Ministério Público Militar;

XIII - designar membro do Ministério Público Militar para:

a) funcionar nos órgãos em que a participação da Instituição seja legalmente prevista, ouvido o Conselho Superior;

b) integrar comissões técnicas ou científicas, relacionadas às funções da Instituição, ouvido o Conselho Superior;

c) assegurar a continuidade dos serviços, em caso de vacância, afastamento temporário, ausência, impedimento ou suspeição do titular, na inexistência ou falta do substituto designado;

XIV – homologar, ouvido o Conselho Superior, o resultado do concurso para ingresso na carreira;

XV – fazer publicar o aviso de existência de vaga, na lotação e na relação bienal de designações;

XVI – propor ao Procurador-Geral da República, ouvido o Conselho Superior, a criação e extinção de cargos da carreira e dos ofícios em que devam ser exercidas suas funções;

XVII – elaborar a proposta orçamentária do Ministério Público Militar, submetendo-a ao Conselho Superior;

XVIII – encaminhar ao Procurador-Geral da República a proposta orçamentária do Ministério Público Militar, após sua aprovação pelo Conselho Superior;

XIX – organizar a prestação de contas do exercício anterior, encaminhando-a ao Procurador-Geral da República;

XX – praticar atos de gestão administrativa, financeira e de pessoal;

XXI – elaborar o relatório de atividades do Ministério Público Militar;

XXII – coordenar as atividades do Ministério Público Militar;

XXIII – exercer outras atribuições previstas em lei.

Art. 125. As atribuições do Procurador-Geral da Justiça Militar, previstas no artigo anterior, poderão ser delegadas:

I – ao Coordenador da Câmara de Coordenação e Revisão, as dos incisos XIII, alínea *c*, e XXII;

II – ao Procurador da Justiça Militar, as dos incisos I e XX.

SEÇÃO III.
DO COLÉGIO DE PROCURADORES DA JUSTIÇA MILITAR

Art. 126. O Colégio de Procuradores da Justiça Militar, presidido pelo Procurador-Geral da Justiça Militar, é integrado por todos os membros da carreira em atividade no Ministério Público da Justiça Militar.

Art. 127. Compete ao Colégio de Procuradores da Justiça Militar:

I – elaborar, mediante voto plurinominal, facultativo e secreto, lista tríplice para a escolha do Procurador-Geral da Justiça Militar;

II – opinar sobre assuntos gerais de interesse da Instituição.

§ 1º. Para os fins previstos no inciso I, prescindir-se-á de reunião do Colégio de Procuradores, procedendo-se segundo dispuser o seu Regimento Interno, exigido o voto da maioria absoluta dos eleitores.

§ 2º. Excepcionalmente, em caso de interesse relevante da Instituição, o Colégio de Procuradores reunir-se-á em local designado pelo Procurador-Geral da Justiça Militar, desde que convocado por ele ou pela maioria de seus membros.

§ 3º. Regimento Interno do Colégio de Procuradores Militares disporá sobre seu funcionamento.

SEÇÃO IV.
DO CONSELHO SUPERIOR DO MINISTÉRIO PÚBLICO MILITAR

Art. 128. O Conselho Superior do Ministério Público Militar, presidido pelo Procurador-Geral da Justiça Militar, tem a seguinte composição:

I – o Procurador-Geral da Justiça Militar e o Vice-Procurador-Geral da Justiça Militar;

II – os Subprocuradores-Gerais da Justiça Militar.

Parágrafo único. O Conselho Superior elegerá o seu Vice-Presidente, que substituirá o Presidente em seus impedimentos e em caso de vacância.

Art. 129. O Conselho Superior do Ministério Público Militar reunir-se-á, ordinariamente, uma vez por mês, em dia previamente fixado, e, extraordinariamente, quando convocado pelo Procurador-Geral da Justiça Militar ou por proposta da maioria absoluta de seus membros.

Art. 130. Salvo disposição em contrário, as deliberações do Conselho Superior serão tomadas por maioria de votos, presente a maioria absoluta dos seus membros.

§ 1º. Em caso de empate, prevalecerá o voto do Presidente, exceto em matéria de sanções, caso em que prevalecerá a solução mais favorável ao acusado.

§ 2º. As deliberações do Conselho Superior serão publicadas no Diário da Justiça, exceto quando o Regimento Interno determine sigilo.

Art. 131. Compete ao Conselho Superior do Ministério Público Militar:

I – exercer o poder normativo no âmbito do Ministério Público Militar, observados os princípios desta Lei Complementar, especialmente para elaborar e aprovar:

a) o seu Regimento Interno, o do Colégio de Procuradores da Justiça Militar e o da Câmara de Coordenação e Revisão do Ministério Público Militar;

b) as normas e as instruções para o concurso de ingresso na carreira;

c) as normas sobre as designações para os diferentes ofícios do Ministério Público Militar;

d) os critérios para distribuição de inquéritos e quaisquer outros feitos, no Ministério Público Militar;

e) os critérios de promoção por merecimento na carreira;

f) o procedimento para avaliar o cumprimento das condições do estágio probatório;

II – indicar os integrantes da Câmara de Coordenação e Revisão do Ministério Público Militar;

III – propor a exoneração do Procurador-Geral da Justiça Militar;

IV – destituir, por iniciativa do Procurador-Geral do Ministério Público Militar e pelo voto de 2/3 (dois terços) de seus membros, antes do término do mandato, o Corregedor-Geral;

V – elaborar a lista tríplice destinada à promoção por merecimento;

VI – elaborar a lista tríplice para Corregedor-Geral do Ministério Público Militar;

VII – aprovar a lista de antiguidade do Ministério Público Militar e decidir sobre as reclamações a ela concernentes;

VIII – indicar o membro do Ministério Público Militar para promoção por antiguidade, observado o disposto no artigo 93, II, alínea *d*, da Constituição Federal;

IX – opinar sobre a designação de membro do Ministério Público Militar para:

a) funcionar nos órgãos em que a participação da Instituição seja legalmente prevista;

b) integrar comissões técnicas ou científicas relacionadas às funções da Instituição;

X – opinar sobre o afastamento temporário de membro do Ministério Público Militar;

XI – autorizar a designação, em caráter excepcional, de membro do Ministério Público Militar, para exercícios de atribuições processuais perante juízos, tribunais ou ofícios diferentes dos estabelecidos para cada categoria;

XII – determinar a realização de correições e sindicâncias e apreciar os relatórios correspondentes;

XIII – determinar a instauração de processos administrativos em que o acusado seja membro do Ministério Público Militar, apreciar seus relatórios e propor as medidas cabíveis;

XIV – determinar o afastamento preventivo do exercício de suas funções, de membro do Ministério Público Militar, indiciado ou acusado em processo disciplinar, e seu retorno;

XV – designar a comissão de processo administrativo em que o acusado seja membro do Ministério Público Militar;

XVI – decidir sobre o cumprimento do estágio probatório por membro do Ministério Público Militar, encaminhando cópia da decisão ao Procurador-Geral da República, quando for o caso, para ser efetivada sua exoneração;

XVII – decidir sobre remoção e disponibilidade de membro do Ministério Público Militar, por motivo de interesse público;

XVIII – autorizar, pela maioria absoluta de seus membros, que o Procurador-Geral da República ajuíze ação de perda de cargo contra membro vitalício do Ministério Público Militar, nos casos previstos nesta Lei Complementar;

XIX – opinar sobre os pedidos de reversão de membro da carreira;

XX – aprovar a proposta de lei para o aumento do número de cargos da carreira e dos ofícios;

XXI – deliberar sobre a realização de concurso para ingresso na carreira, designar os membros da Comissão de Concurso e opinar sobre a homologação dos resultados;

XXII – exercer outras funções atribuídas em lei.

§ 1º. Aplicam-se ao Procurador-Geral e aos demais membros do Conselho Superior as normas processuais em geral, pertinentes aos impedimentos e suspeição dos membros do Ministério Público.

§ 2º. As deliberações relativas aos incisos I, alíneas a e e, XI, XIII, XIV, XV e XVII somente poderão ser tomadas com o voto favorável de 2/3 (dois terços) dos membros do Conselho Superior.

SEÇÃO V.
DA CÂMARA DE COORDENAÇÃO E REVISÃO DO MINISTÉRIO PÚBLICO MILITAR

Art. 132. A Câmara de Coordenação e Revisão do Ministério Público Militar é o órgão de coordenação, de integração e de revisão do exercício funcional na Instituição.

Art. 133. A Câmara de Coordenação e Revisão do Ministério Público Militar será organizada por ato normativo e o Regimento Interno, que disporá sobre seu funcionamento, será elaborado e aprovado pelo Conselho Superior.

Art. 134. A Câmara de Coordenação e Revisão do Ministério Público Militar será composta por três membros do Ministério Público Militar, sendo um indicado pelo Procurador-Geral da Justiça Militar e dois pelo Conselho Superior do Ministério Público Militar, juntamente com seus suplentes, para um mandato de 2 (dois) anos, sempre que possível, dentre integrantes do último grau da carreira.

Art. 135. Dentre os integrantes da Câmara de Coordenação e Revisão, um deles será designado pelo Procurador-Geral para a função executiva de Coordenador.

Art. 136. Compete à Câmara de Coordenação e Revisão do Ministério Público Militar:

I – promover a integração e a coordenação dos órgãos institucionais do Ministério Público Militar, observado o princípio da independência funcional;

II – manter intercâmbio com órgãos ou entidades que atuem em áreas afins;

III – encaminhar informações técnico-jurídicas aos órgãos institucionais do Ministério Público Militar;

IV – manifestar-se sobre o arquivamento de inquérito policial militar, exceto nos casos de competência originária do Procurador-Geral;

V – resolver sobre a distribuição especial de inquéritos e quaisquer outros feitos, quando a matéria, por sua natureza ou relevância, assim o exigir;

VI – decidir os conflitos de atribuição entre os órgãos do Ministério Público Militar.

Parágrafo único. A competência fixada no inciso V será exercida segundo critérios objetivos previamente estabelecidos pelo Conselho Superior.

SEÇÃO VI.
DA CORREGEDORIA DO MINISTÉRIO PÚBLICO MILITAR

Art. 137. A Corregedoria do Ministério Público Militar, dirigida pelo Corregedor-Geral, é o órgão fiscalizador das atividades funcionais e da conduta dos membros do Ministério Público.

Art. 138. O Corregedor-Geral do Ministério Público Militar será nomeado pelo Procurador-Geral da Justiça Militar dentre os Subprocuradores-Gerais da Justiça Militar integrantes de lista tríplice elaborada pelo Conselho Superior para mandato de 2 (dois) anos, renovável uma vez.

§ 1º. Serão suplentes do Corregedor-Geral os demais integrantes da lista tríplice, na ordem em que os designar o Procurador-Geral.

§ 2º. O Corregedor-Geral poderá ser destituído, por iniciativa do Procurador-Geral, antes do término do mandato, pelo voto de 2/3 (dois terços) dos membros do Conselho Superior.

Art. 139. Incumbe ao Corregedor-Geral do Ministério Público:

I – realizar, de ofício, ou por determinação do Procurador-Geral ou do Conselho Superior, correições e sindicâncias, apresentando os respectivos relatórios;

II – instaurar inquérito contra integrante da carreira e propor ao Conselho Superior a instauração do processo administrativo consequente;

III – acompanhar o estágio probatório dos membros do Ministério Público Militar;

IV – propor ao Conselho Superior a exoneração de membro do Ministério Público Militar que não cumprir as condições do estágio probatório.

SEÇÃO VII.
DOS SUBPROCURADORES-GERAIS DA JUSTIÇA MILITAR

Art. 140. Os Subprocuradores-Gerais da Justiça Militar serão designados para oficiar junto ao Superior Tribunal Militar e à Câmara de Coordenação e Revisão.

Parágrafo único. A designação de Subprocurador-Geral Militar para oficiar em órgãos jurisdicionais diferentes do previsto para a categoria dependerá de autorização do Conselho Superior.

Art. 141. Cabe aos Subprocuradores-Gerais da Justiça Militar, privativamente, o exercício das funções de:

I – Corregedor-Geral do Ministério Público Militar;

II – Coordenador da Câmara de Coordenação e Revisão do Ministério Público Militar.

Art. 142. Os Subprocuradores-Gerais da Justiça Militar serão lotados nos ofícios na Procuradoria-Geral da Justiça Militar.

SEÇÃO VIII.
DOS PROCURADORES DA JUSTIÇA MILITAR

Art. 143. Os Procuradores da Justiça Militar serão designados para oficiar junto às Auditorias Militares.

§ 1º. Em caso de vaga ou afastamento do Subprocurador-Geral da Justiça Militar por prazo superior a 30 (trinta) dias, poderá ser convocado pelo Procurador-Geral, mediante aprovação pelo Conselho Superior, Procurador da Justiça Militar e, nenhum desses aceitando, poderá ser convocado Promotor da Justiça Militar, para substituição.

§ 2º. O Procurador da Justiça Militar convocado, ou o Promotor da Justiça Militar, receberá a diferença de vencimentos, correspondente ao cargo de Subprocurador-Geral da Justiça Militar, inclusive diárias e transporte se for o caso.

Art. 144. Os Procuradores da Justiça Militar serão lotados nos ofícios nas Procuradorias da Justiça Militar.

SEÇÃO IX.
DOS PROMOTORES DA JUSTIÇA MILITAR

Art. 145. Os Promotores da Justiça Militar serão designados para oficiar junto às Auditorias Militares.

Parágrafo único. Em caso de vaga ou afastamento de Procurador da Justiça Militar por prazo superior a 30 (trinta) dias, poderá ser convocado pelo Procurador-Geral, mediante aprovação do Conselho Superior, Promotor da Justiça Militar, para a substituição.

Art. 146. Os Promotores da Justiça Militar serão lotados nos ofícios nas Procuradorias da Justiça Militar.

SEÇÃO X.
DAS UNIDADES DE LOTAÇÃO E DE ADMINISTRAÇÃO

Art. 147. Os ofícios na Procuradoria-Geral da Justiça Militar e nas Procuradorias da Justiça Militar são unidades de lotação e de administração do Ministério Público Militar.

Art. 148. A estrutura das unidades de lotação e de administração será organizada por regulamento, nos termos da lei.

CAPÍTULO IV.
DO MINISTÉRIO PÚBLICO DO DISTRITO FEDERAL E TERRITÓRIOS

SEÇÃO I.
DA COMPETÊNCIA, DOS ÓRGÃOS E DA CARREIRA

Art. 149. O Ministério Público do Distrito Federal e Territórios exercerá as suas funções nas causas de competência do Tribunal de Justiça e dos Juízes do Distrito Federal e Territórios.

Art. 150. Incumbe ao Ministério Público do Distrito Federal e Territórios:

I – instaurar inquérito civil e outros procedimentos administrativos correlatos;

II – requisitar diligências investigatórias e a instauração de inquérito policial, podendo acompanhá-los e apresentar provas;

III – requisitar à autoridade competente a instauração de procedimentos administrativos, ressalvados os de natureza disciplinar, podendo acompanhá-los e produzir provas;

IV – exercer o controle externo da atividade da polícia do Distrito Federal e da dos Territórios;

V – participar dos Conselhos Penitenciários;

VI – participar, como instituição observadora, na forma e nas condições estabelecidas em ato do Procurador-Geral da República, de qualquer órgão da administração pública direta, indireta ou fundacional do Distrito Federal, que tenha atribuições correlatas às funções da Instituição;

VII – fiscalizar a execução da pena, nos processos de competência da Justiça do Distrito Federal e Territórios.

Art. 151. Cabe ao Ministério Público do Distrito Federal e Territórios exercer a defesa dos direitos constitucionais do cidadão, sempre que se cuide de garantir-lhes o respeito:

I – pelos Poderes Públicos do Distrito Federal e dos Territórios;

II – pelos órgãos da administração pública, direta ou indireta, do Distrito Federal e dos Territórios;

III – pelos concessionários e permissionários do serviço público do Distrito Federal e dos Territórios;

IV – por entidades que exerçam outra função delegada do Distrito Federal e dos Territórios.

Art. 152. O Procurador-Geral de Justiça designará, dentre os Procuradores de Justiça e mediante prévia aprovação do nome pelo Conselho Superior, o Procurador Distrital dos Direitos do Cidadão, para servir pelo prazo de 2 (dois) anos, permitida a recondução, precedida de nova decisão do Conselho Superior.

§ 1º. Sempre que possível, o Procurador Distrital não acumulará o exercício de suas funções com outras do Ministério Público.

§ 2º. O Procurador Distrital somente será dispensado, antes do termo de sua investidura, por iniciativa do Procurador-Geral de Justiça, anuindo a maioria absoluta do Conselho Superior.

Art. 153. São órgãos do Ministério Público do Distrito Federal e Territórios:

I – o Procurador-Geral de Justiça;

II – o Colégio de Procuradores e Promotores de Justiça;

III – o Conselho Superior do Ministério Público do Distrito Federal e Territórios;

IV – a Corregedoria do Ministério Público do Distrito Federal e Territórios;

V – as Câmaras de Coordenação e Revisão do Ministério Público do Distrito Federal e Territórios;

VI – os Procuradores de Justiça;

VII – os Promotores de Justiça;

VIII – os Promotores de Justiça Adjuntos.

Art. 154. A carreira do Ministério Público do Distrito Federal e Territórios é constituída pelos cargos de Procurador de Justiça, Promotor de Justiça e Promotor de Justiça Adjunto.

Parágrafo único. O cargo inicial da carreira é o de Promotor de Justiça Adjunto e o último o de Procurador de Justiça.

SEÇÃO II. DO PROCURADOR-GERAL DE JUSTIÇA

Art. 155. O Procurador-Geral de Justiça é o Chefe do Ministério Público do Distrito Federal e Territórios.

Art. 156. O Procurador-Geral de Justiça será nomeado pelo Presidente da República dentre integrantes de lista tríplice elaborada pelo Colégio de Procuradores e Promotores de Justiça, para mandato de 2 (dois) anos, permitida uma recondução, precedida de nova lista tríplice.

§ 1º. Concorrerão à lista tríplice os membros do Ministério Público do Distrito Federal com mais de 5 (cinco) anos de exercício nas funções da carreira e que não tenham sofrido, nos últimos 4 (quatro) anos, qualquer condenação definitiva ou não estejam respondendo a processo penal ou administrativo.

§ 2º. O Procurador-Geral poderá ser destituído, antes do término do mandato, por deliberação da maioria absoluta do Senado Federal, mediante representação do Presidente da República.

Art. 157. O Procurador-Geral designará, dentre os Procuradores de Justiça, o Vice-Procurador-Geral de Justiça, que o substituirá em seus impedimentos. Em caso de vacância, exercerá o cargo o Vice-Presidente do Conselho Superior, até o seu provimento definitivo.

Art. 158. Compete ao Procurador-Geral de Justiça exercer as funções atribuídas ao Ministério Público no Plenário do Tribunal de Justiça do Distrito Federal e Territórios, propondo as ações cabíveis e manifestando-se nos processos de sua competência.

Art. 159. Incumbe ao Procurador-Geral de Justiça, como Chefe do Ministério Público:

I – representar o Ministério Público do Distrito Federal e Territórios;

II – integrar, como membro nato, o Colégio de Procuradores e Promotores de Justiça, o Conselho Superior e a Comissão de Concurso;

III – designar o Procurador Distrital dos Direitos do Cidadão;

IV – designar um dos membros e o Coordenador de cada uma das Câmaras de Coordenação e Revisão do Ministério Público do Distrito Federal e Territórios;

V – nomear o Corregedor-Geral do Ministério Público do Distrito Federal e Territórios;

VI – decidir, em grau de recurso, os conflitos de atribuições entre órgãos do Ministério Público do Distrito Federal e Territórios;

VII – determinar a abertura de correição, sindicância ou inquérito administrativo;

VIII – determinar a instauração de inquérito ou processo administrativo contra servidores dos serviços auxiliares;

IX – decidir processo disciplinar contra membro da carreira ou servidor dos serviços auxiliares, aplicando as sanções que sejam de sua competência;

X – decidir, atendendo a necessidade do serviço, sobre:

a) remoção a pedido ou por permuta;

b) alteração parcial da lista bienal de designações;

XI – autorizar o afastamento de membros do Ministério Público do Distrito Federal e Territórios, ouvido o Conselho Superior, nos casos previstos em lei;

XII – dar posse aos membros do Ministério Público do Distrito Federal e Territórios;

XIII – designar membro do Ministério Público do Distrito Federal e Territórios para:

a) funcionar nos órgãos em que a participação da Instituição seja legalmente prevista, ouvido o Conselho Superior;

b) integrar comissões técnicas ou científicas, relacionadas às funções da Instituição, ouvido o Conselho Superior;

c) assegurar a continuidade dos serviços, em caso de vacância, afastamento temporário, ausência, impedimento ou suspeição do titular, na inexistência ou falta do substituto designado;

d) acompanhar procedimentos administrativos e inquéritos policiais, instaurados em áreas estranhas à sua competência específica, desde que relacionados a fatos de interesse da Instituição;

XIV – homologar, ouvido o Conselho Superior, o resultado de concurso para ingresso na carreira;

XV – fazer publicar o aviso de existência de vaga, na lotação e na relação bienal de designações;

XVI – propor ao Procurador-Geral da República, ouvido o Conselho Superior, a criação e a extinção de cargos da carreira e dos ofícios em que devam ser exercidas suas funções;

XVII – elaborar a proposta orçamentária do Ministério Público do Distrito Federal e Territórios, submetendo-a ao Conselho Superior;

XVIII – encaminhar ao Procurador-Geral da República a proposta orçamentária do Ministério Público do Distrito Federal e Territórios, após sua aprovação pelo Conselho Superior;

XIX – organizar a prestação de contas do exercício anterior, encaminhando-a ao Procurador-Geral da República;

XX – praticar atos de gestão administrativa, financeira e de pessoal;

XXI – elaborar o relatório de atividades do Ministério Público do Distrito Federal e Territórios;

XXII – coordenar as atividades do Ministério Público do Distrito Federal e Territórios;

XXIII – exercer outras atribuições previstas em lei.

Art. 160. As atribuições do Procurador-Geral de Justiça, previstas nos incisos XIII, alíneas *c*, *d*, XXII e XXIII, do artigo anterior, poderão ser delegadas a Coordenador de Câmara de Coordenação e Revisão.

SEÇÃO III. DO COLÉGIO DE PROCURADORES E PROMOTORES DE JUSTIÇA

Art. 161. O Colégio de Procuradores e Promotores de Justiça, presidido pelo Procurador-Geral de Justiça, é integrado por todos os membros da carreira em atividade no Ministério Público do Distrito Federal e Territórios.

Art. 162. Compete ao Colégio de Procuradores e Promotores de Justiça:

I – elaborar, mediante voto plurinominal, facultativo e secreto a lista tríplice para o cargo de Procurador-Geral de Justiça;

II – opinar sobre assuntos gerais de interesse da Instituição;

III – elaborar, mediante voto plurinominal, facultativo e secreto, a lista sêxtupla para a composição do Tribunal de Justiça do Distrito Federal e Territórios, sendo elegíveis os membros do Ministério Público do Distrito Federal e Territórios com mais de 10 (dez) anos de carreira;

IV – eleger, dentre os Procuradores de Justiça e mediante voto plurinominal, facultativo e secreto, quatro membros do Conselho Superior do Ministério Público do Distrito Federal e Territórios;

V – elaborar, mediante voto plurinominal, facultativo e secreto, lista sêxtupla para a composição do Superior Tribunal de Justiça, sendo elegíveis os membros do Ministério Público do Distrito Federal e Territórios, com mais de 35 (trinta e cinco) e menos de 65 (sessenta e cinco) anos de idade.

§ 1º. Para os fins previstos nos incisos I, II, III, IV e V, prescindir-se-á de reunião do Colégio de Procuradores e Promotores de Justiça, procedendo-se segundo dispuser o seu Regimento Interno, exigido o voto da maioria absoluta dos eleitores.

§ 2º. Excepcionalmente, em caso de interesse relevante da Instituição, o Colégio de Procuradores e Promotores de Justiça reunir-se-á em local designado pelo Procurador-Geral de Justiça, desde que convocado por ele ou pela maioria de seus membros.

§ 3º. Regimento Interno do Colégio de Procuradores e Promotores de Justiça disporá sobre seu funcionamento.

SEÇÃO IV.
DO CONSELHO SUPERIOR DO MINISTÉRIO PÚBLICO DO DISTRITO FEDERAL E TERRITÓRIOS

Art. 163. O Conselho Superior do Ministério Público do Distrito Federal e Territórios, presidido pelo Procurador-Geral de Justiça, tem a seguinte composição:

I - o Procurador-Geral de Justiça e o Vice-Procurador-Geral de Justiça, que o integram como membros natos;

II - quatro Procuradores de Justiça, eleitos, para mandato de 2 (dois) anos, na forma do inciso IV do artigo anterior, permitida uma reeleição;

III - quatro Procuradores de Justiça, eleitos para um mandato de 2 (dois) anos, por seus pares, mediante voto plurinominal, facultativo e secreto, permitida uma reeleição.

§ 1º. Serão suplentes dos membros de que tratam os incisos II e III os demais votados, em ordem decrescente, observados os critérios gerais de desempate.

§ 2º. O Conselho Superior elegerá o seu Vice-Presidente, que substituirá o Presidente em seus impedimentos e em caso de vacância.

Art. 164. O Conselho Superior do Ministério Público do Distrito Federal e Territórios reunir-se-á, ordinariamente, uma vez por mês, em dia previamente fixado, e extraordinariamente, quando convocado pelo Procurador-Geral de Justiça ou por proposta da maioria absoluta de seus membros.

Art. 165. Salvo disposição em contrário, as deliberações do Conselho Superior serão tomadas por maioria de votos, presente a maioria absoluta de seus membros.

Art. 166. Compete ao Conselho Superior do Ministério Público do Distrito Federal e Territórios:

I - exercer o poder normativo no âmbito do Ministério Público do Distrito Federal e Territórios, observados os princípios desta Lei Complementar, especialmente para elaborar e aprovar:

a) o seu Regimento Interno, o do Colégio de Procuradores e Promotores de Justiça do Distrito Federal e Territórios e os das Câmaras de Coordenação e Revisão do Ministério Público do Distrito Federal e Territórios;

b) as normas e as instruções para o concurso de ingresso na carreira;

c) as normas sobre as designações para os diferentes ofícios do Ministério Público do Distrito Federal e Territórios;

d) os critérios para distribuição de inquéritos, procedimentos administrativos e quaisquer outros feitos no Ministério Público do Distrito Federal e Territórios;

e) os critérios de promoção por merecimento, na carreira;

f) o procedimento para avaliar o cumprimento das condições do estágio probatório;

II - aprovar o nome do Procurador Distrital dos Direitos do Cidadão;

III - indicar os integrantes das Câmaras de Coordenação e Revisão;

IV - destituir, por iniciativa do Procurador-Geral e pelo voto de 2/3 (dois terços) de seus membros, o Corregedor-Geral;

V - elaborar a lista tríplice destinada à promoção por merecimento;

VI - elaborar a lista tríplice para Corregedor-Geral do Ministério Público do Distrito Federal e Territórios;

VII - aprovar a lista de antiguidade do Ministério Público do Distrito Federal e Territórios e decidir sobre as reclamações a ela concernentes;

VIII - indicar o membro do Ministério Público do Distrito Federal e Territórios para promoção por antiguidade, observado o disposto no artigo 93, II, alínea *d*, da Constituição Federal;

IX - opinar sobre a designação de membro do Ministério Público do Distrito Federal e Territórios para:

a) funcionar nos órgãos em que a participação da Instituição seja legalmente prevista;

b) integrar comissões técnicas ou científicas relacionadas às funções da Instituição;

X - opinar sobre o afastamento temporário de membro do Ministério Público do Distrito Federal e Territórios;

XI - determinar a realização de correições e sindicâncias e apreciar os relatórios correspondentes;

XII - determinar a instauração de processos administrativos em que o acusado seja membro do Ministério Público do Distrito Federal e Territórios, apreciar seus relatórios e propor as medidas cabíveis;

XIII - determinar o afastamento preventivo do exercício de suas funções, de membro do Ministério Público do Distrito Federal e Territórios, indiciado ou acusado em processo disciplinar, e seu retorno;

XIV - autorizar a designação, em caráter excepcional, de membros do Ministério Público do Distrito Federal e Territórios, para exercício de atribuições processuais perante juízos, tribunais ou ofícios diferentes dos estabelecidos para cada categoria;

XV - designar a comissão de processo administrativo em que o acusado seja membro do Ministério Público do Distrito Federal e Territórios;

XVI - decidir sobre o cumprimento do estágio probatório por membro do Ministério Público do Distrito Federal e Territórios, propondo ao Procurador-Geral da República, quando for o caso, a sua exoneração;

XVII - decidir sobre remoção e disponibilidade de membro do Ministério Público do Distrito Federal e Territórios, por motivo de interesse público;

XVIII - autorizar, pela maioria absoluta de seus membros, que o Procurador-Geral da República ajuíze ação de perda de cargo contra membro vitalício do Ministério Público do Distrito Federal e Territórios, nos casos previstos em lei;

XIX - opinar sobre os pedidos de reversão de membro da carreira;

XX - aprovar proposta de lei para o aumento do número de cargos da carreira e dos ofícios;

XXI - deliberar sobre a realização de concurso para ingresso na carreira, designar os membros da Comissão de Concurso e opinar sobre a homologação dos resultados;

XXII - aprovar a proposta orçamentária que integrará o projeto de orçamento do Ministério Público da União;

XXIII - exercer outras funções atribuídas em lei.

Parágrafo único. O Procurador-Geral de Justiça e os membros do Conselho Superior estarão impedidos de participar das decisões deste nos casos previstos nas leis processuais para o impedimento e a suspeição de membros do Ministério Público.

SEÇÃO V.
DAS CÂMARAS DE COORDENAÇÃO E REVISÃO DO MINISTÉRIO PÚBLICO DO DISTRITO FEDERAL E TERRITÓRIOS

Art. 167. As Câmaras de Coordenação e Revisão do Ministério Público do Distrito Federal e Territórios são órgãos setoriais de coordenação, de integração e de revisão do exercício funcional na Instituição.

Art. 168. As Câmaras de Coordenação e Revisão serão organizadas por função ou por matéria, através de ato normativo.

Parágrafo único. O Regimento Interno, que disporá sobre o funcionamento das Câmaras de Coordenação e Revisão, será elaborado e aprovado pelo Conselho Superior.

Art. 169. As Câmaras de Coordenação e Revisão do Ministério Público do Distrito Federal e Territórios serão compostas por três membros do Ministério Público do Distrito Federal e Territórios, sendo um indicado pelo Procurador-Geral de Justiça e dois pelo Conselho Superior do Ministério Público do Distrito Federal e Territórios, juntamente com seus suplentes, para um mandato de 2 (dois) anos, sempre que possível, dentre integrantes do último grau da carreira.

Art. 170. Dentre os integrantes da respectiva Câmara de Coordenação e Revisão, um será designado pelo Procurador-Geral para a função executiva de Coordenador.

Art. 171. Compete às Câmaras de Coordenação e Revisão:

I - promover a integração e a coordenação dos órgãos institucionais que atuem em ofícios ligados à sua atividade setorial, observado o princípio da independência funcional;

II - manter intercâmbio com órgãos ou entidades que atuem em áreas afins;

III - encaminhar informações técnico-jurídicas aos órgãos institucionais que atuem em seu setor;

IV - homologar a promoção de arquivamento de inquérito civil ou peças de informação ou designar outro órgão do Ministério Público para fazê-lo;

V - manifestar-se sobre o arquivamento de inquérito policial, inquérito parlamentar ou peças de informação, exceto nos casos de competência originária do Procurador-Geral;

VI - resolver sobre a distribuição especial de inquéritos, feitos e procedimentos, quando a matéria, por sua natureza ou relevância, assim o exigir;

VII - resolver sobre a distribuição especial de feitos, que, por sua contínua reiteração, devam receber tratamento uniforme;

VIII - decidir os conflitos de atribuição entre os órgãos do Ministério Público do Distrito Federal e Territórios.

Parágrafo único. A competência fixada nos incisos VI e VII será exercida segundo critérios objetivos previamente estabelecidos pelo Conselho Superior.

SEÇÃO VI.
DA CORREGEDORIA DO MINISTÉRIO PÚBLICO DO DISTRITO FEDERAL E TERRITÓRIOS

Art. 172. A Corregedoria do Ministério Público do Distrito Federal e Territórios, dirigida pelo Corregedor-Geral, é o órgão fiscalizador das atividades funcionais e da conduta dos membros do Ministério Público do Distrito Federal e Territórios.

Art. 173. O Corregedor-Geral do Ministério Público do Distrito Federal e Territórios será nomeado pelo Procurador-Geral dentre os Procuradores de Justiça integrantes de lista tríplice elaborada pelo Conselho Superior, para mandato de 2 (dois) anos, renovável uma vez.

§ 1º. Não poderão integrar a lista tríplice os membros do Conselho Superior.

§ 2º. Serão suplentes do Corregedor-Geral os demais integrantes da lista tríplice, na ordem em que os designar o Procurador-Geral.

§ 3º. O Corregedor-Geral poderá ser destituído por iniciativa do Procurador-Geral, antes do término do mandato, pelo Conselho Superior, observado o disposto no inciso IV do art. 166.

Art. 174. Compete ao Corregedor-Geral do Ministério Público do Distrito Federal e Territórios:

I – participar, sem direito a voto, das reuniões do Conselho Superior;

II – realizar, de ofício ou por determinação do Procurador-Geral ou do Conselho Superior, correições e sindicâncias, apresentando os respectivos relatórios;

III – instaurar inquérito contra integrante da carreira e propor ao Conselho Superior a instauração do processo administrativo consequente;

IV – acompanhar o estágio probatório dos membros do Ministério Público do Distrito Federal e Territórios;

V – propor ao Conselho Superior a exoneração de membro do Ministério Público do Distrito Federal e Territórios que não cumprir as condições do estágio probatório.

SEÇÃO VII.
DOS PROCURADORES DE JUSTIÇA

Art. 175. Os Procuradores de Justiça serão designados para oficiar junto ao Tribunal de Justiça e nas Câmaras de Coordenação e Revisão.

Parágrafo único. A designação de Procurador de Justiça para oficiar em órgãos jurisdicionais diferentes do previsto para a categoria dependerá de autorização do Conselho Superior.

Art. 176. Cabe aos Procuradores de Justiça, privativamente, o exercício das funções de:

I – Corregedor-Geral do Ministério Público do Distrito Federal e Territórios;

II – Procurador Distrital dos Direitos do Cidadão;

III – Coordenador de Câmara de Coordenação e Revisão.

Art. 177. Os Procuradores de Justiça serão lotados nos ofícios na Procuradoria-Geral da Justiça do Distrito Federal e Territórios.

SEÇÃO VIII.
DOS PROMOTORES DE JUSTIÇA

Art. 178. Os Promotores de Justiça serão designados para oficiar junto às Varas da Justiça do Distrito Federal e Territórios.

Parágrafo único. Os Promotores de Justiça serão lotados nos ofícios previstos para as Promotorias de Justiça.

SEÇÃO IX.
DOS PROMOTORES DE JUSTIÇA ADJUNTOS

Art. 179. Os Promotores de Justiça Adjuntos serão designados para oficiar junto às Varas da Justiça do Distrito Federal e Territórios.

Parágrafo único. Os Promotores de Justiça Adjuntos serão lotados nos ofícios previstos para as Promotorias de Justiça.

SEÇÃO X.
DAS UNIDADES DE LOTAÇÃO E DE ADMINISTRAÇÃO

Art. 180. Os ofícios na Procuradoria-Geral da Justiça do Distrito Federal e Territórios e nas Promotorias de Justiça serão unidades de lotação e de administração do Ministério Público do Distrito Federal e Territórios.

Art. 181. A estrutura básica da Procuradoria-Geral de Justiça será organizada por regulamento, nos termos da lei.

TÍTULO III.
DAS DISPOSIÇÕES ESTATUTÁRIAS ESPECIAIS

CAPÍTULO I.
DA CARREIRA

SEÇÃO I.
DO PROVIMENTO

Art. 182. Os cargos do Ministério Público da União, salvo os de Procurador-Geral da República, Procurador-Geral do Trabalho, Procurador-Geral da Justiça Militar e Procurador-Geral de Justiça do Distrito Federal e Territórios, são de provimento vitalício e constituem as carreiras independentes de cada ramo.

Art. 183. Os cargos das classes iniciais serão providos por nomeação, em caráter vitalício, mediante concurso público específico para cada ramo.

Art. 184. A vitaliciedade somente será alcançada após 2 (dois) anos de efetivo exercício.

Art. 185. É vedada a transferência ou aproveitamento nos cargos do Ministério Público da União, mesmo de um para outro de seus ramos.

SEÇÃO II.
DO CONCURSO

Art. 186. O concurso público de provas e títulos para ingresso em cada carreira do Ministério Público da União terá âmbito nacional, destinando-se ao preenchimento de todas as vagas existentes e das que ocorrerem no prazo de eficácia.

Parágrafo único. O concurso será realizado, obrigatoriamente, quando o número de vagas exceder a 10% (dez por cento) do quadro respectivo e, facultativamente, a juízo do Conselho Superior competente.

Art. 187. Poderão inscrever-se no concurso bacharéis em Direito há pelo menos 2 (dois) anos, de comprovada idoneidade moral.

Art. 188. O concurso obedecerá ao regulamento elaborado pelo Conselho Superior competente, observado o disposto no art. 31.

Art. 189. A Comissão de Concurso será integrada pelo Procurador-Geral, seu Presidente, por dois membros do respectivo ramo do Ministério Público e por um jurista de reputação ilibada, indicados pelo Conselho Superior e por um advogado indicado pelo Conselho Federal da Ordem dos Advogados do Brasil.

Art. 190. O edital de abertura do concurso conterá a relação dos cargos vagos, com a respectiva lotação, e fixará, para as inscrições, prazo não inferior a 30 (trinta) dias, contado de sua publicação no *Diário Oficial*.

Art. 191. Não serão nomeados os candidatos aprovados no concurso, que tenham completado 65 (sessenta e cinco) anos ou que venham a ser considerados inaptos para o exercício do cargo em exame de higidez física e mental.

Art. 192. O Procurador-Geral competente, ouvido o Conselho Superior, decidirá sobre a homologação do concurso, dentro de 30 (trinta) dias, contados da publicação do resultado final.

Art. 193. O prazo de eficácia do concurso, para efeito de nomeação, será de 2 (dois) anos contados da publicação do ato homologatório, prorrogável uma vez pelo mesmo período.

Art. 194. A nomeação dos candidatos habilitados no concurso obedecerá à ordem de classificação.

§ 1º. Os candidatos aprovados, na ordem de classificação, escolherão a lotação de sua preferência, na relação das vagas que, após o resultado do concurso, o Conselho Superior decidir que devam ser providas inicialmente.

§ 2º. O candidato aprovado poderá renunciar à nomeação correspondente à sua classificação, antecipadamente ou até o termo final do prazo de posse, caso em que o renunciante será deslocado para último lugar na lista dos classificados.

SEÇÃO III.
DA POSSE E DO EXERCÍCIO

Art. 195. O prazo para a posse nos cargos do Ministério Público da União é de 30 (trinta) dias, contado da publicação do ato de nomeação, prorrogável por mais 60 (sessenta) dias, mediante comunicação do nomeado, antes de findo o primeiro prazo.

Parágrafo único. O empossado prestará compromisso de bem cumprir os deveres do cargo, em ato solene, presidido pelo Procurador-Geral.

Art. 196. Para entrar no exercício do cargo, o empossado terá o prazo de 30 (trinta) dias, prorrogável por igual período, mediante comunicação, antes de findo o prazo inicial.

SEÇÃO IV.
DO ESTÁGIO PROBATÓRIO

Art. 197. Estágio probatório é o período dos dois primeiros anos de efetivo exercício do cargo pelo membro do Ministério Público da União.

Art. 198. Os membros do Ministério Público da União, durante o estágio probatório, somente poderão perder o cargo mediante decisão da maioria absoluta do respectivo Conselho Superior.

SEÇÃO V.
DAS PROMOÇÕES

Art. 199. As promoções far-se-ão, alternadamente, por antiguidade e merecimento.

§ 1º. A promoção deverá ser realizada até 30 (trinta) dias da ocorrência da vaga; não decretada no prazo legal, a promoção produzirá efeitos a partir do termo final dele.

§ 2º. Para todos os efeitos, será considerado promovido o membro do Ministério Público da União que vier a falecer ou se aposentar sem que tenha sido efetivada, no prazo legal, a promoção que cabia por antiguidade, ou por força do § 3º do artigo subsequente.

§ 3º. É facultada a recusa de promoção, sem prejuízo do critério de preenchimento da vaga recusada.

§ 4º. É facultada a renúncia à promoção, em qualquer tempo, desde que haja vaga na categoria imediatamente anterior.

Art. 200. O merecimento, para efeito de promoção, será apurado mediante critérios de ordem objetiva, fixados em regulamento elaborado pelo Conselho Superior do respectivo ramo, observado o disposto no art. 31 desta Lei Complementar.

§ 1º. À promoção por merecimento só poderão concorrer os membros do Ministério Público da União com pelo menos 2 (dois) anos de exercício na categoria e integrantes da primeira quinta parte da lista de antiguidade, salvo se não houver com tais requisitos quem aceite o lugar vago; em caso de recusa, completar-se-á a fração incluindo-se outros integrantes da categoria, na sequência da ordem de antiguidade.

§ 2º. Não poderá concorrer à promoção por merecimento quem tenha sofrido penalidade de censura ou suspensão, no período de 1 (um) ano imediatamente anterior à ocorrência da vaga, em caso de censura; ou de 2 (dois) anos, em caso de suspensão.

§ 3º. Será obrigatoriamente promovido quem houver figurado por três vezes consecutivas, ou cinco alternadas, na lista tríplice elaborada pelo Conselho Superior.

Art. 201. Não poderá concorrer à promoção por merecimento, até 1 (um) dia após o regresso, o membro do Ministério Público da União afastado da carreira para:

I – exercer cargo eletivo ou a ele concorrer;

II – exercer outro cargo público permitido por lei.

Art. 202. (VETADO).

§ 1º. A lista de antiguidade será organizada no primeiro trimestre de cada ano, aprovada pelo Conselho Superior e publicada no Diário Oficial até o último dia do mês seguinte.

§ 2º. O prazo para reclamação contra a lista de antiguidade será de 30 (trinta) dias, contado da publicação.

§ 3º. O desempate na classificação por antiguidade será determinado, sucessivamente, pelo tempo de serviço na respectiva carreira do Ministério Público da União, pelo tempo de serviço público federal, pelo tempo de serviço público em geral e pela idade dos candidatos, em favor do mais idoso; na classificação inicial, o primeiro desempate será determinado pela classificação no concurso.

§ 4º. Na indicação à promoção por antiguidade, o Conselho Superior somente poderá recusar o mais antigo pelo voto de 2/3 (dois terços) de seus integrantes, repetindo-se a votação até fixar-se a indicação.

SEÇÃO VI.
DOS AFASTAMENTOS

Art. 203. Sem prejuízo dos vencimentos, vantagens, ou qualquer direito, o membro do Ministério Público da União poderá afastar-se de suas funções:

I – até 8 (oito) dias consecutivos, por motivo de casamento;

II – até 8 (oito) dias consecutivos, por motivo de falecimento de cônjuge ou companheiro, ascendente ou descendente, irmão ou pessoa que viva sobre sua dependência econômica;

III – até 5 (cinco) dias úteis, para comparecimento a encontros ou congressos, no âmbito da Instituição ou promovidos pela entidade de classe a que pertença, atendida a necessidade do serviço.

Art. 204. O membro do Ministério Público da União poderá afastar-se do exercício de suas funções para:

I – frequentar cursos de aperfeiçoamento e estudos, no País ou no exterior, por prazo não superior a 2 (dois) anos, prorrogável, no máximo, por igual período;

II – comparecer a seminários ou congressos, no País ou no exterior;

III – ministrar cursos e seminários destinados ao aperfeiçoamento dos membros da Instituição;

IV – exercer cargo eletivo nos casos previstos em lei ou a ele concorrer, observadas as seguintes condições:

a) o afastamento será facultativo e sem remuneração, durante o período entre a escolha como candidato a cargo eletivo em convenção partidária e a véspera do registro da candidatura na Justiça Eleitoral;

b) o afastamento será obrigatório a partir do dia do registro da candidatura pela Justiça;

V – ausentar-se do País em missão oficial.

§ 1º. O afastamento, salvo na hipótese do inciso IV, só se dará mediante autorização do Procurador-Geral, depois de ouvido o Conselho Superior e atendida a necessidade de serviço.

§ 2º. Os casos de afastamento previstos neste artigo dar-se-ão sem prejuízo dos vencimentos, vantagens ou qualquer direito inerente ao cargo, assegurada, no caso do inciso IV, a escolha da remuneração preferida, sendo o tempo de afastamento considerado de efetivo exercício para todos os fins e efeitos de direito.

§ 3º. Não se considera de efetivo exercício, para fins de estágio probatório, o período de afastamento do membro do Ministério Público da União.

§ 4º. Ao membro do Ministério Público da União que haja se afastado de suas funções para o fim previsto no inciso I não será concedida exoneração ou licença para tratar de interesses particulares antes de decorrido período igual ao de afastamento, ressalvada a hipótese de ressarcimento do que houver recebido a título de vencimentos e vantagens em virtude do afastamento.

SEÇÃO VII.
DA REINTEGRAÇÃO

Art. 205. A reintegração, que decorrerá de decisão judicial passada em julgado, é o reingresso do membro do Ministério Público da União na carreira, com ressarcimento dos vencimentos e vantagens deixadas de perceber em razão da demissão, contando-se o tempo de serviço correspondente ao afastamento.

§ 1º. O titular do cargo no qual se deva dar a reintegração será reconduzido àquele que anteriormente ocupava, o mesmo acontecendo com o titular do cargo para o qual deva ocorrer a recondução; sendo da classe inicial o cargo objeto da reintegração ou da recondução, seu titular ficará em disponibilidade, com proventos idênticos à remuneração que venceria, se em atividade estivesse.

§ 2º. A disponibilidade prevista no parágrafo anterior cessará com o aproveitamento obrigatório na primeira vaga que venha a ocorrer na classe inicial.

§ 3º. O reconduzido, caso tenha sido promovido por merecimento, fará jus à promoção na primeira vaga a ser provida por idêntico critério, atribuindo-se-lhe, quanto à antiguidade na classe, os efeitos de sua promoção anterior.

§ 4º. O reintegrado será submetido ao exame médico exigido para o ingresso na carreira, e, verificando-se sua inaptidão para exercício do cargo, será aposentado, com as vantagens a que teria direito, se efetivada a reintegração.

SEÇÃO VIII.
DA REVERSÃO E DA READMISSÃO

Art. 206. (VETADO).

Art. 207. (VETADO).

**CAPÍTULO II.
DOS DIREITOS**

SEÇÃO I.
DA VITALICIEDADE E DA INAMOVIBILIDADE

Art. 208. Os membros do Ministério Público da União, após 2 (dois) anos de efetivo exercício só poderão ser demitidos por decisão judicial transitada em julgado.

Parágrafo único. A propositura de ação para perda de cargo, quando decorrente de proposta do Conselho Superior depois de apreciado o processo administrativo, acarretará o afastamento do membro do Ministério Público da União do exercício de suas funções, com a perda dos vencimentos e das vantagens pecuniárias do respectivo cargo.

Art. 209. Os membros do Ministério Público da União são inamovíveis, salvo motivo de interesse público, na forma desta Lei Complementar.

Art. 210. A remoção, para efeitos desta Lei Complementar, é qualquer alteração de lotação.

Parágrafo único. A remoção será feita de ofício, a pedido singular ou por permuta.

Art. 211. A remoção de ofício, por iniciativa do Procurador-Geral, ocorrerá somente por motivo de interesse público, mediante decisão do Conselho Superior, pelo voto de 2/3 (dois terços) de seus membros, assegurada ampla defesa.

Art. 212. A remoção a pedido singular atenderá à conveniência do serviço mediante requerimento apresentado nos 15 (quinze) dias seguintes à publicação de aviso da existência de vaga; ou, decorrido este prazo, até 15 (quinze) dias após a publicação da deliberação do Conselho Superior sobre a realização de concurso para ingresso na carreira.

§ 1º. O aviso será publicado no Diário Oficial, dentro de 15 (quinze) dias da vacância.

§ 2º. Havendo mais de um candidato à remoção, ao fim do primeiro prazo previsto no *caput* deste artigo, será removido o de maior antiguidade; após o decurso deste prazo, prevalecerá a ordem cronológica de entrega dos pedidos.

Art. 213. A remoção por permuta será concedida mediante requerimento dos interessados.

SEÇÃO II.
DAS DESIGNAÇÕES

Art. 214. A designação é o ato que discrimina as funções que sejam compatíveis com as previstas nesta Lei Complementar, para cada classe das diferentes carreiras.

Parágrafo único. A designação para o exercício de funções diferentes das previstas para cada classe, nas respectivas carreiras, somente será admitida por interesse do serviço, exigidas a anuência do designado e a autorização do Conselho Superior.

Art. 215. As designações serão feitas observados os critérios da lei e os estabelecidos pelo Conselho Superior:

I - para o exercício de função definida por esta Lei Complementar;

II - para o exercício de função nos ofícios definidos em lei.

Art. 216. As designações, salvo quando estabelecido outro critério por esta Lei Complementar, serão feitas por lista, no último mês do ano, para vigorar por um biênio, facultada a renovação.

› ADI 5.052.

Art. 217. A alteração da lista poderá ser feita, antes do termo do prazo, por interesse do serviço, havendo:

› ADI 5.052.

I - provimento de cargo;

II - desprovimento de cargo;

III - criação de ofício;

IV - extinção de ofício;

V - pedido do designado;

VI - pedido de permuta.

Art. 218. A alteração parcial da lista, antes do termo do prazo, quando modifique a função do designado, sem a sua anuência, somente será admitida nas seguintes hipóteses:

› ADI 5.052.

I - extinção, por lei, da função ou ofício para o qual estava designado;

II - nova lotação, em decorrência de:

a) promoção; e

b) remoção;

III - afastamento ou disponibilidade;

IV - aprovação pelo Conselho Superior, de proposta do Procurador-Geral, pelo voto secreto de 2/3 (dois terços) de seus membros.

Parágrafo único. A garantia estabelecida neste artigo não impede a acumulação eventual de ofícios ou que sejam ampliadas as funções do designado.

Art. 219. (VETADO).

SEÇÃO III.
DAS FÉRIAS E LICENÇAS

Art. 220. Os membros do Ministério Público, terão direito a férias de 60 (sessenta) dias por ano, contínuos ou divididos em dois períodos iguais, salvo acúmulo por necessidade de serviço e pelo máximo de 2 (dois) anos.

§ 1º. Os períodos de gozo de férias dos membros do Ministério Público da União, que oficiem perante Tribunais, deverão ser simultâneos com os das férias coletivas destes, salvo motivo relevante ou o interesse do serviço.

§ 2º. Independentemente de solicitação, será paga ao membro do Ministério Público da União, por ocasião das férias, importância correspondente a 1/3 (um terço) da remuneração do período em que as mesmas devam ser gozadas.

§ 3º. pagamento da remuneração das férias será efetuado até 2 (dois) dias antes do início de gozo do respectivo período, facultada a conversão de 1/3 (um terço) das mesmas em abono pecuniário, requerido com pelo menos 60 (sessenta) dias de antecedência, nele considerado o valor do acréscimo previsto no parágrafo anterior.

§ 4º. Em caso de exoneração, será devida ao membro do Ministério Público da União indenização relativa ao período de férias a que tiver direito e ao incompleto, na proporção de 1/12 (um doze avos) por mês de efetivo exercício, ou fração superior a 14 (quatorze) dias, calculada com base na remuneração do mês em que for publicado o ato exoneratório.

Art. 221. O direito a férias será adquirido após o primeiro ano de exercício.

Art. 222. Conceder-se-á aos membros do Ministério Público da União licença:

I - por motivo de doença em pessoa da família;

II - por motivo de afastamento do cônjuge ou companheiro;

III - prêmio por tempo de serviço;

IV - para tratar de interesses particulares;

V - para desempenho de mandato classista.

§ 1º. A licença prevista no inciso I será precedida de exame por médico ou junta médica oficial, considerando-se pessoas da família o cônjuge ou companheiro, o padrasto, a madrasta, o ascendente, o descendente, o enteado, o colateral consanguíneo ou afim até o segundo grau civil. A licença estará submetida, ainda, às seguintes condições:

a) somente será deferida se a assistência direta do membro do Ministério Público da União for indispensável e não puder ser dada simultaneamente com o exercício do cargo;

b) será concedida sem prejuízo dos vencimentos, vantagens ou qualquer direito inerente ao cargo, salvo para contagem de tempo de serviço em estágio probatório, até 90 (noventa) dias, podendo ser prorrogada por igual prazo nas mesmas condições. Excedida a prorrogação, a licença será considerada como para tratar de interesses particulares.

§ 2º. A licença prevista no inciso II poderá ser concedida quando o cônjuge ou companheiro for deslocado para outro ponto do Território Nacional, para o exterior ou para exercício de mandato eletivo dos Poderes Executivos e Legislativos; será por prazo indeterminado e sem remuneração salvo se o membro do Ministério Público da União puder ser lotado, provisoriamente, em ofício vago no local para onde tenha se deslocado e compatível com seu cargo caso em que a licença será convertida em remoção provisória.

§ 3º. A licença prevista no inciso III será devida após cada quinquênio ininterrupto de exercício, pelo prazo de 3 (três) meses, observadas as seguintes condições:

a) será convertida em pecúnia em favor dos beneficiários do membro do Ministério Público da União falecido, que não a tiver gozado;

b) não será devida a quem houver sofrido penalidade de suspensão durante o período aquisitivo ou tiver gozado as licenças previstas nos incisos II e IV;

c) será concedida sem prejuízo dos vencimentos, vantagens ou qualquer direito inerente ao cargo;

d) para efeito de aposentadoria, será contado em dobro o período não gozado.

§ 4º. A licença prevista no inciso IV poderá ser concedida ao membro do Ministério Público da União vitalício, pelo prazo de até 2 (dois) anos consecutivos, sem remuneração, observadas as seguintes condições:

a) poderá ser interrompida, a qualquer tempo, a pedido do interessado ou no interesse do serviço;

b) não será concedida nova licença antes de decorridos 2 (dois) anos do término da anterior.

§ 5º. A licença prevista no inciso V será devida ao membro do Ministério Público da União investido em mandato em confederação, federação, associação de classe de âmbito nacional ou sindicato representativo da categoria, observadas as seguintes condições:

a) somente farão jus à licença os eleitos para cargos de direção ou representação nas referidas entidades, até o máximo de três por entidade;

b) a licença terá duração igual à do mandato, podendo ser prorrogada, no caso de reeleição, e por uma única vez;

c) será concedida sem prejuízo dos vencimentos, vantagens ou qualquer direito inerente ao cargo.

§ 6º. É vedado o exercício de atividade remunerada durante o período da licença prevista no inciso I.

§ 7º. A licença concedida dentro de 60 (sessenta) dias do término de outra da mesma espécie será considerada como prorrogação.

Art. 223. Conceder-se-á aos membros do Ministério Público da União, além das previstas no artigo anterior, as seguintes licenças:

I - para tratamento de saúde, a pedido ou de ofício, com base em perícia médica, observadas as seguintes condições:

a) a licença será concedida sem prejuízo dos vencimentos e vantagens do cargo;

b) a perícia será feita por médico ou junta médica oficial, se necessário, na residência do examinado ou no estabelecimento hospitalar em que estiver internado;

c) inexistindo médico oficial, será aceito atestado passado por médico particular;

d) findo o prazo da licença, o licenciado será submetido a inspeção médica oficial, que concluirá pela volta ao serviço, pela prorrogação da licença ou pela aposentadoria;

e) a existência de indícios de lesões orgânicas ou funcionais é motivo de inspeção médica;

II – por acidente em serviço, observadas as seguintes condições:

a) configura acidente em serviço o dano físico-mental que se relacione, mediata ou imediatamente, com as funções exercidas;

b) equipara-se ao acidente em serviço o dano decorrente de agressão não provocada e sofrida no exercício funcional, bem como o dano sofrido em trânsito a ele pertinente;

c) a licença será concedida sem prejuízo dos vencimentos e vantagens inerentes ao exercício do cargo;

d) o acidentado em serviço, que necessite de tratamento especializado, não disponível em instituição pública, poderá ser tratado em instituição privada, à conta de recursos públicos, desde que o tratamento seja recomendado por junta médica oficial;

e) a prova do acidente deverá ser feita no prazo de 10 (dez) dias, contado de sua ocorrência, prorrogável quando as circunstâncias o exigirem;

III – à gestante, por 120 (cento e vinte) dias, observada as seguintes condições:

a) poderá ter início no primeiro dia do nono mês de gestação, salvo antecipação por prescrição médica;

b) no caso de nascimento prematuro, a licença terá início a partir do parto;

c) no caso de natimorto, decorridos 30 (trinta) dias do evento a mãe será submetida a exame médico e, se julgada apta, reassumirá as suas funções;

d) em caso de aborto atestado por médico oficial, a licença dar-se-á por 30 (trinta) dias, a partir da sua ocorrência;

IV – pelo nascimento ou a adoção de filho, o pai ou adotante, até 5 (cinco) dias consecutivos;

V – pela adoção ou a obtenção de guarda judicial de criança até 1 (um) ano de idade, o prazo da licença do adotante ou detentor da guarda será de 30 (trinta) dias.

SEÇÃO IV.
DOS VENCIMENTOS E VANTAGENS

Art. 224. Os membros do Ministério Público da União receberão o vencimento, a representação e as gratificações previstas em lei.

§ 1º. Sobre os vencimentos incidirá a gratificação adicional por tempo de serviço, à razão de 1% (um por cento) por ano de serviço público efetivo, sendo computado o tempo de advocacia, até o máximo de 15 (quinze) anos, desde que não cumulativo com tempo de serviço público.

§ 2º. (VETADO).

§ 3º. Os vencimentos serão fixados com diferença não superior a 10% (dez por cento) de uma para outra das classes de cada carreira.

§ 4º. Os Subprocuradores-Gerais do Ministério Público da União terão os mesmos vencimentos e vantagens.

Art. 225. Os vencimentos do Procurador-Geral da República são os de Subprocurador-Geral da República, acrescidos de 20% (vinte por cento), não podendo exceder os valores percebidos como remuneração, em espécie, a qualquer título, por Ministros do Supremo Tribunal Federal.

Parágrafo único. O acréscimo previsto neste artigo não se incorpora aos vencimentos do cargo de Procurador-Geral da República.

Art. 226. (VETADO).

Art. 227. Os membros do Ministério Público da União farão jus, ainda, às seguintes vantagens:

I – ajuda de custo em caso de:

a) remoção de ofício, promoção ou nomeação que importe em alteração do domicílio legal, para atender às despesas de instalação na nova sede de exercício em valor correspondente a até 3 (três) meses de vencimentos;

b) serviço fora da sede de exercício, por período superior a 30 (trinta) dias, em valor correspondente a 1/30 (um trinta avos) dos vencimentos, pelos dias em que perdurar o serviço, sem prejuízo da percepção de diárias;

II – diárias, por serviço eventual fora da sede, de valor mínimo equivalente a 1/30 (um trinta avos) dos vencimentos para atender às despesas de locomoção, alimentação e pousada;

III – transporte:

a) pessoal e dos dependentes, bem como de mobiliário, em caso de remoção, promoção ou nomeação, previstas na alínea *a* do inciso I;

b) pessoal, no caso de qualquer outro deslocamento a serviço, fora da sede de exercício;

IV – auxílio-doença, no valor de 1 (um) mês de vencimento, quando ocorrer licença para tratamento de saúde por mais de 12 (doze) meses, ou invalidez declarada no curso deste prazo;

V – salário-família;

VI – prolabore pela atividade de magistério, por hora-aula proferida em cursos, seminários ou outros eventos destinados ao aperfeiçoamento dos membros da Instituição;

VII – assistência médico-hospitalar, extensiva aos inativos, pensionistas e dependentes, assim entendida como o conjunto de atividades relacionadas com a prevenção, conservação ou recuperação da saúde, abrangendo serviços profissionais médicos, paramédicos, farmacêuticos e odontológicos, bem como o fornecimento e a aplicação dos meios e dos cuidados essenciais à saúde;

VIII – auxílio-moradia, em caso de lotação em local cujas condições de moradia sejam particularmente difíceis ou onerosas, assim definido em ato do Procurador-Geral da República;

IX – gratificação natalina, correspondente a 1/12 (um doze avos) da remuneração a que fizer jus no mês de dezembro, por mês de exercício no respectivo ano, considerando-se como mês integral a fração igual ou superior a 15 (quinze) dias.

§ 1º. A gratificação natalina será paga até o dia 20 (vinte) do mês de dezembro de cada ano.

§ 2º. Em caso de exoneração antes do mês de dezembro, a gratificação natalina será proporcional aos meses de exercício e calculada com base na remuneração do mês em que ocorrer a exoneração.

§ 3º. A gratificação natalina não será considerada para cálculo de qualquer vantagem pecuniária.

§ 4º. Em caso de nomeação, as vantagens previstas nos incisos I, alínea *a*, e III, alínea *a*, são extensivas ao membro do Ministério Público da União sem vínculo estatutário imediatamente precedente, desde que seu último domicílio voluntário date de mais de 12 (doze) meses.

§ 5º. (VETADO).

§ 6º. A assistência médico-hospitalar de que trata o inciso VII será proporcionada pela União, de preferência através de seus serviços, de acordo com normas e condições reguladas por ato do Procurador-Geral da República, sem prejuízo da assistência devida pela previdência social.

§ 7º. (VETADO).

§ 8º. À família do membro do Ministério Público da União que falecer no prazo de 1 (um) ano a partir de remoção de ofício, promoção ou nomeação de que tenha resultado mudança de domicílio legal serão devidos a ajuda de custo e o transporte para a localidade de origem, no prazo de 1 (um) ano, contado do óbito.

Art. 228. Salvo por imposição legal, ou ordem judicial, nenhum desconto incidirá sobre a remuneração ou provento e a pensão devida aos membros do Ministério Público da União ou a seus beneficiários.

§ 1º. Mediante autorização do devedor, poderá haver consignação em folha de pagamento a favor de terceiro.

§ 2º. As reposições e indenizações em favor do erário serão descontadas em parcelas mensais de valor não excedente à décima parte da remuneração ou provento, em valores atualizados.

Art. 229. O membro do Ministério Público da União que, estando em débito com o erário, for demitido, exonerado ou que tiver sua aposentadoria ou disponibilidade cassada, terá o prazo de 60 (sessenta) dias para quitar o débito.

Parágrafo único. Não ocorrendo a quitação do débito no prazo estabelecido neste artigo, deverá ele ser inscrito em dívida ativa.

Art. 230. A remuneração, o provento e a pensão dos membros do Ministério Público da União e de seus beneficiários não serão objeto de arresto, sequestro ou penhora, salvo em caso de dívida de alimentos, resultante de decisão judicial.

SEÇÃO V.
DA APOSENTADORIA E DA PENSÃO

Art. 231. O membro do Ministério Público da União será aposentado, compulsoriamente, por invalidez ou aos 70 (setenta) anos de idade, e facultativamente aos 30 (trinta) anos de serviço, após 5 (cinco) anos de exercício efetivo na carreira.

§ 1º. Será contado como tempo de serviço para aposentadoria, não cumulativamente, até o limite de 15 (quinze) anos, o tempo de exercício da advocacia.

§ 2º. O membro do Ministério Público da União poderá ainda ser aposentado, voluntariamente, aos 65 (sessenta e cinco) anos de idade, se homem, e aos 60 (sessenta), se mulher, com proventos proporcionais ao tempo de serviço.

§ 3º. Ao membro do Ministério Público da União, do sexo feminino, é facultada a aposentadoria, com proventos proporcionais, aos 25 (vinte e cinco) anos de serviço.

§ 4º. A aposentadoria por invalidez será precedida de licença para tratamento de saúde por período não excedente a 24 (vinte e quatro) meses, salvo quando o laudo médico concluir pela incapacidade definitiva para o exercício de suas funções.

§ 5º. Será aposentado o membro do Ministério Público que, após 24 (vinte e quatro) meses contínuos de licença para tratamento de saúde, for considerado inválido para o exercício de suas funções; não terá efeito interruptivo desse prazo qualquer período de exercício das funções inferior a 30 (trinta) dias.

Art. 232. Os proventos da aposentadoria serão integrais.

Parágrafo único. Para o cálculo dos proventos da aposentadoria serão considerados os vencimentos do cargo imediatamente superior ao último exercido pelo aposentado; caso a aposentadoria se dê no último nível da carreira, os vencimentos deste serão acrescidos do percentual de 20% (vinte por cento).

Art. 233. Os proventos da aposentadoria serão revistos na mesma proporção e data em que se modificar a remuneração dos membros do Ministério Público em atividade, sendo também estendidos aos inativos quaisquer benefícios e vantagens novas asseguradas à carreira, ainda que por força de transformação ou reclassificação do cargo.

Art. 234. O aposentado conservará as prerrogativas previstas no artigo 18, inciso I, alínea *e*, e inciso II, alínea *e*, bem como carteira de identidade especial, de acordo com o modelo aprovado pelo Procurador-Geral da República e por ele expedida, contendo expressamente tais prerrogativas e o registro da situação de aposentado.

Art. 235. A pensão por morte, devida pelo órgão previdenciário aos dependentes de membros do Ministério Público da União, corresponderá à totalidade dos vencimentos ou proventos do falecido, assegurada a revisão do benefício, na forma do art. 233.

CAPÍTULO III.
DA DISCIPLINA

SEÇÃO I.
DOS DEVERES E VEDAÇÕES

Art. 236. O membro do Ministério Público da União, em respeito à dignidade de suas funções e à da Justiça, deve observar as normas que regem o seu exercício e especialmente:

I – cumprir os prazos processuais;

II – guardar segredo sobre assunto de caráter sigiloso que conheça em razão do cargo ou função;

III – velar por suas prerrogativas institucionais e processuais;

IV – prestar informações aos órgãos da administração superior do Ministério Público, quando requisitadas;

V – atender ao expediente forense e participar dos atos judiciais, quando for obrigatória a sua presença; ou assistir a outros, quando conveniente ao interesse do serviço;

VI – declarar-se suspeito ou impedido, nos termos da lei;

VII – adotar as providências cabíveis em face das irregularidades de que tiver conhecimento ou que ocorrerem nos serviços a seu cargo;

VIII – tratar com urbanidade as pessoas com as quais se relacione em razão do serviço;

IX – desempenhar com zelo e probidade as suas funções;

X – guardar decoro pessoal.

Art. 237. É vedado ao membro do Ministério Público da União:

I – receber, a qualquer título e sob qualquer pretexto, honorários, percentagens ou custas processuais;

II – exercer a advocacia;

III – exercer o comércio ou participar de sociedade comercial, exceto como cotista ou acionista;

IV – exercer, ainda que em disponibilidade, qualquer outra função pública, salvo uma de magistério;

V – exercer atividade político-partidária, ressalvada a filiação e o direito de afastar-se para exercer cargo eletivo ou a ele concorrer.

SEÇÃO II.
DOS IMPEDIMENTOS E SUSPEIÇÕES

Art. 238. Os impedimentos e as suspeições dos membros do Ministério Público são os previstos em lei.

SEÇÃO III.
DAS SANÇÕES

Art. 239. Os membros do Ministério Público são passíveis das seguintes sanções disciplinares:

I – advertência;

II – censura;

III – suspensão;

IV – demissão; e

V – cassação de aposentadoria ou de disponibilidade.

Art. 240. As sanções previstas no artigo anterior serão aplicadas:

I – a de advertência, reservadamente e por escrito, em caso de negligência no exercício das funções;

II – a de censura, reservadamente e por escrito, em caso de reincidência em falta anteriormente punida com advertência ou de descumprimento de dever legal;

III – a de suspensão, até 45 (quarenta e cinco) dias, em caso de reincidência em falta anteriormente punida com censura;

IV – a de suspensão, de 45 (quarenta e cinco) a 90 (noventa) dias, em caso de inobservância das vedações impostas por esta Lei Complementar ou de reincidência em falta anteriormente punida com suspensão até 45 (quarenta e cinco) dias;

V – as de demissão, nos casos de:

a) lesão aos cofres públicos, dilapidação do patrimônio nacional ou de bens confiados à sua guarda;

b) improbidade administrativa, nos termos do art. 37, § 4º, da Constituição Federal;

c) condenação por crime praticado com abuso de poder ou violação de dever para com a Administração Pública, quando a pena aplicada for igual ou superior a 2 (dois) anos;

d) incontinência pública e escandalosa que comprometa gravemente, por sua habitualidade, a dignidade da Instituição;

e) abandono de cargo;

f) revelação de assunto de caráter sigiloso, que conheça em razão do cargo ou função, comprometendo a dignidade de suas funções ou da Justiça;

g) aceitação ilegal de cargo ou função pública;

h) reincidência no descumprimento do dever legal, anteriormente punido com a suspensão prevista no inciso anterior;

VI – cassação de aposentadoria ou de disponibilidade, nos casos de falta punível com demissão, praticada quando no exercício do cargo ou função.

§ 1º. A suspensão importa, enquanto durar, na perda dos vencimentos e das vantagens pecuniárias inerentes ao exercício do cargo, vedada a sua conversão em multa.

§ 2º. Considera-se reincidência, para os efeitos desta Lei Complementar, a prática de nova infração, dentro de 4 (quatro) anos após cientificado o infrator do ato que lhe tenha imposto sanção disciplinar.

§ 3º. Considera-se abandono do cargo a ausência do membro do Ministério Público ao exercício de suas funções, sem causa justificada, por mais de 30 (trinta) dias consecutivos.

§ 4º. Equipara-se ao abandono de cargo a falta injustificada por mais de 60 (sessenta) dias intercalados, no período de 12 (doze) meses.

§ 5º. A demissão poderá ser convertida, uma única vez, em suspensão, nas hipóteses previstas nas alíneas *a* e *h* do inciso V, quando de pequena gravidade o fato ou irrelevantes os danos causados, atendido o disposto no art. 244.

Art. 241. Na aplicação das penas disciplinares, considerar-se-ão os antecedentes do infrator, a natureza e a gravidade da infração, as circunstâncias em que foi praticada e os danos que dela resultaram ao serviço ou à dignidade da Instituição ou da Justiça.

Art. 242. As infrações disciplinares serão apuradas em processo administrativo; quando lhes forem cominadas penas de demissão, de cassação de aposentadoria ou de disponibilidade, a imposição destas dependerá, também, de decisão judicial com trânsito em julgado.

Art. 243. Compete ao Procurador-Geral de cada ramo do Ministério Público da União aplicar a seus membros as penas de advertência, censura e suspensão.

SEÇÃO IV.
DA PRESCRIÇÃO

Art. 244. Prescreverá:

I – em 1 (um) ano, a falta punível com advertência ou censura;

II – em 2 (dois) anos, a falta punível com suspensão;

III – em 4 (quatro) anos, a falta punível com demissão e cassação de aposentadoria ou de disponibilidade.

Parágrafo único. A falta, prevista na lei penal como crime, prescreverá juntamente com este.

Art. 245. A prescrição começa a correr:

I – do dia em que a falta for cometida; ou

II – do dia em que tenha cessado a continuação ou permanência, nas faltas continuadas ou permanentes.

Parágrafo único. Interrompem a prescrição a instauração de processo administrativo e a citação para a ação de perda do cargo.

SEÇÃO V.
DA SINDICÂNCIA

Art. 246. A sindicância é o procedimento que tem por objeto a coleta sumária de dados para instauração, se necessário, de inquérito administrativo.

SEÇÃO VI.
DO INQUÉRITO ADMINISTRATIVO

Art. 247. O inquérito administrativo, de caráter sigiloso, será instaurado pelo Corregedor-Geral, mediante portaria, em que designará comissão de três membros para realizá-lo, sempre que tomar conhecimento de infração disciplinar.

§ 1º. A comissão, que poderá ser presidida pelo Corregedor-Geral, será composta de integrantes da carreira, vitalícios, e de classe igual ou superior à do indiciado.

§ 2º. As publicações relativas a inquérito administrativo conterão o respectivo número, omitido o nome do indiciado, que será cientificado pessoalmente.

Art. 248. O prazo para a conclusão do inquérito e apresentação do relatório final é de 30 (trinta) dias, prorrogável, no máximo, por igual período.

Art. 249. A comissão procederá à instrução do inquérito, podendo ouvir o indiciado e testemunhas, requisitar perícias e documentos e promover diligências, sendo-lhe facultado o exercício das prerrogativas outorgadas ao Ministério Público da União, por esta Lei Complementar, para instruir procedimento administrativo.

Art. 250. Concluída a instrução do inquérito, abrir-se-á vista dos autos ao indiciado, para se manifestar, no prazo de 15 (quinze) dias.

Art. 251. A comissão encaminhará o inquérito ao Conselho Superior, acompanhado de seu parecer conclusivo, pelo arquivamento ou pela instauração de processo administrativo.

§ 1º. O parecer que concluir pela instauração do processo administrativo formulará a Súm. de acusação, que conterá a exposição do fato imputado, com todas as suas circunstâncias e a capitulação legal da infração.

§ 2º. O inquérito será submetido à deliberação do Conselho Superior, que poderá:

I – determinar novas diligências, se o considerar insuficientemente instruído;

II – determinar o seu arquivamento;

III – instaurar processo administrativo, caso acolha a Súm. de acusação;

IV – encaminhá-lo ao Corregedor-Geral, para formular a Súm. da acusação, caso não acolha a proposta de arquivamento.

SEÇÃO VII.
DO PROCESSO ADMINISTRATIVO

Art. 252. O processo administrativo, instaurado por decisão do Conselho Superior, será contraditório, assegurada ampla defesa ao acusado.

§ 1º. A decisão que instaurar processo administrativo designará comissão composta de três membros escolhidos dentre os integrantes da carreira, vitalícios, e de classe igual ou superior à do acusado, indicará o presidente e mencionará os motivos de sua constituição.

§ 2º. Da comissão de processo administrativo não poderá participar quem haja integrado a precedente comissão de inquérito.

§ 3º. As publicações relativas a processo administrativo conterão o respectivo número, omitido o nome do acusado, que será cientificado pessoalmente.

Art. 253. O prazo para a conclusão do processo administrativo e apresentação do relatório final é de 90 (noventa) dias, prorrogável, no máximo, por 30 (trinta) dias, contados da publicação da decisão que o instaurar.

Art. 254. A citação será pessoal, com entrega de cópia da portaria, do relatório final do inquérito e da Súm. da acusação, cientificado o acusado do dia, da hora e do local do interrogatório.

§ 1º. Não sendo encontrado o acusado em seu domicílio, proceder-se-á à citação por edital publicado no Diário Oficial da União, com o prazo de 15 (quinze) dias.

§ 2º. O acusado, por si ou através de defensor que nomear, poderá oferecer defesa prévia, no prazo de 15 (quinze) dias, contado do interrogatório, assegurando-se-lhe vista dos autos no local em que funcione a comissão.

§ 3º. Se o acusado não tiver apresentado defesa, a comissão nomeará defensor, dentre os integrantes da carreira e de classe igual ou superior à sua, reabrindo-se-lhe o prazo fixado no parágrafo anterior.

§ 4º. Em defesa prévia, poderá o acusado requerer a produção de provas orais, documentais e periciais, inclusive pedir a repetição daquelas já produzidas no inquérito.

§ 5º. A comissão poderá indeferir, fundamentadamente, as provas desnecessárias ou requeridas com intuito manifestamente protelatório.

Art. 255. Encerrada a produção de provas, a comissão abrirá vista dos autos ao acusado, para oferecer razões finais, no prazo de 15 (quinze) dias.

Art. 256. Havendo mais de um acusado, os prazos para defesa serão comuns e em dobro.

Art. 257. Em qualquer fase do processo, será assegurada à defesa a extração de cópia das peças dos autos.

Art. 258. Decorrido o prazo para razões finais, a comissão remeterá o processo, dentro de 15 (quinze) dias, ao Conselho Superior, instruído com relatório dos seus trabalhos.

Art. 259. O Conselho Superior do Ministério Público, apreciando o processo administrativo, poderá:

I – determinar novas diligências, se o considerar insuficientemente instruído, caso em que, efetivadas estas, proceder-se-á de acordo com os arts. 264 e 265;

II – propor o seu arquivamento ao Procurador-Geral;

III – propor ao Procurador-Geral a aplicação de sanções que sejam de sua competência;

IV – propor ao Procurador-Geral da República o ajuizamento de ação civil para:

a) demissão de membro do Ministério Público da União com garantia de vitaliciedade;

b) cassação de aposentadoria ou disponibilidade.

Parágrafo único. Não poderá participar da deliberação do Conselho Superior quem haja oficiado na sindicância, ou integrado as comissões do inquérito ou do processo administrativo.

Art. 260. Havendo prova da infração e indícios suficientes de sua autoria, o Conselho Superior poderá determinar, fundamentadamente, o afastamento preventivo do indiciado, enquanto sua permanência for inconveniente ao serviço ou prejudicial à apuração dos fatos.

§ 1º. O afastamento do indiciado não poderá ocorrer quando ao fato imputado corresponderem somente as penas de advertência ou de censura.

§ 2º. O afastamento não ultrapassará o prazo de 120 (cento e vinte) dias, salvo em caso de alcance.

§ 3º. O período de afastamento será considerado como de serviço efetivo, para todos os efeitos.

Art. 261. Aplicam-se, subsidiariamente, ao processo disciplinar, as normas do Código de Processo Penal.

SEÇÃO VIII.
DA REVISÃO DO PROCESSO ADMINISTRATIVO

Art. 262. Cabe, em qualquer tempo, a revisão do processo de que houver resultado a imposição de penalidade administrativa:

I – quando se aduzam fatos ou circunstâncias suscetíveis de provar inocência ou de justificar a imposição de sanção mais branda; ou

II – quando a sanção se tenha fundado em prova falsa.

Art. 263. A instauração do processo de revisão poderá ser determinada de ofício, a requerimento do próprio interessado, ou se, falecido, do seu cônjuge ou companheiro, ascendente, descendente ou irmão.

Art. 264. O processo de revisão terá o rito do processo administrativo.

Parágrafo único. Não poderá integrar a comissão revisora quem haja atuado em qualquer fase do processo revisando.

Art. 265. Julgada procedente a revisão, será tornada sem efeito a sanção aplicada, com o restabelecimento, em sua plenitude, dos direitos por ela atingidos, exceto se for o caso de aplicar-se penalidade menor.

TÍTULO IV.
DAS DISPOSIÇÕES FINAIS E TRANSITÓRIAS

Art. 266. (VETADO).

Art. 267. (VETADO).

Art. 268. Ficam criados seis cargos de Subprocurador-Geral da República.

Art. 269. Ficam criados setenta e quatro cargos de Procurador Regional da República.

§ 1º. O primeiro provimento de todos os cargos de Procurador Regional da República será considerado simultâneo, independentemente da data dos atos de promoção.

§ 2º. Os vencimentos iniciais do cargo de Procurador Regional da República serão iguais aos do cargo de Procurador de Justiça do Distrito Federal.

Art. 270. Os atuais Procuradores da República de 1ª Categoria, que ingressaram na carreira até a data da promulgação da Constituição Federal, terão seus cargos transformados em cargos de Procurador Regional da República, mantidos seus titulares e lotações.

§ 1º. Os cargos transformados na forma deste artigo, excedentes do limite previsto no artigo anterior, serão extintos à medida que vagarem.

§ 2º. Os Procuradores da República ocupantes dos cargos transformados na forma deste artigo poderão ser designados para oficiar perante os Juízes Federais e os Tribunais Regionais Eleitorais.

Art. 271. Os cargos de Procurador da República de 1ª Categoria não alcançados pelo artigo anterior e os atuais cargos de Procurador da República de 2ª Categoria são transformados em cargos de Procurador da República.

§ 1º. Na nova classe, para efeito de antiguidade, os atuais Procuradores da República de 1ª Categoria precederão os de 2ª Categoria; estes manterão na nova classe a atual ordem de antiguidade.

§ 2º. Os vencimentos iniciais do cargo de Procurador da República serão iguais aos do atual cargo de Procurador da República de 1ª Categoria.

Art. 272. São transformados em cargos de Procurador do Trabalho de 1ª Categoria 100 (cem) cargos de Procurador do Trabalho de 2ª Categoria.

Art. 273. Os cargos de Procurador do Trabalho de 1ª e de 2ª Categoria passam a denominar-se, respectivamente, Procurador Regional do Trabalho e Procurador do Trabalho.

§ 1º. Até que sejam criados novos cargos de Subprocurador-Geral do Trabalho, os atuais Procuradores do Trabalho de 1ª Categoria, cujo cargo passa a denominar-se Procurador Regional do Trabalho e que estejam atuando junto ao Tribunal Superior do Trabalho, ali permanecerão exercendo suas atribuições.

§ 2º. Os vencimentos iniciais dos cargos do Procurador Regional do Trabalho e de Procurador do Trabalho serão iguais aos dos cargos de Procurador Regional da República e de Procurador da República, respectivamente.

Art. 274. Os cargos de Procurador Militar de 1ª e 2ª Categoria passam a denominar-se, respectivamente, Procurador da Justiça Militar e Promotor da Justiça Militar.

Parágrafo único. Até que sejam criados novos cargos de Subprocurador-Geral da Justiça Militar, os atuais Procuradores Militares da 1ª Categoria, cujos cargos passam a denominar-se Procuradores da Justiça Militar e que estejam atuando junto ao Superior Tribunal Militar, ali permanecerão exercendo suas atribuições.

Art. 275. O cargo de Promotor de Justiça Substituto passa a denominar-se Promotor de Justiça Adjunto.

Art. 276. Na falta da lei prevista no artigo 16, a atuação do Ministério Público na defesa dos direitos constitucionais do cidadão observará, além das disposições desta Lei Complementar, as normas baixadas pelo Procurador-Geral da República.

Art. 277. As promoções nas carreiras do Ministério Público da União, na vigência desta Lei Complementar, serão precedidas da adequação das listas de antiguidade aos critérios de desempate nela estabelecidos.

Art. 278. Não se farão promoções nas carreiras do Ministério Público da União antes da instalação do Conselho Superior do ramo respectivo.

Art. 279. As primeiras eleições, para composição do Conselho Superior de cada ramo do Ministério Público da União e para elaboração das listas tríplices para Procurador-Geral do Trabalho, Procurador-Geral da Justiça Militar e Procurador-Geral de Justiça, serão convocadas pelo Procurador-Geral da República, para se realizarem no prazo de 90 (noventa) dias da promulgação desta Lei Complementar.

§ 1º. O Procurador-Geral da República disporá, em ato normativo, sobre as eleições previstas neste artigo, devendo a convocação anteceder de 30 (trinta) dias a data de sua realização.

§ 2º. Os Conselhos Superiores serão instalados no prazo de 15 (quinze) dias, contado do encerramento da apuração.

Art. 280. Entre os eleitos para a primeira composição do Conselho Superior de cada ramo do Ministério Público da União, os dois mais votados, em cada eleição, terão mandato de 2 (dois) anos; os menos votados, de 1 (um) ano.

Art. 281. Os membros do Ministério Público da União, nomeados antes de 5 de outubro de 1988, poderão optar entre o novo regime jurídico e o anterior à promulgação da Constituição Federal, quanto às garantias, vantagens e vedações do cargo.

Parágrafo único. A opção poderá ser exercida dentro de 2 (dois) anos, contados da promulgação desta Lei Complementar, podendo a retratação ser feita no prazo de 10 (dez) anos.

Art. 282. Os Procuradores da República nomeados antes de 5 de outubro de 1988 deverão optar, de forma irretratável, entre as carreiras do Ministério Público Federal e da Advocacia-Geral da União.

§ 1º. (VETADO).

§ 2º. Não manifestada a opção, no prazo estabelecido no parágrafo anterior, o silêncio valerá como opção tácita pela carreira do Ministério Público Federal.

Art. 283. Será criada por lei a Escola Superior do Ministério Público da União, como órgão auxiliar da Instituição.

Art. 284. Poderão ser admitidos como estagiários no Ministério Público da União estudantes de Direito inscritos na Ordem dos Advogados do Brasil.

Parágrafo único. As condições de admissão e o valor da bolsa serão fixados pelo Procurador-Geral da República, sendo a atividade dos estagiários regulada pelo Conselho Superior de cada ramo.

Art. 285. (VETADO).

Art. 286. As despesas decorrentes desta Lei Complementar correrão à conta das dotações constantes do Orçamento da União.

Art. 287. Aplicam-se subsidiariamente aos membros do Ministério Público da União as disposições gerais referentes aos servidores públicos, respeitadas, quando for o caso, as normas especiais contidas nesta Lei Complementar.

§ 1º. O regime de remuneração estabelecido nesta Lei Complementar não prejudica a percepção de vantagens concedidas, em caráter geral, aos servidores públicos civis da União.

§ 2º. O disposto neste artigo não poderá importar em restrições ao regime jurídico instituído nesta Lei Complementar ou na imposição de condições com ele incompatíveis.

Art. 288. Os membros do Ministério Público Federal, cuja promoção para o cargo final de carreira tenha acarretado a sua remoção para o Distrito Federal, poderão, no prazo de 30 (trinta) dias da promulgação desta Lei Complementar, renunciar à referida promoção e retornar ao Estado de origem, ocupando o cargo de Procurador Regional da República.

Art. 289. Sempre que ocorrer a criação simultânea de mais de um cargo de mesmo nível nas carreiras do Ministério Público da União, o provimento dos mesmos, mediante promoção, presumir-se-á simultâneo, independentemente da data dos atos de promoção.

Art. 290. Os membros do Ministério Público da União terão mantida em caráter provisório a sua lotação, enquanto não entrarem em vigor a lei e o ato a que se referem os arts. 34 e 214.

Parágrafo único. O disposto neste artigo não obsta as alterações de lotação decorrentes de remoção, promoção ou designação previstas nesta Lei Complementar.

Art. 291. (VETADO).

Art. 292. (VETADO).

Art. 293. Ao membro ou servidor do Ministério Público da União é vedado manter, sob sua chefia imediata, em cargo ou função de confiança, cônjuge, companheiro, ou parente até o segundo grau civil.

Art. 294. Esta Lei Complementar entra em vigor na data de sua publicação.

Art. 295. Revogam-se as disposições em contrário.

Brasília, 20 de maio de 1993; 172º da Independência e 105º da República.

ITAMAR FRANCO

D.O.U de 21.5.1993

DECRETO N. 908, DE 31 DE AGOSTO DE 1993

Fixa Diretrizes para as Negociações Coletivas de Trabalho de que participam as Entidades Estatais que menciona e dá outras providências.

› *Comitê de Coordenação das Empresas Estatais - atribuições*

O Presidente da República, no uso das atribuições que lhe confere o art. 84, incisos II e VI, da Constituição, decreta:

Art. 1.º As empresas públicas, sociedades de economia mista, suas subsidiárias e controladas, e demais empresas sob controle direto ou indireto da União deverão esgotar todas as possibilidades no sentido de viabilizar a celebração de acordos coletivos de trabalho satisfatórios às partes, observadas as diretrizes fixadas neste Decreto.

Art. 2.º Os procedimentos relativos às negociações coletivas de trabalho serão estabelecidos de comum acordo entre as partes envolvidas, regulando, principalmente:

I – formas, prazos, objeto, níveis e sujeitos das negociações;

II – formas alternativas de composição e solução dos conflitos individuais e coletivos, inclusive, através de mediação, conciliação ou arbitragem;

III – direitos e deveres das partes;

IV – regras no tocante ao fornecimento de informações inerentes ao objeto das negociações, bem como da situação econômico-financeira da empresa.

Parágrafo único. Todas as cláusulas do Acordo Coletivo vigente deverão ser objeto de negociação a cada nova data-base.

Art. 3.º No processo de negociação coletiva, as empresas deverão obedecer às seguintes disposições:

I – na data-base, os reajustes das tabelas salariais, dos benefícios e das demais vantagens, serão limitados à variação do índice legal aplicável ao reajuste salarial a partir da última data-base, deduzidos os percentuais de antecipação concedidos a qualquer título no período, levando-se em consideração critérios de averiguação comprovada em relação à capacidade econômico-financeira, desempenho operacional da empresa e, quando couber, à disponibilidade de recursos dos Orçamentos Fiscal e da Seguridade Social;

II – os aumentos reais de salário, as concessões de benefícios e vantagens, bem como as antecipações e reajustes salariais, acima dos limites mínimos estabelecidos em lei ou no inciso anterior, estarão condicionados à melhoria do desempenho da empresa e à autorização expressa do Comitê de Coordenação das Empresas Estatais – CCE, que considerará, dentre outros critérios, os seguintes:

a) nível de endividamento, inclusive passivo trabalhista;

b) capacidade de geração de receitas próprias para cobertura dos dispêndios correntes e para o financiamento dos investimentos, quando cabível;

c) disponibilidade orçamentária ou necessidade de aportes de recursos adicionais do Tesouro Nacional;

d) aumento de produtividade;

e) distribuição de dividendos, quando for o caso;

f) avaliação do nível de atendimento das necessidades do seu público-alvo, bem como do grau de satisfação de seus clientes, usuários e consumidores dos bens e serviços ofertados;

g) compatibilização da remuneração global dos empregados com os níveis vigentes no mercado de trabalho, de acordo com avaliação promovida pelos agentes, permanentemente, conforme disposição de acordo coletivo de trabalho;

h) reflexos sobre o nível de preços, tarifas e taxas públicas.

§ 1.º As propostas com vistas à celebração de acordos coletivos de trabalho, cujas cláusulas resultem em aumentos salariais ou na concessão de benefícios e vantagens acima dos limites mínimos fixados em lei, conforme o inciso II deste artigo, serão encaminhadas para aprovação prévia do CCE, por intermédio do Ministério a que a empresa se vincula.

§ 2.º As propostas encaminhadas pelo Ministério supervisor, nos termos do disposto no parágrafo anterior, serão acompanhadas de manifestação daquele órgão sobre o pleito, considerando as diretrizes fixadas neste Decreto e as disposições dele decorrentes.

§ 3.º As propostas que contemplarem a composição de eventuais passivos trabalhistas serão encaminhadas ao CCE, na forma dos parágrafos anteriores, após a manifestação da Advocacia-Geral da União.

§ 4.º As negociações coletivas de trabalho, em que sejam partes as entidades de que trata o art. 1.º, serão relatadas e informadas, quanto a sua evolução e estágio de desenvolvimento, ao CCE ou, por sua delegação, a órgão técnico de acompanhamento das negociações.

Art. 4.º Toda negociação coletiva de trabalho concluída pelas entidades mencionadas no art. 1.º será formalizada mediante termo de Acordo Coletivo de Trabalho ou Aditivo, o qual será depositado no Ministério do Trabalho e publicado no *Diário Oficial da União*, no prazo de até 20 (vinte) dias da data de sua assinatura.

Parágrafo único. O instrumento de que trata este artigo vigorará por prazo não superior a 12 (doze) meses.

Art. 5.º As entidades a que se refere o art. 1.º publicarão no *Diário Oficial da União*, juntamente com os instrumentos mencionados no artigo anterior ou até o décimo dia subsequente ao mês de reajuste das tabelas salariais, demonstrativo dos níveis de remuneração globais, discriminando a maior e menor remuneração e a remuneração média, ponderada pelo número de empregados por categoria, conforme respectivos Planos de Cargos e Salários.

Art. 6.º Compete ao CCE baixar as instruções necessárias ao cumprimento das diretrizes estabelecidas neste Decreto, bem como publicar, no *Diário Oficial da União*, a relação das empresas de que trata o art. 1.º.

Art. 7.º Os dirigentes das empresas mencionadas no art. 1.º serão responsáveis pela adoção das medidas necessárias ao cumprimento das disposições contidas neste Decreto e das instruções dele decorrentes.

Parágrafo único. Os Conselhos de Administração e Fiscal das respectivas empresas, no âmbito de suas competências, zelarão pelo fiel cumprimento do disposto neste Decreto.

Art. 8.º As Secretarias de Controle Interno dos Ministérios supervisores realizarão a qualquer tempo auditorias especiais, mediante solicitação do CCE, com vistas à verificação do cumprimento pelas empresas estatais das disposições contidas neste Decreto, inclusive daquelas dele decorrentes, e à apuração das responsabilidades.

Art. 9.º Este Decreto entra em vigor na data de sua publicação.

Art. 10. Revogam-se as disposições em contrário.

Brasília, 31 de agosto de 1993; 172.º da Independência e 105.º da República.

Itamar Franco

LEI Nº 8.742, DE 7 DE DEZEMBRO DE 1993

Dispõe sobre a organização da Assistência Social e dá outras providências.

▸ *Lei Orgânica da Assistência Social*

O PRESIDENTE DA REPÚBLICA Faço saber que o Congresso Nacional decreta e eu sanciono a seguinte lei:

LEI ORGÂNICA DA ASSISTÊNCIA SOCIAL

CAPÍTULO I DAS DEFINIÇÕES E DOS OBJETIVOS

Art. 1º. A assistência social, direito dox cidadão e dever do Estado, é Política de Seguridade Social não contributiva, que provê os mínimos sociais, realizada através de um conjunto integrado de ações de iniciativa pública e da sociedade, para garantir o atendimento às necessidades básicas.

Art. 2º. A assistência social tem por objetivos:

I - a proteção social, que visa à garantia da vida, à redução de danos e à prevenção da incidência de riscos, especialmente:

a) a proteção à família, à maternidade, à infância, à adolescência e à velhice;

b) o amparo às crianças e aos adolescentes carentes;

c) a promoção da integração ao mercado de trabalho;

d) a habilitação e reabilitação das pessoas com deficiência e a promoção de sua integração à vida comunitária; e

e) a garantia de 1 (um) salário-mínimo de benefício mensal à pessoa com deficiência e ao idoso que comprovem não possuir meios de prover a própria manutenção ou de tê-la provida por sua família;

II - a vigilância socioassistencial, que visa a analisar territorialmente a capacidade protetiva das famílias e nela a ocorrência de vulnerabilidades, de ameaças, de vitimizações e danos;

III - a defesa de direitos, que visa a garantir o pleno acesso aos direitos no conjunto das provisões socioassistenciais;

IV e V - (Revogados pela Lei 12.435/2011)

Parágrafo único. Para o enfrentamento da pobreza, a assistência social realiza-se de forma integrada às políticas setoriais, garantindo mínimos sociais e provimento de condições para atender contingências sociais e promovendo a universalização dos direitos sociais.

Art. 3º Consideram-se entidades e organizações de assistência social aquelas sem fins lucrativos que, isolada ou cumulativamente, prestam atendimento e assessoramento aos beneficiários abrangidos por esta Lei, bem como as que atuam na defesa e garantia de direitos.

§ 1º São de atendimento aquelas entidades que, de forma continuada, permanente e planejada, prestam serviços, executam programas ou projetos e concedem benefícios de prestação social básica ou especial, dirigidos às famílias e indivíduos em situações de vulnerabilidade ou risco social e pessoal, nos termos desta Lei, e respeitadas as deliberações do Conselho Nacional de Assistência Social (CNAS), de que tratam os incisos I e II do art. 18.

§ 2º São de assessoramento aquelas que, de forma continuada, permanente e planejada, prestam serviços e executam programas ou projetos voltados prioritariamente para o fortalecimento dos movimentos sociais e das organizações de usuários, formação e capacitação de lideranças, dirigidos ao público da política de assistência social, nos termos desta Lei, e respeitadas as deliberações do CNAS, de que tratam os incisos I e II do art. 18.

§ 3º São de defesa e garantia de direitos aquelas que, de forma continuada, permanente e planejada, prestam serviços e executam programas e projetos voltados prioritariamente para a defesa e efetivação dos direitos socioassistenciais, construção de novos direitos, promoção da cidadania, enfrentamento das desigualdades sociais, articulação com órgãos públicos de defesa de direitos, dirigidos ao público da política de assistência social, nos termos desta Lei, e respeitadas as deliberações do CNAS, de que tratam os incisos I e II do art. 18.

CAPÍTULO II
DOS PRINCÍPIOS E DAS DIRETRIZES

SEÇÃO I
DOS PRINCÍPIOS

Art. 4º A assistência social rege-se pelos seguintes princípios:

I - supremacia do atendimento às necessidades sociais sobre as exigências de rentabilidade econômica;

II - universalização dos direitos sociais, a fim de tornar o destinatário da ação assistencial alcançável pelas demais políticas públicas;

III - respeito à dignidade do cidadão, à sua autonomia e ao seu direito a benefícios e serviços de qualidade, bem como à convivência familiar e comunitária, vedando-se qualquer comprovação vexatória de necessidade;

IV - igualdade de direitos no acesso ao atendimento, sem discriminação de qualquer natureza, garantindo-se equivalência às populações urbanas e rurais;

V - divulgação ampla dos benefícios, serviços, programas e projetos assistenciais, bem como dos recursos oferecidos pelo Poder Público e dos critérios para sua concessão.

SEÇÃO II
DAS DIRETRIZES

Art. 5º A organização da assistência social tem como base as seguintes diretrizes:

I - descentralização político-administrativa para os Estados, o Distrito Federal e os Municípios, e comando único das ações em cada esfera de governo;

II - participação da população, por meio de organizações representativas, na formulação das políticas e no controle das ações em todos os níveis;

III - primazia da responsabilidade do Estado na condução da política de assistência social em cada esfera de governo.

CAPÍTULO III
DA ORGANIZAÇÃO E DA GESTÃO

Art. 6º A gestão das ações na área de assistência social fica organizada sob a forma de sistema descentralizado e participativo, denominado Sistema Único de Assistência Social (Suas), com os seguintes objetivos:

I - consolidar a gestão compartilhada, o cofinanciamento e a cooperação técnica entre os entes federativos que, de modo articulado, operam a proteção social não contributiva;

II - integrar a rede pública e privada de serviços, programas, projetos e benefícios de assistência social, na forma do art. 6º-C;

III - estabelecer as responsabilidades dos entes federativos na organização, regulação, manutenção e expansão das ações de assistência social;

IV - definir os níveis de gestão, respeitadas as diversidades regionais e municipais;

V - implementar a gestão do trabalho e a educação permanente na assistência social;

VI - estabelecer a gestão integrada de serviços e benefícios; e

VII - afiançar a vigilância socioassistencial e a garantia de direitos.

§ 1º As ações ofertadas no âmbito do Suas têm por objetivo a proteção à família, à maternidade, à infância, à adolescência e à velhice e, como base de organização, o território.

§ 2º O Suas é integrado pelos entes federativos, pelos respectivos conselhos de assistência social e pelas entidades e organizações de assistência social abrangidas por esta Lei.

§ 3º A instância coordenadora da Política Nacional de Assistência Social é o Ministério do Desenvolvimento Social e Combate à Fome.

§ 4º. Cabe à instância coordenadora da Política Nacional de Assistência Social normatizar e padronizar o emprego e a divulgação da identidade visual do Suas.

§ 5º. A identidade visual do Suas deverá prevalecer na identificação de unidades públicas estatais, entidades e organizações de assistência social, serviços, programas, projetos e benefícios vinculados ao Suas.

Art. 6º-A. A assistência social organiza-se pelos seguintes tipos de proteção:

I - proteção social básica: conjunto de serviços, programas, projetos e benefícios da assistência social que visa a prevenir situações de vulnerabilidade e risco social por meio do desenvolvimento de potencialidades e aquisições e do fortalecimento de vínculos familiares e comunitários;

II - proteção social especial: conjunto de serviços, programas e projetos que tem por objetivo contribuir para a reconstrução de vínculos familiares e comunitários, a defesa de direito, o fortalecimento das potencialidades e aquisições e a proteção de famílias e indivíduos para o enfrentamento das situações de violação de direitos.

Parágrafo único. A vigilância socioassistencial é um dos instrumentos das proteções da assistência social que identifica e previne as situações de risco e vulnerabilidade social e seus agravos no território.

Art. 6º-B. As proteções sociais básica e especial serão ofertadas pela rede socioassistencial, de forma integrada, diretamente pelos entes públicos e/ou pelas entidades e organizações de assistência social vinculadas ao Suas, respeitadas as especificidades de cada ação.

§ 1º A vinculação ao Suas é o reconhecimento pelo Ministério do Desenvolvimento Social e Combate à Fome de que a entidade de assistência social integra a rede socioassistencial.

§ 2º Para o reconhecimento referido no § 1º, a entidade deverá cumprir os seguintes requisitos:

I - constituir-se em conformidade com o disposto no art. 3º;

II - inscrever-se em Conselho Municipal ou do Distrito Federal, na forma do art. 9º;

III - integrar o sistema de cadastro de entidades de que trata o inciso XI do art. 19.

§ 3º As entidades e organizações de assistência social vinculadas ao Suas celebrarão convênios, contratos, acordos ou ajustes com o poder público para a execução, garantido financiamento integral, pelo Estado, de serviços, programas, projetos e ações de assistência social, nos limites da capacidade instalada, aos beneficiários abrangidos por esta Lei, observando-se as disponibilidades orçamentárias.

§ 4º O cumprimento do disposto no § 3º será informado ao Ministério do Desenvolvimento Social e Combate à Fome pelo órgão gestor local da assistência social.

Art. 6º-C. As proteções sociais, básica e especial, serão ofertadas precipuamente no Centro de Referência de Assistência Social (Cras) e no Centro de Referência Especializado de Assistência Social (Creas), respectivamente, e pelas entidades sem fins lucrativos de assistência social de que trata o art. 3º desta Lei.

§ 1º O Cras é a unidade pública municipal, de base territorial, localizada em áreas com maiores índices de vulnerabilidade e risco social, destinada à articulação dos serviços socioassistenciais no seu território de abrangência e à prestação de serviços, programas e projetos socioassistenciais de proteção social básica às famílias.

§ 2º O Creas é a unidade pública de abrangência e gestão municipal, estadual ou regional, destinada à prestação de serviços a indivíduos e famílias que se encontram em situação de risco pessoal ou social, por violação de direitos ou contingência, que demandam intervenções especializadas da proteção social especial.

§ 3º Os Cras e os Creas são unidades públicas estatais instituídas no âmbito do Suas, que possuem interface com as demais políticas públicas e articulam, coordenam e ofertam os serviços, programas, projetos e benefícios da assistência social.

Art. 6º-D. As instalações dos Cras e dos Creas devem ser compatíveis com os serviços neles ofertados, com espaços para trabalhos em grupo e ambientes específicos para recepção e atendimento reservado das famílias e indivíduos, assegurada a acessibilidade às pessoas idosas e com deficiência.

Art. 6º-E. Os recursos do cofinanciamento do Suas, destinados à execução das ações continuadas de assistência social, poderão ser aplicados no pagamento dos profissionais que integrarem as equipes de referência, responsáveis pela organização e oferta daquelas ações, conforme percentual apresentado pelo Ministério do Desenvolvimento Social e Combate à Fome e aprovado pelo CNAS.

Parágrafo único. A formação das equipes de referência deverá considerar o número de famílias e indivíduos referenciados, os tipos e modalidades de atendimento e as aquisições que devem ser garantidas aos usuários, conforme deliberações do CNAS.

Art. 6º-F. Fica instituído o Cadastro Único para Programas Sociais do Governo Federal (CadÚnico), registro público eletrônico com a finalidade de coletar, processar, sistematizar e disseminar informações para a identificação e a caracterização socioeconômica das famílias de baixa renda, nos termos do regulamento. *(Redação dada pela Lei 14.601/2023)*

- Decreto nº 11.016/2022 (Regulamenta o Cadastro Único para Programas Sociais do Governo Federal - CadÚnico)

§ 1º As famílias de baixa renda poderão inscrever-se no CadÚnico nas unidades públicas de que tratam os §§ 1º e 2º do art. 6º-C desta Lei ou, nos termos do regulamento, por meio eletrônico.

§ 2º A inscrição no CadÚnico poderá ser obrigatória para acesso a programas sociais do governo federal, na forma estabelecida em regulamento. *(Redação dada pela Lei 14.601/2023)*

§ 3º Para fins de cumprimento do disposto no art. 12 da Emenda Constitucional nº 103, de 12 de novembro de 2019, e de ampliação da fidedignidade das informações cadastrais, será garantida a interoperabilidade de dados do CadÚnico com os dados constantes do Cadastro Nacional de Informações Sociais (CNIS), de que trata a Lei nº 8.213, de 24 de julho de 1991. *(Acrescido pela Lei 14.601/2023)*

§ 4º Os dados do CNIS incluídos no CadÚnico poderão ser acessados pelos órgãos gestores do CadÚnico, nas 3 (três) esferas da Federação, conforme termo de adesão do ente federativo ao CadÚnico, do qual constará cláusula de compromisso com o sigilo de dados. *(Acrescido pela Lei 14.601/2023)*

§ 5º A sociedade civil poderá cooperar com a identificação de pessoas que precisem ser inscritas no CadÚnico, nos termos do regulamento. *(Acrescido pela Lei 14.601/2023)*

§ 6º O CadÚnico coletará informações que caracterizem a condição socioeconômica e territorial das famílias, de forma a reduzir sua invisibilidade social e com vistas a identificar suas demandas por políticas públicas, na forma do regulamento. *(Acrescido pela Lei 14.601/2023)*

Art. 7º As ações de assistência social, no âmbito das entidades e organizações de assistência social, observarão as normas expedidas pelo Conselho Nacional de Assistência Social - CNAS, de que trata o art. 17 desta Lei.

Art. 8º A União, os Estados, o Distrito Federal e os Municípios, observados os princípios e diretrizes estabelecidos nesta Lei, fixarão suas respectivas Políticas de Assistência Social.

Art. 9º O funcionamento das entidades e organizações de assistência social depende de prévia inscrição no respectivo Conselho Municipal de Assistência Social, ou no Conselho de Assistência Social do Distrito Federal, conforme o caso.

§ 1º A regulamentação desta lei definirá os critérios de inscrição e funcionamento das entidades com atuação em mais de um município no mesmo Estado, ou em mais de um Estado ou Distrito Federal.

§ 2º Cabe ao Conselho Municipal de Assistência Social e ao Conselho de Assistência Social do Distrito Federal a fiscalização das entidades referidas no *caput* na forma prevista em lei ou regulamento.

§ 3º (Revogado pela Lei 12.101/2009)

§ 4º As entidades e organizações de assistência social podem, para defesa de seus direitos referentes à inscrição e ao funcionamento, recorrer aos Conselhos Nacional, Estaduais, Municipais e do Distrito Federal.

Art. 10. A União, os Estados, os Municípios e o Distrito Federal podem celebrar convênios com entidades e organizações de assistência social, em conformidade com os Planos aprovados pelos respectivos Conselhos.

Art. 11. As ações das três esferas de governo na área de assistência social realizam-se de forma articulada, cabendo a coordenação e as normas gerais à esfera federal e a coordenação e execução dos programas, em suas respectivas esferas, aos Estados, ao Distrito Federal e aos Municípios.

Art. 12. Compete à União:

I - responder pela concessão e manutenção dos benefícios de prestação continuada definidos no art. 203 da Constituição Federal;

II - cofinanciar, por meio de transferência automática, o aprimoramento da gestão, os serviços, os programas e os projetos de assistência social em âmbito nacional;

III - atender, em conjunto com os Estados, o Distrito Federal e os Municípios, às ações assistenciais de caráter de emergência;

IV - realizar o monitoramento e a avaliação da política de assistência social e assessorar Estados, Distrito Federal e Municípios para seu desenvolvimento.

Art. 12-A. A União apoiará financeiramente o aprimoramento à gestão descentralizada dos serviços, programas, projetos e benefícios de assistência social, por meio do Índice de Gestão Descentralizada (IGD) do Sistema Único de Assistência Social (Suas), para a utilização no âmbito dos Estados, dos Municípios e do Distrito Federal, destinado, sem prejuízo de outras ações a serem definidas em regulamento, a:

I - medir os resultados da gestão descentralizada do Suas, com base na atuação do gestor estadual, municipal e do Distrito Federal na implementação, execução e monitoramento dos serviços, programas, projetos e benefícios de assistência social, bem como na articulação intersetorial;

II - incentivar a obtenção de resultados qualitativos na gestão estadual, municipal e do Distrito Federal do Suas; e

III - calcular o montante de recursos a serem repassados aos entes federados a título de apoio financeiro à gestão do Suas.

§ 1º Os resultados alcançados pelo ente federado na gestão do Suas, aferidos na forma de regulamento, serão considerados como prestação de contas dos recursos a serem transferidos a título de apoio financeiro.

§ 2º As transferências para apoio à gestão descentralizada do Suas adotarão a sistemática do Índice de Gestão Descentralizada do Programa Bolsa Família, previsto no art. 8º da Lei nº 10.836, de 9 de janeiro de 2004, e serão efetivadas por meio de procedimento integrado àquele índice.

§ 3º (VETADO).

§ 4º Para fins de fortalecimento dos Conselhos de Assistência Social dos Estados, Municípios e Distrito Federal, percentual dos recursos transferidos deverá ser gasto com atividades de apoio técnico e operacional àqueles colegiados, na forma fixada pelo Ministério do Desenvolvimento Social e Combate à Fome, sendo vedada a utilização dos recursos para pagamento de pessoal efetivo e de gratificações de qualquer natureza a servidor público estadual, municipal ou do Distrito Federal.

Art. 13. Compete aos Estados:

I - destinar recursos financeiros aos Municípios, a título de participação no custeio do pagamento dos benefícios eventuais de que trata o art. 22, mediante critérios estabelecidos pelos Conselhos Estaduais de Assistência Social;

II - cofinanciar, por meio de transferência automática, o aprimoramento da gestão, os serviços, os programas e os projetos de assistência social em âmbito regional ou local;

III - atender, em conjunto com os Municípios, às ações assistenciais de caráter de emergência;

IV - estimular e apoiar técnica e financeiramente as associações e consórcios municipais na prestação de serviços de assistência social;

V - prestar os serviços assistenciais cujos custos ou ausência de demanda municipal justifiquem uma rede regional de serviços, desconcentrada, no âmbito do respectivo Estado;

VI - realizar o monitoramento e a avaliação da política de assistência social e assessorar os Municípios para seu desenvolvimento.

Art. 14. Compete ao Distrito Federal:

I - destinar recursos financeiros para custeio do pagamento dos benefícios eventuais de que trata o art. 22, mediante critérios estabelecidos pelos Conselhos de Assistência Social do Distrito Federal;

II - efetuar o pagamento dos auxílios natalidade e funeral;

III - executar os projetos de enfrentamento da pobreza, incluindo a parceria com organizações da sociedade civil;

IV - atender às ações assistenciais de caráter de emergência;

V - prestar os serviços assistenciais de que trata o art. 23 desta Lei;

VI - cofinanciar o aprimoramento da gestão, os serviços, os programas e os projetos de assistência social em âmbito local;

VII - realizar o monitoramento e a avaliação da política de assistência social em seu âmbito.

Art. 15. Compete aos Municípios:

I - destinar recursos financeiros para custeio do pagamento dos benefícios eventuais de que trata o art. 22, mediante critérios estabelecidos pelos Conselhos Municipais de Assistência Social;

II - efetuar o pagamento dos auxílios natalidade e funeral;

III - executar os projetos de enfrentamento da pobreza, incluindo a parceria com organizações da sociedade civil;

IV - atender às ações assistenciais de caráter de emergência;

V - prestar os serviços assistenciais de que trata o art. 23 desta Lei;

VI - cofinanciar o aprimoramento da gestão, os serviços, os programas e os projetos de assistência social em âmbito local;

VII - realizar o monitoramento e a avaliação da política de assistência social em seu âmbito.

Art. 16. As instâncias deliberativas do Suas, de caráter permanente e composição paritária entre governo e sociedade civil, são:

I - o Conselho Nacional de Assistência Social;

II - os Conselhos Estaduais de Assistência Social;

III - o Conselho de Assistência Social do Distrito Federal;

IV - os Conselhos Municipais de Assistência Social.

Parágrafo único. Os Conselhos de Assistência Social estão vinculados ao órgão gestor de assistência social, que deve prover a infraestrutura necessária ao seu funcionamento, garantindo recursos materiais, humanos e financeiros, inclusive com despesas referentes a passagens e diárias de conselheiros representantes do governo ou da sociedade civil, quando estiverem no exercício de suas atribuições.

Art. 17. Fica instituído o Conselho Nacional de Assistência Social - CNAS, órgão superior de deliberação colegiada, vinculado à estrutura do órgão da Administração Pública Federal responsável pela coordenação da Política Nacional de Assistência Social, cujos membros, nomeados pelo Presidente da República, têm mandato de 2 (dois) anos, permitida uma única recondução por igual período.

§ 1º O Conselho Nacional de Assistência Social - CNAS é composto por 18 (dezoito) membros e respectivos suplentes, cujos nomes são indicados ao órgão da Administração Pública Federal responsável pela coordenação da Política Nacional de Assistência Social, de acordo com os critérios seguintes:

I - 9 (nove) representantes governamentais, incluindo 1 (um) representante dos Estados e 1 (um) dos Municípios;

II - 9 (nove) representantes da sociedade civil, dentre representantes dos usuários ou de organizações de usuários, das entidades e organizações de assistência social e dos trabalhadores do setor, escolhidos em foro próprio sob fiscalização do Ministério Público Federal.

§ 2º O Conselho Nacional de Assistência Social - CNAS é presidido por um de seus integrantes, eleito dentre seus membros, para mandato de 1 (um) ano, permitida uma única recondução por igual período.

§ 3º O Conselho Nacional de Assistência Social - CNAS contará com uma Secretaria Executiva, a qual terá sua estrutura disciplinada em ato do Poder Executivo.

§ 4º Os Conselhos de que tratam os incisos II, III e IV do art. 16, com competência para acompanhar a execução da política de assistência social, apreciar e aprovar a proposta orçamentária, em consonância com as diretrizes das conferências nacionais, estaduais, distrital e municipais, de acordo com seu âmbito de atuação, deverão ser instituídos, respectivamente, pelos Estados, pelo Distrito Federal e pelos Municípios, mediante lei específica.

Art. 18. Compete ao Conselho Nacional de Assistência Social:

I - aprovar a Política Nacional de Assistência Social;

II - normatizar as ações e regular a prestação de serviços de natureza pública e privada no campo da assistência social;

III - acompanhar e fiscalizar o processo de certificação das entidades e organizações de assistência social no Ministério do Desenvolvimento Social e Combate à Fome;

IV - apreciar relatório anual que conterá a relação de entidades e organizações de assistência social certificadas como beneficentes e encaminhá-lo para conhecimento dos Conselhos de Assistência Social dos Estados, Municípios e do Distrito Federal;

V - zelar pela efetivação do sistema descentralizado e participativo de assistência social;

VI - a partir da realização da II Conferência Nacional de Assistência Social em 1997, convocar ordinariamente a cada quatro anos a Conferência Nacional de Assistência Social, que terá a atribuição de avaliar a situação da assistência social e propor diretrizes para o aperfeiçoamento do sistema;

VII - (VETADO)

VIII - apreciar e aprovar a proposta orçamentária da Assistência Social a ser encaminhada pelo órgão da Administração Pública Federal responsável pela coordenação da Política Nacional de Assistência Social;

IX - aprovar critérios de transferência de recursos para os Estados, Municípios e Distrito Federal, considerando, para tanto, indicadores que informem sua regionalização mais eqüitativa, tais como: população, renda per capita, mortalidade infantil e concentração de renda, além de disciplinar os procedimentos de repasse de recursos para as entidades e organizações de assistência social, sem prejuízo das disposições da Lei de Diretrizes Orçamentárias;

X - acompanhar e avaliar a gestão dos recursos, bem como os ganhos sociais e o desempenho dos programas e projetos aprovados;

XI - estabelecer diretrizes, apreciar e aprovar os programas anuais e plurianuais do Fundo Nacional de Assistência Social - FNAS;

XII - indicar o representante do Conselho Nacional de Assistência Social - CNAS junto ao Conselho Nacional da Seguridade Social;

XIII - elaborar e aprovar seu regimento interno;

XIV - divulgar, no Diário Oficial da União, todas as suas decisões, bem como as contas do Fundo Nacional de Assistência Social - FNAS e os respectivos pareceres emitidos

Parágrafo único. (Revogado pela Lei 12.101/2009)

Art. 19. Compete ao órgão da Administração Pública Federal responsável pela coordenação da Política Nacional de Assistência Social:

I - coordenar e articular as ações no campo da assistência social;

II - propor ao Conselho Nacional de Assistência Social - CNAS a Política Nacional de Assistência Social, suas normas gerais, bem como os critérios de prioridade e de elegibilidade, além de padrões de qualidade na prestação de benefícios, serviços, programas e projetos;

III - prover recursos para o pagamento dos benefícios de prestação continuada definidos nesta Lei;

IV - elaborar e encaminhar a proposta orçamentária da assistência social, em conjunto com as demais áreas da Seguridade Social;

V - propor os critérios de transferência dos recursos de que trata esta lei;

VI - proceder à transferência dos recursos destinados à assistência social, na forma prevista nesta Lei;

VII - encaminhar à apreciação do Conselho Nacional de Assistência Social - CNAS relatórios trimestrais e anuais de atividades e de realização financeira dos recursos;

VIII - prestar assessoramento técnico aos Estados, ao Distrito Federal, aos Municípios e às entidades e organizações de assistência social;

IX - formular política para a qualificação sistemática e continuada de recursos humanos no campo da assistência social;

X - desenvolver estudos e pesquisas para fundamentar as análises de necessidades e formulação de proposições para a área;

XI - coordenar e manter atualizado o sistema de cadastro de entidades e organizações de assistência social, em articulação com os Estados, os Municípios e o Distrito Federal;

XII - articular-se com os órgãos responsáveis pelas políticas de saúde e previdência social, bem como com os demais responsáveis pelas políticas sócio-econômicas setoriais, visando à elevação do patamar mínimo de atendimento às necessidades básicas;

XIII - expedir os atos normativos necessários à gestão do Fundo Nacional de Assistência Social FNAS, de acordo com as diretrizes estabelecidas pelo Conselho Nacional de Assistência Social - CNAS;

XIV - elaborar e submeter ao Conselho Nacional de Assistência Social - CNAS os programas anuais e plurianuais de aplicação dos recursos do Fundo Nacional de Assistência Social - FNAS.

Parágrafo único. A atenção integral à saúde, inclusive a dispensação de medicamentos e produtos de interesse para a saúde, às famílias e indivíduos em situações de vulnerabilidade ou risco social e pessoal, nos termos desta Lei, dar-se-á independentemente da apresentação de documentos que comprovem domicílio ou inscrição no cadastro no Sistema Único de Saúde (SUS), em consonância com a diretriz de articulação das ações de assistência social e de saúde a que se refere o inciso XII deste artigo.

CAPÍTULO IV
DOS BENEFÍCIOS, DOS SERVIÇOS, DOS PROGRAMAS E DOS PROJETOS DE ASSISTÊNCIA SOCIAL

SEÇÃO I
DO BENEFÍCIO DE PRESTAÇÃO CONTINUADA

Art. 20. O benefício de prestação continuada é a garantia de um salário-mínimo mensal à pessoa com deficiência e ao idoso com 65 (sessenta e cinco) anos ou mais que comprovem não possuir meios de prover a própria manutenção nem de tê-la provida por sua família.

§ 1º Para os efeitos do disposto no *caput*, a família é composta pelo requerente, o cônjuge ou companheiro, os pais e, na ausência de um deles, a madrasta ou o padrasto, os irmãos solteiros, os filhos e enteados solteiros e os menores tutelados, desde que vivam sob o mesmo teto.

§ 2º Para efeito de concessão do benefício de prestação continuada, considera-se pessoa com deficiência aquela que tem impedimento de longo prazo de natureza física, mental, intelectual ou sensorial, o qual, em interação com uma ou mais barreiras, pode obstruir sua participação plena e efetiva na sociedade em igualdade de condições com as demais pessoas.

I e II - (Revogados pela Lei 12.470/2011)

§ 3º Observados os demais critérios de elegibilidade definidos nesta Lei, terão direito ao benefício financeiro de que trata o *caput* deste artigo a pessoa com deficiência ou a pessoa idosa com renda familiar mensal per capita igual ou inferior a 1/4 (um quarto) do salário-mínimo. *(Redação dada pela Lei 14.176/2021)*

I - *(Revogado pela Lei 14.176/2021)*

II - *(VETADO na Lei 13.982/2020)*

§ 4º O benefício de que trata este artigo não pode ser acumulado pelo beneficiário com qualquer outro no âmbito da seguridade social ou de outro regime, salvo os da assistência médica e da pensão especial de natureza indenizatória, bem como as transferências de renda de que tratam o parágrafo único do art. 6º e o inciso VI do *caput* do art. 203 da Constituição Federal e o *caput* e o § 1º do art. 1º da Lei nº 10.835, de 8 de janeiro de 2004. *(Redação dada pela Lei 14.601/2023)*

§ 5º A condição de acolhimento em instituições de longa permanência não prejudica o direito do idoso ou da pessoa com deficiência ao benefício de prestação continuada.

§ 6º A concessão do benefício ficará sujeita à avaliação da deficiência e do grau de impedimento de que trata o § 2º, composta por avaliação médica e avaliação social realizadas por médicos peritos e por assistentes sociais do Instituto Nacional de Seguro Social - INSS.

§ 6º-A. O INSS poderá celebrar parcerias para a realização da avaliação social, sob a supervisão do serviço social da autarquia. *(Acrescido pela Lei 14.441/2022)*

§ 7º Na hipótese de não existirem serviços no município de residência do beneficiário, fica assegurado, na forma prevista em regulamento, o seu encaminhamento ao município mais próximo que contar com tal estrutura.

§ 8º A renda familiar mensal a que se refere o § 3º deverá ser declarada pelo requerente ou seu representante legal, sujeitando-se aos demais procedimentos previstos no regulamento para o deferimento do pedido.

§ 9º Os valores recebidos a título de auxílio financeiro temporário ou de indenização por danos sofridos em decorrência de rompimento e colapso de barragens, bem como os rendimentos decorrentes de estágio supervisionado e de aprendizagem, não serão computados para fins de cálculo da renda familiar *per capita* a que se refere o § 3º deste artigo. *(Redação dada pela Lei 14.809/2024)*

§ 10. Considera-se impedimento de longo prazo, para os fins do § 2º deste artigo, aquele que produza efeitos pelo prazo mínimo de 2 (dois) anos.

§ 11. Para concessão do benefício de que trata o *caput* deste artigo, poderão ser utilizados outros elementos probatórios da condição de miserabilidade do grupo familiar e da situação de vulnerabilidade, conforme regulamento.

§ 11-A. O regulamento de que trata o § 11 deste artigo poderá ampliar o limite de renda mensal familiar per capita previsto no § 3º deste artigo para até 1/2 (meio) salário-mínimo, observado o disposto no art. 20-B desta Lei. *(Acrescido pela Lei 14.176/2021)*

§ 12. São requisitos para a concessão, a manutenção e a revisão do benefício as inscrições no Cadastro de Pessoas Físicas (CPF) e no Cadastro Único para Programas Sociais do Governo Federal - Cadastro Único, conforme previsto em regulamento.

§ 13. *(Acrescido pela MP 871/2019, não mantido pela Lei 13.846/2019, na qual foi convertida a referida MP)*

§ 14. O benefício de prestação continuada ou o benefício previdenciário no valor de até 1 (um) salário-mínimo concedido a idoso acima de 65 (sessenta e cinco) anos de idade ou pessoa com deficiência não será computado, para fins de concessão do benefício de prestação continuada a outro idoso ou pessoa com deficiência da mesma família, no cálculo da renda a que se refere o § 3º deste artigo. *(Acrescido pela Lei 13.982/2020)*

§ 15. O benefício de prestação continuada será devido a mais de um membro da mesma família enquanto atendidos os requisitos exigidos nesta Lei. *(Acrescido pela Lei 13.982/2020)*

Art. 20-A. *(Revogado pela Lei 14.176/2021)*

Art. 20-B. Na avaliação de outros elementos probatórios da condição de miserabilidade e da situação de vulnerabilidade de que trata o § 11 do art. 20 desta Lei, serão considerados os seguintes aspectos para ampliação do critério de aferição da renda familiar mensal per capita de que trata o § 11-A do referido artigo: *(Acrescido pela Lei 14.176/2021)*

I - o grau da deficiência;

II - a dependência de terceiros para o desempenho de atividades básicas da vida diária; e

III - o comprometimento do orçamento do núcleo familiar de que trata o § 3º do art. 20 desta Lei exclusivamente com gastos médicos, com tratamentos de saúde, com fraldas, com alimentos especiais e com medicamentos do idoso ou da pessoa com deficiência não disponibilizados gratuitamente pelo SUS, ou com serviços não prestados pelo Suas, desde que comprovadamente necessários à preservação da saúde e da vida.

§ 1º A ampliação de que trata o *caput* deste artigo ocorrerá na forma de escalas graduais, definidas em regulamento.

§ 2º Aplicam-se à pessoa com deficiência os elementos constantes dos incisos I e III do *caput* deste artigo, e à pessoa idosa os constantes dos incisos II e III do *caput* deste artigo.

§ 3º O grau da deficiência de que trata o inciso I do *caput* deste artigo será aferido por meio de instrumento de avaliação biopsicossocial, observados os termos dos §§ 1º e 2º do art. 2º da Lei nº 13.146, de 6 de julho de 2015 (Estatuto da Pessoa com Deficiência), e do § 6º do art. 20 e do art. 40-B desta Lei.

§ 4º O valor referente ao comprometimento do orçamento do núcleo familiar com gastos de que trata o inciso III do *caput* deste artigo será definido em ato conjunto do Ministério da Cidadania, da Secretaria Especial de Previdência e Trabalho do Ministério da Economia e do INSS, a partir de valores médios dos gastos realizados pelas famílias exclusivamente com essas finalidades, facultada ao interessado a possibilidade de comprovação, conforme critérios definidos em regulamento, de que os gastos efetivos ultrapassam os valores médios.

Art. 21. O benefício de prestação continuada deve ser revisto a cada 2 (dois) anos para avaliação da continuidade das condições que lhe deram origem.

§ 1º O pagamento do benefício cessa no momento em que forem superadas as condições referidas no *caput*, ou em caso de morte do beneficiário.

§ 2º O benefício será cancelado quando se constatar irregularidade na sua concessão ou utilização.

§ 3º O desenvolvimento das capacidades cognitivas, motoras ou educacionais e a realização de atividades não remuneradas de habilitação e reabilitação, entre outras, não constituem motivo de suspensão ou cessação do benefício da pessoa com deficiência.

§ 4º A cessação do benefício de prestação continuada concedido à pessoa com deficiência não impede nova concessão do benefício, desde que atendidos os requisitos definidos em regulamento.

§ 5º O beneficiário em gozo de benefício de prestação continuada concedido judicial ou administrativamente poderá ser convocado para avaliação das condições que ensejaram sua concessão ou manutenção, sendo-lhe exigida a presença dos requisitos previstos nesta Lei e no regulamento. *(Acrescido pela Lei 14.176/2021)*

Art. 21-A. O benefício de prestação continuada será suspenso pelo órgão concedente quando a pessoa com deficiência exercer atividade remunerada, inclusive na condição de microempreendedor individual.

§ 1º Extinta a relação trabalhista ou a atividade empreendedora de que trata o *caput* deste artigo e, quando for o caso, encerrado o prazo de pagamento do seguro-desemprego e não tendo o beneficiário adquirido direito a qualquer benefício previdenciário, poderá ser requerida a continuidade do pagamento do benefício suspenso, sem necessidade de realização de perícia médica ou reavaliação da deficiência e do grau de incapacidade para esse fim, respeitado o período de revisão previsto no *caput* do art. 21.

§ 2º A contratação de pessoa com deficiência como aprendiz não acarreta a suspensão do benefício de prestação continuada, limitado a 2 (dois) anos o recebimento concomitante da remuneração e do benefício.

SEÇÃO II
DOS BENEFÍCIOS EVENTUAIS

Art. 22. Entendem-se por benefícios eventuais as provisões suplementares e provisórias que integram organicamente as garantias do Suas e são prestadas aos cidadãos e às famílias em virtude de nascimento, morte, situações de vulnerabilidade temporária e de calamidade pública.

§ 1º A concessão e o valor dos benefícios de que trata este artigo serão definidos pelos Estados, Distrito Federal e Municípios e previstos nas respectivas leis orçamentárias anuais, com base em critérios e prazos definidos pelos respectivos Conselhos de Assistência Social.

§ 2º O CNAS, ouvidas as respectivas representações de Estados e Municípios dele participantes, poderá propor, na medida das disponibilidades orçamentárias das 3 (três) esferas de governo, a instituição de benefícios subsidiários no valor de até 25% (vinte e cinco por cento) do salário-mínimo para cada criança de até 6 (seis) anos de idade.

§ 3º Os benefícios eventuais subsidiários não poderão ser cumulados com aqueles instituídos pelas Leis nº 10.954, de 29 de setembro de 2004, e nº 10.458, de 14 de maio de 2002.

SEÇÃO III
DOS SERVIÇOS

Art. 23. Entendem-se por serviços socioassistenciais as atividades continuadas que visem à melhoria de vida da população e cujas ações, voltadas para as necessidades básicas, observem os objetivos, princípios e diretrizes estabelecidos nesta Lei.

§ 1º O regulamento instituirá os serviços socioassistenciais.

§ 2º Na organização dos serviços da assistência social serão criados programas de amparo, entre outros:

I - às crianças e adolescentes em situação de risco pessoal e social, em cumprimento ao disposto no art. 227 da Constituição Federal e na Lei nº 8.069, de 13 de julho de 1990 (Estatuto da Criança e do Adolescente);

II - às pessoas que vivem em situação de rua.

SEÇÃO IV
DOS PROGRAMAS DE ASSISTÊNCIA SOCIAL

Art. 24. Os programas de assistência social compreendem ações integradas e complementares com objetivos, tempo e área de abrangência definidos para qualificar, incentivar e melhorar os benefícios e os serviços assistenciais.

§ 1º Os programas de que trata este artigo serão definidos pelos respectivos Conselhos de Assistência Social, obedecidos os objetivos e princípios que regem esta Lei, com prioridade para a inserção profissional e social.

§ 2º Os programas voltados para o idoso e a integração da pessoa com deficiência serão devidamente articulados com o benefício de prestação continuada estabelecido no art. 20 desta Lei.

Art. 24-A. Fica instituído o Serviço de Proteção e Atendimento Integral à Família (Paif), que integra a proteção social básica e consiste na oferta de ações e serviços socioassistenciais de prestação continuada, nos Cras, por meio do trabalho social com famílias em situação de vulnerabilidade social, com o objetivo de prevenir o rompimento dos vínculos familiares e a violência no âmbito de suas relações, garantindo o direito à convivência familiar e comunitária.

Parágrafo único. Regulamento definirá as diretrizes e os procedimentos do Paif.

Art. 24-B. Fica instituído o Serviço de Proteção e Atendimento Especializado a Famílias e Indivíduos (Paefi), que integra a proteção social especial e consiste no apoio, orientação e acompanhamento a famílias e indivíduos em situação de ameaça ou violação de direitos, articulando os serviços socioassistenciais com as diversas políticas públicas e com órgãos do sistema de garantia de direitos.

Parágrafo único. Regulamento definirá as diretrizes e os procedimentos do Paefi.

Art. 24-C. Fica instituído o Programa de Erradicação do Trabalho Infantil (Peti), de caráter intersetorial, integrante da Política Nacional de Assistência Social, que, no âmbito do Suas, compreende transferências de renda, trabalho social com famílias e oferta de serviços socioeducativos para crianças e adolescentes que se encontrem em situação de trabalho.

§ 1º O Peti tem abrangência nacional e será desenvolvido de forma articulada pelos entes federados, com a participação da sociedade civil, e tem como objetivo contribuir para a retirada de crianças e adolescentes com idade inferior a 16 (dezesseis) anos em situação de trabalho, ressalvada a condição de aprendiz, a partir de 14 (quatorze) anos.

§ 2º As crianças e os adolescentes em situação de trabalho deverão ser identificados e ter os seus dados inseridos no Cadastro Único para Programas Sociais do Governo Federal (CadÚnico), com a devida identificação das situações de trabalho infantil.

SEÇÃO V
DOS PROJETOS DE ENFRENTAMENTO DA POBREZA

Art. 25. Os projetos de enfrentamento da pobreza compreendem a instituição de investimento econômico-social nos grupos populares, buscando subsidiar, financeira e tecnicamente, iniciativas que lhes garantam meios, capacidade produtiva e de gestão para melhoria das condições gerais de subsistência, elevação do padrão da qualidade de vida, a preservação do meio-ambiente e sua organização social.

Art. 26. O incentivo a projetos de enfrentamento da pobreza assentar-se-á em mecanismos de articulação e de participação de diferentes áreas governamentais e em sistema de cooperação entre organismos governamentais, não governamentais e da sociedade civil.

SEÇÃO VI
DO AUXÍLIO-INCLUSÃO
(Acrescida pela Lei 14.176/2021)

Art. 26-A. Terá direito à concessão do auxílio-inclusão de que trata o art. 94 da Lei nº 13.146, de 6 de julho de 2015 (Estatuto da Pessoa com Deficiência), a pessoa com deficiência moderada ou grave que, cumulativamente: *(Acrescido pela Lei 14.176/2021)*

I - receba o benefício de prestação continuada, de que trata o art. 20 desta Lei, e passe a exercer atividade:

a) que tenha remuneração limitada a 2 (dois) salários-mínimos; e

b) que enquadre o beneficiário como segurado obrigatório do Regime Geral de Previdência Social ou como filiado a regime próprio de previdência social da União, dos Estados, do Distrito Federal ou dos Municípios;

II - tenha inscrição atualizada no CadÚnico no momento do requerimento do auxílio-inclusão;

III - tenha inscrição regular no CPF; e

IV - atenda aos critérios de manutenção do benefício de prestação continuada, incluídos os critérios relativos à renda familiar mensal per capita exigida para o acesso ao benefício, observado o disposto no § 4º deste artigo.

§ 1º O auxílio-inclusão poderá ainda ser concedido, nos termos do inciso I do *caput* deste artigo, mediante requerimento e sem retroatividade no pagamento, ao beneficiário:

I - que tenha recebido o benefício de prestação continuada nos 5 (cinco) anos imediatamente anteriores ao exercício da atividade remunerada; e

II - que tenha tido o benefício suspenso nos termos do art. 21-A desta Lei.

§ 2º O valor do auxílio-inclusão percebido por um membro da família não será considerado no cálculo da renda familiar mensal per capita de que trata o inciso IV do *caput* deste artigo, para fins de concessão e de manutenção de outro auxílio-inclusão no âmbito do mesmo grupo familiar.

§ 3º O valor do auxílio-inclusão e o da remuneração do beneficiário do auxílio-inclusão de que trata a alínea "a" do inciso I do *caput* deste artigo percebidos por um membro da família não serão considerados no cálculo da renda familiar mensal per capita de que tratam os §§ 3º e 11-A do art. 20 desta Lei para fins de manutenção de benefício de prestação continuada concedido anteriormente a outra pessoa do mesmo grupo familiar.

§ 4º Para fins de cálculo da renda familiar per capita de que trata o inciso IV do *caput* deste artigo, serão desconsideradas:

I - as remunerações obtidas pelo requerente em decorrência de exercício de atividade laboral, desde que o total recebido no mês seja igual ou inferior a 2 (dois) salários-mínimos; e

II - as rendas oriundas dos rendimentos decorrentes de estágio supervisionado e de aprendizagem.

Art. 26-B. O auxílio-inclusão será devido a partir da data do requerimento, e o seu valor corresponderá a 50% (cinquenta por cento) do valor do benefício de prestação continuada em vigor. *(Acrescido pela Lei 14.176/2021)*

§ 1º Ao requerer o auxílio-inclusão, o beneficiário autorizará a suspensão do benefício de prestação continuada, nos termos do art. 21-A desta Lei. *(Parágrafo único transformado em § 1º pela Lei 14.441/2022)*

§ 2º O auxílio-inclusão será concedido automaticamente pelo INSS, observado o preenchimento dos demais requisitos, mediante constatação, pela própria autarquia ou pelo Ministério da Cidadania, de acumulação do benefício de prestação continuada com o exercício de atividade remunerada. *(Acrescido pela Lei 14.441/2022)*

§ 3º Na hipótese do § 2º deste artigo, o auxílio-inclusão será devido a partir do primeiro dia da competência em que se identificou a ocorrência de acumulação do benefício de prestação continuada com o exercício de atividade remunerada, e o titular deverá ser notificado quanto à alteração do benefício e suas consequências administrativas. *(Acrescido pela Lei 14.441/2022)*

Art. 26-C. O pagamento do auxílio-inclusão não será acumulado com o pagamento de: *(Acrescido pela Lei 14.176/2021)*

I - benefício de prestação continuada de que trata o art. 20 desta Lei;

II - prestações a título de aposentadoria, de pensões ou de benefícios por incapacidade pagos por qualquer regime de previdência social; ou

III - seguro-desemprego.

Art. 26-D. O pagamento do auxílio-inclusão cessará na hipótese de o beneficiário: *(Acrescido pela Lei 14.176/2021)*

I - deixar de atender aos critérios de manutenção do benefício de prestação continuada; ou

II - deixar de atender aos critérios de concessão do auxílio-inclusão.

Parágrafo único. Ato do Poder Executivo federal disporá sobre o procedimento de verificação dos critérios de manutenção e de revisão do auxílio-inclusão.

Art. 26-E. O auxílio-inclusão não está sujeito a desconto de qualquer contribuição e não gera direito a pagamento de abono anual. *(Acrescido pela Lei 14.176/2021)*

Art. 26-F. Compete ao Ministério da Cidadania a gestão do auxílio-inclusão, e ao INSS a sua operacionalização e pagamento. *(Acrescido pela Lei 14.176/2021)*

Art. 26-G. As despesas decorrentes do pagamento do auxílio-inclusão correrão à conta do orçamento do Ministério da Cidadania. *(Acrescido pela Lei 14.176/2021)*

§ 1º O Poder Executivo federal compatibilizará o quantitativo de benefícios financeiros do auxílio-inclusão de que trata o art. 26-A desta Lei com as dotações orçamentárias existentes.

§ 2º O regulamento indicará o órgão do Poder Executivo responsável por avaliar os impactos da concessão do auxílio-inclusão na participação no mercado de trabalho, na redução de desigualdades e no exercício dos direitos e liberdades fundamentais das pessoas com deficiência, nos termos do § 16 do art. 37 da Constituição Federal.

Art. 26-H. No prazo de 10 (dez) anos, contado da data de publicação desta Seção, será promovida a revisão do auxílio-inclusão, observado o disposto no § 2º do art. 26-G desta Lei, com vistas a seu aprimoramento e ampliação. *(Acrescido pela Lei 14.176/2021)*

CAPÍTULO V
DO FINANCIAMENTO DA ASSISTÊNCIA SOCIAL

Art. 27. Fica o Fundo Nacional de Ação Comunitária - Funac, instituído pelo Decreto nº 91.970, de 22 de novembro de 1985, ratificado pelo Decreto Legislativo nº 66, de 18 de dezembro de 1990, transformado no Fundo Nacional de Assistência Social - FNAS.

Art. 28. O financiamento dos benefícios, serviços, programas e projetos estabelecidos nesta Lei far-se-á com os recursos da União, dos Estados, do Distrito Federal e dos Municípios, das demais contribuições sociais previstas no art. 195 da Constituição Federal, além daqueles que compõem o Fundo Nacional de Assistência Social - FNAS.

§ 1º Cabe ao órgão da Administração Pública responsável pela coordenação da Política de Assistência Social nas 3 (três) esferas de governo gerir o Fundo de Assistência Social, sob orientação e controle dos respectivos Conselhos de Assistência Social.

§ 2º O Poder Executivo disporá, no prazo de 180 (cento e oitenta) dias a contar da data de publicação desta lei, sobre o regulamento e funcionamento do Fundo Nacional de Assistência Social - FNAS.

§ 3º O financiamento da assistência social no Suas deve ser efetuado mediante cofinanciamento dos 3 (três) entes federados, devendo os recursos alocados nos fundos de assistência social ser voltados à operacionalização, prestação, aprimoramento e viabilização dos serviços, programas, projetos e benefícios desta política.

Art. 28-A. *(Revogado pela Lei 13.813/2019)*

Art. 29. Os recursos de responsabilidade da União destinados à assistência social serão automaticamente repassados ao Fundo Nacional de Assistência Social - FNAS, à medida que se forem realizando as receitas.

Parágrafo único. Os recursos de responsabilidade da União destinados ao financiamento dos benefícios de prestação continuada, previstos no art. 20, poderão ser repassados pelo Ministério da Previdência e Assistência Social diretamente ao INSS, órgão responsável pela sua execução e manutenção.

Art. 30. É condição para os repasses, aos Municípios, aos Estados e ao Distrito Federal, dos recursos de que trata esta lei, a efetiva instituição e funcionamento de:

I - Conselho de Assistência Social, de composição paritária entre governo e sociedade civil;

II - Fundo de Assistência Social, com orientação e controle dos respectivos Conselhos de Assistência Social;

III - Plano de Assistência Social.

Parágrafo único. É, ainda, condição para transferência de recursos do FNAS aos Estados, ao Distrito Federal e aos Municípios a comprovação orçamentária dos recursos próprios destinados à Assistência Social, alocados em seus respectivos Fundos de Assistência Social, a partir do exercício de 1999.

Art. 30-A. O cofinanciamento dos serviços, programas, projetos e benefícios eventuais, no que couber, e o aprimoramento da gestão da política de assistência social no Suas se efetuam por meio de transferências automáticas entre os fundos de assistência social e mediante alocação de recursos próprios nesses fundos nas 3 (três) esferas de governo.

Parágrafo único. As transferências automáticas de recursos entre os fundos de assistência social efetuadas à conta do orçamento da seguridade social, conforme o art. 204 da Constituição Federal, caracterizam-se como despesa pública com a seguridade social, na forma do art. 24 da Lei Complementar nº 101, de 4 de maio de 2000.

Art. 30-B. Caberá ao ente federado responsável pela utilização dos recursos do respectivo Fundo de Assistência Social o controle e o acompanhamento dos serviços, programas, projetos e benefícios, por meio dos respectivos órgãos de controle, independentemente de ações do órgão repassador dos recursos.

Art. 30-C. A utilização dos recursos federais descentralizados para os fundos de assistência social dos Estados, dos Municípios e do Distrito Federal será declarada pelos entes recebedores ao ente transferidor, anualmente, mediante relatório de gestão submetido à apreciação do respectivo Conselho de Assistência Social, que comprove a execução das ações na forma de regulamento.

Parágrafo único. Os entes transferidores poderão requisitar informações referentes à aplicação dos recursos oriundos do seu fundo de assistência social, para fins de análise e acompanhamento de sua boa e regular utilização.

CAPÍTULO VI
DAS DISPOSIÇÕES GERAIS E TRANSITÓRIAS

Art. 31. Cabe ao Ministério Público zelar pelo efetivo respeito aos direitos estabelecidos nesta lei.

Art. 32. O Poder Executivo terá o prazo de 60 (sessenta) dias, a partir da publicação desta Lei, obedecidas as normas por ela instituídas, para elaborar e encaminhar projeto de lei dispondo sobre a extinção e reordenamento dos órgãos de assistência social do Ministério do Bem-Estar Social.

§ 1º O projeto de que trata este artigo definirá formas de transferências de benefícios, serviços, programas, projetos, pessoal, bens móveis e imóveis para a esfera municipal.

§ 2º O Ministro de Estado do Bem-Estar Social indicará Comissão encarregada de elaborar o projeto de lei de que trata este artigo, que contará com a participação das organizações dos usuários, de trabalhadores do setor e de entidades e organizações de assistência social.

Art. 33. Decorrido o prazo de 120 (cento e vinte) dias da promulgação desta Lei, fica extinto o Conselho Nacional de Serviço Social - CNSS, revogando-se, em conseqüência, os Decretos-Lei nºs 525, de 1º de julho de 1938, e 657, de 22 de julho de 1943.

§ 1º O Poder Executivo tomará as providências necessárias para a instalação do Conselho Nacional de Assistência Social - CNAS e a transferência das atividades que passarão à sua competência dentro do prazo estabelecido no *caput*, de forma a assegurar não haja solução de continuidade.

§ 2º O acervo do órgão de que trata o *caput* será transferido, no prazo de 60 (sessenta) dias, para o Conselho Nacional de Assistência Social - CNAS, que promoverá, mediante critérios e prazos a serem fixados, a revisão dos processos de registro e certificado de entidade de fins filantrópicos das entidades e organização de assistência social, observado o disposto no art. 3º desta lei.

Art. 34. A União continuará exercendo papel supletivo nas ações de assistência social, por ela atualmente executadas diretamente no âmbito dos Estados, dos Municípios e do Distrito Federal, visando à implementação do disposto nesta Lei, por prazo máximo de 12 (doze) meses, contados a partir da data da publicação desta Lei.

Art. 35. Cabe ao órgão da Administração Pública Federal responsável pela coordenação da Política Nacional de Assistência Social operar os benefícios de prestação continuada de que trata esta lei, podendo, para tanto, contar com o concurso de outros órgãos do Governo Federal, na forma a ser estabelecida em regulamento.

Parágrafo único. O regulamento de que trata o *caput* definirá as formas de comprovação do direito ao benefício, as condições de sua suspensão, os procedimentos em casos de curatela e tutela e o órgão de credenciamento, de pagamento e de fiscalização, dentre outros aspectos.

Art. 36. As entidades e organizações de assistência social que incorrerem em irregularidades na aplicação dos recursos que lhes foram repassados pelos poderes públicos terão a sua vinculação ao Suas cancelada, sem prejuízo de responsabilidade civil e penal.

Art. 37. O benefício de prestação continuada será devido após o cumprimento, pelo requerente, de todos os requisitos legais e regulamentares exigidos para a sua concessão, inclusive apresentação da documentação necessária, devendo o seu pagamento ser efetuado em até quarenta e cinco dias após cumpridas as exigências de que trata este artigo.

Parágrafo único. No caso de o primeiro pagamento ser feito após o prazo previsto no *caput*, aplicar-se-á na sua atualização o mesmo critério adotado pelo INSS na atualização do primeiro pagamento de benefício previdenciário em atraso.

Art. 38. (Revogado pela Lei 12.435/2011)

Art. 39. O Conselho Nacional de Assistência Social - CNAS, por decisão da maioria absoluta de seus membros, respeitados o orçamento da seguridade social e a disponibilidade do Fundo Nacional de Assistência Social - FNAS, poderá propor ao Poder Executivo a alteração dos limites de renda mensal per capita definidos no § 3º do art. 20 e *caput* do art. 22.

Art. 40. Com a implantação dos benefícios previstos nos arts. 20 e 22 desta Lei, extinguem-se a renda mensal vitalícia, o auxílio-natalidade e o auxílio-funeral existentes no âmbito da Previdência Social, conforme o disposto na Lei nº 8.213, de 24 de julho de 1991.

§ 1º A transferência dos beneficiários do sistema previdenciário para a assistência social deve ser estabelecida de forma que o atendimento à população não sofra solução de continuidade.

§ 2º É assegurado ao maior de setenta anos e ao inválido o direito de requerer a renda mensal vitalícia junto ao INSS até 31 de dezembro de 1995, desde que atenda, alternativamente, aos requisitos estabelecidos nos incisos I, II ou III do § 1º do art. 139 da Lei nº 8.213, de 24 de julho de 1991.

Art. 40-A. Os benefícios monetários decorrentes do disposto nos arts. 22, 24-C e 25 desta Lei serão pagos preferencialmente à mulher responsável pela unidade familiar, quando cabível.

Art. 40-B. Enquanto não estiver regulamentado o instrumento de avaliação de que tratam os §§ 1º e 2º do art. 2º da Lei nº 13.146, de 6 de julho de 2015 (Estatuto da Pessoa com Deficiência), a concessão do benefício de prestação continuada à pessoa com deficiência ficará sujeita à avaliação do grau da deficiência e do impedimento de que trata o § 2º do art. 20 desta Lei, composta por avaliação médica e avaliação social realizadas, respectivamente, pela Perícia Médica Federal e pelo serviço social do INSS, com a utilização de instrumentos desenvolvidos especificamente para esse fim. *(Acrescido pela Lei 14.176/2021)*

§ 1º O INSS poderá celebrar parcerias para a realização da avaliação social, sob a supervisão do serviço social da autarquia. *(Parágrafo único transformado em § 1º pela Lei 14.724/2023)*

§ 2º A avaliação médica prevista no *caput* deste artigo poderá ser realizada com o uso de tecnologia de telemedicina ou por análise documental conforme situações e requisitos definidos em regulamento. *(Acrescido pela Lei 14.724/2023)*

Art. 40-C. Os eventuais débitos do beneficiário decorrentes de recebimento irregular do benefício de prestação continuada ou do auxílio-inclusão poderão ser consignados no valor mensal desses benefícios, nos termos do regulamento. *(Acrescido pela Lei 14.176/2021)*

Art. 41. Esta lei entra em vigor na data da sua publicação.

Art. 42. Revogam-se as disposições em contrário.

Brasília, 7 de dezembro de 1993,
172º da Independência e 105º da República.

ITAMAR FRANCO
Jutahy Magalhães Júnior

LEI Nº 8.745, DE 9 DE DEZEMBRO DE 1993

Dispõe sobre a contratação por tempo determinado para atender à necessidade temporária de excepcional interesse público, nos termos do inciso IX do Art. 37 da Constituição Federal, e dá outras providências.

‣ *Contratação por tempo determinado*

O PRESIDENTE DA REPÚBLICA

Faço saber que o Congresso Nacional decreta e eu sanciono a seguinte lei:

Art. 1º Para atender a necessidade temporária de excepcional interesse público, os órgãos da Administração Federal direta, as autarquias e as fundações públicas poderão efetuar contratação de pessoal por tempo determinado, nas condições e prazos previstos nesta Lei.

Art. 2º Considera-se necessidade temporária de excepcional interesse público:

I - assistência a situações de calamidade pública;

II - assistência a emergências em saúde pública; *(Inciso com redação dada pela Lei 12.314/2010)*

III - realização de recenseamentos e outras pesquisas de natureza estatística efetuadas pela Fundação Instituto Brasileiro de Geografia e Estatística - IBGE; *(Inciso com redação dada pela Lei 9.849/1999)*

IV - admissão de professor substituto e professor visitante;

V - admissão de professor e pesquisador visitante estrangeiro;

VI – atividades: *("Caput" do inciso com redação dada pela Lei 9.849/1999)*

a) especiais nas organizações das Forças Armadas para atender à área industrial ou a encargos temporários de obras e serviços de engenharia; *(Alínea acrescida pela Lei 9.849/1999)*

b) de identificação e demarcação territorial; *(Redação dada pela Lei 11.784/2008)*

c) *(Alínea acrescida pela Lei 9.849/1999* e *revogada pela Lei 10.667/2003)*

d) finalísticas do Hospital das Forças Armadas; *(Alínea acrescida pela Lei 9.849/1999)*

‣ Art. 1º da Lei 12.084/2009.

‣ Alínea declarada inconstitucional, em controle concentrado, pelo Supremo Tribunal Federal, pela ADIN nº 3.237, publicada no DOU de 1/4/2014, limitando-se os efeitos da declaração de inconstitucionalidade para que ocorram um ano após a publicação da decisão final.

e) de pesquisa e desenvolvimento de produtos destinados à segurança de sistemas de informações, sob a responsabilidade do Centro de Pesquisa e Desenvolvimento para a Segurança das Comunicações – CEPESC; *(Alínea acrescida pela Lei 9.849/1999)*

f) de vigilância e inspeção, relacionadas à defesa agropecuária, no âmbito do Ministério da Agricultura e do Abastecimento, para atendimento de situações emergenciais ligadas ao comércio internacional de produtos de origem animal ou vegetal ou de iminente risco à saúde animal, vegetal ou humana; *(Alínea acrescida pela Lei 9.849/1999)*

g) desenvolvidas no âmbito dos projetos do Sistema de Vigilância da Amazônia - SIVAM e do Sistema de Proteção da Amazônia - SIPAM. *(Alínea acrescida pela Lei 9.849/1999)*

‣ Alínea declarada inconstitucional, em controle concentrado, pelo Supremo Tribunal Federal, pela ADIN nº 3.237, publicada no DOU de 1/4/2014, limitando-se os efeitos da declaração de inconstitucionalidade para que ocorram quatro anos após a publicação da decisão final.

h) técnicas especializadas, no âmbito de projetos de cooperação com prazo determinado, implementados mediante acordos internacionais, desde que haja, em seu desempenho, subordinação do contratado ao órgão ou entidade pública. *(Alínea acrescida pela Lei 10.667/2003)*

‣ Art. 1º da Lei 12.084/2009.

i) técnicas especializadas necessárias à implantação de órgãos ou entidades ou de novas atribuições definidas para organizações existentes ou as decorrentes de aumento transitório no volume de trabalho que não possam ser atendidas mediante a aplicação do art. 74 da Lei nº 8.112, de 11 de dezembro de 1990; *(Alínea acrescida pela Lei 11.784/2008) (Vide Decreto 6.479/2008)*

j) técnicas especializadas de tecnologia da informação, de comunicação e de revisão de processos de trabalho, não alcançadas pela alínea i e que não se caracterizem como atividades permanentes do órgão ou entidade; *(Alínea acrescida pela Lei 11.784/2008) (Vide Decreto 6.479/2008)*

l) didático-pedagógicas em escolas de governo; e *(Alínea acrescida pela Lei 11.784/2008)*

‣ Decreto 6.479/2008.

m) de assistência à saúde para povos indígenas e de atividades temporárias de apoio às ações de proteção etnoambiental para povos indígenas; e *(Redação dada pela Lei 14.600/2023)*

n) com o objetivo de atender a encargos temporários de obras e serviços de engenharia destinados à construção, à reforma, à ampliação e ao aprimoramento de estabelecimentos penais; (*Acrescida pela Lei 13.886/2019*)

VII - admissão de professor, pesquisador e tecnólogo substitutos para suprir a falta de professor, pesquisador ou tecnólogo ocupante de cargo efetivo, decorrente de licença para exercer atividade empresarial relativa à inovação. *(Inciso acrescido pela Lei nº 10.973, de 2/12/2004)*

VIII - admissão de pesquisador, de técnico com formação em área tecnológica de nível intermediário ou de tecnólogo, nacionais ou estrangeiros, para projeto de pesquisa com prazo determinado, em instituição destinada à pesquisa, ao desenvolvimento e à inovação; *(Redação dada pela Lei nº 13.243, de 11/1/2016)*

IX - combate a emergências ambientais, na hipótese de declaração, pelo Ministro de Estado do Meio Ambiente, da existência de emergência ambiental na região específica; *(Inciso acrescido pela Lei 11.784/2008)*

X - admissão de professor para suprir demandas decorrentes da expansão das instituições federais de ensino, respeitados os limites e as condições fixados em ato conjunto dos Ministérios do Planejamento, Orçamento e Gestão e da Educação. (Inciso acrescido pela Lei 12.425/2011)

XI - admissão de professor para suprir demandas excepcionais decorrentes de programas e projetos de aperfeiçoamento de médicos na área de atenção básica em saúde em regiões prioritárias para o Sistema Único de Saúde - SUS, mediante integração ensino-serviço, respeitados os limites e as condições fixados em ato conjunto dos Ministros de Estado do Planejamento, Orçamento e Gestão, da Saúde e da Educação. (Inciso acrescido pela Lei 12.871/2013)

XII - admissão de profissional de nível superior especializado para atendimento a pessoas com deficiência, nos termos da legislação, matriculadas regularmente em cursos técnicos de nível médio e em cursos de nível superior nas instituições federais de ensino, em ato conjunto do Ministério do Planejamento, Desenvolvimento e Gestão e do Ministério da Educação. *(Inciso acrescido pela Lei 13.530/2017)*

§ 1º A contratação de professor substituto de que trata o inciso IV do *caput* poderá ocorrer para suprir a falta de professor efetivo em razão de:

I - vacância do cargo;

II - afastamento ou licença, na forma do regulamento; ou

III - nomeação para ocupar cargo de direção de reitor, vice-reitor, pró-reitor e diretor de campus. *(Redação dada pela Lei 12.425/2011)*

§ 2º O número total de professores de que trata o inciso IV do *caput* não poderá ultrapassar 20% (vinte por cento) do total de docentes efetivos em exercício na instituição federal de ensino. *(Redação dada pela Lei 12.425/2011)*

§ 3º As contratações a que se refere a alínea h do inciso VI serão feitas exclusivamente por projeto, vedado o aproveitamento dos contratados em qualquer área da administração pública. *(Parágrafo acrescido pela Lei 10.667/2003)*

§ 4º Ato do Poder Executivo disporá, para efeitos desta Lei, sobre a declaração de emergências em saúde pública. *(Parágrafo acrescido pela Lei 12.314/2010)*

§ 5º A contratação de professor visitante e de professor visitante estrangeiro, de que tratam os incisos IV e V do *caput*, tem por objetivo:

I - apoiar a execução dos programas de pós-graduação stricto sensu;

II - contribuir para o aprimoramento de programas de ensino, pesquisa e extensão;

III - contribuir para a execução de programas de capacitação docente; ou

IV - viabilizar o intercâmbio científico e tecnológico. *(Parágrafo acrescido pela Lei 12.772/2012)*

§ 6º A contratação de professor visitante e o professor visitante estrangeiro, de que tratam os incisos IV e V do *caput*, deverão:

I - atender a requisitos de titulação e competência profissional; ou II - ter reconhecido renome em sua área profissional, atestado por deliberação do Conselho Superior da instituição contratante. *(Parágrafo acrescido pela Lei 12.772/2012)*

§ 7º São requisitos mínimos de titulação e competência profissional para a contratação de professor visitante ou de professor visitante estrangeiro, de que tratam os incisos IV e V do *caput:*

I - ser portador do título de doutor, no mínimo, há 2 (dois) anos;

II - ser docente ou pesquisador de reconhecida competência em sua área; e

III - ter produção científica relevante, preferencialmente nos últimos 5 (cinco) anos. *(Parágrafo acrescido pela Lei 12.772/2012)*

§ 8º Excepcionalmente, no âmbito das Instituições da Rede Federal de Educação Profissional, Científica e Tecnológica, poderão ser contratados professor visitante ou professor visitante estrangeiro, sem o título de doutor, desde que possuam comprovada competência em ensino, pesquisa e extensão tecnológicos ou reconhecimento da qualificação profissional pelo mercado de trabalho, na forma prevista pelo Conselho Superior da instituição contratante. *(Parágrafo acrescido pela Lei 12.772/2012)*

§ 9º A contratação de professores substitutos, professores visitantes e professores visitantes estrangeiros poderá ser autorizada pelo dirigente da instituição, condicionada à existência de recursos orçamentários e financeiros para fazer frente às despesas decorrentes da contratação e ao quantitativo máximo de contratos estabelecido para a IFE. *(Parágrafo acrescido pela Lei 12.772/2012)*

§ 10. A contratação dos professores substitutos fica limitada ao regime de trabalho de 20 (vinte) horas ou 40 (quarenta) horas. *(Parágrafo acrescido pela Lei 12.772/2012)*

Art. 3º O recrutamento do pessoal a ser contratado, nos termos desta Lei, será feito mediante processo seletivo simplificado sujeito a ampla divulgação, inclusive através do *Diário Oficial da União*, prescindindo de concurso público.

§ 1º A contratação para atender às necessidades decorrentes de calamidade pública, de emergência ambiental e de emergências em saúde pública prescindirá de processo seletivo. (Redação dada pela Lei 12.314/2010)

§ 2º A contratação de pessoal, nos casos do professor visitante referido nos incisos IV e V e nos casos das alíneas a, d, e, g, l e m do inciso VI e do inciso VIII do *caput* do art. 2º desta Lei, poderá ser efetivada em vista de notória capacidade técnica ou científica do profissional, mediante análise do curriculum vitae. *(Parágrafo com redação dada pela Lei 11.784/2008)*

§ 3º As contratações de pessoal no caso das alíneas h e i do inciso VI do art. 2º desta Lei serão feitas mediante processo seletivo simplificado, observados os critérios e condições estabelecidos pelo Poder Executivo. *(Redação dada pela Lei 11.784/2008)*

Art. 4º As contratações serão feitas por tempo determinado, observados os seguintes prazos máximos: *("Caput" do artigo com redação dada pela Lei 10.667/2003)*

‣ Art. 173 da Lei 11.784/2008)

I - 6 (seis) meses, nos casos dos incisos I, II e IX do *caput* do art. 2º desta Lei; *(Inciso com redação dada pela Lei 11.784/2008)*

II - 1 (um) ano, nos casos dos incisos III e IV, das alíneas d e f do inciso VI e do inciso X do *caput* do art. 2º; (Inciso com redação dada pela Lei 12.425/2011)

III - 2 (dois) anos, nos casos das alíneas "b" e "e" do inciso VI do *caput* do art. 2º desta Lei; *(Redação dada pela Lei 14.724/2023)*

IV - 3 (três) anos, nos casos das alíneas "h" e "l" do inciso VI e dos incisos VII, VIII e XI do *caput* do art. 2º desta Lei; (Inciso com redação dada pela Lei 12.871/2013)

V - 4 (quatro) anos, nos casos do inciso V e das alíneas "a", "g", "i", "j", "m" e "n" do inciso VI do *caput* do art. 2º desta Lei. *(Redação dada pela Lei 14.724/2023)*

Parágrafo único. É admitida a prorrogação dos contratos: *(Parágrafo único acrescido pela Lei 10.667/2003)*

I - no caso do inciso IV, das alíneas b, d e f do inciso VI e do inciso X do *caput* do art. 2º, desde que o prazo total não exceda a 2 (dois) anos; *(Inciso com redação dada pela Lei 12.998/2014)*

II - no caso do inciso III e da alínea e do inciso VI do *caput* do art. 2º, desde que o prazo total não exceda a 3 (três) anos; *(Redação dada pela Lei 12.998/2014)*

III - nos casos do inciso V, das alíneas "a", "h", "l" e "n" do inciso VI e do inciso VIII do *caput* do art. 2º desta Lei, desde que o prazo total não exceda a 4 (quatro) anos; *(Redação dada pela Lei 14.724/2023)*

IV - nos casos das alíneas "g", "i", "j" e "m" do inciso VI do *caput* do art. 2º desta Lei, desde que o prazo total não exceda a 5 (cinco) anos; *(Redação dada pela Lei 14.724/2023)*

V - no caso dos incisos VII e XI do *caput* do art. 2º, desde que o prazo total não exceda 6 (seis) anos; e *(Inciso com redação dada pela Lei 12.871/2013)*

VI - nos casos dos incisos I e II do *caput* do art. 2º desta Lei, pelo prazo necessário à superação da situação de calamidade pública ou das situações de emergências em saúde pública, desde que não exceda a 2 (dois) anos. *(Inciso com redação dada pela Lei 12.314/2010)*

Art. 5º As contratações somente poderão ser feitas com observância da dotação orçamentária específica e mediante prévia autorização do Ministro de Estado do Planejamento, Orçamento e Gestão e do Ministro de Estado sob cuja supervisão se encontrar o órgão ou entidade contratante, conforme estabelecido em regulamento. *(Artigo com redação dada pela Lei 9.849/1999)*

Parágrafo único. *(Revogado pela Lei 9.849/1999)*

Art. 5º-A Os órgãos e entidades contratantes encaminharão à Secretaria de Recursos Humanos do Ministério do Planejamento, Orçamento e Gestão, para controle do disposto nesta Lei, síntese dos contratos efetivados. *(Artigo acrescido dada pela Lei 10.667/2003)*

Art. 6º É proibida a contratação, nos termos desta Lei, de servidores da Administração direta ou indireta da União, dos Estados, do Distrito Federal e dos Municípios, bem como de empregados ou servidores de suas subsidiárias e controladas.

§ 1º Excetua-se do disposto no *caput* deste artigo, condicionada à formal comprovação da compatibilidade de horários, a contratação de:

I - professor substituto nas instituições federais de ensino, desde que o contratado não ocupe cargo efetivo integrante das carreiras de magistério de que trata a Lei nº 7.596, de 10 de abril de 1987;

II - profissionais de saúde em unidades hospitalares, quando administradas pelo Governo Federal e para atender às necessidades decorrentes de calamidade pública, desde que o contratado não ocupe cargo efetivo ou emprego permanente em órgão ou entidade da administração pública federal direta e indireta. *(Redação dada pela Lei 11.123/2005)*

§ 2º Sem prejuízo da nulidade do contrato, a infração do disposto neste artigo importará responsabilidade administrativa da autoridade contratante e do contratado, inclusive, se for o caso, solidariedade quanto à devolução dos valores pagos ao contratado. *(Parágrafo único transformado em § 2º pela Lei 9.849/1999)*

Art. 7º A remuneração do pessoal contratado nos termos desta lei será fixada:

I - nos casos dos incisos IV, X e XI do *caput* do art. 2º, em importância não superior ao valor da remuneração fixada para os servidores de final de Carreira das mesmas categorias, nos planos de retribuição ou nos quadros de cargos e salários do órgão ou entidade contratante; *(Inciso com redação dada pela Lei 12.998/2014)*

II - nos casos dos incisos I a III, V, VI e VIII do *caput* do art. 2º, em importância não superior ao valor da remuneração constante dos planos de retribuição ou dos quadros de cargos e salários do serviço público, para servidores que desempenhem função semelhante, ou, não existindo a semelhança, às condições do mercado de trabalho; e *(Inciso com redação dada pela Lei 12.998/2014)*

III - no caso do inciso III do art. 2º, quando se tratar de coleta de dados, o valor da remuneração poderá ser formado por unidade produzida, desde que obedecido ao disposto no inciso II deste artigo. *(Inciso acrescido pela Lei 9.849/1999)*

§ 1º Para os efeitos deste artigo, não se consideram as vantagens de natureza individual dos servidores ocupantes de cargos tomados como paradigma. *(Parágrafo único transformado em § 1º pela Lei 10.667/2003)*

§ 2º Caberá ao Poder Executivo fixar as tabelas de remuneração para as hipóteses de contratações previstas nas alíneas h, i, j, l e m do inciso VI do *caput* do art. 2º. *(Parágrafo com redação dada pela Lei 12.314/2010)*

Art. 8º Ao pessoal contratado nos termos desta lei aplica-se o disposto na Lei nº 8.647, de 13 de abril de 1993.

Art. 9º O pessoal contratado nos termos desta lei não poderá:

I - receber atribuições, funções ou encargos não previstos no respectivo contrato;

II - ser nomeado ou designado, ainda que a título precário ou em substituição, para o exercício de cargo em comissão ou função de confiança;

III - ser novamente contratado, com fundamento nesta Lei, antes de decorridos 24 (vinte e quatro) meses do encerramento de seu contrato anterior, salvo nas hipóteses dos incisos I e IX do art. 2º desta Lei, mediante prévia autorização, conforme determina o art. 5º desta Lei. *(Inciso com redação dada pela Lei 11.784/2008)*

Parágrafo único. *(Revogado pela Lei 11.784/2008)*

Art. 10. As infrações disciplinares atribuídas ao pessoal contratado nos termos desta Lei serão apuradas mediante sindicância, concluída no prazo de trinta dias e assegurada ampla defesa.

Art. 11. Aplica-se ao pessoal contratado nos termos desta lei o disposto nos arts. 53 e 54; 57 a 59; 63 a 80; 97; 104 a 109; 110, incisos, I, *in fine*, e II, parágrafo único, a 115; 116, incisos I a V, alíneas a e c, VI a XII e parágrafo único; 117, incisos I a VI e IX a XVIII; 118 a 126; 127, incisos I, II e III, a 132, incisos I a VII, e IX a XIII; 136 a 142, incisos I, primeira parte, a III, e §§ 1º a 4º; 236; 238 a 242, da Lei nº 8.112, de 11 de dezembro de 1990.

Art. 12. O contrato firmado de acordo com esta lei extinguir-se-á, sem direito a indenizações:

I - pelo término do prazo contratual;

II - por iniciativa do contratado.

III - pela extinção ou conclusão do projeto, definidos pelo contratante, nos casos da alínea h do inciso VI do art. 2º. *(Inciso acrescido pela Lei 10.667/2003)*

§ 1º A extinção do contrato, nos casos dos incisos II e III, será comunicada com a antecedência mínima de trinta dias. *(Parágrafo com redação dada pela Lei 10.667/2003)*

§ 2º A extinção do contrato, por iniciativa do órgão ou entidade contratante, decorrente de conveniência administrativa, importará no pagamento ao contratado de indenização correspondente à metade do que lhe caberia referente ao restante do contrato.

Arts. 13 a 15. *(Revogados pela Lei 11.440/2006)*

Art. 16. O tempo de serviço prestado em virtude de contratação nos termos desta Lei será contado para todos os efeitos.

Art. 17. Esta Lei entra em vigor na data de sua publicação.

Art. 18. Revogam-se as disposições em contrário, especialmente os arts. 232 a 235 da Lei nº 8.112, de 11 de dezembro de 1990.

Brasília, 9 de dezembro de 1993, 172º da Independência e 105º da República.

ITAMAR FRANCO
Romildo Canhim
Arnaldo Leite Pereira

LEI Nº 8.844, DE 20 DE JANEIRO DE 1994

Dispõe sobre a fiscalização, apuração e cobrança judicial das contribuições e multas devidas ao Fundo de Garantia do Tempo de Serviço – FGTS.

› *Fiscalização, apuração e cobrança judicial das contribuições e multas do FGTS*

Faço saber que o Presidente da República adotou a Medida Provisória nº 393, de 1993, que o Congresso Nacional aprovou, e eu, Humberto Lucena, Presidente do Senado Federal, para os efeitos do disposto no parágrafo único do artigo 62 da Constituição Federal, promulgo a seguinte Lei:

Art. 1º Compete ao Ministério do Trabalho a fiscalização e a apuração das contribuições ao Fundo de Garantia do Tempo de Serviço – FGTS, bem assim a aplicação das multas e demais encargos devidos.

Parágrafo único. A Caixa Econômica Federal – CEF e a rede arrecadadora prestarão ao Ministério do Trabalho as informações necessárias ao desempenho dessas atribuições.

Art. 2º Compete à Procuradoria-Geral da Fazenda Nacional a inscrição em Dívida Ativa dos débitos para com o Fundo de Garantia do Tempo de Serviço – FGTS, bem como, diretamente ou por intermédio da Caixa Econômica Federal, mediante convênio, a representação judicial e extrajudicial do FGTS, para a correspondente cobrança, relativamente à contribuição e às multas e demais encargos previstos na legislação respectiva. (Redação dada ao *caput* pela Lei nº 9.467, de 10.07.1997).

§ 1º O Fundo de Garantia do Tempo de Serviço fica isento de custas nos processos judiciais de cobrança de seus créditos. (Redação dada ao parágrafo pela Lei nº 9.467, de 10.07.1997).

§ 2º As despesas, inclusive as de sucumbência, que vierem a ser incorridas pela Procuradoria-Geral da Fazenda Nacional e pela Caixa Econômica Federal, para a realização da inscrição em Dívida Ativa, do ajuizamento e do controle e acompanhamento dos processos judiciais, serão efetuadas a débito do Fundo de Garantia do Tempo de Serviço. (Redação dada ao parágrafo pela Lei nº 9.467, de 10.07.1997).

§ 3º Os créditos relativos ao FGTS gozam dos mesmos privilégios atribuídos aos créditos trabalhistas. (Redação dada ao parágrafo pela Lei nº 9.467, de 10.07.1997).

§ 4º Na cobrança judicial dos créditos do FGTS, incidirá encargo de 10% (dez por cento), que reverterá para o Fundo, para ressarcimento dos custos por ele incorridos, o qual será reduzido para 5% (cinco por cento), se o pagamento se der antes do ajuizamento da cobrança. (Redação dada ao artigo pela Lei nº 9.964, 10.04.2000).

Art. 3º Esta Lei entra em vigor na data de sua publicação.

Senado Federal, em 20 de janeiro de 1994; 173º da Independência e 106º da República.

Senador Humberto Lucena

LEI Nº 8.906, DE 04 DE JULHO DE 1994

Dispõe sobre o Estatuto da Advocacia e da Ordem dos Advogados do Brasil (OAB).

- *Estatuto da advocacia e da OAB*
- DOU, 05.07.1994.

O PRESIDENTE DA REPÚBLICA. Faço saber que o Congresso Nacional decreta e eu sanciono a seguinte lei:

TÍTULO I
DA ADVOCACIA

CAPÍTULO I
DA ATIVIDADE DE ADVOCACIA

- V. Prov. 66/1988 e art. 5º, Regulamento Geral.
- *Vide* Súmula 2/2001 do Conselho Pleno do CFOAB: "Advocacia. Concorrência. Consumidor. 1) A Lei da advocacia é especial e exauriente, afastando a aplicação às relações entre clientes e advogados, do sistema normativo da defesa da concorrência [...]".

Art. 1º São atividades privativas de advocacia:

- art. 133, CF.
- art. 103, NCPC.
- Súm. Vinc. 5, STF.
- Súm. 343, STF.
- *Vide* arts. 791, *caput*, e 839, *a*, da CLT.
- *Vide* art. 10 da Lei n. 10.259, de 12-7-2001.
- *Vide* art. 5.º do Regulamento Geral do Estatuto da Advocacia e da OAB.
- *Vide* Súmula Vinculante 5 do STF.
- *Vide* Súmula 425 do TST.

I - a postulação a qualquer órgão do Poder Judiciário e aos juizados especiais;

- ADIn 1.127-8 (DOU, 26.05.2006): O STF declarou a inconstitucionalidade do termo sublinhado.
- art. 133, CF.
- art. 2º, Lei 5.478/1968 (Ação de alimentos).
- arts. 9º e 72, Lei 9.099/1995 (Lei dos Juizados Especiais).
- *Vide* art. 7.º do Regulamento Geral do Estatuto da Advocacia e da OAB.

II - as atividades de consultoria, assessoria e direção jurídicas.

§ 1º Não se inclui na atividade privativa de advocacia a impetração de *habeas corpus* em qualquer instância ou tribunal.

- art. 5º , LXXVII, CF.
- art. 654, CPP.
- art. 470, CPPM.

§ 2º Os atos e contratos constitutivos de pessoas jurídicas, sob pena de nulidade, só podem ser admitidos a registro, nos órgãos competentes, quando visados por advogados.

- art. 9º, § 2º, LC 123/2006 (Estatuto Nacional da Microempresa e da Empresa de Pequeno Porte).
- art. 114, Lei 6.015/1973 (Lei de Registros Públicos).
- Prov. 49/1981 e art. 2º, Regulamento Geral.
- *Vide* art. 2.º do Regulamento Geral do Estatuto da Advocacia e da OAB.

§ 3º É vedada a divulgação de advocacia em conjunto com outra atividade.

- *Vide* arts. 28 a 34 do Código de Ética da OAB.
- *Vide* Provimento CFOAB n. 94, de 5-9-2000.

Art. 2º O advogado é indispensável à administração da justiça.

- art. 133, CF.
- art. 9º, § 2º, LC 123/2006 (Estatuto Nacional da Microempresa e da Empresa de Pequeno Porte).
- art. 2º, Lei 5.478/1968 (Lei da Ação de alimentos).
- arts. 9º e 72, Lei 9.099/1995 (Lei dos Juizados Especiais).
- Prov. 97/2002.

§ 1º No seu ministério privado, o advogado presta serviço público e exerce função social.

§ 2º No processo judicial, o advogado contribui, na postulação de decisão favorável ao seu constituinte, ao convencimento do julgador, e seus atos constituem múnus público.

§ 2º-A. No processo administrativo, o advogado contribui com a postulação de decisão favorável ao seu constituinte, e os seus atos constituem múnus público. *(Acrescido pela Lei 14.365/2022)*

§ 3º No exercício da profissão, o advogado é inviolável por seus atos e manifestações, nos limites desta lei.

Art. 2º-A. O advogado pode contribuir com o processo legislativo e com a elaboração de normas jurídicas, no âmbito dos Poderes da República. *(Acrescido pela Lei 14.365/2022)*

Art. 3º O exercício da atividade de advocacia no território brasileiro e a denominação de advogado são privativos dos inscritos na Ordem dos Advogados do Brasil (OAB),

§ 1º Exercem atividade de advocacia, sujeitando-se ao regime desta lei, além do regime próprio a que se subordinem, os integrantes da Advocacia-Geral da União, da Procuradoria da Fazenda Nacional, da Defensoria Pública e das Procuradorias e Consultorias Jurídicas dos Estados, do Distrito Federal, dos Municípios e das respectivas entidades de administração indireta e fundacional.

- Lei 9.527/1997. (Altera dispositivos das Leis 8.112/1990, 8.460/1992 e 2.180/1954.)
- Título I, Capítulo desta lei.
- *Vide* art. 131 a 134 da CF.
- *Vide* arts. 791, *caput*, e 839, *a*, da CLT.
- *Vide* Resolução n. 55/2011 do Conselho Superior da DPU.
- *Vide* arts. 9 e 10 do Regulamento Geral do Estatuto da Advocacia e da OAB.

§ 2º O estagiário de advocacia, regularmente inscrito, pode praticar os atos previstos no art. 1º, na forma do regimento geral, em conjunto com advogado e sob responsabilidade deste.

- arts. 37 e ss., Regulamento Geral.

Art. 3º-A. Os serviços profissionais de advogado são, por sua natureza, técnicos e singulares, quando comprovada sua notória especialização, nos termos da lei. *(Acrescido pela Lei 14.039/2020)*

Parágrafo único. Considera-se notória especialização o profissional ou a sociedade de advogados cujo conceito no campo de sua especialidade, decorrente de desempenho anterior, estudos, experiências, publicações, organização, aparelhamento, equipe técnica ou de outros requisitos relacionados com suas atividades, permita inferir que o seu trabalho é essencial e indiscutivelmente o mais adequado à plena satisfação do objeto do contrato.

Art. 4º São nulos os atos privativos de advogado praticados por pessoa não inscrita na OAB, sem prejuízo das sanções civis, penais e administrativas.

Parágrafo único. São também nulos os atos praticados por advogado impedido - no âmbito do impedimento - suspenso, licenciado ou que passar a exercer atividade incompatível com a advocacia.

- art. 2º, Lei 5.478/1968 (Ação de alimentos).
- arts. 9º e 72, Lei 9.099/1995 (Lei dos Juizados Especiais).

Art. 5º O advogado postula, em juízo ou fora dele, fazendo prova do mandato.

- art. 266, CPP.
- art. 71, § 1º, CPPM.
- art. 16, Lei 1.060/1950 (Lei de Assistência Judiciária).
- *Vide* art. 692 do CC.
- *Vide* arts. 111 e 112 do CPC.
- *Vide* arts. 791, *caput*, e 839, *a*, da CLT.

§ 1º O advogado, afirmando urgência, pode atuar sem procuração, obrigando-se a apresentá-la no prazo de quinze dias, prorrogável por igual período.

- arts. 104 e 105, NCPC.

§ 2º A procuração para o foro em geral habilita o advogado a praticar todos os atos judiciais, em qualquer juízo ou instância, salvo os que exijam poderes especiais.

- art. 618, NCPC.
- arts. 44; 50; 98 e 146, CPP.
- art. 165, CPPM.
- art. 6º, Regulamento Geral.

§ 3º O advogado que renunciar ao mandato continuará, durante os dez dias seguintes à notificação da renúncia, a representar o mandante, salvo se for substituído antes do término desse prazo.

- art. 112, NCPC.

§ 4º As atividades de consultoria e assessoria jurídicas podem ser exercidas de modo verbal ou por escrito, a critério do advogado e do cliente, e independem de outorga de mandato ou de formalização por contrato de honorários. *(Acrescido pela Lei 14.365/2022)*

CAPÍTULO II
DOS DIREITOS DO ADVOGADO

- arts. 15 e ss. do Regulamento Geral.
- Prov. 48/1981.

Art. 6º Não há hierarquia nem subordinação entre advogados, magistrados e membros do Ministério Público, devendo todos tratar-se com consideração e respeito recíprocos.

§ 1º As autoridades e os servidores públicos dos Poderes da República, os serventuários da Justiça e os membros do Ministério Público devem dispensar ao advogado, no exercício da profissão, tratamento compatível com a dignidade da advocacia e condições adequadas a seu desempenho, preservando e resguardando, de ofício, a imagem, a reputação e a integridade do advogado nos termos desta Lei. *(Parágrafo único transformado em § 1º pela Lei 14.508/2022, com redação dada pela Lei 14.365/2022)*

§ 2º Durante as audiências de instrução e julgamento realizadas no Poder Judiciário, nos procedimentos de jurisdição contenciosa ou voluntária, os advogados do autor e do requerido devem permanecer no mesmo plano topográfico e em posição equidistante em relação ao magistrado que as presidir. *(Acrescido pela Lei 14.508/2022)*

Art. 7º São direitos do advogado:

‣ art. 107, NCPC.

I - exercer, com liberdade, a profissão em todo o território nacional;

II - a inviolabilidade de seu escritório ou local de trabalho, bem como de seus instrumentos de trabalho, de sua correspondência escrita, eletrônica, telefônica e telemática, desde que relativas ao exercício da advocacia; (Redação dada pela Lei 11.767/2008.)

III - comunicar-se com seus clientes, pessoal e reservadamente, mesmo sem procuração, quando estes se acharem presos, detidos ou recolhidos em estabelecimentos civis ou militares, ainda que considerados incomunicáveis;

‣ art. 21, p.u., CPP.

IV - ter a presença de representante da OAB, quando preso em flagrante, por motivo ligado ao exercício da advocacia, para lavratura do auto respectivo, sob pena de nulidade e, nos demais casos, a comunicação expressa à seccional da OAB;

V - não ser recolhido preso, antes de sentença transitada em julgado, senão em sala de Estado Maior, com instalações e comodidades condignas, assim reconhecidas pela OAB, e, na sua falta, em prisão domiciliar;

‣ ADIn 1.127-8 (DOU, 26.05.2006): O STF declarou a inconstitucionalidade dos termos sublinhados.

‣ art. 295, VII, CPP.

VI - ingressar livremente:

a) nas salas de sessões dos tribunais, mesmo além dos cancelos que separam a parte reservada aos magistrados;

b) nas salas e dependências de audiências, secretarias, cartórios, ofícios de justiça, serviços notariais e de registro, e, no caso de delegacias e prisões, mesmo fora da hora de expediente e independentemente da presença de seus titulares;

c) em qualquer edifício ou recinto em que funcione repartição judicial ou outro serviço público onde o advogado deva praticar ato ou colher prova ou informação útil ao exercício da atividade profissional, dentro do expediente ou fora dele, e ser atendido, desde que se ache presente qualquer servidor ou empregado;

d) em qualquer assembleia ou reunião de que participe ou possa participar o seu cliente, ou perante a qual este deva comparecer, desde que munido de poderes especiais;

VII - permanecer sentado ou em pé e retirar-se de quaisquer locais indicados no inciso anterior, independentemente de licença;

VIII - dirigir-se diretamente aos magistrados nas salas e gabinetes de trabalho, independentemente de horário previamente marcado ou outra condição, observando-se a ordem de chegada;

IX - sustentar oralmente as razões de qualquer recurso ou processo, nas sessões de julgamento, após o voto do relator, em instância judicial ou administrativa, pelo prazo de quinze minutos, salvo se prazo maior for concedido;

‣ ADIn 1.127-8 (DOU, 26.05.2006) e ADIn 1.105-7 (26.05.2006): O STF declarou a inconstitucionalidade do texto sublinhado.

IX-A - *(Vetado na Lei 14.365/2022)*

X - usar da palavra, pela ordem, em qualquer tribunal judicial ou administrativo, órgão de deliberação coletiva da administração pública ou comissão parlamentar de inquérito, mediante intervenção pontual e sumária, para esclarecer equívoco ou dúvida surgida em relação a fatos, a documentos ou a afirmações que influam na decisão; *(Redação dada pela Lei 14.365/2022)*

XI - reclamar, verbalmente ou por escrito, perante qualquer juízo, tribunal ou autoridade, contra a inobservância de preceito de lei, regulamento ou regimento;

XII - falar, sentado ou em pé, em juízo, tribunal ou órgão de deliberação coletiva da Administração Pública ou do Poder Legislativo;

‣ art. 793, CPP.

‣ art. 386, CPPM.

XIII - examinar, em qualquer órgão dos Poderes Judiciário e Legislativo, ou da Administração Pública em geral, autos de processos findos ou em andamento, mesmo sem procuração, quando não estiverem sujeitos a sigilo ou segredo de justiça, assegurada a obtenção de cópias, com possibilidade de tomar apontamentos; *(Redação dada pela Lei 13.793/2019)*

‣ art. 107, NCPC.

‣ Súm. Vinc. 14, STF.

XIV - examinar, em qualquer instituição responsável por conduzir investigação, mesmo sem procuração, autos de flagrante e de investigações de qualquer natureza, findos ou em andamento, ainda que conclusos à autoridade, podendo copiar peças e tomar apontamentos, em meio físico ou digital; (Alterado pela Lei 13.245/2016.)

‣ Res. 161/2017, CNMP (Procedimentos investigatórios criminais e inquéritos civis no âmbito do MP).

‣ Súm. Vinc. 14, STF.

XV - ter vista dos processos judiciais ou administrativos de qualquer natureza, em cartório ou na repartição competente, ou retirá-los pelos prazos legais;

‣ art. 107, NCPC.

‣ art. 803, CPP.

XVI - retirar autos de processos findos, mesmo sem procuração, pelo prazo de dez dias;

‣ art. 803, CPP.

XVII - ser publicamente desagravado, quando ofendido no exercício da profissão ou em razão dela;

‣ arts. 18 e 19, Regulamento Geral.

XVIII - usar os símbolos privativos da profissão de advogado;

‣ Prov. 8/1964.

XIX - recusar-se a depor como testemunha em processo no qual funcionou ou deva funcionar, ou sobre fato relacionado com pessoa de quem seja ou foi advogado, mesmo quando autorizado ou solicitado pelo constituinte, bem como sobre fato que constitua sigilo profissional;

XX - retirar-se do recinto onde se encontre aguardando pregão para ato judicial, após trinta minutos do horário designado e ao qual ainda não tenha comparecido a autoridade que deva presidir a ele, mediante comunicação protocolizada em juízo;

XXI - assistir a seus clientes investigados durante a apuração de infrações, sob pena de nulidade absoluta do respectivo interrogatório ou depoimento e, subsequentemente, de todos os elementos investigatórios e probatórios dele decorrentes ou derivados, direta ou indiretamente, podendo, inclusive, no curso da respectiva apuração: (Acrescentado pela Lei 13.245/2016.)

‣ Res. 161/2017, CNMP (Procedimentos investigatórios criminais e inquéritos civis no âmbito do MP).

a) apresentar razões e quesitos;

b) (Vetado na Lei 13.245/2016)

§§ 1º e 2º *(Revogados pela Lei 14.365/2022)*

§ 2º-A. *(Vetado na Lei 14.365/2022)*

§ 2º-B. Poderá o advogado realizar a sustentação oral no recurso interposto contra a decisão monocrática de relator que julgar o mérito ou não conhecer dos seguintes recursos ou ações: *(Acrescido pela Lei 14.365/2022)*

I - recurso de apelação;

II - recurso ordinário;

III - recurso especial;

IV - recurso extraordinário;

V - embargos de divergência;

VI - ação rescisória, mandado de segurança, reclamação, habeas corpus e outras ações de competência originária.

§ 3º O advogado somente poderá ser preso em flagrante, por motivo de exercício da profissão, em caso de crime inafiançável, observado o disposto no inciso IV deste artigo.

§ 4º O Poder Judiciário e o Poder Executivo devem instalar, em todos os juizados, fóruns, tribunais, delegacias de polícia e presídios, salas especiais permanentes para os advogados, com uso e controle assegurados à OAB.

‣ ADIn 1.127-8 (DOU, 26.05.2006): O STF declarou a inconstitucionalidade dos termos sublinhados.

§ 5º No caso de ofensa a inscrito na OAB, no exercício da profissão ou de cargo ou função de órgão da OAB, o conselho competente deve promover o desagravo público do ofendido, sem prejuízo da responsabilidade criminal em que incorrer o infrator.

§ 6º Presentes indícios de autoria e materialidade da prática de crime por parte de advogado, a autoridade judiciária competente poderá decretar a quebra da inviolabilidade de que trata o inciso II do *caput* deste artigo, em decisão motivada, expedindo mandado de busca e apreensão, específico e pormenorizado, a ser cumprido na presença de representante da OAB, sendo, em qualquer hipótese, vedada a utilização dos documentos, das mídias e dos objetos pertencentes a clientes do advogado averiguado, bem como dos demais instrumentos de trabalho que contenham informações sobre clientes. (Incluído pela Lei 11.767/2008)

§ 6º-A. A medida judicial cautelar que importe na violação do escritório ou do local de trabalho do advogado será determinada em hipótese excepcional, desde que exista fundamento em indício, pelo órgão acusatório. *(Vetado pelo Presidente da República na Lei 14.365/2022, mantido pelo Congresso Nacional e publicado na Edição Extra B do DOU de 8/7/2022)*

§ 6º-B. É vedada a determinação da medida cautelar prevista no § 6º-A deste artigo se fundada exclusivamente em elementos produzidos em declarações do colaborador sem confirmação por outros meios de prova. *(Vetado pelo Presidente da República na Lei 14.365/2022, mantido pelo Congresso Nacional e publicado na Edição Extra B do DOU de 8/7/2022)*

§ 6º-C. O representante da OAB referido no § 6º deste artigo tem o direito a ser respeitado pelos agentes responsáveis pelo cumprimento do mandado de busca e apreensão, sob pena de abuso de autoridade, e o dever de zelar pelo fiel cumprimento do objeto da investigação, bem como de impedir que documentos, mídias e objetos não relacionados à investigação, especialmente de outros processos do mesmo cliente ou de outros clientes que não sejam pertinentes à persecução penal, sejam analisados, fotografados, filmados, retirados ou apreendidos do escritório de advocacia. *(Vetado pelo Presidente da República na Lei 14.365/2022, mantido pelo Congresso Nacional e publicado na Edição Extra B do DOU de 8/7/2022)*

§ 6º-D. No caso de inviabilidade técnica quanto à segregação da documentação, da mídia ou dos objetos não relacionados à investigação, em razão da sua natureza ou volume, no momento da execução da decisão judicial de apreensão ou de retirada do material, a cadeia de custódia preservará o sigilo do seu conteúdo, assegurada a presença do representante da OAB, nos termos dos §§ 6º-F e 6º-G deste artigo. *(Acrescido pela Lei 14.365/2022)*

§ 6º-E. Na hipótese de inobservância do § 6º-D deste artigo pelo agente público responsável pelo cumprimento do mandado de busca e apreensão, o representante da OAB fará o relatório do fato ocorrido, com a inclusão dos nomes dos servidores, dará conhecimento à autoridade judiciária e o encaminhará à OAB para a elaboração de notícia-crime. *(Acrescido pela Lei 14.365/2022)*

§ 6º-F. É garantido o direito de acompanhamento por representante da OAB e pelo profissional investigado durante a análise dos documentos e dos dispositivos de armazenamento de informação pertencentes a advogado, apreendidos ou interceptados, em todos os atos, para assegurar o cumprimento do disposto no inciso II do *caput* deste artigo. *(Vetado pelo Presidente da República na Lei 14.365/2022, mantido pelo Congresso Nacional e publicado na Edição Extra B do DOU de 8/7/2022)*

§ 6º-G. A autoridade responsável informará, com antecedência mínima de 24 (vinte e quatro) horas, à seccional da OAB a data, o horário e o local em que serão analisados os documentos e os equipamentos apreendidos, garantido o direito de acompanhamento, em todos os atos, pelo representante da OAB e pelo profissional investigado para assegurar o disposto no § 6º-C deste artigo. *(Vetado pelo Presidente da República na Lei 14.365/2022, mantido pelo Congresso Nacional e publicado na Edição Extra B do DOU de 8/7/2022)*

§ 6º-H. Em casos de urgência devidamente fundamentada pelo juiz, a análise dos documentos e dos equipamentos apreendidos poderá acontecer em prazo inferior a 24 (vinte e quatro) horas, garantido o direito de acompanhamento, em todos os atos, pelo representante da OAB e pelo profissional investigado para assegurar o disposto no § 6º-C deste artigo. *(Vetado pelo Presidente da República na Lei 14.365/2022, mantido pelo Congresso Nacional e publicado na Edição Extra B do DOU de 8/7/2022)*

§ 6º-I. É vedado ao advogado efetuar colaboração premiada contra quem seja ou tenha sido seu cliente, e a inobservância disso importará em processo disciplinar, que poderá culminar com a aplicação do disposto no inciso III do *caput* do art. 35 desta Lei, sem prejuízo das penas previstas no art. 154 do Decreto-Lei nº 2.848, de 7 de dezembro de 1940 (Código Penal). *(Acrescido pela Lei 14.365/2022)*

§ 7º A ressalva constante do § 6º deste artigo não se estende a clientes do advogado averiguado que estejam sendo formalmente investigados como seus partícipes ou coautores pela prática do mesmo crime que deu causa à quebra da inviolabilidade. (Incluído pela Lei 11.767/2008)

§§ 8º e 9º (Vetados na Lei 11.767/2008)

§ 10. Nos autos sujeitos a sigilo, deve o advogado apresentar procuração para o exercício dos direitos de que trata o inciso XIV. (Acrescentado pela Lei 13.245/2016.)

§ 11. No caso previsto no inciso XIV, a autoridade competente poderá delimitar o acesso do advogado aos elementos de prova relacionados a diligências em andamento e ainda não documentados nos autos, quando houver risco de comprometimento da eficiência, da eficácia ou da finalidade das diligências. (Acrescentado pela Lei 13.245/2016.)

§ 12. A inobservância aos direitos estabelecidos no inciso XIV, o fornecimento incompleto de autos ou o fornecimento de autos em que houve a retirada de peças já incluídas no caderno investigativo implicará responsabilização criminal e funcional por abuso de autoridade do responsável que impedir o acesso do advogado com o intuito de prejudicar o exercício da defesa, sem prejuízo do direito subjetivo do advogado de requerer acesso aos autos ao juiz competente. (Acrescentado pela Lei 13.245/2016.)

- Res. 161/2017, CNMP (Procedimentos investigatórios criminais e inquéritos civis no âmbito do MP).

§ 13. O disposto nos incisos XIII e XIV do *caput* deste artigo aplica-se integralmente a processos e a procedimentos eletrônicos, ressalvado o disposto nos §§ 10 e 11 deste artigo. *(Inserido pela Lei 13.793/2019)*

§ 14. Cabe, privativamente, ao Conselho Federal da OAB, em processo disciplinar próprio, dispor, analisar e decidir sobre a prestação efetiva do serviço jurídico realizado pelo advogado. *(Acrescido pela Lei 14.365/2022)*

§ 15. Cabe ao Conselho Federal da OAB dispor, analisar e decidir sobre os honorários advocatícios dos serviços jurídicos realizados pelo advogado, resguardado o sigilo, nos termos do Capítulo VI desta Lei, e observado o disposto no inciso XXXV do *caput* do art. 5º da Constituição Federal. *(Acrescido pela Lei 14.365/2022)*

§ 16. É nulo, em qualquer esfera de responsabilização, o ato praticado com violação da competência privativa do Conselho Federal da OAB prevista no § 14 deste artigo. *(Acrescido pela Lei 14.365/2022)*

Art. 7º-A. São direitos da advogada: (Acrescentado pela Lei 13.363/2016.)

I - gestante: (Acrescentado pela Lei 13.363/2016.)

a) entrada em tribunais sem ser submetida a detectores de metais e aparelhos de raios X;

b) reserva de vaga em garagens dos fóruns dos tribunais;

II - lactante, adotante ou que der à luz, acesso a creche, onde houver, ou a local adequado ao atendimento das necessidades do bebê; (Acrescentado pela Lei 13.363/2016.)

III - gestante, lactante, adotante ou que der à luz, preferência na ordem das sustentações orais e das audiências a serem realizadas a cada dia, mediante comprovação de sua condição; (Acrescentado pela Lei 13.363/2016.)

IV - adotante ou que der à luz, suspensão de prazos processuais quando for a única patrona da causa, desde que haja notificação por escrito ao cliente. (Acrescentado pela Lei 13.363/2016.)

§ 1º Os direitos previstos à advogada gestante ou lactante aplicam-se enquanto perdurar, respectivamente, o estado gravídico ou o período de amamentação. (Acrescentado pela Lei 13.363/2016.)

§ 2º Os direitos assegurados nos incisos II e III deste artigo à advogada adotante ou que der à luz serão concedidos pelo prazo previsto no art. 392 do Decreto-Lei n. 5.452, de 1º de maio de 1943 (Consolidação das Leis do Trabalho). (Acrescentado pela Lei 13.363/2016.)

§ 3º O direito assegurado no inciso IV deste artigo à advogada adotante ou que der à luz será concedido pelo prazo previsto no § 6º do art. 313 da Lei n. 13.105, de 16 de março de 2015 (Código de Processo Civil). (Acrescentado pela Lei 13.363/2016.)

Art. 7º-B. Constitui crime violar direito ou prerrogativa de advogado previstos nos incisos II, III, IV e V do *caput* do art. 7º desta Lei:

Pena - detenção, de 2 (dois) a 4 (quatro) anos, e multa. *(Redação dada pela Lei 14.365/2022)*

CAPÍTULO III
DA INSCRIÇÃO

- arts. 20 e ss., Regulamento Geral.

Art. 8º Para inscrição como advogado é necessário:

- arts. 34, XXVI, e 61, p.u., d, desta lei.

I - capacidade civil;

II - diploma ou certidão de graduação em direito, obtido em instituição de ensino oficialmente autorizada e credenciada;

III - título de eleitor e quitação do serviço militar, se brasileiro;

IV - aprovação em Exame de Ordem;

- Prov. 144/2011 do Conselho Federal da OAB (Dispõe sobre o Exame de Ordem).

V - não exercer atividade incompatível com a advocacia;

VI - idoneidade moral;

VII - prestar compromisso perante o conselho.

§ 1º O Exame da Ordem é regulamentado em provimento do Conselho Federal da OAB.

- Prov. 144/2011.
- art. 58, VI, desta lei.
- arts. 88, II, e 112, Regulamento Geral.

§ 2º O estrangeiro ou brasileiro, quando não graduado em direito no Brasil, deve fazer prova do título de graduação, obtido em instituição estrangeira, devidamente revalidado, além de atender aos demais requisitos previstos neste artigo.

- Prov. 91/2000.
- Prov. 129/2008, Conselho Federal da OAB (Regulamenta inscrição de advogados de nacionalidade portuguesa na OAB).

§ 3º A inidoneidade moral, suscitada por qualquer pessoa, deve ser declarada mediante decisão que obtenha no mínimo dois terços dos votos de todos os membros do conselho competente, em procedimento que observe os termos do processo disciplinar.

§ 4º Não atende ao requisito de idoneidade moral aquele que tiver sido condenado por crime infamante, salvo reabilitação judicial.

Art. 9º Para inscrição como estagiário é necessário:

- arts. 27 e ss., Regulamento Geral.

I - preencher os requisitos mencionados nos incisos I, III, V, VI e VII do art. 8º;

II - ter sido admitido em estágio profissional de advocacia.

§ 1º O estágio profissional de advocacia, com duração de dois anos, realizado nos últimos anos do curso jurídico, pode ser mantido pelas respectivas instituições de ensino superior pelos Conselhos da OAB, ou por setores, órgãos jurídicos e escritórios de advocacia credenciados pela OAB, sendo obrigatório o estudo deste Estatuto e do Código de Ética e Disciplina.

§ 2º A inscrição do estagiário é feita no Conselho Seccional em cujo território se localize seu curso jurídico.

§ 3º O aluno de curso jurídico que exerça atividade incompatível com a advocacia pode frequentar o estágio ministrado pela respectiva instituição de ensino superior, para fins de aprendizagem, vedada a inscrição na OAB.

- arts. 27 e 28 desta lei.

§ 4º O estágio profissional poderá ser cumprido por bacharel em Direito que queira se inscrever na Ordem.

§ 5º Em caso de pandemia ou em outras situações excepcionais que impossibilitem as atividades presenciais, declaradas pelo poder público, o estágio profissional poderá ser realizado no regime de teletrabalho ou de trabalho a distância em sistema remoto ou não, por qualquer meio telemático, sem configurar vínculo de emprego a adoção de qualquer uma dessas modalidades. *(Acrescido pela Lei 14.365/2022)*

§ 6º Se houver concessão, pela parte contratante ou conveniada, de equipamentos, sistemas e materiais ou reembolso de despesas de infraestrutura ou instalação, todos destinados a viabilizar a realização da atividade de estágio prevista no § 5º deste artigo, essa informação deverá constar, expressamente, do convênio de estágio e do termo de estágio. *(Acrescido pela Lei 14.365/2022)*

Art. 10. A inscrição principal do advogado deve ser feita no Conselho Seccional em cujo território pretende estabelecer o seu domicílio profissional, na forma do regulamento geral.

- arts. 20 e ss., Regulamento Geral.

§ 1º Considera-se domicílio profissional a sede principal da atividade de advocacia, prevalecendo, na dúvida, o domicílio da pessoa física do advogado.

- art. 72, CC/2002.

§ 2º Além da principal, o advogado deve promover a inscrição suplementar nos Conselhos Seccionais em cujos territórios passar a exercer habitualmente a profissão considerando-se habitualidade a intervenção judicial que exceder de cinco causas por ano.

- art. 5º, Regulamento Geral.
- Prov. 45/1978.

§ 3º No caso de mudança efetiva de domicílio profissional para outra unidade federativa, deve o advogado requerer a transferência de sua inscrição para o Conselho Seccional correspondente.

§ 4º O Conselho Seccional deve suspender o pedido de transferência ou de inscrição suplementar, ao verificar a existência de vício ou ilegalidade na inscrição principal, contra ela representando ao Conselho Federal.

Art. 11. Cancela-se a inscrição do profissional que:

I - assim o requerer;

II - sofrer penalidade de exclusão;

- art. 38 desta lei.

III - falecer;

IV - passar a exercer, em caráter definitivo, atividade incompatível com a advocacia;

- arts. 27 e 28 desta lei.

V - perder qualquer um dos requisitos necessários para inscrição.

- art. 8º desta lei.

§ 1º Ocorrendo uma das hipóteses dos incisos II, III e IV, o cancelamento deve ser promovido, de ofício, pelo conselho competente ou em virtude de comunicação por qualquer pessoa.

§ 2º Na hipótese de novo pedido de inscrição - que não restaura o número de inscrição anterior - deve o interessado fazer prova dos requisitos dos incisos I, V, VI e VII do art. 8º.

§ 3º Na hipótese do inciso II deste artigo, o novo pedido de inscrição também deve ser acompanhado de provas de reabilitação.

Art. 12. Licencia-se o profissional que:

I - assim o requerer, por motivo justificado;

II - passar a exercer, em caráter temporário, atividade incompatível com o exercício da advocacia;

- arts. 27 e 28 desta lei.

III - sofrer doença mental considerada curável.

Art. 13. O documento de identidade profissional, na forma prevista no regulamento geral, é de uso obrigatório no exercício da atividade de advogado ou de estagiário e constitui prova de identidade civil para todos os fins legais.

- arts. 32 a 36, Regulamento Geral.
- art. 54, X, desta lei.

Art. 14. É obrigatória a indicação do nome e do número de inscrição em todos os documentos assinados pelo advogado, no exercício de sua atividade.

Parágrafo único. É vedado anunciar ou divulgar qualquer atividade relacionada com o exercício da advocacia ou o uso da expressão escritório de advocacia, sem indicação expressa do nome e do número de inscrição dos advogados que o integrem ou o número de registro da sociedade de advogados na OAB.

- arts. 15 a 17 desta lei.
- Prov. 169/2015, CFOAB (sociedade de advogados).

CAPÍTULO IV
DA SOCIEDADE DE ADVOGADOS

- arts. 24-A, 24-B, 37 e ss., Regulamento Geral.
- Prov. 69/1989, 91/2000, 95/2000, 112/2006 e 205/2021.
- Prov. 169/2015, CFOAB (sociedade de advogados).
- Prov. 170/2016 (Dispõe sobre as sociedades unipessoais de advocacia).

Art. 15. Os advogados podem reunir-se em sociedade simples de prestação de serviços de advocacia ou constituir sociedade unipessoal de advocacia, na forma disciplinada nesta Lei e no regulamento geral. (Alterado pela Lei 13.247/2016.)

- arts. 5º e 34, II, desta lei.
- arts. 104 e 105, NCPC.
- Prov. 170/2016 (Dispõe sobre as sociedades unipessoais de advocacia).

§ 1º A sociedade de advogados e a sociedade unipessoal de advocacia adquirem personalidade jurídica com o registro aprovado dos seus atos constitutivos no Conselho Seccional da OAB em cuja base territorial tiver sede. (Alterado pela Lei 13.247/2016.)

§ 2º Aplica-se à sociedade de advogados e à sociedade unipessoal de advocacia o Código de Ética e Disciplina, no que couber. (Alterado pela Lei 13.247/2016.)

§ 3º As procurações devem ser outorgadas individualmente aos advogados e indicar a sociedade de que façam parte.

§ 4º Nenhum advogado pode integrar mais de uma sociedade de advogados, constituir mais de uma sociedade unipessoal de advocacia, ou integrar, simultaneamente, uma sociedade de advogados e uma sociedade unipessoal de advocacia, com sede ou filial na mesma área territorial do respectivo Conselho Seccional. (Alterado pela Lei 13.247/2016.)

§ 5º O ato de constituição de filial deve ser averbado no registro da sociedade e arquivado no Conselho Seccional onde se instalar, ficando os sócios, inclusive o titular da sociedade unipessoal de advocacia, obrigados à inscrição suplementar. (Alterado pela Lei 13.247/2016.)

§ 6º Os advogados sócios de uma mesma sociedade profissional não podem representar em juízo clientes de interesses opostos.

§ 7º A sociedade unipessoal de advocacia pode resultar da concentração por um advogado das quotas de uma sociedade de advogados, independentemente das razões que motivaram tal concentração. (Acrescentado pela Lei 13.247/2016.)

- art. 355, p.u., CP.

§ 8º Nas sociedades de advogados, a escolha do sócio-administrador poderá recair sobre advogado que atue como servidor da administração direta, indireta e fundacional, desde que não esteja sujeito ao regime de dedicação exclusiva, não lhe sendo aplicável o disposto no inciso X do *caput* do art. 117 da Lei nº 8.112, de 11 de dezembro de 1990, no que se refere à sociedade de advogados. *(Vetado pelo Presidente da República na Lei 14.365/2022, mantido pelo Congresso Nacional e publicado na Edição Extra B do DOU de 8/7/2022)*

§ 9º A sociedade de advogados e a sociedade unipessoal de advocacia deverão recolher seus tributos sobre a parcela da receita que efetivamente lhes couber, com a exclusão da receita que for transferida a outros advogados ou a sociedades que atuem em forma de parceria para o atendimento do cliente. *(Vetado pelo Presidente da República na Lei 14.365/2022, mantido pelo Congresso Nacional e publicado na Edição Extra B do DOU de 8/7/2022)*

§ 10. Cabem ao Conselho Federal da OAB a fiscalização, o acompanhamento e a definição de parâmetros e de diretrizes da relação jurídica mantida entre advogados e sociedades de advogados ou entre escritório de advogados sócios e advogado associado, inclusive no que se refere ao cumprimento dos requisitos norteadores da associação sem vínculo empregatício autorizada expressamente neste artigo. *(Acrescido pela Lei 14.365/2022)*

§ 11. Não será admitida a averbação do contrato de associação que contenha, em conjunto, os elementos caracterizadores de relação de emprego previstos na Consolidação das Leis do Trabalho (CLT), aprovada pelo Decreto-Lei nº 5.452, de 1º de maio de 1943. *(Acrescido pela Lei 14.365/2022)*

§ 12. A sociedade de advogados e a sociedade unipessoal de advocacia podem ter como sede, filial ou local de trabalho espaço de uso individual ou compartilhado com outros escritórios de advocacia ou empresas, desde que respeitadas as hipóteses de sigilo previstas nesta Lei e no Código de Ética e Disciplina. *(Acrescido pela Lei 14.365/2022)*

Art. 16. Não são admitidas a registro nem podem funcionar todas as espécies de sociedades de advogados que apresentem forma ou características de sociedade empresária, que adotem denominação de fantasia, que realizem atividades estranhas à advocacia, que incluam como sócio ou titular de sociedade unipessoal de advocacia pessoa não inscrita como advogado ou totalmente proibida de advogar. (Alterado pela Lei 13.247/2016.)

- Prov. 170/2016 (Dispõe sobre as sociedades unipessoais de advocacia).

§ 1º A razão social deve ter, obrigatoriamente, o nome de, pelo menos, um advogado responsável pela sociedade, podendo permanecer o de sócio falecido, desde que prevista tal possibilidade no ato constitutivo.

§ 2º O impedimento ou a incompatibilidade em caráter temporário do advogado não o exclui da sociedade de advogados à qual pertença e deve ser averbado no registro da sociedade, observado o disposto nos arts. 27, 28, 29 e 30 desta Lei e proibida, em qualquer hipótese, a exploração de seu nome e de sua imagem em favor da sociedade. *(Redação dada pela Lei 14.365/2022)*

§ 3º É proibido o registro, nos cartórios de registro civil de pessoas jurídicas e nas juntas comerciais, de sociedade que inclua, entre outras finalidades, a atividade de advocacia.

§ 4º A denominação da sociedade unipessoal de advocacia deve ser obrigatoriamente formada pelo nome do seu titular, completo ou parcial, com a expressão 'Sociedade Individual de Advocacia'. (Acrescentado pela Lei 13.247/2016.)

Art. 17. Além da sociedade, o sócio e o titular da sociedade individual de advocacia respondem subsidiária e ilimitadamente pelos danos causados aos clientes por ação ou omissão no exercício da advocacia, sem prejuízo da responsabilidade disciplinar em que possam incorrer. (Alterado pela Lei 13.247/2016.)

- Prov. 170/2016 (Dispõe sobre as sociedades unipessoais de advocacia).
- art. 389, CC/2002.

Art. 17-A. O advogado poderá associar-se a uma ou mais sociedades de advogados ou sociedades unipessoais de advocacia, sem que estejam presentes os requisitos legais de vínculo empregatício, para prestação de serviços e participação nos resultados, na forma do Regulamento Geral e de Provimentos do Conselho Federal da OAB. *(Acrescido pela Lei 14.365/2022)*

Art. 17-B. A associação de que trata o art. 17-A desta Lei dar-se-á por meio de pactuação de contrato próprio, que poderá ser de caráter geral ou restringir-se a determinada causa ou trabalho e que deverá ser registrado no Conselho Seccional da OAB em cuja base territorial tiver sede a sociedade de advogados que dele tomar parte. *(Acrescido pela Lei 14.365/2022)*

Parágrafo único. No contrato de associação, o advogado sócio ou associado e a sociedade pactuarão as condições para o desempenho da atividade advocatícia e estipularão livremente os critérios para a partilha dos resultados dela decorrentes, devendo o contrato conter, no mínimo:

I - qualificação das partes, com referência expressa à inscrição no Conselho Seccional da OAB competente;

II - especificação e delimitação do serviço a ser prestado;

III - forma de repartição dos riscos e das receitas entre as partes, vedada a atribuição da totalidade dos riscos ou das receitas exclusivamente a uma delas;

IV - responsabilidade pelo fornecimento de condições materiais e pelo custeio das despesas necessárias à execução dos serviços;

V - prazo de duração do contrato.

CAPÍTULO V
DO ADVOGADO EMPREGADO

Art. 18. A relação de emprego, na qualidade de advogado, não retira a isenção técnica nem reduz a independência profissional inerentes à advocacia.

- O STF, por maioria, conheceu da ADI 3396 e julgou parcialmente para "dar interpretação conforme ao art. 4º da Lei federal n. 9.527/1997, excluindo de seu alcance os advogados empregados públicos de empresa pública, sociedade de economia mista e suas subsidiárias, não monopolísticas, os quais, no entanto, assim como todos os servidores e empregados públicos em geral, também estão sujeitos ao teto remuneratório do serviço público (CF, art. 37, XI), quanto ao total da sua remuneração (salários mais vantagens e honorários advocatícios), com exceção daqueles vinculados a empresa pública, sociedade de economia mista ou subsidiária que não receba recursos do ente central para pagamento de pessoal ou custeio nem exerça sua atividade em regime monopolístico, conforme o disposto no art. 37, § 9º, da CF, na redação dada pela EC n. 19/1998, ficando excluídos também da disciplina do EOAB (arts. 18 a 21) os advogados empregados".

§ 1º O advogado empregado não está obrigado à prestação de serviços profissionais de interesse pessoal dos empregadores, fora da relação de emprego. *(Parágrafo único transformado em § 1º pela Lei 14.365/2022)*

§ 2º As atividades do advogado empregado poderão ser realizadas, a critério do empregador, em qualquer um dos seguintes regimes: *(Acrescido pela Lei 14.365/2022)*

I - exclusivamente presencial: modalidade na qual o advogado empregado, desde o início da contratação, realizará o trabalho nas dependências ou locais indicados pelo empregador;

II - não presencial, teletrabalho ou trabalho a distância: modalidade na qual, desde o início da contratação, o trabalho será preponderantemente realizado fora das dependências do empregador, observado que o comparecimento nas dependências de forma não permanente, variável ou para participação em reuniões ou em eventos presenciais não descaracterizará o regime não presencial;

III - misto: modalidade na qual as atividades do advogado poderão ser presenciais, no estabelecimento do contratante ou onde este indicar, ou não presenciais, conforme as condições definidas pelo empregador em seu regulamento empresarial, independentemente de preponderância ou não.

§ 3º Na vigência da relação de emprego, as partes poderão pactuar, por acordo individual simples, a alteração de um regime para outro. *(Acrescido pela Lei 14.365/2022)*

Art. 19. O salário-mínimo profissional do advogado será fixado em sentença normativa, salvo se ajustado em acordo ou convenção coletiva de trabalho.

Art. 20. A jornada de trabalho do advogado empregado, quando prestar serviço para empresas, não poderá exceder a duração diária de 8 (oito) horas contínuas e a de 40 (quarenta) horas semanais. *(Redação dada pela Lei 14.365/2022)*

§ 1º Para efeitos deste artigo, considera-se como período de trabalho o tempo em que o advogado estiver à disposição do empregador, aguardando ou executando ordens, no seu escritório ou em atividades externas, sendo-lhe reembolsadas as despesas feitas com transporte, hospedagem e alimentação.

§ 2º As horas trabalhadas que excederem a jornada normal são remuneradas por um adicional não inferior a cem por cento sobre o valor da hora normal, mesmo havendo contrato escrito.

§ 3º As horas trabalhadas no período das vinte horas de um dia até as cinco horas do dia seguinte são remuneradas como noturnas, acrescidas do adicional de vinte e cinco por cento.

Art. 21. Nas causas em que for parte o empregador, ou pessoa por este representada, os honorários de sucumbência são devidos aos advogados empregados.

- O STF julgou parcialmente procedente a ADIn 1.194 (DOU 28.09.2009) para dar interpretação conforme a CF a este *caput* e p.u., estabelecendo que "os honorários sucumbenciais podem ser tanto do advogado quanto da sociedade ou de ambos, dependendo de disposição contratual".

Parágrafo único. Os honorários de sucumbência, percebidos por advogado empregado de sociedade de advogados são partilhados entre ele e a empregadora, na forma estabelecida em acordo.

CAPÍTULO VI
DOS HONORÁRIOS ADVOCATÍCIOS

- art. 58, V, desta lei.
- arts. 14 e 111, Regulamento Geral.

Art. 22. A prestação de serviço profissional assegura aos inscritos na OAB o direito aos honorários convencionados, aos fixados por arbitramento judicial e aos de sucumbência.

- art. 275, II, f, CPC.
- art. 85 e ss., NCPC.

§ 1º O advogado, quando indicado para patrocinar causa de juridicamente necessitado, no caso de impossibilidade da Defensoria Pública no local da prestação de serviço, tem direito aos honorários fixados pelo juiz, segundo tabela organizada pelo Conselho Seccional da OAB, e pagos pelo Estado.

§ 2º Na falta de estipulação ou de acordo, os honorários são fixados por arbitramento judicial, em remuneração compatível com o trabalho e o valor econômico da questão, observado obrigatoriamente o disposto nos §§ 2º, 3º, 4º, 5º, 6º, 6º-A, 8º, 8º-A, 9º e 10 do art. 85 da Lei nº 13.105, de 16 de março de 2015 (Código de Processo Civil). *(Redação dada pela Lei 14.365/2022)*

§ 3º Salvo estipulação em contrário, um terço dos honorários é devido no início do serviço, outro terço até a decisão de primeira instância e o restante no final.

§ 4º Se o advogado fizer juntar aos autos o seu contrato de honorários antes de expedir-se o mandado de levantamento ou precatório, o juiz deve determinar que lhe sejam pagos diretamente, por dedução da quantia a ser recebida pelo constituinte, salvo se este provar que já os pagou.

- Súm. Vinc. 47, STF.

§ 5º O disposto neste artigo não se aplica quando se tratar de mandato outorgado por advogado para defesa em processo oriundo de ato ou omissão praticada no exercício da profissão.

§ 6º O disposto neste artigo aplica-se aos honorários assistenciais, compreendidos como os fixados em ações coletivas propostas por entidades de classe em substituição processual, sem prejuízo aos honorários convencionais. (Parágrafo acrescido pela Lei 13.725/2018)

§ 7º Os honorários convencionados com entidades de classe para atuação em substituição processual poderão prever a faculdade de indicar os beneficiários que, ao optarem por adquirir os direitos, assumirão as obrigações decorrentes do contrato originário a partir do momento em que este foi celebrado, sem a necessidade de mais formalidades. (Parágrafo acrescido pela Lei 13.725/2018)

§ 8º Consideram-se também honorários convencionados aqueles decorrentes da indicação de cliente entre advogados ou sociedade de advogados, aplicada a regra prevista no § 9º do art. 15 desta Lei. *(Acrescido pela Lei 14.365/2022)*

Art. 22-A. Fica permitida a dedução de honorários advocatícios contratuais dos valores acrescidos, a título de juros de mora, ao montante repassado aos Estados e aos Municípios na forma de precatórios, como complementação de fundos constitucionais. *(Acrescido pela Lei 14.365/2022)*

Parágrafo único. A dedução a que se refere o *caput* deste artigo não será permitida aos advogados nas causas que decorram da execução de título judicial constituído em ação civil pública ajuizada pelo Ministério Público Federal. *(Vetado pelo Presidente da República na Lei 14.365/2022, mantido pelo Congresso Nacional e publicado na Edição Extra B do DOU de 8/7/2022)*

Art. 23. Os honorários incluídos na condenação, por arbitramento ou sucumbência, pertencem ao advogado, tendo este direito autônomo para executar a sentença nesta parte, podendo requerer que o precatório, quando necessário, seja expedido em seu favor.

- O STF, por maioria, declarou a constitucionalidade da percepção de honorários de sucumbência pelos advogados públicos e julgou parcialmente procedente o pedido formulado na ADI 6053 para: "conferindo interpretação conforme à Constituição ao art. 23 da Lei 8.906/1994, ao art. 85, § 19, da Lei 13.105/2015, e aos arts. 27 e 29 a 36 da Lei 13.327/2016, estabelecer que a somatória dos subsídios e honorários de sucumbência percebidos mensalmente pelos advogados públicos não poderá exceder ao teto dos Ministros do STF, conforme o que dispõe o art. 37, XI, da Constituição Federal"
- arts. 92, 485, 486, NCPC.
- Súm. Vinc. 47, STF.

Art. 24. A decisão judicial que fixar ou arbitrar honorários e o contrato escrito que os estipular são títulos executivos e constituem crédito privilegiado na falência, concordata, concurso de credores, insolvência civil e liquidação extrajudicial.

- Lei 11.101/2005 (Lei de Recuperação de Empresas e Falência) - A expressão "Concordata" foi substituída por "Recuperação judicial".
- arts. 585, VII, e 745, CPC.

§ 1º A execução dos honorários pode ser promovida nos mesmos autos da ação em que tenha atuado o advogado, se assim lhe convier.

§ 2º Na hipótese de falecimento ou incapacidade civil do advogado, os honorários de sucumbência, proporcionais ao trabalho realizado, são recebidos por seus sucessores ou representantes legais.

§ 3º <u>É nula qualquer disposição, cláusula, regulamento ou convenção individual ou coletiva que retire do advogado o direito ao recebimento dos honorários de sucumbência.</u>

- ADIn 1.194-4 (DOU, 28.05.2009): O STF declarou a inconstitucionalidade dos termos sublinhados.

§ 3º-A. Nos casos judiciais e administrativos, as disposições, as cláusulas, os regulamentos ou as convenções individuais ou coletivas que retirem do sócio o direito ao recebimento dos honorários de sucumbência serão válidos somente após o protocolo de petição que revogue os poderes que lhe foram outorgados ou que noticie a renúncia a eles, e os honorários serão devidos proporcionalmente ao trabalho realizado nos processos. *(Acrescido pela Lei 14.365/2022)*

§ 4º O acordo feito pelo cliente do advogado e a parte contrária, salvo aquiescência do profissional, não lhe prejudica os honorários, quer os convencionados, quer os concedidos por sentença.

§ 5º Salvo renúncia expressa do advogado aos honorários pactuados na hipótese de encerramento da relação contratual com o cliente, o advogado mantém o direito aos honorários proporcionais ao trabalho realizado nos processos judiciais e administrativos em que tenha atuado, nos exatos termos do contrato celebrado, inclusive em relação aos eventos de sucesso que porventura venham a ocorrer após o encerramento da relação contratual. *(Acrescido pela Lei 14.365/2022)*

§ 6º O distrato e a rescisão do contrato de prestação de serviços advocatícios, mesmo que formalmente celebrados, não configuram renúncia expressa aos honorários pactuados. *(Acrescido pela Lei 14.365/2022)*

§ 7º Na ausência do contrato referido no § 6º deste artigo, os honorários advocatícios serão arbitrados conforme o disposto no art. 22 desta Lei. *(Acrescido pela Lei 14.365/2022)*

Art. 24-A. No caso de bloqueio universal do patrimônio do cliente por decisão judicial, garantir-se-á ao advogado a liberação de até 20% (vinte por cento) dos bens bloqueados para fins de recebimento de honorários e reembolso de gastos com a defesa, ressalvadas as causas relacionadas aos crimes previstos na Lei nº 11.343, de 23 de agosto de 2006 (Lei de Drogas), e observado o disposto no parágrafo único do art. 243 da Constituição Federal. *(Acrescido pela Lei 14.365/2022)*

§ 1º O pedido de desbloqueio de bens será feito em autos apartados, que permanecerão em sigilo, mediante a apresentação do respectivo contrato.

§ 2º O desbloqueio de bens observará, preferencialmente, a ordem estabelecida no art. 835 da Lei nº 13.105, de 16 de março de 2015 (Código de Processo Civil).

§ 3º Quando se tratar de dinheiro em espécie, de depósito ou de aplicação em instituição financeira, os valores serão transferidos diretamente para a conta do advogado ou do escritório de advocacia responsável pela defesa.

§ 4º Nos demais casos, o advogado poderá optar pela adjudicação do próprio bem ou por sua venda em hasta pública para satisfação dos honorários devidos, nos termos do art. 879 e seguintes da Lei nº 13.105, de 16 de março de 2015 (Código de Processo Civil).

§ 5º O valor excedente deverá ser depositado em conta vinculada ao processo judicial.

Art. 25. Prescreve em cinco anos a ação de cobrança de honorários de advogado, contado o prazo:

- Súm. 363, STJ.

I - do vencimento do contrato, se houver;
II - do trânsito em julgado da decisão que os fixar;
III - da ultimação do serviço extrajudicial;
IV - da desistência ou transação;
V - da renúncia ou revogação do mandato.

Art. 25-A. Prescreve em cinco anos a ação de prestação de contas pelas quantias recebidas pelo advogado de seu cliente, ou de terceiros por conta dele (art. 34, XXI). (Incluído pela Lei 11.902/2009.)

Art. 26. O advogado substabelecido, com reserva de poderes, não pode cobrar honorários sem a intervenção daquele que lhe conferiu o substabelecimento.

Parágrafo único. O disposto no *caput* deste artigo não se aplica na hipótese de o advogado substabelecido, com reservas de poderes, possuir contrato celebrado com o cliente. *(Acrescido pela Lei 14.365/2022)*

CAPÍTULO VII
DAS INCOMPATIBILIDADES E IMPEDIMENTOS

Art. 27. A incompatibilidade determina a proibição total, e o impedimento, a proibição parcial do exercício da advocacia.

- V. arts. 19, 20, 79, NCPC.

Art. 28. A advocacia é incompatível, mesmo em causa própria, com as seguintes atividades:

I - chefe do Poder Executivo e membros da Mesa do Poder Legislativo e seus substitutos legais;

II - membros de órgãos do Poder Judiciário, do Ministério Público, dos tribunais e conselhos de contas, dos juizados especiais, da justiça de paz, juízes classistas, bem como de todos os que exerçam função de julgamento em órgãos de deliberação coletiva da administração pública direta e indireta;

- ADIn 1.127-8 (DOU, 26.05.2006). O STF, por maioria, julgou parcialmente procedente a ação, quanto ao inciso II do artigo 28, para excluir apenas os juízes eleitorais e seus suplentes.
- EC 24/1999 (Altera dispositivos da Constituição Federal pertinentes à representação classista na Justiça do Trabalho e substitui as Juntas de Conciliação e Julgamento por Varas de Trabalho).
- art. 8º, Regulamento Geral.
- art. 21, Lei 11.415/2006.

III - ocupantes de cargos ou funções de direção em Órgãos da Administração Pública direta ou indireta, em suas fundações e em suas empresas controladas ou concessionárias de serviço público;

IV - ocupantes de cargos ou funções vinculados direta ou indiretamente a qualquer órgão do Poder Judiciário e os que exercem serviços notariais e de registro;

V - ocupantes de cargos ou funções vinculados direta ou indiretamente a atividade policial de qualquer natureza;

VI - militares de qualquer natureza, na ativa;

VII - ocupantes de cargos ou funções que tenham competência de lançamento, arrecadação ou fiscalização de tributos e contribuições parafiscais;

VIII - ocupantes de funções de direção e gerência em instituições financeiras, inclusive privadas.

§ 1º A incompatibilidade permanece mesmo que o ocupante do cargo ou função deixe de exercê-lo temporariamente.

§ 2º Não se incluem nas hipóteses do inciso III os que não detenham poder de decisão relevante sobre interesses de terceiro, a juízo do conselho competente da OAB, bem como a administração acadêmica diretamente relacionada ao magistério jurídico.

§ 3º As causas de incompatibilidade previstas nas hipóteses dos incisos V e VI do *caput* deste artigo não se aplicam ao exercício da advocacia em causa própria, estritamente para fins de defesa e tutela de direitos pessoais, desde que mediante inscrição especial na OAB, vedada a participação em sociedade de advogados. *(Acrescido pela Lei 14.365/2022)*

- ADI 7.227: O STF, por unanimidade, converteu a apreciação da medida cautelar em julgamento de mérito e julgou procedente a ação direta para declarar a inconstitucionalidade deste § 3º. (*DJe 11.04.2023*)

§ 4º A inscrição especial a que se refere o § 3º deste artigo deverá constar do documento profissional de registro na OAB e não isenta o profissional do pagamento da contribuição anual, de multas e de preços de serviços devidos à OAB, na forma por ela estabelecida, vedada cobrança em valor superior ao exigido para os demais membros inscritos. *(Acrescido pela Lei 14.365/2022)*

- ADI 7.227: O STF, por unanimidade, converteu a apreciação da medida cautelar em julgamento de mérito e julgou procedente a ação direta para declarar a inconstitucionalidade deste § 4º. (*DJe 11.04.2023*)

Art. 29. Os Procuradores Gerais, Advogados Gerais, Defensores Gerais e dirigentes de órgãos jurídicos da Administração Pública direta, indireta e fundacional são exclusivamente legitimados para o exercício da advocacia vinculada à função que exerçam, durante o período da investidura.

Art. 30. São impedidos de exercer a advocacia:

- art. 2º, p.u., Regulamento Geral.

I - os servidores da administração direta, indireta e fundacional, contra a Fazenda Pública que os remunere ou à qual seja vinculada a entidade empregadora;

II - os membros do Poder Legislativo, em seus diferentes níveis, contra ou a favor das pessoas jurídicas de direito público, empresas públicas, sociedades de economia mista, fundações públicas, entidades paraestatais ou empresas concessionárias ou permissionárias de serviço público.

Parágrafo único. Não se incluem nas hipóteses do inciso I os docentes dos cursos jurídicos.

CAPÍTULO VIII
DA ÉTICA DO ADVOGADO

Art. 31. O advogado deve proceder de forma que o torne merecedor de respeito e que contribua para o prestígio da classe e da advocacia.

§ 1º O advogado, no exercício da profissão, deve manter independência em qualquer circunstância.

§ 2º Nenhum receio de desagradar a magistrado ou a qualquer autoridade, nem de incorrer em impopularidade, deve deter o advogado no exercício da profissão.

Art. 32. O advogado é responsável pelos atos que, no exercício profissional, praticar com dolo ou culpa.

- art. 389, CC/2002.

Parágrafo único. Em caso de lide temerária, o advogado será solidariamente responsável com seu cliente, desde que coligado com este para lesar a parte contrária, o que será apurado em ação própria.

- arts. 5º e 77, NCPC.

Art. 33. O advogado obriga-se a cumprir rigorosamente os deveres consignados no Código de Ética e Disciplina.

Parágrafo único. O Código de Ética e Disciplina regula os deveres do advogado para com a comunidade, o cliente, o outro profissional e, ainda, a publicidade, a recusa do patrocínio, o dever de assistência jurídica, o dever geral de urbanidade e os respectivos procedimentos disciplinares.

CAPÍTULO IX
DAS INFRAÇÕES E SANÇÕES DISCIPLINARES

- Código de Ética e Disciplina.
- Prov. 83/1996 e 205/2021.

Art. 34. Constitui infração disciplinar:

I - exercer a profissão, quando impedido de fazê-lo, ou facilitar, por qualquer meio, o seu exercício aos não inscritos, proibidos ou impedidos;

- arts. 28 a 30 e 36, I, desta lei.

II - manter sociedade profissional fora das normas e preceitos estabelecidos nesta lei;

- arts. 15 a 17 e 36, I, desta lei.
- Prov. 169/2015, CFOAB (sociedade de advogados).
- arts. 24-A e 24-B, Regulamento Geral.
- Prov. 69/1989, 91/2000, 112/2006 e 205/2021.

III - valer-se de agenciador de causas, mediante participação nos honorários a receber;

- art. 36, I, desta lei.

IV - angariar ou captar causas, com ou sem a intervenção de terceiros;

- art. 36, I, desta lei.

V - assinar qualquer escrito destinado a processo judicial ou para fim extrajudicial que não tenha feito, ou em que não tenha colaborado;

- art. 36, I, desta lei.

VI - advogar contra literal disposição de lei, presumindo-se a boa-fé quando fundamentado na inconstitucionalidade, na injustiça da lei ou em pronunciamento judicial anterior;

- art. 32, p.u.; e 36, I, desta lei.

VII - violar, sem justa causa, sigilo profissional;

- arts. 7º, XIX, e 36, I, desta lei.

VIII - estabelecer entendimento com a parte adversa sem autorização do cliente ou ciência do advogado contrário;

- art. 36, I, desta lei.

IX - prejudicar, por culpa grave, interesse confiado ao seu patrocínio;

- art. 36, I, desta lei.
- art. 355, CP.

X - acarretar, conscientemente, por ato próprio, a anulação ou a nulidade do processo em que funcione;

- art. 36, I, desta lei.

XI - abandonar a causa sem justo motivo ou antes de decorridos dez dias da comunicação da renúncia;

- arts. 5º, § 3º; e 36, I, desta lei.
- art. 45, CPC.

XII - recusar-se a prestar, sem justo motivo, assistência jurídica, quando nomeado em virtude de impossibilidade da Defensoria Pública;

- arts. 22, § 1º, e 36, I, desta lei.

XIII - fazer publicar na imprensa, desnecessária e habitualmente, alegações forenses ou relativas a causas pendentes;

- art. 36, I, desta lei.

XIV - deturpar o teor de dispositivo de lei, de citação doutrinária ou de julgado, bem como de depoimentos, documentos e alegações da parte contrária, para confundir o adversário ou iludir o juiz da causa;

- art. 36, I, desta lei.
- art. 80, NCPC.

XV - fazer, em nome do constituinte, sem autorização escrita deste, imputação a terceiro de fato definido como crime;

- art. 36, I, desta lei.

XVI - deixar de cumprir, no prazo estabelecido, determinação emanada do órgão ou de autoridade da Ordem, em matéria da competência desta, depois de regularmente notificado;

- art. 36, I, desta lei.

XVII - prestar concurso a clientes ou a terceiros para realização de ato contrário à lei ou destinado a fraudá-la;

- art. 37, I, desta lei.

XVIII - solicitar ou receber de constituinte qualquer importância para aplicação ilícita ou desonesta;

- art. 37, I, desta lei.
- art. 317, CP.
- art. 308, CPM.

XIX - receber valores, da parte contrária ou de terceiro, relacionados com o objeto do mandato, sem expressa autorização do constituinte;

‣ art. 37, I, desta lei.

XX - locupletar-se, por qualquer forma, à custa do cliente ou da parte adversa, por si ou interposta pessoa;

‣ art. 37, I, desta lei.

XXI - recusar-se, injustificadamente, a prestar contas ao cliente de quantias recebidas dele ou de terceiros por conta dele;

‣ arts. 25-A e 37, I, e § 2º, desta lei.

‣ Prov. 70/1989.

XXII - reter, abusivamente, ou extraviar autos recebidos com vista ou em confiança;

‣ arts. 7º, § 1º, 3, e 37, I, desta lei.

‣ art. 234, NCPC.

XXIII - deixar de pagar as contribuições, multas e preços de serviços devidos à OAB, depois de regularmente notificado a fazê-lo;

‣ art. 37, I, e § 2º, desta lei.

‣ ADI 7.020: O STF, por unanimidade, conheceu parcialmente da ação direta e, na parte conhecida, julgou parcialmente procedente o pedido, a fim de declarar a inconstitucionalidade deste inciso XXIII. (*DJe 06.02.2023*)

XXIV - incidir em erros reiterados que evidenciem inépcia profissional;

‣ art. 37, I, e § 3º, desta lei.

XXV - manter conduta incompatível com a advocacia;

‣ arts. 28, 31 e 37, I, desta lei.

XXVI - fazer falsa prova de qualquer dos requisitos para inscrição na OAB;

‣ arts. 8º e 38, II, desta lei.

XXVII - tornar-se moralmente inidôneo para o exercício da advocacia;

‣ arts. 8º, § 3º, e 38, II, desta lei.

XXVIII - praticar crime infamante;

‣ arts. 8º, § 4º, e 38, II, desta lei.

XXIX - praticar, o estagiário, ato excedente de sua habilitação.

‣ arts. 3º, § 2º, e 36, I, desta lei.

XXX - praticar assédio moral, assédio sexual ou discriminação. *(Acrescido pela Lei 14.612/2023)*

§ 1º Inclui-se na conduta incompatível: *(Parágrafo único transformado em § 1º pela Lei 14.612/2023)*

a) prática reiterada de jogo de azar, não autorizado por lei;

b) incontinência pública e escandalosa;

c) embriaguez ou toxicomania habituais.

§ 2º Para os fins desta Lei, considera-se: *(Acrescido pela Lei 14.612/2023)*

I - assédio moral: a conduta praticada no exercício profissional ou em razão dele, por meio da repetição deliberada de gestos, palavras faladas ou escritas ou comportamentos que exponham o estagiário, o advogado ou qualquer outro profissional que esteja prestando seus serviços a situações humilhantes e constrangedoras, capazes de lhes causar ofensa à personalidade, à dignidade e à integridade psíquica ou física, com o objetivo de excluí-los das suas funções ou de desestabilizá-los emocionalmente, deteriorando o ambiente profissional;

II - assédio sexual: a conduta de conotação sexual praticada no exercício profissional ou em razão dele, manifestada fisicamente ou por palavras, gestos ou outros meios, proposta ou imposta à pessoa contra sua vontade, causando-lhe constrangimento e violando a sua liberdade sexual;

III - discriminação: a conduta comissiva ou omissiva que dispense tratamento constrangedor ou humilhante a pessoa ou grupo de pessoas, em razão de sua deficiência, pertença a determinada raça, cor ou sexo, procedência nacional ou regional, origem étnica, condição de gestante, lactante ou nutriz, faixa etária, religião ou outro fator.

Art. 35. As sanções disciplinares consistem em:

I - censura;

II - suspensão;

III - exclusão;

IV - multa.

Parágrafo único. As sanções devem constar dos assentamentos do inscrito, após o trânsito em julgado da decisão, não podendo ser objeto de publicidade a de censura.

Art. 36. A censura é aplicável nos casos de:

I - infrações definidas nos incisos I a XVI e XXIX do art. 34;

II - violação a preceito do Código de Ética e Disciplina;

III - violação a preceito desta lei, quando para a infração não se tenha estabelecido sanção mais grave.

Parágrafo único. A censura pode ser convertida em advertência, em ofício reservado, sem registro nos assentamentos do inscrito, quando presente circunstância atenuante.

Art. 37. A suspensão é aplicável nos casos de:

‣ ADI 7.020: O STF, por unanimidade, conheceu parcialmente da ação direta e, na parte conhecida, julgou parcialmente procedente o pedido conferindo interpretação conforme à Constituição ao art. 37, de modo a que a sanção de interdição de exercício profissional não seja aplicável à hipótese prevista no art. 34, XXIII, do mesmo diploma. (*DJE* 06.02.2023)

I - infrações definidas nos incisos XVII a XXV e XXX do *caput* do art. 34 desta Lei; *(Redação dada pela Lei 14.612/2023)*

II - reincidência em infração disciplinar.

§ 1º A suspensão acarreta ao infrator a interdição do exercício profissional, em todo o território nacional, pelo prazo de trinta dias a doze meses, de acordo com os critérios de individualização previstos neste capítulo.

§ 2º Nas hipóteses dos incisos XXI e XXIII do art. 34, a suspensão perdura até que satisfaça integralmente a dívida, inclusive com correção monetária.

§ 3º Na hipótese do inciso XXIV do art. 34, a suspensão perdura até que preste novas provas de habilitação.

Art. 38. A exclusão é aplicável nos casos de:

I - aplicação, por três vezes, de suspensão;

II - infrações definidas nos incisos XXVI a XXVIII do art. 34.

Parágrafo único. Para a aplicação da sanção disciplinar de exclusão, é necessária a manifestação favorável de dois terços dos membros do Conselho Seccional competente.

‣ V. Súm. 7/2016, CFOAB.

Art. 39. A multa, variável entre o mínimo correspondente ao valor de uma anuidade e o máximo de seu décuplo, é aplicável cumulativamente com a censura ou suspensão, em havendo circunstâncias agravantes.

Art. 40. Na aplicação das sanções disciplinares, são consideradas, para fins de atenuação, as seguintes circunstâncias, entre outras:

I - falta cometida na defesa de prerrogativa profissional;

II - ausência de punição disciplinar anterior;

III - exercício assíduo e proficiente de mandato ou cargo em qualquer órgão da OAB;

IV - prestação de relevantes serviços à advocacia ou à causa pública.

Parágrafo único. Os antecedentes profissionais do inscrito, as atenuantes, o grau de culpa por ele revelada, as circunstâncias e as consequências da infração são considerados para o fim de decidir:

a) sobre a conveniência da aplicação cumulativa da multa e de outra sanção disciplinar;

b) sobre o tempo de suspensão e o valor da multa aplicáveis.

Art. 41. É permitido ao que tenha sofrido qualquer sanção disciplinar requerer, um ano após seu cumprimento, a reabilitação, em face de provas efetivas de bom comportamento.

Parágrafo único. Quando a sanção disciplinar resultar da prática de crime, o pedido de reabilitação depende também da correspondente reabilitação criminal.

‣ arts. 743 a 750, CPP.

Art. 42. Fica impedido de exercer o mandato o profissional a quem forem aplicadas as sanções disciplinares de suspensão ou exclusão.

Art. 43. A pretensão à punibilidade das infrações disciplinares prescreve em cinco anos, contados da data da constatação oficial do fato.

‣ Súm. 1/2011, CFOAB.

§ 1º Aplica-se a prescrição a todo processo disciplinar paralisado por mais de três anos, pendente de despacho ou julgamento, devendo ser arquivado de ofício, ou a requerimento da parte interessada, sem prejuízo de serem apuradas as responsabilidades pela paralisação.

§ 2º A prescrição interrompe-se:

I - pela instauração de processo disciplinar ou pela notificação válida feita diretamente ao representado;

II - pela decisão condenatória recorrível de qualquer órgão julgador da OAB.

TÍTULO II
DA ORDEM DOS ADVOGADOS DO BRASIL

CAPÍTULO I
DOS FINS E DA ORGANIZAÇÃO

‣ arts. 44 e ss., Regulamento Geral.

Art. 44. A Ordem dos Advogados do Brasil (OAB), serviço público, dotada de personalidade jurídica e forma federativa, tem por finalidade:

I - defender a Constituição, a ordem jurídica do Estado democrático de direito, os direitos humanos, a justiça social, e pugnar pela boa aplicação das leis, pela rápida administração da justiça e pelo aperfeiçoamento da cultura e das instituições jurídicas;

II - promover, com exclusividade, a representação, a defesa, a seleção e a disciplina dos advogados em toda a República Federativa do Brasil.

‣ art. 45, Regulamento Geral.

§ 1º A OAB não mantém com órgãos da Administração Pública qualquer vínculo funcional ou hierárquico.

§ 2º O uso da sigla OAB é privativo da Ordem dos Advogados do Brasil.

Art. 45. São órgãos da OAB:

I - o Conselho Federal;

II - os Conselhos Seccionais;

▸ arts. 46 e 105 e ss., Regulamento Geral.

▸ arts. 56 e ss. desta lei.

III - as Subseções;

▸ arts. 115 e ss., Regulamento Geral.

▸ arts. 60 e ss. desta lei.

IV - as Caixas de Assistência dos Advogados.

▸ arts. 121 e ss., Regulamento Geral.

▸ art. 62 desta lei.

§ 1º O Conselho Federal, dotado de personalidade jurídica própria, com sede na capital da República, é o órgão supremo da OAB.

§ 2º Os Conselhos Seccionais, dotados de personalidade jurídica própria, têm jurisdição sobre os respectivos territórios dos Estados-membros, do Distrito Federal e dos Territórios.

§ 3º As Subseções são partes autônomas do Conselho Seccional, na forma desta lei e de seu ato constitutivo.

§ 4º As Caixas de Assistência dos Advogados, dotadas de personalidade jurídica própria, são criadas pelos Conselhos Seccionais, quando estes contarem com mais de mil e quinhentos inscritos.

§ 5º A OAB, por constituir serviço público, goza de imunidade tributária total em relação a seus bens, rendas e serviços.

§ 6º Os atos, as notificações e as decisões dos órgãos da OAB, salvo quando reservados ou de administração interna, serão publicados no Diário Eletrônico da Ordem dos Advogados do Brasil, a ser disponibilizado na internet, podendo ser afixados no fórum local, na íntegra ou em resumo. (*Redação dada pela Lei 13.688/2018*).

Art. 46. Compete à OAB fixar e cobrar, de seus inscritos, contribuições, preços de serviços e multas.

▸ arts. 55 e ss., Regulamento Geral.

▸▸ Prov. CFOAB 216/2023.

Parágrafo único. Constitui título executivo extrajudicial a certidão passada pela diretoria do Conselho competente, relativa a crédito previsto neste artigo.

▸ art. 585, VII, CPC.

Art. 47. O pagamento da contribuição anual à OAB isenta os inscritos nos seus quadros do pagamento obrigatório da contribuição sindical.

Art. 48. O cargo de conselheiro ou de membro de diretoria de órgão da OAB é de exercício gratuito e obrigatório, considerado serviço público relevante, inclusive para fins de disponibilidade e aposentadoria.

▸ arts. 50, 53 e 54, Regulamento Geral.

▸ arts. 63 e ss. desta lei.

▸ Prov. 89/1988.

Art. 49. Os Presidentes dos Conselhos e das Subseções da OAB têm legitimidade para agir, judicial e extrajudicialmente, contra qualquer pessoa que infringir as disposições ou os fins desta lei.

Parágrafo único. As autoridades mencionadas no *caput* deste artigo têm, ainda, legitimidade para intervir, inclusive como assistentes, nos inquéritos e processos em que sejam indiciados, acusados ou ofendidos os inscritos na OAB.

Art. 50. Para os fins desta lei, os Presidentes dos Conselhos da OAB e das Subseções podem requisitar cópias de peças de autos e documentos a qualquer tribunal, magistrado, cartório e órgão da Administração Pública direta, indireta e fundacional.

▸ O STF, por maioria de votos, julgou parcialmente procedente a ADIn 1.127-8 (DOU, 26.05.2006) para dar interpretação a este artigo conforme a constituição nos seguintes termos: "de modo a fazer compreender a palavra 'requisitar' como dependente de motivação, compatibilização com as finalidades da lei e atendimento de custos desta requisição. Ficam ressalvados, desde já, os documentos cobertos por sigilo".

CAPÍTULO II
DO CONSELHO FEDERAL

▸ arts. 62 e ss., Regulamento Geral.

▸ Prov. 115/2007.

Art. 51. O Conselho Federal compõe-se:

I - dos conselheiros federais, integrantes das delegações de cada unidade federativa;

II - dos seus ex-presidentes, na qualidade de membros honorários vitalícios.

§ 1º Cada delegação é formada por três conselheiros federais.

§ 2º Os ex-presidentes têm direito apenas a voz nas sessões.

§ 3º O Instituto dos Advogados Brasileiros e a Federação Nacional dos Institutos dos Advogados do Brasil são membros honorários, somente com direito a voz nas sessões do Conselho Federal. *(Vetado pelo Presidente da República na Lei 14.365/2022, mantido pelo Congresso Nacional e publicado na Edição Extra B do DOU de 8/7/2022)*

Art. 52. Os presidentes dos Conselhos Seccionais, nas sessões do Conselho Federal, têm lugar reservado junto à delegação respectiva e direito somente a voz.

Art. 53. O Conselho Federal tem sua estrutura e funcionamento definidos no Regulamento Geral da OAB.

§ 1º O Presidente, nas deliberações do Conselho, tem apenas o voto de qualidade.

§ 2º O voto é tomado por delegação, e não pode ser exercido nas matérias de interesse da unidade que represente.

§ 3º Na eleição para a escolha da Diretoria do Conselho Federal, cada membro da delegação terá direito a 1 (um) voto, vedado aos membros honorários vitalícios. (Incluído pela Lei 11.179/2005)

Art. 54. Compete ao Conselho Federal:

I - dar cumprimento efetivo às finalidades da OAB;

II - representar, em juízo ou fora dele, os interesses coletivos ou individuais dos advogados;

III - velar pela dignidade, independência, prerrogativas e valorização da advocacia;

IV - representar, com exclusividade, os advogados brasileiros nos órgãos e eventos internacionais da advocacia;

▸ art. 80, Regulamento Geral.

V - editar e alterar o Regulamento Geral, o Código de Ética e Disciplina, e os Provimentos que julgar necessários;

▸ art. 78, Regulamento Geral.

▸ Prov. 26/1966.

VI - adotar medidas para assegurar o regular funcionamento dos Conselhos Seccionais;

VII - intervir nos Conselhos Seccionais, onde e quando constatar grave violação desta lei ou do regulamento geral;

▸ art. 81, Regulamento Geral.

VIII - cassar ou modificar, de ofício ou mediante representação, qualquer ato, de órgão ou autoridade da OAB, contrário a esta lei, ao regulamento geral, ao Código de Ética e Disciplina, e aos Provimentos, ouvida a autoridade ou o órgão em causa;

IX - julgar, em grau de recurso, as questões decididas pelos Conselhos Seccionais, nos casos previstos neste estatuto e no regulamento geral;

▸ art. 87 e ss., Regulamento Geral.

X - dispor sobre a identificação dos inscritos na OAB e sobre os respectivos símbolos privativos;

▸ art. 13 desta lei.

▸ arts. 32 a 36, Regulamento Geral.

▸ Prov. 8/1964.

XI - apreciar o relatório anual e deliberar sobre o balanço e as contas de sua diretoria;

▸ art. 104, IV, Regulamento Geral.

XII - homologar ou mandar suprir relatório anual, o balanço e as contas dos Conselhos Seccionais;

▸ art. 51, Regulamento Geral.

▸▸ Prov. CFOAB 216/2023.

XIII - elaborar as listas constitucionalmente previstas, para o preenchimento dos cargos nos tribunais judiciários de âmbito nacional ou interestadual, com advogados que estejam em pleno exercício da profissão, vedada a inclusão de nome de membro do próprio Conselho ou de outro órgão da OAB;

▸ art. 94, CF.

▸ Prov. 102/2004.

XIV - ajuizar ação direta de inconstitucionalidade de normas legais e atos normativos, ação civil pública, mandado de segurança coletivo, mandado de injunção e demais ações cuja legitimação lhe seja outorgada por lei;

▸ art. 103, VII, CF.

▸ art. 82, Regulamento Geral.

▸ V. Lei 13.300/2016 (Disciplina o processo e o julgamento dos mandados de injunção individual e coletivo).

XV - colaborar com o aperfeiçoamento dos cursos jurídicos, e opinar, previamente, nos pedidos apresentados aos órgãos competentes para criação, reconhecimento ou credenciamento desses cursos;

▸ art. 83, Regulamento Geral.

XVI - autorizar, pela maioria absoluta das delegações, a oneração ou alienação de seus bens imóveis;

XVII - participar de concursos públicos, nos casos previstos na Constituição e na lei, em todas as suas fases, quando tiverem abrangência nacional ou interestadual;

▸ art. 52, Regulamento Geral.

▸ art. 93, I, CF.

▸ art. 21, § 4º, LC 73/1993 (Lei Orgânica Advocacia - Geral da União).

XVIII - resolver os casos omissos neste estatuto.

XIX - fiscalizar, acompanhar e definir parâmetros e diretrizes da relação jurídica mantida entre advogados e sociedades de advogados ou entre escritório de advogados sócios e advogado associado, inclusive no que se refere ao cumprimento dos requisitos norteadores da associação sem vínculo empregatício; *(Acrescido pela Lei 14.365/2022)*

XX - promover, por intermédio da Câmara de Mediação e Arbitragem, a solução sobre questões atinentes à relação entre advogados sócios ou associados e homologar, caso necessário, quitações de honorários entre advogados e sociedades de advogados, observado o disposto no inciso XXXV do *ca-*

put do art. 5º da Constituição Federal. *(Acrescido pela Lei 14.365/2022)*

Parágrafo único. A intervenção referida no inciso VII deste artigo depende de prévia aprovação por dois terços das delegações, garantido o amplo direito de defesa do Conselho Seccional respectivo, nomeando-se diretoria provisória para o prazo que se fixar.

Art. 55. A diretoria do Conselho Federal é composta de um Presidente, de um Vice-Presidente, de um Secretário-Geral, de um Secretário-Geral Adjunto e de um Tesoureiro.

‣ art. 53, § 1º, desta lei.

§ 1º O Presidente exerce a representação nacional e internacional da OAB, competindo-lhe convocar o Conselho Federal, presidi-lo, representá-lo ativa e passivamente, em juízo ou fora dele, promover-lhe a administração patrimonial e dar execução às suas decisões.

§ 2º O regulamento geral define as atribuições dos membros da diretoria e a ordem de substituição em caso de vacância, licença, falta ou impedimento.

‣ arts. 75, I, e 98 a 104, Regulamento Geral.

§ 3º Nas deliberações do Conselho Federal, os membros da diretoria votam como membros de suas delegações, cabendo ao Presidente, apenas, o voto de qualidade e o direito de embargar a decisão, se esta não for unânime.

‣ arts. 68 a 73, Regulamento Geral.

CAPÍTULO III
DO CONSELHO SECCIONAL

‣ arts. 105 a 114, Regulamento Geral.

Art. 56. O Conselho Seccional compõe-se de conselheiros em número proporcional ao de seus inscritos, segundo critérios estabelecidos no regulamento geral.

§ 1º São membros honorários vitalícios os seus ex-presidentes, somente com direito a voz em suas sessões.

§ 2º O Presidente do Instituto dos Advogados local é membro honorário, somente com direito a voz nas sessões do Conselho.

§ 3º Quando presentes às sessões do Conselho Seccional, o Presidente do Conselho Federal, os Conselheiros Federais integrantes da respectiva delegação, o Presidente da Caixa de Assistência dos Advogados e os Presidentes das Subseções, têm direito a voz.

Art. 57. O Conselho Seccional exerce e observa, no respectivo território, as competências, vedações e funções atribuídas ao Conselho Federal, no que couber e no âmbito de sua competência material e territorial, e as normas gerais estabelecidas nesta lei, no regulamento geral, no Código de Ética e Disciplina, e nos Provimentos.

Art. 58. Compete privativamente ao Conselho Seccional:

I - editar seu regimento interno e resoluções;

II - criar as Subseções e a Caixa de Assistência dos Advogados;

III - julgar, em grau de recurso, as questões decididas por seu Presidente, por sua diretoria, pelo Tribunal de Ética e Disciplina, pelas diretorias das Subseções e da Caixa de Assistência dos Advogados;

IV - fiscalizar a aplicação da receita, apreciar o relatório anual e deliberar sobre o balanço e as contas de sua diretoria, das diretorias das Subseções e da Caixa de Assistência dos Advogados;

‣ arts. 55 e ss., Regulamento Geral.

» Prov. CFOAB 216/2023.

V - fixar a tabela de honorários, válida para todo o território estadual;

‣ arts. 111, Regulamento Geral.

‣ art. 22 e ss. desta lei.

VI - realizar o Exame de Ordem;

‣ art. 8º, § 1º, desta lei.

‣ Prov. 144/2011.

‣ arts. 88, II, e 111, Regulamento Geral.

VII - decidir os pedidos de inscrição nos quadros de advogados e estagiários;

‣ arts. 20 a 31, Regulamento Geral.

VIII - manter cadastro de seus inscritos;

‣ arts. 24 a 24-B, 103, II, e 137-D, Regulamento Geral.

‣ Prov. 95/2000 e 99/2002.

IX - fixar, alterar e receber contribuições obrigatórias, preços de serviços e multas;

‣ arts. 55 e ss., Regulamento Geral.

» Prov. CFOAB 216/2023.

X - participar da elaboração dos concursos públicos, em todas as suas fases, nos casos previstos na Constituição e nas leis, no âmbito do seu território;

‣ art. 93, I, CF.

‣ art. 54, XVII, desta lei.

‣ art. 78, LC 35/1979 (Lei Orgânica da Magistratura Nacional).

‣ art. 52, Regulamento Geral.

XI - determinar, com exclusividade, critérios para o traje dos advogados, no exercício profissional;

XII - aprovar e modificar seu orçamento anual;

XIII - definir a composição e o funcionamento do Tribunal de Ética e Disciplina, e escolher seus membros;

‣ art. 114, Regulamento Geral.

‣ Código de Ética e Disciplina.

XIV - eleger as listas, constitucionalmente previstas, para preenchimento dos cargos nos tribunais judiciários, no âmbito de sua competência e na forma do Provimento do Conselho Federal, vedada a inclusão de membros do próprio Conselho e de qualquer órgão da OAB;

‣ art. 94, CF.

‣ art. 54, VIII, desta lei.

‣ Prov. 102/2004.

XV - intervir nas Subseções e na Caixa de Assistência dos Advogados;

‣ arts. 60, § 6º, e 62, § 70, desta lei.

‣ art. 113, Regulamento Geral.

XVI - desempenhar outras atribuições previstas no regulamento geral.

XVII - fiscalizar, por designação expressa do Conselho Federal da OAB, a relação jurídica mantida entre advogados e sociedades de advogados e o advogado associado em atividade na circunscrição territorial de cada seccional, inclusive no que se refere ao cumprimento dos requisitos norteadores da associação sem vínculo empregatício; *(Acrescido pela Lei 14.365/2022)*

XVIII - promover, por intermédio da Câmara de Mediação e Arbitragem, por designação do Conselho Federal da OAB, a solução sobre questões atinentes à relação entre advogados sócios ou associados e os escritórios de advocacia sediados na base da seccional e homologar, caso necessário, quitações de honorários entre advogados e sociedades de advogados, observado o disposto no inciso XXXV do *caput* do art. 5º da Constituição Federal. *(Acrescido pela Lei 14.365/2022)*

Art. 59. A diretoria do Conselho Seccional tem composição idêntica e atribuições equivalentes às do Conselho Federal, na forma do regimento interno daquele.

‣ art. 55, *caput* e § 2º, desta lei.

CAPÍTULO IV
DA SUBSEÇÃO

‣ arts. 115 e ss., Regulamento Geral.

Art. 60. A Subseção pode ser criada pelo Conselho Seccional, que fixa sua área territorial e seus limites de competência e autonomia.

§ 1º A área territorial da Subseção pode abranger um ou mais municípios, ou parte de município, inclusive da capital do Estado, contando com um mínimo de quinze advogados, nela profissionalmente domiciliados.

§ 2º A Subseção é administrada por uma diretoria, com atribuições e composição equivalentes às da diretoria do Conselho Seccional.

‣ arts. 55, § 2º, e 59, desta lei.

§ 3º Havendo mais de cem advogados, a Subseção pode ser integrada, também, por um conselho em número de membros fixado pelo Conselho Seccional.

§ 4º Os quantitativos referidos nos §§ 1º e 3º deste artigo podem ser ampliados, na forma do regimento interno do Conselho Seccional.

§ 5º Cabe ao Conselho Seccional fixar, em seu orçamento, dotações específicas destinadas à manutenção das Subseções.

§ 6º O Conselho Seccional, mediante o voto de dois terços de seus membros, pode intervir nas Subseções, onde constatar grave violação desta lei ou do regimento interno daquele.

‣ arts. 58, XIdesta lei.

Art. 61. Compete à Subseção, no âmbito de seu território:

I - dar cumprimento efetivo às finalidades da OAB;

II - velar pela dignidade, independência e valorização da advocacia, e fazer valer as prerrogativas do advogado;

III - representar a OAB perante os poderes constituídos;

IV - desempenhar as atribuições previstas no regulamento geral ou por delegação de competência do Conselho Seccional.

Parágrafo único. Ao Conselho da Subseção, quando houver, compete exercer as funções e atribuições do Conselho Seccional, na forma do regimento interno deste, e ainda:

‣ art. 58 desta lei.

a) editar seu regimento interno, a ser referendado pelo Conselho Seccional;

b) editar resoluções, no âmbito de sua competência;

c) instaurar e instruir processos disciplinares, para julgamento pelo Tribunal de Ética e Disciplina;

d) receber pedido de inscrição nos quadros de advogado e estagiário, instruindo e emitindo parecer prévio, para decisão do Conselho Seccional.

‣ arts. 8º e 9º desta lei.

CAPÍTULO V
DA CAIXA DE ASSISTÊNCIA DOS ADVOGADOS

‣ arts. 121 a 127, Regulamento Geral.

‣ Provimento CFOAB 216/2023 (Processo Administrativo de Prestação de Contas do Conselho Federal, dos Conselhos Seccionais e das Caixas de Assistência da OAB).

‣ Súm. Normativa 1/2002, Diretoria Colegiada da Agência Nacional de Saúde Suplementar - ANS.

Art. 62. A Caixa de Assistência dos Advogados, com personalidade jurídica própria, destina-se a prestar assistência aos inscritos no Conselho Seccional a que se vincule.

§ 1º A Caixa é criada e adquire personalidade jurídica com a aprovação e registro de seu estatuto pelo respectivo Conselho Seccional da OAB, na forma do regulamento geral.

§ 2º A Caixa pode, em benefício dos advogados, promover a seguridade complementar.

§ 3º Compete ao Conselho Seccional fixar contribuição obrigatória devida por seus inscritos, destinada à manutenção do disposto no parágrafo anterior, incidente sobre atos decorrentes do efetivo exercício da advocacia.

§ 4º A diretoria da Caixa é composta de cinco membros, com atribuições definidas no seu regimento interno.

§ 5º Cabe à Caixa a metade da receita das anuidades recebidas pelo Conselho Seccional, considerado o valor resultante após as deduções regulamentares obrigatórias.

‣ arts. 56 e 57, Regulamento Geral.

§ 6º Em caso de extinção ou desativação da Caixa, seu patrimônio se incorpora ao do Conselho Seccional respectivo.

§ 7º O Conselho Seccional, mediante voto de dois terços de seus membros, pode intervir na Caixa de Assistência dos Advogados, no caso de descumprimento de suas finalidades, designando diretoria provisória, enquanto durar a intervenção.

‣ art. 58, X, desta lei.

CAPÍTULO VI
DAS ELEIÇÕES E DOS MANDATOS

‣ arts. 9º, p.u. e ss., Regulamento Geral.

» Prov. CFOAB 222/2023 (Dispõe sobre o procedimento eleitoral a ser observado nos órgãos da Ordem dos Advogados do Brasil).

Art. 63. A eleição dos membros de todos os órgãos da OAB será realizada na segunda quinzena do mês de novembro, do último ano do mandato, mediante cédula única e votação direta dos advogados regularmente inscritos.

§ 1º A eleição, na forma e segundo os critérios e procedimentos estabelecidos no regulamento geral, é de comparecimento obrigatório para todos os advogados inscritos na OAB.

§ 2º O candidato deve comprovar situação regular perante a OAB, não ocupar cargo exonerável ad nutum, não ter sido condenado por infração disciplinar, salvo reabilitação, e exercer efetivamente a profissão há mais de 3 (três) anos, nas eleições para os cargos de Conselheiro Seccional e das Subseções, quando houver, e há mais de 5 (cinco) anos, nas eleições para os demais cargos. (Redação dada pela Lei 13.875/2019).

Art. 64. Consideram-se eleitos os candidatos integrantes da chapa que obtiver a maioria dos votos válidos.

§ 1º A chapa para o Conselho Seccional deve ser composta dos candidatos ao conselho e à sua diretoria e, ainda, à delegação ao Conselho Federal e à Diretoria da Caixa de Assistência dos Advogados para eleição conjunta.

§ 2º A chapa para a Subseção deve ser composta com os candidatos à diretoria, e de seu conselho quando houver.

Art. 65. O mandato em qualquer órgão da OAB é de três anos, iniciando-se em primeiro de janeiro do ano seguinte ao da eleição, salvo o Conselho Federal.

‣ art. 137-B, Regulamento Geral.

Parágrafo único. Os conselheiros federais eleitos iniciam seus mandatos em primeiro de fevereiro do ano seguinte ao da eleição.

Art. 66. Extingue-se o mandato automaticamente, antes do seu término, quando:

‣ art. 54, Regulamento Geral.

I - ocorrer qualquer hipótese de cancelamento de inscrição ou de licenciamento do profissional;

II - o titular sofrer condenação disciplinar;

III - o titular faltar, sem motivo justificado, a três reuniões ordinárias consecutivas de cada órgão deliberativo do conselho ou da diretoria da Subseção ou da Caixa de Assistência dos Advogados, não podendo ser reconduzido no mesmo período de mandato.

Parágrafo único. Extinto qualquer mandato, nas hipóteses deste artigo, cabe ao Conselho Seccional escolher o substituto, caso não haja suplente.

Art. 67. A eleição da Diretoria do Conselho Federal, que tomará posse no dia 1º de fevereiro, obedecerá às seguintes regras:

‣ arts. 137 e 137-A, Regulamento Geral.

» art. 30, Prov. CFOAB 222/2023 (Dispõe sobre o procedimento eleitoral a ser observado nos órgãos da Ordem dos Advogados do Brasil).

I - será admitido registro, junto ao Conselho Federal, de candidatura à presidência, desde seis meses até um mês antes da eleição;

II - o requerimento de registro deverá vir acompanhado do apoiamento de, no mínimo, seis Conselhos Seccionais;

III - até um mês antes das eleições, deverá ser requerido o registro da chapa completa, sob pena de cancelamento da candidatura respectiva;

IV - no dia 31 de janeiro do ano seguinte ao da eleição, o Conselho Federal elegerá, em reunião presidida pelo conselheiro mais antigo, por voto secreto e para mandato de 3 (três) anos, sua diretoria, que tomará posse no dia seguinte; (Redação dada pela Lei 11.179/2005)

V - será considerada eleita a chapa que obtiver maioria simples dos votos dos Conselheiros Federais, presente a metade mais 1 (um) de seus membros. (Redação dada pela Lei 11.179/2005)

Parágrafo único. Com exceção do candidato a Presidente, os demais integrantes da chapa deverão ser conselheiros federais eleitos.

TÍTULO III
DO PROCESSO NA OAB

‣ arts. 137-D a 144-A, Regulamento Geral.

CAPÍTULO I
DISPOSIÇÕES GERAIS

Art. 68. Salvo disposição em contrário, aplicam-se subsidiariamente ao processo disciplinar as regras da legislação processual penal comum e, aos demais processos, as regras gerais do procedimento administrativo comum e da legislação processual civil, nessa ordem.

Art. 69. Todos os prazos necessários à manifestação de advogados, estagiários e terceiros, nos processos em geral da OAB, são de quinze dias, inclusive para interposição de recursos.

§ 1º Nos casos de comunicação por ofício reservado ou de notificação pessoal, considera-se dia do começo do prazo o primeiro dia útil imediato ao da juntada aos autos do respectivo aviso de recebimento. *(Redação dada pela Lei 14.365/2022)*

§ 2º No caso de atos, notificações e decisões divulgados por meio do Diário Eletrônico da Ordem dos Advogados do Brasil, o prazo terá início no primeiro dia útil seguinte à publicação, assim considerada o primeiro dia útil seguinte ao da disponibilização da informação no Diário. (*Redação dada pela Lei 13.688/2018*).

CAPÍTULO II
DO PROCESSO DISCIPLINAR

‣ art. 154, p.u., Regulamento Geral.

‣ Código de Ética e Disciplina.

‣ Prov. 83/1996.

Art. 70. O poder de punir disciplinarmente os inscritos na OAB compete exclusivamente ao Conselho Seccional em cuja base territorial tenha ocorrido a infração, salvo se a falta for cometida perante o Conselho Federal.

‣ Súm. 08/2016/OEP, CFOAB.

§ 1º Cabe ao Tribunal de Ética e Disciplina, do Conselho Seccional competente, julgar os processos disciplinares, instruídos pelas Subseções ou por relatores do próprio conselho.

§ 2º A decisão condenatória irrecorrível deve ser imediatamente comunicada ao Conselho Seccional onde o representado tenha inscrição principal, para constar dos respectivos assentamentos.

‣ Súm. 08/2016/OEP, CFOAB.

§ 3º O Tribunal de Ética e Disciplina do Conselho onde o acusado tenha inscrição principal pode suspendê-lo preventivamente, em caso de repercussão prejudicial à dignidade da advocacia, depois de ouvi-lo em sessão especial para a qual deve ser notificado a comparecer, salvo se não atender à notificação. Neste caso, o processo disciplinar deve ser concluído no prazo máximo de noventa dias.

Art. 71. A jurisdição disciplinar não exclui a comum e, quando o fato constituir crime ou contravenção, deve ser comunicado às autoridades competentes.

Art. 72. O processo disciplinar instaura-se de ofício ou mediante representação de qualquer autoridade ou pessoa interessada.

§ 1º O Código de Ética e Disciplina estabelece os critérios de admissibilidade da representação e os procedimentos disciplinares.

§ 2º O processo disciplinar tramita em sigilo, até o seu término, só tendo acesso às suas informações as partes, seus defensores e a autoridade judiciária competente.

Art. 73. Recebida a representação, o Presidente deve designar relator, a quem compete a instrução do processo e o oferecimento de parecer preliminar a ser submetido ao Tribunal de Ética e Disciplina.

§ 1º Ao representado deve ser assegurado amplo direito de defesa, podendo acompanhar o processo em todos os termos, pessoalmente ou por intermédio de procurador, oferecendo defesa prévia após ser notificado, razões finais após a instrução e defesa oral perante o Tribunal de Ética e Disciplina, por ocasião do julgamento.

§ 2º Se, após a defesa prévia, o relator se manifestar pelo indeferimento liminar da representação, este deve ser decidido pelo Presidente do Conselho Seccional, para determinar seu arquivamento.

› art. 5º, § 2º, Código de Ética e Disciplina da OAB.

§ 3º O prazo para defesa prévia pode ser prorrogado por motivo relevante, a juízo do relator.

§ 4º Se o representado não for encontrado, ou for revel, o Presidente do Conselho ou da Subseção deve designar-lhe defensor dativo;

§ 5º É também permitida a revisão do processo disciplinar, por erro de julgamento ou por condenação baseada em falsa prova.

› art. 61, Código de Ética e Disciplina da OAB.

Art. 74. O Conselho Seccional pode adotar as medidas administrativas e judiciais pertinentes, objetivando a que o profissional suspenso ou excluído devolva os documentos de identificação.

CAPÍTULO III
DOS RECURSOS

› arts. 137-D a 144-A, Regulamento Geral.

Art. 75. Cabe recurso ao Conselho Federal de todas as decisões definitivas proferidas pelo Conselho Seccional, quando não tenham sido unânimes ou, sendo unânimes, contrariem esta lei, decisão do Conselho Federal ou de outro Conselho Seccional e, ainda, o regulamento geral, o Código de Ética e Disciplina e os Provimentos.

› V. Prov. 171/2016, CFOAB.

Parágrafo único. Além dos interessados, o Presidente do Conselho Seccional é legitimado a interpor o recurso referido neste artigo.

› art. 55, § 3º, desta lei.

Art. 76. Cabe recurso ao Conselho Seccional de todas as decisões proferidas por seu Presidente, pelo Tribunal de Ética e Disciplina, ou pela diretoria da Subseção ou da Caixa de Assistência dos Advogados.

Art. 77. Todos os recursos têm efeito suspensivo, exceto quando tratarem de eleições (arts. 63 e seguintes), de suspensão preventiva decidida pelo Tribunal de Ética e Disciplina, e de cancelamento da inscrição obtida com falsa prova.

Parágrafo único. O regulamento geral disciplina o cabimento de recursos específicos, no âmbito de cada órgão julgador.

TÍTULO IV
DAS DISPOSIÇÕES GERAIS E TRANSITÓRIAS

Art. 78. Cabe ao Conselho Federal da OAB, por deliberação de dois terços, pelo menos, das delegações, editar o regulamento geral deste estatuto, no prazo de seis meses, contados da publicação desta lei.

› Regulamento Geral do Estatuto da Advocacia e OAB (DJU, 16.11.1994).

Art. 79. Aos servidores da OAB, aplica-se o regime trabalhista.

§ 1º Aos servidores da OAB, sujeitos ao regime da Lei n. 8.112, de 11 de dezembro de 1990, é concedido o direito de opção pelo regime trabalhista, no prazo de noventa dias a partir da vigência desta lei, sendo assegurado aos optantes o pagamento de indenização, quando da aposentadoria, correspondente a cinco vezes o valor da última remuneração.

› Prov. 84/1996.

§ 2º Os servidores que não optarem pelo regime trabalhista serão posicionados no quadro em extinção, assegurado o direito adquirido ao regime legal anterior.

Art. 80. Os Conselhos Federal e Seccionais devem promover trienalmente as respectivas Conferências, em data não coincidente com o ano eleitoral, e, periodicamente, reunião do colégio de presidentes a eles vinculados, com finalidade consultiva.

› arts. 145 a 150, Regulamento Geral.

Art. 81. Não se aplicam aos que tenham assumido originariamente o cargo de Presidente do Conselho Federal ou dos Conselhos Seccionais, até a data da publicação desta lei, as normas contidas no Título II, acerca da composição desses Conselhos, ficando assegurado o pleno direito de voz e voto em suas sessões.

› arts. 51, § 2º, e 56, § 1º, desta lei.

Art. 82. Aplicam-se as alterações previstas nesta lei, quanto a mandatos, eleições, composição e atribuições dos órgãos da OAB, a partir do término do mandato dos atuais membros, devendo os Conselhos Federal e Seccionais disciplinarem os respectivos procedimentos de adaptação.

Parágrafo único. Os mandatos dos membros dos órgãos da OAB, eleitos na primeira eleição sob a vigência desta lei, e na forma do Capítulo VI do Título II, terão início no dia seguinte ao término dos atuais mandatos, encerrando-se em 31 de dezembro do terceiro ano do mandato e em 31 de janeiro do terceiro ano do mandato, neste caso com relação ao Conselho Federal.

Art. 83. Não se aplica o disposto no art. 28, inciso II, desta lei, aos membros do Ministério Público que, na data de promulgação da Constituição, se incluam na previsão do art. 29, § 3º, do seu Ato das Disposições Constitucionais Transitórias.

Art. 84. O estagiário, inscrito no respectivo quadro, fica dispensado do Exame de Ordem, desde que comprove, em até dois anos da promulgação desta lei, o exercício e resultado do estágio profissional ou a conclusão, com aproveitamento, do estágio de Prática Forense e Organização Judiciária, realizado junto à respectiva faculdade, na forma da legislação em vigor.

› art. 8º, I, desta lei.

Art. 85. O Instituto dos Advogados Brasileiros, a Federação Nacional dos Institutos dos Advogados do Brasil e as instituições a eles filiadas têm qualidade para promover perante a OAB o que julgarem do interesse dos advogados em geral ou de qualquer de seus membros. *(Redação dada pela Lei 14.365/2022)*

Art. 86. Esta lei entra em vigor na data de sua publicação.

Art. 87. Revogam-se as disposições em contrário, especialmente a Lei n. 4.215, de 27 de abril de 1963, a Lei n. 5.390, de 23 de fevereiro de 1968, o Decreto-Lei n. 505, de 18 de março de 1969, a Lei n. 5.681, de 20 de julho de 1971, a Lei n. 5.842, de 06 de dezembro de 1972, a Lei n. 5.960, de 10 de dezembro de 1973, a Lei n. 6.743, de 05 de dezembro de 1979, a Lei n. 6.884, de 09 de dezembro de 1980, a Lei n. 6.994, de 26 de maio de 1982, mantidos os efeitos da Lei n. 7.346, de 22 de julho de 1985.

Brasília, 04 de julho de 1994; 173º da Independência e 106º da República.

Itamar Franco

RESOLUÇÃO Nº 02/2015, DO CONSELHO FEDERAL DA OAB

Aprova o Código de Ética e Disciplina da Ordem dos Advogados do Brasil – OAB.

› *Código de ética e disciplina da OAB*

› DOU, S. 1, de 04.11.2015, p. 77-80.

› Vigência: 02.05.2016, 180 dias após a sua publicação.

O CONSELHO FEDERAL DA ORDEM DOS ADVOGADOS DO BRASIL, no uso das atribuições que lhe são conferidas pelos arts. 33 e 54, V, da Lei n. 8.906, de 04 de julho de 1994 – Estatuto da Advocacia e da OAB, e considerando o decidido nos autos da Proposição n. 49.0000.2015.000250- 3/COP;

Considerando que a realização das finalidades institucionais da Ordem dos Advogados do Brasil inclui o permanente zelo com a conduta dos profissionais inscritos em seus quadros;

Considerando que o advogado é indispensável à administração da Justiça, devendo guardar atuação compatível com a elevada função social que exerce, velando pela observância dos preceitos éticos e morais no exercício de sua profissão;

Considerando que as mudanças na dinâmica social exigem a inovação na regulamentação das relações entre os indivíduos, especialmente na atuação do advogado em defesa dos direitos do cidadão;

Considerando a necessidade de modernização e atualização das práticas advocatícias, em consonância com a dinamicidade das transformações sociais e das novas exigências para a defesa efetiva dos direitos de seus constituintes e da ordem jurídica do Estado Democrático de Direito;

Considerando que, uma vez aprovado o texto do novo Código de Ética e Disciplina, cumpre publicá-lo para que entre em vigor 180 (cento e oitenta) dias após a data de sua publicação, segundo o disposto no seu art. 79;

Considerando que, com a publicação, tem-se como editado o Código de Ética e Disciplina da Ordem dos Advogados do Brasil – OAB:

Resolve:

Art. 1º Fica aprovado o Código de Ética e Disciplina da Ordem dos Advogados do Brasil – OAB, na forma do Anexo Único da presente Resolução.

Art. 2º Esta Resolução entra em vigor na data da sua publicação, revogadas as disposições em contrário.

Brasília, 19 de outubro de 2015.

Marcus Vinicius Furtado Coêlho

Presidente Nacional da OAB

ANEXO ÚNICO DA RESOLUÇÃO CFOAB N. 02/2015

CÓDIGO DE ÉTICA E DISCIPLINA DA ORDEM DOS ADVOGADOS DO BRASIL – OAB

O CONSELHO FEDERAL DA ORDEM DOS ADVOGADOS DO BRASIL, ao instituir o Código de Ética e Disciplina, norteou-se por princípios que formam a consciência profissional do advogado e representam imperativos de sua conduta, os quais se traduzem nos seguintes mandamentos: lutar sem receio pelo primado da Justiça; pugnar pelo cumprimento da Constituição e pelo respeito à Lei, fazendo com que o ordenamento jurídico seja interpretado com retidão, em perfeita sintonia com os fins sociais a que se dirige e as exigências do bem comum; ser fiel à verdade para poder servir à Justiça como um de seus elementos essenciais; proceder com lealdade e boa-fé em suas relações profissionais e em todos os atos do seu ofício; empenhar-se na defesa das causas confiadas ao seu patrocínio, dando ao constituinte o amparo do Direito, e proporcionando-lhe a realização prática de seus legítimos interesses; comportar-se, nesse mister, com independência e altivez, defendendo com o mesmo denodo humildes e poderosos; exercer a advocacia com o indispensável senso profissional, mas também com desprendimento, jamais permitindo que o anseio de ganho material sobreleve a finalidade social do seu trabalho; aprimorar-se no culto dos princípios éticos e no domínio da ciência jurídica, de modo a tornar-se merecedor da confiança do cliente e da sociedade como um todo, pelos atributos intelectuais e pela probidade pessoal; agir, em suma, com a dignidade e a correção dos profissionais que honram e engrandecem a sua classe. Inspirado nesses postulados, o Conselho Federal da Ordem dos Advogados do Brasil, no uso das atribuições que lhe são conferidas pelos arts. 33 e 54, V, da Lei n. 8.906, de 04 de julho de 1994, aprova e edita este Código, exortando os advogados brasileiros à sua fiel observância.

TÍTULO I
DA ÉTICA DO ADVOGADO

CAPÍTULO I
DOS PRINCÍPIOS FUNDAMENTAIS

Art. 1º O exercício da advocacia exige conduta compatível com os preceitos deste Código, do Estatuto, do Regulamento Geral, dos Provimentos e com os princípios da moral individual, social e profissional.

Art. 2º O advogado, indispensável à administração da Justiça, é defensor do Estado Democrático de Direito, dos direitos humanos e garantias fundamentais, da cidadania, da moralidade, da Justiça e da paz social, cumprindo-lhe exercer o seu ministério em consonância com a sua elevada função pública e com os valores que lhe são inerentes.

Parágrafo único. São deveres do advogado:

I - preservar, em sua conduta, a honra, a nobreza e a dignidade da profissão, zelando pelo caráter de essencialidade e indispensabilidade da advocacia;

II - atuar com destemor, independência, honestidade, decoro, veracidade, lealdade, dignidade e boa-fé;

III - velar por sua reputação pessoal e profissional;

IV - empenhar-se, permanentemente, no aperfeiçoamento pessoal e profissional;

V - contribuir para o aprimoramento das instituições, do Direito e das leis;

VI - estimular, a qualquer tempo, a conciliação e a mediação entre os litigantes, prevenindo, sempre que possível, a instauração de litígios;

VII - desaconselhar lides temerárias, a partir de um juízo preliminar de viabilidade jurídica;

VIII - abster-se de:

a) utilizar de influência indevida, em seu benefício ou do cliente;

b) vincular seu nome ou nome social a empreendimentos sabidamente escusos; (Alterado pela Res. 07/2016, CFOAB.)

c) emprestar concurso aos que atentem contra a ética, a moral, a honestidade e a dignidade da pessoa humana;

d) entender-se diretamente com a parte adversa que tenha patrono constituído, sem o assentimento deste;

e) ingressar ou atuar em pleitos administrativos ou judiciais perante autoridades com as quais tenha vínculos negociais ou familiares;

f) contratar honorários advocatícios em valores aviltantes.

IX - pugnar pela solução dos problemas da cidadania e pela efetivação dos direitos individuais, coletivos e difusos;

X - adotar conduta consentânea com o papel de elemento indispensável à administração da Justiça;

XI - cumprir os encargos assumidos no âmbito da Ordem dos Advogados do Brasil ou na representação da classe;

XII - zelar pelos valores institucionais da OAB e da advocacia;

XIII - ater-se, quando no exercício da função de defensor público, à defesa dos necessitados.

Art. 3º O advogado deve ter consciência de que o Direito é um meio de mitigar as desigualdades para o encontro de soluções justas e que a lei é um instrumento para garantir a igualdade de todos.

Art. 4º O advogado, ainda que vinculado ao cliente ou constituinte, mediante relação empregatícia ou por contrato de prestação permanente de serviços, ou como integrante de departamento jurídico, ou de órgão de assessoria jurídica, público ou privado, deve zelar pela sua liberdade e independência.

Parágrafo único. É legítima a recusa, pelo advogado, do patrocínio de causa e de manifestação, no âmbito consultivo, de pretensão concernente a direito que também lhe seja aplicável ou contrarie orientação que tenha manifestado anteriormente.

Art. 5º O exercício da advocacia é incompatível com qualquer procedimento de mercantilização.

Art. 6º É defeso ao advogado expor os fatos em Juízo ou na via administrativa falseando deliberadamente a verdade e utilizando de má-fé.

Art. 7º É vedado o oferecimento de serviços profissionais que implique, direta ou indiretamente, angariar ou captar clientela.

CAPÍTULO II
DA ADVOCACIA PÚBLICA

Art. 8º As disposições deste Código obrigam igualmente os órgãos de advocacia pública, e advogados públicos, incluindo aqueles que ocupem posição de chefia e direção jurídica.

§ 1º O advogado público exercerá suas funções com independência técnica, contribuindo para a solução ou redução de litigiosidade, sempre que possível.

§ 2º O advogado público, inclusive o que exerce cargo de chefia ou direção jurídica, observará nas relações com os colegas, autoridades, servidores e o público em geral, o dever de urbanidade, tratando a todos com respeito e consideração, ao mesmo tempo em que preservará suas prerrogativas e o direito de receber igual tratamento das pessoas com as quais se relacione.

CAPÍTULO III
DAS RELAÇÕES COM O CLIENTE

Art. 9º O advogado deve informar o cliente, de modo claro e inequívoco, quanto a eventuais riscos da sua pretensão, e das consequências que poderão advir da demanda. Deve, igualmente, denunciar, desde logo, a quem lhe solicite parecer ou patrocínio, qualquer circunstância que possa influir na resolução de submeter-lhe a consulta ou confiar-lhe a causa.

Art. 10. As relações entre advogado e cliente baseiam-se na confiança recíproca. Sentindo o advogado que essa confiança lhe falta, é recomendável que externe ao cliente sua impressão e, não se dissipando as dúvidas existentes, promova, em seguida, o substabelecimento do mandato ou a ele renuncie.

Art. 11. O advogado, no exercício do mandato, atua como patrono da parte, cumprindo-lhe, por isso, imprimir à causa orientação que lhe pareça mais adequada, sem se subordinar a intenções contrárias do cliente, mas, antes, procurando esclarecê-lo quanto à estratégia traçada.

Art. 12. A conclusão ou desistência da causa, tenha havido, ou não, extinção do mandato, obriga o advogado a devolver ao cliente bens, valores e documentos que lhe hajam sido confiados e ainda estejam em seu poder, bem como a prestar-lhe contas, pormenorizadamente, sem prejuízo de esclarecimentos complementares que se mostrem pertinentes e necessários.

Parágrafo único. A parcela dos honorários paga pelos serviços até então prestados não se inclui entre os valores a ser devolvidos.

Art. 13. Concluída a causa ou arquivado o processo, presume-se cumprido e extinto o mandato.

Art. 14. O advogado não deve aceitar procuração de quem já tenha patrono constituído, sem prévio conhecimento deste, salvo por motivo plenamente justificável ou para adoção de medidas judiciais urgentes e inadiáveis.

Art. 15. O advogado não deve deixar ao abandono ou ao desamparo as causas sob seu patrocínio, sendo recomendável que, em face de dificuldades insuperáveis ou inércia do cliente quanto a providências que lhe tenham sido solicitadas, renuncie ao mandato.

Art. 16. A renúncia ao patrocínio deve ser feita sem menção do motivo que a determinou, fazendo cessar a responsabilidade profissional pelo acompanhamento da causa, uma vez decorrido o prazo previsto em lei (EAOAB, art. 5º, § 3º).

§ 1º A renúncia ao mandato não exclui responsabilidade por danos eventualmente causados ao cliente ou a terceiros.

§ 2º O advogado não será responsabilizado por omissão do cliente quanto a documento ou informação que lhe devesse fornecer para a prática oportuna de ato processual do seu interesse.

Art. 17. A revogação do mandato judicial por vontade do cliente não o desobriga do pagamento das verbas honorárias contratadas, assim como não retira o direito do advogado de receber o quanto lhe seja devido em eventual verba honorária de sucumbência, calculada proporcionalmente em face do serviço efetivamente prestado.

Art. 18. O mandato judicial ou extrajudicial não se extingue pelo decurso de tempo, salvo se o contrário for consignado no respectivo instrumento.

Art. 19. Os advogados integrantes da mesma sociedade profissional, ou reunidos em caráter permanente para cooperação recíproca, não podem representar, em juízo ou fora dele, clientes com interesses opostos.

- Prov. 169/2015, CFOAB (sociedade de advogados).

Art. 20. Sobrevindo conflitos de interesse entre seus constituintes e não conseguindo o advogado harmonizá-los, caber-lhe-á optar, com prudência e discrição, por um dos mandatos, renunciando aos demais, resguardado sempre o sigilo profissional.

Art. 21. O advogado, ao postular em nome de terceiros, contra ex-cliente ou ex-empregador, judicial e extrajudicialmente, deve resguardar o sigilo profissional.

Art. 22. Ao advogado cumpre abster-se de patrocinar causa contrária à validade ou legitimidade de ato jurídico em cuja formação haja colaborado ou intervindo de qualquer maneira; da mesma forma, deve declinar seu impedimento ou o da sociedade que integre quando houver conflito de interesses motivado por intervenção anterior no trato de assunto que se prenda ao patrocínio solicitado.

- Prov. 169/2015, CFOAB (sociedade de advogados).

Art. 23. É direito e dever do advogado assumir a defesa criminal, sem considerar sua própria opinião sobre a culpa do acusado.

Parágrafo único. Não há causa criminal indigna de defesa, cumprindo ao advogado agir, como defensor, no sentido de que a todos seja concedido tratamento condizente com a dignidade da pessoa humana, sob a égide das garantias constitucionais.

Art. 24. O advogado não se sujeita à imposição do cliente que pretenda ver com ele atuando outros advogados, nem fica na contingência de aceitar a indicação de outro profissional para com ele trabalhar no processo.

Art. 25. É defeso ao advogado funcionar no mesmo processo, simultaneamente, como patrono e preposto do empregador ou cliente.

Art. 26. O substabelecimento do mandato, com reserva de poderes, é ato pessoal do advogado da causa.

§ 1º O substabelecimento do mandato sem reserva de poderes exige o prévio e inequívoco conhecimento do cliente.

§ 2º O substabelecido com reserva de poderes deve ajustar antecipadamente seus honorários com o substabelecente.

CAPÍTULO IV
DAS RELAÇÕES COM OS COLEGAS, AGENTES POLÍTICOS, AUTORIDADES, SERVIDORES PÚBLICOS E TERCEIROS

Art. 27. O advogado observará, nas suas relações com os colegas de profissão, agentes políticos, autoridades, servidores públicos e terceiros em geral, o dever de urbanidade, tratando a todos com respeito e consideração, ao mesmo tempo em que preservará seus direitos e prerrogativas, devendo exigir igual tratamento de todos com quem se relacione.

§ 1º O dever de urbanidade há de ser observado, da mesma forma, nos atos e manifestações relacionados aos pleitos eleitorais no âmbito da Ordem dos Advogados do Brasil.

§ 2º No caso de ofensa à honra do advogado ou à imagem da instituição, adotar-se-ão as medidas cabíveis, instaurando-se processo ético-disciplinar e dando-se ciência às autoridades competentes para apuração de eventual ilícito penal.

Art. 28. Consideram-se imperativos de uma correta atuação profissional o emprego de linguagem escorreita e polida, bem como a observância da boa técnica jurídica.

Art. 29. O advogado que se valer do concurso de colegas na prestação de serviços advocatícios, seja em caráter individual, seja no âmbito de sociedade de advogados ou de empresa ou entidade em que trabalhe, dispensar-lhes-á tratamento condigno, que não os torne subalternos seus nem lhes avilte os serviços prestados mediante remuneração incompatível com a natureza do trabalho profissional ou inferior ao mínimo fixado pela Tabela de Honorários que for aplicável.

Parágrafo único. Quando o aviltamento de honorários for praticado por empresas ou entidades públicas ou privadas, os advogados responsáveis pelo respectivo departamento ou gerência jurídica serão instados a corrigir o abuso, inclusive intervindo junto aos demais órgãos competentes e com poder de decisão da pessoa jurídica de que se trate, sem prejuízo das providências que a Ordem dos Advogados do Brasil possa adotar com o mesmo objetivo.

CAPÍTULO V
DA ADVOCACIA *PRO BONO*

- Prov. CFOAB 166/2015 (Dispõe sobre a advocacia pro bono).

Art. 30. No exercício da advocacia *pro bono*, e ao atuar como defensor nomeado, conveniado ou dativo, o advogado empregará o zelo e a dedicação habituais, de forma que a parte por ele assistida se sinta amparada e confie no seu patrocínio.

§ 1º Considera-se advocacia *pro bono* a prestação gratuita, eventual e voluntária de serviços jurídicos em favor de instituições sociais sem fins econômicos e aos seus assistidos, sempre que os beneficiários não dispuserem de recursos para a contratação de profissional.

§ 2º A advocacia *pro bono* pode ser exercida em favor de pessoas naturais que, igualmente, não dispuserem de recursos para, sem prejuízo do próprio sustento, contratar advogado.

§ 3º A advocacia *pro bono* não pode ser utilizada para fins político-partidários ou eleitorais, nem beneficiar instituições que visem a tais objetivos, ou como instrumento de publicidade para captação de clientela.

CAPÍTULO VI
DO EXERCÍCIO DE CARGOS E FUNÇÕES NA OAB E NA REPRESENTAÇÃO DA CLASSE

Art. 31. O advogado, no exercício de cargos ou funções em órgãos da Ordem dos Advogados do Brasil ou na representação da classe junto a quaisquer instituições, órgãos ou comissões, públicos ou privados, manterá conduta consentânea com as disposições deste Código e que revele plena lealdade aos interesses, direitos e prerrogativas da classe dos advogados que representa.

Art. 32. Não poderá o advogado, enquanto exercer cargos ou funções em órgãos da OAB ou representar a classe junto a quaisquer instituições, órgãos ou comissões, públicos ou privados, firmar contrato oneroso de prestação de serviços ou fornecimento de produtos com tais entidades nem adquirir bens imóveis ou móveis infungíveis de quaisquer órgãos da OAB, ou a estes aliená-los. (Alterado pela Res. 04/2016, CFOAB.)

Parágrafo único. Não há impedimento ao exercício remunerado de atividade de magistério na Escola Nacional de Advocacia - ENA, nas Escolas de Advocacia - ESAs e nas Bancas do Exame de Ordem, observados os princípios da moralidade e da modicidade dos valores estabelecidos a título de remuneração. (Acrescentado pela Res. 04/2016, CFOAB.)

Art. 33. Salvo em causa própria, não poderá o advogado, enquanto exercer cargos ou funções em órgãos da OAB ou tiver assento, em qualquer condição, nos seus Conselhos, atuar em processos que tramitem perante a entidade nem oferecer pareceres destinados a instruí-los.

Parágrafo único. A vedação estabelecida neste artigo não se aplica aos dirigentes de Seccionais quando atuem, nessa qualidade, como legitimados a recorrer nos processos em trâmite perante os órgãos da OAB.

Art. 34. Ao submeter seu nome à apreciação do Conselho Federal ou dos Conselhos Seccionais com vistas à inclusão em listas destinadas ao provimento de vagas reservadas à classe nos tribunais, no Conselho Nacional de Justiça, no Conselho Nacional do Ministério Público e em outros colegiados, o candidato assumirá o compromisso de respeitar os direitos e prerrogativas do advogado, não praticar nepotismo nem agir em desacordo com a moralidade administrativa e com os princípios deste Código, no exercício de seu mister.

CAPÍTULO VII
DO SIGILO PROFISSIONAL

Art. 35. O advogado tem o dever de guardar sigilo dos fatos de que tome conhecimento no exercício da profissão.

Parágrafo único. O sigilo profissional abrange os fatos de que o advogado tenha tido conhecimento em virtude de funções desempenhadas na Ordem dos Advogados do Brasil.

Art. 36. O sigilo profissional é de ordem pública, independendo de solicitação de reserva que lhe seja feita pelo cliente.

§ 1º Presumem-se confidenciais as comunicações de qualquer natureza entre advogado e cliente.

§ 2º O advogado, quando no exercício das funções de mediador, conciliador e árbitro, se submete às regras de sigilo profissional.

Art. 37. O sigilo profissional cederá em face de circunstâncias excepcionais que configurem justa causa, como nos casos de grave ameaça ao direito à vida e à honra ou que envolvam defesa própria.

Art. 38. O advogado não é obrigado a depor, em processo ou procedimento judicial, administrativo ou arbitral, sobre fatos a cujo respeito deva guardar sigilo profissional.

CAPÍTULO VIII
DA PUBLICIDADE PROFISSIONAL

Art. 39. A publicidade profissional do advogado tem caráter meramente informativo e deve primar pela discrição e sobriedade, não podendo configurar captação de clientela ou mercantilização da profissão.

Art. 40. Os meios utilizados para a publicidade profissional hão de ser compatíveis com a diretriz estabelecida no artigo anterior, sendo vedados:

I - a veiculação da publicidade por meio de rádio, cinema e televisão;

II - o uso de outdoors, painéis luminosos ou formas assemelhadas de publicidade;

III - as inscrições em muros, paredes, veículos, elevadores ou em qualquer espaço público;

IV - a divulgação de serviços de advocacia juntamente com a de outras atividades ou a indicação de vínculos entre uns e outras;

V - o fornecimento de dados de contato, como endereço e telefone, em colunas ou artigos literários, culturais, acadêmicos ou jurídicos, publicados na imprensa, bem assim quando de eventual participação em programas de rádio ou televisão, ou em veiculação de matérias pela internet, sendo permitida a referência a e-mail;

VI - a utilização de mala direta, a distribuição de panfletos ou formas assemelhadas de publicidade, com o intuito de captação de clientela.

Parágrafo único. Exclusivamente para fins de identificação dos escritórios de advocacia, é permitida a utilização de placas, painéis luminosos e inscrições em suas fachadas, desde que respeitadas as diretrizes previstas no artigo 39.

Art. 41. As colunas que o advogado mantiver nos meios de comunicação social ou os textos que por meio deles divulgar não deverão induzir o leitor a litigar nem promover, dessa forma, captação de clientela.

Art. 42. É vedado ao advogado:

I - responder com habitualidade a consulta sobre matéria jurídica, nos meios de comunicação social;

II - debater, em qualquer meio de comunicação, causa sob o patrocínio de outro advogado;

III - abordar tema de modo a comprometer a dignidade da profissão e da instituição que o congrega;

IV - divulgar ou deixar que sejam divulgadas listas de clientes e demandas;

V - insinuar-se para reportagens e declarações públicas.

Art. 43. O advogado que eventualmente participar de programa de televisão ou de rádio, de entrevista na imprensa, de reportagem televisionada ou veiculada por qualquer outro meio, para manifestação profissional, deve visar a objetivos exclusivamente ilustrativos, educacionais e instrutivos, sem propósito de promoção pessoal ou profissional, vedados pronunciamentos sobre métodos de trabalho usados por seus colegas de profissão.

Parágrafo único. Quando convidado para manifestação pública, por qualquer modo e forma, visando ao esclarecimento de tema jurídico de interesse geral, deve o advogado evitar insinuações com o sentido de promoção pessoal ou profissional, bem como o debate de caráter sensacionalista.

Art. 44. Na publicidade profissional que promover ou nos cartões e material de escritório de que se utilizar, o advogado fará constar seu nome, nome social ou o da sociedade de advogados, o número ou os números de inscrição na OAB. (Alterado pela Res. 07/2016, CFOAB.)

- Prov. 169/2015, CFOAB (sociedade de advogados).

§ 1º Poderão ser referidos apenas os títulos acadêmicos do advogado e as distinções honoríficas relacionadas à vida profissional, bem como as instituições jurídicas de que faça parte, e as especialidades a que se dedicar, o endereço, e-mail, site, página eletrônica, QR code, logotipo e a fotografia do escritório, o horário de atendimento e os idiomas em que o cliente poderá ser atendido.

§ 2º É vedada a inclusão de fotografias pessoais ou de terceiros nos cartões de visitas do advogado, bem como menção a qualquer emprego, cargo ou função ocupado, atual ou pretérito, em qualquer órgão ou instituição, salvo o de professor universitário.

Art. 45. São admissíveis como formas de publicidade o patrocínio de eventos ou publicações de caráter científico ou cultural, assim como a divulgação de boletins, por meio físico ou eletrônico, sobre matéria cultural de interesse dos advogados, desde que sua circulação fique adstrita a clientes e a interessados do meio jurídico.

Art. 46. A publicidade veiculada pela internet ou por outros meios eletrônicos deverá observar as diretrizes estabelecidas neste capítulo. Parágrafo único. A telefonia e a internet podem ser utilizadas como veículo de publicidade, inclusive para o envio de mensagens a destinatários certos, desde que estas não impliquem o oferecimento de serviços ou representem forma de captação de clientela.

Art. 47. As normas sobre publicidade profissional constantes deste capítulo poderão ser complementadas por outras que o Conselho Federal aprovar, observadas as diretrizes do presente Código.

Art. 47-A. Será admitida a celebração de termo de ajustamento de conduta no âmbito dos Conselhos Seccionais e do Conselho Federal para fazer cessar a publicidade irregular praticada por advogados e estagiários. (Acrescido pela Resolução 04/2020)

Parágrafo único. O termo previsto neste artigo será regulamentado mediante edição de provimento do Conselho Federal, que estabelecerá seus requisitos e condições.

CAPÍTULO IX
DOS HONORÁRIOS PROFISSIONAIS

Art. 48. A prestação de serviços profissionais por advogado, individualmente ou integrado em sociedades, será contratada, preferentemente, por escrito.

§ 1º O contrato de prestação de serviços de advocacia não exige forma especial, devendo estabelecer, porém, com clareza e precisão, o seu objeto, os honorários ajustados, a forma de pagamento, a extensão do patrocínio, esclarecendo se este abrangerá todos os atos do processo ou limitar-se-á a determinado grau de jurisdição, além de dispor sobre a hipótese de a causa encerrar-se mediante transação ou acordo.

§ 2º A compensação de créditos, pelo advogado, de importâncias devidas ao cliente, somente será admissível quando o contrato de prestação de serviços a autorizar ou quando houver autorização especial do cliente para esse fim, por este firmada.

§ 3º O contrato de prestação de serviços poderá dispor sobre a forma de contratação de profissionais para serviços auxiliares, bem como sobre o pagamento de custas e emolumentos, os quais, na ausência de disposição em contrário, presumem-se devam ser atendidos pelo cliente. Caso o contrato preveja que o advogado antecipe tais despesas, ser-lhe-á lícito reter o respectivo valor atualizado, no ato de prestação de contas, mediante comprovação documental.

§ 4º As disposições deste capítulo aplicam-se à mediação, à conciliação, à arbitragem ou a qualquer outro método adequado de solução dos conflitos.

§ 5º É vedada, em qualquer hipótese, a diminuição dos honorários contratados em decorrência da solução do litígio por qualquer mecanismo adequado de solução extrajudicial.

§ 6º Deverá o advogado observar o valor mínimo da Tabela de Honorários instituída pelo respectivo Conselho Seccional onde for realizado o serviço, inclusive aquele referente às diligências, sob pena de caracterizar-se aviltamento de honorários.

§ 7º O advogado promoverá, preferentemente, de forma destacada a execução dos honorários contratuais ou sucumbenciais.

Art. 49. Os honorários profissionais devem ser fixados com moderação, atendidos os elementos seguintes:

I -a relevância, o vulto, a complexidade e a dificuldade das questões versadas;

II - o trabalho e o tempo a ser empregados;

III - a possibilidade de ficar o advogado impedido de intervir em outros casos, ou de se desavir com outros clientes ou terceiros;

IV - o valor da causa, a condição econômica do cliente e o proveito para este resultante do serviço profissional;

V - o caráter da intervenção, conforme se trate de serviço a cliente eventual, frequente ou constante;

VI - o lugar da prestação dos serviços, conforme se trate do domicílio do advogado ou de outro;

VII - a competência do profissional;

VIII - a praxe do foro sobre trabalhos análogos.

Art. 50. Na hipótese da adoção de cláusula quota litis, os honorários devem ser necessariamente representados por pecúnia e, quando acrescidos dos honorários da sucumbência, não podem ser superiores às vantagens advindas a favor do cliente.

§ 1º A participação do advogado em bens particulares do cliente só é admitida em caráter excepcional, quando esse, comprovadamente, não tiver condições pecuniárias de satisfazer o débito de honorários e ajustar com o seu patrono, em instrumento contratual, tal forma de pagamento.

§ 2º Quando o objeto do serviço jurídico versar sobre prestações vencidas e vincendas, os honorários advocatícios poderão incidir sobre o valor de umas e outras, atendidos os requisitos da moderação e da razoabilidade.

Art. 51. Os honorários da sucumbência e os honorários contratuais, pertencendo ao advogado que houver atuado na causa, poderão ser por ele executados, assistindo-lhe direito autônomo para promover a execução do capítulo da sentença que os estabelecer ou para postular, quando for o caso, a expedição de precatório ou requisição de pequeno valor em seu favor.

§ 1º No caso de substabelecimento, a verba correspondente aos honorários da sucumbência será repartida entre o substabelecente e o substabelecido, proporcionalmente à atuação de cada um no processo ou conforme haja sido entre eles ajustado.

§ 2º Quando for o caso, a Ordem dos Advogados do Brasil ou os seus Tribunais de Ética e Disciplina poderão ser solicitados a indicar mediador que contribua no sentido de que a distribuição dos honorários da sucumbência, entre advogados, se faça segundo o critério estabelecido no § 1º.

§ 3º Nos processos disciplinares que envolverem divergência sobre a percepção de honorários da sucumbência, entre advogados, deverá ser tentada a conciliação destes, preliminarmente, pelo relator.

Art. 52. O crédito por honorários advocatícios, seja do advogado autônomo, seja de sociedade de advogados, não autoriza o saque de duplicatas ou qualquer outro título de crédito de natureza mercantil, podendo, apenas, ser emitida fatura, quando o cliente assim pretender, com fundamento no contrato de prestação de serviços, a qual, porém, não poderá ser levada a protesto.

Parágrafo único. Pode, todavia, ser levado a protesto o cheque ou a nota promissória emitido pelo cliente em favor do advogado, depois de frustrada a tentativa de recebimento amigável.

Art. 53. É lícito ao advogado ou à sociedade de advogados empregar, para o recebimento de honorários, sistema de cartão de crédito, mediante credenciamento junto a empresa operadora do ramo.

Parágrafo único. Eventuais ajustes com a empresa operadora que impliquem pagamento antecipado não afetarão a responsabilidade do advogado perante o cliente, em caso de rescisão do contrato de prestação de serviços, devendo ser observadas as disposições deste quanto à hipótese.

Art. 54. Havendo necessidade de promover arbitramento ou cobrança judicial de honorários, deve o advogado renunciar previamente ao mandato que recebera do cliente em débito.

TÍTULO II
DO PROCESSO DISCIPLINAR

CAPÍTULO I
DOS PROCEDIMENTOS

Art. 55. O processo disciplinar instaura-se de ofício ou mediante representação do interessado.

§ 1º A instauração, de ofício, do processo disciplinar dar-se-á em função do conhecimento do fato, quando obtido por meio de fonte idônea ou em virtude de comunicação da autoridade competente.

§ 2º Não se considera fonte idônea a que consistir em denúncia anônima.

Art. 56. A representação será formulada ao Presidente do Conselho Seccional ou ao Presidente da Subseção, por escrito ou verbalmente, devendo, neste último caso, ser reduzida a termo.

Parágrafo único. Nas Seccionais cujos Regimentos Internos atribuírem competência ao Tribunal de Ética e Disciplina para instaurar o processo ético disciplinar, a representação poderá ser dirigida ao seu Presidente ou será a este encaminhada por qualquer dos dirigentes referidos no *caput* deste artigo que a houver recebido.

Art. 57. A representação deverá conter:

I - a identificação do representante, com a sua qualificação civil e endereço;

II - a narração dos fatos que a motivam, de forma que permita verificar a existência, em tese, de infração disciplinar;

III - os documentos que eventualmente a instruam e a indicação de outras provas a ser produzidas, bem como, se for o caso, o rol de testemunhas, até o máximo de cinco;

IV - a assinatura do representante ou a certificação de quem a tomou por termo, na impossibilidade de obtê-la.

Art. 58. Recebida a representação, o Presidente do Conselho Seccional ou o da Subseção, quando esta dispuser de Conselho, designa relator, por sorteio, um de seus integrantes, para presidir a instrução processual.

§ 1º Os atos de instrução processual podem ser delegados ao Tribunal de Ética e Disciplina, conforme dispuser o regimento interno do Conselho Seccional, caso em que caberá ao seu Presidente, por sorteio, designar relator.

§ 2º Antes do encaminhamento dos autos ao relator, serão juntadas a ficha cadastral do representado e certidão negativa ou positiva sobre a existência de punições anteriores, com menção das faltas atribuídas. Será providenciada, ainda, certidão sobre a existência ou não de representações em andamento, a qual, se positiva, será acompanhada da informação sobre as faltas imputadas.

- V. Res. 01/2016/SCA (Institui o modelo de certidão de representações em andamento, nos termos do art. 58, § 2º, deste Código.)

§ 3º O relator, atendendo aos critérios de admissibilidade, emitirá parecer propondo a instauração de processo disciplinar ou o arquivamento liminar da representação, no prazo de 30 (trinta) dias, sob pena de redistribuição do feito pelo Presidente do Conselho Seccional ou da Subseção para outro relator, observando-se o mesmo prazo. 28

§ 4º O Presidente do Conselho competente ou, conforme o caso, o do Tribunal de Ética e Disciplina, proferirá despacho declarando instaurado o processo disciplinar ou determinando o arquivamento da representação, nos termos do parecer do relator ou segundo os fundamentos que adotar.

§ 5º A representação contra membros do Conselho Federal e Presidentes de Conselhos Seccionais é processada e julgada pelo Conselho Federal, sendo competente a Segunda Câmara reunida em sessão plenária. A representação contra membros da diretoria do Conselho Federal, Membros Honorários Vitalícios e detentores da Medalha Rui Barbosa será processada e julgada pelo Conselho Federal, sendo competente o Conselho Pleno.

§ 6º A representação contra dirigente de Subseção é processada e julgada pelo Conselho Seccional.

§ 7º Os Conselhos Seccionais poderão instituir Comissões de Admissibilidade no âmbito dos Tribunais de Ética e Disciplina, compostas por seus membros ou por Conselheiros Seccionais, com atribuição de análise prévia dos pressupostos de admissibilidade das representações ético-disciplinares, podendo propor seu arquivamento liminar. (Acrescentado pela Res. 04/2016, CFOAB.)

Art. 58-A. Nos casos de infração ético-disciplinar punível com censura, será admissível a celebração de termo de ajustamento de conduta, se o fato apurado não tiver gerado repercussão negativa à advocacia. (Acrescido pela Resolução 04/2020)

Parágrafo único. O termo de ajustamento de conduta previsto neste artigo será regulamentado em provimento do Conselho Federal da OAB.

Art. 59. Compete ao relator do processo disciplinar determinar a notificação dos interessados para prestar esclarecimentos ou a do representado para apresentar defesa prévia, no prazo de 15 (quinze) dias, em qualquer caso.

§ 1º A notificação será expedida para o endereço constante do cadastro de inscritos do Conselho Seccional, observando-se, quanto ao mais, o disposto no Regulamento Geral.

§ 2º Se o representado não for encontrado ou ficar revel, o Presidente do Conselho competente ou, conforme o caso, o do Tribunal de Ética e Disciplina designar-lhe-á defensor dativo.

§ 3º Oferecida a defesa prévia, que deve ser acompanhada dos documentos que possam instruí-la e do rol de testemunhas, até o limite de 5 (cinco), será proferido despacho saneador e, ressalvada a hipótese do § 2º do art. 73 do EAOAB, designada, se for o caso, audiência para oitiva do representante, do representado e das testemunhas.

§ 4º O representante e o representado incumbir-se-ão do comparecimento de suas testemunhas, salvo se, ao apresentarem o respectivo rol, requererem, por motivo justificado, sejam elas notificadas a comparecer à audiência de instrução do processo.

§ 5º O relator pode determinar a realização de diligências que julgar convenientes, cumprindo-lhe dar andamento ao processo, de modo que este se desenvolva por impulso oficial.

§ 6º O relator somente indeferirá a produção de determinado meio de prova quando esse for ilícito, impertinente, desnecessário ou protelatório, devendo fazê-lo fundamentadamente.

§ 7º Concluída a instrução, o relator profere parecer preliminar fundamentado, a ser submetido ao Tribunal de Ética e Disciplina, dando enquadramento legal aos fatos imputados ao representado. (Redação dada pela Res. CFOAB 02/2022)

§ 8º Abre-se, em seguida, prazo sucessivo de 15 (quinze) dias, ao interessado e ao representado, para apresentação de razões finais. (Redação dada pela Res. 09/2021-COP - DEOAB, 21.02.2022, p. 1).

Art. 60. O Presidente do Tribunal de Ética e Disciplina, após o recebimento do processo, devidamente instruído, designa, por sorteio, relator para proferir voto.

§ 1º Se o processo já estiver tramitando perante o Tribunal de Ética e Disciplina ou perante o Conselho competente, o relator não será o mesmo designado na fase de instrução.

§ 2º O processo será incluído em pauta na primeira sessão de julgamentos após a distribuição ao relator. (Alterado pela Res. 1/2016, CFOAB.)

§ 3º O representante e o representado são notificados pela Secretaria do Tribunal, com 15 (quinze) dias de antecedência, para comparecerem à sessão de julgamento.

§ 4º Na sessão de julgamento, após o voto do relator, é facultada a sustentação oral pelo tempo de 15 (quinze) minutos, primeiro pelo representante e, em seguida, pelo representado.

Art. 61. Do julgamento do processo disciplinar lavrar-se-á acórdão, do qual constarão, quando procedente a representação, o enquadramento legal da infração, a sanção aplicada, o quórum de instalação e o de deliberação, a indicação de haver sido esta adotada com base no voto do relator ou em voto divergente, bem como as circunstâncias agravantes ou atenuantes consideradas e as razões determinantes de eventual conversão da censura aplicada em advertência sem registro nos assentamentos do inscrito.

Art. 62. Nos acórdãos serão observadas, ainda, as seguintes regras:

§ 1º O acórdão trará sempre a ementa, contendo a essência da decisão.

§ 2º O autor do voto divergente que tenha prevalecido figurará como redator para o acórdão.

§ 3º O voto condutor da decisão deverá ser lançado nos autos, com os seus fundamentos.

§ 4º O voto divergente, ainda que vencido, deverá ter seus fundamentos lançados nos autos, em voto escrito ou em transcrição na ata de julgamento do voto oral proferido, com seus fundamentos.

§ 5º Será atualizado nos autos o relatório de antecedentes do representado, sempre que o relator o determinar.

Art. 63. Na hipótese prevista no art. 70, § 3º, do EAOAB, em sessão especial designada pelo Presidente do Tribunal, serão facultadas ao representado ou ao seu defensor a apresentação de defesa, a produção de prova e a sustentação oral.

Art. 64. As consultas submetidas ao Tribunal de Ética e Disciplina receberão autuação própria, sendo designado relator, por sorteio, para o seu exame, podendo o Presidente, em face da complexidade da questão, designar, subsequentemente, revisor.

Parágrafo único. O relator e o revisor têm prazo de 10 (dez) dias cada um para elaboração de seus pareceres, apresentando-os na primeira sessão seguinte, para deliberação.

Art. 65. As sessões do Tribunal de Ética e Disciplina obedecerão ao disposto no respectivo Regimento Interno, aplicando-se-lhes, subsidiariamente, o do Conselho Seccional.

Art. 66. A conduta dos interessados, no processo disciplinar, que se revele temerária ou caracterize a intenção de alterar a verdade dos fatos, assim como a interposição de recursos com intuito manifestamente protelatório, contrariam os princípios deste Código, sujeitando os responsáveis à correspondente sanção.

Art. 67. Os recursos contra decisões do Tribunal de Ética e Disciplina, ao Conselho Seccional, regem-se pelas disposições do Estatuto da Advocacia e da Ordem dos Advogados do Brasil, do Regulamento Geral e do Regimento Interno do Conselho Seccional.

Parágrafo único. O Tribunal dará conhecimento de todas as suas decisões ao Conselho Seccional, para que determine periodicamente a publicação de seus julgados.

Art. 68. Cabe revisão do processo disciplinar, na forma prevista no Estatuto da Advocacia e da Ordem dos Advogados do Brasil (art. 73, § 5º).

§ 1º Tem legitimidade para requerer a revisão o advogado punido com a sanção disciplinar.

§ 2º A competência para processar e julgar o processo de revisão é do órgão de que emanou a condenação final.

§ 3º Quando o órgão competente for o Conselho Federal, a revisão processar-se-á perante a Segunda Câmara, reunida em sessão plenária.

§ 4º Observar-se-á, na revisão, o procedimento do processo disciplinar, no que couber.

§ 5º O pedido de revisão terá autuação própria, devendo os autos respectivos ser apensados aos do processo disciplinar a que se refira.

§ 6º O pedido de revisão não suspende os efeitos da decisão condenatória, salvo quando o relator, ante a relevância dos fundamentos e o risco de consequências irreparáveis para o requerente, conceder tutela cautelar para que se suspenda a execução. (Acrescentado pela Res. 04/2016, CFOAB.)

§ 7º A parte representante somente será notificada para integrar o processo de revisão quando o relator entender que deste poderá resultar dano ao interesse jurídico que haja motivado a representação. (Acrescentado pela Res. 04/2016, CFOAB.)

Art. 69. O advogado que tenha sofrido sanção disciplinar poderá requerer reabilitação, no prazo e nas condições previstos no Estatuto da Advocacia e da Ordem dos Advogados do Brasil (art. 41).

§ 1º A competência para processar e julgar o pedido de reabilitação é do Conselho Seccional em que tenha sido aplicada a sanção disciplinar. Nos casos de competência originária do Conselho Federal, perante este tramitará o pedido de reabilitação.

§ 2º Observar-se-á, no pedido de reabilitação, o procedimento do processo disciplinar, no que couber.

§ 3º O pedido de reabilitação terá autuação própria, devendo os autos respectivos ser apensados aos do processo disciplinar a que se refira.

§ 4º O pedido de reabilitação será instruído com provas de bom comportamento, no exercício da advocacia e na vida social, cumprindo à Secretaria do Conselho competente certificar, nos autos, o efetivo cumprimento da sanção disciplinar pelo requerente.

§ 5º Quando o pedido não estiver suficientemente instruído, o relator assinará prazo ao requerente para que complemente a documentação; não cumprida a determinação, o pedido será liminarmente arquivado.

CAPÍTULO II
DOS ÓRGÃOS DISCIPLINARES

SEÇÃO I
DOS TRIBUNAIS DE ÉTICA E DISCIPLINA

Art. 70. O Tribunal de Ética e Disciplina poderá funcionar dividido em órgãos fracionários, de acordo com seu regimento interno.

Art. 71. Compete aos Tribunais de Ética e Disciplina:

I - julgar, em primeiro grau, os processos ético-disciplinares;

II - responder a consultas formuladas, em tese, sobre matéria éticodisciplinar;

III - exercer as competências que lhe sejam conferidas pelo Regimento Interno da Seccional ou por este Código para a instauração, instrução e julgamento de processos ético-disciplinares;

IV - suspender, preventivamente, o acusado, em caso de conduta suscetível de acarretar repercussão prejudicial à advocacia, nos termos do Estatuto da Advocacia e da Ordem dos Advogados do Brasil;

V - organizar, promover e ministrar cursos, palestras, seminários e outros eventos da mesma natureza acerca da ética profissional do advogado ou estabelecer parcerias com as Escolas de Advocacia, com o mesmo objetivo;

VI - atuar como órgão mediador ou conciliador nas questões que envolvam:

a) dúvidas e pendências entre advogados;

b) partilha de honorários contratados em conjunto ou decorrentes de substabelecimento, bem como os que resultem de sucumbência, nas mesmas hipóteses;

c) controvérsias surgidas quando da dissolução de sociedade de advogados.

SEÇÃO II
DAS CORREGEDORIAS-GERAIS

Art. 72. As Corregedorias-Gerais integram o sistema disciplinar da Ordem dos Advogados do Brasil.

§ 1º O Secretário-Geral Adjunto exerce, no âmbito do Conselho Federal, as funções de Corregedor-Geral, cuja competência é definida em Provimento.

§ 2º Nos Conselhos Seccionais, as Corregedorias-Gerais terão atribuições da mesma natureza, observando, no que couber, Provimento do Conselho Federal sobre a matéria.

§ 3º A Corregedoria-Geral do Processo Disciplinar coordenará ações do Conselho Federal e dos Conselhos Seccionais voltadas para o objetivo de reduzir a ocorrência das infrações disciplinares mais frequentes.

TÍTULO III
DAS DISPOSIÇÕES GERAIS E TRANSITÓRIAS

Art. 73. O Conselho Seccional deve oferecer os meios e o suporte de apoio material, logístico, de informática e de pessoal necessários ao pleno funcionamento e ao desenvolvimento das atividades do Tribunal de Ética e Disciplina.

§ 1º Os Conselhos Seccionais divulgarão, trimestralmente, na internet, a quantidade de processos ético-disciplinares em andamento e as punições decididas em caráter definitivo, preservadas as regras de sigilo.

§ 2º A divulgação das punições referidas no parágrafo anterior destacará cada infração tipificada no artigo 34 da Lei n. 8.906/94.

Art. 74. Em até 180 (cento e oitenta) dias após o início da vigência do presente Código de Ética e Disciplina da OAB, os Conselhos Seccionais e os Tribunais de Ética e Disciplina deverão elaborar ou rever seus Regimentos Internos, adaptando-os às novas regras e disposições deste Código. No caso dos Tribunais de Ética e Disciplina, os Regimentos Internos serão submetidos à aprovação do respectivo Conselho Seccional e, subsequentemente, do Conselho Federal.

Art. 75. A pauta de julgamentos do Tribunal é publicada no Diário Eletrônico da OAB e no quadro de avisos gerais, na sede do Conselho Seccional, com antecedência de 15 (quinze) dias, devendo ser dada prioridade, nos julgamentos, aos processos cujos interessados estiverem presentes à respectiva sessão. (Redação dada pela Res. 5/2018)

Art. 76. As disposições deste Código obrigam igualmente as sociedades de advogados, os consultores e as sociedades consultoras em direito estrangeiro e os estagiários, no que lhes forem aplicáveis.

- Prov. 169/2015, CFOAB (sociedade de advogados).

Art. 77. As disposições deste Código aplicam-se, no que couber, à mediação, à conciliação e à arbitragem, quando exercidas por advogados.

Art. 78. Os autos do processo disciplinar podem ter caráter virtual, mediante adoção de processo eletrônico.

Parágrafo único. O Conselho Federal da OAB regulamentará em Provimento o processo ético-disciplinar por meio eletrônico.

Art. 79. Este Código entra em vigor a 1º de setembro de 2016, cabendo ao Conselho Federal e aos Conselhos Seccionais, bem como às Subseções da OAB, promover-lhe ampla divulgação. (Alterado pela Res. 3/2016, CFOAB.)

Art. 80. Fica revogado o Código de Ética e Disciplina editado em 13 de fevereiro de 1995, bem como as demais disposições em contrário.

Brasília, 19 de outubro de 2015.
Marcus Vinicius Furtado Coêlho
Presidente Nacional da OAB
Paulo Roberto de Gouvêa Medina
Relator originário e para sistematização final
Humberto Henrique Costa Fernandes do Rêgo
Relator em Plenário

LEI Nº 8.935, DE 18 DE NOVEMBRO DE 1994

Regulamenta o art. 236 da Constituição Federal, dispondo sobre serviços notariais e de registro.

- *Serviços notariais e de registro*

O PRESIDENTE DA REPÚBLICA Faço saber que o Congresso Nacional decreta e eu sanciono a seguinte Lei:

- Lei 11.971/2009 – Dispõe sobre as certidões expedidas pelos Ofícios do Registro de Distribuição e Distribuidores Judiciais.
- Lei 11.789/2008 – Proíbe a inserção nas certidões de nascimento e de óbito de expressões que indiquem condição de pobreza ou semelhantes e altera as Leis 6.015/1973 (Lei de Registros Públicos), e 8.935/1994.
- Lei 6.015/1973 – Dispõe sobre os registros públicos.
- Decreto 3.048/1999 – Aprova o regulamento da Previdência Social.

TÍTULO I. DOS SERVIÇOS NOTARIAIS E DE REGISTROS

CAPÍTULO I. NATUREZA E FINS

Art. 1º. Serviços notariais e de registro são os de organização técnica e administrativa destinados a garantir a publicidade, autenticidade, segurança e eficácia dos atos jurídicos.

- Lei 6.015/1973; art. 1º

Art. 2º. (*VETADO*).

Art. 3º. Notário, ou tabelião, e oficial de registro, ou registrador, são profissionais do direito, dotados de fé pública, a quem é delegado o exercício da atividade notarial e de registro.

- Lei 6.015/1973; art. 2º

Art. 4º. Os serviços notariais e de registro serão prestados, de modo eficiente e adequado, em dias e horários estabelecidos pelo juízo competente, atendidas as peculiaridades locais, em local de fácil acesso ao público e que ofereça segurança para o arquivamento de livros e documentos.

§ 1º. O serviço de registro civil das pessoas naturais será prestado, também, nos sábados, domingos e feriados pelo sistema de plantão.

- Lei 6.015/1973; art. 8º, par. único.

§ 2º. O atendimento ao público será, no mínimo, de seis horas diárias.

CAPÍTULO II. DOS NOTÁRIOS E REGISTRADORES

SEÇÃO I. DOS TITULARES

Art. 5º. Os titulares de serviços notariais e de registro são os:

I – tabeliães de notas;
II – tabeliães e oficiais de registro de contratos marítimos;
III – tabeliães de protesto de títulos;
IV – oficiais de registro de imóveis;
V – oficiais de registro de títulos e documentos e civis das pessoas jurídicas;
VI – oficiais de registro civis das pessoas naturais e de interdições e tutelas;
VII – oficiais de registro de distribuição.

SEÇÃO II. DAS ATRIBUIÇÕES E COMPETÊNCIAS DOS NOTÁRIOS

- CF/88: art. 236.
- Lei 13.286/2016 – Dispõe sobre a responsabilidade civil de notários e registradores.

Art. 6º. Aos notários compete:

I – formalizar juridicamente a vontade das partes;
II – intervir nos atos e negócios jurídicos a que as partes devam ou queiram dar forma legal ou autenticidade, autorizando a redação ou redigindo os instrumentos adequados, conservando os originais e expedindo cópias fidedignas de seu conteúdo;
III – autenticar fatos.

Art. 6º-A. A pedido dos interessados, os tabeliães de notas comunicarão ao juiz da vara ou ao tribunal, conforme o caso, a existência de negociação em curso entre o credor atual de precatório ou de crédito reconhecido em sentença transitada em julgado e terceiro, o que constará das informações ou consultas que o juízo emitir, consideradas ineficazes as cessões realizadas para pessoas não identificadas na comunicação notarial se, dentro do prazo de 15 (quinze) dias corridos, contado do recebimento desta pelo juízo, for lavrada a respectiva escritura pública de cessão de crédito. *(Acrescido pela Lei 14.711/2023)*

§ 1º O tabelião de notas deverá comunicar ao juiz da vara ou tribunal, conforme aplicável e em atenção ao pedido dos interessados, a negociação, imediatamente, e a cessão realizada, em até 3 (três) dias úteis contados da data da assinatura da escritura pública.

§ 2º Para o fim da regular cessão dos precatórios que emitirem, os tribunais de todos os poderes e esferas darão, exclusivamente aos tabeliães de notas e aos seus substitutos, acesso a consulta ou a banco de dados, por meio de central notarial de âmbito nacional, com identificação do número de cadastro de contribuinte do credor e demais dados do crédito que não sejam sensíveis, bem como receberão as comunicações notariais das cessões de precatórios.

Art. 7º. Aos tabeliães de notas compete com exclusividade:

I – lavrar escrituras e procurações públicas;
II – lavrar testamentos públicos e aprovar os cerrados;
III – lavrar atas notariais;
IV – reconhecer firmas;
V – autenticar cópias.

§ 1º É facultado aos tabeliães de notas realizar todas as gestões e diligências necessárias ou convenientes ao preparo dos atos notariais, requerendo o que couber, sem ônus maiores que os emolumentos devidos pelo ato. *(Parágrafo único transformado em § 1º pela Lei 14.382/2022)*

§ 2º É vedada a exigência de testemunhas apenas em razão de o ato envolver pessoa com deficiência, salvo disposição em contrário. *(Acrescido pela Lei 14.382/2022)*

§§ 3º e 4º *(VETADOS na Lei 14.382/2022)*

§ 5º Os tabeliães de notas estão autorizados a prestar outros serviços remunerados, na forma prevista em convênio com órgãos públicos, entidades e empresas interessadas, respeitados os requisitos de forma previstos na Lei nº 10.406, de 10 de janeiro de 2002 (Código Civil). *(Acrescido pela Lei 14.382/2022)*

§§ 6º e 7º *(Vetados na Lei 14.711/2023)*

Art. 7º-A. Aos tabeliães de notas também compete, sem exclusividade, entre outras atividades: *(Acrescido pela Lei 14.711/2023)*

I - certificar o implemento ou a frustração de condições e outros elementos negociais, respeitada a competência própria dos tabeliães de protesto;

II - atuar como mediador ou conciliador;

III - atuar como árbitro.

§ 1º O preço do negócio ou os valores conexos poderão ser recebidos ou consignados por meio do tabelião de notas, que repassará o montante à parte devida ao constatar a ocorrência ou a frustração das condições negociais aplicáveis, não podendo o depósito feito em conta vinculada ao negócio, nos termos de convênio firmado entre a entidade de classe de âmbito nacional e instituição financeira credenciada, que constituirá patrimônio segregado, ser constrito por autoridade judicial ou fiscal em razão de obrigação do depositante, de qualquer parte ou do tabelião de notas, por motivo estranho ao próprio negócio.

§ 2º O tabelião de notas lavrará, a pedido das partes, ata notarial para constatar a verificação da ocorrência ou da frustração das condições negociais aplicáveis e certificará o repasse dos valores devidos e a eficácia ou a rescisão do negócio celebrado, o que, quando aplicável, constituirá título para fins do art. 221 da Lei nº 6.015, de 31 de dezembro de 1973 (Lei de Registros Públicos), respeitada a competência própria dos tabeliães de protesto.

§ 3º A mediação e a conciliação extrajudicial serão remuneradas na forma estabelecida em convênio, nos termos dos §§ 5º e 7º do art. 7º desta Lei, ou, na falta ou na inaplicabilidade do convênio, pela tabela de emolumentos estadual aplicável para escrituras públicas com valor econômico.

§§ 4º e 5º *(Vetados na Lei 14.711/2023)*

Art. 8º. É livre a escolha do tabelião de notas, qualquer que seja o domicílio das partes ou o lugar de situação dos bens objeto do ato ou negócio.

Art. 9º. O tabelião de notas não poderá praticar atos de seu ofício fora do Município para o qual recebeu delegação.

Art. 10. Aos tabeliães e oficiais de registro de contratos marítimos compete:

I – lavrar os atos, contratos e instrumentos relativos a transações de embarcações a que as partes devam ou queiram dar forma legal de escritura pública;

II – registrar os documentos da mesma natureza;

III – reconhecer firmas em documentos destinados a fins de direito marítimo;

IV – expedir traslados e certidões.

Art. 11. Aos tabeliães de protesto de título compete privativamente:

I – protocolar de imediato os documentos de dívida, para prova do descumprimento da obrigação;

II – intimar os devedores dos títulos para aceitá-los, devolvê-los ou pagá-los, sob pena de protesto;

III – receber o pagamento dos títulos protocolizados, dando quitação;

IV – lavrar o protesto, registrando o ato em livro próprio, em microfilme ou sob outra forma de documentação;

V – acatar o pedido de desistência do protesto formulado pelo apresentante;

VI – averbar:

a) o cancelamento do protesto;

b) as alterações necessárias para atualização dos registros efetuados;

VII – expedir certidões de atos e documentos que constem de seus registros e papéis.

Parágrafo único. Havendo mais de um tabelião de protestos na mesma localidade, será obrigatória a prévia distribuição dos títulos.

SEÇÃO III.
DAS ATRIBUIÇÕES E COMPETÊNCIAS DOS OFICIAIS DE REGISTROS

Art. 12. Aos oficiais de registro de imóveis, de títulos e documentos e civis das pessoas jurídicas, civis das pessoas naturais e de interdições e tutelas compete a prática dos atos relacionados na legislação pertinente aos registros públicos, de que são incumbidos, independentemente de prévia distribuição, mas sujeitos os oficiais de registro de imóveis e civis das pessoas naturais às normas que definirem as circunscrições geográficas.

Art. 13. Aos oficiais de registro de distribuição compete privativamente:

I – quando previamente exigida, proceder à distribuição equitativa pelos serviços da mesma natureza, registrando os atos praticados; em caso contrário, registrar as comunicações recebidas dos órgãos e serviços competentes;

II – efetuar as averbações e os cancelamentos de sua competência;

III – expedir certidões de atos e documentos que constem de seus registros e papéis.

TÍTULO II.
DAS NORMAS COMUNS

CAPÍTULO I.
DO INGRESSO NA ATIVIDADE NOTARIAL E DE REGISTRO

Art. 14. A delegação para o exercício da atividade notarial e de registro depende dos seguintes requisitos:

I – habilitação em concurso público de provas e títulos;

II – nacionalidade brasileira;

III – capacidade civil;

IV – quitação com as obrigações eleitorais e militares;

V – diploma de bacharel em direito;

VI – verificação de conduta condigna para o exercício da profissão.

Art. 15. Os concursos serão realizados pelo Poder Judiciário, com a participação, em todas as suas fases, da Ordem dos Advogados do Brasil, do Ministério Público, de um notário e de um registrador.

§ 1º. O concurso será aberto com a publicação de edital, dele constando os critérios de desempate.

§ 2º. Ao concurso público poderão concorrer candidatos não bacharéis em direito que tenham completado, até a data da primeira publicação do edital do concurso de provas e títulos, dez anos de exercício em serviço notarial ou de registro.

§ 3º. (*VETADO*).

Art. 16. As vagas serão preenchidas alternadamente, duas terças partes por concurso público de provas e títulos e uma terça parte por meio de remoção, mediante concurso de títulos, não se permitindo que qualquer serventia notarial ou de registro fique vaga, sem abertura de concurso de provimento inicial ou de remoção, por mais de seis meses. (Redação dada pela Lei nº 10.506, de 9.7.2002)

› ADC 14: O STF, por unanimidade, conheceu da ADC, julgou improcedente o pedido, declarando, em consequência, a inconstitucionalidade deste dispositivo, e modulou os efeitos da decisão para estabelecer a validade das remoções realizadas com base na norma declarada inconstitucional, quando precedidas de concursos públicos exclusivamente de títulos iniciados e concluídos, com a publicação da relação dos aprovados, no período compreendido entre a entrada em vigor da Lei 10.506/2002 (9.7.2002) e a edição da Resolução CNJ 81/2009 (9.6.2009). (Sessão Virtual de 25.8.2023 a 1.9.2023)

Parágrafo único. Para estabelecer o critério do preenchimento, tomar-se-á por base a data de vacância da titularidade ou, quando vagas na mesma data, aquela da criação do serviço.

Art. 17. Ao concurso de remoção somente serão admitidos titulares que exerçam a atividade por mais de dois anos.

Art. 18. A legislação estadual disporá sobre as normas e os critérios para o concurso de remoção.

Parágrafo único. Aos que ingressaram por concurso, nos termos do art. 236 da Constituição Federal, ficam preservadas todas as remoções reguladas por lei estadual ou do Distrito Federal, homologadas pelo respectivo Tribunal de Justiça, que ocorreram no período anterior à publicação desta Lei. (Incluído pela Lei nº 13.489/2017)

Art. 19. Os candidatos serão declarados habilitados na rigorosa ordem de classificação no concurso.

CAPÍTULO II.
DOS PREPOSTOS

Art. 20. Os notários e os oficiais de registro poderão, para o desempenho de suas funções, contratar escreventes, dentre eles escolhendo os substitutos, e auxiliares como empregados, com remuneração livremente ajustada e sob o regime da legislação do trabalho.

» ADI 1.183: O STF julgou parcialmente procedente o pedido formulado, apenas para declarar inconstitucional a interpretação que extraia do art. 20 da Lei 8.935/1994 a possibilidade de prepostos não concursados, indicados pelo titular titular ou mesmo pelos tribunais de justiça, exercerem substituições ininterruptas por períodos maiores que seis meses, em caso de vacância da serventia. (DJE de 26.10.2023)

§ 1º. Em cada serviço notarial ou de registro haverá tantos substitutos, escreventes e auxiliares quantos forem necessários, a critério de cada notário ou oficial de registro.

§ 2º. Os notários e os oficiais de registro encaminharão ao juízo competente os nomes dos substitutos.

§ 3º. Os escreventes poderão praticar somente os atos que o notário ou o oficial de registro autorizar.

§ 4º. Os substitutos poderão, simultaneamente com o notário ou o oficial de registro, praticar todos os atos que lhe sejam próprios exceto, nos tabelionatos de notas, lavrar testamentos.

§ 5º. Dentre os substitutos, um deles será designado pelo notário ou oficial de registro para responder pelo respectivo serviço nas ausências e nos impedimentos do titular.

Art. 21. O gerenciamento administrativo e financeiro dos serviços notariais e de registro é da responsabilidade exclusiva do respectivo titular, inclusive no que diz respeito às despesas de custeio, investimento e pessoal, cabendo-lhe estabelecer normas, condições e obrigações relativas à atribuição de funções e de remuneração de seus prepostos de modo a obter a melhor qualidade na prestação dos serviços.

CAPÍTULO III. DA RESPONSABILIDADE CIVIL E CRIMINAL

- CF/88: art. 236, § 1º.
- Lei 13.286/2016 – Dispõe sobre a responsabilidade civil de notários e registradores.
- Lei 11.971/2009: art. 4º.

Art. 22. Os notários e oficiais de registro são civilmente responsáveis por todos os prejuízos que causarem a terceiros, por culpa ou dolo, pessoalmente, pelos substitutos que designarem ou escreventes que autorizarem, assegurado o direito de regresso. (Redação dada pela Lei nº 13.286, de 2016).

Parágrafo único. Prescreve em três anos a pretensão de reparação civil, contado o prazo da data de lavratura do ato registral ou notarial. (Redação dada pela Lei nº 13.286, de 2016).

Art. 23. A responsabilidade civil independe da criminal.

- CC: art. 927 a 954.

Art. 24. A responsabilidade criminal será individualizada, aplicando-se, no que couber, a legislação relativa aos crimes contra a administração pública.

- CF/88: art. 236, § 1º.

Parágrafo único. A individualização prevista no *caput* não exime os notários e os oficiais de registro de sua responsabilidade civil.

CAPÍTULO IV. DAS INCOMPATIBILIDADES E DOS IMPEDIMENTOS

Art. 25. O exercício da atividade notarial e de registro é incompatível com o da advocacia, o da intermediação de seus serviços ou o de qualquer cargo, emprego ou função públicos, ainda que em comissão.

§ 1º. (*VETADO*).

§ 2º. A diplomação, na hipótese de mandato eletivo, e a posse, nos demais casos, implicará no afastamento da atividade.

Art. 26. Não são acumuláveis os serviços enumerados no art. 5º.

Parágrafo único. Poderão, contudo, ser acumulados nos Municípios que não comportarem, em razão do volume dos serviços ou da receita, a instalação de mais de um dos serviços.

Art. 27. No serviço de que é titular, o notário e o registrador não poderão praticar, pessoalmente, qualquer ato de seu interesse, ou de interesse de seu cônjuge ou de parentes, na linha reta, ou na colateral, consanguíneos ou afins, até o terceiro grau.

CAPÍTULO V. DOS DIREITOS E DEVERES

Art. 28. Os notários e oficiais de registro gozam de independência no exercício de suas atribuições, têm direito à percepção dos emolumentos integrais pelos atos praticados na serventia e só perderão a delegação nas hipóteses previstas em lei.

Art. 29. São direitos do notário e do registrador:

I – exercer opção, nos casos de desmembramento ou desdobramento de sua serventia;

II – organizar associações ou sindicatos de classe e deles participar.

Art. 30. São deveres dos notários e dos oficiais de registro:

I – manter em ordem os livros, papéis e documentos de sua serventia, guardando-os em locais seguros;

II – atender as partes com eficiência, urbanidade e presteza;

III – atender prioritariamente as requisições de papéis, documentos, informações ou providências que lhes forem solicitadas pelas autoridades judiciárias ou administrativas para a defesa das pessoas jurídicas de direito público em juízo;

IV – manter em arquivo as leis, regulamentos, resoluções, provimentos, regimentos, ordens de serviço e quaisquer outros atos que digam respeito à sua atividade;

V – proceder de forma a dignificar a função exercida, tanto nas atividades profissionais como na vida privada;

VI – guardar sigilo sobre a documentação e os assuntos de natureza reservada de que tenham conhecimento em razão do exercício de sua profissão;

VII – afixar em local visível, de fácil leitura e acesso ao público, as tabelas de emolumentos em vigor;

VIII – observar os emolumentos fixados para a prática dos atos do seu ofício;

IX – dar recibo dos emolumentos percebidos;

X – observar os prazos legais fixados para a prática dos atos do seu ofício;

XI – fiscalizar o recolhimento dos impostos incidentes sobre os atos que devem praticar;

XII – facilitar, por todos os meios, o acesso à documentação existente às pessoas legalmente habilitadas;

XIII – encaminhar ao juízo competente as dúvidas levantadas pelos interessados, obedecida a sistemática processual fixada pela legislação respectiva;

XIV - observar as normas técnicas estabelecidas pelo juízo competente; e *(Redação dada pela Lei 14.382/2022)*

XV - admitir pagamento dos emolumentos, das custas e das despesas por meio eletrônico, a critério do usuário, inclusive mediante parcelamento. *(Acrescido pela Lei 14.382/2022)*

CAPÍTULO VI. DAS INFRAÇÕES DISCIPLINARES E DAS PENALIDADES

Art. 31. São infrações disciplinares que sujeitam os notários e os oficiais de registro às penalidades previstas nesta Lei:

I – a inobservância das prescrições legais ou normativas;

- Lei 11.971/2009: art. 4º.

II – a conduta atentatória às instituições notariais e de registro;

III – a cobrança indevida ou excessiva de emolumentos, ainda que sob a alegação de urgência;

IV – a violação do sigilo profissional;

V – o descumprimento de quaisquer dos deveres descritos no art. 30.

Art. 32. Os notários e os oficiais de registro estão sujeitos, pelas infrações que praticarem, assegurado amplo direito de defesa, às seguintes penas:

- Lei 11.971/2009: art. 4º.

I – repreensão;

II – multa;

III – suspensão por 90 (noventa) dias, prorrogável por mais 30 (trinta);

IV – perda da delegação.

Art. 33. As penas serão aplicadas:

I – a de repreensão, no caso de falta leve;

II – a de multa, em caso de reincidência ou de infração que não configure falta mais grave;

III – a de suspensão, em caso de reiterado descumprimento dos deveres ou de falta grave.

Art. 34. As penas serão impostas pelo juízo competente, independentemente da ordem de gradação, conforme a gravidade do fato.

Art. 35. A perda da delegação dependerá:

I – de sentença judicial transitada em julgado; ou

II – de decisão decorrente de processo administrativo instaurado pelo juízo competente, assegurado amplo direito de defesa.

§ 1º. Quando o caso configurar a perda da delegação, o juízo competente suspenderá o notário ou oficial de registro, até a decisão final, e designará interventor, observando-se o disposto no art. 36.

§ 2º. (*VETADO*).

Art. 36. Quando, para a apuração de faltas imputadas a notários ou a oficiais de registro, for necessário o afastamento do titular do serviço, poderá ele ser suspenso, preventivamente, pelo prazo de 90 (noventa) dias, prorrogável por mais 30 (trinta).

§ 1º. Na hipótese do *caput*, o juízo competente designará interventor para responder pela serventia, quando o substituto também for acusado das faltas ou quando a medida se revelar conveniente para os serviços.

§ 2º. Durante o período de afastamento, o titular perceberá metade da renda líquida da serventia; outra metade será depositada em conta bancária especial, com correção monetária.

§ 3º. Absolvido o titular, receberá ele o montante dessa conta; condenado, caberá esse montante ao interventor.

CAPÍTULO VII. DA FISCALIZAÇÃO PELO PODER JUDICIÁRIO

Art. 37. A fiscalização judiciária dos atos notariais e de registro, mencionados nos arts. 6º a 13, será exercida pelo juízo competente, assim definido na órbita estadual e do Distrito Federal, sempre que necessário, ou mediante representação de qualquer interessado, quando da inobservância de obrigação legal por parte de notário ou de oficial de registro, ou de seus prepostos.

Parágrafo único. Quando, em autos ou papéis de que conhecer, o Juiz verificar a existência de crime de ação pública, remeterá ao Ministério Público as cópias e os documentos necessários ao oferecimento da denúncia.

Art. 38. O juízo competente zelará para que os serviços notariais e de registro sejam prestados com rapidez, qualidade satisfatória e de modo eficiente, podendo sugerir à autoridade competente a elaboração de planos de adequada e melhor prestação desses serviços, observados, também, critérios populacionais e socioeconômicos, publicados regularmente pela Fundação Instituto Brasileiro de Geografia e Estatística.

CAPÍTULO VIII. DA EXTINÇÃO DA DELEGAÇÃO

Art. 39. Extinguir-se-á a delegação a notário ou a oficial de registro por:

I – morte;

II – aposentadoria facultativa;

III – invalidez;

IV – renúncia;

V – perda, nos termos do art. 35;

VI – descumprimento, comprovado, da gratuidade estabelecida na Lei nº 9.534, de 10 de dezembro de 1997. (Incluído pela Lei nº 9.812, de 1999)

§ 1º. Dar-se-á aposentadoria facultativa ou por invalidez nos termos da legislação previdenciária federal.

§ 2º. Extinta a delegação a notário ou a oficial de registro, a autoridade competente declarará vago o respectivo serviço, designará o substituto mais antigo para responder pelo expediente e abrirá concurso.

§§ 3º e 4º *(Vetados na Lei 14.711/2023)*

CAPÍTULO IX. DA SEGURIDADE SOCIAL

Art. 40. Os notários, oficiais de registro, escreventes e auxiliares são vinculados à previdência social, de âmbito federal, e têm assegurada a contagem recíproca de tempo de serviço em sistemas diversos.

Parágrafo único. Ficam assegurados, aos notários, oficiais de registro, escreventes e auxiliares os direitos e vantagens previdenciários adquiridos até a data da publicação desta Lei.

TÍTULO III. DAS DISPOSIÇÕES GERAIS

Art. 41. Incumbe aos notários e aos oficiais de registro praticar, independentemente de autorização, todos os atos previstos em lei necessários à organização e execução dos serviços, podendo, ainda, adotar sistemas de computação, microfilmagem, disco ótico e outros meios de reprodução.

Art. 42. Os papéis referentes aos serviços dos notários e dos oficiais de registro serão arquivados mediante utilização de processos que facilitem as buscas.

Art. 42-A. As centrais de serviços eletrônicos, geridas por entidade representativa da atividade notarial e de registro para acessibilidade digital a serviços e maior publicidade, sistematização e tratamento digital de dados e informações inerentes às atribuições delegadas, poderão fixar preços e gratuidades pelos serviços de natureza complementar que prestam e disponibilizam aos seus usuários de forma facultativa. *(Acrescido pela Lei 14.206/2021)*

Art. 43. Cada serviço notarial ou de registro funcionará em um só local, vedada a instalação de sucursal.

Art. 44. Verificada a absoluta impossibilidade de se prover, através de concurso público, a titularidade de serviço notarial ou de registro, por desinteresse ou inexistência de candidatos, o juízo competente proporá à autoridade competente a extinção do serviço e a anexação de suas atribuições ao serviço da mesma natureza mais próximo ou àquele localizado na sede do respectivo Município ou de Município contíguo.

§ 1º. *(VETADO).*

§ 2º. Em cada sede municipal haverá no mínimo um registrador civil das pessoas naturais.

§ 3º. Nos municípios de significativa extensão territorial, a juízo do respectivo Estado, cada sede distrital disporá no mínimo de um registrador civil das pessoas naturais.

Art. 45. São gratuitos os assentos do registro civil de nascimento e o de óbito, bem como a primeira certidão respectiva. (Redação dada pela Lei nº 9.534, de 1997)

§ 1º. Para os reconhecidamente pobres não serão cobrados emolumentos pelas certidões a que se refere este artigo. (Incluído pela Lei nº 11.789, de 2008)

§ 2º. É proibida a inserção nas certidões de que trata o § 1º deste artigo de expressões que indiquem condição de pobreza ou semelhantes. (Incluído pela Lei nº 11.789, de 2008)

Art. 46. Os livros, fichas, documentos, papéis, microfilmes e sistemas de computação deverão permanecer sempre sob a guarda e responsabilidade do titular de serviço notarial ou de registro, que zelará por sua ordem, segurança e conservação.

Parágrafo único. Se houver necessidade de serem periciados, o exame deverá ocorrer na própria sede do serviço, em dia e hora adrede designados, com ciência do titular e autorização do juízo competente.

TÍTULO IV. DAS DISPOSIÇÕES TRANSITÓRIAS

Art. 47. O notário e o oficial de registro, legalmente nomeados até 5 de outubro de 1988, detêm a delegação constitucional de que trata o art. 2º.

Art. 48. Os notários e os oficiais de registro poderão contratar, segundo a legislação trabalhista, seus atuais escreventes e auxiliares de investidura estatutária ou em regime especial desde que estes aceitem a transformação de seu regime jurídico, em opção expressa, no prazo improrrogável de 30 (trinta) dias, contados da publicação desta Lei.

§ 1º. Ocorrendo opção, o tempo de serviço prestado será integralmente considerado, para todos os efeitos de direito.

§ 2º. Não ocorrendo opção, os escreventes e auxiliares de investidura estatutária ou em regime especial continuarão regidos pelas normas aplicáveis aos funcionários públicos ou pelas editadas pelo Tribunal de Justiça respectivo, vedadas novas admissões por qualquer desses regimes, a partir da publicação desta Lei.

Art. 49. Quando da primeira vacância da titularidade de serviço notarial ou de registro, será procedida a desacumulação, nos termos do art. 26.

Art. 50. Em caso de vacância, os serviços notariais e de registro estatizados passarão automaticamente ao regime desta Lei.

Art. 51. Aos atuais notários e oficiais de registro, quando da aposentadoria, fica assegurado o direito de percepção de proventos de acordo com a legislação que anteriormente os regia, desde que tenham mantido as contribuições nela estipuladas até a data do deferimento do pedido ou de sua concessão.

§ 1º. O disposto neste artigo aplica-se aos escreventes e auxiliares de investidura estatutária ou em regime especial que vierem a ser contratados em virtude da opção de que trata o art. 48.

§ 2º. Os proventos de que trata este artigo serão os fixados pela legislação previdenciária aludida no *caput*.

§ 3º. O disposto neste artigo aplica-se também às pensões deixadas, por morte, pelos notários, oficiais de registro, escreventes e auxiliares.

Art. 52. Nas unidades federativas onde já exista lei estadual específica, em vigor na data de publicação desta Lei, são competentes para a lavratura de instrumentos traslatícios de direitos reais, procurações, reconhecimento de firmas e autenticação de cópia reprográfica os serviços de Registro Civil das Pessoas Naturais.

Art. 53. Nos Estados cujas organizações judiciárias, vigentes à época da publicação desta Lei, assim previrem, continuam em vigor as determinações relativas à fixação da área territorial de atuação dos tabeliães de protesto de títulos, a quem os títulos serão distribuídos em obediência às respectivas zonas.

Parágrafo único. Quando da primeira vacância, aplicar-se-á à espécie o disposto no parágrafo único do art. 11.

Art. 54. Esta Lei entra em vigor na data da sua publicação.

Art. 55. Revogam-se as disposições em contrário.

Brasília, 18 de novembro de 1994; 173º da Independência e 106º da República.

ITAMAR FRANCO

D.O.U. 21.11.1994

LEI Nº 8.984, DE 7 DE FEVEREIRO DE 1995

Estende a competência da Justiça do Trabalho (art. 114 da Constituição Federal).

▸ *Competência da Justiça do Trabalho*

O PRESIDENTE DA REPÚBLICA Faço saber que o Congresso Nacional decreta e eu sanciono a seguinte Lei:

Art. 1º Compete à Justiça do Trabalho conciliar e julgar os dissídios que tenham origem no cumprimento de convenções coletivas de trabalho ou acordos coletivos de trabalho, mesmo quando ocorram entre sindicatos ou entre sindicato de trabalhadores e empregador.

Art. 2º Esta lei entra em vigor na data de sua publicação.

Art. 3º Revogam-se as disposições em contrário.

Brasília, 7 de fevereiro de 1995; 174º da Independência e 107º da República.

Fernando Henrique Cardoso

LEI Nº 9.029, DE 13 DE ABRIL DE 1995

Proíbe a exigência de atestados de gravidez e esterilização, e outras práticas discriminatórias, para efeitos admissionais ou de permanência da relação jurídica de trabalho, e dá outras providências.

‣ *Atestados de gravidez e esterilização*

O PRESIDENTE DA REPÚBLICA Faço saber que o Congresso Nacional decreta e eu sanciono a seguinte lei:

Art. 1º É proibida a adoção de qualquer prática discriminatória e limitativa para efeito de acesso à relação de trabalho, ou de sua manutenção, por motivo de sexo, origem, raça, cor, estado civil, situação familiar, deficiência, reabilitação profissional, idade, entre outros, ressalvadas, nesse caso, as hipóteses de proteção à criança e ao adolescente previstas no inciso XXXIII do art. 7º da Constituição Federal. (Artigo com redação dada pela Lei nº 13.146, de 2015).

Art. 2º Constituem crime as seguintes práticas discriminatórias:

I – a exigência de teste, exame, perícia, laudo, atestado, declaração ou qualquer outro procedimento relativo à esterilização ou a estado de gravidez;

II – a adoção de quaisquer medidas, de iniciativa do empregador, que configurem;

a) indução ou instigamento à esterilização genética;

b) promoção do controle de natalidade, assim não considerado o oferecimento de serviços e de aconselhamento ou planejamento familiar, realizados através de instituições públicas ou privadas, submetidas às normas do Sistema Único de Saúde (SUS).

Pena: detenção de um a dois anos e multa.

Parágrafo único. São sujeitos ativos dos crimes a que se refere este artigo:

I – a pessoa física empregadora;

II – o representante legal do empregador, como definido na legislação trabalhista;

III – o dirigente, direto ou por delegação, de órgãos públicos e entidades das administrações públicas direta, indireta e fundacional de qualquer dos Poderes da União, dos Estados, do Distrito Federal e dos Municípios.

Art. 3º Sem prejuízo do prescrito no art. 2º desta Lei e nos dispositivos legais que tipificam os crimes resultantes de preconceito de etnia, raça, cor ou deficiência, as infrações ao disposto nesta Lei são passíveis das seguintes cominações: (*Caput* com redação dada pela Lei nº 13.146, de 2015).

I – multa administrativa de dez vezes o valor do maior salário pago pelo empregador, elevado em cinquenta por cento em caso de reincidência;

II – proibição de obter empréstimo ou financiamento junto a instituições financeiras oficiais.

Art. 4º O rompimento da relação de trabalho por ato discriminatório, nos moldes desta Lei, além do direito à reparação pelo dano moral, faculta ao empregado optar entre: (*Caput* com redação dada pela Lei nº 12.288, de 2010).

I – a reintegração com ressarcimento integral de todo o período de afastamento, mediante pagamento das remunerações devidas, corrigidas monetariamente e acrescidas de juros legais. (Inciso I com redação dada pela Lei nº 13.146, de 2015).

II – a percepção, em dobro, da remuneração do período de afastamento, corrigida monetariamente e acrescida dos juros legais.

Art. 5º Esta lei entra em vigor na data de sua publicação.

Art. 6º Revogam-se as disposições em contrário.

Brasília, 13 de abril de 1995; 174º da Independência e 107º da República.

Fernando Henrique Cardoso

LEI Nº 9.093, DE 12 DE SETEMBRO DE 1995

Dispõe sobre feriados.

‣ *Lei dos feriados*

O Presidente da República

Faço saber que o Congresso Nacional decreta e eu sanciono a seguinte Lei:

Art. 1º São feriados civis:

I – os declarados em lei federal;

II – a data magna do Estado fixada em lei estadual.

III – os dias do início e do término do ano do centenário de fundação do Município, fixados em lei municipal. (Inciso acrescentado pela Lei nº 9.335, de 10.12.1996).

Art. 2º São feriados religiosos os dias de guarda, declarados em lei municipal, de acordo com a tradição local e em número não superior a quatro, neste incluída a Sexta-Feira da Paixão.

Art. 3º Esta Lei entra em vigor na data de sua publicação.

Art. 4º Revogam-se as disposições em contrário, especialmente o artigo 11 da Lei nº 605, de 05 de janeiro de 1949.

Brasília, 12 de setembro de 1995; 174º da Independência e 107º da República.

Fernando Henrique Cardoso

LEI Nº 9.099, DE 26 DE SETEMBRO DE 1995

Dispõe sobre os Juizados Especiais Cíveis e Criminais e dá outras providências.

‣ *JEC e JECRIM*

O PRESIDENTE DA REPÚBLICA Faço saber que o Congresso Nacional decreta e eu sanciono a seguinte Lei:

» *Vide* Súmulas 203 e 376 do STJ.

» *Vide* Súmulas 640 e 727 do STF.

CAPÍTULO I. DISPOSIÇÕES GERAIS

‣ Lei 13.140/2015 – Lei de mediação e autocomposição de conflitos.

‣ Lei 12.153/2009 – Dispõe sobre os Juizados Especiais da Fazenda Pública no âmbito dos Estados, do Distrito Federal, dos Territórios e dos Municípios.

‣ Lei 10.259/2001 – Dispõe sobre a instituição dos Juizados Especiais Cíveis e Criminais no âmbito da Justiça Federal.

Art. 1º. Os Juizados Especiais Cíveis e Criminais, órgãos da Justiça Ordinária, serão criados pela União, no Distrito Federal e nos Territórios, e pelos Estados, para conciliação, processo, julgamento e execução, nas causas de sua competência.

‣ CF/88: arts. 24, X, e 98, I.

‣ CPC/15: arts. 985 e 1.063.

‣ CDC: art. 5º, IV.

» *Vide* art. 24, X, da CF.

Art. 2º. O processo orientar-se-á pelos critérios da oralidade, simplicidade, informalidade, economia processual e celeridade, buscando, sempre que possível, a conciliação ou a transação.

CAPÍTULO II. DOS JUIZADOS ESPECIAIS CÍVEIS

SEÇÃO I. DA COMPETÊNCIA

Art. 3º. O Juizado Especial Cível tem competência para conciliação, processo e julgamento das causas cíveis de menor complexidade, assim consideradas:

I – as causas cujo valor não exceda a 40 (quarenta) vezes o salário mínimo;

II – as enumeradas no art. 275, inciso II, do Código de Processo Civil;

‣ CPC/15: art. 1.063.

» *Vide* arts. 1.049, parágrafo único, e 1.063 do CPC.

III – a ação de despejo para uso próprio;

‣ Lei 8.245/1991 – Dispõe sobre as locações dos imóveis urbanos e os procedimentos a elas pertinentes.

» *Vide* arts. 59 e 80 da Lei n. 8.245/91.

IV – as ações possessórias sobre bens imóveis de valor não excedente ao fixado no inciso I deste artigo.

‣ CC: arts. 79 a 81.

‣ CPC/15: arts. 560 a 568.

» Vide arts. 560 e seguintes do CPC.

§ 1º. Compete ao Juizado Especial promover a execução:

I – dos seus julgados;

II – dos títulos executivos extrajudiciais, no valor de até quarenta vezes o salário mínimo, observado o disposto no § 1º do art. 8º desta Lei.

‣ CPC/15: art. 784.

§ 2º. Ficam excluídas da competência do Juizado Especial as causas de natureza alimentar, falimentar, fiscal e de interesse da Fazenda Pública, e também as relativas a acidentes de trabalho, a resíduos e ao estado e capacidade das pessoas, ainda que de cunho patrimonial.

‣ Lei 11.101/2005 – Regula a recuperação judicial, a extrajudicial e a falência do empresário e da sociedade empresária.

‣ Lei 6.830/1980 – Dispõe sobre a cobrança judicial da Dívida Ativa da Fazenda Pública.

‣ Lei 5.478/1968 – Dispõe sobre ação de alimentos.

§ 3º. A opção pelo procedimento previsto nesta Lei importará em renúncia ao crédito excedente ao limite estabelecido neste artigo, excetuada a hipótese de conciliação.

Art. 4º. É competente, para as causas previstas nesta Lei, o Juizado do foro:

- CC: arts. 70 a 78.
- CPC/15: arts. 43, 47 e 53.

I - do domicílio do réu ou, a critério do autor, do local onde aquele exerça atividades profissionais ou econômicas ou mantenha estabelecimento, filial, agência, sucursal ou escritório;

II - do lugar onde a obrigação deva ser satisfeita;

- CPC/15: art. 53, III, d.

III - do domicílio do autor ou do local do ato ou fato, nas ações para reparação de dano de qualquer natureza.

- CPC/15: art. 53, IV.

Parágrafo único. Em qualquer hipótese, poderá a ação ser proposta no foro previsto no inciso I deste artigo.

SEÇÃO II. DO JUIZ, DOS CONCILIADORES E DOS JUÍZES LEIGOS

Art. 5º. O juiz dirigirá o processo com liberdade para determinar as provas a serem produzidas, para apreciá-las e para dar especial valor às regras de experiência comum ou técnica.

- CPC/15: arts. 369 a 380.

Art. 6º. O juiz adotará em cada caso a decisão que reputar mais justa e equânime, atendendo aos fins sociais da lei e às exigências do bem comum.

- LINDB: art. 5º.

Art. 7º. Os conciliadores e juízes leigos são auxiliares da Justiça, recrutados, os primeiros, preferentemente, entre os bacharéis em Direito, e os segundos, entre advogados com mais de 5 (cinco) anos de experiência.

Parágrafo único. Os juízes leigos ficarão impedidos de exercer a advocacia perante os Juizados Especiais, enquanto no desempenho de suas funções.

- Lei 8.906/1994: art. 28.

SEÇÃO III. DAS PARTES

Art. 8º. Não poderão ser partes, no processo instituído por esta Lei, o incapaz, o preso, as pessoas jurídicas de direito público, as empresas públicas da União, a massa falida e o insolvente civil.

- CC: arts. 3º, 4º, e 40 a 52.
- CPC/15: art. 17 e 70 a 76.

§ 1º. Somente serão admitidas a propor ação perante o Juizado Especial: (Redação dada pela Lei nº 12.126, de 2009)

I - as pessoas físicas capazes, excluídos os cessionários de direito de pessoas jurídicas; (Incluído pela Lei nº 12.126, de 2009)

II - as pessoas enquadradas como microempreendedores individuais, microempresas e empresas de pequeno porte na forma da Lei Complementar nº 123, de 14 de dezembro de 2006; (Redação dada pela Lei Complementar nº 147, de 2014)

III - as pessoas jurídicas qualificadas como Organização da Sociedade Civil de Interesse Público, nos termos da Lei nº 9.790, de 23 de março de 1999; (Incluído pela Lei nº 12.126, de 2009)

IV - as sociedades de crédito ao microempreendedor, nos termos do art. 1º da Lei nº 10.194, de 14 de fevereiro de 2001. (Incluído pela Lei nº 12.126, de 2009)

§ 2º. O maior de 18 anos poderá ser autor, independentemente de assistência, inclusive para fins de conciliação.

- CPC/15: art. 5º.

Art. 9º. Nas causas de valor até 20 (vinte) salários mínimos, as partes comparecerão pessoalmente, podendo ser assistidas por advogado; nas de valor superior, a assistência é obrigatória.

- Lei 8.906/1994: art. 1º, I.

§ 1º. Sendo facultativa a assistência, se uma das partes comparecer assistida por advogado, ou se o réu for pessoa jurídica ou firma individual, terá a outra parte, se quiser, assistência judiciária prestada por órgão instituído junto ao Juizado Especial, na forma da lei local.

- CF/88: art. 134.
- Lei 1.060/1950: art. 1º.

§ 2º. O juiz alertará as partes da conveniência do patrocínio por advogado, quando a causa o recomendar.

§ 3º. O mandato ao advogado poderá ser verbal, salvo quanto aos poderes especiais.

§ 4º. O réu, sendo pessoa jurídica ou titular de firma individual, poderá ser representado por preposto credenciado, munido de carta de preposição com poderes para transigir, sem haver necessidade de vínculo empregatício. (Redação dada pela Lei nº 12.137, de 2009)

- CC/15: art. 75.

Art. 10. Não se admitirá, no processo, qualquer forma de intervenção de terceiro nem de assistência. Admitir-se-á o litisconsórcio.

- CC/15: arts. 113 a 118.
- » *Vide* arts. 133 e 1.062 do CPC.
- » *Vide* arts. 50 do CC; 28 do CDC e 133 a 137 do CPC.

Art. 11. O Ministério Público intervirá nos casos previstos em lei.

- Súm. 99 do STJ.
- CPC/15: arts. 178, 179 e 279.
- » *Vide* art. 178 do CPC.

SEÇÃO IV. DOS ATOS PROCESSUAIS

Art. 12. Os atos processuais serão públicos e poderão realizar-se em horário noturno, conforme dispuserem as normas de organização judiciária.

- CPC/15: arts. 189 e 212.

Art. 12-A. Na contagem de prazo em dias, estabelecido por lei ou pelo juiz, para a prática de qualquer ato processual, inclusive para a interposição de recursos, computar-se-ão somente os dias úteis. (Incluído pela Lei 13.728/2018)

Art. 13. Os atos processuais serão válidos sempre que preencherem as finalidades para as quais forem realizados, atendidos os critérios indicados no art. 2º desta Lei.

§ 1º. Não se pronunciará qualquer nulidade sem que tenha havido prejuízo.

- CPC/15: art. 283.

§ 2º. A prática de atos processuais em outras comarcas poderá ser solicitada por qualquer meio idôneo de comunicação.

- CPC/15: arts. 236 e 237.

§ 3º. Apenas os atos considerados essenciais serão registrados resumidamente, em notas manuscritas, datilografadas, taquigrafadas ou estenotipadas. Os demais atos poderão ser gravados em fita magnética ou equivalente, que será inutilizada após o trânsito em julgado da decisão.

- » *Vide* art. 44 desta Lei.

§ 4º. As normas locais disporão sobre a conservação das peças do processo e demais documentos que o instruem.

SEÇÃO V. DO PEDIDO

- CPC/15: arts. 322 a 329.

Art. 14. O processo instaurar-se-á com a apresentação do pedido, escrito ou oral, à Secretaria do Juizado.

§ 1º. Do pedido constarão, de forma simples e em linguagem acessível:

I - o nome, a qualificação e o endereço das partes;

II - os fatos e os fundamentos, de forma sucinta;

III - o objeto e seu valor.

§ 2º. É lícito formular pedido genérico quando não for possível determinar, desde logo, a extensão da obrigação.

§ 3º. O pedido oral será reduzido a escrito pela Secretaria do Juizado, podendo ser utilizado o sistema de fichas ou formulários impressos.

Art. 15. Os pedidos mencionados no art. 3º desta Lei poderão ser alternativos ou cumulados; nesta última hipótese, desde que conexos e a soma não ultrapasse o limite fixado naquele dispositivo.

Art. 16. Registrado o pedido, independentemente de distribuição e autuação, a Secretaria do Juizado designará a sessão de conciliação, a realizar-se no prazo de 15 (quinze) dias.

Art. 17. Comparecendo inicialmente ambas as partes, instaurar-se-á, desde logo, a sessão de conciliação, dispensados o registro prévio de pedido e a citação.

Parágrafo único. Havendo pedidos contrapostos, poderá ser dispensada a contestação formal e ambos serão apreciados na mesma sentença.

SEÇÃO VI. DAS CITAÇÕES E INTIMAÇÕES

- CPC/15: arts. 238 a 240, e 242 a 258.

Art. 18. A citação far-se-á:

- » *Vide* arts. 247, 248, § 4.º, e 249 do CPC.

I - por correspondência, com aviso de recebimento em mão própria;

II - tratando-se de pessoa jurídica ou firma individual, mediante entrega ao encarregado da recepção, que será obrigatoriamente identificado;

III - sendo necessário, por oficial de justiça, independentemente de mandado ou carta precatória.

§ 1º. A citação conterá cópia do pedido inicial, dia e hora para comparecimento do citando e advertência de que, não comparecendo este, considerar-se-ão verdadeiras as alegações iniciais, e será proferido julgamento, de plano.

§ 2º. Não se fará citação por edital.

§ 3º. O comparecimento espontâneo suprirá a falta ou nulidade da citação.

Art. 19. As intimações serão feitas na forma prevista para citação, ou por qualquer outro meio idôneo de comunicação.

- CPC/15: arts. 180, 183, § 1º, 186, §§ 1º e2º, 232, 252, par. único, 269, 272, § 1º, e 275.

§ 1º. Dos atos praticados na audiência, considerar-se-ão desde logo cientes as partes.

§ 2º. As partes comunicarão ao juízo as mudanças de endereço ocorridas no curso do processo, reputando-se eficazes as intimações enviadas ao local anteriormente indicado, na ausência da comunicação.

SEÇÃO VII.
DA REVELIA

‣ CPC/15: arts. 344 a 346.

Art. 20. Não comparecendo o demandado à sessão de conciliação ou à audiência de instrução e julgamento, reputar-se-ão verdadeiros os fatos alegados no pedido inicial, salvo se o contrário resultar da convicção do juiz.

» *Vide* art. 344 do CPC.

SEÇÃO VIII.
DA CONCILIAÇÃO E DO JUÍZO ARBITRAL

Art. 21. Aberta a sessão, o juiz togado ou leigo esclarecerá as partes presentes sobre as vantagens da conciliação, mostrando-lhes os riscos e as consequências do litígio, especialmente quanto ao disposto no § 3º do art. 3º desta Lei.

Art. 22. A conciliação será conduzida pelo juiz togado ou leigo ou por conciliador sob sua orientação.

§ 1º Obtida a conciliação, esta será reduzida a escrito e homologada pelo Juiz togado mediante sentença com eficácia de título executivo. *(Parágrafo único transformado em § 1º e com redação dada pela Lei 13.994/2020)*

§ 2º É cabível a conciliação não presencial conduzida pelo Juizado mediante o emprego dos recursos tecnológicos disponíveis de transmissão de sons e imagens em tempo real, devendo o resultado da tentativa de conciliação ser reduzido a escrito com os anexos pertinentes. *(Acrescido pela Lei 13.994/2020)*

Art. 23. Se o demandado não comparecer ou recusar-se a participar da tentativa de conciliação não presencial, o Juiz togado proferirá sentença. *(Redação dada pela Lei 13.994/2020)*

Art. 24. Não obtida a conciliação, as partes poderão optar, de comum acordo, pelo juízo arbitral, na forma prevista nesta Lei.

‣ Lei 9.307/1996 – Dispõe sobre a arbitragem.

» *Vide* Lei n. 9.307, de 23-9-1996 (Lei de Arbitragem).

§ 1º. O juízo arbitral considerar-se-á instaurado, independentemente de termo de compromisso, com a escolha do árbitro pelas partes. Se este não estiver presente, o juiz convocá-lo-á e designará, de imediato, a data para a audiência de instrução.

§ 2º. O árbitro será escolhido dentre os juízes leigos.

Art. 25. O árbitro conduzirá o processo com os mesmos critérios do juiz, na forma dos arts. 5º e 6º desta Lei, podendo decidir por equidade.

Art. 26. Ao término da instrução, ou nos 5 (cinco) dias subsequentes, o árbitro apresentará o laudo ao juiz togado para homologação por sentença irrecorrível.

SEÇÃO IX.
DA INSTRUÇÃO E JULGAMENTO

Art. 27. Não instituído o juízo arbitral, proceder-se-á imediatamente à audiência de instrução e julgamento, desde que não resulte prejuízo para a defesa.

Parágrafo único. Não sendo possível a sua realização imediata, será a audiência designada para um dos quinze dias subsequentes, cientes, desde logo, as partes e testemunhas eventualmente presentes.

Art. 28. Na audiência de instrução e julgamento serão ouvidas as partes, colhida a prova e, em seguida, proferida a sentença.

‣ CPC/15: art. 365.

Art. 29. Serão decididos de plano todos os incidentes que possam interferir no regular prosseguimento da audiência. As demais questões serão decididas na sentença.

Parágrafo único. Sobre os documentos apresentados por uma das partes, manifestar-se-á imediatamente a parte contrária, sem interrupção da audiência.

SEÇÃO X.
DA RESPOSTA DO RÉU

Art. 30. A contestação, que será oral ou escrita, conterá toda matéria de defesa, exceto arguição de suspeição ou impedimento do juiz, que se processará na forma da legislação em vigor.

‣ CPC/15: art. 336.

» *Vide* arts. 144, 145, 336 e 337 do CPC.

Art. 31. Não se admitirá a reconvenção. É lícito ao réu, na contestação, formular pedido em seu favor, nos limites do art. 3º desta Lei, desde que fundado nos mesmos fatos que constituem objeto da controvérsia.

Parágrafo único. O autor poderá responder ao pedido do réu na própria audiência ou requerer a designação da nova data, que será desde logo fixada, cientes todos os presentes.

SEÇÃO XI.
DAS PROVAS

‣ CPC/15: arts. 369 a 383.

Art. 32. Todos os meios de prova moralmente legítimos, ainda que não especificados em lei, são hábeis para provar a veracidade dos fatos alegados pelas partes.

Art. 33. Todas as provas serão produzidas na audiência de instrução e julgamento, ainda que não requeridas previamente, podendo o Juiz limitar ou excluir as que considerar excessivas, impertinentes ou protelatórias.

Art. 34. As testemunhas, até o máximo de 3 (três) para cada parte, comparecerão à audiência de instrução e julgamento levadas pela parte que as tenha arrolado, independentemente de intimação, ou mediante esta, se assim for requerido.

§ 1º. O requerimento para intimação das testemunhas será apresentado à Secretaria no mínimo 5 (cinco) dias antes da audiência de instrução e julgamento.

§ 2º. Não comparecendo a testemunha intimada, o juiz poderá determinar sua imediata condução, valendo-se, se necessário, do concurso da força pública.

Art. 35. Quando a prova do fato exigir, o juiz poderá inquirir técnicos de sua confiança, permitida às partes a apresentação de parecer técnico.

Parágrafo único. No curso da audiência, poderá o juiz, de ofício ou a requerimento das partes, realizar inspeção em pessoas ou coisas, ou determinar que o faça pessoa de sua confiança, que lhe relatará informalmente o verificado.

Art. 36. A prova oral não será reduzida a escrito, devendo a sentença referir, no essencial, os informes trazidos nos depoimentos.

Art. 37. A instrução poderá ser dirigida por Juiz leigo, sob a supervisão de juiz togado.

SEÇÃO XII.
DA SENTENÇA

‣ CPC/15: arts. 485 a 495.

Art. 38. A sentença mencionará os elementos de convicção do juiz, com breve resumo dos fatos relevantes ocorridos em audiência, dispensado o relatório.

Parágrafo único. Não se admitirá sentença condenatória por quantia ilíquida, ainda que genérico o pedido.

Art. 39. É ineficaz a sentença condenatória na parte que exceder a alçada estabelecida nesta Lei.

Art. 40. O juiz leigo que tiver dirigido a instrução proferirá sua decisão e imediatamente a submeterá ao juiz togado, que poderá homologá-la, proferir outra em substituição ou, antes de se manifestar, determinar a realização de atos probatórios indispensáveis.

Art. 41. Da sentença, excetuada a homologatória de conciliação ou laudo arbitral, caberá recurso para o próprio Juizado.

‣ Súm. 640 do STF.

§ 1º. O recurso será julgado por uma turma composta por três juízes togados, em exercício no primeiro grau de jurisdição, reunidos na sede do Juizado.

‣ Súm. 376 do STJ.

§ 2º. No recurso, as partes serão obrigatoriamente representadas por advogado.

Art. 42. O recurso será interposto no prazo de 10 (dez) dias, contados da ciência da sentença, por petição escrita, da qual constarão as razões e o pedido do recorrente.

‣ CPC/15: art. 1.003.

§ 1º. O preparo será feito, independentemente de intimação, nas quarenta e oito horas seguintes à interposição, sob pena de deserção.

‣ CPC/15: art. 1.007.

» *Vide* art. 54, parágrafo único, desta Lei.

§ 2º. Após o preparo, a Secretaria intimará o recorrido para oferecer resposta escrita no prazo de 10 (dez) dias.

Art. 43. O recurso terá somente efeito devolutivo, podendo o juiz dar-lhe efeito suspensivo, para evitar dano irreparável para a parte.

‣ CPC/15: art. 1.012.

Art. 44. As partes poderão requerer a transcrição da gravação da fita magnética a que alude o § 3º do art. 13 desta Lei, correndo por conta do requerente as despesas respectivas.

Art. 45. As partes serão intimadas da data da sessão de julgamento.

Art. 46. O julgamento em segunda instância constará apenas da ata, com a indicação suficiente do processo, fundamentação sucinta e parte dispositiva. Se a sentença for confirmada pelos próprios fundamentos, a Súm. do julgamento servirá de acórdão.

» *Vide* súmulas 640 e 727 do STF.

» *Vide* súmula 203 do STJ.

Art. 47. (*VETADO*).

SEÇÃO XIII.
DOS EMBARGOS DE DECLARAÇÃO

› CPC/15: arts. 1.022 a 1.026.

Art. 48. Caberão embargos de declaração contra sentença ou acórdão nos casos previstos no Código de Processo Civil. (Redação dada pela Lei nº 13.105, de 2015)

» *Vide* arts. 1.022 e 1.064 do CPC.

Parágrafo único. Os erros materiais podem ser corrigidos de ofício.

Art. 49. Os embargos de declaração serão interpostos por escrito ou oralmente, no prazo de 5 (cinco) dias, contados da ciência da decisão.

Art. 50. Os embargos de declaração interrompem o prazo para a interposição de recurso. (Redação dada pela Lei nº 13.105, de 2015)

» *Vide* art. 1.065 do CPC.

SEÇÃO XIV.
DA EXTINÇÃO DO PROCESSO SEM JULGAMENTO DO MÉRITO

› CPC/15: arts. 485 a 488.

Art. 51. Extingue-se o processo, além dos casos previstos em lei:

I - quando o autor deixar de comparecer a qualquer das audiências do processo;

II - quando inadmissível o procedimento instituído por esta Lei ou seu prosseguimento, após a conciliação;

III - quando for reconhecida a incompetência territorial;

IV - quando sobrevier qualquer dos impedimentos previstos no art. 8º desta Lei;

V - quando, falecido o autor, a habilitação depender de sentença ou não se der no prazo de 30 (trinta) dias;

VI - quando, falecido o réu, o autor não promover a citação dos sucessores no prazo de 30 (trinta) dias da ciência do fato.

§ 1º. A extinção do processo independerá, em qualquer hipótese, de prévia intimação pessoal das partes.

§ 2º. No caso do inciso I deste artigo, quando comprovar que a ausência decorre de força maior, a parte poderá ser isentada, pelo juiz, do pagamento das custas.

SEÇÃO XV.
DA EXECUÇÃO

› CPC/15: arts. 771 a 788.

Art. 52. A execução da sentença processar-se-á no próprio Juizado, aplicando-se, no que couber, o disposto no Código do Processo Civil, com as seguintes alterações:

I - as sentenças serão necessariamente líquidas, contendo a conversão em Bônus do Tesouro Nacional - BTN ou índice equivalente;

II - os cálculos de conversão de índices, de honorários, de juros e de outras parcelas serão efetuados por servidor judicial;

III - a intimação da sentença será feita, sempre que possível, na própria audiência em que for proferida. Nessa intimação, o vencido será instado a cumprir a sentença tão logo ocorra seu trânsito em julgado, e advertido dos efeitos do seu descumprimento (inciso V);

IV - não cumprida voluntariamente a sentença transitada em julgado, e tendo havido solicitação do interessado, que poderá ser verbal, proceder-se-á desde logo à execução, dispensada nova citação;

V - nos casos de obrigação de entregar, de fazer, ou de não fazer, o juiz, na sentença ou na fase de execução, cominará multa diária, arbitrada de acordo com as condições econômicas do devedor, para a hipótese de inadimplemento. Não cumprida a obrigação, o credor poderá requerer a elevação da multa ou a transformação da condenação em perdas e danos, que o juiz de imediato arbitrará, seguindo-se a execução por quantia certa, incluída a multa vencida de obrigação de dar, quando evidenciada a malícia do devedor na execução do julgado;

VI - na obrigação de fazer, o juiz pode determinar o cumprimento por outrem, fixado o valor que o devedor deve depositar para as despesas, sob pena de multa diária;

VII - na alienação forçada dos bens, o juiz poderá autorizar o devedor, o credor ou terceira pessoa idônea a tratar da alienação do bem penhorado, a qual se aperfeiçoará em juízo até a data fixada para a praça ou leilão. Sendo o preço inferior ao da avaliação, as partes serão ouvidas. Se o pagamento não for à vista, será oferecida caução idônea, nos casos de alienação de bem móvel, ou hipotecado o imóvel;

VIII - é dispensada a publicação de editais em jornais, quando se tratar de alienação de bens de pequeno valor;

IX - o devedor poderá oferecer embargos, nos autos da execução, versando sobre:

a) falta ou nulidade da citação no processo, se ele correu à revelia;

b) manifesto excesso de execução;

c) erro de cálculo;

d) causa impeditiva, modificativa ou extintiva da obrigação, superveniente à sentença.

Art. 53. A execução de título executivo extrajudicial, no valor de até 40 (quarenta) salários mínimos, obedecerá ao disposto no Código de Processo Civil, com as modificações introduzidas por esta Lei.

§ 1º. Efetuada a penhora, o devedor será intimado a comparecer à audiência de conciliação, quando poderá oferecer embargos (art. 52, IX), por escrito ou verbalmente.

§ 2º. Na audiência, será buscado o meio mais rápido e eficaz para a solução do litígio, se possível com dispensa da alienação judicial, devendo o conciliador propor, entre outras medidas cabíveis, o pagamento do débito a prazo ou a prestação, a dação em pagamento ou a imediata adjudicação do bem penhorado.

§ 3º. Não apresentados os embargos em audiência, ou julgados improcedentes, qualquer das partes poderá requerer ao Juiz a adoção de uma das alternativas do parágrafo anterior.

§ 4º. Não encontrado o devedor ou inexistindo bens penhoráveis, o processo será imediatamente extinto, devolvendo-se os documentos ao autor.

SEÇÃO XVI.
DAS DESPESAS

Art. 54. O acesso ao Juizado Especial independerá, em primeiro grau de jurisdição, do pagamento de custas, taxas ou despesas.

Parágrafo único. O preparo do recurso, na forma do § 1º do art. 42 desta Lei, compreenderá todas as despesas processuais, inclusive aquelas dispensadas em primeiro grau de jurisdição, ressalvada a hipótese de assistência judiciária gratuita.

Art. 55. A sentença de primeiro grau não condenará o vencido em custas e honorários de advogado, ressalvados os casos de litigância de má-fé. Em segundo grau, o recorrente, vencido, pagará as custas e honorários de advogado, que serão fixados entre 10% (dez por cento) e 20% (vinte por cento) do valor de condenação ou, não havendo condenação, do valor corrigido da causa.

Parágrafo único. Na execução não serão contadas custas, salvo quando:

I - reconhecida a litigância de má-fé;

II - improcedentes os embargos do devedor;

III - tratar-se de execução de sentença que tenha sido objeto de recurso improvido do devedor.

SEÇÃO XVII.
DISPOSIÇÕES FINAIS

Art. 56. Instituído o Juizado Especial, serão implantadas as curadorias necessárias e o serviço de assistência judiciária.

› Lei 1.060/1950 - Estabelece normas para a concessão de assistência judiciária aos necessitados.

Art. 57. O acordo extrajudicial, de qualquer natureza ou valor, poderá ser homologado, no juízo competente, independentemente de termo, valendo a sentença como título executivo judicial.

Parágrafo único. Valerá como título extrajudicial o acordo celebrado pelas partes, por instrumento escrito, referendado pelo órgão competente do Ministério Público.

› CPC/15: art. 784.

Art. 58. As normas de organização judiciária local poderão estender a conciliação prevista nos arts. 22 e 23 a causas não abrangidas por esta Lei.

Art. 59. Não se admitirá ação rescisória nas causas sujeitas ao procedimento instituído por esta Lei.

CAPÍTULO III.
DOS JUIZADOS ESPECIAIS CRIMINAIS

DISPOSIÇÕES GERAIS

› Lei 11.343/2006: art. 48, §§ 1º e 5º.

› Lei 11.340/2006: art. 41.

Art. 60. O Juizado Especial Criminal, provido por juízes togados ou togados e leigos, tem competência para a conciliação, o julgamento e a execução das infrações penais de menor potencial ofensivo, respeitadas as regras de conexão e continência. (Redação dada pela Lei nº 11.313, de 2006)

Parágrafo único. Na reunião de processos, perante o juízo comum ou o tribunal do júri, decorrentes da aplicação das regras de conexão e continência, observar-se-ão os institutos da transação penal e da composição dos danos civis. (Incluído pela Lei nº 11.313, de 2006)

Art. 61. Consideram-se infrações penais de menor potencial ofensivo, para os efeitos desta Lei, as contravenções penais e os crimes a que a lei comine pena máxima não superior a 2 (dois) anos, cumulada ou não com multa. (Redação dada pela Lei nº 11.313, de 2006)

- CF/88: art. 98, I.
- Lei 10.259/2001: art. 2º.
- Decreto-lei 3.688/1941 – Lei das Contravenções Penais.

Art. 62. O processo perante o Juizado Especial orientar-se-á pelos critérios da oralidade, simplicidade, informalidade, economia processual e celeridade, objetivando, sempre que possível, a reparação dos danos sofridos pela vítima e a aplicação de pena não privativa de liberdade. (Redação dada pela Lei 13.603/2018.)

- CF/88: art. 5º, LXXXVIII.

SEÇÃO I. DA COMPETÊNCIA E DOS ATOS PROCESSUAIS

Art. 63. A competência do Juizado será determinada pelo lugar em que foi praticada a infração penal.

- CPP: arts. 69 a 71.

Art. 64. Os atos processuais serão públicos e poderão realizar-se em horário noturno e em qualquer dia da semana, conforme dispuserem as normas de organização judiciária.

- CPP: art. 792.

Art. 65. Os atos processuais serão válidos sempre que preencherem as finalidades para as quais foram realizados, atendidos os critérios indicados no art. 62 desta Lei.

§ 1º. Não se pronunciará qualquer nulidade sem que tenha havido prejuízo.

- Súm. 523 do STF.
- CPP: art. 563.

§ 2º. A prática de atos processuais em outras comarcas poderá ser solicitada por qualquer meio hábil de comunicação.

§ 3º. Serão objeto de registro escrito exclusivamente os atos havidos por essenciais. Os atos realizados em audiência de instrução e julgamento poderão ser gravados em fita magnética ou equivalente.

Art. 66. A citação será pessoal e far-se-á no próprio Juizado, sempre que possível, ou por mandado.

Parágrafo único. Não encontrado o acusado para ser citado, o Juiz encaminhará as peças existentes ao Juízo comum para adoção do procedimento previsto em lei.

» *Vide* art. 77, § 2.º, desta Lei.
» *Vide* art. 538 do CPP.

Art. 67. A intimação far-se-á por correspondência, com aviso de recebimento pessoal ou, tratando-se de pessoa jurídica ou firma individual, mediante entrega ao encarregado da recepção, que será obrigatoriamente identificado, ou, sendo necessário, por oficial de justiça, independentemente de mandado ou carta precatória, ou ainda por qualquer meio idôneo de comunicação.

- CPP: arts. 370 a 372.

Parágrafo único. Dos atos praticados em audiência considerar-se-ão desde logo cientes as partes, os interessados e defensores.

Art. 68. Do ato de intimação do autor do fato e do mandado de citação do acusado, constará a necessidade de seu comparecimento acompanhado de advogado, com a advertência de que, na sua falta, ser-lhe-á designado defensor público.

SEÇÃO II. DA FASE PRELIMINAR

Art. 69. A autoridade policial que tomar conhecimento da ocorrência lavrará termo circunstanciado e o encaminhará imediatamente ao Juizado, com o autor do fato e a vítima, providenciando-se as requisições dos exames periciais necessários.

- CPP: arts. 4º, 6º e 158 a 184.

Parágrafo único. Ao autor do fato que, após a lavratura do termo, for imediatamente encaminhado ao juizado ou assumir o compromisso de a ele comparecer, não se imporá prisão em flagrante, nem se exigirá fiança. Em caso de violência doméstica, o juiz poderá determinar, como medida de cautela, seu afastamento do lar, domicílio ou local de convivência com a vítima. (Redação dada pela Lei nº 10.455, de 2002)

- CPP: arts. 301 a 310, e 321 a 350.

Art. 70. Comparecendo o autor do fato e a vítima, e não sendo possível a realização imediata da audiência preliminar, será designada data próxima, da qual ambos sairão cientes.

Art. 71. Na falta do comparecimento de qualquer dos envolvidos, a Secretaria providenciará sua intimação e, se for o caso, a do responsável civil, na forma dos arts. 67 e 68 desta Lei.

Art. 72. Na audiência preliminar, presente o representante do Ministério Público, o autor do fato e a vítima e, se possível, o responsável civil, acompanhados por seus advogados, o juiz esclarecerá sobre a possibilidade da composição dos danos e da aceitação da proposta de aplicação imediata de pena não privativa de liberdade.

Art. 73. A conciliação será conduzida pelo juiz ou por conciliador sob sua orientação.

Parágrafo único. Os conciliadores são auxiliares da Justiça, recrutados, na forma da lei local, preferentemente entre bacharéis em Direito, excluídos os que exerçam funções na administração da Justiça Criminal.

Art. 74. A composição dos danos civis será reduzida a escrito e, homologada pelo juiz mediante sentença irrecorrível, terá eficácia de título a ser executado no juízo civil competente.

Parágrafo único. Tratando-se de ação penal de iniciativa privada ou de ação penal pública condicionada à representação, o acordo homologado acarreta a renúncia ao direito de queixa ou representação.

- CPP: arts. 49 e 50.

Art. 75. Não obtida a composição dos danos civis, será dada imediatamente ao ofendido a oportunidade de exercer o direito de representação verbal, que será reduzida a termo.

- CPP: arts. 25 e 39.

Parágrafo único. O não oferecimento da representação na audiência preliminar não implica decadência do direito, que poderá ser exercido no prazo previsto em lei.

Art. 76. Havendo representação ou tratando-se de crime de ação penal pública incondicionada, não sendo caso de arquivamento, o Ministério Público poderá propor a aplicação imediata de pena restritiva de direitos ou multas, a ser especificada na proposta.

- Súm.. Vinculante 35 do STF.
- CPP: arts. 24 e 28.

§ 1º. Nas hipóteses de ser a pena de multa a única aplicável, o juiz poderá reduzi-la até a metade.

- CP: arts. 49 a 52.
- Lei 7.210/1984: arts. 164 a 170.

§ 2º. Não se admitirá a proposta se ficar comprovado:

I – ter sido o autor da infração condenado, pela prática de crime, à pena privativa de liberdade, por sentença definitiva;

II – ter sido o agente beneficiado anteriormente, no prazo de 5 (cinco) anos, pela aplicação de pena restritiva ou multa, nos termos deste artigo;

III – não indicarem os antecedentes, a conduta social e a personalidade do agente, bem como os motivos e as circunstâncias, ser necessária e suficiente a adoção da medida.

§ 3º. Aceita a proposta pelo autor da infração e seu defensor, será submetida à apreciação do juiz.

» *Vide* art. 5.º, LV, da CF.
» *Vide* art. 564, IV, do CPP.

§ 4º. Acolhendo a proposta do Ministério Público aceita pelo autor da infração, o juiz aplicará a pena restritiva de direitos ou multa, que não importará em reincidência, sendo registrada apenas para impedir novamente o mesmo benefício no prazo de 5 (cinco) anos.

§ 5º. Da sentença prevista no parágrafo anterior caberá a apelação referida no art. 82 desta Lei.

§ 6º. A imposição da sanção de que trata o § 4º deste artigo não constará de certidão de antecedentes criminais, salvo para os fins previstos no mesmo dispositivo, e não terá efeitos civis, cabendo aos interessados propor ação cabível no juízo cível.

SEÇÃO III. DO PROCEDIMENTO SUMARÍSSIMO

Art. 77. Na ação penal de iniciativa pública, quando não houver aplicação de pena, pela ausência do autor do fato, ou pela não ocorrência da hipótese prevista no art. 76 desta Lei, o Ministério Público oferecerá ao juiz, de imediato, denúncia oral, se não houver necessidade de diligências imprescindíveis.

- CP: art. 100, § 1º.
- CPP: arts. 24 e 26.

§ 1º. Para o oferecimento da denúncia, que será elaborada com base no termo de ocorrência referido no art. 69 desta Lei, com dispensa do inquérito policial, prescindir-se-á do exame do corpo de delito quando a materialidade do crime estiver aferida por boletim médico ou prova equivalente.

§ 2º. Se a complexidade ou circunstâncias do caso não permitirem a formulação da denúncia, o Ministério Público poderá requerer ao juiz o encaminhamento das peças existentes, na forma do parágrafo único do art. 66 desta Lei.

» *Vide* art. 538 do CPP.

§ 3º. Na ação penal de iniciativa do ofendido poderá ser oferecida queixa oral, cabendo ao juiz verificar se a complexidade e as circunstâncias do caso determinam a adoção das providências previstas no parágrafo único do art. 66 desta Lei.

- CPP: arts. 41, 44, 45 e 48.

Art. 78. Oferecida a denúncia ou queixa, será reduzida a termo, entregando-se cópia ao acusado, que com ela ficará citado e imediatamente cientificado da designação de dia e hora para a audiência de instrução e julgamento, da qual também tomarão ciência o Ministério Público, o ofendido, o responsável civil e seus advogados.

§ 1º. Se o acusado não estiver presente, será citado na forma dos arts. 66 e 68 desta Lei e cientificado da data da audiência de instrução e julgamento, devendo a ela trazer suas testemunhas ou apresentar requerimento para intimação, no mínimo 5 (cinco) dias antes de sua realização.

› CPP: arts. 202 a 225.

§ 2º. Não estando presentes o ofendido e o responsável civil, serão intimados nos termos do art. 67 desta Lei para comparecerem à audiência de instrução e julgamento.

§ 3º. As testemunhas arroladas serão intimadas na forma prevista no art. 67 desta Lei.

› CPP: arts. 202 a 225.

Art. 79. No dia e hora designados para a audiência de instrução e julgamento, se na fase preliminar não tiver havido possibilidade de tentativa de conciliação e de oferecimento de proposta pelo Ministério Público, proceder-se-á nos termos dos arts. 72, 73, 74 e 75 desta Lei.

Art. 80. Nenhum ato será adiado, determinando o juiz, quando imprescindível, a condução coercitiva de quem deva comparecer.

Art. 81. Aberta a audiência, será dada a palavra ao defensor para responder à acusação, após o que o juiz receberá, ou não, a denúncia ou queixa; havendo recebimento, serão ouvidas a vítima e as testemunhas de acusação e defesa, interrogando-se a seguir o acusado, se presente, passando-se imediatamente aos debates orais e à prolação da sentença.

» *Vide* arts. 185 a 196, 202 a 225 e 381 a 392 do CPP.

§ 1º. Todas as provas serão produzidas na audiência de instrução e julgamento, podendo o Juiz limitar ou excluir as que considerar excessivas, impertinentes ou protelatórias.

§ 1º-A. Durante a audiência, todas as partes e demais sujeitos processuais presentes no ato deverão respeitar a dignidade da vítima, sob pena de responsabilização civil, penal e administrativa, cabendo ao juiz garantir o cumprimento do disposto neste artigo, vedadas: (Acrescido pela Lei 14.245/2021)

» § 1.º-A, *caput*, acrescentado pela Lei n. 14.245, de 22-11-2021.

I - a manifestação sobre circunstâncias ou elementos alheios aos fatos objeto de apuração nos autos;

» Inciso I acrescentado pela Lei n. 14.245, de 22-11-2021.

II - a utilização de linguagem, de informações ou de material que ofendam a dignidade da vítima ou de testemunhas.

» Inciso II acrescentado pela Lei n. 14.245, de 22-11-2021.

§ 2º. De todo o ocorrido na audiência será lavrado termo, assinado pelo juiz e pelas partes, contendo breve resumo dos fatos relevantes ocorridos em audiência e a sentença.

§ 3º. A sentença, dispensado o relatório, mencionará os elementos de convicção do juiz.

» *Vide* art. 381, II, do CPP.

Art. 82. Da decisão de rejeição da denúncia ou queixa e da sentença caberá apelação, que poderá ser julgada por turma composta de 3 (três) juízes em exercício no primeiro grau de jurisdição, reunidos na sede do Juizado.

› CPP: arts. 395 e 581, I.

» *Vide* Súmula 640 do STF.

» *Vide* Súmula 203 do STJ.

§ 1º. A apelação será interposta no prazo de 10 (dez) dias, contados da ciência da sentença pelo Ministério Público, pelo réu e seu defensor, por petição escrita, da qual constarão as razões e o pedido do recorrente.

› CPP: art. 593.

§ 2º. O recorrido será intimado para oferecer resposta escrita no prazo de 10 (dez) dias.

§ 3º. As partes poderão requerer a transcrição da gravação da fita magnética a que alude o § 3º do art. 65 desta Lei.

§ 4º. As partes serão intimadas da data da sessão de julgamento pela imprensa.

§ 5º. Se a sentença for confirmada pelos próprios fundamentos, a Súm. do julgamento servirá de acórdão.

Art. 83. Cabem embargos de declaração quando, em sentença ou acórdão, houver obscuridade, contradição ou omissão. (Redação dada pela Lei nº 13.105, de 2015)

› CPP: arts. 619 e 620.

» *Vide* arts. 382, 619 e 620 do CPP.

§ 1º. Os embargos de declaração serão opostos por escrito ou oralmente, no prazo de 5 (cinco) dias, contados da ciência da decisão.

§ 2º. Os embargos de declaração interrompem o prazo para a interposição de recurso. (Redação dada pela Lei nº 13.105, de 2015)

§ 3º. Os erros materiais podem ser corrigidos de ofício.

SEÇÃO IV.
DA EXECUÇÃO

Art. 84. Aplicada exclusivamente pena de multa, seu cumprimento far-se-á mediante pagamento na Secretaria do Juizado.

Parágrafo único. Efetuado o pagamento, o juiz declarará extinta a punibilidade, determinando que a condenação não fique constando dos registros criminais, exceto para fins de requisição judicial.

Art. 85. Não efetuado o pagamento de multa, será feita a conversão em pena privativa da liberdade, ou restritiva de direitos, nos termos previstos em lei.

Art. 86. A execução das penas privativas de liberdade e restritivas de direitos, ou de multa cumulada com estas, será processada perante o órgão competente, nos termos da lei.

SEÇÃO V.
DAS DESPESAS PROCESSUAIS

Art. 87. Nos casos de homologação do acordo civil e aplicação de pena restritiva de direitos ou multa (arts. 74 e 76, § 4º), as despesas processuais serão reduzidas, conforme dispuser lei estadual.

SEÇÃO VI.
DISPOSIÇÕES FINAIS

Art. 88. Além das hipóteses do Código Penal e da legislação especial, dependerá de representação a ação penal relativa aos crimes de lesões corporais leves e lesões culposas.

» *Vide* art. 129, *caput* e §§ 6.º e 9.º, do CP.

» *Vide* art. 21 da Lei das Contravenções Penais.

» *Vide* arts. 303 e 291, § 1.º, do Código de Trânsito.

» Vide art. 41 da Lei n. 11.340, de 7-8-2006 (Violência doméstica).

Art. 89. Nos crimes em que a pena mínima cominada for igual ou inferior a 1 (um) ano, abrangidas ou não por esta Lei, o Ministério Público, ao oferecer a denúncia, poderá propor a suspensão do processo, por 2 (dois) a 4 (quatro) anos, desde que o acusado não esteja sendo processado ou não tenha sido condenado por outro crime, presentes os demais requisitos que autorizariam a suspensão condicional da pena (art. 77 do Código Penal).

› Súm. 696 e 723 do STF.

› Súm. 243 e 536 do STJ.

» *Vide* art. 41 da Lei n. 11.340, de 7-8-2006 (Violência doméstica).

§ 1º. Aceita a proposta pelo acusado e seu defensor, na presença do juiz, este, recebendo a denúncia, poderá suspender o processo, submetendo o acusado a período de prova, sob as seguintes condições:

I – reparação do dano, salvo impossibilidade de fazê-lo;

II – proibição de frequentar determinados lugares;

III – proibição de ausentar-se da comarca onde reside, sem autorização do juiz;

IV – comparecimento pessoal e obrigatório a juízo, mensalmente, para informar e justificar suas atividades.

§ 2º. O juiz poderá especificar outras condições a que fica subordinada a suspensão, desde que adequadas ao fato e à situação pessoal do acusado.

§ 3º. A suspensão será revogada se, no curso do prazo, o beneficiário vier a ser processado por outro crime ou não efetuar, sem motivo justificado, a reparação do dano.

§ 4º. A suspensão poderá ser revogada se o acusado vier a ser processado, no curso do prazo, por contravenção, ou descumprir qualquer outra condição imposta.

§ 5º. Expirando o prazo sem revogação, o Juiz declarará extinta a punibilidade.

§ 6º. Não correrá a prescrição durante o prazo de suspensão do processo.

§ 7º. Se o acusado não aceitar a proposta prevista neste artigo, o processo prosseguirá em seus ulteriores termos.

Art. 90. As disposições desta Lei não se aplicam aos processos penais cuja instrução já estiver iniciada.

› O STF, por unanimidade, julgou procedente em parte a ADI 1719 para "sem redução de texto e dando interpretação conforme à constituição, excluir, com eficácia *ex tunc*, da norma constante do art. 90 da Lei Nº 9.099/95, o sentido que impeça a aplicação de normas de direito penal, com conteúdo mais favorável ao réu, aos processos penais com instrução já iniciada à época da vigência desse diploma legislativo".

Art. 90-A. As disposições desta Lei não se aplicam no âmbito da Justiça Militar. (Artigo incluído pela Lei nº 9.839, de 1999)

Art. 91. Nos casos em que esta Lei passa a exigir representação para a propositura da ação penal pública, o ofendido ou seu representante legal será intimado para oferecê-la no prazo de 30 (trinta) dias, sob pena de decadência.

› CP: art. 103.

› CPP: art. 38.

Art. 92. Aplicam-se subsidiariamente as disposições dos Códigos Penal e de Processo Penal, no que não forem incompatíveis com esta Lei.

CAPÍTULO IV. DISPOSIÇÕES FINAIS COMUNS

Art. 93. Lei Estadual disporá sobre o Sistema de Juizados Especiais Cíveis e Criminais, sua organização, composição e competência.

Art. 94. Os serviços de cartório poderão ser prestados, e as audiências realizadas fora da sede da Comarca, em bairros ou cidades a ela pertencentes, ocupando instalações de prédios públicos, de acordo com audiências previamente anunciadas.

Art. 95. Os Estados, Distrito Federal e Territórios criarão e instalarão os Juizados Especiais no prazo de 6 (seis) meses, a contar da vigência desta Lei.

Parágrafo único. No prazo de 6 (seis) meses, contado da publicação desta Lei, serão criados e instalados os Juizados Especiais Itinerantes, que deverão dirimir, prioritariamente, os conflitos existentes nas áreas rurais ou nos locais de menor concentração populacional. (Redação dada pela Lei nº 12.726, de 2012)

Art. 96. Esta Lei entra em vigor no prazo de 60 (sessenta) dias após a sua publicação.

Art. 97. Ficam revogadas a Lei nº 4.611, de 2 de abril de 1965, e a Lei nº 7.244, de 7 de novembro de 1984.

Brasília, 26 de setembro de 1995; 174º da Independência e 107º da República.
FERNANDO HENRIQUE CARDOSO
D.O.U. 27.9.1995

LEI Nº 9.279, DE 14 DE MAIO DE 1996 (Excertos)

Regula direitos e obrigações relativos à propriedade industrial.

› *Propriedade Industrial*

O PRESIDENTE DA REPÚBLICA Faço saber que o Congresso Nacional decreta e eu sanciono a seguinte Lei:

DISPOSIÇÕES PRELIMINARES

Art. 1º. Esta Lei regula direitos e obrigações relativos à propriedade industrial.

› CF/88: art. 5º, XXIX.

» *Vide* art. 5.º, XXIX, da CF.

» *Vide* Leis n. 9.609, de 19-2-1998 e 9.610, de 19-2-1998.

Art. 2º. A proteção dos direitos relativos à propriedade industrial, considerado o seu interesse social e o desenvolvimento tecnológico e econômico do País, efetua-se mediante:

I – concessão de patentes de invenção e de modelo de utilidade;

II – concessão de registro de desenho industrial;

III – concessão de registro de marca;

IV – repressão às falsas indicações geográficas; e

V – repressão à concorrência desleal.

VI - concessão de registro para jogos eletrônicos. (Acrescido pela Lei 14.852/2024)

Art. 3º. Aplica-se também o disposto nesta Lei:

I – ao pedido de patente ou de registro proveniente do exterior e depositado no País por quem tenha proteção assegurada por tratado ou convenção em vigor no Brasil; e

II – aos nacionais ou pessoas domiciliadas em país que assegure aos brasileiros ou pessoas domiciliadas no Brasil a reciprocidade de direitos iguais ou equivalentes.

Art. 4º. As disposições dos tratados em vigor no Brasil são aplicáveis, em igualdade de condições, às pessoas físicas e jurídicas nacionais ou domiciliadas no País.

Art. 5º. Consideram-se bens móveis, para os efeitos legais, os direitos de propriedade industrial.

› CC: arts. 82 a 84.

TÍTULO I. DAS PATENTES

(...)

CAPÍTULO XIV. DA INVENÇÃO E DO MODELO DE UTILIDADE REALIZADO POR EMPREGADO OU PRESTADOR DE SERVIÇO

› Decreto 2.553/1998 – Regulamenta os arts. 75 e 88 a 93 da Lei 9.279/1996.

Art. 88. A invenção e o modelo de utilidade pertencem exclusivamente ao empregador quando decorrerem de contrato de trabalho cuja execução ocorra no Brasil e que tenha por objeto a pesquisa ou a atividade inventiva, ou resulte esta da natureza dos serviços para os quais foi o empregado contratado.

§ 1º. Salvo expressa disposição contratual em contrário, a retribuição pelo trabalho a que se refere este artigo limita-se ao salário ajustado.

§ 2º. Salvo prova em contrário, consideram-se desenvolvidos na vigência do contrato a invenção ou o modelo de utilidade, cuja patente seja requerida pelo empregado até 1 (um) ano após a extinção do vínculo empregatício.

Art. 89. O empregador, titular da patente, poderá conceder ao empregado, autor de invento ou aperfeiçoamento, participação nos ganhos econômicos resultantes da exploração da patente, mediante negociação com o interessado ou conforme disposto em norma da empresa.

Parágrafo único. A participação referida neste artigo não se incorpora, a qualquer título, ao salário do empregado.

Art. 90. Pertencerá exclusivamente ao empregado a invenção ou o modelo de utilidade por ele desenvolvido, desde que desvinculado do contrato de trabalho e não decorrente da utilização de recursos, meios, dados, materiais, instalações ou equipamentos do empregador.

Art. 91. A propriedade de invenção ou de modelo de utilidade será comum, em partes iguais, quando resultar da contribuição pessoal do empregado e de recursos, dados, meios, materiais, instalações ou equipamentos do empregador, ressalvada expressa disposição contratual em contrário.

§ 1º. Sendo mais de um empregado, a parte que lhes couber será dividida igualmente entre todos, salvo ajuste em contrário.

§ 2º. É garantido ao empregador o direito exclusivo de licença de exploração e assegurada ao empregado a justa remuneração.

§ 3º. A exploração do objeto da patente, na falta de acordo, deverá ser iniciada pelo empregador dentro do prazo de 1 (um) ano, contado da data de sua concessão, sob pena de passar à exclusiva propriedade do empregado a titularidade da patente, ressalvadas as hipóteses de falta de exploração por razões legítimas.

§ 4º. No caso de cessão, qualquer dos cotitulares, em igualdade de condições, poderá exercer o direito de preferência.

Art. 92. O disposto nos artigos anteriores aplica-se, no que couber, às relações entre o trabalhador autônomo ou o estagiário e a empresa contratante e entre empresas contratantes e contratadas.

Art. 93. Aplica-se o disposto neste Capítulo, no que couber, às entidades da Administração Pública, direta, indireta e fundacional, federal, estadual ou municipal.

Parágrafo único. Na hipótese do art. 88, será assegurada ao inventor, na forma e condições previstas no estatuto ou regimento interno da entidade a que se refere este artigo, premiação de parcela no valor das vantagens auferidas com o pedido ou com a patente, a título de incentivo.

(...)

TÍTULO VIII. DAS DISPOSIÇÕES TRANSITÓRIAS E FINAIS

(...)

Art. 243. Esta Lei entra em vigor na data de sua publicação quanto às matérias disciplinadas nos arts. 230, 231, 232 e 239, e 1 (um) ano após sua publicação quanto aos demais artigos.

Art. 244. Revogam-se a Lei nº 5.772, de 21 de dezembro de 1971, a Lei nº 6.348, de 7 de julho de 1976, os arts. 187 a 196 do Dec.-lei nº 2.848, de 7 de dezembro de 1940, os arts. 169 a 189 do Dec.-lei nº 7.903, de 27 de agosto de 1945, e as demais disposições em contrário.

Brasília, 14 de maio de 1996; 175º da Independência e 108º da República.
FERNANDO HENRIQUE CARDOSO
D.O.U. 15.5.1996

LEI N. 9.477, DE 24 DE JULHO DE 1997 (Excertos)

Institui o Fundo de Aposentadoria Programada Individual – FAPI e o Plano de Incentivo à Aposentadoria Programada Individual, e dá outras providências.

› *FAPI e Plano de Incentivo à Aposentadoria Programada Individual*

O Presidente da República.

Faço saber que o Congresso Nacional decreta e eu sanciono a seguinte Lei:

Art. 1.º É autorizada a instituição de Fundos de Aposentadoria Programada Individual – FAPI, com recursos do trabalhador ou de empregador detentor de Plano de Incentivo à Aposentadoria Programada Individual, destinado a seus empregados e administradores.

§ 1.º Os Fundos de Aposentadoria Programada Individual – FAPI, constituídos sob a forma de condomínio aberto, terão seus recursos aplicados de acordo com o que vier a ser determinado pelo Conselho Monetário Nacional.

§ 2.º O trabalhador pode adquirir quotas dos Fundos de Aposentadoria Programada Individual – FAPI, e o empregador pode, ao estabelecer Plano de Incentivo à Aposentadoria Programada Individual, adquirir quotas em nome de seus empregados e administradores, observado o disposto nesta Lei.

§ 3.º Considera-se trabalhador, para os efeitos desta Lei, a pessoa que, residente ou domiciliada no País, aufira rendimento do trabalho, com ou sem vínculo empregatício.

§ 4.º Entende-se por empregador o empresário ou a pessoa jurídica de natureza empresarial que, assumindo os riscos da atividade econômica, admite e remunera trabalhadores, inclusive seus administradores.

Art. 2.º As aquisições de quotas do Fundo a que se refere o artigo anterior serão realizadas em moeda corrente nacional.

Art. 3.º Os Fundos a que se refere o art. 1.º podem ser instituídos e administrados por instituições financeiras ou por sociedades seguradoras autorizadas a funcionar pela Superintendência de Seguros Privados – SUSEP.

§ 1.º Compete ao Conselho Monetário Nacional aprovar o regulamento que disciplina a constituição dos Fundos de Aposentadoria Programada Individual – FAPI.

§ 2.º O regulamento deverá dispor, pelo menos, sobre:

I – constituição e suas características;

II – administração;

III – taxa de administração;

IV – composição e diversificação da carteira, objetivando a prudência e a diversificação de riscos;

V – patrimônio líquido;

VI – emissão, colocação e resgate de quotas;

VII – regras para os planos de contribuição, obedecido o intervalo máximo de um ano entre as aquisições de quotas por parte dos participantes;

VIII – portabilidade, objetivando garantir a possibilidade de transferência de patrimônio individual (quota-parte) de um fundo para outro, decorrido período de no mínimo seis meses;

IX – custódia e liquidação dos títulos e valores mobiliários dos Fundos;

X – assembleia geral;

XI – demonstrações financeiras;

XII – prestação de informações ao Banco Central do Brasil, à Comissão de Valores Mobiliários e à Superintendência de Seguros Privados;

XIII – publicidade e remessa de documentos;

XIV – aplicação de penalidades;

XV – normas gerais.

§ 3.º Para os efeitos do inciso IV do parágrafo anterior, pode o Conselho Monetário Nacional limitar a participação, na Carteira de Aplicação dos Fundos de Aposentadoria Programada Individual – FAPI, de títulos e obrigações de responsabilidade do instituidor do Plano de Incentivo e de seu administrador, controladas, coligadas e interligadas.

Art. 4.º Compete ao Banco Central do Brasil e à Superintendência de Seguros Privados, no âmbito das respectivas atribuições:

I – autorizar a constituição dos Fundos de Aposentadoria Programada Individual – FAPI e a transferência de sua administração;

II – exercer a fiscalização dos administradores dos Fundos e aplicar as penalidades previstas.

Parágrafo único. O disposto neste artigo não exclui a competência da Comissão de Valores Mobiliários com relação aos valores mobiliários integrantes da carteira dos Fundos de que trata o art. 1.º desta Lei.

Art. 5.º O administrador do Fundo, observadas as limitações legais, deve praticar os atos necessários à administração da carteira do Fundo e exercer todos os direitos inerentes aos ativos que a integram, podendo contratar os serviços de terceiros, legalmente habilitados.

§ 1.º As instituições contratadas para a execução dos serviços de que trata este artigo respondem solidariamente com o administrador do Fundo pelos prejuízos que causarem ao Fundo.

§ 2.º As ordens de compra e venda de quotas, títulos e valores mobiliários são sempre expedidas com identificação precisa do Fundo.

Art. 6.º Os ativos dos Fundos de Aposentadoria Programada Individual – FAPI são impenhoráveis e sobre eles não incidem encaixes obrigatórios ou depósitos compulsórios.

(...)

Art. 8.º Os recursos utilizados pelo empregador para aquisição de quotas em nome de seus empregados ou administradores, dentro do Plano de Incentivo à Aposentadoria Programada Individual, de que trata esta Lei, não são considerados integrantes da remuneração dos beneficiários para efeitos da legislação do trabalho e da previdência e não integram a base de cálculo para as contribuições para o Fundo de Garantia do Tempo de Serviço, de Assistência Social e Sindical.

Parágrafo único. O participante de Plano de Incentivo à Aposentadoria Programada Individual que perder o vínculo com a empresa continua com direito às quotas do Fundo adquiridas em seu nome, com recursos do empregador, podendo movimentá-las somente após o prazo de capitalização, observados os casos especiais a que se refere o inciso I do art. 9.º e regulamentação pertinentes.

Art. 9.º O resgate parcial ou total do Fundo de Aposentadoria Programada Individual – FAPI pode realizar-se:

I – com isenção do Imposto sobre Operações de Crédito, Câmbio e Seguro ou relativas a Títulos e Valores Mobiliários após o prazo de dez anos, contado a partir da contribuição inicial para a formação do patrimônio e nos casos de invalidez permanente, de aposentadoria, ou de morte do participante, hipótese esta em que o resgate se dará na forma da legislação civil;

II – com incidência do Imposto sobre Operações de Crédito, Câmbio e Seguro, ou relativas a Títulos e Valores Mobiliários, calculado à alíquota de vinte e cinco por cento sobre o valor resgatado antes do prazo de dez anos, contado a partir da contribuição inicial.

§ 1.º Não se aplica o disposto no inciso II nos casos de invalidez permanente, de aposentadoria ou de morte do participante, hipótese esta em que o resgate dar-se-á na forma da legislação civil.

§ 2.º Transcorrido o prazo de capitalização a que se refere o inciso I, o participante tem direito a resgatar parcial ou totalmente as quotas, podendo adquirir renda junto a sociedades seguradoras ou a entidades de previdência privada, na forma da lei.

(...)

Art. 11. Os bens e direitos integrantes do patrimônio do Fundo de Aposentadoria Programada Individual não se comunicam com o patrimônio da instituição administradora, assim como, em caso de falência ou liquidação extrajudicial da instituição administradora, o patrimônio do FAPI não integra a massa falida ou liquidante da instituição.

Art. 12. Os resgates na carteira dos Fundos para mudança das aplicações (art. 3.º, § 2.º, VIII) entre Fundos instituídos por esta Lei ou para a aquisição de renda junto às instituições privadas de previdência e seguradoras que operam com esse produto, estão isentos do Imposto sobre Operações de Crédito, Câmbio e Seguro, ou relativas a Títulos e Valores Mobiliários e do Imposto de Renda.

(...)

Art. 14. Esta Lei entra em vigor na data de sua publicação.

Brasília, 24 de julho de 1997; 176.º da Independência e 109.º da República.

Fernando Henrique Cardoso

LEI Nº 9.494, DE 10 DE SETEMBRO DE 1997

Disciplina a aplicação da tutela antecipada contra a Fazenda Pública, altera a Lei nº 7.347, de 24 de julho de 1985, e dá outras providências.

▸ *Tutela antecipada*

Faço saber que o PRESIDENTE DA REPÚBLICA adotou a Medida Provisória nº 1.570-5, de 1997, que o Congresso Nacional aprovou, e eu, Antonio Carlos Magalhães, Presidente, para os efeitos do disposto no parágrafo único do art. 62 da Constituição Federal, promulgo a seguinte Lei:

Art. 1º. Aplica-se à tutela antecipada prevista nos arts. 273 e 461 do Código de Processo Civil o disposto nos arts. 5º e seu parágrafo único e 7º da Lei nº 4.348, de 26 de junho de 1964, no art. 1º e seu § 4º da Lei nº 5.021, de 9 de junho de 1966, e nos arts. 1º, 3º e 4º da Lei nº 8.437, de 30 de junho de 1992.

▸ Refere-se ao CPC de 1973.

▸ Lei 12.016/2009 revogou as Leis 4.348/1964 e 5.021/1966.

▸ Súm. 729 do STF.

▸ CPC/15: art..300 e 497.

Art. 1º-A. Estão dispensadas de depósito prévio, para interposição de recurso, as pessoas jurídicas de direito público federais, estaduais, distritais e municipais. (Incluído pela Medida Provisória nº 2.180-35, de 2001)

Art. 1º-B. O prazo a que se refere o *caput* dos arts. 730 do Código de Processo Civil, e 884 da Consolidação das Leis do Trabalho, aprovada pelo Decreto-lei nº 5.452, de 1º de maio de 1943, passa a ser de 30 (trinta) dias. (Incluído pela Medida Provisória nº 2.180-35, de 2001)

▸ ADC 11-8/DF (Med. Caut.): O STF deferiu cautelar para suspender todos os processos em que se discuta constitucionalidade do art. 1º-B da Lei 9.494/1997 acrescentado pela MP 2.180-35/2001. (D.J.U. 29.06.2007)

▸ Refere-se ao CPC de 1973.

▸ v.CPC/15: arts. 497, 499, 500, 536 e 537.

Art. 1º-C. Prescreverá em 5 (cinco) anos o direito de obter indenização dos danos causados por agentes de pessoas jurídicas de direito público e de pessoas jurídicas de direito privado prestadoras de serviços públicos. (Incluído pela Medida Provisória nº 2.180-35, de 2001)

Art. 1º-D. Não serão devidos honorários advocatícios pela Fazenda Pública nas execuções não embargadas. (Incluído pela Medida Provisória nº 2.180-35, de 2001)

› Súm. 345 do STJ.

Art. 1º-E. São passíveis de revisão, pelo Presidente do Tribunal, de ofício ou a requerimento das partes, as contas elaboradas para aferir o valor dos precatórios antes de seu pagamento ao credor. (Incluído pela Medida Provisória nº 2.180-35, de 2001)

Art. 1º-F. Nas condenações impostas à Fazenda Pública, independentemente de sua natureza e para fins de atualização monetária, remuneração do capital e compensação da mora, haverá a incidência uma única vez, até o efetivo pagamento, dos índices oficiais de remuneração básica e juros aplicados à caderneta de poupança. (Redação dada pela Lei nº 11.960, de 2009)

› ADI 5.348 (DOU 21.11.2019): Artigo declarado inconstitucional, em controle concentrado, pelo Supremo Tribunal Federal, na parte em que estabelece a aplicação dos índices da caderneta de poupança como critério de atualização monetária das condenações da Fazenda Pública.

Art. 2º. O art. 16 da Lei nº 7.347, de 24 de julho de 1985, passa a vigorar com a seguinte redação:

› Alteração incorporada ao texto da referida lei.

Art. 2º-A. A sentença civil prolatada em ação de caráter coletivo proposta por entidade associativa, na defesa dos interesses e direitos dos seus associados, abrangerá apenas os substituídos que tenham, na data da propositura da ação, domicílio no âmbito da competência territorial do órgão prolator. (Incluído pela Medida Provisória nº 2.180-35, de 2001)

Parágrafo único. Nas ações coletivas propostas contra a União, os Estados, o Distrito Federal, os Municípios e suas autarquias e fundações, a petição inicial deverá obrigatoriamente estar instruída com a ata da assembleia da entidade associativa que a autorizou, acompanhada da relação nominal dos seus associados e indicação dos respectivos endereços. (Incluído pela Medida Provisória nº 2.180-35, de 2001)

Art. 2º-B. A sentença que tenha por objeto a liberação de recurso, inclusão em folha de pagamento, reclassificação, equiparação, concessão de aumento ou extensão de vantagens a servidores da União, dos Estados, do Distrito Federal e dos Municípios, inclusive de suas autarquias e fundações, somente poderá ser executada após seu trânsito em julgado. (Incluído pela Medida Provisória nº 2.180-35, de 2001)

Art. 3º. Ficam convalidados os atos praticados com base na Medida Provisória 1.570-4, de 22 de julho de 1997.

Art. 4º. Esta Lei entra em vigor na data de sua publicação.

Congresso Nacional, em 10 de setembro de 1997; 176º da Independência e 109º da República.

ANTÔNIO CARLOS MAGALHÃES

D.O.U. de 11.9.1997

LEI Nº 9.507, DE 12 DE NOVEMBRO DE 1997

Regula o direito de acesso a informações e disciplina o rito processual do habeas data.

› *Habeas data*

O PRESIDENTE DA REPÚBLICA Faço saber que o Congresso Nacional decreta e eu sanciono a seguinte Lei:

› Lei 12.527/2011 – Regula o acesso a informações previsto no inciso XXXIII do art. 5º, no inciso II do § 3º do art. 37 e no § 2º do art. 216 da CF.

› CF/88: arts. 5º, XIV, LXIX, LXXII, LXXVII, 102, I, d, II, a, 108, I, c, 109, VIII, 114, IV e 121, § 4º, V.

Art. 1º. (*VETADO*).

Parágrafo único. Considera-se de caráter público todo registro ou banco de dados contendo informações que sejam ou que possam ser transmitidas a terceiros ou que não sejam de uso privativo do órgão ou entidade produtora ou depositária das informações.

› Lei 9.265/1996 – Regulamenta o inciso LXXVII do art. 5º da Constituição, dispondo sobre a gratuidade dos atos necessários ao exercício da cidadania.

Art. 2º. O requerimento será apresentado ao órgão ou entidade depositária do registro ou banco de dados e será deferido ou indeferido no prazo de 48 (quarenta e oito) horas.

Parágrafo único. A decisão será comunicada ao requerente em 24 (vinte e quatro) horas.

Art. 3º. Ao deferir o pedido, o depositário do registro ou do banco de dados marcará dia e hora para que o requerente tome conhecimento das informações.

Parágrafo único. (*VETADO*).

Art. 4º. Constatada a inexatidão de qualquer dado a seu respeito, o interessado, em petição acompanhada de documentos comprobatórios, poderá requerer sua retificação.

§ 1º. Feita a retificação em, no máximo, 10 (dez) dias após a entrada do requerimento, a entidade ou órgão depositário do registro ou da informação dará ciência ao interessado.

§ 2º. Ainda que não se constate a inexatidão do dado, se o interessado apresentar explicação ou contestação sobre o mesmo, justificando possível pendência sobre o fato objeto do dado, tal explicação será anotada no cadastro do interessado.

Art. 5º. (*VETADO*).

Art. 6º. (*VETADO*).

Art. 7º. Conceder-se-á *habeas data*:

› Súm. 2 do STJ.

I – para assegurar o conhecimento de informações relativas à pessoa do impetrante, constantes de registro ou banco de dados de entidades governamentais ou de caráter público;

II – para a retificação de dados, quando não se prefira fazê-lo por processo sigiloso, judicial ou administrativo;

III – para a anotação nos assentamentos do interessado, de contestação ou explicação sobre dado verdadeiro mas justificável e que esteja sob pendência judicial ou amigável.

Art. 8º. A petição inicial, que deverá preencher os requisitos dos arts. 282 a 285 do Código de Processo Civil, será apresentada em duas vias, e os documentos que instruírem a primeira serão reproduzidos por cópia na segunda.

› Refere-se aos dispositivos do CPC/1973.

› CPC/15: arts. 319 a 331.

Parágrafo único. A petição inicial deverá ser instruída com prova:

I – da recusa ao acesso às informações ou do decurso de mais de 10 (dez) dias sem decisão;

II – da recusa em fazer-se a retificação ou do decurso de mais de 15 (quinze) dias, sem decisão; ou

III – da recusa em fazer-se a anotação a que se refere o § 2º do art. 4º ou do decurso de mais de 15 (quinze) dias sem decisão.

Art. 9º. Ao despachar a inicial, o juiz ordenará que se notifique o coator do conteúdo da petição, entregando-lhe a segunda via apresentada pelo impetrante, com as cópias dos documentos, a fim de que, no prazo de 10 (dez) dias, preste as informações que julgar necessárias.

Art. 10. A inicial será desde logo indeferida, quando não for o caso de *habeas data*, ou se lhe faltar algum dos requisitos previstos nesta Lei.

Parágrafo único. Do despacho de indeferimento caberá recurso previsto no art. 15.

Art. 11. Feita a notificação, o serventuário em cujo cartório corra o feito, juntará aos autos cópia autêntica do ofício endereçado ao coator, bem como a prova da sua entrega a este ou da recusa, seja de recebê-lo, seja de dar recibo.

Art. 12. Findo o prazo a que se refere o art. 9º, e ouvido o representante do Ministério Público dentro de 5 (cinco) dias, os autos serão conclusos ao juiz para decisão a ser proferida em 5 (cinco) dias.

Art. 13. Na decisão, se julgar procedente o pedido, o juiz marcará data e horário para que o coator:

I – apresente ao impetrante as informações a seu respeito, constantes de registros ou bancos de dados; ou

II – apresente em juízo a prova de retificação ou da anotação feita nos assentamentos do impetrante.

Art. 14. A decisão será comunicada ao coator, por correio, com aviso de recebimento, ou por telegrama, radiograma ou telefonema, conforme o requerer o impetrante.

Parágrafo único. Os originais, no caso de transmissão telegráfica, radiofônica ou telefônica deverão ser apresentados à agência expedidora, com a firma do juiz devidamente reconhecida.

Art. 15. Da sentença que conceder ou negar o *habeas data* cabe apelação.

Parágrafo único. Quando a sentença conceder o *habeas data*, o recurso terá efeito meramente devolutivo.

Art. 16. Quando o *habeas data* for concedido e o Presidente do Tribunal ao qual competir o conhecimento do recurso ordenar ao juiz a suspensão da execução da sentença, desse seu ato caberá agravo para o Tribunal a que presida.

Art. 17. Nos casos de competência do Supremo Tribunal Federal e dos demais Tribunais caberá ao relator a instrução do processo.

Art. 18. O pedido de *habeas data* poderá ser renovado se a decisão denegatória não lhe houver apreciado o mérito.

Art. 19. Os processos de *habeas data* terão prioridade sobre todos os atos judiciais, exceto *habeas corpus* e mandado de segurança. Na instância superior, deverão ser levados a julgamento na primeira sessão que se seguir à data em que, feita a distribuição, forem conclusos ao relator.

Parágrafo único. O prazo para a conclusão não poderá exceder de 24 (vinte e quatro) horas, a contar da distribuição.

Art. 20. O julgamento do *habeas data* compete:

I – originariamente:

a) ao Supremo Tribunal Federal, contra atos do Presidente da República, das Mesas da Câmara dos Deputados e do Senado Federal, do Tribunal de Contas da União, do Procurador-Geral da República e do próprio Supremo Tribunal Federal;

› CF/88: art. 102, I, d.

b) ao Superior Tribunal de Justiça, contra atos de Ministro de Estado ou do próprio Tribunal;

› CF/88: art. 105, I, b.

c) aos Tribunais Regionais Federais contra atos do próprio Tribunal ou de juiz federal;

› CF/88: art. 108, I, c.

d) a juiz federal, contra ato de autoridade federal, excetuados os casos de competência dos tribunais federais;

› CF/88: art. 109, VIII.

e) a tribunais estaduais, segundo o disposto na Constituição do Estado;

› CF/88: art. 125.

f) a juiz estadual, nos demais casos;

› CF/88: art. 125.

II – em grau de recurso:

a) ao Supremo Tribunal Federal, quando a decisão denegatória for proferida em única instância pelos Tribunais Superior;

› CF/88: art. 102, II, a.

b) ao Superior Tribunal de Justiça, quando a decisão for proferida em única instância pelos Tribunais Regionais Federais;

c) aos Tribunais Regionais Federais, quando a decisão for proferida por juiz federal;

› CF/88: art. 108, II.

d) aos Tribunais Estaduais e ao do Distrito Federal e Territórios, conforme dispuserem a respectiva Constituição e a lei que organizar a Justiça do Distrito Federal;

III – mediante recurso extraordinário ao Supremo Tribunal Federal, nos casos previstos na Constituição.

Art. 21. São gratuitos o procedimento administrativo para acesso a informações e retificação de dados e para anotação de justificação, bem como a ação de *habeas data*.

» *Vide* art. 5.º, LXXVII, da CF.

Art. 22. Esta Lei entra em vigor na data de sua publicação.

Art. 23. Revogam-se as disposições em contrário.

Brasília, 12 de novembro de 1997; 176º da Independência e 109º da República.

FERNANDO HENRIQUE CARDOSO

D.O.U. de 13.11.1997

LEI Nº 9.601, DE 21 DE JANEIRO DE 1998

Dispõe sobre o contrato de trabalho por prazo determinado e dá outras providências.

› *Contrato de trabalho por prazo determinado*

O PRESIDENTE DA REPÚBLICA Faço saber que o Congresso Nacional decreta e eu sanciono a seguinte Lei:

› CLT: arts. 443, 445, 451, 452, 472, § 2º, 481 e 502, III.

Art. 1º. As convenções e os acordos coletivos de trabalho poderão instituir contrato de trabalho por prazo determinado, de que trata o art. 443 da Consolidação das Leis do Trabalho – CLT, independentemente das condições estabelecidas em seu § 2º, em qualquer atividade desenvolvida pela empresa ou estabelecimento, para admissões que representem acréscimo no número de empregados.

§ 1º. As partes estabelecerão, na convenção ou acordo coletivo referido neste artigo:

I – a indenização para as hipóteses de rescisão antecipada do contrato de que trata este artigo, por iniciativa do empregador ou do empregado, não se aplicando o disposto nos arts. 479 e 480 da CLT;

II – as multas pelo descumprimento de suas cláusulas.

§ 2º. Não se aplica ao contrato de trabalho previsto neste artigo o disposto no art. 451 da CLT.

§ 3º. (*VETADO*).

§ 4º. São garantidas as estabilidades provisórias da gestante; do dirigente sindical, ainda que suplente; do empregado eleito para cargo de direção de comissões internas de prevenção de acidentes; do empregado acidentado, nos termos do art. 118 da Lei nº 8.213, de 24 de julho de 1991, durante a vigência do contrato por prazo determinado, que não poderá ser rescindido antes do prazo estipulado pelas partes.

Art. 2º. Para os contratos previstos no art. 1º, são reduzidas, por 60 (sessenta) meses, a contar da data de publicação desta Lei: (Redação dada pela Medida Provisória nº 2.164-41, de 2001)

I – a 50% (cinquenta por cento) de seu valor vigente em 1º de janeiro de 1996, as alíquotas das contribuições sociais destinadas ao Serviço Social da Indústria – SESI, Serviço Social do Comércio – SESC, Serviço Social do Transporte – SEST, Serviço Nacional de Aprendizagem Industrial – SENAI, Serviço Nacional de Aprendizagem Comercial – SENAC, Serviço Nacional de Aprendizagem do Transporte – SENAT, Serviço Brasileiro de Apoio às Micro e Pequenas Empresas – SEBRAE e Instituto Nacional de Colonização e Reforma Agrária – INCRA, bem como ao salário educação e para o financiamento do seguro de acidente do trabalho;

II – para 2% (dois por cento), a alíquota da contribuição para o Fundo de Garantia do Tempo de Serviço – FGTS, de que trata a Lei 8.036, de 11 de maio de 1990.

Parágrafo único. As partes estabelecerão, na convenção ou acordo coletivo, obrigação de o empregador efetuar, sem prejuízo do disposto no inciso II deste artigo, depósitos mensais vinculados, a favor do empregado, em estabelecimento bancário, com periodicidade determinada de saque.

Art. 3º. O número de empregados contratados nos termos do art. 1º desta Lei observará o limite estabelecido no instrumento decorrente da negociação coletiva, não podendo ultrapassar os seguintes percentuais, que serão aplicados cumulativamente:

I – 50% (cinquenta por cento) do número de trabalhadores, para a parcela inferior a cinquenta empregados;

II – 35% (trinta e cinco por cento) do número de trabalhadores, para a parcela entre cinquenta e cento e noventa e nove empregados; e

III – 20% (vinte por cento) do número de trabalhadores, para a parcela acima de duzentos empregados.

Parágrafo único. As parcelas referidas nos incisos deste artigo serão calculadas sobre a média aritmética mensal do número de empregados contratados por prazo indeterminado do estabelecimento, nos seis meses imediatamente anteriores ao da data de publicação desta Lei.

Art. 4º. As reduções previstas no art. 2º serão asseguradas desde que, no momento da contratação:

I – o empregador esteja adimplente junto ao Instituto Nacional do Seguro Social – INSS e ao Fundo de Garantia do Tempo de Serviço – FGTS;

› Lei 8.036/1990 – Dispõe sobre o Fundo de Garantia do Tempo de Serviço (FGTS).

II – o contrato de trabalho por prazo determinado e a relação mencionada no § 3º deste artigo tenham sido depositados no Ministério do Trabalho.

§ 1º. As reduções referidas neste artigo subsistirão enquanto:

I – o quadro de empregados e a respectiva folha salarial, da empresa ou estabelecimento, forem superiores às respectivas médias mensais dos seis meses imediatamente anteriores ao da data de publicação desta Lei; e

II – o número de empregados contratados por prazo indeterminado for, no mínimo, igual à média referida no parágrafo único do art. 3º.

§ 2º. O Ministério do Trabalho tornará disponíveis ao INSS e ao Agente Operador do FGTS as informações constantes da convenção ou acordo coletivo de que trata o art. 1º e do contrato de trabalho depositado, necessárias ao controle do recolhimento das contribuições mencionadas, respectivamente, nos incisos I e II do art. 2º desta Lei.

§ 3º. O empregador deverá afixar, no quadro de avisos da empresa, cópias do instrumento normativo mencionado no art. 1º e da relação dos contratados, que conterá, dentre outras informações, o nome do empregado, número da Carteira de Trabalho e Previdência Social, o número de inscrição do trabalhador no Programa de Integração Social – PIS e as datas de início e de término do contrato por prazo determinado.

§ 4º. O Ministro do Trabalho disporá sobre as variáveis a serem consideradas e a metodologia de cálculo das médias aritméticas mensais de que trata o § 1º deste artigo.

Art. 5º. As empresas que, a partir da data de publicação desta Lei, aumentarem seu quadro de pessoal em relação à média mensal do número de empregos no período de referência mencionado no artigo anterior terão preferência na obtenção de recursos no âmbito dos programas executados pelos estabelecimentos federais de crédito, especialmente junto ao Banco Nacional de Desenvolvimento Econômico e Social – BNDES.

Art. 6º. O art. 59 da Consolidação das Leis do Trabalho – CLT passa a vigorar com a seguinte redação:

‣ Alteração incorporada ao texto da CLT.

Art. 7º. O descumprimento, pelo empregador, do disposto nos arts. 3º e 4º desta Lei sujeita-o a multa de quinhentas Unidades Fiscais de Referência – UFIR, por trabalhador contratado nos moldes do art. 1º, que se constituirá receita adicional do Fundo de Amparo ao Trabalhador – FAT, de que trata a Lei nº 7.998, de 11 de janeiro de 1990.

Art. 8º. O Poder Executivo regulamentará esta Lei no prazo de 30 (trinta) dias, contado a partir da data de sua publicação.

Art. 9º. Esta Lei entra em vigor na data de sua publicação.

Art. 10. Revogam-se as disposições em contrário.

Brasília, 21 de janeiro de 1998; 177º da Independência e 110º da República.

FERNANDO HENRIQUE CARDOSO

D.O.U. de 22.1.1998

LEI Nº 9.608, DE 18 DE FEVEREIRO DE 1998

Dispõe sobre o serviço voluntário e dá outras providências.

‣ *Serviço voluntário*

O PRESIDENTE DA REPÚBLICA Faço saber que o Congresso Nacional decreta e eu sanciono a seguinte Lei:

Art. 1º. Considera-se serviço voluntário, para os fins desta Lei, a atividade não remunerada prestada por pessoa física a entidade pública de qualquer natureza ou a instituição privada de fins não lucrativos que tenha objetivos cívicos, culturais, educacionais, científicos, recreativos ou de assistência à pessoa. (Redação dada pela Lei nº 13.297, de 2016)

Parágrafo único. O serviço voluntário não gera vínculo empregatício, nem obrigação de natureza trabalhista previdenciária ou afim.

Art. 2º. O serviço voluntário será exercido mediante a celebração de termo de adesão entre a entidade, pública ou privada, e o prestador do serviço voluntário, dele devendo constar o objeto e as condições de seu exercício.

Art. 3º. O prestador do serviço voluntário poderá ser ressarcido pelas despesas que comprovadamente realizar no desempenho das atividades voluntárias.

Parágrafo único. As despesas a serem ressarcidas deverão estar expressamente autorizadas pela entidade a que for prestado o serviço voluntário.

Art. 3º-A. (*Revogado pela Lei nº 11.692, de 2008*).

Art. 4º. Esta Lei entra em vigor na data de sua publicação.

Art. 5º. Revogam-se as disposições em contrário.

Brasília, 18 de fevereiro de 1998; 177º da Independência e 110º da República.

FERNANDO HENRIQUE CARDOSO

D.O.U. de 19.2.1998

LEI Nº 9.615, DE 24 DE MARÇO DE 1998 (Excertos)

Institui normas gerais sobre desporto e dá outras providências.

‣ *Desporto*

O PRESIDENTE DA REPÚBLICA Faço saber que o Congresso Nacional decreta e eu sanciono a seguinte Lei:

CAPÍTULO I DISPOSIÇÕES INICIAIS

Art. 1º O desporto brasileiro abrange práticas formais e não formais e obedece às normas gerais desta Lei, inspirado nos fundamentos constitucionais do Estado Democrático de Direito.

§ 1º A prática desportiva formal é regulada por normas nacionais e internacionais e pelas regras de prática desportiva de cada modalidade, aceitas pelas respectivas entidades nacionais de administração do desporto.

§ 2º A prática desportiva não formal é caracterizada pela liberdade lúdica de seus praticantes.

§ 3º Os direitos e as garantias estabelecidos nesta Lei e decorrentes dos princípios constitucionais do esporte não excluem outros oriundos de tratados e acordos internacionais firmados pela República Federativa do Brasil. *(Acrescido pela Lei nº 13.322/2016).*

CAPÍTULO II DOS PRINCÍPIOS FUNDAMENTAIS

Art. 2º O desporto, como direito individual, tem como base os princípios:

I – da soberania, caracterizado pela supremacia nacional na organização da prática desportiva;

II – da autonomia, definido pela faculdade e liberdade de pessoas físicas e jurídicas organizarem-se para a prática desportiva;

III – da democratização, garantido em condições de acesso às atividades desportivas sem quaisquer distinções ou formas de discriminação;

IV – da liberdade, expresso pela livre prática do desporto, de acordo com a capacidade e interesse de cada um, associando-se ou não a entidade do setor;

V – do direito social, caracterizado pelo dever do Estado em fomentar as práticas desportivas formais e não formais;

VI – da diferenciação, consubstanciado no tratamento específico dado ao desporto profissional e não profissional;

VII – da identidade nacional, refletido na proteção e incentivo às manifestações desportivas de criação nacional;

VIII – da educação, voltado para o desenvolvimento integral do homem como ser autônomo e participante, e fomentado por meio da prioridade dos recursos públicos ao desporto educacional;

IX – da qualidade, assegurado pela valorização dos resultados desportivos, educativos e dos relacionados à cidadania e ao desenvolvimento físico e moral;

X – da descentralização, consubstanciado na organização e funcionamento harmônicos de sistemas desportivos diferenciados e autônomos para os níveis federal, estadual, distrital e municipal;

XI – da segurança, propiciado ao praticante de qualquer modalidade desportiva, quanto a sua integridade física, mental ou sensorial;

XII – da eficiência, obtido por meio do estímulo à competência desportiva e administrativa.

Parágrafo único. A exploração e a gestão do desporto profissional constituem exercício de atividade econômica sujeitando-se, especificamente, à observância dos princípios: *(Acrescentado pela Lei nº 10.672/2003)*

I – da transparência financeira e administrativa; *(Acrescentado pela Lei nº 10.672/2003)*

II – da moralidade na gestão desportiva; *(Acrescentado pela Lei nº 10.672/2003)*

III – da responsabilidade social de seus dirigentes; *(Acrescentado pela Lei nº 10.672/2003)*

IV – do tratamento diferenciado em relação ao desporto não profissional; e *(Acrescentado pela Lei nº 10.672/2003)*

V – da participação na organização desportiva do País. *(Acrescentado pela Lei nº 10.672/2003)*

CAPÍTULO III DA NATUREZA E DAS FINALIDADES DO DESPORTO

Art. 3º O desporto pode ser reconhecido em qualquer das seguintes manifestações:

I – desporto educacional, praticado nos sistemas de ensino e em formas assistemáticas de educação, evitando-se a seletividade, a hipercompetitividade de seus praticantes, com a finalidade de alcançar o desenvolvimento integral do indivíduo e a sua formação para o exercício da cidadania e a prática do lazer;

II – desporto de participação, de modo voluntário, compreendendo as modalidades desportivas praticadas com a finalidade de contribuir para a integração dos praticantes na plenitude da vida social, na promoção da saúde e educação e na preservação do meio ambiente;

III – desporto de rendimento, praticado segundo normas gerais desta Lei e regras de prática desportiva, nacionais e internacionais, com a finalidade de obter resultados e integrar pessoas e comunidades do País e estas com as de outras nações.

IV – desporto de formação, caracterizado pelo fomento e aquisição inicial dos conhecimentos desportivos que garantam competência técnica na intervenção desportiva, com o objetivo de promover o aperfeiçoamento qualitativo e quantitativo da prática desportiva em termos recreativos, competitivos ou de alta competição. *(Acrescentado pela Lei nº 13.155/2015).*

§ 1º O desporto de rendimento pode ser organizado e praticado: *(Primitivo parágrafo único renumerado pela Lei 13.155/2015).*

I – de modo profissional, caracterizado pela remuneração pactuada em contrato formal de trabalho entre o atleta e a entidade de prática desportiva;

II – de modo não profissional, identificado pela liberdade de prática e pela inexistência de contrato de trabalho, sendo permitido o recebimento de incentivos materiais e de patrocínio. *(Redação dada pela Lei 9.981/2000).*

a) e b) (Revogadas pela Lei 9.981/2000)

§ 2º (VETADO na Lei 13.155/2015)

(...)

CAPÍTULO V
DA PRÁTICA DESPORTIVA PROFISSIONAL

Art. 26. Atletas e entidades de prática desportiva são livres para organizar a atividade profissional, qualquer que seja sua modalidade, respeitados os termos desta Lei.

Parágrafo único. Considera-se competição profissional para os efeitos desta Lei aquela promovida para obter renda e disputada por atletas profissionais cuja remuneração decorra de contrato de trabalho desportivo. *(Acrescentado pela Lei nº 10.672/2003)*

Art. 27. As entidades de prática desportiva participantes de competições profissionais e as entidades de administração de desporto ou ligas em que se organizarem, independentemente da forma jurídica adotada, sujeitam os bens particulares de seus dirigentes ao disposto no art. 50 da Lei nº 10.406, de 10 de janeiro de 2002, além das sanções e responsabilidades previstas no *caput* do art. 1.017 da Lei nº 10.406, de 10 de janeiro de 2002, na hipótese de aplicarem créditos ou bens sociais da entidade desportiva em proveito próprio ou de terceiros. *(Redação de acordo com a Lei nº 10.672/2003)*

§ 1º Revogado pela Lei nº 9.981, de 14/7/2000.

§ 2º A entidade a que se refere este artigo poderá utilizar seus bens patrimoniais, desportivos ou sociais, inclusive imobiliários ou de propriedade intelectual, para integralizar sua parcela no capital de Sociedade Anônima do Futebol, ou oferecê-los em garantia, na forma de seu estatuto, ou, se omisso este, mediante aprovação de mais da metade dos associados presentes a assembleia geral especialmente convocada para deliberar o tema. *(Redação dada pela Lei 14.193/2021)*

§§ 3º e 4º *(Revogados pela Lei 10.672/2003)*

§ 5º O disposto no art. 23 aplica-se, no que couber, às entidades a que se refere o *caput* deste artigo. *(Acrescentado pela Lei nº 10.672/2003)*

§ 6º Sem prejuízo de outros requisitos previstos em lei, as entidades de que trata o *caput* deste artigo somente poderão obter financiamento com recursos públicos ou fazer jus a programas de recuperação econômico-financeiros se, cumulativamente, atenderem às seguintes condições: *(Redação de acordo com a Lei nº 12.395/2011)*.

I – realizar todos os atos necessários para permitir a identificação exata de sua situação financeira; *(Acrescentado pela Lei nº 10.672/2003)*

II – apresentar plano de resgate e plano de investimento; *(Acrescentado pela Lei nº 10.672/2003)*

III – garantir a independência de seus conselhos de fiscalização e administração, quando houver; *(Acrescentado pela Lei nº 10.672/2003)*

IV – adotar modelo profissional e transparente; e *(Acrescentado pela Lei nº 10.672/2003)*

V – apresentar suas demonstrações financeiras, juntamente com os respectivos relatórios de auditoria, nos termos definidos no inciso I do art. 46-A desta Lei. *(Redação de acordo com a Lei nº 12.395/2011)*.

§ 7º Os recursos do financiamento voltados à implementação do plano de resgate serão utilizados: *(Acrescentado pela Lei nº 10.672/2003)*

I – prioritariamente, para quitação de débitos fiscais, previdenciários e trabalhistas; e *(Acrescentado pela Lei nº 10.672/2003)*

II – subsidiariamente, para construção ou melhoria de estádio próprio ou de que se utilizam para mando de seus jogos, com a finalidade de atender a critérios de segurança, saúde e bem-estar do torcedor. *(Acrescentado pela Lei nº 10.672/2003)*

§ 8º Na hipótese do inciso II do § 7º, a entidade de prática desportiva deverá apresentar à instituição financiadora o orçamento das obras pretendidas. *(Acrescentado pela Lei nº 10.672/2003)*

§ 9º É facultado às entidades desportivas profissionais constituírem-se regularmente em sociedade empresária, segundo um dos tipos regulados nos arts. 1.039 a 1.092 da Lei nº 10.406, de 10 de janeiro de 2002 – Código Civil. *(Acrescentado pela Lei nº 10.672/2003)*

§ 10. Considera-se entidade desportiva profissional, para fins desta Lei, as entidades de prática desportiva envolvidas em competições de atletas profissionais, as ligas em que se organizarem e as entidades de administração de desporto profissional. *(Acrescentado pela Lei nº 10.672/2003)*

§ 11. Os administradores de entidades desportivas profissionais respondem solidária e ilimitadamente pelos atos ilícitos praticados, de gestão temerária ou contrários ao previsto no contrato social ou estatuto, nos termos da Lei nº 10.406, de 10 de janeiro de 2002 – Código Civil. *(Redação de acordo com a Lei nº 12.395/2011)*.

§ 12. *(Vetado na Lei 10.672/2003)*

§ 13. Para os fins de fiscalização e controle do disposto nesta Lei, as atividades profissionais das entidades de que trata o *caput* deste artigo, independentemente da forma jurídica sob a qual estejam constituídas, equiparam-se às das sociedades empresárias. *(Redação de acordo com a Lei nº 12.395/2011)*.

Art. 27-A. Nenhuma pessoa física ou jurídica que, direta ou indiretamente, seja detentora de parcela do capital com direito a voto ou, de qualquer forma, participe da administração de qualquer entidade de prática desportiva poderá ter participação simultânea no capital social ou na gestão de outra entidade de prática desportiva disputante da mesma competição profissional. *(Acrescentado pela Lei nº 9.981/2000)*

§ 1º É vedado que duas ou mais entidades de prática desportiva disputem a mesma competição profissional das primeiras séries ou divisões das diversas modalidades desportivas quando: *(Acrescentado pela Lei nº 9.981/2000)*

a) uma mesma pessoa física ou jurídica, direta ou indiretamente, através de relação contratual, explore, controle ou administre direitos que integrem seus patrimônios; ou, *(Acrescentado pela Lei nº 9.981/2000)*

b) uma mesma pessoa física ou jurídica, direta ou indiretamente, seja detentora de parcela do capital com direito a voto ou, de qualquer forma, participe da administração de mais de uma sociedade ou associação que explore, controle ou administre direitos que integrem os seus patrimônios. *(Acrescentado pela Lei nº 9.981/2000)*

§ 2º A vedação de que trata este artigo aplica-se: *(Acrescentado pela Lei nº 9.981/2000)*

a) ao cônjuge e aos parentes até o segundo grau das pessoas físicas; e *(Acrescentado pela Lei nº 9.981/2000)*

b) às sociedades controladoras, controladas e coligadas das mencionadas pessoas jurídicas, bem como a fundo de investimento, condomínio de investidores ou outra forma assemelhada que resulte na participação concomitante vedada neste artigo. *(Acrescentado pela Lei nº 9.981/2000)*

§ 3º Excluem-se da vedação de que trata este artigo os contratos de administração e investimentos em estádios, ginásios e praças desportivas, de patrocínio, de licenciamento de uso de marcas e símbolos, de publicidade e de propaganda, desde que não importem na administração direta ou na cogestão das atividades desportivas profissionais das entidades de prática desportiva, assim como os contratos individuais ou coletivos que sejam celebrados entre as detentoras de concessão, permissão ou autorização para exploração de serviços de radiodifusão sonora e de sons e imagens, bem como de televisão por assinatura, e entidades de prática desportiva para fins de transmissão de eventos desportivos. *(Acrescentado pela Lei nº 9.981/2000)*

§ 4º A infringência a este artigo implicará a inabilitação da entidade de prática desportiva para percepção dos benefícios de que trata o art. 18 desta Lei. *(Redação de acordo com a Lei nº 10.672/2003)*

§ 5º As empresas detentoras de concessão, permissão ou autorização para exploração de serviço de radiodifusão sonora e de sons e imagens, bem como de televisão por assinatura, ficam impedidas de patrocinar ou veicular sua própria marca, bem como a de seus canais e dos títulos de seus programas, nos uniformes de competições das entidades desportivas. *(Redação de acordo com a Lei nº 10.672/2003)*

§ 6º A violação do disposto no § 5º implicará a eliminação da entidade de prática desportiva que lhe deu causa da competição ou do torneio em que aquela se verificou, sem prejuízo das penalidades que venham a ser aplicadas pela Justiça Desportiva. *(Acrescentado pela Lei nº 10.672/2003)*

Art. 27-B. São nulas de pleno direito as cláusulas de contratos firmados entre as entidades de prática desportiva e terceiros, ou entre estes e atletas, que possam intervir ou influenciar nas transferências de atletas ou, ainda, que interfiram no desempenho do atleta ou da entidade de prática desportiva, exceto quando objeto de acordo ou convenção coletiva de trabalho. *(Acrescentado pela Lei nº 12.395/2011)*.

Art. 27-C. São nulos de pleno direito os contratos firmados pelo atleta ou por seu representante legal com agente desportivo, pessoa física ou jurídica, bem como as cláusulas contratuais ou de instrumentos procuratórios que: *(Acrescentado pela Lei nº 12.395/2011)*.

I – resultem vínculo desportivo; *(Acrescentado pela Lei nº 12.395/2011)*.

II – impliquem vinculação ou exigência de receita total ou parcial exclusiva da entidade de prática desportiva, decorrente de transferência nacional ou internacional de atleta, em vista da exclusividade de que trata o inciso I do art. 28; *(Acrescentado pela Lei nº 12.395/2011).*

III – restrinjam a liberdade de trabalho desportivo; *(Acrescentado pela Lei nº 12.395/2011).*

IV – estabeleçam obrigações consideradas abusivas ou desproporcionais; *(Acrescentado pela Lei nº 12.395/2011).*

V – infrinjam os princípios da boa-fé objetiva ou do fim social do contrato; ou *(Acrescentado pela Lei nº 12.395/2011).*

VI – versem sobre o gerenciamento de carreira de atleta em formação com idade inferior a 18 (dezoito) anos. *(Acrescentado pela Lei nº 12.395/2011).*

Art. 27-D. *Vetado.*

Art. 28. A atividade do atleta profissional é caracterizada por remuneração pactuada em contrato especial de trabalho desportivo, firmado com entidade de prática desportiva, no qual deverá constar, obrigatoriamente: *(Redação de acordo com a Lei nº 12.395/2011).*

I – cláusula indenizatória desportiva, devida exclusivamente à entidade de prática desportiva à qual está vinculado o atleta, nas seguintes hipóteses: *(Acrescentado pela Lei nº 12.395/2011).*

a) transferência do atleta para outra entidade, nacional ou estrangeira, durante a vigência do contrato especial de trabalho desportivo; ou *(Acrescentado pela Lei nº 12.395/2011).*

b) por ocasião do retorno do atleta às atividades profissionais em outra entidade de prática desportiva, no prazo de até 30 (trinta) meses; e *(Acrescentado pela Lei nº 12.395/2011).*

II – cláusula compensatória desportiva, devida pela entidade de prática desportiva ao atleta, nas hipóteses dos incisos III a V do § 5º. *(Acrescentado pela Lei nº 12.395/2011).*

§ 1º O valor da cláusula indenizatória desportiva a que se refere o inciso I do *caput* deste artigo será livremente pactuado pelas partes e expressamente quantificado no instrumento contratual: *(Redação de acordo com a Lei nº 12.395/2011).*

I – até o limite máximo de 2.000 (duas mil) vezes o valor médio do salário contratual, para as transferências nacionais; e *(Acrescentado pela Lei nº 12.395/2011).*

II – sem qualquer limitação, para as transferências internacionais. *(Acrescentado pela Lei nº 12.395/2011).*

§ 2º São solidariamente responsáveis pelo pagamento da cláusula indenizatória desportiva de que trata o inciso I do *caput* deste artigo o atleta e a nova entidade de prática desportiva empregadora. *(Redação de acordo com a Lei nº 12.395/2011).*

I – (revogado); *(Redação de acordo com a Lei nº 12.395/2011). (Revogado pela Lei nº 12.395/2011).*

II – (revogado); *(Redação de acordo com a Lei nº 12.395/2011). (Revogado pela Lei nº 12.395/2011).*

III – (revogado). *(Redação de acordo com a Lei nº 12.395/2011). (Revogado pela Lei nº 12.395/2011).*

§ 3º O valor da cláusula compensatória desportiva a que se refere o inciso II do *caput* deste artigo será livremente pactuado entre as partes e formalizado no contrato especial de trabalho desportivo, observando-se, como limite máximo, 400 (quatrocentas) vezes o valor do salário mensal no momento da rescisão e, como limite mínimo, o valor total de salários mensais a que teria direito o atleta até o término do referido contrato. *(Redação de acordo com a Lei nº 12.395/2011).*

§ 4º Aplicam-se ao atleta profissional as normas gerais da legislação trabalhista e da Seguridade Social, ressalvadas as peculiaridades constantes desta Lei, especialmente as seguintes: *(Redação de acordo com a Lei nº 12.395/2011).*

I – se conveniente à entidade de prática desportiva, a concentração não poderá ser superior a 3 (três) dias consecutivos por semana, desde que esteja programada qualquer partida, prova ou equivalente, amistosa ou oficial, devendo o atleta ficar à disposição do empregador por ocasião da realização de competição fora da localidade onde tenha sua sede; *(Redação de acordo com a Lei nº 12.395/2011).*

II – o prazo de concentração poderá ser ampliado, independentemente de qualquer pagamento adicional, quando o atleta estiver à disposição da entidade de administração do desporto; *(Redação de acordo com a Lei nº 12.395/2011).*

III – acréscimos remuneratórios em razão de períodos de concentração, viagens, pré-temporada e participação do atleta em partida, prova ou equivalente, conforme previsão contratual; *(Redação de acordo com a Lei nº 12.395/2011).*

IV – repouso semanal remunerado de 24 (vinte e quatro) horas ininterruptas, preferentemente em dia subsequente à participação do atleta na partida, prova ou equivalente, quando realizada no final de semana; *(Redação de acordo com a Lei nº 12.395/2011).*

V – férias anuais remuneradas de 30 (trinta) dias, acrescidas do abono de férias, coincidentes com o recesso das atividades desportivas; *(Acrescentado pela Lei nº 12.395/2011).*

VI – jornada de trabalho desportiva normal de 44 (quarenta e quatro) horas semanais. *(Acrescentado pela Lei nº 12.395/2011).*

§ 5º O vínculo desportivo do atleta com a entidade de prática desportiva contratante constitui-se com o registro do contrato especial de trabalho desportivo na entidade de administração do desporto, tendo natureza acessória ao respectivo vínculo empregatício, dissolvendo-se, para todos os efeitos legais: *(Redação de acordo com a Lei nº 12.395/2011).*

I – com o término da vigência do contrato ou o seu distrato; *(Acrescentado pela Lei nº 12.395/2011).*

II – com o pagamento da cláusula indenizatória desportiva ou da cláusula compensatória desportiva; *(Acrescentado pela Lei nº 12.395/2011).*

III – com a rescisão decorrente do inadimplemento salarial, de responsabilidade da entidade de prática desportiva empregadora, nos termos desta Lei; *(Acrescentado pela Lei nº 12.395/2011).*

IV – com a rescisão indireta, nas demais hipóteses previstas na legislação trabalhista; e *(Acrescentado pela Lei nº 12.395/2011).*

V – com a dispensa imotivada do atleta. *(Acrescentado pela Lei nº 12.395/2011).*

§ 6º *(Revogado pela Lei nº 10.672/2003)*

§ 7º A entidade de prática desportiva poderá suspender o contrato especial de trabalho desportivo do atleta profissional, ficando dispensada do pagamento da remuneração nesse período, quando o atleta for impedido de atuar, por prazo ininterrupto superior a 90 (noventa) dias, em decorrência de ato ou evento de sua exclusiva responsabilidade, desvinculado da atividade profissional, conforme previsto no referido contrato. *(Redação de acordo com a Lei nº 12.395/2011).*

§ 8º O contrato especial de trabalho desportivo deverá conter cláusula expressa reguladora de sua prorrogação automática na ocorrência da hipótese prevista no § 7º deste artigo. *(Acrescentado pela Lei nº 12.395/2011).*

§ 9º Quando o contrato especial de trabalho desportivo for por prazo inferior a 12 (doze) meses, o atleta profissional terá direito, por ocasião da rescisão contratual por culpa da entidade de prática desportiva empregadora, a tantos doze avos da remuneração mensal quantos forem os meses da vigência do contrato, referentes a férias, abono de férias e 13º (décimo terceiro) salário. *(Acrescentado pela Lei nº 12.395/2011).*

§ 10. Não se aplicam ao contrato especial de trabalho desportivo os arts. 479 e 480 da Consolidação das Leis do Trabalho – CLT, aprovada pelo Decreto-Lei nº 5.452, de 1º de maio de 1943. *(Acrescentado pela Lei nº 12.395/2011).*

Art. 28-A. Caracteriza-se como autônomo o atleta maior de 16 (dezesseis) anos que não mantém relação empregatícia com entidade de prática desportiva, auferindo rendimentos por conta e por meio de contrato de natureza civil. *(Acrescentado pela Lei nº 12.395/2011).*

§ 1º O vínculo desportivo do atleta autônomo com a entidade de prática desportiva resulta de inscrição para participar de competição e não implica reconhecimento de relação empregatícia. *(Acrescentado pela Lei nº 12.395/2011).*

§ 2º A filiação ou a vinculação de atleta autônomo a entidade de administração ou a sua integração a delegações brasileiras partícipes de competições internacionais não caracteriza vínculo empregatício. *(Acrescentado pela Lei nº 12.395/2011).*

§ 3º O disposto neste artigo não se aplica às modalidades desportivas coletivas. *(Acrescentado pela Lei nº 12.395/2011).*

Art. 29. A entidade de prática desportiva formadora do atleta terá o direito de assinar com ele, a partir de 16 (dezesseis) anos de idade, o primeiro contrato especial de trabalho desportivo, cujo prazo não poderá ser superior a 5 (cinco) anos. *(Redação de acordo com a Lei nº 12.395/2011).*

Parágrafo único. *(Vetado)*

§ 2º É considerada formadora de atleta a entidade de prática desportiva que: *(Redação de acordo com a Lei nº 12.395/2011).*

I – forneça aos atletas programas de treinamento nas categorias de base e complementação educacional; e *(Acrescentado pela Lei nº 12.395/2011).*

II – satisfaça cumulativamente os seguintes requisitos: *(Acrescentado pela Lei nº 12.395/2011).*

a) estar o atleta em formação inscrito por ela na respectiva entidade regional de administração do desporto há, pelo menos, 1 (um) ano; *(Acrescentado pela Lei nº 12.395/2011).*

b) comprovar que, efetivamente, o atleta em formação está inscrito em competições oficiais; *(Acrescentado pela Lei nº 12.395/2011).*

c) garantir assistência educacional, psicológica, médica e odontológica, assim como alimentação, transporte e convivência familiar; *(Acrescentado pela Lei nº 12.395/2011).*

d) manter alojamento e instalações desportivas adequados, sobretudo em matéria de alimentação, higiene, segurança e salubridade; *(Acrescentado pela Lei nº 12.395/2011).*

e) manter corpo de profissionais especializados em formação técnico-desportiva; *(Acrescentado pela Lei nº 12.395/2011).*

f) ajustar o tempo destinado à efetiva atividade de formação do atleta, não superior a 4 (quatro) horas por dia, aos horários do currículo escolar ou de curso profissionalizante, além de propiciar-lhe a matrícula escolar, com exigência de frequência e satisfatório aproveitamento; *(Acrescentado pela Lei nº 12.395/2011).*

g) ser a formação do atleta gratuita e a expensas da entidade de prática desportiva; *(Acrescentado pela Lei nº 12.395/2011).*

h) comprovar que participa anualmente de competições organizadas por entidade de administração do desporto em, pelo menos, 2 (duas) categorias da respectiva modalidade desportiva; e *(Acrescentado pela Lei nº 12.395/2011).*

i) garantir que o período de seleção não coincida com os horários escolares. *(Acrescentado pela Lei nº 12.395/2011).*

§ 3º A entidade nacional de administração do desporto certificará como entidade de prática desportiva formadora aquela que comprovadamente preencha os requisitos estabelecidos nesta Lei. *(Redação de acordo com a Lei nº 12.395/2011).*

§ 4º O atleta não profissional em formação, maior de quatorze e menor de vinte anos de idade, poderá receber auxílio financeiro da entidade de prática desportiva formadora, sob a forma de bolsa de aprendizagem livremente pactuada mediante contrato formal, sem que seja gerado vínculo empregatício entre as partes. *(Acrescentado pela Lei nº 10.672/2003)*

§ 5º A entidade de prática desportiva formadora fará jus a valor indenizatório se ficar impossibilitada de assinar o primeiro contrato especial de trabalho desportivo por oposição do atleta, ou quando ele se vincular, sob qualquer forma, a outra entidade de prática desportiva, sem autorização expressa da entidade de prática desportiva formadora, atendidas as seguintes condições: *(Redação de acordo com a Lei nº 12.395/2011).*

I – o atleta deverá estar regularmente registrado e não pode ter sido desligado da entidade de prática desportiva formadora; *(Acrescentado pela Lei nº 12.395/2011).*

II – a indenização será limitada ao montante correspondente a 200 (duzentas) vezes os gastos comprovadamente efetuados com a formação do atleta, especificados no contrato de que trata o § 4º deste artigo; *(Acrescentado pela Lei nº 12.395/2011).*

III – o pagamento do valor indenizatório somente poderá ser efetuado por outra entidade de prática desportiva e deverá ser efetivado diretamente à entidade de prática desportiva formadora no prazo máximo de 15 (quinze) dias, contados da data da vinculação do atleta à nova entidade de prática desportiva, para efeito de permitir novo registro em entidade de administração do desporto. *(Acrescentado pela Lei nº 12.395/2011).*

§ 6º O contrato de formação desportiva a que se refere o § 4º deste artigo deverá incluir obrigatoriamente: *(Redação de acordo com a Lei nº 12.395/2011).*

I – identificação das partes e dos seus representantes legais; *(Redação de acordo com a Lei nº 12.395/2011).*

II – duração do contrato; *(Redação de acordo com a Lei nº 12.395/2011).*

III – direitos e deveres das partes contratantes, inclusive garantia de seguro de vida e de acidentes pessoais para cobrir as atividades do atleta contratado; e *(Redação de acordo com a Lei nº 12.395/2011).*

IV – especificação dos itens de gasto para fins de cálculo da indenização com a formação desportiva. *(Redação de acordo com a Lei nº 12.395/2011).*

§ 7º A entidade de prática desportiva formadora e detentora do primeiro contrato especial de trabalho desportivo com o atleta por ela profissionalizado terá o direito de preferência para a primeira renovação deste contrato, cujo prazo não poderá ser superior a 3 (três) anos, salvo se para equiparação de proposta de terceiro. *(Redação de acordo com a Lei nº 12.395/2011).*

Incisos I a V – *(Revogados pela Lei nº 12.395/2011).*

§ 8º Para assegurar seu direito de preferência, a entidade de prática desportiva formadora e detentora do primeiro contrato especial de trabalho desportivo deverá apresentar, até 45 (quarenta e cinco) dias antes do término do contrato em curso, proposta ao atleta, de cujo teor deverá ser cientificada a correspondente entidade regional de administração do desporto, indicando as novas condições contratuais e os salários ofertados, devendo o atleta apresentar resposta à entidade de prática desportiva formadora, de cujo teor deverá ser notificada a referida entidade de administração, no prazo de 15 (quinze) dias contados da data do recebimento da proposta, sob pena de aceitação tácita. *(Acrescentado pela Lei nº 12.395/2011).*

§ 9º Na hipótese de outra entidade de prática desportiva resolver oferecer proposta mais vantajosa a atleta vinculado à entidade de prática desportiva que o formou, deve-se observar o seguinte: *(Acrescentado pela Lei nº 12.395/2011).*

I – a entidade proponente deverá apresentar à entidade de prática desportiva formadora proposta, fazendo dela constar todas as condições remuneratórias; *(Acrescentado pela Lei nº 12.395/2011).*

II – a entidade proponente deverá dar conhecimento da proposta à correspondente entidade regional de administração; e *(Acrescentado pela Lei nº 12.395/2011).*

III – a entidade de prática desportiva formadora poderá, no prazo máximo de 15 (quinze) dias, a contar do recebimento da proposta, comunicar se exercerá o direito de preferência de que trata o § 7º, nas mesmas condições oferecidas. *(Acrescentado pela Lei nº 12.395/2011).*

§ 10. A entidade de administração do desporto deverá publicar o recebimento das propostas de que tratam os §§ 7º e 8º, nos seus meios oficiais de divulgação, no prazo de 5 (cinco) dias contados da data do recebimento. *(Acrescentado pela Lei nº 12.395/2011).*

§ 11. Caso a entidade de prática desportiva formadora oferte as mesmas condições, e, ainda assim, o atleta se oponha à renovação do primeiro contrato especial de trabalho desportivo, ela poderá exigir da nova entidade de prática desportiva contratante o valor indenizatório correspondente a, no máximo, 200 (duzentas) vezes o valor do salário mensal constante da proposta. *(Acrescentado pela Lei nº 12.395/2011).*

§ 12. A contratação do atleta em formação será feita diretamente pela entidade de prática desportiva formadora, sendo vedada a sua realização por meio de terceiros. *(Acrescentado pela Lei nº 12.395/2011).*

§ 13. A entidade de prática desportiva formadora deverá registrar o contrato de formação desportiva do atleta em formação na entidade de administração da respectiva modalidade desportiva. *(Acrescentado pela Lei nº 12.395/2011).*

Art. 29-A. Sempre que ocorrer transferência nacional, definitiva ou temporária, de atleta profissional, até 5% (cinco por cento) do valor pago pela nova entidade de prática desportiva serão obrigatoriamente distribuídos entre as entidades de práticas desportivas que contribuíram para a formação do atleta, na proporção de: *(Acrescentado pela Lei nº 12.395/2011).*

I – 1% (um por cento) para cada ano de formação do atleta, dos 14 (quatorze) aos 17 (dezessete) anos de idade, inclusive; e *(Acrescentado pela Lei nº 12.395/2011).*

II – 0,5% (meio por cento) para cada ano de formação, dos 18 (dezoito) aos 19 (dezenove) anos de idade, inclusive. *(Acrescentado pela Lei nº 12.395/2011).*

§ 1º Caberá à entidade de prática desportiva cessionária do atleta reter do valor a ser pago à entidade de prática desportiva cedente 5% (cinco por cento) do valor acordado para a transferência, distribuindo-os às entidades de prática desportiva que contribuíram para a formação do atleta. *(Acrescentado pela Lei nº 12.395/2011).*

§ 2º Como exceção à regra estabelecida no § 1º deste artigo, caso o atleta se desvincule da entidade de prática desportiva de forma unilateral, mediante pagamento da cláusula indenizatória desportiva prevista no inciso I do art. 28 desta Lei, caberá à entidade de prática desportiva que recebeu a cláusula indenizatória desportiva distribuir 5% (cinco por cento) de tal montante às entidades de prática desportiva responsáveis pela formação do atleta. *(Acrescentado pela Lei nº 12.395/2011).*

§ 3º O percentual devido às entidades de prática desportiva formadoras do atleta deverá ser calculado sempre de acordo com certidão a ser fornecida pela entidade nacional de administração do desporto, e os valores distribuídos proporcionalmente em até 30 (trinta) dias da efetiva transferência, cabendo-lhe exigir o cumprimento do que dispõe este parágrafo. *(Acrescentado pela Lei nº 12.395/2011).*

Art. 30. O contrato de trabalho do atleta profissional terá prazo determinado, com vigência nunca inferior a três meses nem superior a cinco anos. *(Redação de acordo com a Lei nº 9.981/2000)*

Parágrafo único. Não se aplica ao contrato especial de trabalho desportivo do atleta profissional o disposto nos arts. 445 e 451 da Consolidação das Leis do Trabalho – CLT, aprovada pelo Decreto-Lei nº 5.452, de 1º de maio de 1943. *(Redação de acordo com a Lei nº 12.395/2011).*

Art. 30-A. As entidades desportivas profissionais poderão celebrar contratos de trabalho com atleta profissional por prazo determinado de, no mínimo, 30 (trinta) dias, durante o ano de 2020 ou enquanto perdurar calamidade pública nacional reconhecida pelo Congresso Nacional e decorrente de pandemia de saúde pública de importância internacional. *(Acrescido pela Lei 14.117/2021)*

Art. 31. A entidade de prática desportiva empregadora que estiver com pagamento de salário ou de contrato de direito de imagem de atleta profissional em atraso, no todo ou em parte, por período igual ou superior a três meses, terá o contrato especial de trabalho desportivo daquele atleta rescindido, ficando o atleta livre para transferir-se para qualquer outra entidade de prática desportiva de mesma modalidade, nacional ou internacional, e exigir a cláusula compensatória desportiva e os haveres devidos. *(Redação de acordo com a Lei nº 13.155/2015)*

§ 1º São entendidos como salário, para efeitos do previsto no *caput*, o abono de férias, o décimo terceiro salário, as gratificações, os prêmios e demais verbas inclusas no contrato de trabalho.

§ 2º A mora contumaz será considerada também pelo não recolhimento do FGTS e das contribuições previdenciárias.

§ 3º *Revogado pela Lei 12.395/2011.*

§ 4º *Vetado.*

§ 5º O atleta com contrato especial de trabalho desporti Para os efeitos desta Lei, a criança e o adolescente serão ouvidos sobre vo rescindido na forma do *caput* fica autorizado a transferir-se para outra entidade de prática desportiva, inclusive da mesma divisão, independentemente do número de partidas das quais tenha participado na competição, bem como a disputar a competição que estiver em andamento por ocasião da rescisão contratual. *(Parágrafo acrescido pela Lei nº 13.155/2015).*

Art. 32. É lícito ao atleta profissional recusar competir por entidade de prática desportiva quando seus salários, no todo ou em parte, estiverem atrasados em dois ou mais meses;

Art. 33. *(Revogado pela Lei nº 12.395/2011).*

Art. 34. São deveres da entidade de prática desportiva empregadora, em especial: *(Redação de acordo com a Lei nº 9.981/2000)*

I – registrar o contrato especial de trabalho desportivo do atleta profissional na entidade de administração da respectiva modalidade desportiva;

II – proporcionar aos atletas profissionais as condições necessárias à participação nas competições desportivas, treinos e outras atividades preparatórias ou instrumentais; *(Acrescentado pela Lei nº 9.981/2000).*

III – submeter os atletas profissionais aos exames médicos e clínicos necessários à prática desportiva. *(Acrescentado pela Lei nº 9.981/2000)*

Art. 35. São deveres do atleta profissional, em especial: *(Redação de acordo com a Lei nº 9.981/2000).*

I – participar dos jogos, treinos, estágios e outras sessões preparatórias de competições com a aplicação e dedicação correspondentes às suas condições psicofísicas e técnicas; *(Acrescentado pela Lei nº 9.981/2000).*

II – preservar as condições físicas que lhes permitam participar das competições desportivas, submetendo-se aos exames médicos e tratamentos clínicos necessários à prática desportiva; *(Acrescentado pela Lei nº 9.981/2000)*

III – exercitar a atividade desportiva profissional de acordo com as regras da respectiva modalidade desportiva e as normas que regem a disciplina e a ética desportivas. *(Acrescentado pela Lei nº 9.981/2000)*

Art. 36. *(Revogado pela Lei nº 9.981, de 14.7.2000)*

Art. 37. *(Revogado pela Lei nº 9.981, de 14.7.2000)*

Art. 38. Qualquer cessão ou transferência de atleta profissional ou não profissional depende de sua formal e expressa anuência. *(Redação de acordo com a Lei nº 9.981/2000)*

Art. 39. O atleta cedido temporariamente a outra entidade de prática desportiva que tiver os salários em atraso, no todo ou em parte, por mais de 2 (dois) meses, notificará a entidade de prática desportiva cedente para, querendo, purgar a mora, no prazo de 15 (quinze) dias, não se aplicando, nesse caso, o disposto no *caput* do art. 31 desta Lei. *(Redação de acordo com a Lei nº 12.395/2011).*

§ 1º O não pagamento ao atleta de salário e contribuições previstas em lei por parte da entidade de prática desportiva cessionária, por 2 (dois) meses, implicará a rescisão do contrato de empréstimo e a incidência da cláusula compensatória desportiva nele prevista, a ser paga ao atleta pela entidade de prática desportiva cessionária. *(Acrescentado pela Lei nº 12.395/2011).*

§ 2º Ocorrendo a rescisão mencionada no § 1º deste artigo, o atleta deverá retornar à entidade de prática desportiva cedente para cumprir o antigo contrato especial de trabalho desportivo. *(Acrescentado pela Lei nº 12.395/2011).*

Art. 40. Na cessão ou transferência de atleta profissional para entidade de prática desportiva estrangeira observar-se-ão as instruções expedidas pela entidade nacional de título.

§ 1º As condições para transferência do atleta profissional para o exterior deverão integrar obrigatoriamente os contratos de trabalho entre o atleta e a entidade de prática desportiva brasileira que o contratou. *(Renumerado do Parágrafo Único para § 1º pela Lei nº 10.672/2003)*

§ 2º O valor da cláusula indenizatória desportiva internacional originalmente pactuada entre o atleta e a entidade de prática desportiva cedente, independentemente do pagamento da cláusula indenizatória desportiva nacional, será devido a esta pela entidade de prática desportiva cessionária caso esta venha a concretizar transferência internacional do mesmo atleta, em prazo inferior a 3 (três) meses, caracterizando o conluio com a entidade de prática desportiva estrangeira. *(Redação de acordo com a Lei nº 12.395/2011).*

Art. 41. A participação de atletas profissionais em seleções será estabelecida na forma como acordarem a entidade de administração convocante e a entidade de prática desportiva cedente.

§ 1º A entidade convocadora indenizará a cedente dos encargos previstos no contrato de trabalho, pelo período em que durar a convocação do atleta, sem prejuízo de eventuais ajustes celebrados entre este e a entidade convocadora.

§ 2º O período de convocação estender-se-á até a reintegração do atleta à entidade que o cedeu, apto a exercer sua atividade.

Art. 42. Pertence às entidades de prática desportiva o direito de arena, consistente na prerrogativa exclusiva de negociar, autorizar ou proibir a captação, a fixação, a emissão, a transmissão, a retransmissão ou a reprodução de imagens, por qualquer meio ou processo, de espetáculo desportivo de que participem. *(Redação de acordo com a Lei nº 12.395/2011).*

§ 1º Salvo convenção coletiva de trabalho em contrário, 5% (cinco por cento) da receita proveniente da exploração de direitos desportivos audiovisuais serão repassados aos sindicatos de atletas profissionais, e estes distribuirão, em partes iguais, aos atletas profissionais participantes do espetáculo, como parcela de natureza civil. *(Redação de acordo com a Lei nº 12.395/2011).*

§ 1º-A. *Vetado.*

§ 2º O disposto neste artigo não se aplica à exibição de flagrantes de espetáculo ou evento desportivo para fins exclusivamente jornalísticos, desportivos ou educativos ou para a captação de apostas legalmente autorizadas, respeitadas as seguintes condições: *(Redação de acordo com a Lei nº 13.155 de 2015).*

I – a captação das imagens para a exibição de flagrante de espetáculo ou evento desportivo dar-se-á em locais reservados, nos estádios e ginásios, para não detentores de direitos ou, caso não disponíveis, mediante o fornecimento das imagens pelo detentor de direitos locais para a respectiva mídia; *(Redação de acordo com a Lei nº 12.395/2011).*

II – a duração de todas as imagens do flagrante do espetáculo ou evento desportivo exibidas não poderá exceder 3% (três por cento) do total do tempo de espetáculo ou evento; *(Redação de acordo com a Lei nº 12.395/2011).*

III – é proibida a associação das imagens exibidas com base neste artigo a qualquer forma de patrocínio, propaganda ou promoção comercial. *(Redação de acordo com a Lei nº 12.395/2011).*

§ 3º O espectador pagante, por qualquer meio, de espetáculo ou evento desportivo equipara-se, para todos os efeitos legais, ao consumidor, nos termos do art. 2º da Lei 8.078, de 11 de setembro de 1990.

Art. 42-A. Pertence à entidade de prática desportiva de futebol mandante o direito de arena sobre o espetáculo desportivo. *(Acrescido pela Lei 14.205/2021)*

§ 1º Para fins do disposto no *caput* deste artigo, o direito de arena consiste na prerrogativa exclusiva de negociar, de autorizar ou de proibir a captação, a fixação, a emissão, a transmissão, a retransmissão ou a reprodução de imagens do espetáculo desportivo, por qualquer meio ou processo.

§ 2º Serão distribuídos aos atletas profissionais, em partes iguais, 5% (cinco por cento) da receita proveniente da exploração de direitos desportivos audiovisuais do espetáculo desportivo de que trata o *caput* deste artigo.

§ 3º A distribuição da receita de que trata o § 2º deste artigo terá caráter de pagamento de natureza civil, exceto se houver disposição em contrário constante de convenção coletiva de trabalho.

§ 4º O pagamento da verba de que trata o § 2º deste artigo será realizado por intermédio dos sindicatos das respectivas categorias, que serão responsáveis pelo recebimento e pela logística de repasse aos participantes do espetáculo, no prazo de até 72 (setenta e duas) horas, contado do recebimento das verbas pelo sindicato.

§ 5º Para fins do disposto no § 2º deste artigo, quanto aos campeonatos de futebol, consideram-se atletas profissionais todos os jogadores escalados para a partida, titulares e reservas.

§ 6º Na hipótese de realização de eventos desportivos sem definição do mando de jogo, a captação, a fixação, a emissão, a transmissão, a retransmissão ou a reprodução de imagens, por qualquer meio ou processo, dependerão da anuência das entidades de prática desportiva de futebol participantes.

§ 7º As disposições deste artigo não se aplicam a contratos que tenham por objeto direitos de transmissão celebrados previamente à vigência deste artigo, os quais permanecem regidos pela legislação em vigor na data de sua celebração.

§ 8º Os contratos de que trata o § 7º deste artigo não podem atingir as entidades desportivas que não cederam seus direitos de transmissão para terceiros previamente à vigência deste artigo, as quais poderão cedê-los livremente, conforme as disposições previstas no *caput* deste artigo.

Art. 43. É vedada a participação em competições desportivas profissionais de atletas não profissionais com idade superior a vinte anos. *(Redação de acordo com a Lei nº 9.981/2000)*

Art. 44. É vedada a prática do profissionalismo, em qualquer modalidade, quando se tratar de:

I – desporto educacional, seja nos estabelecimentos escolares de 1º e 2º graus ou superiores;

II – desporto militar;

III – menores até a idade de dezesseis anos completos.

Art. 45. As entidades de prática desportiva são obrigadas a contratar seguro de acidentes de trabalho para atletas profissionais a ela vinculados, com o objetivo de cobrir os riscos a que eles estão sujeitos. *(Redação de acordo com a Lei nº 9.981/2000)*

Parágrafo único. A importância segurada deve garantir direito a uma indenização mínima correspondente ao valor total anual da remuneração ajustada no caso dos atletas profissionais. *(Redação de acordo com a Lei nº 9.981/2000)*

Art. 46. Ao estrangeiro atleta profissional de modalidade desportiva, referido no inciso V do art. 13 da Lei nº 6.815/19 de agosto de 1980, poderá ser concedido visto, observadas as exigências da legislação específica, por prazo não excedente a 5 (cinco) anos e correspondente à duração fixada no respectivo contrato especial de trabalho desportivo, permitida uma única renovação. *(Redação de acordo com a Lei nº 12.395/2011).*

§ 1º É vedada a participação de atleta de nacionalidade estrangeira como integrante de equipe de competição de entidade de prática desportiva nacional nos campeonatos oficiais quando o visto de trabalho temporário recair na hipótese do inciso III do art. 13 da Lei nº 6.815/19 de agosto de 1980. *(Redação de acordo com a Lei nº 12.395/2011).*

§ 2º A entidade de administração do desporto será obrigada a exigir da entidade de prática desportiva o comprovante do visto de trabalho do atleta de nacionalidade estrangeira fornecido pelo Ministério do Trabalho e Emprego, sob pena de cancelamento da inscrição desportiva. *(Redação de acordo com a Lei nº 12.395/2011).*

Art. 46-A. As ligas desportivas, as entidades de administração de desporto e as de prática desportiva envolvidas em qualquer competição de atletas profissionais, independentemente da forma jurídica adotada, ficam obrigadas a: *(Acrescentado pela Lei nº 10.672/2003)*

I – elaborar suas demonstrações financeiras, separadamente por atividade econômica, de modo distinto das atividades recreativas e sociais, nos termos da lei e de acordo com os padrões e critérios estabelecidos pelo Conselho Federal de Contabilidade, e, após terem sido submetidas a auditoria independente, providenciar sua publicação, até o último dia útil do mês de abril do ano subsequente, por período não inferior a 3 (três) meses, em sítio eletrônico próprio e da respectiva entidade de administração ou liga desportiva; *(Redação de acordo com a Lei nº 12.395/2011).*

II – apresentar suas contas juntamente com os relatórios da auditoria de que trata o inciso I ao Conselho Nacional do Esporte – CNE, sempre que forem beneficiárias de recursos públicos, na forma do regulamento. *(Acrescentado pela Lei nº 10.672/2003)*

§ 1º Sem prejuízo da aplicação das penalidades previstas na legislação tributária, trabalhista, previdenciária, cambial, e das consequentes responsabilidades civil e penal, a infringência a este artigo implicará: *(Acrescentado pela Lei nº 10.672/2003)*

I – para as entidades de administração do desporto e ligas desportivas, a inelegibilidade, por dez anos, de seus dirigentes para o desempenho de cargos ou funções eletivas ou de livre nomeação, em quaisquer das entidades ou órgãos referidos no parágrafo único do art. 13 desta Lei; *(Acrescentado pela Lei nº 10.672/2003)*

II – para as entidades de prática desportiva, a inelegibilidade, por cinco anos, de seus dirigentes para cargos ou funções eletivas ou de livre nomeação em qualquer entidade ou empresa direta ou indiretamente vinculada às competições profissionais da respectiva modalidade desportiva. *(Acrescentado pela Lei nº 10.672/2003)*

§ 2º As entidades que violarem o disposto neste artigo ficam sujeitas, após o trânsito em julgado em processo administrativo ou judicial: *(Redação dada pela Lei 14.117/2021, vetado pelo Presidente da República, mantido pelo Congresso Nacional e publicado no DOU de 30.04.2021)*

I – ao afastamento de seus dirigentes; e *(Acrescentado pela Lei nº 10.672/2003)*

II – à nulidade de todos os atos praticados por seus dirigentes em nome da entidade, após a prática da infração, respeitado o direito de terceiros de boa-fé. *(Redação de acordo com a Lei nº 12.395/2011).*

§ 3º Os dirigentes de que trata o § 2º serão sempre: *(Acrescentado pela Lei nº 10.672/2003)*

I – o presidente da entidade, ou aquele que lhe faça as vezes; e *(Acrescentado pela Lei nº 10.672/2003)*

II – o dirigente que praticou a infração ainda que por omissão. *(Acrescentado pela Lei nº 10.672/2003)*

§ 4º *(Acrescentado e vetado pela Lei nº 10.672/2003)*

(...)

CAPÍTULO X
DISPOSIÇÕES GERAIS

Art. 82. Os dirigentes, unidades ou órgãos de entidades de administração do desporto, inscritas ou não no registro de comércio, não exercem função delegada pelo Poder Público, nem são consideradas autoridades públicas para os efeitos desta Lei.

Art. 82-A. As entidades de prática desportiva de participação ou de rendimento, profissional ou não profissional, promoverão obrigatoriamente exames periódicos para avaliar a saúde dos atletas, nos termos da regulamentação. *(Acrescido pela Lei 12.346/2010)*

Art. 82-B. São obrigadas a contratar seguro de vida e de acidentes pessoais, vinculado à atividade desportiva, com o objetivo de cobrir os riscos a que os atletas estão sujeitos: *(Acrescido pela Lei nº 13.155/2015).*

I – as entidades de prática desportiva que mantenham equipes de treinamento de atletas não profissionais de modalidades olímpicas ou paraolímpicas, para os atletas não profissionais a ela vinculados;

II – as entidades de administração do desporto nacionais, no caso de:

a) competições ou partidas internacionais em que atletas não profissionais de modalidades olímpicas ou paraolímpicas estejam representando selecionado nacional;

b) competições nacionais de modalidades olímpicas ou paraolímpicas, para os atletas não profissionais não vinculados a nenhuma entidade de prática desportiva.

§ 1º A importância segurada deve garantir ao atleta não profissional, ou ao beneficiário por ele indicado no contrato de seguro, o direito a indenização mínima correspondente a doze vezes o valor do salário mínimo vigente ou a doze vezes o valor de contrato de imagem ou de patrocínio referentes a sua atividade desportiva, o que for maior.

§ 2º A entidade de prática desportiva é responsável pelas despesas médico-hospitalares e de medicamentos necessários ao restabelecimento do atleta enquanto a seguradora não fizer o pagamento da indenização a que se refere o § 1º deste artigo.

§ 3º As despesas com seguro a que se refere o inciso II do *caput* deste artigo serão custeadas, conforme a hipótese, com recursos oriundos da exploração de loteria destinados ao COB, ao CPB, ao CBC, à CBDE e à CBDU. (Redação dada pela Lei nº 13.756/2018)

Art. 83. As entidades desportivas internacionais com sede permanente ou temporária no País receberão dos poderes públicos o mesmo tratamento dispensado às entidades nacionais de administração do desporto.

Art. 84. Será considerado como efetivo exercício, para todos os efeitos legais, o período em que o atleta servidor público civil ou militar, da Administração Pública direta, indireta, autárquica ou fundacional, estiver convocado para integrar representação nacional em treinamento ou competição desportiva no País ou no exterior. *(Redação de acordo com a Lei nº 9.981/2000)*

§ 1º O período de convocação será definido pela entidade nacional de administração da respectiva modalidade desportiva, cabendo a esta ou aos Comitês Olímpico ou Paraolímpico Brasileiros fazer a devida comunicação e solicitar ao Ministério do Esporte a competente liberação do afastamento do atleta, árbitro e assistente, cabendo ao referido Ministério comunicar a ocorrência ao órgão de origem do servidor ou militar. *(Redação de acordo com a Lei nº 12.395/2011).*

§ 2º O disposto neste artigo aplica-se, também, aos profissionais especializados e dirigentes, quando indispensáveis à composição da delegação.

Art. 84-A. Todos os jogos das seleções brasileiras de futebol, em competições oficiais, deverão ser exibidos, pelo menos, em uma rede nacional de televisão aberta, com transmissão ao vivo, inclusive para as cidades brasileiras nas quais os mesmos estejam sendo realizados. *(Acrescentado pela Lei nº 9.981/2000)*

Parágrafo único. As empresas de televisão de comum acordo, ou por rodízio, ou por arbitramento, resolverão como cumprir o disposto neste artigo, caso nenhuma delas se interesse pela transmissão. O órgão competente fará o arbitramento. *(Acrescentado pela Lei nº 9.981/2000)*

Art. 85. Os sistemas de ensino da União, dos Estados, do Distrito Federal e dos Municípios, bem como as instituições de ensino superior, definirão normas específicas para verificação do rendimento e o controle de frequência dos estudantes que integrarem representação desportiva nacional, de forma a harmonizar a atividade desportiva com os interesses relacionados ao aproveitamento e à promoção escolar.

Art. 86. É instituído o Dia do Desporto, a ser comemorado no dia 23 de junho, Dia Mundial do Desporto Olímpico.

Art. 87. A denominação e os símbolos de entidade de administração do desporto ou prática desportiva, bem como o nome ou apelido desportivo do atleta profissional, são de propriedade exclusiva dos mesmos, contando com a proteção legal, válida para todo o território nacional, por tempo indeterminado, sem necessidade de registro ou averbação no órgão competente.

Parágrafo único. A garantia legal outorgada às entidades e aos atletas referidos neste artigo permite-lhes o uso comercial de sua denominação, símbolos, nomes e apelidos.

Art. 87-A. O direito ao uso da imagem do atleta pode ser por ele cedido ou explorado, mediante ajuste contratual de natureza civil e com fixação de direitos, deveres e condições inconfundíveis com o contrato especial de trabalho desportivo. *(Artigo acrescido pela Lei nº 12.395/2011).*

Parágrafo único. Quando houver, por parte do atleta, a cessão de direitos ao uso de sua imagem para a entidade de prática desportiva detentora do contrato especial de trabalho desportivo, o valor correspondente ao uso da imagem não poderá ultrapassar 40% (quarenta por cento) da remuneração total paga ao atleta, composta pela soma do salário e dos valores pagos pelo direito ao uso da imagem. *(Parágrafo único acrescido pela Lei nº 13.155/2015).*

Art. 88. Os árbitros e auxiliares de arbitragem poderão constituir entidades nacionais, estaduais e do Distrito Federal, por modalidade desportiva ou grupo de modalidades, objetivando o recrutamento, a formação e a prestação de serviços às entidades de administração do desporto. *(Redação de acordo com a Lei nº 12.395/2011).*

Parágrafo único. Independentemente da constituição de sociedade ou entidades, os árbitros e seus auxiliares não terão qualquer vínculo empregatício com as entidades desportivas diretivas onde atuarem, e sua remuneração como autônomos exonera tais entidades de quaisquer outras responsabilidades trabalhistas, securitárias e previdenciárias.

Art. 89. Em campeonatos ou torneios regulares com mais de uma divisão, as entidades de administração do desporto determinarão em seus regulamentos o princípio do acesso e do descenso, observado sempre o critério técnico.

Art. 89-A. As entidades responsáveis pela organização de competições desportivas profissionais deverão disponibilizar equipes para atendimento de emergências entre árbitros e atletas, nos termos da regulamentação. *(Acrescentado pela Lei nº 12.346/2010) (Vigência)*

Art. 90. É vedado aos administradores e membros de conselho fiscal de entidade de prática desportiva o exercício de cargo ou função em entidade de administração do desporto.

Arts. 90-A e 90-B. *(Vetados pela Lei 10.672/ 2003)*

Art. 90-C. As partes interessadas poderão valer-se da arbitragem para dirimir litígios relativos a direitos patrimoniais disponíveis, vedada a apreciação de matéria referente à disciplina e à competição desportiva. *(Acrescentado pela Lei nº 12.395/2011).*

Parágrafo único. A arbitragem deverá estar prevista em acordo ou convenção coletiva de trabalho e só poderá ser instituída após a concordância expressa de ambas as partes, mediante cláusula compromissória ou compromisso arbitral. *(Acrescentado pela Lei nº 12.395/2011).*

Art. 90-D. Os atletas profissionais poderão ser representados em juízo por suas entidades sindicais em ações relativas aos contratos especiais de trabalho desportivo mantidos com as entidades de prática desportiva. *(Acrescentado pela Lei nº 12.395/2011).*

Art. 90-E. O disposto no § 4º do art. 28 quando houver vínculo empregatício aplica-se aos integrantes da comissão técnica e da área de saúde. *(Acrescentado pela Lei nº 12.395/2011).*

Art. 90-F. Os profissionais credenciados pelas Associações de Cronistas Esportivos quando em serviço têm acesso a praças, estádios e ginásios desportivos em todo o território nacional, obrigando-se a ocupar locais a eles reservados pelas respectivas entidades de administração do desporto. *(Acrescentado pela Lei nº 12.395/2011).*

CAPÍTULO XI
DISPOSIÇÕES TRANSITÓRIAS

Art. 91. Até a edição dos Códigos da Justiça dos Desportos Profissionais e Não Profissionais continuam em vigor os atuais Códigos, com as alterações constantes desta Lei.

Art. 92. Os atuais atletas profissionais de futebol, de qualquer idade, que, na data de entrada em vigor desta Lei, estiverem com passe livre, permanecerão nesta situação, e a rescisão de seus contratos de trabalho dar-se-á nos termos dos arts. 479 e 480 da C.L.T.

Art. 93. O disposto no art. 28, § 2º, desta Lei somente produzirá efeitos jurídicos a partir de 26 de março de 2001, respeitados os direitos adquiridos decorrentes dos contratos de trabalho e vínculos desportivos de atletas profissionais pactuados com base na legislação anterior. *(Redação dada pela Lei nº 9.981/2000)*

Parágrafo único. *(Vetado pela Lei nº 9.981/2000)*

Art. 94. O disposto nºs arts. 27, 27-A, 28, 29, 29-A, 30, 39, 43, 45 e nº § 1º do art. 41 desta Lei será obrigatório exclusivamente para atletas e entidades de prática profissional da modalidade de futebol. *(Redação de acordo com a Lei nº 12.395/2011).*

Parágrafo único. É facultado às demais modalidades desportivas adotar os preceitos constantes dos dispositivos referidos no *caput* deste artigo. *(Acrescentado pela Lei nº 9.981/2000)*

Art. 94-A. O Poder Executivo regulamentará o disposto nesta Lei, inclusive a distribuição dos recursos, gradação das multas e os procedimentos de sua aplicação. *(Acrescentado pela Lei nº 9.981/2000)*

Art. 95. Esta Lei entra em vigor na data de sua publicação.

Art. 96. São revogados, a partir da vigência do disposto no § 2 º do art. 28 desta Lei, os incisos II e V e os §§ 1º e 3º do art. 3º, os arts. 4º, 6º, 11 e 13, o § 2º do art. 15, o parágrafo único do art. 16 e os arts. 23 e 26 da Lei nº 6.354, de 2 de setembro de 1976; são revogadas, a partir da data de publicação desta Lei, as Leis nºs 8.672, de 6 de julho de 1993, e 8.946, de 5 de dezembro de 1994.

Brasília, 24 de março de 1998; 177º da Independência e 110º da República.

Fernando Henrique Cardoso

LEI Nº 9.719, DE 27 DE NOVEMBRO DE 1998

Dispõe sobre normas e condições gerais de proteção ao trabalho portuário, institui multas pela inobservância de seus preceitos, e dá outras providências.

› *Proteção ao trabalho portuário*

Faço saber que o PRESIDENTE DA REPÚBLICA, adotou a Medida Provisória nº 1.728-19, de 1998, que o Congresso Nacional aprovou, e eu, Antonio Carlos Magalhães, Presidente, para os efeitos do disposto no parágrafo único do art. 62 da Constituição Federal, promulgo a seguinte Lei:

Art. 1º Observado o disposto nos arts. 18 e seu parágrafo único, 19 e seus parágrafos, 20, 21, 22, 25 e 27 e seus parágrafos, 29, 47, 49 e 56 e seu parágrafo único, da Lei nº 8.630, de 25 de fevereiro de 1993, a mão de obra do trabalho portuário avulso deverá ser requisitada ao órgão gestor de mão de obra.

Art. 2º Para os fins previstos no art. 1º desta Lei:

I – cabe ao operador portuário recolher ao órgão gestor de mão de obra os valores devidos pelos serviços executados, referentes à remuneração por navio, acrescidos dos percentuais relativos a décimo terceiro salário, férias, Fundo de Garantia do Tempo de Serviço – FGTS, encargos fiscais e previdenciários, no prazo de vinte e quatro horas da realização do serviço, para viabilizar o pagamento ao trabalhador portuário avulso;

II – cabe ao órgão gestor de mão de obra efetuar o pagamento da remuneração pelos serviços executados e das parcelas referentes a décimo terceiro salário e férias, diretamente ao trabalhador portuário avulso.

§ 1º O pagamento da remuneração pelos serviços executados será feito no prazo de quarenta e oito horas após o término do serviço.

§ 2º Para efeito do disposto no inciso II, o órgão gestor de mão de obra depositará as parcelas referentes às férias e ao décimo terceiro salário, separada e respectivamente, em contas individuais vinculadas, a serem abertas e movimentadas às suas expensas, especialmente para este fim, em instituição bancária de sua livre escolha, sobre as quais deverão incidir rendimentos mensais com base nos parâmetros fixados para atualização dos saldos dos depósitos de poupança.

§ 3º Os depósitos a que se refere o parágrafo anterior serão efetuados no dia 2 do mês seguinte ao da prestação do serviço, prorrogado o prazo para o primeiro dia útil subsequente se o vencimento cair em dia em que não haja expediente bancário.

§ 4º O operador portuário e o órgão gestor de mão de obra são solidariamente responsáveis pelo pagamento dos encargos trabalhistas, das contribuições previdenciárias e demais obrigações, inclusive acessórias, devidas à Seguridade Social, arrecadadas pelo Instituto Nacional do Seguro Social – INSS, vedada a invocação do benefício de ordem.

§ 5º Os prazos previstos neste artigo podem ser alterados mediante convenção coletiva firmada entre entidades sindicais representativas dos trabalhadores e operadores portuários, observado o prazo legal para recolhimento dos encargos fiscais, trabalhistas e previdenciários.

§ 6º A liberação das parcelas referentes à décimo terceiro salário e férias, depositadas nas contas individuais vinculadas, e o recolhimento do FGTS e dos encargos fiscais e previdenciários serão efetuados conforme regulamentação do Poder Executivo.

Art. 3º O órgão gestor de mão de obra manterá o registro do trabalhador portuário avulso que:

I – for cedido ao operador portuário para trabalhar em caráter permanente;

II – constituir ou se associar a cooperativa formada para se estabelecer como operador portuário, na forma do art. 17 da Lei nº 8.630, de 1993.

§ 1º Enquanto durar a cessão ou a associação de que tratam os incisos I e II deste artigo, o trabalhador deixará de concorrer à escala como avulso.

§ 2º É vedado ao órgão gestor de mão de obra ceder trabalhador portuário avulso cadastrado a operador portuário, em caráter permanente.

Art. 4º É assegurado ao trabalhador portuário avulso cadastrado no órgão gestor de mão de obra o direito de concorrer à escala diária complementando a equipe de trabalho do quadro dos registrados.

Art. 5º A escalação do trabalhador portuário avulso, em sistema de rodízio, será feita pelo órgão gestor de mão de obra.

§ 1º O órgão gestor de mão de obra fará a escalação de trabalhadores portuários avulsos por meio eletrônico, de modo que o trabalhador possa habilitar-se sem comparecer ao posto de escalação. (Acrescido pela Lei nº 14.047, de 2020)

§ 2º O meio eletrônico adotado para a escalação de trabalhadores portuários avulsos deverá ser inviolável e tecnicamente seguro. (Acrescido pela Lei nº 14.047, de 2020)

§ 3º Fica vedada a escalação presencial de trabalhadores portuários. (Acrescido pela Lei nº 14.047, de 2020)

Art. 6º Cabe ao operador portuário e ao órgão gestor de mão de obra verificar a presença, no local de trabalho, dos trabalhadores constantes da escala diária.

Parágrafo único. Somente fará jus à remuneração o trabalhador avulso que, constante da escala diária, estiver em efetivo serviço.

Art. 7º O órgão gestor de mão de obra deverá, quando exigido pela fiscalização do Ministério do Trabalho e do INSS, exibir as listas de escalação diária dos trabalhadores portuários avulsos, por operador portuário e por navio.

Parágrafo único. Caberá exclusivamente ao órgão gestor de mão de obra a responsabilidade pela exatidão dos dados lançados nas listas diárias referidas no *caput* deste artigo, assegurando que não haja preterição do trabalhador regularmente registrado e simultaneidade na escalação.

Art. 8º Na escalação diária do trabalhador portuário avulso deverá sempre ser observado um intervalo mínimo de onze horas consecutivas entre duas jornadas, salvo em situações excepcionais, constantes de acordo ou convenção coletiva de trabalho.

Art. 9º Compete ao órgão gestor de mão de obra, ao operador portuário e ao empregador, conforme o caso, cumprir e fazer cumprir as normas concernentes a saúde e segurança do trabalho portuário.

Parágrafo único. O Ministério do Trabalho estabelecerá as normas regulamentadoras de que trata o *caput* deste artigo.

Art. 10. O descumprimento do disposto nesta Lei sujeitará o infrator às seguintes multas:

I – de R$ 173,00 (cento e setenta e três reais) a R$ 1.730,00 (um mil, setecentos e trinta reais), por infração ao *caput* do art. 7º;

II – de R$ 575,00 (quinhentos e setenta e cinco reais) a R$ 5.750,00 (cinco mil, setecentos e cinquenta reais), por infração às normas de segurança do trabalho portuário, e de R$ 345,00 (trezentos e quarenta e cinco reais) a R$ 3.450,00 (três mil, quatrocentos e cinquenta reais), por infração às normas de saúde do trabalho, nos termos do art. 9º;

III – de R$ 345,00 (trezentos e quarenta e cinco reais) a R$ 3.450,00 (três mil, quatrocentos e cinquenta reais), por trabalhador em situação irregular, por infração ao parágrafo único do art. 7º e aos demais artigos.

Parágrafo único. As multas previstas neste artigo serão graduadas segundo a natureza da infração, sua extensão e a intenção de quem a praticou, e aplicadas em dobro em caso de reincidência, oposição à fiscalização e desacato à autoridade, sem prejuízo das penalidades previstas na legislação previdenciária.

Art. 10-A. É assegurado, na forma do regulamento, benefício assistencial mensal, de até 1 (um) salário mínimo, aos trabalhadores portuários avulsos, com mais de 60 (sessenta) anos, que não cumprirem os requisitos para a aquisição das modalidades de aposentadoria previstas nos arts. 42, 48, 52 e 57 da Lei nº 8.213, de 24 de julho de 1991, e que não possuam meios para prover a sua subsistência.

Parágrafo único. O benefício de que trata este artigo não pode ser acumulado pelo beneficiário com qualquer outro no âmbito da seguridade social ou de outro regime, salvo os da assistência médica e da pensão especial de natureza indenizatória. (Artigo acrescido pela Lei nº 12.815, de 5/6/2013)

Art. 11. *Revogado pela Lei nº 12.815, de 5/6/2013.*

Art. 12. O processo de autuação e imposição das multas prevista nesta Lei obedecerá ao disposto no Título VII da Consolidação das Leis do Trabalho ou na legislação previdenciária, conforme o caso.

Art. 13. Esta Lei também se aplica aos requisitantes de mão de obra de trabalhador portuário avulso junto ao órgão gestor de mão de obra que não sejam operadores portuários.

Art. 14. Compete ao Ministério do Trabalho e ao INSS a fiscalização da observância das disposições contidas nesta Lei, devendo as autoridades de que trata o art. 3º da Lei nº 8.630, de 1993, colaborar com os Agentes da Inspeção do Trabalho e Fiscais do INSS em sua ação fiscalizadora, nas instalações portuárias ou a bordo de navios.

Art. 15. Ficam convalidados os atos praticados com base na Medida Provisória nº 1.679-18, de 26 de outubro de 1998.

Art. 16. Esta Lei entra em vigor na data de sua publicação.

Art. 17. Revoga-se a Medida Provisória nº 1.679-18, de 26 de outubro de 1998.

Congresso Nacional, em 27 de novembro de 1998; 177º da Independência e 110º da República.

Senador Antonio Carlos Magalhães

LEI Nº 9.766, DE 18 DE DEZEMBRO DE 1998

Altera a legislação que rege o Salário-Educação, e dá outras providências.

▸ *Salário-educação*

O PRESIDENTE DA REPÚBLICA

Faço saber que o CONGRESSO NACIONAL decreta e eu sanciono a seguinte Lei:

Art. 1º. A contribuição social do Salário-Educação, a que se refere o art. 15 da Lei nº 9.424, de 24 de dezembro de 1996, obedecerá aos mesmos prazos e condições, e sujeitar-se-á às mesmas sanções administrativas ou penais e outras normas relativas às contribuições sociais e demais importâncias devidas à Seguridade Social, ressalvada a competência do Fundo Nacional de Desenvolvimento da Educação – FNDE, sobre a matéria.

§ 1º. Estão isentas do recolhimento da contribuição social do Salário-Educação:

I – a União, os Estados, o Distrito Federal e os Municípios, bem como suas respectivas autarquias e fundações;

II – as instituições públicas de ensino de qualquer grau;

III – as escolas comunitárias, confessionais ou filantrópicas, devidamente registradas e reconhecidas pelo competente órgão de educação, e que atendam ao disposto no inciso II do art. 55 da Lei nº 8.212, de 24 de julho de 1991;

▸ O art. 55 da Lei nº 8.212, de 24-6-1991, foi revogado pela Lei nº 12.101, de 27-11-2009, dispõe sobre a certificação das entidades beneficentes de assistência social, regula os procedimentos de isenção de contribuições para a seguridade social.

IV – as organizações de fins culturais que, para este fim, vierem a ser definidas em regulamento;

V – as organizações hospitalares e de assistência social, desde que atendam, cumulativamente, aos requisitos estabelecidos nos incisos I a V do art. 55 da Lei nº 8.212, de 1991.

▸ O art. 55 da Lei nº 8.212, de 24-6-1991, foi revogado pela Lei nº 12.101, de 27-11-2009, dispõe sobre a certificação das entidades beneficentes de assistência social, regula os procedimentos de isenção de contribuições para a seguridade social.

§ 2º. Integram a receita do Salário-Educação os acréscimos legais a que estão sujeitos os contribuintes em atraso.

§ 3º. Entende-se por empresa, para fins de incidência da contribuição social do Salário-Educação, qualquer firma individual ou sociedade que assume o risco de atividade econômica, urbana ou rural, com fins lucrativos ou não, bem como as empresas e demais entidades públicas ou privadas, vinculadas à Seguridade Social.

Art. 2º. A Quota Estadual e Municipal do Salário-Educação, de que trata o § 1º e seu inciso II do art. 15 da Lei nº 9.424, de 24 de dezembro de 1996, será integralmente redistribuída entre o Estado e seus Municípios de forma proporcional ao número de alunos matriculados no ensino fundamental nas respectivas redes de ensino, conforme apurado pelo censo educacional realizado pelo Ministério da Educação. (Redação dada pela Lei nº 10.832, de 29.12.2003)

▸ ADPF 188.

Parágrafo único. As contas específicas dos Estados, do Distrito Federal e dos Municípios destinadas à movimentação das Quotas do Salário-Educação serão abertas pelo FNDE e mantidas, a critério do respectivo ente federado, em instituição financeira oficial. (Incluído pela Lei nº 13.530, de 2017)

Art. 3º. O Salário-Educação não tem caráter remuneratório na relação de emprego e não se vincula, para nenhum efeito, ao salário ou à remuneração percebida pelos empregados das empresas contribuintes.

Art. 4º. A contribuição do Salário-Educação será recolhida ao Instituto Nacional do Seguro Social – INSS ou ao FNDE.

Parágrafo único. O INSS reterá, do montante por ele arrecadado, a importância equivalente a um por cento, a título de taxa de administração, creditando o restante no Banco do Brasil S.A., em favor do FNDE, para os fins previstos no art. 15, § 1º, da Lei nº 9.424, de 1996.

Art. 5º. A fiscalização da arrecadação do Salário-Educação será realizada pelo INSS, ressalvada a competência do FNDE sobre a matéria.

Parágrafo único. Para efeito da fiscalização prevista neste artigo, seja por parte do INSS, seja por parte do FNDE, não se aplicam as disposições legais excludentes ou limitativas do direito de examinar livros, arquivos, documentos, papéis e efeitos comerciais ou fiscais, dos comerciantes, empresários, industriais ou produtores, ou da obrigação destes de exibi-los.

Art. 6º. As disponibilidades financeiras dos recursos gerenciados pelo FNDE, inclusive os arrecadados à conta do Salário-Educação, poderão ser aplicadas por intermédio de instituição financeira pública federal, na forma que vier a ser estabelecida pelo seu Conselho Deliberativo.

Art. 7º. O Ministério da Educação e do Desporto fiscalizará, por intermédio do FNDE, a aplicação dos recursos provenientes do Salário-Educação, na forma do regulamento e das instruções que para este fim forem baixadas por aquela Autarquia, vedada sua destinação ao pagamento de pessoal.

Art. 8º. Os recursos do Salário Educação podem ser aplicados na educação especial, desde que vinculada ao ensino fundamental público.

Art. 9º. O Poder Executivo regulamentará esta Lei, no prazo de sessenta dias da data de sua publicação.

Art. 10. Ficam convalidados os atos praticados com base na Medida Provisória nº 1.607-24, de 19 de novembro de 1998.

Art. 11. Esta Lei entra em vigor na data de sua publicação.

Art. 12. Revoga-se a Lei nº 8.150, de 28 de dezembro de 1990.

Brasília, de 18 de dezembro 1998; 177º da Independência e 110º da República.

FERNANDO HENRIQUE CARDOSO

Publicado no *DOU* de 19.12.1998

DECRETO Nº 3.048, DE 6 DE MAIO DE 1999

Aprova o Regulamento da Previdência Social, e dá outras providências.

▸ *Regulamento da Previdência Social*

O PRESIDENTE DA REPÚBLICA, no uso da atribuição que lhe confere o art. 84, inciso IV, da Constituição Federal, e de acordo com a Emenda Constitucional nº 20, de 1998, as Leis Complementares nºs 70, de 30 de dezembro de 1991, e 84, de 18 de janeiro de 1996, e as Leis nºs 8.138, de 28 de dezembro de 1990, 8.212, de 24 de julho de 1991, 8.213, de 24 de julho de 1991, 8.218, de 29 de agosto de 1991, 8.383, de 30 de dezembro de 1991, 8.398, de 7 de janeiro de 1992, 8.436, de 25 de junho de 1992, 8.444, de 20 de julho de 1992, 8.540, de 22 de dezembro de 1992, 8.542, de 23 de dezembro de 1992. 8.619, de 5 de janeiro de 1993, 8.620, de 5 de janeiro de 1993, 8.630 de 25 de fevereiro de 1993, 8.647, de 13 de abril de 1993, 8.742, de 7 de dezembro de 1993, 8.745, de 9 de dezembro de 1993, 8.861, de 25 de março de 1994, 8.864, de 28 de março de 1994, 8.870, de 1 5 de abril de 1994, 8.880, de 27 de maio de 1994, 8.935, de 18 de novembro de 1994, 8.981, de 20 de janeiro de 1995, 9.032, de 28 de abril de 1995, 9.063, de 14 de junho de 1995, 9.065, de 20 de junho de 1995, 9.069, de 29 de junho de 1995, 9.129, de 20 de novembro de 1995, 9.249. de 26 de dezembro de 1995, 9.250, de 26 de dezembro de 1995, 9.317, de 5 de dezembro de 1996, 9.429, de 26 de dezembro de 1996, 9.476, de 23 de julho de 1997, 9.506, de 30 de outubro de 1997, 9.528, de 10 de dezembro de 1997, 9.601, de 21 de janeiro de 1998, 9.615, de 24 de março de 1998, 9.639, de 25 de maio de 1998, 9.649, de 27 de maio de 1998, 9.676, de 30 de junho de 1998, 9.703, de 17 de novembro de 1998, 9.711, de 21 de novembro de 1998, 9.717, de 27 de novembro de 1998. 9.718, de 27 de novembro de 1998, 9.719, de 27 de novembro de 1998, 9.720, de 30 de novembro de 1998, e 9.732, de 11 de dezembro de 1998,

DECRETA:

Art. 1º O Regulamento, da Previdência Social passa a vigorar na forma do texto apenso ao presente Decreto, com seus anexos.

Art. 2º Este Decreto entra em vigor na data de sua publicação.

Art. 3º Ficam revogados os Decretos nº 33.335, de 20 de julho de 1953, 36.911, de 15 de fevereiro de 1955, 65.106, de 5 de setembro de 1969, 69.382, de 19 de outubro de 1971, 72.771, de 6 de setembro de 1973, 73.617, de 12 de fevereiro de 1974, 73.833, de. 13 de março de 1974, 74.661, de 7 de outubro de 1974, 75.478, de 14 de março de 1975, 75.706, de 8 de maio de 1975, 75.884, de 19 de junho de 1975, 76.326, de 23 de setembro de 1975, 77.210, de 20 de fevereiro de 1976, 79.037, de 24 de dezembro de 1976, 79.575, de 26 de abril de 1977, 79.789, de 7 de junho de 1977, 83.080, de 24 de janeiro de 1979, 83.081. de 24 de janeiro de 1979, 85.745, de 23 de fevereiro de 1981, 85.850, de 30 de março de 1981, 86.512, de 29 de outubro de 1981, 87.374, de 8 de julho de 1982, 87.430, de 28 de julho de 1982, 88.353, de 6 de junho de 1983, 88.367, de 7 de junho de 1983, 88.443, de 29 de junho de 1983, 89,167, de 9 de dezembro de 1983, 89.312, de 23 de janeiro de 1984, 90.038, de 9 de agosto de 1984, 90.195, de 12 de setembro de 1984, 90.817, de 17 de janeiro de 1985, 91.406, de 5 de julho de 1985, 92.588, de 25 de abril de 1986, 92.700, de 21 de maio de 1986, 92.702, de 21 de maio de 1986, 92.769, de 10 de junho de 1986, 92.770, de 10 de junho de 1986, 92.976, de 22 de julho de 1986, 94.512, de 24 de junho de 1987, 96.543, de 22 de agosto de 1988, 96.595, de 25 de agosto de 1998, 98.376, de 7 de novembro de 1989, 99.301, de 15 de junho de 1990, 99.351, de 27 de junho de 1990, 1.197, de 14 de julho de 1994, 1.514, de 5 de junho de 1995, 1.826, de 29 de fevereiro de 1996, 1.843, de 25 de março de 1996, 2.172, de 5 de março de 1997, 2.173, de 5 de março de 1997, 2.342 de 9 de outubro de 1997, 2.664, de 10 de julho de 1998, 2.782, de 14 de setembro de 1998, 2.803, de 20 de outubro de 1998, 2.924, de 5 de janeiro de 1999, e 3.039, de 28 de abril de 1999.

Brasília, 6 de maio de 1999; 178º da Independência e 111º da Repúlica.

FERNANDO HENRIQUE CARDOSO

REGULAMENTO DA PREVIDÊNCIA SOCIAL

LIVRO I DA FINALIDADE E DOS PRINCÍPIOS BÁSICOS

TÍTULO I DA SEGURIDADE SOCIAL

Art. 1º A seguridade social compreende um conjunto integrado de ações de iniciativa dos poderes públicos e da sociedade, destinado a assegurar o direito relativo à saúde, e à previdência e à assistência social.

Parágrafo único. A seguridade social obedecerá aos seguintes princípios e diretrizes:

I – universalidade da cobertura e do atendimento;

II – uniformidade e equivalência dos benefícios e serviços às populações urbanas e rurais;

III – seletividade e distributividade na prestação dos benefícios e serviços;

IV – irredutibilidade do valor dos benefícios, de forma a preservar-lhe o poder aquisitivo;

V – equidade na forma de participação no custeio;

VI – diversidade da base de financiamento; e

VII – caráter democrático e descentralizado da administração, mediante gestão quadripartite, com participação dos trabalhadores, dos empregadores, dos aposentados e do governo nos órgãos colegiados.

TÍTULO II DA SAÚDE

Art. 2º A saúde é direito de todos e dever do Estado, garantido mediante políticas sociais e econômicas que visem à redução do risco de doença e de outros agravos e ao acesso universal e igualitário às ações e serviços para sua promoção, proteção e recuperação.

Parágrafo único. As atividades de saúde são de relevância pública, e sua organização obedecerá aos seguintes princípios e diretrizes:

I – acesso universal e igualitário;

II – provimento das ações e serviços mediante rede regionalizada e hierarquizada, integrados em sistema único;

III – descentralização, com direção única em cada esfera de governo;

IV – atendimento integral, com prioridade para as atividades preventivas;

V – participação da comunidade na gestão, fiscalização e acompanhamento das ações e serviços de saúde; e

VI – participação da iniciativa privada na assistência à saúde, em obediência aos preceitos constitucionais.

TÍTULO III DA ASSISTÊNCIA SOCIAL

Art. 3º A assistência social é a política social que provê o atendimento das necessidades básicas, traduzidas em proteção à família, à maternidade, à infância, à adolescência, à velhice e à pessoa portadora de deficiência, independentemente de contribuição à seguridade social.

Parágrafo único. A organização da assistência social obedecerá às seguintes diretrizes:

I – descentralização político-administrativa; e

II – participação da população na formulação e controle das ações em todos os níveis.

TÍTULO IV DA PREVIDÊNCIA SOCIAL

Art. 4º A previdência social rege-se pelos seguintes princípios e objetivos:

I – universalidade de participação nos planos previdenciários;

II – uniformidade e equivalência dos benefícios e serviços às populações urbanas e rurais;

III – seletividade e distributividade na prestação dos benefícios;

IV – cálculo dos benefícios considerando-se os salários de contribuição corrigidos monetariamente;

V – irredutibilidade do valor dos benefícios, de forma a preservar-lhe o poder aquisitivo;

VI – valor da renda mensal dos benefícios substitutos do salário de contribuição ou do rendimento do trabalho do segurado não inferior ao do salário mínimo; e

VII – caráter democrático e descentralizado da administração, mediante gestão quadripartite, com participação dos trabalhadores, dos empregadores, dos aposentados e do governo nos órgãos colegiados.

Art. 5º A previdência social será organizada sob a forma de regime geral, de caráter contributivo e de filiação obrigatória, observados critérios que preservem o equilíbrio financeiro e atuarial, e atenderá a:

I – cobertura de eventos de incapacidade temporária ou permanente para trabalho e idade avançada; *(Redação dada pelo Decreto 10.410/2020)*

II – proteção à maternidade, especialmente à gestante;

III – proteção ao trabalhador em situação de desemprego involuntário;

IV – salário-família e auxílio-reclusão para os dependentes dos segurados de baixa renda; e

V – pensão por morte do segurado, homem ou mulher, ao cônjuge ou companheiro e dependentes.

LIVRO II DOS BENEFÍCIOS DA PREVIDÊNCIA SOCIAL

TÍTULO I DOS REGIMES DA PREVIDÊNCIA SOCIAL

Art. 6º A previdência social compreende:

I – o Regime Geral de Previdência Social; e

II – os regimes próprios de previdência social dos servidores públicos e dos militares.

Parágrafo único. O Regime Geral de Previdência Social garante a cobertura de todas as situações expressas no art. 5º, exceto a de desemprego involuntário, observado o disposto no art. 199-A quanto ao direito à aposentadoria por tempo de contribuição. (Parágrafo único com redação dada pelo Decreto nº 6.042, de 12/2/2007)

Art. 7º A administração do Regime Geral de Previdência Social é atribuída ao Ministério da Previdência e Assistência Social, sendo exercida pelos órgãos e entidades a ele vinculados.

TÍTULO II DO REGIME GERAL DE PREVIDÊNCIA SOCIAL

CAPÍTULO I DOS BENEFICIÁRIOS

Art. 8º São beneficiários do Regime Geral de Previdência Social as pessoas físicas classificadas como segurados e dependentes, nos termos das Seções I e II deste Capítulo.

SEÇÃO I DOS SEGURADOS

Art. 9º São segurados obrigatórios da previdência social as seguintes pessoas físicas:

I – como empregado:

a) aquele que presta serviço de natureza urbana ou rural a empresa, em caráter não eventual, sob sua subordinação e mediante remuneração, inclusive como diretor empregado;

b) aquele que, contratado por empresa de trabalho temporário, na forma prevista em legislação específica, por prazo não superior a cento e oitenta dias, consecutivos ou não, prorrogável por até noventa dias, presta serviço para atender a necessidade transitória de substituição de pessoal regular e permanente ou a acréscimo extraordinário de serviço de outras empresas; *(Redação dada pelo Decreto 10.410/2020)*

c) o brasileiro ou estrangeiro domiciliado e contratado no Brasil para trabalhar como empregado no exterior, em sucursal ou agência de empresa constituída sob as leis brasileiras e que tenha sede e administração domiciliado no País;

d) o brasileiro ou o estrangeiro domiciliado e contratado no Brasil para trabalhar como empregado em empresa domiciliada no exterior com maioria do capital votante pertencente a empresa constituída sob as leis brasileiras, que tenha sede e administração no País e cujo controle efetivo esteja em caráter permanente sob a titularidade direta ou indireta de pessoas físicas domiciliadas e residentes no País ou de entidade de direito público interno;

e) aquele que presta serviço no Brasil a missão diplomática ou a repartição consular de carreira estrangeira e a órgãos a elas subordinados, ou a membros dessas missões e repartições, excluídos o não brasileiro sem residência permanente no Brasil e o brasileiro amparado pela legislação previdenciária do país da respectiva missão diplomática ou repartição consular;

f) o brasileiro civil que trabalha para a União no exterior, em organismos oficiais internacionais dos quais o Brasil seja membro efetivo, ainda que lá domiciliado e contratado, salvo se amparado por regime próprio de previdência social;

g) o brasileiro civil que presta serviços à União no exterior, em repartições governamentais brasileiras, lá domiciliado e contratado, inclusive o auxiliar local de que tratam os arts. 56 e 57 da Lei nº 11.440, de 29 de dezembro de 2006, este desde que, em razão de proibição legal, não possa filiar-se ao sistema previdenciário local; (Alínea com redação dada pelo Decreto nº 6.722, de 30/12/2008)

h) o bolsista e o estagiário que prestam serviços a empresa, em desacordo com a Lei nº 11.788, de 25 de setembro de 2008; (Alínea com redação dada pelo Decreto nº 6.722, de 30/12/2008)

i) o servidor da União, Estado, Distrito Federal ou Município, incluídas suas autarquias e fundações, ocupante, exclusivamente, de cargo em comissão declarado em lei de livre nomeação e exoneração;

j) o servidor do Estado, Distrito Federal ou Município, bem como o das respectivas autarquias e fundações, ocupante de cargo efetivo, desde que, nessa qualidade, não esteja amparado por regime próprio de previdência social;

l) o servidor contratado pela União, Estado, Distrito Federal ou Município, bem como pelas respectivas autarquias e fundações, por tempo determinado, para atender a necessidade temporária de excepcional interesse público, nos termos do inciso IX do art. 37 da Constituição Federal;

m) o servidor da União, Estado, Distrito Federal ou Município, incluídas suas autarquias e fundações, ocupante de emprego público;

n) (Revogada pelo Decreto nº 3.265, de 29/11/1999)

o) o escrevente e o auxiliar contratados por titular de serviços notariais e de registro a partir de 21 de novembro de 1994, bem como aquele que optou pelo Regime Geral de Previdência Social, em conformidade com a Lei nº 8.935, de 18 de novembro de 1994; e

p) aquele em exercício de mandato eletivo federal, estadual, distrital ou municipal, desde que não seja vinculado a regime próprio de previdência social; *(Redação dada pelo Decreto 10.410/2020)*

q) o empregado de organismo oficial internacional ou estrangeiro em funcionamento no Brasil, salvo quando coberto por regime próprio de previdência social; (Alínea acrescida pelo Decreto nº 3.265, de 29/11/1999)

r) o trabalhador rural contratado por produtor rural pessoa física, na forma do art. 14-A da Lei nº 5.889, de 8 de junho de 1973, para o exercício de atividades de natureza temporária por prazo não superior a dois meses dentro do período de um ano; (Alínea acrescida pelo Decreto nº 6.722, de 30/12/2008)

s) aquele contratado como trabalhador intermitente para a prestação de serviços, com subordinação, de forma não contínua, com alternância de períodos de prestação de serviços e de inatividade, em conformidade com o disposto no § 3º do art. 443 da Consolidação das Leis do Trabalho, aprovada pelo Decreto-Lei nº 5.452, de 1º de maio de 1943; *(Acrescida pelo Decreto 10.410/2020)*

II – como empregado doméstico - aquele que presta serviço de forma contínua, subordinada, onerosa e pessoal a pessoa ou família, no âmbito residencial desta, em atividade sem fins lucrativos, por mais de dois dias por semana; *(Redação dada pelo Decreto 10.410/2020)*

III – (Revogado pelo Decreto nº 3.265, de 29/11/1999)

IV – (Revogado pelo Decreto nº 3.265, de 29/11/1999)

V – como contribuinte individual: (*Caput* do inciso com redação dada pelo Decreto nº 3.265, de 29/11/1999)

a) a pessoa física, proprietária ou não, que explora atividade agropecuária, a qualquer título, em caráter permanente ou temporário, em área, contínua ou descontínua, superior a quatro módulos fiscais; ou, quando em área igual ou inferior a quatro módulos fiscais ou atividade pesqueira ou extrativista, com auxílio de empregados ou por intermédio de prepostos; ou ainda nas hipóteses dos §§ 8º e 23 deste artigo; (Alínea com redação dada pelo Decreto nº 6.722, de 30/12/2008)

b) a pessoa física, proprietária ou não, que explora atividade de extração mineral – garimpo –, em caráter permanente ou temporário, diretamente ou por intermédio de prepostos, com ou sem o auxílio de empregados, utilizados a qualquer título, ainda que de forma não contínua; (Alínea com redação dada pelo Decreto nº 3.265, de 29/11/1999)

c) o ministro de confissão religiosa e o membro de instituto de vida consagrada, de congregação ou de ordem religiosa; (Alínea com redação dada pelo Decreto nº 4.079, de 9/1/2002)

d) o brasileiro civil que trabalha no exterior para organismo oficial internacional do qual o Brasil é membro efetivo, ainda que lá domiciliado e contratado, salvo quando coberto por regime próprio de previdência social; (Alínea com redação dada pelo Decreto nº 3.265, de 29/11/1999)

e) desde que receba remuneração decorrente de trabalho na empresa: *(Redação dada pelo Decreto 10.410/2020)*

1. o empresário individual e o titular de empresa individual de responsabilidade limitada, urbana ou rural;

2. o diretor não empregado e o membro de conselho de administração de sociedade anônima;

3. o sócio de sociedade em nome coletivo; e

4. o sócio solidário, o sócio gerente, o sócio cotista e o administrador, quanto a este último, quando não for empregado em sociedade limitada, urbana ou rural;

f) a h) (Revogadas pelo Decreto 10.410/2020)

i) o associado eleito para cargo de direção em cooperativa, associação ou entidade de qualquer natureza ou finalidade, bem como o síndico ou administrador eleito para exercer atividade de direção condominial, desde que recebam remuneração; (Alínea acrescida pelo Decreto nº 3.265, de 29/11/1999)

j) quem presta serviço de natureza urbana ou rural, em caráter eventual, a uma ou mais empresas, sem relação de emprego; (Alínea acrescida pelo Decreto nº 3.265, de 29/11/1999)

l) a pessoa física que exerce, por conta própria, atividade econômica de natureza urbana, com fins lucrativos ou não; (Alínea acrescida pelo Decreto nº 3.265, de 29/11/1999)

m) o aposentado de qualquer regime previdenciário nomeado magistrado classista temporário da Justiça do Trabalho, na forma dos incisos II do § 1º do art. 111 ou III do art. 115 ou do parágrafo único do art. 116 da Constituição Federal, ou nomeado magistrado da Justiça Eleitoral, na forma dos incisos II do art. 119 ou III do § 1º do art. 120 da Constituição Federal; (Alínea acrescida pelo Decreto nº 3.265, de 29/11/1999)

n) o cooperado de cooperativa de produção que, nesta condição, presta serviço à sociedade cooperativa mediante remuneração ajustada ao trabalho executado; e (Alínea acrescida pelo Decreto nº 4.032, de 26/11/2001)

o) Revogada pelo Decreto nº 7.054, de 28/12/2009.

p) o Micro Empreendedor Individual – MEI de que tratam os arts. 18-A e 18-C da Lei Complementar nº 123, de 14 de dezembro de 2006, que opte pelo recolhimento dos impostos e contribuições abrangidos pelo Simples Nacional em valores fixos mensais; (Alínea acrescida pelo Decreto nº 6.722, de 30/12/2008)

q) o médico participante do Projeto Mais Médicos para o Brasil, instituído pela Lei nº 12.871, de 22 de outubro de 2013, exceto na hipótese de cobertura securitária específica estabelecida por organismo internacional ou filiação a regime de seguridade social em seu país de origem, com o qual a República Federativa do Brasil mantenha acordo de seguridade social; *(Acrescida pelo Decreto 10.410/2020)*

r) o médico em curso de formação no âmbito do Programa Médicos pelo Brasil, instituído pela Lei nº 13.958, de 18 de dezembro de 2019; *(Acrescida pelo Decreto 10.410/2020)*

VI – como trabalhador avulso - aquele que: *(Redação dada pelo Decreto 10.410/2020)*

a) sindicalizado ou não, preste serviço de natureza urbana ou rural a diversas empresas, ou equiparados, sem vínculo empregatício, com intermediação obrigatória do órgão gestor de mão de obra, nos termos do disposto na Lei nº 12.815, de 5 de junho de 2013, ou do sindicato da categoria, assim considerados: *(Redação dada pelo Decreto 10.410/2020)*

1. o trabalhador que exerça atividade portuária de capatazia, estiva, conferência e conserto de carga e vigilância de embarcação e bloco;

2. o trabalhador de estiva de mercadorias de qualquer natureza, inclusive carvão e minério;
3. o trabalhador em alvarenga (embarcação para carga e descarga de navios);
4. o amarrador de embarcação;
5. o ensacador de café, cacau, sal e similares;
6. o trabalhador na indústria de extração de sal;
7. o carregador de bagagem em porto;
8. o prático de barra em porto;
9. o guindasteiro; e
10. o classificador, o movimentador e o empacotador de mercadorias em portos; e

b) exerça atividade de movimentação de mercadorias em geral, nos termos do disposto na Lei nº 12.023, de 27 de agosto de 2009, em áreas urbanas ou rurais, sem vínculo empregatício, com intermediação obrigatória do sindicato da categoria, por meio de acordo ou convenção coletiva de trabalho, nas atividades de: *(Redação dada pelo Decreto 10.410/2020)*

1. cargas e descargas de mercadorias a granel e ensacados, costura, pesagem, embalagem, enlonamento, ensaque, arrasto, posicionamento, acomodação, reordenamento, reparação de carga, amostragem, arrumação, remoção, classificação, empilhamento, transporte com empilhadeiras, paletização, ova e desova de vagões, carga e descarga em feiras livres e abastecimento de lenha em secadores e caldeiras;
2. operação de equipamentos de carga e descarga; e
3. pré-limpeza e limpeza em locais necessários às operações ou à sua continuidade;

c) a j) (Revogadas pelo Decreto 10.410/2020)

VII – como segurado especial: a pessoa física residente no imóvel rural ou em aglomerado urbano ou rural próximo que, individualmente ou em regime de economia familiar, ainda que com o auxílio eventual de terceiros, na condição de: (*Caput* do inciso com redação dada pelo Decreto nº 6.722, de 30/12/2008)

a) produtor, seja ele proprietário, usufrutuário, possuidor, assentado, parceiro ou meeiro outorgados, comodatário ou arrendatário rurais, que explore atividade:

1. agropecuária em área contínua ou não de até quatro módulos fiscais; ou (Alínea acrescida pelo Decreto 6.722, de 30/12/2008)
2. de seringueiro ou extrativista vegetal na coleta e extração, de modo sustentável, de recursos naturais renováveis, e faça dessas atividades o principal meio de vida; (Alínea acrescida pelo Decreto nº 6.722, de 30/12/2008)

b) pescador artesanal ou a este assemelhado, que faça da pesca profissão habitual ou principal meio de vida; e (Alínea acrescida pelo Decreto nº 6.722, de 30/12/2008)

c) cônjuge ou companheiro, bem como filho maior de dezesseis anos de idade ou a este equiparado, do segurado de que tratam as alíneas *a* e *b* deste inciso, que, comprovadamente, tenham participação ativa nas atividades rurais ou pesqueiras artesanais, respectivamente, do grupo familiar. *(Redação dada pelo Decreto nº 8.499, de 2015 – DOU 13.08.2015).*

§ 1º O aposentado pelo Regime Geral de Previdência Social que voltar a exercer atividade abrangida por este regime é segurado obrigatório em relação a essa atividade, ficando sujeito às contribuições de que trata este Regulamento.

§ 2º Considera-se diretor empregado aquele que, participando ou não do risco econômico do empreendimento, seja contratado ou promovido para cargo de direção das sociedades anônimas, mantendo as características inerentes à relação de emprego.

§ 3º Considera-se diretor não empregado aquele que, participando ou não do risco econômico do empreendimento, seja eleito, por assembleia-geral dos acionistas, para cargo de direção das sociedades anônimas, não mantendo as características inerentes à relação de emprego.

§ 4º Entende-se por serviço prestado em caráter não eventual aquele relacionado direta ou indiretamente com as atividades normais da empresa.

§ 5º Entende-se como regime de economia familiar a atividade em que o trabalho dos membros da família é indispensável à própria subsistência e ao desenvolvimento socioeconômico do núcleo familiar e é exercido em condições de mútua dependência e colaboração, sem a utilização de empregados permanentes. (Parágrafo com redação dada pelo Decreto nº 6.722, de 30/12/2008)

§ 6º Entende-se como auxílio eventual de terceiros o que é exercido ocasionalmente, em condições de mútua colaboração, não existindo subordinação nem remuneração.

§ 7º Para efeito do disposto na alínea a do inciso VI do *caput*, entende-se por:

I – capatazia - a atividade de movimentação de mercadorias nas instalações dentro do porto, compreendidos o recebimento, a conferência, o transporte interno, a abertura de volumes para a conferência aduaneira, a manipulação, a arrumação e a entrega e o carregamento e a descarga de embarcações, quando efetuados por aparelhamento portuário; *(Redação dada pelo Decreto 10.410/2020)*

II – estiva – a atividade de movimentação de mercadorias nos conveses ou nos porões das embarcações principais ou auxiliares, incluindo transbordo, arrumação, peação e despeação, bem como o carregamento e a descarga das mesmas, quando realizados com equipamentos de bordo;

III – conferência de carga – a contagem de volumes, anotação de suas características, procedência ou destino, verificação do estado das mercadorias, assistência à pesagem, conferência do manifesto e demais serviços correlatos, nas operações de carregamento e descarga de embarcações;

IV – conserto de carga – o reparo e a restauração das embalagens de mercadoria, nas operações de carregamento e descarga de embarcações, reembalagem, marcação, remarcação, carimbagem, etiquetagem, abertura de volumes para vistoria e posterior recomposição;

V – vigilância de embarcações – a atividade de fiscalização da entrada e saída de pessoas a bordo das embarcações atracadas ou fundeadas ao largo, bem como da movimentação de mercadorias nos portalós, rampas, porões, conveses, plataformas e em outros locais da embarcação; e

VI – bloco – a atividade de limpeza e conservação de embarcações mercantes e de seus tanques, incluindo batimento de ferrugem, pintura, reparo de pequena monta e serviços correlatos.

§ 8º Não é segurado especial o membro de grupo familiar que possuir outra fonte de rendimento, exceto se decorrente de: (*Caput* do parágrafo com redação dada pelo Decreto nº 6.722, de 30/12/2008)

I – benefício de pensão por morte, auxílio-acidente ou auxílio-reclusão, cujo valor não supere o do menor benefício da previdência social; *(Redação dada pelo Decreto 10.410/2020)*

I-A – benefício concedido ao segurado qualificado como segurado especial, independentemente do valor; *(Acrescido pelo Decreto 10.410/2020)*

II – benefício previdenciário pela participação em plano de previdência complementar instituído nos termos do inciso III do § 18 deste artigo; (Inciso com redação dada pelo Decreto nº 6.722, de 30/12/2008)

III – exercício de atividade remunerada em período não superior a cento e vinte dias, corridos ou intercalados, no ano civil, observado o disposto no § 22; *(Redação dada pelo Decreto 10.410/2020)*

IV – exercício de mandato eletivo de dirigente sindical de organização da categoria de trabalhadores rurais; (Inciso acrescido pelo Decreto nº 6.722, de 30/12/2008)

V – exercício de mandato de vereador do município onde desenvolve a atividade rural, ou de dirigente de cooperativa rural constituída exclusivamente por segurados especiais, observado o disposto no § 22 deste artigo; (Inciso acrescido pelo Decreto nº 6.722, de 30/12/2008)

VI – parceria ou meação outorgada na forma e condições estabelecidas no inciso I do § 18 deste artigo; (Inciso acrescido pelo Decreto nº 6.722, de 30/12/2008)

VII – atividade artesanal desenvolvida com matéria-prima produzida pelo respectivo grupo familiar, podendo ser utilizada matéria-prima de outra origem, desde que, nesse caso, a renda mensal obtida na atividade não exceda ao menor benefício de prestação continuada da previdência social; e (Inciso acrescido pelo Decreto nº 6.722, de 30/12/2008)

VIII – atividade artística, desde que em valor mensal inferior ao menor benefício de prestação continuada da previdência social. (Inciso acrescido pelo Decreto nº 6.722, de 30/12/2008)

§ 9º Para os fins previstos nas alíneas a e b de inciso V do *caput*, entende-se que a pessoa física, proprietária ou não, explora atividade através de prepostos quando, na condição de parceiro outorgante, desenvolve atividade agropecuária, pesqueira ou de extração de minerais por intermédio de parceiros ou meeiros.

§ 10. O dirigente sindical mantém, durante o exercício do mandato, o mesmo enquadramento no Regime Geral de Previdência Social de antes da investidura no cargo.

§ 11. O magistrado da Justiça Eleitoral, nomeado na forma do inciso II do art. 119 ou III do § 1º do art. 120 da Constituição Federal, mantém o mesmo enquadramento no Regime Geral de Previdência Social de antes da investidura no cargo. (Parágrafo com redação dada pelo Decreto nº 4.729, de 9/6/2003)

§ 12. O exercício de atividade remunerada sujeita a filiação obrigatória ao Regime Geral de Previdência Social.

§ 13. Aquele que exerce concomitantemente mais de uma atividade remunerada sujeita ao RGPS é obrigatoriamente filiado no referido Regime em relação a cada uma dessas atividades, observado o disposto no inciso III do *caput* do art. 214. *(Redação dada pelo Decreto 10.410/2020)*

§ 14. Considera-se pescador artesanal aquele que, individualmente ou em regime de economia familiar, faz da pesca sua profissão habitual ou meio principal de vida, desde que: (*Caput* do parágrafo com redação dada pelo Decreto nº 3.668, de 2000)

I – não utilize embarcação; ou (Inciso com redação dada pelo Decreto nº 8.424, de 2015)

II – utilize embarcação de pequeno porte, nos termos da Lei 11.959, de 29 de junho de 2009. (Inciso com redação dada pelo Decreto nº 8.424, de 2015)

III – *Revogado pelo Decreto nº 8.424, de 2015.*

§ 14-A. Considera-se assemelhado ao pescador artesanal aquele que realiza atividade de apoio à pesca artesanal, exercendo trabalhos de confecção e de reparos de artes e petrechos de pesca e de reparos em embarcações de pequeno porte ou atuando no processamento do produto da pesca artesanal. *(Parágrafo acrescido pelo Decreto nº 8.499, de 2015 – DOU 13.08.2015).*

§ 15. Enquadram-se nas situações previstas nas alíneas *j* e *l* do inciso V do *caput*, entre outros: (*Caput* do parágrafo com redação dada pelo Decreto nº 3.265, de 1999).

I – aquele que trabalha como condutor autônomo de veículo rodoviário, inclusive como taxista ou motorista de transporte remunerado privado individual de passageiros, ou como operador de trator, máquina de terraplenagem, colheitadeira e assemelhados, sem vínculo empregatício; *(Redação dada pelo Decreto 10.410/2020)*

II – aquele que exerce atividade de auxiliar de condutor autônomo de veículo rodoviário, em automóvel cedido em regime de colaboração, nos termos da Lei 6.094, de 30 de agosto de 1974;

III – aquele que, pessoalmente, por conta própria e a seu risco, exerce pequena atividade comercial em via pública ou de porta em porta, como comerciante ambulante, nos termos da Lei 6.586, de 6 de novembro de 1978;

IV – o trabalhador associado a cooperativa que, nessa qualidade, presta serviços a terceiros;

V – o membro de conselho fiscal de sociedade por ações;

VI – aquele que presta serviço de natureza não contínua, por conta própria, a pessoa ou família, no âmbito residencial desta, em atividade sem fins lucrativos, até dois dias por semana; *(Redação dada pelo Decreto 10.410/2020)*

VII – o notário ou tabelião e o oficial de registros ou registrador, titular de cartório, que detêm a delegação do exercício da atividade notarial e de registro, não remunerados pelos cofres públicos, admitidos a partir de 21 de novembro de 1994;

VIII – aquele que, na condição de pequeno feirante, compra para revenda produtos hortifrutigranjeiros ou assemelhados;

IX – a pessoa física que edifica obra de construção civil;

X – o médico residente de que trata a Lei 6.932, de 7 de julho de 1981; (*Inciso* com redação dada pelo Decreto nº 4.729, de 2003).

XI – o pescador que trabalha em regime de parceria, meação ou arrendamento, em embarcação de médio ou grande porte, nos termos da Lei nº 11.959, de 2009. (*Inciso* com redação dada pelo Decreto nº 8.424, de 2015)

XII – o incorporador de que trata o art. 29 da Lei 4.591, de 16 de dezembro de 1964;

XIII – o bolsista da Fundação Habitacional do Exército contratado em conformidade com a Lei 6.855, de 18 de novembro de 1980; e (*Inciso* com redação dada pelo Decreto nº 3.265, de 1999)

XIV – o árbitro e seus auxiliares que atuam em conformidade com a Lei 9.615, de 24 de março de 1998; (*Inciso* acrescido pelo Decreto nº 3.265, de 1999)

XV – o membro de conselho tutelar de que trata o art. 132 da Lei 8.069, de 13 de julho de 1990, quando remunerado; (*Inciso* acrescido pelo Decreto nº 4.032, de 2001)

XVI – o interventor, o liquidante, o administrador especial e o diretor fiscal de instituição financeira, empresa ou entidade referida no § 6º do art. 201; *(Redação dada pelo Decreto 10.410/2020)*

XVII – o transportador autônomo de cargas e o transportador autônomo de cargas auxiliar, nos termos do disposto na Lei nº 11.442, de 5 de janeiro de 2007; *(Acrescido pelo Decreto 10.410/2020)*

XVIII – o repentista de que trata a Lei nº 12.198, de 14 de janeiro de 2010, desde que não se enquadre na condição de empregado, prevista no inciso I do *caput*, em relação à referida atividade; e *(Acrescido pelo Decreto 10.410/2020)*

XIX – o artesão de que trata a Lei nº 13.180, de 22 de outubro de 2015, desde que não se enquadre em outras categorias de segurado obrigatório do RGPS em relação à referida atividade. *(Acrescido pelo Decreto 10.410/2020)*

§ 16. Aplica-se o disposto na alínea i do inciso I do *caput* ao ocupante de cargo de Ministro de Estado, de Secretário Estadual, Distrital ou Municipal, sem vínculo efetivo com a União, Estados, Distrito Federal e Municípios, suas autarquias, ainda que em regime especial, e fundações. (Parágrafo acrescido pelo Decreto nº 3.265, de 29/11/1999)

§ 17. *Revogado pelo Decreto nº 8.424, de 2015.*

§ 18. Não descaracteriza a condição de segurado especial:

I – a outorga, por meio de contrato escrito de parceria, meação ou comodato, de até cinquenta por cento de imóvel rural cuja área total, contínua ou descontínua, não seja superior a quatro módulos fiscais, desde que outorgante e outorgado continuem a exercer a respectiva atividade, individualmente ou em regime de economia familiar;

II – a exploração da atividade turística da propriedade rural, inclusive com hospedagem, por não mais de cento e vinte dias ao ano;

III – a participação em plano de previdência complementar instituído por entidade classista a que seja associado, em razão da condição de trabalhador rural ou de produtor rural em regime de economia familiar;

IV – a participação como beneficiário ou integrante de grupo familiar que tem algum componente que seja beneficiário de programa assistencial oficial de governo;

V – a utilização pelo próprio grupo familiar de processo de beneficiamento ou industrialização artesanal, na exploração da atividade, de acordo com o disposto no § 25; e

VI – a associação a cooperativa agropecuária ou de crédito rural; *(Redação dada pelo Decreto 10.410/2020)*

VII – a incidência do Imposto sobre Produtos Industrializados - IPI sobre o produto das atividades desenvolvidas nos termos do disposto no inciso VIII; e *(Acrescido pelo Decreto 10.410/2020)*

VIII – a participação do segurado especial em sociedade empresária ou em sociedade simples ou a sua atuação como empresário individual ou como titular de empresa individual de responsabilidade limitada de objeto ou âmbito agrícola, agroindustrial ou agroturístico, considerada microempresa nos termos do disposto na Lei Complementar nº 123, de 2006, desde que, mantido o exercício da sua atividade rural na forma prevista no inciso VII do *caput* e no § 5º, a pessoa jurídica seja composta apenas por segurados especiais e sediada no mesmo Município ou em Município limítrofe àquele em que ao menos um deles desenvolva as suas atividades. *(Acrescido pelo Decreto 10.410/2020)*

§ 19. Os segurados de que trata o art. 199-A terão identificação específica nos registros da Previdência Social. (Parágrafo acrescido pelo Decreto nº 6.042, de 12/2/2007)

§ 20. Para os fins deste artigo, considera-se que o segurado especial reside em aglomerado urbano ou rural próximo ao imóvel rural onde desenvolve a atividade quando resida no mesmo município de situação do imóvel onde desenvolve a atividade rural, ou em município contíguo ao em que desenvolve a atividade rural.

§ 21. O grupo familiar poderá utilizar-se de empregado contratado por prazo determinado, inclusive daquele referido na alínea "r" do inciso I do *caput*, ou de trabalhador de que trata a alínea "j" do inciso V do *caput*, à razão de, no máximo, cento e vinte pessoas por dia no mesmo ano civil, em períodos corridos ou intercalados, ou, ainda, por tempo equivalente em horas de trabalho, à razão de oito horas por dia e quarenta e quatro horas por semana, hipóteses em que períodos de afastamento em decorrência de percepção de auxílio por incapacidade temporária não serão computados. *(Redação dada pelo Decreto 10.410/2020)*

§ 22. O disposto nos incisos III e V do § 8º e no inciso VIII do § 18 não dispensará o recolhimento da contribuição devida em relação ao exercício das atividades de que tratam os referidos incisos. *(Redação dada pelo Decreto 10.410/2020)*

§ 23. O segurado especial fica excluído dessa categoria:

I – a contar do primeiro dia do mês em que:

a) deixar de satisfazer as condições estabelecidas no inciso VII do *caput* deste artigo, sem prejuízo do disposto no art. 13, ou exceder qualquer dos limites estabelecidos no inciso I do § 18 deste artigo;

b) se enquadrar em qualquer outra categoria de segurado obrigatório do Regulamento da Previdência Social, exceto nas hipóteses previstas nos incisos III, V, VII e VIII do § 8º e no inciso VIII do § 18, sem prejuízo do disposto no art. 13; *(Redação dada pelo Decreto 10.410/2020)*

c) se tornar segurado obrigatório de outro regime previdenciário; ou *(Redação dada pelo Decreto 10.410/2020)*

d) na hipótese de descumprimento do disposto no inciso VIII do § 18: *(Acrescida pelo Decreto 10.410/2020)*

1. participar de sociedade empresária ou de sociedade simples; ou

2. atuar como empresário individual ou como titular de empresa individual de responsabilidade limitada; ou

II – a contar do primeiro dia do mês subsequente ao da ocorrência, quando o grupo familiar a que pertence exceder o limite de:

a) utilização de trabalhadores nos termos do § 21 deste artigo;

b) dias em atividade remunerada estabelecidos no inciso III do § 8º deste artigo; e

c) dias de hospedagem a que se refere o inciso II do § 18 deste artigo. *(Parágrafo acrescido pelo Decreto nº 6.722, de 30/12/2008)*

§ 24. Aplica-se o disposto na alínea a do inciso V do *caput* deste artigo ao cônjuge ou companheiro do produtor que participe da atividade rural por este explorada. (Parágrafo acrescido pelo Decreto nº 6.722, de 30/12/2008)

§ 25. Considera-se processo de beneficiamento ou industrialização artesanal aquele realizado diretamente pelo próprio produtor rural pessoa física, observado o disposto no § 5º do art. 200, desde que não esteja sujeito à incidência do Imposto Sobre Produtos Industrializados – IPI. (Parágrafo acrescido pelo Decreto nº 6.722, de 30/12/2008)

§ 26. É considerado microempreendedor individual – MEI o empresário individual a que se refere o art. 966 da Lei nº 10.406, de 2002 – Código Civil, ou o empreendedor que exerça as atividades de industrialização, comercialização e prestação de serviços no âmbito rural, que tenha auferido receita bruta no ano-calendário imediatamente anterior até o limite estabelecido no art. 18-A da Lei Complementar nº 123, de 2006, que tenha optado pelo Simples Nacional e não esteja impedido de optar pela sistemática de recolhimento a que se refere a alínea "p" do inciso V do *caput*. *(Parágrafo acrescido pelo Decreto 10.410/2020)*

§ 27. O vínculo empregatício mantido entre cônjuges ou companheiros não impede o reconhecimento da qualidade de segurado do empregado, excluído o doméstico, observado o disposto no art. 19-B. *(Parágrafo acrescido pelo Decreto 10.410/2020)*

Art. 10. O servidor civil ocupante de cargo efetivo ou o militar da União, Estado, Distrito Federal ou Município, bem como o das respectivas autarquias e fundações, são excluídos do Regime Geral de Previdência Social consubstanciado neste Regulamento, desde que amparados por regime próprio de previdência social. (*Caput* do artigo com redação dada pelo Decreto nº 3.265, de 29/11/1999)

§ 1º Caso o servidor ou o militar, amparados por regime próprio de previdência social, sejam requisitados para outro órgão ou entidade cujo regime previdenciário não permita a filiação nessa condição, permanecerão vinculados ao regime de origem, obedecidas às regras que cada ente estabeleça acerca de sua contribuição. (Parágrafo com redação dada pelo Decreto nº 3.265, de 29/11/1999)

§ 2º Caso o servidor ou o militar venham a exercer, concomitantemente, uma ou mais atividades abrangidas pelo Regime Geral de Previdência Social, tornar-se-ão segurados obrigatórios em relação a essas atividades. (Parágrafo com redação dada pelo Decreto nº 3.265, de 29/11/1999)

§ 3º Entende-se por regime próprio de previdência social o que assegura pelo menos as aposentadorias e pensão por morte previstas no art. 40 da Constituição Federal. (Parágrafo com redação dada pelo Decreto nº 3.452, de 9/5/2000)

Art. 11. É segurado facultativo o maior de dezesseis anos de idade que se filiar ao Regime Geral de Previdência Social, mediante contribuição, na forma do art. 199, desde que não esteja exercendo atividade remunerada que o enquadre como segurado obrigatório da previdência social.

§ 1º Podem filiar-se facultativamente, entre outros:

I – aquele que se dedique exclusivamente ao trabalho doméstico no âmbito de sua residência; *(Redação dada pelo Decreto 10.410/2020)*

II – o síndico de condomínio, quando não remunerado;

III – o estudante;

IV – o brasileiro que acompanha cônjuge que presta serviço no exterior;

V – aquele que deixou de ser segurado obrigatório da previdência social;

VI – o membro de conselho tutelar de que trata o art. 132 da Lei nº 8.069, de 13 de julho de 1990, quando não esteja vinculado a qualquer regime de previdência social;

VII – o estagiário que preste serviços a empresa nos termos do disposto na Lei nº 11.788, de 2008; *(Redação dada pelo Decreto 10.410/2020)*

VIII – o bolsista que se dedique em tempo integral a pesquisa, curso de especialização, pós-graduação, mestrado ou doutorado, no Brasil ou no exterior, desde que não esteja vinculado a qualquer regime de previdência social;

IX – o presidiário que não exerce atividade remunerada nem esteja vinculado a qualquer regime de previdência social; (Inciso com redação dada pelo Decreto nº 7.054, de 28/12/2009)

X – o brasileiro residente ou domiciliado no exterior; *(Redação dada pelo Decreto 10.410/2020)*

XI – o segurado recolhido à prisão sob regime fechado ou semiaberto, que, nesta condição, preste serviço, dentro ou fora da unidade penal, a uma ou mais empresas, com ou sem intermediação da organização carcerária ou entidade afim, ou que exerce atividade artesanal por conta própria. (Inciso acrescido pelo Decreto nº 7.054, de 28/12/2009)

XII – o atleta beneficiário da Bolsa-Atleta não filiado a regime próprio de previdência social ou não enquadrado em uma das hipóteses previstas no art. 9º. *(Acrescido pelo Decreto 10.410/2020)*

§ 2º É vedada a filiação ao Regime Geral de Previdência Social, na qualidade de segurado facultativo, de pessoa participante de regime próprio de previdência social, salvo na hipótese de afastamento sem vencimento e desde que não permitida, nesta condição, contribuição ao respectivo regime próprio.

§ 3º A filiação na qualidade de segurado facultativo representa ato volitivo, gerando efeito somente a partir da inscrição e do primeiro recolhimento, não podendo retroagir e não permitindo o pagamento de contribuições relativas a competências anteriores à data da inscrição, ressalvado o § 3º do art. 28.

§ 4º Após a inscrição, o segurado facultativo somente poderá recolher contribuições em atraso quando não tiver ocorrido perda da qualidade de segurado, conforme o disposto no inciso VI do art. 13.

§ 5º O segurado poderá contribuir facultativamente durante os períodos de afastamento ou de inatividade, desde que não receba remuneração nesses períodos e não exerça outra atividade que o vincule ao RGPS ou a regime próprio de previdência social. *(Acrescido pelo Decreto 10.410/2020)*

Art. 12. Consideram-se:

I – empresa – a firma individual ou a sociedade que assume o risco de atividade econômica urbana ou rural, com fins lucrativos ou não, bem como os órgãos e as entidades da administração pública direta, indireta e fundacional; e

II – empregador doméstico – aquele que admite a seu serviço, mediante remuneração, sem finalidade lucrativa, empregado doméstico.

Parágrafo único. Equiparam-se a empresa, para os efeitos deste Regulamento: (*Caput* do parágrafo único com redação dada pelo Decreto nº 3.265, de 29/11/1999)

I – o contribuinte individual, em relação a segurado que lhe presta serviço; (Inciso com redação dada pelo Decreto nº 3.265, de 29/11/1999)

II – a cooperativa, a associação ou a entidade de qualquer natureza ou finalidade, inclusive a missão diplomática e a repartição consular de carreiras estrangeiras;

III – o operador portuário e o órgão gestor de mão de obra de que trata a Lei nº 12.815, de 2013; e *(Redação dada pelo Decreto 10.410/2020)*

IV – o proprietário ou dono de obra de construção civil, quando pessoa física, em relação a segurado que lhe presta serviço.

SUBSEÇÃO ÚNICA
DA MANUTENÇÃO E DA PERDA DA – QUALIDADE DE SEGURADO

Art. 13. Mantém a qualidade de segurado, independentemente de contribuições:

I – sem limite de prazo, o segurado que estiver em gozo de benefício, exceto na hipótese de auxílio-acidente; *(Redação dada pelo Decreto 10.410/2020)*

II – até doze meses após a cessação de benefício por incapacidade ou das contribuições, observado o disposto nos § 7º e § 8º e no art. 19-E; (Redação dada pelo Decreto 10.491/2020)

III – até doze meses após cessar a segregação, o segurado acometido de doença de segregação compulsória;

IV – até doze meses após o livramento, o segurado detido ou recluso;

V – até três meses após o licenciamento, o segurado incorporado às Forças Armadas para prestar serviço militar; e

VI – até seis meses após a cessação das contribuições, o segurado facultativo.

§ 1º O prazo do inciso II será prorrogado para até vinte e quatro meses, se o segurado já tiver pago mais de cento e vinte contribuições mensais sem interrupção que acarrete a perda da qualidade de segurado.

§ 2º O prazo do inciso II ou do § 1º será acrescido de doze meses para o segurado desempregado. desde que comprovada essa situação por registro no órgão próprio do Ministério do Trabalho e Emprego.

§ 3º Durante os prazos deste artigo, o segurado conserva todos os seus direitos perante a previdência social.

§ 4º Aplica-se o disposto no inciso II do *caput* e no § 1º ao segurado que se desvincular de regime próprio de previdência social. (Parágrafo acrescido pelo Decreto nº 3.265, de 29/11/1999)

§ 5º A perda da qualidade de segurado não será considerada para a concessão das aposentadorias por tempo de contribuição e especial. (Parágrafo acrescido pelo Decreto nº 4.729, de 9/6/2003)

§ 6º Aplica-se o disposto no § 5º à aposentadoria por idade, desde que o segurado conte com, no mínimo, o número de contribuições mensais exigido para efeito de carência na data do requerimento do benefício. (Parágrafo acrescido pelo Decreto nº 4.729, de 9/6/2003)

§ 7º Para o contribuinte individual, o período de manutenção da qualidade de segurado inicia-se no primeiro dia do mês subsequente ao da última contribuição com valor igual ou superior ao salário-mínimo. *(Acrescido pelo Decreto 10.410/2020)*

§ 8º O segurado que receber remuneração inferior ao limite mínimo mensal do salário de contribuição somente manterá a qualidade de segurado se efetuar os ajustes de complementação, utilização e agrupamento a que se referem o § 1º do art. 19-E e o § 27-A do art. 216. *(Acrescido pelo Decreto 10.410/2020)*

Art. 14. O reconhecimento da perda da qualidade de segurado no termo final dos prazos fixados no art. 13 ocorrerá no dia seguinte ao do vencimento da contribuição do contribuinte individual relativa ao mês imediatamente posterior ao término daqueles prazos. (Artigo com redação dada pelo Decreto nº 4.032, de 26/11/2001)

Art. 15. (Revogado pelo Decreto nº 4.032, de 26/11/2001)

SEÇÃO II
DOS DEPENDENTES

Art. 16. São beneficiários do Regime Geral de Previdência Social, na condição de dependentes do segurado:

I – o cônjuge, a companheira, o companheiro e o filho não emancipado, de qualquer condição, menor de vinte e um anos de idade ou inválido ou que tenha deficiência intelectual, mental ou grave; *(Redação dada pelo Decreto 10.410/2020)*

II – os pais; ou

III – o irmão não emancipado, de qualquer condição, menor de vinte e um anos de idade ou inválido ou que tenha deficiência intelectual, mental ou grave. *(Redação dada pelo Decreto 10.410/2020)*

§ 1º Os dependentes de uma mesma classe concorrem em igualdade de condições.

§ 2º A existência de dependente de qualquer das classes deste artigo exclui do direito às prestações os das classes seguintes.

§ 3º Equiparam-se a filho, na condição de dependente de que trata o inciso I do *caput*, exclusivamente o enteado e o menor tutelado, desde que comprovada a dependência econômica na forma estabelecida no § 3º do art. 22. *(Redação dada pelo Decreto 10.410/2020)*

§ 4º O menor sob tutela somente poderá ser equiparado aos filhos do segurado mediante apresentação de termo de tutela.

§ 5º Considera-se companheira ou companheiro a pessoa que mantenha união estável com o segurado ou segurada.

§ 6º Considera-se união estável aquela configurada na convivência pública, contínua e duradoura entre pessoas, estabelecida com intenção de constituição de família, observado o disposto no § 1º do art. 1.723 da Lei nº 10.406, de 2002 - Código Civil, desde que comprovado o vínculo na forma estabelecida no § 3º do art. 22. *(Redação dada pelo Decreto 10.410/2020)*

§ 6º-A. As provas de união estável e de dependência econômica exigem início de prova material contemporânea dos fatos, produzido em período não superior aos vinte e quatro meses anteriores à data do óbito ou do recolhimento à prisão do segurado, não admitida a prova exclusivamente testemunhal, exceto na ocorrência de motivo de força maior ou caso fortuito, observado o disposto no § 2º do art. 143. *(Acrescido pelo Decreto 10.410/2020)*

§ 7º A dependência econômica das pessoas de que trata o inciso I é presumida e a das demais deve ser comprovada.

§ 8º Para fins do disposto na alínea "c" do inciso V do *caput* do art. 114, em observância ao requisito previsto no § 6º-A, deverá ser apresentado, ainda, início de prova material que comprove união estável pelo período mínimo de dois anos antes do óbito do segurado. *(Acrescido pelo Decreto 10.410/2020)*

§ 9º Será excluído definitivamente da condição de dependente aquele que tiver sido condenado criminalmente por sentença transitada em julgado, como autor, coautor ou partícipe de homicídio doloso, ou de tentativa desse crime, cometido contra a pessoa do segurado, ressalvados os absolutamente incapazes e os inimputáveis. *(Acrescido pelo Decreto 10.410/2020)*

Art. 17. A perda da qualidade de dependente ocorre:

I – para o cônjuge, pelo divórcio ou pela separação judicial ou de fato, enquanto não lhe for assegurada a prestação de alimentos, pela anulação do casamento, pelo óbito ou por sentença judicial transitada em julgado; *(Redação dada pelo Decreto 10.410/2020)*

II – para a companheira ou companheiro, pela cessação da união estável com o segurado ou segurada, enquanto não lhe for garantida a prestação de alimentos;

III – ao completar vinte e um anos de idade, para o filho, o irmão, o enteado ou o menor tutelado, ou nas seguintes hipóteses, se ocorridas anteriormente a essa idade: *(Redação dada pelo Decreto 10.410/2020)*

a) casamento; *(Redação dada pelo Decreto 10.410/2020)*

b) início do exercício de emprego público efetivo; *(Redação dada pelo Decreto 10.410/2020)*

c) constituição de estabelecimento civil ou comercial ou pela existência de relação de emprego, desde que, em função deles, o menor com dezesseis anos completos tenha economia própria; ou *(Redação dada pelo Decreto 10.410/2020)*

d) concessão de emancipação, pelos pais, ou por um deles na falta do outro, por meio de instrumento público, independentemente de homologação judicial, ou por sentença judicial, ouvido o tutor, se o menor tiver dezesseis anos completos; e *(Redação dada pelo Decreto 10.410/2020)*

e) (Revogada pelo Decreto 10.410/2020)

IV – para os dependentes em geral:

a) pela cessação da invalidez ou da deficiência intelectual, mental ou grave; ou *(Redação dada pelo Decreto 10.410/2020)*

b) pelo falecimento.

§ 1º O filho, o irmão, o enteado e o menor tutelado, desde que comprovada a dependência econômica dos três últimos, se inválidos ou se tiverem deficiência intelectual, mental ou grave, não perderão a qualidade de dependentes desde que a invalidez ou a deficiência intelectual, mental ou grave tenha ocorrido antes de uma das hipóteses previstas no inciso III do *caput*. *(Acrescido pelo Decreto 10.410/2020)*

§ 2º Para fins do disposto no § 1º, a data de início da invalidez ou da deficiência intelectual, mental ou grave será estabelecida pela Perícia Médica Federal. *(Acrescido pelo Decreto 10.410/2020)*

SEÇÃO III
DAS INSCRIÇÕES

SUBSEÇÃO I
DO SEGURADO

Art. 18. Considera-se inscrição de segurado para os efeitos da previdência social o ato pelo qual o segurado é cadastrado no RGPS, por meio da comprovação dos dados pessoais, da seguinte forma: *(Redação dada pelo Decreto 10.410/2020)*

I – empregado - pelo empregador, por meio da formalização do contrato de trabalho e, a partir da obrigatoriedade do uso do Sistema de Escrituração Digital das Obrigações Fiscais, Previdenciárias e Trabalhistas - eSocial, instituído pelo Decreto nº 8.373, de 11 de dezembro de 2014, ou do sistema que venha a substituí-lo, por meio do registro contratual eletrônico realizado nesse Sistema; *(Redação dada pelo Decreto 10.410/2020)*

II – trabalhador avulso - pelo cadastramento e pelo registro no órgão gestor de mão de obra, no caso de trabalhador portuário, ou no sindicato, no caso de trabalhador não portuário, e a partir da obrigatoriedade do uso do eSocial, ou do sistema que venha a substituí-lo, por meio do cadastramento e do registro eletrônico realizado nesse Sistema; *(Redação dada pelo Decreto 10.410/2020)*

III – empregado doméstico - pelo empregador, por meio do registro contratual eletrônico realizado no eSocial; *(Redação dada pelo Decreto 10.410/2020)*

IV – contribuinte individual: *(Redação dada pelo Decreto 10.410/2020)*

a) por ato próprio, por meio do cadastramento de informações para identificação e reconhecimento da atividade, hipótese em que o Instituto Nacional do Seguro Social - INSS poderá solicitar a apresentação de documento que comprove o exercício da atividade declarada;

b) pela cooperativa de trabalho ou pela pessoa jurídica a quem preste serviço, no caso de cooperados ou contratados, respectivamente, se ainda não inscritos no RGPS; e

c) pelo MEI, por meio do sítio eletrônico do Portal do Empreendedor;

V – segurado especial - preferencialmente, pelo titular do grupo familiar que se enquadre em uma das condições previstas no inciso VII do *caput* do art. 9º, hipótese em que o INSS poderá solicitar a apresentação de documento que comprove o exercício da atividade declarada, observado o disposto no art. 19-D; e *(Redação dada pelo Decreto 10.410/2020)*

VI – segurado facultativo - por ato próprio, por meio do cadastramento de informações pessoais que permitam a sua identificação, desde que não exerça atividade que o enquadre na categoria de segurado obrigatório. *(Redação dada pelo Decreto 10.410/2020)*

§ 1º *(Revogado pelo Decreto 10.410/2020)*

§ 2º A inscrição do segurado em qualquer categoria mencionada neste artigo exige a idade mínima de dezesseis anos.

§ 3º Todo aquele que exercer, concomitantemente, mais de uma atividade remunerada sujeita ao Regime Geral de Previdência Social será obrigatoriamente inscrito em relação a cada uma delas.

§ 4º *(Revogado pelo Decreto 6.722, de 30/12/2008)*

§ 5º Presentes os pressupostos da filiação, admite-se a inscrição post mortem do segurado especial. (Parágrafo acrescido pelo Decreto nº 3.265, de 29/11/1999)

§ 5º-A. Na hipótese prevista no § 5º, caso não seja comprovada a condição de segurado especial, poderá ser atribuído Número de Inscrição do Trabalhador - NIT especificamente para fins de requerimento do benefício previdenciário. *(Acrescido pelo Decreto 10.410/2020)*

§ 5º-B. Não será admitida a inscrição post mortem de segurado contribuinte individual e nem de segurado facultativo. *(Acrescido pelo Decreto 10.410/2020)*

§ 6º A comprovação dos dados pessoais e de outros elementos necessários e úteis à caracterização do segurado poderá ser exigida pelo INSS, a qualquer tempo, para fins de atualização cadastral, inclusive para a concessão de benefício. *(Redação dada pelo Decreto 10.410/2020)*

§ 7º A inscrição do segurado especial será feita de forma a vinculá-lo ao seu grupo familiar e conterá, além das informações pessoais: *(Redação dada pelo Decreto 10.410/2020)*

I – a identificação da propriedade em que é desenvolvida a atividade e a informação de a que título ela é ocupada; *(Acrescido pelo Decreto 10.410/2020)*

II – a informação sobre a residência ou não do segurado na propriedade em que é desenvolvida a atividade, e, em caso negativo, sobre o Município onde reside; e *(Acrescido pelo Decreto 10.410/2020)*

III – quando for o caso, a identificação e a inscrição da pessoa responsável pelo grupo familiar. *(Acrescido pelo Decreto 10.410/2020)*

§ 8º O segurado especial integrante de grupo familiar que não seja proprietário do imóvel rural ou da embarcação em que desenvolve sua atividade deve informar, no ato da inscrição, conforme o caso, o nome e o CPF do parceiro ou meeiro outorgante, arrendador, comodante ou assemelhado. (Parágrafo acrescido pelo Decreto nº 6.722, de 30/12/2008)

§ 9º A identificação do trabalhador no Cadastro Nacional de Informações Sociais - CNIS poderá ser feita: *(Acrescido pelo Decreto 10.410/2020)*

I – pelo NIT, único, pessoal e intransferível, independentemente de alterações de categoria profissional; ou

II – pelo Cadastro de Pessoas Físicas - CPF.

§ 10. Ao segurado cadastrado no Programa de Integração Social - PIS, no Programa de Formação do Patrimônio do Servidor Público - Pasep ou no Número de Identificação Social - NIS não caberá novo cadastramento. *(Acrescido pelo Decreto 10.410/2020)*

Art. 19. Os dados constantes do Cadastro Nacional de Informações Sociais – CNIS relativos a vínculos, remunerações e contribuições valem como prova de filiação à previdência social, tempo de contribuição e salários de contribuição. (*Caput* do artigo com redação dada pelo Decreto nº 6.722, de 30/12/2008)

§ 1º O segurado poderá solicitar, a qualquer tempo, a inclusão, a exclusão, a ratificação ou a retificação de suas informações constantes do CNIS, com a apresentação de documentos comprobatórios dos dados divergentes, conforme critérios definidos pelo INSS, independentemente de requerimento de benefício, exceto na hipótese prevista no art. 142, observado o disposto nos art. 19-B e art. 19-C. *(Redação dada pelo Decreto 10.410/2020)*

§ 2º Informações inseridas extemporaneamente no CNIS, independentemente de serem inéditas ou retificadoras de dados anteriormente informados, somente serão aceitas se corroboradas por documentos que comprovem a sua regularidade, na forma prevista no art. 19-B. *(Redação dada pelo Decreto 10.410/2020)*

§ 3º Respeitadas as definições vigentes sobre a procedência e origem das informações, considera-se extemporânea a inserção de dados:

I – relativos à data de início de vínculo empregatício, após o último dia do quinto mês subsequente ao mês da data da admissão do segurado; *(Redação dada pelo Decreto 10.410/2020)*

II – relativos à remuneração de trabalhador avulso ou contribuinte individual que preste serviços a empresa ou equiparado, após o último dia do quinto mês subsequente ao mês da data da prestação de serviço pelo segurado; ou *(Redação dada pelo Decreto 10.410/2020)*

a) e *b)* (Revogadas pelo Decreto 10.410/2020);

III – relativos à contribuição, sempre que o recolhimento tiver sido feito sem observância ao disposto em lei. *(Redação dada pelo Decreto 10.410/2020)*

§ 4º A extemporaneidade de que trata o § 3º poderá ser desconsiderada depois de decorrido o prazo de um ano, contado da data de inserção das informações relativas a vínculos e remunerações, conforme critérios definidos pelo INSS. *(Redação dada pelo Decreto 10.410/2020)*

I – *(Revogado pelo Decreto 10.410/2020);*

II – *(Revogado pelo Decreto nº 7.223, de 2010);*

III – *(Revogadas pelo Decreto 10.410/2020);*

§ 5º Ato do Secretário Especial de Previdência e Trabalho do Ministério da Economia poderá reduzir ou ampliar os prazos previstos nos § 3º e § 4º. *(Redação dada pelo Decreto 10.410/2020)*

§ 6º O INSS poderá definir critérios para a apuração das informações constantes da Guia de Recolhimento do Fundo de Garantia do Tempo de Serviço e Informações à Previdência Social - GFIP, ou do instrumento que venha a substituíla, que ainda não tiver sido processada e para o recebimento de informações relativas a situações cuja regularidade dependa do cumprimento de critério estabelecido em lei. *(Redação dada pelo Decreto 10.410/2020)*

§ 7º Para os fins de que trata os §§ 2º a 6º, o INSS e a DATAPREV adotarão as providências necessárias para que as informações constantes do CNIS sujeitas à comprovação sejam identificadas e destacadas dos demais registros. (Parágrafo acrescido pelo Decreto nº 6.722, de 30/12/2008)

§ 8º Para o exercício de suas competências, o INSS terá acesso às informações do segurado relativas aos períodos em que tenha sido registrada deficiência leve, moderada ou grave, identificada em decorrência de avaliação biopsicossocial realizada por equipe multiprofissional e interdisciplinar, para fins de reconhecimento e manutenção de direitos. *(Redação dada pelo Decreto 10.410/2020)*

§ 9º Constarão do CNIS as informações dos segurados e beneficiários dos regimes próprios de previdência social para fins de verificação das situações previstas neste Regulamento que impactem no reconhecimento de direitos e na concessão e no pagamento de benefícios pelo RGPS. *(Acrescido pelo Decreto 10.410/2020)*

§ 10. O empregado com contrato de trabalho intermitente terá identificação específica em instrumento de prestação de informações à previdência social, de forma a permitir a identificação dos períodos de prestação serviços e dos períodos de inatividade. *(Acrescido pelo Decreto 10.410/2020)*

§ 11. A partir da obrigatoriedade do uso do eSocial, ou do sistema que venha a substituí-lo, será observado, para o segurado: *(Acrescido pelo Decreto 10.410/2020)*

I – empregado e empregado doméstico - os registros eletrônicos gerados pelo eSocial equivalerão às anotações relativas ao contrato de trabalho, definidas pela Consolidação das Leis do Trabalho, aprovada pelo Decreto-Lei nº 5.452, de 1943, que serão incorporados ao CNIS e à Carteira de Trabalho Digital;

II – trabalhador avulso - os registros eletrônicos gerados pelo eSocial substituirão as informações relativas ao registro e às remunerações do trabalhador avulso portuário previstas no inciso II do *caput* do art. 32 e no § 2º do art. 33 da Lei nº 12.815, de 2013, e aquelas relativas ao trabalhador avulso não portuário previstas no art. 4º da Lei nº 12.023, de 2009, que serão incorporados ao CNIS;

III – contribuinte individual que preste serviços conforme o disposto no § 20 do art. 216 - os registros eletrônicos gerados pelo eSocial substituirão as informações prestadas sobre os valores da remuneração na forma prevista no § 21 do art. 216, que serão incorporados ao CNIS; e

IV – contribuinte individual que preste serviços a empresa ou equiparado a partir de abril de 2003, conforme o disposto no art. 4º da Lei nº 10.666, de 8 de maio de 2003 - os registros eletrônicos gerados pelo eSocial substituirão as informações prestadas sobre os valores da remuneração e do desconto feito a título de contribuição previdenciária, conforme previsto no inciso XII do *caput* do art. 216, que serão incorporados ao CNIS.

§ 12. Os recolhimentos efetuados na época apropriada constantes do CNIS serão reconhecidos automaticamente, observados a contribuição mínima mensal e o disposto no art. 19-E, dispensada a comprovação do exercício da atividade. *(Acrescido pelo Decreto 10.410/2020)*

Art. 19-A. Para fins de benefícios de que trata este Regulamento, os períodos de vínculos que corresponderem a serviços prestados na condição de servidor estatutário somente serão considerados mediante apresentação de Certidão de Tempo de Contribuição fornecida pelo órgão público competente, salvo se o órgão de vinculação do servidor não tiver instituído regime próprio de previdência social. (Artigo acrescido pelo Decreto nº 6.722, de 30/12/2008)

Art. 19-B. Na hipótese de não constarem do CNIS as informações sobre atividade, vínculo, remunerações ou contribuições, ou de haver dúvida sobre a regularidade das informações existentes, o período somente será confirmado por meio da apresentação de documentos contemporâneos dos fatos a serem comprovados, com menção às datas de início e de término e, quando se tratar de trabalhador avulso, à duração do trabalho e à condição em que tiver sido prestada a atividade. *(Redação dada pelo Decreto 10.410/2020)*

§ 1º Além dos dados constantes do CNIS a que se refere o art. 19, observada a forma de filiação do trabalhador ao RGPS, os seguintes documentos serão considerados para fins de comprovação do tempo de contribuição de que trata o *caput*, desde que contemporâneos aos fatos a serem comprovados: *(Acrescido pelo Decreto 10.410/2020)*

I – carteira profissional ou Carteira de Trabalho e Previdência Social;

II – contrato individual de trabalho;

III – contrato de trabalho por pequeno prazo, na forma prevista no § 3º do art. 14-A da Lei nº 5.889, de 1973;

IV – carteira de férias;

V – carteira sanitária;

VI – caderneta de matrícula;

VII – caderneta de contribuição dos extintos institutos de aposentadoria e pensões;

VIII – caderneta de inscrição pessoal visada:

a) pela Capitania dos Portos;

b) pela Superintendência do Desenvolvimento da Pesca; ou

c) pelo Departamento Nacional de Obras Contra as Secas;

IX – declaração da Secretaria Especial da Receita Federal do Brasil do Ministério da Economia;

X – certidão de inscrição em órgão de fiscalização profissional, acompanhada de documento que prove o exercício da atividade;

XI – contrato social, acompanhado de seu distrato, e, quando for o caso, ata de assembleia geral e registro de empresário;

XII – certificado de sindicato ou órgão gestor de mão de obra que agrupe trabalhadores avulsos;

XIII – extrato de recolhimento do FGTS; e

XIV – recibos de pagamento.

§ 2º Os documentos necessários à atualização do CNIS e à análise de requerimentos de benefícios e serviços poderão ser apresentados em cópias simples, em meio físico ou eletrônico, dispensada a sua autenticação, exceto nas hipóteses em que haja previsão legal expressa e de dúvida fundada quanto à autenticidade ou à integridade do documento, ressalvada a possibilidade de o INSS exigir, a qualquer tempo, os documentos originais para fins do disposto no art. 179, situação em que o responsável pela apresentação das cópias ficará sujeito às sanções administrativas, civis e penais aplicáveis. *(Acrescido pelo Decreto 10.410/2020)*

§ 3º Caso os documentos apresentados não sejam suficientes para a comprovação de atividade, vínculo ou remunerações, estes poderão ser corroborados por pesquisa, na forma prevista no § 5º, ou justificação administrativa, conforme o caso. *(Acrescido pelo Decreto 10.410/2020)*

§ 4º Na falta de documento contemporâneo, podem ser aceitos declaração do empregador ou de seu preposto, atestado de empresa ainda existente ou certificado ou certidão de entidade oficial dos quais constem os dados previstos no *caput*, desde que extraídos de registros existentes, que serão confirmados pelo INSS na forma prevista no § 5º, exceto se fornecidas por órgão público. *(Acrescido pelo Decreto 10.410/2020)*

§ 5º A empresa disponibilizará a servidor designado por dirigente do INSS as informações e os registros de que dispuser, relativamente a segurado a seu serviço e previamente identificado, para fins de instrução ou revisão de processo de reconhecimento de direitos e outorga de benefícios do RGPS e para inclusão, exclusão, ratificação ou retificação das informações constantes do CNIS, conforme critérios definidos pelo INSS, independentemente de requerimento de benefício. *(Acrescido pelo Decreto 10.410/2020)*

§ 6º Somente serão exigidos certidões ou documentos expedidos por órgãos públicos quando não for possível a sua obtenção diretamente do órgão ou da entidade responsável pela base de dados oficial. *(Acrescido pelo Decreto 10.410/2020)*

§ 7º Serão realizados exclusivamente pela Secretaria Especial da Receita Federal do Brasil do Ministério da Economia os acertos de: *(Acrescido pelo Decreto 10.410/2020)*

I – inclusão de recolhimento, alterações de valor autenticado ou data de pagamento da Guia da Previdência Social ou do documento que venha a substituí-la;

II – transferência de contribuição com identificador de pessoa jurídica ou equiparada para o CNIS; e

III – inclusão da contribuição liquidada por meio de parcelamento.

Art. 19-C. Considera-se tempo de contribuição o tempo correspondente aos períodos para os quais tenha havido contribuição obrigatória ou facultativa ao RGPS, dentre outros, o período: *(Acrescido pelo Decreto 10.410/2020)*

I – de contribuição efetuada por segurado que tenha deixado de exercer atividade remunerada que o enquadrasse como segurado obrigatório da previdência social;

II – em que a segurada tenha recebido salário-maternidade;

III – de licença remunerada, desde que tenha havido desconto de contribuições;

IV – em que o segurado tenha sido colocado em disponibilidade remunerada pela empresa, desde que tenha havido desconto de contribuições;

V – de atividade patronal ou autônoma, exercida anteriormente à vigência da Lei nº 3.807, de 26 de agosto de 1960, desde que tenha sido indenizado conforme o disposto no art. 122;

VI – de atividade na condição de empregador rural, desde que tenha havido contribuição na forma prevista na Lei nº 6.260, de 6 de novembro de 1975, e indenização do período anterior, conforme o disposto no art. 122;

VII – de exercício de mandato eletivo federal, estadual, distrital ou municipal, desde que tenha havido contribuição na época apropriada e este não tenha sido contado para fins de aposentadoria por outro regime de previdência social;

VIII – de licença, afastamento ou inatividade sem remuneração do segurado empregado, inclusive o doméstico e o intermitente, desde que tenha havido contribuição na forma prevista no § 5º do art. 11; e

IX – em que o segurado contribuinte individual e o segurado facultativo tenham contribuído na forma prevista no art. 199-A, observado o disposto em seu § 2º.

§ 1º Será computado o tempo intercalado de recebimento de benefício por incapacidade, na forma do disposto no inciso II do *caput* do art. 55 da Lei nº 8.213, de 24 de julho de 1991, exceto para efeito de carência.

§ 2º As competências em que o salário de contribuição mensal tenha sido igual ou superior ao limite mínimo serão computadas integralmente como tempo de contribuição, independentemente da quantidade de dias trabalhados.

§ 3º Na hipótese de o débito ser objeto de parcelamento, o período correspondente ao parcelamento somente será computado para fins de concessão de benefício no RGPS e de emissão de certidão de tempo de contribuição para fins de contagem recíproca após a comprovação da quitação dos valores devidos.

Art. 19-D. O Ministério da Economia manterá sistema de cadastro dos segurados especiais no CNIS, observado o disposto nos § 7º e § 8º do art. 18, e poderá firmar acordo de cooperação com o Ministério da Agricultura, Pecuária e Abastecimento e com outros órgãos da administração pública federal, estadual, distrital e municipal para a manutenção e a gestão do sistema de cadastro. *(Acrescido pelo Decreto 10.410/2020)*

§ 1º O sistema de que trata o *caput* preverá a manutenção e a atualização anual do cadastro e conterá as informações necessárias à caracterização da condição de segurado especial.

§ 2º A manutenção e a atualização de que trata o § 1º ocorrerão por meio da apresentação, pelo segurado especial, de declaração anual ou de documento equivalente, conforme definido em ato do Secretário Especial de Previdência e Trabalho do Ministério da Economia.

§ 3º A aplicação do disposto neste artigo não poderá acarretar ônus para o segurado, sem prejuízo do disposto no § 4º.

§ 4º O INSS, no ato de habilitação ou de concessão de benefício, verificará a condição de segurado especial e, se for o caso, o pagamento da contribuição previdenciária, nos termos do disposto na Lei nº 8.212, de 24 de julho de 1991, de modo a considerar, dentre outras informações, aquelas constantes do CNIS.

§ 5º A atualização anual de que trata o § 1º será feita pelo segurado especial até 30 de junho do ano subsequente.

§ 6º É vedada a atualização anual de que trata o § 1º decorrido o prazo de cinco anos, contado da data a que se refere o § 5º.

§ 7º Decorrido o prazo de cinco anos de que trata o § 6º, o segurado especial somente poderá computar o período de trabalho rural se efetuados na época apropriada a comercialização da produção e o recolhimento da contribuição prevista no art. 25 da Lei nº 8.212, de 1991.

§ 8º O INSS utilizará as informações constantes do cadastro de que trata o *caput* para fins de comprovação da condição e do exercício da atividade rural do segurado especial e do seu grupo familiar.

§ 9º A partir de 1º de janeiro de 2023, a comprovação da condição e do exercício da atividade rural do segurado especial ocorrerá, exclusivamente, por meio das informações constantes do cadastro a que se refere o *caput*, observado o disposto no § 18.

§ 10. Para o período anterior a 1º de janeiro de 2023, o segurado especial comprovará o exercício da atividade rural por meio de autodeclaração ratificada por entidades públicas credenciadas, nos termos do disposto no art. 13 da Lei nº 12.188, de 11 de janeiro de 2010, e por outros órgãos públicos, observado o seguinte:

I – a autodeclaração será feita por meio do preenchimento de formulários que serão disponibilizados pelo INSS;

II – a ratificação da autodeclaração será realizada por meio de informações obtidas das bases de dados da Secretaria de Agricultura Familiar e Cooperativismo do Ministério da Agricultura, Pecuária e Abastecimento e de outras bases de dados a que o INSS tiver acesso; e

III – as informações obtidas por meio de consultas às bases de dados governamentais que forem consideradas insuficientes para o reconhecimento do exercício da atividade rural alegada poderão ser complementadas por prova documental contemporânea ao período informado.

§ 11. Complementarmente à autodeclaração de que trata o § 10 e ao cadastro de que trata o *caput*, a comprovação do exercício de atividade do segurado especial será feita por meio dos seguintes documentos, dentre outros:

I – contrato de arrendamento, de parceria ou de comodato rural;

II – Declaração de Aptidão ao Programa Nacional de Fortalecimento da Agricultura Familiar de que trata o inciso II do *caput* do art. 2º da Lei nº 12.188, de 2010, ou pelo documento que venha a substituí-la;

III – bloco de notas do produtor rural;

IV – documentos fiscais de entrada de mercadorias de que trata o § 7º do art. 30 da Lei nº 8.212, de 1991, emitidos pela empresa adquirente da produção, com indicação do nome do segurado como vendedor;

V – documentos fiscais relativos a entrega de produção rural a cooperativa agrícola, entreposto de pescado ou outros, com indicação do segurado como vendedor ou consignante;

VI – comprovantes de recolhimento de contribuição à previdência social decorrentes da comercialização de produção rural;

VII – cópia da declaração de imposto sobre a renda, com indicação de renda proveniente da comercialização de produção rural; ou

VIII – licença de ocupação ou permissão outorgada pelo Instituto Nacional de Colonização e Reforma Agrária - Incra.

§ 12. Sempre que o tipo de outorga informado na autodeclaração de que trata § 10 for de parceiro, meeiro, arrendatário, comodatário ou de outra modalidade de outorgado, o documento deverá identificar e qualificar o outorgante.

§ 13. A condição de segurado especial dos índios será comprovada por meio de certidão fornecida pela Fundação Nacional do Índio - Funai que:

I – conterá a identificação da entidade e de seu emitente, com a indicação do mandato, se for o caso;

II – será fornecida em duas vias, em papel timbrado, com numeração sequencial controlada e ininterrupta;

III – conterá a identificação, a qualificação pessoal do beneficiário e a categoria de produtor a que pertença;

IV – consignará os documentos e as informações que tenham servido de base para a sua emissão e, se for o caso, a origem dos dados extraídos de registros existentes na própria entidade declarante ou em outro órgão, entidade ou empresa, desde que idôneos e acessíveis à previdência social;

V – não conterá informação referente a período anterior ao início da atividade da entidade declarante, exceto se baseada em documento que constitua prova material do exercício dessa atividade; e

VI – consignará os dados relativos ao período e à forma de exercício da atividade rural nos termos estabelecidos pelo INSS.

§ 14. A homologação a que se refere o § 13 se restringirá às informações relativas à atividade rural e deverá atender aos seguintes critérios:

I – conterá a identificação do órgão e do emitente da declaração;

II – conterá a identificação, a qualificação pessoal do beneficiário e a categoria de produtor a que pertença;

III – consignará os documentos e as informações que tenham servido de base para a sua emissão e, se for o caso, a origem dos dados extraídos de registros existentes na própria entidade declarante ou em outro órgão, entidade ou empresa, desde que idôneos e acessíveis à previdência social; e

IV – consignará dados relativos ao período e à forma de exercício da atividade rural nos termos estabelecidos pelo INSS.

§ 15. Até 1º de janeiro de 2025, o cadastro de que trata o *caput* poderá ser efetuado, atualizado e corrigido sem prejuízo do prazo de que trata o § 9º e das regras permanentes estabelecidas nos § 5º e § 6º.

§ 16. Na hipótese de haver divergência de informações entre o cadastro de que trata o *caput* e as demais bases de dados, para fins de reconhecimento do direito ao benefício, o INSS poderá exigir a apresentação dos documentos referidos no § 11.

§ 17. As informações obtidas e acolhidas pelo INSS diretamente de bancos de dados disponibilizados por órgãos do Poder Público serão utilizadas para validar ou invalidar informação para o cadastramento do segurado especial e, quando for o caso, para deixar de reconhecer o segurado nessa condição.

§ 18. O prazo a que se refere o § 9º será prorrogado até que cinquenta por cento dos segurados especiais, apurados conforme quantitativo da Pesquisa Nacional por Amostra de Domicílios Contínua, estejam inseridos no sistema de cadastro dos segurados especiais de que trata o *caput*.

§ 19. O fim da prorrogação a que se refere o § 18 será definido em ato do Secretário Especial de Previdência e Trabalho do Ministério da Economia.

Art. 19-E. A partir de 13 de novembro de 2019, para fins de aquisição e manutenção da qualidade de segurado, de carência, de tempo de contribuição e de cálculo do salário de benefício exigidos para o reconhecimento do direito aos benefícios do RGPS e para fins de contagem recíproca, somente serão consideradas as competências cujo salário de contribuição seja igual ou superior ao limite mínimo mensal do salário de contribuição. *(Acrescido pelo Decreto 10.410/2020)*

§ 1º Para fins do disposto no *caput*, ao segurado que, no somatório de remunerações auferidas no período de um mês, receber remuneração inferior ao limite mínimo mensal do salário de contribuição será assegurado:

I – complementar a contribuição das competências, de forma a alcançar o limite mínimo do salário de contribuição exigido;

II – utilizar o excedente do salário de contribuição superior ao limite mínimo de uma competência para completar o salário de contribuição de outra competência até atingir o limite mínimo; ou

III – agrupar os salários de contribuição inferiores ao limite mínimo de diferentes competências para aproveitamento em uma ou mais competências até que estas atinjam o limite mínimo.

§ 2º Os ajustes de complementação, utilização e agrupamento previstos no § 1º poderão ser efetivados, a qualquer tempo, por iniciativa do segurado, hipótese em que se tornarão irreversíveis e irrenunciáveis após processados.

§ 3º A complementação de que trata o inciso I do § 1º poderá ser recolhida até o dia quinze do mês subsequente ao da prestação do serviço e, a partir dessa data, com os acréscimos previstos no art. 35 da Lei nº 8.212, de 1991.

§ 4º Os ajustes de que tratam os incisos II e III do § 1º serão efetuados na forma indicada ou autorizada pelo segurado, desde que utilizadas as competências do mesmo ano civil definido no art. 181-E, em conformidade com o disposto nos § 27-A ao § 27-D do art. 216.

§ 5º A efetivação do ajuste previsto no inciso III do § 1º não impede o recolhimento da contribuição referente à competência que tenha o salário de contribuição transferido, em todo ou em parte, para agrupamento com outra competência a fim de atingir o limite mínimo mensal do salário de contribuição.

§ 6º Para complementação ou recolhimento da competência que tenha o salário de contribuição transferido, em todo ou em parte, na forma prevista no § 5º, será observado o disposto no § 3º.

§ 7º Na hipótese de falecimento do segurado, os ajustes previstos no § 1º poderão ser solicitados por seus dependentes para fins de reconhecimento de direito para benefício a eles devidos até o dia quinze do mês de janeiro subsequente ao do ano civil correspondente, observado o disposto no § 4º.

Art. 19-F. A obrigação do INSS de promover a instrução de requerimentos e a comprovação de requisitos legais para o reconhecimento de direitos não afasta a obrigação de o interessado ou o seu representante juntar ao requerimento toda a documentação útil à comprovação do direito, principalmente em relação aos fatos que não constem da base de dados da previdência social. *(Acrescido pelo Decreto 10.410/2020)*

Art. 20. Filiação é o vínculo que se estabelece entre pessoas que contribuem para a previdência social e esta, do qual decorrem direitos e obrigações.

§ 1º A filiação à previdência social decorre automaticamente do exercício de atividade remunerada para os segurados obrigatórios, observado o disposto no § 2º, e da inscrição formalizada com o pagamento da primeira contribuição para o segurado facultativo. (Parágrafo acrescido pelo Decreto nº 6.722, de 30/12/2008)

§ 2º A filiação do trabalhador rural contratado por produtor rural pessoa física por prazo de até dois meses no período de um ano, para o exercício de atividades de natureza temporária, decorre automaticamente de sua inclusão em declaração prevista em ato do Secretário Especial da Receita Federal do Brasil do Ministério da Economia por meio de identificação específica. *(Redação dada pelo Decreto 10.410/2020)*

§ 3º O exercício de atividade prestada de forma gratuita e o serviço voluntário, nos termos do disposto na Lei nº 9.608, de 18 de fevereiro de 1998, não geram filiação obrigatória ao RGPS. *(Acrescido pelo Decreto 10.410/2020)*

Art. 21. *(Revogado pelo Decreto 10.410/2020)*

SUBSEÇÃO II
DO DEPENDENTE

Art. 22. A inscrição do dependente do segurado será promovida quando do requerimento do benefício a que tiver direito, mediante a apresentação dos seguintes documentos: (*Caput* do artigo com redação dada pelo Decreto nº 4.079, de 9/1/2002)

I – para os dependentes preferenciais:

a) cônjuge e filhos – certidões de casamento e de nascimento;

b) companheira ou companheiro – documento de identidade e certidão de casamento com averbação da separação judicial ou divórcio, quando um dos companheiros ou ambos já tiverem sido casados, ou de óbito, se for o caso; e

c) equiparado a filho – certidão judicial de tutela e, em se tratando de enteado, certidão de casamento do segurado e de nascimento do dependente, observado o disposto no § 3º do art. 16.

II – pais – certidão de nascimento do segurado e documentos de identidade dos mesmos; e

III – irmão – certidão de nascimento.

§ 1º (Revogado pelo Decreto nº 4.079, de 9/1/2002)

§ 2º (Revogado pelo Decreto nº 4.079, de 9/1/2002)

§ 3º Para comprovação do vínculo e da dependência econômica, conforme o caso, deverão ser apresentados, no mínimo, dois documentos, observado o disposto nos § 6º-A e § 8º do art. 16, e poderão ser aceitos, dentre outros: *(Redação dada pelo Decreto 10.410/2020)*

I – certidão de nascimento de filho havido em comum;

II – certidão de casamento religioso;

III – declaração do imposto de renda do segurado, em que conste o interessado como seu dependente;

IV – disposições testamentárias;

V – (Revogado pelo Decreto nº 5.699, de 13/2/2006)

VI – declaração especial feita perante tabelião;

VII – prova de mesmo domicílio;

VIII – prova de encargos domésticos evidentes e existência de sociedade ou comunhão nos atos da vida civil;

IX – procuração ou fiança reciprocamente outorgada;

X – conta bancária conjunta;

XI – registro em associação de qualquer natureza, onde conste o interessado como dependente do segurado;

XII – anotação constante de ficha ou livro de registro de empregados;

XIII – apólice de seguro da qual conste o segurado como instituidor do seguro e a pessoa interessada como sua beneficiária;

XIV – ficha de tratamento em instituição de assistência médica, da qual conste o segurado como responsável;

XV – escritura de compra e venda de imóvel pelo segurado em nome de dependente;

XVI – declaração de não emancipação do dependente menor de vinte e um anos; ou

XVII – quaisquer outros que possam levar à convicção do fato a comprovar.

§ 4º O fato superveniente que importe em exclusão ou inclusão de dependente deve ser comunicado ao Instituto Nacional do Seguro Social, com as provas cabíveis.

§ 5º (Revogado pelo Decreto nº 4.079, de 9/1/2002)

§ 6º Somente será exigida a certidão judicial de adoção quando esta for anterior a 14 de outubro de 1990, data da vigência da lei nº 8.069, de 1990.

§ 7º (Revogado pelo Decreto nº 3.668, de 22/11/2000)

§ 8º (Revogado pelo Decreto nº 3.668, de 22/11/2000)

§ 9º No caso de dependente inválido ou com deficiência intelectual, mental ou grave, para fins de inscrição e concessão de benefício, a invalidez será comprovada por meio de exame médico-pericial a cargo da Perícia Médica Federal e a deficiência, por meio de avaliação biopsicossocial realizada por equipe multiprofissional e interdisciplinar. *(Redação dada pelo Decreto 10.410/2020)*

§ 10. O dependente menor de vinte e um anos de idade apresentará declaração para atestar a não ocorrência das hipóteses previstas no inciso III do *caput* do art. 17. *(Redação dada pelo Decreto 10.410/2020)*

§ 11. (Revogado pelo Decreto nº 4.079, de 9/1/2002)

§ 12. Os dependentes excluídos de tal condição em razão de lei têm suas inscrições tornadas nulas de pleno direito.

§ 13. No caso de equiparado a filho, a inscrição será feita mediante a comprovação da equiparação por documento escrito do segurado falecido manifestando essa intenção, da dependência econômica e da declaração de que não tenha sido emancipado. (Parágrafo acrescido pelo Decreto nº 4.079, de 9/1/2002)

§ 14. Caso o dependente só possua um dos documentos a que se refere o § 3º produzido em período não superior a vinte e quatro meses anteriores à data do óbito ou do recolhimento à prisão, a comprovação de vínculo ou de dependência econômica para esse período poderá ser suprida por justificação administrativa, processada na forma prevista nos art. 142 ao art. 151. *(Acrescido pelo Decreto 10.410/2020)*

Art. 23. (Revogado pelo Decreto nº 4.079, de 9/1/2002)

Art. 24. Os pais ou irmãos deverão, para fins de concessão de benefícios, comprovar a inexistência de dependentes preferenciais, mediante declaração firmada perante o Instituto Nacional do Seguro Social.

CAPÍTULO II
DAS PRESTAÇÕES EM GERAL

SEÇÃO I
DAS ESPÉCIES DE PRESTAÇÃO

Art. 25. O Regime Geral de Previdência Social compreende as seguintes prestações, expressas em benefícios e serviços:

I – quanto ao segurado:

a) aposentadoria por incapacidade permanente; *(Redação dada pelo Decreto 10.410/2020)*

b) aposentadoria programada; *(Redação dada pelo Decreto 10.410/2020)*

c) aposentadoria por idade do trabalhador rural; *(Redação dada pelo Decreto 10.410/2020)*

d) aposentadoria especial,

e) auxílio por incapacidade temporária; *(Redação dada pelo Decreto 10.410/2020)*

f) salário-família:

g) salário-maternidade; e

h) auxílio-acidente,

II – quanto ao dependente:

a) pensão por morte; e

b) auxílio-reclusão; e

III – quanto ao segurado e dependente: reabilitação profissional.

SEÇÃO II
DA CARÊNCIA

Art. 26. Período de carência é o tempo correspondente ao número mínimo de contribuições mensais indispensáveis para que o beneficiário faça jus ao benefício, consideradas as competências cujo salário de contribuição seja igual ou superior ao seu limite mínimo mensal. *(Redação dada pelo Decreto 10.410/2020)*

§ 1º Para o segurado especial, considera-se período de carência, para fins de concessão dos benefícios de que trata o inciso I do § 2º do art. 39, o tempo mínimo de efetivo exercício de atividade rural, ainda que de forma descontínua, igual à quantidade de meses necessária à concessão do benefício requerido. *(Redação dada pelo Decreto 10.410/2020)*

§ 2º Será considerado, para efeito de carência, o tempo de contribuição para o Plano de Seguridade Social do Servidor Público anterior à Lei nº 8.647, de 13 de abril de 1993, efetuado pelo servidor público ocupante de cargo em comissão sem vínculo efetivo com a União, autarquias, ainda que em regime especial, e fundações públicas federais.

§ 3º Não é computado para efeito de carência o tempo de atividade do trabalhador rural anterior à competência novembro de 1991.

§ 4º Para efeito de carência, considera-se presumido o recolhimento das contribuições do segurado empregado, do trabalhador avulso e, relativamente ao contribuinte individual, a partir da competência abril de 2003, as contribuições dele descontadas pela empresa na forma do art. 216. (Parágrafo com redação dada pelo Decreto nº 4.729, de 9/6/2003)

§ 4º-A. Para fins de carência, no caso de segurado empregado doméstico, considera-se presumido o recolhimento das contribuições dele descontadas pelo empregador doméstico, a partir da competência junho de 2015, na forma prevista no art. 211. *(Acrescido pelo Decreto 10.410/2020)*

§ 4º-B. Para o segurado empregado doméstico filiado ao RGPS nessa condição até 31 de maio de 2015, o período de carência será contado a partir da data do efetivo recolhimento da primeira contribuição sem atraso. *(Acrescido pelo Decreto 10.410/2020)*

§ 4º-C. Para o período de filiação comprovado como empregado doméstico sem a comprovação do recolhimento ou sem a comprovação da primeira contribuição sem atraso, será reconhecido o direito ao benefício na forma prevista no § 2º do art. 36, independentemente da categoria do segurado na data do requerimento. *(Acrescido pelo Decreto 10.410/2020)*

§ 5º Observado o disposto no § 4º do art. 13, as contribuições vertidas para regime próprio de previdência social serão consideradas para todos os efeitos, inclusive para os de carência. (Parágrafo acrescido pelo Decreto nº 3.265, de 29/11/1999)

§ 6º Para fins de carência, as contribuições anteriores à data de publicação da Emenda à Constituição nº 103, de 12 de novembro de 2019, serão consideradas em conformidade com a legislação vigente à época. *(Acrescido pelo Decreto 10.410/2020)*

Art. 27. (Revogado pelo Decreto nº 5.399, de 24/3/2005)

Art. 27-A. Na hipótese de perda da qualidade de segurado, para fins da concessão dos benefícios de auxílio por incapacidade temporária, de aposentadoria por incapacidade permanente, de salário-maternidade e de auxílio-reclusão, as contribuições anteriores à perda somente serão computadas para fins de carência depois que o segurado contar, a partir da nova filiação ao RGPS, com metade do número de contribuições exigidas para o cumprimento do período de carência definido no art. 29. *(Caput com redação dada pelo Decreto 10.410/2020)*

Parágrafo único. Aplica-se o disposto no *caput* ao segurado oriundo de regime próprio de previdência social que se filiar ao Regime Geral de Previdência Social após os prazos a que se refere o inciso II do *caput* e o § 1º do art. 13. *(Acrescido pelo Decreto nº 5.545, de 22/9/2005)*

Art. 28. O período de carência é contado:

I – para o segurado empregado, inclusive o doméstico, e o trabalhador avulso, a partir da data de sua filiação ao RGPS; e *(Redação dada pelo Decreto 10.410/2020)*

II – para o segurado contribuinte individual, observado o disposto no § 4º do art. 26, e o segurado facultativo, inclusive o segurado especial que contribua na forma prevista no § 2º do art. 200, a partir da data do efetivo recolhimento da primeira contribuição sem atraso, e não serão consideradas, para esse fim, as contribuições recolhidas com atraso referentes a competências anteriores, observado, quanto ao segurado facultativo, o disposto nos § 3º e § 4º do art. 11. *(Redação dada pelo Decreto 10.410/2020)*

§ 1º Para o segurado especial que não contribui na forma do § 2º do art. 200, o período de carência de que trata o § 1º do art. 26 é contado a partir do efetivo exercício da atividade rural, mediante comprovação, na forma do disposto no art. 62. (Parágrafo com redação dada pelo Decreto nº 6.042, de 12/2/2007)

§ 2º O período a que se refere o inciso XVIII do art. 60 será computado para fins de carência.

§ 3º Para os segurados a que se refere o inciso II, optantes pelo recolhimento trimestral na forma prevista nos §§ 15 e 16 do art. 216, o período de carência é contado a partir do mês de inscrição do segurado, desde que efetuado o recolhimento da primeira contribuição no prazo estipulado no referido § 15.

§ 4º Para os segurados a que se refere o inciso II do *caput*, na hipótese de perda da qualidade de segurado, somente serão consideradas, para fins de carência, as contribuições efetivadas após novo recolhimento sem atraso, observado o disposto no art. 19-E. *(Acrescido pelo Decreto 10.410/2020)*

Art. 29. A concessão das prestações pecuniárias do Regime Geral de Previdência Social, ressalvado o disposto no art. 30, depende dos seguintes períodos de carência:

I – doze contribuições mensais, nos casos de auxílio por incapacidade temporária e aposentadoria por incapacidade permanente; e *(Redação dada pelo Decreto 10.410/2020)*

II – cento e oitenta contribuições mensais, nos casos de aposentadoria programada, por idade do trabalhador rural e especial; *(Redação dada pelo Decreto 10.410/2020)*

III – dez contribuições mensais, no caso de salário-maternidade, para as seguradas contribuinte individual, especial e facultativa, respeitado o disposto no § 2º do art. 93 e no inciso II do art. 101. (Inciso com nova redação dada pelo Decreto nº 3.452, de 9/5/2000)

IV – vinte e quatro contribuições mensais, no caso de auxílio-reclusão. *(Acrescido pelo Decreto 10.410/2020)*

Parágrafo único. Em caso de parto antecipado, o período de carência a que se refere o inciso III será reduzido em número de contribuições equivalente ao número de meses em que o parto foi antecipado. (Inciso acrescido pelo Decreto nº 3.265, de 29/11/1999)

Art. 30. Independe de carência a concessão das seguintes prestações:

I – pensão por morte, salário-família e auxílio-acidente de qualquer natureza, observado, quanto à pensão por morte, o disposto no inciso V do *caput* e nos § 3º e § 4º do art. 114; *(Redação dada pelo Decreto 10.410/2020)*

II – salário-maternidade, para as seguradas empregada, empregada doméstica e trabalhadora avulsa; (Inciso com redação dada pelo Decreto nº 3.265, de 29/11/1999)

III – auxílio por incapacidade temporária e aposentadoria por incapacidade permanente nos casos de acidente de qualquer natureza ou causa e de doença profissional ou do trabalho e nos casos de segurado que, após filiar-se ao RGPS, seja acometido de alguma das doenças ou afecções especificadas em lista elaborada pelos Ministérios da Saúde e da Economia, atualizada a cada três anos, de acordo com os critérios de estigma, deformação, mutilação, deficiência ou outro fator que lhe confira especificidade e gravidade que mereçam tratamento particularizado; *(Redação dada pelo Decreto 10.410/2020)*

IV – aposentadoria por idade ou por invalidez, auxílio-doença, auxílio-reclusão ou pensão por morte aos segurados especiais, desde que comprovem o exercício de atividade rural no período imediatamente anterior ao requerimento do benefício, ainda que de forma descontínua, igual ao número de meses correspondente à carência do benefício requerido; e

V – reabilitação profissional.

§ 1º Entende-se como acidente de qualquer natureza ou causa aquele de origem traumática e por exposição a agentes exógenos, físicos, químicos ou biológicos, que acarrete lesão corporal ou perturbação funcional que cause a morte ou a perda ou a redução permanente ou temporária da capacidade laborativa. *(Acrescido pelo Decreto 10.410/2020)*

§ 2º Até que seja elaborada a lista de doenças ou afecções a que se refere o inciso III do *caput*, independerá de carência a concessão de auxílio por incapacidade temporária e de aposentadoria por incapacidade permanente ao segurado que, após filiar-se ao RGPS, seja acometido por alguma das seguintes doenças: *(Acrescido pelo Decreto 10.410/2020)*

I - tuberculose ativa;

II – hanseníase;

III – alienação mental;

IV – esclerose múltipla;

V – hepatopatia grave;

VI – neoplasia maligna;

VII – cegueira;

VIII – paralisia irreversível e incapacitante;

IX – cardiopatia grave;

X – doença de Parkinson;

XI – espondiloartrose anquilosante;

XII – nefropatia grave;

XIII – estado avançado da doença de Paget (osteíte deformante);

XIV – síndrome da imunodeficiência adquirida (aids); ou

XV – contaminação por radiação, com base em conclusão da medicina especializada.

SEÇÃO III
DO SALÁRIO DE BENEFÍCIO

Art. 31. Salário de benefício é o valor básico utilizado para o cálculo da renda mensal dos benefícios de prestação continuada, inclusive aqueles regidos por normas especiais, exceto: *(Redação dada pelo Decreto 10.410/2020)*

I – o salário-família; *(Acrescido pelo Decreto 10.410/2020)*

II – a pensão por morte; *(Acrescido pelo Decreto 10.410/2020)*

III – o salário-maternidade; *(Acrescido pelo Decreto 10.410/2020)*

IV – o auxílio-reclusão; e *(Acrescido pelo Decreto 10.410/2020)*

V – os demais benefícios previstos em legislação especial. *(Acrescido pelo Decreto 10.410/2020)*

Parágrafo único. *(Revogado pelo Decreto 10.410/2020)*

Art. 32. O salário de benefício a ser utilizado para o cálculo dos benefícios de que trata este Regulamento, inclusive aqueles previstos em acordo internacional, consiste no resultado da média aritmética simples dos salários de contribuição e das remunerações adotadas como base para contribuições a regime próprio de previdência social ou como base para contribuições decorrentes das atividades militares de que tratam os art. 42 e art. 142 da Constituição, considerados para a concessão do benefício, atualizados monetariamente, correspondentes a cem por cento do período contributivo desde a competência julho de 1994 ou desde o início da contribuição, se posterior a essa competência. *(Redação dada pelo Decreto 10.410/2020)*

I e II – *(Revogados pelo Decreto 10.410/2020)*

III – (Revogado pelo Decreto nº 5.545, de 22/9/2005)

§ 1º (Revogado pelo Decreto nº 3.265, de 29/11/1999)

§ 2º (Revogado pelo Decreto nº 5.399, de 24/3/2005)

§ 3º O valor do salário de benefício não será inferior ao de um salário mínimo, nem superior ao limite máximo do salário de contribuição na data de início do benefício.

› *Valores e alíquotas sujeitos a atualização por meio de ato do Ministério ou Órgão competente.*

§ 4º Serão considerados para o cálculo do salário de benefício os ganhos habituais do segurado empregado, a qualquer título, sob forma de moeda corrente ou de utilidades, sobre os quais tenha incidido contribuição previdenciária, exceto o décimo terceiro salário, observado o disposto no art. 19-E. *(Redação dada pelo Decreto 10.410/2020)*

§ 5º Não será considerado, no cálculo do salário de benefício, o aumento dos salários de contribuição que exceder o limite legal, inclusive o voluntariamente concedido nos trinta e seis meses imediatamente anteriores ao início do benefício, salvo se homologado pela Justiça do Trabalho, resultante de promoção regulada por normas gerais da empresa, admitida pela legislação do trabalho, de sentença normativa ou de reajustamento salarial obtido pela categoria respectiva.

§ 6º Se, no período básico de cálculo, o segurado tiver recebido benefício por incapacidade, considerar-se-á como salário de contribuição, no período, o salário de benefício que serviu de base para o cálculo de renda mensal, reajustado nas mesmas épocas e nas mesmas bases dos benefícios em geral, não podendo ser inferior ao salário mínimo nem superior ao limite máximo do salário de contribuição.

§ 7º Exceto para o salário-família e o auxílio-acidente, será pago o valor mínimo de benefício para as prestações referidas no art. 30, quando não houver salário de contribuição no período básico de cálculo.

§ 8º Para fins de apuração do salário de benefício de qualquer aposentadoria precedida de auxílio-acidente, o valor mensal deste será somado ao salário de contribuição antes da aplicação da correção a que se refere o art. 33, não podendo o total apurado ser superior ao limite máximo do salário de contribuição.

§ 9º Quando inexistirem salários de contribuição a partir de julho de 1994, as aposentadorias concedidas nos termos do disposto nos § 5º e § 6º do art. 13 terão o valor correspondente ao do salário-mínimo, observado, no caso de acordos internacionais, o disposto no § 1º do art. 35. *(Redação dada pelo Decreto 10.410/2020)*

§ 10. Para os segurados contribuinte individual e facultativo optantes pelo recolhimento trimestral na forma prevista no § 15 do art. 216, que tenham solicitado qualquer benefício previdenciário, o salário de benefício consistirá na média aritmética simples de todos os salários de contribuição integrantes da contribuição trimestral, desde que efetivamente recolhidos. (Parágrafo com redação dada pelo Decreto nº 3.265, de 29/11/1999)

§§ 11 a 14. *(Revogados pelo Decreto 10.410/2020)*

§ 15. No cálculo do salário de benefício serão considerados os salário de contribuição vertidos para regime próprio de previdência social de segurado oriundo desse regime, após a sua filiação ao Regime Geral de Previdência Social, de acordo com o disposto no art. 214. (Parágrafo acrescido pelo Decreto nº 3.265, de 29/11/1999)

§§ 16 e 17. *(Revogados pelo Decreto 10.410/2020)*

§ 18. Para fins de cálculo da renda mensal inicial teórica dos benefícios por totalização, no âmbito dos acordos internacionais, serão considerados os tempos de contribuição para a previdência social brasileira e para a do país acordante, observado o disposto no § 9º. *(Redação dada pelo Decreto 10.410/2020)*

I a III – *(Revogados pelo Decreto 10.410/2020)*

§ 19. *(Revogado pelo Decreto 10.410/2020)*

§ 20. (Revogado pelo Decreto n.º 6.939, de 18/8/2009)

§ 21. O salário de benefício do segurado especial consiste no valor equivalente ao salário mínimo, ressalvado o disposto no inciso II do § 2º do art. 39 deste Regulamento. (Parágrafo acrescido pelo Decreto nº 6.722, de 30/12/2008)

§ 22. Considera-se período contributivo:

I – para o empregado, inclusive o doméstico, e o trabalhador avulso - o conjunto de competências em que houve ou deveria ter havido contribuição em razão do exercício de atividade remunerada sujeita à filiação obrigatória ao RGPS, observado o disposto no art. 19-E; ou *(Redação dada pelo Decreto 10.410/2020)*

II – para os demais segurados, inclusive o facultativo: o conjunto de meses de efetiva contribuição ao regime de que trata este Regulamento. (Parágrafo acrescido pelo Decreto nº 6.939, de 18/8/2009)

§ 22-A. O período contributivo até 13 de novembro de 2019 será apurado em conformidade com o disposto no art. 188-G. *(Acrescido pelo Decreto 10.410/2020)*

§ 23. O auxílio por incapacidade temporária não poderá exceder a média aritmética simples dos últimos doze salários de contribuição, inclusive no caso de remuneração variável, ou, se não houver doze salários de contribuição, a média aritmética simples dos salários de contribuição existentes, observado o disposto no art. 33. *(Redação dada pelo Decreto 10.410/2020)*

§ 24. Para fins do cálculo das aposentadorias programadas para as quais seja exigido tempo mínimo de contribuição, poderão ser excluídas do cálculo da média dos salários de contribuição e das remunerações adotadas como base para contribuições a regime próprio de previdência social ou como base para contribuições decorrentes das atividades militares de que tratam os art. 42 e art. 142 da Constituição, utilizado para definição do salário de benefício, as contribuições que resultem em redução do valor do benefício, observado o disposto nos § 25 e § 26. *(Redação dada pelo Decreto 10.410/2020)*

§ 25. Para fins da exclusão a que se refere o § 24, consideram-se programadas as aposentadorias programada, especial e por idade do trabalhador rural e as aposentadorias transitórias por idade e por tempo de contribuição, para as quais se exige tempo mínimo de contribuição. *(Acrescido pelo Decreto 10.410/2020)*

§ 26. A exclusão das contribuições de que trata o § 24 não altera o direito à aposentadoria previamente reconhecido, desde que mantida a quantidade de contribuições equivalentes ao período de carência e observado o tempo mínimo de contribuição necessário à elegibilidade da aposentadoria requerida. *(Acrescido pelo Decreto 10.410/2020)*

§ 27. É vedada a utilização das contribuições excluídas na forma prevista no § 24 para qualquer finalidade, inclusive para: *(Acrescido pelo Decreto 10.410/2020)*

I – o acréscimo do percentual da renda mensal;

II – o somatório de pontos das aposentadorias por tempo de contribuição e especial;

III – o cumprimento de período adicional exigido para as aposentadorias por tempo de contribuição;

IV – a averbação em outro regime previdenciário; ou

V – a obtenção dos proventos de inatividade de que tratam os art. 42 e art. 142 da Constituição.

Art. 33. Todos os salários de contribuição utilizados no cálculo do salário de benefício serão corrigidos, mês a mês, de acordo com a variação integral do Índice Nacional de Preço ao Consumidor – INPC, referente ao período decorrido a partir da primeira competência do salário de contribuição que compõe o período básico de cálculo até o mês anterior ao do início do benefício, de modo a preservar o seu valor real. (Artigo com redação dada pelo Decreto nº 5.545, de 22/9/2005)

Art. 34. O salário de benefício do segurado que contribuir em razão de atividades concomitantes será calculado com base na soma dos salários de contribuição das atividades exercidas na data do requerimento ou do óbito ou no período básico de cálculo, observado o disposto no art. 32. *(Redação dada pelo Decreto 10.410/2020)*

I a III – *(Revogados pelo Decreto 10.410/2020)*

§ 1º O disposto neste artigo não se aplica ao segurado que, em obediência ao limite máximo do salário de contribuição, contribuiu apenas por uma das atividades concominantes.

§ 2º a 4º *(Revogados pelo Decreto 10.410/2020)*

§ 5º Na hipótese prevista no § 3º do art. 73, o salário de benefício do auxílio por incapacidade temporária será calculado com base na soma dos salários de contribuição referentes às atividades para as quais o segurado seja considerado incapacitado. *(Redação dada pelo Decreto 10.410/2020)*

I e II – *(Revogados pelo Decreto 10.410/2020)*

§ 6º *(Revogado pelo Decreto 10.410/2020)*

SEÇÃO IV
DA RENDA MENSAL DO BENEFÍCIO

Art. 35. A renda mensal do benefício de prestação continuada que substituir o salário de contribuição ou o rendimento do trabalho do segurado não terá valor inferior ao salário mínimo nem superior ao limite máximo do salário-de contribuição, exceto no caso previsto no art. 45.

§ 1º A renda mensal inicial pro rata dos benefícios por totalização, concedidos com base em acordos internacionais, será proporcional ao tempo de contribuição para previdência social brasileira e poderá ter valor inferior ao do salário-mínimo. *(Redação dada pelo Decreto 10.410/2020)*

§ 2º *(Revogado pelo Decreto 10.410/2020)*

§ 3º No hipótese de a média apurada na forma do art. 32 resultar superior ao limite máximo do salário de contribuição vigente no mês de início do benefício, a diferença percentual entre esta média e o referido limite será incorporada ao valor do benefício juntamente com o primeiro reajuste do mesmo após a concessão, observado que nenhum benefício assim reajustado poderá superar o limite máximo do salário de contribuição vigente na competência em que ocorrer o reajuste.

Art. 36. No cálculo do valor da renda mensal de benefício serão computados:

I – para o segurado empregado, inclusive o doméstico, e o trabalhador avulso, os salários de contribuição referentes aos meses de contribuições devidas, ainda que não recolhidas pela empresa ou pelo empregador doméstico, observado o disposto no art. 19-E, sem prejuízo da respectiva cobrança e da aplicação das penalidades cabíveis; e *(Redação dada pelo Decreto 10.410/2020)*

II – para o segurado empregado, inclusive o doméstico, o trabalhador avulso e o segurado especial, o valor do auxílio-acidente será considerado como salário de contribuição para fins de concessão de qualquer aposentadoria, nos termos do disposto no § 8º do art. 32. *(Redação dada pelo Decreto 10.410/2020)*

§ 1º Para os demais segurados, somente serão computados os salários de contribuição referentes aos meses de contribuição efetivamente recolhida, observado o disposto no art. 19-E. *(Redação dada pelo Decreto 10.410/2020)*

§ 2º No caso de segurado empregado, inclusive o doméstico, e de trabalhador avulso que tenham cumprido todas as condições para a concessão do benefício pleiteado, mas não possam comprovar o valor dos seus salários de contribuição no período básico de cálculo, será considerado, para o cálculo do benefício referente ao período sem comprovação do valor do salário de contribuição, o valor do saláriomínimo e essa renda será recalculada quando da apresentação de prova dos salários de contribuição. *(Redação dada pelo Decreto 10.410/2020)*

§ 3º Na hipótese de jornada de trabalho parcial ou intermitente, a aplicação do disposto no § 2º fica condicionada à apresentação do contrato de trabalho do qual conste a remuneração contratada ou a demonstração das remunerações auferidas que possibilite a verificação do valor do salário de contribuição para fins de aplicação do disposto no art. 19-E. *(Redação dada pelo Decreto 10.410/2020)*

§ 4º Na hipótese prevista no § 2º, após a concessão do benefício, o INSS notificará a Secretaria Especial da Receita Federal do Brasil do Ministério da Economia por meio eletrônico, para que esta adote as providências a que se referem os art. 238 ao art. 243, o art. 245 e o art. 246. *(Redação dada pelo Decreto 10.410/2020)*

§ 5º Sem prejuízo do disposto no § 2º, cabe à previdência social manter cadastro dos segurados com os informes necessários para o cálculo de sua renda mensal. *(Redação dada pelo Decreto 10.410/2020)*

§ 6º Para o segurado especial que não contribui facultativamente, o disposto no inciso II será aplicado somando-se ao valor da aposentadoria a renda mensal do auxílio-acidente vigente na data de início da referida aposentadoria, não sendo, neste caso, aplicada a limitação contida no inciso I do § 2º do art. 39 e do art. 183.

§ 7º *(Revogado pelo Decreto 10.410/2020)*

Art. 37. A renda mensal inicial, recalculada de acordo com o disposto nos §§ 2º e 3º do art. 36, deve ser reajustada como a dos benefícios correspondentes com igual data de início e substituirá, a partir da data do requerimento de revisão do valor do benefício, a renda mensal que prevalecia até então.

Parágrafo único. Para fins da substituição de que trata o *caput*, o requerimento de revisão deve ser aceito pelo Instituto Nacional do Seguro Social a partir da concessão do benefício em valor provisório e processado quando da apresentação de prova dos salários de contribuição ou de recolhimento das contribuições.

Art. 38. *(Revogado pelo Decreto 10.410/2020)*

Art. 39. A renda mensal inicial do benefício será calculada a partir da aplicação dos percentuais definidos neste Regulamento, para cada espécie, sobre o salário de benefício. *(Redação dada pelo Decreto 10.410/2020)*

I a VI – *(Revogados pelo Decreto 10.410/2020)*

§ 1º Para fins da aplicação dos percentuais a que se refere o *caput*, presumese como efetivado o recolhimento correspondente, quando se tratar de segurado empregado, inclusive o doméstico, e de trabalhador avulso, observado o disposto no art. 19-E. *(Redação dada pelo Decreto 10.410/2020)*

§ 2º Para os segurados especiais, inclusive os com deficiência, é garantida a concessão, alternativamente: (Redação dada pelo Decreto nº 8.145, de 2013)

I – de aposentadoria por idade do trabalhador rural ou por incapacidade permanente, de auxílio por incapacidade temporária, de auxílio-reclusão ou de pensão por morte, no valor de um salário-mínimo, observado o disposto no inciso III do *caput* do art. 30, e de auxílio-acidente, observado o disposto no art. 104; ou *(Redação dada pelo Decreto 10.410/2020)*

II – dos benefícios especificados neste Regulamento, observados os critérios e a forma de cálculo estabelecidos, desde que contribuam, facultativamente, de acordo com o disposto no § 2º do art. 200.

§ 3º O valor mensal da pensão por morte e do auxílio-reclusão será apurado em conformidade com o disposto, respectivamente, nos art. 106 e art. 117. *(Redação dada pelo Decreto 10.410/2020)*

§ 4º Se, na data do óbito, o segurado estiver recebendo aposentadoria e auxílio-acidente, o valor mensal da pensão por morte será calculado conforme o disposto no art. 106, sem a incorporação do valor do auxílio-acidente. *(Redação dada pelo Decreto 10.410/2020)*

§ 5º Após a cessação do auxílio por incapacidade temporária decorrente de acidente de qualquer natureza ou causa, independentemente de o segurado ter retornado ou não ao trabalho, se houver agravamento ou sequela que resulte na reabertura do benefício, a renda mensal será igual a noventa e um por cento do valor do salário de benefício do auxílio por incapacidade temporária cessado, observado o disposto no § 23 do art. 32, corrigido até o mês anterior ao da reabertura do benefício pelos mesmos índices de correção empregados no cálculo dos benefícios em geral. *(Redação dada pelo Decreto 10.410/2020)*

§ 6º A renda mensal inicial das aposentadorias dos segurados que tenham contribuído exclusivamente na forma prevista no § 2º do art. 21 da Lei nº 8.212, de 1991, corresponderá ao salário-mínimo e, nas demais hipóteses, será aplicado o disposto no art. 32 ou no art. 188-E, conforme o caso. *(Acrescido pelo Decreto 10.410/2020)*

SEÇÃO V
DO REAJUSTAMENTO DO VALOR DO BENEFÍCIO

Art. 40. É assegurado o reajustamento dos benefícios para preservar-lhes, em caráter permanente, o valor real da data de sua concessão.

§ 1º Os valores dos benefícios em manutenção serão reajustados, anualmente, na mesma data do reajuste do salário mínimo, pro rata, de acordo com suas respectivas datas de início ou do último reajustamento, com base no Índice Nacional de Preços ao Consumidor – INPC, apurado pela Fundação Instituto Brasileiro de Geografia e Estatística – IBGE. (Parágrafo com redação dada pelo Decreto nº 6.042, de 12/2/2007)

§ 2º Os benefícios com renda mensal superior a um salário mínimo serão pagos do primeiro ao quinto dia útil do mês subsequente ao de sua competência, observada a distribuição proporcional do número de beneficiários por dia de pagamento. (Parágrafo com redação dada pelo Decreto nº 6.722, de 30/12/2008)

§ 3º (Revogado pelo Decreto nº 6.042, de 12/2/2007)

§ 4º Os benefícios com renda mensal no valor de até um salário mínimo serão pagos no período compreendido entre o quinto dia útil que anteceder o final do mês de sua competência e o quinto dia útil do mês subsequente, observada a distribuição proporcional dos beneficiários por dia de pagamento. (Parágrafo acrescido pelo Decreto nº 4.729, de 9/6/2003 e com nova redação dada pelo Decreto nº 6.722, de 30/12/2008)

§ 5º Para os efeitos dos §§ 2º e 4º, considera-se dia útil aquele de expediente bancário com horário normal de atendimento. (Parágrafo acrescido pelo Decreto nº 6.722, de 30/12/2008)

§ 6º Para os benefícios que tenham sido majorados devido à elevação do salário mínimo, o referido aumento deverá ser compensado no momento da aplicação do disposto no § 1º, de acordo com normas a serem baixadas pelo Ministério da Previdência Social. (Parágrafo acrescido pelo Decreto nº 6.722, de 30/12/2008)

Art. 41. O valor mensal do abono de permanência em serviço, do auxílio-suplementar e do auxílio-acidente será reajustado na forma do disposto no art. 40 e não varia de acordo com o salário de contribuição do segurado.

Art. 42. Nenhum benefício reajustado poderá exceder o limite máximo do salário de benefício na data do reajustamento, respeitados os direitos adquiridos, nem inferior ao valor de um salário mínimo. (*Caput* do artigo com redação dada pelo Decreto nº 6.722, de 30/12/2008)

Parágrafo único. O auxílio-acidente, o abono de permanência em serviço, o auxílio-suplementar o salário-família e a parcela a cargo do Regime Geral de Previdência Social dos benefícios por totalização, concedidos com base em acordos internacionais de previdência social, poderão ter valor inferior ao do salário mínimo.

SEÇÃO VI
DOS BENEFÍCIOS – (REDAÇÃO DADA PELO DECRETO 10.410/2020)

SUBSEÇÃO I
DA APOSENTADORIA POR INCAPACIDADE PERMANENTE – (REDAÇÃO DADA PELO DECRETO 10.410/2020)

Art. 43. A aposentadoria por incapacidade permanente, uma vez cumprido o período de carência exigido, quando for o caso, será devida ao segurado que, em gozo ou não de auxílio por incapacidade temporária, for considerado incapaz para o trabalho e insuscetível de reabilitação para o exercício de atividade que lhe garanta a subsistência, que lhe será paga enquanto permanecer nessa condição. *(Redação dada pelo Decreto 10.410/2020)*

§ 1º A concessão de aposentadoria por incapacidade permanente dependerá da verificação da condição de incapacidade por meio de exame médico-pericial a cargo da Perícia Médica Federal, de modo que o segurado possa, às suas expensas, ser acompanhado por médico de sua confiança. *(Redação dada pelo Decreto 10.410/2020)*

§ 2º A doença ou lesão de que o segurado já era portador ao filiar-se ao RGPS não lhe conferirá direito à aposentadoria por incapacidade permanente, exceto quando a incapacidade sobrevier por motivo de progressão ou agravamento dessa doença ou lesão. *(Redação dada pelo Decreto 10.410/2020)*

Art. 44. A aposentadoria por incapacidade permanente será devida a partir do dia imediato ao da cessação do auxílio por incapacidade temporária, ressalvado o disposto no § 1º, e consistirá em renda mensal decorrente da aplicação dos seguintes percentuais incidentes sobre o salário de benefício, definido na forma do disposto no art. 32: *(Redação dada pelo Decreto 10.410/2020)*

I – sessenta por cento, com acréscimo de dois pontos percentuais para cada ano de contribuição que exceder o tempo de vinte anos de contribuição, para os homens, ou quinze anos de contribuição, para as mulheres; ou *(Acrescido pelo Decreto 10.410/2020)*

II – cem por cento, quando a aposentadoria decorrer de: *(Acrescido pelo Decreto 10.410/2020)*

a) acidente de trabalho;

b) doença profissional; ou

c) doença do trabalho.

§ 1º Na hipótese de a perícia médica inicial concluir pela existência de incapacidade total e definitiva para o trabalho, a aposentadoria por incapacidade permanente será devida: *(Redação dada pelo Decreto 10.410/2020)*

I – ao segurado empregado a contar do décimo sexto dia do afastamento da atividade ou a partir da data da entrada do requerimento, se entre o afastamento e a entrada do requerimento decorrerem mais de trinta dias; e (Inciso com redação dada pelo Decreto nº 3.265, de 29/11/1999)

II – ao segurado empregado doméstico, contribuinte individual, trabalhador avulso, especial ou facultativo, a contar da data do início da incapacidade ou da data da entrada do requerimento, se entre essas datas decorrerem mais de trinta dias. (Inciso com redação dada pelo Decreto nº 3.265, de 29/11/1999)

§ 2º Durante os primeiros quinze dias de afastamento consecutivos da atividade por motivo de invalidez, caberá à empresa pagar ao segurado empregado o salário. (Parágrafo com redação dada pelo Decreto nº 3.265, de 29/11/1999)

§ 3º A concessão de aposentadoria por incapacidade permanente, inclusive quando precedida de auxílio por incapacidade temporária concedido na forma prevista no art. 73, fica condicionada ao afastamento do segurado de todas as suas atividades. *(Redação dada pelo Decreto 10.410/2020)*

Art. 45. O valor da aposentadoria por incapacidade permanente do segurado que necessitar da assistência permanente de outra pessoa será acrescido de vinte e cinco por cento, observada a relação constante do Anexo I, e: *(Redação dada pelo Decreto 10.410/2020)*

I – devido ainda que o valor da aposentadoria atinja o limite máximo legal; e

II – recalculado quando o benefício que lhe deu origem for reajustado.

Parágrafo único. O acréscimo de que trata o *caput* cessará com a morte do aposentado, não sendo incorporado ao valor da pensão por morte.

Art. 46. O segurado aposentado por incapacidade permanente poderá ser convocado a qualquer momento para avaliação das condições que ensejaram o afastamento ou a aposentadoria, concedida judicial ou administrativamente, sem prejuízo do disposto no § 1º e sob pena de suspensão do benefício. *(Redação dada pelo Decreto 10.410/2020)*

§ 1º Observado o disposto no *caput*, o aposentado por incapacidade permanente fica obrigado, sob pena de suspensão do pagamento do benefício, a submeter-se a exame médico-pericial pela Perícia Médica Federal, a processo de reabilitação profissional a cargo do INSS e a tratamento dispensado gratuitamente, exceto o cirúrgico e a transfusão de sangue, que são facultativos. *(Acrescido pelo Decreto 10.410/2020)*

§ 2º O aposentado por incapacidade permanente que não tenha retornado à atividade estará isento do exame médico-pericial de que trata este artigo: *(Acrescido pelo Decreto 10.410/2020)*

I – após completar cinquenta e cinco anos de idade e quando decorridos quinze anos da data de concessão da aposentadoria por incapacidade permanente ou do auxílio por incapacidade temporária que a tenha precedido; ou

II – após completar sessenta anos de idade.

§ 3º A isenção de que trata o § 2º não se aplica quando o exame tem as seguintes finalidades: *(Acrescido pelo Decreto 10.410/2020)*

I – verificação da necessidade de assistência permanente de outra pessoa para a concessão do acréscimo de vinte e cinco por cento sobre o valor do benefício, nos termos do disposto no art. 45;

II – verificação da recuperação da capacidade laborativa, por meio de solicitação do aposentado que se julgar apto; ou

III – subsídios à autoridade judiciária na concessão de curatela, observado o disposto no § 4º do art. 162.

§ 4º O aposentado por incapacidade permanente, ainda que tenha implementado as condições de que o trata o § 2º, será submetido ao exame médico-pericial de que trata este artigo quando necessário para apuração de fraude. *(Acrescido pelo Decreto 10.410/2020)*

§ 5º O segurado com síndrome da imunodeficiência adquirida (aids) fica dispensado da avaliação de que trata o *caput*, observado o disposto nos § 3º e § 4º. *(Acrescido pelo Decreto 10.410/2020)*

§ 6º A Perícia Médica Federal terá acesso aos prontuários médicos do segurado registrados no Sistema Único de Saúde - SUS, desde que haja anuência prévia do periciado e seja garantido o sigilo sobre os seus dados. *(Acrescido pelo Decreto 10.410/2020)*

§ 7º O atendimento domiciliar e hospitalar é assegurado pela Perícia Médica Federal e pelo serviço social ao segurado com dificuldade de locomoção, quando o seu deslocamento, em razão de sua limitação funcional e de condições de acessibilidade, lhe impuser ônus desproporcional e indevido. *(Acrescido pelo Decreto 10.410/2020)*

Art. 47. O aposentado por incapacidade permanente que se julgar apto a retornar à atividade deverá solicitar ao INSS a realização de nova avaliação médico-pericial. *(Redação dada pelo Decreto 10.410/2020)*

Parágrafo único. Na hipótese de a Perícia Médica Federal concluir pela recuperação da capacidade laborativa, a aposentadoria do segurado será cancelada, observado o disposto no art. 49. *(Redação dada pelo Decreto 10.410/2020)*

Art. 48. O aposentado por incapacidade permanente que retornar voluntariamente à atividade terá a sua aposentadoria automaticamente cessada, a partir da data de seu retorno, observado o disposto no art. 179. *(Redação dada pelo Decreto 10.410/2020)*

Art. 49. Verificada a recuperação da capacidade laborativa do aposentado por incapacidade permanente, exceto na hipótese prevista no art. 48, serão observadas as seguintes normas: *(Redação dada pelo Decreto 10.410/2020)*

I – quando a recuperação for total e ocorrer no prazo de cinco anos, contado da data de início da aposentadoria por incapacidade permanente ou do auxílio por incapacidade temporária que a antecedeu sem interrupção, o benefício cessará: *(Redação dada pelo Decreto 10.410/2020)*

a) de imediato, para o segurado empregado que tiver direito a retornar à função que desempenhava na empresa ao se aposentar, na forma da legislação trabalhista, valendo como documento, para tal fim, o certificado de capacidade fornecido pela previdência social; ou

b) após tantos meses quantos forem os anos de duração do auxílio por incapacidade temporária e da aposentadoria por incapacidade permanente, para os demais segurados; e

II – quando a recuperação for parcial ou ocorrer após o período previsto no inciso I, ou ainda quando o segurado for declarado apto para o exercício de trabalho diverso do qual habitualmente exercia, a aposentadoria será mantida, sem prejuízo da volta à atividade:

a) pelo seu valor integral, durante seis meses contados da data em que for verificada a recuperação da capacidade;

b) com redução de cinquenta por cento, no período seguinte de seis meses; e

c) com redução de setenta e cinco por cento, também por igual período de seis meses, ao término do qual cessará definitivamente.

Art. 50. O segurado que retomar à atividade poderá requerer, a qualquer tempo, novo benefício, tendo este processamento normal.

§ 1º Observado o disposto no art. 167, caso haja requerimento de novo benefício durante os períodos a que se refere o art. 49, caberá ao segurado optar por um dos benefícios, assegurada a opção pelo benefício mais vantajoso. *(Acrescido pelo Decreto 10.410/2020)*

§ 2º Na hipótese de opção pelo recebimento de novo benefício nos termos do disposto no § 1º, cuja duração se encerre antes da cessação do benefício decorrente do disposto no art. 49, o pagamento deste poderá ser restabelecido pelo período remanescente, respeitadas as reduções correspondentes. *(Acrescido pelo Decreto 10.410/2020)*

SUBSEÇÃO II
DA APOSENTADORIA PROGRAMADA – (REDAÇÃO DADA PELO DECRETO 10.410/2020)

Art. 51. A aposentadoria programada, uma vez cumprido o período de carência exigido, será devida ao segurado que cumprir, cumulativamente, os seguintes requisitos: *(Redação dada pelo Decreto 10.410/2020)*

I – sessenta e dois anos de idade, se mulher, e sessenta e cinco anos de idade, se homem; e *(Acrescido pelo Decreto 10.410/2020)*

II – quinze anos de tempo de contribuição, se mulher, e vinte anos de tempo de contribuição, se homem. *(Acrescido pelo Decreto 10.410/2020)*

§ 1º Para fins de apuração do tempo de contribuição a que se refere o inciso II do *caput*, é vedada a inclusão de tempo fictício. *(Redação dada pelo Decreto 10.410/2020)*

§ 2º O período pelo qual os segurados contribuinte individual e facultativo tiverem contribuído na forma prevista no art. 199-A será considerado como tempo de contribuição, observada a restrição estabelecida em seu § 2º. *(Redação dada pelo Decreto 10.410/2020)*

§§ 3º e 4º *(Revogados pelo Decreto 10.410/2020)*

Art. 52. A aposentadoria programada será devida: *(Redação dada pelo Decreto 10.410/2020)*

I – ao segurado empregado, inclusive o doméstico:

a) a partir da data do desligamento do emprego, quando requerida até noventa dias depois dela; ou

b) a partir da data do requerimento, quando não houver desligamento do emprego ou quando for requerida após o prazo da alínea a; e

II – para os demais segurados, a partir da data da entrada do requerimento.

Art. 53. O valor da aposentadoria programada corresponderá a sessenta por cento do salário de benefício definido na forma prevista no art. 32, com acréscimo de dois pontos percentuais para cada ano de contribuição que exceder o tempo de vinte anos de contribuição, para os homens, ou de quinze anos de contribuição, para as mulheres. (Redação dada pelo Decreto 10.491/2020).

SUBSEÇÃO II-A
DA APOSENTADORIA PROGRAMADA DO PROFESSOR – (REDAÇÃO DADA PELO DECRETO 10.410/2020)

Art. 54. Para o professor que comprove, exclusivamente, tempo de efetivo exercício em função de magistério na educação infantil, no ensino fundamental ou no ensino médio, desde que cumprido o período de carência exigido, será concedida a aposentadoria de que trata esta Subseção quando cumprir, cumulativamente, os seguintes requisitos: *(Redação dada pelo Decreto 10.410/2020)*

I – cinquenta e sete anos de idade, se mulher, e sessenta anos de idade, se homem; e *(Acrescido pelo Decreto 10.410/2020)*

II – vinte e cinco anos de contribuição, para ambos os sexos, em efetivo exercício na função a que se refere o *caput*. *(Acrescido pelo Decreto 10.410/2020)*

§ 1º O valor da aposentadoria de que trata este artigo será apurado na forma prevista no art. 53. *(Acrescido pelo Decreto 10.410/2020)*

§ 2º Para fins de concessão da aposentadoria de que trata este artigo, considera-se função de magistério aquela exercida por professor em estabelecimento de ensino de educação básica em seus diversos níveis e modalidades, incluídas, além do exercício da docência, as funções de direção de unidade escolar e de coordenação e assessoramento pedagógicos. *(Acrescido pelo Decreto 10.410/2020)*

§ 3º A comprovação da condição de professor será feita por meio da apresentação: *(Acrescido pelo Decreto 10.410/2020)*

I – do diploma registrado nos órgãos competentes federais e estaduais ou de documento que comprove a habilitação para o exercício do magistério, na forma prevista em lei específica; e

II – dos registros em carteira profissional ou Carteira de Trabalho e Previdência Social complementados, quando for o caso, por declaração do estabelecimento de ensino no qual tenha sido exercida a atividade, sempre que essa informação for necessária para caracterização do efetivo exercício da função de magistério, nos termos do disposto no *caput*.

§ 4º É vedada a conversão de tempo de serviço de magistério, exercido em qualquer época, em tempo de serviço comum. *(Acrescido pelo Decreto 10.410/2020)*

§ 5º A aposentadoria de que trata este artigo será devida na forma prevista no art. 52. *(Acrescido pelo Decreto 10.410/2020)*

Art. 55. (Revogado pelo Decreto 6.722, de 30/12/2008).

SUBSEÇÃO III
DA APOSENTADORIA POR IDADE – DO TRABALHADOR RURAL – (REDAÇÃO DADA PELO DECRETO 10.410/2020)

Art. 56. A aposentadoria por idade do trabalhador rural, uma vez cumprido o período de carência exigido, será devida aos segurados a que se referem a alínea "a" do inciso I, a alínea "j" do inciso V e os incisos VI e VII do *caput* do art. 9º e aos segurados garimpeiros que trabalhem, comprovadamente, em regime de economia familiar, conforme definido no § 5º do art. 9º, quando completarem cinquenta e cinco anos de idade, se mulher, e sessenta anos de idade, se homem. *(Redação dada pelo Decreto 10.410/2020)*

§ 1º Para fins do disposto no *caput*, o segurado a que se refere o inciso VII do *caput* do art. 9º comprovará o efetivo exercício de atividade rural, ainda que de forma descontínua, no período imediatamente anterior ao requerimento do benefício ou, conforme o caso, ao mês em que tiver cumprido o requisito etário, por tempo igual ao número de meses de contribuição correspondente à carência do benefício pretendido, computados os períodos pelos quais o segurado especial tenha recebido os rendimentos a que se referem os incisos III ao VIII do § 8º do art. 9º. *(Redação dada pelo Decreto 10.410/2020)*

§ 2º O valor da renda mensal da aposentadoria de que trata este artigo para os trabalhadores rurais a que se referem a alínea "a" do inciso I, a alínea "j" do inciso V e o inciso VI do *caput* do art. 9º, para o garimpeiro e para o segurado especial que contribua facultativamente corresponderá a setenta por cento do salário de benefício definido na forma prevista no art. 32, com acréscimo de um ponto percentual para cada ano de contribuição. *(Redação dada pelo Decreto 10.410/2020)*

§ 3º O valor da renda mensal do benefício de que trata este artigo para os trabalhadores rurais a que se refere o inciso VII do *caput* do art. 9º será de um salário-mínimo. *(Redação dada pelo Decreto 10.410/2020)*

§ 4º O segurado especial que contribui na forma prevista no § 2º do art. 200 somente fará jus à aposentadoria com valor apurado na forma prevista no § 2º deste artigo após o cumprimento do período de carência exigido, hipótese em que não será considerado como período de carência o tempo de atividade rural não contributivo. *(Redação dada pelo Decreto 10.410/2020)*

§ 5º A aposentadoria de que trata este artigo será devida na forma prevista no art. 52. *(Redação dada pelo Decreto 10.410/2020)*

Art. 57. Os trabalhadores rurais que não atendam ao disposto no art. 56 mas que satisfaçam essa condição, se considerados períodos de contribuição sob outras categorias de segurado, farão jus ao benefício ao atenderem os requisitos definidos nos incisos I e II do *caput* do art. 51. *(Redação dada pelo Decreto 10.410/2020)*

§ 1º Para fins do disposto no *caput*, o valor da renda mensal da aposentadoria será apurado na forma do disposto no art. 53, considerando-se como salário de contribuição mensal do período como segurado especial o salário-mínimo. *(Acrescido pelo Decreto 10.410/2020)*

§ 2º O disposto neste artigo aplica-se ainda que, na oportunidade do requerimento da aposentadoria, o segurado não se enquadre como trabalhador rural. *(Acrescido pelo Decreto 10.410/2020)*

Arts. 58 a 63. *(Revogados pelo Decreto 10.410/2020)*

SUBSEÇÃO IV
DA APOSENTADORIA ESPECIAL

Art. 64. A aposentadoria especial, uma vez cumprido o período de carência exigido, será devida ao segurado empregado, trabalhador avulso e contribuinte individual, este último somente quando cooperado filiado a cooperativa de trabalho ou de produção, que comprove o exercício de atividades com efetiva exposição a agentes químicos, físicos e biológicos prejudiciais à saúde, ou a associação desses agentes, de forma permanente, não ocasional nem intermitente, vedada a caracterização por categoria profissional ou ocupação, durante, no mínimo, quinze, vinte ou vinte e cinco anos, e que cumprir os seguintes requisitos: *(Redação dada pelo Decreto 10.410/2020)*

I – cinquenta e cinco anos de idade, quando se tratar de atividade especial de quinze anos de contribuição; *(Acrescido pelo Decreto 10.410/2020)*

II – cinquenta e oito anos de idade, quando se tratar de atividade especial de vinte anos de contribuição; ou *(Acrescido pelo Decreto 10.410/2020)*

III – sessenta anos de idade, quando se tratar de atividade especial de vinte e cinco anos de contribuição. *(Acrescido pelo Decreto 10.410/2020)*

§ 1º A efetiva exposição a agente prejudicial à saúde configura-se quando, mesmo após a adoção das medidas de controle previstas na legislação trabalhista, a nocividade não seja eliminada ou neutralizada. *(Redação dada pelo Decreto 10.410/2020)*

§ 1º-A. Para fins do disposto no § 1º, considera-se: *(Acrescido pelo Decreto 10.410/2020)*

I – eliminação - a adoção de medidas de controle que efetivamente impossibilitem a exposição ao agente prejudicial à saúde no ambiente de trabalho; e (Acrescido pelo Decreto 10.410/2020)

II – neutralização - a adoção de medidas de controle que reduzam a intensidade, a concentração ou a dose do agente prejudicial à saúde ao limite de tolerância previsto neste Regulamento ou, na sua ausência, na legislação trabalhista. (Acrescido pelo Decreto 10.410/2020)

§ 2º Para fins do disposto no *caput*, a exposição aos agentes químicos, físicos e biológicos prejudiciais à saúde, ou a associação desses agentes, deverá superar os limites de tolerância estabelecidos segundo critérios quantitativos ou estar caracterizada de acordo com os critérios da avaliação qualitativa de que trata o § 2º do art. 68. *(Redação dada pelo Decreto 10.410/2020)*

Art. 65. Considera-se tempo de trabalho permanente aquele que é exercido de forma não ocasional nem intermitente, no qual a exposição do empregado, do trabalhador avulso ou do cooperado ao agente nocivo seja indissociável da produção do bem ou da prestação do serviço. (Redação dada pelo Decreto nº 8.123, de 2013)

Parágrafo único. Aplica-se o disposto no *caput* aos períodos de descanso determinados pela legislação trabalhista, inclusive ao período de férias, e aos de percepção de salário-maternidade, desde que, à data do afastamento, o segurado estivesse exposto aos fatores de risco de que trata o art. 68. *(Redação dada pelo Decreto 10.410/2020)*

Art. 66. Para o segurado que houver exercido duas ou mais atividades sujeitas a agentes químicos, físicos e biológicos prejudiciais à saúde, ou a associação desses agentes, sem completar em quaisquer delas o prazo mínimo exigido para a aposentadoria especial, os respectivos períodos de exercício serão somados após conversão, hipótese em que será considerada a atividade preponderante para efeito de enquadramento. *(Redação dada pelo Decreto 10.410/2020)*

§ 1º Para fins do disposto no *caput*, não serão considerados os períodos em que a atividade exercida não estava sujeita a condições especiais, observado, nesse caso, o disposto no art. 70. (Redação dada pelo Decreto nº 8.123, de 2013)

§ 2º A conversão de que trata o *caput* será feita segundo a tabela abaixo: (Redação dada pelo Decreto nº 8.123, de 2013)

TEMPO A CONVERTER	MULTIPLICADORES		
	PARA 15	PARA 20	PARA 25
DE 15 ANOS	-	1,33	1,67
DE 20 ANOS	0,75	-	1,25
DE 25 ANOS	0,60	0,80	-

§ 3º A atividade preponderante será aquela pela qual o segurado tenha contribuído por mais tempo, antes da conversão, e servirá como parâmetro para definir o tempo mínimo necessário para a aposentadoria especial e para a conversão. *(Acrescido pelo Decreto 10.410/2020)*

Art. 67. O valor da aposentadoria especial corresponderá a sessenta por cento do salário de benefício definido na forma prevista no art. 32, com acréscimo de dois pontos percentuais para cada ano de contribuição que exceder o tempo de vinte anos de contribuição exceto no caso da aposentadoria a que se refere o inciso I do *caput* do art. 64 e das mulheres, cujo acréscimo será aplicado para cada ano de contribuição que exceder quinze anos de contribuição. *(Redação dada pelo Decreto 10.410/2020)*

Art. 68. A relação dos agentes químicos, físicos, biológicos, e da associação desses agentes, considerados para fins de concessão de aposentadoria especial, é aquela constante do Anexo IV. *(Redação dada pelo Decreto 10.410/2020)*

§ 1º A Secretaria Especial de Previdência e Trabalho do Ministério da Economia promoverá a elaboração de estudos com base em critérios técnicos e científicos para atualização periódica do disposto no Anexo IV. *(Redação dada pelo Decreto 10.410/2020)*

§ 2º A avaliação qualitativa de riscos e agentes prejudiciais à saúde será comprovada pela descrição: *(Redação dada pelo Decreto 10.410/2020)*

I – das circunstâncias de exposição ocupacional a determinado agente ou associação de agentes prejudiciais à saúde presentes no ambiente de trabalho durante toda a jornada de trabalho; *(Redação dada pelo Decreto 10.410/2020)*

II – de todas as fontes e possibilidades de liberação dos agentes mencionados no inciso I; e (Incluído pelo Decreto nº 8.123, de 2013)

III – dos meios de contato ou exposição dos trabalhadores, as vias de absorção, a intensidade da exposição, a frequência e a duração do contato. (Incluído pelo Decreto nº 8.123, de 2013)

§ 3º A comprovação da efetiva exposição do segurado a agentes prejudiciais à saúde será feita por meio de documento, em meio físico ou eletrônico, emitido pela empresa ou por seu preposto com base em laudo técnico de condições ambientais do trabalho expedido por médico do trabalho ou engenheiro de segurança do trabalho. *(Redação dada pelo Decreto 10.410/2020)*

§ 4º Os agentes reconhecidamente cancerígenos para humanos, listados pela Secretaria Especial de Previdência e Trabalho do Ministério da Economia, serão avaliados em conformidade com o disposto nos § 2º e § 3º deste artigo e no *caput* do art. 64 e, caso sejam adotadas as medidas de controle previstas na legislação trabalhista que eliminem a nocividade, será descaracterizada a efetiva exposição. *(Redação dada pelo Decreto 10.410/2020)*

§ 5º O laudo técnico a que se refere o § 3º conterá informações sobre a existência de tecnologia de proteção coletiva ou individual e sobre a sua eficácia e será elaborado com observância às normas editadas pela Secretaria Especial de Previdência e Trabalho do Ministério Economia e aos procedimentos adotados pelo INSS. *(Redação dada pelo Decreto 10.410/2020)*

§ 6º A empresa que não mantiver laudo técnico atualizado com referência aos agentes existentes no ambiente de trabalho prejudiciais à saúde de seus trabalhadores ou que emitir documento de comprovação de efetiva exposição em desacordo com o referido laudo incorrerá na infração a que se refere a alínea "n" do inciso II do *caput* do art. 283. *(Redação dada pelo Decreto 10.410/2020)*

§ 7º O INSS estabelecerá os procedimentos para fins de concessão de aposentadoria especial, podendo, se necessário, confirmar as informações contidas nos documentos mencionados nos §§ 2º e 3º.

§ 8º A empresa deverá elaborar e manter atualizado o perfil profissiográfico previdenciário, ou o documento eletrônico que venha a substituí-lo, no qual deverão ser contempladas as atividades desenvolvidas durante o período laboral, garantido ao trabalhador o acesso às informações nele contidas, sob pena de sujeição às sanções previstas na alínea "h" do inciso I do *caput* do art. 283. *(Redação dada pelo Decreto 10.410/2020)*

§ 9º Para fins do disposto no § 8º, considera-se perfil profissiográfico previdenciário o documento que contenha o histórico laboral do trabalhador, elaborado de acordo com o modelo instituído pelo INSS. *(Redação dada pelo Decreto 10.410/2020)*

§ 10. O trabalhador ou o seu preposto terá acesso às informações prestadas pela empresa sobre o seu perfil profissiográfico previdenciário e poderá, inclusive, solicitar a retificação de informações que estejam em desacordo com a realidade do ambiente de trabalho, conforme orientação estabelecida em ato do Ministro de Estado da Economia. *(Redação dada pelo Decreto 10.410/2020)*

§ 11. A cooperativa de trabalho e a empresa contratada para prestar serviços mediante cessão ou empreitada de mão de obra atenderão ao disposto nos §§ 3º, 4º e 5º com base nos laudos técnicos de condições ambientais de trabalho emitidos pela empresa contratante, quando o serviço for prestado em estabelecimento da contratante. (Redação dada pelo Decreto nº 8.123, de 2013)

§ 12. Nas avaliações ambientais deverão ser considerados, além do disposto no Anexo IV, a metodologia e os procedimentos de avaliação estabelecidos pela Fundação Jorge Duprat Figueiredo de Segurança e Medicina do Trabalho – FUNDACENTRO. (Incluído pelo Decreto nº 8.123, de 2013)

§ 13. Na hipótese de não terem sido estabelecidos pela FUNDACENTRO a metodologia e os procedimentos de avaliação, caberá ao Ministério da Economia indicar outras instituições para estabelecê-los. *(Redação dada pelo Decreto 10.410/2020)*

Art. 69. A data de início da aposentadoria especial será fixada: (Redação dada pelo Decreto nº 8.123, de 2013)

I – para o segurado empregado: (Incluído pelo Decreto nº 8.123, de 2013)

a) a partir da data do desligamento do emprego, quando requerida a aposentadoria especial, até noventa dias após essa data; ou (Incluída pelo Decreto nº 8.123, de 2013)

b) a partir da data do requerimento, quando não houver desligamento do emprego ou quando a aposentadoria for requerida após o prazo estabelecido na alínea "a"; e (Incluída pelo Decreto nº 8.123, de 2013)

II – para os demais segurados, a partir da data da entrada do requerimento. (Incluído pelo Decreto nº 8.123, de 2013)

Parágrafo único. O segurado que retornar ao exercício de atividade ou operação que o sujeite aos riscos e agentes nocivos constantes do Anexo IV, ou nele permanecer, na mesma ou em outra empresa, qualquer que seja a forma de prestação do serviço ou categoria de segurado, será imediatamente notificado da cessação do pagamento de sua aposentadoria especial, no prazo de sessenta dias contado da data de emissão da notificação, salvo comprovação, nesse prazo, de que o exercício dessa atividade ou operação foi encerrado. (Redação dada pelo Decreto nº 8.123, de 2013)

Art. 70. *(Revogado pelo Decreto 10.410/2020)*

SUBSEÇÃO IV-A
DAS APOSENTADORIAS POR TEMPO DE CONTRIBUIÇÃO E POR IDADE DO SEGURADO COM DEFICIÊNCIA

› *Incluído pelo Decreto nº 8.145, de 2013*

Art. 70-A. A concessão da aposentadoria por tempo de contribuição ou por idade ao segurado que tenha reconhecido, após ter sido submetido a avaliação biopsicossocial realizada por equipe multiprofissional e interdisciplinar, grau de deficiência leve, moderada ou grave está condicionada à comprovação da condição de pessoa com deficiência na data da entrada do requerimento ou na data da implementação dos requisitos para o benefício. *(Redação dada pelo Decreto 10.410/2020)*

Art. 70-B. A aposentadoria por tempo de contribuição do segurado com deficiência, cumprida a carência, é devida ao segurado empregado, inclusive o doméstico, trabalhador avulso, contribuinte individual e facultativo, observado o disposto no art. 199-A e os seguintes requisitos: (Incluído pelo Decreto nº 8.145, de 2013)

I – aos vinte e cinco anos de tempo de contribuição na condição de pessoa com deficiência, se homem, e vinte anos, se mulher, no caso de segurado com deficiência grave; (Incluído pelo Decreto nº 8.145, de 2013)

II – aos vinte e nove anos de tempo de contribuição na condição de pessoa com deficiência, se homem, e vinte e quatro anos, se mulher, no caso de segurado com deficiência moderada; e (Incluído pelo Decreto nº 8.145, de 2013)

III – aos trinta e três anos de tempo de contribuição na condição de pessoa com deficiência, se homem, e vinte e oito anos, se mulher, no caso de segurado com deficiência leve. (Incluído pelo Decreto nº 8.145, de 2013)

Parágrafo único. A aposentadoria de que trata o *caput* é devida aos segurados especiais que contribuam facultativamente, de acordo com o disposto no art. 199 e no § 2º do art. 200. (Incluído pelo Decreto nº 8.145, de 2013)

Art. 70-C. A aposentadoria por idade da pessoa com deficiência, cumprida a carência, é devida ao segurado aos sessenta anos de idade, se homem, e cinquenta e cinco anos de idade, se mulher. (Incluído pelo Decreto nº 8.145, de 2013)

§ 1º Para efeitos de concessão da aposentadoria de que trata o *caput*, o segurado deve contar com no mínimo quinze anos de tempo de contribuição, cumpridos na condição de pessoa com deficiência, independentemente do grau, observado o disposto no art. 70-D. (Incluído pelo Decreto nº 8.145, de 2013)

§ 2º Aplica-se ao segurado especial com deficiência o disposto nos §§ 1º a 4º do art. 51, e na hipótese do § 2º será considerada a idade prevista no *caput* deste artigo, desde que o tempo exigido para a carência da aposentadoria por idade seja cumprido na condição de pessoa com deficiência. (Incluído pelo Decreto nº 8.145, de 2013)

Art. 70-D. Para efeito de concessão da aposentadoria da pessoa com deficiência, a avaliação de que trata o art. 70-A deverá, entre outros aspectos: *("Caput" com redação dada pelo Decreto 10.410/2020)*

I – avaliar o segurado e fixar a data provável do início da deficiência e o seu grau; e (Incluído pelo Decreto nº 8.145, de 2013)

II – identificar a ocorrência de variação no grau de deficiência e indicar os respectivos períodos em cada grau. (Incluído pelo Decreto nº 8.145, de 2013)

§ 1º A comprovação da deficiência anterior à data da vigência da Lei Complementar nº 142, de 8 de maio de 2013, será instruída por documentos que subsidiem a avaliação de que trata o art. 70-A, vedada a prova exclusivamente testemunhal. *(Redação dada pelo Decreto 10.410/2020)*

§ 2º A avaliação da pessoa com deficiência será realizada para fazer prova dessa condição exclusivamente para fins previdenciários. (Incluído pelo Decreto nº 8.145, de 2013)

§ 3º Considera-se pessoa com deficiência aquela que tem impedimentos de longo prazo de natureza física, mental, intelectual ou sensorial, os quais, em interação com diversas barreiras, podem obstruir sua participação plena e efetiva na sociedade em igualdade de condições com as demais pessoas. (Incluído pelo Decreto nº 8.145, de 2013)

§ 4º *(Revogado pelo Decreto 10.410/2020)*

Art. 70-E. Para o segurado que, após a filiação ao RGPS, tornar-se pessoa com deficiência, ou tiver seu grau alterado, os parâmetros mencionados nos incisos I, II e III do *caput* do art. 70-B serão proporcionalmente ajustados e os respectivos períodos serão somados após conversão, conforme as tabelas abaixo, considerando o grau de deficiência preponderante, observado o disposto no art. 70-A: (Incluído pelo Decreto nº 8.145, de 2013)

MULHER				
TEMPO A CONVERTER	**MULTIPLICADORES**			
	Para 20	Para 24	Para 28	Para 30
De 20 anos	1,00	1,20	1,40	1,50
De 24 anos	0,83	1,00	1,17	1,25
De 28 anos	0,71	0,86	1,00	1,07
De 30 anos	0,67	0,80	0,93	1,00

HOMEM				
TEMPO A CONVERTER	**MULTIPLICADORES**			
	Para 25	Para 29	Para 33	Para 35
De 25 anos	1,00	1,16	1,32	1,40
De 29 anos	0,86	1,00	1,14	1,21
De 33 anos	0,76	0,88	1,00	1,06
De 35 anos	0,71	0,83	0,94	1,00

§ 1º O grau de deficiência preponderante será aquele em que o segurado cumpriu maior tempo de contribuição, antes da conversão, e servirá como parâmetro para definir o tempo mínimo necessário para a aposentadoria por tempo de contribuição da pessoa com deficiência e para a conversão. (Incluído pelo Decreto nº 8.145, de 2013)

§ 2º Quando o segurado contribuiu alternadamente na condição de pessoa sem deficiência e com deficiência, os respectivos períodos poderão ser somados, após aplicação da conversão de que trata o *caput*. (Incluído pelo Decreto nº 8.145, de 2013)

Art. 70-F. A redução do tempo de contribuição da pessoa com deficiência não poderá ser acumulada, no mesmo período contributivo, com a redução aplicada aos períodos de contribuição relativos a atividades exercidas sob condições especiais que prejudiquem a saúde ou a integridade física. (Incluído pelo Decreto nº 8.145, de 2013)

§ 1º É garantida a conversão do tempo de contribuição cumprido em condições especiais que prejudiquem a saúde ou a integridade física do segurado, inclusive da pessoa com deficiência, para fins da aposentadoria de que trata o art. 70-B, se resultar mais favorável ao segurado, conforme tabela abaixo: (Incluído pelo Decreto nº 8.145, de 2013)

MULHER					
TEMPO A CONVERTER	**MULTIPLICADORES**				
	Para 15	Para 20	Para 24	Para 25	Para 28
De 15 anos	1,00	1,33	1,60	1,67	1,87
De 20 anos	0,75	1,00	1,20	1,25	1,40
De 24 anos	0,63	0,83	1,00	1,04	1,17
De 25 anos	0,60	0,80	0,96	1,00	1,12
De 28 anos	0,54	0,71	0,86	0,89	1,00

HOMEM					
TEMPO A CONVERTER	**MULTIPLICADORES**				
	Para 15	Para 20	Para 25	Para 29	Para 33
De 15 anos	1,00	1,33	1,67	1,93	2,20
De 20 anos	0,75	1,00	1,25	1,45	1,65
De 25 anos	0,60	0,80	1,00	1,16	1,32
De 29 anos	0,52	0,69	0,86	1,00	1,14
De 33 anos	0,45	0,61	0,76	0,88	1,00

§ 2º É vedada a conversão do tempo de contribuição da pessoa com deficiência para fins de concessão da aposentadoria especial de que trata a Subseção IV da Seção VI do Capítulo II. (Incluído pelo Decreto nº 8.145, de 2013)

§ 3º *(Revogado pelo Decreto 10.410/2020)*

Art. 70-G. É facultado ao segurado com deficiência optar pela percepção de qualquer outra espécie de aposentadoria do RGPS que lhe seja mais vantajosa. (Incluído pelo Decreto nº 8.145, de 2013)

Art. 70-H. A critério do INSS, o segurado com deficiência deverá, a qualquer tempo, submeter-se à avaliação de que trata o art. 70-A. *(Redação dada pelo Decreto 10.410/2020)*

Parágrafo único. Após a concessão das aposentadorias na forma dos arts. 70-B e 70-C, será observado o disposto nos arts. 347 e 347-A. (Incluído pelo Decreto nº 8.145, de 2013)

Art. 70-I. Aplicam-se à pessoa com deficiência as demais normas relativas aos benefícios do RGPS. (Incluído pelo Decreto nº 8.145, de 2013)

Art. 70-J. A renda mensal da aposentadoria devida ao segurado com deficiência será calculada a partir da aplicação dos seguintes percentuais sobre o salário de benefício definido na forma prevista no art. 32: *(Acrescido pelo Decreto 10.410/2020)*

I – cem por cento, na hipótese de aposentadoria por tempo de contribuição de que trata o art. 70-B; ou

II – setenta por cento, acrescido de um ponto percentual do salário de benefício por grupo de doze contribuições mensais até o máximo de trinta por cento, na hipótese de aposentadoria por idade de que trata o art. 70-C.

SUBSEÇÃO V
DO AUXÍLIO POR INCAPACIDADE TEMPORÁRIA – (REDAÇÃO DADA PELO DECRETO 10.410/2020)

Art. 71. O auxílio por incapacidade temporária será devido ao segurado que, uma vez cumprido, quando for o caso, o período de carência exigido, ficar incapacitado para o seu trabalho ou para a sua atividade habitual por mais de quinze dias consecutivos, conforme definido em avaliação médico-pericial. *(Redação dada pelo Decreto 10.410/2020)*

§ 1º Não será devido auxílio por incapacidade temporária ao segurado que se filiar ao RGPS já portador de doença ou lesão invocada como causa para a concessão do benefício, exceto quando a incapacidade sobrevier por motivo de progressão ou agravamento dessa doença ou lesão. *(Redação dada pelo Decreto 10.410/2020)*

§ 2º Será devido auxílio por incapacidade temporária, independentemente do cumprimento de período de carência, aos segurados obrigatório e facultativo quando sofrerem acidente de qualquer natureza. *(Redação dada pelo Decreto 10.410/2020)*

§ 3º Não será devido o auxílio por incapacidade temporária ao segurado recluso em regime fechado. *(Acrescido pelo Decreto 10.410/2020)*

§ 4º O segurado em gozo de auxílio por incapacidade temporária na data do recolhimento à prisão terá o seu benefício suspenso. *(Acrescido pelo Decreto 10.410/2020)*

§ 5º A suspensão prevista no § 4º será pelo prazo de até sessenta dias, contado da data do recolhimento à prisão, hipótese em que o benefício será cessado após o referido prazo. *(Acrescido pelo Decreto 10.410/2020)*

§ 6º Na hipótese de o segurado ser colocado em liberdade antes do prazo previsto no § 5º, o benefício será restabelecido a partir da data de sua soltura. *(Acrescido pelo Decreto 10.410/2020)*

§ 7º Em caso de prisão declarada ilegal, o segurado terá direito à percepção do benefício por todo o período devido, efetuado o encontro de contas na hipótese de ter havido pagamento de auxílio-reclusão com valor inferior ao do auxílio por incapacidade temporária no mesmo período. *(Acrescido pelo Decreto 10.410/2020)*

§ 8º O disposto nos § 3º ao § 7º aplica-se somente aos benefícios dos segurados que tiverem sido recolhidos à prisão a partir da data de publicação da Lei nº 13.846, de 18 de junho de 2019. *(Acrescido pelo Decreto 10.410/2020)*

§ 9º O segurado recluso em cumprimento de pena em regime aberto ou semiaberto fará jus ao auxílio por incapacidade temporária. *(Acrescido pelo Decreto 10.410/2020)*

Art. 72. O auxílio por incapacidade temporária consiste em renda mensal correspondente a noventa e um por cento do salário de benefício definido na forma prevista no art. 32 e será devido: *(Redação dada pelo Decreto 10.410/2020)*

I – a contar do décimo sexto dia do afastamento da atividade para o segurado empregado, exceto o doméstico; (Inciso com redação dada pelo Decreto nº 3.265, de 29/11/1999)

II – a contar da data do início da incapacidade, para os demais segurados, desde que o afastamento seja superior a quinze dias; *(Redação dada pelo Decreto 10.410/2020)*

III – a contar da data de entrada do requerimento, quando requerido após o trigésimo dia do afastamento da atividade, para todos os segurados.

§ 1º Quando o acidentado não se afastar do trabalho no dia do acidente, os quinze dias de responsabilidade da empresa pela sua remuneração integral são contados a partir da data do afastamento.

§ 2º (Revogado pelo Decreto nº 3.668, de 22/11/2000)

§ 3º O auxílio por incapacidade temporária será devido durante o curso de reclamação trabalhista relacionada com a rescisão do contrato de trabalho, ou após a decisão final, desde que implementadas as condições mínimas para a concessão do benefício, observado o disposto nos § 2º e § 3º do art. 36. *(Redação dada pelo Decreto 10.410/2020)*

Art. 73. O auxílio por incapacidade temporária do segurado que exercer mais de uma atividade abrangida pela previdência social será devido mesmo no caso de incapacidade apenas para o exercício de uma delas, hipótese em que o segurado deverá informar a Perícia Médica Federal a respeito de todas as atividades que estiver exercendo. *(Redação dada pelo Decreto 10.410/2020)*

§ 1º Na hipótese prevista neste artigo, o auxílio por incapacidade temporária será concedido em relação à atividade para a qual o segurado estiver incapacitado, consideradas para fins de carência somente as contribuições relativas a essa atividade. *(Redação dada pelo Decreto 10.410/2020)*

§ 2º Se nas várias atividades o segurado exercer a mesma profissão, será exigido de imediato o afastamento de todas.

§ 3º Constatada durante o recebimento do auxílio por incapacidade temporária concedido nos termos do disposto neste artigo a incapacidade do segurado para cada uma das demais atividades, o valor do benefício deverá ser revisto com base nos salários de contribuição de cada uma das atividades, observado o disposto nos incisos I ao III do *caput* do art. 72. *(Redação dada pelo Decreto 10.410/2020)*

§ 4º Na hipótese prevista no § 1º, o valor do auxílio por incapacidade temporária poderá ser inferior ao salário-mínimo, desde que, se somado às demais remunerações recebidas, resulte em valor superior ao salário-mínimo. *(Redação dada pelo Decreto 10.410/2020)*

§ 5º O segurado que, durante o gozo do auxílio por incapacidade temporária, vier a exercer atividade remunerada que lhe garanta a subsistência poderá ter o benefício cancelado a partir do retorno à atividade, observado o disposto no art. 179. *(Acrescido pelo Decreto 10.410/2020)*

§ 6º Na hipótese prevista no § 5º, caso a atividade remunerada exercida seja diversa daquela que gerou o benefício, deverá ser verificada a incapacidade para cada uma das atividades exercidas, observado o disposto no *caput* e nos § 1º, § 2º e § 3º. *(Acrescido pelo Decreto 10.410/2020)*

Art. 74. Quando o segurado que exercer mais de uma atividade for considerado definitivamente incapacitado para uma delas, o auxílio por incapacidade temporária deverá ser mantido indefinidamente, hipótese em que não caberá a concessão de aposentadoria por incapacidade permanente enquanto a incapacidade não se estender às demais atividades. *(Redação dada pelo Decreto 10.410/2020)*

Parágrafo único. Na situação prevista no *caput*, o segurado somente poderá transferir-se das demais atividades que exerce após o conhecimento da reavaliação médico-pericial.

Art. 75. Durante os primeiros quinze dias consecutivos de afastamento da atividade por motivo de incapacidade temporária, compete à empresa pagar o salário ao segurado empregado. *(Redação dada pelo Decreto 10.410/2020)*

§ 1º Cabe à empresa que dispuser de serviço médico próprio ou em convênio o exame médico e o abono das faltas correspondentes aos primeiros quinze dias de afastamento.

§ 2º Quando a incapacidade ultrapassar o período de quinze dias consecutivos, o segurado será encaminhado ao INSS para avaliação médico-pericial. *(Redação dada pelo Decreto 10.410/2020)*

§ 3º Se concedido novo benefício decorrente do mesmo motivo que gerou a incapacidade no prazo de sessenta dias, contado da data da cessação do benefício anterior, a empresa ficará desobrigada do pagamento relativo aos quinze primeiros dias de afastamento, prorrogando-se o benefício anterior e descontando-se os dias trabalhados, se for o caso. *(Redação dada pelo Decreto 10.410/2020)*

§ 4º Se o segurado empregado, por motivo de incapacidade, afastar-se do trabalho durante o período de quinze dias, retornar à atividade no décimo sexto dia e voltar a se afastar no prazo de sessenta dias, contado da data de seu retorno, em decorrência do mesmo motivo que gerou a incapacidade, este fará jus ao auxílio por incapacidade temporária a partir da data do novo afastamento. *(Redação dada pelo Decreto 10.410/2020)*

§ 5º Na hipótese prevista no § 4º, se o retorno à atividade tiver ocorrido antes do período de quinze dias do afastamento, o segurado fará jus ao auxílio por incapacidade temporária a partir do dia seguinte ao que completar aquele período. *(Redação dada pelo Decreto 10.410/2020)*

§ 6º Na impossibilidade de realização do exame médico-pericial inicial antes do término do período de recuperação indicado pelo médico assistente em documentação, o empregado é autorizado a retornar ao trabalho no dia seguinte à data indicada pelo médico assistente, mantida a necessidade de comparecimento do segurado à perícia na data agendada. *(Redação dada pelo Decreto 10.410/2020)*

Arts. 75-A e 75-B. *(Revogados pelo Decreto 10.410/2020)*

Art. 76. A previdência social processará, de ofício, o benefício quando tiver ciência da incapacidade do segurado sem que este tenha requerido auxílio por incapacidade temporária. *(Redação dada pelo Decreto 10.410/2020)*

Art. 76-A. É facultado à empresa protocolar requerimento de auxílio por incapacidade temporária ou documento dele originário de seu empregado ou de contribuinte individual a ela vinculado ou a seu serviço, na forma estabelecida pelo INSS. *(Redação dada pelo Decreto 10.410/2020)*

Parágrafo único. *(Revogado pelo Decreto 10.410/2020)*

Art. 76-B. A empresa terá acesso às decisões administrativas de benefícios requeridos por seus empregados, resguardadas as informações consideradas sigilosas, na forma estabelecida em ato do INSS. *(Acrescido pelo Decreto 10.410/2020)*

Art. 77. O segurado em gozo de auxílio por incapacidade temporária concedido judicial ou administrativamente está obrigado, independentemente de sua idade e sob pena de suspensão do benefício, a submeter-se a exame médico a cargo da Perícia Médica Federal, processo de reabilitação profissional a cargo do INSS e tratamento dispensado gratuitamente, exceto o cirúrgico e a transfusão de sangue, que são facultativos. *(Redação dada pelo Decreto 10.410/2020)*

Art. 77-A. O segurado em gozo de auxílio por incapacidade temporária concedido judicial ou administrativamente poderá ser convocado a qualquer tempo para avaliação das condições que ensejaram sua concessão ou manutenção. *(Acrescido pelo Decreto 10.410/2020)*

Art. 78. O auxílio por incapacidade temporária cessa pela recuperação da capacidade para o trabalho, pela concessão de aposentadoria por incapacidade permanente ou, na hipótese de o evento causador da redução da capacidade laborativa ser o mesmo que gerou o auxílio por incapacidade temporária, pela concessão do auxílio acidente. *(Redação dada pelo Decreto 10.410/2020)*

§ 1º Sempre que possível, o ato de concessão ou de reativação de auxílio por incapacidade temporária, judicial ou administrativo, deverá estabelecer o prazo estimado para a duração do benefício. *(Redação dada pelo Decreto 10.410/2020)*

§ 2º Caso o prazo concedido para a recuperação se revele insuficiente, o segurado poderá solicitar a sua prorrogação, na forma estabelecida pelo INSS. (Parágrafo com redação dada pelo Decreto nº 8.691, de 14/3/2016)

§ 3º A comunicação da concessão do auxílio por incapacidade temporária conterá as informações necessárias ao requerimento de sua prorrogação. *(Redação dada pelo Decreto 10.410/2020)*

§ 4º Caso não seja estabelecido o prazo de que trata o § 1º, o benefício cessará após o prazo de cento e vinte dias, contado da data de concessão ou de reativação do auxílio por incapacidade temporária, exceto se o segurado requerer a sua prorrogação ao INSS, observado o disposto no art. 79. *(Redação dada pelo Decreto 10.410/2020)*

§ 5º O segurado que se considerar capaz antes do prazo estabelecido pela Perícia Médica Federal no ato da concessão ou da prorrogação do auxílio por incapacidade temporária somente retornará ao trabalho após nova avaliação médico-pericial. *(Acrescido pelo Decreto 10.410/2020)*

§ 6º O segurado poderá desistir do requerimento de prorrogação antes da realização do exame médico-pericial, hipótese em que o benefício será mantido até a data da sua desistência, desde que posterior à data de cessação estabelecida pela Perícia Médica Federal. *(Acrescido pelo Decreto 10.410/2020)*

§ 7º O segurado que não concordar com o resultado da avaliação a que se refere o § 1º poderá apresentar, no prazo de trinta dias, recurso da decisão proferida pela Perícia Médica Federal perante o Conselho de Recursos da Previdência Social - CRPS, cuja análise médico-pericial, se necessária, será feita por perito médico federal diverso daquele que tenha realizado o exame anterior. *(Acrescido pelo Decreto 10.410/2020)*

Art. 79. O segurado em gozo de auxílio por incapacidade temporária insuscetível de recuperação para sua atividade habitual deverá submeter-se a processo de reabilitação profissional para o exercício de outra atividade. *(Redação dada pelo Decreto 10.410/2020)*

§ 1º O benefício a que se refere o *caput* será mantido até que o segurado seja considerado reabilitado para o desempenho de atividade que lhe garanta a subsistência ou, quando considerado não recuperável, seja aposentado por incapacidade permanente. *(Acrescido pelo Decreto 10.410/2020)*

§ 2º A alteração das atribuições e responsabilidades do segurado compatíveis com a limitação que tenha sofrido em sua capacidade física ou mental não configura desvio de cargo ou função do segurado reabilitado ou que estiver em processo de reabilitação profissional a cargo do INSS. *(Acrescido pelo Decreto 10.410/2020)*

Art. 80. O segurado empregado, inclusive o doméstico, em gozo de auxílio por incapacidade temporária será considerado pela empresa e pelo empregador doméstico como licenciado. *(Redação dada pelo Decreto 10.410/2020)*

Parágrafo único. A empresa que garantir ao segurado licença remunerada ficará obrigada a pagar-lhe, durante o período do auxílio por incapacidade temporária, a eventual diferença entre o valor do benefício recebido e a quantia garantida pela licença. *(Redação dada pelo Decreto 10.410/2020)*

SUBSEÇÃO VI
DO SALÁRIO-FAMÍLIA

Art. 81. O salário-família é devido, mensalmente, ao segurado empregado, inclusive o doméstico, e ao trabalhador avulso com salário de contribuição inferior ou igual a R$ 1.425,56 (mil quatrocentos e vinte e cinco reais e cinquenta e seis centavos), na proporção do respectivo número de filhos ou de enteados e de menores tutelados, desde que comprovada a dependência econômica dos dois últimos nos termos do disposto no art. 16, observado o disposto no art. 83. *(Redação dada pelo Decreto 10.410/2020)*

Art. 82. O salário-família será pago mensalmente:

I – ao empregado, inclusive o doméstico, pela empresa ou pelo empregador doméstico, juntamente com o salário, e ao trabalhador avulso, pelo sindicato ou órgão gestor de mão de obra, por meio de convênio; *(Redação dada pelo Decreto 10.410/2020)*

II – ao empregado, inclusive o doméstico, e ao trabalhador avulso aposentados por incapacidade permanente ou em gozo de auxílio por incapacidade temporária, pelo INSS, juntamente com o benefício; *(Redação dada pelo Decreto 10.410/2020)*

III – ao trabalhador rural aposentado por idade aos sessenta anos, se do sexo masculino, ou cinquenta e cinco anos, se do sexo feminino, pelo Instituto Nacional do Seguro Social, juntamente com a aposentadoria; e

IV – aos demais empregados, inclusive os domésticos, e aos trabalhadores avulsos aposentados aos sessenta e cinco anos de idade, se homem, ou aos sessenta anos, se mulher, pelo INSS, juntamente com a aposentadoria. *(Redação dada pelo Decreto 10.410/2020)*

§ 1º No caso do inciso I, quando o salário do empregado não for mensal, o salário-família será pago juntamente com o último pagamento relativo ao mês.

§ 2º O salário-família do trabalhador avulso independe do número de dias trabalhados no mês, devendo o seu pagamento corresponder ao valor integral da cota.

§ 3º Quando o pai e a mãe são segurados empregados, inclusive domésticos, ou trabalhadores avulsos, ambos têm direito ao salário-família. *(Redação dada pelo Decreto 10.410/2020)*

§ 4º As cotas do salário-família pagas pela empresa ou pelo empregador doméstico serão deduzidas quando do recolhimento das contribuições. *(Redação dada pelo Decreto 10.410/2020)*

Art. 83. O valor da cota do salário-família por filho ou por enteado e por menor tutelado, desde que comprovada a dependência econômica dos dois últimos, até quatorze anos de idade ou inválido, é de R$ 48,62 (quarenta e oito reais e sessenta e dois centavos). *(Redação dada pelo Decreto 10.410/2020)*

I e II – *(Revogados pelo Decreto 10.410/2020)*

Art. 84. O pagamento do salário-família será devido a partir da data de apresentação da certidão de nascimento do filho ou da documentação relativa ao enteado e ao menor tutelado, desde que comprovada a dependência econômica dos dois últimos, e fica condicionado à apresentação anual de atestado de vacinação obrigatória dos referidos dependentes, de até seis anos de idade, e de comprovação semestral de frequência à escola dos referidos dependentes, a partir de quatro anos de idade, observado, para o empregado doméstico, o disposto no § 5º. *(Redação dada pelo Decreto 10.410/2020)*

§ 1º A empresa e o empregador doméstico deverão conservar, durante o prazo decadencial de que trata o art. 348, os comprovantes dos pagamentos e as cópias das certidões correspondentes, para exame pela fiscalização. *(Redação dada pelo Decreto 10.410/2020)*

§ 2º Na hipótese de o segurado empregado ou de o trabalhador avulso não apresentar o atestado de vacinação obrigatória e a comprovação de frequência escolar do filho, do enteado ou do menor tutelado, desde que comprovada a dependência econômica dos dois últimos, nas datas definidas pelo INSS, o benefício do salário-família será suspenso até que a documentação seja apresentada. *(Redação dada pelo Decreto 10.410/2020)*

§ 3º Não é devido salário-família no período entre a suspensão do benefício motivada pela falta de comprovação da frequência escolar e o seu reativamento, exceto se provada a frequência escolar regular no período. *(Redação dada pelo Decreto 10.410/2020)*

§ 4º A comprovação semestral de frequência escolar de que trata o *caput* será feita por meio da apresentação de documento emitido pela escola, na forma estabelecida na legislação específica, em nome do aluno, de qual conste o registro de frequência regular, ou de atestado do estabelecimento de ensino que comprove a regularidade da matrícula e a frequência escolar do aluno. *(Redação dada pelo Decreto 10.410/2020)*

§ 5º Para recebimento do salário-família, o empregado doméstico apresentará ao seu empregador apenas a certidão de nascimento do filho ou a documentação relativa ao enteado e ao menor tutelado, desde que comprovada a dependência econômica dos dois últimos. *(Acrescido pelo Decreto 10.410/2020)*

Art. 85. A invalidez do filho, do enteado ou do menor tutelado, desde que comprovada a dependência econômica dos dois últimos, maior de quatorze anos de idade será verificada em exame médico-pericial realizado pela Perícia Médica Federal. *(Redação dada pelo Decreto 10.410/2020)*

Art. 86. O salário-família correspondente ao mês de afastamento do trabalho será pago integralmente pela empresa, pelo empregador doméstico ou pelo sindicato ou pelo órgão gestor de mão de obra, conforme o caso, e, ao mês da cessação de benefício, pelo INSS. *(Redação dada pelo Decreto 10.410/2020)*

Art. 87. Tendo havido divórcio, separação judicial ou de fato dos pais, ou em caso de abandono legalmente caracterizado ou perda do pátrio-poder, o salário-família passará a ser pago diretamente àquele a cujo cargo ficar o sustento do menor, ou a outra pessoa, se houver determinação judicial nesse sentido.

Art. 88. O direito ao salário-família cessa automaticamente:

I – por morte do filho, do enteado ou do menor tutelado, a contar do mês seguinte ao do óbito; *(Redação dada pelo Decreto 10.410/2020)*

II – quando o filho, o enteado ou o menor tutelado completar quatorze anos de idade, exceto se inválido, a contar do mês seguinte ao da data do aniversário; *(Redação dada pelo Decreto 10.410/2020)*

III – pela recuperação da capacidade do filho, do enteado ou do menor tutelado inválido, a contar do mês seguinte ao da cessação da incapacidade; ou *(Redação dada pelo Decreto 10.410/2020)*

IV – pelo desemprego do segurado.

Art. 89. Para efeito de concessão e manutenção do salário-família, o segurado firmará termo de responsabilidade, no qual se comprometerá a comunicar à empresa, ao empregador doméstico ou ao INSS, conforme o caso, qualquer fato ou circunstância que determine a perda do direito ao benefício e ficará sujeito, em caso de descumprimento, às sanções penais e trabalhistas. *(Redação dada pelo Decreto 10.410/2020)*

Art. 90. A falta de comunicação oportuna de fato que implique cessação do salário-família e a prática, pelo segurado, de fraude de qualquer natureza para o seu recebimento autorizam a empresa, o empregador doméstico ou o INSS, conforme o caso, a descontar dos pagamentos de cotas devidas com relação a outros filhos, enteados ou menores tutelados ou, na falta delas, do próprio salário do segurado ou da renda mensal do seu benefício, o valor das cotas indevidamente recebidas, sem prejuízo das sanções penais cabíveis, observado o disposto no § 2º do art. 154. *(Redação dada pelo Decreto 10.410/2020)*

Art. 91. O empregado, inclusive o doméstico, ou o trabalhador avulso deve dar quitação à empresa ou ao empregador doméstico de cada recebimento mensal do salário-família, na própria folha de pagamento ou por outra forma admitida, de modo que a quitação fique claramente caracterizada. *(Redação dada pelo Decreto 10.410/2020)*

Art. 92. As cotas do salário-família não serão incorporadas, para qualquer efeito, ao salário ou ao benefício.

SUBSEÇÃO VII
DO SALÁRIO-MATERNIDADE

Art. 93. O salário-maternidade é devido à segurada da previdência social, durante cento e vinte dias, com início vinte e oito dias antes e término noventa e um dias depois do parto, podendo ser prorrogado na forma prevista no § 3º. (*Caput* do artigo com redação dada pelo Decreto nº 4.862, de 21/10/2003)

- *ADI 6.327: O STF, por unanimidade, conheceu da ação direta de inconstitucionalidade como arguição de descumprimento de preceito fundamental e, ratificando a medida cautelar, julgou procedente o pedido formulado para conferir interpretação conforme à Constituição ao art. 93 do Decreto n. 3.048/99, de modo a se considerar como termo inicial da licença-maternidade e do respectivo salário-maternidade a alta hospitalar do recém-nascido e/ou de sua mãe, o que ocorrer por último, prorrogando-se em todo o período o benefício, quando o período de internação exceder as duas semanas previstas no art. 392, § 2º, da CLT, e no art. 93, § 3º, do Decreto n. 3.048/99, nos termos do voto do Relator. (DJE 07.11.2022)*

§ 1º Para a segurada empregada, inclusive a doméstica, observar-se-á, no que couber, as situações e condições previstas na legislação trabalhista relativas à proteção à maternidade.

§ 2º Será devido o salário-maternidade à segurada especial, desde que comprove o exercício de atividade rural nos últimos dez meses imediatamente anteriores à data do parto ou do requerimento do benefício, quando requerido antes do parto, mesmo que de forma descontínua, aplicando-se, quando for o caso, o disposto no parágrafo único do art. 29. (Parágrafo com redação dada pelo Decreto nº 5.545, de 22/9/2005)

§ 3º Em casos excepcionais, os períodos de repouso anterior e posterior ao parto podem ser aumentados de mais duas semanas, por meio de atestado médico específico submetido à avaliação medico-pericial. *(Redação dada pelo Decreto 10.410/2020)*

§ 4º Em caso de parto antecipado ou não, a segurada tem direito aos cento e vinte dias previstos neste artigo.

§ 5º Em caso de aborto não criminoso, comprovado mediante atestado médico, a segurada terá direito ao salário-maternidade correspondente a duas semanas. (Parágrafo com redação dada pelo Decreto nº 3.668, de 22/11/2000)

§ 6º (Revogado pelo Decreto nº 4.032, de 26/11/2001)

Art. 93-A. O salário-maternidade é devido ao segurado ou à segurada da previdência social que adotar ou obtiver guarda judicial, para fins de adoção de criança de até doze anos de idade, pelo período de cento e vinte dias. *(Redação dada pelo Decreto 10.410/2020)*

I a III – *(Revogados pelo Decreto 10.410/2020)*

§ 1º O salário-maternidade é devido ao segurado ou à segurada independentemente de a mãe biológica ter recebido o mesmo benefício quando do nascimento da criança. *(Redação dada pelo Decreto 10.410/2020)*

§ 2º O salário-maternidade não é devido quando o termo de guarda não contiver a observação de que é para fins de adoção ou só contiver o nome do cônjuge ou companheiro. (Parágrafo acrescido pelo Decreto nº 4.729, de 9/6/2003)

§ 3º Para a concessão do salário-maternidade é indispensável: *(Redação dada pelo Decreto 10.410/2020)*

I – que conste da nova certidão de nascimento da criança o nome do segurado ou da segurada adotante; ou *(Acrescido pelo Decreto 10.410/2020)*

II – no caso do termo de guarda para fins de adoção, que conste o nome do segurado ou da segurada guardião. *(Acrescido pelo Decreto 10.410/2020)*

§ 4º Na hipótese de haver adoção ou guarda judicial para adoção de mais de uma criança, será devido somente um salário-maternidade, observado o disposto no art. 98. *(Redação dada pelo Decreto 10.410/2020)*

§ 5º A renda mensal do salário-maternidade é calculada na forma do disposto nos arts. 94, 100 ou 101, de acordo com a forma de contribuição da segurada à Previdência Social. (Parágrafo acrescido pelo Decreto nº 4.729, de 9/6/2003)

§ 6º O salário-maternidade de que trata este artigo é pago diretamente pela previdência social. (Parágrafo acrescido pelo Decreto nº 4.862, de 21/10/2003)

§ 7º Ressalvadas as hipóteses de pagamento de salário-maternidade à mãe biológica e de pagamento ao cônjuge ou companheiro sobrevivente, nos termos do disposto no art. 93-B, não poderá ser concedido salário-maternidade a mais de um segurado ou segurada em decorrência do mesmo processo de adoção ou guarda, ainda que o cônjuge ou companheiro esteja vinculado a regime próprio de previdência social. *(Acrescido pelo Decreto 10.410/2020)*

Art. 93-B. No caso de óbito do segurado ou da segurada que fazia jus ao recebimento do salário-maternidade, o benefício será pago, pelo tempo restante a que o segurado ou a segurada teria direito ou por todo o período, ao cônjuge ou companheiro sobrevivente que tenha a qualidade de segurado, exceto no caso de óbito do filho ou de seu abandono. *(Acrescido pelo Decreto 10.410/2020)*

§ 1º O pagamento do benefício nos termos do disposto no *caput* deverá ser requerido até o último dia do prazo previsto para o término do salário-maternidade originário.

§ 2º Os requerimentos de salário-maternidade efetuados após a data prevista no § 1º serão indeferidos.

§ 3º O benefício de que trata o *caput* será pago diretamente pela previdência social durante o período entre a data do óbito e o último dia do término do salário-maternidade originário e corresponderá:

I – à remuneração integral, para o empregado e o trabalhador avulso, observado o disposto no art. 248 da Constituição e no art. 19-E;

II – ao último salário de contribuição, para o empregado doméstico, observado o disposto no art. 19-E;

III – a um doze avos da soma dos doze últimos salários de contribuição, apurados em período não superior a quinze meses, para o contribuinte individual, o facultativo ou o desempregado que mantenha a qualidade de segurado, nos termos do disposto no art. 13; e

IV – ao valor do salário-mínimo, para o segurado especial que não contribua facultativamente.

§ 4º Aplica-se o disposto neste artigo ao segurado ou à segurada que adotar ou obtiver guarda judicial para fins de adoção.

Art. 93-C. A percepção do salário-maternidade, inclusive nos termos do disposto no art. 93-B, está condicionada ao afastamento do trabalho ou da atividade desempenhada pelo segurado ou pela segurada, sob pena de suspensão do benefício. *(Acrescido pelo Decreto 10.410/2020)*

Art. 94. O salário-maternidade para a segurada empregada consiste numa renda mensal igual à sua remuneração integral e será pago pela empresa, efetivando-se a compensação, observado o disposto no art. 248 da Constituição, quando do recolhimento das contribuições incidentes sobre a folha de salários e demais rendimentos pagos ou creditados, a qualquer título, à pessoa física que lhe preste serviço, devendo aplicar-se à renda mensal do benefício o disposto no art. 198. (*Caput* do artigo com redação dada pelo Decreto nº 4.862, de 21/10/2003)

§ 1º (Revogado pelo Decreto nº 3.265, de 29/11/1999)

§ 2º (Revogado pelo Decreto nº 3.265, de 29/11/1999)

§ 3º A empregada deve dar quitação à empresa dos recolhimentos mensais do salário-maternidade na própria folha de pagamento ou por outra forma admitida, de modo que a quitação fique plena e claramente caracterizada. (Parágrafo acrescido pelo Decreto nº 4.862, de 21/10/2003)

§ 4º A empresa deve conservar, durante o prazo decadencial de que trata o art. 348, comprovantes dos pagamentos e atestados ou das certidões correspondentes para exame pela fiscalização. *(Redação dada pelo Decreto 10.410/2020)*

Art. 95. Compete à interessada instruir o requerimento do salário-maternidade com os atestados médicos necessários.

Parágrafo único. Quando o benefício for requerido após o parto, o documento comprobatório é a Certidão de Nascimento, podendo, no caso de dúvida, a segurada ser submetida à avaliação pericial junto ao Instituto Nacional do Seguro Social. (Artigo com redação dada pelo Decreto nº 3.668, de 22/11/2000)

Art. 96. O início do afastamento do trabalho da segurada empregada, inclusive da doméstica, será determinado com base em atestado médico ou certidão de nascimento do filho. *(Redação dada pelo Decreto 10.410/2020)*

§ 1º (Revogado pelo Decreto nº 4.729, de 9/6/2003)

§ 2º (Revogado pelo Decreto nº 4.729, de 9/6/2003)

Art. 97. O salário-maternidade da segurada empregada será devido pela previdência social enquanto existir relação de emprego, observadas as regras quanto ao pagamento desse benefício pela empresa. (*Caput* do artigo com redação dada pelo Decreto nº 6.122, de 13/6/2007)

Parágrafo único. Durante o período de graça a que se refere o art. 13, a segurada desempregada fará jus ao recebimento do salário-maternidade, situação em que o benefício será pago diretamente pela previdência social. *(Redação dada pelo Decreto 10.410/2020)*

Art. 98. A segurada que exerça atividades concomitantes fará jus ao saláriomaternidade relativo a cada atividade para a qual tenha cumprido os requisitos exigidos, observadas as seguintes condições: *(Redação dada pelo Decreto 10.410/2020)*

I – na hipótese de uma ou mais atividades ter remuneração ou salário de contribuição inferior ao salário-mínimo mensal, o benefício somente será devido se o somatório dos valores auferidos em todas as atividades for igual ou superior a um salário-mínimo mensal; *(Acrescido pelo Decreto 10.410/2020)*

II – o salário-maternidade relativo a uma ou mais atividades poderá ser inferior ao salário-mínimo mensal; e *(Acrescido pelo Decreto 10.410/2020)*

III – o valor global do salário-maternidade, consideradas todas as atividades, não poderá ser inferior ao salário-mínimo mensal. *(Acrescido pelo Decreto 10.410/2020)*

Art. 99. Nos meses de início e término do salário-maternidade da segurada empregada, inclusive da doméstica, o salário-maternidade será proporcional aos dias de afastamento do trabalho. *(Redação dada pelo Decreto 10.410/2020)*

Art. 100. O salário-maternidade da segurada trabalhadora avulsa, pago diretamente pela previdência social, consiste em renda mensal igual à sua remuneração integral, observado o disposto no art. 19-E, hipótese em que se aplica à renda mensal do benefício o disposto no art. 198. *(Redação dada pelo Decreto 10.410/2020)*

Art. 100-A. O salário-maternidade devido à empregada do MEI, de que trata o § 26 do art. 9º, será pago diretamente pela previdência social, e o valor da contribuição previdenciária será deduzido da renda mensal do benefício, nos termos do disposto no art. 198. *(Acrescido pelo Decreto 10.410/2020)*

Parágrafo único. Caberá ao MEI recolher a contribuição previdenciária a seu cargo durante a percepção do salário-maternidade pela segurada a seu serviço.

Art. 100-B. O salário-maternidade devido à empregada intermitente será pago diretamente pela previdência social, observado o disposto no art. 19-E, e o valor da contribuição previdenciária será deduzido da renda mensal do benefício, nos termos do disposto no art. 198, e não será aplicado o disposto no art. 94. *(Acrescido pelo Decreto 10.410/2020)*

§ 1º O salário-maternidade de que trata este artigo consiste na média aritmética simples das remunerações apuradas no período referente aos doze meses que antecederem o parto, a adoção ou a obtenção da guarda para fins de adoção.

§ 2º Na hipótese de empregos intermitentes concomitantes, a média aritmética a que se refere o § 1º será calculada em relação a todos os empregos e será pago somente um salário-maternidade.

§ 3º A contribuição previdenciária a cargo da empresa terá como base de cálculo a soma das remunerações pagas no período de doze meses anteriores à data de início do salário-maternidade, dividida pelo número de meses em que houve remuneração.

Art. 100-C. O salário-maternidade devido à empregada com jornada parcial cujo salário de contribuição seja inferior ao seu limite mínimo mensal, observado o disposto no art. 19-E, será pago diretamente pela previdência social, e o valor da contribuição previdenciária deverá ser deduzido da renda mensal do benefício, nos termos do disposto no art. 198. *(Acrescido pelo Decreto 10.410/2020)*

§ 1º Na hipótese de empregos parciais concomitantes, se o somatório dos rendimentos auferidos em todos os empregos for igual ou superior ao limite mínimo mensal do salário de contribuição, o salário-maternidade será pago pelas empresas, observado o disposto no inciso II do *caput* do art. 98.

§ 2º Para fins do disposto no § 1º, a empresa que pagar remuneração inferior ao limite mínimo mensal do salário de contribuição deverá exigir da empregada cópia dos comprovantes de pagamento efetuado pelas demais empresas.

§ 3º Cabe à empresa recolher a contribuição previdenciária a seu cargo durante a percepção do salário-maternidade pela segurada a seu serviço, mesmo na hipótese de o benefício ser pago pela previdência social.

§ 4º A contribuição a que se refere o § 3º terá como base de cálculo a remuneração integral que a empresa pagava à empregada antes da percepção do salário-maternidade.

§ 5º Na hipótese prevista no *caput*, o valor do salário-maternidade será de um salário-mínimo.

§ 6º A empresa deverá conservar, durante o prazo decadencial de que trata o art. 348, os comprovantes de pagamento a que se refere o § 2º, para exame pela fiscalização.

Art. 101. O salário-maternidade, observado o disposto nos art. 35, art. 198, art. 199, art. 199-A ou art. 200, pago diretamente pela previdência social, consistirá: *(Redação dada pelo Decreto 10.410/2020)*

I – no valor correspondente ao do último salário de contribuição, para a segurada empregada doméstica, observado o disposto no art. 19-E; *(Redação dada pelo Decreto 10.410/2020)*

II – em um salário mínimo, para a segurada especial; (Inciso com redação dada pelo Decreto nº 3.265, de 29/11/1999)

III – em um doze avos da soma dos doze últimos salários de contribuição, observado o disposto no art. 19-E, apurados em período não superior a quinze meses, para as seguradas contribuinte individual e facultativa e para a desempregada que mantenha a qualidade de segurada na forma prevista no art. 13. *(Redação dada pelo Decreto 10.410/2020)*

§ 1º (Revogado pelo Decreto nº 3.265, de 29/11/1999)

§ 2º (Revogado pelo Decreto nº 3.265, de 29/11/1999)

§ 3º O documento comprobatório para requerimento do salário-maternidade da segurada que mantenha esta qualidade é a certidão de nascimento do filho, exceto nos casos de aborto espontâneo, quando deverá ser apresentado atestado médico, e no de adoção ou guarda para fins de adoção, casos em que serão observadas as regras do art. 93-A, devendo o evento gerador do benefício ocorrer, em qualquer hipótese, dentro do período previsto no art. 13. (Parágrafo acrescido pelo Decreto nº 6.122, de 13/6/2007)

Art. 102. O salário-maternidade não pode ser acumulado com benefício por incapacidade.

Parágrafo único. Quando ocorrer incapacidade em concomitância com o período de pagamento do salário-maternidade, o benefício por incapacidade, conforme o caso, deverá ser suspenso enquanto perdurar o referido pagamento, ou terá sua data de início adiada para o primeiro dia seguinte ao término do período de cento e vinte dias.

Art. 103. A segurada aposentada que retornar à atividade fará jus ao pagamento do salário-maternidade, de acordo com o disposto no art. 93.

SUBSEÇÃO VIII
DO AUXÍLIO-ACIDENTE

Art. 104. O auxílio-acidente será concedido, como indenização, ao segurado empregado, inclusive o doméstico, ao trabalhador avulso e ao segurado especial quando, após a consolidação das lesões decorrentes de acidente de qualquer natureza, resultar sequela definitiva que, a exemplo das situações discriminadas no Anexo III, implique redução da capacidade para o trabalho que habitualmente exercia. *(Redação dada pelo Decreto 10.410/2020)*

I a III – *(Revogados pelo Decreto 10.410/2020)*

§ 1º O auxílio-acidente mensal corresponderá a cinquenta por cento do salário de benefício que deu origem ao auxílio-doença do segurado, corrigido até o mês anterior ao do início do auxílio-acidente e será devido até a véspera de início de qualquer aposentadoria ou até a data do óbito do segurado.

§ 2º O auxílio-acidente será devido a partir do dia seguinte ao da cessação do auxílio por incapacidade temporária, independentemente de qualquer remuneração ou rendimento auferido pelo acidentado, vedada a sua acumulação com qualquer aposentadoria. *(Redação dada pelo Decreto 10.410/2020)*

§ 3º O recebimento de salário ou concessão de outro benefício, exceto de aposentadoria, não prejudicará a continuidade do recebimento do auxílio-acidente.

§ 4º Não dará ensejo ao benefício a que se refere este artigo o caso:

I – que apresente danos funcionais ou redução da capacidade funcional sem repercussão na capacidade laborativa; e

II – de mudança de função, mediante readaptação profissional promovida pela empresa, como medida preventiva, em decorrência de inadequação do local de trabalho.

§ 5º A perda da audição, em qualquer grau, somente proporcionará a concessão do auxílio-acidente quando, além do reconhecimento do nexo entre o trabalho e o agravo, resultar, comprovadamente, na redução ou perda da capacidade para o trabalho que o segurado habitualmente exercia. (Parágrafo com redação dada pelo Decreto nº 6.939, de 18/8/2009)

§ 6º No caso de reabertura de auxílio por incapacidade temporária por acidente de qualquer natureza que tenha dado origem a auxílio-acidente, este será suspenso até a cessação do auxílio por incapacidade temporária reaberto, quando será reativado. *(Redação dada pelo Decreto 10.410/2020)*

§ 7º Cabe a concessão de auxílio-acidente oriundo de acidente de qualquer natureza ocorrido durante o período de manutenção da qualidade de segurado, desde que atendidas às condições inerentes à espécie. (Parágrafo com redação dada pelo Decreto nº 6.722, de 30/12/2008)

§ 8º Para fins do disposto no *caput* considerar-se-á a atividade exercida na data do acidente. (Parágrafo acrescido pelo Decreto nº 4.729, de 9/6/2003)

SUBSEÇÃO IX
DA PENSÃO POR MORTE

Art. 105. A pensão por morte será devida ao conjunto dos dependentes do segurado que falecer, aposentado ou não, a contar da data:

I – do óbito, quando requerida em até cento e oitenta dias após o óbito, para os filhos menores de dezesseis anos, ou quando requerida no prazo de noventa dias, para os demais dependentes; *(Redação dada pelo Decreto 10.410/2020)*

II – do requerimento, quando requerida após o prazo previsto no inciso I; ou

III – da decisão judicial, no caso de morte presumida.

§ 1º No caso do disposto no inciso II, a data de início do benefício será a data do óbito, aplicados os devidos reajustamentos até a data de início do pagamento, não sendo devida qualquer importância relativa ao período anterior à data de entrada do requerimento. (Parágrafo com redação dada pelo Decreto nº 5.545, de 22/9/2005)

§ 2º (Revogado pelo Decreto nº 5.545, de 22/9/2005)

§ 3º O exercício de atividade remunerada, inclusive na condição de MEI, não impede a concessão ou a manutenção da parte individual da pensão do dependente com deficiência intelectual, mental ou grave. *(Acrescido pelo Decreto 10.410/2020)*

§ 4º Perde o direito à pensão por morte o condenado criminalmente por sentença transitada em julgado, como autor, coautor ou partícipe de homicídio doloso, ou de tentativa desse crime, cometido contra a pessoa do segurado, ressalvados os absolutamente incapazes e os inimputáveis. *(Acrescido pelo Decreto 10.410/2020)*

§ 5º Perde o direito à pensão por morte o cônjuge ou o companheiro ou a companheira se comprovada, a qualquer tempo, simulação ou fraude no casamento ou na união estável, ou a formalização desses com o fim exclusivo de constituir benefício previdenciário, apurada em processo judicial, assegurados os direitos ao contraditório e à ampla defesa. *(Acrescido pelo Decreto 10.410/2020)*

§ 6º Ajuizada a ação judicial para reconhecimento da condição de dependente, este poderá requerer a sua habilitação provisória ao benefício de pensão por morte, exclusivamente para fins de rateio dos valores com outros dependentes, vedado o pagamento da cota respectiva até o trânsito em julgado da ação, ressalvada a existência de decisão judicial que disponha em sentido contrário. *(Acrescido pelo Decreto 10.410/2020)*

§ 7º Nas ações judiciais em que o INSS for parte, este poderá proceder, de ofício, à habilitação excepcional da pensão objeto da ação apenas para efeitos de rateio, descontados os valores referentes à habilitação das demais cotas, vedado o pagamento da respectiva cota até o trânsito em julgado da ação, ressalvada a existência de decisão judicial que disponha em sentido contrário. *(Acrescido pelo Decreto 10.410/2020)*

§ 8º Julgada improcedente a ação a que se referem os § 6º e § 7º, o valor retido para pagamento ao autor será corrigido pelos índices legais de reajustamento e será pago de forma proporcional aos demais dependentes, de acordo com as suas cotas e o tempo de duração de seus benefícios. *(Acrescido pelo Decreto 10.410/2020)*

§ 9º Fica assegurada ao INSS a cobrança dos valores indevidamente pagos em decorrência da habilitação a que se referem os § 6º e § 7º. *(Acrescido pelo Decreto 10.410/2020)*

Art. 106. A pensão por morte consiste em renda mensal equivalente a uma cota familiar de cinquenta por cento do valor da aposentadoria recebida pelo segurado ou daquela a que teria direito se fosse aposentado por incapacidade permanente na data do óbito, acrescida de cotas de dez pontos percentuais por dependente, até o máximo de cem por cento. *(Redação dada pelo Decreto 10.410/2020)*

§ 1º O valor da pensão por morte, no caso de morte de segurado recluso que tenha contribuído para a previdência social durante o período de reclusão, será calculado de modo a considerar o tempo de contribuição adicional e os correspondentes salários de contribuição. *(Acrescido pelo Decreto 10.410/2020)*

§ 2º Na hipótese de haver dependente inválido ou com deficiência intelectual, mental ou grave, o valor da pensão por morte será equivalente a cem por cento do valor da aposentadoria recebida pelo segurado ou daquela a que teria direito se fosse aposentado por incapacidade permanente na data do óbito, até o limite máximo do salário de benefício do RGPS, observado o disposto no § 1º do art. 113. *(Acrescido pelo Decreto 10.410/2020)*

§ 3º O valor da pensão será recalculado na forma do disposto no *caput*, quando: *(Acrescido pelo Decreto 10.410/2020)*

I – a invalidez ou deficiência intelectual, mental ou grave sobrevier à data do óbito, enquanto estiver mantida a qualidade de dependente; ou

II – deixar de haver dependente inválido ou com deficiência intelectual, mental ou grave.

Art. 107. A concessão da pensão por morte não será protelada pela falta de habilitação de outro possível dependente, e qualquer habilitação posterior que importe em exclusão ou inclusão de dependente somente produzirá efeito a contar da data da habilitação.

Art. 108. A pensão por morte será devida ao filho, ao enteado, ao menor tutelado e ao irmão, desde que comprovada a dependência econômica dos três últimos, que sejam inválidos ou que tenham deficiência intelectual, mental ou grave, cuja invalidez ou deficiência tenha ocorrido antes da data do óbito, observado o disposto no § 1º do art. 17. *(Redação dada pelo Decreto 10.410/2020)*

§ 1º A invalidez será reconhecida pela Perícia Médica Federal e a deficiência, por meio de avaliação biopsicossocial realizada por equipe multiprofissional e interdisciplinar. *(Acrescido pelo Decreto 10.410/2020)*

§ 2º A condição do dependente inválido ou com deficiência intelectual, mental ou grave poderá ser reconhecida previamente ao óbito do segurado e, quando necessário, ser reavaliada quando da concessão do benefício. *(Acrescido pelo Decreto 10.410/2020)*

Art. 109. O pensionista inválido fica obrigado, sob pena de suspensão do benefício, a submeter-se a exame médico a cargo da Perícia Médica Federal, processo de reabilitação profissional a cargo do INSS e tratamento dispensado gratuitamente, exceto o cirúrgico e a transfusão de sangue, que são facultativos. *(Redação dada pelo Decreto 10.410/2020)*

§ 1º O pensionista inválido que não tenha retornado à atividade estará isento do exame de que trata o *caput* a partir dos sessenta anos de idade. *(Acrescido pelo Decreto 10.410/2020)*

§ 2º A isenção de que trata o § 1º não se aplica quando o exame tiver a finalidade de: *(Acrescido pelo Decreto 10.410/2020)*

I – verificar a recuperação da capacidade de trabalho, em razão de solicitação do pensionista que se julgar apto; e

II – subsidiar autoridade judiciária na concessão de curatela, nos termos do disposto no art. 162.

§ 3º O pensionista inválido, ainda que tenha implementado a condição de que trata o § 1º, será submetido ao exame médico-pericial de que trata este artigo quando necessário para apuração de fraude. *(Acrescido pelo Decreto 10.410/2020)*

Art. 110. O cônjuge ausente somente fará jus ao benefício a partir da data de sua habilitação e mediante prova de dependência econômica, não excluindo do direito a companheira ou o companheiro.

Art. 111. O cônjuge divorciado ou separado judicialmente ou de fato, que recebia pensão de alimentos, receberá a pensão em igualdade de condições com os demais dependentes referidos no inciso I do art. 16.

Parágrafo único. Na hipótese de o segurado estar, na data do seu óbito, obrigado por determinação judicial a pagar alimentos temporários a ex-cônjuge ou a ex-companheiro ou ex-companheira, a pensão por morte será devida pelo prazo remanescente na data do óbito, caso não incida outra hipótese de cancelamento anterior do benefício. *(Acrescido pelo Decreto 10.410/2020)*

Art. 112. A pensão poderá ser concedida, em caráter provisório, por morte presumida:

I – mediante sentença declaratória de ausência, expedida por autoridade judiciária, a contar da data de sua emissão; ou

II – em caso de desaparecimento do segurado por motivo de catástrofe, acidente ou desastre, a contar da data da ocorrência, mediante prova hábil.

Parágrafo único. Verificado o reaparecimento do segurado, o pagamento da pensão cessa imediatamente, ficando os dependentes desobrigados da reposição dos valores recebidos, salvo má-fé.

Art. 113. A pensão por morte, havendo mais de um pensionista, será rateada entre todos, em partes iguais.

§ 1º Na hipótese prevista no § 2º do art. 106, enquanto o dependente inválido ou com deficiência intelectual, mental ou grave mantiver essa condição, independentemente do número de dependentes habilitados ao benefício, o valor da pensão será rateado entre todos os dependentes em partes iguais. *(Acrescido pelo Decreto 10.410/2020)*

§ 2º Na hipótese de deixar de haver dependente inválido ou com deficiência intelectual, mental ou grave, o valor da pensão será recalculado na forma prevista no *caput* do art. 106 e rateado de acordo com o disposto no *caput*. *(Acrescido pelo Decreto 10.410/2020)*

§ 3º As cotas por dependente cessarão com a perda dessa qualidade e não serão reversíveis aos demais dependentes, preservado o valor de cem por cento da pensão por morte quando o número de dependentes remanescentes for igual ou superior a cinco. *(Acrescido pelo Decreto 10.410/2020)*

Art. 114. O pagamento da cota individual da pensão por morte cessa:

I – pela morte do pensionista;

II – para o filho, o enteado, o menor tutelado ou o irmão, de ambos os sexos, ao completar vinte e um anos de idade, exceto se o pensionista for inválido ou tiver deficiência intelectual, mental ou grave; *(Redação dada pelo Decreto 10.410/2020)*

III – para o filho, o enteado, o menor tutelado ou o irmão inválido, pela cessação da invalidez; *(Redação dada pelo Decreto 10.410/2020)*

III-A - para o filho, o enteado, o menor tutelado ou o irmão que tenha deficiência intelectual, mental ou grave, pelo afastamento da deficiência; *(Acrescido pelo Decreto 10.410/2020)*

IV – pela adoção, para o filho adotado que receba pensão por morte dos pais biológicos. (Inciso acrescido pelo Decreto nº 5.545, de 22/9/2005)

V – para o cônjuge ou o companheiro ou a companheira: *(Acrescido pelo Decreto 10.410/2020)*

a) se inválido ou com deficiência, pela cessação da invalidez ou pelo afastamento da deficiência, respeitados os períodos mínimos decorrentes da aplicação do disposto nas alíneas "b" e "c";

b) em quatro meses, se o óbito ocorrer sem que o segurado tenha vertido dezoito contribuições mensais ou se o casamento ou a união estável tiver sido iniciado a menos de dois anos antes do óbito do segurado; ou

c) transcorridos os seguintes períodos, estabelecidos de acordo com a idade do beneficiário na data de óbito do segurado, se o óbito ocorrer depois de vertidas dezoito contribuições mensais e de, no mínimo, dois anos de casamento ou união estável:

1. três anos, com menos de vinte e um anos de idade;
2. seis anos, entre vinte e um e vinte e seis anos de idade;
3. dez anos, entre vinte e sete e vinte e nove anos de idade;
4. quinze anos, entre trinta e quarenta anos de idade;
5. vinte anos, entre quarenta e um e quarenta e três anos de idade; ou
6. vitalícia, com quarenta e quatro ou mais anos de idade;

VI – pela perda do direito na forma do disposto nos § 4º e § 5º do art. 105; e *(Acrescido pelo Decreto 10.410/2020)*

VII – pelo decurso do prazo remanescente na data do óbito estabelecido na determinação judicial para recebimento de pensão de alimentos temporários para o ex-cônjuge ou o ex-companheiro ou a ex-companheira, caso não incida outra hipótese de cancelamento anterior do benefício. *(Acrescido pelo Decreto 10.410/2020)*

§ 1º Com a extinção da cota do último pensionista, a pensão por morte será encerrada. (Parágrafo único renumerado pelo Decreto nº 5.545, de 22/9/2005)

§ 2º Não se aplica o disposto no inciso IV do *caput* quando o cônjuge ou companheiro adota o filho do outro. (Parágrafo acrescido pelo Decreto nº 5.545, de 22/9/2005)

§ 3º Serão aplicados, conforme o caso, o disposto na alínea "a" ou na alínea "c" do inciso V do *caput* se o óbito do segurado decorrer de acidente de qualquer natureza ou de doença profissional ou do trabalho, independentemente do recolhimento de dezoito contribuições mensais ou da comprovação de dois anos de casamento ou de união estável. *(Acrescido pelo Decreto 10.410/2020)*

§ 4º O tempo de contribuição para regime próprio de previdência social, utilizado na forma prevista no art. 125, será considerado na contagem das dezoito contribuições mensais de que tratam as alíneas "b" e "c" do inciso V do *caput*. *(Acrescido pelo Decreto 10.410/2020)*

§ 5º Na hipótese de haver fundados indícios de autoria, coautoria ou participação de dependente, ressalvados os absolutamente incapazes e os inimputáveis, em homicídio, ou em tentativa desse crime, cometido contra a pessoa do segurado, será possível a suspensão provisória de sua parte no benefício de pensão por morte, por meio de processo administrativo próprio, respeitados os direitos à ampla defesa e ao contraditório, e, na hipótese de absolvição, serão devidas as parcelas corrigidas desde a data da suspensão e a reativação imediata do benefício. *(Acrescido pelo Decreto 10.410/2020)*

§ 6º Para os fins do disposto na alínea "c" do inciso V do *caput*, após o transcurso de, no mínimo, três anos e desde que nesse período se verifique o incremento mínimo de um ano inteiro na média nacional única, para ambos os sexos, correspondente à expectativa de sobrevida da população brasileira ao nascer, poderão ser estabelecidos, em números inteiros, novas idades, em ato do Ministro de Estado da Economia, limitado o acréscimo à comparação com as idades anteriores ao referido incremento. *(Acrescido pelo Decreto 10.410/2020)*

Art. 115. A cota do filho, do enteado, do menor tutelado ou do irmão dependente que se tornar inválido ou pessoa com deficiência intelectual, mental ou grave antes de completar vinte e um anos de idade não será extinta se confirmada a invalidez ou a deficiência nos termos do disposto no § 1º do art. 108. *(Redação dada pelo Decreto 10.410/2020)*

SUBSEÇÃO X
DO AUXÍLIO-RECLUSÃO

Art. 116. O auxílio-reclusão, cumprida a carência prevista no inciso IV do *caput* do art. 29, será devido, nas condições da pensão por morte, aos dependentes do segurado de baixa renda recolhido à prisão em regime fechado que não receber remuneração da empresa nem estiver em gozo de auxílio por incapacidade temporária, de pensão por morte, de salário-maternidade, de aposentadoria ou de abono de permanência em serviço. *(Redação dada pelo Decreto 10.410/2020)*

- *Valores e alíquotas sujeitos a atualização por meio de ato do Ministério ou Órgão competente.*

§ 1º Para fins de concessão do benefício de que trata este artigo, considera-se segurado de baixa renda aquele que tenha renda bruta mensal igual ou inferior a R$ 1.425,56 (um mil quatrocentos e vinte e cinco reais e cinquenta e seis centavos), corrigidos pelos mesmos índices de reajuste aplicados aos benefícios do RGPS, calculada com base na média aritmética simples dos salários de contribuição apurados no período dos doze meses anteriores ao mês do recolhimento à prisão. *(Redação dada pelo Decreto 10.410/2020)*

§ 2º O requerimento do auxílio-reclusão será instruído com certidão judicial que ateste o recolhimento efetivo à prisão e será obrigatória a apresentação de prova de permanência na condição de presidiário para a manutenção do benefício. *(Redação dada pelo Decreto 10.410/2020)*

§ 2º-A. O INSS celebrará convênios com os órgãos públicos responsáveis pelo cadastro dos presos para obter informações sobre o recolhimento à prisão. *(Acrescido pelo Decreto 10.410/2020)*

§ 2º-B. A certidão judicial e a prova de permanência na condição de presidiário serão substituídas pelo acesso à base de dados, por meio eletrônico, a ser disponibilizada pelo Conselho Nacional de Justiça, com dados cadastrais que assegurem a identificação plena do segurado e da sua condição de presidiário. *(Acrescido pelo Decreto 10.410/2020)*

§ 3º Aplicam-se ao auxílio-reclusão as normas referentes à pensão por morte e, no caso de qualificação de cônjuge ou companheiro ou companheira após a prisão do segurado, o benefício será devido a partir da data de habilitação, desde que comprovada a preexistência da dependência econômica. *(Redação dada pelo Decreto 10.410/2020)*

§ 4º A data de início do benefício será: *(Redação dada pelo Decreto 10.410/2020)*

I – a do efetivo recolhimento do segurado à prisão, se o benefício for requerido no prazo de cento e oitenta dias, para os filhos menores de dezesseis anos, ou de noventa dias, para os demais dependentes; ou *(Acrescido pelo Decreto 10.410/2020)*

II – a do requerimento, se o benefício for requerido após os prazos a que se refere o inciso I. *(Acrescido pelo Decreto 10.410/2020)*

§ 5º O auxílio-reclusão será devido somente durante o período em que o segurado estiver recolhido à prisão sob regime fechado. *(Redação dada pelo Decreto 10.410/2020)*

§ 6º O exercício de atividade remunerada iniciado após a prisão do segurado recluso em cumprimento de pena em regime fechado não acarreta a perda do direito ao recebimento do auxílio-reclusão para os seus dependentes. *(Redação dada pelo Decreto 10.410/2020)*

Art. 117. O valor do auxílio-reclusão será apurado na forma estabelecida para o cálculo da pensão por morte, não poderá exceder o valor de um salário-mínimo e será mantido enquanto o segurado permanecer em regime fechado. *(Redação dada pelo Decreto 10.410/2020)*

§ 1º Até que o acesso à base de dados a que se refere o § 2º-B do art. 116 seja disponibilizado pelo Conselho Nacional de Justiça, o beneficiário apresentará trimestralmente atestado de que o segurado continua em regime fechado, que deverá ser firmado pela autoridade competente. *(Redação dada pelo Decreto 10.410/2020)*

§ 2º No caso de fuga, o benefício será suspenso e, se houver recaptura do segurado, será restabelecido a contar da data em que esta ocorrer, desde que esteja ainda mantida a qualidade de segurado.

§ 3º Se houver exercício de atividade dentro do período de fuga, o mesmo será considerado para a verificação da perda ou não da qualidade de segurado.

Art. 118. Na hipótese de óbito do segurado recluso, o auxílio-reclusão que estiver sendo pago será cessado e será concedida a pensão por morte em conformidade com o disposto nos art. 105 ao art. 115. *(Redação dada pelo Decreto 10.410/2020)*

Parágrafo único. Não havendo concessão de auxílio-reclusão, em razão da não comprovação da baixa renda, será devida pensão por morte aos dependentes se o óbito do segurado tiver ocorrido no prazo previsto no inciso IV do *caput* do art. 13. *(Redação dada pelo Decreto 10.410/2020)*

Art. 119. É vedada a concessão do auxílio-reclusão após a soltura do segurado.

SUBSEÇÃO XI
DO ABONO ANUAL

Art. 120. Será devido abono anual ao segurado e ao dependente que, durante o ano, receberam auxílio por incapacidade temporária, auxílio-acidente, aposentadoria, salário-maternidade, pensão por morte ou auxílio-reclusão. *(Redação dada pelo Decreto 10.410/2020)*

§ 1º O abono anual será calculado, no que couber, da mesma forma que a gratificação natalina dos trabalhadores e terá por base o valor da renda mensal do benefício do mês de dezembro de cada ano e o seu pagamento será efetuado em duas parcelas, da seguinte forma: *(Redação dada pelo Decreto 10.410/2020, em vigor em 1º de janeiro de 2021)*

I – a primeira parcela corresponderá a até cinquenta por cento do valor do benefício devido no mês de agosto e será paga juntamente com os benefícios dessa competência; e *(Acrescido pelo Decreto 10.410/2020, em vigor em 1º de janeiro de 2021)*

II – a segunda parcela corresponderá à diferença entre o valor total do abono anual e o valor da primeira parcela e será paga juntamente com os benefícios da competência de novembro. *(Acrescido pelo Decreto 10.410/2020, em vigor em 1º de janeiro de 2021)*

§ 2º O valor do abono anual correspondente ao período de duração do salário-maternidade será pago, em cada exercício, juntamente com a última parcela do benefício nele devida. (Parágrafo acrescido pelo Decreto nº 4.032, de 26/11/2001)

CAPÍTULO III
DO RECONHECIMENTO DA FILIAÇÃO

SEÇÃO ÚNICA
DO RECONHECIMENTO DO TEMPO DE CONTRIBUIÇÃO – (REDAÇÃO DADA PELO DECRETO 10.410/2020)

Art. 121. Reconhecimento do tempo de contribuição é o direito de o segurado ter reconhecido, em qualquer época, o tempo de exercício de atividade anteriormente abrangida pela previdência social, observado o disposto no art. 122. *(Redação dada pelo Decreto 10.410/2020)*

SUBSEÇÃO I
DA INDENIZAÇÃO

Art. 122. O reconhecimento do tempo de contribuição no período em que o exercício de atividade remunerada não exigia filiação obrigatória à previdência social somente será feito por meio de indenização das contribuições relativas ao respectivo período, conforme o disposto no § 7º e nos § 9º ao § 14 do art. 216 e nos § 8º e § 8º-A do art. 239. *(Redação dada pelo Decreto 10.410/2020)*

§ 1º O valor a ser indenizado poderá ser objeto de parcelamento por solicitação do segurado à Secretaria Especial da Receita Federal do Brasil do Ministério da Economia, observado o disposto no § 1º do art. 128. *(Redação dada pelo Decreto 10.410/2020)*

§ 2º *(Revogado pelo Decreto 10.410/2020)*

Art. 123. Para fins de contagem recíproca, o tempo de serviço prestado pelo trabalhador rural anteriormente à competência novembro de 1991 somente será reconhecido por meio da indenização de que trata o § 13 do art. 216, observado o disposto nos § 8º e § 8º-A do art. 239. *(Redação dada pelo Decreto 10.410/2020)*

Parágrafo único. *(Revogado pelo Decreto 10.410/2020)*

SUBSEÇÃO II

DA RETROAÇÃO DA DATA DO INÍCIO DAS – CONTRIBUIÇÕES

Art. 124. Caso o segurado contribuinte individual manifeste interesse em recolher contribuições relativas a período anterior à sua inscrição, a retroação da data do início das contribuições será autorizada, desde que comprovado o exercício de atividade remunerada no respectivo período, observado o disposto no § 7º e nos § 9º ao § 14 do art. 216 e nos § 8º e § 8º-A do art. 239. *(Redação dada pelo Decreto 10.410/2020)*

Parágrafo único. O valor do débito poderá ser objeto de parcelamento desde que solicitado pelo segurado à Secretaria Especial da Receita Federal do Brasil do Ministério da Economia. *(Redação dada pelo Decreto 10.410/2020)*

CAPÍTULO IV
DA CONTAGEM RECÍPROCA DE TEMPO DE CONTRIBUIÇÃO

Art. 125. Para efeito de contagem recíproca, hipótese em que os diferentes sistemas de previdência social ou proteção social se compensarão financeiramente, fica assegurado: *(Redação dada pelo Decreto 10.410/2020)*

I – o cômputo do tempo de contribuição na administração pública e de serviço militar exercido nas atividades de que tratam os art. 42, art. 142 e art. 143 da Constituição, para fins de concessão de benefícios previstos no RGPS, inclusive de aposentadoria em decorrência de tratado, convenção ou acordo internacional; e *(Redação dada pelo Decreto 10.410/2020)*

II – para fins de emissão de certidão de tempo de contribuição, pelo INSS, para utilização no serviço público ou para inativação militar, o cômputo do tempo de contribuição na atividade privada, rural e urbana, observado o disposto nos § 4º e § 4º-A deste artigo, no art. 123, no § 13 do art. 216 e nos § 8º e § 8º-A do art. 239. *(Redação dada pelo Decreto 10.410/2020)*

§ 1º Para os fins deste artigo, é vedada: (Redação dada pelo Decreto nº 8.145, de 2013)

I – conversão do tempo de contribuição exercido em atividade sujeita à condições especiais, nos termos do disposto no art. 66; *(Redação dada pelo Decreto 10.410/2020)*

II – conversão do tempo cumprido pelo segurado com deficiência, reconhecida na forma do art. 70-D, em tempo de contribuição comum; e (Redação dada pelo Decreto nº 8.145, de 2013)

III – a contagem de qualquer tempo de serviço fictício. (Redação dada pelo Decreto nº 8.145, de 2013)

§ 2º Admite-se a aplicação da contagem recíproca de tempo de contribuição no âmbito dos tratados, convenções ou acordos internacionais de previdência social. (Parágrafo com nova redação dada pelo Decreto nº 6.042, de 12/2/2007))

§ 3º É permitida a emissão de certidão de tempo de contribuição para períodos de contribuição posteriores à data da aposentadoria no RGPS, observado o disposto no art. 19-E. *(Redação dada pelo Decreto 10.410/2020)*

§ 4º Para efeito de contagem recíproca, o período em que os segurados contribuinte individual e facultativo tiverem contribuído na forma prevista no art. 199-A só será computado se forem complementadas as contribuições na forma prevista no § 2º do referido artigo. *(Redação dada pelo Decreto 10.410/2020)*

§ 4º-A. Para efeito de contagem recíproca, a partir de 14 de novembro de 2019, somente serão consideradas as competências cujos salários de contribuição tenham valor igual ou superior ao limite mínimo mensal do salário de contribuição para o RGPS, observado o disposto no art. 19-E. *(Acrescido pelo Decreto 10.410/2020)*

§ 5º A certidão referente ao tempo de contribuição com deficiência deverá identificar os períodos com deficiência e seus graus. (Incluído pelo Decreto nº 8.145, de 2013)

Art. 126. O segurado terá direito de computar, para fins de concessão dos benefícios do Regime Geral de Previdência Social, o tempo de contribuição na administração pública federal direta, autárquica e fundacional. (*Caput* do artigo com redação dada pelo Decreto nº 3.112, de 6/7/1999)

Parágrafo único. Poderá ser contado o tempo de contribuição na administração pública direta, autárquica e fundacional dos Estados, do Distrito Federal e dos Municípios, desde que estes assegurem aos seus servidores, mediante legislação própria, a contagem de tempo de contribuição em atividade vinculada ao Regime Geral de Previdência Social.

Art. 127. O tempo de contribuição de que trata este Capítulo será contado de acordo com a legislação pertinente, observadas as seguintes normas:

I – não será admitida a contagem em dobro ou em outras condições especiais;

II – é vedada a contagem de tempo de contribuição no serviço público com o de contribuição na atividade privada, quando concomitantes;

III – não será contado por um regime o tempo de contribuição utilizado para concessão de aposentadoria por outro regime;

IV – o tempo de contribuição anterior ou posterior à obrigatoriedade de filiação à previdência social só será contado por meio de indenização da contribuição correspondente ao período respectivo, com acréscimo de juros moratórios de cinco décimos por cento ao mês, capitalizados anualmente, e multa de dez por cento, observado o disposto nos § 8º e § 8º-A do art. 239; *(Redação dada pelo Decreto 10.410/2020)*

V – é vedada a emissão de certidão de tempo de contribuição com o registro exclusivo de tempo de serviço sem a comprovação de contribuição efetiva, exceto para segurado empregado, empregado doméstico, trabalhador avulso e, a partir de 1º de abril de 2003, para o contribuinte individual que preste serviço a empresa obrigada a arrecadar a contribuição a seu cargo, observado o disposto no art. 5º da Lei nº 10.666, de 2003; *(Redação dada pelo Decreto 10.410/2020)*

VI – para ex-servidor público, a certidão de tempo de contribuição somente poderá ser emitida por regime próprio de previdência social; *(Acrescido pelo Decreto 10.410/2020)*

VII – é vedada a contagem recíproca de tempo de contribuição do RGPS por regime próprio de previdência social sem a emissão da certidão de tempo de contribuição correspondente, ainda que o tempo de contribuição referente ao RGPS tenha sido prestado pelo servidor público ao próprio ente instituidor; *(Acrescido pelo Decreto 10.410/2020)*

VIII – é vedada a desaverbação de tempo em regime próprio de previdência social quando o tempo averbado tiver gerado a concessão de vantagens remuneratórias ao servidor público em atividade; e *(Acrescido pelo Decreto 10.410/2020)*

IX – para fins de elegibilidade às aposentadorias especiais referidas no § 4º do art. 40 e no § 1º do art. 201 da Constituição, os períodos reconhecidos pelo regime previdenciário de origem como de tempo especial sem conversão em tempo comum deverão estar incluídos nos períodos de contribuição compreendidos na certidão de tempo de contribuição e discriminados de data a data. *(Acrescido pelo Decreto 10.410/2020)*

Parágrafo único. O disposto no inciso V do *caput* não se aplica ao tempo de serviço anterior à edição da Emenda Constitucional nº 20, de 15 de dezembro de 1998, que tenha sido equiparado por lei a tempo de contribuição. *(Acrescido pelo Decreto 10.410/2020)*

Art. 128. A certidão de tempo de contribuição anterior ou posterior à filiação obrigatória à previdência social somente será expedida mediante a observância do disposto nos arts. 122 e 124.

§ 1º A certidão de tempo de contribuição, para fins de averbação do tempo em outros regimes de previdências, somente será expedida pelo Instituto Nacional de Seguro Social após a comprovação da quitação de todos os valores devidos, inclusive de eventuais parcelamentos de débitos.

§ 2º (Revogado pelo Decreto nº 3.265, de 29/11/1999)

§ 3º A certidão de tempo de contribuição referente a período de atividade rural anterior à competência novembro de 1991 somente será emitida por meio da comprovação do recolhimento das contribuições correspondentes ou da indenização, na forma prevista nos § 13 e § 14 do art. 216, observado o disposto nos § 8º e § 8º-A do art. 239. *(Redação dada pelo Decreto 10.410/2020)*

Art. 129. O segurado em gozo de auxílio-acidente, auxílio-suplementar ou abono de permanência em serviço terá o benefício encerrado na data da emissão da certidão de tempo de contribuição. (Artigo com redação dada pelo Decreto nº 4.729, de 9/6/2003)

Art. 130. O tempo de contribuição para regime próprio de previdência social ou para Regime Geral de Previdência Social deve ser provado com certidão fornecida: (*Caput* do artigo com redação dada pelo Decreto nº 6.722, de 30/12/2008)

I – pela unidade gestora do regime próprio de previdência social ou pelo setor competente da administração federal, estadual, do Distrito Federal e municipal, suas autarquias e fundações, desde que devidamente homologada pela unidade gestora do regime próprio, relativamente ao tempo de contribuição para o respectivo regime próprio de previdência social; ou (Inciso com redação dada pelo Decreto nº 6.722, de 30/12/2008)

II – pelo setor competente do Instituto Nacional do Seguro Social, relativamente ao tempo de contribuição para o Regime Geral de Previdência Social. (Inciso com redação dada pelo Decreto nº 3.668, de 22/11/2000)

§ 1º O setor competente do INSS promoverá o levantamento do tempo de contribuição ao RGPS, com base na documentação apresentada, observado o disposto no art. 19. *(Redação dada pelo Decreto 10.410/2020)*

§ 2º O setor competente do órgão federal, estadual, do Distrito Federal ou municipal deverá promover o levantamento do tempo de contribuição para o respectivo regime próprio de previdência social à vista dos assentamentos funcionais.

§ 3º Após as providências de que tratam os §§ 1º e 2º, e observado, quando for o caso, o disposto no § 9º, os setores competentes deverão emitir certidão de tempo de contribuição, sem rasuras, constando, obrigatoriamente: (*Caput* do parágrafo com redação dada pelo Decreto nº 3.668, de 22/11/2000)

I – órgão expedidor;

II – nome do servidor, seu número de matrícula, RG, CPF, sexo, data de nascimento, filiação, número do PIS ou PASEP, e, quando for o caso, cargo efetivo, lotação, data de admissão e data de exoneração ou emissão; (Inciso com redação dada pelo Decreto nº 6.722, de 30/12/2008)

III – período de contribuição, de data a data, compreendido na certidão;

IV – fonte de informação;

V – discriminação da frequência durante o período abrangido pela certidão, indicadas as várias alterações, tais como faltas, licenças, suspensões e outras ocorrências;

VI – soma do tempo líquido;

VII – declaração expressa do servidor responsável pela certidão, indicando o tempo líquido de efetiva contribuição em dias, ou anos, meses e dias;

VIII – assinatura do responsável pela certidão e do dirigente do órgão expedidor e, no caso de ser emitida por outro órgão da administração do ente federativo, homologação da unidade gestora do regime próprio de previdência social; (Inciso com redação dada pelo Decreto nº 6.722, de 30/12/2008)

IX – indicação da lei que assegure, aos servidores do Estado, do Distrito Federal ou do Município, aposentadorias por invalidez, idade, tempo de contribuição e compulsória, e pensão por morte, com aproveitamento de tempo de contribuição prestado em atividade vinculada ao Regime Geral de Previdência Social.

§ 4º A certidão de tempo de contribuição deverá ser expedida em duas vias, das quais a primeira será fornecida ao interessado, mediante recibo passado na segunda via, implicando sua concordância quanto ao tempo certificado.

§§ 5º e 6º (Revogados pelo Decreto 6.722, de 30/12/2013).

§ 7º Quando solicitado pelo segurado que exerce cargos constitucionalmente acumuláveis, é permitida a emissão de certidão única com destinação do tempo de contribuição para, no máximo, dois órgãos distintos.

§ 8º Na situação do parágrafo anterior, a certidão de tempo de contribuição deverá ser expedida em três vias, das quais a primeira e a segunda serão fornecidas ao interessado, mediante recibo passado na terceira via, implicando sua concordância quanto ao tempo certificado.

§ 9º A certidão só poderá ser fornecida para os períodos de efetiva contribuição para o Regime Geral de Previdência Social, devendo ser excluídos aqueles para os quais não tenha havido contribuição, salvo se recolhida na forma dos §§ 7º a 14 do art. 216. (Parágrafo acrescido pelo Decreto nº 3.668, de 22/11/2000)

§ 10. Poderá ser emitida, por solicitação do segurado, certidão de tempo de contribuição para período fracionado. (Parágrafo acrescido pelo Decreto nº 3.668, de 22/11/2000)

§ 11. Na hipótese do parágrafo anterior, a certidão conterá informação de todo o tempo de contribuição ao Regime Geral de Previdência Social e a indicação dos períodos a serem aproveitados no regime próprio de previdência social. (Parágrafo acrescido pelo Decreto nº 3.668, de 22/11/2000)

§ 12. É vedada a contagem de tempo de contribuição de atividade privada com a do serviço público ou de mais de uma atividade no serviço público, quando concomitantes, ressalvados os casos de acumulação de cargos ou empregos públicos admitidos pela Constituição. (Parágrafo acrescido pelo Decreto nº 3.668, de 22/11/2000 e com nova redação dada pelo Decreto nº 6.722, de 30/12/2008)

§ 13. Em hipótese alguma será expedida certidão de tempo de contribuição para período que já tiver sido utilizado para a concessão de aposentadoria, em qualquer regime de previdência social. (Parágrafo acrescido pelo Decreto nº 3.668, de 22/11/2000)

§ 14. A certidão de que trata o § 3º deverá vir acompanhada de relação dos valores das remunerações, por competência, que serão utilizados para fins de cálculo dos proventos da aposentadoria. (Parágrafo acrescido pelo Decreto nº 6.722, de 30/12/2008)

§ 15. O tempo de serviço considerado para efeito de aposentadoria e cumprido até 15 de dezembro de 1998 será contado como tempo de contribuição. (Parágrafo acrescido pelo Decreto nº 6.722, de 30/12/2008)

§ 16. Caberá revisão da certidão de tempo de contribuição, inclusive de ofício, quando constatado erro material, vedada à destinação da certidão a órgão diverso daquele a que se destinava originariamente. (Parágrafo acrescido pelo Decreto nº 6.722, de 30/12/2008)

Art. 131. Concedido o benefício, caberá:

I – ao Instituto Nacional do Seguro Social comunicar o fato ao órgão público emitente da certidão, para as anotações nos registros funcionais e/ou na segunda via da certidão de tempo de contribuição; e

II – ao órgão público comunicar o fato ao Instituto Nacional do Seguro Social, para efetuar os registros cabíveis.

Art. 132. O tempo de contribuição na administração pública federal, estadual, distrital ou municipal de que trata este Capítulo será considerado para efeito do percentual de acréscimo previsto no inciso I do *caput* do art. 44, no art. 53, no § 1º do art. 54, no art. 67, no inciso II do *caput* do art. 70-J, no § 3º do art. 188-H, no 4º do art. 188-I, no § 3º do art. 188-J, no § 4º do art. 188-M, no § 3º do art. 188- N e no § 3º do art. 188-P. *(Redação dada pelo Decreto 10.410/2020)*

Art. 133. O tempo de contribuição certificado na forma deste Capítulo produz, no Instituto Nacional do Seguro Social e nos órgãos ou autarquias federais, estaduais, do Distrito Federal ou municipais, todos os efeitos previstos na respectiva legislação pertinente.

Art. 134. As aposentadorias e demais benefícios resultantes da contagem de tempo de contribuição na forma deste Capítulo serão concedidos e pagos pelo regime a que o interessado pertencer ao requerê-los e o seu valor será calculado na forma da legislação pertinente.

Art. 135. (Revogado pelo Decreto nº 5.545, de 22/9/2005)

CAPÍTULO V
DA HABILITAÇÃO E DA REABILITAÇÃO PROFISSIONAL

Art. 136. A assistência (re)educativa e de (re)adaptação profissional, instituída sob a denominação genérica de habilitação e reabilitação profissional, visa proporcionar aos beneficiários, incapacitados parcial ou totalmente para o trabalho, em caráter obrigatório, independentemente de carência, e às pessoas portadoras de deficiência, os meios indicados para proporcionar o reingresso no mercado de trabalho e no contexto em que vivem.

§ 1º Cabe ao Instituto Nacional do Seguro Social promover a prestação de que trata este artigo aos segurados, inclusive aposentados, e, de acordo com as possibilidades administrativas, técnicas, financeiras e as condições locais do órgão, aos seus dependentes, preferencialmente mediante a contratação de serviços especializados.

§ 2º As pessoas portadoras de deficiência serão atendidas mediante celebração de convênio de cooperação técnico-financeira.

Art. 137. O processo de habilitação e de reabilitação profissional do beneficiário será desenvolvido por meio das funções básicas de:

I – avaliação do potencial laborativo; (Inciso com redação dada pelo Decreto nº 3.668, de 22/11/2000)

II – orientação e acompanhamento da programação profissional;

III – articulação com a comunidade, inclusive mediante a celebração de convênio para reabilitação física restrita a segurados que cumpriram os pressupostos de elegibilidade ao programa de reabilitação profissional, com vistas ao reingresso no mercado de trabalho; e (Inciso com redação dada pelo Decreto nº 4.729, de 9/6/2003)

IV – acompanhamento e pesquisa da fixação no mercado de trabalho.

§ 1º A execução das funções de que trata o *caput* será realizada, preferencialmente, por meio do trabalho de equipe multiprofissional especializada, sempre que possível, na localidade do domicílio do beneficiário, ressalvadas as situações excepcionais em que ele tenha direito à reabilitação profissional fora dela. *(Redação dada pelo Decreto 10.410/2020)*

§ 1º-A. A avaliação da elegibilidade do segurado para encaminhamento à reabilitação profissional, a reavaliação da incapacidade de segurados em programa de reabilitação profissional e a prescrição de órteses, próteses e meios auxiliares de locomoção e acessórios serão realizadas pela Perícia Médica Federal. *(Acrescido pelo Decreto 10.410/2020)*

§ 2º Quando indispensáveis ao desenvolvimento do processo de reabilitação profissional, o Instituto Nacional do Seguro Social fornecerá aos segurados, inclusive aposentados, em caráter obrigatório, prótese e órtese, seu reparo ou substituição, instrumentos de auxílio para locomoção, bem como equipamentos necessários à habilitação e à reabilitação profissional, transporte urbano e alimentação e, na medida das possibilidades do Instituto, aos seus dependentes.

§ 3º No caso das pessoas portadoras de deficiência, a concessão dos recursos materiais referidos no parágrafo anterior ficará condicionada à celebração de convênio de cooperação técnico-financeira.

§ 4º O Instituto Nacional do Seguro Social não reembolsará as despesas realizadas com a aquisição de órtese ou prótese e outros recursos materiais não prescritos ou não autorizados por suas unidades de reabilitação profissional.

Art. 138. Cabe à unidade de reabilitação profissional encaminhar para avaliação médico-pericial a ocorrência de que trata o § 2º do art. 337. *(Redação dada pelo Decreto 10.410/2020)*

Art. 139. A programação profissional será desenvolvida mediante cursos e/ou treinamentos, na comunidade, por meio de contratos, acordos e convênios com instituições e empresas públicas ou privadas, na forma do art. 317.

§ 1º O treinamento do reabilitando, quando realizado em empresa, não estabelece qualquer vínculo empregatício ou funcional entre o reabilitando e a empresa, bem como entre estes e o Instituto Nacional do Seguro Social.

§ 2º Compete ao reabilitando, além de acatar e cumprir as normas estabelecidas nos contratos, acordos ou convênios, pautar-se no regulamento daquelas organizações.

Art. 140. Concluído o processo de reabilitação profissional, o Instituto Nacional do Seguro Social emitirá certificado individual indicando a função para a qual o reabilitando foi capacitado profissionalmente, sem prejuízo do exercício de outra para a qual se julgue capacitado.

§ 1º Não constitui obrigação da previdência social a manutenção do segurado no mesmo emprego ou a sua colocação em outro para o qual foi reabilitado, cessando o processo de reabilitação profissional com a emissão de certificado a que se refere o *caput*.

§ 2º Cabe à previdência social a articulação com a comunidade, com vistas ao levantamento da oferta do mercado de trabalho, ao direcionamento da programação profissional e à possibilidade de reingresso do reabilitando no mercado formal.

§ 3º O acompanhamento e a pesquisa de que trata o inciso IV do art. 137 é obrigatório e tem como finalidade a comprovação da efetividade do processo de reabilitação profissional.

Art. 141. A empresa com cem ou mais empregados está obrigada a preencher de dois por cento a cinco por cento de seus cargos com beneficiários reabilitados ou pessoas portadoras de deficiência, habilitadas, na seguinte proporção:

I – até duzentos empregados, dois por cento;

II – de duzentos e um a quinhentos empregados, três por cento;

III – de quinhentos e um a mil empregados, quatro por cento; ou

IV – mais de mil empregados, cinco por cento.

§ 1º A dispensa de pessoa com deficiência ou de beneficiário reabilitado pela previdência social ao final de contrato por prazo determinado de mais de noventa dias e a dispensa imotivada em contrato por prazo indeterminado somente poderão ocorrer após a contratação de outro trabalhador com deficiência ou beneficiário reabilitado pela previdência social. *(Redação dada pelo Decreto 10.410/2020)*

§ 2º (Revogado pelo Decreto nº 3.298, de 20/12/1999)

§ 3º À Secretaria Especial de Previdência e Trabalho do Ministério da Economia compete estabelecer a sistemática de fiscalização e gerar dados e estatísticas sobre o total de empregados e as vagas preenchidas por pessoas com deficiência e por beneficiários reabilitados pela previdência social, além de fornecê-los, quando solicitados, aos sindicatos, às entidades representativas dos empregados ou aos cidadãos interessados. *(Acrescido pelo Decreto 10.410/2020)*

§ 4º Para a reserva de cargos será considerada somente a contratação direta de pessoa com deficiência, excluído o aprendiz com deficiência de que trata a Consolidação das Leis do Trabalho, aprovada pelo Decreto-Lei nº 5.452, de 1943. *(Acrescido pelo Decreto 10.410/2020)*

CAPÍTULO VI
DA JUSTIFICAÇÃO ADMINISTRATIVA

Art. 142. A justificação administrativa constitui meio para suprir a falta ou a insuficiência de documento ou para produzir prova de fato ou circunstância de interesse dos beneficiários perante a previdência social. *(Redação dada pelo Decreto 10.410/2020)*

§ 1º Não será admitida a justificação administrativa quando o fato a comprovar exigir registro público de casamento, de idade ou de óbito, ou de qualquer ato jurídico para o qual a lei prescreva forma especial.

§ 2º A justificação administrativa é parte do processo de atualização de dados do CNIS ou de reconhecimento de direitos, vedada a sua tramitação na condição de processo autônomo. *(Redação dada pelo Decreto 10.410/2020)*

§ 3º Quando a concessão do benefício depender de documento ou de prova de ato ao qual o segurado não tenha acesso, exceto quanto a registro público ou início de prova material, a justificação administrativa será oportunizada, observado o disposto no art. 151. *(Acrescido pelo Decreto 10.410/2020)*

§ 4º A prova material somente terá validade para a pessoa referida no documento, vedada a sua utilização por outras pessoas. *(Acrescido pelo Decreto 10.410/2020)*

Art. 143. A justificação administrativa ou judicial, para fins de comprovação de tempo de contribuição, dependência econômica, identidade e relação de parentesco, somente produzirá efeito quando for baseada em início de prova material contemporânea dos fatos e não serão admitidas as provas exclusivamente testemunhais. *(Redação dada pelo Decreto 10.410/2020)*

§ 1º Será dispensado o início de prova material quando houver ocorrência de motivo de força maior ou de caso fortuito. *(Redação dada pelo Decreto 10.410/2020)*

§ 2º Caracteriza motivo de força maior ou caso fortuito a verificação de ocorrência notória, tais como incêndio, inundação ou desmoronamento, que tenha atingido a empresa na qual o segurado alegue ter trabalhado, devendo ser comprovada mediante registro da ocorrência policial feito em época própria ou apresentação de documentos contemporâneos dos fatos, e verificada a correlação entre a atividade da empresa e a profissão do segurado.

§ 3º Se a empresa não estiver mais em atividade, deverá o interessado juntar prova oficial de sua existência no período que pretende comprovar.

§ 4º No caso dos segurados empregado doméstico e contribuinte individual, após a homologação do processo, este deverá ser encaminhado ao setor competente de arrecadação para levantamento e cobrança do crédito. (Parágrafo com redação dada pelo Decreto nº 3.265, de 29/11/1999)

Art. 144. A homologação da justificação judicial processada com base em prova exclusivamente testemunhal dispensa a justificação administrativa, desde que complementada com início de prova material contemporânea dos fatos. *(Redação dada pelo Decreto 10.410/2020)*

Parágrafo único. A inclusão, a exclusão, a ratificação e a retificação de vínculos, remunerações e contribuições, ainda que reconhecidos em ação trabalhista transitada em julgado, dependerão da existência de início de prova material contemporânea dos fatos. *(Acrescido pelo Decreto 10.410/2020)*

Art. 145. Para o processamento de justificação administrativa, o interessado deverá apresentar requerimento no qual exponha, clara e minuciosamente, os pontos que pretende justificar, além de indicar testemunhas idôneas, em número não inferior a dois nem superior a seis, cujos depoimentos possam levar à convicção da veracidade do que se pretende comprovar. *(Redação dada pelo Decreto 10.410/2020)*

Parágrafo único. As testemunhas, no dia e no horário marcados, serão inquiridas a respeito dos pontos que forem objeto da justificação de que trata o *caput*. *(Redação dada pelo Decreto 10.410/2020)*

Art. 146. Não podem ser testemunhas:

I e II – *(Revogados pelo Decreto 10.410/2020)*

III – os menores de dezesseis anos; e

IV – o cônjuge, o companheiro ou a companheira, os ascendentes, os descendentes e os colaterais, até o terceiro grau, por consanguinidade ou afinidade. *(Redação dada pelo Decreto 10.410/2020)*

Parágrafo único. A pessoa com deficiência poderá testemunhar em igualdade de condições com as demais pessoas e lhe serão assegurados todos os recursos de tecnologia assistiva. *(Acrescido pelo Decreto 10.410/2020)*

Art. 147. Não caberá recurso da decisão da autoridade competente do Instituto Nacional do Seguro Social que considerar eficaz ou ineficaz a justificação administrativa.

Art. 148. A justificação administrativa será avaliada globalmente quanto à forma e ao mérito, valendo perante o Instituto Nacional do Seguro Social para os fins especificamente visados, caso considerada eficaz.

Art. 149. A justificação administrativa será processada sem ônus para o interessado e nos termos das instruções do Instituto Nacional do Seguro Social.

Art. 150. Aos autores de declarações falsas, prestadas em justificações processadas perante a previdência social, serão aplicadas as penas previstas no art. 299 do Código Penal.

Art. 151. Somente será admitido o processamento de justificação administrativa quando necessário para corroborar o início de prova material apto a demonstrar a plausibilidade do que se pretende comprovar. *(Redação dada pelo Decreto 10.410/2020)*

CAPÍTULO VII
DAS DISPOSIÇÕES DIVERSAS RELATIVAS ÀS PRESTAÇÕES DO REGIME GERAL DE PREVIDÊNCIA SOCIAL

Art. 152. Nenhum benefício ou serviço da previdência social poderá ser criado, majorado ou estendido, sem a correspondente fonte de custeio total.

Art. 153. O benefício concedido a segurado ou dependente não pode ser objeto de penhora, arresto ou sequestro, sendo nula de pleno direito a sua venda ou cessão, ou a constituição de qualquer ônus sobre ele, bem como a outorga de poderes irrevogáveis ou em causa própria para seu recebimento, ressalvado o disposto no art. 154.

Art. 153-A. A concessão de aposentadoria requerida a partir de 14 de novembro de 2019 com utilização de tempo de contribuição decorrente de cargo, emprego ou função pública acarretará o rompimento do vínculo que gerou o referido tempo de contribuição. *(Acrescido pelo Decreto 10.410/2020)*

Parágrafo único. Para fins do disposto no *caput*, após a consolidação da aposentadoria, nos termos do disposto no art. 181-B, o INSS notificará a empresa responsável sobre a aposentadoria do segurado e constarão da notificação as datas de concessão e de início do benefício.

Art. 154. O Instituto Nacional do Seguro Social pode descontar da renda mensal do benefício:

I – contribuições devidas pelo segurado à previdência social;

II – pagamento administrativo ou judicial de benefício previdenciário ou assistencial indevido, ou além do devido, inclusive na hipótese de cessação do benefício pela revogação de decisão judici-al, em valor que não exceda trinta por cento da importância da renda mensal do benefício, nos termos do disposto neste Regulamento; *(Redação dada pelo Decreto 10.410/2020)*

III – imposto de renda na fonte;

IV – alimentos decorrentes de sentença judicial; e

V – mensalidades de associações e de demais entidades de aposentados ou pensionistas legalmente reconhecidas, constituídas e em funcionamento, desde que autorizadas por seus filiados, observado o disposto nos § 1º ao § 1º-I; e *(Redação dada pelo Decreto 10.537/2020)*

VI – pagamento de empréstimos, financiamentos, cartões de crédito e operações de arrendamento mercantil concedidos por instituições financeiras e sociedades de arrendamento mercantil ou por entidades fechadas ou abertas de previdência complementar, públicas e privadas, quando expressamente autorizado pelo beneficiário, até o limite de trinta e cinco por cento do valor do benefício, dos quais cinco por cento serão destinados exclusivamente para: *(Redação dada pelo Decreto 10.410/2020)*

a) amortização de despesas contraídas por meio de cartão de crédito; ou

b) utilização com a finalidade de saque por meio do cartão de crédito.

§ 1º O INSS estabelecerá requisitos adicionais para a efetivação dos descontos de que trata este artigo, observados critérios de conveniência administrativa, segurança das operações, interesse dos beneficiários e interesse público. *(Redação dada pelo Decreto 10.410/2020)*

§ 1º-A. Os benefícios previdenciários, uma vez concedidos, permanecerão bloqueados para os descontos previstos no inciso V do *caput* e somente serão desbloqueados por meio de autoriza-ção prévia, pessoal e específica por parte do beneficiário, conforme critérios e requisitos a serem definidos em ato do INSS. *(Acrescido pelo Decreto 10.410/2020)*

§ 1º-B. A autorização do segurado prevista no § 1º-A deverá, sob pena de os descontos serem excluídos automaticamente, ser revalidada a cada três anos, a partir de 31 de dezembro de 2021, segundo critérios e requisitos a serem definidos em ato do INSS. *(Acrescido pelo Decreto 10.410/2020)*

§ 1º-C. A autorização do segurado de que trata o inciso V do *caput* poderá ser revogada, a qual-quer tempo, pelo próprio beneficiário. *(Acrescido pelo Decreto 10.410/2020)*

§ 1º-D. Considera-se associação ou entidade de aposentados ou pensionistas aquela formada por: *(Redação dada pelo Decreto 10.537/2020)*

I – aposentados ou pensionistas, com objetivos inerentes a essas categorias; ou

II – pessoas de categoria profissional específica, cujo estatuto as preveja como associados ativos e inativos, e que tenha dentre os seus objetivos a representação de aposentados ou pensionistas.

§ 1º-E. Considera-se mensalidade de associações e de demais entidades de aposentados ou pensionistas a contribuição associativa, devida exclusivamente em razão da condição de associado, em decorrência de previsão estatutária ou definição pelas assembleias gerais, a qual não admite descontos de taxas extras, contribuições especiais, retribuição por serviços ou pacotes de serviços específicos, prêmios de seguros, empréstimos nem qualquer outro tipo de desconto, sujeita ao limite máximo de desconto estabelecido em ato do Presidente do INSS. *(Redação dada pelo Decreto 10.537/2020)*

§ 1º-F. O INSS avaliará periodicamente a quantidade de reclamações de beneficiários, ações judiciais, processos de órgãos de controle e impacto em sua rede de atendimento, dentre outros elementos relacionados ao acordo de cooperação técnica celebrado, para fins do disposto no inciso V do *caput*, e poderá rescindir o referido acordo unilateralmente, a depender da quantidade de irregularidades identificadas. *(Redação dada pelo Decreto 10.537/2020)*

§ 1º-G. Para fins de repasse do desconto efetuado pelo INSS, as entidades referidas no inciso V do *caput* deverão estar em situação regular perante as Fazendas nacional, estadual, distrital e municipal, a previdência social, FGTS, o Sistema Integrado de Administração Financeira do Governo Federal – Siafi, o Sistema de Cadastramento Unificado de Fornecedores – Sicaf e o Cadastro Informativo de Créditos não Quitados do Setor Público Federal – Cadin. *(Acrescido pelo Decreto 10.410/2020)*

§ 1º-H. Na hipótese de entidade confederativa que representa instituições a ela vinculadas, as exigências de que tratam os § 1º-D e § 1º-G deverão ser atendidas pela instituição que celebrar o acordo de cooperação técnica. (*Acrescido pelo Decreto 10.537/2020)*

§ 1º-I. O INSS deverá ser ressarcido das despesas realizadas em função da implementação e do controle do acordo de cooperação técnica de que trata o § 1º-F pela instituição que o celebrar. (*Acrescido pelo Decreto 10.537/2020)*

§ 2º A restituição de importância recebida indevidamente por beneficiário da previdência social, nos casos comprovados de dolo, fraude ou má-fé, deverá ser atualizada nos moldes do art. 175, e feita de uma só vez ou mediante acordo de parcelamento na forma do art. 244, independentemente de outras penalidades legais. (Parágrafo com redação dada pelo Decreto nº 5.699, de 13/2/2006)

§ 3º Caso o débito seja originário de erro da previdência social, o segurado, usufruindo de benefício regularmente concedido, poderá devolver o valor de forma parcelada, atualizado nos moldes do art. 175, devendo cada parcela corresponder, no máximo, a trinta por cento do valor do benefício em manutenção, e ser descontado em número de meses necessários à liquidação do débito.

§ 4º Se o débito for originário de erro da previdência social e o segurado não usufruir de benefício, o valor deverá ser devolvido, com a correção de que trata o parágrafo anterior, da seguinte forma:

I – no caso de empregado, com a observância do disposto no art. 365; e

II – no caso dos demais beneficiários, será observado:

a) se superior a cinco vezes o valor do benefício suspenso ou cessado, no prazo de sessenta dias, contados da notificação para fazê-lo, sob pena de inscrição em Dívida Ativa; e

b) se inferior a cinco vezes o valor do benefício suspenso ou cessado, no prazo de trinta dias, contados da notificação para fazê-lo, sob pena de inscrição em Dívida Ativa.

§ 5º No caso de revisão de benefícios em que resultar valor superior ao que vinha sendo pago, em razão de erro da previdência social, o valor resultante da diferença verificada entre o pago e o devido será objeto de atualização nos mesmos moldes do art. 175.

§ 6º O INSS disciplinará o desconto e a retenção de valores de benefícios com fundamento no disposto no inciso VI do *caput*, observadas as seguintes condições: *(Redação dada pelo Decreto 10.410/2020)*

I – a habilitação das instituições consignatárias deverá ser definida de maneira objetiva e transparente; (Inciso acrescido pelo Decreto nº 4.862, de 21/10/2003)

II – o desconto somente poderá incidir sobre os benefícios de aposentadoria, qualquer que seja sua espécie, ou de pensão por morte, recebidos pelos seus respectivos titulares; (Inciso acrescido pelo Decreto nº 4.862, de 21/10/2003)

III – a prestação de informações aos titulares de benefícios em manutenção e às instituições consignatárias necessária à realização do desconto deve constar de rotinas próprias; (Inciso acrescido pelo Decreto nº 4.862, de 21/10/2003)

IV – os prazos para o início dos descontos autorizados e para o repasse das prestações às instituições consignatárias devem ser definidos de forma justa e eficiente; (Inciso acrescido pelo Decreto nº 4.862, de 21/10/2003)

V – *(Revogado pelo Decreto 10.410/2020)*

VI – o próprio titular do benefício deverá firmar autorização expressa para o desconto; (Inciso acrescido pelo Decreto nº 4.862, de 21/10/2003)

VII – o valor do desconto não poderá exceder trinta e cinco por cento do valor disponível do benefício, assim entendido o valor do benefício após a dedução das consignações de que tratam os incisos I ao V do *caput*, correspondente à última competência paga, excluídas aquelas que contenham o décimo terceiro salário ou sua parcela, estabelecido no momento da contratação; *(Redação dada pelo Decreto 10.410/2020)*

VIII – o empréstimo poderá ser concedido por qualquer instituição consignatária, independentemente de ser ou não responsável pelo pagamento de benefício; (Inciso acrescido pelo Decreto nº 4.862, de 21/10/2003 e com nova redação dada pelo Decreto nº 5.180, de 13/8/2004)

IX – os beneficiários somente poderão realizar as operações previstas no inciso VI do *caput* se receberem o benefício no Brasil; (Inciso acrescido pelo Decreto nº 4.862, de 21/10/2003 e com nova redação dada pelo Decreto nº 5.180, de 13/8/2004)

X – a retenção recairá somente sobre as parcelas mensais fixas integrais, vedada a administração de eventual saldo devedor; (Inciso acrescido pelo Decreto nº 4.862, de 21/10/2003)

XI – o titular de benefício poderá autorizar mais de um desconto em favor da mesma instituição consignatária, respeitados o limite consignável e a prevalência de retenção em favor dos contratos mais antigos; (Inciso acrescido pelo Decreto nº 4.862, de 21/10/2003)

XII – a eventual modificação no valor do benefício ou das consignações de que tratam os incisos I a V do *caput* que resulte margem consignável inferior ao valor da parcela pactuada, poderá ensejar a reprogramação da retenção, alterando-se o valor e o prazo do desconto, desde que solicitado pela instituição consignatária e sem acréscimo de custos operacionais; e (Inciso acrescido pelo Decreto nº 4.862, de 21/10/2003)

XIII – outras que se fizerem necessárias. (Inciso acrescido pelo Decreto nº 4.862, de 21/10/2003)

§ 7º Na hipótese de coexistência de descontos relacionados nos incisos II e VI do *caput*, prevalecerá o desconto do inciso II. (Parágrafo acrescido pelo Decreto nº 4.862, de 21/10/2003)

§ 7º-A. Os benefícios previdenciários, uma vez concedidos, permanecerão bloqueados para os descontos previstos no inciso VI do *caput* e somente serão desbloqueados por meio de autorização prévia, pessoal e específica por parte do beneficiário, conforme critérios e requisitos a serem definidos em ato do INSS. *(Acrescido pelo Decreto 10.410/2020)*

§ 7º-B. A autorização do segurado de que trata o § 7º-A poderá ser revogada, a qualquer tempo, pelo próprio beneficiário. *(Acrescido pelo Decreto 10.410/2020)*

§ 8º É facultado ao titular do benefício solicitar a substituição da instituição financeira pagadora do benefício por outra, para pagamento de benefício mediante crédito em conta corrente, exceto se já tiver realizado operação com a instituição pagadora na forma do § 9º e enquanto houver saldo devedor em amortização. (Parágrafo acrescido pelo Decreto nº 4.862, de 21/10/2003 e com nova redação dada pelo Decreto nº 5.699, de 13/2/2006)

§ 9º O titular de benefício de aposentadoria, independentemente de sua espécie, ou de pensão por morte concedida pelo RGPS poderá autorizar, de forma irrevogável e irretratável, que a instituição financeira na qual receba o seu benefício retenha valores referentes ao pagamento mensal de empréstimos, financiamentos, cartões de crédito e operações de arrendamento mercantil por ela concedidos, quando previstos em contrato, para fins de amortização, observadas as normas editadas pelo INSS. *(Redação dada pelo Decreto 10.410/2020)*

§ 10. O INSS não responde, em nenhuma hipótese, pelos débitos contratados pelos segurados, restringindo-se sua responsabilidade:

I – à retenção dos valores autorizados pelo beneficiário e seu repasse à instituição consignatária, em relação às operações contratadas na forma do inciso VI do *caput*; e

II – à manutenção dos pagamentos na mesma instituição financeira enquanto houver saldo devedor, desde que seja por ela comunicado, na forma estabelecida pelo INSS, e enquanto não houver retenção superior ao limite de trinta por cento do valor do benefício, em relação às operações contratadas na forma do § 9º. (Parágrafo acrescido pelo Decreto nº 5.699, de 13/2/2006)

§ 11. Serão inscritos em dívida ativa pela Procuradoria-Geral Federal os créditos constituídos pelo INSS em decorrência de benefício previdenciário ou assistencial pago indevidamente ou além do devido, inclusive na hipótese de cessação do benefício pela revogação de decisão judicial, nos termos do disposto na Lei nº 6.830, de 22 de setembro de 1980, para a execução judicial. *(Acrescido pelo Decreto 10.410/2020)*

§ 12. Será objeto de inscrição em dívida ativa, para fins do disposto no § 11, em conjunto ou se-paradamente, o terceiro beneficiado que sabia ou deveria saber da origem do benefício pago indevidamente em razão de fraude, dolo ou coação, desde que devidamente identificado em procedimento administrativo de responsabilização. *(Acrescido pelo Decreto 10.410/2020)*

§ 13. O procedimento administrativo de responsabilização de que trata o § 12 ocorrerá na forma prevista no art. 179 deste Regulamento e no art. 27 do Decreto- Lei nº 4.657, de 4 de setembro de 1942. *(Acrescido pelo Decreto 10.410/2020)*

Art. 154-A. O INSS poderá arredondar, para a unidade de real imediatamente superior, os valores em centavos dos benefícios de prestação continuada pagos mensalmente a seus beneficiários.

Parágrafo único. Os valores recebidos a maior pelo beneficiário serão descontados no pagamento do abono anual ou do último valor do pagamento do benefício, na hipótese de sua cessação. (Artigo acrescido pelo Decreto nº 4.032, de 26/11/2001)

Art. 155. Será fornecido ao beneficiário demonstrativo minucioso das importâncias pagas, discriminando-se o valor da mensalidade, as diferenças eventualmente pagas, com o período a que se referem, e os descontos efetuados.

Art. 156. O benefício será pago diretamente ao beneficiário, salvo em caso de ausência, moléstia contagiosa ou impossibilidade de locomoção, quando será pago a procurador, cujo mandato não terá prazo superior a doze meses, podendo ser renovado ou revalidado pelos setores de benefícios do Instituto Nacional do Seguro Social.

Parágrafo único. O procurador do beneficiário deverá firmar, perante o Instituto Nacional do Seguro Social, termo de responsabilidade mediante o qual se comprometa a comunicar ao Instituto qualquer evento que possa anular a procuração, principalmente o óbito do outorgante, sob pena de incorrer nas sanções criminais cabíveis.

Art. 157. O Instituto Nacional do Seguro Social apenas poderá negar-se a aceitar procuração quando se manifestar indício de inidoneidade do documento ou do mandatário, sem prejuízo, no entanto, das providências que se fizerem necessárias.

Art. 158. Na constituição de procuradores, observar-se-á subsidiariamente o disposto no Código Civil.

§ 1º O dependente excluído na forma prevista no § 9º do art. 16 ou que tenha a parte provisoriamente suspensa na forma prevista no § 5º do art. 114 não poderá representar outro dependente para fins de recebimento e percepção do benefício. *(Acrescido pelo Decreto 10.410/2020)*

§ 2º O dependente que perder o direito à pensão por morte na forma prevista no § 5º do art. 105 não poderá representar outro dependente para fins de percepção do benefício. *(Acrescido pelo Decreto 10.410/2020)*

Art. 159. Somente será aceita a constituição de procurador com mais de uma procuração, ou procurações coletivas, nos casos de representantes credenciados de leprosários, sanatórios, asilos e outros estabelecimentos congêneres, nos casos de parentes de primeiro grau, ou, em outros casos, a critério do Instituto Nacional do Seguro Social.

Art. 160. Não poderão ser procuradores:

I - os servidores públicos civis ativos e os militares ativos, salvo se parentes até o segundo grau; e

II - os incapazes para os atos da vida civil, ressalvado o disposto no art. 666 do Código Civil. (Inciso com redação dada pelo Decreto nº 4.729, de 9/6/2003)

Parágrafo único. Podem outorgar procuração as pessoas maiores ou emancipadas, no gozo dos direitos civis.

Art. 161. O serviço social constitui atividade auxiliar do seguro social e visa prestar ao beneficiário orientação e apoio no que concerne à solução dos problemas pessoais e familiares e à melhoria da sua inter-relação com a previdência social, para a solução de questões referentes a benefícios, bem como, quando necessário, à obtenção de outros recursos sociais da comunidade.

§ 1º Será dada prioridade de atendimento a segurados em benefício por incapacidade temporária e atenção especial a aposentados e pensionistas. (Parágrafo acrescido pelo Decreto nº 6.722, de 30/12/2008)

§ 2º Para assegurar o efetivo atendimento aos beneficiários, poderão ser utilizados mecanismos de intervenção técnica, ajuda material, recursos sociais, intercâmbio com empresas, inclusive mediante celebração de convênios, acordos ou contratos, ou pesquisa social. (Parágrafo acrescido pelo Decreto nº 6.722, de 30/12/2008)

§ 3º O serviço social terá como diretriz a participação do beneficiário na implementação e fortalecimento da política previdenciária, em articulação com associações e entidades de classes. (Parágrafo acrescido pelo Decreto nº 6.722, de 30/12/2008)

§ 4º O serviço social prestará assessoramento técnico aos estados, Distrito Federal e municípios na elaboração de suas respectivas propostas de trabalho relacionadas com a previdência social. (Parágrafo acrescido pelo Decreto nº 6.722, de 30/12/2008)

§ 5º O Ministro de Estado da Previdência Social editará atos complementares para a aplicação do disposto neste artigo. (Parágrafo acrescido pelo Decreto nº 6.722, de 30/12/2008)

Art. 162. O benefício devido ao segurado ou dependente civilmente incapaz será pago ao cônjuge, pai, mãe, tutor ou curador, admitindo-se, na sua falta e por período não superior a seis meses, o pagamento a herdeiro necessário, mediante termo de compromisso firmado no ato do recebimento.

Parágrafo único. *(Revogado pelo Decreto 10.410/2020)*

§ 3º O período a que se refere o *caput* poderá ser prorrogado por iguais períodos, desde que comprovado o andamento regular do processo legal de tutela ou curatela. *(Acrescido pelo Decreto 10.410/2020)*

› *Mantida numeração conforme publicação oficial.*

§ 4º Na hipótese de interdição do beneficiário, para fins de curatela, a autoridade judiciária pode-rá utilizar-se de laudo médico-pericial da Perícia Médica Federal. *(Acrescido pelo Decreto 10.410/2020)*

› *Mantida numeração conforme publicação oficial.*

§ 5º No ato de requerimento de benefícios operacionalizados pelo INSS, não será exigida apre-sentação de termo de curatela de titular ou de beneficiário com deficiência, observados os pro-cedimentos a serem estabelecidos em ato do INSS. *(Acrescido pelo Decreto 10.410/2020)*

› *Mantida numeração conforme publicação oficial.*

Art. 163. O segurado e o dependente, após dezesseis anos de idade, poderão firmar recibo de benefício, independentemente da presença dos pais ou do tutor. (Artigo com redação dada pelo Decreto nº 4.079, de 9/1/2002)

Art. 164. A impressão digital do beneficiário incapaz de assinar, aposta na presença de servidor da previdência social ou representante desta, vale como assinatura para quitação de pagamento de benefício.

Art. 165. O valor não recebido em vida pelo segurado somente será pago aos seus dependentes habilitados à pensão por morte ou, na falta deles, aos seus sucessores na forma da lei civil, independentemente de inventário ou arrolamento.

Art. 166. Os benefícios poderão ser pagos mediante depósito em conta corrente bancária em nome do beneficiário. (*Caput* do artigo com redação dada pelo Decreto nº 4.729, de 9/6/2003)

§ 1º (Revogado pelo Decreto nº 3.265, de 29/11/1999)

§ 2º (Revogado pelo Decreto nº 4.729, de 9/6/2003)

§ 3º Na hipótese da falta de movimentação relativo a saque em conta corrente cujos depósitos sejam decorrentes exclusivamente de pagamento de benefícios, por prazo superior a sessenta dias, os valores dos benefícios remanescentes serão estornados e creditados à Conta Única do Tesouro Nacional, com a identificação de sua origem. (Parágrafo acrescido pelo Decreto nº 4.729, de 9/6/2003)

Art. 167. Exceto na hipótese de direito adquirido, não é permitido o recebimento conjunto dos seguintes benefícios do RGPS, inclusive quando decorrentes de acidente do trabalho: *(Redação dada pelo Decreto 10.410/2020)*

I - aposentadoria com auxílio por incapacidade temporária; *(Redação dada pelo Decreto 10.410/2020)*

II - mais de uma aposentadoria;

III - aposentadoria com abono de permanência em serviço;

IV - salário-maternidade com auxílio por incapacidade temporária; *(Redação dada pelo Decreto 10.410/2020)*

V - mais de um auxílio-acidente;

VI - mais de uma pensão deixada por cônjuge;

VII - mais de uma pensão deixada por companheiro ou companheira;

VIII - mais de uma pensão deixada por cônjuge e companheiro ou companheira; e

IX - auxílio-acidente com qualquer aposentadoria.

§ 1º Nas hipóteses de que tratam os incisos VI, VII e VIII do *caput*, fica facultado ao dependente optar pela pensão mais vantajosa, observado o disposto no art. 167-A. *(Redação dada pelo Decreto 10.410/2020)*

§ 2º É vedado o recebimento conjunto do seguro-desemprego com qualquer benefício de prestação continuada da previdência social, exceto pensão por morte, auxílio-reclusão, auxílio-acidente, auxílio-suplementar ou abono de permanência em serviço.

§ 3º É permitida a acumulação dos benefícios previstos neste Regulamento com o benefício de que trata a Lei nº 7.070, de 20 de dezembro de 1982, que não poderá ser reduzido em razão de eventual aquisição de capacidade laborativa ou de redução de incapacidade para o trabalho ocorrida após a sua concessão.

§ 4º O segurado recluso em regime fechado, durante a percepção, pelos dependentes, do benefício de auxílio-reclusão, não terá o direito aos benefícios de salário-maternidade e de aposentadoria reconhecido, exceto se manifestada a opção pelo benefício mais vantajoso também pelos dependentes. *(Redação dada pelo Decreto 10.410/2020)*

Art. 167-A. Será admitida a acumulação dos seguintes benefícios: *(Acrescido pelo Decreto 10.410/2020)*

I - de pensão por morte deixada por cônjuge ou companheiro do RGPS com pensão por morte concedida por outro regime de previdência social ou com pensões decorrentes das atividades militares de que tratam o art. 42 e o art. 142 da Constituição;

II - de pensão por morte deixada por cônjuge ou companheiro do RGPS com aposentadoria do mesmo regime e de regime próprio de previdência social ou com proventos de inatividade decorrentes das atividades militares de que tratam o art. 42 e o art. 142 da Constituição; ou

III - de aposentadoria concedida no âmbito do RGPS com pensão deixada por cônjuge ou companheiro de regime próprio de previdência social ou com proventos de inatividade decorrentes das atividades militares de que tratam o art. 42 e o art. 142 da Constituição.

§ 1º Nas hipóteses de acumulação previstas no *caput*, fica assegurada a percepção do valor integral do benefício mais vantajoso e de uma parte de cada um dos demais benefícios, apurada cumulativamente de acordo com as seguintes faixas:

I – sessenta por cento do valor que exceder um salário-mínimo, até o limite de dois salários-mínimos;

II – quarenta por cento do valor que exceder dois salários-mínimos, até o limite de três salários-mínimos;

III – vinte por cento do valor que exceder três salários-mínimos, até o limite de quatro salários-mínimos; e

IV – dez por cento do valor que exceder quatro salários-mínimos.

§ 2º A aplicação do disposto no § 1º poderá ser revista a qualquer tempo, a pedido do interessado, em razão de alteração de algum dos benefícios.

§ 3º Na hipótese de recebimento de pensão desdobrada, para fins de aplicação do disposto no § 1º, em relação a esse benefício, será considerado o valor correspondente ao somatório da cota individual e da parcela da cota familiar, devido ao pensionista, que será revisto em razão do fim do desdobramento ou da alteração do número de dependentes.

§ 4º As restrições previstas neste artigo não se aplicam caso o direito aos benefícios tenha sido adquirido até 13 de novembro de 2019.

§ 5º Para fins do disposto neste artigo, no ato de habilitação ou concessão de benefício sujeito a acumulação, o INSS deverá:

I – verificar a filiação do segurado ao RGPS ou a regime próprio de previdência social;

II – solicitar ao segurado que manifeste expressamente a sua opção pelo benefício que lhe seja mais vantajoso; e

III – quando for o caso, verificar a condição do segurado ou pensionista, de modo a considerar, dentre outras, as informações constantes do CNIS.

§ 6º O Ministério da Economia manterá sistema de cadastro dos segurados do RGPS e dos servidores vinculados a regimes próprios de previdência social, e poderá, para tanto, firmar acordo de cooperação com outros órgãos da administração pública federal, estadual, distrital ou municipal para a manutenção e a gestão do referido sistema de cadastro.

§ 7º Até que o sistema de que trata o § 6º seja implementado, a comprovação de que o aposentado ou o pensionista cônjuge ou companheira ou companheiro do RGPS não recebe aposentadoria ou pensão de outro regime próprio de previdência social será feita por meio de autodeclaração, a qual o sujeitará às sanções administrativas, civis e penais aplicáveis caso seja constatada a emissão de declaração falsa.

§ 8º Caberá ao aposentado ou pensionista do RGPS informar ao INSS a obtenção de aposentadoria ou pensão de cônjuge ou companheira ou companheiro de outro regime, sob pena de suspensão do benefício.

Art. 168. Exceto nas hipóteses de aposentadoria por incapacidade permanente ou especial, observado quanto a esta última o disposto no parágrafo único do art. 69, o retorno do aposentado à atividade não prejudicará o recebimento de sua aposentadoria. *(Redação dada pelo Decreto 10.410/2020)*

Art. 169. Os pagamentos dos benefícios de prestação continuada não poderão ser antecipados.

§ 1º Excepcionalmente, nas hipóteses de estado de calamidade pública, reconhecidas por ato do Poder Executivo federal, o INSS poderá, nos termos estabelecidos em ato do Secretário Especial de Previdência e Trabalho do Ministério da Economia, antecipar aos beneficiários domiciliados nos respectivos Municípios: (Redação dada pelo Decreto 9.700/2019)

I – o cronograma de pagamento dos benefícios de prestação continuada previdenciária e assistencial, enquanto perdurar o estado de calamidade; e

II – o valor correspondente a uma renda mensal do benefício devido, excetuados os temporários, mediante opção dos beneficiários. (Parágrafo acrescido pelo Decreto nº 7.223, de 29/6/2010)

§ 2º O valor antecipado de que trata o inciso II do § 1º será ressarcido de forma parcelada, mediante desconto da renda do benefício, para esse fim equiparado ao crédito de que trata o inciso II do *caput* do art. 154, nos termos do ato a que se refere o § 1º. (Parágrafo acrescido pelo Decreto nº 7.223, de 29/6/2010)

Art. 170. Compete exclusivamente aos servidores públicos ocupantes dos cargos de que trata o § 3º do art. 30 da Lei nº 11.907, de 2 de fevereiro de 2009, a realização das atividades médico-periciais relacionadas com o RGPS, sem prejuízo de outras disposições constantes no referido artigo. *(Redação dada pelo Decreto 10.410/2020)*

Parágrafo único. Os servidores de que trata o *caput* poderão solicitar ao médico assistente do beneficiário que forneça informações sobre antecedentes médicos a ele relativas, na forma disciplinada pela Secretaria Especial de Previdência e Trabalho do Ministério da Economia, para fins do disposto no § 2º do art. 43 e no § 1º do art. 71 ou para subsidiar emissão de laudo médico-pericial conclusivo. *(Redação dada pelo Decreto 10.410/2020)*

Art. 170-A. Incumbem privativamente aos servidores públicos da Carreira do Seguro Social de que trata a Lei nº 10.855, de 1º de abril de 2004, as atribuições previstas no inciso I do *caput* do art. 5º-B da referida Lei, e compete à Secretaria Especial de Previdência e Trabalho do Ministério da Economia a edição de atos complementares para a especificação e a definição das atividades acessórias ou preparatórias ao exercício das atribuições privativas e para a atuação no exame de matérias e processos administrativos de benefícios sociais. *(Acrescido pelo Decreto 10.410/2020)*

Art. 171. Quando o segurado ou dependente deslocar-se por determinação do Instituto Nacional do Seguro Social para submeter-se a exame médico-pericial ou a processo de reabilitação profissional em localidade diversa da de sua residência, deverá a instituição custear o seu transporte e pagar-lhe diária no valor de R$24,57 (vinte e quatro reais e cinquenta e sete centavos), ou promover sua hospedagem mediante contratação de serviços de hotéis, pensões ou similares.

§ 1º Caso o beneficiário, a critério do Instituto Nacional do Seguro Social, necessite de acompanhante, a viagem deste poderá ser autorizada, aplicando-se o disposto neste artigo.

§ 2º Quando o beneficiário ficar hospedado em hotéis, pensões ou similares contratados ou conveniados pelo Instituto Nacional do Seguro Social, não caberá pagamento de diária.

Art. 172. Fica o Instituto Nacional do Seguro Social obrigado a emitir e a enviar aos beneficiários aviso de concessão de benefício, além da memória de cálculo do valor dos benefícios concedidos.

Art. 173. O segurado em gozo de aposentadoria que voltar a exercer atividade abrangida pelo RGPS, observados o disposto no art. 168 e, nos casos de aposentadoria especial, o disposto no parágrafo único do art. 69, fará jus: (Redação dada pelo Decreto 10.491/2020)

I – ao salário-família e à reabilitação profissional, quando empregado, inclusive o doméstico, ou trabalhador avulso; e (Incluído pelo Decreto 10.491/2020)

II – ao salário-maternidade. (Incluído pelo Decreto 10.491/2020)

Art. 174. O primeiro pagamento do benefício será efetuado até quarenta e cinco dias após a data da apresentação, pelo segurado, da documentação necessária à sua concessão. (*Caput* do artigo com redação dada pelo Decreto nº 6.722, de 30/12/2008)

Parágrafo único. O prazo fixado no *caput* fica prejudicado nos casos de justificação administrativa ou outras providências a cargo do segurado, que demandem a sua dilatação, iniciando-se essa contagem a partir da data da conclusão das mesmas.

Art. 175. O pagamento de parcelas relativas a benefícios efetuado com atraso, independentemente de ocorrência de mora e de quem lhe deu causa, deve ser corrigido monetariamente desde o momento em que restou devido, pelo mesmo índice utilizado para os reajustamentos dos benefícios do RGPS, apurado no período compreendido entre o mês que deveria ter sido pago e o mês do efetivo pagamento. (Artigo com redação dada pelo Decreto nº 6.722, de 30/12/2008)

Art. 176. A apresentação de documentação incompleta não constitui, por si só, motivo para recusa do requerimento de benefício ou serviço, ainda que seja possível identificar previamente que o segurado não faça jus ao benefício ou serviço pretendido. (Redação do artigo dada pelo Decreto 10.410/2020)

§ 1º Na hipótese de que trata o *caput*, o INSS deverá proferir decisão administrativa, com ou sem análise de mérito, em todos os pedidos administrativos formulados, e, quando for o caso, emitirá carta de exigência prévia ao requerente.

§ 2º Encerrado o prazo para cumprimento da exigência sem que os documentos solicitados tenham sido apresentados pelo requerente, o INSS:

I – decidirá pelo reconhecimento do direito, caso haja elementos suficientes para subsidiar a sua decisão; ou

II – decidirá pelo arquivamento do processo sem análise de mérito do requerimento, caso não haja elementos suficientes ao reconhecimento do direito nos termos do disposto no art. 40 da Lei nº 9.784, de 29 de janeiro de 1999.

§ 3º Não caberá recurso ao CRPS da decisão que determine o arquivamento do requerimento sem análise de mérito decorrente da não apresentação de documentação indispensável ao exame do requerimento.

§ 4º Caso haja manifestação formal do segurado no sentido de não dispor de outras informações ou documentos úteis, diversos daqueles apresentados ou disponíveis ao INSS, será proferida a decisão administrativa com análise de mérito do requerimento.

§ 5º O arquivamento do processo não inviabilizará a apresentação de novo requerimento pelo interessado, que terá efeitos a partir da data de apresentação da nova solicitação.

§ 6º O reconhecimento do direito ao benefício com base em documento apresentado após a decisão administrativa proferida pelo INSS considerará como data de entrada do requerimento a data de apresentação do referido documento.

§ 7º O disposto neste artigo aplica-se aos pedidos de revisão e recursos fundamentados em documentos não apresentados no momento do requerimento administrativo e, quanto aos seus efeitos financeiros, aplica-se o disposto no § 4º do art. 347.

Art. 176-A. O requerimento de benefícios e de serviços administrados pelo INSS será formulado por meio de canais de atendimento eletrônico, observados os procedimentos previstos em ato do INSS. *(Acrescido pelo Decreto 10.410/2020)*

§ 1º O requerimento formulado será processado em meio eletrônico em todas as fases do processo administrativo, ressalvados os atos que exijam a presença do requerente.

§ 2º Excepcionalmente, caso o requerente não disponha de meios adequados para apresentação da solicitação pelos canais de atendimento eletrônico, o requerimento e o agendamento de serviços poderão ser feitos presencialmente nas Agências da Previdência Social.

Art. 176-B. O INSS poderá firmar acordo de cooperação técnica com entes públicos e demais entidades para fins de geração e recebimento de requerimentos de benefícios. *(Acrescido pelo Decreto 10.410/2020)*

Art. 176-C. O requerente poderá, enquanto não proferida a decisão do INSS e por meio de manifestação escrita, desistir do requerimento formulado, nos termos do disposto no art. 51 da Lei nº 9.784, de 1999. *(Acrescido pelo Decreto 10.410/2020)*

§ 1º Havendo vários interessados, a desistência a que se refere o *caput* atinge somente quem a tenha formulado.

§ 2º A desistência do requerimento não impede o INSS de analisar a matéria objeto do requerimento para fins de uniformização de entendimento, de forma geral e abstrata, ou para efeito de apuração de irregularidade.

Art. 176-D. Se, na data de entrada do requerimento do benefício, o segurado não satisfizer os requisitos para o reconhecimento do direito, mas implementá-los em momento posterior, antes da decisão do INSS, o requerimento poderá ser reafirmado para a data em que satisfizer os requisitos, que será fixada como início do benefício, exigindo-se, para tanto, a concordância formal do interessado, admitida a sua manifestação de vontade por meio eletrônico. *(Acrescido pelo Decreto 10.410/2020)*

Art. 176-E. Caberá ao INSS conceder o benefício mais vantajoso ao requerente ou benefício diverso do requerido, desde que os elementos constantes do processo administrativo assegurem o reconhecimento desse direito. *(Acrescido pelo Decreto 10.410/2020)*

Parágrafo único. Na hipótese de direito à concessão de benefício diverso do requerido, caberá ao INSS notificar o segurado para que este manifeste expressamente a sua opção pelo benefício, observado o disposto no art. 176-D.

Art. 177. (Revogado pelo Decreto 3.668/2000)

Art. 178. O pagamento mensal de benefícios de valor superior a vinte vezes o limite máximo de salário de contribuição deverá ser autorizado expressamente pelo Gerente-Executivo do Instituto Nacional do Seguro Social, observada a análise da Divisão ou Serviço de Benefícios. (*Caput* do artigo com redação dada pelo Decreto nº 5.545, de 22/9/2005)

▸ *Valores e alíquotas sujeitos a atualização por meio de ato do Ministério ou Órgão competente.*

Parágrafo único. Os benefícios de valor inferior ao limite estipulado no *caput*, quando do reconhecimento do direito da concessão, revisão e manutenção de benefícios, serão supervisionados pelas Agências da Previdência Social e Divisões ou Serviços de Benefícios, sob critérios pré-estabelecidos pela Direção Central (Parágrafo único com redação dada pelo Decreto nº 5.545, de 22/9/2005)

Art. 179. O INSS manterá programa permanente de revisão da concessão e da manutenção dos benefícios por ele administrados, a fim de apurar irregularidades ou erros materiais. *(Redação do artigo dada pelo Decreto 10.410/2020)*

§ 1º Na hipótese de haver indícios de irregularidade ou erro material na concessão, na manutenção ou na revisão do benefício, o INSS notificará o beneficiário, o seu representante legal ou o seu procurador para apresentar defesa, provas ou os documentos dos quais dispuser, no prazo de:

I – trinta dias, no caso de trabalhador urbano; ou

II – sessenta dias, no caso de:

a) trabalhador rural individual;

b) trabalhador rural avulso;

c) agricultor familiar; ou

d) segurado especial.

§ 2º A notificação a que se refere o § 1º será feita, preferencialmente:

I – por rede bancária, conforme definido em ato do INSS;

II – por meio eletrônico, por meio de cadastramento prévio, na forma definida em ato do INSS, a ser realizado por procedimento em que seja assegurada a identificação adequada do interessado;

III – por via postal, por meio de carta simples destinada ao endereço constante do cadastro do segurado que requereu o benefício, hipótese em que o aviso de recebimento será considerado prova suficiente da sua notificação;

IV – pessoalmente, quando entregue ao interessado em mão; ou

V – por edital, na hipótese de o segurado não ter sido localizado por meio da comunicação a que se refere o inciso III.

§ 3º A defesa poderá ser apresentada pelo canal de atendimento eletrônico do INSS ou na Agência da Previdência Social do domicílio do beneficiário.

§ 4º O benefício será suspenso nas seguintes hipóteses:

I – de não apresentação da defesa no prazo estabelecido no § 1º; ou

II – de defesa considerada insuficiente ou improcedente pelo INSS.

§ 5º O INSS notificará o beneficiário quanto à suspensão do benefício de que trata o § 4º, que disporá do prazo de trinta dias, contado da data de notificação, para interposição de recurso.

§ 6º Decorrido o prazo a que se refere o § 5º sem que o beneficiário, o seu representante legal ou o seu procurador apresente recurso administrativo aos canais de atendimento do INSS ou a outros canais autorizados, o benefício será cessado.

§ 7º Para fins do disposto no *caput*, o INSS poderá realizar recenseamento para atualização do cadastro dos beneficiários e verificação dos benefícios administrados pelo INSS, observado o disposto nos incisos III, IV e V do § 8º.

§ 8º Aqueles que receberem benefícios realizarão anualmente a comprovação de vida nas instituições financeiras, por meio de atendimento eletrônico com uso de biometria ou por outro meio definido pelo INSS que assegure a identificação do beneficiário, observadas as seguintes disposições:

I – a prova de vida e a renovação de senha serão efetuadas por aquele que receber o benefício, que deverá ser identificado por funcionário da instituição, quando realizadas nas instituições financeiras;

II – o representante legal ou o procurador do beneficiário, legalmente cadastrado no INSS, poderá realizar a prova de vida no INSS ou na instituição financeira responsável pelo pagamento;

III – a prova de vida de segurados com idade igual ou superior a sessenta anos será disciplinada em ato do INSS;

IV – o INSS disporá de meios, incluída a realização de pesquisa externa, que garantam a identificação e o processo de prova de vida para pessoas com dificuldade de locomoção e idosos acima de oitenta anos que recebam benefícios; e

V – o INSS poderá bloquear o pagamento do benefício encaminhado às instituições financeiras até que o beneficiário atenda à convocação para a realização de prova de vida, permitida a liberação do pagamento automaticamente pela instituição financeira.

§ 8º-A. A prova de vida para quem reside no exterior, a ser encaminhada obrigatoriamente ao INSS, deverá ser realizada nas embaixadas ou nos consulados brasileiros no exterior ou por meio de apostilamento de documento definido pelo INSS para esse fim.

§ 9º O recurso de que trata o § 5º não terá efeito suspensivo.

§ 10. Apurada irregularidade recorrente ou fragilidade nos procedimentos, reconhecida na forma prevista no *caput* ou pelos órgãos de controle, os procedimentos de análise e concessão de benefícios serão revistos, de modo a reduzir o risco de fraude e concessão irregular.

§ 11. Para fins do disposto no § 8º, preservados o sigilo e a integridade dos dados, o INSS:

I – terá acesso aos dados biométricos mantidos e administrados pelos órgãos públicos federais; e

II – poderá ter, por meio de convênio, acesso aos dados biométricos hospedados em sistemas:

a) da Justiça Eleitoral; e

b) de outros entes federativos.

Art. 179-A. O INSS implementará e manterá processo administrativo eletrônico para requerimento de benefícios e serviços e disponibilizará canais eletrônicos de atendimento. *(Acrescido pelo Decreto 10.410/2020)*

§ 1º O INSS facilitará o requerimento, a concessão, a manutenção e a revisão de benefícios por meio eletrônico e implementará procedimentos automatizados de atendimento e prestação de serviços por meio telefônico ou por canais remotos.

§ 2º Poderão ser celebrados acordos de cooperação, na modalidade de adesão, com órgãos e entidades da União, dos Estados, do Distrito Federal e dos Municípios, para o recebimento de documentos e o apoio administrativo às atividades do INSS que demandem a prestação de serviços presenciais.

§ 3º A implementação de serviços eletrônicos pelo INSS preverá mecanismos de controle preventivos de fraude e de identificação segura do cidadão.

Art. 179-B. No exercício de suas competências, observado o disposto nos incisos XI e XII do *caput* do art. 5º da Constituição e na Lei nº 13.709, de 14 de agosto de 2018, o INSS terá acesso aos dados necessários para a análise, a concessão, a revisão e a manutenção de benefícios por ele administrados, em especial aos dados: *(Acrescido pelo Decreto 10.410/2020)*

I – dos registros e dos prontuários eletrônicos do SUS, administrados pelo Ministério da Saúde;

II – dos documentos médicos mantidos por entidades públicas e privadas, e, no caso destas últimas, será necessária a celebração de convênio para que o acesso seja garantido; e

III – de movimentação das contas do FGTS, mantidas pela Caixa Econômica Federal.

§ 1º Para fins do cumprimento do disposto no *caput*, serão preservados o sigilo e a integridade dos dados acessados pelo INSS, eventualmente existentes, e, quanto aos dados dos prontuários eletrônicos do SUS e dos documentos médicos mantidos por entidades públicas e privadas, o acesso será franqueado exclusivamente aos peritos médicos federais designados pelo INSS.

§ 2º O Ministério da Economia terá acesso às bases de dados geridas ou administradas pelo INSS, incluída a folha de pagamento de benefícios detalhada.

§ 3º As bases de dados e as informações de que tratam o *caput* e o § 1º poderão ser compartilhadas com os regimes próprios de previdência social somente para fins de cumprimento de suas competências relacionadas à recepção, à análise, à concessão, à revisão e à manutenção de benefícios por eles administrados, preservados o sigilo e a integridade dos dados, na forma disciplinada em ato conjunto do Secretário Especial de Previdência e Trabalho do Ministério da Economia e do gestor dos dados.

§ 4º Fica dispensada a celebração de convênio, acordo de cooperação técnica ou instrumentos congêneres para a concessão do acesso aos dados de que trata o *caput* quando se tratar de dados hospedados por órgãos da administração pública federal e caberá ao INSS a responsabilidade de arcar com os custos envolvidos, quando houver, para o acesso ou a extração dos dados, exceto quando estabelecido de forma diversa entre os órgãos envolvidos.

§ 5º As solicitações de acesso a dados hospedados por entidades privadas têm característica de requisição, dispensados a celebração de convênio, acordo de cooperação técnica ou instrumentos congêneres para a concessão do acesso aos dados de que trata o *caput* e o ressarcimento de eventuais custos, vedado o compartilhamento dos referidos dados com outras entidades de direito privado.

Art. 179-C. O servidor responsável pela análise dos pedidos dos benefícios motivará suas decisões ou opiniões técnicas e responderá pessoalmente apenas nas hipóteses de dolo e de erro grosseiro. *(Acrescido pelo Decreto 10.410/2020)*

Art. 179-D. A administração pública federal desenvolverá ações de segurança da informação e das comunicações, incluídas as de segurança cibernética, de segurança das infraestruturas, de qualidade dos dados e de segurança de interoperabilidade de bases governamentais, e efetuará a sua integração, inclusive com as bases de dados e informações dos Estados, do Distrito Federal e dos Municípios, com o objetivo de atenuar riscos e inconformidades em pagamentos de benefícios sociais. *(Acrescido pelo Decreto 10.410/2020)*

Art. 179-E. Os benefícios administrados pelo INSS que forem objeto de apuração de irregularidade ou fraude pela Coordenação-Geral de Inteligência Previdenciária e Trabalhista da Secretaria Especial de Previdência e Trabalho do Ministério da Economia poderão ter o respectivo valor bloqueado cautelarmente pelo INSS, por meio de decisão fundamentada, quando houver risco iminente de prejuízo ao erário e restarem evidenciados elementos suficientes que indiquem a existência de irregularidade ou fraude na sua concessão ou manutenção, hipótese em que será facultado ao titular a apresentação de defesa, nos termos do disposto neste Regulamento. *(Acrescido pelo Decreto 10.410/2020)*

§ 1º Para fins do disposto neste artigo, o bloqueio do valor do benefício consiste no comando bancário que impossibilita temporariamente a movimentação do valor referente ao benefício.

§ 2º Será dada prioridade à tramitação de processo no qual seja requerido o bloqueio do valor do benefício.

§ 3º Na hipótese prevista no § 2º, a tramitação do processo deverá ser concluída no prazo de trinta dias, contado da data de apresentação da defesa pelo titular do benefício.

§ 4º Encerrado o prazo de que trata o § 3º, independentemente de concluída a tramitação do processo, o benefício será desbloqueado automaticamente, ressalvada a hipótese prevista no § 5º.

§ 5º Na hipótese de o titular do benefício não apresentar defesa, o bloqueio será convertido automaticamente em suspensão do benefício.

§ 6º Ato conjunto da Secretaria Especial de Previdência e Trabalho do Ministério da Economia e do INSS disciplinará os procedimentos, os requisitos e a forma de encaminhamento das apurações de irregularidade ou fraude e de efetivação do bloqueio de que trata este artigo.

Art. 180. Ressalvado o disposto nos §§ 5º e 6º do art. 13, a perda da qualidade de segurado importa em caducidade dos direitos inerentes a essa qualidade. (*Caput* do artigo com redação dada pelo Decreto nº 4.729, de 9/6/2003)

§ 1º A perda da qualidade de segurado não prejudica o direito à aposentadoria para cuja concessão tenham sido preenchidos todos os requisitos, segundo a legislação em vigor à época em que estes requisitos foram atendidos.

§ 2º Não será concedida pensão por morte aos dependentes do segurado que falecer após a perda desta qualidade, nos termos dos arts. 13 a 15, salvo se preenchidos os requisitos para obtenção de aposentadoria na forma do parágrafo anterior, observado o disposto no art. 105.

§ 3º No cálculo da aposentadoria de que trata o § 1º, será observado o disposto no § 9º do art. 32 e no art. 52.

Art. 181. Todo e qualquer benefício concedido pelo Instituto Nacional do Seguro Social, ainda que à conta do Tesouro Nacional, submete-se ao limite a que se refere o § 5º do art. 214.

Parágrafo único. Aos beneficiários de que trata o art. 150 da Lei nº 8.213, de 1991, aplicam-se as disposições previstas neste Regulamento, vedada a adoção de critérios diferenciados para a concessão de benefícios.

Art. 181-A. *(Revogado pelo Decreto 10.410/2020)*

Art. 181-B. As aposentadorias concedidas pela previdência social são irreversíveis e irrenunciáveis. *(Redação dada pelo Decreto 10.410/2020)*

§ 1º O disposto neste artigo não se aplica à concessão de aposentadoria por incapacidade permanente. *(Acrescido pelo Decreto 10.410/2020)*

§ 2º O segurado poderá desistir do seu pedido de aposentadoria desde que manifeste essa intenção e requeira o arquivamento definitivo do pedido antes da ocorrência de um dos seguintes atos: *(Acrescido pelo Decreto 10.410/2020)*

I – recebimento do primeiro pagamento do benefício; ou

II – efetivação do saque do FGTS ou do PIS.

§ 3º O disposto no *caput* não impede a cessação dos benefícios não acumuláveis por força de disposição legal ou constitucional. *(Acrescido pelo Decreto 10.410/2020)*

Art. 181-C. Na hipótese de o inventariante não tomar a iniciativa do pagamento das contribuições devidas pelo segurado falecido o Instituto Nacional do Seguro Social deverá requerer, no inventário ou arrolamento de bens por ele deixado, o pagamento da dívida.

Parágrafo único. Na hipótese de ter sido feita a partilha da herança sem a liquidação das contribuições devidas pelo segurado falecido, respondem os herdeiros, cada qual em proporção da parte que na herança lhe coube, aplicando-se, em relação aos herdeiros dependentes, o disposto no art. 154, inciso I, combinado com o § 3º do mesmo artigo. (Artigo acrescido pelo Decreto nº 4.729, de 9/6/2003)

Art. 181-D. Se mais vantajoso, fica assegurado o direito à aposentadoria, nas condições legalmen-te previstas na data do cumprimento de todos os requisitos ao segurado que tiver optado por permanecer em atividade. *(Acrescido pelo Decreto 10.410/2020)*

§ 1º Para fins do disposto no *caput*, o valor inicial da aposentadoria, apurado conforme as regras vigentes na data em que todos os requisitos tiverem sido cumpridos, será comparado com o valor da aposentadoria calculada na data de entrada do requerimento, hipótese em que será mantido o benefício mais vantajoso e será considerada como data de início do benefício a data de entrada do requerimento, observado o disposto no art. 52.

§ 2º A renda mensal inicial, apurada na forma prevista no § 1º, será reajustada pelos índices de reajustamento aplicados aos benefícios até a data de entrada do requerimento e não será devi-do qualquer pagamento relativamente a período anterior a essa data.

Art. 181-E. Para fins do disposto neste Regulamento, considera-se ano civil o período de doze meses contados de 1º de janeiro a 31 de dezembro do respectivo ano. *(Acrescido pelo Decreto 10.410/2020)*

CAPÍTULO VIII
DAS DISPOSIÇÕES TRANSITÓRIAS RELATIVAS ÀS PRESTAÇÕES DO REGIME GERAL DE PREVIDÊNCIA SOCIAL

Art. 182. A carência das aposentadorias por idade, tempo de contribuição e especial de que tratam os art. 188-H ao art. 188-P para os segurados inscritos na previdência social urbana até 24 de julho de 1991 e para os trabalhadores e empregadores rurais amparados pela previdência social rural obedecerá à seguinte tabela, considerado o ano em que o segurado tiver implementado todas as condições necessárias à obtenção do benefício, ressalvada a aposentadoria por idade, para a qual será considerado o ano em que o segurado tiver implementado a idade exigida: *(Redação dada pelo Decreto 10.410/2020)*

ANO DE IMPLEMENTAÇÃO DAS CONDIÇÕES	MESES DE CONTRIBUIÇÃO EXIGIDOS
1998	102 meses
1999	108 meses
2000	114 meses
2001	120 meses
2002	126 meses
2003	132 meses
2004	138 meses
2005	144 meses
2006	150 meses
2007	156 meses
2008	162 meses
2009	168 meses
2010	174 meses
2011	180 meses

Parágrafo único. Não se aplica a tabela de que trata o *caput* para os benefícios de aposentadoria por tempo de contribuição e por idade garantida aos segurados com deficiência, de que tratam os arts. 70-B e 70-C. (Incluído pelo Decreto nº 8.145, de 2013)

Art. 183. O trabalhador rural enquadrado como segurado obrigatório do RGPS, na forma da alínea a do inciso I ou da alínea j do inciso V do *caput* do art. 9º, pode requerer a aposentadoria por idade, no valor de um salário mínimo, até 31 de dezembro de 2010, desde que comprove o exercício de atividade rural, ainda que de forma descontínua, no período imediatamente anterior ao requerimento do benefício ou, conforme o caso, ao mês em que cumpriu o requisito etário, em número de meses idêntico à carência do referido benefício. (Artigo com redação dada pelo Decreto nº 6.722, de 30/12/2008)

Art. 183-A. Na concessão de aposentadoria por idade do empregado rural, em valor equivalente ao salário mínimo, serão contados para efeito de carência:

I – até 31 de dezembro de 2010, o período de atividade comprovado na forma do inciso II, letra a, do § 2º do art. 62, observado o disposto no art. 183;

II – de janeiro de 2011 a dezembro de 2015, cada mês comprovado de emprego, multiplicado por três, limitado a doze meses dentro do respectivo ano civil; e

III – de janeiro de 2016 a dezembro de 2020, cada mês comprovado de emprego, multiplicado por dois, limitado a doze meses dentro do respectivo ano civil.

§ 1º O disposto no inciso I do *caput* aplica-se ao trabalhador rural que se enquadre na categoria de segurado contribuinte individual que comprovar a prestação de serviço de natureza rural, em caráter eventual, a uma ou mais empresas, sem relação de emprego. *(Acrescido pelo Decreto 10.410/2020)*

§ 2º Para fins do disposto no inciso I do *caput*, a comprovação do tempo de contribuição até 31 de dezembro de 2010 do empregado rural e do contribuinte individual rural ocorrerá por meio dos documentos de que trata o § 1º do art. 19-B ou por justificação administrativa. *(Acrescido pelo Decreto 10.410/2020)*

Art. 184. O segurado que recebe aposentadoria por idade, tempo de contribuição ou especial do Regime Geral de Previdência Social que permaneceu ou retornou à atividade e que contribuindo até 14 de abril de 1994, véspera da vigência da Lei nº 8.870, de 15 de abril de 1994, receberá o pecúlio, em pagamento único, quando do desligamento da atividade que vinha exercendo.

§ 1º O pecúlio de que trata este artigo consistirá em pagamento único de valor correspondente à soma das importâncias relativas às contribuições do segurado, remuneradas de acordo com o índice de remuneração básica dos depósitos de poupança com data de aniversário no dia primeiro.

§ 2º O disposto no parágrafo anterior aplica-se a contar de 25 de julho de 1991, data da vigência da Lei nº 8.213, de 1991, observada, com relação às contribuições anteriores, a legislação vigente à época do seu recolhimento.

Art. 185. Serão mantidos, de acordo com a respectiva legislação específica, as prestações e o seu financiamento, referentes aos benefícios de ferroviário servidor público ou autárquico federal ou em regime especial que não optou pelo regime da Consolidação das Leis do Trabalho, na forma da Lei nº 6.184, de 11 de dezembro de 1974, bem como de seus dependentes.

Art. 186. (Revogado pelo Decreto nº 4.079, de 9/1/2002)

Art. 187. É assegurada a concessão de aposentadoria, a qualquer tempo, nas condições previstas na legislação anterior à Emenda Constitucional nº 20, de 1998, ao segurado do Regime Geral de Previdência Social que, até 16 de dezembro de 1998, tenha cumprido os requisitos para obtê-la.

§ 1º Quando da concessão de aposentadoria nos termos previstos no *caput*, o tempo de serviço será considerado até 16 de dezembro de 1998 e a renda mensal inicial será calculada com base nos trinta e seis últimos salários de contribuição anteriores àquela data, reajustada pelos mesmos índices aplicados aos benefícios, até a data de entrada do requerimento, hipótese em que não será devido qualquer pagamento relativamente a período anterior, observado, quando couber, o disposto no § 9º do art. 32. *(Acrescido pelo Decreto 10.410/2020)*

§ 2º O segurado que, até 16 de dezembro de 1998, tenha cumprido os requisitos para obter a aposentadoria proporcional somente fará jus ao acréscimo de cinco por cento a que se refere o § 4º do art. 188 se cumprir o requisito previsto no inciso I do *caput* do art. 188. *(Acrescido pelo Decreto 10.410/2020)*

Art. 187-A. O professor que tenha exercido atividade de magistério, em qualquer nível, e que até 16 de dezembro de 1998 não tenha implementado as condições para aposentadoria por tempo de serviço de professor, poderá ter contado esse tempo até aquela data acrescido de dezessete por cento, se homem, e de vinte por cento, se mulher, se optar pela aposentadoria transitória por tempo de contribuição, desde que cumpridos trinta e cinco anos de contribuição, se homem, e trinta anos, se mulher, exclusivamente em funções de magistério. *(Acrescido pelo Decreto 10.410/2020)*

Art. 188. Ao segurado filiado ao RGPS até 16 de dezembro de 1998, uma vez cumprido o período de carência exigido, será assegurada, a qualquer tempo, a aposentadoria com valores proporcionais ao tempo de contribuição, quando cumpridos, cumulativamente, até 13 de novembro de 2019, os seguintes requisitos:*(Redação dada pelo Decreto 10.410/2020)*

I – contar cinquenta e três anos ou mais de idade, se homem, e quarenta e oito anos ou mais de idade, se mulher; e

II – contar tempo de contribuição igual, no mínimo, à soma de:

a) trinta anos, se homem, e vinte e cinco anos, se mulher; e (Alínea com redação dada pelo Decreto nº 4.729, de 9/6/2003)

b) um período adicional de contribuição equivalente a, no mínimo, quarenta por cento do tempo que, em 16 de dezembro de 1998, faltava para atingir o limite de tempo constante da alínea a. (Alínea com redação dada pelo Decreto nº 4.729, de 9/6/2003)

§ 1º (Revogado pelo Decreto nº 4.729, de 9/6/2003)

§ 2º Para o segurado que tenha cumprido os requisitos a que se refere o *caput* até 28 de novembro de 1999, a renda mensal inicial da aposentadoria será calculada com base nos trinta e seis últimos salários de contribuição anteriores àquela data, apurados no período de quarenta e oito meses, e reajustada pelos mesmos índices aplicados ao benefício a que o segurado fazia jus, até a data de entrada do requerimento. *(Redação dada pelo Decreto 10.410/2020)*

§ 3º Para o segurado que tenha cumprido os requisitos a que se refere o *caput* no período entre 29 de novembro de 1999 e 13 de novembro de 2019 e que optar pela aposentadoria em conformidade com as regras vigentes à época, a renda mensal inicial será calculada na forma prevista no art. 188-E e reajustada pelos mesmos índices aplicados aos benefícios do RGPS, até a data de entrada do requerimento. *(Redação dada pelo Decreto 10.410/2020)*

§ 4º O valor da renda mensal da aposentadoria proporcional será equivalente a setenta por cento da média apurada na forma prevista nos § 2º e § 3º, acrescida de cinco pontos percentuais por ano de contribuição que supere a soma a que se refere o inciso II do *caput*, até o limite de cem por cento. *(Redação dada pelo Decreto 10.410/2020)*

Art. 188-A. Será assegurada a concessão de aposentadoria, a qualquer tempo, ao segurado do RGPS, inclusive o oriundo de regime próprio de previdência social, que, até 13 de novembro de 2019, uma vez cumprido o período de carência exigido, tenha cumprido os seguintes requisitos: *(Redação dada pelo Decreto 10.410/2020)*

I – no caso de aposentadoria por idade - sessenta e cinco anos de idade, se homem, e sessenta anos de idade, se mulher; *(Acrescido pelo Decreto 10.410/2020)*

II – no caso de aposentadoria por tempo de contribuição: *(Acrescido pelo Decreto 10.410/2020)*

a) para os professores que comprovem tempo de efetivo exercício exclusivamente em função de magistério na educação infantil, no ensino fundamental ou no ensino médio:

1. trinta anos de contribuição, se homem; ou
2. vinte e cinco anos de contribuição, se mulher; e

b) para os demais segurados:

1. trinta e cinco anos de contribuição, se homem; e
2. trinta anos de contribuição, se mulher; ou

III – no caso de aposentadoria especial - quinze, vinte ou vinte e cinco anos de contribuição, conforme o caso, para os segurados sujeitos a condições especiais que prejudiquem a sua saúde ou a sua integridade física. *(Acrescido pelo Decreto 10.410/2020)*

§§ 1º e 2º *(Revogados pelo Decreto 10.410/2020)*

§ 3º (Revogado pelo Decreto nº 5.399, de 24/3/2005)

§ 4º *(Revogado pelo Decreto 10.410/2020)*

§ 5º O valor da renda mensal da aposentadoria concedida na forma prevista neste artigo será apurado na data de 13 de novembro de 2019, em conformidade com o disposto nos art. 188-E e art. 188-F, e reajustado pelos mesmos índices aplicados ao benefício até a data do requerimento. *(Acrescido pelo Decreto 10.410/2020)*

Art. 188-B. *(Revogado pelo Decreto 10.410/2020)*

Art. 188-C. (Revogado pelo Decreto nº 4.729, de 9/6/2003)

Art. 188-D. (Revogado pelo Decreto nº 4.729, de 9/6/2003)

Art. 188-E. O salário de benefício a ser utilizado para apuração do valor da renda mensal dos benefícios concedidos com base em direito adquirido até 13 de novembro de 2019 consistirá: *(Redação do artigo dada pelo Decreto 10.410/2020)*

I – para as aposentadorias por idade e por tempo de contribuição, na média aritmética simples dos maiores salários de contribuição correspondentes a oitenta por cento de todo o período contributivo, multiplicada pelo fator previdenciário; e

II – para as aposentadorias por invalidez e especial, auxílio-doença e auxílio-acidente, na média aritmética simples dos maiores salários de contribuição correspondentes a oitenta por cento de todo o período contributivo.

§ 1º No caso das aposentadorias por idade, por tempo de contribuição e especial, o divisor considerado no cálculo da média a que se referem os incisos I e II do *caput* não poderá ser inferior a sessenta por cento do período decorrido da competência julho de 1994 até a data de início do benefício, limitado a cem por cento de todo o período contributivo.

§ 2º O fator previdenciário a que se refere o inciso I do *caput* será calculado com base na idade, na expectativa de sobrevida e no tempo de contribuição do segurado ao se aposentar, por meio da seguinte a fórmula:

$$f = \frac{Tc \times a}{Es} \times \left[1 + \frac{(Id + Tc \times a)}{100}\right]$$

Em que:

f = fator previdenciário;

Es = expectativa de sobrevida no momento da aposentadoria;

Tc = tempo de contribuição até o momento da aposentadoria;

Id = idade no momento da aposentadoria; e

a = alíquota de contribuição correspondente a 0,31.

§ 3º Para fins do disposto no § 2º, a expectativa de sobrevida do segurado na idade da aposentadoria será obtida a partir da tábua completa de mortalidade construída pelo IBGE para toda a população brasileira, considerada a média nacional única para ambos os sexos.

§ 4º Os benefícios previdenciários requeridos a partir da data de publicação da tábua de mortalidade considerarão a nova expectativa de sobrevida.

§ 5º Para efeito da aplicação do fator previdenciário, ao tempo de contribuição do segurado serão adicionados:

I – cinco anos, se mulher; ou

II – no caso de professores que comprovem tempo de efetivo exercício exclusivamente em função de magistério na educação infantil, no ensino fundamental ou no ensino médio:

a) cinco anos, se homem; e

b) dez anos, se mulher.

§ 6º Fica garantida a aplicação do fator previdenciário no cálculo das aposentadorias por tempo de contribuição e por idade devidas ao segurado com deficiência, se resultar em renda mensal de valor mais elevado, hipótese em que caberá ao INSS, quando da concessão do benefício, proceder ao cálculo da renda mensal inicial com e sem a aplicação do fator previdenciário.

§ 7º Fica garantido ao segurado com direito à aposentadoria por idade na forma do disposto no art. 188-H a opção pela não aplicação do fator previdenciário e caberá ao INSS, quando da concessão do benefício, proceder ao cálculo da renda mensal inicial com e sem o fator previdenciário.

§ 8º O segurado que tiver cumprido os requisitos para a aposentadoria por tempo de contribuição poderá optar pela não incidência do fator previdenciário no cálculo de sua aposentadoria se o total resultante da soma de sua idade e de seu tempo de contribuição, incluídas as frações, tiver atingido o número de pontos:

I – a partir de 18 de junho de 2015 até 30 de dezembro de 2018: (Redação dada pelo Decreto 10.491/2020)

a) igual ou superior a noventa e cinco pontos, se homem, observado o tempo mínimo de contribuição de trinta e cinco anos; ou

b) igual ou superior a oitenta e cinco pontos, se mulher, observado o tempo mínimo de contribuição de trinta anos; e

II – de 31 de dezembro de 2018 até 13 de novembro de 2019: (Redação dada pelo Decreto 10.491/2020)

a) igual ou superior a noventa e seis pontos, se homem, observado o tempo mínimo de contribuição de trinta e cinco anos; ou

b) igual ou superior a oitenta e seis pontos, se mulher, observado o tempo mínimo de contribuição de trinta anos.

§ 9º Para fins de aplicação do disposto no *caput* e no § 8º, o tempo mínimo de contribuição dos professores que comprovarem tempo de efetivo exercício exclusivamente em função de magistério na educação infantil, no ensino fundamental ou no ensino médio será de trinta anos de contribuição, se homem, e vinte e cinco anos de contribuição, se mulher.

§ 10. Na hipótese prevista no § 9º, ao resultado da soma da idade do professor e de seu tempo de contribuição serão acrescidos cinco pontos.

Art. 188-F. A renda mensal do benefício concedido ao segurado de que trata o art. 188-A será calculada sobre o salário de benefício, apurado na forma prevista no art. 188-E, ao qual serão aplicados os seguintes percentuais: *(Redação do artigo dada pelo Decreto 10.410/2020)*

I – no caso de aposentadoria por idade - setenta por cento do salário de benefício, mais um ponto percentual por grupo de doze contribuições mensais, até o máximo de trinta por cento;

II – no caso de aposentadoria por tempo de contribuição:

a) cem por cento do salário de benefício aos trinta anos de contribuição, se mulher;

b) cem por cento do salário de benefício aos trinta e cinco anos de contribuição, se homem; e

c) no caso de professores que comprovem tempo de efetivo exercício exclusivamente em função de magistério na educação infantil, no ensino fundamental ou no ensino médio:

1. cem por cento do salário de benefício aos vinte e cinco anos de contribuição, se mulher; e

2. cem por cento do salário de benefício aos trinta anos de contribuição, se homem; e

III – no caso de aposentadoria especial - cem por cento do salário de benefício.

Parágrafo único. Para fins de cálculo do percentual de acréscimo de que trata o inciso I do *caput*, presume-se como efetivado o recolhimento correspondente quando se tratar de segurado empregado, empregado doméstico ou trabalhador avulso.

Art. 188-G. O tempo de contribuição até 13 de novembro de 2019 será contado de data a data, desde o início da atividade até a data do desligamento, considerados, além daqueles referidos no art. 19-C, os seguintes períodos: *(Acrescido pelo Decreto 10.410/2020)*

I – o tempo de serviço militar, exceto se já contado para inatividade remunerada nas Forças Armadas ou auxiliares ou para aposentadoria no serviço público federal, estadual, distrital ou municipal, ainda que anterior à filiação ao RGPS, obrigatório, voluntário ou alternativo, assim considerado o tempo atribuído pelas Forças Armadas àqueles que, após o alistamento, alegaram imperativo de consciência, entendido como tal aquele decorrente de crença religiosa ou de convicção filosófica ou política, para se eximirem de atividades de caráter militar;

II – o tempo em que o anistiado político esteve compelido ao afastamento de suas atividades profissionais, em decorrência de punição ou de fundada ameaça de punição, por motivo exclusivamente político, situação que será comprovada nos termos do disposto na Lei nº 10.559, de 13 de novembro de 2002;

III – o tempo de serviço público federal, estadual, distrital ou municipal, inclusive aquele prestado a autarquia, sociedade de economia mista ou fundação instituída pelo Poder Público, regularmente certificado na forma prevista na Lei nº 3.841, de 15 de dezembro de 1960, desde que a certidão tenha sido requerida na entidade para a qual o serviço tenha sido prestado até 30 de setembro de 1975, data imediatamente anterior ao início da vigência da Lei nº 6.226, de 14 de junho de 1975;

IV – o tempo de serviço do segurado trabalhador rural anterior à competência novembro de 1991;

V – o tempo de exercício de mandato classista junto a órgão de deliberação coletiva em que, nessa qualidade, tenha havido contribuição para a previdência social;

VI – o tempo de serviço prestado à Justiça dos Estados, às serventias extrajudiciais e às escrivanias judiciais, desde que não tenha havido remuneração pelo erário e que a atividade não estivesse, à época, vinculada a regime próprio de previdência social;

VII – o tempo de atividade dos auxiliares locais de nacionalidade brasileira no exterior amparados pela Lei nº 8.745, de 9 de dezembro de 1993, anteriormente a 1º de janeiro de 1994, desde que a sua situação previdenciária esteja regularizada no INSS;

VIII – o tempo de contribuição efetuado pelo servidor público de que tratam as alíneas "i", "j" e "l" do inciso I do *caput* do art. 9º e o § 2º do art. 26, com fundamento do disposto nos art. 8º e art. 9º da Lei nº 8.162, de 8 de janeiro de 1991, e no art. 2º da Lei nº 8.688, de 21 de julho de 1993; e

IX – o tempo exercido na condição de aluno-aprendiz referente ao período de aprendizado profissional realizado em escola técnica, desde que comprovados a remuneração pelo erário, mesmo que indireta, e o vínculo empregatício.

Parágrafo único. O tempo de contribuição de que trata este artigo será considerado para fins de cálculo do valor da renda mensal de qualquer benefício.

Art. 188-H. Ressalvado o direito de opção pelas aposentadorias de que tratam os art. 51, art. 188-I, art. 188-J, art. 188-K e art. 188-L, a aposentadoria por idade será devida, a qualquer tempo, ao segurado filiado ao RGPS até 13 de novembro de 2019 que cumprir, cumulativamente, os seguintes requisitos: *(Acrescido pelo Decreto 10.410/2020)*

I – sessenta anos de idade, se mulher, e sessenta e cinco anos de idade, se homem;

II – quinze anos de contribuição, para ambos os sexos; e

III – carência de cento e oitenta contribuições mensais, para ambos os sexos.

§ 1º A partir de 1º de janeiro de 2020, serão acrescidos seis meses a cada ano à idade considerada mínima para a aposentadoria por idade para as mulheres até atingir sessenta e dois anos de idade.

§ 2º A data do início da aposentadoria de que trata este artigo será estabelecida em conformidade com o disposto no art. 52.

§ 3º O valor da aposentadoria de que trata este artigo corresponderá a sessenta por cento do salário de benefício definido na forma prevista no art. 32, com acréscimo de dois pontos percentuais para cada ano de contribuição que exceder o tempo de vinte anos de contribuição, para os homens, e de quinze anos de contribuição, para as mulheres.

Art. 188-I. Ressalvado o direito de opção pelas aposentadorias de que tratam os art. 51, art. 188-H, art. 188-J, art. 188-K e art. 188-L, observado o disposto no art. 199-A, a aposentadoria por tempo de contribuição será devida, a qualquer tempo, ao segurado filiado ao RGPS até 13 de novembro de 2019 que cumprir cumulativamente, os seguintes requisitos: *(Acrescido pelo Decreto 10.410/2020)*

I – trinta anos de contribuição, se mulher, e trinta e cinco anos de contribuição, se homem;

II – somatório da idade e do tempo de contribuição, incluídas as frações, equivalente a oitenta e seis pontos, se mulher, e noventa e seis pontos, se homem; e

III – carência de cento e oitenta contribuições mensais, para ambos os sexos.

§ 1º A partir de 1º de janeiro de 2020, será acrescido um ponto a cada ano ao somatório considerado mínimo, a que se refere o inciso II do *caput*, até atingir o limite de cem pontos, se mulher, e de cento e cinco pontos, se homem.

§ 2º A idade e o tempo de contribuição serão apurados em dias para o cálculo do somatório de pontos a que se refere o inciso II do *caput*.

§ 3º A data do início da aposentadoria de que trata este artigo será estabelecida em conformidade com o disposto no art. 52.

§ 4º O valor da aposentadoria de que trata este artigo será apurado na forma prevista no § 3º do art. 188-H.

Art. 188-J. Ressalvado o direito de opção pelas aposentadorias de que tratam os art. 51, art. 188-H, art. 188-I, art. 188-K e art. 188-L, observado o disposto no art. 199-A, a aposentadoria por tempo de contribuição será devida, a qualquer tempo, ao segurado filiado ao RGPS até 13 de novembro de 2019 que cumprir, cumulativamente, os seguintes requisitos: *(Acrescido pelo Decreto 10.410/2020)*

I – cinquenta e seis anos de idade, se mulher, e sessenta e um anos de idade, se homem;

II – trinta anos de contribuição, se mulher, e trinta e cinco anos de contribuição, se homem; e

III – carência de cento e oitenta contribuições mensais, para ambos os sexos.

§ 1º A partir de 1º de janeiro de 2020, serão acrescidos seis meses a cada ano à idade considerada mínima para aposentadoria por tempo de contribuição até atingir sessenta e dois anos, para as mulheres, e sessenta e cinco anos, para os homens.

§ 2º A data do início da aposentadoria de que trata este artigo será estabelecida em conformidade com o disposto no art. 52.

§ 3º O valor da aposentadoria concedida em conformidade com o disposto neste artigo será apurado na forma prevista no § 3º do art. 188-H.

Art. 188-K. Ressalvado o direito de opção pelas aposentadorias de que tratam os art. 51, art. 188-H, art. 188-I, art. 188-J e art. 188-L, observado o disposto no art. 199-A, a aposentadoria por tempo de contribuição será devida, a qualquer tempo, ao segurado filiado ao RGPS até 13 de novembro de 2019 que contar com mais de vinte e oito anos de contribuição, se mulher, e com mais de trinta e três anos de contribuição, se homem, que cumprir, cumulativamente, os seguintes requisitos: *(Acrescido pelo Decreto 10.410/2020)*

I – trinta anos de contribuição, se mulher, e trinta e cinco anos de contribuição, se homem;

II – cumprimento de período adicional de contribuição correspondente a cinquenta por cento do tempo que, em 13 de novembro de 2019, faltaria para atingir trinta anos de contribuição, se mulher, e trinta e cinco anos de contribuição, se homem; e

III – carência de cento e oitenta contribuições mensais, para ambos os sexos.

§ 1º A data do início da aposentadoria de que trata este artigo será estabelecida em conformidade com o disposto no art. 52.

§ 2º O valor da aposentadoria de que trata este artigo corresponderá ao valor do salário de benefício definido na forma prevista no art. 32, multiplicado pelo fator previdenciário, calculado na forma prevista nos § 2º ao § 5º do art. 188-E.

§ 3º A aplicação do fator previdenciário no cálculo do valor da aposentadoria de que trata este artigo é obrigatória, observado o disposto no art. 32, hipótese em que não se aplica o disposto no art. 29-C da Lei nº 8.213, de 1991.

Art. 188-L. Ressalvado o direito de opção pelas aposentadorias de que tratam os art. 51, art. 188-H, art. 188-I, art. 188-J e art. 188-K, a aposentadoria por tempo de contribuição será devida, a qualquer tempo, ao segurado filiado ao RGPS até 13 de novembro de 2019 que cumprir, cumulativamente, os seguintes requisitos: *(Acrescido pelo Decreto 10.410/2020)*

I – cinquenta e sete anos de idade, se mulher, e sessenta anos de idade, se homem;

II – trinta anos de contribuição, se mulher, e trinta e cinco anos de contribuição, se homem;

III – cumprimento de período adicional de contribuição correspondente ao tempo que, em 13 de novembro de 2019, faltaria para atingir trinta anos de contribuição, se mulher, e trinta e cinco anos de contribuição, se homem; e

IV – carência de cento e oitenta contribuições mensais, para ambos os sexos.

§ 1º A data do início da aposentadoria de que trata este artigo será estabelecida em conformidade com o disposto no art. 52.

§ 2º O valor da aposentadoria de que trata este artigo corresponderá a cem por cento do salário de benefício definido na forma prevista no art. 32.

Art. 188-M. Ressalvado o direito de opção pelas aposentadorias de que tratam os art. 51, art. 54, art. 188-H ao art. 188-L, art. 188-N e art. 188-O, observado o disposto nos § 2º e § 3º do art. 54, a aposentadoria por tempo de contribuição será devida, a qualquer tempo, ao professor filiado ao RGPS até 13 de novembro de 2019 que comprovar tempo de efetivo exercício exclusivamente em função de magistério na educação infantil, no ensino fundamental ou no ensino médio e que cumprir, cumulativamente, os seguintes requisitos: *(Acrescido pelo Decreto 10.410/2020)*

I – vinte e cinco anos de contribuição, se mulher, e trinta anos de contribuição, se homem;

II – somatório da idade e do tempo de contribuição, incluídas as frações, equivalente a oitenta e um pontos, se mulher, e noventa e um pontos, se homem; e

III – carência de cento e oitenta contribuições mensais, para ambos os sexos.

§ 1º A partir de 1º de janeiro de 2020, será acrescido um ponto a cada ano ao somatório considerado mínimo, a que se refere o inciso II do *caput*, até atingir o limite de noventa e dois pontos, se mulher, e de cem pontos, se homem.

§ 2º A idade e o tempo de contribuição serão apurados em dias para o cálculo do somatório de pontos a que se refere o inciso II do *caput*.

§ 3º A data do início da aposentadoria de que trata este artigo será estabelecida em conformidade com o disposto no art. 52.

§ 4º O valor da aposentadoria de que trata este artigo será apurado na forma prevista no § 3º do art. 188-H.

Art. 188-N. Ressalvado o direito de opção pelas aposentadorias de que tratam os art. 51, art. 54, art. 188-H ao 188-M e art. 188-O, observado o disposto no art. 199-A, a aposentadoria por tempo de contribuição será devida, a qualquer tempo, ao professor filiado ao RGPS até 13 de novembro de 2019 que comprovar tempo de efetivo exercício exclusivamente em função de magistério na educação infantil, no ensino fundamental ou no ensino médio e cumprir, cumulativamente, os seguintes requisitos: *(Acrescido pelo Decreto 10.410/2020)*

I – cinquenta e um anos de idade, se mulher, e cinquenta e seis anos de idade, se homem;

II – vinte e cinco anos de contribuição, se mulher, e trinta anos de contribuição, se homem; e

III – carência de cento e oitenta contribuições mensais, para ambos os sexos.

§ 1º A partir de 1º de janeiro de 2020, serão acrescidos seis meses a cada ano à idade considerada mínima para aposentadoria por idade até atingir cinquenta e sete anos, para as mulheres, e sessenta anos de idade, para os homens.

§ 2º A data do início da aposentadoria de que trata este artigo será estabelecida em conformidade com o disposto no art. 52.

§ 3º O valor da aposentadoria de que trata este artigo será apurado na forma prevista no § 3º do art. 188-H.

Art. 188-O. Ressalvado o direito de opção pelas aposentadorias de que tratam os art. 51, art. 54 e art. 188-H ao 188-N, observado o disposto nos § 2º e § 3º do art. 54, a aposentadoria por tempo de contribuição será devida, a qualquer tempo, ao professor filiado ao RGPS até 13 de novembro de 2019 que comprovar tempo de efetivo exercício exclusivamente em função de magistério na educação infantil, no ensino fundamental ou no ensino médio e que cumprir, cumulativamente, os seguintes requisitos: *(Acrescido pelo Decreto 10.410/2020)*

I – cinquenta e dois anos de idade, se mulher, e cinquenta e cinco anos de idade, se homem;

II – vinte e cinco anos de contribuição, se mulher, e trinta anos de contribuição, se homem;

III – cumprimento de período adicional de contribuição correspondente ao tempo que, em 13 de novembro de 2019, faltaria para atingir vinte e cinco anos de contribuição, se mulher, e trinta anos de contribuição, se homem; e

IV – carência de cento e oitenta contribuições mensais, para ambos os sexos.

§ 1º A data do início da aposentadoria de que trata este artigo será estabelecida em conformidade com o disposto no art. 52.

§ 2º O valor da aposentadoria de que trata este artigo corresponderá a cem por cento do salário de benefício definido na forma prevista no art. 32.

Art. 188-P. Ressalvado o direito de opção pelas aposentadorias de que tratam os art. 51, art. 64 e art. 188-I ao 188-L, uma vez cumprido o período de carência exigido, a aposentadoria especial será devida ao segurado empregado, trabalhador avulso e contribuinte individual, este último somente quando cooperado filiado a cooperativa de trabalho ou de produção, filiados ao RGPS até 13 de novembro de 2019, quando o somatório da sua idade e do seu tempo de contribuição e o tempo de efetiva exposição forem, respectivamente, de: *(Acrescido pelo Decreto 10.410/2020)*

I – sessenta e seis pontos e quinze anos de efetiva exposição;

II – setenta e seis pontos e vinte anos de efetiva exposição; ou

III – oitenta e seis pontos e vinte e cinco anos de efetiva exposição.

§ 1º A idade e o tempo de contribuição serão apurados em dias para o cálculo do somatório de pontos a que se refere o *caput*.

§ 2º A data do início da aposentadoria de que trata este artigo será estabelecida em conformidade com o disposto no art. 52.

§ 3º O valor da aposentadoria de que trata este artigo corresponderá a sessenta por cento do salário de benefício definido na forma prevista no art. 32, com acréscimo de dois pontos percentuais para cada ano de contribuição que exceder o tempo de vinte anos de contribuição, exceto na hipótese prevista no inciso I do *caput*, e das mulheres, cujo acréscimo será aplicado para cada ano que exceder quinze anos de tempo de contribuição.

§ 4º A concessão da aposentadoria especial prevista neste artigo dependerá da comprovação, durante os períodos mínimos exigidos:

I – do tempo de trabalho permanente, não ocasional nem intermitente; e

II – da efetiva exposição do segurado a agentes químicos, físicos e biológicos prejudiciais à saúde ou à integridade física, ou a associação desses agentes, comprovada na forma prevista nos art. 64 ao art. 68.

§ 5º A conversão de tempo de atividade sob condições especiais em tempo de atividade comum aplica-se somente ao trabalho prestado até 13 de novembro de 2019, em conformidade com o disposto na seguinte tabela:

TEMPO A CONVERTER	MULTIPLICADORES	
	Mulher (30 anos de contribuição)	Homem (35 anos de contribuição)
DE 15 ANOS	2,00	2,33
DE 20 ANOS	1,50	1,75
DE 25 ANOS	1,20	1,40

§ 6º A caracterização e a comprovação do tempo de atividade sob condições especiais obedecerão ao disposto na legislação em vigor à época da prestação do serviço.

Art. 188-Q. Para a aposentadoria por idade concedida a pessoa com deficiência, será assegurada, exclusivamente para fins de cálculo do valor da renda mensal, a conversão do período de exercício de atividade sujeito a condições especiais que prejudiquem a sua saúde ou a sua integridade física, cumprido na condição de pessoa com deficiência até 13 de novembro de 2019, vedado o cômputo do tempo convertido para fins de carência. *(Acrescido pelo Decreto 10.410/2020)*

Art. 189. Os benefícios de legislação especial pagos pela previdência social à conta do Tesouro Nacional e de ex-combatentes, iniciados até 16 de dezembro de 1998, serão reajustados com base nos mesmos índices aplicáveis aos benefícios de prestação continuada da previdência social.

Art. 190. A partir de 14 de outubro de 1996, não serão mais devidos os benefícios de legislação específica do jornalista profissional, do jogador profissional de futebol e do telefonista.

Parágrafo único. A aposentadoria especial do aeronauta nos moldes do Decreto-Lei nº 158, de 10 de fevereiro de 1967, está extinta a partir de 16 de dezembro de 1998, passando a ser devida ao aeronauta os benefícios deste Regulamento.

Art. 191. É vedada a inclusão em regime próprio de previdência social do servidor de que tratam as alíneas i, l e m do inciso I do *caput* do art. 9º, sendo automática sua filiação ao Regime Geral de Previdência Social a partir de 16 de dezembro de 1998.

Art. 192. Aos menores de dezesseis anos filiados ao Regime Geral de Previdência Social até 16 de dezembro de 1998 são assegurados todos os direitos previdenciários.

Art. 193. O Instituto Nacional do Seguro Social deverá rever:

I – as aposentadorias concedidas no período de 29 de abril de 1995 até a data da publicação deste Regulamento, com conversão de tempo de atividade sob condições especiais em tempo de atividade comum, considerando-se a legislação vigente quando do cumprimento dos requisitos necessários à concessão das referidas aposentadorias; e

II – as aposentadorias por tempo de serviço e especial e as certidões de tempo de serviço com cômputo de tempo de serviço rural concedidas ou emitidas a partir de 24 de julho de 1991 até a data da publicação deste Regulamento.

LIVRO III
DO CUSTEIO DA SEGURIDADE SOCIAL

TÍTULO I
DO FINANCIAMENTO DA SEGURIDADE SOCIAL

CAPÍTULO I
INTRODUÇÃO

Art. 194. A seguridade social é financiada por toda a sociedade, de forma direta e indireta, mediante recursos provenientes dos orçamentos da União, dos Estados, do Distrito Federal, dos Municípios e de contribuições sociais.

Art. 195. No âmbito federal, o orçamento da seguridade social é composto de receitas provenientes:

I – da União;

II – das contribuições sociais; e

III – de outras fontes.

Parágrafo único. Constituem contribuições sociais:

I – as das empresas, incidentes sobre a remuneração paga, devida ou creditada aos segurados e demais pessoas físicas a seu serviço, mesmo sem vínculo empregatício;

II – as dos empregadores domésticos, incidentes sobre o salário de contribuição dos empregados domésticos a seu serviço;

III – as dos trabalhadores, incidentes sobre seu salário de contribuição;

IV – as das associações desportivas que mantém equipe de futebol profissional, incidentes sobre a receita bruta decorrente dos espetáculos desportivos de que participem em todo território nacional em qualquer modalidade desportiva, inclusive jogos internacionais, e de qualquer forma de patrocínio, licenciamento de uso de marcas e símbolos, publicidade, propaganda e transmissão de espetáculos desportivos;

V – as incidentes sobre a receita bruta proveniente da comercialização da produção rural;

VI – as das empresas, incidentes sobre a receita ou o faturamento e o lucro; e

VII – as incidentes sobre a receita de concursos de prognósticos.

CAPÍTULO II
DA CONTRIBUIÇÃO DA UNIÃO

Art. 196. A contribuição da União é constituída de recursos adicionais do Orçamento Fiscal, fixados obrigatoriamente na Lei Orçamentária anual.

Parágrafo único. A União é responsável pela cobertura de eventuais insuficiências financeiras da seguridade social, quando decorrentes do pagamento de benefícios de prestação continuada da previdência social, na forma da Lei Orçamentária anual.

Art. 197. Para pagamento dos encargos previdenciários da União poderão contribuir os recursos da seguridade social referidos no inciso VI do parágrafo único do art. 195, na forma da Lei Orçamentária anual, assegurada a destinação de recursos para as ações de saúde e assistência social.

CAPÍTULO III
DA CONTRIBUIÇÃO DO SEGURADO

SEÇÃO I
DA CONTRIBUIÇÃO DO SEGURADO EMPREGADO, EMPREGADO DOMÉSTICO E TRABALHADOR AVULSO

Art. 198. A contribuição do segurado empregado, inclusive o doméstico, e do trabalhador avulso é calculada por meio da aplicação da alíquota correspondente, de forma progressiva, sobre o seu salário de contribuição mensal, observado o disposto no art. 214, de acordo com a seguinte tabela, com vigência a partir de 1º de março de 2020: *(Redação dada pelo Decreto 10.410/2020)*

SALÁRIO DE CONTRIBUIÇÃO R$	ALÍQUOTA PARA FINS DE RECOLHIMENTO AO INSS
até um salário-mínimo	7,5%
acima de um salário-mínimo até 2.089,60	9%
de 2.089,61 até 3.134,40	12%
de 3.134,41 até 6.101,06	14%

Parágrafo único. A contribuição do segurado trabalhador rural a que se refere à alínea r do inciso I do art. 9º é de oito por cento sobre o respectivo salário de contribuição definido no inciso I do art. 214. (Parágrafo único acrescido pelo Decreto nº 6.722, de 30/12/2008)

SEÇÃO II
DA CONTRIBUIÇÃO DOS SEGURADOS CONTRIBUINTE INDIVIDUAL E FACULTATIVO
(SEÇÃO COM REDAÇÃO DADA PELO DECRETO Nº 3.265, DE 29/11/1999)

Art. 199. A alíquota de contribuição dos segurados contribuinte individual e facultativo é de vinte por cento aplicada sobre o respectivo salário de contribuição, observado os limites a que se referem os §§ 3º e 5º do art. 214. (Artigo com redação dada pelo Decreto nº 3.265, de 29/11/1999)

Art. 199-A. A partir da competência em que o segurado fizer a opção pela exclusão do direito ao benefício de aposentadoria por tempo de contribuição, é de onze por cento, sobre o valor correspondente ao limite mínimo mensal do salário de contribuição, a alíquota de contribuição: (*Caput* do artigo acrescido pelo Decreto nº 6.042, de 12/2/2007)

I – do segurado contribuinte individual, que trabalhe por conta própria, sem relação de trabalho com empresa ou equiparado; (Inciso acrescido pelo Decreto nº 6.042, de 12/2/2007)

II – do segurado facultativo, observado o disposto no inciso II do § 1º; e (Redação dada pelo Decreto 10.410/2020)

III – até a competência abril de 2011, do MEI, de que trata o § 26 do art. 9º, cuja contribuição deverá ser recolhida na forma regulamentada em ato do Comitê Gestor do Simples Nacional. (Redação dada pelo Decreto 10.410/2020)

§ 1º A alíquota de contribuição de que trata o *caput* é de cinco por cento: *(Redação dada pelo Decreto 10.410/2020)*

I – a partir da competência maio de 2011, para o MEI, de que trata o § 26 do art. 9º, cuja contribuição deverá ser recolhida na forma regulamentada em ato do Comitê Gestor do Simples Nacional; e *(Acrescido pelo Decreto 10.410/2020)*

II – a partir da competência setembro de 2011, para o segurado facultativo sem renda própria que se dedique exclusivamente ao trabalho doméstico no âmbito de sua residência, desde que pertencente a família de baixa renda, observado o disposto no § 5º. *(Acrescido pelo Decreto 10.410/2020)*

§ 2º O segurado, inclusive aquele com deficiência, que tenha contribuído na forma do *caput* e do § 1º e pretenda contar o tempo de contribuição correspondente para fins de obtenção de aposentadoria por tempo de contribuição ou de contagem recíproca do tempo de contribuição deverá complementar a contribuição mensal. *(Redação dada pelo Decreto 10.410/2020)*

§ 3º A complementação de que trata o § 2º será feita por meio do recolhimento da diferença entre o percentual pago e o de vinte por cento sobre o valor correspondente ao limite mínimo mensal do salário de contribuição em vigor na competência a ser complementada, acrescido dos juros moratórios de que trata o § 3º do art. 5º da Lei no 9.430, de 27 de dezembro de 1996. *(Redação dada pelo Decreto 10.410/2020)*

§ 4º A contribuição complementar referida nos § 2º e § 3º será exigida a qualquer tempo, sob pena do indeferimento ou do cancelamento da certidão emitida para fins de contagem recíproca ou da aposentadoria por tempo de contribuição, observado o disposto no art. 347-A. *(Acrescido pelo Decreto 10.410/2020)*

§ 5º Para fins do disposto no inciso II do § 1º, considera-se de baixa renda a família inscrita no Cadastro Único para Programas Sociais do Governo Federal - CadÚnico cuja renda mensal seja de até dois salários-mínimos. *(Acrescido pelo Decreto 10.410/2020)*

§ 6º O segurado facultativo que auferir renda própria não poderá recolher contribuição na forma prevista no § 1º, exceto se a renda for proveniente, exclusivamente, de auxílios assistenciais de natureza eventual e temporária e de valores oriundos de programas sociais de transferência de renda, observado o disposto no § 5º. *(Acrescido pelo Decreto 10.410/2020)*

SEÇÃO III
DA CONTRIBUIÇÃO DO PRODUTOR RURAL PESSOA FÍSICA E DO SEGURADO ESPECIAL

Art. 200. A contribuição do empregador rural pessoa física, em substituição à contribuição de que tratam o inciso I do art. 201 e o art.202, e a do segurado especial, incidente sobre a receita bruta da comercialização da produção rural, é de: (*Caput* do artigo com redação dada pelo Decreto nº 4.032, de 26/11/2001)

I – um inteiro e dois décimos por cento; e *(Redação dada pelo Decreto 10.410/2020)*

II – zero vírgula um por cento para o financiamento dos benefícios concedidos em razão do grau de incidência de incapacidade laborativa decorrente dos incisos ambientais do trabalho.

§ 1º (Revogado pelo Decreto nº 4.032, de 26/11/2001)

§ 2º O segurado especial referido neste artigo, além da contribuição obrigatória de que tratam os incisos I e II do *caput*, poderá contribuir, facultativamente, na forma do art. 199. (Parágrafo com redação dada pelo Decreto nº 6.042, de 12/2/2007)

§ 3º O produtor rural pessoa física de que trata a alínea a do inciso V do *caput* do art. 9º contribui, também, obrigatoriamente, na forma do art. 199, observando ainda o disposto nas alíneas a e b do inciso I do art. 216.

§ 4º Integra a receita bruta de que trata este artigo, além dos valores decorrentes da comercialização da produção relativa aos produtos a que se refere o § 5º, a receita proveniente: (*Caput* do parágrafo com redação dada pelo Decreto nº 6.722, de 30/12/2008)

I – da comercialização da produção obtida em razão de contrato de parceria ou meação de parte do imóvel rural; (Inciso acrescido pelo Decreto nº 6.722, de 30/12/2008)

II – da comercialização de artigos de artesanato de que trata o inciso VII do § 8º do art. 9º; (Inciso acrescido pelo Decreto nº 6.722, de 30/12/2008)

III – de serviços prestados, de equipamentos utilizados e de produtos comercializados no imóvel rural, desde que em atividades turística e de entretenimento desenvolvidas no próprio imóvel, inclusive hospedagem, alimentação, recepção, recreação e atividades pedagógicas, bem como taxa de visitação e serviços especiais; (Inciso acrescido pelo Decreto nº 6.722, de 30/12/2008)

IV – do valor de mercado da produção rural dada em pagamento ou que tiver sido trocada por outra, qualquer que seja o motivo ou finalidade; e (Inciso acrescido pelo Decreto nº 6.722, de 30/12/2008)

V – de atividade artística de que trata o inciso VIII do § 8º do art. 9º. (Inciso acrescido pelo Decreto nº 6.722, de 30/12/2008)

§ 5º Integram a produção, para os efeitos dos incisos I e II do *caput*, observado o disposto no § 25 do art. 9º, os produtos de origem animal ou vegetal, em estado natural ou submetidos a processos de beneficiamento ou industrialização rudimentar, assim compreendidos, entre outros, os processos de lavagem, limpeza, descaroçamento, pilagem, descascamento, lenhamento, pasteurização, resfriamento, secagem, socagem, fermentação, embalagem, cristalização, fundição, carvoejamento, cozimento, destilação, moagem e torrefação, bem como os subprodutos e os resíduos obtidos por meio desses processos. (Parágrafo com redação dada pelo Decreto nº 6.722, de 30/12/2008)

§ 6º (Revogado pelo Decreto 6.722, de 30/12/2008).

I – o produto vegetal destinado ao plantio e reflorestamento;

II – o produto vegetal vendido por pessoa ou entidade que, registrada no Ministério da Agricultura e do Abastecimento, se dedique ao comércio de sementes e mudas no País;

III – o produto animal destinado à reprodução ou criação pecuária ou granjeira; e

IV – o produto animal utilizado como cobaia para fins de pesquisas científicas no País.

§ 7º A contribuição de que trata este artigo será recolhida:

I – pela empresa adquirente, consumidora ou consignatária ou a cooperativa, que ficam sub-rogadas no cumprimento das obrigações do produtor rural pessoa física de que trata a alínea a do inciso V do *caput* do art. 9º e do segurado especial, independentemente de as operações de venda ou consignação terem sido realizadas diretamente com estes ou com intermediário pessoa física, exceto nos casos do inciso III;

II – pela pessoa física não produtor rural, que fica sub-rogada no cumprimento das obrigações do produtor rural pessoa física de que trata a alínea a do inciso V do *caput* do art. 9º do segurado especial, quando adquire produção para venda, no varejo, a consumidor pessoa física; ou

III – pela pessoa física de que trata alínea a do inciso V do *caput* do art. 9º e pelo segurado especial, caso comercializem sua produção com adquirente domiciliado no exterior, diretamente, no varejo, a consumidor pessoa física, a outro produtor rural pessoa física ou a outro segurado especial.

§ 8º O produtor rural pessoa física continua obrigado a arrecadar e recolher ao Instituto Nacional do Seguro Social a contribuição do segurado empregado e do trabalhador avulso a seu serviço, descontando-a da respectiva remuneração, nos mesmos prazos e segundo as mesmas normas aplicadas às empresas em geral.

§ 9º Sem prejuízo do disposto no inciso III do § 7º, o produtor rural pessoa física e o segurado especial são obrigados a recolher, diretamente, a contribuição incidente sobre a receita bruta proveniente: (*Caput* do parágrafo acrescido pelo Decreto nº 6.722, de 30/12/2008)

I – da comercialização de artigos de artesanato elaborados com matéria-prima produzida pelo respectivo grupo familiar; (Inciso acrescido pelo Decreto nº 6.722, de 30/12/2008)

II – de comercialização de artesanato ou do exercício de atividade artística, observado o disposto nos incisos VII e VIII do § 8º do art. 9º; e (Inciso acrescido pelo Decreto nº 6.722, de 30/12/2008)

III – de serviços prestados, de equipamentos utilizados e de produtos comercializados no imóvel rural, desde que em atividades turística e de entretenimento desenvolvidas no próprio imóvel, inclusive hospedagem, alimentação, recepção, recreação e atividades pedagógicas, bem como taxa de visitação e serviços especiais. (Inciso acrescido pelo Decreto nº 6.722, de 30/12/2008)

§ 10. O segurado especial é obrigado a arrecadar a contribuição de trabalhadores a seu serviço e a recolhê-la no prazo referido na alínea b do inciso I do art. 216. (Parágrafo acrescido pelo Decreto nº 6.722, de 30/12/2008)

§ 11. Não integram a base de cálculo da contribuição de que trata o *caput* a produção rural destinada ao plantio ou ao reflorestamento nem o produto animal destinado à reprodução ou à criação pecuária ou granjeira e à utilização como cobaia para fins de pesquisas científicas, quando vendido pelo próprio produtor a quem o utilize diretamente com essas finalidades e, no caso de produto vegetal, a pessoa ou entidade registrada no Ministério da Agricultura, Pecuária e Abastecimento que se dedique ao comércio de sementes e mudas no País. (Acrescido pelo Decreto 10.410/2020)

§ 12. O produtor rural pessoa física poderá optar por contribuir na forma prevista no *caput* deste artigo ou na forma prevista no inciso I do *caput* do art. 201 e no art. 202, hipótese em que deverá manifestar a sua opção por meio do pagamento da contribuição incidente sobre a folha de salários relativa a janeiro de cada anocalendário ou à primeira competência subsequente ao início da atividade rural. (Acrescido pelo Decreto 10.410/2020)

§ 13. A opção de contribuição de que trata o § 12 será irretratável para todo o ano-calendário. (Acrescido pelo Decreto 10.410/2020)

Art. 200-A. Equipara-se ao empregador rural pessoa física o consórcio simplificado de produtores rurais, formado pela união de produtores rurais pessoas físicas, que outorgar a um deles poderes para contratar, gerir e demitir trabalhadores rurais, na condição de empregados, para prestação de serviços, exclusivamente, aos seus integrantes, mediante documento registrado em cartório de títulos e documentos.

§ 1º O documento de que trata o *caput* deverá conter a identificação de cada produtor, seu endereço pessoal e o de sua propriedade rural, bem como o respectivo registro no Instituto Nacional de Colonização e Reforma Agrária ou informações relativas à parceria, arrendamento ou equivalente e à matrícula no INSS de cada um dos produtores rurais.

§ 2º O consórcio deverá ser matriculado no INSS, na forma por este estabelecida, em nome do empregador a quem hajam sido outorgados os mencionados poderes. (Artigo acrescido pelo Decreto nº 4.032, de 26/11/2001)

Art. 200-B. As contribuições de que tratam o inciso I do art. 201 e o art. 202, bem como a devida ao Serviço Nacional Rural, são substituídas, em relação à remuneração paga, devida ou creditada ao trabalhador rural contratado pelo consórcio simplificado de produtores rurais de que trata o art. 200-A, pela contribuição dos respectivos produtores rurais. (Artigo acrescido pelo Decreto nº 4.032, de 26/11/2001)

CAPÍTULO IV
DAS CONTRIBUIÇÕES DA EMPRESA E DO EMPREGADOR DOMÉSTICO

SEÇÃO I
DAS CONTRIBUIÇÕES DA EMPRESA

Art. 201. A contribuição a cargo da empresa, destinada à seguridade social, é de:

I – vinte por cento sobre o total das remunerações pagas, devidas ou creditadas, a qualquer título, no decorrer do mês, aos segurados empregado e trabalhador avulso, além das contribuições previstas nos arts. 202 e 204; (Inciso com redação dada pelo Decreto nº 3.265, de 29/11/1999)

II – vinte por cento sobre o total das remunerações ou retribuições pagas ou creditadas no decorrer do mês ao segurado contribuinte individual; (Inciso com redação dada pelo Decreto nº 3.265, de 29/11/1999)

III – *(Revogado pelo Decreto 10.410/2020)*

IV – um inteiro e sete décimos por cento sobre o total da receita bruta proveniente da comercialização da produção rural, em substituição às contribuições previstas no inciso I do *caput* e no art. 202, quando se tratar de pessoa jurídica que tenha como fim apenas a atividade de produção rural. *(Redação dada pelo Decreto 10.410/2020)*

§ 1º São consideradas remuneração as importâncias auferidas em uma ou mais empresas, assim entendida a totalidade dos rendimentos pagos, devidos ou creditados a qualquer título, durante o mês, destinados a retribuir o trabalho, qualquer que seja a sua forma, inclusive os ganhos habituais sob a forma de utilidades, ressalvado o disposto no § 9º do art. 214 e excetuado o lucro distribuído ao segurado empresário, observados os termos do inciso II do § 5º.

§ 2º Para fins do disposto no inciso II do *caput*, integra a remuneração a bolsa de estudos paga ou creditada ao médico-residente participante do programa de residência médica de que trata o art. 4º da Lei nº 6.932, de 1981. *(Redação dada pelo Decreto 10.410/2020)*

§ 3º Não havendo comprovação dos valores pagos ou creditados aos segurados de que tratam as alíneas e a i do inciso V do art. 9º, em face de recusa ou sonegação de qualquer documento ou informação, ou sua apresentação deficiente, a contribuição da empresa referente a esses segurados será de vinte por cento sobre:

I – o salário de contribuição do segurado nessa condição;

II – a maior remuneração paga a empregados da empresa; ou

III – o salário mínimo, caso não ocorra nenhuma das hipóteses anteriores. (Parágrafo com redação dada pelo Decreto nº 3.452, de 9/5/2000)

§ 4º Na contratação de serviços de transporte rodoviário de carga ou de passageiro ou de serviços prestados com a utilização de trator, máquina de terraplenagem, colheitadeira e assemelhados a base de cálculo da contribuição da empresa corresponde a vinte por cento do valor registrado na nota fiscal, na fatura ou no recibo, quando esses serviços forem prestados sem vínculo empregatício por condutor autônomo de veículo rodoviário, auxiliar de condutor autônomo de veículo rodoviário, inclusive por taxista e motorista de transporte remunerado privado individual de passageiros, e operador de máquinas. *(Redação dada pelo Decreto 10.410/2020)*

§ 5º No caso de sociedade civil de prestação de serviços profissionais relativos ao exercício de profissões legalmente regulamentadas, a contribuição da empresa referente aos segurados a que se referem as alíneas g a i do inciso V do art. 9º, observado o disposto no art. 225 e legislação específica, será de vinte por cento sobre: (*Caput* do parágrafo com redação dada pelo Decreto nº 3.265, de 29/11/1999)

I – a remuneração paga ou creditada aos sócios em decorrência de seu trabalho, de acordo com a escrituração contábil da empresa; ou

II – os valores totais pagos ou creditados aos sócios, ainda que a título de antecipação de lucro da pessoa jurídica, quando não houver discriminação entre a remuneração decorrente do trabalho e a proveniente do capital social ou tratar-se de adiantamento de resultado ainda não apurado por meio de demonstração de resultado do exercício. (Inciso com redação dada pelo Decreto nº 4.729, de 9/6/2003)

§ 6º No caso de banco comercial, banco de investimento, banco de desenvolvimento, caixa econômica, sociedade de crédito, financiamento e investimento, sociedade de crédito imobiliário, inclusive associação de poupança e empréstimo, sociedade corretora, distribuidora de títulos e valores mobiliários, inclusive bolsa de mercadorias e de valores, empresa de arrendamento mercantil, cooperativa de crédito, empresa de seguros privados e de capitalização, agente autônomo de seguros privados e de crédito e entidade de previdência privada, aberta e fechada, além das contribuições referidas nos incisos I e II do *caput* e nos arts. 202 e 204, é devida a contribuição adicional de dois vírgula cinco por cento sobre a base de cálculo definida nos incisos I e II do *caput*. (Parágrafo com redação dada pelo Decreto nº 3.265, de 29/11/1999)

§ 7º A pessoa jurídica enquadrada na condição de microempresa ou de empresa de pequeno porte, na forma do art. 2º da Lei nº 9.317, de 5 de dezembro de 1996, que optar pela inscrição no Sistema Integrado de Pagamento de Impostos e Contribuições das Microempresas e Empresas de Pequeno Porte, contribuirá na forma estabelecida no art. 23 da referida Lei, em substituição às contribuições de que tratam os incisos I a IV do *caput* e os arts. 201-A, 202 e 204. (Parágrafo com redação dada pelo Decreto nº 4.032, de 26/11/2001)

§ 8º A contribuição será sempre calculada na forma do inciso II do *caput* quando a remuneração ou retribuição for paga ou creditada a pessoa física, quando ausentes os requisitos que caracterizem o segurado como empregado, mesmo que não esteja inscrita no Regime Geral de Previdência Social. (Parágrafo com redação dada pelo Decreto nº 3.265, de 29/11/1999)

§§ 9º a 14 (Revogados pelo Decreto nº 3.265, de 29/11/1999)

§ 15. Para fins do disposto no inciso IV do *caput* e no § 8º do art. 202, considera-se receita bruta o valor recebido ou creditado pela comercialização da produção, assim entendida a operação de venda ou consignação, observadas as disposições constantes dos § 5º e § 11 do art. 200. *(Redação dada pelo Decreto 10.410/2020)*

§ 16. A partir de 14 de outubro de 1996, as contribuições de que tratam o inciso IV do *caput* e o § 8º do art. 202 são de responsabilidade do produtor rural pessoa jurídica, não sendo admitida a sub-rogação ao adquirente, consignatário ou cooperativa.

§ 17. O produtor rural pessoa jurídica continua obrigado a arrecadar e recolher ao Instituto Nacional do Seguro Social a contribuição do segurado empregado e do trabalhador avulso a seu serviço, descontando-a da respectiva remuneração, nos mesmos prazos e segundo as mesmas normas aplicadas às empresas em geral.

§ 18. (Revogado pelo Decreto nº 4.032, de 26/11/2001)

§ 19. A cooperativa de trabalho não está sujeita à contribuição de que trata o inciso II do *caput*, em relação às importâncias por ela pagas, distribuídas ou creditadas aos respectivos cooperados, a título de remuneração ou retribuição pelos serviços que, por seu intermédio, tenham prestado a empresas. (Parágrafo com redação dada pelo Decreto nº 3.452, de 9/5/2000)

§ 20. *(Revogado pelo Decreto 10.410/2020)*

§ 21. O disposto no inciso IV do *caput* não se aplica às operações relativas à prestação de serviços a terceiros, cujas contribuições previdenciárias continuam sendo devidas na forma deste artigo e do art. 202. (Parágrafo acrescido pelo Decreto nº 4.032, de 26/11/2001)

§ 22. A pessoa jurídica, exceto a agroindústria, que, além da atividade rural, explorar também outra atividade econômica autônoma, quer seja comercial, industrial ou de serviços, no mesmo ou em estabelecimento distinto, independentemente de qual seja a atividade preponderante, contribuirá de acordo com os incisos I, II e III do art. 201 e art. 202. (Parágrafo acrescido pelo Decreto nº 4.032, de 26/11/2001)

§ 23. Nos contratos de trabalho intermitente, a empresa recolherá as contribuições previdenciárias da empresa e do empregado e o valor devido ao FGTS, o qual será calculado com base nos valores pagos no período mensal, e fornecerá ao empregado o comprovante de cumprimento dessas obrigações. *(Acrescido pelo Decreto 10.410/2020)*

§ 24. Não integram a base de cálculo da contribuição de que trata o inciso IV do *caput* a produção rural destinada ao plantio ou ao reflorestamento nem o produto animal destinado à reprodução ou à criação pecuária ou granjeira e à utilização como cobaia para fins de pesquisas científicas, quando vendido pelo próprio produtor a quem o utilize diretamente com essas finalidades e, no caso de produto vegetal, a pessoa ou entidade registrada no Ministério da Agricultura, Pecuária e Abastecimento que se dedique ao comércio de sementes e mudas no País. *(Acrescido pelo Decreto 10.410/2020)*

§ 25. O empregador rural pessoa jurídica poderá optar por contribuir na forma prevista no inciso I do *caput* deste artigo e no *caput* do art. 202 ou na forma prevista no inciso IV do *caput* deste artigo e no § 8º do art. 202, hipótese em que deverá manifestar a sua opção por meio do pagamento da contribuição incidente sobre a folha de salários relativa a janeiro de cada ano-calendário ou à primeira competência subsequente ao início da atividade rural. *(Acrescido pelo Decreto 10.410/2020)*

§ 26. A opção de contribuição de que trata o § 25 será irretratável para todo o ano-calendário. *(Acrescido pelo Decreto 10.410/2020)*

§ 27. A empresa contratante de serviços de hidráulica, eletricidade, pintura, alvenaria, carpintaria e manutenção ou reparo de veículos, executados por intermédio de MEI, mantém, em relação a essa contratação, a obrigatoriedade de recolhimento da contribuição a que se referem o inciso II do *caput* e o § 6º. *(Acrescido pelo Decreto 10.410/2020)*

Art. 201-A. A contribuição devida pela agroindústria, definida como sendo o produtor rural pessoa jurídica cuja atividade econômica seja a industrialização de produção própria ou de produção própria e adquirida de terceiros, incidente sobre o valor da receita bruta proveniente da comercialização da produção, em substituição às previstas no inciso I do art. 201 e art. 202, é de: (*Caput* do artigo acrescido pelo Decreto nº 4.032, de 26/11/2001)

I – dois vírgula cinco por cento destinados à Seguridade Social; e (Inciso acrescido pelo Decreto nº 4.032, de 26/11/2001)

II – zero vírgula um por cento para o financiamento do benefício previsto nos arts. 64 a 70, e daqueles concedidos em razão do grau de incidência de incapacidade para o trabalho decorrente dos riscos ambientais da atividade. (Inciso acrescido pelo Decreto nº 4.032, de 26/11/2001)

§ 1º Para os fins deste artigo, entende-se por receita bruta o valor total da receita proveniente da comercialização da produção própria e da adquirida de terceiros, industrializada ou não. (Parágrafo acrescido pelo Decreto nº 4.032, de 26/11/2001)

§ 2º O disposto neste artigo não se aplica às operações relativas à prestação de serviços a terceiros, cujas contribuições previdenciárias continuam sendo devidas na forma do art. 201 e 202, obrigando-se a empresa a elaborar folha de salários e registros contábeis distintos. (Parágrafo acrescido pelo Decreto nº 4.032, de 26/11/2001)

§ 3º Na hipótese do § 2º, a receita bruta correspondente aos serviços prestados a terceiros não integram a base de cálculo da contribuição de que trata o *caput*. (Parágrafo acrescido pelo Decreto nº 4.032, de 26/11/2001)

§ 4º O disposto neste artigo não se aplica:

I – às sociedades cooperativas e às agroindústrias de piscicultura, carcinicultura, suinocultura e avicultura; e

II – à pessoa jurídica que, relativamente à atividade rural, se dedique apenas ao florestamento e reflorestamento como fonte de matéria-prima para industrialização própria mediante a utilização de processo industrial que modifique a natureza química da madeira ou a transforme em pasta celulósica. (Parágrafo com redação dada pelo Decreto nº 4.862, de 21/10/2003)

§ 5º Aplica-se o disposto no inciso II do § 4º ainda que a pessoa jurídica comercialize resíduos vegetais ou sobras ou partes da produção, desde que a receita bruta decorrente dessa comercialização represente menos de um por cento de sua receita bruta proveniente da comercialização da produção. (Parágrafo acrescido pelo Decreto nº 4.862, de 21/10/2003)

Art. 201-B. Aplica-se o disposto no artigo anterior, ainda que a agroindústria explore, também, outra atividade econômica autônoma, no mesmo ou em estabelecimento distinto, hipótese em que a contribuição incidirá sobre o valor da receita bruta dela decorrente. (Artigo acrescido pelo Decreto nº 4.032, de 26/11/2001)

Art. 201-C. Quando a cooperativa de produção rural contratar empregados para realizarem, exclusivamente, a colheita da produção de seus cooperados, as contribuições de que tratam o art. 201, I, e o art. 202, relativas à folha de salário destes segurados, serão substituídas pela contribuição devida pelos cooperados, cujas colheitas sejam por eles realizadas, incidentes sobre a receita bruta da comercialização da produção rural, na forma prevista no art. 200, se pessoa física, no inciso IV do *caput* do art. 201 e no § 8º do art. 202, se pessoa jurídica.

§ 1º A cooperativa deverá elaborar folha de salários distinta e apurar os encargos decorrentes da contratação de que trata o *caput* separadamente dos relativos aos seus empregados regulares, discriminadamente por cooperado, na forma definida pelo INSS.

§ 2º A cooperativa é diretamente responsável pela arrecadação e recolhimento da contribuição previdenciária dos segurados contratados na forma deste artigo.

§ 3º O disposto neste artigo aplica-se à contribuição devida ao Serviço Nacional Rural. (Artigo acrescido pelo Decreto nº 4.032, de 26/11/2001)

Art. 201-D. As alíquotas de que tratam os incisos I e II do art. 201, em relação às empresas que prestam serviços de tecnologia da informação – TI e de tecnologia da informação e comunicação – TIC, ficam reduzidas de acordo com a aplicação sucessiva das seguintes operações:

I – subtrair do valor da receita bruta total de venda de bens e serviços relativa aos doze meses imediatamente anteriores ao trimestre-calendário o valor correspondente aos impostos e às contribuições incidentes sobre venda;

II – identificar, no valor da receita bruta total resultante da operação prevista no inciso I, a parte relativa aos serviços mencionados nos §§ 3º e 4º que foram exportados;

III – dividir a receita bruta de exportação resultante do inciso II pela receita bruta total resultante do inciso I;

IV – multiplicar a razão decorrente do inciso III por um décimo;

V – multiplicar o valor encontrado de acordo com a operação do inciso IV por cem, para que se chegue ao percentual de redução;

VI – subtrair de vinte por cento o percentual resultante do inciso V, de forma que se obtenha a nova alíquota percentual a ser aplicada sobre a base de cálculo da contribuição previdenciária.

§ 1º A alíquota apurada na forma do inciso VI do *caput* será aplicada uniformemente nos meses que compõem o trimestrecalendário.

§ 2º No caso de empresa em início de atividades ou sem receita de exportação até a data de publicação da Lei nº 11.774, de 17 de setembro de 2008, a apuração de que trata o *caput* poderá ser realizada com base em período inferior a doze meses, observado o mínimo de três meses anteriores.

§ 3º Para efeito do *caput*, consideram-se serviços de TI e TIC:

I – análise e desenvolvimento de sistemas;

II – programação;

III – processamento de dados e congêneres;

IV – elaboração de programas de computadores, inclusive de jogos eletrônicos;

V – licenciamento ou cessão de direito de uso de programas de computação;

VI – assessoria e consultoria em informática;

VII – suporte técnico em informática, inclusive instalação, configuração e manutenção de programas de computação e bancos de dados; e

VIII – planejamento, confecção, manutenção e atualização de páginas eletrônicas.

§ 4º O disposto neste artigo aplica-se também a empresas que prestam serviços de call center .

§ 5º No caso das empresas que prestam serviços referidos nos §§ 3º e 4º, os valores das contribuições devidas a terceiros, denominados outras entidades ou fundos, com exceção do Fundo Nacional de Desenvolvimento da Educação – FNDE, ficam reduzidos no percentual resultante das operações referidas no *caput* e de acordo com a aplicação sucessiva das seguintes operações:

I – calcular a contribuição devida no mês a cada entidade ou fundo, levando em consideração as regras aplicadas às empresas em geral;

II – aplicar o percentual de redução, resultante do inciso V do *caput*, sobre o valor resultante do inciso I;

III – subtrair, do valor apurado na forma do inciso I, o valor obtido no inciso II, o que resultará no valor a ser recolhido a cada entidade ou fundo no mês.

§ 6º As reduções de que tratam o *caput* e o § 5º pressupõem o atendimento ao seguinte:

I – até 31 de dezembro de 2009, a empresa deverá implementar o Programa de Prevenção de Riscos Ambientais e de Doenças Ocupacionais previsto em lei, caracterizado pela plena execução do Programa de Prevenção de Riscos Ambientais – PPRA e do Programa de Controle Médico de Saúde Ocupacional – PCMSO, conforme disciplinado nas normas regulamentadoras do Ministério do Trabalho e Emprego, devendo ainda estabelecer metas de melhoria das condições e do ambiente de trabalho que reduzam a ocorrência de benefícios por incapacidade decorrentes de acidentes do trabalho ou doenças ocupacionais em pelo menos cinco por cento em relação ao ano anterior; (Inciso com redação dada pelo Decreto nº 7331, de 19/10/2010)

a) a responsabilidade pela elaboração do programa de prevenção de riscos ambientais e de doenças ocupacionais será, exclusivamente, de engenheiro com especialização em Engenharia de Segurança do Trabalho, devidamente registrado no Conselho Regional de Engenharia e Arquitetura – CREA, que o assinará;

b) o programa de prevenção de riscos ambientais e de doenças ocupacionais elaborado deverá ser homologado pelas Superintendências Regionais do Trabalho, vinculadas ao Ministério do Trabalho e Emprego, e será colocado à disposição da fiscalização da Secretaria da Receita Federal do Brasil e do Ministério do Trabalho e Emprego sempre que exigido; (Alíneas acrescidas pelo Decreto 6.945, de 21/8/2009)

II – até 31 de dezembro de 2010, a empresa que comprovar estar executando o programa de prevenção de riscos ambientais e de doenças ocupacionais implantado nos prazo e forma estabelecidos no inciso I, terá presumido o atendimento à exigência fixada no inciso I do § 9º do art. 14 da Lei nº 11.774, de 2008;

III – a partir de 1º de janeiro de 2011, a empresa deverá comprovar a eficácia do respectivo programa de prevenção de riscos ambientais e de doenças ocupacionais, por meio de relatórios que atestem o atendimento da meta de redução de sinistralidade nele estabelecida;

IV – (Revogado pelo Decreto nº 7.331, de 19/10/2010)

§ 7º Sem prejuízo do disposto no § 6º, as empresas dos setores de TI e de TIC só farão jus às reduções de que tratam o *caput* e o § 5º se aplicarem montante igual ou superior a dez por cento do benefício auferido, alternativa ou cumulativamente em despesas:

I – para capacitação de pessoal, relacionada a aspectos técnicos associados aos serviços de TI e TIC, referidos no § 3º, bem como a serviços de call centers, aí incluída a capacitação em temas diretamente relacionados com qualidade de produtos, processos ou sistemas, bem como a proficiência em línguas estrangeiras;

II – relacionadas ao desenvolvimento de atividades de avaliação de conformidade, incluindo certificação de produtos, serviços e sistemas, realizadas com entidades ou especialistas do País ou do exterior;

III – realizadas com desenvolvimento tecnológico de produtos, processos e serviços, sendo consideradas atividades de pesquisa e desenvolvimento em TI aquelas dispostas nos arts. 24 e 25 do Decreto nº 5.906, de 26 de setembro de 2006; ou

IV – realizadas no apoio a projetos de desenvolvimento científico ou tecnológico, por instituições de pesquisa e desenvolvimento, conforme definidos nos arts. 27 e 28 do Decreto nº 5.906, de 2006, devidamente credenciadas pelo Comitê da Área de Tecnologia da Informação – CATI ou pelo Comitê das Atividades de Pesquisa e Desenvolvimento da Amazônia – CAPDA.

§ 8º O valor do benefício e a especificação das contrapartidas referidos no § 7º deverão ser declarados formalmente pelas empresas beneficiárias, a cada exercício, ao Ministério da Ciência e Tecnologia, na forma a ser definida em ato daquele Ministério.

§ 9º Para fins do § 8º, as empresas beneficiadas pela Lei nº 8.248, de 23 de outubro de 1991, poderão deduzir do montante previsto no § 7º as despesas efetivamente realizadas, no atendimento às exigências da referida Lei, observado o disposto no § 10.

§ 10. O disposto no § 9º aplica-se exclusivamente às despesas de mesma natureza das previstas no § 7º.

§ 11. A União compensará, mensalmente, o Fundo do Regime Geral de Previdência Social, de que trata o art. 68 da Lei Complementar nº 101, de 4 de maio de 2000, no valor correspondente à renúncia previdenciária decorrente da desoneração de que trata este artigo, de forma a não afetar a apuração do resultado financeiro do Regime Geral de Previdência Social.

§ 12. A renúncia de que trata o § 11 consistirá na diferença entre o valor da contribuição que seria devido, como se não houvesse incentivo, e o valor da contribuição efetivamente recolhido.

§ 13. O valor estimado da renúncia será incluído na Lei Orçamentária Anual, sem prejuízo do repasse enquanto não constar na mencionada Lei.

§ 14. O não cumprimento das exigências de que tratam os §§ 6º e 7º implica a perda do direito das reduções de que tratam o *caput* e o § 5º, ensejando o recolhimento da diferença de contribuições com os acréscimos legais cabíveis.

Art. 202. A contribuição da empresa, destinada ao financiamento da aposentadoria especial, nos termos dos arts. 64 a 70, e dos benefícios concedidos em razão do grau de incidência de incapacidade laborativa decorrente dos riscos ambientais do trabalho corresponde à aplicação dos seguintes percentuais, incidentes sobre o total da remuneração paga, devida ou creditada a qualquer título, no decorrer do mês, ao segurado empregado e trabalhador avulso:

I – um por cento para a empresa em cuja atividade preponderante o risco de acidente do trabalho seja considerado leve;

II – dois por cento para a empresa em cuja atividade preponderante o risco de acidente do trabalho seja considerado médio; ou

III – três por cento para a empresa em cuja atividade preponderante o risco de acidente do trabalho seja considerado grave.

§ 1º As alíquotas constantes do *caput* serão acrescidas de doze, nove ou seis pontos percentuais, respectivamente, se a atividade exercida pelo segurado a serviço da empresa ensejar a concessão de aposentadoria especial após quinze, vinte ou vinte e cinco anos de contribuição.

§ 2º O acréscimo de que trata o parágrafo anterior incide exclusivamente sobre a remuneração do segurado sujeito às condições especiais que prejudiquem a saúde ou a integridade física.

§ 3º Considera-se preponderante a atividade que ocupa, em cada estabelecimento da empresa, o maior número de segurados empregados e de trabalhadores avulsos. *(Redação dada pelo Decreto 10.410/2020)*

§ 3º-A. Considera-se estabelecimento da empresa a dependência, matriz ou filial, que tenha número de Cadastro Nacional da Pessoa Jurídica - CNPJ próprio e a obra de construção civil executada sob sua responsabilidade. *(Acrescido pelo Decreto 10.410/2020)*

§ 4º A atividade econômica preponderante da empresa e os respectivos riscos de acidentes do trabalho compõem a Relação de Atividades Preponderantes e correspondentes Graus de Risco, prevista no Anexo V.

§ 5º É de responsabilidade da empresa realizar o enquadramento na atividade preponderante, cabendo à Secretaria da Receita Previdenciária do Ministério da Previdência Social revê-lo a qualquer tempo. (Parágrafo com redação dada pelo Decreto nº 6.042, de 12/2/2007)

§ 6º Verificado erro no autoenquadramento, a Secretaria da Receita Previdenciária adotará as medidas necessárias à sua correção, orientará o responsável pela empresa em caso de recolhimento indevido e procederá à notificação dos valores devidos. (Parágrafo com redação dada pelo Decreto nº 6.042, de 12/2/2007)

§ 7º O disposto neste artigo não se aplica à pessoa física de que trata a alínea a do inciso V do *caput* do art. 9º.

§ 8º Quando se tratar de produtor rural pessoa jurídica que se dedique à produção rural e contribua nos moldes do inciso IV do *caput* do art. 201, a contribuição referida neste artigo corresponde a zero vírgula um por cento incidente sobre a receita bruta proveniente da comercialização de sua produção.

§ 9º (Revogado pelo Decreto nº 3.265, de 29/11/1999)

§ 10. Será devida contribuição adicional de doze, nove ou seis pontos percentuais, a cargo da cooperativa de produção, incidente sobre a remuneração paga, devida ou creditada ao cooperado filiado, na hipótese de exercício de atividade que autorize a concessão de aposentadoria especial após quinze, vinte ou vinte e cinco anos de contribuição, respectivamente. (Parágrafo acrescido pelo Decreto nº 4.729, de 9/6/2003)

§§ 11 e 12. *(Revogados pelo Decreto 10.410/2020)*

§ 13. A empresa informará mensalmente, por meio da Guia de Recolhimento do Fundo de Garantia do Tempo de Serviço e Informações à Previdência Social - GFIP, a alíquota correspondente ao seu grau de risco, a respectiva atividade preponderante e a atividade do estabelecimento, apuradas de acordo com o disposto nos §§ 3º e 5º. (Parágrafo acrescido pelo Decreto nº 6.042, de 12/2/2007)

Art. 202-A. As alíquotas a que se refere o *caput* do art. 202 serão reduzidas em até cinquenta por cento ou aumentadas em até cem por cento em razão do desempenho da empresa, individualizada pelo seu CNPJ em relação à sua atividade econômica, aferido pelo Fator Acidentário de Prevenção - FAP. *(Redação dada pelo Decreto 10.410/2020)*

§ 1º O FAP consiste em multiplicador variável em um intervalo contínuo de cinco décimos a dois inteiros aplicado à respectiva alíquota, considerado o critério de truncamento na quarta casa decimal. *(Redação dada pelo Decreto 10.410/2020)*

§ 2º Para fins da redução ou da majoração a que se refere o *caput*, o desempenho da empresa, individualizada pelo seu CNPJ será discriminado em relação à sua atividade econômica, a partir da criação de índice composto pelos índices de gravidade, de frequência e de custo que pondera os respectivos percentis. *(Redação dada pelo Decreto 10.410/2020)*

§ 3º (Revogado pelo Decreto 6.957/2009)

§ 4º Os índices de frequência, gravidade e custo serão calculados segundo metodologia aprovada pelo Conselho Nacional de Previdência Social, levando-se em conta: (*Caput* do parágrafo acrescido pelo Decreto nº 6.042, de 12/2/2007)

I – para o índice de frequência, os registros de acidentes ou benefícios de natureza acidentária; *(Redação dada pelo Decreto 10.410/2020)*

II – para o índice de gravidade, as hipóteses de auxílio por incapacidade temporária, auxílio-acidente, aposentadoria por incapacidade permanente, pensão por morte e morte de natureza acidentária, aos quais são atribuídos pesos diferentes em razão da gravidade da ocorrência, da seguinte forma: *(Redação dada pelo Decreto 10.410/2020)*

a) pensão por morte e morte de natureza acidentária - peso de cinquenta por cento;

b) aposentadoria por incapacidade permanente - peso de trinta por cento; e

c) auxílio por incapacidade temporária e auxílio-acidente - peso de dez por cento para cada; e

III – para o índice de custo, os valores dos benefícios de natureza acidentária pagos ou devidos pela previdência social. *(Redação dada pelo Decreto 10.410/2020)*

a) e b) (Revogadas pelo Decreto 10.410/2020);

§ 5º O Ministério da Economia publicará, anualmente, no Diário Oficial da União, portaria para disponibilizar consulta ao FAP e aos róis dos percentis de frequência, gravidade e custo por subclasse da Classificação Nacional de Atividades Econômicas. *(Redação dada pelo Decreto 10.410/2020)*

§ 6º O FAP produzirá efeitos tributários a partir do primeiro dia do quarto mês subsequente ao de sua divulgação. (Parágrafo acrescido pelo Decreto nº 6.042, de 12/2/2007)

§ 7º Para o cálculo anual do FAP, serão utilizados os dados de janeiro a dezembro de cada ano, até completar o período de dois anos, a partir do qual os dados do ano inicial serão substituídos pelos novos dados anuais incorporados. (Parágrafo com redação dada pelo Decreto nº 6.957, de 9/9/2009)

§ 8º O FAP será calculado a partir de 1º de janeiro do ano seguinte àquele ano em que o estabelecimento completar dois anos de sua constituição. *(Redação dada pelo Decreto 10.410/2020)*

§ 9º *(Revogado pelo Decreto 10.410/2020)*

§ 10. A metodologia aprovada pelo Conselho Nacional de Previdência indicará a sistemática de cálculo e a forma de aplicação de índices e critérios acessórios à composição do índice composto do FAP. *(Redação dada pelo Decreto 10.410/2020)*

Art. 202-B. *(Revogado pelo Decreto 10.410/2020)*

Art. 203. A fim de estimular investimentos destinados a diminuir os riscos ambientais no trabalho, o Ministério da Previdência e Assistência Social poderá alterar o enquadramento de empresa que demonstre a melhoria das condições do trabalho, com redução dos agravos à saúde do trabalhador, obtida através de investimentos em prevenção e em sistemas gerenciais de risco.

§ 1º A alteração do enquadramento estará condicionada à inexistência de débitos em relação às contribuições devidas ao Instituto Nacional do Seguro Social e aos demais requisitos estabelecidos pelo Ministério da Previdência e Assistência Social.

§ 2º O Instituto Nacional do Seguro Social, com base principalmente na comunicação prevista no art. 336, implementará sistema de controle e acompanhamento de acidentes do trabalho.

§ 3º Verificado o descumprimento por parte da empresa dos requisitos fixados pelo Ministério da Previdência e Assistência Social, para fins de enquadramento de que trata o artigo anterior, o Instituto Nacional do Seguro Social procederá à notificação dos valores devidos.

Art. 204. As contribuições a cargo da empresa, provenientes do faturamento e do lucro, destinadas à seguridade social, arrecadadas, normatizadas, fiscalizadas e cobradas pela Secretaria da Receita Federal. (*Caput* do artigo com redação dada pelo Decreto nº 4.729, de 9/6/2003)

§§ 1º a 3º (Revogados pelo Decreto nº 4.729, de 9/6/2003)

Art. 205. A contribuição empresarial da associação desportiva que mantém equipe de futebol profissional, destinada à seguridade social, em substituição às previstas no inciso I do *caput* do art. 201 e no art. 202, corresponde a cinco por cento da receita bruta decorrente dos espetáculos desportivos de que participe em todo território nacional, em qualquer modalidade desportiva, inclusive jogos internacionais, e de qualquer forma de patrocínio, licenciamento de uso de marcas e símbolos, publicidade, propaganda e transmissão de espetáculos desportivos.

§ 1º Cabe à entidade promotora do espetáculo a responsabilidade de efetuar o desconto de cinco por cento da receita bruta decorrente dos espetáculos desportivos e o respectivo recolhimento do Instituto Nacional do Seguro Social, no prazo de até dois dias úteis após a realização do evento.

§ 2º Cabe à associação desportiva que mantém equipe de futebol profissional informar à entidade promotora do espetáculo desportivo todas as receitas auferidas no evento, discriminando-as detalhadamente.

§ 3º Cabe à empresa ou entidade que repassar recursos a associação desportiva que mantém equipe de futebol profissional, a título de patrocínio, licenciamento de uso de marcas e símbolos, publicidade, propaganda e transmissão de espetáculos, a responsabilidade de reter e recolher, no prazo estabelecido na alínea b do inciso I do art. 216, o percentual de cinco por cento da receita bruta, inadmitida qualquer dedução.

§ 4º O Conselho Deliberativo do Instituto Nacional de Desenvolvimento do Desporto informará ao Instituto Nacional do Seguro Social, com a antecedência necessária, a realização de todo espetáculo esportivo de que a associação desportiva referida no *caput* participe no território nacional.

§ 5º O não recolhimento das contribuições a que se referem os §§ 1º e 3º nos prazos estabelecidos no § 1º deste artigo e na alínea b do inciso I do art. 216, respectivamente, sujeitará os responsáveis ao pagamento de atualização monetária, quando couber, juros moratórios e multas, na forma do art. 239.

§ 6º O não desconto ou a não retenção das contribuições a que se referem os §§ 1º e 3º sujeitará a entidade promotora do espetáculo, a empresa ou a entidade às penalidades previstas no art. 283.

§ 7º O disposto neste artigo não se aplica às demais entidades desportivas, que continuam a contribuir na forma dos arts. 201, 202 e 204, a partir da competência novembro de 1991.

§ 8º O disposto no *caput* e §§ 1º a 6º aplica-se à associação desportiva que mantém equipe de futebol profissional e que se organize na forma da Lei nº 9.615, de 24 de março de 1998.

SEÇÃO II
DA ISENÇÃO DE CONTRIBUIÇÕES

Arts. 206 a 210. (Revogado pelo Decreto nº 7.237, de 20/7/2010)

SEÇÃO III
DA CONTRIBUIÇÃO DO EMPREGADOR DOMÉSTICO

Art. 211. A contribuição previdenciária do empregador doméstico sobre o salário de contribuição do empregado doméstico a seu serviço será de: *(Redação dada pelo Decreto 10.410/2020)*

I – oito por cento de contribuição patronal; e *(Acrescido pelo Decreto 10.410/2020)*

II – oito décimos por cento de contribuição social para financiamento do seguro contra acidentes do trabalho. *(Acrescido pelo Decreto 10.410/2020)*

Art. 211-A. O empregador doméstico não poderá contratar o MEI, de que trata o § 26 do art. 9º, quando existentes os elementos da relação de emprego doméstico, sob pena de ficar sujeito às obrigações dela decorrentes, inclusive trabalhistas, tributárias e previdenciárias. *(Acrescido pelo Decreto 10.410/2020)*

Art. 211-B. O Simples Doméstico, instituído pela Lei Complementar nº 150, de 1º de junho de 2015, assegurará o recolhimento mensal por meio de documento único de arrecadação dos seguintes valores: *(Acrescido pelo Decreto 10.410/2020)*

I – sete inteiros e cinco décimos por cento a quatorze por cento de contribuição previdenciária, a cargo do segurado empregado doméstico, nos termos do disposto no art. 198;

II – oito por cento de contribuição patronal previdenciária, a cargo do empregador doméstico, nos termos do disposto no art. 211;

III – oito décimos por cento de contribuição social para financiamento do seguro contra acidentes do trabalho, nos termos do disposto no art. 211;

IV – oito por cento de contribuição para o FGTS;

V – três inteiros e dois décimos por cento de contribuição para fins de aplicação do disposto no art. 22 da Lei Complementar nº 150, de 2015; e

VI – quando couber, percentual referente ao imposto sobre a renda retido na fonte de que trata o inciso I do *caput* do art. 7º da Lei nº 7.713, de 22 de dezembro de 1988.

§ 1º As contribuições, os depósitos e o imposto de que tratam os incisos I ao VI do *caput* incidem sobre a remuneração paga ou devida no mês anterior a cada empregado doméstico, incluída na remuneração a gratificação de natal.

§ 2º A contribuição e o imposto de que tratam os incisos I e VI do *caput* serão descontados da remuneração do empregado doméstico pelo empregador doméstico, que é responsável por seu recolhimento.

§ 3º O produto da arrecadação das contribuições, dos depósitos e do imposto de que trata o *caput* será centralizado na Caixa Econômica Federal.

§ 4º A Caixa Econômica Federal, com base nos elementos identificadores do recolhimento, disponíveis no sistema do Simples Doméstico, transferirá para a Conta Única do Tesouro Nacional o valor arrecadado das contribuições e do imposto de que tratam os incisos I, II, III e VI do *caput*.

§ 5º O recolhimento de que trata o *caput* será efetuado em instituições financeiras integrantes da rede arrecadadora de receitas federais.

§ 6º O empregador doméstico fornecerá, mensalmente, ao empregado doméstico cópia do documento a que se refere o *caput*.

§ 7º O recolhimento mensal, por meio de documento único de arrecadação, e a exigência das contribuições, dos depósitos e do imposto, nos valores definidos nos incisos I ao VI do *caput*, somente serão devidos a partir da competência outubro de 2015.

Art. 211-C. O empregador doméstico fica obrigado a pagar a remuneração devida ao empregado doméstico e a arrecadar e a recolher as contribuições, os depósitos e o imposto a que se referem os incisos I ao VI do *caput* do art. 211-B até o dia 7 do mês seguinte ao da competência. *(Acrescido pelo Decreto 10.410/2020)*

§ 1º Os valores a que se referem os incisos I, II, III e VI do *caput* do art. 211-B não recolhidos até a data de vencimento estarão sujeitos à incidência de encargos legais na forma prevista na legislação do imposto sobre a renda.

§ 2º Os valores a que se referem os incisos IV e V do *caput* referentes ao FGTS não recolhidos até a data de vencimento serão corrigidos e terão a incidência de multa, observado o disposto na Lei nº 8.036, de 11 de maio de 1990.

CAPÍTULO V
DA CONTRIBUIÇÃO SOBRE A RECEITA DE CONCURSOS DE PROGNÓSTICOS

Art. 212. Constitui receita da seguridade social a renda líquida dos concursos de prognósticos, excetuando-se os valores destinados ao Programa de Crédito Educativo.

§ 1º Consideram-se concurso de prognósticos todo e qualquer concurso de sorteio de números ou quaisquer outros símbolos, loterias e apostas de qualquer natureza no âmbito federal, estadual, do Distrito Federal ou municipal, promovidos por órgãos do Poder Público ou por sociedades comerciais ou civis.

§ 2º A contribuição de que trata este artigo constitui-se de:

I – renda líquida dos concursos de prognósticos realizados pelos órgãos do Poder Público destinada à seguridade social de sua esfera de governo;

II – cinco por cento sobre o movimento global de apostas em prado de corridas; e

III – cinco por cento sobre o movimento global de sorteio de números ou de quaisquer modalidades de símbolos.

§ 3º Para o efeito do disposto no parágrafo anterior, entende-se como:

I – renda líquida – o total da arrecadação, deduzidos os valores destinados ao pagamento de prêmios, de impostos e de despesas com administração;

II – movimento global das apostas – total das importâncias relativas às várias modalidades de jogos, inclusive o de acumulada, apregoadas para o público no prado de corrida, subsede ou outra dependência da entidade; e

III – movimento global de sorteio de números – o total da receita bruta, apurada com a venda de cartelas, cartões ou quaisquer outras modalidades, para sorteio realizado em qualquer condição.

CAPÍTULO VI
DAS OUTRAS RECEITAS DA SEGURIDADE SOCIAL

Art. 213. Constituem outras receitas da seguridade social:

I – as multas, a atualização monetária e os juros moratórios;

II – a remuneração recebida pela prestação de serviços de arrecadação, fiscalização e cobrança prestados a terceiros;

III – as receitas provenientes de prestação de outros serviços e de fornecimento ou arrecadamento de bens;

IV – as demais receitas patrimoniais, industriais e financeiras;

V – as doações, legados, subvenções e outras receitas eventuais;

VI – cinquenta por cento da receita obtida na forma do parágrafo único do art. 243 da Constituição Federal, repassados pelo Instituto Nacional do Seguro Social aos órgãos responsáveis pelas ações de proteção à saúde e a ser aplicada no tratamento e recuperação de viciados em entorpecentes e drogas afins;

VII – quarenta por cento do resultado dos leilões dos bens apreendidos pela Secretaria da Receita Federal; e

VIII – outras receitas previstas em legislação específica.

Parágrafo único. As companhias seguradoras que mantém seguro obrigatório de danos pessoais causados por veículos automotores de vias terrestres, de que trata a Lei nº 6.194, de 19 de dezembro de 1974, deverão repassar à seguridade social cinquenta por cento do valor total do prêmio recolhido, destinados ao Sistema Único de Saúde, para custeio da assistência médico-hospitalar dos segurados vitimados em acidentes de trânsito. (Parágrafo único com redação dada pelo Decreto nº 3.265, de 29/11/1999)

CAPÍTULO VII
DO SALÁRIO DE CONTRIBUIÇÃO

Art. 214. Entende-se por salário de contribuição:

I – para o empregado e o trabalhador avulso: a remuneração auferida em uma ou mais empresas, assim entendida a totalidade dos rendimentos pagos, devidos ou creditados a qualquer título, durante o mês, destinados a retribuir o trabalho, qualquer que seja a sua forma, inclusive as gorjetas, os ganhos habituais sob a forma de utilidades e os adiantamentos decorrentes de reajuste salarial, quer pelos serviços efetivamente prestados, quer pelo tempo à disposição do empregador ou tomador de serviços, nos termos da lei ou do contrato ou, ainda, de convenção ou acordo coletivo de trabalho ou sentença normativa;

II – para o empregado doméstico: a remuneração registrada na Carteira Profissional e/ou na Carteira de Trabalho e Previdência Social, observados os limites mínimo e máximo previstos nos §§ 3º e 5º;

III – para o contribuinte individual: a remuneração auferida em uma ou mais empresas ou pelo exercício de sua atividade por conta própria, durante o mês, observados os limites a que se referem os §§ 3º e 5º; (Inciso com redação dada pelo Decreto nº 3.265, de 29/11/1999)

IV – para o dirigente sindical na qualidade de empregado: a remuneração paga, devida ou creditada pela entidade sindical, pela empresa ou por ambas; e

V – para o dirigente sindical na qualidade de trabalhador avulso: a remuneração paga, devida ou creditada pela entidade sindical.

VI – para o segurado facultativo: o valor por ele declarado, observados os limites a que se referem os §§ 3º e 5º; (Inciso acrescido pelo Decreto nº 3.265, de 29/11/1999)

§ 1º Quando a admissão, a dispensa, o afastamento ou a falta do empregado, inclusive o doméstico, ocorrer no curso do mês, o salário de contribuição será proporcional ao número de dias efetivamente trabalhados, observadas as normas estabelecidas pelo Instituto Nacional do Seguro Social.

§ 2º O salário-maternidade é considerado salário de contribuição.

§ 3º O limite mínimo do salário de contribuição corresponde: (Redação dada pelo Decreto 10.491/2020)

I – para os segurados contribuinte individual e facultativo, ao salário-mínimo, tomado no seu valor mensal; e (Redação dada pelo Decreto 10.491/2020)

II – para os segurados empregado, inclusive o doméstico, e trabalhador avulso, ao piso salarial legal ou normativo da categoria ou, inexistindo este, ao salário mínimo, tomado no seu valor mensal, diário ou horário, conforme o ajustado e o tempo de trabalho efetivo durante o mês. (Parágrafo com redação dada pelo Decreto nº 3.265, de 29/11/1999)

§ 4º A remuneração adicional de férias de que trata o inciso XVII do art. 7º da Constituição Federal integra o salário de contribuição.

§ 5º O valor do limite máximo do salário de contribuição será publicado mediante portaria do Ministério da Previdência e Assistência Social, sempre que ocorrer alteração do valor dos benefícios.

- *Valores e alíquotas sujeitos a atualização por meio de ato do Ministério ou Órgão competente.*

§ 6º A gratificação natalina – décimo terceiro salário – integra o salário de contribuição, exceto para o cálculo do salário de benefício, sendo devida a contribuição quando do pagamento ou crédito da última parcela ou na rescisão do contrato de trabalho.

§ 7º A contribuição de que trata o § 6º incidirá sobre o valor bruto da gratificação, sem compensação dos adiantamentos pagos, mediante aplicação, em separado, da tabela de que trata o art. 198 e observadas as normas estabelecias pelo Instituto Nacional do Seguro Social.

§ 8º *(Revogado pelo Decreto 10.410/2020)*

§ 9º Não integram o salário de contribuição, exclusivamente:

I – os benefícios da previdência social, nos termos e limites legais, ressalvado o disposto no § 2º;

II – a ajuda de custo e o adicional mensal recebidos pelo aeronauta, nos termos da Lei nº 5.929, de 30 de outubro de 1973;

III – a parcela in natura recebida de acordo com programa de alimentação aprovado pelo Ministério do Trabalho e Emprego, nos termos da Lei nº 6.321, de 14 de abril de 1976;

IV – as importâncias recebidas a título de férias indenizadas e respectivo adicional constitucional, inclusive o valor correspondente à dobra da remuneração de férias de que trata o art. 137 da Consolidação das Leis do Trabalho;

V – as importâncias recebidas a título de:

a) indenização compensatória de quarenta por cento do montante depositado no Fundo de Garantia do Tempo de Serviço, como proteção à relação de emprego contra despedida arbitrária ou sem justa causa, conforme disposto no inciso I do art. 10 do Ato das Disposições Constitucionais Transitórias;

b) indenização por tempo de serviço, anterior a 5 de outubro de 1988, do empregado não optante pelo Fundo de Garantia do Tempo de Serviço;

c) indenização por despedida sem justa causa do empregado nos contratos por prazo determinado, conforme estabelecido no art. 479 da Consolidação das Leis do Trabalho;

d) indenização do tempo de serviço do safrista, quando da expiração normal do contrato, conforme disposto no art. 14 da Lei nº 5.889, de 8 de junho de 1973;

e) incentivo à demissão;

f) (Revogada pelo Decreto nº 6.727, de 12/1/2009)

g) indenização por dispensa sem justa causa no período de trinta dias que antecede a correção salarial a que se refere o art. 9º da Lei nº 7.238, de 29 de outubro de 1984;

h) indenizações previstas nos arts. 496 e 497 da Consolidação das Leis do Trabalho;

i) abono de férias na forma dos arts. 143 e 144 da Consolidação das Leis do Trabalho;

j) ganhos eventuais expressamente desvinculados do salário por força de lei; *(Redação dada pelo Decreto 10.410/2020)*

k) licença-prêmio indenizada; *(Acrescida pelo Decreto 10.410/2020)*

l) outras indenizações, desde que expressamente previstas em lei; e *(Redação dada pelo Decreto 10.410/2020)*

m) importâncias, ainda que habituais, pagas a título de ajuda de custo, auxílio-alimentação, vedado o seu pagamento em dinheiro, e diárias para viagem; e *(Acrescida pelo Decreto 10.410/2020)*

n) prêmios e abonos; *(Acrescida pelo Decreto 10.410/2020)*

VI – a parcela recebida a título de vale-transporte, ainda que paga em dinheiro, na forma da legislação própria; *(Redação dada pelo Decreto 10.410/2020)*

VII – a ajuda de custo, em parcela única, recebida exclusivamente em decorrência de mudança de local de trabalho do empregado, na forma do art. 470 da Consolidação das Leis do Trabalho;

VIII – *(Revogado pelo Decreto 10.410/2020)*

IX – a importância recebida a título de bolsa de complementação educacional de estagiário, quando paga nos termos do disposto na Lei nº 11.788, de 2008; *(Redação dada pelo Decreto 10.410/2020)*

X – a participação do empregado nos lucros ou resultados da empresa, quando paga ou creditada de acordo com lei específica;

XI – o abono do Programa de Integração Social/Programa de Assistência ao Servidor Público;

XII – os valores correspondentes a transporte, alimentação e habitação fornecidos pela empresa ao empregado contratado para trabalhar em localidade distante da de sua residência, em canteiro de obras ou local que, por força da atividade, exija deslocamento e estada, observadas as normas de proteção estabelecidas pelo Ministério do Trabalho e Emprego;

XIII – a importância paga ao empregado a título de complementação ao valor do auxílio-doença desde que este direito seja extensivo à totalidade dos empregados da empresa;

XIV – as parcelas destinadas à assistência ao trabalhador da agroindústria canavieira de que trata o art. 36 da Lei nº 4.870, de 1º de dezembro de 1965;

XV – o valor das contribuições efetivamente pago pela pessoa jurídica relativo a programa de previdência complementar privada, aberta ou fechada, desde que disponível à totalidade de seus empregados e dirigentes, observados, no que couber, os arts. 9º e 468 da Consolidação das Leis do Trabalho;

XVI – o valor relativo à assistência prestada por serviço médico ou odontológico, próprio ou não, inclusive o reembolso de despesas com medicamentos, óculos, aparelhos ortopédicos, próteses, órteses, despesas médico-hospitalares e outras similares, mesmo quando concedido em diferentes modalidades de planos e coberturas; *(Redação dada pelo Decreto 10.410/2020)*

XVII – o valor correspondente a vestuários, equipamentos e outros acessórios fornecidos ao empregado e utilizados no local do trabalho para prestação dos respectivos serviços;

XVIII – o ressarcimento de despesas pelo uso de veículo do empregado, quando devidamente comprovadas; (Inciso com redação dada pelo Decreto nº 3.265, de 29/11/1999)

XIX – o valor relativo a plano educacional ou bolsa de estudo que vise à educação básica de empregados e de seus dependentes e, desde que vinculada às atividades desenvolvidas pela empresa, à educação profissional e tecnológica de empregados, nos termos do disposto na Lei nº 9.394, de 20 de dezembro de 1996, observados os seguintes requisitos: *(Redação dada pelo Decreto 10.410/2020)*

a) o valor não ser utilizado em substituição de parcela salarial; e *(Acrescida pelo Decreto 10.410/2020)*

b) o valor mensal do plano educacional ou da bolsa de estudo, considerado individualmente, não ultrapassar cinco por cento do valor da remuneração do segurado a que se destina ou o valor correspondente a cento e cinquenta por cento do valor do limite mínimo mensal do salário de contribuição, o que for maior; *(Acrescida pelo Decreto 10.410/2020)*

XX – (Revogado pelo Decreto 3.265/1999)

XXI – os valores recebidos em decorrência da cessão de direitos autorais; e

XXII – o valor da multa paga ao empregado em decorrência da mora no pagamento das parcelas constantes do instrumento de rescisão do contrato de trabalho, conforme previsto no § 8º do art. 477 da Consolidação das Leis do Trabalho.

XXIII – o reembolso creche pago em conformidade com a legislação trabalhista, observado o limite máximo de seis anos de idade da criança, quando devidamente comprovadas as despesas; (Inciso acrescido pelo Decreto nº 3.265, de 29/11/1999)

XXIV – o reembolso babá, limitado ao menor salário de contribuição mensal e condicionado à comprovação do registro na Carteira de Trabalho e Previdência Social da empregada, do pagamento da remuneração e do recolhimento da contribuição previdenciária, pago em conformidade com a legislação trabalhista, observado o limite máximo de seis anos de idade da criança; e (Inciso acrescido pelo Decreto nº 3.265, de 29/11/1999)

XXV – o valor das contribuições efetivamente pago pela pessoa jurídica relativo a prêmio de seguro de vida em grupo, desde que previsto em acordo ou convenção coletiva de trabalho e disponível à totalidade de seus empregados e dirigentes, observados, no que couber, os arts. 9º e 468 da Consolidação das Leis do Trabalho. (Inciso acrescido pelo Decreto nº 3.265, de 29/11/1999)

XXVI – o valor correspondente ao vale-cultura. *(Acrescido pelo Decreto 10.410/2020)*

§ 10. As parcelas referidas no parágrafo anterior, quando pagas ou creditadas em desacordo com a legislação pertinente, integram o salário de contribuição para todos os fins e efeitos, sem prejuízo da aplicação das cominações legais cabíveis.

§ 11. Para a identificação dos ganhos habituais recebidos sob a forma de utilidades, deverão ser observados:

I – os valores reais das utilidades recebidas; ou

II – os valores resultantes da aplicação dos percentuais estabelecidos em lei em função do salário mínimo, aplicados sobre a remuneração paga caso não haja determinação dos valores de que trata o inciso I.

§ 12. O valor pago à empregada gestante, inclusive à doméstica, em função do disposto na alínea b do inciso II do art. 10 do Ato das Disposições Constitucionais Transitórias da Constituição Federal, integra o salário de contribuição, excluídos os casos de conversão em indenização previstos nos arts. 496 e 497 da Consolidação das Leis do Trabalho.

§ 13. *(Revogado pelo Decreto 10.410/2020)*

§ 14. A incidência da contribuição sobre a remuneração das férias ocorrerá no mês a que elas se referirem, mesmo quando pagas antecipadamente na forma da legislação trabalhista;

§ 15. O valor mensal do auxílio-acidente integra o salário de contribuição, para fins de cálculo do salário de benefício de qualquer aposentadoria, observado, no que couber, o disposto no art. 32.

§ 16. Não se considera remuneração direta ou indireta os valores despendidos pelas entidades religiosas e instituições de ensino vocacional com ministro de confissão religiosa, membros de instituto de vida consagrada, de congregação ou de ordem religiosa em face do seu mister religioso ou para sua subsistência, desde que fornecidos em condições que independam da natureza e da quantidade do trabalho executado. (Parágrafo acrescido pelo Decreto nº 4.032, de 26/11/2001)

§ 17. Para fins de aplicação do disposto no § 16 *(Acrescido pelo Decreto 10.410/2020)*

I – os critérios informadores dos valores despendidos pelas entidades religiosas e instituições de ensino vocacional aos ministros de confissão religiosa, membros de vida consagrada, de congregação ou de ordem religiosa não são taxativos e, sim, exemplificativos; e

II – os valores despendidos, ainda que pagos de forma e em montante diferenciados, em pecúnia ou a título de ajuda de custo de moradia, transporte ou formação educacional, vinculados exclusivamente à atividade religiosa não configuram remuneração direta ou indireta.

§ 18. Para fins do disposto neste artigo, consideram-se prêmios as liberalidades concedidas pelo empregador em forma de bens, serviços ou valores em dinheiro a empregado ou a grupo de empregados, em razão de desempenho superior ao ordinariamente esperado no exercício de suas atividades. *(Acrescido pelo Decreto 10.410/2020)*

§ 19. O salário de contribuição do condutor autônomo de veículo rodoviário, inclusive o taxista e o motorista de transporte remunerado privado individual de passageiros, do auxiliar de condutor autônomo e do operador de trator, máquina de terraplanagem, colheitadeira e assemelhados, sem vínculo empregatício, a que se referem os incisos I e II do § 15 do art. 9º, e do cooperado filiado a cooperativa de transportadores autônomos corresponde a vinte por cento do valor bruto auferido pelo frete, carreto ou transporte e não se admite a dedução de qualquer valor relativo aos dispêndios com combustível e manutenção do veículo. (Acrescido pelo Decreto nº 10.491/2020)

§ 20. (Revogado pelo Decreto nº 10.491/2020)

Art. 215. (Revogado pelo Decreto nº 3.265, de 29/11/2006)

CAPÍTULO VIII DA ARRECADAÇÃO E RECOLHIMENTO DAS CONTRIBUIÇÕES

SEÇÃO I DAS NORMAS GERAIS DE ARRECADAÇÃO

Art. 216. A arrecadação e o recolhimento das contribuições e de outras importâncias devidas à seguridade social, observado o que a respeito dispuserem o Instituto Nacional do Seguro Social e a Secretaria da Receita Federal, obedecem às seguintes normas gerais:

I – a empresa é obrigada a:

a) arrecadar a contribuição do segurado empregado, do trabalhador avulso e do contribuinte individual a seu serviço, descontando-a da respectiva remuneração; (Alínea com redação dada pelo Decreto nº 4.729, de 9/6/2003)

b) recolher o produto arrecadado na forma da alínea a e as contribuições a seu cargo incidentes sobre as remunerações pagas, devidas ou creditadas, a qualquer título, inclusive adiantamentos decorrentes de reajuste salarial, acordo ou convenção coletiva, aos segurados empregado, contribuinte individual e trabalhador avulso a seu serviço, e sobre o valor bruto da nota fiscal ou fatura de serviço, relativo a serviços que lhe tenham sido prestados por cooperados, por intermédio de cooperativas de trabalho, até o dia vinte do mês seguinte àquele a que se referirem as remunerações, bem como as importâncias retidas na forma do art. 219, até o dia vinte do mês seguinte àquele da emissão da nota fiscal ou fatura, antecipando-se o vencimento para o dia útil imediatamente anterior quando não houver expediente bancário no dia vinte; (Alínea com redação dada pelo Decreto nº 6.722, de 30/12/2008)

c) recolher as contribuições de que trata o art. 204, na forma e prazos definidos pela legislação tributária federal; (Alínea com redação dada pelo Decreto nº 4.729, de 9/6/2003)

II – os segurados contribuinte individual, quando exercer atividade econômica por conta própria ou prestar serviço a pessoa física ou a outro contribuinte individual, produtor rural pessoa física, missão diplomática ou repartição consular de carreira estrangeiras, ou quando tratar-se de brasileiro civil que trabalha no exterior para organismo oficial internacional do qual o Brasil seja membro efetivo, ou ainda, na hipótese do § 28, e o facultativo estão obrigados a recolher sua contribuição, por iniciativa própria, até o dia quinze do mês seguinte àquele a que as contribuições se referirem, prorrogando-se o vencimento para o dia útil subsequente quando não houver expediente bancário no dia quinze, facultada a opção prevista no § 15; (Inciso com redação dada pelo Decreto nº 4.729, de 9/6/2003)

III – a empresa adquirente, consumidora ou consignatária ou a cooperativa são obrigadas a recolher a contribuição de que trata o art. 200 no prazo referido na alínea b do inciso I, no mês subsequente ao da operação de venda ou consignação da produção rural, independentemente de estas operações terem sido realizadas diretamente com o produtor ou com o intermediário pessoa física;

IV – o produtor rural pessoa física e o segurado especial são obrigados a recolher a contribuição de que trata o art. 200 no prazo referido na alínea b do inciso I, no mês subsequente ao da operação de venda, caso comercializem a sua produção com adquirente domiciliado no exterior, diretamente, no varejo, a consumidor pessoa física, a outro produtor rural pessoa física ou a outro segurado especial;

V – (Revogado pelo Decreto nº 3.452, de 9/5/2000)

VI – a pessoa física não produtor rural que adquire produção para venda, no varejo, a consumidor pessoa física é obrigada a recolher a contribuição de que trata o art. 200 no prazo referido na alínea b do inciso I, no mês subsequente ao da operação de venda;

VII – o produtor rural pessoa jurídica é obrigado a recolher a contribuição de que trata o inciso IV do *caput* do art. 201 e o § 8º do art. 202 no prazo referido na alínea b do inciso I, no mês subsequente ao da operação de venda; (Inciso com redação dada pelo Decreto nº 3.452, de 9/5/2000)

VIII – o empregador doméstico fica obrigado a arrecadar a contribuição do segurado empregado doméstico a seu serviço e recolhê-la, além dos demais valores de que trata o *caput* do art. 211-B, até o dia 7 do mês seguinte ao da competência; *(Redação dada pelo Decreto 10.410/2020)*

VIII-A - durante o período da licença-maternidade da empregada doméstica, o empregador doméstico fica obrigado a recolher apenas os valores de que tratam os incisos II ao V do *caput* do art. 211-B; *(Acrescido pelo Decreto 10.410/2020)*

IX – a empresa que remunera empregado licenciado para exercer mandato de dirigente sindical é obrigada a recolher a contribuição deste, bem como as parcelas a seu cargo, na forma deste artigo;

X – a entidade sindical que remunera dirigente que mantém a qualidade de segurado empregado, licenciado da empresa, ou trabalhador avulso é obrigada a recolher a contribuição destes, bem como as parcelas a seu cargo, na forma deste artigo; e

XI – a entidade sindical que remunera dirigente que mantém a qualidade de segurado contribuinte individual é obrigada a recolher a contribuição prevista no inciso II do *caput* do art. 201 na forma deste artigo, observado o disposto no § 26; (Inciso com redação dada pelo Decreto nº 4.729, de 9/6/2003)

XII – a empresa que remunera contribuinte individual é obrigada a fornecer a este comprovante do pagamento do serviço prestado consignando, além dos valores da remuneração e do desconto feito, o número da inscrição do segurado no Instituto Nacional do Seguro Social; (Inciso com redação dada pelo Decreto nº 4.729, de 9/6/2003)

XIII – cabe ao empregador, durante o período de licença-maternidade da empregada, recolher apenas a parcela da contribuição a seu cargo. (Inciso acrescido pelo Decreto nº 3.452, de 9/5/2000)

§ 1º O desconto da contribuição do segurado incidente sobre o valor bruto da gratificação natalina – décimo terceiro salário – é devido quando do pagamento ou crédito da última parcela e deverá ser calculado em separado, observado o § 7º do art. 214, e recolhida, juntamente com a contribuição a cargo da empresa, até o dia vinte do mês de dezembro, antecipando-se o vencimento para o dia útil imediatamente anterior se não houver expediente bancário no dia vinte. (Parágrafo com redação dada pelo Decreto nº 4.729, de 9/6/2003)

§ 1º-A. O empregador doméstico pode recolher a contribuição do segurado empregado a seu serviço e a parcela a seu cargo relativas à competência novembro até o dia 20 de dezembro, juntamente com a contribuição referente à gratificação natalina – décimo terceiro salário – utilizando-se de um único documento de arrecadação. (Parágrafo acrescido pelo Decreto nº 6.722, de 30/12/2008)

§ 2º Se for o caso, a contribuição de que trata o § 1º será atualizada monetariamente a partir da data prevista para o seu recolhimento, utilizando-se o mesmo indexador definido para as demais contribuições arrecadadas pelo Instituto Nacional do Seguro Social.

§ 3º No caso de rescisão de contrato de trabalho, as contribuições devidas serão recolhidas no mesmo prazo referido na alínea b do inciso I, do mês subsequente à rescisão, computando-se em separado a parcela referente à gratificação natalina – décimo terceiro salário.

§ 4º A pessoa jurídica de direito privado beneficiada pela isenção de que tratam os arts. 206 ou 207 é obrigada a arrecadar a contribuição do segurado empregado e do trabalhador avulso a seu serviço, descontando-a da respectiva remuneração, e recolhê-la no prazo referido na alínea b do inciso I.

§ 5º O desconto da contribuição e da consignação legalmente determinado sempre se presumirá feito, oportuna e regularmente, pela empresa, pelo empregador doméstico, pelo adquirente, consignatário e cooperativa a isso obrigados, não lhes sendo lícito alegarem qualquer omissão para se eximirem do recolhimento, ficando os mesmos diretamente responsáveis pelas importâncias que deixarem de descontar ou tiverem descontado em desacordo com este Regulamento.

§ 6º Sobre os valores das contribuições arrecadadas pelo Instituto Nacional do Seguro Social e não recolhidas até a data de seu vencimento serão aplicadas na data do pagamento as disposições dos arts. 238 e 239.

§ 7º Para apuração e constituição dos créditos a que se refere o § 1º do art. 348, a seguridade social utilizará como base de incidência o valor da média aritmética simples dos maiores salários de contribuição correspondentes a oitenta por cento de todo o período contributivo decorrido desde a competência julho de 1994, corrigidos mês a mês pelos mesmos índices utilizados para a obtenção do salário de benefício, observado o limite máximo a que se refere o § 5º do art. 214. *(Redação dada pelo Decreto 10.410/2020)*

§ 7º-A. O valor do salário de contribuição mensal, calculado na forma prevista no § 7º, sofrerá desindexação para apropriação no CNIS, conforme critérios definidos pelo INSS. *(Acrescido pelo Decreto 10.410/2020)*

§ 8º (Revogado pelo Decreto 6.722, de 30/12/2008).

§ 9º No caso de o segurado manifestar interesse em indenizar contribuições relativas a período em que o exercício de atividade remunerada não exigia filiação obrigatória à previdência social, aplica-se, desde que a atividade tenha se tornado de filiação obrigatória, o disposto no § 7º. (Parágrafo com redação dada pelo Decreto nº 6.722, de 30/12/2008)

§ 10. O disposto no § 7º não se aplica aos casos de contribuições em atraso de segurado contribuinte individual não alcançadas pela decadência do direito de a previdência social constituir o respectivo crédito, obedecendo-se, em relação a elas, às disposições do *caput* e §§ 2º a 6º do art. 239. (Parágrafo com redação dada pelo Decreto nº 6.722, de 30/12/2008)

§ 11. Para o segurado recolher contribuições relativas a período anterior à sua inscrição, aplica-se o disposto nos §§ 7º a 10.

§ 12. Somente será feito o reconhecimento da filiação nas situações referidas nos §§ 7º, 9º e 11 após o efetivo recolhimento das contribuições relativas ao período em que for comprovado o exercício da atividade remunerada. (Parágrafo com redação dada pelo Decreto nº 3.265, de 29/11/1999)

§ 13. No caso de indenização relativa ao exercício de atividade remunerada para fins de contagem recíproca correspondente a período de filiação obrigatória ou não, na forma do inciso IV do art. 127, a base de incidência será a remuneração da data do requerimento sobre a qual incidem as contribuições para o regime próprio de previdência social a que estiver filiado o interessado, observados os limites a que se referem os §§ 3º e 5º do art. 214. (Parágrafo com redação dada pelo Decreto nº 3.265, de 29/11/1999)

§ 14. Sobre os salários de contribuição apurados na forma dos §§ 7º a 11 e 13 será aplicada a alíquota de vinte por cento, e o resultado multiplicado pelo número de meses do período a ser indenizado, observado o disposto no § 8º do art. 239.

§ 15. É facultado aos segurados contribuinte individual e facultativo, cujos salários de contribuição sejam iguais ao valor de um salário mínimo, optarem pelo recolhimento trimestral das contribuições previdenciárias, com vencimento no dia quinze do mês seguinte ao de cada trimestre civil, prorrogando-se o vencimento para o dia útil subsequente quando não houver expediente bancário no dia quinze. (Parágrafo com redação dada pelo Decreto nº 3.265, de 29/11/1999)

§ 16. *(Revogado pelo Decreto 10.410/2020)*

§ 17. A inscrição do segurado no segundo ou terceiro mês do trimestre civil não altera a data de vencimento prevista no § 15, no caso de opção pelo recolhimento trimestral.

§ 18. *(Revogado pelo Decreto 10.410/2020)*

§ 19. Fica autorizada, nos termo deste Regulamento, a compensação de contribuições devidas ao Instituto Nacional do Seguro Social, pelos hospitais contratados ou conveniados com o Sistema Único de Saúde com parcela dos créditos correspondentes a faturas emitidas para recebimento de internações hospitalares, cujo valor correspondente será retido pelo órgão pagador do Sistema Único de Saúde para amortização de parcela do débito, nos termos da Lei nº 8.870, de 1994.

§ 20. Na hipótese de o contribuinte individual prestar serviço a outro contribuinte individual equiparado a empresa ou a produtor rural pessoa física ou a missão diplomática e repartição consular de carreira estrangeiras, poderá deduzir, da sua contribuição mensal, quarenta e cinco por cento da contribuição patronal do contratante, efetivamente recolhida ou declarada, incidente sobre a remuneração que este lhe tenha pago ou creditado, no respectivo mês, limitada a nove por cento do respectivo salário de contribuição. (Parágrafo com redação dada pelo Decreto nº 4.729, de 9/6/2003)

§ 21. Para efeito de dedução, considera-se contribuição declarada a informação prestada na Guia de Recolhimento do Fundo de Garantia do Tempo de Serviço e Informações à Previdência Social ou declaração fornecida pela empresa ao segurado, onde conste, além de sua identificação completa, inclusive com o número no Cadastro Nacional de Pessoas Jurídicas, o nome e o número da inscrição do contribuinte individual, o valor da retribuição paga e o compromisso de que esse valor será incluído na citada Guia de Recolhimento do Fundo de Garantia do Tempo de Serviço e Informações à Previdência Social e efetuado o recolhimento da correspondente contribuição.

(Parágrafo acrescido pelo Decreto nº 3.265, de 29/11/1999)

§ 22. (Revogado pelo Decreto nº 4.729, de 9/6/2003)

§ 23. O contribuinte individual que não comprovar a regularidade da dedução de que tratam os §§ 20 e 21 terá glosado o valor indevidamente deduzido, devendo complementar as contribuições com os acréscimos legais devidos. (Parágrafo com redação dada pelo Decreto nº 4.729, de 9/6/2003)

§ 24. (Revogado pelo Decreto 6.722, de 30/12/2008).

§ 25. Relativamente aos que recebem salário variável, o recolhimento da contribuição decorrente de eventual diferença da gratificação natalina (13º salário) deverá ser efetuado juntamente com a competência dezembro do mesmo ano. (Parágrafo acrescido pelo Decreto nº 3.265, de 29/11/1999)

§ 26. A alíquota de contribuição a ser descontada pela empresa da remuneração paga, devida ou creditada ao contribuinte individual a seu serviço, observado o limite máximo do salário de contribuição, é de onze por cento no caso das empresas em geral e de vinte por cento quando se tratar de entidade beneficente de assistência social isenta das contribuições sociais patronais. (Parágrafo acrescido pelo Decreto nº 4.729, de 9/6/2003)

§ 27. O contribuinte individual contratado por pessoa jurídica obrigada a proceder à arrecadação e ao recolhimento da contribuição por ele devida, cuja remuneração recebida ou creditada no mês, por serviços prestados a ela, for inferior ao limite mínimo do salário de contribuição, é obrigado a complementar sua contribuição mensal, diretamente, mediante a aplicação da alíquota estabelecida no art. 199 sobre o valor resultante da subtração do valor das remunerações recebidas das pessoas jurídicas do valor mínimo do salário de contribuição mensal. (Parágrafo acrescido pelo Decreto nº 4.729, de 9/6/2003)

§ 27-A. O segurado que, no somatório de remunerações auferidas no período de um mês, receber remuneração inferior ao limite mínimo mensal do salário de contribuição poderá solicitar o ajuste das competências pertencentes ao mesmo ano civil, na forma por ele indicada, ou autorizar que os ajustes sejam feitos automaticamente, para que o limite mínimo mensal do salário de contribuição seja alcançado, por meio da opção por: *(Acrescido pelo Decreto 10.410/2020)*

I – complementar a sua contribuição, observado que:

a) o recolhimento da complementação deverá ser efetuado pelo próprio segurado até o dia quinze do mês seguinte ao da competência de referência e, após essa data, com incidência dos acréscimos legais de que tratam os art. 238 e art. 239;

b) para o empregado, o empregado doméstico e o trabalhador avulso, a complementação será efetuada por meio da aplicação da alíquota de sete inteiros e cinco décimos por cento, inclusive para o mês em que exista contribuição concomitante na condição de contribuinte individual; e

c) para o contribuinte individual que preste serviço a empresa, de que trata o § 26, e que contribua exclusivamente nessa condição, a complementação será efetuada por meio da aplicação da alíquota de vinte por cento;

II – utilizar o valor da contribuição que exceder o limite mínimo de uma competência em outra, observado que:

a) para efeito de utilização da contribuição, serão considerados os salários de contribuição apurados por categoria, consolidados na competência de origem;

b) o salário de contribuição poderá ser utilizado para complementar uma ou mais competências com valor inferior ao limite mínimo, mesmo que em categoria distinta;

c) poderão ser utilizados valores excedentes ao limite mínimo do salário de contribuição de mais de uma competência para compor o salário de contribuição de apenas uma competência; e

d) utilizado o valor excedente, caso o salário de contribuição da competência favorecida ainda permaneça inferior ao limite mínimo, esse valor poderá ser complementado nos termos do disposto no inciso I; ou

III – agrupar contribuições inferiores ao limite mínimo de diferentes competências, para aproveitamento em contribuições mínimas mensais, observado que:

a) as competências que não atingirem o valor mínimo do salário de contribuição poderão ser agrupadas desde que o resultado do agrupamento não ultrapasse o valor mínimo do salário de contribuição;

b) na hipótese de o resultado do agrupamento ser inferior ao limite mínimo do salário de contribuição, o segurado poderá complementar na forma prevista no inciso I ou utilizar valores excedentes na forma prevista no inciso II; e

c) as competências em que tenha havido exercício de atividade e tenham sido zeradas em decorrência do agrupamento poderão ser objeto de recolhimento pelo segurado, respeitado o limite mínimo.

§ 27-B. Para fins do disposto no § 27-A, o valor da contribuição referente ao décimo terceiro salário não poderá ser utilizado em decorrência do disposto no § 6º do art. 214. *(Acrescido pelo Decreto 10.410/2020)*

§ 27-C. É vedada a reversão da utilização e do agrupamento de que trata o § 27-A. *(Acrescido pelo Decreto 10.410/2020)*

§ 27-D. Caso ocorram eventos posteriores que gerem inconsistências no cálculo da contribuição na competência favorecida por complementação, utilização ou agrupamento, essa competência ficará pendente de regularização. *(Acrescido pelo Decreto 10.410/2020)*

§ 28. Cabe ao próprio contribuinte individual que prestar serviços, no mesmo mês, a mais de uma empresa, cuja soma das remunerações superar o limite mensal do salário de contribuição, comprovar às que sucederem à primeira o valor ou valores sobre os quais já tenha incidido o desconto da contribuição, de forma a se observar o limite máximo do salário de contribuição. (Parágrafo acrescido pelo Decreto nº 4.729, de 9/6/2003)

§ 29. Na hipótese do § 28, o Instituto Nacional do Seguro Social poderá facultar ao contribuinte individual que prestar, regularmente, serviços a uma ou mais empresas, cuja soma das remunerações seja igual ou superior ao limite mensal do salário de contribuição, indicar qual ou quais empresas e sobre qual valor deverá proceder o desconto da contribuição, de forma a respeitar o limite máximo, e dispensar as demais dessa providência, bem como atribuir ao próprio contribuinte individual a responsabilidade de complementar a respectiva contribuição até o limite máximo, na hipótese de, por qualquer razão, deixar de receber remuneração ou receber remuneração inferior às indicadas para o desconto. (Parágrafo acrescido pelo Decreto nº 4.729, de 9/6/2003)

§ 30. Aplica-se o disposto neste artigo, no que couber e observado o § 31, à cooperativa de trabalho em relação à contribuição devida pelo seu cooperado. (Parágrafo acrescido pelo Decreto nº 4.729, de 9/6/2003)

§ 31. A cooperativa de trabalho fica obrigada a descontar vinte por cento do valor da quota distribuída ao cooperado contribuinte individual por serviços por ele prestados por seu intermédio a empresas, a pessoas físicas e a entidades em gozo de isenção e recolher o produto dessa arrecadação até o dia vinte do mês subsequente ao da competência a que se referir ou até o dia útil imediatamente anterior, se não houver expediente bancário naquele dia. *(Redação dada pelo Decreto 10.410/2020)*

§ 32. Ficam excluídos da obrigação de descontar a contribuição do contribuinte individual que lhe preste serviço: *(Redação dada pelo Decreto 10.410/2020)*

I – o produtor rural pessoa física; *(Acrescido pelo Decreto 10.410/2020)*

II – o contribuinte individual equiparado a empresa; (*Acrescido* pelo Decreto 10.410/2020)

III – a missão diplomática e a repartição consular de carreiras estrangeiras; e *(Acrescido pelo Decreto 10.410/2020)*

IV – o proprietário ou dono de obra de construção civil, quando pessoa física. *(Acrescido pelo Decreto 10.410/2020)*

§ 33. Na hipótese prevista no § 32, cabe ao contribuinte individual recolher a própria contribuição, sendo a alíquota, neste caso, de vinte por cento, observado o disposto nos §§ 20, 21 e 23. (Parágrafo com dação dada pelo Decreto nº 6.722, de 30/12/2008)

§ 34. O recolhimento da contribuição do produtor rural pessoa física ou produtor rural pessoa jurídica, quando houver, será efetuado pela Companhia Nacional de Abastecimento – CONAB, à conta do Programa de Aquisição de Alimentos, instituído pelo art. 19 da Lei nº 10.696, de 2 de julho de 2003, na aquisição de produtos agropecuários no âmbito do referido Programa. (Parágrafo acrescido pelo Decreto nº 6.722, de 30/12/2008)

§ 35. Na hipótese prevista no § 5º do art. 11, o segurado contribuirá com a mesma alíquota com a qual vinha contribuindo anteriormente. *(Acrescido pelo Decreto 10.410/2020)*

§ 36. A Secretaria Especial da Receita Federal do Brasil do Ministério da Economia disponibilizará ao INSS as informações e os registros das contribuições referentes ao desconto dos empregados, inclusive o doméstico, e dos trabalhadores avulsos e às complementações previstas no § 27-A para fins de aplicação do disposto no § 9º do art. 19 sobre a contagem de tempo de contribuição, inclusive para instrução e revisão de direitos e outorga de benefícios. *(Acrescido pelo Decreto 10.410/2020)*

§ 37. (Revogado pelo Decreto nº 10.491/2020)

Art. 216-A. Os órgãos da administração pública direta, indireta e fundações públicas da União, bem como as demais entidades integrantes do Sistema Integrado de Administração Financeira do Governo Federal ao contratarem pessoa física para prestação de serviços eventuais, sem vínculo empregatício, inclusive como integrante de grupo-tarefa, deverão obter dela a respectiva inscrição no Instituto Nacional do Seguro Social, como contribuinte individual, ou providenciá-la em nome dela, caso não seja inscrita, e proceder ao desconto e recolhimento da respectiva contribuição, na forma do art. 216. (*Caput* com redação dada pelo Decreto nº 4.729, de 9/6/2003)

§ 1º Aplica-se o disposto neste artigo mesmo que o contratado exerça concomitantemente uma ou mais atividades abrangidas pelo Regime Geral de Previdência Social ou por qualquer outro regime de previdência social ou seja aposentado por qualquer regime previdenciário. (Parágrafo acrescido pelo Decreto nº 4.032, de 26/11/2001)

§ 2º O contratado que já estiver contribuindo para o Regime Geral de Previdência Social na condição de empregado ou trabalhador avulso sobre o limite máximo do salário de contribuição deverá comprovar esse fato e, se a sua contribuição nessa condição for inferior ao limite máximo, a contribuição como contribuinte individual deverá ser complementar, respeitando, no conjunto, aquele limite, procedendo-se, no caso, de conformidade com o disposto no § 28 do art. 216. (Parágrafo com redação dada pelo Decreto nº 4.729, de 9/6/2003)

§ 3º (Revogado pelo Decreto nº 4.729, de 9/6/2003)

§ 4º Aplica-se o disposto neste artigo às contratações feitas por organismos internacionais, em programas de cooperação e operações de mútua conveniência entre estes e o governo brasileiro. (Parágrafo acrescido pelo Decreto nº 4.032, de 26/11/2001)

Art. 217. Na requisição de mão de obra de trabalhador avulso efetuada em conformidade com o disposto na Lei nº 12.815, de 2013, e na Lei nº 9.719, de 27 de novembro de 1998, o responsável pelas obrigações previstas neste Regulamento, em relação aos segurados que lhe prestem serviços, é o operador portuário ou o tomador de mão de obra, inclusive o titular de instalação portuária de uso privativo, observadas as normas estabelecidas pelo INSS. *(Redação dada pelo Decreto 10.410/2020)*

§ 1º O operador portuário ou titular de instalação de uso privativo repassará ao órgão gestor de mão de obra, até vinte e quatro horas após a realização dos serviços: (*Caput* do parágrafo com redação dada pelo Decreto nº 4.032, de 26/11/2001)

I – o valor da remuneração devida aos trabalhadores portuários avulsos, inclusive a referente às férias e à gratificação natalina; e (Inciso acrescido pelo Decreto nº 4.032, de 26/11/2001)

II – o valor da contribuição patronal previdenciária correspondente e o valor daquela devida a terceiros conforme o art. 274. (Inciso acrescido pelo Decreto nº 4.032, de 26/11/2001)

§ 2º O órgão gestor de mão de obra é responsável: (*Caput* do parágrafo com redação dada pelo Decreto nº 4.032, de 26/11/2001)

I – pelo pagamento da remuneração ao trabalhador portuário avulso; (Inciso acrescido pelo Decreto nº 4.032, de 26/11/2001)

II – pela elaboração da folha de pagamento; (Inciso acrescido pelo Decreto nº 4.032, de 26/11/2001)

III – pelo preenchimento e entrega da Guia de Recolhimento do Fundo de Garantia do Tempo de Serviço e Informações à Previdência Social; e (Inciso acrescido pelo Decreto nº 4.032, de 26/11/2001)

IV – pelo recolhimento das contribuições de que tratam o art. 198, o inciso I do *caput* do art. 201 e os arts. 202 e 274, incidentes sobre a remuneração paga, devida ou creditada aos trabalhadores portuários avulsos, inclusive sobre férias e gratificação natalina, no prazo previsto na alínea b do inciso I do art. 216. (Inciso acrescido pelo Decreto nº 4.032, de 26/11/2001)

§ 3º (Revogado pelo Decreto nº 4.032, de 26/11/2001)

§ 4º O prazo previsto no § 1º pode ser alterado mediante convenção coletiva firmada entre entidades sindicais representativas dos trabalhadores e operadores portuários, observado o prazo legal para recolhimento dos encargos previdenciários. (Parágrafo com redação dada pelo Decreto nº 4.032, de 26/11/2001)

§ 5º A contribuição do trabalhador avulso, relativamente à gratificação natalina, será calculada com base na alíquota correspondente ao seu salário de contribuição mensal. (Parágrafo com redação dada pelo Decreto nº 4.032, de 26/11/2001)

§ 6º O salário-família devido ao trabalhador portuário avulso será pago pelo órgão gestor de mão de obra, mediante convênio, que se incumbirá de demonstrá-lo na folha de pagamento correspondente.

Art. 218. A empresa tomadora ou requisitante dos serviços de trabalhador avulso, cuja contratação de pessoal não seja abrangida pelo disposto na Lei nº 12.815, de 2013, e na Lei nº 9.719, de 1998, é responsável pelo cumprimento de todas as obrigações previstas neste Regulamento, além do preenchimento e da entrega da GFIP em relação aos segurados que lhe prestem serviços, observadas as normas estabelecidas pelo INSS. *(Redação dada pelo Decreto 10.410/2020)*

§ 1º O salário-família devido ao trabalhador avulso mencionado no *caput* será pago pelo sindicato de classe respectivo, mediante convênio, que se incumbirá de elaborar as folhas correspondentes.

§ 2º O tomador de serviços é responsável pelo recolhimento das contribuições de que tratam o art. 198, o inciso I do *caput* do art. 201 e os arts. 202 e 274, incidentes sobre a remuneração paga, devida ou creditada ao trabalhador avulso, inclusive sobre férias e gratificação natalina, no prazo previsto na alínea b do inciso I do art. 216. (Parágrafo com redação dada pelo Decreto nº 4.032, de 26/11/2001)

SEÇÃO II
DA RETENÇÃO E DE RESPONSABILIDADE SOLIDÁRIA

Art. 219. A empresa contratante de serviços executados mediante cessão ou empreitada de mão de obra, inclusive em regime de trabalho temporário, deverá reter onze por cento do valor bruto da nota fiscal, fatura ou recibo de prestação de serviços e recolher a importância retida em nome da empresa contratada, observado o disposto no § 5º do art. 216. (*Caput* do artigo com nova redação dada pelo Decreto nº 4.729, de 9/6/2003)

§ 1º Exclusivamente para os fins deste Regulamento, entende-se como cessão de mão de obra a colocação à disposição do contratante, em suas dependências ou nas de terceiros, de segurados que realizem serviços contínuos, relacionados ou não com a atividade fim da empresa, independentemente da natureza e da forma de contratação, inclusive por meio de trabalho temporário na forma da Lei nº 6.019, de 3 de janeiro de 1974, entre outros.

§ 2º Enquadram-se na situação prevista no *caput* os seguintes serviços realizados mediante cessão de mão de obra:

I – limpeza, conservação e zeladoria;

II – vigilância e segurança;

III – construção civil;

IV – serviços rurais;

V – digitação e preparação de dados para processamento;

VI – acabamento, embalagem e acondicionamento de produtos;

VII – cobrança;

VIII – coleta e reciclagem de lixo e resíduos;

IX – copa e hotelaria;

X – corte e ligação de serviços públicos;

XI – distribuição;

XII – treinamento e ensino;

XIII – entrega de contas e documentos;

XIV – ligação e leitura de medidores;

XV – manutenção de instalações, de máquinas e de equipamentos;

XVI – montagem;

XVII – operação de máquinas, equipamentos e veículos;

XVIII – operação de pedágio e de terminais de transporte;

XIX – operação de transporte de passageiros, inclusive nos casos de concessão ou subconcessão; (Inciso com redação dada pelo Decreto nº 4.729, de 9/6/2003)

XX – portaria, recepção e ascensorista;

XXI – recepção, triagem e movimentação de materiais;

XXII – promoção de vendas e eventos;

XXIII – secretaria e expediente;

XXIV – saúde; e

XXV – telefonia, inclusive telemarketing.

§ 3º Os serviços relacionados nos incisos I a V também estão sujeitos à retenção de que trata o *caput* quando contratados mediante empreitada de mão de obra.

§ 4º O valor retido de que trata este artigo deverá ser destacado na nota fiscal, fatura ou recibo de prestação de serviços, sendo compensado pelo respectivo estabelecimento da empresa contratada quando do recolhimento das contribuições destinadas à seguridade social devidas sobre a folha de pagamento dos segurados.

§ 5º O contratado deverá elaborar folha de pagamento e Guia de Recolhimento do Fundo de Garantia do Tempo de Serviço e Informações à Previdência Social distintas para cada estabelecimento ou obra de construção civil da empresa contratante do serviço.

§ 6º A empresa contratante do serviço deverá manter em boa guarda, em ordem cronológica e por contratada, as correspondentes notas fiscais, faturas ou recibos de prestação de serviços, Guias da Previdência Social e Guias de Recolhimento do Fundo de Garantia do Tempo de Serviço e Informações à Previdência Social com comprovante de entrega.

§ 7º Na contratação de serviços em que a contratada se obriga a fornecer material ou dispor de equipamentos, fica facultada ao contratado a discriminação, na nota fiscal, fatura ou recibo, do valor correspondente ao material ou equipamentos, que será excluído da retenção, desde que contratualmente previsto e devidamente comprovado.

§ 8º Cabe ao Instituto Nacional do Seguro Social normatizar a forma de apuração e o limite mínimo do valor do serviço contido no total da nota fiscal, fatura ou recibo, quando, na hipótese do parágrafo anterior, não houver previsão contratual dos valores correspondentes a material ou a equipamentos.

§ 9º Na impossibilidade de haver compensação integral na própria competência, o saldo remanescente poderá ser compensado nas competências subsequentes, inclusive na relativa à gratificação natalina, ou ser objeto de restituição, não sujeitas ao disposto no § 3º do art. 247. (Parágrafo com redação dada pelo Decreto nº 4.729, de 9/6/2003)

§ 10. Para fins de recolhimento e de compensação da importância retida, será considerada como competência aquela a que corresponder à data da emissão da nota fiscal, fatura ou recibo.

§ 11. As importâncias retidas não podem ser compensadas com contribuições arrecadadas pelo Instituto Nacional do Seguro Social para outras entidades.

§ 12. O percentual previsto no *caput* será acrescido de quatro, três ou dois pontos percentuais, relativamente aos serviços prestados pelos segurados empregado, cuja atividade permita a concessão de aposentadoria especial, após quinze, vinte ou vinte e cinco anos de contribuição, respectivamente. (Parágrafo acrescido pelo Decreto nº 4.729, de 9/6/2003)

Art. 220. O proprietário, o incorporador definido na Lei nº 4.591, de 1964, o dono da obra ou condômino da unidade imobiliária cuja contratação da construção, reforma ou acréscimo não envolva cessão de mão de obra, são solidários com o construtor, e este e aqueles com a subempreiteira, pelo cumprimento das obrigações para com a seguridade social, ressalvado o seu direito regressivo contra o executor ou contratante da obra e admitida a retenção de importância a este devida para garantia do cumprimento dessas obrigações, não se aplicando, em qualquer hipótese, o benefício de ordem.

§ 1º Não se considera cessão de mão de obra, para os fins deste artigo, a contratação de construção civil em que a empresa construtora assuma a responsabilidade direta e total pela obra ou repasse o contrato integralmente.

§ 2º O executor da obra deverá elaborar, distintamente para cada estabelecimento ou obra de construção civil da empresa contratante, folha de pagamento, Guia de Recolhimento do Fundo de Garantia do Tempo de Serviço e Informações à Previdência Social e Guia da Previdência Social, cujas cópias deverão ser exigidas pela empresa contratante quando da quitação da nota fiscal ou fatura, juntamente com o comprovante de entrega daquela Guia.

§ 3º A responsabilidade solidária de que trata o *caput* será elidida:

I – pela comprovação, na forma do parágrafo anterior, do recolhimento das contribuições incidentes sobre a remuneração dos segurados, incluída em nota fiscal ou fatura correspondente aos serviços executados, quando corroborada por escrituração contábil; e

II – pela comprovação do recolhimento das contribuições incidentes sobre a remuneração dos segurados, aferidas indiretamente nos termos, forma e percentuais previstos pelo Instituto Nacional do Seguro Social.

III – pela comprovação do recolhimento da retenção permitida no *caput* deste artigo, efetivada nos termos do art. 219. (Inciso acrescido pelo Decreto nº 4.032, de 26/11/2001)

§ 4º Considera-se construtor, para os efeitos deste Regulamento, a pessoa física ou jurídica que executa obra sob sua responsabilidade, no todo ou em parte.

Art. 221. Exclui-se da responsabilidade solidária perante a seguridade social o adquirente de prédio ou unidade imobiliária que realize a operação com empresa de comercialização ou com incorporador de imóveis definido na Lei nº 4.591, de 1964, ficando estes solidariamente responsáveis com o construtor, na forma prevista no art. 220.

Art. 221-A. O instituto da responsabilidade solidária não se aplica à administração pública direta, autárquica e fundacional, quando contratante de serviços, inclusive de obra de construção civil, reforma ou acréscimo, independentemente da forma de contratação. *(Acrescido pelo Decreto 10.410/2020)*

Parágrafo único. A administração pública contratante de serviços, inclusive de construção civil executados por meio de cessão de mão de obra ou empreitada parcial, efetuará a retenção prevista no art. 219.

Art. 222. As empresas que integram grupo econômico de qualquer natureza, bem como os produtores rurais integrantes do consórcio simplificado de que trata o art. 200-A, respondem entre si, solidariamente, pelas obrigações decorrentes do disposto neste Regulamento. (Artigo com redação dada pelo Decreto nº 4.032, de 26/11/2001)

Art. 222-A. As empresas integrantes de consórcio constituído nos termos do disposto nos art. 278 e art. 279 da Lei nº 6.404, de 15 de dezembro de 1976, respondem pelas contribuições devidas, em relação às operações praticadas pelo consórcio, na proporção de sua participação no empreendimento. *(Acrescido pelo Decreto 10.410/2020)*

§ 1º O consórcio que realizar a contratação, em nome próprio, de pessoas jurídicas e físicas, com ou sem vínculo empregatício, poderá efetuar a retenção das contribuições e cumprir as respectivas obrigações acessórias, hipótese em que as empresas consorciadas serão solidariamente responsáveis.

§ 2º Na hipótese de a retenção das contribuições ou o cumprimento das obrigações acessórias relativas ao consórcio ser realizado por sua empresa líder, as empresas consorciadas também serão solidariamente responsáveis.

§ 3º O disposto neste artigo abrange as contribuições destinadas a outras entidades e fundos, além da multa por atraso no cumprimento das obrigações acessórias.

Art. 223. O operador portuário e o órgão gestor de mão de obra são solidariamente responsáveis pelo pagamento das contribuições previdenciárias e demais obrigações, inclusive acessórias, devidas à seguridade social, arrecadadas pelo Instituto Nacional do Seguro Social, relativamente à requisição de mão de obra de trabalhador avulso, vedada a invocação do benefício de ordem.

Art. 224. Os administradores de autarquias e fundações públicas, criadas ou mantidas pelo Poder Público, de empresas públicas e de sociedades de economia mista sujeitas ao controle da União, dos Estados, do Distrito Federal ou dos Municípios, que se encontrarem em mora por mais de trinta dias, no recolhimento das contribuições previstas neste Regulamento, tornam-se solidariamente responsáveis pelo respectivo pagamento, ficando ainda sujeitos às proibições do art. 1º e às sanções dos arts. 4º e 7º do Decreto-Lei nº 368, de 19 de dezembro de 1968.

Art. 224-A. O disposto nesta Seção não se aplica à contratação de serviços por intermédio de cooperativa de trabalho. (Artigo acrescido pelo Decreto nº 3.265, de 29/11/1999)

SEÇÃO III
DAS OBRIGAÇÕES ACESSÓRIAS

Art. 225. A empresa é também obrigada a:

I – preparar folha de pagamento da remuneração paga, devida ou creditada a todos os segurados a seu serviço, devendo manter, em cada estabelecimento, uma via da respectiva folha e recibos de pagamentos:

II – lançar mensalmente em títulos próprios de sua contabilidade, de forma discriminada, os fatos geradores de todas as contribuições, a montante das quantias descontadas, as contribuições da empresa e os totais recolhidos;

III – prestar ao Instituto Nacional do Seguro Social e à Secretaria da Receita Federal todas as informações cadastrais, financeiras e contábeis de interesse dos mesmos, na forma por eles estabelecida, bem como os esclarecimentos necessários à fiscalização;

IV – informar mensalmente ao Instituto Nacional do Seguro Social, por intermédio da Guia de Recolhimento do Fundo de Garantia do Tempo de Serviço e Informações à Previdência Social, na forma por ele estabelecida, dados cadastrais, todos os fatos geradores de contribuição previdenciária e outras informações de interesse daquele Instituto;

V – *(Revogado pelo Decreto 10.410/2020)*

VI – afixar cópia da Guia da Previdência Social, relativamente à competência anterior, durante o período de um mês, no quadro de horário de que trata o art. 74 da Consolidação das Leis do Trabalho.

VII – informar, anualmente, à Secretaria da Receita Federal do Brasil, na forma por ela estabelecida, o nome, o número de inscrição na previdência social e o endereço completo dos segurados de que trata o inciso III do § 15 do art. 9º, por ela utilizados no período, a qualquer título, para distribuição ou comercialização de seus produtos, sejam eles de fabricação própria ou de terceiros, sempre que se tratar de empresa que realize vendas diretas. (Inciso acrescido pelo Decreto nº 6.722, de 30/12/2008)

VIII – comunicar, mensalmente, os empregados a respeito dos valores descontados de sua contribuição previdenciária e, quando for o caso, dos valores da contribuição do empregador incidentes sobre a remuneração do mês de competência por meio de contracheque, recibo de pagamento ou documento equivalente. *(Acrescido pelo Decreto 10.410/2020)*

§ 1º As informações prestadas na Guia de Recolhimento do Fundo de Garantia do Tempo de Serviço e Informações à Previdência Social servirão como base de cálculo das contribuições arrecadadas pelo Instituto Nacional do Seguro Social, comporão a base de dados para fins de cálculo e concessão dos benefícios previdenciários, bem como constituir-se-ão em termo de confissão de dívida, na hipótese do não recolhimento.

§ 2º A entrega da Guia de Recolhimento do Fundo de Garantia do Tempo de Serviço e Informações à Previdência Social deverá ser efetuada na rede bancária, conforme estabelecido pelo Ministério da Previdência e Assistência Social, até o dia sete do mês seguinte àquele a que se referirem as informações. (Parágrafo com redação dada pelo Decreto nº 3.265, de 29/11/1999)

§ 3º A Guia de Recolhimento do Fundo de Garantia do Tempo de Serviço e Informações à Previdência Social é exigida relativamente a fatos geradores ocorridos a partir de janeiro de 1999.

§ 4º O preenchimento, as informações prestadas e a entrega da Guia de Recolhimento do Fundo de Garantia do Tempo de Serviço e Informações à Previdência Social são de inteira responsabilidade da empresa.

§ 5º A empresa manterá arquivados os documentos comprobatórios do cumprimento das obrigações de que trata este artigo e os documentos comprobatórios do pagamento de benefícios previdenciários reembolsados até que ocorra a prescrição relativa aos créditos decorrentes das operações a que os documentos se refiram, observados o disposto no § 22 e nas normas estabelecidas pela Secretaria Especial da Receita Federal do Brasil do Ministério da Economia e pelo Conselho Curador do Fundo de Garantia do Tempo de Serviço. *(Redação dada pelo Decreto 10.410/2020)*

§ 6º O Instituto Nacional do Seguro Social e a Caixa Econômica Federal estabelecerão normas para disciplinar a entrega da Guia de Recolhimento do Fundo de Garantia do Tempo de Serviço e Informações à Previdência Social, nos casos de rescisão contratual.

§ 7º *(Revogado pelo Decreto 10.410/2020)*

§ 8º O disposto neste artigo aplica-se, no que couber, aos demais contribuintes e ao adquirente, consignatário ou cooperativa, sub-rogados na forma deste Regulamento.

§ 9º A folha de pagamento de que trata o inciso I do *caput*, elaborado mensalmente, de forma coletiva por estabelecimento da empresa, por obra de construção civil e por tomador de serviços, com a correspondente totalização, deverá:

I – discriminar o nome dos segurados, indicando cargo, função ou serviço prestado;

II – agrupar os segurados por categoria, assim entendido: segurado empregado, trabalhador avulso, contribuinte individual; (Inciso com redação dada pelo Decreto nº 3.265, de 29/11/1999)

III – destacar o nome das seguradas em gozo de salário-maternidade;

IV – destacar as parcelas integrantes e não integrantes da remuneração e os descontos legais; e

V – indicar o número de quotas de salário-família atribuídas a cada segurado empregado ou trabalhador avulso.

§ 10. No que se refere ao trabalhador portuário avulso, o órgão gestor de mão de obra elaborará a folha de pagamento por navio, mantendo-a disponível para uso da fiscalização do Instituto Nacional do Seguro Social, indicando o operador portuário e os trabalhadores que participaram da operação, detalhando, com relação aos últimos:

I – os correspondentes números de registro ou cadastro no órgão gestor de mão de obra;

II – o cargo, função ou serviço prestado;

III – os turnos em que trabalharam; e

IV – as remunerações pagas, devidas ou creditadas a cada um dos trabalhadores e a correspondente totalização.

§ 11. No que se refere ao parágrafo anterior, o órgão gestor de mão de obra consolidará as folhas de pagamento relativas às operações concluídas no mês anterior por operador portuário e por trabalhador portuário avulso, indicando, com relação a estes, os respectivos números de registro ou cadastro, as datas dos turnos trabalhados, as importâncias pagas e os valores das contribuições previdenciárias retidas;

§ 12. Para efeito de observância do limite máximo da contribuição do segurado trabalhador avulso, de que trata o art. 198, o órgão gestor de mão de obra manterá resumo mensal e acumulado, por trabalhador portuário avulso, dos valores totais das férias, do décimo terceiro salário e das contribuições previdenciárias retidas.

§ 13. Os lançamentos de que trata o inciso II do *caput*, devidamente escriturados nos livros Diário e Razão, serão exigidos pela fiscalização após noventa dias contados da ocorrência dos fatos geradores das contribuições, devendo, obrigatoriamente:

I – atender ao princípio contábil do regime de competência; e

II – registrar em contas individualizadas, todos os fatos geradores de contribuições previdenciárias de forma a identificar, clara e precisamente, as rubricas integrantes e não integrantes do salário de contribuição, bem como as contribuições descontadas do segurado, as da empresa e os totais recolhidos, por estabelecimento da empresa, por obra de construção civil e por tomador de serviços.

§ 14. A empresa deverá manter à disposição da fiscalização os códigos ou abreviaturas que identifiquem as respectivas rubricas utilizadas na elaboração da folha de pagamento, bem como os utilizados na escrituração contábil.

§ 15. A exigência prevista no inciso II do *caput* não desobriga a empresa do cumprimento das demais normas legais e regulamentares referentes à escrituração contábil.

§ 16. São desobrigadas de apresentação de escrituração contábil: (*Caput* do parágrafo com redação dada pelo Decreto nº 3.265, de 29/11/1999)

I – o pequeno comerciante, nas condições estabelecidas pelo Decreto-lei nº 486, de 3 de março de 1969, e seu Regulamento;

II – a pessoa jurídica tributada com base no lucro presumido, de acordo com a legislação tributada federal, desde que mantenha a escrituração do Livro Caixa e Livro de Registro de Inventário; e

III – a pessoa jurídica que optar pela inscrição no Sistema Integrado de Pagamento de Impostos e Contribuições das Microempresas e Empresas de Pequeno Porte, desde que mantenha escrituração do Livro Caixa e Livro de Registro de Inventário.

§ 17. A empresa, agência ou sucursal estabelecida no exterior deverá apresentar os documentos comprobatórios do cumprimento das obrigações referidas neste artigo à sua congênere no Brasil, observada a solidariedade de que trata o art. 222.

§ 18. Para o cumprimento do disposto no inciso V do *caput* serão observadas as seguintes situações:

I – caso a empresa possua mais de um estabelecimento localizado em base geográfica diversa, a cópia da Guia da Previdência Social será encaminhada ao sindicato representativo da categoria profissional mais numerosa entre os empregados de cada estabelecimento;

II – a empresa que recolher suas contribuições em mais de uma Guia da Previdência Social encaminhará cópia de todas as guias;

III – a remessa poderá ser efetuada por qualquer meio que garanta a reprodução integral do documento, cabendo à empresa manter, em seus arquivos, prova do recebimento pelo sindicato; e

IV – cabe à empresa a comprovação, perante a fiscalização do Instituto Nacional do Seguro Social, do cumprimento de sua obrigação frente ao sindicato.

§ 19. O órgão gestor de mão de obra deverá, quando exigido pela fiscalização do Instituto Nacional do Seguro Social, exibir as listas de escalação diária dos trabalhadores portuários avulsos, por operador portuário e por navio.

§ 20. Caberá exclusivamente ao órgão gestor de mão de obra a responsabilidade pela exatidão dos dados lançados nas listas diárias referidas no parágrafo anterior.

§ 21. Fica dispensado do cumprimento do disposto nos incisos V e VI do *caput* o contribuinte individual, em relação a segurado que lhe presta serviço. (Parágrafo com redação dada pelo Decreto nº 3.265, de 29/11/1999)

§ 22. A empresa que utiliza sistema de processamento eletrônico de dados para o registro de negócios e atividades econômicas, escrituração de livros ou produção de documentos de natureza contábil, fiscal, trabalhista e previdenciária fica obrigada a arquivar e conservar, devidamente certificados, os sistemas e os arquivos, em meio eletrônico ou assemelhado, durante o prazo decadencial de que trata o art. 348, os quais ficarão à disposição da fiscalização. *(Redação dada pelo Decreto 10.410/2020)*

§ 23. A cooperativa de trabalho e a pessoa jurídica são obrigadas a efetuar a inscrição no Instituto Nacional do Seguro Social dos seus cooperados e contratados, respectivamente, como contribuintes individuais, se ainda não inscritos. (Parágrafo acrescido pelo Decreto nº 4.729, de 9/6/2003)

§ 24. A empresa ou cooperativa adquirente, consumidora ou consignatária da produção fica obrigada a fornecer ao segurado especial cópia do documento fiscal de entrada da mercadoria, onde conste, além do registro da operação realizada, o valor da respectiva contribuição previdenciária. (Parágrafo acrescido pelo Decreto nº 6.722, de 30/12/2008)

§ 25. A contribuição do empregador de que trata o inciso VIII do *caput* compreende aquela destinada ao seguro de acidentes do trabalho e ao financiamento da aposentadoria especial, sem prejuízo de outras contribuições incidentes sobre a remuneração do empregado. *(Acrescido pelo Decreto 10.410/2020)*

Art. 226. O Município, por intermédio do órgão competente, fornecerá ao Instituto Nacional do Seguro Social, para fins de fiscalização, mensalmente, relação de todos os alvarás para construção civil e documentos de habite-se concedidos, de acordo com critérios estabelecidos pelo referido Instituto.

§ 1º A relação a que se refere o *caput* será encaminhada ao INSS até o dia dez do mês seguinte àquele a que se referirem os documentos. (Parágrafo com redação dada pelo Decreto nº 4.032, de 26/11/2001)

§ 2º O encaminhamento da relação fora do prazo ou a sua falta e a apresentação com incorreções ou omissões sujeitará o dirigente do órgão municipal à penalidade prevista na alínea *f* do inciso I do art. 283.

Art. 227. *Revogado pelo Decreto nº 8.302, 2014.*

Art. 228. O titular do Cartório de Registro Civil de Pessoas Naturais remeterá ao INSS, no prazo de um dia útil, pelo Sistema Nacional de Informações de Registro Civil, ou pelo sistema que venha a substituí-lo, a relação dos nascimentos, dos natimortos, dos casamentos, dos óbitos, das averbações, das anotações e das retificações registradas na serventia. *(Redação do artigo dada pelo Decreto 10.410/2020)*

§ 1º Para os Municípios que não dispõem de provedor de conexão à internet ou de qualquer meio de acesso à internet, fica autorizada a remessa da relação no prazo de cinco dias úteis, conforme critérios definidos pelo INSS.

§ 2º Os registros de nascimento e de natimorto conterão, obrigatoriamente, as seguintes informações do registrado e da filiação:

I – nome completo;

II – número de inscrição no CPF;

III – sexo; e

IV – data e local de nascimento.

§ 3º Os registros de casamento e de óbito conterão, obrigatoriamente, as seguintes informações do registrado:

I – nome completo;

II – número de inscrição no CPF;

III – sexo; e

IV – data e local de nascimento do registrado.

§ 4º Além das informações a que se refere o § 3º, constarão dos registros de casamento e de óbito, caso estejam disponíveis, os seguintes dados:

I – número de inscrição no PIS ou no Pasep;

II – NIT;

III – número de benefício previdenciário ou assistencial, se o falecido for titular de qualquer benefício pago pelo INSS;

IV – número de registro da carteira de identidade e órgão emissor;

V – número do título de eleitor; e

VI – número de registro e série da Carteira de Trabalho e Previdência Social.

§ 5º Na hipótese de não haver sido registrado nascimento, natimorto, casamento, óbito ou averbação, anotação e retificação no mês, o titular do Cartório de Registro Civil de Pessoas Naturais comunicará este fato ao INSS até o quinto dia útil do mês subsequente, na forma estabelecida pelo INSS.

§ 6º O descumprimento de obrigação imposta por este artigo e o fornecimento de informação inexata sujeitarão o titular do Cartório de Registro Civil de Pessoas Naturais, além de outras penalidades, à penalidade prevista na alínea "e" do inciso I do *caput* do art. 283 e a ação regressiva, na forma estabelecida pelo INSS.

SEÇÃO IV
DA COMPETÊNCIA PARA ARRECADAR, FISCALIZAR E COBRAR

Art. 229. O Instituto Nacional do Seguro Social é o órgão competente para:

I – arrecadar e fiscalizar o recolhimento das contribuições sociais previstas nos incisos I, II, III, IV e V do parágrafo único do art. 195, bem como as contribuições incidentes a título de substituição; (Inciso com redação dada pelo Decreto nº 4.032, de 26/11/2001)

II – constituir seus créditos por meio dos correspondentes lançamentos e promover a respectiva cobrança;

III – aplicar sanções; e

IV – normalizar procedimentos relativos à arrecadação, fiscalização e cobrança das contribuições referidas no inciso I.

§ 1º Os Auditores Fiscais da Previdência Social terão livre acesso a todas as dependências ou estabelecimentos da empresa, com vistas à verificação física dos segurados em serviço, para confronto com os registros e documentos da empresa, podendo requisitar e apreender livros, notas técnicas e demais documentos necessários ao perfeito desempenho de suas funções, caracterizando-se como embaraço à fiscalização qualquer dificuldade oposta à consecução do objetivo. (Parágrafo com redação dada pelo Decreto nº 3.265, de 29/11/1999)

§ 2º Se o Auditor Fiscal da Previdência Social constatar que o segurado contratado como contribuinte individual, trabalhador avulso, ou sob qualquer outra denominação, preenche as condições referidas no inciso I do *caput* do art. 9º, deverá desconsiderar o vínculo pactuado e efetuar o enquadramento como segurado empregado. (Parágrafo com redação dada pelo Decreto nº 3.265, de 29/11/1999)

§ 3º A fiscalização das entidades fechadas de previdência privada, estabelecida na Lei nº 6.435, de 15 de julho de 1977, será exercida pelos Fiscais de Contribuições Previdenciárias do Instituto Nacional do Seguro Social, devidamente credenciados pelo órgão próprio, sem prejuízo das atribuições e vantagens a que fazem jus, conforme disposto no Decreto nº 1.317, de 29 de novembro de 1994.

§ 4º A fiscalização dos regimes próprios de previdência social dos servidores públicos e dos militares da União, dos Estados, do Distrito Federal e dos Municípios, nos temos da Lei nº 9.717, de 27 de novembro de 1998, será exercida pelos Fiscais de Contribuições Previdenciárias do Instituto Nacional do Seguro Social, devidamente credenciados pelo órgão próprio, sem prejuízo das atribuições e vantagens a que fazem jus, conforme orientação expedida pelo Ministério da Previdência e Assistência Social,

§ 5º Aplica-se à fiscalização de que tratam os §§ 3º e 4º o disposto na Lei nº 8.212, de 1991, neste Regulamento e demais dispositivos da legislação previdenciária, no que couber e não colidir com os preceitos das Leis nº 6.435, de 1977, e 9.717, de 1998.

Art. 230. A Secretaria da Receita Federal é o órgão competente para:

I – arrecadar e fiscalizar o recolhimento das contribuições sociais previstas nos incisos VI e VII do parágrafo único do art. 195;

II – constituir seus créditos por meio dos correspondentes lançamentos e promover respectiva cobrança;

III – aplicar sanções; e

IV – normatizar procedimentos relativos à arrecadação, fiscalização e cobrança das contribuições de que trata o inciso I.

SEÇÃO V
DO EXAME DA CONTABILIDADE

Art. 231. É prerrogativa do Ministério da Previdência e Assistência Social, do Instituto Nacional do Seguro Social e da Secretaria da Receita Federal o exame da contabilidade da empresa, não prevalecendo para esse efeito o disposto nos arts. 17 e 18 do Código Comercial, ficando obrigados a empresa e o segurado a prestarem todos os esclarecimentos e informações solicitados.

Art. 232. A empresa, o servidor de órgão público da administração direta e indireta, o segurado da previdência social, o serventuário da Justiça, o síndico ou seu representante legal, o comissário e o liquidante de empresa em liquidação judicial ou extrajudicial são obrigados a exibir todos os documentos c livros relacionados com as contribuições previstas neste Regulamento.

Art. 233. Ocorrendo recusa ou sonegação de qualquer documento ou informação, ou sua apresentação deficiente, o Instituto Nacional do Seguro Social e a Secretaria da Receita Federal podem, sem prejuízo da penalidade cabível nas esferas de sua competência, lançar de ofício importância que reputarem devida, cabendo à empresa, ao empregador doméstico ou ao segurado o ônus da prova em contrário.

Parágrafo único. Considera-se deficiente o documento ou informação apresentada que não preencha as formalidades legais, bem como aquele que contenha informação diversa da realidade, ou, ainda, que omita informação verdadeira.

Art. 234. Na falta de prova regular e formalizada, o montante dos salários pagos pela execução de obra de construção civil pode ser obtido mediante cálculo da mão de obra empregada, proporcional à área construída e ao padrão de execução da obra, de acordo com critérios estabelecidos pelo Instituto Nacional do Seguro Social, cabendo ao proprietário, dona da obra, incorporador, condômino da unidade imobiliária ou empresa corresponsável o ônus da prova em contrário.

Art. 235. Se, no exame da escrituração contábil e de qualquer outro documento da empresa, a fiscalização constatar que a contabilidade não registra o movimento real da remuneração dos segurados a seu serviço, da receita ou do faturamento e do lucro, esta será desconsiderada, sendo apuradas e lançadas de ofício as contribuições devidas, cabendo à empresa o ônus da prova em contrário.

Art. 236. Deverá ser dado tratamento especial ao exame da documentação que envolva operações ou assuntos de caráter sigiloso, ficando o fiscal responsável obrigado à guarda da informação e à sua utilização exclusivamente nos documentos elaborados em decorrência do exercício de suas atividades.

Art. 237. A autoridade policial prestará à fiscalização, mediante solicitação, o auxílio necessário ao regular desempenho dessa atividade.

SEÇÃO VI
DAS CONTRIBUIÇÕES E OUTRAS IMPORTÂNCIAS NÃO RECOLHIDAS ATÉ O VENCIMENTO

Art. 238. Os créditos de qualquer natureza da seguridade social, constituídos ou não, vencidos até 31 de dezembro de 1991 e não pagos até 2 de janeiro de 1992, serão atualizados monetariamente com base na legislação aplicável e convertidos, nessa data, em quantidade de Unidade Fiscal de Referência diária.

§ 1º Os juros de mora calculados até 2 de janeiro de 1992 serão, também, convertidos em Unidade Fiscal de Referência, na mesma data.

§ 2º Sobre a parcela correspondente à contribuição, convertida em quantidade de Unidade Fiscal de Referência, incidirão juros moratórios à razão de um por cento, ao mês-calendário ou fração, a partir de fevereiro de 1992, inclusive, além da multa variável pertinente.

§ 3º Os créditos calculados e expressos em quantidade de Unidade Fiscal de Referência conforme o disposto neste artigo serão reconvertidos para moeda corrente, com base no valor da Unidade Fiscal de Referência na data do pagamento.

Art. 239. As contribuições sociais e outras importâncias arrecadadas pela Secretaria Especial da Receita Federal do Brasil do Ministério da Economia, incluídas ou não em notificação fiscal de lançamento, pagas com atraso, objeto ou não de parcelamento, ficam sujeitas a: *(Redação dada pelo Decreto 10.410/2020)*

I – atualização monetária, quando exigida pela legislação de regência;

II – juros de mora, de caráter irrelevável, incidentes sobre o valor atualizado, equivalentes a:

a) um por cento no mês do vencimento;

b) taxa referencial do Sistema Especial de Liquidação e de Custódia nos meses intermediários; e

c) um por cento no mês do pagamento; e

III – multa variável, de caráter irrelevável, nos seguintes percentuais, para fatos geradores ocorridos a partir de 28 de novembro de 1999: (*Caput* do inciso com redação dada pelo Decreto nº 3.265, de 29/11/1999)

a) para pagamento após o vencimento de obrigação não incluída em notificação fiscal de lançamento:

1. oito por cento, dentro do mês de vencimento da obrigação; (Item com redação dada pelo Decreto nº 3.265, de 29/11/1999)

2. quatorze por cento, no mês seguinte; ou (Item com redação dada pelo Decreto nº 3.265, de 29/11/1999)

3. vinte por cento, a partir do segundo mês seguinte ao do vencimento da obrigação; (Item com redação dada pelo Decreto nº 3.265, de 29/11/1999)

b) para pagamento de obrigação incluída em notificação fiscal de lançamento:

1. vinte e quatro por cento, até quinze dias do recebimento da notificação; (Item com redação dada pelo Decreto nº 3.265, de 29/11/1999)

2. trinta por cento, após o décimo quinto dia do recebimento da notificação; (Item com redação dada pelo Decreto nº 3.265, de 29/11/1999)

3. quarenta por cento, após apresentação de recurso desde que antecedido de defesa, sendo ambos tempestivos, até quinze dias da ciência da decisão do Conselho de Recursos da Previdência Social; ou (Item com redação dada pelo Decreto nº 3.265, de 29/11/1999)

4. cinquenta por cento, após o décimo quinto dia da ciência da decisão do Conselho de Recursos da Previdência Social, enquanto não inscrita em Dívida Ativa; e (Item com redação dada pelo Decreto nº 3.265, de 29/11/1999)

c) para pagamento do crédito inscrito em Dívida Ativa:

1. sessenta por cento, quando não tenha sido objeto de parcelamento; (Item com redação dada pelo Decreto nº 3.265, de 29/11/1999)

2. setenta por cento, se houve parcelamento; (Item com redação dada pelo Decreto nº 3.265, de 29/11/1999)

3. oitenta por cento, após o ajuizamento da execução fiscal, mesmo que o devedor ainda não tenha sido citado, se o crédito não foi objeto de parcelamento; ou (Item com redação dada pelo Decreto nº 3.265, de 29/11/1999)

4. cem por cento, após o ajuizamento da execução fiscal, mesmo que o devedor ainda não tenha sido citado, se o crédito foi objeto de parcelamento. (Item com redação dada pelo Decreto nº 3.265, de 29/11/1999)

§ 1º (Revogado pelo Decreto nº 6.224, de 4/10/2007)

§ 2º Nas hipóteses de parcelamento, ou de reparcelamento incidirá um acréscimo de vinte por cento sobre a multa de mora a que se refere o inciso III.

§ 3º Se houver pagamento antecipado à vista, no todo ou em parte, do saldo devedor, o acréscimo previsto no parágrafo anterior não incidirá sobre a multa correspondente à parte do pagamento que se efetuar.

§ 4º O valor do pagamento parcial, antecipado, do saldo devedor de parcelamento ou do reparcelamento somente poderá ser utilizado para quitação de parcelas na ordem inversa do vencimento, sem prejuízo da que for devida no mês de competência em curso e sobre a qual incidirá sempre o acréscimo a que se refere o § 2º.

§ 5º É facultada a realização de depósito à disposição da seguridade social, sujeito ao mesmo percentual do item 1 da alínea b do inciso III, desde que dentro do prazo legal para apresentação de defesa.

§ 6º À correção monetária e aos acréscimos legais de que trata este artigo aplicar-se-á a legislação vigente em cada competência a que se referirem.

§ 7º Às contribuições de que trata o art. 204, devidas e não recolhidas até as datas dos respectivos vencimentos, aplicam-se multas e juros moratórios na forma da legislação pertinente.

§ 8º Sobre as contribuições devidas e apuradas com fundamento no inciso IV do *caput* do art. 127 e no § 1º do art. 348 incidirão juros moratórios de cinco décimos por cento ao mês, capitalizados anualmente, limitados ao percentual máximo de cinquenta por cento, e multa de dez por cento. *(Redação dada pelo Decreto 10.410/2020)*

§ 8º-A. A incidência de juros moratórios e multa de que trata o § 8º será estabelecida para fatos geradores ocorridos a partir de 14 de outubro de 1996. *(Acrescido pelo Decreto 10.410/2020)*

§ 9º Não se aplicam as multas impostas e calculadas como percentual do crédito por motivo de recolhimento fora do prazo das contribuições, nem quaisquer outras penas pecuniárias, às massas falidas de que trata o art. 192 da Lei nº 11.101, de 9 de fevereiro de 2005, e às missões diplomáticas estrangeiras no Brasil e aos membros dessas missões quando assegurada a isenção em tratado, convenção ou outro acordo internacional de que o Estado estrangeiro ou organismo internacional e o Brasil sejam partes. (Parágrafo com redação dada pelo Decreto nº 6.042, de 12/2/2007)

§ 10. O disposto no § 8º não se aplica aos casos de contribuições em atraso a partir da competência abril de 1995, obedecendo-se, a partir de então, às disposições aplicadas às empresas em geral. (Parágrafo acrescido pelo Decreto nº 3.265, de 29/11/1999)

§ 11. Na hipótese de as contribuições terem sido declaradas no documento a que se refere o inciso IV do art. 225, ou quando se tratar de empregador doméstico ou de empresa ou segurado dispensados de apresentar o citado documento, a multa de mora a que se refere o *caput* e seus incisos será reduzida em cinquenta por cento. (Parágrafo acrescido pelo Decreto nº 3.265, de 29/11/1999)

Art. 240. Os créditos de qualquer natureza da seguridade social, constituídos ou não, que forem objeto de parcelamento serão consolidados na data da concessão e expressos em moeda corrente.

§ 1º Os valores referentes a competências anteriores a 1º de janeiro de 1995 e expressos em Unidade Fiscal de Referência serão reconvertidos para moeda corrente, com base no valor da Unidade Fiscal de Referência na data do pagamento.

§ 2º O valor do crédito consolidado será dividido pela quantidade de parcelas mensais concedidas na forma da legislação pertinente.

§ 3º O valor de cada parcela mensal, por ocasião do pagamento, será acrescido de juros na forma da legislação pertinente.

§ 4º A parcela mensal com valores relativos a competências anteriores a janeiro de 1995 será determinada de acordo com as disposições do § 1º, acrescida de juros conforme a legislação pertinente.

Art. 241. No caso de parcelamento concedido administrativamente até o dia 31 de dezembro de 1991, cujo saldo devedor foi expresso em quantidade de Unidade Fiscal de Referência diária a partir de 1º de janeiro de 1992, mediante a divisão do débito, atualizado monetariamente, pelo valor da Unidade Fiscal de Referência diária no dia 1º de janeiro de 1992, terá o valor do débito ou da parcela expresso em Unidade Fiscal de Referência reconvertido para moeda corrente, multiplicando-se a quantidade de Unidade Fiscal de Referência pelo valor desta na data do pagamento.

Art. 242. Os valores das contribuições incluídos em notificação fiscal de lançamento e os acréscimos legais, observada a legislação de regência, serão expressos em moeda corrente.

§ 1º Os valores das contribuições incluídos na Guia de Recolhimento do Fundo de Garantia do Tempo de Serviço e Informações à Previdência Social, não recolhidos ou não parcelados, serão inscritos na Divida Ativa do Instituto Nacional do Seguro Social, dispensando-se o processo administrativo de natureza contenciosa.

§ 2º Os juros e a multa serão calculados com base no valor da contribuição.

Art. 243. Constatada a falta de recolhimento de qualquer contribuição ou outra importância devida nos termos deste Regulamento, a fiscalização lavrará, de imediato, notificação fiscal de lançamento com discriminação clara e precisa dos fatos geradores, das contribuições devidas e dos períodos a que se referem, de acordo com as normas estabelecidas pelos órgãos competentes.

§ 1º Aplica-se o disposto neste artigo em caso de falta de pagamento de benefício reembolsado ou em caso de pagamento desse benefício sem observância das normas pertinentes estabelecidas pelo Instituto Nacional do Seguro Social.

§ 2º Recebida a notificação, o empregador doméstico, a empresa ou o segurado terão o prazo de trinta dias para efetuar o pagamento ou apresentar impugnação. (Parágrafo com redação dada pelo Decreto nº 6.103, de 30/4/2007)

§ 3º Decorrido esse prazo, será automaticamente declarada a revelia, considerado, de plano, procedente o lançamento, permanecendo o processo no órgão jurisdicionante, pelo prazo de trinta dias, para cobrança amigável.

§ 4º Após o prazo referido no parágrafo anterior, o crédito será inscrito em Dívida Ativa.

§ 5º Apresentada a defesa, o processo formado a partir da notificação fiscal de lançamento será submetido à autoridade competente, que decidirá sobre a procedência ou não do lançamento, cabendo recurso na forma da Subseção II da Seção II do Capítulo Único do Título I do Livro V.

§ 6º Ao lançamento considerado procedente aplicar-se-á o disposto no § 1º do art. 245, salvo se houver recurso tempestivo na forma da Subseção II da Seção II do Capítulo Único do Título I do Livro V.

§ 7º A liquidação de crédito incluído em notificação deve ser feita em moeda corrente, mediante documento próprio emitido exclusivamente pelo Instituto Nacional do Seguro Social.

Art. 244. *(Revogado pelo Decreto 10.410/2020)*

Art. 245. O crédito da seguridade social é constituído por meio de notificação fiscal de lançamento, auto de infração, confissão ou documento declaratório de valores devidos apresentado pelo contribuinte ou outro instrumento previsto em legislação própria.

§ 1º As contribuições, a atualização monetária, os juros de mora, as multas, bem como outras importâncias devidas e não recolhidas até o seu vencimento devem ser lançados em livro próprio destinado à inscrição em Dívida Ativa do Instituto Nacional do Seguro Social e da Fazenda Nacional, após a constituição do respectivo crédito.

§ 2º A certidão textual do livro de que trata este artigo serve de título para que o órgão competente, por intermédio de seu procurador ou representante legal, promova em juízo a cobrança da Dívida Ativa, segundo o mesmo processo e com as mesmas prerrogativas e privilégios da Fazenda Nacional, nos termos da Lei nº 6.830, de 22 de setembro de 1980.

§ 3º Os órgãos competentes podem, antes de ajuizar a cobrança da Dívida Ativa, promover o protesto de título dado em garantia de sua liquidação, ficando, entretanto, ressalvado que o título será sempre recebido pró solvendo.

§ 4º Considera-se Dívida Ativa o crédito proveniente de fato jurídico gerador das obrigações legais ou contratuais, desde que inscrito no livro próprio, de conformidade com os dispositivos da Lei nº 6.830, de 1980.

§ 5º As contribuições arrecadadas pelo Instituto Nacional do Seguro Social poderão, sem prejuízo da respectiva liquidez e certeza, ser inscritas em Dívida Ativa.

Art. 246. O crédito relativo a contribuições, atualização monetária, juros de mora, multas, bem como a outras importâncias, está sujeito, nos processos de falência, concordata ou concurso de credores, às disposições atinentes aos créditos da União, aos quais é equiparado.

Parágrafo único. O Instituto Nacional do Seguro Social reivindicará os valores descontados pela empresa do segurado empregado e trabalhador avulso, as decorrentes da sub-rogação de que tratam os incisos I e II do § 7º do art. 200 e as importâncias retidas na forma do art. 219 e não recolhidos, sendo que esses valores não estão sujeitos ao concurso de credores.

SEÇÃO VII
DA RESTITUIÇÃO E DA COMPENSAÇÃO DE CONTRIBUIÇÕES E OUTRAS IMPORTÂNCIAS

Art. 247. A restituição e a compensação de valores recolhidos indevidamente observarão os termos e as condições estabelecidos pela Secretaria Especial da Receita Federal do Brasil do Ministério da Economia. *(Redação dada pelo Decreto 10.410/2020)*

§§ 1º a 3º *(Revogados pelo Decreto 10.410/2020)*

Arts. 248 a 254. *(Revogados pelo Decreto 10.410/2020)*

SEÇÃO VIII
DO REEMBOLSO DE PAGAMENTO

Art. 255. A dedução e o reembolso relativos a quotas do salário-família e do salário-maternidade e a compensação do adicional de insalubridade a que se refere o § 2º do art. 394-A da Consolidação das Leis do Trabalho, aprovada pelo Decreto-Lei nº 5.452, de 1943, observarão os termos e as condições estabelecidos pela Secretaria Especial da Receita Federal do Brasil do Ministério da Economia. *(Redação dada pelo Decreto 10.410/2020)*

§§ 1º a 3º *(Revogados pelo Decreto 10.410/2020)*

CAPÍTULO IX
DA MATRÍCULA DA EMPRESA, DO PRODUTOR RURAL PESSOA FÍSICA E DO SEGURADO ESPECIAL

› *Redação dada pelo Decreto nº 6.722, de 30/12/2008*

Art. 256. A matrícula da empresa será feita:

I – simultaneamente com a inscrição no Cadastro Nacional da Pessoa Jurídica; ou

II – perante o Instituto Nacional do Seguro Social, no prazo de trinta dias contados do início de suas atividades, quando não sujeita a inscrição no Cadastro Nacional da Pessoa Jurídica.

§ 1º Independentemente do disposto neste artigo, o Instituto Nacional do Seguro Social procederá à matrícula:

I – de ofício, quando ocorrer omissão; e

II – de obra de construção civil, mediante comunicação obrigatória do responsável por sua execução, no prazo do inciso II do *caput*.

§ 2º A unidade matriculada na forma do inciso II do *caput* e do § 1º receberá certificado de matrícula com número cadastral básico, de caráter permanente.

§ 3º O não cumprimento do disposto no inciso II do *caput* e no inciso II do § 1º sujeita o responsável à multa prevista no art. 283.

§ 4º O Departamento Nacional de Registro do Comércio, por intermédio das juntas comerciais, bem como os cartórios de registro civil de pessoas jurídicas, prestarão obrigatoriamente ao Instituto Nacional do Seguro Social todas as informações referentes aos atos constitutivos e alterações posteriores relativos a empresas neles registradas, sem ônus para o Instituto.

§ 5º São válidos perante o Instituto Nacional do Seguro Social os atos de constituição, alteração e extinção de empresa registrados nas juntas comerciais.

§ 6º O Ministério da Previdência e Assistência Social estabelecerá as condições em que o Departamento Nacional de Registro do Comércio, por intermédio das juntas comerciais, e os cartórios de registro civil de pessoas jurídicas cumprirão o disposto no § 4º.

Art. 256-A. A matrícula atribuída pela Secretaria da Receita Federal do Brasil ao produtor rural pessoa física ou segurado especial é o documento de inscrição do contribuinte, em substituição à inscrição no Cadastro Nacional de Pessoa Jurídica – CNPJ, a ser apresentado em suas relações:

I – com o Poder Público, inclusive para licenciamento sanitário de produtos de origem animal ou vegetal submetidos a processos de beneficiamento ou industrialização artesanal;

II – com as instituições financeiras, para fins de contratação de operações de crédito; e

III – com os adquirentes de sua produção ou fornecedores de sementes, insumos, ferramentas e demais implementos agrícolas.

§ 1º Para fins de recolhimento das contribuições previdenciárias, a matrícula de que trata o *caput* será atribuída ao grupo familiar no ato de sua inscrição.

§ 2º O disposto no *caput* não se aplica ao licenciamento sanitário de produtos sujeitos à incidência do IPI ou ao contribuinte cuja inscrição no CNPJ seja obrigatória. (Artigo acrescido pelo Decreto nº 6.722, de 30/12/2008)

CAPÍTULO X
DA PROVA DE INEXISTÊNCIA DE DÉBITO

Arts. 257 a 259. Revogados pelo Decreto nº 8.302/2014.

Art. 260. Serão aceitas as seguintes modalidades de garantia:

I – depósito integral e atualizado do débito em moeda corrente;

II – hipoteca de bens imóveis com ou sem seus acessórios;

III – fiança bancária;

IV – vinculação de parcelas do preço de bens ou serviços a serem negociados a prazo pela empresa;

V – alienação fiduciária de bens móveis; ou

VI – penhora.

Parágrafo único. A garantia deve ter valor mínimo de cento e vinte por cento do total da dívida, observado, em qualquer caso, o valor de mercado dos bens indicados, em conformidade com os critérios estabelecidos pelo Instituto Nacional do Seguro Social.

Art. 261. A autorização do órgão competente para outorga de instrumento em que se estipule o pagamento do débito da empresa no ato, ou apenas parte no ato e o restante em parcelas ou prestações do saldo do preço do bem a ser negociado pela empresa, com vinculação ao cumprimento das obrigações assumidas na confissão de dívida fiscal desta perante a seguridade social, na forma do inciso IV do art. 260, será dada mediante interveniência no instrumento.

Parágrafo único. A autorização para lavratura de instrumento de interesse da empresa em que a garantia oferecida pelo devedor não tem relação com o bem transacionado será dada mediante alvará.

Art. 262. Revogado pelo Decreto nº 8.302, de 2014.

Art. 263. Revogado pelo Decreto nº 8.302, de 2014.

Art. 264. A inexistência de débito em relação às contribuições devidas ao Instituto Nacional do Seguro Social é condição necessária para que os Estados, o Distrito Federal e os Municípios possam receber as transferências dos recursos do Fundo de Participação dos Estados e do Distrito Federal e do Fundo de Participação dos Municípios, celebrar acordo, contrato, convênio ou ajuste, bem como receber empréstimo, financiamento, aval ou subvenção em geral de órgão ou entidade da administração direta e indireta da União.

Parágrafo único. Para recebimento do Fundo de Participação dos Estados e do Distrito Federal e do Fundo de Participação dos Municípios e para a consecução dos demais instrumentos citados no *caput*, os Estados, o Distrito Federal e os Municípios deverão apresentar aos órgãos ou entidades responsáveis pela liberação dos fundos, celebração de acordos, contratos, convênios ou ajustes, concessão de empréstimos, financiamentos, avais ou subvenções em geral os comprovantes de recolhimento das suas contribuições ao Instituto Nacional do Seguro Social referentes aos três meses imediatamente anteriores ao mês previsto para a efetivação daqueles procedimentos.

Art. 265. Os Estados, o Distrito Federal e os Municípios serão, igualmente, obrigados a apresentar, para os fins do disposto no art. 264, comprovação de pagamento da parcela mensal referente nos débitos com o Instituto Nacional do Seguro Social objeto do parcelamento.

TÍTULO II
DAS DISPOSIÇÕES DIVERSAS RELATIVAS AO CUSTEIO DA SEGURIDADE SOCIAL

Art. 266. Os sindicatos poderão apresentar denúncia contra a empresa, junto ao Instituto Nacional do Seguro Social, nas seguintes hipóteses:

I – falta de envio da Guia da Previdência Social para o sindicato, na forma do inciso V do *caput* do art. 225;

II – não afixação da Guia da Previdência Social no quadro de horário, na forma do inciso VI do *caput* do art. 225;

III – divergência entre os valores informados pela empresa e pelo Instituto Nacional do Seguro Social sobre as contribuições recolhidas na mesma competência; ou

IV – existência de evidentes indícios de recolhimento a menor das contribuições devidas, constatados pela comparação com dados disponíveis sobre quantidade de empregados e de rescisões de contrato de trabalho homologadas pelo sindicato.

§ 1º As denúncias formuladas pelos sindicatos deverão identificar com precisão a empresa infratora e serão encaminhadas por seu representante legal, especificando nome, número no Cadastro Nacional da Pessoa Jurídica e endereço da empresa denunciada, o item infringido e outros elementos indispensáveis à análise dos fatos.

§ 2º A constatação da improcedência da denúncia apresentada pelo sindicato implicará a cessação do seu direito ao acesso às informações fornecidas pelas empresas e pelo Instituto Nacional do Seguro Social, pelo prazo de:

I – um ano, quando fundamentada nos incisos I, II e III do *caput*; e

II – quatro meses, quando fundamentada no inciso IV do *caput*.

§ 3º Os prazos mencionados no parágrafo anterior serão duplicados a cada reincidência, considerando-se esta a ocorrência de nova denúncia improcedente, dentro do período de cinco anos contados da data da denúncia não confirmada.

Art. 267. (Revogado pelo Decreto nº 4.032, de 26/11/2001)

Art. 268. O titular da firma individual e os sócios das empresas por cotas de responsabilidade limitada respondem solidariamente, com seus bens pessoais, pelos débitos junto à seguridade social.

Parágrafo único. Os acionistas controladores, os administradores, os gerentes e os diretores respondem solidariamente e subsidiariamente, com seus bens pessoais, quanto ao inadimplemento das obrigações para com a seguridade social, por dolo ou culpa.

Art. 269. Os orçamentos das entidades da administração pública direta e indireta devem consignar as dotações ao pagamento das contribuições devidas à seguridade social, de modo a assegurar a sua regular liquidação dentro do exercício.

Parágrafo único. O pagamento das contribuições devidas ao Instituto Nacional do Seguro Social terá prioridade absoluta nos cronogramas financeiros de desembolso dos órgãos da administração pública direta, das entidades de administração indireta e suas subsidiárias e das demais entidades sob controle acionário direto ou indireto da União, dos Estados, do Distrito Federal e dos Municípios, bem como de suas autarquias, e fundações instituídas ou mantidas pelo Poder Público.

Art. 270. A existência de débitos junto ao Instituto Nacional do Seguro Social, não renegociados ou renegociados e não saldados, nas condições estabelecidas em lei, importará na indisponibilidade dos recursos existentes, ou que venham a ingressar nas contas dos órgãos ou entidades devedoras de que trata o artigo anterior, abertas em quaisquer instituições financeiras, até o valor equivalente ao débito apurado na data de expedição de solicitação do Instituto Nacional do Seguro Social ao Banco Central do Brasil, incluindo o principal, corrigido monetariamente nos períodos em que a legislação assim dispuser, as multas e os juros.

Parágrafo único. Os Ministros da Fazenda e da Previdência e Assistência Social expedirão as instruções para aplicação do disposto neste artigo.

Art. 271. As contribuições referentes ao período de que trata o § 2º do art. 26, vertidas desde o inicio do vínculo do servidor com a administração pública ao Plano de Seguridade Social do Servidor Público, nos termos dos arts. 8º e 9º da Lei nº 8.162, de 1991, serão atualizadas monetariamente e repassadas de imediato ao Instituto Nacional do Seguro Social.

Art. 272. As alíquotas a que se referem o inciso II do art. 200 e os incisos I, II, III e § 8º do art. 202 são reduzidas em cinquenta por cento de seu valor, a partir de 22 de janeiro de 1998, por sessenta meses, nos contratos de trabalho por prazo determinado, nos termos da Lei nº 9.601, de 21 de janeiro de 1998. (Artigo com redação dada pelo Decreto nº 4.032, de 26/11/2001)

Art. 273. A empresa é obrigada a preparar folha de pagamento dos trabalhadores contratados com base na Lei nº 9.601, de 1998, na forma do art. 225, agrupando-os separadamente.

Art. 274. O Instituto Nacional do Seguro Social poderá arrecadar e fiscalizar, mediante remuneração de três vírgula cinco por cento sobre o montante arrecadado, contribuição por lei devida a terceiros, desde que provenha de empresa, segurado, aposentado ou pensionista a ele vinculado, aplicando-se a essa contribuição, no que couber, o disposto neste Regulamento.

§ 1º O disposto neste artigo aplica-se às contribuições que tenham a mesma base utilizada para o cálculo das contribuições incidentes sobre a remuneração paga, devida ou creditada a segurados, bem como sobre as contribuições incidentes sobre outras bases a título de substituição. (Parágrafo com redação dada pelo Decreto nº 4.032, de 26/11/2001)

§ 2º As contribuições previstas neste artigo ficam sujeitas nos mesmos prazos, condições, sanções e privilégios das contribuições da seguridade social, inclusive no que se refere à cobrança judicial.

Art. 275. O Instituto Nacional do Seguro Social divulgará, trimestralmente, lista atualizada dos devedores com débitos inscritos na Dívida Ativa relativos às contribuições previstas nos incisos I, II, III, IV e V do parágrafo único do art. 195, acompanhada de relatório circunstanciado das medidas administrativas e judiciais adotadas para a cobrança e execução da dívida.

§ 1º O relatório a que se refere o *caput* será encaminhado aos órgãos da administração federal direta e indireta, às entidades controladas direta ou indiretamente pela União, aos registros públicos, cartórios de registro de títulos e documentos, cartórios de registro de imóveis e ao sistema financeiro oficial, para os fins do § 3º do art. 195 da Constituição Federal e da Lei nº 7.711, de 22 de dezembro de 1988.

§ 2º O Ministério da Previdência e Assistência Social fica autorizado a firmar convênio com os governos estaduais, do Distrito Federal e municipais para extensão, àquelas esferas de governo, das hipóteses previstas no art. 1º da Lei nº 7.711, de 1988.

Art. 276. Nas ações trabalhistas de que resultar o pagamento de direitos sujeitos à incidência de contribuição previdenciária, o recolhimento das importâncias devidas à seguridade social será feito no dia dois do mês seguinte ao da liquidação da sentença.

§ 1º No caso do pagamento parcelado, as contribuições devidas à seguridade social serão recolhidas na mesma data e proporcionalmente ao valor de cada parcela.

§ 2º Nos acordos homologados em que não figurarem, discriminadamente, as parcelas legais de incidência da contribuição previdenciária, esta incidirá sobre o valor total do acordo homologado.

§ 3º Não se considera como discriminação de parcelas legais de incidência de contribuição previdenciária a fixação de percentual de verbas remuneratórias e indenizatórias constantes dos acordos homologados, aplicando-se, nesta hipótese, o disposto no parágrafo anterior.

§ 4º A contribuição do empregado no caso de ações trabalhistas será calculada, mês a mês, aplicando-se as alíquotas previstas no art. 198, observado o limite máximo do salário de contribuição.

§ 5º Na sentença ou acordo homologado, cujo valor da contribuição previdenciária devida for inferior ao limite mínimo permitido para recolhimento na Guia da Previdência Social, é autorizado o recolhimento dos valores devidos cumulativamente com as contribuições normais de mesma competência. (Parágrafo acrescido pelo Decreto nº 4.032, de 26/11/2001)

§ 6º O recolhimento das contribuições do empregado reclamante deverá ser feito na mesma inscrição em que são recolhidas as contribuições devidas pela empresa. (Parágrafo acrescido pelo Decreto nº 4.032, de 26/11/2001)

§ 7º Se da decisão resultar reconhecimento de vínculo empregatício, deverão ser exigidas as contribuições, tanto do empregador como do reclamante, para todo o período reconhecido, ainda que o pagamento das remunerações a ele correspondentes não tenham sido reclamadas na ação, tomando-se por base de incidência, na ordem, o valor da remuneração paga, quando conhecida, da remuneração paga a outro empregado de categoria ou função equivalente ou semelhante, do salário normativo da categoria ou do salário mínimo mensal, permitida a compensação das contribuições patronais eventualmente recolhidas. (Parágrafo acrescido pelo Decreto nº 4.032, de 26/11/2001)

§ 8º Havendo reconhecimento de vínculo empregatício para empregado doméstico, tanto as contribuições do segurado empregado como as do empregador deverão ser recolhidas na inscrição do trabalhador. (Parágrafo acrescido pelo Decreto nº 4.032, de 26/11/2001)

§ 9º É exigido o recolhimento da contribuição previdenciária de que trata o inciso II do art. 201, incidente sobre o valor resultante da decisão que reconhecer a ocorrência de prestação de serviço à empresa, mas não o vínculo empregatício, sobre o valor total da condenação ou do acordo homologado, independentemente da natureza da parcela e forma de pagamento. (Parágrafo acrescido pelo Decreto nº 4.032, de 26/11/2001)

Art. 277. A autoridade judiciária deverá velar pelo fiel cumprimento do disposto no artigo anterior, executando, de ofício, quando for o caso, as contribuições devidas, fazendo expedir notificação ao Instituto Nacional do Seguro Social, para dar-lhe ciência dos termos da sentença, do acordo celebrado ou de execução.

Parágrafo único. O Instituto Nacional do Seguro Social fornecerá, quando solicitados, as orientações e dados necessários ao cumprimento do que dispõe este artigo.

Art. 278. Nenhuma contribuição é devida à seguridade social se a construção residencial for unifamiliar, com área total não superior a setenta metros quadrados, destinada a uso próprio, do tipo econômico e tiver sido executada sem a utilização de mão de obra assalariada.

Parágrafo único. Comprovado o descumprimento de qualquer das disposições do *caput*, tornam-se devidas as contribuições previstas neste Regulamento, sem prejuízo das cominações legais cabíveis.

TÍTULO III
DAS DISPOSIÇÕES TRANSITÓRIAS RELATIVAS AO CUSTEIO DA SEGURIDADE SOCIAL

› *(Título acrescido pelo Decreto nº 3.265, de 29/11/1999)*

Art. 278-A. (Revogado pelo Decreto nº 4.729, de 9/6/2003)

LIVRO IV
DAS PENALIDADES EM GERAL

TÍTULO I
DAS RESTRIÇÕES

Art. 279. A empresa que transgredir as normas deste Regulamento, além de outras sanções previstas, sujeitar-se-á às seguintes restrições:

I – suspensão de empréstimos e financiamentos. por instituições financeiras oficiais;

II – revisão de incentivo fiscal de tratamento tributário especial;

III – inabilitação para licitar e contratar com qualquer órgão ou entidade da administração pública direta ou indireta federal, estadual, do Distrito Federal ou municipal;

IV – interdição para o exercício do comércio, se for sociedade mercantil ou comerciante individual;

V – desqualificação para impetrar concordata; e

VI – cassação de autorização para funcionar no País, quando for o caso.

Art. 280. A empresa em débito para com a seguridade social não pode:

I – distribuir bonificação ou dividendo a acionista; e

II – dar ou atribuir cota ou participação nos lucros a sócio cotista, diretor ou outro membro de órgão dirigente, fiscal ou consultivo, ainda que a titulo de adiantamento.

TÍTULO II
DAS INFRAÇÕES E DAS PENALIDADES

CAPÍTULO I
DOS CRIMES

Art. 281. (Revogado pelo Decreto nº 4.032, de 26/11/2001)

CAPÍTULO II
DA APREENSÃO DE DOCUMENTOS

Art. 282. A seguridade social, por meio de seus órgãos competentes, promoverá a apreensão de comprovantes de arrecadação e de pagamento de benefícios, bem como de quaisquer documentos pertinentes, inclusive contábeis, mediante lavratura do competente termo, com a finalidade de apurar administrativamente a ocorrência dos crimes previstos em lei.

Parágrafo único. O Instituto Nacional do Seguro Social e a Secretaria da Receita Federal estabelecerão normas específicas para:

I – apreensão de comprovantes e demais documentos;

II – apuração administrativa da ocorrência de crimes;

III – devolução de comprovantes e demais documentos;

IV – instrução do processo administrativo de apuração;

V – encaminhamento do resultado da apuração referida no inciso IV à autoridade competente; e

VI – acompanhamento de processo judicial.

CAPÍTULO III
DAS INFRAÇÕES

Art. 283. Por infração a qualquer dispositivo das Leis nºs 8.212 e 8.213, ambas de 1991, e 10.666, de 8 de maio de 2003, para a qual não haja penalidade expressamente cominada neste Regulamento, fica o responsável sujeito a multa variável de R$ 636,17 (seiscentos e trinta e seis reais e dezessete centavos) a R$ 63.617,35 (sessenta e três mil, seiscentos e dezessete reais e trinta e cinco centavos), conforme a gravidade da infração, aplicando-se-lhe o disposto nos arts. 290 a 292, e de acordo com os seguintes valores: (*Caput* do artigo com redação dada pelo Decreto nº 4.862, de 21/10/2003)

▸ *Valores e alíquotas sujeitos a atualização por meio de ato do Ministério ou Órgão competente.*

I – a partir de R$ 636,17 (seiscentos e trinta e seis reais e dezessete centavos) nas seguintes infrações:

a) deixar a empresa de preparar folha de pagamento das remunerações pagas, devidas ou creditadas a todos os segurados a seu serviço, de acordo com este Regulamento e com os demais padrões e normas estabelecidos pelo Instituto Nacional do Seguro Social;

b) deixar a empresa de se matricular no Instituto Nacional do Seguro Social, dentro de trinta dias contados da data do início de suas atividades, quando não sujeita a inscrição no Cadastro Nacional da Pessoa Jurídica;

c) deixar a empresa de descontar da remuneração paga aos segurados a seu serviço importância proveniente de dívida ou responsabilidade por eles contraída junto à seguridade social, relativa a benefícios pagos indevidamente;

d) deixar a empresa de matricular no Instituto Nacional do Seguro Social obra de construção civil de sua propriedade ou executada sob sua responsabilidade no prazo de trinta dias do início das respectivas atividades;

e) deixar o Titular de Cartório de Registro Civil de Pessoas Naturais de comunicar ao Instituto Nacional do Seguro Social, até o dia dez de cada mês, a ocorrência ou a não ocorrência de óbitos, no mês imediatamente anterior, bem como enviar informações inexatas, conforme o disposto no art. 228;

f) deixar o dirigente dos órgãos municipais competentes de prestar ao Instituto Nacional do Seguro Social as informações concernentes aos alvarás, habite-se ou documento equivalente, relativos a construção civil, na forma do art. 226; e

g) deixar a empresa de efetuar os descontos das contribuições devidas pelos segurados a seu serviço; (Alínea com redação dada pelo Decreto nº 4.862, de 21/10/2003)

h) deixar a empresa de elaborar e manter atualizado perfil profissiográfico abrangendo as atividades desenvolvidas pelo trabalhador e de fornecer a este, quando da rescisão do contrato de trabalho, cópia autêntica deste documento; e (Alínea acrescida pelo Decreto nº 4.862, de 21/10/2003)

II – a partir de R$6.361,73 (seis mil trezentos e sessenta e um reais e setenta e três centavos) nas seguintes infrações:

▸ *Valores e alíquotas sujeitos a atualização por meio de ato do Ministério ou Órgão competente.*

a) deixar a empresa de lançar mensalmente, em títulos próprios de sua contabilidade, de forma discriminada, os fatos geradores de todas as contribuições, o montante das quantias descontadas, as contribuições da empresa e os totais recolhidos;

b) deixar a empresa de apresentar ao Instituto Nacional do Seguro Social e à Secretaria da Receita Federal os documentos que contenham as informações cadastrais, financeiras e contábeis de interesse dos mesmos, na forma por eles estabelecida, ou os esclarecimentos necessários à fiscalização;

c) deixar o servidor, o serventuário da Justiça ou o titular de serventia extrajudicial de exigir documento comprobatório de inexistência de débito, quando da contratação com o poder público ou no recebimento de benefício ou de incentivo fiscal ou creditício;

d) deixar o servidor, o serventuário da Justiça ou o titular de serventia extrajudicial de exigir o documento comprobatório de inexistência de débito, quando da alienação ou oneração, a qualquer título de bem imóvel ou direito a ele relativo;

e) deixar o servidor, o serventuário da Justiça ou o titular de serventia extrajudicial de exigir a apresentação do documento comprobatório de inexistência de débito na alienação ou oneração, a qualquer título, de bem móvel incorporado ao ativo permanente da empresa, de valor superior a R$15.904,18 (quinze mil novecentos e quatro reais e dezoito centavos);

▸ *Valores e alíquotas sujeitos a atualização por meio de ato do Ministério ou Órgão competente.*

f) deixar o servidor, o serventuário da Justiça ou o titular de serventia extrajudicial de exigir documento comprobatório de inexistência de débito no registro ou arquivamento, no órgão próprio, de ato relativo a baixa ou redução de capital de firma individual, redução de capital social, cisão total ou parcial, transformação ou extinção de entidade ou sociedade comercial ou civil e transferência de controle de cotas de sociedades de responsabilidade limitada;

g) deixar o servidor, o serventuário da Justiça ou o titular de serventia extrajudicial de exigir documento comprobatório de inexistência de débito do proprietário, pessoa física ou jurídica, de obra de construção civil, quando da averbação de obra no Registro de Imóveis;

h) deixar o servidor, o serventuário da Justiça ou o titular de serventia extrajudicial de exigir documento comprobatório de inexistência de débito do incorporador, quando da averbação de obra no Registro de Imóveis, independentemente do documento apresentado por ocasião da inscrição do memorial de incorporação;

i) deixar o dirigente da entidade da administração pública direta ou indireta de consignar as dotações necessárias ao pagamento das contribuições devidas à seguridade social, de modo a assegurar a sua regular liquidação dentro do exercício;

j) deixar a empresa, o servidor de órgão público da administração direta e indireta, o segurado da previdência social, o serventuário da Justiça ou o titular de serventia extrajudicial, o síndico ou seu representante, o comissário ou o liquidante de empresa em liquidação judicial ou extrajudicial, de exibir os documentos e livros relacionados com as contribuições previstas neste Regulamento ou apresentá-los sem atender às formalidades legais exigidas ou contendo informação diversa da realidade ou, ainda, com omissão de informação verdadeira;

l) deixar a entidade promotora do espetáculo desportivo de efetuar o desconto da contribuição prevista no § 1º do art. 205;

m) deixar a empresa ou entidade de reter e recolher a contribuição prevista no § 3º do art. 205;

n) deixar a empresa de manter laudo técnico atualizado com referência aos agentes nocivos existentes no ambiente de trabalho de seus trabalhadores ou emitir documento de comprovação de efetiva exposição em desacordo com o respectivo laudo; e (Alínea com redação dada pelo Decreto nº 6.722, de 30/12/2008)

o) (Revogada pelo Decreto nº 4.882, de 18/11/2003)

§ 1º Considera-se dirigente, para os fins do disposto neste Capítulo, aquele que tem a competência funcional para decidir a prática ou não do ato que constitua infração à legislação da seguridade social.

§ 2º A falta de inscrição do segurado sujeita o responsável à multa de R$ 1.254,89 (mil, duzentos e cinquenta e quatro reais e oitenta e nove centavos), por segurado não inscrito. (Parágrafo com redação dada pelo Decreto nº 6.722, de 30/12/2008)

§ 3º As demais infrações a dispositivos da legislação, para as quais não haja penalidade expressamente cominada, sujeitam o infrator à multa de R$636,17 (seiscentos e trinta e seis reais e dezessete centavos).

Art. 284. A infração ao disposto no inciso IV do *caput* do art. 225 sujeitará o responsável às seguintes penalidades administrativas:

I – valor equivalente a um multiplicador sobre o valor mínimo previsto no *caput* do art. 283, em função do número de segurados, pela não apresentação da Guia de Recolhimento do Fundo de Garantia do Tempo de Serviço e Informações à Previdência Social, independentemente do recolhimento da contribuição, conforme quadro abaixo:

0 a 5 segurados	1/2 valor mínimo
6 a 15 segurados	1 x o valor mínimo
16 a 50 segurados	2 x o valor mínimo
51 a 100 segurados	5 x o valor mínimo
101 a 500 segurados	10 x o valor mínimo
501 a 1000 segurados	20 x o valor mínimo
1001 a 5000 segurados	35 x o valor mínimo
acima de 5000 segurados	50 x o valor mínimo

II – cem por cento do valor devido relativo à contribuição não declarada, limitada aos valores previstos no inciso I, pela apresentação da Guia de Recolhimento do Fundo de Garantia do Tempo de Serviço e Informações à Previdência Social com dados não correspondentes aos fatos geradores, seja em relação às bases de cálculo, seja em relação às informações que alterem o valor das contribuições, ou do valor que seria devido se não houvesse isenção ou substituição, quando se tratar de infração cometida por pessoa jurídica de direito privado beneficente de assistência social em gozo de isenção das contribuições previdenciárias ou por empresa cujas contribuições incidentes sobre os respectivos fatos geradores tenham sido substituídas por outras; (Inciso com redação dada pelo Decreto nº 4.729, de 9/6/2003)

III – cinco por cento do valor mínimo previsto no *caput* do art. 283, por campo com informações inexatas, incompletas ou omissas, limitada aos valores previstos no inciso I, pela apresentação da Guia de Recolhimento do Fundo de Garantia do Tempo de Serviço e Informações à Previdência Social com erro de preenchimento nos dados não relacionados aos fatos geradores.

§ 1º A multa de que trata o inciso I, a partir do mês seguinte àquele em que o documento deveria ter sido entregue, sofrerá acréscimo de cinco por cento por mês calendário ou fração.

§ 2º O valor mínimo a que se refere o inciso I será o vigente na data da lavratura do auto de infração.

Art. 285. A infração ao disposto no art. 280 sujeita o responsável à multa de cinquenta por cento das quantias que tiverem sido pagas ou creditadas, a partir da data do evento.

Art. 286. A infração ao disposto no art. 336 sujeita o responsável à multa variável entre os limites mínimo e máximo do salário de contribuição, por acidente que tenha deixado de comunicar nesse prazo.

§ 1º Em caso de morte, a comunicação a que se refere este artigo deverá ser efetuada de imediato à autoridade competente.

§ 2º A multa será elevada em duas vezes o seu valor a cada reincidência.

§ 3º A multa será aplicada no seu grau mínimo na ocorrência da primeira comunicação feita fora do prazo estabelecido neste artigo, ou não comunicada, observado o disposto nos arts. 290 a 292.

Art. 287. Pelo descumprimento das obrigações contidas nos incisos V e VI do *caput* do art. 225, e verificado o disposto no inciso III do *caput* do art. 266, será aplicada multa de R$ 99,74 (noventa e nove reais e setenta e quatro centavos) a R$ 9.974,34 (nove mil, novecentos e setenta e quatro reais e trinta e quatro centavos), para cada competência em que tenha havido a irregularidade. (*Caput* do artigo com redação dada pelo Decreto nº 4.032, de 26/11/2001)

› *Valores e alíquotas sujeitos a atualização por meio de ato do Ministério ou Órgão competente.*

Parágrafo único. O descumprimento das disposições constantes do art. 227 e dos incisos V e VI do *caput* do art. 257, sujeitará a instituição financeira à multa de:

› *Os artigos 227 e 257 foram revogados pelo Decreto 8.302, de 04 de setembro de 2014.*

I – R$ 22.165,20 (vinte e dois mil, cento e sessenta e cinco reais e vinte centavos), no caso do art. 227; e (Inciso com redação dada pelo Decreto nº 4.032, de 26/11/2001)

› *O artigo 227 foi revogado pelo Decreto 8.302, de 04 de setembro de 2014.*

II – R$ 110.826,01 (cento e dez mil, oitocentos e vinte e seis reais e um centavo), no caso dos incisos V e VI do *caput* do art. 257. (Inciso com redação dada pelo Decreto nº 4.032, de 26/11/2001)

› *O artigo 257 foi revogado pelo Decreto 8.302, de 04 de setembro de 2014.*

Art. 288. O descumprimento do disposto nos §§ 19 e 20 do art. 225 sujeitará o infrator à multa de:

I – R$173,00 (cento e setenta e três reais) a R$ 1.730,00 (um mil setecentos e trinta reais), no caso do § 19; e

II – R$ 345,00 (trezentos e quarenta e cinco reais) a R$ 3.450,00 (três mil quatrocentos e cinquenta reais), no caso do § 20.

Art. 289. O dirigente de órgão ou entidade da administração federal, estadual, do Distrito Federal ou municipal responde pessoalmente pela multa aplicada por infração a dispositivos deste Regulamento, sendo obrigatório o respectivo desconto em folha de pagamento, mediante requisição dos órgãos competentes e a partir do primeiro pagamento que se seguir à requisição.

Parágrafo único. Ao disposto neste artigo não se aplica a multa de que trata o inciso III do art. 239.

CAPÍTULO IV
DAS CIRCUNSTÂNCIAS AGRAVANTES DA PENALIDADE

Art. 290. Constituem circunstâncias agravantes da infração, das quais dependerá a gradação da multa, ter o infrator:

I – tentado subornar servidor dos órgãos competentes;

II – agido com dolo, fraude ou má-fé;

III – desacatado, no ato da ação fiscal, o agente da fiscalização;

IV – obstado a ação da fiscalização; ou

V – incorrido em reincidência.

Parágrafo único. Caracteriza reincidência a prática de nova infração a dispositivo da legislação por uma mesma pessoa ou por seu sucessor, dentro de cinco anos da data em que se tornar irrecorrível administrativamente a decisão condenatória, da data do pagamento ou da data em que se configurou a revelia, referentes à autuação anterior. (Parágrafo único com redação dada pelo Decreto nº 6.032, de 1/2/2007)

CAPÍTULO V
DAS CIRCUNSTÂNCIAS ATENUANTES DA PENALIDADE

Art. 291. (Revogado pelo Decreto nº 6.727, de 12/1/2009)

CAPÍTULO VI
DA GRADAÇÃO DAS MULTAS

Art. 292. As multas serão aplicadas da seguinte forma:

I – na ausência de agravantes, serão aplicadas nos valores mínimos estabelecidos nos incisos I e II e no § 3º do art. 283 e nos arts. 286 e 288, conforme o caso;

II – as agravantes dos incisos I e II do art. 290 elevam a multa em três vezes;

III – as agravantes dos incisos III e IV do art. 290 elevam a multa em duas vezes;

IV – a agravante do inciso V do art. 290 eleva a multa em três vezes a cada reincidência no mesmo tipo de infração, e em duas vezes em caso de reincidência em infrações diferentes, observados os valores máximos estabelecidos no *caput* dos arts. 283 e 286, conforme o caso; e

V – (Revogado pelo Decreto nº 6.727, de 12/1/2009)

Parágrafo único. Na aplicação da multa a que se refere o art. 288, aplicar-se-á apenas as agravantes referidas nos incisos III a V do art. 290, as quais elevam a multa em duas vezes.

Art. 293. Constatada a ocorrência de infração a dispositivo deste Regulamento, será lavrado auto de infração com discriminação clara e precisa da infração e das circunstâncias em que foi praticada, contendo o dispositivo legal infringido, a penalidade aplicada e os critérios de gradação, e indicando local, dia e hora de sua lavratura, observadas as normas fixadas pelos órgãos competentes. (*Caput* do artigo com redação dada pelo Decreto nº 6.103, de 30/4/2007)

§ 1º Recebido o auto de infração, o autuado terá o prazo de trinta dias, a contar da ciência, para efetuar o pagamento da multa de ofício com redução de cinquenta por cento ou impugnar a autuação. (Parágrafo com redação dada pelo Decreto nº 6.103, de 30/4/2007)

§ 2º Impugnada a autuação, o autuado, após a ciência da decisão de primeira instância, poderá efetuar o pagamento da multa de ofício com redução de vinte e cinco por cento, até a data limite para interposição de recurso. (Parágrafo com redação dada pelo Decreto nº 6.103, de 30/4/2007)

§ 3º O recolhimento do valor da multa, com redução, implica renúncia ao direito de impugnar ou de recorrer. (Parágrafo com redação dada pelo Decreto nº 4.032, de 26/11/2001)

§ 4º Apresentada impugnação, o processo será submetido à autoridade competente, que decidirá sobre a autuação, cabendo recurso na forma da Subseção II da Seção

II do Capítulo Único do Título I do Livro V deste Regulamento. (Parágrafo com redação dada pelo Decreto nº 6.032, de 1/2/2007)

§§ 5º e 6º (Revogados pelo Decreto nº 6.032, de 1/2/2007)

LIVRO V
DA ORGANIZAÇÃO – DA SEGURIDADE SOCIAL

TÍTULO I
DO SISTEMA NACIONAL DE SEGURIDADE SOCIAL

Art. 294. As ações nas áreas de saúde, previdência social e assistência social, conforme o disposto no Capítulo II do Título VIII da Constituição Federal, serão organizadas em Sistema Nacional de Seguridade Social.

Parágrafo único. As áreas de que trata este artigo organizar-se-ão em conselhos setoriais, com representantes da União, dos Estados, do Distrito Federal, dos Municípios e da sociedade civil.

CAPÍTULO ÚNICO
DOS ORGÃOS COLEGIADOS

SEÇÃO I
DO CONSELHO NACIONAL DE PREVIDÊNCIA SOCIAL

Art. 295. O Conselho Nacional de Previdência Social, órgão superior de deliberação colegiada, terá como membros:

I – seis representantes do Governo Federal; e

II – nove representantes da sociedade civil, sendo:

a) três representantes dos aposentados e pensionistas;

b) três representantes dos trabalhadores em atividade; e

c) três representantes dos empregadores.

§ 1º Os membros do Conselho Nacional de Previdência Social e seus respectivos suplentes serão nomeados pelo Presidente da República, tendo os representantes titulares da sociedade civil mandato de dois anos, podendo ser reconduzidos, de imediato, uma única vez.

§ 2º Os representantes dos trabalhadores em atividade, dos aposentados, dos empregadores e seus respectivos suplentes serão indicados pelas centrais sindicais e confederações nacionais.

§ 3º O Conselho Nacional de Previdência Social reunir-se-á, ordinariamente, uma vez por mês, por convocação de seu Presidente, não podendo ser adiada a reunião por mais de quinze dias se houver requerimento nesse sentido da maioria dos conselheiros.

§ 4º Poderá ser convocada reunião extraordinária por seu Presidente ou a requerimento de um terço de seus membros, conforme dispuser o Regimento Interno do Conselho Nacional de Previdência Social.

Art. 296. Compete ao Conselho Nacional de Previdência Social:

I – estabelecer diretrizes gerais e apreciar as decisões de políticas aplicáveis à previdência social;

II – participar, acompanhar e avaliar, sistematicamente, a gestão previdenciária;

III – apreciar e aprovar os planos e programas da previdência social;

IV – apreciar e aprovar as propostas orçamentárias da previdência social, antes de sua consolidação na proposta orçamentária da seguridade social;

V – acompanhar e apreciar, mediante relatórios gerenciais por ele definidos, a execução dos planos, programas e orçamentos no âmbito da previdência social;

VI – acompanhar a aplicação da legislação pertinente à previdência social;

VII – apreciar a prestação de contas anual a ser remetida ao Tribunal de Contas da União, podendo, se for necessário, contratar auditoria externa;

VIII – estabelecer os valores mínimos em litígio, acima dos quais será exigida a anuência prévia do Procurador-Geral ou do Presidente do Instituto Nacional do Seguro Social para formalização de desistência ou transigência judiciais, conforme o disposto no art. 353;

IX – elaborar e aprovar seu regimento interno;

X – aprovar os critérios de arrecadação e de pagamento dos benefícios por intermédio da rede bancária ou por outras formas; e

XI – acompanhar e avaliar os trabalhos de implantação e manutenção do Cadastro Nacional de Informações Sociais.

Art. 296-A. Ficam instituídos, como unidades descentralizadas do Conselho Nacional de Previdência Social – CNPS, Conselhos de Previdência Social – CPS, que funcionarão junto às Gerências-Executivas do INSS. (*Caput* com redação dada pelo Dec. nº 5.699, de 13-2-2006)

§ 1º Os CPS serão compostos por dez conselheiros e respectivos suplentes, designados pelo titular da Gerência Executiva na qual for instalado, assim distribuídos: (Redação pelo Dec. nº 5.699, de 13-2-2006.

I – quatro representantes do Governo Federal; e (Acrescido pelo Dec. nº 4.874, de 11-11-2003)

II – seis representantes da sociedade, sendo: (Acrescido pelo Dec. nº 4.874, de 11-11-2003)

a) dois dos empregadores;

b) dois dos empregados; e

c) dois dos aposentados e pensionistas.

§ 2º O Governo Federal será representado: (Acrescido pelo Dec. nº 4.874, de 11-11-2003)

I – nas cidades onde houver mais de uma Gerência Executiva: (Redação pelo dada Decreto nº 5.699, de 13-2-2006)

a) pelo Gerente Executivo da Gerência Executiva a que se refere o § 1º; e (Redação dada pelo Dec. nº 6.722, de 30-12-2008)

b) outros Gerentes-Executivos; ou (Redação dada pelo Dec. nº 6.722, de 30-12-2008)

c) servidores da Divisão ou do Serviço Benefícios ou de Atendimento ou da Procuradoria Federal Especializada junto ao INSS de Gerência Executiva sediadas na cidade, ou de representante da Secretaria da Receita Federal do Brasil, ou de representante da DATAPREV; (Redação dada pelo Dec. nº 6.722, de 30-12-2008)

d) (*Revogada* pelo Dec. nº 6.722, de 30-12-2008).

II – nas cidades onde houver apenas uma Gerência Executiva: (Redação dada pelo Decreto nº 5.699, de 13-2-2006)

a) pelo Gerente Executivo; (Redação dada pelo Decreto nº 5.699, de 13-2-2006)

b) servidores da Divisão ou do Serviço de Benefícios ou de Atendimento ou da Procuradoria Federal Especializada junto ao INSS da Gerência Executiva, ou de representante da Secretaria da Receita Federal do Brasil, ou de representante da DATAPREV. (Redação dada pelo Dec. nº 6.722, de 30-12-2008)

c) e d) (*Revogadas*. Dec. nº 6.722, de 30-12-2008).

III – (*Revogado*. Dec. nº 5.699, de 13-2-2006).

§ 3º As reuniões serão mensais ou bimensais, a critério do respectivo CPS, e abertas ao público, cabendo a sua organização e funcionamento ao titular da Gerência Executiva na qual for instalado o colegiado. (Redação dada pelo Dec. nº 5.699, de 13-2-2006)

§ 4º Os representantes dos trabalhadores, dos aposentados e dos empregadores serão indicados pelas respectivas entidades sindicais ou associações representativas. (Redação dada pelo Dec. nº 6.722, de 30-12-2008)

§ 5º Os CPS terão caráter consultivo e de assessoramento, competindo ao CNPS disciplinar os procedimentos para o seu funcionamento, suas competências, os critérios de seleção dos representantes da sociedade e o prazo de duração dos respectivos mandatos, além de estipular por resolução o regimento dos CPS. (Acrescido pelo Decreto nº 4.874, de 11-11-2003)

§ 6º As funções dos conselheiros dos CPS não serão remuneradas e seu exercício será considerado serviço público relevante. (Acrescido pelo Decreto nº 4.874, de 11-11-2003)

§ 7º A Previdência Social não se responsabilizará por eventuais despesas com deslocamento ou estada dos conselheiros representantes da sociedade. (Acrescido pelo Decreto nº 4.874, de 11-11-2003)

§ 8º Nas cidades onde houver mais de uma Gerência Executiva, o Conselho será instalado naquela indicada pelo Gerente Regional do INSS cujas atribuições abranjam a referida cidade. (Redação dada pelo Dec. nº 6.722, de 30-12-2008)

§ 9º Cabe ao Gerente Executivo a designação dos conselheiros. (Acrescido pelo Dec. nº 6.722, de 30-12-2008)

§ 10. É facultado ao Gerente Regional do INSS participar das reuniões do CPS localizados em região de suas atribuições e presidi-las. (Acrescido pelo Dec. nº 6.722, de 30-12-2008)

Art. 297. Compete aos órgãos governamentais:

I – prestar toda e qualquer informação necessária ao adequado cumprimento das competências do Conselho Nacional de Previdência Social, fornecendo inclusive estudos técnicos; e

II – encaminhar ao Conselho Nacional de Previdência Social, com antecedência mínima de dois meses do seu envio ao Congresso Nacional, a proposta orçamentária da previdência social, devidamente detalhada.

Art. 298. As resoluções tomadas pelo Conselho Nacional de Previdência Social deverão ser publicadas no Diário Oficial da União.

Art. 299. As reuniões do Conselho Nacional de Previdência Social serão iniciadas com a presença da maioria absoluta de seus membros, sendo exigida para deliberação a maioria simples de votos.

Art. 300. As ausências ao trabalho dos representantes dos trabalhadores em atividade, decorrentes das atividades do Conselho Nacional de Previdência Social, serão abonadas, computando-se como jornada efetivamente trabalhada para todos os fins e efeitos legais.

Art. 301. Aos membros do Conselho Nacional de Previdência Social, enquanto representantes dos trabalhadores em atividade, titulares e suplentes, é assegurada a estabilidade no emprego, da nomeação até um ano após o término do mandato de representação, somente podendo ser demitidos por motivo de falta grave, regularmente comprovada mediante processo judicial.

Art. 302. Compete ao Ministério da Previdência e Assistência Social proporcionar ao Conselho Nacional de Previdência Social os meios necessários ao exercício de suas competências, para o que contará com uma Secretaria Executiva do Conselho Nacional de Previdência Social.

SEÇÃO II
DO CONSELHO DE RECURSOS DA PREVIDÊNCIA SOCIAL

SUBSEÇÃO I
DA COMPOSIÇÃO

Art. 303. O Conselho de Recursos da Previdência Social - CRPS é órgão colegiado de julgamento, integrante da estrutura do Ministério da Economia. *(Redação dada pelo Decreto 10.410/2020)*

§ 1º O Conselho de Recursos da Previdência Social compreende os seguintes órgãos:

I – Juntas de Recursos, com a competência para julgar: (Redação dada pelo Decreto 10.491/2020)

a) os recursos das decisões proferidas pelo INSS nos processos de interesse de seus beneficiários;

b) os recursos das decisões proferidas pelo INSS relacionados à comprovação de atividade rural de segurado especial de que trata o art. art. 38-B da Lei nº 8.213, de 1991, ou às demais informações relacionadas ao CNIS de que trata o art. 29-A da referida Lei;

c) os recursos de decisões relacionadas à compensação financeira de que trata a Lei nº 9.796, de 5 de maio de 1999;

d) as contestações relativas à atribuição do FAP aos estabelecimentos da empresa; e

e) os recursos relacionados aos processos sobre irregularidades verificadas em procedimento de supervisão e de fiscalização nos regimes próprios de previdência social e aos processos sobre apuração de responsabilidade por infração às disposições da Lei nº 9.717, de 1998;

II – Câmaras de Julgamento, com sede em Brasília, Distrito Federal, com a competência para julgar os recursos interpostos contra as decisões proferidas pelas Juntas de Recursos; (Redação dada pelo Decreto 10.491/2020)

III – (Revogado pelo Decreto nº 3.668, de 22/11/2000)

IV – Conselho Pleno, com a competência para uniformizar a jurisprudência previdenciária mediante enunciados, podendo ter outras competências definidas no Regimento Interno do Conselho de Recursos da Previdência Social. (Inciso acrescido pelo Decreto nº 4.729, de 9/6/2003 e com nova redação dada pelo Decreto nº 6.857, de 25/5/2009)

§ 1º-A A quantidade de Juntas de Recursos e de Câmaras de Julgamento do CRPS será estabelecida no decreto que aprovar a estrutura regimental do Ministério da Economia. (Acrescido pelo Decreto 10.491/2020)

§ 2º O CRPS é presidido por representante do Governo, com notório conhecimento da legislação previdenciária, nomeado pelo Ministro de Estado da Previdência Social, cabendo-lhe dirigir os serviços administrativos do órgão. (Parágrafo com redação dada pelo Decreto nº 6.722, de 30/12/2008)

§ 3º (Revogado pelo Decreto nº 3.668, de 22/11/2000)

§ 4º As Juntas de Recursos e as Câmaras de Julgamento, presididas por representante do Governo federal, são integradas por quatro conselheiros em cada turma, nomeados pelo Ministro de Estado da Economia, com a seguinte composição: *(Redação dada pelo Decreto 10.410/2020)*

I – para os órgãos com competência para processar e julgar as contestações ou os recursos de que tratam os incisos I, II e III do *caput* do art. 305:

a) dois representantes do Governo federal;

b) um representante das empresas; e

c) um representante dos trabalhadores; e

II – para os órgãos com competência para processar e julgar os recursos de que tratam os incisos IV e V do *caput* do art. 305:

a) dois representantes do Governo federal;

b) um representante dos entes federativos; e

c) um representante dos servidores públicos.

§ 5º O mandato dos conselheiros do CRPS é de três anos, permitida a recondução, cumpridos os seguintes requisitos: *(Redação dada pelo Decreto 10.410/2020)*

› *Decreto 10.140/2020: art. 3º.*

I – os representantes do Governo federal serão escolhidos entre servidores federais, preferencialmente do Ministério da Economia ou do INSS, ou de outro órgão da administração pública federal, estadual, municipal ou distrital, com graduação em Direito, os quais prestarão serviços exclusivos ao CRPS, sem prejuízo dos direitos e das vantagens percebidos no cargo de origem;

II – os representantes das empresas e dos trabalhadores serão escolhidos entre os indicados em lista tríplice pelas entidades de classe ou sindicais das respectivas jurisdições, com graduação em Direito, e serão enquadrados como segurados obrigatórios do RGPS na condição de contribuintes individuais;

III – os representantes dos entes federativos e dos servidores públicos serão escolhidos entre os indicados em lista tríplice pelo Conselho Nacional dos Regimes Próprios de Previdência Social, observadas as respectivas representações, com graduação em Direito, e manterão a qualidade de segurados do regime próprio a que estejam vinculados; e

IV – os representantes não poderão incidir em situações que caracterizem conflito de interesses, nos termos do disposto no art. 10 da Lei nº 12.813, de 16 de maio de 2013.

§ 6º A gratificação dos membros de Câmara de Julgamento e Junta de Recursos será definida em ato do Ministro de Estado da Economia. *(Redação dada pelo Decreto 10.410/2020)*

› *Decreto 10.140/2020: art. 2º.*

I a III – *(Revogados pelo Decreto 10.410/2020)*

§ 7º Os servidores do Instituto Nacional do Seguro Social, mediante ato do Ministro de Estado da Previdência Social, poderão ser cedidos para terem exercício no Conselho de Recursos da Previdência Social, sem prejuízo dos direitos e das vantagens do respectivo cargo de origem, inclusive os previstos no art. 61 da Lei nº 8.112, de 11 de dezembro de 1990. (Parágrafo com redação dada pelo Decreto nº 4.729, de 9/6/2003)

§ 8º (Revogado pelo Decreto nº 3.452, de 9/5/2000)

§ 9º O conselheiro afastado por qualquer das razões elencadas no Regimento Interno do Conselho de Recursos da Previdência Social, exceto quando decorrente de renúncia voluntária, não poderá ser novamente designado para o exercício desta função antes do transcurso de cinco anos, contados do efetivo afastamento. (Parágrafo acrescido pelo Decreto nº 5.545, de 22/9/2005 e com nova redação dada pelo Decreto nº 5.699, de 13/2/2006)

§ 10. O limite máximo de composições por Câmara de Julgamento ou Junta de Recursos, do Conselho de Recursos da Previdência Social, será definido em ato do Ministro de Estado da Previdência Social, por proposta fundamentada do presidente do referido Conselho, em função da quantidade de processos em tramitação em cada órgão julgador. (Parágrafo com redação dada pelo Decreto nº 6.496, de 30/6/2008)

§ 11. (Revogado pelo Decreto 6.857/2009)

§ 12. O afastamento do representante dos trabalhadores da empresa empregadora ou dos servidores do ente federativo não constitui motivo para alteração ou rescisão de seu vínculo contratual ou funcional. *(Acrescido pelo Decreto 10.410/2020)*

Art. 304. Compete ao Ministro de Estado da Previdência Social aprovar o Regimento Interno do CRPS. (Artigo com redação dada pelo Decreto nº 6.722, de 30/12/2008)

SUBSEÇÃO II
DAS CONTESTAÇÕES E DOS RECURSOS (REDAÇÃO DADA PELO DECRETO 10.410/2020)

Art. 305. Compete ao CRPS processar e julgar: *(Redação dada pelo Decreto 10.410/2020)*

I – os recursos das decisões proferidas pelo INSS nos processos de interesse de seus beneficiários; *(Acrescido pelo Decreto 10.410/2020)*

II – as contestações e os recursos relativos à atribuição, pelo Ministério da Economia, do FAP aos estabelecimentos das empresas; *(Acrescido pelo Decreto 10.410/2020)*

III – os recursos das decisões proferidas pelo INSS relacionados à comprovação de atividade rural de segurado especial de que trata o art. 19-D ou às demais informações relacionadas ao CNIS de que trata o art. 19; *(Acrescido pelo Decreto 10.410/2020)*

IV – os recursos das decisões relacionadas à compensação financeira de que trata a Lei nº 9.796, de 1999; e *(Acrescido pelo Decreto 10.410/2020)*

V – os recursos relacionados aos processos sobre irregularidades verificadas em procedimento de supervisão e de fiscalização nos regimes próprios de previdência social e aos processos sobre apuração de responsabilidade por infração às disposições da Lei nº 9.717, de 1998. *(Acrescido pelo Decreto 10.410/2020)*

§ 1º O prazo para interposição de contestações e recursos ou para oferecimento de contrarrazões será de trinta dias, contado: *(Redação dada pelo Decreto 10.410/2020)*

I – no caso das contestações, da publicação no Diário Oficial da União das informações sobre a forma de consulta ao FAP; *(Acrescido pelo Decreto 10.410/2020)*

II – no caso dos recursos, da ciência da decisão; e (Redação dada pelo Decreto 10.410/2020)

III – no caso das contrarrazões, da interposição do recurso. *(Acrescido pelo Decreto 10.410/2020)*

§ 2º (Revogado pelo Decreto 3.265/1999)

§ 3º O INSS, a Secretaria Especial de Previdência e Trabalho do Ministério da Economia e, quando for o caso, na hipótese prevista no inciso IV do *caput*, os entes federativos poderão reformar suas decisões e deixar de encaminhar, no caso de reforma favorável ao interessado, a contestação ou o recurso à instância competente ou de rever o ato para o não prosseguimento da contestação ou do recurso. *(Redação dada pelo Decreto 10.410/2020)*

§ 4º Se o reconhecimento do direito do interessado ocorrer na fase de instrução do recurso por ele interposto contra decisão de Junta de Recursos, ainda que de alçada, ou de Câmara de Julgamento, o processo, acompanhado das razões do novo entendimento, será encaminhado:

I – à Junta de Recursos, no caso de decisão dela emanada, para fins de reexame da questão; ou

II – à Câmara de Julgamento, se por ela proferida a decisão, para revisão do acórdão, na forma que dispuser o seu Regimento Interno.

§ 5º (Revogado pelo Decreto 6.722/2008).

§ 6º As contestações e os recursos a que se refere o inciso II do *caput* deverão dispor, exclusivamente, sobre razões relativas a divergências quanto aos elementos que compõem o cálculo do FAP. *(Acrescido pelo Decreto 10.410/2020)*

§ 7º Exceto se houver disposição em contrário disciplinada em ato do INSS, as razões do indeferimento e os demais elementos que compõem o processo administrativo previdenciário substituirão as contrarrazões apresentadas pelo INSS, hipótese em que o processo poderá ser remetido ao CRPS imediatamente após a interposição do recurso pelo interessado, preferencialmente por meio eletrônico. *(Acrescido pelo Decreto 10.410/2020)*

§ 8º Ato conjunto do INSS e do CRPS estabelecerá os procedimentos operacionais relativos à tramitação dos recursos das decisões proferidas pelo INSS. *(Acrescido pelo Decreto 10.410/2020)*

Art. 306. (Revogado pelo Decreto 6.722/2008).

Art. 307. A propositura pelo interessado de ação judicial que tenha por objeto idêntico pedido sobre o qual verse o processo administrativo importará renúncia ao direito de contestar e recorrer na esfera administrativa, com a consequente desistência da contestação ou do recurso interposto. *(Redação dada pelo Decreto 10.410/2020)*

Art. 308. Os recursos interpostos tempestivamente contra decisões proferidas pelas Juntas de Recursos e pelas Câmaras de Julgamento do CRPS têm efeito suspensivo e devolutivo. *(Redação dada pelo Decreto 10.410/2020)*

§ 1º Para fins do disposto neste artigo, não se considera recurso o pedido de revisão de acórdão endereçado às Juntas de Recursos e Câmaras de Julgamento. (Parágrafo único acrescido pelo Decreto nº 4.729, de 9/6/2003 e transformado em § 1º com nova redação dada pelo Decreto nº 5.699, de 13/2/2006)

§ 2º É vedado ao INSS escusar-se de cumprir as diligências solicitadas pelo CRPS, bem como deixar de dar cumprimento às decisões definitivas daquele colegiado, reduzir ou ampliar o seu alcance ou executá-las de modo que contrarie ou prejudique seu evidente sentido. (Redação dada pelo Dec. 6.722/2008)

Art. 309. Na hipótese de haver controvérsia em matéria previdenciária, na aplicação de lei ou de ato normativo, entre órgãos do Ministério da Economia, entidades a ele vinculadas e, na hipótese prevista no inciso IV do *caput* do art. 305, entes federativos, ou ocorrência de questão previdenciária de relevante interesse público ou social, o órgão ministerial ou a entidade interessada poderá, por intermédio de seu dirigente, solicitar ao Ministro de Estado da Economia solução para a controvérsia ou questão. *(Redação dada pelo Decreto 10.410/2020)*

§ 1º A controvérsia na aplicação de lei ou ato normativo será relatada in abstracto e encaminhada com manifestações fundamentadas dos órgãos interessados, podendo ser instruída com cópias dos documentos que demonstrem sua ocorrência. (Parágrafo acrescido pelo Decreto nº 4.729, de 9/6/2003)

§ 2º A Procuradoria-Geral Federal Especializada/INSS deverá pronunciar-se em todos os casos previstos neste artigo. (Parágrafo acrescido pelo Decreto nº 4.729, de 9/6/2003)

Art. 310. (Revogado pelo Decreto 6.722, de 30/12/2008).

TÍTULO II
DOS CONVÊNIOS, CONTRATOS, CREDENCIAMENTOS E ACORDOS

Art. 311. A empresa, o sindicato ou entidade de aposentados devidamente legalizada poderá, mediante convênio, encarregar-se, relativamente a seu empregado ou associado e respectivos dependentes, de processar requerimento de benefício, preparando-o e instruindo-o de maneira a ser despachado pela previdência social. (*Caput* do artigo com redação dada pelo Decreto nº 6.722, de 30/12/2008)

Parágrafo único. Somente poderá optar pelo encargo de pagamento, as convenentes que fazem a complementação de benefícios, observada a conveniência administrativa do INSS. (Parágrafo único com nova redação dada pelo Decreto nº 6.939, de 18/8/2009)

Art. 312. A concessão e manutenção de prestação devida a beneficiário residente no exterior devem ser efetuadas nos termos do acordo entre o Brasil e o país de residência do beneficiário ou, na sua falta, nos termos de instruções expedidas pelo Ministério da Previdência e Assistência Social.

Art. 313. Os convênios, credenciamentos e acordos da linha do seguro social deverão ser feitos pelos setores de acordos e convênios do Instituto Nacional do Seguro Social.

Parágrafo único. O Instituto Nacional do Seguro Social poderá ainda colaborar para a complementação das instalações e equipamentos de entidades de habilitação e reabilitação profissional, com as quais mantenha convênio, ou fornecer outros recursos materiais para a melhoria do padrão de atendimento aos beneficiários.

Art. 314. A prestação de serviços da entidade que mantém convênio, contrato, credenciamento ou acordo com o Instituto Nacional do Seguro Social não cria qualquer vínculo empregatício entre este e o prestador de serviço.

Art. 315. Os órgãos da administração pública direta, autárquica e fundacional dos Estados, do Distrito Federal e dos Municípios poderão, mediante convênio com a previdência social, encarregar-se, relativamente aos seus funcionários, de formalizar processo de pedido de certidão de tempo de contribuição para fins de contagem recíproca, preparando-o e instruindo-o de forma a ser despachado pelo Instituto Nacional do Seguro Social.

Art. 316. O Instituto Nacional do Seguro Social, de acordo com as possibilidades administrativas e técnicas das unidades executivas de reabilitação profissional, poderá estabelecer convênios e/ou acordos de cooperação técnico-financeira, para viabilizar o atendimento às pessoas portadoras de deficiência.

Art. 317. Nos casos de impossibilidade de instalação de órgão ou setor próprio competente do Instituto Nacional do Seguro Social, assim como de efetiva incapacidade física ou técnica de implementação das atividades e atendimento adequado à clientela da previdência social, as unidades executivas de reabilitação profissional poderão solicitar a celebração de convênios, contratos ou acordos com entidades públicas ou privadas de comprovada idoneidade financeira e técnica, ou seu credenciamento, para prestação de serviço, por delegação ou simples cooperação técnica, sob coordenação e supervisão dos órgãos competentes do Instituto Nacional do Seguro Social.

TÍTULO III
DA DIVULGAÇÃO DOS ATOS E DECISÕES DA PREVIDÊNCIA SOCIAL

Art. 318. A divulgação dos atos e decisões dos órgãos e autoridades da previdência social, sobre benefícios, tem como objetivo:

I – dar inequívoco conhecimento deles aos interessados, inclusive para efeito de recurso;

II – possibilitar seu conhecimento público; e

III – produzir efeitos legais quanto aos direitos e obrigações deles derivados.

Art. 319. O INSS notificará o interessado de sua decisão, preferencialmente por meio eletrônico, por meio de cadastramento prévio, na forma definida pelo INSS, realizado por procedimento em que seja assegurada a identificação adequada do interessado ou: *(Redação do artigo dada pelo Decreto 10.410/2020)*

I – por rede bancária, conforme definido em ato do INSS;

II – por via postal, por meio de carta simples destinada ao endereço constante do cadastro do segurado no INSS, hipótese em que o aviso de recebimento será considerado prova suficiente da notificação; ou

III – pessoalmente, quando entregue ao interessado em mão.

Parágrafo único. *(Revogado pelo Decreto 10.410/2020)*

Art. 320. O conhecimento das decisões e demais atos dos órgãos do Ministério da Previdência e Assistência Social deve ser dado mediante publicação no Diário Oficial da União, boletim de serviço ou outro órgão de divulgação oficialmente reconhecido, ou na forma do art. 319.

Art. 321. O contrato, o convênio, o credenciamento e o acordo celebrados que impliquem pagamento de benefícios deverão ser publicados, em síntese, em boletim de serviço. *(Redação dada pelo Decreto 10.410/2020)*

Art. 322. O órgão do Instituto Nacional do Seguro Social, especialmente o pagador, só pode cumprir ato ou decisão de publicação obrigatória em boletim de serviço depois de atendida essa formalidade.

Parágrafo único. O administrador que determina e o servidor que realiza pagamento sem observar o disposto neste artigo são civilmente responsáveis por ele, ficando sujeitos também às penalidades administrativas cabíveis.

Art. 323. Os atos de que trata este Título serão publicados também no Diário Oficial da União, quando houver obrigação legal nesse sentido.

Art. 324. Os atos normativos ministeriais obrigam a todos os órgãos e entidades integrantes do Ministério da Previdência e Assistência Social, inclusive da administração indireta a ele vinculados.

Art. 325. Os atos e decisões normativas sobre benefícios dos órgãos e entidades da previdência social devem ser publicados na íntegra em boletim de serviço da entidade interessada, só tendo validade depois dessa publicação.

Parágrafo único. Os pareceres somente serão publicados quando aprovados pelas autoridades competentes e por determinação destas.

TÍTULO IV
DAS DISPOSIÇÕES DIVERSAS RELATIVAS À ORGANIZAÇÃO DA SEGURIDADE SOCIAL

Art. 326. O Instituto Nacional do Seguro Social, na forma da legislação específica, fica autorizado a contratar auditoria externa, periodicamente, para analisar e emitir parecer sobre demonstrativos econômico-financeiros e contábeis, arrecadação, cobrança e fiscalização de contribuições, bem como pagamento de benefícios, submetendo os resultados obtidos à apreciação do Conselho Nacional de Previdência Social.

Art. 327. A Auditoria e a Procuradoria do Instituto Nacional do Seguro Social deverão, a cada trimestre, elaborar relação das auditorias realizadas e dos trabalhos executados, bem como dos resultados obtidos, enviando-a à apreciação do Conselho Nacional de Previdência Social.

Art. 328. O Instituto Nacional do Seguro Social deverá implantar programa de qualificação e treinamento sistemático de pessoal, bem como promover reciclagem e redistribuição de funcionários conforme demandas dos órgãos regionais e locais, visando à melhoria da qualidade do atendimento, ao controle e à eficiência dos sistemas de arrecadação e fiscalização de contribuições, bem como de pagamento de benefícios.

Art. 329. O Cadastro Nacional de Informações Sociais é destinado a registrar informações de interesse da Administração Pública Federal e dos beneficiários da previdência social.

Parágrafo único. As contribuições aportadas pelos segurados e empresas terão o registro contábil individualizado, conforme dispuser o Ministério da Previdência e Assistência Social.

Arts. 329-A e 329-B. *(Revogados pelo Decreto 10.410/2020)*

Art. 330. *(Revogado pelo Decreto 10.410/2020)*

Art. 331. O Instituto Nacional do Seguro Social fica autorizado a efetuar permuta de informações, em caráter geral ou específico, com qualquer órgão ou entidade da administração direta ou indireta da União, Estados, Distrito Federal ou Municípios, com a prestação, quando for o caso, de assistência mútua na fiscalização dos respectivos tributos.

§ 1º A permuta de informações sobre a situação econômica ou financeira dos sujeitos passivos ou de terceiros e sobre a natureza e o estado dos seus negócios ou atividades somente poderá ser efetivada com a Secretaria da Receita Federal ou com a Fazenda Pública dos Estados, do Distrito Federal ou dos Municípios.

§ 2º Até que seja totalmente implantado o Cadastro Nacional de Informações Sociais, as instituições e órgãos federais, estaduais, do Distrito Federal e municipais, detentores de cadastros de empresas e de contribuintes em geral, deverão colocar à disposição do Instituto Nacional do Seguro Social, mediante convênio, todos os dados necessários à permanente atualização dos seus cadastros.

§ 3º O convênio de que trata o parágrafo anterior estabelecerá, entre outras condições, a forma e a periodicidade de acesso ao cadastro e às alterações posteriores.

Art. 332. O INSS estabelecerá indicadores qualitativos e quantitativos para acompanhamento e avaliação das concessões de benefícios realizadas. *(Redação dada pelo Decreto 10.410/2020)*

Art. 333. O INSS adotará como prática o cruzamento das informações declaradas pelos segurados com as informações constantes das bases de dados de que dispuser quando da análise dos requerimentos dos benefícios. *(Redação dada pelo Decreto 10.410/2020)*

Art. 334. Haverá, no âmbito da previdência social, uma Ouvidoria-Geral, cujas atribuições serão definidas em regulamento específico.

Art. 335. Deverão ser enviadas ao Congresso Nacional, anualmente, acompanhando a proposta orçamentária da seguridade social, projeções atuariais relativas à seguridade social, abrangendo um horizonte temporal de, no mínimo, vinte anos, considerando hipóteses alternativas quanto às variações demográficas, econômicas e institucionais relevantes.

LIVRO VI
DAS DISPOSIÇÕES GERAIS

Art. 336. Para fins estatísticos e epidemiológicos, a empresa deverá comunicar à previdência social o acidente de que tratam os arts. 19, 20, 21 e 23 da Lei nº 8.213, de 1991, ocorrido com o segurado empregado, exceto o doméstico, e o trabalhador avulso, até o primeiro dia útil seguinte ao da ocorrência e, em caso de morte, de imediato, à autoridade competente, sob pena da multa aplicada e cobrada na forma do art.286. (*Caput* do artigo com redação dada pelo Decreto nº 4.032, de 26/11/2001)

§ 1º Da comunicação a que se refere este artigo receberão cópia fiel o acidentado ou seus dependentes, bem como o sindicato a que corresponda a sua categoria.

§ 2º Na falta do cumprimento do disposto no *caput*, caberá ao setor de benefícios do Instituto Nacional do Seguro Social comunicar a ocorrência ao setor de fiscalização, para a aplicação e cobrança da multa devida.

§ 3º Na falta de comunicação por parte da empresa, ou quando se tratar de segurado especial, podem formalizá-la o próprio acidentado, seus dependentes, a entidade sindical competente, o médico que o assistiu ou qualquer autoridade pública, não prevalecendo nestes casos o prazo previsto neste artigo. (Parágrafo com redação dada pelo Decreto nº 4.032, de 26/11/2001)

§ 4º A comunicação a que se refere o § 3º não exime a empresa de responsabilidade pela falta do cumprimento do disposto neste artigo.

§ 5º (Revogado pelo Decreto nº 3.265, de 29/11/1999)

§ 6º Os sindicatos e entidades representativas de classe poderão acompanhar a cobrança, pela previdência social, das multas previstas neste artigo.

Art. 337. O acidente do trabalho será caracterizado tecnicamente pela Perícia Médica Federal, por meio da identificação do nexo entre o trabalho e o agravo. (Redação dada pelo Decreto nº 10.491/2020)

I a III – *(Revogados pelo Decreto 10.410/2020)*

§ 1º O setor de benefícios do Instituto Nacional do Seguro Social reconhecerá o direito do segurado à habilitação do benefício acidentário.

§ 2º Será considerado agravamento do acidente aquele sofrido pelo acidentado quando estiver sob a responsabilidade da reabilitação profissional.

§ 3º Considera-se estabelecido o nexo entre o trabalho e o agravo quando se verificar nexo técnico epidemiológico entre a atividade da empresa e a entidade mórbida motivadora da incapacidade, elencada na Classificação Internacional de Doenças – CID em conformidade com o disposto na Lista

C do Anexo II deste Regulamento. (Parágrafo acrescido pelo Decreto nº 6.042, de 12/2/2007 e com nova redação dada pelo Decreto nº 6.957, de 9/9/2009)

§ 4º Para os fins deste artigo, considera-se agravo a lesão, doença, transtorno de saúde, distúrbio, disfunção ou síndrome de evolução aguda, subaguda ou crônica, de natureza clínica ou subclínica, inclusive morte, independentemente do tempo de latência. (Parágrafo acrescido pelo Decreto nº 6.042, de 12/2/2007)

§ 5º Reconhecidos pela Perícia Médica Federal a incapacidade para o trabalho e o nexo entre o trabalho e o agravo, na forma prevista no § 3º, serão devidas as prestações acidentárias a que o beneficiário tiver direito. (Redação dada pelo Decreto 10.491/2020)

§ 6º A Perícia Médica Federal deixará de aplicar o disposto no § 3º quando demonstrada a inexistência de nexo entre o trabalho e o agravo, sem prejuízo do disposto no § 7º e no § 12. (Redação dada pelo Decreto 10.491/2020)

§ 7º A empresa poderá requerer ao INSS a não aplicação do nexo técnico epidemiológico ao caso concreto mediante a demonstração de inexistência de correspondente nexo entre o trabalho e o agravo. (Parágrafo acrescido pelo Decreto nº 6.042, de 12/2/2007 e com nova redação dada pelo Decreto nº 6.939, de 18/8/2009)

§ 8º O requerimento de que trata o § 7º poderá ser apresentado no prazo de quinze dias da data para a entrega, na forma do inciso IV do art. 225, da GFIP que registre a movimentação do trabalhador, sob pena de não conhecimento da alegação em instância administrativa. (Parágrafo acrescido pelo Decreto nº 6.042, de 12/2/2007)

§ 9º Caracterizada a impossibilidade de atendimento ao disposto no § 8º, motivada pelo não conhecimento tempestivo do diagnóstico do agravo, o requerimento de que trata o § 7º poderá ser apresentado no prazo de quinze dias, contado da data em que a empresa tomar ciência da decisão a que se refere o § 5º. *(Redação dada pelo Decreto 10.410/2020)*

§ 10. Juntamente com o requerimento de que tratam os §§ 8º e 9º, a empresa formulará as alegações que entender necessárias e apresentará as provas que possuir demonstrando a inexistência de nexo entre o trabalho e o agravo. (Parágrafo acrescido pelo Decreto nº 6.042, de 12/2/2007 e com nova redação dada pelo Decreto nº 6.939, de 18/8/2009)

§ 11. A documentação probatória poderá trazer, entre outros meios de prova, evidências técnicas circunstanciadas e tempestivas à exposição do segurado, podendo ser produzidas no âmbito de programas de gestão de risco, a cargo da empresa, que possuam responsável técnico legalmente habilitado. (Parágrafo acrescido pelo Decreto nº 6.042, de 12/2/2007)

§ 12. O INSS informará ao segurado sobre a contestação da empresa para que este, querendo, possa impugná-la, obedecendo, quanto à produção de provas, ao disposto no § 10, sempre que a instrução do pedido evidenciar a possibilidade de reconhecimento de inexistência do nexo entre o trabalho e o agravo. (Parágrafo acrescido pelo Decreto nº 6.042, de 12/2/2007 e com nova redação dada pelo Decreto nº 6.939, de 18/8/2009)

§ 13. Da decisão do requerimento de que trata o § 7º cabe recurso, com efeito suspensivo, por parte da empresa ou, conforme o caso, do segurado ao Conselho de Recursos da Previdência Social, nos termos dos arts. 305 a 310. (Parágrafo acrescido pelo Decreto nº 6.042, de 12/2/2007)

Art. 338. A empresa é responsável pela adoção e uso de medidas coletivas e individuais de proteção à segurança e saúde do trabalhador sujeito aos riscos ocupacionais por ela gerados. (*Caput* do artigo com redação dada pelo Decreto nº 4.032, de 26/11/2001)

§ 1º É dever da empresa prestar informações pormenorizadas sobre os riscos da operação a executar e do produto a manipular. (Parágrafo único transformado em § 1º pelo Decreto nº 4.032, de 26/11/2001)

§ 2º A Perícia Médica Federal terá acesso aos ambientes de trabalho e a outros locais onde se encontrem os documentos referentes ao controle médico de saúde ocupacional e aqueles que digam respeito ao programa de prevenção de riscos ocupacionais para verificar a eficácia das medidas adotadas pela empresa para a prevenção e o controle das doenças ocupacionais. *(Redação dada pelo Decreto 10.410/2020)*

§ 3º O INSS auditará a regularidade e a conformidade das demonstrações ambientais, incluindo-se as de monitoramento biológico, e dos controles internos da empresa relativos ao gerenciamento dos riscos ocupacionais, de modo a assegurar a veracidade das informações prestadas pela empresa e constantes do CNIS, bem como o cumprimento das obrigações relativas ao acidente de trabalho. (Parágrafo com redação dada pelo Decreto nº 4.882, de 18/11/2003)

§ 4º Sempre que a Perícia Médica Federal constatar o descumprimento do disposto neste artigo, esta comunicará formalmente aos demais órgãos interessados, inclusive para fins de aplicação e cobrança da multa devida *(Redação dada pelo Decreto 10.410/2020)*

Art. 339. O Ministério do Trabalho e Emprego fiscalizará e os sindicatos e entidades representativas de classe acompanharão o fiel cumprimento do disposto nos arts. 338 e 343.

Art. 340. Por intermédio dos estabelecimentos de ensino, sindicatos, associações de classe, Fundação Jorge Duprat Figueiredo de Segurança e Medicina do Trabalho, órgãos públicos e outros meios, serão promovidas regularmente instrução e formação com vistas a incrementar costumes e atitudes prevencionistas em matéria de acidentes, especialmente daquele referido no art. 336.

Art. 341. O INSS ajuizará ação regressiva contra os responsáveis nas hipóteses de: *(Redação do artigo dada pelo Decreto 10.410/2020)*

I – negligência quanto às normas-padrão de segurança e higiene do trabalho indicadas para proteção individual e coletiva; e

II – violência doméstica e familiar contra a mulher, nos termos do disposto na Lei nº 11.340, de 7 de agosto de 2006.

§ 1º Os órgãos de fiscalização das relações de trabalho encaminharão à Procuradoria-Geral Federal os relatórios de análise de acidentes do trabalho com indícios de negligência quanto às normas-padrão de segurança e higiene do trabalho indicadas para proteção individual e coletiva.

§ 2º O pagamento de prestações pela previdência social em decorrência das hipóteses previstas nos incisos I e II do *caput* não exclui a responsabilidade civil da empresa, na hipótese de que trata o inciso I do *caput*, ou do responsável pela violência doméstica e familiar, na hipótese de que trata o inciso II do *caput*.

Art. 342. O pagamento pela previdência social das prestações decorrentes do acidente a que se refere o art. 336 não exclui a responsabilidade civil da empresa, do empregador doméstico ou de terceiros. *(Redação dada pelo Decreto 10.410/2020)*

Art. 343. Constitui contravenção penal, punível com multa, deixar a empresa de cumprir as normas de segurança e saúde do trabalho.

Art. 344. Os litígios e medidas cautelares relativos aos acidentes de que trata o art. 336 serão apreciados:

I – na esfera administrativa, pelos órgãos da previdência social, segundo as regras e prazos aplicáveis às demais prestações, com prioridade para conclusão; e

II – na via judicial, pela Justiça dos Estados e do Distrito Federal, segundo o rito sumaríssimo, inclusive durante as férias forenses, mediante petição instruída pela prova de efetiva notificação do evento à previdência social, através da Comunicação de Acidente de Trabalho.

Parágrafo único. O procedimento judicial de que trata o inciso II é isento do pagamento de quaisquer custas e de verbas relativas à sucumbência.

Art. 345. As ações referentes às prestações decorrentes do acidente de que trata o art. 336 prescrevem em cinco anos, observado o disposto no art. 347, contados da data:

I – do acidente, quando dele resultar a morte ou a incapacidade temporária verificada em perícia médica a cargo da Perícia Médica Federal; ou *(Redação dada pelo Decreto 10.410/2020)*

II – em que for reconhecido pela Perícia Médica Federal a incapacidade permanente ou o agravamento das sequelas do acidente *(Redação dada pelo Decreto 10.410/2020)*

Art. 346. O segurado que houver sofrido o acidente a que se refere o art. 336 terá garantida, pelo prazo mínimo de doze meses, a manutenção de seu contrato de trabalho na empresa, após a cessação do auxílio por incapacidade temporária decorrente de acidente, independentemente da percepção de auxílio-acidente. *(Redação dada pelo Decreto 10.410/2020)*

Art. 347. É de dez anos o prazo de decadência de todo e qualquer direito ou ação do segurado ou beneficiário para a revisão dos atos de concessão, indeferimento, cancelamento ou cessação de benefício e dos atos de deferimento, indeferimento ou não concessão de revisão de benefício, contado: *(Redação dada pelo Decreto 10.410/2020)*

I – do primeiro dia do mês subsequente ao do recebimento da primeira prestação ou da data em que a prestação deveria ter sido paga com o valor revisto; ou *(Acrescido pelo Decreto 10.410/2020)*

II – do dia em que o segurado tiver ciência da decisão de indeferimento, cancelamento ou cessação do seu pedido de benefício ou da decisão de deferimento ou indeferimento de revisão de benefício no âmbito administrativo. *(Acrescido pelo Decreto 10.410/2020)*

§ 1º Prescreve em cinco anos, a contar da data em que deveriam ter sido pagas, toda e qualquer ação para haver prestações vencidas ou quaisquer restituições ou diferenças devidas pela previdência social, salvo o direito dos menores, incapazes e ausentes, na forma do Código Civil. (Parágrafo único transformado em § 1º pelo Decreto nº 4.729, de 9/6/2003)

§ 2º Não é considerado pedido de revisão de decisão indeferitória definitiva, mas de novo pedido de benefício, o que vier acompanhado de outros documentos além dos já existentes no processo. (Parágrafo acrescido pelo Decreto nº 4.729, de 9/6/2003)

§ 3º Não terá sequência eventual pedido de revisão de decisão indeferitória definitiva de benefício confirmada pela última instância do Conselho de Recursos da Previdência Social, aplicando-se, no caso de apresentação de outros documentos, além dos já existentes no processo, o disposto no § 2º. (Parágrafo acrescido pelo Decreto nº 4.729, de 9/6/2003)

§ 4º Nas hipóteses de requerimento de revisão de benefício em manutenção ou de recurso de decisão do INSS com apresentação de novos elementos extemporaneamente ao ato concessório, os efeitos financeiros serão fixados na data do pedido de revisão ou do recurso. *(Redação dada pelo Decreto 10.410/2020)*

Art. 347-A. O direito da Previdência Social de anular os atos administrativos de que decorram efeitos favoráveis para os seus beneficiários decai em dez anos, contados da data em que foram praticados, salvo comprovada má-fé.

§ 1º No caso de efeitos patrimoniais contínuos, o prazo decadencial contar-se-á da percepção do primeiro pagamento.

§ 2º Considera-se exercício do direito de anular qualquer medida de autoridade administrativa que importe impugnação à validade do ato. (Artigo acrescido pelo Decreto nº 5.545, de 22/9/2005)

Art. 348. O direito da seguridade social de apurar e constituir seus créditos extingue-se no prazo de cinco anos, contado: *(Redação dada pelo Decreto 10.410/2020)*

I – do primeiro dia do exercício seguinte àquele em que o crédito poderia ter sido constituído; ou

II – da data em que se tornar definitiva a decisão que houver anulado, por vício formal, a constituição de crédito anteriormente efetuado.

§ 1º Para comprovar o exercício de atividade remunerada, com vistas à concessão de benefícios, será exigido do contribuinte individual, a qualquer tempo, o recolhimento das correspondentes contribuições, observado o disposto nos §§ 7º a 14 do art. 216. (Parágrafo com redação dada pelo Decreto nº 3.265, de 29/11/1999)

§ 2º Na hipótese de ocorrência de dolo, fraude ou simulação, a seguridade social pode, a qualquer tempo, apurar e constituir seus créditos.

§ 3º O direito de pleitear judicialmente a desconstituição de exigência fiscal fixada pelo Instituto Nacional do Seguro Social no julgamento de litígio em processo administrativo fiscal extingue-se com o decurso do prazo de cento e oitenta dias, contado da intimação da referida decisão.

Art. 349. O direito da seguridade social de cobrar seus créditos, constituídos na forma prevista no art. 348, prescreverá no prazo de cinco anos, contado da data de sua constituição definitiva, observado o disposto nos art. 151 e art. 174 da Lei nº 5.172, de 25 de outubro de 1966 - Código Tributário Nacional. *(Redação dada pelo Decreto 10.410/2020)*

Art. 350. Será de responsabilidade da Procuradoria-Geral do Instituto Nacional do Seguro Social manter entendimentos com o Ministério Público, objetivando a agilização das causas judiciais necessárias à concessão e manutenção de benefícios.

Art. 351. O pagamento de benefícios decorrente de sentença judicial far-se-á com a observância da prioridade garantida aos créditos alimentícios.

Art. 352. Para fins de reconhecimento inicial de benefícios previdenciários, desde que este não acarrete revisão de ato administrativo anterior, o Presidente do INSS poderá editar súmulas administrativas, que terão caráter vinculante perante o INSS nas seguintes hipóteses: (Redação do artigo dada pelo Decreto 10.410/2020)

I – sobre tema a respeito do qual exista súmula ou parecer emitido pelo Advogado-Geral da União; e

II – sobre tema decidido pelo Supremo Tribunal Federal, em matéria constitucional, ou pelo Superior Tribunal de Justiça, no âmbito de suas competências, quando definido em sede de repercussão geral ou recurso repetitivo e não houver viabilidade de reversão da tese firmada em sentido desfavorável ao INSS, conforme disciplinado pelo Advogado- Geral da União, nos termos do disposto no § 2º do art. 19-D da Lei nº 10.522, de 19 de julho de 2002.

§ 1º A edição da súmula administrativa de que trata este artigo será precedida de avaliação de impacto orçamentário e financeiro pela Secretaria Especial de Previdência e Trabalho do Ministério da Economia.

§ 2º As súmulas administrativas serão numeradas em ordem cronológica e terão validade até que lei, decreto ou outra súmula discipline a matéria de forma diversa, e competirá ao INSS mantê-las atualizadas em seus sítios eletrônicos.

§ 3º Para fins do disposto neste artigo, a Procuradoria Federal Especializada junto ao INSS emitirá parecer conclusivo para propor a edição, a alteração ou o cancelamento de súmula administrativa, da qual deverá constar o fundamento para a sua edição.

Art. 353. A formalização de desistência ou transigência judiciais por parte de procurador da previdência social, será sempre precedida da anuência, por escrito, do Procurador-Geral do Instituto Nacional do Seguro Social ou do Presidente deste órgão, quando os valores em litígio ultrapassarem os limites definidos pelo Conselho Nacional de Previdência Social.

Parágrafo único. Os valores, a partir dos quais se exigirá a anuência do Procurador-Geral ou do Presidente do Instituto Nacional do Seguro Social, serão definidos periodicamente pelo Conselho Nacional de Previdência Social, mediante resolução própria.

Art. 354. O Instituto Nacional do Seguro Social, nas causas em que seja interessado na condição de autor, réu, assistente ou oponente, gozará das mesmas prerrogativas e privilégios assegurados à Fazenda Pública, inclusive quanto à inalienabilidade e impenhorabilidade de seus bens.

§ 1º O Instituto Nacional do Seguro Social é isento do pagamento de custas, traslados, preparos, certidões, registros, averbações e quaisquer outros emolumentos, nas causas em que seja interessado na condição de autor, réu, assistente ou oponente, inclusive nas ações de natureza trabalhista, acidentária e de benefício.

§ 2º O Instituto Nacional do Seguro Social antecipará os honorários periciais nas ações de acidentes do trabalho.

Art. 355. O Instituto Nacional do Seguro Social poderá requisitar a qualquer órgão ou entidade da administração direta ou indireta da União, dos Estados, do Distrito Federal e dos Municípios, bem como das demais entidades sob seu controle, elementos de fato e de direito relativos às alegações e ao pedido do autor de ação proposta contra a previdência social, bem assim promover diligências para localização de devedores e apuração de bens penhoráveis, que serão atendidas prioritariamente e sob regime de urgência.

Art. 356. Nos casos de indenização na forma do art. 122 e da retroação da data do início das contribuições, conforme o disposto no art. 124, após a homologação do processo pelo setor de benefícios do Instituto Nacional do Seguro Social, este deverá ser encaminhado ao setor de arrecadação e fiscalização, para levantamento e cobrança do débito.

Art. 357. A Secretaria Especial de Previdência e Trabalho do Ministério da Economia e o INSS ficam autorizados a editar normas que disponham sobre os critérios e a forma de realização de pesquisas externas. *(Redação dada pelo Decreto 10.410/2020)*

Parágrafo único. Para efeito do disposto no *caput*, os servidores designados receberão, a título de indenização, o valor correspondente a um onze avos do valor mínimo do salário de contribuição do contribuinte individual, por deslocamento com pesquisa concluída. (Parágrafo com redação dada pelo Decreto nº 3.265, de 29/11/1999)

Art. 358. Na execução judicial da Dívida Ativa da União, suas autarquias e fundações públicas, será facultado ao exequente indicar bens à penhora, a qual será efetivada concomitantemente com a citação inicial do devedor.

§ 1º Os bens penhorados nos termos deste artigo ficam desde logo indisponíveis.

§ 2º Efetuado o pagamento integral da dívida executada, com seus acréscimos legais, no prazo de dois dias úteis contados da citação, independentemente da juntada aos autos do respectivo mandado, poderá ser liberada a penhora, desde que não haja outra execução pendente.

§ 3º O disposto neste artigo aplica-se também às execuções já processadas.

§ 4º Não sendo opostos embargos, no prazo legal, ou sendo eles julgados improcedentes, os autos serão conclusos ao juiz do feito, para determinar o prosseguimento da execução.

Art. 359. O Instituto Nacional do Seguro Social poderá contratar leiloeiros oficiais para promover a venda administrativa dos bens, adjudicados judicialmente ou que receber em dação de pagamento.

Parágrafo único. O Instituto Nacional do Seguro Social, no prazo de sessenta dias, providenciará alienação do bem por intermédio do leiloeiro oficial.

Art. 360. Nas execuções fiscais da Dívida Ativa do Instituto Nacional do Seguro Social, o leilão judicial dos bens penhorados realizar-se-á por leiloeiro oficial, indicado pelo credor, que procederá à hasta pública:

I – no primeiro leilão, pelo valor do maior lance, que não poderá ser inferior ao da avaliação; ou

II – no segundo leilão, por qualquer valor, excetuado o vil.

§ 1º Poderá o juiz, a requerimento do credor, autorizar seja parcelado o pagamento do valor da arrematação, na forma prevista para os parcelamentos administrativos de débitos previdenciários.

§ 2º Todas as condições do parcelamento deverão constar do edital de leilão.

§ 3º O débito do executado será quitado na proporção do valor de arrematação.

§ 4 º O arrematante deverá depositar, no ato, o valor da primeira parcela.

§ 5º Realizado o depósito, será expedida carta de arrematação, contendo as seguintes disposições:

I – valor da arrematação, valor e número de parcelas mensais em que será pago;

II – constituição de hipoteca do bem adquirido, ou de penhor, em favor do credor, servindo a carta de título hábil para registro da garantia;

III – indicação do arrematante como fiel depositário do bem móvel, quando constituído penhor; e

IV – especificação dos critérios de reajustamento do saldo e das parcelas, que será sempre mesmo vigente para os parcelamentos de créditos previdenciários.

§ 6º Se o arrematante não pagar no vencimento qualquer das parcelas mensais, o saldo devedor remanescente vencerá antecipadamente e será acrescido em cinquenta por cento de seu valor a título de multa, devendo, de imediato, ser inscrito em Dívida Ativa e executado.

§ 7º Se no primeiro ou no segundo leilões a que se refere o *caput* não houver licitante, o Instituto Nacional do Seguro Social poderá adjudicar o bem por cinquenta por cento do valor da avaliação.

§ 8º Se o bem adjudicado não puder ser utilizado pelo Instituto Nacional do Seguro Social e for de difícil venda, poderá ser negociado ou doado a outro órgão ou entidade pública que demonstre interesse na sua utilização.

§ 9º Não havendo interesse na adjudicação, poderá o juiz do feito, de ofício ou a requerimento do credor, determinar sucessivas repetições da hasta pública.

§ 10. O leiloeiro oficial, a pedido do credor, poderá ficar como fiel depositário dos bens penhorados e realizar a respectiva remoção.

Art. 361. O Instituto Nacional do Seguro Social poderá concordar com valores divergentes, para pagamento da dívida objeto de execução fiscal, quando a diferença entre os cálculos de atualização da dívida por ele elaborados ou levados a efeito pela contadoria do Juízo e os cálculos apresentados pelo executado for igual ou inferior a cinco por cento.

§ 1º O disposto neste artigo aplica-se somente a dívidas cuja petição inicial da execução tenha sido protocolada em Juízo até 31 de março de 1997.

§ 2º A extinção de processos de execução, em decorrência da aplicação do disposto neste artigo, não implicará condenação em honorários, custas e quaisquer outros ônus de sucumbência contra o exequente, oferecidos ou não embargos à execução, e acarretará a desistência de eventual recurso que tenha por razão a divergência de valores de atualização nos limites do percentual referido.

Art. 362. O Instituto Nacional do Seguro Social e a Secretaria da Receita Federal estabelecerão critérios para a dispensa de constituição ou exigência de crédito de valor inferior ao custo dessas medidas.

Art. 363. A arrecadação das receitas prevista nos incisos I, II, III, IV e V do parágrafo único do art. 195, bem como as contribuições incidentes a título de substituição, e o pagamento dos benefícios da seguridade social serão realizados pela rede bancária ou por outras formas, nos termos e condições aprovados pelo Conselho Nacional de Previdência Social. (Artigo com redação dada pelo Decreto nº 4.032, de 26/11/2001)

Art. 364. As receitas provenientes da cobrança de débitos dos Estados, do Distrito Federal e dos Municípios e da alienação, arrendamento ou locação de bens móveis ou imóveis pertencentes ao patrimônio do Instituto Nacional do Seguro Social deverão constituir reserva técnica, de longo prazo, que garantirá o seguro social instituído no Plano de Benefícios da Previdência Social.

Parágrafo único. É vedada a utilização dos recursos de que trata este artigo para cobrir despesas de custeio em geral, inclusive as decorrentes de criação, majoração ou extensão dos benefícios ou serviços da previdência social, admitindo-se sua utilização, excepcionalmente, em despesas de capital, conforme definido na lei orçamentária.

Art. 365. Mediante requisição do Instituto Nacional do Seguro Social, a empresa é obrigada a descontar, da remuneração paga aos segurados a seu serviço, a importância proveniente de dívida ou responsabilidade por eles contraída junto à seguridade social, relativa a benefícios pagos indevidamente, observado o disposto no art. 154.

Art. 366. O Presidente de Turma de Julgamento da Delegacia da Receita Federal do Brasil recorrerá de ofício sempre que a decisão: (*Caput* do artigo com redação dada pelo Decreto nº 6.224, de 4/10/2007)

I – declarar indevida contribuição ou outra importância apurada pela fiscalização; e (Inciso com redação dada pelo Decreto nº 6.224, de 4/10/2007)

II – relevar ou atenuar multa aplicada por infração a dispositivos deste Regulamento. (Inciso com redação dada pelo Decreto nº 6.224, de 4/10/2007)

§ 1º (Revogado pelo Decreto nº 6.224, de 4/10/2007)

§ 2º O recurso de que trata o *caput* será interposto ao Segundo Conselho de Contribuintes do Ministério da Fazenda. (Parágrafo com redação dada pelo Decreto nº 6.224, de 4/10/2007)

§ 3º O Ministro de Estado da Fazenda poderá estabelecer limite abaixo do qual será dispensada a interposição do recurso de ofício previsto neste artigo. (Parágrafo acrescido pelo Decreto nº 6.224, de 4/10/2007)

Art. 367. O Instituto Nacional do Seguro Social e a Empresa de Processamento de Dados da Previdência Social confrontarão a relação dos óbitos com os cadastros da previdência social, determinando o cancelamento dos pagamentos, a partir da data do falecimento dos beneficiários identificados na comunicação a que se refere o art. 228.

Art. 368. Fica o Instituto Nacional do Seguro Social obrigado a:

I – enviar às empresas e aos contribuintes individuais, quando por eles solicitado, extrato de recolhimento das suas contribuições;

II – emitir automaticamente e enviar às empresas avisos de cobrança de débitos;

III – emitir e enviar aos beneficiários carta de concessão de benefícios, além da memória de cálculo do valor dos benefícios concedidos;

IV – reeditar versão atualizada da Carta dos Direitos dos Segurados;

V – divulgar, com a devida antecedência, pelos meios de comunicação, alterações das contribuições das empresas e dos segurados em geral;

VI – descentralizar, progressivamente, o processamento eletrônico das informações, mediante extensão dos programas de informatização aos Postos de Atendimento e às Gerências Regionais de Arrecadação e Fiscalização; e

VII – garantir a integração dos sistemas de processamento eletrônico de inforrnações e sua compatibilidade com o Cadastro Nacional de Informações Sociais.

VIII – tornar disponível ao público, inclusive por meio de rede pública de transmissão de dados, informações atualizadas sobre as despesas do Regime Geral de Previdência Social, bem como os critérios e parâmetros adotados para garantir o seu equilíbrio financeiro e atuarial. (Inciso acrescido pelo Decreto nº 5.545, de 22/9/2005)

Parágrafo único. O fornecimento das informações a que se referem os incisos I e III do *caput* poderá ocorrer por meio da sua disponibilização pelos canais de atendimento do INSS previstos na Carta de Serviços ao Usuário do INSS. *(Acrescido pelo Decreto 10.410/2020)*

Art. 369. Os depósitos judiciais e extrajudiciais referentes a contribuições sociais e outras importâncias arrecadadas pelo Instituto Nacional do Seguro Social serão efetuados na Caixa Econômica Federal mediante guia de recolhimento específica para essa finalidade, conforme modelo a ser aprovado pelo Instituto Nacional do Seguro Social e confeccionado e distribuído pela Caixa Econômica Federal.

§ 1º Quando houver mais de um interessado na ação, o depósito será efetuado, à ordem e disposição do Juízo, em nome de cada contribuinte, individualizadamente.

§ 2º A guia de recolhimento conterá, além de outros elementos fixados em ato normativo da autoridade competente, os dados necessários à identificação do órgão judicial em que tramita a ação.

§ 3º No caso de recebimento de depósito judicial, a Caixa Econômica Federal remeterá uma via da guia de recolhimento ao órgão judicial em que tramita a ação.

§ 4º A Caixa Econômica Federal tornará disponível para o Instituto Nacional do Seguro Social, por meio magnético, os dados referentes aos depósitos.

Art. 370. O valor dos depósitos recebidos será creditado pela Caixa Econômica Federal à Subconta da Previdência Social da Conta Única do Tesouro Nacional junto ao Banco Central do Brasil, no mesmo prazo fixado para recolhimento das contribuições arrecadadas pelo Instituto Nacional do Seguro Social.

Art. 371. Mediante ordem da autoridade judicial ou, no caso de depósito extrajudicial, da autoridade administrativa competente, o valor do depósito, após o encerramento da lide ou do processo litigioso, será:

I – devolvido ao depositante pela Caixa Econômica Federal, no prazo máximo de vinte e quatro horas, quando a sentença ou decisão lhe for favorável ou na proporção em que o for, acrescido de juros equivalentes à taxa referencial do Sistema Especial de Liquidação e de Custódia, para títulos federais, acumulada mensalmente, calculados a partir do mês subsequente ao da efetivação do depósito até o mês anterior ao de seu levantamento, e de juros de um por cento relativamente ao mês em que estiver sendo efetivada a devolução; ou

II – transformado em pagamento definitivo, proporcionalmente à exigência do correspondente crédito, quando se tratar de sentença ou decisão favorável ao Instituto Nacional do Seguro Social.

§ 1º O documento contendo os dados relativos aos depósitos devolvidos ou transformados em pagamento definitivo, a ser confeccionado e preenchido pela Caixa Econômica Federal, deverá ser aprovado pelo Instituto Nacional do Seguro Social.

§ 2º O valor dos depósitos devolvidos pela Caixa Econômica Federal será debitado à Subconta da Previdência Social da Conta Única do Tesouro Nacional junto ao Banco Central do Brasil, a título de restituição, no mesmo dia em que ocorrer a devolução.

§ 3º O Banco Central do Brasil creditará, na conta de reserva bancária da Caixa Econômica Federal, no mesmo dia, os valores devolvidos.

§ 4º Os valores das devoluções, inclusive dos juros acrescidos, serão contabilizados como estorno da respectiva espécie de receita em que tiver sido contabilizado o depósito.

§ 5º No caso de transformação do depósito em pagamento definitivo, a Caixa Econômica Federal efetuará a baixa em seus controles e comunicará a ocorrência ao Instituto Nacional do Seguro Social.

§ 6º A Caixa Econômica Federal manterá controle dos valores depositados, devolvidos e transformados em pagamento definitivo, por contribuinte e por processo, devendo, relativamente aos valores depositados e respectivos acréscimos de juros, tornar disponível o acesso aos registros, emitir extratos mensais e remetê-los ao Instituto Nacional do Seguro Social.

§ 7º Os extratos referidos neste artigo conterão dados que permitam identificar o depositante, o processo administrativo ou judicial, a movimentação dos depósitos durante o mês, além de outros elementos considerados indispensáveis.

Art. 372. Pelo recebimento dos depósitos e pela prestação dos demais serviços previstos nos arts. 369 a 371, a Caixa Econômica Federal será remunerada pela tarifa fixada pelo Ministro de Estado da Fazenda, na forma do disposto no Decreto nº 2.850, de 27 de novembro de 1998.

Art. 373. Os valores expressos em moeda corrente referidos neste Regulamento exceto aqueles referidos no art. 288, são reajustados nas mesmas épocas e com os mesmos índices utilizados para o reajustamento dos benefícios de prestação continuada da previdência social.

Art. 374. Serão aceitos os números de inscrição no Cadastro Geral de Contribuintes, até que seja concluída, pela Secretaria da Receita Federal, a implantação do Cadastro Nacional da Pessoa Jurídica.

Art. 375. Ficam anistiados, por força do art. 3º da Lei nº 9.476, de 23 de julho de 1997, os agentes políticos e os dirigentes de órgãos públicos estaduais, do Distrito Federal ou municipais, a quem foram impostas penalidades pecuniárias pessoais até 24 de julho de 1997, em decorrência do disposto no art. 289.

Art. 376. A multa de que trata a alínea e do inciso I do art. 283 retroagirá a 16 de abril de 1994, na que for mais favorável.

Art. 377. Os recursos a que se refere o Decreto nº 2.536, de 6 de abril de 1998, não têm efeito suspensivo.

Art. 378. (Revogado pelo Decreto nº 4.729, de 9/6/2003)

Art. 379. A pessoa jurídica de direito privado já beneficiária da isenção ou que já a tenha requerido e que atenda ao disposto nos arts. 206 ou 207 está dispensada do requerimento previsto no art. 208, devendo, até 30 de maio de 1999:

I – comunicar ao Instituto Nacional do Seguro Social que está enquadrada nos arts. 206 ou 207; e

II – apresentar ao Instituto Nacional do Seguro Social o plano de ação de atividades a serem desenvolvidas durante o ano em curso.

Parágrafo único. O Conselho Nacional de Assistência Social, mediante resolução que observe a natureza dos serviços assistenciais, poderá, por proposição da Secretaria de Estado de Assistência Social, considerar atendido o requisito de gratuidade, à vista de doações ou contribuições voluntárias feitas por terceiros, pelos responsáveis ou pelos próprios beneficiários dos serviços, desde que garantido o livre acesso a esses serviços, independentemente dessas doações e contribuições, não se lhes aplicando o disposto nos §§ 2º e 3º do art. 206.

Art. 380. Fica cancelada, a partir de 1º de abril de 1999, toda e qualquer isenção de contribuição para a seguridade social concedida, em caráter geral ou especial, em desacordo com os arts. 206 ou 207.

Art. 381. As normas deste Regulamento de natureza procedimental aplicam-se imediatamente a todos os processos pendentes no Ministério da Previdência e Assistência Social e no Instituto Nacional do Seguro Social.

Art. 382. Os tratados, convenções e outros acordos internacionais de que Estado estrangeiro ou organismo internacional e o Brasil sejam partes, e que versem sobre matéria previdenciária, serão interpretados como lei especial. (Artigo acrescido pelo Decreto nº 3.265, de 29/11/1999)

› *Deixamos de publicar o Anexo constante desta norma.*

LEI Nº 9.800, DE 26 DE MAIO DE 1999

Permite às partes a utilização de sistema de transmissão de dados para a prática de atos processuais.

› *Sistema de transmissão de dados*

O PRESIDENTE DA REPÚBLICA Faço saber que o Congresso Nacional decreta e eu sanciono a seguinte Lei:

Art. 1º. É permitida às partes a utilização de sistema de transmissão de dados e imagens tipo fac-símile ou outro similar, para a prática de atos processuais que dependam de petição escrita.

Art. 2º A utilização de sistema de transmissão de dados e imagens não prejudica o cumprimento dos prazos, devendo os originais ser entregues em juízo ou encaminhados por meio de protocolo integrado judicial nacional, necessariamente, em até 5 (cinco) dias contados da data de seu término. (Redação dada pela Lei 14.318/2022)

Parágrafo único. Nos atos não sujeitos a prazo, os originais deverão ser entregues em juízo ou encaminhados por meio de protocolo integrado judicial nacional, necessariamente, em até 5 (cinco) dias contados da data de recepção do material. (Redação dada pela Lei 14.318/2022)

Art. 3º. Os juízes poderão praticar atos de sua competência à vista de transmissões efetuadas na forma desta Lei, sem prejuízo do disposto no artigo anterior.

Art. 4º. Quem fizer uso de sistema de transmissão torna-se responsável pela qualidade e fidelidade do material transmitido, e por sua entrega ao órgão judiciário.

Parágrafo único. Sem prejuízo de outras sanções, o usuário do sistema será considerado litigante de má-fé se não houver perfeita concordância entre o original remetido pelo fac-símile e o original entregue em juízo.

Art. 5º. O disposto nesta Lei não obriga a que os órgãos judiciários disponham de equipamentos para recepção.

Art. 6º. Esta Lei entra em vigor 30 (trinta) dias após a data de sua publicação.

Brasília, 26 de maio de 1999; 178º da Independência e 111º da República.
FERNANDO HENRIQUE CARDOSO
D.O.U. 27.05.1999

INSTRUÇÃO NORMATIVA TST Nº 16, DE 3 DE SETEMBRO DE 1999

Uniformiza a interpretação da Lei nº 9.756, de 17 de dezembro de 1998, com relação a agravo de instrumento.

‣ *Agravo de Instrumento na Justiça do Trabalho*

I – O Agravo de Instrumento se rege, na Justiça do Trabalho, pelo art. 897, alínea b, §§ 2º, 4º, 5º, 6º e 7º, da Consolidação das Leis do Trabalho, pelos demais dispositivos do direito processual do trabalho e, no que omisso, pelo direito processual comum, desde que compatível com as normas e princípios daquele, na forma desta INSTRUÇÃO.

a) Não se aplicam aos agravos de instrumento opostos antes de 18 de dezembro de 1998, data da publicação da Lei nº 9.756, as disposições desse diploma legal, salvo aquelas relativas ao cancelamento da possibilidade de concessão de efeito suspensivo à revista.

II – Limitado o seu cabimento, no processo do trabalho, aos despachos que denegarem a interposição de recurso (art. 897, alínea b, da CLT), o agravo de instrumento será dirigido à autoridade judiciária prolatora do despacho agravado, no prazo de oito dias de sua intimação, e processado em autos apartados. *(Redação dada ao caput pela Resolução TST nº 113, de 21.11.2002)*

§ 1º (revogado).

§ 2º (revogado).

III – O agravo não será conhecido se o instrumento não contiver as peças necessárias para o julgamento do recurso denegado, incluindo a cópia do respectivo arrazoado e da comprovação de satisfação de todos os pressupostos extrínsecos do recurso principal.

IV – O agravo de instrumento, protocolizado e autuado, será concluso ao juiz prolator do despacho agravado, para reforma ou confirmação da decisão impugnada, observada a competência estabelecida nos arts. 659, inciso VI, e 682, inciso IX, da CLT.

V – Será certificada nos autos principais a interposição do agravo de instrumento e a decisão que determina o seu processamento ou a decisão que reconsidera o despacho agravado.

VI – Mantida a decisão agravada, será intimado o agravado a apresentar contrarrazões relativas ao agravo e, simultaneamente, ao recurso principal, juntando as peças que entender necessárias para o julgamento de ambos, encaminhando-se, após, os autos do agravo ao Juízo competente.

VII – Provido o agravo, o órgão julgador deliberará quanto ao julgamento do recurso destrancado, observando-se, daí em diante, o procedimento relativo a tal recurso, com designação de relator e de revisor, se for o caso.

VIII – Da certidão de julgamento do agravo provido constará o resultado da deliberação relativa à apreciação do recurso destrancado.

IX – As peças trasladadas conterão informações que identifiquem o processo do qual foram extraídas, autenticadas uma a uma, no anverso ou verso. Tais peças poderão ser declaradas autênticas pelo próprio advogado, sob sua responsabilidade. Não será válida a cópia de despacho ou decisão que não contenha a assinatura do juiz prolator, nem as certidões subscritas por serventuário sem as informações acima exigidas. *(Redação dada pela Resolução TST nº 113, de 21.11.2002)*

X – Cumpre às partes providenciar a correta formação do instrumento, não comportando a omissão em conversão em diligência para suprir a ausência de peças, ainda que essenciais.

XI – O agravo de instrumento não requer preparo.

XII – A tramitação e o julgamento de agravo de instrumento no Juízo competente obedecerão à disciplina legal e ao constante dos respectivos Regimentos Internos.

XIII – O agravo de instrumento de despacho denegatório de recurso extraordinário obedecerá à disciplina especial, na forma de Resolução da Suprema Corte.

XIV – Fica revogada a Instrução Normativa nº 06.

Sala de Sessões, 15 de maio de 2003.
Valério Augusto Freitas do Carmo

LEI N. 9.876, DE 26 DE NOVEMBRO DE 1999

Dispõe sobre a contribuição previdenciária do contribuinte individual, o cálculo do benefício, altera dispositivos das Leis n. 8.212 e 8.213, ambas de 24 de julho de 1991, e dá outras providências.

‣ *Contribuição previdenciária do contribuinte individual*

O Presidente da República.

Faço saber que o Congresso Nacional decreta e eu sanciono a seguinte Lei:

Art. 1.º A Lei n. 8.212, de 24 de julho de 1991, passa a vigorar com as seguintes alterações:

» Alterações já processadas no diploma modificado.

Art. 2.º A Lei n. 8.213, de 24 de julho de 1991, passa a vigorar com as seguintes alterações:

» Alterações já processadas no diploma modificado.

Art. 3.º Para o segurado filiado à Previdência Social até o dia anterior à data de publicação desta Lei, que vier a cumprir as condições exigidas para a concessão dos benefícios do Regime Geral de Previdência Social, no cálculo do salário de benefício será considerada a média aritmética simples dos maiores salários de contribuição, correspondentes a, no mínimo, 80% (oitenta por cento) de todo o período contributivo decorrido desde a competência julho de 1994, observado o disposto nos incisos I e II do *caput* do art. 29 da Lei n. 8.213, de 1991, com a redação dada por esta Lei.

§ 1.º Quando se tratar de segurado especial, no cálculo do salário de benefício serão considerados 1/13 (um treze avos) da média aritmética simples dos maiores valores sobre os quais incidiu a sua contribuição anual, correspondentes a, no mínimo, 80% (oitenta por cento) de todo o período contributivo decorrido desde a competência julho de 1994, observado o disposto nos incisos I e II do § 6.º do art. 29 da Lei n. 8.213, de 1991, com a redação dada por esta Lei.

§ 2.º No caso das aposentadorias de que tratam as alíneas *b*, *c* e *d* do inciso I do art. 18, o divisor considerado no cálculo da média a que se refere o *caput* e o § 1.º não poderá ser inferior a 60% (sessenta por cento) do período decorrido da competência julho de 1994 até a data de início do benefício, limitado a 100% (cem por cento) de todo o período contributivo.

Art. 4.º Considera-se salário de contribuição, para os segurados contribuinte individual e facultativo filiados ao Regime Geral de Previdência Social até o dia anterior à data de publicação desta Lei, o salário-base, determinado conforme o art. 29 da Lei n. 8.212, de 1991, com a redação vigente naquela data.

§ 1.º O número mínimo de meses de permanência em cada classe da escala de salários-base de que trata o art. 29 da Lei n. 8.212, de 1991, com a redação anterior à data de publicação desta Lei, será reduzido, gradativamente, em 12 (doze) meses a cada ano, até a extinção da referida escala.

§ 2.º Havendo a extinção de uma determinada classe em face do disposto no § 1.º, a classe subsequente será considerada como classe inicial, cujo salário-base variará entre o valor correspondente ao da classe extinta e o da nova classe inicial.

§ 3.º Após a extinção da escala de salários-base de que trata o § 1.º, entender-se-á por salário de contribuição, para os segurados contribuinte individual e facultativo, o disposto nos incisos III e IV do art. 28 da Lei n. 8.212, de 1991, com a redação dada por esta Lei.

Art. 5.º Para a obtenção do salário de benefício, o fator previdenciário de que trata o art. 29 da Lei n. 8.213, de 1991, com a redação desta Lei, será aplicado de forma progressiva, incidindo sobre 1/60 (um sessenta avos) da média aritmética de que trata o art. 3.º desta Lei, por mês que se seguir a sua publicação, cumulativa e sucessivamente, até completar 60/60 (sessenta sessenta avos) da referida média.

Art. 6.º É garantido ao segurado que até o dia anterior à data de publicação desta Lei tenha cumprido os requisitos para a concessão de benefício o cálculo segundo as regras até então vigentes.

Art. 7.º É garantido ao segurado com direito a aposentadoria por idade a opção pela não aplicação do fator previdenciário a que se refere o art. 29 da Lei n. 8.213, de 1991, com a redação dada por esta Lei.

Art. 8.º Esta Lei entra em vigor na data de sua publicação, produzindo efeitos, quanto à majoração de contribuição e ao disposto no § 4.º do art. 30 da Lei n. 8.212, de 1991, com a redação dada por esta Lei, a partir do dia primeiro do mês seguinte ao 90.º (nonagésimo) dia daquela publicação, sendo mantida, até essa data, a obrigatoriedade dos recolhimentos praticados na forma da legislação anterior.

Art. 9.º Revogam-se a Lei Complementar n. 84, de 18 de janeiro de 1996, os incisos III e IV do art. 12 e o art. 29 da Lei n. 8.212, de 24 de julho de 1991, os incisos III e IV do art. 11, o § 1.º do art. 29 e o parágrafo único do art. 113 da Lei n. 8.213, de 24 de julho de 1991.

Brasília, 26 de novembro de 1999; 178.º da Independência e 111.º da República.

Fernando Henrique Cardoso

INSTRUÇÃO NORMATIVA TST Nº 18, DE 17 DE DEZEMBRO DE 1999

Dispõe sobre a comprovação do depósito recursal na Justiça do Trabalho

- *Depósito recursal na Justiça do Trabalho*

Considera-se válida para comprovação do depósito recursal na Justiça do Trabalho a guia respectiva em que conste pelo menos o nome do Recorrente e do Recorrido; o número do processo; a designação do juízo por onde tramitou o feito e a explicitação do valor depositado, desde que autenticada pelo Banco recebedor.

Revogam-se as disposições em contrário.

DECRETO Nº 3.298, DE 20 DE DEZEMBRO DE 1999 (Excertos)

Regulamenta a Lei nº 7.853, de 24 de outubro de 1989, dispõe sobre a Política Nacional para a Integração da Pessoa Portadora de Deficiência, consolida as normas de proteção, e dá outras providências.

- *Política Nacional para Integração da Pessoa Portadora de Deficiência*
- Publicado no DOU de 21-12-1999.

O PRESIDENTE DA REPÚBLICA, no uso das atribuições que lhe confere o art. 84, incisos IV e VI, da Constituição, e tendo em vista o disposto na Lei nº 7.853, de 24 de outubro de 1989,

DECRETA:

CAPÍTULO I DAS DISPOSIÇÕES GERAIS

Art. 1º A Política Nacional para a Integração da Pessoa Portadora de Deficiência compreende o conjunto de orientações normativas que objetivam assegurar o pleno exercício dos direitos individuais e sociais das pessoas portadoras de deficiência.

Art. 2º Cabe aos órgãos e às entidades do Poder Público assegurar à pessoa portadora de deficiência o pleno exercício de seus direitos básicos, inclusive dos direitos à educação, à saúde, ao trabalho, ao desporto, ao turismo, ao lazer, à previdência social, à assistência social, ao transporte, à edificação pública, à habitação, à cultura, ao amparo à infância e à maternidade, e de outros que, decorrentes da Constituição e das leis, propiciem seu bem-estar pessoal, social e econômico.

Art. 3º Para os efeitos deste Decreto, considera-se:

I - deficiência - toda perda ou anormalidade de uma estrutura ou função psicológica, fisiológica ou anatômica que gere incapacidade para o desempenho de atividade, dentro do padrão considerado normal para o ser humano;

II - deficiência permanente - aquela que ocorreu ou se estabilizou durante um período de tempo suficiente para não permitir recuperação ou ter probabilidade de que se altere, apesar de novos tratamentos; e

III - incapacidade - uma redução efetiva e acentuada da capacidade de integração social, com necessidade de equipamentos, adaptações, meios ou recursos especiais para que a pessoa portadora de deficiência possa receber ou transmitir informações necessárias ao seu bem-estar pessoal e ao desempenho de função ou atividade a ser exercida.

Art. 4º É considerada pessoa portadora de deficiência a que se enquadra nas seguintes categorias:

I - deficiência física - alteração completa ou parcial de um ou mais segmentos do corpo humano, acarretando o comprometimento da função física, apresentando-se sob a forma de paraplegia, paraparesia, monoplegia, monoparesia, tetraplegia, tetraparesia, triplegia, triparesia, hemiplegia, hemiparesia, ostomia, amputação ou ausência de membro, paralisia cerebral, nanismo, membros com deformidade congênita ou adquirida, exceto as deformidades estéticas e as que não produzam dificuldades para o desempenho de funções; *(Inciso com redação dada pelo Decreto nº 5.296, de 2/12/2004)*

II - deficiência auditiva - perda bilateral, parcial ou total, de quarenta e um decibéis (dB) ou mais, aferida por audiograma nas freqüências de 500HZ, 1.000HZ, 2.000Hz e 3.000Hz; *(Inciso com redação dada pelo Decreto nº 5.296, de 2/12/2004)*

III - deficiência visual - cegueira, na qual a acuidade visual é igual ou menor que 0,05 no melhor olho, com a melhor correção óptica; a baixa visão, que significa acuidade visual entre 0,3 e 0,05 no melhor olho, com a melhor correção óptica; os casos nos quais a somatória da medida do campo visual em ambos os olhos for igual ou menor que 60º; ou a ocorrência simultânea de quaisquer das condições anteriores; *(Inciso com redação dada pelo Decreto nº 5.296, de 2/12/2004)*

IV - deficiência mental - funcionamento intelectual significativamente inferior à média, com manifestação antes dos dezoito anos e limitações associadas a duas ou mais áreas de habilidades adaptativas, tais como:

a) comunicação;

b) cuidado pessoal;

c) habilidades sociais;

d) utilização dos recursos da comunidade; *(Alínea com redação dada pelo Decreto nº 5.296, de 2/12/2004)*

e) saúde e segurança;

f) habilidades acadêmicas;

g) lazer; e

h) trabalho;

V - deficiência múltipla - associação de duas ou mais deficiências.

CAPÍTULO II DOS PRINCÍPIOS

Art. 5º A Política Nacional para a Integração da Pessoa Portadora de Deficiência, em consonância com o Programa Nacional de Direitos Humanos, obedecerá aos seguintes princípios;

I - desenvolvimento de ação conjunta do Estado e da sociedade civil, de modo a assegurar a plena integração da pessoa portadora de deficiência no contexto sócio-econômico e cultural;

II - estabelecimento de mecanismos e instrumentos legais e operacionais que assegurem às pessoas portadoras de deficiência o pleno exercício de seus direitos básicos que, decorrentes da Constituição e das leis, propiciam o seu bem-estar pessoal, social e econômico; e

III - respeito às pessoas portadoras de deficiência, que devem receber igualdade de oportunidades na sociedade por reconhecimento dos direitos que lhes são assegurados, sem privilégios ou paternalismos.

CAPÍTULO III DAS DIRETRIZES

Art. 6º São diretrizes da Política Nacional para a Integração da Pessoa Portadora de Deficiência:

I - estabelecer mecanismos que acelerem e favoreçam a inclusão social da pessoa portadora de deficiência;

II - adotar estratégias de articulação com órgãos e entidades públicos e privados, bem assim com organismos internacionais e estrangeiros para a implantação desta Política;

III - incluir a pessoa portadora de deficiência, respeitadas as suas peculiaridades, em todas as iniciativas governamentais relacionadas à educação, à saúde, ao trabalho, à edificação pública, à previdência social, à assistência social, ao transporte, à habitação, à cultura, ao esporte e ao lazer;

IV - viabilizar a participação da pessoa portadora de deficiência em todas as fases de implementação dessa Política, por intermédio de suas entidades representativas;

V - ampliar as alternativas de inserção econômica da pessoa portadora de deficiência, proporcionando a ela qualificação profissional e incorporação no mercado de trabalho; e

VI - garantir o efetivo atendimento das necessidades da pessoa portadora de deficiência, sem o cunho assistencialista.

CAPÍTULO IV DOS OBJETIVOS

Art. 7º São objetivos da Política Nacional para a Integração da Pessoa Portadora de Deficiência:

I - o acesso, o ingresso e a permanência da pessoa portadora de deficiência em todos os serviços oferecidos à comunidade;

II - integração das ações dos órgãos e das entidades públicos e privados nas áreas de saúde, educação, trabalho, transporte, assistência social, edificação pública, previdência social, habitação, cultura, desporto e lazer, visando à prevenção das deficiências, à eliminação de suas múltiplas causas e à inclusão social;

III - desenvolvimento de programas setoriais destinados ao atendimento das necessidades especiais da pessoa portadora de deficiência;

IV - formação de recursos humanos para atendimento da pessoa portadora de deficiência; e

V - garantia da efetividade dos programas de prevenção, de atendimento especializado e de inclusão social.

CAPÍTULO V
DOS INSTRUMENTOS

Art. 8º São instrumentos da Política Nacional para a Integração da Pessoa Portadora de Deficiência:

I - a articulação entre entidades governamentais e não-governamentais que tenham responsabilidades quanto ao atendimento da pessoa portadora de deficiência, em nível federal, estadual, do Distrito Federal e municipal;

II - o fomento à formação de recursos humanos para adequado e eficiente atendimento da pessoa portadora de deficiência;

III - a aplicação da legislação específica que disciplina a reserva de mercado de trabalho, em favor da pessoa portadora de deficiência, nos órgãos e nas entidades públicos e privados;

IV - o fomento da tecnologia de bioengenharia voltada para a pessoa portadora de deficiência, bem como a facilitação da importação de equipamentos; e

V - a fiscalização do cumprimento da legislação pertinente à pessoa portadora de deficiência.

CAPÍTULO VI
DOS ASPECTOS INSTITUCIONAIS

Art. 9º Os órgãos e as entidades da Administração Pública Federal direta e indireta deverão conferir, no âmbito das respectivas competências e finalidades, tratamento prioritário e adequado aos assuntos relativos à pessoa portadora de deficiência, visando a assegurar-lhe o pleno exercício de seus direitos básicos e a efetiva inclusão social.

Art. 10. Na execução deste Decreto, a Administração Pública Federal direta e indireta atuará de modo integrado e coordenado, seguindo planos e programas, com prazos e objetivos determinados, aprovados pelo Conselho Nacional dos Direitos da Pessoa Portadora de Deficiência - CONADE.

Arts. 11 e 12. *(Revogados pelo Decreto nº 10.177, de 16/12/2019)*

(...)

CAPÍTULO VII
DA EQUIPARAÇÃO DE OPORTUNIDADES

Art. 15. Os órgãos e as entidades da Administração Pública Federal prestarão direta ou indiretamente à pessoa portadora de deficiência os seguintes serviços:

I - reabilitação integral, entendida como o desenvolvimento das potencialidades da pessoa portadora de deficiência, destinada a facilitar sua atividade laboral, educativa e social;

II - formação profissional e qualificação para o trabalho;

III - escolarização em estabelecimentos de ensino regular com a provisão dos apoios necessários, ou em estabelecimentos de ensino especial; e

IV - orientação e promoção individual, familiar e social.

SEÇÃO I
DA SAÚDE

Art. 16. Os órgãos e as entidades da Administração Pública Federal direta e indireta responsáveis pela saúde devem dispensar aos assuntos objeto deste Decreto tratamento prioritário e adequado, viabilizando, sem prejuízo de outras, as seguintes medidas:

(...)

II - o desenvolvimento de programas especiais de prevenção de acidentes domésticos, de trabalho, de trânsito e outros, bem como o desenvolvimento de programa para tratamento adequado a suas vítimas;

III - a criação de rede de serviços regionalizados, descentralizados e hierarquizados em crescentes níveis de complexidade, voltada ao atendimento à saúde e reabilitação da pessoa portadora de deficiência, articulada com os serviços sociais, educacionais e com o trabalho;

(...)

Art. 19. Consideram-se ajudas técnicas, para os efeitos deste Decreto, os elementos que permitem compensar uma ou mais limitações funcionais motoras, sensoriais ou mentais da pessoa portadora de deficiência, com o objetivo de permitir-lhe superar as barreiras da comunicação e da mobilidade e de possibilitar sua plena inclusão social.

Parágrafo único. São ajudas técnicas:

(...)

III - equipamentos e elementos necessários à terapia e reabilitação da pessoa portadora de deficiência;

IV - equipamentos, maquinarias e utensílios de trabalho especialmente desenhados ou adaptados para uso por pessoa portadora de deficiência;

V - elementos de mobilidade, cuidado e higiene pessoal necessários para facilitar a autonomia e a segurança da pessoa portadora de deficiência;

VI - elementos especiais para facilitar a comunicação, a informação e a sinalização para pessoa portadora de deficiência;

VII - equipamentos e material pedagógico especial para educação, capacitação e recreação da pessoa portadora de deficiência;

VIII - adaptações ambientais e outras que garantam o acesso, a melhoria funcional e a autonomia pessoal; e

(...)

Art. 28. O aluno portador de deficiência matriculado ou egresso do ensino fundamental ou médio, de instituições públicas ou privadas, terá acesso à educação profissional, a fim de obter habilitação profissional que lhe proporcione oportunidades de acesso ao mercado de trabalho.

§ 1º A educação profissional para a pessoa portadora de deficiência será oferecida nos níveis básico, técnico e tecnológico, em escola regular, em instituições especializadas e nos ambientes de trabalho.

§ 2º As instituições públicas e privadas que ministram educação profissional deverão, obrigatoriamente, oferecer cursos profissionais de nível básico à pessoa portadora de deficiência, condicionando a matrícula à sua capacidade de aproveitamento e não a seu nível de escolaridade.

§ 3º Entende-se por habilitação profissional o processo destinado a propiciar à pessoa portadora de deficiência, em nível formal e sistematizado, aquisição de conhecimentos e habilidades especificamente associados a determinada profissão ou ocupação.

§ 4º Os diplomas e certificados de cursos de educação profissional expedidos por instituição credenciada pelo Ministério da Educação ou órgão equivalente terão validade em todo o território nacional.

Art. 29. As escolas e instituições de educação profissional oferecerão, se necessário, serviços de apoio especializado para atender às peculiaridades da pessoa portadora de deficiência, tais como:

I - adaptação dos recursos instrucionais: material pedagógico, equipamento e currículo;

II - capacitação dos recursos humanos: professores, instrutores e profissionais especializados; e

III - adequação dos recursos físicos: eliminação de barreiras arquitetônicas, ambientais e de comunicação.

SEÇÃO III
DA HABILITAÇÃO E DA REABILITAÇÃO PROFISSIONAL

Art. 30. A pessoa portadora de deficiência, beneficiária ou não do Regime Geral de Previdência Social, tem direito às prestações de habilitação e reabilitação profissional para capacitar-se a obter trabalho, conservá-lo e progredir profissionalmente.

Art. 31. Entende-se por habilitação e reabilitação profissional o processo orientado a possibilitar que a pessoa portadora de deficiência, a partir da identificação de suas potencialidades laborativas, adquira o nível suficiente de desenvolvimento profissional para ingresso e reingresso no mercado de trabalho e participar da vida comunitária.

Art. 32. Os serviços de habilitação e reabilitação profissional deverão estar dotados dos recursos necessários para atender toda pessoa portadora de deficiência, independentemente da origem de sua deficiência, desde que possa ser preparada para trabalho que lhe seja adequado e tenha perspectivas de obter, conservar e nele progredir.

Art. 33. A orientação profissional será prestada pelos correspondentes serviços de habilitação e reabilitação profissional, tendo em conta as potencialidades da pessoa portadora de deficiência, identificadas com base em relatório de equipe multiprofissional, que deverá considerar:

I - educação escolar efetivamente recebida e por receber;

II - expectativas de promoção social;

III - possibilidades de emprego existentes em cada caso;

IV - motivações, atitudes e preferências profissionais; e

V - necessidades do mercado de trabalho.

SEÇÃO IV
DO ACESSO AO TRABALHO

Art. 34. É finalidade primordial da política de emprego a inserção da pessoa portadora de deficiência no mercado de trabalho ou sua incorporação ao sistema produtivo mediante regime especial de trabalho protegido.

Parágrafo único. Nos casos de deficiência grave ou severa, o cumprimento do disposto no *caput* deste artigo poderá ser efetivado mediante a contratação das cooperativas sociais de que trata a Lei nº 9.867, de 10 de novembro de 1999.

Art. 35. São modalidades de inserção laboral da pessoa portadora de deficiência:

I - colocação competitiva: processo de contratação regular, nos termos da legislação trabalhista e previdenciária, que independe da adoção de procedimentos especiais para sua concretização, não sendo excluída a possibilidade de utilização de apoios especiais;

II - colocação seletiva: processo de contratação regular, nos termos da legislação trabalhista e previdenciária, que depende da adoção de procedimentos e apoios especiais para sua concretização; e

III - promoção do trabalho por conta própria: processo de fomento da ação de uma ou mais pessoas, mediante trabalho autônomo, cooperativado ou em regime de economia familiar, com vista à emancipação econômica e pessoal.

§ 1º As entidades beneficentes de assistência social, na forma da lei, poderão intermediar a modalidade de inserção laboral de que tratam os incisos II e III, nos seguintes casos:

I - na contratação para prestação de serviços, por entidade pública ou privada, da pessoa portadora de deficiência física, mental ou sensorial: e

II - na comercialização de bens e serviços decorrentes de programas de habilitação profissional de adolescente e adulto portador de deficiência em oficina protegida de produção ou terapêutica.

§ 2º Consideram-se procedimentos especiais os meios utilizados para a contratação de pessoa que, devido ao seu grau de deficiência, transitória ou permanente, exija condições especiais, tais como jornada variável, horário flexível, proporcionalidade de salário, ambiente de trabalho adequado às suas especificidades, entre outros.

§ 3º Consideram-se apoios especiais a orientação, a supervisão e as ajudas técnicas entre outros elementos que auxiliem ou permitam compensar uma ou mais limitações funcionais motoras, sensoriais ou mentais da pessoa portadora de deficiência, de modo a superar as barreiras da mobilidade e da comunicação, possibilitando a plena utilização de suas capacidades em condições de normalidade.

§ 4º Considera-se oficina protegida de produção a unidade que funciona em relação de dependência com entidade pública ou beneficente de assistência social, que tem por objetivo desenvolver programa de habilitação profissional para adolescente e adulto portador de deficiência, provendo-o com trabalho remunerado, com vista à emancipação econômica e pessoal relativa.

§ 5º Considera-se oficina protegida terapêutica a unidade que funciona em relação de dependência com entidade pública ou beneficente de assistência social, que tem por objetivo a integração social por meio de atividades de adaptação e capacitação para o trabalho de adolescente e adulto que devido ao seu grau de deficiência, transitória ou permanente, não possa desempenhar atividade laboral no mercado competitivo de trabalho ou em oficina protegida de produção.

§ 6º O período de adaptação e capacitação para o trabalho de adolescente e adulto portador de deficiência em oficina protegida terapêutica não caracteriza vínculo empregatício e está condicionado a processo de avaliação individual que considere o desenvolvimento biopsicosocial da pessoa.

§ 7º A prestação de serviços será feita mediante celebração de convênio ou contrato formal, entre a entidade beneficente de assistência social e o tomador de serviços, no qual constará a relação nominal dos trabalhadores portadores de deficiência colocados à disposição do tomador.

§ 8º A entidade que se utilizar do processo de colocação seletiva deverá promover, em parceria com o tomador de serviços, programas de prevenção de doenças profissionais e de redução da capacidade laboral, bem assim programas de reabilitação caso ocorram patologias ou se manifestem outras incapacidades.

Art. 36. A empresa com cem ou mais empregados está obrigada a preencher de dois a cinco por cento de seus cargos com beneficiários da Previdência Social reabilitados ou com pessoa portadora de deficiência habilitada, na seguinte proporção:

I - até duzentos empregados, dois por cento;

II - de duzentos e um a quinhentos empregados, três por cento;

III - de quinhentos e um a mil empregados, quatro por cento; ou

IV - mais de mil empregados, cinco por cento.

§ 1º A dispensa de empregado na condição estabelecida neste artigo, quando se tratar de contrato por prazo determinado, superior a noventa dias, e a dispensa imotivada, no contrato por prazo indeterminado, somente poderá ocorrer após a contratação de substituto em condições semelhantes.

§ 2º Considera-se pessoa portadora de deficiência habilitada aquela que concluiu curso de educação profissional de nível básico, técnico ou tecnológico, ou curso superior, com certificação ou diplomação expedida por instituição pública ou privada, legalmente credenciada pelo Ministério da Educação ou órgão equivalente, ou aquela com certificado de conclusão de processo de habilitação ou reabilitação profissional fornecido pelo Instituto Nacional do Seguro Social - INSS.

§ 3º Considera-se, também, pessoa portadora de deficiência habilitada aquela que, não tendo se submetido a processo de habilitação ou reabilitação, esteja capacitada para o exercício da função.

§ 4º A pessoa portadora de deficiência habilitada nos termos dos §§ 2º e 3º deste artigo poderá recorrer à intermediação de órgão integrante do sistema público de emprego, para fins de inclusão laboral na forma deste artigo.

§ 5º Compete ao Ministério do Trabalho e Emprego estabelecer sistemática de fiscalização, avaliação e controle das empresas, bem como instituir procedimentos e formulários que propiciem estatísticas sobre o número de empregados portadores de deficiência e de vagas preenchidas, para fins de acompanhamento do disposto no *caput* deste artigo.

Arts. 37 a 43. *(Revogados pelo Decreto nº 9.508, de 24/9/2018)*

Art. 44. A análise dos aspectos relativos ao potencial de trabalho do candidato portador de deficiência obedecerá ao disposto no art. 20 da Lei nº 8.112, de 11 de dezembro de 1990.

Art. 45. Serão implementados programas de formação e qualificação profissional voltados para a pessoa portadora de deficiência no âmbito do Plano Nacional de Formação Profissional - PLANFOR.

Parágrafo único. Os programas de formação e qualificação profissional para pessoa portadora de deficiência terão como objetivos:

I - criar condições que garantam a toda pessoa portadora de deficiência o direito a receber uma formação profissional adequada;

II - organizar os meios de formação necessários para qualificar a pessoa portadora de deficiência para a inserção competitiva no mercado laboral; e

III - ampliar a formação e qualificação profissional sob a base de educação geral para fomentar o desenvolvimento harmônico da pessoa portadora de deficiência, assim como para satisfazer as exigências derivadas do progresso técnico, dos novos métodos de produção e da evolução social e econômica.

(...)

CAPÍTULO VIII
DA POLÍTICA DE CAPACITAÇÃO DE PROFISSIONAIS ESPECIALIZADOS

Art. 49. Os órgãos e as entidades da Administração Pública Federal direta e indireta, responsáveis pela formação de recursos humanos, devem dispensar aos assuntos objeto deste Decreto tratamento prioritário e adequado, viabilizando, sem prejuízo de outras, as seguintes medidas:

I - formação e qualificação de professores de nível médio e superior para a educação especial, de técnicos de nível médio e superior especializados na habilitação e reabilitação, e de instrutores e professores para a formação profissional;

II - formação e qualificação profissional, nas diversas áreas de conhecimento e de recursos humanos que atendam às demandas da pessoa portadora de deficiência; e

III - incentivo à pesquisa e ao desenvolvimento tecnológico em todas as áreas do conhecimento relacionadas com a pessoa portadora de deficiência.

(...)

CAPÍTULO XI
DAS DISPOSIÇÕES FINAIS E TRANSITÓRIAS

Art. 56. O Ministério dos Direitos Humanos, com base nas diretrizes e metas do Plano Plurianual de Investimentos, por intermédio da Secretaria Nacional dos Direitos da Pessoa com Deficiência, elaborará, em articulação com outros órgãos e entidades da Administração Pública Federal, o Plano Nacional de Ações Integradas na Área das Deficiências. *(Artigo com redação dada pelo Decreto nº 9.494, de 6/9/2018)*

Art. 57. (Revogado pelo Dec. 10.087/2019).

Art. 58. A CORDE desenvolverá, em articulação com órgãos e entidades da Administração Pública Federal, programas de facilitação da acessibilidade em sítios de interesse histórico, turístico, cultural e desportivo, mediante a remoção de barreiras físicas ou arquitetônicas que impeçam ou dificultem a locomoção de pessoa portadora de deficiência ou com mobilidade reduzida.

Art. 59. Este Decreto entra em vigor na data da sua publicação.

Art. 60. Ficam revogados os Decretos nºs 93.481, de 29 de outubro de 1986, 914, de 6 de setembro de 1993, 1.680, de 18 de outubro de 1995, 3.030, de 20 de abril de 1999, o § 2º do art. 141 do Regulamento da Previdência Social, aprovado pelo Decreto nº 3.048, de 6 de maio de 1999, e o Decreto nº e 3.076, de 1º de junho de 1999.

Brasília, 20 de dezembro de 1999; 178º da Independência e 111º da República.

FERNANDO HENRIQUE CARDOSO

LEI Nº 9.962, DE 22 DE FEVEREIRO DE 2000

Disciplina o regime de emprego público do pessoal da Administração federal direta, autárquica e fundacional, e dá outras providências.

▸ *Emprego público*

O PRESIDENTE DA REPÚBLICA Faço saber que o Congresso Nacional decreta e eu sanciono a seguinte Lei:

Art. 1º O pessoal admitido para emprego público na Administração federal direta, autárquica e fundacional terá sua relação de trabalho regida pela Consolidação das Leis do Trabalho, aprovada pelo Decreto-Lei nº 5.452, de 1º de maio de 1943, e legislação trabalhista correlata, naquilo que a lei não dispuser em contrário.

§ 1º Leis específicas disporão sobre a criação dos empregos de que trata esta Lei no âmbito da Administração direta, autárquica e fundacional do Poder Executivo, bem como sobre a transformação dos atuais cargos em empregos.

§ 2º É vedado:

I – submeter ao regime de que trata esta Lei:

a) (Vetado)

b) cargos públicos de provimento em comissão;

II – alcançar, nas leis a que se refere o § 1º, servidores regidos pela Lei nº 8.112, de 11 de dezembro de 1990, às datas das respectivas publicações.

§ 3º Estende-se o disposto no § 2º à criação de empregos ou à transformação de cargos em empregos não abrangidas pelo § 1º.

§ 4º *(Vetado)*

Art. 2º A contratação de pessoal para emprego público deverá ser precedida de concurso público de provas ou de provas e títulos, conforme a natureza e a complexidade do emprego.

Art. 3º O contrato de trabalho por prazo indeterminado somente será rescindido por ato unilateral da Administração pública nas seguintes hipóteses:

I – prática de falta grave, dentre as enumeradas no art. 482 da Consolidação das Leis do Trabalho – CLT;

II – acumulação ilegal de cargos, empregos ou funções públicas;

III – necessidade de redução de quadro de pessoal, por excesso de despesa, nos termos da lei complementar a que se refere o art. 169 da Constituição Federal;

IV – insuficiência de desempenho, apurada em procedimento no qual se assegurem pelo menos um recurso hierárquico dotado de efeito suspensivo, que será apreciado em trinta dias, e o prévio conhecimento dos padrões mínimos exigidos para continuidade da relação de emprego, obrigatoriamente estabelecidos de acordo com as peculiaridades das atividades exercidas.

Parágrafo único. Excluem-se da obrigatoriedade dos procedimentos previstos no *caput* as contratações de pessoal decorrentes da autonomia de gestão de que trata o § 8º do art. 37 da Constituição Federal.

Art. 4º Aplica-se às leis a que se refere o § 1º do art. 1º desta Lei o disposto no art. 246 da Constituição Federal.

Art. 5º Esta Lei entra em vigor na data de sua publicação.

Brasília, 22 de fevereiro de 2000; 179º da Independência e 112º da República.

Fernando Henrique Cardoso

INSTRUÇÃO NORMATIVA TST Nº 17, DE 17 DE DEZEMBRO DE 1999

Uniformiza a interpretação da Lei 9.756, de 17 de dezembro de 1998, com relação ao recurso de revista.

Aprovada pela Resolução 91, de 17 de dezembro de 1999.

▸ *Recurso de Revista*

I – Aplica-se ao processo do trabalho o disposto no parágrafo único do art. 120 do Código de Processo Civil, segundo a redação dada pela Lei 9.756/98, relativo ao conflito de competência, nos seguintes termos:

Havendo jurisprudência dominante no Tribunal sobre a questão suscitada, o relator poderá decidir, de plano, o conflito de competência, cabendo agravo, no prazo de oito dias, contado da intimação às partes, para o órg ão recursal competente.

II – Aplica-se ao processo do trabalho o parágrafo único acrescido ao art. 481 do Código de Processo Civil, conforme redação dada pela Lei 9.756/98, no que tange à declaração de inconstitucionalidade, nos seguintes termos:

Os órgãos fracionários dos Tribunais não submeterão ao plenário, ou ao órgão especial, a arguição de inconstitucionalidade, quando já houver pronunciamento destes, ou do plenário do Supremo Tribunal Federal, sobre a questão.

III – Aplica-se ao Processo do Trabalho o artigo 557, *caput* e §§ 1º-A, 1º e 2º do Código de Processo Civil, segundo a redação dada pela Lei 9.756/98, adequando-se o prazo do agravo ao prazo de oito dias.

IV – Os beneficiários da justiça gratuita estão dispensados do recolhimento antecipado da multa prevista no § 2º do art. 557 do CPC.

V – As demais disposições oriundas de alteração do processo civil, resultantes da Lei 9.756/98, consideram-se inaplicáveis ao processo do trabalho, especialmente o disposto no art. 511, *caput*, e seu § 2º.

Sala de Sessões, 17 de dezembro de 1999.

LUZIA DE ANDRADE COSTA FREITAS
Diretora-Geral de Coordenação Judiciária

INSTRUÇÃO NORMATIVA TST Nº 19, DE 27 DE ABRIL DE 2000

Aprova normas relativas à inserção de tema na Orientação Jurisprudencial do Tribunal Superior do Trabalho.

▸ *Orientação Jurisprudencial do TST*

O precedente jurisprudencial deve ser inserido pela Comissão de Jurisprudência na Orientação Jurisprudencial desta Corte quando:

1 – As 5 (cinco) Turmas decidirem no mesmo sentido quanto à matéria; ou

2 – houver 3 (três) acórdãos da Seção Especializada em Dissídios Individuais e, pelo menos, 3 (três) acórdãos de 3 (três) Turmas no mesmo sentido; ou

3 – houver, pelo menos, 2 (duas) decisões unânimes de cada uma das duas Subseções da Seção Especializada em Dissídios Individuais sobre a mesma matéria; ou

4 – o Tribunal Pleno, mediante provocação da Comissão Permanente de Jurisprudência, decidir conflito entre 5 (cinco) decisões reiteradas da Subseção I Especializada em Dissídios Individuais sobre determinada tese, contrárias a decisões reiteradas de 3 (três) Turmas;

5 – os verbetes relativos a precedentes da Subseção II Especializada em Dissídios Individuais, após aprovados pela referida Subseção, serão encaminhados à Comissão Permanente de Jurisprudência para publicação na Orientação da Jurisprudencia da Corte. Se a Comissão entender conveniente, submeterá a proposta da Subseção II Especializada em Dissídios Individuais ao Egrégio Tribunal Pleno.

6 – Por moção subscrita por 8 (oito) Ministros e dirigida à Comissão Permanente de Jurisprudência, será submetida ao Egrégio Tribunal Pleno a proposta de retirada de tema inserto no repositório da Orientação Jurisprudencial do Tribunal Superior do Trabalho.

LEI COMPLEMENTAR Nº 103, DE 14 DE JULHO DE 2000

Autoriza os Estados e o Distrito Federal a instituir o piso salarial a que se refere o inciso V do art. 7º da Constituição Federal, por aplicação do disposto no parágrafo único do seu art. 22.

▸ *Piso salarial*

O PRESIDENTE DA REPÚBLICA Faço saber que o Congresso Nacional decreta e eu sanciono a seguinte Lei Complementar:

Art. 1º Os Estados e o Distrito Federal ficam autorizados a instituir, mediante lei de iniciativa do Poder Executivo, o piso salarial de que trata o inciso V do art. 7º da Constituição Federal para os empregados que não tenham piso salarial definido em lei federal, convenção ou acordo coletivo de trabalho.

§ 1º A autorização de que trata este artigo não poderá ser exercida:

I – no segundo semestre do ano em que se verificar eleição para os cargos de Governador dos Estados e do Distrito Federal e de Deputados Estaduais e Distritais;

II – em relação à remuneração de servidores públicos municipais.

§ 2º O piso salarial a que se refere o *caput* poderá ser estendido aos empregados domésticos.

Art. 2º Esta Lei Complementar entra em vigor na data de sua publicação.

Brasília, 14 de julho de 2000; 179º da Independência e 112º da República.

Fernando Henrique Cardoso

LEI Nº 10.101, DE 19 DE DEZEMBRO DE 2000

Dispõe sobre a participação dos trabalhadores nos lucros ou resultados da empresa e dá outras providências.

▸ *Participação dos Lucros*

Faço saber que o PRESIDENTE DA REPÚBLICA adotou a Medida Provisória nº 1.982-77, de 2000, que o Congresso Nacional aprovou, e eu, Antônio Carlos Magalhães, Presidente, para os efeitos do disposto no parágrafo único do art. 62 da Constituição Federal, promulgo a seguinte Lei:

Art. 1º. Esta Lei regula a participação dos trabalhadores nos lucros ou resultados da empresa como instrumento de integração entre o capital e o trabalho e como incentivo à produtividade, nos termos do art. 7º, inciso XI, da Constituição.

▸ CLT: art. 621.

Art. 2º. A participação nos lucros ou resultados será objeto de negociação entre a empresa e seus empregados, mediante um dos procedimentos a seguir descritos, escolhidos pelas partes de comum acordo:

I – comissão paritária escolhida pelas partes, integrada, também, por um representante indicado pelo sindicato da respectiva categoria; (Redação dada pela Lei nº 12.832, de 2013)

▸ CF/1988: art. 11.

II – convenção ou acordo coletivo.

▸ CLT: arts. 611 a 625.

§ 1º. Dos instrumentos decorrentes da negociação deverão constar regras claras e objetivas quanto à fixação dos direitos substantivos da participação e das regras adjetivas, inclusive mecanismos de aferição das informações pertinentes ao cumprimento do acordado, periodicidade da distribuição, período de vigência e prazos para revisão do acordo, podendo ser considerados, entre outros, os seguintes critérios e condições:

I – índices de produtividade, qualidade ou lucratividade da empresa;

II – programas de metas, resultados e prazos, pactuados previamente.

§ 2º. O instrumento de acordo celebrado será arquivado na entidade sindical dos trabalhadores.

§ 3º. Não se equipara a empresa, para os fins desta Lei:

I – a pessoa física;

II – a entidade sem fins lucrativos que, cumulativamente:

a) não distribua resultados, a qualquer título, ainda que indiretamente, a dirigentes, administradores ou empresas vinculadas;

b) aplique integralmente os seus recursos em sua atividade institucional e no País;

c) destine o seu patrimônio a entidade congênere ou ao poder público, em caso de encerramento de suas atividades;

d) mantenha escrituração contábil capaz de comprovar a observância dos demais requisitos deste inciso, e das normas fiscais, comerciais e de direito econômico que lhe sejam aplicáveis.

§ 3º-A. A não equiparação de que trata o inciso II do § 3º deste artigo não é aplicável às hipóteses em que tenham sido utilizados índices de produtividade ou qualidade ou programas de metas, resultados e prazos. *(Acrescido pela Lei 14.020/2020)*

§ 4º. Quando forem considerados os critérios e condições definidos nos incisos I e II do § 1º deste artigo: (Incluído pela Lei nº 12.832, de 2013)

I – a empresa deverá prestar aos representantes dos trabalhadores na comissão paritária informações que colaborem para a negociação; (Incluído pela Lei nº 12.832, de 2013)

II – não se aplicam as metas referentes à saúde e segurança no trabalho. (Incluído pela Lei nº 12.832, de 2013)

§ 5º As partes podem: *(Acrescido pela Lei 14.020/2020)*

I - adotar os procedimentos de negociação estabelecidos nos incisos I e II do *caput* deste artigo, simultaneamente; e

II - estabelecer múltiplos programas de participação nos lucros ou nos resultados, observada a periodicidade estabelecida pelo § 2º do art. 3º desta Lei.

§ 6º Na fixação dos direitos substantivos e das regras adjetivas, inclusive no que se refere à fixação dos valores e à utilização exclusiva de metas individuais, a autonomia da vontade das partes contratantes será respeitada e prevalecerá em face do interesse de terceiros. *(Acrescido pela Lei 14.020/2020)*

§ 7º Consideram-se previamente estabelecidas as regras fixadas em instrumento assinado: *(Acrescido pela Lei 14.020/2020)*

I - anteriormente ao pagamento da antecipação, quando prevista; e

II - com antecedência de, no mínimo, 90 (noventa) dias da data do pagamento da parcela única ou da parcela final, caso haja pagamento de antecipação.

§ 8º A inobservância à periodicidade estabelecida no § 2º do art. 3º desta Lei invalida exclusivamente os pagamentos feitos em desacordo com a norma, assim entendidos: *(Acrescido pela Lei 14.020/2020)*

I - os pagamentos excedentes ao segundo, feitos a um mesmo empregado, no mesmo ano civil; e

II - os pagamentos efetuados a um mesmo empregado, em periodicidade inferior a 1 (um) trimestre civil do pagamento anterior.

§ 9º Na hipótese do inciso II do § 8º deste artigo, mantém-se a validade dos demais pagamentos. *(Acrescido pela Lei 14.020/2020)*

§ 10. Uma vez composta, a comissão paritária de que trata o inciso I do *caput* deste artigo dará ciência por escrito ao ente sindical para que indique seu representante no prazo máximo de 10 (dez) dias corridos, findo o qual a comissão poderá iniciar e concluir suas tratativas. *(Acrescido pela Lei 14.020/2020)*

Art. 3º. A participação de que trata o art. 2º não substitui ou complementa a remuneração devida a qualquer empregado, nem constitui base de incidência de qualquer encargo trabalhista, não se lhe aplicando o princípio da habitualidade.

▸ CLT: arts. 457 e 458.

§ 1º. Para efeito de apuração do lucro real, a pessoa jurídica poderá deduzir como despesa operacional as participações atribuídas aos empregados nos lucros ou resultados, nos termos da presente Lei, dentro do próprio exercício de sua constituição.

§ 2º. É vedado o pagamento de qualquer antecipação ou distribuição de valores a Título de participação nos lucros ou resultados da empresa em mais de 2 (duas) vezes no mesmo ano civil e em periodicidade inferior a 1 (um) trimestre civil. (Redação dada pela Lei nº 12.832, de 2013)

§ 3º. Todos os pagamentos efetuados em decorrência de planos de participação nos lucros ou resultados, mantidos espontaneamente pela empresa, poderão ser compensados com as obrigações decorrentes de acordos ou convenções coletivas de trabalho atinentes à participação nos lucros ou resultados.

§ 4º. A periodicidade semestral mínima referida no § 2º poderá ser alterada pelo Poder Executivo, até 31 de dezembro de 2000, em função de eventuais impactos nas receitas tributárias.

§ 5º. A participação de que trata este artigo será tributada pelo imposto sobre a renda exclusivamente na fonte, em separado dos demais rendimentos recebidos, no ano do recebimento ou crédito, com base na tabela progressiva anual constante do Anexo e não integrará a base de cálculo do imposto devido pelo beneficiário na Declaração de Ajuste Anual. (Redação dada pela Lei nº 12.832, de 2013)

§ 6º. Para efeito da apuração do imposto sobre a renda, a participação dos trabalhadores nos lucros ou resultados da empresa será integralmente tributada com base na tabela progressiva constante do Anexo. (Incluído pela Lei nº 12.832, de 2013)

§ 7º. Na hipótese de pagamento de mais de 1 (uma) parcela referente a um mesmo ano-calendário, o imposto deve ser recalculado, com base no total da participação nos lucros recebida no ano-calendário, mediante a utilização da tabela constante do Anexo, deduzindo-se do imposto assim apurado o valor retido anteriormente. (Incluído pela Lei nº 12.832, de 2013)

§ 8º. Os rendimentos pagos acumuladamente a Título de participação dos trabalhadores nos lucros ou resultados da empresa serão tributados exclusivamente na fonte, em separado dos demais rendimentos recebidos, sujeitando-se, também de forma acumulada, ao imposto sobre a renda com base na tabela progressiva constante do Anexo. (Incluído pela Lei nº 12.832, de 2013)

§ 9º. Considera-se pagamento acumulado, para fins do § 8º, o pagamento da participação nos lucros relativa a mais de um ano-calendário. (Incluído pela Lei nº 12.832, de 2013)

§ 10. Na determinação da base de cálculo da participação dos trabalhadores nos lucros ou resultados, poderão ser deduzidas as importâncias pagas em dinheiro a Título de pensão alimentícia em face das normas do Direito de Família, quando em cumprimento de decisão judicial, de acordo homologado judicialmente ou de separação ou divórcio consensual realizado por escritura pública, desde que correspondentes a esse rendimento, não podendo ser utilizada a mesma parcela para a determinação da base de cálculo dos demais rendimentos. (Incluído pela Lei nº 12.832, de 2013)

§ 11. A partir do ano-calendário de 2014, inclusive, os valores da tabela progressiva anual constante do Anexo serão reajustados no mesmo percentual de reajuste da Tabela Progressiva Mensal do imposto de renda incidente sobre os rendimentos das pessoas físicas. (Incluído pela Lei nº 12.832, de 2013)

Art. 4º. Caso a negociação visando à participação nos lucros ou resultados da empresa resulte em impasse, as partes poderão utilizar-se dos seguintes mecanismos de solução do litígio:

I – mediação;

II – arbitragem de ofertas finais, utilizando-se, no que couber, os termos da Lei nº 9.307, de 23 de setembro de 1996. (Redação dada pela Lei nº 12.832, de 2013)

§ 1º. Considera-se arbitragem de ofertas finais aquela em que o árbitro deve restringir-se a optar pela proposta apresentada, em caráter definitivo, por uma das partes.

§ 2º. O mediador ou o árbitro será escolhido de comum acordo entre as partes.

§ 3º. Firmado o compromisso arbitral, não será admitida a desistência unilateral de qualquer das partes.

§ 4º. O laudo arbitral terá força normativa, independentemente de homologação judicial.

Art. 5º. A participação de que trata o art. 1º desta Lei, relativamente aos trabalhadores em empresas estatais, observará diretrizes específicas fixadas pelo Poder Executivo.

Parágrafo único. Consideram-se empresas estatais as empresas públicas, sociedades de economia mista, suas subsidiárias e controladas e demais empresas em que a União, direta ou indiretamente, detenha a maioria do capital social com direito a voto.

Art. 6º. Fica autorizado o trabalho aos domingos nas atividades do comércio em geral, observada a legislação municipal, nos termos do inciso I do *caput* do art. 30 da Constituição Federal. (Redação dada pela Lei nº 11.603, de 2007)

Parágrafo único. O repouso semanal remunerado deverá coincidir, pelo menos 1 (uma) vez no período máximo de 3 (três) semanas, com o domingo, respeitadas as demais normas de proteção ao trabalho e outras a serem estipuladas em negociação coletiva. (Redação dada pela Lei nº 11.603, de 2007)

› CLT: art. 71.

Art. 6º-A. É permitido o trabalho em feriados nas atividades do comércio em geral, desde que autorizado em convenção coletiva de trabalho e observada a legislação municipal, nos termos do inciso I do *caput* do art. 30 da Constituição Federal. (Incluído pela Lei nº 11.603, de 2007)

› CLT: arts. 68, 69 e 71.

Art. 6º-B. As infrações ao disposto nos arts. 6º e 6º-A desta Lei serão punidas com a multa prevista no art. 75 da Consolidação das Leis do Trabalho, aprovada pelo Decreto-lei nº 5.452, de 1º de maio de 1943. (Incluído pela Lei nº 11.603, de 2007)

Parágrafo único. O processo de fiscalização, de autuação e de imposição de multas reger-se-á pelo disposto no Título VII da Consolidação das Leis do Trabalho. (Incluído pela Lei nº 11.603, de 2007)

Art. 7º. Ficam convalidados os atos praticados com base na Medida Provisória 1.982-76, de 26 de outubro de 2000.

Art. 8º. Esta Lei entra em vigor na data de sua publicação.

Congresso Nacional, 19 de dezembro de 2000; 179º da Independência e 112º da República.

Senador ANTONIO CARLOS MAGALHÃES
Presidente

D.O.U. de 20.12.2000

ANEXO
PARTICIPAÇÃO NOS LUCROS

Tabela de Tributação Exclusiva na Fonte

Valor do PLR anual (EM R$)	Alíquota	Parcela a Deduzir do IR (em R$)
de 0,00 a 6.000,00	0%	-
de 6.000,01 a 9.000,00	7,5%	450,00
de 9.000,01 a 12.000,00	15%	1.125,00
de 12.000,01 a 15.000,00	22,5%	2.025,00
acima de 15.000,00	27,5%	2.775,00

LEI Nº 10.192, DE 14 DE FEVEREIRO DE 2001

Dispõe sobre medidas complementares ao Plano Real e dá outras providências.

› *Medidas complementares ao Plano Real*

Faço saber que o PRESIDENTE DA REPÚBLICA adotou a Medida Provisória nº 2.074-73, de 2001, que o Congresso Nacional aprovou, e eu, Antonio Carlos Magalhães, Presidente, para os efeitos do disposto no parágrafo único do art. 62 da Constituição Federal, promulgo a seguinte Lei:

Art. 1º As estipulações de pagamento de obrigações pecuniárias exeqüíveis no território nacional deverão ser feitas em Real, pelo seu valor nominal.

Parágrafo único. São vedadas, sob pena de nulidade, quaisquer estipulações de:

I – pagamento expressas ou vinculadas a ouro ou moeda estrangeira, ressalvadas as hipóteses previstas em lei ou na regulamentação editada pelo Banco Central do Brasil; (Redação dada pela Lei 14.286/2021)

II – reajuste ou correção monetária expressas em, ou vinculadas a unidade monetária de conta de qualquer natureza;

III – correção monetária ou de reajuste por índices de preços gerais, setoriais ou que reflitam a variação dos custos de produção ou dos insumos utilizados, ressalvado o disposto no artigo seguinte.

Art. 2º É admitida estipulação de correção monetária ou de reajuste por índices de preços gerais, setoriais ou que reflitam a variação dos custos de produção ou dos insumos utilizados nos contratos de prazo de duração igual ou superior a um ano.

§ 1º É nula de pleno direito qualquer estipulação de reajuste ou correção monetária de periodicidade inferior a um ano.

§ 2º Em caso de revisão contratual, o termo inicial do período de correção monetária ou reajuste, ou de nova revisão, será a data em que a anterior revisão tiver ocorrido.

§ 3º Ressalvado o disposto no § 7º do art. 28 da Lei nº 9.069, de 29 de junho de 1995, e no parágrafo seguinte, são nulos de pleno direito quaisquer expedientes que, na apuração do índice de reajuste, produzam efeitos financeiros equivalentes aos de reajuste de periodicidade inferior à anual.

§ 4º Nos contratos de prazo de duração igual ou superior a três anos, cujo objeto seja a produção de bens para entrega futura ou a aquisição de bens ou direitos a eles relativos, as partes poderão pactuar a atualização das obrigações, a cada período de um ano, contado a partir da contratação, e no seu vencimento final, considerada a periodicidade de pagamento das prestações, e abatidos os pagamentos, atualizados da mesma forma, efetuados no período.

§ 5º O disposto no parágrafo anterior aplica-se aos contratos celebrados a partir de 28 de outubro de 1995 até 11 de outubro de 1997.

§ 6º O prazo a que alude o parágrafo anterior poderá ser prorrogado mediante ato do Poder Executivo.

Art. 3º Os contratos em que seja parte órgão ou entidade da Administração Pública direta ou indireta da União, dos Estados, do Distrito Federal e dos Municípios, serão reajustados ou corrigidos monetariamente de acordo com as disposições desta Lei, e, no que com ela não conflitarem, da Lei nº 8.666, de 21 de junho de 1993.

§ 1º A periodicidade anual nos contratos de que trata o *caput* deste artigo será contada a partir da data limite para apresentação da proposta ou do orçamento a que essa se referir.

§ 2º O Poder Executivo regulamentará o disposto neste artigo.

Art. 4º Os contratos celebrados no âmbito dos mercados referidos no § 5º do art. 27 da Lei nº 9.069, de 1995, inclusive as condições de remuneração da poupança financeira, bem assim no da previdência privada fechada, permanecem regidos por legislação própria.

Art. 5º Fica instituída Taxa Básica Financeira – TBF, para ser utilizada exclusivamente como base de remuneração de operações realizadas no mercado financeiro, de prazo de duração igual ou superior a sessenta dias.

Parágrafo único. O Conselho Monetário Nacional expedirá as instruções necessárias ao cumprimento do disposto neste artigo, podendo, inclusive, ampliar o prazo mínimo previsto no *caput*.

Art. 6º A Unidade Fiscal de Referência – UFIR, criada pela Lei nº 8.383, de 30 de dezembro de 1991, será reajustada:

I – semestralmente, durante o ano-calendário de 1996;

II – anualmente, a partir de 1º de janeiro de 1997.

Parágrafo único. A reconversão, para Real, dos valores expressos em UFIR, extinta em 27 de outubro de 2000, será efetuada com base no valor dessa Unidade fixado para o exercício de 2000.

Art. 7º Observado o disposto no artigo anterior, ficam extintas, a partir de 1º de julho de 1995, as unidades monetárias de conta criadas ou reguladas pelo Poder Público, exceto as unidades monetárias de conta fiscais estaduais, municipais e do Distrito Federal, que serão extintas a partir de 1º de janeiro de 1996.

§ 1º Em 1º de julho de 1995 e em 1º de janeiro de 1996, os valores expressos, respectivamente, nas unidades monetárias de conta extintas na forma do *caput* deste artigo serão convertidos em Real, com observância do disposto no art. 44 da Lei nº 9.069, de 1995, no que couber.

§ 2º Os Estados, o Distrito Federal e os Municípios poderão utilizar a UFIR nas mesmas condições e periodicidade adotadas pela União, em substituição às respectivas unidades monetárias de conta fiscais extintas.

Art. 8º A partir de 1º de julho de 1995, a Fundação Instituto Brasileiro de Geografia e Estatística - IBGE deixará de calcular e divulgar o IPC-r.

§ 1º Nas obrigações e contratos em que haja estipulação de reajuste pelo IPC-r, este será substituído, a partir de 1º de julho de 1995, pelo índice previsto contratualmente para este fim.

§ 2º Na hipótese de não existir previsão de índice de preços substituto, e caso não haja acordo entre as partes, deverá ser utilizada média de índices de preços de abrangência nacional, na forma de regulamentação a ser baixada pelo Poder Executivo.

Art. 9º É assegurado aos trabalhadores, na primeira data-base da respectiva categoria após julho de 1995, o pagamento de reajuste relativo à variação acumulada do IPC-r entre a última data-base, anterior a julho de 1995, e junho de 1995, inclusive.

Art. 10. Os salários e as demais condições referentes ao trabalho continuam a ser fixados e revistos, na respectiva data-base anual, por intermédio da livre negociação coletiva.

Art. 11. Frustrada a negociação entre as partes, promovida diretamente ou através de mediador, poderá ser ajuizada a ação de dissídio coletivo.

§ 1º O mediador será designado de comum acordo pelas partes ou, a pedido destas, pelo Ministério do Trabalho e Emprego, na forma da regulamentação de que trata o § 5º deste artigo.

§ 2º A parte que se considerar sem as condições adequadas para, em situação de equilíbrio, participar da negociação direta, poderá, desde logo, solicitar ao Ministério do Trabalho e Emprego a designação de mediador, que convocará a outra parte.

§ 3º O mediador designado terá prazo de até trinta dias para a conclusão do processo de negociação, salvo acordo expresso com as partes interessadas.

§ 4º Não alcançado o entendimento entre as partes, ou recusando-se qualquer delas à mediação, lavrar-se-á ata contendo as causas motivadoras do conflito e as reivindicações de natureza econômica, documento que instruirá a representação para o ajuizamento do dissídio coletivo.

§ 5º O Poder Executivo regulamentará o disposto neste artigo.

Art. 12. No ajuizamento do dissídio coletivo, as partes deverão apresentar, fundamentadamente, suas propostas finais, que serão objeto de conciliação ou deliberação do Tribunal, na sentença normativa.

§ 1º A decisão que puser fim ao dissídio será fundamentada, sob pena de nulidade, deverá traduzir, em seu conjunto, a justa composição do conflito de interesse das partes, e guardar adequação com o interesse da coletividade.

§ 2º A sentença normativa deverá ser publicada no prazo de quinze dias da decisão do Tribunal.

Art. 13. No acordo ou convenção e no dissídio, coletivos, é vedada a estipulação ou fixação de cláusula de reajuste ou correção salarial automática vinculada a índice de preços.

§ 1º Nas revisões salariais na data-base anual, serão deduzidas as antecipações concedidas no período anterior à revisão.

§ 2º Qualquer concessão de aumento salarial a título de produtividade deverá estar amparada em indicadores objetivos.

Art. 14. O recurso interposto de decisão normativa da Justiça do Trabalho terá efeito suspensivo, na medida e extensão conferidas em despacho do Presidente do Tribunal Superior do Trabalho.

Art. 15. Permanecem em vigor as disposições legais relativas a correção monetária de débitos trabalhistas, de débitos resultantes de decisão judicial, de débitos relativos a ressarcimento em virtude de inadimplemento de obrigações contratuais e do passivo de empresas e instituições sob os regimes de concordata, falência, intervenção e liquidação extrajudicial.

Art. 16. Ficam convalidados os atos praticados com base na Medida Provisória nº 2.074-72, de 27 de dezembro de 2000.

Art. 17. Esta Lei entra em vigor na data de sua publicação.

Art. 18. Revogam-se os §§ 1º e 2º do art. 947 do Código Civil, os §§ 1º e 2º do art. 1º da Lei nº 8.542, de 23 de dezembro de 1992, e o art. 14 da Lei nº 8.177, de 1º de março de 1991.

Congresso Nacional, em 14 de fevereiro de 2001; 180º da Independência e 113º da República.

Senador Antonio Carlos Magalhães

LEI COMPLEMENTAR Nº 108, DE 29 DE MAIO DE 2001

Dispõe sobre a relação entre a União, os Estados, o Distrito Federal e os Municípios, suas autarquias, fundações, sociedades de economia mista e outras entidades públicas e suas respectivas entidades fechadas de previdência complementar, e dá outras providências.

- *Previdência complementar patrocinada pelo Poder Público*
- CF/88: art. 40, §15.
- Resolução CNPC 35/2019 (Dispõe sobre entidades fechadas de previdência complementar e planos de benefícios sujeitos à Lei Complementar nº 108, de 29 de maio de 2001, e dá outras providências)

O PRESIDENTE DA REPÚBLICA

Faço saber que o Congresso Nacional decreta e eu sanciono a seguinte Lei Complementar:

CAPÍTULO I. INTRODUÇÃO

Art. 1º. A relação entre a União, os Estados, o Distrito Federal e os Municípios, inclusive suas autarquias, fundações, sociedades de economia mista e empresas controladas direta ou indiretamente, enquanto patrocinadores de entidades fechadas de previdência complementar, e suas respectivas entidades fechadas, a que se referem os §§ 3º, 4º, 5º e 6º do art. 202 da Constituição Federal, será disciplinada pelo disposto nesta Lei Complementar.

Art. 2º. As regras e os princípios gerais estabelecidos na Lei Complementar que regula o *caput* do art. 202 da Constituição Federal aplicam-se às entidades reguladas por esta Lei Complementar, ressalvadas as disposições específicas.

CAPÍTULO II. DOS PLANOS DE BENEFÍCIOS

SEÇÃO I. DISPOSIÇÕES ESPECIAIS

Art. 3º. Observado o disposto no artigo anterior, os planos de benefícios das entidades de que trata esta Lei Complementar atenderão às seguintes regras:

I – carência mínima de sessenta contribuições mensais a plano de benefícios e cessação do vínculo com o patrocinador, para se tornar elegível a um benefício de prestação que seja programada e continuada; e

II – concessão de benefício pelo regime de previdência ao qual o participante esteja filiado por intermédio de seu patrocinador, quando se tratar de plano na modalidade benefício definido, instituído depois da publicação desta Lei Complementar.

Parágrafo único. Os reajustes dos benefícios em manutenção serão efetuados de acordo com critérios estabelecidos nos regulamentos dos planos de benefícios, vedado o repasse de ganhos de produtividade, abono e vantagens de qualquer natureza para tais benefícios.

Art. 4º. Nas sociedades de economia mista e empresas controladas direta ou indiretamente pela União, pelos Estados, pelo Distrito Federal e pelos Municípios, a proposta de instituição de plano de benefícios ou adesão a plano de benefícios em execução será submetida ao órgão fiscalizador, acompanhada de manifestação favorável do órgão responsável pela supervisão, pela coordenação e pelo controle do patrocinador.

Parágrafo único. As alterações no plano de benefícios que implique elevação da contribuição de patrocinadores serão objeto de prévia manifestação do órgão responsável pela supervisão, pela coordenação e pelo controle referido no *caput*.

Art. 5º. É vedado à União, aos Estados, ao Distrito Federal e aos Municípios, suas autarquias, fundações, empresas públicas, sociedades de economia mista e outras entidades públicas o aporte de recursos a entidades de previdência privada de caráter complementar, salvo na condição de patrocinador.

SEÇÃO II. DO CUSTEIO

Art. 6º. O custeio dos planos de benefícios será responsabilidade do patrocinador e dos participantes, inclusive assistidos.

§ 1º. A contribuição normal do patrocinador para plano de benefícios, em hipótese alguma, excederá a do participante, observado o disposto no art. 5º da Emenda Constitucional nº 20, de 15 de dezembro de 1998, e as regras específicas emanadas do órgão regulador e fiscalizador.

§ 2º. Além das contribuições normais, os planos poderão prever o aporte de recursos pelos participantes, a título de contribuição facultativa, sem contrapartida do patrocinador.

§ 3º. É vedado ao patrocinador assumir encargos adicionais para o financiamento dos planos de benefícios, além daqueles previstos nos respectivos planos de custeio.

Art. 7º. A despesa administrativa da entidade de previdência complementar será custeada pelo patrocinador e pelos participantes e assistidos, atendendo a limites e critérios estabelecidos pelo órgão regulador e fiscalizador.

Parágrafo único. É facultada aos patrocinadores a cessão de pessoal às entidades de previdência complementar que patrocinam, desde que ressarcidos os custos correspondentes.

CAPÍTULO III. DAS ENTIDADES DE PREVIDÊNCIA COMPLEMENTAR PATROCINADAS PELO PODER PÚBLICO E SUAS EMPRESAS

SEÇÃO I. DA ESTRUTURA ORGANIZACIONAL

Art. 8º. A administração e execução dos planos de benefícios compete às entidades fechadas de previdência complementar mencionadas no art. 1º desta Lei Complementar.

Parágrafo único. As entidades de que trata o *caput* organizar-se-ão sob a forma de fundação ou sociedade civil, sem fins lucrativos.

Art. 9º. A estrutura organizacional das entidades de previdência complementar a que se refere esta Lei Complementar é constituída de conselho deliberativo, conselho fiscal e diretoria-executiva.

SEÇÃO II. DO CONSELHO DELIBERATIVO E DO CONSELHO FISCAL

Art. 10. O conselho deliberativo, órgão máximo da estrutura organizacional, é responsável pela definição da política geral de administração da entidade e de seus planos de benefícios.

Art. 11. A composição do conselho deliberativo, integrado por no máximo seis membros, será paritária entre representantes dos participantes e assistidos e dos patrocinadores, cabendo a estes a indicação do conselheiro presidente, que terá, além do seu, o voto de qualidade.

§ 1º. A escolha dos representantes dos participantes e assistidos dar-se-á por meio de eleição direta entre seus pares.

§ 2º. Caso o estatuto da entidade fechada, respeitado o número máximo de conselheiros de que trata o *caput* e a participação paritária entre representantes dos participantes e assistidos e dos patrocinadores, preveja outra composição, que tenha sido aprovada na forma prevista no seu estatuto, esta poderá ser aplicada, mediante autorização do órgão regulador e fiscalizador.

Art. 12. O mandato dos membros do conselho deliberativo será de quatro anos, com garantia de estabilidade, permitida uma recondução.

§ 1º. O membro do conselho deliberativo somente perderá o mandato em virtude de renúncia, de condenação judicial transitada em julgado ou processo administrativo disciplinar.

§ 2º. A instauração de processo administrativo disciplinar, para apuração de irregularidades no âmbito de atuação do conselho deliberativo da entidade fechada, poderá determinar o afastamento do conselheiro até sua conclusão.

§ 3º. O afastamento de que trata o parágrafo anterior não implica prorrogação ou permanência no cargo além da data inicialmente prevista para o término do mandato.

§ 4º. O estatuto da entidade deverá regulamentar os procedimentos de que tratam os parágrafos anteriores deste artigo.

Art. 13. Ao conselho deliberativo compete a definição das seguintes matérias:

I – política geral de administração da entidade e de seus planos de benefícios;

II – alteração de estatuto e regulamentos dos planos de benefícios, bem como a implantação e a extinção deles e a retirada de patrocinador;

III – gestão de investimentos e plano de aplicação de recursos;

IV – autorizar investimentos que envolvam valores iguais ou superiores a cinco por cento dos recursos garantidores;

V – contratação de auditor independente atuário e avaliador de gestão, observadas as disposições regulamentares aplicáveis;

VI – nomeação e exoneração dos membros da diretoria-executiva; e

VII – exame, em grau de recurso, das decisões da diretoria-executiva.

Parágrafo único. A definição das matérias previstas no inciso II deverá ser aprovada pelo patrocinador.

Art. 14. O conselho fiscal é órgão de controle interno da entidade.

Art. 15. A composição do conselho fiscal, integrado por no máximo quatro membros, será paritária entre representantes de patrocinadores e de participantes e assistidos, cabendo a estes a indicação do conselheiro presidente, que terá, além do seu, o voto de qualidade.

Parágrafo único. Caso o estatuto da entidade fechada, respeitado o número máximo de conselheiros de que trata o *caput* e a participação paritária entre representantes dos participantes e assistidos e dos patrocinadores, preveja outra composição, que tenha sido aprovada na forma prevista no seu estatuto, esta poderá ser aplicada, mediante autorização do órgão regulador e fiscalizador.

Art. 16. O mandato dos membros do conselho fiscal será de quatro anos, vedada a recondução.

Art. 17. A renovação dos mandatos dos conselheiros deverá obedecer ao critério de proporcionalidade, de forma que se processe parcialmente a cada dois anos.

§ 1º. Na primeira investidura dos conselhos, após a publicação desta Lei Complementar, os seus membros terão mandato com prazo diferenciado.

§ 2º. O conselho deliberativo deverá renovar três de seus membros a cada dois anos e o conselho fiscal dois membros com a mesma periodicidade, observada a regra de transição estabelecida no parágrafo anterior.

Art. 18. Aplicam-se aos membros dos conselhos deliberativo e fiscal os mesmos requisitos previstos nos incisos I a III do art. 20 desta Lei Complementar.

SEÇÃO III. DA DIRETORIA-EXECUTIVA

Art. 19. A diretoria-executiva é o órgão responsável pela administração da entidade, em conformidade com a política de administração traçada pelo conselho deliberativo.

§ 1º. A diretoria-executiva será composta, no máximo, por seis membros, definidos em função do patrimônio da entidade e do seu número de participantes, inclusive assistidos.

§ 2º. O estatuto da entidade fechada, respeitado o número máximo de diretores de que trata o parágrafo anterior, deverá prever a forma de composição e o mandato da diretoria-executiva, aprovado na forma prevista no seu estatuto, observadas as demais disposições desta Lei Complementar.

Art. 20. Os membros da diretoria-executiva deverão atender aos seguintes requisitos mínimos:

I – comprovada experiência no exercício de atividade na área financeira, administrativa, contábil, jurídica, de fiscalização, atuarial ou de auditoria;

II – não ter sofrido condenação criminal transitada em julgado;

III – não ter sofrido penalidade administrativa por infração da legislação da seguridade social, inclusive da previdência complementar ou como servidor público; e

IV – ter formação de nível superior.

Art. 21. Aos membros da diretoria-executiva é vedado:

I – exercer simultaneamente atividade no patrocinador;

II – integrar concomitantemente o conselho deliberativo ou fiscal da entidade e, mesmo depois do término do seu mandato na diretoria-executiva, enquanto não tiver suas contas aprovadas; e

III – ao longo do exercício do mandato prestar serviços a instituições integrantes do sistema financeiro.

Art. 22. A entidade de previdência complementar informará ao órgão regulador e fiscalizador o responsável pelas aplicações dos recursos da entidade, escolhido entre os membros da diretoria-executiva.

Parágrafo único. Os demais membros da diretoria-executiva responderão solidariamente com o dirigente indicado na forma do *caput* pelos danos e prejuízos causados à entidade para os quais tenham concorrido.

Art. 23. Nos doze meses seguintes ao término do exercício do cargo, o ex-diretor estará impedido de prestar, direta ou indiretamente, independentemente da forma ou natureza do contrato, qualquer tipo de serviço às empresas do sistema financeiro que impliquem a utilização das informações a que teve acesso em decorrência do cargo exercido, sob pena de responsabilidade civil e penal.

§ 1º. Durante o impedimento, ao ex-diretor que não tiver sido destituído ou que pedir afastamento será assegurada a possibilidade de prestar serviço à entidade, mediante remuneração equivalente à do cargo de direção que exerceu ou em qualquer outro órgão da Administração Pública.

§ 2º. Incorre na prática de advocacia administrativa, sujeitando-se às penas da lei, o ex-diretor que violar o impedimento previsto neste artigo, exceto se retornar ao exercício de cargo ou emprego que ocupava junto ao patrocinador, anteriormente à indicação para a respectiva diretoria-executiva, ou se for nomeado para exercício em qualquer órgão da Administração Pública.

CAPÍTULO IV. DA FISCALIZAÇÃO

Art. 24. A fiscalização e controle dos planos de benefícios e das entidades fechadas de previdência complementar de que trata esta Lei Complementar competem ao órgão regulador e fiscalizador das entidades fechadas de previdência complementar.

Art. 25. As ações exercidas pelo órgão referido no artigo anterior não eximem os patrocinadores da responsabilidade pela supervisão e fiscalização sistemática das atividades das suas respectivas entidades de previdência complementar.

Parágrafo único. Os resultados da fiscalização e do controle exercidos pelos patrocinadores serão encaminhados ao órgão mencionado no artigo anterior.

CAPÍTULO V. DISPOSIÇÕES GERAIS

Art. 26. As entidades fechadas de previdência complementar patrocinadas por empresas privadas permissionárias ou concessionárias de prestação de serviços públicos subordinam-se, no que couber, às disposições desta Lei Complementar, na forma estabelecida pelo órgão regulador e fiscalizador.

Art. 27. As entidades de previdência complementar patrocinadas por entidades públicas, inclusive empresas públicas e sociedades de economia mista, deverão rever, no prazo de dois anos, a contar de 16 de dezembro de 1998, seus planos de benefícios e serviços, de modo a ajustá-los atuarialmente a seus ativos, sob pena de intervenção, sendo seus dirigentes e seus respectivos patrocinadores responsáveis civil e criminalmente pelo descumprimento do disposto neste artigo.

Art. 28. A infração de qualquer disposição desta Lei Complementar ou de seu regulamento, para a qual não haja penalidade expressamente cominada, sujeita a pessoa física ou jurídica responsável, conforme o caso e a gravidade da infração, às penalidades administrativas previstas na Lei Complementar que disciplina o *caput* do art. 202 da Constituição Federal.

Art. 29. As entidades de previdência privada patrocinadas por empresas controladas, direta ou indiretamente, pela União, Estados, Distrito Federal e Municípios, que possuam planos de benefícios definidos com responsabilidade da patrocinadora, não poderão exercer o controle ou participar de acordo de acionistas que tenha por objeto formação de grupo de controle de sociedade anônima, sem prévia e expressa autorização da patrocinadora e do seu respectivo ente controlador.

Parágrafo único. O disposto no *caput* não se aplica às participações acionárias detidas na data de publicação desta Lei Complementar.

Art. 30. As entidades de previdência complementar terão o prazo de um ano para adaptar sua organização estatutária ao disposto nesta Lei Complementar, contados a partir da data de sua publicação.

Art. 31. Esta Lei Complementar entra em vigor na data de sua publicação.

Art. 32. Revoga-se a Lei nº 8.020, de 12 de abril de 1990.

Brasília, 29 de maio de 2001;
180º da Independência e
113º da República.
Fernando Henrique Cardoso
Publicado no DOU de 30.5.2001

LEI COMPLEMENTAR Nº 109, DE 29 DE MAIO DE 2001

Dispõe sobre o Regime de Previdência Complementar e dá outras providências.

› *Regime de Previdência Complementar*

O PRESIDENTE DA REPÚBLICA Faço saber que o Congresso Nacional decreta e eu sanciono a seguinte Lei Complementar:

CAPÍTULO I INTRODUÇÃO

Art. 1º O regime de previdência privada, de caráter complementar e organizado de forma autônoma em relação ao regime geral de previdência social, é facultativo, baseado na constituição de reservas que garantam o benefício, nos termos do *caput* do art. 202 da Constituição Federal, observado o disposto nesta Lei Complementar.

Art. 2º O regime de previdência complementar é operado por entidades de previdência complementar que têm por objetivo principal instituir e executar planos de benefícios de caráter previdenciário, na forma desta Lei Complementar.

Art. 3º A ação do Estado será exercida com o objetivo de:

I - formular a política de previdência complementar;

II - disciplinar, coordenar e supervisionar as atividades reguladas por esta Lei Complementar, compatibilizando-as com as políticas previdenciária e de desenvolvimento social e econômico-financeiro;

III - determinar padrões mínimos de segurança econômico-financeira e atuarial, com fins específicos de preservar a liquidez, a solvência e o equilíbrio dos planos de benefícios, isoladamente, e de cada entidade de previdência complementar, no conjunto de suas atividades;

IV - assegurar aos participantes e assistidos o pleno acesso às informações relativas à gestão de seus respectivos planos de benefícios;

V - fiscalizar as entidades de previdência complementar, suas operações e aplicar penalidades; e

VI - proteger os interesses dos participantes e assistidos dos planos de benefícios.

Art. 4º As entidades de previdência complementar são classificadas em fechadas e abertas, conforme definido nesta Lei Complementar.

Art. 5º A normatização, coordenação, supervisão, fiscalização e controle das atividades das entidades de previdência complementar serão realizados por órgão ou órgãos regulador e fiscalizador, conforme disposto em lei, observado o disposto no inciso VI do art. 84 da Constituição Federal.

CAPÍTULO II DOS PLANOS DE BENEFÍCIOS

SEÇÃO I DISPOSIÇÕES COMUNS

Art. 6º As entidades de previdência complementar somente poderão instituir e operar planos de benefícios para os quais tenham autorização específica, segundo as normas aprovadas pelo órgão regulador e fiscalizador, conforme disposto nesta Lei Complementar.

Art. 7º Os planos de benefícios atenderão a padrões mínimos fixados pelo órgão regulador e fiscalizador, com o objetivo de assegurar transparência, solvência, liquidez e equilíbrio econômico-financeiro e atuarial.

Parágrafo único. O órgão regulador e fiscalizador normatizará planos de benefícios nas modalidades de benefício definido, contribuição definida e contribuição variável, bem como outras formas de planos de benefícios que reflitam a evolução técnica e possibilitem flexibilidade ao regime de previdência complementar.

Art. 8º Para efeito desta Lei Complementar, considera-se:

I - participante, a pessoa física que aderir aos planos de benefícios; e

II - assistido, o participante ou seu beneficiário em gozo de benefício de prestação continuada.

Art. 9º As entidades de previdência complementar constituirão reservas técnicas, provisões e fundos, de conformidade com os critérios e normas fixados pelo órgão regulador e fiscalizador.

§ 1º A aplicação dos recursos correspondentes às reservas, às provisões e aos fundos de que trata o *caput* será feita conforme diretrizes estabelecidas pelo Conselho Monetário Nacional.

§ 2º É vedado o estabelecimento de aplicações compulsórias ou limites mínimos de aplicação.

Art. 10. Deverão constar dos regulamentos dos planos de benefícios, das propostas de inscrição e dos certificados de participantes condições mínimas a serem fixadas pelo órgão regulador e fiscalizador.

§ 1º A todo pretendente será disponibilizado e a todo participante entregue, quando de sua inscrição no plano de benefícios:

I - certificado onde estarão indicados os requisitos que regulam a admissão e a manutenção da qualidade de participante, bem como os requisitos de elegibilidade e forma de cálculo dos benefícios;

II - cópia do regulamento atualizado do plano de benefícios e material explicativo que descreva, em linguagem simples e precisa, as características do plano;

III - cópia do contrato, no caso de plano coletivo de que trata o inciso II do art. 26 desta Lei Complementar; e

IV - outros documentos que vierem a ser especificados pelo órgão regulador e fiscalizador.

§ 2º Na divulgação dos planos de benefícios, não poderão ser incluídas informações diferentes das que figurem nos documentos referidos neste artigo.

Art. 11. Para assegurar compromissos assumidos junto aos participantes e assistidos de planos de benefícios, as entidades de previdência complementar poderão contratar operações de resseguro, por iniciativa própria ou por determinação do órgão regulador e fiscalizador, observados o regulamento do respectivo plano e demais disposições legais e regulamentares.

Parágrafo único. Fica facultada às entidades fechadas a garantia referida no *caput* por meio de fundo de solvência, a ser instituído na forma da lei.

SEÇÃO II
DOS PLANOS DE BENEFÍCIOS DE ENTIDADES FECHADAS

Art. 12. Os planos de benefícios de entidades fechadas poderão ser instituídos por patrocinadores e instituidores, observado o disposto no art. 31 desta Lei Complementar.

Art. 13. A formalização da condição de patrocinador ou instituidor de um plano de benefício dar-se-á mediante convênio de adesão a ser celebrado entre o patrocinador ou instituidor e a entidade fechada, em relação a cada plano de benefícios por esta administrado e executado, mediante prévia autorização do órgão regulador e fiscalizador, conforme regulamentação do Poder Executivo.

§ 1º Admitir-se-á solidariedade entre patrocinadores ou entre instituidores, com relação aos respectivos planos, desde que expressamente prevista no convênio de adesão.

§ 2º O órgão regulador e fiscalizador, dentre outros requisitos, estabelecerá o número mínimo de participantes admitido para cada modalidade de plano de benefício.

Art. 14. Os planos de benefícios deverão prever os seguintes institutos, observadas as normas estabelecidas pelo órgão regulador e fiscalizador:

‣ Súm. 427 do STJ.

I - benefício proporcional diferido, em razão da cessação do vínculo empregatício com o patrocinador ou associativo com o instituidor antes da aquisição do direito ao benefício pleno, a ser concedido quando cumpridos os requisitos de elegibilidade;

II - portabilidade do direito acumulado pelo participante para outro plano;

III - resgate da totalidade das contribuições vertidas ao plano pelo participante, descontadas as parcelas do custeio administrativo, na forma regulamentada; e

IV - faculdade de o participante manter o valor de sua contribuição e a do patrocinador, no caso de perda parcial ou total da remuneração recebida, para assegurar a percepção dos benefícios nos níveis correspondentes àquela remuneração ou em outros definidos em normas regulamentares.

§ 1º Não será admitida a portabilidade na inexistência de cessação do vínculo empregatício do participante com o patrocinador.

§ 2º O órgão regulador e fiscalizador estabelecerá período de carência para o instituto de que trata o inciso II deste artigo.

§ 3º Na regulamentação do instituto previsto no inciso II do *caput* deste artigo, o órgão regulador e fiscalizador observará, entre outros requisitos específicos, os seguintes:

I - se o plano de benefícios foi instituído antes ou depois da publicação desta Lei Complementar;

II - a modalidade do plano de benefícios.

§ 4º O instituto de que trata o inciso II deste artigo, quando efetuado para entidade aberta, somente será admitido quando a integralidade dos recursos financeiros correspondentes ao direito acumulado do participante for utilizada para a contratação de renda mensal vitalícia ou por prazo determinado, cujo prazo mínimo não poderá ser inferior ao período em que a respectiva reserva foi constituída, limitado ao mínimo de quinze anos, observadas as normas estabelecidas pelo órgão regulador e fiscalizador.

Art. 15. Para efeito do disposto no inciso II do *caput* do artigo anterior, fica estabelecido que:

I - a portabilidade não caracteriza resgate; e

II - é vedado que os recursos financeiros correspondentes transitem pelos participantes dos planos de benefícios, sob qualquer forma.

Parágrafo único. O direito acumulado corresponde às reservas constituídas pelo participante ou à reserva matemática, o que lhe for mais favorável.

Art. 16. Os planos de benefícios devem ser, obrigatoriamente, oferecidos a todos os empregados dos patrocinadores ou associados dos instituidores.

§ 1º Para os efeitos desta Lei Complementar, são equiparáveis aos empregados e associados a que se refere o *caput* os gerentes, diretores, conselheiros ocupantes de cargo eletivo e outros dirigentes de patrocinadores e instituidores.

§ 2º É facultativa a adesão aos planos a que se refere o *caput* deste artigo.

§ 3º O disposto no *caput* deste artigo não se aplica aos planos em extinção, assim considerados aqueles aos quais o acesso de novos participantes esteja vedado.

Art. 17. As alterações processadas nos regulamentos dos planos aplicam-se a todos os participantes das entidades fechadas, a partir de sua aprovação pelo órgão regulador e fiscalizador, observado o direito acumulado de cada participante.

Parágrafo único. Ao participante que tenha cumprido os requisitos para obtenção dos benefícios previstos no plano é assegurada a aplicação das disposições regulamentares vigentes na data em que se tornou elegível a um benefício de aposentadoria.

Art. 18. O plano de custeio, com periodicidade mínima anual, estabelecerá o nível de contribuição necessário à constituição das reservas garantidoras de benefícios, fundos, provisões e à cobertura das demais despesas, em conformidade com os critérios fixados pelo órgão regulador e fiscalizador.

§ 1º O regime financeiro de capitalização é obrigatório para os benefícios de pagamento em prestações que sejam programadas e continuadas.

§ 2º Observados critérios que preservem o equilíbrio financeiro e atuarial, o cálculo das reservas técnicas atenderá às peculiaridades de cada plano de benefícios e deverá estar expresso em nota técnica atuarial, de apresentação obrigatória, incluindo as hipóteses utilizadas, que deverão guardar relação com as características da massa e da atividade desenvolvida pelo patrocinador ou instituidor.

§ 3º As reservas técnicas, provisões e fundos de cada plano de benefícios e os exigíveis a qualquer título deverão atender permanentemente à cobertura integral dos compromissos assumidos pelo plano de benefícios, ressalvadas excepcionalidades definidas pelo órgão regulador e fiscalizador.

‣ Lei nº 12.618/2012: art. 12, §2º.

Art. 19. As contribuições destinadas à constituição de reservas terão como finalidade prover o pagamento de benefícios de caráter previdenciário, observadas as especificidades previstas nesta Lei Complementar.

Parágrafo único. As contribuições referidas no *caput* classificam-se em:

I - normais, aquelas destinadas ao custeio dos benefícios previstos no respectivo plano; e

II - extraordinárias, aquelas destinadas ao custeio de déficits, serviço passado e outras finalidades não incluídas na contribuição normal.

Art. 20. O resultado superavitário dos planos de benefícios das entidades fechadas, ao final do exercício, satisfeitas as exigências regulamentares relativas aos mencionados planos, será destinado à constituição de reserva de contingência, para garantia de benefícios, até o limite de vinte e cinco por cento do valor das reservas matemáticas.

§ 1º Constituída a reserva de contingência, com os valores excedentes será constituída reserva especial para revisão do plano de benefícios.

§ 2º A não utilização da reserva especial por três exercícios consecutivos determinará a revisão obrigatória do plano de benefícios da entidade.

§ 3º Se a revisão do plano de benefícios implicar redução de contribuições, deverá ser levada em consideração a proporção existente entre as contribuições dos patrocinadores e dos participantes, inclusive dos assistidos.

Art. 21. O resultado deficitário nos planos ou nas entidades fechadas será equacionado por patrocinadores, participantes e assistidos, na proporção existente entre as suas contribuições, sem prejuízo de ação regressiva contra dirigentes ou terceiros que deram causa a dano ou prejuízo à entidade de previdência complementar.

§ 1º O equacionamento referido no *caput* poderá ser feito, dentre outras formas, por meio do aumento do valor das contribuições, instituição de contribuição adicional ou redução do valor dos benefícios a conceder, observadas as normas estabelecidas pelo órgão regulador e fiscalizador.

§ 2º A redução dos valores dos benefícios não se aplica aos assistidos, sendo cabível, nesse caso, a instituição de contribuição adicional para cobertura do acréscimo ocorrido em razão da revisão do plano.

§ 3º Na hipótese de retorno à entidade dos recursos equivalentes ao déficit previsto no *caput* deste artigo, em conseqüência de apuração de responsabilidade mediante ação judicial ou administrativa, os respectivos valores deverão ser aplicados necessariamente na redução proporcional das contribuições devidas ao plano ou em melhoria dos benefícios.

Art. 22. Ao final de cada exercício, coincidente com o ano civil, as entidades fechadas deverão levantar as demonstrações contábeis e as avaliações atuariais de cada plano de benefícios, por pessoa jurídica ou profissional legalmente habilitado, devendo os resultados ser encaminhados ao órgão regulador e fiscalizador e divulgados aos participantes e aos assistidos.

Art. 23. As entidades fechadas deverão manter atualizada sua contabilidade, de acordo com as instruções do órgão regulador e fiscalizador, consolidando a posição dos planos de benefícios que administram e executam, bem como submetendo suas contas a auditores independentes.

Parágrafo único. Ao final de cada exercício serão elaboradas as demonstrações contábeis e atuariais consolidadas, sem prejuízo dos controles por plano de benefícios.

Art. 24. A divulgação aos participantes, inclusive aos assistidos, das informações pertinentes aos planos de benefícios dar-se-á ao menos uma vez ao ano, na forma, nos prazos e pelos meios estabelecidos pelo órgão regulador e fiscalizador.

Parágrafo único. As informações requeridas formalmente pelo participante ou assistido, para defesa de direitos e esclarecimento de situações de interesse pessoal específico deverão ser atendidas pela entidade no prazo estabelecido pelo órgão regulador e fiscalizador.

Art. 25. O órgão regulador e fiscalizador poderá autorizar a extinção de plano de benefícios ou a retirada de patrocínio, ficando os patrocinadores e instituidores obrigados ao cumprimento da totalidade dos compromissos assumidos com a entidade relativamente aos direitos dos participantes, assistidos e obrigações legais, até a data da retirada ou extinção do plano.

Parágrafo único. Para atendimento do disposto no *caput* deste artigo, a situação de solvência econômico-financeira e atuarial da entidade deverá ser atestada por profissional devidamente habilitado, cujos relatórios serão encaminhados ao órgão regulador e fiscalizador.

SEÇÃO III
DOS PLANOS DE BENEFÍCIOS DE ENTIDADES ABERTAS

Art. 26. Os planos de benefícios instituídos por entidades abertas poderão ser:

I - individuais, quando acessíveis a quaisquer pessoas físicas; ou

II - coletivos, quando tenham por objetivo garantir benefícios previdenciários a pessoas físicas vinculadas, direta ou indiretamente, a uma pessoa jurídica contratante.

§ 1º O plano coletivo poderá ser contratado por uma ou várias pessoas jurídicas.

§ 2º O vínculo indireto de que trata o inciso II deste artigo refere-se aos casos em que uma entidade representativa de pessoas jurídicas contrate plano previdenciário coletivo para grupos de pessoas físicas vinculadas a suas filiadas.

§ 3º Os grupos de pessoas de que trata o parágrafo anterior poderão ser constituídos por uma ou mais categorias específicas de empregados de um mesmo empregador, podendo abranger empresas coligadas, controladas ou subsidiárias, e por membros de associações legalmente constituídas, de caráter profissional ou classista, e seus cônjuges ou companheiros e dependentes econômicos.

§ 4º Para efeito do disposto no parágrafo anterior, são equiparáveis aos empregados e associados os diretores, conselheiros ocupantes de cargos eletivos e outros dirigentes ou gerentes da pessoa jurídica contratante.

§ 5º A implantação de um plano coletivo será celebrada mediante contrato, na forma, nos critérios, nas condições e nos requisitos mínimos a serem estabelecidos pelo órgão regulador.

§ 6º É vedada à entidade aberta a contratação de plano coletivo com pessoa jurídica cujo objetivo principal seja estipular, em nome de terceiros, planos de benefícios coletivos.

Art. 27. Observados os conceitos, a forma, as condições e os critérios fixados pelo órgão regulador, é assegurado aos participantes o direito à portabilidade, inclusive para plano de benefício de entidade fechada, e ao resgate de recursos das reservas técnicas, provisões e fundos, total ou parcialmente.

§ 1º A portabilidade não caracteriza resgate.

§ 2º É vedado, no caso de portabilidade:

I - que os recursos financeiros transitem pelos participantes, sob qualquer forma; e

II - a transferência de recursos entre participantes.

Art. 28. Os ativos garantidores das reservas técnicas, das provisões e dos fundos serão vinculados à ordem do órgão fiscalizador, na forma a ser regulamentada, e poderão ter sua livre movimentação suspensa pelo referido órgão, a partir da qual não poderão ser alienados ou prometidos alienar sem sua prévia e expressa autorização, sendo nulas, de pleno direito, quaisquer operações realizadas com violação daquela suspensão.

§ 1º Sendo imóvel, o vínculo será averbado à margem do respectivo registro no Cartório de Registro Geral de Imóveis competente, mediante comunicação do órgão fiscalizador.

§ 2º Os ativos garantidores a que se refere o *caput*, bem como os direitos deles decorrentes, não poderão ser gravados, sob qualquer forma, sem prévia e expressa autorização do órgão fiscalizador, sendo nulos os gravames constituídos com infringência do disposto neste parágrafo.

Art. 29. Compete ao órgão regulador, entre outras atribuições que lhe forem conferidas por lei:

I - fixar padrões adequados de segurança atuarial e econômico-financeira, para preservação da liquidez e solvência dos planos de benefícios, isoladamente, e de cada entidade aberta, no conjunto de suas atividades;

II - estabelecer as condições em que o órgão fiscalizador pode determinar a suspensão da comercialização ou a transferência, entre entidades abertas, de planos de benefícios; e

III - fixar condições que assegurem transparência, acesso a informações e fornecimento de dados relativos aos planos de benefícios, inclusive quanto à gestão dos respectivos recursos.

Art. 30. É facultativa a utilização de corretores na venda dos planos de benefícios das entidades abertas.

Parágrafo único. Aos corretores de planos de benefícios aplicam-se a legislação e a regulamentação da profissão de corretor de seguros.

CAPÍTULO III
DAS ENTIDADES FECHADAS DE PREVIDÊNCIA COMPLEMENTAR

Art. 31. As entidades fechadas são aquelas acessíveis, na forma regulamentada pelo órgão regulador e fiscalizador, exclusivamente:

I - aos empregados de uma empresa ou grupo de empresas e aos servidores da União, dos Estados, do Distrito Federal e dos Municípios, entes denominados patrocinadores; e

II - aos associados ou membros de pessoas jurídicas de caráter profissional, classista ou setorial, denominadas instituidores.

§ 1º As entidades fechadas organizar-se-ão sob a forma de fundação ou sociedade civil, sem fins lucrativos.

§ 2º As entidades fechadas constituídas por instituidores referidos no inciso II do *caput* deste artigo deverão, cumulativamente:

I - terceirizar a gestão dos recursos garantidores das reservas técnicas e provisões mediante a contratação de instituição especializada autorizada a funcionar pelo Banco Central do Brasil ou outro órgão competente;

II - ofertar exclusivamente planos de benefícios na modalidade contribuição definida, na forma do parágrafo único do art. 7º desta Lei Complementar.

§ 3º Os responsáveis pela gestão dos recursos de que trata o inciso I do parágrafo anterior deverão manter segregados e totalmente isolados o seu patrimônio dos patrimônios do instituidor e da entidade fechada.

§ 4º Na regulamentação de que trata o *caput*, o órgão regulador e fiscalizador estabelecerá o tempo mínimo de existência do instituidor e o seu número mínimo de associados.

Art. 32. As entidades fechadas têm como objeto a administração e execução de planos de benefícios de natureza previdenciária.

Parágrafo único. É vedada às entidades fechadas a prestação de quaisquer serviços que não estejam no âmbito de seu objeto, observado o disposto no art. 76.

Art. 33. Dependerão de prévia e expressa autorização do órgão regulador e fiscalizador:

I - a constituição e o funcionamento da entidade fechada, bem como a aplicação dos respectivos estatutos, dos regulamentos dos planos de benefícios e suas alterações;

II - as operações de fusão, cisão, incorporação ou qualquer outra forma de reorganização societária, relativas às entidades fechadas;

III - as retiradas de patrocinadores; e

IV - as transferências de patrocínio, de grupo de participantes, de planos e de reservas entre entidades fechadas.

§ 1º Excetuado o disposto no inciso III deste artigo, é vedada a transferência para terceiros de participantes, de assistidos e de reservas constituídas para garantia de benefícios de risco atuarial programado, de acordo com normas estabelecidas pelo órgão regulador e fiscalizador.

§ 2º Para os assistidos de planos de benefícios na modalidade contribuição definida que mantiveram esta característica durante a fase de percepção de renda programada, o órgão regulador e fiscalizador poderá, em caráter excepcional, autorizar a transferência dos recursos garantidores dos benefícios para entidade de previdência complementar ou companhia seguradora autorizada a operar planos de previdência complementar, com o objetivo específico de contratar plano de renda vitalícia, observadas as normas aplicáveis.

Art. 34. As entidades fechadas podem ser qualificadas da seguinte forma, além de outras que possam ser definidas pelo órgão regulador e fiscalizador:

I - de acordo com os planos que administram:

a) de plano comum, quando administram plano ou conjunto de planos acessíveis ao universo de participantes; e

b) com multiplano, quando administram plano ou conjunto de planos de benefícios para diversos grupos de participantes, com independência patrimonial;

II - de acordo com seus patrocinadores ou instituidores:

a) singulares, quando estiverem vinculadas a apenas um patrocinador ou instituidor; e

b) multipatrocinadas, quando congregarem mais de um patrocinador ou instituidor.

Art. 35. As entidades fechadas deverão manter estrutura mínima composta por conselho deliberativo, conselho fiscal e diretoria-executiva.

§ 1º O estatuto deverá prever representação dos participantes e assistidos nos conselhos deliberativo e fiscal, assegurado a eles no mínimo um terço das vagas.

§ 2º Na composição dos conselhos deliberativo e fiscal das entidades qualificadas como multipatrocinadas, deverá ser considerado o número de participantes vinculados a cada patrocinador ou instituidor, bem como o montante dos respectivos patrimônios.

§ 3º Os membros do conselho deliberativo ou do conselho fiscal deverão atender aos seguintes requisitos mínimos:

I - comprovada experiência no exercício de atividades nas áreas financeira, administrativa, contábil, jurídica, de fiscalização ou de auditoria;

II - não ter sofrido condenação criminal transitada em julgado; e

III - não ter sofrido penalidade administrativa por infração da legislação da seguridade social ou como servidor público.

§ 4º Os membros da diretoria-executiva deverão ter formação de nível superior e atender aos requisitos do parágrafo anterior.

§ 5º Será informado ao órgão regulador e fiscalizador o responsável pelas aplicações dos recursos da entidade, escolhido entre os membros da diretoria-executiva.

§ 6º Os demais membros da diretoria-executiva responderão solidariamente com o dirigente indicado na forma do parágrafo anterior pelos danos e prejuízos causados à entidade para os quais tenham concorrido.

§ 7º Sem prejuízo do disposto no § 1º do art. 31 desta Lei Complementar, os membros da diretoria-executiva e dos conselhos deliberativo e fiscal poderão ser remunerados pelas entidades fechadas, de acordo com a legislação aplicável.

§ 8º Em caráter excepcional, poderão ser ocupados até trinta por cento dos cargos da diretoria-executiva por membros sem formação de nível superior, sendo assegurada a possibilidade de participação neste órgão de pelo menos um membro, quando da aplicação do referido percentual resultar número inferior à unidade.

CAPÍTULO IV
DAS ENTIDADES ABERTAS DE PREVIDÊNCIA COMPLEMENTAR

Art. 36. As entidades abertas são constituídas unicamente sob a forma de sociedades anônimas e têm por objetivo instituir e operar planos de benefícios de caráter previdenciário concedidos em forma de renda continuada ou pagamento único, acessíveis a quaisquer pessoas físicas.

Parágrafo único. As sociedades seguradoras autorizadas a operar exclusivamente no ramo vida poderão ser autorizadas a operar os planos de benefícios a que se refere o *caput*, a elas se aplicando as disposições desta Lei Complementar.

Art. 37. Compete ao órgão regulador, entre outras atribuições que lhe forem conferidas por lei, estabelecer:

I - os critérios para a investidura e posse em cargos e funções de órgãos estatutários de entidades abertas, observado que o pretendente não poderá ter sofrido condenação criminal transitada em julgado, penalidade administrativa por infração da legislação da seguridade social ou como servidor público;

II - as normas gerais de contabilidade, auditoria, atuária e estatística a serem observadas pelas entidades abertas, inclusive quanto à padronização dos planos de contas, balanços gerais, balancetes e outras demonstrações financeiras, critérios sobre sua periodicidade, sobre a publicação desses documentos e sua remessa ao órgão fiscalizador;

III - os índices de solvência e liquidez, bem como as relações patrimoniais a serem atendidas pelas entidades abertas, observado que seu patrimônio líquido não poderá ser inferior ao respectivo passivo não operacional; e

IV - as condições que assegurem acesso a informações e fornecimento de dados relativos a quaisquer aspectos das atividades das entidades abertas.

Art. 38. Dependerão de prévia e expressa aprovação do órgão fiscalizador:

I - a constituição e o funcionamento das entidades abertas, bem como as disposições de seus estatutos e as respectivas alterações;

II - a comercialização dos planos de benefícios;

III - os atos relativos à eleição e conseqüente posse de administradores e membros de conselhos estatutários; e

IV - as operações relativas à transferência do controle acionário, fusão, cisão, incorporação ou qualquer outra forma de reorganização societária.

Parágrafo único. O órgão regulador disciplinará o tratamento administrativo a ser emprestado ao exame dos assuntos constantes deste artigo.

Art. 39. As entidades abertas deverão comunicar ao órgão fiscalizador, no prazo e na forma estabelecidos:

I - os atos relativos às alterações estatutárias e à eleição de administradores e membros de conselhos estatutários; e

II - o responsável pela aplicação dos recursos das reservas técnicas, provisões e fundos, escolhido dentre os membros da diretoria-executiva.

Parágrafo único. Os demais membros da diretoria-executiva responderão solidariamente com o dirigente indicado na forma do inciso II deste artigo pelos danos e prejuízos causados à entidade para os quais tenham concorrido.

Art. 40. As entidades abertas deverão levantar no último dia útil de cada mês e semestre, respectivamente, balancetes mensais e balanços gerais, com observância das regras e dos critérios estabelecidos pelo órgão regulador.

Parágrafo único. As sociedades seguradoras autorizadas a operar planos de benefícios deverão apresentar nas demonstrações financeiras, de forma discriminada, as atividades previdenciárias e as de seguros, de acordo com critérios fixados pelo órgão regulador.

CAPÍTULO V
DA FISCALIZAÇÃO

Art. 41. No desempenho das atividades de fiscalização das entidades de previdência complementar, os servidores do órgão regulador e fiscalizador terão livre acesso às respectivas entidades, delas podendo requisitar e apreender livros, notas técnicas e quaisquer documentos, caracterizando-se embaraço à fiscalização, sujeito às penalidades previstas em lei, qualquer dificuldade oposta à consecução desse objetivo.

§ 1º O órgão regulador e fiscalizador das entidades fechadas poderá solicitar dos patrocinadores e instituidores informações relativas aos aspectos específicos que digam respeito aos compromissos assumidos frente aos respectivos planos de benefícios.

§ 2º A fiscalização a cargo do Estado não exime os patrocinadores e os instituidores da responsabilidade pela supervisão sistemática das atividades das suas respectivas entidades fechadas.

§ 3º As pessoas físicas ou jurídicas submetidas ao regime desta Lei Complementar ficam obrigadas a prestar quaisquer informações ou esclarecimentos solicitados pelo órgão regulador e fiscalizador.

§ 4º O disposto neste artigo aplica-se, sem prejuízo da competência das autoridades fiscais, relativamente ao pleno exercício das atividades de fiscalização tributária.

Art. 42. O órgão regulador e fiscalizador poderá, em relação às entidades fechadas, nomear administrador especial, a expensas da entidade, com poderes próprios de intervenção e de liquidação extrajudicial, com o objetivo de sanear plano de benefícios específico, caso seja constatada na sua administração e execução alguma das hipóteses previstas nos arts. 44 e 48 desta Lei Complementar.

Parágrafo único. O ato de nomeação de que trata o *caput* estabelecerá as condições, os limites e as atribuições do administrador especial.

Art. 43. O órgão fiscalizador poderá, em relação às entidades abertas, desde que se verifique uma das condições previstas no art. 44 desta Lei Complementar, nomear, por prazo determinado, prorrogável a seu critério, e a expensas da respectiva entidade, um diretor-fiscal.

§ 1º O diretor-fiscal, sem poderes de gestão, terá suas atribuições estabelecidas pelo órgão regulador, cabendo ao órgão fiscalizador fixar sua remuneração.

§ 2º Se reconhecer a inviabilidade de recuperação da entidade aberta ou a ausência de qualquer condição para o seu funcionamento, o diretor-fiscal proporá ao órgão fiscalizador a decretação da intervenção ou da liquidação extrajudicial.

§ 3º O diretor-fiscal não está sujeito à indisponibilidade de bens, nem aos demais efeitos decorrentes da decretação da intervenção ou da liquidação extrajudicial da entidade aberta.

CAPÍTULO VI
DA INTERVENÇÃO E DA LIQUIDAÇÃO EXTRAJUDICIAL

SEÇÃO I
DA INTERVENÇÃO

Art. 44. Para resguardar os direitos dos participantes e assistidos poderá ser decretada a intervenção na entidade de previdência complementar, desde que se verifique, isolada ou cumulativamente:

I - irregularidade ou insuficiência na constituição das reservas técnicas, provisões e fundos, ou na sua cobertura por ativos garantidores;

II - aplicação dos recursos das reservas técnicas, provisões e fundos de forma inadequada ou em desacordo com as normas expedidas pelos órgãos competentes;

III - descumprimento de disposições estatutárias ou de obrigações previstas nos regulamentos dos planos de benefícios, convênios de adesão ou contratos dos planos coletivos de que trata o inciso II do art. 26 desta Lei Complementar;

IV - situação econômico-financeira insuficiente à preservação da liquidez e solvência de cada um dos planos de benefícios e da entidade no conjunto de suas atividades;

V - situação atuarial desequilibrada;

VI - outras anormalidades definidas em regulamento.

Art. 45. A intervenção será decretada pelo prazo necessário ao exame da situação da entidade e encaminhamento de plano destinado à sua recuperação.

Parágrafo único. Dependerão de prévia e expressa autorização do órgão competente os atos do interventor que impliquem oneração ou disposição do patrimônio.

Art. 46. A intervenção cessará quando aprovado o plano de recuperação da entidade pelo órgão competente ou se decretada a sua liquidação extrajudicial.

SEÇÃO II
DA LIQUIDAÇÃO EXTRAJUDICIAL

Art. 47. As entidades fechadas não poderão solicitar concordata e não estão sujeitas a falência, mas somente a liquidação extrajudicial.

Art. 48. A liquidação extrajudicial será decretada quando reconhecida a inviabilidade de recuperação da entidade de previdência complementar ou pela ausência de condição para seu funcionamento.

Parágrafo único. Para os efeitos desta Lei Complementar, entende-se por ausência de condição para funcionamento de entidade de previdência complementar:

I - (VETADO)

II - (VETADO)

III - o não atendimento às condições mínimas estabelecidas pelo órgão regulador e fiscalizador.

Art. 49. A decretação da liquidação extrajudicial produzirá, de imediato, os seguintes efeitos:

I - suspensão das ações e execuções iniciadas sobre direitos e interesses relativos ao acervo da entidade liquidanda;

II - vencimento antecipado das obrigações da liquidanda;

III - não incidência de penalidades contratuais contra a entidade por obrigações vencidas em decorrência da decretação da liquidação extrajudicial;

IV - não fluência de juros contra a liquidanda enquanto não integralmente pago o passivo;

V - interrupção da prescrição em relação às obrigações da entidade em liquidação;

VI - suspensão de multa e juros em relação às dívidas da entidade;

VII - inexigibilidade de penas pecuniárias por infrações de natureza administrativa;

VIII - interrupção do pagamento à liquidanda das contribuições dos participantes e dos patrocinadores, relativas aos planos de benefícios.

§ 1º As faculdades previstas nos incisos deste artigo aplicam-se, no caso das entidades abertas de previdência complementar, exclusivamente, em relação às suas atividades de natureza previdenciária.

§ 2º O disposto neste artigo não se aplica às ações e aos débitos de natureza tributária.

Art. 50. O liquidante organizará o quadro geral de credores, realizará o ativo e liquidará o passivo.

§ 1º Os participantes, inclusive os assistidos, dos planos de benefícios ficam dispensados de se habilitarem a seus respectivos créditos, estejam estes sendo recebidos ou não.

§ 2º Os participantes, inclusive os assistidos, dos planos de benefícios terão privilégio especial sobre os ativos garantidores das reservas técnicas e, caso estes não sejam suficientes para a cobertura dos direitos respectivos, privilégio geral sobre as demais partes não vinculadas ao ativo.

§ 3º Os participantes que já estiverem recebendo benefícios, ou que já tiverem adquirido este direito antes de decretada a liquidação extrajudicial, terão preferência sobre os demais participantes.

§ 4º Os créditos referidos nos parágrafos anteriores deste artigo não têm preferência sobre os créditos de natureza trabalhista ou tributária.

Art. 51. Serão obrigatoriamente levantados, na data da decretação da liquidação extrajudicial de entidade de previdência complementar, o balanço geral de liquidação e as demonstrações contábeis e atuariais necessárias à determinação do valor das reservas individuais.

Art. 52. A liquidação extrajudicial poderá, a qualquer tempo, ser levantada, desde que constatados fatos supervenientes que viabilizem a recuperação da entidade de previdência complementar.

Art. 53. A liquidação extrajudicial das entidades fechadas encerrar-se-á com a aprovação, pelo órgão regulador e fiscalizador, das contas finais do liquidante e com a baixa nos devidos registros.

Parágrafo único. Comprovada pelo liquidante a inexistência de ativos para satisfazer a possíveis créditos reclamados contra a entidade, deverá tal situação ser comunicada ao juízo competente e efetivados os devidos registros, para o encerramento do processo de liquidação.

SEÇÃO III
DISPOSIÇÕES ESPECIAIS

Art. 54. O interventor terá amplos poderes de administração e representação e o liquidante plenos poderes de administração, representação e liquidação.

Art. 55. Compete ao órgão fiscalizador decretar, aprovar e rever os atos de que tratam os arts. 45, 46 e 48 desta Lei Complementar, bem como nomear, por intermédio do seu dirigente máximo, o interventor ou o liquidante.

Art. 56. A intervenção e a liquidação extrajudicial determinam a perda do mandato dos administradores e membros dos conselhos estatutários das entidades, sejam titulares ou suplentes.

Art. 57. Os créditos das entidades de previdência complementar, em caso de liquidação ou falência de patrocinadores, terão privilégio especial sobre a massa, respeitado o privilégio dos créditos trabalhistas e tributários.

Parágrafo único. Os administradores dos respectivos patrocinadores serão responsabilizados pelos danos ou prejuízos causados às entidades de previdência complementar, especialmente pela falta de aporte das contribuições a que estavam obrigados, observado o disposto no parágrafo único do art. 63 desta Lei Complementar.

Art. 58. No caso de liquidação extrajudicial de entidade fechada motivada pela falta de aporte de contribuições de patrocinadores ou pelo não recolhimento de contribuições de participantes, os administradores daqueles também serão responsabilizados pelos danos ou prejuízos causados.

Art. 59. Os administradores, controladores e membros de conselhos estatutários das entidades de previdência complementar sob intervenção ou em liquidação extrajudicial ficarão com todos os seus bens indisponíveis, não podendo, por qualquer forma, direta ou indireta, aliená-los ou onerá-los, até a apuração e liquidação final de suas responsabilidades.

§ 1º A indisponibilidade prevista neste artigo decorre do ato que decretar a intervenção ou liquidação extrajudicial e atinge todos aqueles que tenham estado no exercício das funções nos doze meses anteriores.

§ 2º A indisponibilidade poderá ser estendida aos bens de pessoas que, nos últimos doze meses, os tenham adquirido, a qualquer título, das pessoas referidas no *caput* e no parágrafo anterior, desde que haja seguros elementos de convicção de que se trata de simulada transferência com o fim de evitar os efeitos desta Lei Complementar.

§ 3º Não se incluem nas disposições deste artigo os bens considerados inalienáveis ou impenhoráveis pela legislação em vigor.

§ 4º Não são também atingidos pela indisponibilidade os bens objeto de contrato de alienação, de promessas de compra e venda e de cessão de direitos, desde que os respectivos instrumentos tenham sido levados ao competente registro público até doze meses antes da data de decretação da intervenção ou liquidação extrajudicial.

§ 5º Não se aplica a indisponibilidade de bens das pessoas referidas no *caput* deste artigo no caso de liquidação extrajudicial de entidades fechadas que deixarem de ter condições para funcionar por motivos totalmente desvinculados do exercício das suas atribuições, situação esta que poderá ser revista a qualquer momento, pelo órgão regulador e fiscalizador, desde que constatada a existência de irregularidades ou indícios de crimes por elas praticados.

Art. 60. O interventor ou o liquidante comunicará a indisponibilidade de bens aos órgãos competentes para os devidos registros e publicará edital para conhecimento de terceiros.

Parágrafo único. A autoridade que receber a comunicação ficará, relativamente a esses bens, impedida de:

I - fazer transcrições, inscrições ou averbações de documentos públicos ou particulares;

II - arquivar atos ou contratos que importem em transferência de cotas sociais, ações ou partes beneficiárias;

III - realizar ou registrar operações e títulos de qualquer natureza; e

IV - processar a transferência de propriedade de veículos automotores, aeronaves e embarcações.

Art. 61. A apuração de responsabilidades específicas referida no *caput* do art. 59 desta Lei Complementar será feita mediante inquérito a ser instaurado pelo órgão regulador e fiscalizador, sem prejuízo do disposto nos arts. 63 a 65 desta Lei Complementar.

§ 1º Se o inquérito concluir pela inexistência de prejuízo, será arquivado no órgão fiscalizador.

§ 2º Concluindo o inquérito pela existência de prejuízo, será ele, com o respectivo relatório, remetido pelo órgão regulador e fiscalizador ao Ministério Público, observados os seguintes procedimentos:

I - o interventor ou o liquidante, de ofício ou a requerimento de qualquer interessado que não tenha sido indiciado no inquérito, após aprovação do respectivo relatório pelo órgão fiscalizador, determinará o levantamento da indisponibilidade de que trata o art. 59 desta Lei Complementar;

II - será mantida a indisponibilidade com relação às pessoas indiciadas no inquérito, após aprovação do respectivo relatório pelo órgão fiscalizador.

Art. 62. Aplicam-se à intervenção e à liquidação das entidades de previdência complementar, no que couber, os dispositivos da legislação sobre a intervenção e liquidação extrajudicial das instituições financeiras, cabendo ao órgão regulador e fiscalizador as funções atribuídas ao Banco Central do Brasil.

CAPÍTULO VII
DO REGIME DISCIPLINAR

Art. 63. Os administradores de entidade, os procuradores com poderes de gestão, os membros de conselhos estatutários, o interventor e o liquidante responderão civilmente pelos danos ou prejuízos que causarem, por ação ou omissão, às entidades de previdência complementar.

Parágrafo único. São também responsáveis, na forma do *caput*, os administradores dos patrocinadores ou instituidores, os atuários, os auditores independentes, os avaliadores de gestão e outros profissionais que prestem serviços técnicos à entidade, diretamente ou por intermédio de pessoa jurídica contratada.

Art. 64. O órgão fiscalizador competente, o Banco Central do Brasil, a Comissão de Valores Mobiliários ou a Secretaria da Receita Federal, constatando a existência de práticas irregulares ou indícios de crimes em entidades de previdência complementar, noticiará ao Ministério Público, enviando-lhe os documentos comprobatórios.

Parágrafo único. O sigilo de operações não poderá ser invocado como óbice à troca de informações entre os órgãos mencionados no *caput*, nem ao fornecimento de informações requisitadas pelo Ministério Público.

Art. 65. A infração de qualquer disposição desta Lei Complementar ou de seu regulamento, para a qual não haja penalidade expressamente cominada, sujeita a pessoa física ou jurídica responsável, conforme o caso e a gravidade da infração, às seguintes penalidades administrativas, observado o disposto em regulamento:

I - advertência;

II - suspensão do exercício de atividades em entidades de previdência complementar pelo prazo de até cento e oitenta dias;

III - inabilitação, pelo prazo de dois a dez anos, para o exercício de cargo ou função em entidades de previdência complementar, sociedades seguradoras, instituições financeiras e no serviço público; e

IV - multa de dois mil reais a um milhão de reais, devendo esses valores, a partir da publicação desta Lei Complementar, ser reajustados de forma a preservar, em caráter permanente, seus valores reais.

§ 1º A penalidade prevista no inciso IV será imputada ao agente responsável, respondendo solidariamente a entidade de previdência complementar, assegurado o direito de regresso, e poderá ser aplicada cumulativamente com as constantes dos incisos I, II ou III deste artigo.

§ 2º Das decisões do órgão fiscalizador caberá recurso, no prazo de quinze dias, com efeito suspensivo, ao órgão competente.

§ 3º O recurso a que se refere o parágrafo anterior, na hipótese do inciso IV deste artigo, somente será conhecido se for comprovado pelo requerente o pagamento antecipado, em favor do órgão fiscalizador, de trinta por cento do valor da multa aplicada.

§ 4º Em caso de reincidência, a multa será aplicada em dobro.

Art. 66. As infrações serão apuradas mediante processo administrativo, na forma do regulamento, aplicando-se, no que couber, o disposto na Lei nº 9.784, de 29 de janeiro de 1999.

- Artigo regulamentado pelo Decreto nº 4.942/2003.

Art. 67. O exercício de atividade de previdência complementar por qualquer pessoa, física ou jurídica, sem a autorização devida do órgão competente, inclusive a comercialização de planos de benefícios, bem como a captação ou a administração de recursos de terceiros com o objetivo de, direta ou indiretamente, adquirir ou conceder benefícios previdenciários sob qualquer forma, submete o responsável à penalidade de inabilitação pelo prazo de dois a dez anos para o exercício de cargo ou função em entidade de previdência complementar, sociedades seguradoras, instituições financeiras e no serviço público, além de multa aplicável de acordo com o disposto no inciso IV do art. 65 desta Lei Complementar, bem como noticiar ao Ministério Público.

CAPÍTULO VIII
DISPOSIÇÕES GERAIS

Art. 68. As contribuições do empregador, os benefícios e as condições contratuais previstos nos estatutos, regulamentos e planos de benefícios das entidades de previdência complementar não integram o contrato de trabalho dos participantes, assim como, à exceção dos benefícios concedidos, não integram a remuneração dos participantes.

§ 1º Os benefícios serão considerados direito adquirido do participante quando implementadas todas as condições estabelecidas para elegibilidade consignadas no regulamento do respectivo plano.

§ 2º A concessão de benefício pela previdência complementar não depende da concessão de benefício pelo regime geral de previdência social.

Art. 69. As contribuições vertidas para as entidades de previdência complementar, destinadas ao custeio dos planos de benefícios de natureza previdenciária, são dedutíveis para fins de incidência de imposto sobre a renda, nos limites e nas condições fixadas em lei.

§ 1º Sobre as contribuições de que trata o *caput* não incidem tributação e contribuições de qualquer natureza.

§ 2º Sobre a portabilidade de recursos de reservas técnicas, fundos e provisões entre planos de benefícios de entidades de previdência complementar, titulados pelo mesmo participante, não incidem tributação e contribuições de qualquer natureza.

Art. 70. (VETADO)

Art. 71. É vedado às entidades de previdência complementar realizar quaisquer operações comerciais e financeiras:

I - com seus administradores, membros dos conselhos estatutários e respectivos cônjuges ou companheiros, e com seus parentes até o segundo grau;

II - com empresa de que participem as pessoas a que se refere o inciso anterior, exceto no caso de participação de até cinco por cento como acionista de empresa de capital aberto; e

III - tendo como contraparte, mesmo que indiretamente, pessoas físicas e jurídicas a elas ligadas, na forma definida pelo órgão regulador.

Parágrafo único. A vedação deste artigo não se aplica ao patrocinador, aos participantes e aos assistidos, que, nessa condição, realizarem operações com a entidade de previdência complementar.

Art. 72. Compete privativamente ao órgão regulador e fiscalizador das entidades fechadas zelar pelas sociedades civis e fundações, como definido no art. 31 desta Lei Complementar, não se aplicando a estas o disposto nos arts. 26 e 30 do Código Civil e 1.200 a 1.204 do Código de Processo Civil e demais disposições em contrário.

- CC: arts. 26 e 30, que dispõem sobre sucessão provisória.
- CPC/2015: arts. 764 e 765.

Art. 73. As entidades abertas serão reguladas também, no que couber, pela legislação aplicável às sociedades seguradoras.

Art. 74. Até que seja publicada a lei de que trata o art. 5º desta Lei Complementar, as funções do órgão regulador e do órgão fiscalizador serão exercidas pelo Ministério da Previdência e Assistência Social, por intermédio, respectivamente, do Conselho de Gestão da Previdência Complementar (CGPC) e da Secretaria de Previdência Complementar (SPC), relativamente às entidades fechadas, e pelo Ministério da Fazenda, por intermédio do Conselho Nacional de Seguros Privados (CNSP) e da Superintendência de Seguros Privados (SUSEP), em relação, respectivamente, à regulação e fiscalização das entidades abertas.

Art. 75. Sem prejuízo do benefício, prescreve em cinco anos o direito às prestações não pagas nem reclamadas na época própria, resguardados os direitos dos menores dependentes, dos incapazes ou dos ausentes, na forma do Código Civil.

- Súm. 427 do STJ.

Art. 76. As entidades fechadas que, na data da publicação desta Lei Complementar, prestarem a seus participantes e assistidos serviços assistenciais à saúde poderão continuar a fazê-lo, desde que seja estabelecido um custeio específico para os planos assistenciais e que a sua contabilização e o seu patrimônio sejam mantidos em separado em relação ao plano previdenciário.

§ 1º Os programas assistenciais de natureza financeira deverão ser extintos a partir da data de publicação desta Lei Complementar, permanecendo em vigência, até o seu termo, apenas os compromissos já firmados.

§ 2º Consideram-se programas assistenciais de natureza financeira, para os efeitos desta Lei Complementar, aqueles em que o rendimento situa-se abaixo da taxa mínima atuarial do respectivo plano de benefícios.

Art. 77. As entidades abertas sem fins lucrativos e as sociedades seguradoras autorizadas a funcionar em conformidade com a Lei nº 6.435, de 15 de julho de 1977, terão o prazo de dois anos para se adaptar ao disposto nesta Lei Complementar.

§ 1º No caso das entidades abertas sem fins lucrativos já autorizadas a funcionar, é permitida a manutenção de sua organização jurídica como sociedade civil, sendo-lhes vedado participar, direta ou indiretamente, de pessoas jurídicas, exceto quando tiverem participação acionária:

I - minoritária, em sociedades anônimas de capital aberto, na forma regulamentada pelo Conselho Monetário Nacional, para aplicação de recursos de reservas técnicas, fundos e provisões;

II - em sociedade seguradora e/ou de capitalização.

§ 2º É vedado à sociedade seguradora e/ou de capitalização referida no inciso II do parágrafo anterior participar majoritariamente de pessoas jurídicas, ressalvadas as empresas de suporte ao seu funcionamento e as sociedades anônimas de capital aberto, nas condições previstas no inciso I do parágrafo anterior.

§ 3º A entidade aberta sem fins lucrativos e a sociedade seguradora e/ou de capitalização por ela controlada devem adaptar-se às condições estabelecidas nos §§ 1º e 2º, no mesmo prazo previsto no *caput* deste artigo.

§ 4º As reservas técnicas de planos já operados por entidades abertas de previdência privada sem fins lucrativos, anteriormente à data de publicação da Lei nº 6.435, de 15 de julho de 1977, poderão permanecer garantidas por ativos de propriedade da entidade, existentes à época, dentro de programa gradual de ajuste às normas estabelecidas pelo órgão regulador sobre a matéria, a ser submetido pela entidade ao órgão fiscalizador no prazo máximo de doze meses a contar da data de publicação desta Lei Complementar.

§ 5º O prazo máximo para o término para o programa gradual de ajuste a que se refere o parágrafo anterior não poderá superar cento e vinte meses, contados da data de aprovação do respectivo programa pelo órgão fiscalizador.

§ 6º As entidades abertas sem fins lucrativos que, na data de publicação desta Lei Complementar, já vinham mantendo programas de assistência filantrópica, prévia e expressamente autorizados, poderão, para efeito de cobrança, adicionar às contribuições de seus planos de benefícios valor destinado àqueles programas, observadas as normas estabelecidas pelo órgão regulador.

§ 7º A aplicabilidade do disposto no parágrafo anterior fica sujeita, sob pena de cancelamento da autorização previamente concedida, à prestação anual de contas dos programas filantrópicos e à aprovação pelo órgão competente.

§ 8º O descumprimento de qualquer das obrigações contidas neste artigo sujeita os administradores das entidades abertas sem fins lucrativos e das sociedades seguradora e/ou de capitalização por elas controladas ao Regime Disciplinar previsto nesta Lei Complementar, sem prejuízo da responsabilidade civil por danos ou prejuízos causados, por ação ou omissão, à entidade.

Art. 78. Esta Lei Complementar entra em vigor na data de sua publicação.

Art. 79. Revogam-se as Leis nº 6.435, de 15 de julho de 1977, e nº 6.462, de 9 de novembro de 1977.

Brasília, 29 de maio de 2001; 180º da Independência e 113º da República.
FERNANDO HENRIQUE CARDOSO

LEI COMPLEMENTAR Nº 110, DE 29 DE JUNHO DE 2001

Institui contribuições sociais, autoriza créditos de complementos de atualização monetária em contas vinculadas do Fundo de Garantia do Tempo de Serviço – FGTS e dá outras providências.

- *Contribuições sociais*
- Regulamentada pelo Decreto nº 3.914/2001.

O Presidente da República

Faço saber que o Congresso Nacional decreta e eu sanciono a seguinte Lei Complementar:

Art. 1º Fica instituída contribuição social devida pelos empregadores em caso de despedida de empregado sem justa causa, à alíquota de dez por cento sobre o montante de todos os depósitos devidos, referentes ao Fundo de Garantia do Tempo de Serviço – FGTS, durante a vigência do contrato de trabalho, acrescido das remunerações aplicáveis às contas vinculadas.

- ADIN 2.556-2 e ADIN 2.568-6
- Lei nº 13.932, de 2019

Parágrafo único. Ficam isentos da contribuição social instituída neste artigo os empregadores domésticos.

Art. 2º Fica instituída contribuição social devida pelos empregadores, à alíquota de cinco décimos por cento sobre a remuneração devida, no mês anterior, a cada trabalhador, incluídas as parcelas de que trata o art. 15 da Lei nº 8.036, de 11 de maio de 1990.

§ 1º Ficam isentas da contribuição social instituída neste artigo:

I – as empresas inscritas no Sistema Integrado de Pagamento de Impostos e Contribuições das Microempresas e Empresas de Pequeno Porte – SIMPLES, desde que o faturamento anual não ultrapasse o limite de R$ 1.200.000,00 (um milhão e duzentos mil reais);

II – as pessoas físicas, em relação à remuneração de empregados domésticos; e

III – as pessoas físicas, em relação à remuneração de empregados rurais, desde que sua receita bruta anual não ultrapasse o limite de R$ 1.200.000,00 (um milhão e duzentos mil reais).

§ 2º A contribuição será devida pelo prazo de sessenta meses, a contar de sua exigibilidade.

Art. 3º Às contribuições sociais de que tratam os arts. 1º e 2º aplicam-se as disposições da Lei nº 8.036, de 11 de maio de 1990, e da Lei nº 8.844, de 20 de janeiro de 1994, inclusive quanto a sujeição passiva e equiparações, prazo de recolhimento, administração, fiscalização, lançamento, consulta, cobrança, garantias, processo administrativo de determinação e exigência de créditos tributários federais.

§ 1º As contribuições sociais serão recolhidas na rede arrecadadora e transferidas à Caixa Econômica Federal, na forma do art. 11 da Lei nº 8.036, de 11 de maio de 1990, e as respectivas receitas serão incorporadas ao FGTS.

§ 2º A falta de recolhimento ou o recolhimento após o vencimento do prazo sem os acréscimos previstos no art. 22 da Lei nº 8.036, de 11 de maio de 1990, sujeitarão o infrator à multa de setenta e cinco por cento, calculada sobre a totalidade ou a diferença da contribuição devida.

§ 3º A multa será duplicada na ocorrência das hipóteses previstas no art. 23, § 3º, da Lei nº 8.036, de 11 de maio de 1990, sem prejuízo das demais cominações legais.

Art. 4º Fica a Caixa Econômica Federal autorizada a creditar nas contas vinculadas do FGTS, a expensas do próprio Fundo, o complemento de atualização monetária resultante da aplicação, cumulativa, dos percentuais de dezesseis inteiros e sessenta e quatro centésimos por cento e de quarenta e quatro inteiros e oito décimos por cento, sobre os saldos das contas mantidas, respectivamente, no período de 1º de dezembro de 1988 a 28 de fevereiro de 1989 e durante o mês de abril de 1990, desde que:

I – o titular da conta vinculada firme o Termo de Adesão de que trata esta Lei Complementar;

II – até o sexagésimo terceiro mês a partir da data de publicação desta Lei Complementar, estejam em vigor as contribuições sociais de que tratam os arts. 1º e 2º; e

III – a partir do sexagésimo quarto mês da publicação desta Lei Complementar, permaneça em vigor a contribuição social de que trata o art. 1º.

Parágrafo único. O disposto nos arts. 9º, II, e 22, § 2º, da Lei nº 8.036, de 11 de maio de 1990, não se aplica, em qualquer hipótese, como decorrência da efetivação do crédito de complemento de atualização monetária de que trata o *caput* deste artigo.

Art. 5º O complemento de que trata o art. 4º será remunerado até o dia 10 do mês subsequente ao da publicação desta Lei Complementar, com base nos mesmos critérios de remuneração utilizados para as contas vinculadas.

Parágrafo único. O montante apurado na data a que se refere o *caput* será remunerado, a partir do dia 11 do mês subsequente ao da publicação desta Lei Complementar, com base na Taxa Referencial – TR, até que seja creditado na conta vinculada do trabalhador.

Art. 6º O Termo de Adesão a que se refere o inciso I do art. 4º, a ser firmado no prazo e na forma definidos em Regulamento, conterá:

I – a expressa concordância do titular da conta vinculada com a redução do complemento de que trata o art. 4º, acrescido da remuneração prevista no *caput* do art. 5º, nas seguintes proporções:

a) zero por cento sobre o total do complemento de atualização monetária de valor até R$ 2.000,00 (dois mil reais);

b) oito por cento sobre o total do complemento de atualização monetária de valor de R$ 2.000,01 (dois mil reais e um centavo) a R$ 5.000,00 (cinco mil reais);

c) doze por cento sobre o total do complemento de atualização monetária de valor de R$ 5.000,01 (cinco mil reais e um centavo) a R$ 8.000,00 (oito mil reais);

d) quinze por cento sobre o total do complemento de atualização monetária de valor acima de R$ 8.000,00 (oito mil reais);

II – a expressa concordância do titular da conta vinculada com a forma e os prazos do crédito na conta vinculada, especificados a seguir:

a) complemento de atualização monetária no valor total de R$ 1.000,00 (um mil reais), até junho de 2002, em uma única parcela, para os titulares de contas vinculadas que tenham firmado o Termo de Adesão até o último dia útil do mês imediatamente anterior;

b) complemento de atualização monetária no valor total de R$ 1.000,01 (um mil reais e um centavo) a R$ 2.000,00 (dois mil reais), em duas parcelas semestrais, com o primeiro crédito em julho de 2002, sendo a primeira parcela de R$ 1.000,00 (um mil reais), para os titulares de contas vinculadas que tenham firmado o Termo de Adesão até o último dia útil do mês imediatamente anterior;

c) complemento de atualização monetária no valor total de R$ 2.000,01 (dois mil reais e um centavo) a R$ 5.000,00 (cinco mil reais), em cinco parcelas semestrais, com o primeiro crédito em janeiro de 2003, para os titulares de contas vinculadas que tenham firmado o Termo de Adesão até o último dia útil do mês imediatamente anterior;

d) complemento de atualização monetária no valor total de R$ 5.000,01 (cinco mil reais e um centavo) a R$ 8.000,00 (oito mil reais), em sete parcelas semestrais, com o primeiro crédito em julho de 2003, para os titulares de contas vinculadas que tenham firmado o Termo de Adesão até o último dia útil do mês imediatamente anterior;

e) complemento de atualização monetária no valor total acima de R$ 8.000,00 (oito mil reais), em sete parcelas semestrais, com o primeiro crédito em janeiro de 2004, para os titulares de contas vinculadas que tenham firmado o Termo de Adesão até o último dia útil do mês imediatamente anterior; e

III – declaração do titular da conta vinculada, sob as penas da lei, de que não está nem ingressará em juízo discutindo os complementos de atualização monetária relativos a junho de 1987, ao período de 1º de dezembro de 1988 a 28 de fevereiro de 1989, a abril e maio de 1990 e a fevereiro de 1991.

§ 1º No caso da alínea b do inciso I, será creditado valor de R$ 2.000,00 (dois mil reais), quando a aplicação do percentual de redução resultar em quantia inferior a este.

§ 2º No caso da alínea c do inciso I, será creditado valor de R$ 4.600,00 (quatro mil e seiscentos reais), quando a aplicação do percentual de redução resultar em quantia inferior a este.

§ 3º No caso da alínea d do inciso I será creditado valor de R$ 7.040,00 (sete mil e quarenta reais), quando a aplicação do percentual de redução resultar em quantia inferior a este.

§ 4º Para os trabalhadores que vierem a firmar seus termos de adesão após as datas previstas nas alíneas a a d do inciso II, os créditos em suas contas vinculadas iniciar-se-ão no mês subsequente ao da assinatura do Termo de Adesão, observadas as demais regras constantes nesses dispositivos, quanto a valores, número e periodicidade de pagamento de parcelas.

§ 5º As faixas de valores mencionadas no inciso II do *caput* serão definidas pelos complementos a que se refere o art. 4º, acrescidos da remuneração prevista no *caput* do art. 5º, antes das deduções de que tratam o inciso I do *caput* e os §§ 1º e 2º.

§ 6º O titular da conta vinculada fará jus ao crédito de que trata o inciso II do *caput* deste artigo, em uma única parcela, até junho de 2002, disponível para imediata movimentação a partir desse mês, nas seguintes situações:

I – na hipótese de o titular ou qualquer de seus dependentes for acometido de neoplasia maligna, nos termos do inciso XI do art. 20 da Lei nº 8.036, de 11 de maio de 1990;

II – quando o titular ou qualquer de seus dependentes for portador do vírus HIV;

III – se o trabalhador, com crédito de até R$ 2.000,00 (dois mil reais), for aposentado por invalidez, em função de acidente do trabalho ou doença profissional, ou aposentado maior de sessenta e cinco anos de idade;

IV – quando o titular ou qualquer de seus dependentes for acometido de doença terminal.

§ 7º O complemento de atualização monetária de valor total acima de R$ 2.000,00 (dois mil reais) poderá, a critério do titular da conta vinculada, ser resgatado mediante entrega, em julho de 2002, ou nos seis meses seguintes, no caso de adesões que se efetuarem até dezembro de 2002, de documento de quitação com o FGTS autorizando a compra de título, lastreado nas receitas decorrentes das contribuições instituídas pelos arts. 1º e 2º desta Lei Complementar, de valor de face equivalente ao valor do referido complemento nos termos e condições estabelecidas pelo Conselho Monetário Nacional – CMN.

Art. 7º Ao titular da conta vinculada que se encontre em litígio judicial visando ao pagamento dos complementos de atualização monetária relativos a junho de 1987, dezembro de 1988 a fevereiro de 1989, abril e maio de 1990 e fevereiro de 1991, é facultado receber, na forma do art. 4º, os créditos de que trata o art. 6º, firmando transação a ser homologada no juízo competente.

Art. 8º A movimentação da conta vinculada, no que se refere ao crédito do complemento de atualização monetária, observará as condições previstas no art. 20 da Lei nº 8.036, de 11 de maio de 1990, inclusive nos casos em que o direito do titular à movimentação da conta tenha sido implementado em data anterior à da publicação desta Lei Complementar.

Art. 9º As despesas com as obrigações decorrentes dos montantes creditados na forma do art. 6º poderão ser diferidas contabilmente, para apropriação no resultado do balanço do FGTS, no prazo de até quinze anos, a contar da publicação desta Lei Complementar.

Art. 10. Os bancos que, no período de dezembro de 1988 a março de 1989 e nos meses de abril e maio de 1990, eram depositários das contas vinculadas do FGTS, ou seus sucessores, repassarão à Caixa Econômica Federal, até 31 de janeiro de 2002, as informações cadastrais e financeiras necessárias ao cálculo do complemento de atualização monetária de que trata o art. 4º.

§ 1º A Caixa Econômica Federal estabelecerá a forma e o cronograma dos repasses das informações de que trata o *caput* deste artigo.

§ 2º Pelo descumprimento dos prazos e das demais obrigações estipuladas com base neste artigo, os bancos de que trata o *caput* sujeitam-se ao pagamento de multa equivalente a dez por cento do somatório dos saldos das contas das quais eram depositários, remunerados segundo os mesmos critérios previstos no art. 5º.

§ 3º Os órgãos responsáveis pela auditoria integrada do FGTS examinarão e homologarão, no prazo de sessenta dias, a contar da publicação desta Lei Complementar, o aplicativo a ser utilizado na validação das informações de que trata este artigo.

Art. 11. A Caixa Econômica Federal, até 30 de abril de 2002, divulgará aos titulares de contas vinculadas os respectivos valores dos complementos de atualização monetária a que têm direito, com base nas informações cadastrais e financeiras de que trata o art. 10.

Art. 12. O Tesouro Nacional fica subsidiariamente obrigado à liquidação dos valores a que se refere o art. 4º, nos prazos e nas condições estabelecidos nos arts. 5º e 6º, até o montante da diferença porventura ocorrida entre o valor arrecadado pelas contribuições sociais de que tratam os arts. 1º e 2º e aquele necessário ao resgate dos compromissos assumidos.

Art. 13. As leis orçamentárias anuais referentes aos exercícios de 2001, 2002 e 2003 assegurarão destinação integral ao FGTS de valor equivalente à arrecadação das contribuições de que tratam os arts. 1º e 2º desta Lei Complementar.

Art. 14. Esta Lei Complementar entra em vigor na data de sua publicação, produzindo efeitos:

I – noventa dias a partir da data inicial de sua vigência, relativamente à contribuição social de que trata o art. 1º; e

- *Vide ADIN 2.568-6.*
- *Vide ADIN 2.556-2.*

II – a partir do primeiro dia do mês seguinte ao nonagésimo dia da data de início de sua vigência, no tocante à contribuição social de que trata o art. 2º.

- *Vide ADIN 2.568-6.*
- *Vide ADIN 2.556-2.*

Brasília, 29 de junho de 2001; 180º da Independência e 113º da República.

Fernando Henrique Cardoso

LEI Nº 10.259, DE 12 DE JULHO DE 2001 (Excertos)

Dispõe sobre a instituição dos Juizados Especiais Cíveis e Criminais no âmbito da Justiça Federal.

- *Juizados Especiais Federais*

O PRESIDENTE DA REPÚBLICA Faço saber que o Congresso Nacional decreta e eu sanciono a seguinte Lei:

- Súm. 428 do STJ.
- Lei 12.153/2009 – Dispõe sobre os Juizados Especiais da Fazenda Pública no âmbito dos Estados, do Distrito Federal, dos Territórios e dos Municípios.
- Lei 9.099/1995 – Dispõe sobre os Juizados Especiais Cíveis e Criminais.

Art. 1º. São instituídos os Juizados Especiais Cíveis e Criminais da Justiça Federal, aos quais se aplica, no que não conflitar com esta Lei, o disposto na Lei nº 9.099, de 26 de setembro de 1995.

- Súm. 376 do STJ.

Art. 2º. Compete ao Juizado Especial Federal Criminal processar e julgar os feitos de competência da Justiça Federal relativos às infrações de menor potencial ofensivo, respeitadas as regras de conexão e continência. (Redação dada pela Lei nº 11.313, de 2006)

- *Vide* arts. 54 a 59 do CPC.

Parágrafo único. Na reunião de processos, perante o juízo comum ou o tribunal do júri, decorrente da aplicação das regras de conexão e continência, observar-se-ão os institutos da transação penal e da composição dos danos civis. (Redação dada pela Lei nº 11.313, de 2006)

Art. 3º. Compete ao Juizado Especial Federal Cível processar, conciliar e julgar causas de competência da Justiça Federal até o valor de 60 salários mínimos, bem como executar as suas sentenças.

§ 1º. Não se incluem na competência do Juizado Especial Cível as causas:

(...)

III – para a anulação ou cancelamento de ato administrativo federal, salvo o de natureza previdenciária e o de lançamento fiscal;

(...)

§ 2º. Quando a pretensão versar sobre obrigações vincendas, para fins de competência do Juizado Especial, a soma de 12 parcelas não poderá exceder o valor referido no art. 3º, *caput*.

§ 3º. No foro onde estiver instalada Vara do Juizado Especial, a sua competência é absoluta.

Art. 4º. O Juiz poderá, de ofício ou a requerimento das partes, deferir medidas cautelares no curso do processo, para evitar dano de difícil reparação.

Art. 5º. Exceto nos casos do art. 4º, somente será admitido recurso de sentença definitiva.

- *Vide* art. 203, § 1º, do CPC.

Art. 6º. Podem ser partes no Juizado Especial Federal Cível:

- LC 123/2006: art. 74.

I – como autores, as pessoas físicas e as microempresas e empresas de pequeno porte, assim definidas na Lei nº 9.317, de 5 de dezembro de 1996;

II – como rés, a União, autarquias, fundações e empresas públicas federais.

Art. 7º. As citações e intimações da União serão feitas na forma prevista nos arts. 35 a 38 da Lei Complementar nº 73, de 10 de fevereiro de 1993.

- *Vide* art. 75 do CPC.

Parágrafo único. A citação das autarquias, fundações e empresas públicas será feita na pessoa do representante máximo da entidade, no local onde proposta a causa, quando ali instalado seu escritório ou representação; se não, na sede da entidade.

Art. 8º. As partes serão intimadas da sentença, quando não proferida esta na audiência em que estiver presente seu representante, por ARMP (aviso de recebimento em mão própria).

§ 1º. As demais intimações das partes serão feitas na pessoa dos advogados ou dos Procuradores que oficiem nos respectivos autos, pessoalmente ou por via postal.

§ 2º. Os tribunais poderão organizar serviço de intimação das partes e de recepção de petições por meio eletrônico.

Art. 9º. Não haverá prazo diferenciado para a prática de qualquer ato processual pelas pessoas jurídicas de direito público, inclusive a interposição de recursos, devendo a citação para audiência de conciliação ser efetuada com antecedência mínima de 30 (trinta) dias.

Art. 10. As partes poderão designar, por escrito, representantes para a causa, advogado ou não.

- ADin 3.168-6/DF: O Tribunal, por maioria, afastou a inconstitucionalidade do dispositivo impugnado, desde que excluídos os feitos criminais, respeitado o teto estabelecido no artigo 3º, e sem prejuízo da aplicação subsidiária integral dos parágrafos do artigo 9º da Lei nº 9.099, de 26 de setembro de 1995. (DJe 03/08/2007)

Parágrafo único. Os representantes judiciais da União, autarquias, fundações e empresas públicas federais, bem como os indicados na forma do *caput*, ficam autorizados a conciliar, transigir ou desistir, nos processos da competência dos Juizados Especiais Federais.

- Decreto 4.250/2002: art. 1º.

Art. 11. A entidade pública ré deverá fornecer ao Juizado a documentação de que disponha para o esclarecimento da causa, apresentando-a até a instalação da audiência de conciliação.

Parágrafo único. Para a audiência de composição dos danos resultantes de ilícito criminal (arts. 71, 72 e 74 da Lei nº 9.099, de 26 de setembro de 1995), o representante da entidade que comparecer terá poderes para acordar, desistir ou transigir, na forma do art. 10.

- *Vide* art. 334, § 10, do CPC.

Art. 12. Para efetuar o exame técnico necessário à conciliação ou ao julgamento da causa, o Juiz nomeará pessoa habilitada, que apresentará o laudo até cinco dias antes da audiência, independentemente de intimação das partes.

§ 1º. Os honorários do técnico serão antecipados à conta de verba orçamentária do respectivo Tribunal e, quando vencida na causa a entidade pública, seu valor será incluído na ordem de pagamento a ser feita em favor do Tribunal.

§ 2º. Nas ações previdenciárias e relativas à assistência social, havendo designação de exame, serão as partes intimadas para, em dez dias, apresentar quesitos e indicar assistentes.

Art. 13. Nas causas de que trata esta Lei, não haverá reexame necessário.

Art. 14. Caberá pedido de uniformização de interpretação de lei federal quando houver divergência entre decisões sobre questões de direito material proferidas por Turmas Recursais na interpretação da lei.

§ 1º. O pedido fundado em divergência entre Turmas da mesma Região será julgado em reunião conjunta das Turmas em conflito, sob a presidência do Juiz Coordenador.

§ 2º. O pedido fundado em divergência entre decisões de turmas de diferentes regiões ou da proferida em contrariedade a súmula ou jurisprudência dominante do STJ será julgado por Turma de Uniformização, integrada por juízes de Turmas Recursais, sob a presidência do Coordenador da Justiça Federal.

§ 3º. A reunião de juízes domiciliados em cidades diversas será feita pela via eletrônica.

§ 4º. Quando a orientação acolhida pela Turma de Uniformização, em questões de direito material, contrariar súmula ou jurisprudência dominante no Superior Tribunal de Justiça – STJ, a parte interessada poderá provocar a manifestação deste, que dirimirá a divergência.

› Resolução 10/2007 do STJ – Dispõe sobre o processamento, no Superior Tribunal de Justiça, de incidente de uniformização da jurisprudência dos Juizados Especiais Federais.

§ 5º. No caso do § 4º, presente a plausibilidade do direito invocado e havendo fundado receio de dano de difícil reparação, poderá o relator conceder, de ofício ou a requerimento do interessado, medida liminar determinando a suspensão dos processos nos quais a controvérsia esteja estabelecida.

§ 6º. Eventuais pedidos de uniformização idênticos, recebidos subsequentemente em quaisquer Turmas Recursais, ficarão retidos nos autos, aguardando-se pronunciamento do Superior Tribunal de Justiça.

§ 7º. Se necessário, o relator pedirá informações ao Presidente da Turma Recursal ou Coordenador da Turma de Uniformização e ouvirá o Ministério Público, no prazo de 5 (cinco) dias. Eventuais interessados, ainda que não sejam partes no processo, poderão se manifestar, no prazo de 30 (trinta) dias.

§ 8º. Decorridos os prazos referidos no § 7º, o relator incluirá o pedido em pauta na Seção, com preferência sobre todos os demais feitos, ressalvados os processos com réus presos, os habeas corpus e os mandados de segurança.

§ 9º. Publicado o acórdão respectivo, os pedidos retidos referidos no § 6º serão apreciados pelas Turmas Recursais, que poderão exercer juízo de retratação ou declará-los prejudicados, se veicularem tese não acolhida pelo Superior Tribunal de Justiça.

§ 10. Os Tribunais Regionais, o Superior Tribunal de Justiça e o Supremo Tribunal Federal, no âmbito de suas competências, expedirão normas regulamentando a composição dos órgãos e os procedimentos a serem adotados para o processamento e o julgamento do pedido de uniformização e do recurso extraordinário.

Art. 15. O recurso extraordinário, para os efeitos desta Lei, será processado e julgado segundo o estabelecido nos §§ 4º a 9º do art. 14, além da observância das normas do Regimento.

» *Vide* arts. 1.029 a 1.044 do CPC.

Art. 16. O cumprimento do acordo ou da sentença, com trânsito em julgado, que imponham obrigação de fazer, não fazer ou entrega de coisa certa, será efetuado mediante ofício do Juiz à autoridade citada para a causa, com cópia da sentença ou do acordo.

» *Vide* arts. 806 a 823 do CPC.

Art. 17. Tratando-se de obrigação de pagar quantia certa, após o trânsito em julgado da decisão, o pagamento será efetuado no prazo de 60 (sessenta) dias, contados da entrega da requisição, por ordem do Juiz, à autoridade citada para a causa, na agência mais próxima da Caixa Econômica Federal ou do Banco do Brasil, independentemente de precatório.

§ 1º. Para os efeitos do § 3º do art. 100 da Constituição Federal, as obrigações ali definidas como de pequeno valor, a serem pagas independentemente de precatório, terão como limite o mesmo valor estabelecido nesta Lei para a competência do Juizado Especial Federal Cível (art. 3º, *caput*).

§ 2º. Desatendida a requisição judicial, o Juiz determinará o sequestro do numerário suficiente ao cumprimento da decisão.

§ 3º. São vedados o fracionamento, repartição ou quebra do valor da execução, de modo que o pagamento se faça, em parte, na forma estabelecida no § 1º deste artigo, e, em parte, mediante expedição do precatório, e a expedição de precatório complementar ou suplementar do valor pago.

§ 4º. Se o valor da execução ultrapassar o estabelecido no § 1º, o pagamento far-se-á, sempre, por meio do precatório, sendo facultado à parte exequente a renúncia ao crédito do valor excedente, para que possa optar pelo pagamento do saldo sem o precatório, da forma lá prevista.

» *Vide* art. 910 do CPC.

Art. 18. Os Juizados Especiais serão instalados por decisão do Tribunal Regional Federal. O Juiz presidente do Juizado designará os conciliadores pelo período de 2 (dois) anos, admitida a recondução. O exercício dessas funções será gratuito, assegurados os direitos e prerrogativas do jurado (art. 437 do Código de Processo Penal).

Parágrafo único. Serão instalados Juizados Especiais Adjuntos nas localidades cujo movimento forense não justifique a existência de Juizado Especial, cabendo ao Tribunal designar a Vara onde funcionará.

» *Vide* arts. 165 a 175 do CPC.

(...)

Parágrafo único. Na capital dos Estados, no Distrito Federal e em outras cidades onde for necessário, neste último caso, por decisão do Tribunal Regional Federal, serão instalados Juizados com competência exclusiva para ações previdenciárias.

Art. 20. Onde não houver Vara Federal, a causa poderá ser proposta no Juizado Especial Federal mais próximo do foro definido no art. 4º da Lei nº 9.099, de 26 de setembro de 1995, vedada a aplicação desta Lei no juízo estadual.

Art. 21. As Turmas Recursais serão instituídas por decisão do Tribunal Regional Federal, que definirá sua composição e área de competência, podendo abranger mais de uma seção.

§§ 1º e 2º (*Revogados pela Lei nº 12.665, de 2012*)

Art. 22. Os Juizados Especiais serão coordenados por Juiz do respectivo Tribunal Regional, escolhido por seus pares, com mandato de dois anos.

Parágrafo único. O Juiz Federal, quando o exigirem as circunstâncias, poderá determinar o funcionamento do Juizado Especial em caráter itinerante, mediante autorização prévia do Tribunal Regional Federal, com antecedência de 10 (dez) dias.

Art. 23. O Conselho da Justiça Federal poderá limitar, por até três anos, contados a partir da publicação desta Lei, a competência dos Juizados Especiais Cíveis, atendendo à necessidade da organização dos serviços judiciários ou administrativos.

Art. 24. O Centro de Estudos Judiciários do Conselho da Justiça Federal e as Escolas de Magistratura dos Tribunais Regionais Federais criarão programas de informática necessários para subsidiar a instrução das causas submetidas aos Juizados e promoverão cursos de aperfeiçoamento destinados aos seus magistrados e servidores.

Art. 25. Não serão remetidas aos Juizados Especiais as demandas ajuizadas até a data de sua instalação.

Art. 26. Competirá aos Tribunais Regionais Federais prestar o suporte administrativo necessário ao funcionamento dos Juizados Especiais.

Art. 27. Esta Lei entra em vigor 6 (seis) meses após a data de sua publicação.

Brasília, 12 de julho de 2001; 180º da Independência e 113º da República.

FERNANDO HENRIQUE CARDOSO

D.O.U. 13.7.2001

DECRETO Nº 3.914, DE 11 DE SETEMBRO DE 2001

Dispõe sobre a regulamentação das contribuições sociais instituídas pela Lei Complementar nº 110, de 29 de junho de 2001.

› *Contribuições sociais - regulamento*

O Presidente da República, no uso da atribuição que lhe confere o art. 84, inciso IV, da Constituição,

Decreta:

Art. 1º Este Decreto dispõe sobre a regulamentação da contribuição social devida por despedida de empregado sem justa causa e da contribuição social incidente sobre a remuneração mensal do trabalhador, instituídas pelos arts. 1º e 2º da Lei Complementar nº 110, de 29 de junho de 2001.

Art. 2º A contribuição social que tem por fato gerador a despedida de empregado sem justa causa é devida em relação às despedidas que ocorrerem a partir de 28 de setembro de 2001, inclusive.

§ 1º A base de cálculo da contribuição é o montante dos depósitos do Fundo de Garantia do Tempo de Serviço – FGTS, acrescidos das remunerações previstas no art. 13 da Lei nº 8.036, de 11 de maio de 1990, bem como nos arts. 11 da Lei nº 7.839, de 12 de outubro de 1989, e 3º e 4º da Lei nº 5.107, de 13 de setembro de 1966, enquanto vigentes, devidos durante a vigência do contrato de trabalho.

§ 2º O valor do complemento de atualização monetária de que trata o art. 4º, com a remuneração prevista no art. 5º e com a redução cabível especificada no inciso I do art. 6º, todos da Lei Complementar nº 110, de 2001, que esteja registrado, na data da rescisão do contrato de trabalho, na conta vinculada do trabalhador que tenha firmado o Termo de Adesão a que se refere o art. 4º, inciso I, da mesma Lei Complementar, integra a base de cálculo da contribuição de que trata este artigo.

§ 3º O valor da contribuição será determinado pela aplicação da alíquota de dez por cento sobre o valor da base de cálculo especificada nos §§ 1º e 2º.

§ 4º A contribuição deve ser paga nos seguintes prazos:

I – até o primeiro dia útil imediato ao término do contrato, no caso em que o empregador concede o aviso-prévio nos termos do art. 487 da Consolidação das Leis do Trabalho – CLT; ou

II – até o décimo dia, contado da data da notificação da demissão, quando da ausência do aviso-prévio, indenização do mesmo ou dispensa de seu cumprimento.

§ 5º Os empregadores domésticos ficam isentos da contribuição social de que trata este artigo.

Art. 3º A contribuição social incidente sobre a remuneração do trabalhador é devida a partir da remuneração relativa ao mês de outubro de 2001 até a remuneração relativa ao mês de setembro de 2006.

§ 1º A contribuição incide sobre a remuneração paga ou devida, no mês anterior, a cada trabalhador.

§ 2º A base de cálculo da contribuição é o valor da remuneração paga ou devida a cada trabalhador, computadas as parcelas de que trata o art. 15 da Lei nº 8.036, de 1990.

§ 3º O valor do pagamento antecipado de remuneração ou de gratificação de Natal integra a base de cálculo da contribuição social relativa ao mês em que ocorrer o pagamento antecipado.

§ 4º O valor da contribuição será determinado pela aplicação da alíquota de cinco décimos por cento sobre a base de cálculo especificada nos §§ 2º e 3º.

§ 5º A contribuição incidente sobre a remuneração paga ou devida em cada mês deve ser paga até o dia 7 do mês subsequente ou, não havendo expediente bancário no dia 7, até o último dia útil que o anteceder.

§ 6º Ficam isentas da contribuição social de que trata este artigo:

I – as empresas inscritas no Sistema Integrado de Pagamento de Impostos e Contribuições das Microempresas e Empresas de Pequeno Porte – SIMPLES, desde que o faturamento anual não ultrapasse o limite de R$ 1.200.000,00 (um milhão e duzentos mil reais);

II – as pessoas físicas, em relação à remuneração de empregados domésticos; e

III – as pessoas físicas, em relação à remuneração de empregados rurais, desde que sua receita bruta anual não ultrapasse o limite de R$ 1.200.000,00 (um milhão e duzentos mil reais).

§ 7º Para os fins do disposto no § 6º, poderão ser utilizadas informações constantes dos cadastros administrados pela Secretaria da Receita Federal, na forma estabelecida em convênio.

Art. 4º O sujeito passivo das contribuições sociais de que trata este Decreto é o empregador, considerado como tal a pessoa física ou a pessoa jurídica de direito privado ou de direito público, da administração pública direta, indireta ou fundacional de qualquer dos Poderes, da União, dos Estados, do Distrito Federal e dos Municípios, que admitir trabalhadores a seu serviço, bem assim aquele que, regido por legislação especial, encontrar-se nessa condição ou figurar como fornecedor ou tomador de mão de obra, independente da responsabilidade solidária ou subsidiária a que eventualmente venha obrigar-se.

Parágrafo único. Para os efeitos deste Decreto, considera-se empregado ou trabalhador toda pessoa física que prestar serviços a empregador, a locador ou tomador de mão de obra, excluídos os eventuais, os autônomos e os servidores públicos civis e militares sujeitos a regime jurídico próprio.

Art. 5º O pagamento das contribuições sociais de que trata este Decreto fora dos prazos estabelecidos sujeita o infrator aos acréscimos previstos no art. 22 da Lei nº 8.036, de 1990, e nos §§ 2º e 3º do art. 3º da Lei Complementar nº 110, de 2001.

Art. 6º A exigência fiscal da contribuição social, que não tenha sido paga por iniciativa do contribuinte, será formalizada em notificação de débito, lavrada por Auditor-Fiscal do Trabalho ou pela Repartição competente do Ministério do Trabalho e Emprego, nos termos de ato normativo do Ministro de Trabalho e Emprego.

Art. 7º As contribuições sociais de que trata este Decreto, inclusive os acréscimos legais correspondentes, serão pagos na rede bancária arrecadadora do FGTS, na forma a ser estabelecida pelo Agente Operador do FGTS.

§ 1º Os valores recolhidos pela rede bancária serão transferidos à Caixa Econômica Federal no segundo dia útil subsequente à data em que tenham sido recolhidos.

§ 2º A Caixa Econômica Federal procederá ao registro das receitas, relativas às contribuições sociais que lhe forem transferidas pela rede bancária, no Sistema Integrado de Administração Financeira do Governo Federal – SIAFI, na forma regulada pelo Ministério da Fazenda.

Art. 8º A falta de pagamento das contribuições de que trata este Decreto resultará no impedimento da emissão, pela Caixa Econômica Federal, do Certificado de Regularidade do FGTS, sem prejuízo das demais cominações legais cabíveis.

Art. 9º O Ministério do Trabalho e Emprego expedirá as normas para disciplinar os procedimentos de administração das contribuições sociais de que trata este Decreto.

Art. 10. Este Decreto entra em vigor na data de sua publicação.

Brasília, 11 de setembro de 2001; 180º da Independência e 113º da República.

Fernando Henrique Cardoso

DECRETO Nº 4.552, DE 27 DE DEZEMBRO DE 2002

Aprova o Regulamento da Inspeção do Trabalho.

› *Regulamento da Inspeção do Trabalho*

O PRESIDENTE DA REPÚBLICA, no uso da atribuição que lhe confere o art. 84, inciso IV, e considerando o disposto no art. 21, inciso XXIV, ambos da Constituição, na Lei 10.593, de 6 de dezembro de 2002, e na Convenção 81 da Organização Internacional do Trabalho, aprovada pelo Decreto Legislativo 24, de 29 de maio de 1956, promulgada pelo Decreto 41.721, de 25 de junho de 1957, e revigorada pelo Decreto 95.461, de 11 de dezembro de 1987, bem como o disposto na Consolidação das Leis do Trabalho, aprovada pelo Decreto-Lei 5.452, de 1º de maio de 1943,

DECRETA:

Art. 1º Fica aprovado o Regulamento da Inspeção do Trabalho, que a este Decreto acompanha.

Art. 2º Este Decreto entra em vigor na data da sua publicação.

Art. 3º Revogam-se os Decretos 55.841, de 15 de março de 1965, 57.819, de 15 de fevereiro de 1966, 65.557, de 21 de outubro de 1969, e 97.995, de 26 de julho de 1989.

Brasília, 27 de dezembro de 2002; 181º da Independência e 114º da República.

Fernando Henrique Cardoso

Paulo Jobim Filho

D.O.U. de 30.12.2002

LEI N. 10.666, DE 8 DE MAIO DE 2003

Dispõe sobre a concessão da aposentadoria especial ao cooperado de cooperativa de trabalho ou de produção e dá outras providências.

› *Aposentadoria especial ao cooperado de cooperativa de trabalho*

O Presidente da República.

Faço saber que o Congresso Nacional decreta e eu sanciono a seguinte Lei:

Art. 1.º As disposições legais sobre aposentadoria especial do segurado filiado ao Regime Geral de Previdência Social aplicam-se, também, ao cooperado filiado à cooperativa de trabalho e de produção que trabalha sujeito a condições especiais que prejudiquem a sua saúde ou a sua integridade física.

§ 1.º Será devida contribuição adicional de nove, sete ou cinco pontos percentuais, a cargo da empresa tomadora de serviços de cooperado filiado a cooperativa de trabalho, incidente sobre o valor bruto da nota fiscal ou fatura de prestação de serviços, conforme a atividade exercida pelo cooperado permita a concessão de aposentadoria especial após quinze, vinte ou vinte e cinco anos de contribuição, respectivamente.

§ 2.º Será devida contribuição adicional de doze, nove ou seis pontos percentuais, a cargo da cooperativa de produção, incidente sobre a remuneração paga, devida ou creditada ao cooperado filiado, na hipótese de exercício de atividade que autorize a concessão de aposentadoria especial após quinze, vinte ou vinte e cinco anos de contribuição, respectivamente.

§ 3.º Considera-se cooperativa de produção aquela em que seus associados contribuem com serviços laborativos ou profissionais para a produção em comum de bens, quando a cooperativa detenha por qualquer forma os meios de produção.

Art. 2.º (*Revogado pela Lei n. 13.846, de 18-6-2019.*)

Art. 3.º A perda da qualidade de segurado não será considerada para a concessão das aposentadorias por tempo de contribuição e especial.

§ 1.º Na hipótese de aposentadoria por idade, a perda da qualidade de segurado não será considerada para a concessão desse benefício, desde que o segurado conte com, no mínimo, o tempo de contribuição correspondente ao exigido para efeito de carência na data do requerimento do benefício.

§ 2.º A concessão do benefício de aposentadoria por idade, nos termos do § 1.º, observará, para os fins de cálculo do valor do benefício, o disposto no art. 3.º, *caput* e § 2.º, da Lei n. 9.876, de 26 de novembro de 1999, ou, não havendo salários de contribuição recolhidos no período a partir da competência julho de 1994, o disposto no art. 35 da Lei n. 8.213, de 24 de julho de 1991.

Art. 4.º Fica a empresa obrigada a arrecadar a contribuição do segurado contribuinte individual a seu serviço, descontando-a da respectiva remuneração, e a recolher o valor arrecadado juntamente com a contribuição a seu cargo até o dia 20 (vinte) do mês seguinte ao da competência, ou até o dia útil imediatamente anterior se não houver expediente bancário naquele dia.

» *Caput* com redação determinada pela Lei n. 11.933, de 28-4-2009.

§ 1.º As cooperativas de trabalho arrecadarão a contribuição social dos seus associados como contribuinte individual e recolherão o valor arrecadado até o dia 20 (vinte) do mês subsequente ao de competência a que se referir, ou até o dia útil imediatamente anterior se não houver expediente bancário naquele dia.

» § 1.º com redação determinada pela Lei n. 11.933, de 28-4-2009.

§ 2.º A cooperativa de trabalho e a pessoa jurídica são obrigadas a efetuar a inscrição no Instituto Nacional do Seguro Social – INSS dos seus cooperados e contratados, respectivamente, como contribuintes individuais, se ainda não inscritos.

§ 3.º O disposto neste artigo não se aplica ao contribuinte individual, quando contratado por outro contribuinte individual equiparado a empresa ou por produtor rural pessoa física ou por missão diplomática e repartição consular de carreira estrangeiras, e nem ao brasileiro civil que trabalha no exterior para organismo oficial internacional do qual o Brasil é membro efetivo.

Art. 5.º O contribuinte individual a que se refere o art. 4.º é obrigado a complementar, diretamente, a contribuição até o valor mínimo mensal do salário de contribuição, quando as remunerações recebidas no mês, por serviços prestados a pessoas jurídicas, forem inferiores a este.

Art. 6.º O percentual de retenção do valor bruto da nota fiscal ou fatura de prestação de serviços relativa a serviços prestados mediante cessão de mão de obra, inclusive em regime de trabalho temporário, a cargo da empresa contratante, é acrescido de quatro, três ou dois pontos percentuais, relativamente aos serviços prestados pelo segurado empregado cuja atividade permita a concessão de aposentadoria especial após quinze, vinte ou vinte e cinco anos de contribuição, respectivamente.

Art. 7.º Não poderão ser objeto de parcelamento as contribuições descontadas dos empregados, inclusive dos domésticos, dos trabalhadores avulsos, dos contribuintes individuais, as decorrentes da sub-rogação e as demais importâncias descontadas na forma da legislação previdenciária.

Art. 8.º A empresa que utiliza sistema de processamento eletrônico de dados para o registro de negócios e atividades econômicas, escrituração de livros ou produção de documentos de natureza contábil, fiscal, trabalhista e previdenciária é obrigada a arquivar e conservar, devidamente certificados, os respectivos sistemas e arquivos, em meio digital ou assemelhado, durante dez anos, à disposição da fiscalização.

Art. 9.º Fica extinta a escala transitória de salário-base, utilizada para fins de enquadramento e fixação do salário de contribuição dos contribuintes individual e facultativo filiados ao Regime Geral de Previdência Social, estabelecida pela Lei n. 9.876, de 26 de novembro de 1999.

Art. 10. A alíquota de contribuição de um, dois ou três por cento, destinada ao financiamento do benefício de aposentadoria especial ou daqueles concedidos em razão do grau de incidência de incapacidade laborativa decorrente dos riscos ambientais do trabalho, poderá ser reduzida, em até cinquenta por cento, ou aumentada, em até cem por cento, conforme dispuser o regulamento, em razão do desempenho da empresa em relação à respectiva atividade econômica, apurado em conformidade com os resultados obtidos a partir dos índices de frequência, gravidade e custo, calculados segundo metodologia aprovada pelo Conselho Nacional de Previdência Social.

Art. 11. O Ministério da Previdência Social e o INSS manterão programa permanente de revisão da concessão e da manutenção dos benefícios da Previdência Social, a fim de apurar irregularidades e falhas existentes.

§ 1.º Havendo indício de irregularidade na concessão ou na manutenção de benefício, a Previdência Social notificará o beneficiário para apresentar defesa, provas ou documentos de que dispuser, no prazo de dez dias.

§ 2.º A notificação a que se refere o § 1.º far-se-á por via postal com aviso de recebimento e, não comparecendo o beneficiário nem apresentando defesa, será suspenso o benefício, com notificação ao beneficiário.

§ 3.º Decorrido o prazo concedido pela notificação postal, sem que tenha havido resposta, ou caso seja considerada pela Previdência Social como insuficiente ou improcedente a defesa apresentada, o benefício será cancelado, dando-se conhecimento da decisão ao beneficiário.

Art. 12. Para fins de compensação financeira entre o Regime Geral de Previdência Social (RGPS) e o Regime Próprio de Previdência Social (RPPS) da União, dos Estados, do Distrito Federal e dos Municípios, os regimes instituidores apresentarão aos regimes de origem os dados relativos aos benefícios em manutenção em 5 de maio de 1999 concedidos a partir de 5 de outubro de 1988.

» Artigo com redação determinada pela Lei n. 13.135, de 17-6-2015.

Art. 13. Aplicam-se ao disposto nesta Lei, no que couber, as disposições legais pertinentes ao Regime Geral de Previdência Social.

Art. 14. O Poder Executivo regulamentará o art. 10 desta Lei no prazo de trezentos e sessenta dias.

Art. 15. Esta Lei entra em vigor na data de sua publicação, produzindo efeitos, quanto aos §§ 1.º e 2.º do art. 1.º e aos arts. 4.º a 6.º e 9.º, a partir de 1.º de abril de 2003.

Brasília, 8 de maio de 2003; 182.º da Independência e 115.º da República.

Luiz Inácio Lula da Silva

DECRETO Nº 4.840, DE 17 DE SETEMBRO DE 2003

Regulamenta a Medida Provisória nº 130, de 17 de setembro de 2003, que dispõe sobre a autorização para desconto de prestações em folha de pagamento, e dá outras providências.

› *Folha de pagamento*

O PRESIDENTE DA REPÚBLICA, no uso da atribuição que lhe confere o art. 84, inciso IV, da Constituição, e tendo em vista o disposto na Medida Provisória nº 130, de 17 de setembro de 2003,

DECRETA:

Art. 1º Regem-se por este Decreto os procedimentos para autorização de desconto em folha de pagamento dos valores referentes ao pagamento das prestações de empréstimos, financiamentos e operações de arrendamento mercantil concedidos por instituições financeiras e sociedades de arrendamento mercantil a empregados regidos pela Consolidação das Leis do Trabalho, aprovada pelo Decreto-Lei nº 5.452, de 1º de maio de 1943.

Art. 2º Para os fins deste Decreto, considera-se:

I – empregador, a pessoa jurídica assim definida pela legislação trabalhista;

II – empregado, aquele assim definido pela legislação trabalhista;

III – instituição consignatária, a instituição mencionada no art. 1º autorizada a conceder empréstimo ou financiamento ou realizar operação de arrendamento mercantil;

IV – mutuário, empregado que firma com instituição consignatária contrato de empréstimo, financiamento ou arrendamento mercantil regulado por este Decreto; e

V – verbas rescisórias, as importâncias devidas em dinheiro pelo empregador ao empregado em razão de rescisão do seu contrato de trabalho.

§ 1º Para os fins deste Decreto, considera-se remuneração básica a soma das parcelas pagas ou creditadas mensalmente em dinheiro ao empregado, excluídas:

I – diárias;

II – ajuda de custo;

III – adicional pela prestação de serviço extraordinário;

IV – gratificação natalina;

V – auxílio-natalidade;

VI – auxílio-funeral;

VII – adicional de férias;

VIII – auxílio-alimentação, mesmo se pago em dinheiro;

IX – auxílio-transporte, mesmo se pago em dinheiro; e

X – parcelas referentes a antecipação de remuneração de competência futura ou pagamento em caráter retroativo.

§ 2º Para os fins deste Decreto, considera-se remuneração disponível a parcela remanescente da remuneração básica após a dedução das consignações compulsórias, assim entendidas as efetuadas a título de:

I – contribuição para a Previdência Social oficial;

II – pensão alimentícia judicial;

III – imposto sobre rendimentos do trabalho;

IV – decisão judicial ou administrativa;

V – mensalidade e contribuição em favor de entidades sindicais;

VI – outros descontos compulsórios instituídos por lei ou decorrentes de contrato de trabalho.

§ 3º Para os fins deste Decreto, são consideradas consignações voluntárias as autorizadas pelo empregado e não relacionadas no § 2º.

Art. 3º No momento da contratação da operação, a autorização para a efetivação dos descontos permitidos neste Decreto observará, para cada mutuário, os seguintes limites:

I – a soma dos descontos referidos no art. 1º deste Decreto não poderá exceder a trinta por cento da remuneração disponível definida no § 2º do art. 2º; e

II – o total das consignações voluntárias, incluindo as referidas no art. 1º, não poderá exceder a quarenta por cento da remuneração disponível definida no § 2º do art. 2º.

Art. 4º A concessão de empréstimo, financiamento ou arrendamento será feita a critério da instituição consignatária, sendo os valores e demais condições objeto de livre negociação entre ela e o mutuário, observadas as demais disposições deste Decreto.

§ 1º Poderá o empregador, com a anuência da entidade sindical representativa da maioria dos empregados, firmar, com uma ou mais instituições consignatárias, acordo que defina condições gerais e demais critérios a serem observados nos empréstimos, financiamentos ou arrendamentos que venham a ser realizados com seus empregados.

§ 2º Poderão as entidades e centrais sindicais firmar, com uma ou mais instituições consignatárias, acordo que defina condições gerais e demais critérios a serem observados nos empréstimos, financiamentos ou arrendamentos que venham a ser realizados com seus representados.

§ 3º Uma vez observados pelo empregado todos os requisitos e condições definidos no acordo firmado segundo o disposto no § 1º ou no § 2º, não poderá a instituição concedente negar-se a celebrar o empréstimo, financiamento ou arrendamento mercantil.

§ 4º Para a realização das operações referidas neste Decreto, é assegurado ao empregado o direito de optar por instituição consignatária que tenha firmado acordo com o empregador, com sua entidade sindical, ou qualquer outra instituição consignatária de sua livre escolha, ficando o empregador obrigado a proceder aos descontos e repasses por ele contratados e autorizados.

§ 5º Os acordos mencionados nos §§ 1º e 2º poderão definir critérios mínimos, parâmetros e condições financeiras diferenciados por situação cadastral e demais características individuais do empregado.

§ 6º Dos acordos referidos no § 2º poderá constar, ainda, a diferenciação por empresa de critérios mínimos, parâmetros e condições financeiras.

§ 7º Os contratos de empréstimo, financiamento ou arrendamento celebrados ao amparo deste Decreto preverão obrigatoriamente prestações fixas ao longo de todo o período de amortização.

§ 7º-A. Nas hipóteses de concessão, ao amparo deste Decreto, de empréstimo ou financiamento imobiliário no âmbito do Sistema Financeiro da Habitação ou de outros sistemas ou programas destinados à aquisição de imóveis residenciais, as prestações e seus reajustamentos obedecerão às disposições contratuais celebradas entre as partes, sendo permitida a estipulação de prestações variáveis. *(Acrescentado pelo Decreto nº 5.892, de 2006)*

§ 8º Os acordos referidos nos §§ 1º e 2º deste artigo poderão delegar à instituição consignatária a responsabilidade de receber, processar e encaminhar ao empregador as autorizações referidas no inciso III do § 3º do art. 5º.

Art. 5º Para os fins deste Decreto, são obrigações do empregador:

I – prestar ao empregado e à instituição consignatária, mediante solicitação formal do primeiro, as informações necessárias para a contratação da operação de crédito ou arrendamento mercantil, inclusive:

a) a data habitual de pagamento mensal do salário;

b) o total já consignado em operações preexistentes;

c) as demais informações necessárias para o cálculo da margem disponível para consignação;

II – tornar disponíveis aos empregados, bem assim às respectivas entidades sindicais, as informações referentes aos custos referidos no art. 10;

III – efetuar os descontos autorizados pelo empregado em folha de pagamento e repassar o valor à instituição consignatária na forma e prazo previstos em regulamento.

§ 1º É vedado ao empregador impor ao mutuário e à instituição consignatária qualquer condição que não esteja prevista neste Decreto para a efetivação do contrato e a implementação dos descontos autorizados.

§ 2º Os descontos autorizados na forma deste Decreto terão preferência sobre outros descontos da mesma natureza que venham a ser autorizados posteriormente.

§ 3º A liberação do crédito ao mutuário somente ocorrerá após:

I – a confirmação do empregador, por escrito ou por meio eletrônico certificado, quanto à possibilidade da realização dos descontos, em função dos limites referidos no art. 3º;

II – a assinatura, por escrito ou por meio eletrônico certificado, do contrato entre o mutuário e a instituição consignatária; e

III – a outorga ao empregador, por parte do mutuário, de autorização, em caráter irrevogável e irretratável, para a consignação das prestações contratadas em folha de pagamento.

§ 4º A autorização referida no inciso III do § 3º será outorgada por escrito ou por meio eletrônico certificado, podendo a instituição consignatária processar o documento e mantê-lo sob sua guarda, na condição de fiel depositária, transmitindo as informações ao empregador por meio seguro.

§ 5º Exceto quando diversamente previsto em contrato com a anuência do empregador, a efetivação do desconto em folha de pagamento do mutuário deverá ser iniciada pelo empregador no mínimo trinta dias e no máximo sessenta dias após o recebimento da autorização referida no inciso III do § 3º.

§ 6º A autorização referida no inciso III do § 3º é nula de pleno direito na hipótese da não liberação do crédito ou do bem arrendado ao mutuário no prazo máximo de cinco dias úteis contados da data da outorga.

§ 7º A repactuação do contrato de empréstimo, financiamento ou operação de arrendamento mercantil que implique alteração do número ou do valor das prestações consignadas em folha observará o procedimento referido no § 3º.

Art. 6º O empregador é o responsável pela retenção dos valores devidos e pelo repasse às instituições consignatárias, o qual deverá ser realizado até o quinto dia útil após a data de pagamento, ao mutuário, de sua remuneração mensal.

Art. 7º O empregador, salvo disposição contratual em sentido contrário, não será corresponsável pelo pagamento dos empréstimos, financiamentos ou arrendamentos concedidos aos mutuários, mas responderá sempre, como devedor principal e solidário, perante a instituição consignatária, por valores a ela devidos, em razão de contratações por ele confirmadas na forma deste Decreto, que deixarem, por sua falha ou culpa, de serem retidos ou repassados.

Art. 8º Caberá à instituição consignatária informar ao mutuário, por escrito ou meio eletrônico por ele indicado no ato da celebração do contrato, toda vez que o empregador deixar de repassar o valor exato do desconto mensal.

Art. 9º Na hipótese de comprovação de que o pagamento mensal do empréstimo, financiamento ou arrendamento foi descontado do mutuário e não foi repassado pelo empregador à instituição consignatária, fica ela proibida de incluir o nome do mutuário em qualquer cadastro de inadimplentes.

Art. 10. É facultado ao empregador descontar na folha de pagamento do mutuário os custos operacionais decorrentes da realização da operação objeto deste Decreto.

§ 1º Consideram-se custos operacionais do empregador:

I – tarifa bancária cobrada pela instituição financeira referente à transferência dos recursos da conta-corrente do empregador para a conta-corrente da instituição consignatária;

II – despesa com alteração das rotinas de processamento da folha de pagamento para realização da operação.

§ 2º As tarifas bancárias mencionadas no inciso I do § 1º deste artigo deverão ser iguais ou inferiores às praticadas pela instituição financeira mantenedora da conta-corrente do empregador em transações da mesma natureza.

§ 3º Cabe ao empregador, mediante comunicado interno ou mediante solicitação de empregado ou de entidade sindical, dar publicidade aos seus empregados dos custos operacionais mencionados no § 1º deste artigo previamente à realização da operação de empréstimo ou financiamento, os quais serão mantidos inalterados durante todo o período de duração da operação.

§ 4º Poderá ser prevista nos acordos referido nos § 1º e 2º do art. 4º, ou em acordo específico entre o empregador e a instituição consignatária, a absorção total ou parcial dos custos referidos no § 1º pela instituição consignatária, hipótese na qual não caberá o desconto na folha do mutuário.

§ 5º No caso dos acordos celebrados nos termos do § 2º do art. 4º, os custos de que trata o inciso II do § 1º deste artigo deverão ser negociados entre o empregador e a entidade sindical, vedada a cobrança de custos superiores aos previstos nos acordos celebrados pelo mesmo empregador nos termos do § 1º do art. 4º.

Art. 11. Cabe ao empregador informar no demonstrativo de rendimentos do empregado, de forma discriminada, o valor do desconto mensal decorrente de cada operação de empréstimo ou financiamento, bem como os custos operacionais definidos no art. 10 deste Decreto.

Art. 12. Até o integral pagamento do empréstimo ou financiamento, as autorizações dos descontos somente poderão ser canceladas mediante prévia aquiescência da instituição consignatária e do empregado.

Art. 13. Em caso de rescisão do contrato de trabalho do empregado antes do término da amortização do empréstimo, ressalvada disposição contratual em contrário, serão mantidos os prazos e encargos originalmente previstos, cabendo ao mutuário efetuar o pagamento mensal das prestações diretamente à instituição consignatária.

Art. 14. Na hipótese de entrada em gozo de benefício previdenciário temporário pelo mutuário, com suspensão do pagamento de sua remuneração por parte do empregador, cessa a obrigação deste efetuar a retenção e o repasse das prestações à instituição consignatária.

Parágrafo único. O contrato de empréstimo, financiamento ou operação de arrendamento mercantil celebrado nos termos deste Decreto conterá, obrigatoriamente, cláusula que regulamente as relações entre o mutuário e a instituição consignatária na situação prevista no *caput*.

Art. 15. O desconto da prestação para pagamento do empréstimo, financiamento ou arrendamento concedido com base neste Decreto será feito diretamente em folha de pagamento e o valor correspondente creditado a favor da instituição consignatária, independentemente de crédito e débito na conta-corrente dos mutuários.

Art. 16. Os contratos de empréstimo, financiamento ou arrendamento de que trata este Decreto poderão prever a incidência de desconto de até trinta por cento das verbas rescisórias referidas no inciso V do art. 2º para a amortização total ou parcial do saldo devedor líquido para quitação na data de rescisão do contrato de trabalho do empregado.

§ 1º Para os fins do *caput*, considera-se saldo devedor líquido para quitação o valor presente das prestações vincendas na data da amortização, descontado à taxa de juros contratualmente fixada referente ao período não utilizado em função da quitação antecipada.

§ 2º Na hipótese referida no *caput*, deverá a instituição consignatária informar ao mutuário e ao empregador, por escrito ou meio eletrônico certificado, o valor do saldo devedor líquido para quitação.

§ 3º Quando o saldo devedor líquido para quitação exceder o valor comprometido das verbas rescisórias, caberá ao mutuário efetuar o pagamento do restante diretamente à instituição consignatária, assegurada a manutenção das condições de número de prestações vincendas e taxa de juros originais, exceto se houver previsão contratual em contrário.

§ 4º Havendo previsão de vinculação de verbas rescisórias em mais de um contrato, será observada a ordem cronológica das autorizações referidas no inciso III do § 3º do art. 5º.

Art. 17. É facultada a contratação pelo mutuário de seguro em favor da instituição consignatária, junto a ela própria ou a outra instituição de sua escolha, para cobertura do risco de inadimplência nas operações de que trata este Decreto em caso de morte, desemprego involuntário ou redução de rendimentos.

Art. 18. Este Decreto entra em vigor na data de sua publicação.

Brasília, 17 de setembro de 2003; 182º da Independência e 115º da República.

Luiz Inácio Lula da Silva

INSTRUÇÃO NORMATIVA TST Nº 24, DE 2 DE OUTUBRO DE 2003

Dispõe sobre a faculdade de o Ministro Presidente do Tribunal Superior do Trabalho designar audiência prévia de conciliação, no caso de pedido de efeito suspensivo a recurso ordinário interposto à decisão normativa da Justiça do Trabalho.

▸ *Audiência prévia de conciliação*

O TRIBUNAL SUPERIOR DO TRABALHO, em sua composição plena, no uso de suas atribuições legais e regimentais, sob a Presidência do Exmo. Sr. Ministro Francisco Fausto Paula de Medeiros,

Considerando o disposto no art.14 da Lei nº 10.192, de 14 de fevereiro de 2001, pelo qual foi concedida ao Presidente do Tribunal Superior do Trabalho a prerrogativa de suspender, "na medida e extensão" que entender convenientes, a eficácia de decisão normativa da Justiça do Trabalho, até o julgamento do recurso ordinário interposto em autos de dissídio coletivo;

Considerando a inexistência de regulamentação dos procedimentos a serem observados pela Presidência da Corte relativamente aos pedidos de efeito suspensivo;

Considerando a marcante característica conciliatória da Justiça do Trabalho, presente, sobretudo, na sua atuação nos dissídios coletivos;

Considerando os bons resultados alcançados com a praxe que vem sendo adotada no sentido de mediar os conflitos por ocasião do recebimento de pedido de efeito suspensivo de cláusula de sentença normativa;

Considerando a instrumentalidade do processo,

RESOLVE:

I – Ao Presidente do Tribunal Superior do Trabalho é facultada a designação de audiência de conciliação relativamente a pedido de concessão de efeito suspensivo a recurso ordinário interposto à decisão normativa da Justiça do Trabalho;

II – Poderá o Presidente do Tribunal Superior do Trabalho, antes de designar audiência prévia de conciliação, conceder ao requerido o prazo de 5 (cinco) dias, para, querendo, manifestar-se sobre o pedido de efeito suspensivo;

III – O Ministério Público do Trabalho, por intermédio da Procuradoria-Geral do Trabalho, será comunicado do dia, hora e local da realização da audiência, enquanto as partes serão notificadas;

IV – Havendo transação nessa audiência, as condições respectivas constarão de ata, facultando-se ao Ministério Público do Trabalho emitir parecer oral, sendo, em seguida, sorteado Relator, que submeterá o acordo à apreciação da Seção Especializada em Dissídios Coletivos, na primeira sessão ordinária subsequente ou em sessão extraordinária designada para esse fim;

V – O Presidente do Tribunal Superior do Trabalho poderá submeter o pedido de efeito suspensivo à apreciação da Seção Especializada em Dissídios Coletivos, desde que repute a matéria de alta relevância.

Sala de Sessões, 02 de outubro de 2003.

Valério Augusto Freitas do Carmo

LEI Nº 10.820, DE 17 DE DEZEMBRO DE 2003

Dispõe sobre a autorização para desconto de prestações em folha de pagamento, e dá outras providências.

▸ *Empréstimo consignado*

O PRESIDENTE DA REPÚBLICA Faço saber que o Congresso Nacional decreta e eu sanciono a seguinte Lei:

Art. 1º. Os empregados regidos pela Consolidação das Leis do Trabalho – CLT, aprovada pelo Decreto-Lei nº 5.452, de 1º de maio de 1943, poderão autorizar, de forma irrevogável e irretratável, o desconto em folha de pagamento ou na sua remuneração disponível dos valores referentes ao pagamento de empréstimos, financiamentos, cartões de crédito e operações de arrendamento mercantil concedidos por instituições financeiras e sociedades de arrendamento mercantil, quando previsto nos respectivos contratos. (Redação dada pela Lei nº 13.172, de 2015)

§ 1º O desconto mencionado neste artigo também poderá incidir sobre verbas rescisórias devidas pelo empregador, se assim previsto no respectivo contrato de empréstimo, financiamento, cartão de crédito ou arrendamento mercantil, até o limite de 40% (quarenta por cento), sendo 35% (trinta e cinco por cento) destinados exclusivamente a empréstimos, financiamentos e arrendamentos mercantis e 5% (cinco por cento) destinados exclusivamente à amortização de despesas contraídas por meio de cartão de crédito consignado ou à utilização com a finalidade de saque por meio de cartão de crédito consignado. *(Redação dada pela Lei 14.431/2022)*

I e II – *(Revogados pela Lei 14.431/2022)*

§ 2º. O regulamento disporá sobre os limites de valor do empréstimo, da prestação consignável para os fins do *caput* e do comprometimento das verbas rescisórias para os fins do § 1º deste artigo.

§ 3º. Os empregados de que trata o *caput* poderão solicitar o bloqueio, a qualquer tempo, de novos descontos. (Incluído pela Lei nº 13.097, de 2015)

§ 4º. O disposto no § 3º não se aplica aos descontos autorizados em data anterior à da solicitação do bloqueio. (Incluído pela Lei nº 13.097, de 2015)

§ 5º Nas operações de crédito consignado de que trata este artigo, o empregado poderá oferecer em garantia, de forma irrevogável e irretratável: (Redação dada pela Lei nº 13.313, de 2016)

I - até 10% (dez por cento) do saldo de sua conta vinculada no Fundo de Garantia do Tempo de Serviço - FGTS; (Redação dada pela Lei nº 13.313, de 2016)

II - até 100% (cem por cento) do valor da multa paga pelo empregador, em caso de despedida sem justa causa ou de despedida por culpa recíproca ou força maior, nos termos dos §§ 1º e 2º do art. 18 da Lei nº 8.036, de 11 de maio de 1990. (Redação dada pela Lei nº 13.313, de 2016)

§ 6º. A garantia de que trata o § 5º só poderá ser acionada na ocorrência de despedida sem justa causa, inclusive a indireta, ou de despedida por culpa recíproca ou força maior, não se aplicando, em relação à referida garantia, o disposto no § 2º do art. 2º da Lei nº 8.036, de 11 de maio de 1990. (Redação dada pela Lei nº 13.313, de 2016)

§ 7º. O Conselho Curador do FGTS poderá definir o número máximo de parcelas e a taxa máxima mensal de juros a ser cobrada pelas instituições consignatárias nas operações de crédito consignado de que trata este artigo. (Redação dada pela Lei nº 13.313, de 2016)

§ 8º. Cabe ao agente operador do FGTS definir os procedimentos operacionais necessários à execução do disposto nos §§ 5º e 6º deste artigo, nos termos do inciso II do *caput* do art. 7º da Lei nº 8.036, de 11 de maio de 1990. (Redação dada pela Lei nº 13.313, de 2016)

Art. 2º. Para os fins desta Lei, considera-se:

I - empregador, a pessoa jurídica assim definida pela legislação trabalhista e o empresário a que se refere o TÍTULO I do Livro II da Parte Especial da Lei nº 10.406, de 10 de janeiro de 2002 – Código Civil; (Redação dada pela Lei nº 13.097, de 2015)

- CC: arts. 966 a 971.
- CLT: art. 2º.

II – empregado, aquele assim definido pela legislação trabalhista;

- CLT: art. 3º.

III - instituição consignatária, a instituição autorizada a conceder empréstimo ou financiamento ou realizar operação com cartão de crédito ou de arrendamento mercantil mencionada no *caput* do art. 1º; (Redação dada pela Lei nº 13.172, de 2015)

IV - mutuário, empregado que firma com instituição consignatária contrato de empréstimo, financiamento, cartão de crédito ou arrendamento mercantil regulado por esta Lei; (Redação dada pela Lei nº 13.172, de 2015)

V - verbas rescisórias, as importâncias devidas em dinheiro pelo empregador ao empregado em razão de rescisão do seu contrato de trabalho.

- CLT: art. 477.

VI - instituição financeira mantenedora, a instituição a que se refere o inciso III do *caput* e que mantém as contas para crédito da remuneração disponível dos empregados; (Incluído pela Lei nº 13.097, de 2015)

VII - desconto, ato de descontar na folha de pagamento ou em momento anterior ao do crédito devido pelo empregador ao empregado como remuneração disponível ou verba rescisória o valor das prestações assumidas em operação de empréstimo, financiamento, cartão de crédito ou arrendamento mercantil; e (Redação dada pela Lei nº 13.72, de 2015)

VIII - remuneração disponível, os vencimentos, subsídios, soldos, salários ou remunerações, descontadas as consignações compulsórias. (Incluído pela Lei nº 13.097, de 2015)

§ 1º. Para os fins desta Lei, são consideradas consignações voluntárias as autorizadas pelo empregado.

§ 2º. No momento da contratação da operação, a autorização para a efetivação dos descontos permitidos nesta Lei observará, para cada mutuário, os seguintes limites:

I – a soma dos descontos referidos no art. 1º desta Lei não poderá exceder a 40% (quarenta por cento) da remuneração disponível, conforme definido em regulamento; *(Redação dada pela Lei 14.431/2022)*

a) e b) *(Revogadas pela Lei 14.431/2022)*

II - o total das consignações voluntárias, incluindo as referidas no art. 1º, não poderá exceder a quarenta por cento da remuneração disponível, conforme definida em regulamento.

Art. 3º. Para os fins desta Lei, são obrigações do empregador:

I - prestar ao empregado e à instituição consignatária, mediante solicitação formal do primeiro, as informações necessárias para a contratação da operação de crédito ou arrendamento mercantil;

II - tornar disponíveis aos empregados, bem como às respectivas entidades sindicais que as solicitem, as informações referentes aos custos referidos no § 2º; e (Redação dada pela Lei nº 13.097, de 2015)

III - efetuar os descontos autorizados pelo empregado, inclusive sobre as verbas rescisórias, e repassar o valor à instituição consignatária na forma e no prazo previstos em regulamento. (Redação dada pela Lei nº 13.097, de 2015)

§ 1º. É vedado ao empregador impor ao mutuário e à instituição consignatária escolhida pelo empregado qualquer condição que não esteja prevista nesta Lei ou em seu regulamento para a efetivação do contrato e a implementação dos descontos autorizados.

§ 2º. Observado o disposto em regulamento e nos casos nele admitidos, é facultado ao empregador descontar na folha de pagamento do mutuário os custos operacionais decorrentes da realização da operação objeto desta Lei.

§ 3º. Cabe ao empregador informar, no demonstrativo de rendimentos do empregado, de forma discriminada, o valor do desconto mensal decorrente de cada operação de empréstimo, financiamento, cartão de crédito ou arrendamento mercantil e os custos operacionais referidos no § 2º. (Redação dada pela Lei nº 13.172, de 2015)

§ 4º. Os descontos autorizados na forma desta Lei e seu regulamento terão preferência sobre outros descontos da mesma natureza que venham a ser autorizados posteriormente.

Art. 4º. A concessão de empréstimo, financiamento, cartão de crédito ou arrendamento mercantil será feita a critério da instituição consignatária, sendo os valores e as demais condições objeto de livre negociação entre ela e o mutuário, observadas as demais disposições desta Lei e seu regulamento. (Redação dada pela Lei nº 13.172, de 2015)

§ 1º. Poderá o empregador, com a anuência da entidade sindical representativa da maioria dos empregados, sem ônus para estes, firmar, com instituições consignatárias, acordo que defina condições gerais e demais critérios a serem observados nas operações de empréstimo, financiamento, cartão de crédito ou arrendamento mercantil que venham a ser realizadas com seus empregados. (Redação dada pela Lei nº 13.172, de 2015)

§ 2º. Poderão as entidades e centrais sindicais, sem ônus para os empregados, firmar, com instituições consignatárias, acordo que defina condições gerais e demais critérios a serem observados nas operações de empréstimo, financiamento, cartão de crédito ou arrendamento mercantil que venham a ser realizadas com seus representados. (Redação dada pela Lei nº 13.172, de 2015)

§ 3º. Na hipótese de ser firmado um dos acordos a que se referem os §§ 1o ou 2o e sendo observados e atendidos pelo empregado todos os requisitos e condições nele previstos, inclusive as regras de concessão de crédito, não poderá a instituição consignatária negar-se a celebrar a operação de empréstimo, financiamento, cartão de crédito ou arrendamento mercantil. (Redação dada pela Lei nº 13.172, de 2015)

§ 4º. Para a realização das operações referidas nesta Lei, é assegurado ao empregado o direito de optar por instituição consignatária que tenha firmado acordo com o empregador, com sua entidade sindical, ou qualquer outra instituição consignatária de sua livre escolha, ficando o empregador obrigado a proceder aos descontos e repasses por ele contratados e autorizados.

§ 5º. No caso dos acordos celebrados nos termos do § 2º deste artigo, os custos de que trata o § 2º do art. 3º deverão ser negociados entre o empregador e a entidade sindical, sendo vedada a fixação de custos superiores aos previstos pelo mesmo empregador nos acordos referidos no § 1º deste artigo.

§ 6º. Poderá ser prevista nos acordos referidos nos §§ 1º e 2º deste artigo, ou em acordo específico entre a instituição consignatária e o empregador, a absorção dos custos referidos no § 2º do art. 3º pela instituição consignatária.

§ 7º. É vedada aos empregadores, entidades e centrais sindicais a cobrança de qualquer taxa ou exigência de contrapartida pela celebração ou pela anuência nos acordos referidos nos §§ 1º e 2º, bem como a inclusão neles de cláusulas que impliquem pagamento em seu favor, a qualquer título, pela realização das operações de que trata esta Lei, ressalvado o disposto no § 2º do art. 3º.

§ 8º. Fica o empregador ou a instituição consignatária obrigada a disponibilizar, inclusive em meio eletrônico, a opção de bloqueio de novos descontos. (Incluído pela Lei nº 13.097, de 2015)

Art. 5º. O empregador será o responsável pelas informações prestadas, pelo desconto dos valores devidos e pelo seu repasse às instituições consignatárias, que deverá ser realizado até o quinto dia útil após a data de pagamento ao mutuário de sua remuneração disponível. (Redação dada pela Lei nº 13.097, de 2015)

§ 1º. O empregador, salvo disposição contratual em contrário, não será corresponsável pelo pagamento dos empréstimos, financiamentos, cartões de crédito e arrendamentos mercantis concedidos aos seus empregados, mas responderá como devedor principal e solidário perante a instituição consignatária por valores a ela devidos em razão de contratações por ele confirmadas na forma desta Lei e de seu regulamento que deixarem, por sua falha ou culpa, de ser retidos ou repassados. (Redação dada pela Lei nº 13.172, de 2015)

§ 2º. Na hipótese de comprovação de que o pagamento mensal do empréstimo, financiamento, cartão de crédito ou arrendamento mercantil tenha sido descontado do mutuário e não tenha sido repassado pelo empregador, ou pela instituição financeira mantenedora, na forma do § 5º, à instituição consignatária, fica esta proibida de incluir o nome do mutuário em cadastro de inadimplentes. (Redação dada pela Lei nº 13.172, de 2015)

§ 3º. Na hipótese de ocorrência da situação descrita no § 2º, é cabível o ajuizamento de ação de depósito, nos termos do CAPÍTULO II do TÍTULO I do Livro IV da Lei nº 5.869, de 11 de janeiro de 1973 – Código de Processo Civil, em face do empregador, ou da instituição financeira mantenedora, se responsável pelo desconto, na forma do § 5º, e de seus representantes legais. (Redação dada pela Lei nº 13.097, de 2015)

› Lei 13.105/2015 revogou a Lei 5.869/1973.

§ 4º. No caso de falência do empregador, antes do repasse das importâncias descontadas dos mutuários, fica assegurado à instituição consignatária o direito de pedir, na forma prevista em lei, a restituição das importâncias retidas.

§ 5º. O acordo firmado entre o empregador e a instituição financeira mantenedora poderá prever que a responsabilidade pelo desconto de que trata o *caput* será da instituição financeira mantenedora. (Incluído pela Lei nº 13.097, de 2015)

Art. 6º Os titulares de benefícios de aposentadoria e pensão do Regime Geral de Previdência Social e do benefício de prestação continuada de que trata o art. 20 da Lei nº 8.742, de 7 de dezembro de 1993, poderão autorizar que o Instituto Nacional do Seguro Social (INSS) proceda aos descontos referidos no art. 1º desta Lei e, de forma irrevogável e irretratável, que a instituição financeira na qual recebam os seus benefícios retenha, para fins de amortização, valores referentes ao pagamento mensal de empréstimos, financiamentos, cartões de crédito e operações de arrendamento mercantil por ela concedidos, quando previstos em contrato, na forma estabelecida em regulamento, observadas as normas editadas pelo INSS e ouvido o Conselho Nacional de Previdência Social. *(Redação dada pela Lei 14.431/2022)*

§ 1º. Para os fins do *caput*, fica o INSS autorizado a dispor, em ato próprio, sobre:

I – as formalidades para habilitação das instituições e sociedades referidas no art. 1º;

II – os benefícios elegíveis, em função de sua natureza e forma de pagamento;

III – as rotinas a serem observadas para a prestação aos titulares de benefícios em manutenção e às instituições consignatárias das informações necessárias à consecução do disposto nesta Lei;

IV – os prazos para o início dos descontos autorizados e para o repasse das prestações às instituições consignatárias;

V – o valor dos encargos a serem cobrados para ressarcimento dos custos operacionais a ele acarretados pelas operações; e

VI – as demais normas que se fizerem necessárias.

§ 2º. Em qualquer circunstância, a responsabilidade do INSS em relação às operações referidas no *caput* deste artigo restringe-se à: (Redação dada pela Lei nº 10.953, de 2004)

I – retenção dos valores autorizados pelo beneficiário e repasse à instituição consignatária nas operações de desconto, não cabendo à autarquia responsabilidade solidária pelos débitos contratados pelo segurado; e

II – manutenção dos pagamentos do titular do benefício na mesma instituição financeira enquanto houver saldo devedor nas operações em que for autorizada a retenção, não cabendo à autarquia responsabilidade solidária pelos débitos contratados pelo segurado.

§ 3º É vedado ao titular de benefício que realizar qualquer das operações referidas nesta Lei solicitar a alteração da instituição financeira pagadora, enquanto houver saldo devedor em amortização. (Redação dada pela Lei nº 10.953, de 2004)

§ 4º. É facultada a transferência da consignação do empréstimo, financiamento ou arrendamento firmado pelo empregado na vigência do seu contrato de trabalho quando de sua aposentadoria, observadas as condições estabelecidas nesta Lei.

§ 5º Para os titulares de benefícios de aposentadoria e pensão do Regime Geral de Previdência Social, os descontos e as retenções referidos no *caput* deste artigo não poderão ultrapassar o limite de 45% (quarenta e cinco por cento) do valor dos benefícios, dos quais 35% (trinta e cinco por cento) destinados exclusivamente a empréstimos, a financiamentos e a arrendamentos mercantis, 5% (cinco por cento) destinados exclusivamente à amortização de despesas contraídas por meio de cartão de crédito consignado ou à utilização com a finalidade de saque por meio de cartão de crédito consignado e 5% (cinco por cento) destinados exclusivamente à amortização de despesas contraídas por meio de cartão consignado de benefício ou à utilização com a finalidade de saque por meio de cartão consignado de benefício. *(Redação dada pela Lei 14.601/2023)*

§ 5º-A. Para os titulares do benefício de prestação continuada de que trata o art. 20 da Lei nº 8.742, de 7 de dezembro de 1993 (Lei Orgânica da Assistência Social), os descontos e as retenções referidos no *caput* deste artigo não poderão ultrapassar o limite de 35% (trinta e cinco por cento) do valor dos benefícios, dos quais 30% (trinta por cento) destinados exclusivamente a empréstimos, a financiamentos e a arrendamentos mercantis e 5% (cinco por cento) destinados exclusivamente à amortização de despesas contraídas por meio de cartão de crédito consignado ou cartão consignado de benefício ou à utilização com a finalidade de saque por meio de cartão de crédito consignado ou cartão consignado de benefício. *(Acrescido pela Lei 14.601/2023)*

§ 6º A instituição financeira que proceder à retenção de valor superior ao limite estabelecido nos §§ 5º e 5º-A deste artigo perderá todas as garantias que lhe são conferidas nesta Lei. *(Redação dada pela Lei 14.601/2023)*

§ 7º Aplica-se o previsto no *caput* e no § 5º deste artigo aos titulares da renda mensal vitalícia prevista na Lei nº 6.179, de 11 de dezembro de 1974. *(Redação dada pela Lei 14.601/2023)*

§ 8º Para os benefícios que tenham como requisito para sua concessão a preexistência do benefício de prestação continuada de que trata o art. 20 da Lei nº 8.742, de 7 de dezembro de 1993 (Lei Orgânica da Assistência Social), aplica-se o previsto no *caput* e no § 5º-A deste artigo. *(Acrescido pela Lei 14.601/2023)*

§ 9º As operações de empréstimos, de financiamentos e de arrendamentos mercantis de que trata o § 5º-A deste artigo deverão ser realizadas em 2 (dois) momentos, separados entre si pelo intervalo mínimo de 5 (cinco) dias úteis entre a proposta da instituição financeira e a celebração do contrato. *(Acrescido pela Lei 14.601/2023)*

Art. 6º-A. Equiparam-se, para os fins do disposto nos arts. 1º e 6º, às operações neles referidas as que são realizadas com entidades abertas ou fechadas de previdência complementar pelos respectivos participantes ou assistidos. (Incluído pela Lei nº 13.183, de 2015)

Art. 6º-B. *(Revogado pela Lei 14.601/2023)*

Art. 7º. O art. 115 da Lei nº 8.213, de 24 de julho de 1991, passa a vigorar com as seguintes alterações:

› Alteração efetuada no texto da referida Lei.

Art. 8º. O Poder Executivo regulamentará o disposto nesta Lei.

Art. 9º. Esta Lei entra em vigor na data de sua publicação.

Brasília, 17 de dezembro de 2003; 182º da Independência e 115º da República.

LUIZ INÁCIO LULA DA SILVA

Publicado no D.O.U. 18.12.2003

LEI Nº 10.887, DE 18 DE JUNHO DE 2004

Dispõe sobre a aplicação de disposições da Emenda Constitucional nº 41, de 19 de dezembro de 2003, altera dispositivos das Leis nºs 9.717, de 27 de novembro de 1998, 8.213, de 24 de julho de 1991, 9.532, de 10 de dezembro de 1997, e dá outras providências.

› *Aposentadoria de servidores*

O PRESIDENTE DA REPÚBLICA

Faço saber que o Congresso Nacional decreta e eu sanciono a seguinte Lei:

Art. 1º. No cálculo dos proventos de aposentadoria dos servidores titulares de cargo efetivo de qualquer dos Poderes da União, dos Estados, do Distrito Federal e dos Municípios, incluídas suas autarquias e fundações, previsto no § 3º do art. 40 da Constituição Federal e no art. 2º da Emenda Constitucional nº 41, de 19 de dezembro de 2003, será considerada a média aritmética simples das maiores remunerações, utilizadas como base para as contribuições do servidor aos regimes de previdência a que esteve vinculado, correspondentes a 80% (oitenta por cento) de todo o período contributivo desde a competência julho de 1994 ou desde a do início da contribuição, se posterior àquela competência.

§ 1º. As remunerações consideradas no cálculo do valor inicial dos proventos terão os seus valores atualizados mês a mês de acordo com a variação integral do índice fixado para a atualização dos salários-de-contribuição considerados no cálculo dos benefícios do regime geral de previdência social.

§ 2º. A base de cálculo dos proventos será a remuneração do servidor no cargo efetivo nas competências a partir de julho de 1994 em que não tenha havido contribuição para regime próprio.

§ 3º. Os valores das remunerações a serem utilizadas no cálculo de que trata este artigo serão comprovados mediante documento fornecido pelos órgãos e entidades gestoras dos regimes de previdência aos quais o servidor esteve vinculado ou por outro documento público, na forma do regulamento.

§ 4º. Para os fins deste artigo, as remunerações consideradas no cálculo da aposentadoria, atualizadas na forma do § 1º deste artigo, não poderão ser:

I – inferiores ao valor do salário-mínimo;

II – superiores ao limite máximo do salário-de-contribuição, quanto aos meses em que o servidor esteve vinculado ao regime geral de previdência social.

§ 5º. Os proventos, calculados de acordo com o *caput* deste artigo, por ocasião de sua concessão, não poderão ser inferiores ao valor do salário-mínimo nem exceder a remuneração do respectivo servidor no cargo efetivo em que se deu a aposentadoria.

Art. 2º. Aos dependentes dos servidores titulares de cargo efetivo e dos aposentados de qualquer dos Poderes da União, dos Estados, do Distrito Federal e dos Municípios, incluídas suas autarquias e fundações, falecidos a partir da data de publicação desta Lei, será concedido o benefício de pensão por morte, que será igual:

I – à totalidade dos proventos percebidos pelo aposentado na data anterior à do óbito, até o limite máximo estabelecido para os benefícios do regime geral de previdência social, acrescida de 70% (setenta por cento) da parcela excedente a este limite; ou

II – à totalidade da remuneração do servidor no cargo efetivo na data anterior à do óbito, até o limite máximo estabelecido para os benefícios do regime geral de previdência social, acrescida de 70% (setenta por cento) da parcela excedente a este limite, se o falecimento ocorrer quando o servidor ainda estiver em atividade.

Parágrafo único. Aplica-se ao valor das pensões o limite previsto no art. 40, § 2º, da Constituição Federal.

Art. 3º. Para os fins do disposto no inciso XI do art. 37 da Constituição Federal, a União, os Estados, o Distrito Federal e os Municípios instituirão sistema integrado de dados relativos às remunerações, proventos e pensões pagos aos respectivos servidores e militares, ativos e inativos, e pensionistas, na forma do regulamento.

Art. 4º A contribuição social do servidor público ativo de qualquer dos Poderes da União, incluídas suas autarquias e fundações, para a manutenção do respectivo regime próprio de previdência social, será de 11% (onze por cento), incidentes sobre: (Redação dada pela Lei nº 12.618, de 2012)

I – a totalidade da base de contribuição, em se tratando de servidor que tiver ingressado no serviço público até a data da publicação do ato de instituição do regime de previdência complementar para os servidores públicos federais titulares de cargo efetivo e não tiver optado por aderir a ele; (Incluído pela Lei nº 12.618, de 2012)

II – a parcela da base de contribuição que não exceder ao limite máximo estabelecido para os benefícios do regime geral de previdência social, em se tratando de servidor: (Incluído pela Lei nº 12.618, de 2012)

a) que tiver ingressado no serviço público até a data a que se refere o inciso I e tenha optado por aderir ao regime de previdência complementar ali referido; ou (Incluído pela Lei nº 12.618, de 2012)

b) que tiver ingressado no serviço público a partir da data a que se refere o inciso I, independentemente de adesão ao regime de previdência complementar ali referido. (Incluído pela Lei nº 12.618, de 2012)

§ 1º. Entende-se como base de contribuição o vencimento do cargo efetivo, acrescido das vantagens pecuniárias permanentes estabelecidas em lei, os adicionais de caráter individual ou quaisquer outras vantagens, excluídas:

I – as diárias para viagens;

II – a ajuda de custo em razão de mudança de sede;

III – a indenização de transporte;

IV – o salário-família;

V – o auxílio-alimentação;

VI – o auxílio-creche;

VII – as parcelas remuneratórias pagas em decorrência de local de trabalho;

VIII – a parcela percebida em decorrência do exercício de cargo em comissão ou de função comissionada ou gratificada; (Redação dada pela Lei nº 12.688, de 2012)

IX – o abono de permanência de que tratam o § 19 do art. 40 da Constituição Federal, o § 5º do art. 2º e o § 1º do art. 3º da Emenda Constitucional nº 41, de 19 de dezembro de 2003; (Redação dada pela Lei nº 12.688, de 2012)

X – o adicional de férias; (Incluído pela Lei nº 12.688, de 2012)

XI – o adicional noturno; (Incluído pela Lei nº 12.688, de 2012)

XII – o adicional por serviço extraordinário; (Incluído pela Lei nº 12.688, de 2012)

XIII – a parcela paga a título de assistência à saúde suplementar; (Incluído pela Lei nº 12.688, de 2012)

XIV – a parcela paga a título de assistência pré-escolar; (Incluído pela Lei nº 12.688, de 2012)

XV – a parcela paga a servidor público indicado para integrar conselho ou órgão deliberativo, na condição de representante do governo, de órgão ou de entidade da administração pública do qual é servidor; (Incluído pela Lei nº 12.688, de 2012)

XVI – o auxílio-moradia; (Incluído pela Lei nº 12.688, de 2012)

XVII – a Gratificação por Encargo de Curso ou Concurso, de que trata o art. 76-A da Lei nº 8.112, de 11 de dezembro de 1990; (Incluído pela Lei nº 12.688, de 2012)

XVIII – a Gratificação Temporária das Unidades dos Sistemas Estruturadores da Administração Pública Federal (GSISTE), instituída pela Lei nº 11.356, de 19 de outubro de 2006; (Incluído pela Lei nº 12.688, de 2012)

XIX – a Gratificação Temporária do Sistema de Administração dos Recursos de Informação e Informática (GSISP), instituída pela Lei nº 11.907, de 2 de fevereiro de 2009; (Redação dada pela Lei nº 13.328, de 2016)

XX – a Gratificação Temporária de Atividade em Escola de Governo (GAEG), instituída pela Lei nº 11.907, de 2 de fevereiro de 2009; (Incluído pela Lei nº 13.328, de 2016)

XXI – a Gratificação Específica de Produção de Radioisótopos e Radiofármacos (GEPR), instituída pela Lei nº 11.907, de 2 de fevereiro de 2009; (Incluído pela Lei nº 13.328, de 2016)

XXII – a Gratificação de Raio X; (Redação dada pela Lei nº 13.464, de 2017)

XXIII – a parcela relativa ao Bônus de Eficiência e Produtividade na Atividade Tributária e Aduaneira, recebida pelos servidores da carreira Tributária e Aduaneira da Receita Federal do Brasil; (Incluído pela Lei nº 13.464, de 2017)

XXIV – a parcela relativa ao Bônus de Eficiência e Produtividade na Atividade de Auditoria-Fiscal do Trabalho, recebida pelos servidores da carreira de Auditoria-Fiscal do Trabalho. (Incluído pela Lei nº 13.464, de 2017)

XXV – (Inciso acrescido pela MP nº 805/2017, com prazo de vigência encerrado em 08/04/2018)

XXVI - o Bônus de Desempenho Institucional por Perícia Médica em Benefícios por Incapacidade (BPMBI); *(Redação dada pela MP 1.203/2023)*

> **Texto anterior:** XXVI – o Bônus de Desempenho Institucional por Perícia Médica em Benefícios por Incapacidade - BPMBI; e (Incluído pela Lei nº 13.846, de 2019)

XXVII - o Bônus de Desempenho Institucional por Análise de Benefícios com Indícios de Irregularidade do Monitoramento Operacional de Benefícios (BMOB); e *(Redação dada pela MP 1.203/2023)*

> **Texto anterior:** XXVII – o Bônus de Desempenho Institucional por Análise de Benefícios com Indícios de Irregularidade do Monitoramento Operacional de Benefícios – BMOB. (Incluído pela Lei nº 13.846, de 2019)

- Mantivemos incisos XXVI e XXVII conforme consta na publicação oficial. Todavia, entendemos que o correto seria XXV e XXVI.

XXVIII - a Gratificação Temporária de Proteção e Defesa Civil. *(Acrescido pela MP 1.203/2023)*

§ 2º O servidor ocupante de cargo efetivo poderá optar pela inclusão na base de cálculo da contribuição, para efeito de cálculo do benefício a ser concedido com fundamento no art. 40 da Constituição e no art. 2º da Emenda Constitucional nº 41, de 2003, respeitada a limitação estabelecida no § 2º do art. 40 da Constituição, e no art. 26 da Emenda Constitucional nº 103, de 12 de novembro de 2019, das seguintes parcelas: *(Redação dada pela MP 1.203/2023)*

> **Texto anterior:** § 2º. O servidor ocupante de cargo efetivo poderá optar pela inclusão, na base de cálculo da contribuição, de parcelas remuneratórias percebidas em decorrência de local de trabalho e do exercício de cargo em comissão ou de função comissionada ou gratificada, da Gratificação Temporária das Unidades dos Sistemas Estruturadores da Administração Pública Federal (GSISTE), da Gratificação Temporária do Sistema de Administração dos Recursos de Informação e Informática (GSISP), da Gratificação Temporária de Atividade em Escola de Governo (GAEG), da Gratificação Específica de Produção de Radioisótopos e Radiofármacos (GEPR), da Gratificação de Raio X e daquelas recebidas a título de adicional noturno ou de adicional por serviço extraordinário, para efeito de cálculo do benefício a ser concedido com fundamento no art. 40 da Constituição Federal e no art. 2º da Emenda Constitucional nº 41, de 19 de dezembro de 2003, respeitada, em qualquer hipótese, a limitação estabelecida no § 2º do art. 40 da Constituição Federal. (Redação dada pela Lei nº 13.328, de 2016)

I - das percebidas em decorrência de local de trabalho e do exercício de cargo em comissão ou de função comissionada ou gratificada; *(Acrescido pela MP 1.203/2023)*

II - GSISTE; *(Acrescido pela MP 1.203/2023)*

III - da GSISP; *(Acrescido pela MP 1.203/2023)*

IV - da GAEG; *(Acrescido pela MP 1.203/2023)*

V - da GEPR; *(Acrescido pela MP 1.203/2023)*

VI - da Gratificação de Raio X; *(Acrescido pela MP 1.203/2023)*

VII - daquelas recebidas a título de adicional noturno ou de adicional por serviço extraordinário; e *(Acrescido pela MP 1.203/2023)*

VIII - da Gratificação Temporária de Proteção e Defesa Civil. *(Acrescido pela MP 1.203/2023)*

Art. 5º. Os aposentados e os pensionistas de qualquer dos Poderes da União, incluídas suas autarquias e fundações, contribuirão com 11% (onze por cento), incidentes sobre o valor da parcela dos proventos de aposentadorias e pensões concedidas de acordo com os critérios estabelecidos no art. 40 da Constituição Federal e nos arts. 2º e 6º da Emenda Constitucional nº 41, de 19 de dezembro de 2003, que supere o limite máximo estabelecido para os benefícios do regime geral de previdência social.

Art. 6º. Os aposentados e os pensionistas de qualquer dos Poderes da União, incluídas suas autarquias e fundações, em gozo desses benefícios na data de publicação da Emenda Constitucional nº 41, de 19 de dezembro de 2003, contribuirão com 11% (onze por cento), incidentes sobre a parcela dos proventos de aposentadorias e pensões que supere 60% (sessenta por cento) do limite máximo estabelecido para os benefícios do regime geral de previdência social.

Parágrafo único. A contribuição de que trata o *caput* deste artigo incidirá sobre os proventos de aposentadorias e pensões concedidas aos servidores e seus dependentes que tenham cumprido todos os requisitos para obtenção desses benefícios com base nos critérios da legislação vigente até 31 de dezembro de 2003.

Art. 7º. O servidor ocupante de cargo efetivo que tenha completado as exigências para aposentadoria voluntária estabelecidas na alínea a do inciso III do § 1º do art. 40 da Constituição Federal, no § 5º do art. 2º ou no § 1º do art. 3º da Emenda Constitucional nº 41, de 19 de dezembro de 2003, e que opte por permanecer em atividade fará jus a abono de permanência equivalente ao valor da sua contribuição previdenciária até completar as exigências para aposentadoria compulsória contidas no inciso II do § 1º do art. 40 da Constituição Federal.

Art. 8º. A contribuição da União, de suas autarquias e fundações para o custeio do regime de previdência, de que trata o art. 40 da Constituição Federal, será o dobro da contribuição do servidor ativo, devendo o produto de sua arrecadação ser contabilizado em conta específica.

Parágrafo único. A União é responsável pela cobertura de eventuais insuficiências financeiras do regime decorrentes do pagamento de benefícios previdenciários.

Art. 8º-A. A responsabilidade pela retenção e recolhimento das contribuições de que tratam os arts. 4º a 6º e 8º será do dirigente e do ordenador de despesa do órgão ou entidade que efetuar o pagamento da remuneração ou do benefício. (Redação dada pela Lei nº 12.350, de 2010)

§ 1º. O recolhimento das contribuições de que trata este artigo deve ser efetuado: (Redação dada pela Lei nº 12.350, de 2010)

I – até o dia 15, no caso de pagamentos de remunerações ou benefícios efetuados no primeiro decêndio do mês; (Incluído pela Lei nº 12.350, de 2010)

II – até o dia 25, no caso de pagamentos de remunerações ou benefícios efetuados no segundo decêndio do mês; ou (Incluído pela Lei nº 12.350, de 2010)

III – até o dia 5 do mês posterior, no caso de pagamentos de remunerações ou benefícios efetuados no último decêndio do mês. (Incluído pela Lei nº 12.350, de 2010)

§ 2º. O não recolhimento das contribuições nos prazos previstos no § 1º: (Redação dada pela Lei nº 12.350, de 2010)

I – enseja a aplicação dos acréscimos de mora previstos para os tributos federais; e (Incluído pela Lei nº 12.350, de 2010)

II – sujeita o responsável às sanções penais e administrativas cabíveis. (Incluído pela Lei nº 12.350, de 2010)

§ 3º. A não retenção das contribuições pelo órgão pagador sujeita o responsável às sanções penais e administrativas, cabendo a esse órgão apurar os valores não retidos e proceder ao desconto na folha de pagamento do servidor ativo, do aposentado e do pensionista, em rubrica e classificação contábil específicas, podendo essas contribuições ser parceladas na forma do art. 46 da Lei nº 8.112, de 11 de dezembro de 1990, observado o disposto no art. 56 da Lei nº 9.784, de 29 de janeiro de 1999. (Incluído pela Lei nº 12.688, de 2012)

§ 4º. Caso o órgão público não observe o disposto no § 3º, a Secretaria da Receita Federal do Brasil formalizará representações aos órgãos de controle e constituirá o crédito tributário relativo à parcela devida pelo servidor ativo, aposentado ou pensionista. (Incluído pela Lei nº 12.688, de 2012)

Art. 9º. A unidade gestora do regime próprio de previdência dos servidores, prevista no art. 40, § 20, da Constituição Federal:

I – contará com colegiado, com participação paritária de representantes e de servidores dos Poderes da União, cabendo-lhes acompanhar e fiscalizar sua administração, na forma do regulamento;

II – procederá, no mínimo a cada 5 (cinco) anos, a recenseamento previdenciário, abrangendo todos os aposentados e pensionistas do respectivo regime;

III – disponibilizará ao público, inclusive por meio de rede pública de transmissão de dados, informações atualizadas sobre as receitas e despesas do respectivo regime, bem como os critérios e parâmetros adotados para garantir o seu equilíbrio financeiro e atuarial.

Art. 10. A Lei nº 9.717, de 27 de novembro de 1998, com a redação dada pela Medida Provisória nº 2.187-13, de 24 de agosto de 2001, passa a vigorar com as seguintes alterações:

"Art. 1º ....

....

....

X - vedação de inclusão nos benefícios, para efeito de percepção destes, de parcelas remuneratórias pagas em decorrência de local de trabalho, de função de confiança ou de cargo em comissão, exceto quando tais parcelas integrarem a remuneração de contribuição do servidor que se aposentar com fundamento no art. 40 da Constituição Federal, respeitado, em qualquer hipótese, o limite previsto no § 2º do citado artigo;

XI - vedação de inclusão nos benefícios, para efeito de percepção destes, do abono de permanência de que tratam o § 19 do art. 40 da Constituição Federal, o § 5º do art. 2º e o § 1º do art. 3º da Emenda Constitucional nº 41, de 19 de dezembro de 2003.

...." (NR)

"Art. 2º A contribuição da União, dos Estados, do Distrito Federal e dos Municípios, incluídas suas autarquias e fundações, aos regimes próprios de previdência social a que estejam vinculados seus servidores não poderá ser inferior ao valor da contribuição do servidor ativo, nem superior ao dobro desta contribuição.

§ 1º A União, os Estados, o Distrito Federal e os Municípios são responsáveis pela cobertura de eventuais insuficiências financeiras do respectivo regime próprio, decorrentes do pagamento de benefícios previdenciários.

§ 2º A União, os Estados, o Distrito Federal e os Municípios publicarão, até 30 (trinta) dias após o encerramento de cada bimestre, demonstrativo financeiro e orçamentário da receita e despesa previdenciárias acumuladas no exercício financeiro em curso.

§ 3º (revogado)

§ 4º (revogado)

§ 5º (revogado)

§ 6º (revogado)

§ 7º (revogado)" (NR)

"Art. 3º As alíquotas de contribuição dos servidores ativos dos Estados, do Distrito Federal e dos Municípios para os respectivos regimes próprios de previdência social não serão inferiores às dos servidores titulares de cargos efetivos da União, devendo ainda ser observadas, no caso das contribuições sobre os proventos dos inativos e sobre as pensões, as mesmas alíquotas aplicadas às remunerações dos servidores em atividade do respectivo ente estatal." (NR)

Art. 11. A Lei nº 8.212, de 24 de julho de 1991, passa a vigorar com as seguintes alterações:

» Alterações inseridas na referida lei.

Art. 12. A Lei nº 8.213, de 24 de julho de 1991, passa a vigorar com as seguintes alterações:

» Alterações inseridas na referida lei.

Art. 13. O art. 11 da Lei nº 9.532, de 10 de dezembro de 1997, passa a vigorar com a seguinte redação:

"Art. 11. As deduções relativas às contribuições para entidades de previdência privada, a que se refere a alínea e do inciso II do art. 8º da Lei nº 9.250, de 26 de dezembro de 1995, e às contribuições para o Fundo de Aposentadoria Programada Individual - Fapi, a que se refere a Lei nº 9.477, de 24 de julho de 1997, cujo ônus seja da própria pessoa física, ficam condicionadas ao recolhimento, também, de contribuições para o regime geral de previdência social ou, quando for o caso, para regime próprio de previdência social dos servidores titulares de cargo efetivo da União, dos Estados, do Distrito Federal ou dos Municípios, observada a contribuição mínima, e limitadas a 12% (doze por cento) do total dos rendimentos computados na determinação da base de cálculo do imposto devido na declaração de rendimentos.

§ 1º Aos resgates efetuados pelos quotistas de Fundo de Aposentadoria Programada Individual - Fapi aplicam-se, também, as normas de incidência do imposto de renda de que trata o art. 33 da Lei nº 9.250, de 26 de dezembro de 1995.

§ 2º Na determinação do lucro real e da base de cálculo da contribuição social sobre o lucro líquido, o valor das despesas com contribuições para a previdência privada, a que se refere o inciso V do art. 13 da Lei nº 9.249, de 26 de dezembro de 1995, e para os Fundos de Aposentadoria Programada Individual - Fapi, a que se refere a Lei nº 9.477, de 24 de julho de 1997, cujo ônus seja da pessoa jurídica, não poderá exceder, em cada período de apuração, a 20% (vinte por cento) do total dos salários dos empregados e da remuneração dos dirigentes da empresa, vinculados ao referido plano.

§ 3º O somatório das contribuições que exceder o valor a que se refere o § 2º deste artigo deverá ser adicionado ao lucro líquido para efeito de determinação do lucro real e da base de cálculo da contribuição social sobre o lucro líquido.

§ 4º O disposto neste artigo não elide a observância das normas do art. 7º da Lei nº 9.477, de 24 de julho de 1997.

§ 5º Excetuam-se da condição de que trata o caput deste artigo os beneficiários de aposentadoria ou pensão concedidas por regime próprio de previdência ou pelo regime geral de previdência social." (NR)

Art. 14. O art. 12 da Lei nº 10.666, de 8 de maio de 2003, passa a vigorar com a seguinte redação:

» Alterações inseridas na referida lei.

Art. 15. Os proventos de aposentadoria e as pensões de que tratam os arts. 1º e 2º desta Lei serão reajustados, a partir de janeiro de 2008, na mesma data e índice em que se der o reajuste dos benefícios do regime geral de previdência social, ressalvados os beneficiados pela garantia de paridade de revisão de proventos de aposentadoria e pensões de acordo com a legislação vigente. (Redação dada pela Lei nº 11.784, de 2008)

‣ ADI 4.582.

Art. 16. As contribuições a que se referem os arts. 4º, 5º e 6º desta Lei serão exigíveis a partir de 20 de maio de 2004.

§ 1º. Decorrido o prazo estabelecido no *caput* deste artigo, os servidores abrangidos pela isenção de contribuição referida no § 1º do art. 3º e no § 5º do art. 8º da Emenda Constitucional nº 20, de 15 de dezembro de 1998, passarão a recolher contribuição previdenciária correspondente, fazendo jus ao abono a que se refere o art. 7º desta Lei.

§ 2º. A contribuição de que trata o art. 1º da Lei nº 9.783, de 28 de janeiro de 1999, fica mantida até o início do recolhimento da contribuição a que se refere o *caput* deste artigo, para os servidores ativos.

Art. 16-A. A contribuição do Plano de Seguridade do Servidor Público (PSS), decorrente de valores pagos em cumprimento de decisão judicial, ainda que derivada de homologação de acordo, será retida na fonte, no momento do pagamento ao beneficiário ou seu representante legal, pela instituição financeira responsável pelo pagamento, por intermédio da quitação da guia de recolhimento remetida pelo setor de precatórios do Tribunal respectivo, no caso de pagamento de precatório ou requisição de pequeno valor, ou pela fonte pagadora, no caso de implantação de rubrica específica em folha, mediante a aplicação da alíquota de 11% (onze por cento) sobre o valor pago. (Redação dada pela Lei nº 12.350, de 2010)

Parágrafo único. O recolhimento da contribuição deverá ser efetuado nos mesmos prazos previstos no § 1º do art. 8º-A, de acordo com a data do pagamento. (Redação dada pela Lei nº 12.688, de 2012)

Art. 17. Esta Lei entra em vigor na data de sua publicação.

Art. 18. Ficam revogados os §§ 3º, 4º, 5º, 6º e 7º do art. 2º, o art. 2º-A e o art. 4º da Lei nº 9.717, de 27 de novembro de 1998, o art. 8º da Medida Provisória nº 2.187-13, de 24 de agosto de 2001, na parte em que dá nova redação ao inciso X do art. 1º, ao art. 2º e ao art. 2º-A da Lei nº 9.717, de 27 de novembro de 1998, e a Lei nº 9.783, de 28 de janeiro de 1999.

Brasília, 18 de junho de 2004;
183º da Independência
e 116º da República.
LUIZ INÁCIO LULA DA SILVA
Publicado no *DOU* de 21.6.2004

LEI N. 10.999, DE 15 DE DEZEMBRO DE 2004

Autoriza a revisão dos benefícios previdenciários concedidos com data de início posterior a fevereiro de 1994 e o pagamento dos valores atrasados nas condições que especifica.

‣ *Revisão dos benefícios previdenciários*

O Presidente da República.

Faço saber que o Congresso Nacional decreta e eu sanciono a seguinte Lei:

Art. 1.º Fica autorizada, nos termos desta Lei, a revisão dos benefícios previdenciários concedidos com data de início posterior a fevereiro de 1994, recalculando-se o salário de benefício original, mediante a inclusão, no fator de correção dos salários de contribuição anteriores a março de 1994, do percentual de 39,67% (trinta e nove inteiros e sessenta e sete centésimos por cento), referente ao Índice de Reajuste do Salário Mínimo - IRSM do mês de fevereiro de 1994.

Art. 2.º Terão direito à revisão os segurados ou seus dependentes, beneficiários do Regime Geral de Previdência Social - RGPS, que se enquadrem no disposto no art. 1.º desta Lei e venham a firmar, até 31 de outubro de 2005, o Termo de Acordo, na forma do Anexo I desta Lei, ou, caso tenham ajuizado ação até 26 de julho de 2004 cujo objeto seja a revisão referida no art. 1.º desta Lei, o Termo de Transação Judicial, na forma do Anexo II desta Lei.

§ 1.º Não serão objeto da revisão prevista no *caput* deste artigo os benefícios do Regime Geral de Previdência Social que:

I - não tenham utilizado salários de contribuição anteriores a março de 1994 no cálculo do salário de benefício; ou

II - tenham sido decorrentes de outros benefícios cujas datas de início sejam anteriores a fevereiro de 1994, inclusive.

§ 2.º Aos benefícios revistos nos termos do *caput* deste artigo aplicam-se o § 2.º do art. 29 da Lei n. 8.213, de 24 de julho de 1991, o art. 26 da Lei n. 8.870, de 15 de abril de 1994, e o § 3.º do art. 21 da Lei n. 8.880, de 27 de maio de 1994.

§ 3.º Os benefícios referidos neste artigo deverão ser revistos nos termos do art. 1.º desta Lei, observando-se as regras de cálculo do salário de benefício, da renda mensal inicial e de reajustes previstas na legislação previdenciária em vigor em cada período.

Art. 3.º Fica a Procuradoria Federal Especializada junto ao INSS autorizada a propor transação, a ser homologada judicialmente, nos processos em tramitação nos Juizados Especiais Federais ou na Justiça Comum, Federal ou Estadual, em qualquer instância, relativos à matéria delimitada nos arts. 1.º e 2.º desta Lei.

§ 1.º A transação deverá versar, exclusivamente, sobre a revisão futura do benefício e sobre as parcelas vencidas, inclusive as natalinas, nos últimos 5 (cinco) anos anteriores a agosto de 2004, observado o disposto no art. 6.º, I e § 1.º, desta Lei.

§ 2.º O montante das parcelas referidas no § 1.º deste artigo terá como limite máximo de pagamento o valor de fixação da competência dos Juizados Especiais Federais, no caso das ações de sua competência, devendo constar expressamente do Termo de Transação Judicial a renúncia irretratável aos valores eventualmente excedentes.

§ 3.º O disposto no § 2.º deste artigo não se aplica às transações efetivadas nas ações judiciais que tramitam na Justiça Comum, Federal ou Estadual.

§ 4.º A proposta de transação judicial a ser homologada pelo juiz da causa não poderá incluir honorários advocatícios e juros de mora.

Art. 4.º O pagamento mensal dos benefícios com o valor revisto nos termos do art. 1.º desta Lei será feito pelo INSS, a partir da competência de agosto de 2004, para o segurado ou dependente que tenha firmado o Termo de Acordo referido no art. 2.º desta Lei, observado como prazo máximo de implementação da revisão o 2.º (segundo) pagamento subsequente à data de entrega do mencionado Termo de Acordo ao INSS e a seguinte programação:

I – no mês de setembro de 2004, os benefícios com número final 1 (um) e 6 (seis);

II – no mês de outubro de 2004, os benefícios com número final 2 (dois), 5 (cinco) e 7 (sete);

III – no mês de novembro de 2004, os benefícios com número final 3 (três), 8 (oito) e 0 (zero);

IV – no mês de dezembro de 2004, os benefícios com número final 4 (quatro) e 9 (nove).

§ 1.º A diferença apurada a partir da competência de agosto de 2004 até a data da implementação da revisão será paga em parcelas mensais e sucessivas, atualizadas monetariamente, mês a mês, com base na variação do INPC-IBGE, em número equivalente ao de meses decorridos entre o mês de agosto de 2004 e a data da implementação da revisão.

§ 2.º Caso o beneficiário exerça o direito de opção em data posterior à fixada para implementação da revisão nos prazos referidos no *caput* deste artigo, o 1.º (primeiro) pagamento mensal dos benefícios com o valor revisto nos termos do art. 1.º desta Lei será feito até o 2.º (segundo) pagamento subsequente à data de entrega do Termo de Acordo ao INSS, observado o disposto no § 1.º deste artigo.

Art. 5.º O 1.º (primeiro) pagamento mensal dos benefícios com o valor revisto nos termos do art. 1.º desta Lei, para os segurados ou dependentes que tenham firmado o Termo de Transação Judicial, será feito pelo INSS até o 2.º (segundo) pagamento subsequente à data da intimação da homologação judicial.

Parágrafo único. A diferença apurada a partir da competência de agosto de 2004 até a data de implementação da revisão, observado o disposto no *caput* deste artigo, será paga em parcelas mensais e sucessivas, corrigidas monetariamente, mês a mês, com base na variação do INPC-IBGE, em número equivalente ao de meses decorridos entre agosto de 2004 e a data de implementação da revisão.

Art. 6.º O pagamento dos valores referentes aos últimos 5 (cinco) anos vencidos, anteriores a agosto de 2004, incluindo as parcelas natalinas, será feito aos segurados ou dependentes que, até 31 de outubro de 2005, firmarem o Termo de Acordo ou o Termo de Transação Judicial a que se refere o art. 2.º desta Lei, mediante a aplicação dos seguintes critérios:

I – para o segurado ou dependente que tenha ajuizado ação até 26 de julho de 2004, observado o disposto nos §§ 2.º e 3.º do art. 3.º desta Lei, conforme o caso, o montante apurado será pago em parcelas mensais, na seguinte forma:

a) até R$ 2.000,00 (dois mil reais):

1. com idade igual ou superior a 70 (setenta) anos, em 12 (doze) parcelas;
2. com idade igual ou superior a 65 (sessenta e cinco) anos e inferior a 70 (setenta) anos, em 24 (vinte e quatro) parcelas;
3. com idade igual ou superior a 60 (sessenta) anos e inferior a 65 (sessenta e cinco) anos, em 36 (trinta e seis) parcelas; e
4. com idade inferior a 60 (sessenta) anos, em 48 (quarenta e oito) parcelas;

b) entre R$ 2.000,01 (dois mil reais e um centavo) e R$ 5.000,00 (cinco mil reais):

1. com idade igual ou superior a 70 (setenta) anos, em 24 (vinte e quatro) parcelas;
2. com idade igual ou superior a 65 (sessenta e cinco) anos e inferior a 70 (setenta) anos, em 36 (trinta e seis) parcelas;
3. com idade igual ou superior a 60 (sessenta) anos e inferior a 65 (sessenta e cinco) anos, em 48 (quarenta e oito) parcelas; e
4. com idade inferior a 60 (sessenta) anos, em 60 (sessenta) parcelas;

c) entre R$ 5.000,01 (cinco mil reais e um centavo) e R$ 7.200,00 (sete mil e duzentos reais):

1. com idade igual ou superior a 70 (setenta) anos, em 24 (vinte e quatro) parcelas;
2. com idade igual ou superior a 65 (sessenta e cinco) anos e inferior a 70 (setenta) anos, em 48 (quarenta e oito) parcelas;
3. com idade igual ou superior a 60 (sessenta) anos e inferior a 65 (sessenta e cinco) anos, em 60 (sessenta) parcelas; e
4. com idade inferior a 60 (sessenta) anos, em 72 (setenta e duas) parcelas;

d) a partir de R$ 7.200,01 (sete mil e duzentos reais e um centavo):

1. com idade igual ou superior a 70 (setenta) anos, em 36 (trinta e seis) parcelas;
2. com idade igual ou superior a 65 (sessenta e cinco) anos e inferior a 70 (setenta) anos, em 60 (sessenta) parcelas;
3. com idade inferior a 65 (sessenta e cinco) anos, em 72 (setenta e duas) parcelas;

II – para o segurado ou dependente que não tenha ajuizado ação até 26 de julho de 2004, o montante apurado será pago em parcelas mensais, na seguinte forma:

a) até R$ 2.000,00 (dois mil reais):

1. com idade igual ou superior a 70 (setenta) anos, em 24 (vinte e quatro) parcelas;
2. com idade igual ou superior a 65 (sessenta e cinco) anos e inferior a 70 (setenta) anos, em 36 (trinta e seis) parcelas;
3. com idade igual ou superior a 60 (sessenta) anos e inferior a 65 (sessenta e cinco) anos, em 48 (quarenta e oito) parcelas; e
4. com idade inferior a 60 (sessenta) anos, em 60 (sessenta) parcelas;

b) entre R$ 2.000,01 (dois mil reais e um centavo) e R$ 5.000,00 (cinco mil reais):

1. com idade igual ou superior a 70 (setenta) anos, em 36 (trinta e seis) parcelas;
2. com idade igual ou superior a 65 (sessenta e cinco) anos e inferior a 70 (setenta) anos, em 48 (quarenta e oito) parcelas;
3. com idade igual ou superior a 60 (sessenta) anos e inferior a 65 (sessenta e cinco) anos, em 60 (sessenta) parcelas; e
4. com idade inferior a 60 (sessenta) anos, em 72 (setenta e duas) parcelas;

c) entre R$ 5.000,01 (cinco mil reais e um centavo) e R$ 7.200,00 (sete mil e duzentos reais):

1. com idade igual ou superior a 70 (setenta) anos, em 36 (trinta e seis) parcelas;
2. com idade igual ou superior a 65 (sessenta e cinco) anos e inferior a 70 (setenta) anos, em 60 (sessenta) parcelas;
3. com idade igual ou superior a 60 (sessenta) anos e inferior a 65 (sessenta e cinco) anos, em 72 (setenta e duas) parcelas; e
4. com idade inferior a 60 (sessenta) anos, em 84 (oitenta e quatro) parcelas;

d) a partir de R$ 7.200,01 (sete mil e duzentos reais e um centavo):

1. com idade igual ou superior a 70 (setenta) anos, em 36 (trinta e seis) parcelas;
2. com idade igual ou superior a 65 (sessenta e cinco) anos e inferior a 70 (setenta) anos, em 72 (setenta e duas) parcelas;
3. com idade igual ou superior a 60 (sessenta) anos e inferior a 65 (sessenta e cinco) anos, em 84 (oitenta e quatro) parcelas; e
4. com idade inferior a 60 (sessenta) anos, em 96 (noventa e seis) parcelas.

§ 1.º Os montantes a que se referem os incisos I e II do *caput* deste artigo serão apurados e atualizados monetariamente entre cada mês de competência e o mês de julho de 2004, inclusive, de acordo com os índices utilizados para a atualização das parcelas pagas em atraso pela Previdência Social.

§ 2.º O valor de cada parcela mensal a que se referem os incisos I e II do *caput* deste artigo será apurado, observados os seguintes critérios:

I – as parcelas relativas à 1.ª (primeira) metade do período total de parcelamento corresponderão a 1/3 (um terço) do montante total apurado, dividido pelo número de meses referente à metade do número total de parcelas; e

II – as parcelas relativas à 2.ª (segunda) metade do período total de parcelamento corresponderão a 2/3 (dois terços) do montante total apurado, dividido pelo número de meses referente à metade do número total de parcelas.

§ 3.º Definidos os montantes a que se refere o § 1.º deste artigo, sobre cada parcela apurada nos termos deste artigo incidirá atualização monetária pela variação acumulada do INPC-IBGE entre o mês de agosto de 2004, inclusive, e o mês imediatamente anterior ao do efetivo pagamento, utilizando-se como estimativa para o último mês da série a média geométrica dos 4 (quatro) meses imediatamente anteriores.

§ 4.º Os valores a que se refere o *caput* deste artigo começarão a ser pagos em janeiro de 2005 ou até o 2.º (segundo) pagamento do benefício do segurado ou do dependente subsequente:

I – ao protocolo do Termo de Acordo no INSS, na hipótese do inciso II do *caput* deste artigo, quando este ocorrer a partir de dezembro de 2004;

II – à intimação da homologação judicial do Termo de Transação Judicial, na hipótese do inciso I do *caput* deste artigo, quando esta ocorrer a partir de dezembro de 2004.

§ 5.º A idade do segurado ou dependente a ser considerada para fins de aplicação do disposto nos incisos I e II do *caput* deste artigo será aquela apurada em 26 de julho de 2004.

§ 6.º Observada a disponibilidade orçamentária, fica o Poder Executivo autorizado a antecipar o pagamento previsto no *caput* deste artigo:

I – das parcelas devidas a partir do exercício de 2006, assegurada a preferência, em qualquer caso, aos mais idosos, conforme a escala de idades constante dos incisos I e II do *caput* deste artigo;

II – aos dependentes ou sucessores de benefícios cessados que não tenham gerado novos benefícios; e

III – aos beneficiários de parcelas cujos valores sejam economicamente incompatíveis com os custos operacionais de seu pagamento mensal.

§ 7.º Na ocorrência de óbito do segurado ou do dependente de benefício com direito à revisão durante o período de pagamento das parcelas a que se refere o *caput* deste artigo, todos os seus dependentes ou sucessores previstos na lei civil, indicados em alvará judicial, expedido a requerimento dos interessados, independentemente de inventário ou arrolamento, deverão se habilitar no INSS para receber os valores proporcionais a sua cota-parte.

§ 8.º O pagamento dos atrasados será feito em parcela única nas seguintes condições:

I – na hipótese de o titular ou qualquer de seus dependentes ser acometido de neoplasia maligna, nos termos do inciso XI do art. 20 da Lei n. 8.036, de 11 de maio de 1990;

II – quando o titular ou qualquer de seus dependentes for portador do vírus HIV;

III – quando o titular ou qualquer de seus dependentes for acometido de doença terminal; e

IV – em qualquer hipótese, quando o valor do saldo decorrente da revisão do benefício for de até R$ 260,00 (duzentos e sessenta reais).

§ 9.º Ressalvado o direito de opção, para o segurado ou dependente que conte, em 26 de julho de 2004, com 80 (oitenta) ou mais anos de idade, o pagamento dos atrasados será feito em até 12 (doze) parcelas mensais, sendo a 1.ª (primeira) de valor equivalente a 50% (cinquenta por cento) do total devido.

§ 10. O valor da parcela mínima a ser paga aos segurados ou aos seus dependentes será de, no mínimo, R$ 30,00 (trinta reais).

Art. 7.º A assinatura do Termo de Acordo ou de Transação Judicial importará:

I – a expressa concordância do segurado ou do dependente com a forma, prazos, montantes e limites de valores definidos nesta Lei;

II – a desistência de processo judicial em curso, em qualquer instância, e sua consequente extinção, assim como de seus eventuais recursos, nos termos do art. 269, V, da Lei n. 5.869, de 11 de janeiro de 1973 – Código de Processo Civil, quando o segurado ou seu dependente tiver ajuizado ação depois de 26 de julho de 2004;

III – a expressa concordância do segurado ou do dependente com o Termo de Transação Judicial e a consequente extinção da ação judicial, nos termos do art. 269, III, da Lei n. 5.869, de 11 de janeiro de 1973 – Código de Processo Civil, quando o segurado ou o dependente tiver ajuizado ação até 26 de julho de 2004;

IV – a renúncia ao direito de pleitear na via administrativa ou judicial quaisquer valores ou vantagens decorrentes da mesma revisão prevista nesta Lei, salvo em caso de comprovado erro material;

V – a renúncia aos honorários advocatícios e aos juros de mora quando devidos, bem como aos valores excedentes referidos no § 2.º do art. 3.º desta Lei.

§ 1.º O segurado ou o dependente que tenha ajuizado ação depois de 26 de julho de 2004 deverá requerer ao juiz da causa a desistência da referida ação, renunciando ao direito sobre o qual se funda a ação, nos termos do art. 269, V, da Lei n. 5.869, de 11 de janeiro de 1973 – Código de Processo Civil, juntando cópia da petição protocolada ao Termo de Acordo a que se refere o art. 2.º desta Lei.

§ 2.º Na ocorrência de óbito do segurado ou do dependente de benefício com direito à revisão, o Termo de Acordo ou de Transação Judicial será firmado por todos os seus dependentes ou sucessores previstos na lei civil, indicados em alvará judicial, expedido a requerimento dos interessados, independentemente de inventário ou arrolamento.

Art. 8.º Ocorrendo pagamento concomitante ou em duplicidade de valores referentes à revisão prevista nesta Lei, fica o INSS autorizado a reaver administrativamente, por meio de desconto direto em benefício mantido pelo Regime Geral de Previdência Social – RGPS, os valores pagos indevidamente.

Art. 9.º Os arts. 191 e 202 da Lei n. 10.406, de 10 de janeiro de 2002, não se aplicam à matéria de que trata esta Lei, não importando esta em renúncia ou interrupção da prescrição referente às parcelas que antecedam os últimos 5 (cinco) anos anteriores a agosto de 2004, quando derivadas da revisão autorizada no art. 1.º desta Lei.

Art. 10. As despesas decorrentes do disposto nesta Lei serão consignadas na lei orçamentária anual, no âmbito do Ministério da Previdência Social.

Art. 11. Fica prorrogado até 31 de julho de 2005 o prazo de que trata o art. 89 da Lei n. 10.833, de 29 de dezembro de 2003.

Art. 12. O INSS adotará as providências necessárias ao cumprimento do disposto nesta Lei, podendo para tanto firmar convênio ou contrato com a Empresa Brasileira de Correios e Telégrafos, a Caixa Econômica Federal e o Banco do Brasil S.A., para fins de entrega e recebimento dos Termos de Acordo e de entrega aos segurados dos Termos de Transação Judicial referidos no art. 2.º desta Lei.

§ 1.º O INSS poderá, ainda, firmar convênios ou contratos com entidades associativas ou sindicatos de aposentados e pensionistas para colaborarem com a sua rede de Gerências e Agências de Benefícios na entrega dos Termos de Acordo e dos Termos de Transação Judicial referidos no *caput* deste artigo, bem como no esclarecimento aos beneficiários sobre as condições dos mencionados Termos, assegurada a retribuição às citadas entidades e sindicatos pelos serviços prestados.

§ 2.º Da aplicação do disposto neste artigo não poderá resultar nenhum ônus para os segurados e dependentes, sejam eles filiados ou não às entidades referidas no § 1.º deste artigo.

§ 3.º Os Termos de Transação Judicial referidos neste artigo serão juntados aos autos judiciais mediante requerimento do representante judicial da Procuradoria Federal Especializada junto ao INSS, ou do segurado ou de seus dependentes, ou das entidades mencionadas no § 1.º deste artigo.

Art. 13. Aplicam-se aos Termos de Acordo e de Transação Judicial firmados até a data de publicação desta Lei as condições mais benéficas para os segurados e dependentes nela previstas.

Art. 14. Esta Lei entra em vigor na data de sua publicação.

Art. 15. Fica revogado o art. 43 da Lei n. 10.865, de 30 de abril de 2004.

Brasília, 15 de dezembro de 2004; 183.º da Independência e 116.º da República.

Luiz Inácio Lula da Silva

ANEXO I
TERMO DE ACORDO

(SEGURADO OU DEPENDENTE SEM AJUIZAMENTO DE AÇÃO SOBRE O IRSM DE FEVEREIRO DE 1994 – 39,67% (TRINTA E NOVE INTEIROS E SESSENTA E SETE CENTÉSIMOS POR CENTO) OU QUE TENHA AJUIZADO AÇÃO DEPOIS DE 26 DE JULHO DE 2004)

____

__________________________,

(nome – assinale sua condição: segurado ou dependentes ou herdeiros)

__________________________,______

__________________________,

(nacionalidade) (estado civil)

documento de identidade n. ______, data de nascimento;________________, nome da mãe: ______________________, CIC/CPF n.________________________, NIT/PIS n.______________________, residente e domiciliado_______________, (rua ou avenida ou quadra, n., complemento, bairro, cidade, Estado e CEP: preencher com dados atuais) e-mail: _________, telefone __________, e o Instituto Nacional do Seguro Social – INSS, por seu representante legal, com fulcro no art. 840 do Código Civil e no art. 2.º desta Lei, firmam o presente acordo extrajudicial para revisão, por parte do INSS, do benefício n.________, agência da Previdência Social ________, cujo endereço localiza-se à __________ e pagamento ao segurado ou dependente das parcelas vencidas, inclusive as natalinas, nos últimos 5 (cinco) anos anteriores a agosto de 2004, nos seguintes termos:

I – conforme determinado nesta Lei, deverá ser efetivada a revisão dos benefícios previdenciários concedidos, com data de início posterior a fevereiro de 1994, recalculando-se o salário de benefício original, mediante a inclusão, no fator de correção dos salários de contribuição anteriores a março de 1994, do percentual de 39,67% (trinta e nove inteiros e sessenta e sete centésimos por cento), referente ao Índice de Reajuste do Salário mínimo – IRSM do mês de fevereiro de 1994;

II – terão direito à revisão dos benefícios previdenciários os segurados ou seus dependentes beneficiários do Regime Geral de Previdência Social que firmem, até 31 de outubro de 2005, o presente Termo de Acordo;

III – não serão objeto de revisão, nos termos desta Lei, os benefícios do Regime Geral de Previdência Social que no cálculo do salário de benefício não tenham utilizado salários de contribuição anteriores a março de 1994, ou tenham sido decorrentes de outros benefícios cujas datas de início sejam anteriores a fevereiro de 1994, inclusive;

IV – aos benefícios revistos nos termos desta Lei aplicam-se o § 2.º do art. 29 da Lei n.

8.213, de 24 de julho de 1991, o art. 26 da Lei n. 8.870, de 15 de abril de 1994, e o § 3.º do art. 21 da Lei n. 8.880, de 27 de maio de 1994, bem como deverão ser revistos nos termos do art. 1.º desta Lei, em referência, observando-se as regras de cálculo do salário de benefício, da renda mensal inicial e de reajustes, previstas na legislação previdenciária em vigor em cada período;

V – o acordo deverá versar, exclusivamente, sobre a revisão futura do benefício previdenciário e sobre as parcelas vencidas, inclusive as natalinas, nos últimos 5 (cinco) anos anteriores a agosto de 2004, observado o parcelamento previsto no art. 6.º, II, desta Lei;

VI – o 1.º (primeiro) pagamento mensal dos benefícios com o valor revisto nos termos do item I deste Anexo, para os segurados ou dependentes que tenham firmado o Termo de Acordo, será feito pelo INSS até o 2.º (segundo) pagamento do benefício subsequente à data de entrega do mencionado Termo de Acordo no INSS e conforme a programação constante do art. 4.º desta Lei;

VII – o montante referente às parcelas vencidas, inclusive as natalinas, nos últimos 5 (cinco) anos anteriores a agosto de 2004, será pago em parcelas mensais, conforme os critérios adotados no art. 6.º, II, desta Lei, ao segurado ou dependente que não tenha ajuizado ação judicial ou que a tenha ajuizado depois de 26 de julho de 2004;

VIII – o montante relativo às parcelas vencidas, inclusive as natalinas, nos últimos 5 (cinco) anos anteriores a agosto de 2004, será apurado e atualizado monetariamente entre cada mês de competência e o mês de julho de 2004, inclusive, de acordo com os índices utilizados para a atualização das parcelas pagas em atraso pela Previdência Social;

IX – definido o montante a que se refere o item VIII deste Anexo, sobre cada parcela apurada nos termos do art. 6.º desta Lei incidirá atualização monetária pela variação acumulada do INPC-IBGE entre o mês de agosto de 2004, inclusive, e o mês imediatamente anterior ao do efetivo pagamento, utilizando-se como estimativa para o último mês da série a média geométrica dos 4 (quatro) meses imediatamente anteriores;

X – a idade do segurado ou dependente a ser considerada para fins de aplicação do disposto no inciso II do art. 6.º desta Lei será aquela apurada em 26 de julho de 2004;

XI – verificado nos registros do INSS que o segurado ou dependente faz jus à revisão prevista nesta Lei, com base nas normas legais ora explicitadas, as partes acordaram entre si, transigindo conforme as cláusulas abaixo:

Cláusula 1.ª – O 1.º (primeiro) pagamento mensal dos benefícios com o valor revisto nos termos do item I deste Anexo será feito pelo INSS, retroativo à competência de agosto de 2004, até o 2.º (segundo) pagamento subsequente à data de entrega do Termo de Acordo no INSS e conforme a programação prevista no art. 4.º desta Lei.

Cláusula 2.ª – Caso o segurado ou dependente entregue o Termo de Acordo em data posterior à fixada para implementação da revisão nos prazos referidos no art. 4.º desta Lei, o 1.º (primeiro) pagamento mensal dos benefícios com o valor revisto nos termos do item I deste Anexo será feito até o 2.º (segundo) pagamento do benefício subsequente à data de entrega do Termo de Acordo ao INSS.

Cláusula 3.ª – Em qualquer situação, a diferença apurada a partir da competência de agosto de 2004 até a data de implementação da revisão será paga em parcelas mensais e sucessivas, corrigidas monetariamente, mês a mês, com base na variação do INPC-IBGE, em número equivalente ao de meses decorridos entre agosto de 2004 e a data de implementação da revisão.

Cláusula 4.ª – O pagamento do montante relativo às parcelas vencidas, inclusive as natalinas, nos últimos 5 (cinco) anos anteriores a agosto de 2004, será realizado em parcelas mensais, na forma prevista no art. 6.º, II, desta Lei, conforme o montante a receber e a faixa de idade em que se enquadrar o segurado ou dependente.

Cláusula 5.ª – O montante a que se refere a cláusula 4.ª será apurado e atualizado monetariamente entre cada mês de competência e o mês de julho de 2004, inclusive, de acordo com os índices utilizados para a atualização das parcelas pagas em atraso pela Previdência Social.

Cláusula 6.ª – As parcelas mensais a que se refere a cláusula 4.ª, relativas à 1.ª (primeira) metade do período total de parcelamento, corresponderão a 1/3 (um terço) do montante total apurado na forma das cláusulas 4.ª e 5.ª, dividido pelo número de meses referente à metade do número total de parcelas.

Cláusula 7.ª – As parcelas mensais a que se refere a cláusula 4.ª, relativas à 2.ª (segunda) metade do período total de parcelamento, corresponderão a 2/3 (dois terços) do montante total apurado na forma das cláusulas 4.ª e 5.ª, dividido pelo número de meses referente à metade do número total de parcelas.

Cláusula 8.ª – Definido o montante a que se refere a cláusula 5.ª, sobre cada parcela apurada nos termos das cláusulas 4.ª, 6.ª e 7.ª incidirá atualização monetária pela variação acumulada do INPC-IBGE entre o mês de agosto de 2004, inclusive, e o mês imediatamente anterior ao do efetivo pagamento, utilizando-se como estimativa para o último mês da série a média geométrica dos 4 (quatro) meses imediatamente anteriores.

Cláusula 9.ª – O pagamento referido na cláusula 4.ª terá início no mês de janeiro de 2005 ou, ocorrendo a entrega no INSS deste Termo de Acordo a partir de dezembro de 2004, seu início se dará até o 2.º (segundo) pagamento do benefício subsequente ao protocolo do Termo no INSS.

Cláusula 10.ª – O segurado ou dependente declara, sob as penas da lei, que não se encontra em litígio judicial contra o INSS, bem como se compromete a não ingressar em juízo tendo como objetivo a revisão e o passivo relativos aos 39,67% (trinta e nove inteiros e sessenta e sete centésimos por cento), referentes ao IRSM de fevereiro de 1994.

Cláusula 11.ª – O segurado ou dependente também compromete-se a não pleitear na via administrativa quaisquer valores ou vantagens decorrentes da mesma revisão ajustada neste Termo de Acordo, salvo em caso de comprovado erro material.

Cláusula 12.ª – O segurado ou dependente obriga-se a preencher todos os dados de qualificação acima exigidos, sujeitando-se à suspensão imediata dos efeitos deste Termo de Acordo e às sanções civis e penais previstas em lei, na hipótese de preenchê-los em desacordo com a verdade.

Cláusula 13.ª – O segurado ou dependente declara que concorda e que se dá por satisfeito com a forma, prazos, montantes e limites de valores previstos neste Termo de Acordo e nesta Lei.

Por estarem de pleno acordo, as partes assinam o presente Termo de Acordo, para que surta seus efeitos jurídicos.

Nestes termos, pedem deferimento.

Localidade, (data).

SEGURADO/DEPENDENTE

REPRESENTANTE LEGAL DO INSS

ANEXO II
TERMO DE TRANSAÇÃO JUDICIAL

(PARA QUEM TEM AÇÃO CONTRA O INSS, AJUIZADA ATÉ 26 DE JULHO DE 2004, TENDO POR OBJETO OS 39,67% (TRINTA E NOVE INTEIROS E SESSENTA E SETE CENTÉSIMOS POR CENTO) RELATIVOS AO IRSM DE FEVEREIRO DE 1994)

Exmo. Sr. Dr. Juiz (endereçamento ao juiz) ____,

(nome do autor da ação – assinale sua condição: segurado ou dependentes ou herdeiros) ________________________________,

(nacionalidade) ________________________________,

(estado civil)

documento de identidade n.________, data de nascimento:________________, nome da mãe: ________________________, CIC/CPF n.________________, NIT/PIS n.________________, residente e domiciliado____, (rua ou avenida ou quadra, n., complemento, bairro, cidade, Estado e CEP: preencher com dados atuais) e-mail:________________________ telefone: ________________, benefício n.________________, agência da Previdência Social ________, cujo endereço localiza-se à ________________________, e o Instituto Nacional do Seguro Social – INSS, por seu representante judicial, vêm, nos autos do Processo n.________, em trâmite nesse ínclito juízo, com fulcro no art. 269, III, do Código de Processo Civil, e nos arts. 2.º e 3.º desta Lei, requerer a homologação da transação ora proposta, nos termos que se seguem:

I – conforme determinado nesta Lei, deverá ser efetivada a revisão dos benefícios previdenciários concedidos, com data de início posterior a fevereiro de 1994, recalculando-se o salário de benefício original, mediante a inclusão, no fator de correção dos salários de contribuição anteriores a março de 1994, do percentual de 39,67% (trinta e nove inteiros e sessenta e sete centésimos por cento), referente ao Índice de Reajuste do Salário mínimo - IRSM do mês de fevereiro de 1994;

II - terão direito à revisão dos benefícios previdenciários os segurados ou seus dependentes beneficiários do Regime Geral de Previdência Social que firmem, até 31 de outubro de 2005, o presente Termo de Transação Judicial;

III - não serão objeto de revisão, nos termos desta Lei, os benefícios do Regime Geral de Previdência Social que no cálculo do salário de benefício não tenham utilizado salários de contribuição anteriores a março de 1994, ou tenham sido decorrentes de outros benefícios cujas datas de início sejam anteriores a fevereiro de 1994, inclusive;

IV - aos benefícios revistos nos termos desta Lei aplicam-se o § 2.º do art. 29 da Lei n. 8.213, de 24 de julho de 1991, o art. 26 da Lei n. 8.870, de 15 de abril de 1994, e o § 3.º do art. 21 da Lei n. 8.880, de 27 de maio de 1994, bem como deverão ser revistos nos termos do art. 1.º desta Lei, observando-se as regras de cálculo do salário de benefício, da renda mensal inicial e de reajustes, previstas na legislação previdenciária em vigor em cada período;

V - a transação judicial deverá versar, exclusivamente, sobre a revisão futura do benefício previdenciário e sobre as parcelas vencidas, inclusive as natalinas, nos últimos 5 (cinco) anos anteriores a agosto de 2004, observado o parcelamento previsto no art. 6.º, I, desta Lei, e não poderá incluir honorários advocatícios e juros de mora;

VI - o 1.º (primeiro) pagamento mensal dos benefícios com o valor revisto nos termos do item I deste Anexo, para os segurados ou dependentes que tenham firmado o Termo de Transação Judicial, será feito pelo INSS até o 2.º (segundo) pagamento subsequente à data da intimação de sua homologação judicial;

VII - o montante referente às parcelas vencidas, inclusive as natalinas, nos últimos 5 (cinco) anos anteriores a agosto de 2004, será pago em parcelas mensais aos segurados ou dependentes que tenham ajuizado ações até 26 de julho de 2004 conforme os critérios adotados no art. 6.º, I, desta Lei;

VIII - o montante relativo às parcelas vencidas, inclusive as natalinas, nos últimos 5 (cinco) anos anteriores a agosto de 2004, será apurado e atualizado monetariamente entre cada mês de competência e o mês de julho de 2004, inclusive, de acordo com os índices utilizados para a atualização das parcelas pagas em atraso pela Previdência Social;

IX - definido o montante a que se refere o item VIII deste Anexo, sobre cada parcela apurada nos termos do art. 6.º desta Lei incidirá atualização monetária pela variação acumulada do INPC-IBGE entre o mês de agosto de 2004, inclusive, e o mês imediatamente anterior ao do efetivo pagamento, utilizando-se como estimativa para o último mês da série a média geométrica dos 4 (quatro) meses imediatamente anteriores;

X - a idade do segurado ou dependente a ser considerada para fins de aplicação do disposto nos incisos I e II do art. 6.º desta Lei será aquela apurada em 26 de julho de 2004;

XI - verificado nos registros do INSS e nos autos do processo que o autor faz jus à aplicação do índice expresso nesta Lei, com base nas normas legais ora explicitadas, as partes acordaram entre si, transigindo conforme as cláusulas abaixo:

Cláusula 1.ª - O 1.º (primeiro) pagamento mensal dos benefícios com o valor revisto nos termos do item I deste Anexo será feito pelo INSS, retroativo à competência de agosto de 2004, até o 2.º (segundo) pagamento subsequente à intimação da homologação judicial deste Termo de Transação Judicial.

Cláusula 2.ª - Efetivada a intimação a que se refere a cláusula 1.ª, a diferença apurada a partir da competência de agosto de 2004 até a data de implementação da revisão será paga em parcelas mensais e sucessivas, corrigidas monetariamente, mês a mês, com base na variação do INPC-IBGE, em número equivalente ao de meses decorridos entre agosto de 2004 e a data de implementação da revisão.

Cláusula 3.ª - O pagamento do montante relativo às parcelas vencidas, inclusive as natalinas, nos últimos 5 (cinco) anos anteriores a agosto de 2004, será realizado em parcelas mensais, na forma prevista no art. 6.º, I, desta Lei, conforme o montante a receber e a faixa de idade em que se enquadrar o segurado ou dependente.

Cláusula 4.ª - O montante a que se refere a cláusula 3.ª será apurado e atualizado monetariamente entre cada mês de competência e o mês de julho de 2004, inclusive, de acordo com os índices utilizados para a atualização das parcelas pagas em atraso pela Previdência Social.

Cláusula 5.ª - As parcelas mensais a que se refere a cláusula 3.ª, relativas à 1.ª (primeira) metade do período total de parcelamento, corresponderão a 1/3 (um terço) do montante total apurado na forma das cláusulas 3.ª e 4.ª, dividido pelo número de meses referente à metade do número total de parcelas.

Cláusula 6.ª - As parcelas mensais a que se refere a cláusula 3.ª, relativas à 2.ª (segunda) metade do período total de parcelamento, corresponderão a 2/3 (dois terços) do montante total apurado na forma das cláusulas 3.ª e 4.ª, dividido pelo número de meses referente à metade do número total de parcelas.

Cláusula 7.ª - Definido o montante a que se refere a cláusula 4.a, sobre cada parcela apurada nos termos das cláusulas 3.ª, 5.ª e 6.ª incidirá atualização monetária pela variação acumulada do INPC-IBGE entre o mês de agosto de 2004, inclusive, e o mês imediatamente anterior ao do efetivo pagamento, utilizando-se como estimativa para o último mês da série a média geométrica dos 4 (quatro) meses imediatamente anteriores.

Cláusula 8.ª - O pagamento referido na cláusula 3.ª terá início no mês de janeiro de 2005 ou, ocorrendo a intimação da homologação deste Termo de Transação Judicial a partir de dezembro de 2004, seu início se dará até o 2.º (segundo) pagamento do benefício subsequente à intimação da homologação judicial.

Cláusula 9.ª - O montante a receber na forma das cláusulas 3.ª e 4.ª terá como limite máximo o valor de fixação da competência dos Juizados Especiais Federais, para os processos que tramitam nestes Juizados, ressalvando-se os processos que tramitam na Justiça Comum, Federal ou Estadual, que não estão submetidos à limitação de valor.

Cláusula 10.ª - O autor segurado ou dependente renuncia, expressamente, aos honorários advocatícios e aos juros de mora, caso sejam devidos, bem como aos valores que extrapolem os limites da competência dos Juizados Especiais Federais, quando seu processo tramitar no âmbito desse Juizado.

Cláusula 11.ª - O autor segurado ou dependente também renuncia ao direito de pleitear na via administrativa ou judicial quaisquer valores ou vantagens decorrentes da mesma revisão acordada neste Termo de Transação Judicial, salvo em caso de comprovado erro material.

Cláusula 12.ª - O autor segurado ou dependente obriga-se a preencher todos os dados de qualificação acima exigidos, sujeitando-se à suspensão imediata dos efeitos deste Termo de Transação Judicial e às sanções civis e penais previstas em lei, na hipótese de preenchê-los em desacordo com a verdade.

Cláusula 13.ª - O autor declara que concorda e que se dá por satisfeito com a forma, prazos, montantes e limites de valores previstos neste Termo de Transação Judicial e nesta Lei;

XII - por fim, requerem a homologação deste Termo de Transação Judicial, nos termos das cláusulas acima, e consequente extinção do processo e eventuais recursos, com julgamento de mérito, nos termos do art. 269, III, do Código de Processo Civil.

Por estarem de pleno acordo, as partes assinam o presente, para que surta seus efeitos jurídicos.

Nestes termos, pedem deferimento.

Localidade, (data).

____

AUTOR/REPRESENTANTE JURÍDICO

LEI Nº 11.101, DE 9 DE FEVEREIRO DE 2005
(Excertos)

Regula a recuperação judicial, a extrajudicial e a falência do empresário e da sociedade empresária.

› *Falências*

O PRESIDENTE DA REPÚBLICA

Faço saber que o Congresso Nacional decreta e eu sanciono a seguinte Lei:

CAPÍTULO I. DISPOSIÇÕES PRELIMINARES

Art. 1º. Esta Lei disciplina a recuperação judicial, a recuperação extrajudicial e a falência do empresário e da sociedade empresária, doravante referidos simplesmente como devedor.

» *Vide* art. 23, parágrafo único, da Lei n. 9.492, de 10-9-1997.

Art. 2º. Esta Lei não se aplica a:

I - empresa pública e sociedade de economia mista;

II - instituição financeira pública ou privada, cooperativa de crédito, consórcio, entidade de previdência complementar, sociedade operadora de plano de assistência à saúde, sociedade seguradora, sociedade de capitalização e outras entidades legalmente equiparadas às anteriores.

» *Vide* arts. 1.º, 7.º e 12 da Lei n. 6.024, de 13-3-1974.

Art. 3º. É competente para homologar o plano de recuperação extrajudicial, deferir a recuperação judicial ou decretar a falência o juízo do local do principal estabelecimento do devedor ou da filial de empresa que tenha sede fora do Brasil.

» *Vide* arts. 64, § 1.º, e 337, II, do CPC.

» *Vide* Súmula 480 do STJ.

(...)

CAPÍTULO II. DISPOSIÇÕES COMUNS À RECUPERAÇÃO JUDICIAL E À FALÊNCIA

SEÇÃO I. DISPOSIÇÕES GERAIS

(...)

Art. 6º A decretação da falência ou o deferimento do processamento da recuperação judicial implica: (Redação dada pela Lei 14.112/2020)

» *Vide* art. 49, § 1.º, da Lei n. 11.101, de 9-2-2005.

(...)

§ 2º. É permitido pleitear, perante o administrador judicial, habilitação, exclusão ou modificação de créditos derivados da relação de trabalho, mas as ações de natureza trabalhista, inclusive as impugnações a que se refere o art. 8º desta Lei, serão processadas perante a justiça especializada até a apuração do respectivo crédito, que será inscrito no quadro-geral de credores pelo valor determinado em sentença.

› Esta Lei: arts. 19, § 1º, e 99, V.

» *Vide* Enunciado 73 da II Jornada de Direito Comercial.

§ 3º. O juiz competente para as ações referidas nos §§ 1º e 2º deste artigo poderá determinar a reserva da importância que estimar devida na recuperação judicial ou na falência, e, uma vez reconhecido líquido o direito, será o crédito incluído na classe própria.

§ 4º. Na recuperação judicial, as suspensões e a proibição de que tratam os incisos I, II e III do *caput* deste artigo perdurarão pelo prazo de 180 (cento e oitenta) dias, contado do deferimento do processamento da recuperação, prorrogável por igual período, uma única vez, em caráter excepcional, desde que o devedor não haja concorrido com a superação do lapso temporal. (Redação da pela Lei 14.112/2020)

§ 4º-A. O decurso do prazo previsto no § 4º deste artigo sem a deliberação a respeito do plano de recuperação judicial proposto pelo devedor faculta aos credores a propositura de plano alternativo, na forma dos §§ 4º, 5º, 6º e 7º do art. 56 desta Lei, observado o seguinte: (Acrescido pela Lei 14.112/2020)

I - as suspensões e a proibição de que tratam os incisos I, II e III do *caput* deste artigo não serão aplicáveis caso os credores não apresentem plano alternativo no prazo de 30 (trinta) dias, contado do final do prazo referido no § 4º deste artigo ou no § 4º do art. 56 desta Lei;

» Inciso I acrescentado pela Lei n. 14.112, de 24-12-2020.

II - as suspensões e a proibição de que tratam os incisos I, II e III do *caput* deste artigo perdurarão por 180 (cento e oitenta) dias contados do final do prazo referido no § 4º deste artigo, ou da realização da assembleia-geral de credores referida no § 4º do art. 56 desta Lei, caso os credores apresentem plano alternativo no prazo referido no inciso I deste parágrafo ou no prazo referido no § 4º do art. 56 desta Lei.

§ 5º. O disposto no § 2º deste artigo aplica-se à recuperação judicial durante o período de suspensão de que trata o § 4º deste artigo. (Redação dada pela Lei 14.112/2020)

§ 6º. Independentemente da verificação periódica perante os cartórios de distribuição, as ações que venham a ser propostas contra o devedor deverão ser comunicadas ao juízo da falência ou da recuperação judicial:

I – pelo juiz competente, quando do recebimento da petição inicial;

II – pelo devedor, imediatamente após a citação.

(...)

SEÇÃO II. DA VERIFICAÇÃO E DA HABILITAÇÃO DE CRÉDITOS

Art. 7º. A verificação dos créditos será realizada pelo administrador judicial, com base nos livros contábeis e documentos comerciais e fiscais do devedor e nos documentos que lhe forem apresentados pelos credores, podendo contar com o auxílio de profissionais ou empresas especializadas.

§ 1º. Publicado o edital previsto no art. 52, § 1º, ou no parágrafo único do art. 99 desta Lei, os credores terão o prazo de 15 (quinze) dias para apresentar ao administrador judicial suas habilitações ou suas divergências quanto aos créditos relacionados.

› Esta Lei: arts. 9º; 10; 52,§ 1º, III e 99, IV.

§ 2º. O administrador judicial, com base nas informações e documentos colhidos na forma do *caput* e do § 1º deste artigo, fará publicar edital contendo a relação de credores no prazo de 45 (quarenta e cinco) dias, contado do fim do prazo do § 1º deste artigo, devendo indicar o local, o horário e o prazo comum em que as pessoas indicadas no art. 8º desta Lei terão acesso aos documentos que fundamentaram a elaboração dessa relação.

› Esta Lei: arts. 14; 15, § 1º; 18; 22, I, e; 39 e 55.

Art. 7º-A Na falência, após realizadas as intimações e publicado o edital, conforme previsto, respectivamente, no inciso XIII do *caput* e no § 1º do art. 99 desta Lei, o juiz instaurará, de ofício, para cada Fazenda Pública credora, incidente de classificação de crédito público e determinará a sua intimação eletrônica para que, no prazo de 30 (trinta) dias, apresente diretamente ao administrador judicial ou em juízo, a depender do momento processual, a relação completa de seus créditos inscritos em dívida ativa, acompanhada dos cálculos, da classificação e das informações sobre a situação atual. (Acrescido pela Lei 14.112/2020)

§ 1º Para efeito do disposto no *caput* deste artigo, considera-se Fazenda Pública credora aquela que conste da relação do edital previsto no § 1º do art. 99 desta Lei, ou que, após a intimação prevista no inciso XIII do *caput* do art. 99 desta Lei, alegue nos autos, no prazo de 15 (quinze) dias, possuir crédito contra o falido.

§ 2º Os créditos não definitivamente constituídos, não inscritos em dívida ativa ou com exigibilidade suspensa poderão ser informados em momento posterior.

§ 3º Encerrado o prazo de que trata o *caput* deste artigo:

I - o falido, os demais credores e o administrador judicial disporão do prazo de 15 (quinze) dias para manifestar objeções, limitadamente, sobre os cálculos e a classificação para os fins desta Lei;

II - a Fazenda Pública, ultrapassado o prazo de que trata o inciso I deste parágrafo, será intimada para prestar, no prazo de 10 (dez) dias, eventuais esclarecimentos a respeito das manifestações previstas no referido inciso;

III - os créditos serão objeto de reserva integral até o julgamento definitivo quando rejeitados os argumentos apresentados de acordo com o inciso II deste parágrafo;

IV - os créditos incontroversos, desde que exigíveis, serão imediatamente incluídos no quadro-geral de credores, observada a sua classificação;

V - o juiz, anteriormente à homologação do quadro-geral de credores, concederá prazo comum de 10 (dez) dias para que o administrador judicial e a Fazenda Pública titular de crédito objeto de reserva manifestem-se sobre a situação atual desses créditos e, ao final do referido prazo, decidirá acerca da necessidade de mantê-la.

§ 4º Com relação à aplicação do disposto neste artigo, serão observadas as seguintes disposições:

I - a decisão sobre os cálculos e a classificação dos créditos para os fins do disposto nesta Lei, bem como sobre a arrecadação dos bens, a realização do ativo e o pagamento aos credores, competirá ao juízo falimentar;

II - a decisão sobre a existência, a exigibilidade e o valor do crédito, observado o disposto no inciso II do *caput* do art. 9º desta Lei e as demais regras do processo de falência, bem como sobre o eventual prosseguimento da cobrança contra os corresponsáveis, competirá ao juízo da execução fiscal;

III - a ressalva prevista no art. 76 desta Lei, ainda que o crédito reconhecido não esteja em cobrança judicial mediante execução fiscal, aplicar-se-á, no que couber, ao disposto no inciso II deste parágrafo;

IV - o administrador judicial e o juízo falimentar deverão respeitar a presunção de certeza e liquidez de que trata o art. 3º da Lei nº 6.830, de 22 de setembro de 1980, sem prejuízo do disposto nos incisos II e III deste parágrafo;

V - as execuções fiscais permanecerão suspensas até o encerramento da falência, sem prejuízo da possibilidade de prosseguimento contra os corresponsáveis;

VI - a restituição em dinheiro e a compensação serão preservadas, nos termos dos arts. 86 e 122 desta Lei; e

VII - o disposto no art. 10 desta Lei será aplicado, no que couber, aos créditos retardatários.

§ 5º. Na hipótese de não apresentação da relação referida no *caput* deste artigo no prazo nele estipulado, o incidente será arquivado e a Fazenda Pública credora poderá requerer o desarquivamento, observado, no que couber, o disposto no art. 10 desta Lei.

§ 6º. As disposições deste artigo aplicam-se, no que couber, às execuções fiscais e às execuções de ofício que se enquadrem no disposto nos incisos VII e VIII do *caput* do art. 114 da Constituição Federal.

§ 7º. O disposto neste artigo aplica-se, no que couber, aos créditos do Fundo de Garantia do Tempo de Serviço (FGTS).

§ 8º. Não haverá condenação em honorários de sucumbência no incidente de que trata este artigo.

Art. 8º. No prazo de 10 (dez) dias, contado da publicação da relação referida no art. 7º, § 2º, desta Lei, o Comitê, qualquer credor, o devedor ou seus sócios ou o Ministério Público podem apresentar ao juiz impugnação contra a relação de credores, apontando a ausência de qualquer crédito ou manifestando-se contra a legitimidade, importância ou classificação de crédito relacionado.

» *Vide* arts. 49, § 3.º, 83 e 84 desta Lei.

(...)

SEÇÃO III.
DO ADMINISTRADOR JUDICIAL E DO COMITÊ DE CREDORES

(...)

Art. 26. O Comitê de Credores será constituído por deliberação de qualquer das classes de credores na assembleia-geral e terá a seguinte composição:

▸ Esta Lei: art. 56, § 2º.

I – 1 (um) representante indicado pela classe de credores trabalhistas, com 2 (dois) suplentes;

(...)

SEÇÃO IV.
DA ASSEMBLEIA-GERAL DE CREDORES

Art. 35. A assembleia-geral de credores terá por atribuições deliberar sobre:

I – na recuperação judicial:

▸ Esta Lei: art. 42.

a) aprovação, rejeição ou modificação do plano de recuperação judicial apresentado pelo devedor;

» *Vide* Enunciado 53 da I Jornada de Direito Comercial.

b) a constituição do Comitê de Credores, a escolha de seus membros e sua substituição;

c) Vetado.

d) o pedido de desistência do devedor, nos termos do § 4º do art. 52 desta Lei;

e) o nome do gestor judicial, quando do afastamento do devedor;

f) qualquer outra matéria que possa afetar os interesses dos credores;

g) alienação de bens ou direitos do ativo não circulante do devedor, não prevista no plano de recuperação judicial; (Acrescido pela Lei 14.112/2020)

II – na falência:

▸ Esta Lei: art. 99, IX.

a) Vetado.

b) a constituição do Comitê de Credores, a escolha de seus membros e sua substituição;

c) a adoção de outras modalidades de realização do ativo, na forma do art. 145 desta Lei;

d) qualquer outra matéria que possa afetar os interesses dos credores.

(...)

Art. 37. A assembleia será presidida pelo administrador judicial, que designará 1 (um) secretário dentre os credores presentes.

(...)

§ 5º. Os sindicatos de trabalhadores poderão representar seus associados titulares de créditos derivados da legislação do trabalho ou decorrentes de acidente de trabalho que não comparecerem, pessoalmente ou por procurador, à assembleia.

§ 6º. Para exercer a prerrogativa prevista no § 5º deste artigo, o sindicato deverá:

I – apresentar ao administrador judicial, até 10 (dez) dias antes da assembleia, a relação dos associados que pretende representar, e o trabalhador que conste da relação de mais de um sindicato deverá esclarecer, até 24 (vinte e quatro) horas antes da assembleia, qual sindicato o representa, sob pena de não ser representado em assembleia por nenhum deles; e

II – Vetado.

(...)

Art. 41. A assembleia-geral será composta pelas seguintes classes de credores:

▸ Esta Lei: art. 45.

I – titulares de créditos derivados da legislação do trabalho ou decorrentes de acidentes de trabalho;

▸ Esta Lei: art. 45, § 2º.

(...)

IV – titulares de créditos enquadrados como microempresa ou empresa de pequeno porte. (Incluído pela Lei Complementar nº 147, de 2014)

§ 1º. Os titulares de créditos derivados da legislação do trabalho votam com a classe prevista no inciso I do *caput* deste artigo com o total de seu crédito, independentemente do valor.

(...)

Art. 42. Considerar-se-á aprovada a proposta que obtiver votos favoráveis de credores que representem mais da metade do valor total dos créditos presentes à assembleia-geral, exceto nas deliberações sobre o plano de recuperação judicial nos termos da alínea a do inciso I do *caput* do art. 35 desta Lei, a composição do Comitê de Credores ou forma alternativa de realização do ativo nos termos do art. 145 desta Lei.

▸ Esta Lei: art. 73, I.

(...)

Art. 44. Na escolha dos representantes de cada classe no Comitê de Credores, somente os respectivos membros poderão votar.

Art. 45. Nas deliberações sobre o plano de recuperação judicial, todas as classes de credores referidas no art. 41 desta Lei deverão aprovar a proposta.

▸ Esta Lei: art. 58, *caput*, § 1º e II.

(...)

§ 2º. Nas classes previstas nos incisos I e IV do art. 41 desta Lei, a proposta deverá ser aprovada pela maioria simples dos credores presentes, independentemente do valor de seu crédito. (Redação dada pela Lei Complementar nº 147, de 2014)

▸ Esta Lei: art. 38.

§ 3º. O credor não terá direito a voto e não será considerado para fins de verificação de quorum de deliberação se o plano de recuperação judicial não alterar o valor ou as condições originais de pagamento de seu crédito.

Art. 45-A. As deliberações da assembleia-geral de credores previstas nesta Lei poderão ser substituídas pela comprovação da adesão de credores que representem mais da metade do valor dos créditos sujeitos à recuperação judicial, observadas as exceções previstas nesta Lei. (Acrescido pela Lei 14.112/2020)

§ 1º Nos termos do art. 56-A desta Lei, as deliberações sobre o plano de recuperação judicial poderão ser substituídas por documento que comprove o cumprimento do disposto no art. 45 desta Lei.

§ 2º As deliberações sobre a constituição do Comitê de Credores poderão ser substituídas por documento que comprove a adesão da maioria dos créditos de cada conjunto de credores previsto no art. 26 desta Lei.

§ 3º As deliberações sobre forma alternativa de realização do ativo na falência, nos termos do art. 145 desta Lei, poderão ser substituídas por documento que comprove a adesão de credores que representem 2/3 (dois terços) dos créditos.

§ 4º As deliberações no formato previsto neste artigo serão fiscalizadas pelo administrador judicial, que emitirá parecer sobre sua regularidade, com oitiva do Ministério Público, previamente à sua homologação judicial, independentemente da concessão ou não da recuperação judicial.

Art. 46. A aprovação de forma alternativa de realização do ativo na falência, prevista no art. 145 desta Lei, dependerá do voto favorável de credores que representem 2/3 (dois terços) dos créditos presentes à assembleia.

CAPÍTULO III.
DA RECUPERAÇÃO JUDICIAL

SEÇÃO I.
DISPOSIÇÕES GERAIS

Art. 47. A recuperação judicial tem por objetivo viabilizar a superação da situação de crise econômico-financeira do devedor, a fim de permitir a manutenção da fonte produtora, do emprego dos trabalhadores e dos interesses dos credores, promovendo, assim, a preservação da empresa, sua função social e o estímulo à atividade econômica.

» *Vide* art. 51 desta Lei.

(...)

Art. 50. Constituem meios de recuperação judicial, observada a legislação pertinente a cada caso, dentre outros:

▸ Esta Lei: art. 53, I.

(...)

VII – trespasse ou arrendamento de estabelecimento, inclusive à sociedade constituída pelos próprios empregados;

VIII – redução salarial, compensação de horários e redução da jornada, mediante acordo ou convenção coletiva;

(...)

SEÇÃO II.
DO PEDIDO E DO PROCESSAMENTO DA RECUPERAÇÃO JUDICIAL

Art. 51. A petição inicial de recuperação judicial será instruída com:

▸ Esta Lei: arts. 70, § 1º; e 96, VII.

(...)

IV – a relação integral dos empregados, em que constem as respectivas funções, salários, indenizações e outras parcelas a que têm direito, com o correspondente mês de competência, e a discriminação dos valores pendentes de pagamento;

▸ Esta Lei: art. 39.

(...)

IX – a relação, subscrita pelo devedor, de todas as ações judiciais e procedimentos arbitrais em que este figure como parte, inclusive as de natureza trabalhista, com a estimativa dos respectivos valores demandados; (Redação dada pela Lei 14.112/2020)

(...)

Art. 52. (...)

(...)

§ 4º. O devedor não poderá desistir do pedido de recuperação judicial após o deferimento de seu processamento, salvo se obtiver aprovação da desistência na assembleia-geral de credores.

▸ Esta Lei: art. 35, I, d.

SEÇÃO III.
DO PLANO DE RECUPERAÇÃO JUDICIAL

(...)

Art. 54. O plano de recuperação judicial não poderá prever prazo superior a 1 (um) ano para pagamento dos créditos derivados da legislação do trabalho ou decorrentes de acidentes de trabalho vencidos até a data do pedido de recuperação judicial.

§ 1º O plano não poderá, ainda, prever prazo superior a 30 (trinta) dias para o pagamento, até o limite de 5 (cinco) salários-mínimos por trabalhador, dos créditos de natureza estritamente salarial vencidos nos 3 (três) meses anteriores ao pedido de recuperação judicial. (Redação dada pela Lei 14.112/2020)

§ 2º O prazo estabelecido no *caput* deste artigo poderá ser estendido em até 2 (dois) anos, se o plano de recuperação judicial atender aos seguintes requisitos, cumulativamente: (Acrescido pela Lei 14.112/2020)

I – apresentação de garantias julgadas suficientes pelo juiz;

II – aprovação pelos credores titulares de créditos derivados da legislação trabalhista ou decorrentes de acidentes de trabalho, na forma do § 2º do art. 45 desta Lei; e

III – garantia da integralidade do pagamento dos créditos trabalhistas.

(...)

CAPÍTULO V.
DA FALÊNCIA

SEÇÃO I.
DISPOSIÇÕES GERAIS

(...)

Art. 76. O juízo da falência é indivisível e competente para conhecer todas as ações sobre bens, interesses e negócios do falido, ressalvadas as causas trabalhistas, fiscais e aquelas não reguladas nesta Lei em que o falido figurar como autor ou litisconsorte ativo.

Parágrafo único. Todas as ações, inclusive as excetuadas no *caput* deste artigo, terão prosseguimento com o administrador judicial, que deverá ser intimado para representar a massa falida, sob pena de nulidade do processo.

» *Vide* Enunciado 50 da I Jornada de Direito Comercial.

» *Vide* art. 75 do CPC.

(...)

SEÇÃO II.
DA CLASSIFICAÇÃO DOS CRÉDITOS

Art. 83. A classificação dos créditos na falência obedece à seguinte ordem:

▸ Esta Lei: arts. 67 e 149.

I – os créditos derivados da legislação trabalhista, limitados a 150 (cento e cinquenta) salários-mínimos por credor, e aqueles decorrentes de acidentes de trabalho; (Redação dada pela Lei 14.112/2020)

II – os créditos gravados com direito real de garantia até o limite do valor do bem gravado; (Redação dada pela Lei 14.112/2020)

▸ Esta Lei: art. 163, § 1º.

III – os créditos tributários, independentemente da sua natureza e do tempo de constituição, exceto os créditos extraconcursais e as multas tributárias; (Redação dada pela Lei 14.112/2020)

IV e V – (Revogados pela Lei 14.112/2020)

VI – os créditos quirografários, a saber: (Redação dada pela Lei 14.112/2020)

▸ Esta Lei: art. 163, § 1º.

a) aqueles não previstos nos demais incisos deste artigo;

b) os saldos dos créditos não cobertos pelo produto da alienação dos bens vinculados ao seu pagamento; e (Redação dada pela Lei 14.112/2020)

c) os saldos dos créditos derivados da legislação trabalhista que excederem o limite estabelecido no inciso I do *caput* deste artigo; (Redação dada pela Lei 14.112/2020)

VII - as multas contratuais e as penas pecuniárias por infração das leis penais ou administrativas, incluídas as multas tributárias; (Redação dada pela Lei 14.112/2020)

VIII – os créditos subordinados, a saber: (Redação dada pela Lei 14.112/2020)

▸ Esta Lei: art. 163, § 1º.

a) os previstos em lei ou em contrato; e (Redação dada pela Lei 14.112/2020)

b) os créditos dos sócios e dos administradores sem vínculo empregatício cuja contratação não tenha observado as condições estritamente comutativas e as práticas de mercado; e (Redação dada pela Lei 14.112/2020)

IX – os juros vencidos após a decretação da falência, conforme previsto no art. 124 desta Lei. (Redação dada pela Lei 14.112/2020)

§ 1º Para os fins do inciso II do *caput* deste artigo, será considerado como valor do bem objeto de garantia real a importância efetivamente arrecadada com sua venda, ou, no caso de alienação em bloco, o valor de avaliação do bem individualmente considerado.

▸ Esta Lei: art. 108, § 5º.

§ 2º Não são oponíveis à massa os valores decorrentes de direito de sócio ao recebimento de sua parcela do capital social na liquidação da sociedade.

§ 3º As cláusulas penais dos contratos unilaterais não serão atendidas se as obrigações neles estipuladas se vencerem em virtude da falência.

§ 4º (Revogado pela Lei 14.112/2020)

§ 5º Para os fins do disposto nesta Lei, os créditos cedidos a qualquer título manterão sua natureza e classificação. (Acrescido pela Lei 14.112/2020)

§ 6º Para os fins do disposto nesta Lei, os créditos que disponham de privilégio especial ou geral em outras normas integrarão a classe dos créditos quirografários. (Acrescido pela Lei 14.112/2020)

Art. 84. Serão considerados créditos extraconcursais e serão pagos com precedência sobre os mencionados no art. 83 desta Lei, na ordem a seguir, aqueles relativos: (Redação dada pela Lei 14.112/2020)

▸ Esta Lei: art. 149.

I – (Revogado pela Lei 14.112/2020)

I-A – às quantias referidas nos arts. 150 e 151 desta Lei; (Acrescido pela Lei 14.112/2020)

I-B – ao valor efetivamente entregue ao devedor em recuperação judicial pelo financiador, em conformidade com o disposto na Seção IV-A do Capítulo III desta Lei; (Acrescido pela Lei 14.112/2020)

I-C – aos créditos em dinheiro objeto de restituição, conforme previsto no art. 86 desta Lei; (Acrescido pela Lei 14.112/2020)

I-D – às remunerações devidas ao administrador judicial e aos seus auxiliares, aos reembolsos devidos a membros do Comitê de Credores, e aos créditos derivados da legislação trabalhista ou decorrentes de acidentes de trabalho relativos a serviços prestados após a decretação da falência; (Acrescido pela Lei 14.112/2020)

I-E – às obrigações resultantes de atos jurídicos válidos praticados durante a recuperação judicial, nos termos do art. 67 desta Lei, ou após a decretação da falência; (Acrescido pela Lei 14.112/2020)

II – às quantias fornecidas à massa falida pelos credores; (Redação dada pela Lei 14.112/2020)

III – às despesas com arrecadação, administração, realização do ativo, distribuição do seu produto e custas do processo de falência; (Redação dada pela Lei 14.112/2020)

IV – às custas judiciais relativas às ações e às execuções em que a massa falida tenha sido vencida; (Redação dada pela Lei 14.112/2020)

V – aos tributos relativos a fatos geradores ocorridos após a decretação da falência, respeitada a ordem estabelecida no art. 83 desta Lei. (Redação dada pela Lei 14.112/2020)

§ 1º As despesas referidas no inciso I-A do *caput* deste artigo serão pagas pelo administrador judicial com os recursos disponíveis em caixa. (Acrescido pela Lei 14.112/2020)

§ 2º O disposto neste artigo não afasta a hipótese prevista no art. 122 desta Lei. (Acrescido pela Lei 14.112/2020)

(...)

SEÇÃO X.
DA REALIZAÇÃO DO ATIVO

Art. 139. Logo após a arrecadação dos bens, com a juntada do respectivo auto ao processo de falência, será iniciada a realização do ativo.

(...)

Art. 141. Na alienação conjunta ou separada de ativos, inclusive da empresa ou de suas filiais, promovida sob qualquer das modalidades de que trata o art. 142: (Redação dada pela Lei 14.112/2020)

▸ Esta Lei: art. 145, § 1º.

I – todos os credores, observada a ordem de preferência definida no art. 83 desta Lei, sub-rogam-se no produto da realização do ativo;

II – o objeto da alienação estará livre de qualquer ônus e não haverá sucessão do arrematante nas obrigações do devedor, inclusive as de natureza tributária, as derivadas da legislação do trabalho e as decorrentes de acidentes de trabalho.

§ 1º. O disposto no inciso II do *caput* deste artigo não se aplica quando o arrematante for:

‣ Esta Lei: art. 60, parágrafo único.

I – sócio da sociedade falida, ou sociedade controlada pelo falido;

II – parente, em linha reta ou colateral até o 4º (quarto) grau, consanguíneo ou afim, do falido ou de sócio da sociedade falida; ou

III – identificado como agente do falido com o objetivo de fraudar a sucessão.

§ 2º. Empregados do devedor contratados pelo arrematante serão admitidos mediante novos contratos de trabalho e o arrematante não responde por obrigações decorrentes do contrato anterior.

§ 3º A alienação nas modalidades de que trata o art. 142 desta Lei poderá ser realizada com compartilhamento de custos operacionais por 2 (duas) ou mais empresas em situação falimentar. (Acrescido pela Lei 14.112/2020)

Art. 142. A alienação de bens dar-se-á por uma das seguintes modalidades: (Redação dada pela Lei 14.112/2020)

‣ Esta Lei: arts. 60; 144 e 166.

I – leilão eletrônico, presencial ou híbrido; (Redação dada pela Lei 14.112/2020)

II e III – (Revogados pela Lei 14.112/2020)

IV – processo competitivo organizado promovido por agente especializado e de reputação ilibada, cujo procedimento deverá ser detalhado em relatório anexo ao plano de realização do ativo ou ao plano de recuperação judicial, conforme o caso; (Acrescido pela Lei 14.112/2020)

V – qualquer outra modalidade, desde que aprovada nos termos desta Lei. (Acrescido pela Lei 14.112/2020)

§§ 1º e 2º. (Revogados pela Lei 14.112/2020).

§ 2º-A. A alienação de que trata o *caput* deste artigo: (Acrescido pela Lei 14.112/2020)

I – dar-se-á independentemente de a conjuntura do mercado no momento da venda ser favorável ou desfavorável, dado o caráter forçado da venda;

II – independerá da consolidação do quadro-geral de credores;

III – poderá contar com serviços de terceiros como consultores, corretores e leiloeiros;

IV – deverá ocorrer no prazo máximo de 180 (cento e oitenta) dias, contado da data da lavratura do auto de arrecadação, no caso de falência;

V – não estará sujeita à aplicação do conceito de preço vil.

§ 3º. Ao leilão eletrônico, presencial ou híbrido aplicam-se, no que couber, as regras da Lei nº 13.105, de 16 de março de 2015 (Código de Processo Civil). (Redação dada pela Lei 14.112/2020)

§ 3º-A. A alienação por leilão eletrônico, presencial ou híbrido dar-se-á:(Acrescido pela Lei 14.112/2020)

I - em primeira chamada, no mínimo pelo valor de avaliação do bem;

II - em segunda chamada, dentro de 15 (quinze) dias, contados da primeira chamada, por no mínimo 50% (cinquenta por cento) do valor de avaliação; e

III – em terceira chamada, dentro de 15 (quinze) dias, contados da segunda chamada, por qualquer preço.

§ 3º-B. A alienação prevista nos incisos IV e V do *caput* deste artigo, conforme disposições específicas desta Lei, observará o seguinte: (Acrescido pela Lei 14.112/2020)

I - será aprovada pela assembleia-geral de credores;

II - decorrerá de disposição de plano de recuperação judicial aprovado; ou

III - deverá ser aprovada pelo juiz, considerada a manifestação do administrador judicial e do Comitê de Credores, se existente.

§§ 4º a 6º. (Revogados pela Lei 14.112/2020)

§ 7º Em qualquer modalidade de alienação, o Ministério Público e as Fazendas Públicas serão intimados por meio eletrônico, nos termos da legislação vigente e respeitadas as respectivas prerrogativas funcionais, sob pena de nulidade. (Redação dada pela Lei 14.112/2020)

§ 8º Todas as formas de alienação de bens realizadas de acordo com esta Lei serão consideradas, para todos os fins e efeitos, alienações judiciais. (Acrescido pela Lei 14.112/2020)

(...)

Art. 145. Por deliberação tomada nos termos do art. 42 desta Lei, os credores poderão adjudicar os bens alienados na falência ou adquiri-los por meio de constituição de sociedade, de fundo ou de outro veículo de investimento, com a participação, se necessária, dos atuais sócios do devedor ou de terceiros, ou mediante conversão de dívida em capital. (Redação dada pela Lei 14.112/2020)

‣ Esta Lei: arts. 35, II, c; e 46.

§ 1º Aplica-se irrestritamente o disposto no art. 141 desta Lei à transferência dos bens à sociedade, ao fundo ou ao veículo de investimento mencionados no *caput* deste artigo. (Redação dada pela Lei 14.112/2020)

§§ 2º e 3º. (Revogados pela Lei 14.112/2020)

§ 4º Será considerada não escrita qualquer restrição convencional à venda ou à circulação das participações na sociedade, no fundo de investimento ou no veículo de investimento a que se refere o *caput* deste artigo. (Acrescido pela Lei 14.112/2020)

(...)

SEÇÃO XI.
DO PAGAMENTO AOS CREDORES

(...)

Art. 151. Os créditos trabalhistas de natureza estritamente salarial vencidos nos 3 (três) meses anteriores à decretação da falência, até o limite de 5 (cinco) salários-mínimos por trabalhador, serão pagos tão logo haja disponibilidade em caixa.

‣ Esta Lei: art. 86, parágrafo único.

(...)

CAPÍTULO VI.
DA RECUPERAÇÃO EXTRAJUDICIAL

Art. 161. O devedor que preencher os requisitos do art. 48 desta Lei poderá propor e negociar com credores plano de recuperação extrajudicial.

‣ Súm. nº 480 do STJ.

‣‣ *Vide* art. 50 desta Lei.

§ 1º Estão sujeitos à recuperação extrajudicial todos os créditos existentes na data do pedido, exceto os créditos de natureza tributária e aqueles previstos no § 3º do art. 49 e no inciso II do *caput* do art. 86 desta Lei, e a sujeição dos créditos de natureza trabalhista e por acidentes de trabalho exige negociação coletiva com o sindicato da respectiva categoria profissional. (Redação dada pela Lei 14.112/2020)

(...)

CAPÍTULO VIII.
DISPOSIÇÕES FINAIS E TRANSITÓRIAS

(...)

Art. 192. Esta Lei não se aplica aos processos de falência ou de concordata ajuizados anteriormente ao início de sua vigência, que serão concluídos nos termos do Decreto-Lei nº 7.661, de 21 de junho de 1945.

§ 1º. Fica vedada a concessão de concordata suspensiva nos processos de falência em curso, podendo ser promovida a alienação dos bens da massa falida assim que concluída sua arrecadação, independentemente da formação do quadro-geral de credores e da conclusão do inquérito judicial.

§ 2º. A existência de pedido de concordata anterior à vigência desta Lei não obsta o pedido de recuperação judicial pelo devedor que não houver descumprido obrigação no âmbito da concordata, vedado, contudo, o pedido baseado no plano especial de recuperação judicial para microempresas e empresas de pequeno porte a que se refere a Seção V do Capítulo III desta Lei.

§ 3º. No caso do § 2º deste artigo, se deferido o processamento da recuperação judicial, o processo de concordata será extinto e os créditos submetidos à concordata serão inscritos por seu valor original na recuperação judicial, deduzidas as parcelas pagas pelo concordatário.

§ 4º. Esta Lei aplica-se às falências decretadas em sua vigência resultantes de convolação de concordatas ou de pedidos de falência anteriores, às quais se aplica, até a decretação, o Decreto-Lei nº 7.661, de 21 de junho de 1945, observado, na decisão que decretar a falência, o disposto no art. 99 desta Lei.

(...)

Art. 200. Ressalvado o disposto no art. 192 desta Lei, ficam revogados o Decreto-Lei nº 7.661, de 21 de junho de 1945, e os arts. 503 a 512 do Decreto-Lei nº 3.689, de 3 de outubro de 1941 – Código de Processo Penal.

Art. 201. Esta Lei entra em vigor 120 (cento e vinte) dias após sua publicação.

Brasília, 9 de fevereiro de 2005, 184º da Independência e 117º da República.

LUIZ INÁCIO LULA DA SILVA

Publicado no DOU de 09.02.2005

INSTRUÇÃO NORMATIVA TST Nº 27, DE 16 DE FEVEREIRO DE 2005

Dispõe sobre normas procedimentais aplicáveis ao processo do trabalho em decorrência da ampliação da competência da Justiça do Trabalho pela Emenda Constitucional nº 45/2004.

‣ *Aplicação da EC 45/2004 na Justiça do Trabalho*

Art. 1º As ações ajuizadas na Justiça do Trabalho tramitarão pelo rito ordinário ou sumaríssimo, conforme previsto na Consolidação das Leis do Trabalho, excepcionando-se, apenas, as que, por disciplina legal expressa, estejam sujeitas a rito especial, tais como o Mandado de Segurança, *Habeas Corpus*, *Habeas Data*, Ação Rescisória, Ação Cautelar e Ação de Consignação em Pagamento.

Art. 2º A sistemática recursal a ser observada é a prevista na Consolidação das Leis do Trabalho, inclusive no tocante à nomenclatura, à alçada, aos prazos e às competências.

Parágrafo único. O depósito recursal a que se refere o art. 899 da CLT é sempre exigível como requisito extrínseco do recurso, quando houver condenação em pecúnia.

Art. 3º Aplicam-se quanto às custas as disposições da Consolidação das Leis do Trabalho.

§ 1º As custas serão pagas pelo vencido, após o trânsito em julgado da decisão.

§ 2º Na hipótese de interposição de recurso, as custas deverão ser pagas e comprovado seu recolhimento no prazo recursal (artigos 789, 789-A, 790 e 790-A da CLT).

§ 3º Salvo nas lides decorrentes da relação de emprego, é aplicável o princípio da sucumbência recíproca, relativamente às custas.

Art. 4º Aos emolumentos aplicam-se as regras previstas na Consolidação das Leis do Trabalho, conforme previsão dos artigos 789-B e 790 da CLT.

Parágrafo único. Os entes públicos mencionados no art. 790-A da CLT são isentos do pagamento de emolumentos. *(acrescentado pela Resolução nº 133/2005)*

Art. 5º Exceto nas lides decorrentes da relação de emprego, os honorários advocatícios são devidos pela mera sucumbência.

Art. 6º Os honorários periciais serão suportados pela parte sucumbente na pretensão objeto da perícia, salvo se beneficiária da justiça gratuita.

Parágrafo único. Faculta-se ao juiz, em relação à perícia, exigir depósito prévio dos honorários, ressalvadas as lides decorrentes da relação de emprego.

Art. 7º Esta Resolução entrará em vigor na data da sua publicação.

Sala de Sessões, 16 de fevereiro de 2005.

Valério Augusto Freitas do Carmo

LEI Nº 11.340, DE 7 DE AGOSTO DE 2006

Cria mecanismos para coibir a violência doméstica e familiar contra a mulher, nos termos do § 8º do art. 226 da Constituição Federal, da Convenção sobre a Eliminação de Todas as Formas de Discriminação contra as Mulheres e da Convenção Interamericana para Prevenir, Punir e Erradicar a Violência contra a Mulher; dispõe sobre a criação dos Juizados de Violência Doméstica e Familiar contra a Mulher; altera o Código de Processo Penal, o Código Penal e a Lei de Execução Penal; e dá outras providências.

- *Lei Maria da Penha*

O PRESIDENTE DA REPÚBLICA Faço saber que o Congresso Nacional decreta e eu sanciono a seguinte Lei:

TÍTULO I. DISPOSIÇÕES PRELIMINARES

- Lei 13.239/2015 – Cirurgia plástica reparadora causadas por atos de violência contra a mulher pelo SUS.
- Lei 12.845/2013– Dispõe sobre o atendimento obrigatório e integral de pessoas em situação de violência sexual.
- v. Decreto 5.017/2004 – Promulga o Protocolo Adicional à Convenção das Nações Unidas contra o Crime Organizado Transnacional Relativo à Prevenção, Repressão e Punição do Tráfico de Pessoas, em Especial Mulheres e Crianças. (Protocolo de Palermo)
- Decreto 4.377/2002 – Convenção sobre a eliminação de todas as formas de discriminação contra a mulher.
- Decreto 1.973/1996 – Promulga a Convenção Interamericana para Prevenir, Punir e Erradicar a Violência contra a Mulher, concluída em Belém do Pará, em 9 de junho de 1994.

Art. 1º. Esta Lei cria mecanismos para coibir e prevenir a violência doméstica e familiar contra a mulher, nos termos do § 8º do art. 226 da Constituição Federal, da Convenção sobre a Eliminação de Todas as Formas de Violência contra a Mulher, da Convenção Interamericana para Prevenir, Punir e Erradicar a Violência contra a Mulher e de outros tratados internacionais ratificados pela República Federativa do Brasil; dispõe sobre a criação dos Juizados de Violência Doméstica e Familiar contra a Mulher; e estabelece medidas de assistência e proteção às mulheres em situação de violência doméstica e familiar.

- ADC 19: O STF, por unanimidade, "julgou procedente a ação declaratória para declarar a constitucionalidade art. 1º da Lei 11.340/2006". (D.O.U. 17.2.2012)
- » *Vide* art. 226, § 8.º, da CF.

Art. 2º. Toda mulher, independentemente de classe, raça, etnia, orientação sexual, renda, cultura, nível educacional, idade e religião, goza dos direitos fundamentais inerentes à pessoa humana, sendo-lhe asseguradas as oportunidades e facilidades para viver sem violência, preservar sua saúde física e mental e seu aperfeiçoamento moral, intelectual e social.

- CF/88: art. 5º, I.

Art. 3º. Serão asseguradas às mulheres as condições para o exercício efetivo dos direitos à vida, à segurança, à saúde, à alimentação, à educação, à cultura, à moradia, ao acesso à justiça, ao esporte, ao lazer, ao trabalho, à cidadania, à liberdade, à dignidade, ao respeito e à convivência familiar e comunitária.

§ 1º. O poder público desenvolverá políticas que visem garantir os direitos humanos das mulheres no âmbito das relações domésticas e familiares no sentido de resguardá-las de toda forma de negligência, discriminação, exploração, violência, crueldade e opressão.

§ 2º. Cabe à família, à sociedade e ao poder público criar as condições necessárias para o efetivo exercício dos direitos enunciados no *caput*.

Art. 4º. Na interpretação desta Lei, serão considerados os fins sociais a que ela se destina e, especialmente, as condições peculiares das mulheres em situação de violência doméstica e familiar.

TÍTULO II. DA VIOLÊNCIA DOMÉSTICA E FAMILIAR CONTRA A MULHER

CAPÍTULO I. DISPOSIÇÕES GERAIS

Art. 5º. Para os efeitos desta Lei, configura violência doméstica e familiar contra a mulher qualquer ação ou omissão baseada no gênero que lhe cause morte, lesão, sofrimento físico, sexual ou psicológico e dano moral ou patrimonial:

- CP: art. 61, II, f.
- Súm. 600, STJ.
- » *Vide* Súmula 589 do STJ.
- » *Vide* Súmula 536 do STJ.

I – no âmbito da unidade doméstica, compreendida como o espaço de convívio permanente de pessoas, com ou sem vínculo familiar, inclusive as esporadicamente agregadas;

II – no âmbito da família, compreendida como a comunidade formada por indivíduos que são ou se consideram aparentados, unidos por laços naturais, por afinidade ou por vontade expressa;

III – em qualquer relação íntima de afeto, na qual o agressor conviva ou tenha convivido com a ofendida, independentemente de coabitação.

Parágrafo único. As relações pessoais enunciadas neste artigo independem de orientação sexual.

Art. 6º. A violência doméstica e familiar contra a mulher constitui uma das formas de violação dos direitos humanos.

CAPÍTULO II. DAS FORMAS DE VIOLÊNCIA DOMÉSTICA E FAMILIAR CONTRA A MULHER

Art. 7º. São formas de violência doméstica e familiar contra a mulher, entre outras:

- Súm. 600, STJ.

I – a violência física, entendida como qualquer conduta que ofenda sua integridade ou saúde corporal;

II – a violência psicológica, entendida como qualquer conduta que lhe cause dano emocional e diminuição da autoestima ou que lhe prejudique e perturbe o pleno desenvolvimento ou que vise degradar ou controlar suas ações, comportamentos, crenças e decisões, mediante ameaça, constrangimento, humilhação, manipulação, isolamento, vigilância constante, perseguição contumaz, insulto, chantagem, violação de sua intimidade, ridicularização, exploração e limitação do direito de ir e vir ou qualquer outro meio que lhe cause prejuízo à saúde psicológica e à autodeterminação; *(Redação dada pela Lei 13.772/2018)*

III – a violência sexual, entendida como qualquer conduta que a constranja a presenciar, a manter ou a participar de relação sexual não desejada, mediante intimidação, ameaça, coação ou uso da força; que a induza a comercializar ou a utilizar, de qualquer modo, a sua sexualidade, que a impeça de usar qualquer método contraceptivo ou que a force ao matrimônio, à gravidez, ao aborto ou à prostituição, mediante coação, chantagem, suborno ou manipulação; ou que limite ou anule o exercício de seus direitos sexuais e reprodutivos;

IV – a violência patrimonial, entendida como qualquer conduta que configure retenção, subtração, destruição parcial ou total de seus objetos, instrumentos de trabalho, documentos pessoais, bens, valores e direitos ou recursos econômicos, incluindo os destinados a satisfazer suas necessidades;

V – a violência moral, entendida como qualquer conduta que configure calúnia, difamação ou injúria.

TÍTULO III. DA ASSISTÊNCIA À MULHER EM SITUAÇÃO DE VIOLÊNCIA DOMÉSTICA E FAMILIAR

CAPÍTULO I. DAS MEDIDAS INTEGRADAS DE PREVENÇÃO

Art. 8º. A política pública que visa coibir a violência doméstica e familiar contra a mulher far-se-á por meio de um conjunto articulado de ações da União, dos Estados, do Distrito Federal e dos Municípios e de ações não governamentais, tendo por diretrizes:

I - a integração operacional do Poder Judiciário, do Ministério Público e da Defensoria Pública com as áreas de segurança pública, assistência social, saúde, educação, trabalho e habitação;

II – a promoção de estudos e pesquisas, estatísticas e outras informações relevantes, com a perspectiva de gênero e de raça ou etnia, concernentes às causas, às consequências e à frequência da violência doméstica e familiar contra a mulher, para a sistematização de dados, a serem unificados nacionalmente, e a avaliação periódica dos resultados das medidas adotadas;

III – o respeito, nos meios de comunicação social, dos valores éticos e sociais da pessoa e da família, de forma a coibir os papéis estereotipados que legitimem ou exacerbem a violência doméstica e familiar, de acordo com o estabelecido no inciso III do art. 1º, no inciso IV do art. 3º e no inciso IV do art. 221 da Constituição Federal;

IV – a implementação de atendimento policial especializado para as mulheres, em particular nas Delegacias de Atendimento à Mulher;

V – a promoção e a realização de campanhas educativas de prevenção da violência doméstica e familiar contra a mulher, voltadas ao público escolar e à sociedade em geral, e a difusão desta Lei e dos instrumentos de proteção aos direitos humanos das mulheres;

VI – a celebração de convênios, protocolos, ajustes, termos ou outros instrumentos de promoção de parceria entre órgãos governamentais ou entre estes e entidades não governamentais, tendo por objetivo a implementação de programas de erradicação da violência doméstica e familiar contra a mulher;

VII – a capacitação permanente das Polícias Civil e Militar, da Guarda Municipal, do Corpo de Bombeiros e dos profissionais pertencentes aos órgãos e às áreas enunciados no inciso I quanto às questões de gênero e de raça ou etnia;

VIII – a promoção de programas educacionais que disseminem valores éticos de irrestrito respeito à dignidade da pessoa humana com a perspectiva de gênero e de raça ou etnia;

IX – o destaque, nos currículos escolares de todos os níveis de ensino, para os conteúdos relativos aos direitos humanos, à equidade de gênero e de raça ou etnia e ao problema da violência doméstica e familiar contra a mulher.

CAPÍTULO II. DA ASSISTÊNCIA À MULHER EM SITUAÇÃO DE VIOLÊNCIA DOMÉSTICA E FAMILIAR

Art. 9º. A assistência à mulher em situação de violência doméstica e familiar será prestada de forma articulada e conforme os princípios e as diretrizes previstos na Lei Orgânica da Assistência Social, no Sistema Único de Saúde, no Sistema Único de Segurança Pública, entre outras normas e políticas públicas de proteção, e emergencialmente quando for o caso.

§ 1º. O juiz determinará, por prazo certo, a inclusão da mulher em situação de violência doméstica e familiar no cadastro de programas assistenciais do governo federal, estadual e municipal.

§ 2º. O juiz assegurará à mulher em situação de violência doméstica e familiar, para preservar sua integridade física e psicológica:

I – acesso prioritário à remoção quando servidora pública, integrante da administração direta ou indireta;

II – manutenção do vínculo trabalhista, quando necessário o afastamento do local de trabalho, por até 6 (seis) meses;

III - encaminhamento à assistência judiciária, quando for o caso, inclusive para eventual ajuizamento da ação de separação judicial, de divórcio, de anulação de casamento ou de dissolução de união estável perante o juízo competente. (Inciso acrescido pela Lei 13.894/2019)

§ 3º. A assistência à mulher em situação de violência doméstica e familiar compreenderá o acesso aos benefícios decorrentes do desenvolvimento científico e tecnológico, incluindo os serviços de contracepção de emergência, a profilaxia das Doenças Sexualmente Transmissíveis (DST) e da Síndrome da Imunodeficiência Adquirida (AIDS) e outros procedimentos médicos necessários e cabíveis nos casos de violência sexual.

§ 4º Aquele que, por ação ou omissão, causar lesão, violência física, sexual ou psicológica e dano moral ou patrimonial a mulher fica obrigado a ressarcir todos os danos causados, inclusive ressarcir ao Sistema Único de Saúde (SUS), de acordo com a tabela SUS, os custos relativos aos serviços de saúde prestados para o total tratamento das vítimas em situação de violência doméstica e familiar, recolhidos os recursos assim arrecadados ao Fundo de Saúde do ente federado responsável pelas unidades de saúde que prestarem os serviços. (Parágrafo acrescido pela Lei nº 13.871/2019)

§ 5º Os dispositivos de segurança destinados ao uso em caso de perigo iminente e disponibilizados para o monitoramento das vítimas de violência doméstica ou familiar amparadas por medidas protetivas terão seus custos ressarcidos pelo agressor. (Parágrafo acrescido pela Lei 13.871/2019)

§ 6º O ressarcimento de que tratam os §§ 4º e 5º deste artigo não poderá importar ônus de qualquer natureza ao patrimônio da mulher e dos seus dependentes, nem configurar atenuante ou ensejar possibilidade de substituição da pena aplicada. (Parágrafo acrescido pela Lei 13.871/2019)

§ 7º A mulher em situação de violência doméstica e familiar tem prioridade para matricular seus dependentes em instituição de educação básica mais próxima de seu domicílio, ou transferi-los para essa instituição, mediante a apresentação dos documentos comprobatórios do registro da ocorrência policial ou do processo de violência doméstica e familiar em curso. (Parágrafo acrescido pela Lei 13.882/2019)

§ 8º Serão sigilosos os dados da ofendida e de seus dependentes matriculados ou transferidos conforme o disposto no § 7º deste artigo, e o acesso às informações será reservado ao juiz, ao Ministério Público e aos órgãos competentes do poder público. (Parágrafo acrescido pela Lei 13.882/2019)

CAPÍTULO III. DO ATENDIMENTO PELA AUTORIDADE POLICIAL

Art. 10. Na hipótese da iminência ou da prática de violência doméstica e familiar contra a mulher, a autoridade policial que tomar conhecimento da ocorrência adotará, de imediato, as providências legais cabíveis.

Parágrafo único. Aplica-se o disposto no *caput* deste artigo ao descumprimento de medida protetiva de urgência deferida.

Art. 10-A. É direito da mulher em situação de violência doméstica e familiar o atendimento policial e pericial especializado, ininterrupto e prestado por servidores – preferencialmente do sexo feminino – previamente capacitados. (Incluído pela Lei nº 13.505, de 2017)

§ 1º. A inquirição de mulher em situação de violência doméstica e familiar ou de testemunha de violência doméstica, quando se tratar de crime contra a mulher, obedecerá às seguintes diretrizes: (Incluído pela Lei nº 13.505, de 2017)

I – salvaguarda da integridade física, psíquica e emocional da depoente, considerada a sua condição peculiar de pessoa em situação de violência doméstica e familiar; (Incluído pela Lei nº 13.505, de 2017)

II – garantia de que, em nenhuma hipótese, a mulher em situação de violência doméstica e familiar, familiares e testemunhas terão contato direto com investigados ou suspeitos e pessoas a eles relacionadas; (Incluído pela Lei nº 13.505, de 2017)

III – não revitimização da depoente, evitando sucessivas inquirições sobre o mesmo fato nos âmbitos criminal, cível e administrativo, bem como questionamentos sobre a vida privada. (Incluído pela Lei nº 13.505, de 2017)

§ 2º Na inquirição de mulher em situação de violência doméstica e familiar ou de testemunha de delitos de que trata esta Lei, adotar-se-á, preferencialmente, o seguinte procedimento: (Incluído pela Lei nº 13.505, de 2017)

I – a inquirição será feita em recinto especialmente projetado para esse fim, o qual conterá os equipamentos próprios e adequados à idade da mulher em situação de violência doméstica e familiar ou testemunha e ao tipo e à gravidade da violência sofrida; (Incluído pela Lei nº 13.505, de 2017)

II – quando for o caso, a inquirição será intermediada por profissional especializado em violência doméstica e familiar designado pela autoridade judiciária ou policial; (Incluído pela Lei nº 13.505, de 2017)

III – o depoimento será registrado em meio eletrônico ou magnético, devendo a degravação e a mídia integrar o inquérito. (Incluído pela Lei nº 13.505, de 2017)

Art. 11. No atendimento à mulher em situação de violência doméstica e familiar, a autoridade policial deverá, entre outras providências:

I – garantir proteção policial, quando necessário, comunicando de imediato ao Ministério Público e ao Poder Judiciário;

II – encaminhar a ofendida ao hospital ou posto de saúde e ao Instituto Médico Legal;

III – fornecer transporte para a ofendida e seus dependentes para abrigo ou local seguro, quando houver risco de vida;

IV – se necessário, acompanhar a ofendida para assegurar a retirada de seus pertences do local da ocorrência ou do domicílio familiar;

V - informar à ofendida os direitos a ela conferidos nesta Lei e os serviços disponíveis, inclusive os de assistência judiciária para o eventual ajuizamento perante o juízo competente da ação de separação judicial, de divórcio, de anulação de casamento ou de dissolução de união estável. (Inciso com redação dada pela Lei 13.894/2019)

Art. 12. Em todos os casos de violência doméstica e familiar contra a mulher, feito o registro da ocorrência, deverá a autoridade policial adotar, de imediato, os seguintes procedimentos, sem prejuízo daqueles previstos no Código de Processo Penal:

I – ouvir a ofendida, lavrar o boletim de ocorrência e tomar a representação a termo, se apresentada;

- ADIn 4.424/DF: O STF, por maioria, "julgou procedente a ação direta para, dando interpretação conforme aos arts. 12, I, e 16, ambos da Lei 11.340/2006, assentar a natureza incondicionada da ação penal em caso de crime de lesão, pouco importando a extensão desta, praticado contra a mulher no ambiente doméstico". (D.O.U. 17.2.2012)

II – colher todas as provas que servirem para o esclarecimento do fato e de suas circunstâncias;

III – remeter, no prazo de 48 (quarenta e oito) horas, expediente apartado ao juiz com o pedido da ofendida, para a concessão de medidas protetivas de urgência;

IV – determinar que se proceda ao exame de corpo de delito da ofendida e requisitar outros exames periciais necessários;

V – ouvir o agressor e as testemunhas;

VI – ordenar a identificação do agressor e fazer juntar aos autos sua folha de antecedentes criminais, indicando a existência de mandado de prisão ou registro de outras ocorrências policiais contra ele;

VI-A - verificar se o agressor possui registro de porte ou posse de arma de fogo e, na hipótese de existência, juntar aos autos essa informação, bem como notificar a ocorrência à instituição responsável pela concessão do registro ou da emissão do porte, nos termos da Lei nº 10.826, de 22 de dezembro de 2003 (Estatuto do Desarmamento); (Inciso acrescido pela Lei 13.880/2019)

VII – remeter, no prazo legal, os autos do inquérito policial ao juiz e ao Ministério Público.

§ 1º. O pedido da ofendida será tomado a termo pela autoridade policial e deverá conter:

I – qualificação da ofendida e do agressor;

II – nome e idade dos dependentes;

III – descrição sucinta do fato e das medidas protetivas solicitadas pela ofendida.

IV – informação sobre a condição de a ofendida ser pessoa com deficiência e se da violência sofrida resultou deficiência ou agravamento de deficiência preexistente. (Acrescido pela Lei nº 13.836/2019)

§ 2º. A autoridade policial deverá anexar ao documento referido no § 1º o boletim de ocorrência e cópia de todos os documentos disponíveis em posse da ofendida.

§ 3º. Serão admitidos como meios de prova os laudos ou prontuários médicos fornecidos por hospitais e postos de saúde.

Art. 12-A. Os Estados e o Distrito Federal, na formulação de suas políticas e planos de atendimento à mulher em situação de violência doméstica e familiar, darão prioridade, no âmbito da Polícia Civil, à criação de Delegacias Especializadas de Atendimento à Mulher (Deams), de Núcleos Investigativos de Feminicídio e de equipes especializadas para o atendimento e a investigação das violências graves contra a mulher. (Incluído pela Lei nº 13.505, de 2017)

Art. 12-B. *(Vetado na Lei 13.505/2017)*

§§ 1º e 2º. *(Vetados na Lei 13.505/2017)*

§ 3º. A autoridade policial poderá requisitar os serviços públicos necessários à defesa da mulher em situação de violência doméstica e familiar e de seus dependentes. (Incluído pela Lei nº 13.505, de 2017)

Art. 12-C. Verificada a existência de risco atual ou iminente à vida ou à integridade física ou psicológica da mulher em situação de violência doméstica e familiar, ou de seus dependentes, o agressor será imediatamente afastado do lar, domicílio ou local de convivência com a ofendida: *(Redação dada pela Lei 14.188/2021)*

I - pela autoridade judicial;

II - pelo delegado de polícia, quando o Município não for sede de comarca; ou

III - pelo policial, quando o Município não for sede de comarca e não houver delegado disponível no momento da denúncia.

§ 1º Nas hipóteses dos incisos II e III do *caput* deste artigo, o juiz será comunicado no prazo máximo de 24 (vinte e quatro) horas e decidirá, em igual prazo, sobre a manutenção ou a revogação da medida aplicada, devendo dar ciência ao Ministério Público concomitantemente.

§ 2º Nos casos de risco à integridade física da ofendida ou à efetividade da medida protetiva de urgência, não será concedida liberdade provisória ao preso.

TÍTULO IV.
DOS PROCEDIMENTOS

CAPÍTULO I.
DISPOSIÇÕES GERAIS

Art. 13. Ao processo, ao julgamento e à execução das causas cíveis e criminais decorrentes da prática de violência doméstica e familiar contra a mulher aplicar-se-ão as normas dos Códigos de Processo Penal e Processo Civil e da legislação específica relativa à criança, ao adolescente e ao idoso que não conflitarem com o estabelecido nesta Lei.

Art. 14. Os Juizados de Violência Doméstica e Familiar contra a Mulher, órgãos da Justiça Ordinária com competência cível e criminal, poderão ser criados pela União, no Distrito Federal e nos Territórios, e pelos Estados, para o processo, o julgamento e a execução das causas decorrentes da prática de violência doméstica e familiar contra a mulher.

- Súm. 536 do STJ.

Parágrafo único. Os atos processuais poderão realizar-se em horário noturno, conforme dispuserem as normas de organização judiciária.

Art. 14-A. A ofendida tem a opção de propor ação de divórcio ou de dissolução de união estável no Juizado de Violência Doméstica e Familiar contra a Mulher. (Artigo acrescido pela Lei 13.894/2019, vetado pelo Presidente da República, mantido pelo Congresso Nacional e publicado no DOU de 11/12/2019)

§ 1º Exclui-se da competência dos Juizados de Violência Doméstica e Familiar contra a Mulher a pretensão relacionada à partilha de bens.

§ 2º Iniciada a situação de violência doméstica e familiar após o ajuizamento da ação de divórcio ou de dissolução de união estável, a ação terá preferência no juízo onde estiver.

Art. 15. É competente, por opção da ofendida, para os processos cíveis regidos por esta Lei, o Juizado:

I – do seu domicílio ou de sua residência;

II – do lugar do fato em que se baseou a demanda;

III – do domicílio do agressor.

Art. 16. Nas ações penais públicas condicionadas à representação da ofendida de que trata esta Lei, só será admitida a renúncia à representação perante o juiz, em audiência especialmente designada com tal finalidade, antes do recebimento da denúncia e ouvido o Ministério Público.

- ADIn 4.424/DF: O STF, por maioria, "julgou procedente a ação direta para, dando interpretação conforme aos arts. 12, I, e 16, ambos da Lei 11.340/2006, assentar a natureza incondicionada da ação penal em caso de crime de lesão, pouco importando a extensão desta, praticado contra a mulher no ambiente doméstico". (D.O.U. 17.2.2012)
- ADI 7267: O STF, por unanimidade, julgou parcialmente procedente a ação, para dar interpretação conforme à CF ao dispositivo, de modo a reconhecer a inconstitucionalidade da designação, de ofício, da audiência nele prevista, assim como da inconstitucionalidade do reconhecimento de que eventual não comparecimento da vítima de violência doméstica implique "retratação tácita" ou "renúncia tácita ao direito de representação", nos termos do voto do Relator. (*DJE* de 01.09.2023)

Art. 17. É vedada a aplicação, nos casos de violência doméstica e familiar contra a mulher, de penas de cesta básica ou outras de prestação pecuniária, bem como a substituição de pena que implique o pagamento isolado de multa.

- Súm. 536 do STJ.

CAPÍTULO II.
DAS MEDIDAS PROTETIVAS DE URGÊNCIA

SEÇÃO I.
DISPOSIÇÕES GERAIS

Art. 18. Recebido o expediente com o pedido da ofendida, caberá ao juiz, no prazo de 48 (quarenta e oito) horas:

I – conhecer do expediente e do pedido e decidir sobre as medidas protetivas de urgência;

II - determinar o encaminhamento da ofendida ao órgão de assistência judiciária, quando for o caso, inclusive para o ajuizamento da ação de separação judicial, de divórcio, de anulação de casamento ou de dissolução de união estável perante o juízo competente; (Inciso com redação dada pela Lei 13.894/2019)

III – comunicar ao Ministério Público para que adote as providências cabíveis.

IV - determinar a apreensão imediata de arma de fogo sob a posse do agressor. (Inciso acrescido pela Lei 13.880/2019)

Art. 19. As medidas protetivas de urgência poderão ser concedidas pelo juiz, a requerimento do Ministério Público ou a pedido da ofendida.

§ 1º. As medidas protetivas de urgência poderão ser concedidas de imediato, independentemente de audiência das partes e de manifestação do Ministério Público, devendo este ser prontamente comunicado.

§ 2º. As medidas protetivas de urgência serão aplicadas isolada ou cumulativamente, e poderão ser substituídas a qualquer tempo por outras de maior eficácia, sempre que os direitos reconhecidos nesta Lei forem ameaçados ou violados.

§ 3º. Poderá o juiz, a requerimento do Ministério Público ou a pedido da ofendida, conceder novas medidas protetivas de urgência ou rever aquelas já concedidas, se entender necessário à proteção da ofendida, de seus familiares e de seu patrimônio, ouvido o Ministério Público.

§ 4º As medidas protetivas de urgência serão concedidas em juízo de cognição sumária a partir do depoimento da ofendida perante a autoridade policial ou da apresentação de suas alegações escritas e poderão ser indeferidas no caso de avaliação pela autoridade de inexistência de risco à integridade física, psicológica, sexual, patrimonial ou moral da ofendida ou de seus dependentes. *(Acrescido pela Lei 14.550/2023)*

§ 5º As medidas protetivas de urgência serão concedidas independentemente da tipificação penal da violência, do ajuizamento de ação penal ou cível, da existência de inquérito policial ou do registro de boletim de ocorrência. *(Acrescido pela Lei 14.550/2023)*

§ 6º As medidas protetivas de urgência vigorarão enquanto persistir risco à integridade física, psicológica, sexual, patrimonial ou moral da ofendida ou de seus dependentes. *(Acrescido pela Lei 14.550/2023)*

Art. 20. Em qualquer fase do inquérito policial ou da instrução criminal, caberá a prisão preventiva do agressor, decretada pelo juiz, de ofício, a requerimento do Ministério Público ou mediante representação da autoridade policial.

- CPP: arts. 312 e 313.

Parágrafo único. O juiz poderá revogar a prisão preventiva se, no curso do processo, verificar a falta de motivo para que subsista, bem como de novo decretá-la, se sobrevierem razões que a justifiquem.

- CPP: art. 316.

Art. 21. A ofendida deverá ser notificada dos atos processuais relativos ao agressor, especialmente dos pertinentes ao ingresso e à saída da prisão, sem prejuízo da intimação do advogado constituído ou do defensor público.

Parágrafo único. A ofendida não poderá entregar intimação ou notificação ao agressor.

SEÇÃO II.
DAS MEDIDAS PROTETIVAS DE URGÊNCIA QUE OBRIGAM O AGRESSOR

Art. 22. Constatada a prática de violência doméstica e familiar contra a mulher, nos termos desta Lei, o juiz poderá aplicar, de imediato, ao agressor, em conjunto ou separadamente, as seguintes medidas protetivas de urgência, entre outras:

I – suspensão da posse ou restrição do porte de armas, com comunicação ao órgão competente, nos termos da Lei nº 10.826, de 22 de dezembro de 2003;

II – afastamento do lar, domicílio ou local de convivência com a ofendida;

III – proibição de determinadas condutas, entre as quais:

a) aproximação da ofendida, de seus familiares e das testemunhas, fixando o limite mínimo de distância entre estes e o agressor;

b) contato com a ofendida, seus familiares e testemunhas por qualquer meio de comunicação;

c) frequentação de determinados lugares a fim de preservar a integridade física e psicológica da ofendida;

IV – restrição ou suspensão de visitas aos dependentes menores, ouvida a equipe de atendimento multidisciplinar ou serviço similar;

V – prestação de alimentos provisionais ou provisórios.

VI – comparecimento do agressor a programas de recuperação e reeducação; e *(Acrescido pela Lei 13.984/2020)*

VII – acompanhamento psicossocial do agressor, por meio de atendimento individual e/ou em grupo de apoio. *(Acrescido pela Lei 13.984/2020)*

§ 1º. As medidas referidas neste artigo não impedem a aplicação de outras previstas na legislação em vigor, sempre que a segurança da ofendida ou as circunstâncias o exigirem, devendo a providência ser comunicada ao Ministério Público.

§ 2º. Na hipótese de aplicação do inciso I, encontrando-se o agressor nas condições mencionadas no *caput* e incisos do art. 6º da Lei nº 10.826, de 22 de dezembro de 2003, o juiz comunicará ao respectivo órgão, corporação ou instituição as medidas protetivas de urgência concedidas e determinará a restrição do porte de armas, ficando o superior imediato do agressor responsável pelo cumprimento da determinação judicial, sob pena de incorrer nos crimes de prevaricação ou de desobediência, conforme o caso.

§ 3º. Para garantir a efetividade das medidas protetivas de urgência, poderá o juiz requisitar, a qualquer momento, auxílio da força policial.

§ 4º. Aplica-se às hipóteses previstas neste artigo, no que couber, o disposto no *caput* e nos §§ 5º e 6º do art. 461 da Lei nº 5.869, de 11 de janeiro de 1973 (Código de Processo Civil).

- Lei 13.105/2015 revogou a lei 5.869/1973.
- CPC/15: arts. 497, 536 e 537.

SEÇÃO III.
DAS MEDIDAS PROTETIVAS DE URGÊNCIA À OFENDIDA

Art. 23. Poderá o juiz, quando necessário, sem prejuízo de outras medidas:

I – encaminhar a ofendida e seus dependentes a programa oficial ou comunitário de proteção ou de atendimento;

II – determinar a recondução da ofendida e a de seus dependentes ao respectivo domicílio, após afastamento do agressor;

III – determinar o afastamento da ofendida do lar, sem prejuízo dos direitos relativos a bens, guarda dos filhos e alimentos;

IV – determinar a separação de corpos;

V - determinar a matrícula dos dependentes da ofendida em instituição de educação básica mais próxima do seu domicílio, ou a transferência deles para essa instituição, independentemente da existência de vaga. (Inciso acrescido pela Lei 13.882/2019)

VI - conceder à ofendida auxílio-aluguel, com valor fixado em função de sua situação de vulnerabilidade social e econômica, por período não superior a 6 (seis) meses. *(Acrescido pela Lei 14.674/2023)*

Art. 24. Para a proteção patrimonial dos bens da sociedade conjugal ou daqueles de propriedade particular da mulher, o juiz poderá determinar, liminarmente, as seguintes medidas, entre outras:

I – restituição de bens indevidamente subtraídos pelo agressor à ofendida;

II – proibição temporária para a celebração de atos e contratos de compra, venda e locação de propriedade em comum, salvo expressa autorização judicial;

III – suspensão das procurações conferidas pela ofendida ao agressor;

IV – prestação de caução provisória, mediante depósito judicial, por perdas e danos materiais decorrentes da prática de violência doméstica e familiar contra a ofendida.

Parágrafo único. Deverá o juiz oficiar ao cartório competente para os fins previstos nos incisos II e III deste artigo.

SEÇÃO IV

- (Incluída pela Lei nº 13.641, de 2018)

DO CRIME DE DESCUMPRIMENTO DE MEDIDAS PROTETIVAS DE URGÊNCIA

DESCUMPRIMENTO DE MEDIDAS PROTETIVAS DE URGÊNCIA

Art. 24-A. Descumprir decisão judicial que defere medidas protetivas de urgência previstas nesta Lei: (Incluído pela Lei nº 13.641, de 2018)

Pena – detenção, de 3 (três) meses a 2 (dois) anos. (Incluído pela Lei nº 13.641, de 2018)

§ 1º A configuração do crime independe da competência civil ou criminal do juiz que deferiu as medidas. (Incluído pela Lei nº 13.641, de 2018)

§ 2º Na hipótese de prisão em flagrante, apenas a autoridade judicial poderá conceder fiança. (Incluído pela Lei nº 13.641, de 2018)

§ 3º O disposto neste artigo não exclui a aplicação de outras sanções cabíveis. (Incluído pela Lei nº 13.641, de 2018)

CAPÍTULO III. DA ATUAÇÃO DO MINISTÉRIO PÚBLICO

- LC 75/1993 – Dispõe sobre a organização, as atribuições e o estatuto do Ministério Público da União.
- Lei 8.625/1993 – Institui a Lei Orgânica Nacional do Ministério Público, dispõe sobre normas gerais para a organização do Ministério Público dos Estados.

Art. 25. O Ministério Público intervirá, quando não for parte, nas causas cíveis e criminais decorrentes da violência doméstica e familiar contra a mulher.

Art. 26. Caberá ao Ministério Público, sem prejuízo de outras atribuições, nos casos de violência doméstica e familiar contra a mulher, quando necessário:

I – requisitar força policial e serviços públicos de saúde, de educação, de assistência social e de segurança, entre outros;

II – fiscalizar os estabelecimentos públicos e particulares de atendimento à mulher em situação de violência doméstica e familiar, e adotar, de imediato, as medidas administrativas ou judiciais cabíveis no tocante a quaisquer irregularidades constatadas;

III – cadastrar os casos de violência doméstica e familiar contra a mulher.

CAPÍTULO IV. DA ASSISTÊNCIA JUDICIÁRIA

Art. 27. Em todos os atos processuais, cíveis e criminais, a mulher em situação de violência doméstica e familiar deverá estar acompanhada de advogado, ressalvado o previsto no art. 19 desta Lei.

Art. 28. É garantido a toda mulher em situação de violência doméstica e familiar o acesso aos serviços de Defensoria Pública ou de Assistência Judiciária Gratuita, nos termos da lei, em sede policial e judicial, mediante atendimento específico e humanizado.

- Lei 1.060/1950 – Estabelece normas para a concessão de assistência judiciária aos necessitados.

TÍTULO V. DA EQUIPE DE ATENDIMENTO MULTIDISCIPLINAR

Art. 29. Os Juizados de Violência Doméstica e Familiar contra a Mulher que vierem a ser criados poderão contar com uma equipe de atendimento multidisciplinar, a ser integrada por profissionais especializados nas áreas psicossocial, jurídica e de saúde.

Art. 30. Compete à equipe de atendimento multidisciplinar, entre outras atribuições que lhe forem reservadas pela legislação local, fornecer subsídios por escrito ao juiz, ao Ministério Público e à Defensoria Pública, mediante laudos ou verbalmente em audiência, e desenvolver trabalhos de orientação, encaminhamento, prevenção e outras medidas, voltados para a ofendida, o agressor e os familiares, com especial atenção às crianças e aos adolescentes.

Art. 31. Quando a complexidade do caso exigir avaliação mais aprofundada, o juiz poderá determinar a manifestação de profissional especializado, mediante a indicação da equipe de atendimento multidisciplinar.

Art. 32. O Poder Judiciário, na elaboração de sua proposta orçamentária, poderá prever recursos para a criação e manutenção da equipe de atendimento multidisciplinar, nos termos da Lei de Diretrizes Orçamentárias.

TÍTULO VI. DISPOSIÇÕES TRANSITÓRIAS

Art. 33. Enquanto não estruturados os Juizados de Violência Doméstica e Familiar contra a Mulher, as varas criminais acumularão as competências cível e criminal para conhecer e julgar as causas decorrentes da prática de violência doméstica e familiar contra a mulher, observadas as previsões do título IV desta Lei, subsidiada pela legislação processual pertinente.

- ADC 19: O STF, por unanimidade, "julgou procedente a ação declaratória para declarar a constitucionalidade art. 33 da Lei 11.340/2006". (D.O.U. 17.2.2012)

Parágrafo único. Será garantido o direito de preferência, nas varas criminais, para o processo e o julgamento das causas referidas no *caput*.

TÍTULO VII. DISPOSIÇÕES FINAIS

Art. 34. A instituição dos Juizados de Violência Doméstica e Familiar contra a Mulher poderá ser acompanhada pela implantação das curadorias necessárias e do serviço de assistência judiciária.

Art. 35. A União, o Distrito Federal, os Estados e os Municípios poderão criar e promover, no limite das respectivas competências:

- Art. 4º da Lei 14.316/2022.

I – centros de atendimento integral e multidisciplinar para mulheres e respectivos dependentes em situação de violência doméstica e familiar;

II – casas-abrigos para mulheres e respectivos dependentes menores em situação de violência doméstica e familiar;

III – delegacias, núcleos de defensoria pública, serviços de saúde e centros de perícia médico-legal especializados no atendimento à mulher em situação de violência doméstica e familiar;

IV – programas e campanhas de enfrentamento da violência doméstica e familiar;

V – centros de educação e de reabilitação para os agressores.

Art. 36. A União, os Estados, o Distrito Federal e os Municípios promoverão a adaptação de seus órgãos e de seus programas às diretrizes e aos princípios desta Lei.

Art. 37. A defesa dos interesses e direitos transindividuais previstos nesta Lei poderá ser exercida, concorrentemente, pelo Ministério Público e por associação de atuação na área, regularmente constituída há pelo menos 1 (um) ano, nos termos da legislação civil.

- CC: arts. 53 a 61.

Parágrafo único. O requisito da pré-constituição poderá ser dispensado pelo juiz quando entender que não há outra entidade com representatividade adequada para o ajuizamento da demanda coletiva.

Art. 38. As estatísticas sobre a violência doméstica e familiar contra a mulher serão incluídas nas bases de dados dos órgãos oficiais do Sistema de Justiça e Segurança a fim de subsidiar o sistema nacional de dados e informações relativo às mulheres.

Parágrafo único. As Secretarias de Segurança Pública dos Estados e do Distrito Federal poderão remeter suas informações criminais para a base de dados do Ministério da Justiça.

Art. 38-A. O juiz competente providenciará o registro da medida protetiva de urgência. (Artigo acrescido pela Lei 13.827/2019)

Parágrafo único. As medidas protetivas de urgência serão, após sua concessão, imediatamente registradas em banco de dados mantido e regulamentado pelo Conselho Nacional de Justiça, garantido o acesso instantâneo do Ministério Público, da Defensoria Pública e dos órgãos de segurança pública e de assistência social, com vistas à fiscalização e à efetividade das medidas protetivas. *(Redação dada pela Lei 14.310/2022)*

Art. 39. A União, os Estados, o Distrito Federal e os Municípios, no limite de suas competências e nos termos das respectivas leis de diretrizes orçamentárias, poderão estabelecer dotações orçamentárias específicas, em cada exercício financeiro, para a implementação das medidas estabelecidas nesta Lei.

Art. 40. As obrigações previstas nesta Lei não excluem outras decorrentes dos princípios por ela adotados.

Art. 40-A. Esta Lei será aplicada a todas as situações previstas no seu art. 5º, independentemente da causa ou da motivação dos atos de violência e da condição do ofensor ou da ofendida. *(Acrescido pela Lei 14.550/2023)*

Art. 41. Aos crimes praticados com violência doméstica e familiar contra a mulher, independentemente da pena prevista, não se aplica a Lei 9.099, de 26 de setembro de 1995.

- ADC 19: o STF, por unanimidade, "julgou procedente a ação declaratória para declarar a constitucionalidade art. 41 da Lei 11.340/2006". (D.O.U. 17.2.2012)

Art. 42. O art. 313 do Decreto-lei nº 3.689, de 3 de outubro de 1941 (Código de Processo Penal), passa a vigorar acrescido do seguinte inciso IV:

"Art. 313. ....

....

IV - se o crime envolver violência doméstica e familiar contra a mulher, nos termos da lei específica, para garantir a execução das medidas protetivas de urgência." (NR)

Art. 43. A alínea *f* do inciso II do art. 61 do Decreto-lei nº 2.848, de 7 de dezembro de 1940 (Código Penal), passa a vigorar com a seguinte redação:

"Art. 61. ....

....

II - ....

....

f) com abuso de autoridade ou prevalecendo-se de relações domésticas, de coabitação ou de hospitalidade, ou com violência contra a mulher na forma da lei específica;

.... " (NR)

Art. 44. O art. 129 do Decreto-lei 2.848, de 7 de dezembro de 1940 (Código Penal), passa a vigorar com as seguintes alterações:

- Alteração incorporada ao texto do referido CP.

Art. 45. O art. 152 da Lei 7.210, de 11 de julho de 1984 (Lei de Execução Penal), passa a vigorar com a seguinte redação:

"Art. 152. ....

Parágrafo único. Nos casos de violência doméstica contra a mulher, o juiz poderá determinar o comparecimento obrigatório do agressor a programas de recuperação e reeducação." (NR)

Art. 46. Esta Lei entra em vigor 45 (quarenta e cinco) dias após sua publicação.

Brasília, 7 de agosto de 2006; 185º da Independência e 118º da República.

LUIZ INÁCIO LULA DA SILVA

Publicado no D.O.U. 8.8.2006

RESOLUÇÃO STJ Nº 4, DE 30 DE NOVEMBRO DE 2006

Dispõe sobre o não conhecimento do agravo de instrumento manifestamente inadmissível.

- *Agravo de instrumento manifestamente inadmissível*
- Publicada no *DJU* de 4-12-2006.

O PRESIDENTE DO SUPERIOR TRIBUNAL DE JUSTIÇA, no uso da atribuição que lhe é conferida pelo art. 21, XX do Regimento Interno, e considerando o decidido na Sessão Plenária de 29 de novembro de 2006, RESOLVE:

Art. 1º Antes da distribuição poderá o Presidente do Tribunal não conhecer do agravo de instrumento, manifestamente inadmissível, interposto de decisão que não admitir o recurso especial.

Art. 2º Da decisão do presidente caberá, no prazo de 5 dias, agravo regimental a relator designado em distribuição.

Art. 3º Esta resolução entra em vigor na data de sua publicação.

Ministro BARROS MONTEIRO

LEI COMPLEMENTAR Nº 123, DE 14 DE DEZEMBRO DE 2006

Institui o Estatuto Nacional da Microempresa e da Empresa de Pequeno Porte; altera dispositivos das Leis nº 8.212 e 8.213, ambas de 24 de julho de 1991, da Consolidação das Leis do Trabalho – CLT, aprovada pelo Decreto-Lei nº 5.452, de 1º de maio de 1943, da Lei nº 10.189, de 14 de fevereiro de 2001, da Lei Complementar nº 63, de 11 de janeiro de 1990; e revoga as Leis nº 9.317, de 5 de dezembro de 1996, e 9.841, de 5 de outubro de 1999.

- (Republicação em atendimento ao disposto no art. 5º da Lei Complementar nº 139, de 10 de novembro de 2011.).
- *Estatuto da microempresa e da empresa de pequeno porte*

O PRESIDENTE DA REPÚBLICA

Faço saber que o Congresso Nacional decreta e eu sanciono a seguinte Lei Complementar:

CAPÍTULO I. DISPOSIÇÕES PRELIMINARES

Art. 1º. Esta Lei Complementar estabelece normas gerais relativas ao tratamento diferenciado e favorecido a ser dispensado às microempresas e empresas de pequeno porte no âmbito dos Poderes da União, dos Estados, do Distrito Federal e dos Municípios, especialmente no que se refere:

- CF: art. 179.

I – à apuração e recolhimento dos impostos e contribuições da União, dos Estados, do Distrito Federal e dos Municípios, mediante regime único de arrecadação, inclusive obrigações acessórias;

II – ao cumprimento de obrigações trabalhistas e previdenciárias, inclusive obrigações acessórias;

III – ao acesso a crédito e ao mercado, inclusive quanto à preferência nas aquisições de bens e serviços pelos Poderes Públicos, à tecnologia, ao associativismo e às regras de inclusão.

IV – ao cadastro nacional único de contribuintes a que se refere o inciso IV do parágrafo único do art. 146, in fine, da Constituição Federal. (Incluído pela Lei Complementar nº 147, de 2014)

§ 1º. Cabe ao Comitê Gestor do Simples Nacional (CGSN) apreciar a necessidade de revisão, a partir de 1º de janeiro de 2015, dos valores expressos em moeda nesta Lei Complementar.

§ 2º. Vetado.

§ 3º. Ressalvado o disposto no Capítulo IV, toda nova obrigação que atinja as microempresas e empresas de pequeno porte deverá apresentar, no instrumento que a instituiu, especificação do tratamento diferenciado, simplificado e favorecido para cumprimento. (Incluído pela Lei Complementar nº 147, de 2014)

§ 4º. Na especificação do tratamento diferenciado, simplificado e favorecido de que trata o § 3º, deverá constar prazo máximo, quando forem necessários procedimentos adicionais, para que os órgãos fiscalizadores cumpram as medidas necessárias à emissão de documentos, realização de vistorias e atendimento das demandas realizadas pelas microempresas e empresas de pequeno porte com o objetivo de cumprir a nova obrigação. (Incluído pela Lei Complementar nº 147, de 2014)

§ 5º. Caso o órgão fiscalizador descumpra os prazos estabelecidos na especificação do tratamento diferenciado e favorecido, conforme o disposto no § 4º, a nova obrigação será inexigível até que seja realizada visita para fiscalização orientadora e seja reiniciado o prazo para regularização. (Incluído pela Lei Complementar nº 147, de 2014)

§ 6º. A ausência de especificação do tratamento diferenciado, simplificado e favorecido ou da determinação de prazos máximos, de acordo com os §§ 3º e 4º, tornará a nova obrigação inexigível para as microempresas e empresas de pequeno porte. (Incluído pela Lei Complementar nº 147, de 2014)

§ 7º. A inobservância do disposto nos §§ 3º a 6º resultará em atentado aos direitos e garantias legais assegurados ao exercício profissional da atividade empresarial. (Incluído pela Lei Complementar nº 147, de 2014)

Art. 2º. O tratamento diferenciado e favorecido a ser dispensado às microempresas e empresas de pequeno porte de que trata o art. 1º desta Lei Complementar será gerido pelas instâncias a seguir especificadas:

I - Comitê Gestor do Simples Nacional, vinculado ao Ministério da Economia, composto de 4 (quatro) representantes da União, 2 (dois) dos Estados e do Distrito Federal, 2 (dois) dos Municípios, 1 (um) do Serviço Brasileiro de Apoio às Micro e Pequenas Empresas (Sebrae) e 1 (um) das confederações nacionais de representação do segmento de microempresas e empresas de pequeno porte referidas no art. 11 da Lei Complementar nº 147, de 7 de agosto de 2014, para tratar dos aspectos tributários; *(Redação dada pela Lei Complementar nº 188, de 31/12/2021)*

II – Fórum Permanente das Microempresas e Empresas de Pequeno Porte, com a participação dos órgãos federais competentes e das entidades vinculadas ao setor, para tratar dos demais aspectos, ressalvado o disposto no inciso III do *caput* deste artigo;

III – Comitê para Gestão da Rede Nacional para Simplificação do Registro e da Legalização de Empresas e Negócios – CGSIM, vinculado à Secretaria da Micro e Pequena Empresa da Presidência da República, composto por representantes da União, dos Estados e do Distrito Federal, dos Municípios e demais órgãos de apoio e de registro empresarial, na forma definida pelo Poder Executivo, para tratar do processo de registro e de legalização de empresários e de pessoas jurídicas. (Redação dada pela Lei Complementar nº 147, de 2014)

- CC: art. 968, § 4º.

§ 1º. Os Comitês de que tratam os incisos I e III do *caput* deste artigo serão presididos e coordenados por representantes da União.

§ 2º. Os representantes dos Estados e do Distrito Federal nos Comitês referidos nos incisos I e III do *caput* deste artigo serão indicados pelo Conselho Nacional de Política Fazendária – Confaz e os dos Municípios serão indicados, um pela entidade representativa das Secretarias de Finanças das Capitais e outro pelas entidades de representação nacional dos Municípios brasileiros.

§ 3º. As entidades de representação referidas no inciso III do *caput* e no § 2º deste artigo serão aquelas regularmente constituídas há pelo menos 1 (um) ano antes da publicação desta Lei Complementar.

§ 4º Os comitês de que tratam os incisos I e III do *caput* deste artigo elaborarão seus regimentos internos mediante resolução, observado, quanto ao CGSN, o disposto nos §§ 4º-A e 4º-B deste artigo. *(Redação dada pela Lei Complementar nº 188, de 31/12/2021)*

§ 4º-A. O quórum mínimo para a realização das reuniões do CGSN será de 3/4 (três quartos) dos componentes, dos quais um deles será necessariamente o Presidente. *(Acrescido pela Lei Complementar nº 188, de 31/12/2021)*

§ 4º-B. As deliberações do CGSN serão tomadas por 3/4 (três quartos) dos componentes presentes às reuniões, presenciais ou virtuais, ressalvadas as decisões que determinem a exclusão de ocupações autorizadas a atuar na qualidade de Microempreendedor Individual (MEI), quando a deliberação deverá ser unânime. *(Acrescido pela Lei Complementar nº 188, de 31/12/2021)*

§ 5º. O Fórum referido no inciso II do *caput* deste artigo tem por finalidade orientar e assessorar a formulação e coordenação da política nacional de desenvolvimento das microempresas e empresas de pequeno porte, bem como acompanhar e avaliar a sua implantação, sendo presidido e coordenado pela Secretaria da Micro e Pequena Empresa da Presidência da República. (Redação dada pela Lei nº 12.792, de 2013)

§ 6º. Ao Comitê de que trata o inciso I do *caput* deste artigo compete regulamentar a opção, exclusão, tributação, fiscalização, arrecadação, cobrança, dívida ativa, recolhimento e demais itens relativos ao regime de que trata o art. 12 desta Lei Complementar, observadas as demais disposições desta Lei Complementar.

§ 7º. Ao Comitê de que trata o inciso III do *caput* deste artigo compete, na forma da lei, regulamentar a inscrição, cadastro, abertura, alvará, arquivamento, licenças, permissão, autorização, registros e demais itens relativos à abertura, legalização e funcionamento de empresários e de pessoas jurídicas de qualquer porte, atividade econômica ou composição societária.

§ 8º Os membros dos comitês de que tratam os incisos I e III do *caput* deste artigo serão designados pelo Ministro de Estado da Economia, mediante indicação dos órgãos e entidades vinculados. *(Redação dada pela Lei Complementar nº 188, de 31/12/2021)*

§ 8º-A. Dos membros da União que compõem o comitê de que trata o inciso I do *caput* deste artigo, 3 (três) serão representantes da Secretaria Especial da Receita Federal do Brasil e 1 (um) da Subsecretaria de Desenvolvimento das Micro e Pequenas Empresas, Empreendedorismo e Artesanato da Secretaria Especial de Produtividade e Competitividade ou do órgão que vier a substituí-la. *(Acrescido pela Lei Complementar nº 188, de 31/12/2021)*

§ 8º-B. A vaga das confederações nacionais de representação do segmento de microempresas e empresas de pequeno porte no comitê de que trata o inciso I do *caput* deste artigo será ocupada em regime de rodízio anual entre as confederações. *(Acrescido pela Lei Complementar nº 188, de 31/12/2021)*

§ 9º. O CGSN poderá determinar, com relação à microempresa e à empresa de pequeno porte optante pelo Simples Nacional, a forma, a periodicidade e o prazo: (Incluído pela Lei Complementar nº 147, de 2014)

I – de entrega à Secretaria da Receita Federal do Brasil – RFB de uma única declaração com dados relacionados a fatos geradores, base de cálculo e valores da contribuição para a Seguridade Social devida sobre a remuneração do trabalho, inclusive a descontada dos trabalhadores a serviço da empresa, do Fundo de Garantia do Tempo de Serviço – FGTS e outras informações de interesse do Ministério do Trabalho e Emprego – MTE, do Instituto Nacional do Seguro Social – INSS e do Conselho Curador do FGTS, observado o disposto no § 7º deste artigo; e (Incluído pela Lei Complementar nº 147, de 2014)

II – do recolhimento das contribuições descritas no inciso I e do FGTS. (Incluído pela Lei Complementar nº 147, de 2014)

§ 10. O recolhimento de que trata o inciso II do § 9º deste artigo poderá se dar de forma unificada relativamente aos tributos apurados na forma do Simples Nacional. (Incluído pela Lei Complementar nº 147, de 2014)

§ 11. A entrega da declaração de que trata o inciso I do § 9º substituirá, na forma regulamentada pelo CGSN, a obrigatoriedade de entrega de todas as informações, formulários e declarações a que estão sujeitas as demais empresas ou equiparados que contratam trabalhadores, inclusive relativamente ao recolhimento do FGTS, à Relação Anual de Informações Sociais e ao Cadastro Geral de Empregados e Desempregados. (Incluído pela Lei Complementar nº 147, de 2014)

§ 12. Na hipótese de recolhimento do FGTS na forma do inciso II do § 9º deste artigo, deve-se assegurar a transferência dos recursos e dos elementos identificadores do recolhimento ao gestor desse fundo para crédito na conta vinculada do trabalhador. (Incluído pela Lei Complementar nº 147, de 2014)

§ 13. O documento de que trata o inciso I do § 9º tem caráter declaratório, constituindo instrumento hábil e suficiente para a exigência dos tributos, contribuições e dos débitos fundiários que não tenham sido recolhidos resultantes das informações nele prestadas. (Incluído pela Lei Complementar nº 147, de 2014)

CAPÍTULO II. DA DEFINIÇÃO DE MICROEMPRESA E DE EMPRESA DE PEQUENO PORTE

Art. 3º. Para os efeitos desta Lei Complementar, consideram-se microempresas ou empresas de pequeno porte a sociedade empresária, a sociedade simples, a empresa individual de responsabilidade limitada e o empresário a que se refere o art. 966 da Lei nº 10.406, de 10 de janeiro de 2002 (Código Civil), devidamente registrados no Registro de Empresas Mercantis ou no Registro Civil de Pessoas Jurídicas, conforme o caso, desde que:

- CC: arts. 967 e 998.
- Esta lei: art. 16, § 1º.

I – no caso da microempresa, aufira, em cada ano-calendário, receita bruta igual ou inferior a R$ 360.000,00 (trezentos e sessenta mil reais); e

II – no caso de empresa de pequeno porte, aufira, em cada ano-calendário, receita bruta superior a R$ 360.000,00 (trezentos e sessenta mil reais) e igual ou inferior a R$ 4.800.000,00 (quatro milhões e oitocentos mil reais). (Redação dada pela Lei Complementar nº 155, de 2016)

§ 1º. Considera-se receita bruta, para fins do disposto no *caput* deste artigo, o produto da venda de bens e serviços nas operações de conta própria, o preço dos serviços prestados e o resultado nas operações em conta alheia, não incluídas as vendas canceladas e os descontos incondicionais concedidos.

§ 2º. No caso de início de atividade no próprio ano-calendário, o limite a que se refere o *caput* deste artigo será proporcional ao número de meses em que a microempresa ou a empresa de pequeno porte houver exercido atividade, inclusive as frações de meses.

§ 3º. O enquadramento do empresário ou da sociedade simples ou empresária como microempresa ou empresa de pequeno porte bem como o seu desenquadramento não implicarão alteração, denúncia ou qualquer restrição em relação a contratos por elas anteriormente firmados.

§ 4º. Não poderá se beneficiar do tratamento jurídico diferenciado previsto nesta Lei Complementar, incluído o regime de que trata o art. 12 desta Lei Complementar, para nenhum efeito legal, a pessoa jurídica:

I – de cujo capital participe outra pessoa jurídica;

II – que seja filial, sucursal, agência ou representação, no País, de pessoa jurídica com sede no exterior;

III – de cujo capital participe pessoa física que seja inscrita como empresário ou seja sócia de outra empresa que receba tratamento jurídico diferenciado nos termos desta Lei Complementar, desde que a receita bruta global ultrapasse o limite de que trata o inciso II do *caput* deste artigo;

IV – cujo titular ou sócio participe com mais de 10% (dez por cento) do capital de outra empresa não beneficiada por esta Lei Complementar, desde que a receita bruta global ultrapasse o limite de que trata o inciso II do *caput* deste artigo;

V – cujo sócio ou titular seja administrador ou equiparado de outra pessoa jurídica com fins lucrativos, desde que a receita bruta global ultrapasse o limite de que trata o inciso II do *caput* deste artigo;

VI – constituída sob a forma de cooperativas, salvo as de consumo;

VII – que participe do capital de outra pessoa jurídica;

VIII – que exerça atividade de banco comercial, de investimentos e de desenvolvimento, de caixa econômica, de sociedade de crédito, financiamento e investimento ou de crédito imobiliário, de corretora ou de distribuidora de títulos, valores mobiliários e câmbio, de empresa de arrendamento mercantil, de seguros privados e de capitalização ou de previdência complementar;

IX – resultante ou remanescente de cisão ou qualquer outra forma de desmembramento de pessoa jurídica que tenha ocorrido em um dos 5 (cinco) anos-calendário anteriores;

X – constituída sob a forma de sociedade por ações.

XI – cujos titulares ou sócios guardem, cumulativamente, com o contratante do serviço, relação de pessoalidade, subordinação e habitualidade. (Incluído pela Lei Complementar nº 147, de 2014)

§ 5º. O disposto nos incisos IV e VII do § 4º deste artigo não se aplica à participação no capital de cooperativas de crédito, bem como em centrais de compras, bolsas de subcontratação, no consórcio referido no art. 50 desta Lei Complementar e na sociedade de propósito específico prevista no art. 56 desta Lei Complementar, e em associações assemelhadas, sociedades de interesse econômico, sociedades de garantia solidária e outros tipos de sociedade, que tenham como objetivo social a defesa exclusiva dos interesses econômicos das microempresas e empresas de pequeno porte.

§ 6º. Na hipótese de a microempresa ou empresa de pequeno porte incorrer em alguma das situações previstas nos incisos do § 4º, será excluída do tratamento jurídico diferenciado previsto nesta Lei Complementar, bem como do regime de que trata o art. 12, com efeitos a partir do mês seguinte ao que incorrida a situação impeditiva.

§ 7º. Observado o disposto no § 2º deste artigo, no caso de início de atividades, a microempresa que, no ano-calendário, exceder o limite de receita bruta anual previsto no inciso I do *caput* deste artigo passa, no ano-calendário seguinte, à condição de empresa de pequeno porte.

§ 8º. Observado o disposto no § 2º deste artigo, no caso de início de atividades, a empresa de pequeno porte que, no ano-calendário, não ultrapassar o limite de receita bruta anual previsto no inciso I do *caput* deste artigo passa, no ano-calendário seguinte, à condição de microempresa.

§ 9º. A empresa de pequeno porte que, no ano-calendário, exceder o limite de receita bruta anual previsto no inciso II do *caput* fica excluída, no mês subsequente à ocorrência do excesso, do tratamento jurídico diferenciado previsto nesta Lei Complementar, incluído o regime de que trata o art. 12, para todos os efeitos legais, ressalvado o disposto nos §§ 9º-A, 10 e 12.

§ 9º-A. Os efeitos da exclusão prevista no § 9º dar-se-ão no ano-calendário subsequente se o excesso verificado em relação à receita bruta não for superior a 20% (vinte por cento) do limite referido no inciso II do *caput*.

§ 10. A empresa de pequeno porte que no decurso do ano-calendário de início de atividade ultrapassar o limite proporcional de receita bruta de que trata o § 2º estará excluída do tratamento jurídico diferenciado previsto nesta Lei Complementar, bem como do regime de que trata o art. 12 desta Lei Complementar, com efeitos retroativos ao início de suas atividades.

› Esta lei: art. 31, III, b.

§ 11. Na hipótese de o Distrito Federal, os Estados e os respectivos Municípios adotarem um dos limites previstos nos incisos I e II do *caput* do art. 19 e no art. 20, caso a receita bruta auferida pela empresa durante o ano-calendário de início de atividade ultrapasse 1/12 (um doze avos) do limite estabelecido multiplicado pelo número de meses de funcionamento nesse período, a empresa não poderá recolher o ICMS e o ISS na forma do Simples Nacional, relativos ao estabelecimento localizado na unidade da federação que os houver adotado, com efeitos retroativos ao início de suas atividades.

§ 12. A exclusão de que trata o § 10 não retroagirá ao início das atividades se o excesso verificado em relação à receita bruta não for superior a 20% (vinte por cento) do respectivo limite referido naquele parágrafo, hipótese em que os efeitos da exclusão dar-se-ão no ano-calendário subsequente.

§ 13. O impedimento de que trata o § 11 não retroagirá ao início das atividades se o excesso verificado em relação à receita bruta não for superior a 20% (vinte por cento) dos respectivos limites referidos naquele parágrafo, hipótese em que os efeitos do impedimento ocorrerão no ano-calendário subsequente.

§ 14. Para fins de enquadramento como microempresa ou empresa de pequeno porte, poderão ser auferidas receitas no mercado interno até o limite previsto no inciso II do *caput* ou no § 2º, conforme o caso, e, adicionalmente, receitas decorrentes da exportação de mercadorias ou serviços, inclusive quando realizada por meio de comercial exportadora ou da sociedade de propósito específico prevista no art. 56 desta Lei Complementar, desde que as receitas de exportação também não excedam os referidos limites de receita bruta anual. (Redação dada pela Lei Complementar nº 147, de 2014)

§ 15. Na hipótese do § 14, para fins de determinação da alíquota de que trata o § 1º do art. 18, da base de cálculo prevista em seu § 3º e das majorações de alíquotas previstas em seus §§ 16, 16-A, 17 e 17-A, serão consideradas separadamente as receitas brutas auferidas no mercado interno e aquelas decorrentes da exportação. (Redação dada pela Lei Complementar nº 147, de 2014)

§ 16. O disposto neste artigo será regulamentado por resolução do CGSN. (Incluído pela Lei Complementar nº 147, de 2014)

§§ 17 e 18. (Vetados na LC 155/2016)

Art. 3º-A. Aplica-se ao produtor rural pessoa física e ao agricultor familiar conceituado na Lei nº 11.326, de 24 de julho de 2006, com situação regular na Previdência Social e no Município que tenham auferido receita bruta anual até o limite de que trata o inciso II do *caput* do art. 3º o disposto nos arts. 6º e 7º, nos Capítulos V a X, na Seção IV do Capítulo XI e no Capítulo XII desta Lei Complementar, ressalvadas as disposições da Lei nº 11.718, de 20 de junho de 2008. (Incluído pela Lei Complementar nº 147, de 2014)

Parágrafo único. A equiparação de que trata o *caput* não se aplica às disposições do Capítulo IV desta Lei Complementar. (Incluído pela Lei Complementar nº 147, de 2014)

Art. 3º-B. Os dispositivos desta Lei Complementar, com exceção dos dispostos no Capítulo IV, são aplicáveis a todas as microempresas e empresas de pequeno porte, assim definidas pelos incisos I e II do *caput* e § 4º do art. 3º, ainda que não enquadradas no regime tributário do Simples Nacional, por vedação ou por opção. (Incluído pela Lei Complementar nº 147, de 2014).

CAPÍTULO III. DA INSCRIÇÃO E DA BAIXA

Art. 4º. Na elaboração de normas de sua competência, os órgãos e entidades envolvidos na abertura e fechamento de empresas, dos 3 (três) âmbitos de governo, deverão considerar a unicidade do processo de registro e de legalização de empresários e de pessoas jurídicas, para tanto devendo articular as competências próprias com aquelas dos demais membros, e buscar, em conjunto, compatibilizar e integrar procedimentos, de modo a evitar a duplicidade de exigências e garantir a linearidade do processo, da perspectiva do usuário.

§ 1º. O processo de abertura, registro, alteração e baixa da microempresa e empresa de pequeno porte, bem como qualquer exigência para o início de seu funcionamento, deverão ter trâmite especial e simplificado, preferencialmente eletrônico, opcional para o empreendedor, observado o seguinte: (Redação dada pela Lei Complementar nº 147, de 2014)

I – poderão ser dispensados o uso da firma, com a respectiva assinatura autógrafa, o capital, requerimentos, demais assinaturas, informações relativas ao estado civil e regime de bens, bem como remessa de documentos, na forma estabelecida pelo CGSIM; e

II – (Revogado pela Lei Complementar nº 147/2014)

§ 2º. (Revogado pela Lei Complementar nº 139, de 2011)

§ 3º. Ressalvado o disposto nesta Lei Complementar, ficam reduzidos a 0 (zero) todos os custos, inclusive prévios, relativos à abertura, à inscrição, ao registro, ao funcionamento, ao alvará, à licença, ao cadastro, às alterações e procedimentos de baixa e encerramento e aos demais itens relativos ao Microempreendedor Individual, incluindo os valores referentes a taxas, a emolumentos e a demais contribuições relativas aos órgãos de registro, de licenciamento, sindicais, de regulamentação, de anotação de responsabilidade técnica, de vistoria e de fiscalização do exercício de profissões regulamentadas.(Redação dada pela Lei Complementar nº 147, de 2014)

§ 3º-A. O agricultor familiar, definido conforme a Lei nº 11.326, de 24 de julho de 2006, e identificado pela Declaração de Aptidão ao Pronaf – DAP física ou jurídica, bem como o MEI e o empreendedor de economia solidária ficam isentos de taxas e outros valores relativos à fiscalização da vigilância sanitária. (Incluído pela Lei Complementar nº 147, de 2014)

§ 4º. No caso do MEI, de que trata o art. 18-A desta Lei Complementar, a cobrança associativa ou oferta de serviços privados relativos aos atos de que trata o § 3º deste artigo somente poderá ser efetuada a partir de demanda prévia do próprio MEI, firmado por meio de contrato com assinatura autógrafa, observando-se que: (Incluído pela Lei Complementar nº 147, de 2014)

I – para a emissão de boletos de cobrança, os bancos públicos e privados deverão exigir das instituições sindicais e associativas autorização prévia específica a ser emitida pelo CGSIM; (Incluído pela Lei Complementar nº 147, de 2014)

II – o desrespeito ao disposto neste parágrafo configurará vantagem ilícita pelo induzimento ao erro em prejuízo do MEI, aplicando-se as sanções previstas em lei. (Incluído pela Lei Complementar nº 147, de 2014)

§ 5º. (Vetado na LC 147/2014)

§ 6º. Na ocorrência de fraude no registro do Microempreendedor Individual – MEI feito por terceiros, o pedido de baixa deve ser feito por meio exclusivamente eletrônico, com efeitos retroativos à data de registro, na forma a ser regulamentada pelo CGSIM, não sendo aplicáveis os efeitos do § 1º do art. 29 desta Lei Complementar. (Incluído pela Lei Complementar nº 155, de 2016)

Art. 5º. Os órgãos e entidades envolvidos na abertura e fechamento de empresas, dos 3 (três) âmbitos de governo, no âmbito de suas atribuições, deverão manter à disposição dos usuários, de forma presencial e pela rede mundial de computadores, informações, orientações e instrumentos, de forma integrada e consolidada, que permitam pesquisas prévias às etapas de registro ou inscrição, alteração e baixa de empresários e pessoas jurídicas, de modo a prover ao usuário certeza quanto à documentação exigível e quanto à viabilidade do registro ou inscrição.

Parágrafo único. As pesquisas prévias à elaboração de ato constitutivo ou de sua alteração deverão bastar a que o usuário seja informado pelos órgãos e entidades competentes:

I – da descrição oficial do endereço de seu interesse e da possibilidade de exercício da atividade desejada no local escolhido;

II – de todos os requisitos a serem cumpridos para obtenção de licenças de autorização de funcionamento, segundo a atividade pretendida, o porte, o grau de risco e a localização; e

III – da possibilidade de uso do nome empresarial de seu interesse.

Art. 6º. Os requisitos de segurança sanitária, metrologia, controle ambiental e prevenção contra incêndios, para os fins de registro e legalização de empresários e pessoas jurídicas, deverão ser simplificados, racionalizados e uniformizados pelos órgãos envolvidos na abertura e fechamento de empresas, no âmbito de suas competências.

§ 1º. Os órgãos e entidades envolvidos na abertura e fechamento de empresas que sejam responsáveis pela emissão de licenças e autorizações de funcionamento somente realizarão vistorias após o início de operação do estabelecimento, quando a atividade, por sua natureza, comportar grau de risco compatível com esse procedimento.

§ 2º. Os órgãos e entidades competentes definirão, em 6 (seis) meses, contados da publicação desta Lei Complementar, as atividades cujo grau de risco seja considerado alto e que exigirão vistoria prévia.

§ 3º. Na falta de legislação estadual, distrital ou municipal específica relativa à definição do grau de risco da atividade aplicar-se-á resolução do CGSIM. (Incluído pela Lei Complementar nº 147, de 2014).

§ 4º. A classificação de baixo grau de risco permite ao empresário ou à pessoa jurídica a obtenção do licenciamento de atividade mediante o simples fornecimento de dados e a substituição da comprovação prévia do cumprimento de exigências e restrições por declarações do titular ou responsável. (Incluído pela Lei Complementar nº 147, de 2014)

§ 5º. O disposto neste artigo não é impeditivo da inscrição fiscal. (Incluído pela Lei Complementar nº 147, de 2014)

Art. 7º. Exceto nos casos em que o grau de risco da atividade seja considerado alto, os Municípios emitirão Alvará de Funcionamento Provisório, que permitirá o início de operação do estabelecimento imediatamente após o ato de registro.

Parágrafo único. Nos casos referidos no *caput* deste artigo, poderá o Município conceder Alvará de Funcionamento Provisório para o microempreendedor individual, para microempresas e para empresas de pequeno porte:

I – instaladas em área ou edificação desprovidas de regulação fundiária e imobiliária, inclusive habite-se; ou (Incluído pela Lei Complementar nº 147, de 2014)

II – em residência do microempreendedor individual ou do titular ou sócio da microempresa ou empresa de pequeno porte, na hipótese em que a atividade não gere grande circulação de pessoas.

Art. 8º. Será assegurado aos empresários e pessoas jurídicas: (Redação dada pela Lei Complementar nº 147, de 2014)

I – entrada única de dados e documentos; (Incluído pela Lei Complementar nº 147, de 2014)

II – processo de registro e legalização integrado entre os órgãos e entes envolvidos, por meio de sistema informatizado que garanta: (Incluído pela Lei Complementar nº 147, de 2014)

a) sequenciamento das seguintes etapas: consulta prévia de nome empresarial e de viabilidade de localização, registro empresarial, inscrições fiscais e licenciamento de atividade; (Incluído pela Lei Complementar nº 147, de 2014)

b) criação da base nacional cadastral única de empresas; (Incluído pela Lei Complementar nº 147, de 2014)

III – identificação nacional cadastral única que corresponderá ao número de inscrição no Cadastro Nacional de Pessoas Jurídicas – CNPJ. (Incluído pela Lei Complementar nº 147, de 2014)

§ 1º. O sistema de que trata o inciso II do *caput* deve garantir aos órgãos e entidades integrados: (Incluído pela Lei Complementar nº 147, de 2014)

I – compartilhamento irrestrito dos dados da base nacional única de empresas; (Incluído pela Lei Complementar nº 147, de 2014)

II – autonomia na definição das regras para comprovação do cumprimento de exigências nas respectivas etapas do processo. (Incluído pela Lei Complementar nº 147, de 2014)

§ 2º. A identificação nacional cadastral única substituirá para todos os efeitos as demais inscrições, sejam elas federais, estaduais ou municipais, após a implantação do sistema a que se refere o inciso II do *caput*, no prazo e na forma estabelecidos pelo CGSIM. (Incluído pela Lei Complementar nº 147, de 2014)

§ 3º. É vedado aos órgãos e entidades integrados ao sistema informatizado de que trata o inciso II do *caput* o estabelecimento de exigências não previstas em lei. (Incluído pela Lei Complementar nº 147, de 2014)

§ 4º. A coordenação do desenvolvimento e da implantação do sistema de que trata o inciso II do *caput* ficará a cargo do CGSIM. (Incluído pela Lei Complementar nº 147, de 2014)

Art. 9º. O registro dos atos constitutivos, de suas alterações e extinções (baixas), referentes a empresários e pessoas jurídicas em qualquer órgão dos 3 (três) âmbitos de governo ocorrerá independentemente da regularidade de obrigações tributárias, previdenciárias ou trabalhistas, principais ou acessórias, do empresário, da sociedade, dos sócios, dos administradores ou de empresas de que participem, sem prejuízo das responsabilidades do empresário, dos titulares, dos sócios ou dos administradores por tais obrigações, apuradas antes ou após o ato de extinção.(Redação dada pela Lei Complementar nº 147, de 2014)

§ 1º. O arquivamento, nos órgãos de registro, dos atos constitutivos de empresários, de sociedades empresárias e de demais equiparados que se enquadrarem como microempresa ou empresa de pequeno porte bem como o arquivamento de suas alterações são dispensados das seguintes exigências:

I – certidão de inexistência de condenação criminal, que será substituída por declaração do titular ou administrador, firmada sob as penas da lei, de não estar impedido de exercer atividade mercantil ou a administração de sociedade, em virtude de condenação criminal;

II – prova de quitação, regularidade ou inexistência de débito referente a tributo ou contribuição de qualquer natureza.

§ 2º. Não se aplica às microempresas e às empresas de pequeno porte o disposto no § 2º do art. 1º da Lei nº 8.906, de 4 de julho de 1994.

§ 3º. (Revogado pela Lei Complementar nº 147, de 2014).

§ 4º. A baixa do empresário ou da pessoa jurídica não impede que, posteriormente, sejam lançados ou cobrados tributos, contribuições e respectivas penalidades, decorrentes da falta do cumprimento de obrigações ou da prática comprovada e apurada em processo administrativo ou judicial de outras irregularidades praticadas pelos empresários, pelas pessoas jurídicas ou por seus titulares, sócios ou administradores. (Redação dada pela Lei Complementar nº 147, de 2014).

§ 5º. A solicitação de baixa do empresário ou da pessoa jurídica importa responsabilidade solidária dos empresários, dos titulares, dos sócios e dos administradores no período da ocorrência dos respectivos fatos geradores. (Redação dada pela Lei Complementar nº 147, de 2014)

§ 6º. Os órgãos referidos no *caput* deste artigo terão o prazo de 60 (sessenta) dias para efetivar a baixa nos respectivos cadastros.

§ 7º. Ultrapassado o prazo previsto no § 6º deste artigo sem manifestação do órgão competente, presumir-se-á a baixa dos registros das microempresas e a das empresas de pequeno porte.

§§ 8º a 12. (Revogados pela Lei Complementar nº 147, de 2014).

Art. 10. Não poderão ser exigidos pelos órgãos e entidades envolvidos na abertura e fechamento de empresas, dos 3 (três) âmbitos de governo:

I – excetuados os casos de autorização prévia, quaisquer documentos adicionais aos requeridos pelos órgãos executores do Registro Público de Empresas Mercantis e Atividades Afins e do Registro Civil de Pessoas Jurídicas;

II – documento de propriedade ou contrato de locação do imóvel onde será instalada a sede, filial ou outro estabelecimento, salvo para comprovação do endereço indicado;

III – comprovação de regularidade de prepostos dos empresários ou pessoas jurídicas com seus órgãos de classe, sob qualquer forma, como requisito para deferimento de ato de inscrição, alteração ou baixa de empresa, bem como para autenticação de instrumento de escrituração.

Art. 11. Fica vedada a instituição de qualquer tipo de exigência de natureza documental ou formal, restritiva ou condicionante, pelos órgãos envolvidos na abertura e fechamento de empresas, dos 3 (três) âmbitos de governo, que exceda o estrito limite dos requisitos pertinentes à essência do ato de registro, alteração ou baixa da empresa.

CAPÍTULO IV. DOS TRIBUTOS E CONTRIBUIÇÕES

SEÇÃO I. DA INSTITUIÇÃO E ABRANGÊNCIA

Art. 12. Fica instituído o Regime Especial Unificado de Arrecadação de Tributos e Contribuições devidos pelas Microempresas e Empresas de Pequeno Porte – Simples Nacional.

- Súm. nº 448 do STJ.
- CF: art. 146, III, d e par. ún.

Parágrafo único. (VETADO). (Incluído pela Lei Complementar nº 155, de 2016)

Art. 13. O Simples Nacional implica o recolhimento mensal, mediante documento único de arrecadação, dos seguintes impostos e contribuições:

I – Imposto sobre a Renda da Pessoa Jurídica – IRPJ;

II – Imposto sobre Produtos Industrializados – IPI, observado o disposto no inciso XII do § 1º deste artigo;

III – Contribuição Social sobre o Lucro Líquido – CSLL;

IV – Contribuição para o Financiamento da Seguridade Social – Cofins, observado o disposto no inciso XII do § 1º deste artigo;

V – contribuição para o PIS/Pasep, observado o disposto no inciso XII do § 1º deste artigo;

VI – Contribuição Patronal Previdenciária – CPP para a Seguridade Social, a cargo da pessoa jurídica, de que trata o art. 22 da Lei nº 8.212, de 24 de julho de 1991, exceto no caso da microempresa e da empresa de pequeno porte que se dedique às atividades de prestação de serviços referidas no § 5º-C do art. 18 desta Lei Complementar;

‣ Súm. nº 425 do STJ.

VII – Imposto sobre Operações Relativas à Circulação de Mercadorias e Sobre Prestações de Serviços de Transporte Interestadual e Intermunicipal e de Comunicação – ICMS;

‣ Esta lei: art. 18-A, § 3º, V, b.

VIII – Imposto sobre Serviços de Qualquer Natureza – ISS.

‣ Esta lei: art. 18-A, § 3º, V, c.

§ 1º. O recolhimento na forma deste artigo não exclui a incidência dos seguintes impostos ou contribuições, devidos na qualidade de contribuinte ou responsável, em relação aos quais será observada a legislação aplicável às demais pessoas jurídicas:

‣ Esta lei: art. 18-A, § 3º, VI.

I – Imposto sobre Operações de Crédito, Câmbio e Seguro, ou Relativas a Títulos ou Valores Mobiliários – IOF;

II – Imposto sobre a Importação de Produtos Estrangeiros – II;

III – Imposto sobre a Exportação, para o Exterior, de Produtos Nacionais ou Nacionalizados – IE;

IV – Imposto sobre a Propriedade Territorial Rural – ITR;

V – Imposto de Renda, relativo aos rendimentos ou ganhos líquidos auferidos em aplicações de renda fixa ou variável;

VI – Imposto de Renda relativo aos ganhos de capital auferidos na alienação de bens do ativo permanente;

VII – Contribuição Provisória sobre Movimentação ou Transmissão de Valores e de Créditos e Direitos de Natureza Financeira – CPMF;

VIII – Contribuição para o Fundo de Garantia do Tempo de Serviço – FGTS;

IX – Contribuição para manutenção da Seguridade Social, relativa ao trabalhador;

X – Contribuição para a Seguridade Social, relativa à pessoa do empresário, na qualidade de contribuinte individual;

‣ Esta Lei, art. 18-A, § 3º, IV.

XI – Imposto de Renda relativo aos pagamentos ou créditos efetuados pela pessoa jurídica a pessoas físicas;

XII – Contribuição para o PIS/Pasep, Cofins e IPI incidentes na importação de bens e serviços;

XIII – ICMS devido:

a) nas operações sujeitas ao regime de substituição tributária, tributação concentrada em uma única etapa (monofásica) e sujeitas ao regime de antecipação do recolhimento do imposto com encerramento de tributação, envolvendo combustíveis e lubrificantes; energia elétrica; cigarros e outros produtos derivados do fumo; bebidas; óleos e azeites vegetais comestíveis; farinha de trigo e misturas de farinha de trigo; massas alimentícias; açúcares; produtos lácteos; carnes e suas preparações; preparações à base de cereais; chocolates; produtos de padaria e da indústria de bolachas e biscoitos; sorvetes e preparados para fabricação de sorvetes em máquinas; cafés e mates, seus extratos, essências e concentrados; preparações para molhos e molhos preparados; preparações de produtos vegetais; rações para animais domésticos; veículos automotivos e automotores, suas peças, componentes e acessórios; pneumáticos; câmaras de ar e protetores de borracha; medicamentos e outros produtos farmacêuticos para uso humano ou veterinário; cosméticos; produtos de perfumaria e de higiene pessoal; papéis; plásticos; canetas e malas; cimentos; cal e argamassas; produtos cerâmicos; vidros; obras de metal e plástico para construção; telhas e caixas d'água; tintas e vernizes; produtos eletrônicos, eletroeletrônicos e eletrodomésticos; fios; cabos e outros condutores; transformadores elétricos e reatores; disjuntores; interruptores e tomadas; isoladores; para-raios e lâmpadas; máquinas e aparelhos de ar-condicionado; centrifugadores de uso doméstico; aparelhos e instrumentos de pesagem de uso doméstico; extintores; aparelhos ou máquinas de barbear; máquinas de cortar o cabelo ou de tosquiar; aparelhos de depilar, com motor elétrico incorporado; aquecedores elétricos de água para uso doméstico e termômetros; ferramentas; álcool etílico; sabões em pó e líquidos para roupas; detergentes; alvejantes; esponjas; palhas de aço e amaciantes de roupas; venda de mercadorias pelo sistema porta a porta; nas operações sujeitas ao regime de substituição tributária pelas operações anteriores; e nas prestações de serviços sujeitas aos regimes de substituição tributária e de antecipação de recolhimento do imposto com encerramento de tributação;(Redação dada pela Lei Complementar nº 147, de 2014)

b) por terceiro, a que o contribuinte se ache obrigado, por força da legislação estadual ou distrital vigente;

c) na entrada, no território do Estado ou do Distrito Federal, de petróleo, inclusive lubrificantes e combustíveis líquidos e gasosos dele derivados, bem como energia elétrica, quando não destinados à comercialização ou industrialização;

d) por ocasião do desembaraço aduaneiro;

e) na aquisição ou manutenção em estoque de mercadoria desacobertada de documento fiscal;

f) na operação ou prestação desacobertada de documento fiscal;

g) nas operações com bens ou mercadorias sujeitas ao regime de antecipação do recolhimento do imposto, nas aquisições em outros Estados e Distrito Federal:

1. com encerramento da tributação, observado o disposto no inciso IV do § 4º do art. 18 desta Lei Complementar;

2. sem encerramento da tributação, hipótese em que será cobrada a diferença entre a alíquota interna e a interestadual, sendo vedada a agregação de qualquer valor;

h) nas aquisições em outros Estados e no Distrito Federal de bens ou mercadorias, não sujeitas ao regime de antecipação do recolhimento do imposto, relativo à diferença entre a alíquota interna e a interestadual;

XIV – ISS devido:

a) em relação aos serviços sujeitos à substituição tributária ou retenção na fonte;

b) na importação de serviços;

XV – demais tributos de competência da União, dos Estados, do Distrito Federal ou dos Municípios, não relacionados nos incisos anteriores.

§ 1º-A Os valores repassados aos profissionais de que trata a Lei nº 12.592, de 18 de janeiro de 2012, contratados por meio de parceria, nos termos da legislação civil, não integrarão a receita bruta da empresa contratante para fins de tributação, cabendo ao contratante a retenção e o recolhimento dos tributos devidos pelo contratado. (Incluído pela Lei Complementar nº 155, de 2016)

§ 2º. Observada a legislação aplicável, a incidência do imposto de renda na fonte, na hipótese do inciso V do § 1º deste artigo, será definitiva.

§ 3º. As microempresas e empresas de pequeno porte optantes pelo Simples Nacional ficam dispensadas do pagamento das demais contribuições instituídas pela União, inclusive as contribuições para as entidades privadas de serviço social e de formação profissional vinculadas ao sistema sindical, de que trata o art. 240 da Constituição Federal, e demais entidades de serviço social autônomo.

‣ Esta Lei, art. 18-A, § 3º, IV.

§ 4º. (VETADO).

§ 5º. A diferença entre a alíquota interna e a interestadual de que tratam as alíneas g e h do inciso XIII do § 1º deste artigo será calculada tomando-se por base as alíquotas aplicáveis às pessoas jurídicas não optantes pelo Simples Nacional.

§ 6º. O Comitê Gestor do Simples Nacional:

I – disciplinará a forma e as condições em que será atribuída à microempresa ou empresa de pequeno porte optante pelo Simples Nacional a qualidade de substituta tributária; e

II – poderá disciplinar a forma e as condições em que será estabelecido o regime de antecipação do ICMS previsto na alínea g do inciso XIII do § 1º deste artigo.

§ 7º. O disposto na alínea a do inciso XIII do § 1º será disciplinado por convênio celebrado pelos Estados e pelo Distrito Federal, ouvidos o CGSN e os representantes dos segmentos econômicos envolvidos.(Incluído pela Lei Complementar nº 147, de 2014)

§ 8º. Em relação às bebidas não alcóolicas, massas alimentícias, produtos lácteos, carnes e suas preparações, preparações à base de cereais, chocolates, produtos de padaria e da indústria de bolachas e biscoitos, preparações para molhos e molhos preparados, preparações de produtos vegetais, telhas e outros produtos cerâmicos para construção e detergentes, aplica-se o disposto na alínea a do inciso XIII do § 1º aos fabricados em escala industrial relevante em cada segmento, observado o disposto no § 7º. (Incluído pela Lei Complementar nº 147, de 2014)

Art. 13-A. Para efeito de recolhimento do ICMS e do ISS no Simples Nacional, o limite máximo de que trata o inciso II do *caput* do art. 3º será de R$ 3.600.000,00 (três milhões e seiscentos mil reais), observado o disposto nos §§ 11, 13, 14 e 15 do mesmo artigo, nos §§ 17 e 17-A do art. 18 e no § 4º do art. 19. (Incluído pela Lei Complementar nº 155, de 2016)

Art. 14. Consideram-se isentos do imposto de renda, na fonte e na declaração de ajuste do beneficiário, os valores efetivamente pagos ou distribuídos ao titular ou sócio da microempresa ou empresa de pequeno porte optante pelo Simples Nacional, salvo os que corresponderem a pró-labore, aluguéis ou serviços prestados.

§ 1º. A isenção de que trata o *caput* deste artigo fica limitada ao valor resultante da aplicação dos percentuais de que trata o art. 15 da Lei nº 9.249, de 26 de dezembro de 1995, sobre a receita bruta mensal, no caso de antecipação de fonte, ou da receita bruta total anual, tratando-se de declaração de ajuste, subtraído do valor devido na forma do Simples Nacional no período.

- Lei nº 9.249, de 26-12-1995: art. 15, dispõe a base cálculo do imposto de renda.

§ 2º. O disposto no § 1º deste artigo não se aplica na hipótese de a pessoa jurídica manter escrituração contábil e evidenciar lucro superior àquele limite.

Art. 15. (VETADO).

Art. 16. A opção pelo Simples Nacional da pessoa jurídica enquadrada na condição de microempresa e empresa de pequeno porte dar-se-á na forma a ser estabelecida em ato do Comitê Gestor, sendo irretratável para todo o ano-calendário.

§ 1º. Para efeito de enquadramento no Simples Nacional, considerar-se-á microempresa ou empresa de pequeno porte aquela cuja receita bruta no ano-calendário anterior ao da opção esteja compreendida dentro dos limites previstos no art. 3º desta Lei Complementar.

§ 1º-A. A opção pelo Simples Nacional implica aceitação de sistema de comunicação eletrônica, destinado, dentre outras finalidades, a:

I – cientificar o sujeito passivo de quaisquer tipos de atos administrativos, incluídos os relativos ao indeferimento de opção, à exclusão do regime e a ações fiscais;

II – encaminhar notificações e intimações; e

III – expedir avisos em geral.

§ 1º-B. O sistema de comunicação eletrônica de que trata o § 1º-A será regulamentado pelo CGSN, observando-se o seguinte:

I – as comunicações serão feitas, por meio eletrônico, em portal próprio, dispensando-se a sua publicação no Diário Oficial e o envio por via postal;

II – a comunicação feita na forma prevista no *caput* será considerada pessoal para todos os efeitos legais;

III – a ciência por meio do sistema de que trata o § 1º-A com utilização de certificação digital ou de código de acesso possuirá os requisitos de validade;

IV – considerar-se-á realizada a comunicação no dia em que o sujeito passivo efetivar a consulta eletrônica ao teor da comunicação; e

V – na hipótese do inciso IV, nos casos em que a consulta se dê em dia não útil, a comunicação será considerada como realizada no primeiro dia útil seguinte.

§ 1º-C. A consulta referida nos incisos IV e V do § 1º-B deverá ser feita em até 45 (quarenta e cinco) dias contados da data da disponibilização da comunicação no portal a que se refere o inciso I do § 1º-B, ou em prazo superior estipulado pelo CGSN, sob pena de ser considerada automaticamente realizada na data do término desse prazo.

§ 1º-D. Enquanto não editada a regulamentação de que trata o § 1º-B, os entes federativos poderão utilizar sistemas de comunicação eletrônica, com regras próprias, para as finalidades previstas no § 1º-A, podendo a referida regulamentação prever a adoção desses sistemas como meios complementares de comunicação.

§ 2º. A opção de que trata o *caput* deste artigo deverá ser realizada no mês de janeiro, até o seu último dia útil, produzindo efeitos a partir do 1º (primeiro) dia do ano-calendário da opção, ressalvado o disposto no § 3º deste artigo.

§ 3º. A opção produzirá efeitos a partir da data do início de atividade, desde que exercida nos termos, prazo e condições a serem estabelecidos no ato do Comitê Gestor a que se refere o *caput* deste artigo.

§ 4º. Serão consideradas inscritas no Simples Nacional, em 1º de julho de 2007, as microempresas e empresas de pequeno porte regularmente optantes pelo regime tributário de que trata a Lei nº 9.317, de 5 de dezembro de 1996, salvo as que estiverem impedidas de optar por alguma vedação imposta por esta Lei Complementar.

§ 5º. O Comitê Gestor regulamentará a opção automática prevista no § 4º deste artigo.

§ 6º. O indeferimento da opção pelo Simples Nacional será formalizado mediante ato da Administração Tributária segundo regulamentação do Comitê Gestor.

SEÇÃO II.
DAS VEDAÇÕES AO INGRESSO NO SIMPLES NACIONAL

Art. 17. Não poderão recolher os impostos e contribuições na forma do Simples Nacional a microempresa ou empresa de pequeno porte: (Redação dada pela LC nº 167, de 2019):

- Esta Lei: art. 31, § 2º.

I – que explore atividade de prestação cumulativa e contínua de serviços de assessoria creditícia, gestão de crédito, seleção e riscos, administração de contas a pagar e a receber, gerenciamento de ativos (*asset management*) ou compra de direitos creditórios resultantes de vendas mercantis a prazo ou de prestação de serviços (*factoring*) ou que execute operações de empréstimo, de financiamento e de desconto de títulos de crédito, exclusivamente com recursos próprios, tendo como contrapartes microempreendedores individuais, microempresas e empresas de pequeno porte, inclusive sob a forma de empresa simples de crédito; (Redação dada pela LC nº 167, de 2019);

II – que tenha sócio domiciliado no exterior;

III – de cujo capital participe entidade da administração pública, direta ou indireta, federal, estadual ou municipal;

IV – Revogado.

V – que possua débito com o Instituto Nacional do Seguro Social – INSS, ou com as Fazendas Públicas Federal, Estadual ou Municipal, cuja exigibilidade não esteja suspensa;

- Esta lei: art. 31, IV.

VI – que preste serviço de transporte intermunicipal e interestadual de passageiros, exceto quando na modalidade fluvial ou quando possuir características de transporte urbano ou metropolitano ou realizar-se sob fretamento contínuo em área metropolitana para o transporte de estudantes ou trabalhadores; (Redação dada pela Lei Complementar nº 147, de 2014)

VII – que seja geradora, transmissora, distribuidora ou comercializadora de energia elétrica;

VIII – que exerça atividade de importação ou fabricação de automóveis e motocicletas;

IX – que exerça atividade de importação de combustíveis;

X – que exerça atividade de produção ou venda no atacado de:

a) cigarros, cigarrilhas, charutos, filtros para cigarros, armas de fogo, munições e pólvoras, explosivos e detonantes;

b) bebidas não alcoólicas a seguir descritas: (Redação dada pela Lei Complementar nº 155, de 2016)

1. (Revogado pela Lei Complementar nº 155, de 2016);

2 e 3. (Revogados pela Lei Complementar nº 147, de 2014);

4. cervejas sem álcool;

c) bebidas alcoólicas, exceto aquelas produzidas ou vendidas no atacado por: (Incluída pela Lei Complementar nº 155, de 2016)

1. micro e pequenas cervejarias; (Incluída pela Lei Complementar nº 155, de 2016)
2. micro e pequenas vinícolas; (Incluída pela Lei Complementar nº 155, de 2016)
3. produtores de licores; (Incluída pela Lei Complementar nº 155, de 2016)
4. micro e pequenas destilarias; (Incluída pela Lei Complementar nº 155, de 2016)

XI – (Revogado pela Lei Complementar nº 147/2014)

XII – que realize cessão ou locação de mão de obra;

- Esta lei: art. 18, § 5º-H.

XIII – (Revogado pela Lei Complementar nº 147/2014)

XIV – que se dedique ao loteamento e à incorporação de imóveis;

XV – que realize atividade de locação de imóveis próprios, exceto quando se referir a prestação de serviços tributados pelo ISS;

XVI – com ausência de inscrição ou com irregularidade em cadastro fiscal federal, municipal ou estadual, quando exigível.

§ 1º. As vedações relativas a exercício de atividades previstas no *caput* deste artigo não se aplicam às pessoas jurídicas que se dediquem exclusivamente às atividades referidas nos §§ 5º-B a 5º-E do art. 18 desta Lei Complementar, ou as exerçam em conjunto com outras atividades que não tenham sido objeto de vedação no *caput* deste artigo.

I a XXI – (Revogados pela LC nº 128/08)

XXII – Vetado.

XXIII a XXVII – (Revogados pela LC nº 128/08)

XXVIII – Vetado.

§ 2º. Também poderá optar pelo Simples Nacional a microempresa ou empresa de pequeno porte que se dedique à prestação de outros serviços que não tenham sido objeto de vedação expressa neste artigo, desde que não incorra em nenhuma das hipóteses de vedação previstas nesta Lei Complementar.

§ 3º. (VETADO).

§ 4º. Na hipótese do inciso XVI do *caput*, deverá ser observado, para o MEI, o disposto no art. 4º desta Lei Complementar.

§ 5º. As empresas que exerçam as atividades previstas nos itens da alínea c do inciso X do *caput* deste artigo deverão obrigatoriamente ser registradas no Ministério da Agricultura, Pecuária e Abastecimento e obedecerão também à regulamentação da Agência Nacional de Vigilância Sanitária e da Secretaria da Receita Federal do Brasil quanto à produção e à comercialização de bebidas alcoólicas. (Incluído pela Lei Complementar nº 155, de 2016)

SEÇÃO III. DAS ALÍQUOTAS E BASE DE CÁLCULO

Art. 18. O valor devido mensalmente pela microempresa ou empresa de pequeno porte optante pelo Simples Nacional será determinado mediante aplicação das alíquotas efetivas, calculadas a partir das alíquotas nominais constantes das tabelas dos Anexos I a V desta Lei Complementar, sobre a base de cálculo de que trata o § 3º deste artigo, observado o disposto no § 15 do art. 3º. (Redação dada pela Lei Complementar nº 155, de 2016)

§ 1º. Para efeito de determinação da alíquota nominal, o sujeito passivo utilizará a receita bruta acumulada nos doze meses anteriores ao do período de apuração. (Redação dada pela Lei Complementar nº 155, de 2016)

§ 1º-A. A alíquota efetiva é o resultado de:

$$\frac{RBT12 \times Aliq - PD,}{RBT12}$$

em que: (Incluído pela Lei Complementar nº 155, de 2016)

I – RBT12: receita bruta acumulada nos doze meses anteriores ao período de apuração; (Incluído pela Lei Complementar nº 155, de 2016)

II – Aliq: alíquota nominal constante dos Anexos I a V desta Lei Complementar; (Incluído pela Lei Complementar nº 155, de 2016)

III – PD: parcela a deduzir constante dos Anexos I a V desta Lei Complementar. (Incluído pela Lei Complementar nº 155, de 2016)

§ 1º-B. Os percentuais efetivos de cada tributo serão calculados a partir da alíquota efetiva, multiplicada pelo percentual de repartição constante dos Anexos I a V desta Lei Complementar, observando-se que: (Incluído pela Lei Complementar nº 155, de 2016)

I – o percentual efetivo máximo destinado ao ISS será de 5% (cinco por cento), transferindo-se eventual diferença, de forma proporcional, aos tributos federais da mesma faixa de receita bruta anual; (Incluído pela Lei Complementar nº 155, de 2016)

II – eventual diferença centesimal entre o total dos percentuais e a alíquota efetiva será transferida para o tributo com maior percentual de repartição na respectiva faixa de receita bruta. (Incluído pela Lei Complementar nº 155, de 2016)

§ 1º-C. Na hipótese de transformação, extinção, fusão ou sucessão dos tributos referidos nos incisos IV e V do art. 13, serão mantidas as alíquotas nominais e efetivas previstas neste artigo e nos Anexos I a V desta Lei Complementar, e lei ordinária disporá sobre a repartição dos valores arrecadados para os tributos federais, sem alteração no total dos percentuais de repartição a eles devidos, e mantidos os percentuais de repartição destinados ao ICMS e ao ISS. (Incluído pela Lei Complementar nº 155, de 2016)

§ 2º. Em caso de início de atividade, os valores de receita bruta acumulada constantes dos Anexos I a V desta Lei Complementar devem ser proporcionalizados ao número de meses de atividade no período. (Redação dada pela Lei Complementar nº 155, de 2016)

§ 3º. Sobre a receita bruta auferida no mês incidirá a alíquota efetiva determinada na forma do *caput* e dos §§ 1º, 1º-A e 2º deste artigo, podendo tal incidência se dar, à opção do contribuinte, na forma regulamentada pelo Comitê Gestor, sobre a receita recebida no mês, sendo essa opção irretratável para todo o ano-calendário. (Redação dada pela Lei Complementar nº 155, de 2016)

§ 4º. O contribuinte deverá considerar, destacadamente, para fim de pagamento, as receitas decorrentes da: (Redação dada pela Lei Complementar nº 147, de 2014)

I – revenda de mercadorias, que serão tributadas na forma do Anexo I desta Lei Complementar; (Redação dada pela Lei Complementar nº 147, de 2014)

II – venda de mercadorias industrializadas pelo contribuinte, que serão tributadas na forma do Anexo II desta Lei Complementar; (Redação dada pela Lei Complementar nº 147, de 2014)

III – prestação de serviços de que trata o § 5º-B deste artigo e dos serviços vinculados à locação de bens imóveis e corretagem de imóveis desde que observado o disposto no inciso XV do art. 17, que serão tributados na forma do Anexo III desta Lei Complementar; (Redação dada pela Lei Complementar nº 147, de 2014)

‣ Súm. nº 423 do STJ.

IV – prestação de serviços de que tratam os §§ 5º-C a 5º-F e 5º-I deste artigo, que serão tributadas na forma prevista naqueles parágrafos; (Redação dada pela Lei Complementar nº 147, de 2014)

V – locação de bens móveis, que serão tributadas na forma do Anexo III desta Lei Complementar, deduzida a parcela correspondente ao ISS; (Redação dada pela Lei Complementar nº 147, de 2014)

VI – atividade com incidência simultânea de IPI e de ISS, que serão tributadas na forma do Anexo II desta Lei Complementar, deduzida a parcela correspondente ao ICMS e acrescida a parcela correspondente ao ISS prevista no Anexo III desta Lei Complementar; (Incluído pela Lei Complementar nº 147, de 2014)

VII – comercialização de medicamentos e produtos magistrais produzidos por manipulação de fórmulas: (Incluído pela Lei Complementar nº 147, de 2014)

a) sob encomenda para entrega posterior ao adquirente, em caráter pessoal, mediante prescrições de profissionais habilitados ou indicação pelo farmacêutico, produzidos no próprio estabelecimento após o atendimento inicial, que serão tributadas na forma do Anexo III desta Lei Complementar; (Incluído pela Lei Complementar nº 147, de 2014)

b) nos demais casos, quando serão tributadas na forma do Anexo I desta Lei Complementar. (Incluído pela Lei Complementar nº 147, de 2014)

§ 4º-A. O contribuinte deverá segregar, também, as receitas: (Incluído pela Lei Complementar nº 147, de 2014)

I – decorrentes de operações ou prestações sujeitas à tributação concentrada em uma única etapa (monofásica), bem como, em relação ao ICMS, que o imposto já tenha sido recolhido por substituto tributário ou por antecipação tributária com encerramento de tributação; (Incluído pela Lei Complementar nº 147, de 2014)

II – sobre as quais houve retenção de ISS na forma do § 6º deste artigo e § 4º do art. 21 desta Lei Complementar, ou, na hipótese do § 22-A deste artigo, seja devido em valor fixo ao respectivo município; (Incluído pela Lei Complementar nº 147, de 2014)

III – sujeitas à tributação em valor fixo ou que tenham sido objeto de isenção ou redução de ISS ou de ICMS na forma prevista nesta Lei Complementar; (Incluído pela Lei Complementar nº 147, de 2014)

IV – decorrentes da exportação para o exterior, inclusive as vendas realizadas por meio de comercial exportadora ou da sociedade de propósito específico prevista no art. 56 desta Lei Complementar; (Incluído pela Lei Complementar nº 147, de 2014)

V – sobre as quais o ISS seja devido a Município diverso do estabelecimento prestador, quando será recolhido no Simples Nacional. (Incluído pela Lei Complementar nº 147, de 2014)

§ 5º. As atividades industriais serão tributadas na forma do Anexo II desta Lei Complementar.

I a VII – (Revogados pela LC 128/08)

§ 5º-A. (Revogado pela Lei Complementar nº 147/2014)

§ 5º-B. Sem prejuízo do disposto no § 1º do art. 17 desta Lei Complementar, serão tributadas na forma do Anexo III desta Lei Complementar as seguintes atividades de prestação de serviços:

I – creche, pré-escola e estabelecimento de ensino fundamental, escolas técnicas, profissionais e de ensino médio, de línguas estrangeiras, de artes, cursos técnicos de pilotagem, preparatórios para concursos, gerenciais e escolas livres, exceto as previstas nos incisos II e III do § 5º-D deste artigo;

‣ Súm. nº 448 do STJ.

II – agência terceirizada de correios;

III – agência de viagem e turismo;

IV – centro de formação de condutores de veículos automotores de transporte terrestre de passageiros e de carga;

V – agência lotérica;

VI a VIII – (Revogados pela LC nº 128/08)

IX – serviços de instalação, de reparos e de manutenção em geral, bem como de usinagem, solda, tratamento e revestimento em metais;

X a XII – (Revogados pela LC nº 128/08)

XIII – transporte municipal de passageiros;

XIV – escritórios de serviços contábeis, observado o disposto nos §§ 22-B e 22-C deste artigo;

XV – produções cinematográficas, audiovisuais, artísticas e culturais, sua exibição ou apresentação, inclusive no caso de música, literatura, artes cênicas, artes visuais, cinematográficas e audiovisuais.

XVI – fisioterapia; (Incluído pela Lei Complementar nº 147, de 2014)

XVII – corretagem de seguros. (Incluído pela Lei Complementar nº 147, de 2014)

XVIII – arquitetura e urbanismo;

‣ Inciso XVIII acrescentado pela LC 155/2016.

XIX – medicina, inclusive laboratorial, e enfermagem;

‣ Inciso XIX acrescentado pela LC 155/2016.

XX – odontologia e prótese dentária;

‣ Inciso XX acrescentado pela LC 155/2016.

XXI – psicologia, psicanálise, terapia ocupacional, acupuntura, podologia, fonoaudiologia, clínicas de nutrição e de vacinação e bancos de leite.

‣ Inciso XXI acrescentado pela LC 155/2016.

§ 5º-C. Sem prejuízo do disposto no § 1º do art. 17 desta Lei Complementar, as atividades de prestação de serviços seguintes serão tributadas na forma do Anexo IV desta Lei Complementar, hipótese em que não estará incluída no Simples Nacional a contribuição prevista no inciso VI do *caput* do art. 13 desta Lei Complementar, devendo ela ser recolhida segundo a legislação prevista para os demais contribuintes ou responsáveis:

‣ Esta lei: art. 33, § 2º.

I – construção de imóveis e obras de engenharia em geral, inclusive sob a forma de subempreitada, execução de projetos e serviços de paisagismo, bem como decoração de interiores;

II a V – (Revogados pela LC nº 128/08)

VI – serviço de vigilância, limpeza ou conservação.

VII – serviços advocatícios. (Incluído pela Lei Complementar nº 147, de 2014)

§ 5º-D. Sem prejuízo do disposto no § 1º do art. 17 desta Lei Complementar, as seguintes atividades de prestação de serviços serão tributadas na forma do Anexo III desta Lei Complementar: (Redação dada pela Lei Complementar nº 155, de 2016)

I – administração e locação de imóveis de terceiros; (Redação dada pela Lei Complementar nº 147, de 2014)

II – academias de dança, de capoeira, de ioga e de artes marciais;

III – academias de atividades físicas, desportivas, de natação e escolas de esportes;

IV – elaboração de programas de computadores, inclusive jogos eletrônicos, desde que desenvolvidos em estabelecimento do optante;

V – licenciamento ou cessão de direito de uso de programas de computação;

VI – planejamento, confecção, manutenção e atualização de páginas eletrônicas, desde que realizados em estabelecimento do optante;

VII e VIII – (Revogados pela LC nº 128/08)

IX – empresas montadoras de estandes para feiras;

X e XI – (Revogados pela LC nº 128/08)

XII – laboratórios de análises clínicas ou de patologia clínica;

XIII – serviços de tomografia, diagnósticos médicos por imagem, registros gráficos e métodos óticos, bem como ressonância magnética;

XIV – serviços de prótese em geral.

§ 5º-E. Sem prejuízo do disposto no § 1º do art. 17 desta Lei Complementar, as atividades de prestação de serviços de comunicação e de transportes interestadual e intermunicipal de cargas, e de transportes autorizados no inciso VI do *caput* do art. 17, inclusive na modalidade fluvial, serão tributadas na forma do Anexo III, deduzida a parcela correspondente ao ISS e acrescida a parcela correspondente ao ICMS prevista no Anexo I. (Redação dada pela Lei Complementar 147, de 2014)

§ 5º-F. As atividades de prestação de serviços referidas no § 2º do art. 17 desta Lei Complementar serão tributadas na forma do Anexo III desta Lei Complementar, salvo se, para alguma dessas atividades, houver previsão expressa de tributação na forma dos Anexos IV ou V desta Lei Complementar. (Redação dada pela Lei Complementar nº 155, de 2016)

§ 5º-G. (Revogado pela Lei Complementar nº 147/2014)

§ 5º-H. A vedação de que trata o inciso XII do *caput* do art. 17 desta Lei Complementar não se aplica às atividades referidas no § 5º-C deste artigo.

§ 5º-I. Sem prejuízo do disposto no § 1º do art. 17 desta Lei Complementar, as seguintes atividades de prestação de serviços serão tributadas na forma do Anexo V desta Lei Complementar: (Redação dada pela Lei Complementar nº 155, de 2016)

I – (Revogado pela Lei Complementar nº 155, de 2016);

II – medicina veterinária; (Incluído pela Lei Complementar nº 147, de 2014)

III – (Revogado pela Lei Complementar nº 155, de 2016);

IV – (Revogado pela Lei Complementar nº 155, de 2016);

V – serviços de comissária, de despachantes, de tradução e de interpretação; (Incluído pela Lei Complementar nº 147, de 2014)

VI – engenharia, medição, cartografia, topografia, geologia, geodésia, testes, suporte e análises técnicas e tecnológicas, pesquisa, design, desenho e agronomia; (Redação dada pela Lei Complementar nº 155, de 2016)

VII – representação comercial e demais atividades de intermediação de negócios e serviços de terceiros; (Incluído pela Lei Complementar nº 147, de 2014)

VIII – perícia, leilão e avaliação; (Incluído pela Lei Complementar nº 147, de 2014)

IX – auditoria, economia, consultoria, gestão, organização, controle e administração; (Incluído pela Lei Complementar nº 147, de 2014)

X – jornalismo e publicidade; (Incluído pela Lei Complementar nº 147, de 2014)

XI – agenciamento, exceto de mão de obra; (Incluído pela Lei Complementar nº 147, de 2014)

XII – outras atividades do setor de serviços que tenham por finalidade a prestação de serviços decorrentes do exercício de atividade intelectual, de natureza técnica, científica, desportiva, artística ou cultural, que constitua profissão regulamentada ou não, desde que não sujeitas à tributação na forma dos Anexos III ou IV desta Lei Complementar. (Redação dada pela Lei Complementar nº 155, de 2016)

§ 5º-J. As atividades de prestação de serviços a que se refere o § 5º-I serão tributadas na forma do Anexo III desta Lei Complementar caso a razão entre a folha de salários e a receita bruta da pessoa jurídica seja igual ou superior a 28% (vinte e oito por cento). (Incluído pela Lei Complementar nº 155, de 2016)

§ 5º-K. Para o cálculo da razão a que se referem os §§ 5º-J e 5º-M, serão considerados, respectivamente, os montantes pagos e auferidos nos doze meses anteriores ao período de apuração para fins de enquadramento no regime tributário do Simples Nacional. ((Incluído pela Lei Complementar nº 155, de 2016)

§ 5º-L. (Vetado na LC nº 155/2016)

§ 5º-M. Quando a relação entre a folha de salários e a receita bruta da microempresa ou da empresa de pequeno porte for inferior a 28% (vinte e oito por cento), serão tributadas na forma do Anexo V desta Lei Complementar as atividades previstas: (Incluído pela Lei Complementar nº 155, de 2016)

I – nos incisos XVI, XVIII, XIX, XX e XXI do § 5º-B deste artigo; (Incluído pela Lei Complementar nº 155, de 2016)

II – no § 5º-D deste artigo. (Incluído pela Lei Complementar nº 155, de 2016)

§ 6º. No caso dos serviços previstos no § 2º do art. 6º da Lei Complementar nº 116, de 31 de julho de 2003, prestados pelas microempresas e pelas empresas de pequeno porte, o tomador do serviço deverá reter o montante correspondente na forma da legislação do município onde estiver localizado, observado o disposto no § 4º do art. 21 desta Lei Complementar.

§ 7º. A sociedade de propósito específico de que trata o art. 56 desta Lei Complementar que houver adquirido mercadorias de microempresa ou empresa de pequeno porte que seja sua sócia, bem como a empresa comercial exportadora que houver adquirido mercadorias ou serviços de empresa optante pelo Simples Nacional, com o fim específico de exportação para o exterior, que, no prazo de 180 (cento e oitenta) dias, contado da data da emissão da nota fiscal pela vendedora, não comprovar o seu embarque para o exterior ficará sujeita ao pagamento de todos os impostos e contribuições que deixaram de ser pagos pela empresa vendedora, acrescidos de juros de mora e multa, de mora ou de ofício, calculados na forma da legislação relativa à cobrança do tributo não pago, aplicável à sociedade de propósito específico ou à própria comercial exportadora. (Redação dada pela Lei Complementar nº 147, de 2014)

§ 8º. Para efeito do disposto no § 7º deste artigo, considera-se vencido o prazo para o pagamento na data em que a empresa vendedora deveria fazê-lo, caso a venda houvesse sido efetuada para o mercado interno.

§ 9º. Relativamente à contribuição patronal previdenciária, devida pela vendedora, a sociedade de propósito específico de que trata o art. 56 desta Lei Complementar ou a comercial exportadora deverão recolher, no prazo previsto no § 8º deste artigo, o valor correspondente a 11% (onze por cento) do valor das mercadorias não exportadas nos termos do § 7º deste artigo.

§ 10. Na hipótese do § 7º deste artigo, a sociedade de propósito específico de que trata o art. 56 desta Lei Complementar ou a empresa comercial exportadora não poderão deduzir do montante devido qualquer valor a título de crédito de Imposto sobre Produtos Industrializados – IPI da Contribuição para o PIS/Pasep ou da Cofins, decorrente da aquisição das mercadorias e serviços objeto da incidência.

§ 11. Na hipótese do § 7º deste artigo, a sociedade de propósito específico ou a empresa comercial exportadora deverão pagar, também, os impostos e contribuições devidos nas vendas para o mercado interno, caso, por qualquer forma, tenham alienado ou utilizado as mercadorias.

§ 12. Na apuração do montante devido no mês relativo a cada tributo, para o contribuinte que apure receitas mencionadas nos incisos I a III e V do § 4º-A deste artigo, serão consideradas as reduções relativas aos tributos já recolhidos, ou sobre os quais tenha havido tributação monofásica, isenção, redução ou, no caso do ISS, que o valor tenha sido objeto de retenção ou seja devido diretamente ao Município. (Redação dada pela Lei Complementar nº 147, de 2014)

§ 13. Para efeito de determinação da redução de que trata o § 12 deste artigo, as receitas serão discriminadas em comerciais, industriais ou de prestação de serviços, na forma dos Anexos I, II, III, IV e V desta Lei Complementar. (Redação dada pela Lei Complementar nº 155, de 2016)

§ 14. A redução no montante a ser recolhido no Simples Nacional relativo aos valores das receitas decorrentes da exportação de que trata o inciso IV do § 4º-A deste artigo corresponderá tão somente às alíquotas efetivas relativas à Cofins, à Contribuição para o PIS/Pasep, ao IPI, ao ICMS e ao ISS, apuradas com base nos Anexos I a V desta Lei Complementar. (Redação dada pela Lei Complementar nº 155, de 2016)

I e II – (Revogados pela Lei Complementar nº 147/2014)

§ 15. Será disponibilizado sistema eletrônico para realização do cálculo simplificado do valor mensal devido referente ao Simples Nacional.

§ 15-A. As informações prestadas no sistema eletrônico de cálculo de que trata o § 15:

I – têm caráter declaratório, constituindo confissão de dívida e instrumento hábil e suficiente para a exigência dos tributos e contribuições que não tenham sido recolhidos resultantes das informações nele prestadas; e

II – deverão ser fornecidas à Secretaria da Receita Federal do Brasil até o vencimento do prazo para pagamento dos tributos devidos no Simples Nacional em cada mês, relativamente aos fatos geradores ocorridos no mês anterior.

§ 16. Na hipótese do § 12 do art. 3º, a parcela de receita bruta que exceder o montante determinado no § 10 daquele artigo estará sujeita às alíquotas máximas previstas nos Anexos I a V desta Lei Complementar, proporcionalmente, conforme o caso. (Redação dada pela Lei Complementar nº 155, de 2016)

§ 16-A. O disposto no § 16 aplica-se, ainda, às hipóteses de que trata o § 9º do art. 3º, a partir do mês em que ocorrer o excesso do limite da receita bruta anual e até o mês anterior aos efeitos da exclusão.

§ 17. Na hipótese do § 13 do art. 3º, a parcela de receita bruta que exceder os montantes determinados no § 11 daquele artigo estará sujeita, em relação aos percentuais aplicáveis ao ICMS e ao ISS, às alíquotas máximas correspondentes a essas faixas previstas nos Anexos I a V desta Lei Complementar, proporcionalmente, conforme o caso. (Redação dada pela Lei Complementar nº 155, de 2016)

§ 17-A. O disposto no § 17 aplica-se, ainda, à hipótese de que trata o § 1º do art. 20, a partir do mês em que ocorrer o excesso do limite da receita bruta anual e até o mês anterior aos efeitos do impedimento.

§ 18. Os Estados, o Distrito Federal e os Municípios, no âmbito das respectivas competências, poderão estabelecer, na forma definida pelo Comitê Gestor, independentemente da receita bruta recebida no mês pelo contribuinte, valores fixos mensais para o recolhimento do ICMS e do ISS devido por microempresa que aufira receita bruta, no ano-calendário anterior, de até o limite máximo previsto na segunda faixa de receitas brutas anuais constantes dos Anexos I a VI, ficando a microempresa sujeita a esses valores durante todo o ano-calendário, ressalvado o disposto no § 18-A. (Redação dada pela Lei Complementar nº 147, de 2014)

§ 18-A. A microempresa que, no ano-calendário, exceder o limite de receita bruta previsto no § 18 fica impedida de recolher o ICMS ou o ISS pela sistemática de valor fixo, a partir do mês subsequente à ocorrência do excesso, sujeitando-se à apuração desses tributos na forma das demais empresas optantes pelo Simples Nacional. (Incluído pela Lei Complementar nº 147, de 2014)

§ 19. Os valores estabelecidos no § 18 deste artigo não poderão exceder a 50% (cinquenta por cento) do maior recolhimento possível do tributo para a faixa de enquadramento prevista na tabela do *caput* deste artigo, respeitados os acréscimos decorrentes do tipo de atividade da empresa estabelecidos no § 5º deste artigo.

§ 20. Na hipótese em que o Estado, o Município ou o Distrito Federal concedam isenção ou redução do ICMS ou do ISS devido por microempresa ou empresa de pequeno porte, ou ainda determine recolhimento de valor fixo para esses tributos, na forma do § 18 deste artigo, será realizada redução proporcional ou ajuste do valor a ser recolhido, na forma definida em resolução do Comitê Gestor.

§ 20-A. A concessão dos benefícios de que trata o § 20 deste artigo poderá ser realizada:

I – mediante deliberação exclusiva e unilateral do Estado, do Distrito Federal ou do Município concedente;

II – de modo diferenciado para cada ramo de atividade.

§ 20-B. A União, os Estados e o Distrito Federal poderão, em lei específica destinada à ME ou EPP optante pelo Simples Nacional, estabelecer isenção ou redução de COFINS, Contribuição para o PIS/PASEP e ICMS para produtos da cesta básica, discriminando a abrangência da sua concessão. (Incluído pela Lei Complementar nº 147, de 2014)

§ 21. O valor a ser recolhido na forma do disposto no § 20 deste artigo, exclusivamente na hipótese de isenção, não integrará o montante a ser partilhado com o respectivo Município, Estado ou Distrito Federal.

§ 22. (Revogado pela LC 128/08)

§ 22-A. A atividade constante do inciso XIV do § 5º-B deste artigo recolherá o ISS em valor fixo, na forma da legislação municipal.

§ 22-B. Os escritórios de serviços contábeis, individualmente ou por meio de suas entidades representativas de classe, deverão:

I – promover atendimento gratuito relativo à inscrição, à opção de que trata o art. 18-A desta Lei Complementar e à primeira declaração anual simplificada da microempresa individual, podendo, para tanto, por meio de suas entidades representativas de classe, firmar convênios e acordos com a União, os Estados, o Distrito Federal e os Municípios, por intermédio dos seus órgãos vinculados;

II – fornecer, na forma estabelecida pelo Comitê Gestor, resultados de pesquisas quantitativas e qualitativas relativas às microempresas e empresas de pequeno porte optantes pelo Simples Nacional por eles atendidas;

III – promover eventos de orientação fiscal, contábil e tributária para as microempresas e empresas de pequeno porte optantes pelo Simples Nacional por eles atendidas.

§ 22-C. Na hipótese de descumprimento das obrigações de que trata o § 22-B deste artigo, o escritório será excluído do Simples Nacional, com efeitos a partir do mês subsequente ao do descumprimento, na forma regulamentada pelo Comitê Gestor.

§ 23. Da base de cálculo do ISS será abatido o material fornecido pelo prestador dos serviços previstos nos itens 7.02 e 7.05 da lista de serviços anexa à Lei Complementar nº 116, de 31 de julho de 2003.

§ 24. Para efeito de aplicação do § 5º-K, considera-se folha de salários, incluídos encargos, o montante pago, nos doze meses anteriores ao período de apuração, a título de remunerações a pessoas físicas decorrentes do trabalho, acrescido do montante efetivamente recolhido a título de contribuição patronal previdenciária e FGTS, incluídas as retiradas de pró-labore. (Redação dada pela Lei Complementar nº 155, de 2016)

§ 25. Para efeito do disposto no § 24 deste artigo, deverão ser consideradas tão somente as remunerações informadas na forma prevista no inciso IV do *caput* do art. 32 da Lei nº 8.212, de 24 de julho de 1991.

§ 26. Não são considerados, para efeito do disposto no § 24, valores pagos a título de aluguéis e de distribuição de lucros, observado o disposto no § 1º do art. 14.

§ 27. (Vetado na LC nº 55/2016)

Art. 18-A. O Microempreendedor Individual – MEI poderá optar pelo recolhimento dos impostos e contribuições abrangidos pelo Simples Nacional em valores fixos mensais, independentemente da receita bruta por ele auferida no mês, na forma prevista neste artigo.

- CC: art. 968, §§ 4º e 5º.
- Lei Complementar nº 123, de 14-12-2006, art. 36-A, Institui o Estatuto Nacional da Microempresa e da Empresa de Pequeno Porte.
- Lei nº 8.212, de 24-7-1991: arts. 21, § 2º, II, a, 24 e 72, dispõe sobre a organização da Seguridade Social, institui Plano de Custeio.

§ 1º Para os efeitos desta Lei Complementar, considera-se MEI quem tenha auferido receita bruta, no ano-calendário anterior, de até R$ 81.000,00 (oitenta e um mil reais), que seja optante pelo Simples Nacional e que não esteja impedido de optar pela sistemática prevista neste artigo, e seja empresário individual que se enquadre na definição do art. 966 da Lei nº 10.406, de 10 de janeiro de 2002 (Código Civil), ou o empreendedor que exerça: *(Redação dada pela Lei Complementar nº 188, de 31/12/2021)*

I - as atividades de que trata o § 4º-A deste artigo; *(Inciso acrescido pela Lei Complementar nº 188, de 31/12/2021)*

II - as atividades de que trata o § 4º-B deste artigo estabelecidas pelo CGSN; e *(Acrescido pela Lei Complementar nº 188, de 31/12/2021)*

III - as atividades de industrialização, comercialização e prestação de serviços no âmbito rural. *(Acrescido pela Lei Complementar nº 188, de 31/12/2021)*

§ 2º. No caso de início de atividades, o limite de que trata o § 1º será de R$ 6.750,00 (seis mil, setecentos e cinquenta reais) multiplicados pelo número de meses compreendido entre o início da atividade e o final do respectivo ano-calendário, consideradas as frações de meses como um mês inteiro. (Redação dada pela Lei Complementar nº 155, de 2016)

§ 3º. Na vigência da opção pela sistemática de recolhimento prevista no *caput* deste artigo:

I – não se aplica o disposto no § 18 do art. 18 desta Lei Complementar;

II – não se aplica a redução prevista no § 20 do art. 18 desta Lei Complementar ou qualquer dedução na base de cálculo;

III – não se aplicam as isenções específicas para as microempresas e empresas de pequeno porte concedidas pelo Estado, Município ou Distrito Federal a partir de 1º julho de 2007 que abranjam integralmente a faixa de receita bruta anual até o limite previsto no § 1º;

IV – a opção pelo enquadramento como Microempreendedor Individual importa opção pelo recolhimento da contribuição referida no inciso X do § 1º do art. 13 desta Lei Complementar na forma prevista no § 2º do art. 21 da Lei nº 8.212, de 24 de julho de 1991;

V – o MEI, com receita bruta anual igual ou inferior a R$ 81.000,00 (oitenta e um mil reais), recolherá, na forma regulamentada pelo Comitê Gestor, valor fixo mensal correspondente à soma das seguintes parcelas: (Redação dada pela Lei Complementar nº 155, de 2016)

a) R$ 45,65 (quarenta e cinco reais e sessenta e cinco centavos), a título da contribuição prevista no inciso IV deste parágrafo;

b) R$ 1,00 (um real), a título do imposto referido no inciso VII do *caput* do art. 13 desta Lei Complementar, caso seja contribuinte do ICMS; e

c) R$ 5,00 (cinco reais), a título do imposto referido no inciso VIII do *caput* do art. 13 desta Lei Complementar, caso seja contribuinte do ISS;

VI – sem prejuízo do disposto nos §§ 1º a 3º do art. 13, o MEI terá isenção dos tributos referidos nos incisos I a VI do *caput* daquele artigo, ressalvado o disposto no art. 18-C.

§ 4º. Não poderá optar pela sistemática de recolhimento prevista no *caput* deste artigo o MEI:

I – cuja atividade seja tributada na forma dos Anexos V ou VI desta Lei Complementar, salvo autorização relativa a exercício de atividade isolada na forma regulamentada pelo CGSN; (Redação dada pela Lei Complementar nº 147, de 2014)

II – que possua mais de um estabelecimento;

III – que participe de outra empresa como titular, sócio ou administrador; ou

IV – (Revogado pela Lei Complementar nº 155, de 2016)

V - constituído na forma de *startup*. (Incluído pela LC nº 167, de 2019)

§ 4º-A. Observadas as demais condições deste artigo, poderá optar pela sistemática de recolhimento prevista no *caput* o empresário individual que exerça atividade de comercialização e processamento de produtos de natureza extrativista.

§ 4º-B. O CGSN determinará as atividades autorizadas a optar pela sistemática de recolhimento de que trata este artigo, de forma a evitar a fragilização das relações de trabalho, bem como sobre a incidência do ICMS e do ISS.

§ 5º. A opção de que trata o *caput* deste artigo dar-se-á na forma a ser estabelecida em ato do Comitê Gestor, observando-se que:

I – será irretratável para todo o ano-calendário;

II – deverá ser realizada no início do ano-calendário, na forma disciplinada pelo Comitê Gestor, produzindo efeitos a partir do primeiro dia do ano-calendário da opção, ressalvado o disposto no inciso III;

III – produzirá efeitos a partir da data do início de atividade desde que exercida nos termos, prazo e condições a serem estabelecidos em ato do Comitê Gestor a que se refere o *caput* deste parágrafo.

§ 6º. O desenquadramento da sistemática de que trata o *caput* deste artigo será realizado de ofício ou mediante comunicação do MEI.

§ 7º. O desenquadramento mediante comunicação do MEI à Secretaria da Receita Federal do Brasil – RFB dar-se-á:

I – por opção, que deverá ser efetuada no início do ano-calendário, na forma disciplinada pelo Comitê Gestor, produzindo efeitos a partir de 1º de janeiro do ano-calendário da comunicação;

II – obrigatoriamente, quando o MEI incorrer em alguma das situações previstas no § 4º deste artigo, devendo a comunicação ser efetuada até o último dia útil do mês subsequente àquele em que ocorrida a situação de vedação, produzindo efeitos a partir do mês subsequente ao da ocorrência da situação impeditiva;

III – obrigatoriamente, quando o MEI exceder, no ano-calendário, o limite de receita bruta previsto no § 1º deste artigo, devendo a comunicação ser efetuada até o último dia útil do mês subsequente àquele em que ocorrido o excesso, produzindo efeitos:

a) a partir de 1º de janeiro do ano-calendário subsequente ao da ocorrência do excesso, na hipótese de não ter ultrapassado o referido limite em mais de 20% (vinte por cento);

b) retroativamente a 1º de janeiro do ano-calendário da ocorrência do excesso, na hipótese de ter ultrapassado o referido limite em mais de 20% (vinte por cento);

IV – obrigatoriamente, quando o MEI exceder o limite de receita bruta previsto no § 2º deste artigo, devendo a comunicação ser efetuada até o último dia útil do mês subsequente àquele em que ocorrido o excesso, produzindo efeitos:

a) a partir de 1º de janeiro do ano-calendário subsequente ao da ocorrência do excesso, na hipótese de não ter ultrapassado o referido limite em mais de 20% (vinte por cento);

b) retroativamente ao início de atividade, na hipótese de ter ultrapassado o referido limite em mais de 20% (vinte por cento).

§ 8º. O desenquadramento de ofício dar-se-á quando verificada a falta de comunicação de que trata o § 7º deste artigo.

§ 9º. O Empresário Individual desenquadrado da sistemática de recolhimento prevista no *caput* deste artigo passará a recolher os tributos devidos pela regra geral do Simples Nacional a partir da data de início dos efeitos do desenquadramento, ressalvado o disposto no § 10 deste artigo.

§ 10. Nas hipóteses previstas nas alíneas a dos incisos III e IV do § 7º deste artigo, o MEI deverá recolher a diferença, sem acréscimos, em parcela única, juntamente com a da apuração do mês de janeiro do ano-calendário subsequente ao do excesso, na forma a ser estabelecida em ato do Comitê Gestor.

§ 11. O valor referido na alínea a do inciso V do § 3º deste artigo será reajustado, na forma prevista em lei ordinária, na mesma data de reajustamento dos benefícios de que trata a Lei nº 8.213, de 24 de julho de 1991, de forma a manter equivalência com a contribuição de que trata o § 2º do art. 21 da Lei nº 8.212, de 24 de julho de 1991.

§ 12. Aplica-se ao MEI que tenha optado pela contribuição na forma do § 1º deste artigo o disposto no § 4º do art. 55 e no § 2º do art. 94, ambos da Lei nº 8.213, de 24 de julho de 1991, exceto se optar pela complementação da contribuição previdenciária a que se refere o § 3º do art. 21 da Lei nº 8.212, de 24 de julho de 1991.

§ 13. O MEI está dispensado, ressalvado o disposto no art. 18-C desta Lei Complementar, de:

I – atender o disposto no inciso IV do *caput* do art. 32 da Lei nº 8.212, de 24 de julho de 1991;

II – apresentar a Relação Anual de Informações Sociais (Rais); e

III – declarar ausência de fato gerador para a Caixa Econômica Federal para emissão da Certidão de Regularidade Fiscal perante o FGTS.

§ 14. O Comitê Gestor disciplinará o disposto neste artigo.

§ 15. A inadimplência do recolhimento do valor previsto na alínea a do inciso V do § 3º tem como consequência a não contagem da competência em atraso para fins de carência para obtenção dos benefícios previdenciários respectivos.

§ 15-A. Ficam autorizados os Estados, o Distrito Federal e os Municípios a promover a remissão dos débitos decorrentes dos valores previstos nas alíneas b e c do inciso V do § 3º, inadimplidos isolada ou simultaneamente. (Incluído pela Lei Complementar nº 147, de 2014).

§ 15-B. O MEI poderá ter sua inscrição automaticamente cancelada após período de 12 (doze) meses consecutivos sem recolhimento ou declarações, independentemente de qualquer notificação, devendo a informação ser publicada no Portal do Empreendedor, na forma regulamentada pelo CGSIM. (Incluído pela Lei Complementar nº 147, de 2014)

§ 16. O CGSN estabelecerá, para o MEI, critérios, procedimentos, prazos e efeitos diferenciados para desenquadramento da sistemática de que trata este artigo, cobrança, inscrição em dívida ativa e exclusão do Simples Nacional.

§ 16-A A baixa do MEI via portal eletrônico dispensa a comunicação aos órgãos da administração pública. (Incluído pela Lei Complementar nº 155, de 2016)

§ 17. A alteração de dados no CNPJ informada pelo empresário à Secretaria da Receita Federal do Brasil equivalerá à comunicação obrigatória de desenquadramento da sistemática de recolhimento de que trata este artigo, nas seguintes hipóteses:

I – alteração para natureza jurídica distinta de empresário individual a que se refere o art. 966 da Lei nº 10.406, de 10 de janeiro de 2002 (Código Civil);

II – inclusão de atividade econômica não autorizada pelo CGSN;

III – abertura de filial.

§ 18. Os Municípios somente poderão realizar o cancelamento da inscrição do MEI caso tenham regulamentação própria de classificação de risco e o respectivo processo simplificado de inscrição e legalização, em conformidade com esta Lei Complementar e com as resoluções do CGSIM. (Incluído pela Lei Complementar nº 147, de 2014)

§ 19. Fica vedada aos conselhos representativos de categorias econômicas a exigência de obrigações diversas das estipuladas nesta Lei Complementar para inscrição do MEI em seus quadros, sob pena de responsabilidade. (Incluído pela Lei Complementar nº 147, de 2014)

§ 19-A. O MEI inscrito no conselho profissional de sua categoria na qualidade de pessoa física é dispensado de realizar nova inscrição no mesmo conselho na qualidade de empresário individual. (Incluído pela Lei Complementar nº 155, de 2016)

§ 19-B. São vedadas aos conselhos profissionais, sob pena de responsabilidade, a exigência de inscrição e a execução de qualquer tipo de ação fiscalizadora quando a ocupação do MEI não exigir registro profissional da pessoa física. (Incluído pela Lei Complementar nº 155, de 2016)

§ 20. Os documentos fiscais das microempresas e empresas de pequeno porte poderão ser emitidos diretamente por sistema nacional informatizado e pela internet, sem custos para o empreendedor, na forma regulamentada pelo Comitê Gestor do Simples Nacional. (Incluído pela Lei Complementar nº 147, de 2014)

§ 21. Assegurar-se-á o registro nos cadastros oficiais ao guia de turismo inscrito como MEI. (Incluído pela Lei Complementar nº 147, de 2014)

§ 22. Fica vedado às concessionárias de serviço público o aumento das tarifas pagas pelo MEI por conta da modificação da sua condição de pessoa física para pessoa jurídica. (Incluído pela Lei Complementar nº 147, de 2014)

§ 23. (Vetado na LC nº 147/2014)

§ 24. Aplica-se ao MEI o disposto no inciso XI do § 4º do art. 3º. (Incluído pela Lei Complementar nº 147, de 2014)

§ 25. O MEI poderá utilizar sua residência como sede do estabelecimento, quando não for indispensável a existência de local próprio para o exercício da atividade. (Incluído pela Lei Complementar nº 154, de 2016)

Art. 18-B. A empresa contratante de serviços executados por intermédio do MEI mantém, em relação a esta contratação, a obrigatoriedade de recolhimento da contribuição a que se refere o inciso III do *caput* e o § 1º do art. 22 da Lei nº 8.212, de 24 de julho de 1991, e o cumprimento das obrigações acessórias relativas à contratação de contribuinte individual.

§ 1º. Aplica-se o disposto neste artigo exclusivamente em relação ao MEI que for contratado para prestar serviços de hidráulica, eletricidade, pintura, alvenaria, carpintaria e de manutenção ou reparo de veículos. (Redação dada pela Lei Complementar nº 147, de 2014)

§ 2º. O disposto no *caput* e no § 1º não se aplica quando presentes os elementos da relação de emprego, ficando a contratante sujeita a todas as obrigações dela decorrentes, inclusive trabalhistas, tributárias e previdenciárias.

Art. 18-C. Observado o disposto no *caput* e nos §§ 1º a 25 do art. 18-A desta Lei Complementar, poderá enquadrar-se como MEI o empresário individual ou o empreendedor que exerça as atividades de industrialização, comercialização e prestação de serviços no âmbito rural que possua um único empregado que receba exclusivamente um salário mínimo ou o piso salarial da categoria profissional. (Redação dada pela Lei Complementar nº 155, de 2016)

§ 1º. Na hipótese referida no *caput*, o MEI:

I – deverá reter e recolher a contribuição previdenciária relativa ao segurado a seu serviço na forma da lei, observados prazo e condições estabelecidos pelo CGSN;

II – é obrigado a prestar informações relativas ao segurado a seu serviço, na forma estabelecida pelo CGSN; e

III – está sujeito ao recolhimento da contribuição de que trata o inciso VI do *caput* do art. 13, calculada à alíquota de 3% (três por cento) sobre o salário de contribuição previsto no *caput*, na forma e prazos estabelecidos pelo CGSN.

§ 2º. Para os casos de afastamento legal do único empregado do MEI, será permitida a contratação de outro empregado, inclusive por prazo determinado, até que cessem as condições do afastamento, na forma estabelecida pelo Ministério do Trabalho e Emprego.

§ 3º. O CGSN poderá determinar, com relação ao MEI, a forma, a periodicidade e o prazo:

I – de entrega à Secretaria da Receita Federal do Brasil de uma única declaração com dados relacionados a fatos geradores, base de cálculo e valores dos tributos previstos nos arts. 18-A e 18-C, da contribuição para a Seguridade Social descontada do empregado e do Fundo de Garantia do Tempo de Serviço (FGTS), e outras informações de interesse do Ministério do Trabalho e Emprego, do Instituto Nacional do Seguro Social (INSS) e do Conselho Curador do FGTS, observado o disposto no § 7º do art. 26;

II – do recolhimento dos tributos previstos nos arts. 18-A e 18-C, bem como do FGTS e da contribuição para a Seguridade Social descontada do empregado.

§ 4º. A entrega da declaração única de que trata o inciso I do § 3º substituirá, na forma regulamentada pelo CGSN, a obrigatoriedade de entrega de todas as informações, formulários e declarações a que estão sujeitas as demais empresas ou equiparados que contratam empregados, inclusive as relativas ao recolhimento do FGTS, à Relação Anual de Informações Sociais (Rais) e ao Cadastro Geral de Empregados e Desempregados (Caged).

§ 5º. Na hipótese de recolhimento do FGTS na forma do inciso II do § 3º, deve-se assegurar a transferência dos recursos e dos elementos identificadores do recolhimento ao gestor desse fundo para crédito na conta vinculada do trabalhador.

§ 6º. O documento de que trata o inciso I do § 3º deste artigo tem caráter declaratório, constituindo instrumento hábil e suficiente para a exigência dos tributos e dos débitos fundiários que não tenham sido recolhidos resultantes das informações nele prestadas. (Incluído pela Lei Complementar nº 147, de 2014)

Art. 18-D. A tributação municipal do imposto sobre imóveis prediais urbanos deverá assegurar tratamento mais favorecido ao MEI para realização de sua atividade no mesmo local em que residir, mediante aplicação da menor alíquota vigente para aquela localidade, seja residencial ou comercial, nos termos da lei, sem prejuízo de eventual isenção ou imunidade existente. (Incluído pela Lei Complementar nº 147, de 2014)

Art. 18-E. O instituto do MEI é uma política pública que tem por objetivo a formalização de pequenos empreendimentos e a inclusão social e previdenciária. (Incluído pela Lei Complementar nº 147, de 2014)

§ 1º. A formalização de MEI não tem caráter eminentemente econômico ou fiscal. (Incluído pela Lei Complementar nº 147, de 2014)

§ 2º. Todo benefício previsto nesta Lei Complementar aplicável à microempresa estende-se ao MEI sempre que lhe for mais favorável. (Incluído pela Lei Complementar nº 147, de 2014)

§ 3º. O MEI é modalidade de microempresa. (Incluído pela Lei Complementar nº 147, de 2014)

§ 4º. É vedado impor restrições ao MEI relativamente ao exercício de profissão ou participação em licitações, em função da sua natureza jurídica, inclusive por ocasião da contratação dos serviços previstos no § 1º do art. 18-B desta Lei Complementar. (Redação dada pela Lei Complementar nº 155, de 2016)

§ 5º. O empreendedor que exerça as atividades de industrialização, comercialização e prestação de serviços no âmbito rural que efetuar seu registro como MEI não perderá a condição de segurado especial da Previdência Social. (Incluído pela Lei Complementar nº 155, de 2016)

§ 6º. O disposto no § 5º e o licenciamento simplificado de atividades para o empreendedor que exerça as atividades de industrialização, comercialização e prestação de serviços no âmbito rural serão regulamentados pelo CGSIM em até cento e oitenta dias. (Incluído pela Lei Complementar nº 155, de 2016)

§ 7º. O empreendedor que exerça as atividades de industrialização, comercialização e prestação de serviços no âmbito rural manterá todas as suas obrigações relativas à condição de produtor rural ou de agricultor familiar. (Incluído pela Lei Complementar nº 155, de 2016)

Art. 18-F. Para o transportador autônomo de cargas inscrito como MEI, nos termos do art. 18-A desta Lei Complementar: *(Acrescido pela Lei Complementar nº 188, de 31/12/2021)*

I - o limite da receita bruta de que trata o § 1º e o inciso V do § 3º do art. 18-A desta Lei Complementar será de R$ 251.600,00 (duzentos e cinquenta e um mil e seiscentos reais);

II - o limite será de R$ 20.966,67 (vinte mil novecentos e sessenta e seis reais e sessenta e sete centavos) multiplicados pelo número de meses compreendidos entre o início da atividade e o final do respectivo ano-calendário, consideradas as frações de meses como um mês inteiro, no caso de início de atividades de que trata o § 2º do art. 18-A desta Lei Complementar;

III - o valor mensal da contribuição de que trata o inciso X do § 1º do art. 13 desta Lei Complementar corresponderá ao valor resultante da aplicação da alíquota de 12% (doze por cento) sobre o salário-mínimo mensal.

Art. 19. Sem prejuízo da possibilidade de adoção de todas as faixas de receita previstas nos Anexos I a V desta Lei Complementar, os Estados cuja participação no Produto Interno Bruto brasileiro seja de até 1% (um por cento) poderão optar pela aplicação de sublimite para efeito de recolhimento do ICMS na forma do Simples Nacional nos respectivos territórios, para empresas com receita bruta anual de até R$ 1.800.000,00 (um milhão e oitocentos mil reais). (Redação dada pela Lei Complementar nº 155, de 2016)

I a III – (Revogados pela Lei Complementar nº 155/2016)

§ 1º. A participação no Produto Interno Bruto brasileiro será apurada levando em conta o último resultado divulgado pelo Instituto Brasileiro de Geografia e Estatística ou outro órgão que o substitua.

§ 2º. A opção prevista no *caput* produzirá efeitos somente para o ano-calendário subsequente, salvo deliberação do CGSN. (Redação dada pela Lei Complementar nº 155, de 2016)

§ 3º. O disposto neste artigo aplica-se ao Distrito Federal.

§ 4º. Para os Estados que não tenham adotado sublimite na forma do *caput* e para aqueles cuja participação no Produto Interno Bruto brasileiro seja superior a 1% (um por cento), para efeito de recolhimento do ICMS e do ISS, observar-se-á obrigatoriamente o sublimite no valor de R$ 3.600.000,00 (três milhões e seiscentos mil reais). (Incluído pela Lei Complementar nº 155, de 2016)

Art. 20. A opção feita na forma do art. 19 desta Lei Complementar pelos Estados importará adoção do mesmo limite de receita bruta anual para efeito de recolhimento na forma do ISS dos Municípios nele localizados, bem como para o do ISS devido no Distrito Federal.

§ 1º. A empresa de pequeno porte que ultrapassar os limites a que se referem o *caput* e o § 4º do art. 19 estará automaticamente impedida de recolher o ICMS e o ISS na forma do Simples Nacional, a partir do mês subsequente àquele em que tiver ocorrido o excesso, relativamente aos seus estabelecimentos localizados na unidade da Federação que os houver adotado, ressalvado o disposto nos §§ 11 e 13 do art. 3º. (Redação dada pela Lei Complementar nº 155, de 2016)

§ 1º-A. Os efeitos do impedimento previsto no § 1º ocorrerão no ano-calendário subsequente se o excesso verificado não for superior a 20% (vinte por cento) dos limites referidos.

§ 2º. O disposto no § 1º deste artigo não se aplica na hipótese de o Estado ou de o Distrito Federal adotarem, compulsoriamente ou por opção, a aplicação de faixa de receita bruta superior à que vinha sendo utilizada no ano-calendário em que ocorreu o excesso da receita bruta.

§ 3º. Na hipótese em que o recolhimento do ICMS ou do ISS não esteja sendo efetuado por meio do Simples Nacional por força do disposto neste artigo e no art. 19 desta Lei Complementar, as faixas de receita do Simples Nacional superiores àquela que tenha sido objeto de opção pelos Estados ou pelo Distrito Federal sofrerão, para efeito de recolhimento do Simples Nacional, redução da alíquota efetiva desses impostos, apurada de acordo com os Anexos I a V desta Lei Complementar, conforme o caso. (Redação dada pela Lei Complementar nº 155, de 2016)

§ 4º. O Comitê Gestor regulamentará o disposto neste artigo e no art. 19 desta Lei Complementar.

SEÇÃO IV.
DO RECOLHIMENTO DOS TRIBUTOS DEVIDOS

Art. 21. Os tributos devidos, apurados na forma dos arts. 18 a 20 desta Lei Complementar, deverão ser pagos:

I – por meio de documento único de arrecadação, instituído pelo Comitê Gestor;

II – (Revogado pela LC nº 127/07)

III – enquanto não regulamentado pelo Comitê Gestor, até o último dia útil da primeira quinzena do mês subsequente àquele a que se referir;

IV – em banco integrante da rede arrecadadora do Simples Nacional, na forma regulamentada pelo Comitê Gestor.

§ 1º. Na hipótese de a microempresa ou a empresa de pequeno porte possuir filiais, o recolhimento dos tributos do Simples Nacional dar-se-á por intermédio da matriz.

§ 2º. Poderá ser adotado sistema simplificado de arrecadação do Simples Nacional, inclusive sem utilização da rede bancária, mediante requerimento do Estado, Distrito Federal ou Município ao Comitê Gestor.

§ 3º. O valor não pago até a data do vencimento sujeitar-se-á à incidência de encargos legais na forma prevista na legislação do imposto sobre a renda.

§ 4º. A retenção na fonte de ISS das microempresas ou das empresas de pequeno porte optantes pelo Simples Nacional somente será permitida se observado o disposto no art. 3º da Lei Complementar nº 116, de 31 de julho de 2003, e deverá observar as seguintes normas:

I – a alíquota aplicável na retenção na fonte deverá ser informada no documento fiscal e corresponderá à alíquota efetiva de ISS a que a microempresa ou a empresa de pequeno porte estiver sujeita no mês anterior ao da prestação; (Redação dada pela Lei Complementar nº 155, de 2016)

II – na hipótese de o serviço sujeito à retenção ser prestado no mês de início de atividades da microempresa ou da empresa de pequeno porte, deverá ser aplicada pelo tomador a alíquota efetiva de 2% (dois por cento); (Redação dada pela Lei Complementar nº 155, de 2016)

III – na hipótese do inciso II deste parágrafo, constatando-se que houve diferença entre a alíquota utilizada e a efetivamente apurada, caberá à microempresa ou empresa de pequeno porte prestadora dos serviços efetuar o recolhimento dessa diferença no mês subsequente ao do início de atividade em guia própria do Município;

IV – na hipótese de a microempresa ou empresa de pequeno porte estar sujeita à tributação do ISS no Simples Nacional por valores fixos mensais, não caberá a retenção a que se refere o *caput* deste parágrafo;

V – na hipótese de a microempresa ou a empresa de pequeno porte não informar a alíquota de que tratam os incisos I e II deste parágrafo no documento fiscal, aplicar-se-á a alíquota efetiva de 5% (cinco por cento); (Redação dada pela Lei Complementar nº 155, de 2016)

VI – não será eximida a responsabilidade do prestador de serviços quando a alíquota do ISS informada no documento fiscal for inferior à devida, hipótese em que o recolhimento dessa diferença será realizado em guia própria do Município;

VII – o valor retido, devidamente recolhido, será definitivo, não sendo objeto de partilha com os municípios, e sobre a receita de prestação de serviços que sofreu a retenção não haverá incidência de ISS a ser recolhido no Simples Nacional.

§ 4º-A. Na hipótese de que tratam os incisos I e II do § 4º, a falsidade na prestação dessas informações sujeitará o responsável, o titular, os sócios ou os administradores da microempresa e da empresa de pequeno porte, juntamente com as demais pessoas que para ela concorrerem, às penalidades previstas na legislação criminal e tributária.

§ 5º. O CGSN regulará a compensação e a restituição dos valores do Simples Nacional recolhidos indevidamente ou em montante superior ao devido.

§ 6º. O valor a ser restituído ou compensado será acrescido de juros obtidos pela aplicação da taxa referencial do Sistema Especial de Liquidação e de Custódia (Selic) para títulos federais, acumulada mensalmente, a partir do mês subsequente ao do pagamento indevido ou a maior que o devido até o mês anterior ao da compensação ou restituição, e de 1% (um por cento) relativamente ao mês em que estiver sendo efetuada.

§ 7º. Os valores compensados indevidamente serão exigidos com os acréscimos moratórios de que trata o art. 35.

§ 8º. Na hipótese de compensação indevida, quando se comprove falsidade de declaração apresentada pelo sujeito passivo, o contribuinte estará sujeito à multa isolada aplicada no percentual previsto no inciso I do *caput* do art. 44 da Lei nº 9.430, de 27 de dezembro de 1996, aplicado em dobro, e terá como base de cálculo o valor total do débito indevidamente compensado.

§ 9º. É vedado o aproveitamento de créditos não apurados no Simples Nacional, inclusive de natureza não tributária, para extinção de débitos do Simples Nacional.

§ 10. Os créditos apurados no Simples Nacional não poderão ser utilizados para extinção de outros débitos para com as Fazendas Públicas, salvo por ocasião da compensação de ofício oriunda de deferimento em processo de restituição ou após a exclusão da empresa do Simples Nacional.

§ 11. No Simples Nacional, é permitida a compensação tão somente de créditos para extinção de débitos para com o mesmo ente federado e relativos ao mesmo tributo.

§ 12. Na restituição e compensação no Simples Nacional serão observados os prazos de decadência e prescrição previstos na Lei nº 5.172, de 25 de outubro de 1966 (Código Tributário Nacional).

§ 13. É vedada a cessão de créditos para extinção de débitos no Simples Nacional.

§ 14. Aplica-se aos processos de restituição e de compensação o rito estabelecido pelo CGSN.

§ 15. Compete ao CGSN fixar critérios, condições para rescisão, prazos, valores mínimos de amortização e demais procedimentos para parcelamento dos recolhimentos em atraso dos débitos tributários apurados no Simples Nacional, observado o disposto no § 3º deste artigo e no art. 35 e ressalvado o disposto no § 19 deste artigo.

§ 16. Os débitos de que trata o § 15 poderão ser parcelados em até 60 (sessenta) parcelas mensais, na forma e condições previstas pelo CGSN.

§ 17. O valor de cada prestação mensal, por ocasião do pagamento, será acrescido de juros equivalentes à taxa referencial do Sistema Especial de Liquidação e de Custódia (Selic) para títulos federais, acumulada mensalmente, calculados a partir do mês subsequente ao da consolidação até o mês anterior ao do pagamento, e de 1% (um por cento) relativamente ao mês em que o pagamento estiver sendo efetuado, na forma regulamentada pelo CGSN.

§ 18. Será admitido reparcelamento de débitos constantes de parcelamento em curso ou que tenha sido rescindido, podendo ser incluídos novos débitos, na forma regulamentada pelo CGSN.

§ 19. Os débitos constituídos de forma isolada por parte de Estado, do Distrito Federal ou de Município, em face de ausência de aplicativo para lançamento unificado, relativo a tributo de sua competência, que não estiverem inscritos em Dívida Ativa da União, poderão ser parcelados pelo ente responsável pelo lançamento de acordo com a respectiva legislação, na forma regulamentada pelo CGSN.

§ 20. O pedido de parcelamento deferido importa confissão irretratável do débito e configura confissão extrajudicial.

§ 21. Serão aplicadas na consolidação as reduções das multas de lançamento de ofício previstas na legislação federal, conforme regulamentação do CGSN.

§ 22. O repasse para os entes federados dos valores pagos e da amortização dos débitos parcelados será efetuado proporcionalmente ao valor de cada tributo na composição da dívida consolidada.

§ 23. No caso de parcelamento de débito inscrito em dívida ativa, o devedor pagará custas, emolumentos e demais encargos legais.

§ 24. Implicará imediata rescisão do parcelamento e remessa do débito para inscrição em dívida ativa ou prosseguimento da execução, conforme o caso, até deliberação do CGSN, a falta de pagamento:

I – de 3 (três) parcelas, consecutivas ou não; ou

II – de 1 (uma) parcela, estando pagas todas as demais.

§ 25. O documento previsto no inciso I do *caput* deste artigo deverá conter a partilha discriminada de cada um dos tributos abrangidos pelo Simples Nacional, bem como os valores destinados a cada ente federado. (Incluído pela Lei Complementar nº 155, de 2016)

Art. 21-A. A inscrição de microempresa ou empresa de pequeno porte no Cadastro Informativo dos créditos não quitados do setor público federal – CADIN, somente ocorrerá mediante notificação prévia com prazo para contestação. (Incluído pela Lei Complementar nº 147, de 2014)

Art. 21-B. Os Estados e o Distrito Federal deverão observar, em relação ao ICMS, o prazo mínimo de 60 (sessenta) dias, contado a partir do primeiro dia do mês do fato gerador da obrigação tributária, para estabelecer a data de vencimento do imposto devido por substituição tributária, tributação concentrada em uma única etapa (monofásica) e por antecipação tributária com ou sem encerramento de tributação, nas hipóteses em que a responsabilidade recair sobre operações ou prestações subsequentes, na forma regulamentada pelo Comitê Gestor. (Incluído pele Lei Complementar nº 147, de 2014)

SEÇÃO V. DO REPASSE DO PRODUTO DA ARRECADAÇÃO

Art. 22. O Comitê Gestor definirá o sistema de repasses do total arrecadado, inclusive encargos legais, para o:

I – Município ou Distrito Federal, do valor correspondente ao ISS;

II – Estado ou Distrito Federal, do valor correspondente ao ICMS;

III – Instituto Nacional do Seguro Social, do valor correspondente à Contribuição para manutenção da Seguridade Social.

Parágrafo único. Enquanto o Comitê Gestor não regulamentar o prazo para o repasse previsto no inciso II do *caput* deste artigo, esse será efetuado nos prazos estabelecidos nos convênios celebrados no âmbito do colegiado a que se refere a alínea g do inciso XII do § 2º do art. 155 da Constituição Federal.

SEÇÃO VI. DOS CRÉDITOS

Art. 23. As microempresas e as empresas de pequeno porte optantes pelo Simples Nacional não farão jus à apropriação nem transferirão créditos relativos a impostos ou contribuições abrangidos pelo Simples Nacional.

§ 1º. As pessoas jurídicas e aquelas a elas equiparadas pela legislação tributária não optantes pelo Simples Nacional terão direito a crédito correspondente ao ICMS incidente sobre as suas aquisições de mercadorias de microempresa ou empresa de pequeno porte optante pelo Simples Nacional, desde que destinadas à comercialização ou industrialização e observado, como limite, o ICMS efetivamente devido pelas optantes pelo Simples Nacional em relação a essas aquisições.

§ 2º. A alíquota aplicável ao cálculo do crédito de que trata o § 1º deste artigo deverá ser informada no documento fiscal e corresponderá ao percentual de ICMS previsto nos Anexos I ou II desta Lei Complementar para a faixa de receita bruta a que a microempresa ou a empresa de pequeno porte estiver sujeita no mês anterior ao da operação.

§ 3º. Na hipótese de a operação ocorrer no mês de início de atividades da microempresa ou empresa de pequeno porte optante pelo Simples Nacional, a alíquota aplicável ao cálculo do crédito de que trata o § 1º deste artigo corresponderá ao percentual de ICMS referente à menor alíquota prevista nos Anexos I ou II desta Lei Complementar.

§ 4º. Não se aplica o disposto nos §§ 1º a 3º deste artigo quando:

I – a microempresa ou empresa de pequeno porte estiver sujeita à tributação do ICMS no Simples Nacional por valores fixos mensais;

II – a microempresa ou a empresa de pequeno porte não informar a alíquota de que trata o § 2º deste artigo no documento fiscal;

III – houver isenção estabelecida pelo Estado ou Distrito Federal que abranja a faixa de receita bruta a que a microempresa ou a empresa de pequeno porte estiver sujeita no mês da operação;

IV – o remetente da operação ou prestação considerar, por opção, que a alíquota determinada na forma do *caput* e dos §§ 1º e 2º do art. 18 desta Lei Complementar deverá incidir sobre a receita recebida no mês.

§ 5º. Mediante deliberação exclusiva e unilateral dos Estados e do Distrito Federal, poderá ser concedido às pessoas jurídicas e àquelas a elas equiparadas pela legislação tributária não optantes pelo Simples Nacional crédito correspondente ao ICMS incidente sobre os insumos utilizados nas mercadorias adquiridas de indústria optante pelo Simples Nacional, sendo vedado o estabelecimento de diferenciação no valor do crédito em razão da procedência dessas mercadorias.

§ 6º. O Comitê Gestor do Simples Nacional disciplinará o disposto neste artigo.

Art. 24. As microempresas e as empresas de pequeno porte optantes pelo Simples Nacional não poderão utilizar ou destinar qualquer valor a título de incentivo fiscal.

§ 1º. Não serão consideradas quaisquer alterações em bases de cálculo, alíquotas e percentuais ou outros fatores que alterem o valor de imposto ou contribuição apurado na forma do Simples Nacional, estabelecidas pela União, Estado, Distrito Federal ou Município, exceto as previstas ou autorizadas nesta Lei Complementar. (Incluído pela Lei Complementar nº 155, de 2016)

§ 2º. (Vetado na LC nº 147/2014)

SEÇÃO VII.
DAS OBRIGAÇÕES FISCAIS ACESSÓRIAS

Art. 25. A microempresa ou empresa de pequeno porte optante pelo Simples Nacional deverá apresentar anualmente à Secretaria da Receita Federal do Brasil declaração única e simplificada de informações socioeconômicas e fiscais, que deverá ser disponibilizada aos órgãos de fiscalização tributária e previdenciária, observados prazo e modelo aprovados pelo CGSN e observado o disposto no § 15-A do art. 18.

- Lei Complementar nº 123, de 14-12-2006, arts. 26, II, § 3º, 38, 41, § 4º, II, Institui o Estatuto Nacional da Microempresa e da Empresa de Pequeno Porte.

§ 1º. A declaração de que trata o *caput* deste artigo constitui confissão de dívida e instrumento hábil e suficiente para a exigência dos tributos e contribuições que não tenham sido recolhidos resultantes das informações nela prestadas.

§ 2º. A situação de inatividade deverá ser informada na declaração de que trata o *caput* deste artigo, na forma regulamentada pelo Comitê Gestor.

§ 3º. Para efeito do disposto no § 2º deste artigo, considera-se em situação de inatividade a microempresa ou a empresa de pequeno porte que não apresente mutação patrimonial e atividade operacional durante todo o ano-calendário.

§ 4º. A declaração de que trata o *caput* deste artigo, relativa ao MEI definido no art. 18-A desta Lei Complementar, conterá, para efeito do disposto no art. 3º da Lei Complementar nº 63, de 11 de janeiro de 1990, tão somente as informações relativas à receita bruta total sujeita ao ICMS, sendo vedada a instituição de declarações adicionais em decorrência da referida Lei Complementar.

§ 5º. A declaração de que trata o *caput*, a partir das informações relativas ao ano-calendário de 2012, poderá ser prestada por meio da declaração de que trata o § 15-A do art. 18 desta Lei Complementar, na periodicidade e prazos definidos pelo CGSN. (Incluído pela Lei Complementar nº 147, de 2014)

Art. 26. As microempresas e empresas de pequeno porte optantes pelo Simples Nacional ficam obrigadas a:

I – emitir documento fiscal de venda ou prestação de serviço, de acordo com instruções expedidas pelo Comitê Gestor;

- Esta lei: art. 29, XI.

II – manter em boa ordem e guarda os documentos que fundamentaram a apuração dos impostos e contribuições devidos e o cumprimento das obrigações acessórias a que se refere o art. 25 desta Lei Complementar enquanto não decorrido o prazo decadencial e não prescritas eventuais ações que lhes sejam pertinentes.

§ 1º. O MEI fará a comprovação da receita bruta mediante apresentação do registro de vendas ou de prestação de serviços na forma estabelecida pelo CGSN, ficando dispensado da emissão do documento fiscal previsto no inciso I do *caput*, ressalvadas as hipóteses de emissão obrigatória previstas pelo referido Comitê.

I a III – (Revogados pela LC nº 128/08)

§ 2º. As demais microempresas e as empresas de pequeno porte, além do disposto nos incisos I e II do *caput* deste artigo, deverão, ainda, manter o livro-caixa em que será escriturada sua movimentação financeira e bancária.

§ 3º. A exigência de declaração única a que se refere o *caput* do art. 25 desta Lei Complementar não desobriga a prestação de informações relativas a terceiros.

§ 4º. É vedada a exigência de obrigações tributárias acessórias relativas aos tributos apurados na forma do Simples Nacional além daquelas estipuladas pelo CGSN e atendidas por meio do Portal do Simples Nacional, bem como, o estabelecimento de exigências adicionais e unilaterais pelos entes federativos, exceto os programas de cidadania fiscal. (Redação dada pela Lei Complementar nº 147, de 2014)

§ 4º-A. A escrituração fiscal digital ou obrigação equivalente não poderá ser exigida da microempresa ou empresa de pequeno porte optante pelo Simples Nacional, salvo se, cumulativamente, houver: (Incluído pela Lei Complementar nº 147, de 2014)

I – autorização específica do CGSN, que estabelecerá as condições para a obrigatoriedade; (Incluído pela Lei Complementar nº 147, de 2014)

II – disponibilização por parte da administração tributária estipulante de aplicativo gratuito para uso da empresa optante. (Incluído pela Lei Complementar nº 147, de 2014)

§ 4º-B. A exigência de apresentação de livros fiscais em meio eletrônico aplicar-se-á somente na hipótese de substituição da entrega em meio convencional, cuja obrigatoriedade tenha sido prévia e especificamente estabelecida pelo CGSN. (Incluído pela Lei Complementar nº 147, de 2014)

§ 4º-C. Até a implantação de sistema nacional uniforme estabelecido pelo CGSN com compartilhamento de informações com os entes federados, permanece válida norma publicada por ente federado até o primeiro trimestre de 2014 que tenha veiculado exigência vigente de a microempresa ou empresa de pequeno porte apresentar escrituração fiscal digital ou obrigação equivalente. (Incluído pela Lei Complementar nº 147, de 2014)

§ 5º. As microempresas e empresas de pequeno porte ficam sujeitas à entrega de declaração eletrônica que deva conter os dados referentes aos serviços prestados ou tomados de terceiros, na conformidade do que dispuser o Comitê Gestor.

§ 6º. Na hipótese do § 1º deste artigo:

I – deverão ser anexados ao registro de vendas ou de prestação de serviços, na forma regulamentada pelo Comitê Gestor, os documentos fiscais comprobatórios das entradas de mercadorias e serviços tomados referentes ao período, bem como os documentos fiscais relativos às operações ou prestações realizadas eventualmente emitidos;

II – será obrigatória a emissão de documento fiscal nas vendas e nas prestações de serviços realizadas pelo MEI para destinatário cadastrado no Cadastro Nacional da Pessoa Jurídica (CNPJ), ficando dispensado desta emissão para o consumidor final.

§ 7º. Cabe ao CGSN dispor sobre a exigência da certificação digital para o cumprimento de obrigações principais e acessórias por parte da microempresa, inclusive o MEI, ou empresa de pequeno porte optante pelo Simples Nacional, inclusive para o recolhimento do FGTS.

§ 8º. O CGSN poderá disciplinar sobre a disponibilização, no portal do SIMPLES Nacional, de documento fiscal eletrônico de venda ou de prestação de serviço para o MEI, microempresa ou empresa de pequeno porte optante pelo Simples Nacional. (Incluído pela Lei Complementar nº 147, de 2014)

§ 9º. O desenvolvimento e a manutenção das soluções de tecnologia, capacitação e orientação aos usuários relativas ao disposto no § 8º, bem como as demais relativas ao Simples Nacional, poderão ser apoiadas pelo Serviço Brasileiro de Apoio às Micro e Pequenas Empresas – SEBRAE. (Incluído pela Lei Complementar nº 147, de 2014)

§ 10. O ato de emissão ou de recepção de documento fiscal por meio eletrônico estabelecido pelas administrações tributárias, em qualquer modalidade, de entrada, de saída ou de prestação, na forma estabelecida pelo CGSN, representa sua própria escrituração fiscal e elemento suficiente para a fundamentação e a constituição do crédito tributário. (Incluído pela Lei Complementar nº 147, de 2014)

§ 11. Os dados dos documentos fiscais de qualquer espécie podem ser compartilhados entre as administrações tributárias da União, Estados, Distrito Federal e Municípios e, quando emitidos por meio eletrônico, na forma estabelecida pelo CGSN, a microempresa ou empresa de pequeno porte optante pelo Simples Nacional fica desobrigada de transmitir seus dados às administrações tributárias. (Incluído pela Lei Complementar nº 147, de 2014)

§ 12. As informações a serem prestadas relativas ao ICMS devido na forma prevista nas alíneas a, g e h do inciso XIII do § 1º do art. 13 serão fornecidas por meio de aplicativo único. (Incluído pela Lei Complementar nº 147, de 2014)

§ 13. Fica estabelecida a obrigatoriedade de utilização de documentos fiscais eletrônicos estabelecidos pelo Confaz nas operações e prestações relativas ao ICMS efetuadas por microempresas e empresas de pequeno porte nas hipóteses previstas nas alíneas a, g e h do inciso XIII do § 1º do art. 13. (Incluído pela Lei Complementar nº 147, de 2014)

§ 14. Os aplicativos necessários ao cumprimento do disposto nos §§ 12 e 13 deste artigo serão disponibilizados, de forma gratuita, no portal do Simples Nacional. (Incluído pela Lei Complementar nº 147, de 2014)

§ 15. O CGSN regulamentará o disposto neste artigo. (Incluído pela Lei Complementar nº 147, de 2014)

Art. 27. As microempresas e empresas de pequeno porte optantes pelo Simples Nacional poderão, opcionalmente, adotar contabilidade simplificada para os registros e controles das operações realizadas, conforme regulamentação do Comitê Gestor.

- Dec. nº 6.451, de 12-5-2008, dispõe sobre a constituição do Consórcio Simples por Microempresas e EPP optantes pelo Simples Nacional.

SEÇÃO VIII.
DA EXCLUSÃO DO SIMPLES NACIONAL

Art. 28. A exclusão do Simples Nacional será feita de ofício ou mediante comunicação das empresas optantes.

Parágrafo único. As regras previstas nesta seção e o modo de sua implementação serão regulamentados pelo Comitê Gestor.

Art. 29. A exclusão de ofício das empresas optantes pelo Simples Nacional dar-se-á quando:

I – verificada a falta de comunicação de exclusão obrigatória;

- Esta lei: art. 33.

II – for oferecido embaraço à fiscalização, caracterizado pela negativa não justificada de exibição de livros e documentos a que estiverem obrigadas, bem como pelo não fornecimento de informações sobre bens, movimentação financeira, negócio ou atividade que estiverem intimadas a apresentar, e nas demais hipóteses que autorizam a requisição de auxílio da força pública;

III – for oferecida resistência à fiscalização, caracterizada pela negativa de acesso ao estabelecimento, ao domicílio fiscal ou a qualquer outro local onde desenvolvam suas atividades ou se encontrem bens de sua propriedade;

IV – a sua constituição ocorrer por interpostas pessoas;

V – tiver sido constatada prática reiterada de infração ao disposto nesta Lei Complementar;

VI – a empresa for declarada inapta, na forma dos arts. 81 e 82 da Lei nº 9.430, de 27 de dezembro de 1996, e alterações posteriores;

VII – comercializar mercadorias objeto de contrabando ou descaminho;

VIII – houver falta de escrituração do livro-caixa ou não permitir a identificação da movimentação financeira, inclusive bancária;

IX – for constatado que durante o ano-calendário o valor das despesas pagas supera em 20% (vinte por cento) o valor de ingressos de recursos no mesmo período, excluído o ano de início de atividade;

X – for constatado que durante o ano-calendário o valor das aquisições de mercadorias para comercialização ou industrialização, ressalvadas hipóteses justificadas de aumento de estoque, for superior a 80% (oitenta por cento) dos ingressos de recursos no mesmo período, excluído o ano de início de atividade;

XI – houver descumprimento reiterado da obrigação contida no inciso I do *caput* do art. 26;

XII – omitir de forma reiterada da folha de pagamento da empresa ou de documento de informações previsto pela legislação previdenciária, trabalhista ou tributária, segurado empregado, trabalhador avulso ou contribuinte individual que lhe preste serviço.

§ 1º. Nas hipóteses previstas nos incisos II a XII do *caput* deste artigo, a exclusão produzirá efeitos a partir do próprio mês em que incorridas, impedindo a opção pelo regime diferenciado e favorecido desta Lei Complementar pelos próximos 3 (três) anos-calendário seguintes.

§ 2º. O prazo de que trata o § 1º deste artigo será elevado para 10 (dez) anos caso seja constatada a utilização de artifício, ardil ou qualquer outro meio fraudulento que induza ou mantenha a fiscalização em erro, com o fim de suprimir ou reduzir o pagamento de tributo apurável segundo o regime especial previsto nesta Lei Complementar.

§ 3º. A exclusão de ofício será realizada na forma regulamentada pelo Comitê Gestor, cabendo o lançamento dos tributos e contribuições apurados aos respectivos entes tributantes.

§ 4º. (Revogado pela LC 128/08)

§ 5º. A competência para exclusão de ofício do Simples Nacional obedece ao disposto no art. 33, e o julgamento administrativo, ao disposto no art. 39, ambos desta Lei Complementar.

§ 6º. Nas hipóteses de exclusão previstas no *caput*, a notificação:

I – será efetuada pelo ente federativo que promoveu a exclusão; e

II – poderá ser feita por meio eletrônico, observada a regulamentação do CGSN.

§ 7º. (Revogado pela LC 139/11)

§ 8º. A notificação de que trata o § 6º aplica-se ao indeferimento da opção pelo Simples Nacional.

§ 9º. Considera-se prática reiterada, para fins do disposto nos incisos V, XI e XII do *caput*:

I – a ocorrência, em 2 (dois) ou mais períodos de apuração, consecutivos ou alternados, de idênticas infrações, inclusive de natureza acessória, verificada em relação aos últimos 5 (cinco) anos-calendário, formalizadas por intermédio de auto de infração ou notificação de lançamento; ou

II – a segunda ocorrência de idênticas infrações, caso seja constatada a utilização de artifício, ardil ou qualquer outro meio fraudulento que induza ou mantenha a fiscalização em erro, com o fim de suprimir ou reduzir o pagamento de tributo.

Art. 30. A exclusão do Simples Nacional, mediante comunicação das microempresas ou das empresas de pequeno porte, dar-se-á:

I – por opção;

II – obrigatoriamente, quando elas incorrerem em qualquer das situações de vedação previstas nesta Lei Complementar; ou

III – obrigatoriamente, quando ultrapassado, no ano-calendário de início de atividade, o limite proporcional de receita bruta de que trata o § 2º do art. 3º;

IV – obrigatoriamente, quando ultrapassado, no ano-calendário, o limite de receita bruta previsto no inciso II do *caput* do art. 3º, quando não estiver no ano-calendário de início de atividade.

§ 1º. A exclusão deverá ser comunicada à Secretaria da Receita Federal:

- Esta lei: art. 36.

I – na hipótese do inciso I do *caput* deste artigo, até o último dia útil do mês de janeiro;

II – na hipótese do inciso II do *caput* deste artigo, até o último dia útil do mês subsequente àquele em que ocorrida a situação de vedação;

III – na hipótese do inciso III do *caput*:

a) até o último dia útil do mês seguinte àquele em que tiver ultrapassado em mais de 20% (vinte por cento) o limite proporcional de que trata o § 10 do art. 3º; ou

b) até o último dia útil do mês de janeiro do ano-calendário subsequente ao de início de atividades, caso o excesso seja inferior a 20% (vinte por cento) do respectivo limite;

IV – na hipótese do inciso IV do *caput*:

a) até o último dia útil do mês subsequente à ultrapassagem em mais de 20% (vinte por cento) do limite de receita bruta previsto no inciso II do *caput* do art. 3º; ou

b) até o último dia útil do mês de janeiro do ano-calendário subsequente, na hipótese de não ter ultrapassado em mais de 20% (vinte por cento) o limite de receita bruta previsto no inciso II do *caput* do art. 3º.

§ 2º. A comunicação de que trata o *caput* deste artigo dar-se-á na forma a ser estabelecida pelo Comitê Gestor.

§ 3º. A alteração de dados no CNPJ, informada pela ME ou EPP à Secretaria da Receita Federal do Brasil, equivalerá à comunicação obrigatória de exclusão do Simples Nacional nas seguintes hipóteses:

I – alteração de natureza jurídica para Sociedade Anônima, Sociedade Empresária em Comandita por Ações, Sociedade em Conta de Participação ou Estabelecimento, no Brasil, de Sociedade Estrangeira;

II – inclusão de atividade econômica vedada à opção pelo Simples Nacional;

III – inclusão de sócio pessoa jurídica;

IV – inclusão de sócio domiciliado no exterior;

V – cisão parcial; ou

VI – extinção da empresa.

Art. 31. A exclusão das microempresas ou das empresas de pequeno porte do Simples Nacional produzirá efeitos:

I – na hipótese do inciso I do *caput* do art. 30 desta Lei Complementar, a partir de 1º de janeiro do ano-calendário subsequente, ressalvado o disposto no § 4º deste artigo;

II – na hipótese do inciso II do *caput* do art. 30 desta Lei Complementar, a partir do mês seguinte da ocorrência da situação impeditiva;

III – na hipótese do inciso III do *caput* do art. 30 desta Lei Complementar:

a) desde o início das atividades;

b) a partir de 1º de janeiro do ano-calendário subsequente, na hipótese de não ter ultrapassado em mais de 20% (vinte por cento) o limite proporcional de que trata o § 10 do art. 3º;

IV – na hipótese do inciso V do *caput* do art. 17 desta Lei Complementar, a partir do ano-calendário subsequente ao da ciência da comunicação da exclusão.

V – na hipótese do inciso IV do *caput* do art. 30:

a) a partir do mês subsequente à ultrapassagem em mais de 20% (vinte por cento) do limite de receita bruta previsto no inciso II do art. 3º;

b) a partir de 1º de janeiro do ano-calendário subsequente, na hipótese de não ter ultrapassado em mais de 20% (vinte por cento) o limite de receita bruta previsto no inciso II do art. 3º.

§ 1º. Na hipótese prevista no inciso III do *caput* do art. 30 desta Lei Complementar, a microempresa ou empresa de pequeno porte não poderá optar, no ano-calendário subsequente ao do início de atividades, pelo Simples Nacional.

§ 2º. Na hipótese dos incisos V e XVI do *caput* do art. 17, será permitida a permanência da pessoa jurídica como optante pelo Simples Nacional mediante a comprovação da regularização do débito ou do cadastro fiscal no prazo de até 30 (trinta) dias contados a partir da ciência da comunicação da exclusão.

§ 3º. O CGSN regulamentará os procedimentos relativos ao impedimento de recolher o ICMS e o ISS na forma do Simples Nacional, em face da ultrapassagem dos limites estabelecidos na forma dos incisos I ou II do art. 19 e do art. 20.

§ 4º. No caso de a microempresa ou a empresa de pequeno porte ser excluída do Simples Nacional no mês de janeiro, na hipótese do inciso I do *caput* do art. 30 desta Lei Complementar, os efeitos da exclusão dar-se-ão nesse mesmo ano.

§ 5º. Na hipótese do inciso II do *caput* deste artigo, uma vez que o motivo da exclusão deixe de existir, havendo a exclusão retroativa de ofício no caso do inciso I do *caput* do art. 29 desta Lei Complementar, o efeito desta dar-se-á a partir do mês seguinte ao da ocorrência da situação impeditiva, limitado, porém, ao último dia do ano-calendário em que a referida situação deixou de existir.

Art. 32. As microempresas ou as empresas de pequeno porte excluídas do Simples Nacional sujeitar-se-ão, a partir do período em que se processarem os efeitos da exclusão, às normas de tributação aplicáveis às demais pessoas jurídicas.

§ 1º. Para efeitos do disposto no *caput* deste artigo, na hipótese da alínea a do inciso III do *caput* do art. 31 desta Lei Complementar, a microempresa ou a empresa de pequeno porte desenquadrada ficará sujeita ao pagamento da totalidade ou diferença dos respectivos impostos e contribuições, devidos de conformidade com as normas gerais de incidência, acrescidos, tão somente, de juros de mora, quando efetuado antes do início de procedimento de ofício.

§ 2º. Para efeito do disposto no *caput* deste artigo, o sujeito passivo poderá optar pelo recolhimento do imposto de renda e da Contribuição Social sobre o Lucro Líquido na forma do lucro presumido, lucro real trimestral ou anual.

§ 3º. Aplica-se o disposto no *caput* e no § 1º em relação ao ICMS e ao ISS à empresa impedida de recolher esses impostos na forma do Simples Nacional, em face da ultrapassagem dos limites a que se referem os incisos I e II do *caput* do art. 19, relativamente ao estabelecimento localizado na unidade da federação que os houver adotado.

SEÇÃO IX.
DA FISCALIZAÇÃO

Art. 33. A competência para fiscalizar o cumprimento das obrigações principais e acessórias relativas ao Simples Nacional e para verificar a ocorrência das hipóteses previstas no art. 29 desta Lei Complementar é da Secretaria da Receita Federal e das Secretarias de Fazenda ou de Finanças do Estado ou do Distrito Federal, segundo a localização do estabelecimento, e, tratando-se de prestação de serviços incluídos na competência tributária municipal, a competência será também do respectivo Município.

§ 1º. As Secretarias de Fazenda ou Finanças dos Estados poderão celebrar convênio com os Municípios de sua jurisdição para atribuir a estes a fiscalização a que se refere o *caput* deste artigo.

§ 1º-A. Dispensa-se o convênio de que trata o § 1º na hipótese de ocorrência de prestação de serviços sujeita ao ISS por estabelecimento localizado no Município.

§ 1º-B. A fiscalização de que trata o *caput*, após iniciada, poderá abranger todos os demais estabelecimentos da microempresa ou da empresa de pequeno porte, independentemente da atividade por eles exercida ou de sua localização, na forma e condições estabelecidas pelo CGSN.

§ 1º-C. As autoridades fiscais de que trata o *caput* têm competência para efetuar o lançamento de todos os tributos previstos nos incisos I a VIII do art. 13, apurados na forma do Simples Nacional, relativamente a todos os estabelecimentos da empresa, independentemente do ente federado instituidor.

§ 1º-D. A competência para autuação por descumprimento de obrigação acessória é privativa da administração tributária perante a qual a obrigação deveria ter sido cumprida.

§ 2º. Na hipótese de a microempresa ou empresa de pequeno porte exercer alguma das atividades de prestação de serviços previstas no § 5º-C do art. 18 desta Lei Complementar, caberá à Secretaria da Receita Federal do Brasil a fiscalização da Contribuição para a Seguridade Social, a cargo da empresa, de que trata o art. 22 da Lei nº 8.212, de 24 de julho de 1991.

§ 3º. O valor não pago, apurado em procedimento de fiscalização, será exigido em lançamento de ofício pela autoridade competente que realizou a fiscalização.

§ 4º. O Comitê Gestor disciplinará o disposto neste artigo.

SEÇÃO X.
DA OMISSÃO DE RECEITA

Art. 34. Aplicam-se à microempresa e à empresa de pequeno porte optantes pelo Simples Nacional todas as presunções de omissão de receita existentes nas legislações de regência dos impostos e contribuições incluídos no Simples Nacional.

§ 1º. É permitida a prestação de assistência mútua e a permuta de informações entre a Fazenda Pública da União e as dos Estados, do Distrito Federal e dos Municípios, relativas às microempresas e às empresas de pequeno porte, para fins de planejamento ou de execução de procedimentos fiscais ou preparatórios. (Incluído pela Lei Complementar nº 155, de 2016)

§ 2º. (Vetado na LC nº 155/2016)

§ 3º. Sem prejuízo de ação fiscal individual, as administrações tributárias poderão utilizar procedimento de notificação prévia visando à autorregularização, na forma e nos prazos a serem regulamentados pelo CGSN, que não constituirá início de procedimento fiscal. (Incluído pela Lei Complementar nº 155, de 2016)

§ 4º. (Vetado na LC nº 155/2016)

SEÇÃO XI.
DOS ACRÉSCIMOS LEGAIS

Art. 35. Aplicam-se aos impostos e contribuições devidos pela microempresa e pela empresa de pequeno porte, inscritas no Simples Nacional, as normas relativas aos juros e multa de mora e de ofício previstas para o imposto de renda, inclusive, quando for o caso, em relação ao ICMS e ao ISS.

Art. 36. A falta de comunicação, quando obrigatória, da exclusão da pessoa jurídica do Simples Nacional, nos prazos determinados no § 1º do art. 30 desta Lei Complementar, sujeitará a pessoa jurídica a multa correspondente a 10% (dez por cento) do total dos impostos e contribuições devidos de conformidade com o Simples Nacional no mês que anteceder o início dos efeitos da exclusão, não inferior a R$ 200,00 (duzentos reais), insusceptível de redução.

Art. 36-A. A falta de comunicação, quando obrigatória, do desenquadramento do microempreendedor individual da sistemática de recolhimento prevista no art. 18-A desta Lei Complementar nos prazos determinados em seu § 7º sujeitará o microempreendedor individual a multa no valor de R$ 50,00 (cinquenta reais), insusceptível de redução.

Art. 37. A imposição das multas de que trata esta Lei Complementar não exclui a aplicação das sanções previstas na legislação penal, inclusive em relação a declaração falsa, adulteração de documentos e emissão de nota fiscal em desacordo com a operação efetivamente praticada, a que estão sujeitos o titular ou sócio da pessoa jurídica.

Art. 38. O sujeito passivo que deixar de apresentar a Declaração Simplificada da Pessoa Jurídica a que se refere o art. 25 desta Lei Complementar, no prazo fixado, ou que a apresentar com incorreções ou omissões, será intimado a apresentar declaração original, no caso de não apresentação, ou a prestar esclarecimentos, nos demais casos, no prazo estipulado pela autoridade fiscal, na forma definida pelo Comitê Gestor, e sujeitar-se-á às seguintes multas:

I – de 2% (dois por cento) ao mês-calendário ou fração, incidentes sobre o montante dos tributos e contribuições informados na Declaração Simplificada da Pessoa Jurídica, ainda que integralmente pago, no caso de falta de entrega da declaração ou entrega após o prazo, limitada a 20% (vinte por cento), observado o disposto no § 3º deste artigo;

II – de R$ 100,00 (cem reais) para cada grupo de 10 (dez) informações incorretas ou omitidas.

§ 1º. Para efeito de aplicação da multa prevista no inciso I do *caput* deste artigo, será considerado como termo inicial o dia seguinte ao término do prazo originalmente fixado para a entrega da declaração e como termo final a data da efetiva entrega ou, no caso de não apresentação, da lavratura do auto de infração.

§ 2º. Observado o disposto no § 3º deste artigo, as multas serão reduzidas:

I – à ½ (metade), quando a declaração for apresentada após o prazo, mas antes de qualquer procedimento de ofício;

II – a 75% (setenta e cinco por cento), se houver a apresentação da declaração no prazo fixado em intimação.

§ 3º. A multa mínima a ser aplicada será de R$ 200,00 (duzentos reais).

§ 4º. Considerar-se-á não entregue a declaração que não atender às especificações técnicas estabelecidas pelo Comitê Gestor.

§ 5º. Na hipótese do § 4º deste artigo, o sujeito passivo será intimado a apresentar nova declaração, no prazo de 10 (dez) dias, contados da ciência da intimação, e sujeitar-se-á à multa prevista no inciso I do *caput* deste artigo, observado o disposto nos §§ 1º a 3º deste artigo.

§ 6º. A multa mínima de que trata o § 3º deste artigo a ser aplicada ao Microempreendedor Individual na vigência da opção de que trata o art. 18-A desta Lei Complementar será de R$ 50,00 (cinquenta reais).

Art. 38-A. O sujeito passivo que deixar de prestar as informações no sistema eletrônico de cálculo de que trata o § 15 do art. 18, no prazo previsto no § 15-A do mesmo artigo, ou que as prestar com incorreções ou omissões, será intimado a fazê-lo, no caso de não apresentação, ou a prestar esclarecimentos, nos demais casos, no prazo estipulado pela autoridade fiscal, na forma definida pelo CGSN, e sujeitar-se-á às seguintes multas, para cada mês de referência: (Incluído pela Lei Complementar nº 139, de 2011)

I – de 2% (dois por cento) ao mês-calendário ou fração, a partir do primeiro dia do quarto mês do ano subsequente à ocorrência dos fatos geradores, incidentes sobre o montante dos impostos e contribuições decorrentes das informações prestadas no sistema eletrônico de cálculo de que trata o § 15 do art. 18, ainda que integralmente pago, no caso de ausência de prestação de informações ou sua efetuação após o prazo, limitada a 20% (vinte por cento), observado o disposto no § 2º deste artigo; e (Incluído pela Lei Complementar nº 139, de 2011)

II – de R$ 20,00 (vinte reais) para cada grupo de 10 (dez) informações incorretas ou omitidas. (Incluído pela Lei Complementar nº 139, de 2011)

§ 1º. Para efeito de aplicação da multa prevista no inciso I do *caput*, será considerado como termo inicial o primeiro dia do quarto mês do ano subsequente à ocorrência dos fatos geradores e como termo final a data da efetiva prestação ou, no caso de não prestação, da lavratura do auto de infração. (Incluído pela Lei Complementar nº 139, de 2011)

§ 2º. A multa mínima a ser aplicada será de R$ 50,00 (cinquenta reais) para cada mês de referência. (Incluído pela Lei Complementar nº 139, de 2011)

§ 3º. Aplica-se ao disposto neste artigo o disposto nos §§ 2º, 4º e 5º do art. 38. (Incluído pela Lei Complementar nº 139, de 2011)

§ 4º. O CGSN poderá estabelecer data posterior à prevista no inciso I do *caput* e no § 1º. (Incluído pela Lei Complementar nº 139, de 2011)

Art. 38-B. As multas relativas à falta de prestação ou à incorreção no cumprimento de obrigações acessórias para com os órgãos e entidades federais, estaduais, distritais e municipais, quando em valor fixo ou mínimo, e na ausência de previsão legal de valores específicos e mais favoráveis para MEI, microempresa ou empresa de pequeno porte, terão redução de: (Incluído pela Lei Complementar nº 147, de 2014)

I – 90% (noventa por cento) para os MEI; (Incluído pela Lei Complementar nº 147, de 2014)

II – 50% (cinquenta por cento) para as microempresas ou empresas de pequeno porte optantes pelo Simples Nacional. (Incluído pela Lei Complementar nº 147, de 2014)

Parágrafo único. As reduções de que tratam os incisos I e II do *caput* não se aplicam na: (Incluído pela Lei Complementar nº 147, de 2014)

I – hipótese de fraude, resistência ou embaraço à fiscalização; (Incluído pela Lei Complementar nº 147, de 2014)

II – ausência de pagamento da multa no prazo de 30 (trinta) dias após a notificação. (Incluído pela Lei Complementar nº 147, de 2014)

SEÇÃO XII.
DO PROCESSO ADMINISTRATIVO FISCAL

Art. 39. O contencioso administrativo relativo ao Simples Nacional será de competência do órgão julgador integrante da estrutura administrativa do ente federativo que efetuar o lançamento, o indeferimento da opção ou a exclusão de ofício, observados os dispositivos legais atinentes aos processos administrativos fiscais desse ente.

‣ Esta lei: art. 55, § 4º.

§ 1º. O Município poderá, mediante convênio, transferir a atribuição de julgamento exclusivamente ao respectivo Estado em que se localiza.

§ 2º. No caso em que o contribuinte do Simples Nacional exerça atividades incluídas no campo de incidência do ICMS e do ISS e seja apurada omissão de receita de que não se consiga identificar a origem, a autuação será feita utilizando a maior alíquota prevista nesta Lei Complementar, e a parcela autuada que não seja correspondente aos tributos e contribuições federais será rateada entre Estados e Municípios ou Distrito Federal.

§ 3º. Na hipótese referida no § 2º deste artigo, o julgamento caberá ao Estado ou ao Distrito Federal.

§ 4º. A intimação eletrônica dos atos do contencioso administrativo observará o disposto nos §§ 1º-A a 1º-D do art. 16.

§ 5º. A impugnação relativa ao indeferimento da opção ou à exclusão poderá ser decidida em órgão diverso do previsto no *caput*, na forma estabelecida pela respectiva administração tributária.

§ 6º. Na hipótese prevista no § 5º, o CGSN poderá disciplinar procedimentos e prazos, bem como, no processo de exclusão, prever efeito suspensivo na hipótese de apresentação de impugnação, defesa ou recurso.

Art. 40. As consultas relativas ao Simples Nacional serão solucionadas pela Secretaria da Receita Federal, salvo quando se referirem a tributos e contribuições de competência estadual ou municipal, que serão solucionadas conforme a respectiva competência tributária, na forma disciplinada pelo Comitê Gestor.

‣ Esta lei: art. 55, § 4º.

SEÇÃO XIII.
DO PROCESSO JUDICIAL

Art. 41. Os processos relativos a impostos e contribuições abrangidos pelo Simples Nacional serão ajuizados em face da União, que será representada em juízo pela Procuradoria-Geral da Fazenda Nacional, observado o disposto no § 5º deste artigo.

§ 1º. Os Estados, Distrito Federal e Municípios prestarão auxílio à Procuradoria-Geral da Fazenda Nacional, em relação aos tributos de sua competência, na forma a ser disciplinada por ato do Comitê Gestor.

§ 2º. Os créditos tributários oriundos da aplicação desta Lei Complementar serão apurados, inscritos em Dívida Ativa da União e cobrados judicialmente pela Procuradoria-Geral da Fazenda Nacional, observado o disposto no inciso V do § 5º deste artigo.

§ 3º. Mediante convênio, a Procuradoria-Geral da Fazenda Nacional poderá delegar aos Estados e Municípios a inscrição em dívida ativa estadual e municipal e a cobrança judicial dos tributos estaduais e municipais a que se refere esta Lei Complementar.

§ 4º. Aplica-se o disposto neste artigo aos impostos e contribuições que não tenham sido recolhidos resultantes das informações prestadas:

I – no sistema eletrônico de cálculo dos valores devidos no Simples Nacional de que trata o § 15 do art. 18;

II – na declaração a que se refere o art. 25.

§ 5º. Excetuam-se do disposto no *caput* deste artigo:

I – os mandados de segurança nos quais se impugnem atos de autoridade coatora pertencente a Estado, Distrito Federal ou Município;

II – as ações que tratem exclusivamente de tributos de competência dos Estados, do Distrito Federal ou dos Municípios, as quais serão propostas em face desses entes federativos, representados em juízo por suas respectivas procuradorias;

III – as ações promovidas na hipótese de celebração do convênio de que trata o § 3º deste artigo.

IV – o crédito tributário decorrente de auto de infração lavrado exclusivamente em face de descumprimento de obrigação acessória, observado o disposto no § 1º-D do art. 33.

V – o crédito tributário relativo ao ICMS e ao ISS de que tratam as alíneas b e c do inciso V do § 3º do art. 18-A desta Lei Complementar. (Redação dada pela Lei Complementar nº 147, de 2014)

CAPÍTULO V. DO ACESSO AOS MERCADOS (Redação dada pela Lei Complementar nº 147, de 2014)

SEÇÃO I. DAS AQUISIÇÕES PÚBLICAS (Redação dada pela Lei Complementar nº 147, de 2014)

Art. 42. Nas licitações públicas, a comprovação de regularidade fiscal e trabalhista das microempresas e das empresas de pequeno porte somente será exigida para efeito de assinatura do contrato. (Redação dada pela Lei Complementar nº 155, de 2016)

Art. 43. As microempresas e as empresas de pequeno porte, por ocasião da participação em certames licitatórios, deverão apresentar toda a documentação exigida para efeito de comprovação de regularidade fiscal e trabalhista, mesmo que esta apresente alguma restrição. (Redação dada pela Lei Complementar nº 155, de 2016)

§ 1º. Havendo alguma restrição na comprovação da regularidade fiscal e trabalhista, será assegurado o prazo de cinco dias úteis, cujo termo inicial corresponderá ao momento em que o proponente for declarado vencedor do certame, prorrogável por igual período, a critério da administração pública, para regularização da documentação, para pagamento ou parcelamento do débito e para emissão de eventuais certidões negativas ou positivas com efeito de certidão negativa. (Redação dada pela Lei Complementar nº 155, de 2016)

§ 2º. A não regularização da documentação, no prazo previsto no § 1º deste artigo, implicará decadência do direito à contratação, sem prejuízo das sanções previstas no art. 81 da Lei nº 8.666, de 21 de junho de 1993, sendo facultado à Administração convocar os licitantes remanescentes, na ordem de classificação, para a assinatura do contrato, ou revogar a licitação.

Art. 44. Nas licitações será assegurada, como critério de desempate, preferência de contratação para as microempresas e empresas de pequeno porte.

§ 1º. Entende-se por empate aquelas situações em que as propostas apresentadas pelas microempresas e empresas de pequeno porte sejam iguais ou até 10% (dez por cento) superiores à proposta mais bem classificada.

§ 2º. Na modalidade de pregão, o intervalo percentual estabelecido no § 1º deste artigo será de até 5% (cinco por cento) superior ao melhor preço.

Art. 45. Para efeito do disposto no art. 44 desta Lei Complementar, ocorrendo o empate, proceder-se-á da seguinte forma:

▸ Esta lei: art. 44.

I – a microempresa ou empresa de pequeno porte mais bem classificada poderá apresentar proposta de preço inferior àquela considerada vencedora do certame, situação em que será adjudicado em seu favor o objeto licitado;

II – não ocorrendo a contratação da microempresa ou empresa de pequeno porte, na forma do inciso I do *caput* deste artigo, serão convocadas as remanescentes que porventura se enquadrem na hipótese dos §§ 1º e 2º do art. 44 desta Lei Complementar, na ordem classificatória, para o exercício do mesmo direito;

III – no caso de equivalência dos valores apresentados pelas microempresas e empresas de pequeno porte que se encontrem nos intervalos estabelecidos nos §§ 1º e 2º do art. 44 desta Lei Complementar, será realizado sorteio entre elas para que se identifique aquela que primeiro poderá apresentar melhor oferta.

§ 1º. Na hipótese da não contratação nos termos previstos no *caput* deste artigo, o objeto licitado será adjudicado em favor da proposta originalmente vencedora do certame.

§ 2º. O disposto neste artigo somente se aplicará quando a melhor oferta inicial não tiver sido apresentada por microempresa ou empresa de pequeno porte.

§ 3º. No caso de pregão, a microempresa ou empresa de pequeno porte mais bem classificada será convocada para apresentar nova proposta no prazo máximo de 5 (cinco) minutos após o encerramento dos lances, sob pena de preclusão.

Art. 46. A microempresa e a empresa de pequeno porte titular de direitos creditórios decorrentes de empenhos liquidados por órgãos e entidades da União, Estados, Distrito Federal e Município não pagos em até 30 (trinta) dias contados da data de liquidação poderão emitir cédula de crédito microempresarial.

Parágrafo único. (Revogado pela Lei Complementar nº 147, de 2014).

Art. 47. Nas contratações públicas da administração direta e indireta, autárquica e fundacional, federal, estadual e municipal, deverá ser concedido tratamento diferenciado e simplificado para as microempresas e empresas de pequeno porte objetivando a promoção do desenvolvimento econômico e social no âmbito municipal e regional, a ampliação da eficiência das políticas públicas e o incentivo à inovação tecnológica. (Redação dada pela Lei Complementar nº 147, de 2014).

Parágrafo único. No que diz respeito às compras públicas, enquanto não sobrevier legislação estadual, municipal ou regulamento específico de cada órgão mais favorável à microempresa e empresa de pequeno porte, aplica-se a legislação federal. (Incluído pela Lei Complementar nº 147, de 2014)

Art. 48. Para o cumprimento do disposto no art. 47 desta Lei Complementar, a administração pública: (Redação dada pela Lei Complementar nº 147, de 2014)

I – deverá realizar processo licitatório destinado exclusivamente à participação de microempresas e empresas de pequeno porte nos itens de contratação cujo valor seja de até R$ 80.000,00 (oitenta mil reais); (Redação dada pela Lei Complementar nº 147, de 2014)

II – poderá, em relação aos processos licitatórios destinados à aquisição de obras e serviços, exigir dos licitantes a subcontratação de microempresa ou empresa de pequeno porte; (Redação dada pela Lei Complementar nº 147, de 2014)

III – deverá estabelecer, em certames para aquisição de bens de natureza divisível, cota de até 25% (vinte e cinco por cento) do objeto para a contratação de microempresas e empresas de pequeno porte. (Redação dada pela Lei Complementar nº 147, de 2014)

§ 1º. (Revogado pela Lei Complementar nº 147, de 2014).

§ 2º. Na hipótese do inciso II do *caput* deste artigo, os empenhos e pagamentos do órgão ou entidade da administração pública poderão ser destinados diretamente às microempresas e empresas de pequeno porte subcontratadas.

§ 3º. Os benefícios referidos no *caput* deste artigo poderão, justificadamente, estabelecer a prioridade de contratação para as microempresas e empresas de pequeno porte sediadas local ou regionalmente, até o limite de 10% (dez por cento) do melhor preço válido. (Incluído pela Lei Complementar nº 147, de 2014)

Art. 49. Não se aplica o disposto nos arts. 47 e 48 desta Lei Complementar quando:

I – (Revogado pela Lei Complementar nº 147/2014)

II – não houver um mínimo de 3 (três) fornecedores competitivos enquadrados como microempresas ou empresas de pequeno porte sediados local ou regionalmente e capazes de cumprir as exigências estabelecidas no instrumento convocatório;

III – o tratamento diferenciado e simplificado para as microempresas e empresas de pequeno porte não for vantajoso para a administração pública ou representar prejuízo ao conjunto ou complexo do objeto a ser contratado;

IV – a licitação for dispensável ou inexigível, nos termos dos arts. 24 e 25 da Lei nº 8.666, de 21 de junho de 1993, excetuando-se as dispensas tratadas pelos incisos I e II do art. 24 da mesma Lei, nas quais a compra deverá ser feita preferencialmente de microempresas e empresas de pequeno porte, aplicando-se o disposto no inciso I do art. 48. (Redação dada pela Lei Complementar nº 147, de 2014)

SEÇÃO II. ACESSO AO MERCADO EXTERNO (Redação dada pela Lei Complementar nº 147, de 2014)

Art. 49-A. A microempresa e a empresa de pequeno porte beneficiárias do SIMPLES usufruirão de regime de exportação que contemplará procedimentos simplificados de habilitação, licenciamento, despacho aduaneiro e câmbio, na forma do regulamento. (Incluído pela Lei Complementar nº 147, de 2014)

Parágrafo único. As pessoas jurídicas prestadoras de serviço de logística internacional, quando contratadas pelas empresas descritas nesta Lei Complementar, estão autorizadas a realizar atividades relativas a licenciamento administrativo, despacho aduaneiro, consolidação e desconsolidação de carga e a contratar seguro, câmbio, transporte e armazenagem de mercadorias, objeto da prestação do serviço, de forma simplificada e por meio eletrônico, na forma de regulamento. (Redação dada pela Lei Complementar nº 155, de 2016)

Art. 49-B. (Vetado na LC nº 155/2016)

CAPÍTULO VI. DA SIMPLIFICAÇÃO DAS RELAÇÕES DE TRABALHO

SEÇÃO I. DA SEGURANÇA E DA MEDICINA DO TRABALHO

Art. 50. As microempresas e as empresas de pequeno porte serão estimuladas pelo poder público e pelos Serviços Sociais Autônomos a formar consórcios para acesso a serviços especializados em segurança e medicina do trabalho.

SEÇÃO II. DAS OBRIGAÇÕES TRABALHISTAS

Art. 51. As microempresas e as empresas de pequeno porte são dispensadas:

I – da afixação de Quadro de Trabalho em suas dependências;

II – da anotação das férias dos empregados nos respectivos livros ou fichas de registro;

III – de empregar e matricular seus aprendizes nos cursos dos Serviços Nacionais de Aprendizagem;

IV – da posse do livro intitulado "Inspeção do Trabalho"; e

V – de comunicar ao Ministério do Trabalho e Emprego a concessão de férias coletivas.

Art. 52. O disposto no art. 51 desta Lei Complementar não dispensa as microempresas e as empresas de pequeno porte dos seguintes procedimentos:

I – anotações na Carteira de Trabalho e Previdência Social – CTPS;

II – arquivamento dos documentos comprobatórios de cumprimento das obrigações trabalhistas e previdenciárias, enquanto não prescreverem essas obrigações;

III – apresentação da Guia de Recolhimento do Fundo de Garantia do Tempo de Serviço e Informações à Previdência Social – GFIP;

IV – apresentação das Relações Anuais de Empregados e da Relação Anual de Informações Sociais – RAIS e do Cadastro Geral de Empregados e Desempregados – CAGED.

Parágrafo único. (VETADO).

Art. 53. (Revogado pela LC nº 127/07)

SEÇÃO III. DO ACESSO À JUSTIÇA DO TRABALHO

Art. 54. É facultado ao empregador de microempresa ou de empresa de pequeno porte fazer-se substituir ou representar perante a Justiça do Trabalho por terceiros que conheçam dos fatos, ainda que não possuam vínculo trabalhista ou societário.

CAPÍTULO VII. DA FISCALIZAÇÃO ORIENTADORA

Art. 55. A fiscalização, no que se refere aos aspectos trabalhista, metrológico, sanitário, ambiental, de segurança, de relações de consumo e de uso e ocupação do solo das microempresas e das empresas de pequeno porte, deverá ser prioritariamente orientadora quando a atividade ou situação, por sua natureza, comportar grau de risco compatível com esse procedimento. (Redação dada pela Lei Complementar nº 155, de 2016)

§ 1º. Será observado o critério de dupla visita para lavratura de autos de infração, salvo quando for constatada infração por falta de registro de empregado ou anotação da Carteira de Trabalho e Previdência Social – CTPS, ou, ainda, na ocorrência de reincidência, fraude, resistência ou embaraço à fiscalização.

§ 2º. (VETADO).

§ 3º. Os órgãos e entidades competentes definirão, em 12 (doze) meses, as atividades e situações cujo grau de risco seja considerado alto, as quais não se sujeitarão ao disposto neste artigo.

§ 4º. O disposto neste artigo não se aplica ao processo administrativo fiscal relativo a tributos, que se dará na forma dos arts. 39 e 40 desta Lei Complementar.

§ 5º. O disposto no § 1º aplica-se à lavratura de multa pelo descumprimento de obrigações acessórias relativas às matérias do *caput*, inclusive quando previsto seu cumprimento de forma unificada com matéria de outra natureza, exceto a trabalhista. (Incluído pela Lei Complementar nº 147, de 2014)

§ 6º. A inobservância do critério de dupla visita implica nulidade do auto de infração lavrado sem cumprimento ao disposto neste artigo, independentemente da natureza principal ou acessória da obrigação. (Incluído pela Lei Complementar 147, de 2014)

§ 7º. Os órgãos e entidades da administração pública federal, estadual, distrital e municipal deverão observar o princípio do tratamento diferenciado, simplificado e favorecido por ocasião da fixação de valores decorrentes de multas e demais sanções administrativas. (Incluído pela Lei Complementar nº 147, de 2014)

§ 8º. A inobservância do disposto no *caput* deste artigo implica atentado aos direitos e garantias legais assegurados ao exercício profissional da atividade empresarial. (Incluído pela Lei Complementar nº 147, de 2014)

§ 9º. O disposto no *caput* deste artigo não se aplica a infrações relativas à ocupação irregular da reserva de faixa não edificável, de área destinada a equipamentos urbanos, de áreas de preservação permanente e nas faixas de domínio público das rodovias, ferrovias e dutovias ou de vias e logradouros públicos. (Incluído pela Lei Complementar nº 147, de 2014)

CAPÍTULO VIII. DO ASSOCIATIVISMO

SEÇÃO ÚNICA. DA SOCIEDADE DE PROPÓSITO ESPECÍFICO FORMADA POR MICROEMPRESAS E EMPRESAS DE PEQUENO PORTE OPTANTES PELO SIMPLES NACIONAL

Art. 56. As microempresas ou as empresas de pequeno porte poderão realizar negócios de compra e venda de bens e serviços para os mercados nacional e internacional, por meio de sociedade de propósito específico, nos termos e condições estabelecidos pelo Poder Executivo federal. (Redação dada pela Lei Complementar nº 147, de 2014)

§ 1º. Não poderão integrar a sociedade de que trata o *caput* deste artigo pessoas jurídicas não optantes pelo Simples Nacional.

§ 2º. A sociedade de propósito específico de que trata este artigo:

I – terá seus atos arquivados no Registro Público de Empresas Mercantis;

II – terá por finalidade realizar:

a) operações de compras para revenda às microempresas ou empresas de pequeno porte que sejam suas sócias;

b) operações de venda de bens adquiridos das microempresas e empresas de pequeno porte que sejam suas sócias para pessoas jurídicas que não sejam suas sócias;

III – poderá exercer atividades de promoção dos bens referidos na alínea b do inciso II deste parágrafo;

IV – apurará o imposto de renda das pessoas jurídicas com base no lucro real, devendo manter a escrituração dos livros Diário e Razão;

V – apurará a Cofins e a Contribuição para o PIS/Pasep de modo não cumulativo;

VI – exportará, exclusivamente, bens a ela destinados pelas microempresas e empresas de pequeno porte que dela façam parte;

VII – será constituída como sociedade limitada;

VIII – deverá, nas revendas às microempresas ou empresas de pequeno porte que sejam suas sócias, observar preço no mínimo igual ao das aquisições realizadas para revenda; e

IX – deverá, nas revendas de bens adquiridos de microempresas ou empresas de pequeno porte que sejam suas sócias, observar preço no mínimo igual ao das aquisições desses bens.

§ 3º. A aquisição de bens destinados à exportação pela sociedade de propósito específico não gera direito a créditos relativos a impostos ou contribuições abrangidos pelo Simples Nacional.

§ 4º. A microempresa ou a empresa de pequeno porte não poderá participar simultaneamente de mais de uma sociedade de propósito específico de que trata este artigo.

§ 5º. A sociedade de propósito específico de que trata este artigo não poderá:

I – ser filial, sucursal, agência ou representação, no País, de pessoa jurídica com sede no exterior;

II – ser constituída sob a forma de cooperativas, inclusive de consumo;

III – participar do capital de outra pessoa jurídica;

IV – exercer atividade de banco comercial, de investimentos e de desenvolvimento, de caixa econômica, de sociedade de crédito, financiamento e investimento ou de crédito imobiliário, de corretora ou de distribuidora de títulos, valores mobiliários e câmbio, de empresa de arrendamento mercantil, de seguros privados e de capitalização ou de previdência complementar;

V – ser resultante ou remanescente de cisão ou qualquer outra forma de desmembramento de pessoa jurídica que tenha ocorrido em um dos 5 (cinco) anos-calendário anteriores;

VI – exercer a atividade vedada às microempresas e empresas de pequeno porte optantes pelo Simples Nacional.

§ 6º. A inobservância do disposto no § 4º deste artigo acarretará a responsabilidade solidária das microempresas ou empresas de pequeno porte sócias da sociedade de propósito específico de que trata este artigo na hipótese em que seus titulares, sócios ou administradores conhecessem ou devessem conhecer tal inobservância.

§ 7º. O Poder Executivo regulamentará o disposto neste artigo até 31 de dezembro de 2008.

§ 8º. (Vetado na LC nº 155/2016)

CAPÍTULO IX. DO ESTÍMULO AO CRÉDITO E À CAPITALIZAÇÃO

SEÇÃO I. DISPOSIÇÕES GERAIS

Art. 57. O Poder Executivo federal proporá, sempre que necessário, medidas no sentido de melhorar o acesso das microempresas e empresas de pequeno porte aos mercados de crédito e de capitais, objetivando a redução do custo de transação, a elevação da eficiência alocativa, o incentivo ao ambiente concorrencial e a qualidade do conjunto informacional, em especial o acesso e portabilidade das informações cadastrais relativas ao crédito.

Art. 58. Os bancos comerciais públicos e os bancos múltiplos públicos com carteira comercial, a Caixa Econômica Federal e o Banco Nacional do Desenvolvimento Econômico e Social – BNDES manterão linhas de crédito específicas para as microempresas e para as empresas de pequeno porte, vinculadas à reciprocidade social, devendo o montante disponível e suas condições de acesso ser expressos nos respectivos orçamentos e amplamente divulgados. (Redação dada pela Lei Complementar nº 155, de 2016)

§ 1º. As instituições mencionadas no *caput* deste artigo deverão publicar, juntamente com os respectivos balanços, relatório circunstanciado dos recursos alocados às linhas de crédito referidas no *caput* e daqueles efetivamente utilizados, consignando, obrigatoriamente, as justificativas do desempenho alcançado. (Redação dada pela Lei Complementar nº 155, de 2016)

§ 2º. O acesso às linhas de crédito específicas previstas no *caput* deste artigo deverá ter tratamento simplificado e ágil, com divulgação ampla das respectivas condições e exigências. (Incluído pela Lei Complementar nº 147, de 2014)

§ 3º. (Vetado na LC nº 155/2016)

§ 4º. O Conselho Monetário Nacional – CMN regulamentará o percentual mínimo de direcionamento dos recursos de que trata o *caput*, inclusive no tocante aos recursos de que trata a alínea b do inciso III do art. 10 da Lei nº 4.595, de 31 de dezembro de 1964. (Incluído pela Lei Complementar nº 155, de 2016)

Art. 58-A. Os bancos públicos e privados não poderão contabilizar, para cumprimento de metas, empréstimos realizados a pessoas físicas, ainda que sócios de empresas, como disponibilização de crédito para microempresas e empresas de pequeno porte. (Incluído pela Lei Complementar nº 147, de 2014)

Art. 59. As instituições referidas no *caput* do art. 58 desta Lei Complementar devem se articular com as respectivas entidades de apoio e representação das microempresas e empresas de pequeno porte, no sentido de proporcionar e desenvolver programas de treinamento, desenvolvimento gerencial e capacitação tecnológica.

Art. 60. (VETADO).

Art. 60-A. Poderá ser instituído Sistema Nacional de Garantias de Crédito pelo Poder Executivo, com o objetivo de facilitar o acesso das microempresas e empresas de pequeno porte a crédito e demais serviços das instituições financeiras, o qual, na forma de regulamento, proporcionará a elas tratamento diferenciado, favorecido e simplificado, sem prejuízo de atendimento a outros públicos-alvo.

Parágrafo único. O Sistema Nacional de Garantias de Crédito integrará o Sistema Financeiro Nacional.

Art. 60-B. Os fundos garantidores de risco de crédito empresarial que possuam participação da União na composição do seu capital atenderão, sempre que possível, as operações de crédito que envolvam microempresas e empresas de pequeno porte, definidas na forma do art. 3º desta Lei.(Incluído pela Lei Complementar nº 147, de 2014)

Art. 60-C. (Vetado na LC nº 147/2014)

Art. 61. Para fins de apoio creditício às operações de comércio exterior das microempresas e das empresas de pequeno porte, serão utilizados os parâmetros de enquadramento ou outros instrumentos de alta significância para as microempresas, empresas de pequeno porte exportadoras segundo o porte de empresas, aprovados pelo Mercado Comum do Sul – Mercosul.

Art. 61-A. Para incentivar as atividades de inovação e os investimentos produtivos, a sociedade enquadrada como microempresa ou empresa de pequeno porte, nos termos desta Lei Complementar, poderá admitir o aporte de capital, que não integrará o capital social da empresa. (Incluído pela Lei Complementar nº 155, de 2016)

§ 1º. As finalidades de fomento a inovação e investimentos produtivos deverão constar do contrato de participação, com vigência não superior a sete anos. (Incluído pela Lei Complementar nº 155, de 2016)

§ 2º O aporte de capital poderá ser realizado por pessoa física, por pessoa jurídica ou por fundos de investimento, conforme regulamento da Comissão de Valores Mobiliários, que serão denominados investidores-anjos. *(Redação dada pela LC 182/2021)*

§ 3º. A atividade constitutiva do objeto social é exercida unicamente por sócios regulares, em seu nome individual e sob sua exclusiva responsabilidade. (Incluído pela Lei Complementar nº 155, de 2016)

§ 4º. O investidor-anjo: (Incluído pela Lei Complementar nº 155, de 2016)

I – não será considerado sócio nem terá qualquer direito a gerência ou a voto na administração da empresa, resguardada a possibilidade de participação nas deliberações em caráter estritamente consultivo, conforme pactuação contratual; *(Redação dada pela LC 182/2021)*

II – não responderá por qualquer dívida da empresa, inclusive em recuperação judicial, não se aplicando a ele o art. 50 da Lei nº 10.406, de 10 de janeiro de 2002 – Código Civil; (Incluído pela Lei Complementar nº 155, de 2016)

III – será remunerado por seus aportes, nos termos do contrato de participação, pelo prazo máximo de 7 (sete) anos; *(Redação dada pela LC 182/2021)*

IV – poderá exigir dos administradores as contas justificadas de sua administração e, anualmente, o inventário, o balanço patrimonial e o balanço de resultado econômico; e *(Acrescido pela LC 182/2021)*

V – poderá examinar, a qualquer momento, os livros, os documentos e o estado do caixa e da carteira da sociedade, exceto se houver pactuação contratual que determine época própria para isso. *(Acrescido pela LC 182/2021)*

§ 5º. Para fins de enquadramento da sociedade como microempresa ou empresa de pequeno porte, os valores de capital aportado não são considerados receitas da sociedade. (Incluído pela Lei Complementar nº 155, de 2016)

§ 6º As partes contratantes poderão: *(Redação dada pela LC 182/2021)*

I – estipular remuneração periódica, ao final de cada período, ao investidor-anjo, conforme contrato de participação; ou *(Acrescido pela LC 182/2021)*

II – prever a possibilidade de conversão do aporte de capital em participação societária. *(Acrescido pela LC 182/2021)*

§ 7º O investidor-anjo somente poderá exercer o direito de resgate depois de decorridos, no mínimo, 2 (dois) anos do aporte de capital, ou prazo superior estabelecido no contrato de participação, e seus haveres serão pagos na forma prevista no art. 1.031 da Lei nº 10.406, de 10 de janeiro de 2002 (Código Civil), não permitido ultrapassar o valor investido devidamente corrigido por índice previsto em contrato. *(Redação dada pela LC 182/2021)*

§ 8º. O disposto no § 7º deste artigo não impede a transferência da titularidade do aporte para terceiros. (Incluído pela Lei Complementar nº 155, de 2016)

§ 9º. A transferência da titularidade do aporte para terceiro alheio à sociedade dependerá do consentimento dos sócios, salvo estipulação contratual expressa em contrário. (Incluído pela Lei Complementar nº 155, de 2016)

§ 10. O Ministério da Fazenda poderá regulamentar a tributação sobre retirada do capital investido. (Incluído pela Lei Complementar nº 155, de 2016)

Art. 61-B. A emissão e a titularidade de aportes especiais não impedem a fruição do Simples Nacional. (Incluído pela Lei Complementar nº 155, de 2016)

Art. 61-C. Caso os sócios decidam pela venda da empresa, o investidor-anjo terá direito de preferência na aquisição, bem como direito de venda conjunta da titularidade do aporte de capital, nos mesmos termos e condições que forem ofertados aos sócios regulares. (Incluído pela Lei Complementar nº 155, de 2016)

Art. 61-D. Os fundos de investimento poderão aportar capital como investidores-anjos em microempresas e em empresas de pequeno porte, conforme regulamentação da Comissão de Valores Mobiliários. *(Redação dada pela LC 182/2021)*

SEÇÃO I-A
DA SOCIEDADE DE GARANTIA SOLIDÁRIA
E DA SOCIEDADE DE CONTRAGARANTIA

▸ (Seção acrescida pela LC 169/2019)

Art. 61-E. É autorizada a constituição de sociedade de garantia solidária (SGS), sob a forma de sociedade por ações, para a concessão de garantia a seus sócios participantes. (Acrescido pela LC 169/2019)

§ 1º (VETADO na LC 169/2019)

§ 2º (VETADO na LC 169/2019)

§ 3º Os atos da sociedade de garantia solidária serão arquivados no Registro Público de Empresas Mercantis e Atividades Afins. (Acrescido pela LC 169/2019)

§ 4º É livre a negociação, entre sócios participantes, de suas ações na respectiva sociedade de garantia solidária, respeitada a participação máxima que cada sócio pode atingir. (Acrescido pela LC 169/2019)

§ 5º Podem ser admitidos como sócios participantes os pequenos empresários, microempresários e microempreendedores e as pessoas jurídicas constituídas por esses associados. (Acrescido pela LC 169/2019)

§ 6º (VETADO na LC 169/2019).

§ 7º Sem prejuízo do disposto nesta Lei Complementar, aplicam-se à sociedade de garantia solidária as disposições da lei que rege as sociedades por ações. (Acrescido pela LC 169/2019)

Art. 61-F. O contrato de garantia solidária tem por finalidade regular a concessão da garantia pela sociedade ao sócio participante, mediante o recebimento de taxa de remuneração pelo serviço prestado, devendo fixar as cláusulas necessárias ao cumprimento das obrigações do sócio beneficiário perante a sociedade. (Acrescido pela LC 169/2019)

Parágrafo único. Para a concessão da garantia, a sociedade de garantia solidária poderá exigir contragarantia por parte do sócio participante beneficiário, respeitados os princípios que orientam a existência daquele tipo de sociedade.

Art. 61-G. A sociedade de garantia solidária pode conceder garantia sobre o montante de recebíveis de seus sócios participantes que sejam objeto de securitização. (Acrescido pela LC 169/2019)

Art. 61-H. É autorizada a constituição de sociedade de contragarantia, que tem como finalidade o oferecimento de contragarantias à sociedade de garantia solidária, nos termos a serem definidos por regulamento. (Acrescido pela LC 169/2019)

Art. 61-I. A sociedade de garantia solidária e a sociedade de contragarantia integrarão o Sistema Financeiro Nacional e terão sua constituição, organização e funcionamento disciplinados pelo Conselho Monetário Nacional, observado o disposto nesta Lei Complementar. (Acrescido pela LC 169/2019)

SEÇÃO II.
DAS RESPONSABILIDADES DO BANCO
CENTRAL DO BRASIL

Art. 62. O Banco Central do Brasil disponibilizará dados e informações das instituições financeiras integrantes do Sistema Financeiro Nacional, inclusive por meio do Sistema de Informações de Crédito – SCR, de modo a ampliar o acesso ao crédito para microempresas e empresas de pequeno porte e fomentar a competição bancária. (Redação dada pela Lei Complementar nº 147, de 2014)

§ 1º. O disposto no *caput* deste artigo alcança a disponibilização de dados e informações específicas relativas ao histórico de relacionamento bancário e creditício das microempresas e das empresas de pequeno porte, apenas aos próprios titulares.

§ 2º. O Banco Central do Brasil poderá garantir o acesso simplificado, favorecido e diferenciado dos dados e informações constantes no § 1º deste artigo aos seus respectivos interessados, podendo a instituição optar por realizá-lo por meio das instituições financeiras, com as quais o próprio cliente tenha relacionamento.

SEÇÃO III.
DAS CONDIÇÕES DE ACESSO AOS
DEPÓSITOS ESPECIAIS DO FUNDO DE
AMPARO AO TRABALHADOR – FAT

Art. 63. O Codefat poderá disponibilizar recursos financeiros por meio da criação de programa específico para as cooperativas de crédito de cujos quadros de cooperados participem microempreendedores, empreendedores de microempresa e empresa de pequeno porte bem como suas empresas.

Parágrafo único. Os recursos referidos no *caput* deste artigo deverão ser destinados exclusivamente às microempresas e empresas de pequeno porte.

SEÇÃO IV.
(VETADO)

Arts. 63-A a 63-E. (Vetados na Lei Complementar nº 155, de 2016)

CAPÍTULO X.
DO ESTÍMULO À INOVAÇÃO

SEÇÃO I.
DISPOSIÇÕES GERAIS

Art. 64. Para os efeitos desta Lei Complementar considera-se:

I – inovação: a concepção de um novo produto ou processo de fabricação, bem como a agregação de novas funcionalidades ou características ao produto ou processo que implique melhorias incrementais e efetivo ganho de qualidade ou produtividade, resultando em maior competitividade no mercado;

II – agência de fomento: órgão ou instituição de natureza pública ou privada que tenha entre os seus objetivos o financiamento de ações que visem a estimular e promover o desenvolvimento da ciência, da tecnologia e da inovação;

III – Instituição Científica e Tecnológica – ICT: órgão ou entidade da administração pública que tenha por missão institucional, dentre outras, executar atividades de pesquisa básica ou aplicada de caráter científico ou tecnológico;

IV – núcleo de inovação tecnológica: núcleo ou órgão constituído por uma ou mais ICT com a finalidade de gerir sua política de inovação;

V – instituição de apoio: instituições criadas sob o amparo da Lei nº 8.958, de 20 de dezembro de 1994, com a finalidade de dar apoio a projetos de pesquisa, ensino e extensão e de desenvolvimento institucional, científico e tecnológico.

VI – instrumentos de apoio tecnológico para a inovação: qualquer serviço disponibilizado presencialmente ou na internet que possibilite acesso a informações, orientações, bancos de dados de soluções de informações, respostas técnicas, pesquisas e atividades de apoio complementar desenvolvidas pelas instituições previstas nos incisos II a V deste artigo. (Incluído pela Lei Complementar nº 147, de 2014)

SEÇÃO II.
DO APOIO À INOVAÇÃO E DO
INOVA SIMPLES DA EMPRESA SIMPLES
DE INOVAÇÃO

▸ (Redação dada pela LC nº 167, de 2019)

Art. 65. A União, os Estados, o Distrito Federal e os Municípios, e as respectivas agências de fomento, as ICT, os núcleos de inovação tecnológica e as instituições de apoio manterão programas específicos para as microempresas e para as empresas de pequeno porte, inclusive quando estas revestirem a forma de incubadoras, observando-se o seguinte:

I – as condições de acesso serão diferenciadas, favorecidas e simplificadas;

II – o montante disponível e suas condições de acesso deverão ser expressos nos respectivos orçamentos e amplamente divulgados.

§ 1º. As instituições deverão publicar, juntamente com as respectivas prestações de contas, relatório circunstanciado das estratégias para maximização da participação do segmento, assim como dos recursos alocados às ações referidas no *caput* deste artigo e aqueles efetivamente utilizados, consignando, obrigatoriamente, as justificativas do desempenho alcançado no período.

§ 2º. As pessoas jurídicas referidas no *caput* deste artigo terão por meta a aplicação de, no mínimo, 20% (vinte por cento) dos recursos destinados à inovação para o desenvolvimento de tal atividade nas microempresas ou nas empresas de pequeno porte.

§ 3º. Os órgãos e entidades integrantes da administração pública federal, estadual e municipal atuantes em pesquisa, desenvolvimento ou capacitação tecnológica terão por meta efetivar suas aplicações, no percentual mínimo fixado neste artigo, em programas e projetos de apoio às microempresas ou às empresas de pequeno porte, transmitindo ao Ministério da Ciência, Tecnologia e Inovação, no primeiro trimestre de cada ano, informação relativa aos valores alocados e a respectiva relação percentual em relação ao total dos recursos destinados para esse fim. (Redação dada pela Lei Complementar nº 147, de 2014)

§ 4º. Ficam autorizados a reduzir a 0 (zero) as alíquotas dos impostos e contribuições a seguir indicados, incidentes na aquisição, ou importação, de equipamentos, máquinas, aparelhos, instrumentos, acessórios, sobressalentes e ferramentas que os acompanhem, na forma definida em regulamento, quando adquiridos, ou importados, diretamente por microempresas ou empresas de pequeno porte para incorporação ao seu ativo imobilizado:

I – a União, em relação ao IPI, à Cofins, à Contribuição para o PIS/Pasep, à Cofins-Importação e à Contribuição para o PIS/Pasep-Importação; e

II – os Estados e o Distrito Federal, em relação ao ICMS.

§ 5º. A microempresa ou empresa de pequeno porte, adquirente de bens com o benefício previsto no § 4º deste artigo, fica obrigada, nas hipóteses previstas em regulamento, a recolher os impostos e contribuições que deixaram de ser pagos, acrescidos de juros e multa, de mora ou de ofício, contados a partir da data da aquisição, no mercado interno, ou do registro da declaração de importação – DI, calculados na forma da legislação que rege a cobrança do tributo não pago.

§ 6º. Para efeito da execução do orçamento previsto neste artigo, os órgãos e instituições poderão alocar os recursos destinados à criação e ao custeio de ambientes de inovação, incluindo incubadoras, parques e centros vocacionais tecnológicos, laboratórios metrológicos, de ensaio, de pesquisa ou apoio ao treinamento, bem como custeio de bolsas de extensão e remuneração de professores, pesquisadores e agentes envolvidos nas atividades de apoio tecnológico complementar. (Incluído pela Lei Complementar nº 147, de 2014)

Art. 65-A. Fica criado o Inova Simples, regime especial simplificado que concede às iniciativas empresariais de caráter incremental ou disruptivo que se autodeclarem como empresas de inovação tratamento diferenciado com vistas a estimular sua criação, formalização, desenvolvimento e consolidação como agentes indutores de avanços tecnológicos e da geração de emprego e renda. *(Redação dada pela LC 182/2021)*

§§ 1º e 2º *(Revogados pela LC 182/2021)*

§ 3º O tratamento diferenciado a que se refere o *caput* deste artigo consiste na fixação de rito sumário para abertura e fechamento de empresas sob o regime do Inova Simples, que se dará de forma simplificada e automática, no mesmo ambiente digital do portal da Rede Nacional para a Simplificação do Registro e da Legalização de Empresas e Negócios (Redesim), em sítio eletrônico oficial do governo federal, por meio da utilização de formulário digital próprio, disponível em janela ou ícone intitulado Inova Simples. (Incluído pela LC nº 167, de 2019)

§ 4º Os titulares de empresa submetida ao regime do Inova Simples preencherão cadastro básico com as seguintes informações:

I - qualificação civil, domicílio e CPF;

II - descrição do escopo da intenção empresarial inovadora, que utilize modelos de negócios inovadores para a geração de produtos ou serviços, e definição do nome empresarial, que conterá a expressão 'Inova Simples (I.S.)'; *(Redação dada pela LC 182/2021)*

III - autodeclaração, sob as penas da lei, de que o funcionamento da empresa submetida ao regime do Inova Simples não produzirá poluição, barulho e aglomeração de tráfego de veículos, para fins de caracterizar baixo grau de risco, nos termos do § 4º do art. 6º desta Lei Complementar;

IV - definição do local da sede, que poderá ser comercial, residencial ou de uso misto, sempre que não proibido pela legislação municipal ou distrital, admitindo-se a possibilidade de sua instalação em locais onde funcionam parques tecnológicos, instituições de ensino, empresas juniores, incubadoras, aceleradoras e espaços compartilhados de trabalho na forma de *coworking*; e

V - em caráter facultativo, a existência de apoio ou validação de instituto técnico, científico ou acadêmico, público ou privado, bem como de incubadoras, aceleradoras e instituições de ensino, nos parques tecnológicos e afins. (Incluído pela LC nº 167, de 2019)

§ 5º Realizado o correto preenchimento das informações, será gerado automaticamente número de CNPJ específico, em nome da denominação da empresa Inova Simples, em código próprio Inova Simples. (Incluído pela LC nº 167, de 2019)

§ 6º A empresa submetida ao regime do Inova Simples constituída na forma deste artigo deverá abrir, imediatamente, conta bancária de pessoa jurídica, para fins de captação e integralização de capital, proveniente de aporte próprio de seus titulares ou de investidor domiciliado no exterior, de linha de crédito público ou privado e de outras fontes previstas em lei. (Incluído pela LC nº 167, de 2019)

§ 7º No portal da Redesim, no espaço destinado ao preenchimento de dados do Inova Simples, será disponibilizado ícone que direcionará a ambiente virtual do Instituto Nacional da Propriedade Industrial (INPI), do qual constarão orientações para o depósito de pedido de patente ou de registro de marca. *(Redação dada pela LC 182/2021)*

§ 8º O exame dos pedidos de patente ou de registro de marca, nos termos deste artigo, que tenham sido depositados por empresas participantes do Inova Simples será realizado em caráter prioritário. *(Redação dada pela LC 182/2021)*

§ 9º *(Revogado pela LC 182/2021)*

§ 10. É permitida a comercialização experimental do serviço ou produto até o limite fixado para o MEI nesta Lei Complementar. (Incluído pela LC nº 167, de 2019)

§ 11. Na eventualidade de não lograr êxito no desenvolvimento do escopo pretendido, a baixa do CNPJ será automática, mediante procedimento de autodeclaração no portal da Redesim. (Incluído pela LC nº 167, de 2019)

§ 12. (Vetado na LC nº 167/2019)

§ 13. O disposto neste artigo será regulamentado pelo Comitê Gestor do Simples Nacional. (Incluído pela LC nº 167, de 2019)

Art. 66. No primeiro trimestre do ano subsequente, os órgãos e entidades a que alude o art. 67 desta Lei Complementar transmitirão ao Ministério da Ciência e Tecnologia relatório circunstanciado dos projetos realizados, compreendendo a análise do desempenho alcançado.

Art. 67. Os órgãos congêneres ao Ministério da Ciência e Tecnologia estaduais e municipais deverão elaborar e divulgar relatório anual indicando o valor dos recursos recebidos, inclusive por transferência de terceiros, que foram aplicados diretamente ou por organizações vinculadas, por Fundos Setoriais e outros, no segmento das microempresas e empresas de pequeno porte, retratando e avaliando os resultados obtidos e indicando as previsões de ações e metas para ampliação de sua participação no exercício seguinte.

SEÇÃO III.
DO APOIO À CERTIFICAÇÃO
(Incluído pela Lei Complementar Nº 155, de 2016.)

Art. 67-A. O órgão competente do Poder Executivo disponibilizará na internet informações sobre certificação de qualidade de produtos e processos para microempresas e empresas de pequeno porte. (Incluído pela Lei Complementar nº 155, de 2016)

Parágrafo único. Os órgãos da administração direta e indireta e as entidades certificadoras privadas, responsáveis pela criação, regulação e gestão de processos de certificação de qualidade de produtos e processos, deverão, sempre que solicitados, disponibilizar ao órgão competente do Poder Executivo informações referentes a procedimentos e normas aplicáveis aos processos de certificação em seu escopo de atuação. (Incluído pela Lei Complementar nº 155, de 2016)

CAPÍTULO XI.
DAS REGRAS CIVIS E EMPRESARIAIS

SEÇÃO I.
DAS REGRAS CIVIS

SUBSEÇÃO I.
DO PEQUENO EMPRESÁRIO

Art. 68. Considera-se pequeno empresário, para efeito de aplicação do disposto nos arts. 970 e 1.179 da Lei nº 10.406, de 2002, o empresário individual caracterizado como microempresa na forma desta Lei Complementar que aufira receita bruta anual até o limite previsto no § 1º do art. 18-A.

SUBSEÇÃO II.

Art. 69. (VETADO).

SEÇÃO II.
DAS DELIBERAÇÕES SOCIAIS E DA ESTRUTURA ORGANIZACIONAL

Art. 70. As microempresas e as empresas de pequeno porte são desobrigadas da realização de reuniões e assembleias em qualquer das situações previstas na legislação civil, as quais serão substituídas por deliberação representativa do primeiro número inteiro superior à ½ (metade) do capital social.

§ 1º. O disposto no *caput* deste artigo não se aplica caso haja disposição contratual em contrário, caso ocorra hipótese de justa causa que enseje a exclusão de sócio ou caso um ou mais sócios ponham em risco a continuidade da empresa em virtude de atos de inegável gravidade.

§ 2º. Nos casos referidos no § 1º deste artigo, realizar-se-á reunião ou assembleia de acordo com a legislação civil.

Art. 71. Os empresários e as sociedades de que trata esta Lei Complementar, nos termos da legislação civil, ficam dispensados da publicação de qualquer ato societário.

SEÇÃO III.
DO NOME EMPRESARIAL

Art. 72. (Revogado pela Lei Complementar nº 155, de 2016).

SEÇÃO IV.
DO PROTESTO DE TÍTULOS

Art. 73. O protesto de título, quando o devedor for microempresário ou empresa de pequeno porte, é sujeito às seguintes condições:

I – sobre os emolumentos do tabelião não incidirão quaisquer acréscimos a título de taxas, custas e contribuições para o Estado ou Distrito Federal, carteira de previdência, fundo de custeio de atos gratuitos, fundos especiais do Tribunal de Justiça, bem como de associação de classe, criados ou que venham a ser criados sob qualquer título ou denominação, ressalvada a cobrança do devedor das despesas de correio, condução e publicação de edital para realização da intimação;

II – para o pagamento do título em cartório, não poderá ser exigido cheque de emissão de estabelecimento bancário, mas, feito o pagamento por meio de cheque, de emissão de estabelecimento bancário ou não, a quitação dada pelo tabelionato de protesto será condicionada à efetiva liquidação do cheque;

III – o cancelamento do registro de protesto, fundado no pagamento do título, será feito independentemente de declaração de anuência do credor, salvo no caso de impossibilidade de apresentação do original protestado;

IV – para os fins do disposto no *caput* e nos incisos I, II e III do *caput* deste artigo, o devedor deverá provar sua qualidade de microempresa ou de empresa de pequeno porte perante o tabelionato de protestos de títulos, mediante documento expedido pela Junta Comercial ou pelo Registro Civil das Pessoas Jurídicas, conforme o caso;

V – quando o pagamento do título ocorrer com cheque sem a devida provisão de fundos, serão automaticamente suspensos pelos cartórios de protesto, pelo prazo de 1 (um) ano, todos os benefícios previstos para o devedor neste artigo, independentemente da lavratura e registro do respectivo protesto.

Art. 73-A. São vedadas cláusulas contratuais relativas à limitação da emissão ou circulação de títulos de crédito ou direitos creditórios originados de operações de compra e venda de produtos e serviços por microempresas e empresas de pequeno porte. (Incluído pela Lei Complementar nº 147, de 2014)

CAPÍTULO XII.
DO ACESSO À JUSTIÇA

SEÇÃO I.
DO ACESSO AOS JUIZADOS ESPECIAIS

Art. 74. Aplica-se às microempresas e às empresas de pequeno porte de que trata esta Lei Complementar o disposto no § 1º do art. 8º da Lei nº 9.099, de 26 de setembro de 1995, e no inciso I do *caput* do art. 6º da Lei nº 10.259, de 12 de julho de 2001, as quais, assim como as pessoas físicas capazes, passam a ser admitidas como proponentes de ação perante o Juizado Especial, excluídos os cessionários de direito de pessoas jurídicas.

› Lei nº 9.099, de 26-9-1995, dispõe sobre Juizados Especiais Cíveis e Criminais da Justiça Estadual.

Art. 74-A. O Poder Judiciário, especialmente por meio do Conselho Nacional de Justiça – CNJ, e o Ministério da Justiça implementarão medidas para disseminar o tratamento diferenciado e favorecido às microempresas e empresas de pequeno porte em suas respectivas áreas de competência.(Incluído pela Lei Complementar nº 147, de 2014)

SEÇÃO II.
DA CONCILIAÇÃO PRÉVIA, MEDIAÇÃO E ARBITRAGEM

Art. 75. As microempresas e empresas de pequeno porte deverão ser estimuladas a utilizar os institutos de conciliação prévia, mediação e arbitragem para solução dos seus conflitos.

§ 1º. Serão reconhecidos de pleno direito os acordos celebrados no âmbito das comissões de conciliação prévia.

§ 2º. O estímulo a que se refere o *caput* deste artigo compreenderá campanhas de divulgação, serviços de esclarecimento e tratamento diferenciado, simplificado e favorecido no tocante aos custos administrativos e honorários cobrados.

SEÇÃO III.
DAS PARCERIAS

Art. 75-A. Para fazer face às demandas originárias do estímulo previsto nos arts. 74 e 75 desta Lei Complementar, entidades privadas, públicas, inclusive o Poder Judiciário, poderão firmar parcerias entre si, objetivando a instalação ou utilização de ambientes propícios para a realização dos procedimentos inerentes a busca da solução de conflitos.

Art. 75-B. (Vetado na LC nº 155/2016)

CAPÍTULO XIII.
DO APOIO E DA REPRESENTAÇÃO

Art. 76. Para o cumprimento do disposto nesta Lei Complementar, bem como para desenvolver e acompanhar políticas públicas voltadas às microempresas e empresas de pequeno porte, o poder público, em consonância com o Fórum Permanente das Microempresas e Empresas de Pequeno Porte, sob a coordenação da Secretaria da Micro e Pequena Empresa da Presidência da República, deverá incentivar e apoiar a criação de fóruns com participação dos órgãos públicos competentes e das entidades vinculadas ao setor. (Redação dada pela Lei 12.792, de 2013)

Parágrafo único. A Secretaria da Micro e Pequena Empresa da Presidência da República coordenará com as entidades representativas das microempresas e empresas de pequeno porte a implementação dos fóruns regionais nas unidades da federação. (Redação dada pela Lei 12.792, de 2013)

Art. 76-A. As instituições de representação e apoio empresarial deverão promover programas de sensibilização, de informação, de orientação e apoio, de educação fiscal, de regularidade dos contratos de trabalho e de adoção de sistemas informatizados e eletrônicos, como forma de estímulo à formalização de empreendimentos, de negócios e empregos, à ampliação da competitividade e à disseminação do associativismo entre as microempresas, os microempreendedores individuais, as empresas de pequeno porte e equiparados. (Incluído pela Lei Complementar nº 147, de 2014)

CAPÍTULO XIV.
DISPOSIÇÕES FINAIS E TRANSITÓRIAS

Art. 77. Promulgada esta Lei Complementar, o Comitê Gestor expedirá, em 30 (trinta) meses, as instruções que se fizerem necessárias à sua execução.

§ 1º. O Ministério do Trabalho e Emprego, a Secretaria da Receita Federal, a Secretaria da Receita Previdenciária, os Estados, o Distrito Federal e os Municípios deverão editar, em 1 (um) ano, as leis e demais atos necessários para assegurar o pronto e imediato tratamento jurídico diferenciado, simplificado e favorecido às microempresas e às empresas de pequeno porte.

§ 2º. A administração direta e indireta federal, estadual e municipal e as entidades paraestatais acordarão, no prazo previsto no § 1º deste artigo, as providências necessárias à adaptação dos respectivos atos normativos ao disposto nesta Lei Complementar.

§ 3º. (VETADO).

§ 4º. O Comitê Gestor regulamentará o disposto no inciso I do § 6º do art. 13 desta Lei Complementar até 31 de dezembro de 2008.

§ 5º. A partir de 1º de janeiro de 2009, perderão eficácia as substituições tributárias que não atenderem à disciplina estabelecida na forma do § 4º deste artigo.

§ 6º. O Comitê de que trata o inciso III do *caput* do art. 2º desta Lei Complementar expedirá, até 31 de dezembro de 2009, as instruções que se fizerem necessárias relativas a sua competência.

Art. 78. (Revogado pela LC nº 128/08)

Art. 79. Será concedido, para ingresso no Simples Nacional, parcelamento, em até 100 (cem) parcelas mensais e sucessivas, dos débitos com o Instituto Nacional do Seguro Social – INSS, ou com as Fazendas Públicas federal, estadual ou municipal, de responsabilidade da microempresa ou empresa de pequeno porte e de seu titular ou sócio, com vencimento até 30 de junho de 2008.

§ 1º. O valor mínimo da parcela mensal será de R$ 100,00 (cem reais), considerados isoladamente os débitos para com a Fazenda Nacional, para com a Seguridade Social, para com a Fazenda dos Estados, dos Municípios ou do Distrito Federal.

§ 2º. Esse parcelamento alcança inclusive débitos inscritos em dívida ativa.

§ 3º. O parcelamento será requerido à respectiva Fazenda para com a qual o sujeito passivo esteja em débito.

§ 3º-A. O parcelamento deverá ser requerido no prazo estabelecido em regulamentação do Comitê Gestor.

§ 4º. Aplicam-se ao disposto neste artigo as demais regras vigentes para parcelamento de tributos e contribuições federais, na forma regulamentada pelo Comitê Gestor.

§§ 5º a 8º. (VETADO).

§ 9º. O parcelamento de que trata o *caput* deste artigo não se aplica na hipótese de reingresso de microempresa ou empresa de pequeno porte no Simples Nacional.

Art. 79-A. (VETADO).

Art. 79-B. Excepcionalmente para os fatos geradores ocorridos em julho de 2007, os tributos apurados na forma dos arts. 18 a 20 desta Lei Complementar deverão ser pagos até o último dia útil de agosto de 2007.

Art. 79-C. A microempresa e a empresa de pequeno porte que, em 30 de junho de 2007, se enquadravam no regime previsto na Lei nº 9.317, de 5 de dezembro de 1996, e que não ingressaram no regime previsto no art. 12 desta Lei Complementar sujeitar-se-ão, a partir de 1º de julho de 2007, às normas de tributação aplicáveis às demais pessoas jurídicas.

§ 1º. Para efeito do disposto no *caput* deste artigo, o sujeito passivo poderá optar pelo recolhimento do Imposto sobre a Renda da Pessoa Jurídica – IRPJ e da Contribuição Social sobre o Lucro Líquido – CSLL na forma do lucro real, trimestral ou anual, ou do lucro presumido.

§ 2º. A opção pela tributação com base no lucro presumido dar-se-á pelo pagamento, no vencimento, do IRPJ e da CSLL devidos, correspondente ao 3º (terceiro) trimestre de 2007 e, no caso do lucro real anual, com o pagamento do IRPJ e da CSLL relativos ao mês de julho de 2007 com base na estimativa mensal.

Art. 79-D. Excepcionalmente, para os fatos geradores ocorridos entre 1º de julho de 2007 e 31 de dezembro de 2008, as pessoas jurídicas que exerçam atividade sujeita simultaneamente à incidência do IPI e do ISS deverão recolher o ISS diretamente ao Município em que este imposto é devido até o último dia útil de fevereiro de 2009, aplicando-se, até esta data, o disposto no parágrafo único do art. 100 da Lei nº 5.172, de 25 de outubro de 1966 – Código Tributário Nacional – CTN.

Art. 79-E. A empresa de pequeno porte optante pelo Simples Nacional em 31 de dezembro de 2017 que durante o ano calendário de 2017 auferir receita bruta total anual entre R$ 3.600.000,01 (três milhões, seiscentos mil reais e um centavo) e R$ 4.800.000,00 (quatro milhões e oitocentos mil reais) continuará automaticamente incluída no Simples Nacional com efeitos a partir de 1º de janeiro de 2018, ressalvado o direito de exclusão por comunicação da optante. (Redação dada pela Lei Complementar nº 155, de 2016)

Art. 80. O art. 21 da Lei nº 8.212, de 24 de julho de 1991, fica acrescido dos seguintes §§ 2º e 3º, passando o parágrafo único a vigorar como § 1º:

"Art. 21. [...]

[...]

§ 2º. É de 11% (onze por cento) sobre o valor correspondente ao limite mínimo mensal do salário-de-contribuição a alíquota de contribuição do segurado contribuinte individual que trabalhe por conta própria, sem relação de trabalho com empresa ou equiparado, e do segurado facultativo que optarem pela exclusão do direito ao benefício de aposentadoria por tempo de contribuição.

§ 3º. O segurado que tenha contribuído na forma do § 2º deste artigo e pretenda contar o tempo de contribuição correspondente para fins de obtenção da aposentadoria por tempo de contribuição ou da contagem recíproca do tempo de contribuição a que se refere o art. 94 da Lei nº 8.213, de 24 de julho de 1991, deverá complementar a contribuição mensal mediante o recolhimento de mais 9% (nove por cento), acrescido dos juros moratórios de que trata o disposto no art. 34 desta Lei."

Art. 81. O art. 45 da Lei nº 8.212, de 24 de julho de 1991, passa a vigorar com as seguintes alterações:

"Art. 45. [...]

[...]

§ 2º. Para apuração e constituição dos créditos a que se refere o § 1º deste artigo, a Seguridade Social utilizará como base de incidência o valor da média aritmética simples dos maiores salários-de-contribuição, reajustados, correspondentes a 80% (oitenta por cento) de todo o período contributivo decorrido desde a competência julho de 1994.

[...]

§ 4º. Sobre os valores apurados na forma dos §§ 2º e 3º deste artigo incidirão juros moratórios de 0,5% (zero vírgula cinco por cento) ao mês, capitalizados anualmente, limitados ao percentual máximo de 50% (cinqüenta por cento), e multa de 10% (dez por cento).

[...]

§ 7º. A contribuição complementar a que se refere o § 3º do art. 21 desta Lei será exigida a qualquer tempo, sob pena de indeferimento do benefício."

Art. 82. A Lei nº 8.213, de 24 de julho de 1991, passa a vigorar com as seguintes alterações:

"Art. 9º. [...]

[...]

§ 1º. O Regime Geral de Previdência Social – RGPS garante a cobertura de todas as situações expressas no art. 1º desta Lei, exceto as de desemprego involuntário, objeto de lei específica, e de aposentadoria por tempo de contribuição para o trabalhador de que trata o § 2º do art. 21 da Lei nº 8.212, de 24 de julho de 1991.

[...]"

"Art. 18. [...]

I – [...]

[...]

c) aposentadoria por tempo de contribuição;

[...]

§ 3º. O segurado contribuinte individual, que trabalhe por conta própria, sem relação de trabalho com empresa ou equiparado, e o segurado facultativo que contribuam na forma do § 2º do art. 21 da Lei nº 8.212, de 24 de julho de 1991, não farão jus à aposentadoria por tempo de contribuição."

"Art. 55. [...]

[...]

§ 4º. Não será computado como tempo de contribuição, para efeito de concessão do benefício de que trata esta subseção, o período em que o segurado contribuinte individual ou facultativo tiver contribuído na forma do § 2º do art. 21 da Lei nº 8.212, de 24 de julho de 1991, salvo se tiver complementado as contribuições na forma do § 3º do mesmo artigo."

Art. 83. O art. 94 da Lei nº 8.213, de 24 de julho de 1991, fica acrescido do seguinte § 2º, passando o parágrafo único a vigorar como § 1º:

"Art. 94. [...]

[...]

§ 2º. Não será computado como tempo de contribuição, para efeito dos benefícios previstos em regimes próprios de previdência social, o período em que o segurado contribuinte individual ou facultativo tiver contribuído na forma do § 2º do art. 21 da Lei nº 8.212, de 24 de julho de 1991, salvo se complementadas as contribuições na forma do § 3º do mesmo artigo."

Art. 84. O art. 58 da Consolidação das Leis do Trabalho – CLT, aprovada pelo Decreto-Lei nº 5.452, de 1º de maio de 1943, passa a vigorar acrescido do seguinte § 3º:

- Alteração incorporada ao texto da referida Consolidação.

Art. 85. (VETADO).

Art. 85-A. Caberá ao Poder Público Municipal designar Agente de Desenvolvimento para a efetivação do disposto nesta Lei Complementar, observadas as especificidades locais.

§ 1º. A função de Agente de Desenvolvimento caracteriza-se pelo exercício de articulação das ações públicas para a promoção do desenvolvimento local e territorial, mediante ações locais ou comunitárias, individuais ou coletivas, que visem ao cumprimento das disposições e diretrizes contidas nesta Lei Complementar, sob supervisão do órgão gestor local responsável pelas políticas de desenvolvimento.

§ 2º. O Agente de Desenvolvimento deverá preencher os seguintes requisitos:

I – residir na área da comunidade em que atuar;

II – haver concluído, com aproveitamento, curso de qualificação básica para a formação de Agente de Desenvolvimento; e

III – possuir formação ou experiência compatível com a função a ser exercida; (Redação dada pela Lei Complementar nº 147, de 2014)

IV – ser preferencialmente servidor efetivo do Município. (Incluído pela Lei Complementar nº 147, de 2014)

§ 3º. A Secretaria da Micro e Pequena Empresa da Presidência da República juntamente com as entidades municipalistas e de apoio e representação empresarial prestarão suporte aos referidos agentes na forma de capacitação, estudos e pesquisas, publicações, promoção de intercâmbio de informações e experiências. (Redação dada pela Lei nº 12.792, de 2013)

Art. 86. As matérias tratadas nesta Lei Complementar que não sejam reservadas constitucionalmente a lei complementar poderão ser objeto de alteração por lei ordinária.

Art. 87. O § 1º do art. 3º da Lei Complementar nº 63, de 11 de janeiro de 1990, passa a vigorar com a seguinte redação:

"Art. 3º [...]

§ 1º O valor adicionado corresponderá, para cada Município:

I - ao valor das mercadorias saídas, acrescido do valor das prestações de serviços, no seu território, deduzido o valor das mercadorias entradas, em cada ano civil;

II - nas hipóteses de tributação simplificada a que se refere o parágrafo único do art. 146 da Constituição Federal, e, em outras situações, em que se dispensem os controles de entrada, considerar-se-á como valor adicionado o percentual de 32% (trinta e dois por cento) da receita bruta.

[...]"

Art. 87-A. Os Poderes Executivos da União, Estados, Distrito Federal e Municípios expedirão, anualmente, até o dia 30 de novembro, cada um, em seus respectivos âmbitos de competência, decretos de consolidação da regulamentação aplicável relativamente às microempresas e empresas de pequeno porte. (Incluído pela Lei Complementar nº 147, de 2014)

Art. 88. Esta Lei Complementar entra em vigor na data de sua publicação, ressalvado o regime de tributação das microempresas e empresas de pequeno porte, que entra em vigor em 1º de julho de 2007.

Art. 89. Ficam revogadas, a partir de 1º de julho de 2007, a Lei nº 9.317, de 5 de dezembro de 1996, e a Lei nº 9.841, de 5 de outubro de 1999.

Brasília, 14 de dezembro de 2006; 185º da Independência e 118º da República.

Luiz Inácio Lula da Silva

(Publicação no D.O.U. de 15.12.2006; republicação 31.1.2009, em 31.1.2012 e 6.3.2012)

‣ Não publicamos os anexos a esta Lei.

LEI Nº 11.417, DE 19 DE DEZEMBRO DE 2006

Regulamenta o art. 103-A da Constituição Federal e altera a Lei nº 9.784, de 29 de janeiro de 1999, disciplinando a edição, a revisão e o cancelamento de enunciado de súmula vinculante pelo Supremo Tribunal Federal, e dá outras providências.

‣ *Súmula vinculante*

O PRESIDENTE DA REPÚBLICA Faço saber que o Congresso Nacional decreta e eu sanciono a seguinte Lei:

‣ Resolução 388/2008 do STF – Disciplina o processamento de proposta de edição, revisão e cancelamento de súmulas.

‣ Resolução 381/2008 do STF – Estabelece procedimentos para a edição, a revisão e o cancelamento de súmulas vinculantes.

Art. 1º. Esta Lei disciplina a edição, a revisão e o cancelamento de enunciado de súmula vinculante pelo Supremo Tribunal Federal e dá outras providências.

Art. 2º. O Supremo Tribunal Federal poderá, de ofício ou por provocação, após reiteradas decisões sobre matéria constitucional, editar enunciado de súmula que, a partir de sua publicação na imprensa oficial, terá efeito vinculante em relação aos demais órgãos do Poder Judiciário e à administração pública direta e indireta, nas esferas federal, estadual e municipal, bem como proceder à sua revisão ou cancelamento, na forma prevista nesta Lei.

‣ CF/88: art. 103-A.

§ 1º. O enunciado da súmula terá por objeto a validade, a interpretação e a eficácia de normas determinadas, acerca das quais haja, entre órgãos judiciários ou entre esses e a administração pública, controvérsia atual que acarrete grave insegurança jurídica e relevante multiplicação de processos sobre idêntica questão.

‣ CF/88: art. 103-A, § 1º.

§ 2º. O Procurador-Geral da República, nas propostas que não houver formulado, manifestar-se-á previamente à edição, revisão ou cancelamento de enunciado de súmula vinculante.

§ 3º. A edição, a revisão e o cancelamento de enunciado de súmula com efeito vinculante dependerão de decisão tomada por 2/3 (dois terços) dos membros do Supremo Tribunal Federal, em sessão plenária.

§ 4º. No prazo de 10 (dez) dias após a sessão em que editar, rever ou cancelar enunciado de súmula com efeito vinculante, o Supremo Tribunal Federal fará publicar, em seção especial do *Diário da Justiça* e do *Diário Oficial da União*, o enunciado respectivo.

Art. 3º. São legitimados a propor a edição, a revisão ou o cancelamento de enunciado de súmula vinculante:

I – o Presidente da República;

II – a Mesa do Senado Federal;

III – a Mesa da Câmara dos Deputados;

IV – o Procurador-Geral da República;

V – o Conselho Federal da Ordem dos Advogados do Brasil;

VI – o Defensor Público-Geral da União;

VII – partido político com representação no Congresso Nacional;

VIII – confederação sindical ou entidade de classe de âmbito nacional;

IX – a Mesa de Assembleia Legislativa ou da Câmara Legislativa do Distrito Federal;

X – o Governador de Estado ou do Distrito Federal;

XI – os Tribunais Superiores, os Tribunais de Justiça de Estados ou do Distrito Federal e Territórios, os Tribunais Regionais Federais, os Tribunais Regionais do Trabalho, os Tribunais Regionais Eleitorais e os Tribunais Militares.

§ 1º. O Município poderá propor, incidentalmente ao curso de processo em que seja parte, a edição, a revisão ou o cancelamento de enunciado de súmula vinculante, o que não autoriza a suspensão do processo.

§ 2º. No procedimento de edição, revisão ou cancelamento de enunciado da súmula vinculante, o relator poderá admitir, por decisão irrecorrível, a manifestação de terceiros na questão, nos termos do Regimento Interno do Supremo Tribunal Federal.

Art. 4º. A súmula com efeito vinculante tem eficácia imediata, mas o Supremo Tribunal Federal, por decisão de 2/3 (dois terços) dos seus membros, poderá restringir os efeitos vinculantes ou decidir que só tenha eficácia a partir de outro momento, tendo em vista razões de segurança jurídica ou de excepcional interesse público.

Art. 5º. Revogada ou modificada a lei em que se fundou a edição de enunciado de súmula vinculante, o Supremo Tribunal Federal, de ofício ou por provocação, procederá à sua revisão ou cancelamento, conforme o caso.

Art. 6º. A proposta de edição, revisão ou cancelamento de enunciado de súmula vinculante não autoriza a suspensão dos processos em que se discuta a mesma questão.

Art. 7º. Da decisão judicial ou do ato administrativo que contrariar enunciado de súmula vinculante, negar-lhe vigência ou aplicá-lo indevidamente caberá reclamação ao Supremo Tribunal Federal, sem prejuízo dos recursos ou outros meios admissíveis de impugnação.

§ 1º. Contra omissão ou ato da administração pública, o uso da reclamação só será admitido após esgotamento das vias administrativas.

§ 2º. Ao julgar procedente a reclamação, o Supremo Tribunal Federal anulará o ato administrativo ou cassará a decisão judicial impugnada, determinando que outra seja proferida com ou sem aplicação da súmula, conforme o caso.

Art. 8º. O art. 56 da Lei nº 9.784, de 29 de janeiro de 1999, passa a vigorar acrescido do seguinte § 3º:

"Art. 56. ....

....

§ 3º Se o recorrente alegar que a decisão administrativa contraria enunciado da súmula vinculante, caberá à autoridade prolatora da decisão impugnada, se não a reconsiderar, explicitar, antes de encaminhar o recurso à autoridade superior, as razões da aplicabilidade ou inaplicabilidade da súmula, conforme o caso." (NR)

Art. 9º. A Lei nº 9.784, de 29 de janeiro de 1999, passa a vigorar acrescida dos seguintes arts. 64-A e 64-B:

"Art. 64-A. Se o recorrente alegar violação de enunciado da súmula vinculante, o órgão competente para decidir o recurso explicitará as razões da aplicabilidade ou inaplicabilidade da súmula, conforme o caso."

"Art. 64-B. Acolhida pelo Supremo Tribunal Federal a reclamação fundada em violação de enunciado da súmula vinculante, dar-se-á ciência à autoridade prolatora e ao órgão competente para o julgamento do recurso, que deverão adequar as futuras decisões administrativas em casos semelhantes, sob pena de responsabilização pessoal nas esferas cível, administrativa e penal."

Art. 10. O procedimento de edição, revisão ou cancelamento de enunciado de súmula com efeito vinculante obedecerá, subsidiariamente, ao disposto no Regimento Interno do Supremo Tribunal Federal.

Art. 11. Esta Lei entra em vigor 3 (três) meses após a sua publicação.

Brasília, 19 de dezembro de 2006; 185º da Independência e 118º da República.

Luiz Inácio Lula da Silva

Publicado no D.O.U. de 20.12.2006

LEI Nº 11.419, DE 19 DE DEZEMBRO DE 2006

Dispõe sobre a informatização do processo judicial; altera a Lei nº 5.869, de 11 de janeiro de 1973 – Código de Processo Civil; e dá outras providências.

‣ *Informatização do processo judicial*

O PRESIDENTE DA REPÚBLICA Faço saber que o Congresso Nacional decreta e eu sanciono a seguinte Lei:

CAPÍTULO I. DA INFORMATIZAÇÃO DO PROCESSO JUDICIAL

Art. 1º. O uso de meio eletrônico na tramitação de processos judiciais, comunicação de atos e transmissão de peças processuais será admitido nos termos desta Lei.

‣ Resolução 10/2015 do STJ/GP – Regulamenta o processo judicial eletrônico no STJ.

‣ Resolução 121/2010 do CNJ – Dispõe sobre a divulgação de dados processuais eletrônicos na rede mundial de computadores, expedição de certidões judiciais.

§ 1º. Aplica-se o disposto nesta Lei, indistintamente, aos processos civil, penal e trabalhista, bem como aos juizados especiais, em qualquer grau de jurisdição.

- IN 30/2007 do TST – Regulamenta, no âmbito da Justiça do Trabalho, a Lei 11.419/2006.

§ 2º. Para o disposto nesta Lei, considera-se:

I – meio eletrônico qualquer forma de armazenamento ou tráfego de documentos e arquivos digitais;

II – transmissão eletrônica toda forma de comunicação a distância com a utilização de redes de comunicação, preferencialmente a rede mundial de computadores;

III – assinatura eletrônica as seguintes formas de identificação inequívoca do signatário:

a) assinatura digital baseada em certificado digital emitido por Autoridade Certificadora credenciada, na forma de lei específica;

b) mediante cadastro de usuário no Poder Judiciário, conforme disciplinado pelos órgãos respectivos.

Art. 2º. O envio de petições, de recursos e a prática de atos processuais em geral por meio eletrônico serão admitidos mediante uso de assinatura eletrônica, na forma do art. 1º desta Lei, sendo obrigatório o credenciamento prévio no Poder Judiciário, conforme disciplinado pelos órgãos respectivos.

§ 1º. O credenciamento no Poder Judiciário será realizado mediante procedimento no qual esteja assegurada a adequada identificação presencial do interessado.

§ 2º. Ao credenciado será atribuído registro e meio de acesso ao sistema, de modo a preservar o sigilo, a identificação e a autenticidade de suas comunicações.

§ 3º. Os órgãos do Poder Judiciário poderão criar um cadastro único para o credenciamento previsto neste artigo.

Art. 3º. Consideram-se realizados os atos processuais por meio eletrônico no dia e hora do seu envio ao sistema do Poder Judiciário, do que deverá ser fornecido protocolo eletrônico.

Parágrafo único. Quando a petição eletrônica for enviada para atender prazo processual, serão consideradas tempestivas as transmitidas até as 24 (vinte e quatro) horas do seu último dia.

CAPÍTULO II. DA COMUNICAÇÃO ELETRÔNICA DOS ATOS PROCESSUAIS

Art. 4º. Os tribunais poderão criar *Diário da Justiça* eletrônico, disponibilizado em sítio da rede mundial de computadores, para publicação de atos judiciais e administrativos próprios e dos órgãos a eles subordinados, bem como comunicações em geral.

- Resolução 341/2007 do STF – Institui o Diário da Justiça Eletrônico do STF.
- Resolução 8/2007 do STJ – Institui o Diário da Justiça Eletrônico do STJ – DJ on-line.

§ 1º. O sítio e o conteúdo das publicações de que trata este artigo deverão ser assinados digitalmente com base em certificado emitido por Autoridade Certificadora credenciada na forma da lei específica.

§ 2º. A publicação eletrônica na forma deste artigo substitui qualquer outro meio e publicação oficial, para quaisquer efeitos legais, à exceção dos casos que, por lei, exigem intimação ou vista pessoal.

§ 3º. Considera-se como data da publicação o primeiro dia útil seguinte ao da disponibilização da informação no *Diário da Justiça* eletrônico.

§ 4º. Os prazos processuais terão início no primeiro dia útil que seguir ao considerado como data da publicação.

§ 5º. A criação do *Diário da Justiça* eletrônico deverá ser acompanhada de ampla divulgação, e o ato administrativo correspondente será publicado durante 30 (trinta) dias no diário oficial em uso.

Art. 5º. As intimações serão feitas por meio eletrônico em portal próprio aos que se cadastrarem na forma do art. 2º desta Lei, dispensando-se a publicação no órgão oficial, inclusive eletrônico.

§ 1º. Considerar-se-á realizada a intimação no dia em que o intimando efetivar a consulta eletrônica ao teor da intimação, certificando-se nos autos a sua realização.

§ 2º. Na hipótese do § 1º deste artigo, nos casos em que a consulta se dê em dia não útil, a intimação será considerada como realizada no primeiro dia útil seguinte.

§ 3º. A consulta referida nos §§ 1º e 2º deste artigo deverá ser feita em até 10 (dez) dias corridos contados da data do envio da intimação, sob pena de considerar-se a intimação automaticamente realizada na data do término desse prazo.

§ 4º. Em caráter informativo, poderá ser efetivada remessa de correspondência eletrônica, comunicando o envio da intimação e a abertura automática do prazo processual nos termos do § 3º deste artigo, aos que manifestarem interesse por esse serviço.

§ 5º. Nos casos urgentes em que a intimação feita na forma deste artigo possa causar prejuízo a quaisquer das partes ou nos casos em que for evidenciada qualquer tentativa de burla ao sistema, o ato processual deverá ser realizado por outro meio que atinja a sua finalidade, conforme determinado pelo juiz.

§ 6º. As intimações feitas na forma deste artigo, inclusive da Fazenda Pública, serão consideradas pessoais para todos os efeitos legais.

Art. 6º. Observadas as formas e as cautelas do art. 5º desta Lei, as citações, inclusive da Fazenda Pública, excetuadas as dos Direitos Processuais Criminal e Infracional, poderão ser feitas por meio eletrônico, desde que a íntegra dos autos seja acessível ao citando.

Art. 7º. As cartas precatórias, rogatórias, de ordem e, de um modo geral, todas as comunicações oficiais que transitem entre órgãos do Poder Judiciário, bem como entre os deste e os dos demais Poderes, serão feitas preferentemente por meio eletrônico.

CAPÍTULO III. DO PROCESSO ELETRÔNICO

Art. 8º. Os órgãos do Poder Judiciário poderão desenvolver sistemas eletrônicos de processamento de ações judiciais por meio de autos total ou parcialmente digitais, utilizando, preferencialmente, a rede mundial de computadores e acesso por meio de redes internas e externas.

Parágrafo único. Todos os atos processuais do processo eletrônico serão assinados eletronicamente na forma estabelecida nesta Lei.

Art. 9º. No processo eletrônico, todas as citações, intimações e notificações, inclusive da Fazenda Pública, serão feitas por meio eletrônico, na forma desta Lei.

§ 1º. As citações, intimações, notificações e remessas que viabilizem o acesso à íntegra do processo correspondente serão consideradas vista pessoal do interessado para todos os efeitos legais.

§ 2º. Quando, por motivo técnico, for inviável o uso do meio eletrônico para a realização de citação, intimação ou notificação, esses atos processuais poderão ser praticados segundo as regras ordinárias, digitalizando-se o documento físico, que deverá ser posteriormente destruído.

Art. 10. A distribuição da petição inicial e a juntada da contestação, dos recursos e das petições em geral, todos em formato digital, nos autos de processo eletrônico, podem ser feitas diretamente pelos advogados públicos e privados, sem necessidade da intervenção do cartório ou secretaria judicial, situação em que a autuação deverá se dar de forma automática, fornecendo-se recibo eletrônico de protocolo.

§ 1º. Quando o ato processual tiver que ser praticado em determinado prazo, por meio de petição eletrônica, serão considerados tempestivos os efetivados até as 24 (vinte e quatro) horas do último dia.

§ 2º. No caso do § 1º deste artigo, se o Sistema do Poder Judiciário se tornar indisponível por motivo técnico, o prazo fica automaticamente prorrogado para o primeiro dia útil seguinte à resolução do problema.

§ 3º. Os órgãos do Poder Judiciário deverão manter equipamentos de digitalização e de acesso à rede mundial de computadores à disposição dos interessados para distribuição de peças processuais.

Art. 11. Os documentos produzidos eletronicamente e juntados aos processos eletrônicos com garantia da origem e de seu signatário, na forma estabelecida nesta Lei, serão considerados originais para todos os efeitos legais.

§ 1º. Os extratos digitais e os documentos digitalizados e juntados aos autos pelos órgãos da Justiça e seus auxiliares, pelo Ministério Público e seus auxiliares, pelas procuradorias, pelas autoridades policiais, pelas repartições públicas em geral e por advogados públicos e privados têm a mesma força probante dos originais, ressalvada a alegação motivada e fundamentada de adulteração antes ou durante o processo de digitalização.

§ 2º. A arguição de falsidade do documento original será processada eletronicamente na forma da lei processual em vigor.

§ 3º. Os originais dos documentos digitalizados, mencionados no § 2º deste artigo, deverão ser preservados pelo seu detentor até o trânsito em julgado da sentença ou, quando admitida, até o final do prazo para interposição de ação rescisória.

§ 4º. *(VETADO).*

§ 5º Os documentos cuja digitalização seja tecnicamente inviável devido ao grande volume ou por motivo de ilegibilidade deverão ser apresentados ao cartório ou secretaria ou encaminhados por meio de protocolo integrado judicial nacional no prazo de 10 (dez) dias contado do envio de petição eletrônica comunicando o fato, os quais serão devolvidos à parte após o trânsito em julgado. (Redação dada pela Lei 14.318/2022)

§ 6º Os documentos digitalizados juntados em processo eletrônico estarão disponíveis para acesso por meio da rede externa pelas respectivas partes processuais, pelos advogados, independentemente de procuração nos autos, pelos membros do Ministério Público e pelos magistrados, sem prejuízo da possibilidade de visualização nas secretarias dos órgãos julgadores, à exceção daqueles que tramitarem em segredo de justiça. *(Redação dada pela Lei 13.793/2019)*

§ 7º Os sistemas de informações pertinentes a processos eletrônicos devem possibilitar que advogados, procuradores e membros do Ministério Público cadastrados, mas não vinculados a processo previamente identificado, acessem automaticamente todos os atos e documentos processuais armazenados em meio eletrônico, desde que demonstrado interesse para fins apenas de registro, salvo nos casos de processos em segredo de justiça. *(Inserido pela Lei 13.793/2019)*

Art. 12. A conservação dos autos do processo poderá ser efetuada total ou parcialmente por meio eletrônico.

§ 1º. Os autos dos processos eletrônicos deverão ser protegidos por meio de sistemas de segurança de acesso e armazenados em meio que garanta a preservação e integridade dos dados, sendo dispensada a formação de autos suplementares.

§ 2º. Os autos de processos eletrônicos que tiverem de ser remetidos a outro juízo ou instância superior que não disponham de sistema compatível deverão ser impressos em papel, autuados na forma dos arts. 166 a 168 da Lei 5.869, de 11 de janeiro de 1973 – Código de Processo Civil, ainda que de natureza criminal ou trabalhista, ou pertinentes a juizado especial.

- Lei 13.105/15: arts. 206 a 208.

§ 3º. No caso do § 2º deste artigo, o escrivão ou o chefe de secretaria certificará os autores ou a origem dos documentos produzidos nos autos, acrescentando, ressalvada a hipótese de existir segredo de justiça, a forma pela qual o banco de dados poderá ser acessado para aferir a autenticidade das peças e das respectivas assinaturas digitais.

§ 4º. Feita a autuação na forma estabelecida no § 2º deste artigo, o processo seguirá a tramitação legalmente estabelecida para os processos físicos.

§ 5º. A digitalização de autos em mídia não digital, em tramitação ou já arquivados, será precedida de publicação de editais de intimações ou da intimação pessoal das partes e de seus procuradores, para que, no prazo preclusivo de 30 (trinta) dias, se manifestem sobre o desejo de manterem pessoalmente a guarda de algum dos documentos originais.

Art. 13. O magistrado poderá determinar que sejam realizados por meio eletrônico a exibição e o envio de dados e de documentos necessários à instrução do processo.

§ 1º. Consideram-se cadastros públicos, para os efeitos deste artigo, dentre outros existentes ou que venham a ser criados, ainda que mantidos por concessionárias de serviço público ou empresas privadas, os que contenham informações indispensáveis ao exercício da função judicante.

§ 2º. O acesso de que trata este artigo dar-se-á por qualquer meio tecnológico disponível, preferentemente o de menor custo, considerada sua eficiência.

§ 3º. *(VETADO).*

CAPÍTULO IV. DISPOSIÇÕES GERAIS E FINAIS

Art. 14. Os sistemas a serem desenvolvidos pelos órgãos do Poder Judiciário deverão usar, preferencialmente, programas com código aberto, acessíveis ininterruptamente por meio da rede mundial de computadores, priorizando-se a sua padronização.

Parágrafo único. Os sistemas devem buscar identificar os casos de ocorrência de prevenção, litispendência e coisa julgada.

Art. 15. Salvo impossibilidade que comprometa o acesso à justiça, a parte deverá informar, ao distribuir a petição inicial de qualquer ação judicial, o número no cadastro de pessoas físicas ou jurídicas, conforme o caso, perante a Secretaria da Receita Federal.

Parágrafo único. Da mesma forma, as peças de acusação criminais deverão ser instruídas pelos membros do Ministério Público ou pelas autoridades policiais com os números de registros dos acusados no Instituto Nacional de Identificação do Ministério da Justiça, se houver.

Art. 16. Os livros cartorários e demais repositórios dos órgãos do Poder Judiciário poderão ser gerados e armazenados em meio totalmente eletrônico.

Art. 17. *(Vetado).*

Art. 18. Os órgãos do Poder Judiciário regulamentarão esta Lei, no que couber, no âmbito de suas respectivas competências.

Art. 19. Ficam convalidados os atos processuais praticados por meio eletrônico até a data de publicação desta Lei, desde que tenham atingido sua finalidade e não tenha havido prejuízo para as partes.

Art. 20. A Lei nº 5.869, de 11 de janeiro de 1973 – Código de Processo Civil, passa a vigorar com as seguintes alterações:

- Lei 13.105/2015 revogou a Lei 5.869/1973.
- CPC/15: art. 105, § 1º, 193, 205, § 2º, 209, § 1º, 232, 246, V, 263, 264, 270, 272, § 3º, e 439 a 441.

"Art. 38. (...)

Parágrafo único. A procuração pode ser assinada digitalmente com base em certificado emitido por Autoridade Certificadora credenciada, na forma da lei específica."

"Art. 154. (...)

Parágrafo único. (Vetado).

§ 2º Todos os atos e termos do processo podem ser produzidos, transmitidos, armazenados e assinados por meio eletrônico, na forma da lei."

"Art. 164. (...)

Parágrafo único. A assinatura dos juízes, em todos os graus de jurisdição, pode ser feita eletronicamente, na forma da lei."

"Art. 169. (...)

§ 1º É vedado usar abreviaturas.

§ 2º Quando se tratar de processo total ou parcialmente eletrônico, os atos processuais praticados na presença do juiz poderão ser produzidos e armazenados de modo integralmente digital em arquivo eletrônico inviolável, na forma da lei, mediante registro em termo que será assinado digitalmente pelo juiz e pelo escrivão ou chefe de secretaria, bem como pelos advogados das partes.

§ 3º No caso do § 2º deste artigo, eventuais contradições na transcrição deverão ser suscitadas oralmente no momento da realização do ato, sob pena de preclusão, devendo o juiz decidir de plano, registrando-se a alegação e a decisão no termo."

"Art. 202. (...)

(...)

§ 3º A carta de ordem, carta precatória ou carta rogatória pode ser expedida por meio eletrônico, situação em que a assinatura do juiz deverá ser eletrônica, na forma da lei."

"Art. 221. (...)

(...)

IV – por meio eletrônico, conforme regulado em lei própria."

"Art. 237. (...)

Parágrafo único. As intimações podem ser feitas de forma eletrônica, conforme regulado em lei própria."

"Art. 365. (...)

(...)

V – os extratos digitais de bancos de dados, públicos e privados, desde que atestado pelo seu emitente, sob as penas da lei, que as informações conferem com o que consta na origem;

VI – as reproduções digitalizadas de qualquer documento, público ou particular, quando juntados aos autos pelos órgãos da Justiça e seus auxiliares, pelo Ministério Público e seus auxiliares, pelas procuradorias, pelas repartições públicas em geral e por advogados públicos ou privados, ressalvada a alegação motivada e fundamentada de adulteração antes ou durante o processo de digitalização.

§ 1º Os originais dos documentos digitalizados, mencionados no inciso VI do *caput* deste artigo, deverão ser preservados pelo seu detentor até o final do prazo para interposição de ação rescisória.

§ 2º Tratando-se de cópia digital de TÍTULO executivo extrajudicial ou outro documento relevante à instrução do processo, o juiz poderá determinar o seu depósito em cartório ou secretaria."

"Art. 399. (...)

§ 1º Recebidos os autos, o juiz mandará extrair, no prazo máximo e improrrogável de 30 (trinta) dias, certidões ou reproduções fotográficas das peças indicadas pelas partes ou de ofício; findo o prazo, devolverá os autos à repartição de origem.

§ 2º As repartições públicas poderão fornecer todos os documentos em meio eletrônico conforme disposto em lei, certificando, pelo mesmo meio, que se trata de extrato fiel do que consta em seu banco de dados ou do documento digitalizado."

"Art. 417. (...)

§ 1º O depoimento será passado para a versão datilográfica quando houver recurso da sentença ou noutros casos, quando o juiz o determinar, de ofício ou a requerimento da parte.

§ 2º Tratando-se de processo eletrônico, observar-se-á o disposto nos §§ 2º e 3º do art. 169 desta Lei."

"Art. 457. (...)

(...)

§ 4º Tratando-se de processo eletrônico, observar-se-á o disposto nos §§ 2º e 3º do art. 169 desta Lei."

"Art. 556. (...)

Parágrafo único. Os votos, acórdãos e demais atos processuais podem ser registrados em arquivo eletrônico inviolável e assinados eletronicamente, na forma da lei, devendo ser impressos para juntada aos autos do processo quando este não for eletrônico."

Art. 21. *(VETADO).*

Art. 22. Esta Lei entra em vigor 90 (noventa) dias depois de sua publicação.

Brasília, 19 de dezembro de 2006; 185º da Independência e 118º da República.

LUIZ INÁCIO LULA DA SILVA

Publicado no D.O.U. 20.12.2006

LEI Nº 11.476, DE 29 DE MAIO DE 2007

Dispõe sobre a regulamentação das profissões de Enólogo e Técnico em Enologia.

› *Enólogo e Técnico em Enologia*

O PRESIDENTE DA REPÚBLICA Faço saber que o Congresso Nacional decreta e eu sanciono a seguinte Lei:

Art. 1º É livre, em todo o território nacional, o exercício das atividades ligadas à Enologia e à Viticultura, observadas as disposições desta Lei.

Art. 2º Poderão exercer a profissão de Enólogo:

I – os possuidores de diplomas de nível superior em Enologia expedidos no Brasil por escolas oficiais ou reconhecidas pelo Governo Federal;

II – os possuidores de diplomas expedidos por escolas estrangeiras reconhecidas pelas leis de seu país e que forem revalidados no Brasil, de acordo com a legislação em vigor;

III – os possuidores de diploma de nível médio em Enologia e os alunos que ingressaram em curso deste nível até 29 de maio de 2007, desde que sejam diplomados em escolas oficiais, públicas ou privadas, reconhecidas ou credenciadas pelo poder público. (Redação alterada pela Lei n. 12.719/2012)"

Art. 3º Poderão exercer a profissão de Técnico em Enologia:

I – os possuidores de diplomas de nível médio em Enologia expedidos no Brasil por escolas oficiais ou reconhecidas na forma da lei;

II – os possuidores de diplomas de nível médio em Enologia expedidos por escolas estrangeiras e que forem revalidados no Brasil de acordo com a legislação em vigor.

Art. 4º São atribuições do Enólogo e do Técnico em Enologia:

I – analisar as características físicas, químicas, botânicas, organolépticas e sanitárias da uva;

II – executar as diferentes etapas e os procedimentos do cultivo da videira;

III – manipular os equipamentos e materiais empregados nos procedimentos vitivinícolas;

IV – analisar os processos físicos, químicos, bioquímicos e microbiológicos inerentes à moderna tecnologia de vinificação;

V – aplicar a legislação vigente das atividades e dos produtos vitivinícolas;

VI – decidir e formular recomendações para o desdobramento satisfatório de todas as atividades técnicas na área de vitivinicultura;

VII – planejar e racionalizar operações agrícolas e industriais correspondentes na área vitivinícola;

VIII – prestar assistência técnica e promover atividades de extensão na área vitivinícola;

IX – executar a determinação analítica dos produtos vitivinícolas;

X – organizar e assessorar estabelecimentos vitivinícolas;

XI – organizar, dirigir e assessorar departamentos de controle de qualidade, de pesquisa e de fiscalização na área da vitivinicultura;

XII – identificar, avaliar e qualificar uvas, vinhos e derivados da uva e do vinho;

XIII – orientar e desenvolver projetos de produção e comercialização de produtos enológicos;

XIV – exercer atividades na área mercadológica da vitivinicultura;

XV – desenvolver e coordenar projetos, pesquisas e experimentações vitivinícolas;

XVI – desenvolver as empresas vitivinícolas, contribuindo para a modernização das técnicas de elaboração de vinhos;

XVII – atuar nas cantinas de vinificação, órgãos de pesquisa enológica e indústrias de bebidas, no controle e na fiscalização de vinhos e derivados da uva e do vinho;

XVIII – orientar os viticultores quanto aos aspectos técnicos para formar vinhedos de melhor produtividade e qualidade;

XIX – prestar assistência técnica na utilização e na comercialização de produtos e equipamentos técnicos enológicos;

XX – orientar os vitivinicultores quanto ao aproveitamento das variedades de uvas para elaboração de vinhos de melhor qualidade;

XXI – controlar e avaliar as características organolépticas da produção vinícola;

XXII – exercer magistério em curso superior na área de enologia e viticultura.

Art. 5º São atribuições exclusivas do Enólogo:

I – exercer a responsabilidade técnica pela empresa vinícola, seus produtos e pelos laboratórios de análise enológica;

II – executar perícias exigidas em processos judiciais a título de prova e contraprova.

Art. 6º As denominações de Enólogo e de Técnico em Enologia são reservadas exclusivamente aos profissionais referidos nesta Lei, ficando também incluídos os portadores de diplomas de Tecnólogo em Viticultura e Enologia, Técnico em Viticultura e Enologia e Técnico em Enologia.

Art. 7º O exercício das atividades em nível profissional nas áreas de Enologia por pessoas não habilitadas nos termos desta Lei caracteriza exercício ilegal da profissão.

Art. 8º É permitida a um Enólogo a responsabilidade técnica por estabelecimentos cujo termo de contrato estabeleça a elaboração de produtos enquadrados dentro dos Padrões de Identidade e Qualidade – PIQs determinados pelo órgão oficial.

Art. 9º O Poder Executivo regulamentará esta Lei no prazo de 90 (noventa) dias, a contar da data de sua publicação.

Art. 10. Esta Lei entra em vigor na data de sua publicação.

Brasília, 29 de maio de 2007; 186º da Independência e 119º da República.

Luiz Inácio Lula da Silva

INSTRUÇÃO NORMATIVA TST Nº 30, DE 13 DE SETEMBRO DE 2007

Regulamenta, no âmbito da Justiça do Trabalho, a Lei nº 11.419, de 19 de dezembro de 2006, que dispõe sobre a informatização do processo judicial.

› *Informatização do processo judicial - regulamentação*

CAPÍTULO I
INFORMATIZAÇÃO DO PROCESSO JUDICIAL NO ÂMBITO DA JUSTIÇA DO TRABALHO

Art. 1º O uso de meio eletrônico na tramitação de processos judiciais, comunicação de atos e transmissão de peças processuais, na Justiça do Trabalho, será disciplinado pela presente instrução normativa.

Art. 2º Os Tribunais Regionais do Trabalho disponibilizarão em suas dependências e nas Varas do Trabalho, para os usuários dos serviços de peticionamento eletrônico que necessitarem, equipamentos de acesso à rede mundial de computadores e de digitalização do processo, para a distribuição de peças processuais.

Parágrafo único. Os Tribunais Regionais do Trabalho terão o prazo de um ano da publicação da presente instrução normativa para atenderem ao disposto no presente artigo.

CAPÍTULO II
ASSINATURA ELETRÔNICA

Art. 3º No âmbito da Justiça do Trabalho, o envio de petições, de recursos e a prática de atos processuais em geral por meio eletrônico serão admitidos mediante uso de assinatura eletrônica.

Art. 4º A assinatura eletrônica, no âmbito da Justiça do Trabalho, será admitida sob as seguintes modalidades:

I – assinatura digital, baseada em certificado digital emitido pelo ICP – Brasil, com uso de cartão e senha;

II – assinatura cadastrada, obtida perante o Tribunal Superior do Trabalho ou Tribunais Regionais do Trabalho, com fornecimento de login e senha.

§ 1º Para o uso de qualquer das duas modalidades de assinatura eletrônica, o usuário deverá se credenciar previamente perante o Tribunal Superior do Trabalho ou o Tribunal Regional do Trabalho com jurisdição sobre a cidade em que tenha domicílio, mediante o preenchimento de formulário eletrônico, disponibilizado no Portal da Justiça do Trabalho (Portal – JT).

§ 2º No caso de assinatura digital, em que a identificação presencial já se realizou perante a Autoridade Certificadora, o credenciamento se dará pela simples identificação do usuário por meio de seu certificado digital e remessa do formulário devidamente preenchido.

§ 3º No caso da assinatura cadastrada, o interessado deverá comparecer, pessoalmente, perante o órgão do Tribunal no qual deseje cadastrar sua assinatura eletrônica, munido do formulário devidamente preenchido, obtendo senhas e informações para a operacionalização de sua assinatura eletrônica.

§ 4º Ao credenciado será atribuído registro e meio de acesso ao sistema, de modo a preservar o sigilo (mediante criptografia de senha), a identificação e a autenticidade de suas comunicações.

§ 5º Alterações de dados cadastrais poderão ser feitas pelos usuários, a qualquer momento, na seção respectiva do Portal – JT.

§ 6º O credenciamento implica a aceitação das normas estabelecidas nesta Instrução Normativa e a responsabilidade do credenciado pelo uso indevido da assinatura eletrônica.

CAPÍTULO III
SISTEMA DE PETICIONAMENTO ELETRÔNICO

Art. 5º A prática de atos processuais por meio eletrônico pelas partes, advogados e peritos será feita, na Justiça do Trabalho, através do Sistema Integrado de Protocolização e Fluxo de Documentos Eletrônicos (e-DOC).

§ 1º O e-DOC é um serviço de uso facultativo, disponibilizado no Portal – JT, na Internet.

§ 2º (Revogado pela Resolução 192, de 2013).

§ 3º O sistema do e-DOC deverá buscar identificar, dentro do possível, os casos de ocorrência de prevenção, litispendência e coisa julgada.

§ 4º A parte desassistida de advogado que desejar utilizar o sistema do e-DOC deverá se cadastrar, antes, nos termos desta Instrução Normativa.

Art. 6º As petições, acompanhadas ou não de anexos, apenas serão aceitas em formato PDF (Portable Document Format), no tamanho máximo, por operação, de 5 Megabytes. (*"Caput"* com redação dada pela Resolução 196, de 2015)

Parágrafo único. Não se admitirá o fracionamento de petição, tampouco dos documentos que a acompanham, para fins de transmissão.

Art. 7º O envio da petição por intermédio do e-DOC dispensa a apresentação posterior dos originais ou de fotocópias autenticadas, inclusive aqueles destinados à comprovação de pressupostos de admissibilidade do recurso.

Art. 8º O acesso ao e-DOC depende da utilização, pelo usuário, da sua assinatura eletrônica.

Parágrafo único. Salvo impossibilidade que comprometa o acesso à justiça, a parte deverá informar, ao distribuir a petição inicial de qualquer ação judicial em meio eletrônico, o número no cadastro de pessoas físicas ou jurídicas, conforme o caso, perante a Secretaria da Receita Federal.

Art. 9º O Sistema Integrado de Protocolização e Fluxo de Documentos Eletrônicos (e-DOC), no momento do recebimento da petição, expedirá recibo ao remetente, que servirá como comprovante de entrega da petição e dos documentos que a acompanharam.

§ 1º Constarão do recibo as seguintes informações:

I – o número de protocolo da petição gerado pelo Sistema;

II – o número do processo e o nome das partes, se houver, o assunto da petição e o órgão destinatário da petição, informados pelo remetente;

III – a data e o horário do recebimento da petição no Tribunal, conforme o horário oficial de Brasília; (*Redação dada pela Res. nº 215/2016 do TST*).

IV – as identificações do remetente da petição e do usuário que assinou eletronicamente o documento.

§ 2º O usuário poderá consultar no e-DOC as petições e documentos que tenham sido enviados há menos de dois anos, bem como os respectivos recibos. (Parágrafo com redação dada pela Resolução 196, de 2015)

Art. 9º-A. O sistema armazenará em sua base de dados, por dois anos, cópias de segurança dos documentos transmitidos por intermédio do e-Doc, prazo após o qual serão excluídas. (Artigo acrescido pela Resolução 196, de 2015)

Art. 10. Incumbe aos Tribunais, por intermédio das respectivas unidades administrativas responsáveis pela recepção das petições transmitidas pelo e-DOC:

I – imprimir as petições e seus documentos, caso existentes, anexando-lhes o comprovante de recepção gerado pelo Sistema, enquanto não generalizada a virtualização do processo, que dispensará os autos físicos;

II – verificar, diariamente, no sistema informatizado, a existência de petições eletrônicas pendentes de processamento.

Art. 11. São de exclusiva responsabilidade dos usuários:

I – o sigilo da assinatura digital, não sendo oponível, em qualquer hipótese, alegação de seu uso indevido;

II – a equivalência entre os dados informados para o envio (número do processo e unidade judiciária) e os constantes da petição remetida;

III – as condições das linhas de comunicação e acesso ao seu provedor da Internet;

IV – a edição da petição e anexos em conformidade com as restrições impostas pelo serviço, no que se refere à formatação e tamanho do arquivo enviado;

V – o acompanhamento da divulgação dos períodos em que o serviço não estiver disponível em decorrência de manutenção no sítio do Tribunal.

§ 1º A não obtenção, pelo usuário, de acesso ao Sistema, além de eventuais defeitos de transmissão ou recepção de dados, não serve de escusa para o descumprimento dos prazos legais.

§ 2º Deverão os Tribunais informar, nos respectivos sítios, os períodos em que, eventualmente, o sistema esteve indisponível.

Art. 12. Consideram-se realizados os atos processuais por meio eletrônico no dia e hora do seu recebimento pelo sistema do e-DOC.

§ 1º Quando a petição eletrônica for enviada para atender prazo processual, serão consideradas tempestivas as transmitidas até as 24 (vinte e quatro) horas do seu último dia.

§ 2º Incumbe ao usuário observar como referência o horário oficial de Brasília, atentando para os fusos horários existentes no país. (*Redação dada pela Res. nº 215/2016 do TST*).

§ 3º Não serão considerados, para efeito de tempestividade, o horário da conexão do usuário à Internet, o horário do acesso ao sítio do Tribunal, tampouco os horários consignados nos equipamentos do remetente e da unidade destinatária, mas o de recebimento no órgão da Justiça do Trabalho.

Art. 13. O uso inadequado do e-DOC que venha a causar prejuízo às partes ou à atividade jurisdicional importa bloqueio do cadastramento do usuário, a ser determinado pela autoridade judiciária competente.

CAPÍTULO IV
COMUNICAÇÃO E INFORMAÇÃO DOS ATOS PROCESSUAIS NO PORTAL DA JUSTIÇA DO TRABALHO

Art. 14. O Portal da Justiça do Trabalho (Portal – JT) é o sítio corporativo da instituição, abrangendo todos os Tribunais trabalhistas do país, gerenciado pelo Conselho Superior da Justiça do Trabalho e operado pelo Tribunal Superior do Trabalho e pelos Tribunais Regionais do Trabalho, incluindo, entre outras funcionalidades:

I – o Diário da Justiça do Trabalho Eletrônico (DJT), para publicação de atos judiciais e administrativos dos Tribunais e Varas do Trabalho;

II – Sistemas de Pesquisa de Jurisprudência, de Legislação Trabalhista e Atos Normativos da Justiça do Trabalho, de acompanhamento processual, de acervo bibliográfico, com Banco de Dados Geral integrado pelos julgados e atos administrativos de todos os Tribunais trabalhistas do país;

III – Informações gerais sobre os Tribunais e Varas do Trabalho, incluindo memória da Justiça do Trabalho, dados estatísticos, magistrados, concursos e licitações, entre outros;

IV – Informações sobre o Conselho Superior da Justiça do Trabalho (CSJT), incluindo seu Regimento Interno, suas resoluções e decisões, além de seus integrantes e estrutura do órgão;

V – Informações sobre a Escola Nacional de Formação e Aperfeiçoamento de Magistrados do Trabalho (ENAMAT), incluindo quadro diretivo, de professores, de alunos e de cursos, bem como disponibilizando ambiente para o ensino à distância;

VI – Sistemas de Assinatura Eletrônica, Peticionamento Eletrônico (e-DOC) e de Carta Eletrônica (CE).

VII – Informações sobre a Corregedoria – Geral da Justiça do Trabalho.

Parágrafo único. O conteúdo das publicações de que trata este artigo deverá ser assinado digitalmente, na forma desta Instrução Normativa.

Art. 15. A publicação eletrônica no DJT substitui qualquer outro meio e publicação oficial, para quaisquer efeitos legais, à exceção dos casos que, por lei, exigem intimação ou vista pessoal.

§ 1º Os atos processuais praticados pelos magistrados trabalhistas a serem publicados no DJT serão assinados digitalmente no momento de sua prolação.

§ 2º Considera-se como data da publicação o primeiro dia útil seguinte ao da disponibilização da informação no DJT.

§ 3º Os prazos processuais terão início no primeiro dia útil que seguir ao considerado como data da publicação.

Art. 16. As intimações serão feitas por meio eletrônico no Portal - JT aos que se credenciarem na forma desta Instrução Normativa, dispensando-se a publicação no órgão oficial, inclusive eletrônico.

§ 1º Considerar-se-á realizada a intimação no dia em que o intimando efetivar a consulta eletrônica ao teor da intimação, certificando-se nos autos a sua realização.

§ 2º Na hipótese do § 1º deste artigo, nos casos em que a consulta se dê em dia não útil, a intimação será considerada como realizada no primeiro dia útil seguinte.

§ 3º A consulta referida nos §§ 1º e 2º deste artigo deverá ser feita em até 10 (dez) dias corridos contados da data do envio da intimação, sob pena de considerar-se a intimação automaticamente realizada na data do término desse prazo.

§ 4º A intimação de que trata este artigo somente será realizada nos processos em que todas as partes estejam credenciadas na forma desta Instrução Normativa, de modo a uniformizar a contagem dos prazos processuais.

§ 5º Nos casos urgentes em que a intimação feita na forma deste artigo possa causar prejuízo a quaisquer das partes ou nos casos em que for evidenciada qualquer tentativa de burla ao sistema, o ato processual deverá ser realizado por outro meio que atinja a sua finalidade, conforme determinado pelo juiz.

§ 6º As intimações feitas na forma deste artigo, inclusive da Fazenda Pública, serão consideradas pessoais para todos os efeitos legais.

§ 7º Observadas as formas e as cautelas deste artigo, as citações, inclusive da Fazenda Pública, poderão ser feitas por meio eletrônico, desde que a íntegra dos autos seja acessível ao citando.

Art. 17. As cartas precatórias, rogatórias e de ordem, no âmbito da Justiça do Trabalho, serão transmitidas exclusivamente de forma eletrônica, através do Sistema de Carta Eletrônica (CE) já referido, com dispensa da remessa física de documentos.

§ 1º A utilização do Sistema de Carta Eletrônica fora do âmbito da Justiça do Trabalho dependerá da aceitação pelos demais órgãos do Poder Judiciário.

§ 2º Eventuais falhas na transmissão eletrônica dos dados não desobriga os magistrados e serventuários do cumprimento dos prazos legais, cabendo, nesses casos, a utilização de outros meios previstos em lei para a remessa das cartas.

Art. 18. As petições e demais documentos referentes às cartas precatórias, rogatórias e de ordem, não apresentados pelas partes em meio eletrônico, serão digitalizados e inseridos no Sistema de Carta Eletrônica.

Art. 19. Os documentos em meio físico, em poder do Juízo deprecado, deverão ser adequadamente organizados e arquivados, obedecidos os critérios estabelecidos na Lei nº 8.159, de 8 de janeiro de 1991, e no Decreto nº 4.073, de 3 de janeiro de 2002.

Parágrafo único. Poderá o Juízo deprecante, em casos excepcionais, solicitar o documento físico em poder do Juízo deprecado.

Art. 20. Serão certificados nos autos principais todos os fatos relevantes relativos ao andamento da carta, obtidos junto ao sistema Carta Eletrônica (CE), com impressão e juntada apenas dos documentos essenciais à instrução do feito, nos casos de autos em papel.

Art. 21. Os Tribunais Regionais do Trabalho ficarão obrigados a comunicar à Presidência do Conselho Superior da Justiça do Trabalho qualquer alteração na competência territorial de suas Varas do Trabalho.

CAPÍTULO V
PROCESSO ELETRÔNICO

Art. 22. Na Justiça do Trabalho, os atos processuais do processo eletrônico serão assinados eletronicamente na forma estabelecida nesta Instrução Normativa.

Art. 23. No processo eletrônico, todas as citações, intimações e notificações, inclusive da Fazenda Pública, serão feitas por meio eletrônico.

§ 1º As citações, intimações, notificações e remessas que viabilizem o acesso à íntegra do processo correspondente serão consideradas vista pessoal do interessado para todos os efeitos legais.

§ 2º Quando, por motivo técnico, for inviável o uso do meio eletrônico para a realização de citação, intimação ou notificação, esses atos processuais poderão ser praticados segundo as regras ordinárias, digitalizando-se o documento físico, que deverá ser posteriormente destruído.

Art. 24. A distribuição da petição inicial e a juntada da contestação, dos recursos e das petições em geral, todos em formato digital, nos autos de processo eletrônico, podem ser feitas diretamente pelos advogados públicos e privados, sem necessidade da intervenção do cartório ou secretaria judicial, situação em que a autuação deverá se dar de forma automática, fornecendo-se o recibo eletrônico de protocolo.

§ 1º Quando o ato processual tiver que ser praticado em determinado prazo, por meio de petição eletrônica, serão considerados tempestivos os efetivados até as 24 (vinte e quatro) horas do último dia.

§ 2º No caso do § 1º deste artigo, se o serviço respectivo do Portal - JT se tornar indisponível por motivo técnico que impeça a prática do ato no termo final do prazo, este fica automaticamente prorrogado para o primeiro dia útil seguinte à resolução do problema.

Art. 25. Os documentos produzidos eletronicamente e juntados aos processos eletrônicos com garantia da origem e de seu signatário, na forma estabelecida nesta Instrução Normativa, serão considerados originais para todos os efeitos legais.

§ 1º Os extratos digitais e os documentos digitalizados e juntados aos autos pelos órgãos da Justiça do Trabalho e seus auxiliares, pelo Ministério Público e seus auxiliares, pelas procuradorias, pelas autoridades policiais, pelas repartições públicas em geral e por advogados públicos e privados têm a mesma força probante dos originais, ressalvada a alegação motivada e fundamentada de adulteração antes ou durante o processo de digitalização.

§ 2º A arguição de falsidade do documento original será processada eletronicamente na forma da lei processual em vigor.

§ 3º Os originais dos documentos digitalizados, mencionados no § 1º deste artigo, deverão ser preservados pelo seu detentor até o trânsito em julgado da sentença ou, quando admitida, até o final do prazo para interposição de ação rescisória.

§ 4º Os documentos cuja digitalização seja tecnicamente inviável devido ao grande volume ou por motivo de ilegibilidade deverão ser apresentados ao cartório ou secretaria no prazo de 10 (dez) dias contados do envio de petição eletrônica comunicando o fato, os quais serão devolvidos à parte após o trânsito em julgado.

§ 5º Os documentos digitalizados juntados em processo eletrônico somente estarão disponíveis para acesso por meio da rede externa para suas respectivas partes processuais e para o Ministério Público, respeitado o disposto em lei para as situações de sigilo e de segredo de justiça.

Art. 26. A conservação dos autos do processo poderá ser efetuada total ou parcialmente por meio eletrônico.

§ 1º Os autos dos processos eletrônicos serão protegidos por meio de sistemas de segurança de acesso e armazenados de forma a preservar a integridade dos dados, sendo dispensada a formação de autos suplementares.

§ 2º Os autos de processos eletrônicos que tiverem de ser remetidos a outro juízo ou instância superior que não disponham de sistema compatível deverão ser impressos em papel e autuados na forma dos arts. 166 a 168 do CPC.

§ 3º No caso do § 2º deste artigo, o escrivão ou o chefe de secretaria certificará os autores ou a origem dos documentos produzidos nos autos, acrescentando, ressalvada a hipótese de existir segredo de justiça, a forma pela qual o banco de dados poderá ser acessado para aferir a autenticidade das peças e das respectivas assinaturas digitais.

§ 4º Feita a autuação na forma estabelecida no § 2º deste artigo, o processo seguirá a tramitação legalmente estabelecida para os processos físicos.

§ 5º A digitalização de autos em mídia não digital, em tramitação ou já arquivados, será precedida de publicação de editais de intimações ou da intimação pessoal das partes e de seus procuradores, para que, no prazo preclusivo de 30 (trinta) dias, se manifestem sobre o desejo de manterem pessoalmente a guarda de algum dos documentos originais.

Art. 27. O magistrado poderá determinar que sejam realizados por meio eletrônico a exibição e o envio de dados e de documentos necessários à instrução do processo.

§ 1º Consideram-se cadastros públicos, para os efeitos deste artigo, dentre outros existentes ou que venham a ser criados, ainda que mantidos por concessionárias de serviço público ou empresas privadas, os que contenham informações indispensáveis ao exercício da função judicante.

§ 2º O acesso de que trata este artigo dar-se-á por qualquer meio tecnológico disponível, preferentemente o de menor custo, considerada sua eficiência.

CAPÍTULO VI DISPOSIÇÕES GERAIS, FINAIS E TRANSITÓRIAS

Art. 28. Os credenciamentos de assinatura eletrônica já feitos pelos Tribunais Regionais do Trabalho antes da publicação desta Instrução Normativa e que estejam em desacordo com as regras nela estabelecidas terão validade por 180 (cento e oitenta) dias da última publicação desta Resolução, devendo os interessados promover o credenciamento adequado até essa data.

Art. 29. Os casos omissos desta Instrução Normativa serão resolvidos pelos Presidentes dos Tribunais, no âmbito de suas esferas de competência.

Art. 30. Para efeito do disposto no § 5º do art. 4º da Lei nº 11.419, de 19 de dezembro de 2006, a presente Instrução Normativa será publicada durante 30 (trinta) dias no Diário Oficial em uso, dando-lhe ampla divulgação.

Art. 31. A presente Instrução Normativa entra em vigor 90 (noventa) dias após a sua última publicação, revogada a Instrução Normativa nº 28 desta Corte.

Sala de sessões, 13 de setembro de 2007.

Ana Lúcia Rego Queirozv

INSTRUÇÃO NORMATIVA TST Nº 31, DE 27 DE SETEMBRO DE 2007

Regulamenta a forma de realização do depósito prévio em ação rescisória de que trata o art. 836 da CLT, com redação dada pela Lei nº 11.495, de 22 de junho de 2007.

› *Depósito prévio em ação rescisória*

Art. 1º O depósito prévio em ação rescisória de que trata o art. 836 da CLT, com redação dada pela Lei nº 11.495, de 22 de junho de 2007, deverá ser realizado em conta vinculada ao juízo, observando-se as seguintes peculiaridades quanto ao preenchimento da guia de depósito judicial: (Redação dada pela Resolução Administrativa n. 2048, de 17 de dezembro de 2018)

I – nos campos relativos à identificação do processo deverão ser informados os dados do processo em que foi proferida a decisão rescindenda;

II – o campo "Tipo de Depósito" deverá ser preenchido com o número 1 (primeiro depósito), ainda que outros depósitos judiciais tenham sido efetuados no processo originário;

III – o campo "Motivo do Depósito" deverá ser preenchido com o número 4 (Outros).

Art. 2º O valor da causa da ação rescisória que visa desconstituir decisão da fase de conhecimento corresponderá:

I – no caso de improcedência, ao valor dado à causa do processo originário ou aquele que for fixado pelo Juiz;

II – no caso de procedência, total ou parcial, ao respectivo valor arbitrado à condenação.

Art. 3º O valor da causa da ação rescisória que visa desconstituir decisão da fase de execução corresponderá ao valor apurado em liquidação de sentença.

Art. 4º O valor da causa da ação rescisória, quer objetive desconstituir decisão da fase de conhecimento ou decisão da fase de execução, será reajustado pela variação cumulada do INPC do IBGE até a data do seu ajuizamento.

Art. 5º O valor depositado será revertido em favor do réu, a título de multa, caso o pedido deduzido na ação rescisória seja julgado, por unanimidade de votos, improcedente ou inadmissível. *(Redação de acordo com a Resolução TST 154/2009)*

Art. 6º O depósito prévio não será exigido da massa falida e quando o autor perceber salário igual ou inferior ao dobro do mínimo legal, ou declarar, sob as penas da lei, que não está em condições de pagar as custas do processo sem prejuízo do sustento próprio ou de sua família.

Art. 7º Esta Instrução Normativa entra em vigor na data de sua publicação.

Sala de Sessões, 27 de setembro de 2007.

Ana Lucia Rego Queiroz

INSTRUÇÃO NORMATIVA TST Nº 32, DE 19 DE DEZEMBRO DE 2007

Uniformiza procedimentos para a expedição de Precatórios e Requisições de Pequeno Valor no âmbito da Justiça do Trabalho e dá outras providências.

› *Expedição de Precatórios*

Art. 1º Os pagamentos devidos pelas Fazendas Públicas Federal, Estadual, Distrital ou Municipal, em virtude de sentença judicial transitada em julgado, serão realizados exclusivamente na ordem de apresentação dos precatórios e à conta dos créditos respectivos, na forma da lei.

Parágrafo único. Não estão sujeitos à expedição de precatórios os pagamentos de obrigações definidas em lei como de pequeno valor.

Art. 2º É obrigatória a inclusão, no orçamento das entidades de Direito Público, de verba necessária ao pagamento de seus débitos oriundos de sentenças transitadas em julgado, constantes de precatórios judiciários, apresentados até 1º de julho, fazendo-se o pagamento até o final do exercício seguinte, quando terão seus valores atualizados monetariamente.

Art. 3º Reputa-se de pequeno valor o crédito cuja importância atualizada, por beneficiário, seja igual ou inferior a:

I – 60 (sessenta) salários mínimos, se a devedora for a Fazenda Pública Federal;

II – 40 (quarenta) salários mínimos, ou o valor estipulado pela legislação local, se as devedoras forem as Fazendas Públicas Estadual e Distrital; e

III – 30 (trinta) salários mínimos, ou o valor estipulado pela legislação local, se a devedora for a Fazenda Pública Municipal.

Art. 4º Ao credor de importância superior à estabelecida na definição de pequeno valor, fica facultado renunciar ao crédito do valor excedente e optar pelo pagamento do saldo dispensando-se o precatório.

§ 1º Não é permitido o fracionamento do valor da execução relativamente ao mesmo beneficiário, de modo que se faça o pagamento, em parte, por intermédio de requisição de pequeno valor e, em parte, mediante expedição de precatório.

§ 2º Na hipótese de crédito de valor aproximado ao de pequeno valor legalmente previsto, o Presidente do Tribunal ou o Juízo Auxiliar de Conciliação de Precatórios consultará o credor quanto ao interesse em renunciar parcialmente ao crédito de modo a afastar a necessidade de expedição do precatório.

Art. 5º As requisições de pagamento que decorram de precatório ou as de pequeno valor, quando a devedora for a União, serão expedidas pelo Juiz da execução e dirigidas ao presidente do Tribunal, a quem compete:

a) examinar a regularidade formal da requisição;

b) corrigir, de ofício ou a requerimento das partes, inexatidões materiais ou retificar erros de cálculos, vinculados à utilização de critério em descompasso com a lei ou com o título executivo judicial, desde que o critério não haja sido objeto de debate quer na fase de conhecimento, quer na fase de execução;

c) expedir o ofício requisitório; e

d) zelar pela obediência à ordem de preferência de pagamento dos créditos, na hipótese de precatórios.

Art. 6º Nos casos de créditos de pequeno valor de responsabilidade das Fazendas Públicas Estadual, Distrital ou Municipal, as requisições serão encaminhadas pelo Juiz da execução ao próprio devedor.

Art. 7º Na hipótese de reclamação plúrima será considerado o valor devido a cada litisconsorte, expedindo-se, simultaneamente, se for o caso:

a) requisições de pequeno valor em favor dos exequentes cujos créditos não ultrapassam os limites definidos no art. 3º desta INSTRUÇÃO; e

b) requisições mediante precatório para os demais credores.

Parágrafo único. Os honorários advocatícios e periciais serão considerados parcela autônoma, não se somando ao crédito dos exequentes para fins de classificação do requisitório de pequeno valor.

Art. 8º É vedado requisitar pagamento em execução provisória.

Art. 9º O Juiz da execução informará na requisição os seguintes dados constantes do processo:

I – número do processo;

II – nomes das partes e de seus procuradores;

III – nomes dos beneficiários e respectivos números no CPF ou no CNPJ, inclusive quando se tratar de advogados, peritos e outros;

IV – natureza do crédito (comum ou alimentar) e espécie da requisição (RPV ou precatório);

VI – valor individualizado por beneficiário e valor total da requisição;

VII – data-base considerada para efeito de atualização monetária dos valores; e

VIII – data do trânsito em julgado da sentença ou acórdão.

Parágrafo único. Ausentes quaisquer dos dados especificados, o Tribunal restituirá a requisição à origem, para regularização.

Art. 10. Os precatórios e as requisições de pequeno valor serão processados nos próprios autos do processo que os originaram.

Art. 11. O pagamento das requisições obedecerá estritamente à ordem cronológica de apresentação nos Tribunais.

Art. 12. Os valores destinados aos pagamentos decorrentes de precatórios e de requisições de pequeno valor serão depositados em instituição bancária oficial, abrindo-se conta remunerada e individualizada para cada beneficiário.

Art. 13. Incumbirá ao Juiz da execução comunicar ao Presidente do Tribunal ou ao Juízo Auxiliar de Conciliação de Precatórios, no prazo de 05 (cinco) dias, a efetivação do pagamento ao credor.

Art. 14. O Presidente do Tribunal, exclusivamente na hipótese de preterição do direito de precedência do credor, fica autorizado a proceder ao sequestro de verba do devedor, desde que requerido pelo exequente e depois de ouvido o Ministério Público.

Art. 15. As requisições de pequeno valor - RPV encaminhadas ao devedor deverão ser pagas no prazo de 60 (sessenta) dias.

Parágrafo único. Na hipótese de não cumprimento da requisição judicial, o Juiz determinará o sequestro do numerário suficiente ao cumprimento da decisão.

Art. 16. Os Tribunais Regionais do Trabalho instituirão Juízo Auxiliar de Conciliação de Precatórios, com o objetivo de incluir em pauta, observada a ordem cronológica de apresentação, os precatórios e as requisições de pequeno valor (RPV) já consignadas em precatório, para tentativa de acordo.

Parágrafo único. Caberá ao Juízo Auxiliar de Conciliação de Precatórios, sem prejuízo de outras atribuições, o controle da listagem da ordem preferencial dos credores, a realização de cálculos, o acompanhamento de contas bancárias e a celebração de convênios entre os entes públicos devedores e o Tribunal Regional do Trabalho, para repasse mensal de verbas necessárias ao pagamento dos precatórios.

Art. 17. Será designado pelo Presidente do Tribunal um Juiz do Trabalho substituto para atuar no Juízo Auxiliar de Conciliação de Precatórios.

§ 1º O Juízo Auxiliar de Conciliação de Precatórios determinará a inclusão em pauta de todos os precatórios, observada a ordem cronológica, para tentativa de conciliação.

§ 2º As partes e seus procuradores serão convocados para audiência de conciliação, que poderá ser realizada apenas com a presença dos procuradores, desde que possuam poderes para transigir, receber e dar quitação.

§ 3º O Ministério Público do Trabalho será comunicado do dia, local e horário da realização da audiência de conciliação.

Art. 18. As partes poderão, a qualquer tempo, solicitar a reinclusão do precatório em pauta, para nova tentativa de conciliação.

Art. 19. Os precatórios conciliados serão quitados, na ordem cronológica, observando-se o repasse realizado pelo ente público devedor.

Art. 20. Os precatórios que não foram objeto de conciliação serão pagos na ordem cronológica de apresentação.

Art. 21. Frustrada a tentativa de conciliação referente a precatório cujo prazo para pagamento já venceu os autos serão encaminhados à Presidência do Tribunal, para deliberar sobre eventual pedido de intervenção.

Art. 22. O Presidente do Tribunal deverá fundamentar a decisão relativa ao encaminhamento do pedido de intervenção, justificando a necessidade da adoção da medida excepcional.

Art. 23. O pedido de intervenção deverá ser instruído, obrigatoriamente, com as seguintes peças:

a) petição do credor, dirigida ao Presidente do Tribunal Regional do Trabalho, requerendo o encaminhamento do pedido de intervenção ao Supremo Tribunal Federal ou ao Tribunal de Justiça, conforme o caso;

b) impugnação do ente público ao pedido, se houver;

c) manifestação do Ministério Público do Trabalho da Região;

d) decisão fundamentada do Presidente do Tribunal Regional do Trabalho relativa à admissibilidade do encaminhamento do pedido de intervenção; e

e) ofício requisitório que permita a verificação da data de expedição do precatório e o ano de sua inclusão no orçamento.

Parágrafo único. O pedido de intervenção em Estado-membro será encaminhado ao Supremo Tribunal Federal por intermédio da Corregedoria-Geral da Justiça do Trabalho, enquanto o pedido de intervenção em município será enviado diretamente pelo Presidente do Tribunal Regional do Trabalho ao Tribunal de Justiça do respectivo Estado.

Art. 24. Fica revogada a Resolução nº 67, de 10 de abril de 1997, que aprovou a INSTRUÇÃO Normativa nº 11.

Art. 25. Esta Resolução entra em vigor na data de sua publicação.

Brasília, 19 de dezembro de 2007.

Rider Nogueira de Brito

LEI Nº 11.648, DE 31 DE MARÇO DE 2008

Dispõe sobre o reconhecimento formal das centrais sindicais para os fins que especifica, altera a Consolidação das Leis do Trabalho – CLT, aprovada pelo Decreto-Lei nº 5.452, de 1º de maio de 1943, e dá outras providências.

‣ *Centrais sindicais*

O PRESIDENTE DA REPÚBLICA Faço saber que o Congresso Nacional decreta e eu sanciono a seguinte Lei:

‣ CF/88: art. 8º.

Art. 1º. A central sindical, entidade de representação geral dos trabalhadores, constituída em âmbito nacional, terá as seguintes atribuições e prerrogativas:

I - coordenar a representação dos trabalhadores por meio das organizações sindicais a ela filiadas; e

II - participar de negociações em fóruns, colegiados de órgãos públicos e demais espaços de diálogo social que possuam composição tripartite, nos quais estejam em discussão assuntos de interesse geral dos trabalhadores.

Parágrafo único. Considera-se central sindical, para os efeitos do disposto nesta Lei, a entidade associativa de direito privado composta por organizações sindicais de trabalhadores.

Art. 2º. Para o exercício das atribuições e prerrogativas a que se refere o inciso II do *caput* do art. 1º desta Lei, a central sindical deverá cumprir os seguintes requisitos:

I - filiação de, no mínimo, 100 (cem) sindicatos distribuídos nas 5 (cinco) regiões do País;

II - filiação em pelo menos 3 (três) regiões do País de, no mínimo, 20 (vinte) sindicatos em cada uma;

III - filiação de sindicatos em, no mínimo, 5 (cinco) setores de atividade econômica; e

IV - filiação de sindicatos que representem, no mínimo, 7% (sete por cento) do total de empregados sindicalizados em âmbito nacional.

Parágrafo único. O índice previsto no inciso IV do *caput* deste artigo será de 5% (cinco por cento) do total de empregados sindicalizados em âmbito nacional no período de 24 (vinte e quatro) meses a contar da publicação desta Lei.

Art. 3º. A indicação pela central sindical de representantes nos fóruns tripartites, conselhos e colegiados de órgãos públicos a que se refere o inciso II do *caput* do art. 1º desta Lei será em número proporcional ao índice de representatividade previsto no inciso IV do *caput* do art. 2º desta Lei, salvo acordo entre centrais sindicais.

§ 1º. O critério de proporcionalidade, bem como a possibilidade de acordo entre as centrais, previsto no *caput* deste artigo não poderá prejudicar a participação de outras centrais sindicais que atenderem aos requisitos estabelecidos no art. 2º desta Lei.

§ 2º. A aplicação do disposto no *caput* deste artigo deverá preservar a paridade de representação de trabalhadores e empregadores em qualquer organismo mediante o qual sejam levadas a cabo as consultas.

Art. 4º. A aferição dos requisitos de representatividade de que trata o art. 2º desta Lei será realizada pelo Ministério do Trabalho e Emprego.

§ 1º. O Ministro de Estado do Trabalho e Emprego, mediante consulta às centrais sindicais, poderá baixar instruções para disciplinar os procedimentos necessários à aferição dos requisitos de representatividade, bem como para alterá-los com base na análise dos índices de sindicalização dos sindicatos filiados às centrais sindicais.

§ 2º. Ato do Ministro de Estado do Trabalho e Emprego divulgará, anualmente, relação das centrais sindicais que atendem aos requisitos de que trata o art. 2º desta Lei, indicando seus índices de representatividade.

Art. 5º. Os arts. 589, 590, 591 e 593 da Consolidação das Leis do Trabalho - CLT, aprovada pelo Decreto-Lei nº 5.452, de 1º de maio de 1943, passam a vigorar com a seguinte redação:

‣ Alterações incorporadas ao texto da CLT.

Art. 6º. (VETADO).

Art. 7º. Os arts. 578 a 610 da Consolidação das Leis do Trabalho - CLT, aprovada pelo Decreto-Lei nº 5.452, de 1º de maio de 1943, vigorarão até que a lei venha a disciplinar a contribuição negocial, vinculada ao exercício efetivo da negociação coletiva e à aprovação em assembleia geral da categoria.

Art. 8º. Esta Lei entra em vigor na data de sua publicação.

Brasília, 31 de março de 2008; 187º da Independência e 120º da República.

LUIZ INÁCIO LULA DA SILVA

Publicado no D.O.U. de 31.3.2008

LEI Nº 11.770, DE 9 DE SETEMBRO DE 2008

Cria o Programa Empresa Cidadã, destinado à prorrogação da licença-maternidade mediante concessão de incentivo fiscal, e altera a Lei nº 8.212, de 24 de julho de 1991.

- *Licença-maternidade*

O PRESIDENTE DA REPÚBLICA Faço saber que o Congresso Nacional decreta e eu sanciono a seguinte Lei:

- CF/88: art. 7º, XVIII.
- CLT: arts. 392 a 396.
- Lei 13.257/2016 – Art. 39: "O Poder Executivo, com vistas ao cumprimento do disposto no inciso II do *caput* do art. 5º e nos arts. 12 e 14 da Lei Complementar nº 101, de 4 de maio de 2000, estimará o montante da renúncia fiscal decorrente do disposto no art. 38 desta Lei e o incluirá no demonstrativo a que se refere o § 6º do art. 165 da Constituição Federal, que acompanhará o projeto de lei orçamentária cuja apresentação se der após decorridos 60 (sessenta) dias da publicação desta Lei."
- arts. 137 a 142 do Dec. 10.854/2021 (Dispõe sobre o Programa Empresa Cidadã).
- Decreto 6.690/2008 – Institui o Programa de Prorrogação da Licença à Gestante e à Adotante, estabelece os critérios de adesão ao Programa.

Art. 1º. É instituído o Programa Empresa Cidadã, destinado a prorrogar: (Redação dada pela Lei nº 13.257, de 2016, em vigor na data de sua publicação, com produção de efeitos a partir do primeiro dia do exercício subsequente àquele em que for implementado o disposto no art. 39 da Lei 13.257, de 2016)

I – por 60 (sessenta) dias a duração da licença-maternidade prevista no inciso XVIII do *caput* do art. 7º da Constituição Federal; (Redação dada pela Lei nº 13.257, de 2016, em vigor na data de sua publicação, com produção de efeitos a partir do primeiro dia do exercício subsequente àquele em que for implementado o disposto no art. 39 da Lei 13.257, de 2016)

II – por 15 (quinze) dias a duração da licença-paternidade, nos termos desta Lei, além dos 5 (cinco) dias estabelecidos no § 1º do art. 10 do Ato das Disposições Constitucionais Transitórias. (Redação dada pela Lei nº 13.257, de 2016, em vigor na data de sua publicação, com produção de efeitos a partir do primeiro dia do exercício subsequente àquele em que for implementado o disposto no art. 39 da Lei 13.257, de 2016)

§ 1º. A prorrogação de que trata este artigo: (Redação dada pela Lei nº 13.257, de 2016, em vigor na data de sua publicação, com produção de efeitos a partir do primeiro dia do exercício subsequente àquele em que for implementado o disposto no art. 39 da Lei 13.257, de 2016)

I – será garantida à empregada da pessoa jurídica que aderir ao Programa, desde que a empregada a requeira até o final do primeiro mês após o parto, e será concedida imediatamente após a fruição da licença-maternidade de que trata o inciso XVIII do *caput* do art. 7º da Constituição Federal; (Redação dada pela Lei nº 13.257, de 2016, em vigor na data de sua publicação, com produção de efeitos a partir do primeiro dia do exercício subsequente àquele em que for implementado o disposto no art. 39 da Lei 13.257, de 2016)

II – será garantida ao empregado da pessoa jurídica que aderir ao Programa, desde que o empregado a requeira no prazo de 2 (dois) dias úteis após o parto e comprove participação em programa ou atividade de orientação sobre paternidade responsável. (Redação dada pela Lei nº 13.257, de 2016, em vigor na data de sua publicação, com produção de efeitos a partir do primeiro dia do exercício subsequente àquele em que for implementado o disposto no art. 39 da Lei 13.257, de 2016)

§ 2º. A prorrogação será garantida, na mesma proporção, à empregada e ao empregado que adotar ou obtiver guarda judicial para fins de adoção de criança. (Redação dada pela Lei nº 13.257, de 2016, em vigor na data de sua publicação, com produção de efeitos a partir do primeiro dia do exercício subsequente àquele em que for implementado o disposto no art. 39 da Lei 13.257, de 2016)

§ 3º A prorrogação de que trata o inciso I do caput deste artigo poderá ser compartilhada entre a empregada e o empregado requerente, desde que ambos sejam empregados de pessoa jurídica aderente ao Programa e que a decisão seja adotada conjuntamente, na forma estabelecida em regulamento. *(Acrescido pela Lei 14.457/2022)*

§ 4º Na hipótese prevista no § 3º deste artigo, a prorrogação poderá ser usufruída pelo empregado da pessoa jurídica que aderir ao Programa somente após o término da licença-maternidade, desde que seja requerida com 30 (trinta) dias de antecedência. *(Acrescido pela Lei 14.457/2022)*

Art. 1º-A. Fica a empresa participante do Programa Empresa Cidadã autorizada a substituir o período de prorrogação da licença-maternidade de que trata o inciso I do caput do art. 1º desta Lei pela redução de jornada de trabalho em 50% (cinquenta por cento) pelo período de 120 (cento e vinte) dias. *(Acrescido pela Lei 14.457/2022)*

§ 1º São requisitos para efetuar a substituição de que trata o caput deste artigo:

I - pagamento integral do salário à empregada ou ao empregado pelo período de 120 (cento e vinte) dias; e

II - acordo individual firmado entre o empregador e a empregada ou o empregado interessados em adotar a medida.

§ 2º A substituição de que trata o caput deste artigo poderá ser concedida na forma prevista no § 3º do art. 1º desta Lei.

Art. 2º. É a administração pública, direta, indireta e fundacional, autorizada a instituir programa que garanta prorrogação da licença-maternidade para suas servidoras, nos termos do que prevê o art. 1º desta Lei.

Art. 3º. Durante o período de prorrogação da licença-maternidade e da licença-paternidade: (Redação dada pela Lei nº 13.257, de 2016, em vigor na data de sua publicação, com produção de efeitos a partir do primeiro dia do exercício subsequente àquele em que for implementado o disposto no art. 39 da Lei nº 13.257, de 2016)

I – a empregada terá direito à remuneração integral, nos mesmos moldes devidos no período de percepção do salário-maternidade pago pelo Regime Geral de Previdência Social (RGPS); (Redação dada pela Lei nº 13.257, de 2016, em vigor na data de sua publicação, com produção de efeitos a partir do primeiro dia do exercício subsequente àquele em que for implementado o disposto no art. 39 da Lei 13.257, de 2016)

II – o empregado terá direito à remuneração integral. (Redação dada pela Lei nº 13.257, de 2016, em vigor na data de sua publicação, com produção de efeitos a partir do primeiro dia do exercício subsequente àquele em que for implementado o disposto no art. 39 da Lei 13.257, de 2016)

Art. 4º. No período de prorrogação da licença-maternidade e da licença-paternidade de que trata esta Lei, a empregada e o empregado não poderão exercer nenhuma atividade remunerada, e a criança deverá ser mantida sob seus cuidados. (Redação dada pela Lei nº 13.257, de 2016, em vigor na data de sua publicação, com produção de efeitos a partir do primeiro dia do exercício subsequente àquele em que for implementado o disposto no art. 39 da Lei 13.257, de 2016)

Parágrafo único. Em caso de descumprimento do disposto no *caput* deste artigo, a empregada e o empregado perderão o direito à prorrogação. (Redação dada pela Lei nº 13.257, de 2016, em vigor na data de sua publicação, com produção de efeitos a partir do primeiro dia do exercício subsequente àquele em que for implementado o disposto no art. 39 da Lei 13.257, de 2016)

Art. 5º. A pessoa jurídica tributada com base no lucro real poderá deduzir do imposto devido, em cada período de apuração, o total da remuneração integral da empregada e do empregado pago nos dias de prorrogação de sua licença-maternidade e de sua licença-paternidade, vedada a dedução como despesa operacional. (Redação alterada pela Lei nº 13.257, de 2016, em vigor na data de sua publicação, com produção de efeitos a partir do primeiro dia do exercício subsequente àquele em que for implementado o disposto no art. 39 da Lei 13.257, de 2016)

Parágrafo único. (*VETADO*). (Redação dada pela Lei nº 13.257, de 2016, em vigor na data de sua publicação, com produção de efeitos a partir do primeiro dia do exercício subsequente àquele em que for implementado o disposto no art. 39 da Lei 13.257, de 2016)

Art. 6º. (*VETADO*).

Art. 7º. O Poder Executivo, com vistas no cumprimento do disposto no inciso II do *caput* do art. 5º e nos arts. 12 e 14 da Lei Complementar nº 101, de 4 de maio de 2000, estimará o montante da renúncia fiscal decorrente do disposto nesta Lei e o incluirá no demonstrativo a que se refere o § 6º do art. 165 da Constituição Federal, que acompanhará o projeto de lei orçamentária cuja apresentação se der após decorridos 60 (sessenta) dias da publicação desta Lei.

Art. 8º. Esta Lei entra em vigor na data de sua publicação, produzindo efeitos a partir do primeiro dia do exercício subsequente àquele em que for implementado o disposto no seu art. 7º.

Brasília, 9 de setembro de 2008; 187º da Independência e 120º da República.

LUIZ INÁCIO LULA DA SILVA

Publicado no D.O.U. 10.9.2008

LEI Nº 11.788, DE 25 DE SETEMBRO DE 2008

Dispõe sobre o estágio de estudantes; altera a redação do art. 428 da Consolidação das Leis do Trabalho – CLT, aprovada pelo Decreto-lei nº 5.452, de 1º de maio de 1943, e a Lei nº 9.394, de 20 de dezembro de 1996; revoga as Leis nºs 6.494, de 7 de dezembro de 1977, e 8.859, de 23 de março de 1994, o parágrafo único do art. 82 da Lei nº 9.394, de 20 de dezembro de 1996, e o art. 6º da Medida Provisória nº 2.164-41, de 24 de agosto de 2001; e dá outras providências.

▸ *Estágio*

O PRESIDENTE DA REPÚBLICA Faço saber que o Congresso Nacional decreta e eu sanciono a seguinte Lei:

CAPÍTULO I. DA DEFINIÇÃO, CLASSIFICAÇÃO E RELAÇÕES DE ESTÁGIO

Art. 1º. Estágio é ato educativo escolar supervisionado, desenvolvido no ambiente de trabalho, que visa à preparação para o trabalho produtivo de educandos que estejam frequentando o ensino regular em instituições de educação superior, de educação profissional, de ensino médio, da educação especial e dos anos finais do ensino fundamental, na modalidade profissional da educação de jovens e adultos.

§ 1º. O estágio faz parte do projeto pedagógico do curso, além de integrar o itinerário formativo do educando.

§ 2º. O estágio visa ao aprendizado de competências próprias da atividade profissional e à contextualização curricular, objetivando o desenvolvimento do educando para a vida cidadã e para o trabalho.

Art. 2º. O estágio poderá ser obrigatório ou não obrigatório, conforme determinação das diretrizes curriculares da etapa, modalidade e área de ensino e do projeto pedagógico do curso.

§ 1º. Estágio obrigatório é aquele definido como tal no projeto do curso, cuja carga horária é requisito para aprovação e obtenção de diploma.

§ 2º. Estágio não obrigatório é aquele desenvolvido como atividade opcional, acrescida à carga horária regular e obrigatória.

§ 3º. As atividades de extensão, de monitorias e de iniciação científica na educação superior, desenvolvidas pelo estudante, somente poderão ser equiparadas ao estágio em caso de previsão no projeto pedagógico do curso.

Art. 3º. O estágio, tanto na hipótese do § 1º do art. 2º desta Lei quanto na prevista no § 2º do mesmo dispositivo, não cria vínculo empregatício de qualquer natureza, observados os seguintes requisitos:

I – matrícula e frequência regular do educando em curso de educação superior, de educação profissional, de ensino médio, da educação especial e nos anos finais do ensino fundamental, na modalidade profissional da educação de jovens e adultos e atestados pela instituição de ensino;

II – celebração de termo de compromisso entre o educando, a parte concedente do estágio e a instituição de ensino;

III – compatibilidade entre as atividades desenvolvidas no estágio e aquelas previstas no termo de compromisso.

§ 1º. O estágio, como ato educativo escolar supervisionado, deverá ter acompanhamento efetivo pelo professor orientador da instituição de ensino e por supervisor da parte concedente, comprovado por vistos nos relatórios referidos no inciso IV do *caput* do art. 7º desta Lei e por menção de aprovação final.

§ 2º. O descumprimento de qualquer dos incisos deste artigo ou de qualquer obrigação contida no termo de compromisso caracteriza vínculo de emprego do educando com a parte concedente do estágio para todos os fins da legislação trabalhista e previdenciária.

Art. 4º. A realização de estágios, nos termos desta Lei, aplica-se aos estudantes estrangeiros regularmente matriculados em cursos superiores no País, autorizados ou reconhecidos, observado o prazo do visto temporário de estudante, na forma da legislação aplicável.

Art. 5º. As instituições de ensino e as partes cedentes de estágio podem, a seu critério, recorrer a serviços de agentes de integração públicos e privados, mediante condições acordadas em instrumento jurídico apropriado, devendo ser observada, no caso de contratação com recursos públicos, a legislação que estabelece as normas gerais de licitação.

§ 1º. Cabe aos agentes de integração, como auxiliares no processo de aperfeiçoamento do instituto do estágio:

I – identificar oportunidades de estágio;

II – ajustar suas condições de realização;

III – fazer o acompanhamento administrativo;

IV – encaminhar negociação de seguros contra acidentes pessoais;

V – cadastrar os estudantes.

§ 2º. É vedada a cobrança de qualquer valor dos estudantes, a título de remuneração pelos serviços referidos nos incisos deste artigo.

§ 3º. Os agentes de integração serão responsabilizados civilmente se indicarem estagiários para a realização de atividades não compatíveis com a programação curricular estabelecida para cada curso, assim como estagiários matriculados em cursos ou instituições para as quais não há previsão de estágio curricular.

Art. 6º. O local de estágio pode ser selecionado a partir de cadastro de partes cedentes, organizado pelas instituições de ensino ou pelos agentes de integração.

CAPÍTULO II. DA INSTITUIÇÃO DE ENSINO

Art. 7º. São obrigações das instituições de ensino, em relação aos estágios de seus educandos:

I – celebrar termo de compromisso com o educando ou com seu representante ou assistente legal, quando ele for absoluta ou relativamente incapaz, e com a parte concedente, indicando as condições de adequação do estágio à proposta pedagógica do curso, à etapa e modalidade da formação escolar do estudante e ao horário e calendário escolar;

II – avaliar as instalações da parte concedente do estágio e sua adequação à formação cultural e profissional do educando;

III – indicar professor orientador, da área a ser desenvolvida no estágio, como responsável pelo acompanhamento e avaliação das atividades do estagiário;

IV – exigir do educando a apresentação periódica, em prazo não superior a 6 (seis) meses, de relatório das atividades;

V – zelar pelo cumprimento do termo de compromisso, reorientando o estagiário para outro local em caso de descumprimento de suas normas;

VI – elaborar normas complementares e instrumentos de avaliação dos estágios de seus educandos;

VII – comunicar à parte concedente do estágio, no início do período letivo, as datas de realização de avaliações escolares ou acadêmicas.

Parágrafo único. O plano de atividades do estagiário, elaborado em acordo das 3 (três) partes a que se refere o inciso II do *caput* do art. 3º desta Lei, será incorporado ao termo de compromisso por meio de aditivos à medida que for avaliado, progressivamente, o desempenho do estudante.

Art. 8º. É facultado às instituições de ensino celebrar com entes públicos e privados convênio de concessão de estágio, nos quais se explicitem o processo educativo compreendido nas atividades programadas para seus educandos e as condições de que tratam os arts. 6º a 14 desta Lei.

Parágrafo único. A celebração de convênio de concessão de estágio entre a instituição de ensino e a parte concedente não dispensa a celebração do termo de compromisso de que trata o inciso II do *caput* do art. 3º desta Lei.

CAPÍTULO III. DA PARTE CONCEDENTE

Art. 9º. As pessoas jurídicas de direito privado e os órgãos da administração pública direta, autárquica e fundacional de qualquer dos Poderes da União, dos Estados, do Distrito Federal e dos Municípios, bem como profissionais liberais de nível superior devidamente registrados em seus respectivos conselhos de fiscalização profissional, podem oferecer estágio, observadas as seguintes obrigações:

I – celebrar termo de compromisso com a instituição de ensino e o educando, zelando por seu cumprimento;

II – ofertar instalações que tenham condições de proporcionar ao educando atividades de aprendizagem social, profissional e cultural;

III – indicar funcionário de seu quadro de pessoal, com formação ou experiência profissional na área de conhecimento desenvolvida no curso do estagiário, para orientar e supervisionar até 10 (dez) estagiários simultaneamente;

IV – contratar em favor do estagiário seguro contra acidentes pessoais, cuja apólice seja compatível com valores de mercado, conforme fique estabelecido no termo de compromisso;

V – por ocasião do desligamento do estagiário, entregar termo de realização do estágio com indicação resumida das atividades desenvolvidas, dos períodos e da avaliação de desempenho;

VI – manter à disposição da fiscalização documentos que comprovem a relação de estágio;

VII – enviar à instituição de ensino, com periodicidade mínima de 6 (seis) meses, relatório de atividades, com vista obrigatória ao estagiário.

Parágrafo único. No caso de estágio obrigatório, a responsabilidade pela contratação do seguro de que trata o inciso IV do *caput* deste artigo poderá, alternativamente, ser assumida pela instituição de ensino.

CAPÍTULO IV. DO ESTAGIÁRIO

Art. 10. A jornada de atividade em estágio será definida de comum acordo entre a instituição de ensino, a parte concedente e o aluno estagiário ou seu representante legal, devendo constar do termo de compromisso ser compatível com as atividades escolares e não ultrapassar:

I – 4 (quatro) horas diárias e 20 (vinte) horas semanais, no caso de estudantes de educação especial e dos anos finais do ensino fundamental, na modalidade profissional de educação de jovens e adultos;

II – 6 (seis) horas diárias e 30 (trinta) horas semanais, no caso de estudantes do ensino superior, da educação profissional de nível médio e do ensino médio regular.

§ 1º. O estágio relativo a cursos que alternam teoria e prática, nos períodos em que não estão programadas aulas presenciais, poderá ter jornada de até 40 (quarenta) horas semanais, desde que isso esteja previsto no projeto pedagógico do curso e da instituição de ensino.

§ 2º. Se a instituição de ensino adotar verificações de aprendizagem periódicas ou finais, nos períodos de avaliação, a carga horária do estágio será reduzida pelo menos à metade, segundo estipulado no termo de compromisso, para garantir o bom desempenho do estudante.

Art. 11. A duração do estágio, na mesma parte concedente, não poderá exceder 2 (dois) anos, exceto quando se tratar de estagiário portador de deficiência.

Art. 12. O estagiário poderá receber bolsa ou outra forma de contraprestação que venha a ser acordada, sendo compulsória a sua concessão, bem como a do auxílio-transporte, na hipótese de estágio não obrigatório.

§ 1º. A eventual concessão de benefícios relacionados a transporte, alimentação e saúde, entre outros, não caracteriza vínculo empregatício.

§ 2º. Poderá o educando inscrever-se e contribuir como segurado facultativo do Regime Geral de Previdência Social.

Art. 13. É assegurado ao estagiário, sempre que o estágio tenha duração igual ou superior a 1 (um) ano, período de recesso de 30 (trinta) dias, a ser gozado preferencialmente durante suas férias escolares.

§ 1º. O recesso de que trata este artigo deverá ser remunerado quando o estagiário receber bolsa ou outra forma de contraprestação.

§ 2º. Os dias de recesso previstos neste artigo serão concedidos de maneira proporcional, nos casos de o estágio ter duração inferior a 1 (um) ano.

Art. 14. Aplica-se ao estagiário a legislação relacionada à saúde e segurança no trabalho, sendo sua implementação de responsabilidade da parte concedente do estágio.

CAPÍTULO V. DA FISCALIZAÇÃO

Art. 15. A manutenção de estagiários em desconformidade com esta Lei caracteriza vínculo de emprego do educando com a parte concedente do estágio para todos os fins da legislação trabalhista e previdenciária.

§ 1º. A instituição privada ou pública que reincidir na irregularidade de que trata este artigo ficará impedida de receber estagiários por 2 (dois) anos, contados da data da decisão definitiva do processo administrativo correspondente.

§ 2º. A penalidade de que trata o § 1º deste artigo limita-se à filial ou agência em que for cometida a irregularidade.

CAPÍTULO VI. DAS DISPOSIÇÕES GERAIS

Art. 16. O termo de compromisso deverá ser firmado pelo estagiário ou com seu representante ou assistente legal e pelos representantes legais da parte concedente e da instituição de ensino, vedada a atuação dos agentes de integração a que se refere o art. 5º desta Lei como representante de qualquer das partes.

Art. 17. O número máximo de estagiários em relação ao quadro de pessoal das entidades concedentes de estágio deverá atender às seguintes proporções:

I – de 1 (um) a 5 (cinco) empregados: 1 (um) estagiário;

II – de 6 (seis) a 10 (dez) empregados: até 2 (dois) estagiários;

III – de 11 (onze) a 25 (vinte e cinco) empregados: até 5 (cinco) estagiários;

IV – acima de 25 (vinte e cinco) empregados: até 20% (vinte por cento) de estagiários.

§ 1º. Para efeito desta Lei, considera-se quadro de pessoal o conjunto de trabalhadores empregados existentes no estabelecimento do estágio.

§ 2º. Na hipótese de a parte concedente contar com várias filiais ou estabelecimentos, os quantitativos previstos nos incisos deste artigo serão aplicados a cada um deles.

§ 3º. Quando o cálculo do percentual disposto no inciso IV do *caput* deste artigo resultar em fração, poderá ser arredondado para o número inteiro imediatamente superior.

§ 4º. Não se aplica o disposto no *caput* deste artigo aos estágios de nível superior e de nível médio profissional.

§ 5º. Fica assegurado às pessoas portadoras de deficiência o percentual de 10% (dez por cento) das vagas oferecidas pela parte concedente do estágio.

Art. 18. A prorrogação dos estágios contratados antes do início da vigência desta Lei apenas poderá ocorrer se ajustada às suas disposições.

Art. 19. O art. 428 da Consolidação das Leis do Trabalho – CLT, aprovada pelo Decreto-Lei nº 5.452, de 1º de maio de 1943, passa a vigorar com as seguintes alterações:

› Alteração incorporada ao texto do Decreto-lei.

Art. 20. O art. 82 da Lei nº 9.394, de 20 de dezembro de 1996, passa a vigorar com a seguinte redação:

"Art. 82. Os sistemas de ensino estabelecerão as normas de realização de estágio em sua jurisdição, observada a lei federal sobre a matéria.

Parágrafo único. (*Revogado*)."

Art. 21. Esta Lei entra em vigor na data de sua publicação.

Art. 22. Revogam-se as Leis nºs 6.494, de 7 de dezembro de 1977, e 8.859, de 23 de março de 1994, o parágrafo único do art. 82 da Lei nº 9.394, de 20 de dezembro de 1996, e o art. 6º da Medida Provisória nº 2.164-41, de 24 de agosto de 2001.

Brasília, 25 de setembro de 2008; 187º da Independência e 120º da República.

LUIZ INÁCIO LULA DA SILVA

Publicado no D.O.U. de 26.9.2008

LEI Nº 11.901, DE 12 DE JANEIRO DE 2009

Dispõe sobre a profissão de Bombeiro Civil e dá outras providências.

› *Bombeiro Civil*

O PRESIDENTE DA REPÚBLICA: Faço saber que o Congresso Nacional decreta e eu sanciono a seguinte Lei:

Art. 1º O exercício da profissão de Bombeiro Civil reger-se-á pelo disposto nesta Lei.

Art. 2º Considera-se Bombeiro Civil aquele que, habilitado nos termos desta Lei, exerça, em caráter habitual, função remunerada e exclusiva de prevenção e combate a incêndio, como empregado contratado diretamente por empresas privadas ou públicas, sociedades de economia mista, ou empresas especializadas em prestação de serviços de prevenção e combate a incêndio.

§ 1º *(Vetado)*

§ 2º No atendimento a sinistros em que atuem, em conjunto, os Bombeiros Civis e o Corpo de Bombeiros Militar, a coordenação e a direção das ações caberão, com exclusividade e em qualquer hipótese, à corporação militar.

Art. 3º *(Vetado)*

Art. 4º As funções de Bombeiro Civil são assim classificadas:

I – Bombeiro Civil, nível básico, combatente direto ou não do fogo;

II – Bombeiro Civil Líder, o formado como técnico em prevenção e combate a incêndio, em nível de ensino médio, comandante de guarnição em seu horário de trabalho;

III – Bombeiro Civil Mestre, o formado em engenharia com especialização em prevenção e combate a incêndio, responsável pelo Departamento de Prevenção e Combate a Incêndio.

Art. 5º A jornada do Bombeiro Civil é de 12 (doze) horas de trabalho por 36 (trinta e seis) horas de descanso, num total de 36 (trinta e seis) horas semanais.

Art. 6º É assegurado ao Bombeiro Civil:

I – uniforme especial a expensas do empregador;

II – seguro de vida em grupo, estipulado pelo empregador;

III – adicional de periculosidade de 30% (trinta por cento) do salário mensal sem os acréscimos resultantes de gratificações, prêmios ou participações nos lucros da empresa;

IV – o direito à reciclagem periódica.

Art. 7º *(Vetado)*

Art. 8º As empresas especializadas e os cursos de formação de Bombeiro Civil, bem como os cursos técnicos de segundo grau de prevenção e combate a incêndio que infringirem as disposições desta Lei, ficarão sujeitos às seguintes penalidades:

I – advertência;

II – *(Vetado)*

III – proibição temporária de funcionamento;

IV – cancelamento da autorização e registro para funcionar.

Art. 9º As empresas e demais entidades que se utilizem do serviço de Bombeiro Civil poderão firmar convênios com os Corpos de Bombeiros Militares dos Estados, dos Territórios e do Distrito Federal, para assistência técnica a seus profissionais.

Art. 10. *(Vetado)*

Art. 11. Esta Lei entra em vigor na data de sua publicação.

Brasília, 12 de janeiro de 2009; 188º da Independência e 121º da República.

Luiz Inácio Lula da Silva

LEI Nº 12.009, DE 29 DE JULHO DE 2009

Regulamenta o exercício das atividades dos profissionais em transporte de passageiros, "mototaxista", em entrega de mercadorias e em serviço comunitário de rua, e "motoboy", com o uso de motocicleta, altera a Lei n. 9.503, de 23 de setembro de 1997, para dispor sobre regras de segurança dos serviços de transporte remunerado de mercadorias em motocicletas e motonetas – moto-frete –, estabelece regras gerais para a regulação deste serviço e dá outras providências.

‣ *Mototaxista, motoboy e motofrete*

O PRESIDENTE DA REPÚBLICA Faço saber que o Congresso Nacional decreta e eu sanciono a seguinte Lei:

Art. 1º. Esta Lei regulamenta o exercício das atividades dos profissionais em transportes de passageiros, "mototaxista", em entrega de mercadorias e em serviço comunitário de rua, e "motoboy", com o uso de motocicleta, dispõe sobre regras de segurança dos serviços de transporte remunerado de mercadorias em motocicletas e motonetas – moto-frete –, estabelece regras gerais para a regulação deste serviço e dá outras providências.

‣ Lei 12.436/2011 – Veda o emprego de práticas que estimulem o aumento de velocidade por motociclistas profissionais.

‣ Resolução 943/2022 do Contran – Estabelece requisitos mínimos de segurança para o transporte remunerado de passageiros (mototáxi) e de cargas (motofrete) em motocicleta e motoneta, e dá outras providências.

Art. 2º. Para o exercício das atividades previstas no art. 1º, é necessário:

I – ter completado 21 (vinte e um) anos;

II – possuir habilitação, por pelo menos 2 (dois) anos, na categoria;

III – ser aprovado em curso especializado, nos termos da regulamentação do Contran;

IV – estar vestido com colete de segurança dotado de dispositivos retrorrefletivos, nos termos da regulamentação do Contran.

Parágrafo único. Do profissional de serviço comunitário de rua serão exigidos ainda os seguintes documentos:

I – carteira de identidade;

II – título de eleitor;

III – cédula de identificação do contribuinte – CIC;

IV – atestado de residência;

V – certidões negativas das varas criminais;

VI – identificação da motocicleta utilizada em serviço.

Art. 3º. São atividades específicas dos profissionais de que trata o art. 1º:

I – transporte de mercadorias de volume compatível com a capacidade do veículo;

II – transporte de passageiros.

Parágrafo único. *(VETADO).*

Art. 4º. A Lei nº 9.503, de 23 de setembro de 1997, passa a vigorar acrescida do seguinte

"CAPÍTULO XIII-A

DA CONDUÇÃO DE MOTO-FRETE

Art. 139-A. As motocicletas e motonetas destinadas ao transporte remunerado de mercadorias – moto-frete – somente poderão circular nas vias com autorização emitida pelo órgão ou entidade executivo de trânsito dos Estados e do Distrito Federal, exigindo-se, para tanto:

I – registro como veículo da categoria de aluguel;

II – instalação de protetor de motor mata-cachorro, fixado no chassi do veículo, destinado a proteger o motor e a perna do condutor em caso de tombamento, nos termos de regulamentação do Conselho Nacional de Trânsito – Contran;

III – instalação de aparador de linha antena corta-pipas, nos termos de regulamentação do Contran;

IV – inspeção semestral para verificação dos equipamentos obrigatórios e de segurança.

§ 1º A instalação ou incorporação de dispositivos para transporte de cargas deve estar de acordo com a regulamentação do Contran.

§ 2º É proibido o transporte de combustíveis, produtos inflamáveis ou tóxicos e de galões nos veículos de que trata este artigo, com exceção do gás de cozinha e de galões contendo água mineral, desde que com o auxílio de side-car, nos termos de regulamentação do Contran.

Art. 139-B. O disposto neste Capítulo não exclui a competência municipal ou estadual de aplicar as exigências previstas em seus regulamentos para as atividades de moto-frete no âmbito de suas circunscrições."

Art. 5º. O art. 244 da Lei nº 9.503, de 23 de setembro de 1997, passa a vigorar com a seguinte redação:

"Art. 244. ....

....

....

VIII – transportando carga incompatível com suas especificações ou em desacordo com o previsto no § 2º do art. 139-A desta Lei;

IX – efetuando transporte remunerado de mercadorias em desacordo com o previsto no art. 139-A desta Lei ou com as normas que regem a atividade profissional dos mototaxistas:

Infração – grave;

Penalidade – multa;

Medida administrativa – apreensão do veículo para regularização.

§ 1º ....

....

....

......" (NR)

Art. 6º. A pessoa natural ou jurídica que empregar ou firmar contrato de prestação continuada de serviço com condutor de moto-frete é responsável solidária por danos cíveis advindos do descumprimento das normas relativas ao exercício da atividade, previstas no art. 139-A da Lei nº 9.503, de 23 de setembro de 1997, e ao exercício da profissão, previstas no art. 2º desta Lei.

Art. 7º. Constitui infração a esta Lei:

I – empregar ou manter contrato de prestação continuada de serviço com condutor de moto-frete inabilitado legalmente;

II – fornecer ou admitir o uso de motocicleta ou motoneta para o transporte remunerado de mercadorias, que esteja em desconformidade com as exigências legais.

Parágrafo único. Responde pelas infrações previstas neste artigo o empregador ou aquele que contrata serviço continuado de moto-frete, sujeitando-se à sanção relativa à segurança do trabalho prevista no art. 201 da Consolidação das Leis do Trabalho – CLT, aprovada pelo Decreto-Lei nº 5.452, de 1º de maio de 1943.

Art. 8º. Os condutores que atuam na prestação do serviço de moto-frete, assim como os veículos empregados nessa atividade, deverão estar adequados às exigências previstas nesta Lei no prazo de até 365 (trezentos e sessenta e cinco) dias, contado da regulamentação pelo Contran dos dispositivos previstos no art. 139-A da Lei 9.503, de 23 de setembro de 1997, e no art. 2º desta Lei.

Art. 9º. Esta Lei entra em vigor na data de sua publicação.

Brasília, 29 de julho de 2009; 188º da Independência e 121º da República.

LUIZ INÁCIO LULA DA SILVA

Publicado no D.O.U. de 30.7.2009

LEI Nº 12.016, DE 7 DE AGOSTO DE 2009

Disciplina o mandado de segurança individual e coletivo e dá outras providências.

‣ *Mandado de segurança*

O PRESIDENTE DA REPÚBLICA Faço saber que o Congresso Nacional decreta e eu sanciono a seguinte Lei:

‣ Súm. 101, 248, 266 a 272, 299, 304, 319, 330, 405, 429, 430, 433, 474, 510, 512, 630, 632, e 701 do STF.

‣ Súm. 41, 105, 177, 213, 333, 376 e 460 do STJ.

‣ CF/88: arts. 5º, LXIX, LXX, 102, I, d, II, a, 121, § 3º e § 4º, V.

‣ Lei 13.300/2016 – Disciplina o processo e o julgamento dos mandados de injunção individual e coletivo.

Art. 1º. Conceder-se-á mandado de segurança para proteger direito líquido e certo, não amparado por *habeas corpus* ou *habeas* *data*, sempre que, ilegalmente ou com abuso de poder, qualquer pessoa física ou jurídica sofrer violação ou houver justo receio de sofrê-la por parte de autoridade, seja de que categoria for e sejam quais forem as funções que exerça.

- Lei 12.153/2009: art. 2º, § 1º, I.
- Lei 10.259/2001: art. 3º, § 1º, I.
- Lei 8.069/1990: art. 212, § 2º.
- *Vide* Súmulas 271 e 625 do STF.
- *Vide* Súmulas 333, 460 e 628 do STJ.
- *Vide* Súmula 510 do STF.

§ 1º. Equiparam-se às autoridades, para os efeitos desta Lei, os representantes ou órgãos de partidos políticos e os administradores de entidades autárquicas, bem como os dirigentes de pessoas jurídicas ou as pessoas naturais no exercício de atribuições do poder público, somente no que disser respeito a essas atribuições.

- CC: art. 44, V.
- *Vide* Súmula 510 do STF.

§ 2º. Não cabe mandado de segurança contra os atos de gestão comercial praticados pelos administradores de empresas públicas, de sociedade de economia mista e de concessionárias de serviço público.

- *Vide* Súmula 333 do STJ.

§ 3º. Quando o direito ameaçado ou violado couber a várias pessoas, qualquer delas poderá requerer o mandado de segurança.

Art. 2º. Considerar-se-á federal a autoridade coatora se as consequências de ordem patrimonial do ato contra o qual se requer o mandado houverem de ser suportadas pela União ou entidade por ela controlada.

- CF/88: art. 109, I.
- Súm. 510, 624, e 627 do STF.
- Súm. 41 do STJ.
- *Vide* arts. 109, VII, e 114, IV, da CF.
- *Vide* Súmula 511 do STF.
- *Vide* Súmula 628 do STJ.

Art. 3º. O titular de direito líquido e certo decorrente de direito, em condições idênticas, de terceiro poderá impetrar mandado de segurança a favor do direito originário, se o seu titular não o fizer, no prazo de 30 (trinta) dias, quando notificado judicialmente.

Parágrafo único. O exercício do direito previsto no *caput* deste artigo submete-se ao prazo fixado no art. 23 desta Lei, contado da notificação.

Art. 4º. Em caso de urgência, é permitido, observados os requisitos legais, impetrar mandado de segurança por telegrama, radiograma, fax ou outro meio eletrônico de autenticidade comprovada.

- Lei 9.800/1999 – Permite às partes a utilização de sistema de transmissão de dados para a prática de atos processuais.

§ 1º. Poderá o juiz, em caso de urgência, notificar a autoridade por telegrama, radiograma ou outro meio que assegure a autenticidade do documento e a imediata ciência pela autoridade.

§ 2º. O texto original da petição deverá ser apresentado nos 5 (cinco) dias úteis seguintes.

- Lei 11.419/2006: arts. 1º a 3º, e 8º a 13..
- Lei 9.800/1999 art. 2º, par. único.

§ 3º. Para os fins deste artigo, em se tratando de documento eletrônico, serão observadas as regras da Infraestrutura de Chaves Públicas Brasileira – ICP-Brasil.

- CPC/15: art. 195.
- Medida Provisória 2.200-2/2001 – Institui a Infra-Estrutura de Chaves Públicas Brasileira – ICP-Brasil, transforma o Instituto Nacional de Tecnologia da Informação em autarquia.

Art. 5º. Não se concederá mandado de segurança quando se tratar:

- Súm. 266 e 267 do STF.
- *Vide* Súmulas 101, 266, 268, 429 e 269 do STF.
- *Vide* Súmulas 213 e 460 do STJ.
- *Vide* Súmulas 33 e 418 do TST.

I – de ato do qual caiba recurso administrativo com efeito suspensivo, independentemente de caução;

II – de decisão judicial da qual caiba recurso com efeito suspensivo;

- *Vide* Súmulas 202 e 376 do STJ.

III – de decisão judicial transitada em julgado.

- Súm. 268 do STF.
- *Vide* art. 966 do CPC.

Parágrafo único. *(VETADO).*

Art. 6º. A petição inicial, que deverá preencher os requisitos estabelecidos pela lei processual, será apresentada em 2 (duas) vias com os documentos que instruírem a primeira reproduzidos na segunda e indicará, além da autoridade coatora, a pessoa jurídica que esta integra, à qual se acha vinculada ou da qual exerce atribuições.

- CPC/15: arts. 319 a 321.
- *Vide* Súmula 512 do STF.
- *Vide* Súmulas 105 e 628 do STJ.
- *Vide* Súmula 425 do TST.

§ 1º. No caso em que o documento necessário à prova do alegado se ache em repartição ou estabelecimento público ou em poder de autoridade que se recuse a fornecê-lo por certidão ou de terceiro, o juiz ordenará, preliminarmente, por ofício, a exibição desse documento em original ou em cópia autêntica e marcará, para o cumprimento da ordem, o prazo de 10 (dez) dias. O escrivão extrairá cópias do documento para juntá-las à segunda via da petição.

§ 2º. Se a autoridade que tiver procedido dessa maneira for a própria coatora, a ordem far-se-á no próprio instrumento da notificação.

§ 3º. Considera-se autoridade coatora aquela que tenha praticado o ato impugnado ou da qual emane a ordem para a sua prática.

- Súm. 628, STJ.

§ 4º. (*VETADO*).

§ 5º. Denega-se o mandado de segurança nos casos previstos pelo art. 267 da Lei nº 5.869, de 11 de janeiro de 1973 – Código de Processo Civil.

- Refere-se a dispositivo do CPC/1973.
- CPC/15: arts. 485 e 486.

§ 6º. O pedido de mandado de segurança poderá ser renovado dentro do prazo decadencial, se a decisão denegatória não lhe houver apreciado o mérito.

- Súm. 632 do STF.

Art. 7º. Ao despachar a inicial, o juiz ordenará:

- *Vide* Súmula 701 do STF.

I – que se notifique o coator do conteúdo da petição inicial, enviando-lhe a segunda via apresentada com as cópias dos documentos, a fim de que, no prazo de 10 (dez) dias, preste as informações;

II – que se dê ciência do feito ao órgão de representação judicial da pessoa jurídica interessada, enviando-lhe cópia da inicial sem documentos, para que, querendo, ingresse no feito;

III – que se suspenda o ato que deu motivo ao pedido, quando houver fundamento relevante e do ato impugnado puder resultar a ineficácia da medida, caso seja finalmente deferida, sendo facultado exigir do impetrante caução, fiança ou depósito, com o objetivo de assegurar o ressarcimento à pessoa jurídica.

§ 1º. Da decisão do juiz de primeiro grau que conceder ou denegar a liminar caberá agravo de instrumento, observado o disposto na Lei nº 5.869, de 11 de janeiro de 1973 – Código de Processo Civil.

- Refere-se ao CPC/1973.
- CPC/15: arts. 1.015 a 1.020.

§ 2º. Não será concedida medida liminar que tenha por objeto a compensação de créditos tributários, a entrega de mercadorias e bens provenientes do exterior, a reclassificação ou equiparação de servidores públicos e a concessão de aumento ou a extensão de vantagens ou pagamento de qualquer natureza.

- ADI 4.296/2009, DOU de 28.06.2021: Parágrafo declarado inconstitucional, em controle concentrado, pelo Supremo Tribunal Federal.
- *Vide* art. 1.º da Lei n. 8.437, de 30-6-1992.
- *Vide* Lei n. 9.494, de 10-9-1997.

§ 3º. Os efeitos da medida liminar, salvo se revogada ou cassada, persistirão até a prolação da sentença.

- Súm. 626 do STF.
- *Vide* Súmula 304 do TST.

§ 4º. Deferida a medida liminar, o processo terá prioridade para julgamento.

§ 5º. As vedações relacionadas com a concessão de liminares previstas neste artigo se estendem à tutela antecipada a que se referem os arts. 273 e 461 da Lei nº 5.869, de 11 janeiro de 1973 – Código de Processo Civil.

- Refere-se a dispositivos do CPC/1973.
- CPC/15: arts. 294 a 304.

Art. 8º. Será decretada a perempção ou caducidade da medida liminar *ex officio* ou a requerimento do Ministério Público quando, concedida a medida, o impetrante criar obstáculo ao normal andamento do processo ou deixar de promover, por mais de 3 (três) dias úteis, os atos e as diligências que lhe cumprirem.

Art. 9º. As autoridades administrativas, no prazo de 48 (quarenta e oito) horas da notificação da medida liminar, remeterão ao Ministério ou órgão a que se acham subordinadas e ao Advogado-Geral da União ou a quem tiver a representação judicial da União, do Estado, do Município ou da entidade apontada como coatora cópia autenticada do mandado notificatório, assim como indicações e elementos outros necessários às providências a serem tomadas para a eventual suspensão da medida e defesa do ato apontado como ilegal ou abusivo de poder.

Art. 10. A inicial será desde logo indeferida, por decisão motivada, quando não for o caso de mandado de segurança ou lhe faltar algum dos requisitos legais ou quando decorrido o prazo legal para a impetração.

- CPC/15: art. 321, par. único.

§ 1º. Do indeferimento da inicial pelo juiz de primeiro grau caberá apelação e, quando a competência para o julgamento do mandado de segurança couber originariamente a um dos tribunais, do ato do relator caberá agravo para o órgão competente do tribunal que integre.

- CPC/15: arts. 331.

§ 2º. O ingresso de litisconsorte ativo não será admitido após o despacho da petição inicial.

Art. 11. Feitas as notificações, o serventuário em cujo cartório corra o feito juntará aos autos cópia autêntica dos ofícios endereçados ao coator e ao órgão de representação judicial da pessoa jurídica interessada, bem como a prova da entrega a estes ou da sua recusa em aceitá-los ou dar recibo e, no caso do art. 4º desta Lei, a comprovação da remessa.

Art. 12. Findo o prazo a que se refere o inciso I do *caput* do art. 7º desta Lei, o juiz ouvirá o representante do Ministério Público, que opinará, dentro do prazo improrrogável de 10 (dez) dias.

Parágrafo único. Com ou sem o parecer do Ministério Público, os autos serão conclusos ao juiz, para a decisão, a qual deverá ser necessariamente proferida em 30 (trinta) dias.

Art. 13. Concedido o mandado, o juiz transmitirá em ofício, por intermédio do oficial do juízo, ou pelo correio, mediante correspondência com aviso de recebimento, o inteiro teor da sentença à autoridade coatora e à pessoa jurídica interessada.

Parágrafo único. Em caso de urgência, poderá o juiz observar o disposto no art. 4º desta Lei.

Art. 14. Da sentença, denegando ou concedendo o mandado, cabe apelação.

‣ CPC/15: arts. 1.007 a 1.014.

» *Vide* Súmula 201 do TST.

§ 1º. Concedida a segurança, a sentença estará sujeita obrigatoriamente ao duplo grau de jurisdição.

‣ CPC/15: art. 496.

§ 2º. Estende-se à autoridade coatora o direito de recorrer.

‣ CPC/15: art. 996.

§ 3º. A sentença que conceder o mandado de segurança pode ser executada provisoriamente, salvo nos casos em que for vedada a concessão da medida liminar.

‣ CPC/15: arts. 520 e 521.

§ 4º. O pagamento de vencimentos e vantagens pecuniárias assegurados em sentença concessiva de mandado de segurança a servidor público da administração direta ou autárquica federal, estadual e municipal somente será efetuado relativamente às prestações que se vencerem a contar da data do ajuizamento da inicial.

Art. 15. Quando, a requerimento de pessoa jurídica de direito público interessada ou do Ministério Público e para evitar grave lesão à ordem, à saúde, à segurança e à economia públicas, o presidente do tribunal ao qual couber o conhecimento do respectivo recurso suspender, em decisão fundamentada, a execução da liminar e da sentença, dessa decisão caberá agravo, sem efeito suspensivo, no prazo de 5 (cinco) dias, que será levado a julgamento na sessão seguinte à sua interposição.

‣ Lei 7.347/1985: art. 12, § 1º.

‣ Lei 8.437/1992: art. 4º.

§ 1º. Indeferido o pedido de suspensão ou provido o agravo a que se refere o *caput* deste artigo, caberá novo pedido de suspensão ao presidente do tribunal competente para conhecer de eventual recurso especial ou extraordinário.

§ 2º. É cabível também o pedido de suspensão a que se refere o § 1º deste artigo, quando negado provimento a agravo de instrumento interposto contra a liminar a que se refere este artigo.

§ 3º. A interposição de agravo de instrumento contra liminar concedida nas ações movidas contra o poder público e seus agentes não prejudica nem condiciona o julgamento do pedido de suspensão a que se refere este artigo.

§ 4º. O presidente do tribunal poderá conferir ao pedido efeito suspensivo liminar se constatar, em juízo prévio, a plausibilidade do direito invocado e a urgência na concessão da medida.

§ 5º. As liminares cujo objeto seja idêntico poderão ser suspensas em uma única decisão, podendo o presidente do tribunal estender os efeitos da suspensão a liminares supervenientes, mediante simples aditamento do pedido original.

‣ Súm. 626 do STF.

» *Vide* Súmula 626 do STF.

Art. 16. Nos casos de competência originária dos tribunais, caberá ao relator a instrução do processo, sendo assegurada a defesa oral na sessão do julgamento do mérito ou do pedido liminar. (Redação dada pela Lei nº 13.676, de 2018)

» *Vide* art. 1.021 do CPC.

Parágrafo único. Da decisão do relator que conceder ou denegar a medida liminar caberá agravo ao órgão competente do tribunal que integre.

» *Vide* art. 1.021 do CPC.

Art. 17. Nas decisões proferidas em mandado de segurança e nos respectivos recursos, quando não publicado, no prazo de 30 (trinta) dias, contado da data do julgamento, o acórdão será substituído pelas respectivas notas taquigráficas, independentemente de revisão.

Art. 18. Das decisões em mandado de segurança proferidas em única instância pelos tribunais cabe recurso especial e extraordinário, nos casos legalmente previstos, e recurso ordinário, quando a ordem for denegada.

‣ CF/88: arts. 102, II, a, III, e 105, II, b, III.

» *Vide* arts. 102, II e III, e 105, II e III, da CF.

» *Vide* arts. 1.027 e 1.029 do CPC.

Art. 19. A sentença ou o acórdão que denegar mandado de segurança, sem decidir o mérito, não impedirá que o requerente, por ação própria, pleiteie os seus direitos e os respectivos efeitos patrimoniais.

‣ CPC/15: art. 485.

Art. 20. Os processos de mandado de segurança e os respectivos recursos terão prioridade sobre todos os atos judiciais, salvo *habeas corpus*.

§ 1º. Na instância superior, deverão ser levados a julgamento na primeira sessão que se seguir à data em que forem conclusos ao relator.

§ 2º. O prazo para a conclusão dos autos não poderá exceder de 5 (cinco) dias.

Art. 21. O mandado de segurança coletivo pode ser impetrado por partido político com representação no Congresso Nacional, na defesa de seus interesses legítimos relativos a seus integrantes ou à finalidade partidária, ou por organização sindical, entidade de classe ou associação legalmente constituída e em funcionamento há, pelo menos, 1 (um) ano, em defesa de direitos líquidos e certos da totalidade, ou de parte, dos seus membros ou associados, na forma dos seus estatutos e desde que pertinentes às suas finalidades, dispensada, para tanto, autorização especial.

‣ Súm. 629 e 630 do STF.

‣ CF/88: art. 5º, LXX.

Parágrafo único. Os direitos protegidos pelo mandado de segurança coletivo podem ser:

I – coletivos, assim entendidos, para efeito desta Lei, os transindividuais, de natureza indivisível, de que seja titular grupo ou categoria de pessoas ligadas entre si ou com a parte contrária por uma relação jurídica básica;

II – individuais homogêneos, assim entendidos, para efeito desta Lei, os decorrentes de origem comum e da atividade ou situação específica da totalidade ou de parte dos associados ou membros do impetrante.

Art. 22. No mandado de segurança coletivo, a sentença fará coisa julgada limitadamente aos membros do grupo ou categoria substituídos pelo impetrante.

‣ Lei 8.078/1990: arts. 81, 82, e 103.

§ 1º. O mandado de segurança coletivo não induz litispendência para as ações individuais, mas os efeitos da coisa julgada não beneficiarão o impetrante a título individual se não requerer a desistência de seu mandado de segurança no prazo de 30 (trinta) dias a contar da ciência comprovada da impetração da segurança coletiva.

‣ Lei 8.078/1990: art. 104.

§ 2º. No mandado de segurança coletivo, a liminar só poderá ser concedida após a audiência do representante judicial da pessoa jurídica de direito público, que deverá se pronunciar no prazo de 72 (setenta e duas) horas.

‣ ADI 4.296/2009, DOU de 28.06.2021: Parágrafo declarado inconstitucional, em controle concentrado, pelo Supremo Tribunal Federal.

Art. 23. O direito de requerer mandado de segurança extinguir-se-á decorridos 120 (cento e vinte) dias, contados da ciência, pelo interessado, do ato impugnado.

‣ Súm. 632 do STF.

» *Vide* Súmula 429 do STF.

» *Vide* Súmula 430 do STF.

Art. 24. Aplicam-se ao mandado de segurança os arts. 46 a 49 da Lei nº 5.869, de 11 de janeiro de 1973 – Código de Processo Civil.

‣ Refere-se a dispositivos do CPC/1973.

‣ CPC/15: arts. 113 a 118.

Art. 25. Não cabem, no processo de mandado de segurança, a interposição de embargos infringentes e a condenação ao pagamento dos honorários advocatícios, sem prejuízo da aplicação de sanções no caso de litigância de má-fé.

‣ Súm. 512 do STF.

‣ Súm. 105 do STJ.

‣ CPC/15: art. 80.

Art. 26. Constitui crime de desobediência, nos termos do art. 330 do Decreto-lei nº 2.848, de 7 de dezembro de 1940, o não cumprimento das decisões proferidas em mandado de segurança, sem prejuízo das sanções administrativas e da aplicação da Lei nº 1.079, de 10 de abril de 1950, quando cabíveis.

Art. 27. Os regimentos dos tribunais e, no que couber, as leis de organização judiciária deverão ser adaptados às disposições desta

Lei no prazo de 180 (cento e oitenta) dias, contado da sua publicação.

Art. 28. Esta Lei entra em vigor na data de sua publicação.

Art. 29. Revogam-se as Leis nºs 1.533, de 31 de dezembro de 1951, 4.166, de 4 de dezembro de 1962, 4.348, de 26 de junho de 1964, 5.021, de 9 de junho de 1966; o art. 3º da Lei nº 6.014, de 27 de dezembro de 1973, o art. 1º da Lei nº 6.071, de 3 de julho de 1974, o art. 12 da Lei nº 6.978, de 19 de janeiro de 1982, e o art. 2º da Lei nº 9.259, de 9 de janeiro de 1996.

Brasília, 7 de agosto de 2009; 188º da Independência e 121º da República.

LUIZ INÁCIO LULA DA SILVA

Publicado no D.O.U. 10.8.2009

DECRETO Nº 6.949, DE 25 DE AGOSTO DE 2009

Promulga a Convenção Internacional sobre os Direitos das Pessoas com Deficiência e seu Protocolo Facultativo, assinados em Nova York, em 30 de março de 2007.

▸ *Direitos das Pessoas com Deficiência*

O PRESIDENTE DA REPÚBLICA, no uso da atribuição que lhe confere o art. 84, inciso IV, da Constituição, e considerando que o Congresso Nacional aprovou, por meio do Decreto Legislativo nº 186, de 9 de julho de 2008, conforme o procedimento do § 3º do art. 5º da Constituição, a Convenção sobre os Direitos das Pessoas com Deficiência e seu Protocolo Facultativo, assinados em Nova York, em 30 de março de 2007;

Considerando que o Governo brasileiro depositou o instrumento de ratificação dos referidos atos junto ao Secretário-Geral das Nações Unidas em 1º de agosto de 2008;

Considerando que os atos internacionais em apreço entraram em vigor para o Brasil, no plano jurídico externo, em 31 de agosto de 2008;

DECRETA:

Art. 1º A Convenção sobre os Direitos das Pessoas com Deficiência e seu Protocolo Facultativo, apensos por cópia ao presente Decreto, serão executados e cumpridos tão inteiramente como neles se contém.

Art. 2º São sujeitos à aprovação do Congresso Nacional quaisquer atos que possam resultar em revisão dos referidos diplomas internacionais ou que acarretem encargos ou compromissos gravosos ao patrimônio nacional, nos termos do art. 49, inciso I, da Constituição.

Art. 3º Este Decreto entra em vigor na data de sua publicação.

Brasília, 25 de agosto de 2009; 188º da Independência e 121º da República.

LUIZ INÁCIO LULA DA SILVA

Celso Luiz Nunes Amorim

CONVENÇÃO SOBRE OS DIREITOS DAS PESSOAS COM DEFICIÊNCIA

Preâmbulo

Os Estados Partes da presente Convenção,

a) Relembrando os princípios consagrados na Carta das Nações Unidas, que reconhecem a dignidade e o valor inerentes e os direitos iguais e inalienáveis de todos os membros da família humana como o fundamento da liberdade, da justiça e da paz no mundo,

b) Reconhecendo que as Nações Unidas, na Declaração Universal dos Direitos Humanos e nos Pactos Internacionais sobre Direitos Humanos, proclamaram e concordaram que toda pessoa faz jus a todos os direitos e liberdades ali estabelecidos, sem distinção de qualquer espécie,

c) Reafirmando a universalidade, a indivisibilidade, a interdependência e a inter-relação de todos os direitos humanos e liberdades fundamentais, bem como a necessidade de garantir que todas as pessoas com deficiência os exerçam plenamente, sem discriminação,

d) Relembrando o Pacto Internacional dos Direitos Econômicos, Sociais e Culturais, o Pacto Internacional dos Direitos Civis e Políticos, a Convenção Internacional sobre a Eliminação de Todas as Formas de Discriminação Racial, a Convenção sobre a Eliminação de todas as Formas de Discriminação contra a Mulher, a Convenção contra a Tortura e Outros Tratamentos ou Penas Cruéis, Desumanos ou Degradantes, a Convenção sobre os Direitos da Criança e a Convenção Internacional sobre a Proteção dos Direitos de Todos os Trabalhadores Migrantes e Membros de suas Famílias,

e) Reconhecendo que a deficiência é um conceito em evolução e que a deficiência resulta da interação entre pessoas com deficiência e as barreiras devidas às atitudes e ao ambiente que impedem a plena e efetiva participação dessas pessoas na sociedade em igualdade de oportunidades com as demais pessoas,

f) Reconhecendo a importância dos princípios e das diretrizes de política, contidos no Programa de Ação Mundial para as Pessoas Deficientes e nas Normas sobre a Equiparação de Oportunidades para Pessoas com Deficiência, para influenciar a promoção, a formulação e a avaliação de políticas, planos, programas e ações em níveis nacional, regional e internacional para possibilitar maior igualdade de oportunidades para pessoas com deficiência,

g) Ressaltando a importância de trazer questões relativas à deficiência ao centro das preocupações da sociedade como parte integrante das estratégias relevantes de desenvolvimento sustentável,

h) Reconhecendo também que a discriminação contra qualquer pessoa, por motivo de deficiência, configura violação da dignidade e do valor inerentes ao ser humano,

i) Reconhecendo ainda a diversidade das pessoas com deficiência,

j) Reconhecendo a necessidade de promover e proteger os direitos humanos de todas as pessoas com deficiência, inclusive daquelas que requerem maior apoio,

k) Preocupados com o fato de que, não obstante esses diversos instrumentos e compromissos, as pessoas com deficiência continuam a enfrentar barreiras contra sua participação como membros iguais da sociedade e violações de seus direitos humanos em todas as partes do mundo,

l) Reconhecendo a importância da cooperação internacional para melhorar as condições de vida das pessoas com deficiência em todos os países, particularmente naqueles em desenvolvimento,

m) Reconhecendo as valiosas contribuições existentes e potenciais das pessoas com deficiência ao bem-estar comum e à diversidade de suas comunidades, e que a promoção do pleno exercício, pelas pessoas com deficiência, de seus direitos humanos e liberdades fundamentais e de sua plena participação na sociedade resultará no fortalecimento de seu senso de pertencimento à sociedade e no significativo avanço do desenvolvimento humano, social e econômico da sociedade, bem como na erradicação da pobreza,

n) Reconhecendo a importância, para as pessoas com deficiência, de sua autonomia e independência individuais, inclusive da liberdade para fazer as próprias escolhas,

o) Considerando que as pessoas com deficiência devem ter a oportunidade de participar ativamente das decisões relativas a programas e políticas, inclusive aos que lhes dizem respeito diretamente,

p) Preocupados com as difíceis situações enfrentadas por pessoas com deficiência que estão sujeitas a formas múltiplas ou agravadas de discriminação por causa de raça, cor, sexo, idioma, religião, opiniões políticas ou de outra natureza, origem nacional, étnica, nativa ou social, propriedade, nascimento, idade ou outra condição,

q) Reconhecendo que mulheres e meninas com deficiência estão freqüentemente expostas a maiores riscos, tanto no lar como fora dele, de sofrer violência, lesões ou abuso, descaso ou tratamento negligente, maus-tratos ou exploração,

r) Reconhecendo que as crianças com deficiência devem gozar plenamente de todos os direitos humanos e liberdades fundamentais em igualdade de oportunidades com as outras crianças e relembrando as obrigações assumidas com esse fim pelos Estados Partes na Convenção sobre os Direitos da Criança,

s) Ressaltando a necessidade de incorporar a perspectiva de gênero aos esforços para promover o pleno exercício dos direitos humanos e liberdades fundamentais por parte das pessoas com deficiência,

t) Salientando o fato de que a maioria das pessoas com deficiência vive em condições de pobreza e, nesse sentido, reconhecendo a necessidade crítica de lidar com o impacto negativo da pobreza sobre pessoas com deficiência,

u) Tendo em mente que as condições de paz e segurança baseadas no pleno respeito aos propósitos e princípios consagrados na Carta das Nações Unidas e a observância dos instrumentos de direitos humanos são indispensáveis para a total proteção das pessoas com deficiência, particularmente durante conflitos armados e ocupação estrangeira,

v) Reconhecendo a importância da acessibilidade aos meios físico, social, econômico e cultural, à saúde, à educação e à informação e comunicação, para possibilitar às pessoas com deficiência o pleno gozo de todos os direitos humanos e liberdades fundamentais,

w) Conscientes de que a pessoa tem deveres para com outras pessoas e para com a comunidade a que pertence e que, portanto, tem a responsabilidade de esforçar-se para a promoção e a observância dos direitos reconhecidos na Carta Internacional dos Direitos Humanos,

x) Convencidos de que a família é o núcleo natural e fundamental da sociedade e tem o direito de receber a proteção da sociedade e do Estado e de que as pessoas com deficiência e seus familiares devem receber a proteção e a assistência necessárias para tornar as famílias capazes de contribuir para o exercício pleno e eqüitativo dos direitos das pessoas com deficiência,

y) Convencidos de que uma convenção internacional geral e integral para promover e proteger os direitos e a dignidade das pessoas com deficiência prestará significativa contribuição para corrigir as profundas desvantagens sociais das pessoas com deficiência e para promover sua participação na vida econômica, social e cultural, em igualdade de oportunidades, tanto nos países em desenvolvimento como nos desenvolvidos,

Acordaram o seguinte:

Artigo 1
Propósito

O propósito da presente Convenção é promover, proteger e assegurar o exercício pleno e eqüitativo de todos os direitos humanos e liberdades fundamentais por todas as pessoas com deficiência e promover o respeito pela sua dignidade inerente.

Pessoas com deficiência são aquelas que têm impedimentos de longo prazo de natureza física, mental, intelectual ou sensorial, os quais, em interação com diversas barreiras, podem obstruir sua participação plena e efetiva na sociedade em igualdades de condições com as demais pessoas.

Artigo 2
Definições

Para os propósitos da presente Convenção:

"Comunicação" abrange as línguas, a visualização de textos, o braille, a comunicação tátil, os caracteres ampliados, os dispositivos de multimídia acessível, assim como a linguagem simples, escrita e oral, os sistemas auditivos e os meios de voz digitalizada e os modos, meios e formatos aumentativos e alternativos de comunicação, inclusive a tecnologia da informação e comunicação acessíveis;

"Língua" abrange as línguas faladas e de sinais e outras formas de comunicação não-falada;

"Discriminação por motivo de deficiência" significa qualquer diferenciação, exclusão ou restrição baseada em deficiência, com o propósito ou efeito de impedir ou impossibilitar o reconhecimento, o desfrute ou o exercício, em igualdade de oportunidades com as demais pessoas, de todos os direitos humanos e liberdades fundamentais nos âmbitos político, econômico, social, cultural, civil ou qualquer outro. Abrange todas as formas de discriminação, inclusive a recusa de adaptação razoável;

"Adaptação razoável" significa as modificações e os ajustes necessários e adequados que não acarretem ônus desproporcional ou indevido, quando requeridos em cada caso, a fim de assegurar que as pessoas com deficiência possam gozar ou exercer, em igualdade de oportunidades com as demais pessoas, todos os direitos humanos e liberdades fundamentais;

"Desenho universal" significa a concepção de produtos, ambientes, programas e serviços a serem usados, na maior medida possível, por todas as pessoas, sem necessidade de adaptação ou projeto específico. O "desenho universal" não excluirá as ajudas técnicas para grupos específicos de pessoas com deficiência, quando necessárias.

Artigo 3
Princípios gerais

Os princípios da presente Convenção são:

a) O respeito pela dignidade inerente, a autonomia individual, inclusive a liberdade de fazer as próprias escolhas, e a independência das pessoas;

b) A não-discriminação;

c) A plena e efetiva participação e inclusão na sociedade;

d) O respeito pela diferença e pela aceitação das pessoas com deficiência como parte da diversidade humana e da humanidade;

e) A igualdade de oportunidades;

f) A acessibilidade;

g) A igualdade entre o homem e a mulher;

h) O respeito pelo desenvolvimento das capacidades das crianças com deficiência e pelo direito das crianças com deficiência de preservar sua identidade.

Artigo 4
Obrigações gerais

1. Os Estados Partes se comprometem a assegurar e promover o pleno exercício de todos os direitos humanos e liberdades fundamentais por todas as pessoas com deficiência, sem qualquer tipo de discriminação por causa de sua deficiência. Para tanto, os Estados Partes se comprometem a:

a) Adotar todas as medidas legislativas, administrativas e de qualquer outra natureza, necessárias para a realização dos direitos reconhecidos na presente Convenção;

b) Adotar todas as medidas necessárias, inclusive legislativas, para modificar ou revogar leis, regulamentos, costumes e práticas vigentes, que constituírem discriminação contra pessoas com deficiência;

c) Levar em conta, em todos os programas e políticas, a proteção e a promoção dos direitos humanos das pessoas com deficiência;

d) Abster-se de participar em qualquer ato ou prática incompatível com a presente Convenção e assegurar que as autoridades públicas e instituições atuem em conformidade com a presente Convenção;

e) Tomar todas as medidas apropriadas para eliminar a discriminação baseada em deficiência, por parte de qualquer pessoa, organização ou empresa privada;

f) Realizar ou promover a pesquisa e o desenvolvimento de produtos, serviços, equipamentos e instalações com desenho universal, conforme definidos no Artigo 2 da presente Convenção, que exijam o mínimo possível de adaptação e cujo custo seja o mínimo possível, destinados a atender às necessidades específicas de pessoas com deficiência, a promover sua disponibilidade e seu uso e a promover o desenho universal quando da elaboração de normas e diretrizes;

g) Realizar ou promover a pesquisa e o desenvolvimento, bem como a disponibilidade e o emprego de novas tecnologias, inclusive as tecnologias da informação e comunicação, ajudas técnicas para locomoção, dispositivos e tecnologias assistivas, adequados a pessoas com deficiência, dando prioridade a tecnologias de custo acessível;

h) Propiciar informação acessível para as pessoas com deficiência a respeito de ajudas técnicas para locomoção, dispositivos e tecnologias assistivas, incluindo novas tecnologias bem como outras formas de assistência, serviços de apoio e instalações;

i) Promover a capacitação em relação aos direitos reconhecidos pela presente Convenção dos profissionais e equipes que trabalham com pessoas com deficiência, de forma a melhorar a prestação de assistência e serviços garantidos por esses direitos.

2. Em relação aos direitos econômicos, sociais e culturais, cada Estado Parte se compromete a tomar medidas, tanto quanto permitirem os recursos disponíveis e, quando necessário, no âmbito da cooperação internacional, a fim de assegurar progressivamente o pleno exercício desses direitos, sem prejuízo das obrigações contidas na presente Convenção que forem imediatamente aplicáveis de acordo com o direito internacional.

3. Na elaboração e implementação de legislação e políticas para aplicar a presente Convenção e em outros processos de tomada de decisão relativos às pessoas com deficiência, os Estados Partes realizarão consultas estreitas e envolverão ativamente pessoas com deficiência, inclusive crianças com deficiência, por intermédio de suas organizações representativas.

4. Nenhum dispositivo da presente Convenção afetará quaisquer disposições mais propícias à realização dos direitos das pessoas com deficiência, as quais possam estar contidas na legislação do Estado Parte ou no direito internacional em vigor para esse Estado. Não haverá nenhuma restrição ou derrogação de qualquer dos direitos humanos e liberdades fundamentais reconhecidos ou vigentes em qualquer Estado Parte da presente Convenção, em conformidade com leis, convenções, regulamentos ou costumes, sob a alegação de que a presente Convenção não reconhece tais direitos e liberdades ou que os reconhece em menor grau.

5. As disposições da presente Convenção se aplicam, sem limitação ou exceção, a todas as unidades constitutivas dos Estados federativos.

Artigo 5
Igualdade e não-discriminação

1. Os Estados Partes reconhecem que todas as pessoas são iguais perante e sob a lei e que fazem jus, sem qualquer discriminação, a igual proteção e igual benefício da lei.

2. Os Estados Partes proibirão qualquer discriminação baseada na deficiência e garantirão às pessoas com deficiência igual e efetiva proteção legal contra a discriminação por qualquer motivo.

3. A fim de promover a igualdade e eliminar a discriminação, os Estados Partes adotarão todas as medidas apropriadas para garantir que a adaptação razoável seja oferecida.

4. Nos termos da presente Convenção, as medidas específicas que forem necessárias para acelerar ou alcançar a efetiva igualdade das pessoas com deficiência não serão consideradas discriminatórias.

Artigo 6
Mulheres com deficiência

1. Os Estados Partes reconhecem que as mulheres e meninas com deficiência estão sujeitas a múltiplas formas de discriminação e, portanto, tomarão medidas para assegurar às mulheres e meninas com deficiência o pleno e igual exercício de todos os direitos humanos e liberdades fundamentais.

2. Os Estados Partes tomarão todas as medidas apropriadas para assegurar o pleno desenvolvimento, o avanço e o empoderamento das mulheres, a fim de garantir-lhes o exercício e o gozo dos direitos humanos e liberdades fundamentais estabelecidos na presente Convenção.

Artigo 7
Crianças com deficiência

1. Os Estados Partes tomarão todas as medidas necessárias para assegurar às crianças com deficiência o pleno exercício de todos os direitos humanos e liberdades fundamentais, em igualdade de oportunidades com as demais crianças.

2. Em todas as ações relativas às crianças com deficiência, o superior interesse da criança receberá consideração primordial.

3. Os Estados Partes assegurarão que as crianças com deficiência tenham o direito de expressar livremente sua opinião sobre todos os assuntos que lhes disserem respeito, tenham a sua opinião devidamente valorizada de acordo com sua idade e maturidade, em igualdade de oportunidades com as demais crianças, e recebam atendimento adequado à sua deficiência e idade, para que possam exercer tal direito.

Artigo 8
Conscientização

1. Os Estados Partes se comprometem a adotar medidas imediatas, efetivas e apropriadas para:

a) Conscientizar toda a sociedade, inclusive as famílias, sobre as condições das pessoas com deficiência e fomentar o respeito pelos direitos e pela dignidade das pessoas com deficiência;

b) Combater estereótipos, preconceitos e práticas nocivas em relação a pessoas com deficiência, inclusive aqueles relacionados a sexo e idade, em todas as áreas da vida;

c) Promover a conscientização sobre as capacidades e contribuições das pessoas com deficiência.

2. As medidas para esse fim incluem:

a) Lançar e dar continuidade a efetivas campanhas de conscientização públicas, destinadas a:

i) Favorecer atitude receptiva em relação aos direitos das pessoas com deficiência;

ii) Promover percepção positiva e maior consciência social em relação às pessoas com deficiência;

iii) Promover o reconhecimento das habilidades, dos méritos e das capacidades das pessoas com deficiência e de sua contribuição ao local de trabalho e ao mercado laboral;

b) Fomentar em todos os níveis do sistema educacional, incluindo neles todas as crianças desde tenra idade, uma atitude de respeito para com os direitos das pessoas com deficiência;

c) Incentivar todos os órgãos da mídia a retratar as pessoas com deficiência de maneira compatível com o propósito da presente Convenção;

d) Promover programas de formação sobre sensibilização a respeito das pessoas com deficiência e sobre os direitos das pessoas com deficiência.

Artigo 9
Acessibilidade

1. A fim de possibilitar às pessoas com deficiência viver de forma independente e participar plenamente de todos os aspectos da vida, os Estados Partes tomarão as medidas apropriadas para assegurar às pessoas com deficiência o acesso, em igualdade de oportunidades com as demais pessoas, ao meio físico, ao transporte, à informação e comunicação, inclusive aos sistemas e tecnologias da informação e comunicação, bem como a outros serviços e instalações abertos ao público ou de uso público, tanto na zona urbana como na rural. Essas medidas, que incluirão a identificação e a eliminação de obstáculos e barreiras à acessibilidade, serão aplicadas, entre outros, a:

a) Edifícios, rodovias, meios de transporte e outras instalações internas e externas, inclusive escolas, residências, instalações médicas e local de trabalho;

b) Informações, comunicações e outros serviços, inclusive serviços eletrônicos e serviços de emergência.

2. Os Estados Partes também tomarão medidas apropriadas para:

a) Desenvolver, promulgar e monitorar a implementação de normas e diretrizes mínimas para a acessibilidade das instalações e dos serviços abertos ao público ou de uso público;

b) Assegurar que as entidades privadas que oferecem instalações e serviços abertos ao público ou de uso público levem em consideração todos os aspectos relativos à acessibilidade para pessoas com deficiência;

c) Proporcionar, a todos os atores envolvidos, formação em relação às questões de acessibilidade com as quais as pessoas com deficiência se confrontam;

d) Dotar os edifícios e outras instalações abertas ao público ou de uso público de sinalização em braille e em formatos de fácil leitura e compreensão;

e) Oferecer formas de assistência humana ou animal e serviços de mediadores, incluindo guias, ledores e intérpretes profissionais da língua de sinais, para facilitar o acesso aos edifícios e outras instalações abertas ao público ou de uso público;

f) Promover outras formas apropriadas de assistência e apoio a pessoas com deficiência, a fim de assegurar a essas pessoas o acesso a informações;

g) Promover o acesso de pessoas com deficiência a novos sistemas e tecnologias da informação e comunicação, inclusive à Internet;

h) Promover, desde a fase inicial, a concepção, o desenvolvimento, a produção e a disseminação de sistemas e tecnologias de informação e comunicação, a fim de que esses sistemas e tecnologias se tornem acessíveis a custo mínimo.

Artigo 10
Direito à vida

Os Estados Partes reafirmam que todo ser humano tem o inerente direito à vida e tomarão todas as medidas necessárias para assegurar o efetivo exercício desse direito pelas pessoas com deficiência, em igualdade de oportunidades com as demais pessoas.

Artigo 11
Situações de risco e emergências humanitárias

Em conformidade com suas obrigações decorrentes do direito internacional, inclusive do direito humanitário internacional e do direito internacional dos direitos humanos, os Estados Partes tomarão todas as medidas necessárias para assegurar a proteção e a segurança das pessoas com deficiência que se encontrarem em situações de risco, inclusive situações de conflito armado, emergências humanitárias e ocorrência de desastres naturais.

Artigo 12
Reconhecimento igual perante a lei

1. Os Estados Partes reafirmam que as pessoas com deficiência têm o direito de ser reconhecidas em qualquer lugar como pessoas perante a lei.

2. Os Estados Partes reconhecerão que as pessoas com deficiência gozam de capacidade legal em igualdade de condições com as demais pessoas em todos os aspectos da vida.

3. Os Estados Partes tomarão medidas apropriadas para prover o acesso de pessoas com deficiência ao apoio que necessitarem no exercício de sua capacidade legal.

4. Os Estados Partes assegurarão que todas as medidas relativas ao exercício da capacidade legal incluam salvaguardas apropriadas e efetivas para prevenir abusos, em conformidade com o direito internacional dos direitos humanos. Essas salvaguardas assegurarão que as medidas relativas ao exercício da capacidade legal respeitem os direitos, a vontade e as preferências da pessoa, sejam isentas de conflito de interesses e de influência indevida, sejam proporcionais e apropriadas às circunstâncias da pessoa, se apliquem pelo período mais curto possível e sejam submetidas à revisão regular por uma autoridade ou órgão judiciário competente, independente e imparcial. As salvaguardas serão proporcionais ao grau em que tais medidas afetarem os direitos e interesses da pessoa.

5. Os Estados Partes, sujeitos ao disposto neste Artigo, tomarão todas as medidas apropriadas e efetivas para assegurar às pessoas com deficiência o igual direito de possuir ou herdar bens, de controlar as próprias finanças e de ter igual acesso a empréstimos bancários, hipotecas e outras formas de crédito financeiro, e assegurarão que as pessoas com deficiência não sejam arbitrariamente destituídas de seus bens.

Artigo 13
Acesso à justiça

1. Os Estados Partes assegurarão o efetivo acesso das pessoas com deficiência à justiça, em igualdade de condições com as demais pessoas, inclusive mediante a provisão de adaptações processuais adequadas à idade, a fim de facilitar o efetivo papel das pessoas com deficiência como participantes diretos ou indiretos, inclusive como testemunhas, em todos os procedimentos jurídicos, tais como investigações e outras etapas preliminares.

2. A fim de assegurar às pessoas com deficiência o efetivo acesso à justiça, os Estados Partes promoverão a capacitação apropriada daqueles que trabalham na área de administração da justiça, inclusive a polícia e os funcionários do sistema penitenciário.

Artigo 14
Liberdade e segurança da pessoa

1. Os Estados Partes assegurarão que as pessoas com deficiência, em igualdade de oportunidades com as demais pessoas:

a) Gozem do direito à liberdade e à segurança da pessoa; e

b) Não sejam privadas ilegal ou arbitrariamente de sua liberdade e que toda privação de liberdade esteja em conformidade com a lei, e que a existência de deficiência não justifique a privação de liberdade.

2. Os Estados Partes assegurarão que, se pessoas com deficiência forem privadas de liberdade mediante algum processo, elas, em igualdade de oportunidades com as demais pessoas, façam jus a garantias de acordo com o direito internacional dos direitos humanos e sejam tratadas em conformidade com os objetivos e princípios da presente Convenção, inclusive mediante a provisão de adaptação razoável.

Artigo 15
Prevenção contra tortura ou tratamentos ou penas cruéis, desumanos ou degradantes

1. Nenhuma pessoa será submetida à tortura ou a tratamentos ou penas cruéis, desumanos ou degradantes. Em especial, nenhuma pessoa deverá ser sujeita a experimentos médicos ou científicos sem seu livre consentimento.

2. Os Estados Partes tomarão todas as medidas efetivas de natureza legislativa, administrativa, judicial ou outra para evitar que pessoas com deficiência, do mesmo modo que as demais pessoas, sejam submetidas à tortura ou a tratamentos ou penas cruéis, desumanos ou degradantes.

Artigo 16
Prevenção contra a exploração, a violência e o abuso

1. Os Estados Partes tomarão todas as medidas apropriadas de natureza legislativa, administrativa, social, educacional e outras para proteger as pessoas com deficiência, tanto dentro como fora do lar, contra todas as formas de exploração, violência e abuso, incluindo aspectos relacionados a gênero.

2. Os Estados Partes também tomarão todas as medidas apropriadas para prevenir todas as formas de exploração, violência e abuso, assegurando, entre outras coisas, formas apropriadas de atendimento e apoio que levem em conta o gênero e a idade das pessoas com deficiência e de seus familiares e atendentes, inclusive mediante a provisão de informação e educação sobre a maneira de evitar, reconhecer e denunciar casos de exploração, violência e abuso. Os Estados Partes assegurarão que os serviços de proteção levem em conta a idade, o gênero e a deficiência das pessoas.

3. A fim de prevenir a ocorrência de quaisquer formas de exploração, violência e abuso, os Estados Partes assegurarão que todos os programas e instalações destinados a atender pessoas com deficiência sejam efetivamente monitorados por autoridades independentes.

4. Os Estados Partes tomarão todas as medidas apropriadas para promover a recuperação física, cognitiva e psicológica, inclusive mediante a provisão de serviços de proteção, a reabilitação e a reinserção social de pessoas com deficiência que forem vítimas de qualquer forma de exploração, violência ou abuso. Tais recuperação e reinserção ocorrerão em ambientes que promovam a saúde, o bemestar, o auto-respeito, a dignidade e a autonomia da pessoa e levem em consideração as necessidades de gênero e idade.

5. Os Estados Partes adotarão leis e políticas efetivas, inclusive legislação e políticas voltadas para mulheres e crianças, a fim de assegurar que os casos de exploração, violência e abuso contra pessoas com deficiência sejam identificados, investigados e, caso necessário, julgados.

Artigo 17
Proteção da integridade da pessoa

Toda pessoa com deficiência tem o direito a que sua integridade física e mental seja respeitada, em igualdade de condições com as demais pessoas.

Artigo 18
Liberdade de movimentação e nacionalidade

1. Os Estados Partes reconhecerão os direitos das pessoas com deficiência à liberdade de movimentação, à liberdade de escolher sua residência e à nacionalidade, em igualdade de oportunidades com as demais pessoas, inclusive assegurando que as pessoas com deficiência:

a) Tenham o direito de adquirir nacionalidade e mudar de nacionalidade e não sejam privadas arbitrariamente de sua nacionalidade em razão de sua deficiência.

b) Não sejam privadas, por causa de sua deficiência, da competência de obter, possuir e utilizar documento comprovante de sua nacionalidade ou outro documento de identidade, ou de recorrer a processos relevantes, tais como procedimentos relativos à imigração, que forem necessários para facilitar o exercício de seu direito à liberdade de movimentação.

c) Tenham liberdade de sair de qualquer país, inclusive do seu; e

d) Não sejam privadas, arbitrariamente ou por causa de sua deficiência, do direito de entrar no próprio país.

2. As crianças com deficiência serão registradas imediatamente após o nascimento e terão, desde o nascimento, o direito a um nome, o direito de adquirir nacionalidade e, tanto quanto possível, o direito de conhecer seus pais e de ser cuidadas por eles.

Artigo 19
Vida independente e inclusão na comunidade

Os Estados Partes desta Convenção reconhecem o igual direito de todas as pessoas com deficiência de viver na comunidade, com a mesma liberdade de escolha que as demais pessoas, e tomarão medidas efetivas e apropriadas para facilitar às pessoas com deficiência o pleno gozo desse direito e sua plena inclusão e participação na comunidade, inclusive assegurando que:

a) As pessoas com deficiência possam escolher seu local de residência e onde e com quem morar, em igualdade de oportunidades com as demais pessoas, e que não sejam obrigadas a viver em determinado tipo de moradia;

b) As pessoas com deficiência tenham acesso a uma variedade de serviços de apoio em domicílio ou em instituições residenciais ou a outros serviços comunitários de apoio, inclusive os serviços de atendentes pessoais que forem necessários como apoio para que as pessoas com deficiência vivam e sejam incluídas na comunidade e para evitar que fiquem isoladas ou segregadas da comunidade;

c) Os serviços e instalações da comunidade para a população em geral estejam disponíveis às pessoas com deficiência, em igualdade de oportunidades, e atendam às suas necessidades.

Artigo 20
Mobilidade pessoal

Os Estados Partes tomarão medidas efetivas para assegurar às pessoas com deficiência sua mobilidade pessoal com a máxima independência possível:

a) Facilitando a mobilidade pessoal das pessoas com deficiência, na forma e no momento em que elas quiserem, e a custo acessível;

b) Facilitando às pessoas com deficiência o acesso a tecnologias assistivas, dispositivos e ajudas técnicas de qualidade, e formas de assistência humana ou animal e de mediadores, inclusive tornando-os disponíveis a custo acessível;

c) Propiciando às pessoas com deficiência e ao pessoal especializado uma capacitação em técnicas de mobilidade;

d) Incentivando entidades que produzem ajudas técnicas de mobilidade, dispositivos e tecnologias assistivas a levarem em conta todos os aspectos relativos à mobilidade de pessoas com deficiência.

Artigo 21
Liberdade de expressão e de opinião e acesso à informação

Os Estados Partes tomarão todas as medidas apropriadas para assegurar que as pessoas com deficiência possam exercer seu direito à liberdade de expressão e opinião, inclusive à liberdade de buscar, receber e compartilhar informações e idéias, em igualdade de oportunidades com as demais pessoas e por intermédio de todas as formas de comunicação de sua escolha, conforme o disposto no Artigo 2 da presente Convenção, entre as quais:

a) Fornecer, prontamente e sem custo adicional, às pessoas com deficiência, todas as informações destinadas ao público em geral, em formatos acessíveis e tecnologias apropriadas aos diferentes tipos de deficiência;

b) Aceitar e facilitar, em trâmites oficiais, o uso de línguas de sinais, braille, comunicação aumentativa e alternativa, e de todos os demais meios, modos e formatos acessíveis de comunicação, à escolha das pessoas com deficiência;

c) Urgir as entidades privadas que oferecem serviços ao público em geral, inclusive por meio da Internet, a fornecer informações e serviços em formatos acessíveis, que possam ser usados por pessoas com deficiência;

d) Incentivar a mídia, inclusive os provedores de informação pela Internet, a tornar seus serviços acessíveis a pessoas com deficiência;

e) Reconhecer e promover o uso de línguas de sinais.

Artigo 22
Respeito à privacidade

1. Nenhuma pessoa com deficiência, qualquer que seja seu local de residência ou tipo de moradia, estará sujeita a interferência arbitrária ou ilegal em sua privacidade, família, lar, correspondência ou outros tipos de comunicação, nem a ataques ilícitos à sua honra e reputação. As pessoas com deficiência têm o direito à proteção da lei contra tais interferências ou ataques.

2. Os Estados Partes protegerão a privacidade dos dados pessoais e dados relativos à saúde e à reabilitação de pessoas com deficiência, em igualdade de condições com as demais pessoas.

Artigo 23
Respeito pelo lar e pela família

1. Os Estados Partes tomarão medidas efetivas e apropriadas para eliminar a discriminação contra pessoas com deficiência, em todos os aspectos relativos a casamento, família, paternidade e relacionamentos, em igualdade de condições com as demais pessoas, de modo a assegurar que:

a) Seja reconhecido o direito das pessoas com deficiência, em idade de contrair matrimônio, de casar-se e estabelecer família, com base no livre e pleno consentimento dos pretendentes;

b) Sejam reconhecidos os direitos das pessoas com deficiência de decidir livre e responsavelmente sobre o número de filhos e o espaçamento entre esses filhos e de ter acesso a informações adequadas à idade e a educação em matéria de reprodução e de planejamento familiar, bem como os meios necessários para exercer esses direitos.

c) As pessoas com deficiência, inclusive crianças, conservem sua fertilidade, em igualdade de condições com as demais pessoas.

2. Os Estados Partes assegurarão os direitos e responsabilidades das pessoas com deficiência, relativos à guarda, custódia, curatela e adoção de crianças ou instituições semelhantes, caso esses conceitos constem na legislação nacional. Em todos os casos, prevalecerá o superior interesse da criança. Os Estados Partes prestarão a devida assistência às pessoas com deficiência para que essas pessoas possam exercer suas responsabilidades na criação dos filhos.

3. Os Estados Partes assegurarão que as crianças com deficiência terão iguais direitos em relação à vida familiar. Para a realização desses direitos e para evitar ocultação, abandono, negligência e segregação de crianças com deficiência, os Estados Partes fornecerão prontamente informações abrangentes sobre serviços e apoios a crianças com deficiência e suas famílias.

4. Os Estados Partes assegurarão que uma criança não será separada de seus pais contra a vontade destes, exceto quando autoridades competentes, sujeitas a controle jurisdicional, determinarem, em conformidade com as leis e procedimentos aplicáveis, que a separação é necessária, no superior interesse da criança. Em nenhum caso, uma criança será separada dos pais sob alegação de deficiência da criança ou de um ou ambos os pais.

5. Os Estados Partes, no caso em que a família imediata de uma criança com deficiência não tenha condições de cuidar da criança, farão todo esforço para que cuidados alternativos sejam oferecidos por outros parentes e, se isso não for possível, dentro de ambiente familiar, na comunidade.

Artigo 24
Educação

1. Os Estados Partes reconhecem o direito das pessoas com deficiência à educação. Para efetivar esse direito sem discriminação e com base na igualdade de oportunidades, os Estados Partes assegurarão sistema educacional inclusivo em todos os níveis, bem como o aprendizado ao longo de toda a vida, com os seguintes objetivos:

a) O pleno desenvolvimento do potencial humano e do senso de dignidade e auto-estima, além do fortalecimento do respeito pelos direitos humanos, pelas liberdades fundamentais e pela diversidade humana;

b) O máximo desenvolvimento possível da personalidade e dos talentos e da criatividade das pessoas com deficiência, assim como de suas habilidades físicas e intelectuais;

c) A participação efetiva das pessoas com deficiência em uma sociedade livre.

2. Para a realização desse direito, os Estados Partes assegurarão que:

a) As pessoas com deficiência não sejam excluídas do sistema educacional geral sob alegação de deficiência e que as crianças com deficiência não sejam excluídas do ensino primário gratuito e compulsório ou do ensino secundário, sob alegação de deficiência;

b) As pessoas com deficiência possam ter acesso ao ensino primário inclusivo, de qualidade e gratuito, e ao ensino secundário, em igualdade de condições com as demais pessoas na comunidade em que vivem;

c) Adaptações razoáveis de acordo com as necessidades individuais sejam providenciadas;

d) As pessoas com deficiência recebam o apoio necessário, no âmbito do sistema educacional geral, com vistas a facilitar sua efetiva educação;

e) Medidas de apoio individualizadas e efetivas sejam adotadas em ambientes que maximizem o desenvolvimento acadêmico e social, de acordo com a meta de inclusão plena.

3. Os Estados Partes assegurarão às pessoas com deficiência a possibilidade de adquirir as competências práticas e sociais necessárias de modo a facilitar às pessoas com deficiência sua plena e igual participação no sistema de ensino e na vida em comunidade. Para tanto, os Estados Partes tomarão medidas apropriadas, incluindo:

a) Facilitação do aprendizado do braille, escrita alternativa, modos, meios e formatos de comunicação aumentativa e alternativa, e habilidades de orientação e mobilidade, além de facilitação do apoio e aconselhamento de pares;

b) Facilitação do aprendizado da língua de sinais e promoção da identidade lingüística da comunidade surda;

c) Garantia de que a educação de pessoas, em particular crianças cegas, surdocegas e surdas, seja ministrada nas línguas e nos modos e meios de comunicação mais adequados ao indivíduo e em ambientes que favoreçam ao máximo seu desenvolvimento acadêmico e social.

4. A fim de contribuir para o exercício desse direito, os Estados Partes tomarão medidas apropriadas para empregar professores, inclusive professores com deficiência, habilitados para o ensino da língua de sinais e/ou do braille, e para capacitar profissionais e equipes atuantes em todos os níveis de ensino. Essa capacitação incorporará a conscientização da deficiência e a utilização de modos, meios e formatos apropriados de comunicação aumentativa e alternativa, e técnicas e materiais pedagógicos, como apoios para pessoas com deficiência.

5. Os Estados Partes assegurarão que as pessoas com deficiência possam ter acesso ao ensino superior em geral, treinamento profissional de acordo com sua vocação, educação para adultos e formação continuada, sem discriminação e em igualdade de condições. Para tanto, os Estados Partes assegurarão a provisão de adaptações razoáveis para pessoas com deficiência.

Artigo 25
Saúde

Os Estados Partes reconhecem que as pessoas com deficiência têm o direito de gozar do estado de saúde mais elevado possível, sem discriminação baseada na deficiência. Os Estados Partes tomarão todas as medidas apropriadas para assegurar às pessoas com deficiência o acesso a serviços de saúde, incluindo os serviços de reabilitação, que levarão em conta as especificidades de gênero. Em especial, os Estados Partes:

a) Oferecerão às pessoas com deficiência programas e atenção à saúde gratuitos ou a custos acessíveis da mesma variedade, qualidade e padrão que são oferecidos às demais pessoas, inclusive na área de saúde sexual e reprodutiva e de programas de saúde pública destinados à população em geral;

b) Propiciarão serviços de saúde que as pessoas com deficiência necessitam especificamente por causa de sua deficiência, inclusive diagnóstico e intervenção precoces, bem como serviços projetados para reduzir ao máximo e prevenir deficiências adicionais, inclusive entre crianças e idosos;

c) Propiciarão esses serviços de saúde às pessoas com deficiência, o mais próximo possível de suas comunidades, inclusive na zona rural;

d) Exigirão dos profissionais de saúde que dispensem às pessoas com deficiência a mesma qualidade de serviços dispensada às demais pessoas e, principalmente, que obtenham o consentimento livre e esclarecido das pessoas com deficiência concernentes. Para esse fim, os Estados Partes realizarão atividades de formação e definirão regras éticas para os setores de saúde público e privado, de modo a conscientizar os profissionais de saúde acerca dos direitos humanos, da dignidade, autonomia e das necessidades das pessoas com deficiência;

e) Proibirão a discriminação contra pessoas com deficiência na provisão de seguro de saúde e seguro de vida, caso tais seguros sejam permitidos pela legislação nacional, os quais deverão ser providos de maneira razoável e justa;

f) Prevenirão que se negue, de maneira discriminatória, os serviços de saúde ou de atenção à saúde ou a administração de alimentos sólidos ou líquidos por motivo de deficiência.

Artigo 26
Habilitação e reabilitação

1. Os Estados Partes tomarão medidas efetivas e apropriadas, inclusive mediante apoio dos pares, para possibilitar que as pessoas com deficiência conquistem e conservem o máximo de autonomia e plena capacidade física, mental, social e profissional, bem como plena inclusão e participação em todos os aspectos da vida. Para tanto, os Estados Partes organizarão, fortalecerão e ampliarão serviços e programas completos de habilitação e reabilitação, particularmente nas áreas de saúde, emprego, educação e serviços sociais, de modo que esses serviços e programas:

a) Comecem no estágio mais precoce possível e sejam baseados em avaliação multidisciplinar das necessidades e pontos fortes de cada pessoa;

b) Apóiem a participação e a inclusão na comunidade e em todos os aspectos da vida social, sejam oferecidos voluntariamente e estejam disponíveis às pessoas com deficiência o mais próximo possível de suas comunidades, inclusive na zona rural.

2. Os Estados Partes promoverão o desenvolvimento da capacitação inicial e continuada de profissionais e de equipes que atuam nos serviços de habilitação e reabilitação.

3. Os Estados Partes promoverão a disponibilidade, o conhecimento e o uso de dispositivos e tecnologias assistivas, projetados para pessoas com deficiência e relacionados com a habilitação e a reabilitação.

Artigo 27
Trabalho e emprego

1. Os Estados Partes reconhecem o direito das pessoas com deficiência ao trabalho, em igualdade de oportunidades com as demais pessoas. Esse direito abrange o direito à oportunidade de se manter com um trabalho de sua livre escolha ou aceitação no mercado laboral, em ambiente de trabalho que seja aberto, inclusivo e acessível a pessoas com deficiência. Os Estados Partes salvaguardarão e promoverão a realização do direito ao trabalho, inclusive daqueles que tiverem adquirido uma deficiência no emprego, adotando medidas apropriadas, incluídas na legislação, com o fim de, entre outros:

a) Proibir a discriminação baseada na deficiência com respeito a todas as questões relacionadas com as formas de emprego, inclusive condições de recrutamento, contratação e admissão, permanência no emprego, ascensão profissional e condições seguras e salubres de trabalho;

b) Proteger os direitos das pessoas com deficiência, em condições de igualdade com as demais pessoas, às condições justas e favoráveis de trabalho, incluindo iguais oportunidades e igual remuneração por trabalho de igual valor, condições seguras e salubres de trabalho, além de reparação de injustiças e proteção contra o assédio no trabalho;

c) Assegurar que as pessoas com deficiência possam exercer seus direitos trabalhistas e sindicais, em condições de igualdade com as demais pessoas;

d) Possibilitar às pessoas com deficiência o acesso efetivo a programas de orientação técnica e profissional e a serviços de colocação no trabalho e de treinamento profissional e continuado;

e) Promover oportunidades de emprego e ascensão profissional para pessoas com deficiência no mercado de trabalho, bem como assistência na procura, obtenção e manutenção do emprego e no retorno ao emprego;

f) Promover oportunidades de trabalho autônomo, empreendedorismo, desenvolvimento de cooperativas e estabelecimento de negócio próprio;

g) Empregar pessoas com deficiência no setor público;

h) Promover o emprego de pessoas com deficiência no setor privado, mediante políticas e medidas apropriadas, que poderão incluir programas de ação afirmativa, incentivos e outras medidas;

i) Assegurar que adaptações razoáveis sejam feitas para pessoas com deficiência no local de trabalho;

j) Promover a aquisição de experiência de trabalho por pessoas com deficiência no mercado aberto de trabalho;

k) Promover reabilitação profissional, manutenção do emprego e programas de retorno ao trabalho para pessoas com deficiência.

2. Os Estados Partes assegurarão que as pessoas com deficiência não serão mantidas em escravidão ou servidão e que serão protegidas, em igualdade de condições com as demais pessoas, contra o trabalho forçado ou compulsório.

Artigo 28
Padrão de vida e proteção social adequados

1. Os Estados Partes reconhecem o direito das pessoas com deficiência a um padrão adequado de vida para si e para suas famílias, inclusive alimentação, vestuário e moradia adequados, bem como à melhoria contínua de suas condições de vida, e tomarão as providências necessárias para salvaguardar e promover a realização desse direito sem discriminação baseada na deficiência.

2. Os Estados Partes reconhecem o direito das pessoas com deficiência à proteção social e ao exercício desse direito sem discriminação baseada na deficiência, e tomarão as medidas apropriadas para salvaguardar e promover a realização desse direito, tais como:

a) Assegurar igual acesso de pessoas com deficiência a serviços de saneamento básico e assegurar o acesso aos serviços, dispositivos e outros atendimentos apropriados para as necessidades relacionadas com a deficiência;

b) Assegurar o acesso de pessoas com deficiência, particularmente mulheres, crianças e idosos com deficiência, a programas de proteção social e de redução da pobreza;

c) Assegurar o acesso de pessoas com deficiência e suas famílias em situação de pobreza à assistência do Estado em relação a seus gastos ocasionados pela deficiência, inclusive treinamento adequado, aconselhamento, ajuda financeira e cuidados de repouso;

d) Assegurar o acesso de pessoas com deficiência a programas habitacionais públicos;

e) Assegurar igual acesso de pessoas com deficiência a programas e benefícios de aposentadoria.

Artigo 29
Participação na vida política e pública

Os Estados Partes garantirão às pessoas com deficiência direitos políticos e oportunidade de exercê-los em condições de igualdade com as demais pessoas, e deverão:

a) Assegurar que as pessoas com deficiência possam participar efetiva e plenamente na vida política e pública, em igualdade de oportunidades com as demais pessoas, diretamente ou por meio de representantes livremente escolhidos, incluindo o direito e a oportunidade de votarem e serem votadas, mediante, entre outros:

i) Garantia de que os procedimentos, instalações e materiais e equipamentos para votação serão apropriados, acessíveis e de fácil compreensão e uso;

ii) Proteção do direito das pessoas com deficiência ao voto secreto em eleições e plebiscitos, sem intimidação, e a candidatar-se nas eleições, efetivamente ocupar cargos eletivos e desempenhar quaisquer funções públicas em todos os níveis de governo, usando novas tecnologias assistivas, quando apropriado;

iii) Garantia da livre expressão de vontade das pessoas com deficiência como eleitores e, para tanto, sempre que necessário e a seu pedido, permissão para que elas sejam auxiliadas na votação por uma pessoa de sua escolha;

b) Promover ativamente um ambiente em que as pessoas com deficiência possam participar efetiva e plenamente na condução das questões públicas, sem discriminação e em igualdade de oportunidades com as demais pessoas, e encorajar sua participação nas questões públicas, mediante:

i) Participação em organizações não-governamentais relacionadas com a vida pública e política do país, bem como em atividades e administração de partidos políticos;

ii) Formação de organizações para representar pessoas com deficiência em níveis internacional, regional, nacional e local, bem como a filiação de pessoas com deficiência a tais organizações.

Artigo 30
Participação na vida cultural e em recreação, lazer e esporte

1. Os Estados Partes reconhecem o direito das pessoas com deficiência de participar na vida cultural, em igualdade de oportunidades com as demais pessoas, e tomarão todas as medidas apropriadas para que as pessoas com deficiência possam:

a) Ter acesso a bens culturais em formatos acessíveis;

b) Ter acesso a programas de televisão, cinema, teatro e outras atividades culturais, em formatos acessíveis; e

c) Ter acesso a locais que ofereçam serviços ou eventos culturais, tais como teatros, museus, cinemas, bibliotecas e serviços turísticos, bem como, tanto quanto possível, ter acesso a monumentos e locais de importância cultural nacional.

2. Os Estados Partes tomarão medidas apropriadas para que as pessoas com deficiência tenham a oportunidade de desenvolver e utilizar seu potencial criativo, artístico e intelectual, não somente em benefício próprio, mas também para o enriquecimento da sociedade.

3. Os Estados Partes deverão tomar todas as providências, em conformidade com o direito internacional, para assegurar que a legislação de proteção dos direitos de propriedade intelectual não constitua barreira excessiva ou discriminatória ao acesso de pessoas com deficiência a bens culturais.

4. As pessoas com deficiência farão jus, em igualdade de oportunidades com as demais pessoas, a que sua identidade cultural e lingüística específica seja reconhecida e apoiada, incluindo as línguas de sinais e a cultura surda.

5. Para que as pessoas com deficiência participem, em igualdade de oportunidades com as demais pessoas, de atividades recreativas, esportivas e de lazer, os Estados Partes tomarão medidas apropriadas para:

a) Incentivar e promover a maior participação possível das pessoas com deficiência nas atividades esportivas comuns em todos os níveis;

b) Assegurar que as pessoas com deficiência tenham a oportunidade de organizar, desenvolver e participar em atividades esportivas e recreativas específicas às deficiências e, para tanto, incentivar a provisão de instrução, treinamento e recursos adequados, em igualdade de oportunidades com as demais pessoas;

c) Assegurar que as pessoas com deficiência tenham acesso a locais de eventos esportivos, recreativos e turísticos;

d) Assegurar que as crianças com deficiência possam, em igualdade de condições com as demais crianças, participar de jogos e atividades recreativas, esportivas e de lazer, inclusive no sistema escolar;

e) Assegurar que as pessoas com deficiência tenham acesso aos serviços prestados por pessoas ou entidades envolvidas na organização de atividades recreativas, turísticas, esportivas e de lazer.

Artigo 31
Estatísticas e coleta de dados

1. Os Estados Partes coletarão dados apropriados, inclusive estatísticos e de pesquisas, para que possam formular e implementar políticas destinadas a por em prática a presente Convenção. O processo de coleta e manutenção de tais dados deverá:

a) Observar as salvaguardas estabelecidas por lei, inclusive pelas leis relativas à proteção de dados, a fim de assegurar a confidencialidade e o respeito pela privacidade das pessoas com deficiência;

b) Observar as normas internacionalmente aceitas para proteger os direitos humanos, as liberdades fundamentais e os princípios éticos na coleta de dados e utilização de estatísticas.

2. As informações coletadas de acordo com o disposto neste Artigo serão desagregadas, de maneira apropriada, e utilizadas para avaliar o cumprimento, por parte dos Estados Partes, de suas obrigações na presente Convenção e para identificar e enfrentar as barreiras com as quais as pessoas com deficiência se deparam no exercício de seus direitos.

3. Os Estados Partes assumirão responsabilidade pela disseminação das referidas estatísticas e assegurarão que elas sejam acessíveis às pessoas com deficiência e a outros.

Artigo 32
Cooperação internacional

1. Os Estados Partes reconhecem a importância da cooperação internacional e de sua promoção, em apoio aos esforços nacionais para a consecução do propósito e dos objetivos da presente Convenção e, sob este aspecto, adotarão medidas apropriadas e efetivas entre os Estados e, de maneira adequada, em parceria com organizações internacionais e regionais relevantes e com a sociedade civil e, em particular, com organizações de pessoas com deficiência. Estas medidas poderão incluir, entre outras:

a) Assegurar que a cooperação internacional, incluindo os programas internacionais de desenvolvimento, sejam inclusivos e acessíveis para pessoas com deficiência;

b) Facilitar e apoiar a capacitação, inclusive por meio do intercâmbio e compartilhamento de informações, experiências, programas de treinamento e melhores práticas;

c) Facilitar a cooperação em pesquisa e o acesso a conhecimentos científicos e técnicos;

d) Propiciar, de maneira apropriada, assistência técnica e financeira, inclusive mediante facilitação do acesso a tecnologias assistivas e acessíveis e seu compartilhamento, bem como por meio de transferência de tecnologias.

2. O disposto neste Artigo se aplica sem prejuízo das obrigações que cabem a cada Estado Parte em decorrência da presente Convenção.

Artigo 33
Implementação e monitoramento nacionais

1. Os Estados Partes, de acordo com seu sistema organizacional, designarão um ou mais de um ponto focal no âmbito do Governo para assuntos relacionados com a implementação da presente Convenção e darão a devida consideração ao estabelecimento ou designação de um mecanismo de coordenação no âmbito do Governo, a fim de facilitar ações correlatas nos diferentes setores e níveis.

2. Os Estados Partes, em conformidade com seus sistemas jurídico e administrativo, manterão, fortalecerão, designarão ou estabelecerão estrutura, incluindo um ou mais de um mecanismo independente, de maneira apropriada, para promover, proteger e monitorar a implementação da presente Convenção. Ao designar ou estabelecer tal mecanismo, os Estados Partes levarão em conta os princípios relativos ao status e funcionamento das instituições nacionais de proteção e promoção dos direitos humanos.

3. A sociedade civil e, particularmente, as pessoas com deficiência e suas organizações representativas serão envolvidas e participarão plenamente no processo de monitoramento.

Artigo 34
Comitê sobre os Direitos das Pessoas com Deficiência

1. Um Comitê sobre os Direitos das Pessoas com Deficiência (doravante denominado "Comitê") será estabelecido, para desempenhar as funções aqui definidas.

2. O Comitê será constituído, quando da entrada em vigor da presente Convenção, de 12 peritos. Quando a presente Convenção alcançar 60 ratificações ou adesões, o Comitê será acrescido em seis membros, perfazendo o total de 18 membros.

3. Os membros do Comitê atuarão a título pessoal e apresentarão elevada postura moral, competência e experiência reconhecidas no campo abrangido pela presente Convenção. Ao designar seus candidatos, os Estados Partes são instados a dar a devida consideração ao disposto no Artigo 4.3 da presente Convenção.

4. Os membros do Comitê serão eleitos pelos Estados Partes, observando-se uma distribuição geográfica eqüitativa, representação de diferentes formas de civilização e dos principais sistemas jurídicos, representação equilibrada de gênero e participação de peritos com deficiência.

5. Os membros do Comitê serão eleitos por votação secreta em sessões da Conferência dos Estados Partes, a partir de uma lista de pessoas designadas pelos Estados Partes entre seus nacionais. Nessas sessões, cujo quorum será de dois terços dos Estados Partes, os candidatos eleitos para o Comitê serão aqueles que obtiverem o maior número de votos e a maioria absoluta dos votos dos representantes dos Estados Partes presentes e votantes.

6. A primeira eleição será realizada, o mais tardar, até seis meses após a data de entrada em vigor da presente Convenção. Pelo menos quatro meses antes de cada eleição, o Secretário-Geral das Nações Unidas dirigirá carta aos Estados Partes, convidando-os a submeter os nomes de seus candidatos no prazo de dois meses. O Secretário-Geral, subseqüentemente, preparará lista em ordem alfabética de todos os candidatos apresentados, indicando que foram designados pelos Estados Partes, e submeterá essa lista aos Estados Partes da presente Convenção.

7. Os membros do Comitê serão eleitos para mandato de quatro anos, podendo ser candidatos à reeleição uma única vez. Contudo, o mandato de seis dos membros eleitos na primeira eleição expirará ao fim de dois anos; imediatamente após a primeira eleição, os nomes desses seis membros serão selecionados por sorteio pelo presidente da sessão a que se refere o parágrafo 5 deste Artigo.

8. A eleição dos seis membros adicionais do Comitê será realizada por ocasião das eleições regulares, de acordo com as disposições pertinentes deste Artigo.

9. Em caso de morte, demissão ou declaração de um membro de que, por algum motivo, não poderá continuar a exercer suas funções, o Estado Parte que o tiver indicado designará um outro perito que tenha as qualificações e satisfaça aos requisitos estabelecidos pelos dispositivos pertinentes deste Artigo, para concluir o mandato em questão.

10. O Comitê estabelecerá suas próprias normas de procedimento.

11. O Secretário-Geral das Nações Unidas proverá o pessoal e as instalações necessários para o efetivo desempenho das funções do Comitê segundo a presente Convenção e convocará sua primeira reunião.

12. Com a aprovação da Assembléia Geral, os membros do Comitê estabelecido sob a presente Convenção receberão emolumentos dos recursos das Nações Unidas, sob termos e condições que a Assembléia possa decidir, tendo em vista a importância das responsabilidades do Comitê.

13. Os membros do Comitê terão direito aos privilégios, facilidades e imunidades dos peritos em missões das Nações Unidas, em conformidade com as disposições pertinentes da Convenção sobre Privilégios e Imunidades das Nações Unidas.

Artigo 35
Relatórios dos Estados Partes

1. Cada Estado Parte, por intermédio do Secretário-Geral das Nações Unidas, submeterá relatório abrangente sobre as medidas adotadas em cumprimento de suas obrigações estabelecidas pela presente Convenção e sobre o progresso alcançado nesse aspecto, dentro do período de dois anos após a entrada em vigor da presente Convenção para o Estado Parte concernente.

2. Depois disso, os Estados Partes submeterão relatórios subseqüentes, ao menos a cada quatro anos, ou quando o Comitê o solicitar.

3. O Comitê determinará as diretrizes aplicáveis ao teor dos relatórios.

4. Um Estado Parte que tiver submetido ao Comitê um relatório inicial abrangente não precisará, em relatórios subseqüentes, repetir informações já apresentadas. Ao elaborar os relatórios ao Comitê, os Estados Partes são instados a fazê-lo de maneira franca e transparente e a levar em consideração o disposto no Artigo 4.3 da presente Convenção.

5. Os relatórios poderão apontar os fatores e as dificuldades que tiverem afetado o cumprimento das obrigações decorrentes da presente Convenção.

Artigo 36
Consideração dos relatórios

1. Os relatórios serão considerados pelo Comitê, que fará as sugestões e recomendações gerais que julgar pertinentes e as transmitirá aos respectivos Estados Partes. O Estado Parte poderá responder ao Comitê com as informações que julgar pertinentes. O Comitê poderá pedir informações adicionais ao Estados Partes, referentes à implementação da presente Convenção.

2. Se um Estado Parte atrasar consideravelmente a entrega de seu relatório, o Comitê poderá notificar esse Estado de que examinará a aplicação da presente Convenção com base em informações confiáveis de que disponha, a menos que o relatório devido seja apresentado pelo Estado dentro do período de três meses após a notificação. O Comitê convidará o Estado Parte interessado a participar desse exame. Se o Estado Parte responder entregando seu relatório, aplicar-se-á o disposto no parágrafo 1 do presente artigo.

3. O Secretário-Geral das Nações Unidas colocará os relatórios à disposição de todos os Estados Partes.

4. Os Estados Partes tornarão seus relatórios amplamente disponíveis ao público em seus países e facilitarão o acesso à possibilidade de sugestões e de recomendações gerais a respeito desses relatórios.

5. O Comitê transmitirá às agências, fundos e programas especializados das Nações Unidas e a outras organizações competentes, da maneira que julgar apropriada, os relatórios dos Estados Partes que contenham demandas ou indicações de necessidade de consultoria ou de assistência técnica, acompanhados de eventuais observações e sugestões do Comitê em relação às referidas demandas ou indicações, a fim de que possam ser consideradas.

Artigo 37
Cooperação entre os Estados Partes e o Comitê

1. Cada Estado Parte cooperará com o Comitê e auxiliará seus membros no desempenho de seu mandato.

2. Em suas relações com os Estados Partes, o Comitê dará a devida consideração aos meios e modos de aprimorar a capacidade de cada Estado Parte para a implementação da presente Convenção, inclusive mediante cooperação internacional.

Artigo 38
Relações do Comitê com outros órgãos

A fim de promover a efetiva implementação da presente Convenção e de incentivar a cooperação internacional na esfera abrangida pela presente Convenção:

a) As agências especializadas e outros órgãos das Nações Unidas terão o direito de se fazer representar quando da consideração da implementação de disposições da presente Convenção que disserem respeito aos seus respectivos mandatos. O Comitê poderá convidar as agências especializadas e outros órgãos competentes, segundo julgar apropriado, a oferecer consultoria de peritos sobre a implementação da Convenção em áreas pertinentes a seus respectivos mandatos. O Comitê poderá convidar agências especializadas e outros órgãos das Nações Unidas a apresentar relatórios sobre a implementação da Convenção em áreas pertinentes às suas respectivas atividades;

b) No desempenho de seu mandato, o Comitê consultará, de maneira apropriada, outros órgãos pertinentes instituídos ao amparo de tratados internacionais de direitos humanos, a fim de assegurar a consistência de suas respectivas diretrizes para a elaboração de relatórios, sugestões e recomendações gerais e de evitar duplicação e superposição no desempenho de suas funções.

Artigo 39
Relatório do Comitê

A cada dois anos, o Comitê submeterá à Assembléia Geral e ao Conselho Econômico e Social um relatório de suas atividades e poderá fazer sugestões e recomendações gerais baseadas no exame dos relatórios e nas informações recebidas dos Estados Partes. Estas sugestões e recomendações gerais serão incluídas no relatório do Comitê, acompanhadas, se houver, de comentários dos Estados Partes.

Artigo 40
Conferência dos Estados Partes

1. Os Estados Partes reunir-se-ão regularmente em Conferência dos Estados Partes a fim de considerar matérias relativas à implementação da presente Convenção.

2. O Secretário-Geral das Nações Unidas convocará, dentro do período de seis meses após a entrada em vigor da presente Convenção, a Conferência dos Estados Partes. As reuniões subseqüentes serão convocadas pelo Secretário-Geral das Nações Unidas a cada dois anos ou conforme a decisão da Conferência dos Estados Partes.

Artigo 41
Depositário

O Secretário-Geral das Nações Unidas será o depositário da presente Convenção.

Artigo 42
Assinatura

A presente Convenção será aberta à assinatura de todos os Estados e organizações de integração regional na sede das Nações Unidas em Nova York, a partir de 30 de março de 2007.

Artigo 43
Consentimento em comprometer-se

A presente Convenção será submetida à ratificação pelos Estados signatários e à confirmação formal por organizações de integração regional signatárias. Ela estará aberta à adesão de qualquer Estado ou organização de integração regional que não a houver assinado.

Artigo 44
Organizações de integração regional

1. "Organização de integração regional" será entendida como organização constituída por Estados soberanos de determinada região, à qual seus Estados membros tenham delegado competência sobre matéria abrangida pela presente Convenção. Essas organizações declararão, em seus documentos de confirmação formal ou adesão, o alcance de sua competência em relação à matéria abrangida pela presente Convenção. Subseqüentemente, as organizações informarão ao depositário qualquer alteração substancial no âmbito de sua competência.

2. As referências a "Estados Partes" na presente Convenção serão aplicáveis a essas organizações, nos limites da competência destas.

3. Para os fins do parágrafo 1 do Artigo 45 e dos parágrafos 2 e 3 do Artigo 47, nenhum instrumento depositado por organização de integração regional será computado.

4. As organizações de integração regional, em matérias de sua competência, poderão exercer o direito de voto na Conferência dos Estados Partes, tendo direito ao mesmo número de votos quanto for o número de seus Estados membros que forem Partes da presente Convenção. Essas organizações não exercerão seu direito de voto, se qualquer de seus Estados membros exercer seu direito de voto, e vice-versa.

Artigo 45
Entrada em vigor

1. A presente Convenção entrará em vigor no trigésimo dia após o depósito do vigésimo instrumento de ratificação ou adesão.

2. Para cada Estado ou organização de integração regional que ratificar ou formalmente confirmar a presente Convenção ou a ela aderir após o depósito do referido vigésimo instrumento, a Convenção entrará em vigor no trigésimo dia a partir da data

em que esse Estado ou organização tenha depositado seu instrumento de ratificação, confirmação formal ou adesão.

Artigo 46
Reservas

1. Não serão permitidas reservas incompatíveis com o objeto e o propósito da presente Convenção.

2. As reservas poderão ser retiradas a qualquer momento.

Artigo 47
Emendas

1. Qualquer Estado Parte poderá propor emendas à presente Convenção e submetê-las ao Secretário-Geral das Nações Unidas. O Secretário-Geral comunicará aos Estados Partes quaisquer emendas propostas, solicitando-lhes que o notifiquem se são favoráveis a uma Conferência dos Estados Partes para considerar as propostas e tomar decisão a respeito delas. Se, até quatro meses após a data da referida comunicação, pelo menos um terço dos Estados Partes se manifestar favorável a essa Conferência, o Secretário-Geral das Nações Unidas convocará a Conferência, sob os auspícios das Nações Unidas. Qualquer emenda adotada por maioria de dois terços dos Estados Partes presentes e votantes será submetida pelo Secretário-Geral à aprovação da Assembléia Geral das Nações Unidas e, posteriormente, à aceitação de todos os Estados Partes.

2. Qualquer emenda adotada e aprovada conforme o disposto no parágrafo 1 do presente artigo entrará em vigor no trigésimo dia após a data na qual o número de instrumentos de aceitação tenha atingido dois terços do número de Estados Partes na data de adoção da emenda. Posteriormente, a emenda entrará em vigor para todo Estado Parte no trigésimo dia após o depósito por esse Estado do seu instrumento de aceitação. A emenda será vinculante somente para os Estados Partes que a tiverem aceitado.

3. Se a Conferência dos Estados Partes assim o decidir por consenso, qualquer emenda adotada e aprovada em conformidade com o disposto no parágrafo 1 deste Artigo, relacionada exclusivamente com os artigos 34, 38, 39 e 40, entrará em vigor para todos os Estados Partes no trigésimo dia a partir da data em que o número de instrumentos de aceitação depositados tiver atingido dois terços do número de Estados Partes na data de adoção da emenda.

Artigo 48
Denúncia

Qualquer Estado Parte poderá denunciar a presente Convenção mediante notificação por escrito ao Secretário-Geral das Nações Unidas. A denúncia tornar-se-á efetiva um ano após a data de recebimento da notificação pelo Secretário-Geral.

Artigo 49
Formatos acessíveis

O texto da presente Convenção será colocado à disposição em formatos acessíveis.

Artigo 50
Textos autênticos

Os textos em árabe, chinês, espanhol, francês, inglês e russo da presente Convenção serão igualmente autênticos.

EM FÉ DO QUE os plenipotenciários abaixo assinados, devidamente autorizados para tanto por seus respectivos Governos, firmaram a presente Convenção.

PROTOCOLO FACULTATIVO À CONVENÇÃO SOBRE OS DIREITOS DAS PESSOAS COM DEFICIÊNCIA

Os Estados Partes do presente Protocolo acordaram o seguinte:

Artigo 1

1. Qualquer Estado Parte do presente Protocolo ("Estado Parte") reconhece a competência do Comitê sobre os Direitos das Pessoas com Deficiência ("Comitê") para receber e considerar comunicações submetidas por pessoas ou grupos de pessoas, ou em nome deles, sujeitos à sua jurisdição, alegando serem vítimas de violação das disposições da Convenção pelo referido Estado Parte.

2. O Comitê não receberá comunicação referente a qualquer Estado Parte que não seja signatário do presente Protocolo.

Artigo 2
O Comitê considerará inadmissível a comunicação quando:

a) A comunicação for anônima;

b) A comunicação constituir abuso do direito de submeter tais comunicações ou for incompatível com as disposições da Convenção;

c) A mesma matéria já tenha sido examinada pelo Comitê ou tenha sido ou estiver sendo examinada sob outro procedimento de investigação ou resolução internacional;

d) Não tenham sido esgotados todos os recursos internos disponíveis, salvo no caso em que a tramitação desses recursos se prolongue injustificadamente, ou seja improvável que se obtenha com eles solução efetiva;

e) A comunicação estiver precariamente fundamentada ou não for suficientemente substanciada; ou

f) Os fatos que motivaram a comunicação tenham ocorrido antes da entrada em vigor do presente Protocolo para o Estado Parte em apreço, salvo se os fatos continuaram ocorrendo após aquela data.

Artigo 3

Sujeito ao disposto no Artigo 2 do presente Protocolo, o Comitê levará confidencialmente ao conhecimento do Estado Parte concernente qualquer comunicação submetida ao Comitê. Dentro do período de seis meses, o Estado concernente submeterá ao Comitê explicações ou declarações por escrito, esclarecendo a matéria e a eventual solução adotada pelo referido Estado.

Artigo 4

1. A qualquer momento após receber uma comunicação e antes de decidir o mérito dessa comunicação, o Comitê poderá transmitir ao Estado Parte concernente, para sua urgente consideração, um pedido para que o Estado Parte tome as medidas de natureza cautelar que forem necessárias para evitar possíveis danos irreparáveis à vítima ou às vítimas da violação alegada.

2. O exercício pelo Comitê de suas faculdades discricionárias em virtude do parágrafo 1 do presente Artigo não implicará prejuízo algum sobre a admissibilidade ou sobre o mérito da comunicação.

Artigo 5

O Comitê realizará sessões fechadas para examinar comunicações a ele submetidas em conformidade com o presente Protocolo. Depois de examinar uma comunicação, o Comitê enviará suas sugestões e recomendações, se houver, ao Estado Parte concernente e ao requerente.

Artigo 6

1. Se receber informação confiável indicando que um Estado Parte está cometendo violação grave ou sistemática de direitos estabelecidos na Convenção, o Comitê convidará o referido Estado Parte a colaborar com a verificação da informação e, para tanto, a submeter suas observações a respeito da informação em pauta.

2. Levando em conta quaisquer observações que tenham sido submetidas pelo Estado Parte concernente, bem como quaisquer outras informações confiáveis em poder do Comitê, este poderá designar um ou mais de seus membros para realizar investigação e apresentar, em caráter de urgência, relatório ao Comitê. Caso se justifique e o Estado Parte o consinta, a investigação poderá incluir uma visita ao território desse Estado.

3. Após examinar os resultados da investigação, o Comitê os comunicará ao Estado Parte concernente, acompanhados de eventuais comentários e recomendações.

4. Dentro do período de seis meses após o recebimento dos resultados, comentários e recomendações transmitidos pelo Comitê, o Estado Parte concernente submeterá suas observações ao Comitê.

5. A referida investigação será realizada confidencialmente e a cooperação do Estado Parte será solicitada em todas as fases do processo.

Artigo 7

1. O Comitê poderá convidar o Estado Parte concernente a incluir em seu relatório, submetido em conformidade com o disposto no Artigo 35 da Convenção, pormenores a respeito das medidas tomadas em conseqüência da investigação realizada em conformidade com o Artigo 6 do presente Protocolo.

2. Caso necessário, o Comitê poderá, encerrado o período de seis meses a que se refere o parágrafo 4 do Artigo 6, convidar o Estado Parte concernente a informar o Comitê a respeito das medidas tomadas em conseqüência da referida investigação.

Artigo 8

Qualquer Estado Parte poderá, quando da assinatura ou ratificação do presente Protocolo ou de sua adesão a ele, declarar que não reconhece a competência do Comitê, a que se referem os Artigos 6 e 7.

Artigo 9

O Secretário-Geral das Nações Unidas será o depositário do presente Protocolo.

Artigo 10

O presente Protocolo será aberto à assinatura dos Estados e organizações de integração regional signatários da Convenção, na sede das Nações Unidas em Nova York, a partir de 30 de março de 2007.

Artigo 11

O presente Protocolo estará sujeito à ratificação pelos Estados signatários do presente Protocolo que tiverem ratificado a Convenção ou aderido a ela. Ele estará sujeito à confirmação formal por organizações de integração regional signatárias do presente Protocolo que tiverem formalmente confirmado a Convenção ou a ela aderido. O

Protocolo ficará aberto à adesão de qualquer Estado ou organização de integração regional que tiver ratificado ou formalmente confirmado a Convenção ou a ela aderido e que não tiver assinado o Protocolo.

Artigo 12

1. "Organização de integração regional" será entendida como organização constituída por Estados soberanos de determinada região, à qual seus Estados membros tenham delegado competência sobre matéria abrangida pela Convenção e pelo presente Protocolo. Essas organizações declararão, em seus documentos de confirmação formal ou adesão, o alcance de sua competência em relação à matéria abrangida pela Convenção e pelo presente Protocolo. Subseqüentemente, as organizações informarão ao depositário qualquer alteração substancial no alcance de sua competência.
2. As referências a "Estados Partes" no presente Protocolo serão aplicáveis a essas organizações, nos limites da competência de tais organizações.
3. Para os fins do parágrafo 1 do Artigo 13 e do parágrafo 2 do Artigo 15, nenhum instrumento depositado por organização de integração regional será computado.
4. As organizações de integração regional, em matérias de sua competência, poderão exercer o direito de voto na Conferência dos Estados Partes, tendo direito ao mesmo número de votos que seus Estados membros que forem Partes do presente Protocolo. Essas organizações não exercerão seu direito de voto se qualquer de seus Estados membros exercer seu direito de voto, e vice-versa.

Artigo 13

1. Sujeito à entrada em vigor da Convenção, o presente Protocolo entrará em vigor no trigésimo dia após o depósito do décimo instrumento de ratificação ou adesão.
2. Para cada Estado ou organização de integração regional que ratificar ou formalmente confirmar o presente Protocolo ou a ele aderir depois do depósito do décimo instrumento dessa natureza, o Protocolo entrará em vigor no trigésimo dia a partir da data em que esse Estado ou organização tenha depositado seu instrumento de ratificação, confirmação formal ou adesão.

Artigo 14

1. Não serão permitidas reservas incompatíveis com o objeto e o propósito do presente Protocolo.
2. As reservas poderão ser retiradas a qualquer momento.

Artigo 15

1. Qualquer Estado Parte poderá propor emendas ao presente Protocolo e submetê-las ao Secretário-Geral das Nações Unidas. O Secretário-Geral comunicará aos Estados Partes quaisquer emendas propostas, solicitando-lhes que o notifiquem se são favoráveis a uma Conferência dos Estados Partes para considerar as propostas e tomar decisão a respeito delas. Se, até quatro meses após a data da referida comunicação, pelo menos um terço dos Estados Partes se manifestar favorável a essa Conferência, o Secretário-Geral das Nações Unidas convocará a Conferência, sob os auspícios das Nações Unidas. Qualquer emenda adotada por maioria de dois terços dos Estados Partes presentes e votantes será submetida pelo Secretário-Geral à aprovação da Assembleia Geral das Nações Unidas e, posteriormente, à aceitação de todos os Estados Partes.
2. Qualquer emenda adotada e aprovada conforme o disposto no parágrafo 1 do presente artigo entrará em vigor no trigésimo dia após a data na qual o número de instrumentos de aceitação tenha atingido dois terços do número de Estados Partes na data de adoção da emenda. Posteriormente, a emenda entrará em vigor para todo Estado Parte no trigésimo dia após o depósito por esse Estado do seu instrumento de aceitação. A emenda será vinculante somente para os Estados Partes que a tiverem aceitado.

Artigo 16

Qualquer Estado Parte poderá denunciar o presente Protocolo mediante notificação por escrito ao Secretário-Geral das Nações Unidas. A denúncia tornar-se-á efetiva um ano após a data de recebimento da notificação pelo Secretário-Geral.

Artigo 17

O texto do presente Protocolo será colocado à disposição em formatos acessíveis.

Artigo 18

Os textos em árabe, chinês, espanhol, francês, inglês e russo e do presente Protocolo serão igualmente autênticos.

EM FÉ DO QUE os plenipotenciários abaixo assinados, devidamente autorizados para tanto por seus respectivos governos, firmaram o presente Protocolo.

LEI Nº 12.023, DE 27 DE AGOSTO DE 2009

Dispõe sobre as atividades de movimentação de mercadorias em geral e sobre o trabalho avulso.

▸ *Trabalho avulso*

O PRESIDENTE DA REPÚBLICA Faço saber que o Congresso Nacional decreta e eu sanciono a seguinte Lei:

Art. 1º As atividades de movimentação de mercadorias em geral exercidas por trabalhadores avulsos, para os fins desta Lei, são aquelas desenvolvidas em áreas urbanas ou rurais sem vínculo empregatício, mediante intermediação obrigatória do sindicato da categoria, por meio de Acordo ou Convenção Coletiva de Trabalho para execução das atividades.

Parágrafo único. A remuneração, a definição das funções, a composição de equipes e as demais condições de trabalho serão objeto de negociação entre as entidades representativas dos trabalhadores avulsos e dos tomadores de serviços.

Art. 2º São atividades da movimentação de mercadorias em geral:

I – cargas e descargas de mercadorias a granel e ensacados, costura, pesagem, embalagem, enlonamento, ensaque, arrasto, posicionamento, acomodação, reordenamento, reparação da carga, amostragem, arrumação, remoção, classificação, empilhamento, transporte com empilhadeiras, paletização, ova e desova de vagões, carga e descarga em feiras livres e abastecimento de lenha em secadores e caldeiras;

II – operações de equipamentos de carga e descarga;

III – pré-limpeza e limpeza em locais necessários à viabilidade das operações ou à sua continuidade.

Parágrafo único. *(Vetado)*

Art. 3º As atividades de que trata esta Lei serão exercidas por trabalhadores com vínculo empregatício ou em regime de trabalho avulso nas empresas tomadoras do serviço.

Art. 4º O sindicato elaborará a escala de trabalho e as folhas de pagamento dos trabalhadores avulsos, com a indicação do tomador do serviço e dos trabalhadores que participaram da operação, devendo prestar, com relação a estes, as seguintes informações:

I – os respectivos números de registros ou cadastro no sindicato;

II – o serviço prestado e os turnos trabalhados;

III – as remunerações pagas, devidas ou creditadas a cada um dos trabalhadores, registrando-se as parcelas referentes a:

a) repouso remunerado;

b) Fundo de Garantia por Tempo de Serviço;

c) 13º salário;

d) férias remuneradas mais 1/3 (um terço) constitucional;

e) adicional de trabalho noturno;

f) adicional de trabalho extraordinário.

Art. 5º São deveres do sindicato intermediador:

I – divulgar amplamente as escalas de trabalho dos avulsos, com a observância do rodízio entre os trabalhadores;

II – proporcionar equilíbrio na distribuição das equipes e funções, visando à remuneração em igualdade de condições de trabalho para todos e a efetiva participação dos trabalhadores não sindicalizados;

III – repassar aos respectivos beneficiários, no prazo máximo de 72 (setenta e duas) horas úteis, contadas a partir do seu arrecadamento, os valores devidos e pagos pelos tomadores do serviço, relativos à remuneração do trabalhador avulso;

IV – exibir para os tomadores da mão de obra avulsa e para as fiscalizações competentes os documentos que comprovem o efetivo pagamento das remunerações devidas aos trabalhadores avulsos;

V – zelar pela observância das normas de segurança, higiene e saúde no trabalho;

VI – firmar Acordo ou Convenção Coletiva de Trabalho para normatização das condições de trabalho.

§ 1º Em caso de descumprimento do disposto no inciso III deste artigo, serão responsáveis, pessoal e solidariamente, os dirigentes da entidade sindical.

§ 2º A identidade de cadastro para a escalação não será a carteira do sindicato e não assumirá nenhuma outra forma que possa dar ensejo à distinção entre trabalhadores sindicalizados e não sindicalizados para efeito de acesso ao trabalho.

Art. 6º São deveres do tomador de serviços:

I – pagar ao sindicato os valores devidos pelos serviços prestados ou dias trabalhados, acrescidos dos percentuais relativos a repouso remunerado, 13º salário e férias acrescidas de 1/3 (um terço), para viabilizar o pagamento do trabalhador avulso, bem como os percentuais referentes aos adicionais extraordinários e noturnos;

II – efetuar o pagamento a que se refere o inciso I, no prazo máximo de 72 (setenta e duas) horas úteis, contadas a partir do encerramento do trabalho requisitado;

III – recolher os valores devidos ao Fundo de Garantia por Tempo de Serviço, acrescido dos percentuais relativos ao 13º salário, férias, encargos fiscais, sociais e previdenciários, observando o prazo legal.

Art. 7º A liberação das parcelas referentes ao 13º salário e às férias, depositadas nas contas individuais vinculadas e o recolhimento do FGTS e dos encargos fiscais e previdenciários serão efetuados conforme regulamentação do Poder Executivo.

Art. 8º As empresas tomadoras do trabalho avulso respondem solidariamente pela efetiva remuneração do trabalho contratado e são responsáveis pelo recolhimento dos encargos fiscais e sociais, bem como das contribuições ou de outras importâncias devidas à Seguridade Social, no limite do uso que fizerem do trabalho avulso intermediado pelo sindicato.

Art. 9º As empresas tomadoras do trabalho avulso são responsáveis pelo fornecimento dos Equipamentos de Proteção Individual e por zelar pelo cumprimento das normas de segurança no trabalho.

Art. 10. A inobservância dos deveres estipulados nos arts. 5º e 6º sujeita os respectivos infratores à multa administrativa no valor de R$ 500,00 (quinhentos reais) por trabalhador avulso prejudicado.

Parágrafo único. O processo de fiscalização, notificação, autuação e imposição de multas reger-se-á pelo disposto no Título VII da Consolidação das Leis do Trabalho – CLT, aprovada pelo Decreto-Lei nº 5.452, de 1º de maio de 1943.

Art. 11. Esta Lei não se aplica às relações de trabalho regidas pela Lei nº 8.630, de 25 de fevereiro de 1993, e pela Lei nº 9.719, de 27 de novembro de 1998.

Art. 12. Esta Lei entra em vigor 30 (trinta) dias após sua publicação.

Brasília, 27 de agosto de 2009; 188º da Independência e 121º da República.

Luiz Inácio Lula da Silva

LEI Nº 12.153, DE 22 DE DEZEMBRO DE 2009

Dispõe sobre os Juizados Especiais da Fazenda Pública no âmbito dos Estados, do Distrito Federal, dos Territórios e dos Municípios.

- *Juizados Especiais da Fazenda Pública*

O PRESIDENTE DA REPÚBLICA Faço saber que o Congresso Nacional decreta e eu sanciono a seguinte Lei:

- Lei 10.259/2001 – Dispõe sobre a instituição dos Juizados Especiais Cíveis e Criminais no âmbito da Justiça Federal.
- Lei 9.099/1995 – Juizados Especiais Cíveis e Criminais dos Estados, Territórios e Distrito Federal.

Art. 1º. Os Juizados Especiais da Fazenda Pública, órgãos da justiça comum e integrantes do Sistema dos Juizados Especiais, serão criados pela União, no Distrito Federal e nos Territórios, e pelos Estados, para conciliação, processo, julgamento e execução, nas causas de sua competência.

Parágrafo único. O sistema dos Juizados Especiais dos Estados e do Distrito Federal é formado pelos Juizados Especiais Cíveis, Juizados Especiais Criminais e Juizados Especiais da Fazenda Pública.

Art. 2º. É de competência dos Juizados Especiais da Fazenda Pública processar, conciliar e julgar causas cíveis de interesse dos Estados, do Distrito Federal, dos Territórios e dos Municípios, até o valor de 60 (sessenta) salários mínimos.

§ 1º. Não se incluem na competência do Juizado Especial da Fazenda Pública:

I – as ações de mandado de segurança, de desapropriação, de divisão e demarcação, populares, por improbidade administrativa, execuções fiscais e as demandas sobre direitos ou interesses difusos e coletivos;

- Lei 12.016/2009 – Disciplina o mandado de segurança individual e coletivo.
- Decreto-Lei 3.365/1941 – Dispõe sobre desapropriações por utilidade pública.
- Lei 8.429/1992 – Lei da improbidade administrativa;
- Lei 6.830/1980 – Lei de execução fiscal.

II – as causas sobre bens imóveis dos Estados, Distrito Federal, Territórios e Municípios, autarquias e fundações públicas a eles vinculadas;

III – as causas que tenham como objeto a impugnação da pena de demissão imposta a servidores públicos civis ou sanções disciplinares aplicadas a militares.

» *Vide* art. 323 do CPC.

§ 2º. Quando a pretensão versar sobre obrigações vincendas, para fins de competência do Juizado Especial, a soma de 12 (doze) parcelas vincendas e de eventuais parcelas vencidas não poderá exceder o valor referido no *caput* deste artigo.

» *Vide* art. 323 do CPC.

§ 3º. *(VETADO).*

§ 4º. No foro onde estiver instalado Juizado Especial da Fazenda Pública, a sua competência é absoluta.

Art. 3º. O juiz poderá, de ofício ou a requerimento das partes, deferir quaisquer providências cautelares e antecipatórias no curso do processo, para evitar dano de difícil ou de incerta reparação.

- CPC/15: art..311.

» *Vide* arts. 294 a 311 do CPC.

Art. 4º. Exceto nos casos do art. 3º, somente será admitido recurso contra a sentença.

» *Vide* art. 203, § 1.º, do CPC.

Art. 5º. Podem ser partes no Juizado Especial da Fazenda Pública:

I – como autores, as pessoas físicas e as microempresas e empresas de pequeno porte, assim definidas na Lei Complementar nº 123, de 14 de dezembro de 2006;

II – como réus, os Estados, o Distrito Federal, os Territórios e os Municípios, bem como autarquias, fundações e empresas públicas a eles vinculadas.

Art. 6º. Quanto às citações e intimações, aplicam-se as disposições contidas na Lei nº 5.869, de 11 de janeiro de 1973 – Código de Processo Civil.

- Lei 13.105/2015 revogou a Lei 5.869/1973.
- CPC/15: arts. 230 a 232.

» *Vide* arts. 238 a 275 do CPC.

Art. 7º. Não haverá prazo diferenciado para a prática de qualquer ato processual pelas pessoas jurídicas de direito público, inclusive a interposição de recursos, devendo a citação para a audiência de conciliação ser efetuada com antecedência mínima de 30 (trinta) dias.

Art. 8º. Os representantes judiciais dos réus presentes à audiência poderão conciliar, transigir ou desistir nos processos da competência dos Juizados Especiais, nos termos e nas hipóteses previstas na lei do respectivo ente da Federação.

» *Vide* art. 334, § 10, do CPC.

Art. 9º. A entidade ré deverá fornecer ao Juizado a documentação de que disponha para o esclarecimento da causa, apresentando-a até a instalação da audiência de conciliação.

Art. 10. Para efetuar o exame técnico necessário à conciliação ou ao julgamento da causa, o juiz nomeará pessoa habilitada, que apresentará o laudo até 5 (cinco) dias antes da audiência.

Art. 11. Nas causas de que trata esta Lei, não haverá reexame necessário.

Art. 12. O cumprimento do acordo ou da sentença, com trânsito em julgado, que imponham obrigação de fazer, não fazer ou entrega de coisa certa, será efetuado mediante ofício do juiz à autoridade citada para a causa, com cópia da sentença ou do acordo.

- CPC/15: arts. 516, e 536 a 538.

» *Vide* arts. 806 a 823 do CPC.

Art. 13. Tratando-se de obrigação de pagar quantia certa, após o trânsito em julgado da decisão, o pagamento será efetuado:

- CPC/15: arts. 520 a 522.

I – no prazo máximo de 60 (sessenta) dias, contado da entrega da requisição do juiz à autoridade citada para a causa, independentemente de precatório, na hipótese do § 3º do art. 100 da Constituição Federal; ou

II – mediante precatório, caso o montante da condenação exceda o valor definido como obrigação de pequeno valor.

§ 1º. Desatendida a requisição judicial, o juiz, imediatamente, determinará o sequestro do numerário suficiente ao cumprimento da decisão, dispensada a audiência da Fazenda Pública.

§ 2º. As obrigações definidas como de pequeno valor a serem pagas independentemente de precatório terão como limite o que for estabelecido na lei do respectivo ente da Federação.

§ 3º. Até que se dê a publicação das leis de que trata o § 2º, os valores serão:

I – 40 (quarenta) salários mínimos, quanto aos Estados e ao Distrito Federal;

II – 30 (trinta) salários mínimos, quanto aos Municípios.

§ 4º. São vedados o fracionamento, a repartição ou a quebra do valor da execução, de modo que o pagamento se faça, em parte, na forma estabelecida no inciso I do *caput* e, em parte, mediante expedição de precatório, bem como a expedição de precatório complementar ou suplementar do valor pago.

§ 5º. Se o valor da execução ultrapassar o estabelecido para pagamento independentemente do precatório, o pagamento far-se-á, sempre, por meio do precatório, sendo facultada à parte exequente a renúncia ao crédito do valor excedente, para que possa optar pelo pagamento do saldo sem o precatório.

» *Vide* art. 910 do CPC.

§ 6º. O saque do valor depositado poderá ser feito pela parte autora, pessoalmente, em qualquer agência do banco depositário, independentemente de alvará.

§ 7º. O saque por meio de procurador somente poderá ser feito na agência destinatária do depósito, mediante procuração específica, com firma reconhecida, da qual constem o valor originalmente depositado e sua procedência.

Art. 14. Os Juizados Especiais da Fazenda Pública serão instalados pelos Tribunais de Justiça dos Estados e do Distrito Federal.

Parágrafo único. Poderão ser instalados Juizados Especiais Adjuntos, cabendo ao Tribunal designar a Vara onde funcionará.

Art. 15. Serão designados, na forma da legislação dos Estados e do Distrito Federal, conciliadores e juízes leigos dos Juizados Especiais da Fazenda Pública, observadas as atribuições previstas nos arts. 22, 37 e 40 da Lei nº 9.099, de 26 de setembro de 1995.

§ 1º. Os conciliadores e juízes leigos são auxiliares da Justiça, recrutados, os primeiros, preferentemente, entre os bacharéis em Direito, e os segundos, entre advogados com mais de 2 (dois) anos de experiência.

» *Vide* arts. 165 a 175 do CPC.

§ 2º. Os juízes leigos ficarão impedidos de exercer a advocacia perante todos os Juizados Especiais da Fazenda Pública instalados em território nacional, enquanto no desempenho de suas funções.

Art. 16. Cabe ao conciliador, sob a supervisão do juiz, conduzir a audiência de conciliação.

§ 1º. Poderá o conciliador, para fins de encaminhamento da composição amigável, ouvir as partes e testemunhas sobre os contornos fáticos da controvérsia.

§ 2º. Não obtida a conciliação, caberá ao juiz presidir a instrução do processo, podendo dispensar novos depoimentos, se entender suficientes para o julgamento da causa os esclarecimentos já constantes dos autos, e não houver impugnação das partes.

Art. 17. As Turmas Recursais do Sistema dos Juizados Especiais são compostas por juízes em exercício no primeiro grau de jurisdição, na forma da legislação dos Estados e do Distrito Federal, com mandato de 2 (dois) anos, e integradas, preferencialmente, por juízes do Sistema dos Juizados Especiais.

§ 1º. A designação dos juízes das Turmas Recursais obedecerá aos critérios de antiguidade e merecimento.

§ 2º. Não será permitida a recondução, salvo quando não houver outro juiz na sede da Turma Recursal.

Art. 18. Caberá pedido de uniformização de interpretação de lei quando houver divergência entre decisões proferidas por Turmas Recursais sobre questões de direito material.

§ 1º. O pedido fundado em divergência entre Turmas do mesmo Estado será julgado em reunião conjunta das Turmas em conflito, sob a presidência de desembargador indicado pelo Tribunal de Justiça.

§ 2º. No caso do § 1º, a reunião de juízes domiciliados em cidades diversas poderá ser feita por meio eletrônico.

§ 3º. Quando as Turmas de diferentes Estados derem a lei federal interpretações divergentes, ou quando a decisão proferida estiver em contrariedade com súmula do Superior Tribunal de Justiça, o pedido será por este julgado.

Art. 19. Quando a orientação acolhida pelas Turmas de Uniformização de que trata o § 1º do art. 18 contrariar súmula do Superior Tribunal de Justiça, a parte interessada poderá provocar a manifestação deste, que dirimirá a divergência.

§ 1º. Eventuais pedidos de uniformização fundados em questões idênticas e recebidos subsequentemente em quaisquer das Turmas Recursais ficarão retidos nos autos, aguardando pronunciamento do Superior Tribunal de Justiça.

§ 2º. Nos casos do *caput* deste artigo e do § 3º do art. 18, presente a plausibilidade do direito invocado e havendo fundado receio de dano de difícil reparação, poderá o relator conceder, de ofício ou a requerimento do interessado, medida liminar determinando a suspensão dos processos nos quais a controvérsia esteja estabelecida.

§ 3º. Se necessário, o relator pedirá informações ao Presidente da Turma Recursal ou Presidente da Turma de Uniformização e, nos casos previstos em lei, ouvirá o Ministério Público, no prazo de 5 (cinco) dias.

§ 4º. *(VETADO).*

§ 5º. Decorridos os prazos referidos nos §§ 3º e 4º, o relator incluirá o pedido em pauta na sessão, com preferência sobre todos os demais feitos, ressalvados os processos com réus presos, os *habeas corpus* e os mandados de segurança.

§ 6º. Publicado o acórdão respectivo, os pedidos retidos referidos no § 1º serão apreciados pelas Turmas Recursais, que poderão exercer juízo de retratação ou os declararão prejudicados, se veicularem tese não acolhida pelo Superior Tribunal de Justiça.

Art. 20. Os Tribunais de Justiça, o Superior Tribunal de Justiça e o Supremo Tribunal Federal, no âmbito de suas competências, expedirão normas regulamentando os procedimentos a serem adotados para o processamento e o julgamento do pedido de uniformização e do recurso extraordinário.

Art. 21. O recurso extraordinário, para os efeitos desta Lei, será processado e julgado segundo o estabelecido no art. 19, além da observância das normas do Regimento.

› CPC/15: arts. 1.029 a 1.041.

Art. 22. Os Juizados Especiais da Fazenda Pública serão instalados no prazo de até 2 (dois) anos da vigência desta Lei, podendo haver o aproveitamento total ou parcial das estruturas das atuais Varas da Fazenda Pública.

Art. 23. Os Tribunais de Justiça poderão limitar, por até 5 (cinco) anos, a partir da entrada em vigor desta Lei, a competência dos Juizados Especiais da Fazenda Pública, atendendo à necessidade da organização dos serviços judiciários e administrativos.

Art. 24. Não serão remetidas aos Juizados Especiais da Fazenda Pública as demandas ajuizadas até a data de sua instalação, assim como as ajuizadas fora do Juizado Especial por força do disposto no art. 23.

Art. 25. Competirá aos Tribunais de Justiça prestar o suporte administrativo necessário ao funcionamento dos Juizados Especiais.

Art. 26. O disposto no art. 16 aplica-se aos Juizados Especiais Federais instituídos pela Lei nº 10.259, de 12 de julho de 2001.

Art. 27. Aplica-se subsidiariamente o disposto nas Leis nºs 5.869, de 11 de janeiro de 1973 – Código de Processo Civil, 9.099, de 26 de setembro de 1995, e 10.259, de 12 de julho de 2001.

› Lei 13.105/2015 revogou a Lei 5.869/1973.

Art. 28. Esta Lei entra em vigor após decorridos 6 (seis) meses de sua publicação oficial.

Brasília, 22 de dezembro de 2009; 188º da Independência e 121º da República.

LUIZ INÁCIO LULA DA SILVA

Publicado no D.O.U. 23.12.2009

LEI N. 12.254, DE 15 DE JUNHO DE 2010

Dispõe sobre o reajuste dos benefícios mantidos pela Previdência Social em 2010 e 2011 e altera a Lei n. 8.213, de 24 de julho de 1991.

› *Benefícios pagos pelo INSS - 2010/2011*

O Presidente da República.

Faço saber que o Congresso Nacional decreta e eu sanciono a seguinte Lei:

Art. 1.º Os benefícios mantidos pela Previdência Social serão reajustados, a partir de 1.º de janeiro de 2010, em 7,72% (sete inteiros e setenta e dois centésimos por cento).

» Valores e alíquotas sujeitos a atualização por meio de ato do Ministério ou Órgão competente.

Parágrafo único. Para os benefícios concedidos pela Previdência Social a partir de 1.º de março de 2009, o reajuste de que trata o *caput* dar-se-á de acordo com os percentuais indicados no Anexo desta Lei.

Art. 2.º A partir de 1.º de janeiro de 2010, o limite máximo do salário de contribuição e do salário de benefício será de R$ 3.467,40 (três mil, quatrocentos e sessenta e sete reais e quarenta centavos).

» Valores e alíquotas sujeitos a atualização por meio de ato do Ministério ou Órgão competente.

Art. 3.º Em cumprimento ao § 4.º do art. 201 da Constituição Federal, no exercício de 2010, aplica-se, para todos os fins, o reajuste concedido por esta Lei.

Parágrafo único. Para os exercícios seguintes, com vistas à preservação do valor real dos benefícios, volta a vigorar o disposto no art. 41-A da Lei n. 8.213, de 24 de julho de 1991, salvo disposição em contrário.

Art. 4.º Para os benefícios majorados devido à elevação do salário mínimo em 2010, o referido aumento deverá ser compensado no momento da aplicação do disposto nesta Lei, de acordo com normas a serem estabelecidas pelo Ministério da Previdência Social.

Art. 5.º (*Vetado.*)

Art. 6.º Esta Lei entra em vigor na data de sua publicação.

Brasília, 15 de junho de 2010; 189.º da Independência e 122.º da República.

Luiz Inácio Lula da Silva

ANEXO
FATOR DE REAJUSTE DOS BENEFÍCIOS CONCEDIDOS DE ACORDO COM AS RESPECTIVAS DATAS DE INÍCIO

DATA DE INÍCIO DO BENEFÍCIO	REAJUSTE (%)
Até janeiro de 2022	5,93
Em fevereiro de 2022	5,23
Em março de 2022	4,19
Em abril de 2022	2,43

Em maio de 2022	1,38
Em junho de 2022	0,93
Em julho de 2022	0,30
Em agosto de 2022	0,91
Em setembro de 2022	1,22
Em outubro de 2022	1,55
Em novembro de 2022	1,07
Em dezembro de 2022	0,69

» Valores e alíquotas sujeitos a atualização por meio de ato do Ministério ou Órgão competente.

LEI Nº 12.288, DE 20 DE JULHO DE 2010 (Excertos)

Institui o Estatuto da Igualdade Racial; altera as Leis nº 7.716, de 5 de janeiro de 1989, 9.029, de 13 de abril de 1995, 7.347, de 24 de julho de 1985, e 10.778, de 24 de novembro de 2003.

› *Estatuto da igualdade racial*

O PRESIDENTE DA REPÚBLICA.

Faço saber que o Congresso Nacional decreta e eu sanciono a seguinte Lei:

TÍTULO I. DISPOSIÇÕES PRELIMINARES

Art. 1º. Esta Lei institui o Estatuto da Igualdade Racial, destinado a garantir à população negra a efetivação da igualdade de oportunidades, a defesa dos direitos étnicos individuais, coletivos e difusos e o combate à discriminação e às demais formas de intolerância étnica.

› CF: Arts. 3º, IV, 4º, VIII e 5º, XLI e XLII.

Parágrafo único. Para efeito deste Estatuto, considera-se:

I – discriminação racial ou étnico-racial: toda distinção, exclusão, restrição ou preferência baseada em raça, cor, descendência ou origem nacional ou étnica que tenha por objeto anular ou restringir o reconhecimento, gozo ou exercício, em igualdade de condições, de direitos humanos e liberdades fundamentais nos campos político, econômico, social, cultural ou em qualquer outro campo da vida pública ou privada;

› Lei nº 7.716, de 5-1-1989, dispõe sobre os crimes resultantes de preconceitos de raça ou de cor.

II – desigualdade racial: toda situação injustificada de diferenciação de acesso e fruição de bens, serviços e oportunidades, nas esferas pública e privada, em virtude de raça, cor, descendência ou origem nacional ou étnica;

III – desigualdade de gênero e raça: assimetria existente no âmbito da sociedade que acentua a distância social entre mulheres negras e os demais segmentos sociais;

IV – população negra: o conjunto de pessoas que se autodeclaram pretas e pardas, conforme o quesito cor ou raça usado pela Fundação Instituto Brasileiro de Geografia e Estatística (IBGE), ou que adotam autodefinição análoga;

V – políticas públicas: as ações, iniciativas e programas adotados pelo Estado no cumprimento de suas atribuições institucionais;

VI – ações afirmativas: os programas e medidas especiais adotados pelo Estado e pela iniciativa privada para a correção das desigualdades raciais e para a promoção da igualdade de oportunidades.

Art. 2º. É dever do Estado e da sociedade garantir a igualdade de oportunidades, reconhecendo a todo cidadão brasileiro, independentemente da etnia ou da cor da pele, o direito à participação na comunidade, especialmente nas atividades políticas, econômicas, empresariais, educacionais, culturais e esportivas, defendendo sua dignidade e seus valores religiosos e culturais.

Art. 3º. Além das normas constitucionais relativas aos princípios fundamentais, aos direitos e garantias fundamentais e aos direitos sociais, econômicos e culturais, o Estatuto da Igualdade Racial adota como diretriz político-jurídica a inclusão das vítimas de desigualdade étnico-racial, a valorização da igualdade étnica e o fortalecimento da identidade nacional brasileira.

Art. 4º. A participação da população negra, em condição de igualdade de oportunidade, na vida econômica, social, política e cultural do País será promovida, prioritariamente, por meio de:

I – inclusão nas políticas públicas de desenvolvimento econômico e social;

II – adoção de medidas, programas e políticas de ação afirmativa;

III – modificação das estruturas institucionais do Estado para o adequado enfrentamento e a superação das desigualdades étnicas decorrentes do preconceito e da discriminação étnica;

IV – promoção de ajustes normativos para aperfeiçoar o combate à discriminação étnica e às desigualdades étnicas em todas as suas manifestações individuais, institucionais e estruturais;

V – eliminação dos obstáculos históricos, socioculturais e institucionais que impedem a representação da diversidade étnica nas esferas pública e privada;

VI – estímulo, apoio e fortalecimento de iniciativas oriundas da sociedade civil direcionadas à promoção da igualdade de oportunidades e ao combate às desigualdades étnicas, inclusive mediante a implementação de incentivos e critérios de condicionamento e prioridade no acesso aos recursos públicos;

VII – implementação de programas de ação afirmativa destinados ao enfrentamento das desigualdades étnicas no tocante à educação, cultura, esporte e lazer, saúde, segurança, trabalho, moradia, meios de comunicação de massa, financiamentos públicos, acesso à terra, à Justiça, e outros.

› Lei nº 12.288, de 20-07-2010, art. 56, dispõe sobre o Estatuto da Igualdade Racial.

Parágrafo único. Os programas de ação afirmativa constituir-se-ão em políticas públicas destinadas a reparar as distorções e desigualdades sociais e demais práticas discriminatórias adotadas, nas esferas pública e privada, durante o processo de formação social do País.

Art. 5º. Para a consecução dos objetivos desta Lei, é instituído o Sistema Nacional de Promoção da Igualdade Racial (SINAPIR), conforme estabelecido no Título III.

TÍTULO II. DOS DIREITOS FUNDAMENTAIS

(...)

CAPÍTULO IV. DO ACESSO À TERRA E À MORADIA ADEQUADA

› CF: art. 6º.

SEÇÃO I. DO ACESSO À TERRA

Art. 27. O poder público elaborará e implementará políticas públicas capazes de promover o acesso da população negra à terra e às atividades produtivas no campo.

Art. 28. Para incentivar o desenvolvimento das atividades produtivas da população negra no campo, o poder público promoverá ações para viabilizar e ampliar o seu acesso ao financiamento agrícola.

Art. 29. Serão assegurados à população negra a assistência técnica rural, a simplificação do acesso ao crédito agrícola e o fortalecimento da infraestrutura de logística para a comercialização da produção.

Art. 30. O poder público promoverá a educação e a orientação profissional agrícola para os trabalhadores negros e as comunidades negras rurais.

Art. 31. Aos remanescentes das comunidades dos quilombos que estejam ocupando suas terras é reconhecida a propriedade definitiva, devendo o Estado emitir-lhes os títulos respectivos.

› ADCT: art. 68.

Art. 32. O Poder Executivo federal elaborará e desenvolverá políticas públicas especiais voltadas para o desenvolvimento sustentável dos remanescentes das comunidades dos quilombos, respeitando as tradições de proteção ambiental das comunidades.

› Lei nº 8.069, de 13-07-1990, art. 28, § 6º, dispõe sobre o Estatuto da Criança e do Adolescente.

Art. 33. Para fins de política agrícola, os remanescentes das comunidades dos quilombos receberão dos órgãos competentes tratamento especial diferenciado, assistência técnica e linhas especiais de financiamento público, destinados à realização de suas atividades produtivas e de infraestrutura.

Art. 34. Os remanescentes das comunidades dos quilombos se beneficiarão de todas as iniciativas previstas nesta e em outras leis para a promoção da igualdade étnica.

(...)

CAPÍTULO V. DO TRABALHO

Art. 38. A implementação de políticas voltadas para a inclusão da população negra no mercado de trabalho será de responsabilidade do poder público, observando-se:

I – o instituído neste Estatuto;

II – os compromissos assumidos pelo Brasil ao ratificar a Convenção Internacional sobre a Eliminação de Todas as Formas de Discriminação Racial, de 1965;

III – os compromissos assumidos pelo Brasil ao ratificar a Convenção nº 111, de 1958, da Organização Internacional do Trabalho (OIT), que trata da discriminação no emprego e na profissão;

IV – os demais compromissos formalmente assumidos pelo Brasil perante a comunidade internacional.

Art. 39. O poder público promoverá ações que assegurem a igualdade de oportunidades no mercado de trabalho para a população negra, inclusive mediante a implementação de medidas visando à promoção da igualdade nas contratações do setor público e o incentivo à adoção de medidas similares nas empresas e organizações privadas.

§ 1º. A igualdade de oportunidades será lograda mediante a adoção de políticas e programas de formação profissional, de emprego e de geração de renda voltados para a população negra.

§ 2º. As ações visando a promover a igualdade de oportunidades na esfera da administração pública far-se-ão por meio de normas estabelecidas ou a serem estabelecidas em legislação específica e em seus regulamentos.

§ 3º. O poder público estimulará, por meio de incentivos, a adoção de iguais medidas pelo setor privado.

§ 4º. As ações de que trata o *caput* deste artigo assegurarão o princípio da proporcionalidade de gênero entre os beneficiários.

§ 5º. Será assegurado o acesso ao crédito para a pequena produção, nos meios rural e urbano, com ações afirmativas para mulheres negras.

§ 6º. O poder público promoverá campanhas de sensibilização contra a marginalização da mulher negra no trabalho artístico e cultural.

§ 7º. O poder público promoverá ações com o objetivo de elevar a escolaridade e a qualificação profissional nos setores da economia que contem com alto índice de ocupação por trabalhadores negros de baixa escolarização.

§ 8º Os registros administrativos direcionados a órgãos e entidades da Administração Pública, a empregadores privados e a trabalhadores que lhes sejam subordinados conterão campos destinados a identificar o segmento étnico e racial a que pertence o trabalhador retratado no respectivo documento, com utilização do critério da autoclassificação em grupos previamente delimitados. *(Acrescido pela Lei 14.553/2023)*

§ 9º Sem prejuízo de extensão obrigatória a outros documentos ou registros de mesma natureza identificados em regulamento, aplica-se o disposto no § 8º deste artigo a: *(Acrescido pela Lei 14.553/2023)*

I - formulários de admissão e demissão no emprego;

II - formulários de acidente de trabalho;

III - instrumentos de registro do Sistema Nacional de Emprego (Sine), ou de estrutura que venha a suceder-lhe em suas finalidades;

IV - Relação Anual de Informações Sociais (Rais), ou outro documento criado posteriormente com conteúdo e propósitos a ela assemelhados;

V - documentos, inclusive os disponibilizados em meio eletrônico, destinados à inscrição de segurados e dependentes no Regime Geral de Previdência Social;

VI - questionários de pesquisas levadas a termo pela Fundação Instituto Brasileiro de Geografia e Estatística (IBGE), ou por órgão ou entidade posteriormente incumbida das atribuições imputadas a essa autarquia.

Art. 40. O Conselho Deliberativo do Fundo de Amparo ao Trabalhador (Codefat) formulará políticas, programas e projetos voltados para a inclusão da população negra no mercado de trabalho e orientará a destinação de recursos para seu financiamento.

Art. 41. As ações de emprego e renda, promovidas por meio de financiamento para constituição e ampliação de pequenas e médias empresas e de programas de geração de renda, contemplarão o estímulo à promoção de empresários negros.

Parágrafo único. O poder público estimulará as atividades voltadas ao turismo étnico com enfoque nos locais, monumentos e cidades que retratem a cultura, os usos e os costumes da população negra.

Art. 42. O Poder Executivo federal poderá implementar critérios para provimento de cargos em comissão e funções de confiança destinados a ampliar a participação de negros, buscando reproduzir a estrutura da distribuição étnica nacional ou, quando for o caso, estadual, observados os dados demográficos oficiais.

(...)

TÍTULO III. DO SISTEMA NACIONAL DE PROMOÇÃO DA IGUALDADE RACIAL (SINAPIR)

CAPÍTULO I. DISPOSIÇÃO PRELIMINAR

Art. 47. É instituído o Sistema Nacional de Promoção da Igualdade Racial (SINAPIR) como forma de organização e de articulação voltadas à implementação do conjunto de políticas e serviços destinados a superar as desigualdades étnicas existentes no País, prestados pelo poder público federal.

§ 1º. Os Estados, o Distrito Federal e os Municípios poderão participar do SINAPIR mediante adesão.

§ 2º. O poder público federal incentivará a sociedade e a iniciativa privada a participar do SINAPIR.

(...)

CAPÍTULO V. DO FINANCIAMENTO DAS INICIATIVAS DE PROMOÇÃO DA IGUALDADE RACIAL

Art. 56. Na implementação dos programas e das ações constantes dos planos plurianuais e dos orçamentos anuais da União, deverão ser observadas as políticas de ação afirmativa a que se refere o inciso VII do art. 4º desta Lei e outras políticas públicas que tenham como objetivo promover a igualdade de oportunidades e a inclusão social da população negra, especialmente no que tange a:

I – promoção da igualdade de oportunidades em educação, emprego e moradia;

II – financiamento de pesquisas, nas áreas de educação, saúde e emprego, voltadas para a melhoria da qualidade de vida da população negra;

III – incentivo à criação de programas e veículos de comunicação destinados à divulgação de matérias relacionadas aos interesses da população negra;

IV – incentivo à criação e à manutenção de microempresas administradas por pessoas autodeclaradas negras;

V – iniciativas que incrementem o acesso e a permanência das pessoas negras na educação fundamental, média, técnica e superior;

VI – apoio a programas e projetos dos governos estaduais, distrital e municipais e de entidades da sociedade civil voltados para a promoção da igualdade de oportunidades para a população negra;

VII – apoio a iniciativas em defesa da cultura, da memória e das tradições africanas e brasileiras.

§ 1º. O Poder Executivo federal é autorizado a adotar medidas que garantam, em cada exercício, a transparência na alocação e na execução dos recursos necessários ao financiamento das ações previstas neste Estatuto, explicitando, entre outros, a proporção dos recursos orçamentários destinados aos programas de promoção da igualdade, especialmente nas áreas de educação, saúde, emprego e renda, desenvolvimento agrário, habitação popular, desenvolvimento regional, cultura, esporte e lazer.

§ 2º. Durante os 5 (cinco) primeiros anos, a contar do exercício subsequente à publicação deste Estatuto, os órgãos do Poder Executivo federal que desenvolvem políticas e programas nas áreas referidas no § 1º deste artigo discriminarão em seus orçamentos anuais a participação nos programas de ação afirmativa referidos no inciso VII do art. 4º desta Lei.

§ 3º. O Poder Executivo é autorizado a adotar as medidas necessárias para a adequada implementação do disposto neste artigo, podendo estabelecer patamares de participação crescente dos programas de ação afirmativa nos orçamentos anuais a que se refere o § 2º deste artigo.

§ 4º. O órgão colegiado do Poder Executivo federal responsável pela promoção da igualdade racial acompanhará e avaliará a programação das ações referidas neste artigo nas propostas orçamentárias da União.

Art. 57. Sem prejuízo da destinação de recursos ordinários, poderão ser consignados nos orçamentos fiscal e da seguridade social para financiamento das ações de que trata o art. 56:

I – transferências voluntárias dos Estados, do Distrito Federal e dos Municípios;

II – doações voluntárias de particulares;

III – doações de empresas privadas e organizações não governamentais, nacionais ou internacionais;

IV – doações voluntárias de fundos nacionais ou internacionais;

V – doações de Estados estrangeiros, por meio de convênios, tratados e acordos internacionais.

TÍTULO IV. DISPOSIÇÕES FINAIS

Art. 58. As medidas instituídas nesta Lei não excluem outras em prol da população negra que tenham sido ou venham a ser adotadas no âmbito da União, dos Estados, do Distrito Federal ou dos Municípios.

Art. 59. O Poder Executivo federal criará instrumentos para aferir a eficácia social das medidas previstas nesta Lei e efetuará seu monitoramento constante, com a emissão e a divulgação de relatórios periódicos, inclusive pela rede mundial de computadores.

Art. 60. Os arts. 3º e 4º da Lei nº 7.716, de 1989, passam a vigorar com a seguinte redação:

"Art. 3º ....

....

Parágrafo único. Incorre na mesma pena quem, por motivo de discriminação de raça, cor, etnia, religião ou procedência nacional, obstar a promoção funcional." (NR)

"Art. 4º ....

....

§ 1º Incorre na mesma pena quem, por motivo de discriminação de raça ou de cor ou práticas resultantes do preconceito de descendência ou origem nacional ou étnica:

I - deixar de conceder os equipamentos necessários ao empregado em igualdade de condições com os demais trabalhadores;

II - impedir a ascensão funcional do empregado ou obstar outra forma de benefício profissional;

III - proporcionar ao empregado tratamento diferenciado no ambiente de trabalho, especialmente quanto ao salário.

§ 2º Ficará sujeito às penas de multa e de prestação de serviços à comunidade, incluindo atividades de promoção da igualdade racial, quem, em anúncios ou qualquer outra forma de recrutamento de trabalhadores, exigir aspectos de aparência próprios de raça ou etnia para emprego cujas atividades não justifiquem essas exigências." (NR)

Art. 61. Os arts. 3º e 4º da Lei nº 9.029, de 13 de abril de 1995, passam a vigorar com a seguinte redação:

"Art. 3º Sem prejuízo do prescrito no art. 2º e nos dispositivos legais que tipificam os crimes resultantes de preconceito de etnia, raça ou cor, as infrações do disposto nesta Lei são passíveis das seguintes cominações:

[...]"

"Art. 4º O rompimento da relação de trabalho por ato discriminatório, nos moldes desta Lei, além do direito à reparação pelo dano moral, faculta ao empregado optar entre:

[...]"

Art. 62. O art. 13 da Lei nº 7.347, de 1985, passa a vigorar acrescido do seguinte § 2º, renumerando-se o atual parágrafo único como § 1º:

› Alterações incorporadas no texto da referida lei.

(...)

Art. 64. O § 3º do art. 20 da Lei nº 7.716, de 1989, passa a vigorar acrescido do seguinte inciso III:

"Art. 20. ....

....

....

....

§ 3º ....

....

....

....

III - a interdição das respectivas mensagens ou páginas de informação na rede mundial de computadores.

....

......" (NR)

Art. 65. Esta Lei entra em vigor 90 (noventa) dias após a data de sua publicação.

Brasília, 20 de julho de 2010;
189º da Independência e
122º da República.
LUIZ INÁCIO LULA DA SILVA

ATO N. 342, DE 27 DE JULHO DE 2010

Regulamenta o processo judicial eletrônico no âmbito do Tribunal Superior do Trabalho.

› *Processo judicial eletrônico no TST*

O Presidente do Tribunal Superior do Trabalho, no uso de suas atribuições legais e regimentais,

Considerando a Instrução Normativa n. 30, que regulamenta, no âmbito da Justiça do Trabalho, a Lei n. 11.419, de 19 de dezembro de 2006;

Considerando o Ato Conjunto TST/CSJT n. 10, de 28 de junho de 2010, que regulamenta a transmissão de peças processuais, por meio eletrônico, entre os Tribunais Regionais do Trabalho e o Tribunal Superior do Trabalho e dá outras providências, resolve:

DA TRAMITAÇÃO DO PROCESSO ELETRÔNICO NO TST

Art. 1.º Os processos judiciais que ingressarem no Tribunal Superior do Trabalho, a partir de 2 de agosto de 2010, tramitarão em meio eletrônico.

Art. 2.º O processo judicial eletrônico, para os fins deste Ato, será formado pelos arquivos enviados pelos Tribunais Regionais do Trabalho, na forma prevista no Ato Conjunto TST/CSJT n. 10/2010, petições e documentos apresentados pelas partes, atos processuais praticados nesta Corte e pareceres emitidos pelo Ministério Público do Trabalho.

Art. 3.º Os atos processuais praticados pelos Ministros e servidores do TST serão assinados eletronicamente, nos termos da Lei n. 11.419/2006.

Art. 4.º As peças processuais apresentadas pelas partes continuarão a ser protocoladas pelos meios hoje disponíveis, até o desenvolvimento de ferramentas eletrônicas específicas.

Art. 5.º As petições apresentadas em meio físico, vinculadas a processos eletrônicos, serão digitalizadas pela Coordenadoria de Cadastramento Processual e mantidas em guarda provisória por um ano, podendo ser retiradas pelas partes após o sexto mês.

§ 1.º Transcorrido o prazo de um ano de sua apresentação, as petições serão eliminadas.

» Primitivo parágrafo único renumerado pelo Ato n. 559, de 30-11-2010.

§ 2.º As peças em meio físico apresentadas pelas partes da tribuna das salas de sessões, vinculadas a processos eletrônicos, serão encaminhadas à Coordenadoria de Cadastramento Processual para os procedimentos descritos no *caput* e no § 1.º.

» § 2.º acrescentado pelo Ato n. 559, de 30-11-2010.

Art. 6.º A remessa do processo eletrônico ao TRT de origem para diligências ou baixa definitiva obedecerá ao disposto no Ato Conjunto TST/CSJT n. 10/2010, de 28 de junho de 2010.

DA VISUALIZAÇÃO DOS PROCESSOS POR USUÁRIOS EXTERNOS

Art. 7.º A visualização dos processos eletrônicos é um serviço disponível no sítio do TST a advogados e procuradores, mediante cadastro, e não possui efeito de intimação.

Art. 8.º São considerados usuários externos os advogados, procuradores e demais representantes judiciais dos entes públicos.

Parágrafo único. As procuradorias poderão indicar servidores para acessar o sistema de visualização de processos eletrônicos.

Art. 9.º Os procuradores do Ministério Público do Trabalho deverão anexar, por meio eletrônico, o seu parecer.

Parágrafo único. Os pareceres anexados aos processos serão assinados eletronicamente, na forma da Lei n. 11.419/2006.

Art. 10. As secretarias dos órgãos judicantes e a Coordenadoria de Recursos manterão, em suas dependências, terminais de computadores disponíveis para visualização do processo eletrônico, sendo facultada a gravação da íntegra do processo em dispositivo eletrônico.

Parágrafo único. A visualização dos processos eletrônicos que tramitam em segredo de justiça estará disponível apenas às partes e aos seus procuradores constituídos no feito.

DO CADASTRO DE ADVOGADOS

Art. 11. O cadastro de advogado regularmente inscrito na OAB será realizado com o preenchimento de formulário disponível no sistema de visualização de peças, no sítio do TST (www.tst.jus.br).

» *Caput* com redação determinada pelo Ato n. 415, de 1.º-9-2010.

§ 1.º A validação é realizada mediante o comparecimento do usuário à Secretaria Judiciária do TST, munido do original dos documentos indicados no formulário, vedada a possibilidade da validação por despachante ou procurador.

» § 1.º acrescentado pelo Ato n. 415, de 1.º-9-2010.

§ 2.º O usuário que preencher o cadastro utilizando o certificado digital (ICP-Brasil) fica dispensado da validação presencial.

» § 2.º acrescentado pelo Ato n. 415, de 1.º-9-2010.

§ 3.º Validado o cadastro, o advogado será credenciado e receberá, no endereço eletrônico indicado no formulário, o *login* e a senha para acesso ao sistema.

» § 3.º acrescentado pelo Ato n. 415, de 1.º-9-2010.

DO CADASTRO DE PROCURADORES E SERVIDORES AUTORIZADOS

Art. 12. As procuradorias deverão encaminhar previamente à Secretaria Judiciária, por meio do endereço eletrônico segjud@tst.jus.br, a relação de procuradores e de servidores autorizados a realizar o cadastro com os dados constantes da tabela contida no Anexo deste Ato.

» Artigo com redação determinada pelo Ato n. 19, de 3-2-2021.

Art. 13. O cadastro de procuradores e de servidores autorizados será realizado com a inserção do respectivo CPF em campo específico do sistema de visualização de peças disponível no sítio do TST.

Parágrafo único. Após a validação do cadastro pela Secretaria Judiciária, o procurador ou o servidor autorizado será credenciado e receberá, no endereço eletrônico corporativo indicado, o *login* e a senha para visualização dos processos.

DISPOSIÇÕES FINAIS E TRANSITÓRIAS

Art. 14. Os esclarecimentos sobre o conteúdo ilegível de peças digitalizadas ou a sua ausência no arquivo eletrônico, desde que comprometam a análise do processo, deverão ser solicitados, via Malote Digital, pelas Secretarias dos Órgãos Judicantes, Secretaria da Corregedoria-Geral da Justiça do Trabalho, Secretaria Judiciária ou Coordenadoria de Recursos, por determinação dos Ministros, ao Tribunal que mantém a guarda dos processos físicos.

» Artigo com redação determinada pelo Ato n. 559, de 30-11-2010.

Art. 15. As intimações pessoais, exigidas por força de lei, serão realizadas pelo meio hoje disponível até o desenvolvimento de ferramenta própria para intimação eletrônica.

Parágrafo único. As peças a que se refere o *caput* serão digitalizadas e anexadas ao processo eletrônico pela unidade responsável pela expedição do ofício.

Art. 16. As alterações no cadastro de advogados, procuradores e servidores das procuradorias deverão ser comunicadas à Secretaria Judiciária do TST por meio do endereço eletrônico segjud@tst.jus.br.

» Artigo com redação determinada pelo Ato n. 19, de 3-2-2021.

Art. 17. Os feitos pendentes na data do início de vigência deste Ato continuarão a tramitar em autos físicos, permitida a sua conversão para meio eletrônico, mediante a digitalização dos autos.

§ 1.º Realizada a conversão, o processo passa a tramitar exclusivamente em meio eletrônico.

§ 2.º A conversão deverá ser certificada nos autos eletrônicos e nos físicos.

§ 3.º Os processos físicos em tramitação no TST que forem incluídos no fluxo eletrônico serão devolvidos ao TRT de origem e aqueles relativos à competência originária desta Corte serão arquivados.

§ 4.º O processo físico que tramite conjuntamente com o processo eletrônico deverá ser digitalizado e incluído no fluxo eletrônico pelas Secretarias dos Órgãos Judicantes, Secretaria da Corregedoria-Geral da Justiça do Trabalho ou Coordenadoria de Recursos, mediante despacho dos Ministros.

» § 4.º acrescentado pelo Ato n. 559, de 30-11-2010.

Art. 18. Os casos não previstos neste Ato deverão ser submetidos, formalmente, à apreciação da Presidência do Tribunal.

Art. 19. Este Ato entra em vigor em 2 de agosto de 2010 e revoga o Ato n. 677/TST.SEJUD.GP, de 4 de novembro de 2009.

Publique-se.

Brasília, 27 de julho de 2010.

Milton de Moura França

ANEXO

DADOS DE PROCURADORES E SERVIDORES (art. 12)				
CPF	NOME	SEXO	E-MAIL (corporativo)	TELEFONE
000.000.000-00	Nome do Procurador	M/F	........@orgao.gov.br	(xx) xxxx-xxxx
000.000.000-00	Nome do Servidor	M/F	........@orgao.gov.br	(xx) xxxx-xxxx

LEI Nº 12.382, DE 25 DE FEVEREIRO DE 2011

Dispõe sobre o valor do salário mínimo em 2011 e a sua política de valorização de longo prazo; disciplina a representação fiscal para fins penais nos casos em que houve parcelamento do crédito tributário; altera a Lei nº 9.430, de 27 de dezembro de 1996; e revoga a Lei nº 12.255, de 15 de junho de 2010.

› *Política de valorização do salário mínimo*

› Publicada no *DOU* de 28-2-2011.

A PRESIDENTA DA REPÚBLICA

Faço saber que o Congresso Nacional decreta e eu sanciono a seguinte Lei:

Art. 1º. O salário mínimo passa a corresponder ao valor de R$ 545,00 (quinhentos e quarenta e cinco reais).

Parágrafo único. Em virtude do disposto no *caput*, o valor diário do salário mínimo corresponderá a R$ 18,17 (dezoito reais e dezessete centavos) e o valor horário, a R$ 2,48 (dois reais e quarenta e oito centavos).

Art. 2º. Ficam estabelecidas as diretrizes para a política de valorização do salário mínimo a vigorar entre 2012 e 2015, inclusive, a serem aplicadas em 1º de janeiro do respectivo ano.

§ 1º Os reajustes para a preservação do poder aquisitivo do salário mínimo corresponderão à variação do Índice Nacional de Preços ao Consumidor - INPC, calculado e divulgado pela Fundação Instituto Brasileiro de Geografia e Estatística - IBGE, acumulada nos doze meses anteriores ao mês do reajuste.

§ 2º Na hipótese de não divulgação do INPC referente a um ou mais meses compreendidos no período do cálculo até o último dia útil imediatamente anterior à vigência do reajuste, o Poder Executivo estimará os índices dos meses não disponíveis.

§ 3º Verificada a hipótese de que trata o § 2º, os índices estimados permanecerão válidos para os fins desta Lei, sem qualquer revisão, sendo os eventuais resíduos compensados no reajuste subsequente, sem retroatividade.

§ 4º A título de aumento real, serão aplicados os seguintes percentuais:

I - em 2012, será aplicado o percentual equivalente à taxa de crescimento real do Produto Interno Bruto - PIB, apurada pelo IBGE, para o ano de 2010;

II - em 2013, será aplicado o percentual equivalente à taxa de crescimento real do PIB, apurada pelo IBGE, para o ano de 2011;

III - em 2014, será aplicado o percentual equivalente à taxa de crescimento real do PIB, apurada pelo IBGE, para o ano de 2012; e

IV - em 2015, será aplicado o percentual equivalente à taxa de crescimento real do PIB, apurada pelo IBGE, para o ano de 2013.

§ 5º Para fins do disposto no § 4º, será utilizada a taxa de crescimento real do PIB para o ano de referência, divulgada pelo IBGE até o último dia útil do ano imediatamente anterior ao de aplicação do respectivo aumento real.

Art. 3º. Os reajustes e aumentos fixados na forma do art. 2º serão estabelecidos pelo Poder Executivo, por meio de decreto, nos termos desta Lei.

Parágrafo único. O decreto do Poder Executivo a que se refere o *caput* divulgará a cada ano os valores mensal, diário e horário do salário mínimo decorrentes do disposto neste artigo, correspondendo o valor diário a um trinta avos e o valor horário a um duzentos e vinte avos do valor mensal.

Art. 4º. Até 31 de dezembro de 2015, o Poder Executivo encaminhará ao Congresso Nacional projeto de lei dispondo sobre a política de valorização do salário mínimo para o período compreendido entre 2016 e 2019, inclusive.

Art. 5º. O Poder Executivo constituirá grupo interministerial, sob coordenação do Ministério do Trabalho e Emprego, encarregado de definir e implementar sistemática de monitoramento e avaliação da política de valorização do salário mínimo.

Parágrafo único. O grupo a que se refere o *caput* identificará a cesta básica dos produtos adquiridos pelo salário mínimo e suas projeções futuras decorrentes do aumento de seu poder de compra, nos termos definidos em decreto.

Art. 6º. O art. 83 da Lei nº 9.430, de 27 de dezembro de 1996, passa a vigorar acrescido dos seguintes §§ 1º a 5º, renumerando-se o atual parágrafo único para § 6º:

"Art. 83. ....

§ 1º Na hipótese de concessão de parcelamento do crédito tributário, a representação fiscal para fins penais somente será encaminhada ao Ministério Público após a exclusão da pessoa física ou jurídica do parcelamento.

§ 2º É suspensa a pretensão punitiva do Estado referente aos crimes previstos no caput , durante o período em que a pessoa física ou a pessoa jurídica relacionada com o agente dos aludidos crimes estiver incluída no parcelamento, desde que o pedido de parcelamento tenha sido formalizado antes do recebimento da denúncia criminal.

§ 3º A prescrição criminal não corre durante o período de suspensão da pretensão punitiva.

§ 4º Extingue-se a punibilidade dos crimes referidos no caput quando a pessoa física ou a pessoa jurídica relacionada com o agente efetuar o pagamento integral dos débitos oriundos de tributos, inclusive acessórios, que tiverem sido objeto de concessão de parcelamento.

§ 5º O disposto nos §§ 1º a 4º não se aplica nas hipóteses de vedação legal de parcelamento.

§ 6º As disposições contidas no caput do art. 34 da Lei nº 9.249, de 26 de dezembro de 1995, aplicam-se aos processos administrativos e aos inquéritos e processos em curso, desde que não recebida a denúncia pelo juiz." (NR)

Art. 7º. Esta Lei entra em vigor no primeiro dia do mês subsequente à data de sua publicação.

Art. 8º. Fica revogada a Lei nº 12.255, de 15 de junho de 2010.

Brasília, 25 de fevereiro de 2011; 190º da Independência e 123º da República.

DILMA ROUSSEFF

LEI Nº 12.506, DE 11 DE OUTUBRO DE 2011

Dispõe sobre o aviso-prévio e dá outras providências.

› *Aviso Prévio*

A PRESIDENTA DA REPÚBLICA Faço saber que o Congresso Nacional decreta e eu sanciono a seguinte Lei:

› CF/88: art. 7º, XXI.

› CLT: arts. 487 a 491.

Art. 1º. O aviso-prévio, de que trata o Capítulo VI do Título IV da Consolidação das Leis do Trabalho – CLT, aprovada pelo Decreto-Lei nº 5.452, de 1º de maio de 1943, será concedido na proporção de 30 (trinta) dias aos empregados que contem até 1 (um) ano de serviço na mesma empresa.

Parágrafo único. Ao aviso-prévio previsto neste artigo serão acrescidos 3 (três) dias por ano de serviço prestado na mesma empresa, até o máximo de 60 (sessenta) dias, perfazendo um total de até 90 (noventa) dias.

Art. 2º. Esta Lei entra em vigor na data de sua publicação.

Brasília, 11 de outubro de 2011; 190º da Independência e 123º da República.

DILMA ROUSSEFF

Publicação no D.O.U. 13.10.2011

LEI Nº 12.592, DE 18 DE JANEIRO DE 2012

Dispõe sobre o exercício das atividades profissionais de Cabeleireiro, Barbeiro, Esteticista, Manicure, Pedicure, Depilador e Maquiador.

› *Atividades de profissionais de beleza*

A PRESIDENTA DA REPÚBLICA, Faço saber que o Congresso Nacional decreta e eu sanciono a seguinte Lei:

Art. 1º É reconhecido, em todo o território nacional, o exercício das atividades profissionais de Cabeleireiro, Barbeiro, Esteticista, Manicure, Pedicure, Depilador e Maquiador, nos termos desta Lei.

Parágrafo único. Cabeleireiro, Barbeiro, Esteticista, Manicure, Pedicure, Depilador e Maquiador são profissionais que exercem atividades de higiene e embelezamento capilar, estético, facial e corporal dos indivíduos.

Art. 1º-A Os salões de beleza poderão celebrar contratos de parceria, por escrito, nos termos definidos nesta Lei, com os profissionais que desempenham as atividades de Cabeleireiro, Barbeiro, Esteticista, Manicure, Pedicure, Depilador e Maquiador. (*Incluído pela Lei nº 13.352/2016*).

§ 1º Os estabelecimentos e os profissionais de que trata o *caput*, ao atuarem nos termos desta Lei, serão denominados salão-parceiro e profissional-parceiro, respectivamente, para todos os efeitos jurídicos.

§ 2º O salão-parceiro será responsável pela centralização dos pagamentos e recebimentos decorrentes das atividades de prestação de serviços de beleza realizadas pelo profissional-parceiro na forma da parceria prevista no *caput*.

§ 3º O salão-parceiro realizará a retenção de sua cota-parte percentual, fixada no contrato de parceria, bem como dos valores de recolhimento de tributos e contribuições sociais e previdenciárias devidos pelo profissional-parceiro incidentes sobre a cota-parte que a este couber na parceria.

§ 4º A cota-parte retida pelo salão-parceiro ocorrerá a título de atividade de aluguel de bens móveis e de utensílios para o desempenho das atividades de serviços de beleza e/ou a título de serviços de gestão, de apoio administrativo, de escritório, de cobrança e de recebimentos de valores transitórios recebidos de clientes das atividades de serviços de beleza, e a cota-parte destinada ao profissional-parceiro ocorrerá a título de atividades de prestação de serviços de beleza.

§ 5º A cota-parte destinada ao profissional-parceiro não será considerada para o cômputo da receita bruta do salão-parceiro ainda que adotado sistema de emissão de nota fiscal unificada ao consumidor.

§ 6º O profissional-parceiro não poderá assumir as responsabilidades e obrigações decorrentes da administração da pessoa jurídica do salão-parceiro, de ordem contábil, fiscal, trabalhista e previdenciária incidentes, ou quaisquer outras relativas ao funcionamento do negócio.

§ 7º Os profissionais-parceiros poderão ser qualificados, perante as autoridades fazendárias, como pequenos empresários, microempresários ou microempreendedores individuais.

§ 8º O contrato de parceria de que trata esta Lei será firmado entre as partes, mediante ato escrito, homologado pelo sindicato da categoria profissional e laboral e, na ausência desses, pelo órgão local competente do Ministério do Trabalho e Emprego, perante duas testemunhas.

§ 9º O profissional-parceiro, mesmo que inscrito como pessoa jurídica, será assistido pelo seu sindicato de categoria profissional e, na ausência deste, pelo órgão local competente do Ministério do Trabalho e Emprego.

§ 10. São cláusulas obrigatórias do contrato de parceria, de que trata esta Lei, as que estabeleçam:

I – percentual das retenções pelo salão-parceiro dos valores recebidos por cada serviço prestado pelo profissional-parceiro;

II – obrigação, por parte do salão-parceiro, de retenção e de recolhimento dos tributos e contribuições sociais e previdenciárias devidos pelo profissional-parceiro em decorrência da atividade deste na parceria;

III – condições e periodicidade do pagamento do profissional-parceiro, por tipo de serviço oferecido;

IV – direitos do profissional-parceiro quanto ao uso de bens materiais necessários ao desempenho das atividades profissionais, bem como sobre o acesso e circulação nas dependências do estabelecimento;

V – possibilidade de rescisão unilateral do contrato, no caso de não subsistir interesse na sua continuidade, mediante aviso prévio de, no mínimo, trinta dias;

VI – responsabilidades de ambas as partes com a manutenção e higiene de materiais e equipamentos, das condições de funcionamento do negócio e do bom atendimento dos clientes;

VII – obrigação, por parte do profissional-parceiro, de manutenção da regularidade de sua inscrição perante as autoridades fazendárias.

§ 11. O profissional-parceiro não terá relação de emprego ou de sociedade com o salão-parceiro enquanto perdurar a relação de parceria tratada nesta Lei.

Art. 1º-B Cabem ao salão-parceiro a preservação e a manutenção das adequadas condições de trabalho do profissional-parceiro, especialmente quanto aos seus equipamentos e instalações, possibilitando as condições adequadas ao cumprimento das normas de segurança e saúde estabelecidas no art. 4º desta Lei. (*Incluído pela Lei nº 13.352/2016*).

Art. 1º-C Configurar-se-á vínculo empregatício entre a pessoa jurídica do salão-parceiro e o profissional-parceiro quando: (*Incluído pela Lei nº 13.352/2016*).

I – não existir contrato de parceria formalizado na forma descrita nesta Lei; e

II – o profissional-parceiro desempenhar funções diferentes das descritas no contrato de parceria.

Art. 1º-D O processo de fiscalização, de autuação e de imposição de multas reger-se-á pelo disposto no Título VII da Consolidação das Leis do Trabalho – CLT, aprovada pelo Decreto-Lei 5.452, de 1º de maio de 1943. (*Incluído pela Lei nº 13.352/2016*).

Art. 2º (*Vetado*).

Art. 3º (*Vetado*).

Art. 4º Os profissionais de que trata esta Lei deverão obedecer às normas sanitárias, efetuando a esterilização de materiais e utensílios utilizados no atendimento a seus clientes.

Art. 5º É instituído o Dia Nacional do Cabeleireiro, Barbeiro, Esteticista, Manicure, Pedicure, Depilador e Maquiador, a ser comemorado em todo o País, a cada ano, no dia e mês coincidente com a data da promulgação desta Lei.

Art. 6º Esta Lei entra em vigor na data de sua publicação.

Brasília, 18 de janeiro de 2012; 191 da Independência e 124 da República.
Dilma Rousseff

LEI Nº 12.690, DE 19 DE JULHO DE 2012

Dispõe sobre a organização e o funcionamento das Cooperativas de Trabalho; institui o Programa Nacional de Fomento às Cooperativas de Trabalho – PRONACOOP; e revoga o parágrafo único do art. 442 da Consolidação das Leis do Trabalho – CLT, aprovada pelo Dec.-lei nº 5.452, de 1º de maio de 1943.

‣ *Cooperativas de trabalho*

A PRESIDENTA DA REPÚBLICA Faço saber que o Congresso Nacional decreta e eu sanciono a seguinte Lei:

CAPÍTULO I. DAS COOPERATIVAS DE TRABALHO

Art. 1º. A Cooperativa de Trabalho é regulada por esta Lei e, no que com ela não colidir, pelas Leis nºs 5.764, de 16 de dezembro de 1971, e 10.406, de 10 de janeiro de 2002 – Código Civil.

‣ CC: arts. 1.093 a 1.096.

Parágrafo único. Estão excluídas do âmbito desta Lei:

I – as cooperativas de assistência à saúde na forma da legislação de saúde suplementar;

II – as cooperativas que atuam no setor de transporte regulamentado pelo poder público e que detenham, por si ou por seus sócios, a qualquer título, os meios de trabalho;

III – as cooperativas de profissionais liberais cujos sócios exerçam as atividades em seus próprios estabelecimentos; e

IV – as cooperativas de médicos cujos honorários sejam pagos por procedimento.

Art. 2º. Considera-se Cooperativa de Trabalho a sociedade constituída por trabalhadores para o exercício de suas atividades laborativas ou profissionais com proveito comum, autonomia e autogestão para obterem melhor qualificação, renda, situação socioeconômica e condições gerais de trabalho.

§ 1º. A autonomia de que trata o *caput* deste artigo deve ser exercida de forma coletiva e coordenada, mediante a fixação, em Assembleia Geral, das regras de funcionamento da cooperativa e da forma de execução dos trabalhos, nos termos desta Lei.

§ 2º. Considera-se autogestão o processo democrático no qual a Assembleia Geral define as diretrizes para o funcionamento e as operações da cooperativa, e os sócios decidem sobre a forma de execução dos trabalhos, nos termos da lei.

Art. 3º. A Cooperativa de Trabalho rege-se pelos seguintes princípios e valores:

I – adesão voluntária e livre;

II – gestão democrática;

III – participação econômica dos membros;

IV – autonomia e independência;

V – educação, formação e informação;

VI – intercooperação;

VII – interesse pela comunidade;

VIII – preservação dos direitos sociais, do valor social do trabalho e da livre-iniciativa;

IX – não precarização do trabalho;

X – respeito às decisões de asssembleia, observado o disposto nesta Lei;

XI – participação na gestão em todos os níveis de decisão de acordo com o previsto em lei e no Estatuto Social.

Art. 4º. A Cooperativa de Trabalho pode ser:

I – de produção, quando constituída por sócios que contribuem com trabalho para a produção em comum de bens e a cooperativa detém, a qualquer título, os meios de produção; e

II – de serviço, quando constituída por sócios para a prestação de serviços especializados a terceiros, sem a presença dos pressupostos da relação de emprego.

Parágrafo único. (VETADO).

Art. 5º. A Cooperativa de Trabalho não pode ser utilizada para intermediação de mão de obra subordinada.

Parágrafo único. (VETADO).

Art. 6º. A Cooperativa de Trabalho poderá ser constituída com número mínimo de 7 (sete) sócios.

Art. 7º. A Cooperativa de Trabalho deve garantir aos sócios os seguintes direitos, além de outros que a Assembleia Geral venha a instituir:

I – retiradas não inferiores ao piso da categoria profissional e, na ausência deste, não inferiores ao salário mínimo, calculadas de forma proporcional às horas trabalhadas ou às atividades desenvolvidas;

II – duração do trabalho normal não superior a 8 (oito) horas diárias e 44 (quarenta e quatro) horas semanais, exceto quando a atividade, por sua natureza, demandar a prestação de trabalho por meio de plantões ou escalas, facultada a compensação de horários;

III – repouso semanal remunerado, preferencialmente aos domingos;

IV – repouso anual remunerado;

V – retirada para o trabalho noturno superior à do diurno;

VI – adicional sobre a retirada para as atividades insalubres ou perigosas;

VII – seguro de acidente de trabalho.

§ 1º. Não se aplica o disposto nos incisos III e IV do *caput* deste artigo nos casos em que as operações entre o sócio e a cooperativa sejam eventuais, salvo decisão assemblear em contrário.

§ 2º. A Cooperativa de Trabalho buscará meios, inclusive mediante provisionamento de recursos, com base em critérios que devem ser aprovados em Assembleia Geral, para assegurar os direitos previstos nos incisos I, III, IV, V, VI e VII do *caput* deste artigo e outros que a Assembleia Geral venha a instituir.

§ 3º. A Cooperativa de Trabalho, além dos fundos obrigatórios previstos em lei, poderá criar, em Assembleia Geral, outros fundos, inclusive rotativos, com recursos destinados a fins específicos, fixando o modo de formação, custeio, aplicação e liquidação.

§ 4º. (Vetado).

§ 5º. A Cooperativa de Trabalho constituída nos termos do inciso I do *caput* do art. 4º desta Lei poderá, em Assembleia Geral Extraordinária, estabelecer carência na fruição dos direitos previstos nos incisos I e VII do *caput* deste artigo.

§ 6º. As atividades identificadas com o objeto social da Cooperativa de Trabalho prevista no inciso II do *caput* do art. 4º desta Lei, quando prestadas fora do estabelecimento da cooperativa, deverão ser submetidas a uma coordenação com mandato nunca superior a 1 (um) ano ou ao prazo estipulado para a realização dessas atividades, eleita em reunião específica pelos sócios que se disponham a realizá-las, em que serão expostos os requisitos para sua consecução, os valores contratados e a retribuição pecuniária de cada sócio partícipe.

Art. 8º. As Cooperativas de Trabalho devem observar as normas de saúde e segurança do trabalho previstas na legislação em vigor e em atos normativos expedidos pelas autoridades competentes.

Art. 9º. O contratante da Cooperativa de Trabalho prevista no inciso II do *caput* do art. 4º desta Lei responde solidariamente pelo cumprimento das normas de saúde e segurança do trabalho quando os serviços forem prestados no seu estabelecimento ou em local por ele determinado.

CAPÍTULO II. DO FUNCIONAMENTO DAS COOPERATIVAS DE TRABALHO

Art. 10. A Cooperativa de Trabalho poderá adotar por objeto social qualquer gênero de serviço, operação ou atividade, desde que previsto no seu Estatuto Social.

§ 1º. É obrigatório o uso da expressão "Cooperativa de Trabalho" na denominação social da cooperativa.

§ 2º. A Cooperativa de Trabalho não poderá ser impedida de participar de procedimentos de licitação pública que tenham por escopo os mesmos serviços, operações e atividades previstas em seu objeto social.

§ 3º. A admissão de sócios na cooperativa estará limitada consoante as possibilidades de reunião, abrangência das operações, controle e prestação de serviços e congruente com o objeto estatuído.

§ 4º. Para o cumprimento dos seus objetivos sociais, o sócio poderá exercer qualquer atividade da cooperativa, conforme deliberado em Assembleia Geral.

Art. 11. Além da realização da Assembleia Geral Ordinária e Extraordinária para deliberar nos termos dos e sobre os assuntos previstos na Lei nº 5.764, de 16 de dezembro de 1971, e no Estatuto Social, a Cooperativa de Trabalho deverá realizar anualmente, no mínimo, mais uma Assembleia Geral Especial para deliberar, entre outros assuntos especificados no edital de convocação, sobre gestão da cooperativa, disciplina, direitos e deveres dos sócios, planejamento e resultado econômico dos projetos e contratos firmados e organização do trabalho.

§ 1º. O destino das sobras líquidas ou o rateio dos prejuízos será decidido em Assembleia Geral Ordinária.

§ 2º. As Cooperativas de Trabalho deverão estabelecer, em Estatuto Social ou Regimento Interno, incentivos à participação efetiva dos sócios na Assembleia Geral e eventuais sanções em caso de ausências injustificadas.

§ 3º. O quorum mínimo de instalação das Assembleias Gerais será de:

I – 2/3 (dois terços) do número de sócios, em primeira convocação;

II – metade mais 1 (um) dos sócios, em segunda convocação;

III – 50 (cinquenta) sócios ou, no mínimo, 20% (vinte por cento) do total de sócios, prevalecendo o menor número, em terceira convocação, exigida a presença de, no mínimo, 4 (quatro) sócios para as cooperativas que possuam até 19 (dezenove) sócios matriculados.

§ 4º. As decisões das assembleias serão consideradas válidas quando contarem com a aprovação da maioria absoluta dos sócios presentes.

§ 5º. Comprovada fraude ou vício nas decisões das assembleias, serão elas nulas de pleno direito, aplicando-se, conforme o caso, a legislação civil e penal.

§ 6º. A Assembleia Geral Especial de que trata este artigo deverá ser realizada no segundo semestre do ano.

Art. 12. A notificação dos sócios para participação das assembleias será pessoal e ocorrerá com antecedência mínima de 10 (dez) dias de sua realização.

§ 1º. Na impossibilidade de notificação pessoal, a notificação dar-se-á por via postal, respeitada a antecedência prevista no *caput* deste artigo.

§ 2º. Na impossibilidade de realização das notificações pessoal e postal, os sócios serão notificados mediante edital afixado na sede e em outros locais previstos nos estatutos e publicado em jornal de grande circulação na região da sede da cooperativa ou na região onde ela exerça suas atividades, respeitada a antecedência prevista no *caput* deste artigo.

Art. 13. É vedado à Cooperativa de Trabalho distribuir verbas de qualquer natureza entre os sócios, exceto a retirada devida em razão do exercício de sua atividade como sócio ou retribuição por conta de reembolso de despesas comprovadamente realizadas em proveito da Cooperativa.

Art. 14. A Cooperativa de Trabalho deverá deliberar, anualmente, na Assembleia Geral Ordinária, sobre a adoção ou não de diferentes faixas de retirada dos sócios.

Parágrafo único. No caso de fixação de faixas de retirada, a diferença entre as de maior e as de menor valor deverá ser fixada na Assembleia.

Art. 15. O Conselho de Administração será composto por, no mínimo, 3 (três) sócios, eleitos pela Assembleia Geral, para um prazo de gestão não superior a 4 (quatro) anos, sendo obrigatória a renovação de, no mínimo, 1/3 (um terço) do colegiado, ressalvada a hipótese do art. 16 desta Lei.

Art. 16. A Cooperativa de Trabalho constituída por até 19 (dezenove) sócios poderá estabelecer, em Estatuto Social, composição para o Conselho de Administração e para o Conselho Fiscal distinta da prevista nesta Lei e no art. 56 da Lei nº 5.764, de 16 de dezembro de 1971, assegurados, no mínimo, 3 (três) conselheiros fiscais.

CAPÍTULO III. DA FISCALIZAÇÃO E DAS PENALIDADES

Art. 17. Cabe ao Ministério do Trabalho e Emprego, no âmbito de sua competência, a fiscalização do cumprimento do disposto nesta Lei.

§ 1º. A Cooperativa de Trabalho que intermediar mão de obra subordinada e os contratantes de seus serviços estarão sujeitos à multa de R$ 500,00 (quinhentos reais) por trabalhador prejudicado, dobrada na reincidência, a ser revertida em favor do Fundo de Amparo ao Trabalhador – FAT.

§ 2º. Presumir-se-á intermediação de mão de obra subordinada a relação contratual estabelecida entre a empresa contratante e as Cooperativas de Trabalho que não cumprirem o disposto no § 6º do art. 7º desta Lei.

§ 3º. As penalidades serão aplicadas pela autoridade competente do Ministério do Trabalho e Emprego, de acordo com o estabelecido no TÍTULO VII da Consolidação das Leis do Trabalho – CLT, aprovada pelo Dec.-lei nº 5.452, de 1º de maio de 1943.

Art. 18. A constituição ou utilização de Cooperativa de Trabalho para fraudar deliberadamente a legislação trabalhista, previdenciária e o disposto nesta Lei acarretará aos responsáveis as sanções penais, cíveis e administrativas cabíveis, sem prejuízo da ação judicial visando à dissolução da Cooperativa.

§ 1º. (VETADO).

§ 2º. Fica inelegível para qualquer cargo em Cooperativa de Trabalho, pelo período de até 5 (cinco) anos, contado a partir da sentença transitada em julgado, o sócio, dirigente ou o administrador condenado pela prática das fraudes elencadas no *caput* deste artigo.

CAPÍTULO IV. DO PROGRAMA NACIONAL DE FOMENTO ÀS COOPERATIVAS DE TRABALHO – PRONACOOP

Art. 19. É instituído, no âmbito do Ministério do Trabalho e Emprego, o Programa Nacional de Fomento às Cooperativas de Trabalho – Pronacoop, com a finalidade de promover o desenvolvimento e a melhoria do desempenho econômico e social da Cooperativa de Trabalho.

Parágrafo único. O Pronacoop tem como finalidade apoiar:

I – a produção de diagnóstico e plano de desenvolvimento institucional para as Cooperativas de Trabalho dele participantes;

II – a realização de acompanhamento técnico visando ao fortalecimento financeiro, de gestão, de organização do processo produtivo ou de trabalho, bem como à qualificação dos recursos humanos;

III – a viabilização de linhas de crédito;

IV – o acesso a mercados e à comercialização da produção;

V – o fortalecimento institucional, a educação cooperativista e a constituição de cooperativas centrais, federações e confederações de cooperativas;

VI – outras ações que venham a ser definidas por seu Comitê Gestor no cumprimento da finalidade estabelecida no *caput* deste artigo.

Art. 20. É criado o Comitê Gestor do Pronacoop, com as seguintes atribuições:

I – acompanhar a implementação das ações previstas nesta Lei;

II – estabelecer as diretrizes e metas para o Pronacoop;

III – definir as normas operacionais para o Pronacoop;

IV – propor o orçamento anual do Pronacoop;

V – (VETADO);

VI – (VETADO).

§ 1º. O Comitê Gestor terá composição paritária entre o governo e entidades representativas do cooperativismo de trabalho.

§ 2º. O número de membros, a organização e o funcionamento do Comitê Gestor serão estabelecidos em regulamento.

Art. 21. O Ministério do Trabalho e Emprego poderá celebrar convênios, acordos, ajustes e outros instrumentos que objetivem a cooperação técnico-científica com órgãos do setor público e entidades privadas sem fins lucrativos, no âmbito do Pronacoop.

Art. 22. As despesas decorrentes da implementação do Pronacoop correrão à conta das dotações orçamentárias consignadas anualmente ao Ministério do Trabalho e Emprego.

Art. 23. Os recursos destinados às linhas de crédito do Pronacoop serão provenientes:

I – do Fundo de Amparo ao Trabalhador – FAT;

II – de recursos orçamentários da União; e

III – de outros recursos que venham a ser alocados pelo poder público.

Parágrafo único. O Conselho Deliberativo do Fundo de Amparo ao Trabalhador – Codefat definirá as diretrizes para a aplicação, no âmbito do Pronacoop, dos recursos oriundos do Fundo de Amparo ao Trabalhador – FAT.

Art. 24. As instituições financeiras autorizadas a operar com os recursos do Pronacoop poderão realizar operações de crédito destinadas a empreendimentos inscritos no Programa sem a exigência de garantias reais, que poderão ser substituídas por garantias alternativas, observadas as condições estabelecidas em regulamento.

Parágrafo único. (VETADO).

Art. 25. (VETADO).

CAPÍTULO V. DISPOSIÇÕES FINAIS

Art. 26. É instituída a Relação Anual de Informações das Cooperativas de Trabalho – RAICT, a ser preenchida pelas Cooperativas de Trabalho, anualmente, com informações relativas ao ano-base anterior.

Parágrafo único. O Poder Executivo regulamentará o modelo de formulário da RAICT, os critérios para entrega das informações e as responsabilidades institucionais sobre a coleta, processamento, acesso e divulgação das informações.

Art. 27. A Cooperativa de Trabalho constituída antes da vigência desta Lei terá prazo de 12 (doze) meses, contado de sua publicação, para adequar seus estatutos às disposições nela previstas.

Art. 28. A Cooperativa de Trabalho prevista no inciso II do *caput* do art. 4º desta Lei constituída antes da vigência desta Lei terá prazo de 12 (doze) meses, contado de sua publicação, para assegurar aos sócios as garantias previstas nos incisos I, IV, V, VI e VII do *caput* do art. 7º desta Lei, conforme deliberado em Assembleia Geral.

Art. 29. Esta Lei entra em vigor na data de sua publicação.

Art. 30. (VETADO).

Brasília, 19 de julho de 2012; 191º da Independência e 124º da República.

DILMA ROUSSEFF

Publicado no D.O.U. 20.7.2012

LEI Nº 12.761, DE 27 DE DEZEMBRO DE 2012

Institui o Programa de Cultura do Trabalhador; cria o vale-cultura; altera as Leis nºs 8.212, de 24 de julho de 1991, e 7.713, de 22 de dezembro de 1988, e a Consolidação das Leis do Trabalho - CLT, aprovada pelo Decreto-Lei nº 5.452, de 1º de maio de 1943; e dá outras providências.

› *Vale-cultura*

A PRESIDENTA DA REPÚBLICA Faço saber que o Congresso Nacional decreta e eu sanciono a seguinte Lei:

› Decreto 8.084/2013 – Regulamenta a Lei 12.761/2012.

Art. 1º. Fica instituído, sob a gestão do Ministério da Cultura, o Programa de Cultura do Trabalhador, destinado a fornecer aos trabalhadores meios para o exercício dos direitos culturais e acesso às fontes da cultura.

› CF/88: arts. 23, V, e 215.

Art. 2º. O Programa de Cultura do Trabalhador tem os seguintes objetivos:

I – possibilitar o acesso e a fruição dos produtos e serviços culturais;

II – estimular a visitação a estabelecimentos culturais e artísticos; e

III – incentivar o acesso a eventos e espetáculos culturais e artísticos.

§ 1º. Para os fins deste Programa, são definidos os serviços e produtos culturais da seguinte forma:

I – serviços culturais: atividades de cunho artístico e cultural fornecidas por pessoas jurídicas, cujas características se enquadrem nas áreas culturais previstas no § 2º; e

II – produtos culturais: materiais de cunho artístico, cultural e informativo, produzidos em qualquer formato ou mídia por pessoas físicas ou jurídicas, cujas características se enquadrem nas áreas culturais previstas no § 2º.

§ 2º. Consideram-se áreas culturais para fins do disposto nos incisos I e II do § 1º:

I – artes visuais;

II – artes cênicas;

III – audiovisual;

IV – literatura, humanidades e informação;

V – música; e

VI – patrimônio cultural.

§ 3º. O Poder Executivo poderá ampliar as áreas culturais previstas no § 2º.

Art. 3º. Fica criado o vale-cultura, de caráter pessoal e intransferível, válido em todo o território nacional, para acesso e fruição de produtos e serviços culturais, no âmbito do Programa de Cultura do Trabalhador.

Art. 4º. O vale-cultura será confeccionado e comercializado por empresas operadoras e disponibilizado aos usuários pelas empresas beneficiárias para ser utilizado nas empresas recebedoras.

Art. 5º. Para os efeitos desta Lei, entende-se por:

I – empresa operadora: pessoa jurídica cadastrada no Ministério da Cultura, possuidora do Certificado de Inscrição no Programa de Cultura do Trabalhador e autorizada a produzir e comercializar o vale-cultura;

II – empresa beneficiária: pessoa jurídica optante pelo Programa de Cultura do Trabalhador e autorizada a distribuir o vale-cultura a seus trabalhadores com vínculo empregatício; (Redação dada pela Lei nº 12.868, de 2013)

III – usuário: trabalhador com vínculo empregatício com a empresa beneficiária;

IV – empresa recebedora: pessoa jurídica habilitada pela empresa operadora para receber o vale-cultura como forma de pagamento de serviço ou produto cultural.

Art. 6º. O vale-cultura será fornecido aos usuários pelas empresas beneficiárias e disponibilizado preferencialmente por meio magnético, com o seu valor expresso em moeda corrente, na forma do regulamento.

Parágrafo único. Somente será admitido o fornecimento do vale-cultura impresso quando comprovadamente inviável a adoção do meio magnético.

Art. 7º. O vale-cultura deverá ser fornecido ao trabalhador que perceba até 5 (cinco) salários mínimos mensais.

Parágrafo único. Os trabalhadores com renda superior a 5 (cinco) salários mínimos poderão receber o vale-cultura, desde que garantido o atendimento à totalidade dos empregados com a remuneração prevista no *caput*, na forma que dispuser o regulamento.

Art. 8º. O valor mensal do vale-cultura, por usuário, será de R$ 50,00 (cinquenta reais).

§ 1º. O trabalhador de que trata o *caput* do art. 7º poderá ter descontado de sua remuneração o percentual máximo de 10% (dez por cento) do valor do vale-cultura, na forma definida em regulamento.

§ 2º. Os trabalhadores que percebem mais de 5 (cinco) salários mínimos poderão ter descontados de sua remuneração, em percentuais entre 20% (vinte por cento) e 90% (noventa por cento) do valor do vale-cultura, de acordo com a respectiva faixa salarial, obedecido o disposto no parágrafo único do art. 7º e na forma que dispuser o regulamento.

§ 3º. É vedada, em qualquer hipótese, a reversão do valor do vale-cultura em pecúnia.

§ 4º. O trabalhador de que trata o art. 7º poderá optar pelo não recebimento do vale-cultura, mediante procedimento a ser definido em regulamento.

Art. 9º. Os prazos de validade e condições de utilização do vale-cultura serão definidos em regulamento.

Art. 10. Até o exercício de 2017, ano-calendário de 2016, o valor despendido a título de aquisição do vale-cultura poderá ser deduzido do imposto sobre a renda devido pela pessoa jurídica beneficiária tributada com base no lucro real.

§ 1º. A dedução de que trata o *caput* fica limitada a 1% (um por cento) do imposto sobre a renda devido, observado o disposto no § 4º do art. 3º da Lei nº 9.249, de 26 de dezembro de 1995.

§ 2º. A pessoa jurídica inscrita no Programa de Cultura do Trabalhador como beneficiária, de que trata o inciso II do art. 5º, poderá deduzir o valor despendido a título de aquisição do vale-cultura como despesa operacional para fins de apuração do imposto sobre a renda, desde que tributada com base no lucro real.

§ 3º. A pessoa jurídica deverá adicionar o valor deduzido como despesa operacional, de que trata o § 2º, para fins de apuração da base de cálculo da Contribuição Social sobre o Lucro Líquido – CSLL.

§ 4º. As deduções de que tratam os §§ 1º e 2º somente se aplicam em relação ao valor do vale-cultura distribuído ao usuário.

§ 5º. (Revogado pela Lei nº 12.872, de 2013).

Art. 11. A parcela do valor do vale-cultura cujo ônus seja da empresa beneficiária:

I – não tem natureza salarial nem se incorpora à remuneração para quaisquer efeitos;

II – não constitui base de incidência de contribuição previdenciária ou do Fundo de Garantia do Tempo de Serviço – FGTS; e

III – não se configura como rendimento tributável do trabalhador.

Art. 12. A execução inadequada do Programa de Cultura do Trabalhador ou qualquer ação que acarrete desvio de suas finalidades pela empresa operadora ou pela empresa beneficiária acarretará cumulativamente:

I – cancelamento do Certificado de Inscrição no Programa de Cultura do Trabalhador;

II – pagamento do valor que deixou de ser recolhido relativo ao imposto sobre a renda, à contribuição previdenciária e ao depósito para o FGTS;

III – aplicação de multa correspondente a 2 (duas) vezes o valor da vantagem recebida indevidamente no caso de dolo, fraude ou simulação;

IV – perda ou suspensão de participação em linhas de financiamento em estabelecimentos oficiais de crédito pelo período de 2 (dois) anos;

V – proibição de contratar com a administração pública pelo período de até 2 (dois) anos; e

VI – suspensão ou proibição de usufruir de benefícios fiscais pelo período de até 2 (dois) anos.

Art. 13. O § 9º do art. 28 da Lei nº 8.212, de 24 de julho de 1991, passa a vigorar acrescido da seguinte alínea y:

› Alteração incorporada ao texto da referida lei.

Art. 14. O § 2º do art. 458 da Consolidação das Leis do Trabalho – CLT, aprovada pelo Decreto-Lei nº 5.452, de 1º de maio de 1943, passa a vigorar acrescido do seguinte inciso VIII:

› Alteração incorporada ao texto do referido Decreto-lei.

Art. 15. O art. 6º da Lei nº 7.713, de 22 de dezembro de 1988, passa a vigorar acrescido do seguinte inciso XXIII:

"Art. 6º (...)

(...)

XXIII – o valor recebido a título de vale-cultura.

(...)"

Art. 16. O Poder Executivo regulamentará esta Lei no prazo de 60 (sessenta) dias, contados da data de sua publicação.

Art. 17. Esta Lei entra em vigor na data de sua publicação.

Brasília, 27 de dezembro de 2012; 191º da Independência e 124º da República.

DILMA ROUSSEFF

Publicado no D.O.U. de 27.12.2012

LEI COMPLEMENTAR Nº 142, DE 8 DE MAIO DE 2013

Regulamenta o § 1º do art. 201 da Constituição Federal, no tocante à aposentadoria da pessoa com deficiência segurada do Regime Geral de Previdência Social – RGPS.

‣ *Aposentadoria da pessoa com deficiência*

‣ Publicada no *DOU* de 9-5-2013.

A PRESIDENTA DA REPÚBLICA Faço saber que o Congresso Nacional decreta e eu sanciono a seguinte Lei Complementar:

Art. 1º. Esta Lei Complementar regulamenta a concessão de aposentadoria da pessoa com deficiência segurada do Regime Geral de Previdência Social – RGPS de que trata o § 1º do art. 201 da Constituição Federal.

Art. 2º. Para o reconhecimento do direito à aposentadoria de que trata esta Lei Complementar, considera-se pessoa com deficiência aquela que tem impedimentos de longo prazo de natureza física, mental, intelectual ou sensorial, os quais, em interação com diversas barreiras, podem obstruir sua participação plena e efetiva na sociedade em igualdade de condições com as demais pessoas.

Art. 3º. É assegurada a concessão de aposentadoria pelo RGPS ao segurado com deficiência, observadas as seguintes condições:

I – aos 25 (vinte e cinco) anos de tempo de contribuição, se homem, e 20 (vinte) anos, se mulher, no caso de segurado com deficiência grave;

II – aos 29 (vinte e nove) anos de tempo de contribuição, se homem, e 24 (vinte e quatro) anos, se mulher, no caso de segurado com deficiência moderada;

III – aos 33 (trinta e três) anos de tempo de contribuição, se homem, e 28 (vinte e oito) anos, se mulher, no caso de segurado com deficiência leve; ou

IV – aos 60 (sessenta) anos de idade, se homem, e 55 (cinquenta e cinco) anos de idade, se mulher, independentemente do grau de deficiência, desde que cumprido tempo mínimo de contribuição de 15 (quinze) anos e comprovada a existência de deficiência durante igual período.

Parágrafo único. Regulamento do Poder Executivo definirá as deficiências grave, moderada e leve para os fins desta Lei Complementar.

Art. 4º. A avaliação da deficiência será médica e funcional, nos termos do Regulamento.

Art. 5º. O grau de deficiência será atestado por perícia própria do Instituto Nacional do Seguro Social – INSS, por meio de instrumentos desenvolvidos para esse fim.

Art. 6º. A contagem de tempo de contribuição na condição de segurado com deficiência será objeto de comprovação, exclusivamente, na forma desta Lei Complementar.

§ 1º. A existência de deficiência anterior à data da vigência desta Lei Complementar deverá ser certificada, inclusive quanto ao seu grau, por ocasião da primeira avaliação, sendo obrigatória a fixação da data provável do início da deficiência.

§ 2º. A comprovação de tempo de contribuição na condição de segurado com deficiência em período anterior à entrada em vigor desta Lei Complementar não será admitida por meio de prova exclusivamente testemunhal.

Art. 7º. Se o segurado, após a filiação ao RGPS, tornar-se pessoa com deficiência, ou tiver seu grau de deficiência alterado, os parâmetros mencionados no art. 3º serão proporcionalmente ajustados, considerando-se o número de anos em que o segurado exerceu atividade laboral sem deficiência e com deficiência, observado o grau de deficiência correspondente, nos termos do regulamento a que se refere o parágrafo único do art. 3º desta Lei Complementar.

Art. 8º. A renda mensal da aposentadoria devida ao segurado com deficiência será calculada aplicando-se sobre o salário de benefício, apurado em conformidade com o disposto no art. 29 da Lei nº 8.213, de 24 de julho de 1991, os seguintes percentuais:

I – 100% (cem por cento), no caso da aposentadoria de que tratam os incisos I, II e III do art. 3º; ou

II – 70% (setenta por cento) mais 1% (um por cento) do salário de benefício por grupo de 12 (doze) contribuições mensais até o máximo de 30% (trinta por cento), no caso de aposentadoria por idade.

Art. 9º. Aplicam-se à pessoa com deficiência de que trata esta Lei Complementar:

I – o fator previdenciário nas aposentadorias, se resultar em renda mensal de valor mais elevado;

II – a contagem recíproca do tempo de contribuição na condição de segurado com deficiência relativa à filiação ao RGPS, ao regime próprio de previdência do servidor público ou a regime de previdência militar, devendo os regimes compensar-se financeiramente;

III – as regras de pagamento e de recolhimento das contribuições previdenciárias contidas na Lei nº 8.212, de 24 de julho de 1991;

IV – as demais normas relativas aos benefícios do RGPS;

V – a percepção de qualquer outra espécie de aposentadoria estabelecida na Lei nº 8.213, de 24 de julho de 1991, que lhe seja mais vantajosa do que as opções apresentadas nesta Lei Complementar.

Art. 10. A redução do tempo de contribuição prevista nesta Lei Complementar não poderá ser acumulada, no tocante ao mesmo período contributivo, com a redução assegurada aos casos de atividades exercidas sob condições especiais que prejudiquem a saúde ou a integridade física.

Art. 11. Esta Lei Complementar entra em vigor após decorridos 6 (seis) meses de sua publicação oficial.

Brasília, 8 de maio de 2013; 192º da Independência e 125º da República.

DILMA ROUSSEFF

Publicado no D.O.U. 9.5.2013

LEI Nº 12.815, DE 5 DE JUNHO DE 2013 (Excertos)

Dispõe sobre a exploração direta e indireta pela União de portos e instalações portuárias e sobre as atividades desempenhadas pelos operadores portuários; altera as Leis nºs 5.025, de 10 de junho de 1966, 10.233, de 5 de junho de 2001, 10.683, de 28 de maio de 2003, 9.719, de 27 de novembro de 1998, e 8.213, de 24 de julho de 1991; revoga as Leis nºs 8.630, de 25 de fevereiro de 1993, e 11.610, de 12 de dezembro de 2007, e dispositivos das Leis nºs 11.314, de 3 de julho de 2006, e 11.518, de 5 de setembro de 2007; e dá outras providências.

‣ *Trabalho portuário*

A PRESIDENTA DA REPÚBLICA Faço saber que o Congresso Nacional decreta e eu sanciono a seguinte Lei:

CAPÍTULO I
DEFINIÇÕES E OBJETIVOS

Art. 1º. Esta Lei regula a exploração pela União, direta ou indiretamente, dos portos e instalações portuárias e as atividades desempenhadas pelos operadores portuários.

§ 1º. A exploração indireta do porto organizado e das instalações portuárias nele localizadas ocorrerá mediante concessão e arrendamento de bem público.

§ 2º. A exploração indireta das instalações portuárias localizadas fora da área do porto organizado ocorrerá mediante autorização, nos termos desta Lei.

§ 3º. As concessões, os arrendamentos e as autorizações de que trata esta Lei serão outorgados a pessoa jurídica que demonstre capacidade para seu desempenho, por sua conta e risco.

Art. 2º. Para os fins desta Lei, consideram-se:

I - porto organizado: bem público construído e aparelhado para atender a necessidades de navegação, de movimentação de passageiros ou de movimentação e armazenagem de mercadorias, e cujo tráfego e operações portuárias estejam sob jurisdição de autoridade portuária;

II - área do porto organizado: área delimitada por ato do Poder Executivo que compreende as instalações portuárias e a infraestrutura de proteção e de acesso ao porto organizado;

III - instalação portuária: instalação localizada dentro ou fora da área do porto organizado e utilizada em movimentação de passageiros, em movimentação ou armazenagem de mercadorias, destinadas ou provenientes de transporte aquaviário;

IV - terminal de uso privado: instalação portuária explorada mediante autorização e localizada fora da área do porto organizado;

V - estação de transbordo de cargas: instalação portuária explorada mediante autorização, localizada fora da área do porto organizado e utilizada exclusivamente para operação de transbordo de mercadorias em embarcações de navegação interior ou cabotagem;

VI - instalação portuária pública de pequeno porte: instalação portuária explorada mediante autorização, localizada fora do porto organizado e utilizada em movimentação de passageiros ou mercadorias em embarcações de navegação interior;

VII - instalação portuária de turismo: instalação portuária explorada mediante arrendamento ou autorização e utilizada em embarque, desembarque e trânsito de passageiros, tripulantes e bagagens, e de insumos para o provimento e abastecimento de embarcações de turismo;

VIII - (VETADO):

a) (VETADO);

b) (VETADO); e

c) (VETADO);

IX - concessão: cessão onerosa do porto organizado, com vistas à administração e à exploração de sua infraestrutura por prazo determinado;

X - delegação: transferência, mediante convênio, da administração e da exploração do porto organizado para Municípios ou Estados, ou a consórcio público, nos termos da Lei nº 9.277, de 10 de maio de 1996;

XI - arrendamento: cessão onerosa de área e infraestrutura públicas localizadas dentro do porto organizado, para exploração por prazo determinado;

XII - autorização: outorga de direito à exploração de instalação portuária localizada fora da área do porto organizado e formalizada mediante contrato de adesão; e

XIII - operador portuário: pessoa jurídica pré-qualificada para exercer as atividades de movimentação de passageiros ou movimentação e armazenagem de mercadorias, destinadas ou provenientes de transporte aquaviário, dentro da área do porto organizado.

Art. 3º. A exploração dos portos organizados e instalações portuárias, com o objetivo de aumentar a competitividade e o desenvolvimento do País, deve seguir as seguintes diretrizes:

(...)

III - estímulo à modernização e ao aprimoramento da gestão dos portos organizados e instalações portuárias, à valorização e à qualificação da mão de obra portuária e à eficiência das atividades prestadas;

IV - promoção da segurança da navegação na entrada e na saída das embarcações dos portos; *(Redação dada pela Lei 14.047/2020)*

V - estímulo à concorrência, por meio do incentivo à participação do setor privado e da garantia de amplo acesso aos portos organizados, às instalações e às atividades portuárias; e *(Redação dada pela Lei 14.047/2020)*

VI - liberdade de preços nas operações portuárias, reprimidos qualquer prática prejudicial à competição e o abuso do poder econômico. *(Acrescido pela Lei 14.047/2020)*

(...)

CAPÍTULO IV
DA ADMINISTRAÇÃO DO PORTO ORGANIZADO

SEÇÃO I
DAS COMPETÊNCIAS

Art. 17. A administração do porto é exercida diretamente pela União, pela delegatária ou pela entidade concessionária do porto organizado.

§ 1º Compete à administração do porto organizado, denominada autoridade portuária:

(...)

III - pré-qualificar os operadores portuários, de acordo com as normas estabelecidas pelo poder concedente;

(...)

XIII - prestar apoio técnico e administrativo ao conselho de autoridade portuária e ao órgão de gestão de mão de obra;

XIV - estabelecer o horário de funcionamento do porto, observadas as diretrizes da Secretaria de Portos da Presidência da República, e as jornadas de trabalho no cais de uso público; e

XV - organizar a guarda portuária, em conformidade com a regulamentação expedida pelo poder concedente.

(...)

Art. 20. Será instituído em cada porto organizado um conselho de autoridade portuária, órgão consultivo da administração do porto.

§ 1º O regulamento disporá sobre as atribuições, o funcionamento e a composição dos conselhos de autoridade portuária, assegurada a participação de representantes da classe empresarial, dos trabalhadores portuários e do poder público.

§ 2º A representação da classe empresarial e dos trabalhadores no conselho a que alude o *caput* será paritária.

§ 3º A distribuição das vagas no conselho a que alude o *caput* observará a seguinte proporção:

I - 50% (cinquenta por cento) de representantes do poder público;

II - 25% (vinte e cinco por cento) de representantes da classe empresarial; e

III - 25% (vinte e cinco por cento) de representantes da classe trabalhadora.

Art. 21. Fica assegurada a participação de um representante da classe empresarial e outro da classe trabalhadora no conselho de administração ou órgão equivalente da administração do porto, quando se tratar de entidade sob controle estatal, na forma do regulamento.

Parágrafo único. A indicação dos representantes das classes empresarial e trabalhadora a que alude o *caput* será feita pelos respectivos representantes no conselho de autoridade portuária.

(...)

CAPÍTULO V
DA OPERAÇÃO PORTUÁRIA

Art. 25. A pré-qualificação do operador portuário será efetuada perante a administração do porto, conforme normas estabelecidas pelo poder concedente.

§ 1º As normas de pré-qualificação devem obedecer aos princípios da legalidade, impessoalidade, moralidade, publicidade e eficiência.

§ 2º A administração do porto terá prazo de 30 (trinta) dias, contado do pedido do interessado, para decidir sobre a pré-qualificação.

§ 3º Em caso de indeferimento do pedido mencionado no § 2º, caberá recurso, no prazo de 15 (quinze) dias, dirigido à Secretaria de Portos da Presidência da República, que deverá apreciá-lo no prazo de 30 (trinta) dias, nos termos do regulamento.

§ 4º Considera-se pré-qualificada como operador portuário a administração do porto.

Art. 26. O operador portuário responderá perante:

I - a administração do porto pelos danos culposamente causados à infraestrutura, às instalações e ao equipamento de que a administração do porto seja titular, que se encontre a seu serviço ou sob sua guarda;

II - o proprietário ou consignatário da mercadoria pelas perdas e danos que ocorrerem durante as operações que realizar ou em decorrência delas;

III - o armador pelas avarias ocorridas na embarcação ou na mercadoria dada a transporte;

IV - o trabalhador portuário pela remuneração dos serviços prestados e respectivos encargos;

V - o órgão local de gestão de mão de obra do trabalho avulso pelas contribuições não recolhidas;

VI - os órgãos competentes pelo recolhimento dos tributos incidentes sobre o trabalho portuário avulso; e

VII - a autoridade aduaneira pelas mercadorias sujeitas a controle aduaneiro, no período em que lhe estejam confiadas ou quando tenha controle ou uso exclusivo de área onde se encontrem depositadas ou devam transitar.

Parágrafo único. Compete à administração do porto responder pelas mercadorias a que se referem os incisos II e VII do *caput* quando estiverem em área por ela controlada e após o seu recebimento, conforme definido pelo regulamento de exploração do porto.

Art. 27. As atividades do operador portuário estão sujeitas às normas estabelecidas pela Antaq.

§ 1º O operador portuário é titular e responsável pela coordenação das operações portuárias que efetuar.

§ 2º A atividade de movimentação de carga a bordo da embarcação deve ser executada de acordo com a instrução de seu comandante ou de seus prepostos, responsáveis pela segurança da embarcação nas atividades de arrumação ou retirada da carga, quanto à segurança da embarcação.

Art. 28. É dispensável a intervenção de operadores portuários em operações:

I - que, por seus métodos de manipulação, suas características de automação ou mecanização, não requeiram a utilização de mão de obra ou possam ser executadas exclusivamente pela tripulação das embarcações;

II - de embarcações empregadas:

a) em obras de serviços públicos nas vias aquáticas do País, executadas direta ou indiretamente pelo poder público;

b) no transporte de gêneros de pequena lavoura e da pesca, para abastecer mercados de âmbito municipal;

c) na navegação interior e auxiliar;

d) no transporte de mercadorias líquidas a granel; e

e) no transporte de mercadorias sólidas a granel, quando a carga ou descarga for feita por aparelhos mecânicos automáticos, salvo quanto às atividades de rechego;

III - relativas à movimentação de:

a) cargas em área sob controle militar, quando realizadas por pessoal militar ou vinculado a organização militar;

b) materiais por estaleiros de construção e reparação naval; e

c) peças sobressalentes, material de bordo, mantimentos e abastecimento de embarcações; e

IV - relativas ao abastecimento de aguada, combustíveis e lubrificantes para a navegação.

Parágrafo único. (VETADO).

Art. 29. As cooperativas formadas por trabalhadores portuários avulsos, registrados de acordo com esta Lei, poderão estabelecer-se como operadores portuários.

Art. 30. A operação portuária em instalações localizadas fora da área do porto organizado será disciplinada pelo titular da respectiva autorização, observadas as normas estabelecidas pelas autoridades marítima, aduaneira, sanitária, de saúde e de polícia marítima.

Art. 31. O disposto nesta Lei não prejudica a aplicação das demais normas referentes ao transporte marítimo, inclusive as decorrentes de convenções internacionais ratificadas, enquanto vincularem internacionalmente o País.

CAPÍTULO VI
DO TRABALHO PORTUÁRIO

Art. 32. Os operadores portuários devem constituir em cada porto organizado um órgão de gestão de mão de obra do trabalho portuário, destinado a:

I - administrar o fornecimento da mão de obra do trabalhador portuário e do trabalhador portuário avulso;

II - manter, com exclusividade, o cadastro do trabalhador portuário e o registro do trabalhador portuário avulso;

III - treinar e habilitar profissionalmente o trabalhador portuário, inscrevendo-o no cadastro;

IV - selecionar e registrar o trabalhador portuário avulso;

V - estabelecer o número de vagas, a forma e a periodicidade para acesso ao registro do trabalhador portuário avulso;

VI - expedir os documentos de identificação do trabalhador portuário; e

VII - arrecadar e repassar aos beneficiários os valores devidos pelos operadores portuários relativos à remuneração do trabalhador portuário avulso e aos correspondentes encargos fiscais, sociais e previdenciários.

Parágrafo único. Caso celebrado contrato, acordo ou convenção coletiva de trabalho entre trabalhadores e tomadores de serviços, o disposto no instrumento precederá o órgão gestor e dispensará sua intervenção nas relações entre capital e trabalho no porto.

Art. 33. Compete ao órgão de gestão de mão de obra do trabalho portuário avulso:

I - aplicar, quando couber, normas disciplinares previstas em lei, contrato, convenção ou acordo coletivo de trabalho, no caso de transgressão disciplinar, as seguintes penalidades:

a) repreensão verbal ou por escrito;

b) suspensão do registro pelo período de 10 (dez) a 30 (trinta) dias; ou

c) cancelamento do registro;

II - promover:

a) a formação profissional do trabalhador portuário e do trabalhador portuário avulso, adequando-a aos modernos processos de movimentação de carga e de operação de aparelhos e equipamentos portuários;

b) o treinamento multifuncional do trabalhador portuário e do trabalhador portuário avulso; e

c) a criação de programas de realocação e de cancelamento do registro, sem ônus para o trabalhador;

III - arrecadar e repassar aos beneficiários contribuições destinadas a incentivar o cancelamento do registro e a aposentadoria voluntária;

IV - arrecadar as contribuições destinadas ao custeio do órgão;

V - zelar pelas normas de saúde, higiene e segurança no trabalho portuário avulso; e

VI - submeter à administração do porto propostas para aprimoramento da operação portuária e valorização econômica do porto.

§ 1º O órgão não responde por prejuízos causados pelos trabalhadores portuários avulsos aos tomadores dos seus serviços ou a terceiros.

§ 2º O órgão responde, solidariamente com os operadores portuários, pela remuneração devida ao trabalhador portuário avulso e pelas indenizações decorrentes de acidente de trabalho.

§ 3º O órgão pode exigir dos operadores portuários garantia prévia dos respectivos pagamentos, para atender a requisição de trabalhadores portuários avulsos.

§ 4º As matérias constantes nas alíneas *a* e *b* do inciso II deste artigo serão discutidas em fórum permanente, composto, em caráter paritário, por representantes do governo e da sociedade civil.

§ 5º A representação da sociedade civil no fórum previsto no § 4º será paritária entre trabalhadores e empresários.

Art. 34. O exercício das atribuições previstas nos arts. 32 e 33 pelo órgão de gestão de mão de obra do trabalho portuário avulso não implica vínculo empregatício com trabalhador portuário avulso.

Art. 35. O órgão de gestão de mão de obra pode ceder trabalhador portuário avulso, em caráter permanente, ao operador portuário.

Art. 36. A gestão da mão de obra do trabalho portuário avulso deve observar as normas do contrato, convenção ou acordo coletivo de trabalho.

Art. 37. Deve ser constituída, no âmbito do órgão de gestão de mão de obra, comissão paritária para solucionar litígios decorrentes da aplicação do disposto nos arts. 32, 33 e 35.

§ 1º Em caso de impasse, as partes devem recorrer à arbitragem de ofertas finais.

§ 2º Firmado o compromisso arbitral, não será admitida a desistência de qualquer das partes.

§ 3º Os árbitros devem ser escolhidos de comum acordo entre as partes, e o laudo arbitral proferido para solução da pendência constitui título executivo extrajudicial.

§ 4º As ações relativas aos créditos decorrentes da relação de trabalho avulso prescrevem em 5 (cinco) anos até o limite de 2 (dois) anos após o cancelamento do registro ou do cadastro no órgão gestor de mão de obra.

Art. 38. O órgão de gestão de mão de obra terá obrigatoriamente 1 (um) conselho de supervisão e 1 (uma) diretoria executiva.

§ 1º O conselho de supervisão será composto por 3 (três) membros titulares e seus suplentes, indicados na forma do regulamento, e terá como competência:

I - deliberar sobre a matéria contida no inciso V do *caput* do art. 32;

II - editar as normas a que se refere o art. 42; e

III - fiscalizar a gestão dos diretores, examinar, a qualquer tempo, os livros e papéis do órgão e solicitar informações sobre quaisquer atos praticados pelos diretores ou seus prepostos.

§ 2º A diretoria executiva será composta por 1 (um) ou mais diretores, designados e destituíveis na forma do regulamento, cujo prazo de gestão será de 3 (três) anos, permitida a redesignação.

§ 3º Até 1/3 (um terço) dos membros do conselho de supervisão poderá ser designado para cargos de diretores.

§ 4º No silêncio do estatuto ou contrato social, competirá a qualquer diretor a representação do órgão e a prática dos atos necessários ao seu funcionamento regular.

Art. 39. O órgão de gestão de mão de obra é reputado de utilidade pública, sendo-lhe vedado ter fins lucrativos, prestar serviços a terceiros ou exercer qualquer atividade não vinculada à gestão de mão de obra.

Art. 40. O trabalho portuário de capatazia, estiva, conferência de carga, conserto de carga, bloco e vigilância de embarcações, nos portos organizados, será realizado por trabalhadores portuários com vínculo empregatício por prazo indeterminado e por trabalhadores portuários avulsos.

§ 1º Para os fins desta Lei, consideram-se:

I - capatazia: atividade de movimentação de mercadorias nas instalações dentro do porto, compreendendo o recebimento, conferência, transporte interno, abertura de volumes para a conferência aduaneira, manipulação, arrumação e entrega, bem como o carregamento e descarga de embarcações, quando efetuados por aparelhamento portuário;

II - estiva: atividade de movimentação de mercadorias nos conveses ou nos porões das embarcações principais ou auxiliares, incluindo o transbordo, arrumação, peação e despeação, bem como o carregamento e a descarga, quando realizados com equipamentos de bordo;

III - conferência de carga: contagem de volumes, anotação de suas características, procedência ou destino, verificação do estado das mercadorias, assistência à pesagem, conferência do manifesto e demais serviços correlatos, nas operações de carregamento e descarga de embarcações;

IV - conserto de carga: reparo e restauração das embalagens de mercadorias, nas operações de carregamento e descarga de embarcações, reembalagem, marcação, remarcação, carimbagem, etiquetagem, abertura de volumes para vistoria e posterior recomposição;

V - vigilância de embarcações: atividade de fiscalização da entrada e saída de pessoas a bordo das embarcações atracadas ou fundeadas ao largo, bem como da movimentação de mercadorias nos portalós, rampas, porões, conveses, plataformas e em outros locais da embarcação; e

VI - bloco: atividade de limpeza e conservação de embarcações mercantes e de seus tanques, incluindo batimento de ferrugem, pintura, reparos de pequena monta e serviços correlatos.

§ 2º A contratação de trabalhadores portuários de capatazia, bloco, estiva, conferência de carga, conserto de carga e vigilância de embarcações com vínculo empregatício por prazo indeterminado será feita exclusivamente dentre trabalhadores portuários avulsos registrados.

§ 3º O operador portuário, nas atividades a que alude o *caput*, não poderá locar ou tomar mão de obra sob o regime de trabalho temporário de que trata a Lei nº 6.019, de 3 de janeiro de 1974.

§ 4º As categorias previstas no *caput* constituem categorias profissionais diferenciadas.

§ 5º Desde que possuam a qualificação necessária, os trabalhadores portuários avulsos registrados e cadastrados poderão desempenhar quaisquer das atividades de que trata o § 1º deste artigo, vedada a exigência de novo registro ou cadastro específico, independentemente de acordo ou convenção coletiva. *(Acrescido pela Lei 14.047/2020)*

Art. 41. O órgão de gestão de mão de obra:

I - organizará e manterá cadastro de trabalhadores portuários habilitados ao desempenho das atividades referidas no § 1º do art. 40; e

II - organizará e manterá o registro dos trabalhadores portuários avulsos.

§ 1º A inscrição no cadastro do trabalhador portuário dependerá exclusivamente de prévia habilitação profissional do trabalhador interessado, mediante treinamento realizado em entidade indicada pelo órgão de gestão de mão de obra.

§ 2º O ingresso no registro do trabalhador portuário avulso depende de prévia seleção e inscrição no cadastro de que trata o inciso I do *caput*, obedecidas a disponibilidade de vagas e a ordem cronológica de inscrição no cadastro.

§ 3º A inscrição no cadastro e o registro do trabalhador portuário extinguem-se por morte ou cancelamento.

Art. 42. A seleção e o registro do trabalhador portuário avulso serão feitos pelo órgão de gestão de mão de obra avulsa, de acordo com as normas estabelecidas em contrato, convenção ou acordo coletivo de trabalho.

Art. 43. A remuneração, a definição das funções, a composição dos ternos, a multifuncionalidade e as demais condições do trabalho avulso serão objeto de negociação entre as entidades representativas dos trabalhadores portuários avulsos e dos operadores portuários.

Parágrafo único. A negociação prevista no *caput* contemplará a garantia de renda mínima inserida no item 2 do Artigo 2 da Convenção no 137 da Organização Internacional do Trabalho - OIT.

Art. 44. É facultada aos titulares de instalações portuárias sujeitas a regime de autorização a contratação de trabalhadores a prazo indeterminado, observado o disposto no contrato, convenção ou acordo coletivo de trabalho.

Art. 45. (VETADO).

(...)

CAPÍTULO IX
DISPOSIÇÕES FINAIS E TRANSITÓRIAS

Art. 56. (VETADO).

Parágrafo único. (VETADO).

Art. 56-A. As infraestruturas ferroviárias no interior do perímetro dos portos e instalações portuárias não se constituem em ferrovias autônomas e são administradas pela respectiva autoridade portuária ou autorizatário, dispensada a realização de outorga específica para sua exploração. *(Acrescido pela Lei 14.273/2021)*

Parágrafo único. As infraestruturas ferroviárias de que dispõe o *caput* deste artigo observarão as normas nacionais para a segurança do trânsito e do transporte ferroviários, e caberá ao regulador ferroviário federal fiscalizar sua aplicação.

Art. 57. Os contratos de arrendamento em vigor firmados sob a Lei nº 8.630, de 25 de fevereiro de 1993, que possuam previsão expressa de prorrogação ainda não realizada, poderão ter sua prorrogação antecipada, a critério do poder concedente.

§ 1º A prorrogação antecipada de que trata o *caput* dependerá da aceitação expressa de obrigação de realizar investimentos, segundo plano elaborado pelo arrendatário e aprovado pelo poder concedente em até 60 (sessenta) dias.

§ 2º (VETADO).

§ 3º Caso, a critério do poder concedente, a antecipação das prorrogações de que trata o *caput* não seja efetivada, tal decisão não implica obrigatoriamente na recusa da prorrogação contratual prevista originalmente.

§ 4º (VETADO).

§ 5º O Poder Executivo deverá encaminhar ao Congresso Nacional, até o último dia útil do mês de março de cada ano, relatório detalhado sobre a implementação das iniciativas tomadas com base nesta Lei, incluindo, pelo menos, as seguintes informações:

I - relação dos contratos de arrendamento e concessão em vigor até 31 de dezembro do ano anterior, por porto organizado, indicando data dos contratos, empresa detentora, objeto detalhado, área, prazo de vigência e situação de adimplemento com relação às cláusulas contratuais;

II - relação das instalações portuárias exploradas mediante autorizações em vigor até 31 de dezembro do ano anterior, segundo a localização, se dentro ou fora do porto organizado, indicando data da autorização, empresa detentora, objeto detalhado, área, prazo de vigência e situação de adimplemento com relação às cláusulas dos termos de adesão e autorização;

III - relação dos contratos licitados no ano anterior com base no disposto no art. 56 desta Lei, por porto organizado, indicando data do contrato, modalidade da licitação, empresa detentora, objeto, área, prazo de vigência e valor dos investimentos realizados e previstos nos contratos de concessão ou arrendamento;

IV - relação dos termos de autorização e os contratos de adesão adaptados no ano anterior, com base no disposto nos arts. 58 e 59 desta Lei, indicando data do contrato de autorização, empresa detentora, objeto, área, prazo de vigência e valor dos investimentos realizados e previstos nos termos de adesão e autorização;

V - relação das instalações portuárias operadas no ano anterior com base no previsto no art. 7º desta Lei, indicando empresa concessionária, empresa que utiliza efetivamente a instalação portuária, motivo e justificativa da utilização por interessado não detentor do arrendamento ou concessão e prazo de utilização.

Art. 58. Os termos de autorização e os contratos de adesão em vigor deverão ser adaptados ao disposto nesta Lei, em especial ao previsto nos §§ 1º a 4º do art. 8º, independentemente de chamada pública ou processo seletivo.

Parágrafo único. A Antaq deverá promover a adaptação de que trata o *caput* no prazo de 1 (um) ano, contado da data de publicação desta Lei.

Art. 59. As instalações portuárias enumeradas nos incisos I a IV do *caput* do art. 8º, localizadas dentro da área do porto organizado, terão assegurada a continuidade das suas atividades, desde que realizada a adaptação nos termos do art. 58.

Parágrafo único. Os pedidos de autorização para exploração de instalações portuárias enumeradas nos incisos I a IV do art. 8º, localizadas dentro da área do porto organizado, protocolados na Antaq até dezembro de 2012, poderão ser deferidos pelo poder concedente, desde que tenha sido comprovado até a referida data o domínio útil da área.

Art. 60. Os procedimentos licitatórios para contratação de dragagem homologados e os contratos de dragagem em vigor na data da publicação desta Lei permanecem regidos pelo disposto na Lei nº 11.610, de 12 de dezembro de 2007.

Art. 61. Até a publicação do regulamento previsto nesta Lei, ficam mantidas as regras para composição dos conselhos da autoridade portuária e dos conselhos de supervisão e diretorias executivas dos órgãos de gestão de mão de obra.

Art. 62. O inadimplemento, pelas concessionárias, arrendatárias, autorizatárias e operadoras portuárias no recolhimento de tarifas portuárias e outras obrigações financeiras perante a administração do porto e a Antaq, assim declarado em decisão final, impossibilita a inadimplente de celebrar ou prorrogar contratos de concessão e arrendamento, bem como obter novas autorizações.

§ 1º Para dirimir litígios relativos aos débitos a que se refere o *caput*, poderá ser utilizada a arbitragem, nos termos da Lei nº 9.307, de 23 de setembro de 1996.

§ 2º O impedimento previsto no *caput* também se aplica às pessoas jurídicas, direta ou indiretamente, controladoras, controladas, coligadas, ou de controlador comum com a inadimplente.

Art. 63. As Companhias Docas observarão regulamento simplificado para contratação de serviços e aquisição de bens, observados os princípios constitucionais da publicidade, impessoalidade, moralidade, economicidade e eficiência.

(...)

Art. 75. Esta Lei entra em vigor na data de sua publicação.

Art. 76. Ficam revogados:

I - a Lei nº 8.630, de 25 de fevereiro de 1993;

II - a Lei nº 11.610, de 12 de dezembro de 2007;

III - o art. 21 da Lei nº 11.314, de 3 de julho de 2006;

IV - o art. 14 da Lei nº 11.518, de 5 de setembro de 2007;

V - os seguintes dispositivos da Lei nº 10.233, de 5 de junho de 2001:

a) as alíneas g e h do inciso III do *caput* do art. 14;

b) as alíneas a e b do inciso III do *caput* do art. 27;

c) o inciso XXVII do *caput* do art. 27;

d) os §§ 3º e 4º do art. 27; e

e) o inciso IV do *caput* do art. 81; e

VI - o art. 11 da Lei no 9.719, de 27 de novembro de 1998.

Brasília, 5 de junho de 2013; 192º da Independência e 125º da República.

DILMA ROUSSEFF

DOU de 5.6.2013 - edição extra

LEI Nº 12.984, DE 2 DE JUNHO DE 2014

Define o crime de discriminação dos portadores do vírus da imunodeficiência humana (HIV) e doentes de AIDS.

▸ *Discriminação dos portadores de HIV*

A PRESIDENTA DA REPÚBLICA Faço saber que o Congresso Nacional decreta e eu sanciono a seguinte Lei:

▸ CF/88: art. 3º, IV.

Art. 1º. Constitui crime punível com reclusão, de 1 (um) a 4 (quatro) anos, e multa, as seguintes condutas discriminatórias contra o portador do HIV e o doente de aids, em razão da sua condição de portador ou de doente:

I – recusar, procrastinar, cancelar ou segregar a inscrição ou impedir que permaneça como aluno em creche ou estabelecimento de ensino de qualquer curso ou grau, público ou privado;

II – negar emprego ou trabalho;

III – exonerar ou demitir de seu cargo ou emprego;

IV – segregar no ambiente de trabalho ou escolar;

V – divulgar a condição do portador do HIV ou de doente de aids, com intuito de ofender-lhe-a dignidade;

VI – recusar ou retardar atendimento de saúde.

Art. 2º. Esta Lei entra em vigor na data de sua publicação.

Brasília, 2 de junho de 2014; 193º da Independência e 126º da República.

DILMA ROUSSEFF

Publicado no D.O.U. de 3.6.2014

LEI Nº 12.990, DE 9 DE JUNHO DE 2014

Reserva aos negros 20% (vinte por cento) das vagas oferecidas nos concursos públicos para provimento de cargos efetivos e empregos públicos no âmbito da administração pública federal, das autarquias, das fundações públicas, das empresas públicas e das sociedades de economia mista controladas pela União.

▸ *Reserva de vagas em concursos públicos*

A PRESIDENTA DA REPÚBLICA

Faço saber que o Congresso Nacional decreta e eu sanciono a seguinte Lei:

Art. 1º Ficam reservadas aos negros 20% (vinte por cento) das vagas oferecidas nos concursos públicos para provimento de cargos efetivos e empregos públicos no âmbito da administração pública federal, das autarquias, das fundações públicas, das empresas públicas e das sociedades de economia mista controladas pela União, na forma desta Lei.

§ 1º A reserva de vagas será aplicada sempre que o número de vagas oferecidas no concurso público for igual ou superior a 3 (três).

§ 2º Na hipótese de quantitativo fracionado para o número de vagas reservadas a candidatos negros, esse será aumentado para o primeiro número inteiro subsequente, em caso de fração igual ou maior que 0,5 (cinco décimos), ou diminuído para número inteiro imediatamente inferior, em caso de fração menor que 0,5 (cinco décimos).

§ 3º A reserva de vagas a candidatos negros constará expressamente dos editais dos concursos públicos, que deverão especificar o total de vagas correspondentes à reserva para cada cargo ou emprego público oferecido.

Art. 2º Poderão concorrer às vagas reservadas a candidatos negros aqueles que se autodeclararem pretos ou pardos no ato da inscrição no concurso público, conforme o quesito cor ou raça utilizado pela Fundação Instituto Brasileiro de Geografia e Estatística - IBGE.

Parágrafo único. Na hipótese de constatação de declaração falsa, o candidato será eliminado do concurso e, se houver sido nomeado, ficará sujeito à anulação da sua admissão ao serviço ou emprego público, após procedimento administrativo em que lhe sejam assegurados o contraditório e a ampla defesa, sem prejuízo de outras sanções cabíveis.

Art. 3º Os candidatos negros concorrerão concomitantemente às vagas reservadas e às vagas destinadas à ampla concorrência, de acordo com a sua classificação no concurso.

§ 1º Os candidatos negros aprovados dentro do número de vagas oferecido para ampla concorrência não serão computados para efeito do preenchimento das vagas reservadas.

§ 2º Em caso de desistência de candidato negro aprovado em vaga reservada, a vaga será preenchida pelo candidato negro posteriormente classificado.

§ 3º Na hipótese de não haver número de candidatos negros aprovados suficiente para ocupar as vagas reservadas, as vagas remanescentes serão revertidas para a ampla concorrência e serão preenchidas pelos demais candidatos aprovados, observada a ordem de classificação.

Art. 4º A nomeação dos candidatos aprovados respeitará os critérios de alternância e proporcionalidade, que consideram a relação entre o número de vagas total e o número de vagas reservadas a candidatos com deficiência e a candidatos negros.

Art. 5º O órgão responsável pela política de promoção da igualdade étnica de que trata o § 1º do art. 49 da Lei nº 12.288, de 20 de julho de 2010, será responsável pelo acompanhamento e avaliação anual do disposto nesta Lei, nos moldes previstos no art. 59 da Lei nº 12.288, de 20 de julho de 2010.

Art. 6º Esta Lei entra em vigor na data de sua publicação e terá vigência pelo prazo de 10 (dez) anos.

Parágrafo único. Esta Lei não se aplicará aos concursos cujos editais já tiverem sido publicados antes de sua entrada em vigor.

Brasília, 9 de junho de 2014; 193º da Independência e 126º da República.

DILMA ROUSSEFF

Miriam Belchior

Luiza Helena de Bairros

LEI COMPLEMENTAR Nº 146, DE 25 DE JUNHO DE 2014

Estende a estabilidade provisória prevista na alínea b do inciso II do art. 10 do Ato das Disposições Constitucionais Transitórias à trabalhadora gestante, nos casos de morte desta, a quem detiver a guarda de seu filho.

▸ *Estabilidade provisória*

A PRESIDENTA DA REPÚBLICA

Faço saber que o Congresso Nacional decreta e eu sanciono a seguinte Lei Complementar:

Art. 1º O direito prescrito na alínea b do inciso II do art. 10 do Ato das Disposições Constitucionais Transitórias, nos casos em que ocorrer o falecimento da genitora, será assegurado a quem detiver a guarda do seu filho

Art. 2º Esta Lei Complementar entra em vigor na data de sua publicação.

Brasília, 25 de junho de 2014; 193º da Independência e 126º da República.

DILMA ROUSSEFF

José Eduardo Cardozo

LEI Nº 13.103, DE 2 DE MARÇO DE 2015 (Excertos)

Dispõe sobre o exercício da profissão de motorista; altera a Consolidação das Leis do Trabalho – CLT, aprovada pelo Decreto–Lei 5.452, de 1º de maio de 1943, e as Leis 9.503, de 23 de setembro de 1997 – Código de Trânsito Brasileiro, e 11.442, de 5 de janeiro de 2007 (empresas e transportadores autônomos de carga), para disciplinar a jornada de trabalho e o tempo de direção do motorista profissional; altera a Lei 7.408, de 25 de novembro de 1985; revoga dispositivos da Lei 12.619, de 30 de abril de 2012; e dá outras providências.

▸ *Motorista*

▸ *DOU 03.03.2015*

▸ Regulamentada pelo Decreto nº 8.433/2015.

A Presidenta da República, faço saber que o Congresso Nacional decreta e eu sanciono a seguinte Lei:

Art. 1º É livre o exercício da profissão de motorista profissional, atendidas as condições e qualificações profissionais estabelecidas nesta Lei.

Parágrafo único. Integram a categoria profissional de que trata esta Lei os motoristas de veículos automotores cuja condução exija formação profissional e que exerçam a profissão nas seguintes atividades ou categorias econômicas:

I – de transporte rodoviário de passageiros;

II – de transporte rodoviário de cargas.

Art. 2º São direitos dos motoristas profissionais de que trata esta Lei, sem prejuízo de outros previstos em leis específicas:

I – ter acesso gratuito a programas de formação e aperfeiçoamento profissional, preferencialmente mediante cursos técnicos e especializados previstos no inciso IV do art. 145 da Lei 9.503, de 23 de setembro de 1997 – Código de Trânsito Brasileiro, normatizados pelo Conselho Nacional de Trânsito – CONTRAN, em cooperação com o poder público;

II – contar, por intermédio do Sistema Único de Saúde – SUS, com atendimento profilático, terapêutico, reabilitador, especialmente em relação às enfermidades que mais os acometam;

III – receber proteção do Estado contra ações criminosas que lhes sejam dirigidas no exercício da profissão;

IV – contar com serviços especializados de medicina ocupacional, prestados por entes públicos ou privados à sua escolha;

V – se empregados:

a) não responder perante o empregador por prejuízo patrimonial decorrente da ação de terceiro, ressalvado o dolo ou a desídia do motorista, nesses casos mediante comprovação, no cumprimento de suas funções;

b) ter jornada de trabalho controlada e registrada de maneira fidedigna mediante anotação em diário de bordo, papeleta ou ficha de trabalho externo, ou sistema e meios eletrônicos instalados nos veículos, a critério do empregador; e

c) ter benefício de seguro de contratação obrigatória assegurado e custeado pelo empregador, destinado à cobertura de morte natural, morte por acidente, invalidez total ou parcial decorrente de acidente, traslado e auxílio para funeral referentes às suas atividades, no valor mínimo correspondente a 10 (dez) vezes o piso salarial de sua categoria ou valor superior fixado em convenção ou acordo coletivo de trabalho.

Art. 3º Aos motoristas profissionais dependentes de substâncias psicoativas é assegurado o pleno atendimento pelas unidades de saúde municipal, estadual e federal, no âmbito do Sistema Único de Saúde, podendo ser realizados convênios com entidades privadas para o cumprimento da obrigação.

Art. 4º O § 5º do art. 71 da Consolidação das Leis do Trabalho – CLT, aprovada pelo Decreto–Lei 5.452, de 1º de maio de 1943, passa a vigorar com a seguinte redação:

‣ Alterações incorporadas no texto da referida Lei.

Art. 5º O art. 168 da Consolidação das Leis do Trabalho – CLT, aprovada pelo Decreto–Lei 5.452, de 1º de maio de 1943, passa a vigorar com as seguintes alterações:

‣ Alterações incorporadas no texto da referida Lei.

Art. 6º A Seção IV-A do Capítulo I do Título III da Consolidação das Leis do Trabalho – CLT, aprovada pelo Decreto–Lei 5.452, de 1º de maio de 1943, passa a vigorar com as seguintes alterações:

‣ Alterações incorporadas no texto da referida Lei.
‣ Vide ADI 5322

Art. 7º O Capítulo III-A da Lei 9.503, de 23 de setembro de 1997 – Código de Trânsito Brasileiro, passa a vigorar com as seguintes alterações:

"CAPÍTULO III-A

....

'Art. 67-A. O disposto neste Capítulo aplica-se aos motoristas profissionais:

I - de transporte rodoviário coletivo de passageiros;

II - de transporte rodoviário de cargas.

§ 1º (Revogado).

§ 2º (Revogado).

§ 3º (Revogado).

§ 4º (Revogado).

§ 5º (Revogado).

§ 6º (Revogado).

§ 7º (Revogado).

....' (NR)

....

'Art. 67-C. É vedado ao motorista profissional dirigir por mais de 5 (cinco) horas e meia ininterruptas veículos de transporte rodoviário coletivo de passageiros ou de transporte rodoviário de cargas.

§ 1º Serão observados 30 (trinta) minutos para descanso dentro de cada 6 (seis) horas na condução de veículo de transporte de carga, sendo facultado o seu fracionamento e o do tempo de direção desde que não ultrapassadas 5 (cinco) horas e meia contínuas no exercício da condução.

§ 1º-A. Serão observados 30 (trinta) minutos para descanso a cada 4 (quatro) horas na condução de veículo rodoviário de passageiros, sendo facultado o seu fracionamento e o do tempo de direção.

§ 2º Em situações excepcionais de inobservância justificada do tempo de direção, devidamente registradas, o tempo de direção poderá ser elevado pelo período necessário para que o condutor, o veículo e a carga cheguem a um lugar que ofereça a segurança e o atendimento demandados, desde que não haja comprometimento da segurança rodoviária.

§ 3º O condutor é obrigado, dentro do período de 24 (vinte e quatro) horas, a observar o mínimo de 11 (onze) horas de descanso, que podem ser fracionadas, usufruídas no veículo e coincidir com os intervalos mencionados no § 1º, observadas no primeiro período 8 (oito) horas ininterruptas de descanso.

§ 4º Entende-se como tempo de direção ou de condução apenas o período em que o condutor estiver efetivamente ao volante, em curso entre a origem e o destino.

§ 5º Entende-se como início de viagem a partida do veículo na ida ou no retorno, com ou sem carga, considerando-se como sua continuação as partidas nos dias subsequentes até o destino.

§ 6º O condutor somente iniciará uma viagem após o cumprimento integral do intervalo de descanso previsto no § 3º deste artigo.

§ 7º Nenhum transportador de cargas ou coletivo de passageiros, embarcador, consignatário de cargas, operador de terminais de carga, operador de transporte multimodal de cargas ou agente de cargas ordenará a qualquer motorista a seu serviço, ainda que subcontratado, que conduza veículo referido no caput sem a observância do disposto no § 6º.' (NR)

....

'Art. 67-E. O motorista profissional é responsável por controlar e registrar o tempo de condução estipulado no art. 67-C, com vistas à sua estrita observância.

§ 1º A não observância dos períodos de descanso estabelecidos no art. 67-C sujeitará o motorista profissional às penalidades daí decorrentes, previstas neste Código.

§ 2º O tempo de direção será controlado mediante registrador instantâneo inalterável de velocidade e tempo e, ou por meio de anotação em diário de bordo, ou papeleta ou ficha de trabalho externo, ou por meios eletrônicos instalados no veículo, conforme norma do Contran.

§ 3º O equipamento eletrônico ou registrador deverá funcionar de forma independente de qualquer interferência do condutor, quanto aos dados registrados.

§ 4º A guarda, a preservação e a exatidão das informações contidas no equipamento registrador instantâneo inalterável de velocidade e de tempo são de responsabilidade do condutor.'"

Art. 8º A Lei 9.503, de 23 de setembro de 1997 – Código de Trânsito Brasileiro, passa a vigorar com as seguintes alterações:

"Art. 132. ....

§ 1º ....

§ 2º Antes do registro e licenciamento, o veículo de carga novo, nacional ou importado, portando a nota fiscal de compra e venda ou documento alfandegário, deverá transitar embarcado do pátio da fábrica ou do posto alfandegário ao Município de destino." (NR)

"Art. 148-A. Os condutores das categorias C, D e E deverão submeter-se a exames toxicológicos para a habilitação e renovação da Carteira Nacional de Habilitação.

§ 1º O exame de que trata este artigo buscará aferir o consumo de substâncias psicoativas que, comprovadamente, comprometam a capacidade de direção e deverá ter janela de detecção mínima de 90 (noventa) dias, nos termos das normas do Contran.

§ 2º Os condutores das categorias C, D e E com Carteira Nacional de Habilitação com validade de 5 (cinco) anos deverão fazer o exame previsto no § 1º no prazo de 2 (dois) anos e 6 (seis) meses a contar da realização do disposto no caput .

§ 3º Os condutores das categorias C, D e E com Carteira Nacional de Habilitação com validade de 3 (três) anos deverão fazer o exame previsto no § 1º no prazo de 1 (um) ano e 6 (seis) meses a contar da realização do disposto no caput .

§ 4º É garantido o direito de contraprova e de recurso administrativo no caso de resultado positivo para o exame de que trata o caput, nos termos das normas do Contran.

§ 5º A reprovação no exame previsto neste artigo terá como consequência a suspensão do direito de dirigir pelo período de 3 (três) meses, condicionado o levantamento da suspensão ao resultado negativo em novo exame, e vedada a aplicação de outras penalidades, ainda que acessórias.

§ 6º O resultado do exame somente será divulgado para o interessado e não poderá ser utilizado para fins estranhos ao disposto neste artigo ou no § 6º do art. 168 da Consolidação das Leis do Trabalho - CLT, aprovada pelo Decreto-Lei nº 5.452, de 1º de maio de 1943 .

§ 7º O exame será realizado, em regime de livre concorrência, pelos laboratórios credenciados pelo Departamento Nacional de Trânsito - DENATRAN, nos termos das normas do Contran, vedado aos entes públicos:

I - fixar preços para os exames;

II - limitar o número de empresas ou o número de locais em que a atividade pode ser exercida; e

III - estabelecer regras de exclusividade territorial."

"Art. 230. ....

....

....

....

XXIII - em desacordo com as condições estabelecidas no art. 67-C, relativamente ao tempo de permanência do condutor ao volante e aos intervalos para descanso, quando se tratar de veículo de transporte de carga ou coletivo de passageiros:

Infração - média;

Penalidade - multa;

Medida administrativa - retenção do veículo para cumprimento do tempo de descanso aplicável.

....

....

§ 1º Se o condutor cometeu infração igual nos últimos 12 (doze) meses, será convertida, automaticamente, a penalidade disposta no inciso XXIII em infração grave.

§ 2º Em se tratando de condutor estrangeiro, a liberação do veículo fica condicionada ao pagamento ou ao depósito, judicial ou administrativo, da multa." (NR)

"Art. 259. ....

....

....

....

§ 4º Ao condutor identificado no ato da infração será atribuída pontuação pelas infrações de sua responsabilidade, nos termos previstos no § 3º do art. 257, excetuando-se aquelas praticadas por passageiros usuários do serviço de transporte rodoviário de passageiros em viagens de longa distância transitando em rodovias com a utilização de ônibus, em linhas regulares intermunicipal, interestadual, internacional e aquelas em viagem de longa distância por fretamento e turismo ou de qualquer modalidade, excetuadas as situações regulamentadas pelo Contran a teor do art. 65 da Lei nº 9.503, de 23 de setembro de 1997 - Código de Trânsito Brasileiro ." (NR)

Art. 9º As condições de segurança, sanitárias e de conforto nos locais de espera, de repouso e de descanso dos motoristas profissionais de transporte rodoviário de passageiros e rodoviário de cargas terão que obedecer ao disposto em normas regulamentadoras pelo ente competente.

§ 1º É vedada a cobrança ao motorista ou ao seu empregador pelo uso ou permanência em locais de espera sob a responsabilidade de:

I – transportador, embarcador ou consignatário de cargas;

II – operador de terminais de cargas;

III – aduanas;

IV – portos marítimos, lacustres, fluviais e secos;

V – terminais ferroviários, hidroviários e aeroportuários.

§ 2º Os locais de repouso e descanso dos motoristas profissionais serão, entre outros, em:

I – estações rodoviárias;

II – pontos de parada e de apoio;

III – alojamentos, hotéis ou pousadas;

IV – refeitórios das empresas ou de terceiros;

V – postos de combustíveis.

§ 3º Será de livre iniciativa a implantação de locais de repouso e descanso de que trata este artigo.

§ 4º A estrita observância às Normas Regulamentadoras do Ministério do Trabalho e Emprego, no que se refere aos incisos II, III, IV e V do § 2º, será considerada apenas quando o local for de propriedade do transportador, do embarcador ou do consignatário de cargas, bem como nos casos em que esses mantiverem com os proprietários destes locais contratos que os obriguem a disponibilizar locais de espera e repouso aos motoristas profissionais.

Art. 10. O poder público adotará medidas, no prazo de até 5 (cinco) anos a contar da vigência desta Lei, para ampliar a disponibilidade dos espaços previstos no art. 9º, especialmente:

I – a inclusão obrigatória de cláusulas específicas em contratos de concessão de exploração de rodovias, para concessões futuras ou renovação;

II – a revisão das concessões de exploração das rodovias em vigor, de modo a adequá-las à previsão de construção de pontos de parada de espera e descanso, respeitado o equilíbrio econômico-financeiro dos contratos;

III – a identificação e o cadastramento de pontos de paradas e locais para espera, repouso e descanso que atendam aos requisitos previstos no art. 9º desta Lei;

IV – a permissão do uso de bem público nas faixas de domínio das rodovias sob sua jurisdição, vinculadas à implementação de locais de espera, repouso e descanso e pontos de paradas, de trevos ou acessos a esses locais;

V – a criação de linha de crédito para apoio à implantação dos pontos de paradas.

Parágrafo único. O poder público apoiará ou incentivará, em caráter permanente, a implantação pela iniciativa privada de locais de espera, pontos de parada e de descanso.

Art. 11. Atos do órgão competente da União ou, conforme o caso, de autoridade do ente da federação com circunscrição sobre a via publicarão a relação de trechos das vias públicas que disponham de pontos de parada ou de locais de descanso adequados para o cumprimento desta Lei.

§ 1º A primeira relação dos trechos das vias referidas no *caput* será publicada no prazo de até 180 (cento e oitenta) dias a contar da data da publicação desta Lei.

§ 2º As relações de trechos das vias públicas de que trata o *caput* deverão ser ampliadas e revisadas periodicamente.

§ 3º Os estabelecimentos existentes nas vias poderão requerer no órgão competente com jurisdição sobre elas o seu reconhecimento como ponto de parada e descanso.

Art. 12. O disposto nos §§ 2º e 3º do art. 235-C do Capítulo I do Título III da Consolidação das Leis do Trabalho – CLT, aprovada pelo Decreto–Lei 5.452, de 1º de maio de 1943, e no *caput* e nos §§ 1º e 3º do art. 67-C do Capítulo III-A da Lei 9.503, de 23 de setembro de 1997 – Código de Trânsito Brasileiro, produzirá efeitos:

I – a partir da data da publicação dos atos de que trata o art. 11, para os trechos das vias deles constantes;

II – a partir da data da publicação das relações subsequentes, para as vias por elas acrescidas.

Parágrafo único. Durante os primeiros 180 (cento e oitenta) dias de sujeição do trecho ao disposto na Consolidação das Leis do Trabalho – CLT, aprovada pelo Decreto–Lei 5.452, de 1º de maio de 1943, e na Lei 9.503, de 23 de setembro de 1997 – Código de Trânsito Brasileiro, com as alterações constantes desta Lei, a fiscalização do seu cumprimento será meramente informativa e educativa.

Art. 13. O exame toxicológico com janela de detecção mínima de 90 (noventa) dias de que tratam o art. 148-A da Lei 9.503, de 23 de setembro de 1997 – Código de Trânsito Brasileiro, os §§ 6º e 7º do art. 168 e o inciso VII do art. 235-B da Consolidação das Leis do Trabalho – CLT, aprovada pelo Decreto–Lei 5.452, de 1º de maio de 1943, será exigido:

I – em 90 (noventa) dias da publicação desta Lei, para a renovação e habilitação das categorias C, D e E;

II – em 1 (um) ano a partir da entrada em vigor desta Lei, para a admissão e a demissão de motorista profissional;

III – em 3 (três) anos e 6 (seis) meses a partir da entrada em vigor desta Lei, para o disposto no § 2º do art. 148-A da Lei 9.503, de 23 de setembro de 1997;

IV – em 2 (dois) anos e 6 (seis) meses a partir da entrada em vigor desta Lei, para o disposto no § 3º do art. 148-A da Lei 9.503, de 23 de setembro de 1997.

Parágrafo único. Caberá ao Contran estabelecer adequações necessárias ao cronograma de realização dos exames.

Art. 14. Decorrido o prazo de 3 (três) anos a contar da publicação desta Lei, os seus efeitos dar–se ão para todas as vias, independentemente da publicação dos atos de que trata o art. 11 ou de suas revisões.

(...)

Art. 17. Em todo o território nacional, os veículos de transporte de cargas que circularem vazios ficarão isentos da cobrança de pedágio sobre os eixos que mantiverem suspensos. (Redação dada pela Lei nº 13.711, de 2018)

§ 1º O disposto no *caput* deste artigo abrange as vias terrestres federais, estaduais, distritais e municipais, inclusive as concedidas. (Acrescido pela Lei nº 13.711, de 2018)

§ 2º Os órgãos e as entidades competentes da União, dos Estados, do Distrito Federal e dos Municípios disporão sobre as medidas técnicas e operacionais para viabilizar a isenção de que trata o *caput* deste artigo. (Acrescido pela Lei nº 13.711, de 2018)

§ 3º Até a implementação das medidas a que se refere o § 2º deste artigo, considerar-se-ão vazios os veículos de transporte de carga que transpuserem as praças de pedágio com um ou mais eixos mantidos suspensos, assegurada a fiscalização dessa condição pela autoridade com circunscrição sobre a via ou pelo agente designado na forma prevista no § 4º do art. 280 da Lei nº 9.503, de 23 de setembro de 1997 (Código de Trânsito Brasileiro). (Acrescido pela Lei nº 13.711, de 2018)

§ 4º Para as vias rodoviárias federais concedidas ou delegadas, será adotada a regulamentação da Agência Nacional de Transportes Terrestres (ANTT). (Acrescido pela Lei nº 13.711, de 2018)

§ 5º Ficam sujeitos à penalidade prevista no art. 209 da Lei nº 9.503, de 23 de setembro de 1997 (Código de Trânsito Brasileiro), os veículos de transporte de cargas que circularem com eixos indevidamente suspensos. (Acrescido pela Lei nº 13.711, de 2018)

§ 6º O aumento do valor do pedágio para os usuários da rodovia a fim de compensar a isenção de que trata o *caput* deste artigo somente será adotado após esgotadas as demais alternativas de reequilíbrio econômico-financeiro dos contratos. (Acrescido pela Lei nº 13.711, de 2018)

Art. 18. O embarcador indenizará o transportador por todos os prejuízos decorrentes de infração por transporte de carga com excesso de peso em desacordo com a nota fiscal, inclusive as despesas com transbordo de carga.

(...)

Art. 21. Ficam revogados os arts. 1º, 2º e 9º da Lei 12.619, de 30 de abril de 2012.

Art. 22. Ficam convertidas em sanção de advertência:

I – as penalidades decorrentes de infrações ao disposto na Lei 12.619, de 30 de abril de 2012, que alterou a Consolidação das Leis do Trabalho – CLT, aprovada pelo Decreto-Lei 5.452, de 1º de maio de 1943, e a Lei 9.503, de 23 de setembro de 1997 – Código de Trânsito Brasileiro, aplicadas até a data da publicação desta Lei; e

II – as penalidades por violação do inciso V do art. 231 da Lei 9.503, de 23 de setembro de 1997 – Código de Trânsito Brasileiro, aplicadas até 2 (dois) anos antes da entrada em vigor desta Lei.

Brasília, 2 de março de 2015; 194º da Independência e 127º da República.

Dilma Rousseff

DECRETO Nº 8.433, DE 16 DE ABRIL DE 2015

Dispõe sobre a regulamentação dos art. 9º a art. 12, art. 17 e art. 22 da Lei 13.103, de 2 de março de 2015.

‣ *Motorista-regulamento*

‣ *DOU 17.04.2015*

A Presidenta da República, no uso da atribuição que lhe confere o art. 84, *caput*, incisos IV e VI, alínea "a", da Constituição, e tendo em vista o disposto na Lei 13.103, de 2 de março de 2015, decreta:

Art. 1º Este Decreto regulamenta a Lei 13.103, de 2 de março de 2015, que dispõe sobre o exercício da profissão de motorista.

Art. 2º Os veículos de transporte de carga que circularem vazios ficam isentos da cobrança de pedágio sobre os eixos que mantiverem suspensos.

§ 1º Os órgãos ou entidades competentes da União, dos Estados, do Distrito Federal e dos Municípios disporão sobre as medidas técnicas e operacionais para viabilizar a isenção de que trata o *caput*.

§ 2º Até a implementação das medidas a que se refere o § 1º, consideram-se vazios os veículos de transporte de carga que transpuserem as praças de pedágio com um ou mais eixos que mantiverem suspensos, ressalvada a fiscalização da condição pela autoridade com circunscrição sobre a via ou ao seu agente designado na forma do § 4º do art. 280 da Lei 9.503, de 23 de setembro de 1997 – Código de Trânsito Brasileiro.

§ 3º Para as vias rodoviárias federais concedidas, a regulamentação de que trata o § 1º será publicada pela Agência Nacional de Transportes Terrestres – ANTT no prazo máximo de cento e oitenta dias, contado da publicação deste Decreto, observada a viabilidade econômica e o interesse público.

§ 4º Regulamentações específicas fixarão os prazos para o cumprimento das medidas pelas concessionárias de rodovias.

Art. 3º As penalidades a que se refere o art. 22 da Lei 13.103, de 2015, ficam convertidas em advertências, conforme os procedimentos estabelecidos:

I – pelo Ministério do Trabalho e Emprego, no caso das infrações ao disposto na Lei 12.619, de 30 de abril de 2012, de que trata o inciso I do *caput* do art. 22 da Lei 13.103, de 2015; e

II – pelos órgãos competentes para aplicar penalidades, no caso das infrações ao Código de Trânsito Brasileiro de que tratam os incisos I e II do *caput* do art. 22 da Lei 13.103, de 2015.

§ 1º As penalidades decorrentes das infrações de trânsito de que tratam os incisos I e II do *caput* do art. 22 da Lei 13.103, de 2015, são aquelas previstas no inciso XXIII do *caput* do art. 230 e no inciso V do *caput* do art. 231 do Código de Trânsito Brasileiro, respectivamente.

‣ *Republicado no DOU de 20.03.2015.*

§ 2º A restituição de valores pagos pelas penalidades referidas no *caput* deverá ser solicitada por escrito e autuada em processo administrativo específico junto ao órgão responsável pelo recolhimento.

Art. 4º Compete ao Ministério do Trabalho e Emprego regulamentar as condições de segurança, sanitárias e de conforto nos locais de espera, de repouso e de descanso dos motoristas profissionais de transporte rodoviário de passageiros e de cargas, conforme disposto no art. 9º da Lei 13.103, de 2 de março de 2015; e Parágrafo único. Para os procedimentos de reconhecimento como ponto de parada e descanso, os órgãos de que trata o § 3º do art. 11 da Lei 13.103, de 2015, observarão o cumprimento da regulamentação de que trata o *caput*.

Art. 5º Compete ao Conselho Nacional de Trânsito – Contran regulamentar:

I – os modelos de sinalização, de orientação e de identificação dos locais de espera, de repouso e de descanso dos motoristas profissionais de transporte rodoviário de passageiros e de cargas, observadas as disposições do § 3º do art. 11 da Lei 13.103, de 2015; e

II – o uso de equipamentos para a verificação se o veículo se encontra vazio e os demais procedimentos a serem adotados para a fiscalização de trânsito e o cumprimento das disposições do art. 17 da Lei 13.103, de 2015, no prazo máximo de cento e oitenta dias, contado da publicação deste Decreto.

Art. 6º A regulamentação das disposições dos incisos I ao IV do *caput* do art. 10, do art. 11 e do art. 12 da Lei 13.103, de 2015, compete:

I – à ANTT, para as rodovias por ela concedidas; e

II – ao Departamento Nacional de Infraestrutura de Transportes – DNIT, para as demais rodovias federais.

Parágrafo único. A outorga de permissão de uso de bem público nas faixas de domínio a que se refere o inciso IV do *caput* do art. 10 da Lei 13.103, de 2015, compete ao órgão com jurisdição sobre a via, observados os requisitos e as condições por ele estabelecidos.

Art. 7º Este Decreto entra em vigor na data de sua publicação.

Brasília, 16 de abril de 2015; 194º da Independência e 127º da República.

Dilma Rousseff

LEI COMPLEMENTAR Nº 150, DE 1º DE JUNHO DE 2015

Dispõe sobre o contrato de trabalho doméstico; altera as Leis nºs 8.212, de 24 de julho de 1991, 8.213, de 24 de julho de 1991, e 11.196, de 21 de novembro de 2005; revoga o inciso I do art. 3º da Lei nº 8.009, de 29 de março de 1990, o art. 36 da Lei nº 8.213, de 24 de julho de 1991, a Lei nº 5.859, de 11 de dezembro de 1972, e o inciso VII do art. 12 da Lei nº 9.250, de 26 de dezembro 1995; e dá outras providências.

‣ *Empregado doméstico*

‣ CF/1988: arts. 7º, parágrafo único, e 201, § 12.

A PRESIDENTA DA REPÚBLICA Faço saber que o Congresso Nacional decreta e eu sanciono a seguinte Lei Complementar:

CAPÍTULO I. DO CONTRATO DE TRABALHO DOMÉSTICO

Art. 1º. Ao empregado doméstico, assim considerado aquele que presta serviços de forma contínua, subordinada, onerosa e pessoal e de finalidade não lucrativa à pessoa ou à família, no âmbito residencial destas, por mais de 2 (dois) dias por semana, aplica-se o disposto nesta Lei.

Parágrafo único. É vedada a contratação de menor de 18 (dezoito) anos para desempenho de trabalho doméstico, de acordo com a Convenção nº 182, de 1999, da Organização Internacional do Trabalho (OIT) e com o Decreto nº 6.481, de 12 de junho de 2008.

Art. 2º. A duração normal do trabalho doméstico não excederá 8 (oito) horas diárias e 44 (quarenta e quatro) semanais, observado o disposto nesta Lei.

§ 1º. A remuneração da hora extraordinária será, no mínimo, 50% (cinquenta por cento) superior ao valor da hora normal.

§ 2º. O salário-hora normal, em caso de empregado mensalista, será obtido dividindo-se o salário mensal por 220 (duzentas e vinte) horas, salvo se o contrato estipular jornada mensal inferior que resulte em divisor diverso.

§ 3º. O salário-dia normal, em caso de empregado mensalista, será obtido dividindo-se o salário mensal por 30 (trinta) e servirá de base para pagamento do repouso remunerado e dos feriados trabalhados.

§ 4º. Poderá ser dispensado o acréscimo de salário e instituído regime de compensação de horas, mediante acordo escrito entre empregador e empregado, se o excesso de horas de um dia for compensado em outro dia.

§ 5º. No regime de compensação previsto no § 4º:

I – será devido o pagamento, como horas extraordinárias, na forma do § 1º, das primeiras 40 (quarenta) horas mensais excedentes ao horário normal de trabalho;

II – das 40 (quarenta) horas referidas no inciso I, poderão ser deduzidas, sem o correspondente pagamento, as horas não trabalhadas, em função de redução do horário normal de trabalho ou de dia útil não trabalhado, durante o mês;

III – o saldo de horas que excederem as 40 (quarenta) primeiras horas mensais de que trata o inciso I, com a dedução prevista no inciso II, quando for o caso, será compensado no período máximo de 1 (um) ano.

§ 6º. Na hipótese de rescisão do contrato de trabalho sem que tenha havido a compensação integral da jornada extraordinária, na forma do § 5º, o empregado fará jus ao pagamento das horas extras não compensadas, calculadas sobre o valor da remuneração na data de rescisão.

§ 7º. Os intervalos previstos nesta Lei, o tempo de repouso, as horas não trabalhadas, os feriados e os domingos livres em que o empregado que mora no local de trabalho nele permaneça não serão computados como horário de trabalho.

§ 8º. O trabalho não compensado prestado em domingos e feriados deve ser pago em dobro, sem prejuízo da remuneração relativa ao repouso semanal.

Art. 3º. Considera-se trabalho em regime de tempo parcial aquele cuja duração não exceda 25 (vinte e cinco) horas semanais.

§ 1º. O salário a ser pago ao empregado sob regime de tempo parcial será proporcional a sua jornada, em relação ao empregado que cumpre, nas mesmas funções, tempo integral.

§ 2º. A duração normal do trabalho do empregado em regime de tempo parcial poderá ser acrescida de horas suplementares, em número não excedente a 1 (uma) hora diária, mediante acordo escrito entre empregador e empregado, aplicando-se-lhe, ainda, o disposto nos §§ 2º e 3º do art. 2º, com o limite máximo de 6 (seis) horas diárias.

§ 3º. Na modalidade do regime de tempo parcial, após cada período de 12 (doze) meses de vigência do contrato de trabalho, o empregado terá direito a férias, na seguinte proporção:

I – 18 (dezoito) dias, para a duração do trabalho semanal superior a 22 (vinte e duas) horas, até 25 (vinte e cinco) horas;

II – 16 (dezesseis) dias, para a duração do trabalho semanal superior a 20 (vinte) horas, até 22 (vinte e duas) horas;

III – 14 (quatorze) dias, para a duração do trabalho semanal superior a 15 (quinze) horas, até 20 (vinte) horas;

IV – 12 (doze) dias, para a duração do trabalho semanal superior a 10 (dez) horas, até 15 (quinze) horas;

V – 10 (dez) dias, para a duração do trabalho semanal superiora 5 (cinco) horas, até 10 (dez) horas;

VI – 8 (oito) dias, para a duração do trabalho semanal igualou inferior a 5 (cinco) horas.

Art. 4º. É facultada a contratação, por prazo determinado, do empregado doméstico:

I – mediante contrato de experiência;

II – para atender necessidades familiares de natureza transitória e para substituição temporária de empregado doméstico com contrato de trabalho interrompido ou suspenso.

Parágrafo único. No caso do inciso II deste artigo, a duração do contrato de trabalho é limitada ao término do evento que motivou a contratação, obedecido o limite máximo de 2 (dois) anos.

Art. 5º. O contrato de experiência não poderá exceder 90 (noventa) dias.

§ 1º. O contrato de experiência poderá ser prorrogado 1 (uma) vez, desde que a soma dos 2 (dois) períodos não ultrapasse 90 (noventa) dias.

§ 2º. O contrato de experiência que, havendo continuidade do serviço, não for prorrogado após o decurso de seu prazo previamente estabelecido ou que ultrapassar o período de 90 (noventa) dias passará a vigorar como contrato de trabalho por prazo indeterminado.

Art. 6º. Durante a vigência dos contratos previstos nos incisos I e II do art. 4º, o empregador que, sem justa causa, despedir o empregado é obrigado a pagar-lhe, a título de indenização, metade da remuneração a que teria direito até o termo do contrato.

Art. 7º. Durante a vigência dos contratos previstos nos incisos I e II do art. 4º, o empregado não poderá se desligar do contrato sem justa causa, sob pena de ser obrigado a indenizar o empregador dos prejuízos que desse fato lhe resultarem.

Parágrafo único. A indenização não poderá exceder aquela a que teria direito o empregado em idênticas condições.

Art. 8º. Durante a vigência dos contratos previstos nos incisos I e II do art. 4º, não será exigido aviso prévio.

Art. 9º. A Carteira de Trabalho e Previdência Social será obrigatoriamente apresentada, contra recibo, pelo empregado ao empregador que o admitir, o qual terá o prazo de 48 (quarenta e oito) horas para nela anotar, especificamente, a data de admissão, a remuneração e, quando for o caso, os contratos previstos nos incisos I e II do art. 4º.

Art. 10. É facultado às partes, mediante acordo escrito entre essas, estabelecer horário de trabalho de 12 (doze) horas seguidas por36 (trinta e seis) horas ininterruptas de descanso, observados ou indenizados os intervalos para repouso e alimentação.

§ 1º. A remuneração mensal pactuada pelo horário previsto no *caput* deste artigo abrange os pagamentos devidos pelo descanso semanal remunerado e pelo descanso em feriados, e serão considerados compensados os feriados e as prorrogações de trabalho noturno, quando houver, de que tratam o art. 70 e o § 5º do art. 73 da Consolidação das Leis do Trabalho (CLT), aprovada pelo Decreto-Lei nº 5.452, de 1º de maio de 1943, e o art. 9º da Lei nº 605, de 5 de janeiro de 1949.

§ 2º. (VETADO).

Art. 11. Em relação ao empregado responsável por acompanhar o empregador prestando serviços em viagem, serão consideradas apenas as horas efetivamente trabalhadas no período, podendo ser compensadas as horas extraordinárias em outro dia, observado o art. 2º.

§ 1º. O acompanhamento do empregador pelo empregado em viagem será condicionado à prévia existência de acordo escrito entre as partes.

§ 2º. A remuneração-hora do serviço em viagem será, no mínimo, 25% (vinte e cinco por cento) superior ao valor do salário-hora normal.

§ 3º. O disposto no § 2º deste artigo poderá ser, mediante acordo, convertido em acréscimo no banco de horas, a ser utilizado a critério do empregado.

Art. 12. É obrigatório o registro do horário de trabalho do empregado doméstico por qualquer meio manual, mecânico ou eletrônico, desde que idôneo.

Art. 13. É obrigatória a concessão de intervalo para repouso ou alimentação pelo período de, no mínimo, 1 (uma) hora e, no máximo, 2 (duas) horas, admitindo-se, mediante prévio acordo escrito entre empregador e empregado, sua redução a 30 (trinta) minutos.

§ 1º. Caso o empregado resida no local de trabalho, o período de intervalo poderá ser desmembrado em 2 (dois) períodos, desde que cada um deles tenha, no mínimo, 1 (uma) hora, até o limite de 4 (quatro) horas ao dia.

§ 2º. Em caso de modificação do intervalo, na forma do § 1º, é obrigatória a sua anotação no registro diário de horário, vedada sua prenotação.

Art. 14. Considera-se noturno, para os efeitos desta Lei, o trabalho executado entre as 22 horas de um dia e as 5 horas do dia seguinte.

§ 1º. A hora de trabalho noturno terá duração de 52 (cinquenta e dois) minutos e 30 (trinta) segundos.

§ 2º. A remuneração do trabalho noturno deve ter acréscimo de, no mínimo, 20% (vinte por cento) sobre o valor da hora diurna.

§ 3º. Em caso de contratação, pelo empregador, de empregado exclusivamente para desempenhar trabalho noturno, o acréscimo será calculado sobre o salário anotado na Carteira de Trabalho e Previdência Social.

§ 4º. Nos horários mistos, assim entendidos os que abrangem períodos diurnos e noturnos, aplica-se às horas de trabalho noturno o disposto neste artigo e seus parágrafos.

Art. 15. Entre 2 (duas) jornadas de trabalho deve haver período mínimo de 11 (onze) horas consecutivas para descanso.

Art. 16. É devido ao empregado doméstico descanso semanal remunerado de, no mínimo, 24 (vinte e quatro) horas consecutivas, preferencialmente aos domingos, além de descanso remunerado em feriados.

Art. 17. O empregado doméstico terá direito a férias anuais remuneradas de 30 (trinta) dias, salvo o disposto no § 3º do art. 3º, com acréscimo de, pelo menos, um terço do salário normal, após cada período de 12 (doze) meses de trabalho prestado à mesma pessoa ou família.

§ 1º. Na cessação do contrato de trabalho, o empregado, desde que não tenha sido demitido por justa causa, terá direito à remuneração relativa ao período incompleto de férias, na proporção de um doze avos por mês de serviço ou fração superior a 14 (quatorze) dias.

§ 2º. O período de férias poderá, a critério do empregador, ser fracionado em até 2 (dois) períodos, sendo 1 (um) deles de, no mínimo, 14 (quatorze) dias corridos.

§ 3º. É facultado ao empregado doméstico converter um terço do período de férias a que tiver direito em abono pecuniário, no valor da remuneração que lhe seria devida nos dias correspondentes.

§ 4º. O abono de férias deverá ser requerido até 30 (trinta) dias antes do término do período aquisitivo.

§ 5º. É lícito ao empregado que reside no local de trabalho nele permanecer durante as férias.

§ 6º. As férias serão concedidas pelo empregador nos 12 (doze) meses subsequentes à data em que o empregado tiver adquirido o direito.

Art. 18. É vedado ao empregador doméstico efetuar descontos no salário do empregado por fornecimento de alimentação, vestuário, higiene ou moradia, bem como por despesas com transporte, hospedagem e alimentação em caso de acompanhamento em viagem.

§ 1º. É facultado ao empregador efetuar descontos no salário do empregado em caso de adiantamento salarial e, mediante acordo escrito entre as partes, para a inclusão do empregado em planos de assistência médico-hospitalar e odontológica, de seguro e de previdência privada, não podendo a dedução ultrapassar 20% (vinte por cento) do salário.

§ 2º. Poderão ser descontadas as despesas com moradia deque trata o *caput* deste artigo quando essa se referir a local diverso da residência em que ocorrer a prestação de serviço, desde que essa possibilidade tenha sido expressamente acordada entre as partes.

§ 3º. As despesas referidas no *caput* deste artigo não têm natureza salarial nem se incorporam à remuneração para quaisquer efeitos.

§ 4º. O fornecimento de moradia ao empregado doméstico na própria residência ou em morada anexa, de qualquer natureza, não gera ao empregado qualquer direito de posse ou de propriedade sobrea referida moradia.

Art. 19. Observadas as peculiaridades do trabalho doméstico, a ele também se aplicam as Leis nºs 605, de 5 de janeiro de 1949, 4.090, de 13 de julho de 1962, 4.749, de 12 de agosto de 1965, e 7.418, de 16 de dezembro de 1985, e, subsidiariamente, a Consolidação das Leis do Trabalho (CLT), aprovada pelo Decreto-Lei nº 5.452, de 1º de maio de 1943.

Parágrafo único. A obrigação prevista no art. 4º da Lei nº 7.418, de 16 de dezembro de 1985, poderá ser substituída, a critério do empregador, pela concessão, mediante recibo, dos valores para a aquisição das passagens necessárias ao custeio das despesas decorrentes do deslocamento residência-trabalho e vice-versa.

Art. 20. O empregado doméstico é segurado obrigatório da Previdência Social, sendo-lhe devidas, na forma da Lei nº 8.213, de24 de julho de 1991, as prestações nela arroladas, atendido o disposto nesta Lei e observadas as características especiais do trabalho doméstico.

Art. 21. É devida a inclusão do empregado doméstico no Fundo de Garantia do Tempo de Serviço (FGTS), na forma do regulamento a ser editado pelo Conselho Curador e pelo agente operador do FGTS, no âmbito de suas competências, conforme disposto nos arts. 5º e 7º da Lei nº 8.036, de 11 de maio de 1990, inclusive no que tange aos aspectos técnicos de depósitos, saques, devolução de valores e emissão de extratos, entre outros determinados na forma da lei.

Parágrafo único. O empregador doméstico somente passará ater obrigação de promover a inscrição e de efetuar os recolhimentos referentes a seu empregado após a entrada em vigor do regulamento referido no *caput*.

Art. 22. O empregador doméstico depositará a importância de 3,2% (três inteiros e dois décimos por cento) sobre a remuneração devida, no mês anterior, a cada empregado, destinada ao pagamento da indenização compensatória da perda do emprego, sem justa causa ou por culpa do empregador, não se aplicando ao empregado doméstico o disposto nos §§ 1º a 3º do art. 18 da Lei nº 8.036, de 11 de maio de 1990.

§ 1º. Nas hipóteses de dispensa por justa causa ou a pedido, de término do contrato de trabalho por prazo determinado, de aposentadoria e de falecimento do empregado doméstico, os valores previstos no *caput* serão movimentados pelo empregador.

§ 2º. Na hipótese de culpa recíproca, metade dos valores previstos no *caput* será movimentada pelo empregado, enquanto a outra metade será movimentada pelo empregador.

§ 3º. Os valores previstos no *caput* serão depositados na conta vinculada do empregado, em variação distinta daquela em que se encontrarem os valores oriundos dos depósitos de que trata o inciso IV do art. 34 desta Lei, e somente poderão ser movimentados por ocasião da rescisão contratual.

§ 4º. À importância monetária de que trata o *caput*, aplicam-se as disposições da Lei nº 8.036, de 11 de maio de 1990, e da Lei nº 8.844, de 20 de janeiro de 1994, inclusive quanto a sujeição passiva e equiparações, prazo de recolhimento, administração, fiscalização, lançamento, consulta, cobrança, garantias, processo administrativo de determinação e exigência de créditos tributários federais.

Art. 23. Não havendo prazo estipulado no contrato, a parte que, sem justo motivo, quiser rescindi-lo deverá avisar a outra de sua intenção.

§ 1º. O aviso prévio será concedido na proporção de 30(trinta) dias ao empregado que conte com até 1 (um) ano de serviço para o mesmo empregador.

§ 2º. Ao aviso prévio previsto neste artigo, devido ao empregado, serão acrescidos 3 (três) dias por ano de serviço prestado para o mesmo empregador, até o máximo de 60 (sessenta) dias, perfazendo um total de até 90 (noventa) dias.

§ 3º. A falta de aviso prévio por parte do empregador dá ao empregado o direito aos salários correspondentes ao prazo do aviso, garantida sempre a integração desse período ao seu tempo de serviço.

§ 4º. A falta de aviso prévio por parte do empregado dá ao empregador o direito de descontar os salários correspondentes ao prazo respectivo.

§ 5º. O valor das horas extraordinárias habituais integra o aviso prévio indenizado.

Art. 24. O horário normal de trabalho do empregado durante o aviso prévio, quando a rescisão tiver sido promovida pelo empregador, será reduzido de 2 (duas) horas diárias, sem prejuízo do salário integral.

Parágrafo único. É facultado ao empregado trabalhar sem a redução das 2 (duas) horas diárias previstas no *caput* deste artigo, caso em que poderá faltar ao serviço, sem prejuízo do salário integral, por 7 (sete) dias corridos, na hipótese dos §§ 1º e 2º do art. 23.

Art. 25. A empregada doméstica gestante tem direito a licença-maternidade de 120 (cento e vinte) dias, sem prejuízo do emprego e do salário, nos termos da Seção V do Capítulo III do Título III da Consolidação das Leis do Trabalho (CLT), aprovada pelo Decreto-Lei nº 5.452, de 1º de maio de 1943.

Parágrafo único. A confirmação do estado de gravidez durante o curso do contrato de trabalho, ainda que durante o prazo do aviso prévio trabalhado ou indenizado, garante à empregada gestante a estabilidade provisória prevista na alínea b do inciso II do art. 10 do Ato das Disposições Constitucionais Transitórias.

Art. 26. O empregado doméstico que for dispensado sem justa causa fará jus ao benefício do seguro-desemprego, na forma da Lei nº 7.998, de 11 de janeiro de 1990, no valor de 1 (um) salário mínimo, por período máximo de 3 (três) meses, de forma contínua ou alternada.

§ 1º. O benefício de que trata o *caput* será concedido ao empregado nos termos do regulamento do Conselho Deliberativo do Fundo de Amparo ao Trabalhador (Codefat).

§ 2º. O benefício do seguro-desemprego será cancelado, sem prejuízo das demais sanções cíveis e penais cabíveis:

I – pela recusa, por parte do trabalhador desempregado, de outro emprego condizente com sua qualificação registrada ou declarada e com sua remuneração anterior;

II – por comprovação de falsidade na prestação das informações necessárias à habilitação;

III – por comprovação de fraude visando à percepção indevida do benefício do seguro-desemprego; ou

IV – por morte do segurado.

Art. 27. Considera-se justa causa para os efeitos desta Lei:

I – submissão a maus tratos de idoso, de enfermo, de pessoa com deficiência ou de criança sob cuidado direto ou indireto do empregado;

II – prática de ato de improbidade;

III – incontinência de conduta ou mau procedimento;

IV – condenação criminal do empregado transitada em julgado, caso não tenha havido suspensão da execução da pena;

V – desídia no desempenho das respectivas funções;

VI – embriaguez habitual ou em serviço;

VII – (VETADO);

VIII – ato de indisciplina ou de insubordinação;

IX – abandono de emprego, assim considerada a ausência injustificada ao serviço por, pelo menos, 30 (trinta) dias corridos;

X – ato lesivo à honra ou à boa fama ou ofensas físicas praticadas em serviço contra qualquer pessoa, salvo em caso de legítima defesa, própria ou de outrem;

XI – ato lesivo à honra ou à boa fama ou ofensas físicas praticadas contra o empregador doméstico ou sua família, salvo em caso de legítima defesa, própria ou de outrem;

XII – prática constante de jogos de azar.

Parágrafo único. O contrato de trabalho poderá ser rescindido por culpa do empregador quando:

I – o empregador exigir serviços superiores às forças do empregado doméstico, defesos por lei, contrários aos bons costumes ou alheios ao contrato;

II – o empregado doméstico for tratado pelo empregador ou por sua família com rigor excessivo ou de forma degradante;

III – o empregado doméstico correr perigo manifesto de mal considerável;

IV – o empregador não cumprir as obrigações do contrato;

V – o empregador ou sua família praticar, contra o empregado doméstico ou pessoas de sua família, ato lesivo à honra e à boa fama;

VI – o empregador ou sua família ofender o empregado doméstico ou sua família fisicamente, salvo em caso de legítima defesa, própria ou de outrem;

VII – o empregador praticar qualquer das formas de violência doméstica ou familiar contra mulheres de que trata o art. 5º da Lei nº 11.340, de 7 de agosto de 2006.

Art. 28. Para se habilitar ao benefício do seguro-desemprego, o trabalhador doméstico deverá apresentar ao órgão competente do Ministério do Trabalho e Emprego:

I – Carteira de Trabalho e Previdência Social, na qual deverão constar a anotação do contrato de trabalho doméstico e a data de dispensa, de modo a comprovar o vínculo empregatício, como empregado doméstico, durante pelo menos 15 (quinze) meses nos últimos 24 (vinte e quatro) meses;

II – termo de rescisão do contrato de trabalho;

III – declaração de que não está em gozo de benefício de prestação continuada da Previdência Social, exceto auxílio-acidente e pensão por morte; e

IV – declaração de que não possui renda própria de qualquer natureza suficiente à sua manutenção e de sua família.

Art. 29. O seguro-desemprego deverá ser requerido de 7 (sete) a 90 (noventa) dias contados da data de dispensa.

Art. 30. Novo seguro-desemprego só poderá ser requerido após o cumprimento de novo período aquisitivo, cuja duração será definida pelo Codefat.

CAPÍTULO II. DO SIMPLES DOMÉSTICO

Art. 31. É instituído o regime unificado de pagamento de tributos, de contribuições e dos demais encargos do empregador doméstico (Simples Doméstico), que deverá ser regulamentado no prazo de 120(cento e vinte) dias a contar da data de entrada em vigor desta Lei.

Art. 32. A inscrição do empregador e a entrada única de dados cadastrais e de informações trabalhistas, previdenciárias e fiscais no âmbito do Simples Doméstico dar-se-ão mediante registro em sistema eletrônico a ser disponibilizado em portal na internet, conforme regulamento.

Parágrafo único. A impossibilidade de utilização do sistema eletrônico será objeto de regulamento, a ser editado pelo Ministério da Fazenda e pelo agente operador do FGTS.

Art. 33. O Simples Doméstico será disciplinado por ato conjunto dos Ministros de Estado da Fazenda, da Previdência Social e do Trabalho e Emprego que disporá sobre a apuração, o recolhimento e a distribuição dos recursos recolhidos por meio do Simples Doméstico, observadas as disposições do art. 21 desta Lei.

§ 1º. O ato conjunto a que se refere o *caput* deverá dispor também sobre o sistema eletrônico de registro das obrigações trabalhistas, previdenciárias e fiscais e sobre o cálculo e o recolhimento dos tributos e encargos trabalhistas vinculados ao Simples Doméstico.

§ 2º. As informações prestadas no sistema eletrônico de que trata o § 1º:

I – têm caráter declaratório, constituindo instrumento hábil e suficiente para a exigência dos tributos e encargos trabalhistas delas resultantes e que não tenham sido recolhidos no prazo consignado para pagamento; e

II – deverão ser fornecidas até o vencimento do prazo para pagamento dos tributos e encargos trabalhistas devidos no Simples Doméstico em cada mês, relativamente aos fatos geradores ocorridos no mês anterior.

§ 3º. O sistema eletrônico de que trata o § 1º deste artigo e o sistema de que trata o *caput* do art. 32 substituirão, na forma regulamentada pelo ato conjunto previsto no *caput*, a obrigatoriedade de entrega de todas as informações, formulários e declarações a que estão sujeitos os empregadores domésticos, inclusive os relativos ao recolhimento do FGTS.

Art. 34. O Simples Doméstico assegurará o recolhimento mensal, mediante documento único de arrecadação, dos seguintes valores:

I – 8% (oito por cento) a 11% (onze por cento) de contribuição previdenciária, a cargo do segurado empregado doméstico, nos termos do art. 20 da Lei nº 8.212, de 24 de julho de 1991;

II – 8% (oito por cento) de contribuição patronal previdenciária para a seguridade social, a cargo do empregador doméstico, nos termos do art. 24 da Lei nº 8.212, de 24 de julho de 1991;

III – 0,8% (oito décimos por cento) de contribuição social para financiamento do seguro contra acidentes do trabalho;

IV – 8% (oito por cento) de recolhimento para o FGTS;

V – 3,2% (três inteiros e dois décimos por cento), na formado art. 22 desta Lei; e

VI – imposto sobre a renda retido na fonte de que trata o inciso I do art. 7º da Lei nº 7.713, de 22 de dezembro de 1988, se incidente.

§ 1º. As contribuições, os depósitos e o imposto arrolados nos incisos I a VI incidem sobre a remuneração paga ou devida no mês anterior, a cada empregado, incluída na remuneração a gratificação de Natal a que se refere a Lei nº 4.090, de 13 de julho de 1962, e a Lei nº 4.749, de 12 de agosto de 1965.

§ 2º. A contribuição e o imposto previstos nos incisos I e VI do *caput* deste artigo serão descontados da remuneração do empregado pelo empregador, que é responsável por seu recolhimento.

§ 3º. O produto da arrecadação das contribuições, dos depósitos e do imposto de que trata o *caput* será centralizado na Caixa Econômica Federal.

§ 4º. A Caixa Econômica Federal, com base nos elementos identificadores do recolhimento, disponíveis no sistema de que trata o§ 1º do art. 33, transferirá para a Conta Única do Tesouro Nacional o valor arrecadado das contribuições e do imposto previstos nos incisos I, II, III e VI do *caput*.

§ 5º. O recolhimento de que trata o *caput* será efetuado em instituições financeiras integrantes da rede arrecadadora de receitas federais.

§ 6º. O empregador fornecerá, mensalmente, ao empregado doméstico cópia do documento previsto no *caput*.

§ 7º. O recolhimento mensal, mediante documento único de arrecadação, e a exigência das contribuições, dos depósitos e do imposto, nos valores definidos nos incisos I a VI do *caput*, somente serão devidos após 120 (cento e vinte) dias da data de publicação desta Lei.

Art. 35. O empregador doméstico é obrigado a pagar a remuneração devida ao empregado doméstico e a arrecadar e a recolher a contribuição prevista no inciso I do art. 34, assim como a arrecadar e a recolher as contribuições, os depósitos e o imposto a seu cargo discriminados nos incisos II, III, IV, V e VI do *caput* do art. 34, até o dia 7 do mês seguinte ao da competência.

§ 1º. Os valores previstos nos incisos I, II, III e VI do *caput* do art. 34 não recolhidos até a data de vencimento sujeitar-se-ão à incidência de encargos legais na forma prevista na legislação do imposto sobre a renda.

§ 2º. Os valores previstos nos incisos IV e V, referentes ao FGTS, não recolhidos até a data de vencimento serão corrigidos e terão a incidência da respectiva multa, conforme a Lei nº 8.036, de 11 de maio de 1990.

CAPÍTULO III. DA LEGISLAÇÃO PREVIDENCIÁRIA E TRIBUTÁRIA

Art. 36. O inciso V do art. 30 da Lei nº 8.212, de 24 de julho de 1991, passa a vigorar com a seguinte redação:

‣ Alteração efetuada no texto da referida Lei.

Art. 37. A Lei nº 8.213, de 24 de julho de 1991, passa avigorar com as seguintes alterações:

▸ Alteração efetuada no texto da referida Lei.

Art. 38. O art. 70 da Lei nº 11.196, de 21 de novembro de 2005, passa a vigorar com a seguinte redação:

"Art. 70. (...)

I – (...)

(...)

d) até o dia 7 do mês subsequente ao mês de ocorrência dos fatos geradores, no caso de pagamento de rendimentos provenientes do trabalho assalariado a empregado doméstico; e

e) até o último dia útil do segundo decêndio do mês subsequente ao mês de ocorrência dos fatos geradores, nos demais casos;

(...)"

CAPÍTULO IV. DO PROGRAMA DE RECUPERAÇÃO PREVIDENCIÁRIA DOS EMPREGADORES DOMÉSTICOS (REDOM)

Art. 39. É instituído o Programa de Recuperação Previdenciária dos Empregadores Domésticos (Redom), nos termos desta Lei.

Art. 40. Será concedido ao empregador doméstico o parcelamento dos débitos com o Instituto Nacional do Seguro Social (INSS) relativos à contribuição de que tratam os arts. 20 e 24 da Lei nº 8.212, de 24 de julho de 1991, com vencimento até 30 de abril de 2013.

§ 1º. O parcelamento abrangerá todos os débitos existente sem nome do empregado e do empregador, na condição de contribuinte, inclusive débitos inscritos em dívida ativa, que poderão ser:

I – pagos com redução de 100% (cem por cento) das multas aplicáveis, de 60% (sessenta por cento) dos juros de mora e de 100%(cem por cento) sobre os valores dos encargos legais e advocatícios;

II – parcelados em até 120 (cento e vinte) vezes, com prestação mínima no valor de R$ 100,00 (cem reais).

§ 2º. O parcelamento deverá ser requerido no prazo de 120 (cento e vinte) dias após a entrada em vigor desta Lei.

§ 3º. A manutenção injustificada em aberto de 3 (três) parcelas implicará, após comunicação ao sujeito passivo, a imediata rescisão do parcelamento e, conforme o caso, o prosseguimento da cobrança.

§ 4º. Na hipótese de rescisão do parcelamento com o cancelamento dos benefícios concedidos:

I – será efetuada a apuração do valor original do débito, coma incidência dos acréscimos legais, até a data de rescisão;

II – serão deduzidas do valor referido no inciso I deste parágrafo as parcelas pagas, com a incidência dos acréscimos legais, até a data de rescisão.

Art. 41. A opção pelo Redom sujeita o contribuinte a:

I – confissão irrevogável e irretratável dos débitos referidos no art. 40;

II – aceitação plena e irretratável de todas as condições estabelecidas;

III – pagamento regular das parcelas do débito consolidado, assim como das contribuições com vencimento posterior a 30 de abril de 2013.

CAPÍTULO V. DISPOSIÇÕES GERAIS

Art. 42. É de responsabilidade do empregador o arquivamento de documentos comprobatórios do cumprimento das obrigações fiscais, trabalhistas e previdenciárias, enquanto essas não prescreverem.

Art. 43. O direito de ação quanto a créditos resultantes das relações de trabalho prescreve em 5 (cinco) anos até o limite de 2(dois) anos após a extinção do contrato de trabalho.

Art. 44. A Lei nº 10.593, de 6 de dezembro de 2002, passa a vigorar acrescida do seguinte art. 11-A:

"Art. 11-A. A verificação, pelo Auditor-Fiscal do Trabalho, do cumprimento das normas que regem o trabalho do empregado doméstico, no âmbito do domicílio do empregador, dependerá de agendamento e de entendimento prévios entre a fiscalização e o empregador.

§ 1º A fiscalização deverá ter natureza prioritariamente orientadora.

§ 2º Será observado o critério de dupla visita para lavratura de auto de infração, salvo quando for constatada infração por falta de anotação na Carteira de Trabalho e Previdência Social ou, ainda, na ocorrência de reincidência, fraude, resistência ou embaraço à fiscalização.

§ 3º Durante a inspeção do trabalho referida no *caput*, o Auditor-Fiscal do Trabalho far-se-á acompanhar pelo empregador ou por alguém de sua família por este designado."

Art. 45. As matérias tratadas nesta Lei Complementar que não sejam reservadas constitucionalmente a lei complementar poderão ser objeto de alteração por lei ordinária.

Art. 46. Revogam-se o inciso I do art. 3º da Lei nº 8.009, de29 de março de 1990, e a Lei 5.859, de 11 de dezembro de 1972.

Art. 47. Esta Lei entra em vigor na data de sua publicação.

Brasília, 1º de junho de 2015; 194º da Independência e 127º da República.

DILMA ROUSSEFF

D.O.U. de 2.6.2015

LEI Nº 13.146, DE 6 DE JULHO DE 2015 (Excertos)

Institui a Lei Brasileira de Inclusão da Pessoa com Deficiência (Estatuto da Pessoa com Deficiência).

▸ *Estatuto da Pessoa com Deficiência*

A PRESIDENTA DA REPÚBLICA

Faço saber que o Congresso Nacional decreta e eu sanciono a seguinte Lei:

LIVRO I PARTE GERAL

TÍTULO I DISPOSIÇÕES PRELIMINARES

CAPÍTULO I DISPOSIÇÕES GERAIS

Art. 1º. É instituída a Lei Brasileira de Inclusão da Pessoa com Deficiência (Estatuto da Pessoa com Deficiência), destinada a assegurar e a promover, em condições de igualdade, o exercício dos direitos e das liberdades fundamentais por pessoa com deficiência, visando à sua inclusão social e cidadania.

» *Vide* Lei n. 7.853, de 24-10-1989 (Institui a tutela jurisdicional de interesses coletivos ou difusos das pessoas com deficiência).

» *Vide* Decreto n. 3.298, de 20-12-1999 (Institui a Política Nacional para a integração da pessoa portadora de deficiência, regulamenta a Lei n. 7.853/89).

» *Vide* Lei n. 10.048, de 8-11-2000 (Institui a prioridade de atendimento às pessoas que especifica).

» *Vide* art. 5.º, § 2.º, da Lei n. 8.112, de 11-12-1990 (Regime jurídico dos servidores públicos civis da União, autarquias e das fundações públicas federais).

» *Vide* Resolução n. 401, de 16-6-2021, do Conselho Nacional de Justiça. (Dispõe sobre o desenvolvimento de diretrizes de acessibilidade e inclusão de pessoas com deficiência nos órgãos do Poder Judiciário e de seus serviços auxiliares, e regulamenta o funcionamento de unidades de acessibilidade e inclusão).

» *Vide* Decreto n. 6.959, de 15-9-2009 (Promulga a Convenção Internacional sobre os Direitos das Pessoas com Deficiência e seu Protocolo Facultativo).

» *Vide* Leis n. 8.212 e 8.213, de 24-7-1991.

» *Vide* Decreto n. 9.508, de 24-9-2018 (Reserva às pessoas com deficiência percentual de cargos e de empregos públicos ofertados em concursos públicos e em processos seletivos no âmbito da administração pública federal direta e indireta).

Parágrafo único. Esta Lei tem como base a Convenção sobre os Direitos das Pessoas com Deficiência e seu Protocolo Facultativo, ratificados pelo Congresso Nacional por meio do Decreto Legislativo nº 186, de 9 de julho de 2008, em conformidade com o procedimento previsto no § 3º do art. 5º da Constituição da República Federativa do Brasil, em vigor para o Brasil, no plano jurídico externo, desde 31 de agosto de 2008, e promulgados pelo Decreto nº 6.949, de 25 de agosto de 2009, data de início de sua vigência no plano interno.

» *Vide* art. 5.º, § 3.º, da CF.

» *Vide* Decreto n. 6.949, de 25-8-2009.

Art. 2º. Considera-se pessoa com deficiência aquela que tem impedimento de longo prazo de natureza física, mental, intelectual ou sensorial, o qual, em interação com uma ou mais barreiras, pode obstruir sua participação plena e efetiva na sociedade em igualdade de condições com as demais pessoas.

§ 1º. A avaliação da deficiência, quando necessária, será biopsicossocial, realizada por equipe multiprofissional e interdisciplinar e considerará:

▸ Dec. 11.063/2022 (Estabelece os critérios e os requisitos para a avaliação de pessoas com deficiência ou pessoas com transtorno do espectro autista para fins de concessão de isenção do IPI na aquisição de automóveis).

I - os impedimentos nas funções e nas estruturas do corpo;

II - os fatores socioambientais, psicológicos e pessoais;

III - a limitação no desempenho de atividades; e

IV - a restrição de participação.

§ 2º O Poder Executivo criará instrumentos para avaliação da deficiência.

▸ Lei 14.126/2021.

§ 3º O exame médico-pericial componente da avaliação biopsicossocial da deficiência de que trata o § 1º deste artigo poderá ser realizado com o uso de tecnologia de telemedicina ou por análise documental conforme situações e requisitos definidos em regulamento. *(Acrescido pela Lei 14.724/2023)*

Art. 2º-A. É instituído o cordão de fita com desenhos de girassóis como símbolo nacional de identificação de pessoas com deficiências ocultas. *(Acrescido pela Lei 14.624/2023)*

§ 1º O uso do símbolo de que trata o *caput* deste artigo é opcional, e sua ausência não prejudica o exercício de direitos e garantias previstos em lei.

§ 2º A utilização do símbolo de que trata o *caput* deste artigo não dispensa a apresentação de documento comprobatório da deficiência, caso seja solicitado pelo atendente ou pela autoridade competente.

Art. 3º. Para fins de aplicação desta Lei, consideram-se:

I – acessibilidade: possibilidade e condição de alcance para utilização, com segurança e autonomia, de espaços, mobiliários, equipamentos urbanos, edificações, transportes, informação e comunicação, inclusive seus sistemas e tecnologias, bem como de outros serviços e instalações abertos ao público, de uso público ou privados de uso coletivo, tanto na zona urbana como na rural, por pessoa com deficiência ou com mobilidade reduzida;

II – desenho universal: concepção de produtos, ambientes, programas e serviços a serem usados por todas as pessoas, sem necessidade de adaptação ou de projeto específico, incluindo os recursos de tecnologia assistiva;

III – tecnologia assistiva ou ajuda técnica: produtos, equipamentos, dispositivos, recursos, metodologias, estratégias, práticas e serviços que objetivem promover a funcionalidade, relacionada à atividade e à participação da pessoa com deficiência ou com mobilidade reduzida, visando à sua autonomia, independência, qualidade de vida e inclusão social;

IV – barreiras: qualquer entrave, obstáculo, atitude ou comportamento que limite ou impeça a participação social da pessoa, bem como o gozo, a fruição e o exercício de seus direitos à acessibilidade, à liberdade de movimento e de expressão, à comunicação, ao acesso à informação, à compreensão, à circulação com segurança, entre outros, classificadas em:

a) barreiras urbanísticas: as existentes nas vias e nos espaços públicos e privados abertos ao público ou de uso coletivo;

b) barreiras arquitetônicas: as existentes nos edifícios públicos e privados;

c) barreiras nos transportes: as existentes nos sistemas e meios de transportes;

d) barreiras nas comunicações e na informação: qualquer entrave, obstáculo, atitude ou comportamento que dificulte ou impossibilite a expressão ou o recebimento de mensagens e de informações por intermédio de sistemas de comunicação e de tecnologia da informação;

e) barreiras atitudinais: atitudes ou comportamentos que impeçam ou prejudiquem a participação social da pessoa com deficiência em igualdade de condições e oportunidades com as demais pessoas;

f) barreiras tecnológicas: as que dificultam ou impedem o acesso da pessoa com deficiência às tecnologias;

V – comunicação: forma de interação dos cidadãos que abrange, entre outras opções, as línguas, inclusive a Língua Brasileira de Sinais (Libras), a visualização de textos, o Braille, o sistema de sinalização ou de comunicação tátil, os caracteres ampliados, os dispositivos multimídia, assim como a linguagem simples, escrita e oral, os sistemas auditivos e os meios de voz digitalizados e os modos, meios e formatos aumentativos e alternativos de comunicação, incluindo as tecnologias da informação e das comunicações;

VI – adaptações razoáveis: adaptações, modificações e ajustes necessários e adequados que não acarretem ônus desproporcional e indevido, quando requeridos em cada caso, a fim de assegurar que a pessoa com deficiência possa gozar ou exercer, em igualdade de condições e oportunidades com as demais pessoas, todos os direitos e liberdades fundamentais;

VII – elemento de urbanização: quaisquer componentes de obras de urbanização, tais como os referentes a pavimentação, saneamento, encanamento para esgotos, distribuição de energia elétrica e de gás, iluminação pública, serviços de comunicação, abastecimento e distribuição de água, paisagismo e os que materializam as indicações do planejamento urbanístico;

VIII – mobiliário urbano: conjunto de objetos existentes nas vias e nos espaços públicos, superpostos ou adicionados aos elementos de urbanização ou de edificação, de forma que sua modificação ou seu traslado não provoque alterações substanciais nesses elementos, tais como semáforos, postes de sinalização e similares, terminais e pontos de acesso coletivo às telecomunicações, fontes de água, lixeiras, toldos, marquises, bancos, quiosques e quaisquer outros de natureza análoga;

IX – pessoa com mobilidade reduzida: aquela que tenha, por qualquer motivo, dificuldade de movimentação, permanente ou temporária, gerando redução efetiva da mobilidade, da flexibilidade, da coordenação motora ou da percepção, incluindo idoso, gestante, lactante, pessoa com criança de colo e obeso;

X – residências inclusivas: unidades de oferta do Serviço de Acolhimento do Sistema Único de Assistência Social (Suas) localizadas em áreas residenciais da comunidade, com estruturas adequadas, que possam contar com apoio psicossocial para o atendimento das necessidades da pessoa acolhida, destinadas a jovens e adultos com deficiência, em situação de dependência, que não dispõem de condições de autossustentabilidade e com vínculos familiares fragilizados ou rompidos;

XI – moradia para a vida independente da pessoa com deficiência: moradia com estruturas adequadas capazes de proporcionar serviços de apoio coletivos e individualizados que respeitem e ampliem o grau de autonomia de jovens e adultos com deficiência;

XII – atendente pessoal: pessoa, membro ou não da família, que, com ou sem remuneração, assiste ou presta cuidados básicos e essenciais à pessoa com deficiência no exercício de suas atividades diárias, excluídas as técnicas ou os procedimentos identificados com profissões legalmente estabelecidas;

XIII – profissional de apoio escolar: pessoa que exerce atividades de alimentação, higiene e locomoção do estudante com deficiência e atua em todas as atividades escolares nas quais se fizer necessária, em todos os níveis e modalidades de ensino, em instituições públicas e privadas, excluídas as técnicas ou os procedimentos identificados com profissões legalmente estabelecidas;

XIV – acompanhante: aquele que acompanha a pessoa com deficiência, podendo ou não desempenhar as funções de atendente pessoal.

(...)

TÍTULO II
DOS DIREITOS FUNDAMENTAIS

(...)

CAPÍTULO VI
DO DIREITO AO TRABALHO

SEÇÃO I
DISPOSIÇÕES GERAIS

Art. 34. A pessoa com deficiência tem direito ao trabalho de sua livre escolha e aceitação, em ambiente acessível e inclusivo, em igualdade de oportunidades com as demais pessoas.

§ 1º. As pessoas jurídicas de direito público, privado ou de qualquer natureza são obrigadas a garantir ambientes de trabalho acessíveis e inclusivos.

§ 2º. A pessoa com deficiência tem direito, em igualdade de oportunidades com as demais pessoas, a condições justas e favoráveis de trabalho, incluindo igual remuneração por trabalho de igual valor.

§ 3º. É vedada restrição ao trabalho da pessoa com deficiência e qualquer discriminação em razão de sua condição, inclusive nas etapas de recrutamento, seleção, contratação, admissão, exames admissional e periódico, permanência no emprego, ascensão profissional e reabilitação profissional, bem como exigência de aptidão plena.

§ 4º. A pessoa com deficiência tem direito à participação e ao acesso a cursos, treinamentos, educação continuada, planos de carreira, promoções, bonificações e incentivos profissionais oferecidos pelo empregador, em igualdade de oportunidades com os demais empregados.

§ 5º. É garantida aos trabalhadores com deficiência acessibilidade em cursos de formação e de capacitação.

Art. 35. É finalidade primordial das políticas públicas de trabalho e emprego promover e garantir condições de acesso e de permanência da pessoa com deficiência no campo de trabalho.

Parágrafo único. Os programas de estímulo ao empreendedorismo e ao trabalho autônomo, incluídos o cooperativismo e o associativismo, devem prever a participação da pessoa com deficiência e a disponibilização de linhas de crédito, quando necessárias.

SEÇÃO II
DA HABILITAÇÃO PROFISSIONAL E REABILITAÇÃO PROFISSIONAL

Art. 36. O poder público deve implementar serviços e programas completos de habilitação profissional e de reabilitação profissional para que a pessoa com deficiência possa ingressar, continuar ou retornar ao campo do trabalho, respeitados sua livre escolha, sua vocação e seu interesse.

§ 1º. Equipe multidisciplinar indicará, com base em critérios previstos no § 1º do art. 2º desta Lei, programa de habilitação ou de reabilitação que possibilite à pessoa com deficiência restaurar sua capacidade e habilidade profissional ou adquirir novas capacidades e habilidades de trabalho.

§ 2º. A habilitação profissional corresponde ao processo destinado a propiciar à pessoa com deficiência aquisição de conhecimentos, habilidades e aptidões para exercício de profissão ou de ocupação, permitindo nível suficiente de desenvolvimento profissional para ingresso no campo de trabalho.

§ 3º. Os serviços de habilitação profissional, de reabilitação profissional e de educação profissional devem ser dotados de recursos necessários para atender a toda pessoa com deficiência, independentemente de sua característica específica, a fim de que ela possa ser capacitada para trabalho que lhe seja adequado e ter perspectivas de obtê-lo, de conservá-lo e de nele progredir.

§ 4º. Os serviços de habilitação profissional, de reabilitação profissional e de educação profissional deverão ser oferecidos em ambientes acessíveis e inclusivos.

§ 5º. A habilitação profissional e a reabilitação profissional devem ocorrer articuladas com as redes públicas e privadas, especialmente de saúde, de ensino e de assistência social, em todos os níveis e modalidades, em entidades de formação profissional ou diretamente com o empregador.

§ 6º. A habilitação profissional pode ocorrer em empresas por meio de prévia formalização do contrato de emprego da pessoa com deficiência, que será considerada para o cumprimento da reserva de vagas prevista em lei, desde que por tempo determinado e concomitante com a inclusão profissional na empresa, observado o disposto em regulamento.

§ 7º. A habilitação profissional e a reabilitação profissional atenderão à pessoa com deficiência.

SEÇÃO III
DA INCLUSÃO DA PESSOA COM DEFICIÊNCIA NO TRABALHO

Art. 37. Constitui modo de inclusão da pessoa com deficiência no trabalho a colocação competitiva, em igualdade de oportunidades com as demais pessoas, nos termos da legislação trabalhista e previdenciária, na qual devem ser atendidas as regras de acessibilidade, o fornecimento de recursos de tecnologia assistiva e a adaptação razoável no ambiente de trabalho.

Parágrafo único. A colocação competitiva da pessoa com deficiência pode ocorrer por meio de trabalho com apoio, observadas as seguintes diretrizes:

I – prioridade no atendimento à pessoa com deficiência com maior dificuldade de inserção no campo de trabalho;

II – provisão de suportes individualizados que atendam a necessidades específicas da pessoa com deficiência, inclusive a disponibilização de recursos de tecnologia assistiva, de agente facilitador e de apoio no ambiente de trabalho;

III – respeito ao perfil vocacional e ao interesse da pessoa com deficiência apoiada;

IV – oferta de aconselhamento e de apoio aos empregadores, com vistas à definição de estratégias de inclusão e de superação de barreiras, inclusive atitudinais;

V – realização de avaliações periódicas;

VI – articulação intersetorial das políticas públicas;

VII – possibilidade de participação de organizações da sociedade civil.

Art. 38. A entidade contratada para a realização de processo seletivo público ou privado para cargo, função ou emprego está obrigada à observância do disposto nesta Lei e em outras normas de acessibilidade vigentes.

CAPÍTULO VII
DO DIREITO À ASSISTÊNCIA SOCIAL

» *Vide* art. 203, IV e V, da CF.

Art. 39. Os serviços, os programas, os projetos e os benefícios no âmbito da política pública de assistência social à pessoa com deficiência e sua família têm como objetivo a garantia da segurança de renda, da acolhida, da habilitação e da reabilitação, do desenvolvimento da autonomia e da convivência familiar e comunitária, para a promoção do acesso a direitos e da plena participação social.

§ 1º. A assistência social à pessoa com deficiência, nos termos do *caput* deste artigo, deve envolver conjunto articulado de serviços do âmbito da Proteção Social Básica e da Proteção Social Especial, ofertados pelo Suas, para a garantia de seguranças fundamentais no enfrentamento de situações de vulnerabilidade e de risco, por fragilização de vínculos e ameaça ou violação de direitos.

§ 2º. Os serviços socioassistenciais destinados à pessoa com deficiência em situação de dependência deverão contar com cuidadores sociais para prestar-lhe cuidados básicos e instrumentais.

Art. 40. É assegurado à pessoa com deficiência que não possua meios para prover sua subsistência nem de tê-la provida por sua família o benefício mensal de 1 (um) salário-mínimo, nos termos da Lei nº 8.742, de 7 de dezembro de 1993.

CAPÍTULO VIII
DO DIREITO À PREVIDÊNCIA SOCIAL

Art. 41. A pessoa com deficiência segurada do Regime Geral de Previdência Social (RGPS) tem direito à aposentadoria nos termos da Lei Complementar nº 142, de 8 de maio de 2013.

(...)

LIVRO II
PARTE ESPECIAL

TÍTULO I
DO ACESSO À JUSTIÇA

CAPÍTULO I
DISPOSIÇÕES GERAIS

» *Vide* art. 5.º, XXXV, da CF.

Art. 79. O poder público deve assegurar o acesso da pessoa com deficiência à justiça, em igualdade de oportunidades com as demais pessoas, garantindo, sempre que requeridos, adaptações e recursos de tecnologia assistiva.

§ 1º. A fim de garantir a atuação da pessoa com deficiência em todo o processo judicial, o poder público deve capacitar os membros e os servidores que atuam no Poder Judiciário, no Ministério Público, na Defensoria Pública, nos órgãos de segurança pública e no sistema penitenciário quanto aos direitos da pessoa com deficiência.

§ 2º. Devem ser assegurados à pessoa com deficiência submetida a medida restritiva de liberdade todos os direitos e garantias a que fazem jus os apenados sem deficiência, garantida a acessibilidade.

§ 3º. A Defensoria Pública e o Ministério Público tomarão as medidas necessárias à garantia dos direitos previstos nesta Lei.

» *Vide* art. 134 da CF.

Art. 80. Devem ser oferecidos todos os recursos de tecnologia assistiva disponíveis para que a pessoa com deficiência tenha garantido o acesso à justiça, sempre que figure em um dos polos da ação ou atue como testemunha, partícipe da lide posta em juízo, advogado, defensor público, magistrado ou membro do Ministério Público.

Parágrafo único. A pessoa com deficiência tem garantido o acesso ao conteúdo de todos os atos processuais de seu interesse, inclusive no exercício da advocacia.

Art. 81. Os direitos da pessoa com deficiência serão garantidos por ocasião da aplicação de sanções penais.

Art. 82. (VETADO).

Art. 83. Os serviços notariais e de registro não podem negar ou criar óbices ou condições diferenciadas à prestação de seus serviços em razão de deficiência do solicitante, devendo reconhecer sua capacidade legal plena, garantida a acessibilidade.

Parágrafo único. O descumprimento do disposto no *caput* deste artigo constitui discriminação em razão de deficiência.

CAPÍTULO II
DO RECONHECIMENTO IGUAL PERANTE A LEI

Art. 84. A pessoa com deficiência tem assegurado o direito ao exercício de sua capacidade legal em igualdade de condições com as demais pessoas.

§ 1º. Quando necessário, a pessoa com deficiência será submetida à curatela, conforme a lei.

» *Vide* arts. 1.767 a 1.778 do CC.

§ 2º. É facultado à pessoa com deficiência a adoção de processo de tomada de decisão apoiada.

» *Vide* art. 1.783-A do CC.

§ 3º. A definição de curatela de pessoa com deficiência constitui medida protetiva extraordinária, proporcional às necessidades e às circunstâncias de cada caso, e durará o menor tempo possível.

§ 4º. Os curadores são obrigados a prestar, anualmente, contas de sua administração ao juiz, apresentando o balanço do respectivo ano.

Art. 85. A curatela afetará tão somente os atos relacionados aos direitos de natureza patrimonial e negocial.

§ 1º. A definição da curatela não alcança o direito ao próprio corpo, à sexualidade, ao matrimônio, à privacidade, à educação, à saúde, ao trabalho e ao voto.

§ 2º. A curatela constitui medida extraordinária, devendo constar da sentença as razões e motivações de sua definição, preservados os interesses do curatelado.

§ 3º. No caso de pessoa em situação de institucionalização, ao nomear curador, o juiz deve dar preferência a pessoa que tenha vínculo de natureza familiar, afetiva ou comunitária com o curatelado.

Art. 86. Para emissão de documentos oficiais, não será exigida a situação de curatela da pessoa com deficiência.

Art. 87. Em casos de relevância e urgência e a fim de proteger os interesses da pessoa com deficiência em situação de curatela, será lícito ao juiz, ouvido o Ministério Público, de oficio ou a requerimento do interessado, nomear, desde logo, curador provisório, o qual estará sujeito, no que couber, às disposições do Código de Processo Civil.

» *Vide* arts. 747 a 758 e 759 a 763 do CPC.

TÍTULO II
DOS CRIMES E DAS INFRAÇÕES ADMINISTRATIVAS

Art. 88. Praticar, induzir ou incitar discriminação de pessoa em razão de sua deficiência:

Pena – reclusão, de 1 (um) a 3 (três) anos, e multa.

§ 1º. Aumenta-se a pena em 1/3 (um terço) se a vítima encontrar-se sob cuidado e responsabilidade do agente.

§ 2º. Se qualquer dos crimes previstos no *caput* deste artigo é cometido por intermédio de meios de comunicação social ou de publicação de qualquer natureza:

Pena – reclusão, de 2 (dois) a 5 (cinco) anos, e multa.

§ 3º. Na hipótese do § 2º deste artigo, o juiz poderá determinar, ouvido o Ministério Público ou a pedido deste, ainda antes do inquérito policial, sob pena de desobediência:

I – recolhimento ou busca e apreensão dos exemplares do material discriminatório;

II – interdição das respectivas mensagens ou páginas de informação na internet.

§ 4º. Na hipótese do § 2º deste artigo, constitui efeito da condenação, após o trânsito em julgado da decisão, a destruição do material apreendido.

Art. 89. Apropriar-se de ou desviar bens, proventos, pensão, benefícios, remuneração ou qualquer outro rendimento de pessoa com deficiência:

Pena – reclusão, de 1 (um) a 4 (quatro) anos, e multa.

Parágrafo único. Aumenta-se a pena em 1/3 (um terço) se o crime é cometido:

I – por tutor, curador, síndico, liquidatário, inventariante, testamenteiro ou depositário judicial; ou

II – por aquele que se apropriou em razão de ofício ou de profissão.

Art. 90. Abandonar pessoa com deficiência em hospitais, casas de saúde, entidades de abrigamento ou congêneres:

Pena – reclusão, de 6 (seis) meses a 3 (três) anos, e multa.

Parágrafo único. Na mesma pena incorre quem não prover as necessidades básicas de pessoa com deficiência quando obrigado por lei ou mandado.

Art. 91. Reter ou utilizar cartão magnético, qualquer meio eletrônico ou documento de pessoa com deficiência destinados ao recebimento de benefícios, proventos, pensões ou remuneração ou à realização de operações financeiras, com o fim de obter vantagem indevida para si ou para outrem:

Pena – detenção, de 6 (seis) meses a 2 (dois) anos, e multa.

Parágrafo único. Aumenta-se a pena em 1/3 (um terço) se o crime é cometido por tutor ou curador.

TÍTULO III
DISPOSIÇÕES FINAIS E TRANSITÓRIAS

(...)

Art. 97. A Consolidação das Leis do Trabalho (CLT), aprovada pelo Decreto-Lei nº 5.452, de 1º de maio de 1943, passa a vigorar com as seguintes alterações:

› Alterações já incorporadas ao texto da referida Consolidação.

(...)

Art. 99. O art. 20 da Lei nº 8.036, de 11 de maio de 1990, passa a vigorar acrescido do seguinte inciso XVIII:

"Art. 20. [...]

[...]

XVIII – quando o trabalhador com deficiência, por prescrição, necessite adquirir órtese ou prótese para promoção de acessibilidade e de inclusão social.

[...]"

(...)

Art. 101. A Lei nº 8.213, de 24 de julho de 1991, passa a vigorar com as seguintes alterações:

"Art. 16. [...]

I – o cônjuge, a companheira, o companheiro e o filho não emancipado, de qualquer condição, menor de 21 (vinte e um) anos ou inválido ou que tenha deficiência intelectual ou mental ou deficiência grave;

[...]

III – o irmão não emancipado, de qualquer condição, menor de 21 (vinte e um) anos ou inválido ou que tenha deficiência intelectual ou mental ou deficiência grave;

[...]"

"Art. 77. [...]

[...]

§ 2º. [...]

[...]

II – para o filho, a pessoa a ele equiparada ou o irmão, de ambos os sexos, pela emancipação ou ao completar 21 (vinte e um) anos de idade, salvo se for inválido ou tiver deficiência intelectual ou mental ou deficiência grave;

[...]

§ 4º. (VETADO). [...]"

"Art. 93. (VETADO):

I – (VETADO);

II – (VETADO);

III – (VETADO);

IV – (VETADO);

V – (VETADO).

§ 1º. A dispensa de pessoa com deficiência ou de beneficiário reabilitado da Previdência Social ao final de contrato por prazo determinado de mais de 90 (noventa) dias e a dispensa imotivada em contrato por prazo indeterminado somente poderão ocorrer após a contratação de outro trabalhador com deficiência ou beneficiário reabilitado da Previdência Social.

§ 2º. Ao Ministério do Trabalho e Emprego incumbe estabelecer a sistemática de fiscalização, bem como gerar dados e estatísticas sobre o total de empregados e as vagas preenchidas por pessoas com deficiência e por beneficiários reabilitados da Previdência Social, fornecendo-os, quando solicitados, aos sindicatos, às entidades representativas dos empregados ou aos cidadãos interessados.

§ 3º. Para a reserva de cargos será considerada somente a contratação direta de pessoa com deficiência, excluído o aprendiz com deficiência de que trata a Consolidação das Leis do Trabalho (CLT), aprovada pelo Decreto-Lei nº 5.452, de 1º de maio de 1943.

§ 4º. (VETADO)."

"Art. 110-A. No ato de requerimento de benefícios operacionalizados pelo INSS, não será exigida apresentação de termo de curatela de titular ou de beneficiário com deficiência, observados os procedimentos a serem estabelecidos em regulamento."

(...)

Art. 107. A Lei nº 9.029, de 13 de abril de 1995, passa a vigorar com as seguintes alterações:

"Art. 1º É proibida a adoção de qualquer prática discriminatória e limitativa para efeito de acesso à relação de trabalho, ou de sua manutenção, por motivo de sexo, origem, raça, cor, estado civil, situação familiar, deficiência, reabilitação profissional, idade, entre outros, ressalvadas, nesse caso, as hipóteses de proteção à criança e ao adolescente previstas no inciso XXXIII do art. 7º da Constituição Federal."

"Art. 3º Sem prejuízo do prescrito no art. 2º desta Lei e nos dispositivos legais que tipificam os crimes resultantes de preconceito de etnia, raça, cor ou deficiência, as infrações ao disposto nesta Lei são passíveis das seguintes cominações:

[...]"

"Art. 4º [...]

I - a reintegração com ressarcimento integral de todo o período de afastamento, mediante pagamento das remunerações devidas, corrigidas monetariamente e acrescidas de juros legais;

[...]"

(...)

Art. 110. O inciso VI e o § 1º do art. 56 da Lei nº 9.615, de 24 de março de 1998, passam a vigorar com a seguinte redação:

"Art. 56. [...]

[...]

VI – 2,7% (dois inteiros e sete décimos por cento) da arrecadação bruta dos concursos de prognósticos e loterias federais e similares cuja realização estiver sujeita a autorização federal, deduzindo-se esse valor do montante destinado aos prêmios;

[...]

§ 1º. Do total de recursos financeiros resultantes do percentual de que trata o inciso VI do *caput*, 62,96% (sessenta e dois inteiros e noventa e seis centésimos por cento) serão destinados ao Comitê Olímpico Brasileiro (COB) e 37,04% (trinta e sete inteiros e quatro centésimos por cento) ao Comitê Paralímpico Brasileiro (CPB), devendo ser observado, em ambos os casos, o conjunto de normas aplicáveis à celebração de convênios pela União.

[...]"

(...)

Art. 121. Os direitos, os prazos e as obrigações previstos nesta Lei não excluem os já estabelecidos em outras legislações, inclusive em pactos, tratados, convenções e declarações internacionais aprovados e promulgados pelo Congresso Nacional, e devem ser aplicados em conformidade com as demais normas internas e acordos internacionais vinculantes sobre a matéria.

Parágrafo único. Prevalecerá a norma mais benéfica à pessoa com deficiência.

Art. 122. Regulamento disporá sobre a adequação do disposto nesta Lei ao tratamento diferenciado, simplificado e favorecido a ser dispensado às microempresas e às empresas de pequeno porte, previsto no § 3º do art. 1º da Lei Complementar nº 123, de 14 de dezembro de 2006.

(...)

Art. 124. O § 1º do art. 2º desta Lei deverá entrar em vigor em até 2 (dois) anos contados da entrada em vigor desta Lei.

(...)

Art. 127. Esta Lei entra em vigor após decorridos 180 (cento e oitenta) dias de sua publicação oficial.

rasília, 6 de julho de 2015;
194º da Independência e 127º da República.
DILMA ROUSSEF

LEI Nº 13.155, DE 4 DE AGOSTO DE 2015

Estabelece princípios e práticas de responsabilidade fiscal e financeira e de gestão transparente e democrática para entidades desportivas profissionais de futebol; institui parcelamentos especiais para recuperação de dívidas pela União, cria a Autoridade Pública de Governança do Futebol – APFUT; dispõe sobre a gestão temerária no âmbito das entidades desportivas profissionais; cria a Loteria Exclusiva – LOTEX; altera as Leis nºs 9.615, de 24 de março de 1998, 8.212, de 24 de julho de 1991, 10.671, de 15 de maio de 2003, 10.891, de 9 de julho de 2004, 11.345, de 14 de setembro de 2006, e 11.438, de 29 de dezembro de 2006, e os Decretos-Leis nºs 3.688, de 3 de outubro de 1941, e 204, de 27 de fevereiro de 1967; revoga a Medida Provisória nº 669, de 26 de fevereiro de 2015; cria programa de iniciação esportiva escolar; e dá outras providências.

▸ *Lei de Responsabilidade Fiscal do Esporte (LRFE)*

A PRESIDENTA DA REPÚBLICA

Faço saber que o Congresso Nacional decreta e eu sanciono a seguinte Lei:

Art. 1º Esta Lei de Responsabilidade Fiscal do Esporte - LRFE estabelece princípios e práticas de responsabilidade fiscal e financeira e de gestão transparente e democrática para entidades desportivas profissionais de futebol, cria o Programa de Modernização da Gestão e de Responsabilidade Fiscal do Futebol Brasileiro e dispõe sobre a gestão temerária no âmbito das referidas entidades.

CAPÍTULO I
DO PROGRAMA DE MODERNIZAÇÃO DA GESTÃO E DE RESPONSABILIDADE FISCAL DO FUTEBOL BRASILEIRO – PROFUT

SEÇÃO I
DISPOSIÇÕES GERAIS

Art. 2º Fica criado o Programa de Modernização da Gestão e de Responsabilidade Fiscal do Futebol Brasileiro - PROFUT, com o objetivo de promover a gestão transparente e democrática e o equilíbrio financeiro das entidades desportivas profissionais de futebol.

Parágrafo único. Para os fins desta Lei, consideram-se entidade desportiva profissional de futebol a entidade de prática desportiva envolvida em competições de atletas profissionais, nos termos dos arts. 26 e 28 da Lei nº 9.615, de 24 de março de 1998, as ligas em que se organizarem e as respectivas entidades de administração de desporto profissional.

Art. 3º A adesão ao Profut dar-se-á com o requerimento das entidades desportivas profissionais de futebol do parcelamento de que trata a Seção II deste Capítulo.

Parágrafo único. Para aderir ao Profut, as entidades desportivas profissionais de futebol deverão apresentar os seguintes documentos:

I - estatuto social ou contrato social e atos de designação e responsabilidade de seus gestores;

II - demonstrações financeiras e contábeis, nos termos da legislação aplicável; e

III - relação das operações de antecipação de receitas realizadas, assinada pelos dirigentes e pelo conselho fiscal.

Art. 4º Para que as entidades desportivas profissionais de futebol mantenham-se no Profut, serão exigidas as seguintes condições:

I - regularidade das obrigações trabalhistas e tributárias federais correntes, vencidas a partir da data de publicação desta Lei, inclusive as retenções legais, na condição de responsável tributário, na forma da lei;

II - fixação do período do mandato de seu presidente ou dirigente máximo e demais cargos eletivos em até quatro anos, permitida uma única recondução;

III - comprovação da existência e autonomia do seu conselho fiscal;

IV - proibição de antecipação ou comprometimento de receitas referentes a períodos posteriores ao término da gestão ou do mandato, salvo:

a) o percentual de até 30% (trinta por *cento)* das receitas referentes ao 1º (*primeiro)* ano do mandato subsequente; e

b) em substituição a passivos onerosos, desde que implique redução do nível de endividamento;

V - redução do défice, nos seguintes prazos:

a) a partir de 1º de janeiro de 2017, para até 10% (dez por *cento)* de sua receita bruta apurada no ano anterior; e

b) a partir de 1º de janeiro de 2019, para até 5% (cinco por *cento)* de sua receita bruta apurada no ano anterior;

VI - publicação das demonstrações contábeis padronizadas, separadamente, por atividade econômica e por modalidade esportiva, de modo distinto das atividades recreativas e sociais, após terem sido submetidas a auditoria independente;

VII - cumprimento dos contratos e regular pagamento dos encargos relativos a todos os profissionais contratados, referentes a verbas atinentes a salários, de Fundo de Garantia do Tempo de Serviço - FGTS, de contribuições previdenciárias, de pagamento das obrigações contratuais e outras havidas com os atletas e demais funcionários, inclusive direito de imagem, ainda que não guardem relação direta com o salário;

VIII - previsão, em seu estatuto ou contrato social, do afastamento imediato e inelegibilidade, pelo período de, no mínimo, cinco anos, de dirigente ou administrador que praticar ato de gestão irregular ou temerária;

IX - demonstração de que os custos com folha de pagamento e direitos de imagem de atletas profissionais de futebol não superam 80% (oitenta por cento) da receita bruta anual das atividades do futebol profissional; e

X - manutenção de investimento mínimo na formação de atletas e no futebol feminino e oferta de ingressos a preços populares, mediante a utilização dos recursos provenientes:

a) da remuneração pela cessão de direitos de que trata o inciso I do § 2º do art. 28 desta Lei; e

b) (VETADO).

§ 1º Sem prejuízo do disposto nos incisos I a VIII do *caput* deste artigo, no caso de entidade de administração do desporto, será exigida a representação da categoria de atletas no âmbito dos órgãos e conselhos técnicos incumbidos da aprovação de regulamentos das competições.

§ 2º As entidades deverão publicar, em sítio eletrônico próprio, documentos que atestem o cumprimento do disposto nos incisos I a X do *caput* deste artigo, garantido o sigilo acerca dos valores pagos a atletas e demais profissionais contratados.

§ 3º Para os fins do disposto no inciso III do *caput* deste artigo, será considerado autônomo o conselho fiscal que tenha asseguradas condições de instalação, de funcionamento e de independência, garantidas, no mínimo, por meio das seguintes medidas:

I - escolha de seus membros mediante voto ou outro sistema estabelecido previamente à escolha;

II - exercício de mandato de seus membros, do qual somente possam ser destituídos nas condições estabelecidas previamente ao seu início e determinadas por órgão distinto daquele sob a sua fiscalização; e

III - existência de regimento interno que regule o seu funcionamento.

§ 4º As entidades desportivas profissionais com faturamento anual inferior a uma vez e meia o teto do faturamento da empresa de pequeno porte de que trata o inciso II do art. 3º da Lei Complementar nº 123, de 14 de dezembro de 2006, ficam dispensadas do cumprimento do disposto nos incisos V e IX do *caput* deste artigo e, quanto ao disposto no inciso VI do *caput* deste artigo, ficam autorizadas a contratar contador para o exercício da função de auditor independente.

§ 5º Não constitui descumprimento da condição prevista no inciso VII do *caput* deste artigo a existência de débitos em discussão judicial.

§ 6º As demonstrações contábeis de que trata o inciso VI do *caput* deste artigo deverão explicitar, além de outros valores exigidos pela legislação e pelas normas contábeis, os referentes a:

I - receitas de transmissão e de imagem;

II - receitas de patrocínios, publicidade, luva e marketing;

III - receitas com transferência de atletas;

IV - receitas de bilheteria;

V - receitas e despesas com atividades sociais da entidade;

VI - despesas totais com modalidade desportiva profissional;

VII - despesas com pagamento de direitos econômicos de atletas;

VIII - despesas com pagamento de direitos de imagem de atletas;

IX - despesas com modalidades desportivas não profissionais; e

X - receitas decorrentes de repasses de recursos públicos de qualquer natureza, origem e finalidade.

Art. 5º A entidade de administração do desporto ou liga que organizar competição profissional de futebol deverá:

I - publicar, em sítio eletrônico próprio, sua prestação de contas e demonstrações contábeis padronizadas, após terem sido submetidas a auditoria independente;

II - garantir a representação da categoria de atletas no âmbito dos órgãos e conselhos técnicos incumbidos da aprovação de regulamentos das competições;

III - assegurar a existência e a autonomia do seu conselho fiscal;

IV - estabelecer em seu estatuto ou contrato social:

a) mandato de até quatro anos para seu presidente ou dirigente máximo e demais cargos eletivos, permitida uma única recondução; e

b) a representação da categoria de atletas no âmbito dos órgãos e conselhos técnicos incumbidos da aprovação de regulamentos das competições;

V - prever, em seu regulamento geral de competições, no mínimo, as seguintes sanções para o descumprimento das condições previstas nos incisos I a X do *caput* do art. 4º desta Lei:

a) advertência; e

b) proibição de registro de contrato especial de trabalho desportivo, para os fins do disposto no § 5º do art. 28 da Lei nº 9.615, de 24 de março de 1998.

Parágrafo único. A aplicação das penalidades de que tratam as alíneas a e b do inciso V do *caput* deste artigo não tem natureza desportiva ou disciplinar e prescinde de decisão prévia da Justiça Desportiva.

SEÇÃO II
DO PARCELAMENTO ESPECIAL DE DÉBITOS DAS ENTIDADES DESPORTIVAS PROFISSIONAIS DE FUTEBOL PERANTE A UNIÃO

SUBSEÇÃO I
DISPOSIÇÕES GERAIS

Art. 6º As entidades desportivas profissionais de futebol que aderirem ao Profut poderão parcelar os débitos na Secretaria da Receita Federal do Brasil do Ministério da Fazenda, na Procuradoria-Geral da Fazenda Nacional e no Banco Central do Brasil, e os débitos previstos na Subseção II, no Ministério do Trabalho e Emprego.

§ 1º O disposto neste artigo aplica-se aos débitos tributários ou não tributários, cujos fatos geradores tenham ocorrido até a data de publicação desta Lei, constituídos ou não, inscritos ou não como dívida ativa, mesmo que em fase de execução fiscal ajuizada, ou que tenham sido objeto de parcelamento anterior, não integralmente quitado, ainda que cancelado por falta de pagamento.

§ 2º O requerimento de parcelamento implica confissão irrevogável e irretratável dos débitos abrangidos pelo parcelamento e configura confissão extrajudicial, podendo a entidade de prática desportiva profissional, a seu critério, não incluir no parcelamento débitos que se encontrem em discussão na esfera administrativa ou judicial, estejam ou não submetidos à causa legal de suspensão de exigibilidade.

§ 3º Para inclusão no parcelamento de que trata este Capítulo de débitos que se encontrem vinculados a discussão administrativa ou judicial, submetidos ou não a hipótese legal de suspensão, o devedor deverá desistir de forma irrevogável, até o prazo final para adesão, de impugnações ou recursos administrativos, de ações judiciais propostas ou de qualquer defesa em sede de execução fiscal e, cumulativamente, renunciar a quaisquer alegações de direito sobre as quais se fundam os processos administrativos e as ações judiciais, observado o disposto na parte final do § 2º deste artigo.

§ 4º O devedor poderá ser intimado, a qualquer tempo, pelo órgão ou autoridade competente a comprovar que protocolou requerimento de extinção dos processos, com resolução do mérito.

Art. 7º A dívida objeto do parcelamento será consolidada, no âmbito de cada órgão responsável pela cobrança, na data do pedido, e deverá ser paga em até duzentas e quarenta parcelas, com redução de 70% (setenta por cento) das multas, 40% (quarenta por cento) dos juros e 100% (cem por cento) dos encargos legais.

§ 1º O valor das parcelas de que trata este artigo não poderá ser inferior a R$ 3.000,00 (três mil reais).

§ 2º As reduções previstas no *caput* deste artigo não serão cumulativas com outras reduções admitidas em lei.

§ 3º Na hipótese de anterior concessão de redução de multas ou de juros em percentuais diversos dos estabelecidos no *caput* deste artigo, prevalecerão os percentuais nele referidos, aplicados sobre o saldo original das multas ou dos juros.

§ 4º Enquanto não consolidado o parcelamento, a entidade desportiva deverá calcular e recolher, mensalmente, parcela equivalente ao montante dos débitos objeto do parcelamento dividido pelo número de prestações indicado no requerimento de parcelamento, observado o disposto no § 1º deste artigo.

§ 5º O valor de cada uma das parcelas, determinado na forma deste artigo, será acrescido de juros obtidos pela aplicação da taxa referencial do Sistema Especial de Liquidação e de Custódia - SELIC para títulos federais, acumulada mensalmente, calculados a partir do mês subsequente ao da consolidação até o mês anterior ao do pagamento, e de 1% (um por cento) relativamente ao mês em que o pagamento estiver sendo efetuado.

§ 6º A entidade desportiva profissional de futebol poderá reduzir:

I - em 50% (cinquenta por cento), o valor da 1ª (primeira) a 24ª (vigésima quarta) prestações mensais;

II - em 25% (vinte e cinco por cento), o valor da 25ª (vigésima quinta) a 48ª (quadragésima oitava) prestações mensais; e

III - em 10% (dez por cento), o valor da 49ª (quadragésima nona) a 60ª (sexagésima) prestações mensais.

§ 7º As prestações vencerão no último dia útil de cada mês.

§ 8º Por ocasião da consolidação, será exigida a regularidade de todas as prestações devidas desde o mês de adesão até o mês anterior ao da conclusão da consolidação dos débitos parcelados nos termos do disposto neste artigo.

Art. 8º Na hipótese de os débitos a serem parcelados estarem vinculados a depósitos administrativos ou judiciais, os percentuais de redução previstos no *caput* do art. 7º desta Lei serão aplicados sobre o valor do débito atualizado à época do depósito e somente incidirão sobre o valor das multas de mora e de ofício, das multas isoladas, dos juros de mora e do encargo legal efetivamente depositados.

Art. 9º O requerimento de parcelamento deverá ser apresentado até o último dia útil do terceiro mês subsequente ao da publicação desta Lei. *(Prazo reaberto pela Lei nº 13.262, de 22/3/2016, a partir da publicação da referida Lei no DOU, em 23/3/2016, até 31/7/2016)*

§ 1º O deferimento do parcelamento não autoriza o levantamento de garantias eventualmente existentes, as quais somente poderão ser liberadas após a quitação do parcelamento ao qual o débito garantido esteja vinculado, exceto a penhora de dinheiro, em espécie ou em depósito ou aplicação em instituição financeira, o qual poderá, a requerimento da entidade desportiva, ser utilizado para quitação automática do saldo da dívida ou de parcelas vincendas de que trata o *caput* do art. 7º desta Lei.

§ 2º (VETADO).

§ 3º (VETADO).

Art. 10. Não serão devidos honorários advocatícios ou qualquer verba de sucumbência nas ações judiciais que, direta ou indiretamente, vierem a ser extintas em decorrência de adesão ao parcelamento de que trata esta Seção.

Art. 11. Ao parcelamento de que trata esta Seção não se aplica o disposto no § 1º do art. 3º da Lei nº 9.964, de 10 de abril de 2000, e no § 10 do art. 1º da Lei nº 10.684, de 30 de maio de 2003.

SUBSEÇÃO II
DAS CONDIÇÕES ESPECÍFICAS PARA O PARCELAMENTO DE DÉBITOS RELATIVOS AO FGTS E ÀS CONTRIBUIÇÕES INSTITUÍDAS PELA LEI COMPLEMENTAR Nº 110, DE 29 DE JUNHO DE 2001

Art. 12. As dívidas das entidades desportivas profissionais de futebol relativas ao FGTS e às contribuições instituídas pela Lei Complementar nº 110, de 29 de junho de 2001, poderão ser parceladas em até cento e oitenta prestações mensais, observadas as condições estabelecidas nesta Subseção.

§ 1º O deferimento dos parcelamentos de débitos será feito pelo Ministério do Trabalho e Emprego ou pela Procuradoria-Geral da Fazenda Nacional, diretamente, ou por intermédio da Caixa Econômica Federal, mediante autorização.

§ 2º As reduções previstas no *caput* do art. 7º desta Lei não se aplicam aos débitos relativos ao FGTS destinados à cobertura de importâncias devidas aos trabalhadores.

§ 3º Nas hipóteses em que o trabalhador fizer jus à utilização de valores de sua conta vinculada ao FGTS durante o período de vigência do parcelamento, a entidade deverá, sob pena de rescisão, antecipar os recolhimentos relativos ao trabalhador, podendo observar o valor da parcela vigente para realizar as antecipações.

§ 4º O valor do débito, para fins de quitação da parcela e do saldo remanescente do parcelamento, será atualizado conforme a Lei nº 8.036, de 11 de maio de 1990.

Art. 13. Os depósitos existentes vinculados aos débitos a serem parcelados nos termos desta Lei serão automaticamente convertidos em renda para o FGTS após aplicação das reduções para pagamento ou parcelamento.

Parágrafo único. No caso previsto no *caput* deste artigo, deve o juiz determinar à Caixa Econômica Federal que proceda à emissão da guia própria e providencie sua quitação com os valores depositados.

Art. 14. O pedido de parcelamento deferido constitui confissão de dívida e instrumento hábil e suficiente para a exigência do crédito devido ao FGTS.

Art. 15. Ao parcelamento dos débitos de que trata esta Subseção aplica-se o disposto na Subseção I, exceto o disposto no art. 8º desta Lei, cabendo ao Conselho Curador do FGTS, nos termos do inciso IX do art. 5º da Lei nº 8.036, de 11 de maio de 1990, a determinação dos demais critérios a serem aplicados ao parcelamento.

SUBSEÇÃO III
DA RESCISÃO DO PARCELAMENTO

Art. 16. Implicará imediata rescisão do parcelamento, com cancelamento dos benefícios concedidos:

I - o descumprimento do disposto no art. 4º desta Lei, observado o disposto nos arts. 21 a 24 desta Lei;

II - a falta de pagamento de três parcelas; ou

III - a falta de pagamento de até duas prestações, se extintas todas as demais ou vencida a última prestação do parcelamento.

Parágrafo único. É considerada inadimplida a parcela parcialmente paga.

Art. 17. Rescindido o parcelamento:

I - será efetuada a apuração do valor original do débito, restabelecendo-se os acréscimos legais na forma da legislação aplicável à época da ocorrência dos fatos geradores; e

II - será deduzido do valor referido no inciso I deste artigo o valor correspondente às prestações extintas.

Art. 18. Na hipótese de rescisão do parcelamento, a entidade desportiva de que trata o parágrafo único do art. 2º desta Lei não poderá beneficiar-se de incentivo ou benefício fiscal previsto na legislação federal nem poderá receber repasses de recursos públicos federais da administração direta ou indireta pelo prazo de dois anos, contado da data da rescisão.

CAPÍTULO II
DA AUTORIDADE PÚBLICA DE GOVERNANÇA DO FUTEBOL – APFUT

SEÇÃO I
DISPOSIÇÕES GERAIS

Art. 19. Fica criada, no âmbito do Ministério do Esporte, a Autoridade Pública de Governança do Futebol - APFUT, sem aumento de despesa, com as seguintes competências:

I - fiscalizar as obrigações previstas no art. 4º desta Lei e, em caso de descumprimento, comunicar ao órgão federal responsável para fins de exclusão do Profut;

II - expedir regulamentação sobre procedimento de fiscalização do cumprimento das condições previstas nos incisos II a X do *caput* do art. 4º desta Lei;

III - requisitar informações e documentos às entidades desportivas profissionais; e

IV - elaborar e aprovar o seu regimento interno.

§ 1º A Apfut contará com a participação de representantes do Poder Executivo federal e da sociedade civil, garantida a participação paritária de atletas, dirigentes, treinadores e árbitros, na forma do regulamento.

§ 2º Na fiscalização do cumprimento das obrigações de que trata o inciso I do *caput* deste artigo, a Apfut poderá fixar prazos para que sejam sanadas irregularidades.

§ 3º O apoio e o assessoramento técnico à Apfut serão prestados pelo Ministério do Esporte.

§ 4º Decreto do Poder Executivo federal disporá sobre a organização e o funcionamento da Apfut, inclusive sobre os procedimentos e ritos necessários ao exercício de sua finalidade.

SEÇÃO II
DA APURAÇÃO DE EVENTUAL DESCUMPRIMENTO DAS CONDIÇÕES PREVISTAS NO ART. 4º DESTA LEI

Art. 20. Para apurar eventual descumprimento das condições previstas no art. 4º desta Lei, a Apfut agirá de ofício ou quando provocada mediante denúncia fundamentada.

§ 1º São legitimados para apresentar a denúncia referida no *caput* deste artigo:

I - a entidade nacional ou regional de administração do desporto;

II - a entidade desportiva profissional;

III - o atleta profissional vinculado à entidade desportiva profissional denunciada;

IV - a associação ou o sindicato de atletas profissionais;

V - a associação de empregados de entidade desportiva profissional;

VI - a associação ou o sindicato de empregados das entidades de que tratam os incisos I e II do art. 45 desta Lei; e

VII - o Ministério do Trabalho e Emprego.

§ 2º A Apfut poderá averiguar teor de denúncia noticiada em pelo menos dois veículos de grande circulação, se a considerar fundamentada.

Art. 21. No caso de denúncia recebida, relacionada a eventual descumprimento das condições previstas no art. 4º desta Lei, a Apfut deverá, nos termos do regulamento, notificar a entidade beneficiária do parcelamento para apresentar sua defesa no prazo de quinze dias.

Art. 22. Esgotado o prazo para apresentação da defesa e recebimento das informações, a Apfut decidirá motivadamente acerca do descumprimento do disposto no art. 4º desta Lei, podendo:

I - arquivar a denúncia;

II - advertir a entidade desportiva profissional;

III - advertir a entidade desportiva profissional e fixar prazo de até cento e oitenta dias para que regularize a situação objeto da denúncia; ou

IV - comunicar o fato ao órgão federal responsável pelo parcelamento para que este proceda à efetiva exclusão do parcelamento.

Art. 23. A Apfut poderá deixar de realizar a comunicação a que se refere o inciso IV do *caput* do art. 22 desta Lei, caso:

I - a entidade desportiva profissional, quando cabível:

a) adote mecanismos de responsabilização pessoal dos dirigentes e membros de conselho que tiverem dado causa às irregularidades; e

b) regularize a situação que tenha motivado a advertência;

II - a entidade de administração do desporto ou liga aplique a sanção prevista na alínea b do inciso V do *caput* do art. 5º.

CAPÍTULO III
DA GESTÃO TEMERÁRIA NAS ENTIDADES DESPORTIVAS PROFISSIONAIS DE FUTEBOL

Art. 24. Os dirigentes das entidades desportivas profissionais de futebol, independentemente da forma jurídica adotada, têm seus bens particulares sujeitos ao disposto no art. 50 da Lei nº 10.406, de 10 de janeiro de 2002 - Código Civil.

§ 1º Para os fins do disposto nesta Lei, dirigente é todo aquele que exerça, de fato ou de direito, poder de decisão na gestão da entidade, inclusive seus administradores.

§ 2º Os dirigentes de entidades desportivas profissionais respondem solidária e ilimitadamente pelos atos ilícitos praticados e pelos atos de gestão irregular ou temerária ou contrários ao previsto no contrato social ou estatuto.

§ 3º O dirigente que, tendo conhecimento do não cumprimento dos deveres estatutários ou contratuais por seu predecessor ou pelo administrador competente, deixar de comunicar o fato ao órgão estatutário competente será responsabilizado solidariamente.

Art. 25. Consideram-se atos de gestão irregular ou temerária praticados pelo dirigente aqueles que revelem desvio de finalidade na direção da entidade ou que gerem risco excessivo e irresponsável para seu patrimônio, tais como:

I - aplicar créditos ou bens sociais em proveito próprio ou de terceiros;

II - obter, para si ou para outrem, vantagem a que não faz jus e de que resulte ou possa resultar prejuízo para a entidade desportiva profissional;

III - celebrar contrato com empresa da qual o dirigente, seu cônjuge ou companheiro, ou parentes, em linha reta, colateral ou por afinidade, até o terceiro grau, sejam sócios ou administradores, exceto no caso de contratos de patrocínio ou doação em benefício da entidade desportiva;

IV - receber qualquer pagamento, doação ou outra forma de repasse de recursos oriundos de terceiros que, no prazo de até um ano, antes ou depois do repasse, tenham celebrado contrato com a entidade desportiva profissional;

V - antecipar ou comprometer receitas referentes a períodos posteriores ao término da gestão ou do mandato, salvo:

a) o percentual de até 30% (trinta por *cento)* das receitas referentes ao primeiro ano do mandato subsequente; ou

b) em substituição a passivos onerosos, desde que implique redução do nível de endividamento;

VI - formar défice ou prejuízo anual acima de 20% (vinte por cento) da receita bruta apurada no ano anterior;

VII - atuar com inércia administrativa na tomada de providências que assegurem a diminuição dos défices fiscal e trabalhista determinados no art. 4º desta Lei; e

VIII - não divulgar de forma transparente informações de gestão aos associados e torcedores.

§ 1º Em qualquer hipótese, o dirigente não será responsabilizado caso:

I - não tenha agido com culpa grave ou dolo; ou

II - comprove que agiu de boa-fé e que as medidas realizadas visavam a evitar prejuízo maior à entidade.

§ 2º Para os fins do disposto no inciso IV do *caput* deste artigo, também será considerado ato de gestão irregular ou temerária o recebimento de qualquer pagamento, doação ou outra forma de repasse de recursos por:

I - cônjuge ou companheiro do dirigente;

II - parentes do dirigente, em linha reta, colateral ou por afinidade, até o terceiro grau; e

III - empresa ou sociedade civil da qual o dirigente, seu cônjuge ou companheiro ou parentes, em linha reta, colateral ou por afinidade, até o terceiro grau, sejam sócios ou administradores.

§ 3º Para os fins do disposto no inciso VI do *caput* deste artigo, não serão considerados atos de gestão irregular ou temerária o aumento de endividamento decorrente de despesas relativas ao planejamento e à execução de obras de infraestrutura, tais como estádios e centros de treinamento, bem como a aquisição de terceiros dos direitos que envolvam a propriedade plena de estádios e centros de treinamento:

I - desde que haja previsão e comprovação de elevação de receitas capazes de arcar com o custo do investimento; e

II - desde que estruturados na forma de financiamento-projeto, por meio de sociedade de propósito específico, constituindo um investimento de capital economicamente separável das contas da entidade.

Art. 26. Os dirigentes que praticarem atos de gestão irregular ou temerária poderão ser responsabilizados por meio de mecanismos de controle social internos da entidade, sem prejuízo da adoção das providências necessárias à apuração das eventuais responsabilidades civil e penal.

§ 1º Na ausência de disposição específica, caberá à assembleia geral da entidade deliberar sobre a instauração de procedimentos de apuração de responsabilidade.

§ 2º A assembleia geral poderá ser convocada por 15% (quinze por cento) dos associados com direito a voto para deliberar sobre a instauração de procedimento de apuração de responsabilidade dos dirigentes, caso, após três meses da ciência do ato tido como de gestão irregular ou temerária:

I - não tenha sido instaurado o referido procedimento; ou

II - não tenha sido convocada assembleia geral para deliberar sobre os procedimentos internos de apuração da responsabilidade.

§ 3º Caso constatada a responsabilidade, o dirigente será considerado inelegível por dez anos para cargos eletivos em qualquer entidade desportiva profissional.

Art. 27. Compete à entidade desportiva profissional, mediante prévia deliberação da assembleia geral, adotar medida judicial cabível contra os dirigentes para ressarcimento dos prejuízos causados ao seu patrimônio.

§ 1º Os dirigentes contra os quais deva ser proposta medida judicial ficarão impedidos e deverão ser substituídos na mesma assembleia.

§ 2º O impedimento previsto no § 1º deste artigo será suspenso caso a medida judicial não tenha sido proposta após três meses da deliberação da assembleia geral.

CAPÍTULO IV
DAS LOTERIAS

Art. 28. Fica o Poder Executivo federal autorizado a instituir a Loteria Instantânea Exclusiva - LOTEX, tendo como tema marcas, emblemas, hinos, símbolos, escudos e similares relativos às entidades de prática desportiva da modalidade futebol, implementada em meio físico ou virtual.

§ 1º A loteria de que trata o *caput* deste artigo será autorizada pelo Ministério da Fazenda e executada diretamente, pela Caixa Econômica Federal, ou indiretamente, mediante concessão.

§ 2º Poderá participar do concurso de prognóstico a entidade de prática desportiva da modalidade futebol que, cumulativamente:

I - ceder os direitos de uso de sua denominação, marca, emblema, hino, símbolos e similares para divulgação e execução do concurso; e

II - publicar demonstrações financeiras nos termos do inciso VI do art. 4º desta Lei.

§ 3º (VETADO).

§ 4º *(Revogado pela Lei nº 13.756, de 12/12/2018)*

§ 5º *(Revogado pela Lei nº 13.756, de 12/12/2018)*

§ 6º (VETADO).

§ 7º (VETADO).

Art. 29. (VETADO).

Art. 30. (VETADO).

CAPÍTULO V
DO REGIME ESPECIAL DE TRIBUTAÇÃO DAS SOCIEDADES EMPRESÁRIAS DESPORTIVAS PROFISSIONAIS

Art. 31. (VETADO).

Art. 32. (VETADO).

Art. 33. (VETADO).

Art. 34. (VETADO).

Art. 35. (VETADO).

Art. 36. (VETADO).

CAPÍTULO VI
ALTERAÇÕES NA LEGISLAÇÃO

Art. 37. O § 2º do art. 50 do Decreto-Lei nº 3.688, de 3 de outubro de 1941 - Lei das Contravenções Penais, passa a vigorar com a seguinte redação:

"Art. 50. ....

§ 2º Incorre na pena de multa, de R$ 2.000,00 (dois mil *reais)* a R$ 200.000,00 (duzentos mil *reais)*, quem é encontrado a participar do jogo, ainda que pela internet ou por qualquer outro meio de comunicação, como ponteiro ou apostador.

....

................."

Art. 38. A Lei nº 9.615, de 24 de março de 1998, passa a vigorar com as seguintes alterações:

"Art. 3º ....

IV - desporto de formação, caracterizado pelo fomento e aquisição inicial dos conhecimentos desportivos que garantam competência técnica na intervenção desportiva, com o objetivo de promover o aperfeiçoamento qualitativo e quantitativo da prática desportiva em termos recreativos, competitivos ou de alta competição.

§ 1º ....

§ 2º O (VETADO)."

"Art. 6º ....

VI - 10% (dez por *cento)* do montante arrecadado por loteria instantânea exclusiva com tema de marcas, emblemas, hinos, símbolos, escudos e similares relativos às entidades de prática desportiva da modalidade futebol, implementada em meio físico ou virtual, sujeita a autorização federal;

VII - (VETADO*)*;

....

.................."

"Art. 14. ....

....

§ 1º Aplica-se aos comitês e às entidades referidas no *caput* o disposto no inciso II do art. 217 da Constituição Federal, desde que seus estatutos ou contratos sociais estejam plenamente de acordo com as disposições constitucionais e legais aplicáveis.

....

.................."

"Art. 16. As entidades de prática desportiva e as entidades de administração do desporto, bem como as ligas de que trata o art. 20, são pessoas jurídicas de direito privado, com organização e funcionamento autônomo, e terão as competências definidas em seus estatutos ou contratos sociais.

§ 1º As entidades nacionais de administração do desporto poderão filiar, nos termos de seus estatutos ou contratos sociais, entidades regionais de administração e entidades de prática desportiva.

....

....

§ 3º É facultada a filiação direta de atletas nos termos previstos nos estatutos ou contratos sociais das respectivas entidades de administração do desporto."

"Art. 18-A. ....

....

§ 1º ....

....

II - na alínea g do inciso VII do *caput* deste artigo, no que se refere à eleição para os cargos de direção da entidade; e

....

.................."

"Art. 22. ....

....

§ 1º ....

....

§ 2º Nas entidades nacionais de administração do desporto, o colégio eleitoral será integrado, no mínimo, pelos representantes das agremiações participantes da primeira e segunda divisões do campeonato de âmbito nacional."

"Art. 22-A. Os votos para deliberação em assembleia e nos demais conselhos das entidades de administração do desporto serão valorados na forma do § 2º do art. 22 desta Lei."

"Art. 23. Os estatutos ou contratos sociais das entidades de administração do desporto, elaborados de conformidade com esta Lei, deverão obrigatoriamente regulamentar, no mínimo:

....

....

II - inelegibilidade, por dez anos, de seus dirigentes para desempenho de cargos e funções eletivas ou de livre nomeação de:

....

....

III - a garantia de representação, com direito a voto, da categoria de atletas e entidades de prática esportiva das respectivas modalidades, no âmbito dos órgãos e conselhos técnicos incumbidos da aprovação de regulamentos das competições.

§ 1º Independentemente de previsão estatutária, é obrigatório o afastamento preventivo e imediato dos dirigentes, eleitos ou nomeados, caso incorram em qualquer das hipóteses do inciso II do *caput* deste artigo, assegurados o processo regular e a ampla defesa para a destituição.

§ 2º Os representantes dos atletas de que trata o inciso III do *caput* deste artigo deverão ser escolhidos pelo voto destes, em eleição direta, organizada pela entidade de administração do desporto, em conjunto com as entidades que os representem, observando-se, quanto ao processo eleitoral, o disposto no art. 22 desta Lei."

"Art. 27. ....

....

§ 2º A entidade a que se refere este artigo não poderá utilizar seus bens patrimoniais, desportivos ou sociais para integralizar sua parcela de capital ou oferecê-los como garantia, salvo com a concordância da maioria absoluta da assembleia geral dos associados ou sócios e na conformidade do respectivo estatuto ou contrato social.

....

.................."

"Art. 27-D. (VETADO)."

"Art. 28. ....

....

§ 3º (VETADO).

....

.................."

"Art. 31. A entidade de prática desportiva empregadora que estiver com pagamento de salário ou de contrato de direito de imagem de atleta profissional em atraso, no todo ou em parte, por período igual ou superior a três meses, terá o contrato especial de trabalho desportivo daquele atleta rescindido, ficando o atleta livre para transferir-se para qualquer outra entidade de prática desportiva de mesma modalidade, nacional ou internacional, e exigir a cláusula compensatória desportiva e os haveres devidos.

....

....

§ 5º O atleta com contrato especial de trabalho desportivo rescindido na forma do *caput* fica autorizado a transferir-se para outra entidade de prática desportiva, inclusive da mesma divisão, independentemente do número de partidas das quais tenha participado na competição, bem como a disputar a competição que estiver em andamento por ocasião da rescisão contratual."

"Art. 42. ....

....

§ 1º-A. (VETADO).

§ 2º O disposto neste artigo não se aplica à exibição de flagrantes de espetáculo ou evento desportivo para fins exclusivamente jornalísticos, desportivos ou educativos ou para a captação de apostas legalmente autorizadas, respeitadas as seguintes condições:

....

.................."

"Art. 56. ....

....

IX - (VETADO).

....

....

§ 3º Os recursos a que se refere o inciso VI deste artigo serão exclusiva e integralmente aplicados em programas e projetos de fomento, desenvolvimento e manutenção do desporto, de formação de recursos humanos, de preparação técnica, manutenção e locomoção de atletas, bem como sua participação em eventos desportivos, inclusive a contratação do seguro previsto no inciso II do art. 82-B desta Lei.

....

....

§§ 10 a 16. (VETADOS)."

"Art. 56-D. (VETADO)."

"Art. 82-B. São obrigadas a contratar seguro de vida e de acidentes pessoais, vinculado à atividade desportiva, com o objetivo de cobrir os riscos a que os atletas estão sujeitos:

I - as entidades de prática desportiva que mantenham equipes de treinamento de atletas não profissionais de modalidades olímpicas ou paraolímpicas, para os atletas não profissionais a ela vinculados;

II - as entidades de administração do desporto nacionais, no caso de:

a) competições ou partidas internacionais em que atletas não profissionais de modalidades olímpicas ou paraolímpicas estejam representando selecionado nacional;

b) competições nacionais de modalidades olímpicas ou paraolímpicas, para os atletas não profissionais não vinculados a nenhuma entidade de prática desportiva.

§ 1º A importância segurada deve garantir ao atleta não profissional, ou ao beneficiário por ele indicado no contrato de seguro, o direito a indenização mínima correspondente a doze vezes o valor do salário mínimo vigente ou a doze vezes o valor de contrato de imagem ou de patrocínio referentes a sua atividade desportiva, o que for maior.

§ 2º A entidade de prática desportiva é responsável pelas despesas médico-hospitalares e de medicamentos necessários ao restabelecimento do atleta enquanto a seguradora não fizer o pagamento da indenização a que se refere o § 1º deste artigo.

§ 3º As despesas com o seguro estabelecido no inciso II do *caput* deste artigo serão custeadas com os recursos previstos no inciso VI do art. 56 desta Lei."

"Art. 87-A. ....

....

Parágrafo único. Quando houver, por parte do atleta, a cessão de direitos ao uso de sua imagem para a entidade de prática desportiva detentora do contrato especial de trabalho desportivo, o valor correspondente ao uso da imagem não poderá ultrapassar 40% (quarenta por *cento*) da remuneração total paga ao atleta, composta pela soma do salário e dos valores pagos pelo direito ao uso da imagem."

Art. 39. (VETADO).

Art. 40. A Lei nº 10.671, de 15 de maio de 2003, passa a vigorar com as seguintes alterações: *(Artigo, na parte em que altera o art. 10, §§ 1º, 3º e 5º da Lei 10.671/2003, declarado inconstitucional, em controle concentrado, pelo Supremo Tribunal Federal, pela ADI nº 5.450, publicada no DOU de 3/2/2020)*

"Art. 10. ....

....

§ 1º Para os fins do disposto neste artigo, considera-se critério técnico a habilitação de entidade de prática desportiva em razão de:

I - colocação obtida em competição anterior; e

II - cumprimento dos seguintes requisitos:

a) regularidade fiscal, atestada por meio de apresentação de Certidão Negativa de Débitos relativos a Créditos Tributários Federais e à Dívida Ativa da União - CND;

b) apresentação de certificado de regularidade do Fundo de Garantia do Tempo de Serviço - FGTS; e

c) comprovação de pagamento dos vencimentos acertados em contratos de trabalho e dos contratos de imagem dos atletas.

....

....

§ 3º Em campeonatos ou torneios regulares com mais de uma divisão, serão observados o princípio do acesso e do descenso e as seguintes determinações, sem prejuízo da perda de pontos, na forma do regulamento:

I - a entidade de prática desportiva que não cumprir todos os requisitos estabelecidos no inciso II do § 1º deste artigo participará da divisão imediatamente inferior à que se encontra classificada;

II - a vaga desocupada pela entidade de prática desportiva rebaixada nos termos do inciso I deste parágrafo será ocupada por entidade de prática desportiva participante da divisão que receberá a entidade rebaixada nos termos do inciso I deste parágrafo, obedecida a ordem de classificação do campeonato do ano anterior e desde que cumpridos os requisitos exigidos no inciso II do § 1º deste artigo.

....

....

§ 5º A comprovação da regularidade fiscal de que trata a alínea a do inciso II do § 1º deste artigo poderá ser feita mediante a apresentação de Certidão Positiva com Efeitos de Negativa de Débitos relativos a Créditos Tributários Federais e à Dívida Ativa da União - CPEND.

§ 6º (VETADO).

§ 7º (VETADO).

§ 8º (VETADO)."

"Art. 32. É direito do torcedor que os árbitros de cada partida sejam escolhidos mediante sorteio, dentre aqueles previamente selecionados, ou audiência pública transmitida ao vivo pela rede mundial de computadores, sob pena de nulidade.

§ 1º O sorteio ou audiência pública serão realizados no mínimo quarenta e oito horas antes de cada rodada, em local e data previamente definidos.

....

................."

"Art. 37. ....

....

§ 2º A União, os Estados, o Distrito Federal e os Municípios poderão instituir, no âmbito de suas competências, multas em razão do descumprimento do disposto nesta Lei, observado o valor mínimo de R$ 100,00 (cem *reais)* e o valor máximo de R$ 2.000.000,00 (dois milhões de *reais)*.

....

................."

"Art. 41-C. Solicitar ou aceitar, para si ou para outrem, vantagem ou promessa de vantagem patrimonial ou não patrimonial para qualquer ato ou omissão destinado a alterar ou falsear o resultado de competição esportiva ou evento a ela associado:

....

................."

"Art. 41-D. Dar ou prometer vantagem patrimonial ou não patrimonial com o fim de alterar ou falsear o resultado de uma competição desportiva ou evento a ela associado:

....

................."

"Art. 41-E. Fraudar, por qualquer meio, ou contribuir para que se fraude, de qualquer forma, o resultado de competição esportiva ou evento a ela associado:

....

................."

Art. 41. O art. 1º da Lei nº 10.891, de 9 de julho de 2004, passa a vigorar acrescido dos seguintes §§ 6º e 7º:

"Art. 1º ....

....

§ 6º O atleta de modalidade olímpica ou paraolímpica, com idade igual ou superior a dezesseis anos, beneficiário de Bolsa-Atleta de valor igual ou superior a um salário mínimo, é filiado ao Regime Geral de Previdência Social como contribuinte individual.

§ 7º Durante o período de fruição da Bolsa-Atleta caberá ao Ministério do Esporte efetuar o recolhimento da contribuição previdenciária, descontando-a do valor pago aos atletas."

Art. 42. A Lei nº 11.345, de 14 de setembro de 2006, passa a vigorar com as seguintes alterações:

"Art. 2º ....

....

IV - ....

....

b) 1/3 (um *terço)* para as ações dos clubes sociais, de acordo com os projetos aprovados pela Federação Nacional dos Clubes Esportivos - FENACLUBES;

....

.... "

"Art. 7º-A. Após a amortização de todas as prestações mensais dos parcelamentos referidos nos arts. 6º e 7º desta Lei, os valores da remuneração referida no inciso II do art. 2º desta Lei deverão ser utilizados exclusivamente em atividades de formação desportiva."

Art. 43. O *caput* do art. 1º da Lei nº 11.438, de 29 de dezembro de 2006, passa a vigorar com a seguinte redação:

"Art. 1º A partir do ano-calendário de 2007 e até o ano-calendário de 2022, inclusive, poderão ser deduzidos do imposto de renda devido, apurado na Declaração de Ajuste Anual pelas pessoas físicas ou em cada período de apuração, trimestral ou anual, pela pessoa jurídica tributada com base no lucro real os valores despendidos a título de patrocínio ou doação, no apoio direto a projetos desportivos e paradesportivos previamente aprovados pelo Ministério do Esporte.

....

................."

CAPÍTULO VII
DISPOSIÇÕES FINAIS E TRANSITÓRIAS

Art. 44. Aplicam-se a todas entidades desportivas previstas no parágrafo único do art. 13 da Lei nº 9.615, de 24 de março de 1998, o disposto nos arts. 24 a 27 desta Lei.

Art. 45. Observadas as condições de ingresso referidas no parágrafo único do art. 3º desta Lei, poderão aderir aos parcelamentos a que se refere a Seção II do Capítulo I desta Lei:

I - as entidades nacionais e regionais de administração do desporto referidas nos incisos III e IV do parágrafo único do art. 13 da Lei nº 9.615, de 24 de março de 1998; e

II - as entidades de prática desportiva referidas no inciso VI do parágrafo único do art. 13 da Lei nº 9.615, de 24 de março de 1998, que não estejam envolvidas em competições de atletas profissionais, nos termos dos arts. 26 e 28 da referida Lei.

§ 1º As entidades referidas no inciso I do *caput* deste artigo deverão observar as condições de manutenção previstas nos incisos I, II, III, VI, VII e VIII do *caput* do art. 4º desta Lei e no inciso I do *caput* do art. 5º desta Lei.

§ 2º As entidades referidas no inciso II do *caput* deste artigo deverão observar as condições de manutenção previstas nos incisos I, II, III, VI, VII e VIII do *caput* do art. 4º desta Lei.

§ 3º As condições previstas nos §§ 1º e 2º deste artigo serão fiscalizadas pela Apfut, que comunicará aos órgãos federais responsáveis os casos de descumprimento, para fins de exclusão do parcelamento e providências cabíveis quanto à isenção fiscal.

§ 4º O Poder Executivo regulamentará de forma diferenciada este artigo.

§ 5º (VETADO).

Art. 46. Serão exigidas:

I - a partir da entrada em vigor desta Lei, as condições previstas nos incisos I a VII do *caput* do art. 4º desta Lei; e

II - a partir de 1º de janeiro de 2016, as condições previstas:

a) nos incisos VIII a X do *caput* do art. 4º desta Lei; e

b) no parágrafo único do art. 4º desta Lei.

Art. 47. A Secretaria da Receita Federal do Brasil do Ministério da Fazenda, o Ministério do Trabalho e Emprego, a Procuradoria-Geral da Fazenda Nacional e a Procuradoria-Geral do Banco Central do Brasil, no âmbito de suas atribuições, editarão as normas necessárias à execução dos parcelamentos previstos nesta Lei.

Parágrafo único. O Poder Executivo divulgará, semestralmente, o valor da arrecadação de receitas resultante da adesão aos parcelamentos de que trata esta Lei, detalhado no menor nível possível, observado o disposto no art. 198 da Lei nº 5.172, de 25 de outubro de 1966 - Código Tributário Nacional.

Art. 48. (VETADO).

Art. 49. (VETADO).

Art. 50. Ficam os Tribunais Regionais do Trabalho, ou outro órgão definido por determinação dos próprios Tribunais, autorizados a instaurar o Regime Centralizado de Execução (Ato Trabalhista) para as entidades desportivas de que trata o § 10 do art. 27 da Lei nº 9.615, de 24 de março de 1998.

Art. 51. (VETADO).

Art. 52. Esta Lei entra em vigor na data de sua publicação.

Art. 53. Fica revogada a Medida Provisória nº 669, de 26 de fevereiro de 2015.

Brasília, 4 de agosto de 2015; 194º da Independência e 127º da República.
DILMA ROUSSEFF
Joaquim Vieira Ferreira Levy
Manoel Dias
Nelson Barbosa
George Hilton
Luís Inácio Lucena Adams

INSTRUÇÃO NORMATIVA TST Nº 39, DE 15 DE MARÇO DE 2016

Dispõe sobre as normas do Código de Processo Civil de 2015 aplicáveis e inaplicáveis ao Processo do Trabalho, de forma não exaustiva.

› *Normas do CPC aplicáveis ao Processo do Trabalho*

Art. 1º. Aplica-se o Código de Processo Civil, subsidiária e supletivamente, ao Processo do Trabalho, em caso de omissão e desde que haja compatibilidade com as normas e princípios do Direito Processual do Trabalho, na forma dos arts. 769 e 889 da CLT e do art. 15 da Lei nº 13.105, de 17.3.2015.

§ 1º. Observar-se-á, em todo caso, o princípio da irrecorribilidade em separado das decisões interlocutórias, de conformidade com o art. 893, § 1º da CLT e Súmula 214 do TST.

§ 2º. O prazo para interpor e contra-arrazoar todos os recursos trabalhistas, inclusive agravo interno e agravo regimental, é de oito dias (art. 6º da Lei nº 5.584/1970 e art. 893 da CLT), exceto embargos de declaração (CLT, art. 897-A).

Art. 2º. Sem prejuízo de outros, não se aplicam ao Processo do Trabalho, em razão de inexistência de omissão ou por incompatibilidade, os seguintes preceitos do Código de Processo Civil:

I – art. 63 (modificação da competência territorial e eleição de foro);

II – art. 190 e parágrafo único (negociação processual);

III – art. 219 (contagem de prazos em dias úteis);

IV – art. 334 (audiência de conciliação ou de mediação);

V – art. 335 (prazo para contestação);

VI – art. 362, III (adiamento da audiência em razão de atraso injustificado superior a 30 minutos);

VII – art. 373, §§ 3º e 4º (distribuição diversa do ônus da prova por convenção das partes);

VIII – (Revogado pela Res. 221/2018);

IX – art. 942 e parágrafos (prosseguimento de julgamento não unânime de apelação);

X – art. 944 (notas taquigráficas para substituir acórdão);

XI – art. 1010, § 3º(desnecessidade de o juízo a quo exercer controle de admissibilidade na apelação);

XII – arts. 1043 e 1044 (embargos de divergência);

XIII – art. 1070 (prazo para interposição de agravo).

Art. 3º. Sem prejuízo de outros, aplicam-se ao Processo do Trabalho, em face de omissão e compatibilidade, os preceitos do Código de Processo Civil que regulam os seguintes temas:

I – art. 76, §§ 1º e 2º (saneamento de incapacidade processual ou de irregularidade de representação);

II – art. 138 e parágrafos (amicus curiae);

III – art. 139, exceto a parte final do inciso V (poderes, deveres e responsabilidades do juiz);

IV – art. 292, V (valor pretendido na ação indenizatória, inclusive a fundada em dano moral);

V – art. 292, § 3º (correção de ofício do valor da causa);

VI – arts. 294 a 311 (tutela provisória);

VII – art. 373, §§ 1º e 2º (distribuição dinâmica do ônus da prova);

VIII – art. 485, § 7º (juízo de retratação no recurso ordinário);

IX – art. 489 (fundamentação da sentença);

X – art. 496 e parágrafos (remessa necessária);

XI – arts. 497 a 501 (tutela específica);

XII – arts. 536 a 538 (cumprimento de sentença que reconheça a exigibilidade de obrigação de fazer, de não fazer ou de entregar coisa);

XIII – arts. 789 a 796 (responsabilidade patrimonial);

XIV – art. 805 e parágrafo único (obrigação de o executado indicar outros meios mais eficazes e menos onerosos para promover a execução);

XV – art. 833, incisos e parágrafos (bens impenhoráveis);

XVI – art. 835, incisos e §§ 1º e 2º (ordem preferencial de penhora);

XVII – art. 836, §§ 1º e 2º (procedimento quando não encontrados bens penhoráveis);

XVIII – art. 841, §§ 1º e 2º (intimação da penhora);

XIX – art. 854 e parágrafos (BacenJUD);

XX – art. 895 (pagamento parcelado do lanço);

XXI – art. 916 e parágrafos (parcelamento do crédito exequendo);

XXII – art. 918 e parágrafo único (rejeição liminar dos embargos à execução);

XXIII – arts. 926 a 928 (jurisprudência dos tribunais);

XXIV – art. 940 (vista regimental);

XXV – art. 947 e parágrafos (incidente de assunção de competência);

XXVI – arts. 966 a 975 (ação rescisória);

XXVII – arts. 988 a 993 (reclamação);

XXVIII – arts. 1013 a 1014 (efeito devolutivo do recurso ordinário – força maior);

XXIX – art. 1021 (salvo quanto ao prazo do agravo interno).

Art. 4º. Aplicam-se ao Processo do Trabalho as normas do CPC que regulam o princípio do contraditório, em especial os artigos 9º e 10, no que vedam a decisão surpresa.

§ 1º. Entende-se por "decisão surpresa" a que, no julgamento final do mérito da causa, em qualquer grau de jurisdição, aplicar fundamento jurídico ou embasar-se em fato não submetido à audiência prévia de uma ou de ambas as partes.

§ 2º. Não se considera "decisão surpresa" a que, à luz do ordenamento jurídico nacional e dos princípios que informam o Direito Processual do Trabalho, as partes tinham obrigação de prever, concernente às condições da ação, aos pressupostos de admissibilidade de recurso e aos pressupostos processuais, salvo disposição legal expressa em contrário.

Art. 5º. Aplicam-se ao Processo do Trabalho as normas do art. 356, §§ 1º a 4º, do CPC que regem o julgamento antecipado parcial do mérito, cabendo recurso ordinário de imediato da sentença.

Art. 6º. (*Revogado pela Res. 221/2018*).

Art. 7º. Aplicam-se ao Processo do Trabalho as normas do art. 332 do CPC, com as necessárias adaptações à legislação processual trabalhista, cumprindo ao juiz do trabalho julgar liminarmente improcedente o pedido que contrariar:

I – enunciado de súmula do Supremo Tribunal Federal ou do Tribunal Superior do Trabalho (CPC, art. 927, inciso V);

II – acórdão proferido pelo Supremo Tribunal Federal ou pelo Tribunal Superior do Trabalho em julgamento de recursos repetitivos (CLT, art. 896-B; CPC, art. 1046, § 4º);

III – entendimento firmado em incidente de resolução de demandas repetitivas ou de assunção de competência;

IV – enunciado de súmula de Tribunal Regional do Trabalho sobre direito local, convenção coletiva de trabalho, acordo coletivo de trabalho, sentença normativa ou regulamento empresarial de observância obrigatória em área territorial que não exceda à jurisdição do respectivo Tribunal (CLT, art. 896, b, a contrario sensu).

Parágrafo único. O juiz também poderá julgar liminarmente improcedente o pedido se verificar, desde logo, a ocorrência de decadência.

Art. 8º. Aplicam-se ao Processo do Trabalho as normas dos arts. 976 a 986 do CPC que regem o incidente de resolução de demandas repetitivas (IRDR).

§ 1º. Admitido o incidente, o relator suspenderá o julgamento dos processos pendentes, individuais ou coletivos, que tramitam na Região, no tocante ao tema objeto de IRDR, sem prejuízo da instrução integral das causas e do julgamento dos eventuais pedidos distintos e cumulativos igualmente deduzidos em tais processos, inclusive, se for o caso, do julgamento antecipado parcial do mérito.

§ 2º. Do julgamento do mérito do incidente caberá recurso de revista para o Tribunal Superior do Trabalho, dotado de efeito meramente devolutivo, nos termos dos arts. 896 e 899 da CLT.

§ 3º. Apreciado o mérito do recurso, a tese jurídica adotada pelo Tribunal Superior do Trabalho será aplicada no território nacional a todos os processos, individuais ou coletivos, que versem sobre idêntica questão de direito.

Art. 9º. O cabimento dos embargos de declaração no Processo do Trabalho, para impugnar qualquer decisão judicial, rege-se pelo art. 897-A da CLT e, supletivamente, pelo Código de Processo Civil (arts. 1022 a 1025; §§ 2º, 3º e 4º do art. 1026), excetuada a garantia de prazo em dobro para litisconsortes (§ 1º do art. 1023).

Parágrafo único. A omissão para fins do prequestionamento ficto a que alude o art. 1025 do CPC dá-se no caso de o Tribunal Regional do Trabalho, mesmo instado mediante embargos de declaração, recusar-se a emitir tese sobre questão jurídica pertinente, na forma da Súmula nº 297, item III, do Tribunal Superior do Trabalho.

Art. 10. Aplicam-se ao Processo do Trabalho as normas do parágrafo único do art. 932 do CPC, §§ 1º a 4º do art. 938 e §§ 2º e 7º do art. 1007.

Parágrafo único. (Revogado pela Resolução TST nº 218, de 2017)

Art. 11. Não se aplica ao Processo do Trabalho a norma do art. 459 do CPC no que permite a inquirição direta das testemunhas pela parte (CLT, art. 820).

Art. 12. Aplica-se ao Processo do Trabalho o parágrafo único do art. 1034 do CPC. Assim, admitido o recurso de revista por um fundamento, devolve-se ao Tribunal Superior do Trabalho o conhecimento dos demais fundamentos para a solução apenas do Capítulo impugnado.

Art. 13. Por aplicação supletiva do art. 784, I (art. 15 do CPC), o cheque e a nota promissória emitidos em reconhecimento de dívida inequivocamente de natureza trabalhista também são títulos extrajudiciais para efeito de execução perante a Justiça do Trabalho, na forma do art. 876 e segs. da CLT.

Art. 14. Não se aplica ao Processo do Trabalho o art. 165 do CPC, salvo nos conflitos coletivos de natureza econômica (Constituição Federal, art. 114, §§ 1º e 2º).

Art. 15. O atendimento à exigência legal de fundamentação das decisões judiciais (CPC, art. 489, § 1º) no Processo do Trabalho observará o seguinte:

I – por força dos arts. 332 e 927 do CPC, adaptados ao Processo do Trabalho, para efeito dos incisos V e VI do § 1º do art. 489 considera-se "precedente" apenas:

a) acórdão proferido pelo Supremo Tribunal Federal ou pelo Tribunal Superior do Trabalho em julgamento de recursos repetitivos (CLT, art. 896-B; CPC, art. 1046, § 4º);

b) entendimento firmado em incidente de resolução de demandas repetitivas ou de assunção de competência;

c) decisão do Supremo Tribunal Federal em controle concentrado de constitucionalidade;

d) tese jurídica prevalecente em Tribunal Regional do Trabalho e não conflitante com súmula ou orientação jurisprudencial do Tribunal Superior do Trabalho (CLT, art. 896, § 6º);

e) decisão do plenário, do órgão especial ou de seção especializada competente para uniformizar a jurisprudência do tribunal a que o juiz estiver vinculado ou do Tribunal Superior do Trabalho.

II – para os fins do art. 489, § 1º, incisos V e VI do CPC, considerar-se-ão unicamente os precedentes referidos no item anterior, súmulas do Supremo Tribunal Federal, orientação jurisprudencial e súmula do Tribunal Superior do Trabalho, súmula de Tribunal Regional do Trabalho não conflitante com súmula ou orientação jurisprudencial do TST, que contenham explícita referência aos fundamentos determinantes da decisão (ratio decidendi).

III – não ofende o art. 489, § 1º, inciso IV do CPC a decisão que deixar de apreciar questões cujo exame haja ficado prejudicado em razão da análise anterior de questão subordinante.

IV – o art. 489, § 1º, IV, do CPC não obriga o juiz ou o Tribunal a enfrentar os fundamentos jurídicos invocados pela parte, quando já tenham sido examinados na formação dos precedentes obrigatórios ou nos fundamentos determinantes de enunciado de súmula.

V – decisão que aplica a tese jurídica firmada em precedente, nos termos do item I, não precisa enfrentar os fundamentos já analisados na decisão paradigma, sendo suficiente, para fins de atendimento das exigências constantes no art. 489, § 1º, do CPC, a correlação fática e jurídica entre o caso concreto e aquele apreciado no incidente de solução concentrada.

VI – é ônus da parte, para os fins do disposto no art. 489, § 1º, V e VI, do CPC, identificar os fundamentos determinantes ou demonstrar a existência de distinção no caso em julgamento ou a superação do entendimento, sempre que invocar precedente ou enunciado de súmula.

Art. 16. Para efeito de aplicação do § 5º do art. 272 do CPC, não é causa de nulidade processual a intimação realizada na pessoa de advogado regularmente habilitado nos autos, ainda que conste pedido expresso para que as comunicações dos atos processuais sejam feitas em nome de outro advogado, se o profissional indicado não se encontra previamente cadastrado no Sistema de Processo Judicial Eletrônico, impedindo a serventia judicial de atender ao requerimento de envio da intimação direcionada. A decretação de nulidade não pode ser acolhida em favor da parte que lhe deu causa (CPC, art. 276).

Art. 17. Sem prejuízo da inclusão do devedor no Banco Nacional de Devedores Trabalhistas (CLT, art. 642-A), aplicam-se à execução trabalhista as normas dos artigos 495, 517 e 782, §§ 3º, 4º e 5º do CPC, que tratam respectivamente da hipoteca judiciária, do protesto de decisão judicial e da inclusão do nome do executado em cadastros de inadimplentes.

Art. 18. Esta Instrução Normativa entrará em vigor na data da sua publicação.

Ministro IVES GANDRA DA SILVA MARTINS FILHO

Presidente do Tribunal Superior do Trabalho

(Publicação no D.E.J.T. 16.3.2016)

- Deixamos de publicar a exposição de motivos nesta edição.

INSTRUÇÃO NORMATIVA TST Nº 40, DE 15 DE MARÇO DE 2016

Dispõe sobre o cabimento de agravo de instrumento em caso de admissibilidade parcial de recurso de revista no Tribunal Regional do Trabalho e dá outras providências.

- *Agravo de instrumento em Recurso de Revista*

Art. 1º. Admitido apenas parcialmente o recurso de revista, constitui ônus da parte impugnar, mediante agravo de instrumento, o Capítulo denegatório da decisão, sob pena de preclusão.

§ 1º. Se houver omissão no juízo de admissibilidade do recurso de revista quanto a um ou mais temas, é ônus da parte interpor embargos de declaração para o órgão prolator da decisão embargada supri-la (CPC, art. 1024, § 2º), sob pena de preclusão.

§ 2º. Incorre em nulidade a decisão regional que se abstiver de exercer controle de admissibilidade sobre qualquer tema objeto de recurso de revista, não obstante interpostos embargos de declaração (CF/88, art. 93, inciso IX e § 1º do art. 489 do CPC de 2015).

§ 3º. No caso do parágrafo anterior, sem prejuízo da nulidade, a recusa do Presidente do Tribunal Regional do Trabalho a emitir juízo de admissibilidade sobre qualquer tema equivale à decisão denegatória. É ônus da parte, assim, após a intimação da decisão dos embargos de declaração, impugná-la mediante agravo de instrumento (CLT, art. 896, § 12), sob pena de preclusão.

§ 4º. Faculta-se ao Ministro Relator, por decisão irrecorrível (CLT, art. 896, § 5º, por analogia), determinar a restituição do agravo de instrumento ao Presidente do Tribunal Regional do Trabalho de origem para que complemente o juízo de admissibilidade, desde que interpostos embargos de declaração.

Art. 2º. Após a vigência do Código de Processo Civil de 2015, subsiste o Incidente de Uniformização de Jurisprudência da CLT (art. 896, §§ 3º, 4º, 5º e 6º), observado o procedimento previsto no regimento interno do Tribunal Regional do Trabalho.

Art. 3º. A presente instrução normativa vigerá a partir de sua publicação, exceto o art. 1º, que vigorará a partir de 15 de abril de 2016.

Ministro IVES GANDRA DA SILVA MARTINS FILHO

Presidente do Tribunal Superior do Trabalho

(Publicado no D.E.J.T. de 17.03.2016)

LEI Nº 13.271, DE 15 DE ABRIL DE 2016

Dispõe sobre a proibição de revista íntima de funcionárias nos locais de trabalho e trata da revista íntima em ambientes prisionais.

- *Revista íntima*

A PRESIDENTA DA REPÚBLICA Faço saber que o Congresso Nacional decreta e eu sanciono a seguinte Lei:

- v. Lei 11.340/2006 – Cria mecanismos para coibir a violência doméstica e familiar contra a mulher, nos termos do § 8º do art. 226 da CF, da Convenção sobre a Eliminação de Todas as Formas de Discriminação contra as Mulheres e da Convenção Interamericana para Prevenir, Punir e Erradicar a Violência contra a Mulher; dispõe sobre a criação dos Juizados de Violência Doméstica e Familiar contra a Mulher (Lei Maria da Penha).
- v. Decreto Legislativo 311/2009 – Aprova o texto do Protocolo Facultativo ao Pacto Internacional sobre Direitos Civis e Políticos, adotado em Nova Iorque, em 16 de dezembro de 1966, e do Segundo Protocolo Facultativo ao Pacto Internacional sobre Direitos Civis e Políticos com vistas à Abolição da Pena de Morte, adotado e proclamado pela Resolução nº 44/128, de 15 de dezembro de 1989, com a reserva expressa no art. 2º.
- v. Decreto 7.037/2009 – Aprova o Programa Nacional de Direitos Humanos (PNDH-3).
- v. Decreto 678/1992 – Promulga a Convenção Americana sobre Direitos Humanos (Pacto de São José da Costa Rica), de 22 de novembro de 1969.
- v. Decreto 1.973/1996 – Promulga a Convenção Interamericana para Prevenir, Punir e Erradicar a Violência contra a Mulher, concluída em Belém do Pará, em 9 de junho de 1994.
- v. Decreto 592/1992 – Atos Internacionais. Pacto Internacional sobre Direitos Civis e Políticos. Promulgação.

Art. 1º. As empresas privadas, os órgãos e entidades da administração pública, direta e indireta, ficam proibidos de adotar qualquer prática de revista íntima de suas funcionárias e de clientes do sexo feminino.

Art. 2º. Pelo não cumprimento do art. 1º, ficam os infratores sujeitos a:

I – multa de R$ 20.000,00 (vinte mil reais) ao empregador, revertidos aos órgãos de proteção dos direitos da mulher;

II – multa em dobro do valor estipulado no inciso I, em caso de reincidência, independentemente da indenização por danos morais e materiais e sanções de ordem penal.

Art. 3º. (Vetado).

Art. 4º. Esta Lei entra em vigor na data de sua publicação.

Brasília, 15 de abril de 2016; 195º da Independência e 128º da República.

DILMA ROUSSEFF

Publicado no D.O.U. de 18.4.2016

DECRETO Nº 8.737, DE 3 DE MAIO DE 2016

Institui o Programa de Prorrogação da Licença-Paternidade para os servidores regidos pela Lei nº 8.112, de 11 de dezembro de 1990.

‣ *Prorrogação da Licença-Paternidade*

A PRESIDENTA DA REPÚBLICA, no uso da atribuição que lhe confere o art. 84, *caput*, inciso IV, da Constituição, e tendo em vista o disposto na Lei nº 11.770, de 9 de setembro de 2008, decreta:

Art. 1º. Fica instituído o Programa de Prorrogação da Licença Paternidade para os servidores regidos pela Lei nº 8.112, de 11 de dezembro de 1990.

‣ CF/88: art. 7º, XIX.

Art. 2º. A prorrogação da licença-paternidade será concedida ao servidor público que requeira o benefício no prazo de dois dias úteis após o nascimento ou a adoção e terá duração de quinze dias, além dos cinco dias concedidos pelo art. 208 da Lei nº 8.112, de 1990.

‣ ADCT: art. 10, § 1º.

‣ Lei 11.770/2008: art. 1º, II.

§ 1º. A prorrogação se iniciará no dia subsequente ao término da licença de que trata o art. 208 da Lei nº 8.112, de 1990.

§ 2º. O disposto neste Decreto é aplicável a quem adotar ou obtiver guarda judicial para fins de adoção de criança.

‣ Lei 11.770/2008: art. 1º, § 2º.

§ 3º. Para os fins do disposto no § 2º, considera-se criança a pessoa de até doze anos de idade incompletos.

‣ Lei 8.069/1990: art.2º.

Art. 3º. O beneficiado pela prorrogação da licença-paternidade não poderá exercer qualquer atividade remunerada durante a prorrogação da licença-paternidade.

‣ Lei 11.770/2008: art. 4º.

Parágrafo único. O descumprimento do disposto neste artigo implicará o cancelamento da prorrogação da licença e o registro da ausência como falta ao serviço.

‣ Lei 11.770/2008: art. 4º, par. único.

Art. 4º. O servidor em gozo de licença-paternidade na data de entrada em vigor deste Decreto poderá solicitar a prorrogação da licença, desde que requerida até o último dia da licença ordinária de cinco dias.

Art. 5º. O Ministério do Planejamento, Orçamento e Gestão poderá expedir normas complementares para execução deste Decreto.

Art. 6º. Este Decreto entra em vigor na data de sua publicação.

Brasília, 3 de maio de 2016; 195º da Independência e 128º da República.

DILMA ROUSSEFF

Publicado D.O.U. 4.5.2016

LEI Nº 13.300, DE 23 DE JUNHO DE 2016

Disciplina o processo e o julgamento dos mandados de injunção individual e coletivo e dá outras providências.

‣ *Mandado de injunção*

O VICE-PRESIDENTE DA REPÚBLICA, no exercício do cargo de PRESIDENTE DA REPÚBLICA:

Faço saber que o Congresso Nacional decreta e eu sanciono a seguinte Lei:

Art. 1º. Esta Lei disciplina o processo e o julgamento dos mandados de injunção individual e coletivo, nos termos do inciso LXXI do art. 5º da Constituição Federal.

‣ CPC/15: art. 1.027.

Art. 2º. Conceder-se-á mandado de injunção sempre que a falta total ou parcial de norma regulamentadora torne inviável o exercício dos direitos e liberdades constitucionais e das prerrogativas inerentes à nacionalidade, à soberania e à cidadania.

Parágrafo único. Considera-se parcial a regulamentação quando forem insuficientes as normas editadas pelo órgão legislador competente.

Art. 3º. São legitimados para o mandado de injunção, como impetrantes, as pessoas naturais ou jurídicas que se afirmam titulares dos direitos, das liberdades ou das prerrogativas referidos no art. 2º e, como impetrado, o Poder, o órgão ou a autoridade com atribuição para editar a norma regulamentadora.

Art. 4º. A petição inicial deverá preencher os requisitos estabelecidos pela lei processual e indicará, além do órgão impetrado, a pessoa jurídica que ele integra ou aquela a que está vinculado.

‣ CPC/15: art. 319 e ss.

§ 1º. Quando não for transmitida por meio eletrônico, a petição inicial e os documentos que a instruem serão acompanhados de tantas vias quantos forem os impetrados.

§ 2º. Quando o documento necessário à prova do alegado encontrar-se em repartição ou estabelecimento público, em poder de autoridade ou de terceiro, havendo recusa em fornecê-lo por certidão, no original, ou em cópia autêntica, será ordenada, a pedido do impetrante, a exibição do documento no prazo de 10 (dez) dias, devendo, nesse caso, ser juntada cópia à segunda via da petição.

§ 3º. Se a recusa em fornecer o documento for do impetrado, a ordem será feita no próprio instrumento da notificação.

Art. 5º. Recebida a petição inicial, será ordenada:

I – a notificação do impetrado sobre o conteúdo da petição inicial, devendo-lhe ser enviada a segunda via apresentada com as cópias dos documentos, a fim de que, no prazo de 10 (dez) dias, preste informações;

II – a ciência do ajuizamento da ação ao órgão de representação judicial da pessoa jurídica interessada, devendo-lhe ser enviada cópia da petição inicial, para que, querendo, ingresse no feito.

Art. 6º. A petição inicial será desde logo indeferida quando a impetração for manifestamente incabível ou manifestamente improcedente.

‣ CPC/15: art. 330.

Parágrafo único. Da decisão de relator que indeferir a petição inicial, caberá agravo, em 5 (cinco) dias, para o órgão colegiado competente para o julgamento da impetração.

Art. 7º. Findo o prazo para apresentação das informações, será ouvido o Ministério Público, que opinará em 10 (dez) dias, após o que, com ou sem parecer, os autos serão conclusos para decisão.

Art. 8º. Reconhecido o estado de mora legislativa, será deferida a injunção para:

I – determinar prazo razoável para que o impetrado promova a edição da norma regulamentadora;

II – estabelecer as condições em que se dará o exercício dos direitos, das liberdades ou das prerrogativas reclamados ou, se for o caso, as condições em que poderá o interessado promover ação própria visando a exercê-los, caso não seja suprida a mora legislativa no prazo determinado.

Parágrafo único. Será dispensada a determinação a que se refere o inciso I do *caput* quando comprovado que o impetrado deixou de atender, em mandado de injunção anterior, ao prazo estabelecido para a edição da norma.

Art. 9º. A decisão terá eficácia subjetiva limitada às partes e produzirá efeitos até o advento da norma regulamentadora.

§ 1º. Poderá ser conferida eficácia ultra partes ou erga omnes à decisão, quando isso for inerente ou indispensável ao exercício do direito, da liberdade ou da prerrogativa objeto da impetração.

§ 2º. Transitada em julgado a decisão, seus efeitos poderão ser estendidos aos casos análogos por decisão monocrática do relator.

§ 3º. O indeferimento do pedido por insuficiência de prova não impede a renovação da impetração fundada em outros elementos probatórios.

Art. 10. Sem prejuízo dos efeitos já produzidos, a decisão poderá ser revista, a pedido de qualquer interessado, quando sobrevierem relevantes modificações das circunstâncias de fato ou de direito.

Parágrafo único. A ação de revisão observará, no que couber, o procedimento estabelecido nesta Lei.

Art. 11. A norma regulamentadora superveniente produzirá efeitos ex nunc em relação aos beneficiados por decisão transitada em julgado, salvo se a aplicação da norma editada lhes for mais favorável.

Parágrafo único. Estará prejudicada a impetração se a norma regulamentadora for editada antes da decisão, caso em que o processo será extinto sem resolução de mérito.

Art. 12. O mandado de injunção coletivo pode ser promovido:

I – pelo Ministério Público, quando a tutela requerida for especialmente relevante para a defesa da ordem jurídica, do regime democrático ou dos interesses sociais ou individuais indisponíveis;

II – por partido político com representação no Congresso Nacional, para assegurar o exercício de direitos, liberdades e prerrogativas de seus integrantes ou relacionados com a finalidade partidária;

III – por organização sindical, entidade de classe ou associação legalmente constituída e em funcionamento há pelo menos 1 (um) ano, para assegurar o exercício de direitos, liberdades e prerrogativas em favor da totalidade ou de parte de seus membros ou associados, na forma de seus estatutos e desde que pertinentes a suas finalidades, dispensada, para tanto, autorização especial;

IV – pela Defensoria Pública, quando a tutela requerida for especialmente relevante para a promoção dos direitos humanos e a defesa dos direitos individuais e coletivos dos necessitados, na forma do inciso LXXIV do art. 5º da Constituição Federal.

Parágrafo único. Os direitos, as liberdades e as prerrogativas protegidos por mandado de injunção coletivo são os pertencentes, indistintamente, a uma coletividade indeterminada de pessoas ou determinada por grupo, classe ou categoria.

Art. 13. No mandado de injunção coletivo, a sentença fará coisa julgada limitadamente às pessoas integrantes da coletividade, do grupo, da classe ou da categoria substituídos pelo impetrante, sem prejuízo do disposto nos §§ 1º e 2º do art. 9º.

Parágrafo único. O mandado de injunção coletivo não induz litispendência em relação aos individuais, mas os efeitos da coisa julgada não beneficiarão o impetrante que não requerer a desistência da demanda individual no prazo de 30 (trinta) dias a contar da ciência comprovada da impetração coletiva.

Art. 14. Aplicam-se subsidiariamente ao mandado de injunção as normas do mandado de segurança, disciplinado pela Lei nº 12.016, de 7 de agosto de 2009, e do Código de Processo Civil, instituído pela Lei nº 5.869, de 11 de janeiro de 1973, e pela Lei nº 13.105, de 16 de março de 2015, observado o disposto em seus arts. 1.045 e 1.046.

Art. 15. Esta Lei entra em vigor na data de sua publicação.

Brasília, 23 de junho de 2016; 195º da Independência e 128º da República.

MICHEL TEMER

Publicado no D.O.U. de 24.6.2016

LEI Nº 13.475, DE 28 DE AGOSTO DE 2017

Dispõe sobre o exercício da profissão de tripulante de aeronave, denominado aeronauta; e revoga a Lei nº 7.183, de 5 de abril de 1984

- *Aeronauta*
- *DOU 29.08.2017*

O PRESIDENTE DA REPÚBLICA, Faço saber que o Congresso Nacional decreta e eu sanciono a seguinte Lei:

CAPÍTULO I DISPOSIÇÕES PRELIMINARES

SEÇÃO I DOS TRIPULANTES DE AERONAVES E DA SUA CLASSIFICAÇÃO

Art. 1º Esta Lei regula o exercício das profissões de piloto de aeronave, comissário de voo e mecânico de voo, denominados aeronautas.

§ 1º Para o desempenho das profissões descritas no *caput*, o profissional deve obrigatoriamente ser detentor de licença e certificados emitidos pela autoridade de aviação civil brasileira.

§ 2º Esta Lei aplica-se também aos pilotos de aeronave, comissários de voo e mecânicos de voos brasileiros que exerçam suas funções a bordo de aeronave estrangeira em virtude de contrato de trabalho regido pela legislação brasileira.

Art. 2º O piloto de aeronave e o mecânico de voo, no exercício de função específica a bordo de aeronave, de acordo com as prerrogativas da licença de que são titulares, têm a designação de tripulante de voo.

Art. 3º O comissário de voo, no exercício de função específica a bordo de aeronave, de acordo com as prerrogativas da licença de que é titular, tem a designação de tripulante de cabine.

Art. 4º O tripulante de voo ou de cabine que se deslocar a serviço do empregador, em aeronave própria ou não, sem exercer função a bordo de aeronave, tem a designação de tripulante extra a serviço.

§ 1º O tripulante extra a serviço será considerado tripulante a serviço no que diz respeito aos limites da jornada de trabalho, ao repouso e à remuneração.

§ 2º Ao tripulante extra a serviço será disponibilizado assento na cabine de passageiros, salvo em aeronaves no transporte exclusivo de cargas.

Art. 5º Os tripulantes de voo e de cabine exercem suas funções profissionais nos seguintes serviços aéreos:

I – serviço de transporte aéreo público regular e não regular, exceto na modalidade de táxi aéreo;

II – serviço de transporte aéreo público não regular na modalidade de táxi aéreo;

III – serviço aéreo especializado (SAE), prestado por organização de ensino, na modalidade de instrução de voo;

IV – demais serviços aéreos especializados, abrangendo as atividades definidas pela Lei nº 7.565, de 19 de dezembro de 1986 (Código Brasileiro de Aeronáutica) e pela autoridade de aviação civil brasileira;

V – serviço aéreo privado, entendido como aquele realizado, sem fins lucrativos, a serviço do operador da aeronave.

§ 1º É denominado instrutor de voo o piloto de aeronave contratado para ministrar treinamento em voo em aeronave empregada no serviço aéreo especializado referido no inciso III do *caput* deste artigo.

§ 2º Para os efeitos do disposto em convenção ou acordo coletivo de trabalho:

I – os tripulantes empregados nos serviços aéreos definidos nos incisos III e V do *caput* deste artigo são equiparados aos tripulantes que exercem suas funções nos serviços de transporte aéreo público não regular na modalidade de táxi aéreo;

II – os tripulantes empregados no serviço aéreo definido no inciso V do *caput* deste artigo, quando em atividade de fomento ou proteção à agricultura, são equiparados aos tripulantes de voo que operam os serviços aéreos especializados na modalidade de atividade de fomento ou proteção à agricultura.

Art. 6º O exercício das profissões de piloto de aeronave, mecânico de voo e comissário de voo, previstas nesta Lei, é privativo de brasileiros natos ou naturalizados.

§ 1º As empresas brasileiras, quando estiverem prestando serviço aéreo internacional, poderão utilizar comissários de voo estrangeiros, desde que o número destes não exceda a 1/3 (um terço) dos comissários de voo a bordo da mesma aeronave.

§ 2º Todas as empresas de transporte aéreo público, salvo empresas estrangeiras de transporte aéreo público não regular na modalidade de táxi aéreo, quando estiverem operando voos domésticos em território brasileiro, terão obrigatoriamente seu quadro de tripulantes composto por brasileiros natos ou naturalizados, com contrato de trabalho regido pela legislação brasileira.

§ 3º Na falta de tripulantes de voo brasileiros, instrutores estrangeiros poderão ser admitidos em caráter provisório, por período restrito ao da instrução, de acordo com regulamento exarado pela autoridade de aviação civil brasileira.

Art. 7º Os tripulantes de voo exercem as seguintes funções a bordo da aeronave:

I – comandante: piloto responsável pela operação e pela segurança da aeronave, exercendo a autoridade que a legislação lhe atribui;

II – copiloto: piloto que auxilia o comandante na operação da aeronave; e

III – mecânico de voo: auxiliar do comandante, encarregado da operação e do controle de sistemas diversos, conforme especificação dos manuais técnicos da aeronave.

§ 1º Sem prejuízo das atribuições originalmente designadas, o comandante e o mecânico de voo poderão exercer cumulativamente outras prerrogativas decorrentes de qualificação ou credenciamento, previstas nos regulamentos aeronáuticos, desde que autorizados pela autoridade de aviação civil brasileira.

§ 2º O comandante será designado pelo operador da aeronave e será seu preposto durante toda a viagem.

§ 3º O copiloto é o substituto eventual do comandante nas tripulações simples, não o sendo nos casos de tripulação composta ou de revezamento.

Art. 8º Os tripulantes de cabine, na função de comissários de voo, são auxiliares do comandante encarregados do cumprimento das normas relativas à segurança e ao atendimento dos passageiros a bordo, da guarda de bagagens, documentos, valores e malas postais e de outras tarefas que lhes tenham sido delegadas pelo comandante.

§ 1º Sem prejuízo das atribuições originalmente designadas, os comissários de voo poderão exercer cumulativamente outras prerrogativas decorrentes de qualificação ou credenciamento, previstas nos regulamentos aeronáuticos, desde que autorizados pela autoridade de aviação civil brasileira.

§ 2º A guarda de valores é condicionada à existência de local apropriado e seguro na aeronave, sendo responsabilidade do empregador atestar a segurança do local.

§ 3° A guarda de cargas e malas postais em terra somente será confiada aos comissários de voo quando no local inexistir serviço próprio para essa finalidade.

SEÇÃO II
DAS TRIPULAÇÕES

Art. 9° Tripulação é o conjunto de tripulantes de voo e de cabine que exercem função a bordo de aeronave.

Art. 10. O tripulante, sem prejuízo das atribuições originalmente designadas, não poderá exercer, simultaneamente, mais de uma função a bordo de aeronave, mesmo que seja titular de licenças correspondentes.

Art. 11. Os membros de uma tripulação são subordinados técnica e disciplinarmente ao comandante, durante todo o tempo em que transcorrer a viagem.

Art. 12. O comandante exerce a autoridade inerente à função desde o momento em que se apresenta para o voo até o momento em que, concluída a viagem, entrega a aeronave.

Art. 13. Uma tripulação pode ser classificada como mínima, simples, composta ou de revezamento.

Parágrafo único. A autoridade de aviação civil brasileira, considerando o interesse da segurança operacional, as características da rota e do voo e a programação a ser cumprida, poderá determinar a composição da tripulação ou as modificações necessárias para a realização do voo.

Art. 14. Tripulação mínima é a determinada na forma da certificação de tipo da aeronave, homologada pela autoridade de aviação civil brasileira, sendo permitida sua utilização em voos locais de instrução, de experiência, de vistoria e de traslado.

Art. 15. Tripulação simples é a constituída de uma tripulação mínima acrescida, quando for o caso, dos tripulantes necessários à realização do voo.

Art. 16. Tripulação composta é a constituída de uma tripulação simples acrescida de um comandante, de um mecânico de voo, quando o equipamento assim o exigir, e de, no mínimo, 25% (vinte e cinco por cento) do número de comissários de voo.

Parágrafo único. A tripulação composta somente poderá ser utilizada em voos internacionais, exceto nas seguintes situações, quando poderá ser utilizada em voos domésticos:

I – para atender a atrasos ocasionados por condições meteorológicas desfavoráveis ou por trabalhos de manutenção não programados;

II – quando os critérios de utilização dos tripulantes de voo e de cabine empregados no serviço aéreo definido no inciso I do *caput* do art. 5° estiverem definidos em convenção ou acordo coletivo de trabalho;

III – para atendimento de missão humanitária, transportando ou destinada ao transporte de enfermos ou órgãos para transplante, no caso de tripulantes de voo e de cabine empregados nos serviços aéreos definidos no inciso II do *caput* do art. 5° desta Lei.

Art. 17. Tripulação de revezamento é a constituída de uma tripulação simples acrescida de um comandante, de um piloto, de um mecânico de voo, quando o equipamento assim o exigir, e de 50% (cinquenta por cento) do número de comissários de voo.

Parágrafo único. A tripulação de revezamento só poderá ser empregada em voos internacionais.

Art. 18. Um tipo de tripulação só poderá ser transformado na origem do voo e até o limite de 3 (três) horas, contadas a partir da apresentação da tripulação previamente escalada.

Parágrafo único. A contagem de tempo para limite da jornada será a partir da hora de apresentação da tripulação original ou do tripulante de reforço, considerando o que ocorrer primeiro.

SEÇÃO III
DO SISTEMA DE GERENCIAMENTO DE RISCO DE FADIGA HUMANA

Art. 19. As limitações operacionais estabelecidas nesta Lei poderão ser alteradas pela autoridade de aviação civil brasileira com base nos preceitos do Sistema de Gerenciamento de Risco de Fadiga Humana.

§ 1° As limitações operacionais referidas no *caput* deste artigo compreendem quaisquer prescrições temporais relativas aos tripulantes de voo e de cabine no que tange a limites de voo, de pouso, de jornada de trabalho, de sobreaviso, de reserva e de períodos de repouso, bem como a outros fatores que possam reduzir o estado de alerta da tripulação ou comprometer o seu desempenho operacional.

§ 2° O Sistema de Gerenciamento de Risco de Fadiga Humana será regulamentado pela autoridade de aviação civil brasileira com base nas normas e recomendações internacionais de aviação civil.

§ 3° A implantação e a atualização do Sistema de Gerenciamento de Risco de Fadiga Humana serão acompanhadas pelo sindicato da categoria profissional.

§ 4° Nos casos em que o Sistema de Gerenciamento de Risco de Fadiga Humana autorizar a superação das 12 (doze) horas de jornada de trabalho e a diminuição do período de 12 (doze) horas de repouso, em tripulação simples, tais alterações deverão ser implementadas por meio de convenção ou acordo coletivo de trabalho entre o operador da aeronave e o sindicato da categoria profissional.

CAPÍTULO II
DO REGIME DE TRABALHO

SEÇÃO I
DO CONTRATO DE TRABALHO

Art. 20. A função remunerada dos tripulantes a bordo de aeronave deverá, obrigatoriamente, ser formalizada por meio de contrato de trabalho firmado diretamente com o operador da aeronave.

§ 1° O tripulante de voo ou de cabine só poderá exercer função remunerada a bordo de aeronave de um operador ao qual não esteja diretamente vinculado por contrato de trabalho quando o serviço aéreo não constituir atividade fim, e desde que por prazo não superior a 30 (trinta) dias consecutivos, contado da data de início da prestação dos serviços.

§ 2° A prestação de serviço remunerado conforme prevê o § 1° deste artigo não poderá ocorrer por mais de uma vez ao ano e deverá ser formalizada por contrato escrito, sob pena de presunção de vínculo empregatício do tripulante diretamente com o operador da aeronave.

§ 3° O disposto neste artigo não se aplica quando o operador da aeronave for órgão ou entidade da administração pública, no exercício de missões institucionais ou de poder de polícia. (Acrescido pela Lei nº 14.163, de 2021)

Art. 21. O operador da aeronave poderá utilizar-se de tripulantes instrutores que não estejam a ele vinculados por contrato de trabalho quando em seu quadro de tripulantes não existirem instrutores habilitados no equipamento em que se pretende operar, desde que por período restrito ao da instrução e mediante autorização da autoridade de aviação civil brasileira.

Art. 22. O operador de aeronaves poderá, por meio de contrato de prestação de serviços, autorizar que seus instrutores ministrem instrução para tripulantes que não estejam a ele vinculados por contrato de trabalho quando os empregadores dos respectivos tripulantes não possuírem equipamento ou instrutores próprios para a específica instrução, desde que por período restrito ao da instrução e mediante autorização da autoridade de aviação civil brasileira.

Parágrafo único. Este artigo só é aplicável aos operadores de aeronaves que realizam os serviços aéreos referidos nos incisos I e II do *caput* do art. 5°.

SEÇÃO II
DA BASE CONTRATUAL

Art. 23. Entende-se por base contratual a matriz ou filial onde o contrato de trabalho do tripulante estiver registrado.

Art. 24. Resguardados os direitos e as condições previstos nesta Lei, os demais direitos, condições de trabalho e obrigações do empregado estarão definidos no contrato de trabalho e poderão ser devidamente regulados em convenção ou acordo coletivo de trabalho, desde que não ultrapassem os parâmetros estabelecidos na regulamentação da autoridade de aviação civil brasileira.

Art. 25. Será fornecido pelo empregador transporte gratuito aos tripulantes de voo e de cabine sempre que se iniciar ou finalizar uma programação de voo em aeroporto situado a mais de 50 (cinquenta) quilômetros de distância do aeroporto definido como base contratual.

§ 1° O tempo de deslocamento entre o aeroporto definido como base contratual e o aeroporto designado para o início do voo será computado na jornada de trabalho e não será remunerado.

§ 2° No caso de viagem que termine em aeroporto diferente do definido como base contratual e situado a mais de 50 (cinquenta) quilômetros de distância, a jornada de trabalho será encerrada conforme o disposto no art. 35, e o repouso mínimo regulamentar será acrescido de, no mínimo, 2 (duas) horas.

SEÇÃO III
DA ESCALA DE SERVIÇO

Art. 26. A prestação de serviço do tripulante empregado no serviço aéreo definido no inciso I do *caput* do art. 5o, respeitados os períodos de folgas e repousos regulamentares, será determinada por meio de:

I – escala, no mínimo mensal, divulgada com antecedência mínima de 5 (cinco) dias, determinando os horários de início e término de voos, serviços de reserva, sobreavisos e folgas, sendo vedada a consignação de situações de trabalho e horários não definidos;

II – escala ou convocação, para realização de cursos, reuniões, exames relacionados a treinamento e verificação de proficiência técnica.

§ 1º Em 4 (quatro) meses do ano, as empresas estão autorizadas, caso julguem necessário, a divulgar escala semanal para voos de horário, serviços de reserva, sobreavisos e folgas com antecedência mínima de 2 (dois) dias, para a primeira semana de cada mês, e de 7 (sete) dias, para as semanas subsequentes.

§ 2º Para voos exclusivamente cargueiros, é autorizada a divulgação de escala semanal para voos de horário, serviços de reserva, sobreavisos e folgas com antecedência mínima de 2 (dois) dias, para a primeira semana de cada mês, e 7 (sete) dias, para as semanas subsequentes.

§ 3º Os limites previstos no inciso I do *caput* deste artigo poderão ser alterados mediante convenção ou acordo coletivo de trabalho, desde que não ultrapassem os parâmetros estabelecidos na regulamentação da autoridade de aviação civil brasileira.

Art. 27. A determinação para a prestação de serviço do tripulante empregado nos serviços aéreos definidos nos incisos II, III, IV e V do *caput* do art. 5o, respeitados os períodos de folgas e repousos regulamentares, será feita por meio de:

I – escala, no mínimo semanal, divulgada com antecedência mínima de 2 (dois) dias, determinando os horários de início e término de voos, serviços de reserva, sobreavisos e folgas, sendo vedada a consignação de situações de trabalho e horários não definidos;

II – escala ou convocação, para realização de cursos, reuniões, exames relacionados a treinamento e verificação de proficiência técnica.

Parágrafo único. Outros critérios para a determinação da prestação de serviço dos tripulantes poderão ser estabelecidos em convenção ou acordo coletivo de trabalho, desde que não ultrapassem os parâmetros estabelecidos na regulamentação da autoridade de aviação civil brasileira.

Art. 28. Na escala de serviço, deverão ser observados regime de rodízio de tripulantes e turnos compatíveis com a saúde, a higiene e a segurança do trabalho.

Parágrafo único. A programação de rodízios e turnos obedecerá ao princípio da equidade na distribuição entre as diversas situações de trabalho para que não haja discriminação entre os tripulantes com qualificações idênticas, salvo em empresas que adotem critérios específicos estabelecidos em acordo coletivo de trabalho, desde que não ultrapassem os parâmetros estabelecidos na regulamentação da autoridade de aviação civil brasileira.

SEÇÃO IV
DAS ACOMODAÇÕES PARA DESCANSO A BORDO DE AERONAVE

Art. 29. Será assegurado aos tripulantes de voo e de cabine, quando estiverem em voo com tripulação composta ou de revezamento, descanso a bordo da aeronave, em acomodação adequada, de acordo com as especificações definidas em norma estabelecida pela autoridade de aviação civil brasileira.

§ 1º Aos tripulantes de voo e de cabine realizando voos em tripulação composta será assegurado número de acomodações para descanso a bordo igual ao número de tripulantes somados à tripulação simples.

§ 2º Aos tripulantes de voo e de cabine realizando voos em tripulação de revezamento será assegurado número de acomodações para descanso a bordo igual à metade do total de tripulantes.

SEÇÃO V
DOS LIMITES DE VOOS E DE POUSOS

Art. 30. Denomina-se hora de voo ou tempo de voo o período compreendido desde o início do deslocamento, quando se tratar de aeronave de asa fixa, ou desde a partida dos motores, quando se tratar de aeronave de asa rotativa, até o momento em que, respectivamente, se imobiliza a aeronave ou se efetua o corte dos motores, ao término do voo ("calço a calço").

Art. 31. Aos tripulantes de voo ou de cabine empregados no serviço aéreo definido no inciso I do *caput* do art. 5º serão assegurados os seguintes limites de horas de voo e de pousos em uma mesma jornada de trabalho:

I – 8 (oito) horas de voo e 4 (quatro) pousos, na hipótese de integrante de tripulação mínima ou simples;

II – 11 (onze) horas de voo e 5 (cinco) pousos, na hipótese de integrante de tripulação composta;

III – 14 (catorze) horas de voo e 4 (quatro) pousos, na hipótese de integrante de tripulação de revezamento; e

IV – 7 (sete) horas sem limite de pousos, na hipótese de integrante de tripulação de helicópteros.

§ 1º O número de pousos na hipótese do inciso I deste artigo poderá ser aumentado em mais 1 (um), a critério do empregador, acrescendo-se, nesse caso, 2 (duas) horas ao repouso que precede a jornada.

§ 2º Não obstante o previsto no § 1º deste artigo, em caso de desvio para aeroporto de alternativa, será permitido o acréscimo de mais 1 (um) pouso aos limites estabelecidos nos incisos I, II e III deste artigo.

§ 3º Os tripulantes que operam aeronaves convencionais e turbo-hélice poderão ter o limite de pousos estabelecido no inciso I deste artigo aumentado em mais 2 (dois) pousos.

Art. 32. Aos tripulantes empregados nos serviços aéreos definidos nos incisos II, III, IV e V do *caput* do art. 5o são assegurados os seguintes limites de horas de voo em uma mesma jornada de trabalho:

I – 9 (nove) horas e 30 (trinta) minutos de voo, na hipótese de integrante de tripulação mínima ou simples;

II – 12 (doze) horas de voo, na hipótese de integrante de tripulação composta;

III – 16 (dezesseis) horas de voo, na hipótese de integrante de tripulação de revezamento;

IV – 8 (oito) horas de voo, na hipótese de integrante de tripulação de helicópteros.

§ 1º Aos tripulantes referidos neste artigo não serão assegurados limites de pousos em uma mesma jornada de trabalho.

§ 2º Os tripulantes empregados nos serviços aéreos definidos no inciso IV do *caput* do art. 5º, quando em atividade de fomento ou proteção à agricultura, poderão ter os limites previstos neste artigo estabelecidos em convenção ou acordo coletivo de trabalho, desde que não ultrapassem os parâmetros de segurança de voo determinados na regulamentação da autoridade de aviação civil brasileira.

Art. 33. Aos tripulantes são assegurados os seguintes limites mensais e anuais de horas de voo:

I – 80 (oitenta) horas de voo por mês e 800 (oitocentas) horas por ano, em aviões a jato;

II – 85 (oitenta e cinco) horas de voo por mês e 850 (oitocentas e cinquenta) horas por ano, em aviões turbo-hélice;

III – 100 (cem) horas de voo por mês e 960 (novecentas e sessenta) horas por ano, em aviões convencionais;

IV – 90 (noventa) horas de voo por mês e 930 (novecentas e trinta) horas por ano, em helicópteros.

§ 1º Quando os tripulantes operarem diferentes tipos de aeronaves, o limite inferior será respeitado.

§ 2º Os tripulantes de voo empregados nos serviços aéreos especializados definidos no inciso IV do *caput* do art. 5º, quando em atividade de fomento ou proteção à agricultura, poderão ter os limites previstos neste artigo estabelecidos em convenção ou acordo coletivo de trabalho, desde que não ultrapassem os parâmetros de segurança de voo determinados na regulamentação da autoridade de aviação civil brasileira.

Art. 34. O trabalho realizado como tripulante extra a serviço será computado para os limites da jornada de trabalho diária, semanal e mensal, não sendo considerado para o cômputo dos limites de horas de voo diários, mensais e anuais, previstos nos arts. 31, 32 e 33.

SEÇÃO VI
DOS LIMITES DA JORNADA DE TRABALHO

Art. 35. Jornada é a duração do trabalho do tripulante de voo ou de cabine, contada entre a hora da apresentação no local de trabalho e a hora em que ele é encerrado.

§ 1º A jornada na base contratual será contada a partir da hora de apresentação do tripulante no local de trabalho.

§ 2º Fora da base contratual, a jornada será contada a partir da hora de apresentação do tripulante no local estabelecido pelo empregador.

§ 3º Nas hipóteses previstas nos §§ 1º e 2º deste artigo, a apresentação no aeroporto ou em outro local estabelecido pelo empregador deverá ocorrer com antecedência mínima de 30 (trinta) minutos da hora prevista para o início do voo.

§ 4º A jornada será considerada encerrada 30 (trinta) minutos após a parada final dos motores, no caso de voos domésticos, e 45 (quarenta e cinco) minutos após a parada final dos motores, no caso de voos internacionais.

§ 5º Para atividades em terra, não se aplicam as disposições dos §§ 3º e 4º deste artigo.

§ 6º Os limites previstos no § 4º deste artigo podem ser alterados pelos operadores de aeronaves que possuírem Sistema de Gerenciamento de Risco de Fadiga Humana no planejamento e na execução das escalas de serviço de seus tripulantes, sendo o limite mínimo de 30 (trinta) minutos.

Art. 36. Aos tripulantes de voo ou de cabine empregados no serviço aéreo definido no inciso I do *caput* do art. 5º são assegurados os seguintes limites de jornada de trabalho:

I - 9 (nove) horas, se integrantes de uma tripulação mínima ou simples;

II - 12 (doze) horas, se integrantes de uma tripulação composta;

III - 16 (dezesseis) horas, se integrantes de uma tripulação de revezamento.

Art. 37. Aos tripulantes de voo ou de cabine empregados nos serviços aéreos definidos nos incisos II, III, IV e V do *caput* do art. 5º são assegurados os seguintes limites de jornada de trabalho:

I - 11 (onze) horas, se integrantes de uma tripulação mínima ou simples;

II - 14 (catorze) horas, se integrantes de uma tripulação composta;

III - 18 (dezoito) horas, se integrantes de uma tripulação de revezamento.

Parágrafo único. Os tripulantes de voo empregados nos serviços aéreos especializados definidos no inciso IV do *caput* do art. 5º, quando em atividade de fomento à agricultura, poderão ter os limites previstos neste artigo estabelecidos em convenção ou acordo coletivo de trabalho, desde que não ultrapassem os parâmetros de segurança de voo determinados na regulamentação da autoridade de aviação civil brasileira.

Art. 38. Em caso de interrupção de jornada, os tripulantes de voo ou de cabine empregados nos serviços aéreos definidos nos incisos II, IV e V do *caput* do art. 5º, quando compondo tripulação mínima ou simples, poderão ter suas jornadas de trabalho acrescidas de até a metade do tempo da interrupção, nos seguintes casos:

I – quando houver interrupção da jornada fora da base contratual, superior a 3 (três) horas e inferior a 6 (seis) horas consecutivas, e for proporcionado pelo empregador local para descanso separado do público e com controle de temperatura e luminosidade;

II – quando houver interrupção da jornada fora da base contratual, superior a 6 (seis) horas e inferior a 10 (dez) horas consecutivas, e forem proporcionados pelo empregador quartos individuais com banheiro privativo, condições adequadas de higiene e segurança, mínimo ruído e controle de temperatura e luminosidade.

Parágrafo único. A condição prevista neste artigo deverá ser consignada no diário de bordo da aeronave, com assinatura do comandante.

Art. 39. A hora de trabalho noturno, para efeito de jornada, será computada como de 52 (cinquenta e dois) minutos e 30 (trinta) segundos.

Parágrafo único. Para efeitos desta Lei, considera-se noturno:

I – o trabalho executado em terra entre as 22 (vinte e duas) horas de um dia e as 5 (cinco) horas do dia seguinte, considerado o horário loc

II – o período de tempo de voo realizado entre as 18 (dezoito) horas de um dia e as 6 (seis) horas do dia seguinte, considerado o fuso horário oficial da base contratual do tripulante.

Art. 40. Os limites da jornada de trabalho poderão ser ampliados em 60 (sessenta) minutos, a critério exclusivo do comandante da aeronave, nos seguintes casos:

I – inexistência, em local de escala regular, de acomodações apropriadas para o repouso da tripulação e dos passageiros;

II – espera demasiadamente longa, fora da base contratual, em local de espera regular intermediária, ocasionada por condições meteorológicas desfavoráveis e trabalho de manutenção não programada;

III – por imperiosa necessidade, entendida como a decorrente de catástrofe ou problema de infraestrutura que não configure caso de falha ou falta administrativa da empresa.

Parágrafo único. Qualquer ampliação dos limites das horas de trabalho deverá ser comunicada, em no máximo 24 (vinte e quatro) horas após a viagem, pelo comandante ao empregador, que, no prazo de 15 (quinze) dias, comunicará a autoridade de aviação civil brasileira.

Art. 41. A duração do trabalho dos tripulantes de voo ou de cabine não excederá a 44 (quarenta e quatro) horas semanais e 176 (cento e setenta e seis) horas mensais, computados os tempos de:

I – jornada e serviço em terra durante a viagem;

II – reserva e 1/3 (um terço) do sobreaviso;

III – deslocamento como tripulante extra a serviço;

IV – adestramento em simulador, cursos presenciais ou a distância, treinamentos e reuniões;

V – realização de outros serviços em terra, quando escalados pela empresa.

§ 1º O limite semanal de trabalho previsto neste artigo poderá ser alterado mediante convenção ou acordo coletivo de trabalho, desde que não ultrapasse os parâmetros estabelecidos na regulamentação da autoridade de aviação civil brasileira, sendo vedada, sob qualquer hipótese, a extrapolação do limite mensal de 176 (cento e setenta e seis) horas.

§ 2º Os tripulantes de voo ou de cabine empregados nos serviços aéreos definidos nos incisos II, III, IV e V do *caput* do art. 5º terão como período máximo de trabalho consecutivo 21 (vinte e um) dias, contados do dia de saída do tripulante de sua base contratual até o dia do regresso a ela.

§ 3º Para os tripulantes de voo ou de cabine empregados nos serviços aéreos definidos nos incisos II, III, IV e V do *caput* do art. 5º, o período consecutivo de trabalho, no local de operação, não poderá exceder a 17 (dezessete) dias.

§ 4º Quando prestarem serviço fora da base contratual por período superior a 6 (seis) dias, os tripulantes referidos no § 3º deste artigo terão, no retorno, folgas correspondentes a, no mínimo, o número de dias fora da base contratual menos 2 (dois) dias.

§ 5º Os tripulantes empregados no serviço aéreo definido no inciso I do *caput* do art. 5º que também exerçam atividades administrativas terão os limites de sua jornada de trabalho definidos em convenção ou acordo coletivo de trabalho, desde que não ultrapassem os parâmetros estabelecidos na regulamentação da autoridade de aviação civil brasileira.

§ 6º As disposições do *caput* e dos §§ 1º, 2º, 3º e 4º deste artigo não se aplicam aos tripulantes empregados nos serviços aéreos definidos no inciso IV do *caput* do art. 5º em atividade de fomento ou proteção à agricultura, que poderão ter os referidos limites reduzidos ou ampliados por convenção ou acordo coletivo de trabalho, desde que não ultrapassem os parâmetros de segurança de voo determinados na regulamentação da autoridade de aviação civil brasileira.

Art. 42. Será observado o limite máximo de 2 (duas) madrugadas consecutivas de trabalho, e o de 4 (quatro) madrugadas totais no período de 168 (cento e sessenta e oito) horas consecutivas, contadas desde a apresentação do tripulante.

§ 1º O tripulante de voo ou de cabine poderá ser escalado para jornada de trabalho na terceira madrugada consecutiva desde que como tripulante extra, em voo de retorno à base contratual e encerrando sua jornada de trabalho, vedada, nessa hipótese, a escalação do tripulante para compor tripulação no período que antecede a terceira madrugada consecutiva na mesma jornada de trabalho.

§ 2º Sempre que for disponibilizado ao tripulante período mínimo de 48 (quarenta e oito) horas livre de qualquer atividade, poderá ser iniciada a contagem de novo período de 168 (cento e sessenta e oito) horas consecutivas referido no *caput* deste artigo.

§ 3º Os limites previstos neste artigo poderão ser reduzidos ou ampliados mediante convenção ou acordo coletivo de trabalho, desde que não ultrapassem os parâmetros estabelecidos na regulamentação da autoridade de aviação civil brasileira.

§ 4º Entende-se como madrugada o período transcorrido, total ou parcialmente, entre 0 (zero) hora e 6 (seis) horas, considerado o fuso horário oficial da base contratual do tripulante.

SEÇÃO VII
DO SOBREAVISO E DA RESERVA

Art. 43. Sobreaviso é o período não inferior a 3 (três) horas e não excedente a 12 (doze) horas em que o tripulante permanece em local de sua escolha à disposição do empregador, devendo apresentar-se no aeroporto ou em outro local determinado, no prazo de até 90 (noventa) minutos, após receber comunicação para o início de nova tarefa.

§ 1º Em Município ou conurbação com 2 (dois) ou mais aeroportos, o tripulante designado para aeroporto diferente da base contratual terá prazo de 150 (cento e cinquenta) minutos para a apresentação, após receber comunicação para o início de nova tarefa.

§ 2º As horas de sobreaviso serão pagas à base de 1/3 (um terço) do valor da hora de voo.

§ 3º Caso o tripulante seja convocado para uma nova tarefa, o tempo remunerado será contabilizado entre o início do sobreaviso e o início do deslocamento.

§ 4º Caso o tripulante de voo ou de cabine não seja convocado para uma tarefa durante o período de sobreaviso, o tempo de repouso mínimo de 8 (oito) horas deverá ser respeitado antes do início de nova tarefa.

§ 5º O período de sobreaviso, contabilizado desde seu início até o início do deslocamento caso o tripulante seja acionado para nova tarefa, não poderá ser superior a 12 (doze) horas.

§ 6º No período de 12 (doze) horas previsto no § 5º, não serão computados os períodos de deslocamento de 90 (noventa) e 150 (cento e cinquenta) minutos previstos no *caput* e no § 1º deste artigo.

§ 7º O tripulante de voo ou de cabine empregado no serviço aéreo previsto no inciso I do *caput* do art. 5º terá a quantidade de sobreavisos limitada a 8 (oito) mensais, podendo ser reduzida ou ampliada por convenção ou acordo coletivo de trabalho, observados os limites estabelecidos na regulamentação da autoridade de aviação civil brasileira.

Art. 44. Reserva é o período em que o tripulante de voo ou de cabine permanece à disposição, por determinação do empregador, no local de trabalho.

§ 1º A hora de reserva será paga na mesma base da hora de voo.

§ 2º A reserva do tripulante empregado no serviço aéreo previsto no inciso I do *caput* do art. 5º terá duração mínima de 3 (três) horas e máxima de 6 (seis) horas.

§ 3º A reserva do tripulante empregado nos serviços aéreos previstos nos incisos II, III, IV e V do *caput* do art. 5º terá duração mínima de 3 (três) horas e máxima de 10 (dez) horas.

§ 4º Prevista a reserva por prazo superior a 3 (três) horas, o empregador deverá assegurar ao tripulante acomodação adequada para descanso.

§ 5º Entende-se por acomodação adequada para fins deste artigo poltronas em sala específica com controle de temperatura, em local diferente do destinado ao público e à apresentação das tripulações.

§ 6º Para efeito de remuneração, caso o tripulante seja acionado em reserva para assumir programação de voo, será considerado tempo de reserva o período compreendido entre o início da reserva e o início do voo.

§ 7º Os limites previstos neste artigo poderão ser reduzidos ou ampliados por convenção ou acordo coletivo de trabalho, observados os parâmetros estabelecidos na regulamentação da autoridade de aviação civil brasileira.

SEÇÃO VIII
DAS VIAGENS

Art. 45. Viagem é o trabalho realizado pelo tripulante de voo ou de cabine, contado desde a saída de sua base até o seu regresso.

§ 1º Uma viagem pode compreender uma ou mais jornadas.

§ 2º O tripulante de voo ou de cabine poderá cumprir uma combinação de voos, passando por sua base contratual sem ser dispensado do serviço, desde que a programação obedeça à escala previamente publicada.

§ 3º O empregador poderá exigir do tripulante de voo ou de cabine complementação de voo, quando fora da base contratual, para atender à realização de serviços inadiáveis.

§ 4º O empregador não poderá exigir do tripulante de voo ou de cabine complementação de voo ou qualquer outra atividade ao final da viagem, por ocasião do retorno à base contratual, sendo facultada ao tripulante a aceitação, não cabendo qualquer tipo de penalidade em caso de recusa.

SEÇÃO IX
DOS PERÍODOS DE REPOUSO

Art. 46. Repouso é o período ininterrupto, após uma jornada, em que o tripulante fica desobrigado da prestação de qualquer serviço.

Art. 47. É assegurada ao tripulante, fora de sua base contratual, acomodação adequada para repouso e transporte entre o aeroporto e o local de repouso, e vice-versa.

§ 1º O previsto neste artigo não será aplicado ao tripulante empregado nos serviços aéreos previstos nos incisos II, III, IV e V do *caput* do art. 5º quando o custeio do transporte e da hospedagem for ressarcido pelo empregador.

§ 2º O ressarcimento de que trata o § 1º deste artigo deverá ocorrer no máximo até 30 (trinta) dias após o pagamento.

§ 3º Entende-se por acomodação adequada para repouso do tripulante quarto individual com banheiro privativo e condições adequadas de higiene, segurança, ruído, controle de temperatura e luminosidade.

§ 4º Quando não houver disponibilidade de transporte ao término da jornada, o período de repouso será computado a partir da colocação de transporte à disposição da tripulação.

Art. 48. O tempo mínimo de repouso terá duração relacionada ao tempo da jornada anterior, observando-se os seguintes limites:

I – 12 (doze) horas de repouso, após jornada de até 12 (doze) horas;

II – 16 (dezesseis) horas de repouso, após jornada de mais de 12 (doze) horas e até 15 (quinze) horas;

III – 24 (vinte e quatro) horas de repouso, após jornada de mais de 15 (quinze) horas.

Parágrafo único. Os limites previstos neste artigo poderão ser alterados por convenção ou acordo coletivo de trabalho, observados os parâmetros de segurança de voo estabelecidos na regulamentação da autoridade de aviação civil brasileira.

Art. 49. Quando ocorrer o cruzamento de 3 (três) ou mais fusos horários em um dos sentidos da viagem, o tripulante terá, na base contratual, o repouso acrescido de 2 (duas) horas por cada fuso cruzado.

SEÇÃO X
DA FOLGA PERIÓDICA

Art. 50. Folga é o período não inferior a 24 (vinte e quatro) horas consecutivas em que o tripulante, em sua base contratual, sem prejuízo da remuneração, está desobrigado de qualquer atividade relacionada com seu trabalho.

§ 1º Salvo o previsto nos §§ 2º e 3º do art. 41, a folga deverá ter início, no máximo, após o 6º (sexto) período consecutivo de até 24 (vinte e quatro) horas, contada a partir da apresentação do tripulante, observados os limites da duração da jornada de trabalho e do repouso.

§ 2º Os períodos de repouso mínimo regulamentar deverão estar contidos nos 6 (seis) períodos consecutivos de até 24 (vinte e quatro) horas previstos no § 1º deste artigo.

§ 3º No caso de voos internacionais de longo curso, o limite previsto no § 1º deste artigo poderá ser ampliado em 36 (trinta e seis) horas, ficando o empregador obrigado a conceder ao tripulante mais 2 (dois) períodos de folga no mesmo mês em que o voo for realizado, além das folgas previstas neste artigo e no art. 51.

§ 4º Os limites previstos nos §§ 1º e 2º deste artigo poderão ser alterados por convenção ou acordo coletivo de trabalho, observados os parâmetros determinados na regulamentação da autoridade de aviação civil brasileira.

Art. 51. O tripulante empregado no serviço aéreo previsto no inciso I do *caput* do art. 5o terá número mensal de folgas não inferior a 10 (dez), das quais pelo menos 2 (duas) deverão compreender um sábado e um domingo consecutivos, devendo a primeira destas ter início até as 12 (doze) horas do sábado, no horário de Brasília.

§ 1º O número mensal de folgas previsto neste artigo poderá ser reduzido até 9 (nove), conforme critérios estabelecidos em convenção ou acordo coletivo de trabalho.

§ 2º Quando o tripulante concorrer parcialmente à escala de serviço do mês, por motivo de férias ou afastamento, aplicar-se-á a proporcionalidade do número de dias trabalhados ao número de folgas a serem concedidas, com aproximação para o inteiro superior.

Art. 52. O tripulante de voo ou de cabine empregado nos serviços aéreos previstos nos incisos II, III, IV e V do *caput* do art. 5º terá número de folgas mensal não inferior a 8 (oito), das quais pelo menos 2 (duas) deverão compreender um sábado e um domingo consecutivos.

Parágrafo único. O tripulante empregado nos serviços aéreos previstos no inciso IV do *caput* do art. 5º, quando em atividade de fomento ou proteção à agricultura, poderá ter os limites previstos neste artigo modificados por convenção ou acordo coletivo de trabalho, observados os parâmetros estabelecidos na regulamentação da autoridade de aviação civil brasileira.

Art. 53. A folga só terá início após a conclusão do repouso da jornada, e seus horários de início e término serão definidos em escala previamente publicada.

Art. 54. Quando o tripulante for designado para curso fora da base contratual, sua folga poderá ser gozada nesse local, devendo a empresa assegurar, no regresso, uma licença remunerada de 1 (um) dia para cada 15 (quinze) dias fora da base contratual.

Parágrafo único. A licença remunerada não deverá coincidir com sábado, domingo ou feriado se a permanência do tripulante fora da base for superior a 30 (trinta) dias.

CAPÍTULO III
DA REMUNERAÇÃO E DAS CONCESSÕES

SEÇÃO I
DA REMUNERAÇÃO

Art. 55. Sem prejuízo da liberdade contratual, a remuneração do tripulante corresponderá à soma das quantias por ele percebidas da empresa.

Parágrafo único. Não integram a remuneração as importâncias pagas pela empresa a título de ajuda de custo, assim como as diárias de hospedagem, alimentação e transporte.

Art. 56. A remuneração dos tripulantes poderá ser fixa ou ser constituída por parcela fixa e parcela variável.

Parágrafo único. A parcela variável da remuneração será obrigatoriamente calculada com base nas horas de voo, salvo no caso:

I – do tripulante empregado no serviço de transporte aéreo público não regular na modalidade de táxi aéreo, previsto no inciso II do *caput* do art. 5°, que poderá ter a parcela variável de seu salário calculada com base na quilometragem entre a origem e o destino do voo, desde que estabelecido em convenção ou acordo coletivo de trabalho;

II – do tripulante empregado nos serviços aéreos previstos no inciso IV do *caput* do art. 5º em atividade de fomento ou proteção à agricultura, que poderá ter a parcela variável de seu salário calculada com base na área produzida ou aplicada ou conforme outros critérios estabelecidos em convenção ou acordo coletivo de trabalho.

Art. 57. O período de tempo em solo entre etapas de voo em uma mesma jornada será remunerado.

Parágrafo único. Os valores e critérios para remuneração do período de que trata o *caput* deste artigo serão estabelecidos no contrato de trabalho e em convenção ou acordo coletivo de trabalho.

Art. 58. A empresa pagará a remuneração do trabalho não realizado por motivo alheio à vontade do tripulante, se outra atividade equivalente não lhe for atribuída.

Art. 59. A remuneração da hora de voo noturno e das horas de voo como tripulante extra será calculada na forma da legislação em vigor, observadas as condições estabelecidas no contrato de trabalho e em convenção ou acordo coletivo de trabalho.

§ 1° Considera-se voo noturno, para efeitos deste artigo, o voo executado entre as 21 (vinte e uma) horas, Tempo Universal Coordenado, de um dia e as 9 (nove) horas, Tempo Universal Coordenado, do dia seguinte.

§ 2° A hora de voo noturno, para efeito de remuneração, é contada à razão de 52 (cinquenta e dois) minutos e 30 (trinta) segundos.

Art. 60. As frações de hora serão computadas para efeito de remuneração.

SEÇÃO II
DA ALIMENTAÇÃO

Art. 61. Durante a viagem, o tripulante terá direito a alimentação, em terra ou em voo, de acordo com as instruções técnicas do Ministério do Trabalho e das autoridades competentes.

§ 1° O tripulante extra a serviço terá direito à alimentação.

§ 2° Quando em terra, o intervalo para a alimentação do tripulante deverá ter duração mínima de 45 (quarenta e cinco) minutos e máxima de 60 (sessenta) minutos.

§ 3° Quando em voo, a alimentação deverá ser servida em intervalos máximos de 4 (quatro) horas.

Art. 62. Para tripulante de helicópteros, a alimentação será servida em terra ou a bordo de unidades marítimas, com duração de 60 (sessenta) minutos, período este que não será computado na jornada de trabalho.

Art. 63. Nos voos realizados no período entre as 22 (vinte e duas) horas de um dia e as 6 (seis) horas do dia seguinte, deverá ser servida uma refeição se a duração do voo for igual ou superior a 3 (três) horas.

Art. 64. É assegurada alimentação ao tripulante que esteja em situação de reserva ou em cumprimento de uma programação de treinamento entre as 12 (doze) e as 14 (catorze) horas e entre as 19 (dezenove) e as 21 (vinte e uma) horas, em intervalo com duração de 60 (sessenta) minutos.

Parágrafo único. O intervalo para alimentação de que trata este artigo:

I – não será computado na duração da jornada de trabalho;

II – não será observado na hipótese de programação de treinamento em simulador.

SEÇÃO III
DA ASSISTÊNCIA MÉDICA

Art. 65. Ao tripulante em serviço fora da base contratual o empregador deverá assegurar e custear, em casos de urgência, assistência médica e remoção, por via aérea, para retorno à base ou ao local de tratamento.

SEÇÃO IV
DO UNIFORME

Art. 66. O tripulante receberá gratuitamente da empresa, quando não forem de uso comum, as peças de uniforme e os equipamentos exigidos, por ato da autoridade competente, para o exercício de sua atividade profissional.

Parágrafo único. Não serão considerados como salário, para os efeitos previstos neste artigo, os vestuários, equipamentos e outros acessórios fornecidos ao tripulante para a realização dos respectivos serviços.

SEÇÃO V
DAS FÉRIAS

Art. 67. As férias anuais do tripulante serão de 30 (trinta) dias consecutivos.

§ 1° Mediante acordo coletivo, as férias poderão ser fracionadas.

§ 2° A concessão de férias será comunicada ao tripulante, por escrito, com antecedência mínima de 30 (trinta) dias.

Art. 68. A empresa manterá quadro atualizado de concessão de férias, devendo existir rodízio entre os tripulantes do mesmo equipamento quando houver concessão nos meses de janeiro, fevereiro, julho e dezembro.

Art. 69. Ressalvados os casos de rescisão de contrato, as férias não serão convertidas em abono pecuniário.

Art. 70. Ressalvadas condições mais favoráveis, a remuneração das férias e o décimo terceiro salário do aeronauta serão calculados pela média das parcelas fixas e variáveis da remuneração no período aquisitivo.

Art. 71. O pagamento da remuneração das férias será realizado até 2 (dois) dias antes de seu início.

SEÇÃO VI
DOS CERTIFICADOS E DAS HABILITAÇÕES

Art. 72. É de responsabilidade do empregador o custeio do certificado médico e de habilitação técnica de seus tripulantes, sendo responsabilidade do tripulante manter em dia seu certificado médico, como estabelecido na legislação em vigor.

§ 1° Cabe ao empregador o controle de validade do certificado médico e da habilitação técnica para que sejam programadas, na escala de serviço do tripulante, as datas e, quando necessárias, as dispensas para realização dos exames necessários para a revalidação.

§ 2° É dever do empregador o pagamento ou o reembolso dos valores pagos pelo tripulante para a revalidação do certificado médico e de habilitação técnica, tendo como limite os valores definidos pelos órgãos públicos, bem como dos valores referentes a exames de proficiência linguística e a eventuais taxas relativas a documentos necessários ao exercício de suas funções contratuais.

§ 3° No caso dos tripulantes empregados nos serviços aéreos previstos no inciso IV do *caput* do art. 5° em atividade de fomento ou proteção à agricultura, o pagamento e o reembolso previstos neste artigo poderão observar valores e critérios estabelecidos em convenção ou acordo coletivo de trabalho.

CAPÍTULO IV
DAS TRANSFERÊNCIAS

Art. 73. Para efeito de transferência, provisória ou permanente, considera-se base do tripulante a localidade onde ele está obrigado a prestar serviço.

§ 1° Entende-se como:

I – transferência provisória: o deslocamento do tripulante de sua base, por período mínimo de 30 (trinta) dias e não superior a 120 (cento e vinte) dias, para prestação de serviços temporários, sem mudança de domicílio, seguido de retorno à base tão logo cesse a incumbência que lhe foi atribuída; e

II – transferência permanente: o deslocamento do tripulante de sua base, por período superior a 120 (cento e vinte) dias, com mudança de domicílio.

§ 2° Após cada transferência provisória, o tripulante deverá permanecer na sua base por, pelo menos, 180 (cento e oitenta) dias.

§ 3° O interstício entre transferências permanentes será de 2 (dois) anos.

§ 4° Na transferência provisória, serão assegurados aos tripulantes acomodação, alimentação, transporte a serviço, transporte aéreo de ida e volta e, no regresso, licença remunerada de, considerada a duração da transferência, 2 (dois) dias para o primeiro mês mais 1 (um) dia para cada mês ou fração subsequente, sendo que, no mínimo, 2 (dois) dias não deverão coincidir com sábado, domingo ou feriado.

§ 5° Na transferência permanente, serão assegurados ao tripulante pelo empregador:

I – ajuda de custo, para fazer face às despesas de instalação na nova base, não inferior a 4 (quatro) vezes o valor do salário mensal, calculado o salário variável por sua taxa atual, multiplicada pela média do correspondente trabalho nos últimos 12 (doze) meses;

II – transporte aéreo para si e seus dependentes;

III – translação da respectiva bagagem; e

IV – dispensa de qualquer atividade relacionada com o trabalho pelo período de 8 (oito) dias, a ser fixado por sua opção, com aviso prévio de 8 (oito) dias ao empregador, dentro dos 60 (sessenta) dias seguintes à sua chegada à nova base.

§ 6° A transferência provisória poderá ser transformada em transferência permanente.

Art. 74. O tripulante deverá ser notificado pelo empregador com antecedência mínima de 60 (sessenta) dias na transferência permanente e de 15 (quinze) dias na provisória.

CAPÍTULO V
DISPOSIÇÕES FINAIS E TRANSITÓRIAS

Art. 75. Aos tripulantes de voo empregados nos serviços aéreos definidos no inciso IV do *caput* do art. 5°, quando em atividade de fomento ou proteção à agricultura, não se aplicam as seguintes disposições desta Lei:

I – a Seção II do Capítulo II;

II – os arts. 27, 28, 43, 44 e 45;

III – o Capítulo IV;

IV – o regime de transição estabelecido no art. 80.

Art. 76. Além dos casos previstos nesta Lei, as responsabilidades dos tripulantes são definidas na Lei n° 7.565, de 19 de dezembro de 1986 (Código Brasileiro de Aeronáutica), nas leis e nos regulamentos em vigor e, no que decorrer do contrato de trabalho, em convenções e acordos coletivos.

Art. 77. Sem prejuízo do disposto no Capítulo III do Título IX da Lei nº 7.565, de 19 de dezembro de 1986 (Código Brasileiro de Aeronáutica), os infratores das disposições constantes nesta Lei ficam sujeitos às penalidades previstas no art. 351 da Consolidação das Leis do Trabalho (CLT), aprovada pelo Decreto-Lei n° 5.452, de 1° de maio de 1943.

Parágrafo único. O processo de multas administrativas será regido pelo disposto no Título VII da Consolidação das Leis do Trabalho (CLT), aprovada pelo Decreto-Lei nº 5.452, de 1º de maio de 1943.

Art. 78. Caberá à autoridade de aviação civil brasileira expedir as normas necessárias para a implantação do Sistema de Gerenciamento de Risco de Fadiga Humana de que trata a Seção III do Capítulo I.

Art. 79. O art. 30 da Lei n° 7.183, de 5 de abril de 1984, passa a vigorar com a seguinte redação:

"Art. 30. Os limites de tempo de voo do tripulante não poderão exceder em cada mês ou ano, respectivamente:

I - em aviões convencionais, 100 (cem) e 1.000 (mil) horas;

II - em aviões turbo-hélice, 100 (cem) e 935 (novecentas e trinta e cinco) horas;

III - em aviões a jato, 85 (oitenta e cinco) e 850 (oitocentas e cinquenta) horas;

IV - em helicópteros, 90 (noventa) e 960 (novecentas e sessenta) horas.

§ 1º Quando o aeronauta tripular diferentes tipos de aeronave, será observado o menor limite.

§ 2º Os limites de tempo de voo para aeronautas de empresas de transporte aéreo regular, em intervalo inferior a 30 (trinta) dias, serão proporcionais ao limite mensal mais 10 (dez) horas." (NR)

Art. 80. Aplicam-se aos tripulantes, desde a entrada em vigor desta Lei até que tenham decorrido 30 (trinta) meses de sua publicação, como regime de transição, os seguintes dispositivos da Lei nº 7.183, de 5 de abril de 1984:

I – os arts. 12, 13 e 20;

II – o *caput*, incluídas suas alíneas, e o § 1o, todos do art. 21;

III – os arts. 29 e 30.

Art. 81. Revogam-se:

I – após decorridos 90 (noventa) dias da publicação oficial desta Lei, a Lei nº 7.183, de 5 de abril de 1984, com exceção dos dispositivos referidos no art. 80;

II – após decorridos 30 (trinta) meses da publicação oficial desta Lei, os dispositivos da Lei nº 7.183, de 5 de abril de 1984, referidos no art. 80.

Art. 82. Esta Lei entra em vigor após decorridos 90 (noventa) dias de sua publicação oficial, exceto os arts. 31, 32, 33, 35, 36 e 37, que entram em vigor após decorridos 30 (trinta) meses da publicação oficial desta Lei.

Brasília, 28 de agosto de 2017; 196° da Independência e 129° da República.

Michel Temer

RESOLUÇÃO ADMINISTRATIVA Nº 1.937, DE 20 DE NOVEMBRO DE 2017

Aprova o Regimento Interno do Tribunal Superior do Trabalho.

▸ *Regimento Interno – TST*

O EGRÉGIO PLENO DO TRIBUNAL SUPERIOR DO TRABALHO, em sessão ordinária hoje realizada, sob a Presidência do Excelentíssimo Senhor Ministro Ives Gandra da Silva Martins Filho, Presidente do Tribunal, presentes os Excelentíssimos Senhores Ministros Emmanoel Pereira, Vice-Presidente do Tribunal, Renato de Lacerda Paiva, Corregedor-Geral da Justiça do Trabalho, João Batista Brito Pereira, Maria Cristina Irigoyen Peduzzi, Aloysio Corrêa da Veiga, Luiz Philippe Vieira de Mello Filho, Alberto Luiz Bresciani de Fontan Pereira, Maria de Assis Calsing, Dora Maria da Costa, Fernando Eizo Ono, Guilherme Augusto Caputo Bastos, Márcio Eurico Vitral Amaro, Walmir Oliveira da Costa, Maurício Godinho Delgado, Kátia Magalhães Arruda, Augusto César Leite de Carvalho, José Roberto Freire Pimenta, Delaíde Alves Miranda Arantes, Hugo Carlos Scheuermann, Alexandre de Souza Agra Belmonte, Cláudio Mascarenhas Brandão, Douglas Alencar Rodrigues, Maria Helena Mallmann, Breno Medeiros e o Excelentíssimo Vice-Procurador-Geral do Trabalho, Dr. Luiz Eduardo Guimarães, RESOLVE

Aprovar o novo texto do **REGIMENTO INTERNO DO TRIBUNAL SUPERIOR DO TRABALHO**, nos termos a seguir transcritos:

LIVRO I
DO TRIBUNAL

TÍTULO I
DO TRIBUNAL, DA SUA COMPOSIÇÃO, DOS SEUS MINISTROS

CAPÍTULO I
DO TRIBUNAL

Art. 1º O Tribunal Superior do Trabalho tem sede na Capital Federal e jurisdição em todo o território nacional.

Art. 2º A bandeira do Tribunal, instituída pela Portaria n.º 291, de 16 de outubro de 1981, publicada no Diário da Justiça de 3 de novembro de 1981, simboliza a Justiça do Trabalho como órgão do Poder Judiciário, sua jurisdição e a importância social do exercício jurisdicional, trazendo o dístico *Opus Justitia e Pax.*

CAPÍTULO II
DA COMPOSIÇÃO E DA INVESTIDURA

Art. 3º O Tribunal compõe-se de 27 (vinte e sete) Ministros, escolhidos dentre brasileiros com mais de 35 (trinta e cinco) e menos de 65 (sessenta e cinco) anos, de notável saber jurídico e reputação ilibada, nomeados pelo Presidente da República após aprovação pela maioria absoluta do Senado Federal.

§ 1º A indicação, pelo Tribunal Superior do Trabalho, de Desembargadores do Trabalho, membros do Ministério Público do Trabalho e advogados, para comporem o Tribunal, far-se-á em lista tríplice.

§ 2º O ofício de encaminhamento da lista ao Poder Executivo conterá informação acerca do número de votos obtidos pelos candidatos e será instruído com cópia da ata da sessão extraordinária em que se realizou a escolha dos indicados.

Art. 4º Para provimento de vaga de Ministro, destinada aos Desembargadores do Trabalho da carreira da Magistratura do Trabalho, o Presidente do Tribunal convocará o Tribunal Pleno para, em sessão pública, escolher, pelo voto secreto e em escrutínios sucessivos, dentre os Desembargadores do Trabalho da carreira integrantes dos Tribunais Regionais do Trabalho, os nomes para a formação da lista tríplice a ser encaminhada ao Presidente da República.

§ 1º Para fim de elaboração da lista tríplice a que se refere o *caput* deste artigo, o Presidente do Tribunal fará publicar edital no sítio deste Tribunal na rede mundial de computadores no qual fixará prazo de 15 (quinze) dias para inscrição dos Desembargadores do Trabalho interessados, findo o qual será publicada a relação com os nomes dos inscritos.

§ 2º Na hipótese de haver mais de uma vaga a ser provida, a lista conterá o número de Magistrados igual ao de vagas mais 2 (dois).

§ 3º Na votação para escolha dos nomes dos Desembargadores do Trabalho que integrarão a lista, serão observados os seguintes critérios:

I – os nomes serão escolhidos em voto secreto e em escrutínios sucessivos, para o primeiro, o segundo, o terceiro e, eventualmente, o quarto nome integrante da lista, e, assim, sucessivamente, sendo escolhido em cada escrutínio aquele que obtiver votos da maioria absoluta;

II – a maioria absoluta necessária para a escolha do nome corresponde ao número inteiro imediatamente superior à metade do total de Ministros integrantes do Tribunal no momento da votação;

III – não alcançada, no primeiro escrutínio, a maioria absoluta, proceder-se-á à nova votação, na qual concorrerão os 2 (dois) Desembargadores do Trabalho mais votados:

a) em caso de empate, será realizada nova votação. A persistir o resultado, o desempate dar-se-á pelo tempo de investidura no Tribunal Regional do Trabalho e, sucessivamente, pelo tempo de investidura na Magistratura do Trabalho;

b) se houver empate entre 2 (dois) Desembargadores que tenham obtido, individualmente, número de votos inferior ao alcançado por outro Desembargador, far-se-á, primeiramente, a votação para o desempate e, a seguir, para a escolha do nome que integrará a lista.

IV – escolhido um nome, fica excluído dos escrutínios subsequentes Desembargador da mesma Região.

Art. 5º O Presidente do Tribunal, ocorrendo vaga destinada a membro do Ministério Público do Trabalho e a advogado, dará imediata ciência à Procuradoria-Geral do Trabalho e ao Conselho Federal da Ordem dos Advogados do Brasil, respectivamente, para formação e encaminhamento de lista sêxtupla ao Tribunal, que escolherá, dentre os nomes que a compõem, os que integrarão a lista tríplice a ser encaminhada ao Presidente da República.

Art. 6º O Tribunal Pleno, para o provimento das vagas aludidas no artigo anterior, em sessão pública, pelo voto secreto da maioria absoluta de seus membros, escolherá, em escrutínios secretos e sucessivos, os nomes que integrarão a lista tríplice a ser encaminhada ao Presidente da República.

§ 1º Quando houver mais de uma vaga a ser provida por membro do Ministério Público do Trabalho ou por advogado, para cada lista sêxtupla recebida será elaborada uma lista tríplice.

§ 2º Se, para o provimento das vagas destinadas ao quinto constitucional, o Tribunal receber lista única, formará uma só lista com o número de candidatos igual ao de vagas mais 2 (dois).

§ 3º Aplica-se, no que couber, à votação para escolha dos integrantes da lista tríplice, o estabelecido nos incisos do § 3º do art. 4º.

CAPÍTULO III
DOS MINISTROS

SEÇÃO I
DA POSSE E DAS PRERROGATIVAS

Art. 7º O Ministro tomará posse no prazo de 30 (trinta) dias a contar da nomeação, em sessão solene do Tribunal Pleno ou, durante o recesso forense e as férias coletivas dos Ministros, perante o Presidente do Tribunal. Neste último caso, o ato deverá ser ratificado pelo Tribunal Pleno.

§ 1º No ato da posse, o Ministro prestará compromisso de bem desempenhar os deveres do cargo e de bem cumprir e fazer cumprir a Constituição da República e as Leis do País.

§ 2º O Secretário-Geral Judiciário lavrará, em livro especial, o termo de compromisso e posse, que será assinado pelo Presidente e pelo Ministro empossado.

§ 3º Somente tomará posse o Ministro que comprovar:

I – ser brasileiro;

II – contar mais de 35 (trinta e cinco) e menos de 65 (sessenta e cinco) anos de idade;

III – satisfazer aos demais requisitos previstos em lei.

Art. 8º Os Ministros têm jurisdição em todo o território nacional e domicílio no Distrito Federal.

Art. 9º A antiguidade dos Ministros, para efeitos legais e regimentais, é regulada:

I – pela posse;

II – pela nomeação;

III – pelo tempo de investidura na Magistratura da Justiça do Trabalho;

IV – pelo tempo de serviço público federal;

V – pela idade, quando houver empate pelos demais critérios.

Art. 10. Os Ministros do Tribunal receberão o tratamento de Excelência e usarão nas sessões as vestes correspondentes ao modelo aprovado.

Parágrafo único. Após a concessão da aposentadoria, o Tribunal velará pela preservação dos direitos, interesses e prerrogativas que os Ministros conservarão, em relação ao título e às honras correspondentes ao cargo, salvo no exercício de atividade profissional.

SEÇÃO II
DAS FÉRIAS, DAS LICENÇAS, DAS SUBSTITUIÇÕES E DAS CONVOCAÇÕES

Art. 11. Os Ministros gozarão férias nos meses de janeiro e julho, na forma da lei.

Parágrafo único. Os Ministros informarão à Presidência seu endereço, para eventual convocação durante as férias e feriados.

Art. 12. O Presidente, o Vice-Presidente e o Corregedor-Geral da Justiça do Trabalho, se a necessidade do serviço judiciário lhes exigir a contínua presença no Tribunal, poderão acumular férias para fruição oportuna, facultado o fracionamento dos períodos.

Parágrafo único. A acumulação de férias somente ocorrerá mediante prévia autorização do Órgão Especial e deverá ser registrada nos assentamentos funcionais do Ministro, para que lhe seja reconhecido o direito de posterior fruição.

Art. 13. A licença é requerida pelo Ministro com a indicação do prazo e do dia do início.

§ 1º Salvo contraindicação médica, o Ministro licenciado poderá proferir decisões em processos de que, antes da licença, haja pedido vista, ou que tenham recebido o seu visto como relator ou revisor.

§ 2º O Ministro licenciado pode reassumir o cargo, entendendo-se que desistiu do restante do prazo, mediante prévia comunicação formal ao Presidente do Tribunal.

§ 3º Se a licença for para tratamento da própria saúde, o Ministro somente poderá reassumir o cargo, antes do término do prazo, se não houver contraindicação médica.

Art. 14. A critério do Órgão Especial, poderá ser concedido afastamento ao Ministro, sem prejuízo de seus direitos, vencimentos e vantagens, para:

I – frequência a cursos ou seminários de aperfeiçoamento e estudos, pelo prazo máximo de 2 (dois) anos;

II – realização de missão ou serviços relevantes à administração da justiça.

Art. 15. Nas ausências ou impedimentos eventuais ou temporários, a substituição no Tribunal far-se-á da seguinte maneira:

I – o Presidente do Tribunal, pelo Vice-Presidente, seguindo-se, na ausência de ambos, pelo Corregedor-Geral da Justiça do Trabalho e pelos demais Ministros, em ordem decrescente de antiguidade;

II – o Vice-Presidente, pelo Presidente, ou, na ausência deste, pelo Corregedor-Geral da Justiça do Trabalho, e, em sequência, pelos demais Ministros, em ordem decrescente de antiguidade;

III – o Corregedor-Geral da Justiça do Trabalho, pelo Vice Presidente, ou, na ausência deste, pelo Presidente, e, em sequência, pelos demais Ministros, em ordem decrescente de antiguidade;

IV – o Presidente da Turma, pelo Ministro mais antigo presente na sessão;

V – o Presidente da Comissão, preferencialmente pelo mais antigo dentre os seus membros;

VI – qualquer dos membros das Comissões, pelo respectivo suplente.

Art. 16. O relator é substituído nas hipóteses e formas previstas na Seção I do Capítulo II do Título I do Livro II, deste Regimento.

Art. 17. Nas ausências temporárias, por período superior a 30 (trinta) dias, e nos afastamentos definitivos, os Ministros serão substituídos por Desembargador do Trabalho, escolhido pelo Órgão Especial, mediante escrutínio secreto e pelo voto da maioria absoluta dos seus membros.

Parágrafo único. O Desembargador do Trabalho convocado atuará exclusivamente em Turma da Corte.

Art. 18. O Presidente do Tribunal poderá, em caso de urgência, e quando inviável a imediata reunião do Órgão Especial, ad referendum deste, convocar Desembargador do Trabalho, para a substituição de Ministro afastado.

Art. 19. Excepcionalmente, poderá o Tribunal Superior do Trabalho convocar Desembargadores do Trabalho para atuarem, temporariamente, em suas Turmas e Juízes do Trabalho para auxiliarem, no curso dos respectivos mandatos, a Presidência, a Vice-Presidência e a Corregedoria-Geral da Justiça do Trabalho.

Parágrafo único. A convocação será limitada ao número de 2 (dois) Juízes do Trabalho para auxílio em cada um dos referidos órgãos e atenderá as determinações previstas na Resolução do Conselho Nacional de Justiça n.º 209/2015.

Art. 20. Na sessão do Órgão Especial que decidir a convocação, os Ministros deverão ter cópias das nominatas dos Desembargadores que compõem os Tribunais Regionais do Trabalho, para se orientarem na escolha.

SEÇÃO III
DA CONVOCAÇÃO EXTRAORDINÁRIA

Art. 21. Durante o período de férias, o Presidente do Tribunal, ou seu substituto, poderá convocar, com antecedência de 48 (quarenta e oito) horas, sessão extraordinária para julgamento de dissídio coletivo, mandado de segurança e ação declaratória alusiva a greve e que requeiram apreciação urgente.

SEÇÃO IV
DA APOSENTADORIA

Art. 22. O processo administrativo de aposentadoria compulsória de Ministro da Corte deverá ser iniciado 30 (trinta) dias antes que complete os 75 (setenta e cinco) anos, para que a publicação possa ocorrer na data da jubilação.

Art. 23. Na aposentadoria por invalidez, o processo respectivo terá início:

I – a requerimento do Ministro;

II – por ato de ofício do Presidente do Tribunal;

III – em cumprimento a deliberação do Tribunal.

Parágrafo único. Em se tratando de incapacidade mental, o Presidente do Tribunal, ou quem o substitua, nomeará curador ao paciente, sem prejuízo da defesa que esse queira apresentar, pessoalmente ou por procurador constituído.

Art. 24. O paciente, na hipótese do parágrafo único do artigo anterior, deverá ser afastado imediatamente do exercício do cargo, até decisão final, devendo ficar concluído o processo no prazo de 60 (sessenta) dias, justificadas as faltas do Ministro no referido período.

Art. 25. A recusa do paciente a submeter-se à perícia médica permitirá o julgamento baseado em quaisquer outras provas.

Art. 26. O Ministro que, por 2 (dois) anos consecutivos, afastar-se, ao todo, por 6 (seis) meses ou mais, para tratamento de saúde, ao requerer nova licença para igual fim, dentro de 2 (dois) anos, deverá submeter-se a exame por junta médica para verificação de sua invalidez, pela Secretaria de Saúde do Tribunal.

Art. 27. A junta médica competente para o exame a que se referem os arts. 25 e 26 deste Regimento será indicada pelo Órgão Especial e formada por 3 (três) médicos, dos quais 2 (dois), no mínimo, integrem o Quadro de Pessoal do Tribunal.

Art. 28. Concluindo o Órgão Especial pela incapacidade do Magistrado, o Presidente do Tribunal comunicará imediatamente a decisão ao Poder Executivo, para os devidos fins.

SEÇÃO V
DA DISPONIBILIDADE E DA APOSENTADORIA POR INTERESSE PÚBLICO

Art. 29. O Tribunal Pleno poderá determinar, por motivo de interesse público, em sessão pública, em escrutínio secreto e pelo voto da maioria absoluta dos seus membros, a disponibilidade ou a aposentadoria de Ministro do Tribunal, assegurada a ampla defesa.

Parágrafo único. Aplicam-se ao processo de disponibilidade ou aposentadoria, no que couber, as normas e os procedimentos previstos na Lei Orgânica da Magistratura Nacional, referentes à perda do cargo, as Resoluções editadas pelo Conselho Nacional de Justiça, e, subsidiariamente, desde que não haja conflito com o Estatuto da Magistratura, as normas e princípios relativos ao processo administrativo disciplinar das Leis nºs 8.112/90 e 9.784/99.

TÍTULO II
DA DIREÇÃO

CAPÍTULO I
DOS CARGOS DE DIREÇÃO, DA ELEIÇÃO, DA POSSE E DA VACÂNCIA

Art. 30. A Presidência, a Vice-Presidência e a Corregedoria-Geral da Justiça do Trabalho são cargos de direção do Tribunal, preenchidos mediante eleição em que concorrem os Ministros mais antigos da Corte, em número correspondente ao total dos cargos de direção, separadamente e também nessa ordem, sendo vedada a reeleição a qualquer dos cargos.

§ 1º Vinte e cinco dias antes da data prevista para a eleição, será aberto o prazo de 10 (dez) dias, para renúncia expressa dos candidatos elegíveis.

§ 2º Convocar-se-ão os Ministros para eleição, por ofício da Presidência do Tribunal, oportunidade em que, se for o caso, serão informados os nomes dos Ministros que renunciaram a concorrer.

§ 3º Não havendo inscrição a qualquer dos cargos dentre os elegíveis, o rol de concorrentes será completado pela ordem de antiguidade.

Art. 31. O Ministro que houver ocupado cargos de direção por 4 (quatro) anos, ou o de Presidente, não mais figurará entre os elegíveis, até que se esgotem todos os nomes na ordem de antiguidade. É obrigatória a aceitação do cargo, salvo recusa manifestada e aceita antes da eleição.

Art. 32. A eleição do Presidente precederá à do Vice-Presidente e, a deste, à do Corregedor-Geral da Justiça do Trabalho.

Art. 33. O Presidente, o Vice-Presidente e o Corregedor-Geral da Justiça do Trabalho serão eleitos por 2 (dois) anos, mediante escrutínio secreto e pelo voto da maioria absoluta, em sessão extraordinária do Tribunal Pleno, a realizar-se nos 60 (sessenta) dias antecedentes ao término dos mandatos anteriores, e tomarão posse em sessão solene, na data marcada pelo Tribunal Pleno.

§ 1º Considerar-se-á eleito, em primeiro escrutínio, o Ministro que obtiver a maioria absoluta de votos.

§ 2º Em segundo escrutínio, concorrerão somente os 2 (dois) Ministros mais votados no primeiro.

§ 3º Não alcançada, no segundo escrutínio, a maioria a que se refere o § 1º, proclamar-se-á eleito, dentre os 2 (dois), o mais antigo.

§ 4º Se a vacância do cargo de Presidente ocorrer antes do término do respectivo mandato, a eleição será para todos os cargos e realizada nos 30 (trinta) dias seguintes ao da vacância, e os eleitos tomarão posse em sessão solene na data marcada pelo Tribunal Pleno. Nessa hipótese, caberá ao Vice-Presidente a regência provisória do Tribunal e a convocação da sessão extraordinária a que se referem o *caput* e este parágrafo.

§ 5º Os remanescentes mandatos dos demais exercentes de cargos de direção extinguir-se-ão na data da posse dos novos eleitos.

Art. 34. Na impossibilidade da posse de qualquer dos eleitos na data estabelecida, por fato superveniente à eleição, observar-se-á o seguinte:

I – se a impossibilidade for de caráter temporário, dar-se-á posse, na data marcada, aos demais eleitos, e, ao remanescente, em data oportuna;

II – se a impossibilidade for de natureza definitiva e do eleito Presidente, proceder-se-á nova eleição para todos os cargos de direção; se do eleito Vice-Presidente, a eleição será para esse cargo e para o de Corregedor-Geral da Justiça do Trabalho; se do eleito para a Corregedoria, a eleição será somente para Corregedor-Geral.

Art. 35. Faculta-se ao Ministro impossibilitado de comparecer à sessão em que serão eleitos os novos exercentes de cargos de direção do Tribunal o envio de carta ao Presidente do Tribunal, acompanhada dos votos para Presidente, Vice-Presidente e Corregedor-Geral da Justiça do Trabalho, em invólucros lacrados e rubricados, individualizados por cargo de direção, para posterior depósito na urna na presença dos demais Ministros do Tribunal.

Art. 36. O Presidente, o Vice-Presidente e o Corregedor-Geral, ao concluírem seus mandatos, retornarão a uma das Turmas do Tribunal, observados os seguintes critérios, salvo ajuste entre os interessados:

I – o Presidente e o Corregedor-Geral deverão integrar as Turmas das quais saírem o novo Presidente do Tribunal e o novo Corregedor-Geral. Se o novo Presidente for o Vice-Presidente ou o Corregedor-Geral, o Presidente que deixar o cargo deverá compor a Turma da qual provier o novo Vice-Presidente ou o novo Corregedor-Geral;

II – o Vice-Presidente, ao deixar o cargo, se não for ocupar o de Presidente do Tribunal, passará a integrar a Turma da qual sair o novo Vice-Presidente.

Art. 37. O Ministro que exerceu cargo de Presidente do Tribunal Superior do Trabalho não poderá desempenhar outro cargo ou função administrativa no âmbito do Tribunal ou da Escola Nacional de Formação e Aperfeiçoamento de Magistrados do Trabalho (ENAMAT), salvo na Ouvidoria ou na Presidência de Turma.

Art. 38. Os Ministros não poderão exercer mais de um cargo de direção cumulativamente, exceto nas hipóteses previstas no art. 15 deste Regimento e nos casos previstos em lei.

CAPÍTULO II
DA PRESIDÊNCIA E DA VICE-PRESIDÊNCIA

SEÇÃO I
DAS DISPOSIÇÕES GERAIS

Art. 39. O Presidente do Tribunal desempenhará as atribuições do cargo com a colaboração do Vice-Presidente.

SEÇÃO II
DO NÚCLEO DE GERENCIAMENTO DE PRECEDENTES – NUGEP

Art. 40. O Núcleo de Gerenciamento de Precedentes (NUGEP) funcionará subordinado administrativamente à Presidência como unidade permanente, dividindo-se em:

I – Seção de Gerenciamento de Recursos Repetitivos, coordenada pela Presidência do Tribunal Superior do Trabalho (NUGEP-SP);

II – Seção de Gerenciamento de Recursos Extraordinários Trabalhistas em Repercussão Geral, coordenada pela Vice Presidência do Tribunal Superior do Trabalho (NUGEP-SVP).

Parágrafo único. A competência, a composição e o funcionamento do Núcleo de Gerenciamento de Precedentes (NUGEP) serão disciplinados em Resolução Administrativa, editada nos termos deste Regimento.

SEÇÃO III
DAS ATRIBUIÇÕES DO PRESIDENTE

Art. 41. Compete ao Presidente do Tribunal, além de outras atribuições previstas na Constituição da República, em lei ou neste Regimento:

I – representar o Tribunal perante os Poderes Públicos e demais autoridades, incumbindo-lhe, no exercício da representação, observar fielmente as diretrizes estabelecidas pelo Órgão Especial;

II – corresponder-se, em nome do Tribunal, com quaisquer autoridades, observada a hierarquia de funções;

III – encaminhar ao Presidente da República as listas para provimento de vaga de Ministro do Tribunal;

IV – enviar ao Congresso Nacional, após aprovação pelo Órgão Especial, projetos de lei de interesse da Justiça do Trabalho em matéria de sua competência constitucional;

V – submeter ao Tribunal de Contas da União, na forma da lei, a tomada de contas do Tribunal Superior do Trabalho;

VI – solicitar aos órgãos fazendários a liberação do numerário correspondente às dotações orçamentárias da Justiça do Trabalho;

VII – editar, no início das atividades judiciárias de cada ano, o ato de composição do Tribunal e dos órgãos judicantes, cabendo-lhe, ainda, dar-lhe publicidade, quando renovada a direção da Corte ou alterada sua composição;

VIII – apresentar ao Órgão Especial, anualmente, na segunda quinzena do mês seguinte ao término de cada ano de seu mandato, a resenha dos trabalhos realizados no ano anterior e, até 30 de junho, o Relatório Geral da Justiça do Trabalho;

IX – dar publicidade, mensalmente, no órgão oficial, dos dados estatísticos relativos às atividades jurisdicionais do Tribunal e dos Ministros;

X – zelar pelas prerrogativas e pela imagem pública do Tribunal e dos Ministros e pelo bom funcionamento da Corte e dos órgãos da Justiça do Trabalho, expedindo atos, portarias, ordens e instruções, adotando as providências necessárias ao seu cumprimento;

XI – praticar, *ad referendum* do Tribunal Pleno ou do Órgão Especial, os atos reputados urgentes;

XII – editar os atos indispensáveis à disciplina dos serviços e à polícia do Tribunal, determinando as providências atinentes ao resguardo da disciplina, da ordem e da integridade universal da Corte, na sede ou nas dependências, requisitando, quando necessário, o auxílio de outras autoridades;

XIII – manter a ordem nas sessões, podendo mandar retirar os que a perturbarem e os que faltarem com o devido respeito, e mandar prender os desobedientes, fazendo lavrar o respectivo auto;

XIV – instaurar inquérito quando caracterizada infração de lei penal na sede ou nas dependências do Tribunal;

XV – comunicar ao órgão competente do Ministério Público a ocorrência de desobediência a ordem emanada do Tribunal ou de seus Ministros, encaminhando os elementos de que dispuser para a propositura de ação penal;

XVI – impor aos servidores penas disciplinares de demissão, cassação de aposentadoria ou disponibilidade e decidir os recursos interpostos das penalidades que forem aplicadas pelo Diretor-Geral da Secretaria do Tribunal Superior do Trabalho;

XVII – dar posse a Ministro durante as férias coletivas e feriado forense;

XVIII – dar posse ao Diretor-Geral da Secretaria do Tribunal Superior do Trabalho, ao Secretário-Geral Judiciário e ao Secretário-Geral da Presidência e designar seus respectivos substitutos;

XIX – nomear os servidores para os cargos em comissão e designar os servidores para o exercício de funções comissionadas nos gabinetes de Ministro;

XX – conceder licença e férias ao Diretor-Geral da Secretaria do Tribunal Superior do Trabalho, ao Secretário-Geral da Presidência, ao Secretário-Geral Judiciário e aos servidores de seu gabinete;

XXI – expedir atos concernentes às relações jurídico-funcionais dos Ministros e servidores e decidir seus requerimentos sobre assuntos de natureza administrativa, nos termos deste Regimento;

XXII – movimentar os recursos orçamentários e financeiros à disposição do Tribunal, autorizar despesas e expedir ordens de pagamento, observadas as normas legais específicas;

XXIII – autorizar e homologar as licitações e ratificar as contratações por dispensa ou inexigibilidade de licitação de valor superior ao limite estipulado para o convite;

XXIV – conceder diárias e ajuda de custo, observados os critérios estabelecidos pelo Órgão Especial;

XXV – determinar a distribuição dos processos, segundo as regras regimentais e resoluções administrativas, aos Ministros do Tribunal, e dirimir as controvérsias referentes à distribuição;

XXVI – despachar as desistências dos recursos e das ações, quando se referirem a processo pendente de distribuição na Corte, bem como os demais incidentes processuais suscitados;

XXVII – designar as sessões ordinárias e extraordinárias do Tribunal Pleno, do Órgão Especial e das Seções Especializadas, podendo convocar, durante as férias coletivas, com antecedência de 48 (quarenta e oito) horas, sessões extraordinárias para julgamento de dissídio coletivo, mandado de segurança e ação declaratória alusiva a greve ou a situação de relevante interesse público que requeiram apreciação urgente;

XXVIII – dirigir os trabalhos do Tribunal e presidir as sessões do Tribunal Pleno, do Órgão Especial e das Seções Especializadas;

XXIX – decidir sobre pedidos de efeito suspensivo, de suspensão de segurança e de suspensão de decisão proferida em tutelas provisórias, de que tratam os arts. 309 e 311 deste Regimento, bem assim expedir as cartas previstas em lei;

XXX – decidir, durante o recesso forense, as férias coletivas e os feriados, os pedidos de liminar em mandado de segurança, em tutelas provisórias de urgência e outras medidas que reclamem urgência;

XXXI – delegar ao Vice-Presidente, ao Corregedor-Geral da Justiça do Trabalho ou a Ministros da Corte atribuições as quais esteja impossibilitado de cumprir ou que a conveniência administrativa recomende a delegação;

XXXII – delegar ao Secretário-Geral da Presidência, ao Diretor-Geral da Secretaria e ao Secretário-Geral Judiciário, respeitado o disposto no inciso anterior, atribuições para a prática de atos judiciários e administrativos, quando a conveniência administrativa recomendar;

XXXIII – praticar os demais atos de gestão necessários ao funcionamento dos serviços, encaminhando ao Órgão Especial as questões de caráter relevante, que poderão ser relatadas pelo Presidente ou distribuídas por sorteio para relatoria de integrante do órgão colegiado;

XXXIV – nomear, promover, demitir, exonerar e conceder aposentadoria a servidores do Tribunal, bem como pensão aos beneficiários de Ministro ou servidor;

XXXV – decidir sobre cessão de servidores do Tribunal, observado o disposto em ato normativo do Órgão Especial, bem como sobre requisição de servidores de outros órgãos;

XXXVI – excepcionalmente, convocar audiência pública, de ofício ou a requerimento de cada uma das Seções Especializadas ou de suas Subseções, pela maioria de seus integrantes, para ouvir o depoimento de pessoas com experiência e autoridade em determinada matéria, sempre que entender necessário o esclarecimento de questões ou circunstâncias de fato, subjacentes a dissídio de grande repercussão social ou econômica, pendente de julgamento no âmbito do Tribunal;

XXXVII – decidir, de forma irrecorrível, sobre a manifestação de terceiros, subscrita por procurador habilitado, em audiências públicas, quando as convocar;

XXXVIII – submeter proposta de afetação de recurso de revista e de embargos repetitivos à Subseção I da Seção Especializada em Dissídios Individuais;

XXXIX – oficiar aos Presidentes dos Tribunais Regionais do Trabalho para que suspendam os recursos interpostos em casos idênticos aos afetados como recursos repetitivos, até o pronunciamento definitivo do Tribunal Superior do Trabalho, quando houver determinação do relator nesse sentido;

XL – realizar a admissibilidade prévia dos recursos de revista e agravos de instrumento, podendo denegar-lhes seguimento quando não impugnados especificamente os fundamentos da decisão recorrida e quando se tratar de hipóteses de intempestividade, deserção, falta de alçada, irregularidade da representação e descumprimento dos incisos do § 1.º-A do art. 896 da CLT, enquanto não implantada em definitivo a distribuição pelo PJe.

XLI – determinar a devolução ao tribunal de origem dos recursos fundados em controvérsia idêntica àquela já submetida ao rito de julgamento de casos repetitivos para que o órgão que proferiu a decisão recorrida exerça o juízo de retratação. Se não houver a retratação, os autos serão remetidos, se for o caso, ao Tribunal Superior do Trabalho para a sua regular tramitação.

XLII – definir os procedimentos adotados nas secretarias do Tribunal Pleno, do Órgão Especial, das Seções Especializadas e das Turmas do Tribunal relativos à tramitação processual. (Incluído pelo Ato Regimental n. 1/2020)

Parágrafo único. Para fim do que dispõe o inciso XXXIII, qualquer matéria deverá ser submetida ao exame do Órgão Especial, desde que o requeiram 10 (dez) dos Ministros que integram o Tribunal.

SEÇÃO IV
DA VICE-PRESIDÊNCIA

Art. 42. Compete ao Vice-Presidente:

I – substituir o Presidente e o Corregedor-Geral da Justiça do Trabalho nas férias, ausências e impedimentos;

II – cumprir as delegações do Presidente;

III – designar e presidir audiências de conciliação e instrução de dissídio coletivo de competência originária do Tribunal;

IV – exercer o juízo de admissibilidade dos recursos extraordinários;

V – examinar os incidentes surgidos após a interposição de recurso extraordinário;

VI – apreciar pedido de tutela provisória incidental a recurso extraordinário;

VII – julgar os agravos internos interpostos contra decisões que denegam seguimento a recurso extraordinário por ausência de repercussão geral da questão constitucional debatida.

Art. 43. O Vice-Presidente participa das sessões dos órgãos judicantes do Tribunal, exceto de Turma, e não concorre à distribuição de processos.

CAPÍTULO III
DA CORREGEDORIA-GERAL DA JUSTIÇA DO TRABALHO

SEÇÃO I
DAS DISPOSIÇÕES GERAIS

Art. 44. O Corregedor-Geral da Justiça do Trabalho não concorre à distribuição de processos, participando, quando não estiver ausente em função corregedora, das sessões dos órgãos judicantes da Corte, exceto de Turmas, com direito a voto.

SEÇÃO II
DAS ATRIBUIÇÕES DO CORREGEDOR-GERAL DA JUSTIÇA DO TRABALHO

Art. 45. A competência do Corregedor-Geral da Justiça do Trabalho será definida no Regimento Interno da Corregedoria-Geral da Justiça do Trabalho.

Art. 46. Das decisões proferidas pelo Corregedor-Geral da Justiça do Trabalho caberá agravo interno para o Órgão Especial, incumbindo-lhe determinar sua inclusão em pauta.

Art. 47. O Corregedor-Geral da Justiça do Trabalho apresentará ao Órgão Especial, na última sessão do mês seguinte ao do término de cada ano de sua gestão, relatório circunstanciado das atividades da Corregedoria-Geral durante o ano findo.

CAPÍTULO IV
DA POLÍCIA DO TRIBUNAL

Art. 48. O Presidente, no exercício das atribuições referentes à Polícia do Tribunal, determinará as providências atinentes ao resguardo da disciplina, da ordem e da integridade universal da Corte, na sede ou nas dependências.

Parágrafo único. No desempenho dessa atribuição, o Presidente poderá implantar sistema informatizado de controle de acesso às dependências do Tribunal e requisitar, quando necessário, o auxílio de outras autoridades.

Art. 49. Ocorrendo infração de lei penal na sede, ou nas dependências do Tribunal, o Presidente instaurará inquérito, podendo delegar essa atribuição a Ministro da Corte.

Parágrafo único. Nos demais casos, o Presidente poderá proceder na forma deste artigo ou requisitar a instauração de inquérito à autoridade competente.

Art. 50. A polícia das sessões e das audiências compete ao seu Presidente.

CAPÍTULO V
DA REPRESENTAÇÃO POR DESOBEDIÊNCIA OU DESACATO

Art. 51. Na hipótese de desobediência a ordem emanada do Tribunal ou de seus Ministros, no exercício da função, ou desacato ao Tribunal ou a seus Ministros, o Presidente comunicará o fato ao órgão competente do Ministério Público, provendo-o dos elementos de que dispuser para a propositura da ação penal.

Parágrafo único. Decorrido o prazo de 30 (trinta) dias, sem que tenha sido instaurada a ação penal, o Presidente dará ciência ao Tribunal, em segredo de justiça, para as providências que julgar necessárias.

CAPÍTULO VI
DA ORDEM DO MÉRITO JUDICIÁRIO DO TRABALHO

Art. 52. A Ordem do Mérito Judiciário do Trabalho, administrada por seu respectivo Conselho, é regida por regulamento próprio, aprovado pelo Órgão Especial, no qual é definida a sua organização, administração e composição.

CAPÍTULO VII
DAS COMISSÕES

SEÇÃO I
DAS DISPOSIÇÕES GERAIS

Art. 53. As comissões permanentes colaboram no desempenho dos encargos do Tribunal e são compostas por Ministros eleitos pelo Órgão Especial na primeira sessão subsequente à posse dos membros da direção.

§ 1º Não integram comissões permanentes os Ministros exercentes dos cargos de direção do Tribunal, o Diretor e o Vice-Diretor da Escola Nacional de Formação e Aperfeiçoamento de Magistrados do Trabalho – ENAMAT.

§ 2º A Presidência das comissões permanentes caberá ao Ministro mais antigo que as compuser.

§ 3º Observado o disposto no § 1º deste artigo, cada Ministro poderá ser eleito membro titular da mesma comissão permanente para um período, admitida sua reeleição para o mandato imediatamente seguinte.

Art. 54. Para atender a finalidades específicas, poderão ser instituídas pelo Órgão Especial comissões temporárias, que serão extintas quando cumprido o fim a que se destinavam.

Art. 55. São comissões permanentes:

I – Comissão de Regimento Interno;

II – Comissão de Jurisprudência e de Precedentes Normativos;

III – Comissão de Documentação e Memória. (Redação dada pela Emenda Regimental n. 1/2020)

IV – Comissão de Acessibilidade, Diversidade e Inclusão. (Redação dada pela Emenda Regimental 4/2022)

Art. 56. As comissões, permanentes ou temporárias, poderão:

I – sugerir ao Presidente do Tribunal normas de serviço relativas à matéria de sua competência;

II – manter entendimento com outras autoridades ou instituições, relativamente a assuntos de sua competência, mediante delegação do Presidente do Tribunal.

Art. 56-A. Em caso de afastamento definitivo de membro titular de comissão permanente, ocupará a vaga o respectivo suplente, durante o período remanescente do mandato do sucedido, procedendo-se à eleição de novo suplente. (Incluído pelo Ato Regimental n. 1/2020)

SEÇÃO II
DA COMISSÃO DE REGIMENTO INTERNO

Art. 57. A Comissão de Regimento Interno é formada por 3 (três) Ministros titulares e um suplente, designados pelo Órgão Especial, recaindo a escolha, preferencialmente, sobre os membros mais antigos da Corte, excluídos os que exercem cargo de direção do Tribunal, o Diretor e o Vice-Diretor da Escola Nacional de Formação e Aperfeiçoamento de Magistrados do Trabalho – ENAMAT.

Art. 58. À Comissão de Regimento Interno cabe:

I – zelar pela atualização do Regimento, propondo emendas ao texto em vigor, bem assim emitir parecer sobre as propostas de iniciativa dos membros da Corte para alteração, criação ou cancelamento de artigos;

II – opinar em processo administrativo que envolva matéria regimental, por solicitação do Presidente do Tribunal, do Tribunal Pleno ou do Órgão Especial;

III – opinar, quando solicitado, sobre propostas de edição de resoluções, instruções normativas e resoluções administrativas. (Redação dada pela Emenda Regimental n. 1/2020)

Parágrafo único. O parecer sobre propostas de alteração, criação ou cancelamento de artigos do Regimento Interno e dos atos normativos a que se referem os incisos I e III deste artigo deverá ser encaminhado pela Comissão no prazo de 30 (trinta) dias ao Presidente, o qual a submeterá ao Tribunal Pleno.

SEÇÃO III
DA COMISSÃO DE JURISPRUDÊNCIA E DE PRECEDENTES NORMATIVOS

Art. 59. A Comissão de Jurisprudência e de Precedentes Normativos é composta por 3 (três) Ministros titulares e um suplente, designados pelo Órgão Especial, excluídos os titulares que integram outras comissões permanentes, os membros de direção do Tribunal, o Diretor e o Vice-Diretor da Escola Nacional de Formação e Aperfeiçoamento de Magistrados do Trabalho ENAMAT.

Art. 60. À Comissão de Jurisprudência e de Precedentes Normativos cabe:

I – zelar pela expansão, atualização e publicação da jurisprudência do Tribunal;

II – supervisionar o serviço de sistematização da jurisprudência do Tribunal, determinando medidas atinentes à seleção e ao registro dos temas para fim de pesquisa, bem como administrar a base de dados informatizada de jurisprudência, sugerindo ao Presidente as medidas necessárias ao seu aperfeiçoamento;

III – propor a edição, a revisão ou o cancelamento de súmula, de orientação jurisprudencial e de precedente normativo;

IV – inserir as orientações jurisprudenciais das seções do Tribunal que retratem a jurisprudência pacificada da Corte, indicando os precedentes que a espelham;

V – manter a seleção dos repertórios idôneos de divulgação dos julgados da Justiça do Trabalho;

VI - (Revogado pelo Ato Regimental n. 2/2021)

VII – nos termos do art. 171 deste Regimento, receber as propostas de edição, revisão ou cancelamento de súmula, de orientação jurisprudencial e de precedente normativo do Tribunal Superior do Trabalho e sobre elas emitir parecer no prazo de 30 (trinta) dias.

Art. 61. A Comissão de Jurisprudência e de Precedentes Normativos realizará reunião quinzenal ordinária, e extraordinária, quando necessário, para deliberar sobre propostas de edição, revisão ou cancelamento de súmula, de orientação jurisprudencial e de precedente normativo.

SEÇÃO IV
DA COMISSÃO DE DOCUMENTAÇÃO E MEMÓRIA
(Redação dada pela Emenda Regimental n. 1/2020)

Art. 62. A Comissão de Documentação e Memória é constituída de 3 (três) Ministros titulares e um suplente, designados pelo Órgão Especial, excluídos os titulares das demais comissões, os membros de direção do Tribunal, o Diretor e o Vice-Diretor da Escola Nacional de Formação e Aperfeiçoamento de Magistrados do Trabalho ENAMAT. (Redação dada pela Emenda Regimental n. 1/2020)

Art. 63. À Comissão de Documentação e Memória cabe: (Redação dada pela Emenda Regimental n. 1/2020)

I – publicar a Revista do Tribunal, destinada à divulgação de trabalhos doutrinários e jurisprudenciais e ao registro de atos públicos de interesse da Justiça do Trabalho;

II – supervisionar a administração da biblioteca do Tribunal, sugerindo ao Presidente as medidas necessárias ao seu aperfeiçoamento, bem como opinar sobre a aquisição de livros;

III – supervisionar o "Memorial da Justiça do Trabalho e do TST" existente no Tribunal, sugerindo ao Presidente as medidas necessárias ao seu aperfeiçoamento e manutenção, com inserção de documentos, peças e objetos reputados de especial valor histórico;

IV – propor a política de gestão documental do Tribunal, opinando sobre a manutenção do acervo, modernização e automatização da Coordenadoria de Gestão Documental e Memória;

V – propor alterações na Tabela de Temporalidade e no Plano de Classificação dos processos judiciais e documentos;

VI – manifestar-se, anualmente, sobre o Termo de Eliminação dos processos judiciais encaminhado pela Coordenadoria de Gestão Documental e Memória, determinando a publicação do documento na Imprensa Oficial, caso aprovado;

VII – acompanhar os procedimentos de eliminação dos documentos constantes do Termo aludido no inciso VI deste artigo;

VIII – manter, na Coordenadoria de Gestão Documental e Memória, serviço de documentação para recolher elementos que sirvam de subsídio à história do Tribunal e da Justiça do Trabalho e organizar e disponibilizar dados biográficos dos Ministros do TST;

IX – orientar a biblioteca na divulgação, para os Ministros e seus gabinetes, do acervo bibliográfico, e na atualização legislativa e jurisprudencial de interesse da Justiça do Trabalho;

X – efetivar o registro e o controle dos repositórios autorizados à publicação da jurisprudência da Corte, previstos no parágrafo único do art. 183;

XI – supervisionar a documentação publicada pelo Tribunal na rede mundial de computadores e providenciar a renovação dos conteúdos do sítio do Tribunal;

XII – selecionar os acórdãos a serem encaminhados para publicação nas revistas do Tribunal e demais periódicos autorizados, inclusive entre aqueles eventualmente encaminhados pelos gabinetes;

XIII – manter na biblioteca pastas individuais contendo dados da produção bibliográfica dos Ministros do TST.

SEÇÃO V
DA COMISSÃO DE ACESSIBILIDADE, DIVERSIDADE E INCLUSÃO
(Redação dada pela Emenda Regimental 4/2022)

Art. 63-A. A Comissão de Acessibilidade, Diversidade e Inclusão será presidida por 1 (um) Ministro titular, designado pelo Órgão Especial, e a sua composição será disciplinada por Resolução Administrativa, editada nos termos deste Regimento. (Redação dada pela Emenda Regimental 4/2022)

Art. 63-B. A competência e o funcionamento da Comissão de Acessibilidade, Diversidade e Inclusão serão disciplinados em Resolução Administrativa. (Redação dada pela Emenda Regimental 4/2022)

TÍTULO III
DA ORGANIZAÇÃO E DA COMPETÊNCIA

CAPÍTULO I
DA ORGANIZAÇÃO

Art. 64. O Tribunal funciona em sua composição plena ou dividido em Órgão Especial, Seções, Subseções Especializadas e Turmas.

Art. 65. São órgãos do Tribunal Superior do Trabalho:

I – Tribunal Pleno;

II – Órgão Especial;

III – Seção Especializada em Dissídios Coletivos;

IV – Seção Especializada em Dissídios Individuais, dividida em duas subseções;

V – Turmas.

Parágrafo único. São órgãos que funcionam junto ao Tribunal Superior do Trabalho:

I – Escola Nacional de Formação e Aperfeiçoamento de Magistrados do Trabalho (ENAMAT);

II – Conselho Superior da Justiça do Trabalho (CSJT);

III – Centro de Formação e Aperfeiçoamento de Assessores e Servidores do Tribunal Superior do Trabalho (CEFAST);

IV – Ouvidoria.

Art. 66. Para a composição dos órgãos judicantes do Tribunal, respeitados os critérios de antiguidade e os estabelecidos neste capítulo, os Ministros poderão escolher a Seção Especializada e a Turma que desejarem integrar, podendo exercer o direito de permuta, salvo os Presidentes de Turma, que, para fazê-lo, deverão previamente renunciar à Presidência do órgão colegiado.

Parágrafo único. Cada Ministro comporá apenas uma Seção Especializada.

Art. 67. O Ministro empossado integrará os órgãos do Tribunal onde ocorreu a vaga ou ocupará aquela resultante da transferência de Ministro, autorizada pelo art. 66 deste Regimento.

Art. 68. O Tribunal Pleno é constituído pela totalidade dos Ministros que integram a Corte.

§ 1º Para o funcionamento do Tribunal Pleno é exigida a presença de, no mínimo, 14 (quatorze) Ministros, sendo necessária a maioria absoluta para deliberar sobre:

I - escolha dos nomes que integrarão a lista tríplice destinada à vaga de Ministro do Tribunal, observado o disposto no art. 4º, § 2º, II, deste Regimento;

II - aprovação de Emenda Regimental;

III - eleição dos Ministros para os cargos de direção do Tribunal;

IV - edição, revisão ou cancelamento de súmula, de orientação jurisprudencial e de precedente normativo;

V - declaração de inconstitucionalidade de lei ou de ato normativo do Poder Público.

§ 2º Será tomada por 2/3 (dois terços) dos votos dos Ministros que compõem o Tribunal Pleno a deliberação preliminar referente à existência de relevante interesse público que fundamenta a proposta de edição, revisão ou cancelamento de súmula, orientação jurisprudencial e precedente normativo, observado o § 3º do art. 702 da CLT.

Art. 69. O Órgão Especial é composto por 14 (quatorze) membros, sendo 7 (sete) por antiguidade e 7 (sete) por eleição, e 3 (três) suplentes.

§ 1º Integram o Órgão Especial o Presidente e o Vice-Presidente do Tribunal, o Corregedor-Geral da Justiça do Trabalho, juntamente com os demais Ministros mais antigos e eleitos.

§ 2º Caso seja eleito para cargo de direção do Tribunal Ministro que não figure dentre os 7 (sete) mais antigos aptos a integrar o Órgão Especial, será ele considerado eleito para integrá-lo, promovendo se a eleição prevista no *caput* deste artigo, por escrutínio secreto, apenas para os cargos remanescentes.

§ 3º O quorum para funcionamento do Órgão Especial é de 8 (oito) Ministros, mas, para deliberar sobre disponibilidade ou aposentadoria de Magistrado, exige-se a presença e votação convergente da maioria absoluta.

§ 4º Para recompor o quorum em virtude da ausência de Ministro integrante da metade mais antiga, será convocado o Ministro que o suceder na ordem de antiguidade. No caso de não comparecimento de Ministro que compõe a metade eleita, a convocação recairá sobre qualquer dos suplentes.

Art. 70. Integram a Seção Especializada em Dissídios Coletivos o Presidente e o Vice-Presidente do Tribunal, o Corregedor-Geral da Justiça do Trabalho e mais 6 (seis) Ministros.

Parágrafo único. O quorum para o funcionamento da Seção Especializada em Dissídios Coletivos é de 5 (cinco) Ministros, sendo que, na falta de quorum, deve ser convocado Ministro para substituir o ausente, preferencialmente da sua mesma Turma.

Art. 71. A Seção Especializada em Dissídios Individuais é composta de 21 (vinte e um) Ministros, sendo o Presidente e o Vice Presidente do Tribunal, o Corregedor-Geral da Justiça do Trabalho e mais 18 (dezoito) Ministros, e funciona em composição plena ou dividida em duas subseções para julgamento dos processos de sua competência.

§ 1º O quorum exigido para o funcionamento da Seção Especializada em Dissídios Individuais plena é de 11 (onze) Ministros, mas as deliberações só poderão ocorrer pelo voto da maioria absoluta dos integrantes da Seção.

§ 2º Integram a Subseção I da Seção Especializada em Dissídios Individuais 14 (quatorze) Ministros, sendo o Presidente e o Vice Presidente do Tribunal, o Corregedor-Geral da Justiça do Trabalho e mais 11 (onze) Ministros, preferencialmente os Presidentes de Turma, exigida a presença de, no mínimo, 8 (oito) Ministros para o seu funcionamento, sendo que, na falta de quorum, deve ser convocado Ministro para substituir o ausente, preferencialmente da sua mesma Turma.

§ 3º Haverá pelo menos 1 (um) e no máximo 2 (dois) integrantes de cada Turma na composição da Subseção I da Seção Especializada em Dissídios Individuais.

§ 4º Integram a Subseção II da Seção Especializada em Dissídios Individuais 10 (dez) Ministros, sendo o Presidente e o Vice Presidente do Tribunal, o Corregedor-Geral da Justiça do Trabalho e mais 7 (sete) Ministros, exigida a presença de, no mínimo, 6 (seis) Ministros para o seu funcionamento, sendo que, na falta de quorum, deve ser convocado Ministro para substituir o ausente, preferencialmente da sua mesma Turma.

Art. 72. As decisões do Órgão Especial, das Seções e Subseções Especializadas que se inclinarem por contrariar súmula, orientação jurisprudencial e precedente normativo ou decisões reiteradas de 5 (cinco) ou mais Turmas do Tribunal sobre tema de natureza material ou processual serão suspensas, sem proclamação do resultado, e os autos encaminhados ao Tribunal Pleno, para deliberação sobre a questão controvertida, mantido o relator de sorteio no órgão fracionário.

Art. 73. As Turmas são constituídas, cada uma, por 3 (três) Ministros, sendo presididas de acordo com os critérios estabelecidos pelos arts. 91 e 92 deste Regimento.

Parágrafo único. Para os julgamentos nas Turmas é necessária a presença de 3 (três) Magistrados.

CAPÍTULO II
DA COMPETÊNCIA

SEÇÃO I
DAS DISPOSIÇÕES GERAIS

Art. 74. Compete ao Tribunal Superior do Trabalho processar, conciliar e julgar, na forma da lei, em grau originário ou recursal ordinário ou extraordinário, as demandas individuais e os dissídios coletivos que excedam a jurisdição dos Tribunais Regionais, os conflitos de direito sindical, assim como outras controvérsias decorrentes de relação de trabalho, e os litígios relativos ao cumprimento de suas próprias decisões, de laudos arbitrais e de convenções e acordos coletivos.

SEÇÃO II
DA COMPETÊNCIA DO TRIBUNAL PLENO

Art. 75. Compete ao Tribunal Pleno:

I - eleger, por escrutínio secreto, o Presidente e o Vice-Presidente do Tribunal Superior do Trabalho, o Corregedor-Geral da Justiça do Trabalho, os 7 (sete) Ministros para integrar o Órgão Especial, o Diretor, o Vice-Diretor e os membros do Conselho Consultivo da Escola Nacional de Formação e Aperfeiçoamento de Magistrados do Trabalho (ENAMAT), o diretor e os membros do Centro de Formação e Aperfeiçoamento de Assessores e Servidores do Tribunal Superior do Trabalho (CEFAST); os Ministros membros do Conselho Superior da Justiça do Trabalho (CSJT) e respectivos suplentes, os membros do Conselho Nacional de Justiça (CNJ) e o Ministro Ouvidor e seu substituto;

II - dar posse aos membros eleitos para os cargos de direção do Tribunal Superior do Trabalho, aos Ministros nomeados para o Tribunal, aos membros da direção e do Conselho Consultivo da Escola Nacional de Formação e Aperfeiçoamento de Magistrados do Trabalho (ENAMAT) e do Centro de Formação e Aperfeiçoamento de Assessores e Servidores do Tribunal Superior do Trabalho (CEFAST);

III - escolher os integrantes das listas para provimento das vagas de Ministro do Tribunal;

IV - deliberar sobre prorrogação do prazo para a posse no cargo de Ministro do Tribunal Superior do Trabalho e o início do exercício;

V - determinar a disponibilidade ou a aposentadoria de Ministro do Tribunal;

VI - opinar sobre propostas de alterações da legislação trabalhista, inclusive processual, quando entender que deve manifestar-se oficialmente;

VII - estabelecer ou alterar súmulas e outros enunciados de jurisprudência uniforme, pelo voto de pelo menos 2/3 (dois terços) de seus membros, caso a mesma matéria já tenha sido decidida de forma idêntica por unanimidade em, no mínimo, 2/3 (dois terços) das turmas, em pelo menos 10 (dez) sessões diferentes em cada uma delas, podendo, ainda, por maioria de 2/3 (dois terços) de seus membros, restringir os efeitos daquela declaração ou decidir que ela só tenha eficácia a partir de sua publicação no Diário Oficial;

VIII - julgar os incidentes de assunção de competência e os incidentes de recursos repetitivos, afetados ao órgão;

IX - decidir sobre a declaração de inconstitucionalidade de lei ou ato normativo do Poder Público, quando aprovada a arguição pelas Seções Especializadas ou Turmas;

X - aprovar e emendar o Regimento Interno do Tribunal Superior do Trabalho;

XI - processar e julgar as reclamações destinadas à preservação de sua competência e à garantia da autoridade de suas decisões e à observância obrigatória de tese jurídica firmada em decisão com eficácia de precedente judicial de cumprimento obrigatório, por ele proferida.

SEÇÃO III
DA COMPETÊNCIA DO ÓRGÃO ESPECIAL

Art. 76. Compete ao Órgão Especial:

I - em matéria judiciária:

a) processar e julgar as reclamações destinadas à preservação de sua competência, à garantia da autoridade de suas decisões e à observância obrigatória de tese jurídica firmada em decisão com eficácia de precedente judicial de cumprimento obrigatório, por ele proferida;

b) julgar mandado de segurança impetrado contra atos do Presidente ou de qualquer

Ministro do Tribunal, ressalvada a competência das Seções Especializadas;

c) julgar os recursos interpostos contra decisões dos Tribunais Regionais do Trabalho em mandado de segurança de interesse de magistrados e servidores da Justiça do Trabalho;

d) julgar os recursos interpostos contra decisão em matéria de concurso para a Magistratura do Trabalho;

e) julgar os recursos ordinários em agravos internos interpostos contra decisões proferidas em reclamações correicionais ou em pedidos de providências que envolvam impugnação de cálculos de precatórios;

f) julgar os recursos ordinários interpostos contra decisões proferidas em mandado de segurança impetrado contra ato do Presidente de Tribunal Regional em precatório;

g) julgar os recursos ordinários interpostos contra decisões proferidas em reclamações quando a competência para julgamento do recurso do processo principal for a ele atribuída;

h) julgar os agravos internos interpostos contra decisões proferidas pelo Corregedor-Geral da Justiça do Trabalho;

i) julgar os agravos internos interpostos contra decisões que denegam seguimento a recurso extraordinário por ausência de repercussão geral da questão constitucional debatida;

j) deliberar sobre as demais matérias jurisdicionais não incluídas na competência dos outros órgãos do Tribunal.

II – em matéria administrativa:

a) proceder à abertura e ao encerramento do semestre judiciário;

b) eleger os membros do Conselho da Ordem do Mérito Judiciário do Trabalho e os das Comissões previstas neste Regimento, com observância, neste último caso, do disposto nos §§ 1º e 3º de seu art. 53;

c) aprovar e emendar o Regulamento Geral da Secretaria do Tribunal Superior do Trabalho, o Regimento da Corregedoria-Geral da Justiça do Trabalho, o Regulamento da Ordem do Mérito Judiciário do Trabalho, os Estatutos da Escola Nacional de Formação e Aperfeiçoamento de Magistrados do Trabalho (ENAMAT) e do Centro de Formação e Aperfeiçoamento de Assessores e Servidores do Tribunal Superior do Trabalho (CEFAST), e o Regimento Interno do Conselho Superior da Justiça do Trabalho (CSJT);

d) propor ao Poder Legislativo, após a deliberação do Conselho Superior da Justiça do Trabalho (CSJT), a criação, extinção ou modificação de Tribunais Regionais do Trabalho e Varas do Trabalho, assim como a alteração de jurisdição e de sede destes;

e) propor ao Poder Legislativo a criação, a extinção e a transformação de cargos e funções públicas e a fixação dos respectivos vencimentos ou gratificações;

f) escolher, mediante escrutínio secreto e pelo voto da maioria absoluta dos seus membros, Desembargador de Tribunal Regional do Trabalho para substituir temporariamente Ministro do Tribunal Superior do Trabalho;

g) aprovar a lista dos admitidos na Ordem do Mérito Judiciário do Trabalho;

h) aprovar a lotação das funções comissionadas do Quadro de Pessoal do Tribunal;

i) conceder licença, férias e outros afastamentos aos membros do Tribunal;

j) fixar e rever as diárias e as ajudas de custo do Presidente, dos Ministros e servidores do Tribunal;

l) designar as comissões temporárias para exame e elaboração de estudo sobre matéria relevante, respeitada a competência das comissões permanentes;

m) aprovar as instruções de concurso para provimento dos cargos de Juiz do Trabalho Substituto;

n) aprovar as instruções dos concursos para provimento dos cargos do Quadro de Pessoal do Tribunal e homologar seu resultado final;

o) julgar os recursos de decisões ou atos do Presidente do Tribunal em matéria administrativa;

p) julgar os recursos interpostos contra decisões dos Tribunais Regionais do Trabalho em processo administrativo disciplinar envolvendo Magistrado, estritamente para controle da legalidade;

q) examinar as matérias encaminhadas pelo Conselho Superior da Justiça do Trabalho (CSJT);

r) aprovar a proposta orçamentária da Justiça do Trabalho;

s) julgar os recursos ordinários interpostos contra agravos internos em que tenha sido apreciada decisão de Presidente de Tribunal Regional em precatório;

t) deliberar sobre as questões relevantes e atos normativos a que alude o art. 41, XXXIII e parágrafo único, deste Regimento.

SEÇÃO IV
DA COMPETÊNCIA DA SEÇÃO ESPECIALIZADA EM DISSÍDIOS COLETIVOS (SDC)

Art. 77. À Seção Especializada em Dissídios Coletivos compete:

I – originariamente:

a) julgar os dissídios coletivos de natureza econômica e jurídica, de sua competência, ou rever suas próprias sentenças normativas, nos casos previstos em lei;

b) homologar as conciliações firmadas nos dissídios coletivos;

c) julgar as ações anulatórias de acordos e convenções coletivas;

d) julgar as ações rescisórias propostas contra suas sentenças normativas;

e) julgar os agravos internos contra decisões não definitivas, proferidas pelo Presidente do Tribunal, ou por qualquer dos Ministros integrantes da Seção Especializada em Dissídios Coletivos;

f) julgar os conflitos de competência entre Tribunais Regionais do Trabalho em processos de dissídio coletivo;

g) processar e julgar as tutelas provisórias antecedentes ou incidentes nos processos de dissídio coletivo;

h) processar e julgar as ações em matéria de greve, quando o conflito exceder a jurisdição de Tribunal Regional do Trabalho;

i) processar e julgar as reclamações destinadas à preservação de sua competência e à garantia da autoridade de suas decisões.

II – em última instância, julgar:

a) os recursos ordinários interpostos contra as decisões proferidas pelos Tribunais Regionais do Trabalho em dissídios coletivos de natureza econômica ou jurídica;

b) os recursos ordinários interpostos contra decisões proferidas pelos Tribunais Regionais do Trabalho em ações rescisórias, reclamações e mandados de segurança pertinentes a dissídios coletivos e em ações anulatórias de acordos e convenções coletivas;

c) os embargos infringentes interpostos contra decisão não unânime proferida em processo de dissídio coletivo de sua competência originária, salvo se a decisão embargada estiver em consonância com precedente normativo do Tribunal Superior do Trabalho ou com súmula de sua jurisprudência predominante;

d) os agravos de instrumento interpostos contra decisão denegatória de recurso ordinário nos processos de sua competência.

SEÇÃO V
DA COMPETÊNCIA DA SEÇÃO ESPECIALIZADA EM DISSÍDIOS INDIVIDUAIS

Art. 78. À Seção Especializada em Dissídios Individuais, em composição plena ou dividida em duas Subseções, compete:

I – em composição plena:

a) julgar, em caráter de urgência e com preferência na pauta, os processos nos quais tenha sido estabelecida, na votação, divergência entre as Subseções I e II da Seção Especializada em Dissídios Individuais, quanto à aplicação de dispositivo de lei federal ou da Constituição da República;

b) processar e julgar as reclamações destinadas à preservação de sua competência, à garantia da autoridade de suas decisões e à observância obrigatória de tese jurídica firmada em decisão com eficácia de precedente judicial de cumprimento obrigatório, por ela proferida.

II – à Subseção I:

a) julgar os embargos interpostos contra decisões divergentes das Turmas, ou destas que divirjam de decisão da Seção de Dissídios Individuais, de súmula ou de orientação jurisprudencial;

b) processar e julgar as reclamações destinadas à preservação de sua competência, à garantia da autoridade de suas decisões e à observância obrigatória de tese jurídica firmada em decisão com eficácia de precedente judicial de cumprimento obrigatório, por ela
proferida;

c) julgar os agravos internos interpostos contra decisão monocrática exarada em processos de sua competência ou decorrentes do juízo
de admissibilidade da Presidência de Turmas do Tribunal;

d) processar e julgar os incidentes de recursos repetitivos que lhe forem afetados;

III – à Subseção II:

a) originariamente:

I – julgar as ações rescisórias propostas contra suas decisões, as da Subseção I e as das Turmas do Tribunal;

II – julgar os mandados de segurança contra os atos praticados pelo Presidente do Tribunal, ou por qualquer dos Ministros integrantes da Seção Especializada em

Dissídios Individuais, nos processos de sua competência;

III – julgar os pedidos de concessão de tutelas provisórias e demais medidas de urgência;

IV – julgar os *habeas corpus*;

V – processar e julgar os Incidentes de Resolução de Demandas Repetitivas suscitados nos processos de sua competência originária;

VI – processar e julgar as reclamações destinadas à preservação de sua competência, à garantia da autoridade de suas decisões e à observância obrigatória de tese jurídica firmada em decisão com eficácia de precedente judicial de cumprimento obrigatório, por ela proferida.

b) em única instância:

I – julgar os agravos internos interpostos contra decisão monocrática exarada em processos de sua competência;

II – julgar os conflitos de competência entre Tribunais Regionais e os que envolvam Desembargadores dos Tribunais de Justiça, quando investidos da jurisdição trabalhista, e Juízes do Trabalho em processos de dissídios individuais.

c) em última instância:

I – julgar os recursos ordinários interpostos contra decisões dos Tribunais Regionais em processos de dissídio individual de sua competência originária;

II – julgar os agravos de instrumento interpostos contra decisão denegatória de recurso ordinário em processos de sua competência.

SEÇÃO VI
DA COMPETÊNCIA DAS TURMAS

Art. 79. Compete a cada uma das Turmas julgar:

I – as reclamações destinadas à preservação da sua competência e à garantia da autoridade de suas decisões;

II – os recursos de revista interpostos contra decisão dos Tribunais Regionais do Trabalho, nos casos previstos em lei;

III – os agravos de instrumento das decisões de Presidente de Tribunal Regional que denegarem seguimento a recurso de revista;

IV – os agravos internos interpostos contra decisão monocrática exarada em processos de sua competência;

V – os recursos ordinários em tutelas provisórias e as reclamações, quando a competência para julgamento do recurso do processo principal for atribuída à Turma, bem como a tutela provisória requerida em procedimento antecedente de que trata o art. 114 deste Regimento.

SEÇÃO VII
DA ESCOLA NACIONAL DE FORMAÇÃO E APERFEIÇOAMENTO DE MAGISTRADOS DO TRABALHO -ENAMAT

Art. 80. A Escola Nacional de Formação e Aperfeiçoamento de Magistrados do Trabalho (ENAMAT) é órgão que funciona junto ao Tribunal Superior do Trabalho, com autonomia administrativa e financeira, cabendo-lhe, dentre outras funções, regulamentar os cursos oficiais para o ingresso e promoção na carreira e formação continuada dos Magistrados, na forma dos seus estatutos, bem assim promover o Concurso Público Nacional para ingresso na Magistratura do Trabalho.

Art. 81. O Diretor, o Vice-Diretor e os membros do Conselho Consultivo da Escola Nacional de Formação e Aperfeiçoamento de Magistrados do Trabalho (ENAMAT) serão eleitos pelo Tribunal Pleno, em escrutínio secreto, para mandato de 2 (dois) anos, permitida uma recondução.

§ 1º Os membros eleitos para os cargos de direção da Escola e os do Conselho Consultivo tomarão posse perante o Tribunal Pleno.

§ 2º O Diretor da Escola Nacional de Formação e Aperfeiçoamento de Magistrados do Trabalho (ENAMAT) receberá 15% (quinze por cento) a menos de processos distribuídos, respeitada a proporção quanto às classes processuais de competência da Turma.

SEÇÃO VIII
DO CENTRO DE FORMAÇÃO E APERFEIÇOAMENTO DE ASSESSORES E SERVIDORES DO TST – CEFAST

Art. 82. O Centro de Formação e Aperfeiçoamento de Assessores e Servidores do Tribunal Superior do Trabalho (CEFAST) é órgão que funciona junto ao Tribunal Superior do Trabalho, com autonomia administrativa, cabendo-lhe, dentre outras funções, capacitar e aperfeiçoar os servidores que desenvolvem atividades jurídicas no TST.

Art. 83. O Diretor e os membros do Centro de Formação e Aperfeiçoamento de Assessores e Servidores do Tribunal Superior do Trabalho (CEFAST) serão eleitos pelo Tribunal Pleno, em escrutínio secreto, para mandato de 2 (dois) anos, permitida uma recondução.

Parágrafo único. Os membros eleitos para os cargos de direção do Centro de Formação e Aperfeiçoamento de Assessores e Servidores do Tribunal Superior do Trabalho (CEFAST) tomarão posse perante o Tribunal Pleno.

SEÇÃO IX
DO CONSELHO SUPERIOR DA JUSTIÇA DO TRABALHO CSJT

Art. 84. O Conselho Superior da Justiça do Trabalho (CSJT) é órgão que funciona junto ao Tribunal Superior do Trabalho, com autonomia administrativa, cabendo-lhe exercer a supervisão administrativa, orçamentária, financeira e patrimonial da Justiça do Trabalho, de primeiro e segundo graus, como órgão central do sistema.

SEÇÃO X
DA OUVIDORIA

Art. 85. A Ouvidoria do Tribunal Superior do Trabalho tem por missão assegurar um canal de comunicação eficiente, ágil e transparente entre o cidadão, os servidores e a administração do Tribunal, visando orientar, transmitir informações e colaborar para o aperfeiçoamento dos serviços prestados à sociedade, bem assim promover a interlocução com as Ouvidorias dos Tribunais Regionais do Trabalho para o eficaz atendimento das demandas acerca dos serviços prestados pelos órgãos da Justiça do Trabalho.

Art. 86. O Ministro Ouvidor e seu substituto serão eleitos pelo Tribunal Pleno dentre os Ministros do Tribunal, excluídos o Presidente, o Vice-Presidente, o Corregedor-Geral da Justiça do Trabalho e os Presidentes das Turmas, permitida uma recondução.

Parágrafo único. A eleição do Ministro Ouvidor e de seu substituto dar-se-á na primeira sessão subsequente à posse dos membros da direção do Tribunal, sempre que possível.

Art. 87. O Presidente do Tribunal, em conjunto com o Ministro Ouvidor, poderá baixar normas complementares acerca dos procedimentos internos da Ouvidoria, ad referendum do Órgão Especial.

SEÇÃO XI
DAS DISPOSIÇÕES GERAIS

Art. 88. Ao Tribunal Pleno, ao Órgão Especial, às Seções Especializadas e às Turmas cabe, ainda, nos processos de sua competência:

I – julgar:

a) os embargos de declaração interpostos contra suas decisões;

b) os pedidos de concessão de tutela provisória e demais medidas de urgência;

c) os incidentes que lhes forem submetidos;

d) a restauração de autos, em se tratando de processo de sua competência.

II – homologar as desistências dos recursos, decidir sobre pedido de desistência de ação quanto aos processos incluídos em pauta para julgamento e homologar os acordos em processos de competência originária do Tribunal;

III – representar à autoridade competente, quando, em autos ou documentos de que conhecer, houver indício de crime de ação pública.

Art. 89. A proclamação do resultado da votação será suspensa:

I – pelo Órgão Especial, pelas Seções Especializadas e pelas Turmas, para remessa do processo ao Tribunal Pleno, quando se verificar que a maioria respectiva se inclina pelo acolhimento da arguição de inconstitucionalidade de norma em matéria que ainda não tenha sido decidida pelo Tribunal Pleno ou pelo Supremo Tribunal Federal;

II – pelas Seções Especializadas, quando convier o pronunciamento do Tribunal Pleno, em razão da relevância da questão jurídica, do interesse público ou da necessidade de prevenir divergência de julgados, nos termos do art. 72 deste Regimento.

CAPÍTULO III
DA PRESIDÊNCIA DAS SEÇÕES

SEÇÃO I
DA PRESIDÊNCIA DO TRIBUNAL PLENO, DO ÓRGÃO ESPECIAL E DAS SEÇÕES ESPECIALIZADAS

Art. 90. O Ministro Presidente do Tribunal presidirá o Tribunal Pleno, o Órgão Especial e as Seções Especializadas, podendo ser substituído, sucessivamente, pelo Vice-Presidente, pelo Corregedor-Geral da Justiça do Trabalho ou pelo Ministro mais antigo presente à sessão.

SEÇÃO II
DA PRESIDÊNCIA DAS TURMAS

Art. 91. O Presidente da Turma será o mais antigo dentre os Ministros que a compõem, por um período de 2 (dois) anos, vedada a recondução, até que todos os seus integrantes hajam exercido a Presidência, observada a ordem decrescente de antiguidade.

Parágrafo único. É facultado aos demais Ministros recusarem a Presidência, desde que o façam antes da proclamação de sua escolha.

Art. 92. Na hipótese de vacância do cargo de Presidente de Turma, assumirá o Ministro mais antigo do respectivo órgão colegiado.

§ 1º Nas ausências eventuais ou afastamentos temporários, o Presidente da Turma será substituído pelo Ministro mais antigo do órgão colegiado.

§ 2º A escolha do Presidente da Turma, observado o critério estabelecido no art. 91 deste Regimento, dar-se-á na primeira sessão ordinária da Turma que suceder à posse da nova direção do Tribunal, ressalvada a situação prevista no parágrafo seguinte.

§ 3º Se houver vacância da Presidência da Turma, a escolha do novo Presidente dar-se-á na sessão ordinária imediatamente posterior à ocorrência da vaga, hipótese em que o ministro eleito completará o mandato do sucedido pelo prazo remanescente.

§ 4º Considera-se empossado o sucessor, em qualquer das situações a que se referem os §§ 2º e 3º deste artigo, na mesma data de sua escolha para a Presidência da Turma.

SEÇÃO III
DAS ATRIBUIÇÕES DO PRESIDENTE DE TURMA

Art. 93. Compete ao Presidente de Turma:

I – indicar o Secretário da Turma para nomeação pelo Presidente do Tribunal;

II – convocar sessões ordinárias e extraordinárias;

III – dirigir os trabalhos e presidir as sessões da Turma, propor e submeter as questões, apurar os votos e proclamar as decisões;

IV – manter a ordem nas sessões, podendo mandar retirar os que as perturbarem e os que faltarem com o devido respeito e prender os desobedientes, fazendo lavrar o respectivo auto;

V – despachar os expedientes da Turma que excederem à competência dos relatores, inclusive os pedidos manifestados após a publicação dos acórdãos;

VI – supervisionar os serviços da Secretaria;

VII – convidar, mediante prévio entendimento, Ministro ou Desembargador convocado para compor o quorum;

VIII – exercer o juízo de admissibilidade dos embargos à Subseção I da Seção Especializada em Dissídios Individuais e julgar os embargos de declaração interpostos dessas decisões;

IX – submeter ao Presidente da Subseção I da Seção Especializada em Dissídios Individuais a proposta de afetação dos recursos de revista para os efeitos dos arts. 896-B e 896-C da CLT e deste Regimento.

Parágrafo único. Em face da atribuição contida no inciso VIII deste artigo, o Presidente de Turma receberá 10% (dez por cento) a menos de processos distribuídos, respeitada a proporção quanto às classes processuais de competência da Turma.

TÍTULO IV
DO MINISTÉRIO PÚBLICO DO TRABALHO

Art. 94. O Ministério Público do Trabalho atuará nas sessões do Tribunal representado pelo Procurador-Geral ou, mediante sua delegação, por Subprocuradores-Gerais e por Procuradores Regionais, na forma da lei.

Art. 95. À Procuradoria-Geral do Trabalho serão remetidos processos para parecer, nas seguintes hipóteses:

I – obrigatoriamente, quando for parte pessoa jurídica de direito público, Estado estrangeiro ou organismo internacional e quando houver interesse de incapaz;

II – facultativamente, por iniciativa do relator, quando a matéria, por sua relevância, recomendar a prévia manifestação do Ministério Público;

III – por iniciativa do Ministério Público, quando entender existente interesse público que justifique a sua intervenção;

IV – por determinação legal, os mandados de segurança em grau originário ou recursal, as ações civis públicas em que o Ministério Público não for autor, os dissídios coletivos originários, caso não exarado parecer na instrução, e os processos em que forem parte índio, comunidades e organizações indígenas, além de outros processos em que a lei impuser a intervenção do Ministério Público.

§ 1º À Procuradoria-Geral do Trabalho serão encaminhados de imediato, após autuação e distribuição, os processos nos quais figuram como parte pessoa jurídica de direito público, Estado estrangeiro ou organismo internacional, e os recursos ordinários em mandado de segurança.

§ 2º Não serão remetidos à Procuradoria-Geral do Trabalho:

I – processos oriundos de ações originárias propostas pelo Ministério Público do Trabalho;

II – processos de remessa facultativa que exijam urgência no julgamento ou que versem sobre tema pacificado na jurisprudência.

Art. 96. O Ministério Público, observadas as regras legais especiais e a tramitação preferencial de demandas, emitirá parecer no prazo legal, restituindo imediatamente os autos ao Tribunal.

Art. 97. O Ministério Público, após publicado o acórdão e vencido o prazo para as partes, será intimado pessoalmente nas causas em que tenha intervindo ou emitido parecer.

LIVRO II
DOS PROCESSOS E DA JURISPRUDÊNCIA

TÍTULO I
DOS PROCESSOS

CAPÍTULO I
DO REGISTRO E DA CLASSIFICAÇÃO

Art. 98. As petições recebidas serão registradas no dia de seu ingresso no Tribunal e, após a conferência das folhas, juntadas ou encaminhadas para análise, respeitada a competência dos órgãos judicantes.

Parágrafo único. O Presidente do Tribunal e os Presidentes de Turmas poderão delegar à Secretaria a prática de atos ordinatórios nos termos dos arts. 93, XIV, da Constituição da República e 203, § 4.º, do CPC, mediante ato interno.

Art. 99. Os processos serão registrados após a conferência das folhas, classificados e autuados, de acordo com a tabela aprovada pelo Conselho Nacional de Justiça (CNJ).

Art. 100. A classificação das ações de competência originária será feita nos termos do requerido pela parte, desde que prevista a classe processual na tabela unificada aprovada pelo Conselho Nacional de Justiça (CNJ).

Parágrafo único. Incumbe às Secretarias do Tribunal as providências necessárias à intimação das partes para o fim de correção e atualização dos registros de CNPJ e CPF constantes na base de dados da Secretaria da Receita Federal do Brasil.

Art. 101. Na hipótese de ajuizamento de ação ou de interposição de recurso não previsto na tabela processual unificada, o processo será classificado e autuado na classe processual "Petição – Pet".

CAPÍTULO II
DA DISTRIBUIÇÃO

SEÇÃO I
DAS DISPOSIÇÕES GERAIS

Art. 102. Os processos de competência do Tribunal serão distribuídos por classe, de acordo com a competência e a composição dos órgãos judicantes e com a ordem cronológica do seu ingresso na Corte, observando-se a alternatividade, o sorteio eletrônico e a publicidade, concorrendo ao sorteio todos os Ministros, excetuados os membros da direção.

§ 1º Ressalvados os casos de comprovada urgência, a distribuição será efetivada, com encaminhamento do processo ao Ministro sorteado, nos dias úteis e durante o horário de funcionamento do Tribunal Superior do Trabalho.

§ 2º A regra do parágrafo anterior se aplica aos processos que retornarem, com manifestação, da Procuradoria-Geral do Trabalho.

§ 3º Não haverá distribuição de processos, à exceção daqueles em que houver prevenção, aos Ministros nos 60 (sessenta) dias que antecedem a jubilação compulsória ou voluntária. (Redação dada pela Emenda Regimental n. 2/2021)

Art. 103. Nos períodos correspondentes ao recesso forense e às férias dos Ministros, não haverá distribuição de processos.

Parágrafo único. No caso de fruição de férias, o Ministro não receberá distribuição de processos no respectivo período nem haverá compensação posterior.

Art. 104. Todos os processos recebidos no Tribunal, independentemente da classe a que pertencerem, serão distribuídos, nos termos desta Seção, após os registros e as formalidades necessárias à sua identificação.

Parágrafo único. Será fornecido a cada Ministro, por ocasião da distribuição, documento escrito ou transmissão computadorizada contendo todos os dados da distribuição que lhe coube.

Art. 105. As redistribuições autorizadas expressamente neste Regimento serão feitas no âmbito da Secretaria do órgão colegiado em que tramita o processo, pelo respectivo Presidente, observadas a compensação e a publicidade.

Art. 106. O Ministro recém-empossado receberá os processos vinculados à cadeira que ocupará, inclusive os agravos internos e embargos de declaração.

§ 1º Haverá compensação, na Turma, na hipótese em que o montante de processos recebidos na cadeira seja inferior, na data da posse do novo Ministro, à média de processos dos 5 (cinco) Ministros com maior acervo, considerada a competência das Turmas do Tribunal. A compensação será igualmente observada nas Seções Especializadas, observando-se a média dos 3 (três) maiores acervos de processos na Subseção I da Seção Especializada em Dissídios Individuais, dos 2 (dois) maiores acervos de processos na Subseção II da Seção Especializada em Dissídios Individuais e do maior acervo na Seção Especializada em Dissídios Coletivos. (Redação dada pela Emenda Regimental n. 2/2021)

§ 2º Na composição do saldo total de processos que caberá ao Ministro recém-empossado, observar-se-á, sempre que possível, nas turmas, a proporção de 2/5 (dois quintos) de recursos de revista e 3/5 (três quintos) de agravos de instrumento. Nas Seções Especializadas, a proporção será definida pelo Presidente do Tribunal, com base no volume de processos em cada uma das classes processuais existentes na data da posse do novo Ministro, em consonância com o interesse na efetiva e rápida prestação jurisdicional. (Redação dada pela Emenda Regimental n. 2/2021)

§ 3º Se houver processos, na cadeira, nas classes processuais "agravo de instrumento" ou "recurso de revista", cujo montante seja superior à proporção mencionada no § 2º, a totalidade da compensação recairá sobre a classe processual que não atingiu a aludida proporcionalidade.

§ 4º A compensação de processos será progressiva, cabendo ao Presidente do Tribunal definir o acréscimo percentual à distribuição normal diária do Ministro recém-empossado.

Art. 107. Os Ministros permanecerão vinculados aos processos recebidos em distribuição, ainda que ocorram afastamentos temporários menores que 30 (trinta) dias, ressalvadas as hipóteses de mandado de segurança, habeas corpus, reclamações, dissídio coletivo, tutela provisória e de outras medidas que reclamem solução inadiável. Nesses casos, ausente o relator por mais de 3 (três) dias, o processo poderá ser redistribuído, a critério do Presidente do Tribunal, mediante posterior compensação, desde que expressamente requerida a medida pelo interessado em petição fundamentada.

§ 1º Os processos de competência das Turmas, na hipótese de o relator afastar-se temporariamente do Tribunal por período superior a 30 (trinta) dias ou definitivamente, serão atribuídos ao Desembargador convocado para substituí-lo. Cessada a convocação, o relator ou o novo Ministro titular da cadeira receberá os processos não solucionados, atribuídos ou distribuídos ao Desembargador convocado.

§ 2º Os processos de competência das Seções Especializadas, em caso de vacância do cargo ocupado por um de seus integrantes, serão redistribuídos no âmbito dos respectivos órgãos. Nos casos de remoção de Ministro, os processos a ele distribuídos até a data do requerimento ficarão vinculados à cadeira vaga, apenas admitida a redistribuição dos casos que reclamem solução inadiável, desde que requerida pela parte interessada, mediante petição fundamentada. (Redação dada pela Emenda Regimental n. 2/2021)

§ 3º Os processos de competência do Órgão Especial, em caso de afastamento definitivo do relator, serão atribuídos ao Ministro que o suceder. Na hipótese de afastamento temporário, o relator permanecerá vinculado a tais processos, observada, porém, a regra prevista no *caput* deste artigo.

Art. 108. O relator que se afastar definitivamente da Turma ou da Seção Especializada, por motivo de remoção, receberá no órgão para o qual se removeu os processos vinculados ao antecessor em que este ainda não apôs o visto.

Parágrafo único. Na hipótese de remoção de Turma, o Ministro que se removeu receberá no novo órgão, em compensação, a diferença entre o acervo processual deixado na Turma de origem, ao se remover, e o que recebeu na nova cadeira, observadas as classes processuais.

Art. 109. Se o afastamento do relator for definitivo, em decorrência de haver assumido cargo de direção do Tribunal, todos os seus processos serão atribuídos, conforme o caso, ao Desembargador ou ao Titular da cadeira que, em lugar do afastado, vier a integrar a Turma, inclusive em relação aos agravos internos e aos embargos de declaração.

§ 1º Todos os processos de competência das Seções Especializadas serão atribuídos ao Titular da cadeira que, em lugar do afastado, vier a integrar a Seção Especializada, inclusive em relação aos agravos internos e aos embargos de declaração. (Parágrafo renumerado pelo Ato Regimental n. 3/2021)

§ 2º No retorno à bancada, de Ministro que houver exercido cargo de direção do Tribunal, este assumirá, na Turma que vier a integrar, o acervo da cadeira que ocupar, com a compensação, mediante redução ou aumento temporário na distribuição de processos, da diferença entre o acervo processual deixado na Turma quando da assunção de cargo de direção e o que recebeu na nova cadeira, observadas as classes processuais. (Acrescido pelo Ato Regimental n. 3/2021)

Art. 110. O Ministro afastado definitivamente de qualquer órgão julgador retornará ao órgão colegiado para relatar os processos em que, até a data do seu afastamento, apôs o visto.

SEÇÃO II
DAS DISPOSIÇÕES ESPECIAIS

Art. 111. O órgão colegiado que conhecer do processo terá jurisdição preventa para o julgamento dos recursos posteriores interpostos no mesmo processo, observada a competência.

§ 1º O processo que tramita na fase de execução será distribuído ao Ministro a quem coube a relatoria na fase de conhecimento, ou a quem o tenha substituído ou sucedido, devendo os processos tramitar conjuntamente, sempre que possível.

§ 2º Os embargos de terceiro serão distribuídos, por prevenção, ao relator do processo principal.

Art. 112. O processo já apreciado pelo Órgão Especial ou por uma das Seções Especializadas, retornando a novo exame, será distribuído ao mesmo órgão colegiado e ao mesmo relator ou redator do acórdão. Na ausência definitiva do relator ou do redator do acórdão anterior, o processo será distribuído ao novo titular que vier a integrar o órgão prevento.

Parágrafo único. O processo já apreciado por uma das Turmas será distribuído ao mesmo órgão colegiado e ao mesmo relator ou redator do acórdão. Na ausência definitiva do relator ou do redator do acórdão anterior, o processo será distribuído ao Desembargador convocado para a vaga ou ao novo titular que vier a integrar o órgão prevento.

Art. 113. Aplica-se a regra do artigo anterior à hipótese de processo no qual haja recurso submetido à apreciação do Tribunal em razão de provimento de agravo.

Art. 114. A tutela provisória será distribuída ao relator do processo principal, salvo se a medida for requerida em procedimento antecedente, hipótese em que será sorteado relator dentre os integrantes do órgão colegiado competente para o julgamento da matéria, o qual fica prevento para a ação principal.

Parágrafo único. Observar-se-á a mesma regra na hipótese de recurso em tutela provisória.

Art. 115. À distribuição dos embargos previstos no art. 262 deste Regimento não concorrerá o Ministro que já tenha atuado no processo como relator ou redigido o acórdão embargado.

Art. 116. Os embargos interpostos contra decisão de Turma serão distribuídos entre os Ministros não integrantes do colegiado prolator da decisão embargada.

Art. 117. Da distribuição da ação rescisória originária será excluído como relator, sempre que possível, Ministro que haja participado do julgamento rescindendo.

Art. 117-A. Será designado revisor, nos procedimentos previstos neste Regimento, o Ministro que se seguir ao relator, na ordem decrescente de antiguidade no órgão competente. (Incluído pelo Ato Regimental n. 1/2020)

CAPÍTULO III
DO RELATOR E DO REVISOR

Art. 118. Compete ao relator:

I – submeter pedido de liminar ao órgão competente, antes de decidi-lo, desde que repute de alta relevância a matéria nele tratada. Caracterizada a urgência, concederá ou denegará a liminar, que será submetida ao referendo do órgão colegiado na primeira sessão que se seguir;

II – promover as diligências necessárias à perfeita instrução dos processos, fixando prazo para o seu cumprimento;

III – solicitar audiência do Ministério Público do Trabalho nas hipóteses previstas em lei, ou quando entender necessário;

IV – processar os incidentes de falsidade, de suspeição, de impedimento e de desconsideração da personalidade jurídica, arguidos pelos litigantes;

V – despachar os pedidos de desistência de ação ou de recurso, suscitados em processo que lhe tenha sido distribuído, salvo quando incluídos em pauta ou quando formulados após a publicação do acórdão;

VI – lavrar os acórdãos referentes às decisões proferidas nos processos em que seu voto tenha prevalecido;

VII – requisitar autos originais, quando necessário;

VIII – determinar a prática de atos processuais às autoridades judiciárias de instância inferior, nos casos previstos em lei ou neste Regimento;

IX – decidir sobre os pedidos constantes das petições vinculadas a processos de sua competência, que não se incluam nas atribuições do Presidente do Tribunal, do órgão julgador ou da respectiva Presidência;

X – decidir monocraticamente ou denegar seguimento a recurso, na forma da lei, inclusive na hipótese contemplada no § 2.º do art. 896 A da CLT;

XI – indeferir liminarmente ações originárias, na forma da lei;

XII – submeter ao órgão julgador competente questão de ordem para o bom andamento dos processos;

XIII – determinar, de ofício ou a requerimento das partes, a suspensão do recurso de revista ou de embargos que tenha como objeto controvérsia idêntica à do recurso afetado como repetitivo; XIV – encaminhar ao revisor os autos do incidente de recursos repetitivos;

XV – encaminhar a lista de impedimentos ao órgão administrativo competente, nos termos do art. 144 do CPC.

CAPÍTULO IV
DAS PAUTAS

Art. 119. A pauta de julgamento de cada órgão colegiado será organizada pelo Secretário e aprovada pelo Presidente.

§ 1º Nenhum processo poderá ser incluído em pauta sem que dele conste o visto do relator e do revisor, se houver.

§ 2º Não haverá julgamento de processo sem prévia inclusão em pauta, exceto:

I – daquele cujo julgamento for expressamente adiado para a primeira sessão seguinte;

II – quando os embargos de declaração forem apresentados em mesa pelo relator na sessão subsequente à sua conclusão;

III – do pedido de homologação de acordo formulado em processo de dissídio coletivo originário ou em grau recursal;

IV – dos incidentes de impedimento e de suspeição apresentados em mesa pelo relator.

§ 3º Os processos que versem sobre matéria idêntica ou semelhante poderão ser ordenados em pauta específica para julgamento conjunto.

Art. 120. Os processos serão incluídos em pauta, considerada a data de sua remessa à Secretaria, ressalvadas as seguintes preferências:

I – futuro afastamento temporário ou definitivo do relator, bem como posse em cargo de direção;

II – processos submetidos ao rito sumaríssimo e aqueles que tenham como parte ou terceiro juridicamente interessado pessoa com prioridade de tramitação assegurada por lei;

III – incidentes de assunção de competência e incidentes de resolução de demandas repetitivas e de julgamento de recursos repetitivos;

IV – solicitação do Ministro relator ou das partes, se devidamente justificada;

V – quando a natureza do processo exigir tramitação urgente, especificamente os dissídios coletivos, mandados de segurança, tutelas provisórias, reclamações, conflitos de competência e declaração de inconstitucionalidade de lei ou de ato do Poder Público;

VI – remoção do relator para outro órgão colegiado.

Art. 121. Para a ordenação dos processos na pauta, observar-se-á a numeração correspondente a cada classe, preferindo no lançamento o elenco do inciso III do art. 120 deste Regimento e, ainda, aqueles em que é permitida a sustentação oral.

Art. 122. A pauta de julgamento será publicada no órgão oficial com antecedência mínima de 5 (cinco) dias úteis.

§ 1º Quando o exigirem a urgência e a natureza do processo, por iniciativa do Presidente do órgão colegiado competente, e em havendo expressa concordância das partes, poderá ser dispensada a sua inclusão em pauta.

§ 2º Os processos não julgados na sessão, cujo julgamento for expressamente adiado para a primeira seguinte, permanecerão em pauta, independentemente de nova publicação, conservada a mesma ordem, com preferência sobre os demais, nas hipóteses previstas no art. 120 deste Regimento.

Art. 123. As matérias administrativas sujeitas à deliberação do Órgão Especial constarão de pauta comunicada aos Ministros, com a antecedência mínima de 5 (cinco) dias, sendo vedada a deliberação sobre outras que não aquelas reputadas urgentes ou inadiáveis.

Parágrafo único. Para deliberar sobre matérias não constantes da pauta, é necessária a autorização de pelo menos 2/3 (dois terços) dos Ministros, em votação preliminar.

Art. 124. Os processos não julgados até a última sessão de cada semestre serão retirados de pauta.

CAPÍTULO V
DAS SESSÕES

SEÇÃO I
DO FUNCIONAMENTO DOS ÓRGÃOS

Art. 125. As sessões do Tribunal Pleno, do Órgão Especial, das Seções Especializadas e das Turmas realizar-se-ão, ordinária e extraordinariamente, por convocação do Presidente do Tribunal ou das Turmas, com a presença de todos os Ministros, ressalvadas as hipóteses excepcionais de férias, licenças ou afastamentos, previamente comunicados à Presidência do respectivo colegiado e à Secretaria, para os procedimentos cabíveis.

§ 1º As sessões extraordinárias do Tribunal Pleno e do Órgão Especial serão convocadas, quando requeridas justificadamente por 10 (dez) Ministros, pelo menos, para deliberação sobre matérias relevantes, observadas as competências de cada órgão.

§ 2º As sessões de julgamento sobre estabelecimento ou alteração de súmulas e outros enunciados de jurisprudência deverão ser públicas, divulgadas com, no mínimo, 30 (trinta) dias úteis de antecedência, e deverão possibilitar a sustentação oral pelo Procurador-Geral do Trabalho, pelo Conselho Federal da Ordem dos Advogados do Brasil, pelo Advogado-Geral da União e por confederações sindicais ou entidades de classe de âmbito nacional.

§ 3º Os Ministros comparecerão na hora designada para o início da sessão e não se ausentarão antes do seu término, salvo quando autorizados.

Art. 126. As sessões do Tribunal Pleno e dos demais órgãos colegiados são públicas, salvo nos casos de segredo de justiça.

Art. 127. Nas sessões do Tribunal Pleno, do Órgão Especial e das Seções Especializadas, o Presidente terá assento ao centro da mesa, o Vice-Presidente ocupará a primeira cadeira do plenário, à direita do Presidente, o Ministro mais antigo, a da esquerda, e o Corregedor-Geral da Justiça do Trabalho, a segunda da direita, seguindo-se assim, sucessivamente, observada a ordem de antiguidade.

Art. 128. Nas sessões das Turmas, o Presidente terá assento ao centro da mesa e os demais integrantes do colegiado ocuparão os lugares na bancada pela ordem de antiguidade.

Art. 129. O Desembargador do Trabalho convocado, nas sessões das Turmas, terá assento no lugar seguinte ao do Ministro mais moderno.

Art. 130. O representante do Ministério Público do Trabalho participará das sessões, tendo assento à mesa ao lado direito do Presidente.

Art. 131. Para a complementação do quorum de julgamento do Órgão Especial, das Seções Especializadas e das Turmas, serão observadas as regras dos arts. 69, § 4.º, 70, parágrafo único, 71, §§ 1º, 2º e 4º, e 93, VII, deste Regimento.

Parágrafo único. Se não houver número para o funcionamento do órgão, aguardar-se-á por 30 (trinta) minutos a formação do quorum. Decorrido esse prazo e persistindo as ausências, será encerrada a sessão, com registro em ata.

SEÇÃO II
DO PLENÁRIO ELETRÔNICO

Art. 132. Os processos de competência jurisdicional do Tribunal poderão ser, a critério do Ministro relator, submetidos a julgamento em ambiente eletrônico não presencial, por meio de sessões realizadas em Plenário Eletrônico, observadas as respectivas competências dos órgãos judicantes.

§ 1º O Presidente de cada órgão judicante poderá indicar à respectiva Secretaria Judiciária as classes processuais em que, preferencialmente, o julgamento ocorrerá em ambiente de Plenário Eletrônico, determinando que os processos sejam distribuídos com esse marcador, excetuados aqueles que, a critério do Ministro relator, serão encaminhados à pauta presencial.

§ 2º Ficam excluídos do Plenário Eletrônico os processos a serem apreciados pela Seção de Dissídios Coletivos.

Art. 133. As sessões presenciais e virtuais dos órgãos judicantes poderão ser publicadas na mesma pauta, respeitado o prazo de, no mínimo, 5 (cinco) dias úteis entre a data da sua publicação no Diário Eletrônico da Justiça do Trabalho e o início do julgamento.

§ 1º Na publicação da pauta no Diário Eletrônico da Justiça do Trabalho haverá a distinção dos processos que serão julgados em meio eletrônico daqueles que serão julgados na sessão presencial.

§ 2º Ainda que publicados os processos em pauta única, as sessões virtuais terão encerramento à 0 (zero) hora do dia útil anterior ao da sessão presencial correspondente.

§ 3º Quando a pauta for composta apenas por processos indicados a julgamento em sessão virtual, as partes serão cientificadas no Diário Eletrônico da Justiça do Trabalho sobre a data e o horário de início e de encerramento da sessão.

§ 4º As sessões virtuais serão disponibilizadas para consulta em portal específico no sítio eletrônico do Tribunal, no qual será registrada a eventual remessa do processo para julgamento presencial ou o resultado final da votação.

Art. 134. Em ambiente eletrônico próprio, denominado Plenário Eletrônico, serão lançados os votos do relator e dos demais Ministros.

§ 1º O sistema liberará automaticamente os votos dos processos encaminhados para julgamento em ambiente virtual, assegurando se aos demais Ministros componentes do órgão judicante, no Plenário Eletrônico, o período de 7 (sete) dias corridos anteriores ao encerramento da votação previsto no art. 133, § 2º, deste Regimento, para análise e manifestação até o encerramento da sessão virtual.

§ 2º O início da sessão de julgamento definirá a composição do órgão judicante. Em caso de impedimento, suspeição ou afastamento temporário de um dos seus componentes, os processos pautados, em havendo prejuízo ao quorum de votação, serão remetidos automaticamente para a sessão presencial, na qual, a critério do Presidente, poderão ser retirados de pauta para eventual redistribuição na forma regimental.

§ 2º-A O advogado com poderes de representação poderá, até o encerramento da votação prevista no art. 133, §2º, deste Regimento, solicitar o registro da sua participação na sessão virtual, que constará de certidão de julgamento independentemente da remessa do processo para julgamento presencial. (Acrescido pelo Ato Regimental 4/2022)

§ 3º As opções de voto serão as seguintes:

I – convergente com o Ministro relator;

II – convergente com o Ministro relator, com ressalva de entendimento;

III – divergente do Ministro relator.

§ 4º Eleita qualquer das opções do parágrafo anterior, o Ministro poderá inserir em campo próprio do Plenário Eletrônico destaque pela relevância do tema, razões de divergência ou de ressalva de entendimento, quando o sistema emitirá aviso automático aos demais gabinetes componentes do órgão judicante.

§ 5º Serão automaticamente excluídos do ambiente eletrônico e remetidos à sessão presencial:

I – os processos com destaque ou pedido de vista por um ou mais integrantes do colegiado para julgamento presencial;

II – os processos com registro de voto divergente ao do Ministro relator;

III – os destacados pelo membro do Ministério Público do Trabalho até o fim do julgamento virtual;

IV – os processos pautados que tiverem pedido de sustentação oral ou preferência, desde que requerido em até 24 (vinte e quatro) horas antes do início da sessão virtual.

§ 6º Considerar-se-á que acompanhou o Ministro relator o componente que não se pronunciar no prazo previsto no § 1º, hipótese em que a decisão proferida será considerada unânime, independentemente de eventual ressalva de entendimento.

§ 7º O Ministro relator e os demais componentes poderão, a qualquer tempo, mesmo com a votação iniciada, independentemente de terem votado em meio eletrônico, remeter o processo para julgamento presencial.

§ 8º O Ministério Público, na condição de custos legis, terá assegurado o direito de acesso aos autos dos processos encaminhados para julgamento em meio eletrônico.

Art. 135. Na hipótese de conversão de processo publicado para julgamento em pauta virtual para julgamento presencial, os Ministros poderão renovar ou modificar seus votos.

Art. 136. O portal de acompanhamento dos julgamentos em meio eletrônico não disponibilizará os votos do relator ou razões de divergência ou convergência, exceto para o Ministério Público do Trabalho, nos processos em que não figurar como parte. Os votos somente serão tornados públicos depois de concluído seu julgamento, com a publicação do acórdão.

Parágrafo único. O sistema registrará os dados referentes ao acesso, dentre os quais o nome do Procurador do Trabalho, data e horário, que constarão da cópia que for disponibilizada.

SEÇÃO III
DAS DISPOSIÇÕES GERAIS

Art. 137. Nas sessões dos órgãos judicantes do Tribunal, os trabalhos obedecerão à seguinte ordem:

I – verificação do número de Ministros presentes;

II – exame de propostas;

III – julgamento dos processos.

Art. 138. Os processos serão submetidos a julgamento na seguinte ordem:

I – os *habeas corpus*;

II – aqueles em que houver pedido de preferência formulado por advogado até a hora prevista para o início da sessão, condicionando-se a ordem de julgamento do processo à presença, na sala de sessões, do advogado que solicitou a preferência ou de outro advogado constituído;

III – os mandados de segurança, as tutelas provisórias e as reclamações;

IV – os remanescentes de sessões anteriores;

V – os suspensos em sessão anterior em razão de vista regimental;

VI – os demais processos constantes da pauta do dia.

Art. 139. As decisões serão tomadas pela maioria simples de votos, ressalvadas as hipóteses previstas neste Regimento.

Art. 140. Se houver empate nas votações Tribunal Pleno, do Órgão Especial e das Seções Especializadas por ausência, falta, licença médica, afastamento, impedimento ou suspeição de qualquer Ministro, observar-se-á o disposto neste Regimento. (Redação dada pela Emenda Regimental n. 3/2021)

§ 1º Se o empate decorrer de ausência, falta ou licença médica por período inferior a 30 (trinta) dias, o julgamento será suspenso e designada sessão para prosseguimento, hipótese em que será convocado o Ministro ausente para que possa emitir o seu voto. (Redação dada pela Emenda Regimental n. 3/2021)

§ 2º Retomado o julgamento a que se refere o parágrafo anterior, como também nas sessões em que houver quórum completo, após serem colhidos os votos de todos os componentes do quórum e mantido o empate: (Redação dada pela Emenda Regimental n. 3/2021)

I – nas votações do Tribunal Pleno: (Acrescido pela Emenda Regimental n. 3/2021)

a) se envolver conhecimento de recurso, considerar-se-á julgada a questão, proclamando-se mantida a decisão recorrida;

b) se envolver o julgamento de ações originárias ou o mérito de recurso, prevalecerá, nos termos da lei, o voto proferido pelo Presidente do Tribunal ou pelo Ministro que o estiver substituindo na Presidência da sessão;

c) se envolver o julgamento de incidentes para a formação de precedentes com força obrigatória (IAC, IRDR e IRR), será proclamada a tese que representar o fundamento determinante presente, ainda que parcialmente, na maioria dos votos proferidos;

II – nas votações do Órgão Especial será observado o procedimento previsto nas alíneas "a" e "b", do inciso anterior; (Acrescido pela Emenda Regimental n. 3/2021)

III – nas votações das Seções Especializadas: (Acrescido pela Emenda Regimental n. 3/2021)

a) se envolver conhecimento de recurso, considerar-se-á julgada a questão, proclamando-se mantida a decisão recorrida;

b) se envolver o julgamento de ações originárias, o mérito de recurso ou de incidentes para a formação de precedentes com força obrigatória (IAC, IRDR e IRR), a sessão será suspensa e os autos serão remetidos ao Tribunal Pleno para novo julgamento;

§ 3º Se o empate decorrer de impedimento, suspeição ou licença médica por período superior a 30 (trinta) dias: (Redação dada pela Emenda Regimental n. 3/2021)

I – nas votações do Tribunal Pleno, será observado o disposto no inciso I, alíneas "a" a "c" do parágrafo anterior; (Acrescido pela Emenda Regimental n. 3/2021)

II – nas votações do Órgão Especial e das Seções Especializadas, o julgamento será suspenso e designada sessão para prosseguimento, hipótese em que será recomposto o quórum, na forma prevista neste Regimento. (Acrescido pela Emenda Regimental n. 3/2021)

§ 4º Retomado o julgamento a que se refere o inciso II do parágrafo anterior, após serem colhidos os votos de todos os componentes do quórum e mantido o empate, será observado o procedimento previsto nos incisos II e III do § 2º deste artigo. (Acrescido pela Emenda Regimental n. 3/2021)

§ 5º No julgamento de *habeas corpus* e de recursos ordinários em *habeas corpus*, proclamar-se-á, na hipótese de empate, a decisão mais favorável ao paciente. (Acrescido pela Emenda Regimental n. 3/2021)

§ 6º Se o empate ocorrer em julgamento de tutelas de urgência, nos termos da lei, prevalecerá o voto proferido pelo Presidente do Tribunal ou pelo Ministro que o estiver substituindo na Presidência da sessão. (Acrescido pela Emenda Regimental n. 3/2021)

Art. 141. Proclamada a decisão, não poderá ser feita apreciação ou crítica sobre a conclusão adotada.

Art. 142. A votação será iniciada com o voto do relator. Não havendo divergência, o Presidente proclamará o resultado. Se houver divergência, os votos serão colhidos, a partir do relator, em ordem decrescente de antiguidade. Esgotada essa ordem, prosseguirá a tomada de votos, a partir do mais antigo.

§ 1º O Presidente ou o Ministro que o estiver substituindo votará por último, salvo se for o relator do processo.

§ 2º Nenhum Ministro poderá se eximir de votar, salvo nas hipóteses de impedimento, de suspeição, de não ter assistido ao relatório ou participado dos debates ou, ainda, na situação, prevista no § 3.º do art. 147 deste Regimento, em que o Ministro vistor não estiver habilitado a proferir voto.

Art. 143. Ao relator poderão ser solicitados esclarecimentos, sendo facultado aos advogados, mediante autorização, apresentar questão de fato relativa à controvérsia.

Art. 144. O Ministro usará o tempo que se fizer necessário para proferir seu voto, podendo retomar a palavra para retificá-lo antes da proclamação, prestar esclarecimentos ou se for nominalmente referido, sendo vedadas as interrupções e pronunciamentos sem prévia autorização do Presidente.

Art. 145. O julgamento, uma vez iniciado, será ultimado na mesma sessão, salvo se houver pedido de vista regimental, motivo relevante ou conversão do julgamento em diligência, quando necessária à decisão da causa.

§ 1º Na hipótese de conversão do julgamento em diligência, o processo será retirado da pauta, devendo, após ultimada, ser reincluído, com preferência.

§ 2º Nenhum processo poderá ficar suspenso por tempo indeterminado, salvo:

I – quando pender de decisão incidente de julgamento, relativo à matéria discutida no processo, com vista à aprovação, modificação ou revogação de súmula, de orientação jurisprudencial e de precedente normativo;

II – quando penderem de decisão as ações a que se referem as alíneas *a* e *b* do inciso I do art. 76 deste Regimento e os incidentes de recursos repetitivos, de assunção de competência, de resolução de demandas repetitivas e de superação e revisão de tese vinculante;

III – enquanto não decidida arguição sobre declaração de inconstitucionalidade de lei ou de ato normativo do Poder Público.

Art. 146. O representante do Ministério Público do Trabalho poderá usar da palavra, em sequência ao relatório, quando solicitado por algum dos Ministros ou quando entender necessária a intervenção, em cada caso, mediante autorização do Presidente.

Art. 147. Na oportunidade em que lhe caiba votar, o Ministro poderá pedir vista regimental dos autos ou vista em mesa. Sendo em mesa, o julgamento dar-se-á na mesma sessão, tão logo o Ministro que a requereu se declare habilitado a votar; em sendo regimental, ficará adiado o julgamento, salvo anterior habilitação do Ministro que a requereu, para a primeira sessão subsequente ao término do prazo de 10 (dez) dias, prorrogável por igual período, mediante pedido devidamente justificado, podendo os demais Ministros adiantar seus votos.

§ 1º O adiamento do julgamento em razão de vista regimental será registrado em certidão, bem como a data do seu prosseguimento e os votos proferidos.

§ 2º Se o processo não for devolvido tempestivamente, ou se o vistor deixar de solicitar prorrogação de prazo, o Presidente do órgão correspondente fará a requisição para julgamento na sessão subsequente, com publicação na pauta em que houver a inclusão.

§ 3º Na hipótese do § 2.º, apregoado o julgamento do processo, na data aprazada, não estando o Ministro que pediu vista habilitado a votar, o Presidente do órgão correspondente convocará substituto para proferir voto, observadas as regras do art. 131 deste Regimento para a complementação do quorum.

§ 4º Na hipótese de mais de um pedido de vista, será concedido aos Ministros, sucessivamente, o prazo de 10 (dez) dias, prorrogável na forma estabelecida no *caput*.

§ 5º Prosseguindo o julgamento, a votação iniciará com o voto do Ministro que requereu a vista regimental ou daquele convocado para o substituir, hipótese em que, salvo quando o Ministro substituto se declarar esclarecido, observar-se-á o procedimento previsto no § 11.

§ 6º Os pedidos de vista regimental formulados por Ministros que se afastaram definitivamente do Tribunal serão desconsiderados e o julgamento prosseguirá com a repetição do voto do relator.

§ 7º O julgamento dos processos com vista regimental poderá prosseguir sem vinculação à Presidência e na ausência do relator, se este já houver votado sobre toda a matéria.

§ 8º Na ocorrência de afastamento definitivo do relator, sem que tenha sido concluído o julgamento, este continuará da fase em que se encontrar, considerados os votos já proferidos e sob a competência do Ministro que primeiro requereu a vista ou daquele convocado para o substituir.

§ 9º Não participará do julgamento já iniciado ou em prosseguimento o Ministro que não tenha assistido ao relatório ou aos debates, salvo quando se declarar esclarecido.

§ 10. Ao reiniciar o julgamento, serão computados os votos já proferidos pelos Ministros, ainda que não compareçam ou que não mais componham o órgão.

§ 11. Se, para efeito de quorum, for imprescindível o voto de Ministro nas condições do § 9º, serão renovados o relatório e a sustentação oral, computando-se os votos anteriormente proferidos.

§ 12. Em caso de pedido de vista, o prazo de restituição dos autos ficará suspenso nos períodos de recesso forense e de férias coletivas.

Art. 148. No julgamento dos recursos, o mérito será examinado após ultrapassada a fase de conhecimento.

Parágrafo único. Na hipótese de mais de um recurso com preliminares distintas, a apreciação far-se-á sucessivamente na ordem de preferência ditada pela prejudicialidade, considerado cada recurso isoladamente, esgotando-se com o exame do mérito.

Art. 149. O exame das preliminares prefere ao do mérito, observando-se nos julgamentos os seguintes critérios:

I – rejeitada a preliminar, ou se a decisão quanto a ela for compatível com a apreciação do mérito, seguir-se-á o julgamento da matéria principal, pronunciando-se todos os Ministros, inclusive os vencidos na preliminar;

II – o acolhimento da preliminar, se incompatível com o exame da matéria principal, impedirá a análise do mérito;

III – vencido o relator quanto aos pressupostos extrínsecos de admissibilidade do recurso, preliminar ou prejudicial de mérito, havendo necessidade de prosseguir no julgamento das questões subsequentes, os autos lhe serão conclusos para elaboração do voto correspondente, a ser proferido em sessão subsequente.

Art. 150. Para apuração da votação, havendo várias conclusões parcialmente divergentes, os votos deverão ser somados no que coincidirem. Permanecendo a divergência, sem possibilidade de nenhuma soma, serão as questões submetidas à apreciação, duas a duas, eliminando-se, sucessivamente, as que tiverem menor votação e prevalecendo a que reunir, por último, a maioria de votos.

Art. 151. Findo o julgamento, o Presidente proclamará a decisão e, se vencido o relator, designará redator do acórdão o Ministro prolator do primeiro voto vencedor.

Parágrafo único. Considera-se vencido o voto que, não obstante tenha apontado o mesmo resultado do voto vencedor, divergiu do seu fundamento determinante, reputando-se vencedor o voto que inaugurou o fundamento prevalecente.

Art. 152. As decisões proclamadas serão consignadas em certidão, que será juntada aos autos, na qual constarão:

I – a identificação, o número do processo e o nome das partes e dos advogados que sustentaram oralmente;

II – o nome do Ministro que presidiu a sessão de julgamento;

III – o nome do representante do Ministério Público do Trabalho presente na sessão;

IV - o nome do advogado constituído presente na sessão, quando assim o requerer, ainda que não seja caso de sustentação oral;

V - o nome do relator e dos Ministros que participaram do julgamento;

VI - a suspensão do julgamento em razão de pedido de vista regimental, com registro dos votos já proferidos e designação da data prevista para o seu prosseguimento;

VII - a conclusão do julgamento com a indicação dos votos vencidos, se houver;

VIII - a designação do Ministro redator do acórdão, nos casos previstos no art. 151 deste Regimento;

IX - os impedimentos e suspeições dos Ministros para o julgamento;

X - a data da sessão.

Art. 153. Concluídos os julgamentos, o Presidente encerrará a sessão, devendo ser lavrada a respectiva ata.

Parágrafo único. Na hipótese de remanescer sem julgamento número significativo de processos, a critério do órgão julgador, deverá o seu Presidente designar outro dia para o prosseguimento da sessão, com nova publicação da pauta quando não verificadas as exceções previstas nos arts. 119, § 2º, e 122, § 2º, deste Regimento.

Art. 154. Na ata, serão consignados, resumidamente, os assuntos tratados na sessão, devendo constar:

I - dia, mês, ano e hora da abertura da sessão;

II - nome do Ministro que presidiu a sessão;

III - nomes dos Ministros presentes;

IV - nome do representante do Ministério Público do Trabalho;

V - sumária notícia dos expedientes, das propostas e das deliberações;

VI - identificação dos processos julgados, com o resultado da decisão e os votos vencidos, nomes das partes e dos advogados, se tiver havido sustentação oral.

Art. 155. A ata será assinada pelo Presidente do colegiado e arquivada na Secretaria.

SEÇÃO IV
DA PARTICIPAÇÃO DOS ADVOGADOS

Art. 156. Nas sessões de julgamento do Tribunal, os advogados, no momento em que houverem de intervir, terão acesso à tribuna.

Parágrafo único. Na sustentação oral, ou para dirigir-se ao colegiado, vestirão beca, que lhes será posta à disposição.

Art. 157. Os pedidos de preferência para os julgamentos de processos na sessão presencial deverão ser formulados pelos advogados até a hora prevista para o seu início e serão concedidos com observância da ordem de registro.

§ 1º O pregão do processo em preferência vincula-se à presença, na sala de sessões, do advogado que a requereu ou de outro advogado constituído.

§ 2º Em qualquer sessão, ainda que em prosseguimento ou não sendo o caso de sustentação oral, mas desde que munido de procuração, o advogado que acompanhar o julgamento de seu processo poderá requerer o registro de sua presença em ata.

Art. 158. Os requerimentos de preferência formulados por um mesmo advogado ou por advogados integrantes de uma mesma sociedade, nos termos do art. 272, § 1.º, do CPC, em relação a mais de 3 (três) processos, poderá ser deferido de forma alternada, considerados os pedidos formulados pelos demais advogados.

Art. 159. Os pedidos de adiamento de julgamento, se dirigidos à Presidência no início da sessão, somente serão admitidos se devidamente justificados, com a concordância do relator e da parte contrária, se presente.

Art. 160. O advogado sem mandato nos autos, ou que não o apresentar no ato, não poderá proferir sustentação oral.

Art. 161. Ressalvado o disposto no art. 147, § 11, deste Regimento, a sustentação oral será feita de uma só vez, ainda que arguida matéria preliminar ou prejudicial.

§ 1º Ao proferir seu voto, o relator fará um resumo da matéria em discussão e antecipará sua conclusão, hipótese em que poderá ocorrer a desistência da sustentação, ante a antecipação do resultado. Havendo, porém, qualquer voto divergente daquele anunciado pelo relator, o Presidente voltará a facultar a palavra ao advogado desistente. Não desistindo os advogados da sustentação, o Presidente concederá a palavra a cada um dos representantes das partes, por 10 (dez) minutos, sucessivamente.

§ 2º Usará da palavra, em primeiro lugar, o advogado do recorrente; se ambas as partes o forem, o do reclamante.

§ 3º Aos litisconsortes representados por mais de um advogado, o tempo lhes será proporcionalmente distribuído, podendo haver prorrogação até o máximo de 20 (vinte) minutos, ante a relevância da matéria.

§ 4º Quando for parte o Ministério Público, seu representante poderá proferir sustentação oral após as demais partes, sendo-lhe concedido prazo igual.

§ 5º Não haverá sustentação oral em:

I - embargos de declaração;

II - conflito de competência;

III - agravo de instrumento;

IV - agravos internos previstos neste Regimento, salvo se interpostos contra decisão monocrática de relator que: (Redação dada pela ER 5/2022)

a) julgue o mérito ou não conheça de recurso que, se fosse apreciado por órgão colegiado do TST, comportaria sustentação oral em seu julgamento; (Redação dada pela ER 5/2022)

b) extinga, com ou sem resolução de mérito, ação rescisória, mandado de segurança, reclamação, habeas corpus e outras ações de competência originária; (Redação dada pela ER 5/2022)

c) conceda ou denegue a medida liminar em mandado de segurança; (Redação dada pela ER 5/2022)

V - arguição de suspeição ou de impedimento;

VI - tutelas provisórias;

VII - incidentes de desconsideração da personalidade jurídica.

§ 6º O Presidente do órgão julgador cassará a palavra do advogado que, em sustentação oral, conduzir-se de maneira desrespeitosa ou, por qualquer motivo, inadequada.

SEÇÃO V
DAS DISPOSIÇÕES ESPECIAIS

Art. 162. A Subseção I da Seção Especializada em Dissídios Individuais julgará desde logo a matéria objeto de recurso de revista não conhecida pela Turma, caso conclua, no julgamento dos embargos interpostos, que aquele recurso estava corretamente fundamentado em contrariedade a súmula, a orientação jurisprudencial, a precedente normativo, a acórdão proferido pelo Supremo Tribunal Federal ou pelo Tribunal Superior do Trabalho em julgamento de recursos repetitivos, a entendimento firmado em incidente de resolução de demandas repetitivas ou de assunção de competência, a decisão do Supremo Tribunal Federal em controle concentrado de constitucionalidade e a decisão do Tribunal Pleno, do Órgão Especial ou da própria Subseção Especializada mencionada.

SEÇÃO VI
DAS SESSÕES SOLENES

Art. 163. O Tribunal Pleno reunir-se-á em sessão solene para:

I - dar posse ao Presidente, Vice-Presidente e Corregedor-Geral da Justiça do Trabalho;

II - dar posse aos Ministros do Tribunal;

III - celebrar acontecimento de alta relevância.

Art. 164. O cerimonial das sessões solenes será regulado por ato do Presidente do Tribunal.

SEÇÃO VII
DAS DECISÕES E DA SUA PUBLICAÇÃO

Art. 165. Os acórdãos serão assinados pelo relator do processo ou pelo redator designado.

Parágrafo único. Na ausência do relator ou do redator designado, assinará o acórdão o Presidente do órgão.

Art. 166. Os acórdãos da Seção Especializada em Dissídios Coletivos serão publicados na íntegra, no órgão oficial; os dos demais colegiados terão publicadas apenas a ementa e a parte dispositiva.

Parágrafo único. A republicação de acórdão somente será feita quando autorizada pelo Presidente do Tribunal ou pelo Presidente do órgão prolator da decisão.

Art. 167. Publicado o acórdão, vencido o prazo de recurso para as partes, a Secretaria encaminhará os autos à Procuradoria-Geral do Trabalho, quando for parte o Ministério Público, pessoa jurídica de direito público, Estado estrangeiro ou organismo internacional.

Art. 168. São elementos essenciais do acórdão:

I - a ementa, que, resumidamente, consignará as teses jurídicas prevalecentes no julgamento, para cada tema recursal;

II - o relatório, que conterá os nomes das partes, a identificação do caso com suma das questões controvertidas e o registro das principais ocorrências havidas no andamento do processo;

III - a fundamentação vencedora e, igualmente, o voto vencido, sendo ambos necessariamente declarados;

IV - o dispositivo.

Parágrafo único. Nos incidentes de recursos repetitivos, de assunção de competência e de resolução de demandas repetitivas, o acórdão abrangerá a análise de todos os fundamentos suscitados concernentes à tese jurídica discutida, sejam favoráveis ou contrários.

TÍTULO II
DA JURISPRUDÊNCIA

CAPÍTULO I
DA UNIFORMIZAÇÃO DA JURISPRUDÊNCIA

Art. 169. A uniformização da jurisprudência reger-se-á pelos arts. 702, I, *f*, 896-B e 896-C da CLT, pelos preceitos deste Regimento e, no que couber, pelos arts. 926 a 928, 947, 976 a 987 e 1.036 a 1.041 do CPC.

Art. 170. O procedimento de revisão da jurisprudência uniformizada do Tribunal, objeto de súmula, orientação jurisprudencial, precedente normativo e teses jurídicas firmadas nos incidentes de recursos repetitivos, de assunção de competência e de resolução de demandas repetitivas, observará, no que couber, o disposto no artigo anterior.

Art. 171. A revisão ou cancelamento de súmula, orientação jurisprudencial, precedente normativo e teses jurídicas firmadas nos incidentes de recursos repetitivos, de assunção de competência e de resolução de demandas repetitivas será suscitada pela Seção Especializada, ao constatar que a decisão se inclina contrariamente a:

I – súmula, orientação jurisprudencial ou precedente normativo;

II – entendimento firmado em incidentes de assunção de competência, de resolução de demandas repetitivas ou de julgamento de incidentes de recursos repetitivos.

§ 1º A revisão ou cancelamento de que cuida o *caput* também poderá ser objeto de proposta firmada por, pelo menos, 10 (dez) Ministros, ou de projeto da Comissão de Jurisprudência e Precedentes Normativos.

§ 2º Na hipótese prevista no *caput*, o Presidente deixará de proclamar o resultado e encaminhará a questão controvertida à Comissão de Jurisprudência e Precedentes Normativos para as providências de que trata o art. 60, VII, deste Regimento, após o que os autos serão remetidos ao relator para que prepare o voto e aponha o visto.

§ 3º Quando provocada, a Comissão de Jurisprudência e Precedentes Normativos emitirá parecer no prazo de 30 (trinta) dias.

§ 4º No caso da apresentação de proposta de revisão ou cancelamento de súmula, orientação jurisprudencial e precedente normativo, de que trata o § 1º, a Comissão de Jurisprudência e Precedentes Normativos emitirá parecer dentro de 30 (trinta) dias, após o que o Presidente do Tribunal determinará a inclusão da matéria em pauta para deliberação do Tribunal Pleno em igual prazo, contado da aposição do visto do relator ou recebimento do parecer ou da proposta da Comissão de Jurisprudência e Precedentes Normativos.

§ 5º A determinação de remessa à Comissão de Jurisprudência e Precedentes Normativos e ao Tribunal Pleno de que trata este artigo é irrecorrível, assegurada às partes a faculdade de sustentação oral por ocasião do julgamento.

§ 6º Será relator no Tribunal Pleno o Ministro originariamente sorteado para relatar o feito em que se processa a revisão ou o cancelamento da súmula, da orientação jurisprudencial, do precedente normativo ou da tese jurídica firmada nos incidentes de recursos repetitivos, de assunção de competência e de resolução de demandas repetitivas. Se vencido, será redator o Ministro que primeiro proferiu o voto prevalecente. Em caso de afastamento definitivo ou superior a 30 (trinta) dias, o feito será redistribuído a qualquer dos membros desse colegiado.

§ 7º As cópias da certidão referente à revisão ou cancelamento de súmula, de orientação jurisprudencial, de precedente normativo, da tese jurídica firmada nos incidentes de recursos repetitivos, de assunção de competência e de resolução de demandas repetitivas e do parecer ou do projeto da Comissão de Jurisprudência e Precedentes Normativos serão remetidas aos Ministros da Corte, tão logo incluído em pauta o processo.

§ 8º Nos casos de que trata o *caput*, como matéria preliminar, o Tribunal Pleno decidirá sobre a configuração da contrariedade, passando, caso admitida, a deliberar sobre as teses em conflito.

§ 9º Ressalvados os embargos de declaração, nas hipóteses de que trata o *caput*, a decisão do Tribunal Pleno sobre o tema é irrecorrível, cabendo à Seção Especializada, na qual foi suscitada a questão, quando do prosseguimento do julgamento, aplicar a interpretação fixada.

§ 10. A decisão do Tribunal Pleno constará de certidão, juntando-se o voto prevalecente aos autos. As cópias da certidão e do acórdão deverão ser juntadas às propostas dos Ministros ou ao projeto formulado pela Comissão de Jurisprudência e Precedentes Normativos para redação final da súmula, da orientação jurisprudencial, do precedente normativo ou da tese jurídica firmada nos incidentes de recursos repetitivos, de assunção de competência e de resolução de demandas repetitivas.

CAPÍTULO II
DAS SÚMULAS

Art. 172. Para efeito do disposto nos arts. 702, I, *f*, 894, II, e 896, *a* e *b* e §§ 7º e 9º, da CLT, a jurisprudência predominante do Tribunal Superior do Trabalho será consolidada em súmula ou em tese jurídica firmada nos incidentes de recursos repetitivos, de assunção de competência e de resolução de demandas repetitivas.

Art. 173. Quando se tratar de exame de constitucionalidade de lei ou de ato normativo do poder público, a edição de súmula independe da observância dos dispositivos regimentais que regem a matéria, salvo quanto à exigência relativa à tomada de decisão por maioria absoluta.

Art. 174. Da proposta de edição de súmula formulada pela Comissão de Jurisprudência e Precedentes Normativos resultará um projeto, devidamente instruído, que será encaminhado ao Presidente do Tribunal para ser submetido à apreciação do Tribunal Pleno, no prazo previsto no art. 171, § 4º, deste Regimento.

Art. 175. A proposta de edição, de revisão ou de cancelamento de súmula ou da tese jurídica firmada nos incidentes de recursos repetitivos, de assunção de competência e de resolução de demandas repetitivas firmada, por pelo menos 10 (dez) Ministros, deverá ser encaminhada à Comissão de Jurisprudência e Precedentes Normativos.

Parágrafo único. A proposta será encaminhada ao Presidente do Tribunal, que a enviará à Comissão de Jurisprudência e Precedentes Normativos para, no prazo de 30 (trinta) dias, emitir parecer fundamentado e conclusivo, que será submetido à apreciação do Tribunal Pleno, nos termos do art. 171, § 4.º, deste Regimento.

Art. 176. O parecer da Comissão de Jurisprudência e Precedentes Normativos deverá conter opinião fundamentada acerca da proposta de edição, revisão ou cancelamento de súmula ou da tese jurídica firmada nos incidentes de recursos repetitivos, de assunção de competência e de resolução de demandas repetitivas. Na hipótese de acolhimento da proposta, quando for o caso, deverá sugerir o texto a ser editado, instruído com as cópias dos precedentes e da legislação pertinente.

Art. 177. O projeto de edição de súmula deverá atender ao disposto no art. 702, I, *f*, da CLT.

Parágrafo único. Na hipótese de matéria de relevante interesse público e já decidida por colegiado do Tribunal, qualquer dos órgãos judicantes, a Comissão de Jurisprudência e Precedentes Normativos, a Procuradoria-Geral do Trabalho, o Conselho Federal da Ordem dos Advogados do Brasil ou confederação sindical de âmbito nacional, poderão suscitar ou requerer ao Presidente do Tribunal apreciação, pelo Tribunal Pleno, de proposta de edição, revisão ou cancelamento de súmula.

CAPÍTULO III
DAS ORIENTAÇÕES JURISPRUDENCIAIS E DOS PRECEDENTES NORMATIVOS

Art. 178. Da proposta de edição, revisão ou cancelamento de orientação jurisprudencial e de precedentes normativos do Tribunal resultará projeto, que será devidamente instruído com a sugestão do texto, quando for o caso, a exposição dos motivos que o justificarem, a relação dos acórdãos que originaram os precedentes e a indicação da legislação pertinente à hipótese.

Art. 179. A proposta de edição, revisão ou cancelamento de orientação jurisprudencial e de precedente normativo segue o procedimento e os prazos dos arts. 172 a 177 deste Regimento.

Art. 180. A proposta de edição de nova orientação jurisprudencial do Órgão Especial e da Seção Especializada em Dissídios Individuais, bem como de precedentes normativos do Tribunal, deverá atender aos requisitos previstos no art. 702, I, *f*, da CLT.

Art. 181. Aprovada a proposta, passará a denominar-se orientação jurisprudencial ou precedente normativo, conforme o caso, com numeração própria.

Art. 182. As orientações jurisprudenciais e os precedentes normativos expressarão a jurisprudência prevalecente das respectivas

Subseções, quer para os efeitos do que contém a Súmula 333 do TST, quer para o que dispõe o art. 251 deste Regimento.

CAPÍTULO IV
DA DIVULGAÇÃO DA JURISPRUDÊNCIA DO TRIBUNAL

Art. 183. A jurisprudência do Tribunal será divulgada pelas seguintes publicações:

I - Diário Eletrônico da Justiça do Trabalho ou Diário da Justiça da União;

II - Revista do Tribunal Superior do Trabalho;

III - periódicos autorizados, mediante registro;

IV - sítio do Tribunal Superior do Trabalho na rede mundial de computadores.

Parágrafo único. São repositórios autorizados para indicação de julgados perante o Tribunal os repertórios, revistas e periódicos registrados de conformidade com o ato normativo editado pela Presidência, além do sítio do Tribunal Superior do Trabalho na rede mundial de computadores.

Art. 184. As súmulas, as orientações jurisprudenciais, os precedentes normativos e as teses jurídicas firmadas nos incidentes de recursos repetitivos, de assunção de competência e de resolução de demandas repetitivas, datados e numerados, serão publicados por 3 (três) vezes consecutivas no Diário da Justiça da União ou no Diário Eletrônico da Justiça do Trabalho, com a indicação dos respectivos precedentes, observado o mesmo procedimento na revisão e no cancelamento.

Parágrafo único. As súmulas, as orientações jurisprudenciais, os precedentes normativos e as teses jurídicas firmadas nos incidentes de recursos repetitivos, de assunção de competência e de resolução de demandas repetitivas cancelados ou alterados manterão a respectiva numeração, com a nota correspondente, tomando novos números as que forem editadas.

TÍTULO III
DOS ATOS PROCESSUAIS

CAPÍTULO I
DOS ATOS E FORMALIDADES

SEÇÃO I
DAS DISPOSIÇÕES GERAIS

Art. 185. Os atos processuais serão autenticados, conforme o caso, mediante a assinatura ou rubrica do Presidente, dos Ministros ou dos servidores para tal fim qualificados.

Parágrafo único. É exigida a assinatura usual nos acórdãos, na correspondência oficial e nas certidões, ressalvada a hipótese de chancela mecânica e dos procedimentos permitidos pela Lei n.º 11.419/2006.

SEÇÃO II
DAS NOTIFICAÇÕES E DOS EDITAIS

Art. 186. A critério do Presidente do Tribunal, dos Presidentes das Turmas ou do relator, conforme o caso, a notificação de ordens ou decisões será feita:

I - por publicação no Diário Eletrônico da Justiça do Trabalho ou no Diário da Justiça da União;

II - por servidor credenciado;

III - por via postal ou por qualquer modo eficaz de telecomunicação, com as cautelas necessárias à autenticação da mensagem e do recebimento.

Parágrafo único. Poder-se-á admitir a resposta pela forma indicada no inciso III deste artigo.

Art. 187. Da publicação do expediente de cada processo constará, além do nome das partes, o de seu advogado, com o respectivo número de inscrição na Ordem dos Advogados do Brasil - OAB, ou, se assim requerido, da sociedade de advogados registrada na OAB, nos termos do art. 272, §§ 1º e 2º, do CPC.

Art. 188. É suficiente a indicação do nome de um dos advogados, quando a parte houver constituído mais de um, ou o constituído substabelecer a outro com reserva de poderes.

Parágrafo único. As comunicações dos atos processuais serão realizadas em nome dos advogados indicados, se houver pedido expresso da parte interessada.

Art. 189. A retificação de publicação no Diário Eletrônico da Justiça do Trabalho ou no Diário da Justiça da União, com efeito de intimação, decorrente de incorreções ou omissões, será providenciada pela Secretaria do órgão responsável pela publicação, mediante despacho do Presidente do Tribunal ou do Presidente de Turma, ou por deliberação do órgão julgador, conforme o caso.

Art. 190. Os editais destinados à divulgação de ato poderão conter apenas o essencial à defesa ou à resposta, observadas as normas previstas na lei processual.

Art. 191. Nas férias dos Ministros, não se interromperá a publicação de acórdãos, decisões e despachos no órgão oficial.

CAPÍTULO II
DOS PRAZOS

Art. 192. A contagem dos prazos no Tribunal será feita segundo as normas estabelecidas na lei processual, ainda que se trate de procedimento administrativo.

§ 1º O recesso forense e as férias coletivas dos Ministros suspendem os prazos recursais.

§ 2º Nos casos deste artigo, os prazos começam ou continuam a fluir no dia de reabertura do expediente forense.

Art. 193. Os prazos para os Ministros, salvo acúmulo de serviço, são os seguintes:

I - 10 (dez) dias para despachos e atos administrativos;

II - 30 (trinta) dias para as decisões interlocutórias e para o visto do relator;

III - 20 (vinte) dias para o visto do revisor;

IV - 15 (quinze) dias para lavratura de acórdão, exceto o referente às decisões normativas, em que o prazo é de 10 (dez) dias;

V - 15 (quinze) dias para justificativa de voto;

VI - 10 (dez) dias para vista regimental, nos termos do art. 147 deste Regimento.

Parágrafo único. Por deliberação do Órgão Especial, os prazos fixados neste artigo poderão ser suspensos, caracterizada situação excepcional que justifique a medida.

CAPÍTULO III
DOS DADOS ESTATÍSTICOS

Art. 194. Os dados estatísticos relativos às atividades jurisdicionais dos órgãos do Tribunal e dos Ministros serão publicados, mensalmente, no órgão oficial.

Art. 195. Da publicação da estatística deverá constar o nome dos julgadores, o número de feitos que lhes foram distribuídos ou conclusos no mês, as decisões proferidas, os processos julgados, os acórdãos lavrados, os pedidos de vista, bem como os processos pendentes de exame e de inclusão em pauta, e os processos com vista à Procuradoria-Geral do Trabalho.

CAPÍTULO IV
DAS AUDIÊNCIAS

Art. 196. As audiências para instrução de processo da competência originária do Tribunal serão públicas e realizadas nos dias e horários marcados pelo Presidente, pelo Vice-Presidente ou pelo Ministro por eles designado, ou pelo relator, presentes o Secretário Geral Judiciário, no caso de processo de competência originária da Seção Especializada em Dissídios Coletivos, ou os Secretários das Subseções Especializadas em Dissídios Individuais, conforme o caso.

Parágrafo único. O Ministro que presidir a audiência deliberará sobre o que lhe for requerido.

Art. 197. Ninguém se retirará da sala de audiência a que haja comparecido para dela participar sem permissão do Ministro que a presidir.

Art. 198. Será lavrada ata da audiência de instrução e conciliação.

Art. 199. As audiências públicas serão realizadas nos dias e horários marcados pelo Presidente ou pelo relator, de ofício ou a requerimento, para colher informações de terceiros potencialmente atingidos pela decisão ou de especialistas na tese jurídica discutida, presente o Secretário do órgão competente, e atenderão ao seguinte procedimento:

§ 1º A audiência pública será convocada por edital, publicado na página do Tribunal na rede mundial de computadores, no Diário Eletrônico da Justiça do Trabalho, tendo, ainda, ampla divulgação em veículos de comunicação apropriados às características do público destinatário.

§ 2º O edital de convocação deverá conter o assunto da audiência, a indicação da questão específica objeto de discussão, a descrição do público destinatário do ato, a data, o local e o horário da sua realização e os critérios de inscrição e manifestação.

§ 3º A convocação deverá ocorrer com antecedência mínima de 30 (trinta) dias, salvo em situações de urgência.

§ 4º Será garantida a participação das diversas correntes de opinião em torno da questão discutida.

§ 5º O Ministério Público do Trabalho será intimado para participar da audiência.

§ 6º A audiência pública será presidida pelo Ministro relator, a quem cabe selecionar previamente as pessoas que serão ouvidas, divulgar a lista de habilitados, determinar a ordem dos trabalhos e fixar o tempo de manifestação de cada um, que deve se restringir à questão discutida, sob pena de lhe ser cassada a palavra.

§ 7º Todos os membros do órgão colegiado competente para o julgamento da causa podem participar da audiência e formular perguntas aos participantes, devendo a Secretaria respectiva dar lhes ciência dos termos do edital de convocação por ofício específico encaminhado ao gabinete com a mesma antecedência da publicação do edital.

§ 8º A audiência pública será registrada em ata e mediante gravação de áudio e vídeo, bem como transmitida por meio da rede mundial de computadores e redes de televisão estatais, sempre que possível.

§ 9º As questões levantadas durante a audiência pública, desde que relevantes para o julgamento da causa, deverão ser examinadas pelo órgão julgador, na forma do art. 489, § 1º, do CPC.

TÍTULO IV
DOS PROCESSOS EM ESPÉCIE

CAPÍTULO I
DOS PROCESSOS SOBRE COMPETÊNCIA DOS CONFLITOS DE COMPETÊNCIA E DE ATRIBUIÇÕES

Art. 200. O conflito de competência poderá ocorrer entre autoridades judiciárias; o de atribuições, entre autoridades judiciárias e administrativas.

Art. 201. Dar-se-á conflito quando:

I – 2 (duas) ou mais autoridades se declaram competentes;

II – 2 (duas) ou mais autoridades se consideram incompetentes, atribuindo uma à outra a competência;

III – houver controvérsia entre 2 (duas) ou mais autoridades sobre a reunião ou separação de processos.

Parágrafo único. A autoridade que não acolher a competência declinada deverá suscitar o conflito, salvo se a atribuir a uma outra autoridade.

Art. 202. O conflito poderá ser suscitado ao Tribunal:

I – por qualquer das autoridades conflitantes, por ofício;

II – pela parte interessada ou seus representantes legais e pelo Ministério Público do Trabalho, por petição.

Parágrafo único. O ofício e a petição serão instruídos com os documentos necessários à prova do conflito.

Art. 203. O processo de conflito será autuado e distribuído, observada a competência dos órgãos judicantes do Tribunal.

Art. 204. O relator, de ofício ou a requerimento de qualquer das partes, poderá determinar, quando positivo o conflito, o sobrestamento do processo, e, nesse caso, bem como no de conflito negativo, designará um dos órgãos para resolver, em caráter provisório, as medidas urgentes.

Parágrafo único. O relator poderá julgar de plano o conflito de competência quando sua decisão se fundar em:

I – súmula do Supremo Tribunal Federal ou do Tribunal Superior do Trabalho;

II – tese firmada em julgamento de casos repetitivos ou em incidente de assunção de competência.

Art. 205. Após a distribuição e sempre que necessário, o relator determinará a oitiva das autoridades em conflito, no prazo de 10 (dez) dias.

Art. 206. Prestadas ou não as informações, o relator, se for o caso, dará vista do processo ao Ministério Público do Trabalho e, após, apresentá-lo-á em mesa para julgamento.

Art. 207. Proferida, a decisão será comunicada, imediatamente, às autoridades em conflito, devendo prosseguir o feito no Juízo, Tribunal ou órgão competente.

Parágrafo único. No caso de conflito positivo, o Presidente do órgão fracionário ou do Tribunal que o julgar poderá determinar o cumprimento, de imediato, da decisão, lavrando-se o acórdão posteriormente.

Art. 208. Salvo embargos de declaração, da decisão que resolver o conflito não caberá recurso, nem poderá a matéria ser renovada na discussão da causa principal.

Art. 209. Nos casos de conflito que envolva órgãos fracionários dos tribunais, Desembargadores e Juízes, bem como nos casos de conflito de atribuições entre autoridade judiciária e autoridade administrativa, proceder-se-á, no que couber, na forma estabelecida neste Capítulo.

CAPÍTULO II
DAS AÇÕES ORIGINÁRIAS

SEÇÃO I
DA RECLAMAÇÃO

Art. 210. Caberá reclamação para:

I – preservar a competência do Tribunal;

II – garantir a autoridade das decisões do Tribunal;

III – garantir a observância de acórdão proferido em incidentes de assunção de competência, de resolução de demandas repetitivas e de julgamento de recursos repetitivos.

§ 1º Estão legitimados para a reclamação a parte interessada ou o Ministério Público do Trabalho.

§ 2º A reclamação será processada e julgada pelo órgão colegiado cuja competência se busca preservar ou cuja autoridade se pretende garantir.

§ 3º Oficiará no feito o Ministério Público do Trabalho, como custos legis, salvo se figurar como reclamante.

Art. 211. A reclamação, dirigida ao Presidente do Tribunal e instruída com prova documental, será autuada e distribuída, sempre que possível, ao relator da causa principal, observando-se, no que couber, as disposições deste Regimento.

Art. 212. É inadmissível a reclamação proposta:

I – após o trânsito em julgado da decisão reclamada;

II – em face de decisão monocrática de Ministro ou colegiada do Tribunal, pelo seu Pleno ou órgão fracionário.

Art. 213. Ao despachar a inicial, incumbe ao relator:

I – requisitar informações da autoridade a quem for atribuída a prática do ato impugnado, para que as apresente no prazo de 10 (dez) dias úteis;

II – ordenar liminarmente, se houver risco de dano irreparável, a suspensão do processo ou do ato impugnado;

III – determinar a citação do beneficiário da decisão impugnada, que terá prazo de 15 (quinze) dias úteis para apresentar contestação.

Parágrafo único. Decorridos os prazos para informações e oferecimento de contestação pelo beneficiário do ato impugnado, o Ministério Público terá vista dos autos por 5 (cinco) dias, salvo se figurar como reclamante.

Art. 214. À reclamação poderá opor-se, fundamentadamente, qualquer interessado.

§ 1º É obrigatória a intimação da parte interessada da decisão de indeferimento liminar da reclamação.

§ 2º O relator arbitrará o valor das custas, bem como os ônus da sucumbência.

§ 3º Os valores decorrentes da sucumbência serão processados nos autos da reclamação.

Art. 215. Julgada procedente a reclamação, o Tribunal cassará a decisão exorbitante de seu julgado ou determinará medida adequada à preservação da sua competência.

Art. 216. O Presidente do órgão julgador competente determinará o cumprimento imediato da decisão, lavrando-se o acórdão posteriormente.

Parágrafo único. Caberá ao Ministro relator determinar a adoção das medidas indutivas, coercitivas, mandamentais ou sub-rogatórias necessárias para assegurar o cumprimento da decisão.

Art. 217. Dos acórdãos proferidos pelos Tribunais Regionais do Trabalho, em reclamação, caberá recurso ordinário, a ser distribuído no âmbito do órgão fracionário competente para o julgamento do recurso cabível para o Tribunal Superior do Trabalho no processo principal.

SEÇÃO II
DO *HABEAS CORPUS*

Art. 218. Impetrado o habeas corpus, o relator requisitará informações do apontado coator, no prazo que fixar, podendo, ainda:

I – nomear advogado para acompanhar e defender oralmente o pedido, se o impetrante não for bacharel em Direito;

II – ordenar diligências necessárias à instrução do pedido;

III – se convier ouvir o paciente, determinar sua apresentação à sessão de julgamento;

IV – no habeas corpus preventivo, expedir salvo-conduto em favor do paciente, até decisão do feito, se houver grave risco de se consumar a violência.

Art. 219. Instruído o processo e ouvido o Ministério Público, o relator o submeterá a julgamento na primeira sessão da Subseção II da Seção Especializada em Dissídios Individuais, independentemente de pauta.

Parágrafo único. Opondo-se o paciente, não se conhecerá do pedido.

Art. 220. A decisão concessiva de *habeas corpus* será imediatamente comunicada às autoridades a quem couber cumpri-la, sem prejuízo da remessa de cópia do acórdão.

Parágrafo único. A comunicação, mediante ofício ou qualquer outro meio idôneo, bem como o salvo-conduto, em caso de ameaça de violência ou coação, serão firmados pelo relator.

Art. 221. A autoridade administrativa prisional, o escrivão, o oficial de justiça ou a autoridade judiciária, policial ou militar que embaraçar ou procrastinar o encaminhamento do pedido de *habeas corpus*, ou as informações sobre a causa da violência, coação ou ameaça, serão multados na forma da legislação processual vigente, sem prejuízo de outras sanções penais ou administrativas.

Art. 222. O Presidente do Tribunal expedirá mandado contra a autoridade administrativa prisional e oficiará ao Ministério Público, para que promova a ação penal, no caso de desobediência ou retardamento abusivo no cumprimento da ordem de *habeas corpus*.

Parágrafo único. Na hipótese deste artigo, o Presidente do Tribunal adotará as providências necessárias ao cumprimento da decisão, com emprego dos meios legais cabíveis.

Art. 223. Quando o pedido for incabível, ou for manifesta a incompetência do Tribunal para dele conhecer originariamente, ou for reiteração de outro com os mesmos fundamentos, o relator o indeferirá liminarmente.

SEÇÃO III
DO MANDADO DE SEGURANÇA

Art. 224. Cabe mandado de segurança contra ato do Presidente ou de qualquer dos membros ou órgãos da Corte, observadas para o julgamento as regras referentes à competência dos órgãos judicantes do Tribunal.

Art. 225. O mandado de segurança coletivo pode ser impetrado por organização sindical, entidade de classe ou associação legalmente constituída e em funcionamento há, pelo menos, 1 (um) ano, em defesa de direitos líquidos e certos da totalidade ou de parte dos seus membros ou associados, na forma dos seus estatutos e desde que pertinentes às suas finalidades, dispensada, para tanto, autorização especial.

Parágrafo único. Os direitos protegidos pelo mandado de segurança coletivo podem ser:

I – coletivos, assim entendidos os transindividuais, de natureza indivisível, de que seja titular grupo ou categoria de pessoas ligadas entre si ou com a parte contrária por uma relação jurídica básica;

II – individuais homogêneos, assim entendidos os decorrentes de origem comum e da atividade ou situação específica da totalidade ou de parte dos membros ou associados do impetrante.

Art. 226. No mandado de segurança coletivo, a decisão fará coisa julgada limitadamente aos membros do grupo ou categoria substituídos pelo impetrante.

§ 1º O mandado de segurança coletivo não induz litispendência para as ações individuais, mas os efeitos da coisa julgada não beneficiarão o impetrante a título individual se não requerer a desistência de seu mandado de segurança no prazo de 30 (trinta) dias a contar da ciência comprovada da impetração da segurança coletiva.

§ 2º No mandado de segurança coletivo, a liminar só poderá ser concedida após a audiência do representante judicial da pessoa jurídica de direito público, que deverá se pronunciar no prazo de 72 (setenta e duas) horas, salvo em casos de manifesta urgência.

Art. 227. O mandado de segurança, de competência originária do Tribunal, terá seu processo iniciado por petição, que preencherá os requisitos legais, inclusive a necessidade de autenticação dos documentos que instruem a ação mandamental, sendo facultada ao advogado a declaração de autenticidade dos referidos documentos, sob sua responsabilidade pessoal, na forma do art. 830 da CLT, devendo conter, ainda, a indicação precisa da autoridade a quem se atribua o ato impugnado.

§ 1º Afirmado pelo requerente que o documento necessário à prova de suas alegações se encontra em órgão ou estabelecimento público ou em poder de autoridade que lhe recuse certidão, ele solicitará ao relator que seja requisitada, por ofício, a exibição do documento, em original ou cópia autenticada, no prazo de 5 (cinco) dias úteis. Se a autoridade indicada pelo requerente for a coatora, far-se-á a requisição no próprio instrumento da intimação.

§ 2º Para os fins deste artigo, em se tratando de documento eletrônico, serão observadas as regras que disciplinam o processo eletrônico na Justiça do Trabalho.

Art. 228. Em caso de urgência, é permitido, observados os requisitos legais, impetrar mandado de segurança por telegrama, radiograma, fax ou outro meio eletrônico de autenticidade comprovada.

§ 1º Poderá o juiz, em caso de urgência, notificar a autoridade por telegrama, radiograma ou outro meio que assegure a autenticidade do documento e a imediata ciência pela autoridade.

§ 2º O texto original da petição deverá ser apresentado nos 5 (cinco) dias úteis seguintes.

§ 3º Para os fins deste artigo, em se tratando de documento eletrônico, serão observadas as regras que disciplinam o processo eletrônico na Justiça do Trabalho.

Art. 229. Distribuído o feito na forma regimental, o relator mandará ouvir a autoridade dita coatora, mediante ofício acompanhado da segunda via da petição, instruída com as cópias dos documentos, a fim de que preste informações no prazo legal.

§ 1º A petição inicial poderá, de plano, ser indeferida pelo relator, quando não for a hipótese de mandado de segurança, ou quando não atendidos os requisitos do art. 227 deste Regimento, devendo os autos ser remetidos ao Juízo competente, se manifesta a incompetência do Tribunal, dispensadas as informações da autoridade dita coatora.

§ 2º Salvo nos casos vedados em lei, o relator poderá ordenar a suspensão liminar do ato que deu motivo ao pedido, quando for relevante o fundamento e do ato impugnado puder resultar a ineficácia da medida, caso seja deferida.

§ 3º Deferida a medida liminar, o processo terá prioridade para julgamento.

§ 4º Da decisão do relator que conceder ou denegar a medida liminar caberá agravo interno ao órgão colegiado competente do Tribunal do qual o magistrado seja integrante.

§ 5º Se, por ação ou omissão, o beneficiário da liminar der causa à procrastinação do julgamento do pedido, poderá o relator revogar a medida.

Art. 230. Transcorrido o prazo legal para as informações, o relator determinará a remessa dos autos à Procuradoria-Geral do Trabalho, que opinará, dentro do prazo improrrogável de 10 (dez) dias.

Parágrafo único. Com ou sem o parecer do Ministério Público, os autos serão conclusos ao relator para a instrução do processo, se necessária, e para que este o encaminhe para inclusão na próxima pauta de julgamento ou, quando a matéria for objeto de jurisprudência consolidada do Tribunal, julgue monocraticamente o pedido.

Art. 231. A concessão ou a denegação da segurança, na vigência da medida liminar, será imediatamente comunicada, por intermédio da Secretaria do órgão julgador, à autoridade apontada como coatora e à pessoa jurídica interessada, mediante ofício ou pelo correio, através de correspondência com aviso de recebimento.

Parágrafo único. Em caso de urgência, poderá ser observado o disposto no art. 228 deste Regimento.

SEÇÃO IV
DO MANDADO DE INJUNÇÃO E DO
HABEAS DATA

Art. 232. No mandado de injunção e no *habeas data*, serão observadas as normas da legislação de regência e, de forma supletiva e subsidiária, a Lei nº 12.016/ 2009 e o Código de Processo Civil.

SEÇÃO V
DA AÇÃO RESCISÓRIA

Art. 233. Caberá ação rescisória dos acórdãos prolatados pelo Tribunal, no prazo e nas hipóteses previstas na legislação processual aplicável, observadas, para o julgamento, as regras alusivas à competência dos órgãos judicantes da Corte.

§ 1º A ação rescisória está sujeita ao depósito prévio equivalente a 20% (vinte por cento) do valor da causa, importância que se converterá em multa em favor do réu, caso a ação seja, por unanimidade de votos, declarada inadmissível ou improcedente.

§ 2º Não se aplica o disposto no parágrafo anterior ao autor que tenha feito prova de miserabilidade jurídica e à União, aos Estados, ao Distrito Federal, aos Municípios, às suas respectivas autarquias e fundações de direito público, ao Ministério Público e à Defensoria Pública.

Art. 234. A ação rescisória terá início por petição, preenchidos os requisitos da legislação processual compatíveis com o processo do trabalho.

Parágrafo único. Registrada e autuada, a ação rescisória será distribuída, mediante sorteio, a um relator, dentre os Ministros integrantes do órgão julgador competente.

Art. 235. A petição inicial será indeferida pelo relator, se não preenchidas as exigências legais e não suprida a irregularidade.

Art. 236. Nas ações rescisórias que dispensem a fase instrutória, o relator também poderá, independentemente da citação do réu, julgar liminarmente improcedente o pedido se verificar, desde logo, a ocorrência de decadência ou se concluir configurada contrariedade a:

I – enunciado de súmula do Supremo Tribunal Federal ou do Tribunal Superior do Trabalho (art. 927, IV, do CPC);

II – acórdão proferido pelo Supremo Tribunal Federal ou pelo Tribunal Superior do Trabalho em julgamento de recursos repetitivos (art. 896-B da CLT e art. 927, III, do CPC);

III – entendimento firmado em incidentes de assunção de competência, de resolução de demandas repetitivas e de recursos repetitivos;

IV – enunciado de súmula de Tribunal Regional do Trabalho sobre direito local, convenção coletiva de trabalho, acordo coletivo de trabalho, sentença normativa ou regulamento empresarial de observância obrigatória em área territorial que não exceda à jurisdição do respectivo Tribunal.

Art. 237. Compete ao relator, se a petição preencher os requisitos legais:

I – ordenar as citações e intimações requeridas;

II – receber ou rejeitar, *in limine*, a petição inicial e as exceções opostas e designar audiência especial para produção de provas, se requeridas ou se lhe parecerem necessárias, ou delegar a competência para a colheita de provas ao órgão que proferiu a decisão rescindenda ou a juiz ou a membro de outro tribunal do local onde estas devam ser produzidas, fixando prazo de 1 (um) a 3 (três) meses para a devolução dos autos;

III – submeter a julgamento em mesa as questões incidentes e as exceções opostas, quando regularmente processadas;

IV – dar vista ao Ministério Público do Trabalho, sempre que couber, depois das alegações finais das partes.

Parágrafo único. Reconhecida a incompetência do Tribunal para julgar a ação rescisória, o autor será intimado para emendar a petição inicial, a fim de adequar o objeto da ação, nos casos previstos nos incisos I e II do § 5º do art. 968 do CPC, com a complementação, pelo réu, dos fundamentos de defesa e a remessa dos autos ao Tribunal competente, nos termos do § 6º do art. 968 do CPC.

Art. 238. Feita a citação, o réu, no prazo assinalado pelo relator, que não poderá ser inferior a 15 (quinze) nem superior a 30 (trinta) dias, apresentará a contestação.

Art. 239. Ultimada a fase probatória, permanecerão os autos na Secretaria, para apresentação de razões finais, tendo as partes, sucessivamente, o prazo de 10 (dez) dias úteis.

Parágrafo único. Findo esse prazo e oficiado, quando cabível, o Ministério Público do Trabalho, serão os autos conclusos ao relator.

SEÇÃO VI
DOS DISSÍDIOS COLETIVOS

Art. 240. Frustrada, total ou parcialmente, a autocomposição dos interesses coletivos em negociação promovida diretamente pelos interessados ou mediante intermediação administrativa do órgão competente do Ministério do Trabalho, poderá ser ajuizada a ação de dissídio coletivo ou solicitada a mediação do Tribunal Superior do Trabalho.

§ 1º Na impossibilidade real de encerramento da negociação coletiva em curso antes do termo final a que se refere o art. 616, § 3º, da CLT, a entidade interessada poderá formular protesto judicial em petição escrita, dirigida ao Presidente do Tribunal, a fim de preservar a data-base da categoria.

§ 2º Deferida a medida prevista no item anterior, a representação coletiva será ajuizada no prazo máximo de 30 (trinta) dias úteis, contados da intimação, sob pena de perda da eficácia do protesto.

§ 3º O pedido de mediação do Tribunal, formulado antes da instauração do dissídio coletivo, será dirigido à Vice-Presidência, que marcará audiência para composição voluntária do conflito.

Art. 241. Os dissídios coletivos podem ser:

I – de natureza econômica, para a instituição de normas e condições de trabalho;

II – de natureza jurídica, para interpretação de cláusulas de sentenças normativas, de instrumentos de negociação coletiva, acordos e convenções coletivas, de disposições legais particulares de categoria profissional ou econômica e de atos normativos;

III – originários, quando inexistentes ou em vigor normas e condições especiais de trabalho, decretadas em sentença normativa;

IV – de revisão, quando destinados a reavaliar normas e condições coletivas de trabalho preexistentes que se tornarem injustas ou ineficazes pela modificação das circunstâncias que as ditaram;

V – de declaração sobre a paralisação do trabalho decorrente de greve.

Art. 242. Para julgamento, o processo será incluído em pauta preferencial, se for caso de urgência, sobretudo na ocorrência ou iminência de paralisação do trabalho.

Parágrafo único. Na hipótese de greve em serviços ou atividades essenciais, poderá o Presidente do Tribunal, justificando a urgência, dispensar a inclusão do processo em pauta, convocar sessão para julgamento do dissídio coletivo, notificando as partes, por meio de seus patronos, e cientificando o Ministério Público, tudo com antecedência de, pelo menos, 12 (doze) horas.

Art. 243. Requerida a homologação de acordo em processo de dissídio coletivo, antes ou depois do julgamento, da apresentação de recursos ou da publicação do acórdão, adotar-se-á o seguinte procedimento:

I – o pedido de homologação de acordo será apreciado pelo relator originário ou pelo redator designado para lavrar o acórdão do julgamento já realizado, se for o caso;

II – o processo será redistribuído a um dos membros do colegiado, se ausente, por qualquer motivo, o relator;

III – o pedido de homologação de acordo será apreciado, independentemente de publicação de pauta, cabendo ao relator apresentar os autos em mesa, na primeira sessão ordinária subsequente à formulação do pedido, ou em sessão extraordinária designada para esse fim, sendo de igual modo dispensada a prévia inclusão em pauta, quando o pedido ingressar antes do julgamento do recurso ordinário.

Art. 244. O acordo judicial homologado no processo de dissídio coletivo, abrangendo a totalidade ou parte das pretensões, tem força de decisão irrecorrível para as partes.

CAPÍTULO III
DOS RECURSOS

SEÇÃO I
DO RECURSO ORDINÁRIO

Art. 245. Cabe recurso ordinário para o Tribunal das decisões definitivas proferidas pelos Tribunais Regionais do Trabalho em processos de sua competência originária, no prazo legal, contado da publicação do acórdão ou de sua conclusão no órgão oficial.

Parágrafo único. O recurso é cabível em:

I – Ação anulatória;

II – Ação para obtenção de tutela provisória em caráter antecedente;

III – Ação declaratória;

IV – Agravo interno;

V – Ação rescisória;

VI – Dissídio coletivo;

VII – *Habeas corpus*;

VIII – *Habeas data*;

IX – Mandado de segurança;

X – Reclamação.

SEÇÃO II
DA TRANSCENDÊNCIA

Art. 246. As normas relativas ao exame da transcendência dos recursos de revista, previstas no art. 896-A da CLT, somente incidirão naqueles interpostos contra decisões proferidas pelos Tribunais Regionais do Trabalho publicadas a partir de 11/11/2017, data da vigência da Lei nº 13.467/2017.

Art. 247. A aplicação do art. 896-A da CLT, que trata da transcendência do recurso de revista, observará o disposto neste Regimento, devendo o Tribunal Superior do Trabalho, no recurso de revista, examinar previamente de ofício, se a causa oferece transcendência com relação aos reflexos gerais de natureza econômica, política, social ou jurídica.

§ 1º São indicadores de transcendência, entre outros:

I – econômica, o elevado valor da causa;

II – política, o desrespeito da instância recorrida à jurisprudência sumulada do Tribunal Superior do Trabalho ou do Supremo Tribunal Federal;

III – social, a postulação, por reclamante-recorrente, de direito social constitucionalmente assegurado;

IV – jurídica, a existência de questão nova em torno da interpretação da legislação trabalhista.

§ 2º Poderá o relator, monocraticamente, denegar seguimento ao recurso de revista que não demonstrar transcendência.

§ 3º Caberá agravo apenas das decisões em que não reconhecida a transcendência pelo relator, sendo facultada a sustentação oral ao recorrente, durante 5 (cinco) minutos em sessão, e ao recorrido, apenas no caso de divergência entre os componentes da Turma quanto à transcendência da matéria.

§ 4º Mantido o voto do relator quanto ao não reconhecimento da transcendência do recurso, será lavrado acórdão com fundamentação sucinta, que constituirá decisão irrecorrível no âmbito do Tribunal.

§ 5º O juízo de admissibilidade do recurso de revista exercido pela Presidência dos

Tribunais Regionais do Trabalho limita-se à análise dos pressupostos intrínsecos e extrínsecos do apelo, não abrangendo o critério da transcendência das questões nele veiculadas.

Art. 248. (Revogado pelo Ato Regimental n. 2, de 19 de abril de 2021)

Art. 249. (Revogado pelo Ato Regimental n. 1/2020)

SEÇÃO III
DO RECURSO DE REVISTA

Art. 250. O recurso de revista, interposto na forma da lei, é apresentado no Tribunal Regional do Trabalho e tem seu cabimento examinado em decisão fundamentada pelo Presidente do Tribunal de origem, ou pelo Desembargador designado para esse fim, conforme o Regimento Interno do Tribunal Regional do Trabalho.

Parágrafo único. São fontes oficiais de publicação dos julgados o Diário Eletrônico da Justiça do Trabalho, o Diário da Justiça da União e dos Estados, a Revista do Tribunal Superior do Trabalho, as revistas publicadas pelos Tribunais Regionais do Trabalho, os sítios do Tribunal Superior do Trabalho e dos Tribunais Regionais do Trabalho na rede mundial de computadores e os repositórios autorizados a publicar a jurisprudência trabalhista.

Art. 251. Distribuído o recurso ou provido o respectivo agravo de instrumento, o relator poderá:

I – não conhecer do recurso de revista inadmissível, prejudicado ou daquele que não tiver impugnado especificamente todos os fundamentos da decisão recorrida, inclusive nas hipóteses do art. 896, §§ 1.º-A e 14, da CLT;

II – negar provimento ao recurso de revista que for contrário a tese fixada em julgamento de recurso repetitivo ou de repercussão geral, a entendimento firmado em incidente de assunção de competência ou de resolução de demandas repetitivas, a súmula vinculante do Supremo Tribunal Federal, a súmula ou orientação jurisprudencial do Tribunal Superior do Trabalho ou, ainda, a jurisprudência dominante sobre o tema;

III – dar provimento ao recurso de revista se o acórdão recorrido for contrário a tese fixada em julgamento de recursos repetitivos ou de repercussão geral, a entendimento firmado em incidente de assunção de competência ou de resolução de demandas repetitivas, a súmula vinculante do Supremo Tribunal Federal, a súmula ou orientação jurisprudencial do Tribunal Superior do Trabalho ou, ainda, a jurisprudência dominante sobre o tema.

SEÇÃO IV
DO AGRAVO DE INSTRUMENTO

Art. 252. O agravo de instrumento interposto contra decisão denegatória de recurso de competência desta Corte será autuado e distribuído, observada a competência dos órgãos do Tribunal, aplicando-se, quanto à tramitação e julgamento, as disposições inscritas nesta Seção.

Art. 253. A dispensa de depósito recursal a que se refere o § 8º do art. 899 da CLT não será aplicável aos casos em que o agravo de instrumento se refira a uma parcela da condenação, pelo menos, que não seja objeto de arguição de contrariedade a súmula ou a orientação jurisprudencial do Tribunal Superior do Trabalho.

Art. 254. Admitido apenas parcialmente o recurso de revista, constitui ônus da parte impugnar, mediante agravo de instrumento em recurso de revista, o capítulo denegatório da decisão, sob pena de preclusão.

§ 1º Se houver omissão no juízo de admissibilidade do recurso de revista quanto a um ou mais temas, é ônus da parte interpor embargos de declaração para o órgão prolator da decisão embargada supri-la (art. 1.024, § 2º, do CPC), sob pena de preclusão.

§ 2º Incorre em nulidade a decisão regional que se abstiver de exercer controle de admissibilidade sobre qualquer tema objeto de recurso de revista, não obstante interpostos embargos de declaração (art. 93, inciso IX, da Constituição da República/88 e art. 489, § 1º, do CPC).

§ 3º No caso do parágrafo anterior, sem prejuízo da nulidade, a recusa do Presidente do Tribunal Regional do Trabalho a emitir juízo de admissibilidade sobre qualquer tema equivale a decisão denegatória. É ônus da parte, assim, após a intimação da decisão dos embargos de declaração, impugná-la mediante agravo de instrumento em recurso de revista (art. 896, § 12, da CLT), sob pena de preclusão.

Art. 255. Distribuído o agravo de instrumento, o relator poderá:

I – nos casos de que trata o artigo anterior e se constatar a existência de omissão não suprida pelo Presidente do Tribunal Regional do Trabalho de origem, apesar da interposição, pelo agravante, dos embargos de declaração, determinar, por decisão irrecorrível, a restituição do agravo de instrumento em recurso de revista ao órgão judicante de origem para que este complemente o juízo de admissibilidade;

II – não conhecer do agravo de instrumento inadmissível, prejudicado ou daquele que não tenha impugnado especificamente todos os fundamentos da decisão recorrida;

III – conhecer do agravo de instrumento para:

a) negar-lhe provimento em caso de recurso de revista inadmissível, prejudicado ou em que não tenha havido impugnação específica de todos os fundamentos da decisão recorrida, inclusive nas hipóteses do art. 896, § 1º-A, da CLT;

b) negar-lhe provimento nos casos em que o recurso for contrário a tese fixada em julgamento de recursos repetitivos ou de repercussão geral, a entendimento firmado em incidente de assunção de competência ou de demandas repetitivas, a súmula vinculante do Supremo Tribunal Federal ou a súmula ou orientação jurisprudencial do Tribunal Superior do Trabalho ou, ainda, a jurisprudência dominante acerca do tema;

c) dar-lhe provimento nos casos em que o recurso impugnar acórdão contrário a tese fixada em julgamento de casos repetitivos ou de repercussão geral, a entendimento firmado em incidente de assunção de competência ou de demandas repetitivas, a súmula vinculante do Supremo Tribunal Federal ou a súmula ou orientação jurisprudencial do Tribunal Superior do Trabalho ou, ainda, a jurisprudência dominante acerca do tema, determinando a sua autuação como recurso ordinário ou recurso de revista, observando se, daí em diante, os procedimentos respectivos.

Parágrafo único. No caso de ser provido o agravo de instrumento, mas ficando vencido o relator, será designado redator do acórdão e relator do recurso de revista o Ministro prolator do primeiro voto vencedor no julgamento do agravo de instrumento.

Art. 256. Se o agravo de instrumento que tramita conjuntamente com recurso de revista for provido, a Secretaria providenciará a publicação da respectiva certidão de julgamento, para efeito de intimação das partes, em que constará que os recursos de revista serão apreciados na primeira sessão ordinária subsequente ao término do prazo de 5 (cinco) dias úteis contados da data da intimação, após a devida reautuação. (Redação dada pela Emenda Regimental n. 1/2020)

Parágrafo único. Ultimado o julgamento, o relator ou o redator designado lavrará um único acórdão, que também contemplará os fundamentos que ensejaram o provimento do agravo de instrumento em recurso de revista, fluindo o prazo recursal a partir da publicação da aludida decisão.

Art. 257. Interposto apenas agravo de instrumento, se lhe for dado provimento, observar-se-á o procedimento do artigo anterior e seu parágrafo único.

§ 1º O processo, nesta hipótese, será reautuado como recurso de revista ou recurso ordinário, mantida a numeração dada ao agravo de instrumento.

§ 2º Não sendo conhecido ou desprovido o agravo de instrumento, será lavrado o respectivo acórdão.

CAPÍTULO IV
DOS RECURSOS DAS DECISÕES PROFERIDAS NO TRIBUNAL

SEÇÃO I
DOS EMBARGOS PARA A SUBSEÇÃO I DA SEÇÃO ESPECIALIZADA EM DISSÍDIOS INDIVIDUAIS

Art. 258. Cabem embargos das decisões das Turmas do Tribunal que divergirem entre si ou das decisões proferidas pela Subseção I da Seção Especializada em Dissídios Individuais, ou contrárias a súmula, a orientação jurisprudencial ou a precedente normativo do Tribunal Superior do Trabalho ou súmula vinculante do Supremo Tribunal Federal, no prazo de 8 (oito) dias úteis, contados de sua publicação, na forma da lei.

Parágrafo único. Além dos casos já previstos na jurisprudência sumulada do Tribunal, também cabem embargos das decisões de suas Turmas proferidas em agravos internos e agravos de instrumento que contrariarem precedentes obrigatórios firmados em julgamento de incidentes de assunção de competência ou de incidentes de recursos repetitivos.

Art. 259. O recorrente provará a divergência com certidão, cópia ou citação de repositório oficial ou credenciado de jurisprudência, inclusive em mídia eletrônica, em que foi publicado o acórdão divergente, ou com a reprodução de julgado disponível na rede mundial de computadores, indicando a respectiva fonte, e mencionará as circunstâncias que identificam ou assemelham os casos confrontados.

Parágrafo único. A divergência apta a ensejar os embargos deve ser atual, não se considerando tal a ultrapassada por súmula, orientação jurisprudencial ou precedente normativo do Tribunal Superior do Trabalho ou por súmula do Supremo Tribunal Federal, ou superada por iterativa e notória jurisprudência do Tribunal Superior do Trabalho.

Art. 260. Compete ao Presidente da Turma exercer o juízo de admissibilidade dos embargos à Subseção I da Seção Especializada em Dissídios Individuais previsto no art. 93, VIII, deste Regimento.

Art. 261. Incumbe ao Ministro relator:

I – denegar seguimento aos embargos:

a) se a decisão recorrida estiver em consonância com tese fixada em julgamento de casos repetitivos ou de repercussão geral, com entendimento firmado em incidente de assunção de competência, súmula, orientação jurisprudencial ou precedente normativo do Tribunal Superior do Trabalho ou súmula do Supremo Tribunal Federal, ou com iterativa, notória e atual jurisprudência do Tribunal Superior do Trabalho, cumprindo-lhe indicá-la;

b) nas hipóteses de intempestividade, deserção, irregularidade de representação ou de ausência de qualquer outro pressuposto extrínseco de admissibilidade, se o recorrente, após ser intimado para sanar o vício ou complementar a documentação exigível, na forma da legislação aplicável, não o fizer no prazo concedido para tanto.

II – dar provimento aos embargos, se a decisão recorrida estiver contrária à tese fixada em julgamento de casos repetitivos ou de repercussão geral, com entendimento firmado em incidente de assunção de competência, súmula, orientação jurisprudencial ou precedente normativo do Tribunal Superior do Trabalho ou súmula vinculante do Supremo Tribunal Federal, ou com iterativa, notória e atual jurisprudência do Tribunal Superior do Trabalho, cumprindo lhe indicá-la.

Parágrafo único. Da decisão denegatória dos embargos caberá agravo interno, no prazo de 8 (oito) dias úteis.

SEÇÃO II
DOS EMBARGOS INFRINGENTES

Art. 262. Cabem embargos infringentes das decisões não unânimes proferidas pela Seção Especializada em Dissídios Coletivos, no prazo de 8 (oito) dias úteis, contados da publicação do acórdão no Órgão Oficial, nos processos de Dissídios Coletivos de competência originária do Tribunal.

Parágrafo único. Os embargos infringentes serão restritos à cláusula em que há divergência, e, se esta for parcial, ao objeto da divergência.

Art. 263. Registrado o protocolo na petição a ser encaminhada à Secretaria do órgão julgador competente, esta juntará o recurso aos autos respectivos e abrirá vista à parte contrária, para impugnação, no prazo legal. Transcorrido o prazo, o processo será remetido à unidade competente, para ser imediatamente distribuído.

Art. 264. Não atendidas as exigências legais relativas ao cabimento dos embargos infringentes, o relator denegará seguimento ao recurso, facultada à parte a interposição de agravo interno.

SEÇÃO III
DO AGRAVO INTERNO

Art. 265. Cabe agravo interno contra decisão dos Presidentes do Tribunal e das Turmas, do Vice-Presidente, do Corregedor-Geral da Justiça do Trabalho ou de relator, nos termos da legislação processual, no prazo de 8 (oito) dias úteis, pela parte que se considerar prejudicada.

Parágrafo único. Ressalvam-se os casos em que haja recurso próprio ou decisão de caráter irrecorrível, nos termos do Regimento ou da lei.

Art. 266. Após a intimação do agravado para manifestar-se sobre o recurso no prazo de 8 (oito) dias úteis, o agravo interno será concluso ao prolator da decisão monocrática, que poderá reconsiderá-lo ou determinar sua inclusão em pauta visando apreciação do Colegiado competente para o julgamento da ação ou do recurso em que exarada a decisão, com exceção daquele interposto contra a decisão do Presidente de Turma que denegar seguimento a embargos à Subseção I da Seção Especializada em Dissídios Individuais, que será diretamente distribuído entre os demais integrantes desta Subseção. (Redação dada pela Emenda Regimental n. 1/2020)

§ 1º Os agravos internos contra ato ou decisão do Presidente do Tribunal, do Vice-Presidente e do Corregedor-Geral da Justiça do Trabalho, desde que interpostos no período do respectivo mandato, serão por eles relatados. Os agravos internos interpostos após o término da investidura no cargo do prolator do ato ou decisão serão conclusos ao Ministro sucessor.

§ 2º Os agravos internos interpostos contra decisão monocrática do relator, na hipótese de seu afastamento temporário ou definitivo, serão conclusos, em relação aos processos de Turmas, ao Desembargador convocado ou ao Ministro nomeado para a vaga, conforme o caso, e, nos processos das Seções Especializadas, ao Ministro que ocupar a vaga, ou redistribuídos na forma dos §§ 1º e 2º do art. 107 deste Regimento.

§ 3º Os agravos internos interpostos contra decisão monocrática do Presidente do Tribunal, proferida durante o período de recesso forense e férias coletivas, serão julgados pelo relator do processo principal, salvo nos casos de competência específica da Presidência da Corte.

§ 4º Se o Ministro relator for vencido no resultado do agravo interno ou quanto ao fundamento determinante da decisão, mesmo que prevalecente o resultado, será designado redator do acórdão o Ministro prolator do primeiro voto vencedor, a quem devem ser redistribuídos os embargos, promovendo-se a compensação.

§ 5º Quando o agravo interno for declarado manifestamente inadmissível ou improcedente em votação unânime, o órgão colegiado, em decisão fundamentada, condenará o agravante a pagar ao agravado multa fixada entre 1 e 5% (um e cinco por cento) do valor atualizado da causa.

§ 6º A interposição de qualquer outro recurso está condicionada ao depósito prévio do valor da multa prevista no parágrafo anterior, à exceção da Fazenda Pública e do beneficiário da gratuidade da justiça, que farão o pagamento ao final.

SEÇÃO IV
DO PEDIDO DE CONCESSÃO DE EFEITO SUSPENSIVO

Art. 267. O recurso interposto de decisão normativa da Justiça do Trabalho terá efeito suspensivo, na medida e extensão conferidas em decisão do Presidente do Tribunal Superior do Trabalho.

Art. 268. O pedido de concessão de efeito suspensivo a recurso em matéria normativa deverá ser instruído com as seguintes peças: decisão normativa recorrida; petição de recurso ordinário, prova de sua tempestividade e respectiva decisão de admissibilidade; guia de recolhimento de custas, se houver; procuração conferindo poderes ao subscritor da medida e outras que o requerente reputar úteis para o exame da solicitação.

SEÇÃO V
DOS EMBARGOS DE DECLARAÇÃO

Art. 269. Contra quaisquer decisões judiciais proferidas no âmbito do Tribunal, monocráticas ou colegiadas, poderão ser interpostos embargos de declaração, no prazo de 5 (cinco) dias úteis, contados da sua publicação, nos casos previstos na legislação processual.

Parágrafo único. Em se tratando de embargos de declaração interpostos contra decisão monocrática, caberá ao prolator da decisão ou ao Ministro competente para o exame do feito apreciá-los também monocraticamente, ou recebê-los como agravo, se entender pertinente, conforme o caso.

Art. 270. Registrado o protocolo na petição e após sua juntada, os autos serão conclusos ao julgador que proferiu a decisão monocrática ou ao redator do acórdão embargado, ressalvadas as situações previstas nos arts. 106 a 109 deste Regimento.

Parágrafo único. Não sendo possível a aplicação de nenhuma das regras previstas nos arts. 106 a 109 deste Regimento, adotar-se-á critério de competência para a distribuição dos embargos de declaração ao Desembargador convocado, na hipótese dos processos das Turmas, ou ao Ministro que tenha ocupado a vaga do antigo relator, nas Turmas e nas Subseções, e, como último critério, distribuir-se-á o processo entre os integrantes do órgão.

Art. 271. Nos embargos de declaração, eventual efeito modificativo somente poderá ocorrer em virtude da correção de vício na decisão embargada e desde que ouvida previamente a parte contrária, no prazo de 5 (cinco) dias úteis.

Art. 272. Os embargos de declaração interpostos contra decisão colegiada serão incluídos em pauta, ressalvada a hipótese prevista no art. 119, § 2.º, II, deste Regimento.

Art. 273. Os embargos de declaração interrompem o prazo para interposição de outros recursos, por qualquer das partes, salvo quando intempestivos, irregular a representação da parte ou ausente a sua assinatura.

Parágrafo único. Nos casos de irregularidade de representação da parte em procuração ou substabelecimento já constante dos autos, ou de total ausência de assinatura da petição dos embargos de declaração, o órgão julgador ou relator, antes de considerar inadmissível ou não conhecer do recurso, concederá prazo de 5 (cinco) dias úteis para que seja sanado o vício.

TÍTULO V
DAS OUTRAS ESPÉCIES DE PROCESSOS

CAPÍTULO I
DO INCIDENTE DE ARGUIÇÃO DE INCONSTITUCIONALIDADE DE LEI OU DE ATO NORMATIVO DO PODER PÚBLICO

Art. 274. A arguição de inconstitucionalidade de lei ou de ato do Poder Público, em controle difuso, poderá ser suscitada pelo relator, por qualquer Ministro ou a requerimento do Ministério Público, no curso do julgamento do processo nos órgãos judicantes da Corte, após concluído o relatório.

Art. 275. Suscitada a inconstitucionalidade e ouvidos o Ministério Público do Trabalho e as partes, será submetida à apreciação do colegiado em que tramita o feito, salvo quando já houver pronunciamento do Tribunal Pleno ou do próprio Supremo Tribunal Federal sobre a questão.

§ 1º Rejeitada a arguição, prosseguirá o julgamento.

§ 2º Acolhida a arguição suscitada perante o Tribunal Pleno, a matéria será submetida de imediato à apreciação.

§ 3º Acolhida a arguição suscitada nos demais órgãos judicantes da Corte, os autos serão remetidos ao Tribunal Pleno.

Art. 276. A decisão que declara imprescindível o pronunciamento do Tribunal Pleno sobre a inconstitucionalidade de lei, de disposição nela contida ou de ato normativo do Poder Público é irrecorrível.

Art. 277. O incidente será distribuído por prevenção ao mesmo relator originário, devendo os autos ser oportunamente encaminhados ao Presidente do Tribunal para designar a sessão de julgamento.

§ 1º O relator mandará ouvir o Procurador-Geral do Trabalho, no prazo de 15 (quinze) dias úteis, bem como, se for o caso, determinará a notificação da pessoa jurídica de direito público responsável pela edição do ato questionado para que se manifeste, em igual prazo.

§ 2º O Tribunal Superior do Trabalho dará publicidade à instauração do incidente de arguição de inconstitucionalidade mediante a publicação de edital na página do Tribunal na rede mundial de computadores e no Diário Eletrônico da Justiça do Trabalho, a fim de permitir eventual intervenção dos legitimados referidos no art. 103 da Constituição da República, ou de outros órgãos ou entidades, na condição de *amicus curiae*. (Redação dada pela Emenda Regimental n. 1/2020)

§ 3º As intervenções previstas no § 2º serão permitidas dentro do período de 30 (trinta) dias úteis, contados da publicação da decisão de que trata o artigo anterior, a qual deverá indicar a lei ou o ato normativo objeto do incidente e a possibilidade de intervenção.

§ 4º A manifestação dos outros órgãos e entidades de que tratam os parágrafos anteriores poderá ser admitida pelo relator, considerando a relevância da matéria e a representatividade dos postulantes, por decisão irrecorrível.

Art. 278. Os procedimentos relativos à remessa do processo ao Tribunal Pleno, à distribuição e ao julgamento da arguição de inconstitucionalidade são regulados pelas normas gerais estabelecidas a respeito neste Regimento.

Art. 279. A decisão declaratória de inconstitucionalidade de lei ou de ato do Poder Público, observadas as exigências regimentais, motivará a edição de súmula e será observada tanto no acórdão do órgão julgador originário que julgar o processo no qual o incidente foi suscitado quanto em todos os demais feitos em trâmite no Tribunal que envolvam a mesma questão de direito, nos termos do art. 927, V, do CPC.

CAPÍTULO II
DO INCIDENTE DE RECURSOS REPETITIVOS

Art. 280. As normas do Código de Processo Civil relativas ao julgamento dos recursos extraordinário e especial repetitivos aplicam-se, no que couber, aos recursos repetitivos (arts. 894, II, e 896 da CLT).

Art. 281. Havendo multiplicidade de recursos de revista ou de embargos para a Subseção I da Seção Especializada em Dissídios Individuais fundados em idêntica questão de direito, a questão poderá ser afetada a essa Subseção ou ao Tribunal Pleno, por decisão da maioria simples de seus membros, mediante requerimento de um dos Ministros que a compõem, considerando a relevância da matéria ou a existência de entendimentos divergentes entre os Ministros dessa Subseção ou das Turmas do Tribunal.

§ 1º O requerimento fundamentado de um dos Ministros da Subseção I da Seção Especializada em Dissídios Individuais de afetação da questão a ser julgada em incidente de recursos repetitivos deverá indicar um ou mais recursos de revista ou de embargos representativos da controvérsia e ser formulado por escrito diretamente ao Presidente da Subseção I da Seção Especializada em Dissídios Individuais ou, oralmente, em questão preliminar suscitada quando do julgamento de processo incluído na pauta de julgamentos da Subseção.

§ 2º De forma concorrente, quando a Turma do Tribunal Superior do Trabalho entender necessária a adoção do procedimento de julgamento de recursos repetitivos, seu Presidente deverá submeter ao Presidente da Subseção I da Seção Especializada em Dissídios Individuais a proposta de afetação do recurso de revista, para os efeitos dos arts. 896-B e 896-C da CLT e deste Regimento.

§ 3º O Presidente da Subseção submeterá a proposta de afetação ao colegiado, se formulada por escrito, no prazo máximo de 30 (trinta) dias de seu recebimento, ou de imediato, se suscitada em questão preliminar quando do julgamento de determinado processo pela Subseção I da Seção Especializada em Dissídios Individuais, após o que:

I – acolhida a proposta, por maioria simples, o colegiado decidirá em seguida se a questão será analisada pela própria Subseção I da Seção Especializada em Dissídios Individuais ou pelo Tribunal Pleno, salvo quando se tratar de matéria disciplinada em súmula ou orientação jurisprudencial, caso em que o incidente será necessariamente afetado ao Tribunal Pleno, salvo quando se tratar de matéria disciplinada em súmula ou orientação jurisprudencial, caso em que o incidente será necessariamente afetado ao Tribunal Pleno;

II – acolhida a proposta, a desistência da ação ou do recurso não impedirá a análise da questão objeto de julgamento de recursos repetitivos;

III – na hipótese do inciso I, o processo será autuado e distribuído a relator e a revisor do órgão jurisdicional correspondente, para sua tramitação nos termos do art. 896-C da CLT, não concorrendo a sorteio, quando possível, os Ministros que, previamente, tenham recebido processo da mesma classe;

IV – rejeitada a proposta, se for o caso, os autos serão devolvidos ao órgão julgador respectivo, para que o julgamento do recurso prossiga regularmente.

§ 4º Não será admitida sustentação oral versando, de forma específica, sobre a proposta de afetação.

§ 5º A critério do Presidente da Subseção, as propostas de afetação formuladas por escrito por um dos Ministros da Subseção I da Seção Especializada em Dissídios Individuais ou pelo Presidente de Turma do Tribunal Superior do Trabalho poderão ser apreciadas pela Subseção I da Seção Especializada em Dissídios Individuais por meio eletrônico, nos termos e para os efeitos do § 3º, I, deste artigo, do que serão as partes cientificadas pelo Diário da Justiça.

§ 6º Caso surja alguma divergência entre os integrantes do colegiado durante o julgamento eletrônico, este ficará imediatamente suspenso, devendo a proposta de afetação ser apreciada em sessão presencial.

Art. 282. O Presidente da Subseção de Dissídios Individuais I, ao afetar processo para julgamento sob o rito dos recursos repetitivos, deverá expedir comunicação aos demais Presidentes de Turma, que poderão afetar outros processos sobre a questão para julgamento conjunto, a fim de conferir ao órgão julgador visão global da questão.

Art. 283. Somente poderão ser afetados recursos representativos da controvérsia que sejam admissíveis e que, a critério do relator do incidente de julgamento dos recursos repetitivos, contenham abrangente argumentação e discussão a respeito da questão a ser decidida.

Parágrafo único. O relator desse incidente não fica vinculado às propostas de afetação de que trata o artigo anterior, podendo recusá-las por desatenderem aos requisitos previstos no *caput* e, ainda, selecionar outros recursos representativos da controvérsia.

Art. 284. Selecionados os recursos, o relator, na Subseção Especializada em Dissídios Individuais ou no Tribunal Pleno, constatada a presença do pressuposto do *caput* do art.

896-C da CLT, proferirá decisão de afetação, sempre fundamentada, na qual:

I – identificará com precisão a questão a ser submetida a julgamento;

II – poderá determinar a suspensão dos recursos de revista ou de embargos de que trata o § 5º do art. 896-C da CLT;

III – poderá solicitar aos Tribunais Regionais do Trabalho informações a respeito da controvérsia, a serem prestadas no prazo de 15 (quinze) dias, e requisitar aos Presidentes ou Vice-Presidentes dos Tribunais Regionais do Trabalho a remessa de até 2 (dois) recursos de revista representativos da controvérsia;

IV – concederá o prazo de 15 (quinze) dias para a manifestação escrita das pessoas, órgãos ou entidades interessados na controvérsia, que poderão ser admitidos como *amici curiae*;

V – informará aos demais Ministros sobre a decisão de afetação;

VI – poderá conceder vista ao Ministério Público e às partes, nos termos e para os efeitos do § 9º do art. 896-C da CLT.

Art. 285. O Presidente do Tribunal Superior do Trabalho oficiará os Presidentes dos Tribunais Regionais do Trabalho, com cópia da decisão de afetação, para que suspendam os recursos de revista interpostos em casos idênticos aos afetados como recursos repetitivos e ainda não encaminhados a este Tribunal, bem como os recursos ordinários interpostos contra as sentenças proferidas em casos idênticos aos afetados como recursos repetitivos, até o pronunciamento definitivo do Tribunal Superior do Trabalho.

Art. 286. Caberá ainda ao Presidente do Tribunal de origem, caso receba a requisição de que trata o inciso III do art. 284 deste Regimento, admitir até 2 (dois) recursos representativos da controvérsia, os quais serão encaminhados ao Tribunal Superior do Trabalho.

Art. 287. Se, após receber os recursos de revista selecionados pelo Presidente ou Vice-Presidente do Tribunal Regional do Trabalho, não se proceder à sua afetação, o relator, no Tribunal Superior do Trabalho, comunicará o fato ao Presidente ou Vice-Presidente que os houver enviado, para que seja revogada a decisão de suspensão referida no art. 896-C, § 4º, da CLT.

Art. 288. As partes deverão ser intimadas da decisão de suspensão de seu processo, a ser proferida pelo respectivo relator.

§ 1º A parte poderá requerer o prosseguimento de seu processo se demonstrar a intempestividade do recurso nele interposto ou a existência de distinção entre a questão de direito a ser decidida no seu processo e aquela a ser julgada sob o rito dos recursos repetitivos.

§ 2º O requerimento a que se refere o § 1.º será dirigido:

I – ao juiz, se o processo sobrestado estiver em primeiro grau;

II – ao relator, se o processo sobrestado estiver no tribunal de origem;

III – ao relator do acórdão recorrido, se for sobrestado recurso de revista no tribunal de origem;

IV – ao relator do recurso de revista ou de embargos cujo processamento houver sido sobrestado no Tribunal Superior do Trabalho.

§ 3º A outra parte deverá ser ouvida sobre o requerimento, no prazo de 5 (cinco) dias.

§ 4º Reconhecida a distinção no caso:

I – dos incisos I, II e IV do § 2º, o próprio juiz ou relator dará prosseguimento ao processo;

II – do inciso III do § 2º, o relator comunicará a decisão ao Presidente ou ao Vice-Presidente do Tribunal Regional do Trabalho que houver determinado o sobrestamento, para que este dê normal prosseguimento ao processo.

§ 5º A decisão que resolver o requerimento a que se refere o § 1º é irrecorrível de imediato, nos termos do art. 893, § 1º, da CLT.

Art. 289. Para instruir o procedimento, pode o relator fixar data para, em audiência pública, ouvir depoimentos de pessoas com experiência e conhecimento na matéria, sempre que entender necessário o esclarecimento de questões ou circunstâncias de fato subjacentes à controvérsia objeto do incidente de recursos repetitivos.

§ 1º O relator poderá também admitir, tanto na audiência pública quanto no curso do procedimento, a manifestação, como *amici curiae*, de pessoas, órgãos ou entidades com interesse na controvérsia, considerando a relevância da matéria e assegurando o contraditório e a isonomia de tratamento.

§ 2º A manifestação de que trata o § 1º somente será admitida até a inclusão do processo em pauta.

Art. 290. Os recursos afetados deverão ser julgados no prazo de 1 (um) ano e terão preferência sobre os demais feitos.

§ 1º Na hipótese de não ocorrer o julgamento no prazo de 1 (um) ano a contar da publicação da decisão de que trata o art. 284 deste Regimento, cessam automaticamente, em todo o território nacional, a afetação e a suspensão dos processos, que retomarão seu curso normal.

§ 2º Ocorrendo a hipótese do § 1º, é permitida, nos termos e para os efeitos do art. 281 deste Regimento e do art. 896-C da CLT, a formulação de outra proposta de afetação de processos representativos da controvérsia para instauração e julgamento de recursos repetitivos, a ser apreciada e decidida pela Subseção I da Seção Especializada em Dissídios Individuais deste Tribunal.

Art. 291. O conteúdo do acórdão paradigma abrangerá a análise de todos os fundamentos da tese jurídica discutida, favoráveis ou contrários.

§ 1º É vedado ao órgão colegiado decidir, para os fins do art. 896-C da CLT, questão não delimitada na decisão de afetação.

§ 2º Quando os recursos afetados em processos já distribuídos no âmbito deste Tribunal contiverem outras questões além daquela que é objeto da afetação, caberá ao órgão jurisdicional competente para julgamento do incidente decidir esta, após o que o processo deverá retornar ao órgão de origem para apreciação das demais matérias.

Art. 292. Decidido o recurso representativo da controvérsia, os órgãos jurisdicionais respectivos declararão prejudicados os demais recursos versando sobre idêntica controvérsia ou os decidirão, aplicando a tese firmada.

Parágrafo único. Quando os recursos requisitados do Tribunal Regional do Trabalho contiverem outras questões além daquela que é objeto da afetação, caberá ao órgão jurisdicional competente para julgamento do incidente decidir esta, após o que o processo deverá ser distribuído na forma regimental, para julgamento das demais matérias pela Turma.

Art. 293. Publicado o acórdão proferido em incidente de recurso repetitivo:

I – o Presidente ou Vice-Presidente do Tribunal de origem negará seguimento aos recursos de revista sobrestados na origem, se o acórdão recorrido coincidir com a orientação do Tribunal Superior do Trabalho;

II – o órgão que proferiu o acórdão recorrido, na origem, reexaminará o processo de sua competência originária ou o recurso anteriormente julgado, na hipótese de o acórdão recorrido contrariar a orientação do Tribunal Superior do Trabalho;

III – os processos porventura suspensos em primeiro e segundo graus de jurisdição retomarão o curso para julgamento e aplicação da tese firmada pelo Tribunal Superior do Trabalho.

Art. 294. Para fundamentar a decisão de manutenção do entendimento, o órgão que proferiu o acórdão recorrido deverá demonstrar a existência de distinção, por se tratar de caso particularizado por hipótese fática distinta ou questão jurídica não examinada, a impor solução diversa.

§ 1º Na hipótese de que trata o *caput*, o recurso de revista será submetido a novo exame de sua admissibilidade pelo Presidente ou Vice- Presidente do Tribunal Regional, retomando o processo o seu curso normal.

§ 2º Realizado o juízo de retratação, com alteração do acórdão divergente, o tribunal de origem, se for o caso, decidirá as demais questões ainda não decididas, cujo exame se tornou necessário em decorrência da alteração.

§ 3º Quando for alterado o acórdão divergente na forma do § 1.º e o recurso anteriormente interposto versar sobre outras questões, o Presidente ou Vice-Presidente do Tribunal Regional, independentemente de ratificação do recurso, procederá a novo juízo de admissibilidade, retomando o processo o seu curso normal.

Art. 295. A parte poderá desistir da ação em curso no primeiro grau de jurisdição, antes de proferida a sentença, se a questão nela discutida for idêntica à resolvida pelo recurso representativo da controvérsia.

§ 1º Se a desistência ocorrer antes de oferecida a defesa, a parte, se for o caso, ficará dispensada do pagamento de custas e de honorários de advogado.

§ 2º A desistência apresentada nos termos do *caput* independe de consentimento da parte contrária, ainda que apresentada defesa.

Art. 296. Caberá revisão da decisão firmada em julgamento de recursos repetitivos quando se alterar a situação econômica, social ou jurídica, caso em que será respeitada a segurança jurídica das relações firmadas sob a égide da decisão anterior, podendo o Tribunal Superior do Trabalho modular os efeitos da decisão que a tenha alterado.

Art. 297. Caso a questão afetada e julgada sob o rito dos recursos repetitivos também contenha questão constitucional, a decisão proferida pelo Tribunal Pleno não obstará o conhecimento de eventuais recursos extraordinários sobre a questão constitucional.

Parágrafo único. As teses jurídicas aprovadas em incidentes de recursos repetitivos, de assunção de competência e de resolução de demandas repetitivas têm sua natureza equiparada à súmula do colendo TST para o exame do conhecimento do recurso de revista. (Acrescido pelo Ato Regimental n. 3/2021)

CAPÍTULO III DO INCIDENTE DE ASSUNÇÃO DE COMPETÊNCIA

Art. 298. Quando o julgamento dos embargos à Subseção I da Seção Especializada em Dissídios Individuais envolver relevante questão de direito, com grande repercussão social, sem repetição em múltiplos processos, mas a respeito da qual seja conveniente a prevenção ou a composição de divergência entre as turmas ou os demais órgãos fracionários do Tribunal Superior do Trabalho, poderá a Subseção I da Seção Especializada em Dissídios Individuais, por iniciativa de um de seus membros e após a aprovação da maioria de seus integrantes, afetar o seu julgamento ao Tribunal Pleno.

§ 1º Aplica-se a este incidente, no que couber, o que este Regimento e os arts. 896-B e 896-C da CLT dispõem sobre o incidente de julgamento de recursos repetitivos.

§ 2º O Tribunal Pleno julgará os embargos se reconhecer interesse público na assunção de competência.

§ 3º O acórdão proferido em assunção de competência vinculará todos os juízes e tribunais, exceto se houver revisão de tese.

CAPÍTULO IV DO INCIDENTE DE SUPERAÇÃO E REVISÃO DOS PRECEDENTES FIRMADOS EM JULGAMENTO DE RECURSO DE REVISTA OU DE EMBARGOS À SUBSEÇÃO I DA SEÇÃO ESPECIALIZADA EM DISSÍDIOS INDIVIDUAIS REPETITIVOS, DE ASSUNÇÃO DE COMPETÊNCIA E DE DEMANDAS REPETITIVAS

Art. 299. O incidente de superação e revisão dos precedentes firmados por meio da sistemática de recursos repetitivos, de assunção de competência e de resolução de demandas repetitivas terá lugar sempre que os Ministros da Corte entenderem que a tese vinculante já não reflete mais a adequada compreensão do fenômeno jurídico subjacente, tendo em vista razões de ordem social, econômica e política, bem como por alteração do parâmetro constitucional ou legal em vigor na data de sua instauração.

Art. 300. O incidente de que trata este capítulo não poderá ser instaurado em prazo inferior a 1 (um) ano, a contar da publicação da decisão que firmou o precedente vinculante, salvo alteração na Constituição da República ou na lei que torne inadequado o entendimento firmado pelo Tribunal Superior do Trabalho.

Art. 301. A instauração do incidente de superação ou de revisão de precedentes vinculantes no âmbito do Tribunal Superior do Trabalho poderá ser suscitada, de forma escrita, por qualquer de seus Ministros, ou por provocação do Procurador-Geral do Trabalho, do Conselho Federal da OAB ou do Defensor Público-Geral da União, em requerimento dirigido ao Presidente do Tribunal, que o submeterá à deliberação na Subseção I da Seção Especializada em Dissídios Individuais no prazo de 30 (trinta) dias, a contar do seu recebimento.

§ 1º Instaurado o incidente, pelo voto de 2/3 (dois terços) dos membros da Subseção I da Seção Especializada em Dissídios Individuais, o colegiado deliberará, na mesma sessão, por maioria simples, acerca do deslocamento da competência para apreciação do feito no Tribunal Pleno ou de sua manutenção naquela Subseção.

§ 2º É obrigatório o deslocamento do feito ao Tribunal Pleno, por aplicação analógica do art. 72 deste Regimento, quando a tese a ser apreciada tiver sido firmada em Plenário ou quando a proposta de mudança do entendimento vinculante tiver por consequência a alteração, a revogação ou a criação de súmula de jurisprudência uniforme do Tribunal Superior do Trabalho.

Art. 302. Inclinando-se qualquer das Turmas a decidir em sentido contrário ao entendimento firmado por meio da sistemática de recursos repetitivos, de assunção de competência e de resolução de demandas repetitivas, o seu Presidente suspenderá a proclamação do resultado do julgamento e encaminhará o processo à Subseção I da Seção Especializada em Dissídios Individuais para deliberação acerca da instauração do incidente de que trata este capítulo.

§ 1º O Presidente da Subseção I da Seção Especializada em Dissídios Individuais submeterá à deliberação daquele colegiado a proposta de instauração do incidente no prazo de que trata o art. 301 deste Regimento.

§ 2º Instaurado o incidente, pelo voto de 2/3 (dois terços) dos membros da Subseção I da Seção Especializada em Dissídios Individuais, o colegiado deliberará, na mesma sessão, por maioria simples, acerca do deslocamento da competência para apreciação do feito no Tribunal Pleno ou de sua manutenção naquela Subseção, observado o disposto no § 2º do art. 301 deste Regimento.

§ 3º Não cabe a instauração do procedimento previsto neste capítulo na hipótese de distinção entre o precedente vinculante e o caso concreto, hipótese na qual o relator deverá declinar os fundamentos de fato e de direito que tornam o precedente inaplicável, sendo a questão apreciada pelo próprio colegiado competente, como preliminar de mérito, por ocasião do julgamento do processo.

§ 4º Rejeitado o fundamento da distinção, mas mantido o voto do relator, adotar-se-á o procedimento previsto no *caput*, caso o colegiado se incline no sentido da tese dissidente.

§ 5º Na hipótese do § 4º, não tendo transcorrido o prazo de que tratam os arts. 300 e 304 deste Regimento, o Presidente do colegiado não suspenderá o julgamento do feito, proclamando o resultado com a tese dissidente, seguindo-se o curso normal de tramitação do processo pela via recursal.

Art. 303. Deliberada a instauração do incidente e definido o órgão competente para sua apreciação, observar-se-á o rito previsto nos Capítulos II, III e IV do Título V do Livro II deste Regimento, naquilo que for cabível.

Art. 304. A negativa de instauração do incidente de superação e revisão de tese vinculante ou a reafirmação da tese jurídica firmada pela Subseção I da Seção Especializada em Dissídios Individuais ou pelo Tribunal Pleno vincula os órgãos julgadores à aplicação do precedente ao caso paradigma e aos demais processos eventualmente afetados por ocasião de sua instauração, bem como inibe a deflagração de novo incidente sobre o mesmo tema, nos termos e pelo prazo contido no art. 300 deste Regimento.

CAPÍTULO V DO INCIDENTE DE RESOLUÇÃO DE DEMANDAS REPETITIVAS

Art. 305. Será cabível o incidente de resolução de demandas repetitivas, nos termos da legislação processual aplicável, com relação às causas de sua competência originária e recursal ordinária.

§ 1º Aplicam-se ao Processo do Trabalho as normas dos arts. 976 a 986 do CPC que regem o incidente de resolução de demandas repetitivas e, no que couber, o que dispõem este Regimento e os arts. 896-B e 896-C da CLT sobre o incidente de julgamento de recursos repetitivos.

§ 2º O incidente será distribuído por prevenção ao Ministro relator do processo de competência originária do Tribunal do qual se originou ou, caso não integre o órgão competente para julgamento do incidente, por sorteio entre os seus membros efetivos.

§ 3º Admitido o incidente, o relator poderá suspender o julgamento dos processos pendentes, individuais ou coletivos que tramitam, no tocante ao tema objeto de incidente de resolução de demandas repetitivas, sem prejuízo da instrução integral das causas e do julgamento dos eventuais pedidos distintos e cumulativos igualmente deduzidos em tais processos, inclusive, se for o caso, do julgamento antecipado parcial do mérito.

§ 4º Apreciado o mérito do recurso, a tese jurídica adotada pelo Tribunal Superior do Trabalho será aplicada no território nacional a todos os processos, individuais ou coletivos, que versem sobre idêntica questão de direito.

Art. 306. Poderá o Presidente do Tribunal Superior do Trabalho, a requerimento do Ministério Público do Trabalho ou das partes de incidente de resolução de demandas repetitivas instaurado em determinada Região, considerando razões de segurança jurídica ou de excepcional interesse social, suspender, em decisão fundamentada, todos os processos individuais ou coletivos em curso no território nacional que versem sobre a questão objeto do incidente.

§ 1º A parte de processo em curso em localidade de competência territorial diversa daquela em que tramita o incidente de resolução de demandas repetitivas deverá comprovar a inadmissão do incidente no Tribunal com jurisdição sobre o estado ou região em que tramite a sua demanda.

§ 2º O Presidente poderá ouvir, no prazo de 5 (cinco) dias, o relator do incidente no

Tribunal de origem e o Ministério Público do Trabalho.

§ 3º Nos casos de existência de multiplicidade de incidentes de resolução de demandas repetitivas sobre a mesma questão de direito controvertida, o Presidente do Tribunal Superior do Trabalho, em decisão fundamentada, na qual indicará qual deles é o mais representativo da controvérsia, determinará a suspensão dos demais até a decisão definitiva do incidente que tiver prosseguimento.

§ 4º A suspensão vigorará até o trânsito em julgado da decisão proferida no incidente de resolução de demandas repetitivas.

§ 5º Da decisão que conceder ou denegar a suspensão, caberá agravo interno sem efeito suspensivo, no prazo de 8 (oito) dias úteis, que será relatado pelo Presidente, na primeira sessão do Órgão Especial seguinte à sua interposição.

Art. 307. É cabível a instauração de incidente de superação e revisão de precedentes firmados em julgamento de demandas repetitivas, ocasião em que a deliberação para a instauração do feito será tomada pelo voto de 2/3 (dois terços) dos membros do colegiado do Tribunal Superior do Trabalho em que o precedente vinculante tiver sido firmado, após o que é obrigatório o deslocamento da competência para a apreciação do seu mérito pelo Tribunal Pleno, seguindo-se os trâmites dispostos neste capítulo e, supletivamente, nos Capítulos II, III e IV do Título V do Livro II deste Regimento, naquilo que for cabível.

CAPÍTULO VI DOS DEMAIS PROCESSOS INCIDENTES

SEÇÃO I DA SUSPENSÃO DE SEGURANÇA

Art. 308. O Presidente do Tribunal, na forma da lei, a requerimento do Ministério Público do Trabalho ou da pessoa jurídica de direito público interessada, e para evitar grave lesão à ordem, à saúde, à segurança e à economia públicas, pode suspender, por decisão fundamentada, a execução de liminar ou de decisão concessiva de mandado de segurança, proferida em última instância pelos Tribunais Regionais do Trabalho.

§ 1º O Presidente, se necessário, poderá ouvir o impetrante, em 5 (cinco) dias úteis, e o Ministério Público do Trabalho, quando não for o requerente, em igual prazo.

§ 2º Da decisão que conceder ou denegar a suspensão, caberá agravo interno sem efeito suspensivo, no prazo de 8 (oito) dias úteis, que será relatado pelo Presidente, na primeira sessão do Órgão Especial seguinte à sua interposição.

§ 3º A suspensão de segurança, nos casos de ações movidas contra o Poder Público, vigorará enquanto pender o recurso, ficando sem efeito se a decisão concessiva for mantida pelo Tribunal ou se transitar em julgado.

SEÇÃO II DA SUSPENSÃO DE LIMINAR E DE TUTELA PROVISÓRIA

Art. 309. O Presidente, nos termos da lei, a requerimento do Ministério Público do Trabalho ou da pessoa jurídica de direito público interessada, em caso de manifesto interesse público ou de flagrante ilegitimidade, e para evitar grave lesão à ordem, à saúde, à segurança e à economia públicas, poderá, por decisão fundamentada, suspender a execução de liminar ou a efetivação de tutela provisória de urgência ou da evidência concedida ou mantida pelos Tribunais Regionais do Trabalho nas ações movidas contra o Poder Público ou seus agentes.

§ 1º Aplica-se o disposto neste artigo aos casos em que a decisão final proferida contra o Poder Público ou seus agentes produzir efeitos imediatos, quando impugnável por recurso desprovido de efeito suspensivo.

§ 2º O Presidente, se necessário, poderá ouvir o autor da ação e o Ministério Público do Trabalho, em 5 (cinco) dias.

§ 3º Da decisão que conceder ou denegar a suspensão, caberá agravo interno sem efeito suspensivo, no prazo de 8 (oito) dias úteis, que será relatado pelo Presidente na primeira sessão do Órgão Especial seguinte à sua interposição.

§ 4º A suspensão dos efeitos de liminar ou de tutela provisória concedidas em decisões interlocutórias vigorará até a decisão final proferida no mesmo grau de jurisdição e, se concedidas em sentença ou acórdão, até o julgamento do recurso, ficando sem efeito se a decisão concessiva da medida for mantida pelo órgão julgador, ou se transitar em julgado.

SEÇÃO III DA TUTELA PROVISÓRIA

Art. 310. A tutela de urgência e a tutela da evidência poderão ser requeridas antes ou no curso do processo principal e deste são sempre dependentes, aplicando-se-lhes o disposto nos arts. 294 a 311 do CPC.

Art. 311. O pedido de tutela provisória será apresentado ao Presidente do Tribunal e distribuído ao relator do processo principal, salvo se a medida for requerida em procedimento preparatório, caso em que será sorteado, dentre os integrantes do colegiado competente, o relator do feito, o qual ficará prevento para a ação principal.

§ 1º A tutela provisória poderá ser requerida por petição autônoma, a ser juntada oportunamente ao processo a que se refere, dirigida ao:

I – Presidente do Tribunal, quando se tratar de tutela antecipada ou cautelar antecedente à ação de competência originária do Tribunal Superior do Trabalho ou quando requerida no período compreendido entre a publicação da decisão de admissão do recurso de revista e sua distribuição, ficando prevento para o julgamento da ação ou do recurso o relator sorteado para o exame do requerimento, dentre os integrantes do colegiado competente;

II – relator, se já distribuído o recurso.

§ 2º O relator poderá apreciar a liminar e a própria tutela provisória requeridas, ou submetê-las ao órgão julgador competente.

Art. 312. A tramitação do processo no Tribunal observará as disposições da lei processual civil, no que aplicáveis.

SEÇÃO IV DA HABILITAÇÃO INCIDENTE

Art. 313. A habilitação incidente, ocorrendo o falecimento de uma das partes, será processada na forma da lei.

Art. 314. A citação far-se-á na pessoa do procurador constituído nos autos, mediante publicação no órgão oficial, ou à parte, pessoalmente, se não estiver representada no processo.

Art. 315. Quando incertos os sucessores, a citação far-se-á por edital.

Art. 316. O relator, se contestado o pedido, facultará às partes sumária produção de provas, em 5 (cinco) dias úteis, e decidirá, em seguida, a habilitação.

Art. 317. A habilitação requerida em processo incluído em pauta para julgamento será decidida pelo colegiado.

SEÇÃO V DOS IMPEDIMENTOS E DAS SUSPEIÇÕES

Art. 318. Os Ministros declarar-se-ão impedidos ou suspeitos nos casos previstos em lei.

Parágrafo único. Havendo, dentre os Ministros do Tribunal, cônjuges, parentes consanguíneos ou afins, em linha reta ou no terceiro grau da linha colateral, integrarão seções diferentes, e o primeiro que conhecer da causa impede que o outro participe do julgamento quando da competência do Órgão Especial.

Art. 319. A suspeição ou o impedimento do relator ou revisor serão declarados por despacho nos autos. Se feita na sessão de julgamento, a declaração poderá ser verbal ou eletrônica, conforme o caso, devendo constar da ata e da certidão.

Parágrafo único. Na suspeição ou no impedimento do relator, o processo será redistribuído pelo Presidente do órgão julgador entre os demais Ministros que o compõem, com sua compensação.

Art. 320. A arguição de suspeição ou impedimento do relator e do revisor deverá ser suscitada até 15 (quinze) dias úteis após a distribuição, quando fundada em motivo preexistente; no caso de motivo superveniente, o prazo de 15 (quinze) dias úteis será contado do fato que a ocasionou. A dos demais Ministros, até o início do julgamento.

§ 1º Essa arguição deverá ser deduzida em petição específica assinada pela parte ou por procurador com poderes especiais, dirigida ao relator do processo, indicando os fatos que a motivaram, e acompanhada de prova documental e rol de testemunhas, se houver.

§ 2º A arguição será sempre individual, não ficando os demais Ministros impedidos de apreciá-la, ainda que também recusados.

§ 3º Recebida a exceção, será ouvido o Ministro recusado no prazo de 5 (cinco) dias seguindo-se dilação probatória de 10 (dez) dias úteis e, após, o julgamento.

§ 4º Poderá o Presidente propor a rejeição da exceção liminarmente.

Art. 321. O relator, reconhecendo a suspeição ou o impedimento, determinará a juntada da petição aos autos, e, por despacho, submeterá o processo à Presidência do colegiado competente, para redistribuição na forma regimental.

§ 1º O Ministro, não aceitando a suspeição ou o impedimento, continuará vinculado ao processo, ficando sua apreciação suspensa até a solução do incidente, que será autuado em separado, com designação de relator dentre os demais Ministros integrantes do colegiado competente para o julgamento do processo.

§ 2º No curso do julgamento do incidente, havendo necessidade de deliberação sobre medida urgente relativa ao processo principal, o Presidente do órgão julgador a encaminhará à apreciação do Ministro que o seguir na antiguidade dentre os seus integrantes não recusados.

§ 3º Excepcionalmente, no caso de arguição de impedimento ou de suspeição de todos os integrantes do órgão julgador, o exame da medida urgente caberá ao Presidente do Tribunal.

Art. 322. Conclusos os autos, o relator mandará ouvir o Ministro recusado no prazo de 5 (cinco) dias.

Parágrafo único. Vencido o prazo, com ou sem resposta, o relator ordenará o processo, colhendo as provas requeridas.

Art. 323. Reconhecida a suspeição ou o impedimento do relator, o colegiado, ao julgar o incidente, fixará o momento a partir do qual o Ministro não poderia ter atuado e declarará a nulidade dos seus atos, se praticados quando já presente o motivo de impedimento ou de suspeição, e o processo será redistribuído, na forma regimental.

CAPÍTULO VII
DOS RECURSOS PARA O SUPREMO TRIBUNAL FEDERAL

SEÇÃO I
DO RECURSO EXTRAORDINÁRIO

Art. 324. Cabe recurso extraordinário das decisões do Tribunal proferidas em única ou última instância, nos termos da Constituição da República.

§ 1º O recurso será interposto em petição fundamentada, no prazo de 15 (quinze) dias úteis da publicação do acórdão ou de suas conclusões no órgão oficial.

§ 2º A petição do recurso extraordinário será juntada aos autos após transcorrido o prazo legal sem a interposição de recurso de competência do Tribunal Superior do Trabalho, abrindo-se, de imediato, vista dos autos à parte contrária para apresentação de contrarrazões no prazo de 15 (quinze) dias úteis.

Art. 325. Findo o prazo das contrarrazões, os autos serão conclusos ao Vice-Presidente do Tribunal para exame da admissibilidade do recurso.

Art. 326. Os processos julgados pelo Tribunal Superior do Trabalho só serão restituídos à instância originária quando findo o prazo de interposição do recurso extraordinário para o Supremo Tribunal Federal.

Art. 327. Aos recursos extraordinários interpostos perante o Tribunal Superior do Trabalho será aplicado o procedimento previsto no Código de Processo Civil para o julgamento dos recursos extraordinário e especial repetitivos, cabendo ao Presidente do Tribunal Superior do Trabalho selecionar um ou mais recursos representativos da controvérsia e encaminhá-los ao Supremo Tribunal Federal, sobrestando os demais até o pronunciamento definitivo da Corte, na forma ali prevista.

SEÇÃO II
DO AGRAVO EM RECURSO EXTRAORDINÁRIO

Art. 328. Cabe agravo contra decisão denegatória do recurso extraordinário, no prazo de 15 (quinze) dias úteis, contados de sua publicação no órgão oficial, salvo quando fundada na aplicação de entendimento firmado em regime de repercussão geral ou em julgamento de recursos repetitivos.

Parágrafo único. A petição do agravo será dirigida ao Vice Presidente do Tribunal e independe do pagamento de custas e despesas postais, aplicando-se a ela o regime de repercussão geral e de recursos repetitivos, inclusive quanto à possibilidade de sobrestamento e do juízo de retratação.

Art. 329. A petição de agravo será juntada aos autos, após o que, de imediato, abrir-se-á vista ao agravado, por igual prazo, para apresentação de contraminuta. Após, os autos serão conclusos ao Vice-Presidente do Tribunal, que se retratará ou manterá a decisão agravada.

Art. 330. O agravante e o agravado poderão, com documentos novos, instruir, respectivamente, as razões e as contrarrazões.

Parágrafo único. Apresentado documento novo pelo agravado, será aberta vista ao agravante, no prazo de 5 (cinco) dias úteis.

CAPÍTULO VIII
DA RESTAURAÇÃO DOS AUTOS

Art. 331. A restauração de autos far-se-á de ofício ou a requerimento de qualquer das partes ou do Ministério Público do Trabalho.

Art. 332. O pedido de restauração de autos será apresentado ao Presidente do Tribunal e distribuído ao relator do processo desaparecido ou ao seu substituto.

Parágrafo único. Aplicam-se à restauração de autos, no Tribunal, as normas do Código de Processo Civil.

Art. 333. O relator determinará as diligências necessárias, solicitando, se preciso for, informações e cópias autenticadas a outros juízos e tribunais.

Art. 334. O julgamento de restauração caberá ao colegiado no qual tramitava o processo desaparecido.

Art. 335. Julgada a restauração, será lavrado acórdão e, após publicado no órgão oficial, o processo seguirá os trâmites normais. Reencontrado o original, a ele reunir-se-ão os autos reconstituídos.

CAPÍTULO IX
DA EXECUÇÃO

SEÇÃO I
DAS DISPOSIÇÕES GERAIS

Art. 336. A execução competirá ao Presidente:

I – quanto às suas decisões e ordens;

II – quanto às decisões dos órgãos do Tribunal, quando excederem à competência do Corregedor-Geral da Justiça do Trabalho ou dos Presidentes de Turma, ou se referirem a matéria administrativa.

Art. 337. Os atos de execução poderão ser requisitados, determinados, notificados ou delegados a quem os deva praticar.

Art. 338. A execução atenderá, no que couber, à legislação processual.

SEÇÃO II
DA EXECUÇÃO CONTRA A FAZENDA PÚBLICA

Art. 339. Na execução por quantia certa, fundada em decisão proferida contra a Fazenda Pública, observar-se-á o disposto no art. 100 da Constituição da República e na legislação processual, adotando-se, no que couber, o procedimento fixado em Instrução Normativa do Tribunal.

§ 1º A Fazenda Pública será intimada na pessoa de seu representante judicial, por carga ou por meio eletrônico, para, querendo, no prazo de 30 (trinta) dias úteis e nos próprios autos, impugnar o cumprimento da decisão.

§ 2º Se não houver impugnação no prazo regimental ou se forem rejeitadas as arguições da executada, observar-se-á o disposto na lei processual.

Art. 340. Nas execuções processadas nas Varas do Trabalho, o precatório será encaminhado ao Presidente do Tribunal Regional do Trabalho da jurisdição, que o dirigirá, mediante ofício, à autoridade competente ou entidade requisitada ou, se for o caso de pagamento de obrigação de pequeno valor, a execução será promovida por meio de ordem do juiz dirigida à autoridade na pessoa de quem o ente público foi citado para o processo, na forma da legislação processual.

Art. 341. No âmbito do Tribunal, o procedimento alusivo ao precatório constará de Instrução Normativa.

LIVRO III
DOS SERVIÇOS ADMINISTRATIVOS E DAS DISPOSIÇÕES FINAIS

TÍTULO I
DOS SERVIÇOS ADMINISTRATIVOS

CAPÍTULO I
DA SECRETARIA DO TRIBUNAL

Art. 342. A Secretaria do Tribunal é dirigida pelo Diretor-Geral, bacharel em Direito, nomeado em comissão pelo Presidente, incumbindo-lhe a direção dos serviços administrativos do Tribunal.

Parágrafo único. Incumbe ao Secretário-Geral Judiciário, bacharel em Direito, nomeado em comissão pelo Presidente, a direção dos serviços judiciários do Tribunal.

Art. 343. A organização da Secretaria do Tribunal, seu funcionamento e as atribuições do Diretor-Geral, do Secretário Geral Judiciário, dos Secretários e dos Coordenadores, bem como das Unidades Administrativas, constarão do Regulamento Geral.

Art. 344. Não poderá ser nomeado para cargo em comissão ou designado para função gratificada, cônjuge, companheiro ou parente, até o terceiro grau, inclusive, de qualquer dos Ministros do Tribunal em atividade, salvo se servidor ocupante de cargo de provimento efetivo das carreiras judiciárias, caso em que a vedação é restrita à nomeação ou designação para servir junto ao Ministro determinante da incompatibilidade.

Art. 345. Ressalvada a existência de regulação legal especial, aplica-se no Tribunal, o Regime Jurídico dos Servidores Públicos Civis da União.

Art. 346. O horário de expediente no Tribunal Superior do Trabalho será estabelecido por Resolução Administrativa, aprovada pelo Órgão Especial, por iniciativa do seu Presidente.

Art. 347. Os servidores do Tribunal cumprirão a duração semanal de trabalho prevista na legislação aplicável, com controle de frequência e horário, de conformidade com as escalas estabelecidas, observado o intervalo entre os turnos de trabalho.

§ 1º Os servidores ocupantes de cargo em comissão e submetidos ao regime de integral dedicação ao serviço estão excepcionados da regra deste artigo, podendo ser convocados sempre que houver interesse da Administração.

§ 2º Os agentes de segurança dos Ministros permanecem à disposição, estando sujeitos a controle de frequência.

Art. 348. Durante as férias dos Ministros e no período de recesso, ficam suspensas as atividades judicantes do Tribunal, prosseguindo, no entanto, os serviços administrativos e judiciários nas secretarias e nos gabinetes, devendo a escala de férias dos servidores ser organizada de modo a atender ao respectivo funcionamento.

Parágrafo único. Os servidores devem gozar férias no mesmo período dos Ministros, sempre que possível.

CAPÍTULO II
DO GABINETE DO PRESIDENTE

Art. 349. O gabinete do Presidente será chefiado pelo Secretário Geral da Presidência, bacharel em Direito, nomeado em comissão, para o exercício das funções de direção e assessoramento jurídico.

Parágrafo único. As atribuições do Secretário-Geral, dos Secretários, do Chefe de Gabinete, dos Assessores e das assessorias diretamente subordinadas ao gabinete da Presidência constarão do Regulamento Geral.

CAPÍTULO III
DO GABINETE DOS MINISTROS

Art. 350. Compõem os gabinetes dos Ministros:

I – um Chefe de Gabinete, bacharel em Direito, nomeado em comissão, nos termos da lei e deste Regimento;

II – assessores, bacharéis em Direito, nomeados em comissão, nos termos da lei e deste Regimento;

III – auxiliares da confiança do Ministro, que poderão exercer função comissionada, observada a lotação numérica, fixada em Resolução Administrativa aprovada pelo Órgão Especial.

Parágrafo único. As atribuições do Chefe de Gabinete dos Ministros e dos assessores constam do Regulamento Geral.

Art. 351. O horário do pessoal do gabinete, observadas a duração legal e as peculiaridades do serviço, será determinado pelo Ministro, bem como a fruição das férias, atendida a exigência do controle de frequência e o horário, comum a todos os servidores da Corte.

TÍTULO II
DAS DISPOSIÇÕES FINAIS

CAPÍTULO I
DAS EMENDAS AO REGIMENTO

Art. 352. Os atos de competência do Tribunal Pleno, de natureza regimental, obedecem à seguinte nomenclatura:

I – Emenda Regimental, que introduz modificações no texto;

II – Ato Regimental, que suprime ou acrescenta dispositivo.

Art. 353. Os atos mencionados no artigo anterior serão numerados em séries próprias, seguida e ininterruptamente.

CAPÍTULO II
DAS RESOLUÇÕES DO TRIBUNAL

Art. 354. Os atos de competência do Tribunal, normativos ou individuais, obedecem à seguinte nomenclatura:

I – Resolução Administrativa;

II – Resolução.

Art. 355. Na classe de Resolução Administrativa, enquadram-se as regulamentações sobre pessoal (Magistrados e servidores), organização e administração dos órgãos da Justiça do Trabalho, funcionamento e atribuições das unidades do Tribunal e de seus servidores, e, na classe de Resolução, as deliberações referentes à aprovação de instrução normativa, súmula, orientação jurisprudencial e precedente normativo.

Art. 356. As Resoluções Administrativas e as Resoluções serão numeradas em séries próprias, de acordo com a matéria disciplinada, seguida e ininterruptamente, independentemente do ano de sua edição.

CAPÍTULO III
DAS DISPOSIÇÕES FINAIS E TRANSITÓRIAS

Art. 357. Quando o agravo de instrumento tramitar nos autos principais em que haja recurso de revista da outra parte, o processo será autuado como agravo de instrumento em recurso de revista e recurso de revista – AIRR e RR e receberá um único número.

§ 1º Diante da interposição de agravo de instrumento e recurso de revista pela mesma parte, nos termos da Instrução Normativa n.º 40/2016, apenas haverá julgamento na sessão subsequente à do agravo provido, ficando sobrestado o recurso de revista no tema conhecido para julgamento na mesma sessão.

§ 2º Processado o recurso de revista em razão de um tema, os demais temas cuja decisão agravada é mantida não farão parte da decisão do recurso de revista.

Art. 358. Na hipótese do art. 256 deste Regimento, se não for conhecido ou provido o agravo de instrumento, será de imediato julgado o recurso de revista, com lavratura de acórdãos distintos.

Art. 359. Quando o agravo de instrumento for processado nos autos principais, nos quais se encontra sobrestado julgamento de recurso de revista da outra parte, na autuação do processo, será considerado o número originário do recurso de revista sobrestado e observada a classe de agravo de instrumento em recurso de revista e recurso de revista (AIRR e RR).

Parágrafo único. O processo será distribuído ao relator do recurso de revista sobrestado. Se o relator não se encontrar em exercício no órgão prevento, haverá a redistribuição no âmbito do colegiado a um dos seus integrantes.

Art. 360. Em quaisquer situações previstas nos arts. 357 e 359 deste Regimento, se não for conhecido ou provido o agravo de instrumento, será de imediato julgado o recurso de revista, com lavratura de um único acórdão.

Art. 361. A Subseção I da Seção Especializada em Dissídios Individuais julgará desde logo a matéria objeto do recurso de revista não conhecido pela Turma, caso conclua, no julgamento do recurso de embargos interposto em data anterior à vigência da Lei nº 11.496/2007, que aquele recurso estava corretamente fundamentado em violação de dispositivos de lei federal ou da Constituição da República ou em contrariedade a súmula.

Art. 362. Fazem parte integrante deste Regimento, no que lhes for aplicável, as normas de lei complementar alusiva à Magistratura Nacional, as estabelecidas pela Consolidação das Leis do Trabalho e legislação complementar e, supletiva e subsidiariamente, as do Direito Processual Civil, em caso de omissão e desde que haja compatibilidade com as normas e princípios do Direito Processual do Trabalho, na forma dos arts. 769 e 889 da CLT e do art. 15 do CPC.

Art. 363. O Regulamento Geral da Secretaria do Tribunal constitui parte deste Regimento, bem assim as Resoluções, Instruções Normativas, Resoluções Administrativas e Emendas Regimentais.

Art. 364. Este Regimento entrará em vigor na data de sua publicação, revogadas as disposições em contrário.

Ministro IVES GANDRA DA SILVA MARTINS FILHO

Presidente do Tribunal Superior do Trabalho

LEI Nº 13.667, DE 17 DE MAIO DE 2018

Dispõe sobre o Sistema Nacional de Emprego (Sine), criado pelo Decreto nº 76.403, de 8 de outubro de 1975.

- *Sistema Nacional de Emprego (Sine)*
- *DOU 18.05.2018*

O PRESIDENTE DA REPÚBLICA Faço saber que o Congresso Nacional decreta e eu sanciono a seguinte Lei:

Art. 1º Esta Lei dispõe sobre o Sistema Nacional de Emprego (Sine), nos termos do inciso XVI do *caput* do art. 22 da Constituição Federal.

Parágrafo único. O Sine será financiado e gerido pela União e pelas esferas de governo que a ele aderirem, observado o disposto nesta Lei.

CAPÍTULO I
DAS DIRETRIZES DO SISTEMA NACIONAL DE EMPREGO

Art. 2º São diretrizes do Sine:

I – a otimização do acesso ao trabalho decente, exercido em condições de liberdade, equidade, dignidade e segurança, e a sistemas de educação e de qualificação profissional e tecnológica;

II – a integração de suas ações e de seus serviços nas distintas esferas de governo em que se fizer presente;

III – a execução descentralizada das ações e dos serviços referidos no inciso II do *caput* deste artigo, em consonância com normas e diretrizes editadas em âmbito nacional;

IV – o compartilhamento da gestão, do financiamento e de recursos técnicos entre as esferas de governo que o integrem;

V – a participação de representantes da sociedade civil em sua gestão;

VI – a integração e a sistematização das informações e pesquisas sobre o mercado formal e informal de trabalho, com vistas a subsidiar a operacionalização de suas ações e de seus serviços no âmbito da União e das esferas de governo que dele participem;

VII – a adequação entre a oferta e a demanda de força de trabalho em todos os níveis de ocupação e qualificação;

VIII – a integração técnica e estatística com os sistemas de educação e de qualificação profissional e tecnológica, com vistas à elaboração, à implementação e à avaliação das respectivas políticas;

IX – a padronização do atendimento, da organização e da oferta de suas ações e de seus serviços no âmbito das esferas de governo participantes, respeitadas as especificidades regionais e locais;

X – a melhoria contínua da qualidade dos serviços ofertados, de forma eficiente, eficaz, efetiva e sustentável, especialmente por meio do desenvolvimento de aplicativos e de soluções tecnológicas a serem ofertados aos trabalhadores;

XI – a articulação permanente com a implementação das demais políticas públicas, com ênfase nas destinadas à população em condições de vulnerabilidade social.

CAPÍTULO II
DA ORGANIZAÇÃO

Art. 3º O Sine será gerido e financiado, e suas ações e serviços serão executados, conjuntamente pelo Ministério do Trabalho e por órgãos específicos integrados à estrutura administrativa das esferas de governo que dele participem, na forma estabelecida por esta Lei.

§ 1º O Conselho Deliberativo do Fundo de Amparo ao Trabalhador (Codefat), instituído pela Lei nº 7.998, de 11 de janeiro de 1990, constitui instância regulamentadora do Sine, sem prejuízo do disposto no § 2º deste artigo.

§ 2º O Codefat e os Conselhos do Trabalho, Emprego e Renda instituídos pelas esferas de governo que aderirem ao Sine constituirão instâncias deliberativas do Sistema.

Art. 4º São unidades de atendimento do Sine, de funcionamento contínuo:

I – as Superintendências Regionais do Trabalho e as unidades implantadas por instituições federais autorizadas pelo Codefat;

II – as unidades instituídas pelas esferas de governo que integrarem o Sine.

§ 1º O Codefat poderá autorizar outras unidades, de funcionamento contínuo ou não, para atendimento do Sine.

§ 2º O atendimento ao trabalhador, requerente ou não requerente do seguro-desemprego, será obrigatoriamente realizado por meio de ações e serviços integrados de orientação, recolocação e qualificação profissional, para auxiliá-lo na busca ou preservação do emprego ou estimular seu empreendedorismo, podendo o Codefat dispor sobre a exceção de oferta básica não integrada de ações e serviços.

§ 3º As unidades de atendimento integrantes do Sine deverão ser objeto de padronização de acordo com os níveis de abrangência das ações e dos serviços nelas prestados, observados os critérios estabelecidos pelo Codefat.

Art. 5º Nos termos estabelecidos pelo Codefat, os Conselhos do Trabalho, Emprego e Renda poderão autorizar a constituição de consórcios públicos para executar as ações e os serviços do Sine, devendo os consórcios ser submetidos à prévia avaliação do Ministério do Trabalho.

CAPÍTULO III
DAS COMPETÊNCIAS

Art. 6º Compete simultaneamente à União e às esferas de governo que aderirem ao Sine:

I – prover o pessoal e a infraestrutura necessários à execução das ações e dos serviços do Sine, bem como financiá-lo, por meio de repasses fundo a fundo;

II – acompanhar e controlar a rede de atendimento aos trabalhadores;

III – administrar os recursos orçamentários e financeiros de seus fundos do trabalho;

IV – acompanhar, avaliar e divulgar informações sobre o mercado formal e informal de trabalho;

V – alimentar sistemas integrados e informatizados destinados a colher dados relacionados ao mercado formal e informal de trabalho;

VI – subsidiar a elaboração de normas técnicas e o estabelecimento de padrões de qualidade e parâmetros de custos destinados a nortear as ações e os serviços abrangidos pelo Sine;

VII – elaborar plano de ações e serviços do Sine, bem como a respectiva proposta orçamentária, os quais deverão ser submetidos, conforme a esfera de governo, à aprovação do Codefat ou do respectivo Conselho do Trabalho, Emprego e Renda;

VIII – participar da formulação e da execução da política de formação e desenvolvimento de pessoal especificamente voltado a prestar serviços no âmbito do Sine;

IX – disponibilizar informações referentes às ações e aos serviços executados;

X – propor medidas para aperfeiçoamento e modernização do Sine à coordenação nacional do Sistema.

Art. 7º Compete à União:

I – exercer, por intermédio do Ministério do Trabalho, a coordenação nacional do Sine, com supervisão, monitoramento e avaliação das ações e dos serviços do Sistema executados por ela e pelas esferas de governo que a ele aderirem;

II – executar, em caráter privativo, os seguintes serviços e ações integrados ao Sine:

a) concessão do seguro-desemprego e do abono salarial;

b) identificação dos trabalhadores;

c) coordenação da certificação profissional;

d) manutenção de cadastro de instituições habilitadas a qualificar os trabalhadores;

III – apoiar e assessorar tecnicamente as esferas de Governo que aderirem ao Sine;

IV – estimular a constituição de consórcios públicos municipais e fornecer-lhes suporte técnico, para viabilização das ações e serviços do Sine.

Parágrafo único. A União poderá executar, em caráter suplementar, as ações e os serviços do Sine de competência das demais esferas de governo, tenham ou não a ele aderido.

Art. 8º Compete aos Estados que aderirem ao Sine:

I – exercer, por intermédio de órgão específico integrado à sua estrutura administrativa, a coordenação estadual do Sine, com supervisão, monitoramento e avaliação das ações e dos serviços a eles atribuídos;

II – executar as ações e os serviços do Sine na ausência de atuação dos Municípios ou de consórcios públicos municipais;

III – estimular os Municípios e os consórcios que eles venham a constituir, e fornecer-lhes suporte técnico e financeiro, para viabilização das ações e serviços do Sine.

Parágrafo único. Os Estados poderão executar, em caráter suplementar, as ações e os serviços do Sine de competência dos Municípios.

Art. 9º Compete aos Municípios que aderirem ao Sine, sem prejuízo de outras atividades que lhes sejam distribuídas pelo Codefat:

I – exercer, por intermédio de órgão específico integrado à sua estrutura administrativa, a coordenação municipal do Sine, com supervisão, monitoramento e avaliação das ações e dos serviços a eles atribuídos;

II – habilitar o trabalhador à percepção de seguro-desemprego;

III – intermediar o aproveitamento da mão de obra;

IV – cadastrar os trabalhadores desempregados em sistema informatizado acessível ao conjunto das unidades do Sine;

V – prestar apoio à certificação profissional;

VI – promover a orientação e a qualificação profissional;

VII – prestar assistência a trabalhadores resgatados de situação análoga à de escravo e às mulheres em situação de violência doméstica e familiar; *(Redação dada pela Lei 14.542/2023)*

VIII – fomentar o empreendedorismo, o crédito para a geração de trabalho, emprego e renda, o microcrédito produtivo orientado e o assessoramento técnico ao trabalho autônomo, autogestionário ou associado.

§ 1º As mulheres em situação de violência doméstica e familiar terão prioridade no atendimento pelo Sine, às quais serão reservadas 10% (dez por cento) das vagas ofertadas para intermediação. *(Acrescido pela Lei 14.542/2023)*

§ 2º Na hipótese de não preenchimento das vagas reservadas nos termos previstos no § 1º deste artigo por ausência de mulheres em situação de violência doméstica e familiar, as vagas remanescentes poderão ser preenchidas por mulheres e, se não houver, pelo público em geral. *(Acrescido pela Lei 14.542/2023)*

Art. 10. O Distrito Federal, se aderir ao Sine, exercerá, cumulativamente, no âmbito de seu território, as competências dos Estados e dos Municípios.

CAPÍTULO IV
DO FINANCIAMENTO E DA FISCALIZAÇÃO

Art. 11. As despesas com a organização, a implementação, a manutenção, a modernização e a gestão do Sine correrão por conta dos seguintes recursos:

I – provenientes do Fundo de Amparo ao Trabalhador (FAT);

II – aportados pelas esferas de governo que aderirem ao Sine;

III – outros que lhe sejam destinados.

Parágrafo único. A União e as esferas de governo que aderirem ao Sine poderão realizar operações externas de natureza financeira, autorizadas pelo Senado Federal, para captação de recursos direcionados aos respectivos fundos do trabalho.

Art. 12. As esferas de governo que aderirem ao Sine deverão instituir fundos do trabalho próprios para financiamento e transferências automáticas de recursos no âmbito do Sistema, observada a regulamentação do Codefat.

§ 1º Constituem condição para as transferências automáticas dos recursos de que trata esta Lei às esferas de governo que aderirem ao Sine a instituição e o funcionamento efetivo de:

I – Conselho do Trabalho, Emprego e Renda, constituído de forma tripartite e paritária por representantes dos trabalhadores, dos empregadores e do governo, observadas as disposições desta Lei;

II – fundo do trabalho, orientado e controlado pelo respectivo Conselho do Trabalho, Emprego e Renda;

III – plano de ações e serviços, aprovado na forma estabelecida pelo Codefat.

§ 2º Constitui condição para a transferência de recursos do FAT às esferas de governo que aderirem ao Sine a comprovação orçamentária da existência de recursos próprios destinados à área do trabalho e alocados aos respectivos fundos, adicionados aos recebidos do FAT.

§ 3º As despesas com o funcionamento dos Conselhos do Trabalho, Emprego e Renda, exceto as de pessoal, poderão ser custeadas por recursos alocados ao fundo do trabalho, observadas as deliberações do Codefat.

Art. 13. O financiamento de programas, projetos, ações e serviços do Sine será efetivado por meio de transferências automáticas entre os fundos do trabalho ou mediante a alocação de recursos próprios nesses fundos por parte da União e das esferas de governo que aderirem ao Sistema.

Parágrafo único. (Vetado).

Art. 14. Para a definição dos valores a serem repassados pela União às esferas de governo que aderirem ao Sine, serão observados os critérios aprovados pelo Codefat e as disponibilidades orçamentárias e financeiras.

§ 1º Caberá ao Ministério do Trabalho, na qualidade de coordenador nacional do Sine, propor ao Codefat os critérios de que trata o *caput* deste artigo.

§ 2º Caberá ao Codefat estabelecer as condições de financiamento do Sine e de aplicação de seus recursos.

Art. 15. (Vetado).

Art. 16. O Ministério do Trabalho, na forma estabelecida pelo Codefat, apoiará financeiramente, com as dotações orçamentárias existentes, o aprimoramento da gestão descentralizada das ações e dos serviços do Sine, por meio do Índice de Gestão Descentralizada do Sine (IGD-Sine), destinado ao custeio de despesas correntes e de capital.

Parágrafo único. É vedada a utilização dos recursos repassados a título de IGD-Sine para pagamento de pessoal efetivo e de gratificações de qualquer natureza a servidor público federal, estadual, municipal ou do Distrito Federal.

Art. 17. Os recursos financeiros destinados ao Sine serão depositados em conta especial de titularidade do fundo do trabalho e movimentados com a fiscalização do respectivo Conselho do Trabalho, Emprego e Renda.

§ 1º O Ministério do Trabalho acompanhará a conformidade da aplicação dos recursos do FAT transferidos automaticamente às esferas de governo que aderirem ao Sine, observada a programação orçamentária aprovada para cada ente federativo.

§ 2º Sem prejuízo de outras sanções cabíveis em decorrência da legislação, constitui crime, sujeito à pena de reclusão de 3 (três) meses a 1 (um) ano, o emprego irregular, ou em finalidades diversas das previstas nesta Lei, de verbas, de rendas públicas ou de recursos do Sine.

Art. 18. Caberá à esfera de governo que aderir ao Sine a responsabilidade pela correta utilização dos recursos de seu fundo do trabalho, bem como pelo controle e pelo acompanhamento dos programas, dos projetos, dos benefícios, das ações e dos serviços vinculados ao Sistema, independentemente de ações do órgão repassador dos recursos.

Art. 19. A utilização dos recursos federais descentralizados para os fundos do trabalho das esferas de governo que aderirem ao Sine será anualmente declarada pelos entes recebedores ao ente responsável pela transferência automática, mediante relatório de gestão que comprove a execução das ações, na forma do regulamento, a ser submetido à apreciação do respectivo Conselho do Trabalho, Emprego e Renda.

Parágrafo único. O ente responsável pela transferência automática poderá requisitar informações referentes à aplicação dos recursos transferidos, para fins de análise e acompanhamento de sua utilização.

CAPÍTULO V
DISPOSIÇÕES FINAIS E TRANSITÓRIAS

Art. 20. A denominação Sistema Nacional de Emprego, a sigla Sine e as suas marcas ou logomarcas, utilizadas separada ou conjuntamente, são consideradas bens públicos nacionais e não poderão ser objeto de nenhum tipo de registro de propriedade ou de domínio, por pessoas físicas ou jurídicas.

Art. 21. É garantida, às esferas de governo que aderirem ao Sine, a participação no Codefat, mediante a indicação de representantes – titular e suplente –, efetivada, conforme o caso, pelo Fórum Nacional de Secretarias Estaduais do Trabalho (Fonset) ou pelo Fórum Nacional de Secretarias Municipais do Trabalho (Fonsemt).

Parágrafo único. A participação de representantes – titular e suplente – das Superintendências Regionais do Trabalho nos Conselhos de Trabalho, Emprego e Renda instituídos pelos Estados e pelo Distrito Federal é condição para a adesão dessas esferas de governo ao Sine.

Art. 22. Os entes públicos que tenham Convênio Plurianual do Sine (CP-Sine) e Convênio Plurianual de Qualificação Social e Profissional (CP-QSP) vigentes à data de publicação desta Lei terão o prazo de 12 (doze) meses para se adaptar à nova organização do Sine e constituir os seus fundos do trabalho.

§ 1º Durante o período previsto no *caput* deste artigo, as transferências de recursos relacionados ao Sine observarão, em caráter transitório, os termos dos convênios vigentes, os quais poderão ser objeto de termos aditivos para garantir a continuidade da execução das ações e serviços do Sistema durante esse período.

§ 2º A adesão de novos entes públicos ao Sine somente poderá ocorrer 12 (doze) meses após a data de entrada em vigor desta Lei, de acordo com cronograma aprovado pelo Codefat.

Art. 23. O Sine, criado pelo Decreto nº 76.403, de 8 de outubro de 1975, passa a ser regido pelas disposições desta Lei e pela regulamentação do Codefat.

Art. 24. Esta Lei entra em vigor na data de sua publicação.

Brasília, 17 de maio de 2018; 197° da Independência e 130° da República.

Michel Temer

INSTRUÇÃO NORMATIVA TST 41, DE 21 DE JUNHO DE 2018

Dispõe sobre a aplicação das normas processuais da Consolidação das Leis do Trabalho alteradas pela Lei nº 13.467, de 13 de julho de 2017.

▸ *Aplicação de Normas Processuais*

Art. 1° A aplicação das normas processuais previstas na Consolidação das Leis do Trabalho, alteradas pela Lei nº 13.467, de 13 de julho de 2017, com eficácia a partir de 11 de novembro de 2017, é imediata, sem atingir, no entanto, situações pretéritas iniciadas ou consolidadas sob a égide da lei revogada.

Art. 2° O fluxo da prescrição intercorrente conta-se a partir do descumprimento da determinação judicial a que alude o § 1º do art. 11-A da CLT, desde que feita após 11 de novembro de 2017 (Lei nº 13.467/2017).

Art. 3º A obrigação de formar o litisconsórcio necessário a que se refere o art. 611-A, § 5º, da CLT dar-se-á nos processos iniciados a partir de 11 de novembro de 2017 (Lei nº 13.467/2017).

Art. 4º O art. 789, *caput*, da CLT aplica-se nas decisões que fixem custas, proferidas a partir da entrada em vigor da Lei nº 13.467/2017.

Art. 5º O art. 790-B, *caput* e §§ 1º a 4º, da CLT, não se aplica aos processos iniciados antes de 11 de novembro de 2017 (Lei nº 13.467/2017).

Art. 6º Na Justiça do Trabalho, a condenação em honorários advocatícios sucumbenciais, prevista no art. 791-A, e parágrafos, da CLT, será aplicável apenas às ações propostas após 11 de novembro de 2017 (Lei nº 13.467/2017). Nas ações propostas anteriormente, subsistem as diretrizes do art. 14 da Lei nº 5.584/1970 e das Súmulas nos 219 e 329 do TST.

Art. 7º Os arts. 793-A, 793-B e 793-C, § 1º, da CLT têm aplicação autônoma e imediata.

Art. 8º A condenação de que trata o art. 793-C, *caput*, da CLT, aplica-se apenas às ações ajuizadas a partir de 11 de novembro de 2017 (Lei nº 13.467/2017).

Art. 9º O art. 793-C, §§ 2º e 3º, da CLT tem aplicação apenas nas ações ajuizadas a partir de 11 de novembro de 2017 (Lei nº 13.467/2017).

Art. 10. O disposto no *caput* do art. 793-D será aplicável às ações ajuizadas a partir de 11 de novembro de 2017 (Lei nº 13.467/2017).

Parágrafo único. Após a colheita da prova oral, a aplicação de multa à testemunha dar-se-á na sentença e será precedida de instauração de incidente mediante o qual o juiz indicará o ponto ou os pontos controvertidos no depoimento, assegurados o contraditório, a defesa, com os meios a ela inerentes, além de possibilitar a retratação.

Art. 11. A exceção de incompetência territorial, disciplinada no art. 800 da CLT, é imediatamente aplicável aos processos trabalhistas em curso, desde que o recebimento da notificação seja posterior a 11 de novembro de 2017 (Lei 13.467/2017).

Art. 12. Os arts. 840 e 844, §§ 2º, 3º e 5º, da CLT, com as redações dadas pela Lei nº 13.467, de 13 de julho de 2017, não retroagirão, aplicando-se, exclusivamente, às ações ajuizadas a partir de 11 de novembro de 2017.

§ 1º Aplica-se o disposto no art. 843, § 3º, da CLT somente às audiências trabalhistas realizadas após 11 de novembro de 2017.

§ 2º Para fim do que dispõe o art. 840, §§ 1º e 2º, da CLT, o valor da causa será estimado, observando-se, no que couber, o disposto nos arts. 291 a 293 do Código de Processo Civil.

§ 3º Nos termos do art. 843, § 3º, e do art. 844, § 5º, da CLT, não se admite a cumulação das condições de advogado e preposto.

Art. 13. A partir da vigência da Lei nº 13.467/2017, a iniciativa do juiz na execução de que trata o art. 878 da CLT e no incidente de desconsideração da personalidade jurídica a que alude o art. 855-A da CLT ficará limitada aos casos em que as partes não estiverem representadas por advogado.

Art. 14. A regra inscrita no art. 879, § 2º, da CLT, quanto ao dever de o juiz conceder prazo comum de oito dias para impugnação fundamentada da conta de liquidação, não se aplica à liquidação de julgado iniciada antes de 11 de novembro de 2017.

Art. 15. O prazo previsto no art. 883-A da CLT, para as medidas de execução indireta nele especificadas, aplica-se somente às execuções iniciadas a partir de 11 de novembro de 2017.

Art. 16. O art. 884, § 6º, da CLT aplica-se às entidades filantrópicas e seus diretores, em processos com execuções iniciadas após 11 de novembro de 2017.

Art. 17. O incidente de desconsideração da personalidade jurídica, regulado pelo CPC (artigos 133 a 137), aplica-se ao processo do trabalho, com as inovações trazidas pela Lei nº 13.467/2017.

Art. 18. O dever de os Tribunais Regionais do Trabalho uniformizarem a sua jurisprudência faz incidir, subsidiariamente ao processo do trabalho, o art. 926 do CPC, por meio do qual os Tribunais deverão manter sua jurisprudência íntegra, estável e coerente.

§ 1º Os incidentes de uniformização de jurisprudência suscitados ou iniciados antes da vigência da Lei nº 13.467/2017, no âmbito dos Tribunais Regionais do Trabalho ou por iniciativa de decisão do Tribunal Superior do Trabalho, deverão observar e serão concluídos sob a égide da legislação vigente ao tempo da interposição do recurso, segundo o disposto nos respectivos Regimentos Internos.

§ 2º Aos recursos de revista e de agravo de instrumento no âmbito do Tribunal Superior do Trabalho, conclusos aos relatores e ainda não julgados até a edição da Lei nº 13.467/17, não se aplicam as disposições contidas nos §§ 3º a 6º do artigo 896 da Consolidação das Leis do Trabalho.

§ 3º As teses jurídicas prevalecentes e os enunciados de Súmulas decorrentes do julgamento dos incidentes de uniformização de jurisprudência suscitados ou iniciados anteriormente à edição da Lei nº 13.467/2017, no âmbito dos Tribunais Regionais do Trabalho, conservam sua natureza vinculante à luz dos arts. 926, §§ 1º e 2º, e 927, III e V, do CPC.

Art. 19. O exame da transcendência seguirá a regra estabelecida no art. 246 do Regimento Interno do Tribunal Superior do Trabalho, incidindo apenas sobre os acórdãos proferidos pelos Tribunais Regionais do Trabalho publicados a partir de 11 de novembro de 2017, excluídas as decisões em embargos de declaração.

Art. 20. As disposições contidas nos §§ 4º, 9º, 10 e 11 do artigo 899 da CLT, com a redação dada pela Lei nº 13.467/2017, serão observadas para os recursos interpostos contra as decisões proferidas a partir de 11 de novembro de 2017.

Art. 21. Esta Instrução Normativa entrará em vigor na data da sua publicação. Ficam revogados os art. 2º, VIII, e 6º da Instrução Normativa nº 39/2016 do TST.

JOÃO BATISTA BRITO PEREIRA
Ministro Presidente do Tribunal Superior do Trabalho

LEI Nº 13.709, DE 14 DE AGOSTO DE 2018

Lei Geral de Proteção de Dados Pessoais (LGPD) (Ementa com redação dada pela Lei 13.853/2019)

▸ *Lei Geral de Proteção de Dados Pessoais*

O PRESIDENTE DA REPÚBLICA Faço saber que o Congresso Nacional decreta e eu sanciono a seguinte Lei:

CAPÍTULO I
DISPOSIÇÕES PRELIMINARES

Art. 1º Esta Lei dispõe sobre o tratamento de dados pessoais, inclusive nos meios digitais, por pessoa natural ou por pessoa jurídica de direito público ou privado, com o objetivo de proteger os direitos fundamentais de liberdade e de privacidade e o livre desenvolvimento da personalidade da pessoa natural.

Parágrafo único. As normas gerais contidas nesta Lei são de interesse nacional e devem ser observadas pela União, Estados, Distrito Federal e Municípios. (Acrescido pela Lei 13.853/2019)

Art. 2º A disciplina da proteção de dados pessoais tem como fundamentos:

I – o respeito à privacidade;

II – a autodeterminação informativa;

III – a liberdade de expressão, de informação, de comunicação e de opinião;

IV – a inviolabilidade da intimidade, da honra e da imagem;

V – o desenvolvimento econômico e tecnológico e a inovação;

VI – a livre iniciativa, a livre concorrência e a defesa do consumidor; e

VII – os direitos humanos, o livre desenvolvimento da personalidade, a dignidade e o exercício da cidadania pelas pessoas naturais.

Art. 3º Esta Lei aplica-se a qualquer operação de tratamento realizada por pessoa natural ou por pessoa jurídica de direito público ou privado, independentemente do meio, do país de sua sede ou do país onde estejam localizados os dados, desde que:

I – a operação de tratamento seja realizada no território nacional;

II – a atividade de tratamento tenha por objetivo a oferta ou o fornecimento de bens ou serviços ou o tratamento de dados de indivíduos localizados no território nacional; ou (Redação dada pela Lei 13.853/2019)

III – os dados pessoais objeto do tratamento tenham sido coletados no território nacional.

§ 1º Consideram-se coletados no território nacional os dados pessoais cujo titular nele se encontre no momento da coleta.

§ 2º Excetua-se do disposto no inciso I deste artigo o tratamento de dados previsto no inciso IV do *caput* do art. 4º desta Lei.

Art. 4º Esta Lei não se aplica ao tratamento de dados pessoais:

I – realizado por pessoa natural para fins exclusivamente particulares e não econômicos;

II – realizado para fins exclusivamente:

a) jornalístico e artísticos; ou

b) acadêmicos, aplicando-se a esta hipótese os arts. 7º e 11 desta Lei;

III – realizado para fins exclusivos de:

a) segurança pública;

b) defesa nacional;

c) segurança do Estado; ou

d) atividades de investigação e repressão de infrações penais; ou

IV – provenientes de fora do território nacional e que não sejam objeto de comunicação, uso compartilhado de dados com agentes de tratamento brasileiros ou objeto de transferência internacional de dados com outro país que não o de proveniência, desde que o país de proveniência proporcione grau de proteção de dados pessoais adequado ao previsto nesta Lei.

§ 1º O tratamento de dados pessoais previsto no inciso III será regido por legislação específica, que deverá prever medidas proporcionais e estritamente necessárias ao atendimento do interesse público, observados o devido processo legal, os princípios gerais de proteção e os direitos do titular previstos nesta Lei.

§ 2º É vedado o tratamento dos dados a que se refere o inciso III do *caput* deste artigo por pessoa de direito privado, exceto em procedimentos sob tutela de pessoa jurídica de direito público, que serão objeto de informe específico à autoridade nacional e que deverão observar a limitação imposta no § 4º deste artigo.

§ 3º A autoridade nacional emitirá opiniões técnicas ou recomendações referentes às exceções previstas no inciso III do *caput* deste artigo e deverá solicitar aos responsáveis relatórios de impacto à proteção de dados pessoais.

§ 4º Em nenhum caso a totalidade dos dados pessoais de banco de dados de que trata o inciso III do *caput* deste artigo poderá ser tratada por pessoa de direito privado, salvo por aquela que possua capital integralmente constituído pelo poder público. (Redação dada pela Lei 13.853/2019)

Art. 5º Para os fins desta Lei, considera-se:

I – dado pessoal: informação relacionada a pessoa natural identificada ou identificável;

II – dado pessoal sensível: dado pessoal sobre origem racial ou étnica, convicção religiosa, opinião política, filiação a sindicato ou a organização de caráter religioso, filosófico ou político, dado referente à saúde ou à vida sexual, dado genético ou biométrico, quando vinculado a uma pessoa natural;

III – dado anonimizado: dado relativo a titular que não possa ser identificado, considerando a utilização de meios técnicos razoáveis e disponíveis na ocasião de seu tratamento;

IV – banco de dados: conjunto estruturado de dados pessoais, estabelecido em um ou em vários locais, em suporte eletrônico ou físico;

V – titular: pessoa natural a quem se referem os dados pessoais que são objeto de tratamento;

VI – controlador: pessoa natural ou jurídica, de direito público ou privado, a quem competem as decisões referentes ao tratamento de dados pessoais;

VII – operador: pessoa natural ou jurídica, de direito público ou privado, que realiza o tratamento de dados pessoais em nome do controlador;

VIII – encarregado: pessoa indicada pelo controlador e operador para atuar como canal de comunicação entre o controlador, os titulares dos dados e a Autoridade Nacional de Proteção de Dados (ANPD); (Redação dada pela Lei 13.853/2019)

IX – agentes de tratamento: o controlador e o operador;

X – tratamento: toda operação realizada com dados pessoais, como as que se referem a coleta, produção, recepção, classificação, utilização, acesso, reprodução, transmissão, distribuição, processamento, arquivamento, armazenamento, eliminação, avaliação ou controle da informação, modificação, comunicação, transferência, difusão ou extração;

XI – anonimização: utilização de meios técnicos razoáveis e disponíveis no momento do tratamento, por meio dos quais um dado perde a possibilidade de associação, direta ou indireta, a um indivíduo;

XII – consentimento: manifestação livre, informada e inequívoca pela qual o titular concorda com o tratamento de seus dados pessoais para uma finalidade determinada;

XIII – bloqueio: suspensão temporária de qualquer operação de tratamento, mediante guarda do dado pessoal ou do banco de dados;

XIV – eliminação: exclusão de dado ou de conjunto de dados armazenados em banco de dados, independentemente do procedimento empregado;

XV – transferência internacional de dados: transferência de dados pessoais para país estrangeiro ou organismo internacional do qual o país seja membro;

XVI – uso compartilhado de dados: comunicação, difusão, transferência internacional, interconexão de dados pessoais ou tratamento compartilhado de bancos de dados pessoais por órgãos e entidades públicos no cumprimento de suas competências legais, ou entre esses e entes privados, reciprocamente, com autorização específica, para uma ou mais modalidades de tratamento permitidas por esses entes públicos, ou entre entes privados;

XVII – relatório de impacto à proteção de dados pessoais: documentação do controlador que contém a descrição dos processos de tratamento de dados pessoais que podem gerar riscos às liberdades civis e aos direitos fundamentais, bem como medidas, salvaguardas e mecanismos de mitigação de risco;

XVIII – órgão de pesquisa: órgão ou entidade da administração pública direta ou indireta ou pessoa jurídica de direito privado sem fins lucrativos legalmente constituída sob as leis brasileiras, com sede e foro no País, que inclua em sua missão institucional ou em seu objetivo social ou estatutário a pesquisa básica ou aplicada de caráter histórico, científico, tecnológico ou estatístico; e (Redação dada pela Lei 13.853/2019)

XIX – autoridade nacional: órgão da administração pública responsável por zelar, implementar e fiscalizar o cumprimento desta Lei em todo o território nacional. (Redação dada pela Lei 13.853/2019)

Art. 6º As atividades de tratamento de dados pessoais deverão observar a boa-fé e os seguintes princípios:

I – finalidade: realização do tratamento para propósitos legítimos, específicos, explícitos e informados ao titular, sem possibilidade de tratamento posterior de forma incompatível com essas finalidades;

II – adequação: compatibilidade do tratamento com as finalidades informadas ao titular, de acordo com o contexto do tratamento;

III – necessidade: limitação do tratamento ao mínimo necessário para a realização de suas finalidades, com abrangência dos dados pertinentes, proporcionais e não excessivos em relação às finalidades do tratamento de dados;

IV – livre acesso: garantia, aos titulares, de consulta facilitada e gratuita sobre a forma e a duração do tratamento, bem como sobre a integralidade de seus dados pessoais;

V – qualidade dos dados: garantia, aos titulares, de exatidão, clareza, relevância e atualização dos dados, de acordo com a necessidade e para o cumprimento da finalidade de seu tratamento;

VI – transparência: garantia, aos titulares, de informações claras, precisas e facilmente acessíveis sobre a realização do tratamento e os respectivos agentes de tratamento, observados os segredos comercial e industrial;

VII – segurança: utilização de medidas técnicas e administrativas aptas a proteger os dados pessoais de acessos não autorizados e de situações acidentais ou ilícitas de destruição, perda, alteração, comunicação ou difusão;

VIII – prevenção: adoção de medidas para prevenir a ocorrência de danos em virtude do tratamento de dados pessoais;

IX – não discriminação: impossibilidade de realização do tratamento para fins discriminatórios ilícitos ou abusivos;

X – responsabilização e prestação de contas: demonstração, pelo agente, da adoção de medidas eficazes e capazes de comprovar a observância e o cumprimento das normas de proteção de dados pessoais e, inclusive, da eficácia dessas medidas.

CAPÍTULO II
DO TRATAMENTO DE DADOS PESSOAIS

SEÇÃO I
DOS REQUISITOS PARA O TRATAMENTO DE DADOS PESSOAIS

Art. 7º O tratamento de dados pessoais somente poderá ser realizado nas seguintes hipóteses:

I – mediante o fornecimento de consentimento pelo titular;

II – para o cumprimento de obrigação legal ou regulatória pelo controlador;

III – pela administração pública, para o tratamento e uso compartilhado de dados necessários à execução de políticas públicas previstas em leis e regulamentos ou respaldadas em contratos, convênios ou instrumentos congêneres, observadas as disposições do Capítulo IV desta Lei;

IV – para a realização de estudos por órgão de pesquisa, garantida, sempre que possível, a anonimização dos dados pessoais;

V – quando necessário para a execução de contrato ou de procedimentos preliminares relacionados a contrato do qual seja parte o titular, a pedido do titular dos dados;

VI – para o exercício regular de direitos em processo judicial, administrativo ou arbitral, esse último nos termos da Lei nº 9.307, de 23 de setembro de 1996 (Lei de Arbitragem);

VII – para a proteção da vida ou da incolumidade física do titular ou de terceiro;

VIII – para a tutela da saúde, exclusivamente, em procedimento realizado por profissionais de saúde, serviços de saúde ou autoridade sanitária; (Redação dada pela Lei 13.853/2019)

IX – quando necessário para atender aos interesses legítimos do controlador ou de terceiro, exceto no caso de prevalecerem direitos e liberdades fundamentais do titular que exijam a proteção dos dados pessoais; ou

X – para a proteção do crédito, inclusive quanto ao disposto na legislação pertinente.

§§ 1º e 2º (*Revogados pela Lei 13.853/2019*)

§ 3º O tratamento de dados pessoais cujo acesso é público deve considerar a finalidade, a boa-fé e o interesse público que justificaram sua disponibilização.

§ 4º É dispensada a exigência do consentimento previsto no *caput* deste artigo para os dados tornados manifestamente públicos pelo titular, resguardados os direitos do titular e os princípios previstos nesta Lei.

§ 5º O controlador que obteve o consentimento referido no inciso I do *caput* deste artigo que necessitar comunicar ou compartilhar dados pessoais com outros controladores deverá obter consentimento específico do titular para esse fim, ressalvadas as hipóteses de dispensa do consentimento previstas nesta Lei.

§ 6º A eventual dispensa da exigência do consentimento não desobriga os agentes de tratamento das demais obrigações previstas nesta Lei, especialmente da observância dos princípios gerais e da garantia dos direitos do titular.

§ 7º O tratamento posterior dos dados pessoais a que se referem os §§ 3º e 4º deste artigo poderá ser realizado para novas finalidades, desde que observados os propósitos legítimos e específicos para o novo tratamento e a preservação dos direitos do titular, assim como os fundamentos e os princípios previstos nesta Lei. (Acrescido pela Lei 13.853/2019)

Art. 8º O consentimento previsto no inciso I do art. 7º desta Lei deverá ser fornecido por escrito ou por outro meio que demonstre a manifestação de vontade do titular.

§ 1º Caso o consentimento seja fornecido por escrito, esse deverá constar de cláusula destacada das demais cláusulas contratuais.

§ 2º Cabe ao controlador o ônus da prova de que o consentimento foi obtido em conformidade com o disposto nesta Lei.

§ 3º É vedado o tratamento de dados pessoais mediante vício de consentimento.

§ 4º O consentimento deverá referir-se a finalidades determinadas, e as autorizações genéricas para o tratamento de dados pessoais serão nulas.

§ 5º O consentimento pode ser revogado a qualquer momento mediante manifestação expressa do titular, por procedimento gratuito e facilitado, ratificados os tratamentos realizados sob amparo do consentimento anteriormente manifestado enquanto não houver requerimento de eliminação, nos termos do inciso VI do *caput* do art. 18 desta Lei.

§ 6º Em caso de alteração de informação referida nos incisos I, II, III ou V do art. 9º desta Lei, o controlador deverá informar ao titular, com destaque de forma específica do teor das alterações, podendo o titular, nos casos em que o seu consentimento é exigido, revogá-lo caso discorde da alteração.

Art. 9º O titular tem direito ao acesso facilitado às informações sobre o tratamento de seus dados, que deverão ser disponibilizadas de forma clara, adequada e ostensiva acerca de, entre outras características previstas em regulamentação para o atendimento do princípio do livre acesso:

I – finalidade específica do tratamento;

II – forma e duração do tratamento, observados os segredos comercial e industrial;

III – identificação do controlador;

IV – informações de contato do controlador;

V – informações acerca do uso compartilhado de dados pelo controlador e a finalidade;

VI – responsabilidades dos agentes que realizarão o tratamento; e

VII – direitos do titular, com menção explícita aos direitos contidos no art. 18 desta Lei.

§ 1º Na hipótese em que o consentimento é requerido, esse será considerado nulo caso as informações fornecidas ao titular tenham conteúdo enganoso ou abusivo ou não tenham sido apresentadas previamente com transparência, de forma clara e inequívoca.

§ 2º Na hipótese em que o consentimento é requerido, se houver mudanças da finalidade para o tratamento de dados pessoais não compatíveis com o consentimento original, o controlador deverá informar previamente o titular sobre as mudanças de finalidade, podendo o titular revogar o consentimento, caso discorde das alterações.

§ 3º Quando o tratamento de dados pessoais for condição para o fornecimento de produto ou de serviço ou para o exercício de direito, o titular será informado com destaque sobre esse fato e sobre os meios pelos quais poderá exercer os direitos do titular elencados no art. 18 desta Lei.

Art. 10. O legítimo interesse do controlador somente poderá fundamentar tratamento de dados pessoais para finalidades legítimas, consideradas a partir de situações concretas, que incluem, mas não se limitam a:

I – apoio e promoção de atividades do controlador; e

II – proteção, em relação ao titular, do exercício regular de seus direitos ou prestação de serviços que o beneficiem, respeitadas as legítimas expectativas dele e os direitos e liberdades fundamentais, nos termos desta Lei.

§ 1º Quando o tratamento for baseado no legítimo interesse do controlador, somente os dados pessoais estritamente necessários para a finalidade pretendida poderão ser tratados.

§ 2º O controlador deverá adotar medidas para garantir a transparência do tratamento de dados baseado em seu legítimo interesse.

§ 3º A autoridade nacional poderá solicitar ao controlador relatório de impacto à proteção de dados pessoais, quando o tratamento tiver como fundamento seu interesse legítimo, observados os segredos comercial e industrial.

SEÇÃO II
DO TRATAMENTO DE DADOS PESSOAIS SENSÍVEIS

Art. 11. O tratamento de dados pessoais sensíveis somente poderá ocorrer nas seguintes hipóteses:

I – quando o titular ou seu responsável legal consentir, de forma específica e destacada, para finalidades específicas;

II – sem fornecimento de consentimento do titular, nas hipóteses em que for indispensável para:

a) cumprimento de obrigação legal ou regulatória pelo controlador;

b) tratamento compartilhado de dados necessários à execução, pela administração pública, de políticas públicas previstas em leis ou regulamentos;

c) realização de estudos por órgão de pesquisa, garantida, sempre que possível, a anonimização dos dados pessoais sensíveis;

d) exercício regular de direitos, inclusive em contrato e em processo judicial, administrativo e arbitral, este último nos termos da Lei nº 9.307, de 23 de setembro de 1996 (Lei de Arbitragem);

e) proteção da vida ou da incolumidade física do titular ou de terceiro;

f) tutela da saúde, exclusivamente, em procedimento realizado por profissionais de saúde, serviços de saúde ou autoridade sanitária; ou (Redação dada pela Lei 13.853/2019)

g) garantia da prevenção à fraude e à segurança do titular, nos processos de identificação e autenticação de cadastro em sistemas eletrônicos, resguardados os direitos mencionados no art. 9º desta Lei e exceto no caso de prevalecerem direitos e liberdades fundamentais do titular que exijam a proteção dos dados pessoais.

§ 1º Aplica-se o disposto neste artigo a qualquer tratamento de dados pessoais que revele dados pessoais sensíveis e que possa causar dano ao titular, ressalvado o disposto em legislação específica.

§ 2º Nos casos de aplicação do disposto nas alíneas "a" e "b" do inciso II do *caput* deste artigo pelos órgãos e pelas entidades públicas, será dada publicidade à referida dispensa de consentimento, nos termos do inciso I do *caput* do art. 23 desta Lei.

§ 3º A comunicação ou o uso compartilhado de dados pessoais sensíveis entre controladores com objetivo de obter vantagem econômica poderá ser objeto de vedação ou de regulamentação por parte da autoridade nacional, ouvidos os órgãos setoriais do Poder Público, no âmbito de suas competências.

§ 4º É vedada a comunicação ou o uso compartilhado entre controladores de dados pessoais sensíveis referentes à saúde com objetivo de obter vantagem econômica, exceto nas hipóteses relativas a prestação de serviços de saúde, de assistência farmacêutica e de assistência à saúde, desde que observado o § 5º deste artigo, incluídos os serviços auxiliares de diagnose e terapia, em benefício dos interesses dos titulares de dados, e para permitir:

I – a portabilidade de dados quando solicitada pelo titular; ou

II – as transações financeiras e administrativas resultantes do uso e da prestação dos serviços de que trata este parágrafo. (Redação dada pela Lei 13.853/2019)

§ 5º É vedado às operadoras de planos privados de assistência à saúde o tratamento de dados de saúde para a prática de seleção de riscos na contratação de qualquer modalidade, assim como na contratação e exclusão de beneficiários. (Acrescido pela Lei 13.853/2019)

Art. 12. Os dados anonimizados não serão considerados dados pessoais para os fins desta Lei, salvo quando o processo de anonimização ao qual foram submetidos for revertido, utilizando exclusivamente meios próprios, ou quando, com esforços razoáveis, puder ser revertido.

§ 1º A determinação do que seja razoável deve levar em consideração fatores objetivos, tais como custo e tempo necessários para reverter o processo de anonimização, de acordo com as tecnologias disponíveis, e a utilização exclusiva de meios próprios.

§ 2º Poderão ser igualmente considerados como dados pessoais, para os fins desta Lei, aqueles utilizados para formação do perfil comportamental de determinada pessoa natural, se identificada.

§ 3º A autoridade nacional poderá dispor sobre padrões e técnicas utilizados em processos de anonimização e realizar verificações acerca de sua segurança, ouvido o Conselho Nacional de Proteção de Dados Pessoais.

Art. 13. Na realização de estudos em saúde pública, os órgãos de pesquisa poderão ter acesso a bases de dados pessoais, que serão tratados exclusivamente dentro do órgão e estritamente para a finalidade de realização de estudos e pesquisas e mantidos em ambiente controlado e seguro, conforme práticas de segurança previstas em regulamento específico e que incluam, sempre que possível, a anonimização ou pseudonimização dos dados, bem como considerem os devidos padrões éticos relacionados a estudos e pesquisas.

§ 1º A divulgação dos resultados ou de qualquer excerto do estudo ou da pesquisa de que trata o *caput* deste artigo em nenhuma hipótese poderá revelar dados pessoais.

§ 2º O órgão de pesquisa será o responsável pela segurança da informação prevista no *caput* deste artigo, não permitida, em circunstância alguma, a transferência dos dados a terceiro.

§ 3º O acesso aos dados de que trata este artigo será objeto de regulamentação por parte da autoridade nacional e das autoridades da área de saúde e sanitárias, no âmbito de suas competências.

§ 4º Para os efeitos deste artigo, a pseudonimização é o tratamento por meio do qual um dado perde a possibilidade de associação, direta ou indireta, a um indivíduo, senão pelo uso de informação adicional mantida separadamente pelo controlador em ambiente controlado e seguro.

SEÇÃO III
DO TRATAMENTO DE DADOS PESSOAIS DE CRIANÇAS E DE ADOLESCENTES

Art. 14. O tratamento de dados pessoais de crianças e de adolescentes deverá ser realizado em seu melhor interesse, nos termos deste artigo e da legislação pertinente.

§ 1º O tratamento de dados pessoais de crianças deverá ser realizado com o consentimento específico e em destaque dado por pelo menos um dos pais ou pelo responsável legal.

§ 2º No tratamento de dados de que trata o § 1º deste artigo, os controladores deverão manter pública a informação sobre os tipos de dados coletados, a forma de sua utilização e os procedimentos para o exercício dos direitos a que se refere o art. 18 desta Lei.

§ 3º Poderão ser coletados dados pessoais de crianças sem o consentimento a que se refere o § 1º deste artigo quando a coleta for necessária para contatar os pais ou o responsável legal, utilizados uma única vez e sem armazenamento, ou para sua proteção, e em nenhum caso poderão ser repassados a terceiro sem o consentimento de que trata o § 1º deste artigo.

§ 4º Os controladores não deverão condicionar a participação dos titulares de que trata o § 1º deste artigo em jogos, aplicações de internet ou outras atividades ao fornecimento de informações pessoais além das estritamente necessárias à atividade.

§ 5º O controlador deve realizar todos os esforços razoáveis para verificar que o consentimento a que se refere o § 1º deste artigo foi dado pelo responsável pela criança, consideradas as tecnologias disponíveis.

§ 6º As informações sobre o tratamento de dados referidas neste artigo deverão ser fornecidas de maneira simples, clara e acessível, consideradas as características físico-motoras, perceptivas, sensoriais, intelectuais e mentais do usuário, com uso de recursos audiovisuais quando adequado, de forma a proporcionar a informação necessária aos pais ou ao responsável legal e adequada ao entendimento da criança.

SEÇÃO IV
DO TÉRMINO DO TRATAMENTO DE DADOS

Art. 15. O término do tratamento de dados pessoais ocorrerá nas seguintes hipóteses:

I – verificação de que a finalidade foi alcançada ou de que os dados deixaram de ser necessários ou pertinentes ao alcance da finalidade específica almejada;

II – fim do período de tratamento;

III – comunicação do titular, inclusive no exercício de seu direito de revogação do consentimento conforme disposto no § 5º do art. 8º desta Lei, resguardado o interesse público; ou

IV – determinação da autoridade nacional, quando houver violação ao disposto nesta Lei.

Art. 16. Os dados pessoais serão eliminados após o término de seu tratamento, no âmbito e nos limites técnicos das atividades, autorizada a conservação para as seguintes finalidades:

I – cumprimento de obrigação legal ou regulatória pelo controlador;

II – estudo por órgão de pesquisa, garantida, sempre que possível, a anonimização dos dados pessoais;

III – transferência a terceiro, desde que respeitados os requisitos de tratamento de dados dispostos nesta Lei; ou

IV – uso exclusivo do controlador, vedado seu acesso por terceiro, e desde que anonimizados os dados.

CAPÍTULO III
DOS DIREITOS DO TITULAR

Art. 17. Toda pessoa natural tem assegurada a titularidade de seus dados pessoais e garantidos os direitos fundamentais de liberdade, de intimidade e de privacidade, nos termos desta Lei.

Art. 18. O titular dos dados pessoais tem direito a obter do controlador, em relação aos dados do titular por ele tratados, a qualquer momento e mediante requisição:

I – confirmação da existência de tratamento;

II – acesso aos dados;

III – correção de dados incompletos, inexatos ou desatualizados;

IV – anonimização, bloqueio ou eliminação de dados desnecessários, excessivos ou tratados em desconformidade com o disposto nesta Lei;

V – portabilidade dos dados a outro fornecedor de serviço ou produto, mediante requisição expressa, de acordo com a regulamentação da autoridade nacional, observados os segredos comercial e industrial; (Redação dada pela Lei 13.853/2019)

VI – eliminação dos dados pessoais tratados com o consentimento do titular, exceto nas hipóteses previstas no art. 16 desta Lei;

VII – informação das entidades públicas e privadas com as quais o controlador realizou uso compartilhado de dados;

VIII – informação sobre a possibilidade de não fornecer consentimento e sobre as consequências da negativa;

IX – revogação do consentimento, nos termos do § 5º do art. 8º desta Lei.

§ 1º O titular dos dados pessoais tem o direito de peticionar em relação aos seus dados contra o controlador perante a autoridade nacional.

§ 2º O titular pode opor-se a tratamento realizado com fundamento em uma das hipóteses de dispensa de consentimento, em caso de descumprimento ao disposto nesta Lei.

§ 3º Os direitos previstos neste artigo serão exercidos mediante requerimento expresso do titular ou de representante legalmente constituído, a agente de tratamento.

§ 4º Em caso de impossibilidade de adoção imediata da providência de que trata o § 3º deste artigo, o controlador enviará ao titular resposta em que poderá:

I – comunicar que não é agente de tratamento dos dados e indicar, sempre que possível, o agente; ou

II – indicar as razões de fato ou de direito que impedem a adoção imediata da providência.

§ 5º O requerimento referido no § 3º deste artigo será atendido sem custos para o titular, nos prazos e nos termos previstos em regulamento.

§ 6º O responsável deverá informar, de maneira imediata, aos agentes de tratamento com os quais tenha realizado uso compartilhado de dados a correção, a eliminação, a anonimização ou o bloqueio dos dados, para que repitam idêntico procedimento, exceto nos casos em que esta comunicação seja comprovadamente impossível ou implique esforço desproporcional. (Redação dada pela Lei 13.853/2019)

§ 7º A portabilidade dos dados pessoais a que se refere o inciso V do *caput* deste artigo não inclui dados que já tenham sido anonimizados pelo controlador.

§ 8º O direito a que se refere o § 1º deste artigo também poderá ser exercido perante os organismos de defesa do consumidor.

Art. 19. A confirmação de existência ou o acesso a dados pessoais serão providenciados, mediante requisição do titular:

I – em formato simplificado, imediatamente; ou

II – por meio de declaração clara e completa, que indique a origem dos dados, a inexistência de registro, os critérios utilizados e a finalidade do tratamento, observados os segredos comercial e industrial, fornecida no prazo de até 15 (quinze) dias, contado da data do requerimento do titular.

§ 1º Os dados pessoais serão armazenados em formato que favoreça o exercício do direito de acesso.

§ 2º As informações e os dados poderão ser fornecidos, a critério do titular:

I – por meio eletrônico, seguro e idôneo para esse fim; ou

II – sob forma impressa.

§ 3º Quando o tratamento tiver origem no consentimento do titular ou em contrato, o titular poderá solicitar cópia eletrônica integral de seus dados pessoais, observados os segredos comercial e industrial, nos termos de regulamentação da autoridade nacional, em formato que permita a sua utilização subsequente, inclusive em outras operações de tratamento.

§ 4º A autoridade nacional poderá dispor de forma diferenciada acerca dos prazos previstos nos incisos I e II do *caput* deste artigo para os setores específicos.

Art. 20. O titular dos dados tem direito a solicitar a revisão de decisões tomadas unicamente com base em tratamento automatizado de dados pessoais que afetem seus interesses, incluídas as decisões destinadas a definir o seu perfil pessoal, profissional, de consumo e de crédito ou os aspectos de sua personalidade. (Redação dada pela Lei 13.853/2019)

§ 1º O controlador deverá fornecer, sempre que solicitadas, informações claras e adequadas a respeito dos critérios e dos procedimentos utilizados para a decisão automatizada, observados os segredos comercial e industrial.

§ 2º Em caso de não oferecimento de informações de que trata o § 1º deste artigo baseado na observância de segredo comercial e industrial, a autoridade nacional poderá realizar auditoria para verificação de aspectos discriminatórios em tratamento automatizado de dados pessoais.

§ 3º (Vetado na Lei 13.853/2019)

Art. 21. Os dados pessoais referentes ao exercício regular de direitos pelo titular não podem ser utilizados em seu prejuízo.

Art. 22. A defesa dos interesses e dos direitos dos titulares de dados poderá ser exercida em juízo, individual ou coletivamente, na forma do disposto na legislação pertinente, acerca dos instrumentos de tutela individual e coletiva.

CAPÍTULO IV
DO TRATAMENTO DE DADOS PESSOAIS PELO PODER PÚBLICO

SEÇÃO I
DAS REGRAS

Art. 23. O tratamento de dados pessoais pelas pessoas jurídicas de direito público referidas no parágrafo único do art. 1º da Lei nº 12.527, de 18 de novembro de 2011 (Lei de Acesso à Informação), deverá ser realizado para o atendimento de sua finalidade pública, na persecução do interesse público, com o objetivo de executar as competências legais ou cumprir as atribuições legais do serviço público, desde que:

I – sejam informadas as hipóteses em que, no exercício de suas competências, realizam o tratamento de dados pessoais, fornecendo informações claras e atualizadas sobre a previsão legal, a finalidade, os procedimentos e as práticas utilizadas para a execução dessas atividades, em veículos de fácil acesso, preferencialmente em seus sítios eletrônicos;

II – (VETADO); e

III – seja indicado um encarregado quando realizarem operações de tratamento de dados pessoais, nos termos do art. 39 desta Lei; e (Redação dada pela Lei 13.853/2019)

IV – (Vetado na Lei 13.853/2019)

§ 1º A autoridade nacional poderá dispor sobre as formas de publicidade das operações de tratamento.

§ 2º O disposto nesta Lei não dispensa as pessoas jurídicas mencionadas no *caput* deste artigo de instituir as autoridades de que trata a Lei nº 12.527, de 18 de novembro de 2011 (Lei de Acesso à Informação).

§ 3º Os prazos e procedimentos para exercício dos direitos do titular perante o Poder Público observarão o disposto em legislação específica, em especial as disposições constantes da Lei nº 9.507, de 12 de novembro de 1997 (Lei do Habeas Data), da Lei nº 9.784, de 29 de janeiro de 1999 (Lei Geral do Processo Administrativo), e da Lei nº 12.527, de 18 de novembro de 2011 (Lei de Acesso à Informação).

§ 4º Os serviços notariais e de registro exercidos em caráter privado, por delegação do Poder Público, terão o mesmo tratamento dispensado às pessoas jurídicas referidas no *caput* deste artigo, nos termos desta Lei.

§ 5º Os órgãos notariais e de registro devem fornecer acesso aos dados por meio eletrônico para a administração pública, tendo em vista as finalidades de que trata o *caput* deste artigo.

Art. 24. As empresas públicas e as sociedades de economia mista que atuam em regime de concorrência, sujeitas ao disposto no art. 173 da Constituição Federal, terão o mesmo tratamento dispensado às pessoas jurídicas de direito privado particulares, nos termos desta Lei.

Parágrafo único. As empresas públicas e as sociedades de economia mista, quando estiverem operacionalizando políticas públicas e no âmbito da execução delas, terão o mesmo tratamento dispensado aos órgãos e às entidades do Poder Público, nos termos deste Capítulo.

Art. 25. Os dados deverão ser mantidos em formato interoperável e estruturado para o uso compartilhado, com vistas à execução de políticas públicas, à prestação de serviços públicos, à descentralização da atividade pública e à disseminação e ao acesso das informações pelo público em geral.

Art. 26. O uso compartilhado de dados pessoais pelo Poder Público deve atender a finalidades específicas de execução de políticas públicas e atribuição legal pelos órgãos e pelas entidades públicas, respeitados os princípios de proteção de dados pessoais elencados no art. 6º desta Lei.

§ 1º É vedado ao Poder Público transferir a entidades privadas dados pessoais constantes de bases de dados a que tenha acesso, exceto:

I – em casos de execução descentralizada de atividade pública que exija a transferência, exclusivamente para esse fim específico e determinado, observado o disposto na Lei nº 12.527, de 18 de novembro de 2011 (Lei de Acesso à Informação);

II – (VETADO);

III – nos casos em que os dados forem acessíveis publicamente, observadas as disposições desta Lei.

IV - quando houver previsão legal ou a transferência for respaldada em contratos, convênios ou instrumentos congêneres; ou (Acrescido pela Lei 13.853/2019)

V - na hipótese de a transferência dos dados objetivar exclusivamente a prevenção de fraudes e irregularidades, ou proteger e resguardar a segurança e a integridade do titular dos dados, desde que vedado o tratamento para outras finalidades. (Acrescido pela Lei 13.853/2019)

§ 2º Os contratos e convênios de que trata o § 1º deste artigo deverão ser comunicados à autoridade nacional.

Art. 27. A comunicação ou o uso compartilhado de dados pessoais de pessoa jurídica de direito público a pessoa de direito privado será informado à autoridade nacional e dependerá de consentimento do titular, exceto:

I – nas hipóteses de dispensa de consentimento previstas nesta Lei;

II – nos casos de uso compartilhado de dados, em que será dada publicidade nos termos do inciso I do *caput* do art. 23 desta Lei; ou

III – nas exceções constantes do § 1º do art. 26 desta Lei.

Parágrafo único. A informação à autoridade nacional de que trata o *caput* deste artigo será objeto de regulamentação. (Acrescido pela Lei 13.853/2019)

Art. 28. (VETADO).

Art. 29. A autoridade nacional poderá solicitar, a qualquer momento, aos órgãos e às entidades do poder público a realização de operações de tratamento de dados pessoais, informações específicas sobre o âmbito e a natureza dos dados e outros detalhes do tratamento realizado e poderá emitir parecer técnico complementar para garantir o cumprimento desta Lei. (Redação dada pela Lei 13.853/2019)

Art. 30. A autoridade nacional poderá estabelecer normas complementares para as atividades de comunicação e de uso compartilhado de dados pessoais.

SEÇÃO II
DA RESPONSABILIDADE

Art. 31. Quando houver infração a esta Lei em decorrência do tratamento de dados pessoais por órgãos públicos, a autoridade nacional poderá enviar informe com medidas cabíveis para fazer cessar a violação.

Art. 32. A autoridade nacional poderá solicitar a agentes do Poder Público a publicação de relatórios de impacto à proteção de dados pessoais e sugerir a adoção de padrões e de boas práticas para os tratamentos de dados pessoais pelo Poder Público.

CAPÍTULO V
DA TRANSFERÊNCIA INTERNACIONAL DE DADOS

Art. 33. A transferência internacional de dados pessoais somente é permitida nos seguintes casos:

I – para países ou organismos internacionais que proporcionem grau de proteção de dados pessoais adequado ao previsto nesta Lei;

II – quando o controlador oferecer e comprovar garantias de cumprimento dos princípios, dos direitos do titular e do regime de proteção de dados previstos nesta Lei, na forma de:

a) cláusulas contratuais específicas para determinada transferência;

b) cláusulas-padrão contratuais;

c) normas corporativas globais;

d) selos, certificados e códigos de conduta regularmente emitidos;

III – quando a transferência for necessária para a cooperação jurídica internacional entre órgãos públicos de inteligência, de investigação e de persecução, de acordo com os instrumentos de direito internacional;

IV – quando a transferência for necessária para a proteção da vida ou da incolumidade física do titular ou de terceiro;

V – quando a autoridade nacional autorizar a transferência;

VI – quando a transferência resultar em compromisso assumido em acordo de cooperação internacional;

VII – quando a transferência for necessária para a execução de política pública ou atribuição legal do serviço público, sendo dada publicidade nos termos do inciso I do *caput* do art. 23 desta Lei;

VIII – quando o titular tiver fornecido o seu consentimento específico e em destaque para a transferência, com informação prévia sobre o caráter internacional da operação, distinguindo claramente esta de outras finalidades; ou

IX – quando necessário para atender as hipóteses previstas nos incisos II, V e VI do art. 7º desta Lei.

Parágrafo único. Para os fins do inciso I deste artigo, as pessoas jurídicas de direito público referidas no parágrafo único do art. 1º da Lei nº 12.527, de 18 de novembro de 2011 (Lei de Acesso à Informação), no âmbito de suas competências legais, e responsáveis, no âmbito de suas atividades, poderão requerer à autoridade nacional a avaliação do nível de proteção a dados pessoais conferido por país ou organismo internacional.

Art. 34. O nível de proteção de dados do país estrangeiro ou do organismo internacional mencionado no inciso I do *caput* do art. 33 desta Lei será avaliado pela autoridade nacional, que levará em consideração:

I – as normas gerais e setoriais da legislação em vigor no país de destino ou no organismo internacional;

II – a natureza dos dados;

III – a observância dos princípios gerais de proteção de dados pessoais e direitos dos titulares previstos nesta Lei;

IV – a adoção de medidas de segurança previstas em regulamento;

V – a existência de garantias judiciais e institucionais para o respeito aos direitos de proteção de dados pessoais; e

VI – outras circunstâncias específicas relativas à transferência.

Art. 35. A definição do conteúdo de cláusulas-padrão contratuais, bem como a verificação de cláusulas contratuais específicas para uma determinada transferência, normas corporativas globais ou selos, certificados e códigos de conduta, a que se refere o inciso II do *caput* do art. 33 desta Lei, será realizada pela autoridade nacional.

§ 1º Para a verificação do disposto no *caput* deste artigo, deverão ser considerados os requisitos, as condições e as garantias mínimas para a transferência que observem os direitos, as garantias e os princípios desta Lei.

§ 2º Na análise de cláusulas contratuais, de documentos ou de normas corporativas globais submetidas à aprovação da autoridade nacional, poderão ser requeridas informações suplementares ou realizadas diligências de verificação quanto às operações de tratamento, quando necessário.

§ 3º A autoridade nacional poderá designar organismos de certificação para a realização do previsto no *caput* deste artigo, que permanecerão sob sua fiscalização nos termos definidos em regulamento.

§ 4º Os atos realizados por organismo de certificação poderão ser revistos pela autoridade nacional e, caso em desconformidade com esta Lei, submetidos a revisão ou anulados.

§ 5º As garantias suficientes de observância dos princípios gerais de proteção e dos direitos do titular referidas no *caput* deste artigo serão também analisadas de acordo com as medidas técnicas e organizacionais adotadas pelo operador, de acordo com o previsto nos §§ 1º e 2º do art. 46 desta Lei.

Art. 36. As alterações nas garantias apresentadas como suficientes de observância dos princípios gerais de proteção e dos direitos do titular referidas no inciso II do art. 33 desta Lei deverão ser comunicadas à autoridade nacional.

CAPÍTULO VI
DOS AGENTES DE TRATAMENTO DE DADOS PESSOAIS

SEÇÃO I
DO CONTROLADOR E DO OPERADOR

Art. 37. O controlador e o operador devem manter registro das operações de tratamento de dados pessoais que realizarem, especialmente quando baseado no legítimo interesse.

Art. 38. A autoridade nacional poderá determinar ao controlador que elabore relatório de impacto à proteção de dados pessoais, inclusive de dados sensíveis, referente a suas operações de tratamento de dados, nos termos de regulamento, observados os segredos comercial e industrial.

Parágrafo único. Observado o disposto no *caput* deste artigo, o relatório deverá conter, no mínimo, a descrição dos tipos de dados coletados, a metodologia utilizada para a coleta e para a garantia da segurança das informações e a análise do controlador com relação a medidas, salvaguardas e mecanismos de mitigação de risco adotados.

Art. 39. O operador deverá realizar o tratamento segundo as instruções fornecidas pelo controlador, que verificará a observância das próprias instruções e das normas sobre a matéria.

Art. 40. A autoridade nacional poderá dispor sobre padrões de interoperabilidade para fins de portabilidade, livre acesso aos dados e segurança, assim como sobre o tempo de guarda dos registros, tendo em vista especialmente a necessidade e a transparência.

SEÇÃO II
DO ENCARREGADO PELO TRATAMENTO DE DADOS PESSOAIS

Art. 41. O controlador deverá indicar encarregado pelo tratamento de dados pessoais.

§ 1º A identidade e as informações de contato do encarregado deverão ser divulgadas publicamente, de forma clara e objetiva, preferencialmente no sítio eletrônico do controlador.

§ 2º As atividades do encarregado consistem em:

I – aceitar reclamações e comunicações dos titulares, prestar esclarecimentos e adotar providências;

II – receber comunicações da autoridade nacional e adotar providências;

III – orientar os funcionários e os contratados da entidade a respeito das práticas a serem tomadas em relação à proteção de dados pessoais; e

IV – executar as demais atribuições determinadas pelo controlador ou estabelecidas em normas complementares.

§ 3º A autoridade nacional poderá estabelecer normas complementares sobre a definição e as atribuições do encarregado, inclusive hipóteses de dispensa da necessidade de sua indicação, conforme a natureza e o porte da entidade ou o volume de operações de tratamento de dados.

§ 4º (Vetado na Lei 13.853/2019)

SEÇÃO III
DA RESPONSABILIDADE E DO RESSARCIMENTO DE DANOS

Art. 42. O controlador ou o operador que, em razão do exercício de atividade de tratamento de dados pessoais, causar a outrem dano patrimonial, moral, individual ou coletivo, em violação à legislação de proteção de dados pessoais, é obrigado a repará-lo.

§ 1º A fim de assegurar a efetiva indenização ao titular dos dados:

I – o operador responde solidariamente pelos danos causados pelo tratamento quando descumprir as obrigações da legislação de proteção de dados ou quando não tiver seguido as instruções lícitas do controlador, hipótese em que o operador equipara-se ao controlador, salvo nos casos de exclusão previstos no art. 43 desta Lei;

II – os controladores que estiverem diretamente envolvidos no tratamento do qual decorreram danos ao titular dos dados respondem solidariamente, salvo nos casos de exclusão previstos no art. 43 desta Lei.

§ 2º O juiz, no processo civil, poderá inverter o ônus da prova a favor do titular dos dados quando, a seu juízo, for verossímil a alegação, houver hipossuficiência para fins de produção de prova ou quando a produção de prova pelo titular resultar-lhe excessivamente onerosa.

§ 3º As ações de reparação por danos coletivos que tenham por objeto a responsabilização nos termos do *caput* deste artigo podem ser exercidas coletivamente em juízo, observado o disposto na legislação pertinente.

§ 4º Aquele que reparar o dano ao titular tem direito de regresso contra os demais responsáveis, na medida de sua participação no evento danoso.

Art. 43. Os agentes de tratamento só não serão responsabilizados quando provarem:

I – que não realizaram o tratamento de dados pessoais que lhes é atribuído;

II – que, embora tenham realizado o tratamento de dados pessoais que lhes é atribuído, não houve violação à legislação de proteção de dados; ou

III – que o dano é decorrente de culpa exclusiva do titular dos dados ou de terceiro.

Art. 44. O tratamento de dados pessoais será irregular quando deixar de observar a legislação ou quando não fornecer a segurança que o titular dele pode esperar, consideradas as circunstâncias relevantes, entre as quais:

I – o modo pelo qual é realizado;

II – o resultado e os riscos que razoavelmente dele se esperam;

III – as técnicas de tratamento de dados pessoais disponíveis à época em que foi realizado.

Parágrafo único. Responde pelos danos decorrentes da violação da segurança dos dados o controlador ou o operador que, ao deixar de adotar as medidas de segurança previstas no art. 46 desta Lei, der causa ao dano.

Art. 45. As hipóteses de violação do direito do titular no âmbito das relações de consumo permanecem sujeitas às regras de responsabilidade previstas na legislação pertinente.

CAPÍTULO VII
DA SEGURANÇA E DAS BOAS PRÁTICAS

SEÇÃO I
DA SEGURANÇA E DO SIGILO DE DADOS

Art. 46. Os agentes de tratamento devem adotar medidas de segurança, técnicas e administrativas aptas a proteger os dados pessoais de acessos não autorizados e de situações acidentais ou ilícitas de destruição, perda, alteração, comunicação ou qualquer forma de tratamento inadequado ou ilícito.

§ 1º A autoridade nacional poderá dispor sobre padrões técnicos mínimos para tornar aplicável o disposto no *caput* deste artigo, considerados a natureza das informações tratadas, as características específicas do tratamento e o estado atual da tecnologia, especialmente no caso de dados pessoais sensíveis, assim como os princípios previstos no *caput* do art. 6º desta Lei.

§ 2º As medidas de que trata o *caput* deste artigo deverão ser observadas desde a fase de concepção do produto ou do serviço até a sua execução.

Art. 47. Os agentes de tratamento ou qualquer outra pessoa que intervenha em uma das fases do tratamento obriga-se a garantir a segurança da informação prevista nesta Lei em relação aos dados pessoais, mesmo após o seu término.

Art. 48. O controlador deverá comunicar à autoridade nacional e ao titular a ocorrência de incidente de segurança que possa acarretar risco ou dano relevante aos titulares.

§ 1º A comunicação será feita em prazo razoável, conforme definido pela autoridade nacional, e deverá mencionar, no mínimo:

I – a descrição da natureza dos dados pessoais afetados;

II – as informações sobre os titulares envolvidos;

III – a indicação das medidas técnicas e de segurança utilizadas para a proteção dos dados, observados os segredos comercial e industrial;

IV – os riscos relacionados ao incidente;

V – os motivos da demora, no caso de a comunicação não ter sido imediata; e

VI – as medidas que foram ou que serão adotadas para reverter ou mitigar os efeitos do prejuízo.

§ 2º A autoridade nacional verificará a gravidade do incidente e poderá, caso necessário para a salvaguarda dos direitos dos titulares, determinar ao controlador a adoção de providências, tais como:

I – ampla divulgação do fato em meios de comunicação; e

II – medidas para reverter ou mitigar os efeitos do incidente.

§ 3º No juízo de gravidade do incidente, será avaliada eventual comprovação de que foram adotadas medidas técnicas adequadas que tornem os dados pessoais afetados ininteligíveis, no âmbito e nos limites técnicos de seus serviços, para terceiros não autorizados a acessá-los.

Art. 49. Os sistemas utilizados para o tratamento de dados pessoais devem ser estruturados de forma a atender aos requisitos de segurança, aos padrões de boas práticas e de governança e aos princípios gerais previstos nesta Lei e às demais normas regulamentares.

SEÇÃO II
DAS BOAS PRÁTICAS E DA GOVERNANÇA

Art. 50. Os controladores e operadores, no âmbito de suas competências, pelo tratamento de dados pessoais, individualmente ou por meio de associações, poderão formular regras de boas práticas e de governança que estabeleçam as condições de organização, o regime de funcionamento, os procedimentos, incluindo reclamações e petições de titulares, as normas de segurança, os padrões técnicos, as obrigações específicas para os diversos envolvidos no tratamento, as ações educativas, os mecanismos internos de supervisão e de mitigação de riscos e outros aspectos relacionados ao tratamento de dados pessoais.

§ 1º Ao estabelecer regras de boas práticas, o controlador e o operador levarão em consideração, em relação ao tratamento e aos dados, a natureza, o escopo, a finalidade e a probabilidade e a gravidade dos riscos e dos benefícios decorrentes de tratamento de dados do titular.

§ 2º Na aplicação dos princípios indicados nos incisos VII e VIII do *caput* do art. 6º desta Lei, o controlador, observados a estrutura, a escala e o volume de suas operações, bem como a sensibilidade dos dados tratados e a probabilidade e a gravidade dos danos para os titulares dos dados, poderá:

I – implementar programa de governança em privacidade que, no mínimo:

a) demonstre o comprometimento do controlador em adotar processos e políticas internas que assegurem o cumprimento, de forma abrangente, de normas e boas práticas relativas à proteção de dados pessoais;

b) seja aplicável a todo o conjunto de dados pessoais que estejam sob seu controle, independentemente do modo como se realizou sua coleta;

c) seja adaptado à estrutura, à escala e ao volume de suas operações, bem como à sensibilidade dos dados tratados;

d) estabeleça políticas e salvaguardas adequadas com base em processo de avaliação sistemática de impactos e riscos à privacidade;

e) tenha o objetivo de estabelecer relação de confiança com o titular, por meio de atuação transparente e que assegure mecanismos de participação do titular;

f) esteja integrado a sua estrutura geral de governança e estabeleça e aplique mecanismos de supervisão internos e externos;

g) conte com planos de resposta a incidentes e remediação; e

h) seja atualizado constantemente com base em informações obtidas a partir de monitoramento contínuo e avaliações periódicas;

II – demonstrar a efetividade de seu programa de governança em privacidade quando apropriado e, em especial, a pedido da autoridade nacional ou de outra entidade responsável por promover o cumprimento de boas práticas ou códigos de conduta, os quais, de forma independente, promovam o cumprimento desta Lei.

§ 3º As regras de boas práticas e de governança deverão ser publicadas e atualizadas periodicamente e poderão ser reconhecidas e divulgadas pela autoridade nacional.

Art. 51. A autoridade nacional estimulará a adoção de padrões técnicos que facilitem o controle pelos titulares dos seus dados pessoais.

CAPÍTULO VIII
DA FISCALIZAÇÃO

SEÇÃO I
DAS SANÇÕES ADMINISTRATIVAS

Art. 52. Os agentes de tratamento de dados, em razão das infrações cometidas às normas previstas nesta Lei, ficam sujeitos às seguintes sanções administrativas aplicáveis pela autoridade nacional:

I – advertência, com indicação de prazo para adoção de medidas corretivas;

II – multa simples, de até 2% (dois por cento) do faturamento da pessoa jurídica de direito privado, grupo ou conglomerado no Brasil no seu último exercício, excluídos os tributos, limitada, no total, a R$ 50.000.000,00 (cinquenta milhões de reais) por infração;

III – multa diária, observado o limite total a que se refere o inciso II;

IV – publicização da infração após devidamente apurada e confirmada a sua ocorrência;

V – bloqueio dos dados pessoais a que se refere a infração até a sua regularização;

VI – eliminação dos dados pessoais a que se refere a infração;

VII – (VETADO);

VIII – (VETADO);

IX – (VETADO).

X – suspensão parcial do funcionamento do banco de dados a que se refere a infração pelo período máximo de 6 (seis) meses, prorrogável por igual período, até a regularização da atividade de tratamento pelo controlador; (Acrescido pela Lei 13.853/2019, vetado pelo Presidente da República, mantido pelo Congresso Nacional e publicado no DOU de 20.12.2019)

XI – suspensão do exercício da atividade de tratamento dos dados pessoais a que se refere a infração pelo período máximo de 6 (seis) meses, prorrogável por igual período; (Acrescido pela Lei 13.853/2019, vetado pelo Presidente da República, mantido pelo Congresso Nacional e publicado no DOU de 20.12.2019)

XII – proibição parcial ou total do exercício de atividades relacionadas a tratamento de dados. (Acrescido pela Lei 13.853/2019, vetado pelo Presidente da República, mantido pelo Congresso Nacional e publicado no DOU de 20.12.2019)

§ 1º As sanções serão aplicadas após procedimento administrativo que possibilite a oportunidade da ampla defesa, de forma gradativa, isolada ou cumulativa, de acordo com as peculiaridades do caso concreto e considerados os seguintes parâmetros e critérios:

I – a gravidade e a natureza das infrações e dos direitos pessoais afetados;

II – a boa-fé do infrator;

III – a vantagem auferida ou pretendida pelo infrator;

IV – a condição econômica do infrator;

V – a reincidência;

VI – o grau do dano;

VII – a cooperação do infrator;

VIII – a adoção reiterada e demonstrada de mecanismos e procedimentos internos capazes de minimizar o dano, voltados ao tratamento seguro e adequado de dados, em consonância com o disposto no inciso II do § 2º do art. 48 desta Lei;

IX – a adoção de política de boas práticas e governança;

X – a pronta adoção de medidas corretivas; e

XI – a proporcionalidade entre a gravidade da falta e a intensidade da sanção.

§ 2º O disposto neste artigo não substitui a aplicação de sanções administrativas, civis ou penais definidas na Lei nº 8.078, de 11 de setembro de 1990, e em legislação específica. (Redação dada pela Lei 13.853/2019)

§ 3º O disposto nos incisos I, IV, V, VI, X, XI e XII do *caput* deste artigo poderá ser aplicado às entidades e aos órgãos públicos, sem prejuízo do disposto na Lei nº 8.112, de 11 de dezembro de 1990, na Lei nº 8.429, de 2 de junho de 1992, e na Lei nº 12.527, de 18 de novembro de 2011. (Redação dada pela Lei 13.853/2019, vetado pelo Presidente da República, mantido pelo Congresso Nacional e publicado no DOU de 20.12.2019)

§ 4º No cálculo do valor da multa de que trata o inciso II do *caput* deste artigo, a autoridade nacional poderá considerar o faturamento total da empresa ou grupo de empresas, quando não dispuser do valor do faturamento no ramo de atividade empresarial em que ocorreu a infração, definido pela autoridade nacional, ou quando o valor for apresentado de forma incompleta ou não for demonstrado de forma inequívoca e idônea.

§ 5º O produto da arrecadação das multas aplicadas pela ANPD, inscritas ou não em dívida ativa, será destinado ao Fundo de Defesa de Direitos Difusos de que tratam o art. 13 da Lei nº 7.347, de 24 de julho de 1985, e a Lei nº 9.008, de 21 de março de 1995. (Acrescido pela Lei 13.853/2019)

§ 6º As sanções previstas nos incisos X, XI e XII do *caput* deste artigo serão aplicadas:

I – somente após já ter sido imposta ao menos 1 (uma) das sanções de que tratam os incisos II, III, IV, V e VI do *caput* deste artigo para o mesmo caso concreto; e

II – em caso de controladores submetidos a outros órgãos e entidades com competências sancionatórias, ouvidos esses órgãos. (Acrescido pela Lei 13.853/2019, vetado pelo Presidente da República, mantido pelo Congresso Nacional e publicado no DOU de 20.12.2019)

§ 7º Os vazamentos individuais ou os acessos não autorizados de que trata o *caput* do art. 46 desta Lei poderão ser objeto de conciliação direta entre controlador e titular e, caso não haja acordo, o controlador estará sujeito à aplicação das penalidades de que trata este artigo. (Acrescido pela Lei 13.853/2019)

Art. 53. A autoridade nacional definirá, por meio de regulamento próprio sobre sanções administrativas a infrações a esta Lei, que deverá ser objeto de consulta pública, as metodologias que orientarão o cálculo do valor-base das sanções de multa.

§ 1º As metodologias a que se refere o *caput* deste artigo devem ser previamente publicadas, para ciência dos agentes de tratamento, e devem apresentar objetivamente as formas e dosimetrias para o cálculo do valor-base das sanções de multa, que deverão conter fundamentação detalhada de todos os seus elementos, demonstrando a observância dos critérios previstos nesta Lei.

§ 2º O regulamento de sanções e metodologias correspondentes deve estabelecer as circunstâncias e as condições para a adoção de multa simples ou diária.

Art. 54. O valor da sanção de multa diária aplicável às infrações a esta Lei deve observar a gravidade da falta e a extensão do dano ou prejuízo causado e ser fundamentado pela autoridade nacional.

Parágrafo único. A intimação da sanção de multa diária deverá conter, no mínimo, a descrição da obrigação imposta, o prazo razoável e estipulado pelo órgão para o seu cumprimento e o valor da multa diária a ser aplicada pelo seu descumprimento.

CAPÍTULO IX
DA AUTORIDADE NACIONAL DE PROTEÇÃO DE DADOS (ANPD) E DO CONSELHO NACIONAL DE PROTEÇÃO DE DADOS PESSOAIS E DA PRIVACIDADE

SEÇÃO I
DA AUTORIDADE NACIONAL DE PROTEÇÃO DE DADOS (ANPD)

Art. 55. (VETADO).

Art. 55-A. Fica criada a Autoridade Nacional de Proteção de Dados (ANPD), autarquia de natureza especial, dotada de autonomia técnica e decisória, com patrimônio próprio e com sede e foro no Distrito Federal. *(Redação dada pela Lei 14.460/2022)*

§§ 1º a 3º *(Revogados pela Lei 14.460/2022)*

Art. 55-B. *(Revogado pela Lei 14.460/2022)*

Art. 55-C. ANPD é composta de: *(Incluído pela* Lei 13.853/2019*)*

I – Conselho Diretor, órgão máximo de direção;

II – Conselho Nacional de Proteção de Dados Pessoais e da Privacidade;

III – Corregedoria;

IV – Ouvidoria;

V - *(Revogado pela Lei 14.460/2022)*

V-A - Procuradoria; e *(Acrescido pela Lei 14.460/2022)*

VI – unidades administrativas e unidades especializadas necessárias à aplicação do disposto nesta Lei. (Acrescido pela Lei 13.853/2019)

Art. 55-D. O Conselho Diretor da ANPD será composto de 5 (cinco) diretores, incluído o Diretor-Presidente. (Acrescido pela Lei 13.853/2019)

§ 1º Os membros do Conselho Diretor da ANPD serão escolhidos pelo Presidente da República e por ele nomeados, após aprovação pelo Senado Federal, nos termos da alínea 'f' do inciso III do art. 52 da Constituição Federal, e ocuparão cargo em comissão do Grupo-Direção e Assessoramento Superiores - DAS, no mínimo, de nível 5.

§ 2º Os membros do Conselho Diretor serão escolhidos dentre brasileiros que tenham reputação ilibada, nível superior de educação e elevado conceito no campo de especialidade dos cargos para os quais serão nomeados.

§ 3º O mandato dos membros do Conselho Diretor será de 4 (quatro) anos.

§ 4º Os mandatos dos primeiros membros do Conselho Diretor nomeados serão de 2 (dois), de 3 (três), de 4 (quatro), de 5 (cinco) e de 6 (seis) anos, conforme estabelecido no ato de nomeação.

§ 5º Na hipótese de vacância do cargo no curso do mandato de membro do Conselho Diretor, o prazo remanescente será completado pelo sucessor.

Art. 55-E. Os membros do Conselho Diretor somente perderão seus cargos em virtude de renúncia, condenação judicial transitada em julgado ou pena de demissão decorrente de processo administrativo disciplinar. (Acrescido pela Lei 13.853/2019)

§ 1º Nos termos do *caput* deste artigo, cabe ao Ministro de Estado Chefe da Casa Civil da Presidência da República instaurar o processo administrativo disciplinar, que será conduzido por comissão especial constituída por servidores públicos federais estáveis.

§ 2º Compete ao Presidente da República determinar o afastamento preventivo, somente quando assim recomendado pela comissão especial de que trata o § 1º deste artigo, e proferir o julgamento.

Art. 55-F. Aplica-se aos membros do Conselho Diretor, após o exercício do cargo, o disposto no art. 6º da Lei nº 12.813, de 16 de maio de 2013. (Acrescido pela Lei 13.853/2019)

Parágrafo único. A infração ao disposto no *caput* caracteriza ato de improbidade administrativa.

Art. 55-G. Ato do Presidente da República disporá sobre a estrutura regimental da A N P D. (Acrescido pela Lei 13.853/2019)

§ 1º Até a data de entrada em vigor de sua estrutura regimental, a ANPD receberá o apoio técnico e administrativo da Casa Civil da Presidência da República para o exercício de suas atividades.

§ 2º O Conselho Diretor disporá sobre o regimento interno da ANPD.

Art. 55-H. Os cargos em comissão e as funções de confiança da ANPD serão remanejados de outros órgãos e entidades do Poder Executivo federal. (Acrescido pela Lei 13.853/2019)

Art. 55-I. Os ocupantes dos cargos em comissão e das funções de confiança da ANPD serão indicados pelo Conselho Diretor e nomeados ou designados pelo Diretor-Presidente. (Acrescido pela Lei 13.853/2019)

Art. 55-J. Compete à ANPD: (Acrescido pela Lei 13.853/2019)

I - zelar pela proteção dos dados pessoais, nos termos da legislação;

II - zelar pela observância dos segredos comercial e industrial, observada a proteção de dados pessoais e do sigilo das informações quando protegido por lei ou quando a quebra do sigilo violar os fundamentos do art. 2º desta Lei;

III - elaborar diretrizes para a Política Nacional de Proteção de Dados Pessoais e da Privacidade;

IV - fiscalizar e aplicar sanções em caso de tratamento de dados realizado em descumprimento à legislação, mediante processo administrativo que assegure o contraditório, a ampla defesa e o direito de recurso;

V - apreciar petições de titular contra controlador após comprovada pelo titular a apresentação de reclamação ao controlador não solucionada no prazo estabelecido em regulamentação;

VI - promover na população o conhecimento das normas e das políticas públicas sobre proteção de dados pessoais e das medidas de segurança;

VII - promover e elaborar estudos sobre as práticas nacionais e internacionais de proteção de dados pessoais e privacidade;

VIII - estimular a adoção de padrões para serviços e produtos que facilitem o exercício de controle dos titulares sobre seus dados pessoais, os quais deverão levar em consideração as especificidades das atividades e o porte dos responsáveis;

IX - promover ações de cooperação com autoridades de proteção de dados pessoais de outros países, de natureza internacional ou transnacional;

X - dispor sobre as formas de publicidade das operações de tratamento de dados pessoais, respeitados os segredos comercial e industrial;

XI - solicitar, a qualquer momento, às entidades do poder público que realizem operações de tratamento de dados pessoais informe específico sobre o âmbito, a natureza dos dados e os demais detalhes do tratamento realizado, com a possibilidade de emitir parecer técnico complementar para garantir o cumprimento desta Lei;

XII - elaborar relatórios de gestão anuais acerca de suas atividades;

XIII - editar regulamentos e procedimentos sobre proteção de dados pessoais e privacidade, bem como sobre relatórios de impacto à proteção de dados pessoais para os casos em que o tratamento representar alto risco à garantia dos princípios gerais de proteção de dados pessoais previstos nesta Lei;

XIV - ouvir os agentes de tratamento e a sociedade em matérias de interesse relevante e prestar contas sobre suas atividades e planejamento;

XV - arrecadar e aplicar suas receitas e publicar, no relatório de gestão a que se refere o inciso XII do *caput* deste artigo, o detalhamento de suas receitas e despesas;

XVI - realizar auditorias, ou determinar sua realização, no âmbito da atividade de fiscalização de que trata o inciso IV e com a devida observância do disposto no inciso II do *caput* deste artigo, sobre o tratamento de dados pessoais efetuado pelos agentes de tratamento, incluído o poder público;

XVII - celebrar, a qualquer momento, compromisso com agentes de tratamento para eliminar irregularidade, incerteza jurídica ou situação contenciosa no âmbito de processos administrativos, de acordo com o previsto no Decreto-Lei nº 4.657, de 4 de setembro de 1942;

XVIII - editar normas, orientações e procedimentos simplificados e diferenciados, inclusive quanto aos prazos, para que microempresas e empresas de pequeno porte, bem como iniciativas empresariais de caráter incremental ou disruptivo que se autodeclarem startups ou empresas de inovação, possam adequar-se a esta Lei;

XIX - garantir que o tratamento de dados de idosos seja efetuado de maneira simples, clara, acessível e adequada ao seu entendimento, nos termos desta Lei e da Lei nº 10.741, de 1º de outubro de 2003 (Estatuto do Idoso);

XX - deliberar, na esfera administrativa, em caráter terminativo, sobre a interpretação desta Lei, as suas competências e os casos omissos;

XXI - comunicar às autoridades competentes as infrações penais das quais tiver conhecimento;

XXII - comunicar aos órgãos de controle interno o descumprimento do disposto nesta Lei por órgãos e entidades da administração pública federal;

XXIII - articular-se com as autoridades reguladoras públicas para exercer suas competências em setores específicos de atividades econômicas e governamentais sujeitas à regulação; e

XXIV - implementar mecanismos simplificados, inclusive por meio eletrônico, para o registro de reclamações sobre o tratamento de dados pessoais em desconformidade com esta Lei.

§ 1º Ao impor condicionantes administrativas ao tratamento de dados pessoais por agente de tratamento privado, sejam eles limites, encargos ou sujeições, a ANPD deve observar a exigência de mínima intervenção, assegurados os fundamentos, os princípios e os direitos dos titulares previstos no art. 170 da Constituição Federal e nesta Lei.

§ 2º Os regulamentos e as normas editados pela ANPD devem ser precedidos de consulta e audiência públicas, bem como de análises de impacto regulatório.

§ 3º A ANPD e os órgãos e entidades públicos responsáveis pela regulação de setores específicos da atividade econômica e governamental devem coordenar suas atividades, nas correspondentes esferas de atuação, com vistas a assegurar o cumprimento de suas atribuições com a maior eficiência e promover o adequado funcionamento dos setores regulados, conforme legislação específica, e o tratamento de dados pessoais, na forma desta Lei.

§ 4º A ANPD manterá fórum permanente de comunicação, inclusive por meio de cooperação técnica, com órgãos e entidades da administração pública responsáveis pela regulação de setores específicos da atividade econômica e governamental, a fim de facilitar as competências regulatória, fiscalizatória e punitiva da ANPD.

§ 5º No exercício das competências de que trata o *caput* deste artigo, a autoridade competente deverá zelar pela preservação do segredo empresarial e do sigilo das informações, nos termos da lei.

§ 6º As reclamações colhidas conforme o disposto no inciso V do *caput* deste artigo poderão ser analisadas de forma agregada, e as eventuais providências delas decorrentes poderão ser adotadas de forma padronizada.

Art. 55-K. A aplicação das sanções previstas nesta Lei compete exclusivamente à ANPD, e suas competências prevalecerão, no que se refere à proteção de dados pessoais, sobre as competências correlatas de outras entidades ou órgãos da administração pública. (Acrescido pela Lei 13.853/2019)

Parágrafo único. A ANPD articulará sua atuação com outros órgãos e entidades com competências sancionatórias e normativas afetas ao tema de proteção de dados pessoais e será o órgão central de interpretação desta Lei e do estabelecimento de normas e diretrizes para a sua implementação.

Art. 55-L. Constituem receitas da ANPD:

I - as dotações, consignadas no orçamento geral da União, os créditos especiais, os créditos adicionais, as transferências e os repasses que lhe forem conferidos; (Acrescido pela Lei 13.853/2019)

II - as doações, os legados, as subvenções e outros recursos que lhe forem destinados;

III - os valores apurados na venda ou aluguel de bens móveis e imóveis de sua propriedade;

IV - os valores apurados em aplicações no mercado financeiro das receitas previstas neste artigo;

V - (VETADO);

VI - os recursos provenientes de acordos, convênios ou contratos celebrados com entidades, organismos ou empresas, públicos ou privados, nacionais ou internacionais;

VII - o produto da venda de publicações, material técnico, dados e informações, inclusive para fins de licitação pública.

Art. 55-M. Constituem o patrimônio da ANPD os bens e os direitos: *(Acrescido pela Lei 14.460/2022)*

I - que lhe forem transferidos pelos órgãos da Presidência da República; e

II - que venha a adquirir ou a incorporar.

Arts. 56 e 57. (VETADOS).

SEÇÃO II

DO CONSELHO NACIONAL DE PROTEÇÃO DE DADOS PESSOAIS E DA PRIVACIDADE

Art. 58. (VETADO)

Art. 58-A. O Conselho Nacional de Proteção de Dados Pessoais e da Privacidade será composto de 23 (vinte e três) representantes, titulares e suplentes, dos seguintes órgãos: (Acrescido pela Lei 13.853/2019)

I - 5 (cinco) do Poder Executivo federal;

II - 1 (um) do Senado Federal;

III - 1 (um) da Câmara dos Deputados;

IV - 1 (um) do Conselho Nacional de Justiça;

V - 1 (um) do Conselho Nacional do Ministério Público;

VI - 1 (um) do Comitê Gestor da Internet no Brasil;

VII - 3 (três) de entidades da sociedade civil com atuação relacionada a proteção de dados pessoais;

VIII - 3 (três) de instituições científicas, tecnológicas e de inovação;

IX - 3 (três) de confederações sindicais representativas das categorias econômicas do setor produtivo;

X - 2 (dois) de entidades representativas do setor empresarial relacionado à área de tratamento de dados pessoais; e

XI - 2 (dois) de entidades representativas do setor laboral.

§ 1º Os representantes serão designados por ato do Presidente da República, permitida a delegação.

§ 2º Os representantes de que tratam os incisos I, II, III, IV, V e VI do *caput* deste artigo e seus suplentes serão indicados pelos titulares dos respectivos órgãos e entidades da administração pública.

§ 3º Os representantes de que tratam os incisos VII, VIII, IX, X e XI do *caput* deste artigo e seus suplentes:

I - serão indicados na forma de regulamento;

II - não poderão ser membros do Comitê Gestor da Internet no Brasil;

III - terão mandato de 2 (dois) anos, permitida 1 (uma) recondução.

§ 4º A participação no Conselho Nacional de Proteção de Dados Pessoais e da Privacidade será considerada prestação de serviço público relevante, não remunerada.

Art. 58-B. Compete ao Conselho Nacional de Proteção de Dados Pessoais e da Privacidade: (Acrescido pela Lei 13.853/2019)

I - propor diretrizes estratégicas e fornecer subsídios para a elaboração da Política Nacional de Proteção de Dados Pessoais e da Privacidade e para a atuação da ANPD;

II - elaborar relatórios anuais de avaliação da execução das ações da Política Nacional de Proteção de Dados Pessoais e da Privacidade;

III - sugerir ações a serem realizadas pela ANPD;

IV - elaborar estudos e realizar debates e audiências públicas sobre a proteção de dados pessoais e da privacidade; e

V - disseminar o conhecimento sobre a proteção de dados pessoais e da privacidade à população.

Art. 59. (VETADO)

CAPÍTULO X
DISPOSIÇÕES FINAIS E TRANSITÓRIAS

Art. 60. A Lei nº 12.965, de 23 de abril de 2014 (Marco Civil da Internet), passa a vigorar com as seguintes alterações:

"Art. 7º ....

....

....

X - exclusão definitiva dos dados pessoais que tiver fornecido a determinada aplicação de internet, a seu requerimento, ao término da relação entre as partes, ressalvadas as hipóteses de guarda obrigatória de registros previstas nesta Lei e na que dispõe sobre a proteção de dados pessoais;

....

.." (NR)

"Art. 16. ....

....

....

II - de dados pessoais que sejam excessivos em relação à finalidade para a qual foi dado consentimento pelo seu titular, exceto nas hipóteses previstas na Lei que dispõe sobre a proteção de dados pessoais." (NR)

Art. 61. A empresa estrangeira será notificada e intimada de todos os atos processuais previstos nesta Lei, independentemente de procuração ou de disposição contratual ou estatutária, na pessoa do agente ou representante ou pessoa responsável por sua filial, agência, sucursal, estabelecimento ou escritório instalado no Brasil.

Art. 62. A autoridade nacional e o Instituto Nacional de Estudos e Pesquisas Educacionais Anísio Teixeira (Inep), no âmbito de suas competências, editarão regulamentos específicos para o acesso a dados tratados pela União para o cumprimento do disposto no § 2º do art. 9º da Lei nº 9.394, de 20 de dezembro de 1996 (Lei de Diretrizes e Bases da Educação Nacional), e aos referentes ao Sistema Nacional de Avaliação da Educação Superior (Sinaes), de que trata a Lei nº 10.861, de 14 de abril de 2004.

Art. 63. A autoridade nacional estabelecerá normas sobre a adequação progressiva de bancos de dados constituídos até a data de entrada em vigor desta Lei, consideradas a complexidade das operações de tratamento e a natureza dos dados.

Art. 64. Os direitos e princípios expressos nesta Lei não excluem outros previstos no ordenamento jurídico pátrio relacionados à matéria ou nos tratados internacionais em que a República Federativa do Brasil seja parte.

Art. 65. Esta Lei entra em vigor: *(Redação dada pela Lei 13.853/2019)*

I - dia 28 de dezembro de 2018, quanto aos arts. 55-A, 55-B, 55-C, 55-D, 55- E, 55-F, 55-G, 55-H, 55-I, 55-J, 55-K, 55-L, 58-A e 58-B; e *(Acrescido pela Lei 13.853/2019)*

I-A - dia 1º de agosto de 2021, quanto aos arts. 52, 53 e 54; *(Acrescido pela Lei 14.010/2020)*

II - 24 (vinte e quatro) meses após a data de sua publicação, quanto aos demais artigos. *(Acrescido pela Lei 13.853/2019)*

Brasília, 14 de agosto de 2018; 197º da Independência e 130º da República.

MICHEL TEMER

DECRETO Nº 9.499, DE 10 DE SETEMBRO DE 2018

Promulga o Mecanismo para o Exercício Profissional Temporário, aprovado pela Decisão CMC 25/03, do Conselho Mercado Comum, firmada na XXV Reunião de Cúpula do Mercosul, em Montevidéu, em 15 de dezembro de 2003.

▸ *Mecanismo para o Exercício Profissional temporário*

O PRESIDENTE DA REPÚBLICA, no uso da atribuição que lhe confere o art. 84, *caput*, inciso IV, da Constituição, e

Considerando que o Mecanismo para o Exercício Profissional Temporário foi aprovado pela Decisão CMC 25/03, do Conselho Mercado Comum, firmada na XXV Reunião de Cúpula do Mercosul, em Montevidéu, em 15 de dezembro de 2003;

Considerando que o Congresso Nacional aprovou o Mecanismo para o Exercício Profissional Temporário por meio do Decreto Legislativo nº 347, de 23 de dezembro de 2008; e

Considerando que o Mecanismo para o Exercício Profissional Temporário entrou em vigor para a República Federativa do Brasil, no plano jurídico externo, em 17 de abril de 2013, nos termos do Artigo 40 do Protocolo de Ouro Preto, promulgado pelo Decreto nº 1.901, de 9 de maio de 1996;

DECRETA:

Art. 1º Fica promulgado o Mecanismo para o Exercício Profissional Temporário, aprovado pela Decisão CMC 25/03, do Conselho Mercado Comum, firmada na XXV Reunião de Cúpula do Mercosul, em Montevidéu, em 15 de dezembro de 2003, anexo a este Decreto.

Art. 2º São sujeitos à aprovação do Congresso Nacional atos que possam resultar em revisão do Mecanismo para o Exercício Profissional Temporário e ajustes complementares que acarretem encargos ou compromissos gravosos ao patrimônio nacional, nos termos do inciso I do *caput* do art. 49 da Constituição.

Art. 3º Este Decreto entra em vigor na data de sua publicação.

Brasília, 10 de setembro de 2018; 197º da Independência e 130º da República.

MICHEL TEMER

Aloysio Nunes Ferreira Filho

MERCOSUL/CMC/DEC. Nº 25/03
MECANISMO PARA O EXERCÍCIO PROFISSIONAL TEMPORÁRIO

TENDO EM VISTA: O Tratado de Assunção, o Protocolo de Ouro Preto, o Protocolo de

Montevidéu sobre Comércio de Serviços e a Resolução Nº 36/00 do Grupo Mercado Comum.

CONSIDERANDO:

Que existe a necessidade de estabelecer normas de caráter quadripartite dentro do contexto e objetivos do MERCOSUL para outorgar licenças temporárias aos prestadores de serviços profissionais nos Estados Partes.

Que o Protocolo de Montevidéu contempla no Artigo XI o compromisso dos Estados Partes de alentar nos seus respectivos territórios as entidades competentes governamentais, assim como as associações e colégios profissionais, a desenvolver normas para o exercício de atividades profissionais para a outorga de licenças e propor recomendações ao GMC sobre reconhecimento mútuo, considerando a educação, experiência, licenças, matrículas ou certificados obtidos no território de outro Estado Parte.

Que as referidas normas devem basear-se em critérios e objetivos transparentes, que assegurem a qualidade do serviço profissional, a proteção ao consumidor, a ordem pública, a segurança e a saúde da população, o respeito pelo meio ambiente e a identidade dos Estados Partes.

Que as disposições e recomendações não devem constituir-se em barreiras ou restrições para a prestação de um serviço profissional temporário.

Que se deve buscar que a harmonização prevista minimize a modificação da legislação vigente nos Estados Partes que contém com regulamento sobre exercício profissional e impulsione o seu estabelecimento nos Estados Partes que não contém com tal normativa.

Que se deve oferecer a cada Estado Parte e aos profissionais os instrumentos adequados ante o descumprimento do mecanismo para o reconhecimento mútuo de matrículas para o exercício profissional temporário por parte de uma entidade responsável pelo registro e fiscalização profissional de outro Estado Parte.

Que se deve buscar obter benefícios preferenciais no exercício profissional para os Estados Partes junto a outros países ou blocos, mantendo os critérios de transparência, imparcialidade e eficiência.

Que um número significativo das entidades profissionais dos Estados Partes se agruparam naturalmente por disciplinas ou grupos de disciplinas e estão realizando reuniões, trocando informações e alcançando consensos sobre os critérios e procedimentos comuns para um exercício profissional na região.

O CONSELHO MERCADO COMUM DECIDE:

Art. 1º Aprovar as "Diretrizes para a Celebração de Acordos Marco de Reconhecimento Recíproco entre Entidades Profissionais e a Elaboração de Disciplinas para a Outorga de Licenças Temporárias", que constam como Anexo I e formam parte da presente Decisão.

Art. 2º Aprovar as "Funções e Atribuições dos Centros Focais de Informação e Gestão" que constam como Anexo II e formam parte da presente Decisão.

Art. 3º Aprovar o "Mecanismo de Funcionamento do Sistema" que consta como Anexo III e forma parte da presente Decisão.

Art. 4º A presente Decisão deverá ser incorporada aos ordenamentos jurídicos nacionais, de acordo aos procedimentos respectivos de cada Estado Parte.

XXV CMC – Montevidéu, 15/XII/03

ANEXO I
DIRETRIZES PARA A CELEBRAÇÃO DE ACORDOS MARCO DE RECONHECIMENTO RECÍPROCO ENTRE ENTIDADES PROFISSIONAIS E ELABORAÇÃO DE DISCIPLINAS PARA A OUTORGA DE LICENÇAS TEMPORÁRIAS

A – DISPOSIÇÕES GERAIS

Art. 1º A outorga de licenças, matrículas ou certificados para a prestação temporária de serviços profissionais no marco do Protocolo de Montevidéu para o Comércio de Serviços, realizar-se-á por meio dos organismos profissionais responsáveis pelo controle e a fiscalização do exercício profissional. O sistema funcionará de acordo com o estabelecido ao estabelecido no Anexo III.

Para efeitos deste documento, entende-se como serviços profissionais os prestados por profissionais universitários ou de nível superior, e os profissionais de nível técnico.

Art. 2º As normas e diretrizes para a outorga de licenças temporárias deverão ser comuns para os Estados Partes. Para a elaboração da normativa comum, conformar-se-á um Grupo de Trabalho para cada profissão ou grupo de profissões.

Art. 3º Cada Grupo de Trabalho estará conformado pelas entidades responsáveis da fiscalização do exercício de cada profissão ou grupo de profissões, de acordo com a legislação vigente em cada Estado Parte, ou pela organização nacional que as compreenda. Quando não exista fiscalização delegada em uma entidade profissional, ou organização nacional legalmente facultada que as compreenda, o Grupo de Serviços, Seção Nacional de cada Estado Parte designará as entidades profissionais que conformarão o Grupo de Trabalho.

Art. 4º Os Grupos de Trabalho terão como mandato a elaboração das diretrizes e disciplinas para a outorga de licenças ou matrículas para o exercício profissional temporário e os Acordos Marco de Reconhecimento Recíproco entre Entidades Profissionais, conforme as Diretrizes que figuram no item B deste Anexo.

Art. 5º As entidades Profissionais, que desejem constituir um Grupo de Trabalho, solicitarão seu reconhecimento como tais ao Grupo de Serviços do MERCOSUL. Se constituirá um Grupo de Trabalho para cada Profissão ou Profissões afins reconhecendo para tal aos já existentes.

Art. 6º As propostas elaboradas e que chegarem a consenso nos Grupos de Trabalhos, serão postas em consideração do Grupo de Serviços, que avaliará sua consistência em relação ao Protocolo de Montevidéu e com o estabelecido na presente Decisão, a viabilidade de sua aplicação, e as levará a consideração do GMC para sua aprovação.

Art. 7º Para a implementação do mecanismo, as entidades de cada Estado Parte, responsáveis pela fiscalização do exercício em cada profissão, subscritará os Acordos Marco de Reconhecimento Recíproco, que deverão ser elevados por meio do Grupo de Serviços ao GMC para sua aprovação.

Art. 8º As Entidades Profissionais que subscritem o Acordo deverão cumprir os seguintes requisitos: a) ser legalmente responsáveis da outorga de licenças e matrículas para o exercício profissional e de sua fiscalização em suas respectivas jurisdições; b) abarcar todo o território do Estado Parte ou uma parte substantiva do território desse Estado Parte que seja considerada equitativa pelas entidades dos outros Estados Partes.

Art. 9º Cada Estado Parte disporá de um Centro Focal por profissão ou grupo de profissões, que constitua o centro de informação sobre normativa e regulamentação nacional e de cada uma das jurisdições que o integram, cujas funções e atribuições figuram como Anexo II e fazem parte da presente Decisão.

Art. 10. Os Acordos Marco subscritos se aplicarão em conformidade com o Protocolo de Montevidéu e as normas dos convênios existentes sobre nacionalidade, residência, domicílio, visto de trabalho, migrações.

A aplicabilidade dos Acordos Marco subscritos estará sujeita à existência de organismos em cada Estado Parte de registro e fiscalização do exercício das profissões correspondentes a cada Acordo Marco, aos quais a filiação dos profissionais dos respectivos Estados Partes seja obrigatória.

Art. 11. Cada Estado Parte se compromete a implementar os instrumentos necessários para assegurar a plena vigência com alcance nacional dos Acordos Marcos subscritos, assim como a harmonização da legislação vigente, para permitir a aplicação dos mesmos.

Art. 12. Cada Acordo Marco colocará em vigência com adesão das entidades de fiscalização do exercício profissional de dois (2) dos Estados Partes. Uma vez em vigor, o Acordo somente se aplicará aos Estados Partes cujas entidades de fiscalização do exercício profissional tenham aderido ao Acordo.

Art. 13. A pedido de um Estado Parte o presente mecanismo poderá ser examinado e, de comum acordo, modificado para seu aperfeiçoamento.

B – DIRETRIZES

Para que um profissional matriculado em um Estado Parte do MERCOSUL desenvolva uma atividade profissional em outro Estado Parte, cada Acordo Marco deverá contemplar os aspetos mencionados a continuação:

a) a necessidade de contar com um contrato para desenvolver sua atividade no país receptor;

b) requisitos comuns nos quatro países para sua inscrição no Registro Profissional Temporário da entidade de fiscalização profissional da jurisdição onde vá exercer a profissão;

c) os requisitos em matéria de tradução de documentos para a inscrição;

d) os critérios de equivalências na formação e seus alcances ou competências e experiência mínima requerida, a definir por comissões quadripartites por profissão ou grupo de profissões, podendo efetuar-se testes de aptidão ou exames de habilitação não discriminatórios e estabelecer requerimentos de educação permanente;

e) os procedimentos e prazos de comunicação entre as entidades profissionais de origem e receptora durante a inscrição e a fiscalização da atividade;
f) as causas de negação de inscrição e o procedimento de recurso;
g) as competências, direito e obrigações do profissional em exercício temporário, não podendo ser eleitor nem elegível na entidade de fiscalização local;
h) o reconhecimento expresso do Profissional em relação à jurisdição disciplinar, ética e técnica da entidade fiscalizadora receptora, respeitando a mesma e toda outra legislação local;
i) o compromisso do profissional de restringir sua atividade exclusivamente ao previsto no contrato e compatível com sua formação profissional sendo a violação a esta causa de anulação da inscrição no Registro Temporário;
j) a implementação de um código de ética comum para cada profissão ou grupo de profissões;
k) a aplicação dos procedimentos vigentes na jurisdição local e o compromisso por parte da entidade fiscalizadora respectiva de um trato justo e igualitário entre os profissionais em exercício temporário e os dessa jurisdição;
l) o registro temporário será de até dois anos, prorrogáveis por igual período, vinculado a uma prorrogação de contrato;
m) não impor avaliação sobre conhecimento local não vinculados ao exercício profissional para o registro;
n) os requerimentos para assegurar a responsabilidade civil emergente do exercício profissional;
o) o procedimento para a solução de controvérsias;
p) o estabelecimento de um mecanismo de sanções.
Cada Grupo de Trabalho, poderá constituir comissões por profissão, quando seja necessário, a fim de contribuir para a definição dos critérios de equivalências na formação e suas atribuições, alcances ou competências e experiência mínima requerida, as provas de aptidão ou exames de habilitação e os requerimentos de educação permanente.

ANEXO II
FUNÇÕES E ATRIBUIÇÕES DOS CENTROS FOCAIS DE INFORMAÇÃO E GESTÃO

1 – O Centro Focal em cada Estado Parte estará formado pelas entidades que foram signatárias dos Acordos Marco, responsáveis pela fiscalização do exercício profissional em suas jurisdições, que além de centro de informação e gestão estabelecerão seu regulamento e coordenarão as reuniões e suas agendas.

2 – Cada Centro Focal de um Estado Parte realizará, no mínimo as seguintes atividades:
a) manter atualizada a informação sobre legislações, regulamentações e procedimentos que as entidades desse Estado aderidas ao Acordo Marco tenham entregado;
b) arquivar cópia dos originais de homologação do Acordo Marco efetuada pelo GMC e das Adesões e informará das mesmas, mantendo atualizada a informação respectiva;
c) organizar e manter uma base de dados com informação atualizada na qual conste, entre outros, o movimento de profissionais temporários e as eventuais sanções, sobre a base da informação provida por cada Entidade;
d) manter comunicação com os Centros Focais correspondentes dos outros três Estados Partes;
e) contar com um sítio *web* onde se manterá a informação requerida sobre legislações, regulamentações e procedimentos aplicáveis, assim como toda outra informação que o organismo quadripartite considere conveniente ao objetivo do Centro Focal.

3 – Os custos de criação e funcionamento dos Centros Focais serão patrocinados pelas entidades profissionais integrantes.

ANEXO III
FUNCIONAMENTO DO MECANISMO

a) Operação do Mecanismo

1. Para prestar serviços profissionais temporários, o profissional devidamente registrado e habilitado em seu país de origem deverá solicitar sua inscrição no Registro Profissional Temporário na entidade fiscalizadora do Exercício Profissional, em cuja jurisdição acredite um contrato de prestação de serviços.

2. A entidade de fiscalização será a responsável em aplicar o mecanismo e inscrever no Registro Temporário os profissionais dos outros Estados Partes que o requeiram e cumpram os requisitos previamente acordados.

3. Toda entidade aderente deverá informar ao Centro Focal, periodicamente, as altas, baixas, sanções e toda novidade na normativa profissional vigente em sua jurisdição.

4. Os Grupos de Trabalho efetuarão um Informe Anual sobre o desenvolvimento da atividade profissional na região e o enviarão ao GMC, por meio do Grupo de Serviços.

5. Os Grupos de Trabalho seguirão efetuando as propostas para o aperfeiçoamento do sistema ao GMC, por meio do Grupo de Serviços.

b) Mecanismo de Adesão a cada Acordo Marco

A incorporação a cada Acordo Marco de entidades de fiscalização do exercício profissional de um Estado Parte será solicitada ao GMC, por meio do Grupo de Serviços. Para isto, deverá apresentar a documentação legal que acredite sua condição de Organismo responsável da Fiscalização do exercício na jurisdição correspondente, contar com a aprovação do Grupo de Trabalho e acompanhar de cópia da legislação, regulamentação e procedimentos aplicados por esta entidade em sua jurisdição para a fiscalização do exercício profissional, como de toda outra normativa relacionada que se aplique ao exercício profissional nessa jurisdição. As Entidades de Fiscalização que aderirem deverão adequar-se à normativa estabelecida para a outorga do registro temporal.

O Grupo de Serviço informará ao GMC sua conformidade com o pedido de Adesão.

c) Gestão de Solução de Controvérsia

O GS avaliará a consistência dos mecanismos de Solução de Controvérsias elaborados pelos Grupos de Trabalho conforme ao Artigo 4º do item A do Anexo I, com a normativa vigente no MERCOSUL e a viabilidade de sua aplicação. Este mecanismo de Solução de Controvérsias será único para todas as profissões.

DECRETO Nº 9.579, DE 22 DE NOVEMBRO DE 2018

Consolida atos normativos editados pelo Poder Executivo federal que dispõem sobre a temática do lactente, da criança e do adolescente e do aprendiz, e sobre o Conselho Nacional dos Direitos da Criança e do Adolescente, o Fundo Nacional para a Criança e o Adolescente e os programas federais da criança e do adolescente, e dá outras providências.

‣ *Criança, adolescente e aprendiz*

O PRESIDENTE DA REPÚBLICA, no uso da atribuição que lhe confere o art. 84, *caput*, inciso IV, da Constituição, e tendo em vista o disposto na Lei Complementar nº 95, de 26 de fevereiro de 1998, e na Lei nº 8.069, de 13 de julho de 1990 - Estatuto da Criança e do Adolescente,
DECRETA:

TÍTULO I
DISPOSIÇÕES PRELIMINARES

Art. 1º Este Decreto consolida os atos normativos editados pelo Poder Executivo federal que dispõem sobre a temática da criança e do adolescente, em observância ao disposto na Lei Complementar nº 95, de 26 de fevereiro de 1998, e no Decreto nº 9.191, de 1º de novembro de 2017.

§ 1º Para fins do disposto neste Decreto, considera-se consolidação a reunião de atos normativos pertinentes a determinada matéria em um único diploma legal, com a revogação formal daqueles atos normativos incorporados à consolidação e sem a modificação do alcance nem da interrupção da força normativa dos dispositivos consolidados, nos termos do disposto no art. 13, § 1º, da Lei Complementar nº 95, de 1998, e no art. 45 do Decreto nº 9.191, de 2017.

§ 2º A consolidação de atos normativos tem por objetivo eliminar do ordenamento jurídico brasileiro normas de conteúdo idêntico ou divergente, observado o disposto no art. 46 do Decreto nº 9.191, de 2017.

Art. 2º Para fins do disposto neste Decreto, considera-se criança a pessoa com até doze anos de idade incompletos e adolescente a pessoa entre doze e dezoito anos de idade, em observância ao disposto na Lei nº 8.069, de 13 de julho de 1990 - Estatuto da Criança e do Adolescente.

Parágrafo único. Nas hipóteses previstas em lei, o disposto neste Decreto se aplica, excepcionalmente, às pessoas entre dezoito e vinte e um anos.

TÍTULO II
DOS DIREITOS FUNDAMENTAIS DA CRIANÇA E DO ADOLESCENTE

CAPÍTULO I
DO DIREITO À ALIMENTAÇÃO

SEÇÃO I
DA COMERCIALIZAÇÃO DE ALIMENTOS PARA LACTANTES E CRIANÇAS NA PRIMEIRA INFÂNCIA

Art. 3º Este Capítulo regulamenta o disposto na Lei nº 11.265, de 3 de janeiro de 2006, que dispõe sobre a comercialização de alimentos para lactentes e crianças na primeira infância e de produtos de puericultura correlatos.

Parágrafo único. O disposto neste Capítulo se aplica à comercialização, à publicidade e às práticas correlatas, à qualidade e às informações de uso dos seguintes produtos, fabricados no País ou importados:

I - alimentos de transição e alimentos à base de cereais, indicados para lactentes ou crianças na primeira infância, e outros alimentos ou bebidas à base de leite ou não, quando comercializados ou apresentados como apropriados para a alimentação de lactentes e crianças na primeira infância;

II - fórmulas de nutrientes apresentadas ou indicadas para recém-nascidos de alto risco;

III - fórmulas infantis de seguimento para crianças na primeira infância;

IV - fórmulas infantis para lactentes e fórmulas infantis de seguimento para lactentes;

V - fórmulas infantis para necessidades dietoterápicas específicas;

VI - leites fluidos ou em pó, leites modificados e similares de origem vegetal; e

VII - mamadeiras, bicos e chupetas.

Art. 4º. Para os fins do disposto neste Capítulo, considera-se:

I - alimento substituto do leite materno ou humano - alimento comercializado ou de alguma forma apresentado como substituto parcial ou total do leite materno ou humano;

II - alimento de transição para lactentes e crianças na primeira infância - alimento industrializado para uso direto ou empregado em preparado caseiro, utilizado como complemento do leite materno ou de fórmulas infantis, introduzido na alimentação de lactentes e crianças na primeira infância para promover a adaptação progressiva aos alimentos comuns e propiciar a alimentação balanceada e adequada às suas necessidades, respeitada sua maturidade fisiológica e seu desenvolvimento neuropsicomotor;

III - alimento à base de cereais para lactentes e crianças na primeira infância - alimento à base de cereais próprio para a alimentação de lactentes após o sexto mês e de crianças na primeira infância, respeitada sua maturidade fisiológica e seu desenvolvimento neuropsicomotor;

IV - amostra - uma unidade de produto fornecida uma vez de forma gratuita;

V - apresentação especial - forma de apresentação de produto relacionada com a promoção comercial para induzir a aquisição ou a venda, como embalagens promocionais, embalagens de fantasia ou conjuntos que agreguem outros produtos não abrangidos por este Capítulo;

VI - autoridade de saúde - pessoa investida em cargo ou função pública que exerça atividades relacionadas com a saúde;

VII - autoridade fiscalizadora - autoridade sanitária integrante do Sistema Nacional de Vigilância Sanitária ou de órgão de proteção e defesa do consumidor da administração pública, direta ou indireta, nas esferas federal, estadual, distrital ou municipal;

VIII - bico - objeto apresentado ou indicado para o processo de sucção nutritiva da criança, com a finalidade de administrar ou veicular alimentos ou líquidos em recipiente ou sobre a mama;

IX - kit ou conjunto - conjunto de produtos de marcas, formas ou tamanhos diferentes acondicionados na mesma embalagem;

X - criança - pessoa de até doze anos de idade incompletos, conforme o disposto no art. 1º;

XI - criança na primeira infância ou criança pequena - criança de até seis anos de idade completos;

XII - chupeta - produto destinado à sucção sem a finalidade de administrar alimentos, medicamentos ou líquidos;

XIII - destaque - mensagem gráfica ou sonora que ressalta determinada advertência, frase ou texto;

XIV - doação - fornecimento gratuito de produto em quantidade superior à caracterizada como amostra;

XV - distribuidor - pessoa física ou jurídica, do setor público ou privado, envolvida direta ou indiretamente na comercialização ou na importação, por atacado ou varejo, de um ou mais produtos abrangidos pelo disposto neste Capítulo;

XVI - exposição especial - qualquer forma de expor um produto para destacálo dos demais no estabelecimento comercial, como vitrine, ponta de gôndola, empilhamento de produtos em forma de pirâmide ou ilha, engradados, ornamentação de prateleiras ou formas estabelecidas em regulamentação da Agência Nacional de Vigilância Sanitária - Anvisa;

XVII - embalagem - recipiente, pacote ou envoltório destinado a garantir a conservação e a facilitar o transporte e o manuseio dos produtos;

XVIII - entidade associativa reconhecida nacionalmente - associação que congrega médicos ou nutricionistas que possua representação em todas as regiões brasileiras e em, no mínimo, cinquenta por cento dos Estados de cada região;

XIX - entidade científica de ensino e pesquisa - universidade, faculdade, faculdade integrada, escola superior ou centro de educação tecnológica, reconhecido pelo Ministério da Educação;

XX - fabricante - entidade pública ou privada envolvida na fabricação de produto abrangido pelo disposto neste Capítulo;

XXI - figura ou ilustração humanizada - fotografia, desenho ou representação de personagens infantis, seres vivos ou inanimados, de forma estilizada ou não, representados com características físicas ou comportamentais próprias dos seres humanos;

XXII - fórmula infantil para lactentes - produto em forma líquida ou em pó destinado à alimentação de lactentes até o sexto mês, sob prescrição, em substituição total ou parcial do leite materno ou humano, para satisfação de suas necessidades nutricionais;

XXIII - fórmula infantil para necessidades dietoterápicas específicas - produto cuja composição tenha sido alterada para atender às necessidades específicas decorrentes de alterações fisiológicas ou patológicas temporárias ou permanentes, não amparada pelo regulamento técnico específico de fórmulas infantis;

XXIV - fórmula infantil de seguimento para lactentes - produto em forma líquida ou em pó utilizado por indicação de profissional qualificado como substituto do leite materno ou humano a partir do sexto mês de idade do lactente;

XXV - fórmula infantil de seguimento para crianças na primeira infância - produto em forma líquida ou em pó utilizado como substituto do leite materno ou humano para crianças na primeira infância;

XXVI - fórmula de nutrientes para recém-nascidos de alto risco - composto de nutrientes apresentado ou indicado para a alimentação de recém-nascidos de alto risco;

XXVII - importador - pessoa jurídica que pratique a importação de produto abrangido pelo disposto neste Capítulo;

XXVIII - lactente - criança com idade de até onze meses e vinte e nove dias;

XXIX - leite - produto em forma líquida ou em pó, oriundo da ordenha completa, ininterrupta, em condições de higiene, de animais de todas as espécies, sadios, alimentados e descansados;

XXX - leite modificado - leite em forma líquida ou em pó, de composição modificada por meio de subtração ou adição de constituintes;

XXXI - mamadeira - objeto para administração de produto líquido ou pastoso para crianças, constituída de bico e recipiente, que pode possuir anel retentor para manter acoplados o bico e o recipiente;

XXXII - material educativo - material escrito ou audiovisual destinado ao público para orientar quanto à alimentação de lactentes e de crianças na primeira infância ou sobre a utilização adequada de produtos destinados a lactentes e crianças na primeira infância, tais como folhetos, livros, artigos em periódico leigo, sistema eletrônico de informações, entre outros;

XXXIII - material técnico-científico - material elaborado com informações comprovadas sobre produtos ou relacionadas com o domínio de conhecimento da nutrição e da pediatria, destinado aos profissionais e ao pessoal da área da saúde;

XXXIV - painel principal ou painel frontal - área mais facilmente visível em condições usuais de exposição, onde estão escritas, em sua forma mais relevante, a denominação de venda, a marca e, se houver, o logotipo do produto;

XXXV - patrocínio - custeio total ou parcial de materiais, de programa de rádio ou de televisão, de páginas e dos demais conteúdos da internet e de outros tipos de mídia, de evento, de projeto comunitário, de atividade cultural, artística, esportiva, de pesquisa ou de atualização científica, ou custeio direto ou indireto de profissionais da área da saúde para participação em atividades ou incentivo de qualquer espécie;

XXXVI - promoção comercial - conjunto de atividades informativas e de persuasão, procedente de empresas responsáveis pela produção, pela manipulação, pela distribuição ou pela comercialização dos produtos abrangidos pelo disposto neste Capítulo, incluída a divulgação, por meios audiovisuais, auditivos e visuais, com o objetivo de induzir a aquisição ou a venda de determinado produto;

XXXVII - recém-nascido de alto risco - a criança que:

a) nasce prematura, com menos de trinta e quatro semanas de idade gestacional;

b) nasce com peso inferior a mil e quinhentos gramas; ou

c) apresenta patologia que necessita de tratamento intensivo logo após o seu nascimento;

XXXVIII - representante comercial - vendedores, promotores, demonstradores, representantes de empresa e de vendas ou outros profissionais remunerados, direta ou indiretamente, por fabricantes, fornecedores ou importadores dos produtos abrangidos pelo disposto neste Capítulo;

XXXIX - rótulo - inscrição, legenda, imagem, matéria descritiva ou gráfica que esteja escrita, impressa, estampada, gravada, gravada em relevo, litografada, colada ou fundida sobre a superfície do recipiente, do produto ou de sua embalagem;

XL - similar de origem vegetal - alimento em forma líquida ou em pó que contenha proteína vegetal, comercializado ou apresentado como alternativa de consumo para o leite; e

XLI - similar de origem vegetal misto - similar de origem vegetal que apresenta em sua composição proteínas de origem não vegetal.

SEÇÃO II
DO COMÉRCIO E DA PUBLICIDADE DE ALIMENTOS PARA LACTANTES E CRIANÇAS NA PRIMEIRA INFÂNCIA

Art. 5º É vedada a promoção comercial dos produtos referidos nos incisos II, IV e VII do *caput* do art. 3º em quaisquer meios de comunicação, incluídas a publicidade indireta ou oculta e a divulgação por meios eletrônicos, escritos, auditivos e visuais.

Parágrafo único. A vedação à promoção comercial referida no *caput* aplica-se a estratégias promocionais, como exposições especiais e de descontos de preço, cupons de descontos, prêmios, brindes, vendas vinculadas a produtos não sujeitos ao disposto neste Capítulo, apresentações especiais ou outras estratégias estabelecidas em regulamentação da Anvisa.

Art. 6º A promoção comercial dos alimentos infantis referidos nos incisos I, III e VI do *caput* do art. 3º incluirá, com destaque visual ou auditivo, observado o correspondente meio de divulgação, os seguintes dizeres:

I - para produtos referidos nos incisos III e VI do *caput* do art. 3º - "O Ministério da Saúde informa: o aleitamento materno evita infecções e alergias e é recomendado até os 2 (dois) anos de idade ou mais"; e

II - para produtos referidos no inciso I do *caput* do art. 3º - "O Ministério da Saúde informa: após os 6 (seis) meses de idade, continue amamentando seu filho e ofereça novos alimentos".

§ 1º Os dizeres veiculados por escrito serão legíveis e apresentados em moldura, próximos aos produtos, no mesmo sentido espacial de outros textos informativos, quando presentes.

§ 2º Os caracteres de que trata o § 1º serão apresentados em caixa alta, em negrito e ter, no mínimo, vinte por cento do tamanho do maior caractere presente na promoção comercial, com tamanho mínimo de dois milímetros.

§ 3º Os destaques auditivos serão apresentados de forma pausada, clara e audível.

Art. 7º. É vedada a atuação de representantes comerciais nas unidades de saúde, exceto para a comunicação de aspectos técnico-científicos dos produtos a médicos pediatras e nutricionistas.

Parágrafo único. É dever do fabricante, do distribuidor ou do importador informar os seus representantes comerciais e as agências de publicidade contratadas sobre o disposto neste Capítulo.

Art. 8º. Os fabricantes, os distribuidores e os importadores somente poderão fornecer amostras dos produtos referidos nos incisos I, III, IV e VI do *caput* do art. 3º aos médicos pediatras e aos nutricionistas por ocasião do lançamento do produto, observado o disposto no art. 18.

§ 1º Para fins do disposto neste Capítulo, o lançamento em todo o território nacional deverá ser feito no prazo máximo de dezoito meses.

§ 2º O marco inicial para a contagem do prazo referido no § 1º será estabelecido em regulamentação da Anvisa.

§ 3º É vedada a distribuição de amostra por ocasião de relançamento do produto ou de mudança de marca do produto sem modificação significativa em sua composição nutricional.

§ 4º Para afastar a vedação prevista no § 3º, o fabricante, o distribuidor ou o importador comprovará a modificação significativa na composição nutricional à autoridade fiscalizadora competente.

§ 5º É vedada a distribuição de amostras de mamadeiras, bicos, chupetas e fórmula de nutrientes para recém-nascido de alto risco.

§ 6º A amostra de fórmula infantil para lactentes somente será ofertada com a solicitação prévia de médico pediatra ou de nutricionista e será acompanhada de protocolo de entrega da empresa, com cópia para o profissional da saúde solicitante.

Art. 9º. Os fabricantes, os importadores e os distribuidores dos produtos abrangidos pelo disposto neste Capítulo somente poderão conceder patrocínios às entidades científicas de ensino e pesquisa ou às entidades associativas reconhecidas nacionalmente, vedado o patrocínio a pessoas físicas.

§ 1º As associações filiadas às entidades associativas reconhecidas nacionalmente poderão receber os patrocínios de que trata o *caput* somente após a aprovação prévia das entidades associativas reconhecidas nacionalmente.

§ 2º As entidades beneficiadas não permitirão que as empresas a que se refere o *caput* realizem promoção comercial de seus produtos em eventos patrocinados.

§ 3º As empresas patrocinadoras ficarão limitadas à distribuição de material técnico-científico durante o evento patrocinado.

§ 4º Os eventos patrocinados incluirão nos materiais de divulgação o seguinte destaque: "Este evento recebeu patrocínio de empresas privadas, em conformidade com o disposto na Lei nº 11.265, de 3 de janeiro de 2006".

Art. 10. São proibidas doações ou vendas a preços reduzidos dos produtos abrangidos pelo disposto neste Capítulo às maternidades e às instituições que prestem assistência a crianças.

§ 1º A proibição de que trata o *caput* não se aplica às doações ou às vendas a preços reduzidos em situações de necessidade excepcional, individual ou coletiva, a critério da autoridade fiscalizadora.

§ 2º Autorizada a doação ou a venda a preço reduzido, conforme previsto no § 1º, o fornecimento será mantido continuamente pelo período necessário ao lactente destinatário.

§ 3º Para fins do disposto no § 1º, será permitida a impressão do nome e do logotipo do doador ou do vendedor, vedada a publicidade dos produtos.

§ 4º A doação para fins de pesquisa somente será permitida com apresentação de protocolo aprovado pelo Comitê de Ética em Pesquisa da instituição a que o profissional responsável pela pesquisa estiver vinculado, observadas as normas editadas pelo Conselho Nacional de Saúde e pela Anvisa.

§ 5º O produto objeto de doação para pesquisa conterá, como identificação, no painel frontal e com destaque, a expressão "Doação para pesquisa, de acordo com o disposto na Lei nº 11.265, de 3 de janeiro de 2006".

§ 6º A expressão a que se refere o § 5º será legível, apresentada em moldura, no mesmo sentido espacial do texto informativo, com caracteres apresentados em caixa alta, em negrito, e ter, no mínimo, cinquenta por cento do tamanho da fonte do texto informativo de maior letra, excluída a marca comercial, desde que atendido o tamanho mínimo de dois milímetros.

SEÇÃO III
DA ROTULAGEM DE ALIMENTOS PARA LACTANTES E CRIANÇAS NA PRIMEIRA INFÂNCIA

Art. 11. Nas embalagens ou nos rótulos de fórmula infantil para lactentes e de fórmula infantil de seguimento para lactentes, é vedado:

I - utilizar fotos, desenhos ou representações gráficas que não sejam necessárias para ilustrar métodos de preparação ou de uso do produto, exceto o uso de marca ou de logomarca, desde que não utilize imagem de lactente, de criança pequena ou de outras figuras ou ilustrações humanizadas;

II - utilizar denominações ou frases com o intuito de sugerir forte semelhança do produto com o leite materno, como "leite humanizado", "leite maternizado", "substituto do leite materno" ou outras estabelecidas em regulamentação da Anvisa;

III - utilizar frases ou expressões que induzam dúvida quanto à capacidade das mães de amamentarem os seus filhos;

IV - utilizar expressões ou denominações que identifiquem o produto como mais adequado à alimentação infantil, como "baby", "kids", "ideal para o bebê", "primeiro crescimento" ou outras estabelecidas em regulamentação da Anvisa;

V - utilizar informações que possam induzir o uso dos produtos em decorrência de falso conceito de vantagem ou de segurança;

VI - utilizar frases ou expressões que indiquem as condições de saúde para as quais o produto seja adequado; e

VII - promover os produtos do fabricante ou de outros estabelecimentos.

§ 1º Os rótulos exibirão no painel principal, em moldura, de forma legível, horizontal, de fácil visualização, em cores contrastantes e em caracteres com tamanho mínimo de dois milímetros, o destaque: "AVISO IMPORTANTE: Este produto somente deve ser usado na alimentação de crianças menores de 1 (um) ano de idade com indicação expressa de médico ou nutricionista. O aleitamento materno evita infecções e alergias e fortalece o vínculo mãe-filho".

§ 2º Os rótulos exibirão destaque para advertir sobre os riscos do preparo inadequado, com instruções sobre a preparação correta do produto, sobre as medidas de higiene a serem observadas e sobre a dosagem para diluição, quando for o caso, nos termos estabelecidos em regulamentação da Anvisa.

Art. 12. Nas embalagens ou nos rótulos de fórmula infantil de seguimento para crianças na primeira infância, é vedado:

I - utilizar fotos, desenhos ou representações gráficas que não sejam necessárias para ilustrar métodos de preparação ou de uso do produto, exceto o uso de marca ou de logomarca, desde que não utilize imagem de lactente, de criança pequena ou de outras figuras ou ilustrações humanizadas;

II - utilizar denominações ou frases com o intuito de sugerir forte semelhança do produto com o leite materno, como "leite humanizado", "leite maternizado", "substituto do leite materno" ou outras estabelecidas em regulamentação da Anvisa;

III - utilizar frases ou expressões que induzam dúvida quanto à capacidade das mães de amamentarem os seus filhos;

IV - utilizar expressões ou denominações que identifiquem o produto como mais adequado à alimentação infantil, como "baby", "kids", "ideal para o bebê", "primeiro crescimento" ou outras estabelecidas em regulamentação da Anvisa;

V - utilizar informações que possam induzir o uso dos produtos em decorrência de falso conceito de vantagem ou de segurança;

VI - utilizar marcas sequenciais presentes nas fórmulas infantis de seguimento para lactentes; e

VII - promover os produtos do fabricante ou de outros estabelecimentos.

§ 1º Os rótulos exibirão no painel principal, em moldura, de forma legível, horizontal, de fácil visualização, em cores contrastantes e em caracteres com tamanho mínimo de dois milímetros, o destaque: "AVISO IMPORTANTE: Este produto não deve ser usado para alimentar crianças menores de 1 (um) ano de idade. O aleitamento materno evita infecções e alergias e é recomendado até os 2 (dois) anos de idade ou mais".

§ 2º Os rótulos exibirão destaque para advertir sobre os riscos do preparo inadequado, com instruções sobre a preparação correta do produto, sobre as medidas de higiene a serem observadas e sobre a dosagem para a diluição, quando for o caso, vedada a utilização de figuras de mamadeira, nos termos estabelecidos em regulamentação da Anvisa.

Art. 13. As embalagens ou os rótulos de fórmulas infantis para atender às necessidades dietoterápicas específicas exibirão informações sobre as características específicas do alimento, vedada a indicação de condições de saúde para as quais o produto possa ser utilizado.

Parágrafo único. O disposto no art. 11 aplica-se aos produtos a que se refere o *caput*.

Art. 14. Nas embalagens ou nos rótulos de leites fluidos ou em pó, leites modificados e similares de origem vegetal, é vedado:

I - utilizar fotos, desenhos ou representações gráficas que não sejam necessárias para ilustrar métodos de preparação ou de uso do produto, exceto o uso de marca ou de logomarca, desde que não utilize imagem de lactente, de criança pequena ou de outras figuras, ilustrações humanizadas ou que induzam ao uso do produto para essas faixas etárias;

II - utilizar denominações ou frases com o intuito de sugerir forte semelhança do produto com o leite materno, como "leite humanizado", "leite maternizado", "substituto do leite materno" ou outras estabelecidas em regulamentação da Anvisa;

III - utilizar frases ou expressões que induzam dúvida quanto à capacidade das mães de amamentarem os seus filhos;

IV - utilizar expressões ou denominações que identifiquem o produto como mais adequado à alimentação infantil, como "baby", "kids", "ideal para o bebê", "primeiro crescimento" ou outras estabelecidas em regulamentação da Anvisa;

V - utilizar informações que possam induzir o uso dos produtos em decorrência de falso conceito de vantagem ou de segurança; e

VI - promover os produtos do fabricante ou de outros estabelecimentos.

§ 1º Os rótulos exibirão no painel principal, em moldura, de forma legível, horizontal, de fácil visualização, em cores contrastantes e em caracteres com tamanho mínimo de dois milímetros, os seguintes destaques:

I - no caso de leite desnatado ou semidesnatado, com ou sem adição de nutrientes essenciais - "AVISO IMPORTANTE: Este produto não deve ser usado para alimentar crianças, exceto por indicação expressa de médico ou nutricionista. O aleitamento materno evita infecções e alergias e é recomendado até os 2 (dois) anos de idade ou mais";

II - no caso de leite integral ou similar de origem vegetal ou misto, enriquecido ou não - "AVISO IMPORTANTE: Este produto não deve ser usado para alimentar crianças menores de 1 (um) ano de idade, exceto por indicação expressa de médico ou nutricionista. O aleitamento materno evita infecções e alergias e é recomendado até os 2 (dois) anos de idade ou mais"; e

III - no caso de leite modificado - "AVISO IMPORTANTE: Este produto não deve ser usado para alimentar crianças menores de 1 (um) ano de idade. O aleitamento materno evita infecções e alergias e é recomendado até os 2 (dois) anos de idade ou mais".

§ 2º É vedada a indicação, por qualquer meio, de leites condensados e/ou aromatizados para a alimentação de lactentes e de crianças na primeira infância.

Art. 15. Nas embalagens ou nos rótulos de alimentos de transição, de alimentos à base de cereais indicados para lactentes e crianças na primeira infância e de alimentos ou bebidas à base de leite ou não, quando comercializados ou apresentados como apropriados para a alimentação de lactentes e crianças na primeira infância, é vedado:

I - utilizar ilustrações, fotos ou imagens de lactentes ou de crianças na primeira infância;

II - utilizar frases ou expressões que induzam dúvida quanto à capacidade das mães de amamentarem os seus filhos;

III - utilizar expressões ou denominações que identifiquem o produto como apropriado ou preferencial para a alimentação de lactente menor de seis meses de idade, como "baby", "kids", "ideal para o bebê", "primeiro crescimento" ou outras estabelecidas em regulamentação da Anvisa;

IV - utilizar informações que possam induzir o uso dos produtos em decorrência de falso conceito de vantagem ou de segurança; e

V - promover as fórmulas infantis, os leites, os produtos com base em leite e os cereais que possam ser administrados por mamadeira.

§ 1º A idade a partir da qual os produtos poderão ser utilizados constará do painel frontal dos rótulos.

§ 2º Os rótulos exibirão no painel principal, em moldura, de forma legível, horizontal, de fácil visualização, em cores contrastantes e em caracteres com tamanho mínimo de dois milímetros, o destaque: "O Ministério da Saúde adverte: Este produto não deve ser usado para crianças menores de 6 (seis) meses de idade, exceto por indicação expressa de médico ou nutricionista. O aleitamento materno evita infecções e alergias e é recomendado até os 2 (dois) anos de idade ou mais".

Art. 16. Nas embalagens ou nos rótulos de fórmula de nutrientes para recémnascido de alto risco, é vedado:

I - utilizar fotos, desenhos ou representações gráficas que não sejam necessárias para ilustrar métodos de preparação ou de uso do produto, exceto o uso de marca ou de logomarca, desde que não utilize imagem de lactente, criança pequena ou de outras figuras ou ilustrações humanizadas;

II - utilizar denominações ou frases que sugiram a necessidade de complementos, suplementos ou de enriquecimento ao leite materno;

III - utilizar frases ou expressões que induzam dúvida quanto à capacidade das mães de amamentarem os seus filhos;

IV - utilizar expressões ou denominações que identifiquem o produto como mais adequado à alimentação infantil, como "baby", "kids", "ideal para o bebê", "primeiro crescimento" ou outras estabelecidas em regulamentação da Anvisa;

V - utilizar informações que possam induzir o uso dos produtos em decorrência de falso conceito de vantagem ou de segurança; e

VI - promover os produtos do fabricante ou de outros estabelecimentos.

§ 1º Os rótulos exibirão no painel frontal o destaque: "AVISO IMPORTANTE: Este produto somente deve ser usado para suplementar a alimentação do recém-nascido de alto risco com prescrição médica, de uso exclusivo em unidades hospitalares".

§ 2º Os rótulos exibirão no painel principal, em moldura, de forma legível, horizontal, de fácil visualização, em cores contrastantes e em caracteres com tamanho mínimo de dois milímetros, o destaque: "O Ministério da Saúde adverte: o leite materno possui os nutrientes essenciais para o crescimento e o desenvolvimento da criança nos primeiros anos de vida".

§ 3º Os rótulos exibirão destaque para advertir sobre os riscos do preparo inadequado, com instruções sobre a preparação correta do produto, sobre as medidas de higiene e sobre a dosagem para a diluição, quando for o caso, nos termos estabelecidos em regulamentação da Anvisa.

§ 4º O produto a que se refere este artigo é de uso hospitalar exclusivo, vedada sua comercialização fora do âmbito dos serviços de saúde.

Art. 17. Nas embalagens ou nos rótulos de mamadeiras, bicos e chupetas, é vedado:

I - utilizar fotos, imagens de crianças ou ilustrações humanizadas;

II - utilizar frases ou expressões que induzam dúvida quanto à capacidade das mães de amamentarem os seus filhos;

III - utilizar frases, expressões ou ilustrações que sugiram semelhança desses produtos com a mama ou o mamilo;

IV - utilizar expressões ou denominações que identifiquem o produto como apropriado para o uso infantil, como "baby", "kids", "ideal para o bebê", "ortodôntica" ou outras estabelecidas em regulamentação da Anvisa;

V - utilizar informações que possam induzir o uso dos produtos em decorrência de falso conceito de vantagem ou de segurança; e

VI - promover os produtos do fabricante ou de outros estabelecimentos.

§ 1º Os rótulos exibirão no painel principal, em moldura, de forma legível, horizontal, de fácil visualização, em cores contrastantes e em caracteres com tamanho mínimo de dois milímetros, o destaque: "O Ministério da Saúde adverte: a criança que mama no peito não necessita de mamadeira, bico ou chupeta. O uso de mamadeira, bico ou chupeta prejudica o aleitamento materno".

§ 2º É obrigatório o uso de embalagens e de rótulos em mamadeiras, bicos ou chupetas, com instruções de uso, nos termos estabelecidos em regulamentação da Anvisa.

Art. 18. Os rótulos de amostras dos produtos abrangidos pelo disposto neste Capítulo exibirão no painel principal, em moldura, de forma legível, horizontal, de fácil visualização, em cores contrastantes e em caracteres com tamanho mínimo de dois milímetros, o seguinte destaque: "Amostra grátis para avaliação profissional. Proibida a distribuição a mães, gestantes e familiares".

SEÇÃO IV
DA DIVULGAÇÃO AO PÚBLICO DAS INFORMAÇÕES SOBRE ALIMENTOS PARA LACTANTES E CRIANÇAS NA PRIMEIRA INFÂNCIA

Art. 19. Os órgãos públicos da área da saúde, da educação e de pesquisa e as entidades associativas de médicos pediatras e nutricionistas participarão do processo de divulgação das informações sobre a alimentação de lacentes e de crianças na primeira infância, inclusive quanto à formação e à capacitação de pessoas.

Art. 20. Os materiais educativos e técnico-científicos sobre alimentação de lactentes e de crianças na primeira infância e sobre os produtos referidos no art. 3º atenderão ao disposto neste Capítulo e incluirão informações explícitas, de forma clara, legível e compreensível sobre:

I - benefícios da amamentação e sua superioridade quando comparada aos seus substitutos;

II - orientação sobre a alimentação adequada da gestante e da nutriz, com ênfase no preparo para o início e a manutenção do aleitamento materno até dois anos de idade ou mais;

III - efeitos negativos do uso de mamadeira, bico ou chupeta sobre o aleitamento natural, em especial as dificuldades para o retorno à amamentação e os inconvenientes do preparo dos alimentos e da higienização desses produtos;

IV - implicações econômicas da opção pelos alimentos substitutivos do leite materno ou humano;

V - prejuízos causados à saúde do lactente pelo uso desnecessário ou inadequado de alimentos artificiais; e

VI - relevância do desenvolvimento de hábitos educativos e culturais reforçadores da utilização dos alimentos constitutivos da dieta familiar.

§ 1º Os materiais educativos e técnico-científicos, incluídos os de profissionais e de autoridades de saúde, não conterão imagens ou textos que recomendem ou possam induzir o uso de chupetas, bicos, mamadeiras ou o uso de alimentos substitutivos do leite materno.

§ 2º Os materiais educativos sobre alimentação de lactentes não poderão ser produzidos ou patrocinados por distribuidores, fornecedores, importadores ou fabricantes de produtos abrangidos pelo disposto neste Capítulo.

Art. 21. As instituições responsáveis pela formação e pela capacitação de profissionais da saúde incluirão a divulgação e as estratégias para o cumprimento do disposto neste Capítulo como parte do conteúdo programático das disciplinas que abordem a alimentação infantil.

Art. 22. Os profissionais de saúde deverão estimular e divulgar a prática do aleitamento materno exclusivo até os seis meses de idade e continuado até os dois anos de idade ou mais.

Art. 23. As instituições de ensino responsáveis pelos ensinos fundamental e médio promoverão a divulgação do disposto neste Capítulo.

Art. 24. Os alimentos para lactentes atenderão aos padrões de qualidade estabelecidos em Resolução editada pela Anvisa.

Art. 25. As mamadeiras, os bicos e as chupetas não conterão mais de dez partes por bilhão de qualquer N-nitrosamina, nem mais de vinte partes por bilhão dessas substâncias em conjunto.

§ 1º A Anvisa estabelecerá, sempre que necessário, a proibição ou a restrição de substâncias danosas à saúde de lactantes, lactentes e crianças na primeira infância.

§ 2º As disposições contidas neste artigo serão fiscalizadas por intermédio da rede de laboratórios de saúde pública instituída nos termos do disposto na alínea "b" do inciso III do *caput* do art. 16 da Lei nº 8.080, de 19 de setembro de 1990.

§ 3º Fica a Anvisa autorizada a credenciar laboratórios para atuar de maneira complementar à rede a que se refere o § 2º.

Art. 26. A Anvisa poderá estabelecer novas categorias de produtos e regulamentar sua produção, sua comercialização e sua promoção comercial, com a finalidade de cumprir o objetivo estabelecido no *caput* do art. 1º da Lei nº 11.265, de 2006.

Art. 27. A infração a dispositivo da Lei nº 11.265, de 2006, ou a dispositivo deste Capítulo sujeita o infrator às penalidades previstas na Lei nº 6.437, de 20 de agosto de 1977.

Parágrafo único. Ao disposto neste Capítulo aplicam-se, no que couber, as disposições da Lei nº 8.078, de 11 de setembro de 1990, do Decreto-Lei nº 986, de 21 de outubro de 1969, da Lei nº 8.069, de 1990 - Estatuto da Criança e do Adolescente, e dos demais regulamentos editados pelos órgãos e pelas entidades públicas competentes.

Art. 28. Competem aos órgãos e às entidades públicas federais, estaduais, distritais e municipais, em conjunto com as organizações da sociedade civil e sob a orientação do Ministério da Saúde e da Anvisa, a divulgação, a aplicação, a vigilância e a fiscalização do cumprimento do disposto neste Capítulo.

Parágrafo único. Os órgãos e as entidades públicas federais, estaduais, distritais e municipais trabalharão em conjunto com as organizações da sociedade civil, com vistas à divulgação e ao cumprimento do disposto neste Capítulo.

CAPÍTULO II
DO DIREITO À PUBLICIDADE ADEQUADA

SEÇÃO ÚNICA
DO CONTROLE DA PUBLICIDADE

Art. 29. A publicidade é considerada abusiva à criança quando se aproveitar da sua deficiência de julgamento ou inexperiência, e especialmente quando:

I - incitar qualquer forma de violência;

II - explorar o medo ou a superstição;

III - desrespeitar valores ambientais;

IV - for capaz de induzi-la a se comportar de forma prejudicial ou perigosa à sua saúde ou à sua segurança; ou

V - infringir o disposto em legislação específica de controle da publicidade.

Parágrafo único. Caso seja necessário comprovar a não abusividade da publicidade, o ônus da correção incumbe ao seu patrocinador.

CAPÍTULO III
DO DIREITO À SEGURANÇA

SEÇÃO I
DO COMPROMISSO PELA REDUÇÃO DA VIOLÊNCIA CONTRA CRIANÇAS E ADOLESCENTES

Arts. 30 a 33. *(Revogados pelo Decreto 11.074/ 2022)*

SEÇÃO II
DO COMITÊ GESTOR DE POLÍTICAS DE ENFRENTAMENTO À VIOLÊNCIA CONTRA CRIANÇA E ADOLESCENTE

Arts. 34 a 38. *(Revogados pelo Dec. 10.087/2019)*

CAPÍTULO IV
DO DIREITO AO TRANSPORTE

Art. 39. É permitido transportar, sem pagamento, uma criança de até seis anos incompletos, por responsável, desde que não ocupe poltrona, observado o disposto na legislação aplicável ao transporte de menores de idade.

Art. 40. Os órgãos e as entidades da administração pública federal, as empresas prestadoras de serviços públicos e as instituições financeiras dispensarão atendimento prioritário às crianças e aos adolescentes com deficiência ou com mobilidade reduzida.

Art. 41. Crianças e adolescentes com dificuldade de locomoção, usuários dos serviços rodoviários interestadual e internacional de transporte coletivo de passageiros, têm o direito de serem auxiliados em seu embarque e em seu desembarque, sem prejuízo do disposto na Lei nº 8.078, de 1990.

CAPÍTULO V
DO DIREITO À PROFISSIONALIZAÇÃO

SEÇÃO I
DAS ATIVIDADES VOLUNTÁRIAS

Art. 42. Crianças e Adolescentes poderão participar de atividades voluntárias, desde que acompanhados ou expressamente autorizados pelos pais ou responsáveis, observado o disposto na legislação específica de proteção à criança e ao adolescente, conforme o disposto no art. 15 do Decreto nº 9.149, de 28 de agosto de 2017.

SEÇÃO II
DO APRENDIZ

Art. 43. Nas relações jurídicas pertinentes à contratação de aprendizes, será observado o disposto neste Capítulo.

Art. 44. Para fins do disposto neste Capítulo, considera-se aprendiz a pessoa maior de quatorze anos e menor de vinte e quatro anos, inscrita em programa de aprendizagem, que celebra contrato de aprendizagem, nos termos do disposto no art. 428 da Consolidação das Leis do Trabalho, aprovada pelo Decreto-Lei nº 5.452, de 1º de maio de 1943. (Redação dada pelo Decreto 11.479/2023)

Parágrafo único. A idade máxima prevista no *caput* não se aplica a aprendizes com deficiência. *(Acrescido pelo Decreto 11.479/2023)*

§§ 1º e 2º *(Revogados pelo Decreto 11.479/2023)*

SEÇÃO III
DO CONTRATO DE APRENDIZAGEM

Art. 45. Considera-se contrato de aprendizagem o contrato de trabalho especial, ajustado por escrito e por prazo determinado não superior a dois anos, em que o empregador se compromete a assegurar ao aprendiz formação técnico-profissional metódica compatível com o seu desenvolvimento físico, moral e psicológico e o aprendiz se compromete a executar, com zelo e diligência, as tarefas necessárias a sua formação. *(Redação dada pelo Decreto 11.479/2023)*

I e II - *(Revogados pelo Decreto 11.479/2023)*

§§ 1º a 5º *(Revogados pelo Decreto 11.479/2023)*

Art. 46. A validade do contrato de aprendizagem profissional pressupõe: *(Redação dada pelo Decreto 11.061/2022)*

I - a anotação na Carteira de Trabalho e Previdência Social; *(Acrescido pelo Decreto 11.061/2022)*

II - a matrícula e a frequência do aprendiz à escola, na hipótese de este não ter concluído o ensino médio; e *(Acrescido pelo Decreto 11.061/2022)*

II - a inscrição em programa de aprendizagem profissional desenvolvido sob a orientação de entidade qualificada em formação técnico-profissional metódica. *(Acrescido pelo Decreto 11.061/2022)*

› Consta conforme publicação oficial.

Parágrafo único. A comprovação da escolaridade de aprendiz com deficiência psicossocial considerará, sobretudo, as habilidades e as competências relacionadas com a profissionalização. *(Acrescido pelo Decreto 11.061/2022)*

Art. 47. O descumprimento das disposições legais e regulamentares importará a nulidade do contrato de aprendizagem, nos termos do disposto no art. 9º da CLT, aprovada pelo Decreto-Lei nº 5.452, de 1943, situação em que fica estabelecido o vínculo empregatício diretamente com o empregador responsável pelo cumprimento da cota de aprendizagem.

Parágrafo único. O disposto no *caput* não se aplica, quanto ao vínculo, a pessoa jurídica de direito público.

SEÇÃO IV
DA FORMAÇÃO TÉCNICO-PROFISSIONAL E DAS ENTIDADES QUALIFICADAS EM FORMAÇÃO TÉCNICO-PROFISSIONAL METÓDICA

SUBSEÇÃO I
DA FORMAÇÃO TÉCNICO-PROFISSIONAL

Art. 48. A formação técnico-profissional metódica será realizada por meio de programas de aprendizagem profissional organizados e desenvolvidos sob a orientação e a responsabilidade das entidades a que se refere o art. 50. *(Redação dada pelo Decreto 11.061/2022)*

Parágrafo único. *(Revogado pelo Decreto 11.061/2022)*

Art. 49. A formação técnico-profissional do aprendiz obedecerá aos seguintes princípios:

I - garantia de acesso e frequência obrigatória no ensino básico; *(Redação dada pelo Decreto 11.061/2022)*

II - horário especial para o exercício das atividades; e

III - qualificação profissional adequada ao mercado de trabalho. *(Redação dada pelo Decreto 11.061/2022)*

Parágrafo único. Ao aprendiz com idade inferior a dezoito anos é assegurado o respeito à sua condição peculiar de pessoa em desenvolvimento.

Art. 49-A. O Ministério do Trabalho e Previdência divulgará mapeamento regionalizado e por setor econômico da demanda por formação profissional para auxiliar as entidades qualificadas em formação técnico-profissional metódica a que se refere o art. 50 no desenvolvimento pedagógico dos programas de aprendizagem profissional. *(Acrescido pelo Decreto 11.061/2022)*

Art. 49-B. Os serviços nacionais de aprendizagem divulgarão os perfis profissionais utilizados para desenvolvimento dos programas de aprendizagem profissional. *(Acrescido pelo Decreto 11.061/2022)*

Art. 49-C. O Ministério do Trabalho e Previdência criará repositório de programas de aprendizagem profissional, por meio da disponibilização voluntária de experiências pedagógicas exitosas, conforme disposto em ato próprio. *(Acrescido pelo Decreto 11.061/2022)*

SUBSEÇÃO II
DAS ENTIDADES QUALIFICADAS EM FORMAÇÃO TÉCNICO-PROFISSIONAL METÓDICA

Art. 50. Consideram-se entidades qualificadas em formação técnico-profissional metódica:

I - os serviços nacionais de aprendizagem, assim identificados:

a) Serviço Nacional de Aprendizagem Industrial - Senai;

b) Serviço Nacional de Aprendizagem Comercial - Senac;

c) Serviço Nacional de Aprendizagem Rural - Senar;

d) Serviço Nacional de Aprendizagem do Transporte - Senat; e

e) Serviço Nacional de Aprendizagem do Cooperativismo - Sescoop;

II - as escolas técnicas de educação; *(Redação dada pelo Decreto 11.479/2023)*

III - as entidades sem fins lucrativos que tenham por objetivos a assistência ao adolescente e à educação profissional, registradas no conselho municipal dos direitos da criança e do adolescente; e *(Redação dada pelo Decreto 11.061/2022)*

IV - as entidades de prática desportiva das diversas modalidades filiadas ao Sistema Nacional do Desporto e aos sistemas de desporto estaduais, distrital e municipais. *(Acrescido pelo Decreto 11.061/2022)*

§ 1º As entidades de que trata o *caput* disporão de estrutura adequada ao desenvolvimento dos programas de aprendizagem profissional, de forma a manter a qualidade do processo de ensino e a acompanhar e avaliar os resultados. *(Redação dada pelo Decreto 11.479/2023)*

I a IV - *(Revogados pelo Decreto 11.479/2023)*

§ 2º As entidades de que trata o *caput* disporão de estrutura adequada ao desenvolvimento dos programas de aprendizagem profissional, de forma a manter a qualidade do processo de ensino e a acompanhar e avaliar os resultados. *(Redação dada pelo Decreto 11.061/2022)*

§ 3º O Ministro de Estado do Trabalho e Previdência editará, ouvido o Ministério da Educação, normas complementares para dispor sobre a avaliação da competência das entidades a que se referem os incisos III e IV do *caput*. *(Redação dada pelo Decreto 11.061/2022)*

§ 4º Compete ao Ministério do Trabalho e Previdência: *(Acrescido pelo Decreto 11.061/2022)*

I - instituir e manter cadastro nacional das entidades qualificadas em formação técnico-profissional metódica; e

II - disciplinar a compatibilidade entre o conteúdo e a duração do programa de aprendizagem profissional, com vistas a garantir a qualidade técnico-profissional.

§ 5º As entidades de que trata o *caput* manterão o cadastro atualizado dos aprendizes matriculados em seus cursos em plataforma eletrônica gerida pelo Ministério do Trabalho e Previdência. *(Acrescido pelo Decreto 11.061/2022)*

SEÇÃO V
DA CONTRATAÇÃO DE APRENDIZ

SUBSEÇÃO I
DA OBRIGATORIEDADE DA CONTRATAÇÃO DE APRENDIZ

Art. 51. Estabelecimentos de qualquer natureza são obrigados a empregar e matricular nos cursos oferecidos pelos serviços nacionais de aprendizagem o número de aprendizes equivalente a cinco por cento, no mínimo, e quinze por cento, no máximo, dos trabalhadores existentes em cada estabelecimento cujas funções demandem formação profissional.

§ 1º Para o cálculo da porcentagem a que se refere o *caput*, as frações de unidade serão arredondadas para o número inteiro subsequente, hipótese que permite a admissão de aprendiz.

§ 2º Para fins do disposto neste Capítulo, considera-se estabelecimento todo complexo de bens organizado para o exercício de atividade econômica ou social do empregador, que se submeta ao regime da CLT, aprovada pelo Decreto-Lei nº 5.452, de 1943.

§ 3º O Ministério do Trabalho e Emprego disponibilizará sistema eletrônico que permita aos estabelecimentos a emissão de certidão de cumprimento de cota de aprendiz para a comprovação do atendimento às exigências estabelecidas na Lei nº 14.133, de 1º de abril de 2021. *(Acrescido pelo Decreto 11.479/2023)*

Arts. 51-A a 51-C. *(Revogados pelo Decreto 11.479/2023)*

Art. 52. Deverão ser incluídas no cálculo da porcentagem do número de aprendizes a que se refere o *caput* do art. 51 todas as funções que demandem formação profissional, independentemente de serem proibidas para menores de dezoito anos, considerada a Classificação Brasileira de Ocupações do Ministério do Trabalho e Emprego. *(Redação dada pelo Decreto 11.479/2023)*

Parágrafo único. Ficam excluídas do cálculo as funções que: *(Acrescido pelo Decreto 11.479/2023)*

I - demandem, para o seu exercício, habilitação profissional de nível técnico ou superior;

II - estejam caracterizadas como cargos de direção, de gerência ou de confiança, nos termos do disposto no inciso II do *caput* e no parágrafo único do art. 62 e no § 2º do art. 224 da Consolidação das Leis do Trabalho, aprovada pelo Decreto-Lei nº 5.452, de 1943.

§§ 1º e 2º *(Revogados pelo Decreto 11.479/2023)*

Art. 53. A contratação de aprendizes deverá atender, prioritariamente, aos adolescentes com idade entre quatorze e dezoito anos, exceto quando: *(Redação dada pelo Decreto 11.479/2023)*

I - as atividades ocorrerem no interior do estabelecimento e sujeitarem os aprendizes à insalubridade ou à periculosidade sem que se possa elidir o risco ou realizá-las integralmente em ambiente simulado; *(Acrescido pelo Decreto 11.479/2023)*

II - a lei exigir, para o desempenho das atividades práticas, licença ou autorização vedada para pessoa com idade inferior a dezoito anos; e *(Acrescido pelo Decreto 11.479/2023)*

III - a natureza das atividades práticas for incompatível com o desenvolvimento físico, psicológico ou moral dos adolescentes aprendizes. *(Acrescido pelo Decreto 11.479/2023)*

§ 1º As atividades práticas da aprendizagem a que se refere o *caput* poderão ser atribuídas, quando for o caso, a jovens aprendizes com idade entre dezoito e vinte e quatro anos. *(Acrescido pelo Decreto 11.479/2023)*

§ 2º A seleção de aprendizes deverá priorizar a inclusão de jovens e adolescentes em situação de vulnerabilidade ou risco social, tais como: *(Acrescido pelo Decreto 11.479/2023)*

I - adolescentes egressos do sistema socioeducativo ou em cumprimento de medidas socioeducativas;

II - jovens em cumprimento de pena no sistema prisional;

III - jovens e adolescentes cujas famílias sejam beneficiárias de programas de transferência de renda;

IV - jovens e adolescentes em situação de acolhimento institucional;

V - jovens e adolescentes egressos do trabalho infantil;

VI - jovens e adolescentes com deficiência;

VII - jovens e adolescentes matriculados em instituição de ensino da rede pública, em nível fundamental, médio regular ou médio técnico, incluída a modalidade de educação de jovens e adultos; e

VIII - jovens desempregados e com ensino fundamental ou médio concluído em instituição de ensino da rede pública.

Arts. 53-A e 53-B. *(Revogados pelo Decreto 11.479/2023)*

Art. 54. Ficam excluídos do cálculo da porcentagem do número de aprendizes a que se refere o *caput* do art. 51: *(Redação dada pelo Decreto 11.479/2023)*

I - os empregados que executem os serviços prestados sob o regime de trabalho temporário instituído pela Lei nº 6.019, de 3 de janeiro de 1974; e *(Redação dada pelo Decreto 11.479/2023)*

II - os aprendizes já contratados. *(Redação dada pelo Decreto 11.479/2023)*

III e IV - *(Revogados pelo Decreto 11.479/2023)*

Parágrafo único. Na hipótese de empresas que prestem serviços especializados para terceiros, independentemente do local onde sejam executados, os empregados serão considerados exclusivamente para o cálculo da porcentagem da empresa prestadora. *(Acrescido pelo Decreto 11.479/2023)*

§§ 1º e 2º *(Revogados pelo Decreto 11.479/2023)*

Art. 54-A. *(Revogado pelo Decreto 11.479/2023)*

Art. 55. As entidades qualificadas em formação técnico-profissional metódica, nos termos do disposto no art. 50, poderão suprir a demanda dos estabelecimentos na hipótese de os serviços nacionais de aprendizagem não oferecerem cursos ou vagas suficientes. *(Redação dada pelo Decreto 11.479/2023)*

Parágrafo único. A insuficiência de cursos ou vagas a que se refere o *caput* será verificada pela inspeção do trabalho. *(Redação dada pelo Decreto 11.479/2023)*

Art. 56. Ficam dispensadas da contratação de aprendizes:

I - as microempresas e as empresas de pequeno porte, nos termos do disposto no inciso III do *caput* do art. 51 da Lei Complementar nº 123, de 14 de dezembro de 2006; e *(Redação dada pelo Decreto 11.061/2022)*

II - as entidades sem fins lucrativos que tenham por objetivo a educação profissional, nos termos do disposto no § 1º-A do art. 429 da Consolidação das Leis do Trabalho, aprovada pelo Decreto-Lei nº 5.452, de 1943. *(Redação dada pelo Decreto 11.061/2022)*

SUBSEÇÃO II
DAS ESPÉCIES DE CONTRATAÇÃO DO APRENDIZ

Art. 57. A contratação do aprendiz deverá ser efetivada diretamente pelo estabelecimento a que se refere o *caput* do art. 51, que assumirá a condição de empregador e deverá inscrever o aprendiz em programa de aprendizagem a ser ministrado pelas entidades de que trata o art. 50. *(Redação dada pelo Decreto 11.479/2023)*

I e II - *(Revogados pelo Decreto 11.479/2023)*

§ 1º Na hipótese de impossibilidade de contratação direta pelo estabelecimento, para fins do cumprimento da cota referente ao número de aprendizes prevista no *caput* do art. 51, a contratação poderá ser feita, supletivamente, pelas entidades sem fins lucrativos a que se refere o inciso III do *caput* do art. 50, desde que haja prévia celebração de contrato com o estabelecimento. *(Acrescido pelo Decreto 11.479/2023)*

§ 2º O contrato de que trata o § 1º deverá conter, entre outras, as seguintes obrigações: *(Acrescido pelo Decreto 11.479/2023)*

I - a entidade sem fins lucrativos, simultaneamente ao desenvolvimento do programa de aprendizagem:

a) assumirá a condição de empregador, com os ônus dela decorrentes; e

b) assinará a Carteira de Trabalho e Previdência Social do aprendiz, na qual anotará, no espaço destinado às anotações gerais, a informação de que o contrato de trabalho decorre de contrato firmado com determinado estabelecimento para fins do cumprimento de sua cota de aprendizagem; e

II - o estabelecimento assumirá a obrigação de proporcionar ao aprendiz a experiência prática da formação técnico-profissional metódica a que este será submetido.

Arts. 57-A e 57-B. *(Revogados pelo Decreto 11.479/2023)*

Art. 58. A contratação do aprendiz por empresas públicas e sociedades de economia mista ocorrerá: *(Redação dada pelo Decreto 11.061/2022)*

I - de forma direta, nos termos do disposto no *caput* do art. 57, por meio da realização de processo seletivo, divulgado pela publicação de edital; ou *(Redação dada pelo Decreto 11.479/2023)*

II - nos termos do disposto no § 1º do art. 57. *(Redação dada pelo Decreto 11.479/2023)*

Parágrafo único. Não se aplica o disposto neste Capítulo à contratação do aprendiz por órgãos e entidades da administração pública direta, autárquica e fundacional, que observará regulamento específico. *(Redação dada pelo Decreto 11.479/2023)*

SEÇÃO VI
DOS DIREITOS TRABALHISTAS E DAS OBRIGAÇÕES ACESSÓRIAS

SUBSEÇÃO I
DA REMUNERAÇÃO

Art. 59. Ao aprendiz, exceto se houver condição mais favorável, será garantido o salário mínimo-hora.

Parágrafo único. Para fins do disposto neste Capítulo, entende-se por condição mais favorável aquela estabelecida no contrato de aprendizagem ou prevista em convenção ou acordo coletivo de trabalho, em que se especifique o salário mais favorável ao aprendiz e o piso regional de que trata a Lei Complementar nº 103, de 14 de julho de 2000.

SUBSEÇÃO II
DA JORNADA

Art. 60. A jornada de trabalho do aprendiz não excederá seis horas diárias.

§ 1º Para os aprendizes que já tenham concluído o ensino fundamental, a jornada de trabalho poderá ser de até oito horas diárias, desde que nessa carga horária sejam computadas as horas destinadas à aprendizagem teórica.

§ 2º A jornada semanal do aprendiz inferior a vinte e cinco horas não caracterizará trabalho em regime de tempo parcial, de que trata o art. 58-A da CLT, aprovada pelo Decreto-Lei nº 5.452, de 1943.

§§ 3º e 4º *(Revogados pelo Decreto 11.479/2023)*

Art. 61. São vedadas a prorrogação e a compensação de jornada de trabalho.

Art. 62. A jornada de trabalho do aprendiz compreenderá as horas destinadas às atividades teóricas e práticas, simultâneas ou não, estabelecidas no plano do curso pela entidade qualificada em formação técnico-profissional metódica. *(Redação dada pelo Decreto 11.479/2023)*

Art. 63. Na hipótese de o aprendiz menor de dezoito anos ser empregado em mais de um estabelecimento, as horas da jornada de trabalho em cada um dos estabelecimentos serão totalizadas.

Parágrafo único. Para estabelecer a jornada de trabalho do aprendiz menor de dezoito anos, a entidade qualificada em formação técnico-profissional metódica considerará os direitos assegurados pela Lei nº 8.069, de 1990 - Estatuto da Criança e do Adolescente.

SUBSEÇÃO III
DAS ATIVIDADES TEÓRICAS E PRÁTICAS

Art. 64. As aulas teóricas do programa de aprendizagem deverão ocorrer em ambiente físico adequado ao ensino e com meios didáticos apropriados.

§ 1º As atividades teóricas poderão ocorrer sob a forma de aulas demonstrativas na entidade qualificada em formação técnico-profissional metódica ou no ambiente de trabalho, hipótese em que será vedada qualquer atividade laboral do aprendiz, ressalvado o manuseio de materiais, ferramentas, instrumentos e assemelhados. *(Redação dada pelo Decreto 11.061/2022)*

§ 2º É vedado ao responsável pelo cumprimento da cota de aprendizagem cometer ao aprendiz atividades diversas daquelas previstas no programa de aprendizagem.

Art. 64-A. *(Revogado pelo Decreto 11.479/2023)*

Art. 65. As aulas práticas deverão ser desenvolvidas de acordo com as disposições do programa de aprendizagem e poderão ocorrer: *(Redação dada pelo Decreto 11.479/2023)*

I - na entidade qualificada em formação técnico-profissional metódica; ou *(Redação dada pelo Decreto 11.479/2023)*

II - no estabelecimento contratante ou concedente da experiência prática do aprendiz. *(Redação dada pelo Decreto 11.479/2023)*

III a VI - *(Revogados pelo Decreto 11.479/2023)*

§ 1º A entidade responsável pelo programa de aprendizagem fornecerá aos empregadores e ao Ministério do Trabalho e Emprego, quando solicitado, cópia do projeto pedagógico do programa. *(Redação dada pelo Decreto 11.479/2023)*

§ 2º Na hipótese do inciso II do *caput*, o estabelecimento, ouvida a entidade qualificada em formação técnico-profissional metódica, designará um empregado monitor responsável: *(Redação dada pelo Decreto 11.479/2023)*

I - pela coordenação de exercícios práticos; e *(Acrescido pelo Decreto 11.479/2023)*

II - pelo acompanhamento das atividades do aprendiz no estabelecimento, em conformidade com o disposto no programa de aprendizagem. *(Acrescido pelo Decreto 11.479/2023)*

§ 3º Para fins da experiência prática de acordo com a organização curricular do programa de aprendizagem, o empregador que mantenha mais de um estabelecimento no mesmo Município poderá centralizar as atividades práticas correspondentes em um de seus estabelecimentos. *(Redação dada pelo Decreto 11.479/2023)*

§ 4º *(Revogado pelo Decreto 11.479/2023)*

Arts. 65-A a 65-C. *(Revogados pelo Decreto 11.479/2023)*

Art. 66. O estabelecimento contratante cujas peculiaridades da atividade ou dos locais de trabalho constituam embaraço à realização das aulas práticas poderá: *(Redação dada pelo Decreto 11.479/2023)*

I - ministrar as aulas práticas exclusivamente nas entidades qualificadas em formação técnico-profissional, às quais caberá o acompanhamento pedagógico das aulas; ou *(Acrescido pelo Decreto 11.479/2023)*

II - requerer junto à unidade descentralizada do Ministério do Trabalho e Emprego a assinatura de termo de compromisso para o cumprimento da cota de aprendizagem em entidade concedente da experiência prática do aprendiz. *(Acrescido pelo Decreto 11.479/2023)*

§ 1º Compete ao Ministério do Trabalho e Emprego definir: *(Redação dada pelo Decreto 11.479/2023)*

I - os setores da economia em que a aula prática poderá ser ministrada nas entidades concedentes; e *(Acrescido pelo Decreto 11.479/2023)*

II - o processamento do pedido de assinatura de termo de compromisso. *(Acrescido pelo Decreto 11.479/2023)*

§ 2º Para fins do disposto neste Capítulo, consideram-se entidades concedentes da experiência prática do aprendiz:

I - órgãos públicos;

II - organizações da sociedade civil, nos termos do disposto no art. 2º da Lei nº 13.019, de 31 de julho de 2014; e

III - unidades do sistema nacional de atendimento socioeducativo.

§ 3º No caso do inciso II do *caput*, o estabelecimento contratante e a entidade qualificada por ele já contratada deverão firmar, conjuntamente, parceria com uma das entidades concedentes referidas no § 2º para a realização das aulas práticas. *(Redação dada pelo Decreto 11.479/2023)*

§ 4º Para fins do adimplemento integral da cota de aprendizagem, os percentuais a serem cumpridos, em qualquer das modalidades previstas nos incisos I e II do *caput*, deverão constar do termo de compromisso firmado com o Ministério do Trabalho e Emprego, observados: *(Redação dada pelo Decreto 11.479/2023)*

I - os limites previstos na Seção IV do Capítulo IV do Título III da Consolidação das Leis do Trabalho, aprovada pelo Decreto-Lei nº 5.452, de 1943; e *(Acrescido pelo Decreto 11.479/2023)*

II - a contratação do percentual mínimo de que trata o *caput* do art. 51. *(Acrescido pelo Decreto 11.479/2023)*

§ 5º *(Revogado pelo Decreto 11.479/2023)*

I a VIII – *(Revogados pelo Decreto 11.061/2022)*

§ 6º *(Revogado pelo Decreto 11.061/2022)*

Art. 66-A. O Ministério do Trabalho e Emprego poderá autorizar a execução de programas de aprendizagem profissional experimentais. *(Acrescido pelo Decreto 11.479/2023)*

§ 1º Entende-se por programas de aprendizagem profissional experimentais os programas demandados pelo mercado de trabalho que possuam características inovadoras em relação à formação técnico-profissional metódica dos programas de aprendizagem regulares, desde que estejam de acordo com as normas previstas na Consolidação das Leis do Trabalho, aprovada pelo Decreto-Lei nº 5.452, de 1943.

§ 2º A entidade qualificada em formação técnico-profissional metódica deverá encaminhar ao Ministério do Trabalho e Emprego o projeto pedagógico do programa de aprendizagem profissional experimental, acompanhado do plano de avaliação de impacto da metodologia, que deverá considerar os indicadores de empregabilidade.

§ 3º Para o desenvolvimento dos programas de aprendizagem profissional experimentais poderão ser firmadas parcerias com:

I - outras entidades qualificadas em formação técnico-profissional metódica;

II - entidades que tenham por objetivo a qualificação profissional; ou

III - entidades que sejam reconhecidas pelo desenvolvimento de competências profissionais em sua área de atuação.

§ 4º As entidades qualificadas em formação técnico-profissional metódica que comprovarem a inserção no mercado de trabalho de, no mínimo, oitenta por cento dos aprendizes concluintes do programa de aprendizagem experimental terão autorização especial concedida anualmente pelo Ministério do Trabalho e Emprego para continuar a ofertar o programa, desde que comprovem a manutenção dos índices de empregabilidade dos aprendizes egressos em percentual superior ao estabelecido neste parágrafo.

§ 5º Ato do Ministro de Estado do Trabalho e Emprego regulamentará o disposto neste artigo.

SUBSEÇÃO IV
DO FUNDO DE GARANTIA DO TEMPO DE SERVIÇO

Art. 67. A alíquota da contribuição ao Fundo de Garantia do Tempo de Serviço corresponderá a dois por cento da remuneração paga ou devida, no mês anterior, ao aprendiz, nos termos do disposto no § 7º do art. 15 da Lei nº 8.036, de 11 de maio de 1990. *(Redação dada pelo Decreto 11.061/2022)*

Parágrafo único. *(Revogado pelo Decreto 11.061/2022)*

SUBSEÇÃO V
DAS FÉRIAS

Art. 68. As férias do aprendiz coincidirão, preferencialmente, com as férias escolares, vedado ao empregador estabelecer período diverso daquele definido no programa de aprendizagem.

SUBSEÇÃO VI
DOS EFEITOS DOS INSTRUMENTOS COLETIVOS DE TRABALHO

Art. 69. As convenções e os acordos coletivos apenas estenderão suas cláusulas sociais ao aprendiz quando expressamente previsto e desde que não excluam ou reduzam o alcance dos dispositivos tutelares que lhes são aplicáveis.

SUBSEÇÃO VII
DO VALE-TRANSPORTE

Art. 70. É assegurado ao aprendiz o direito ao benefício previsto na Lei nº 7.418, de 16 de dezembro de 1985, que institui o vale-transporte.

SUBSEÇÃO VIII
DAS HIPÓTESES DE EXTINÇÃO E RESCISÃO DE CONTRATO DE APRENDIZAGEM

Art. 71. O contrato de aprendizagem será extinto: *(Redação dada pelo Decreto 11.479/2023)*

I - no seu termo; *(Redação dada pelo Decreto 11.479/2023)*

II - quando o aprendiz completar vinte e quatro anos, exceto se for aprendiz com deficiência; ou *(Redação dada pelo Decreto 11.479/2023)*

III - antecipadamente, nas seguintes hipóteses: *(Redação dada pelo Decreto 11.479/2023)*

a) desempenho insuficiente ou inadaptação do aprendiz; *(Acrescido pelo Decreto 11.479/2023)*

b) falta disciplinar grave; *(Acrescido pelo Decreto 11.479/2023)*

c) ausência injustificada à escola que implique perda do ano letivo; e *(Acrescido pelo Decreto 11.479/2023)*

d) a pedido do aprendiz. *(Acrescido pelo Decreto 11.479/2023)*

IV e V - *(Revogados pelo Decreto 11.479/2023)*

§ 1º Nas hipóteses de extinção e rescisão do contrato de aprendizagem, o empregador deverá contratar novo aprendiz, nos termos do disposto neste Decreto, sob pena de infração ao disposto no art. 429 da Consolidação das Leis do Trabalho, aprovada pelo Decreto-Lei nº 5.452, de 1943. *(Redação dada pelo Decreto 11.479/2023)*

§ 2º O desempenho insuficiente ou a inadaptação do aprendiz referente às atividades do programa de aprendizagem de que trata a alínea "a" do inciso III do *caput* será caracterizado por meio de laudo de avaliação elaborado pela entidade qualificada em formação técnico-profissional metódica. *(Redação dada pelo Decreto 11.479/2023)*

§ 3º A falta disciplinar grave de que trata a alínea "b" do inciso III do *caput* será caracterizada por quaisquer das hipóteses previstas no art. 482 da Consolidação das Leis do Trabalho, aprovada pelo Decreto-Lei nº 5.452, de 1943. *(Acrescido pelo Decreto 11.479/2023)*

§ 4º A ausência injustificada às aulas que implique perda do ano letivo, de que trata a alínea "c" do inciso III do *caput*, será caracterizada por meio de declaração da instituição de ensino. *(Acrescido pelo Decreto 11.479/2023)*

Art. 72. *(Revogado pelo Decreto 11.061/2022)*

Art. 73. O disposto nos art. 479 e art. 480 da CLT, aprovada pelo Decreto-Lei nº 5.452, de 1943, não se aplica às hipóteses de extinção do contrato a que se refere o art. 71.

SEÇÃO IV
DO CERTIFICADO DE QUALIFICAÇÃO PROFISSIONAL DE APRENDIZAGEM

Art. 74. Aos aprendizes que concluírem os programas de aprendizagem com aproveitamento será concedido pela entidade qualificada em formação técnico-profissional metódica o certificado de qualificação profissional.

Art. 75. O certificado de qualificação profissional a que se refere o art. 74 deverá enunciar o título e o perfil profissional para a ocupação em que o aprendiz tenha sido qualificado.

SEÇÃO V
DO PROGRAMA DE RECONHECIMENTO DE BOAS PRÁTICAS NA APRENDIZAGEM PROFISSIONAL, DO PROGRAMA EMBAIXADORES DA APRENDIZAGEM PROFISSIONAL E DO CENSO DA APRENDIZAGEM PROFISSIONAL
(Acrescida pelo Decreto 11.061/2022)

Art. 75-A. Fica instituído o Programa de Reconhecimento de Boas Práticas na Aprendizagem Profissional com os objetivos de: *(Acrescido pelo Decreto 11.061/2022)*

I - reconhecer as boas práticas das entidades qualificadas em formação técnico-profissional metódica, observados:

a) os índices de empregabilidade dos aprendizes egressos;

b) o atendimento de jovens em situação de vulnerabilidade social; e

c) o alinhamento dos programas de aprendizagem profissional à demanda do mercado de trabalho;

II - reconhecer as boas práticas dos estabelecimentos cumpridores da cota de aprendizagem profissional, observados:

a) os índices de empregabilidade dos aprendizes egressos; e

b) o atendimento de jovens em situação de vulnerabilidade social; e

III - reconhecer aprendizes que se destaquem no exercício das atividades teóricas e práticas do programa de aprendizagem profissional.

§ 1º O reconhecimento dos objetivos previstos no *caput* ocorrerá por meio de: *(Acrescido pelo Decreto 11.479/2023)*

I - concessão do Prêmio Parceiros da Aprendizagem Profissional; e

II - divulgação, pelo Ministério do Trabalho e Emprego, da classificação das entidades qualificadas em formação técnico-profissional metódica e dos estabelecimentos cumpridores da cota de aprendizagem profissional.

§ 2º O Ministério do Trabalho e Emprego regulamentará o Programa de Reconhecimento de Boas Práticas na Aprendizagem Profissional. *(Acrescido pelo Decreto 11.479/2023)*

Art. 75-B. O Ministério do Trabalho e Emprego regulamentará o Programa Embaixadores da Aprendizagem Profissional, com a finalidade de ampliar o engajamento da sociedade no aumento de vagas e na boa execução da aprendizagem profissional. *(Redação dada pelo Decreto 11.479/2023)*

I a III - *(Revogados pelo Decreto 11.479/2023)*

§ 1º Poderão ser designados como embaixadores da aprendizagem cidadãos, nacionais ou estrangeiros, que tenham praticado ações relevantes nessa área, para auxiliar o Ministério do Trabalho e Emprego na divulgação e na articulação da aprendizagem profissional no âmbito local. *(Acrescido pelo Decreto 11.479/2023)*

§ 2º A designação de que trata o § 1º será feita por ato do Ministro de Estado do Trabalho e Emprego e poderá ocorrer por unidade federativa ou nacionalmente. *(Acrescido pelo Decreto 11.479/2023)*

§ 3º O exercício da função de embaixador da aprendizagem é considerado prestação de serviço público relevante, não remunerada. *(Acrescido pelo Decreto 11.479/2023)*

Arts. 75-C e 75-D. *(Revogados pelo Decreto 11.479/2023)*

TÍTULO III
DO CONSELHO NACIONAL DOS DIREITOS DA CRIANÇA E DO ADOLESCENTE

Art. 76. O Conselho Nacional dos Direitos da Criança e do Adolescente - Conanda, órgão colegiado de caráter deliberativo, integrante da estrutura regimental do Ministério dos Direitos Humanos e da Cidadania, tem por finalidade elaborar diretrizes para a formulação e a implementação da política nacional de atendimento dos direitos da criança e do adolescente, observadas as linhas de ação e as diretrizes estabelecidas na Lei nº 8.069, de 1990 - Estatuto da Criança e do Adolescente, e acompanhar e avaliar a execução da referida política. *(Redação dada pelo Decreto 11.473/2023)*

CAPÍTULO I
DAS ATRIBUIÇÕES DO CONSELHO NACIONAL DOS DIREITOS DA CRIANÇA E DO ADOLESCENTE

Art. 77. Ao Conanda compete:

I - elaborar normas gerais da política nacional de atendimento dos direitos da criança e do adolescente, além de controlar e fiscalizar as ações de execução em todos os níveis;

II - zelar pela aplicação do disposto na política nacional de atendimento dos direitos da criança e do adolescente;

III - apoiar os conselhos estaduais, distrital e municipais dos direitos da criança e do adolescente, os órgãos estaduais, distritais, municipais e entidades não governamentais, para tornar efetivos os princípios, as diretrizes e os direitos estabelecidos pela Lei nº 8.069, de 1990 - Estatuto da Criança e do Adolescente;

IV - avaliar a política estadual, distrital e municipal e a atuação dos conselhos estaduais, distrital e municipais da criança e do adolescente;

V - acompanhar o reordenamento institucional e propor, sempre que necessário, as modificações nas estruturas públicas e privadas destinadas ao atendimento da criança e do adolescente;

VI - apoiar a promoção de campanhas educativas sobre os direitos da criança e do adolescente, com a indicação das medidas a serem adotadas nas hipóteses de atentados ou violação desses direitos;

VII - acompanhar a elaboração e a execução da proposta orçamentária da União, além de indicar as modificações necessárias à consecução da política formulada para a promoção dos direitos da criança e do adolescente;

VIII - gerir o Fundo Nacional para a Criança e o Adolescente, de que trata o art. 6º da Lei nº 8.242, de 12 de outubro de 1991, e fixar os critérios para a sua utilização, nos termos do disposto no art. 260 da Lei nº 8.069, de 1990 - Estatuto da Criança e do Adolescente; e

IX - elaborar o seu regimento interno, que será aprovado pelo voto de, no mínimo, dois terços de seus membros, no qual será definida a forma de indicação de seu Presidente.

Parágrafo único. Ao Conanda compete, ainda:

I - acompanhar e avaliar a edição de orientações e recomendações sobre a aplicação do disposto na Lei nº 8.069, de 1990 - Estatuto da Criança e do Adolescente, e dos demais atos normativos relacionados com o atendimento à criança e ao adolescente;

II - promover a cooperação entre a União, os Estados, o Distrito Federal e os Municípios e a sociedade civil organizada , na formulação e na execução da política nacional de atendimento dos direitos da criança e do adolescente;

III - promover, em parceria com organismos governamentais e não governamentais, nacionais e internacionais, a identificação de sistemas de indicadores, para estabelecer metas e procedimentos com base nesses índices para monitorar a aplicação das atividades relacionadas com o atendimento à criança e ao adolescente;

IV - promover a realização de estudos, debates e pesquisas sobre a aplicação e os resultados estratégicos alcançados pelos programas e pelos projetos de atendimento à criança e ao adolescente desenvolvidos pelo Ministério dos Direitos Humanos; e

V - estimular a ampliação e o aperfeiçoamento dos mecanismos de participação e controle social, por intermédio de rede nacional de órgãos colegiados estaduais, distritais, regionais e municipais, com vistas a fortalecer o atendimento aos direitos da criança e do adolescente.

CAPÍTULO II
DA COMPOSIÇÃO DO CONSELHO NACIONAL DOS DIREITOS DA CRIANÇA E DO ADOLESCENTE

Art. 78. O Conanda é composto por: *(Redação dada pelo Decreto 11.473/2023)*

I - um representante dos seguintes órgãos: *(Redação dada pelo Decreto 11.473/2023)*

a) Secretaria Nacional dos Direitos da Criança e do Adolescente do Ministério dos Direitos Humanos e da Cidadania; *(Redação dada pelo Decreto 11.473/2023)*

b) Casa Civil da Presidência da República; *(Redação dada pelo Decreto 11.473/2023)*

c) Ministério da Cultura; *(Acrescida pelo Decreto 11.473/2023)*

d) Ministério do Desenvolvimento e Assistência Social, Família e Combate à Fome; *(Acrescida pelo Decreto 11.473/2023)*

e) Ministério da Educação; *(Acrescida pelo Decreto 11.473/2023)*

f) Ministério do Esporte; *(Acrescida pelo Decreto 11.473/2023)*

g) Ministério da Fazenda; *(Acrescida pelo Decreto 11.473/2023)*

h) Ministério da Igualdade Racial; *(Acrescida pelo Decreto 11.473/2023)*

i) Ministério da Justiça e Segurança Pública; *(Acrescida pelo Decreto 11.473/2023)*

j) Ministério do Planejamento e Orçamento; *(Acrescida pelo Decreto 11.473/2023)*

k) Ministério dos Povos Indígenas; *(Acrescida pelo Decreto 11.473/2023)*

l) Ministério da Previdência Social; *(Acrescida pelo Decreto 11.473/2023)*

m) Ministério da Saúde; *(Acrescida pelo Decreto 11.473/2023)*

n) Ministério do Trabalho e Emprego; e *(Acrescida pelo Decreto 11.473/2023)*

o) Secretaria Nacional de Juventude da Secretaria-Geral da Presidência da República; e *(Acrescida pelo Decreto 11.473/2023)*

II - quinze representantes de organizações da sociedade civil. *(Redação dada pelo Decreto 11.473/2023)*

III a VII - *(Revogados pelo Decreto 11.473/2023)*

§ 1º Cada membro do Conanda terá um suplente, que o substituirá em suas ausências e seus impedimentos. *(Redação dada pelo Decreto 11.473/2023)*

§ 2º Os membros do Conanda de que trata o inciso I do *caput* e os respectivos suplentes serão indicados pelos titulares dos órgãos que representam e designados em ato do Ministro de Estado dos Direitos Humanos e da Cidadania. *(Redação dada pelo Decreto 11.473/2023)*

§ 3º O Conanda poderá convidar representantes de outros órgãos e entidades, públicos ou privados, para participar de suas reuniões, sem direito a voto. *(Redação dada pelo Decreto 11.473/2023)*

§§ 4º a 6º *(Revogados pelo Decreto 11.473/2023)*

CAPÍTULO III
DA ORGANIZAÇÃO E DO FUNCIONAMENTO DO CONSELHO NACIONAL DOS DIREITOS DA CRIANÇA E DO ADOLESCENTE

Art. 79. As organizações da sociedade civil de que trata o inciso II do *caput* do art. 78 serão eleitas em assembleia específica, convocada especialmente para essa finalidade. *(Redação dada pelo Decreto 11.473/2023)*

§ 1º A assembleia para a eleição de que trata o *caput* será convocada pelo Presidente do Conanda, por meio de edital, publicado no Diário Oficial da União, com antecedência mínima de sessenta dias do término do mandato de membros de que trata o inciso II do *caput* do art. 78 em exercício. *(Acrescido pelo Decreto 11.473/2023)*

§ 2º O regimento interno do Conanda estabelecerá os procedimentos para a eleição das organizações da sociedade civil que comporão a sua estrutura. *(Acrescido pelo Decreto 11.473/2023)*

§ 3º O Ministério Público Federal poderá acompanhar o processo de escolha dos membros representantes das organizações da sociedade civil. *(Acrescido pelo Decreto 11.473/2023)*

§§ 4º e 5º *(Revogados pelo Decreto 10.003/2019)*

Art. 80. O Conanda se reunirá, em caráter ordinário, mensalmente e, em caráter extraordinário, mediante convocação do seu Presidente. *(Redação dada pelo Decreto 11.473/2023)*

I a IV - *(Revogados pelo Dec. 10.003/2019)*

§ 1º O quórum de reunião do Conanda é de maioria absoluta e o quórum de aprovação é de maioria simples. *(Redação dada pelo Decreto 11.473/2023)*

§ 2º Na hipótese de empate, além do voto ordinário, o Presidente do Conanda terá o voto de qualidade. *(Redação dada pelo Decreto 11.473/2023)*

§ 3º As reuniões dos grupos temáticos e das comissões permanentes serão feitas por videoconferência. *(Redação dada pelo Decreto 11.473/2023)*

§ 4º As Assembleias Ordinárias do Conanda serão feitas na forma presencial. *(Acrescido pelo Decreto 11.473/2023)*

Art. 81. A forma de escolha do Presidente do Conanda será definida no regimento interno do Conanda. *(Redação dada pelo Decreto 11.473/2023)*

§§ 1º e 2º *(Revogados pelo Decreto 11.473/2023)*

Art. 82. São atribuições do Presidente do Conanda:

I - convocar e presidir as reuniões do Conanda;

II - solicitar informações e posicionamento sobre temas de relevante interesse público, além da elaboração de estudos;

III - firmar as atas das reuniões; e

IV - homologar as Resoluções do Conanda.

Art. 83. A Secretaria-Executiva do Conanda será exercida pela Secretaria Nacional dos Direitos da Criança e do Adolescente do Ministério dos Direitos Humanos e da Cidadania. *(Redação dada pelo Decreto 11.473/2023)*

Art. 84. O Conanda poderá instituir comissões permanentes e grupos temáticos com o objetivo de promover estudos e elaborar propostas sobre temas específicos. *(Redação dada pelo Decreto 11.473/2023)*

§ 1º As comissões permanentes e os grupos temáticos serão instituídos e compostos na forma de ato do Plenário do Conselho, que definirá os objetivos específicos e o prazo para conclusão dos trabalhos. *(Acrescido pelo Decreto 11.473/2023)*

§ 2º As comissões permanentes e os grupos temáticos deverão apresentar anualmente ao Plenário do Conselho relatórios de trabalho que, após aprovação, serão encaminhados ao Secretário Nacional dos Direitos da Criança e do Adolescente e ao Ministro de Estado dos Direitos Humanos e da Cidadania. *(Acrescido pelo Decreto 11.473/2023)*

§ 3º O Coordenador de comissão permanente ou de grupo temático poderá convidar representantes de outros órgãos e entidades, públicos ou privados, para participar de suas reuniões, sem direito a voto. *(Acrescido pelo Decreto 11.473/2023)*

Art. 85. As deliberações do Conanda, inclusive para dispor sobre o seu regimento interno, serão aprovadas por meio de resoluções. *(Redação dada pelo Decreto 11.473/2023)*

I a IV - *(Revogados pelo Decreto 11.473/2023)*

Arts. 86 e 87. *(Revogados pelo Dec. 10.003/2019)*

Art. 88. A participação no Conanda, nas comissões permanentes e nos grupos temáticos será considerada prestação de serviço público relevante, não remunerada. *(Redação dada pelo Decreto 11.473/2023)*

Art. 89. Os casos omissos nas disposições deste Título serão dirimidos pelo Presidente do Conanda, *ad referendum* do Plenário do Conselho. *(Redação dada pelo Decreto 11.473/2023)*

TÍTULO IV
DO FUNDO NACIONAL PARA A CRIANÇA E O ADOLESCENTE

Art. 90. O Fundo Nacional para a Criança e o Adolescente, instituído pelo art. 6º da Lei nº 8.242, de 1991, tem os seguintes princípios:

I - a participação de entidades públicas e privadas, desde o planejamento até o controle das políticas e programas destinados à criança e ao adolescente;

II - a descentralização político-administrativa das ações governamentais;

III - a coordenação com as ações obrigatórias e permanentes de responsabilidade do Poder Público; e

IV - a flexibilidade e a agilidade na movimentação dos recursos, sem prejuízo da plena visibilidade das respectivas ações.

CAPÍTULO ÚNICO
DOS RECURSOS DO FUNDO NACIONAL PARA A CRIANÇA E O ADOLESCENTE

Art. 91. O Fundo Nacional para a Criança e o Adolescente tem como receita:

I - doações de pessoas físicas e jurídicas, dedutíveis do imposto sobre a renda, nos termos do disposto no art. 260 da Lei nº 8.069, de 1990 - Estatuto da Criança e do Adolescente;

II - recursos destinados ao Fundo Nacional para a Criança e o Adolescente, consignados no Orçamento da União;

III - contribuições dos governos e organismos estrangeiros e internacionais;

IV - o resultado de aplicações do governo e organismos estrangeiros e internacionais;

V - o resultado de aplicações no mercado financeiro, observada a legislação pertinente; e

VI - outros recursos que lhe forem destinados.

Art. 92. Os recursos do Fundo Nacional para a Criança e o Adolescente serão prioritariamente aplicados:

I - no apoio ao desenvolvimento das ações priorizadas na Política Nacional de Atendimento aos Direitos da Criança e do Adolescente;

II - no apoio aos programas e aos projetos de pesquisas, de estudos e de capacitação de recursos humanos necessários à execução das ações de promoção, defesa e atendimento à criança e ao adolescente;

III - no apoio aos programas e aos projetos de comunicação e divulgação das ações de defesa dos direitos da criança e do adolescente;

IV - no apoio ao desenvolvimento e à implementação de sistemas de controle e avaliação de políticas públicas, programas governamentais e não governamentais em âmbito nacional, destinados à criança e ao adolescente; e

V - na promoção do intercâmbio de informações tecnológicas e experiências entre o Conanda e os conselhos estaduais, distrital e municipais dos direitos da criança e do adolescente.

Art. 93. É expressamente vedada a utilização de recursos do Fundo Nacional para a Criança e o Adolescente para a manutenção de outras atividades que não sejam aquelas destinadas unicamente aos programas a que se refere o art. 92, exceto as hipóteses excepcionais aprovadas em Plenário pelo Conanda.

Art. 94. O Fundo Nacional para a Criança e o Adolescente será gerido pelo Conanda, ao qual compete estabelecer as diretrizes, os critérios e as prioridades para a aplicação das disponibilidades financeiras existentes, observado o disposto no inciso X do *caput* do art. 2º da Lei nº 8.242, de 1991.

Art. 95. Os recursos do Fundo Nacional para a Criança e o Adolescente serão movimentados por meio de conta específica em instituições financeiras federais, admitida a sua aplicação no mercado financeiro, na forma prevista em lei.

TÍTULO V
DO PROGRAMA CRIANÇA FELIZ

Art. 96. Fica instituído o Programa Criança Feliz, de caráter intersetorial, com a finalidade de promover o desenvolvimento integral das crianças na primeira infância, considerando sua família e seu contexto de vida, em consonância com o disposto na Lei nº 13.257, de 8 de março de 2016.

Art. 97. Considera-se primeira infância, para os fins do disposto neste Título, o período que abrange os primeiros seis anos completos ou os setenta e dois meses de vida da criança.

Art. 98. O Programa Criança Feliz atenderá gestantes, crianças de até seis anos e suas famílias, e priorizará:

I - gestantes, crianças de até três anos e suas famílias beneficiárias do Programa Bolsa Família, instituído pela Lei nº 10.836, de 9 de janeiro de 2004;

II - crianças de até seis anos e suas famílias beneficiárias do Benefício de Prestação Continuada, instituído pela Lei nº 8.742, de 7 de dezembro de 1993; e

III - crianças de até seis anos afastadas do convívio familiar em razão da aplicação de medida de proteção prevista no art. 101, *caput*, incisos VII e VIII, da Lei nº 8.069, de 1990 - Estatuto da Criança e do Adolescente, e suas famílias.

Art. 99. O Programa Criança Feliz tem os seguintes objetivos:

I - promover o desenvolvimento humano a partir do apoio e do acompanhamento do desenvolvimento infantil integral na primeira infância;

II - apoiar a gestante e a família na preparação para o nascimento e nos cuidados perinatais;

III - colaborar no exercício da parentalidade, de modo a fortalecer os vínculos e o papel das famílias para o desempenho da função de cuidado, proteção e educação de crianças na faixa etária de até seis anos de idade;

IV - mediar o acesso da gestante, das crianças na primeira infância e das suas famílias a políticas e serviços públicos de que necessitem; e

V - integrar, ampliar e fortalecer ações de políticas públicas destinadas às gestantes, às crianças na primeira infância e às suas famílias.

Art. 100. Para cumprimento dos objetivos estabelecidos no art. 99, o Programa Criança Feliz tem como principais componentes:

I - a realização de visitas domiciliares periódicas, por profissional capacitado, e de ações complementares que apoiem gestantes e famílias e favoreçam o desenvolvimento da criança na primeira infância;

II - a capacitação e a formação continuada de profissionais que atuem junto às gestantes e às crianças na primeira infância, com vistas à qualificação do atendimento e ao fortalecimento da intersetorialidade;

III - o desenvolvimento de conteúdo e material de apoio para o atendimento intersetorial às gestantes, às crianças na primeira infância e às suas famílias;

IV - o apoio aos Estados, ao Distrito Federal e aos Municípios, com vistas à mobilização, à articulação intersetorial e à implementação do Programa; e

V - a promoção de estudos e pesquisas acerca do desenvolvimento infantil integral.

Art. 101. O Programa Criança Feliz será implementado a partir da articulação entre as políticas de assistência social, saúde, educação, cultura, direitos humanos, direitos das crianças e dos adolescentes, entre outras.

Parágrafo único. O Programa Criança Feliz será coordenado pelo Ministério do Desenvolvimento Social.

Art. 102. (*Revogado pelo Dec. 9.855/2019*)

Art. 103. As ações do Programa Criança Feliz serão executadas de forma descentralizada e integrada, por meio da conjugação de esforços entre União, Estados, Distrito Federal e Municípios, observada a intersetorialidade, as especificidades das políticas públicas setoriais, a participação da sociedade civil e o controle social.

Art. 104. A participação dos Estados, do Distrito Federal e dos Municípios no Programa Criança Feliz ocorrerá por meio de procedimento de adesão ao Programa.

Parágrafo único. O apoio técnico e financeiro aos Estados, ao Distrito Federal e aos Municípios fica condicionado ao atendimento de critérios definidos pelo Ministério do Desenvolvimento Social, ouvido o Comitê Gestor.

Art. 105. Para a execução do Programa Criança Feliz, poderão ser firmadas parcerias com órgãos e entidades públicas ou privadas.

Art. 106. O Programa Criança Feliz contará com sistemática de monitoramento e avaliação, em observância ao disposto no art. 11 da Lei nº 13.257, de 2016.

Art. 107. Os recursos para a implementação das ações do Programa Criança Feliz correrão à conta das dotações orçamentárias consignadas anualmente aos órgãos e às entidades envolvidos, observados os limites de movimentação, empenho e pagamento da programação orçamentária e financeira anual.

Art. 108. A implementação do disposto neste Capítulo observará, no que couber, o disposto na Lei nº 9.504, de 30 de setembro de 1997.

TÍTULO VI
DO PROGRAMA DE PROTEÇÃO A CRIANÇAS E ADOLESCENTES AMEAÇADOS DE MORTE

Art. 109. Fica instituído o Programa de Proteção a Crianças e Adolescentes Ameaçados de Morte - PPCAAM.

Art. 110. O PPCAAM será coordenado pela Secretaria Nacional dos Direitos da Criança e do Adolescente do Ministério dos Direitos Humanos.

SEÇÃO I
DA FINALIDADE DO PROGRAMA DE PROTEÇÃO A CRIANÇAS E ADOLESCENTES AMEAÇADOS DE MORTE

Art. 111. O PPCAAM tem por finalidade proteger, em conformidade com o disposto na Lei nº 8.069, de 1990 - Estatuto da Criança e do Adolescente, crianças e adolescentes expostos a grave e iminente ameaça de morte, quando esgotados os meios convencionais, por meio da prevenção ou da repressão da ameaça.

§ 1º As ações do PPCAAM poderão ser estendidas a jovens com até vinte e um anos, se egressos do sistema socioeducativo.

§ 2º A proteção poderá ser estendida aos pais ou responsáveis, ao cônjuge ou companheiro, aos ascendentes, descendentes, dependentes, colaterais e aos que tenham, comprovadamente, convivência habitual com o ameaçado, a fim de preservar a convivência familiar.

§ 3º Não haverá necessidade do esgotamento dos meios convencionais referidos no *caput* na hipótese de ineficácia patente do emprego desses meios na prevenção ou na repressão da ameaça.

§ 4º Na hipótese de proteção estendida a que se refere o § 2º a familiares que sejam servidores públicos ou militares, fica assegurada, nos termos estabelecidos no inciso VI do *caput* do art. 7º da Lei nº 9.807, de 13 de julho de 1999, a suspensão temporária das atividades funcionais, sem prejuízo dos vencimentos ou das vantagens percebidos.

SEÇÃO II
DA EXECUÇÃO DO PROGRAMA DE PROTEÇÃO A CRIANÇAS E ADOLESCENTES AMEAÇADOS DE MORTE

Art. 112. O PPCAAM será executado, prioritariamente, por meio de acordos de cooperação firmados entre a União, os Estados e o Distrito Federal.

§ 1º Para a execução do PPCAAM, poderão ser celebrados acordos de cooperação técnica, convênios, ajustes, termos de fomento ou termos de colaboração ou outras formas de descentralização de recursos legalmente constituídas, entre a União, os Estados, o Distrito Federal, os órgãos da administração pública federal e as entidades públicas ou privadas, sob a supervisão da Secretaria Nacional dos Direitos da Criança e do Adolescente do Ministério dos Direitos Humanos.

§ 2º Os recursos para a implementação das ações do PPCAAM correrão à conta das dotações orçamentárias consignadas anualmente ao Ministério dos Direitos Humanos, observados os limites de movimentação, empenho e pagamento da programação orçamentária e financeira anual.

Art. 113. Para firmar o acordo de cooperação previsto no *caput* do art. 112, o Estado ou o Distrito Federal deverá constituir conselho gestor responsável por implementar, acompanhar, avaliar e zelar pela qualidade da execução do PPCAAM, que terá as suas reuniões coordenadas pela Secretaria de Estado ou do Distrito Federal executora do PPCAAM.

§ 1º Poderão compor o conselho gestor, entre outros, representantes da Defensoria Pública, do Ministério Público, do Poder Judiciário, dos órgãos de segurança pública, dos centros de defesa dos direitos da criança e do adolescente, dos conselhos estaduais ou distrital dos direitos da criança e do adolescente, dos conselhos tutelares e de entidades de promoção e defesa de direitos da criança e do adolescente.

§ 2º Cada membro, titular e suplente, será indicado pelo órgão ou pela entidade que representa e será designado pelo Chefe do Poder Executivo estadual ou distrital ou por autoridade por ele designada para esse fim.

§ 3º Compete aos conselhos gestores a elaboração de seu regimento interno e a eleição de seu presidente.

§ 4º Os conselhos gestores poderão convidar representantes das secretarias de educação, de saúde, de assistência social ou de outras que executem políticas públicas relevantes para a inserção social do protegido para participar de suas reuniões.

Art. 114. Os órgãos e as entidades públicas e as organizações da sociedade civil responsáveis pela execução do PPCAAM deverão, além dar cumprimento às ações inerentes ao Programa:

I - prestar contas dos recursos federais recebidos para execução do PPCAAM, nos termos estabelecidos pela legislação;

II - elaborar e manter plano próprio de proteção às crianças e aos adolescentes ameaçados, com objetivos, metas, estratégias, programas e ações para proceder à sua execução;

III - realizar o processo seletivo e a qualificação da equipe técnica; e

IV - informar, regularmente ou sempre que solicitado, a Secretaria Nacional dos Direitos da Criança e do Adolescente do Ministério dos Direitos Humanos e aos órgãos de controle, a respeito da execução dos programas e das ações de proteção às crianças e aos adolescentes sob a sua responsabilidade, mantido o sigilo inerente à proteção.

Art. 115. São atribuições dos conselhos gestores:

I - acompanhar, avaliar e zelar pela qualidade da execução do PPCAAM;

II - garantir a continuidade do PPCAAM;

III - propor ações de atendimento e de inclusão social aos protegidos, por intermédio da cooperação com instituições públicas e privadas responsáveis pela garantia dos direitos previstos na Lei nº 8.069, de 1990 - Estatuto da Criança e do Adolescente; e

IV - garantir o sigilo dos dados e das informações sobre os protegidos.

SEÇÃO III
DAS AÇÕES DO PROGRAMA DE PROTEÇÃO A CRIANÇAS E ADOLESCENTES AMEAÇADOS DE MORTE

Art. 116. O PPCAAM compreende as seguintes ações, aplicáveis isolada ou cumulativamente, em benefício do protegido e da sua família, quando necessário:

I - transferência de residência ou acomodação em ambiente compatível com a proteção, com a transferência da execução de medida socioeducativa em meio aberto para novo local de residência do adolescente, se necessário;

II - inserção dos protegidos em programas sociais com vistas à sua proteção integral;

III - apoio e assistência social, jurídica, psicológica, pedagógica e financeira, conforme a construção do Plano Individual de Acompanhamento - PIA;

IV - apoio ao protegido, quando necessário, para o cumprimento de obrigações civis e administrativas que exijam o seu comparecimento, garantida a sua segurança no deslocamento;

V - preservação da identidade e da imagem do protegido e manutenção do sigilo dos seus dados e das informações que, na forma prevista em lei, comprometam a sua segurança e a sua integridade física, mental e psicológica;

VI - garantia de acesso seguro a políticas públicas de saúde, educação, assistência social, previdência, trabalho, transporte, habitação, esporte, lazer, cultura e segurança, na forma prevista em lei; e

VII - manutenção no serviço de acolhimento institucional existente e disponível, nos termos do disposto no § 1º do art. 101 da Lei nº 8.069, de 1990 - Estatuto da Criança e do Adolescente.

§ 1º Na hipótese de adolescentes que estejam cumprindo medida socioeducativa aplicada com base no disposto na Lei nº 8.069, de 1990 - Estatuto da Criança e do Adolescente, poderá ser solicitado ao juiz competente as medidas adequadas para a sua proteção integral, incluída a sua transferência para cumprimento da medida socioeducativa em outro local.

§ 2º A proteção concedida pelo PPCAAM e as ações dela decorrentes serão proporcionais à gravidade da ameaça e à dificuldade de preveni-las ou reprimi-las por outros meios.

§ 3º Em casos excepcionais e consideradas as características e a gravidade da ameaça, os profissionais do órgão ou da entidade pública executora poderão requerer à autoridade judicial competente a alteração do nome completo da criança ou do adolescente protegido e de seus familiares, se necessário.

§ 4º Para fins do disposto neste Título, considera-se PIA o instrumento construído pelo protegido e por seus familiares, em conjunto com o profissional da equipe técnica do PPCAAM, que estabelece metas de curto e médio prazo para diversas áreas da vida do protegido e visa à consolidação da inserção social e à construção de projeto de vida fora do âmbito da proteção.

§ 5º Na hipótese de a criança ou o adolescente estar protegido em unidade de acolhimento institucional, a responsabilidade pela construção conjunta do PIA e pelas medidas referidas no inciso III do *caput* será conjunta do profissional da equipe técnica do PPCAAM e do profissional da instituição.

Art. 117. Poderão solicitar a inclusão de crianças e adolescentes ameaçados no PPCAAM:

I - o conselho tutelar;

II - a autoridade judicial competente;

III - o Ministério Público; e

IV - a Defensoria Pública.

§ 1º As solicitações para a inclusão no PPCAAM serão acompanhadas de qualificação do ameaçado e da ameaça e comunicadas ao conselho gestor.

§ 2º A equipe técnica do PPCAAM alimentará o módulo do Sistema de Informações para a Infância e a Adolescência do Programa de Proteção a Crianças e Adolescentes Ameaçados de Morte, ou outro sistema equivalente instituído pela Secretaria Nacional dos Direitos da Criança e do Adolescente do Ministério dos Direitos Humanos, com informações sobre os casos de proteção sob a sua responsabilidade.

Art. 118. A Secretaria Nacional dos Direitos da Criança e do Adolescente do Ministério dos Direitos Humanos, ao identificar situações de ameaça em Estado que não tenha o PPCAAM implementado, ou cuja implementação não garanta o direito à vida da criança ou do adolescente, poderá determinar a transferência do ameaçado para outro ente federativo que proporcione essa garantia.

Art. 119. A inclusão no PPCAAM dependerá da voluntariedade do ameaçado, da anuência de seu representante legal e, na ausência ou na impossibilidade dessa anuência, da autoridade judicial competente.

§ 1º Na hipótese de haver incompatibilidade de interesses entre o ameaçado e os seus pais ou responsáveis legais, a inclusão no PPCAAM será definida pela autoridade judicial competente.

§ 2º O ingresso no PPCAAM do ameaçado desacompanhado de seus pais ou responsáveis legais ocorrerá por meio de autorização judicial, expedida de ofício ou a requerimento dos órgãos e das autoridades a que se refere o art. 117, que designarão o responsável pela guarda provisória.

Art. 120. A inclusão no PPCAAM observará:

I - a urgência e a gravidade da ameaça;

II - o interesse do ameaçado;

III - outras formas de intervenção mais adequadas; e

IV - a preservação e o fortalecimento do vínculo familiar.

Parágrafo único. O ingresso no PPCAAM não poderá ficar condicionado à colaboração em processo judicial ou inquérito policial.

Art. 121. A proteção oferecida pelo PPCAAM terá a duração máxima de um ano e poderá ser prorrogada, em circunstâncias excepcionais, se perdurarem os motivos que justificaram o seu deferimento.

Art. 122. Após o ingresso no PPCAAM, os protegidos e os seus familiares ficarão obrigados a cumprir as regras nele prescritas, sob pena de desligamento.

Parágrafo único. As ações e as providências relacionadas com a execução do PPCAAM deverão ser mantidas em sigilo pelos protegidos, sob pena de desligamento.

Art. 123. As medidas e as providências relacionadas com a execução do PPCAAM serão adotadas, executadas e mantidas em sigilo pelos profissionais envolvidos.

Art. 124. O desligamento do protegido poderá ocorrer, a qualquer tempo, nas seguintes hipóteses:

I - por solicitação do protegido;

II - por relatório devidamente fundamentado elaborado por profissional do órgão ou da entidade pública executora do PPCAAM em consequência de:

a) consolidação da inserção social segura do protegido;

b) descumprimento das regras de proteção; ou

c) evasão comprovadamente intencional ou retorno ao local de risco pelo adolescente, de forma reiterada, após advertido pelo conselho gestor; e

III - por ordem judicial.

§ 1º O desligamento do protegido será comunicado às instituições notificadas quando do seu ingresso no PPCAAM.

§ 2º Na hipótese de desligamento em consequência de óbito, a equipe técnica do PPCAAM desenvolverá plano de acompanhamento e de auxílio financeiro aos familiares inseridos na proteção pelo prazo de três meses.

Art. 125. Ato do Ministro de Estado dos Direitos Humanos disciplinará a forma de execução dos instrumentos a que se refere o § 1º do art. 112 e os procedimentos necessários à implementação do PPCAAM, observados o disposto na legislação aplicável.

TÍTULO VI-A
DO PROGRAMA DE PROTEÇÃO INTEGRAL DA CRIANÇA E DO ADOLESCENTE

(Acrescido pelo Decreto 11.074/2022)

Art. 125-A. Fica instituído o Programa de Proteção Integral da Criança e do Adolescente - Protege Brasil, de caráter intersetorial, multidisciplinar e permanente, como estratégia nacional de proteção integral da criança e do adolescente. *(Acrescido pelo Decreto 11.074/2022)*

Art. 125-B. O Programa Protege Brasil será coordenado pela Secretaria Nacional dos Direitos da Criança e do Adolescente do Ministério da Mulher, da Família e dos Direitos Humanos. *(Acrescido pelo Decreto 11.074/2022)*

CAPÍTULO I
DA FINALIDADE DO PROGRAMA DE PROTEÇÃO INTEGRAL DA CRIANÇA E DO ADOLESCENTE

(Acrescido pelo Decreto 11.074/2022)

Art. 125-C. O Programa Protege Brasil tem como objetivo fomentar e implementar ações para o desenvolvimento integral e saudável da criança e do adolescente. *(Acrescido pelo Decreto 11.074/2022)*

Parágrafo único. As ações a que se refere o *caput* serão complementares àquelas desenvolvidas no âmbito do PPCAAM, conforme o previsto no Título VI.

CAPÍTULO II
DAS AÇÕES DO PROGRAMA DE PROTEÇÃO INTEGRAL DA CRIANÇA E DO ADOLESCENTE

(Acrescido pelo Decreto 11.074/2022)

Art. 125-D. Para a consecução do objetivo de que trata o art. 125-C, o Programa Protege Brasil desenvolverá e implementará: *(Acrescido pelo Decreto 11.074/2022)*

I - o Plano Nacional de Prevenção Primária do Risco Sexual Precoce e Gravidez na Adolescência;

II - o Plano Nacional de Enfrentamento da Violência contra Crianças e Adolescentes;

III - o Plano de Ação para Crianças e Adolescentes Indígenas em Situação de Vulnerabilidade; e

IV - o Pacto Nacional de Prevenção e de Enfrentamento da Violência Letal contra Crianças e Adolescentes.

Parágrafo único. As ações de que tratam os incisos I a IV do *caput* constarão de instrumentos próprios, individualizados, com a descrição detalhada das fases e das etapas de desenvolvimento e de implementação das políticas públicas inerentes.

SEÇÃO I
DO PLANO NACIONAL DE PREVENÇÃO PRIMÁRIA DO RISCO SEXUAL PRECOCE E GRAVIDEZ NA ADOLESCÊNCIA

(Acrescida pelo Decreto 11.074/2022)

Art. 125-E. O Plano Nacional de Prevenção Primária do Risco Sexual Precoce e Gravidez na Adolescência tem como finalidade mitigar as doenças e os agravos físicos e psicoemocionais decorrentes da iniciação sexual precoce e os riscos da gravidez na adolescência. *(Acrescido pelo Decreto 11.074/2022)*

§ 1º São diretrizes do Plano Nacional de Prevenção Primária do Risco Sexual Precoce e Gravidez na Adolescência:

I - articulação entre os atores públicos e sociais na construção e na implementação do Plano;

II - participação dos Estados, do Distrito Federal, dos Municípios e de entidades públicas e privadas na execução do Plano;

III - prevenção primária a causas e a fatores de risco sexual precoce;

IV - educação sexual abrangente;

V - formação e capacitação de profissionais que atuem na rede de promoção, proteção e defesa dos direitos de crianças e de adolescentes;

VI - multiplicidade étnico-racial, considerados os traços culturais e de linguagem dos povos e das comunidades tradicionais;

VII - uso de tecnologias para a disponibilização e a divulgação de materiais educativos;

VIII - participação da família nas ações de prevenção primária ao risco sexual precoce;

IX - fortalecimento dos vínculos familiares para redução de causas e de fatores de risco sexual precoce;

X - atenção e acompanhamento especializados a crianças e a adolescentes com deficiência; e

XI - ampla divulgação de informações sobre violência sexual e estupro de vulnerável por meio dos canais públicos de comunicação, sobretudo, os meios digitais.

§ 2º A participação dos Estados, do Distrito Federal, dos Municípios e de entidades públicas e privadas será voluntária e formalizada por meio de instrumento próprio de adesão.

§ 3º O instrumento de que trata o § 2º será disponibilizado por meio do Sistema Nacional de Direitos Humanos do Ministério da Mulher, da Família e dos Direitos Humanos.

SEÇÃO II
DO PLANO NACIONAL DE ENFRENTAMENTO DA VIOLÊNCIA CONTRA CRIANÇAS E ADOLESCENTES

(Acrescida pelo Decreto 11.074/2022)

Art. 125-F. O Plano Nacional de Enfrentamento da Violência contra Crianças e Adolescentes tem como finalidade articular e desenvolver políticas destinadas à garantia da proteção integral de crianças e de adolescentes. *(Acrescido pelo Decreto 11.074/2022)*

Parágrafo único. São diretrizes do Plano Nacional de Enfrentamento da Violência contra Crianças e Adolescentes:

I - desenvolvimento de habilidades parentais e protetivas à criança e ao adolescente;

II - integração das políticas públicas de promoção e de defesa dos direitos humanos de crianças e de adolescentes;

III - articulação entre os atores públicos e sociais na construção e na implementação do Plano;

IV - formação e capacitação continuada dos profissionais que atuem na rede de promoção, de proteção e de defesa dos direitos de crianças e de adolescentes vítimas ou testemunhas de violência;

V - aprimoramento das estratégias para o atendimento integrado, prioritário e especializado de crianças e de adolescentes vítimas ou testemunhas de violência;

VI - fortalecimento do Sistema de Garantia dos Direitos da Criança e do Adolescente vítima ou testemunha de violência;

VII - aprimoramento contínuo dos serviços de denúncia e de notificação de violação dos direitos da criança e do adolescente;

VIII - fortalecimento da atuação das organizações da sociedade civil na área da defesa dos direitos humanos de crianças e de adolescentes; e

IX - produção de conhecimento, de estudos e de pesquisas para o aprimoramento do processo de formulação de políticas públicas na área do enfrentamento da violência contra crianças e adolescentes.

SEÇÃO III
DO PLANO DE AÇÃO PARA CRIANÇAS E ADOLESCENTES INDÍGENAS EM SITUAÇÃO DE VULNERABILIDADE

(Acrescida pelo Decreto 11.074/2022)

Art. 125-G. O Plano de Ação para Crianças e Adolescentes Indígenas em Situação de Vulnerabilidade tem como finalidade implementar ações de defesa das garantias e dos direitos de crianças e de adolescentes indígenas. *(Acrescido pelo Decreto 11.074/2022)*

Parágrafo único. São diretrizes do Plano de Ação para Crianças e Adolescentes Indígenas em Situação de Vulnerabilidade:

I - aprimoramento dos fluxos de atendimento de crianças e de adolescentes indígenas em situação de vulnerabilidade pelos órgãos da administração pública federal competentes;

II - promoção da conscientização e da educação da sociedade e dos povos indígenas para o enfrentamento das práticas nocivas e para a garantia de proteção dos direitos humanos de crianças e de adolescentes indígenas, resguardados a organização social, os costumes, as línguas, as crenças e as tradições dos povos indígenas;

III - modernização da legislação que trata dos povos indígenas com vistas a fortalecer a política indigenista destinada a crianças e a adolescentes, consultadas as comunidades indígenas; e

IV - mobilização de atores institucionais e sociais, articulação interinstitucional e participação social.

SEÇÃO IV
DO PACTO NACIONAL DE PREVENÇÃO E DE ENFRENTAMENTO DA VIOLÊNCIA LETAL CONTRA CRIANÇAS E ADOLESCENTES

(Acrescida pelo Decreto 11.074/2022)

Art. 125-H. O Pacto Nacional de Prevenção e de Enfrentamento da Violência Letal contra Crianças e Adolescentes tem como objetivo promover a redução de mortes por agressão a crianças e a adolescentes mediante a articulação entre o Governo federal e os Governos estaduais e distrital. *(Acrescido pelo Decreto 11.074/2022)*

§ 1º O Pacto Nacional adotará critério de certificação pelo compromisso dos entes federativos aderentes com o desenvolvimento das seguintes ações de prevenção e de enfrentamento da violência letal contra crianças e adolescentes:

I - criação e pleno funcionamento de comitês estaduais e distrital de prevenção e de enfrentamento da violência letal contra crianças e adolescentes, com especial atuação nas localidades que apresentem os maiores índices de letalidade de crianças e de adolescentes;

II - criação e implementação dos planos estaduais e distrital de prevenção e de enfrentamento da violência letal contra crianças e adolescentes; e

III - apresentação de dados estatísticos que comprovem a redução dos índices de violência letal contra crianças e adolescentes.

§ 2º A adesão dos entes federativos ao Pacto Nacional será feita por meio das secretarias responsáveis pela promoção e pela defesa dos direitos humanos de crianças e de adolescentes, mediante instrumento de adesão, na forma estabelecida em ato do Ministro de Estado da Mulher, da Família e dos Direitos Humanos.

CAPÍTULO III
DA EXECUÇÃO DO PROGRAMA DE PROTEÇÃO INTEGRAL DA CRIANÇA E DO ADOLESCENTE

(Acrescido pelo Decreto 11.074/2022)

Art. 125-I. As ações do Programa Protege Brasil serão executadas por meio da atuação conjunta da União, dos Estados, do Distrito Federal e dos Municípios e de entidades públicas e privadas. *(Acrescido pelo Decreto 11.074/2022)*

Parágrafo único. Na execução das ações do Programa Protege Brasil, serão observadas a intersetorialidade, as especificidades das políticas públicas setoriais e a participação da sociedade civil.

Art. 125-J. Os recursos financeiros necessários à execução das ações de que trata o Programa Protege Brasil decorrerão: *(Acrescido pelo Decreto 11.074/2022)*

I - do Orçamento Geral da União;

II - de parcerias público-privadas; e

III - de parcerias com os Estados, com o Distrito Federal e com os Municípios.

Parágrafo único. As despesas decorrentes das ações do Programa Protege Brasil correrão à conta das dotações orçamentárias consignadas ao Ministério da Mulher, da Família e dos Direitos Humanos, observados os limites de movimentação, de empenho e de pagamento da programação orçamentária e financeira anual.

Art. 125-K. A execução do Programa Protege Brasil será acompanhada e avaliada pelo Comitê Gestor do Programa Protege Brasil. *(Acrescido pelo Decreto 11.074/2022)*

CAPÍTULO IV
DO COMITÊ GESTOR DO PROGRAMA DE PROTEÇÃO INTEGRAL DA CRIANÇA E DO ADOLESCENTE

(Acrescido pelo Decreto 11.074/2022)

Art. 125-L. Fica instituído o Comitê Gestor do Programa Protege Brasil, órgão consultivo e de assessoramento, no âmbito do Ministério da Mulher, da Família e dos Direitos Humanos. *(Acrescido pelo Decreto 11.074/2022)*

Art. 125-M. Ao Comitê Gestor do Programa Protege Brasil compete: *(Acrescido pelo Decreto 11.074/2022)*

I - apoiar as ações do Programa Protege Brasil;

II - acompanhar a execução, avaliar e propor o aprimoramento das ações do Programa Protege Brasil; e

III - articular e apoiar os Estados, o Distrito Federal, os Municípios e as organizações da sociedade civil na adoção de estratégias para a implementação das ações do Programa Protege Brasil.

Art. 125-N. O Comitê Gestor do Programa Protege Brasil é composto por representantes dos seguintes órgãos: *(Acrescido pelo Decreto 11.074/2022)*

I - três do Ministério da Mulher, da Família e dos Direitos Humanos, dos quais um da Secretaria Nacional dos Direitos da Criança e do Adolescente, que o coordenará;

II - três do Ministério da Cidadania;

III - três do Ministério da Educação;

IV - três do Ministério da Justiça e Segurança Pública;

V - três do Ministério da Saúde; e

VI - um do Ministério do Turismo;

§ 1º Cada membro do Comitê Gestor do Programa Protege Brasil terá um suplente, que o substituirá em suas ausências e seus impedimentos.

§ 2º Os membros do Comitê Gestor do Programa Protege Brasil e os respectivos suplentes serão indicados pelos titulares dos órgãos que representam e designados em ato do Ministro de Estado da Mulher, da Família e dos Direitos Humanos.

Art. 125-O. O Comitê Gestor do Programa Protege Brasil se reunirá, em caráter ordinário, trimestralmente e, em caráter extraordinário, mediante convocação do seu Coordenador ou da maioria de seus membros. *(Acrescido pelo Decreto 11.074/2022)*

§ 1º O quórum de reunião do Comitê Gestor do Programa Protege Brasil é de maioria absoluta e o quórum de aprovação é de maioria simples.

§ 2º Na hipótese de empate, além do voto ordinário, o Coordenador do Comitê Gestor do Programa Protege Brasil terá o voto de qualidade.

§ 3º Os membros do Comitê Gestor do Programa Protege Brasil que se encontrarem no Distrito Federal se reunirão presencialmente ou por videoconferência, nos termos do disposto no Decreto nº 10.416, de 7 de julho de 2020, e os membros que se encontrarem em outros entes federativos participarão da reunião por meio de videoconferência.

§ 4º A data e o horário de início e de término das reuniões e a pauta de deliberações serão especificados no ato de convocação das reuniões do Comitê Gestor do Programa Protege Brasil.

§ 5º O Coordenador do Comitê Gestor do Programa Protege Brasil poderá convidar representantes de órgãos e entidades públicas e de entidades não governamentais e especialistas, para participar de suas reuniões, sem direito a voto.

Art. 125-P. A participação no Comitê Gestor do Programa Protege Brasil será considerada prestação de serviço público relevante, não remunerada. *(Acrescido pelo Decreto 11.074/2022)*

Art. 125-Q. A Secretaria-Executiva do Comitê Gestor do Programa Protege Brasil será exercida pela Secretaria Nacional dos Direitos da Criança e do Adolescente do Ministério da Mulher, da Família e dos Direitos Humanos. *(Acrescido pelo Decreto 11.074/2022)*

Art. 125-R. O relatório das atividades do Comitê Gestor do Programa Protege Brasil será encaminhado aos titulares dos órgãos que o compõem, na primeira quinzena de janeiro de cada ano. *(Acrescido pelo Decreto 11.074/2022)*

TÍTULO VII
DISPOSIÇÕES FINAIS

Art. 126. Ficam revogados:

I - o Decreto nº 794, de 5 de abril de 1993;

II - o Decreto nº 1.196, de 14 de julho de 1994;

III - o inciso XVII do *caput* do art. 29 do Decreto nº 2.521, de 20 de março de 1998;

IV - o Decreto nº 5.089, de 20 de maio de 2004;

V - o Decreto nº 5.598, de 1º de dezembro de 2005;

VI - o Decreto nº 6.230, de 11 de outubro de 2007;

VII - o Decreto nº 6.231, de 11 de outubro de 2007;

VIII - o Decreto nº 8.552, de 3 de novembro de 2015;

IX - o Decreto nº 8.619, de 29 de dezembro de 2015;

X - o Decreto nº 8.869, de 5 de outubro de 2016; e

XI - o Decreto nº 9.371, de 11 de maio de 2018.

Art. 127. Este Decreto entra em vigor na data de sua publicação.

Brasília, 22 de novembro de 2018; 197º da Independência e 130º da República.

MICHEL TEMER

Eduardo Refinetti Guardia

LEI Nº 13.874, DE 20 DE SETEMBRO DE 2019

Institui a Declaração de Direitos de Liberdade Econômica; estabelece garantias de livre mercado; altera as Leis nºs 10.406, de 10 de janeiro de 2002 (Código Civil), 6.404, de 15 de dezembro de 1976, 11.598, de 3 de dezembro de 2007, 12.682, de 9 de julho de 2012, 6.015, de 31 de dezembro de 1973, 10.522, de 19 de julho de 2002, 8.934, de 18 de novembro 1994, o Decreto-Lei nº 9.760, de 5 de setembro de 1946 e a Consolidação das Leis do Trabalho, aprovada pelo Decreto-Lei nº 5.452, de 1º de maio de 1943; revoga a Lei Delegada nº 4, de 26 de setembro de 1962, a Lei nº 11.887, de 24 de dezembro de 2008, e dispositivos do Decreto-Lei nº 73, de 21 de novembro de 1966; e dá outras providências.

‣ *Declaração de Direitos de Liberdade Econômica*

O PRESIDENTE DA REPÚBLICA

Faço saber que o Congresso Nacional decreta e eu sanciono a seguinte Lei:

CAPÍTULO I
DISPOSIÇÕES GERAIS

Art. 1º Fica instituída a Declaração de Direitos de Liberdade Econômica, que estabelece normas de proteção à livre iniciativa e ao livre exercício de atividade econômica e disposições sobre a atuação do Estado como agente normativo e regulador, nos termos do inciso IV do *caput* do art. 1º, do parágrafo único do art. 170 e do *caput* do art. 174 da Constituição Federal.

§ 1º O disposto nesta Lei será observado na aplicação e na interpretação do direito civil, empresarial, econômico, urbanístico e do trabalho nas relações jurídicas que se encontrem no seu âmbito de aplicação e na ordenação pública, inclusive sobre exercício das profissões, comércio, juntas comerciais, registros públicos, trânsito, transporte e proteção ao meio ambiente.

§ 2º Interpretam-se em favor da liberdade econômica, da boa-fé e do respeito aos contratos, aos investimentos e à propriedade todas as normas de ordenação pública sobre atividades econômicas privadas.

§ 3º O disposto neste Capítulo e nos Capítulos II e III desta Lei não se aplica ao direito tributário e ao direito financeiro, ressalvado o disposto no inciso X do *caput* do art. 3º desta Lei. *(Redação dada pela Lei 14.195/2021)*

§ 4º O disposto nos arts. 1º, 2º, 3º e 4º desta Lei constitui norma geral de direito econômico, conforme o disposto no inciso I do *caput* e nos §§ 1º, 2º, 3º e 4º do art. 24 da Constituição Federal, e será observado para todos os atos públicos de liberação da atividade econômica executados pelos Estados, pelo Distrito Federal e pelos Municípios, nos termos do § 2º deste artigo.

§ 5º O disposto no inciso IX do *caput* do art. 3º desta Lei não se aplica aos Estados, ao Distrito Federal e aos Municípios, exceto se:

I - o ato público de liberação da atividade econômica for derivado ou delegado por legislação ordinária federal; ou

II - o ente federativo ou o órgão responsável pelo ato decidir vincular-se ao disposto no inciso IX do *caput* do art. 3º desta Lei por meio de instrumento válido e próprio.

§ 6º Para fins do disposto nesta Lei, consideram-se atos públicos de liberação a licença, a autorização, a concessão, a inscrição, a permissão, o alvará, o cadastro, o credenciamento, o estudo, o plano, o registro e os demais atos exigidos, sob qualquer denominação, por órgão ou entidade da administração pública na aplicação de legislação, como condição para o exercício de atividade econômica, inclusive o início, a continuação e o fim para a instalação, a construção, a operação, a produção, o funcionamento, o uso, o exercício ou a realização, no âmbito público ou privado, de atividade, serviço, estabelecimento, profissão, instalação, operação, produto, equipamento, veículo, edificação e outros.

Art. 2º São princípios que norteiam o disposto nesta Lei:

I - a liberdade como uma garantia no exercício de atividades econômicas;

II - a boa-fé do particular perante o poder público;

III - a intervenção subsidiária e excepcional do Estado sobre o exercício de atividades econômicas; e

IV - o reconhecimento da vulnerabilidade do particular perante o Estado.

Parágrafo único. Regulamento disporá sobre os critérios de aferição para afastamento do inciso IV do *caput* deste artigo, limitados a questões de má-fé, hipersuficiência ou reincidência.

CAPÍTULO II
DA DECLARAÇÃO DE DIREITOS DE LIBERDADE ECONÔMICA

Art. 3º São direitos de toda pessoa, natural ou jurídica, essenciais para o desenvolvimento e o crescimento econômicos do País, observado o disposto no parágrafo único do art. 170 da Constituição Federal:

I - desenvolver atividade econômica de baixo risco, para a qual se valha exclusivamente de propriedade privada própria ou de terceiros consensuais, sem a necessidade de quaisquer atos públicos de liberação da atividade econômica;

II - desenvolver atividade econômica em qualquer horário ou dia da semana, inclusive feriados, sem que para isso esteja sujeita a cobranças ou encargos adicionais, observadas:

a) as normas de proteção ao meio ambiente, incluídas as de repressão à poluição sonora e à perturbação do sossego público;

b) as restrições advindas de contrato, de regulamento condominial ou de outro negócio jurídico, bem como as decorrentes das normas de direito real, incluídas as de direito de vizinhança; e

c) a legislação trabalhista;

III - definir livremente, em mercados não regulados, o preço de produtos e de serviços como consequência de alterações da oferta e da demanda;

IV - receber tratamento isonômico de órgãos e de entidades da administração pública quanto ao exercício de atos de liberação da atividade econômica, hipótese em que o ato de liberação estará vinculado aos mesmos critérios de interpretação adotados em decisões administrativas análogas anteriores, observado o disposto em regulamento;

V - gozar de presunção de boa-fé nos atos praticados no exercício da atividade econômica, para os quais as dúvidas de interpretação do direito civil, empresarial, econômico e urbanístico serão resolvidas de forma a preservar a autonomia privada, exceto se houver expressa disposição legal em contrário;

VI - desenvolver, executar, operar ou comercializar novas modalidades de produtos e de serviços quando as normas infralegais se tornarem desatualizadas por força de desenvolvimento tecnológico consolidado internacionalmente, nos termos estabelecidos em regulamento, que disciplinará os requisitos para aferição da situação concreta, os procedimentos, o momento e as condições dos efeitos;

VII - (VETADO);

VIII - ter a garantia de que os negócios jurídicos empresariais paritários serão objeto de livre estipulação das partes pactuantes, de forma a aplicar todas as regras de direito empresarial apenas de maneira subsidiária ao avençado, exceto normas de ordem pública;

IX - ter a garantia de que, nas solicitações de atos públicos de liberação da atividade econômica que se sujeitam ao disposto nesta Lei, apresentados todos os elementos necessários à instrução do processo, o particular será cientificado expressa e imediatamente do prazo máximo estipulado para a análise de seu pedido e de que, transcorrido o prazo fixado, o silêncio da autoridade competente importará aprovação tácita para todos os efeitos, ressalvadas as hipóteses expressamente vedadas em lei;

X - arquivar qualquer documento por meio de microfilme ou por meio digital, conforme técnica e requisitos estabelecidos em regulamento, hipótese em que se equiparará a documento físico para todos os efeitos legais e para a comprovação de qualquer ato de direito público;

XI - não ser exigida medida ou prestação compensatória ou mitigatória abusiva, em sede de estudos de impacto ou outras liberações de atividade econômica no direito urbanístico, entendida como aquela que:

a) (VETADO);

b) requeira medida que já era planejada para execução antes da solicitação pelo particular, sem que a atividade econômica altere a demanda para execução da referida medida;

c) utilize-se do particular para realizar execuções que compensem impactos que existiriam independentemente do empreendimento ou da atividade econômica solicitada;

d) requeira a execução ou prestação de qualquer tipo para áreas ou situação além daquelas diretamente impactadas pela atividade econômica; ou

e) mostre-se sem razoabilidade ou desproporcional, inclusive utilizada como meio de coação ou intimidação; e

XII - não ser exigida pela administração pública direta ou indireta certidão sem previsão expressa em lei.

§ 1º Para fins do disposto no inciso I do *caput* deste artigo:

I - ato do Poder Executivo federal disporá sobre a classificação de atividades de baixo risco a ser observada na ausência de legislação estadual, distrital ou municipal específica;

II - na hipótese de ausência de ato do Poder Executivo federal de que trata o inciso I deste parágrafo, será aplicada resolução do Comitê para Gestão da Rede Nacional para a Simplificação do Registro e da Legalização de Empresas e Negócios (CGSIM), independentemente da aderência do ente federativo à Rede Nacional para a Simplificação do Registro e da Legalização de Empresas e Negócios (Redesim); e

III - na hipótese de existência de legislação estadual, distrital ou municipal sobre a classificação de atividades de baixo risco, o ente federativo que editar ou tiver editado norma específica encaminhará notificação ao Ministério da Economia sobre a edição de sua norma.

§ 2º A fiscalização do exercício do direito de que trata o inciso I do *caput* deste artigo será realizada posteriormente, de ofício ou como consequência de denúncia encaminhada à autoridade competente.

§ 3º O disposto no inciso III do *caput* deste artigo não se aplica:

I - às situações em que o preço de produtos e de serviços seja utilizado com a finalidade de reduzir o valor do tributo, de postergar a sua arrecadação ou de remeter lucros em forma de custos ao exterior; e

II - à legislação de defesa da concorrência, aos direitos do consumidor e às demais disposições protegidas por lei federal.

§ 4º *(Revogado pela Lei 14.011/2020)*

§ 5º O disposto no inciso VIII do *caput* deste artigo não se aplica à empresa pública e à sociedade de economia mista definidas nos arts. 3º e 4º da Lei nº 13.303, de 30 de junho de 2016.

§ 6º O disposto no inciso IX do *caput* deste artigo não se aplica quando:

I - versar sobre questões tributárias de qualquer espécie ou de concessão de registro de marcas;

II - a decisão importar em compromisso financeiro da administração pública; e

III - houver objeção expressa em tratado em vigor no País.

§ 7º A aprovação tácita prevista no inciso IX do *caput* deste artigo não se aplica quando a titularidade da solicitação for de agente público ou de seu cônjuge, companheiro ou parente em linha reta ou colateral, por consanguinidade ou afinidade, até o 3º (terceiro) grau, dirigida a autoridade administrativa ou política do próprio órgão ou entidade da administração pública em que desenvolva suas atividades funcionais.

§ 8º O prazo a que se refere o inciso IX do *caput* deste artigo será definido pelo órgão ou pela entidade da administração pública solicitada, observados os princípios da impessoalidade e da eficiência e os limites máximos estabelecidos em regulamento.

§ 9º (VETADO).

§ 10. O disposto no inciso XI do *caput* deste artigo não se aplica às situações de acordo resultantes de ilicitude.

§ 11. Para os fins do inciso XII do *caput* deste artigo, é ilegal delimitar prazo de validade de certidão emitida sobre fato imutável, inclusive sobre óbito.

CAPÍTULO III
DAS GARANTIAS DE LIVRE INICIATIVA

Art. 4º É dever da administração pública e das demais entidades que se vinculam a esta Lei, no exercício de regulamentação de norma pública pertencente à legislação sobre a qual esta Lei versa, exceto se em estrito cumprimento a previsão explícita em lei, evitar o abuso do poder regulatório de maneira a, indevidamente:

I - criar reserva de mercado ao favorecer, na regulação, grupo econômico, ou profissional, em prejuízo dos demais concorrentes;

II - redigir enunciados que impeçam a entrada de novos competidores nacionais ou estrangeiros no mercado;

III - exigir especificação técnica que não seja necessária para atingir o fim desejado;

IV - redigir enunciados que impeçam ou retardem a inovação e a adoção de novas tecnologias, processos ou modelos de negócios, ressalvadas as situações consideradas em regulamento como de alto risco;

V - aumentar os custos de transação sem demonstração de benefícios;

VI - criar demanda artificial ou compulsória de produto, serviço ou atividade profissional, inclusive de uso de cartórios, registros ou cadastros;

VII - introduzir limites à livre formação de sociedades empresariais ou de atividades econômicas;

VIII - restringir o uso e o exercício da publicidade e propaganda sobre um setor econômico, ressalvadas as hipóteses expressamente vedadas em lei federal; e

IX - exigir, sob o pretexto de inscrição tributária, requerimentos de outra natureza de maneira a mitigar os efeitos do inciso I do *caput* do art. 3º desta Lei.

Art. 4º-A É dever da administração pública e das demais entidades que se sujeitam a esta Lei, na aplicação da ordenação pública sobre atividades econômicas privadas: *(Acrescido pela Lei 14.195/2021)*

I - dispensar tratamento justo, previsível e isonômico entre os agentes econômicos;

II - proceder à lavratura de autos de infração ou aplicar sanções com base em termos subjetivos ou abstratos somente quando estes forem propriamente regulamentados por meio de critérios claros, objetivos e previsíveis; e

III - observar o critério de dupla visita para lavratura de autos de infração decorrentes do exercício de atividade considerada de baixo ou médio risco.

§ 1º Os órgãos e as entidades competentes, na forma do inciso II do *caput* deste artigo, editarão atos normativos para definir a aplicação e a incidência de conceitos subjetivos ou abstratos por meio de critérios claros, objetivos e previsíveis, observado que:

I - nos casos de imprescindibilidade de juízo subjetivo para a aplicação da sanção, o ato normativo determinará o procedimento para sua aferição, de forma a garantir a maior previsibilidade e impessoalidade possível;

II - a competência da edição dos atos normativos infralegais equivalentes a que se refere este parágrafo poderá ser delegada pelo Poder competente conforme sua autonomia, bem como pelo órgão ou pela entidade responsável pela lavratura do auto de infração.

§ 2º Para os fins administrativos, controladores e judiciais, consideram-se plenamente atendidos pela administração pública os requisitos previstos no inciso II do *caput* deste artigo, quando a advocacia pública, no âmbito da União, dos Estados, do Distrito Federal e dos Municípios, nos limites da respectiva competência, tiver previamente analisado o ato de que trata o § 1º deste artigo.

§ 3º Os órgãos e as entidades deverão editar os atos normativos previstos no § 1º deste artigo no prazo de 4 (quatro) anos, podendo o Poder Executivo estabelecer prazo inferior em regulamento.

§ 4º O disposto no inciso II do *caput* deste artigo aplica-se exclusivamente ao ato de lavratura decorrente de infrações referentes a matérias nas quais a atividade foi considerada de baixo ou médio risco, não se aplicando a órgãos e a entidades da administração pública que não a tenham assim classificado, de forma direta ou indireta, de acordo com os seguintes critérios:

I - direta, quando realizada pelo próprio órgão ou entidade da administração pública que procede à lavratura; e

II - indireta, quando o nível de risco aplicável decorre de norma hierarquicamente superior ou subsidiária, por força de lei, desde que a classificação refira-se explicitamente à matéria sobre a qual se procederá a lavratura.

CAPÍTULO IV
DA ANÁLISE DE IMPACTO REGULATÓRIO

Art. 5º As propostas de edição e de alteração de atos normativos de interesse geral de agentes econômicos ou de usuários dos serviços prestados, editadas por órgão ou entidade da administração pública federal, incluídas as autarquias e as fundações públicas, serão precedidas da realização de análise de impacto regulatório, que conterá informações e dados sobre os possíveis efeitos do ato normativo para verificar a razoabilidade do seu impacto econômico.

Parágrafo único. Regulamento disporá sobre a data de início da exigência de que trata o *caput* deste artigo e sobre o conteúdo, a metodologia da análise de impacto regulatório, os quesitos mínimos a serem objeto de exame, as hipóteses em que será obrigatória sua realização e as hipóteses em que poderá ser dispensada.

CAPÍTULO V
DAS ALTERAÇÕES LEGISLATIVAS E DISPOSIÇÕES FINAIS

Art. 6º Fica extinto o Fundo Soberano do Brasil (FSB), fundo especial de natureza contábil e financeira, vinculado ao Ministério da Economia, criado pela Lei nº 11.887, de 24 de dezembro de 2008.

Art. 7º A Lei nº 10.406, de 10 de janeiro de 2002 (Código Civil), passa a vigorar com as seguintes alterações:

"Art. 49-A. A pessoa jurídica não se confunde com os seus sócios, associados, instituidores ou administradores.

Parágrafo único. A autonomia patrimonial das pessoas jurídicas é um instrumento lícito de alocação e segregação de riscos, estabelecido pela lei com a finalidade de estimular empreendimentos, para a geração de empregos, tributo, renda e inovação em benefício de todos."

"Art. 50. Em caso de abuso da personalidade jurídica, caracterizado pelo desvio de finalidade ou pela confusão patrimonial, pode o juiz, a requerimento da parte, ou do Ministério Público quando lhe couber intervir no processo, desconsiderá-la para que os efeitos de certas e determinadas relações de obrigações sejam estendidos aos bens particulares de administradores ou de sócios da pessoa jurídica beneficiados direta ou indiretamente pelo abuso.

§ 1º Para os fins do disposto neste artigo, desvio de finalidade é a utilização da pessoa jurídica com o propósito de lesar credores e para a prática de atos ilícitos de qualquer natureza.

§ 2º Entende-se por confusão patrimonial a ausência de separação de fato entre os patrimônios, caracterizada por:

I - cumprimento repetitivo pela sociedade de obrigações do sócio ou do administrador ou vice-versa;

II - transferência de ativos ou de passivos sem efetivas contraprestações, exceto os de valor proporcionalmente insignificante; e

III - outros atos de descumprimento da autonomia patrimonial.

§ 3º O disposto no *caput* e nos §§ 1º e 2º deste artigo também se aplica à extensão das obrigações de sócios ou de administradores à pessoa jurídica.

§ 4º A mera existência de grupo econômico sem a presença dos requisitos de que trata o *caput* deste artigo não autoriza a desconsideração da personalidade da pessoa jurídica.

§ 5º Não constitui desvio de finalidade a mera expansão ou a alteração da finalidade original da atividade econômica específica da pessoa jurídica."

"Art. 113. ....

....

§ 1º A interpretação do negócio jurídico deve lhe atribuir o sentido que:

I - for confirmado pelo comportamento das partes posterior à celebração do negócio;

II - corresponder aos usos, costumes e práticas do mercado relativas ao tipo de negócio;

III - corresponder à boa-fé;

IV - for mais benéfico à parte que não redigiu o dispositivo, se identificável; e

V - corresponder a qual seria a razoável negociação das partes sobre a questão discutida, inferida das demais disposições do negócio e da racionalidade econômica das partes, consideradas as informações disponíveis no momento de sua celebração.

§ 2º As partes poderão livremente pactuar regras de interpretação, de preenchimento de lacunas e de integração dos negócios jurídicos diversas daquelas previstas em lei."

"Art. 421. A liberdade contratual será exercida nos limites da função social do contrato.

Parágrafo único. Nas relações contratuais privadas, prevalecerão o princípio da intervenção mínima e a excepcionalidade da revisão contratual."

"Art. 421-A. Os contratos civis e empresariais presumem-se paritários e simétricos até a presença de elementos concretos que justifiquem o afastamento dessa presunção, ressalvados os regimes jurídicos previstos em leis especiais, garantido também que:

I - as partes negociantes poderão estabelecer parâmetros objetivos para a interpretação das cláusulas negociais e de seus pressupostos de revisão ou de resolução;

II - a alocação de riscos definida pelas partes deve ser respeitada e observada; e

III - a revisão contratual somente ocorrerá de maneira excepcional e limitada."

"Art. 980-A. ....

....

....

....

§ 7º Somente o patrimônio social da empresa responderá pelas dívidas da empresa individual de responsabilidade limitada, hipótese em que não se confundirá, em qualquer situação, com o patrimônio do titular que a constitui, ressalvados os casos de fraude."

"Art. 1.052 ....

....

§ 1º A sociedade limitada pode ser constituída por 1 (*uma*) ou mais pessoas.

§ 2º Se for unipessoal, aplicar-se-ão ao documento de constituição do sócio único, no que couber, as disposições sobre o contrato social."

"CAPÍTULO X

DO FUNDO DE INVESTIMENTO

"Art. 1.368-C. O fundo de investimento é uma comunhão de recursos, constituído sob a forma de condomínio de natureza especial, destinado à aplicação em ativos financeiros, bens e direitos de qualquer natureza.

§ 1º Não se aplicam ao fundo de investimento as disposições constantes dos arts. 1.314 ao 1.358-A deste Código.

§ 2º Competirá à Comissão de Valores Mobiliários disciplinar o disposto no *caput* deste artigo.

§ 3º O registro dos regulamentos dos fundos de investimentos na Comissão de Valores Mobiliários é condição suficiente para garantir a sua publicidade e a oponibilidade de efeitos em relação a terceiros.›

‹Art. 1.368-D. O regulamento do fundo de investimento poderá, observado o disposto na regulamentação a que se refere o § 2º do art. 1.368-C desta Lei, estabelecer:

I - a limitação da responsabilidade de cada investidor ao valor de suas cotas;

II - a limitação da responsabilidade, bem como parâmetros de sua aferição, dos prestadores de serviços do fundo de investimento, perante o condomínio e entre si, ao cumprimento dos deveres particulares de cada um, sem solidariedade; e

III - classes de cotas com direitos e obrigações distintos, com possibilidade de constituir patrimônio segregado para cada classe.

§ 1º A adoção da responsabilidade limitada por fundo de investimento constituído sem a limitação de responsabilidade somente abrangerá fatos ocorridos após a respectiva mudança em seu regulamento.

§ 2º A avaliação de responsabilidade dos prestadores de serviço deverá levar sempre em consideração os riscos inerentes às aplicações nos mercados de atuação do fundo de investimento e a natureza de obrigação de meio de seus serviços.

§ 3º O patrimônio segregado referido no inciso III do *caput* deste artigo só responderá por obrigações vinculadas à classe respectiva, nos termos do regulamento.›

‹Art. 1.368-E. Os fundos de investimento respondem diretamente pelas obrigações legais e contratuais por eles assumidas, e os prestadores de serviço não respondem por essas obrigações, mas respondem pelos prejuízos que causarem quando procederem com dolo ou má-fé.

§ 1º Se o fundo de investimento com limitação de responsabilidade não possuir patrimônio suficiente para responder por suas dívidas, aplicam-se as regras de insolvência previstas nos arts. 955 a 965 deste Código.

§ 2º A insolvência pode ser requerida judicialmente por credores, por deliberação própria dos cotistas do fundo de investimento, nos termos de seu regulamento, ou pela Comissão de Valores Mobiliários."

"Art. 1.368-F. O fundo de investimento constituído por lei específica e regulamentado pela Comissão de Valores Mobiliários deverá, no que couber, seguir as disposições deste Capítulo."

Art. 8º O art. 85 da Lei nº 6.404, de 15 de dezembro de 1976, passa a vigorar com as seguintes alterações:

"Art. 85. ....

....

§ 1º A subscrição poderá ser feita, nas condições previstas no prospecto, por carta à instituição, acompanhada das declarações a que se refere este artigo e do pagamento da entrada.

§ 2º Será dispensada a assinatura de lista ou de boletim a que se refere o *caput* deste artigo na hipótese de oferta pública cuja liquidação ocorra por meio de sistema administrado por entidade administradora de mercados organizados de valores mobiliários."

Art. 9º O art. 4º da Lei nº 11.598, de 3 de dezembro de 2007, passa a vigorar acrescido do seguinte § 5º:

"Art. 4º ....

....

....

....

§ 5º Ato do Poder Executivo federal disporá sobre a classificação mínima de atividades de baixo risco, válida para todos os integrantes da Redesim, observada a Classificação Nacional de Atividades Econômicas, hipótese em que a autodeclaração de enquadramento será requerimento suficiente, até que seja apresentada prova em contrário."

Art. 10. A Lei nº 12.682, de 9 de julho de 2012, passa a vigorar acrescida do seguinte art. 2º-A:

"Art. 2º-A. Fica autorizado o armazenamento, em meio eletrônico, óptico ou equivalente, de documentos públicos ou privados, compostos por dados ou por imagens, observado o disposto nesta Lei, nas legislações específicas e no regulamento.

§ 1º Após a digitalização, constatada a integridade do documento digital nos termos estabelecidos no regulamento, o original poderá ser destruído, ressalvados os documentos de valor histórico, cuja preservação observará o disposto na legislação específica.

§ 2º O documento digital e a sua reprodução, em qualquer meio, realizada de acordo com o disposto nesta Lei e na legislação específica, terão o mesmo valor probatório do documento original, para todos os fins de direito, inclusive para atender ao poder fiscalizatório do Estado.

§ 3º Decorridos os respectivos prazos de decadência ou de prescrição, os documentos armazenados em meio eletrônico, óptico ou equivalente poderão ser eliminados.

§ 4º Os documentos digitalizados conforme o disposto neste artigo terão o mesmo efeito jurídico conferido aos documentos microfilmados, nos termos da Lei nº 5.433, de 8 de maio de 1968, e de regulamentação posterior.

§ 5º Ato do Secretário de Governo Digital da Secretaria Especial de Desburocratização, Gestão e Governo Digital do Ministério da Economia estabelecerá os documentos cuja reprodução conterá código de autenticação verificável.

§ 6º Ato do Conselho Monetário Nacional disporá sobre o cumprimento do disposto no § 1º deste artigo, relativamente aos documentos referentes a operações e transações realizadas no sistema financeiro nacional.

§ 7º É lícita a reprodução de documento digital, em papel ou em qualquer outro meio físico, que contiver mecanismo de verificação de integridade e autenticidade, na maneira e com a técnica definidas pelo mercado, e cabe ao particular o ônus de demonstrar integralmente a presença de tais requisitos.

§ 8º Para a garantia de preservação da integridade, da autenticidade e da confidencialidade de documentos públicos será usada certificação digital no padrão da Infraestrutura de Chaves Públicas Brasileira (ICP-*Brasil)*."

Art. 11. O Decreto-Lei nº 9.760, de 5 de setembro de 1946, passa a vigorar com as seguintes alterações:

"Art. 14. Da decisão proferida pelo Secretário de Coordenação e Governança do Patrimônio da União da Secretaria Especial de Desestatização, Desinvestimento e Mercados do Ministério da Economia será dado conhecimento aos recorrentes que, no prazo de 20 (vinte) dias, contado da data de sua ciência, poderão interpor recurso, sem efeito suspensivo, dirigido ao superior hierárquico, em última instância."

"Art. 100. ....

....

....

....

§ 5º Considerada improcedente a impugnação, a autoridade submeterá o recurso à autoridade superior, nos termos estabelecidos em regulamento.

....

...."

"Art. 216. O Ministro de Estado da Economia, diretamente ou por ato do Secretário Especial de Desestatização, Desinvestimento e Mercados do Ministério da Economia, ouvido previamente o Secretário de Coordenação e Governança do Patrimônio da União, editará os atos necessários à execução do disposto neste Decreto-Lei."

Art. 12. O art. 1º da Lei nº 6.015, de 31 de dezembro de 1973, passa a vigorar acrescido do seguinte § 3º:

"Art. 1º ....

....

....

....

§ 3º Os registros poderão ser escriturados, publicitados e conservados em meio eletrônico, obedecidos os padrões tecnológicos estabelecidos em regulamento."

Art. 13. A Lei nº 10.522, de 19 de julho de 2002, passa a vigorar com as seguintes alterações:

"Art. 18-A. Comitê formado de integrantes do Conselho Administrativo de Recursos Fiscais, da Secretaria Especial da Receita Federal do Brasil do Ministério da Economia e da Procuradoria-Geral da Fazenda Nacional editará enunciados de súmula da administração tributária federal, conforme o disposto em ato do Ministro de Estado da Economia, que deverão ser observados nos atos administrativos, normativos e decisórios praticados pelos referidos órgãos."

"Art. 19. Fica a Procuradoria-Geral da Fazenda Nacional dispensada de contestar, de oferecer contrarrazões e de interpor recursos, e fica autorizada a desistir de recursos já interpostos, desde que inexista outro fundamento relevante, na hipótese em que a ação ou a decisão judicial ou administrativa versar sobre:

....

....

II - tema que seja objeto de parecer, vigente e aprovado, pelo Procurador-Geral da Fazenda Nacional, que conclua no mesmo sentido do pleito do particular;

....

....

IV - tema sobre o qual exista súmula ou parecer do Advogado-Geral da União que conclua no mesmo sentido do pleito do particular;

V - tema fundado em dispositivo legal que tenha sido declarado inconstitucional pelo Supremo Tribunal Federal em sede de controle difuso e tenha tido sua execução suspensa por resolução do Senado Federal, ou tema sobre o qual exista enunciado de súmula vinculante ou que tenha sido definido pelo Supremo Tribunal Federal em sentido desfavorável à Fazenda Nacional em sede de controle concentrado de constitucionalidade;

VI - tema decidido pelo Supremo Tribunal Federal, em matéria constitucional, ou pelo Superior Tribunal de Justiça, pelo Tribunal Superior do Trabalho, pelo Tribunal Superior Eleitoral ou pela Turma Nacional de Uniformização de Jurisprudência, no âmbito de suas competências, quando:

a) for definido em sede de repercussão geral ou recurso repetitivo; ou

b) não houver viabilidade de reversão da tese firmada em sentido desfavorável à Fazenda Nacional, conforme critérios definidos em ato do Procurador-Geral da Fazenda Nacional; e

VII - tema que seja objeto de súmula da administração tributária federal de que trata o art. 18-A desta Lei.

....

....

§ 3º (*Revogado*);

§ 4º (*Revogado*);

§ 5º (*Revogado*);

....

....

§ 7º (*Revogado*).

§ 8º O parecer da Procuradoria-Geral da Fazenda Nacional que examina a juridicidade de proposições normativas não se enquadra no disposto no inciso II do *caput* deste artigo.

§ 9º A dispensa de que tratam os incisos V e VI do *caput* deste artigo poderá ser estendida a tema não abrangido pelo julgado, quando a ele forem aplicáveis os fundamentos determinantes extraídos do julgamento paradigma ou da jurisprudência consolidada, desde que inexista outro fundamento relevante que justifique a impugnação em juízo.

§ 10. O disposto neste artigo estende-se, no que couber, aos demais meios de impugnação às decisões judiciais.

§ 11. O disposto neste artigo aplica-se a todas as causas em que as unidades da Procuradoria-Geral da Fazenda Nacional devam atuar na qualidade de representante judicial ou de autoridade coatora.

§ 12. Os órgãos do Poder Judiciário e as unidades da Procuradoria-Geral da Fazenda Nacional poderão, de comum acordo, realizar mutirões para análise do enquadramento de processos ou de recursos nas hipóteses previstas neste artigo e celebrar negócios processuais com fundamento no disposto no art. 190 da Lei nº 13.105, de 16 de março de 2015 (*Código de Processo Civil*).

§ 13. Sem prejuízo do disposto no § 12 deste artigo, a Procuradoria-Geral da Fazenda Nacional regulamentará a celebração de negócios jurídicos processuais em seu âmbito de atuação, inclusive na cobrança administrativa ou judicial da dívida ativa da União."

"Art. 19-A. Os Auditores-Fiscais da Secretaria Especial da Receita Federal do Brasil não constituirão os créditos tributários relativos aos temas de que trata o art. 19 desta Lei, observado:

I - o disposto no parecer a que se refere o inciso II do *caput* do art. 19 desta Lei, que será aprovado na forma do art. 42 da Lei Complementar nº 73, de 10 de fevereiro de 1993, ou que terá concordância com a sua aplicação pela Secretaria Especial da Receita Federal do Brasil do Ministério da Economia;

II - o parecer a que se refere o inciso IV do *caput* do art. 19 desta Lei, que será aprovado na forma do disposto no art. 40 da Lei Complementar nº 73, de 10 de fevereiro de 1993, ou que, quando não aprovado por despacho do Presidente da República, terá concordância com a sua aplicação pelo Ministro de Estado da Economia; ou

III - nas hipóteses de que tratam o inciso VI do *caput* e o § 9º do art. 19 desta Lei, a Procuradoria-Geral da Fazenda Nacional deverá manifestar-se sobre as matérias abrangidas por esses dispositivos.

§ 1º Os Auditores-Fiscais da Secretaria Especial da Receita Federal do Brasil do Ministério da Economia adotarão, em suas decisões, o entendimento a que estiverem vinculados, inclusive para fins de revisão de ofício do lançamento e de repetição de indébito administrativa.

§ 2º O disposto neste artigo aplica-se, no que couber, aos responsáveis pela retenção de tributos e, ao emitirem laudos periciais para atestar a existência de condições que gerem isenção de tributos, aos serviços médicos oficiais."

"Art. 19-B. Os demais órgãos da administração pública que administrem créditos tributários e não tributários passíveis de inscrição e de cobrança pela Procuradoria-Geral da Fazenda Nacional encontram-se dispensados de constituir e de promover a cobrança com fundamento nas hipóteses de dispensa de que trata o art. 19 desta Lei.

Parágrafo único. A aplicação do disposto no *caput* deste artigo observará, no que couber, as disposições do art. 19-A desta Lei."

"Art. 19-C. A Procuradoria-Geral da Fazenda Nacional poderá dispensar a prática de atos processuais, inclusive a desistência de recursos interpostos, quando o benefício patrimonial almejado com o ato não atender aos critérios de racionalidade, de economicidade e de eficiência.

§ 1º O disposto no *caput* deste artigo inclui o estabelecimento de parâmetros de valor para a dispensa da prática de atos processuais.

§ 2º A aplicação do disposto neste artigo não implicará o reconhecimento da procedência do pedido formulado pelo autor.

§ 3º O disposto neste artigo aplica-se, inclusive, à atuação da Procuradoria-Geral da Fazenda Nacional no âmbito do contencioso administrativo fiscal."

"Art. 19-D. *(Revogado parcialmente na parte em que altera o "caput" do art. 19-D da Lei 10.522/2002, pela Lei 14.375/2022)*

"§ 1º Aos órgãos da administração pública federal direta, representados pela Procuradoria-Geral da União, e às autarquias e fundações públicas, representadas pela Procuradoria-Geral Federal ou pela Procuradoria-Geral do Banco Central do Brasil, aplicase, no que couber, o disposto no art. 19-B desta Lei.

§ 2º Ato do Advogado-Geral da União disciplinará o disposto neste artigo."

"Art. 20. Serão arquivados, sem baixa na distribuição, por meio de requerimento do Procurador da Fazenda Nacional, os autos das execuções fiscais de débitos inscritos em dívida ativa da União pela Procuradoria-Geral da Fazenda Nacional ou por ela cobrados, de valor consolidado igual ou inferior àquele estabelecido em ato do Procurador-Geral da Fazenda Nacional.

....

...."

Art. 14. A Lei nº 8.934, de 18 de novembro de 1994, passa a vigorar com as seguintes alterações:

"Art. 4º O Departamento Nacional de Registro Empresarial e Integração (*Drei*) da Secretaria de Governo Digital da Secretaria Especial de Desburocratização, Gestão e Governo Digital do Ministério da Economia tem por finalidade:

....

....

Parágrafo único. O cadastro nacional a que se refere o inciso IX do *caput* deste artigo será mantido com as informações originárias do cadastro estadual de empresas, vedados a exigência de preenchimento de formulário pelo empresário ou o fornecimento de novos dados ou informações, bem como a cobrança de preço pela inclusão das informações no cadastro nacional."

"Art. 31. Os atos decisórios serão publicados em sítio da rede mundial de computadores da junta comercial do respectivo ente federativo."

"Art. 32. ....

....

§ 1º Os atos, os documentos e as declarações que contenham informações meramente cadastrais serão levados automaticamente a registro se puderem ser obtidos de outras bases de dados disponíveis em órgãos públicos.

§ 2º Ato do Departamento Nacional de Registro Empresarial e Integração definirá os atos, os documentos e as declarações que contenham informações meramente cadastrais."

"Art. 35. ....

....

....

....

VIII - (*revogado*).

Parágrafo único. O registro dos atos constitutivos e de suas alterações e extinções ocorrerá independentemente de autorização governamental prévia, e os órgãos públicos deverão ser informados pela Rede Nacional para a Simplificação do Registro e da Legalização de Empresas e Negócios (*Redesim*) a respeito dos registros sobre os quais manifestarem interesse."

"Art. 41. ....

....

I - ....

....

a) dos atos de constituição de sociedades anônimas;

....

....

Parágrafo único. Os pedidos de arquivamento de que trata o inciso I do *caput* deste artigo serão decididos no prazo de 5 (*cinco*) dias úteis, contado da data de seu recebimento, sob pena de os atos serem considerados arquivados, mediante provocação dos interessados, sem prejuízo do exame das formalidades legais pela procuradoria."

"Art. 42. ....

....

§ 1º ....

....

§ 2º Os pedidos de arquivamento não previstos no inciso I do *caput* do art. 41 desta Lei serão decididos no prazo de 2 (*dois*) dias úteis, contado da data de seu recebimento, sob pena de os atos serem considerados arquivados, mediante provocação dos interessados, sem prejuízo do exame das formalidades legais pela procuradoria.

§ 3º O arquivamento dos atos constitutivos e de alterações não previstos no inciso I do *caput* do art. 41 desta Lei terá o registro deferido automaticamente caso cumpridos os requisitos de:

I - aprovação da consulta prévia da viabilidade do nome empresarial e da viabilidade de localização, quando o ato exigir; e

II - utilização pelo requerente do instrumento padrão estabelecido pelo Departamento Nacional de Registro Empresarial e Integração (*Drei*) da Secretaria de Governo Digital da Secretaria Especial de Desburocratização, Gestão e Governo Digital do Ministério da Economia.

§ 4º O arquivamento dos atos de extinção não previstos no inciso I do *caput* do art. 41 desta Lei terá o registro deferido automaticamente no caso de utilização pelo requerente do instrumento padrão estabelecido pelo Drei.

§ 5º Nas hipóteses de que tratam os §§ 3º e 4º do *caput* deste artigo, a análise do cumprimento das formalidades legais será feita posteriormente, no prazo de 2 (*dois*) dias úteis, contado da data do deferimento automático do registro.

§ 6º Após a análise de que trata o § 5º deste artigo, a identificação da existência de vício acarretará:

I - o cancelamento do arquivamento, se o vício for insanável; ou

II - a observação do procedimento estabelecido pelo Drei, se o vício for sanável."

"Art. 44. ....

....

....

....

III - Recurso ao Departamento Nacional de Registro Empresarial e Integração."

"Art. 47. Das decisões do plenário cabe recurso ao Departamento Nacional de Registro Empresarial e Integração como última instância administrativa.

Parágrafo único. (*Revogado*)."

"Art. 54. A prova da publicidade de atos societários, quando exigida em lei, será feita mediante anotação nos registros da junta comercial à vista da apresentação da folha do Diário Oficial, em sua versão eletrônica, dispensada a juntada da mencionada folha."

"Art. 55. Compete ao Departamento Nacional de Registro Empresarial e Integração propor a elaboração da tabela de preços dos serviços pertinentes ao Registro Público de Empresas Mercantis, na parte relativa aos atos de natureza federal, bem como especificar os atos a serem observados pelas juntas comerciais na elaboração de suas tabelas locais.

§ 1º ....

....

§ 2º É vedada a cobrança de preço pelo serviço de arquivamento dos documentos relativos à extinção do registro do empresário individual, da empresa individual de responsabilidade limitada (*Eireli*) e da sociedade limitada."

"Art. 63. ....

....

§ 1º A cópia de documento, autenticada na forma prevista em lei, dispensará nova conferência com o documento original.

§ 2º A autenticação do documento poderá ser realizada por meio de comparação entre o documento original e a sua cópia pelo servidor a quem o documento seja apresentado.

§ 3º Fica dispensada a autenticação a que se refere o § 1º do *caput* deste artigo quando o advogado ou o contador da parte interessada declarar, sob sua responsabilidade pessoal, a autenticidade da cópia do documento."

"Art. 65-A. Os atos de constituição, alteração, transformação, incorporação, fusão, cisão, dissolução e extinção de registro de empresários e de pessoas jurídicas poderão ser realizados também por meio de sistema eletrônico criado e mantido pela administração pública federal."

Art. 15. A Consolidação das Leis do Trabalho, aprovada pelo Decreto-Lei nº 5.452, de 1º de maio de 1943, passa a vigorar com as seguintes alterações:

"Art. 13. ....

....

....

....

§ 2º A Carteira de Trabalho e Previdência Social (CTPS) obedecerá aos modelos que o Ministério da Economia adotar.

§ 3º (*Revogado*).

§ 4º (*Revogado*)."

"Art. 14. A CTPS será emitida pelo Ministério da Economia preferencialmente em meio eletrônico.

Parágrafo único. Excepcionalmente, a CTPS poderá ser emitida em meio físico, desde que:

I - nas unidades descentralizadas do Ministério da Economia que forem habilitadas para a emissão;

II - mediante convênio, por órgãos federais, estaduais e municipais da administração direta ou indireta;

III - mediante convênio com serviços notariais e de registro, sem custos para a administração, garantidas as condições de segurança das informações."

"Art. 15. Os procedimentos para emissão da CTPS ao interessado serão estabelecidos pelo Ministério da Economia em regulamento próprio, privilegiada a emissão em formato eletrônico."

"Art. 16. A CTPS terá como identificação única do empregado o número de inscrição no Cadastro de Pessoas Físicas (CPF).

I - (*revogado*);

II - (*revogado*);

III - (*revogado*);

IV - (*revogado*).

Parágrafo único. (*Revogado*).

a) (*revogada*);

b) (*revogada*)."

"Art. 29. O empregador terá o prazo de 5 (*cinco*) dias úteis para anotar na CTPS, em relação aos trabalhadores que admitir, a data de admissão, a remuneração e as condições especiais, se houver, facultada a adoção de sistema manual, mecânico ou eletrônico, conforme instruções a serem expedidas pelo Ministério da Economia.

....

....

§ 6º A comunicação pelo trabalhador do número de inscrição no CPF ao empregador equivale à apresentação da CTPS em meio digital, dispensado o empregador da emissão de recibo.

§ 7º Os registros eletrônicos gerados pelo empregador nos sistemas informatizados da CTPS em meio digital equivalem às anotações a que se refere esta Lei.

§ 8º O trabalhador deverá ter acesso às informações da sua CTPS no prazo de até

48 (quarenta e *oito)* horas a partir de sua anotação."

"Art. 40. A CTPS ularmente emitida e anotada servirá de prova:

....

....

II - (*revogado*);

....

....................................."

"Art. 74. O horário de trabalho será anotado em registro de empregados.

§ 1º (*Revogado*).

§ 2º Para os estabelecimentos com mais de 20 (*vinte*) trabalhadores será obrigatória a anotação da hora de entrada e de saída, em registro manual, mecânico ou eletrônico, conforme instruções expedidas pela Secretaria Especial de Previdência e Trabalho do Ministério da Economia, permitida a pré-assinalação do período de repouso.

§ 3º Se o trabalho for executado fora do estabelecimento, o horário dos empregados constará do registro manual, mecânico ou eletrônico em seu poder, sem prejuízo do que dispõe o *caput* deste artigo.

§ 4º Fica permitida a utilização de registro de ponto por exceção à jornada regular de trabalho, mediante acordo individual escrito, convenção coletiva ou acordo coletivo de trabalho."

"Art. 135. ....

....

....

....

§ 3º Nos casos em que o empregado possua a CTPS em meio digital, a anotação será feita nos sistemas a que se refere o § 7º do art. 29 desta Consolidação, na forma do regulamento, dispensadas as anotações de que tratam os §§ 1º e 2º deste artigo."

Art. 16. O Sistema de Escrituração Digital das Obrigações Fiscais, Previdenciárias e Trabalhistas (eSocial) será substituído, em nível federal, por sistema simplificado de escrituração digital de obrigações previdenciárias, trabalhistas e fiscais.

Parágrafo único. Aplica-se o disposto no *caput* deste artigo às obrigações acessórias à versão digital gerenciadas pela Receita Federal do Brasil do Livro de Controle de Produção e Estoque da Secretaria Especial da Receita Federal do Brasil (Bloco K).

Art. 17. Ficam resguardados a vigência e a eficácia ou os efeitos dos atos declaratórios do Procurador-Geral da Fazenda Nacional, aprovados pelo Ministro de Estado respectivo e editados até a data de publicação desta Lei, nos termos do inciso II do *caput* do art. 19 da Lei nº 10.522, de 19 de julho de 2002.

Art. 18. A eficácia do disposto no inciso X do *caput* do art. 3º desta Lei fica condicionada à regulamentação em ato do Poder Executivo federal, observado que:

I - para documentos particulares, qualquer meio de comprovação da autoria, integridade e, se necessário, confidencialidade de documentos em forma eletrônica é válido, desde que escolhido de comum acordo pelas partes ou aceito pela pessoa a quem for oposto o documento; e

II - independentemente de aceitação, o processo de digitalização que empregar o uso da certificação no padrão da Infraestrutura de Chaves Públicas Brasileira (ICP-Brasil) terá garantia de integralidade, autenticidade e confidencialidade para documentos públicos e privados.

Art. 19. Ficam revogados:

I - a Lei Delegada nº 4, de 26 de setembro de 1962;

II - os seguintes dispositivos do Decreto-Lei nº 73, de 21 de novembro de 1966:

a) inciso III do *caput* do art. 5º; e

b) inciso X do *caput* do art. 32;

III - a Lei nº 11.887, de 24 de dezembro de 2008;

IV - (VETADO);

V - os seguintes dispositivos da Consolidação das Leis do Trabalho, aprovada pelo Decreto-Lei nº 5.452, de 1º de maio de 1943:

a) art. 17;

b) art. 20;

c) art. 21;

d) art. 25;

e) art. 26;

f) art. 30;

g) art. 31;

h) art. 32;

i) art. 33;

j) art. 34;

k) inciso II do art. 40;

l) art. 53;

m) art. 54;

n) art. 56;

o) art. 141;

p) parágrafo único do art. 415;

q) art. 417;

r) art. 419;

s) art. 420;

t) art. 421;

u) art. 422; e

v) art. 633;

VI - os seguintes dispositivos da Lei nº 8.934, de 18 de novembro de 1994:

a) parágrafo único do art. 2º;

b) inciso VIII do *caput* do art. 35;

c) art. 43; e

d) parágrafo único do art. 47.

Art. 20. Esta Lei entra em vigor:

I - (VETADO);

II - na data de sua publicação, para os demais artigos.

Brasília, 20 de setembro de 2019; 198º da Independência e 131º da República.

JAIR MESSIAS BOLSONARO
Paulo Guedes
Luiz Henrique Mandetta

DECRETO Nº 10.088, DE 5 DE NOVEMBRO DE 2019

Consolida atos normativos editados pelo Poder Executivo Federal que dispõem sobre a promulgação de convenções e recomendações da Organização Internacional do Trabalho – OIT ratificadas pela República Federativa do Brasil.

▸ *Constituição da OIT e seus anexos*

O PRESIDENTE DA REPÚBLICA, no uso da atribuição que lhe confere o art. 84, *caput*, inciso IV, da Constituição, e tendo em vista o disposto na Lei Complementar nº 95, de 26 de fevereiro de 1998, DECRETA:

CAPÍTULO I
DISPOSIÇÕES PRELIMINARES

Art. 1º Este Decreto consolida, na forma de seus anexos, os atos normativos editados pelo Poder Executivo federal que dispõem sobre a promulgação de convenções e recomendações da Organização Internacional do Trabalho – OIT ratificadas pela República Federativa do Brasil e em vigor, em observância ao disposto na Lei Complementar nº 95, de 26 de fevereiro de 1998, e no Decreto nº 9.191, de 1º de novembro de 2017.

CAPÍTULO II
DAS CONVENÇÕES E DAS RECOMENDAÇÕES

Art. 2º As convenções e recomendações da OIT, aprovadas pelo Congresso Nacional, promulgadas por ato do Poder Executivo federal e consolidadas por este Decreto estão reproduzidas integralmente nos Anexos, em ordem cronológica de promulgação, da seguinte forma:

I – Anexo I – Convenção nº 6 da OIT relativa ao trabalho noturno das crianças na indústria (adotada por ocasião da Conferência de Washington, convocada pelo Governo dos Estados Unidos da América, em 29 de outubro de 1919; aprovada por Ato do Chefe do Governo Provisório, de 27 de março de 1934; ratificado em 27 de março de 1934; instrumento de ratificação depositado nos arquivos do Secretariado Geral da Liga das Nações, em 26 de abril do mesmo ano; e promulgada em 12 de novembro de 1935);

II – Anexo II – Convenção nº 42 da OIT concernente à indenização das moléstias profissionais (revista em 1934; firmada em Genebra, em 4 de junho de 1934, na 18ª sessão da Conferência Geral da Organização Internacional do Trabalho; aprovada pelo Decreto Legislativo nº 9, de 22 de dezembro de 1935; instrumento de ratificação depositado no Secretariado da Liga das Nações, em 8 de junho de 1936; e promulgada em 12 de janeiro de 1937);

III – Anexo III – Convenção nº 16 da OIT relativa ao exame médico obrigatório das crianças e menores empregados a bordo dos vapores (firmada por ocasião da 3ª sessão da Conferência Geral da Organização Internacional do Trabalho, reunida em Genebra, em 25 de outubro de 1921; aprovada pelo Decreto Legislativo nº 9, de 22 de dezembro de 1935; instrumento de ratificação depositado no Secretariado da Liga das Nações, em 8 de junho de 1936; e promulgada em 19 de janeiro de 1937);

IV – Anexo IV – Convenção nº 45 da OIT relativa ao emprego das mulheres nos trabalhos subterrâneos nas minas de qualquer categoria (firmada em Genebra em 18 de julho de 1935, por ocasião da 19ª sessão da Conferência Internacional do Trabalho, que se reuniu na mesma cidade, de 4 a 25 de junho de 1935; aprovada pelo Decreto-Lei nº 482, de 8 de junho de 1938; ratificado em 21 de julho de 1938; instrumento de ratificação depositado no Secretariado da Liga das Nações em 22 de setembro de 1938; e promulgada em 3 de novembro de 1938);

V – Anexo V – Convenção nº 53 da OIT relativa ao mínimo de capacidade profissional dos capitães e oficiais da marinha mercante (firmada em Genebra, em 24 de outubro de 1936, por ocasião da 21ª sessão da Conferência Internacional do Trabalho, reunida na mesma cidade de 6 a 24 de outubro de 1936; aprovada pelo Decreto-Lei nº 477, de 8 de junho de 1938; ratificada em 16 de agosto de 1938; instrumento de ratificação depositado no Secretariado da Liga das Nações, em 12 de outubro de 1938; e promulgada em 30 de novembro de 1938);

VI – Anexo VI – Emenda da Constituição da Organização Internacional do Trabalho, 1946 e a Convenção nº 80 da OIT, sobre a Revisão dos Artigos Finais, 1946 (firmadas pelo Brasil e diversos países, em Montreal, em 9 de outubro de 1946, por ocasião da 29ª sessão da Conferência Geral da Organização Internacional do Trabalho; aprovadas pelo Decreto Legislativo nº 5, de 26 de agosto de 1947; instrumento de ratificação depositado junto à Organização Internacional do Trabalho, em 13 de abril de 1948; e promulgadas em 20 de outubro de 1948);

VII – Anexo VII – Convenção nº 98 da OIT, relativa à Aplicação dos Princípios do Direito de Organização e de Negociação Coletiva (adotada em Genebra, em 1º de julho de 1949, por ocasião da XXXII Sessão da Conferência Internacional do Trabalho; aprovada pelo Decreto Legislativo nº 49, de 27 de agosto de 1952; instrumento de ratificação depositado na sede da Organização Internacional do Trabalho, em 18 de novembro de 1952; e promulgada em 29 de junho de 1953);

VIII – Anexo VIII – Convenção nº 92 da OIT, relativa ao alojamento da tripulação a bordo (adotada em Genebra, em 18 de junho de 1949, por ocasião da XXXII Sessão da Conferência Internacional do Trabalho; aprovada pelo Decreto Legislativo nº 71, de 1º de outubro de 1953; ratificada pelo Brasil, por Carta de 3 de maio de 1954; depositado o instrumento brasileiro de ratificação junto ao Bureau Internacional do Trabalho em 8 de junho de 1954; e promulgada em 22 de outubro de 1954);

IX – Anexo IX – Convenção nº 11 da OIT concernente aos Direitos de Associação e de União dos Trabalhadores Agrícolas (adotada na Terceira Conferência de Genebra, a 12 de novembro de 1921 e modificada pela Convenção de Revisão dos artigos finais, de 1946; aprovada pelo Decreto Legislativo nº 24, de 29 de maio de 1956; e promulgada em 25 de junho de 1957);

X – Anexo X – Convenção nº 12 da OIT concernente à Indenização por Acidentes no Trabalho na Agricultura (adotada pela Conferência na sua Terceira Sessão – Genebra, novembro de 1921, com as modificações da Convenção de Revisão dos artigos finais, de 1946; aprovada pelo Decreto Legislativo nº 24, de 29 de maio de 1956; e promulgada em 25 de junho de 1957);

XI – Anexo XI – Convenção nº 14 da OIT concernente à Concessão do Repouso Semanal nos Estabelecimentos Industriais (adotada na Terceira Sessão da Conferência de Genebra, em 17 de novembro de 1921, com as modificações finais, de 1946; aprovada pelo Decreto Legislativo nº 24, de 29 de maio de 1956; e promulgada em 25 de junho de 1957);

XII – Anexo XII – Convenção nº 19 da OIT concernente à Igualdade de Tratamento dos Trabalhadores Estrangeiros e Nacionais em Matéria de Indenização por Acidentes no Trabalho (adotada pela Conferência em sua Sétima Sessão, Genebra, 5 de junho de 1925, com as modificações da Convenção de Revisão dos artigos finais, de 1946; aprovada pelo Decreto Legislativo nº 24, de 29 de maio de 1956; e promulgada em 25 de junho de 1957);

XIII – Anexo XIII – Convenção nº 26 da OIT concernente à Instituição de Métodos de Fixação de Salários Mínimos (adotada pela Conferência em sua Décima Primeira Sessão, Genebra, 16 de junho de 1928; aprovada pelo Decreto Legislativo nº 24, de 29 de maio de 1956; e promulgada em 25 de junho de 1957);

XIV – Anexo XIV – Convenção nº 29 da OIT concernente a Trabalho Forçado ou Obrigatório (adotada pela Conferência em sua Décima Quarta Sessão, Genebra, 28 de junho de 1930, com as modificações da Convenção de Revisão dos artigos finais, de 1946; aprovada pelo Decreto Legislativo nº 24, de 29 de maio de 1956; e promulgada em 25 de junho de 1957);

XV – Anexo XV – Convenção nº 81 da OIT concernente à Inspeção do Trabalho na Indústria e no Comércio (adotada pela Conferência em sua Trigésima Sessão, Genebra, de 19 de junho de 1947; aprovada pelo Decreto Legislativo nº 24, de 29 de maio de 1956; e promulgada em 25 de junho de 1957);

XVI – Anexo XVI – Convenção nº 88 da OIT concernente à Organização do Serviço de Emprego (adotada pela Conferência em sua Trigésima Primeira Sessão – São Francisco, 17 de junho de 1948; aprovada pelo Decreto Legislativo nº 24, de 29 de maio de 1956; e promulgada em 25 de junho de 1957);

XVII – Anexo XVII – Convenção nº 89 da OIT relativa ao Trabalho Noturno das Mulheres Ocupadas na Indústria (revista em 1948; adotada pela Conferência em sua Trigésima Sessão – São Francisco, 17 de junho de 1948; aprovada pelo Decreto Legislativo nº 24, de 29 de maio de 1956; e promulgada em 25 de junho de 1957);

XVIII – Anexo XVIII – Convenção nº 95 da OIT concernente à Proteção do Salário (adotada pela Conferência em sua Trigésima Segunda Sessão, Genebra, 1º de junho de 1940; aprovada pelo Decreto Legislativo nº 24, de 29 de maio de 1956; e promulgada em 25 de junho de 1957);

XIX – Anexo XIX – Convenção nº 99 da OIT concernente aos Métodos de Fixação de Salário-Mínimo na agricultura (adotada pela Conferência em sua Trigésima Quarta Sessão, em Genebra, 28 de junho de 1951; aprovada pelo Decreto Legislativo nº 24, de 29 de maio de 1956; e promulgada em 25 de junho de 1957);

XX – Anexo XX – Convenção nº 100 da OIT concernente à Igualdade de Remuneração para a Mão de Obra Masculina e a Mão de Obra Feminina por um Trabalho de Igual Valor (adotada pela Conferência em sua Trigésima Quarta Sessão, em Genebra, 29 de junho 1951; aprovada pelo Decreto Legislativo nº 24, de 29 de maio de 1956; e promulgada em 25 de junho de 1957);

XXI – Anexo XXI – Convenção nº 22 da OIT concernente ao contrato de engajamento de marinheiros (adotada em Genebra, em 24 de junho de 1926, por ocasião da nona sessão da Conferência Geral da Organização Internacional do Trabalho e modificada pela Convenção sobre a revisão dos artigos finais, de 1946; aprovada pelo Decreto Legislativo nº 20, de 1965; entrada em vigor, para o Brasil, de conformidade com seu artigo 17, § 3º, em 18 de junho de 1965, data em que foi registrada a ratificação brasileira na Repartição Internacional do Trabalho; e promulgada em 14 de julho de 1966);

XXII – Anexo XXII – Convenção nº 94 da OIT sobre as cláusulas de trabalho nos contratos firmados por autoridade pública (adotada em Genebra, em 29 de junho de 1949, por ocasião da trigésima segunda sessão da Conferência Geral da Organização Internacional do Trabalho; aprovada pelo Decreto Legislativo nº 20, de 30 de abril de 1965; entrada em vigor, para o Brasil, de conformidade com seu artigo 11, parágrafo 3º, em 18 de junho de 1966, isto é, doze meses após a data em que foi registrada a ratificação brasileira na Repartição Internacional do Trabalho, o que se efetuou em 18 de junho de 1965; e promulgada em 14 de julho de 1966);

XXIII – Anexo XXIII – Convenção nº 97 da OIT sobre os trabalhadores migrantes (revista; adotada em Genebra, em 1º de julho de 1949, por ocasião da trigésima segunda sessão da Conferência Geral da Organização Internacional do Trabalho; aprovada pelo Decreto Legislativo nº 20, de 30 de abril de 1965; entrada em vigor, para o Brasil, de conformidade com o seu artigo 13, parágrafo 3º, em 18 de junho de 1966, isto é, doze meses após a data do registro da ratificação brasileira na Repartição Internacional do Trabalho, o que se efetuou em 18 de junho de 1965; e promulgada em 14 de julho de 1966);

XXIV – Anexo XXIV – Convenção nº 103 da OIT relativa ao amparo à maternidade (revista em 1952; adotada em Genebra em 28 de junho de 1952, por ocasião da Trigésima Quinta Sessão da Conferência Geral da Organização Internacional do Trabalho; com reservas dos incisos b e c do parágrafo 1º do artigo VII; aprovada pelo Decreto Legislativo nº 20, de 30 de abril de 1965; entrada em vigor, para o Brasil, de conformidade com seu artigo 9º, parágrafo 3º, em 18 de junho de 1966, isto é, doze meses após a data do registro da ratificação brasileira na Repartição Internacional de Trabalho, o que se efetuou em 18 de junho de 1965; e promulgada em 14 de julho de 1966);

XXV – Anexo XXV – Convenção nº 105 da OIT concernente à abolição do trabalho forçado (adotada em Genebra, em 25 de junho de 1957, por ocasião da quadragésima sessão da Conferência Internacional do Trabalho; aprovada pelo Decreto Legislativo nº 20, de 30 de abril de 1965; entrada em vigor para o Brasil, de conformidade com seu artigo 4º, § 3º em 18 de junho de 1966, isto é, doze meses após a data do registro da ratificação brasileira na Repartição Internacional do Trabalho, o que se efetuou em 18 de junho de 1965; e promulgada em 14 de julho de 1966);

XXVI – Anexo XXVI – Convenção nº 106 da OIT, relativa ao repouso semanal no comércio e nos escritórios (adotada em Genebra, em 26 de junho de 1957, por ocasião da quadragésima sessão da Conferência Geral da Organização Internacional do Trabalho; com reserva ao inciso b do parágrafo 1º do artigo 3º; aprovada pelo Decreto Legislativo nº 20, de 30 de abril de 1965; entrada em vigor, para o Brasil, de conformidade com seu artigo 15, parágrafo 3º em 18 de junho de 1966, isto é, doze meses após a data do registro da ratificação brasileira na Repartição Internacional do Trabalho, o que se efetuou em 18 de junho de 1965; e promulgada em 14 de julho de 1966);

XXVII – Anexo XXVII – Convenção nº 113 da OIT relativa ao exame médico dos pescadores (adotada em Genebra em 19 de junho de 1959, por ocasião da quadragésima terceira sessão da Conferência Geral da Organização Internacional do Trabalho; aprovada pelo Decreto Legislativo nº 27, de 5 de agosto de 1964; entrada em vigor, para o Brasil, de conformidade com seu artigo 7º, parágrafo 3º, em 1º de março de 1966, isto é, doze meses após o registro da ratificação brasileira na Repartição Internacional do Trabalho, o que se efetuou em 1º de março de 1965; e promulgada em 14 de julho de 1966);

XXVIII – Anexo XXVIII – Convenção nº 111 da OIT sobre Discriminação em Matéria de Emprego e Profissão (adotada pela Conferência Internacional do Trabalho em sua quadragésima segunda sessão, em 25 de junho de 1958; aprovada pelo Decreto Legislativo nº 104, de 24 de novembro de 1964; entrada em vigor, em relação ao Brasil, de conformidade com o artigo 8, parágrafo 3º, em 26 de novembro de 1966, isto é, doze meses após o registro do instrumento brasileiro de ratificação efetuado pela Repartição Internacional do Trabalho em 26 de novembro de 1965; e promulgada em 19 de janeiro de 1968);

XXIX – Anexo XXIX – Convenção nº 115 da OIT relativa à Proteção dos Trabalhadores contra as Radiações Ionizantes (adotada pela Conferência Internacional do Trabalho, em 22 de junho de 1960, por ocasião da sua quadragésima quarta sessão; aprovada pelo Decreto Legislativo nº 2, de 7 de abril de 1964; entrada em vigor, em relação ao Brasil, em 5 de setembro de 1967, isto é, doze meses após o instrumento brasileiro de ratificação haver sido registrado pela Repartição Internacional do Trabalho, em 5 de setembro de 1966; e promulgada em 19 de janeiro de 1968);

XXX – Anexo XXX – Convenção nº 116 da OIT sobre revisão dos artigos finais (adotada pela Conferência Internacional do Trabalho, em 26 de junho de 1961, por ocasião da sua Quadragésima Quinta Sessão; aprovada pelo Decreto Legislativo nº 2, de 7 de abril de 1964; registrado o instrumento brasileiro de ratificação pela Repartição Internacional do Trabalho em 5 de setembro de 1965; e promulgada em 19 de janeiro de 1968);

XXXI – Anexo XXXI – Convenção nº 117 da OIT sobre objetivos e normas básicas da política social (adotada pela Conferência Geral da Organização Internacional do Trabalho, em sua quadragésima sessão, em 22 de junho de 1962; aprovada pelo Decreto Legislativo nº 65, de 30 de novembro de 1969; entrada em vigor, para o Brasil, de conformidade com seu artigo 18, parágrafo 3º, em 24 de março de 1970, doze meses após o registro da ratificação brasileira na Repartição Internacional do Trabalho, realizado a 24 de março de 1969; e promulgada em 27 de abril de 1970);

XXXII – Anexo XXXII – Convenção nº 118 da OIT sobre Igualdade de Tratamento dos Nacionais e Não Nacionais em matéria de Previdência Social (adotada pela Conferência da Organização Internacional do Trabalho, em sua quadragésima sexta sessão, em 30 de junho de 1962; aprovada pelo Decreto Legislativo nº 31, de 20 de agosto de 1968; entrada em vigor, para o Brasil, de conformidade com seu artigo 15, parágrafo 3º, em 24 de março de 1970, doze meses após o registro da ratificação brasileira na Repartição Internacional do Trabalho, realizado em 24 de março de 1969; e promulgada em 27 de abril de 1970);

XXXIII – Anexo XXXIII – Convenção nº 120 da OIT sobre a Higiene no Comércio e nos Escritórios (adotada pela Conferência Geral da Organização Internacional do Trabalho, em sua quadragésima oitava sessão, em 8 de julho de 1964; aprovada pelo Decreto Legislativo nº 30, de 20 de agosto de 1968; entrada em vigor, para o Brasil, de conformidade com o artigo 21, parágrafo 3º, em 24 de março de 1970, doze meses após o registro da ratificação brasileira pela Repartição Internacional do Trabalho, realizado em 24 de março de 1969; e promulgada em 27 de abril de 1970);

XXXIV – Anexo XXXIV – Convenção nº 122 da OIT sobre Política de Emprego (adotada pela Conferência Geral da Organização Internacional do Trabalho, em sua quadragésima oitava sessão, em 9 de julho de 1964; aprovada pelo Decreto Legislativo nº 61, de 30 de novembro de 1966; entrada em vigor, para o Brasil, de conformidade com seu artigo 5º, parágrafo 3º, em 24 de março de 1970, doze meses após o registro da ratificação brasileira pela Repartição Internacional do Trabalho, realizado em 24 de março de 1969; e promulgada em 27 de abril de 1970);

XXXV – Anexo XXXV – Convenção nº 127 da OIT relativa ao peso máximo das cargas que podem ser transportadas por um só trabalhador (adotada em 30 de junho de 1967, por ocasião da quinquagésima primeira Organização Internacional do Trabalho; aprovada pelo Decreto-lei nº 662, de 30 de junho de 1969; registrado o instrumento brasileiro de ratificação na Repartição Internacional do Trabalho em 21 de agosto de 1970; entrada em vigor, para o Brasil, a partir de 21 de agosto de 1971, de conformidade com o disposto no seu artigo X, parágrafo 3; e promulgada em 5 de outubro de 1970);

XXXVI – Anexo XXXVI – Convenção nº 125 da OIT sobre certificados de capacidade dos pescadores (adotada em 24 de junho de 1966, por ocasião da quinquagésima sessão da Conferência Geral da Organização Internacional do Trabalho; aprovada pelo Decreto-lei 663, de 30 de junho de 1969; registrado o instrumento brasileiro de ratificação na Repartição Internacional do Trabalho em 21 de agosto de 1970; entrada em vigor, para o Brasil, a partir de 21 de agosto de 1971, de conformidade com o disposto no seu artigo 17, § 3º; e promulgada em 5 de outubro de 1970);

XXXVII – Anexo XXXVII – Convenção nº 124 da OIT concernente ao exame médico para determinação da aptidão dos adolescentes a emprego em trabalhos subterrâneos nas minas (adotada em 24 de junho de 1965, por ocasião da quadragésima nona sessão da Conferência Geral da Organização Internacional do Trabalho; aprovada pelo Decreto-lei nº 664, de 30 de junho de 1969; registrado o instrumento brasileiro de ratificação na Repartição Internacional do Trabalho em 21 de agosto de 1970; entrada em vigor, para o Brasil, a partir de 21 de agosto de 1971, de conformidade com o disposto no seu artigo VII, parágrafo 3; e promulgada em 5 de outubro de 1970);

XXXVIII – Anexo XXXVIII – Convenção nº 131 da OIT sobre a Fixação de Salários Mínimos, com Referência Especial aos Países em Desenvolvimento (adotada em Genebra, em 22 de junho de 1970, durante a quinquagésima quarta sessão da Conferência Geral Organização Internacional do Trabalho; aprovada pelo Decreto Legislativo nº 110, de 30 de novembro de 1982; depositado o instrumento de ratificação à referida Convenção pela República Federativa do Brasil em Genebra, em 4 de maio de 1983; entrada em vigor em 4 de maio de 1984, na forma de seu artigo 8º, item3; e promulgada em 22 de maio de 1984);

XXXIX – Anexo XXXIX – Convenção nº 148 da OIT sobre a Proteção dos Trabalhadores Contra os Riscos Profissionais devidos à contaminação do ar, ao ruído e às vibrações no local de trabalho (assinada em Genebra, em 1º de junho de 1977; aprovada pelo Decreto Legislativo nº 56, de 9 de outubro de 1981; depositados os instrumentos de ratificação pelo Brasil em 14 de janeiro de 1982; entrada em vigor, para o Brasil, em 14 de janeiro de 1983; e promulgada em 15 de outubro de 1986);

XL – Anexo XL – Convenção nº 142 da OIT relativa à Orientação Profissional e a Formação Profissional no Desenvolvimento de Recursos Humanos (adotada em Genebra, aos 23 de junho de 1975; aprovada pelo Decreto Legislativo nº 46, de 23 de setembro de 1981; entrada em vigor, no Brasil, em 24 de novembro de 1982, na forma de seu art. 7º, alínea 3; e promulgada em 21 de dezembro de 1989);

XLI – Anexo XLI – Convenção nº 152 da OIT relativa à Segurança e Higiene nos Trabalhos Portuários (assinada em Genebra, em 25 de junho de 1979; aprovada pelo Decreto Legislativo nº 84, de 11 de dezembro de 1989; ratificada pelo Brasil em 17 de maio de 1990; tendo entrado em vigor na forma de seu art. 45 e seus parágrafos; e promulgada em 19 de setembro de 1990);

XLII – Anexo XLII – Convenção nº 162 da OIT sobre a Utilização do Asbesto com Segurança (concluída em Genebra, em 4 de junho de 1986; aprovada pelo Decreto Legislativo nº 51, de 25 de agosto de 1989; depositada a Carta de Ratificação da Convenção em 18 de maio de 1990; entrada em vigor, para o Brasil, em 18 de maio de 1991, na forma de seu artigo 24, § 3; e promulgada em 22 de maio de 1991);

XLIII – Anexo XLIII – Convenção nº 161 da OIT relativa aos Serviços de Saúde do Trabalho (concluída em Genebra, em 7 de junho de 1985; aprovada pelo Decreto Legislativo nº 86, de 14 de dezembro de 1989; depositada a Carta de Ratificação da Convenção em 18 de maio de 1990; entrada em vigor, para o Brasil, em 18 de maio de 1991, na forma de seu artigo 18, item 3; e promulgada em 22 de maio de 1991);

XLIV – Anexo XLIV – Convenção nº 145 da OIT sobre a Continuidade do Emprego da Gente do Mar (concluída em Genebra, em 28 de outubro de 1976; aprovada pelo Decreto Legislativo nº 66, de 31 de outubro de 1989; depositada a Carta de Ratificação da Convenção em 18 de maio de 1990; entrada em vigor, para o Brasil, em 18 de maio de 1991, na forma de seu artigo 9º, parágrafo 3; e promulgada em 22 de maio de 1991);

XLV – Anexo XLV – Convenção nº 159 da OIT sobre Reabilitação Profissional e Emprego de Pessoas Deficientes (concluída em Genebra, em 1º de junho de 1983; aprovada pelo Decreto Legislativo nº 51, de 25 de agosto de 1989; depositada a Carta de Ratificação da Convenção em 18 de maio de 1990; entrada em vigor, para o Brasil, em 18 de maio de 1991, na forma se seu artigo 11, parágrafo 3; e promulgada em 22 de maio de 1991);

XLVI – Anexo XLVI – Convenção nº 135 da OIT sobre a Proteção de Representantes de Trabalhadores (concluída em Genebra, em 23 de junho de 1971; aprovada pelo Decreto Legislativo nº 86, de 14 de dezembro de 1989; depositada a Carta de Ratificação da Convenção em 18 de maio de 1990; entrada em vigor, para o Brasil, em 18 de maio de 1991, na forma de seu artigo 8º, parágrafo 3; e promulgada em 22 de maio de 1991);

XLVII – Anexo XLVII – Convenção nº 139 da OIT sobre a Prevenção e o Controle de Riscos Profissionais causados pelas Substâncias ou Agentes Cancerígenos (concluída em Genebra, em 24 de junho de 1974; aprovada pelo Decreto Legislativo nº 3, de 7 de maio de 1990; depositada a Carta de Ratificação da Convenção em 27 de junho de 1990; entrada em vigor, para o Brasil, em 27 de junho de 1991, na forma de seu artigo 8º, parágrafo 3; e promulgada em 2 de julho de 1991);

XLVIII – Anexo XLVIII – Convenção nº 160 da OIT sobre Estatísticas do Trabalho (concluída em Genebra, em 7 de junho de 1985; aprovada parcialmente, abrangendo apenas as obrigações derivadas dos artigos 7, 8, 9, 10, 12, 13 e 15 da Parte II, por meio do Decreto Legislativo nº 51, de 25 de agosto de 1989; depositada a Carta de Ratificação da Convenção em 2 de julho de 1990; entrada em vigor, para o Brasil, em 2 de julho de 1991, na forma de seu artigo 20, parágrafo 3; e promulgada em 2 de julho de 1991);

XLIX – Anexo XLIX – Convenção nº 147 da OIT sobre Normas Mínimas da Marinha Mercante (adotada em Genebra, em 1976, durante a 62ª Sessão da Conferência Internacional do Trabalho; aprovada pelo Decreto Legislativo nº 33, de 25 de outubro de 1990; depositada a Carta de Ratificação da Convenção em 17 de janeiro de 1991; entrada em vigor, para o Brasil, em 17 de janeiro de 1992, na forma de seu artigo 6º, parágrafo 3; e promulgada em 7 de fevereiro de 1992);

L – Anexo L – Convenção nº 136 da OIT sobre a Proteção contra os Riscos de Intoxicação Provocados pelo Benzeno (assinada em Genebra, em 30 de junho de 1971; aprovada pelo Decreto Legislativo nº 76, de 19 de novembro de 1992; depositada a Carta de Ratificação do instrumento em 24 de março de 1993; entrada em vigor internacional em 27 de julho de 1973 e, para o Brasil, em 24 de março de 1994, na forma do seu art. 16; e promulgada em 27 de setembro de 1994);

LI – Anexo LI – Convenção nº 155 da OIT sobre Segurança e Saúde dos Trabalhadores e o Meio Ambiente de Trabalho (concluída em Genebra, em 22 de junho de 1981; aprovada pelo Decreto Legislativo nº 2, de 17 de março de 1992; depositada a Carta de Ratificação em 18 de maio de 1992; entrada em vigor internacional em 11 de agosto de 1983 e, para o Brasil, em 18 de maio de 1993, na forma de seu artigo 24; e promulgada em 29 de setembro de 1994);

LII – Anexo LII – Convenção nº 119 da OIT sobre Proteção das Máquinas (concluída em Genebra, em 25 de junho de 1963; aprovada pelo Decreto Legislativo nº 232, de 16 de dezembro de 1991; depositada a Carta de Ratificação em 16 de abril de 1992; entrada em vigor internacional em 21 de abril de 1965 e, para o Brasil, em 16 de abril de 1993, na forma do seu art. 19; e promulgada em 29 de setembro de 1994);

LIII – Anexo LIII – Convenção nº 154 da OIT sobre o Incentivo à Negociação Coletiva (concluída em Genebra, em 19 de junho de 1981; aprovada pelo Decreto Legislativo nº 22, de 12 de maio de 1992; depositada a Carta de Ratificação em 10 de julho de 1992; entrada em vigor internacional em 11 de agosto de 1983 e, para o Brasil, em 10 de julho de 1993, na forma do seu artigo 11; e promulgada em 29 de setembro de 1994);

LIV – Anexo LIV – Convenção nº 133 da OIT sobre Alojamento a Bordo de Navios (concluída em Genebra, em 30 de outubro de 1970; aprovada pelo Decreto Legislativo nº 222, de 12 de dezembro de 1991; depositada a Carta da Ratificação em 16 de abril de 1992; entrada em vigor internacional em 27 de agosto de 1991 e, para o Brasil, em 16 de outubro de 1992, na forma do seu artigo 15; e promulgada em 29 de setembro de 1994);

LV – Anexo LV – Convenção nº 140 da OIT sobre Licença Remunerada para Estudos (concluída em Genebra, em 24 de junho de 1974; aprovada pelo Decreto Legislativo nº 234, de 16 de dezembro de 1991; depositada a Carta de Ratificação em 16 de abril de 1992, entrada em vigor internacional em 23 de setembro de 1976, para o Brasil, em 16 de abril de 1993, na forma do seu artigo 13; e promulgada em 29 de setembro de 1994);

LVI – Anexo LVI – Convenção nº 137 da OIT sobre as Repercussões Sociais dos Novos Métodos de Processamento de Carga nos Portos (assinada em Genebra, em 27 de junho de 1973; aprovada pelo Decreto Legislativo nº 29, de 22 de dezembro de 1993; depositada a Carta de Ratificação em 12 de agosto de 1994; entrada em vigor internacional em 24 de julho de 1975 e, para o Brasil, em 12 de agosto de 1995, na forma de seu artigo 9º; e promulgada em 31 de julho de 1995);

LVII – Anexo LVII – Convenção nº 141 da OIT relativa às Organizações de Trabalhadores Rurais e sua Função no Desenvolvimento Econômico e Social (adotada em Genebra, em 23 de junho de 1975; aprovada pelo Decreto Legislativo nº 5, de 1º de abril de 1993; depositada a Carta de Ratificação em 27 de setembro de 1994; entrada em vigor internacional em 24 de novembro de 1977 e, para o Brasil, em 27 de setembro de 1995, na forma de seu artigo 8º; e promulgada em 17 de novembro de 1995);

LVIII – Anexo LVIII – Convenção nº 126 da OIT sobre Alojamento a Bordo dos Navios de Pesca (concluída em Genebra, em 21 de junho de 1966; aprovada pelo Decreto Legislativo nº 10, de 9 de fevereiro de 1994; depositada a Carta de Ratificação em 12 de abril de 1994; entrada em vigor internacional em 6 de novembro de 1968 e, para o Brasil, em 12 de abril de 1995, na forma de seu artigo 20; e promulgada em 16 de dezembro de 1997);

LIX – Anexo LIX – Convenção nº 144 da OIT sobre Consultas Tripartites para Promover a Aplicação das Normas Internacionais do Trabalho (adotada em Genebra, em 21 de junho de 1976; aprovada pelo Decreto Legislativo nº 6, de 1º de junho de 1989; depositado o instrumento de ratificação em 27 de setembro de 1994; entrada em vigor, para o Brasil, em 27 de setembro de 1995; na forma de seu artigo 8º; e promulgada em 12 de março de 1998);

LX – Anexo LX – Convenção nº 170 da OIT relativa à Segurança na Utilização de Produtos Químicos no Trabalho (assinada em Genebra, em 25 de junho de 1990; aprovada pelo Decreto Legislativo nº 67, de 4 de maio de 1995; depositado o instrumento de ratificação da Emenda em 23 de dezembro de 1996; entrada em vigor internacional em 4 de novembro de 1993 e, para o Brasil, em 22 de dezembro de 1997; e promulgada em 3 de julho de 1998);

LXI – Anexo LXI – Convenção nº 163 da OIT sobre o Bem-Estar dos Trabalhadores Marítimos no Mar e no Porto (assinada em Genebra, em 8 de outubro de 1987; aprovada pelo Decreto Legislativo nº 74, de 16 de agosto de 1996; depositado o instrumento de ratificação em 4 de março de 1997; entrada em vigor internacional em 3 de outubro de 1990 e, para o Brasil, em 3 de março de 1998; e promulgada em 15 de julho de 1998);

LXII – Anexo LXII – Convenção nº 166 da OIT sobre a Repatriação dos Trabalhadores Marítimos (revisada; assinada em Genebra, em 9 de outubro de 1987; aprovada pelo Decreto Legislativo nº 74, de 16 de agosto de 1996; depositado o instrumento de ratificação em 4 de março de 1997; entrada em vigor internacional em 3 de julho de 1991 e, para o Brasil, em 3 de março de 1998; e promulgada em 15 de julho de 1998);

LXIII – Anexo LXIII – Convenção nº 164 da OIT sobre a Proteção da Saúde e a Assistência Médica aos Trabalhadores Marítimos (assinada em Genebra, em 8 de outubro de 1987; aprovada pelo Decreto Legislativo nº 74, de 16 de agosto de 1996; depositado o instrumento de ratificação em 4 de março de 1997; entrada em vigor internacional em 11 de janeiro de 1991 e, para o Brasil, em 3 de março de 1998; e promulgada em 15 de julho de 1998);

LXIV – Anexo LXIV – Convenção nº 168 da OIT relativa à Promoção do Emprego e a Proteção contra o Desemprego (assinada em Genebra, em 1º de junho de 1988; aprovada pelo Decreto Legislativo nº 89, de 10 de dezembro de 1992; depositado o instrumento de ratificação em 24 de março de 1993; entrada em vigor internacional em 17 de outubro de 1991 e, para o Brasil, em 23 de março de 1994; e promulgada em 21 de julho de 1998);

LXV – Anexo LXV – Convenção nº 146 da OIT sobre Férias Remuneradas Anuais da Gente do Mar (concluída em Genebra, em 29 de outubro de 1976; aprovada pelo Decreto Legislativo nº 48, de 27 de novembro de 1990; depositado o Instrumento de Ratificação em 24 de setembro de 1998; entrada em vigor internacional em 13 de junho de 1979 e, para o Brasil, em 24 de setembro de 1999; e promulgada em 14 de setembro de 1999);

LXVI – Anexo LXVI – Convenção nº 132 da OIT sobre Férias Anuais Remuneradas (revista em 1970; concluída em Genebra, em 24 de junho de 1970; aprovada pelo Decreto Legislativo nº 47, de 23 de setembro de 1981; depositado o Instrumento de Ratificação em 23 de setembro de 1998; entrada em vigor internacional em 30 de junho de 1973 e, para o Brasil, em 23 de setembro de 1999; e promulgada em 5 de outubro de 1999);

LXVII – Anexo LXVII – Convenção nº 134 da OIT sobre Prevenção de Acidentes de Trabalho dos Marítimos (concluída em Genebra, em 30 de outubro de 1970; aprovada pelo Decreto Legislativo nº 43, de 10 de abril de 1995; depositado o Instrumento de Ratificação em 25 de julho de 1996; entrada em vigor internacional em 17 de fevereiro de 1973 e, para o Brasil, em 25 de julho de 1997, nos termos do § 3º de seu art. 12; e promulgada em 17 de novembro de 1999);

LXVIII – Anexo LXVIII – Convenção nº 182 e a Recomendação nº 190 da OIT sobre a Proibição das Piores formas de trabalho infantil e a ação imediata para sua eliminação (concluídas em Genebra, em 17 de junho de 1999; aprovadas pelo Decreto Legislativo nº 178, de 14 de dezembro de 1999; depositado o Instrumento de Ratificação em 2 de fevereiro de 2000; entrada em vigor, para o Brasil, em 2 de fevereiro de 2001, nos termos do parágrafo 3º de seu Artigo 10º; e promulgada em 12 de setembro de 2000);

LXIX – Anexo LXIX – Convenção nº 174 e, seu complemento, a Recomendação nº 181 da OIT sobre a Prevenção de Acidentes Industriais Maiores (concluídas em Genebra, em 2 de junho de 1993; aprovadas pelo Decreto Legislativo nº 246, de 28 de junho de 2001; entrada em vigor, para o Brasil, em 2 de agosto de 2002, nos termos do parágrafo 3º de seu artigo 24; e promulgadas em 15 de janeiro de 2002);

LXX – Anexo LXX – Convenção nº 138 da OIT sobre Idade Mínima de Admissão ao Emprego, complementada pela Recomendação nº 146 (adotadas em Genebra, em 26 de junho de 1973; aprovadas pelo Decreto Legislativo nº 179, de 14 de dezembro de 1999; entrada em vigor, para o Brasil, em 28 de junho de 2002, nos termos do parágrafo 3, de seu art.12; e promulgadas em 15 de fevereiro de 2002);

LXXI – Anexo LXXI – Convenção nº 171 da OIT relativa ao Trabalho Noturno (adotada em Genebra, em 26 de junho de 1990; aprovada pelo Decreto Legislativo nº 270, de 13 de novembro de 2002; depositado o instrumento de ratificação junto à Diretoria-Geral da Repartição Internacional do Trabalho, em 18 de dezembro de 2002; entrada em vigor internacional em 4 de janeiro de 1995 e, para o Brasil em 18 de dezembro de 2003; e promulgada em 8 de março de 2004);

LXXII – Anexo LXXII – Convenção nº 169 da OIT sobre Povos Indígenas e Tribais (adotada em Genebra, em 27 de junho de 1989; aprovada pelo Decreto Legislativo nº 143, de 20 de junho de 2002; depositado o instrumento de ratificação junto ao Diretor Executivo da OIT em 25 de julho de 2002; entrada em vigor internacional em 5 de setembro de 1991, e, para o Brasil, em 25 de julho de 2003, nos termos de seu art. 38; e promulgada em 19 de abril de 2004);

LXXIII – Anexo LXXIII – Convenção nº 176 e Recomendação nº 183 da OIT sobre Segurança e Saúde nas Minas (adotada em Genebra, em 22 de junho de 1995; aprovadas pelo Decreto Legislativo nº 62, de 18 de abril de 2006; ratificada pelo Governo brasileiro em 18 de maio de 2006; entrada em vigor internacional em 5 de junho de 1998, para o Brasil, em 18 de maio de 2007; e promulgada em 22 de novembro de 2007);

LXXIV – Anexo LXXIV – Convenção nº 167 e a Recomendação nº 175 da OIT sobre a Segurança e Saúde na Construção (adotadas em Genebra, em 20 de junho de 1988, pela 75ª Sessão da Conferência Internacional do Trabalho; aprovadas pelo Decreto Legislativo nº 61, de 18 de abril de 2006; ratificada pelo Governo brasileiro em 19 de maio de 2006; entrada em vigor internacional em 11 de janeiro de 1991 e, para o Brasil, em 19 de maio de 2007; e promulgada em 22 de novembro de 2007);

LXXV – Anexo LXXV – Convenção nº 178 da OIT relativa à Inspeção das Condições de Vida e de Trabalho dos Trabalhadores Marítimos (assinada em Genebra, em 22 de outubro de 1996; aprovada pelo Decreto Legislativo nº 267, de 4 de outubro de 2007; depositado pelo Governo brasileiro o instrumento de ratificação junto ao Diretor-Geral da OIT, na qualidade de depositário do ato, em 21 de dezembro de 2007; entrada em vigor para o Brasil, no plano jurídico externo, em 21 de dezembro de 2008, e promulgada em 10 de fevereiro de 2009);

LXXVI – Anexo LXXVI – Convenção nº 151 e a Recomendação nº 159 da OIT sobre as Relações de Trabalho na Administração Pública (firmadas em 1978; aprovadas pelo Decreto Legislativo nº 206, de 7 de abril de 2010; depositado pelo Governo brasileiro o instrumento de ratificação junto ao Diretor-Geral da OIT, na qualidade de depositário do ato, em 15 de junho de 2010, tendo, na ocasião, apresentado declaração interpretativa das expressões "pessoas empregadas pelas autoridades públicas" e "organizações de trabalhadores" abrangidas pela Convenção; entrada em vigor para a República Federativa do Brasil, no plano jurídico externo em 15 de junho de 2011, nos termos do item 3 do Artigo 11 da Convenção nº 151; e promulgada em 6 de março de 2013); e

LXXVII – Anexo LXXVII – Convenção nº 185 da OIT (revisada) e anexos que trata do novo Documento de Identidade do Trabalhador Marítimo (adotada durante a 91ª Conferência Internacional do Trabalho, realizada em 2003; aprovada pelo Decreto Legislativo nº 892, de 20 de novembro de 2009; depositado o instrumento de ratificação da Convenção junto ao Diretor-Geral da OIT, na qualidade de depositário do ato, em 21 de janeiro de 2010; ratificação em 21 de janeiro de 2010 que implicou a denúncia da Convenção nº 108 da OIT, de 13 de maio de 1958; entrada em vigor internacional em 9 de fevereiro de 2005 e, para a República Federativa do Brasil, no plano jurídico externo, em 21 de julho de 2010; e promulgada em 18 de dezembro de 2015).

CAPÍTULO III
DISPOSIÇÕES FINAIS

Art. 3º As Convenções anexas a este Decreto serão executadas e cumpridas integralmente em seus termos.

§ 1º Considera-se, para todos os efeitos, que as Convenções objeto desta consolidação permanecem vigentes, em âmbito interno, desde a data em que a República Federativa do Brasil tenha se obrigado, conforme decretos de promulgação originais, sem modificação do alcance nem interrupção da força normativa dos dispositivos consolidados.

§ 2º O Governo brasileiro, no momento da ratificação, aceitou as obrigações da Convenção nº 118 da OIT sobre Igualdade de Tratamento dos Nacionais e Não-Nacionais em Matéria de Previdência Social, constante do Anexo XXXII, no que diz respeito aos ramos da previdência social previstos nas alíneas "a", "b", "c", "d", "e", "f" e "g" do item 1 do Artigo 2.

§ 3º A Convenção nº 138 da OIT sobre Idade Mínima de Admissão ao Emprego, constante no Anexo LXX a este Decreto, foi promulgada com as seguintes declarações interpretativas:

I – para os efeitos do item 1 do art. 2º da Convenção, fica estabelecido que a idade mínima para admissão a emprego ou trabalho é de dezesseis anos; e

II – em virtude do permissivo contido nos itens 1 e 3 do Artigo 5º, o âmbito de aplicação da Convenção restringe-se inicialmente a minas e pedreiras, a indústrias manufatureiras, a construção, a serviços de eletricidade, de gás e de água, a saneamento, a transporte e armazenamento, a comunicações, a plantações e a outros empreendimentos agrícolas que produzam principalmente para o comércio, excluídas as empresas familiares ou de pequeno porte que trabalhem para o mercado local e que não empreguem regularmente trabalhadores assalariados.

§ 4º A Convenção nº 151 e a Recomendação nº 159 da OIT sobre as Relações de Trabalho na Administração Pública, constantes do Anexo LXXVI, foram promulgadas com as seguintes declarações interpretativas:

I – a expressão "pessoas empregadas pelas autoridades públicas", constante do item 1 do Artigo 1 da Convenção nº 151, abrange tanto os empregados públicos, ingressos na administração pública mediante concurso público, regidos pela Consolidação das Leis do Trabalho – CLT, aprovada pelo Decreto-Lei nº 5.452, de 1º de maio de 1943, quanto os servidores públicos federais, regidos pela Lei nº 8.112, de 11 de dezembro de 1990, e os servidores públicos estaduais e municipais, regidos pela legislação dos respectivos entes federativos; e

II – consideram-se "organizações de trabalhadores" abrangidas pela Convenção apenas as organizações constituídas nos termos do art. 8º da Constituição.

Art. 4º São sujeitos à aprovação do Congresso Nacional atos que possam resultar em revisão das Convenções anexas a este Decreto e ajustes complementares que acarretem encargos ou compromissos gravosos ao patrimônio nacional, nos termos do inciso I do *caput* do art. 49 da Constituição.

Art. 5º Ficam revogados:

I – o Decreto nº 423, de 12 de novembro de 1935;

II – o Decreto nº 1.361, de 12 de janeiro de 1937;

III – o Decreto nº 1.396, de 19 de janeiro de 1937;

IV- o Decreto nº 1.397, de 19 de janeiro de 1937;

V – o Decreto nº 1.398, de 19 de janeiro de 1937;

VI – o Decreto nº 3.232, de 3 de novembro de 1938;

VII – o Decreto nº 3.233, de 3 de novembro de 1938;

VIII – o Decreto nº 3.342, de 30 de novembro de 1938;

IX – o Decreto nº 3.343, de 30 de novembro de 1938;

X – o Decreto nº 25.696, de 20 de outubro de 1948;

XI – o Decreto nº 33.196, de 29 de junho de 1953;

XII – o Decreto nº 36.378, de 22 de outubro de 1954;

XIII – o Decreto nº 41.721, de 25 de junho de 1957;

XIV – o Decreto nº 58.816, de 14 de julho de 1966;

XV – o Decreto nº 58.817, de 14 de julho de 1966;

XVI – o Decreto nº 58.818, de 14 de julho de 1966;

XVII – o Decreto nº 58.819, de 14 de julho de 1966;

XVIII – o Decreto nº 58.820, de 14 de julho de 1966;

XIX – o Decreto nº 58.821, de 14 de julho de 1966;

XX – o Decreto nº 58.822, de 14 de julho de 1966;

XXI – o Decreto nº 58.823, de 14 de julho de 1966;

XXII – o Decreto nº 58.824, de 14 de julho de 1966;

XXIII – o Decreto nº 58.826, de 14 de julho de 1966;

XXIV – o Decreto nº 58.827, de 14 de julho de 1966;

XXV – o Decreto nº 62.150, de 19 de janeiro de 1968;

XXVI – o Decreto nº 62.151, de 19 de janeiro de 1968;

XXVII – o Decreto nº 62.152, de 19 de janeiro de 1968;

XXVIII – o Decreto nº 62.859, de 17 de junho de 1968;

XXIX – o Decreto nº 63.161, de 23 de agosto de 1968;

XXX – o Decreto nº 66.496, de 27 de abril de 1970;

XXXI – o Decreto nº 66.497, de 27 de abril de 1970;

XXXII – o Decreto nº 66.498, de 27 de abril de 1970;

XXXIII – o Decreto nº 66.499, de 27 de abril de 1970;

XXXIV – o Decreto nº 66.875, de 16 de julho de 1970;

XXXV – o Decreto nº 67.339, de 5 de outubro de 1970;

XXXVI – o Decreto nº 67.341, de 5 de outubro de 1970;

XXXVII – o Decreto nº 67.342, de 5 de outubro de 1970;

XXXVIII – o Decreto nº 74.688, de 14 de outubro de 1974;

XXXIX – o Decreto nº 89.686, de 22 de maio de 1984;

XL – o Decreto nº 93.413, de 15 de outubro de 1986;

XLI – o Decreto nº 95.461, de 11 de dezembro de 1987;

XLII – o Decreto nº 98.656, de 21 de dezembro de 1989;

XLIII – o Decreto nº 99.534, de 19 de setembro de 1990;

XLIV – o Decreto nº 126, de 22 de maio de 1991;

XLV – o Decreto nº 127, de 22 de maio de 1991;

XLVI – o Decreto nº 128, de 22 de maio de 1991;

XLVII – o Decreto nº 129, de 22 de maio de 1991;

XLVIII – o Decreto nº 131, de 22 de maio de 1991;

XLIX – o Decreto nº 157, de 2 de julho de 1991;

L – o Decreto nº 158, de 2 de julho de 1991;

LI – o Decreto nº 447, de 7 de fevereiro de 1992;

LII – o Decreto nº 1.253, de 27 de setembro de 1994;

LIII – o Decreto nº 1.254, de 29 de setembro de 1994;

LIV – o Decreto nº 1.255, de 29 de setembro de 1994;

LV – o Decreto nº 1.256, de 29 de setembro de 1994;

LVI – o Decreto nº 1.257, de 29 de setembro de 1994;

LVII – o Decreto nº 1.258, de 29 de setembro de 1994;

LVIII – o Decreto nº 1.574, de 31 de julho de 1995;

LIX – o Decreto nº 1.703, de 17 de novembro de 1995;

LX – o Decreto nº 1.855, de 10 de abril de 1996;

LXI – o Decreto nº 2.420, de 16 de dezembro de 1997;

LXII – o Decreto nº 2.518, de 12 de março de 1998;

LXIII – o Decreto nº 2.657, de 3 de julho de 1998;

LXIV – o Decreto nº 2.669, de 15 de julho de 1998;

LXV – o Decreto nº 2.670, de 15 de julho de 1998;

LXVI – o Decreto nº 2.671, de 15 de julho de 1998;

LXVII – o Decreto nº 2.682, de 21 de julho de 1998;

LXVIII – o Decreto nº 3.168, de 14 de setembro de 1999;

LXIX – o Decreto nº 3.197, de 5 de outubro de 1999;

LXX – o Decreto nº 3.251, de 17 de novembro de 1999;

LXXI – o Decreto nº 3.597, de 12 de setembro de 2000;

LXXII – o Decreto nº 4.085, de 15 de janeiro de 2002;

LXXIII – o Decreto nº 4.134, de 15 de fevereiro de 2002;

LXXIV – o Decreto nº 5.005, de 8 de março de 2004;

LXXV – o Decreto nº 5.051, de 19 de abril de 2004;

LXXVI – o Decreto nº 6.270, de 22 de novembro de 2007;

LXXVII – o Decreto nº 6.271, de 22 de novembro de 2007;

LXXVIII – o Decreto nº 6.766, de 10 de fevereiro de 2009;

LXXIX – o Decreto nº 7.944, de 6 de março de 2013; e

LXXX – o Decreto nº 8.605, de 18 de dezembro de 2015.

Art. 6º Este Decreto entra em vigor em 6 de maio de 2020.

Brasília, 5 de novembro de 2019; 198º da Independência e 131º da República.

JAIR MESSIAS BOLSONARO

ANEXO LXVI
CONVENÇÃO Nº 132 DA OIT RELATIVA ÀS FÉRIAS ANUAIS REMUNERADAS

A Conferência Geral da Organização Internacional do Trabalho,

Convocada em Genebra pela Administração da Repartição Internacional do Trabalho, e tendo-se reunido em sua Quinquagésima-Quarta Sessão em 3 de junho de 1970, e

Tendo decidido adotar diversas propostas relativas a férias remuneradas, assunto que constitui o quarto item da agenda da sessão, e

Tendo determinado que estas propostas tomarão a forma de uma Convenção Internacional, adota, em 24 de junho de 1970, a seguinte Convenção que será denominada Convenção sobre Férias Remuneradas (revista), 1970:

Artigo 1

As disposições da presente Convenção, caso não sejam postas em execução por meio de acordos coletivos, sentenças arbitrais ou decisões judiciais, seja por organismos oficiais de fixação de salários, seja por qualquer outra maneira conforme a prática nacional e considerada apropriada, levando-se em conta as condições próprias de cada país, deverão ser aplicadas através de legislação nacional.

Artigo 2

1. A presente Convenção aplicar-se-á a todas as pessoas empregadas, à exceção dos marítimos.

2. Quando necessário, a autoridade competente ou qualquer órgão apropriado de cada país poderá, após consulta às organizações de empregadores e de trabalhadores interessadas, onde existirem, proceder à exclusão do âmbito da Convenção de categorias determinadas de pessoas empregadas, desde que sua aplicação cause problemas particulares de execução ou de

natureza constitucional ou legislativa de certa importância.

3. Todo Membro que ratifique a Convenção deverá, no primeiro relatório sobre sua aplicação, o qual ele é obrigado a apresentar em virtude do Artigo 22 da Constituição da Organização Internacional do Trabalho, indicar, com base em motivos expostos, as categorias que tenham sido objeto de exclusão em decorrência do parágrafo 2 deste Artigo, e expor nos relatórios ulteriores o estado de sua legislação e de sua prática quanto às mencionadas categorias, precisando em que medida a Convenção foi executada ou ele se propõe a executar em relação às categorias em questão.

Artigo 3

1. Toda pessoa a quem se aplique a presente Convenção terá direito a férias anuais remuneradas de duração mínima determinada.

2. Todo Membro que ratifique a Convenção deverá especificar a duração das férias em uma declaração apensa à sua ratificação.

3. A duração das férias não deverá em caso algum ser inferior a 3 (três) semanas de trabalho, por 1 (um) ano de serviço.

4. Todo Membro que tiver ratificado a Convenção poderá informar ao Diretor-Geral da Repartição Internacional do Trabalho, por uma declaração ulterior, que ele aumenta a duração do período de férias especificado no momento de sua ratificação.

Artigo 4

1. Toda pessoa que tenha completado, no curso de 1 (um) ano determinado, um período de serviço de duração inferior ao período necessário à obtenção de direito à totalidade das férias prescritas no Artigo terceiro acima terá direito, nesse ano, a férias de duração proporcionalmente reduzidas.

2. Para os fins deste Artigo o termo "ano" significa ano civil ou qualquer outro período de igual duração fixado pela autoridade ou órgão apropriado do país interessado.

Artigo 5

1. Um período mínimo de serviço poderá ser exigido para a obtenção de direito a um período de férias remuneradas anuais.

2. Cabe à autoridade competente e ao órgão apropriado do país interessado fixar a duração mínima de tal período de serviço, que não poderá em caso algum ultrapassar 6 (seis) meses.

3. O modo de calcular o período de serviço para determinar o direito a férias será fixado pela autoridade competente ou pelo órgão apropriado de cada país.

4. Nas condições a serem determinadas pela autoridade competente ou pelo órgão apropriado de cada país, as faltas ao trabalho por motivos independentes da vontade individual da pessoa empregada interessada tais como faltas devidas a doenças, a acidente, ou a licença para gestantes, não poderão ser computadas como parte das férias remuneradas anuais mínimas previstas no parágrafo 3 do Artigo 3 da presente Convenção.

Artigo 6

1. Os dias feriados oficiais ou costumeiros, quer se situem ou não dentro do período de férias anuais, não serão computados como parte do período de férias anuais remuneradas previsto no parágrafo 3 do Artigo 3 acima.

2. Em condições a serem determinadas pela autoridade competente ou pelo órgão apropriado de cada país, os períodos de incapacidade para o trabalho resultantes de doença ou de acidentes não poderão ser computados como parte do período mínimo de férias anuais previsto no parágrafo 3, do Artigo 3 da presente Convenção.

Artigo 7

1. Qualquer pessoa que entre em gozo de período de férias previsto na presente Convenção deverá receber, em relação ao período global, pelo menos a sua remuneração média ou normal (incluindo-se a quantia equivalente a qualquer parte dessa remuneração em espécie, e que não seja de natureza permanente, ou seja concedida quer o indivíduo esteja em gozo de férias ou não), calculada de acordo com a forma a ser determinada pela autoridade competente ou órgão responsável de cada país.

2. As quantias devidas em decorrência do parágrafo 1 acima deverão ser pagas à pessoa em questão antes do período de férias, salvo estipulação em contrário contida em acordo que vincule a referida pessoa e seu empregador.

Artigo 8

1. O fracionamento do período de férias anuais remuneradas pode ser autorizado pela autoridade competente ou pelo órgão apropriado de cada país.

2. Salvo estipulação em contrário contida em acordo que vincule o empregador e a pessoa empregada em questão, e desde que a duração do serviço desta pessoa lhe dê direito a tal período de férias, numa das frações do referido período deverá corresponder pelo menos a duas semanas de trabalho ininterruptos.

Artigo 9

1. A parte ininterrupta do período de férias anuais remuneradas mencionada no parágrafo 2 do Artigo 8 da presente Convenção deverá ser outorgada e gozada dentro de no máximo 1 (um) ano, e o resto do período de férias anuais remuneradas dentro dos próximos 18 (dezoito) meses, no máximo, a contar do término do ano em que foi adquirido o direito de gozo de férias.

2. Qualquer parte do período de férias anuais que exceder o mínimo previsto poderá ser postergada com o consentimento da pessoa empregada em questão, por um período limitado além daquele fixado no parágrafo 1 deste Artigo.

3. O período mínimo de férias e o limite de tempo referidos no parágrafo 2 deste Artigo serão determinados pela autoridade competente após consulta às organizações de empregadores e trabalhadores interessadas, ou através de negociação coletiva ou por qualquer outro modo conforme à prática nacional, sendo levadas em conta as condições próprias de cada país.

Artigo 10

1. A ocasião em que as férias serão gozadas será determinada pelo empregador, após consulta à pessoa empregada interessada em questão ou seus representantes, a menos que seja fixada por regulamento, acordo coletivo, sentença arbitral ou qualquer outra maneira conforme à prática nacional.

2. Para fixar a ocasião do período de gozo das férias serão levadas em conta as necessidades do trabalho e as possibilidades de repouso e diversão ao alcance da pessoa empregada.

Artigo 11

Toda pessoa empregada que tenha completado o período mínimo de serviço que pode ser exigido de acordo com o parágrafo 1 do Artigo 5 da presente Convenção deverá ter direito em caso de cessação da relação empregatícia, ou a um período de férias remuneradas proporcional à duração do período de serviço pelo qual ela não gozou ainda tais férias, ou a uma indenização compensatória, ou a um crédito de férias equivalente.

Artigo 12

Todo acordo relativo ao abandono do direito ao período mínimo de férias anuais remuneradas previsto no parágrafo 3 do Artigo 3 da presente Convenção ou relativo à renúncia ao gozo das férias mediante indenização ou de qualquer outra forma, será, dependendo das condições nacionais, nulo de pleno direito ou proibido.

Artigo 13

A autoridade competente ou órgão apropriado de cada país poderá adotar regras particulares em relação aos casos em que uma pessoa empregada exerça, durante suas férias, atividades remuneradas incompatíveis com o objetivo dessas férias.

Artigo 14

Medidas efetivas apropriadas aos meios pelos quais se dará efeito às disposições da presente Convenção devem ser tomadas através de uma inspeção adequada ou de qualquer outra forma, a fim de assegurar a boa aplicação e o respeito às regras ou disposições relativas às férias remuneradas.

Artigo 15

1. Todo Membro pode depositar as obrigações da presente Convenção separadamente:

a) em relação às pessoas empregadas em setores econômicos diverso da agricultura;

b) em relação às pessoas empregadas na agricultura.

2. Todo membro precisará, em sua ratificação, se aceita as obrigações da Convenção em relação às pessoas indicadas na alínea a do parágrafo 1 acima ou em relação às pessoas mencionadas na alínea b do referido parágrafo, ou em relação a ambas categorias.

3. Todo membro que na ocasião da sua ratificação não tiver aceitado as obrigações da presente Convenção senão em relação às pessoas mencionadas na alínea a ou senão em relação às pessoas mencionadas na alínea b do parágrafo 1 acima, poderá, ulteriormente, notificar ao Diretor-Geral da Repartição Internacional do Trabalho que aceita as obrigações da Convenção em relação a todas as pessoas a que se aplica a presente Convenção.

Artigo 16

A presente Convenção contém revisão da Convenção sobre Férias Remuneradas, 1936, e a Convenção sobre Férias Remuneradas (Agricultura), 1952, nos seguintes termos:

a) a aceitação das obrigações da presente Convenção em relação às pessoas empregadas nos setores econômicos diversos da Agricultura, por um Membro que é parte da Convenção sobre Férias Remuneradas,

1936, acarreta, de pleno direito, a denúncia imediata desta última Convenção;

b) a aceitação das obrigações da presente Convenção sobre Férias Remuneradas (Agricultura), 1952, acarreta, de pleno direito, a denúncia imediata desta última Convenção;

c) a entrada em vigor da presente Convenção não coloca obstáculo à ratificação da Convenção sobre Férias Remuneradas (Agricultura), 1952.

Artigo 17

As ratificações formais da presente Convenção serão comunicadas ao Diretor-Geral da Repartição Internacional do Trabalho, para fins de registro.

Artigo 18

1. A presente Convenção não vincula senão os Membros da Organização Internacional do Trabalho cuja ratificação tenha sido registrada pelo Diretor-Geral.

2. Ela entrará em vigor 12 (doze) meses após o registro pelo Diretor-Geral, das ratificações de dois Membros.

3. Subsequentes à presente Convenção entrará em vigor para cada Membro 12 (doze) meses após a data do registro de sua ratificação.

Artigo 19

1. Todo Membro que tiver ratificado a presente Convenção poderá denunciá-lo ao término de um período de 10 (dez) anos contados da data da entrada em vigor inicial da Convenção por um ato comunicado ao Diretor-Geral da Repartição Internacional do Trabalho e por ele registrado. A denúncia só terá efeito 1 (um) ano após ter sido registrada.

2. Todo membro que tenha ratificado a presente Convenção e que, dentro de 1 (um) ano após o término do período de 10 (dez) anos mencionado no parágrafo precedente, não tenha feito uso do seu direito de denúncia previsto por este Artigo, estará vinculado por um novo período de 10 (dez) anos e, subsequentemente, poderá denunciar a presente Convenção ao término de cada período de 10 (dez) anos nas condições revistas neste Artigo.

Artigo 20

1. O Diretor-Geral da Repartição Internacional do Trabalho notificará a todos os Membros da Organização Internacional do Trabalho do registro de todas as ratificações e denúncias que lhe forem comunicadas pelos membros da Organização.

2. Quando notificar os Membros da Organização sobre o registro da segunda ratificação a ele comunicada, o Diretor-Geral deverá chamar a atenção dos Membros da Organização para a data da entrada em vigor da presente Convenção.

Artigo 21

O Diretor-Geral da Repartição Internacional do Trabalho comunicará ao Secretário-Geral da Organização das Nações Unidas, para fins de registro, de acordo com o Artigo 102 da Carta das Nações Unidas, informações completas sobre todas as ratificações e atos de denúncias registrados por ele de acordo com as disposições dos Artigos precedentes.

Artigo 22

Quando julgar necessário, o Corpo Dirigente da Repartição Internacional do Trabalho apresentará à Conferência Geral um relatório sobre a aplicação da presente Convenção e examinará a conveniência de colocar na agenda da Conferência a questão de sua revisão total ou parcial.

Artigo 23

1. No caso de a Conferência adotar uma nova Convenção que revise a presente Convenção, e a menos que a nova Convenção disponha em contrário:

a) a ratificação por um membro da nova Convenção contendo a revisão acarreta a denúncia imediata da presente Convenção, não obstante as disposições do Artigo 19 acima, se e quando a nova Convenção entrar em vigor;

b) a partir da data da entrada em vigor da nova Convenção que contém a revisão, será vedada a ratificação da presente Convenção pelos Membros.

2. A presente Convenção, em todo caso, será mantida em vigor, quanto a sua forma e conteúdo em relação aos Membros que a houverem ratificado mas não houverem ratificado a Convenção revisora.

Os textos em francês e em inglês do texto da presente Convenção fazem igualmente fé.

O Texto que precede é o texto autêntico da Convenção devidamente adotada na Conferência Geral da Organização do Trabalho, em sua quinquagésima quarta sessão, realizada em Genebra e declara encerrada a vinte e cinco de junho de 1970.

Em fé do que apuseram suas assinaturas, no dia vinte e cinco de junho de 1970.

O Presidente da Conferência, V. Manickavasagam

O Diretor-Geral da Repartição Internacional do Trabalho, Wilfred Jenks

ROGÉRIO MARINHO

DECRETO Nº 10.178, DE 18 DE DEZEMBRO DE 2019

Regulamenta dispositivos da Lei nº 13.874, de 20 de setembro de 2019, para dispor sobre os critérios e os procedimentos para a classificação de risco de atividade econômica e para fixar o prazo para aprovação tácita e altera o Decreto nº 9.094, de 17 de julho de 2017, para incluir elementos na Carta de Serviços ao Usuário.

- *Regulamenta Lei da Liberdade Econômica*
- Publicado no DOU de 19-12-2019.

O PRESIDENTE DA REPÚBLICA, no uso das atribuições que lhe confere o art. 84, *caput*, incisos IV e VI, alínea "a", da Constituição, e tendo em vista o disposto no art. 3º, *caput*, incisos I e IX, § 1º, inciso I, e § 8º, da Lei nº 13.874, de 20 de setembro de 2019, e no art. 7º da Lei nº 13.460, de 26 de junho de 2017, DECRETA:

CAPÍTULO I DO OBJETO E DO ÂMBITO DE APLICAÇÃO

Art. 1º Este Decreto dispõe sobre os critérios e os procedimentos a serem observados pelos órgãos e pelas entidades da administração pública federal direta, autárquica e fundacional para a classificação do nível de risco de atividade econômica e para fixar o prazo para aprovação tácita do ato público de liberação.

Parágrafo único. *(Revogado pelo Decreto 10.219/2020)*

§ 1º O disposto neste Decreto aplica-se aos Estados, ao Distrito Federal e aos Municípios nas seguintes condições:

I - o Capítulo II, como norma subsidiária na ausência de legislação estadual, distrital ou municipal específica para definição de risco das atividades econômicas para a aprovação de ato público de liberação; e

II - o Capítulo III, nas seguintes hipóteses:

a) o ato público de liberação da atividade econômica ter sido derivado ou delegado por legislação ordinária federal; ou

b) o ente federativo ou o órgão responsável pelo ato decidir vincular-se ao disposto no inciso IX do *caput* do art. 3º da Lei nº 13.874, de 20 de setembro de 2019, por meio de instrumento válido e próprio. *(Acrescido pelo Decreto 10.219/2020)*

§ 2º As disposições deste Decreto aplicam-se ao trâmite do processo administrativo dentro de um mesmo órgão ou entidade, ainda que o pleno exercício da atividade econômica requeira ato administrativo adicional ou complementar cuja responsabilidade seja de outro órgão ou entidade da administração pública de qualquer ente federativo. *(Acrescido pelo Decreto 10.219/2020)*

§ 3º A aplicação deste Decreto independe de o ato público de liberação de atividade econômica:

I - estar previsto em lei ou em ato normativo infralegal; ou

II - referir-se a:

a) início, continuidade ou finalização de atividade econômica;

b) liberação de atividade, de serviço, de estabelecimento, de profissão, de instalação, de operação, de produto, de equipamento, de veículo e de edificação, dentre outros; ou

c) atuação de ente público ou privado. *(Acrescido pelo Decreto 10.219/2020)*

Art. 2º O disposto neste Decreto não se aplica ao ato ou ao procedimento administrativo de natureza fiscalizatória decorrente do exercício de poder de polícia pelo órgão ou pela entidade após o ato público de liberação.

CAPÍTULO II DOS NÍVEIS DE RISCO DA ATIVIDADE ECONÔMICA E SEUS EFEITOS

Classificação de riscos da atividade econômica

Art. 3º O órgão ou a entidade responsável pela decisão administrativa acerca do ato público de liberação classificará o risco da atividade econômica em:

I - nível de risco I - para os casos de risco leve, irrelevante ou inexistente;

II - nível de risco II - para os casos de risco moderado; ou

III - nível de risco III - para os casos de risco alto.

§ 1º Ato normativo da autoridade máxima do órgão ou da entidade especificará, de modo exaustivo, as hipóteses de classificação na forma do disposto no *caput*.

§ 2º O órgão ou a entidade poderão enquadrar a atividade econômica em níveis distintos de risco: *(Redação dada pelo Decreto 10.219/2020)*

I - em razão da complexidade, da dimensão ou de outras características e se houver possibilidade de aumento do risco envolvido; ou *(Acrescido pelo Decreto 10.219/2020)*

II - quando a atividade constituir objeto de dois ou mais atos públicos de liberação, hipótese em que o enquadramento do risco da atividade será realizado por ato público de liberação. *(Acrescido pelo Decreto 10.219/2020)*

Art. 4º O órgão ou a entidade, para aferir o nível de risco da atividade econômica, considerará, no mínimo:

I - a probabilidade de ocorrência de eventos danosos; e

II - a extensão, a gravidade ou o grau de irreparabilidade do impacto causado à sociedade na hipótese de ocorrência de evento danoso.

Parágrafo único. A classificação do risco será aferida preferencialmente por meio de análise quantitativa e estatística.

Art. 5º A classificação de risco de que trata o art. 3º assegurará que:

I - todas as hipóteses de atos públicos de liberação estejam classificadas em, no mínimo, um dos níveis de risco; e

II - pelo menos uma hipótese esteja classificada no nível de risco I.

Parágrafo único. A condição prevista no inciso II do *caput* poderá ser afastada mediante justificativa da autoridade máxima do órgão ou da entidade.

Art. 6º O ato normativo de que trata o § 1º do art. 3º poderá estabelecer critérios para alteração do enquadramento do nível de risco da atividade econômica, mediante a demonstração pelo requerente da existência de instrumentos que, a critério do órgão ou da entidade, reduzam ou anulem o risco inerente à atividade econômica, tais como:

I - declaração própria ou de terceiros como substitutivo de documentos ou de comprovantes;

II - ato ou contrato que preveja instrumentos de responsabilização própria ou de terceiros em relação aos riscos inerentes à atividade econômica;

III - contrato de seguro;

IV - prestação de caução; ou

V - laudos de profissionais privados habilitados acerca do cumprimento dos requisitos técnicos ou legais.

Parágrafo único. Ato normativo da autoridade máxima do órgão ou da entidade disciplinará as hipóteses, as modalidades e o procedimento para a aceitação ou para a prestação das garantias, nos termos do disposto no *caput*.

Art. 7º O órgão ou a entidade dará publicidade em seu sítio eletrônico às manifestações técnicas que subsidiarem a edição do ato normativo de que trata o § 1º do art. 3º.

Efeitos da classificação de risco

Art. 8º O exercício de atividades econômicas enquadradas no nível de risco I dispensa a solicitação de qualquer ato público de liberação.

Art. 9º Os órgãos e as entidades adotarão procedimentos administrativos simplificados para as solicitações de atos públicos de liberação de atividades econômicas enquadradas no nível de risco II.

§ 1º Se estiverem presentes os elementos necessários à instrução do processo, a decisão administrativa acerca do ato público de liberação de que trata o *caput* será proferida no momento da solicitação.

§ 2º A presença de todos os elementos necessários à instrução do processo, inclusive dos instrumentos de que trata o art. 6º, poderá ser verificada por meio de mecanismos tecnológicos automatizados.

CAPÍTULO III
DA APROVAÇÃO TÁCITA

Consequências do transcurso do prazo

Art. 10. A autoridade máxima do órgão ou da entidade responsável pelo ato público de liberação fixará o prazo para resposta aos atos requeridos junto à unidade.

§ 1º Decorrido o prazo previsto no *caput*, a ausência de manifestação conclusiva do órgão ou da entidade acerca do deferimento do ato público de liberação requerido implicará sua aprovação tácita.

§ 2º A liberação concedida na forma de aprovação tácita não:

I - exime o requerente de cumprir as normas aplicáveis à exploração da atividade econômica que realizar; ou

II - afasta a sujeição à realização das adequações identificadas pelo Poder Público em fiscalizações posteriores.

§ 3º O disposto no *caput* não se aplica:

I - a ato público de liberação relativo a questões tributárias de qualquer espécie ou de concessão de registro de direitos de propriedade intelectual;

II - quando a decisão importar em compromisso financeiro da administração pública; *(Redação dada pelo Decreto 10.219/2020)*

III - quando se tratar de decisão sobre recurso interposto contra decisão denegatória de ato público de liberação; *(Redação dada pelo Decreto 10.219/2020)*

IV - aos processos administrativos de licenciamento ambiental, na hipótese de exercício de competência supletiva nos termos do disposto no § 3º do art. 14 da Lei Complementar nº 140, de 8 de dezembro de 2011; ou *(Acrescido pelo Decreto 10.219/2020)*

V - aos demais atos públicos de liberação de atividades com impacto significativo ao meio ambiente, conforme estabelecido pelo órgão ambiental competente no ato normativo a que se refere o *caput*. *(Acrescido pelo Decreto 10.219/2020)*

§ 4º O órgão ou a entidade poderá estabelecer prazos diferentes para fases do processo administrativo de liberação da atividade econômica cujo transcurso importará em aprovação tácita, desde que respeitado o prazo total máximo previsto no art. 11.

§ 5º O ato normativo de que trata o *caput* conterá anexo com a indicação de todos os atos públicos de liberação de competência do órgão ou da entidade não sujeitos a aprovação tácita por decurso de prazo. *(Acrescido pelo Decreto 10.219/2020)*

Prazos máximos

Art. 11. Para fins do disposto no § 8º do art. 3º da Lei 13.874, de 2019, o órgão ou a entidade não poderá estabelecer prazo superior a sessenta dias para a decisão administrativa acerca do ato público de liberação.

§ 1º O ato normativo de que trata o art. 10 poderá estabelecer prazos superiores ao previsto no *caput*, em razão da natureza dos interesses públicos envolvidos e da complexidade da atividade econômica a ser desenvolvida pelo requerente, mediante fundamentação da autoridade máxima do órgão ou da entidade.

§ 2º O órgão ou a entidade considerará os padrões internacionais para o estabelecimento de prazo nos termos do disposto no § 1º.

Protocolo e contagem do prazo *(Denominação com redação dada pelo Decreto 10.219/2020)*

Art. 12. O prazo para decisão administrativa acerca do ato público de liberação para fins de aprovação tácita inicia-se na data da apresentação de todos os elementos necessários à instrução do processo.

§ 1º O particular será cientificado, expressa e imediatamente, sobre o prazo para a análise de seu requerimento, presumida a boa-fé das informações prestadas.

§ 2º Os órgãos ou as entidades buscarão adotar mecanismos automatizados para recebimento das solicitações de ato público de liberação.

§ 3º A redução ou a ampliação do prazo de que trata o art. 10 em ato da autoridade máxima do órgão ou da entidade não modificará o prazo cientificado ao particular para análise do seu requerimento nos termos do disposto no § 1º. *(Acrescido pelo Decreto 10.219/2020)*

Suspensão do prazo

Art. 13. O prazo para a decisão administrativa acerca do ato público de liberação para fins de aprovação tácita poderá ser suspenso uma vez, se houver necessidade de complementação da instrução processual.

§ 1º O requerente será informado, de maneira clara e exaustiva, acerca de todos os documentos e condições necessárias para complementação da instrução processual.

§ 2º Poderá ser admitida nova suspensão do prazo na hipótese da ocorrência de fato novo durante a instrução do processo.

Efeitos do decurso do prazo

Art. 14. O requerente poderá solicitar documento comprobatório da liberação da atividade econômica a partir do primeiro dia útil subsequente ao término do prazo, nos termos do disposto no art. 10.

§ 1º O órgão ou a entidade buscará automatizar a emissão do documento comprobatório de liberação da atividade econômica, especialmente nos casos de aprovação tácita.

§ 2º O documento comprobatório do deferimento do ato público de liberação não conterá elemento que indique a natureza tácita da decisão administrativa.

Do não exercício do direito à aprovação tácita

Art. 15. O requerente poderá renunciar ao direito de aprovação tácita a qualquer momento.

§ 1º A renúncia ao direito de aprovação tácita não exime o órgão ou a entidade de cumprir os prazos estabelecidos.

§ 2º Na hipótese de a decisão administrativa acerca do ato público de liberação não ser proferida no prazo estabelecido, o processo administrativo será encaminhado à chefia imediata do servidor responsável pela análise do requerimento, que poderá:

I - proferir de imediato a decisão; ou

II - designar outro servidor para acompanhar o processo.

CAPÍTULO IV DISPOSIÇÕES FINAIS E TRANSITÓRIAS

Falta de definição do prazo de decisão

Art. 16. Enquanto o órgão ou a entidade não editar o ato normativo a que se refere o art. 10, o prazo para análise do requerimento de liberação da atividade econômica, para fins de aprovação tácita, será de trinta dias, contado da data de apresentação de todos os elementos necessários à instrução do processo.

Alteração do Decreto nº 9.094, de 2017

Art. 17. O Decreto nº 9.094, de 17 de julho de 2017, passa a vigorar com as seguintes alterações:

"Art. 11. ....

....

....

....

§ 4º Na hipótese de o serviço se tratar de ato público de liberação, nos termos definidos no § 6º do art. 1º da Lei nº 13.874, de 20 de setembro de 2019, a Carta de Serviços ao Usuário incluirá também:

I - a listagem:

a) de todos os documentos, taxas, tarifas, comprovantes, pareceres e demais exigências necessárias à instrução do ato público de liberação;

b) dos atos normativos que tratem do ato público de liberação, inclusive aqueles não cogentes; e

c) dos códigos do Cadastro Nacional de Atividades Econômicas - CNAE referentes a atividades aptas a requererem a emissão de ato público de liberação, exceto se a informação for desnecessária;

II - a descrição resumida do fluxo de tramitação do processo administrativo aplicável ao ato, incluídas as fases, os prazos, as autoridades competentes para a decisão e o sistema recursal disponível;

III - a descrição da aplicabilidade dos efeitos dos níveis de risco;

IV - o prazo e as regras para efeitos da aprovação tácita; e

V - o tempo médio de tramitação de pedidos análogos até a decisão e as demais estatísticas relacionadas ao ato público de liberação, conforme os critérios de mensuração definidos pelo órgão ou pela entidade do Poder Executivo federal."

Disposições transitórias

Art. 18. O prazo a que se refere o art. 11 será:

I - de cento e vinte dias, para os requerimentos apresentados até 1º de fevereiro de 2021; e

II - de noventa dias, para os requerimentos apresentados até 1º de fevereiro de 2022.

Art. 18-A. A previsão de prazos para análise e deliberação sobre atos públicos de liberação em normativos internos do órgão ou da entidade não dispensa a publicação do ato de que trata o art. 10. *(Acrescido pelo Decreto 10.219/2020)*

Art. 19. Enquanto o órgão ou a entidade não editar o ato normativo de que trata o art. 3º, a atividade econômica sujeita a ato público de liberação será enquadrada, sucessivamente, em nível de risco definido: *(Redação dada pelo Decreto 10.310/2020)*

I - por resolução do Comitê para Gestão da Rede Nacional para a Simplificação do Registro e da Legalização de Empresas e Negócios, independentemente da adesão do ente federativo à Rede Nacional para a Simplificação do Registro e da Legalização de Empresas e Negócios;

II - em ato normativo de classificação de risco, nos termos do disposto neste Decreto, editado por órgão ou entidade dotado de poder regulador estabelecido em lei; ou

III - no nível de risco II.

Art. 20. O disposto no Capítulo III se aplica somente aos requerimentos apresentados após a data de entrada em vigor deste Decreto.

Vigência

Art. 21. Este Decreto entra em vigor em 1º de setembro de 2020. *(Redação dada pelo Decreto 10.310/2020)*

Brasília, 18 de dezembro de 2019; 198º da Independência e 131º da República.

JAIR MESSIAS BOLSONARO

DECRETO N. 10.229, DE 5 DE FEVEREIRO DE 2020

Regulamenta o direito de desenvolver, executar, operar ou comercializar produto ou serviço em desacordo com a norma técnica desatualizada de que trata o inciso VI do caput do art. 3.º da Lei n. 13.874, de 20 de setembro de 2019.

▸ *Comercialização de produtos ou serviços - regulamento*

O Presidente da República, no uso da atribuição que lhe confere o art. 84, *caput*, inciso IV, da Constituição, e tendo em vista o disposto no art. 3.º, *caput*, inciso VI, da Lei n. 13.874, de 20 de setembro de 2019, decreta:

Objeto

Art. 1.º Este Decreto regulamenta os requisitos para aferição da situação concreta, os procedimentos, o momento e as condições dos efeitos dos requerimentos para desenvolver, executar, operar ou comercializar novas modalidades de produtos e de serviços quando as normas infralegais se tornarem desatualizadas por força de desenvolvimento tecnológico consolidado internacionalmente.

Âmbito de aplicação

Art. 2.º O disposto neste Decreto se aplica à administração pública direta, autárquica e fundacional da União, dos Estados, do Distrito Federal e dos Municípios, nos termos previstos no § 4.º do art. 1.º da Lei n. 13.874, de 20 de setembro de 2019.

Parágrafo único. O disposto neste Decreto:

I – não poderá ser invocado para questionar normas aprovadas pelo Poder Legislativo ou pelo Chefe do Poder Executivo; e

II – não se caracteriza como ato público de liberação da atividade econômica de que trata a Lei n. 13.874, de 2019.

Direito estabelecido

Art. 3.º É direito de toda pessoa, natural ou jurídica, desenvolver, executar, operar ou comercializar novas modalidades de produtos e de serviços quando as normas infralegais se tornarem desatualizadas por força de desenvolvimento tecnológico consolidado internacionalmente, desde que não restringido em lei e que observe o seguinte:

I – na hipótese de existir norma infralegal vigente que restrinja o exercício integral do direito, o particular poderá fazer uso do procedimento disposto nos art. 4.º ao art. 8.º; e

II – na hipótese de inexistir restrição em ato normativo, a administração pública respeitará o pleno exercício do direito de que trata este artigo.

Parágrafo único. Para os fins do disposto no inciso II do *caput*, em casos de dúvida, interpreta-se a norma em favor do particular de boa-fé, nos termos do disposto no § 2.º do art. 1.º e no inciso V do *caput* do art. 3.º da Lei n. 13.874, de 2019.

Legitimidade ativa

Art. 4.º A legitimidade para requerer a revisão da norma de que trata o inciso I do *caput* do art. 3.º é de qualquer pessoa que explore ou que tenha interesse de explorar atividade econômica afetada pela norma questionada.

Legitimidade passiva

Art. 5.º A legitimidade para receber e processar requerimentos de revisão de normas desatualizadas é do órgão ou da entidade responsável pela edição de norma sobre a matéria.

Instrução do pedido

Art. 6.º O processo de solicitação do exercício do direito de que trata o inciso I do *caput* do art. 3.º será instaurado por meio do encaminhamento de requerimento inicial endereçado ao órgão ou à entidade competente, e conterá:

I – a identificação do requerente;

II – a identificação da norma interna desatualizada e da norma que tem sido utilizada internacionalmente; e

III – a comparação da norma interna com a norma internacional, na qual deverá ser demonstrada análise de conveniência e oportunidade de adoção da norma internacional.

Parágrafo único. Para fins do disposto nos incisos II e III do *caput*, somente serão aceitas como normas utilizadas internacionalmente aquelas oriundas da:

I – Organização Internacional de Normalização – ISO;

II – Comissão Eletrotécnica Internacional – IEC;

III – Comissão do *Codex Alimentarius*;

IV – União Internacional de Telecomunicações – UIT; e

V – Organização Internacional de Metrologia Legal – OIML.

Prazo para manifestação

Art. 7.º O prazo para manifestação do órgão ou da entidade sobre o pedido de revisão da norma desatualizada é de seis meses.

§ 1.º O prazo de que trata o *caput* ficará suspenso por eventual intimação do órgão ou da entidade para complementação da instrução, vedada a suspensão na hipótese de segundo pedido de complementação.

§ 2.º Até o fim do prazo de que trata o *caput*, o órgão ou a entidade fica obrigado a decidir pelo:

I – não conhecimento do requerimento;
II – indeferimento do requerimento; ou
III – deferimento do requerimento, total ou parcial, com a edição de norma técnica com o conteúdo internacionalmente aceito.

§ 3.º Também se considera deferimento, para os fins do disposto no inciso III do § 2.º, a revogação da norma interna desatualizada.

§ 4.º Nas hipóteses de que trata o inciso III do § 2.º ou o § 3.º, o prazo para publicação do ato é de um mês, contado da data da decisão.

Descumprimento dos prazos

Art. 8.º O requerente poderá optar por cumprir a norma utilizada internacionalmente em detrimento da norma interna apontada como desatualizada se:

I – complementar a instrução do pedido de que trata o art. 7.º com declaração, em instrumento público, de responsabilidade:
a) objetiva e irrestrita por quaisquer danos, perante entes públicos ou particulares, advindos da exploração da atividade econômica; e
b) por quaisquer gastos ou obrigações decorrentes do encerramento da atividade econômica por força de rejeição posterior do pedido de revisão da norma apontada como desatualizada; e
II – o órgão ou a entidade pública não:
a) se manifestar na forma prevista nos § 2.º ao § 4.º do art. 7.º nos prazos estabelecidos; e
b) rejeitar, de modo fundamentado, no prazo de seis meses, contado da data do pedido, a pretensão de afastamento da norma interna apontada como desatualizada.

Parágrafo único. Ressalvado o disposto no *caput*, o descumprimento dos prazos previstos no art. 7.º pelo órgão ou pela entidade não legitima o descumprimento da norma vigente.

Vigência

Art. 9.º Este Decreto entra em vigor em 6 de julho de 2020.

» Artigo com redação determinada pelo Decreto n. 10.310, de 2-4-2020.

Brasília, 5 de fevereiro de 2020; 199.º da Independência e 132.º da República.

Jair Messias Bolsonaro

LEI Nº 13.979, DE 6 DE FEVEREIRO DE 2020

Dispõe sobre as medidas para enfrentamento da emergência de saúde pública de importância internacional decorrente do coronavírus responsável pelo surto de 2019.

‣ *Covid 19 - Medidas de enfrentamento*

O PRESIDENTE DA REPÚBLICA

Faço saber que o Congresso Nacional decreta e eu sanciono a seguinte Lei:

Art. 1º Esta Lei dispõe sobre as medidas que poderão ser adotadas para enfrentamento da emergência de saúde pública de importância internacional decorrente do coronavírus responsável pelo surto de 2019.

§ 1º As medidas estabelecidas nesta Lei objetivam a proteção da coletividade.

§ 2º Ato do Ministro de Estado da Saúde disporá sobre a duração da situação de emergência de saúde pública de que trata esta Lei.

§ 3º O prazo de que trata o § 2º deste artigo não poderá ser superior ao declarado pela Organização Mundial de Saúde.

Art. 2º Para fins do disposto nesta Lei, considera-se:

I - isolamento: separação de pessoas doentes ou contaminadas, ou de bagagens, meios de transporte, mercadorias ou encomendas postais afetadas, de outros, de maneira a evitar a contaminação ou a propagação do coronavírus; e
II - quarentena: restrição de atividades ou separação de pessoas suspeitas de contaminação das pessoas que não estejam doentes, ou de bagagens, contêineres, animais, meios de transporte ou mercadorias suspeitos de contaminação, de maneira a evitar a possível contaminação ou a propagação do coronavírus.

Parágrafo único. As definições estabelecidas pelo Artigo 1 do Regulamento Sanitário Internacional, constante do Anexo ao Decreto nº 10.212, de 30 de janeiro de 2020, aplicam-se ao disposto nesta Lei, no que couber.

Art. 3º Para enfrentamento da emergência de saúde pública de importância internacional de que trata esta Lei, as autoridades poderão adotar, no âmbito de suas competências, entre outras, as seguintes medidas: (Redação dada pela Lei 14.035/2020)

I - isolamento;
II - quarentena;
III - determinação de realização compulsória de:
a) exames médicos;
b) testes laboratoriais;
c) coleta de amostras clínicas;
d) vacinação e outras medidas profiláticas; ou
e) tratamentos médicos específicos;
III-A - uso obrigatório de máscaras de proteção individual; (Incluído pela Lei 14.019/2020)
IV - estudo ou investigação epidemiológica;
V - exumação, necropsia, cremação e manejo de cadáver;
VI - restrição excepcional e temporária, por rodovias, portos ou aeroportos, de: (Redação dada pela Lei 14.035/2020)
a) entrada e saída do País; e (Acrescida pela Lei 14.035/2020)
b) locomoção interestadual e intermunicipal; (Acrescida pela Lei 14.035/2020)
VII - requisição de bens e serviços de pessoas naturais e jurídicas, hipótese em que será garantido o pagamento posterior de indenização justa; e
VIII - autorização excepcional e temporária para a importação e distribuição de quaisquer materiais, medicamentos, equipamentos e insumos da área de saúde sujeitos à vigilância sanitária sem registro na Anvisa considerados essenciais para auxiliar no combate à pandemia do coronavírus, desde que: (Inciso com redação dada pela Lei 14.006/2020)
a) registrados por pelo menos 1 (uma) das seguintes autoridades sanitárias estrangeiras e autorizados à distribuição comercial em seus respectivos países: (Alínea com redação dada pela Lei 14.006/2020)
1. Food and Drug Administration (FDA); (Item acrescido pela Lei 14.006/2020)
2. European Medicines Agency (EMA); (Item acrescido pela Lei 14.006/2020)
3. Pharmaceuticals and Medical Devices Agency (PMDA); (Item acrescido pela Lei 14.006/2020)
4. National Medical Products Administration (NMPA); (Item acrescido pela Lei 14.006/2020)

b) (Revogada pela Lei 14.006/2020)

§ 1º As medidas previstas neste artigo somente poderão ser determinadas com base em evidências científicas e em análises sobre as informações estratégicas em saúde e deverão ser limitadas no tempo e no espaço ao mínimo indispensável à promoção e à preservação da saúde pública.

§ 2º Ficam assegurados às pessoas afetadas pelas medidas previstas neste artigo:

I - o direito de serem informadas permanentemente sobre o seu estado de saúde e a assistência à família conforme regulamento;
II - o direito de receberem tratamento gratuito;
III - o pleno respeito à dignidade, aos direitos humanos e às liberdades fundamentais das pessoas, conforme preconiza o Artigo 3 do Regulamento Sanitário Internacional, constante do Anexo ao Decreto nº 10.212, de 30 de janeiro de 2020.

§ 3º Será considerado falta justificada ao serviço público ou à atividade laboral privada o período de ausência decorrente das medidas previstas neste artigo.

§ 4º As pessoas deverão sujeitar-se ao cumprimento das medidas previstas neste artigo, e o descumprimento delas acarretará responsabilização, nos termos previstos em lei.

§ 5º Ato do Ministro de Estado da Saúde:

I - disporá sobre as condições e os prazos aplicáveis às medidas previstas nos incisos I e II do *caput* deste artigo; e
II - (Revogado pela Lei 14.006/2020)

§ 6º Ato conjunto dos Ministros de Estado da Saúde, da Justiça e Segurança Pública e da Infraestrutura disporá sobre as medidas previstas no inciso VI do *caput* deste artigo, observado o disposto no inciso I do § 6º-B deste artigo. (Redação dada pela Lei 14.035/2020)

§ 6º-A. (Parágrafo acrescido pela Medida Provisória nº 927/2020, com prazo de vigência encerrado em 19/7/2020)

§ 6º-B. As medidas previstas no inciso VI do *caput* deste artigo deverão ser precedidas de recomendação técnica e fundamentada: (Acrescido pela Lei 4.035/2020)

I - da Agência Nacional de Vigilância Sanitária (Anvisa), em relação à entrada e saída do País e à locomoção interestadual; ou
II - do respectivo órgão estadual de vigilância sanitária, em relação à locomoção intermunicipal.

§§ 6º-C e 6º-D. (VETADOS na Lei nº 14.035/2020)

§ 7º As medidas previstas neste artigo poderão ser adotadas:

I - pelo Ministério da Saúde, exceto a constante do inciso VIII do *caput* deste artigo; (Inciso com redação dada pela Lei 14.006/2020)
II - pelos gestores locais de saúde, desde que autorizados pelo Ministério da Saúde, nas hipóteses dos incisos I, II, III-A, V e VI do

caput deste artigo; (Redação dada pela Lei 14.035/2020)

III - pelos gestores locais de saúde, nas hipóteses dos incisos III, IV e VII do *caput* deste artigo.

IV - pela Anvisa, na hipótese do inciso VIII do *caput* deste artigo. (Inciso acrescido dada pela Lei 14.006/2020)

§ 7º-A. A autorização de que trata o inciso VIII do *caput* deste artigo deverá ser concedida pela Anvisa em até 72 (setenta e duas) horas após a submissão do pedido à Agência, dispensada a autorização de qualquer outro órgão da administração pública direta ou indireta para os produtos que especifica, sendo concedida automaticamente caso esgotado o prazo sem manifestação. (Acrescido pela Lei nº 14.006/2020)

§ 7º-B. O médico que prescrever ou ministrar medicamento cuja importação ou distribuição tenha sido autorizada na forma do inciso VIII do *caput* deste artigo deverá informar ao paciente ou ao seu representante legal que o produto ainda não tem registro na Anvisa e foi liberado por ter sido registrado por autoridade sanitária estrangeira. (Parágrafo acrescido pela Lei 14.006/2020)

§ 7º-C. Os serviços públicos e atividades essenciais, cujo funcionamento deverá ser resguardado quando adotadas as medidas previstas neste artigo, incluem os relacionados ao atendimento a mulheres em situação de violência doméstica e familiar, nos termos da Lei nº 11.340, de 7 de agosto de 2006, a crianças, a adolescentes, a pessoas idosas e a pessoas com deficiência vítimas de crimes tipificados na Lei nº 8.069, de 13 de julho de 1990 (Estatuto da Criança e do Adolescente), na Lei nº 10.741, de 1º de outubro de 2003 (Estatuto do Idoso), na Lei nº 13.146, de 6 de julho de 2015 (Estatuto da Pessoa com Deficiência), e no Decreto-Lei nº 2.848, de 7 de dezembro de 1940 (Código Penal). (Acrescido pela Lei 14.022/2020)

§ 8º Na ausência da adoção de medidas de que trata o inciso II do § 7º deste artigo, ou até sua superveniência, prevalecerão as determinações: (Acrescido pela Lei 14.035/2020)

I - do Ministério da Saúde em relação aos incisos I, II, III, IV, V e VII do *caput* deste artigo; e (Acrescido pela Lei 14.035/2020)

II - do ato conjunto de que trata o § 6º em relação às medidas previstas no inciso VI do *caput* deste artigo. (Acrescido pela Lei 14.035/2020)

§ 9º A adoção das medidas previstas neste artigo deverá resguardar o abastecimento de produtos e o exercício e o funcionamento de serviços públicos e de atividades essenciais, assim definidos em decreto da respectiva autoridade federativa. (Acrescido pela Lei nº 14.035/2020)

§ 10. As medidas a que se referem os incisos I, II e VI do *caput*, observado o disposto nos incisos I e II do § 6º-B deste artigo, quando afetarem a execução de serviços públicos e de atividades essenciais, inclusive os regulados, concedidos ou autorizados, somente poderão ser adotadas em ato específico e desde que haja articulação prévia com o órgão regulador ou o poder concedente ou autorizador. (Acrescido pela Lei 14.035/2020)

§ 11. É vedada a restrição à ação de trabalhadores que possa afetar o funcionamento de serviços públicos e de atividades essenciais, definidos conforme previsto no § 9º deste artigo, e as cargas de qualquer espécie que possam acarretar desabastecimento de gêneros necessários à população. (Acrescido pela Lei 14.035/2020)

Art. 3º-A. É obrigatório manter boca e nariz cobertos por máscara de proteção individual, conforme a legislação sanitária e na forma de regulamentação estabelecida pelo Poder Executivo federal, para circulação em espaços públicos e privados acessíveis ao público, em vias públicas e em transportes públicos coletivos, bem como em: (Incluído pela Lei 14.019/2020)

I – veículos de transporte remunerado privado individual de passageiros por aplicativo ou por meio de táxis;

II – ônibus, aeronaves ou embarcações de uso coletivo fretados;

III - estabelecimentos comerciais e industriais, templos religiosos, estabelecimentos de ensino e demais locais fechados em que haja reunião de pessoas. (Acrescido pela Lei 14.019/2020)

§ 1º O descumprimento da obrigação prevista no *caput* deste artigo acarretará a imposição de multa definida e regulamentada pelo ente federado competente, devendo ser consideradas como circunstâncias agravantes na gradação da penalidade: (Acrescido pela Lei 14.019/2020)

I - ser o infrator reincidente;

II - ter a infração ocorrido em ambiente fechado.

§ 2º A definição e a regulamentação referidas no § 1º deste artigo serão efetuadas por decreto ou por ato administrativo do respectivo Poder Executivo, que estabelecerá as autoridades responsáveis pela fiscalização da obrigação prevista no *caput* e pelo recolhimento da multa prevista no § 1º deste artigo. (Acrescido pela Lei 14.019/2020)

§§ 3º a 5º (Vetados).

§ 6º Em nenhuma hipótese será exigível a cobrança da multa pelo descumprimento da obrigação prevista no *caput* deste artigo às populações vulneráveis economicamente. (Acrescido pela Lei 14.019/2020)

§ 7º A obrigação prevista no *caput* deste artigo será dispensada no caso de pessoas com transtorno do espectro autista, com deficiência intelectual, com deficiências sensoriais ou com quaisquer outras deficiências que as impeçam de fazer o uso adequado de máscara de proteção facial, conforme declaração médica, que poderá ser obtida por meio digital, bem como no caso de crianças com menos de 3 (três) anos de idade. (Acrescido pela Lei 14.019/2020)

§ 8º As máscaras a que se refere o *caput* deste artigo podem ser artesanais ou industriais. (Acrescido pela Lei 14.019/2020)

Art. 3º-B. Os estabelecimentos em funcionamento durante a pandemia da Covid-19 são obrigados a fornecer gratuitamente a seus funcionários e colaboradores máscaras de proteção individual, ainda que de fabricação artesanal, sem prejuízo de outros equipamentos de proteção individual estabelecidos pelas normas de segurança e saúde do trabalho. (Acrescido pela Lei 14.019/2020)

§ 1º O descumprimento da obrigação prevista no *caput* deste artigo acarretará a imposição de multa definida e regulamentada pelos entes federados, observadas na gradação da penalidade: (Acrescido pela Lei 14.019/2020)

I - a reincidência do infrator;

II - a ocorrência da infração em ambiente fechado, hipótese que será considerada como circunstância agravante;

III - a capacidade econômica do infrator.

§ 2º O disposto no § 1º deste artigo será regulamentado por decreto ou por ato administrativo do respectivo Poder Executivo, que estabelecerá as autoridades responsáveis pela fiscalização da obrigação prevista no *caput* e pelo recolhimento da multa prevista no § 1º deste artigo. (Acrescido pela Lei 14.019/2020)

§§ 3º e 4º (VETADOS na Lei 14.019/2020)

§ 5º Os órgãos, entidades e estabelecimentos a que se refere este artigo deverão afixar cartazes informativos sobre a forma de uso correto de máscaras e o número máximo de pessoas permitidas ao mesmo tempo dentro do estabelecimento, nos termos de regulamento. (Parágrafo vetado na republicação da Lei nº 14.019, de 2/7/2020, veiculada no DOU de 6/7/2020, e restabelecido pelo Supremo Tribunal Federal nos termos das Decisões das ADPFs nºs 714, 715 e 718 publicadas no DOU de 23/2/2021)

§ 6º (VETADO na Lei 14.019/2020)

Art. 3º-C. As multas previstas no § 1º do art. 3º-A e no § 1º do art. 3º-B desta Lei somente serão aplicadas na ausência de normas estaduais ou municipais que estabeleçam multa com hipótese de incidência igual ou semelhante. (Acrescido pela Lei 14.019/2020)

Art. 3º-D. Os valores recolhidos das multas previstas no § 1º do art. 3ºA e no § 1º do art. 3º-B desta Lei deverão ser utilizados obrigatoriamente em ações e serviços de saúde. (Acrescido pela Lei 14.019/2020)

Parágrafo único. Os valores recolhidos deverão ser informados em portais de transparência ou, na falta destes, em outro meio de publicidade, para fins de prestação de contas.

Art. 3º-E. É garantido o atendimento preferencial em estabelecimentos de saúde aos profissionais de saúde e aos profissionais da segurança pública, integrantes dos órgãos previstos no art. 144 da Constituição Federal, diagnosticados com a Covid-19, respeitados os protocolos nacionais de atendimento médico. (Incluído pela Lei 14.019/2020)

Art. 3º-F. É obrigatório o uso de máscaras de proteção individual nos estabelecimentos prisionais e nos estabelecimentos de cumprimento de medidas socioeducativas, observado o disposto no *caput* do art. 3º-B desta Lei. (Artigo vetado na republicação da Lei nº 14.019, de 2/7/2020, veiculada no DOU de 6/7/2020, e restabelecido pelo Supremo Tribunal Federal nos termos das Decisões das ADPFs nºs 714, 715 e 718, publicadas no DOU de 23/2/2021)

Art. 3º-G. As concessionárias e empresas de transporte público deverão atuar em colaboração com o poder público na fiscalização do cumprimento das normas de utilização obrigatória de máscaras de proteção individual, podendo inclusive vedar, nos terminais e meios de transporte por elas operados, a entrada de passageiros em desacordo com as normas estabelecidas pelo respectivo poder concedente. (Incluído pela Lei 14.019/2020)

Parágrafo único. O poder público concedente regulamentará o disposto neste artigo, inclusive em relação ao estabelecimento de multas pelo seu descumprimento.

Art. 3º-H. Os órgãos e entidades públicos, por si, por suas empresas, concessionárias ou permissionárias ou por qualquer outra forma de empreendimento, bem como o setor privado de bens e serviços, deverão adotar medidas de prevenção à proliferação de doenças, como a assepsia de locais de circulação de pessoas e do interior de veículos de toda natureza usados em serviço e a disponibilização aos usuários de produtos higienizantes e saneantes. (Incluído pela Lei 14.019/2020)

Parágrafo único. Incorrerá em multa, a ser definida e regulamentada pelo Poder Executivo do ente federado competente, o estabelecimento autorizado a funcionar durante a pandemia da Covid-19 que deixar de disponibilizar álcool em gel a 70% (setenta por cento) em locais próximos a suas entradas, elevadores e escadas rolantes. (Acrescido pela Lei 14.019/2020)

Art. 3º-I. (Vetado na Lei 14.019/2020)

Art. 3º-J. Durante a emergência de saúde pública decorrente do coronavírus responsável pelo surto de 2019, o poder público e os empregadores ou contratantes adotarão, imediatamente, medidas para preservar a saúde e a vida de todos os profissionais considerados essenciais ao controle de doenças e à manutenção da ordem pública. (Acrescido pela Lei 14.023/2020)

§ 1º Para efeitos do disposto no *caput* deste artigo, são considerados profissionais essenciais ao controle de doenças e à manutenção da ordem pública:

I - médicos;

II - enfermeiros;

III - fisioterapeutas, terapeutas ocupacionais, fonoaudiólogos e profissionais envolvidos nos processos de habilitação e reabilitação;

IV - psicólogos;

V - assistentes sociais;

VI - policiais federais, civis, militares, penais, rodoviários e ferroviários e membros das Forças Armadas;

VII - agentes socioeducativos, agentes de segurança de trânsito e agentes de segurança privada;

VIII - brigadistas e bombeiros civis e militares;

IX - vigilantes que trabalham em unidades públicas e privadas de saúde;

X - assistentes administrativos que atuam no cadastro de pacientes em unidades de saúde;

XI - agentes de fiscalização;

XII - agentes comunitários de saúde;

XIII - agentes de combate às endemias;

XIV - técnicos e auxiliares de enfermagem;

XV - técnicos, tecnólogos e auxiliares em radiologia e operadores de aparelhos de tomografia computadorizada e de ressonância nuclear magnética;

XVI - maqueiros, maqueiros de ambulância e padioleiros;

XVII - cuidadores e atendentes de pessoas com deficiência, de pessoas idosas ou de pessoas com doenças raras;

XVIII - biólogos, biomédicos e técnicos em análises clínicas;

XIX - médicos-veterinários;

XX - coveiros, atendentes funerários, motoristas funerários, auxiliares funerários e demais trabalhadores de serviços funerários e de autópsias;

XXI - profissionais de limpeza;

XXII - profissionais que trabalham na cadeia de produção de alimentos e bebidas, incluídos os insumos;

XXIII - farmacêuticos, bioquímicos e técnicos em farmácia;

XXIV - cirurgiões-dentistas, técnicos em saúde bucal e auxiliares em saúde bucal;

XXV - aeronautas, aeroviários e controladores de voo;

XXVI - motoristas de ambulância;

XXVII - guardas municipais;

XXVIII - profissionais dos Centros de Referência de Assistência Social (Cras) e dos Centros de Referência Especializados de Assistência Social (Creas);

XXIX - servidores públicos que trabalham na área da saúde, inclusive em funções administrativas;

XXX - outros profissionais que trabalhem ou sejam convocados a trabalhar nas unidades de saúde durante o período de isolamento social ou que tenham contato com pessoas ou com materiais que ofereçam risco de contaminação pelo novo coronavírus.

§ 2º O poder público e os empregadores ou contratantes fornecerão, gratuitamente, os equipamentos de proteção individual (EPIs) recomendados pela Anvisa aos profissionais relacionados no § 1º deste artigo que estiverem em atividade e em contato direto com portadores ou possíveis portadores do novo coronavírus, considerados os protocolos indicados para cada situação.

§ 3º Os profissionais essenciais ao controle de doenças e à manutenção da ordem pública que estiverem em contato direto com portadores ou possíveis portadores do novo coronavírus terão prioridade para fazer testes de diagnóstico da Covid-19 e serão tempestivamente tratados e orientados sobre sua condição de saúde e sobre sua aptidão para retornar ao trabalho.

Art. 4º É dispensável a licitação para aquisição ou contratação de bens, serviços, inclusive de engenharia, e insumos destinados ao enfrentamento da emergência de saúde pública de importância internacional de que trata esta Lei. (Redação dada pela Lei 14.035/2020)

§ 1º A dispensa de licitação a que se refere o *caput* deste artigo é temporária e aplica-se apenas enquanto perdurar a emergência de saúde pública de importância internacional decorrente do coronavírus.

§ 2º Todas as aquisições ou contratações realizadas com base nesta Lei serão disponibilizadas, no prazo máximo de 5 (cinco) dias úteis, contado da realização do ato, em site oficial específico na internet, observados, no que couber, os requisitos previstos no § 3º do art. 8º da Lei nº 12.527, de 18 de novembro de 2011, com o nome do contratado, o número de sua inscrição na Secretaria da Receita Federal do Brasil, o prazo contratual, o valor e o respectivo processo de aquisição ou contratação, além das seguintes informações: (Redação dada pela Lei 14.035/2020)

I - o ato que autoriza a contratação direta ou o extrato decorrente do contrato; (Acrescido pela Lei 14.035/2020)

II - a discriminação do bem adquirido ou do serviço contratado e o local de entrega ou de prestação; (Acrescido pela Lei 14.035/2020)

III - o valor global do contrato, as parcelas do objeto, os montantes pagos e o saldo disponível ou bloqueado, caso exista; (Acrescido pela Lei 14.035/2020)

IV - as informações sobre eventuais aditivos contratuais; (Acrescido pela Lei 14.035/2020)

V - a quantidade entregue em cada unidade da Federação durante a execução do contrato, nas contratações de bens e serviços. (Acrescido pela Lei 14.035/2020)

VI - as atas de registros de preços das quais a contratação se origine. (Acrescido pela Lei 14.065/2020)

§ 3º Na situação excepcional de, comprovadamente, haver uma única fornecedora do bem ou prestadora do serviço, será possível a sua contratação, independentemente da existência de sanção de impedimento ou de suspensão de contratar com o poder público. (Acrescido pela Lei 14.035/2020)

§ 3º-A. No caso de que trata o § 3º deste artigo, é obrigatória a prestação de garantia nas modalidades previstas no art. 56 da Lei nº 8.666, de 21 de junho de 1993, que não poderá exceder a 10% (dez por cento) do valor do contrato. (Acrescido pela Lei 14.035/2020)

§ 4º Na hipótese de dispensa de licitação a que se refere o *caput* deste artigo, quando se tratar de compra ou de contratação por mais de um órgão ou entidade, poderá ser utilizado o sistema de registro de preços, previsto no inciso II do *caput* do art. 15 da Lei nº 8.666, de 21 de junho de 1993. (Acrescido pela Lei 14.065/2020)

§ 5º Nas situações abrangidas pelo § 4º deste artigo, o ente federativo poderá aplicar o regulamento federal sobre registro de preços se não houver regulamento que lhe seja especificamente aplicável. (Acrescido pela Lei 14.065/2020)

§ 6º O órgão ou entidade gerenciador da compra estabelecerá prazo entre 2 (dois) e 8 (oito) dias úteis, contado da data de divulgação da intenção de registro de preço, para que outros órgãos e entidades manifestem interesse em participar do sistema de registro de preços realizado nos termos dos §§ 4º e 5º deste artigo. (Acrescido pela Lei 14.065/2020)

§ 7º O disposto nos §§ 2º e 3º do art. 4º-E desta Lei não se aplica a sistema de registro de preços fundamentado nesta Lei. (Acrescido pela Lei 14.065/2020)

§ 8º Nas contratações celebradas após 30 (trinta) dias da assinatura da ata de registro de preços, a estimativa de preços será refeita, com o intuito de verificar se os preços registrados permanecem compatíveis com os praticados no âmbito dos órgãos e entidades da administração pública, nos termos do inciso VI do § 1º do art. 4º-E desta Lei. (Acrescido pela Lei 14.065/2020)

Art. 4º-A. A aquisição ou contratação de bens e serviços, inclusive de engenharia, a que se refere o *caput* do art. 4º desta Lei, não se restringe a equipamentos novos, desde que o fornecedor se responsabilize pelas plenas condições de uso e de funcionamento do objeto contratado. (Acrescido pela Lei 14.035/2020)

Art. 4º-B. Nas dispensas de licitação decorrentes do disposto nesta Lei, presumem-se comprovadas as condições de: (Acrescido pela Lei 14.035/2020)

I - ocorrência de situação de emergência;

II - necessidade de pronto atendimento da situação de emergência;

III - existência de risco à segurança de pessoas, de obras, de prestação de serviços, de equipamentos e de outros bens, públicos ou particulares; e

IV - limitação da contratação à parcela necessária ao atendimento da situação de emergência.

Art. 4º-C. Para a aquisição ou contratação de bens, serviços, inclusive de engenharia, e insumos necessários ao enfrentamento da emergência de saúde pública de que trata esta Lei, não será exigida a elaboração de estudos preliminares quando se tratar de bens e de serviços comuns. (Acrescido pela Lei 14.035/2020)

Art. 4º-D. O gerenciamento de riscos da contratação somente será exigível durante a gestão do contrato. (Acrescido pela Lei 14.035/2020)

Art. 4º-E. Nas aquisições ou contratações de bens, serviços e insumos necessários ao enfrentamento da emergência de saúde pública de importância internacional de que trata esta Lei, será admitida a apresentação de termo de referência simplificado ou de projeto básico simplificado. (Acrescido pela Lei 14.035/2020)

§ 1º O termo de referência simplificado ou o projeto básico simplificado referidos no *caput* deste artigo conterá: (Acrescido pela Lei 14.035/2020)

I - declaração do objeto;

II - fundamentação simplificada da contratação;

III - descrição resumida da solução apresentada;

IV - requisitos da contratação;

V - critérios de medição e de pagamento;

VI - estimativa de preços obtida por meio de, no mínimo, 1 (um) dos seguintes parâmetros:

a) Portal de Compras do Governo Federal;

b) pesquisa publicada em mídia especializada;

c) sites especializados ou de domínio amplo;

d) contratações similares de outros entes públicos; ou

e) pesquisa realizada com os potenciais fornecedores;

VII - adequação orçamentária.

§ 2º Excepcionalmente, mediante justificativa da autoridade competente, será dispensada a estimativa de preços de que trata o inciso VI do § 1º deste artigo. (Acrescido pela Lei 14.035/2020)

§ 3º Os preços obtidos a partir da estimativa de que trata o inciso VI do § 1º deste artigo não impedem a contratação pelo poder público por valores superiores decorrentes de oscilações ocasionadas pela variação de preços, desde que observadas as seguintes condições: (Acrescido pela Lei 14.035/2020)

I - negociação prévia com os demais fornecedores, segundo a ordem de classificação, para obtenção de condições mais vantajosas; e

II - efetiva fundamentação, nos autos da contratação correspondente, da variação de preços praticados no mercado por motivo superveniente.

Art. 4º-F. Na hipótese de haver restrição de fornecedores ou de prestadores de serviço, a autoridade competente, excepcionalmente e mediante justificativa, poderá dispensar a apresentação de documentação relativa à regularidade fiscal ou, ainda, o cumprimento de 1 (um) ou mais requisitos de habilitação, ressalvados a exigência de apresentação de prova de regularidade trabalhista e o cumprimento do disposto no inciso XXXIII do *caput* do art. 7º da Constituição Federal. (Acrescido pela Lei 14.035/2020)

Art. 4º-G. Nos casos de licitação na modalidade pregão, eletrônico ou presencial, cujo objeto seja a aquisição ou contratação de bens, serviços e insumos necessários ao enfrentamento da emergência de saúde pública de importância internacional de que trata esta Lei, os prazos dos procedimentos licitatórios serão reduzidos pela metade. (Acrescido pela Lei 14.035/2020)

§ 1º Quando o prazo original de que trata o *caput* deste artigo for número ímpar, este será arredondado para o número inteiro antecedente. (Acrescido pela Lei 14.035/2020)

§ 2º Os recursos dos procedimentos licitatórios somente terão efeito devolutivo. (Acrescido pela Lei 14.035/2020)

§ 3º Fica dispensada a realização de audiência pública a que se refere o art. 39 da Lei nº 8.666, de 21 de junho de 1993, para as licitações de que trata o *caput* deste artigo. (Acrescido pela Lei 14.035/2020)

§ 4º As licitações de que trata o *caput* deste artigo realizadas por meio de sistema de registro de preços serão consideradas compras nacionais e observarão o disposto em regulamento editado pelo Poder Executivo federal, observado o prazo estabelecido no § 6º do art. 4º desta Lei. (Acrescido pela Lei 14.065/2020)

Art. 4º-H. Os contratos regidos por esta Lei terão prazo de duração de até 6 (seis) meses e poderão ser prorrogados por períodos sucessivos, enquanto vigorar o Decreto Legislativo nº 6, de 20 de março de 2020, respeitados os prazos pactuados. (Acrescido pela Lei 14.035/2020)

Art. 4º-I. Para os contratos decorrentes dos procedimentos previstos nesta Lei, a administração pública poderá prever que os contratados fiquem obrigados a aceitar, nas mesmas condições contratuais, acréscimos ou supressões ao objeto contratado de até 50% (cinquenta por cento) do valor inicial atualizado do contrato. (Acrescido pela Lei 14.035/2020)

Art. 4º-J. Os órgãos e entidades da administração pública federal poderão aderir a ata de registro de preços gerenciada por órgão ou entidade estadual, distrital ou municipal em procedimentos realizados nos termos desta Lei, até o limite, por órgão ou entidade, de 50% (cinquenta por cento) dos quantitativos dos itens do instrumento convocatório e registrados na ata de registro de preços para o órgão gerenciador e para os órgãos participantes. (Acrescido pela Lei 14.065/2020)

Parágrafo único. As contratações decorrentes das adesões à ata de registro de preços de que trata o *caput* deste artigo não poderão exceder, na totalidade, ao dobro do quantitativo de cada item registrado na ata de registro de preços para o órgão gerenciador e para os órgãos participantes, independentemente do número de órgãos não participantes que aderirem.

Art. 4º-K. Os órgãos de controle interno e externo priorizarão a análise e a manifestação quanto à legalidade, à legitimidade e à economicidade das despesas decorrentes dos contratos ou das aquisições realizadas com fundamento nesta Lei. (Acrescido pela Lei 14.065/2020)

Parágrafo único. Os tribunais de contas devem atuar para aumentar a segurança jurídica na aplicação das normas desta Lei, inclusive por meio de respostas a consultas.

Art. 5º Toda pessoa colaborará com as autoridades sanitárias na comunicação imediata de:

I - possíveis contatos com agentes infecciosos do coronavírus;

II - circulação em áreas consideradas como regiões de contaminação pelo coronavírus.

Art. 5º-A. Enquanto perdurar o estado de emergência de saúde internacional decorrente do coronavírus responsável pelo surto de 2019:(Artigo acrescido pela Lei 14.022/2020)

I - os prazos processuais, a apreciação de matérias, o atendimento às partes e a concessão de medidas protetivas que tenham relação com atos de violência doméstica e familiar cometidos contra mulheres, crianças, adolescentes, pessoas idosas e pessoas com deficiência serão mantidos, sem suspensão;

II - o registro da ocorrência de violência doméstica e familiar contra a mulher e de crimes cometidos contra criança, adolescente, pessoa idosa ou pessoa com deficiência poderá ser realizado por meio eletrônico ou por meio de número de telefone de emergência designado para tal fim pelos órgãos de segurança pública;

Parágrafo único. Os processos de que trata o inciso I do *caput* deste artigo serão considerados de natureza urgente.

Art. 5º-B. O receituário médico ou odontológico de medicamentos sujeitos a prescrição e de uso contínuo será válido pelo menos enquanto perdurarem as medidas de isolamento para contenção do surto da Covid-19. (Acrescido pela Lei 14.028/2020)

§ 1º O disposto no *caput* não se aplica ao receituário de medicamentos sujeitos ao controle sanitário especial, que seguirá a regulamentação da Anvisa. (Acrescido pela Lei 14.028/2020)

§ 2º (VETADO na Lei 14.028/2020)

Art. 6º É obrigatório o compartilhamento entre órgãos e entidades da administração pública federal, estadual, distrital e municipal de dados essenciais à identificação de pessoas infectadas ou com suspeita de infecção pelo coronavírus, com a finalidade exclusiva de evitar a sua propagação.

§ 1º A obrigação a que se refere o *caput* deste artigo estende-se às pessoas jurídicas de direito privado quando os dados forem solicitados por autoridade sanitária.

§ 2º O Ministério da Saúde manterá dados públicos e atualizados sobre os casos confirmados, suspeitos e em investigação, relativos à situação de emergência pública sanitária, resguardando o direito ao sigilo das informações pessoais.

Art. 6º-A. Para a concessão de suprimento de fundos e por item de despesa, e para as aquisições e as contratações a que se refere o *caput* do art. 4º desta Lei, quando a movimentação for realizada por meio de Cartão de Pagamento do Governo, ficam estabelecidos os seguintes limites: (Acrescido pela Lei 14.035/2020)

I - na execução de serviços de engenharia, o valor estabelecido na alínea "a" do inciso I do *caput* do art. 23 da Lei nº 8.666, de 21 de junho de 1993; e

II - nas compras em geral e em outros serviços, o valor estabelecido na alínea "a" do inciso II do *caput* do art. 23 da Lei nº 8.666, de 21 de junho de 1993.

Art. 6º-B. (Acrescido pela MP 928/2020, com vigência encerrada em 20/7/2020)

Art. 6º-C. (Acrescido pela MP 928/2020, com vigência encerrada em 20/7/2020)

Art. 7º O Ministério da Saúde editará os atos necessários à regulamentação e operacionalização do disposto nesta Lei.

Art. 8º Esta Lei vigorará enquanto estiver vigente o Decreto Legislativo nº 6, de 20 de março de 2020, observado o disposto no art. 4º-H desta Lei. (Redação dada pela Lei 14.035/2020)

› O Supremo Tribunal Federal, por meio da ADI nº 6.625/2020, conferiu interpretação conforme à Constituição ao art. 8º da Lei nº 13.979/2020, com a redação dada pela Lei nº 14.035/2020, a fim de excluir de seu âmbito de aplicação as medidas extraordinárias previstas nos arts. 3º, 3º-A, 3º-B, 3º-C, 3º-D, 3º-E, 3º-F, 3º-G, 3º-H e 3º-J, inclusive dos respectivos parágrafos, incisos e alíneas, conforme Decisão publicada no DOU de 16/3/2021, Seção 1, p. 2.

Art. 9º Esta Lei entra em vigor na data de sua publicação.

Brasília, 6 de fevereiro de 2020; 199º da Independência e 132º da República.

JAIR MESSIAS BOLSONARO

Sérgio Moro

Luiz Henrique Mandetta

PORTARIA N. 6.734, DE 9 DE MARÇO DE 2020

Aprova a nova redação da Norma Regulamentadora n. 7 – Programa de Controle Médico de Saúde Ocupacional – PCMSO. (Processo n. 19966.100069/2020-12)

› *NR 7 - alteração*

O Secretário Especial de Previdência e Trabalho do Ministério da Economia, no uso das atribuições que lhe conferem os arts. 155 e 200 da Consolidação das Leis do Trabalho – CLT, aprovada pelo Decreto-Lei n. 5.452, de 1.º de maio de 1943, e o inciso V do art. 71 do Anexo I do Decreto n. 9.745, de 8 de abril de 2019, resolve:

Art. 1.º A Norma Regulamentadora n. 7 (NR 7) – Programa de Controle Médico de Saúde Ocupacional – PCMSO passa a vigorar com a redação constante do Anexo desta Portaria.

Parágrafo único. Quando das atualizações dos limites de exposição ocupacional constantes dos Anexos da Norma Regulamentadora n. 15, os Quadros 1 – Indicadores Biológicos de Exposição Excessiva (IBE/EE) e 2 – Indicadores Biológicos de Exposição com Significado Clínico (IBE/SC) do Anexo I da NR 7 deverão ser atualizados.

Art. 2.º Determinar que a Norma Regulamentadora n. 7 e seus Anexos sejam interpretados com a tipificação disposta na tabela abaixo:

Regulamento	Tipificação
NR 7	NR Geral
Anexo I	Tipo 2
Anexo II	Tipo 2
Anexo III	Tipo 2
Anexo IV	Tipo 2
Anexo V	Tipo 2

Art. 3.º Os exames complementares toxicológicos elencados na tabela a seguir, constantes do Anexo I da Norma Regulamentadora n. 7, serão exigidos conforme os prazos e observações abaixo consignados, sendo os prazos contados a partir do início da vigência desta Portaria:

Exame	Prazo (em meses)	Observação
Ácido S-fenilmercaptúrico na urina (S-PMA)	18	O benzeno pode ser monitorado por meio do TTMA. Quando a dosagem do S-PMA estiver disponível, poder-se-á optar pelo uso deste, a critério do médico.
Ácido butoxiacético na urina (BAA)	12	
Cobalto na urina	6	
1,2 ciclohexanol na urina ou Ciclohexanol	12	
Diclometano na urina	12	
N-metil-acetamida na urina	12	
Ácido etoxiacético na urina	12	
Ácido furóico na urina	12	
1,6 hexametilenodiamina na urina	18	
Ácido 2-metoxiacético na urina	12	
MIBK na urina	6	
5-hidroxi-n-metil-2-pirrolidona na urina	18	
Tetrahidrofurano na urina	12	
Orto-cresol na urina	6	Até este indicador estar disponível, a exposição a tolueno deve ser monitorada por meio do ácido hipúrico urinário.
Isômeros 2,4 e 2,6 toluenodiamino na urina	18	
1,2 dihidro-4(n-acetilcisteína) butano na urina	36	
Adutos de N-(2- hidroxietil)valina (HEV) em hemoglobina	36	

Tetracloretileno no ar exalado ou Tetracloroetileno no sangue	36	Até estes indicadores estarem disponíveis, a exposição a tetracloroetileno deve ser monitorada por meio do ácido tricloroacé-tico urinário.
Tolueno no sangue ou Tolueno na urina	36	Até estes indicadores estarem disponíveis, a exposição a tolueno deve ser monitorada por meio do ácido hipúrico urinário.

Art. 4.º Na data da entrada em vigor desta Portaria, revogar as Portarias:

I – Portaria MTPS n. 3.720, de 31 de outubro de 1990;

II – Portaria SSST n. 24, de 29 de dezembro de 1994;

III – Portaria SSST n. 8, de 8 de maio de 1996;

IV – Portaria SSST n. 19, de 9 de abril de 1998;

V – Portaria SIT n. 223, de 6 de maio de 2011;

VI – Portaria SIT n. 236, de 10 de junho de 2011;

VII – Portaria MTE n. 1.892, de 9 de dezembro de 2013; e

VIII – Portaria MTb n. 1.031, de 6 de dezembro de 2018.

Art. 5º Esta Portaria entra em vigor no dia 3 de janeiro de 2022. (Redação dada pela Portaria SEPRT 8.873/2021)

Bruno Bianco Leal

ANEXO
NORMA REGULAMENTADORA N. 7 – PROGRAMA DE CONTROLE MÉDICO DE SAÚDE OCUPACIONAL – PCMSO

» Alterações já processadas no texto da NR 7, disponível neste volume.

PORTARIA N. 6.735, DE 10 DE MARÇO DE 2020

Aprova a nova redação da Norma Regulamentadora n. 9 – Avaliação e Controle das Exposições Ocupacionais a Agentes Físicos, Químicos e Biológicos. (Processo n. 19966.100181/2020-45).

› *NR 9 - alteração*

O Secretário Especial de Previdência e Trabalho do Ministério da Economia, no uso das atribuições que lhe conferem os arts. 155 e 200 da Consolidação das Leis do Trabalho – CLT, aprovada pelo Decreto-lei n. 5.452, de 1.º de maio de 1943, e o inciso V do art. 71 do Anexo I do Decreto n. 9.745, de 8 de abril de 2019, resolve:

Art. 1.º A Norma Regulamentadora n. 9 (NR 9) – Avaliação e Controle das Exposições Ocupacionais a Agentes Físicos, Químicos e Biológicos passa a vigorar com a redação constante do Anexo I desta Portaria.

Art. 2.º Determinar que a Norma Regulamentadora n. 9 seja interpretada com a tipificação de NR Geral.

Art. 3.º Na data da entrada em vigor desta Portaria, fica revogado o art. 1.º da Portaria SSST n. 25, de 29 de dezembro de 1994.

Art. 4º Esta Portaria entra em vigor no dia 3 de janeiro de 2022. (Redação dada pela Portaria SEPRT 8.873/2021)

Bruno Bianco Leal

ANEXO I
NR 9 – AVALIAÇÃO E CONTROLE DAS EXPOSIÇÕES OCUPACIONAIS A AGENTES FÍSICOS, QUÍMICOS E BIOLÓGICOS

» Alteração já processada na NR 9, disponível neste volume.

DECRETO LEGISLATIVO N. 6, DE 20 DE MARÇO DE 2020

Reconhece, para os fins do art. 65 da Lei Complementar n. 101, de 4 de maio de 2000, a ocorrência do estado de calamidade pública, nos termos da solicitação do Presidente da República encaminhada por meio da Mensagem n. 93, de 18 de março de 2020.

› *Covid 19 - Estado de calamidade pública*

O Congresso Nacional decreta:

Art. 1.º Fica reconhecida, exclusivamente para os fins do art. 65 da Lei Complementar n. 101, de 4 de maio de 2000, notadamente para as dispensas do atingimento dos resultados fiscais previstos no art. 2.º da Lei n. 13.898, de 11 de novembro de 2019, e da limitação de empenho de que trata o art. 9.º da Lei Complementar n. 101, de 4 de maio de 2000, a ocorrência do estado de calamidade pública, com efeitos até 31 de dezembro de 2020, nos termos da solicitação do Presidente da República encaminhada por meio da Mensagem n. 93, de 18 de março de 2020.

Art. 2.º Fica constituída Comissão Mista no âmbito do Congresso Nacional, composta por 6 (seis) deputados e 6 (seis) senadores, com igual número de suplentes, com o objetivo de acompanhar a situação fiscal e a execução orçamentária e financeira das medidas relacionadas à emergência de saúde pública de importância internacional relacionada ao coronavírus (Covid-19).

§ 1.º Os trabalhos poderão ser desenvolvidos por meio virtual, nos termos definidos pela Presidência da Comissão.

§ 2.º A Comissão realizará, mensalmente, reunião com o Ministério da Economia, para avaliar a situação fiscal e a execução orçamentária e financeira das medidas relacionadas à emergência de saúde pública de importância internacional relacionada ao coronavírus (Covid-19).

§ 3.º Bimestralmente, a Comissão realizará audiência pública com a presença do Ministro da Economia, para apresentação e avaliação de relatório circunstanciado da situação fiscal e da execução orçamentária e financeira das medidas relacionadas à emergência de saúde pública de importância internacional relacionada ao coronavírus (Covid-19), que deverá ser publicado pelo Poder Executivo antes da referida audiência.

Art. 3.º Este Decreto Legislativo entra em vigor na data de sua publicação.

Senado Federal, em 20 de março de 2020.

Senador ANTONIO ANASTASIA

Primeiro Vice-Presidente do Senado Federal, no exercício da Presidência

LEI Nº 14.010, DE 10 DE JUNHO DE 2020

Dispõe sobre o Regime Jurídico Emergencial e Transitório das relações jurídicas de Direito Privado (RJET) no período da pandemia do coronavírus (Covid-19).

› *Regime Jurídico Emergencial e Transitório - Covid-19*

O PRESIDENTE DA REPÚBLICA

Faço saber que o Congresso Nacional decreta e eu sanciono a seguinte Lei:

CAPÍTULO I
DISPOSIÇÕES GERAIS

Art. 1º Esta Lei institui normas de caráter transitório e emergencial para a regulação de relações jurídicas de Direito Privado em virtude da pandemia do coronavírus (Covid-19).

Parágrafo único. Para os fins desta Lei, considera-se 20 de março de 2020, data da publicação do Decreto Legislativo nº 6, como termo inicial dos eventos derivados da pandemia do coronavírus (Covid-19).

Art. 2º A suspensão da aplicação das normas referidas nesta Lei não implica sua revogação ou alteração.

CAPÍTULO II
DA PRESCRIÇÃO E DECADÊNCIA

Art. 3º Os prazos prescricionais consideram-se impedidos ou suspensos, conforme o caso, a partir da entrada em vigor desta Lei até 30 de outubro de 2020.

§ 1º Este artigo não se aplica enquanto perdurarem as hipóteses específicas de impedimento, suspensão e interrupção dos prazos prescricionais previstas no ordenamento jurídico nacional.

§ 2º Este artigo aplica-se à decadência, conforme ressalva prevista no art. 207 da Lei nº 10.406, de 10 de janeiro de 2002 (Código Civil).

CAPÍTULO III
DAS PESSOAS JURÍDICAS DE DIREITO PRIVADO

Art. 4º As pessoas jurídicas de direito privado referidas nos incisos I a III do art. 44 do Código Civil deverão observar as restrições à realização de reuniões e assembleias presenciais até 30 de outubro de 2020, durante a vigência desta Lei, observadas as determinações sanitárias das autoridades locais.

Art. 5º A assembleia geral, inclusive para os fins do art. 59 do Código Civil, até 30 de outubro de 2020, poderá ser realizada por meios eletrônicos, independentemente de previsão nos atos constitutivos da pessoa jurídica.

Parágrafo único. A manifestação dos participantes poderá ocorrer por qualquer meio eletrônico indicado pelo administrador, que assegure a identificação do participante e a segurança do voto, e produzirá todos os efeitos legais de uma assinatura presencial.

CAPÍTULO IV
DA RESILIÇÃO, RESOLUÇÃO E REVISÃO DOS CONTRATOS

Art. 6º As consequências decorrentes da pandemia do coronavírus (Covid-19) nas execuções dos contratos, incluídas as previstas no art. 393 do Código Civil, não terão efeitos jurídicos retroativos.

Art. 7º Não se consideram fatos imprevisíveis, para os fins exclusivos dos arts. 317, 478, 479 e 480 do Código Civil, o aumento da inflação, a variação cambial, a desvalorização ou a substituição do padrão monetário.

§ 1º As regras sobre revisão contratual previstas na Lei nº 8.078, de 11 de setembro de 1990 (Código de Defesa do Consumidor), e na Lei nº 8.245, de 18 de outubro de 1991, não se sujeitam ao disposto no *caput* deste artigo.

§ 2º Para os fins desta Lei, as normas de proteção ao consumidor não se aplicam às relações contratuais subordinadas ao Código Civil, incluindo aquelas estabelecidas exclusivamente entre empresas ou empresários.

CAPÍTULO V
DAS RELAÇÕES DE CONSUMO

Art. 8º Até 30 de outubro de 2020, fica suspensa a aplicação do art. 49 do Código de Defesa do Consumidor na hipótese de entrega domiciliar (delivery) de produtos perecíveis ou de consumo imediato e de medicamentos.

CAPÍTULO VI
DAS LOCAÇÕES DE IMÓVEIS URBANOS

Art. 9º Não se concederá liminar para desocupação de imóvel urbano nas ações de despejo, a que se refere o art. 59, § 1º, incisos I, II, V, VII, VIII e IX, da Lei nº 8.245, de 18 de outubro de 1991, até 30 de outubro de 2020.

CAPÍTULO VII
DA USUCAPIÃO

Art. 10. Suspendem-se os prazos de aquisição para a propriedade imobiliária ou mobiliária, nas diversas espécies de usucapião, a partir da entrada em vigor desta Lei até 30 de outubro de 2020.

CAPÍTULO VIII
DOS CONDOMÍNIOS EDILÍCIOS

Art. 11. (VETADO).

Art. 12. A assembleia condominial, inclusive para os fins dos arts. 1.349 e 1.350 do Código Civil, e a respectiva votação poderão ocorrer, em caráter emergencial, até 30 de outubro de 2020, por meios virtuais, caso em que a manifestação de vontade de cada condômino será equiparada, para todos os efeitos jurídicos, à sua assinatura presencial.

Parágrafo único. Não sendo possível a realização de assembleia condominial na forma prevista no *caput*, os mandatos de síndico vencidos a partir de 20 de março de 2020 ficam prorrogados até 30 de outubro de 2020.

Art. 13. É obrigatória, sob pena de destituição do síndico, a prestação de contas regular de seus atos de administração.

CAPÍTULO IX
DO REGIME CONCORRENCIAL

Art. 14. Ficam sem eficácia os incisos XV e XVII do § 3º do art. 36 e o inciso IV do art. 90 da Lei nº 12.529, de 30 de novembro de 2011, em relação a todos os atos praticados e com vigência de 20 de março de 2020 até 30 de outubro de 2020 ou enquanto durar o estado de calamidade pública reconhecido pelo Decreto Legislativo nº 6, de 20 de março de 2020.

§ 1º Na apreciação, pelo órgão competente, das demais infrações previstas no art. 36 da Lei nº 12.529, de 30 de novembro de 2011, caso praticadas a partir de 20 de março de 2020, e enquanto durar o estado de calamidade pública reconhecido pelo Decreto Legislativo nº 6, de 20 de março de 2020, deverão ser consideradas as circunstâncias extraordinárias decorrentes da pandemia do coronavírus (Covid-19).

§ 2º A suspensão da aplicação do inciso IV do art. 90 da Lei nº 12.529, de 30 de novembro de 2011, referida no *caput*, não afasta a possibilidade de análise posterior do ato de concentração ou de apuração de infração à ordem econômica, na forma do art. 36 da Lei nº 12.529, de 2011, dos acordos que não forem necessários ao combate ou à mitigação das consequências decorrentes da pandemia do coronavírus (Covid-19).

CAPÍTULO X
DO DIREITO DE FAMÍLIA E SUCESSÕES

Art. 15. Até 30 de outubro de 2020, a prisão civil por dívida alimentícia, prevista no art. 528, § 3º e seguintes da Lei nº 13.105, de 16 de março de 2015 (Código de Processo Civil), deverá ser cumprida exclusivamente sob a modalidade domiciliar, sem prejuízo da exigibilidade das respectivas obrigações.

Art. 16. O prazo do art. 611 do Código de Processo Civil para sucessões abertas a partir de 1º de fevereiro de 2020 terá seu termo inicial dilatado para 30 de outubro de 2020.

Parágrafo único. O prazo de 12 (doze) meses do art. 611 do Código de Processo Civil, para que seja ultimado o processo de inventário e de partilha, caso iniciado antes de 1º de fevereiro de 2020, ficará suspenso a partir da entrada em vigor desta Lei até 30 de outubro de 2020.

CAPÍTULO XI
(VETADO)

Art. 17. (VETADO).

Art. 18. (VETADO).

CAPÍTULO XII
DISPOSIÇÕES FINAIS

Art. 19. (VETADO).

Art. 20. O *caput* do art. 65 da Lei nº 13.709, de 14 de agosto de 2018, passa a vigorar acrescido do seguinte inciso I-A:

"Art. 65. ....
....
....
....

I-A - dia 1º de agosto de 2021, quanto aos arts. 52, 53 e 54;

....
...."

Art. 21. Esta Lei entra em vigor na data de sua publicação.

Brasília, 10 de junho de 2020; 199º da Independência e 132º da República.

JAIR MESSIAS BOLSONARO

André Luiz de Almeida Mendonça

DOU 11.06.2020

LEI Nº 14.020, DE 6 DE JULHO DE 2020

Institui o Programa Emergencial de Manutenção do Emprego e da Renda; dispõe sobre medidas complementares para enfrentamento do estado de calamidade pública reconhecido pelo Decreto Legislativo nº 6, de 20 de março de 2020, e da emergência de saúde pública de importância internacional decorrente do coronavírus, de que trata a Lei nº 13.979, de 6 de fevereiro de 2020; altera as Leis nºs 8.213, de 24 de julho de 1991, 10.101, de 19 de dezembro de 2000, 12.546, de 14 de dezembro de 2011, 10.865, de 30 de abril de 2004, e 8.177, de 1º de março de 1991; e dá outras providências.

› *Manutenção do Emprego e da Renda-Covid-19*

O PRESIDENTE DA REPÚBLICA

Faço saber que o Congresso Nacional decreta e eu sanciono a seguinte Lei:

CAPÍTULO I
DISPOSIÇÕES PRELIMINARES

Art. 1º Esta Lei institui o Programa Emergencial de Manutenção do Emprego e da Renda e dispõe sobre medidas complementares para enfrentamento do estado de calamidade pública reconhecido pelo Decreto Legislativo nº 6, de 20 de março de 2020, e da emergência de saúde pública de importância internacional decorrente do coronavírus, de que trata a Lei nº 13.979, de 6 de fevereiro de 2020.

CAPÍTULO II
DO PROGRAMA EMERGENCIAL DE MANUTENÇÃO DO EMPREGO E DA RENDA

SEÇÃO I
DA INSTITUIÇÃO, DOS OBJETIVOS E DAS MEDIDAS DO PROGRAMA EMERGENCIAL DE MANUTENÇÃO DO EMPREGO E DA RENDA

Art. 2º Fica instituído o Programa Emergencial de Manutenção do Emprego e da Renda, com aplicação durante o estado de calamidade pública a que se refere o art. 1º desta Lei e com os seguintes objetivos:

I - preservar o emprego e a renda;

II - garantir a continuidade das atividades laborais e empresariais; e

III - reduzir o impacto social decorrente das consequências do estado de calamidade pública e da emergência de saúde pública.

Art. 3º São medidas do Programa Emergencial de Manutenção do Emprego e da Renda:

I - o pagamento do Benefício Emergencial de Preservação do Emprego e da Renda;

II - a redução proporcional de jornada de trabalho e de salário; e

III - a suspensão temporária do contrato de trabalho.

Parágrafo único. O disposto no *caput* deste artigo não se aplica, no âmbito da União, dos Estados, do Distrito Federal e dos Municípios, aos órgãos da administração pública direta e indireta, às empresas públicas e às sociedades de economia mista, inclusive às suas subsidiárias, e aos organismos internacionais.

Art. 4º Compete ao Ministério da Economia coordenar, executar, monitorar e avaliar o Programa Emergencial de Manutenção do Emprego e da Renda e editar normas complementares necessárias à sua execução.

Parágrafo único. O Ministério da Economia divulgará semanalmente, por meio eletrônico, as informações detalhadas sobre os acordos firmados, com o número de empregados e empregadores beneficiados, bem como divulgará o quantitativo de demissões e admissões mensais realizados no País.

SEÇÃO II
DO BENEFÍCIO EMERGENCIAL DE PRESERVAÇÃO DO EMPREGO E DA RENDA

Art. 5º Fica criado o Benefício Emergencial de Preservação do Emprego e da Renda, a ser pago nas seguintes hipóteses:

I - redução proporcional de jornada de trabalho e de salário; e

II - suspensão temporária do contrato de trabalho.

§ 1º O Benefício Emergencial de Preservação do Emprego e da Renda será custeado com recursos da União.

§ 2º O Benefício Emergencial de Preservação do Emprego e da Renda será de prestação mensal e devido a partir da data do início da redução da jornada de trabalho e do salário ou da suspensão temporária do contrato de trabalho, observadas as seguintes disposições:

I - o empregador informará ao Ministério da Economia a redução da jornada de trabalho e do salário ou a suspensão temporária do contrato de trabalho, no prazo de 10 (dez) dias, contado da data da celebração do acordo;

II - a primeira parcela será paga no prazo de 30 (trinta) dias, contado da data da celebração do acordo, desde que a celebração do acordo seja informada no prazo a que se refere o inciso I deste parágrafo; e

III - o Benefício Emergencial de Preservação do Emprego e da Renda será pago exclusivamente enquanto durar a redução da jornada de trabalho e do salário ou a suspensão temporária do contrato de trabalho.

§ 3º Caso a informação de que trata o inciso I do § 2º deste artigo não seja prestada no prazo previsto no referido dispositivo:

I - o empregador ficará responsável pelo pagamento da remuneração no valor anterior à redução da jornada de trabalho e do salário ou à suspensão temporária do contrato de trabalho do empregado, inclusive dos respectivos encargos sociais e trabalhistas, até que a informação seja prestada;

II - a data de início do Benefício Emergencial de Preservação do Emprego e da Renda será fixada na data em que a informação tenha sido efetivamente prestada, e o benefício será devido pelo restante do período pactuado; e

III - a primeira parcela, observado o disposto no inciso II deste parágrafo, será paga no prazo de 30 (trinta) dias, contado da data em que a informação tiver sido efetivamente prestada.

§ 4º Ato do Ministério da Economia disciplinará a forma de:

I - transmissão das informações e das comunicações pelo empregador; e

II - concessão e pagamento do Benefício Emergencial de Preservação do Emprego e da Renda.

§ 5º O recebimento do Benefício Emergencial de Preservação do Emprego e da Renda não impedirá a concessão e não alterará o valor do seguro-desemprego a que o empregado vier a ter direito, desde que cumpridos os requisitos previstos na Lei nº 7.998, de 11 de janeiro de 1990, no momento de eventual dispensa.

§ 6º O Benefício Emergencial de Preservação do Emprego e da Renda será operacionalizado e pago pelo Ministério da Economia.

§ 7º Serão inscritos em dívida ativa da União os créditos constituídos em decorrência de Benefício Emergencial de Preservação do Emprego e da Renda pago indevidamente ou além do devido, hipótese em que se aplicará o disposto na Lei nº 6.830, de 22 de setembro de 1980, para a execução judicial.

Art. 6º O valor do Benefício Emergencial de Preservação do Emprego e da Renda terá como base de cálculo o valor mensal do seguro-desemprego a que o empregado teria direito, nos termos do art. 5º da Lei nº 7.998, de 11 de janeiro de 1990, observadas as seguintes disposições:

I - na hipótese de redução de jornada de trabalho e de salário, será calculado aplicando-se sobre a base de cálculo o percentual da redução; e

II - na hipótese de suspensão temporária do contrato de trabalho, terá valor mensal:

a) equivalente a 100% (cem por *cento)* do valor do seguro-desemprego a que o empregado teria direito, na hipótese prevista no *caput* do art. 8º desta Lei; ou

b) equivalente a 70% (setenta por *cento)* do valor do seguro-desemprego a que o empregado teria direito, na hipótese prevista no § 5º do art. 8º desta Lei.

§ 1º O Benefício Emergencial de Preservação do Emprego e da Renda será pago ao empregado independentemente do:

I - cumprimento de qualquer período aquisitivo;

II - tempo de vínculo empregatício; e

III - número de salários recebidos.

§ 2º O Benefício Emergencial de Preservação do Emprego e da Renda não será devido ao empregado que esteja:

I - ocupando cargo ou emprego público ou cargo em comissão de livre nomeação e exoneração ou seja titular de mandato eletivo; ou

II - em gozo:

a) de benefício de prestação continuada do Regime Geral de Previdência Social ou dos regimes próprios de previdência social, ressalvado o disposto no parágrafo único do art. 124 da Lei nº 8.213, de 24 de julho de 1991;

b) do seguro-desemprego, em qualquer de suas modalidades; e

c) da bolsa de qualificação profissional de que trata o art. 2º-A da Lei nº 7.998, de 11 de janeiro de 1990.

§ 3º O empregado com mais de um vínculo formal de emprego poderá receber cumulativamente um Benefício Emergencial de Preservação do Emprego e da Renda para cada vínculo com redução proporcional de jornada de trabalho e de salário ou com suspensão temporária do contrato de trabalho, observado o valor previsto no *caput* do art. 18 e o disposto no § 3º do art. 18, se houver vínculo na modalidade de contrato intermitente, nos termos do § 3º do art. 443 da CLT, aprovada pelo Decreto-Lei nº 5.452, de 1º de maio de 1943.

§ 4º Nos casos em que o cálculo do benefício emergencial resultar em valores decimais, o valor a ser pago deverá ser arredondado para a unidade inteira imediatamente superior.

SEÇÃO III
DA REDUÇÃO PROPORCIONAL DE JORNADA DE TRABALHO E DE SALÁRIO

Art. 7º Durante o estado de calamidade pública a que se refere o art. 1º desta Lei, o empregador poderá acordar a redução proporcional de jornada de trabalho e de salário de seus empregados, de forma setorial, departamental, parcial ou na totalidade dos postos de trabalho, por até 90 (noventa) dias, prorrogáveis por prazo determinado em ato do Poder Executivo, observados os seguintes requisitos:

I - preservação do valor do salário-hora de trabalho;

II - pactuação, conforme o disposto nos arts. 11 e 12 desta Lei, por convenção coletiva de trabalho, acordo coletivo de trabalho ou acordo individual escrito entre empregador e empregado; e

III - na hipótese de pactuação por acordo individual escrito, encaminhamento da proposta de acordo ao empregado com antecedência de, no mínimo, 2 (dois) dias corridos, e redução da jornada de trabalho e do salário exclusivamente nos seguintes percentuais:

a) 25% (vinte e cinco por *cento);*

b) 50% (cinquenta por *cento);*

c) 70% (setenta por *cento).*

§ 1º A jornada de trabalho e o salário pago anteriormente serão restabelecidos no prazo de 2 (dois) dias corridos, contado da:

I - cessação do estado de calamidade pública;

II - data estabelecida como termo de encerramento do período de redução pactuado; ou

III - data de comunicação do empregador que informe ao empregado sua decisão de antecipar o fim do período de redução pactuado.

§ 2º Durante o período de redução proporcional de jornada de trabalho e de salário, a contribuição de que tratam o art. 20 da Lei nº 8.212, de 24 de julho de 1991, e o art. 28 da Emenda Constitucional nº 103, de 12 de novembro de 2019, poderá ser complementada na forma do art. 20 desta Lei.

§ 3º Respeitado o limite temporal do estado de calamidade pública a que se refere o art. 1º desta Lei, o Poder Executivo poderá prorrogar o prazo máximo de redução proporcional de jornada de trabalho e de salário previsto no *caput* deste artigo, na forma do regulamento.

SEÇÃO IV
DA SUSPENSÃO TEMPORÁRIA DO CONTRATO DE TRABALHO

Art. 8º Durante o estado de calamidade pública a que se refere o art. 1º desta Lei, o empregador poderá acordar a suspensão temporária do contrato de trabalho de seus empregados, de forma setorial, departamental, parcial ou na totalidade dos postos de trabalho, pelo prazo máximo de 60 (sessenta) dias, fracionável em 2 (dois) períodos de até 30 (trinta) dias, podendo ser prorrogado por prazo determinado em ato do Poder Executivo.

§ 1º A suspensão temporária do contrato de trabalho será pactuada, conforme o disposto nos arts. 11 e 12 desta Lei, por convenção coletiva de trabalho, acordo coletivo de trabalho ou acordo individual escrito entre empregador e empregado, devendo a proposta de acordo, nesta última hipótese, ser encaminhada ao empregado com antecedência de, no mínimo, 2 (dois) dias corridos.

§ 2º Durante o período de suspensão temporária do contrato de trabalho, o empregado:

I - fará jus a todos os benefícios concedidos pelo empregador aos seus empregados; e

II - ficará autorizado a contribuir para o Regime Geral de Previdência Social na qualidade de segurado facultativo, na forma do art. 20 desta Lei.

§ 3º O contrato de trabalho será restabelecido no prazo de 2 (dois) dias corridos, contado da:

I - cessação do estado de calamidade pública;

II - data estabelecida como termo de encerramento do período de suspensão pactuado; ou

III - data de comunicação do empregador que informe ao empregado sua decisão de antecipar o fim do período de suspensão pactuado.

§ 4º Se, durante o período de suspensão temporária do contrato de trabalho, o empregado mantiver as atividades de trabalho, ainda que parcialmente, por meio de teletrabalho, trabalho remoto ou trabalho a distância, ficará descaracterizada a suspensão temporária do contrato de trabalho, e o empregador estará sujeito:

I - ao pagamento imediato da remuneração e dos encargos sociais e trabalhistas referentes a todo o período;

II - às penalidades previstas na legislação em vigor; e

III - às sanções previstas em convenção coletiva ou acordo coletivo de trabalho.

§ 5º A empresa que tiver auferido, no ano-calendário de 2019, receita bruta superior a R$ 4.800.000,00 (quatro milhões e oitocentos mil reais) somente poderá suspender o contrato de trabalho de seus empregados mediante o pagamento de ajuda compensatória mensal no valor de 30% (trinta por cento) do valor do salário do empregado, durante o período de suspensão temporária do contrato de trabalho pactuado, observado o disposto neste artigo e no art. 9º desta Lei.

§ 6º Respeitado o limite temporal do estado de calamidade pública a que se refere o art. 1º desta Lei, o Poder Executivo poderá prorrogar o prazo máximo de suspensão temporária do contrato de trabalho previsto no *caput* deste artigo, na forma do regulamento.

SEÇÃO V
DAS DISPOSIÇÕES COMUNS ÀS MEDIDAS DO PROGRAMA EMERGENCIAL DE MANUTENÇÃO DO EMPREGO E DA RENDA

Art. 9º O Benefício Emergencial de Preservação do Emprego e da Renda poderá ser acumulado com o pagamento, pelo empregador, de ajuda compensatória mensal, em decorrência da redução proporcional de jornada de trabalho e de salário ou da suspensão temporária de contrato de trabalho de que trata esta Lei.

§ 1º A ajuda compensatória mensal de que trata o *caput* deste artigo:

I - deverá ter o valor definido em negociação coletiva ou no acordo individual escrito pactuado;

II - terá natureza indenizatória;

III - não integrará a base de cálculo do imposto sobre a renda retido na fonte ou da declaração de ajuste anual do imposto sobre a renda da pessoa física do empregado;

IV - não integrará a base de cálculo da contribuição previdenciária e dos demais tributos incidentes sobre a folha de salários;

V - não integrará a base de cálculo do valor dos depósitos no Fundo de Garantia do Tempo de Serviço (FGTS), instituído pela Lei nº 8.036, de 11 de maio de 1990, e pela Lei Complementar nº 150, de 1º de junho de 2015; e

VI - poderá ser:

a) considerada despesa operacional dedutível na determinação do lucro real e da base de cálculo da Contribuição Social sobre o Lucro Líquido (CSLL) das pessoas jurídicas tributadas pelo lucro real;

b) (VETADO);

c) (VETADO);

d) (VETADO).

§ 2º Na hipótese de redução proporcional de jornada de trabalho e de salário, a ajuda compensatória prevista no *caput* deste artigo não integrará o salário devido pelo empregador e observará o disposto no § 1º deste artigo.

§ 3º O disposto no inciso VI do § 1º deste artigo aplica-se às ajudas compensatórias mensais pagas a partir do mês de abril de 2020.

Art. 10. Fica reconhecida a garantia provisória no emprego ao empregado que receber o Benefício Emergencial de Preservação do Emprego e da Renda, previsto no art. 5º desta Lei, em decorrência da redução da jornada de trabalho e do salário ou da suspensão temporária do contrato de trabalho de que trata esta Lei, nos seguintes termos:

I - durante o período acordado de redução da jornada de trabalho e do salário ou de suspensão temporária do contrato de trabalho;

II - após o restabelecimento da jornada de trabalho e do salário ou do encerramento da suspensão temporária do contrato de trabalho, por período equivalente ao acordado para a redução ou a suspensão; e

III - no caso da empregada gestante, por período equivalente ao acordado para a redução da jornada de trabalho e do salário ou para a suspensão temporária do contrato de trabalho, contado a partir do término do período da garantia estabelecida na alínea "b" do inciso II do *caput* do art. 10 do Ato das Disposições Constitucionais Transitórias.

§ 1º A dispensa sem justa causa que ocorrer durante o período de garantia provisória no emprego previsto no *caput* deste artigo sujeitará o empregador ao pagamento, além das parcelas rescisórias previstas na legislação em vigor, de indenização no valor de:

I - 50% (cinquenta por cento) do salário a que o empregado teria direito no período de garantia provisória no emprego, na hipótese de redução de jornada de trabalho e de salário igual ou superior a 25% (vinte e cinco por cento) e inferior a 50% (cinquenta por cento);

II - 75% (setenta e cinco por cento) do salário a que o empregado teria direito no período de garantia provisória no emprego, na hipótese de redução de jornada de trabalho e de salário igual ou superior a 50% (cinquenta por cento) e inferior a 70% (setenta por cento); ou

III - 100% (cem por cento) do salário a que o empregado teria direito no período de garantia provisória no emprego, nas hipóteses de redução de jornada de trabalho e de salário em percentual igual ou superior a 70% (setenta por cento) ou de suspensão temporária do contrato de trabalho.

§ 2º O disposto neste artigo não se aplica às hipóteses de pedido de demissão ou dispensa por justa causa do empregado.

Art. 11. As medidas de redução proporcional de jornada de trabalho e de salário ou de suspensão temporária do contrato de trabalho de que trata esta Lei poderão ser celebradas por meio de negociação coletiva, observado o disposto nos arts. 7º e 8º desta Lei e no § 1º deste artigo.

§ 1º A convenção coletiva ou o acordo coletivo de trabalho poderão estabelecer redução de jornada de trabalho e de salário em percentuais diversos dos previstos no inciso III do *caput* do art. 7º desta Lei.

§ 2º Na hipótese prevista no § 1º deste artigo, o Benefício Emergencial de Preservação do Emprego e da Renda, de que tratam os arts. 5º e 6º desta Lei, será devido nos seguintes termos:

I - sem percepção do Benefício Emergencial de Preservação do Emprego e da Renda para a redução de jornada e de salário inferior a 25% (vinte e cinco por cento);

II - no valor de 25% (vinte e cinco por cento) sobre a base de cálculo prevista no art. 6º desta Lei para a redução de jornada e de salário igual ou superior a 25% (vinte e cinco por cento) e inferior a 50% (cinquenta por cento);

III - no valor de 50% (cinquenta por cento) sobre a base de cálculo prevista no art. 6º desta Lei para a redução de jornada e de salário igual ou superior a 50% (cinquenta por cento) e inferior a 70% (setenta por cento); e

IV - no valor de 70% (setenta por cento) sobre a base de cálculo prevista no art. 6º desta Lei para a redução de jornada e de salário igual ou superior a 70% (setenta por cento).

§ 3º As convenções coletivas ou os acordos coletivos de trabalho celebrados anteriormente poderão ser renegociados para adequação de seus termos, no prazo de 10 (dez) dias corridos, contado da data de publicação desta Lei.

Art. 12. As medidas de que trata o art. 3º desta Lei serão implementadas por meio de acordo individual escrito ou de negociação coletiva aos empregados:

I - com salário igual ou inferior a R$ 2.090,00 (dois mil e noventa reais), na hipótese de o empregador ter auferido, no ano-calendário de 2019, receita bruta superior a R$ 4.800.000,00 (quatro milhões e oitocentos mil reais);

II - com salário igual ou inferior a R$ 3.135,00 (três mil, cento e trinta e cinco reais), na hipótese de o empregador ter auferido, no ano-calendário de 2019, receita bruta igual ou inferior a R$ 4.800.000,00 (quatro milhões e oitocentos mil reais); ou

III - portadores de diploma de nível superior e que percebam salário mensal igual ou superior a 2 (duas) vezes o limite máximo dos benefícios do Regime Geral de Previdência Social.

§ 1º Para os empregados não enquadrados no *caput* deste artigo, as medidas de que trata o art. 3º desta Lei somente poderão ser estabelecidas por convenção coletiva ou acordo coletivo de trabalho, salvo nas seguintes hipóteses, nas quais se admite a pactuação por acordo individual escrito:

I - redução proporcional de jornada de trabalho e de salário de 25% (vinte e cinco por cento), prevista na alínea "a" do inciso III do *caput* do art. 7º desta Lei;

II - redução proporcional de jornada de trabalho e de salário ou suspensão temporária do contrato de trabalho quando do acordo não resultar diminuição do valor total recebido mensalmente pelo empregado, incluídos neste valor o Benefício Emergencial de Preservação do Emprego e da Renda, a ajuda compensatória mensal e, em caso de redução da jornada, o salário pago pelo empregador em razão das horas de trabalho.

§ 2º Para os empregados que se encontrem em gozo do benefício de aposentadoria, a implementação das medidas de redução proporcional de jornada de trabalho e de salário ou suspensão temporária do contrato de trabalho por acordo individual escrito somente será admitida quando, além do enquadramento em alguma das hipóteses de autorização do acordo individual de trabalho previstas no *caput* ou no § 1º deste artigo, houver o pagamento, pelo empregador, de ajuda compensatória mensal, observado o disposto no art. 9º desta Lei e as seguintes condições:

I - o valor da ajuda compensatória mensal a que se refere este parágrafo deverá ser, no mínimo, equivalente ao do benefício que o empregado receberia se não houvesse a vedação prevista na alínea "a" do inciso II do § 2º do art. 6º desta Lei;

II - na hipótese de empresa que se enquadre no § 5º do art. 8º desta Lei, o total pago a título de ajuda compensatória mensal deverá ser, no mínimo, igual à soma do valor previsto naquele dispositivo com o valor mínimo previsto no inciso I deste parágrafo.

§ 3º Os atos necessários à pactuação dos acordos individuais escritos de que trata este artigo poderão ser realizados por quaisquer meios físicos ou eletrônicos eficazes.

§ 4º Os acordos individuais de redução de jornada de trabalho e de salário ou de suspensão temporária do contrato de trabalho, pactuados nos termos desta Lei, deverão ser comunicados pelos empregadores ao respectivo sindicato da categoria profissional, no prazo de até 10 (dez) dias corridos, contado da data de sua celebração.

§ 5º Se, após a pactuação de acordo individual na forma deste artigo, houver a celebração de convenção coletiva ou acordo coletivo de trabalho com cláusulas conflitantes com as do acordo individual, deverão ser observadas as seguintes regras:

I - a aplicação das condições estabelecidas no acordo individual em relação ao período anterior ao da negociação coletiva;

II - a partir da entrada em vigor da convenção coletiva ou do acordo coletivo de trabalho, a prevalência das condições estipuladas na negociação coletiva, naquilo em que conflitarem com as condições estipuladas no acordo individual.

§ 6º Quando as condições do acordo individual forem mais favoráveis ao trabalhador, prevalecerão sobre a negociação coletiva.

Art. 13. A redução proporcional de jornada de trabalho e de salário ou a suspensão temporária do contrato de trabalho, quando adotadas, deverão resguardar o exercício e o funcionamento dos serviços públicos e das atividades essenciais de que tratam a Lei nº 7.783, de 28 de junho de 1989, e a Lei nº 13.979, de 6 de fevereiro de 2020.

Art. 14. As irregularidades constatadas pela Auditoria-Fiscal do Trabalho quanto aos acordos de redução proporcional de jornada de trabalho e de salário ou de suspensão temporária do contrato de trabalho de que trata esta Lei sujeitam os infratores à multa prevista no art. 25 da Lei nº 7.998, de 11 de janeiro de 1990.

Parágrafo único. O processo de fiscalização, de notificação, de autuação e de imposição de multas decorrente desta Lei observará o disposto no Título VII da CLT, aprovada pelo Decreto-Lei nº 5.452, de 1º de maio de 1943, não se aplicando o critério da dupla visita.

Art. 15. O disposto nesta Lei aplica-se aos contratos de trabalho de aprendizagem e aos de jornada parcial.

Art. 16. O tempo máximo de redução proporcional de jornada e de salário e de suspensão temporária do contrato de trabalho, ainda que sucessivos, não poderá ser superior a 90 (noventa) dias, respeitado o prazo máximo de que trata o art. 8º desta Lei, salvo se, por ato do Poder Executivo, for estabelecida prorrogação do tempo máximo dessas medidas ou dos prazos determinados para cada uma delas.

Parágrafo único. Respeitado o limite temporal do estado de calamidade pública de que trata o art. 1º desta Lei, o Poder Executivo poderá prorrogar o prazo máximo das medidas previstas no *caput* deste artigo, na forma do regulamento.

CAPÍTULO III
DISPOSIÇÕES FINAIS

Art. 17. Durante o estado de calamidade pública de que trata o art. 1º desta Lei:

I - o curso ou o programa de qualificação profissional de que trata o art. 476-A da CLT, aprovada pelo Decreto-Lei nº 5.452, de 1º de maio de 1943, poderá ser oferecido pelo empregador exclusivamente na modalidade não presencial, e terá duração não inferior a 1 (um) mês e não superior a 3 (três) meses;

II - poderão ser utilizados meios eletrônicos para atendimento aos requisitos formais previstos no Título VI da CLT, aprovada pelo Decreto-Lei nº 5.452, de 1º de maio de 1943, inclusive para convocação, deliberação, decisão, formalização e publicidade de convenção coletiva ou acordo coletivo de trabalho;

III - os prazos previstos no Título VI da CLT, aprovada pelo Decreto-Lei nº 5.452, de 1º de maio de 1943, ficarão reduzidos pela metade;

IV - (VETADO); e

V - a dispensa sem justa causa do empregado pessoa com deficiência será vedada.

Art. 18. O empregado com contrato de trabalho intermitente, nos termos do § 3º do art. 443 da CLT, aprovada pelo Decreto-Lei nº 5.452, de 1º de maio de 1943, formalizado até a data de publicação da Medida Provisória nº 936, de 1º de abril de 2020, faz jus ao benefício emergencial mensal no valor de R$ 600,00 (seiscentos reais), pelo período de 3 (três) meses.

§ 1º O benefício emergencial mensal de que trata este artigo é devido a partir da data de publicação da Medida Provisória nº 936, de 1º de abril de 2020, e deve ser pago em até 30 (trinta) dias a contar da referida data.

§ 2º Aplica-se ao benefício emergencial mensal previsto neste artigo o disposto nos §§ 1º, 6º e 7º do art. 5º e nos §§ 1º e 2º do art. 6º desta Lei.

§ 3º A existência de mais de um contrato de trabalho intermitente, nos termos do § 3º do art. 443 da CLT, aprovada pelo Decreto-Lei nº 5.452, de 1º de maio de 1943, não gera direito à concessão de mais de um benefício emergencial mensal.

§ 4º Ato do Ministério da Economia disciplinará a concessão e o pagamento do benefício emergencial mensal de que trata este artigo, e o Poder Executivo fica autorizado a prorrogar o período de concessão desse benefício, na forma do regulamento, respeitado o limite temporal do estado de calamidade pública a que se refere o art. 1º desta Lei.

§ 5º O benefício emergencial mensal de que trata este artigo não pode ser acumulado com o pagamento de outro auxílio emergencial, devendo ser garantido o direito ao melhor benefício.

§ 6º Durante o período de recebimento do benefício emergencial mensal de que trata este artigo, o empregado com contrato de trabalho intermitente fica autorizado a contribuir facultativamente para o Regime Geral de Previdência Social, na forma do art. 20 desta Lei.

Art. 19. O disposto no Capítulo VII da Medida Provisória nº 927, de 22 de março de 2020, não autoriza o descumprimento das normas regulamentadoras de segurança e saúde no trabalho pelo empregador, aplicadas as ressalvas ali previstas apenas nas hipóteses excepcionadas.

Art. 20. Ressalvado o disposto na alínea "b" do inciso II do § 2º do art. 21 da Lei nº 8.212, de 24 de julho de 1991, as alíquotas das contribuições facultativas de que tratam o § 2º do art. 7º, o inciso II do § 2º do art. 8º e o § 6º do art. 18 desta Lei, serão de:

I - 7,5% (sete inteiros e cinco décimos por cento), para valores de até 1 (um) salário-mínimo;

II - 9% (nove por cento), para valores acima de 1 (um) salário-mínimo até R$ 2.089,60 (dois mil e oitenta e nove reais e sessenta centavos);

III - 12% (doze por cento), para valores de R$ 2.089,61 (dois mil e oitenta e nove reais e sessenta e um centavos) até R$ 3.134,40 (três mil, cento e trinta e quatro reais e quarenta centavos); e

IV - 14% (quatorze por cento), para valores de R$ 3.134,41 (três mil, cento e trinta e quatro reais e quarenta e um centavos) até o limite de R$ 6.101,06 (seis mil, cento e um reais e seis centavos).

§ 1º As contribuições de que trata o *caput* deste artigo devem ser recolhidas por iniciativa própria do segurado até o dia 15 do mês seguinte ao da competência.

§ 2º Na hipótese de suspensão temporária do contrato de trabalho, as alíquotas previstas nos incisos I, II, III e IV do *caput* deste artigo serão aplicadas de forma progressiva sobre o valor declarado pelo segurado, observados os limites mínimo e máximo a que se referem os §§ 3º e 5º do art. 28 da Lei nº 8.212, de 24 de julho de 1991, incidindo cada alíquota sobre a faixa de valores compreendida nos respectivos limites.

§ 3º Na hipótese de redução proporcional de jornada de trabalho e de salário e na hipótese de que trata o art. 18 desta Lei, as alíquotas previstas nos incisos I, II, III e IV do *caput* deste artigo serão aplicadas de forma progressiva sobre a faixa de valores compreendida nos respectivos limites, incidindo sobre o somatório da remuneração declarada na forma do inciso IV do *caput* do art. 32 da Lei nº 8.212, de 24 de julho de 1991, e do valor declarado pelo segurado, observados:

I - os limites previstos nos §§ 3º e 5º do art. 28 da Lei nº 8.212, de 24 de julho de 1991;

II - a incidência das alíquotas dos incisos I, II, III e IV do *caput* deste artigo primeiramente sobre a remuneração e, em seguida, sobre o valor declarado;

III - o recolhimento apenas das alíquotas incidentes sobre o valor declarado pelo segurado, sem prejuízo da contribuição de que tratam o art. 20 da Lei nº 8.212, de 24 de julho de 1991, e o art. 28 da Emenda Constitucional nº 103, de 12 de novembro de 2019.

§ 4º Não recebida a informação de que trata o inciso IV do *caput* do art. 32 da Lei nº 8.212, de 24 de julho de 1991, a tempo de ser calculada e paga a contribuição no prazo de que trata o § 1º deste artigo, será considerado provisoriamente como remuneração, para fins do disposto no § 3º deste artigo, o valor da remuneração anterior à redução proporcional de jornada de trabalho menos o valor da redução remuneratória pactuada ou, no caso do empregado com contrato de trabalho intermitente, será considerado que não houve remuneração.

§ 5º Recebida a informação de remuneração de que trata o inciso IV do *caput* do art. 32 da Lei nº 8.212, de 24 de julho de 1991, após recolhimento de contribuição facultativa na forma do § 4º deste artigo, a contribuição incidente sobre o valor declarado será recalculada, considerados o critério disposto no § 3º deste artigo e os limites de que tratam os §§ 3º e 5º do art. 28 da Lei nº 8.212, de 24 de julho de 1991, e eventual excedente deverá ser devolvido ao segurado atualizado pela variação do Índice Nacional de Preços ao Consumidor (INPC) ou, em caso de insuficiência do valor recolhido para o salário de contribuição reconhecido, o segurado deve ser notificado para complementação facultativa, na forma do regulamento.

§ 6º Os valores previstos nos incisos I, II, III e IV do *caput* deste artigo serão reajustados, a partir da data de entrada em vigor desta Lei, na mesma data e com o mesmo índice em que se der o reajuste dos benefícios do Regime Geral de Previdência Social, ressalvados aqueles vinculados ao salário-mínimo, aos quais se aplica a legislação específica.

§ 7º Será devolvido ao segurado, no prazo de até 60 (sessenta) dias contado da data de publicação desta Lei, o valor correspondente à diferença entre as contribuições eventualmente recolhidas com fundamento no inciso II do § 2º do art. 8º da Medida Provisória nº 936, de 1º de abril de 2020, e no *caput* ou inciso I do § 2º do art. 21 da Lei nº 8.212, de 24 de julho de 1991, e as contribuições devidas com fundamento neste artigo, atualizado pela variação do INPC.

Art. 21. Considera-se salário de contribuição, além das parcelas de que tratam os incisos I, II e IV do *caput* do art. 28 da Lei nº 8.212, de 24 de julho de 1991, o valor declarado e objeto de recolhimento pelo segurado na forma do art. 20 desta Lei, observado o limite máximo a que se refere o § 5º do art. 28 da Lei nº 8.212, de 24 de julho de 1991.

Art. 22. A empregada gestante, inclusive a doméstica, poderá participar do Programa Emergencial de Manutenção do Emprego e da Renda, observadas as condições estabelecidas nesta Lei.

§ 1º Ocorrido o evento caracterizador do início do benefício de salário-maternidade, nos termos do art. 71 da Lei nº 8.213, de 24 de julho de 1991:

I - o empregador deverá efetuar a imediata comunicação ao Ministério da Economia, nos termos estabelecidos no ato de que trata o § 4º do art. 5º desta Lei;

II - a aplicação das medidas de que trata o art. 3º desta Lei será interrompida; e

III - o salário-maternidade será pago à empregada nos termos do art. 72 da Lei nº 8.213, de 24 de julho de 1991, e à empregada doméstica nos termos do inciso I do *caput* do art. 73 da referida Lei, considerando-se como remuneração integral ou último salário de contribuição os valores a que teriam direito sem a aplicação das medidas previstas nos incisos II e III do *caput* do art. 3º desta Lei.

§ 2º Aplica-se o disposto neste artigo ao segurado ou segurada da Previdência Social que adotar ou obtiver guarda judicial para fins de adoção, observado o art. 71-A da Lei nº 8.213, de 24 de julho de 1991, devendo o salário-maternidade ser pago diretamente pela Previdência Social.

Art. 23. Empregador e empregado podem, em comum acordo, optar pelo cancelamento de aviso prévio em curso.

Parágrafo único. Em caso de cancelamento do aviso prévio nos termos deste artigo, as partes podem, na forma desta Lei, adotar as medidas do Programa Emergencial de Manutenção do Emprego e da Renda.

Art. 24. Os acordos de redução proporcional de jornada de trabalho e de salário e de suspensão temporária do contrato de trabalho celebrados entre empregadores e empregados, em negociação coletiva ou individual, com base na Medida Provisória nº 936, de 1º de abril de 2020, regem-se pelas disposições da referida Medida Provisória.

Parágrafo único. A norma interpretativa expressa no § 5º do art. 12 desta Lei aplica-se, inclusive, aos acordos firmados na vigência da Medida Provisória nº 936, de 1º de abril de 2020.

Art. 25. Durante a vigência do estado de calamidade pública a que se refere o art. 1º desta Lei, será garantida a opção pela repactuação das operações de empréstimos, de financiamentos, de cartões de crédito e de arrendamento mercantil concedidas por instituições financeiras e sociedades de arrendamento mercantil e contraídas com o desconto em folha de pagamento ou na remuneração disponível de que trata a Lei nº 10.820, de 17 de dezembro de 2003, nos termos e condições deste artigo, aos seguintes mutuários:

I - o empregado que sofrer redução proporcional de jornada de trabalho e de salário;

II - o empregado que tiver a suspensão temporária do contrato de trabalho;

III - o empregado que, por meio de laudo médico acompanhado de exame de testagem, comprovar a contaminação pelo novo coronavírus.

§ 1º Na hipótese de repactuação, será garantido o direito à redução das prestações referidas no art. 1º da Lei nº 10.820, de 17 de dezembro de 2003, na mesma proporção de sua redução salarial, para os mutuários de que trata o inciso I do *caput* deste artigo.

§ 2º Será garantido prazo de carência de até 90 (noventa) dias, à escolha do mutuário.

§ 3º As condições financeiras de juros, encargos remuneratórios e garantias serão mantidas, salvo no caso em que a instituição consignatária entenda pertinente a diminuição de tais juros e demais encargos remuneratórios.

Art. 26. Os empregados que forem dispensados até 31 de dezembro de 2020 e que tenham contratado operações de empréstimos, de financiamentos, de cartões de crédito e de arrendamento mercantil concedidas por instituições financeiras e sociedades de arrendamento mercantil e contraídas com o desconto em folha de pagamento ou na remuneração disponível de que trata a Lei nº 10.820, de 17 de dezembro de 2003, terão direito à novação dessas operações para um contrato de empréstimo pessoal, com o mesmo saldo devedor anterior e as mesmas condições de taxa de juros, encargos remuneratórios e garantias originalmente pactuadas, acrescida de carência de até 120 (cento e vinte) dias.

Art. 27. (VETADO).

Art. 28. (VETADO).

Art. 29. Não se aplica o disposto no art. 486 da CLT, aprovada pelo Decreto-Lei nº 5.452, de 1º de maio de 1943, na hipótese de paralisação ou suspensão de atividades empresariais determinada por ato de autoridade municipal, estadual ou federal para o enfrentamento do estado de calamidade pública reconhecido pelo Decreto Legislativo nº 6, de 20 de março de 2020, e da emergência de saúde pública de importância internacional decorrente do coronavírus, de que trata a Lei nº 13.979, de 6 de fevereiro de 2020.

Art. 30. (VETADO).

Art. 31. A Lei nº 8.213, de 24 de julho de 1991, passa a vigorar com as seguintes alterações:

"Art. 117. Empresas, sindicatos e entidades fechadas de previdência complementar poderão, mediante celebração de acordo de cooperação técnica com o INSS, encarregar-se, relativamente a seus empregados, associados ou beneficiários, de requerer benefícios previdenciários por meio eletrônico, preparando-os e instruindo-os nos termos do acordo.

I - (*revogado)*;

II - (*revogado)*;

III - (*revogado)*.

Parágrafo único. (*Revogado)*."

"Art. 117-A. Empresas, sindicatos e entidades fechadas de previdência complementar poderão realizar o pagamento integral dos benefícios previdenciários devidos a seus beneficiários, mediante celebração de contrato com o INSS, dispensada a licitação.

§ 1º Os contratos referidos no *caput* deste artigo deverão prever as mesmas obrigações, condições e valores devidos pelas instituições financeiras responsáveis pelo pagamento dos benefícios pelo INSS.

§ 2º As obrigações, condições e valores referidos no § 1º deste artigo serão definidos em ato próprio do INSS."

Art. 32. O art. 2º da Lei nº 10.101, de 19 de dezembro de 2000, passa a vigorar com a seguinte redação: *(Artigo vetado pelo Presidente da República, mantido pelo Congresso Nacional e publicado na Edição Extra B do DOU de 6/11/2020)*

"Art. 2º ....

§ 3º-A. A não equiparação de que trata o inciso II do § 3º deste artigo não é aplicável às hipóteses em que tenham sido utilizados índices de produtividade ou qualidade ou programas de metas, resultados e prazos.

....

§ 5º As partes podem:

I - adotar os procedimentos de negociação estabelecidos nos incisos I e II do *caput* deste artigo, simultaneamente; e

II - estabelecer múltiplos programas de participação nos lucros ou nos resultados, observada a periodicidade estabelecida pelo § 2º do art. 3º desta Lei.

§ 6º Na fixação dos direitos substantivos e das regras adjetivas, inclusive no que se refere à fixação dos valores e à utilização exclusiva de metas individuais, a autonomia da vontade das partes contratantes será respeitada e prevalecerá em face do interesse de terceiros.

§ 7º Consideram-se previamente estabelecidas as regras fixadas em instrumento assinado:

I - anteriormente ao pagamento da antecipação, quando prevista; e

II - com antecedência de, no mínimo, 90 (*noventa)* dias da data do pagamento da parcela única ou da parcela final, caso haja pagamento de antecipação.

§ 8º A inobservância à periodicidade estabelecida no § 2º do art. 3º desta Lei invalida exclusivamente os pagamentos feitos em desacordo com a norma, assim entendidos:

I - os pagamentos excedentes ao segundo, feitos a um mesmo empregado, no mesmo ano civil; e

II - os pagamentos efetuados a um mesmo empregado, em periodicidade inferior a 1 (*um)* trimestre civil do pagamento anterior.

§ 9º Na hipótese do inciso II do § 8º deste artigo, mantém-se a validade dos demais pagamentos.

§ 10. Uma vez composta, a comissão paritária de que trata o inciso I do *caput* deste artigo dará ciência por escrito ao ente sindical para que indique seu representante no prazo máximo de 10 (*dez)* dias corridos, findo o qual a comissão poderá iniciar e concluir suas tratativas."

Art. 33. A Lei nº 12.546, de 14 de dezembro de 2011, passa a vigorar com as seguintes alterações: *(Artigo vetado pelo Presidente da República, mantido pelo Congresso Nacional e publicado na Edição Extra B do DOU de 6/11/2020)*

"Art. 7º Até 31 de dezembro de 2021, poderão contribuir sobre o valor da receita bruta, excluídos as vendas canceladas e os descontos incondicionais concedidos, em substituição às contribuições previstas nos incisos I e III do *caput* do art. 22 da Lei nº 8.212, de 24 de julho de 1991:

...."

Art. 8º Até 31 de dezembro de 2021, poderão contribuir sobre o valor da receita bruta, excluídos as vendas canceladas e os descontos incondicionais concedidos, em substituição às contribuições previstas nos incisos I e III do *caput* do art. 22 da Lei nº 8.212, de 24 de julho de 1991:

...."

Arts. 34 a 37. (VETADOS).

Art. 38. Revogam-se os incisos I, II e III do *caput* e o parágrafo único do art. 117 da Lei nº 8.213, de 24 de julho de 1991.

Art. 39. Esta Lei entra em vigor na data de sua publicação.

Brasília, 6 de julho de 2020; 199º da Independência e 132º da República.

JAIR MESSIAS BOLSONARO

Paulo Guedes

LEI Nº 14.043, DE 19 DE AGOSTO DE 2020

Institui o Programa Emergencial de Suporte a Empregos; altera as Leis nºs 9.430, de 27 de dezembro de 1996, e 13.999, de 18 de maio de 2020; e dá outras providências.

▸ *Programa emergencial de suporte a empregos*

O PRESIDENTE DA REPÚBLICA

Faço saber que o Congresso Nacional decreta e eu sanciono a seguinte Lei:

CAPÍTULO I
DISPOSIÇÕES PRELIMINARES

Art. 1º Fica instituído o Programa Emergencial de Suporte a Empregos, destinado à realização de operações de crédito com os seguintes agentes econômicos, com a finalidade de pagamento de folha salarial de seus empregados ou de verbas trabalhistas, na forma desta Lei:

I - empresários;

II - sociedades simples;

III - sociedades empresárias e sociedades cooperativas, exceto as sociedades de crédito;

IV - organizações da sociedade civil, definidas no inciso I do *caput* do art. 2º da Lei nº 13.019, de 31 de julho de 2014, e no inciso IV do *caput* do art. 44 da Lei nº 10.406, de 10 de janeiro de 2002 (Código Civil); e

V - empregadores rurais, definidos no art. 3º da Lei nº 5.889, de 8 de junho de 1973.

CAPÍTULO II
DO PROGRAMA EMERGENCIAL DE SUPORTE A EMPREGOS

Art. 2º O Programa Emergencial de Suporte a Empregos é destinado aos agentes econômicos a que se refere o art. 1º desta Lei com receita bruta anual superior a R$ 360.000,00 (trezentos e sessenta mil reais) e igual ou inferior a R$ 50.000.000,00 (cinquenta milhões de reais), calculada com base no exercício de 2019.

§ 1º As linhas de crédito concedidas no âmbito do Programa:

I - abrangerão até 100% (cem por cento) da folha de pagamento do contratante, pelo período de 4 (quatro) meses, limitadas ao valor equivalente a até 2 (duas) vezes o salário-mínimo por empregado; e

II - serão destinadas exclusivamente às finalidades previstas no art. 1º desta Lei.

§ 2º Poderão participar do Programa todas as instituições financeiras sujeitas à supervisão do Banco Central do Brasil.

§ 3º As pessoas a que se refere o art. 1º desta Lei que contratarem as linhas de crédito no âmbito do Programa assumirão contratualmente as seguintes obrigações:

I - fornecer informações verídicas;

II - não utilizar os recursos para finalidade distinta do pagamento de seus empregados;

III - efetuar o pagamento de seus empregados com os recursos do Programa, por meio de transferência para a conta de depósito, para a conta-salário ou para a conta de pagamento pré-paga de titularidade de cada um deles, mantida em instituição autorizada a funcionar pelo Banco Central do Brasil; e

IV - não rescindir sem justa causa o contrato de trabalho de seus empregados, no período compreendido entre a data da contratação da linha de crédito e o sexagésimo dia após a liberação dos valores referentes à última parcela da linha de crédito pela instituição financeira.

§ 4º Caso a folha de pagamento seja processada por instituição financeira participante do Programa, o pagamento de que trata o inciso III do § 3º deste artigo dar-seá mediante depósito direto feito pela instituição financeira nas contas dos empregados.

§ 5º A vedação a que se refere o inciso IV do § 3º deste artigo incidirá na mesma proporção do total da folha de pagamento que, por opção do contratante, tiver sido paga com recursos do Programa.

§ 6º O não atendimento a qualquer das obrigações de que tratam os §§ 3º, 4º e 5º deste artigo implica o vencimento antecipado da dívida.

Art. 3º O Programa Emergencial de Suporte a Empregos poderá ser utilizado para financiar a quitação das seguintes verbas trabalhistas devidas pelos contratantes:

I e II - (VETADOS); e

III - verbas rescisórias pagas ou pendentes de adimplemento decorrentes de demissões sem justa causa ocorridas entre a data de publicação da Lei nº 13.979, de 6 de fevereiro de 2020, e a data de publicação desta Lei, incluídos os eventuais débitos relativos ao Fundo de Garantia do Tempo de Serviço (FGTS) correspondentes, para fins de recontratação do empregado demitido.

§ 1º Os contratantes que optarem pela modalidade de financiamento de que trata este artigo não poderão estar com suas atividades encerradas, com falência decretada ou em estado de insolvência civil.

§ 2º Não estão sujeitas ao financiamento de que trata este artigo as verbas trabalhistas de natureza exclusivamente indenizatória ou que tenham como fato gerador o trabalho escravo ou infantil.

§§ 3º ao 6º (VETADOS).

§ 7º A contratação das linhas de crédito previstas neste artigo, observado o disposto no § 6º deste artigo, constitui confissão de dívida irrevogável e irretratável e implica a renúncia tácita a qualquer impugnação ou recurso em relação ao montante principal devido, às verbas sucumbenciais e às respectivas contribuições previdenciárias decorrentes da condenação ou do acordo homologado.

§§ 8º e 9º (VETADOS).

§ 10. Os agentes econômicos a que se refere o art. 1º desta Lei que contratarem o financiamento para os fins de que trata este artigo assumirão contratualmente as seguintes obrigações:

I - fornecer informações atualizadas e verídicas;

II - não utilizar os recursos para finalidade distinta da quitação dos débitos referidos no *caput* deste artigo; e

III - manter, na hipótese prevista no inciso III do *caput* deste artigo, o vínculo empregatício do trabalhador readmitido pelo período de, no mínimo, 60 (sessenta) dias.

§ 11. O não atendimento a qualquer das obrigações de que trata o § 10 deste artigo implica o vencimento antecipado da dívida.

Art. 4º As instituições financeiras participantes do Programa Emergencial de Suporte a Empregos deverão assegurar que os recursos sejam utilizados exclusivamente para os fins previstos nos arts. 2º e 3º desta Lei.

Parágrafo único. A obrigação de que trata o *caput* deste artigo será cumprida pelas instituições financeiras participantes do Programa por meio da inclusão das obrigações de que tratam o § 3º do art. 2º e o § 10 do art. 3º desta Lei no instrumento que formalizar a contratação da operação de crédito.

Art. 5º Nas operações de crédito contratadas no âmbito do Programa Emergencial de Suporte a Empregos:

I - 15% (quinze por cento) do valor de cada financiamento serão custeados com recursos próprios das instituições financeiras participantes; e

II - 85% (oitenta e cinco por cento) do valor de cada financiamento serão custeados com recursos da União alocados ao Programa.

Parágrafo único. O risco de inadimplemento das operações de crédito e as eventuais perdas financeiras decorrentes serão suportados na mesma proporção da participação estabelecida no *caput* deste artigo.

Art. 6º As instituições financeiras participantes do Programa Emergencial de Suporte a Empregos poderão formalizar operações de crédito no âmbito do Programa até 31 de outubro de 2020, observados os seguintes requisitos:

I - taxa de juros de 3,75% (três inteiros e setenta e cinco centésimos por cento) ao ano sobre o valor concedido;

II - carência de 6 (seis) meses para início do pagamento, com capitalização de juros durante esse período; e

III - prazo de 36 (trinta e seis) meses para o pagamento, já incluído o prazo de carência de que trata o inciso II do *caput* deste artigo.

Parágrafo único. É vedada às instituições financeiras participantes do Programa a cobrança de tarifas por saques, totais ou parciais, ou pela transferência a outras contas dos valores creditados nas contas dos empregados com recursos do Programa.

Art. 7º Para fins de concessão de crédito no âmbito do Programa Emergencial de Suporte a Empregos, as instituições financeiras dele participantes observarão políticas próprias de crédito e poderão considerar eventuais restrições em sistemas de proteção ao crédito na data da contratação e registros de inadimplência no sistema de informações de crédito mantido pelo Banco Central do Brasil nos 6 (seis) meses anteriores à contratação, sem prejuízo do disposto na legislação vigente.

§ 1º Para fins de contratação das operações de crédito no âmbito do Programa, as instituições financeiras privadas e públicas estaduais dele participantes ficam dispensadas de observar as seguintes disposições:

I - § 1º do art. 362 da CLT, aprovada pelo Decreto-Lei nº 5.452, de 1º de maio de 1943;

II - inciso IV do § 1º do art. 7º da Lei nº 4.737, de 15 de julho de 1965;

III - alíneas b e c do *caput* do art. 27 da Lei nº 8.036, de 11 de maio de 1990;

IV - alínea a do inciso I do *caput* do art. 47 da Lei nº 8.212, de 24 de julho de 1991;

V - art. 10 da Lei nº 8.870, de 15 de abril de 1994;

VI - art. 1º da Lei nº 9.012, de 30 de março de 1995;

VII - art. 20 da Lei nº 9.393, de 19 de dezembro de 1996; e

VIII - art. 6º da Lei nº 10.522, de 19 de julho de 2002.

§ 2º Aplica-se às instituições financeiras públicas federais a dispensa prevista no § 1º deste artigo, observado o disposto na Lei nº 13.898, de 11 de novembro de 2019.

Art. 8º Na hipótese de inadimplemento do contratante, as instituições financeiras participantes do Programa Emergencial de Suporte a Empregos farão a cobrança da dívida em nome próprio, em conformidade com as suas políticas de crédito, e recolherão os valores recuperados ao Banco Nacional de Desenvolvimento Econômico e Social (BNDES), que os restituirá à União, observados os mesmos critérios de atualização previstos no § 1º do art. 9º desta Lei.

§ 1º Na cobrança do crédito inadimplido, lastreado em recursos públicos, não se admitirá, por parte das instituições financeiras participantes do Programa, a adoção de procedimento para recuperação de crédito menos rigoroso do que aqueles usualmente empregados nas próprias operações de crédito.

§ 2º As instituições financeiras participantes do Programa arcarão com todas as despesas necessárias para a recuperação dos créditos inadimplidos.

§ 3º As instituições financeiras participantes do Programa, em conformidade com as suas políticas de crédito, deverão empregar os melhores esforços e adotar os procedimentos necessários à recuperação dos créditos no âmbito do Programa e não poderão interromper ou negligenciar o acompanhamento.

§ 4º As instituições financeiras participantes do Programa serão responsáveis pela veracidade das informações fornecidas e pela exatidão dos valores a serem reembolsados à União, por intermédio do BNDES.

§ 5º A repartição dos recursos recuperados observará a proporção de participação estabelecida no art. 5º desta Lei.

§ 6º As instituições financeiras participantes do Programa deverão leiloar, após o período de amortização da última parcela passível de vencimento no âmbito do Programa, observados os limites, as condições e os prazos estabelecidos no ato de que trata o § 8º deste artigo, todos os créditos eventualmente remanescentes a título de recuperação e recolher o saldo final à União por intermédio do BNDES.

§ 7º Após a realização do último leilão de que trata o § 6º deste artigo pelas instituições financeiras participantes do Programa, a parcela do crédito lastreado em recursos públicos eventualmente não alienada será considerada extinta de pleno direito.

§ 8º Ato do Conselho Monetário Nacional estabelecerá mecanismos de controle e de aferição de resultados quanto ao cumprimento do disposto nos §§ 4º, 5º, 6º e 7º deste artigo e os limites, as condições e os prazos para a realização de leilão dos créditos de que tratam os §§ 6º e 7º deste artigo.

CAPÍTULO III
DA TRANSFERÊNCIA DE RECURSOS DA UNIÃO PARA O BANCO NACIONAL DE DESENVOLVIMENTO ECONÔMICO E SOCIAL (BNDES) E DA ATUAÇÃO DO BNDES COMO AGENTE FINANCEIRO DA UNIÃO

Art. 9º Fica o Poder Executivo autorizado a transferir até R$ 17.000.000.000,00 (dezessete bilhões de reais) da União para o BNDES, destinados à execução do Programa Emergencial de Suporte a Empregos.

§ 1º Os recursos transferidos ao BNDES são de titularidade da União e serão remunerados, pro rata die, pela:

I - taxa média referencial do Sistema Especial de Liquidação e de Custódia (Selic), enquanto mantidos nas disponibilidades do BNDES; e

II - taxa de juros de 3,75% (três inteiros e setenta e cinco centésimos por cento) ao ano, enquanto aplicados nas operações de crédito contratadas no âmbito do Programa.

§ 2º O aporte de que trata o *caput* deste artigo não transferirá a propriedade dos recursos ao BNDES, que permanecerão de titularidade da União, de acordo com instrumento firmado entre as partes.

Art. 10. O BNDES atuará como agente financeiro da União no Programa Emergencial de Suporte a Empregos.

§ 1º A atuação do BNDES será a título gratuito.

§ 2º Caberá ao BNDES, na condição de agente financeiro da União:

I - realizar os repasses dos recursos da União às instituições financeiras que protocolarem no BNDES operações de crédito a serem contratadas no âmbito do Programa;

II - receber os reembolsos de recursos das instituições financeiras participantes do Programa decorrentes dos repasses;

III - repassar à União, no prazo de 30 (trinta) dias, contado da data do recebimento, os reembolsos de recursos recebidos; e

IV - prestar as informações solicitadas pela Secretaria do Tesouro Nacional da Secretaria Especial de Fazenda do Ministério da Economia e pelo Banco Central do Brasil.

§ 3º Ato do BNDES regulamentará os aspectos operacionais referentes ao protocolo das operações de crédito.

§ 4º Os eventuais recursos aportados ao BNDES pela União e não repassados às instituições financeiras participantes para o Programa até o término do prazo para formalização dos contratos serão devolvidos à União no prazo de 30 (trinta) dias, observado o disposto no inciso I do § 1º do art. 9º desta Lei.

§ 5º A partir de 30 de setembro de 2020, a União poderá demandar a devolução de até 50% (cinquenta por cento) dos recursos não repassados às instituições financeiras, os quais deverão ser devolvidos em até 30 (trinta) dias após a solicitação.

Art. 11. Na hipótese de a operação de crédito protocolada no BNDES atender aos requisitos formais do Programa Emergencial de Suporte a Empregos, não haverá cláusula del credere nem remuneração às instituições financeiras participantes do Programa, e o risco de crédito da parcela das operações de crédito lastreadas em recursos públicos ficará a cargo da União.

Art. 12. O BNDES não se responsabilizará pela solvabilidade das instituições financeiras participantes do Programa Emergencial de Suporte a Empregos nem pela sua atuação na realização das operações de crédito, especialmente quanto ao cumprimento da finalidade dessas operações, dos requisitos exigidos para a sua realização e das condições de recuperação dos créditos lastreados em recursos públicos.

Art. 13. Nas hipóteses de falência, de liquidação extrajudicial ou de intervenção em instituição financeira participante do Programa Emergencial de Suporte a Empregos, a União ficará sub-rogada automaticamente, de pleno direito, na proporção estabelecida no inciso II do *caput* do art. 5º desta Lei, nos créditos e garantias constituídos em favor da instituição financeira, decorrentes das respectivas operações de crédito lastreadas em recursos públicos realizadas no âmbito do Programa.

Parágrafo único. Caberá ao BNDES informar à União os dados relativos às operações de crédito lastreadas em recursos públicos realizadas no âmbito do Programa, com vistas ao seu encaminhamento ao liquidante, ao interventor ou ao juízo responsável ou, ainda, à cobrança judicial dos valores envolvidos.

Art. 14. As receitas provenientes do retorno dos empréstimos à União, nos termos desta Lei, serão integralmente utilizadas para pagamento da dívida pública de responsabilidade do Tesouro Nacional.

CAPÍTULO IV
DA REGULAÇÃO E DA SUPERVISÃO DAS OPERAÇÕES DE CRÉDITO REALIZADAS NO ÂMBITO DO PROGRAMA EMERGENCIAL DE SUPORTE A EMPREGOS

Art. 15. Compete ao Banco Central do Brasil fiscalizar o cumprimento, pelas instituições financeiras participantes do Programa Emergencial de Suporte a Empregos, das condições estabelecidas para as operações de crédito realizadas no âmbito do Programa.

Art. 16. O Conselho Monetário Nacional e o Banco Central do Brasil, no âmbito de suas competências, poderão regulamentar os aspectos necessários para operacionalizar e para fiscalizar as instituições financeiras participantes do Programa Emergencial de Suporte a Empregos quanto ao disposto nesta Lei, observado o disposto na Lei nº 13.506, de 13 de novembro de 2017.

Parágrafo único. A regulamentação prevista no *caput* deste artigo deverá prever um sistema de garantia mínima e suficiente para as operações, de forma simplificada e sem entraves burocráticos, de modo a facilitar o acesso ao crédito.

CAPÍTULO V
DISPOSIÇÕES FINAIS

Art. 17. (VETADO).

Art. 18. A Lei nº 9.430, de 27 de dezembro de 1996, passa a vigorar acrescida do seguinte art. 9º-A:

"Art. 9º-A. Na hipótese de inadimplência do débito, as exigências de judicialização de que tratam a alínea c do inciso II e a alínea b do inciso III do § 7º do art. 9º e o art. 11 desta Lei poderão ser substituídas pelo instrumento de que trata a Lei nº 9.492, de 10 de setembro de 1997, e os credores deverão arcar, nesse caso, com o pagamento antecipado de taxas, de emolumentos, de acréscimos legais e de demais despesas por ocasião da protocolização e dos demais atos."

Art. 19. O art. 2º da Lei nº 13.999, de 18 de maio de 2020, passa a vigorar acrescido do seguinte § 11:

"Art. 2º ....

§ 11. As instituições financeiras que utilizem recursos do Fundo Geral de Turismo (*Fungetur)*, de que trata o art. 11 do Decreto-Lei nº 1.191, de 27 de outubro de 1971, poderão aderir ao Pronampe e requerer garantia do FGO para essas operações, as quais, para fins do disposto nos §§ 4º e 4º-A do art. 6º desta Lei, deverão ser agrupadas como carteira específica no âmbito de cada instituição."

Art. 20. A União poderá aumentar sua participação no Fundo Garantidor de Operações (FGO), adicionalmente aos recursos previstos no art. 6º da Lei nº 13.999, de 18 de maio de 2020, em R$ 12.000.000.000,00 (doze bilhões de reais), para a concessão de garantias no âmbito do Programa Nacional de Apoio às Microempresas e Empresas de Pequeno Porte (Pronampe).

Art. 21. Esta Lei entra em vigor na data de sua publicação.

Brasília, 19 de agosto de 2020; 199º da Independência e 132º da República.

JAIR MESSIAS BOLSONARO

Paulo Guedes

Roberto de Oliveira Campos Neto

LEI N. 14.057, DE 11 DE SETEMBRO DE 2020

Disciplina o acordo com credores para pagamento com desconto de precatórios federais e o acordo terminativo de litígio contra a Fazenda Pública e dispõe sobre a destinação dos recursos deles oriundos para o combate à Covid-19, durante a vigência do estado de calamidade pública reconhecido pelo Decreto Legislativo n. 6, de 20 de março de 2020; e altera a Lei n. 7.689, de 15 de dezembro de 1988, e a Lei n. 8.212, de 24 de julho de 1991.

‣ *Covid 19 - Pagamento de precatórios*

O Presidente da República

Faço saber que o Congresso Nacional decreta e eu sanciono a seguinte Lei:

Art. 1.º Esta Lei disciplina, no âmbito da União, de suas autarquias e de suas fundações, acordos diretos para pagamento de precatórios de grande valor, nos termos do § 20 do art. 100 da Constituição Federal, e acordos terminativos de litígios contra a Fazenda Pública, nos termos do art. 1.º da Lei n. 9.469, de 10 de julho de 1997, e do § 12 do art. 19 da Lei n. 10.522, de 19 de julho de 2002.

Art. 2.º As propostas de acordo direto para pagamento de precatório nos termos do § 20 do art. 100 da Constituição Federal serão apresentadas pelo credor ou pela entidade devedora perante o Juízo Auxiliar de Conciliação de Precatórios vinculado ao presidente do tribunal que proferiu a decisão exequenda.

§ 1.º As propostas de que trata o *caput* deste artigo poderão ser apresentadas até a quitação integral do valor do precatório e não suspenderão o pagamento de suas parcelas, nos termos da primeira parte do § 20 do art. 100 da Constituição Federal.

§ 2.º Em nenhuma hipótese a proposta de acordo implicará o afastamento de atualização monetária ou dos juros moratórios previstos no § 12 do art. 100 da Constituição Federal.

§ 3.º Recebida a proposta de acordo direto, o Juízo Auxiliar de Conciliação de Precatórios intimará o credor ou a entidade devedora para aceitar ou recusar a proposta ou apresentar-lhe contraproposta, observado o limite máximo de desconto de 40% (quarenta por cento) do valor do crédito atualizado nos termos legais.

§ 4.º Aceita a proposta de acordo feita nos termos deste artigo, o Juízo Auxiliar de Conciliação de Precatórios homologará o acordo e dará conhecimento dele ao Presidente do Tribunal para que sejam adotadas as medidas cabíveis.

Art. 3.º Os acordos terminativos de litígio de que tratam o art. 1.º da Lei n. 9.469, de 10 de julho de 1997, e o § 12 do art. 19 da Lei n. 10.522, de 19 de julho de 2002, poderão ser propostos pela entidade pública ou pelos titulares do direito creditório e poderão abranger condições diferenciadas de deságio e de parcelamento para o pagamento do crédito deles resultante.

§ 1.º Em nenhuma hipótese as propostas de que trata o *caput* deste artigo veicularão:

I – (*vetado.*); e

II – parcelamento superior a:

a) 8 (oito) parcelas anuais e sucessivas, se houver título executivo judicial transitado em julgado;

b) 12 (doze) parcelas anuais e sucessivas, se não houver título executivo judicial transitado em julgado.

§ 2.º Recebida a proposta, o juízo competente para o processamento da ação intimará o credor ou a entidade pública, conforme o caso, para aceitar ou recusar a proposta ou apresentar-lhe contraproposta.

§ 3.º Aceito o valor proposto, esse montante será consolidado como principal e parcelado em tantas quantas forem as parcelas avençadas, observado o disposto nos §§ 5.º e 12 do art. 100 da Constituição Federal quanto à atualização monetária e aos juros de mora.

§ 4.º (*Vetado.*)

§ 5.º (*Vetado.*)

Art. 4.º Ato do Poder Executivo regulamentará o disposto nesta Lei, inclusive com relação à competência do Advogado-Geral da União para assinar os acordos firmados, diretamente ou por delegação.

Parágrafo único. A delegação referida no *caput* deste artigo poderá ser subdelegada e prever valores de alçada.

Art. 5.º O disposto no art. 40 da Lei n. 13.140, de 26 de junho de 2015, aplica-se aos servidores e aos agentes públicos, inclusive ocupantes de cargo em comissão, que participarem do processo de composição judicial disciplinado por esta Lei.

Art. 6.º (*Vetado.*)

Art. 7.º Os acordos a que se refere esta Lei contemplam também os precatórios oriundos de demanda judicial que tenha tido como objeto a cobrança de repasses referentes à complementação da União aos Estados e aos Municípios por conta do Fundo de Manutenção e Desenvolvimento do Ensino Fundamental e de Valorização do Magistério (Fundef), a que se referia a Lei n. 9.424, de 24 de dezembro de 1996.

Parágrafo único. Os repasses de que trata o *caput* deste artigo deverão obedecer à destinação originária, inclusive para fins de garantir pelo menos 60% (sessenta por cento) do seu montante para os profissionais do magistério ativos, inativos e pensionistas do ente público credor, na forma de abono, sem que haja incorporação à remuneração dos referidos servidores.

» Parágrafo único originalmente vetado, todavia promulgado em 26-3-2021.

Art. 8.º O art. 4.º da Lei n. 7.689, de 15 de dezembro de 1988, passa a vigorar com a seguinte redação:

"Art. 4.º São contribuintes as pessoas jurídicas estabelecidas no País e as que lhe são equiparadas pela legislação tributária, ressalvadas as vedadas na alínea *b* do inciso VI do *caput* do art. 150 da Constituição Federal, na forma restritiva prevista no § 4.º do mesmo artigo.

Parágrafo único. Conforme previsto nos arts. 106 e 110 da Lei n. 5.172, de 25 de outubro de 1966 (Código Tributário Nacional), passam a ser consideradas nulas as autuações feitas em descumprimento do previsto no *caput* deste artigo, em desrespeito ao disposto na alínea *b* do inciso VI do *caput* do art. 150 da Constituição Federal, na forma restritiva prevista no § 4.º do mesmo artigo. (NR)"

» Art. 8.º originalmente vetado, todavia promulgado em 26-3-2021.

Art. 9.º O art. 22 da Lei n. 8.212, de 24 de julho de 1991, passa a vigorar acrescido do seguinte § 16:

» Alteração já processada no diploma modificado.

Art. 10. Esta Lei entra em vigor na data de sua publicação.

Brasília, 11 de setembro de 2020; 199.º da Independência e 132.º da República

Jair Messias Bolsonaro

LEI Nº 14.128, DE 26 DE MARÇO DE 2021

Dispõe sobre compensação financeira a ser paga pela União aos profissionais e trabalhadores de saúde que, durante o período de emergência de saúde pública de importância nacional decorrente da disseminação do novo coronavírus (SARS-CoV- 2), por terem trabalhado no atendimento direto a pacientes acometidos pela Covid-19, ou realizado visitas domiciliares em determinado período de tempo, no caso de agentes comunitários de saúde ou de combate a endemias, tornarem-se permanentemente incapacitados para o trabalho, ou ao seu cônjuge ou companheiro, aos seus dependentes e aos seus herdeiros necessários, em caso de óbito; e altera a Lei nº 605, de 5 de janeiro de 1949.

› *Covid 19 - Compensação financeira aos profissionais e trabalhadores de saúde*

O PRESIDENTE DA REPÚBLICA

Faço saber que o Congresso Nacional decreta e eu promulgo, nos termos do parágrafo 5º do art. 66 da Constituição Federal, a seguinte Lei:

Art. 1º Esta Lei dispõe sobre compensação financeira a ser paga pela União aos profissionais e trabalhadores de saúde que, durante o período de emergência de saúde pública de importância nacional decorrente da disseminação do novo coronavírus (SARS-CoV-2), por terem trabalhado no atendimento direto a pacientes acometidos pela Covid-19, ou realizado visitas domiciliares em determinado período de tempo, no caso de agentes comunitários de saúde ou de combate a endemias, tornarem-se permanentemente incapacitados para o trabalho, ou ao seu cônjuge ou companheiro, aos seus dependentes e aos seus herdeiros necessários, em caso de óbito.

Parágrafo único. Para os fins desta Lei, considera-se:

I - profissional ou trabalhador de saúde:

a) aqueles cujas profissões, de nível superior, são reconhecidas pelo Conselho Nacional de Saúde, além de fisioterapeutas, nutricionistas, assistentes sociais e profissionais que trabalham com testagem nos laboratórios de análises clínicas;

b) aqueles cujas profissões, de nível técnico ou auxiliar, são vinculadas às áreas de saúde, incluindo os profissionais que trabalham com testagem nos laboratórios de análises clínicas;

c) os agentes comunitários de saúde e de combate a endemias;

d) aqueles que, mesmo não exercendo atividades-fim nas áreas de saúde, auxiliam ou prestam serviço de apoio presencialmente nos estabelecimentos de saúde para a consecução daquelas atividades, no desempenho de atribuições em serviços administrativos, de copa, de lavanderia, de limpeza, de segurança e de condução de ambulâncias, entre outros, além dos trabalhadores dos necrotérios e dos coveiros; e

e) aqueles cujas profissões, de nível superior, médio e fundamental, são reconhecidas pelo Conselho Nacional de Assistência Social, que atuam no Sistema Único de Assistência Social;

II - dependentes: aqueles assim definidos pelo art. 16 da Lei nº 8.213, de 24 de julho de 1991;

III - Espin-Covid-19: estado de emergência de saúde pública de importância nacional, declarado pela Portaria do Ministério da Saúde nº 188, de 3 de fevereiro de 2020, em decorrência da infecção humana pelo novo coronavírus (SARS-CoV-2), que se encerrará com a publicação de ato do Ministro de Estado da Saúde, na forma dos §§ 2º e 3º do *caput* do art. 1º da Lei nº 13.979, de 6 de fevereiro de 2020.

Art. 2º A compensação financeira de que trata esta Lei será concedida:

I - ao profissional ou trabalhador de saúde referido no inciso I do parágrafo único do art. 1º desta Lei que ficar incapacitado permanentemente para o trabalho em decorrência da Covid-19;

II - ao agente comunitário de saúde e de combate a endemias que ficar incapacitado permanentemente para o trabalho em decorrência da Covid-19, por ter realizado visitas domiciliares em razão de suas atribuições durante o Espin-Covid-19;

III - ao cônjuge ou companheiro, aos dependentes e aos herdeiros necessários do profissional ou trabalhador de saúde que, falecido em decorrência da Covid-19, tenha trabalhado no atendimento direto aos pacientes acometidos por essa doença, ou realizado visitas domiciliares em razão de suas atribuições, no caso de agentes comunitários de saúde ou de combate a endemias, durante o Espin-Covid-19.

§ 1º Presume-se a Covid-19 como causa da incapacidade permanente para o trabalho ou óbito, mesmo que não tenha sido a causa única, principal ou imediata, desde que mantido o nexo temporal entre a data de início da doença e a ocorrência da incapacidade permanente para o trabalho ou óbito, se houver:

I - diagnóstico de Covid-19 comprovado mediante laudos de exames laboratoriais; ou

II - laudo médico que ateste quadro clínico compatível com a Covid-19.

§ 2º A presença de comorbidades não afasta o direito ao recebimento da compensação financeira de que trata esta Lei.

§ 3º A concessão da compensação financeira nas hipóteses de que tratam os incisos I e II do *caput* deste artigo estará sujeita à avaliação de perícia médica realizada por servidores integrantes da carreira de Perito Médico Federal.

§ 4º A compensação financeira de que trata esta Lei será devida inclusive nas hipóteses de óbito ou incapacidade permanente para o trabalho superveniente à declaração do fim do Espin-Covid-19 ou anterior à data de publicação desta Lei, desde que a infecção pelo novo coronavírus (Sars-CoV-2) tenha ocorrido durante o Espin-Covid-19, na forma do § 1º do *caput* deste artigo.

Art. 3º A compensação financeira de que trata esta Lei será composta de:

I - 1 (uma) única prestação em valor fixo de R$ 50.000,00 (cinquenta mil reais), devida ao profissional ou trabalhador de saúde incapacitado permanentemente para o trabalho ou, em caso de óbito deste, ao seu cônjuge ou companheiro, aos seus dependentes e aos seus herdeiros necessários, sujeita, nesta hipótese, a rateio entre os beneficiários;

II - 1 (uma) única prestação de valor variável devida a cada um dos dependentes menores de 21 (vinte e um) anos, ou 24 (vinte e quatro) anos se cursando curso superior, do profissional ou trabalhador de saúde falecido, cujo valor será calculado mediante a multiplicação da quantia de R$ 10.000,00 (dez mil reais) pelo número de anos inteiros e incompletos que faltarem, para cada um deles, na data do óbito do profissional ou trabalhador de saúde, para atingir a idade de 21 (vinte e um) anos completos, ou 24 (vinte e quatro) anos se cursando curso superior.

§ 1º A prestação variável de que trata o inciso II do *caput* deste artigo será devida aos dependentes com deficiência do profissional ou trabalhador de saúde falecido, independentemente da idade, no valor resultante da multiplicação da quantia de R$ 10.000,00 (dez mil reais) pelo número mínimo de 5 (cinco) anos.

§ 2º No caso de óbito do profissional ou trabalhador de saúde, se houver mais de uma pessoa a ser beneficiada, a compensação financeira de que trata o inciso I do *caput* deste artigo será destinada, mediante o respectivo rateio em partes iguais, ao cônjuge ou companheiro e a cada um dos dependentes e herdeiros necessários.

§ 3º A integralidade da compensação financeira, considerada a soma das parcelas devidas, quando for o caso, será dividida, para o fim de pagamento, em 3 (três) parcelas mensais e sucessivas de igual valor.

§ 4º No caso de óbito do profissional ou trabalhador de saúde, será agregado o valor relativo às despesas de funeral à compensação financeira de que trata o inciso I do *caput* deste artigo, na forma disposta em regulamento.

Art. 4º A compensação financeira de que trata esta Lei será concedida após a análise e o deferimento de requerimento com esse objetivo dirigido ao órgão competente, na forma de regulamento.

Art. 5º A compensação financeira de que trata esta Lei possui natureza indenizatória e não poderá constituir base de cálculo para a incidência de imposto de renda ou de contribuição previdenciária.

Parágrafo único. O recebimento da compensação financeira de que trata esta Lei não prejudica o direito ao recebimento de benefícios previdenciários ou assistenciais previstos em lei.

Art. 6º A compensação financeira de que trata esta Lei será paga pelo órgão competente para sua administração e concessão com recursos do Tesouro Nacional.

Parágrafo único. O Tesouro Nacional colocará à disposição do órgão a que se refere o *caput* deste artigo, à conta de dotações próprias consignadas no orçamento da União, os recursos necessários ao pagamento das compensações financeiras de acordo com a programação financeira da União.

Art. 7º O art. 6º da Lei nº 605, de 5 de janeiro de 1949, passa a vigorar acrescido dos seguintes §§ 4º e 5º:

"Art. 6º ....

....

§ 4º Durante período de emergência em saúde pública decorrente da Covid-19, a imposição de isolamento dispensará o empregado da comprovação de doença por 7 (sete) dias.

§ 5º No caso de imposição de isolamento em razão da Covid-19, o trabalhador poderá apresentar como justificativa válida, no oitavo dia de afastamento, além do disposto neste artigo, documento de unidade de saúde do Sistema Único de Saúde (SUS) ou documento eletrônico regulamentado pelo Ministério da Saúde." (NR)

Art. 8º Esta Lei entra em vigor na data de sua publicação.

Brasília, 26 de março de 2020; 200º da Independência e 133º da República.

JAIR MESSIAS BOLSONARO

LEI Nº 14.151, DE 12 DE MAIO DE 2021

Dispõe sobre o afastamento da empregada gestante das atividades de trabalho presencial durante a emergência de saúde pública de importância nacional decorrente do novo coronavírus.

- *Covid 19 - Afastamento da empregada gestante do trabalho presencial*

O PRESIDENTE DA REPÚBLICA

Faço saber que o Congresso Nacional decreta e eu sanciono a seguinte Lei:

Art. 1º Durante a emergência de saúde pública de importância nacional decorrente do coronavírus SARS-CoV-2, a empregada gestante que ainda não tenha sido totalmente imunizada contra o referido agente infeccioso, de acordo com os critérios definidos pelo Ministério da Saúde e pelo Plano Nacional de Imunizações (PNI), deverá permanecer afastada das atividades de trabalho presencial. (Redação dada pela Lei 14.311/2022)

§ 1º A empregada gestante afastada nos termos do *caput* deste artigo ficará à disposição do empregador para exercer as atividades em seu domicílio, por meio de teletrabalho, trabalho remoto ou outra forma de trabalho a distância, sem prejuízo de sua remuneração. (Parágrafo único transformado em § 1º e com redação dada pela Lei nº 14.311/2022)

§ 2º Para o fim de compatibilizar as atividades desenvolvidas pela empregada gestante na forma do § 1º deste artigo, o empregador poderá, respeitadas as competências para o desempenho do trabalho e as condições pessoais da gestante para o seu exercício, alterar as funções por ela exercidas, sem prejuízo de sua remuneração integral e assegurada a retomada da função anteriormente exercida, quando retornar ao trabalho presencial. (Acrescido pela Lei 14.311/2022)

§ 3º Salvo se o empregador optar por manter o exercício das suas atividades nos termos do § 1º deste artigo, a empregada gestante deverá retornar à atividade presencial nas seguintes hipóteses: (Acrescido pela Lei 14.311/2022)

I - após o encerramento do estado de emergência de saúde pública de importância nacional decorrente do coronavírus SARS-CoV-2;

II - após sua vacinação contra o coronavírus SARS-CoV-2, a partir do dia em que o Ministério da Saúde considerar completa a imunização;

III - mediante o exercício de legítima opção individual pela não vacinação contra o coronavírus SARS-CoV-2 que lhe tiver sido disponibilizada, conforme o calendário divulgado pela autoridade de saúde e mediante o termo de responsabilidade de que trata o § 6º deste artigo;

IV - (VETADO na Lei nº 14.311/2022).

§§ 4º e 5º (VETADOS na Lei nº 14.311/2022).

§ 6º Na hipótese de que trata o inciso III do § 3º deste artigo, a empregada gestante deverá assinar termo de responsabilidade e de livre consentimento para exercício do trabalho presencial, comprometendo-se a cumprir todas as medidas preventivas adotadas pelo empregador. (Acrescido pela Lei 14.311/2022)

§ 7º O exercício da opção a que se refere o inciso III do § 3º deste artigo é uma expressão do direito fundamental da liberdade de autodeterminação individual, e não poderá ser imposta à gestante que fizer a escolha pela não vacinação qualquer restrição de direitos em razão dela. (Acrescido pela Lei 14.311/2022)

Art. 2º Esta Lei entra em vigor na data de sua publicação.

Brasília, 12 de maio de 2021; 200º da Independência e 133º da República.

JAIR MESSIAS BOLSONARO
Marcelo Antônio Cartaxo Queiroga Lopes
Damares Regina Alves

LEI Nº 14.195, DE 26 DE AGOSTO DE 2021

Dispõe sobre a facilitação para abertura de empresas, sobre a proteção de acionistas minoritários, sobre a facilitação do comércio exterior, sobre o Sistema Integrado de Recuperação de Ativos (Sira), sobre as cobranças realizadas pelos conselhos profissionais, sobre a profissão de tradutor e intérprete público, sobre a obtenção de eletricidade, sobre a desburocratização societária e de atos processuais e a prescrição intercorrente na Lei nº 10.406, de 10 de janeiro de 2002 (Código Civil); altera as Leis nºs 11.598, de 3 de dezembro de 2007, 8.934, de 18 de novembro de 1994, 6.404, de 15 de dezembro de 1976, 7.913, de 7 de dezembro de 1989, 12.546, de 14 de dezembro 2011, 9.430, de 27 de dezembro de 1996, 10.522, de 19 de julho de 2002, 12.514, de 28 de outubro de 2011, 6.015, de 31 de dezembro de 1973, 10.406, de 10 de janeiro de 2002 (Código Civil), 13.105, de 16 de março de 2015 (Código de Processo Civil), 4.886, de 9 de dezembro de 1965, 5.764, de 16 de dezembro de 1971, 6.385, de 7 de dezembro de 1976, e 13.874, de 20 de setembro de 2019, e o Decreto-Lei nº 341, de 17 de março de 1938; e revoga as Leis nºs 2.145, de 29 de dezembro de 1953, 2.807, de 28 de junho de 1956, 2.815, de 6 de julho de 1956, 3.187, de 28 de junho de 1957, 3.227, de 27 de julho de 1957, 4.557, de 10 de dezembro de 1964, 7.409, de 25 de novembro de 1985, e 7.690, de 15 de dezembro de 1988, os Decretos nºs 13.609, de 21 de outubro de 1943, 20.256, de 20 de dezembro de 1945, e 84.248, de 28 de novembro de 1979, e os Decretos-Lei nºs 1.416, de 25 de agosto de 1975, e 1.427, de 2 de dezembro de 1975, e dispositivos das Leis nºs 2.410, de 29 de janeiro de 1955, 2.698, de 27 de dezembro de 1955, 3.053, de 22 de dezembro de 1956, 5.025, de 10 de junho 1966, 6.137, de 7 de novembro de 1974, 8.387, de 30 de dezembro de 1991, 9.279, de 14 de maio de 1996, e 9.472, de 16 de julho de 1997, e dos Decretos-Lei nºs 491, de 5 de março de 1969, 666, de 2 de julho de 1969, e 687, de 18 de julho de 1969; e dá outras providências.

- *Lei do Ambiente de Negócios*
- Publicada no *DOU* de 27-8-2021.

O PRESIDENTE DA REPÚBLICA

Faço saber que o Congresso Nacional decreta e eu sanciono a seguinte Lei:

CAPÍTULO I
DO OBJETO

Art. 1º Esta Lei dispõe sobre a facilitação para abertura de empresas, sobre a proteção de acionistas minoritários, sobre a facilitação do comércio exterior, sobre o Sistema Integrado de Recuperação de Ativos (Sira), sobre as cobranças realizadas pelos conselhos profissionais, sobre a profissão de tradutor e intérprete público, sobre a obtenção de eletricidade, sobre a desburocratização societária e de atos processuais e a prescrição intercorrente na Lei nº 10.406, de 10 de janeiro de 2002 (Código Civil).

CAPÍTULO II
DA FACILITAÇÃO PARA ABERTURA DE EMPRESAS

Art. 2º A Lei nº 11.598, de 3 de dezembro de 2007, passa a vigorar com as seguintes alterações:

"Art. 2º ....

....

§ 1º A Redesim será administrada pelo Comitê para Gestão da Rede Nacional para Simplificação do Registro e da Legalização de Empresas e Negócios (CGSIM), presidido por representante indicado pelo Ministro de Estado da Economia, nos termos de regulamento.

§ 2º A composição, a estrutura e o funcionamento do CGSIM serão definidos em regulamento, que contemplará representação dos órgãos e das entidades envolvidos no processo de registro e de legalização de empresários, incluídos produtores rurais estabelecidos como pessoas físicas, e de pessoas jurídicas e no processo de licenciamento e de autorizações de funcionamento.

§ 3º A plataforma tecnológica de integração do processo relativa à Redesim poderá abranger produtos artesanais alimentícios, inclusive de origem animal ou vegetal, e as obras de construção civil, de empresários e de pessoas jurídicas." (NR)

"Art. 4º Os órgãos e as entidades envolvidos no processo de registro e de legalização de empresas, no âmbito de suas competências, deverão manter à disposição dos usuários, de forma gratuita, por meio presencial e da internet, ficha cadastral simplificada, da qual constem os dados atualizados da empresa, bem como informações, orientações e instrumentos que permitam pesquisas prévias sobre as etapas de registro ou de inscrição, de alteração e de baixa de empresários, incluídos produtores rurais estabelecidos como pessoas físicas, e de pessoas jurídicas e de licenciamento e de autorizações de funcionamento, de modo a fornecer ao usuário clareza quanto à documentação exigível e à viabilidade locacional, de nome empresarial, de registro, de licenciamento ou de inscrição.

§ 1º (Revogado).

I - (revogado);

II - (revogado);

III - (revogado).

§ 2º (Revogado).

§ 3º (Revogado).

§ 4º (Revogado).

....

....................." (NR)

"Art. 5º-A Resolução do CGSIM disporá sobre a classificação de risco das atividades, válida para todos os integrantes da Redesim, a ser observada na ausência de legislação estadual, distrital ou municipal específica, sem prejuízo do disposto no § 1º do art. 3º da Lei nº 13.874, de 20 de setembro de 2019, e observado o disposto no § 5º do art. 4º desta Lei.

§ 1º Na hipótese de sobrevir legislação estadual, distrital ou municipal específica que disponha sobre a classificação de atividades, o ente federativo que editar a norma específica informará a alteração realizada ao CGSIM.

§ 2º As licenças, os alvarás e os demais atos públicos de liberação serão considerados válidos até o cancelamento ou a cassação por meio de ato posterior, caso seja constatado o descumprimento de requisitos ou de condições, vedada a atribuição de prazo de vigência por tempo indeterminado."

"Art. 6º-A Sem prejuízo do disposto no inciso I do caput do art. 3º da Lei nº 13.874, de 20 de setembro de 2019, nos casos em que o grau de risco da atividade seja considerado médio, na forma prevista no art. 5º-A desta Lei, o alvará de funcionamento e as licenças serão emitidos automaticamente, sem análise humana, por intermédio de sistema responsável pela integração dos órgãos e das entidades de registro, nos termos estabelecidos em resolução do CGSIM. (Vide ADI 6808)

§ 1º O alvará de funcionamento será emitido com a assinatura de termo de ciência e responsabilidade do empresário, sócio ou responsável legal pela sociedade, que firmará compromisso, sob as penas da lei, de observar os requisitos exigidos para o funcionamento e o exercício das atividades econômicas constantes do objeto social, para efeito de cumprimento das normas de segurança sanitária, ambientais e de prevenção contra incêndio.

§ 2º Do termo de ciência e responsabilidade constarão informações sobre as exigências que deverão ser cumpridas antes do início da atividade empresarial.

§ 3º O CGSIM comunicará ao responsável pela integração nos Estados e no Distrito Federal sobre o recebimento de classificação própria prevista em legislação estadual, distrital ou municipal específica, caso em que o sistema aplicará a classificação respectiva e não a estabelecida pelo CGSIM na forma prevista no caput do art. 5º-A desta Lei.

§ 4º A emissão automática de que trata o caput deste artigo não obsta a fiscalização pelos órgãos ou pelas entidades estaduais, distritais ou municipais competentes.

§ 5º A assinatura de termo de ciência e responsabilidade do empresário, sócio ou responsável legal pela sociedade, referido no § 1º deste artigo, poderá ser realizada eletronicamente mediante o uso de assinaturas eletrônicas nos termos da Lei nº 14.063, de 23 de setembro de 2020.

§ 6º As disposições deste artigo não afastam as regras de licenças ambientais e outros atos autorizativos previstos na Lei Complementar nº 140, de 8 de dezembro de 2011."

"Art. 11. ....

....

I - promover orientação e informação sobre as etapas e os requisitos para processamento de registro, de inscrição, de alteração e de baixa de pessoas jurídicas ou de empresários;

II - prestar os serviços prévios ao registro e à legalização de empresários e de pessoas jurídicas, incluída a disponibilização de aplicativo de pesquisa on-line e com resposta imediata sobre a existência de nome empresarial idêntico;

III - (revogado);

IV - realizar o registro e as inscrições de empresários e pessoas jurídicas sem estabelecimento físico;

V - prestar serviço de consulta sobre a possibilidade de exercício da atividade empresarial no local indicado para o funcionamento do estabelecimento comercial, no caso de os Municípios disponibilizarem resposta automática e imediata e seguirem as orientações constantes de resolução do CGSIM;

VI - prestar os serviços posteriores ao registro e à legalização, incluída a coleta de informações relativas aos empregados contratados pelo empresário ou pela pessoa jurídica; e

VII - oferecer serviço de pagamento on-line e unificado das taxas e dos preços públicos envolvidos no processo de registro e de legalização de empresas.

Parágrafo único. O sistema mencionado no caput deste artigo deverá contemplar o conjunto de ações a cargo dos órgãos e das entidades federais, estaduais, distritais e municipais, observado o disposto no art. 2º desta Lei." (NR)

"Art. 11-A. Não poderão ser exigidos, no processo de registro de empresários, incluídos produtores rurais estabelecidos como pessoas físicas, e de pessoas jurídicas realizado pela Redesim:

I - quaisquer outros números de identificação além do Cadastro Nacional da Pessoa Jurídica (CNPJ), número de identificação cadastral única, nos termos do inciso III do caput do art. 8º da Lei Complementar nº 123, de 14 de dezembro de 2006;

II - dados ou informações que constem da base de dados do governo federal;

III - coletas adicionais à realizada no âmbito do sistema responsável pela integração, a qual deverá ser suficiente para a realização do registro e das inscrições, inclusive no CNPJ, e para a emissão das licenças e dos alvarás para o funcionamento do empresário ou da pessoa jurídica. (Vide ADI 6808)

§ 1º Para os fins de implementação do disposto no inciso I do caput deste artigo, os respectivos entes federativos deverão adaptar seus sistemas, de modo que o CNPJ seja o único identificador cadastral.

§ 2º A inscrição no CNPJ, a partir dos dados informados no sistema responsável pela integração nos Estados, elimina a necessidade de coleta de dados adicionais pelos Estados e pelos Municípios para emissão de inscrições fiscais, devendo o sistema federal compartilhar os dados coletados com os órgãos estaduais e municipais.

§ 3º Os dados coletados para inscrições e para licenças deverão ser previamente aprovados pelo CGSIM."

"Art. 14. ....

....

Parágrafo único ....

....

....

....

III - promover a unificação da identificação nacional cadastral única, correspondente ao número da inscrição no CNPJ." (NR)

"Art. 16-A. O CGSIM poderá instituir outras iniciativas de integração entre União, Distrito Federal, Estados e Municípios, que visem à facilitação do ambiente de negócios no exercício de competências e de atuações que envolvam os entes federativos.

§ 1º O CGSIM poderá instituir a obrigatoriedade da adesão à iniciativa de integração referida no caput deste artigo para os membros da Redesim.

§ 2º O CGSIM poderá instituir a adesão condicionada ou tácita, decorrente de não manifestação de contrariedade, à iniciativa de integração referida no caput deste artigo para os entes que não sejam membros da Redesim, caso a iniciativa recaia em matérias sobre as quais a União tenha competência privativa ou concorrente para legislar, na forma dos arts. 22 e 24 da Constituição Federal."

Art. 3º A Lei nº 8.934, de 18 de novembro de 1994, passa a vigorar com as seguintes alterações:

"Art. 4º ....

....

....

....

IX – (VETADO);

X - instruir, examinar e encaminhar os pedidos de autorização para nacionalização ou instalação de filial, de agência, de sucursal ou de estabelecimento no País por sociedade estrangeira, ressalvada a competência de outros órgãos federais;

....

....

XII - apoiar a articulação e a supervisão dos órgãos e das entidades envolvidos na integração para o registro e a legalização de empresas;

XIII - quanto à integração para o registro e a legalização de empresas:

a) propor planos de ação e diretrizes e implementar as medidas deles decorrentes, em articulação com outros órgãos e entidades públicas, inclusive estaduais, distritais e municipais;

b) (VETADO);

c) (VETADO); e

d) propor e implementar projetos, ações, convênios e programas de cooperação, em articulação com órgãos e com entidades públicas e privadas, nacionais e estrangeiras, no âmbito de sua área de competência;

XIV - quanto ao Registro Público de Empresas Mercantis e Atividades Afins, propor os planos de ação, as diretrizes e as normas e implementar as medidas necessárias;

XV - coordenar as ações dos órgãos incumbidos da execução dos serviços do Registro Público de Empresas Mercantis e Atividades Afins;

XVI - especificar, desenvolver, implementar, manter e operar os sistemas de informação relativos à integração para o registro e para a legalização de empresas, em articulação com outros órgãos e observadas as competências destes; e

XVII - propor, implementar e monitorar medidas relacionadas com a desburocratização do registro público de empresas e destinadas à melhoria do ambiente de negócios no País.

....

.........." (NR)

"Art. 35. ....

....

....

....

III - os atos constitutivos de empresas mercantis que, além das cláusulas exigidas em lei, não designarem o respectivo capital e a declaração de seu objeto, cuja indicação no nome empresarial é facultativa;

IV - (revogado);

V - os atos de empresas mercantis com nome idêntico a outro já existente;

....

....

§ 1º ....

....

§ 2º Eventuais casos de confronto entre nomes empresariais por semelhança poderão ser questionados pelos interessados, a qualquer tempo, por meio de recurso ao Drei." (NR)

"Art. 35-A. O empresário ou a pessoa jurídica poderá optar por utilizar o número de inscrição no Cadastro Nacional da Pessoa Jurídica (CNPJ) como nome empresarial, seguido da partícula identificadora do tipo societário ou jurídico, quando exigida por lei."

"Art. 37. ....

....

....

....

III - a ficha cadastral padronizada, que deverá seguir o modelo aprovado pelo Drei, a qual incluirá, no mínimo, as informações sobre os seus titulares e administradores, bem como sobre a forma de representação da empresa mercantil;

....

......" (NR)

"Art. 56. Os documentos arquivados pelas juntas comerciais não serão retirados, em qualquer hipótese, de suas dependências, ressalvado o disposto no art. 57 desta Lei." (NR)

"Art. 57. Quaisquer atos e documentos, após microfilmados ou preservada a sua imagem por meios tecnológicos mais avançados, poderão ser eliminados pelas juntas comerciais, conforme disposto em regulamento.

Parágrafo único. Antes da eliminação prevista no caput deste artigo, será concedido o prazo de 30 (trinta) dias para os acionistas, os diretores e os procuradores das empresas ou outros interessados retirarem, facultativamente, a documentação original, sem qualquer custo." (NR)

"Art. 63. Os atos levados a arquivamento nas juntas comerciais são dispensados de reconhecimento de firma.

....

...." (NR)

"Art. 64. A certidão dos atos de constituição e de alteração de empresários individuais e de sociedades mercantis, fornecida pelas juntas comerciais em que foram arquivados, será o documento hábil para a transferência, por transcrição no registro público competente, dos bens com que o subscritor tiver contribuído para a formação ou para o aumento do capital." (NR)

Art. 4º Os órgãos, as entidades e as autoridades competentes disporão do prazo de 60 (sessenta) dias, contado da data de publicação desta Lei, para se adequar às alterações promovidas na Lei nº 11.598, de 3 de dezembro de 2007, de que trata o art. 2º desta Lei.

§ 1º Compete ao Ministério da Economia notificar os órgãos, as entidades e as autoridades competentes quanto às alterações promovidas na Lei nº 11.598, de 3 de dezembro de 2007, no prazo de 5 (cinco) dias úteis, contado da data de publicação desta Lei.

§ 2º Será assegurado aos Municípios o direito de denunciar, a qualquer tempo, a sua adesão à Rede Nacional para Simplificação do Registro e da Legalização de Empresas e Negócios (Redesim) por meio do consórcio de que trata o art. 2º da Lei nº 11.598, de 3 de dezembro de 2007.

§ 3º Será assegurado aos integradores estaduais o direito de solicitar a sua substituição por outro órgão ao Comitê para Gestão da Rede Nacional para Simplificação do Registro e da Legalização de Empresas e Negócios (CGSIM), no prazo de 30 (trinta) dias, contado da data de publicação desta Lei.

§ 4º Na hipótese prevista no § 3º deste artigo ou de descumprimento das normas da Redesim pelo integrador estadual, o CGSIM definirá o órgão que assumirá a função de integrador estadual.

CAPÍTULO III
DA PROTEÇÃO DE ACIONISTAS MINORITÁRIOS

Art. 5º A Lei nº 6.404, de 15 de dezembro de 1976, passa a vigorar com as seguintes alterações:

"Art. 15. ....

§ 1º As ações ordinárias e preferenciais poderão ser de uma ou mais classes, observado, no caso das ordinárias, o disposto nos arts. 16, 16-A e 110-A desta Lei.

....

......" (NR)

"Art. 16. ....

....

IV - atribuição de voto plural a uma ou mais classes de ações, observados o limite e as condições dispostos no art. 110-A desta Lei.

Parágrafo único. A alteração do estatuto na parte em que regula a diversidade de classes, se não for expressamente prevista e regulada, requererá a concordância de todos os titulares das ações atingidas." (NR)

"Art. 16-A. Na companhia aberta, é vedada a manutenção de mais de uma classe de ações ordinárias, ressalvada a adoção do voto plural nos termos e nas condições dispostos no art. 110-A desta Lei."

"Art. 100. ....

....

§ 3º Nas companhias fechadas, os livros referidos nos incisos I, II, III, IV e V do caput deste artigo poderão ser substituídos por registros mecanizados ou eletrônicos, nos termos do regulamento." (NR)

"Art. 110-A. É admitida a criação de uma ou mais classes de ações ordinárias com atribuição de voto plural, não superior a 10 (dez) votos por ação ordinária:

I - na companhia fechada; e

II - na companhia aberta, desde que a criação da classe ocorra previamente à negociação de quaisquer ações ou valores mobiliários conversíveis em ações de sua emissão em mercados organizados de valores mobiliários.

§ 1º A criação de classe de ações ordinárias com atribuição do voto plural depende do voto favorável de acionistas que representem:

I - metade, no mínimo, do total de votos conferidos pelas ações com direito a voto; e

II - metade, no mínimo, das ações preferenciais sem direito a voto ou com voto restrito, se emitidas, reunidas em assembleia especial convocada e instalada com as formalidades desta Lei.

§ 2º Nas deliberações de que trata o § 1º deste artigo, será assegurado aos acionistas dissidentes o direito de se retirarem da companhia mediante reembolso do valor de suas ações nos termos do art. 45 desta Lei, salvo se a criação da classe de ações ordinárias com atribuição de voto plural já estiver prevista ou autorizada pelo estatuto.

§ 3º O estatuto social da companhia, aberta ou fechada, nos termos dos incisos I e II do caput deste artigo, poderá exigir quórum maior para as deliberações de que trata o § 1º deste artigo.

§ 4º A listagem de companhias que adotem voto plural e a admissão de valores mobiliários de sua emissão em segmento de listagem de mercados organizados sujeitar-se-ão à observância das regras editadas pelas respectivas entidades administradoras, que deverão dar transparência sobre a condição de tais companhias abertas.

§ 5º Após o início da negociação das ações ou dos valores mobiliários conversíveis em ações em mercados organizados de valores mobiliários, é vedada a alteração das características de classe de ações ordinárias com atribuição de voto plural, exceto para reduzir os respectivos direitos ou vantagens.

§ 6º É facultado aos acionistas estipular no estatuto social o fim da vigência do voto plural condicionado a um evento ou a termo, observado o disposto nos §§ 7º e 8º deste artigo.

§ 7º O voto plural atribuído às ações ordinárias terá prazo de vigência inicial de até 7 (sete) anos, prorrogável por qualquer prazo, desde que:

I - seja observado o disposto nos §§ 1º e 3º deste artigo para a aprovação da prorrogação;

II - sejam excluídos das votações os titulares de ações da classe cujo voto plural se pretende prorrogar; e

III - seja assegurado aos acionistas dissidentes, nas hipóteses de prorrogação, o direito previsto no § 2º deste artigo.

§ 8º As ações de classe com voto plural serão automaticamente convertidas em ações ordinárias sem voto plural na hipótese de:

I - transferência, a qualquer título, a terceiros, exceto nos casos em que:

a) o alienante permanecer indiretamente como único titular de tais ações e no controle dos direitos políticos por elas conferidos;

b) o terceiro for titular da mesma classe de ações com voto plural a ele alienadas; ou

c) a transferência ocorrer no regime de titularidade fiduciária para fins de constituição do depósito centralizado; ou

II - o contrato ou acordo de acionistas, entre titulares de ações com voto plural e acionistas que não sejam titulares de ações com voto plural, dispor sobre exercício conjunto do direito de voto.

§ 9º Quando a lei expressamente indicar quóruns com base em percentual de ações ou do capital social, sem menção ao número de votos conferidos pelas ações, o cálculo respectivo deverá desconsiderar a pluralidade de voto.

§ 10. (VETADO).

§ 11. São vedadas as operações:

I - de incorporação, de incorporação de ações e de fusão de companhia aberta que não adote voto plural, e cujas ações ou valores mobiliários conversíveis em ações sejam negociados em mercados organizados, em companhia que adote voto plural;

II - de cisão de companhia aberta que não adote voto plural, e cujas ações ou valores mobiliários conversíveis em ações sejam negociados em mercados organizados, para constituição de nova companhia com adoção do voto plural, ou incorporação da parcela cindida em companhia que o adote.

§ 12. Não será adotado o voto plural nas votações pela assembleia de acionistas que deliberarem sobre:

I - a remuneração dos administradores; e

II - a celebração de transações com partes relacionadas que atendam aos critérios de relevância a serem definidos pela Comissão de Valores Mobiliários.

§ 13. O estatuto social deverá estabelecer, além do número de ações de cada espécie e classe em que se divide o capital social, no mínimo:

I - o número de votos atribuído por ação de cada classe de ações ordinárias com direito a voto, respeitado o limite de que trata o caput deste artigo;

II - o prazo de duração do voto plural, observado o limite previsto no § 7º deste artigo, bem como eventual quórum qualificado para deliberar sobre as prorrogações, nos termos do § 3º deste artigo; e

III - se aplicável, outras hipóteses de fim de vigência do voto plural condicionadas a evento ou a termo, além daquelas previstas neste artigo, conforme autorizado pelo § 6º deste artigo.

§ 14. As disposições relativas ao voto plural não se aplicam às empresas públicas, às sociedades de economia mista, às suas subsidiárias e às sociedades controladas direta ou indiretamente pelo poder público."

"Art. 122. ....

....

VIII - deliberar sobre transformação, fusão, incorporação e cisão da companhia, sua dissolução e liquidação, eleger e destituir liquidantes e julgar as suas contas;

IX - autorizar os administradores a confessar falência e a pedir recuperação judicial; e

X - deliberar, quando se tratar de companhias abertas, sobre a celebração de transações com partes relacionadas, a alienação ou a contribuição para outra empresa de ativos, caso o valor da operação corresponda a mais de 50% (cinquenta por cento) do valor dos ativos totais da companhia constantes do último balanço aprovado.

Parágrafo único. Em caso de urgência, a confissão de falência ou o pedido de recuperação judicial poderá ser formulado pelos administradores, com a concordância do acionista controlador, se houver, hipótese em que a assembleia geral será convocada imediatamente para deliberar sobre a matéria." (NR)

"Art. 124. ....

§ 1º ....

....

II - na companhia aberta, com 21 (vinte e um) dias de antecedência, e a segunda convocação com 8 (oito) dias de antecedência.

....

§ 5º ....

....

I - determinar, fundamentadamente, o adiamento de assembleia geral por até 30 (trinta) dias, em caso de insuficiência de informações necessárias para a deliberação, contado o prazo da data em que as informações completas forem colocadas à disposição dos acionistas; e

....

..” (NR)

“Art. 125. Ressalvadas as exceções previstas em lei, a assembleia geral instalar-se-á, em primeira convocação, com a presença de acionistas que representem, no mínimo, 1/4 (um quarto) do total de votos conferidos pelas ações com direito a voto e, em segunda convocação, instalar-se-á com qualquer número.

....

...” (NR)

“Art. 135. A assembleia geral extraordinária que tiver por objeto a reforma do estatuto somente se instalará, em primeira convocação, com a presença de acionistas que representem, no mínimo, 2/3 (dois terços) do total de votos conferidos pelas ações com direito a voto, mas poderá instalar-se, em segunda convocação, com qualquer número.

....

....” (NR)

Art. 6º O *caput* do art. 1º da Lei nº 7.913, de 7 de dezembro de 1989, passa a vigorar com a seguinte alteração:

“Art. 1º Sem prejuízo da ação de indenização do prejudicado, o Ministério Público ou a Comissão de Valores Mobiliários, pelo respectivo órgão de representação judicial, adotará as medidas judiciais necessárias para evitar prejuízos ou para obter ressarcimento de danos causados aos titulares de valores mobiliários e aos investidores do mercado, especialmente quando decorrerem de:

....

.....” (NR)

Art. 7º A Comissão de Valores Mobiliários poderá estabelecer regras de transição para as obrigações decorrentes do disposto neste Capítulo.

CAPÍTULO IV
DA FACILITAÇÃO DO COMÉRCIO EXTERIOR

SEÇÃO I
DAS LICENÇAS, DAS AUTORIZAÇÕES OU DAS EXIGÊNCIAS ADMINISTRATIVAS PARA IMPORTAÇÕES OU PARA EXPORTAÇÕES

Art. 8º Será provida aos importadores, aos exportadores e aos demais intervenientes no comércio exterior solução de guichê único eletrônico por meio do qual possam encaminhar documentos, dados ou informações aos órgãos e às entidades da administração pública federal direta e indireta como condição para a importação ou a exportação de bens a ponto único acessível por meio da internet, bem como acesso às instituições autorizadas a operar no mercado de câmbio, exclusivamente para consulta a tais dados, informações e documentos, desde que autorizadas por seus clientes.

§ 1º O órgão ou a entidade responsável pela exigência administrativa, após a análise dos documentos, dos dados ou das informações recebidos por meio da solução referida no *caput* deste artigo, notificará o demandante do resultado por meio do guichê único eletrônico, nos prazos previstos na legislação.

§ 2º A solução de que trata o *caput* deste artigo deverá:

I – permitir aos importadores, aos exportadores e aos demais intervenientes no comércio exterior, inclusive as instituições autorizadas a operar no mercado de câmbio, conhecer as exigências administrativas impostas por órgãos e por entidades da administração pública federal direta e indireta para a concretização de operações de importação ou de exportação; e

II – atender ao disposto no Artigo 10, parágrafo 4, do Acordo sobre a Facilitação do Comércio anexo ao Protocolo de Emenda ao Acordo Constitutivo da Organização Mundial do Comércio, promulgado pelo Decreto nº 9.326, de 3 de abril de 2018.

§ 3º O recolhimento das taxas impostas por órgãos e por entidades da administração pública federal direta e indireta, em razão do exercício do poder de polícia ou da prestação de serviço público, bem como qualquer outra receita federal relacionada a operações de comércio exterior, ocorrerá por meio de Documento de Arrecadação de Receitas Federais (Darf) em transação financeira eletrônica, preferencialmente em pagamento unificado por meio da solução de guichê único eletrônico a que se refere o *caput* deste artigo.

§ 4º Compete ao Ministério da Economia a gestão da solução de guichê único eletrônico a que se refere o *caput* deste artigo.

§ 5º O acesso de usuários ao guichê único eletrônico a que se refere o *caput* deste artigo ocorrerá nos termos da Lei nº 14.063, de 23 de setembro de 2020.

§ 6º É garantido o livre acesso do cidadão às informações públicas do guichê único eletrônico a que se refere o *caput* deste artigo, atendidos os requisitos de dado acessível ao público conforme definição constante do inciso V do *caput* do art. 4º da Lei nº 14.129, de 29 de março de 2021.

Art. 9º Fica vedado aos órgãos e às entidades da administração pública federal direta e indireta exigir o preenchimento de formulários em papel ou em formato eletrônico ou a apresentação de documentos, de dados ou de informações para a realização de importações ou de exportações por outros meios, distintos da solução de guichê único eletrônico a que se refere o art. 8º desta Lei.

§ 1º O disposto no *caput* deste artigo não se aplica:

I – quando, em razão de circunstâncias técnicas ou operacionais excepcionais relacionadas a determinada exportação ou importação, não for possível o uso da solução de guichê único eletrônico a que se refere o art. 8º desta Lei; e

II – aos procedimentos de habilitação, de registro ou de certificação de estabelecimentos, de produtos ou de processos produtivos relacionados com o comércio doméstico ou de modo análogo a ele.

§ 2º As exigências vigentes na data de publicação desta Lei serão revisadas na forma estabelecida em ato do Poder Executivo federal.

Art. 10. Somente será admitida a imposição de licenças ou de autorizações como requisito para importações ou para exportações em razão de características das mercadorias quando tais restrições estiverem previstas em lei ou em ato normativo editado por órgão ou por entidade competente da administração pública federal.

§ 1º As propostas de edição ou de alteração dos atos normativos a que se refere o *caput* deste artigo serão objeto de consulta pública prévia e da análise de impacto regulatório de que trata a Lei nº 13.874, de 20 de setembro de 2019.

§ 2º O guichê único eletrônico a que se refere o art. 8º desta Lei deverá exibir em seu sítio eletrônico todas as licenças, autorizações ou exigências administrativas, como requisitos a importações ou a exportações, impostas por órgãos e por entidades da administração pública federal direta e indireta, bem como o ato normativo que lhes deu origem.

§ 3º As exigências de que trata o *caput* deste artigo, vigentes na data de publicação desta Lei, serão revisadas na forma estabelecida em ato do Poder Executivo federal.

SEÇÃO II
DO COMÉRCIO EXTERIOR DE SERVIÇOS, DE INTANGÍVEIS E DE OUTRAS OPERAÇÕES QUE PRODUZAM VARIAÇÕES NO PATRIMÔNIO DAS PESSOAS FÍSICAS, DAS PESSOAS JURÍDICAS OU DOS ENTES DESPERSONALIZADOS

Art. 11. A Lei nº 12.546, de 14 de dezembro de 2011, passa a vigorar com as seguintes alterações:

“Art. 25. Os órgãos e as entidades da administração pública federal direta e indireta, ressalvada a Secretaria Especial da Receita Federal do Brasil do Ministério da Economia, compartilharão com a Secretaria Especial de Comércio Exterior e Assuntos Internacionais do Ministério da Economia dados e informações relativos às transações entre residentes ou domiciliados no País e residentes ou domiciliados no exterior que compreendam serviços, intangíveis e outras operações que produzam variações no patrimônio das pessoas físicas, das pessoas jurídicas ou dos entes despersonalizados.

§ 1º O compartilhamento de que trata o caput deste artigo:

I - será realizado nos termos estabelecidos em ato do Poder Executivo federal;

II - (revogado);

III - (revogado);

IV - observará os requisitos de sigilo e segurança da informação previstos em lei;

V - poderá abranger dados e informações obtidos:

a) no cumprimento de obrigações tributárias acessórias;

b) na realização de operações no mercado de câmbio; e

c) em pesquisas realizadas para produção, análise e disseminação de informações de natureza estatística; e

VI - observará o disposto na Lei nº 13.709, de 14 de agosto de 2018.

§ 2º (Revogado).

§ 3º (Revogado).

I - (revogado);

II - (revogado);

III - (revogado).

§ 4º (Revogado).

I - (revogado);

II - (revogado).

§ 5º (Revogado).

§ 6º (Revogado).

§ 7º Ato conjunto do Ministro de Estado da Economia e do dirigente máximo do órgão ou da entidade da administração pública federal direta e indireta que detiver os dados e as informações estabelecerá as regras complementares para o compartilhamento de que trata o caput deste artigo." (NR)

"Art. 26. Os dados e as informações de que trata o art. 25 desta Lei serão utilizados pela Secretaria Especial de Comércio Exterior e Assuntos Internacionais do Ministério da Economia para a elaboração e a compilação de dados estatísticos e para o exercício de outras competências institucionais definidas em ato do Poder Executivo federal.

§ 1º (Revogado).

§ 2º (Revogado).

§ 3º (Revogado).

§ 4º (Revogado)." (NR)

"Art. 27. Ato do Ministro de Estado da Economia estabelecerá normas complementares ao cumprimento do disposto nos arts. 24, 25 e 26 desta Lei." (NR)

SEÇÃO III
DA ORIGEM NÃO PREFERENCIAL

Art. 12. A Lei nº 12.546, de 14 de dezembro de 2011, passa a vigorar com as seguintes alterações:

"Art. 29. As investigações de defesa comercial sob a competência da Secretaria de Comércio Exterior da Secretaria Especial de Comércio Exterior e Assuntos Internacionais do Ministério da Economia serão baseadas na origem declarada do produto.

....

....." (NR)

"Art. 31. ....

....

§ 1º ....

....

I - ....

....

....

....

h) mercadorias obtidas por pessoa jurídica de país do leito do mar ou do subsolo marinho, sempre que o país tenha direitos para explorar esse fundo do mar ou subsolo marinho;

i) bens obtidos no espaço extraterrestre, sempre que sejam obtidos por pessoa jurídica ou por pessoa natural do país; e

j) mercadorias produzidas exclusivamente com materiais listados nas alíneas a a i deste inciso;

....

....

§ 2º Entende-se ter passado por transformação substancial, para fins do disposto nos arts. 28 a 45 desta Lei:

I - o produto em cuja elaboração tenham sido utilizados materiais não originários do país, quando resultante de processo de transformação que lhe confira uma nova individualidade, caracterizada pelo fato de estar classificado em posição tarifária, identificada pelos primeiros quatro dígitos do Sistema Harmonizado de Designação e de Codificação de Mercadorias, diferente da posição dos mencionados materiais, ressalvado o disposto no § 3º deste artigo; ou

II - o produto em cuja elaboração tenham sido utilizados materiais não originários do país, quando o valor aduaneiro desses materiais não exceder 50% (cinquenta por cento) do valor Free on Board (FOB) do produto, ressalvado o disposto no § 3º deste artigo.

§ 3º Não será considerado originário do país exportador o produto resultante de operação ou de processo efetuado no seu território pelo qual adquira a forma final em que será comercializado quando, na operação ou no processo, for utilizado material não originário do país e consista apenas em montagem, embalagem, fracionamento em lotes ou volumes, seleção, classificação, marcação, composição de sortimentos de mercadorias ou simples diluições em água ou outra substância que não altere as características do produto como originário ou outras operações ou processos equivalentes, ainda que esses resultem no cumprimento do disposto no § 2º deste artigo ou em outros critérios estabelecidos pelo Poder Executivo federal na forma do disposto no art. 32 desta Lei.

§ 4º Caso não sejam atendidos os requisitos referidos no § 2º deste artigo, o produto será considerado originário do país de origem dos materiais que representem a maior participação no valor FOB." (NR)

"Art. 34. ....

....

....

....

V - ao índice de materiais não originários utilizados na obtenção do produto.

§ 1º A apresentação das informações a que se refere o caput deste artigo não exclui a possibilidade de realização de diligência ou de fiscalização nos estabelecimentos do produtor estrangeiro, do importador ou do exportador.

....

....

§ 3º Na hipótese de o produtor estrangeiro, o exportador ou o importador negarem acesso às informações referidas neste artigo, não as fornecerem tempestivamente ou criarem obstáculos ao procedimento de verificação de origem não preferencial, a mercadoria será presumida como originária do país gravado com a medida de defesa comercial que motivou a abertura de investigação de origem não preferencial." (NR)

"Art. 36. Compete à Secretaria de Comércio Exterior da Secretaria Especial de Comércio Exterior e Assuntos Internacionais do Ministério da Economia realizar a verificação de origem não preferencial, por meio da apresentação de denúncia ou de ofício, quando houver indícios da não observância ao disposto nos arts. 31, 32 e 34 desta Lei.

§ 1º Iniciado o procedimento de verificação de origem não preferencial, o produtor estrangeiro será notificado para a apresentação das informações de que trata o art. 34 desta Lei.

§ 2º A origem determinada pela Secretaria de Comércio Exterior da Secretaria Especial de Comércio Exterior e Assuntos Internacionais do Ministério da Economia com a conclusão do procedimento de verificação de origem não preferencial será aplicada a todas as importações de mercadorias idênticas do mesmo exportador ou produtor.

§ 3º A Secretaria de Comércio Exterior da Secretaria Especial de Comércio Exterior e Assuntos Internacionais do Ministério da Economia poderá rever a origem a que se refere o § 2º deste artigo por meio da apresentação, por parte do interessado, das informações referidas no art. 34 desta Lei, de modo a demonstrar o atendimento às regras de origem não preferenciais a que se referem os arts. 31 e 32 desta Lei." (NR)

"Art. 40. ....

....

§ 1º ....

....

§ 2º Na hipótese de restrição quantitativa relativa à aplicação de cotas, a devolução ao exterior estará limitada ao que exceder a cota." (NR)

CAPÍTULO V
DO SISTEMA INTEGRADO DE RECUPERAÇÃO DE ATIVOS

Art. 13. Fica o Poder Executivo federal autorizado a instituir, sob a governança da Procuradoria-Geral da Fazenda Nacional, o Sistema Integrado de Recuperação de Ativos (Sira), constituído de um conjunto de instrumentos, mecanismos e iniciativas destinados a facilitar a identificação e a localização de bens e de devedores, bem como a constrição e a alienação de ativos.

Art. 14. São objetivos do Sira:

I – promover o desenvolvimento nacional e o bem-estar social por meio da redução dos custos de transação de concessão de créditos mediante aumento do índice de efetividade das ações que envolvam a recuperação de ativos;

II – conferir efetividade às decisões judiciais que visem à satisfação das obrigações de qualquer natureza, em âmbito nacional;

III – reunir dados cadastrais, relacionamentos e bases patrimoniais de pessoas físicas e jurídicas para subsidiar a tomada de decisão, no âmbito de processo judicial em que seja demandada a recuperação de créditos públicos ou privados;

IV – fornecer aos usuários, conforme os respectivos níveis de acesso, os dados cadastrais, os relacionamentos e as bases patrimoniais das pessoas requisitadas, de forma estruturada e organizada; e

V – garantir, com a quantidade, a qualidade e a tempestividade necessárias, os insumos de dados e informações relevantes para a recuperação de créditos públicos ou privados.

Parágrafo único. O Sira zelará pela liberdade de acesso, de uso e de gerenciamento dos dados pelo seu titular, na forma do art. 9º da Lei nº 13.709, de 14 de agosto de 2018, e obedecerá ao regime geral de proteção de dados aplicável.

Art. 15. São princípios do Sira:

I – melhoria da efetividade e eficiência das ações de recuperação de ativos;

II – promoção da transformação digital e estímulo ao uso de soluções tecnológicas na recuperação de créditos públicos e privados;

III – racionalização e sustentabilidade econômico-financeira das soluções de tecnologia da informação e comunicação de dados, permitida a atribuição aos usuários, quando houver, dos custos de operacionalização do serviço, na forma prevista em regulamento;

IV – respeito à privacidade, à inviolabilidade da intimidade, da honra e da imagem das pessoas e às instituições, na forma prevista em lei; e

V – ampla interoperabilidade e integração com os demais sistemas semelhantes, em especial aqueles utilizados pelo Poder Judiciário, de forma a subsidiar a tomada de decisão, bem como de racionalizar e permitir o cumprimento eficaz de ordens judiciais relacionadas à recuperação de ativos.

Art. 16. Ato do Presidente da República disporá sobre:

I – as regras e as diretrizes para o compartilhamento de dados e informações, observado que, para usuários privados, apenas poderão ser fornecidos dados públicos não sujeitos a nenhuma restrição de acesso;

II – a relação nominal das bases mínimas que comporão o Sira;

III – a periodicidade com que a Procuradoria-Geral da Fazenda Nacional apresentará ao Ministério da Economia e ao Conselho Nacional de Justiça relatório sobre as bases geridas e integradas;

IV – o procedimento administrativo para o exercício, na forma prevista em lei, do poder de requisição das informações contidas em bancos de dados geridos por órgãos e por entidades públicos e privados e o prazo para o atendimento da requisição, sem prejuízo da celebração de acordos de cooperação, de convênios e de ajustes de qualquer natureza, quando necessário;

V – a forma de sustentação econômico-financeira do Sira; e

VI – as demais competências da Procuradoria-Geral da Fazenda Nacional e do órgão central de tecnologia da informação no âmbito do Sira.

Art. 17. Fica o Poder Executivo federal autorizado a instituir, sob governança da Procuradoria-Geral da Fazenda Nacional, o Cadastro Fiscal Positivo, com o objetivo de:

I – criar condições para construção permanente de um ambiente de confiança entre os contribuintes e a administração tributária federal;

II – garantir a previsibilidade das ações da Procuradoria-Geral da Fazenda Nacional em face dos contribuintes inscritos no referido cadastro;

III – criar condições para solução consensual dos conflitos tributários, com incentivo à redução da litigiosidade;

IV – reduzir os custos de conformidade em relação aos créditos inscritos em dívida ativa da União e à situação fiscal do contribuinte, a partir das informações constantes do Sira;

V – tornar mais eficientes a gestão de risco dos contribuintes inscritos no referido cadastro e a realização de negócios jurídicos processuais;

VI – melhorar a compreensão das atividades empresariais e dos gargalos fiscais.

Parágrafo único. A Procuradoria-Geral da Fazenda Nacional poderá estabelecer convênio com Estados, com Municípios e com o Distrito Federal para compartilhamento de informações que contribuam para a formação do Cadastro Fiscal Positivo.

Art. 18. Compete ao Procurador-Geral da Fazenda Nacional regulamentar o Cadastro Fiscal Positivo, o qual poderá dispor sobre atendimento, sobre concessões inerentes a garantias, sobre prazos para apreciação de requerimentos, sobre recursos e demais solicitações do contribuinte, sobre cumprimento de obrigações perante a Procuradoria-Geral da Fazendo Nacional e sobre atos de cobrança administrativa ou judicial, especialmente:

I – criação de canais de atendimento diferenciado, inclusive para recebimento de pedidos de transação no contencioso judicial ou na cobrança da dívida ativa da União, nos termos da Lei nº 13.988, de 14 de abril de 2020, ou para esclarecimento sobre esses pedidos;

II – flexibilização das regras para aceitação ou para substituição de garantias, inclusive sobre a possibilidade de substituição de depósito judicial por seguro-garantia ou por outras garantias baseadas na capacidade de geração de resultados dos contribuintes;

III – possibilidade de antecipar a oferta de garantias para regularização de débitos futuros;

IV – execução de garantias em execução fiscal somente após o trânsito em julgado da discussão judicial relativa ao título executado.

Parágrafo único. Será conferido, exclusivamente ao contribuinte, mediante solicitação, acesso aos dados próprios, relacionados ao seu enquadramento no Cadastro Fiscal Positivo.

Art. 19. A Lei nº 9.430, de 27 de dezembro de 1996, passa a vigorar com as seguintes alterações:

"Art. 80. As inscrições no Cadastro Nacional da Pessoa Jurídica (CNPJ) serão suspensas quando se enquadrarem nas hipóteses de suspensão definidas pela Secretaria Especial da Receita Federal do Brasil.

§ 1º (Revogado).

I - (revogado);

II - (revogado).

§ 2º (Revogado).

§ 3º (Revogado).

§ 4º (Revogado)." (NR)

"Art. 81. As inscrições no CNPJ serão declaradas inaptas, nos termos e nas condições definidos pela Secretaria Especial da Receita Federal do Brasil, quando a pessoa jurídica:

I - deixar de apresentar obrigações acessórias, por, no mínimo, 90 (noventa) dias a contar da omissão;

II - não comprovar a origem, a disponibilidade e a efetiva transferência, se for o caso, dos recursos empregados em operações de comércio exterior;

III - for inexistente de fato, assim considerada a entidade que:

a) não dispuser de patrimônio ou de capacidade operacional necessários à realização de seu objeto, inclusive a que não comprovar o capital social integralizado;

b) não for localizada no endereço informado no CNPJ;

c) quando intimado, o seu representante legal:

1. não for localizado ou alegar falsidade ou simulação de sua participação na referida entidade ou não comprovar legitimidade para representá-la; ou
2. não indicar, depois de intimado, seu novo domicílio tributário;

d) for domiciliada no exterior e não tiver indicado seu procurador ou seu representante legalmente constituído no CNPJ ou, se indicado, não tiver sido localizado; ou

e) encontrar-se com as atividades paralisadas, salvo quando a paralisação for comunicada;

IV - realizar operações de terceiros, com intuito de acobertar seus reais beneficiários;

V - tiver participado, segundo evidências, de organização constituída com o propósito de não recolher tributos ou de burlar os mecanismos de cobrança de débitos fiscais, inclusive por meio de emissão de documentos fiscais que relatem operações fictícias ou cessão de créditos inexistentes ou de terceiros;

VI - tiver sido constituída, segundo evidências, para a prática de fraude fiscal estruturada, inclusive em proveito de terceiras empresas; ou

VII - encontrar-se suspensa por no, mínimo, 1 (um) ano.

§ 1º (Revogado).

§ 2º Para fins do disposto no inciso II do caput deste artigo, a comprovação da origem de recursos provenientes do exterior dar-se-á mediante, cumulativamente:

....

§ 5º (Revogado)." (NR)

"Art. 81-A. As inscrições no CNPJ serão declaradas baixadas após 180 (cento e oitenta) dias contados da declaração de inaptidão.

§ 1º Poderão ainda ter a inscrição no CNPJ baixada as pessoas jurídicas que estejam extintas, canceladas ou baixadas nos respectivos órgãos de registro.

§ 2º O ato de baixa da inscrição no CNPJ não impede que, posteriormente, sejam lançados ou cobrados os débitos de natureza tributária da pessoa jurídica.

§ 3º Mediante solicitação da pessoa jurídica, poderá ser restabelecida a inscrição no CNPJ, observados os termos e as condições definidos pela Secretaria Especial da Receita Federal do Brasil."

"Art. 82. Além das demais hipóteses de inidoneidade de documentos previstas na legislação, não produzirá efeitos tributários em favor de terceiros interessados o documento emitido por pessoa jurídica cuja inscrição no CNPJ tenha sido considerada ou declarada inapta.

...." (NR)

Art. 20. A Lei nº 10.522, de 19 de julho de 2002, passa a vigorar com as seguintes alterações:

"Art. 3º As informações fornecidas pelos órgãos e pelas entidades integrantes do

Cadin serão centralizadas em um sistema de informações gerido pela Procuradoria-Geral da Fazenda Nacional, e será de sua atribuição a expedição de orientações de natureza normativa, inclusive quanto ao disciplinamento das respectivas inclusões e exclusões no sistema.

....

......" (NR)

"Art. 19-C. A Procuradoria-Geral da Fazenda Nacional poderá dispensar a prática de atos processuais, inclusive poderá desistir de recursos interpostos, e autorizar a realização de acordos em fase de cumprimento de sentença, a fim de atender a critérios de racionalidade, de economicidade e de eficiência.

....

......" (NR)

"Art. 19-F. A Procuradoria-Geral da Fazenda Nacional poderá contratar, por meio de processo licitatório ou credenciamento, serviços de terceiros para auxiliar sua atividade de cobrança.

§ 1º Os serviços referidos no caput deste artigo restringem-se à execução de atos relacionados à cobrança administrativa da dívida ativa que prescindam da utilização de informações protegidas por sigilo fiscal, tais como o contato com os devedores por via telefônica ou por meios digitais, e à administração de bens oferecidos em garantia administrativa ou judicial ou penhorados em execuções fiscais, incluídas atividades de depósito, de guarda, de transporte, de conservação e de alienação desses bens.

§ 2º O órgão responsável, no âmbito de suas competências, deverá regulamentar o disposto neste artigo e definir os requisitos para contratação ou credenciamento, os critérios para seleção das dívidas, o valor máximo admissível e a forma de remuneração do contratado, que poderá ser por taxa de êxito, desde que demonstrada a sua maior adequação ao interesse público e às práticas usuais de mercado."

CAPÍTULO VI
DAS COBRANÇAS REALIZADAS POR CONSELHOS PROFISSIONAIS

Art. 21. A Lei nº 12.514, de 28 de outubro de 2011, passa a vigorar com as seguintes alterações:

"Art. 4º ....

....

Parágrafo único. O inadimplemento ou o atraso no pagamento das anuidades previstas no inciso II do caput deste artigo não ensejará a suspensão do registro ou o impedimento de exercício da profissão." (NR)

"Art. 7º Os Conselhos poderão, nos termos e nos limites de norma do respectivo Conselho Federal, independentemente do disposto no art. 8º desta Lei e sem renunciar ao valor devido, deixar de cobrar:

I - administrativamente, os valores definidos como irrisórios; ou

II - judicialmente, os valores considerados irrecuperáveis, de difícil recuperação ou com custo de cobrança superior ao valor devido." (NR)

"Art. 8º Os Conselhos não executarão judicialmente dívidas, de quaisquer das origens previstas no art. 4º desta Lei, com valor total inferior a 5 (cinco) vezes o constante do inciso I do caput do art. 6º desta Lei, observado o disposto no seu § 1º.

§ 1º O disposto no caput deste artigo não obsta ou limita a realização de medidas administrativas de cobrança, tais como a notificação extrajudicial, a inclusão em cadastros de inadimplentes e o protesto de certidões de dívida ativa.

§ 2º Os executivos fiscais de valor inferior ao previsto no caput deste artigo serão arquivados, sem baixa na distribuição das execuções fiscais, sem prejuízo do disposto no art. 40 da Lei nº 6.830, de 22 de setembro de 1980." (NR)

CAPÍTULO VII
DA PROFISSÃO DE TRADUTOR E INTÉRPRETE PÚBLICO

Art. 22. São requisitos para o exercício da profissão de tradutor e intérprete público:

I – ter capacidade civil;

II – ter formação em curso superior completo em qualquer área do conhecimento;

III – ser brasileiro ou estrangeiro residente no País;

IV – ser aprovado em concurso para aferição de aptidão;

V – não estar enquadrado nas hipóteses de inelegibilidade previstas na alínea e do inciso I do *caput* do art. 1º da Lei Complementar nº 64, de 18 de maio de 1990; e

VI – ter registro na junta comercial do local de seu domicílio ou de atuação mais frequente.

Parágrafo único. A exigência do concurso previsto no inciso IV do *caput* deste artigo poderá ser dispensada àqueles que obtiverem grau de excelência em exames nacionais e internacionais de proficiência, nos termos do regulamento do Departamento Nacional de Registro Empresarial e Integração da Secretaria de Governo Digital da Secretaria Especial de Desburocratização, Gestão e Governo Digital do Ministério da Economia.

Art. 23. O tradutor e intérprete público poderá habilitar-se e registrar-se para um ou mais idiomas estrangeiros ou, ainda, em Língua Brasileira de Sinais (Libras).

Art. 24. O cumprimento do disposto no art. 22 desta Lei habilita o tradutor e intérprete público a atuar em qualquer Estado e no Distrito Federal e a manter inscrição apenas no local de seu domicílio ou de atuação mais frequente.

Art. 25. O concurso para aferição de aptidão de que trata o inciso IV do *caput* do art. 22 desta Lei:

I – será válido por prazo indefinido;

II – incluirá prova escrita e prova oral, com simulação de interpretação consecutiva, para avaliar a compreensão das sutilezas e das dificuldades de cada um dos idiomas;

III – será organizado nacionalmente pelo Departamento Nacional de Registro Empresarial e Integração da Secretaria de Governo Digital da Secretaria Especial de Desburocratização, Gestão e Governo Digital do Ministério da Economia, com apoio das juntas comerciais dos Estados e do Distrito Federal; e

IV – será regido pelas normas editadas pelo Diretor do Departamento Nacional de Registro Empresarial e Integração da Secretaria de Governo Digital da Secretaria Especial de Desburocratização, Gestão e Governo Digital do Ministério da Economia.

Art. 26. São atividades privativas do tradutor e intérprete público:

I – traduzir qualquer documento que tenha de ser apresentado em outro idioma perante pessoa jurídica de direito público interno ou perante serviços notariais e de registro de notas ou de títulos e documentos;

II – realizar traduções oficiais, quando exigido por lei;

III – interpretar e verter verbalmente perante ente público a manifestação de pessoa que não domine a língua portuguesa se não houver agente público apto a realizar a atividade ou se for exigido por lei específica;

IV – transcrever, traduzir ou verter mídia eletrônica de áudio ou vídeo, em outro idioma, certificada por ato notarial; e

V – realizar, quando solicitados pela autoridade competente, os exames necessários à verificação da exatidão de qualquer tradução que tenha sido arguida como incompleta, imprecisa, errada ou fraudulenta.

Parágrafo único. O disposto no *caput* deste artigo não impede:

I – a designação pela autoridade competente de tradutor e intérprete público ad hoc no caso de inexistência, de impedimento ou de indisponibilidade de tradutor e intérprete público habilitado para o idioma; e

II – a realização da atividade por agente público:

a) ocupante de cargo ou emprego com atribuições relacionadas com a atividade de tradutor ou intérprete; ou

b) com condições de realizar traduções e interpretações simples e correlatas com as atribuições de seu cargo ou emprego.

Art. 27. Presumem-se fiéis e exatas as traduções realizadas por tradutor e intérprete público.

§ 1º Nenhuma tradução terá fé pública se não for realizada por tradutor e intérprete público, exceto as traduções:

I – feitas por corretores de navios, em sua área de atuação;

II – relativas aos manifestos e documentos que as embarcações estrangeiras tiverem de apresentar para despacho aduaneiro;

III – feitas por agente público com cargo ou emprego de tradutor ou intérprete ou que sejam inerentes às atividades do cargo ou emprego; e

IV – enquadradas nas hipóteses previstas em ato do Poder Executivo federal.

§ 2º A presunção de que trata o *caput* deste artigo não afasta:

I – a obrigação de o documento na língua original acompanhar a sua respectiva tradução; e

II – a possibilidade de ente público ou qualquer interessado impugnar, nos termos estabelecidos nas normas de processo administrativo ou de processo judicial aplicáveis ao caso concreto, a fidedignidade ou a exatidão da tradução.

Art. 28. O tradutor e intérprete público que realizar tradução incompleta, imprecisa, errada ou fraudulenta estará sujeito, além de eventual responsabilização civil e criminal, às seguintes sanções:

I – advertência;

II – suspensão do registro por até 1 (um) ano; e

III – cassação do registro, vedada nova habilitação em prazo inferior a 15 (quinze) anos.

Parágrafo único. Para a dosimetria da pena, deverão ser consideradas:

I – as punições recebidas pelo tradutor e intérprete público nos últimos 10 (dez) anos;

II – a existência ou não de má-fé; e

III – a gravidade do erro ou a configuração de culpa grave.

Art. 29. O processo administrativo contra o tradutor e intérprete público seguirá o disposto na Lei nº 9.784, de 29 de janeiro de 1999.

Art. 30. O processo administrativo será processado e julgado pela junta comercial do Estado ou do Distrito Federal no qual o tradutor e intérprete público estiver inscrito.

Parágrafo único. Caberá recurso da decisão da junta comercial ao Diretor do Departamento Nacional de Registro Empresarial e Integração da Secretaria de Governo Digital da Secretaria Especial de Desburocratização, Gestão e Governo Digital do Ministério da Economia, que decidirá em última instância.

Art. 31. Os tradutores públicos e intérpretes comerciais que, na data de entrada em vigor desta Lei, já estavam habilitados na forma prevista no regulamento aprovado pelo Decreto nº 13.609, de 21 de outubro de 1943, poderão continuar a exercer as atividades no território nacional, nos termos deste Capítulo.

Art. 32. O tradutor e intérprete público poderá optar por organizar-se na forma de sociedade unipessoal.

Art. 33. O tradutor e intérprete público poderá realizar os seus atos em meio eletrônico, atendido o disposto na Lei nº 14.063, de 23 de setembro de 2020.

Art. 34. O Diretor do Departamento Nacional de Registro Empresarial e Integração da Secretaria de Governo Digital da Secretaria Especial de Desburocratização, Gestão e Governo Digital do Ministério da Economia poderá editar normas complementares para a execução do disposto neste Capítulo.

CAPÍTULO VIII
DA OBTENÇÃO DE ELETRICIDADE

Art. 35. Na execução de obras de extensão de redes aéreas de distribuição de responsabilidade da concessionária ou permissionária de serviço público de distribuição de energia elétrica, a licença ou autorização para realização de obras em vias públicas, quando for exigida e não houver prazo estabelecido pelo poder público local, será emitida pelo órgão público competente no prazo de 5 (cinco) dias úteis, contado da data de apresentação do requerimento.

§ 1º Na hipótese de não haver decisão do órgão competente após o encerramento do prazo estabelecido no *caput* deste artigo ou na legislação local, a concessionária ou permissionária de serviço público de distribuição de energia elétrica ficará autorizada a realizar a obra em conformidade com as condições estabelecidas no requerimento apresentado, observada a legislação aplicável.

§ 2º Na hipótese de descumprimento das condições estabelecidas no requerimento ou na legislação aplicável, o órgão público poderá cassar, a qualquer tempo, a licença ou autorização a que se refere o § 1º deste artigo, assegurado o direito à ampla defesa e ao contraditório à concessionária ou permissionária.

§ 3º O disposto neste artigo aplica-se exclusivamente às solicitações de conexão, com potência contratada de até 140 kVA (cento e quarenta quilovolts-amperes), desde que não haja a necessidade de realização de obras de ampliação, de reforço ou de melhoria no sistema de distribuição de energia elétrica existente, e que:

I – em área urbana, a distância até a rede de distribuição mais próxima seja de, no máximo, 150 m (cento e cinquenta metros);

II – em área semiurbana e rural, a distância até a rede de distribuição mais próxima seja de, no máximo, 1.000 m (mil metros).

Art. 36. A obtenção da eletricidade deve ser solicitada à concessionária ou permissionária local que presta o serviço público de distribuição de energia elétrica no Município do solicitante e observará as seguintes condições:

I – os procedimentos necessários para a obtenção da eletricidade, desde a solicitação até o início do fornecimento, devem ser realizados em até 45 (quarenta e cinco) dias para as unidades consumidoras em área urbana, enquadradas no Grupo A e que respeitem as condições previstas no inciso I do § 3º do art. 35 desta Lei; e

II – os procedimentos necessários para a obtenção de eletricidade para os demais casos não previstos no inciso I deste *caput* devem atender aos prazos e condições regulamentados pela Agência Nacional de Energia Elétrica (Aneel).

Art. 37. Para a obtenção da eletricidade de que trata o inciso I do *caput* do art. 36 desta Lei, o projeto e a execução das instalações elétricas internas do imóvel deverão possuir responsável técnico, que responderá administrativa, civil e criminalmente em caso de danos e de acidentes decorrentes de eventuais erros de projeto ou de execução, dispensada a exigibilidade de:

I – (VETADO); e

II – aprovação prévia de projeto pela concessionária ou permissionária local.

Parágrafo único. O responsável técnico deverá fornecer, no pedido de obtenção de eletricidade, seu número de registro válido no conselho profissional competente.

CAPÍTULO IX
DA DESBUROCRATIZAÇÃO EMPRESARIAL E DOS ATOS PROCESSUAIS E DA PRESCRIÇÃO INTERCORRENTE

Art. 38. (VETADO).

Art. 39. (VETADO).

Art. 40. (VETADO).

Art. 41. As empresas individuais de responsabilidade limitada existentes na data da entrada em vigor desta Lei serão transformadas em sociedades limitadas unipessoais independentemente de qualquer alteração em seu ato constitutivo.

Parágrafo único. Ato do Drei disciplinará a transformação referida neste artigo.

Art. 42. (VETADO).

Art. 43. *(Revogado pela Lei 14.382/2022)*

CAPÍTULO X
DA RACIONALIZAÇÃO PROCESSUAL

Art. 44. A Lei nº 13.105, de 16 de março de 2015 (Código de Processo Civil), passa a vigorar com as seguintes alterações:

(...)

CAPÍTULO XI
DA NOTA COMERCIAL

Art. 45. A nota comercial, valor mobiliário de que trata o inciso VI do *caput* do art. 2º da Lei nº 6.385, de 7 de dezembro de 1976, é título de crédito não conversível em ações, de livre negociação, representativo de promessa de pagamento em dinheiro, emitido exclusivamente sob a forma escritural por meio de instituições autorizadas a prestar o serviço de escrituração pela Comissão de Valores Mobiliários.

Art. 46. Podem emitir a nota comercial as sociedades anônimas, as sociedades limitadas e as sociedades cooperativas.

Parágrafo único. A deliberação sobre emissão de nota comercial é de competência dos órgãos de administração, quando houver, ou do administrador do emissor, observado o que dispuser a respeito o respectivo ato constitutivo.

Art. 47. A nota comercial terá as seguintes características, que deverão constar de seu termo constitutivo:

I – a denominação "Nota Comercial";

II – o nome ou razão social do emitente;

III – o local e a data de emissão;

IV – o número da emissão e a divisão em séries, quando houver;

V – o valor nominal;

VI – o local de pagamento;

VII – a descrição da garantia real ou fidejussória, quando houver;

VIII – a data e as condições de vencimento;

IX – a taxa de juros, fixa ou flutuante, admitida a capitalização;

X – a cláusula de pagamento de amortização e de rendimentos, quando houver;

XI – a cláusula de correção por índice de preço, quando houver; e

XII – os aditamentos e as retificações, quando houver.

§ 1º As notas comerciais de uma mesma série terão igual valor nominal e conferirão a seus titulares os mesmos direitos.

§ 2º A alteração das características a que se refere o *caput* deste artigo dependerá de aprovação da maioria simples dos titulares de notas comerciais em circulação, presentes em assembleia, se maior quórum não for estabelecido no termo de emissão.

§ 3º Aplica-se à convocação e ao funcionamento da assembleia prevista no § 2º deste artigo, entre outros aspectos, o disposto na Lei nº 6.404, de 15 de dezembro de 1976, sobre assembleia geral de debenturistas.

Art. 48. A nota comercial é título executivo extrajudicial, que pode ser executado independentemente de protesto, com base em certidão emitida pelo escriturador ou pelo depositário central, quando esse título for objeto de depósito centralizado.

Parágrafo único. A nota comercial poderá ser considerada vencida na hipótese de inadimplemento de obrigação constante do respectivo termo de emissão.

Art. 49. A titularidade da nota comercial será atribuída exclusivamente por meio de controle realizado nos sistemas informatizados do escriturador ou no depositário central, quando esse título for objeto de depósito centralizado.

Art. 50. A Comissão de Valores Mobiliários poderá estabelecer requisitos adicionais aos previstos nesta Lei, inclusive a eventual necessidade de contratação de agente fiduciário, relativos à nota comercial que seja:

I – ofertada publicamente; ou

II – admitida à negociação em mercados regulamentados de valores mobiliários.

Art. 51. Nas distribuições privadas, o serviço de escrituração deverá ser efetuado em sistemas que atendam aos seguintes requisitos:

I – comprovação da observância de padrões técnicos adequados, em conformidade com os Princípios para Infraestruturas do Mercado Financeiro do Bank for International Settlements (BIS), inclusive no que diz respeito à segurança, à governança e à continuidade de negócios;

II – garantia de acesso integral às informações mantidas por si ou por terceiros por elas contratados para realizar atividades relacionadas com a escrituração;

III – garantia de acesso amplo a informações claras e objetivas aos participantes do mercado, sempre observadas as restrições legais de acesso a informações; e

IV – observância de requisitos e emprego de mecanismos que assegurem a interoperabilidade com os demais sistemas de escrituração autorizados pela Comissão de Valores Mobiliários.

§ 1º As instituições autorizadas a prestar o serviço de escrituração não poderão escriturar títulos em que sejam participantes como credoras ou emissoras, direta ou indiretamente.

§ 2º A oferta privada de nota comercial poderá conter cláusula de conversibilidade em participação societária, exceto em relação às sociedades anônimas.

CAPÍTULO XII
DISPOSIÇÕES GERAIS

Art. 52. O Decreto-Lei nº 341, de 17 de março de 1938, passa a vigorar acrescido do seguinte art. 15-A:

(...)

Art. 53. O art. 44 da Lei nº 4.886, de 9 de dezembro de 1965, passa a vigorar com a seguinte redação:

(...)

Art. 54. O parágrafo único do art. 22 da Lei nº 5.764, de 16 de dezembro de 1971, passa a vigorar com a seguinte redação:

(...)

Art. 55. O inciso III do *caput* do art. 15 da Lei nº 6.385, de 7 de dezembro de 1976, passa a vigorar com a seguinte redação:

(...)

Art. 56. A Lei nº 13.874, de 20 de setembro de 2019, passa a vigorar com as seguintes alterações:

» Alterações inseridas na referida lei.

CAPÍTULO XIII
DISPOSIÇÕES FINAIS

Art. 57. Ficam revogados:

I – o Decreto nº 13.609, de 21 de outubro de 1943;

II – o Decreto nº 20.256, de 20 de dezembro de 1945;

III – a Lei nº 2.145, de 29 de dezembro de 1953;

IV – o art. 1º da Lei nº 2.410, de 29 de janeiro de 1955;

V – o art. 1º da Lei nº 2.698, de 27 de dezembro de 1955;

VI – a Lei nº 2.807, de 28 de junho de 1956;

VII – a Lei nº 2.815, de 6 de julho de 1956;

VIII – o art. 1º da Lei nº 3.053, de 22 de dezembro de 1956;

IX – a Lei nº 3.187, de 28 de junho de 1957;

X – a Lei nº 3.227, de 27 de julho de 1957;

XI – a Lei nº 4.557, de 10 de dezembro de 1964;

XII – os arts. 14 e 15 da Lei nº 5.025, de 10 de junho de 1966;

XIII – o art. 15 do Decreto-Lei nº 491, de 5 de março de 1969;

XIV – o art. 2º do Decreto-Lei nº 666, de 2 de julho de 1969;

XV – a parte do art. 1º do Decreto-Lei nº 687, de 18 de julho de 1969, que altera o art. 2º do Decreto-Lei nº 666, de 2 de julho de 1969;

XVI – (VETADO);

XVII – o art. 2º da Lei nº 6.137, de 7 de novembro de 1974;

XVIII – o Decreto-Lei nº 1.416, de 25 de agosto de 1975;

XIX – o Decreto-Lei nº 1.427, de 2 de dezembro de 1975;

XX – o § 2º do art. 110 da Lei nº 6.404, de 15 de dezembro de 1976;

XXI – o Decreto nº 84.248, de 28 de novembro de 1979;

XXII – a Lei nº 7.409, de 25 de novembro de 1985;

XXIII – a Lei nº 7.690, de 15 de dezembro de 1988;

XXIV – o art. 5º da Lei nº 8.387, de 30 de dezembro de 1991;

XXV – os seguintes dispositivos da Lei nº 8.934, de 18 de novembro de 1994:

a) (VETADO);

b) inciso IV do *caput* do art. 35;

c) art. 58; e

d) art. 60;

XXVI – o parágrafo único do art. 40 e o art. 229-C da Lei nº 9.279, de 14 de maio de 1996;

XXVII – os seguintes dispositivos da Lei nº 9.430, de 27 de dezembro de 1996:

a) §§ 1º, 2º, 3º e 4º do art. 80;

b) arts. 80-A, 80-B e 80-C; e

c) §§ 1º e 5º do art. 81;

XXVIII – o parágrafo único do art. 18 da Lei nº 9.472, de 16 de julho de 1997;

XXIX – os seguintes dispositivos da Lei nº 10.406, de 10 de janeiro de 2002 (Código Civil):

a) (VETADO);

b) (VETADO);

c) parágrafo único do art. 1.015;

d) inciso IV do *caput* e o parágrafo único do art. 1.033; e

e) (VETADO);

XXX – os seguintes dispositivos da Lei nº 11.598, de 3 de dezembro de 2007:

a) §§ 1º, 2º, 3º e 4º do art. 4º;

b) art. 6º; e

c) inciso III do *caput* do art. 11;

XXXI – os seguintes dispositivos da Lei nº 12.546, de 14 de dezembro de 2011:

a) incisos II e III do § 1º e §§ 2º, 3º, 4º, 5º e 6º do art. 25;

b) §§ 1º, 2º, 3º e 4º do art. 26; e

c) art. 37;

XXXII – os incisos I, II, III, IV e V do *caput* do art. 246 da Lei nº 13.105, de 16 de março de 2015 (Código de Processo Civil).

Art. 58. Esta Lei entra em vigor na data de sua publicação e produzirá efeitos:

I – em 3 (três) anos, contados da data de sua publicação, quanto ao inciso I do *caput* do art. 36, podendo a Aneel determinar a antecipação da produção de efeitos em cada área de concessão ou permissão;

II – em 360 (trezentos e sessenta) dias, contados da data de sua publicação, quanto à parte do art. 5º que altera o § 3º do art. 138 da Lei nº 6.404, de 15 de dezembro de 1976;

III – em 180 (cento e oitenta) dias, contados da data de sua publicação, quanto ao § 3º do art. 8º;

IV – no primeiro dia útil do primeiro mês subsequente ao da data de sua publicação, quanto aos arts. 8º, 9º, 10, 11 e 12 e aos incisos III a XV, XVIII, XXIII e XXXI do *caput* do art. 57; e

V – na data de sua publicação, quanto aos demais dispositivos.

Brasília, 26 de agosto de 2021;
200º da Independência e 133º da República.

JAIR MESSIAS BOLSONARO

PORTARIA N. 422, DE 7 DE OUTUBRO DE 2021

Aprova a nova redação da Norma Regulamentadora n. 5 – Comissão Interna de Prevenção de Acidentes – CIPA.

› *NR 5 - alteração*

O Ministro de Estado do Trabalho e Previdência, no uso das atribuições que lhe conferem os arts. 155, 163 e 200 do Decreto-Lei n. 5.452, de 1.º de maio de 1943 – Consolidação das Leis do Trabalho – CLT, e tendo em vista o disposto no art. 48-A, *caput*, inciso VIII, da Lei n. 13.844, de 18 de junho de 2019, resolve:

Art. 1.º A Norma Regulamentadora n. 5 (NR 5) – Comissão Interna de Prevenção de Acidentes – CIPA passa a vigorar com a redação constante do Anexo.

Art. 2.º Determinar, conforme previsto na Portaria SIT n. 787, de 27 de novembro de 2018, que a NR 5 e seu Anexo serão interpretados conforme o disposto na tabela abaixo:

Regulamento	Tipificação
NR 5	NR Geral
Anexo I	Tipo 2

Art. 3.º Os editais de convocação de eleição publicados antes da entrada em vigor desta Portaria seguem o dimensionamento previsto na Portaria vigente da NR 5 à data de sua publicação.

Art. 4.º Na data da entrada em vigor desta, ficam revogados os seguintes dispositivos:

I – texto da NR 5, publicado no Anexo da Portaria SSMT n. 33, de 27 de outubro de 1983;

II – art. 2.º da Portaria SSST n. 25, de 29 de dezembro de 1994;

III – Portaria SSST n. 8, de 23 de fevereiro de 1999;

IV – Portaria SSST n. 15, de 26 de fevereiro de 1999;

V – Portaria SSST n. 24, de 27 de maio de 1999;

VI – Portaria SSST n. 25, de 27 de maio de 1999;

VII – Portaria SIT/DSST n. 16, 10 de maio de 2001;

VIII – Portaria SIT/DSST n. 14, 21 de junho de 2007; e

IX – Portaria SIT n. 247, de 12 de julho de 2011.

Art. 5.º Esta Portaria entra em vigor em 3 de janeiro de 2022.

Onyx Dornelles Lorenzoni

ANEXO
NR 5 – COMISSÃO INTERNA DE PREVENÇÃO DE ACIDENTES

» Alteração já processada na NR 5.

ANEXO I
DA NR 5 – CIPA DA INDÚSTRIA DA CONSTRUÇÃO

» Alteração já processada na NR 5.

PORTARIA N. 426, DE 7 DE OUTUBRO DE 2021

Aprova o Anexo I – Vibração e o Anexo III – Calor, da Norma Regulamentadora n. 9 – Avaliação e Controle das Exposições Ocupacionais e Agentes Físicos, Químicos e Biológicos.

› *NR 9 - alteração anexo*

O Ministro do Trabalho e Previdência, no uso das atribuições que lhe conferem os art. 155, art. 163 e art. 200 do Decreto-Lei n. 5.452, de 1.º de maio de 1943 – Consolidação das Leis do Trabalho – CLT, e tendo em vista o disposto no art. 48-A, *caput*, inciso VIII, da Lei n. 13.844, de 11 de junho de 2019, resolve:

Art. 1.º Aprovar o Anexo I – Vibração e o Anexo III – Calor, da Norma Regulamentadora n. 9 (NR 9) – Avaliação e Controle das Exposições Ocupacionais a Agentes Físicos, Químicos e Biológicos, aprovada pela Portaria SEPRT n. 6.735, de 10 de março de 2020, conforme redação constante dos Anexos I e II desta Portaria, respectivamente.

Parágrafo único. Inserir no Sumário da Portaria SEPRT n. 6.735, de 2020, os seguintes títulos:

I – Anexo I – Vibração

II – Anexo III – Calor

Art. 2.º Determinar que os Anexos I e III da NR 9 serão interpretados conforme o disposto na tabela abaixo:

Regulamento	Tipificação
Anexo I	Tipo 1
Anexo II	Tipo 1

Art. 3.º Alterar a redação da alínea *b* do subitem 2.5 do Anexo 8 – Vibração – da Norma Regulamentadora n. 15, alterado pela Portaria MTE n. 1.297, de 13 de agosto de 2014, que passa a vigorar com a seguinte redação:

"2.5. .....

.....

b) descrição e resultado da avaliação preliminar da exposição, realizada de acordo com o item 4 do Anexo I da NR-09;

....." (NR)

Art. 4.º Alterar a redação da alínea *b* do subitem 3.1 do Anexo III – Limites de Tolerância para Exposição ao Calor – da Norma Regulamentadora n. 15, alterado pela Portaria SEPRT n. 1.359, de 9 de dezembro de 2019, que passa a vigorar com a seguinte redação:

"3.1. .....

.....

b) avaliação dos riscos, descritos no item 3.2 do Anexo III da NR-09;

....." (NR)

Art. 5.º Na data da entrada em vigor desta Portaria, ficam revogados os seguintes dispositivos:

I – art. 1.º e art. 3.º da Portaria MTE n. 1.297, de 13 de agosto de 2014;

II – art. 1.º e art. 4.º da Portaria MTb n. 1.359, de 9 de dezembro de 2019; e

III – Anexo II da NR 9, aprovado pela Portaria MTb n. 1.109, de 21 de setembro de 2016.

Art. 6.º Esta Portaria entra em vigor em 3 de janeiro de 2022.

Onyx Dornelles Lorenzoni

ANEXO I

» Alteração já processada na NR 9.

ANEXO II

» Alteração já processada na NR 9.

DECRETO Nº 10.854, DE 10 DE NOVEMBRO DE 2021

Regulamenta disposições relativas à legislação trabalhista e institui o Programa Permanente de Consolidação, Simplificação e Desburocratização de Normas Trabalhistas Infralegais e o Prêmio Nacional Trabalhista, e altera o Decreto nº 9.580, de 22 de novembro de 2018.

› *Disposições gerais de assuntos trabalhistas*

O PRESIDENTE DA REPÚBLICA, no uso das atribuições que lhe confere o art. 84, *caput*, incisos IV e VI, alínea "a", da Constituição, e tendo em vista o disposto na Consolidação das Leis do Trabalho, aprovada pelo Decreto-Lei nº 5.452, de 1º de maio de 1943,

DECRETA:

TÍTULO I
DISPOSIÇÕES PRELIMINARES

Art. 1º Este Decreto regulamenta disposições relativas à legislação trabalhista sobre os seguintes temas:

I - Programa Permanente de Consolidação, Simplificação e Desburocratização de Normas Trabalhistas Infralegais;

II - Prêmio Nacional Trabalhista;

III - Domicílio Eletrônico Trabalhista - DET e livro de Inspeção do Trabalho eletrônico; *(Redação dada pelo Decreto 11.905/2024)*

IV - fiscalização das normas de proteção ao trabalho e de segurança e saúde no trabalho;

V - diretrizes para elaboração e revisão das normas regulamentadoras de segurança e saúde no trabalho;

VI - certificado de aprovação do equipamento de proteção individual, nos termos do disposto no art. 167 da Consolidação das Leis do Trabalho, aprovada pelo Decreto-Lei nº 5.452, de 1º de maio de 1943;

VII - registro eletrônico de controle de jornada, nos termos do disposto no art. 74 da Consolidação das Leis do Trabalho, aprovada pelo Decreto-Lei nº 5.452, de 1943;

VIII - mediação de conflitos coletivos de trabalho;

IX - empresas prestadoras de serviços a terceiros, nos termos do disposto na Lei nº 6.019, de 3 de janeiro de 1974;

X - trabalho temporário, nos termos do disposto na Lei nº 6.019, de 3 de janeiro de 1974;

XI - gratificação de Natal, nos termos do disposto na Lei nº 4.090, de 13 de julho de 1962, e na Lei nº 4.749, de 12 de agosto de 1965;

XII - relações individuais e coletivas de trabalho rural, nos termos do disposto na Lei nº 5.889, de 8 de junho de 1973;

XIII - vale-transporte, nos termos do disposto na Lei nº 7.418, de 16 de dezembro de 1985;

XIV - Programa Empresa Cidadã, destinado à prorrogação da licença-maternidade e da licença-paternidade, nos termos do disposto na Lei nº 11.770, de 9 de setembro de 2008;

XV - situação de trabalhadores contratados ou transferidos para prestar serviços no exterior, nos termos do disposto no § 2º do art. 5º, nos § 1º a § 4º do art. 9º e no art. 12 da Lei nº 7.064, de 6 de dezembro de 1982;

XVI - repouso semanal remunerado e pagamento de salário nos feriados civis e religiosos, nos termos do disposto na Lei nº 605, de 5 de janeiro de 1949;

XVII - Relação Anual de Informações Sociais - RAIS; e

XVIII - Programa de Alimentação do Trabalhador - PAT.

TÍTULO II
DISPOSIÇÕES GERAIS

CAPÍTULO I
DO PROGRAMA PERMANENTE DE CONSOLIDAÇÃO, SIMPLIFICAÇÃO E DESBUROCRATIZAÇÃO DE NORMAS TRABALHISTAS INFRALEGAIS

Art. 2º Fica instituído o Programa Permanente de Consolidação, Simplificação e Desburocratização de Normas Trabalhistas Infralegais no âmbito do Ministério do Trabalho e Previdência.

Art. 3º O Programa Permanente de Consolidação, Simplificação e Desburocratização de Normas Trabalhistas Infralegais abrangerá iniciativas de revisão, compilação e consolidação de normas trabalhistas infralegais.

Parágrafo único. A revisão da legislação trabalhista infralegal consiste no exame dos atos normativos pertinentes a serem integrados, quanto ao mérito, à oportunidade, à conveniência e à compatibilização da matéria neles tratada com as políticas e as diretrizes do Governo federal e com o marco regulatório vigente.

Art. 4º A compilação e a consolidação dos atos normativos em vigor vinculados à área trabalhista obedecerão ao disposto no Decreto nº 9.191, de 1º de novembro de 2017, e no Decreto nº 10.139, de 28 de novembro de 2019.

Art. 5º São objetivos gerais do Programa Permanente de Consolidação, Simplificação e Desburocratização de Normas Trabalhistas Infralegais:

I - promover a conformidade às normas trabalhistas infralegais e o direito ao trabalho digno;

II - buscar a simplificação e a desburocratização do marco regulatório trabalhista, de modo a observar o respeito aos direitos trabalhistas e a redução dos custos de conformidade das empresas;

III - promover a segurança jurídica;

IV - alcançar marco regulatório trabalhista infralegal harmônico, moderno e dotado de conceitos claros, simples e concisos;

V - aprimorar a interação do Ministério do Trabalho e Previdência com os administrados;

VI - ampliar a transparência do arcabouço normativo aos trabalhadores, aos empregadores, às entidades sindicais e aos operadores do direito por meio do acesso simplificado ao marco regulatório trabalhista infralegal;

VII - promover a integração das políticas de trabalho e de previdência; e

VIII - melhorar o ambiente de negócios, o aumento da competitividade e a eficiência do setor público, para a geração e a manutenção de empregos.

Art. 6º São objetivos específicos do Programa Permanente de Consolidação, Simplificação e Desburocratização de Normas Trabalhistas Infralegais:

I - triar e catalogar a legislação trabalhista infralegal com matérias conexas ou afins;

II - garantir, por meio da articulação entre as áreas, que o repositório de normas trabalhistas infralegais seja disponibilizado em ambiente único e digital, constantemente atualizado;

III - promover a participação social, inclusive por meio de consultas públicas;

IV - buscar a harmonização das normas trabalhistas e previdenciárias infralegais; e

V - revogar atos normativos exauridos ou tacitamente revogados.

Art. 7º As normas trabalhistas infralegais analisadas no âmbito do Programa Permanente de Consolidação, Simplificação e Desburocratização de Normas Trabalhistas Infralegais serão organizadas e compiladas em coletâneas, de acordo com os seguintes temas:

I - legislação trabalhista, relações de trabalho e políticas públicas de trabalho;

II - segurança e saúde no trabalho;

III - inspeção do trabalho;

IV - procedimentos de multas e recursos de processos administrativos trabalhistas;

V - convenções e recomendações da Organização Internacional do Trabalho - OIT;

VI - profissões regulamentadas; e

VII - normas administrativas.

Parágrafo único. O Ministério do Trabalho e Previdência poderá incluir outros temas para a organização de normas infralegais relacionados à sua área de atuação.

Art. 8º Os atos normativos infralegais de natureza trabalhista editados pelo Ministério do Trabalho e Previdência deverão ser incorporados aos atos normativos consolidados ou revistos de acordo com os temas de que trata o art. 7º.

§ 1º É vedada a edição de atos normativos autônomos quando houver ato normativo consolidado ou compilado que trate do mesmo tema.

§ 2º Os atos normativos infralegais de matéria trabalhista a serem editados pelo Ministério do Trabalho e Previdência, incluídos aqueles relativos à inspeção do trabalho, deverão ser redigidos com clareza, precisão e ordem lógica, e apresentarão conceitos técnicos e objetivos, em observância ao disposto no Decreto nº 9.191, de 2017, e no Decreto nº 10.139, de 2019.

§ 3º Apenas serão admitidos os atos normativos inferiores a decreto editados nos termos do disposto no art. 2º do Decreto nº 10.139, de 2019.

§ 4º Quaisquer outros documentos existentes, no âmbito da Secretaria de Trabalho do Ministério do Trabalho e Previdência, que não tenham adotado a denominação prevista no art. 2º do Decreto nº 10.139, de 2019, tais como manuais, recomendações, ofícios circulares, diretrizes e congêneres, perderão validade a partir da data de publicação deste Decreto.

Art. 9º O Ministério do Trabalho e Previdência avaliará e monitorará, a cada biênio, os resultados obtidos quanto à aderência aos objetivos específicos do Programa Permanente de Consolidação, Simplificação e Desburocratização de Normas Trabalhistas Infralegais previstos no art. 6º.

CAPÍTULO II
DO PRÊMIO NACIONAL TRABALHISTA

Art. 10. Fica instituído o Prêmio Nacional Trabalhista, com a finalidade de estimular a pesquisa nas áreas de direito do trabalho, segurança e saúde no trabalho, economia do trabalho, auditoria-fiscal do trabalho, além de temas correlatos a serem estabelecidos pelo Ministério do Trabalho e Previdência.

§ 1º O regulamento do Prêmio Nacional Trabalhista será editado pelo Ministério do Trabalho e Previdência, do qual deverá constar, no mínimo:

I - os critérios de avaliação;

II - as categorias; e

III - as ações laureadas.

§ 2º O Ministério do Trabalho e Previdência coordenará a implementação do Prêmio Nacional Trabalhista.

§ 3º A Secretaria de Trabalho do Ministério do Trabalho e Previdência será responsável pelo apoio técnico e administrativo necessário à implementação do Prêmio Nacional Trabalhista.

§ 4º As despesas decorrentes da execução do Prêmio Nacional Trabalhista serão custeadas por meio de recursos oriundos de parcerias estabelecidas com entidades públicas ou privadas.

CAPÍTULO III
DO DOMICÍLIO ELETRÔNICO TRABALHISTA E DO LIVRO DE INSPEÇÃO DO TRABALHO ELETRÔNICO *(REDAÇÃO DADA PELO DECRETO 11.905/2024)*

Art. 11. O Domicílio Eletrônico Trabalhista - DET, instituído pelo art. 628-A da Consolidação das Leis do Trabalho, aprovada pelo Decreto-Lei nº 5.452, de 1943, é destinado a: *(Redação dada pelo Decreto 11.905/2024)*

I - cientificar o empregador de quaisquer atos administrativos, ações fiscais, intimações e avisos em geral; e *(Acrescido pelo Decreto 11.905/2024)*

II - receber a documentação eletrônica exigida do empregador no curso das ações fiscais ou na apresentação de defesa e de recurso no âmbito de processos administrativos. *(Acrescido pelo Decreto 11.905/2024)*

§ 1º O DET é aplicado a todos aqueles sujeitos à inspeção do trabalho, que tenham ou não empregado. *(Redação dada pelo Decreto 11.905/2024)*

§ 2º As comunicações eletrônicas de que trata o § 1º do art. 628-A da Consolidação das Leis do Trabalho, aprovada pelo Decreto-Lei nº 5.452, de 1943, serão realizadas por meio do DET. *(Redação dada pelo Decreto 11.905/2024)*

§ 3º As comunicações eletrônicas de que trata o § 2º dispensam a sua publicação no Diário Oficial da União e o seu envio por via postal e são consideradas pessoais para todos os efeitos legais. *(Acrescido pelo Decreto 11.905/2024)*

§ 4º O acesso ao DET ocorrerá com a utilização de certificado digital, código de acesso ou autenticação por sistema oficial. *(Acrescido pelo Decreto 11.905/2024)*

§ 5º A ciência das comunicações eletrônicas será verificada automaticamente por meio do DET, e a ausência de consulta das comunicações eletrônicas por parte do empregador, no prazo regulamentar, configurará ciência tácita. *(Acrescido pelo Decreto 11.905/2024)*

§ 6º A ciência das comunicações eletrônicas dos empregadores que não aderirem ao DET será presumida. *(Acrescido pelo Decreto 11.905/2024)*

Art. 12. *(Revogado pelo Decreto 11.905/2024)*

Art. 13. São princípios do DET: *(Redação dada pelo Decreto 11.905/2024)*

I - presunção de boa-fé;

II - racionalização e simplificação do cumprimento das obrigações trabalhistas e das obrigações não tributárias impostas pela legislação previdenciária;

III - eliminação de formalidades e exigências desnecessárias ou superpostas;

IV - padronização de procedimentos e transparência; e

V - conformidade com a legislação trabalhista e previdenciária, inclusive quanto às normas de segurança e saúde do trabalhador.

Art. 14. O livro Inspeção do Trabalho, de que trata o § 1º do art. 628 da Consolidação das Leis do Trabalho, aprovada pelo Decreto-Lei nº 5.452, de 1943, será adotado em formato eletrônico como uma das funcionalidades do DET, em substituição ao livro impresso, e passará a ser denominado Livro de Inspeção do Trabalho Eletrônico - eLIT. *(Redação dada pelo Decreto 11.905/2024)*

I a X - *(Revogados pelo Decreto 11.905/ 2024)*

Art. 15. O DET será regulamentado e disponibilizado gratuitamente pelo Ministério do Trabalho e Emprego. *(Redação dada pelo Decreto 11.905/2024)*

Parágrafo único. As funcionalidades do DET serão implementadas de forma gradual, conforme cronograma estabelecido pelo Ministério do Trabalho e Emprego. *(Acrescido pelo Decreto 11.905/2024)*

CAPÍTULO IV DA FISCALIZAÇÃO DAS NORMAS DE PROTEÇÃO AO TRABALHO E DE SAÚDE E SEGURANÇA NO TRABALHO

Art. 16. Compete exclusivamente aos Auditores-Fiscais do Trabalho do Ministério do Trabalho e Previdência, autoridades trabalhistas no exercício de suas atribuições legais, nos termos do disposto na Lei nº 10.593, de 6 de dezembro de 2002, a fiscalização do cumprimento das normas de proteção ao trabalho e de saúde e segurança no trabalho.

Art. 17. A autoridade nacional, as autoridades máximas regionais e as autoridades regionais em matéria de inspeção do trabalho serão Auditores-Fiscais do Trabalho.

Parágrafo único. Ato do Ministro de Estado do Trabalho e Previdência disporá sobre as autoridades a que se refere o *caput*.

SEÇÃO I DAS DENÚNCIAS SOBRE IRREGULARIDADES E DOS PEDIDOS DE FISCALIZAÇÃO TRABALHISTA

Art. 18. A Subsecretaria de Inspeção de Trabalho da Secretaria de Trabalho do Ministério do Trabalho e Previdência receberá denúncias sobre irregularidades trabalhistas e pedidos de fiscalização por meio de canais eletrônicos.

§ 1º Os canais eletrônicos poderão ser utilizados por:

I - trabalhadores;

II - órgãos e entidades públicas;

III - entidades sindicais;

IV - entidades privadas; e

V - outros interessados.

§ 2º As denúncias sobre irregularidades trabalhistas e pedidos de fiscalização serão recebidas e tratadas pela inspeção do trabalho, e poderão:

I - ser utilizadas como fonte de informações nas fases de elaboração e execução do planejamento da inspeção do trabalho; e

II - ter prioridade em situações específicas, na forma estabelecida em ato do Ministro de Estado do Trabalho e Previdência, especialmente quando envolverem indícios de:

a) risco grave e iminente à segurança e à saúde de trabalhadores;

b) ausência de pagamento de salário;

c) trabalho infantil; ou

d) trabalho análogo ao de escravo.

§ 3º As denúncias que envolvam apenas o não pagamento de rubrica específica do salário ou de diferenças rescisórias e aquelas que envolvam o atraso de salários quitados no momento de análise da denúncia não se incluem nas hipóteses previstas na alínea "b" do inciso II do § 2º.

§ 4º Compete às chefias em matéria de inspeção do trabalho a designação de Auditor-Fiscal do Trabalho para o atendimento das demandas externas recebidas pelos canais eletrônicos a que se refere o *caput*.

§ 5º A execução das atividades e dos projetos previstos no planejamento da inspeção do trabalho terão prioridade em relação àquelas provenientes de denúncias, requisições ou pedidos de fiscalização, exceto quanto ao disposto no inciso II do § 2º e nas determinações judiciais.

§ 6º Em observância ao disposto no § 3º do art. 8º da Lei Complementar nº 75, de 20 de maio de 1993, a chefia em matéria de inspeção do trabalho deverá justificar e comunicar a justificativa quando da falta do atendimento de requisições do Ministério Público.

§ 7º A Subsecretaria de Inspeção de Trabalho da Secretaria de Trabalho do Ministério do Trabalho e Previdência poderá celebrar termo de entendimento com órgãos interessados com vistas à melhor articulação entre o planejamento e a execução das ações fiscais e o atendimento a requisições ou pedidos de fiscalização.

§ 8º Será garantida a confidencialidade da identidade dos usuários dos canais eletrônicos de que trata o *caput*, hipótese em que será vedado a qualquer pessoa que obtiver acesso à referida informação revelar a sua origem ou a fonte da fiscalização, que ficará sujeita a penalidade prevista em legislação específica.

§ 9º Na impossibilidade de uso ou acesso aos canais eletrônicos de que trata o *caput*, poderão ser admitidos outros meios para recebimento de denúncias sobre irregularidades trabalhistas.

SEÇÃO II DA ATUAÇÃO ESTRATÉGICA E PREVENTIVA DA INSPEÇÃO DO TRABALHO

Art. 19. O planejamento da inspeção do trabalho contemplara.atuação estratégica por meio de ações especiais setoriais para a prevenção de acidentes de trabalho, de doenças relacionadas ao trabalho e de irregularidades trabalhistas, a partir da análise dos dados de acidentalidade e adoecimento ocupacionais e do mercado de trabalho, na forma estabelecida em ato do Ministro de Estado do Trabalho e Previdência.

§ 1º A atuação estratégica por meio das ações especiais setoriais incluirá a realização de ações coletivas para prevenção e saneamento das irregularidades.

§ 2º As ações coletivas para prevenção e saneamento de irregularidades são iniciativas fora do âmbito das ações de fiscalização, que permitem o diálogo setorial e interinstitucional, e a construção coletiva de soluções.

§ 3º São ações coletivas para prevenção, dentre outras:

I - o estabelecimento de parcerias com entidades representativas de trabalhadores e empregadores;

II - o compartilhamento de diagnóstico setorial sobre os índices de informalidade, acidentalidade e adoecimento ocupacionais;

III - a realização de eventos de orientação às representações das partes interessadas;

IV - a elaboração de cartilhas e manuais;

V - a promoção do diálogo social por meio da realização de encontros periódicos para construção coletiva de soluções para a superação dos problemas identificados;

VI - a realização de visita técnica de instrução, no âmbito das competências previstas no inciso II do *caput* do art. 18 do Regulamento da Inspeção do Trabalho, aprovado pelo Decreto nº 4.552, de 27 de dezembro de 2002, e da Convenção nº 81 da OIT, nos termos do disposto no Decreto nº 10.088, de 5 de novembro de 2019; e

VII - a atuação integrada com outros órgãos da administração pública federal, estadual, distrital e municipal, com vistas ao compartilhamento de informações e à atuação conjunta na construção coletiva de soluções para os problemas concernentes a cada área de atuação.

§ 4º O monitoramento das ações coletivas para prevenção a que se refere o § 3º será realizado na forma estabelecida pelo responsável de cada projeto.

§ 5º A visita técnica de instrução a que se refere o inciso VI do § 3º consiste em atividade excepcional coletiva relacionada ao objeto do projeto ou da ação especial setorial, agendada previamente pela autoridade nacional ou máxima regional em matéria de inspeção do trabalho.

§ 6º Não caberá lavratura de auto de infração no âmbito das ações coletivas de prevenção previstas neste artigo.

SEÇÃO III DA AUTUAÇÃO PELA INSPEÇÃO DO TRABALHO

Art. 20. Incumbe exclusivamente à autoridade máxima regional em matéria de inspeção do trabalho a aplicação de multas, na forma prevista no art. 634 da Consolidação das Leis do Trabalho, aprovada pelo Decreto-Lei nº 5.452, de 1943, e em ato do Ministro de Estado do Trabalho e Previdência.

§ 1º A análise de defesa administrativa, sempre que os meios técnicos permitirem, será feita em unidade federativa diferente daquela onde tiver sido lavrado o auto de infração.

§ 2º O sistema de distribuição aleatória de processos para análise, decisão e aplicação de multas será disciplinado na forma estabelecida em ato do Ministro de Estado do Trabalho e Previdência de que trata o *caput*.

Art. 21. O auto de infração lavrado pelo Auditor-Fiscal do Trabalho deverá indicar expressamente os dispositivos legais e infralegais ou as cláusulas de instrumentos coletivos que houverem sido infringidos.

Parágrafo único. Serão nulos os autos de infração ou as decisões de autoridades que não observarem o disposto neste artigo, independentemente da natureza principal ou acessória da obrigação.

Art. 22. É vedado ao Auditor-Fiscal do Trabalho determinar o cumprimento de exigências que constem apenas de manuais, notas técnicas, ofícios circulares ou atos congêneres.

Art. 23. A não observância ao disposto no art. 22 poderá ensejar a apuração de responsabilidade administrativa do Auditor-Fiscal do Trabalho, nos termos do disposto no art. 121 e no art. 143 da Lei nº 8.112, de 11 de dezembro de 1990.

CAPÍTULO V
DAS DIRETRIZES PARA ELABORAÇÃO E REVISÃO DAS NORMAS REGULAMENTADORAS DE SEGURANÇA E SAÚDE NO TRABALHO

Art. 24. São diretrizes para elaboração e revisão das normas regulamentadoras de segurança e saúde no trabalho, nos termos do disposto no art. 200 da Consolidação das Leis do Trabalho, aprovada pelo Decreto-Lei nº 5.452, de 1943, no art. 13 da Lei nº 5.889, de 1973, e no art. 9º da Lei nº 9.719, de 27 de novembro de 1998:

I - redução dos riscos inerentes ao trabalho, prevenção de acidentes de trabalho e doenças ocupacionais e promoção da segurança e saúde do trabalhador;

II - a dignidade da pessoa humana, o valor social do trabalho, a valorização do trabalho humano, o livre exercício da atividade econômica e a busca do pleno emprego, nos termos do disposto nos incisos III e IV do *caput* do art. 1º e nos incisos IV e VIII do *caput* do art. 170 da Constituição;

III - o embasamento técnico ou científico, a atualidade das normas com o estágio corrente de desenvolvimento tecnológico e a compatibilidade dos marcos regulatórios brasileiro e internacionais;

IV - a harmonização, a consistência, a praticidade, a coerência e a uniformização das normas;

V - a transparência, a razoabilidade e a proporcionalidade no exercício da competência normativa;

VI - a simplificação e a desburocratização do conteúdo das normas regulamentadoras; e

VII - a intervenção subsidiária e excepcional do Estado sobre o exercício de atividades econômicas, nos termos do disposto no inciso III do *caput* do art. 2º da Lei nº 13.874, de 2019, incluído o tratamento diferenciado à atividade econômica de baixo risco à saúde e à segurança no ambiente de trabalho.

Parágrafo único. Poderá ser previsto tratamento diferenciado e favorecido para as microempresas e empresas de pequeno porte, nos termos do disposto no inciso IX do *caput* do art. 170 da Constituição, e na Lei Complementar nº 123, de 2006, quando o nível de risco ocupacional assim permitir.

Art. 25. São vedadas as seguintes condutas na elaboração e na revisão de normas regulamentadoras, exceto se em estrito cumprimento a previsão legal:

I - criar reserva de mercado ao favorecer segmento econômico em detrimento de concorrentes;

II - exigir especificação técnica que não seja necessária para atingir o fim pretendido; e

III - redigir enunciados que impeçam ou retardem a inovação e a adoção de novas tecnologias, processos ou modelos de negócios, observado o disposto no inciso I do *caput* do art. 24.

Art. 26. A atuação normativa relacionada à segurança e à saúde no trabalho deverá compreender todas as atividades e situações de trabalho e priorizará as situações de alto risco ocupacional e aquelas com maior propensão a gerar adoecimentos e acidentes de trabalho graves, em especial aqueles que gerem incapacidades permanentes para o trabalho ou que sejam fatais.

Art. 27. As normas regulamentadoras serão redigidas com clareza, precisão e ordem lógica, e apresentarão conceitos técnicos e objetivos, em observância ao disposto no Decreto nº 9.191, de 2017, e no Decreto nº 10.139, de 2019.

Art. 28. A elaboração e a revisão das normas regulamentadoras de segurança e saúde no trabalho incluirão mecanismos de consulta à sociedade em geral e às organizações sindicais mais representativas de trabalhadores e empregadores, seja por meio de procedimentos de audiência e consulta pública, seja por consulta à Comissão Tripartite Paritária Permanente, instituída pelo Decreto nº 9.944, de 30 de julho de 2019.

Art. 29. A Secretaria de Trabalho do Ministério do Trabalho e Previdência poderá solicitar à Fundação Jorge Duprat Figueiredo - Fundacentro, a elaboração de parecer com a indicação de parâmetros técnicos, estudos e pesquisas nacionais e internacionais atualizados sobre a área a ser regulada para instruir o processo de elaboração ou revisão de normas regulamentadoras.

CAPÍTULO VI
DO CERTIFICADO DE APROVAÇÃO DO EQUIPAMENTO DE PROTEÇÃO INDIVIDUAL

Art. 30. O equipamento de proteção individual somente poderá ser comercializado com a obtenção do certificado de aprovação, nos termos do disposto no art. 167 da Consolidação das Leis do Trabalho, aprovada pelo Decreto-Lei nº 5.452, de 1943, emitido pela Secretaria de Trabalho do Ministério do Trabalho e Previdência.

§ 1º Ato do Ministro de Estado do Trabalho e Previdência disporá sobre os procedimentos e os requisitos técnicos para emissão, renovação ou alteração do certificado de aprovação de que trata o *caput*.

§ 2º O certificado de aprovação de equipamento de proteção individual será emitido por meio de sistema eletrônico simplificado.

§ 3º As informações prestadas e as documentações e os relatórios apresentados serão de responsabilidade do requerente e serão considerados para fins de emissão do certificado.

§ 4º Os autores de declarações ou informações falsas ou que apresentarem documentos falsificados ficam sujeitos às penas previstas nos art. 297 a art. 299 do Decreto-Lei nº 2.848, de 7 de dezembro de 1940 - Código Penal.

CAPÍTULO VII
DO REGISTRO ELETRÔNICO DE CONTROLE DE JORNADA

Art. 31. O registro eletrônico de controle de jornada, nos termos do disposto no art. 74 da Consolidação das Leis do Trabalho, aprovada pelo Decreto-Lei nº 5.452, de 1943, será realizado por meio de sistemas e de equipamentos que atendam aos requisitos técnicos, na forma estabelecida em ato do Ministro de Estado do Trabalho e Previdência, de modo a coibir fraudes, a permitir o desenvolvimento de soluções inovadoras e a garantir a concorrência entre os ofertantes desses sistemas.

§ 1º Os procedimentos de análise de conformidade dos equipamentos e sistemas de que trata o *caput* considerarão os princípios da temporalidade, da integridade, da autenticidade, da irrefutabilidade, da pessoalidade e da auditabilidade, na forma estabelecida em ato do Ministro de Estado do Trabalho e Previdência.

§ 2º Os equipamentos e os sistemas de registro eletrônico de jornada, sem prejuízo do disposto no *caput*, registrarão fielmente as marcações efetuadas e atenderão aos seguintes critérios:

I - não permitir:

a) alteração ou eliminação dos dados registrados pelo empregado;

b) restrições de horário às marcações de ponto; e

c) marcações automáticas de ponto, tais como horário predeterminado ou horário contratual;

II - não exigir autorização prévia para marcação de sobrejornada; e

III - permitir:

a) pré-assinalação do período de repouso; e

b) assinalação de ponto por exceção à jornada regular de trabalho.

Art. 32. Para fins de fiscalização, os sistemas de registro eletrônico de jornada de que trata o art. 31 deverão:

I - permitir a identificação de empregador e empregado; e

II - possibilitar a extração do registro fiel das marcações realizadas pelo empregado.

CAPÍTULO VIII
DA MEDIAÇÃO DE CONFLITOS COLETIVOS DE TRABALHO

Art. 33. A mediação de conflitos coletivos de natureza trabalhista, quando exercida no âmbito do Ministério do Trabalho e Previdência, observará o disposto neste Capítulo.

Art. 34. Os trabalhadores, por intermédio de entidades sindicais representantes, e os empregadores, por si ou por intermédio de entidades sindicais representantes, poderão solicitar à Secretaria de Trabalho do Ministério do Trabalho e Previdência a realização de mediação, com vistas à composição de conflito coletivo.

Art. 35. A designação de mediador de que trata o art. 34 será sem ônus para as partes e recairá sobre servidor público em exercício no Ministério do Trabalho e Previdência, inclusive integrantes da carreira de Auditor-Fiscal do Trabalho.

Art. 36. Na hipótese de haver consenso entre as partes, o mediador deverá lavrar a ata de mediação, que tem natureza de título executivo extrajudicial, nos termos do disposto no inciso II, in fine, do *caput* do art. 784 da Lei nº 13.105, de 16 de março de 2015 - Código de Processo Civil.

Parágrafo único. Na hipótese de não entendimento entre as partes, o mediador deverá:

I - encerrar o processo administrativo de mediação; e

II - lavrar a ata de mediação.

Art. 37. O Ministério do Trabalho e Previdência disporá sobre ferramentas eletrônicas ou digitais e programas de fomento à composição individual e coletiva em conflitos trabalhistas que visem à redução da judicialização trabalhista.

Art. 38. Ato do Ministro de Estado do Trabalho e Previdência disporá sobre os procedimentos necessários ao cumprimento do disposto neste Capítulo.

CAPÍTULO IX
DAS EMPRESAS PRESTADORAS DE SERVIÇOS A TERCEIROS

Art. 39. Considera-se prestação de serviços a terceiros a transferência feita pela contratante da execução de quaisquer de suas atividades, inclusive de sua atividade principal, à pessoa jurídica de direito privado prestadora de serviços que possua capacidade econômica compatível com a sua execução.

§ 1º A empresa prestadora de serviços contrata, remunera e dirige o trabalho realizado por seus trabalhadores ou subcontrata outras empresas para realização desses serviços.

§ 2º Não configura vínculo empregatício a relação trabalhista entre os trabalhadores ou sócios das empresas prestadoras de serviços, independentemente do ramo de suas atividades, e a empresa contratante.

§ 3º A verificação de vínculo empregatício e de infrações trabalhistas, quando se tratar de trabalhador terceirizado, será realizada contra a empresa prestadora dos serviços e não em relação à empresa contratante, exceto nas hipóteses de infração previstas nos § 7º e § 8º e quando for comprovada fraude na contratação da prestadora, situação em que deverá ser indicado o dispositivo da Lei nº 6.019, de 1974, que houver sido infringido.

§ 4º Na hipótese de configuração de vínculo empregatício com a empresa contratante, o reconhecimento do vínculo deverá ser precedido da caracterização individualizada dos seguintes elementos da relação de emprego:

I - não eventualidade;

II - subordinação jurídica;

III - onerosidade; e

IV - pessoalidade.

§ 5º A mera identificação do trabalhador na cadeia produtiva da contratante ou o uso de ferramentas de trabalho ou de métodos organizacionais e operacionais estabelecidos pela contratante não implicará a existência de vínculo empregatício.

§ 6º A caracterização da subordinação jurídica deverá ser demonstrada no caso concreto e incorporará a submissão direta, habitual e reiterada do trabalhador aos poderes diretivo, regulamentar e disciplinar da empresa contratante, dentre outros.

§ 7º A empresa contratante é subsidiariamente responsável pelas obrigações trabalhistas referentes ao período em que ocorrer a prestação de serviços, e o recolhimento das contribuições previdenciárias observará o disposto no art. 31 da Lei nº 8.212, de 24 de julho de 1991.

§ 8º A empresa contratante será responsável pelas infrações relacionadas às condições de segurança, higiene e salubridade dos trabalhadores quando o trabalho for realizado nas suas dependências ou em local previamente convencionado em contrato, observado o disposto no § 3º do art. 5º-A da Lei nº 6.019, de 1974.

Art. 40. A responsabilidade subsidiária pelas obrigações trabalhistas referentes ao período em que ocorrer a prestação de serviços não implicará qualquer tipo de desconsideração da cadeia produtiva quanto ao vínculo empregatício entre o empregado da empresa prestadora de serviços e a empresa contratante.

Parágrafo único. É vedada a caracterização de grupo econômico pela mera identidade de sócios, hipótese em que será necessária, para a sua configuração, conforme o disposto no § 3º do art. 2º da Consolidação das Leis do Trabalho, aprovada pelo Decreto-Lei nº 5.452, de 1943, a demonstração:

I - do interesse integrado;

II - da efetiva comunhão de interesses; e

III - da atuação conjunta das empresas que o integrem.

CAPÍTULO X
DO TRABALHO TEMPORÁRIO

Art. 41. Considera-se trabalho temporário, nos termos do disposto na Lei nº 6.019, de 1974, aquele prestado por pessoa natural contratada por empresa de trabalho temporário que a coloca à disposição de empresa tomadora de serviços ou cliente para atender à necessidade de substituição transitória de pessoal permanente ou à demanda complementar de serviços.

Art. 42. O trabalho temporário não se confunde com a prestação de serviços a terceiros de que trata o art. 4º-A da Lei nº 6.019, de 1974.

Art. 43. Para fins do disposto neste Capítulo, considera-se:

I - empresa de trabalho temporário - pessoa jurídica, devidamente registrada no Ministério do Trabalho e Previdência, responsável pela colocação de trabalhadores temporários à disposição de outras empresas, tomadoras de serviços ou clientes que deles necessite temporariamente;

II - empresa tomadora de serviços ou cliente - pessoa jurídica ou entidade a ela equiparada que, em decorrência de necessidade de substituição transitória de pessoal permanente ou de demanda complementar de serviços, celebre contrato de prestação de serviços de colocação à disposição de trabalhadores temporários com empresa de trabalho temporário;

III - trabalhador temporário - pessoa natural contratada por empresa de trabalho temporário colocada à disposição de empresa tomadora de serviços ou cliente, destinada a atender à necessidade de substituição transitória de pessoal permanente ou à demanda complementar de serviços;

IV - demanda complementar de serviços - demanda proveniente de fatores imprevisíveis ou, quando decorrente de fatores previsíveis, que tenha natureza intermitente, periódica ou sazonal;

V - substituição transitória de pessoal permanente - substituição de trabalhador permanente da empresa tomadora de serviços ou cliente afastado por motivo de suspensão ou interrupção do contrato de trabalho, tais como férias, licenças e outros afastamentos previstos em lei;

VI - contrato individual de trabalho temporário - contrato de trabalho individual escrito celebrado entre o trabalhador e a empresa de trabalho temporário; e

VII - contrato de prestação de serviços de colocação à disposição de trabalhador temporário - contrato escrito celebrado entre empresa de trabalho temporário e empresa tomadora de serviços ou cliente para a prestação de serviços de colocação de trabalhadores temporários de que trata o art. 9º da Lei nº 6.019, de 1974.

Parágrafo único. Não se considera demanda complementar de serviços as demandas:

I - contínuas ou permanentes; e

II - decorrentes da abertura de filiais.

Art. 44. A empresa de trabalho temporário tem por finalidade a colocação de trabalhadores temporários à disposição de empresa tomadora de serviços ou cliente que deles necessite temporariamente.

Art. 45. O pedido de registro da empresa de trabalho temporário, observadas as normas complementares estabelecidas em ato do Ministro de Estado do Trabalho e Previdência, deverá ser instruído com os seguintes documentos:

I - prova de constituição da pessoa jurídica e registro na junta comercial da localidade em que a empresa tiver sede; e

II - prova de possuir capital social de, no mínimo, R$ 100.000,00 (cem mil reais).

Art. 46. A empresa de trabalho temporário deverá, quando solicitado pelo Ministério do Trabalho e Previdência, fornecer as informações consideradas necessárias para subsidiar a análise do mercado de trabalho.

Parágrafo único. O fornecimento das informações a que se refere o *caput* poderá ser substituído pelo uso do Sistema de Escrituração Digital das Obrigações Fiscais, Previdenciárias e Trabalhistas - eSocial, na forma estabelecida em ato do Ministro de Estado do Trabalho e Previdência.

Art. 47. O cadastramento dos trabalhadores temporários será feito junto ao Ministério do Trabalho e Previdência.

Art. 48. Compete à empresa de trabalho temporário remunerar e assistir os trabalhadores temporários quanto aos seus direitos assegurados, observado o disposto nos art. 60 a art. 63.

Art. 49. A empresa de trabalho temporário fica obrigada a anotar, em relação ao trabalhador temporário, nas anotações gerais da Carteira de Trabalho e Previdência Social, ou em meio eletrônico que vier a substituí-la, a sua condição de temporário, na forma estabelecida em ato do Ministro de Estado do Trabalho e Previdência.

Art. 50. A empresa de trabalho temporário fica obrigada a apresentar à inspeção do trabalho, quando solicitado, o contrato celebrado com o trabalhador temporário, a comprovação do recolhimento das contribuições previdenciárias e os demais documentos comprobatórios do cumprimento das obrigações estabelecidas neste Capítulo.

Art. 51. A empresa de trabalho temporário fica obrigada a discriminar, separadamente, em nota fiscal, os valores pagos a título de obrigações trabalhistas e fiscais e a taxa de agenciamento de colocação à disposição dos trabalhadores temporários.

Art. 52. É vedado à empresa de trabalho temporário ter ou utilizar, em seus serviços, trabalhador temporário, exceto quando:

I - o trabalhador for contratado por outra empresa de trabalho temporário; e

II - for comprovada a necessidade de substituição transitória de pessoal permanente ou demanda complementar de serviços.

Art. 53. É vedado à empresa de trabalho temporário cobrar do trabalhador qualquer valor, inclusive a título de mediação de mão de obra.

§ 1º A empresa de trabalho temporário poderá apenas efetuar os descontos previstos em lei.

§ 2º A infração ao disposto neste artigo acarretará o cancelamento do registro para funcionamento da empresa de trabalho temporário, sem prejuízo das sanções administrativas e penais cabíveis.

Art. 54. A empresa tomadora de serviços ou cliente manterá, em seu estabelecimento, e apresentará à inspeção do trabalho, quando solicitado, o contrato de prestação de serviços de colocação à disposição de trabalhadores temporários celebrado com a empresa de trabalho temporário.

Art. 55. É responsabilidade da empresa tomadora de serviços ou cliente garantir as condições de segurança, higiene e salubridade dos trabalhadores quando o trabalho for realizado em suas dependências ou em local por ela designado.

Art. 56. A empresa tomadora de serviços ou cliente estenderá ao trabalhador temporário, colocado à sua disposição, os mesmos atendimentos médico, ambulatorial e de refeição destinados aos seus empregados existentes em suas dependências ou em local por ela designado.

Art. 57. Não existe vínculo empregatício, independentemente do ramo da empresa tomadora de serviços ou cliente, entre esta e os trabalhadores contratados pelas empresas de trabalho temporário.

Art. 58. A empresa tomadora de serviços ou cliente exercerá o poder técnico, disciplinar e diretivo sobre os trabalhadores temporários colocados à sua disposição.

Art. 59. O contrato de trabalho temporário poderá dispor sobre o desenvolvimento de atividades-meio e atividades-fim a serem executadas na empresa tomadora de serviços ou cliente.

Art. 60. Ao trabalhador temporário serão assegurados os seguintes direitos:

I - remuneração equivalente àquela percebida pelos empregados da mesma categoria da empresa tomadora de serviços ou cliente, calculada à base horária, de modo a garantir, em qualquer hipótese, o salário-mínimo regional;

II - pagamento de férias proporcionais, calculado na base de um doze avos do último salário percebido, por mês trabalhado, nas hipóteses de:

a) dispensa sem justa causa;

b) pedido de demissão; ou

c) término normal do contrato individual de trabalho temporário;

III - Fundo de Garantia do Tempo de Serviço - FGTS, na forma prevista em lei;

IV - benefícios e serviços da Previdência Social;

V - seguro de acidente do trabalho; e

VI - anotação da sua condição de trabalhador temporário em sua Carteira de Trabalho e Previdência Social, em anotações gerais.

Parágrafo único. Para fins do disposto no inciso II do *caput*, será considerada como mês completo a fração igual ou superior a quinze dias.

Art. 61. A jornada de trabalho para os trabalhadores temporários será de, no máximo, oito horas diárias.

§ 1º A jornada de trabalho poderá ter duração superior a oito horas diárias na hipótese de a empresa tomadora de serviços ou cliente utilizar jornada de trabalho específica.

§ 2º As horas que excederem à jornada de trabalho serão remuneradas com acréscimo de, no mínimo, cinquenta por cento.

Art. 62. Será assegurado ao trabalhador temporário o acréscimo de, no mínimo, vinte por cento de sua remuneração quando trabalhar no período noturno.

Art. 63. Será assegurado ao trabalhador temporário o descanso semanal remunerado, nos termos do disposto na Lei nº 605, de 1949.

Art. 64. Não se aplica ao trabalhador temporário:

I - o contrato de experiência previsto no parágrafo único do art. 445 da Consolidação das Leis do Trabalho, aprovada pelo Decreto-Lei nº 5.452, de 1943; e

II - a indenização prevista no art. 479 da Consolidação das Leis do Trabalho, aprovada pelo Decreto-Lei nº 5.452, de 1943.

Art. 65. A empresa de trabalho temporário celebrará contrato individual de trabalho temporário por escrito com o trabalhador colocado à disposição da empresa tomadora ou cliente, do qual constarão expressamente:

I - os direitos conferidos ao trabalhador temporário decorrentes da sua condição; e

II - a indicação da empresa tomadora de serviços ou cliente.

Art. 66. O prazo de duração do contrato individual de trabalho temporário não será superior a cento e oitenta dias corridos, independentemente de a prestação de serviço ocorrer em dias consecutivos ou não.

Parágrafo único. O contrato, comprovada a manutenção das condições que ensejaram a contratação temporária, poderá ser prorrogado apenas uma vez, além do prazo previsto no *caput*, por até noventa dias corridos, independentemente de a prestação de trabalho ocorrer em dias consecutivos ou não.

Art. 67. O trabalhador temporário que cumprir os períodos estabelecidos no art. 66 somente poderá ser colocado à disposição da mesma empresa tomadora de serviços ou cliente em novo contrato temporário após o período de noventa dias, contado da data do término do contrato anterior.

Parágrafo único. A contratação anterior ao prazo previsto no *caput* caracterizará vínculo empregatício entre o trabalhador e a empresa tomadora de serviços ou cliente.

Art. 68. É nula de pleno direito qualquer cláusula proibitiva da contratação do trabalhador temporário pela empresa tomadora de serviço ou cliente.

Art. 69. Constituem justa causa para rescisão do contrato do trabalhador temporário os atos e as circunstâncias de que tratam os art. 482 e art. 483 da Consolidação das Leis do Trabalho, aprovada pelo Decreto-Lei nº 5.452, de 1943, que ocorram entre o trabalhador e a empresa de trabalho temporário ou entre o trabalhador e a empresa tomadora de serviços ou cliente.

Art. 70. O contrato individual de trabalho temporário não se confunde com o contrato por prazo determinado previsto no art. 443 da Consolidação das Leis do Trabalho, aprovada pelo Decreto-Lei nº 5.452, de 1943, e na Lei nº 9.601, de 21 de janeiro de 1998.

Art. 71. Para a prestação de serviços de colocação de trabalhadores temporários à disposição de outras empresas, é obrigatória a celebração de contrato por escrito entre a empresa de trabalho temporário e a empresa tomadora de serviços ou cliente, do qual constarão expressamente:

I - a qualificação das partes;

II - a justificativa da demanda de trabalho temporário;

III - o prazo estabelecido para a prestação de serviços;

IV - o valor estabelecido para a prestação de serviços; e

V - as disposições sobre a segurança e a saúde do trabalhador, independentemente do local em que seja prestado o serviço.

§ 1º O valor da prestação de serviços de que trata o inciso IV do *caput* consiste na taxa de agenciamento da prestação de serviço de colocação à disposição de trabalhadores temporários.

§ 2º A justificativa da demanda de trabalho temporário de que trata o inciso II do *caput* consiste na descrição do fato ensejador da contratação de trabalho temporário.

Art. 72. A descrição da justificativa da demanda de trabalho temporário e a quantidade necessária de trabalhadores serão demonstradas pela empresa de trabalho temporário ou pela empresa tomadora de serviços ou cliente, observado o disposto nos art. 65 e art. 66 e nas normas complementares editadas em ato do Ministro de Estado do Trabalho e Previdência.

Art. 73. Compete à Justiça do Trabalho dirimir os litígios que envolvam a relação de trabalho entre empresa de trabalho temporário, empresa tomadora de serviços ou cliente e trabalhador temporário.

Art. 74. A empresa tomadora de serviços ou cliente responderá subsidiariamente pelas obrigações trabalhistas referentes ao período em que for realizado o trabalho temporário.

Parágrafo único. Na hipótese de falência da empresa de trabalho temporário, a empresa tomadora de serviços ou cliente responderá solidariamente pelas verbas relativas ao período para o qual o trabalhador tiver sido contratado.

Art. 75. A empresa tomadora de serviços ou cliente fica obrigada a comunicar à empresa de trabalho temporário a ocorrência de acidente cuja vítima seja trabalhador temporário colocado à sua disposição, nos termos do disposto no § 2º do art. 12 da Lei nº 6.019, de 1974.

CAPÍTULO XI
DA GRATIFICAÇÃO DE NATAL

Art. 76. O pagamento da gratificação de Natal, nos termos do disposto na Lei nº 4.090, de 1962, e na Lei nº 4.749, de 1965, será efetuado pelo empregador até o dia vinte de dezembro de cada ano, e terá como base a remuneração devida nesse mês, de acordo com o tempo de serviço do empregado no ano em curso.

§ 1º A gratificação corresponderá a um doze avos da remuneração devida em dezembro, por mês de serviço, do ano correspondente.

§ 2º Para fins do disposto no § 1º, será considerada como mês completo a fração igual ou superior a quinze dias.

Art. 77. A gratificação de Natal para os empregados que recebem salário variável, a qualquer título, será calculada na base de um onze avos da soma dos valores variáveis devidos nos meses trabalhados até novembro de cada ano e será adicionada àquela que corresponder à parte do salário contratual fixo, quando houver.

Parágrafo único. Até o dia dez de janeiro de cada ano, computada a parcela do mês de dezembro, o cálculo da gratificação de Natal será revisto para um doze avos do total devido no ano anterior, de forma a se processar a correção do valor da respectiva gratificação com o pagamento ou a compensação das possíveis diferenças.

Art. 78. O empregador pagará, entre os meses de fevereiro e novembro de cada ano, como adiantamento da gratificação de Natal, em parcela única, metade do salário recebido pelo empregado no mês anterior ao do pagamento.

§ 1º Para os empregados que recebem salário variável, a qualquer título, o adiantamento da gratificação de Natal será calculado na base da soma dos valores variáveis devidos nos meses trabalhados até o mês anterior ao do pagamento e será adicionada àquela que corresponder à parte do salário contratual fixo, quando houver.

§ 2º O empregador não fica obrigado a pagar o adiantamento da gratificação de Natal a todos os seus empregados no mesmo mês.

§ 3º O valor que o empregado houver recebido a título de adiantamento da gratificação de Natal será deduzido do valor da gratificação devida.

§ 4º Nas hipóteses em que o empregado for admitido no curso do ano ou, durante este, não permanecer à disposição do empregador durante todos os meses, o adiantamento corresponderá à metade de um doze avos da remuneração, por mês de serviço ou fração superior a quinze dias.

Art. 79. O adiantamento da gratificação de Natal será pago por ocasião das férias do empregado, sempre que esse o requerer no mês de janeiro do ano correspondente.

Art. 80. Quando parte da remuneração for paga em utilidades, o valor da quantia efetivamente descontada e correspondente a essas, será computado para fixação da respectiva gratificação.

Art. 81. As faltas legais e as faltas justificadas ao serviço, na forma prevista nos art. 76 e art. 77, não serão deduzidas.

Art. 82. Caso o contrato de trabalho seja extinto, exceto na hipótese de rescisão com justa causa, o empregado receberá a gratificação devida, na forma prevista no art. 76, calculada sobre a remuneração do respectivo mês.

Parágrafo único. Caso a extinção do contrato de trabalho ocorra antes do pagamento de que trata o art. 76, o empregador poderá compensar o adiantamento a que se refere o art. 78 com o valor da gratificação devida na hipótese de rescisão e, se não bastar, com outro crédito de natureza trabalhista que o empregado possua.

CAPÍTULO XII
DAS RELAÇÕES INDIVIDUAIS E COLETIVAS DE TRABALHO RURAL

Art. 83. Este Capítulo disciplina a aplicação das normas reguladoras do trabalho rural, nos termos do disposto na Lei nº 5.889, de 1973.

Art. 84. Para fins do disposto neste Capítulo, considera-se empregador rural a pessoa natural ou jurídica, proprietária ou não, que explore atividade agroeconômica, em caráter permanente ou temporário, diretamente ou por meio de prepostos e com auxílio de empregados.

§ 1º Equipara-se ao empregador rural:

I - a pessoa natural ou jurídica que, habitualmente, em caráter profissional, e por conta de terceiros, execute serviços de natureza agrária, mediante a utilização do trabalho de outrem; e

II - o consórcio simplificado de produtores rurais de que trata o art. 25-A da Lei nº 8.212, de 1991.

§ 2º Sempre que uma ou mais empresas, embora cada uma delas tenha personalidade jurídica própria, estiverem sob direção, controle ou administração de outra, ou ainda quando, mesmo guardando cada uma sua autonomia, integrem grupo econômico ou financeiro rural, serão responsáveis solidariamente nas obrigações decorrentes da relação de emprego.

§ 3º Considera-se como atividade agroeconômica, além da exploração industrial em estabelecimento agrário não compreendido na Consolidação das Leis do Trabalho, aprovada pelo Decreto-Lei nº 5.452, de 1943, a exploração do turismo rural ancilar à exploração agroeconômica.

§ 4º Para fins do disposto no § 3º, consideram-se como exploração industrial em estabelecimento agrário as atividades que compreendem o primeiro tratamento dos produtos agrários in natura sem transformá-los em sua natureza, tais como:

I - o beneficiamento, a primeira modificação e o preparo dos produtos agropecuários e hortigranjeiros e das matérias-primas de origem animal ou vegetal para posterior venda ou industrialização; e

II - o aproveitamento dos subprodutos provenientes das operações de preparo e modificação dos produtos in natura de que trata o inciso I.

§ 5º Para fins do disposto no § 3º, não se considera indústria rural aquela que, ao operar a primeira modificação do produto agrário, transforme a sua natureza a ponto de perder a condição de matéria-prima.

Art. 85. Para fins do disposto neste Capítulo, empregado rural é toda pessoa natural que, em propriedade rural ou prédio rústico, preste serviços de natureza não eventual a empregador rural, sob a dependência deste e mediante o pagamento de salário.

Art. 86. As relações de trabalho rural serão reguladas pela Lei nº 5.889, de 1973, e, naquilo que não dispuser em contrário, pela Consolidação das Leis do Trabalho, aprovada pelo Decreto-Lei nº 5.452, de 1943, e pela legislação especial.

Art. 87. Os contratos de trabalho rural, individuais ou coletivos, estabelecerão, conforme os usos, as praxes e os costumes de cada região, o início e o término normal da jornada de trabalho, cuja duração não poderá exceder a oito horas diárias.

§ 1º Será obrigatória, em qualquer trabalho contínuo de duração superior a seis horas, a concessão de intervalo mínimo de uma hora para repouso ou alimentação, observados os usos e os costumes da região.

§ 2º Os intervalos para repouso ou alimentação não serão computados na duração da jornada de trabalho.

Art. 88. Haverá período mínimo de onze horas consecutivas para descanso entre duas jornadas de trabalho.

Art. 89. A duração diária da jornada de trabalho poderá ser acrescida de horas extras, em número não excedente a duas horas, por acordo individual, convenção coletiva ou acordo coletivo de trabalho.

§ 1º Deverá constar, obrigatoriamente, de acordo individual, convenção coletiva ou acordo coletivo de trabalho a importância da remuneração da hora suplementar que será, no mínimo, cinquenta por cento superior à da hora normal.

§ 2º Poderá ser dispensado o acréscimo de salário se, por força de acordo ou convenção coletiva de trabalho, o excesso de horas em um dia for compensado pela diminuição correspondente em outro dia, de maneira que não exceda, no período máximo de um ano, à soma das jornadas semanais de trabalho previstas, nem seja ultrapassado o limite máximo de dez horas diárias.

§ 3º É lícito o regime de compensação de jornada estabelecido por acordo individual, tácito ou escrito, para a compensação no mesmo mês.

Art. 90. A duração da jornada de trabalho poderá, caso ocorra necessidade imperiosa, exceder ao limite legal ou convencionado, seja por motivo de força maior, seja para atender à realização ou à conclusão de serviços inadiáveis ou cuja inexecução possa acarretar prejuízo manifesto.

§ 1º Nas hipóteses previstas no *caput*, o excesso poderá ser exigido independentemente de convenção coletiva ou acordo coletivo de trabalho.

§ 2º Nas hipóteses de excesso de horário por motivo de força maior, a remuneração da hora excedente será de, no mínimo, cinquenta por cento superior à hora normal.

§ 3º Nas demais hipóteses de excesso previstas no *caput*, as horas que excederem à jornada de trabalho serão remuneradas com acréscimo de, no mínimo, cinquenta por cento, e o trabalho não poderá exceder a doze horas, desde que a lei não estabeleça expressamente outro limite.

§ 4º A duração da jornada de trabalho, sempre que ocorrer interrupção resultante de causas acidentais ou de força maior que determinem a impossibilidade de sua realização, poderá ser prorrogada pelo tempo necessário até o máximo de duas horas, durante o número de dias indispensáveis à recuperação do tempo perdido, desde que não exceda a dez horas diárias, em período não superior a quarenta e cinco dias por ano, sujeita essa recuperação à autorização prévia da autoridade competente.

Art. 91. Nos serviços intermitentes, não serão computados como de exercício efetivo os intervalos entre uma e outra parte da execução da tarefa diária, o que deverá ser expressamente ressalvado nos registros referentes à Carteira de Trabalho e Previdência Social.

Parágrafo único. Considera-se serviço intermitente aquele que, por sua natureza, seja normalmente executado em duas ou mais etapas diárias distintas, desde que haja interrupção da jornada de trabalho de, no mínimo, cinco horas, entre uma e outra parte da execução da tarefa.

Art. 92. O trabalho noturno acarretará acréscimo de vinte e cinco por cento sobre a remuneração normal da hora diurna.

Parágrafo único. Para fins do disposto no *caput*, considera-se trabalho noturno aquele executado entre:

I - as vinte horas de um dia e as quatro horas do dia seguinte, na atividade pecuária; e

II - as vinte e uma horas de um dia e as cinco horas do dia seguinte, na lavoura.

Art. 93. Fica proibido o trabalho noturno, perigoso ou insalubre a menores de dezoito anos de idade, além daqueles proibidos pela Lei nº 8.069, de 13 de julho de 1990 - Estatuto da Criança e do Adolescente, e pelo Decreto nº 6.481, de 12 de junho de 2008.

Parágrafo único. Fica proibida qualquer espécie de trabalho a menores de dezesseis anos de idade, exceto quanto à contratação de jovem a partir de quatorze anos de idade na condição de aprendiz.

Art. 94. Aplicam-se aos trabalhadores rurais sem vínculo empregatício que prestem serviços a empregadores rurais, dentre outras, as normas referentes:

I - à segurança e à saúde no trabalho;

II - à jornada de trabalho;

III - ao trabalho noturno; e

IV - ao trabalho do menor de idade.

Art. 95. No salário do empregado, além das hipóteses de determinação legal ou decisão judicial, somente poderão ser efetuados os seguintes descontos, calculados sobre o salário-mínimo:

I - até o limite de vinte por cento, pela ocupação da morada;

II - até o limite de vinte e cinco por cento, pelo fornecimento de alimentação; e

III - valores de adiantamentos em dinheiro.

§ 1º As deduções de que trata o *caput* deverão ser previamente autorizadas pelo empregado, sem o que serão nulas de pleno direito.

§ 2º Para fins do disposto no inciso I do *caput*, considera-se morada a habitação fornecida pelo empregador, a qual, atendidas as condições peculiares de cada região, satisfaça os requisitos de salubridade e higiene estabelecidos em normas editadas em ato do Ministro de Estado do Trabalho e Previdência.

§ 3º O desconto previsto no inciso I do *caput*, sempre que mais de um empregado residir na mesma morada, deverá ser dividido proporcionalmente pelo número total de empregados, vedada, em qualquer hipótese, a moradia coletiva de famílias.

§ 4º O empregado, rescindido ou extinto o contrato de trabalho, será obrigado a desocupar a morada fornecida pelo empregador no prazo de trinta dias, contado da data do término da relação laboral.

Art. 96. Considera-se safreiro ou safrista o trabalhador que se obriga à prestação de serviços por meio de contrato de safra.

Parágrafo único. Considera-se contrato de safra aquele que tenha a sua duração dependente de variações estacionais das atividades agrárias, assim entendidas as tarefas normalmente executadas no período compreendido entre o preparo do solo para o cultivo e a colheita.

Art. 97. O empregador, expirado normalmente o contrato de safra, deverá pagar ao safreiro, a título de indenização do tempo de serviço, o valor correspondente a um doze avos do salário mensal por mês de serviço.

Parágrafo único. Será considerada como mês completo a fração superior a quatorze dias.

Art. 98. O aviso prévio, nos termos do disposto no Capítulo VI do Título IV da Consolidação das Leis do Trabalho, aprovada pelo Decreto-Lei nº 5.452, de 1943, será concedido na proporção de trinta dias aos empregados que contem com até um ano de serviço ao mesmo empregador.

Parágrafo único. Ao aviso prévio de que trata o *caput* serão acrescidos três dias por ano de serviço prestado na mesma empresa, até o máximo de sessenta dias, com o total de até noventa dias.

Art. 99. O empregado rural terá direito a um dia por semana, sem prejuízo do recebimento de seu salário integral, para procurar outro trabalho durante o prazo do aviso prévio na hipótese de a rescisão ter sido formalizada pelo empregador.

Art. 100. A aposentadoria por idade concedida ao empregado rural, na forma prevista na legislação, não acarretará rescisão de contrato de trabalho, nem constituirá justa causa para a sua dispensa.

Art. 101. A plantação subsidiária ou intercalar a cargo do empregado, quando de interesse também do empregador, será objeto de contrato em separado.

§ 1º Se houver necessidade de contratação de safreiros nas hipóteses previstas no *caput*, os encargos dela decorrentes serão de responsabilidade do empregador.

§ 2º O resultado anual a que tiver direito o empregado rural, em dinheiro ou em produto in natura, não poderá ser computado como parte correspondente ao salário-mínimo na remuneração geral do empregado durante o ano agrícola.

Art. 102. O empregador rural que tiver a seu serviço, nos limites de sua propriedade, mais de cinquenta trabalhadores de qualquer natureza, com família, fica obrigado a possuir e conservar em funcionamento escola primária, inteiramente gratuita, para os menores dependentes, com tantas classes quantos sejam os grupos de quarenta crianças em idade escolar.

Art. 103. A pretensão quanto a créditos resultantes das relações de trabalho prescreverá em cinco anos, até o limite de dois anos após a extinção do contrato de trabalho.

Parágrafo único. O disposto no *caput* não se aplica ao menor de dezoito anos de idade.

Art. 104. Ato do Ministro de Estado do Trabalho e Previdência estabelecerá as normas de segurança e saúde no trabalho a serem observadas nos locais de trabalho rural.

Art. 105. As infrações ao disposto neste Capítulo acarretarão a aplicação da multa prevista no art. 18 da Lei nº 5.889, de 1973.

§ 1º As infrações ao disposto na Consolidação das Leis do Trabalho, aprovada pelo Decreto-Lei nº 5.452, de 1943, e à legislação esparsa cometidas contra o trabalhador rural acarretarão a aplicação das multas nelas previstas.

§ 2º As penalidades serão aplicadas pela autoridade competente do Ministério do Trabalho e Previdência, observado o disposto no Título VII da Consolidação das Leis do Trabalho, aprovada pelo Decreto-Lei nº 5.452, de 1943.

CAPÍTULO XIII
DO VALE-TRANSPORTE

Art. 106. São beneficiários do vale-transporte, nos termos do disposto na Lei nº 7.418, de 1985, os trabalhadores em geral, tais como:

I - os empregados, assim definidos no art. 3º da Consolidação das Leis do Trabalho, aprovada pelo Decreto-Lei nº 5.452, de 1943;

II - os empregados do subempreiteiro, o subempreiteiro e o empreiteiro principal, nos termos do disposto no art. 455 da Consolidação das Leis do Trabalho, aprovada pelo Decreto-Lei nº 5.452, de 1943;

III - os trabalhadores temporários, assim definidos no art. 2º da Lei nº 6.019, de 1974;

IV - os atletas profissionais, de que trata a Lei nº 9.615, de 24 de março de 1998;

V - os empregados domésticos, assim definidos no art. 1º da Lei Complementar nº 150, de 1º de junho de 2015; e

VI - os empregados a domicílio, para os deslocamentos indispensáveis à prestação do trabalho e à percepção de salários e os necessários ao desenvolvimento das relações com o empregador.

Art. 107. O vale-transporte constitui benefício que o empregador antecipará ao trabalhador para a utilização efetiva em despesas de deslocamento residência-trabalho e vice-versa.

Parágrafo único. Entende-se como deslocamento a soma dos segmentos componentes da viagem do beneficiário, por um ou mais meios de transporte, entre a sua residência e o local de trabalho.

Art. 108. O vale-transporte é utilizável em todas as formas de transporte público coletivo urbano ou, ainda, intermunicipal e interestadual de caráter urbano, estabelecidas na forma prevista na Lei nº 12.587, de 3 de janeiro de 2012, operado diretamente pelo Poder Público ou por empresa por ele delegada, em linhas regulares e com tarifas estabelecidas pela autoridade competente.

Parágrafo único. O disposto no *caput* não se aplica aos serviços de transporte privado coletivo e transporte público individual.

Art. 109. O empregador que proporcionar, por meios próprios ou contratados, em veículos adequados ao transporte coletivo, o deslocamento residência-trabalho e vice-versa de seus trabalhadores fica desobrigado de fornecer-lhes vale-transporte.

Parágrafo único. Caso o empregador forneça ao trabalhador transporte próprio ou fretado que não cubra integralmente os seus deslocamentos, o valetransporte deverá ser fornecido para os segmentos da viagem não abrangidos pelo referido transporte.

Art. 110. É vedado ao empregador substituir o vale-transporte por antecipação em dinheiro ou qualquer outra forma de pagamento, exceto quanto ao empregador doméstico, ressalvado o disposto no parágrafo único.

Parágrafo único. Nas hipóteses de indisponibilidade operacional da empresa operadora e de falta ou insuficiência de estoque de vale-transporte necessário ao atendimento da demanda e ao funcionamento do sistema, o beneficiário será ressarcido pelo empregador na folha de pagamento imediata quanto à parcela correspondente, quando tiver efetuado a despesa para o seu deslocamento por conta própria.

Art. 111. Quanto à contribuição do empregador, o vale-transporte:

I - não tem natureza salarial, nem se incorpora à remuneração do beneficiário para quaisquer efeitos;

II - não constitui base de incidência de contribuição previdenciária ou do FGTS;

III - não é considerado para fins de pagamento da gratificação de Natal a que se refere o Capítulo XI; e

IV - não configura rendimento tributável do beneficiário.

Art. 112. O empregado, para exercer o direito de receber o vale-transporte, informará ao empregador, por escrito ou por meio eletrônico:

I - o seu endereço residencial; e

II - os serviços e os meios de transporte mais adequados ao seu deslocamento residência-trabalho e vice-versa.

§ 1º A informação de que trata o *caput* deverá ser atualizada sempre que ocorrer alteração, sob pena de suspensão do benefício até o cumprimento dessa exigência.

§ 2º O beneficiário firmará termo de compromisso de utilizar o vale-transporte exclusivamente para o deslocamento efetivo residência-trabalho e vice-versa.

§ 3º A declaração falsa e o uso indevido do vale-transporte constituem falta grave.

Art. 113. É vedada a acumulação do benefício do vale-transporte com outras vantagens relativas ao transporte do beneficiário, ressalvado o disposto no parágrafo único do art. 109.

Art. 114. O vale-transporte será custeado:

I - pelo beneficiário, na parcela equivalente a seis por cento de seu salário básico ou vencimento, excluídos quaisquer adicionais ou vantagens; e

II - pelo empregador, no que exceder à parcela de que trata o inciso I.

Parágrafo único. O empregador fica autorizado a descontar mensalmente o valor da parcela de que trata o inciso I do *caput* do salário básico ou vencimento do empregado que utilizar o vale-transporte.

Art. 115. O valor da parcela a ser suportada pelo beneficiário será descontado proporcionalmente à quantidade de vale-transporte concedida para o período a que se refere o salário básico ou vencimento e por ocasião de seu pagamento, exceto se houver disposição em contrário em convenção ou acordo coletivo.

Art. 116. O empregado poderá, na hipótese de a despesa com o seu deslocamento ser inferior a seis por cento do salário básico ou vencimento, optar pelo recebimento antecipado do vale-transporte, cujo valor será integralmente descontado por ocasião do pagamento do salário básico ou vencimento.

Art. 117. A base de cálculo para determinação da parcela custeada pelo beneficiário será:

I - o salário básico ou vencimento, excluídos quaisquer adicionais ou vantagens; e

II - o montante percebido no período, nas seguintes hipóteses:

a) quando se tratar de trabalhador remunerado por tarefa ou serviço feito; ou

b) quando se tratar de remuneração constituída exclusivamente de comissões, percentagens, gratificações, gorjetas ou equivalentes.

Art. 118. O poder concedente ou o órgão de gerência com jurisdição sobre os serviços de transporte público coletivo urbano, intermunicipal ou interestadual de caráter urbano, respeitado o disposto na legislação federal, editará normas complementares para operacionalização do sistema do vale-transporte.

Parágrafo único. Os órgãos a que se refere o *caput* ficam responsáveis pelo controle do sistema do vale-transporte.

Art. 119. Fica a empresa operadora do sistema de transporte coletivo público coletivo obrigada a:

I - emitir e comercializar o vale-transporte ao preço da tarifa pública vigente;

II - disponibilizar o vale-transporte aos empregadores; e

III - assumir os custos das obrigações a que se referem os incisos I e II, sem repassá-los para a tarifa pública dos serviços.

§ 1º A emissão e a comercialização do vale-transporte poderão também ser efetuadas pelo órgão de gerência ou pelo poder concedente, quando este tiver a competência legal para emissão de passes.

§ 2º Na hipótese prevista no § 1º, é vedada a emissão e a comercialização de vale-transporte simultaneamente pelo poder concedente e pelo órgão de gerência.

§ 3º A delegação ou a transferência da atribuição de emitir e comercializar o vale-transporte não afasta a proibição de repassar os custos para a tarifa pública dos serviços.

Art. 120. As empresas operadoras, nas hipóteses de delegação previstas no § 1º do art. 119 ou de constituição de consórcio, deverão submeter os instrumentos de delegação ao poder concedente ou ao órgão de gerência para que procedam à emissão e à comercialização de vale-transporte.

Art. 121. Nas hipóteses previstas no art. 120, as empresas operadoras responderão solidariamente pela pessoa jurídica delegada ou pelos atos do consórcio em razão de faltas ou falhas no serviço.

Art. 122. O responsável por emitir e comercializar o vale-transporte garantirá a segurança e a eficácia dos meios eletrônicos disponibilizados aos usuários e fornecerá informações para conferência das viagens e dos valores repassados pelo empregador.

Art. 123. A comercialização do vale-transporte ocorrerá em centrais ou postos de venda estrategicamente distribuídos na cidade onde será utilizado.

Parágrafo único. Nas hipóteses em que o sistema local de transporte público for operado por diversas empresas ou por meios diferentes, com ou sem integração, os postos de vendas comercializarão todos os tipos de vale-transporte.

Art. 124. A concessão do benefício obriga o empregador a adquirir vale-transporte em quantidade e tipo de serviço que melhor se adequar ao deslocamento do beneficiário.

Parágrafo único. A aquisição do vale-transporte será feita antecipadamente e à vista, proibidos quaisquer descontos, e limitada à quantidade estritamente necessária ao atendimento dos beneficiários.

Art. 125. O cálculo do valor do vale-transporte considerará o valor da tarifa integral, relativa ao deslocamento do beneficiário, por um ou mais meios de transporte, mesmo que a legislação local preveja descontos de tarifa.

Parágrafo único. Para fins do disposto no *caput*, não são considerados descontos as reduções tarifárias decorrentes de integração de serviços.

Art. 126. A venda do vale-transporte será comprovada por meio de recibo emitido pela vendedora, o qual conterá:

I - o período a que se refere;

II - a quantidade de vale-transporte vendida e de beneficiários a quem se destina; e

III - o nome, o endereço e o número de inscrição da empresa compradora no Cadastro Nacional de Pessoas Jurídicas - CNPJ.

Art. 127. O vale-transporte poderá ser emitido conforme as peculiaridades e as conveniências locais, para utilização por linha, empresa, sistema ou outros aspectos recomendados pela experiência local.

Art. 128. O responsável por emitir e comercializar o vale-transporte poderá adotar a forma que melhor lhe convier à segurança e à facilidade de distribuição.

Parágrafo único. O vale-transporte poderá ser emitido na forma de bilhetes simples ou múltiplos, talões, cartelas, fichas, cartão digital ou quaisquer processos similares, eletrônicos ou digitais.

Art. 129. Quando o vale-transporte for emitido para utilização em sistema determinado de transporte ou para valer entre duas ou mais operadoras, será de aceitação compulsória, nos termos previstos em acordo previamente firmado.

§ 1º O responsável por emitir e comercializar o vale-transporte pagará às empresas operadoras os créditos no prazo de vinte e quatro horas, facultado às partes pactuar prazo maior.

§ 2º O responsável por emitir e comercializar o vale-transporte deverá apresentar, mensalmente, demonstrativos financeiros dessa atividade ao órgão de gerência, que observará o disposto no art. 132.

Art. 130. As empresas operadoras ficam obrigadas a manter permanentemente sistema de registro e controle do número de vale-transporte emitido, comercializado e utilizado, ainda que a atividade seja exercida por delegação ou por meio de consórcio.

Art. 131. O vale-transporte, na hipótese de alteração do valor da tarifa de serviços, poderá:

I - ser utilizado pelo beneficiário, no prazo estabelecido pelo poder concedente; ou

II - ser trocado, sem ônus, pelo empregador, no prazo de trinta dias, contado da data de alteração do valor da tarifa.

Art. 132. O poder concedente ou o órgão de gerência informará mensalmente ao órgão da administração pública federal responsável pela gestão do Sistema Nacional de Informações da Mobilidade Urbana, estatísticas que permitam avaliação em âmbito nacional, em caráter permanente, da utilização do vale-transporte.

Art. 133. As operadoras informarão, mensalmente, nos termos exigidos pelas normas locais, o volume de vale-transporte emitido, comercializado e utilizado, a fim de permitir a avaliação local do sistema, além de outros dados que venham a ser julgados convenientes à consecução desse objetivo.

Art. 134. Nos atos de concessão, permissão ou autorização de emissão e comercialização de vale-transporte, serão previstas sanções às empresas operadoras que emitirem ou comercializarem o vale-transporte diretamente, por meio de delegação ou consórcio, em quantidade insuficiente ao atendimento da demanda.

Art. 135. As sanções de que trata o art. 134 serão estabelecidas em valor proporcional às quantidades solicitadas e não fornecidas, e serão agravadas em caso de reincidência.

Art. 136. O valor efetivamente pago e comprovado pelo empregador, pessoa jurídica, na aquisição de vale-transporte, poderá ser deduzido como despesa operacional, nos termos do disposto no art. 384 do Decreto nº 9.580, de 22 de novembro de 2018.

CAPÍTULO XIV
DO PROGRAMA EMPRESA CIDADÃ

Art. 137. O Programa Empresa Cidadã, instituído pela Lei nº 11.770, de 2008, é destinado a prorrogar:

I - por sessenta dias, a duração da licença-maternidade, prevista no inciso XVIII do *caput* do art. 7º da Constituição; e

II - por quinze dias, a duração da licença-paternidade, prevista na Lei nº 11.770, de 2008, além dos cinco dias estabelecidos no § 1º do art. 10 do Ato das Disposições Constitucionais Transitórias.

§ 1º A prorrogação de que trata o *caput*:

I - será garantida à empregada da pessoa jurídica que aderir ao Programa Empresa Cidadã, desde que a empregada a requeira até o fim do primeiro mês após o parto, e será concedida no dia subsequente à fruição da licença-maternidade de que trata o inciso XVIII do *caput* do art. 7º da Constituição; e

II - será garantida ao empregado da pessoa jurídica que aderir ao Programa Empresa Cidadã, desde que o empregado a requeira no prazo de dois dias úteis após o parto e comprove a participação em programa ou atividade de orientação sobre paternidade responsável.

§ 2º O disposto neste artigo aplica-se à empregada ou ao empregado de pessoa jurídica que adotar ou obtiver guarda judicial para fins de adoção de criança.

§ 3º A prorrogação de que trata este artigo será devida, inclusive, no caso de parto antecipado.

Art. 138. As pessoas jurídicas poderão aderir ao Programa Empresa Cidadã por meio de requerimento dirigido à Secretaria Especial da Receita Federal do Brasil do Ministério da Economia.

Art. 139. A pessoa jurídica participante do Programa Empresa Cidadã observará as regras de dedução de imposto sobre a renda previstas no art. 648 do Decreto nº 9.580, de 2018.

Art. 140. A empregada e o empregado, no período de prorrogação da licençamaternidade, da licença-paternidade e da licença à adotante de que tratam este Capítulo, não poderão exercer qualquer atividade remunerada, exceto na hipótese de contrato de trabalho simultâneo firmado previamente.

Parágrafo único. O descumprimento do disposto no *caput* ensejará a perda do direito à prorrogação de licença-maternidade, da licença-paternidade e da licença à adotante de que tratam este Capítulo.

Art. 141. Durante o período de prorrogação da licença-maternidade, da licença-paternidade e da licença à adotante:

I - a empregada terá direito à remuneração integral, nos mesmos moldes devidos no período de percepção do salário-maternidade pago pelo Regime Geral de Previdência Social; e

II - o empregado terá direito à remuneração integral.

Art. 142. A Secretaria Especial da Receita Federal do Brasil do Ministério da Economia e o Instituto Nacional do Seguro Social - INSS poderão editar, no âmbito de suas competências, normas complementares necessárias ao cumprimento do disposto neste Capítulo.

CAPÍTULO XV
DA SITUAÇÃO DE TRABALHADORES CONTRATADOS OU TRANSFERIDOS PARA PRESTAR SERVIÇOS NO EXTERIOR

Art. 143. Este Capítulo regulamenta a situação de trabalhadores contratados ou transferidos para prestar serviços no exterior, nos termos do disposto no § 2º do art. 5º, no art. 9º e no art. 12 da Lei nº 7.064, de 1982.

Art. 144. O empregado contratado no País ou transferido por seus empregadores para prestar serviços no exterior, enquanto estiver a prestar serviços no estrangeiro, poderá converter e remeter para o local de trabalho, no todo ou em parte, os valores correspondentes à remuneração paga em moeda nacional.

Art. 145. As remessas de que trata o art. 144 serão feitas por meio de instituição financeira autorizada a funcionar pelo Banco Central do Brasil que opere em câmbio, por meio de requerimento escrito do empregado ou de seu procurador, instruído com declaração da empresa empregadora, da qual deverão constar:

I - o valor da remuneração paga ao empregado;

II - o local da prestação de serviços no exterior;

III - o número da Carteira de Trabalho e Previdência Social para empregadores não declarantes do eSocial; e

IV - o número de inscrição do empregado no cadastro de contribuintes.

Parágrafo único. As remessas de que trata o *caput* ficarão sujeitas à fiscalização do Banco Central do Brasil.

Art. 146. Os valores pagos pela empresa empregadora a que se refere o art. 144, na liquidação de direitos estabelecidos pela lei do local da prestação de serviços no exterior, poderão ser deduzidos dos depósitos do FGTS em nome do empregado existentes na conta vinculada, nos termos do disposto na Lei nº 8.036, de 11 de maio de 1990.

§ 1º O levantamento, pela empresa empregadora, dos valores correspondentes à liquidação de direitos, efetuada em conformidade com o disposto na lei do local da prestação de serviços no exterior, será efetivada à vista do alvará expedido em decorrência da homologação judicial.

§ 2º A homologação dos valores a serem deduzidos ocorrerá por meio da apresentação, pela empresa empregadora, de cópia autenticada da documentação comprobatória da liquidação dos direitos do empregado no exterior, traduzida por tradutor juramentado.

§ 3º O juiz, requerida a homologação, determinará à instituição financeira depositária da conta vinculada que informe, no prazo de três dias úteis, contado da data da notificação, o valor existente na conta vinculada do empregado na data do pedido de homologação.

Art. 147. A homologação deverá consignar o valor, em moeda estrangeira, a ser deduzido e o alvará autorizará o levantamento do seu valor correspondente em moeda nacional, junto à instituição financeira depositária, que efetuará a conversão ao câmbio do dia em que efetivar o pagamento.

§ 1º Na hipótese em que a liquidação de direitos do empregado tiver sido efetuada em moeda que não tenha paridade direta com a moeda nacional, o dólar comercial dos Estados Unidos da América será utilizado como moeda de conversão.

§ 2º A empresa empregadora deverá apresentar o alvará a que se refere o *caput* no prazo de dois dias úteis, contado da data da sua expedição, sob pena de correrem à sua conta as variações cambiais posteriores à data de expedição do alvará.

Art. 148. Caso o saldo existente na conta vinculada do FGTS em nome do empregado não seja suficiente para a dedução integral dos valores correspondentes aos direitos liquidados pela empresa no exterior, a diferença poderá ser recolhida por meio de nova dedução dessa conta, quando da cessação, no País, do contrato de trabalho, por meio da expedição de novo alvará, independentemente de nova homologação.

Art. 149. A contratação de trabalhador por empresa estrangeira para trabalhar no exterior fica condicionada à autorização do Ministério do Trabalho e Previdência.

Parágrafo único. Ato do Ministro de Estado Ministério do Trabalho e Previdência disporá sobre a concessão da autorização de que trata o *caput*, observado o disposto no art. 150.

Art. 150. A empresa que requerer a autorização a que se refere o art. 149 deverá comprovar:

I - a sua existência jurídica, em conformidade com as leis do país onde estiver sediada;

II - a participação de pessoa jurídica domiciliada no País em, no mínimo, cinco por cento do seu capital social;

III - a existência de procurador legalmente constituído no País, com poderes especiais de representação, inclusive de receber citação; e

IV - a solidariedade da pessoa jurídica a que se refere o inciso II, no cumprimento das obrigações da empresa estrangeira decorrentes da contratação do empregado.

CAPÍTULO XVI DO REPOUSO SEMANAL REMUNERADO E DO PAGAMENTO DE SALÁRIO NOS FERIADOS CIVIS E RELIGIOSOS

Art. 151. Este Capítulo dispõe sobre o repouso semanal remunerado e o pagamento de salário nos feriados civis e religiosos, nos termos do disposto na Lei nº 605, de 1949.

Art. 152. Todo empregado tem direito a um descanso semanal remunerado de vinte e quatro horas consecutivas, preferencialmente aos domingos e, nos limites das exigências técnicas das empresas, nos feriados civis e religiosos, de acordo com a tradição local.

Art. 153. São feriados e, como tais, obrigam ao repouso remunerado em todo o território nacional, aqueles que a lei determinar.

Parágrafo único. Será também obrigatório o repouso remunerado nos dias de feriados locais, até o máximo de quatro, desde que declarados como tais por lei municipal.

Art. 154. Comprovado o cumprimento das exigências técnicas, nos termos do disposto no art. 1º da Lei nº 605, de 1949, será admitido o trabalho nos dias de repouso, garantida a remuneração correspondente.

§ 1º Para fins do disposto neste Capítulo, constituem exigências técnicas aquelas que, em razão do interesse público ou das condições peculiares às atividades da empresa ou ao local onde estas atuem, tornem indispensável a continuidade do trabalho, em todos ou alguns de seus serviços.

§ 2º Nos serviços que exijam trabalho aos domingos, com exceção dos elencos teatrais e congêneres, será estabelecida escala de revezamento, mensalmente organizada, que constará de quadro sujeito à fiscalização.

§ 3º Nos serviços em que for permitido o trabalho nos dias de repouso, a remuneração dos empregados que trabalharem nesses dias será paga em dobro, exceto se a empresa determinar outro dia de folga.

§ 4º Ato do Ministro de Estado do Trabalho e Previdência concederá, em caráter permanente, permissão para o trabalho nos dias de repouso às atividades que se enquadrarem nas exigências técnicas de que trata o *caput*.

Art. 155. Será admitido, excepcionalmente, o trabalho em dia de repouso quando:

I - ocorrer motivo de força maior; ou

II - para atender à realização ou à conclusão de serviços inadiáveis ou cuja inexecução possa acarretar prejuízo manifesto, a empresa obtiver autorização prévia da autoridade competente em matéria de trabalho, com discriminação do período autorizado, o qual, de cada vez, não excederá a sessenta dias.

Art. 156. Nos dias de repouso em que for permitido o trabalho, é vedada às empresas a execução de serviços que não se enquadrem nos motivos determinantes da permissão.

Art. 157. A remuneração do repouso semanal corresponderá:

I - para os que trabalham por dia, semana, quinzena ou mês, à de um dia de trabalho, computadas as horas extras habitualmente prestadas;

II - para os que trabalham por hora, à sua jornada de trabalho, computadas as horas extras habitualmente prestadas;

III - para os que trabalham por tarefa ou peça, ao salário correspondente às tarefas ou peças feitas durante a semana, no horário normal de trabalho, dividido pelos dias de serviço efetivamente prestados ao empregador; e

IV - para os empregados em domicílio, ao quociente da divisão por seis do valor total da sua produção na semana.

§ 1º Os empregados cujos salários não sofram descontos por motivo de feriados civis ou religiosos são considerados já remunerados nesses mesmos dias de repouso, conquanto tenham direito à remuneração dominical.

§ 2º Consideram-se já remunerados os dias de repouso semanal do empregado mensalista ou quinzenalista cujo cálculo de salário mensal ou quinzenal ou cujos descontos por falta sejam efetuados com base no número de dias do mês ou de trinta e quinze diárias respectivamente.

Art. 158. O trabalhador que, sem motivo justificado ou em razão de punição disciplinar, não tiver trabalhado durante toda a semana e cumprido integralmente o seu horário de trabalho perderá a remuneração do dia de repouso.

§ 1º Nas empresas em que vigorar regime de trabalho reduzido, a frequência exigida corresponderá ao número de dias em que houver trabalho.

§ 2º As ausências decorrentes de férias não prejudicarão a frequência exigida.

§ 3º Não serão acumuladas a remuneração do repouso semanal e a do feriado civil ou religioso que recaírem no mesmo dia.

§ 4º Considera-se semana, para fins de pagamento de remuneração, o período de segunda-feira a domingo que antecede o dia determinado como repouso semanal remunerado.

Art. 159. Para fins do disposto no art. 158, consideram-se motivos justificados:

I - os motivos previstos no art. 473 da Consolidação das Leis do Trabalho, aprovada pelo Decreto-Lei nº 5.452, de 1943;

II - a ausência justificada do empregado, a critério da administração do estabelecimento, por meio da apresentação de documento por ela fornecido;

III - a paralisação do serviço nos dias em que, por conveniência do empregador, não tenha havido expediente de trabalho;

IV - a falta ao serviço, com fundamento na legislação sobre acidente do trabalho; e

V - a ausência do empregado durante os primeiros quinze dias consecutivos ao de afastamento da atividade por motivo de doença, observado o disposto no art. 60 da Lei nº 8.213, de 24 de julho de 1991.

Parágrafo único. A ausência do empregado por motivo de doença deverá ser comprovada por meio da apresentação de atestado médico, nos termos do disposto na Lei nº 605, de 1949.

Art. 160. As infrações ao disposto neste Capítulo acarretarão a aplicação da multa prevista no art. 12 da Lei nº 605, de 1949.

Art. 161. As autoridades regionais em matéria de inspeção do trabalho são originariamente competentes para a aplicação das multas de que trata este Capítulo.

Art. 162. A fiscalização do cumprimento do disposto neste Capítulo e o processo de autuação de seus infratores observarão o disposto no Título VII da Consolidação das Leis do Trabalho, aprovada pelo Decreto-Lei nº 5.452, de 1943.

CAPÍTULO XVII DA RELAÇÃO ANUAL DE INFORMAÇÕES SOCIAIS

Art. 163. A RAIS conterá elementos destinados a suprir as necessidades de controle, de estatística e de informações das entidades governamentais da área social, e subsidiar o pagamento do abono salarial, nos termos do disposto na Lei nº 7.998, de 11 de janeiro de 1990.

§ 1º As informações relativas à RAIS serão declaradas:

I - pelas pessoas jurídicas inscritas no CNPJ da Secretaria Especial da Receita Federal do Brasil do Ministério da Economia; e

II - pelas pessoas naturais que tenham mantido empregados contratados no período referente às informações, exceto empregado doméstico.

§ 2º Ato do Ministro de Estado do Trabalho e Previdência disporá sobre a forma de captação e processamento da RAIS.

Art. 164. A RAIS conterá as informações periodicamente solicitadas pelas instituições vinculadas ao Ministério do Trabalho e Previdência, especialmente em relação:

I - ao cumprimento da legislação relativa ao Programa de Integração Social e para o Programa de Formação do Patrimônio do Servidor Público - PIS/Pasep;

II - às exigências da legislação de nacionalização do trabalho;

III - ao fornecimento de subsídios para controle dos registros relativos ao FGTS;

IV - à viabilização da concessão do pagamento do abono salarial; e

V - à coleta de dados indispensáveis à elaboração dos estudos técnicos, de natureza estatística e atuarial, dos serviços especializados do Ministério do Trabalho e Previdência.

Art. 165. A RAIS identificará:

I - o empregador, pelo número de inscrição:

a) no CNPJ;

b) no Cadastro Nacional de Obras; e

c) no Cadastro de Atividade Econômica da Pessoa Física;

II - a pessoa jurídica de direito público e o órgão público, pelo número de inscrição no CNPJ; e

III - o empregado, pelo número de inscrição no Cadastro de Pessoas Físicas - CPF.

CAPÍTULO XVIII
DO PROGRAMA DE ALIMENTAÇÃO DO TRABALHADOR

Art. 166. Este Capítulo dispõe sobre a regulamentação do PAT, de que trata a Lei nº 6.321, de 14 de abril de 1976.

Art. 167. A gestão compartilhada do PAT caberá ao Ministério do Trabalho e Previdência, à Secretaria Especial da Receita Federal do Brasil do Ministério da Economia e ao Ministério da Saúde.

§ 1º Compete ao Ministério do Trabalho e Previdência regulamentar a adesão e fiscalizar os aspectos trabalhistas relacionados ao PAT.

§ 2º Compete à Secretaria Especial da Receita Federal do Brasil do Ministério da Economia regulamentar e fiscalizar os aspectos tributários relacionados ao PAT.

§ 3º Compete ao Ministério da Saúde e ao Ministério do Trabalho e Previdência regulamentar conjuntamente os aspectos relacionados à promoção da saúde e à segurança alimentar e nutricional do PAT.

§ 4º Compete ao Ministério do Trabalho e Previdência, à Secretaria Especial da Receita Federal do Brasil do Ministério da Economia e ao Ministério da Saúde, no âmbito de suas competências, editar normas complementares para disciplinar a aplicação do disposto neste Capítulo.

Art. 168. Para usufruir dos correspondentes benefícios fiscais relacionados ao PAT, a pessoa jurídica beneficiária deverá requerer a sua inscrição no Ministério do Trabalho e Previdência.

Art. 169. Para fins de execução do PAT, a pessoa jurídica beneficiária poderá:

I - manter serviço próprio de refeições;

II - distribuir alimentos; ou

III - firmar contrato com entidades de alimentação coletiva.

Art. 170. As entidades de alimentação coletiva a que se refere o inciso III do *caput* do art. 169 serão registradas no PAT nas seguintes categorias:

I - fornecedora de alimentação coletiva:

a) operadora de cozinha industrial e fornecedora de refeições preparadas transportadas;

b) administradora de cozinha da contratante; e

c) fornecedora de cestas de alimento e similares para transporte individual; e

II - facilitadora de aquisição de refeições ou gêneros alimentícios:

a) emissora PAT - facilitadora que exerça a atividade de emissão de moeda eletrônica para atendimento dos pagamentos no âmbito do PAT; ou

b) credenciadora PAT - facilitadora que exerça a atividade de credenciamento para aceitação da moeda eletrônica emitida para atendimento dos pagamentos no âmbito do PAT.

§ 1º As facilitadoras de aquisição de refeições ou gêneros alimentícios podem emitir ou credenciar a aceitação dos seguintes produtos:

I - instrumentos de pagamento para aquisição de refeições em restaurantes e estabelecimentos similares (refeição convênio); e

II - instrumentos de pagamento para aquisição de gêneros alimentícios em estabelecimentos comerciais (alimentação convênio).

§ 2º Para o credenciamento de estabelecimentos comerciais, as empresas de que trata a alínea "b" do inciso II do *caput* deverão verificar:

I - a documentação referente ao cumprimento das normas de vigilância sanitária;

II - se o estabelecimento está enquadrado e desenvolve atividade classificada na Classificação Nacional de Atividades Econômicas referente à comercialização de refeição ou de gêneros alimentícios; e

III - a regularidade da inscrição e da situação cadastral de pessoa jurídica.

§ 3º A não observância ao disposto no § 2º ensejará a aplicação de penalidades para a empresa credenciadora PAT, na forma estabelecida em ato do Ministro de Estado do Trabalho e Previdência.

Art. 171. A pessoa jurídica beneficiária do PAT poderá abranger todos os trabalhadores de sua empresa e atender prioritariamente aqueles de baixa renda.

Art. 172. A pessoa jurídica beneficiária do PAT observará as regras de dedução de imposto sobre a renda previstas nos art. 383, art. 641 e art. 642 do Decreto nº 9.580, de 2018.

Parágrafo único. O benefício concedido pela empresa beneficiária do PAT deverá possuir o mesmo valor para todos os seus trabalhadores.

Art. 173. As pessoas jurídicas beneficiárias do PAT deverão dispor de programas destinados a promover e monitorar a saúde e a aprimorar a segurança alimentar e nutricional de seus trabalhadores, como direito humano à alimentação adequada, na forma estabelecida em ato conjunto do Ministro de Estado da Saúde e do Ministro de Estado do Trabalho e Emprego. *(Redação dada pelo Decreto 11.678/2023)*

Parágrafo único. Os programas de que trata o *caput*, destinados a monitorar a saúde e aprimorar a segurança alimentar e nutricional dos trabalhadores, deverão promover ações relativas à alimentação adequada e saudável, com diretrizes e metas sob responsabilidade das pessoas jurídicas beneficiárias. *(Acrescido pelo Decreto 11.678/2023)*

Art. 174. O serviço de pagamento de alimentação deverá ser operacionalizado por meio de arranjo de pagamento, estabelecido nos termos do disposto no inciso I do *caput* do art. 6º da Lei nº 12.865, de 9 de outubro de 2013, o qual observará, no mínimo, as seguintes regras:

I - os recursos a serem repassados ao trabalhador pela pessoa jurídica beneficiária para utilização no âmbito do PAT:

a) deverão ser mantidos em conta de pagamentos, de titularidade do trabalhador, na forma de moeda eletrônica, e serão escriturados separadamente de quaisquer outros recursos do trabalhador eventualmente mantidos na mesma instituição de pagamento; e

b) deverão ser utilizados exclusivamente para o pagamento de refeição em restaurantes e estabelecimentos similares ou para a aquisição de gêneros alimentícios em estabelecimentos comerciais, conforme a modalidade do produto, e deverão ser escriturados separadamente;

II - são vedadas as seguintes transações na conta de pagamentos de que trata a alínea "a" do inciso I:

a) saque de recursos; e

b) execução de ordens de transferência do saldo escriturado separadamente para fins de execução do PAT; e

III - o valor do benefício concedido ao trabalhador, na forma de recursos aportados em conta de pagamento de que trata a alínea "a" do inciso I, independentemente de ter havido o desconto de sua participação, poderá ser integralmente utilizado pelo trabalhador após a rescisão do seu contrato com a pessoa jurídica beneficiária do programa.

§ 1º O arranjo de pagamento de que trata o *caput* poderá ser aberto ou fechado.

§ 2º Caberá à pessoa jurídica beneficiária orientar devidamente os seus trabalhadores sobre a utilização correta dos instrumentos de pagamento referidos no *caput*.

§ 3º A pessoa jurídica beneficiária será responsável pelas irregularidades a que der causa na execução do PAT na forma prevista neste Capítulo.

Art. 175. As pessoas jurídicas beneficiárias, no âmbito do contrato firmado com fornecedoras de alimentação ou facilitadora de aquisição de refeições ou gêneros alimentícios, não poderão exigir ou receber qualquer tipo de deságio ou imposição de descontos sobre o valor contratado, prazos de repasse que descaracterizem a natureza pré-paga dos valores a serem disponibilizados aos trabalhadores, ou outras verbas e benefícios diretos ou indiretos de qualquer natureza não vinculados diretamente à promoção de saúde e segurança alimentar do trabalhador.

§ 1º O disposto no *caput* não se aplica aos contratos vigentes até que tenha sido encerrado o contrato ou até que tenha decorrido o prazo de dezoito meses, contado da data de publicação deste Decreto, o que ocorrer primeiro.

§ 2º O descumprimento da vedação prevista no *caput* implicará no cancelamento da inscrição da pessoa jurídica beneficiária do PAT.

§ 3º É vedada a prorrogação de contrato em desconformidade com o disposto neste artigo.

§ 4º As verbas e os benefícios diretos e indiretos de que trata o *caput*: *(Acrescido pelo Decreto 11.678/2023)*

I - não poderão incluir o pagamento de notas fiscais, faturas ou boletos pelas facilitadoras, inclusive por meio de programas de pontuação ou similares; e

II - deverão estar associados aos programas de que trata o art. 173.

Art. 175-A. Na execução do serviço de pagamento de alimentação de que trata o art. 174, são vedados quaisquer programas de recompensa que envolvam operações de *cashback*. (Acrescido pelo Decreto 11.678/2023)

Parágrafo único. Para fins do disposto neste Decreto, consideram-se operações de *cashback* aquelas que envolvam programa de recompensas em que o consumidor receba de volta, em dinheiro, parte do valor pago ao adquirir produto ou contratar serviço, após o pagamento integral à empresa fornecedora ou prestadora.

Art. 176. As facilitadoras de aquisição de refeições ou gêneros alimentícios são responsáveis, no âmbito de sua atuação, pelo monitoramento do cumprimento das regras do PAT.

Art. 177. As empresas facilitadoras de aquisição de refeições ou gêneros alimentícios organizadas na forma de arranjo de pagamento fechado deverão permitir a interoperabilidade entre si e com arranjos abertos, indistintamente, com o objetivo de compartilhar a rede credenciada de estabelecimentos comerciais.

Art. 178. A parcela paga in natura pela pessoa jurídica beneficiária, no âmbito do PAT, ou disponibilizada na forma de instrumentos de pagamento, vedado o seu pagamento em dinheiro:

I - não tem natureza salarial;

II - não se incorpora à remuneração para quaisquer efeitos; e

III - não constitui base de incidência do FGTS.

Art. 179. A execução inadequada, o desvio ou o desvirtuamento das finalidades do PAT pelas pessoas jurídicas beneficiárias ou pelas empresas registradas no Ministério do Trabalho e Previdência, sem prejuízo da aplicação de outras penalidades cabíveis pelos órgãos competentes, acarretará:

I - o cancelamento da inscrição da pessoa jurídica ou do registro da empresa fornecedora ou facilitadora de aquisição de refeições ou gêneros alimentícios no PAT, desde a data da primeira irregularidade passível de cancelamento, conforme estabelecido em ato específico; e

II - a perda do incentivo fiscal da pessoa jurídica beneficiária pela Secretaria Especial da Receita Federal do Brasil do Ministério da Economia, em consequência do cancelamento de que trata o inciso I.

Art. 180. O Ministério do Trabalho e Previdência e o Ministério da Economia deverão elaborar periodicamente estudos de avaliação do PAT, com análise dos custos, efetividade, alcance e aceitação dos instrumentos de pagamento.

Art. 181. As denúncias sobre irregularidades na execução do PAT deverão ser registradas por meio dos canais de denúncias disponibilizados pelo Ministério do Trabalho e Emprego. *(Redação dada pelo Decreto 11.678/2023)*

Parágrafo único. A relação dos estabelecimentos comerciais credenciados pelas credenciadoras PAT, além de outras informações necessárias à fiscalização do trabalho, será disponibilizada em meio eletrônico, na forma estabelecida em ato do Ministro de Estado do Trabalho e Emprego. *(Acrescido pelo Decreto 11.678/2023)*

§§ 1º e 2º *(Revogados pelo Decreto 11.678/2023)*

Art. 182. As instituições que mantiverem as contas de pagamento de que trata a alínea "a" do inciso I *caput* do art. 174 assegurarão a portabilidade dos valores creditados nas referidas contas. *(Redação dada pelo Decreto 11.678/2023)*

§ 1º A portabilidade de que trata o *caput* consiste na transferência dos valores creditados em conta de pagamento relativos aos arranjos de pagamento de que trata o art. 174 para conta de pagamento de tituraridade do mesmo trabalhador que: *(Acrescido pelo Decreto 11.678/2023)*

I - seja mantida por instituição diversa;

II - possua a mesma natureza; e

III - refira-se ao mesmo produto.

§ 2º A portabilidade de que trata o *caput* abrangerá o saldo e todos os valores que venham a ser creditados na conta de pagamento. *(Acrescido pelo Decreto 11.678/2023)*

§ 3º A portabilidade de que trata o *caput* ocorrerá por solicitação expressa do trabalhador e será gratuita, vedada qualquer cobrança pela execução do serviço. *(Acrescido pelo Decreto 11.678/2023)*

§ 4º Para fins de execução da portabilidade de que trata o *caput*, o trabalhador informará, por impresso ou eletrônico, os dados da conta de pagamento para a qual os recursos serão transferidos à instituição em que o seu benefício houver sido creditado pela empresa beneficiária. *(Acrescido pelo Decreto 11.678/2023)*

§ 5º As informações relativas aos dados da conta de pagamento de que trata o § 4º poderão ser fornecidas, por solicitação do trabalhador, pela instituição destinatária dos recursos. *(Acrescido pelo Decreto 11.678/2023)*

§ 6º A portabilidade de que trata o *caput* poderá ser cancelada, a qualquer tempo, por solicitação do trabalhador. *(Acrescido pelo Decreto 11.678/2023)*

§ 7º O cancelamento da portabilidade de que trata o § 6º será efetivado: *(Acrescido pelo Decreto 11.678/2023)*

I - no mês imediatamente posterior à solicitação, na hipótese de esta ter sido realizada com antecedência mínima de cinco dias úteis da data do créditos dos valores; e

II - no segundo mês após a solicitação, nas demais hipóteses.

§ 8º A portabilidade de que trata o *caput* poderá ser objeto de acordo ou convenção coletiva. *(Acrescido pelo Decreto 11.678/2023)*

§ 9º O não cumprimento das condições para a portabilidade de que trata o *caput* ensejará a aplicação das sanções de que trata a Lei nº 6.321, de 14 de abril de 1976, às instituições que mantiverem as contas de pagamento. *(Acrescido pelo Decreto 11.678/2023)*

§ 10. Ato do Ministro de Estado do Trabalho e Emprego poderá dispor sobre as condições de operacionalização da portabilidade de que trata o *caput*, observadas as disposições deste Decreto. *(Acrescido pelo Decreto 11.678/2023)*

Art. 182-A. Os arranjos de pagamento referidos neste Capítulo observarão normas previstas na regulamentação específica, conforme diretrizes estabelecidas pelo Conselho Monetário Nacional - CMN, nos termos do § 4º do art. 6º da Lei nº 12.865, de 9 de outubro de 2013. *(Acrescido pelo Decreto 11.678/2023)*

TÍTULO III
DISPOSIÇÕES FINAIS

Art. 183. O Ministério do Trabalho e Previdência deverá ser consultado previamente quando da revisão periódica da lista oficial de doenças relacionadas ao trabalho, nos termos do disposto no inciso VII do § 3º do art. 6º da Lei nº 8.080, de 19 de setembro de 1990, para manifestação técnica quanto aos aspectos trabalhistas e previdenciários correlatos.

Parágrafo único. A atualização da lista oficial de doenças relacionadas ao trabalho será efetuada com base em critério epidemiológico ou técnico-científico consolidado.

Art. 184. Fica autorizado o armazenamento, em meio eletrônico, óptico ou equivalente, de documentos relativos a deveres e obrigações trabalhistas, incluídos aqueles relativos a normas regulamentadoras de saúde e segurança no trabalho, compostos por dados ou por imagens, nos termos do disposto no art. 2º-A da Lei nº 12.682, de 9 de julho de 2012, no Decreto nº 10.278, de 18 de março de 2020, no inciso X do *caput* do art. 3º da Lei nº 13.874, de 2019, e na Lei nº 13.709, de 14 de agosto de 2018.

Art. 185. O Ministério do Trabalho e Previdência definirá os critérios para criação e manutenção de Gerências Regionais do Trabalho e Agências Regionais do Trabalho das Superintendências Regionais do Trabalho, observado o quantitativo de unidades previsto na estrutura organizacional, de modo a considerar:

I - a disponibilidade de recursos financeiros, de pessoal e de estrutura física;

II - a disponibilidade de oferta de serviços da Secretaria de Trabalho do Ministério do Trabalho e Previdência em meio eletrônico;

III - a existência de agências do Sistema Nacional de Emprego - SINE; e

IV - as seguintes características do Município:

a) o tamanho da população;

b) o quantitativo de vínculos empregatícios ativos;

c) o quantitativo de estabelecimentos comerciais;

d) o recebimento de investimentos que possam gerar considerável expansão do mercado de trabalho local;

e) a classificação do Município como polo de região de influência, em conformidade com a classificação estabelecida pelo Instituto Brasileiro de Geografia e Estatística - IBGE;

f) a localização do Município em região de fronteira; e

g) a existência de instrumento de cooperação com órgãos da administração pública municipal, distrital ou estadual para oferta dos serviços da Secretaria de Trabalho do Ministério do Trabalho e Previdência.

§ 1º Serão considerados os dados da região administrativa ou da área de abrangência, quando se tratar de alocação de Gerência Regional do Trabalho ou Agência Regional do Trabalho nas capitais dos Estados ou no Distrito Federal.

§ 2º Deverá ser privilegiada, previamente à alocação de novas Gerências e Agências Regionais do Trabalho, a formalização de parcerias com agências do SINE ou com órgãos da administração pública municipal, distrital ou estadual.

§ 3º Os serviços de emissão de Carteira de Trabalho e Previdência Social e de concessão de seguro-desemprego serão oferecidos prioritariamente em meio eletrônico.

§ 4º Os serviços de que trata o § 3º poderão ser oferecidos, excepcionalmente, por meio de unidades descentralizadas do trabalho, quando houver indisponibilidade de cobertura de rede de dados, elevado grau de analfabetismo ou baixa taxa de inclusão digital, na forma estabelecida em ato do Ministro de Estado do Trabalho e Previdência.

Art. 186. O Decreto nº 9.580, de 2018, passa a vigorar com as seguintes alterações:

"Art. 645. ....

....

§ 1º A dedução de que trata o art. 641:

I - será aplicável em relação aos valores despendidos para os trabalhadores que recebam até cinco salários mínimos e poderá englobar todos os trabalhadores da empresa beneficiária, nas hipóteses de serviço próprio de refeições ou de distribuição de alimentos por meio de entidades fornecedoras de alimentação coletiva; e

II - deverá abranger apenas a parcela do benefício que corresponder ao valor de, no máximo, um salário-mínimo.

....

...." (NR)

Art. 187. Ficam revogados:

I - o Decreto nº 27.048, de 12 de agosto de 1949;

II - o Decreto nº 1.881, de 14 de dezembro de 1962;

III - o Decreto nº 57.155, de 3 de novembro de 1965;

IV - o Decreto nº 62.530, de 16 de abril de 1968;

V - o Decreto nº 62.568, de 19 de abril de 1968;

VI - o Decreto nº 63.912, de 26 de dezembro de 1968;

VII - o Decreto nº 65.166, de 16 de setembro de 1969;

VIII - o Decreto nº 66.075, de 15 de janeiro de 1970;

IX - o Decreto nº 73.626, de 12 de fevereiro de 1974;

X - o Decreto nº 76.403, de 8 de outubro de 1975;

XI - o Decreto nº 76.900, de 23 de dezembro de 1975;

XII - o Decreto nº 83.842, de 14 de agosto de 1979;

XIII - o Decreto nº 89.339, de 31 de janeiro de 1984;

XIV - o Decreto nº 94.591, de 10 de julho de 1987;

XV - o Decreto nº 95.247, de 17 de novembro de 1987;

XVI - o Decreto nº 99.378, de 11 de julho de 1990;

XVII - o Decreto nº 5, de 14 de janeiro de 1991;

XVIII - o Decreto de 25 de junho de 1991, que altera o Decreto nº 97.936, de 10 de julho de 1989, que instituiu o Cadastro Nacional do Trabalhador, modificado pelo Decreto nº 99.378, de 11 de julho de 1990;

XIX - o Decreto de 14 de agosto de 1991, que inclui a Indústria Têxtil em geral entre as atividades com funcionamento permanente aos domingos e feriados civis e religiosos;

XX - o Decreto nº 349, de 21 de novembro de 1991;

XXI - o Decreto nº 1.338, de 14 de dezembro de 1994;

XXII - o Decreto nº 1.572, de 28 de julho de 1995;

XXIII - o Decreto nº 2.101, de 23 de dezembro de 1996;

XXIV - o Decreto nº 2.490, de 4 de fevereiro de 1998;

XXV - o art. 9º do Decreto nº 2.880, de 15 de dezembro de 1998;

XXVI - o Decreto nº 7.052, de 23 de dezembro de 2009;

XXVII - o Decreto nº 7.421, de 31 de dezembro de 2010;

XXVIII - o Decreto nº 7.721, de 16 de abril de 2012;

XXIX - os art. 6º a art. 10 do Decreto nº 7.943, de 5 de março de 2013;

XXX - o Decreto nº 8.479, de 6 de julho de 2015;

XXXI - o Decreto nº 9.127, de 16 de agosto de 2017;

XXXII - o Decreto nº 9.513, de 27 de setembro de 2018;

XXXIII - o parágrafo único do art. 644 do Decreto nº 9.580, de 2018; e

XXXIV - o Decreto nº 10.060, de 14 de outubro de 2019.

Art. 188. Este Decreto entra em vigor:

I - dezoito meses após a data de sua publicação, quanto:

a) ao § 1º do art. 174;

b) ao art. 177; e

c) ao art. 182; e

II - trinta dias após a data de sua publicação, quanto aos demais dispositivos.

Brasília, 10 de novembro de 2021; 200º da Independência e 133º da República.

JAIR MESSIAS BOLSONARO

LEI Nº 14.297, DE 5 DE JANEIRO DE 2022

Dispõe sobre medidas de proteção asseguradas ao entregador que presta serviço por intermédio de empresa de aplicativo de entrega durante a vigência da emergência em saúde pública decorrente do coronavírus responsável pela covid-19.

▸ *Covid-19 - Proteção ao entregador de aplicativo*

O PRESIDENTE DA REPÚBLICA

Faço saber que o Congresso Nacional decreta e eu sanciono a seguinte Lei:

Art. 1º Esta Lei dispõe sobre medidas de proteção asseguradas ao entregador que presta serviço por intermédio de empresa de aplicativo de entrega durante a vigência, no território nacional, da emergência de saúde pública decorrente do coronavírus responsável pela covid-19.

Parágrafo único. As medidas previstas nesta Lei devem ser asseguradas até que seja declarado o término da Emergência em Saúde Pública de Importância Nacional (Espin) em decorrência da infecção humana pelo coronavírus Sars-CoV-2.

Art. 2º Para os fins desta Lei, considera-se:

I - empresa de aplicativo de entrega: empresa que possui como principal atividade a intermediação, por meio de plataforma eletrônica, entre o fornecedor de produtos e serviços de entrega e o seu consumidor;

II - entregador: trabalhador que presta serviço de retirada e entrega de produtos e serviços contratados por meio da plataforma eletrônica de aplicativo de entrega.

Art. 3º A empresa de aplicativo de entrega deve contratar seguro contra acidentes, sem franquia, em benefício do entregador nela cadastrado, exclusivamente para acidentes ocorridos durante o período de retirada e entrega de produtos e serviços, devendo cobrir, obrigatoriamente, acidentes pessoais, invalidez permanente ou temporária e morte.

Parágrafo único. Na hipótese de o entregador prestar serviços para mais de uma empresa de aplicativo de entrega, a indenização, no caso de acidente, será paga pelo seguro contratado pela empresa para a qual o entregador prestava o serviço no momento do acidente.

Art. 4º A empresa de aplicativo de entrega deve assegurar ao entregador afastado em razão de infecção pelo coronavírus responsável pela covid-19 assistência financeira pelo período de 15 (quinze) dias, o qual pode ser prorrogado por mais 2 (dois) períodos de 15 (quinze) dias, mediante apresentação do comprovante ou do laudo médico a que se refere o § 2º deste artigo.

§ 1º A assistência financeira prevista no *caput* deste artigo deve ser calculada de acordo com a média dos 3 (três) últimos pagamentos mensais recebidos pelo entregador.

§ 2º A concessão da assistência financeira prevista no *caput* deste artigo está condicionada à apresentação de comprovante de resultado positivo para covid-19 - obtido por meio de exame RT-PCR - ou de laudo médico que ateste condição decorrente da covid-19 que justifique o afastamento.

Art. 5º A empresa de aplicativo de entrega deve fornecer ao entregador informações sobre os riscos do coronavírus responsável pela covid-19 e os cuidados necessários para se prevenir do contágio e evitar a disseminação da doença.

§ 1º Caberá à empresa de aplicativo de entrega disponibilizar máscaras e álcool em gel ou outro material higienizante aos entregadores, para proteção pessoal durante as entregas.

§ 2º O cumprimento do disposto no § 1º deste artigo pela empresa de aplicativo de entrega poderá ser feito por meio de repasse ou reembolso das despesas efetuadas pelo entregador.

§ 3º (VETADO).

Art. 6º A empresa fornecedora do produto ou do serviço deverá:

I - (VETADO);

II - permitir que o entregador utilize as instalações sanitárias de seu estabelecimento; e

III - garantir o acesso do entregador a água potável.

Art. 7º A empresa de aplicativo de entrega e a empresa fornecedora do produto ou do serviço deverão adotar prioritariamente forma de pagamento por meio da internet.

Parágrafo único. (VETADO).

Art. 8º Do contrato ou do termo de registro celebrado entre a empresa de aplicativo de entrega e o entregador deverão constar expressamente as hipóteses de bloqueio, de suspensão ou de exclusão da conta do entregador da plataforma eletrônica.

§ 1º A aplicação da exclusão de conta prevista no *caput* deste artigo será precedida de comunicação prévia, com antecedência mínima de 3 (três) dias úteis, e será acompanhada das razões que a motivaram, que deverão ser devidamente fundamentadas, preservadas a segurança e a privacidade do usuário da plataforma eletrônica.

§ 2º O prazo previsto no § 1º deste artigo não se aplica aos casos de ameaça à segurança e à integridade da plataforma eletrônica, dos fornecedores e dos consumidores, em razão de suspeita de prática de infração penal prevista na legislação vigente.

Art. 9º O descumprimento desta Lei pela empresa de aplicativo de entrega ou pela empresa que utiliza serviços de entrega implica, nos termos definidos em regulamento:

I - a aplicação de advertência; e

II - o pagamento de multa administrativa no valor de R$ 5.000,00 (cinco mil reais) por infração cometida, em caso de reincidência.

Art. 10. Os benefícios e as conceituações previstos nesta Lei não servirão de base para caracterização da natureza jurídica da relação entre os entregadores e as empresas de aplicativo de entrega.

Art. 11. Esta Lei entra em vigor na data de sua publicação.

Brasília, 5 de janeiro de 2022; 201º da Independência e 134º da República.

JAIR MESSIAS BOLSONARO

LEI Nº 14.370, DE 15 DE JUNHO DE 2022

Institui o Programa Nacional de Prestação de Serviço Civil Voluntário e o Prêmio Portas Abertas.

▸ *Programa Nacional de Prestação de Serviço Civil Voluntário*

O PRESIDENTE DA REPÚBLICA

Faço saber que o Congresso Nacional decreta e eu sanciono a seguinte Lei:

CAPÍTULO I
DISPOSIÇÕES GERAIS

Art. 1º Esta Lei institui o Programa Nacional de Prestação de Serviço Civil Voluntário e o Prêmio Portas Abertas, vinculados ao Ministério do Trabalho e Previdência, com o objetivo de auxiliar na inclusão produtiva de pessoas em situação de vulnerabilidade e de reduzir os impactos sociais e no mercado de trabalho causados pela emergência de saúde pública de importância internacional relacionada ao coronavírus responsável pela covid-19.

Parágrafo único. O Programa a que se refere o *caput* deste artigo terá duração de 24 (vinte e quatro) meses a contar da entrada em vigor desta Lei.

CAPÍTULO II
DO PROGRAMA NACIONAL DE PRESTAÇÃO DE SERVIÇO CIVIL VOLUNTÁRIO

SEÇÃO I
DISPOSIÇÕES PRELIMINARES

Art. 2º O Programa Nacional de Prestação de Serviço Civil Voluntário tem o objetivo de incentivar os Municípios e o Distrito Federal a ofertar atividades de interesse público, sem vínculo empregatício ou profissional de qualquer natureza, para:

I - jovens com idade entre 18 (dezoito) e 29 (vinte e nove) anos;

II - pessoas com idade superior a 50 (cinquenta) anos sem vínculo formal de emprego há mais de 24 (vinte e quatro) meses; e

III - pessoas com deficiência, nos termos do art. 2º da Lei nº 13.146, de 6 de julho de 2015 (Estatuto da Pessoa com Deficiência).

§ 1º Terão prioridade para aderir ao Programa Nacional de Prestação de Serviço Civil Voluntário os trabalhadores que:

I - forem beneficiários dos programas de transferência de renda de que trata a Lei nº 14.284, de 29 de dezembro de 2021, ou de outros que venham a substituí-los; ou

II - pertencerem à família de baixa renda inscrita no Cadastro Único para Programas Sociais do Governo Federal (CadÚnico), de que trata o art. 6º-F da Lei nº 8.742, de 7 de dezembro de 1993.

§ 2º Para os fins desta Lei, serão consideradas atividades de interesse público aquelas identificadas pelo Município ou pelo Distrito Federal com a finalidade de cumprir os objetivos do Programa Nacional de Prestação de Serviço Civil Voluntário, desde que a conveniência e a oportunidade da sua escolha sejam fundamentadas pelo gestor municipal ou distrital.

Art. 3º Não poderão participar do Programa Nacional de Prestação de Serviço Civil Voluntário aqueles que receberem benefício de natureza previdenciária do Regime Geral de Previdência Social ou dos regimes próprios de previdência social.

Parágrafo único. O disposto no *caput* deste artigo não se aplica aos beneficiários de pensão por morte ou auxílio-acidente.

SEÇÃO II
DA SELEÇÃO E DOS DIREITOS DOS BENEFICIÁRIOS

Art. 4º O Programa Nacional de Prestação de Serviço Civil Voluntário será ofertado pelo Município ou pelo Distrito Federal por meio de processo seletivo público simplificado.

§ 1º O processo seletivo público de que trata o *caput* deste artigo terá ampla divulgação, inclusive por meio de publicação no Diário Oficial e no sítio eletrônico oficial do ente federativo, dispensará a realização de concurso público e observará os princípios que regem a administração pública, nos termos do art. 37 da Constituição Federal.

§ 2º Poderá ser selecionado para participação no Programa Nacional de Prestação de Serviço Civil Voluntário apenas 1 (um) beneficiário por núcleo familiar, que será identificado por meio do CadÚnico, de que trata o art. 6º-F da Lei nº 8.742, de 7 de dezembro de 1993.

§ 3º A pessoa que já tenha sido beneficiária do Programa Nacional de Prestação de Serviço Civil Voluntário somente poderá ser selecionada na ausência de candidatos aptos que não tenham participado do Programa.

Art. 5º No período estabelecido no processo seletivo simplificado, o Município ou o Distrito Federal assegurará aos beneficiários do Programa Nacional de Prestação de Serviço Civil Voluntário:

I - o desempenho de atividades de interesse público no âmbito de órgãos e entidades municipais e distritais com carga horária máxima de 22 (vinte e duas) horas semanais, limitada a 8 (oito) horas diárias; e

II - a oferta de cursos de formação inicial e continuada ou de qualificação profissional, com carga horária mínima de 12 (doze) horas para cada 30 (trinta) dias de permanência no Programa.

Parágrafo único. Observado o disposto no inciso II do *caput* deste artigo, os cursos de formação inicial e continuada ou de qualificação profissional poderão ser realizados em dias ou em meses específicos no decorrer da participação no Programa Nacional de Prestação de Serviço Civil Voluntário, sem prejuízo do desempenho das atividades de interesse público definidas pelo Município ou pelo Distrito Federal.

SEÇÃO III
DA OPERACIONALIZAÇÃO DO PROGRAMA

Art. 6º O Poder Executivo do Município ou do Distrito Federal disporá sobre:

I - a oferta de vagas de atividades de interesse público;

II - as atividades de interesse público executadas pelos beneficiários, o local onde serão desempenhadas e o período de desempenho em órgão ou entidade municipal ou distrital;

III - a operacionalização administrativa, financeira e orçamentária do Programa Nacional de Prestação de Serviço Civil Voluntário;

IV - o valor do auxílio pecuniário de natureza indenizatória ao beneficiário, a título de bolsa, pelo desempenho das atividades;

V - a forma de pagamento de vale-transporte, previsto na Lei nº 7.418, de 16 de dezembro de 1985, ou o oferecimento de outra forma de transporte gratuito;

VI - a contratação de seguro contra acidentes pessoais em favor dos beneficiários;

VII - a carga horária do curso de formação inicial e continuada ou de qualificação profissional, observado o disposto no inciso II do *caput* do art. 5º desta Lei; e

VIII - o encaminhamento dos beneficiários para os serviços de intermediação de mão de obra, para incentivar a inclusão ou a reinserção no mercado de trabalho.

§ 1º Os beneficiários não poderão executar atividades:

I - insalubres;

II - perigosas; ou

III - que configurem substituição de servidores ou de empregados públicos do ente federativo na execução de atividades:

a) privativas de profissões regulamentadas; ou

b) de competência de cargos ou empregos públicos pertencentes ao ente federativo ou à pessoa jurídica a ele vinculada.

§ 2º A bolsa a que se refere o inciso IV do *caput* deste artigo observará o valor equivalente ao salário-mínimo por hora e corresponderá à soma das horas despendidas em cursos de formação inicial e continuada ou de qualificação profissional e em atividades de interesse público executadas no âmbito do Programa Nacional de Prestação de Serviço Civil Voluntário.

§ 3º O valor pago a título de vale-transporte não será descontado da bolsa de que trata o inciso IV do *caput* deste artigo.

§ 4º A eventual concessão de benefícios relacionados à alimentação, entre outros de natureza indenizatória, não descaracteriza a relação jurídica estabelecida entre o ente federativo ofertante e o beneficiário da política pública.

§ 5º É assegurado ao beneficiário, sempre que a participação no Programa Nacional de Prestação de Serviço Civil Voluntário tenha duração igual ou superior a 1 (um) ano, período de recesso de 30 (trinta) dias, a ser gozado preferencialmente durante as férias escolares.

§ 6º O recesso de que trata o § 5º deste artigo deverá contemplar o pagamento da bolsa de que trata o inciso IV do *caput* deste artigo.

§ 7º Os dias de recesso previstos no § 5º deste artigo serão concedidos de maneira proporcional quando o serviço social voluntário tiver duração inferior a 1 (um) ano.

Art. 7º Aplica-se ao beneficiário do Programa Nacional de Prestação de Serviço Civil Voluntário a legislação relacionada à saúde, medicina e segurança no trabalho, observado que a sua implementação é de responsabilidade do Município ou do Distrito Federal.

Art. 8º Para fins de acompanhamento, os Municípios e o Distrito Federal prestarão informações sobre o Programa Nacional de Prestação de Serviço Civil Voluntário ao Ministério do Trabalho e Previdência, observado o disposto na Lei nº 13.709, de 14 de agosto de 2018 (Lei Geral de Proteção de Dados Pessoais), nos termos do regulamento.

SEÇÃO IV
DA QUALIFICAÇÃO PARA O TRABALHO

Art. 9º O planejamento da qualificação a ser ofertada aos beneficiários do Programa Nacional de Prestação de Serviço Civil Voluntário considerará as principais atividades econômicas e produtivas do Município ou do Distrito Federal, com vistas a aumentar a empregabilidade e o empreendedorismo dos beneficiários.

§ 1º Os cursos de formação inicial e continuada ou de qualificação profissional poderão ser ofertados nas seguintes modalidades:

I - presencial;

II - semipresencial; ou

III - a distância.

§ 2º No caso da oferta de cursos na modalidade semipresencial ou a distância, deverá ser garantido aos beneficiários o acesso aos meios tecnológicos adequados para o acompanhamento das aulas.

Art. 10. A qualificação para o trabalho dos beneficiários do Programa Nacional de Prestação de Serviço Civil Voluntário será realizada pelas seguintes entidades:

I - Serviço Nacional de Aprendizagem dos Industriários (Senai), de que trata o Decreto-Lei nº 4.048, de 22 de janeiro de 1942;

II - Serviço Nacional de Aprendizagem Comercial (Senac), de que trata o Decreto-Lei nº 8.621, de 10 de janeiro de 1946;

III - Serviço Nacional de Aprendizagem Rural (Senar), de que trata a Lei nº 8.315, de 23 de dezembro de 1991;

IV - Serviço Nacional de Aprendizagem do Transporte (Senat), de que trata a Lei nº 8.706, de 14 de setembro de 1993;

V - Serviço Nacional de Aprendizagem do Cooperativismo (Sescoop), de que trata a Medida Provisória nº 2.168-40, de 24 de agosto de 2001; e

VI - Serviço Brasileiro de Apoio às Micro e Pequenas Empresas (Sebrae), de que trata a Lei nº 8.029, de 12 de abril de 1990.

§ 1º A indicação dos beneficiários para as vagas dos cursos de formação inicial e continuada ou de qualificação profissional será realizada pelo Poder Executivo do Município ou do Distrito Federal e direcionada às entidades a que se refere o *caput* deste artigo com atuação no seu território, observada a relação entre a qualificação pretendida e a atuação finalística do serviço de aprendizagem escolhido.

§ 2º Na hipótese de inexistência de unidade das entidades a que se refere o *caput* deste artigo, poderá ser indicado serviço que atue em outro Município do mesmo Estado.

§ 3º As entidades a que se refere o *caput* deste artigo poderão celebrar acordos e convênios entre si para oferta conjunta de cursos aos beneficiários do Programa Nacional de Prestação de Serviço Civil Voluntário.

§ 4º Os Municípios e o Distrito Federal poderão ofertar os cursos de formação inicial e continuada ou de qualificação profissional aos beneficiários por meio de instituições de formação técnico-profissional municipais ou distritais ou mediante celebração de convênios e acordos com outras entidades públicas ou com organizações da sociedade civil sem fins lucrativos.

Art. 11. Compete às entidades responsáveis pela qualificação dos beneficiários do Programa Nacional de Prestação de Serviço Civil Voluntário:

I - verificar a frequência e o aproveitamento dos beneficiários; e

II - comunicar ao Município e ao Distrito Federal os casos em que os beneficiários tiverem aproveitamento insuficiente ou frequência inferior à mínima estabelecida.

SEÇÃO V
DO PAGAMENTO DAS BOLSAS

Art. 12. O pagamento da bolsa de que trata o inciso IV do *caput* do art. 6º desta Lei poderá ser efetuado por meio de conta do tipo poupança social digital, nos termos da Lei nº 14.075, de 22 de outubro de 2020, com as seguintes características:

I - dispensa de apresentação de documentos pelo beneficiário;

II - isenção de cobrança de tarifas de manutenção;

III - direito a, no mínimo, 3 (três) transferências eletrônicas para conta mantida em instituição financeira autorizada a operar pelo Banco Central do Brasil e a 1 (um) saque ao mês, sem custo; e

IV - vedação de emissão de cheque.

§ 1º É vedado às instituições financeiras, independentemente do tipo de conta utilizada para pagamento da bolsa de que trata o inciso IV do *caput* do art. 6º desta Lei, efetuar descontos, compensações ou pagamentos de débitos de qualquer natureza, ainda que para recompor saldo negativo ou saldar dívidas preexistentes, que impliquem a redução do valor da bolsa.

§ 2º Os recursos relativos à bolsa de que trata o inciso IV do *caput* do art. 6º desta Lei creditados e não movimentados no prazo de 1 (um) ano, contado da data do depósito, retornarão para o ente federativo responsável pelo pagamento.

§ 3º Os custos operacionais relativos ao pagamento da bolsa de que trata o inciso IV do *caput* do art. 6º desta Lei serão assumidos pelo Município ou pelo Distrito Federal perante as instituições financeiras operadoras.

Art. 13. Os beneficiários do Programa Nacional de Prestação de Serviço Civil Voluntário poderão receber a bolsa de que trata o inciso IV do *caput* do art. 6º desta Lei cumulativamente com:

I - benefício financeiro do Programa Auxílio Brasil, de que trata a Lei nº 14.284, de 29 de dezembro de 2021; ou

II - benefício de prestação continuada de que trata o art. 20 da Lei nº 8.742, de 7 de dezembro de 1993, em relação aos beneficiários com deficiência.

§ 1º O pagamento da bolsa de que trata o *caput* deste artigo não gera, por si só, a interrupção do pagamento dos benefícios previstos na Lei nº 14.284, de 29 de dezembro de 2021, e serão observadas as demais condições de manutenção no Programa Nacional de Prestação de Serviço Civil Voluntário.

§ 2º Os valores transferidos aos trabalhadores beneficiários do Programa Nacional de Prestação de Serviço Civil Voluntário não serão considerados como renda no âmbito do CadÚnico.

SEÇÃO VI
DAS HIPÓTESES DE DESLIGAMENTO DO PROGRAMA

Art. 14. O beneficiário será desligado do Programa Nacional de Prestação de Serviço Civil Voluntário nas seguintes hipóteses:

I - admissão em emprego, na forma prevista no art. 3º da Consolidação das Leis do Trabalho, aprovada pelo Decreto-Lei nº 5.452, de 1º de maio de 1943;

II - posse em cargo público;

III - frequência inferior à mínima estabelecida no ato a que se refere o inciso VII do *caput* do art. 6º desta Lei; ou

IV - aproveitamento insuficiente.

Parágrafo único. O edital de seleção pública poderá prever outras hipóteses de desligamento do Programa Nacional de Prestação de Serviço Civil Voluntário.

CAPÍTULO III
DO PRÊMIO PORTAS ABERTAS

Art. 15. O Prêmio Portas Abertas tem a finalidade de reconhecer e condecorar os entes federativos que se destacarem na implementação do Programa Nacional de Prestação de Serviço Civil Voluntário.

§ 1º O regulamento do Prêmio Portas Abertas será editado pelo Ministério do Trabalho e Previdência, do qual constarão, no mínimo:

I - os critérios de avaliação;

II - as categorias; e

III - as ações laureadas.

§ 2º O Ministério do Trabalho e Previdência coordenará a implementação do Prêmio Portas Abertas.

§ 3º As despesas decorrentes da execução do Prêmio Portas Abertas serão custeadas por meio de recursos oriundos de parcerias estabelecidas com entidades públicas ou privadas.

CAPÍTULO IV
DISPOSIÇÕES FINAIS

Art. 16. Compete ao Ministério do Trabalho e Previdência coordenar, executar, monitorar, avaliar e editar normas complementares para a execução do disposto nesta Lei.

Art. 17. Esta Lei entra em vigor na data de sua publicação.

Brasília, 15 de junho de 2022; 201º da Independência e 134º da República.

JAIR MESSIAS BOLSONARO
Cristiane Rodrigues Britto
José Carlos Oliveira

PORTARIA N. 2.318, DE 3 DE AGOSTO DE 2022

Aprova a nova redação da Norma Regulamentadora n. 4 – Serviços Especializados em Segurança e Medicina do Trabalho.

› *NR 4 - Alteração*

O Ministro de Estado do Trabalho e Previdência, no uso das atribuições que lhe conferem os arts. 155 e 200 do Decreto-Lei n. 5.452, de 1.º de maio de 1943 – Consolidação das Leis do Trabalho – CLT, e tendo em vista o disposto no art. 1.º, *caput*, inciso VIII, Anexo I, do Decreto n. 11.068, de 10 de maio de 2022, resolve:

Art. 1.º A Norma Regulamentadora n. 04 (NR-4) – Serviços Especializados em Segurança e Medicina do Trabalho passa a vigorar com a redação constante do Anexo.

Art. 2.º Determinar, conforme previsto no art. 117 da Portaria MTP n. 672, de 8 de novembro de 2021, que a NR-4 e seus anexos sejam interpretados da seguinte forma:

Regulamento	Tipificação
NR-4	NR Geral
Anexo I	Tipo 1
Anexo II	Tipo 1

Art. 3.º Os graus de risco constantes do Anexo I – Relação da Classificação Nacional de Atividades Econômicas – CNAE (Versão 2.0), com correspondente Grau de Risco – GR, devem ser atualizados a cada cinco anos, com base em indicadores de acidentalidade.

§ 1.º A proposta de indicadores deve ser apreciada pela Comissão Tripartite Paritária Permanente – CTPP.

§ 2.º A proposta de atualização deve indicar o prazo de adequação das organizações, se alterado o seu enquadramento com base na atualização.

§ 3.º A primeira atualização referida no art. 3.º deve ser publicada em até dois anos após a publicação desta Portaria.

Art. 4.º Os Serviços Especializados em Segurança e Medicina do Trabalho – SESMT em funcionamento devem ser redimensionados, nos termos da NR-4, a partir de 2 de janeiro de 2023.

Art. 5.º Os SESMT comuns em funcionamento, conforme disposto no item 4.14.3 da NR-4, com a redação dada pela Portaria SIT n. 17, de 1.º de agosto de 2007, passam a ser denominados SESMT compartilhados, nos termos do item 4.4.5 desta NR.

Art. 6.º Na data da entrada em vigor desta, ficam revogadas as seguintes Portarias:

I – Portaria SSMT n. 33, de 27 de outubro de 1983;

II – Portaria SSMT n. 34, de 11 de dezembro de 1987;

III – Portaria DSST n. 11, de 17 de setembro de 1990;

IV – Portaria SIT n. 17, de 1 de agosto de 2007;

V – Portaria SIT n. 76, de 21 de novembro de 2008;

VI – Portaria SIT n. 128, de 11 de dezembro de 2009;

VII – Portaria MTE n. 590, de 28 de abril de 2014;

VIII – Portaria MTE n. 2.018, de 23 de dezembro de 2014; e

IX – Portaria MTPS n. 510, de 29 de abril de 2016.

Art. 7.º Esta Portaria entra em vigor 90 dias após sua publicação.

José Carlos Oliveira

ANEXO

» Alteração já processada na NR 4.

LEI Nº 14.437, DE 15 DE AGOSTO DE 2022

Autoriza o Poder Executivo federal a dispor sobre a adoção, por empregados e empregadores, de medidas trabalhistas alternativas e sobre o Programa Emergencial de Manutenção do Emprego e da Renda, para enfrentamento das consequências sociais e econômicas de estado de calamidade pública em âmbito nacional ou em âmbito estadual, distrital ou municipal reconhecido pelo Poder Executivo federal.

› *Programa Emergencial de Manutenção do Emprego e da Renda*

Faço saber que o PRESIDENTE DA REPÚBLICA adotou a Medida Provisória nº 1.109, de 2022, que o Congresso Nacional aprovou, e eu, Rodrigo Pacheco, Presidente da Mesa do Congresso Nacional, para os efeitos do disposto no art. 62 da Constituição Federal, com a redação dada pela Emenda Constitucional nº 32, combinado com o art. 12 da Resolução nº 1, de 2002-CN, promulgo a seguinte Lei:

CAPÍTULO I
DISPOSIÇÕES PRELIMI-NARES

Art. 1º Esta Lei autoriza o Poder Executivo federal a dispor sobre a adoção, por empregados e empregadores, de medidas trabalhistas alternativas e sobre o Programa Emergencial de Manutenção do Emprego e da Renda, para enfrentamento das consequências sociais e econômicas de estado de calamidade pública em âmbito nacional ou em âmbito estadual, distrital ou municipal reconhecido pelo Poder Executivo federal.

§ 1º São objetivos desta Lei:

I - preservar o emprego e a renda;

II - garantir a continuidade das atividades laborais, empresariais e das organizações da sociedade civil sem fins lucrativos; e

III - reduzir o impacto social decorrente das consequências de estado de calamidade pública em âmbito nacional ou em âmbito estadual, distrital ou municipal reconhecido pelo Poder Executivo federal.

§ 2º As medidas previstas no *caput* deste artigo poderão ser adotadas exclusivamente:

I - para trabalhadores em grupos de risco; e

II - para trabalhadores de áreas específicas dos entes federativos atingidos por estado de calamidade pública.

CAPÍTULO II
DAS MEDIDAS TRABALHISTAS ALTERNATIVAS PARA ENFRENTAMENTO DE ESTADO DE CALAMIDADE PÚBLICA

SEÇÃO I
DISPOSIÇÕES GERAIS

Art. 2º Poderão ser adotadas, por empregados e empregadores, para a preservação do emprego, a sustentabilidade do mercado de trabalho e o enfrentamento das consequências de estado de calamidade pública em âmbito nacional ou em âmbito estadual, distrital ou municipal reconhecido pelo Poder Executivo federal, as seguintes medidas trabalhistas alternativas:

I - o teletrabalho;

II - a antecipação de férias individuais;

III - a concessão de férias coletivas;

IV - o aproveitamento e a antecipação de feriados;

V - o banco de horas; e

VI - a suspensão da exigibilidade dos recolhimentos do Fundo de Garantia do Tempo de Serviço (FGTS).

§ 1º A adoção das medidas previstas no *caput* deste artigo observará o disposto em ato do Ministério do Trabalho e Previdência, que estabelecerá, entre outros parâmetros, o prazo em que as medidas trabalhistas alternativas poderão ser adotadas.

§ 2º O prazo a que se refere o § 1º deste artigo será de até 90 (noventa) dias, prorrogável enquanto durar o estado de calamidade pública em âmbito nacional ou em âmbito estadual, distrital ou municipal reconhecido pelo Poder Executivo federal.

SEÇÃO II
DO TELETRABALHO

Art. 3º O empregador poderá, a seu critério, durante o prazo previsto no ato do Ministério do Trabalho e Previdência de que trata o art. 2º desta Lei, alterar o regime de trabalho presencial para teletrabalho ou trabalho remoto, além de determinar o retorno ao regime de trabalho presencial, independentemente da existência de acordos individuais ou coletivos, dispensado o registro prévio da alteração no contrato individual de trabalho.

§ 1º Para fins do disposto nesta Lei, considera-se teletrabalho ou trabalho remoto a definição constante do art. 75-B da Consolidação das Leis do Trabalho, aprovada pelo Decreto-Lei nº 5.452, de 1º de maio de 1943.

§ 2º A alteração de que trata o *caput* deste artigo será notificada ao empregado com antecedência de, no mínimo, 48 (quarenta e oito) horas, por escrito ou por meio eletrônico.

§ 3º As disposições relativas à responsabilidade pela aquisição, pela manutenção ou pelo fornecimento dos equipamentos tecnológicos e da infraestrutura necessária e adequada à prestação de teletrabalho ou de trabalho remoto e as disposições relativas ao reembolso de despesas efetuadas pelo empregado serão previstas em contrato escrito, firmado previamente ou no prazo de 30 (trinta) dias, contado da data da mudança do regime de trabalho.

§ 4º Na hipótese de o empregado não possuir os equipamentos tecnológicos ou a infraestrutura necessária e adequada à prestação de teletrabalho ou de trabalho remoto:

I - o empregador poderá fornecer os equipamentos em regime de comodato e custear os serviços de infraestrutura, que não caracterizarão verba de natureza salarial; ou

II - o período da jornada normal de trabalho será computado como tempo de trabalho à disposição do empregador, na impossibilidade do oferecimento do regime de comodato de que trata o inciso I deste parágrafo.

§ 5º O tempo de uso de equipamentos tecnológicos e de infraestrutura necessária, bem como de softwares, de ferramentas digitais ou de aplicações de internet utilizados para o teletrabalho ou o trabalho remoto, fora da jornada de trabalho normal do empregado não constitui tempo à disposição ou regime de prontidão ou de sobreaviso, exceto se houver previsão em acordo individual ou em acordo ou convenção coletiva de trabalho.

§ 6º Aplica-se ao teletrabalho e ao trabalho remoto de que trata este artigo o disposto no inciso III do *caput* do art. 62 da Consolidação das Leis do Trabalho, aprovada pelo Decreto-Lei nº 5.452, de 1º de maio de 1943.

Art. 4º Fica permitida a adoção do regime de teletrabalho ou de trabalho remoto para estagiários e aprendizes, nos termos desta Seção.

Art. 5º O regime de teletrabalho ou de trabalho remoto não se confunde nem se equipara à ocupação de operador de telemarketing ou de teleatendimento.

SEÇÃO III
DA ANTECIPAÇÃO DE FÉRIAS INDIVIDUAIS

Art. 6º O empregador informará ao empregado, durante o prazo previsto no ato do Ministério do Trabalho e Previdência de que trata o art. 2º desta Lei, sobre a antecipação de suas férias com antecedência de, no mínimo, 48 (quarenta e oito) horas, por escrito ou por meio eletrônico, com a indicação do período a ser gozado pelo empregado.

§ 1º As férias antecipadas nos termos do *caput* deste artigo:

I - não poderão ser gozadas em períodos inferiores a 5 (cinco) dias corridos; e

II - poderão ser concedidas por ato do empregador, ainda que o período aquisitivo a que se referem não tenha transcorrido.

§ 2º O empregado e o empregador poderão, adicionalmente, negociar a antecipação de períodos futuros de férias, por meio de acordo individual escrito.

Art. 7º O empregador poderá, durante o prazo previsto no ato do Ministério do Trabalho e Previdência de que trata o art. 2º desta Lei, suspender as férias e as licenças não remuneradas dos profissionais da área de saúde ou daqueles que desempenham funções essenciais, por meio de comunicação formal da decisão ao trabalhador por escrito ou, preferencialmente, por meio eletrônico, com antecedência de 48 (quarenta e oito) horas.

Art. 8º O adicional de 1/3 (um terço) relativo às férias concedidas durante o prazo previsto no ato do Ministério do Trabalho e Previdência de que trata o art. 2º desta Lei poderá ser pago após a sua concessão, a critério do empregador, até a data em que é devida a gratificação natalina prevista no art. 1º da Lei nº 4.749, de 12 de agosto de 1965.

Art. 9º A conversão de 1/3 (um terço) do período das férias em abono pecuniário dependerá da anuência do empregador, hipótese em que o pagamento poderá ser efetuado até a data de que trata o art. 8º desta Lei.

Art. 10. O pagamento da remuneração das férias concedidas durante o prazo previsto no ato do Ministério do Trabalho e Previdência de que trata o art. 2º desta Lei poderá ser efetuado até o quinto dia útil do mês subsequente ao do início do gozo das férias, hipótese em que não se aplica o disposto no art. 145 da Consolidação das Leis do Trabalho, aprovada pelo Decreto-Lei nº 5.452, de 1º de maio de 1943.

Art. 11. Na hipótese de rescisão do contrato de trabalho, os valores das férias, individuais ou coletivas, ainda não adimplidos serão pagos juntamente com as verbas rescisórias devidas.

Parágrafo único. No caso de pedido de demissão, as férias antecipadas gozadas cujo período não tenha sido adquirido serão descontadas das verbas rescisórias devidas ao empregado.

SEÇÃO IV
DA CONCESSÃO DE FÉRIAS COLETIVAS

Art. 12. O empregador poderá, a seu critério, durante o prazo previsto no ato do Ministério do Trabalho e Previdência de que trata o art. 2º desta Lei, conceder férias coletivas a todos os empregados ou a setores da empresa e deverá notificar o conjunto de empregados afetados, por escrito ou por meio eletrônico, com antecedência de, no mínimo, 48 (quarenta e oito) horas, hipótese em que não se aplicam o limite máximo de períodos anuais e o limite mínimo de dias corridos previstos na Consolidação das Leis do Trabalho, aprovada pelo Decreto-Lei nº 5.452, de 1º de maio de 1943, permitida a concessão por prazo superior a 30 (trinta) dias.

Art. 13. Aplica-se às férias coletivas o disposto no § 1º do art. 6º, nos arts. 8º, 9º e 10 e no parágrafo único do art. 11 desta Lei.

Art. 14. Na hipótese de que trata esta Seção, ficam dispensadas a comunicação prévia ao órgão local do Ministério do Trabalho e Previdência e a comunicação aos sindicatos representativos da categoria profissional de que trata o art. 139 da Consolidação das Leis do Trabalho, aprovada pelo Decreto-Lei nº 5.452, de 1º de maio de 1943.

SEÇÃO V
DO APROVEITAMENTO E DA ANTECIPAÇÃO DE FERIADOS

Art. 15. Os empregadores poderão, durante o prazo previsto no ato do Ministério do Trabalho e Previdência de que trata o art. 2º desta Lei, antecipar o gozo de feriados federais, estaduais, distritais e municipais, incluídos os religiosos, e deverão notificar, por escrito ou por meio eletrônico, o conjunto de empregados beneficiados, com antecedência de, no mínimo, 48 (quarenta e oito) horas, com a indicação expressa dos feriados aproveitados.

Parágrafo único. Os feriados a que se refere o *caput* deste artigo poderão ser utilizados para compensação do saldo em banco de horas.

SEÇÃO VI
DO BANCO DE HORAS

Art. 16. Ficam autorizadas, durante o prazo previsto no ato do Ministério do Trabalho e Previdência de que trata o art. 2º desta Lei, a interrupção das atividades pelo empregador e a constituição de regime especial de compensação de jornada, por meio de banco de horas, em favor do empregador ou do empregado, estabelecido por meio de acordo individual ou coletivo escrito, para a compensação no prazo de até 18 (dezoito) meses, contado da data de encerramento do período estabelecido no ato do Ministério do Trabalho e Previdência.

§ 1º A compensação de tempo para recuperação do período interrompido poderá ser feita por meio da prorrogação de jornada em até 2 (duas) horas, a qual não poderá exceder 10 (dez) horas diárias e poderá ser realizada aos finais de semana, observado o disposto no art. 68 da Consolidação das Leis do Trabalho, aprovada pelo Decreto-Lei nº 5.452, de 1º de maio de 1943.

§ 2º A compensação do saldo de horas poderá ser determinada pelo empregador independentemente de convenção coletiva ou de acordo individual ou coletivo.

§ 3º As empresas que desempenham atividades essenciais poderão, durante o prazo previsto no ato do Ministério do Trabalho e Previdência de que trata o art. 2º desta Lei, constituir regime especial de compensação de jornada por meio de banco de horas independentemente da interrupção de suas atividades.

SEÇÃO VII
DA SUSPENSÃO DA EXIGIBILIDADE DOS RECOLHIMENTOS DO FUNDO DE GARANTIA DO TEMPO DE SERVIÇO

Art. 17. O ato do Ministério do Trabalho e Previdência de que trata o art. 2º desta Lei poderá suspender a exigibilidade dos recolhimentos do FGTS de até 4 (quatro) competências, relativos aos estabelecimentos dos empregadores situados em Municípios alcançados por estado de calamidade pública reconhecido pelo Poder Executivo federal.

Parágrafo único. Os empregadores poderão fazer uso da prerrogativa prevista no *caput* deste artigo independentemente:

I - do número de empregados;

II - do regime de tributação;

III - da natureza jurídica;

IV - do ramo de atividade econômica; e

V - da adesão prévia.

Art. 18. O depósito das competências suspensas poderá ser realizado de forma parcelada, sem a incidência da atualização, da multa e dos encargos previstos no art. 22 da Lei nº 8.036, de 11 de maio de 1990.

§ 1º Os depósitos referentes às competências suspensas serão realizados em até 6 (seis) parcelas, nos prazos e nas condições estabelecidos no ato do Ministério do Trabalho e Previdência, na data prevista para o recolhimento mensal devido, conforme disposto no *caput* do art. 15 da Lei nº 8.036, de 11 de maio de 1990.

§ 2º Até que o disposto no art. 17-A da Lei nº 8.036, de 11 de maio de 1990, seja regulamentado e produza efeitos, para usufruir da prerrogativa prevista no *caput* deste artigo, o empregador fica obrigado a declarar as informações na data prevista em ato do Ministério do Trabalho e Previdência, nos termos do inciso IV do *caput* do art. 32 da Lei nº 8.212, de 24 de julho de 1991, observado que:

I - as informações prestadas constituirão declaração e reconhecimento dos créditos delas decorrentes, caracterizarão confissão de débito e constituirão instrumento hábil e suficiente para a cobrança do crédito de FGTS; e

II - os valores não declarados nos termos deste parágrafo não terão sua exigibilidade suspensa e obrigarão o pagamento integral da multa e dos encargos devidos nos termos do art. 22 da Lei nº 8.036, de 11 de maio de 1990, sem possibilidade de realização do parcelamento de que trata o *caput* deste artigo.

§ 3º Para os depósitos de FGTS realizados nos termos do *caput* deste artigo, a atualização monetária e a capitalização dos juros de que trata o art. 13 da Lei nº 8.036, de 11 de maio de 1990, incidentes sobre os valores devidos na competência originária, correrão à conta do FGTS.

Art. 19. Na hipótese de rescisão do contrato de trabalho que autorize o saque do FGTS, a suspensão prevista no art. 17 desta Lei resolver-se-á em relação ao respectivo empregado, e ficará o empregador obrigado:

I - ao recolhimento dos valores de FGTS cuja exigibilidade tenha sido suspensa nos termos desta Lei, sem incidência da multa e dos encargos devidos na forma do art. 22 da Lei nº 8.036, de 11 de maio de 1990, desde que seja efetuado no prazo legal; e

II - ao depósito dos valores previstos no art. 18 da Lei nº 8.036, de 11 de maio de 1990.

Parágrafo único. Na hipótese prevista no *caput* deste artigo, as eventuais parcelas vincendas terão a sua data de vencimento antecipada para o prazo aplicável ao recolhimento previsto no art. 18 da Lei nº 8.036, de 11 de maio de 1990.

Art. 20. Os valores de FGTS cuja exigibilidade tenha sido suspensa nos termos do art. 17 desta Lei, caso inadimplidos nos prazos fixados na forma desta Lei, estarão sujeitos à multa e aos encargos devidos nos termos do art. 22 da Lei nº 8.036, de 11 de maio de 1990, desde a data originária de vencimento fixada no *caput* do art. 15 da Lei nº 8.036, de 11 de maio de 1990.

Art. 21. Na hipótese de suspensão da exigibilidade de que trata o art. 17 desta Lei, o prazo prescricional dos débitos relativos aos depósitos do FGTS vencidos até a data de publicação do ato do Ministério do Trabalho e Previdência de que trata o art. 2º desta Lei ficará suspenso por 120 (cento e vinte) dias.

Art. 22. O inadimplemento das parcelas previstas no § 1º do art. 18 e a não quitação do FGTS nos termos do art. 19 desta Lei ensejarão o bloqueio da emissão do certificado de regularidade do FGTS.

Art. 23. Na hipótese de suspensão da exigibilidade de que trata o art. 17 desta Lei, os prazos dos certificados de regularidade do FGTS emitidos até a data de publicação do ato do Ministério do Trabalho e Previdência de que trata o art. 2º desta Lei ficarão prorrogados por 90 (noventa) dias.

CAPÍTULO III
DO PROGRAMA EMERGENCIAL DE MANUTENÇÃO DO EMPREGO E DA RENDA EM ESTADO DE CALAMIDADE PUBLICA

SEÇÃO I
DA INSTITUIÇÃO, DOS OBJETIVOS E DAS MEDIDAS DO PROGRAMA EMERGENCIAL DE MANUTENÇÃO DO EMPREGO E DA RENDA

Art. 24. O Poder Executivo federal poderá instituir o Programa Emergencial de Manutenção do Emprego e da Renda, para o enfrentamento das consequências sociais e econômicas de estado de calamidade pública em âmbito nacional ou em âmbito estadual, distrital ou municipal reconhecido pelo Poder Executivo federal.

§ 1º A adoção do Programa Emergencial de Manutenção do Emprego e da Renda observará o disposto no regulamento, que estabelecerá a forma e o prazo durante o qual o Programa poderá ser adotado, observadas as disponibilidades financeiras e orçamentárias.

§ 2º O prazo a que se refere o § 1º deste artigo será de até 90 (noventa) dias, prorrogável enquanto durar o estado de calamidade pública em âmbito nacional ou em âmbito estadual, distrital ou municipal reconhecido pelo Poder Executivo federal.

Art. 25. São medidas do Programa Emergencial de Manutenção do Emprego e da Renda:

I - o pagamento do Benefício Emergencial de Manutenção do Emprego e da Renda (BEm);

II - a redução proporcional da jornada de trabalho e do salário; e

III - a suspensão temporária do contrato de trabalho.

Parágrafo único. O disposto no *caput* deste artigo não se aplica:

I - no âmbito da União, dos Estados, do Distrito Federal e dos Municípios:

a) aos órgãos da administração pública direta e indireta; e

b) às empresas públicas e às sociedades de economia mista, inclusive às suas subsidiárias; e

II - aos organismos internacionais.

Art. 26. Compete ao Ministério do Trabalho e Previdência coordenar, executar, monitorar e fiscalizar o Programa Emergencial de Manutenção do Emprego e da Renda e editar as normas complementares necessárias à sua execução.

Parágrafo único. O Ministério do Trabalho e Previdência divulgará, por meio eletrônico, informações detalhadas sobre os acordos firmados, com o número de empregados e empregadores beneficiados.

SEÇÃO II
DO BENEFÍCIO EMERGENCIAL DE MANUTENÇÃO DO EMPREGO E DA RENDA

Art. 27. O BEm será pago nas hipóteses de:

I - redução proporcional da jornada de trabalho e do salário; e

II - suspensão temporária do contrato de trabalho.

§ 1º O BEm será custeado com recursos da União, mediante disponibilidade orçamentária.

§ 2º O BEm será de prestação mensal e devido a partir da data do início da redução da jornada de trabalho e do salário ou da suspensão temporária do contrato de trabalho, observadas as seguintes disposições:

I - o empregador informará ao Ministério do Trabalho e Previdência a redução da jornada de trabalho e do salário ou a suspensão temporária do contrato de trabalho, no prazo de 10 (dez) dias, contado da data da celebração do acordo;

II - a primeira parcela será paga no prazo de 30 (trinta) dias, contado da data da celebração do acordo, desde que a celebração do acordo seja informada no prazo a que se refere o inciso I deste parágrafo; e

III - o benefício será pago exclusivamente enquanto durar a redução da jornada de trabalho e do salário ou a suspensão temporária do contrato de trabalho.

§ 3º Caso a informação de que trata o inciso I do § 2º deste artigo não seja prestada no prazo previsto no referido inciso:

I - o empregador ficará responsável pelo pagamento da remuneração no valor anterior à redução da jornada de trabalho e do salário ou à suspensão temporária do contrato de trabalho do empregado, inclusive dos respectivos encargos sociais e trabalhistas, até que a informação seja prestada;

II - a data de início do BEm será estabelecida na data em que a informação tenha sido efetivamente prestada, e o benefício será devido pelo restante do período pactuado; e

III - a primeira parcela, observado o disposto no inciso II deste parágrafo, será paga no prazo de 30 (trinta) dias, contado da data em que a informação tiver sido efetivamente prestada.

§ 4º Ato do Ministério do Trabalho e Previdência disciplinará a forma de:

I - transmissão das informações e das comunicações pelo empregador;

II - concessão e pagamento do BEm; e

III - interposição de recurso contra as decisões proferidas em relação ao BEm.

§ 5º As notificações e as comunicações referentes ao BEm poderão ser realizadas exclusivamente por meio digital, mediante a ciência do interessado, o cadastramento em sistema próprio e a utilização de certificado digital da Infraestrutura de Chaves Públicas Brasileira (ICP-Brasil) ou o uso de login e senha, conforme estabelecido em ato do Ministério do Trabalho e Previdência.

§ 6º O devido recebimento do BEm não impedirá a concessão nem alterará o valor do seguro-desemprego a que o empregado vier a ter direito, desde que cumpridos os requisitos previstos na Lei nº 7.998, de 11 de janeiro de 1990, no momento de eventual dispensa.

§ 7º O BEm será operacionalizado e pago pelo Ministério do Trabalho e Previdência.

Art. 28. O valor do BEm terá como base de cálculo o valor da parcela do seguro-desemprego a que o empregado teria direito, nos termos do art. 5º da Lei nº 7.998, de 11 de janeiro de 1990, observadas as seguintes disposições:

I - na hipótese de redução da jornada de trabalho e do salário, será calculado com a aplicação do percentual da redução sobre a base de cálculo; e

II - na hipótese de suspensão temporária do contrato de trabalho, terá valor mensal:

a) equivalente a 100% (cem por cento) do valor do seguro-desemprego a que o empregado teria direito, na hipótese prevista no *caput* do art. 30 desta Lei; ou

b) equivalente a 70% (setenta por cento) do valor do seguro-desemprego a que o empregado teria direito, na hipótese prevista no § 6º do art. 30 desta Lei.

§ 1º O BEm será pago ao empregado independentemente do:

I - cumprimento de qualquer período aquisitivo;

II - tempo de vínculo empregatício; e

III - número de salários recebidos.

§ 2º O BEm não será devido ao empregado que:

I - seja ocupante de cargo ou emprego público ou cargo em comissão de livre nomeação e exoneração, ou seja titular de mandato eletivo; ou

II - esteja em gozo:

a) de benefício de prestação continuada do Regime Geral de Previdência Social ou dos regimes próprios de previdência social, ressalvados os benefícios de pensão por morte e de auxílio-acidente;

b) do seguro-desemprego, em quaisquer de suas modalidades; ou

c) da bolsa de qualificação profissional de que trata o art. 2º-A da Lei nº 7.998, de 11 de janeiro de 1990.

§ 3º O empregado com mais de um vínculo formal de emprego poderá receber cumulativamente 1 (um) BEm para cada vínculo com redução proporcional da jornada de trabalho e do salário ou com suspensão temporária do contrato de trabalho.

§ 4º Nos casos em que o cálculo do BEm resultar em valores decimais, o valor a ser pago deverá ser arredondado para a unidade inteira imediatamente superior.

§ 5º O empregado com contrato de trabalho intermitente a que se refere o § 3º do art. 443 da Consolidação das Leis do Trabalho, aprovada pelo Decreto-Lei nº 5.452, de 1º de maio de 1943, não faz jus ao BEm.

§ 6º O BEm do aprendiz:

I - poderá ser acumulado com o benefício de prestação continuada de que trata o art. 20 da Lei nº 8.742, de 7 de dezembro de 1993; e

II - não será computado para fins de cálculo da renda familiar per capita para a concessão ou a manutenção do benefício de prestação continuada de que trata o art. 20 da Lei nº 8.742, de 7 de dezembro de 1993.

§ 7º Fica suspenso o prazo a que se refere o § 2º do art. 21-A da Lei nº 8.742, de 7 de dezembro de 1993, durante o recebimento do BEm pelo aprendiz.

SEÇÃO III
DA REDUÇÃO PROPORCIONAL DA JORNADA DE TRABALHO E DO SALÁRIO

Art. 29. O empregador, na forma e no prazo previstos no regulamento de que trata o art. 24 desta Lei, poderá acordar a redução proporcional da jornada de trabalho e do salário de seus empregados, de forma setorial, departamental, parcial ou na totalidade dos postos de trabalho, observados os seguintes requisitos:

I - preservação do valor do salário-hora de trabalho;

II - pactuação, conforme o disposto nos arts. 33 e 34 desta Lei, por convenção coletiva de trabalho, por acordo coletivo de trabalho ou por acordo individual escrito entre empregador e empregado; e

III - na hipótese de pactuação por acordo individual escrito, encaminhamento da proposta de acordo ao empregado com antecedência de, no mínimo, 2 (dois) dias corridos e redução da jornada de trabalho e do salário somente nos seguintes percentuais:

a) 25% (vinte e cinco por cento);

b) 50% (cinquenta por cento); ou

c) 70% (setenta por cento).

Parágrafo único. A jornada de trabalho e o salário pago anteriormente serão restabelecidos no prazo de 2 (dois) dias corridos, contado da:

I - cessação do estado de calamidade pública;

II - data estabelecida como termo de encerramento do período de redução pactuado; ou

III - data de comunicação do empregador que informe ao empregado a sua decisão de antecipar o fim do período de redução pactuado.

SEÇÃO IV
DA SUSPENSÃO TEMPORÁRIA DO CONTRATO DE TRABALHO

Art. 30. O empregador, na forma e no prazo previstos no regulamento de que trata o art. 24 desta Lei, poderá acordar a suspensão temporária do contrato de trabalho de seus empregados, de forma setorial, departamental, parcial ou na totalidade dos postos de trabalho.

§ 1º A suspensão temporária do contrato de trabalho será pactuada, conforme o disposto nos arts. 33 e 34 desta Lei, por convenção coletiva de trabalho, por acordo coletivo de trabalho ou por acordo individual escrito entre empregador e empregado.

§ 2º Na hipótese de acordo individual escrito entre empregador e empregado, a proposta deverá ser encaminhada ao empregado com antecedência de, no mínimo, 2 (dois) dias corridos.

§ 3º O empregado, durante o período de suspensão temporária do contrato de trabalho:

I - fará jus a todos os benefícios concedidos pelo empregador aos seus empregados; e

II - ficará autorizado a recolher para o Regime Geral de Previdência Social na qualidade de segurado facultativo.

§ 4º O contrato de trabalho será restabelecido no prazo de 2 (dois) dias corridos, contado da:

I - cessação do estado de calamidade pública;

II - data estabelecida como termo de encerramento do período de suspensão pactuado; ou

III - data de comunicação do empregador que informe ao empregado a sua decisão de antecipar o fim do período de suspensão pactuado.

§ 5º Se durante o período de suspensão temporária do contrato de trabalho o empregado mantiver as atividades de trabalho, ainda que parcialmente, por meio de teletrabalho, trabalho remoto ou trabalho a distância, ficará descaracterizada a suspensão temporária do contrato de trabalho, e o empregador estará sujeito:

I - ao pagamento imediato da remuneração e dos encargos sociais referentes a todo o período;

II - às penalidades previstas na legislação; e

III - às sanções previstas em convenção coletiva ou em acordo coletivo de trabalho.

§ 6º A empresa que tiver auferido, no ano-calendário anterior ao estado de calamidade pública de que trata o art. 1º desta Lei, receita bruta superior ao limite máximo previsto no inciso II do *caput* do art. 3º da Lei Complementar nº 123, de 14 de dezembro de 2006, somente poderá suspender o contrato de trabalho de seus empregados mediante o pagamento de ajuda compensatória mensal no valor de 30% (trinta por cento) do valor do salário do empregado, durante o período de suspensão temporária do contrato de trabalho pactuado, observado o disposto neste artigo e no art. 31 desta Lei.

SEÇÃO V
DAS DISPOSIÇÕES COMUNS ÀS MEDIDAS DO PROGRAMA EMERGENCIAL DE MANUTENÇÃO DO EMPREGO E DA RENDA

Art. 31. O BEm poderá ser acumulado com o pagamento, pelo empregador, de ajuda compensatória mensal, em decorrência da redução proporcional da jornada de trabalho e do salário ou da suspensão temporária do contrato de trabalho de que trata esta Lei.

§ 1º A ajuda compensatória mensal de que trata o *caput* deste artigo:

I - deverá ter o valor definido em negociação coletiva ou no acordo individual escrito pactuado; e

II - não integrará a base de cálculo do valor dos depósitos do FGTS, instituído pela Lei nº 8.036, de 11 de maio de 1990, e de que trata a Lei Complementar nº 150, de 1º de junho de 2015.

§ 2º Na hipótese de redução proporcional da jornada de trabalho e do salário, a ajuda compensatória prevista no *caput* não integrará o salário devido pelo empregador e observará o disposto no § 1º deste artigo.

Art. 32. Fica reconhecida a garantia provisória no emprego ao empregado que receber o BEm em decorrência da redução da jornada de trabalho e do salário ou da suspensão temporária do contrato de trabalho de que trata esta Lei, nos seguintes termos:

I - durante o período acordado de redução da jornada de trabalho e do salário ou de suspensão temporária do contrato de trabalho;

II - após o restabelecimento da jornada de trabalho e do salário ou do encerramento da suspensão temporária do contrato de trabalho, por período equivalente ao acordado para a redução ou a suspensão; e

III - no caso da empregada gestante, por período equivalente ao acordado para a suspensão temporária do contrato de trabalho, contado da data do término do período da garantia estabelecida na alínea "b" do inciso II do *caput* do art. 10 do Ato das Disposições Constitucionais Transitórias.

§ 1º A dispensa sem justa causa que ocorrer durante o período de garantia provisória no emprego de que trata o *caput* deste artigo sujeitará o empregador ao pagamento, além das parcelas rescisórias previstas na legislação, de indenização no valor de:

I - 50% (cinquenta por cento) do salário a que o empregado teria direito no período de garantia provisória no emprego, na hipótese de redução da jornada de trabalho e do salário igual ou superior a 25% (vinte e cinco por cento) e inferior a 50% (cinquenta por cento);

II - 75% (setenta e cinco por cento) do salário a que o empregado teria direito no período de garantia provisória no emprego, na hipótese de redução da jornada de trabalho e do salário igual ou superior a 50% (cinquenta por cento) e inferior a 70% (setenta por cento); e

III - 100% (cem por cento) do salário a que o empregado teria direito no período de garantia provisória no emprego, nas hipóteses de redução da jornada de trabalho e do salário em percentual igual ou superior a 70% (setenta por cento) ou de suspensão temporária do contrato de trabalho.

§ 2º Os prazos da garantia provisória no emprego decorrente dos acordos de redução proporcional da jornada de trabalho e do salário ou de suspensão do contrato de trabalho com base em regulamento editado na forma do art. 24 desta Lei ficarão suspensos na hipótese de recebimento do benefício com fundamento em um regulamento posterior, também expedido na forma do art. 24 desta Lei, durante o recebimento do BEm de que trata esse regulamento posterior, e somente retomarão a sua contagem após o encerramento do período da garantia de emprego de que trata o regulamento posterior.

§ 3º O disposto neste artigo não se aplica às hipóteses de pedido de demissão, de extinção do contrato de trabalho por acordo nos termos do art. 484-A da Consolidação das Leis do Trabalho, aprovada pelo Decreto-Lei nº 5.452, de 1º de maio de 1943, ou de dispensa por justa causa do empregado.

Art. 33. As medidas de redução proporcional da jornada de trabalho e do salário ou de suspensão temporária do contrato de trabalho de que trata esta Lei poderão ser celebradas por meio de negociação coletiva, observado o disposto no § 1º deste artigo e nos arts. 29 e 30 desta Lei.

§ 1º A convenção coletiva ou o acordo coletivo de trabalho poderão estabelecer redução da jornada de trabalho e do salário em percentuais diversos daqueles previstos no inciso III do *caput* do art. 29 desta Lei.

§ 2º Na hipótese prevista no § 1º deste artigo, o BEm será devido nos seguintes termos:

I - sem percepção do benefício, para a redução da jornada de trabalho e do salário inferior a 25% (vinte e cinco por cento);

II - no valor de 25% (vinte e cinco por cento) sobre a base de cálculo prevista no art. 28 desta Lei, para a redução da jornada de trabalho e do salário igual ou superior a 25% (vinte e cinco por cento) e inferior a 50% (cinquenta por cento);

III - no valor de 50% (cinquenta por cento) sobre a base de cálculo prevista no art. 28 desta Lei, para a redução da jornada de trabalho e do salário igual ou superior a 50% (cinquenta por cento) e inferior a 70% (setenta por cento); e

IV - no valor de 70% (setenta por cento) sobre a base de cálculo prevista no art. 28 desta Lei, para a redução da jornada de trabalho e do salário igual ou superior a 70% (setenta por cento).

§ 3º As convenções coletivas ou os acordos coletivos de trabalho celebrados anteriormente à publicação do regulamento de que trata o art. 24 desta Lei poderão ser renegociados para adequação de seus termos no prazo de 10 (dez) dias corridos, contado da data de publicação do regulamento.

Art. 34. As medidas de que trata o art. 25 desta Lei serão implementadas por meio de acordo individual escrito ou de negociação coletiva aos empregados:

I - com salário igual ou inferior a metade do limite máximo dos benefícios do Regime Geral de Previdência Social; ou

II - com diploma de nível superior que percebam salário mensal igual ou superior a 2 (duas) vezes o limite máximo dos benefícios do Regime Geral de Previdência Social.

§ 1º Para os empregados que não se enquadrem no disposto no *caput* deste artigo, as medidas de que trata o art. 25 desta Lei somente poderão ser estabelecidas por convenção coletiva ou por acordo coletivo de trabalho, exceto nas seguintes hipóteses, nas quais se admite a pactuação por acordo individual escrito:

I - redução proporcional da jornada de trabalho e do salário de 25% (vinte e cinco por cento), de que trata a alínea "a" do inciso III do *caput* do art. 29 desta Lei; ou

II - redução proporcional da jornada de trabalho e do salário ou suspensão temporária do contrato de trabalho, quando do acordo não resultar diminuição do valor total recebido mensalmente pelo empregado, incluídos o valor do BEm, a ajuda compensatória mensal e, em caso de redução da jornada de trabalho, o salário pago pelo empregador em razão das horas trabalhadas pelo empregado.

§ 2º Para os empregados que se encontrem em gozo do benefício de aposentadoria, a implementação das medidas de redução proporcional da jornada de trabalho e do salário ou de suspensão temporária do contrato de trabalho por acordo individual escrito somente será admitida quando, além do enquadramento em alguma das hipóteses de autorização do acordo individual de trabalho previstas no *caput* ou no § 1º deste artigo, houver o pagamento, pelo empregador, de ajuda compensatória mensal, observados o disposto no art. 31 desta Lei e as seguintes condições:

I - o valor da ajuda compensatória mensal a que se refere este parágrafo deverá ser, no mínimo, equivalente ao valor do BEm que o empregado receberia se não houvesse a vedação prevista na alínea "a" do inciso II do § 2º do art. 28 desta Lei; e

II - o valor total pago a título de ajuda compensatória mensal deverá ser, no mínimo, igual à soma do valor previsto no § 6º do art. 30 desta Lei com o valor mínimo previsto no inciso I deste parágrafo, na hipótese de empresa que se enquadre no disposto naquele dispositivo.

§ 3º Os atos necessários à pactuação dos acordos individuais escritos de que trata este artigo poderão ser realizados por meios físicos ou eletrônicos.

§ 4º Os acordos individuais de redução da jornada de trabalho e do salário ou de suspensão temporária do contrato de trabalho, pactuados nos termos desta Lei, deverão ser comunicados pelos empregadores ao sindicato da categoria profissional, no prazo de 10 (dez) dias corridos, contado da data de sua celebração.

§ 5º Se, após a pactuação de acordo individual na forma prevista neste artigo, houver a celebração de convenção coletiva ou de acordo coletivo de trabalho com cláusulas conflitantes com as cláusulas do acordo individual, deverão ser observadas as seguintes regras:

I - a aplicação das condições estabelecidas no acordo individual em relação ao período anterior ao período da negociação coletiva; e

II - a prevalência das condições estipuladas na negociação coletiva, naquilo em que conflitarem com as condições estabelecidas no acordo individual, a partir da data de entrada em vigor da convenção coletiva ou do acordo coletivo de trabalho.

§ 6º As condições do acordo individual prevalecerão sobre a negociação coletiva se forem mais favoráveis ao trabalhador.

Art. 35. A redução proporcional da jornada de trabalho e do salário ou a suspensão temporária do contrato de trabalho, quando adotada, deverá resguardar o exercício e o funcionamento dos serviços públicos e das atividades essenciais de que trata a Lei nº 7.783, de 28 de junho de 1989.

Art. 36. As irregularidades constatadas pela Auditoria-Fiscal do Trabalho do Ministério do Trabalho e Previdência quanto aos acordos de redução proporcional da jornada de trabalho e do salário ou de suspensão temporária do contrato de trabalho de que trata esta Lei sujeitam os infratores à multa prevista no art. 25 da Lei nº 7.998, de 11 de janeiro de 1990.

Parágrafo único. O processo de fiscalização, de notificação, de autuação e de imposição de multas decorrente das disposições desta Lei observará o disposto no Título VII da Consolidação das Leis do Trabalho, aprovada pelo Decreto-Lei nº 5.452, de 1º de maio de 1943, hipótese em que não se aplica o critério da dupla visita.

Art. 37. O disposto neste Capítulo aplica-se aos contratos de trabalho celebrados até a data de publicação do regulamento de que trata o art. 24 desta Lei.

Parágrafo único. O disposto no *caput* deste artigo aplica-se aos contratos de trabalho de aprendizagem e de jornada parcial.

Art. 38. O trabalhador que receber indevidamente parcela do BEm estará sujeito à compensação automática com eventuais parcelas devidas do referido benefício relativas ao mesmo acordo ou a acordos diversos ou com futuras parcelas de abono salarial de que trata a Lei nº 7.998, de 11 de janeiro de 1990, ou de seguro-desemprego a que tiver direito, na forma prevista no art. 25-A da referida Lei, conforme estabelecido em ato do Ministério do Trabalho e Previdência, garantido ao trabalhador o direito de ciência prévia sobre a referida compensação.

Art. 39. O empregador e o empregado poderão, em comum acordo, optar pelo cancelamento de aviso prévio em curso.

Parágrafo único. Na hipótese de cancelamento do aviso prévio na forma prevista no *caput* deste artigo, as partes poderão adotar as medidas do Programa Emergencial de Manutenção do Emprego e da Renda.

SEÇÃO VI
DA OPERACIONALIZAÇÃO DO PAGAMENTO DO BENEFÍCIO EMERGENCIAL DE MANUTENÇÃO DO EMPREGO E DA RENDA

Art. 40. Fica dispensada a licitação para contratação da Caixa Econômica Federal e do Banco do Brasil S.A. para a operacionalização do pagamento do BEm.

Art. 41. O beneficiário poderá receber o BEm na instituição financeira em que possuir conta-poupança ou conta de depósito à vista, exceto conta-salário, desde que autorize o empregador a informar os seus dados bancários quando prestadas as informações de que trata o inciso I do § 2º do art. 27 desta Lei.

§ 1º Na hipótese de não validação ou de rejeição do crédito na conta indicada, inclusive pelas instituições financeiras destinatárias das transferências, ou na ausência da indicação de que trata o *caput* deste artigo, a Caixa Econômica Federal e o Banco do Brasil S.A. poderão utilizar outra conta-poupança de titularidade do beneficiário, identificada por meio de processo de levantamento e conferência da coincidência de dados cadastrais para o pagamento do BEm.

§ 2º Na hipótese de não ser localizada conta-poupança de titularidade do beneficiário na forma prevista no § 1º deste artigo, a Caixa Econômica Federal e o Banco do Brasil S.A. poderão realizar o pagamento do BEm por meio de conta digital, de abertura automática, em nome do beneficiário, com as seguintes características:

I - dispensa de apresentação de documentos pelo beneficiário;

II - isenção de cobrança de tarifas de manutenção;

III - direito a, no mínimo, 3 (três) transferências eletrônicas de valores e a 1 (um) saque ao mês, sem custos, para conta mantida em instituição autorizada a operar pelo Banco Central do Brasil; e

IV - vedação à emissão de cheque.

§ 3º É vedado às instituições financeiras, independentemente da modalidade de conta utilizada para pagamento do BEm, efetuar descontos, compensações ou pagamentos de débitos de qualquer natureza, mesmo a pretexto de recompor saldo negativo ou de saldar dívidas preexistentes, que impliquem a redução do valor do benefício.

§ 4º Os recursos relativos ao BEm creditados nos termos do § 2º deste artigo e não movimentados no prazo de 1 (um) ano, contado da data do depósito, retornarão para a União.

Art. 42. O Ministério do Trabalho e Previdência editará os atos complementares necessários à execução do disposto nos arts. 40 e 41 desta Lei.

CAPÍTULO IV
DISPOSIÇÕES FINAIS

Art. 43. Durante o prazo previsto no ato do Ministério do Trabalho e Previdência de que trata o art. 2º desta Lei, o curso ou o programa de qualificação profissional de que trata o art. 476-A da Consolidação das Leis do Trabalho, aprovada pelo Decreto-Lei nº 5.452, de 1º de maio de 1943, poderá ser oferecido pelo empregador exclusivamente na modalidade não presencial e terá duração de, no mínimo, 1 (um) mês e, no máximo, 3 (três) meses.

§ 1º A suspensão do contrato de trabalho para a realização do curso de qualificação de que trata o *caput* deste artigo poderá ser realizada por acordo individual escrito, quando houver o pagamento pelo empregador de ajuda compensatória mensal em valor equivalente à diferença entre a remuneração do empregado e a bolsa de qualificação.

§ 2º O pagamento da ajuda compensatória de que trata o § 1º deste artigo observará o disposto no § 1º do art. 31 desta Lei.

§ 3º Se, após a pactuação de acordo individual na forma prevista no § 1º deste artigo, houver a celebração de convenção coletiva ou de acordo coletivo de trabalho com cláusulas conflitantes com as cláusulas do acordo individual, deverão ser observadas as seguintes regras:

I - a aplicação das condições estabelecidas no acordo individual em relação ao período anterior ao período da negociação coletiva; e

II - a prevalência das condições estipuladas na negociação coletiva, naquilo em que conflitarem com as condições estabelecidas no acordo individual, a partir da data de entrada em vigor da convenção coletiva ou do acordo coletivo de trabalho.

§ 4º As condições do acordo individual prevalecerão sobre a negociação coletiva se forem mais favoráveis ao trabalhador.

Art. 44. Durante o prazo previsto no regulamento de que trata o art. 2º desta Lei, fica permitida a utilização de meios eletrônicos para cumprimento dos requisitos formais previstos no Título VI da Consolidação das Leis do Trabalho, aprovada pelo Decreto-Lei nº 5.452, de 1º de maio de 1943, inclusive para convocação, deliberação, decisão, formalização e publicidade de convenção ou de acordo coletivo de trabalho.

Art. 45. Durante o prazo previsto no ato do Ministério do Trabalho e Previdência de que trata o art. 2º desta Lei, os prazos previstos no Título VI da Consolidação das Leis do Trabalho, aprovada pelo Decreto-Lei nº 5.452, de 1º de maio de 1943, ficam reduzidos pela metade.

Art. 46. O disposto nesta Lei aplica-se também:

I - às relações de trabalho regidas:

a) pela Lei nº 6.019, de 3 de janeiro de 1974; e

b) pela Lei nº 5.889, de 8 de junho de 1973; e

II - no que couber, às relações regidas pela Lei Complementar nº 150, de 1º de junho de 2015, tais como as disposições referentes ao Programa Emergencial de Manutenção do Emprego e da Renda, à redução de jornada, ao banco de horas e às férias.

Art. 47. Esta Lei entra em vigor na data de sua publicação.

Congresso Nacional, em 15 de agosto de 2022; 201º da Independência e 134º da República.

SENADOR RODRIGO PACHECO

Presidente da Mesa do Congresso Nacional

LEI Nº 14.442, DE 2 DE SETEMBRO DE 2022

Dispõe sobre o pagamento de auxílio-alimentação ao empregado e altera a Lei nº 6.321, de 14 de abril de 1976, e a Consolidação das Leis do Trabalho, aprovada pelo Decreto-Lei nº 5.452, de 1º de maio de 1943.

▸ *Pagamento de auxílio-alimentação*

O PRESIDENTE DA REPÚBLICA

Faço saber que o Congresso Nacional decreta e eu sanciono a seguinte Lei:

Art. 1º Esta Lei dispõe sobre o pagamento de auxílio-alimentação ao empregado, bem como altera a Lei nº 6.321, de 14 de abril de 1976, e a Consolidação das Leis do Trabalho, aprovada pelo Decreto-Lei nº 5.452, de 1º de maio de 1943.

Art. 2º As importâncias pagas pelo empregador a título de auxílio-alimentação de que trata o § 2º do art. 457 da Consolidação das Leis do Trabalho, aprovada pelo Decreto-Lei nº 5.452, de 1º de maio de 1943, deverão ser utilizadas para o pagamento de refeições em restaurantes e estabelecimentos similares ou para a aquisição de gêneros alimentícios em estabelecimentos comerciais.

Art. 3º O empregador, ao contratar pessoa jurídica para o fornecimento do auxílio-alimentação de que trata o art. 2º desta Lei, não poderá exigir ou receber:

I - qualquer tipo de deságio ou imposição de descontos sobre o valor contratado;

II - prazos de repasse ou pagamento que descaracterizem a natureza pré-paga dos valores a serem disponibilizados aos empregados; ou

III - outras verbas e benefícios diretos ou indiretos de qualquer natureza não vinculados diretamente à promoção de saúde e segurança alimentar do empregado, no âmbito de contratos firmados com empresas emissoras de instrumentos de pagamento de auxílio-alimentação.

§ 1º A vedação de que trata o caput deste artigo não se aplica aos contratos de fornecimento de auxílio-alimentação vigentes, até seu encerramento ou até que tenha decorrido o prazo de 14 (quatorze) meses, contado da data de publicação desta Lei, o que ocorrer primeiro.

§ 2º É vedada a prorrogação de contrato de fornecimento de auxílio-alimentação em desconformidade com o disposto no caput deste artigo.

Art. 4º A execução inadequada, o desvio ou o desvirtuamento das finalidades do auxílio-alimentação de que trata o § 2º do art. 457 da Consolidação das Leis do Trabalho, aprovada pelo Decreto-Lei nº 5.452, de 1º de maio de 1943, pelos empregadores ou pelas empresas emissoras de instrumentos de pagamento de auxílio-alimentação, sem prejuízo da aplicação de outras penalidades cabíveis pelos órgãos competentes, acarretará a aplicação de multa no valor de R$ 5.000,00 (cinco mil reais) a R$ 50.000,00 (cinquenta mil reais), a qual será aplicada em dobro em caso de reincidência ou de embaraço à fiscalização.

§ 1º Os critérios de cálculo e os parâmetros de gradação da multa prevista no caput deste artigo serão estabelecidos em ato do Ministro de Estado do Trabalho e Previdência.

§ 2º O estabelecimento que comercializa produtos não relacionados à alimentação do empregado e a empresa que o credenciou sujeitam-se à aplicação da multa prevista no caput deste artigo.

Art. 5º A Lei nº 6.321, de 14 de abril de 1976, passa a vigorar com as seguintes alterações:

"Art. 1º As pessoas jurídicas poderão deduzir do lucro tributável, para fins de apuração do imposto sobre a renda, o dobro das despesas comprovadamente realizadas no período-base em programas de alimentação do trabalhador previamente aprovados pelo Ministério do Trabalho e Previdência, na forma e de acordo com os limites dispostos no decreto que regulamenta esta Lei.

....

§ 3º As despesas destinadas aos programas de alimentação do trabalhador deverão abranger exclusivamente o pagamento de refeições em restaurantes e estabelecimentos similares e a aquisição de gêneros alimentícios em estabelecimentos comerciais.

§ 4º As pessoas jurídicas beneficiárias não poderão exigir ou receber:

I - qualquer tipo de deságio ou imposição de descontos sobre o valor contratado;

II - prazos de repasse ou pagamento que descaracterizem a natureza pré-paga dos valores a serem disponibilizados aos trabalhadores; ou

III - outras verbas e benefícios diretos ou indiretos de qualquer natureza não vinculados diretamente à promoção de saúde e segurança alimentar do trabalhador, no âmbito do contrato firmado com empresas emissoras de instrumentos de pagamento de auxílio-alimentação.

§ 5º A vedação de que trata o § 4º deste artigo terá vigência conforme definido em regulamento para os programas de alimentação do trabalhador."

"Art. 1º-A Os serviços de pagamentos de alimentação contratados para execução dos programas de alimentação de que trata esta Lei observarão o seguinte:

I - a operacionalização por meio de arranjo de pagamento fechado ou aberto, devendo as empresas organizadas na forma de arranjo de pagamento fechado permitir a interoperabilidade entre si e com arranjos abertos, indistintamente, com o objetivo de compartilhar a rede credenciada de estabelecimentos comerciais, a partir de 1º de maio de 2023;

II - a portabilidade gratuita do serviço, mediante solicitação expressa do trabalhador, além de outras normas fixadas em decreto do Poder Executivo, a partir de 1º de maio de 2023;

III - (VETADO)."

"Art. 3º-A A execução inadequada, o desvio ou o desvirtuamento das finalidades dos programas de alimentação do trabalhador pelas pessoas jurídicas beneficiárias ou pelas empresas registradas no Ministério do Trabalho e Previdência, sem prejuízo da aplicação de outras penalidades cabíveis pelos órgãos competentes, acarretarão:

I - a aplicação de multa no valor de R$ 5.000,00 (cinco mil reais) a R$ 50.000,00 (cinquenta mil reais), a qual será aplicada em dobro em caso de reincidência ou de embaraço à fiscalização;

II - o cancelamento da inscrição da pessoa jurídica beneficiária ou do registro das empresas vinculadas aos programas de alimentação do trabalhador cadastradas no Ministério do Trabalho e Previdência, desde a data da primeira irregularidade passível de cancelamento, conforme estabelecido em ato específico; e

III - a perda do incentivo fiscal da pessoa jurídica beneficiária, em consequência do cancelamento previsto no inciso II deste caput.

§ 1º Os critérios de cálculo e os parâmetros de gradação da multa prevista no inciso I do caput deste artigo serão estabelecidos em ato do Ministro de Estado do Trabalho e Previdência.

§ 2º O estabelecimento que comercializa produtos não relacionados à alimentação do trabalhador e a empresa que o credenciou sujeitam-se à aplicação da multa prevista no inciso I do caput deste artigo.

§ 3º Na hipótese do cancelamento previsto no inciso II do caput deste artigo, novo registro ou inscrição perante o Ministério do Trabalho e Previdência somente poderá ser pleiteado decorrido o prazo a ser definido em regulamento."

Art. 6º A Consolidação das Leis do Trabalho, aprovada pelo Decreto-Lei nº 5.452, de 1º de maio de 1943, passa a vigorar com as seguintes alterações:

▸ Alteração processada no respectivo diploma.

Art. 7º *(Vetado na Lei 14.442/2022).*

Art. 8º Esta Lei entra em vigor na data de sua publicação.

Brasília, 2 de setembro de 2022; 201º da Independência e 134º da República.

JAIR MESSIAS BOLSONARO

Paulo Guedes

José Carlos Oliveira

LEI Nº 14.457, DE 21 DE SETEMBRO DE 2022

Institui o Programa Emprega + Mulheres; e altera a Consolidação das Leis do Trabalho, aprovada pelo Decreto-Lei nº 5.452, de 1º de maio de 1943, e as Leis nºs 11.770, de 9 de setembro de 2008, 13.999, de 18 de maio de 2020, e 12.513, de 26 de outubro de 2011.

▸ *Programa Emprega + Mulheres*

O PRESIDENTE DA REPÚBLICA

Faço saber que o Congresso Nacional decreta e eu sanciono a seguinte Lei:

CAPÍTULO I
DO PROGRAMA EMPREGA + MULHERES

Art. 1º Fica instituído o Programa Emprega + Mulheres, destinado à inserção e à manutenção de mulheres no mercado de trabalho por meio da implementação das seguintes medidas:

I - para apoio à parentalidade na primeira infância:

a) pagamento de reembolso-creche; e

b) manutenção ou subvenção de instituições de educação infantil pelos serviços sociais autônomos;

II - para apoio à parentalidade por meio da flexibilização do regime de trabalho:

a) teletrabalho;

b) regime de tempo parcial;

c) regime especial de compensação de jornada de trabalho por meio de banco de horas;

d) jornada de 12 (doze) horas trabalhadas por 36 (trinta e seis) horas ininterruptas de descanso, quando a atividade permitir;

e) antecipação de férias individuais; e

f) horários de entrada e de saída flexíveis;

III - para qualificação de mulheres, em áreas estratégicas para a ascensão profissional:

a) suspensão do contrato de trabalho para fins de qualificação profissional; e

b) estímulo à ocupação das vagas em cursos de qualificação dos serviços nacionais de aprendizagem por mulheres e priorização de mulheres hipossuficientes vítimas de violência doméstica e familiar;

IV - para apoio ao retorno ao trabalho das mulheres após o término da licença-maternidade:

a) suspensão do contrato de trabalho de pais empregados para acompanhamento do desenvolvimento dos filhos; e

b) flexibilização do usufruto da prorrogação da licença-maternidade, conforme prevista na Lei nº 11.770, de 9 de setembro de 2008;

V - reconhecimento de boas práticas na promoção da empregabilidade das mulheres, por meio da instituição do Selo Emprega + Mulher;

VI - prevenção e combate ao assédio sexual e a outras formas de violência no âmbito do trabalho; e

VII - estímulo ao microcrédito para mulheres.

Parágrafo único. Para os efeitos desta Lei, parentalidade é o vínculo socioafetivo maternal, paternal ou qualquer outro que resulte na assunção legal do papel de realizar as atividades parentais, de forma compartilhada entre os responsáveis pelo cuidado e pela educação das crianças e dos adolescentes, nos termos do parágrafo único do art. 22 da Lei nº 8.069, de 13 de julho de 1990 (Estatuto da Criança e do Adolescente).

CAPÍTULO II
DO APOIO À PARENTALIDADE NA PRIMEIRA INFÂNCIA

SEÇÃO I
DO REEMBOLSO-CRECHE

Art. 2º Ficam os empregadores autorizados a adotar o benefício de reembolso-creche, de que trata a alínea "s" do § 9º do art. 28 da Lei nº 8.212, de 24 de julho de 1991, desde que cumpridos os seguintes requisitos:

I - ser o benefício destinado ao pagamento de creche ou de pré-escola de livre escolha da empregada ou do empregado, bem como ao ressarcimento de gastos com outra modalidade de prestação de serviços de mesma natureza, comprovadas as despesas realizadas;

II - ser o benefício concedido à empregada ou ao empregado que possua filhos com até 5 (cinco) anos e 11 (onze) meses de idade, sem prejuízo dos demais preceitos de proteção à maternidade;

III - ser dada ciência pelos empregadores às empregadas e aos empregados da existência do benefício e dos procedimentos necessários à sua utilização; e

IV - ser o benefício oferecido de forma não discriminatória e sem a sua concessão configurar premiação.

Parágrafo único. Ato do Poder Executivo federal disporá sobre os limites de valores para a concessão do reembolso-creche e as modalidades de prestação de serviços aceitas, incluído o pagamento de pessoa física.

Art. 3º A implementação do reembolso-creche ficará condicionada à formalização de acordo individual, de acordo coletivo ou de convenção coletiva de trabalho.

Parágrafo único. O acordo ou a convenção a que se refere o caput deste artigo estabelecerá condições, prazos e valores, sem prejuízo do cumprimento dos demais preceitos de proteção à maternidade.

Art. 4º Os valores pagos a título de reembolso-creche:

I - não possuem natureza salarial;

II - não se incorporam à remuneração para quaisquer efeitos;

III - não constituem base de incidência de contribuição previdenciária ou do Fundo de Garantia do Tempo de Serviço (FGTS); e

IV - não configuram rendimento tributável da empregada ou do empregado.

Art. 5º Os estabelecimentos em que trabalharem pelo menos 30 (trinta) mulheres com mais de 16 (dezesseis) anos de idade terão local apropriado onde seja permitido às empregadas guardar sob vigilância e assistência os seus filhos no período da amamentação.

Parágrafo único. Os empregadores que adotarem o benefício do reembolso-creche previsto nos arts. 2º, 3º e 4º desta Lei para todos os empregados e empregadas que possuam filhos com até 5 (cinco) anos e 11 (onze) meses de idade ficam desobrigados da instalação de local apropriado para a guarda e a assistência de filhos de empregadas no período da amamentação, nos termos do caput deste artigo.

SEÇÃO II
DA MANUTENÇÃO OU SUBVENÇÃO DE INSTITUIÇÕES DE EDUCAÇÃO INFANTIL PELOS SERVIÇOS SOCIAIS AUTÔNOMOS

Art. 6º Os seguintes serviços sociais autônomos poderão, observado o disposto em suas leis de regência e regulamentos, manter instituições de educação infantil destinadas aos dependentes dos empregados e das empregadas vinculados à atividade econômica a eles correspondente:

I - Serviço Social da Indústria (Sesi), de que trata o Decreto-Lei nº 9.403, de 25 de junho de 1946;

II - Serviço Social do Comércio (Sesc), de que trata o Decreto-Lei nº 9.853, de 13 de setembro de 1946; e

III - Serviço Social do Transporte (Sest), de que trata a Lei nº 8.706, de 14 de setembro de 1993.

CAPÍTULO III
DO APOIO À PARENTALIDADE POR MEIO DA FLEXIBILIZAÇÃO DO REGIME DE TRABALHO

SEÇÃO I
DO TELETRABALHO

Art. 7º Na alocação de vagas para as atividades que possam ser efetuadas por meio de teletrabalho, trabalho remoto ou trabalho a distância, nos termos do Capítulo II-A do Título II da Consolidação das Leis do Trabalho, aprovada pelo Decreto-Lei nº 5.452, de 1º de maio de 1943, os empregadores deverão conferir prioridade:

I - às empregadas e aos empregados com filho, enteado ou criança sob guarda judicial com até 6 (seis) anos de idade; e

II - às empregadas e aos empregados com filho, enteado ou pessoa sob guarda judicial com deficiência, sem limite de idade.

SEÇÃO II
DA FLEXIBILIZAÇÃO DO REGIME DE TRABALHO E DAS FÉRIAS

Art. 8º No âmbito dos poderes diretivo e gerencial dos empregadores, e considerada a vontade expressa dos empregados e das empregadas, haverá priorização na concessão de uma ou mais das seguintes medidas de flexibilização da jornada de trabalho aos empregados e às empregadas que tenham filho, enteado ou pessoa sob sua guarda com até 6 (seis) anos de idade ou com deficiência, com vistas a promover a conciliação entre o trabalho e a parentalidade:

I - regime de tempo parcial, nos termos do art. 58-A da Consolidação das Leis do Trabalho, aprovada pelo Decreto-Lei nº 5.452, de 1º de maio de 1943;

II - regime especial de compensação de jornada de trabalho por meio de banco de horas, nos termos do art. 59 da Consolidação das Leis do Trabalho, aprovada pelo Decreto-Lei nº 5.452, de 1º de maio de 1943;

III - jornada de 12 (doze) horas trabalhadas por 36 (trinta e seis) horas ininterruptas de descanso, nos termos do art. 59-A da Consolidação das Leis do Trabalho, aprovada pelo Decreto-Lei nº 5.452, de 1º de maio de 1943;

IV - antecipação de férias individuais; e

V - horários de entrada e de saída flexíveis.

§ 1º As medidas de que tratam os incisos I e IV do caput deste artigo somente poderão ser adotadas até o segundo ano:

I - do nascimento do filho ou enteado;

II - da adoção; ou

III - da guarda judicial.

§ 2º As medidas de que trata este artigo deverão ser formalizadas por meio de acordo individual, de acordo coletivo ou de convenção coletiva de trabalho.

§ 3º O prazo fixado no § 1º deste artigo aplica-se inclusive para o empregado ou a empregada que tiver filho, enteado ou pessoa sob guarda judicial com deficiência.

SEÇÃO III
DO REGIME ESPECIAL DE COMPENSAÇÃO DE JORNADA DE TRABALHO POR MEIO DE BANCO DE HORAS

Art. 9º Na hipótese de rescisão do contrato de trabalho de empregado ou empregada em regime de compensação de jornada por meio de banco de horas, as horas acumuladas ainda não compensadas serão:

I - descontadas das verbas rescisórias devidas ao empregado ou à empregada, na hipótese de banco de horas em favor do empregador, quando a demissão for a pedido e o empregado ou empregada não tiver interesse ou não puder compensar a jornada devida durante o prazo do aviso prévio; ou

II - pagas juntamente com as verbas rescisórias, na hipótese de banco de horas em favor do empregado ou da empregada.

SEÇÃO IV
DA ANTECIPAÇÃO DE FÉRIAS INDIVIDUAIS

Art. 10. A antecipação de férias individuais poderá ser concedida ao empregado ou à empregada que se enquadre nos critérios estabelecidos no § 1º do art. 8º desta Lei, ainda que não tenha transcorrido o seu período aquisitivo.

Parágrafo único. As férias antecipadas não poderão ser usufruídas em período inferior a 5 (cinco) dias corridos.

Art. 11. Para as férias concedidas na forma prevista no art. 10 desta Lei, o empregador poderá optar por efetuar o pagamento do adicional de 1/3 (um terço) de férias após a sua concessão, até a data em que for devida a gratificação natalina prevista no art. 1º da Lei nº 4.749, de 12 de agosto de 1965.

Art. 12. O pagamento da remuneração da antecipação das férias na forma do art. 10 desta Lei poderá ser efetuado até o quinto dia útil do mês subsequente ao início do gozo das férias, hipótese em que não se aplicará o disposto no art. 145 da Consolidação das Leis do Trabalho, aprovada pelo Decreto-Lei nº 5.452, de 1º de maio de 1943.

Art. 13. Na hipótese de rescisão do contrato de trabalho, os valores das férias ainda não usufruídas serão pagos juntamente com as verbas rescisórias devidas.

Parágrafo único. Na hipótese de período aquisitivo não cumprido, as férias antecipadas e usufruídas serão descontadas das verbas rescisórias devidas ao empregado no caso de pedido de demissão.

SEÇÃO V
DOS HORÁRIOS DE ENTRADA E SAÍDA FLEXÍVEIS

Art. 14. Quando a atividade permitir, os horários fixos da jornada de trabalho poderão ser flexibilizados ao empregado ou à empregada que se enquadre nos critérios estabelecidos no caput do art. 8º desta Lei.

Parágrafo único. A flexibilização de que trata o caput deste artigo ocorrerá em intervalo de horário previamente estabelecido, considerados os limites inicial e final de horário de trabalho diário.

CAPÍTULO IV
DAS MEDIDAS PARA QUALIFICAÇÃO DE MULHERES

SEÇÃO I
DA SUSPENSÃO DO CONTRATO DE TRABALHO PARA QUALIFICAÇÃO PROFISSIONAL

Art. 15. Mediante requisição formal da empregada interessada, para estimular a qualificação de mulheres e o desenvolvimento de habilidades e de competências em áreas estratégicas ou com menor participação feminina, o empregador poderá suspender o contrato de trabalho para participação em curso ou em programa de qualificação profissional oferecido pelo empregador.

§ 1º Na hipótese prevista no caput deste artigo, a suspensão do contrato de trabalho será formalizada por meio de acordo individual, de acordo coletivo ou de convenção coletiva de trabalho, nos termos do art. 476-A da Consolidação das Leis do Trabalho, aprovada pelo Decreto-Lei nº 5.452, de 1º de maio de 1943.

§ 2º O curso ou o programa de qualificação profissional oferecido pelo empregador priorizará áreas que promovam a ascensão profissional da empregada ou áreas com baixa participação feminina, tais como ciência, tecnologia, desenvolvimento e inovação.

§ 3º Durante o período de suspensão do contrato de trabalho, a empregada fará jus à bolsa de qualificação profissional de que trata o art. 2º-A da Lei nº 7.998, de 11 de janeiro de 1990.

§ 4º Além da bolsa de qualificação profissional, durante o período de suspensão do contrato de trabalho, o empregador poderá conceder à empregada ajuda compensatória mensal, sem natureza salarial.

§ 5º Para fins de pagamento da bolsa de qualificação profissional, o empregador encaminhará ao Ministério do Trabalho e Previdência os dados referentes às empregadas que terão o contrato de trabalho suspenso.

§ 6º Se ocorrer a dispensa da empregada no transcurso do período de suspensão ou nos 6 (seis) meses subsequentes ao seu retorno ao trabalho, o empregador pagará à empregada, além das parcelas indenizatórias previstas na legislação, multa a ser estabelecida em convenção ou em acordo coletivo, que será de, no mínimo, 100% (cem por cento) sobre o valor da última remuneração mensal anterior à suspensão do contrato de trabalho.

SEÇÃO II
DO ESTÍMULO À OCUPAÇÃO DAS VAGAS DE GRATUIDADE DOS SERVIÇOS SOCIAIS AUTÔNOMOS

Art. 16. As entidades dos serviços nacionais de aprendizagem, observadas suas leis de regência e regulamentos, mediante a celebração de ajustes e de parcerias com a União, poderão implementar medidas que estimulem a matrícula de mulheres em cursos de qualificação, em todos os níveis e áreas de conhecimento.

§ 1º Se ocorrer a celebração dos termos de ajustes ou de parcerias a que se refere o caput deste artigo, os serviços nacionais de aprendizagem desenvolverão ferramentas de monitoramento e estratégias para a inscrição e a conclusão dos cursos por mulheres, especialmente nas áreas de ciência, de tecnologia, de desenvolvimento e de inovação.

§ 2º Para fins do disposto no caput deste artigo, serão priorizadas as mulheres hipossuficientes vítimas de violência doméstica e familiar com registro de ocorrência policial.

CAPÍTULO V
DO APOIO AO RETORNO AO TRABALHO APÓS O TÉRMINO DA LICENÇA-MATERNIDADE

SEÇÃO I
DA SUSPENSÃO DO CONTRATO DE TRABALHO DE PAIS EMPREGADOS

Art. 17. Mediante requisição formal do empregado interessado, o empregador poderá suspender o contrato de trabalho do empregado com filho cuja mãe tenha encerrado o período da licença-maternidade para:

I - prestar cuidados e estabelecer vínculos com os filhos;

II - acompanhar o desenvolvimento dos filhos; e

III - apoiar o retorno ao trabalho de sua esposa ou companheira.

§ 1º A suspensão do contrato de trabalho ocorrerá nos termos do art. 476-A da Consolidação das Leis do Trabalho, aprovada pelo Decreto-Lei nº 5.452, de 1º de maio de 1943, para participação em curso ou em programa de qualificação profissional oferecido pelo empregador, formalizada por meio de acordo individual, de acordo coletivo ou de convenção coletiva de trabalho.

§ 2º A suspensão do contrato de trabalho será efetuada após o término da licença-maternidade da esposa ou companheira do empregado.

§ 3º O curso ou o programa de qualificação profissional deverá ser oferecido pelo empregador, terá carga horária máxima de 20 (vinte) horas semanais e será realizado exclusivamente na modalidade não presencial, preferencialmente, de forma assíncrona.

§ 4º A limitação prevista no § 2º do art. 476-A da Consolidação das Leis do Trabalho, aprovada pelo Decreto-Lei nº 5.452, de 1º de maio de 1943, não se aplica à suspensão do contrato de trabalho de que trata este artigo.

§ 5º O empregado fará jus à bolsa de qualificação profissional de que trata o art. 2º-A da Lei nº 7.998, de 11 de janeiro de 1990.

§ 6º Além da bolsa de qualificação profissional, durante o período de suspensão do contrato de trabalho, o empregador poderá conceder ao empregado ajuda compensatória mensal, sem natureza salarial.

§ 7º Se ocorrer a dispensa do empregado no transcurso do período de suspensão ou nos 6 (seis) meses subsequentes ao seu retorno ao trabalho, o empregador pagará ao empregado, além das parcelas indenizatórias previstas na legislação em vigor, multa a ser estabelecida em convenção ou em acordo coletivo, que será de, no mínimo, 100% (cem por cento) sobre o valor da última remuneração mensal anterior à suspensão do contrato.

Art. 18. São deveres do empregador:

I - dar ampla divulgação aos seus empregados sobre a possibilidade de apoiar o retorno ao trabalho de suas esposas ou companheiras após o término do período da licença-maternidade;

II - orientar sobre os procedimentos necessários para firmar acordo individual para suspensão do contrato de trabalho com qualificação; e

III - promover ações periódicas de conscientização sobre parentalidade responsiva e igualitária para impulsionar a adoção da medida pelos seus empregados.

Art. 19. Para fins de pagamento da bolsa de qualificação profissional, o empregador encaminhará ao Ministério do Trabalho e Previdência os dados referentes aos empregados que terão o contrato de trabalho suspenso para apoiar o retorno ao trabalho de suas esposas ou companheiras.

SEÇÃO II
DAS ALTERAÇÕES NO PROGRAMA EMPRESA CIDADÃ

Art. 20. A Lei nº 11.770, de 9 de setembro de 2008, passa a vigorar com as seguintes alterações:

- Alteração processada no respectivo diploma.

CAPÍTULO VI
DAS REGRAS PARA FORMALIZAÇÃO DE ACORDOS INDIVIDUAIS

Art. 21. A opção por acordo individual para formalizar as medidas previstas no art. 3º, no § 2º do art. 8º, no § 1º do art. 15 e no § 1º do art. 17 desta Lei somente poderá ser realizada: *(Vetado pelo Presidente da República, mantido pelo Congresso Nacional e publicado no DOU de 22/12/2022)*

I - nos casos de empresas ou de categorias de trabalhadores para as quais não haja acordo coletivo ou convenção coletiva de trabalho celebrados; ou

II - se houver acordo coletivo ou convenção coletiva de trabalho celebrados, se o acordo individual a ser celebrado contiver medidas mais vantajosas à empregada ou ao empregado que o instrumento coletivo vigente.

Art. 22. Tanto na priorização para vagas em regime de teletrabalho, trabalho remoto ou trabalho a distância quanto na adoção das medidas de flexibilização e de suspensão do contrato de trabalho previstas nos Capítulos III, IV e V desta Lei, deverá sempre ser levada em conta a vontade expressa da empregada ou do empregado beneficiado pelas medidas de apoio ao exercício da parentalidade.

CAPÍTULO VII
DAS MEDIDAS DE PREVENÇÃO E DE COMBATE AO ASSÉDIO SEXUAL E A OUTRAS FORMAS DE VIOLÊNCIA NO ÂMBITO DO TRABALHO

Art. 23. Para a promoção de um ambiente laboral sadio, seguro e que favoreça a inserção e a manutenção de mulheres no mercado de trabalho, as empresas com Comissão Interna de Prevenção de Acidentes e de Assédio (Cipa) deverão adotar as seguintes medidas, além de outras que entenderem necessárias, com vistas à prevenção e ao combate ao assédio sexual e às demais formas de violência no âmbito do trabalho:

I - inclusão de regras de conduta a respeito do assédio sexual e de outras formas de violência nas normas internas da empresa, com ampla divulgação do seu conteúdo aos empregados e às empregadas;

II - fixação de procedimentos para recebimento e acompanhamento de denúncias, para apuração dos fatos e, quando for o caso, para aplicação de sanções administrativas aos responsáveis diretos e indiretos pelos atos de assédio sexual e de violência, garantido o anonimato da pessoa denunciante, sem prejuízo dos procedimentos jurídicos cabíveis;

III - inclusão de temas referentes à prevenção e ao combate ao assédio sexual e a outras formas de violência nas atividades e nas práticas da Cipa; e

IV - realização, no mínimo a cada 12 (doze) meses, de ações de capacitação, de orientação e de sensibilização dos empregados e das empregadas de todos os níveis hierárquicos da empresa sobre temas relacionados à violência, ao assédio, à igualdade e à diversidade no âmbito do trabalho, em formatos acessíveis, apropriados e que apresentem máxima efetividade de tais ações.

§ 1º O recebimento de denúncias a que se refere o inciso II do caput deste artigo não substitui o procedimento penal correspondente, caso a conduta denunciada pela vítima se encaixe na tipificação de assédio sexual contida no art. 216-A do Decreto-Lei nº 2.848, de 7 de dezembro de 1940 (Código Penal), ou em outros crimes de violência tipificados na legislação brasileira.

§ 2º O prazo para adoção das medidas previstas nos incisos I, II, III e IV do caput deste artigo é de 180 (cento e oitenta) dias após a entrada em vigor desta Lei.

CAPÍTULO VIII
DO SELO EMPREGA + MULHER

Art. 24. Fica instituído o Selo Emprega + Mulher.

§ 1º São objetivos do Selo Emprega + Mulher:

I - reconhecer as empresas que se destaquem pela organização, pela manutenção e pelo provimento de creches e pré-escolas para atender às necessidades de suas empregadas e de seus empregados; e

II - reconhecer as boas práticas de empregadores que visem, entre outros objetivos:

a) ao estímulo à contratação, à ocupação de postos de liderança e à ascensão profissional de mulheres, especialmente em áreas com baixa participação feminina, tais como ciência, tecnologia, desenvolvimento e inovação;

b) à divisão igualitária das responsabilidades parentais;

c) à promoção da cultura de igualdade entre mulheres e homens;

d) à oferta de acordos flexíveis de trabalho;

e) à concessão de licenças para mulheres e homens que permitam o cuidado e a criação de vínculos com seus filhos;

f) ao efetivo apoio às empregadas de seu quadro de pessoal e das que prestem serviços no seu estabelecimento em caso de assédio, violência física ou psicológica ou qualquer violação de seus direitos no local de trabalho; e

g) à implementação de programas de contratação de mulheres desempregadas em situação de violência doméstica e familiar e de acolhimento e de proteção às suas empregadas em situação de violência doméstica e familiar.

§ 2º Para fins do disposto neste artigo, consideram-se violência doméstica e familiar contra a mulher as ações ou as omissões previstas no art. 5º da Lei nº 11.340, de 7 de agosto de 2006 (Lei Maria da Penha).

Art. 25. As microempresas e as empresas de pequeno porte que receberem o Selo Emprega + Mulher serão beneficiadas com estímulos creditícios adicionais, nos termos dos incisos I e II do § 5º do art. 3º da Lei nº 13.999, de 18 de maio de 2020.

Art. 26. As empresas que se habilitarem para o recebimento do Selo Emprega + Mulher deverão prestar contas anualmente quanto ao atendimento dos requisitos previstos nesta Lei.

Art. 27. A pessoa jurídica detentora do Selo Emprega + Mulher poderá utilizá-lo para os fins de divulgação de sua marca, produtos e serviços, vedada a extensão do uso para grupo econômico ou em associação com outras empresas que não detenham o selo.

Art. 28. Ato do Ministro de Estado do Trabalho e Previdência disporá sobre o regulamento completo do Selo Emprega + Mulher.

CAPÍTULO IX
DO ESTÍMULO AO MICROCRÉDITO PARA MULHERES

Art. 29. Nas operações de crédito do Programa de Simplificação do Microcrédito Digital para Empreendedores (SIM Digital), de que trata a Lei nº 14.438, de 24 de agosto de 2022, serão aplicadas condições diferenciadas, exclusivamente quando os beneficiários forem:

I - mulheres que exerçam alguma atividade produtiva ou de prestação de serviços, urbana ou rural, de forma individual ou coletiva, na condição de pessoas naturais;

II - mulheres, na condição de pessoas naturais e de microempreendedoras individuais no âmbito do Programa Nacional de Microcrédito Produtivo Orientado (PNMPO).

§ 1º A primeira linha de crédito a ser concedida à beneficiária pessoa natural corresponderá ao valor máximo de R$ 2.000,00 (dois mil reais) e, às microempreendedoras individuais, de R$ 5.000,00 (cinco mil reais), considerada a soma de todos os contratos de operação, ativos e inativos, efetuados no âmbito do SIM Digital.

§ 2º A taxa de juros máxima será correspondente a 85% (oitenta e cinco por cento) da taxa máxima permitida pelo Conselho Monetário Nacional para operações de microcrédito, e o prazo será de até 30 (trinta) meses para o pagamento.

§ 3º A cobertura da garantia a ser prestada pelos fundos garantidores, observado o disposto na Lei nº 14.438, de 24 de agosto de 2022, será de até 85% (oitenta e cinco por cento) do valor desembolsado em cada operação incluída nas carteiras garantidas, e o limite de cobertura será de 80% (oitenta por cento) do total de desembolsos efetuados nas operações das carteiras, sempre que forem formadas exclusivamente por mulheres, nas condições dos incisos I e II do caput deste artigo, observados as atenuantes de risco aplicáveis e o disposto nos regulamentos dos fundos.

CAPÍTULO X
DISPOSIÇÕES FINAIS

Art. 30. Às mulheres empregadas é garantido igual salário em relação aos empregados que exerçam idêntica função prestada ao mesmo empregador, nos termos dos arts. 373-A e 461 da Consolidação das Leis do Trabalho, aprovada pelo Decreto-Lei nº 5.452, de 1º de maio de 1943.

Art. 31. O Sistema Nacional de Emprego (Sine) implementará iniciativas com vistas à melhoria da empregabilidade de mulheres, especialmente daquelas:

I - que tenham filho, enteado ou guarda judicial de crianças de até 5 (cinco) anos de idade;

II - que sejam chefe de família monoparental; ou

III - com deficiência ou com filho com deficiência.

Art. 32. A Consolidação das Leis do Trabalho, aprovada pelo Decreto-Lei nº 5.452, de 1º de maio de 1943, passa a vigorar com as seguintes alterações:

▸ Alteração processada no respectivo diploma.

Art. 33. O art. 3º da Lei nº 13.999, de 18 de maio de 2020, passa a vigorar acrescido do seguinte § 5º:

"Art. 3º ....

....

....

....

§ 5º Nos casos em que a empresa contratante tenha sido reconhecida pelo Poder Executivo federal com o Selo Emprega + Mulher, aplicam-se os seguintes parâmetros:

I - o limite do empréstimo referido no § 1º do art. 2º desta Lei corresponderá a até 50% (cinquenta por cento) da receita bruta anual calculada com base no exercício anterior ao da contratação, salvo o caso das empresas que tenham menos de 1 (um) ano de funcionamento, hipótese em que corresponderá a até 50% (cinquenta por cento) do seu capital social ou a até 50% (cinquenta por cento) de 12 (doze) vezes a média da sua receita bruta mensal apurada no período, desde o início de suas atividades, o que for mais vantajoso; e

II - prazo de 60 (sessenta) meses para o pagamento." (NR)

Art. 34. O caput do art. 2º da Lei nº 12.513, de 26 de outubro de 2011, passa a vigorar acrescido do seguinte inciso V:

"Art. 2º ....

V - mulheres vítimas de violência doméstica e familiar com registro de ocorrência policial.

....

...."

Art. 35. Esta Lei entra em vigor na data de sua publicação.

Brasília, 21 de setembro de 2022; 201º da Independência e 134º da República.

JAIR MESSIAS BOLSONARO

Victor Godoy Veiga

Tatiana Barbosa de Alvarenga

José Carlos Oliveira

DECRETO Nº 11.430, DE 8 DE MARÇO DE 2023

Regulamenta a Lei nº 14.133, de 1º de abril de 2021, para dispor sobre a exigência, em contratações públicas, de percentual mínimo de mão de obra constituída por mulheres vítimas de violência doméstica e sobre a utilização do desenvolvimento, pelo licitante, de ações de equidade entre mulheres e homens no ambiente de trabalho como critério de desempate em licitações, no âmbito da administração pública federal direta, autárquica e fundacional.

▸ *Lei de Licitação - equidade de gênero nas contratações*

O PRESIDENTE DA REPÚBLICA, no uso das atribuições que lhe confere o art. 84, *caput*, incisos IV e VI, alínea "a", da Constituição, e tendo em vista o disposto no art. 25, § 9º, inciso I, e no art. 60, *caput*, inciso III, da Lei nº 14.133, de 1º de abril de 2021, e no art. 4º da Lei nº 12.288, de 20 de julho de 2010,

DECRETA:

CAPÍTULO I DISPOSIÇÕES PRELIMINARES

Objeto e âmbito de aplicação

Art. 1º Este Decreto regulamenta o disposto no inciso I do § 9º do art. 25 e no inciso III do *caput* do art. 60 da Lei nº 14.133, de 1º de abril de 2021, para dispor sobre a exigência, em contratações públicas, de percentual mínimo de mão de obra constituída por mulheres vítimas de violência doméstica e sobre a utilização do desenvolvimento, pelo licitante, de ações de equidade entre mulheres e homens no ambiente de trabalho como critério de desempate em licitações, no âmbito da administração pública federal direta, autárquica e fundacional.

Definições

Art. 2º Para fins do disposto neste Decreto, considera-se:

I - acordo de cooperação técnica - instrumento por meio do qual é formalizada parceria entre a administração pública federal e a unidade de ente público responsável pela política pública para consecução de finalidades de interesse público e recíproco que não envolvam transferência de recursos financeiros;

II - administração - órgão ou entidade por meio do qual a administração pública federal atua como contratante;

III - unidade responsável pela política pública - órgão ou entidade estadual, distrital ou municipal responsável pela política de atenção a mulheres vítimas de violência doméstica, com competência na localidade onde será prestado o serviço; e

IV - violência doméstica - tipo de violação definido no art. 5º da Lei nº 11.340, de 7 de agosto de 2006.

CAPÍTULO II DO PERCENTUAL MÍNIMO DE VAGAS

Percentual aplicável

Art. 3º Os editais de licitação e os avisos de contratação direta para a contratação de serviços contínuos com regime de dedicação exclusiva de mão de obra, nos termos do disposto no inciso XVI do *caput* do art. 6º da Lei nº 14.133, de 2021, preverão o emprego de mão de obra constituída por mulheres vítimas de violência doméstica, em percentual mínimo de oito por cento das vagas.

§ 1º O disposto no *caput* aplica-se a contratos com quantitativos mínimos de vinte e cinco colaboradores.

§ 2º O percentual mínimo de mão de obra estabelecido no *caput* deverá ser mantido durante toda a execução contratual.

§ 3º As vagas de que trata o *caput*:

I - incluem mulheres trans, travestis e outras possibilidades do gênero feminino, nos termos do disposto no art. 5º da Lei nº 11.340, de 2006; e

II - serão destinadas prioritariamente a mulheres pretas e pardas, observada a proporção de pessoas pretas e pardas na unidade da federação onde ocorrer a prestação do serviço, de acordo com o último censo demográfico do Instituto Brasileiro de Geografia e Estatística - IBGE.

§ 4º A indisponibilidade de mão de obra com a qualificação necessária para atendimento do objeto contratual não caracteriza descumprimento do disposto no *caput*.

CAPÍTULO III DO ACORDO DE COOPERAÇÃO

Formalização

Art. 4º Para fins de cumprimento do disposto neste Decreto, o Ministério da Gestão e da Inovação em Serviços Públicos e o Ministério das Mulheres firmarão acordo de cooperação técnica com as unidades responsáveis pela política pública de atenção a mulheres vítimas de violência doméstica.

§ 1º São objetivos do acordo de cooperação técnica de que trata o *caput*:

I - o apoio ao atendimento do percentual mínimo de vagas estabelecido no *caput* do art. 3º, por meio do fornecimento, pela unidade responsável pela política pública, da relação de mulheres vítimas de violência doméstica que tenham autorizado expressamente a disponibilização de seus dados para fins de obtenção de trabalho; e

II - a disponibilização, pela unidade responsável pela política pública, de declaração de manutenção das mulheres vítimas de violência doméstica entre as empregadas do licitante alocadas ao contrato com a administração.

§ 2º A relação de que trata o inciso I do § 1º contemplará todas as mulheres que tenham autorizado expressamente a disponibilização de seus dados para fins de obtenção de trabalho.

§ 3º O acordo de cooperação técnica de que trata o *caput* não envolverá a transferência de recursos financeiros ou orçamentários.

§ 4º O acordo de cooperação técnica previsto no *caput* conterá cláusula que assegure o sigilo da condição de vítima de violência doméstica.

§ 5º A aplicação do disposto no *caput* está condicionada à existência de acordo de cooperação técnica.

CAPÍTULO IV DAS AÇÕES DE EQUIDADE ENTRE MULHERES E HOMENS

Desempate nos processos licitatórios

Art. 5º O desenvolvimento, pelo licitante, de ações de equidade entre mulheres e homens no ambiente de trabalho será critério de desempate em processos licitatórios, nos termos do disposto no inciso III do *caput* do art. 60 da Lei nº 14.133, de 2021.

§ 1º Para fins do disposto no *caput*, serão consideradas ações de equidade, respeitada a seguinte ordem:

I - medidas de inserção, de participação e de ascensão profissional igualitária entre mulheres e homens, incluída a proporção de mulheres em cargos de direção do licitante;

II - ações de promoção da igualdade de oportunidades e de tratamento entre mulheres e homens em matéria de emprego e ocupação;

III - igualdade de remuneração e paridade salarial entre mulheres e homens;

IV - práticas de prevenção e de enfrentamento do assédio moral e sexual;

V - programas destinados à equidade de gênero e de raça; e

VI - ações em saúde e segurança do trabalho que considerem as diferenças entre os gêneros.

§ 2º Ato do Secretário de Gestão e Inovação do Ministério da Gestão e da Inovação em Serviços Públicos disporá sobre a forma de aferição, pela administração, e sobre a forma de comprovação, pelo licitante, do desenvolvimento das ações de que trata o § 1º.

CAPÍTULO V DISPOSIÇÕES FINAIS

Sigilo

Art. 6º A administração e a empresa contratada, nos termos do disposto na Lei nº 13.709, de 14 de agosto de 2018, assegurarão o sigilo da condição de vítima de violência doméstica da mão de obra alocada na prestação de serviços contínuos com regime de dedicação exclusiva de mão de obra de que trata este Decreto.

Discriminação

Art. 7º É vedado o tratamento discriminatório à mulher vítima de violência doméstica integrante da mão de obra alocada na prestação de serviços contínuos com regime de dedicação exclusiva de mão de obra de que trata este Decreto.

Normas complementares

Art. 8º O Secretário de Gestão e Inovação do Ministério da Gestão e da Inovação em Serviços Públicos poderá editar normas complementares necessárias à execução do disposto neste Decreto.

Vigência

Art. 9º Este Decreto entra em vigor em 30 de março de 2023.

Brasília, 8 de março de 2023; 202º da Independência e 135º da República.

LUIZ INÁCIO LULA DA SILVA
Silvio Luiz de Almeida
Esther Dweck
Anielle Francisco da Silva
Aparecida Gonçalves

LEI Nº 14.597, DE 14 DE JUNHO DE 2023

Institui a Lei Geral do Esporte.

▸ *Lei Geral do Esporte*

O PRESIDENTE DA REPÚBLICA

Faço saber que o Congresso Nacional decreta e eu sanciono a seguinte Lei:

TÍTULO I DO ORDENAMENTO ESPORTIVO NACIONAL

CAPÍTULO I DA INSTITUIÇÃO DA LEI GERAL DO ESPORTE

SEÇÃO I DISPOSIÇÕES PRELIMINARES

Art. 1º É instituída a Lei Geral do Esporte, que dispõe sobre o Sistema Nacional do Esporte (Sinesp) e o Sistema Nacional de Informações e Indicadores Esportivos (SNIIE), a ordem econômica esportiva, a integridade esportiva e o Plano Nacional pela Cultura de Paz no Esporte.

§ 1º Entende-se por esporte toda forma de atividade predominantemente física que, de modo informal ou organizado, tenha por objetivo a prática de atividades recreativas, a promoção da saúde, o alto rendimento esportivo ou o entretenimento.

§§ 2º e 3º *(Vetados na Lei 14.597/2023).*

SEÇÃO II DOS PRINCÍPIOS FUNDAMENTAIS

Art. 2º São princípios fundamentais do esporte:

I - autonomia;
II - democratização;
III - descentralização;
IV - diferenciação;
V - educação;
VI - eficiência;
VII - especificidade;
VIII - gestão democrática;
IX - identidade nacional;
X - inclusão;
XI - integridade;
XII - liberdade;
XIII - participação;
XIV - qualidade;
XV - saúde;
XVI - segurança.

Parágrafo único. Considerado o esporte como de alto interesse social, sua exploração e gestão sujeitam-se à observância dos seguintes princípios:

I - transparência financeira e administrativa e conformidade com as leis e os regulamentos externos e internos;
II - moralidade na gestão esportiva;
III - responsabilidade social de seus dirigentes.

SEÇÃO III DO DIREITO FUNDAMENTAL AO ESPORTE

Art. 3º Todos têm direito à prática esportiva em suas múltiplas e variadas manifestações.

§ 1º A promoção, o fomento e o desenvolvimento de atividades físicas para todos, como direito social, notadamente às pessoas com deficiência e às pessoas em vulnerabilidade social, são deveres do Estado e possuem caráter de interesse público geral.

§ 2º *(Vetado na Lei 14.597/2023).*

§ 3º É direito da mulher, em qualquer idade, ter oportunidades iguais de participar em todos os níveis e em todas as funções de direção, de supervisão e de decisão na educação física, na atividade física e no esporte, para fins recreativos, para a promoção da saúde ou para o alto rendimento esportivo.

SEÇÃO IV DOS NÍVEIS DA PRÁTICA ESPORTIVA

SUBSEÇÃO I DISPOSIÇÕES GERAIS

Art. 4º A prática esportiva é dividida em 3 (três) níveis distintos, mas integrados, e sem relação de hierarquia entre si, que compreendem:

I - a formação esportiva;
II - a excelência esportiva;
III - o esporte para toda a vida.

SUBSEÇÃO II DA FORMAÇÃO ESPORTIVA

Art. 5º A formação esportiva visa ao acesso à prática esportiva por meio de ações planejadas, inclusivas, educativas, culturais e lúdicas para crianças e adolescentes, desde os primeiros anos de idade, direcionada ao desenvolvimento integral, e compreende os seguintes serviços:

I - vivência esportiva, com vistas à aproximação a uma base ampla e variada de movimentos, atitudes e conhecimentos relacionados ao esporte, por meio de práticas corporais inclusivas e lúdicas;
II - fundamentação esportiva, com vistas a ampliar e a aprofundar o conhecimento e a cultura esportiva, tendo por objetivo o autocontrole da conduta humana e a autodeterminação dos sujeitos, bem como a construção de bases amplas e sistemáticas de elementos constitutivos de todo e qualquer esporte;
III - aprendizagem da prática esportiva, com vistas à oferta sistemática de múltiplas práticas corporais esportivas para as aprendizagens básicas de diferentes modalidades esportivas, por meio de conhecimentos científicos, habilidades, técnicas, táticas e regras.

§ 1º A formação esportiva também compreende a possibilidade de participação de crianças e adolescentes em competições esportivas enquanto parte de seu aprendizado, sendo permitido o estabelecimento de vínculo de natureza meramente esportiva entre o menor de 12 (doze) anos e a organização esportiva.

§ 2º O menor, de 12 (doze) a 14 (quatorze) anos, não poderá ser alojado nas dependências do clube, ficando vedada a sua residência em domicílio estranho ao de seus familiares.

§ 3º O menor, de 12 (doze) a 14 (quatorze) anos, está sujeito ao pátrio poder e à decisão exclusiva de seus familiares, condicionada sua participação em competições à expressa autorização dos pais ou responsáveis e sua efetiva presença durante a participação do menor na competição.

SUBSEÇÃO III DA EXCELÊNCIA ESPORTIVA

Art. 6º A excelência esportiva abrange o treinamento sistemático direcionado à formação de atletas na busca do alto rendimento de diferentes modalidades esportivas, e compreende os seguintes serviços:

I - especialização esportiva, direcionada ao treinamento sistematizado em modalidades específicas, buscando a consolidação do potencial dos atletas em formação, com vistas a propiciar a transição para outros serviços;
II - aperfeiçoamento esportivo, com vistas ao treinamento sistematizado e especializado para aumentar as capacidades e habilidades de atletas em competições regionais e nacionais;
III - alto rendimento esportivo, com vistas ao treinamento especializado para alcançar e manter o desempenho máximo de atletas em competições nacionais e internacionais;
IV - transição de carreira, com a finalidade de assegurar ao atleta a conciliação da educação formal com o treinamento, para que ao final da carreira possa ter acesso a outras áreas de trabalho, inclusive esportivas.

SUBSEÇÃO IV DO ESPORTE PARA TODA A VIDA

Art. 7º O esporte para toda a vida consolida a aquisição de hábitos saudáveis ao longo da vida, a partir da aprendizagem esportiva, do lazer, da atividade física e do esporte competitivo para jovens e adultos, e envolve os seguintes serviços:

I - aprendizagem esportiva para todos, para dar acesso ao esporte àqueles que nunca o praticaram, inclusive às pessoas com deficiência e em processo de reabilitação física;
II - esporte de lazer, para incorporar práticas corpóreas lúdicas como mecanismo de desenvolvimento humano, bem-estar e cidadania;
III - atividade física, para sedimentar hábitos, costumes e condutas corporais regulares com repercussões benéficas na educação, na saúde e no lazer dos praticantes;
IV - esporte competitivo, para manter a prática cotidiana do esporte, ao propiciar competições por faixas etárias àqueles advindos de outros níveis;
V - esporte social, como meio de inclusão de pessoas em vulnerabilidade social, com deficiência, em regime prisional, idosas e em instituições de acolhimento para crianças e adolescentes, entre outros segmentos de demanda de atenção social especial;
VI - esporte como meio de reabilitação, habilitação e saúde, para proporcionar à pessoa a continuidade, a manutenção e a estimulação corporal para o seu bem-estar físico, psíquico e social, com atenção primária aos idosos e às pessoas com deficiência.

SUBSEÇÃO V DOS OBJETIVOS COMUNS AOS NÍVEIS DA PRÁTICA ESPORTIVA

Art. 8º Todos os níveis da prática esportiva também compreendem o serviço de fomento, difusão e aplicação do conhecimento científico e tecnológico e da inovação, por meio do apoio a pesquisas e produções científicas, a programas de formação, certificação e avaliação de profissionais envolvidos, à realização de cursos, seminários, congressos, intercâmbios científicos, tecnológicos e esportivos e a outros tipos de processos de transmissão de conhecimento no âmbito do esporte.

Art. 9º Em todos os níveis e serviços da prática esportiva haverá a prevenção e o combate às práticas atentatórias à integridade esportiva e ao resultado esportivo.

Art. 10. Considera-se esporte educacional aquele praticado nos sistemas de ensino e em formas assistemáticas de educação, evitando-se a seletividade e a hipercompetitividade de seus praticantes, com a finalidade de alcançar o desenvolvimento integral, físico e intelectual, do indivíduo e a sua formação para o exercício da cidadania e para a prática do lazer, visando à integração social dos estudantes e à melhoria de sua qualidade de vida.

CAPÍTULO II
DO SISTEMA NACIONAL DO ESPORTE E DO SISTEMA NACIONAL DE INFORMAÇÕES E INDICADORES ESPORTIVOS

SEÇÃO I
DISPOSIÇÕES GERAIS

Art. 11. O planejamento, a formulação, a implementação e a avaliação de políticas públicas, de programas e de ações para o esporte, nas diferentes esferas governamentais, realizam-se por meio do Sistema Nacional do Esporte (Sinesp), sistema descentralizado, democrático e participativo, que tem por objetivos:

I - integrar os entes federativos e as organizações que atuam na área esportiva;

II - atuar de modo a efetivar políticas que visem à gestão compartilhada, ao cofinanciamento e à cooperação técnica entre seus integrantes;

III - estabelecer as responsabilidades dos entes federativos na estruturação, na regulação, na manutenção e na expansão das atividades e das políticas públicas na área esportiva;

IV - definir os níveis de gestão, respeitadas as peculiaridades de cada um dos integrantes;

V - apoiar a universalização da prática esportiva, com atenção especial ao atendimento ao nível da formação esportiva;

VI - promover a inclusão social, de forma a ampliar as possibilidades de acesso à prática esportiva regular para a população;

VII - estimular o desenvolvimento das práticas esportivas como forma de expressão da cultura, de promoção do ser humano, de fortalecimento da saúde e de prevenção de doenças;

VIII - promover a descentralização e a articulação da política esportiva e de lazer;

IX - atender à capacitação dos recursos humanos já inseridos no segmento e à formação de novos recursos humanos qualificados;

X - garantir adequada infraestrutura física, tecnológica e de pessoal para a prática esportiva, inclusive quanto à acessibilidade;

XI - articular níveis e serviços da prática esportiva, para implementação conjunta de políticas, de programas e de ações;

XII - racionalizar a aplicação dos recursos públicos vinculados ao esporte, coordenando esforços entre os entes federados e as organizações esportivas;

XIII - assegurar a participação democrática nos processos de planejamento, coordenação, gestão e avaliação;

XIV - elaborar e cumprir os planos de esporte em todos os níveis da Federação;

XV - instituir instâncias permanentes de colaboração para estruturar e desenvolver a cooperação federativa;

XVI - combater as assimetrias regionais, estaduais e municipais, cooperando na equalização de oportunidades e meios em matéria de prática esportiva, e contribuir para que o desenvolvimento do esporte seja realizado de forma harmoniosa e integrada;

XVII - adotar as medidas necessárias para erradicar ou reduzir as manifestações antiesportivas, como a violência, a corrupção, o racismo, a xenofobia, a homofobia, o sexismo e qualquer outra forma de discriminação, o uso de substâncias ilegais e os métodos tipificáveis como dopagem;

XVIII - proporcionar a capacitação técnica e acadêmica aos atletas e aos ex-atletas com vistas à integração social de forma saudável e produtiva ao término de suas carreiras competitivas.

§ 1º O esporte militar desenvolve-se nos diferentes níveis segundo seu próprio regramento, sem prejuízo do disposto nesta Lei, e faz parte do Sinesp.

§ 2º A gestão e a promoção de políticas relacionadas ao esporte militar realizam-se por meio do Subsistema Nacional do Esporte Militar (Snem), com estrutura e funcionamento próprios.

Art. 12. O Sinesp será organizado com observância dos seguintes princípios e diretrizes:

I - esporte como direito social;

II - igualdade de condições para o acesso ao esporte;

III - governança com base no princípio da gestão democrática e participação social;

IV - avaliação, controle social, acesso à informação e transparência da aplicação dos recursos públicos;

V - integração do planejamento, por meio de planos decenais de esporte dos Estados, do Distrito Federal e dos Municípios, em consonância com o Plano Nacional do Esporte (PNEsporte);

VI - colaboração intersetorial entre esporte e outras áreas, como saúde, educação, cultura, proteção da criança e do adolescente, trabalho e emprego e assistência social;

VII - utilização do esporte para promoção dos direitos humanos, da diversidade sociocultural e da sustentabilidade socioambiental;

VIII - fomento da implementação e da ampliação das políticas que visem à inclusão social, ao atendimento aos povos e às comunidades tradicionais e à valorização das pessoas com deficiência e necessidades especiais;

IX - descentralização e articulação da política esportiva e de lazer.

Art. 13. É criado o Sistema Nacional de Informações e Indicadores Esportivos (SNIIE), que tem os seguintes objetivos:

I - coletar, sistematizar e interpretar dados, fornecer metodologias e estabelecer parâmetros à mensuração da atividade da área esportiva e das necessidades sociais por manifestação esportiva, que permitam a formulação, o monitoramento, a gestão e a avaliação das políticas públicas do esporte, de forma a verificar e a racionalizar a implementação do PNEsporte e sua revisão nos prazos previstos;

II - disponibilizar estatísticas, indicadores e outras informações relevantes para a caracterização da demanda e oferta de bens esportivos, para a construção de modelos de economia e sustentabilidade do esporte, e para a adoção de mecanismos de indução e regulação da atividade econômica na área esportiva, de forma a dar apoio aos gestores esportivos públicos e privados;

III - exercer e facilitar o monitoramento e a avaliação das políticas públicas do esporte, de forma a assegurar ao poder público e à sociedade civil o acompanhamento do desempenho do PNEsporte.

§ 1º O SNIIE tem as seguintes características:

I - obrigatoriedade da inserção e da atualização permanente de dados pela União, pelos Estados, pelo Distrito Federal e pelos Municípios que aderirem ao Sinesp;

II - caráter declaratório;

III - processos informatizados de declaração, de armazenamento e de extração de dados;

IV - ampla publicidade e transparência para as informações declaradas e sistematizadas, preferencialmente em meios digitais, atualizados tecnologicamente e disponíveis na rede mundial de computadores.

§ 2º O declarante é responsável pela inserção de dados no programa de declaração e pela veracidade das informações inseridas na base de dados.

§ 3º O Ministério do Esporte pode promover parcerias e convênios com instituições especializadas na área de pesquisas socioeconômicas e demográficas e com universidades especializadas em pesquisas na área esportiva para a constituição do SNIIE.

SEÇÃO II
DA COMPOSIÇÃO E DAS ATRIBUIÇÕES

Art. 14. O Sinesp é integrado pela União e pelos outros entes federativos que a ele aderirem, bem como pelos respectivos conselhos e fundos de esporte e pelas organizações que atuam na área esportiva, de modo a formar subsistemas de acordo com cada nível de prática esportiva.

§ 1º As disposições do Título I desta Lei que imponham aos Estados, ao Distrito Federal ou aos Municípios a criação de órgãos, de fundos, de planos e de programas vincularão apenas os entes que, por meio de lei própria, aderirem ao Sinesp.

§ 2º O esporte master e suas organizações esportivas são reconhecidos como integrantes do Sinesp e desenvolvem-se nos níveis da excelência esportiva e do esporte para toda a vida.

Art. 15. *(Vetado na Lei 14.597/2023).*

Art. 16. Compete à União:

I - *(Vetado na Lei 14.597/2023)*;

II - manter programas e projetos próprios ou em colaboração com o objetivo de desenvolvimento e manutenção de ações no nível da excelência esportiva;

III - coordenar o processo de monitoramento e de avaliação do PNEsporte, em colaboração com os Estados, o Distrito Federal, os Municípios e demais entidades e organizações previstas nas leis instituidoras dos planos decenais de esporte;

IV - coordenar o Sinesp e efetuar a formulação democrática da política nacional de esporte;

V - articular e coordenar os diferentes níveis e serviços de prática esportiva;

VI - prestar assistência técnica e financeira aos Estados, ao Distrito Federal e aos Municípios, com vistas a assegurar a oferta da prática esportiva de qualidade nos níveis e serviços esportivos, inclusive para a formação de recursos humanos;

VII - promover articulação com órgãos educacionais e com entidades representativas para formação de recursos humanos na área do esporte;

VIII - manter e gerir a Rede Nacional de Treinamento, com foco, principalmente, no serviço de excelência esportiva;

IX - manter e gerir o Cadastro Nacional de Organizações Esportivas;

X - manter e gerir banco de dados e informações para produção e divulgação de dados e informações que contribuam para o aprimoramento, a transparência e o controle social das políticas esportivas, orientando sua formulação e revisão;

XI - elaborar normas para regular as relações entre o Sinesp e as instituições privadas por meio de Planos de Desenvolvimento Institucional;

XII - estruturar e manter o SNIIE, de forma a assegurar o processo nacional de avaliação do esporte, em colaboração com os demais entes federativos.

Parágrafo único. Compete ao Poder Executivo coordenar as ações intersetoriais no âmbito da União.

Art. 17. Compete aos Estados:

I - cofinanciar, por meio de transferência automática ou voluntária, o aprimoramento da gestão, dos serviços, dos programas e dos projetos esportivos em âmbito regional ou local;

II - atender às ações esportivas, prioritariamente nos níveis da formação esportiva e do esporte para toda a vida, em conjunto com os Municípios;

III - destinar recursos prioritariamente para programas e ações que visem ao desenvolvimento e à manutenção do esporte educacional;

IV - estimular e apoiar técnica e financeiramente as associações e os consórcios municipais na execução de políticas públicas na área do esporte;

V - executar políticas públicas cujos custos ou cuja ausência de demanda municipal justifiquem uma rede regional de serviços, desconcentrada, no âmbito do respectivo Estado;

VI - realizar o monitoramento e a avaliação do plano estadual do esporte e assessorar os Municípios para seu desenvolvimento;

VII - promover articulação com órgãos estaduais de educação e com entidades representativas para a formação de pessoas na área do esporte;

VIII - contribuir para a coleta de informações estaduais para a atualização do SNIIE, de forma a assegurar o processo nacional e estadual de avaliação do esporte;

IX - organizar e manter centros regionais de treinamento com a oferta do serviço de aperfeiçoamento esportivo no nível da excelência esportiva;

X - atuar na construção, na reforma, na implantação, na ampliação, na adaptação e na modernização da infraestrutura e dos equipamentos esportivos públicos para a população, com prioridade aos Municípios com baixo Índice de Desenvolvimento Humano (IDH).

Art. 18. Compete aos Municípios:

I - cofinanciar o aprimoramento da gestão, dos serviços, dos programas e dos projetos esportivos em âmbito local;

II - executar políticas públicas esportivas em todos os níveis, com fomento prioritário ao esporte educacional;

III - dispor de profissionais e de locais adequados para a prática esportiva, inclusive no ambiente escolar;

IV - realizar o monitoramento e a avaliação do plano municipal de esporte em seu âmbito;

V - organizar e manter centros municipais de treinamento com o serviço de especialização esportiva no nível da excelência esportiva;

VI - contribuir para a coleta de informações municipais para a atualização do SNIIE, de forma a assegurar o processo nacional, estadual e municipal de avaliação do esporte.

Art. 19. Ao Distrito Federal compete realizar as atividades previstas nos arts. 17 e 18 desta Lei e as que lhes sejam correlatas.

SEÇÃO III
(VETADA NA LEI 14.597/2023)

Arts. 20 a 22. *(Vetados na Lei 14.597/2023).*

SEÇÃO IV
DAS CONFERÊNCIAS DE ESPORTE

Art. 23. Sem prejuízo das funções do Poder Legislativo, a formulação de políticas públicas para o esporte deverá ser conduzida de modo democrático e transparente, com a participação de agentes públicos estatais e privados, incluídos, mas não exclusivamente, os praticantes, os profissionais esportivos, os educadores, os beneficiários das políticas públicas esportivas, os usuários das instalações esportivas, os representantes do setor produtivo e os integrantes do Sinesp.

§ 1º O Sinesp contará, em cada esfera de governo, com instâncias colegiadas denominadas conferências de esporte, que, em conjunto com os demais integrantes do Sinesp, serão um espaço adequado para interação e debate entre os diferentes agentes e para formulação de políticas para o setor, observadas as diretrizes do PNEsporte.

§ 2º A conferência de esporte reunir-se-á a cada 4 (quatro) anos com a representação dos vários segmentos sociais, para avaliar a situação do esporte e propor as diretrizes para a formulação da política de esporte nos níveis correspondentes, cuja convocação, ordinariamente, dar-se-á pelo Poder Executivo.

§ 3º A conferência de esporte poderá ser convocada, extraordinariamente, por ela própria ou pelo conselho de esporte do respectivo ente.

§ 4º A conferência de esporte proporá diretrizes para a elaboração dos planos decenais de esporte do respectivo ente e do PNEsporte.

SEÇÃO V
(VETADA NA LEI 14.597/2023)

Art. 24. *(Vetado na Lei 14.597/2023).*

SEÇÃO VI
DA INTERAÇÃO ENTRE ENTES PÚBLICOS E PRIVADOS NO ESPORTE

SUBSEÇÃO I
DISPOSIÇÕES GERAIS

Art. 25. As pessoas jurídicas de direito privado ou públicas não estatais que se dedicam ao fomento, à promoção, à gestão, à regulação, à inclusão, ao ensino, à tecnologia e à pesquisa na área do esporte, à resolução de conflitos e à manutenção da integridade esportiva relacionam-se com os órgãos e as entidades do poder público em todos os níveis por meio dos mecanismos e das instâncias presentes no Sinesp e nos subsistemas dos demais entes, sem prejuízo das atribuições do Congresso Nacional.

§ 1º As políticas públicas esportivas devem ser prioritariamente executadas por meio de mecanismos que permitam a colaboração com as pessoas citadas no *caput* deste artigo, de modo a garantir a descentralização dos programas e das ações e a cooperação com instituições que demonstrem maior especialidade para o desenvolvimento das referidas atividades.

§ 2º As pessoas naturais que atuam na área do esporte relacionam-se com o poder público pelos canais de interação direta, por meio de seus representantes, ou como beneficiários das políticas públicas desenvolvidas na área.

§ 3º As conferências e os conselhos de esporte devem propiciar canais permanentes de interação com a sociedade civil na área do esporte.

SUBSEÇÃO II
DA AUTONOMIA ESPORTIVA

Art. 26. A autonomia é atributo da organização esportiva em todo o mundo, na forma disposta na Carta Olímpica, e limita a atuação do Estado, conforme reconhecido pela Assembleia Geral da Organização das Nações Unidas (ONU) e inscrito na Constituição Federal, e visa a assegurar que não haja interferência externa indevida que ameace a garantia da incerteza do resultado esportivo, a integridade do esporte e a harmonia do sistema transnacional denominado Lex Sportiva.

§ 1º Entende-se por Lex Sportiva o sistema privado transnacional autônomo composto de organizações esportivas, suas normas e regras e dos órgãos de resolução de controvérsias, incluídos seus tribunais.

§ 2º O esporte de alto rendimento é regulado por normas nacionais e internacionais e pelas regras de prática esportiva de cada modalidade, aceitas pelas respectivas organizações nacionais de administração e regulação do esporte.

Art. 27. As organizações esportivas, qualquer que seja sua natureza jurídica ou forma de estruturação, ainda que integrantes do Sinesp, são autônomas quanto à normatização interna para realizar a autorregulação, o autogoverno e a autoadministração, inclusive no que se refere ao regramento próprio da prática do esporte e de competições nas modalidades esportivas que rejam ou de que participem, à sua estruturação interna e à forma de escolha de seus dirigentes e membros, bem como quanto à associação a outras organizações ou instituições, sendo-lhes assegurado:

I - estabelecer, emendar e interpretar livremente as regras apropriadas ao seu esporte, sem influências políticas ou econômicas;

II - *(Vetado na Lei 14.597/2023)*;

III - escolher seus gestores democraticamente, sem interferência do poder público ou de terceiros;

IV - obter recursos de fontes públicas ou de outra natureza, sem obrigações desproporcionais; e

V - *(Vetado na Lei 14.597/2023)*.

Parágrafo único. *(Vetado na Lei 14.597/2023)*.

Art. 28. As organizações esportivas possuem liberdade de associação na área esportiva no âmbito interno e externo, podendo escolher a natureza jurídica que melhor se conformar a suas especificidades, independentemente da denominação adotada, da modalidade esportiva ou da forma de promoção do esporte com que se envolvam, assim como, no caso de organização esportiva de caráter geral, respeitados os direitos e garantias fundamentais, decidir a forma e os critérios para que outra organização possa a ela filiar-se.

SUBSEÇÃO III
(VETADA NA LEI 14.597/2023)

Art. 29. *(Vetado na Lei 14.597/2023)*.

SUBSEÇÃO IV
DAS REPRESENTAÇÕES OLÍMPICA E PARALÍMPICA BRASILEIRAS

Art. 30. Ao COB, entidade jurídica de direito privado, compete representar o País nos eventos olímpicos, pan-americanos e outros de igual natureza, no Comitê Olímpico Internacional (COI) e nos movimentos olímpicos internacionais e fomentar o movimento olímpico no território nacional, em conformidade com as disposições da Constituição Federal, bem como com as disposições estatutárias e regulamentares do COI e da Carta Olímpica.

§ 1º Caberá ao COB representar o olimpismo brasileiro perante o poder público.

§ 2º As disposições deste artigo são aplicáveis ao CPB no que se refere ao esporte paralímpico.

Art. 31. É privativo do COB e do CPB o uso das bandeiras, dos lemas, dos hinos e dos símbolos olímpicos e paralímpicos, bem como das denominações "jogos olímpicos", "olimpíadas", "jogos paralímpicos" e "paralimpíadas", permitida a utilização delas quando se tratar de eventos vinculados ao nível da formação esportiva, especialmente no que se refere ao esporte educacional.

Parágrafo único. São vedados o registro e o uso por terceiros, para qualquer fim, das expressões referidas no *caput* deste artigo e de marcas que configurem flagrante reprodução ou imitação, no todo ou em parte, dos símbolos olímpicos e paralímpicos oficiais.

SUBSEÇÃO V
DO SUBSISTEMA NACIONAL DO ESPORTE MILITAR

Art. 32. O Subsistema Nacional do Esporte Militar (Snem) congrega as ações, os programas e os projetos do Ministério da Defesa e das Forças Armadas e será coordenado pela Comissão Desportiva Militar do Brasil, pelas Comissões de Desportos do Exército, da Marinha e da Aeronáutica e pelas comissões ou entidades similares das Forças Auxiliares.

§ 1º O Snem tem por finalidade aprimorar as práticas esportivas em seus diversos níveis, no âmbito das Forças Armadas e em apoio ao esporte nacional, e promover inclusão social por meio do esporte nas organizações militares.

§ 2º As ações relacionadas ao esporte militar congregam o esporte nos 3 (três) níveis de prática esportiva desenvolvidos no âmbito das Forças Armadas e das Forças Auxiliares, as atividades de capacitação e educação física e, subsidiariamente, as atividades de sustentação e inclusão social por meio do esporte, conduzidas por intermédio de programas e projetos específicos, incluídos detecção e aproveitamento de novos talentos.

§ 3º O Ministério da Defesa deverá ser previamente consultado nas questões atinentes ao esporte militar e aos programas esportivos que incluam a participação de militares ou das Forças Armadas e das Forças Auxiliares.

SEÇÃO VII
DAS FONTES DE RECURSOS DAS ORGANIZAÇÕES ESPORTIVAS PRIVADAS

SUBSEÇÃO I
DISPOSIÇÕES GERAIS

Art. 33. As organizações esportivas constituir-se-ão como pessoas jurídicas de direito privado, financiadas por meio das próprias atividades, admitido o seu fomento pelo poder público, para a realização dos objetivos previstos no PNEsporte, bem como para a execução descentralizada de programas e ações públicos relacionados ao esporte.

Art. 34. As organizações esportivas que receberem recursos oriundos da exploração de concursos de prognósticos, sorteios e loterias administrarão esses recursos em consonância com os princípios gerais da administração pública, podendo empregá-los diretamente ou de forma descentralizada por meio das organizações que compõem seus respectivos subsistemas, e serão fiscalizadas, nessa atividade, pelo Tribunal de Contas da União.

Parágrafo único. *(Vetado na Lei 14.597/2023)*.

Art. 35. Os recursos oriundos da exploração de concursos de prognósticos, de sorteios e de loterias recebidos pelas organizações esportivas privadas, na forma da Lei nº 13.756, de 12 de dezembro de 2018, serão empregados na manutenção e no desenvolvimento de atividades esportivas congruentes com seus objetivos institucionais, em conformidade com o disposto no art. 23 da referida Lei.

SUBSEÇÃO II
DAS CONTRAPARTIDAS NA GESTÃO ESPORTIVA

Art. 36. Somente serão beneficiadas com repasses de recursos públicos federais da administração direta e indireta e de valores provenientes de concursos de prognósticos e de loterias, nos termos desta Lei e do inciso II do *caput* do art. 217 da Constituição Federal, as organizações de administração e de prática esportiva do Sinesp que:

I - possuam viabilidade e autonomia financeiras, segundo demonstrações constantes de seus últimos balanços, bem como por declaração para esse fim firmada por seu dirigente máximo;

II - estejam em situação regular com suas obrigações fiscais e trabalhistas, mediante a expedição das respectivas certidões negativas, ou, na hipótese de refinanciamento, da respectiva certidão positiva com efeitos de negativa;

III - demonstrem compatibilidade entre as ações promovidas para o desenvolvimento esportivo em sua área de atuação e o PNEsporte;

IV - demonstrem que seu presidente ou dirigente máximo tenha mandato de até 4 (quatro) anos, permitida uma única recondução consecutiva, e que são inelegíveis, na eleição que suceder o presidente ou dirigente máximo, seu cônjuge e seus parentes consanguíneos ou afins até o segundo grau ou por adoção;

V - atendam às disposições previstas nas alíneas "b" a "e" do § 2º e no § 3º do art. 12 da Lei nº 9.532, de 10 de dezembro de 1997;

VI - destinem integralmente os resultados financeiros à manutenção e ao desenvolvimento dos seus objetivos sociais;

VII - sejam transparentes na gestão, inclusive quanto aos dados econômicos e financeiros, contratos, patrocinadores, direitos de imagem, propriedade intelectual e quaisquer outros aspectos de gestão;

VIII - garantam, nas organizações que administram e regulam modalidade esportiva, a representação da categoria de atletas das respectivas modalidades no âmbito dos órgãos da entidade incumbidos diretamente de assuntos esportivos e dos órgãos e conselhos técnicos responsáveis pela aprovação de todos os seus regulamentos;

IX - assegurem a existência e a autonomia do seu conselho fiscal e a presença mínima de 30% (trinta por cento) de mulheres nos cargos de direção;

X - estabeleçam em seus estatutos:

a) princípios definidores de gestão democrática;

b) instrumentos de controle social da prestação de contas dos recursos públicos recebidos;

c) transparência da gestão da movimentação de recursos;

d) mecanismos de controle interno;

e) alternância no exercício dos cargos de presidente ou dirigente máximo, com mandato limitado a 4 (quatro) anos, permitida uma única reeleição consecutiva, por igual período;

f) aprovação das prestações de contas anuais pelo órgão competente na forma do seu estatuto, precedida por parecer do conselho fiscal;

g) participação de atletas, no caso de organizações que administram e regulam modalidade esportiva, no órgão competente por aprovar regulamentos de competições e na eleição para os cargos da organização;

h) colégio eleitoral constituído de representantes de todos os filiados no gozo de seus direitos, observado que a categoria de atleta deverá possuir o equivalente a, no mínimo, 1/3 (um terço) do valor total dos votos, já computada a eventual diferenciação de valor de que trata o § 1º do art. 60 desta Lei;

i) possibilidade de apresentação de candidatura ao cargo de presidente ou dirigente máximo da entidade com exigência de apoiamento limitada a, no máximo, 5% (cinco por cento) do colégio eleitoral;

j) publicação prévia do calendário de reuniões da assembleia geral e posterior publicação sequencial das atas das reuniões realizadas durante o ano;

k) participação de atletas nos colegiados de direção e no colégio eleitoral por meio de representantes de atletas eleitos diretamente e de forma independente pelos atletas filiados da entidade, assegurado, ao menos, 1/5 (um quinto) de representação de cada sexo;

XI - garantam isonomia nos valores pagos a atletas ou paratletas homens e mulheres nas premiações concedidas nas competições que organizarem ou de que participarem;

XII - comprovem o cumprimento da obrigação de contratar aprendizes e pessoas com deficiência, nos percentuais previstos na legislação específica.

§ 1º *(Vetado na Lei 14.597/2023).*

§ 2º A verificação do cumprimento das exigências previstas neste artigo será de responsabilidade do Ministério do Esporte.

§ 3º *(Vetado na Lei 14.597/2023).*

§ 4º As organizações a que se refere o *caput* deste artigo deverão dar publicidade às seguintes informações:

I - cópia do estatuto social atualizado da organização;

II - relação nominal atualizada dos dirigentes da organização e seus efetivos salários;

III - cópia integral dos convênios, contratos, termos de parcerias, acordos, ajustes ou instrumentos congêneres realizados com o Poder Executivo federal, e dos respectivos aditivos, e relatórios finais de prestação de contas, na forma da legislação aplicável;

IV - documentos e informações relativos à prestação de contas e, no caso de organização que administra e regula a modalidade esportiva, documentos e informações relacionados à sua gestão, ressalvados, em qualquer caso, os contratos comerciais celebrados com cláusula de confidencialidade, sem embargo da competência de fiscalização do conselho fiscal e da obrigação do correto registro contábil de receita e despesa deles decorrente.

§ 5º As informações de que trata o § 4º deste artigo serão divulgadas no sítio eletrônico da organização e em quadro de avisos de amplo acesso público em sua sede.

§§ 6º a 8º *(Vetados na Lei 14.597/2023).*

§ 9º O disposto neste artigo aplica-se, no que couber, ao CBC e ao CBCP.

Art. 37. *(Vetado na Lei 14.597/2023).*

SUBSEÇÃO III
DOS PACTOS PARA OS CICLOS OLÍMPICOS E PARALÍMPICOS

Art. 38. O COB, o CPB e as organizações esportivas de atuação nacional que lhes são filiadas, bem como o CBC e o CBCP, firmarão com o Ministério do Esporte, até o mês de dezembro do ano em que se realizarem os Jogos Olímpicos e Paralímpicos de Verão, seus pactos para os ciclos olímpicos e paralímpicos seguintes.

§ 1º A CBDE e a CBDU firmarão pactos idênticos aos previstos no *caput* deste artigo, mas com adaptação dos períodos de início e fim aos ciclos, respectivamente, da principal competição internacional de que participem.

§ 2º Os pactos de que trata este artigo serão obrigatórios para os fins de recebimento dos recursos previstos no art. 33 desta Lei e terão por objetivo a harmonização das atividades das organizações referidas no *caput* deste artigo com o previsto no PNEsporte em vigor, estabelecendo metas a serem atingidas e diretrizes de trabalho conjunto.

§§ 3º e 4º *(Vetado na Lei 14.597/2023).*

CAPÍTULO III
DO FINANCIAMENTO PÚBLICO AO ESPORTE

SEÇÃO I
DISPOSIÇÕES GERAIS

Art. 39. O poder público fomentará a prática esportiva, com a destinação de recursos que possibilitem sua universalização, e sempre priorizará o esporte educacional.

Art. 40. *(Vetado na Lei 14.597/2023).*

SEÇÃO II
(VETADA NA LEI 14.597/2023)

Arts. 41 a 46. *(Vetados na Lei 14.597/2023).*

SEÇÃO III
(VETADA NA LEI 14.597/2023)

Arts. 47 a 49. *(Vetados na Lei 14.597/2023).*

SEÇÃO IV
DOS AUXÍLIOS DIRETOS AOS ATLETAS E DA BOLSA-ATLETA

Art. 50. O poder público fomentará a formação, o desenvolvimento e a manutenção de atletas em formação e de rendimento por meio de auxílios diretos denominados bolsa.

Art. 51. É instituída a Bolsa-Atleta, destinada prioritariamente aos atletas praticantes do esporte de alto rendimento em modalidades olímpicas, paralímpicas e surdolímpicas, sem prejuízo da análise e deliberação acerca das demais modalidades, a serem feitas de acordo com o art. 54 desta Lei.

§ 1º A Bolsa-Atleta garantirá aos atletas benefício financeiro conforme os valores fixados no Anexo desta Lei, que serão revistos em ato do Poder Executivo, com base em estudos técnicos sobre o tema, observado o limite definido na lei orçamentária anual.

§ 2º Para efeito do disposto no § 1º deste artigo, são criadas as seguintes categorias de Bolsa-Atleta:

I - categoria atleta de base: destinada aos atletas que participem com destaque das categorias iniciantes, a serem determinadas pela respectiva organização nacional que administra e regula a modalidade esportiva, em conjunto com o Ministério do Esporte;

II - categoria estudantil: destinada aos atletas que tenham participado de eventos nacionais estudantis reconhecidos pelo Ministério do Esporte;

III - categoria atleta nacional: destinada aos atletas que tenham participado de competição esportiva em âmbito nacional, indicada pela respectiva organização nacional que administra e regula a modalidade esportiva e que atende aos critérios fixados pelo Ministério do Esporte;

IV - categoria atleta internacional: destinada aos atletas que tenham participado, integrando seleção brasileira ou representando o Brasil em sua modalidade, de competição esportiva de âmbito internacional reconhecida pela respectiva organização esportiva internacional e indicada pela organização nacional que administra e regula a modalidade esportiva;

V - categoria atleta olímpico, paralímpico ou surdolímpico: destinada aos atletas que tenham participado de jogos olímpicos, paralímpicos ou surdolímpicos e cumpram os critérios fixados pelo Ministério do Esporte em regulamento;

VI - categoria atleta pódio: destinada aos atletas de modalidades individuais olímpicas, paralímpicas e surdolímpicas, de acordo com os critérios a serem definidos pelas respectivas organizações nacionais que administram e regulam a modalidade esportiva em conjunto com o COB, o CPB, a CBDS e o Ministério do Esporte, obrigatoriamente vinculados ao Programa Atleta Pódio.

§ 3º A Bolsa-Atleta será concedida prioritariamente aos atletas de alto rendimento das modalidades olímpicas, paralímpicas e surdolímpicas filiadas, respectivamente, ao COB, ao CPB e à CBDS e, subsidiariamente, aos atletas das modalidades que não fazem parte do programa olímpico, paralímpico ou surdolímpico.

§ 4º A concessão da Bolsa-Atleta para os atletas participantes de modalidades individuais e coletivas que não fizerem parte do programa olímpico, paralímpico ou surdolímpico ficará limitada a 15% (quinze por cento) dos recursos orçamentários disponíveis para a Bolsa-Atleta.

§ 5º Não serão beneficiados com a Bolsa-Atleta os atletas pertencentes à categoria master ou similar.

§ 6º O beneficiário da Bolsa-Atleta com idade igual ou superior a 16 (dezesseis) anos que não seja filiado a regime próprio de previdência social ou que não esteja enquadrado em uma das hipóteses do art. 11 da Lei nº 8.213, de 24 de julho de 1991, poderá filiar-se ao Regime Geral de Previdência Social como segurado facultativo.

§ 7º Os atletas-guia, os atletas assistentes e os similares poderão ser beneficiários da Bolsa-Atleta, na forma definida pelo regulamento.

§ 8º O regulamento estabelecerá os limites, em cada categoria de bolsa, para o acúmulo do benefício com outras fontes de renda do atleta.

Art. 52. Para pleitear a concessão da Bolsa-Atleta, o atleta deverá preencher, cumulativamente, os seguintes requisitos:

I - possuir idade mínima de 14 (quatorze) anos para a obtenção das Bolsas-Atleta Nacional, Internacional, Olímpico, Paralímpico ou Surdolímpico e Pódio, e possuir idade máxima de 20 (vinte) anos para a obtenção da Bolsa-Atleta Estudantil, até o término das inscrições;

II - estar vinculado a alguma organização que promova a prática esportiva;

III - estar em plena atividade esportiva;

IV - apresentar declaração sobre valores recebidos a título de patrocínio de pessoas jurídicas públicas ou privadas, incluído todo e qualquer montante percebido eventual ou regularmente, diverso do salário, bem como qualquer tipo de apoio em troca de vinculação de marca;

V - ter participado de competição esportiva em âmbito nacional ou internacional no ano imediatamente anterior em que tiver sido pleiteada a concessão da Bolsa-Atleta, com exceção da categoria atleta pódio;

VI - estar regularmente matriculado em instituição de ensino pública ou privada, exclusivamente para os atletas que pleitearem a Bolsa-Atleta na categoria estudantil;

VII - encaminhar, para aprovação, plano esportivo anual, com plano de treinamento, objetivos e metas esportivas para o ano de recebimento do benefício, conforme critérios e modelos a serem estabelecidos pelo Ministério do Esporte;

VIII - estar ranqueado na respectiva organização esportiva internacional entre os 20 (vinte) primeiros colocados do mundo em sua modalidade ou prova específica, exclusivamente para os atletas que pleitearem a Bolsa-Atleta na categoria atleta pódio.

§ 1º Não poderá candidatar-se à Bolsa-Atleta o atleta que tiver sido condenado por dopagem, na forma do regulamento.

§ 2º Os atletas beneficiados com a Bolsa-Atleta na categoria estudantil poderão recebê-la cumulativamente com outras bolsas ou benefícios oriundos de programas de incentivo ao ensino, à pesquisa, à iniciação científica e à extensão, inclusive os matriculados em cursos de graduação ou pós-graduação stricto sensu em instituição de ensino superior.

Art. 53. A Bolsa-Atleta será concedida pelo prazo de 1 (um) ano e deverá ser paga em até 12 (doze) parcelas mensais.

Parágrafo único. Encerrado o prazo previsto no *caput* deste artigo, terão prioridade para a renovação da Bolsa-Atleta: *(Acrescido pela Lei 14.614/2023)*

I - os atletas de qualquer categoria da Bolsa-Atleta que conquistarem medalhas nos jogos olímpicos, paralímpicos ou surdolímpicos;

II - os atletas da categoria atleta pódio;

III - as atletas gestantes ou puérperas.

Art. 53-A. O Ministério do Esporte garantirá às atletas gestantes ou puérperas, no âmbito da Bolsa-Atleta, o respeito à maternidade e aos direitos que as protegem. *(Acrescido pela Lei 14.614/2023)*

§ 1º Caso a atleta não possa comprovar a participação em competição nacional ou internacional no ano imediatamente anterior ao pedido de concessão da Bolsa-Atleta em decorrência de afastamento determinado pela gestação ou pelo puerpério, poderá ser utilizado o resultado esportivo obtido no ano antecedente ao da gestação ou do puerpério para pleitear o benefício.

§ 2º Será garantido à atleta gestante ou puérpera o recebimento regular das parcelas mensais da Bolsa-Atleta até que possa retomar a atividade esportiva, hipótese em que não se aplicará o prazo previsto no *caput* do art. 53 desta Lei.

§ 3º A comprovação de plena atividade esportiva não será exigida da atleta na prestação de contas referente aos recursos financeiros recebidos no âmbito da Bolsa-Atleta durante o período da gestação ou do puerpério.

§ 4º Para fins do disposto neste artigo, a concessão da Bolsa-Atleta será garantida à atleta gestante ou puérpera durante o período da gestação acrescido de até 6 (seis) meses após o nascimento da criança, desde que o período adicional do benefício não exceda a 15 (quinze) parcelas mensais consecutivas.

§ 5º Retomada a atividade esportiva ou encerrado o prazo previsto no § 4º deste artigo, as obrigações assumidas pela atleta no âmbito da Bolsa-Atleta voltarão a ser exigidas.

§ 6º Os direitos reconhecidos à atleta gestante ou puérpera não afastarão a possibilidade de a beneficiária da Bolsa-Atleta, respeitada a orientação de seu médico e de seu treinador, continuar ou retomar a atividade esportiva previamente ao encerramento do prazo previsto no § 4º deste artigo.

§ 7º Os direitos reconhecidos à atleta gestante ou puérpera de que tratam este artigo e o inciso III do parágrafo único do art. 53 desta Lei aplicam-se à hipótese de adoção.

§ 8º A concessão dos direitos reconhecidos à atleta gestante ou puérpera de que trata este artigo fica condicionada à disponibilidade orçamentária e financeira do Ministério do Esporte.

Art. 54. O Ministro de Estado do Esporte submeterá ao CNE a análise e deliberação acerca de pleito de concessão de bolsas para atletas de modalidades não olímpicas, não paralímpicas e não surdolímpicas, e respectivas categorias, que serão atendidas pela Bolsa-Atleta no exercício subsequente, observados o PNEsporte e as disponibilidades financeiras.

Art. 55. *(Vetado na Lei 14.597/2023).*

Art. 56. Os critérios complementares para concessão, suspensão e cancelamento de bolsas, inclusive quanto às modalidades não olímpicas, não paralímpicas e não surdolímpicas, e as formas e os prazos para a inscrição dos interessados na obtenção do benefício e para a prestação de contas dos recursos financeiros recebidos e dos resultados esportivos propostos e alcançados pelos atletas beneficiados serão fixados em regulamento.

Parágrafo único. O regulamento referido no *caput* deste artigo deverá assegurar ao atleta:

I - o direito de recurso contra a decisão;

II - a garantia do efeito suspensivo imediato da eficácia da decisão para os casos de suspensão ou cancelamento de bolsas.

TÍTULO II
DA ORDEM ECONÔMICA ESPORTIVA

CAPÍTULO I
DA RESPONSABILIDADE NA GESTÃO ESPORTIVA

SEÇÃO I
DISPOSIÇÕES GERAIS

Art. 57. A ordem econômica esportiva visa a assegurar as relações sociais oriundas de atividades esportivas, e cabe ao poder público zelar pela sua higidez, em razão do relevante interesse social.

Art. 58. Para a promoção e a manutenção da higidez da ordem econômica esportiva, os gestores da área do esporte submetem-se a regras de gestão corporativa, de conformidade legal e regulatória, de transparência e de manutenção da integridade da prática e das competições esportivas.

SEÇÃO II
DOS PRINCÍPIOS E DAS DIRETRIZES

Art. 59. São princípios da gestão na área esportiva, sem prejuízo de outros preceitos correlatos:

I - responsabilidade corporativa: caracterizada pelo dever de zelar pela viabilidade econômico-financeira da organização, especialmente por meio da adoção de procedimentos de planejamento de riscos e de padrões de conformidade;

II - transparência: consistente na disponibilização pública das informações referentes ao desempenho econômico-financeiro, gerenciais e pertinentes à preservação e ao desenvolvimento do patrimônio da organização;

III - prestação de contas: referente ao dever de o gestor prestar contas de sua atuação de modo claro, conciso, compreensível e tempestivo, assumindo integralmente as consequências de seus atos e omissões e atuando com diligência e responsabilidade no âmbito de sua competência;

IV - equidade: caracterizada pelo tratamento justo e isonômico de todos os gestores e membros da organização, considerados seus direitos, seus deveres, suas necessidades, seus interesses e suas expectativas;

V - participação: consubstanciada na adoção de práticas democráticas de gestão direcionadas à adoção de meios que possibilitem a participação de todos os membros da organização;

VI - integridade esportiva: referente, no âmbito da gestão do esporte, à adoção de medidas que evitem qualquer interferência indevida que possa afetar a incerteza do resultado esportivo, a igualdade e a integridade dos competidores.

Art. 60. Os processos eleitorais das organizações esportivas assegurarão:

I - colégio eleitoral constituído por todos os filiados no gozo de seus direitos, admitida a diferenciação de valor dos seus votos, bem como por representação de atletas e, quando for o caso, de técnicos e de árbitros participantes de competições coordenadas pela organização responsável pelo pleito, na forma e segundo critérios decididos por seus associados;

II - defesa prévia, em caso de impugnação do direito de participar da eleição;

III - eleição convocada no sítio eletrônico da organização esportiva e mediante edital publicado em órgão de imprensa de grande circulação, por 3 (três) vezes;

IV - sistema de recolhimento dos votos imune a fraude, admitida votação não presencial;

V - acompanhamento da apuração pelos candidatos e pelos meios de comunicação.

§ 1º Na hipótese da adoção de critério diferenciado de valoração dos votos, este não poderá exceder à proporção de 1 (um) para 6 (seis) entre o de menor e o de maior valor.

§ 2º Nas organizações esportivas que administram e regulam modalidade esportiva, o colégio eleitoral será integrado, no mínimo, por representantes das agremiações participantes das 2 (duas) principais categorias do campeonato que aquelas organizam.

§ 3º *(Vetado na Lei 14.597/2023).*

Art. 61. *(Vetado na Lei 14.597/2023).*

§ 1º Todos os integrantes das assembleias gerais terão acesso aos documentos, às informações e aos comprovantes de despesas de contas de que trata o *caput* deste artigo, facultado estabelecer que a análise será realizada somente na sede da organização esportiva.

§ 2º As organizações esportivas a que se refere o *caput* deste artigo poderão oferecer em garantia seus bens patrimoniais, esportivos ou sociais, inclusive imobiliários ou de propriedade intelectual, na forma de seu estatuto, ou, se omisso este, mediante aprovação de mais da metade dos associados presentes à assembleia geral especialmente convocada para deliberar sobre o tema.

§ 3º Sem prejuízo de outros requisitos previstos em lei e do disposto no § 3º do art. 195 da Constituição Federal, as organizações esportivas de que trata o *caput* deste artigo somente poderão obter financiamento com recursos públicos ou fazer jus a programas de recuperação econômico-financeiros se, cumulativamente, atenderem às seguintes condições:

I - realizar todos os atos necessários para permitir a identificação exata de sua situação financeira;

II - apresentar plano de resgate, plano de investimento e plano de provimento de credores trabalhistas;

III - garantir a independência de seus conselhos de fiscalização e de administração, quando houver;

IV - adotar modelo profissional e transparente; e

V - apresentar suas demonstrações financeiras juntamente com os respectivos relatórios de auditoria.

§ 4º Os recursos do financiamento direcionados à implementação do plano de resgate serão utilizados:

I - prioritariamente, para quitação de débitos fiscais e trabalhistas; e

II - subsidiariamente, para construção ou melhoria de arena esportiva própria ou de arenas por elas utilizadas para mando de suas provas ou partidas, com a finalidade de atender aos critérios de segurança, saúde e bem-estar do espectador.

§ 5º Na hipótese do inciso II do § 4º deste artigo, a organização esportiva deverá apresentar à instituição financiadora o orçamento das obras pretendidas.

§ 6º *(Vetado na Lei 14.597/2023).*

Art. 62. Nenhuma pessoa natural ou jurídica que, direta ou indiretamente, seja detentora de parcela do capital com direito a voto ou, de qualquer forma, participe da administração de qualquer organização esportiva que promova a prática esportiva profissional poderá ter participação simultânea no capital social ou na gestão de outra organização esportiva congênere disputante da mesma competição que envolva a prática esportiva profissional.

§ 1º É vedado que 2 (duas) ou mais organizações esportivas que promovam a prática esportiva profissional disputem a mesma competição ou a mesma série ou divisão de uma competição, quando for o caso, das diversas modalidades esportivas disputadas profissionalmente quando:

I - uma mesma pessoa natural ou jurídica, direta ou indiretamente, por meio de relação contratual, explore, controle ou administre direitos que integrem seus patrimônios; ou

II - uma mesma pessoa natural ou jurídica, direta ou indiretamente, seja detentora de parcela do capital com direito a voto ou, de qualquer forma, participe da administração de mais de uma sociedade ou associação que explore, controle ou administre direitos que integrem os seus patrimônios.

§ 2º A vedação de que trata este artigo aplica-se:

I - ao cônjuge e aos parentes até o segundo grau das pessoas naturais; e

II - às sociedades controladoras, às controladas e às coligadas das mencionadas pessoas jurídicas, bem como a fundo de investimento, a condomínio de investidores ou outra forma assemelhada que resulte na participação concomitante vedada neste artigo.

§ 3º Ficam excluídos da vedação de que trata este artigo os contratos de administração e investimentos em arenas esportivas, de patrocínio, de licenciamento de uso de marcas e símbolos e de publicidade e propaganda, desde que não importem na administração direta ou na cogestão das atividades esportivas profissionais das organizações esportivas, bem como os contratos individuais ou coletivos de licenciamento de direitos para transmissão de eventos esportivos.

§ 4º A infringência a este artigo implica a inabilitação da organização esportiva quanto à percepção de recursos públicos e verbas de concursos de prognósticos e de loterias.

Art. 63. As organizações esportivas envolvidas em qualquer competição de atletas profissionais, independentemente da forma jurídica adotada, exceto as de pequeno porte, nos termos do § 6º do art. 61 desta Lei, ficam obrigadas a:

I - elaborar demonstração financeira passível de separação por atividade econômica, de modo distinto das atividades recreativas e sociais, nos termos da lei e de acordo com os padrões e os critérios estabelecidos pelo Conselho Federal de Contabilidade, e, após terem sido submetidas a auditoria independente, providenciar sua publicação, até o último dia útil do mês de abril do ano subsequente, por período não inferior a 3 (três) meses, em sítio eletrônico próprio ou da respectiva organização regional que administra e regula a modalidade esportiva;

II - apresentar contas juntamente com os relatórios da auditoria a que se refere o inciso I do *caput* ao CNE, sempre que forem beneficiárias de recursos públicos, na forma do regulamento.

§ 1º Sem prejuízo da aplicação das penalidades previstas na legislação tributária, trabalhista, previdenciária, cambial e das consequentes responsabilidades civil e penal, a infringência a este artigo implica:

I - para organizações esportivas que administram e regulam a prática esportiva, a inelegibilidade por 10 (dez) anos de seus dirigentes para o desempenho de cargos ou funções eletivas ou de livre nomeação em quaisquer organizações esportivas;

II - para as organizações que promovem a prática esportiva, a inelegibilidade por 10 (dez) anos de seus dirigentes para cargos ou funções eletivas ou de livre nomeação em qualquer organização ou empresa direta ou indiretamente vinculada às competições que envolvam atletas profissionais da respectiva modalidade esportiva.

§ 2º As organizações esportivas que violarem o disposto neste artigo ficam ainda sujeitas:

I - ao afastamento de seus dirigentes; e

II - à nulidade de todos os atos praticados por seus dirigentes em nome da organização, após a prática da infração, respeitado o direito de terceiros de boa-fé.

§ 3º Para fins de aplicação do § 2º deste artigo, consideram-se dirigentes:

I - o presidente da organização esportiva, ou aquele que lhe faça as vezes; e

II - o dirigente que cometeu a infração, ainda que por omissão.

SEÇÃO III
DOS DEVERES DO GESTOR

Art. 64. Para os fins do disposto nesta Lei, gestor esportivo é aquele que exerce, de fato ou de direito, poder de decisão na gestão da organização, inclusive seus administradores.

Parágrafo único. É dever do gestor esportivo agir com cautela e planejamento de risco, atentando-se especialmente aos deveres de:

I - diligência: caracterizada pela obrigação de gerir a organização com a competência e o cuidado que seriam usualmente empregados por todo homem digno e de boa-fé na condução dos próprios negócios;

II - lealdade: caracterizada pela proibição de o gestor utilizar em proveito próprio ou de terceiro informações referentes aos planos e aos interesses da organização, sobre os quais somente teve acesso em razão do cargo que ocupa;

III - informação: caracterizada pela necessária transparência dos negócios da organização, com a obrigação de o gestor, sempre de forma imediata, informar os interessados sobre qualquer situação que possa acarretar risco financeiro ou de gestão, bem como de informar sobre eventuais interesses que possua e que possam ensejar conflito de interesse com as atividades da organização.

SEÇÃO IV
DOS REQUISITOS E DOS IMPEDIMENTOS PESSOAIS NA GESTÃO ESPORTIVA

Art. 65. São inelegíveis e impedidas de exercer funções de direção das organizações esportivas, independentemente de sua natureza jurídica, as pessoas inelegíveis para o exercício de cargos públicos na forma da legislação eleitoral, pelo período de inelegibilidade nela fixado.

§ 1º São também impedidas de exercer as funções de direção em organização esportiva as pessoas afastadas por decisão interna ou judicial em razão de gestão temerária ou fraudulenta no esporte por, no mínimo, 10 (dez) anos ou enquanto perdurarem os efeitos da condenação judicial.

§ 2º São também inelegíveis, para o desempenho de cargos e funções eletivos ou de livre nomeação, por 10 (dez) anos, os dirigentes:

I - inadimplentes na prestação de contas de recursos públicos em decisão administrativa definitiva;

II - inadimplentes na prestação de contas da própria organização esportiva, por decisão definitiva judicial ou da respectiva organização, respeitados o devido processo legal, o contraditório e a ampla defesa;

III - inadimplentes com as contribuições previdenciárias e trabalhistas de responsabilidade da organização esportiva e cuja inadimplência tenha ocorrido durante sua gestão, desde que os débitos tenham sido inscritos em dívida ativa;

IV - administradores, sócios-gerentes ou dirigentes de empresas que tenham tido sua falência decretada.

SEÇÃO V
DA GESTÃO TEMERÁRIA NO ESPORTE

Art. 66. Os dirigentes das organizações esportivas, independentemente da forma jurídica adotada, têm seus bens particulares sujeitos ao disposto no art. 50 da Lei nº 10.406, de 10 de janeiro de 2002 (Código Civil).

§ 1º Para os fins do disposto nesta Lei, dirigente é aquele que exerce, de fato ou de direito, poder de decisão na gestão da entidade, inclusive seus administradores.

§ 2º Os dirigentes de organizações esportivas respondem solidária e ilimitadamente pelos atos ilícitos praticados e pelos atos de gestão irregular ou temerária ou contrários ao previsto no contrato social ou estatuto.

§ 3º O dirigente que tiver conhecimento do não cumprimento dos deveres estatutários ou contratuais por seu predecessor ou pelo administrador competente e deixar de comunicar o fato ao órgão estatutário competente será responsabilizado solidariamente.

Art. 67. Consideram-se atos de gestão irregular ou temerária praticados pelo dirigente aqueles que revelem desvio de finalidade na direção da organização ou que gerem risco excessivo e irresponsável para seu patrimônio, tais como:

I - aplicar créditos ou bens sociais em proveito próprio ou de terceiros;

II - obter, para si ou para outrem, vantagem a que não faz jus e de que resulte ou possa resultar prejuízo para a organização esportiva;

III - celebrar contrato com empresa da qual o dirigente, seu cônjuge ou companheiro ou parentes, em linha reta, colateral ou por afinidade, até o terceiro grau sejam sócios ou administradores, exceto no caso de contratos de patrocínio ou doação em benefício da organização esportiva;

IV - receber qualquer pagamento, doação ou outra forma de repasse de recursos oriundos de terceiros que, no prazo de até 1 (um) ano, antes ou depois do repasse, tenham celebrado contrato com a organização esportiva;

V - antecipar ou comprometer receitas em desconformidade com o previsto em lei;

VI - não divulgar de forma transparente informações de gestão aos associados;

VII - deixar de prestar contas de recursos públicos recebidos.

§ 1º Em qualquer hipótese, o dirigente não será responsabilizado caso:

I - não tenha agido com culpa grave ou dolo; ou

II - comprove que agiu de boa-fé e que as medidas realizadas visavam a evitar prejuízo maior à entidade.

§ 2º Para os fins do disposto no inciso IV do *caput* deste artigo, também será considerado ato de gestão irregular ou temerária o recebimento de qualquer pagamento, doação ou outra forma de repasse de recursos por:

I - cônjuge ou companheiro do dirigente;

II - parentes do dirigente, em linha reta, colateral ou por afinidade, até o terceiro grau;

III - empresa ou sociedade civil da qual o dirigente, seu cônjuge ou companheiro ou parentes, em linha reta, colateral ou por afinidade, até o terceiro grau sejam sócios ou administradores.

Art. 68. Os dirigentes que praticarem atos de gestão irregular ou temerária poderão ser responsabilizados por meio de mecanismos de controle social internos da organização, sem prejuízo da adoção das providências necessárias à apuração das eventuais responsabilidades civil e penal.

§ 1º Na ausência de disposição específica, caberá à assembleia geral da organização deliberar sobre a instauração de procedimentos de apuração de responsabilidade.

§ 2º A assembleia geral poderá ser convocada por 30% (trinta por cento) dos associados com direito a voto para deliberar sobre a instauração de procedimento de apuração de responsabilidade dos dirigentes caso, após 3 (três) meses da ciência do ato tido como de gestão irregular ou temerária:

I - não tenha sido instaurado o referido procedimento; ou

II - não tenha sido convocada assembleia geral para deliberar sobre os procedimentos internos de apuração da responsabilidade.

§ 3º Em organizações em cuja estrutura não haja assembleia geral, competem ao conselho fiscal os procedimentos previstos nos §§ 1º e 2º deste artigo.

§ 4º Caso constatada a responsabilidade, o dirigente será considerado inelegível por 10 (dez) anos para cargos eletivos em qualquer organização esportiva.

Art. 69. Compete à organização esportiva, mediante prévia deliberação da assembleia geral, adotar medida judicial cabível contra os dirigentes para ressarcimento dos prejuízos causados ao seu patrimônio.

§ 1º Os dirigentes contra os quais deva ser proposta medida judicial ficarão impedidos e deverão ser substituídos na mesma assembleia.

§ 2º O impedimento previsto no § 1º deste artigo será suspenso caso a medida judicial não tenha sido proposta após 3 (três) meses da deliberação da assembleia geral.

§ 3º Em organizações em cuja estrutura não haja assembleia geral, competem ao conselho fiscal os procedimentos previstos neste artigo.

CAPÍTULO II
DAS RELAÇÕES DE TRABALHO NO ESPORTE

SEÇÃO I
DO TRABALHADOR ESPORTIVO

SUBSEÇÃO I
DISPOSIÇÕES GERAIS

Art. 70. No nível da excelência esportiva, as relações econômicas que advêm da prática do esporte devem basear-se nas premissas do desenvolvimento social e econômico e no primado da proteção do trabalho, da garantia dos direitos sociais do trabalhador esportivo e da valorização da organização esportiva empregadora.

Art. 71. O trabalhador da área do esporte desempenha atividades laborais permeadas por peculiaridades e especificidades, estabelecendo relações com as organizações esportivas, independentemente de sua natureza jurídica, por meio das formas previstas na legislação civil ou trabalhista.

SUBSEÇÃO II
DOS ATLETAS

Art. 72. A profissão de atleta é reconhecida e regulada por esta Lei, sem prejuízo das disposições não colidentes contidas na legislação vigente, no respectivo contrato de trabalho ou em acordos ou convenções coletivas.

Parágrafo único. Considera-se atleta profissional o praticante de esporte de alto nível que se dedica à atividade esportiva de forma remunerada e permanente e que tem nessa atividade sua principal fonte de renda por meio do trabalho, independentemente da forma como recebe sua remuneração.

Art. 73. Qualquer cessão ou transferência de atleta profissional ou não profissional depende de sua formal e expressa anuência.

Art. 74. São deveres do atleta profissional, em especial:

I - participar dos jogos, dos treinos, dos estágios e de outras sessões preparatórias de competições com aplicação e dedicação correspondentes às suas condições psicofísicas e técnicas;

II - preservar as condições físicas que lhe permitam participar das competições esportivas, submetendo-se às intervenções médicas e assistências especializadas necessárias à prática esportiva;

III - exercitar a atividade esportiva profissional de acordo com as regras da respectiva modalidade esportiva e as normas que regem a disciplina e a ética esportivas.

SUBSEÇÃO III
DOS TREINADORES

Art. 75. A profissão de treinador esportivo é reconhecida e regulada por esta Lei, sem prejuízo das disposições não colidentes constantes da legislação vigente, do respectivo contrato de trabalho ou de acordos ou convenções coletivas.

§ 1º Considera-se treinador esportivo profissional a pessoa que possui como principal atividade remunerada a preparação e a supervisão da atividade esportiva de um ou vários atletas profissionais.

§ 2º O exercício da profissão de treinador esportivo em organização de prática esportiva profissional fica assegurado exclusivamente:

I - aos portadores de diploma de educação física;

II - aos portadores de diploma de formação profissional em nível superior em curso de formação profissional oficial de treinador esportivo, devidamente reconhecido pelo Ministério da Educação, ou em curso de formação profissional ministrado pela organização nacional que administra e regula a respectiva modalidade esportiva;

III - aos que, na data da publicação desta Lei, estejam exercendo, comprovadamente, há mais de 3 (três) anos, a profissão de treinador esportivo em organização de prática esportiva profissional.

§ 3º Os ex-atletas podem exercer a atividade de treinador esportivo, desde que:

I - comprovem ter exercido a atividade de atleta por 3 (três) anos consecutivos ou por 5 (cinco) anos alternados, devidamente comprovados pela respectiva organização que administra e regula a modalidade esportiva; e

II - participem de curso de formação de treinadores, reconhecido pela respectiva organização que administra e regula a modalidade esportiva.

§ 4º É permitido o exercício da profissão a treinadores estrangeiros, desde que comprovem ter licença de sua associação nacional de origem.

§ 5º O disposto no § 2º deste artigo não se aplica aos profissionais que exerçam trabalho voluntário e aos que atuem em organização esportiva de pequeno porte, nos termos do § 6º do art. 61 desta Lei.

Art. 76. São direitos do treinador esportivo profissional:

I - ter ampla e total liberdade na orientação técnica e tática esportiva;

II - ter apoio e assistência moral e material assegurada pelo contratante, para que possa desempenhar bem suas atividades;

III - exigir do contratante o cumprimento das determinações dos organismos esportivos atinentes à sua profissão.

Art. 77. São deveres do treinador esportivo profissional:

I - zelar pela disciplina dos atletas sob sua orientação, ministrando os treinamentos no intuito de dotar os atletas da máxima eficiência tática e técnica em favor do contratante;

II - manter o sigilo profissional.

SUBSEÇÃO IV
DOS ÁRBITROS

Art. 78. A atividade de árbitro esportivo é reconhecida e regulada por esta Lei, sem prejuízo das disposições não colidentes constantes da legislação vigente.

§ 1º Considera-se árbitro esportivo profissional a pessoa que possui como principal atividade remunerada a direção de disciplina e conformidade com as regras esportivas durante uma prova ou partida de prática esportiva.

§ 2º O trabalho do árbitro esportivo é regulado pelas organizações esportivas responsáveis pela atividade referida no § 1º deste artigo, mas não há relação de subordinação de natureza laboral entre esses profissionais e a organização esportiva que o contrata ou regula seu trabalho.

Art. 79. O árbitro esportivo exercerá atribuições relacionadas às atividades esportivas disciplinadas nesta Lei, destacando-se aquelas inerentes ao árbitro de partidas e as de seus auxiliares.

Art. 80. É facultado aos árbitros esportivos organizar-se em associações profissionais e em sindicatos.

Art. 81. É facultado aos árbitros esportivos prestar serviços às organizações esportivas, qualquer que seja sua natureza jurídica ou forma de estruturação, ressalvado o seu impedimento para atuar em campeonato, em partida ou em prova de organização de prática esportiva à qual tenha vinculado os seus serviços, ou que a beneficie direta ou indiretamente na disputa da competição.

SUBSEÇÃO V
DISPOSIÇÕES COMUNS AOS TRABALHADORES ESPORTIVOS

Art. 82. A atividade assalariada não é a única forma de caracterização da profissionalização do atleta, do treinador e do árbitro esportivo, sendo possível também definir como profissional quem é remunerado por meio de contratos de natureza cível, vedada a sua participação como sócio ou acionista da organização esportiva.

Parágrafo único. A atividade profissional do atleta, do treinador e do árbitro esportivo não constitui por si relação de emprego com a organização com a qual ele mantenha vínculo de natureza meramente esportiva, caracterizado pela liberdade de contratação.

SEÇÃO II
DAS ORGANIZAÇÕES ESPORTIVAS DIRECIONADAS À PRÁTICA PROFISSIONAL

Art. 83. Considera-se direcionada à prática esportiva profissional a organização esportiva, independentemente de sua natureza jurídica, que mantenha atletas profissionais em seus quadros.

Art. 84. São deveres da organização esportiva direcionada à prática esportiva profissional, em especial:

I - registrar o atleta profissional na organização esportiva que regula a respectiva modalidade para fins de vínculo esportivo;

II - proporcionar aos atletas profissionais as condições necessárias à participação nas competições esportivas, nos treinos e em outras atividades preparatórias ou instrumentais;

III - submeter os atletas profissionais aos exames médicos e clínicos necessários à prática esportiva;

IV - proporcionar condições de trabalho dignas aos demais profissionais esportivos que componham seus quadros ou que a ela prestem serviços, incluídos os treinadores e, quando pertinente, os árbitros;

V - promover obrigatoriamente exames periódicos para avaliar a saúde dos atletas, nos termos da regulamentação;

VI - contratar seguro de vida e de acidentes pessoais, com o objetivo de cobrir os riscos aos quais os atletas e os treinadores estão sujeitos, inclusive a organização esportiva que o convoque para seleção;

VII - assegurar que a importância segurada garanta ao atleta profissional ou ao beneficiário por ele indicado no contrato de seguro o direito a indenização mínima correspondente ao valor anual da remuneração pactuada.

§ 1º A organização esportiva contratante é responsável pelas despesas médico-hospitalares, fisioterapêuticas e de medicamentos necessárias ao restabelecimento do atleta ou do treinador enquanto a seguradora não fizer o pagamento da indenização a que se refere este artigo, independentemente do pagamento de salário.

§ 2º As despesas com seguro a que se refere o inciso VI do *caput* deste artigo serão custeadas, conforme a hipótese, com recursos oriundos da exploração de loteria destinados ao COB e ao CPB.

§ 3º A CBDE e a CBDU, quando convocarem atletas para seleção, são obrigadas a contratar o seguro a que se refere o inciso VI do *caput* deste artigo, e podem utilizar-se, para o custeamento das despesas, de recursos oriundos da exploração de loteria que lhes são destinados.

§ 4º É vedada a participação em competições esportivas profissionais de atletas não profissionais com idade superior a 21 (vinte e um) anos de idade.

SEÇÃO III
DO CONTRATO ESPECIAL DE TRABALHO ESPORTIVO

SUBSEÇÃO I
DAS CARACTERÍSTICAS DO CONTRATO ESPECIAL DE TRABALHO ESPORTIVO

Art. 85. A relação do atleta profissional com seu empregador esportivo regula-se pelas normas desta Lei, pelos acordos e pelas convenções coletivas, pelas cláusulas estabelecidas no contrato especial de trabalho esportivo e, subsidiariamente, pelas disposições da legislação trabalhista e da seguridade social.

§ 1º Os prêmios por performance ou resultado, o direito de imagem e o valor das luvas, caso ajustadas, não possuem natureza salarial e constarão de contrato avulso de natureza exclusivamente civil.

§ 2º Consideram-se prêmios por performance as liberalidades concedidas pela organização que se dedique à prática esportiva empregadora em dinheiro a atleta, a grupo de atletas, a treinadores e a demais integrantes de comissões técnicas e delegações, em razão do seu desempenho individual ou do desempenho coletivo da equipe da organização que se dedique à prática esportiva, previstas em contrato especial de trabalho esportivo ou não.

Art. 86. O atleta profissional poderá manter relação de emprego com organização que se dedique à prática esportiva, com remuneração pactuada em contrato especial de trabalho esportivo, escrito e com prazo determinado, cuja vigência não poderá ser inferior a 3 (três) meses nem superior a 5 (cinco) anos, firmado com a respectiva organização esportiva, do qual deverá constar, obrigatoriamente:

I - cláusula indenizatória esportiva, devida exclusivamente à organização esportiva empregadora à qual está vinculado o atleta, nas seguintes hipóteses:

a) transferência do atleta para outra organização, nacional ou estrangeira, durante a vigência do contrato especial de trabalho esportivo;

b) retorno do atleta às atividades profissionais em outra organização esportiva, no prazo de até 30 (trinta) meses; ou

c) (Vetada na Lei 14.597/2023).

II - cláusula compensatória esportiva, devida pela organização que promova prática esportiva ao atleta, nas hipóteses dos incisos III, IV e V do *caput* do art. 90 desta Lei.

§ 1º O valor da cláusula indenizatória esportiva a que se refere o inciso I do *caput* deste artigo será livremente pactuado pelas partes e expressamente quantificado no instrumento contratual:

I - até o limite máximo de 2.000 (duas mil) vezes o valor médio do salário contratual, para as transferências nacionais;

II - sem qualquer limitação, para as transferências internacionais.

§ 2º Serão solidariamente responsáveis pelo pagamento da cláusula indenizatória esportiva de que trata o inciso I do *caput* deste artigo o atleta e a nova organização esportiva empregadora.

§ 3º O valor da cláusula compensatória esportiva a que se refere o inciso II do *caput* deste artigo será livremente pactuado entre as partes e formalizado no contrato especial de trabalho esportivo, observando-se, como limite máximo, 400 (quatrocentas) vezes o valor do salário mensal no momento da rescisão e, como limite mínimo, o valor total de salários mensais a que teria direito o atleta até o término do referido contrato.

§§ 4º e 5º *(Vetados na Lei 14.597/2023).*

§ 6º Se ocorrer o atraso no pagamento das parcelas da cláusula compensatória esportiva superior a 2 (dois) meses, vencer-se-á automaticamente toda a dívida.

§ 7º *(Vetado na Lei 14.597/2023).*

§ 8º O contrato especial de trabalho esportivo vigerá independentemente de registro em organização esportiva e não se confundirá com o vínculo esportivo.

§ 9º Não constituirá nem gerará vínculo de emprego a remuneração eventual de atleta de qualquer modalidade por participação em prova ou partida, inclusive as premiações por resultado alcançado, concedidas eventualmente e em razão de desempenho superior ao ordinariamente esperado no exercício de suas atividades, bem como a percepção de auxílios na forma de bolsas ou de remuneração não permanente por meio de patrocínios ou direito sobre a exploração comercial de sua imagem.

§ 10. Os contratos celebrados com atletas mulheres, ainda que de natureza cível, não poderão ter qualquer tipo de condicionante relativo a gravidez, a licençamaternidade ou a questões referentes a maternidade em geral.

§§ 11 e 12. *(Vetados na Lei 14.597/2023).*

Art. 87. Convenção ou acordo coletivo de trabalho disporá sobre a regulação do trabalho do atleta profissional, respeitadas as peculiaridades de cada modalidade esportiva e do trabalho das mulheres, bem como sobre a proteção ao trabalho do menor.

Parágrafo único. O poder público, especialmente os órgãos do Poder Judiciário, atenderão à prevalência das normas convencionadas ou acordadas na forma do *caput* deste artigo sobre as disposições legais, inclusive quanto às disposições desta Lei e das normas que se aplicarem subsidiariamente a ela, respeitados os direitos sociais de caráter heterônomo constantes da Constituição Federal.

Art. 88. A organização que promove prática esportiva poderá suspender o contrato especial de trabalho esportivo do atleta profissional, ficando dispensada do pagamento da remuneração nesse período, quando o atleta for impedido de atuar, por prazo ininterrupto superior a 90 (noventa) dias, em decorrência de ato ou evento de sua exclusiva responsabilidade, desvinculado da atividade profissional, conforme previsto no referido contrato.

Parágrafo único. O contrato especial de trabalho esportivo deverá conter cláusula expressa reguladora de sua prorrogação automática na ocorrência da hipótese de suspensão contratual prevista no *caput* deste artigo.

Art. 89. Quando o contrato especial de trabalho esportivo possuir prazo inferior a 12 (doze) meses, o atleta profissional terá direito a saldo proporcional aos meses trabalhados durante a vigência do contrato, referente a férias, a abono de férias e a décimo terceiro salário.

SUBSEÇÃO II
DO TÉRMINO DO CONTRATO ESPECIAL DE TRABALHO ESPORTIVO

Art. 90. O vínculo de emprego e o vínculo esportivo do atleta profissional com a organização esportiva empregadora cessam para todos os efeitos legais com:

I - o término da vigência do contrato ou o seu distrato;

II - *(Vetado na Lei 14.597/2023)*;

III - a rescisão decorrente do inadimplemento salarial ou do contrato de direito de imagem a ele vinculado, de responsabilidade da organização esportiva empregadora, nos termos desta Lei;

IV - a rescisão indireta, nas demais hipóteses previstas na legislação trabalhista;

V - a dispensa imotivada do atleta.

§ 1º É hipótese de rescisão indireta do contrato especial de trabalho esportivo a inadimplência da organização esportiva empregadora com as obrigações contratuais referentes à remuneração do atleta profissional ou ao contrato de direito de imagem, por período igual ou superior a 2 (dois) meses, ficando o atleta livre para transferir-se a qualquer outra organização esportiva, nacional ou estrangeira, e exigir a cláusula compensatória esportiva e os haveres devidos.

§ 2º Consideram-se salário, para efeitos da remuneração prevista no § 1º deste artigo, o abono de férias, o décimo terceiro salário, as gratificações e as demais verbas inclusas no contrato de trabalho.

§ 3º Caracteriza também mora contumaz o não recolhimento do FGTS e das contribuições previdenciárias.

§ 4º O atleta com contrato especial de trabalho esportivo rescindido na forma do § 1º deste artigo fica autorizado a transferir-se para outra organização esportiva, independentemente do número de partidas das quais tenha participado na competição, bem como a disputar a competição que estiver em andamento por ocasião da rescisão contratual, respeitada a data-limite de inscrições prevista nos regulamentos de cada modalidade esportiva.

§ 5º É lícito ao atleta profissional recusar-se a competir por organização esportiva quando seus salários, no todo ou em parte, estiverem atrasados em 2 (dois) ou mais meses.

§ 6º *(Vetado na Lei 14.597/2023).*

§ 7º Ao atleta profissional não nacional de modalidade esportiva poderá ser concedida autorização de trabalho, observadas as exigências da legislação específica, por prazo não excedente a 5 (cinco) anos e correspondente à duração fixada no respectivo contrato especial de trabalho esportivo, permitida a renovação.

§ 8º A organização que administra e regula o esporte na respectiva modalidade será obrigada a exigir da organização esportiva contratante a comprovação da autorização de trabalho concedida ao atleta não nacional emitida pelo Ministério do Trabalho e Emprego, sob pena de cancelamento da inscrição esportiva.

§§ 9º e 10. *(Vetados na Lei 14.597/2023).*

SUBSEÇÃO III
DA CESSÃO DE ATLETAS A OUTRA ORGANIZAÇÃO ESPORTIVA

Art. 91. Será facultada a cessão de atleta profissional, desde que este aquiesça, da organização esportiva contratante para outra, durante a vigência de seu contrato especial de trabalho esportivo.

§ 1º A cessão de que trata o *caput* deste artigo consistirá na disponibilização temporária do atleta profissional pela organização esportiva empregadora para prestar trabalho a outra organização, observado que o poder de direção passará à cessionária e o vínculo contratual inicial ficará suspenso.

§ 2º O atleta profissional cedido que estiver com sua remuneração ou valores estabelecidos em contrato de direito de imagem em atraso, no todo ou em parte, por mais de 2 (dois) meses, notificará a organização esportiva cedente para, se quiser, purgar a mora, no prazo de 15 (quinze) dias, não se aplicando, nesse caso, o disposto no § 1º do art. 90 desta Lei.

§ 3º O não pagamento ao atleta de salário e de contribuições previstas em lei por parte da organização esportiva cessionária, por 2 (dois) meses, implicará a rescisão do contrato de cessão e a incidência da cláusula compensatória esportiva nele prevista, a ser paga ao atleta pela organização esportiva cessionária.

§ 4º Se ocorrer a rescisão referida no § 3º deste artigo, o atleta deverá retornar à organização esportiva cedente para cumprir o antigo contrato especial de trabalho esportivo.

§ 5º O contrato de cessão de atleta profissional celebrado entre organizações esportivas poderá prever multa a ser paga pela organização esportiva que descumprir os termos ajustados.

Art. 92. A participação de atletas profissionais em seleções será estabelecida na forma como acordarem a organização esportiva convocadora e a cedente.

§ 1º A organização esportiva convocadora indenizará a cedente dos encargos previstos no contrato de trabalho, pelo período em que durar a convocação do atleta, sem prejuízo de eventuais ajustes celebrados entre este e a organização convocadora.

§ 2º O período de convocação estender-se-á até a reintegração do atleta, apto a exercer sua atividade, à organização esportiva que o cedeu.

SUBSEÇÃO IV
DAS TRANSFERÊNCIAS E CESSÕES INTERNACIONAIS

Art. 93. Na cessão ou na transferência de atleta profissional para organização esportiva estrangeira, serão observadas as normas regulatórias da modalidade esportiva no Brasil a qual se vincula a organização transferente ou cedente.

§ 1º As condições para transferência do atleta profissional para o exterior deverão integrar obrigatoriamente os contratos de trabalho entre o atleta e a organização esportiva brasileira que o contratou.

§ 2º O valor da cláusula indenizatória esportiva internacional originalmente pactuada entre o atleta e a organização cedente, independentemente do pagamento da cláusula indenizatória esportiva nacional, será devido à organização cedente pela cessionária caso esta venha a concretizar transferência internacional do mesmo atleta, em prazo inferior a 3 (três) meses, caracterizando o conluio com a congênere estrangeira.

SUBSEÇÃO V
DOS DIREITOS ECONÔMICOS

Art. 94. Entende-se por direitos econômicos todo e qualquer resultado ou proveito econômico oriundo da transferência, temporária ou definitiva, do vínculo esportivo de atleta profissional entre organizações esportivas empregadoras, do pagamento de cláusula indenizatória esportiva prevista em contrato especial de trabalho esportivo ou de compensação por rescisão de contrato fixada por órgão ou tribunal competente.

Parágrafo único. A cessão ou a negociação de direitos econômicos dos atletas submetem-se às regras e aos regulamentos próprios de cada organização de administração esportiva e à legislação internacional das federações internacionais esportivas.

SEÇÃO IV
DOS CONTRATOS DE INTERMEDIAÇÃO, DE REPRESENTAÇÃO E DE AGENCIAMENTO ESPORTIVOS

Art. 95. Entende-se por agente esportivo a pessoa natural ou jurídica que exerce a atividade de intermediação na celebração de contratos esportivos e no agenciamento de carreiras de atletas.

§ 1º É facultado aos parentes em primeiro grau, ao cônjuge e ao advogado do atleta representar, quando outorgados expressamente, os interesses do atleta na condição de intermediadores do contrato esportivo ou de agenciadores de sua carreira, sem necessidade de registro ou de licenciamento pela organização esportiva de abrangência nacional que administra e regula a respectiva modalidade esportiva em que pretende atuar ou pela federação internacional respectiva.

§ 2º A atuação de intermediação, de representação e de agenciamento esportivo submete-se às regras e aos regulamentos próprios de cada organização de administração esportiva e à legislação internacional das federações internacionais esportivas.

§ 3º A organização de administração do esporte da respectiva modalidade fiscalizará o exercício da profissão de agente esportivo, de modo a coibir a prática de suas funções por pessoas não autorizadas por esta Lei, e informará à Secretaria Especial da Receita Federal do Brasil do Ministério da Fazenda todos os valores envolvidos e pagos na cessão e na transferência dos atletas.

SEÇÃO V
(VETADA NA LEI 14.597/2023)

Art. 96. *(Vetado na Lei 14.597/2023).*

SEÇÃO VI
DISPOSIÇÕES ESPECÍFICAS AO FUTEBOL

Art. 97. Aplicar-se-ão aos atletas profissionais da modalidade futebol as disposições desta Lei e, especificamente, o seguinte:

I - não poderá a concentração, se conveniente à organização esportiva contratante, ser superior a 3 (três) dias consecutivos por semana, desde que esteja programada qualquer partida, prova ou equivalente, amistosa ou oficial, e deverá o atleta ficar à disposição do empregador por ocasião da realização de competição fora da localidade onde tenha sua sede;

II - poderá ser ampliado o prazo de concentração, independentemente de qualquer pagamento adicional, quando o atleta estiver à disposição da organização que regula a modalidade;

III - não serão devidos acréscimos remuneratórios em razão de períodos de concentração, de viagens, de pré-temporada fora da sede e de participação do atleta em partida, em prova ou equivalente, salvo previsão contratual diversa;

IV - *(Vetado na Lei 14.597/2023).*

V - serão devidas férias anuais remuneradas de 30 (trinta) dias, acrescidas do abono de férias, ficando a critério da entidade de prática de futebol conceder as férias coincidindo ou não com o recesso das atividades esportivas, admitido ajuste individual entre as partes de forma diversa;

VI - deverá ser observado período de trabalho semanal regular de 44 (quarenta e quatro) horas;

VII - será assegurada, no caso de participação em jogos e em competições realizados em período noturno, remuneração com acréscimo de pelo menos 20% (vinte por cento) sobre a hora diurna, salvo condições mais benéficas previstas em convenção ou acordo coletivo;

VIII - será caracterizada a atividade do atleta profissional da modalidade futebol por remuneração pactuada em contrato especial de trabalho esportivo firmado com organização que se dedique à prática esportiva.

§ 1º Convenção ou acordo coletivo poderá dispor de forma diversa ao estabelecido neste artigo.

§ 2º Disposição contratual ou constante de convenção ou acordo coletivo poderá estender aos atletas profissionais de outras modalidades as previsões deste artigo.

§ 3º Para os efeitos do inciso VII do *caput* deste artigo, considera-se trabalho noturno a participação em jogos e em competições realizados entre as 23h59 (vinte e três horas e cinquenta e nove minutos) de um dia e as 6h59 (seis horas e cinquenta e nove minutos) do dia seguinte.

§ 4º A hora do trabalho noturno será calculada como de 52 (cinquenta e dois) minutos e 30 (trinta) segundos.

Art. 98. No que se refere às disposições específicas aplicáveis aos treinadores profissionais de futebol, considera-se:

I - empregadora: a organização esportiva que, mediante qualquer modalidade de remuneração, utiliza os serviços de treinador profissional de futebol, na forma definida nesta Lei;

II - empregado: o treinador profissional de futebol especificamente contratado por organização esportiva que promove a prática profissional de futebol, com a finalidade de treinar atletas da modalidade, ministrando-lhes técnicas e regras de futebol, com o objetivo de assegurar-lhes conhecimentos táticos e técnicos suficientes para a prática desse esporte.

§ 1º Da anotação do contrato de trabalho do treinador profissional de futebol na carteira profissional, deverá obrigatoriamente constar:

I - o prazo de vigência, o qual, em nenhuma hipótese, poderá ser inferior a 6 (seis) meses ou superior a 2 (dois) anos;

II - o salário, as gratificações e as bonificações.

§ 2º Os prêmios por performance ou resultado, o direito de imagem e o valor das luvas, caso ajustadas, não possuem natureza salarial e constarão de contrato avulso de natureza exclusivamente civil.

§ 3º O contrato de trabalho será registrado no prazo improrrogável de 10 (dez) dias na organização que regula o futebol, não constituindo o registro, contudo, condição de validade do referido contrato.

§ 4º O treinador profissional de futebol somente poderá atuar pela organização esportiva empregadora após registro e publicação de seu nome em boletim informativo ou em documento similar por parte da organização que administra e regula a modalidade esportiva.

§ 5º Aplica-se ao treinador profissional de futebol a legislação do trabalho e da previdência social, ressalvadas as incompatibilidades com as disposições desta Lei.

SEÇÃO VII
DO CONTRATO DE FORMAÇÃO ESPORTIVA

SUBSEÇÃO I
DAS CARACTERÍSTICAS DO CONTRATO DE FORMAÇÃO ESPORTIVA

Art. 99. A organização esportiva formadora de atleta terá o direito de assinar com ele, a partir de 16 (dezesseis) anos de idade, o primeiro contrato especial de trabalho esportivo, cujo prazo não poderá ser superior a 3 (três) anos para a prática do futebol e a 5 (cinco) anos para outros esportes.

§ 1º Considera-se formadora de atleta a organização esportiva que:

I - forneça aos atletas programas de treinamento nas categorias de base e complementação educacional; e

II - satisfaça cumulativamente os seguintes requisitos:

a) tenha inscrito o atleta em formação na respectiva organização esportiva que administra e regula a modalidade há, pelo menos, 1 (um) ano;

b) comprove que, efetivamente, o atleta em formação está inscrito em competições oficiais;

c) garanta ao atleta em formação assistência educacional, psicológica, médica, fisioterapêutica e odontológica, bem como alimentação, transporte e convivência familiar;

d) mantenha, quando tiver alojamento de atletas, instalações de moradia adequadas, sobretudo quanto a alimentação, higiene, segurança e salubridade;
e) mantenha corpo de profissionais especializados em formação técnico-esportiva;
f) ajuste o tempo destinado à efetiva atividade de formação do atleta, não superior a 4 (quatro) horas por dia, aos horários do currículo escolar ou de curso profissionalizante e propicie a ele a matrícula escolar, com exigência de frequência e de satisfatório aproveitamento;
g) assegure a formação gratuita do atleta, a expensas da organização esportiva contratante;
h) comprove que participa anualmente de competições organizadas por organização esportiva que administra e regula o esporte em, pelo menos, 2 (duas) categorias da respectiva modalidade esportiva;
i) garanta que o período de seleção não coincida com os horários escolares;
j) realize exames médicos admissionais e periódicos, com resultados arquivados em prontuário médico;
k) proporcione ao atleta em formação convivência familiar, com visitas regulares à sua família;
l) ofereça programa contínuo de orientação e suporte contra o abuso e a exploração sexual;
m) qualifique os profissionais que atuam no treinamento esportivo para a atuação preventiva e de proteção aos direitos da criança e do adolescente;
n) institua ouvidoria para receber denúncia de maus-tratos a crianças e adolescentes e de exploração sexual deles;
o) propicie ao atleta em formação a participação em atividades culturais e de lazer, nos horários livres; e
p) apresente ao Ministério Público dos Estados e do Distrito Federal, anualmente, os laudos técnicos expedidos pelos órgãos e pelas autoridades competentes pela vistoria das condições de segurança dos alojamentos que mantenha para atletas em formação.

§ 2º A organização esportiva nacional que administra e regula o esporte certificará como organização esportiva formadora aquela que, comprovadamente, por meio de laudos de vistoria e de documentos, preencha os requisitos estabelecidos nesta Lei.

§ 3º O atleta não profissional em formação, maior de 14 (quatorze) e menor de 20 (vinte) anos de idade, poderá receber auxílio financeiro da organização esportiva formadora, sob a forma de bolsa de aprendizagem livremente pactuada mediante contrato formal, sem que seja gerado vínculo empregatício entre as partes.

§ 4º No período de formação dos 12 (doze) aos 14 (quatorze) anos é garantido ao atleta menor os direitos a que se refere o § 1º deste artigo, não se exigindo da organização formadora do atleta o disposto nas alíneas "b", "d" e "h" do inciso II.

§ 5º A organização esportiva formadora fará jus a valor indenizatório se ficar impossibilitada de assinar o primeiro contrato especial de trabalho esportivo por oposição do atleta, ou quando ele se vincular, sob qualquer forma, a outra organização esportiva, sem autorização expressa da organização esportiva formadora, observado o seguinte:

I - o atleta deverá estar regularmente registrado e não poderá ter sido desligado da organização esportiva formadora;
II - a indenização será limitada ao montante correspondente a 200 (duzentas) vezes os gastos comprovadamente efetuados com a formação do atleta, especificados no contrato referido no § 3º deste artigo;
III - o pagamento do valor indenizatório somente poderá ser efetuado por outra organização esportiva e deverá ser efetivado diretamente à organização esportiva formadora no prazo máximo de 15 (quinze) dias, contado da data da vinculação do atleta à nova organização esportiva, para efeito de permitir novo registro em organização esportiva que administra e regula o esporte.

§ 6º O contrato de formação esportiva a que se refere o § 3º deste artigo sempre será firmado na forma escrita e deverá obrigatoriamente incluir:

I - identificação das partes e dos seus representantes legais;
II - duração do contrato;
III - direitos e deveres das partes contratantes, inclusive garantia de seguro de vida e de acidentes pessoais para cobrir as atividades do atleta contratado; e
IV - especificação da natureza das despesas individuais ou coletivas com o atleta em formação, para fins de cálculo da indenização com a formação esportiva.

§ 7º A organização esportiva formadora e detentora do primeiro contrato especial de trabalho esportivo com o atleta por ela profissionalizado terá o direito de preferência para a primeira renovação desse contrato, cujo prazo não poderá ser superior a 3 (três) anos, salvo para equiparação de proposta de terceiro.

§ 8º Para assegurar seu direito de preferência, a organização esportiva formadora e detentora do primeiro contrato especial de trabalho esportivo deverá apresentar, até 45 (quarenta e cinco) dias antes do término do contrato em curso, proposta ao atleta, de cujo teor deverá ser cientificada a organização que administra e regula a respectiva modalidade, indicando as novas condições contratuais e os salários ofertados, devendo o atleta apresentar resposta à organização esportiva formadora, de cujo teor deverá ser notificada a referida organização esportiva que administra e regula a respectiva modalidade, no prazo de 15 (quinze) dias, contado da data do recebimento da proposta, sob pena de aceitação tácita.

§ 9º Na hipótese de outra organização esportiva oferecer proposta mais vantajosa a atleta vinculado à organização esportiva que o formou, dever-se-á observar o seguinte:

I - a organização proponente deverá apresentar à organização esportiva formadora proposta da qual deverão constar todas as condições remuneratórias;
II - a organização proponente deverá dar conhecimento da proposta à organização que regula o respectivo esporte;
III - a organização esportiva formadora poderá, no prazo máximo de 15 (quinze) dias, contado do recebimento da proposta, comunicar se exercerá o direito de preferência de que trata o § 8º deste artigo, nas mesmas condições oferecidas.

§ 10. A organização que regula o esporte deverá publicar o recebimento das propostas de que tratam os §§ 8º e 9º deste artigo nos seus meios oficiais de divulgação no prazo de 5 (cinco) dias, contado da data do recebimento.

§ 11. Caso a organização esportiva formadora oferte as mesmas condições e, mesmo assim, o atleta se opuser à renovação do primeiro contrato especial de trabalho esportivo, ela poderá exigir da nova organização esportiva contratante o valor indenizatório correspondente a 200 (duzentas) vezes o valor do salário mensal constante da proposta.

§ 12. A contratação do atleta em formação será feita diretamente pela organização esportiva formadora, vedada a realização por meio de terceiros.

§ 13. A organização esportiva formadora deverá registrar o contrato de formação esportiva do atleta em formação na organização esportiva que administra e regula a respectiva modalidade.

§ 14. Somente poderá manter alojamento para os atletas em formação a organização esportiva formadora certificada na forma do § 2º deste artigo.

§ 15. *(Vetado na Lei 14.597/2023).*

§ 16. O atleta em formação menor de 14 (quatorze) anos poderá desligar-se a qualquer tempo da organização esportiva formadora, mesmo que se vincule a outra organização esportiva, sem que haja a cobrança de qualquer tipo de multa ou outros valores a título de indenização.

§ 17. O disposto nas alíneas "h" e "o" do inciso II do § 1º deste artigo será obrigatório exclusivamente para atletas e entidades de prática profissional da modalidade de futebol.

Art. 100. A fiscalização do cumprimento das normas de que trata o § 1º do art. 99 desta Lei será realizada de forma contínua e ficará a cargo do conselho tutelar a que se refere o art. 131 da Lei nº 8.069, de 13 de julho de 1990 (Estatuto da Criança e do Adolescente), da organização que administra e regula a modalidade esportiva e do Ministério Público do Trabalho, sem prejuízo das atribuições dos demais órgãos e instituições fiscalizadores, no que lhes couber.

Art. 101. Aos atletas em formação são garantidos os seguintes direitos, além dos existentes na Lei nº 8.069, de 13 de julho de 1990 (Estatuto da Criança e do Adolescente), e na Lei nº 12.852, de 5 de agosto de 2013 (Estatuto da Juventude):

I - participação em programas de treinamento nas categorias de base;
II - treinamento com corpo de profissionais especializados em formação técnico-esportiva;
III - segurança nos locais de treinamento;
IV - assistência educacional, complementação educacional e auxílio com material didático-escolar;
V - tempo, não superior a 4 (quatro) horas diárias, destinado à efetiva atividade de formação do atleta;
VI - matrícula escolar;
VII - assistência psicológica, médica, odontológica, farmacêutica e fisioterapêutica;
VIII - alimentação suficiente, saudável e adequada à faixa etária;

IX - garantia de transporte adequado para o deslocamento de ida e volta entre sua residência e o local de treinamento.

§ 1º A organização esportiva formadora proporcionará ao atleta em formação que morar em alojamento por ela mantido:

I - instalações físicas certificadas pelos órgãos e pelas autoridades competentes com relação à habitabilidade, à higiene, à salubridade e às medidas de prevenção e combate a incêndio e a desastres;

II - assistência de monitor responsável durante todo o dia;

III - convivência familiar;

IV - participação em atividades culturais e de lazer, nos horários livres;

V - assistência religiosa àqueles que a desejarem, de acordo com suas crenças.

§ 2º A organização esportiva formadora apresentará ao Ministério Público dos Estados e do Distrito Federal e à organização que administra e regula a modalidade esportiva, anualmente, os laudos técnicos expedidos pelos órgãos e pelas autoridades competentes pela vistoria das condições de segurança dos alojamentos que mantiver para atletas em formação.

§ 3º O não cumprimento do disposto no § 2º deste artigo implicará suspensão imediata da certificação como organização esportiva formadora.

§ 4º O não cumprimento das garantias aos atletas em formação previstas neste artigo implicará a aplicação de penalidades progressivas, na seguinte forma:

I - advertência para promover a regularização no prazo de 60 (sessenta) dias;

II - perda da certificação como organização esportiva formadora, não fazendo jus ao percentual estipulado no art. 102 desta Lei referente a todos os atletas que estejam em seu quadro de formação no momento do descumprimento, de forma definitiva, com averbação da penalidade no respectivo registro perante a organização que administra e regula a modalidade esportiva;

III - suspensão da organização esportiva formadora de participação em competições oficiais a partir da temporada seguinte.

§ 5º A organização esportiva formadora e seus dirigentes respondem pelos prejuízos causados a atleta em formação que decorram de falhas de segurança nos locais de treinamento e nos alojamentos.

§ 6º A organização esportiva formadora oferecerá à família do atleta em formação documento no qual se responsabiliza por sua segurança e integridade física, durante o período em que o atleta estiver sob sua responsabilidade, em suas instalações ou em outro local.

SUBSEÇÃO II
DO MECANISMO DE SOLIDARIEDADE NA FORMAÇÃO ESPORTIVA

Art. 102. Sempre que ocorrer transferência nacional, definitiva ou temporária, de atleta profissional, até 6% (seis por cento) do valor pago pela nova organização esportiva serão obrigatoriamente distribuídos entre as organizações esportivas que contribuíram para a formação do atleta, na proporção de:

I - 0,5% (cinco décimos por cento) para cada ano de formação, dos 12 (doze) aos 13 (treze) anos de idade;

II - 1% (um por cento) para cada ano de formação, dos 14 (quatorze) aos 17 (dezessete) anos de idade, inclusive; e

III - 0,5% (cinco décimos por cento) para cada ano de formação, dos 18 (dezoito) aos 19 (dezenove) anos de idade, inclusive.

§ 1º Caberá à organização esportiva cessionária do atleta reter do valor a ser pago à organização esportiva cedente 6% (seis por cento) do valor acordado para a transferência e distribuí-los às organizações esportivas que contribuíram para a formação do atleta.

§ 2º Como exceção à regra estabelecida no § 1º deste artigo, caso o atleta se desvincule da organização esportiva de forma unilateral, mediante pagamento da cláusula indenizatória esportiva prevista no inciso I do *caput* do art. 86 desta Lei, caberá à organização esportiva que recebeu a cláusula indenizatória esportiva distribuir 6% (seis por cento) de tal montante às organizações esportivas responsáveis pela formação do atleta.

§ 3º O percentual devido às organizações esportivas formadoras do atleta deverá ser calculado sempre de acordo com certidão a ser fornecida pela organização esportiva que regula o esporte nacionalmente, cabendo a esta exigir o cumprimento do disposto neste parágrafo, e os valores deverão ser distribuídos proporcionalmente em até 30 (trinta) dias da efetiva transferência.

CAPÍTULO III
(VETADO NA LEI 14.597/2023)

SEÇÃO I
(VETADA NA LEI 14.597/2023)

Arts. 103 e 104. *(Vetados na Lei 14.597/2023).*

SEÇÃO II
(VETADA NA LEI 14.597/2023)

SUBSEÇÃO I
(VETADA NA LEI 14.597/2023)

Arts. 105 a 108. *(Vetados na Lei 14.597/2023).*

SUBSEÇÃO II
(VETADA NA LEI 14.597/2023)

Arts. 109 e 110. *(Vetados na Lei 14.597/2023).*

SUBSEÇÃO III
(VETADA NA LEI 14.597/2023)

Art. 111. *(Vetado na Lei 14.597/2023).*

SUBSEÇÃO IV
(VETADA NA LEI 14.597/2023)

Arts. 112 a 114. *(Vetados na Lei 14.597/2023).*

SUBSEÇÃO V
(VETADA NA LEI 14.597/2023)

Art. 115. *(Vetado na Lei 14.597/2023).*

SUBSEÇÃO VI
(VETADA NA LEI 14.597/2023)

Arts. 116 a 118. *(Vetados na Lei 14.597/2023).*

SUBSEÇÃO VII
(VETADA NA LEI 14.597/2023)

Arts. 119 a 120. *(Vetados na Lei 14.597/2023).*

SUBSEÇÃO VIII
(VETADA NA LEI 14.597/2023)

Arts. 121 a 126. *(Vetados na Lei 14.597/2023).*

SEÇÃO III
(VETADA NA LEI 14.597/2023)

Arts. 127 a 139. *(Vetados na Lei 14.597/2023).*

Art. 140. A divulgação das atividades, dos bens ou dos serviços resultantes de projetos esportivos, culturais e de produção audiovisual e artística financiados com recursos públicos mencionará o apoio institucional com a inserção da Bandeira Nacional, nos termos da Lei nº 5.700, de 1º de setembro de 1971.

Art. 141. *(Vetado na Lei 14.597/2023).*

CAPÍTULO IV
DAS RELAÇÕES DE CONSUMO NOS EVENTOS ESPORTIVOS

SEÇÃO I
DISPOSIÇÕES GERAIS

Art. 142. As relações de consumo em eventos esportivos regulam-se especialmente por esta Lei, sem prejuízo da aplicação das normas gerais de proteção ao consumidor.

§ 1º Para os efeitos desta Lei e para fins de aplicação do disposto na Lei nº 8.078, de 11 de setembro de 1990 (Código de Defesa do Consumidor), consideram-se consumidor o espectador do evento esportivo, torcedor ou não, que tenha adquirido o direito de ingressar no local onde se realiza o referido evento e fornecedora a organização esportiva responsável pela organização da competição em conjunto com a organização esportiva detentora do mando de campo, se pertinente, ou, alternativamente, as duas organizações esportivas competidoras, bem como as demais pessoas naturais ou jurídicas que detenham os direitos de realização da prova ou partida.

§ 2º As organizações esportivas que administram e regulam modalidade esportiva em âmbito nacional caracterizam-se como fornecedoras relativamente a eventos esportivos por elas organizados, ainda que o cumprimento das tarefas materiais locais a eles pertinentes seja incumbência de terceiros ou de outras organizações esportivas.

SEÇÃO II
DOS DIREITOS DO ESPECTADOR

SUBSEÇÃO I
DOS INGRESSOS

Art. 143. É direito do espectador que os ingressos para as partidas integrantes de competições em que compitam atletas profissionais sejam colocados à venda até 48 (quarenta e oito) horas antes do início da partida correspondente.

§ 1º A venda deverá ser realizada por sistema que assegure a sua agilidade e o amplo acesso à informação.

§ 2º É assegurado ao espectador o fornecimento de comprovante de pagamento, logo após a aquisição dos ingressos.

§ 3º Não será exigida, em qualquer hipótese, a devolução do comprovante referido no § 2º deste artigo.

§ 4º Nas partidas que compõem as competições de âmbito nacional ou regional de primeira e segunda divisões, a venda de ingressos será realizada em, no mínimo, 5 (cinco) postos de venda localizados em distritos diferentes da cidade, exceto se a venda de ingressos pela internet suprir com eficiência a venda em locais físicos.

Art. 144. A organização esportiva que administra a competição e a organização de prática esportiva mandante da partida, prova ou equivalente, implementarão, na sistematização da emissão e venda de ingressos, sistema de segurança contra falsificações, fraudes e outras práticas que contribuam para a evasão da receita decorrente do evento esportivo.

Parágrafo único. *(Vetado na Lei 14.597/2023).*

Art. 145. São direitos do espectador do evento esportivo:

I - que todos os ingressos emitidos sejam numerados; e

II - ocupar o local correspondente ao número constante do ingresso.

§ 1º O disposto no inciso II do *caput* deste artigo não se aplica aos locais já existentes para assistência em pé, nas competições que o permitirem, limitando-se, nesses locais, o número de pessoas, de acordo com critérios de saúde, de segurança e de bem-estar.

§ 2º A emissão de ingressos e o acesso à arena esportiva nas provas ou nas partidas que reúnam mais de 20.000 (vinte mil) pessoas deverão ser realizados por meio de sistema eletrônico que viabilize a fiscalização e o controle da quantidade de público e do movimento financeiro da partida.

§ 3º É direito do espectador que conste do ingresso o preço pago por ele.

§ 4º Os valores estampados nos ingressos destinados a um mesmo setor da arena esportiva não podem ser diferentes entre si nem daqueles divulgados antes da prova ou partida pelos responsáveis pelo evento.

§ 5º O disposto no § 4º deste artigo não se aplica aos casos de venda antecipada de carnê para um conjunto de, no mínimo, 3 (três) partidas de uma mesma equipe, bem como de venda de ingresso com redução de preço decorrente de previsão legal.

SUBSEÇÃO II
DA SEGURANÇA NAS ARENAS ESPORTIVAS E DO TRANSPORTE PÚBLICO

Art. 146. O espectador tem direito a segurança nos locais onde são realizados os eventos esportivos antes, durante e após a realização das provas ou partidas.

Parágrafo único. Deve ser assegurada acessibilidade ao espectador com deficiência ou com mobilidade reduzida.

Art. 147. Os responsáveis pela organização da competição apresentarão à Autoridade Nacional para Prevenção e Combate à Violência e à Discriminação no Esporte (Anesporte) e ao Ministério Público dos Estados e do Distrito Federal, previamente à sua realização, os laudos técnicos expedidos pelos órgãos e pelas autoridades competentes pela vistoria das condições de segurança das arenas esportivas a serem utilizadas na competição.

§ 1º Os laudos atestarão a real capacidade de público das arenas esportivas, bem como suas condições de segurança.

§ 2º Será proibida de competir em arenas esportivas localizadas no mesmo Município de sua sede e na respectiva região metropolitana, por até 6 (seis) meses, sem prejuízo das demais sanções cabíveis, a organização esportiva que:

I - tenha colocado à venda número de ingressos maior do que a capacidade de público da arena esportiva;

II - tenha permitido o acesso de pessoas em número maior do que a capacidade de público da arena esportiva;

III - tenha disponibilizado locais de acesso à arena esportiva em número inferior ao recomendado pela autoridade pública.

Art. 148. O controle e a fiscalização do acesso do público a arena esportiva com capacidade para mais de 20.000 (vinte mil) pessoas deverão contar com meio de monitoramento por imagem das catracas e com identificação biométrica dos espectadores, assim como deverá haver central técnica de informações, com infraestrutura suficiente para viabilizar o monitoramento por imagem do público presente e o cadastramento biométrico dos espectadores.

Parágrafo único. O disposto no *caput* deste artigo deverá ser implementado no prazo máximo de até 2 (dois) anos a contar da entrada em vigor desta Lei.

Art. 149. Sem prejuízo do disposto nos arts. 12, 13 e 14 da Lei nº 8.078, de 11 de setembro de 1990 (Código de Defesa do Consumidor), a responsabilidade pela segurança do espectador em evento esportivo será da organização esportiva diretamente responsável pela realização do evento esportivo e de seus dirigentes, que deverão:

I - solicitar ao poder público competente a presença de agentes públicos de segurança, devidamente identificados, responsáveis pela segurança dos espectadores dentro e fora dos estádios e dos demais locais de realização de eventos esportivos;

II - informar imediatamente após a decisão acerca da realização da partida, entre outros, aos órgãos públicos de segurança, de transporte e de higiene os dados necessários à segurança do evento, especialmente:

a) o local;

b) o horário de abertura da arena esportiva;

c) a capacidade de público da arena esportiva;

d) a expectativa de público;

III - colocar à disposição do espectador orientadores e serviço de atendimento para que ele encaminhe suas reclamações no momento do evento, em local:

a) amplamente divulgado e de fácil acesso, especialmente pela internet; e

b) situado na arena;

IV - disponibilizar 1 (um) médico e 2 (dois) profissionais de enfermagem, devidamente registrados nos respectivos conselhos profissionais, para cada 10.000 (dez mil) torcedores presentes ao evento;

V - comunicar previamente à autoridade de saúde a realização do evento.

§ 1º O detentor do direito de arena ou similar deverá disponibilizar 1 (uma) ambulância para cada 10.000 (dez mil) torcedores presentes ao evento.

§ 2º A organização esportiva diretamente responsável pela promoção do evento deverá solucionar imediatamente, sempre que possível, as reclamações dirigidas ao serviço de atendimento referido no inciso III do *caput* deste artigo, bem como reportá-las ao ouvidor da competição, e, nos casos relacionados à violação de direitos e interesses de consumidores, aos órgãos de proteção e defesa do consumidor.

Art. 150. É dever da organização esportiva responsável pela organização da competição:

I - confirmar, com até 48 (quarenta e oito) horas de antecedência, o horário e o local da realização das provas ou das partidas para as quais a definição das equipes dependa de resultado anterior;

II - contratar seguro de acidentes pessoais, cujo beneficiário será o espectador portador de ingresso, válido a partir do momento em que ingressar no estádio.

> **Atualização:** III - aplicar as disposições dos arts. 5º a 9º da lei que cria o protocolo 'Não é Não'. *(Acrescido pela Lei 14.786/2023 – DOU 29.12.2023, em vigor após decorridos 180 dias de sua publicação oficial)*

Art. 151. É direito do espectador a implementação de planos de ação referentes a segurança, a transporte e a contingências durante a realização de eventos esportivos com público superior a 20.000 (vinte mil) pessoas.

§ 1º Os planos de ação de que trata o *caput* deste artigo serão elaborados pela organização esportiva responsável pela realização da competição, com a participação das organizações esportivas que a disputarão e dos órgãos das localidades em que se realizarão as partidas da competição responsáveis pela segurança pública, pelo transporte e por eventuais contingências.

§ 2º Planos de ação especiais poderão ser apresentados em relação a eventos esportivos com excepcional expectativa de público.

§ 3º Os planos de ação serão divulgados no sítio eletrônico dedicado à competição, no mesmo prazo de publicação de seu regulamento definitivo.

Art. 152. As organizações esportivas regionais responsáveis diretamente pela realização da prova ou da partida, bem como seus dirigentes, responderão solidariamente com as organizações esportivas que disputarão a prova ou a partida e seus dirigentes, independentemente de culpa, pelos prejuízos causados ao espectador decorrentes de falhas de segurança nos estádios ou da inobservância do disposto neste Capítulo.

Art. 153. *(Vetado na Lei 14.597/2023).*

Art. 154. Em relação ao transporte de espectadores para eventos esportivos, ficam a eles assegurados:

I - acesso a transporte seguro e organizado;

II - ampla divulgação das providências tomadas em relação ao acesso ao local do evento esportivo, em transporte público ou privado;

III - organização das imediações da arena esportiva em que será realizado o evento, bem como de suas entradas e saídas, de modo a viabilizar, sempre que possível, o acesso seguro e rápido ao evento, na entrada, e aos meios de transporte, na saída.

Art. 155. A organização esportiva responsável pela organização da competição e a organização esportiva que detém o direito sobre a realização da prova ou da partida solicitarão formalmente, de forma direta ou mediante convênio, ao poder público competente:

I - serviços de estacionamento para uso por espectadores durante a realização de eventos esportivos, assegurado a eles acesso a serviço organizado de transporte para a arena esportiva, ainda que oneroso;

II - meio de transporte, ainda que oneroso, para condução de idosos, de crianças e de pessoas com deficiência física às arenas esportivas, com partida de locais de fácil acesso previamente determinados.

Parágrafo único. Ficará dispensado o cumprimento do disposto neste artigo quando se tratar de evento esportivo realizado em arena com capacidade inferior a 10.000 (dez mil) pessoas.

SUBSEÇÃO III
DA ALIMENTAÇÃO E DA HIGIENE

Art. 156. O espectador de eventos esportivos tem direito à higiene e à qualidade das instalações físicas das arenas esportivas e dos produtos alimentícios vendidos no local.

§ 1º O poder público, por meio de seus órgãos de vigilância sanitária, deve verificar o cumprimento do disposto neste artigo, na forma da legislação em vigor.

§ 2º É vedado impor preços excessivos ou aumentar sem justa causa os preços dos produtos alimentícios comercializados no local de realização do evento esportivo.

Art. 157. É direito do espectador que as arenas esportivas possuam sanitários em número compatível com sua capacidade de público, em plenas condições de limpeza e funcionamento.

Parágrafo único. Os laudos de que trata o art. 147 desta Lei devem aferir o número de sanitários em condições de uso, e deve ser emitido parecer sobre a sua compatibilidade com a capacidade de público do estádio.

SUBSEÇÃO IV
DAS CONDIÇÕES DE ACESSO E DE PERMANÊNCIA DO ESPECTADOR NAS ARENAS ESPORTIVAS

Art. 158. São condições de acesso e de permanência do espectador no recinto esportivo, independentemente da forma de seu ingresso, sem prejuízo de outras condições previstas em lei:

I - estar na posse de ingresso válido;

II - não portar materiais que possam ser utilizados para a prática de atos de violência;

III - consentir com a revista pessoal de prevenção e segurança;

IV - não portar ou ostentar cartazes, bandeiras, símbolos ou outros sinais com mensagens ofensivas, ou entoar cânticos que atentem contra a dignidade da pessoa humana, especialmente de caráter racista, homofóbico, sexista ou xenófobo;

V - não arremessar objetos de qualquer natureza no interior do recinto esportivo;

VI - não portar ou utilizar fogos de artifício ou quaisquer outros engenhos pirotécnicos ou produtores de efeitos análogos;

VII - não incitar e não praticar atos de violência no estádio, qualquer que seja a sua natureza;

VIII - não invadir e não incitar a invasão, de qualquer forma, da área restrita aos competidores;

IX - não estar embriagado ou sob efeito de drogas;

X - não utilizar bandeiras, inclusive com mastro de bambu ou similares, para outros fins que não seja o de manifestação festiva e amigável;

XI - *(Vetado na Lei 14.597/2023)*;

XII - para espectador com mais de 16 (dezesseis) anos de idade, estar devidamente cadastrado no sistema de controle biométrico para efeito do art. 148 desta Lei.

Parágrafo único. O não cumprimento das condições estabelecidas neste artigo implicará a impossibilidade de acesso do espectador ao recinto esportivo ou, se for o caso, o seu afastamento imediato do recinto, sem prejuízo de outras sanções administrativas, civis ou penais eventualmente cabíveis.

CAPÍTULO V
DOS MEIOS DE DIFUSÃO DOS EVENTOS ESPORTIVOS

SEÇÃO I
DISPOSIÇÕES GERAIS

Art. 159. A difusão de imagens captadas em eventos esportivos é passível de exploração comercial.

Art. 160. Pertence às organizações esportivas mandantes o direito de arena, que consiste no direito de exploração e comercialização de difusão de imagens, abrangendo a prerrogativa privativa de negociar, de autorizar ou de proibir a captação, a fixação, a emissão, a transmissão, a retransmissão e a reprodução de imagens, por qualquer meio ou processo, de evento esportivo de que participem.

§ 1º *(Vetado na Lei 14.597/2023).*

§ 2º O pagamento da verba de que trata o § 1º deste artigo será realizado por intermédio dos sindicatos das respectivas categorias, que serão responsáveis pelo recebimento e pela logística de repasse aos participantes do evento, no prazo de até 72 (setenta e duas) horas, contado do recebimento das verbas pelo sindicato.

§ 3º É facultado à organização esportiva detentora do direito de arena e dos direitos comerciais inerentes ao evento esportivo cedê-los no todo ou em parte, por meio de documento escrito, a outras organizações esportivas que regulam a modalidade e organizam competições.

§ 4º Na hipótese prevista no § 3º deste artigo, pertence às organizações esportivas responsáveis pela organização da competição o direito de autorizar ou de proibir a captação, a fixação, a emissão, a transmissão, a retransmissão e a reprodução de imagens, por qualquer meio ou processo, de eventos esportivos compreendidos em quaisquer das competições por elas organizadas, bem como de autorizar ou de proibir a exploração comercial de nome, de símbolos, de marcas, de publicidade estática e das demais propriedades inerentes às competições que organizem.

§ 5º Fica vedada a prática de proveito publicitário indevido e ilegítimo, obtido mediante o emprego de qualquer artifício ou ardil, sem amparo em contrato regular celebrado entre partes legítimas e com objeto lícito e sem a prévia concordância dos titulares dos direitos envolvidos.

§ 6º Na hipótese de realização de eventos esportivos sem definição do mando de jogo, a captação, a fixação, a emissão, a transmissão, a retransmissão e a reprodução de imagens, por qualquer meio ou processo, dependerão da anuência das organizações esportivas participantes.

§ 7º As disposições deste artigo não se aplicam a contratos que tenham por objeto direitos de transmissão celebrados previamente à vigência desta Lei, os quais permanecem regidos pela legislação em vigor na data de sua celebração.

§ 8º Os contratos referidos no § 7º deste artigo não podem atingir as organizações esportivas que não cederam seus direitos de transmissão a terceiros previamente à vigência desta Lei, as quais poderão cedê-los livremente, conforme as disposições previstas no *caput* deste artigo.

§ 9º Não constitui prática de proveito econômico indevido ou ilegítimo a veiculação, pelas empresas detentoras de concessão, de permissão ou de autorização para exploração de serviço de radiodifusão sonora e de sons e imagens, bem como de televisão por assinatura, da própria marca e a de seus canais e dos títulos de seus programas nos uniformes de competições das entidades esportivas e nos demais meios de comunicação que se localizem nas instalações dos recintos esportivos.

Art. 161. A difusão de imagens de eventos esportivos na rede mundial de computadores deve respeitar as disposições deste Capítulo.

SEÇÃO II
DOS DIREITOS DE DIFUSÃO DE IMAGENS

Art. 162. A comercialização de direitos de difusão de imagens de eventos esportivos deve resguardar os seguintes princípios:

I - o interesse público na difusão dos eventos esportivos do modo mais abrangente possível;

II - o direito do torcedor de acompanhar a organização esportiva, a competição e os atletas de seu interesse;

III - a liberdade de comunicação;

IV - a liberdade de mercado;

V - a livre concorrência e a prevenção às práticas de mercado anticompetitivas;

VI - a integridade do esporte, a igualdade entre os competidores e a solidariedade esportiva;

VII - a proteção da empresa nacional e da produção de conteúdo próprio local.

SEÇÃO III
DA DISPONIBILIZAÇÃO DE IMAGENS PARA FINS JORNALÍSTICOS

Art. 163. O detentor dos direitos de difusão de imagens de eventos esportivos é obrigado a disponibilizar, em prazo não superior a 2 (duas) horas após o término do evento esportivo, imagens de parcela dos eventos aos veículos de comunicação interessados em sua retransmissão para fins exclusivamente jornalísticos, observado o seguinte:

I - a retransmissão destina-se à inclusão em noticiário, após a realização da partida ou do evento esportivo, sempre com finalidade informativa, proibida a associação de parcela de imagens a qualquer forma de patrocínio, de promoção, de publicidade ou de atividade de marketing;

II - a duração da exibição das imagens disponibilizadas restringe-se a 3% (três por cento) do tempo da prova ou da partida, limitada a 30 (trinta) segundos, exceto quando o evento tiver duração inferior, vedada a exibição por mais de uma vez por programa no qual as imagens sejam inseridas e quando ultrapassar 1 (um) ano da data de captação das imagens;

III - os veículos de comunicação interessados devem comunicar ao detentor dos direitos a intenção de ter acesso ao conteúdo das imagens disponibilizadas da prova ou da partida, por escrito, em até 72 (setenta e duas) horas antes do evento;

IV - a retransmissão deve ocorrer somente na programação dos canais distribuídos exclusivamente no território nacional.

Parágrafo único. O disposto no *caput* e no inciso III deste artigo não se aplica aos casos em que o detentor dos direitos de difusão de imagens de eventos esportivos autorizar o organizador do evento a reservar espaço na arena para que os não detentores de direitos realizem a captação das imagens para a exibição de flagrante de espetáculo ou evento esportivo.

SEÇÃO IV
DO DIREITO À EXPLORAÇÃO DA IMAGEM DO ATLETA

Art. 164. O direito ao uso da imagem do atleta profissional ou não profissional pode ser por ele cedido ou explorado por terceiros, inclusive por pessoa jurídica da qual seja sócio, mediante ajuste contratual de natureza civil e com fixação de direitos, deveres e condições inconfundíveis com o contrato especial de trabalho esportivo.

§ 1º Não há impedimento a que o atleta empregado, concomitantemente à existência de contrato especial de trabalho esportivo, ceda seu direito de imagem à organização esportiva empregadora, mas a remuneração pela cessão de direito de imagem não substitui a remuneração devida quando configurada a relação de emprego entre o atleta e a organização esportiva contratante.

§ 2º A remuneração devida a título de imagem ao atleta pela organização esportiva não poderá ser superior a 50% (cinquenta por cento) de sua remuneração.

§ 3º A utilização da imagem do atleta pela organização esportiva poderá ocorrer, durante a vigência do vínculo esportivo e contratual, das seguintes formas, entre outras:

I - divulgação da imagem do atleta no sítio eletrônico da organização e nos demais canais oficiais de comunicação, tais como redes sociais, revistas e vídeos institucionais;

II - realização de campanhas de divulgação da organização esportiva e de sua equipe competitiva;

III - participação nos eventos de lançamento da equipe e comemoração dos resultados.

§ 4º Deve ser efetivo o uso comercial da exploração do direito de imagem do atleta, de modo a se combater a simulação e a fraude.

§ 5º Fica permitida a exploração da imagem dos atletas e dos membros das comissões técnicas, de forma coletiva, assim considerada, no mínimo, 3 (três) atletas ou membros das respectivas comissões técnicas agrupados, em atividade profissional, em campo ou fora dele, captada no contexto das atividades esportivas e utilizada para fins promocionais, institucionais e de fomento ao esporte, pelas organizações que administram e regulam o esporte e pelas organizações que se dediquem à prática esportiva, respeitado o disposto neste artigo no que se refere ao direito de imagem de cada atleta e membro da comissão técnica, quando individualmente considerados.

CAPÍTULO VI
DOS CRIMES CONTRA A ORDEM ECONÔMICA ESPORTIVA

SEÇÃO I
DO CRIME DE CORRUPÇÃO PRIVADA NO ESPORTE

Art. 165. Exigir, solicitar, aceitar ou receber vantagem indevida, como representante de organização esportiva privada, para favorecer a si ou a terceiros, direta ou indiretamente, ou aceitar promessa de vantagem indevida, a fim de realizar ou de omitir ato inerente às suas atribuições:

Pena - reclusão, de 2 (dois) a 4 (quatro) anos, e multa.

Parágrafo único. Nas mesmas penas incorre quem oferece, promete, entrega ou paga, direta ou indiretamente, ao representante da organização esportiva privada, vantagem indevida.

SEÇÃO II
DOS CRIMES NA RELAÇÃO DE CONSUMO EM EVENTOS ESPORTIVOS

Art. 166. Vender ou portar para venda ingressos de evento esportivo, por preço superior ao estampado no bilhete:

Pena - reclusão, de 1 (um) a 2 (dois) anos, e multa.

Art. 167. Fornecer, desviar ou facilitar a distribuição de ingressos para venda por preço superior ao estampado no bilhete:

Pena - reclusão, de 2 (dois) a 4 (quatro) anos, e multa.

Parágrafo único. A pena será aumentada de 1/3 (um terço) até a metade se o agente for servidor público, dirigente ou funcionário de organização esportiva que se relacione com a promoção do evento ou competição, de empresa contratada para o processo de emissão, distribuição e venda de ingressos ou de torcida organizada e se utilizar dessa condição para os fins previstos neste artigo.

SEÇÃO III
DOS CRIMES CONTRA A PROPRIEDADE INTELECTUAL DAS ORGANIZAÇÕES ESPORTIVAS

Utilização indevida de símbolos oficiais

Art. 168. Reproduzir, imitar, falsificar ou modificar indevidamente quaisquer sinais visivelmente distintivos, emblemas, marcas, logomarcas, mascotes, lemas, hinos e qualquer outro símbolo de titularidade de organização esportiva:

Pena - detenção, de 3 (três) meses a 1 (um) ano, ou multa.

Art. 169. Importar, exportar, vender, distribuir, oferecer ou expor à venda, ocultar ou manter em estoque quaisquer sinais visivelmente distintivos, emblemas, marcas, logomarcas, mascotes, lemas, hinos e qualquer outro símbolo de titularidade de organização esportiva ou produtos resultantes de sua reprodução, imitação, falsificação ou modificação não autorizadas para fins comerciais ou de publicidade:

Pena - reclusão, de 2 (dois) a 4 (quatro) anos, e multa.

Marketing de Emboscada por Associação

Art. 170. Divulgar marcas, produtos ou serviços, com o fim de alcançar vantagem econômica ou publicitária, por meio de associação com sinais visivelmente distintivos, emblemas, marcas, logomarcas, mascotes, lemas, hinos e qualquer outro símbolo de titularidade de organização esportiva, sem sua autorização ou de pessoa por ela indicada, induzindo terceiros a acreditar que tais marcas, produtos ou serviços são aprovados, autorizados ou endossados pela organização esportiva titular dos direitos violados:

Pena - detenção, de 3 (três) meses a 1 (um) ano, ou multa.

Parágrafo único. Na mesma pena incorre quem, sem autorização da organização esportiva promotora de evento esportivo ou de pessoa por ela indicada, vincular o uso de ingressos, de convites ou de qualquer espécie de autorização de acesso aos eventos esportivos a ações de publicidade ou a atividades comerciais, com o intuito de obter vantagem econômica.

Marketing de Emboscada por Intrusão

Art. 171. Expor marcas, negócios, estabelecimentos, produtos ou serviços ou praticar atividade promocional, não autorizados pela organização esportiva proprietária ou por pessoa por ela indicada, atraindo de qualquer forma a atenção pública nos locais da ocorrência de eventos esportivos, com o fim de obter vantagem econômica ou publicitária:

Pena - detenção, de 3 (três) meses a 1 (um) ano, ou multa.

Art. 172. Nos crimes previstos nesta Seção, somente se procede mediante representação da organização esportiva titular dos direitos violados, com exceção do crime previsto no art. 169 desta Lei, em que a ação é pública incondicionada.

TÍTULO III
DA INTEGRIDADE ESPORTIVA E DA CULTURA DE PAZ NO ESPORTE

CAPÍTULO I
DA GARANTIA À INCERTEZA DO RESULTADO ESPORTIVO

SEÇÃO I
DISPOSIÇÕES GERAIS

Art. 173. A prática esportiva no nível da excelência esportiva, caracterizada por ser disputada por atletas de alto rendimento esportivo, e a busca pela melhor performance não prejudicam a conformidade com o princípio da igualdade de condições entre os competidores.

SEÇÃO II
DA PREVENÇÃO E DO CONTROLE DE DOPAGEM

Art. 174. O controle de dopagem tem por objetivo garantir o direito de os atletas e as organizações participarem de competições livres de dopagem, promover a conservação da saúde e preservar a justiça e a igualdade entre os competidores.

§ 1º O controle de dopagem será realizado por meio de programas harmonizados, coordenados e eficazes em nível nacional e internacional no âmbito da detecção, da punição e da prevenção da dopagem.

§ 2º Considera-se dopagem no esporte a violação de regra antidopagem cometida por atleta, por terceiro ou por organização esportiva.

§ 3º As instituições destinadas à prevenção e ao controle de dopagem deverão observar as disposições do Código Mundial Antidopagem, editado pela Agência Mundial Antidopagem.

Art. 175. A Autoridade Brasileira de Controle de Dopagem (ABCD), órgão vinculado ao Ministério do Esporte, é a organização nacional antidopagem, à qual compete, privativamente:

I - *(Vetado na Lei 14.597/2023);*

II - coordenar nacionalmente o combate à dopagem no esporte, respeitadas as diretrizes estabelecidas pelo CNE;

III - conduzir os testes de controle de dopagem, durante os períodos de competição e em seus intervalos, a gestão de resultados, as investigações e outras atividades relacionadas à antidopagem, respeitadas as atribuições de organizações internacionais previstas no Código Mundial Antidopagem;

IV - expedir autorizações de uso terapêutico, respeitadas as atribuições de organizações internacionais previstas no Código Mundial Antidopagem;

V - certificar e identificar profissionais, órgãos e entidades para atuar no controle de dopagem;

VI - editar resoluções sobre os procedimentos técnicos de controle de dopagem, observadas as normas previstas no Código Mundial Antidopagem e a legislação correlata;

VII - manter interlocução com os organismos internacionais envolvidos com matérias relacionadas à antidopagem, respeitadas as competências dos demais órgãos da União;

VIII - divulgar e adotar as normas técnicas internacionais relacionadas ao controle de dopagem e a lista de substâncias e métodos proibidos no esporte, editada pela Agência Mundial Antidopagem;

IX - informar à Justiça Desportiva Antidopagem as violações às regras de dopagem, participando do processo na condição de fiscal da legislação antidopagem.

§ 1º A ABCD poderá delegar a competência para a coleta de amostras e a prática dos demais atos materiais relacionados ao controle de dopagem.

§ 2º A ABCD poderá propor ao CNE a edição e as alterações de normas antidopagem, atualizando-as conforme o Código Mundial Antidopagem e as normas expedidas pela Agência Mundial Antidopagem.

Art. 176. Às organizações privadas componentes do Sinesp incumbem a adoção, a implementação e a aplicação de regras antidopagem, nos termos estabelecidos nesta Lei e em normas regulamentares expedidas pelo CNE e pela ABCD.

SEÇÃO III
DA PREVENÇÃO E DO COMBATE À MANIPULAÇÃO DE RESULTADOS ESPORTIVOS

Art. 177. A prevenção e o combate à manipulação de resultados esportivos têm por objetivo afastar a possibilidade de conluio intencional, ato ou omissão que visem a alteração indevida do resultado ou do curso de competição esportiva, atentando contra a imprevisibilidade da competição, prova ou partida esportiva com vistas à obtenção de benefício indevido para si ou para outros.

Parágrafo único. A administração pública federal estabelecerá parcerias com as organizações esportivas que administram e regulam a prática do esporte para promover mecanismos de monitoramento das competições esportivas com vistas a possibilitar a prevenção e o combate à manipulação de resultados esportivos.

CAPÍTULO II
DO TORCEDOR

Art. 178. Torcedor é toda pessoa que aprecia, apoia ou se associa a qualquer organização esportiva que promove a prática esportiva do País e acompanha a prática de determinada modalidade esportiva, incluído o espectador-consumidor do espetáculo esportivo.

§ 1º É facultado ao torcedor organizar-se em entidades associativas, denominadas torcidas organizadas.

§ 2º Considera-se torcida organizada, para os efeitos desta Lei, a pessoa jurídica de direito privado ou existente de fato que se organiza para fins lícitos, especialmente torcer por organização esportiva de qualquer natureza ou modalidade.

§ 3º Não se confunde a torcida organizada com a organização esportiva por ela apoiada.

§ 4º É obrigatório à torcida organizada manter cadastro atualizado de seus associados ou membros, o qual deverá conter, pelo menos, as seguintes informações:

I - nome completo;

II - fotografia;

III - filiação;

IV - número do registro civil;

V - número de inscrição no Cadastro de Pessoas Físicas (CPF);

VI - data de nascimento;

VII - estado civil;

VIII - profissão;

IX - endereço completo;

X - escolaridade.

§ 5º A torcida organizada responde civilmente, de forma objetiva e solidária, pelos danos causados por qualquer de seus associados ou membros no local do evento esportivo, em suas imediações ou no trajeto de ida e volta para o evento.

§ 6º O dever de reparar o dano, nos termos do § 5º deste artigo, é responsabilidade da própria torcida organizada e de seus dirigentes e membros, que respondem solidariamente, inclusive com o próprio patrimônio.

CAPÍTULO III
DA PROMOÇÃO DA CULTURA DE PAZ NO ESPORTE

SEÇÃO I
DISPOSIÇÕES GERAIS

Art. 179. É obrigação do poder público em todos os níveis, das organizações esportivas, dos torcedores e dos espectadores de eventos esportivos promover e manter a paz no esporte.

Parágrafo único. Os promotores de eventos esportivos, assim considerados todos os envolvidos na organização da referida atividade, respondem pela prevenção da violência nos eventos que promovam.

Art. 180. Os juizados do torcedor, órgãos da justiça comum com competência cível e criminal, poderão ser criados pelos Estados e pelo Distrito Federal para o processamento, o julgamento e a execução das causas decorrentes das atividades reguladas nesta Lei.

SEÇÃO II
DO PLANO NACIONAL PELA CULTURA DE PAZ NO ESPORTE

Art. 181. A administração pública federal direcionará suas atividades à promoção e à manutenção da paz nas atividades esportivas por meio do Plano Nacional pela Cultura de Paz no Esporte, anexo ao PNEsporte.

Parágrafo único. São diretrizes do Plano Nacional pela Cultura de Paz no Esporte:

I - a adoção de medidas preventivas e educativas direcionadas ao controle dos atos de violência relacionados ao esporte;

II - a promoção de atividades que busquem o afastamento do torcedor violento das arenas esportivas e consequente trabalho de reinserção na assistência de eventos esportivos com comportamento pacífico;

III - a permanente difusão de práticas e de procedimentos que promovam a cultura de paz no esporte;

IV - o estabelecimento de procedimentos padronizados de segurança e de resolução de conflitos em eventos esportivos;

V - a valorização da experiência dos juizados do torcedor.

SEÇÃO III
DA AUTORIDADE NACIONAL PARA PREVENÇÃO E COMBATE À VIOLÊNCIA E À DISCRIMINAÇÃO NO ESPORTE (ANESPORTE)

Art. 182. *(Vetado na Lei 14.597/2023).*

Art. 183. *(Vetado na Lei 14.597/2023):*

I a III - *(Vetados na Lei 14.597/2023);*

§ 1º *(Vetado na Lei 14.597/2023).*

§ 2º A torcida organizada que em evento esportivo promover tumulto, praticar ou incitar a violência, praticar condutas discriminatórias, racistas, xenófobas, homofóbicas ou transfóbicas ou invadir local restrito aos competidores, aos árbitros, aos fiscais, aos dirigentes, aos organizadores ou aos jornalistas será impedida, bem como seus associados ou membros, de comparecer a eventos esportivos pelo prazo de até 5 (cinco) anos.

§§ 3º a 5º *(Vetados na Lei 14.597/2023).*

Art. 184. O disposto no § 5º do art. 178 e no § 2º do art. 183 desta Lei aplica-se à torcida organizada e a seus associados ou membros envolvidos, mesmo que em local ou data distintos dos relativos à competição esportiva, nos casos de:

I - invasão de local de treinamento;

II - confronto, ou induzimento ou auxílio a confronto, entre torcedores;

III - ilícitos praticados contra esportistas, competidores, árbitros, fiscais ou organizadores de eventos esportivos e jornalistas direcionados principal ou exclusivamente à cobertura de competições esportivas, mesmo que no momento não estejam atuando na competição ou diretamente envolvidos com o evento.

SEÇÃO IV
(VETADA NA LEI 14.597/2023)

Art. 185. *(Vetado na Lei 14.597/2023).*

SEÇÃO V
(VETADA NA LEI 14.597/2023)

Art. 186. *(Vetado na Lei 14.597/2023).*

CAPÍTULO IV DA GARANTIA DA ÉTICA E DO JOGO LIMPO NAS COMPETIÇÕES

SEÇÃO I DISPOSIÇÕES GERAIS

Art. 187. As organizações esportivas promoverão a prática esportiva com base em padrões éticos e morais que garantam o fair play ou jogo limpo nas competições.

Art. 188. Cada organização esportiva de abrangência nacional que administra e regula a respectiva modalidade esportiva deverá criar regulamento de fair play financeiro aplicável no âmbito das competições que promover e ao qual se submeterão as organizações esportivas associadas ou filiadas.

Parágrafo único. O regulamento disposto no *caput* deste artigo deverá prever regras e sanções referentes, mas não limitadas, a:

I - equilíbrio financeiro, patrimônio líquido e níveis de endividamento;

II - limites financeiros para contratação de atletas por temporada;

III - limites para aportes financeiros de acionistas; e

IV - garantia de continuidade operacional mediante auditoria externa.

SEÇÃO II
(VETADA NA LEI 14.597/2023)

Arts. 189 a 191. *(Vetados na Lei 14.597/2023).*

SEÇÃO III DOS PROCEDIMENTOS REFERENTES AO REGULAMENTO DA COMPETIÇÃO

Art. 192. O regulamento, as tabelas e o nome do ouvidor da competição deverão ser divulgados até 45 (quarenta e cinco) dias antes de seu início.

§ 1º Nos 10 (dez) dias subsequentes à divulgação de que trata o *caput* deste artigo, qualquer interessado poderá manifestar-se sobre o regulamento diretamente ao ouvidor da competição.

§ 2º O ouvidor da competição elaborará em 72 (setenta e duas) horas relatório com as principais propostas e sugestões encaminhadas.

§ 3º Após o exame do relatório, a organização esportiva responsável pela competição decidirá em 48 (quarenta e oito) horas, motivadamente, sobre a conveniência da aceitação das propostas e das sugestões relatadas e as submeterá em seguida, para deliberação por maioria, ao conselho arbitral, que deverá reunir todas as organizações de prática esportiva integrantes da competição.

§ 4º O regulamento definitivo da competição será divulgado 30 (trinta) dias antes de seu início.

§ 5º É vedado proceder a alterações no regulamento da competição desde sua divulgação definitiva, exceto nos seguintes casos:

I - apresentação de novo calendário anual de eventos oficiais para o ano subsequente, desde que aprovado pela maioria das organizações esportivas participantes;

II - transcurso de 2 (dois) anos de vigência do mesmo regulamento, observado o procedimento de que trata este artigo;

III - interrupção das competições por motivo de surtos, de epidemias e de pandemias que possam comprometer a integridade física e o bem-estar dos atletas, desde que aprovada pela maioria das organizações participantes do evento.

Art. 193. A participação de organizações esportivas em competições de responsabilidade das organizações esportivas que administram e regulam a respectiva modalidade dar-se-á em virtude de critério técnico previamente definido, conforme os próprios regulamentos.

§ 1º Para os fins do disposto neste artigo, considera-se critério técnico a habilitação de organização esportiva em razão de colocação obtida em competição anterior.

§ 2º Fica vedada a adoção de qualquer outro critério não previsto no regulamento da respectiva organização esportiva, especialmente o convite.

Art. 194. A arbitragem das competições esportivas será independente, imparcial, previamente remunerada e isenta de pressões.

Art. 195. O árbitro e seus auxiliares deverão entregar, em até 4 (quatro) horas contadas do término da partida, a súmula e os relatórios da partida ao representante da organização responsável pela competição.

Parágrafo único. Em casos excepcionais, de grave tumulto ou de necessidade de laudo médico, os relatórios da partida poderão ser complementados em até 24 (vinte e quatro) horas após o seu término.

Art. 196. A organização esportiva responsável pela competição dará publicidade à súmula e aos relatórios da partida no seu sítio eletrônico até as 14 (quatorze) horas do terceiro dia útil subsequente ao da realização da partida.

Art. 197. Os árbitros de cada partida serão escolhidos de acordo com critérios definidos pelos regulamentos de cada organização que administra e regula a modalidade esportiva.

CAPÍTULO V DOS CRIMES CONTRA A INTEGRIDADE E A PAZ NO ESPORTE

SEÇÃO I DOS CRIMES CONTRA A INCERTEZA DO RESULTADO ESPORTIVO

Art. 198. Solicitar ou aceitar, para si ou para outrem, vantagem ou promessa de vantagem patrimonial ou não patrimonial para qualquer ato ou omissão destinado a alterar ou falsear o resultado de competição esportiva ou evento a ela associado:

Pena - reclusão, de 2 (dois) a 6 (seis) anos, e multa.

Art. 199. Dar ou prometer vantagem patrimonial ou não patrimonial com o fim de alterar ou falsear o resultado de competição esportiva ou evento a ela associado:

Pena - reclusão, de 2 (dois) a 6 (seis) anos, e multa.

Art. 200. Fraudar, por qualquer meio, ou contribuir para que se fraude, de qualquer forma, o resultado de competição esportiva ou evento a ela associado:

Pena - reclusão, de 2 (dois) a 6 (seis) anos, e multa.

SEÇÃO II DOS CRIMES CONTRA A PAZ NO ESPORTE

Art. 201. Promover tumulto, praticar ou incitar a violência ou invadir local restrito aos competidores ou aos árbitros e seus auxiliares em eventos esportivos:

Pena - reclusão, de 1 (um) a 2 (dois) anos, e multa.

§ 1º Incorrerá nas mesmas penas o torcedor que:

I - promover tumulto, praticar ou incitar a violência em um raio de 5.000 m (cinco mil metros) ao redor do local de realização do evento esportivo ou durante o trajeto de ida e volta do local da realização do evento;

II - portar, deter ou transportar, no interior da arena esportiva, em suas imediações ou no seu trajeto, em dia de realização de evento esportivo, quaisquer instrumentos que possam servir para a prática de violência;

III - participar de brigas de torcidas.

§ 2º Na sentença penal condenatória, o juiz deverá converter a pena de reclusão em pena impeditiva de comparecimento às proximidades da arena esportiva, bem como a qualquer local em que se realize evento esportivo, pelo prazo de 3 (três) meses a 3 (três) anos, de acordo com a gravidade da conduta, na hipótese de o agente ser primário, ter bons antecedentes e não ter sido punido anteriormente pela prática de condutas previstas neste artigo.

§ 3º A pena impeditiva de comparecimento às proximidades da arena esportiva, bem como a qualquer local em que se realize evento esportivo, converter-se-á em privativa de liberdade quando ocorrer o descumprimento injustificado da restrição imposta.

§ 4º Na conversão de pena prevista no § 2º deste artigo, a sentença deverá determinar ainda a obrigatoriedade suplementar de o agente permanecer em estabelecimento indicado pelo juiz, no período compreendido entre as 2 (duas) horas antecedentes e as 2 (duas) horas posteriores à realização de provas ou de partidas de organização esportiva ou de competição determinada.

§ 5º No caso de o representante do Ministério Público propor aplicação da pena restritiva de direito prevista no art. 76 da Lei nº 9.099, de 26 de setembro de 1995, o juiz aplicará a sanção prevista no § 2º deste artigo.

§ 6º A pena prevista neste artigo será aumentada de 1/3 (um terço) até a metade para aquele que organiza ou prepara o tumulto ou incita a sua prática, inclusive nas formas dispostas no § 1º deste artigo, não lhe sendo aplicáveis as medidas constantes dos §§ 2º, 3º, 4º e 5º deste artigo.

§ 7º As penalidades previstas neste artigo serão aplicadas em dobro quando se tratar de casos de racismo no esporte brasileiro ou de infrações cometidas contra as mulheres.

TÍTULO IV
DISPOSIÇÕES FINAIS E TRANSITÓRIAS

Art. 202. *(Vetado na Lei 14.597/2023).*

Art. 203. Os dirigentes, as unidades ou os órgãos de organizações esportivas inscritas ou não no registro de comércio não exercem função delegada pelo poder público nem são considerados autoridades públicas para os efeitos desta Lei.

Art. 204. As organizações esportivas transnacionais com sede permanente ou temporária no País receberão do poder público o mesmo tratamento dispensado às organizações esportivas nacionais.

Art. 205. Será considerado como efetivo exercício, para todos os efeitos legais, o período em que o atleta servidor público civil ou militar, da administração pública direta ou indireta, autárquica ou fundacional, estiver convocado para integrar representação nacional em treinamento ou em competição esportiva no País ou no exterior.

§ 1º O período de convocação de que trata o *caput* deste artigo será definido pela organização esportiva de âmbito nacional que administra e regula a respectiva modalidade, e caberá a ela, ao COB ou ao CPB fazer a devida comunicação e solicitar ao órgão de origem do servidor civil ou militar a liberação do afastamento do atleta, árbitro ou assistente.

§ 2º O disposto neste artigo aplica-se também aos árbitros, aos treinadores, aos profissionais especializados e aos dirigentes, quando indispensáveis à composição da delegação.

Art. 206. Os sistemas de ensino da União, dos Estados, do Distrito Federal e dos Municípios, bem como as instituições de ensino superior, definirão normas específicas para verificação do rendimento e controle de frequência dos estudantes que integrarem representação esportiva nacional, de forma a harmonizar a atividade esportiva com os interesses relacionados ao aproveitamento e à promoção escolar.

Art. 207. É instituído o Dia Nacional do Esporte, a ser comemorado, anualmente, no dia 23 de junho, Dia Mundial do Esporte Olímpico.

Art. 208. É vedado aos administradores e aos membros de conselho fiscal de organização que se dedica à prática esportiva o exercício de cargo ou função em organização esportiva que administra ou regula as modalidades praticadas por aquela organização.

Art. 209. O atleta classificado como refugiado pelos órgãos competentes e que participe de competições esportivas será equiparado ao nacional, sem necessidade de se submeter ao processo de concessão de autorização de trabalho.

Art. 210. É permitida a alteração da destinação e do uso, bem como o parcelamento dos bens imóveis da organização esportiva, por decisão de sua assembleia geral.

Art. 211. Para todos os efeitos desta Lei, incluem-se as ligas esportivas no conceito de organização esportiva que administra e regula o esporte.

Arts. 212 e 213. *(Vetados na Lei 14.597/2023).*

Art. 214. À Sociedade Anônima do Futebol, regida pela Lei nº 14.193, de 6 de agosto de 2021, aplica-se subsidiariamente esta Lei, no que com aquela não for conflitante.

Arts. 215 e 216. *(Vetados na Lei 14.597/2023).*

Art. 217. Revogam-se:

I - a Lei nº 8.650, de 20 de abril de 1993;
II - *(Vetado na Lei 14.597/2023)*;
III - a Lei nº 10.671, de 15 de maio de 2003;
IV - a Lei nº 10.891, de 9 de julho de 2004;
V - *(Vetado na Lei 14.597/2023)*;
VI - a Lei nº 12.867, de 10 de outubro de 2013.

Art. 218. Esta Lei entra em vigor na data de sua publicação.

Brasília, 14 de junho de 2023; 202º da Independência e 135º da República.

LUIZ INÁCIO LULA DA SILVA
Fernando Haddad
Ana Beatriz Moser
Simone Nassar Tebet
Francisco Macena da Silva
Rui Costa dos Santos

ANEXO

Categoria de Atleta	Valor Base Mensal da Bolsa-Atleta
Categoria atleta de base: Atletas de até 19 (dezenove) anos de idade com destaque nas categorias de base do esporte de alto rendimento, que tenham obtido até a terceira colocação nas modalidades individuais de categorias e de eventos previamente indicados pela respectiva organização nacional de administração e regulação da modalidade esportiva ou que tenham sido eleitos entre os 10 (dez) melhores atletas do ano anterior em cada modalidade coletiva, na categoria indicada pela respectiva organização, e que continuem treinando e participando de competições nacionais.	R$ 370,00 (trezentos e setenta reais)
Categoria estudantil: Atletas de até 20 (vinte) anos de idade, que tenham participado de eventos nacionais estudantis reconhecidos pelo Ministério do Esporte e obtido até a terceira colocação nas modalidades individuais ou que tenham sido eleitos entre os 6 (seis) melhores atletas em cada modalidade coletiva do referido evento e que continuem treinando e participando de competições nacionais.	R$ 370,00 (trezentos e setenta reais)
Categoria atleta nacional: Atletas que tenham participado do evento máximo da temporada nacional ou que integrem o ranking nacional da modalidade divulgado oficialmente pela respectiva organização nacional de administração da modalidade, tendo obtido, em ambas as situações, até a terceira colocação, e que continuem treinando e participando de competições nacionais. Os eventos máximos serão indicados pelas respectivas confederações ou associações nacionais da modalidade.	R$ 925,00 (novecentos e vinte e cinco reais)
Categoria atleta internacional: Atletas que tenham integrado a seleção brasileira de sua modalidade esportiva, representando o Brasil em campeonatos sul-americanos, pan-americanos ou mundiais reconhecidos pelo Comitê Olímpico do Brasil (COB), pelo Comitê Paralímpico Brasileiro (CPB), pela Confederação Brasileira de Desportos de Surdos (CBDS) ou pela entidade internacional de administração da modalidade, tendo obtido até a terceira colocação, e que continuem treinando e participando de competições internacionais.	R$ 1.850,00 (mil oitocentos e cinquenta reais)
Categoria atleta olímpico, paralímpico ou surdolímpico: Atletas que tenham integrado as delegações olímpica, paralímpica ou surdolímpica brasileiras de sua modalidade esportiva, que continuem treinando e participando de competições internacionais e que cumpram critérios definidos pelo Ministério do Esporte.	R$ 3.100,00 (três mil e cem reais)

Categoria de Atleta	Valor Base Mensal da Bolsa-Atleta
Categoria atleta pódio: Atletas de modalidades olímpicas, paralímpicas e surdolímpicas individuais que estejam entre os 20 (vinte) melhores do mundo em sua prova, segundo ranking oficial da entidade internacional de administração da modalidade, e que sejam indicados pelas respectivas organizações nacionais de administração e regulação da modalidade esportiva em conjunto, respectivamente, com o COB, o CPB, a CBDS e com o Ministério do Esporte.	Até R$ 15.000,00 (quinze mil reais)

LEI Nº 14.611, DE 3 DE JULHO DE 2023

Dispõe sobre a igualdade salarial e de critérios remuneratórios entre mulheres e homens; e altera a Consolidação das Leis do Trabalho, aprovada pelo Decreto-Lei nº 5.452, de 1º de maio de 1943.

› *Igualdade salarial entre mulheres e homens*

› Regulamentada pelo Decreto nº 11.795/ 2023.

O PRESIDENTE DA REPÚBLICA Faço saber que o Congresso Nacional decreta e eu sanciono a seguinte Lei:

Art. 1º Esta Lei dispõe sobre a igualdade salarial e de critérios remuneratórios, nos termos da regulamentação, entre mulheres e homens para a realização de trabalho de igual valor ou no exercício da mesma função e altera a Consolidação das Leis do Trabalho, aprovada pelo Decreto-Lei nº 5.452, de 1º de maio de 1943.

Art. 2º A igualdade salarial e de critérios remuneratórios entre mulheres e homens para a realização de trabalho de igual valor ou no exercício da mesma função é obrigatória e será garantida nos termos desta Lei.

Art. 3º O art. 461 da Consolidação das Leis do Trabalho, aprovada pelo Decreto-Lei nº 5.452, de 1º de maio de 1943, passa a vigorar com a seguinte redação:

› Alterações inseridas no texto da referida norma.

Art. 4º A igualdade salarial e de critérios remuneratórios entre mulheres e homens será garantida por meio das seguintes medidas:

I – estabelecimento de mecanismos de transparência salarial e de critérios remuneratórios;

II – incremento da fiscalização contra a discriminação salarial e de critérios remuneratórios entre mulheres e homens;

III – disponibilização de canais específicos para denúncias de discriminação salarial;

IV – promoção e implementação de programas de diversidade e inclusão no ambiente de trabalho que abranjam a capacitação de gestores, de lideranças e de empregados a respeito do tema da equidade entre homens e mulheres no mercado de trabalho, com aferição de resultados; e

V – fomento à capacitação e à formação de mulheres para o ingresso, a permanência e a ascensão no mercado de trabalho em igualdade de condições com os homens.

Art. 5º Fica determinada a publicação semestral de relatórios de transparência salarial e de critérios remuneratórios pelas pessoas jurídicas de direito privado com 100 (cem) ou mais empregados, observada a proteção de dados pessoais de que trata a Lei nº 13.709, de 14 de agosto de 2018 (Lei Geral de Proteção de Dados Pessoais).

§ 1º Os relatórios de transparência salarial e de critérios remuneratórios conterão dados anonimizados e informações que permitam a comparação objetiva entre salários, remunerações e a proporção de ocupação de cargos de direção, gerência e chefia preenchidos por mulheres e homens, acompanhados de informações que possam fornecer dados estatísticos sobre outras possíveis desigualdades decorrentes de raça, etnia, nacionalidade e idade, observada a legislação de proteção de dados pessoais e regulamento específico.

§ 2º Nas hipóteses em que for identificada desigualdade salarial ou de critérios remuneratórios, independentemente do descumprimento do disposto no art. 461 da Consolidação das Leis do Trabalho, aprovada pelo Decreto-Lei nº 5.452, de 1º de maio de 1943, a pessoa jurídica de direito privado apresentará e implementará plano de ação para mitigar a desigualdade, com metas e prazos, garantida a participação de representantes das entidades sindicais e de representantes dos empregados nos locais de trabalho.

§ 3º Na hipótese de descumprimento do disposto no caput deste artigo, será aplicada multa administrativa cujo valor corresponderá a até 3% (três por cento) da folha de salários do empregador, limitado a 100 (cem) salários mínimos, sem prejuízo das sanções aplicáveis aos casos de discriminação salarial e de critérios remuneratórios entre mulheres e homens.

§ 4º O Poder Executivo federal disponibilizará de forma unificada, em plataforma digital de acesso público, observada a proteção de dados pessoais de que trata a Lei nº 13.709, de 14 de agosto de 2018 (Lei Geral de Proteção de Dados Pessoais), além das informações previstas no § 1º deste artigo, indicadores atualizados periodicamente sobre mercado de trabalho e renda desagregados por sexo, inclusive indicadores de violência contra a mulher, de vagas em creches públicas, de acesso à formação técnica e superior e de serviços de saúde, bem como demais dados públicos que impactem o acesso ao emprego e à renda pelas mulheres e que possam orientar a elaboração de políticas públicas.

Art. 6º Ato do Poder Executivo instituirá protocolo de fiscalização contra a discriminação salarial e de critérios remuneratórios entre mulheres e homens.

Art. 7º Esta Lei entra em vigor na data de sua publicação.

Brasília, 3 de julho de 2023; 202º da Independência e 135º da República.

LUIZ INÁCIO LULA DA SILVA

Flávio Dino de Castro e Costa

Aparecida Gonçalves

Luiz Marinho

PROVIMENTO Nº 4/GCGJT, DE 26 DE SETEMBRO DE 2023

Atualiza a Consolidação dos Provimentos da Corregedoria-Geral da Justiça do Trabalho.

› *Atualização dos Provimentos da Corregedoria-Geral da JT*

A MINISTRA CORREGEDORA-GERAL DA JUSTIÇA DO TRABALHO, no uso das atribuições que lhe confere o artigo 6º, inciso V, do Regimento Interno da Corregedoria-Geral da Justiça do Trabalho,

Considerando que a Consolidação dos Provimentos da Corregedoria-Geral da Justiça do Trabalho destina-se ao disciplinamento de normas procedimentais aplicáveis no âmbito das Varas do Trabalho e dos Tribunais Regionais do Trabalho;

Considerando ser imperativa a compatibilização da atual Consolidação com a dinâmica legislativa e a própria mudança de práticas procedimentais; e

Considerando a necessidade de inserção e sistematização de atos esparsos editados, bem como a atualização da Consolidação dos Provimentos da Corregedoria-Geral da Justiça do Trabalho,

RESOLVE:

Art. 1º Atualizar e sistematizar a Consolidação dos Provimentos da Corregedoria-Geral da Justiça do Trabalho, que passará a vigorar com a seguinte redação:

Art. 2º A Consolidação dos Provimentos da Corregedoria-Geral da Justiça do Trabalho entrará em vigor na data da sua publicação.

Art. 3º Ficam revogadas as disposições em contrário, em especial, os seguintes atos:

I – Provimentos CGJT de números 1/2021, 2/2021, 3/2021, 1/2022, 4/2022, 1/2023, 2/2023 e 3/2023.

II – Recomendações CGJT de números 3/2018, 3/2019, 4/2019 e 6/2020;

III – Consolidação dos Provimentos da Corregedoria-Geral da Justiça do Trabalho, de 19 de dezembro de 2019.

CONSOLIDAÇÃO DOS PROVIMENTOS DA CORREGEDORIA-GERAL DA JUSTIÇA DO TRABALHO

› *Consolidação dos Provimentos da CGJT*

TÍTULO I DISPOSIÇÃO INICIAL

Art. 1º A Consolidação dos Provimentos da Corregedoria-Geral da Justiça do Trabalho tem por finalidade o disciplinamento sistematizado de regras procedimentais a serem observadas no âmbito da Justiça do Trabalho de 1º e 2º graus de jurisdição.

TÍTULO II DISPOSIÇÕES GERAIS

CAPÍTULO I MAGISTRADOS

SEÇÃO I VITALICIAMENTO

Art. 2º Os Tribunais Regionais do Trabalho regulamentarão o procedimento de vitaliciamento dos juízes do trabalho substitutos, devendo, para tanto, constituir Comissão de Vitaliciamento para os juízes vitaliciandos.

§ 1º A Comissão de Vitaliciamento será composta por, no mínimo, três desembargadores do trabalho, eleitos pelo Pleno ou Órgão Especial do respectivo Tribunal, um dos quais integrante da direção ou do Conselho da Escola Judicial.

§ 2º O mandato dos membros da Comissão de Vitaliciamento coincidirá com o mandato dos desembargadores integrantes da administração do Tribunal Regional do Trabalho.

Art. 3º O procedimento de vitaliciamento, sob a condução e responsabilidade do Desembargador Corregedor Regional, será iniciado a partir do exercício na magistratura.

Parágrafo único. A Corregedoria Regional formará autos de procedimento administrativo individualizado referente a cada juiz.

Art. 4º Constituem requisitos para o vitaliciamento:

I - a frequência e o aproveitamento no Curso de Formação Inicial, Módulo Nacional, ministrado pela Escola Nacional de Formação e Aperfeiçoamento de Magistrados do Trabalho – ENAMAT;

II - a frequência e o aproveitamento no Curso de Formação Inicial, Módulo Regional, ministrado por Escola Judicial;

III - a permanência, no mínimo, de sessenta dias à disposição da Escola Judicial, com aulas teórico-práticas intercaladas e integradas com prática jurisdicional;

IV - a submissão à carga semestral e anual de horas-aula de atividades de formação inicial nacionalmente definida pela ENAMAT, conjugadas com aulas teóricas e práticas, sob a supervisão da Escola Judicial.

Art. 5º Compete ao Corregedor Regional avaliar permanentemente o juiz vitaliciando com relação ao desempenho, à idoneidade moral e à adaptação para o exercício do cargo.

Parágrafo único. A avaliação de desempenho será realizada mediante a análise dos dados colhidos pela Secretaria da Corregedoria Regional, cabendo ao Corregedor Regional determinar as providências necessárias perante os diversos setores do Tribunal para instrução do expediente.

Art. 6º O Corregedor Regional e o diretor da Escola Judicial avaliarão o desempenho do juiz vitaliciando, com fundamento em critérios objetivos de caráter qualitativo e quantitativo do trabalho desenvolvido.

§ 1º O diretor da Escola Judicial avaliará:

I - o cumprimento dos requisitos constantes do artigo 4º desta Consolidação;

II - a frequência e/ou o aproveitamento nos demais cursos de que participou o magistrado para aperfeiçoamento profissional;

III - a estrutura lógico-jurídica dos pronunciamentos decisórios emitidos.

§ 2º O Corregedor Regional avaliará, como critério qualitativo:

I - a presteza e a segurança no exercício da função jurisdicional;

II - a solução de correições parciais contra o magistrado;

III - os elogios recebidos e as penalidades sofridas.

§ 3º O Corregedor Regional avaliará, como critério quantitativo, com base nos dados estatísticos referentes à produtividade:

I - o número de audiências presididas pelo juiz em cada mês, bem como o daquelas a que não compareceu sem causa justificada;

II - o prazo médio para julgamento de processos depois de encerrada a audiência de instrução;

III - o número de sentenças proferidas em cada mês;

IV - o número de decisões proferidas em embargos à execução, em impugnação à sentença de liquidação e em embargos de terceiro;

V - o uso efetivo e constante das ferramentas tecnológicas necessárias para a atividade de pesquisa patrimonial disponibilizadas pelo Tribunal, pelo CSJT e pelo CNJ.

§ 4º Os prazos para a prática de atos decisórios estarão suspensos nos períodos em que os magistrados estiverem em atividades presenciais de Formação Inicial, Continuada ou de Formadores, a cargo da ENAMAT ou das Escolas Judiciais.

Art. 7º Completados um ano e seis meses de exercício da magistratura, o Corregedor Regional e o diretor da Escola Judicial do Tribunal Regional emitirão pareceres sobre o vitaliciamento, no prazo comum de sessenta dias, submetendo-os à apreciação do Pleno ou do Órgão Especial do Tribunal.

Parágrafo único. O Corregedor Regional e o diretor da Escola Judicial poderão emitir parecer conjunto sobre o vitaliciamento.

Art. 8º O Tribunal deliberará sobre o vitaliciamento antes de o juiz do trabalho substituto completar dois anos de exercício.

Art. 9º A Comissão de Vitaliciamento poderá solicitar:

I - por iniciativa própria ou a requerimento de qualquer dos desembargadores do Tribunal Regional do Trabalho, informações sobre juiz vitaliciando à Ordem dos Advogados do Brasil, ao Ministério Público e a outros órgãos ou entidades correlatas;

II - a formação, pela Escola Judicial, de quadro de juízes orientadores, composto por magistrados ativos que contem com tempo de judicatura na Região não inferior a cinco anos e que demonstrem aptidão para a formação e o acompanhamento dos juízes vitaliciandos.

§ 1º Está impedido de atuar como juiz orientador o magistrado que for cônjuge, companheiro, parente consanguíneo ou afim, em linha reta ou colateral, até o 3º grau, amigo íntimo ou inimigo do juiz vitaliciando.

§ 2º Ao juiz orientador, sem prejuízo de outras atribuições que lhe forem delegadas, compete:

I - acompanhar e orientar o juiz vitaliciando;

II - propor à Escola Judicial a realização de atividades formativas para aprimoramento do juiz em processo de vitaliciamento, se identificadas eventuais dificuldades no exercício da judicatura.

Art. 10. O juiz vitaliciando deverá encaminhar à Comissão de Vitaliciamento, trimestralmente, relatório circunstanciado em que descreva o método de trabalho funcional adotado e a unidade judiciária de sua atuação.

Art. 11. A Secretaria da Corregedoria Regional prestará apoio administrativo à Comissão de Vitaliciamento, mantendo, para isso, assentamentos individuais em que serão reunidas as informações relativas aos juízes vitaliciandos.

Art. 12. O afastamento do juiz vitaliciando do efetivo exercício de suas atividades funcionais por mais de noventa dias implicará a prorrogação, por igual período, do processo de vitaliciamento, exceto nos casos de afastamentos em razão de licença-maternidade, licença-adoção e licença-paternidade.

Art. 13. Aos juízes em processo de vitaliciamento será assegurada vista dos relatórios elaborados pela Comissão de Vitaliciamento e das demais informações constantes de seu processo de vitaliciedade, sendo-lhes garantido o prazo de dez dias para manifestação.

Art. 14. Caso o Tribunal Regional do Trabalho não promova a instauração do processo de vitaliciamento antes de encerrado o período de avaliação, o juiz vitaliciando será considerado vitalício, sem prejuízo da abertura e prosseguimento de eventual processo administrativo disciplinar, para apuração de fatos relevantes e graves que lhe hajam sido imputados, preservando-se o direito ao contraditório e à ampla defesa.

Art. 15. Devidamente instruído o processo de vitaliciamento, ele será incluído, para deliberação, na data da primeira sessão subsequente do Pleno ou do Órgão Especial do Tribunal Regional do Trabalho.

Art. 16. A declaração de vitaliciamento do magistrado pelo Pleno ou Órgão Especial do Tribunal Regional do Trabalho possui efeitos imediatos, concomitantes à implementação dos dois anos de exercício no cargo, afastada qualquer graduação entre os juízes que adquirirem essa prerrogativa.

SEÇÃO II
LOCAL DE RESIDÊNCIA DO MAGISTRADO

Art. 17. O juiz titular e o juiz substituto fixo residirão na sede em que se encontra instalada a vara do trabalho, salvo autorização do Tribunal.

Art. 18. Os Tribunais Regionais do Trabalho, em casos excepcionais, poderão conceder aos magistrados autorização para fixar residência fora da área de jurisdição, desde que não haja prejuízo à efetiva prestação jurisdicional.

Parágrafo único. As autorizações serão concedidas individualmente, mediante requerimento fundamentado do magistrado.

Art. 19. Os Tribunais Regionais do Trabalho disciplinarão os critérios objetivos de autorização, em caráter excepcional, para que os magistrados residam fora da área de jurisdição, contemplando os seguintes requisitos mínimos:

I - cumprimento dos prazos legais;

II - comparecimento à unidade jurisdicional em, pelo menos, 3 (três) dias úteis na semana.

SEÇÃO III
IMPEDIMENTOS E SUSPEIÇÕES

Art. 20. Se o juiz de 1º grau não reconhecer o impedimento ou a suspeição alegada, será aplicado o procedimento previsto no artigo 146 do Código de Processo Civil, exceto, quanto a este último, na parte relativa à condenação às custas ao magistrado.

§ 1º Nas unidades judiciárias que contam com a designação permanente de mais de um magistrado, caso seja reconhecido o impedimento ou a suspeição de um deles, os autos do processo deverão ser encaminhados imediatamente a um dos demais em condições de atuar no feito, para dar-lhe prosseguimento, no prazo máximo de 10 (dez) dias.

§ 2º Não havendo mais de um magistrado atuando na Unidade por ocasião do reconhecimento do impedimento ou da suspeição, ou na hipótese de todos encontrarem-se inaptos para atuar no feito, será designado qualquer outro magistrado, segundo juízo de conveniência da Administração do Tribunal, observados os critérios de impessoalidade, alternância e aleatoriedade na designação, que deverá recair, preferencialmente, sobre aqueles que atuarem na própria sede do juízo a que pertence o processo, ou em localidade contígua.

§ 3º Na hipótese do parágrafo 1º, especialmente para o caso de suspeições e impedimentos reiterados, a Corregedoria Regional poderá estabelecer critérios objetivos para manter o equilíbrio na distribuição do trabalho e nos aprazamentos.

Art. 21. Na hipótese de impedimento ou suspeição de desembargador do trabalho, contemporânea ao julgamento do processo, este será mantido em pauta com a convocação de outro desembargador para compor o quórum do julgamento.

SEÇÃO IV
DEVER DE COMUNICAÇÃO À OAB DE INCOMPATIBILIDADE OU IMPEDIMENTO AO EXERCÍCIO DA ADVOCACIA

Art. 22. O magistrado que tiver conhecimento de incompatibilidade ou impedimento para o exercício da advocacia, nos termos dos artigos 27 a 30 da Lei nº 8.906/1994, comunicará o fato à Ordem dos Advogados do Brasil – OAB.

Parágrafo único. A comunicação será limitada à descrição dos fatos ensejadores da incompatibilidade ou do impedimento, sendo vedado ao magistrado externar sobre eles juízo de valor.

SEÇÃO V
PARTICIPAÇÃO DE MAGISTRADOS EM EVENTOS CIENTÍFICOS E ESPORTIVOS

Art. 23. Os congressos, seminários, simpósios, encontros científicos, culturais e esportivos e outros eventos similares realizados, promovidos ou apoiados pelos Tribunais Regionais do Trabalho estão subordinados aos princípios de legalidade, impessoalidade, moralidade, publicidade e eficiência, de forma que o conteúdo do evento, sua carga horária, a origem das receitas e o montante das despesas devem ser expostos de forma prévia e transparente.

Art. 24. Os eventos referidos no artigo anterior que contem com a participação de magistrados poderão obter subvenção de entidades privadas com fins lucrativos, desde que explicitado o montante do subsídio e que seja parcial, até o limite de 30% dos gastos totais. Parágrafo único. Não será admitido patrocínio ou subvenção oriundo de escritórios de advocacia ou sociedades de advogados, ainda que sem atuação na jurisdição do Tribunal correspondente.

Art. 25. Os Tribunais deverão publicar em seu sítio eletrônico base de dados com as informações indicadas no artigo 23 a qualquer interessado, consoante as determinações da Resolução CNJ nº 215/2015, inclusive para os fins de aferição de situações de suspeição ou impedimento.

Parágrafo único. A documentação relativa aos eventos promovidos, realizados ou apoiados pelos Tribunais Regionais do Trabalho, ficará à disposição da Corregedoria-Geral da Justiça do Trabalho para o respectivo controle, bem como de qualquer interessado.

Art. 26. A atuação ou participação dos magistrados em eventos aludidos no artigo 23 observará as vedações constitucionais relativamente à magistratura, cabendo ao juiz zelar para que essa participação não comprometa a imparcialidade e a independência para o exercício da jurisdição, além da presteza e da eficiência na atividade jurisdicional.

SEÇÃO VI
EXERCÍCIO DE ATIVIDADES DOCENTES

Art. 27. O exercício da atividade docente pelo magistrado deverá observar as diretrizes da Resolução CNJ nº 34/2007, de modo que haja compatibilidade entre os horários fixados para o expediente forense e para a atividade acadêmica, vedado o desempenho de cargo ou função administrativa ou técnica em estabelecimento de ensino.

Parágrafo único. Nos termos do artigo 5º-A da Resolução CNJ nº 34/2007, é vedada aos magistrados a prática de atividades de *coaching*, similares e congêneres, destinadas à assessoria individual ou coletiva de pessoas, inclusive na preparação de candidatos a concursos públicos, por não serem consideradas atividades docentes.

Art. 28. É dever do magistrado que exerce atividade docente, inclusive na condição de palestrante, conferencista, presidente de mesa, moderador, debatedor ou membro de comissão organizadora, informar tais atividades ao respectivo Tribunal, em registro eletrônico próprio, nos termos dos artigos 3º e 4º-A, § 1º, da Resolução CNJ nº 34/2007.

CAPÍTULO II
CORREGEDOR REGIONAL

SEÇÃO I
COMPETÊNCIAS E ATRIBUIÇÕES

Art. 29. Compete ao Corregedor Regional:

I - realizar correição ordinária anual presencial nas varas do trabalho e demais unidades judiciárias da região, sem prejuízo de correição extraordinária;

II - realizar correições ordinárias anuais nos Centros Judiciários de Métodos Consensuais de Solução de Conflitos (CEJUSCs) do 1º Grau, nos Núcleos 4.0, nos Núcleos de Pesquisa Patrimonial (NPPs) e nas centrais de execução, destinadas ao cumprimento das disposições da Resolução CSJT nº 138/2014,

III - apurar e controlar a regularidade na utilização das ferramentas eletrônicas de pesquisa patrimonial pelos juízes titulares, auxiliares e substitutos, em especial nas correições ordinárias, cumprindo-lhe adotar, se for o caso, as providências administrativas para orientação dos juízes e coibição de irregularidades detectadas;

IV - promover a apuração de responsabilidade funcional de juízes de vara do trabalho da região, titulares e substitutos, em casos de infração disciplinar, observadas as disposições normativas a respeito;

V - velar pela observância dos prazos para prolação de sentença;

VI - processar, instruir e decidir Correição Parcial;

VII - verificar a compatibilidade do exercício da atividade docente do magistrado com seus deveres funcionais.

VIII - orientar os magistrados e os servidores das varas do trabalho quanto à utilização regular da ferramenta eletrônica Fluxo Nacional Otimizado de Procedimentos em 1ª Instância WIKI-VT na tramitação dos processos.

Art. 30. Os presidentes, vice-presidentes e corregedores dos Tribunais Regionais do Trabalho poderão convocar Juízes de 1º grau em auxílio às atribuições inerentes à Presidência, à Vice-Presidência e à Corregedoria Regional, observadas as disposições da Resolução CNJ nº 72/2009.

Parágrafo único. A Presidência do Tribunal poderá convocar um juiz auxiliar para atuação exclusiva na gestão e supervisão dos procedimentos relacionados aos precatórios e requisições de pequeno valor (Resolução CNJ nº 72/2009).

Art. 31. A instauração de procedimento administrativo para verificação de descumprimento do prazo legal para a prolação de sentenças ou decisões interlocutórias pelos juízes de 1º grau somente ocorrerá após 60 (sessenta) dias corridos, contados do exaurimento dos prazos a que se referem os incisos II e III do artigo 226 do Código de Processo Civil, computados em dias úteis.

§ 1º Os prazos a que se referem os incisos II e III do artigo 226 do Código de Processo Civil ficarão suspensos nos casos de:

I - licença para tratamento de saúde do magistrado;

II - licença à gestante, à adotante e à paternidade;

III - afastamentos previstos no artigo 72, incisos I e II, da Lei Orgânica da Magistratura Nacional - LOMAN (casamento, falecimento de cônjuge, ascendente, descendente ou irmão);

IV - recesso forense do artigo 62, I, da Lei nº 5.010/1966;

V - férias dos magistrados;

VI - dias destinados à compensação, na forma da normatização interna de cada Tribunal.

§ 2º A conversão do processo em diligência implicará a suspensão do prazo, retomando-se a contagem do saldo remanescente após a conclusão do ato.

§ 3º Estando o processo apto à decisão, não se aplica a suspensão de que trata o parágrafo anterior quando a conversão em diligência para tentativa de conciliação não decorrer de requerimento conjunto das partes, ou em atendimento a norma específica oriunda da Política Nacional de Conciliação.

§ 4º O prazo definido no *caput* deste artigo não estará sujeito à interrupção, restando suspenso somente nas hipóteses previstas no presente dispositivo.

SEÇÃO II
CORREIÇÕES ORDINÁRIAS NAS VARAS DO TRABALHO

Art. 32. O Corregedor Regional deverá realizar correição ordinária anual em cada vara do trabalho do Tribunal respectivo, cabendo-lhe examinar:

I - a observância das diretrizes na realização do juízo de admissibilidade dos recursos, conforme previsto nesta Consolidação;

II - a frequência do comparecimento do juiz titular, do juiz auxiliar e do substituto na sede do juízo;

III - a quantidade de dias da semana em que se realizam audiências;

IV - os principais prazos da vara do trabalho (inicial, instrução e julgamento) e o número de processos aguardando sentença na fase de conhecimento e incidentais à fase de execução;

V - os processos na fase de execução, por amostragem, em especial para averiguar o cumprimento das diretrizes desta Consolidação.

VI - a regular utilização, pelos magistrados e servidores, da ferramenta eletrônica Fluxo Nacional Otimizado de Procedimentos em 1ª Instância WIKI-VT na tramitação dos processos.

SEÇÃO III
PROCEDIMENTOS DISCIPLINARES

Art. 33. Na autuação dos procedimentos disciplinares relacionados aos magistrados de 1º e de 2º graus, os Tribunais Regionais do Trabalho e as Corregedorias dos Tribunais Regionais do Trabalho deverão utilizar as classes processuais específicas disponibilizadas nos sistemas PJeCor, conforme o caso (Reclamação Disciplinar, Representação por Excesso de Prazo e Sindicância), abstendo-se de utilizar a classe processual "Pedido de Providências".

Art. 34. Os Tribunais Regionais do Trabalho comunicarão à Corregedoria- Geral da Justiça do Trabalho, por meio do sistema PjeCor, as decisões de arquivamento dos procedimentos prévios de apuração, bem como de instauração e julgamento dos processos administrativos disciplinares relativos a seus magistrados de 1º e 2º Graus, sejam condenatórios ou absolutórios, utilizando-se uma das classes processuais mencionadas no artigo anterior, conforme o caso.

§ 1º Tratando-se de decisão colegiada, também deverá ser enviada a certidão de julgamento, o acórdão correspondente e a certidão da ausência de interposição de recurso.

§ 2º Havendo interposição de recurso à decisão, a petição de interposição e as razões respectivas deverão igualmente ser encaminhadas à Corregedoria-Geral da Justiça do Trabalho.

§ 3º O Corregedor-Geral da Justiça do Trabalho poderá determinar ao Tribunal de origem a juntada de documentos constantes nos autos originários.

§ 4º Após o exame das decisões e eventuais documentos juntados, a Corregedoria-Geral da Justiça do Trabalho deliberará, conforme o caso, podendo determinar a instauração de procedimento preliminar de investigação, realizar atos ou diligências tidas por necessárias, urgentes ou adequadas ou, ainda, relatar o caso ao Corregedor Nacional de Justiça para adoção das medidas pertinentes.

CAPÍTULO III
MINISTÉRIO PÚBLICO DO TRABALHO

Art. 35. Os membros do Ministério Público do Trabalho serão cientificados pessoalmente das decisões proferidas pela Justiça do Trabalho nas causas em que o órgão haja atuado como parte ou como fiscal da lei, mediante a remessa eletrônica dos autos, pelo sistema PJe.

Art. 36. Os processos de competência originária ou recursal dos Tribunais Regionais do Trabalho serão encaminhados ao Ministério Público do Trabalho para eventual emissão de parecer nas seguintes hipóteses:

I - obrigatoriamente, quando for parte pessoa jurídica de direito público, Estado estrangeiro ou organismo internacional;

II - a critério do relator, quando a matéria, por sua relevância, recomendar a prévia manifestação do Ministério Público;

III - por requerimento do Ministério Público do Trabalho, quando reputar presente interesse público que justifique a sua intervenção;

IV - os mandados de segurança, de competência originária ou em grau recursal, as ações civis coletivas, os dissídios coletivos, caso não haja sido emitido parecer na instrução, e os processos em que forem parte indígenas ou respectivas comunidades e organizações.

§ 1º Os processos nos quais figure como parte pessoa jurídica de direito público, Estado estrangeiro ou organismo internacional serão encaminhados às Procuradorias Regionais do Trabalho imediatamente após os registros de autuação, salvo se houver necessidade de pronta manifestação do desembargador do trabalho relator.

§ 2º Os processos em tramitação nas unidades de 1º grau da Justiça do Trabalho serão encaminhados para manifestação do Ministério Público do Trabalho sempre que envolverem interesses de incapazes ou quando determinado pelo magistrado, em face da natureza da matéria.

Art. 37. É permitida a presença dos membros do Ministério Público do Trabalho em sessão convertida em conselho pelos Tribunais Regionais do Trabalho.

Art. 38. Será assegurado aos membros do Ministério Público do Trabalho assento à direita da presidência no julgamento de qualquer processo, judicial ou administrativo, em curso perante Tribunais Regionais do Trabalho.

Parágrafo único. Igual prerrogativa será assegurada nas audiências das varas do trabalho a que comparecer o membro do Ministério Público do Trabalho, na condição de parte ou na de fiscal da lei, desde que haja disponibilidade de espaço ou possibilidade de adaptação das unidades judiciárias (Resolução CSJT nº 7/2005).

CAPÍTULO IV
NORMAS PROCEDIMENTAIS CADASTRAIS

SEÇÃO I
AUTUAÇÃO E DEMAIS REGISTROS PROCESSUAIS

Art. 39. A autuação e a manutenção dos registros dos processos observarão as diretrizes estabelecidas pelo Conselho Superior da Justiça do Trabalho e pelo Comitê Gestor Nacional do Processo Judicial Eletrônico.

Art. 40. Os Tribunais Regionais do Trabalho e as varas do trabalho manterão em suas bases de dados o histórico relativo aos registros das partes e advogados, sendo obrigatório o envio dessas informações ao órgão de destino do processo.

Parágrafo único. A transferência de dados entre os órgãos da Justiça do Trabalho ocorrerá em meio digital, obedecendo aos critérios definidos pela Corregedoria-Geral da Justiça do Trabalho.

SEÇÃO II
MIGRAÇÃO PARA O SISTEMA PJE

Art. 41. Os autos físicos em tramitação nas unidades judiciárias de 1º grau serão, obrigatoriamente, migrados para a tramitação exclusivamente eletrônica, mediante seu registro no sistema PJe (Processo Judicial Eletrônico) no módulo "Cadastramento de Conhecimento, Liquidação e Execução (CCLE)".

Art. 42. Ao realizar o cadastramento referido no artigo anterior, as unidades judiciárias de 1º grau deverão:

I - efetuar o lançamento da ocorrência "PJE Migrado ao Processo Eletrônico" no processo físico;

II - selecionar, na aba "Assuntos", aqueles que guardem maior pertinência lógica com os temas em discussão;

III - constar, na aba "Termo de Abertura", a informação de que o processo passará a tramitar exclusivamente na forma eletrônica, conforme disciplinado no presente Provimento e na Resolução nº 185/2017, do Conselho Superior da Justiça do Trabalho, devendo a cópia deste termo ser juntada ao processo físico;

IV - anotar, em destaque, na capa dos autos físicos, a migração para o processamento eletrônico.

Art. 43. Em se tratando de processos físicos em fase de conhecimento, devem ser digitalizadas e anexadas ao processo todas as petições e documentos constantes dos autos originários.

Art. 44. Nos processos em que houver trânsito em julgado de decisão meritória e naqueles em que proferida sentença homologatória dos cálculos de liquidação, a inclusão no CCLE deverá ser acompanhada dos seguintes documentos, facultada a sua substituição por certidão:

I - título executivo judicial (sentença, acórdão ou acordo homologado), ou extrajudicial, ainda que contenham apenas obrigações de fazer ou não fazer;

II - cálculos homologados, se houver;

III - procurações outorgadas aos mandatários;

IV - comprovação de pagamentos e recolhimentos havidos;

V - outros documentos necessários ao prosseguimento do feito, a critério do magistrado.

Art. 45. Os processos em que a execução já se encontra em processamento, serão apenas registrados no CCLE para fins de tramitação eletrônica, permanecendo os autos físicos arquivados em Secretaria, onde permanecerão até a extinção completa do feito.

§ 1º Deverão ser cadastrados no CCLE os processos que estejam tramitando na classe "Cumprimento Provisório de Sentença – classe 157" ou Execução Provisória de Sentença – classe 994, no prazo máximo de 90 (noventa) dias, a contar da publicação deste provimento.

§ 2º Nas hipóteses do *caput*, se houver obrigação de fazer ou não fazer, deverá ser criado um alerta no processo eletrônico de modo a permitir o acompanhamento de seu cumprimento, que será removido após a efetivação da decisão.

§ 3º Sobrevindo recurso ou incidente processual referente aos processos legados nas fases de liquidação e execução, o recorrente e o recorrido poderão digitalizar e juntar as peças que, a seu juízo, sejam necessárias ao julgamento em segunda instância.

§ 4º O relator poderá, a qualquer tempo, requisitar a remessa dos autos físicos ao Tribunal para viabilizar o julgamento do recurso.

Art. 46. Os processos físicos nos quais vier a ser requerido o desarquivamento deverão ser registrados no PJe antes da disponibilização dos autos ao interessado, sem necessidade de digitalização de qualquer peça processual.

Art. 47. Os processos que forem migrados para a tramitação eletrônica no PJe preservarão suas numerações originárias, nos termos da Resolução CNJ nº 65/2008.

Art. 48. Após o cadastramento dos processos em fase de conhecimento no CCLE, os autos de processos legados receberão movimento processual de encerramento, prosseguindo-se no feito apenas no PJe.

§ 1º As partes e seus procuradores serão intimados, após o cadastramento no CCLE, para que, no prazo de 30 (trinta) dias, manifestem-se sobre o interesse de ter a guarda de algum dos documentos originais juntados aos autos dos processos legados, nos termos do artigo 12, § 5º, da Lei nº 11.419/2006 – hipótese em que serão desentranhados e entregues ao interessado.

§ 2º Findo o prazo indicado no parágrafo anterior, os autos serão encaminhados à triagem para fins de preservação da memória institucional e subsequente descarte.

Art. 49. No cadastramento de processo oriundo de sistema legado do TRT poderão ser juntados ou transferidos arquivos de documentos existentes no banco de dados local.

Art. 50. O magistrado deverá conceder prazo razoável para que a parte adote as providências necessárias à regular tramitação do feito no PJe, inclusive o credenciamento dos advogados no sistema e a habilitação automática nos autos, nos termos do artigo 76 do CPC.

SEÇÃO III
TABELAS PROCESSUAIS UNIFICADAS

Art. 51. O registro de classes, movimentos e assuntos observará as tabelas processuais unificadas aprovadas pelo CNJ e pela CGJT.

Parágrafo único. As tabelas unificadas serão disponibilizadas, pela Corregedoria-Geral da Justiça do Trabalho, aos Tribunais Regionais do Trabalho e às varas do trabalho, em sua página na rede mundial de computadores.

Art. 52. É vedada a autuação de novas ações com classes processuais não aprovadas pelo CNJ e pela CGJT, ou já inativadas.

Art. 53. Na ausência de classe processual específica na respectiva tabela unificada, e após seguidas as orientações iniciais do Manual de Utilização das Tabelas Processuais Unificadas (https://www.cnj.jus.br/sgt/versoes_tabelas/manual/Manual_de_utilizacao_das_Tabelas_Processuais_Unificadas.pdf), o processo será classificado pelo uso da classe Petição Cível (241), caso em que a cópia da petição inicial será imediatamente remetida ao Grupo Gestor Regional das Tabelas Processuais Unificadas, para exame da necessidade de se criar nova classe processual.

Parágrafo único. O Grupo Gestor Regional, na hipótese de emitir parecer favorável, encaminhará ao Grupo Gestor Nacional a proposta de criação da nova classe processual.

Art. 54. Os Tribunais Regionais do Trabalho, por intermédio dos respectivos Grupos Gestores Regionais, poderão propor ao Grupo Gestor Nacional o aperfeiçoamento das Tabelas Processuais Unificadas.

§ 1º A proposta de aperfeiçoamento a ser enviada ao Grupo Gestor Nacional deverá ser acompanhada de parecer favorável do Grupo Gestor Regional, fundamentando a necessidade da inclusão, exclusão ou alteração de itens das tabelas.

§ 2º A proposta de alteração da tabela de classes processuais e de assuntos, aprovada pelo Grupo Gestor Nacional da Justiça do Trabalho, será encaminhada ao Comitê Gestor Nacional do CNJ.

SEÇÃO IV
REGISTRO DO NOME DAS PARTES E ADVOGADOS

Art. 55. No registro do nome de partes e advogados, serão observados os seguintes padrões:

I - o cadastramento de partes no processo deverá ser realizado, prioritariamente, pelo nome ou razão social constante do cadastro de pessoas físicas ou jurídicas na Secretaria da Receita Federal do Brasil, mediante alimentação automática, observados os convênios e as condições tecnológicas disponíveis, vedado o uso dos tipos itálico e negrito;

II - as abreviaturas de palavras são vedadas, salvo se impossível identificar sua escrita completa ou fizerem parte do nome fantasia ou da razão social do empregador;

III - as seguintes siglas serão adotadas como padrão: S.A., Ltda., S/C, Cia. e ME;

IV - as siglas que não fazem parte da razão social serão grafadas após o nome da empresa, em letras maiúsculas e precedidas de hífen;

V - os registros complementares ao nome da parte serão grafados da seguinte forma, exemplificativamente: José da Silva (Espólio de), União (Extinto INAMPS), Banco do Estado do Rio de Janeiro S.A. — BANERJ (em Liquidação Extrajudicial), José da Silva e Outro;

VI - os pronomes de tratamento não serão utilizados na grafia do nome de autoridades.

Art. 56. O nome do sócio constará da autuação do processo sempre que requerido pela parte na petição inicial ou quando incluído pelo juiz mediante julgamento de Incidente de Desconsideração da Personalidade Jurídica da sociedade empresarial, em qualquer fase do processo.

SEÇÃO V
IDENTIFICAÇÃO DAS PARTES

Art. 57. O juiz zelará pela precisa identificação das partes no processo, a fim de propiciar o cumprimento das obrigações fiscais e previdenciárias, o levantamento dos depósitos de FGTS, o bloqueio eletrônico de numerário em instituições financeiras e o preenchimento da guia de depósito judicial trabalhista.

Art. 58. Salvo impossibilidade que comprometa o acesso à justiça, o juiz do trabalho determinará às partes a apresentação das seguintes informações:

I - no caso de pessoa natural, o número da CTPS, do RG e órgão expedidor, do CPF e do PIS/PASEP ou NIT (Número de Inscrição do Trabalhador);

II - no caso de pessoa jurídica, o número do CNPJ e do CEI (Cadastro Específico do INSS), bem como cópia do contrato social ou da última alteração feita no contrato original, constando o número do CPF do(s) proprietário(s) e do(s) sócio(s) da empresa demandada.

Parágrafo único. Não sendo possível obter das partes o número do PIS/PASEP ou do NIT, no caso de trabalhador, e o número da matrícula no Cadastro Específico do INSS — CEI, relativamente ao empregador pessoa física, o juiz determinará à parte que forneça o número da CTPS, a data de seu nascimento e o nome da genitora.

Art. 59. À parte será assegurado prazo para apresentar as informações, sem prejuízo da continuidade da audiência.

SEÇÃO VI
TRAMITAÇÃO PREFERENCIAL

Art. 60. Os juízes e desembargadores do Trabalho devem assegurar prioridade no processamento e julgamento dos processos individuais e coletivos, sujeitos à sua competência, tanto na fase de conhecimento quanto no âmbito do cumprimento da decisão, nas seguintes situações:

I - pessoas com idade igual ou superior a 60 (sessenta) anos, ou portadoras de doença grave, assegurada prioridade especial àquelas maiores de 80 (oitenta) anos;

II - empresas em recuperação judicial ou com decretação de falência;

III - sujeitos ao rito sumaríssimo;

IV - acidentes de trabalho;

V - aprendizagem profissional, trabalho escravo e trabalho infantil;

VI - pagamento de salário;

VII - violência no trabalho;

VIII - assédio moral ou sexual;

IX - preconceito de origem, raça, sexo, cor, idade, gênero e quaisquer outras formas de discriminação. Parágrafo único. Os Tribunais Regionais do Trabalho e as varas do trabalho registrarão no sistema PJe os processos com tramitação preferencial, consignando a justificativa correspondente, nos termos do *caput*.

SEÇÃO VII
SEGREDO DE JUSTIÇA

Art. 61. A tramitação do processo em segredo de justiça será feita por decisão fundamentada, e mediante o registro da restrição no sistema PJe.

§ 1º A secretaria da vara ou do Tribunal deverá consignar no sistema os usuários que podem ter acesso aos processos nessa condição.

§ 2º O sigilo facultado ao réu, a que se refere o § 5º do art. 22 da Resolução CSJT nº 185/2017, não se confunde com o segredo de justiça, devendo o magistrado retirar o sigilo caso frustrada a tentativa conciliatória.

SEÇÃO VIII
PUBLICAÇÃO DE LISTAS DE PROCESSOS APTOS A JULGAMENTO

Art. 62. Os Tribunais Regionais do Trabalho promoverão a publicação das listas de processos aptos a julgamento, na rede mundial de computadores, conforme previsão do artigo 12, § 1º, do CPC.

Art. 63. Os processos aptos a julgamento serão aqueles constantes da versão atualizada do Manual do sistema e-Gestão, observando- se o seguinte:

I – Para os processos do 1º grau de jurisdição, serão considerados os seguintes itens:

a) 62/90.062 – Processos com instrução processual encerrada aguardando prolação de sentença;

b) 118/90.118 – Embargos de declaração pendentes com o juiz;

c) 401/90.401 – Incidentes na Liquidação/ Execução pendentes com o juiz.

II – Para os processos do 2º grau de jurisdição, serão considerados os seguintes itens:

a) 2.159/92.159 – Processos pendentes com o relator – no prazo;

b) 2.160/92.160 – Processos pendentes com o relator – prazo vencido;

c) 92.431 – Processos pendentes com o relator – no prazo – ações originárias e recursos internos;

d) 92.432 – Processos pendentes com o relator – prazo vencido – ações originárias e recursos internos.

Art. 64. As listas dos processos deverão ser atualizadas sempre no dia 16 (dezesseis) de cada mês, com a descrição do respectivo item do sistema e-Gestão, acrescida da informação do número único do processo, do nome do magistrado e da data da sua inclusão.

Art. 65. A publicação deverá utilizar o formato HTML (Linguagem de Marcação de Hipertexto) e permitir a pesquisa pelo número único do processo.

SEÇÃO IX
COMUNICAÇÕES PROCESSUAIS EM MEIO ELETRÔNICO NO SISTEMA PJE

Art. 66. Nos processos sujeitos à jurisdição dos juízos de 1º e 2º graus dos Tribunais Regionais do Trabalho, as comunicações processuais destinadas à notificação, à citação e à intimação da União, dos Estados, do Distrito Federal, dos Municípios e dos entes da administração indireta, bem como das empresas públicas e privadas, com exceção das microempresas e empresas de pequeno porte (artigo 246, §§ 1º e 2º, do CPC), serão promovidas nos termos desta Seção.

Parágrafo único. O disposto no *caput* não se aplica às microempresas e às empresas de pequeno porte que possuírem endereço eletrônico cadastrado no sistema integrado da Rede Nacional para a Simplificação do Registro e da Legalização de Empresas e Negócios (Redesim), nos termos previstos no § 5º do art. 246 do CPC/2015 e no art. 17 da Resolução CNJ nº 455, de 27/4/2022, quando então o endereço eletrônico previamente cadastrado na Redesim será utilizado para o fim aqui tratado.

Art. 67. O cadastro da pessoa jurídica no Domicílio Judicial Eletrônico, conforme regulamentado pela Resolução CNJ nº 455/2022, pressupõe a utilização deste meio como preferência para receber as citações, de acordo com o art. 246 do CPC.

§ 1º A partir do momento em que o Conselho Nacional de Justiça estabelecer o cadastramento no Domicílio Judicial Eletrônico de cada uma das pessoas jurídicas que especificar, será obrigatória a observância da regra inscrita no *caput* para elas.

§ 2º À exceção dos casos em que a lei exija vista ou intimação pessoal, que serão realizadas por meio do Domicílio Judicial Eletrônico, havendo advogado(a) habilitado(a) nos autos, a sua intimação será realizada por meio do Diário Eletrônico da Justiça do Trabalho – DEJT, conforme art. 17 da Resolução CSJT nº 185, de 24 de maio de 2017, até a disponibilização, pelo Conselho Superior da Justiça do Trabalho, do uso do Diário de Justiça Eletrônico Nacional – DJEN, de que trata a Resolução CNJ nº 455, de 27 de abril de 2022.

Art. 68. Enquanto a pessoa jurídica não possuir o Domicílio Judicial Eletrônico de que trata o art. 67 deste Provimento, e havendo requerimento formulado por ela à Corregedoria Regional, responsável pela gestão dos cadastros, as comunicações processuais em meio eletrônico continuarão sendo realizadas por intermédio da funcionalidade existente no sistema PJe denominada 'Procuradorias'.

§ 1º O requerimento deverá indicar as seguintes informações:

I – Relativamente à pessoa jurídica:

a) Nome completo;

b) CNPJ;

c) Endereço (CEP, número e complemento);

d) E-mail;

e) Telefone

II – Relativamente ao advogado:

a) Nome;

b) CPF;

c) E-mail;

d) Telefone;

e) OAB;

f) Endereço (CEP, número e complemento);

g) UF de nascimento;

h) Naturalidade.

§ 2º O requerimento deverá ser instruído com os documentos comprobatórios da regularidade da pessoa jurídica e dos poderes de seu signatário para firmá-lo.

§ 3º O cadastro das pessoas jurídicas de direito privado será efetivado pela inscrição do respectivo CNPJ, adotando-se denominação única de acordo com o padrão gráfico constante no banco de dados da Receita Federal (nome/razão social).

§ 4º Validado o cadastramento pela Corregedoria Regional, a solicitação será encaminhada para o administrador local do sistema PJe, para imediato cumprimento.

§ 5º Realizado o cadastro da Procuradoria, a Corregedoria Regional oficiará à pessoa jurídica de direito privado para comunicar o cadastramento e informará às unidades judiciárias do Tribunal.

Art. 69. O(s) advogado(s) indicado(s) pela pessoa jurídica atuará(ão) como Procurador(es)-Gestor(es) da respectiva Procuradoria no PJe.

§ 1º A inativação do cadastro dos procuradores, que pode ser realizada pelo Procurador-Gestor, não extingue a Procuradoria, que permanecerá habilitada para recebimento de comunicações processuais.

§ 2º Incumbirá à pessoa jurídica de direito privado indicar o novo Procurador-Gestor ou requerer à Corregedoria Regional a extinção de seu cadastro no sistema Procuradorias do PJe.

Art. 70. Os advogados que representam juridicamente as pessoas jurídicas de direito privado com Procuradoria cadastrada no PJe serão cadastrados no perfil próprio de "procurador", diverso do de "advogado", para o fim específico de recebimento das comunicações destinadas à pessoa jurídica representada.

§ 1º Após a notificação inicial via Procuradoria do PJe, o Procurador-Gestor deverá habilitar, no processo, advogado para fins de intimações de atos processuais via DEJT, até a disponibilização do DJEN, sob pena de serem realizadas via sistema.

§ 2º O Procurador-Gestor poderá atribuir o perfil de Gestor a outro(s) procurador(es) cadastrado(s) na respectiva Procuradoria do PJe.

§ 3º O Procurador-Gestor será o responsável pela inclusão, alteração de dados e exclusão dos demais procuradores, após a criação da respectiva Procuradoria no sistema PJe.

§ 4º Somente advogados poderão atuar como procuradores, sendo vedada a inclusão de pessoa natural que não possua inscrição na Ordem dos Advogados do Brasil com esse perfil.

§ 5º Na hipótese de algum dos procuradores deixar de representar a pessoa jurídica de direito privado, competirá ao Procurador-Gestor torná-lo inativo no sistema para que deixe de ter acesso integral aos processos em que litigue a pessoa jurídica representada.

Art. 71. Considerar-se-á realizada a comunicação do ato processual no dia em que qualquer um dos procuradores cadastrados na Procuradoria efetivar a consulta eletrônica ao seu teor, ficando registrado nos autos.

§ 1º Quando a consulta ocorrer em dia não útil, a comunicação processual será considerada realizada no primeiro dia útil subsequente.

§ 2º Não havendo consulta em até 10 (dez) dias corridos contados da data do envio da comunicação, considerar-se-á automaticamente realizada na data do término desse prazo, nos termos do artigo 5º, § 3º, da Lei nº 11.419/2006, não se aplicando o disposto no artigo 219 da Lei nº 13.105/2016 a esse interstício.

Art. 72. Enquanto não houver cadastramento no Domicílio Judicial Eletrônico ou Procuradoria cadastrada no PJe, as comunicações processuais deverão ser realizadas pelos meios ordinários legalmente previstos.

§ 1º Nos casos urgentes, em que a comunicação processual realizada na forma desta Seção possa causar prejuízo a quaisquer das partes, ou nos casos em que evidenciada qualquer tentativa de burla ao sistema, o ato processual poderá ser realizado por outro meio que atinja a sua finalidade, conforme determinação do magistrado.

§ 2º As notificações e intimações realizadas na forma desta Seção serão consideradas pessoais para todos os efeitos legais.

Art. 73. A manifestação de adesão ao sistema Procuradorias implica a aceitação dos termos desta Consolidação.

SEÇÃO X
NOTIFICAÇÃO DE ENTES PÚBLICOS, ESTADO ESTRANGEIRO OU ORGANISMO INTERNACIONAL

Art. 74. As secretarias das varas do trabalho velarão para que, nas ações ajuizadas em desfavor de entes públicos (Decreto-Lei nº 779/69), inclusive Estado estrangeiro ou organismo internacional, observe-se lapso temporal para preparação da defesa de, no mínimo, 20 (vinte) dias entre o recebimento da notificação citatória e a realização da audiência.

SEÇÃO XI
DISTRIBUIÇÃO

Art. 75. Os processos recebidos nos órgãos de 1º e 2º graus da Justiça do Trabalho deverão ser distribuídos imediatamente, sendo vedada a suspensão e a limitação da distribuição dos feitos.

Parágrafo único. Nas regiões onde houver posto avançado instalado, a distribuição será direcionada, exclusivamente, para as varas do trabalho a que vinculado, devendo a identificação dos processos ser feita por meio de atributo próprio no sistema e- Gestão;

SEÇÃO XII
REMESSA DE PROCESSOS E AUDIÊNCIAS NO CEJUSC

Art. 76. Antes de proceder à remessa dos autos ao CEJUSC, o magistrado que estiver na direção do processo, pelas regras de distribuição, promoverá o registro nos autos, mediante despacho, da determinação ou solicitação de envio e sua expressa anuência.

Parágrafo único. Em se tratando de Reclamação Pré-Processual, após os trâmites previstos no *caput*, a remessa dos autos será obrigatória ao CEJUSC.

Art. 77. Realizada(s) a(s) audiência(s) no CEJUSC, os autos devem ser restituídos ao juízo de origem, mediante despacho, devidamente registrado no sistema de acompanhamento processual respectivo.

§ 1º Nas audiências iniciais, o juiz supervisor do CEJUSC-JT poderá declarar o arquivamento previsto no artigo 844 da Consolidação das Leis do Trabalho – CLT, cabendo ao juízo de origem as providências complementares, salvo disposição em contrário prevista em regulamentação definida pelos Tribunais Regionais do Trabalho ou em acordos de cooperação celebrados entre as unidades judiciárias envolvidas.

§ 2º Em caso de ausência da reclamada, o juiz supervisor registrará a ocorrência do fato, cabendo ao juízo de origem a condução do feito, segundo o seu convencimento, inclusive quanto à conveniência, ou não, da aplicação da revelia, na forma do artigo 844 da CLT.

§ 3º Frustrada a conciliação, o magistrado que supervisionar a audiência poderá dar andamento ao processo nos limites da cooperação, como, por exemplo, dar vista da(s) defesa(s) e do(s) documento(s) à(s) parte(s) reclamante(s), consignando prazo parametrizado de acordo com fixação prévia do juízo de origem, e registrar em ata os requerimentos das partes, devolvendo os autos à unidade jurisdicional de origem para prosseguimento.

§ 4º O magistrado supervisor não deverá se pronunciar sobre questão jurídica que envolve a disputa.

§ 5º O CEJUSC-JT também poderá realizar audiências de conciliação prévias à audiência prevista no artigo 843 da CLT, e antes da abertura de prazo para apresentação de defesa, nas quais, no caso de comparecimento de ambas as partes e de não exitosa a conciliação, a parte reclamada poderá ser citada ou intimada na própria audiência para apresentar resposta diretamente via sistema PJe-JT no prazo legal, conforme regulamentação do Tribunal ou na forma da cooperação celebrada.

§ 6º As audiências concernentes à Reclamação Pré-Processual e Homologação de Transação Extrajudicial devem obedecer às diretrizes fixadas nas Resoluções CSJT nº 174/2016 e CSJT nº 288/2021.

CAPÍTULO V
NORMAS PROCEDIMENTAIS DE PROCESSO – CONHECIMENTO

SEÇÃO I
AUDIÊNCIAS

Art. 78. Constarão da ata ou do termo de audiência:

I - o motivo determinante do adiamento da audiência na vara do trabalho, inclusive daquele requerido de comum acordo pelas partes;

II - o registro da outorga, pela parte, em audiência, de poderes de representação ao advogado que a esteja acompanhando;

III - o registro de comparecimento do magistrado, do membro do Ministério Público, das partes, das testemunhas e dos advogados, indicando, ainda, a forma de participação de cada um deles, se presencial, telepresencial ou por videoconferência.

SEÇÃO II
PROVA PERICIAL

Art. 79. Aplica-se à prova pericial o disposto no artigo 464, § 1º, incisos I a III, do CPC (artigo 769 da CLT).

Art. 80. Caberá ao magistrado, nos feitos de sua competência, escolher, por meio do Sistema PJe, profissional ou órgão regularmente cadastrado e habilitado nos termos da Resolução CSJT nº 247/2019, promovendo sua regular nomeação.

§ 1º A nomeação a que se refere o *caput* deste artigo será realizada, equitativamente, de forma direta ou mediante sorteio, observada a necessidade do juízo, a impessoalidade, a capacidade técnica do profissional ou do órgão técnico ou científico e a sua participação em trabalhos anteriores.

§ 2º Os tribunais deverão publicar lista dos peritos/órgãos nomeados em cada unidade jurisdicional, com a identificação dos processos em que houve a respectiva nomeação, a data correspondente e o valor fixado de honorários profissionais (artigo 9º, § 5º, da Resolução CNJ nº 233/2016).

Art. 81. Não poderá ser exigida antecipação ao perito, ao órgão técnico ou científico, ao tradutor ou ao intérprete, em nenhuma hipótese e a título algum, nem mesmo de valores para custear despesas decorrentes do trabalho técnico a ser realizado.

Art. 82. O magistrado poderá substituir o perito, o órgão técnico ou científico, o tradutor ou intérprete, no curso do processo, mediante decisão fundamentada.

Art. 83. Em caso de pagamento com recursos vinculados à gratuidade judiciária, o valor dos honorários periciais, observado o limite máximo definido pelo Conselho Superior da Justiça do Trabalho, será fixado pelo juiz, atendidos:

I - a complexidade da matéria;

II - o nível de especialização e o grau de zelo profissional ou do órgão;

III - o lugar e o tempo exigidos para prestação do serviço;

IV - as peculiaridades regionais.

Parágrafo único. A fixação dos honorários periciais em valor superior ao limite estabelecido pelo Tribunal Regional, até o limite disposto no *caput* deste artigo, deverá ser devidamente fundamentada e submetida ao Presidente do Tribunal para análise e autorização.

Art. 84. A solicitação de valores vinculados ao custeio da gratuidade da justiça dar-se-á quando ocorrerem, cumulativamente, os seguintes requisitos:

I - concessão do benefício da justiça gratuita;

II - fixação judicial de honorários;

III - sucumbência da parte beneficiária na pretensão objeto da perícia;

IV - trânsito em julgado da decisão que arbitrar os honorários.

Art. 85. A solicitação de pagamento dos valores devidos aos tradutores e intérpretes, a serem pagos com recursos vinculados ao custeio da gratuidade da justiça, somente poderá ser realizada após atestada a prestação dos serviços pelo juízo processante, de acordo com a tabela constante do Anexo I da Resolução CSJT nº 247/2019.

Parágrafo único. O juiz poderá ultrapassar em até 3 (três) vezes os valores fixados na tabela constante do Anexo mencionado no *caput*, observados o grau de especialização do tradutor ou do intérprete e a complexidade do trabalho, comunicando-se à autoridade indicada em cada Tribunal.

SEÇÃO III
CARTAS PRECATÓRIAS INQUIRITÓRIAS

Art. 86. Os depoimentos pessoais, a oitiva de testemunhas, a acareação e o depoimento dos auxiliares do juízo prestados fora da sede do juízo serão tomados por videoconferência, somente utilizando-se de outro meio quando não houver condições para tanto.

§ 1º A oitiva das próprias partes por videoconferência ocorrerá:

a) nas situações de dificuldade de comparecimento à audiência de instrução na circunscrição do juiz da causa, inclusive em razão de residência fora da jurisdição;

b) nas instruções da exceção de incompetência territorial, na forma do art. 800, § 3º, da CLT.

§ 2º A residência fora da jurisdição do juízo é motivo bastante ao acolhimento da pretensão para prestar o depoimento por meio de videoconferência no caso de testemunhas e auxiliares do juízo.

§ 3º O comparecimento espontâneo do depoente à sede do juízo na audiência de instrução, ainda que residente em outra jurisdição, não impede sua oitiva.

§ 4º As oitivas telepresenciais ou por videoconferência serão equiparadas às presenciais para todos os fins legais, asseguradas a publicidade dos atos praticados e as prerrogativas processuais de advogados, membros do Ministério Público, defensores públicos, partes e testemunhas.

Art. 87. Os depoimentos por videoconferência serão prestados na sala de audiências do juízo deprecado, ou, se houver, em outra sala do fórum especialmente designada e preparada para este fim.

§ 1º A presença de magistrado na sala de audiência do juízo deprecado não é obrigatória, uma vez que a oitiva será presidida pelo juízo deprecante, contudo deve estar presente, a todo momento, um servidor indicado pelo juízo deprecado que acompanhará o ato.

§ 2º A opção do advogado pela presença no juízo deprecante ou deprecado não serve de justificativa, por si só, ao adiamento da oitiva da parte ou testemunha no caso da ausência daquele.

§ 3º É permitido o acompanhamento da audiência por advogado fisicamente presente tanto no juízo deprecante como no deprecado, mas, havendo mais de um advogado representando a mesma parte em dois locais distintos, a manifestação caberá tão somente a um deles, de livre indicação, devendo tal circunstância ser registrada antes do início da tomada do depoimento.

Art. 88. Na hipótese de o advogado estar presente no juízo deprecado, a câmera e o microfone deverão ser ajustados de modo a captar sua imagem e suas falas.

Art. 89. A parte, ao pretender participar da audiência por videoconferência, deverá apresentar petição devidamente fundamentada ao juiz da causa com a antecedência necessária à preparação do ato.

Parágrafo único. Quando a parte pretender a oitiva de testemunha ou de auxiliar fora da sede do juízo, deverá observar a mesma regra do *caput* deste artigo.

Art. 90. Além das salas de audiência já disponíveis às varas do trabalho, poderão os tribunais instalar salas de videoconferência nos fóruns com a finalidade específica de permitir a tomada dos depoimentos pelos juízos deprecantes, destacando servidores para acompanhamento do ato por indicação dos gestores de cada unidade.

Art. 91. O juízo deprecante deverá:

I – formalizar Carta Precatória ao juízo deprecado para solicitar o uso de sala de audiências e eventual intimação de parte(s), testemunha(s) ou auxiliar(es) do juízo, devendo fornecer sua completa qualificação;

II – designar dia e hora da audiência de acordo com a pauta disponibilizada pelo juízo deprecado, com estimativa de duração do ato;

III – utilizar o Sistema de Designação de Oitiva de Testemunhas por Videoconferência (SISDOV) para designar dia e hora da audiência de acordo com a pauta disponibilizada pelo juízo deprecado, com estimativa de duração do ato;

IV – conferir os dados de qualificação do depoente, no que será auxiliado por servidor do juízo deprecado, tomar compromisso legal e decidir sobre eventuais incidentes e contraditas, tal como se o depoimento estivesse sendo colhido presencialmente;

V – inquirir diretamente a parte, a testemunha ou o auxiliar do juízo;

VI – dispensar o depoente;

VII – providenciar o arquivamento de sons e imagens do(s) depoimento(s), facultada sua redução a termo, devendo o arquivo audiovisual ser juntado aos autos ou disponibilizado em repositório oficial de mídias indicado pelo CNJ (PJe Mídia) ou pelo Tribunal;

VIII – registrar nos autos principais que se trata de depoimento tomado por videoconferência, consignando a gravação do ato e eventual redução a termo de depoimento;

IX – informar ao juízo deprecado, pelo meio mais célere, tal como o contato telefônico, os casos de dispensa de testemunha, de redesignação e de cancelamento da audiência.

Parágrafo único. É prerrogativa do juízo deprecante deliberar sobre a necessidade ou não da coleta prévia dos depoimentos pessoais das partes.

Art. 92. O juízo deprecado deverá:

I – disponibilizar pauta para agendamento e marcação de audiências pelos juízos deprecantes no Sistema de Designação de Oitiva de Testemunhas por Videoconferência (SISDOV);

II – assegurar o adequado funcionamento dos equipamentos necessários à prática do ato;

III – intimar a(s) parte(s), a(s) testemunha(s) e o(s) auxiliar(es) do juízo, bem como proceder à sua condução coercitiva, se houver requerimento;

IV – identificar o servidor que acompanhará a audiência;

V – atender, por intermédio do servidor da unidade deprecada, às solicitações do juízo deprecante, e relatar qualquer anormalidade como, por exemplo, uso de anotações adrede preparadas ou intervenções de terceiros que porventura acompanhem o ato;

VI – entrar em contato, por intermédio do servidor da unidade deprecada, com o juízo deprecante e seguir suas instruções, em caso de interrupção da transmissão;

VII – identificar a parte e/ou testemunha por meio de documento hábil, que deverá ser exibido para a câmera;

VIII – receber e digitalizar eventuais documentos, inclusive os de representação, se assim decidir o juízo deprecante;

IX – zelar para que as testemunhas que ainda não depuseram não ouçam os depoimentos das demais, na forma do art. 456, *caput*, do CPC, informando ao juízo deprecante, ainda no curso da audiência, qualquer incidente e procedendo ao registro, em certidão, a ser encaminhada ao juízo deprecante;

X – fornecer atestado de presença àqueles que compareceram ao ato para prestar depoimento, quando requerido;

XI – dispensar o depoente após expressamente autorizado pelo juízo deprecante.

Art. 93. As varas do trabalho deverão disponibilizar pauta para marcação de audiências solicitadas pelos juízos deprecantes em quantidade suficiente para atender com celeridade à demanda.

§ 1º Os juízos deverão, obrigatoriamente, utilizar-se do Sistema de Designação de Oitiva de Testemunhas por Videoconferência (SISDOV) para disponibilização de pauta e agendamento das audiências.

§ 2º Após a oitiva da testemunha ou da parte, o juízo deprecado deverá certificar nos autos o ato realizado, lançar o movimento **"Remetidos os autos para Juízo deprecante por ter sido cumprida a carta" (código: 123 - Remetidos os autos para "7 – destino" = "7049 - Juízo deprecante" "18 - motivo da remessa" = "39 - por ter sido cumprida a carta")** e arquivar a Carta Precatória.

§ 3º Cumprido o objetivo da carta precatória expedida, após a realização da audiência de oitiva da testemunha ou parte, o juízo deprecante deverá lançar nos autos principais o movimento **"Recebido(a) o(a) Carta Precatória Inquiritória do(a) Juízo deprecado para prosseguir" (código: 50060 - Recebido(a) o(a) "4 -tipo de documento/7318 - Carta Precatória Inquiritória" do(a) "5028 - remetente/ 7577 - Juízo deprecado" "5019 - motivo do recebimento/ 40 - para prosseguir")**.

Art. 94. As Corregedorias Regionais poderão regulamentar, por ato normativo próprio, a aplicação do presente Provimento no âmbito de cada Tribunal Regional do Trabalho, desde que não contravenham com as disposições aqui contidas.

Art. 95. As audiências telepresenciais serão determinadas pelo juízo, a requerimento das partes, se conveniente e viável, ou, de ofício, nos casos de:

I – urgência;

II – substituição ou designação de magistrado com sede funcional diversa;

III – mutirão ou projeto específico;

IV – conciliação ou mediação;

V – indisponibilidade temporária do foro, calamidade pública ou força maior.

Parágrafo único. A oposição à realização de audiência telepresencial deve ser fundamentada, submetendo-se ao controle judicial.

Art. 96. Não sendo possível utilizar o sistema SISDOV ou realizar a oitiva de forma telepresencial, será expedida a Carta Precatória Inquiritória para realização do ato pelo juízo deprecado, ficando a critério do juízo deprecante a formulação de quesitos, que deverão integrar a Carta Precatória, sem prejuízo das perguntas formuladas pelo juízo deprecado ou pelas partes presentes à audiência, vedada a recusa no cumprimento da Carta Precatória pela ausência de depoimentos pessoais das partes ou dos quesitos.

SEÇÃO IV
INCIDENTE DE DESCONSIDERAÇÃO DA PERSONALIDADE JURÍDICA

Art. 97. Não sendo requerida na petição inicial, a desconsideração da personalidade jurídica prevista no artigo 855-A da CLT será processada como incidente processual, tramitando nos próprios autos do Processo Judicial Eletrônico em que foi suscitada, vedada sua autuação como processo autônomo, tanto nas unidades de 1º como nas de 2º graus da Justiça do Trabalho.

Art. 98. A instauração do incidente suspenderá o processo, sem prejuízo de concessão da tutela de urgência de natureza cautelar de que trata o artigo 301 do CPC.

Art. 99. Instaurado o incidente, a parte contrária e os requeridos serão notificados para se manifestar e requerer as provas cabíveis no prazo de 15 (quinze) dias.

Parágrafo único. Havendo necessidade de prova oral, o juiz designará audiência para sua coleta.

Art. 100. Concluída a instrução, o incidente será resolvido por decisão interlocutória, da qual serão as partes e demais requeridos intimados.

Parágrafo único. Da decisão proferida:

I - na fase de cognição, não cabe recurso de imediato, na forma do § 1º do artigo 893 da CLT;

II - na fase de execução, cabe agravo de petição, em 8 (oito) dias, independentemente de garantia do juízo.

Art. 101. Em se tratando de incidente requerido originariamente no Tribunal, a competência para sua instauração, para decisão de pedidos de tutela provisória e para a instrução será do relator.

§ 1º O relator poderá decidir monocraticamente o incidente ou submetê-lo ao colegiado, juntamente com o recurso.

§ 2º Decidido o incidente monocraticamente pelo relator, da decisão caberá agravo interno, nos termos do Regimento do Tribunal.

Art. 102. Decidido o incidente ou julgado o recurso, o processo retomará seu curso regular.

SEÇÃO V
ANOTAÇÃO NA CARTEIRA DE TRABALHO E PREVIDÊNCIA SOCIAL

Art. 103. Na falta de registros obrigatórios na Carteira de Trabalho e Previdência Social do empregado, ou nos casos de retificação de dados em que o empregador não o faça, o juiz determinará à secretaria da vara do trabalho, na sentença ou no termo de homologação de acordo, que proceda às anotações ausentes.

§ 1º Na aposição das anotações pela secretaria, não haverá identificação do servidor responsável, tampouco indicação da existência de determinação judicial a respeito.

§ 2º Para confirmação da autenticidade do registro, a secretaria expedirá certidão consignando a determinação judicial de anotação da CTPS, a qual será entregue ao trabalhador juntamente com o documento.

Art. 104. Na hipótese de anotação de verba com repercussão no cálculo da contribuição previdenciária, a vara do trabalho comunicará o fato à Secretaria da Receita Federal do Brasil, no prazo de 48 (quarenta e oito) horas.

Parágrafo único. Em caso de anotação decorrente de sentença judicial, a comunicação será feita apenas após o trânsito em julgado da decisão.

Art. 105. Em se tratando de CTPS digital, com empregador cadastrado no e-Social, a anotação deverá ser feita pela secretaria da vara, por meio do sistema, em caso de descumprimento da ordem de registro pelo empregador.

SEÇÃO VI
TERMOS E CERTIDÕES

Art. 106. Constarão dos termos e certidões a data e a assinatura do servidor que os tenha firmado.

Art. 107. Constarão da certidão de julgamento em 2º grau de jurisdição:

I – número do processo e nome das partes;

II – nome dos advogados que sustentaram oralmente, se de forma presencial ou por videoconferência;

III – nome do desembargador do trabalho que presidiu a sessão;

IV – nome do relator e do revisor, se for o caso, e dos desembargadores do trabalho que participaram da sessão;

V – situação do juiz, desde que convocado, apontando-se o dispositivo da Lei Orgânica da Magistratura Nacional que autorizou a convocação;

VI – nome do representante do Ministério Público do Trabalho presente à sessão;

VII – forma de comparecimento de todos aqueles que participaram da sessão, se presencial, telepresencial ou por videoconferência; VIII – conclusão do julgamento, com a indicação dos votos vencidos, se houver;

IX – registro da suspensão do julgamento em decorrência de pedido de vista regimental e dos votos já proferidos em sessão;

X – designação do redator do acórdão, se for o caso;

XI – impedimentos e suspeições declarados pelos desembargadores do trabalho;

XII – data da realização da sessão.

SEÇÃO VII
CUSTAS PROCESSUAIS

Art. 108. As decisões proferidas pela Justiça do Trabalho de 1º e 2º graus de jurisdição, nos dissídios individuais, fixarão o valor das custas processuais, que serão calculadas, no caso de improcedência da reclamação, sobre o valor dado à causa e, no caso de procedência, sobre o valor arbitrado à condenação, a cargo do reclamante ou do reclamado, dependendo de quem tenha sucumbido na ação.

§ 1º A isenção quanto ao pagamento de custas não exime o magistrado de fixar na decisão o respectivo valor.

§ 2º Nos acordos, o rateio das custas processuais será proporcional entre as partes, se de outra forma não for convencionado.

SEÇÃO VIII
DISSÍDIOS COLETIVOS

Art. 109. No dissídio coletivo, constará do acórdão o inteiro teor das cláusulas deferidas, bem como os fundamentos do deferimento ou indeferimento.

Parágrafo único. Modificada a redação da cláusula pelo Tribunal, o novo texto constará do acórdão.

Art. 110. A certidão de julgamento será publicada de imediato, independentemente da redação da ata final dos trabalhos e da lavratura do acórdão.

Art. 111. Do acórdão constará o valor das custas processuais, que serão imputadas às partes vencidas, de forma solidária.

Art. 112. Nos dissídios coletivos de natureza econômica em que for instituída norma ou condição de trabalho em favor da categoria profissional, o pagamento integral das custas processuais caberá à empresa ou ao ente sindical patronal que integrou a relação processual.

Art. 113. Na hipótese de acordo submetido à homologação do Tribunal em que conste apenas remissão a normas anteriores, o relator ordenará às partes que explicitem o teor das cláusulas conciliadas.

SEÇÃO IX
ADMISSIBILIDADE DOS RECURSOS

Art. 114. No exercício do controle de admissibilidade dos recursos ordinários, agravos de petição e recursos adesivos, o juiz deve verificar o preenchimento de todos os pressupostos intrínsecos e extrínsecos dos recursos, antes de seu processamento, cabendo- lhe formular pronunciamento explícito sobre o preenchimento desses requisitos.

§ 1º Em se tratando de agravo de petição, somente deverá ser processado quando o agravante delimitar, justificadamente, as matérias e os valores impugnados e se o ato impugnado comportar recurso (artigo 893, § 1º, da CLT).

§ 2º Havendo parte incontroversa na condenação, o processamento do agravo não deverá impedir a tramitação do feito com vistas à liberação imediata dos valores devidos ao exequente ou realização dos atos necessários ao pagamento da dívida.

§ 3º Garantido integralmente o juízo, não será exigível depósito recursal para a interposição do agravo de petição, salvo elevação do valor do débito em montante que ultrapasse a garantia.

§ 4º Na hipótese do parágrafo anterior, o agravo de petição deverá ser acompanhado da comprovação da garantia correspondente ao valor do acréscimo, limitado ao valor total da condenação.

§ 5º Por se tratar de parcelas acessórias da condenação, o valor fixado a título de honorários advocatícios ou honorários periciais, a cargo do reclamante ou do reclamado, não deverá ser computado para fins de depósito recursal, sendo inexigível seu recolhimento se a condenação a eles se limitar.

SEÇÃO X
DEPÓSITO JUDICIAL TRABALHISTA

Art. 115. O depósito judicial para pagamentos, garantia de execução, encargos processuais, levantamento de valores e depósitos recursais seguirão as diretrizes estabelecidas na Instrução Normativa nº 36 do Tribunal Superior do Trabalho e no Ato Conjunto TST.CSJT.CGJT nº 1/2019, ou em outra norma que venha a substituí-las.

Art. 116. O alvará deverá ser expedido somente após a autorização judicial para o levantamento do depósito realizado.

§ 1º O juiz deverá dar ciência ao devedor-executado ou ao seu sucessor da decisão ou do despacho que autorizar a liberação total ou parcial do depósito judicial a favor da parte vencedora.

§ 2º A decisão ou o despacho que autorizar o levantamento, total ou parcial, do depósito judicial, deverá também autorizar o recolhimento, pela fonte pagadora, dos valores apurados a título de imposto de renda, de responsabilidade da parte vencedora, a serem deduzidos do seu crédito, destinados ao recolhimento na forma da lei.

§ 3º O depósito recursal, ainda que tenha sido convertido em depósito judicial, não poderá ser utilizado para quitação de débitos ou despesas do processo, inclusive os de natureza alimentar, antes da quitação integral do crédito do reclamante, a quem deverá ser prioritariamente liberado, até o limite de seu crédito.

SEÇÃO XI
RECURSO DE REVISTA

Art. 117. As decisões de admissibilidade do recurso de revista, exercidas na forma estabelecida pelo § 1º do art. 896 da CLT, contemplarão a identificação do preenchimento dos pressupostos extrínsecos e intrínsecos, nos termos das alíneas e dos parágrafos do referido dispositivo.

§ 1º Admitido o recurso de revista, a autoridade competente deve exercer também o juízo de admissibilidade do recurso de revista adesivo.

§ 2º Não admitido o recurso de revista e interposto agravo de instrumento, a autoridade competente deve exercer o juízo de admissibilidade do recurso adesivo.

Art. 118. Ao Presidente do Tribunal Regional do Trabalho, ou a quem competir a análise de admissibilidade, caberá avaliar a conveniência e a oportunidade de implantação de juízo conciliatório em recurso de revista.

CAPÍTULO VI
NORMAS PROCEDIMENTAIS DE PROCESSO – CUMPRIMENTO DE SENTENÇA E EXECUÇÃO DE TÍTULO EXTRAJUDICIAL

SEÇÃO I
NORMAS GERAIS

Art. 119. Transitada em julgado a sentença de conhecimento ou homologado acordo que ponha fim à lide, o processo deverá ser movimentado à fase seguinte, independentemente de requerimento da parte, na qual poderá ser suspenso.

§ 1º Homologado acordo antes do trânsito em julgado da sentença de conhecimento, inclusive decorrente de transação extrajudicial, deverá ser utilizado o movimento **"11384 – Iniciada a liquidação"**, com posterior movimentação no sistema PJe para o fluxo de "controle de acordo", em que o processo receberá o movimento **"11014 - Suspensão por Convenção das Partes para Cumprimento Voluntário da Obrigação"**, até que seja implementado no Pje o movimento **"15238 – Suspenso o processo por homologação de acordo ou transação"**.

§ 2º Na hipótese do parágrafo anterior, o sobrestamento será levantado quando houver descumprimento do acordo, momento em que o feito prosseguirá, ou, no caso do seu cumprimento integral, deverão ser adotadas as providências para a extinção da execução e o arquivamento.

§ 3º Na hipótese de trânsito em julgado de sentenças não líquidas, os passos seguintes à movimentação **"11384 – Iniciada a liquidação"** dependerão da particularidade do caso e do entendimento do magistrado, e, no caso de acordo, seguir-se-á com a orientação contida nos parágrafos anteriores.

§ 4º Transitada em julgado sentença líquida, o processo deverá receber o movimento **"11385 – Iniciada a execução"**, a partir de quando os próximos passos serão adotados pelo Juízo da execução que, em caso de acordo, deverá seguir os procedimentos mencionados nos parágrafos primeiro e segundo.

Art. 120. Cabe ao juiz, na fase de execução:

I - ordenar a pronta liberação do depósito recursal, em favor do reclamante, independentemente de requerimento do interessado, após o trânsito em julgado da sentença condenatória, desde que o valor do crédito trabalhista seja inequivocamente superior ao do depósito recursal ou incontroverso, prosseguindo a execução depois pela diferença;

II - promover a realização periódica de audiências de conciliação em processos na fase de execução, independentemente de requerimento das partes, selecionando-se aqueles com maior possibilidade de êxito na composição;

III - determinar a revisão periódica dos processos em execução que se encontrem com a execução suspensa, a fim de renovar providências coercitivas, por meio da utilização dos Sistemas Eletrônicos de pesquisas patrimonial, valendo-se, se for o caso, da aplicação subsidiária dos artigos 772 a 777 do CPC, sem prejuízo da contagem do prazo prescricional.

Art. 121. Exauridas em vão as medidas coercitivas impulsionadas pelo juízo ou requeridas pela parte, o processo deverá ser suspenso, com a intimação do exequente, precedido de atualização cadastral e verificação da situação no BNDT.

SEÇÃO II
ALIENAÇÃO DE BENS

Art. 122. Ao determinar a alienação de bem, deverá o magistrado fazer constar expressamente do edital, além dos requisitos do artigo 886 do CPC, a isenção do arrematante com relação aos débitos tributários, cujo fato gerador seja a propriedade, o domínio útil ou a posse de bens e direitos adquiridos judicialmente, através de leilão judicial ou iniciativa particular, estejam ou não inscritos na dívida ativa.

Parágrafo único. Ficarão subrogados no bem arrematado os débitos de natureza não tributária que constarem expressamente do edital.

SEÇÃO III
SEMANA NACIONAL DA EXECUÇÃO TRABALHISTA

Art. 123. Durante a Semana Nacional da Execução Trabalhista deverão ser realizadas pautas ordinárias de audiência, exclusivamente formadas por autos em fase de execução, liquidados e que não foram voluntariamente pagos após a citação do artigo 880 da CLT, ficando suspensa a contagem do prazo médio de tramitação dos processos em fase de conhecimento.

Parágrafo único. Infrutífera a conciliação, além das providências coercitivas previstas no artigo 120, III, o juiz, caso necessário, expedirá mandado para protesto extrajudicial, em cartório, do título executivo não quitado.

SEÇÃO IV
NORMAS PROCEDIMENTAIS REFERENTES À EXECUÇÃO CONTRA EMPRESAS EM RECUPERAÇÃO JUDICIAL OU EM FALÊNCIA

Art. 124. No caso de execução em desfavor de empresa em recuperação judicial ou falência, o juiz do trabalho expedirá Certidão de Habilitação de Crédito para os credores constituídos nos autos, a ser submetida à apreciação do administrador judicial, exceto em relação aos créditos previdenciário e fiscal.

§ 1º Terão prosseguimento na Justiça do Trabalho as ações que demandarem quantia ilíquida, até a apuração do respectivo crédito e a expedição de certidão de habilitação do crédito.

§ 2º Da Certidão de Habilitação de Crédito deverá constar:

I - o nome do exequente e a data da distribuição da reclamação trabalhista, da sentença condenatória e do seu trânsito em julgado;
II - a especificação dos títulos e valores;
III - a data da decisão homologatória dos cálculos e do seu trânsito em julgado;
IV - o nome do advogado que o exequente tiver constituído, seu endereço, para eventual intimação, e número de telefone, a fim de facilitar possível contato direto pelo administrador judicial.

Art. 125. Expedida a Certidão de Habilitação de Crédito, é vedada a remessa dos autos físicos ou eletrônicos ao juízo no qual se processa a Recuperação Judicial ou a Falência.

Art. 126. Não havendo mais atos executórios a serem praticados pelo juízo trabalhista, o processo será suspenso mediante a utilização do movimento de suspensão/sobrestamento respectivo até o encerramento da recuperação judicial ou da falência que ela eventualmente tenha sido convolada (art. 156 e seguintes da Lei nº 11.101/2005).

Parágrafo único. Os processos suspensos por recuperação judicial ou falência deverão ser sinalizados com marcador correspondente no Sistema PJe.

Art. 127. As disposições desta Seção não se aplicam nos casos em que o magistrado determinar o direcionamento da execução contra sócios ou ex-sócios da executada ou empresa que integre grupo econômico do qual ela faça parte.

SEÇÃO V
SOBRESTAMENTO E ARQUIVAMENTO DEFINITIVO DO PROCESSO DE EXECUÇÃO

Art. 128. A suspensão do processo, para fins de prescrição intercorrente, deverá ser precedida de intimação do exequente com advertência expressa.

Parágrafo único. Durante o prazo da prescrição intercorrente, o processo deverá ser suspenso com o uso do movimento "**suspenso ou sobrestado o processo por prescrição intercorrente (código valor 12.259)**".

Art. 129. O arquivamento definitivo do processo de execução, no âmbito da Justiça do Trabalho, decorre da declaração prévia, por sentença, da extinção da execução, pela verificação de uma das hipóteses contempladas nos incisos II, III, IV e V do artigo 924 do CPC, por se achar exaurida a prestação jurisdicional.

Parágrafo único. É vedado o arquivamento com baixa definitiva do processo de execução em qualquer situação não prevista no *caput*, inclusive em processos reunidos em razão de centralização de execuções, processos sobrestados ou arquivados provisoriamente.

Art. 130. É condição para arquivamento definitivo do processo judicial quando na fase de execução, entre outras providências eventualmente necessárias, a inexistência de contas judiciais com valores disponíveis vinculados ao mesmo processo e a exclusão de inscrição(ões) no BNDT.

Art. 131. Satisfeitos os créditos dos processos, salvo nos casos de execução por precatório, a disponibilização de qualquer saldo existente em conta judicial ao devedor de créditos trabalhistas deve ser precedida de ampla pesquisa no Setor de Distribuição de Feitos, nos sistemas de gestão de processos judiciais anteriores ao PJe de cada Tribunal Regional do Trabalho e no sistema do Banco Nacional de Débitos Trabalhistas (BNDT), a fim de identificar processos que tramitem em desfavor do mesmo devedor.

§ 1º Havendo processos ativos pendentes na mesma unidade judiciária, o magistrado poderá remanejar os recursos para quitação das dívidas, após o que procederá ao arquivamento definitivo do processo já quitado, desvinculando-o da conta judicial ativa.

§ 2º Constatada a existência de processos pendentes em outras unidades judiciárias, os juízos respectivos deverão ser informados, por meio eletrônico, a respeito da existência de numerário disponível, a fim de que adotem as providências necessárias, no prazo de 10 (dez) dias, sem prejuízo de outras medidas estabelecidas em acordos de cooperação existentes entre os Tribunais Regionais do Trabalho e outros órgãos do Poder Judiciário.

§ 3º Decorrido o prazo previsto no parágrafo anterior, sem nenhuma manifestação dos juízos eventualmente interessados, os valores deverão ser disponibilizados ao devedor, com previsão de prazo não inferior a 30 (trinta) dias para saque.

§ 4º Para localização do devedor, se necessário, as Secretarias das unidades judiciárias deverão se valer dos sistemas de pesquisa disponíveis no Tribunal Regional do Trabalho para identificar o seu domicílio atual, a existência de conta bancária ativa ou, ainda, de conta ativa do Fundo de Garantia por Tempo de Serviço – FGTS, a fim se proceder ao depósito do numerário.

§ 5º Caso não se localize o executado nem haja nenhuma das informações anteriores disponíveis para pagamento, o juízo deverá determinar a abertura de conta poupança na Caixa Econômica Federal em nome do executado e encaminhar a informação para a Corregedoria Regional, que deverá publicar, no *site* do Tribunal Regional do Trabalho, respectivo edital permanente de informação das contas abertas em nome de executados para que, a qualquer tempo, possam vir a sacar os valores a eles creditados.

§ 6º Se os valores depositados não forem resgatados no prazo de 05 (cinco) anos, contados a partir da primeira publicação do edital referido no parágrafo anterior, a unidade judiciária deverá expedir alvará determinando a conversão em renda em favor da União, por meio do Documento de Arrecadação de Receitas Federais (DARF), sob o código **5891 – "Valores oriundos de Depósito Judicial – Processo com Arquivamento Definitivo na Justiça do Trabalho – Projeto Garimpo"**.

§ 7º Em qualquer hipótese tratada neste artigo, para liberação dos valores em contas judiciais, a determinação judicial para saque conterá expressamente a informação de que o pagamento deverá ser efetuado considerando-se o valor atualizado até o dia do efetivo levantamento, bem como a obrigação do banco de proceder ao encerramento da conta judicial.

§ 8º Aplica-se o mesmo procedimento previsto nos §§ 4º a 7º quando os créditos encontrados no processo pertençam ao credor das parcelas trabalhistas, advogados ou peritos judiciais.

§ 9º Na hipótese de valores devidos a título de custas processuais, contribuições previdenciárias e Imposto de Renda, a vara do trabalho deverá expedir alvará de rateio com a identificação dos respectivos valores, determinando que o banco proceda aos recolhimentos correspondentes no prazo máximo de 10 (dez) dias.

SEÇÃO VI
SISBAJUD – BLOQUEIO, DESBLOQUEIO E TRANSFERÊNCIA DE VALORES

Art. 132. Em execução definitiva por quantia certa, se o executado, regularmente citado, não efetuar o pagamento do débito nem garantir a execução, conforme dispõe o artigo 880 da CLT, o juiz deverá, de ofício ou a requerimento da parte, emitir ordem judicial de bloqueio mediante o Sistema de Busca de Ativos do Poder Judiciário – SISBAJUD, com precedência sobre outras modalidades de constrição judicial.

Art. 133. Relativamente ao Sistema SISBAJUD, cabe ao juiz do trabalho:

I - abster-se de emitir ordem judicial de bloqueio promovida contra Estado estrangeiro ou organismo internacional;

II - deixar de encaminhar às instituições financeiras, por intermédio de ofício papel, solicitação de informações e ordens judiciais de bloqueio, desbloqueio e transferência de valores quando for possível a prática do ato por meio do Sistema SISBAJUD;

III - velar diariamente para que, em caso de bloqueio efetivado, haja pronta emissão de ordem de transferência dos valores para uma conta em banco oficial ou emissão de ordem de desbloqueio;

IV - proceder à correta identificação dos executados quando da expedição das ordens de bloqueio de numerário em contas bancárias mediante o Sistema SISBAJUD, informando o registro do número de inscrição no CPF ou CNPJ, a fim de evitar a indevida constrição de valores de titularidade de pessoas físicas ou jurídicas homônimas.

Art. 134. O acesso do juiz e dos servidores por ele delegados, ao Sistema SISBAJUD, ocorrerá por meio de senhas pessoais e intransferíveis ou mediante certificado digital, após o cadastramento realizado pelo gerente setorial de segurança da informação do respectivo tribunal, denominado Máster.

Art. 135. O presidente do Tribunal Regional do Trabalho indicará 2 (dois) Másteres, no mínimo, ao Conselho Nacional de Justiça.

§ 1º Os Másteres do Sistema manterão atualizados os dados dos juízes cadastrados no Conselho Nacional de Justiça.

§ 2º O descredenciamento de Máster ou de qualquer usuário do Sistema SISBAJUD será imediatamente comunicado, pelo presidente do Tribunal Regional do Trabalho, ao Conselho Nacional de Justiça.

Art. 136. O juiz, ao receber as respostas das instituições financeiras, emitirá ordem judicial eletrônica de transferência do valor da condenação para conta judicial, em estabelecimento oficial de crédito, ou providenciará o desbloqueio do valor.

Parágrafo único. O termo inicial do prazo para oposição de embargos à execução é a data da intimação da parte, pelo juiz, de que se efetivou o bloqueio de numerário em sua conta.

Art. 137. É obrigatória a observância pelos juízes das normas sobre o SISBAJUD estabelecidas no regulamento que integra o convênio firmado entre o Conselho Nacional de Justiça e os tribunais do trabalho.

SEÇÃO VII
SISBAJUD – CADASTRAMENTO E CONTA ÚNICA

Art. 138. As pessoas físicas e jurídicas poderão requerer, por si ou por seus representantes estatutários, ou por advogado devidamente constituído, mediante exibição de instrumento de procuração, o cadastramento de conta única apta a acolher bloqueios eletrônicos realizados por meio do sistema SISBAJUD.

Art. 139. O requerimento será efetuado por meio do sistema informatizado SISBAJUD, disponibilizado pela Corregedoria-Geral da Justiça do Trabalho na página do Tribunal Superior do Trabalho na Internet, do qual constará declaração expressa de ciência e concordância do requerente com as normas relativas ao cadastramento de contas previstas na presente Consolidação e na Resolução nº 61/2008 do CNJ.

§ 1º O requerimento de cadastramento de conta única será instruído com:

I - cópia do cartão do CNPJ ou do CPF;

II - comprovante da conta bancária indicada para acolher o bloqueio, expedido pela instituição financeira, contendo, obrigatoriamente:

a) titularidade (nome da empresa e número do CNPJ ou do CPF);

b) nome do banco;

c) código da agência (com quatro dígitos, sem o dígito verificador);

d) número da conta corrente (com o dígito verificador) e número da operação, quando se tratar da Caixa Econômica Federal.

I - contrato social do qual constem os dados do representante legal da empresa;

II - instrumento de procuração, na hipótese de advogado constituído, o qual habilite o subscritor do pedido a atuar, ainda que administrativamente, em nome do requerente;

III - documento de identificação que demonstre a autenticidade da assinatura do subscritor do pedido.

§ 2º As instituições integrantes do Sistema Financeiro Nacional que solicitarem cadastramento de conta única não estão obrigadas a fornecer o número da conta indicada para o bloqueio, podendo informar apenas o nome do Banco ou o número da agência que cumprirá a ordem.

§ 3º O envio do requerimento e dos respectivos documentos deverá ser realizado exclusivamente por meio do Sistema SISBAJUD, sendo automaticamente descartados se encaminhados por outra via.

§ 4º É de responsabilidade do requerente a veracidade das informações prestadas e a autenticidade dos documentos enviados assim como a preservação dos originais dos documentos, que poderão ser eventualmente solicitados pela Secretaria da Corregedoria-Geral para o esclarecimento de dúvidas.

§ 5º Incumbe ao requerente o acompanhamento do pedido pelo Sistema SISBAJUD.

§ 6º Havendo erro no requerimento ou em algum documento enviado passível de solução pelo requerente, ser-lhe-á concedido prazo de 60 (sessenta) dias para que o faça, a contar do primeiro dia útil após a data do registro da pendência no Sistema SISBAJUD.

§ 7º Ultrapassado o prazo de que trata o parágrafo anterior, o pedido será indeferido, cabendo ao interessado formalizar novo requerimento, anexando a este toda a documentação necessária ao cadastramento.

Art. 140. Tratando-se de grupo econômico, empresa com filiais e situações análogas, faculta-se o cadastramento de uma conta única para mais de uma pessoa jurídica ou natural.

§ 1º Nessa hipótese, o titular da conta indicada apresentará:

I - cópia dos cartões do CNPJ ou do CPF;

II - declaração de plena concordância com a efetivação de bloqueio de valores decorrente de ordem judicial expedida contra as pessoas por ele relacionadas;

III - declaração dos representantes legais das pessoas jurídicas e das pessoas naturais de plena concordância com o direcionamento das ordens judiciais de bloqueio para a conta especificada;

IV - declaração de instituição financeira de que está ciente e apta a direcionar, para a conta especificada, as ordens judiciais de bloqueio expedidas contra as pessoas arroladas.

§ 2º No caso de grupo econômico, a empresa titular da conta deverá também apresentar:

I - requerimento explicitando se a conta única indicada, de sua própria titularidade, é extensiva às empresas relacionadas na declaração do banco;

II - documentação que comprove a existência do alegado grupo econômico em relação ao universo das empresas noticiadas na declaração apresentada.

Art. 141. O deferimento do cadastramento de conta única no Sistema SISBAJUD valerá para todos os órgãos da Justiça Comum dos Estados e Distrito Federal, Justiça Federal, Justiça Militar da União e Justiça do Trabalho.

Art. 142. A pessoa física ou jurídica obriga-se a manter na conta indicada numerário suficiente para o cumprimento da ordem judicial.

SEÇÃO VIII
SISBAJUD – DESCADASTRAMENTO, RECADASTRAMENTO E ALTERAÇÃO DE CONTA ÚNICA

Art. 143 Ao constatar que a pessoa física ou jurídica não mantém numerário suficiente na conta única cadastrada no sistema SISBAJUD para o atendimento à ordem judicial de bloqueio, o juiz que preside a execução deverá apresentar Pedido de Providências à Corregedoria-Geral da Justiça do Trabalho.

§ 1º O juiz indicará os dados do executado que possui conta única cadastrada no Sistema SISBAJUD (nome e CNPJ ou CPF) e anexará cópia do Detalhamento da Ordem Judicial de Bloqueio de Valores que obteve resposta negativa da instituição financeira.

§ 2º Autuado o Pedido de Providências, será aberto o prazo de 15 (quinze) dias para apresentação de justificativa para a ausência de numerário.

Art. 144. Não cabe Pedido de Providências na hipótese de suposta recusa da instituição financeira em acatar a ordem judicial de transferência do numerário bloqueado, sendo a questão jurisdicional submetida ao crivo do juízo da execução.

Art. 145. Na ausência de numerário bastante para atender à ordem judicial de bloqueio, a ordem será direcionada às demais instituições financeiras e a conta única poderá ser descadastrada.

Parágrafo único. Ao responder à intimação para se manifestar no Pedido de Providências apresentado à Corregedoria-Geral da Justiça do Trabalho, nos termos do § 2º do artigo 137 desta Consolidação, a parte interessada apresentará as justificativas que entender cabíveis.

Art. 146. Na hipótese de a solicitação de cadastramento ter sido efetivada por outro tribunal, o Corregedor-Geral comunicará a desabilitação da conta única ao respectivo tribunal.

Art. 147. O executado poderá requerer o recadastramento da conta ou indicar outra para o bloqueio após 6 (seis) meses da data de publicação da decisão de descredenciamento no Diário Eletrônico da Justiça do Trabalho, ou no Diário de Justiça Eletrônico Nacional (DJEN), quando habilitado para uso na Justiça do Trabalho.

Art. 148. A reincidência quanto à ausência de fundos para o atendimento das ordens judiciais de bloqueio implicará novo descadastramento, dessa vez pelo prazo de 1 (um) ano.

§ 1º O executado, após o prazo referido no *caput*, poderá postular novo recadastramento.

§ 2º Em caso de nova reincidência, o descadastramento será definitivo.

Art. 149. A inatividade da instituição financeira mantenedora da conta única cadastrada implicará a desabilitação automática do cadastramento.

Art. 150. Os pedidos de recadastramento, bem como os de alteração da conta cadastrada, serão realizados por meio do Sistema SISBAJUD, instruindo- se a petição com os mesmos documentos exigidos para o cadastramento originário da conta.

Parágrafo único. No caso de pedido de alteração de conta única cadastrada em outro local, o interessado deverá dirigir-se ao órgão onde foi efetuado o cadastro originário.

Art. 151. O cadastramento poderá ser cancelado mediante requerimento do titular da conta única à autoridade que o tenha deferido, a qual determinará seu cancelamento em até 30 (trinta) dias contados a partir da data do respectivo protocolo.

Parágrafo único. O descadastramento de conta única cadastrada pelo Tribunal Superior do Trabalho deverá ser solicitado pelo interessado através do Sistema SISBAJUD, acompanhado dos documentos previstos no artigo 133, § 1º, III, IV e V, desta Consolidação.

Art. 152. Compete à Secretaria da Corregedoria-Geral da Justiça do Trabalho apreciar as solicitações de cadastramento, bem como os pedidos de alteração, recadastramento e descadastramento de conta única dirigidos ao Tribunal Superior do Trabalho, ressalvada competência do Corregedor-Geral da Justiça do Trabalho para a apreciação dos Pedidos de Providências atinentes ao cumprimento do Sistema SISBAJUD.

Art. 153. Constitui ônus da pessoa física ou jurídica titular de conta única cadastrada no Sistema SISBAJUD zelar pela regularidade dos dados cadastrados, requerendo em tempo oportuno as alterações que se fizerem necessárias, de forma a manter a conta apta ao recebimento de ordens judiciais de bloqueios eletrônicos.

SEÇÃO IX
REUNIÃO DE EXECUÇÕES

SUBSEÇÃO I
PROCEDIMENTO DE REUNIÃO DE EXECUÇÕES – PRE

Art. 154. O Procedimento de Reunião de Execuções – PRE, destinado às obrigações de pagar e regulado por esta Consolidação no âmbito da Justiça do Trabalho, é constituído pelo:

I - Plano Especial de Pagamento Trabalhista – PEPT, cujo objetivo é o pagamento parcelado do débito reunido;
II - Regime Centralizado de Execução – RCE, instituído pela Lei nº 14.193/2021 (Lei da Sociedade Anônima do Futebol – SAF); e
III - Regime Especial de Execução Forçada - REEF, voltado para os atos de execução forçada, inclusive de expropriação do patrimônio dos devedores em prol da coletividade dos credores.

Art. 155. O PRE, em todas as suas modalidades, observará, entre outros princípios e diretrizes:
I – a cooperação judiciária;
II – a essência conciliatória da Justiça do Trabalho como instrumento de pacificação social;
III – o direito fundamental à razoável duração do processo (artigo 5º, LXXVIII, da Constituição da República) em benefício do credor;
IV – os princípios da eficiência administrativa (art. 37, *caput*, da Constituição da República), bem como da economia processual;
V – o pagamento equânime dos créditos, observadas as particularidades do caso concreto;
VI – a premência do crédito trabalhista, haja vista seu caráter alimentar;
VII – a necessidade da preservação da função social da empresa e das entidades de prática desportiva;
VIII – a estrita observância da Lei nº 14.193/2021 em relação às entidades de prática desportiva indicadas no art. 2º da Lei da Sociedade Anônima do Futebol.

Art. 156. A reunião de processos em fase de execução definitiva, em relação ao(s) mesmo(s) devedor(es), poderá ser processada em órgãos de centralização de execuções (juízos centralizadores de execução), criados conforme organização de cada Tribunal Regional e observados os parâmetros estabelecidos nesta Consolidação.

Parágrafo único. Ressalvados os casos de PEPT, RCE e REEF, que obrigatoriamente serão processados perante o juízo centralizador de execução, a previsão do *caput* não prejudica a reunião de processos em fase de execução definitiva em varas do trabalho, mediante cooperação judiciária.

Art. 157. São atribuições do juízo centralizador de execução do PRE:
I – acompanhar e exarar parecer relativo ao processamento do PRE, mantendo comunicação com os demais órgãos partícipes da gestão do procedimento, conforme definido pela organização administrativa do Tribunal Regional ou pela Lei nº 14.193/2021;
II – promover, de ofício, a identificação dos grandes devedores e, se for o caso, dos respectivos grupos econômicos, no âmbito do Tribunal Regional, cujas execuções poderão ser reunidas para processamento conjunto através da instauração do REEF, utilizando-se de todas as ferramentas eletrônicas de investigação patrimonial disponíveis por meio de processo piloto indicado pelo juízo centralizador de execução;
III – coordenar ações e programas que visem à efetividade da execução.

Art. 158. No PRE todos os esforços deverão ser envidados para solver as execuções pelo pagamento integral ou pelo uso das técnicas da mediação e da conciliação, observando-se, em cada modalidade de pagamento, a atenção às preferências legais, conforme disciplinado pelo Tribunal Regional, ressalvada a ordem de preferência para o RCE instituído pela Lei nº 14.193/2021, que deverá observar os termos estabelecidos no art. 17 desta mesma Lei.

Parágrafo único. Nas hipóteses de PEPT e de REEF, havendo omissão do Tribunal Regional em disciplinar a matéria relativa à ordem de pagamento, e desde que observados os princípios da razoabilidade, equidade e proporcionalidade, o juízo centralizador de execução, após ouvidos os credores, poderá limitar, inverter referida ordem de pagamento dentro da mesma classe, incluir preferências definidas nesta Consolidação ou fixar teto de valores para os credores preferenciais, visando possibilitar o pagamento, ainda que parcial, de um maior número de credores.

SUBSEÇÃO II
PLANO ESPECIAL DE PAGAMENTO TRABALHISTA – PEPT

Art. 159. Para a apreciação preliminar do pedido de instauração do PEPT, o interessado deverá atender aos seguintes requisitos:
I - especificar o valor total da dívida, instruindo o pedido com a relação de processos em fase de execução definitiva, com valores liquidados, organizados pela data de ajuizamento da ação; a(s) vara(s) de origem; os nomes dos credores e respectivos procuradores; as garantias existentes nesses processos, inclusive ordens de bloqueio e restrições; as fases em que se encontram os processos; os valores e a natureza dos respectivos débitos, devidamente atualizados, consolidando esses relatórios por Tribunal Regional, quando for o caso;
II - apresentar o plano de pagamento do débito trabalhista consolidado, incluída a estimativa de juros e de correção monetária até seu integral cumprimento, podendo o pagamento ser fixado em período e montante variáveis, respeitado o prazo máximo de 6 (seis) anos para a quitação integral da dívida;
III - assumir, por declaração de vontade expressa e inequívoca, o compromisso de cumprir regularmente as obrigações trabalhistas dos contratos em curso, inclusive as decorrentes de verbas rescisórias devidas aos empregados dispensados ou que se demitirem;
IV - relacionar, documentalmente, as empresas integrantes do grupo econômico, as quais assumem responsabilidade solidária pelo adimplemento das obrigações relativas ao montante global obtido na reunião dos processos em fase de execução definitiva perante o Tribunal Regional, independentemente de, em qualquer fase dos processos, terem figurado no polo passivo;
V - ofertar garantia patrimonial suficiente ao atendimento das condições estabelecidas, a critério de cada Tribunal Regional, podendo recair em carta de fiança bancária ou seguro garantia, bem como em bens próprios ou de terceiros – desde que devidamente autorizados pelos proprietários legais, hipótese em que deverão ser apresentadas provas de ausência de impedimento ou oneração dos bens, cujas alterações na situação jurídica deverão ser comunicadas pelo interessado de imediato, sob pena de cancelamento do plano e impossibilidade de novo requerimento de parcelamento pelo prazo de 2 (dois) anos;
VI - apresentar balanço contábil, devidamente certificado por contador, bem como declaração de imposto de renda, em que se comprove a incapacidade financeira de arcar com a dívida consolidada, com efetivo comprometimento da continuidade da atividade econômica;
VII - apresentar renúncia, condicionada à aprovação do PEPT, de toda e qualquer impugnação, recurso, ação rescisória ou incidente quanto aos processos envolvidos no plano.

Art. 160. O PEPT alcançará todos os processos em fase de execução definitiva relacionados no ato de apresentação do requerimento, devendo englobar a dívida total consolidada do devedor naquela data.

§ 1º É permitida, mediante requerimento do devedor, a inclusão de processos em fase de execução definitiva que tenham sido iniciados posteriormente ao deferimento do PEPT, desde que sejam atendidos os seguintes requisitos:
I – o plano original esteja com os pagamentos regulares;
II – a repactuação da dívida consolidada permita a quitação dos processos incluídos no prazo do deferimento original do PEPT, salvo a exceção prevista no § 2º;
III – haja, caso necessário, complemento da garantia, de modo a abranger a dívida consolidada atualizada objeto de repactuação.

§ 2º A Corregedoria Regional poderá, mediante requerimento do devedor e ouvido o juízo centralizador de execução, deferir acréscimo de prazo ao originariamente fixado para o plano de pagamento, desde que respeitado o máximo de seis anos estabelecido no art. 159, II, desta Consolidação, bem como haja demonstração pelo devedor da sua incapacidade financeira de arcar com o acréscimo de novos processos em fase de execução definitiva no prazo originariamente assinalado.

§ 3º O inadimplemento de quaisquer das condições estabelecidas implicará a revogação do PEPT, a proibição de obter novo plano pelo prazo de 2 (dois) anos e a instauração de REEF contra o devedor.

§ 4º O PEPT não alcançará os processos submetidos ao regime de pagamento por Precatório ou RPV.

Art. 161. O pedido de instauração do PEPT com o objetivo de parcelamento de débito referente a processos em fase de execução definitiva, em curso no âmbito de um único Tribunal Regional, deverá ser apresentado ao Corregedor Regional respectivo, em classe processual própria.

§ 1º A decisão do Corregedor Regional, que atuará como Relator, deverá ser referendada pelo Órgão Especial, se houver, ou pelo Tribunal Pleno, sempre em decisão fundamentada e observados os parâmetros estipulados nesta Seção.

§ 2º Antes da decisão do Corregedor Regional, o juízo centralizador de execução deverá exarar parecer fundamentado quanto ao atendimento dos requisitos exigidos pelo art. 159 desta Consolidação.

§ 3º A decisão do Corregedor Regional assim como a do Órgão Especial, se houver, ou a do Tribunal Pleno não estarão vinculadas ao referido parecer.

Art. 162. O pedido de instauração do PEPT com o objetivo de parcelamento do débito referente a processos em fase de execução definitiva, no âmbito de mais de um Tribunal Regional, deverá ser apresentado ao Corregedor do Tribunal Regional com maior número de processos em fase de execução definitiva deste devedor, cabendo-lhe atender, além do exigido no art. 159 desta Consolidação, os seguintes requisitos:

I - especificar os Tribunais Regionais onde se localizam os processos;

II - apresentar os documentos de que trata o art. 159, I, desta Consolidação em relações individualizadas referentes a cada um dos Tribunais Regionais onde se processem as execuções que se pretende parcelar por meio do PEPT, assim como resumo global da dívida consolidada.

§ 1º A centralização de execuções, no âmbito de mais de um Tribunal Regional, dependerá de termo de cooperação judiciária firmado entre os Tribunais Regionais que possuam processos em fase de execução definitiva do devedor requerente, devendo observar as diretrizes constantes nesta Consolidação.

§ 2º A decisão do Corregedor Regional que aderir à execução reunida em mais de um Tribunal Regional deverá ser referendada pelo respectivo Órgão Especial, se houver, ou pelo Tribunal Pleno.

§ 3º O insucesso do PEPT que tramitar no âmbito de mais de um Tribunal Regional acarretará a extinção do termo de cooperação judiciária, devendo os REEFs serem processados regionalmente, a cargo de cada juízo centralizador de execução local, observando-se os processos em fase de execução definitiva da competência de seu Tribunal Regional.

§ 4º O termo de cooperação judiciária firmado pelos Tribunais Regionais deverá ser explícito em relação à periodicidade de pagamentos e aos critérios de repasse aos juízos centralizadores de execução dos Tribunais Regionais envolvidos.

§ 5º O acréscimo de processos de que trata o § 1º do art. 160 desta Consolidação, assim como a alteração de prazos do PEPT que resultar no parcelamento de débito referente a processos em fase de execução definitiva em curso no âmbito de mais de um Tribunal Regional, dependerá da observância dos incisos I a III do dispositivo acima mencionado, além da anuência dos demais Tribunais Regionais aderentes.

§ 6º O termo de cooperação judiciária definirá o juízo centralizador de execução do PEPT no âmbito de mais de um Tribunal Regional.

§ 7º A recusa do procedimento não impede que o pleito do devedor seja processado nos Tribunais Regionais onde houver a aprovação.

Art. 163. Durante a análise do requerimento do devedor, o juízo centralizador de execução poderá, a qualquer tempo, formular sugestões de alteração, acréscimo ou supressão de cláusulas, exigir a apresentação de novos documentos, determinar diligências, bem como adotar quaisquer outras medidas que contribuam para a elaboração de proposta de plano de pagamento com melhor exequibilidade.

Art. 164. Instaurado o procedimento e concluída a proposta do devedor, o Corregedor Regional deverá submeter sua decisão sobre a matéria ao Tribunal Pleno ou Órgão Especial, a quem competirá:

I – avaliar o atendimento dos requisitos exigidos para a instauração do PEPT;

II – fixar o prazo de duração, observado o disposto no inciso II do art. 159 e no § 2º do art. 160 desta Consolidação, e o valor a ser pago periodicamente, considerando, nos dois casos, o montante da dívida total consolidada, bem como os correspondentes créditos previdenciários e fiscais;

III – prever a distribuição dos valores arrecadados, observado o disposto nos arts. 155, V, e 158, *caput*, e parágrafo único, da presente Consolidação;

IV – acolher o processo judicial que servirá como piloto, indicado pelo juízo centralizador de execução, para a prática dos atos jurisdicionais posteriores à aprovação do PEPT, no qual serão concentrados todos os atos referentes ao cumprimento do plano;

V - referendar, ou não, após votação do órgão colegiado competente, a decisão do Corregedor Regional acerca do procedimento de instauração do PEPT.

Art. 165. Sempre que, por circunstâncias imprevistas e não imputáveis ao devedor, o plano inicialmente aprovado se revelar inexequível, o devedor poderá apresentar novo plano, atendidos os requisitos do art. 159 desta Consolidação, o qual deverá vir acompanhado de provas das circunstâncias supervenientes, e será objeto de nova decisão pelo órgão colegiado competente, igualmente segundo critérios de conveniência e oportunidade, observado o disposto no art. 161 desta Consolidação.

Parágrafo único. Caso o novo plano seja rejeitado ou se revele inviável, seguir-se-á a instauração de REEF contra o devedor.

Art. 166. Ficam suspensas as medidas constritivas nos processos em fase de execução definitiva relacionados no requerimento do PEPT a partir da sua aprovação pelo Tribunal Pleno ou Órgão Especial.

Parágrafo único. A fluência do prazo prescricional intercorrente dos processos em fase de execução definitiva incluídos no PEPT suspende-se durante sua vigência.

Art. 167. Os recursos informados no plano apresentado pelo devedor e destinados para o PEPT, ou em caso de REEF, poderão observar as seguintes disposições, se outras não forem estipuladas pelos Tribunais Regionais:

I – a limitação de 50% do montante mensal repassado pelo devedor para fins de conciliação;

II – o respectivo processo será elegível para pagamento dentro da ordem de preferência estipulada pelo Tribunal Regional caso seja aplicado deságio de, no mínimo, 30% do valor da dívida original acrescida de juros e correção monetária, para efeitos de conciliação;

III – os valores destinados à conciliação deverão ser ofertados de forma isonômica para os credores;

IV – os valores destinados à conciliação e não utilizados no mês serão destinados, no mês subsequente, ao pagamento dos demais créditos do PEPT ou REEF não elegíveis na ordem de preferência ou que não sejam objeto de acordo;

Art. 168. O PEPT será revisado pelo juízo centralizador de execução a cada 12 (doze) meses, se outro período inferior não houver sido fixado por ocasião do deferimento do plano.

Art. 169. O devedor e as empresas integrantes de seu grupo econômico ficam impedidos de requerer novo PEPT pelo prazo de 24 (vinte e quatro) meses após a extinção do PEPT anterior, mesmo que este tenha sido cumprido, parcial ou integralmente, ou convolado em REEF, ressalvados casos excepcionais, a critério do órgão colegiado competente.

SUBSEÇÃO III
DO REGIME CENTRALIZADO DE EXECUÇÃO – RCE

Art. 170. O RCE disciplinado pela Lei nº 14.193/2021 destina-se única e exclusivamente às entidades de prática desportiva definidas nos incisos I e II do § 1º do art. 1º e que tenham dado origem à constituição de Sociedade Anônima de Futebol na forma do art. 2º, II, da referida lei.

§ 1º A Sociedade Anônima do Futebol que tenha interesse na elaboração e execução de plano para pagamento do passivo trabalhista observará a disciplina de procedimento de reunião de execuções prevista para os demais devedores (PEPT), sendo vedada a utilização das regras previstas nesta Subseção, independentemente de os clubes ou pessoas jurídicas originárias serem beneficiados, ou não, pelo regime de RCE.

§ 2º Quando se tratar de entidade de prática desportiva constituída nos termos do art. 2º, II, da Lei nº 14.193/2021, para efeitos de PRE, deverá ser apresentado o fluxo de caixa e a sua previsão por 3 (três) anos, bem como indicadas as receitas ordinárias e extraordinárias, incluindo todas as formas de ganho de capital.

§ 3º O plano de concurso de credores do clube ou pessoa jurídica original, mencionados no *caput* deste artigo e que tenham optado pelo RCE do art. 13, I, da Lei nº 14.193/2021, deverá apresentar, como condição para aprovação, pagamentos mensais, nos termos dos arts. 10, I, e 15, § 2º, da citada lei, sem prejuízo de outras rendas próprias.

§ 4º Nos termos da Lei nº 14.193/2021, não haverá responsabilidade jurídica da SAF em relação às obrigações do clube ou pessoa jurídica original que a tiver constituído, sejam elas anteriores ou posteriores à data da sua constituição, salvo quanto às atividades específicas do seu objeto social, respondendo pelas obrigações a ela transferidas na forma do § 2º do art. 2º da aludida lei, hipótese em que os pagamentos observarão o disposto nos arts. 10 e 24 da referida lei.

Art. 171. O RCE é incompatível com o regime de Recuperação Judicial ou Extrajudicial, e, constatado requerimento nesse sentido, anterior ou posterior ao RCE trabalhista, este último não será deferido ou será extinto perante o respectivo Tribunal Regional.

SUBSEÇÃO IV
REGIME ESPECIAL DE EXECUÇÃO FORÇADA – REEF

Art. 172. O REEF consiste no procedimento unificado de busca, constrição e expropriação, com vistas ao adimplemento da dívida consolidada de devedor com relevante número de processos em fase de execução definitiva, como medida de otimização das diligências executórias, doravante realizadas de forma convergente, mediante a utilização de processo piloto.

§ 1º O REEF poderá originar-se:

I – do insucesso do Plano Especial de Pagamento Trabalhista (PEPT);

II – do insucesso do RCE previsto na Lei nº 14.193/2021, observado o disposto no artigo 24 desta lei;

III – por meio de requisição das unidades judiciárias de 1º e 2º graus do Tribunal Regional;

IV – por iniciativa do juízo centralizador de execução do Tribunal Regional.

§ 2º A solicitação pelas unidades judiciárias deverá vir acompanhada de certidão comprobatória da utilização, sem sucesso, das ferramentas básicas de pesquisa patrimonial, nos 3 (três) meses anteriores à requisição, e do protesto do devedor, conforme os arts. 883-A da CLT e 517 do CPC.

§ 3º Poderá o juiz da Vara do Trabalho de origem recusar a habilitação de créditos na execução reunida, caso já existam bens penhorados na data da instauração do REEF, sem prejuízo da solicitação a outra Vara do Trabalho, de processo em fase de execução definitiva contra o mesmo devedor.

§ 4º A instauração do REEF determinada por ato do juízo centralizador de execução importará a suspensão das medidas constritivas contra o devedor, salvo em relação ao processo objeto de recusa na forma do parágrafo anterior.

§ 5º Ocorrendo conciliação ou pagamento, ainda que parcial, em processo em fase de execução definitiva não submetido ao REEF, o juízo deverá comunicar o fato ao juízo centralizador de execução, cabendo igual obrigação às partes.

§ 6º Os Tribunais Regionais desenvolverão solução de tecnologia da informação para cadastramento dos créditos habilitados nos processos do REEF pelas unidades judiciárias originárias, com a discriminação da natureza da dívida e dotado de atualização automática.

Art. 173. No curso do REEF, os atos executórios buscando o pagamento da dívida consolidada do executado serão realizados nos autos do processo piloto, ressalvada a hipótese do § 3º do artigo anterior.

§ 1º A definição dos autos a serem qualificados como processo piloto caberá ao juízo centralizador de execução do Tribunal Regional.

§ 2º Os juízes que atuam no juízo centralizador de execução resolverão os incidentes e ações incidentais referentes exclusivamente ao processo piloto e apenas quanto aos atos praticados durante o REEF.

§ 3º Localizados bens do executado, será ordenada sua alienação pelo juízo centralizador de execução.

§ 4º O pagamento integral do processo piloto importará na extinção da referida execução, cabendo ao juízo centralizador de execução a adoção das seguintes providências:

I – eleição de novo processo piloto;

II – lavratura de certidão circunstanciada dos fatos e atos relevantes praticados nos autos do processo piloto, trasladando-se peças, se necessário, para o novo processo piloto;

III – certificação nos autos do processo piloto extinto sobre a necessidade de sua preservação e guarda íntegra até a solução definitiva dos processos em fase de execução definitiva reunidos na forma disciplinada nesta Seção, o que deverá ser observado pela vara de origem.

Art. 174. A consolidação da dívida do executado, no caso do REEF, será feita pelo juízo centralizador de execução, que oficiará as Varas do Trabalho para que informem o montante da dívida do executado, nos processos em fase de execução definitiva, no prazo de 30 (trinta) dias.

Parágrafo único. Na prestação de informações pelas Varas do Trabalho deverá ser discriminada a natureza dos créditos, bem como a respectiva atualização e incidência de juros de mora, sendo vedada a inclusão de valores referentes a processos com pendência de homologação de cálculos.

Art. 175. Os créditos da União Federal, referentes às contribuições previdenciárias e fiscais decorrentes das decisões desta Justiça Especializada, aqueles oriundos de multas administrativas impostas pelos órgãos de fiscalização do trabalho, nos termos do artigo 114, VII e VIII, respectivamente, da Constituição da República, assim como as custas processuais serão pagos após a quitação preferencial dos créditos trabalhistas.

Art. 176. Expropriados todos os bens e efetuados os pagamentos possíveis, havendo crédito remanescente, as Varas do Trabalho da Região e as Corregedorias das demais Regiões serão oficiadas, comunicando a existência do saldo, aguardando a requisição de valores no prazo de 30 (trinta) dias e devolvendo ao executado o saldo existente após os repasses solicitados.

Parágrafo único. Esgotados os meios executórios, ainda que remanesçam débitos, o REEF será extinto, sendo os autos do processo piloto devolvidos ao juízo de origem para providências cabíveis, comunicando-se as Varas do Trabalho do Tribunal Regional.

Art. 177. A Corregedoria-Geral da Justiça do Trabalho – CGJT, em parceria com a Escola Nacional de Aperfeiçoamento da Magistratura Trabalhista – ENAMAT, assim como as Corregedorias Regionais e as respectivas Escolas Judiciais dos Tribunais Regionais do Trabalho – EJUD promoverão cursos de formação, treinamento e atualização para magistrados e servidores da Justiça do Trabalho interessados em integrar os juízos centralizadores de execução, os quais serão escolhidos preferencialmente para o exercício da respectiva função.

SEÇÃO X

EXECUÇÃO PROVISÓRIA

Art. 178. A execução provisória tramitará na classe Cumprimento Provisório de Sentença "CumPrSe" (157).

Art. 179. Havendo trânsito em julgado da decisão exequenda, a Secretaria da Vara do Trabalho anexará, aos autos do processo autuado na classe Cumprimento Provisório de Sentença (CumPrSe) ou nos remanescentes de Execução Provisória em Autos Suplementares (ExProvAS), os arquivos eletrônicos relativos às peças inéditas dos autos principais para o processamento da execução definitiva, retificando-se a autuação para classe processual Cumprimento de Sentença "CumSen" (156) e registrando-se o movimento "50072 – Convertida a execução provisória em definitiva".

Parágrafo único. Na hipótese do *caput*, deve haver arquivamento definitivo do processo "principal".

SEÇÃO XI

INTERVENÇÃO NOS ESTADOS-MEMBROS E MUNICÍPIOS

Art. 180. Os presidentes dos Tribunais Regionais do Trabalho fundamentarão os pedidos de intervenção dirigidos ao Supremo Tribunal Federal e aos Tribunais de Justiça dos Estados, justificando a necessidade da adoção da medida excepcional. Parágrafo único. A intervenção deverá ser requerida pelo credor do estado- membro ou do município.

Art. 181. O pedido de intervenção em estado-membro será encaminhado ao Supremo Tribunal Federal por intermédio da Corregedoria-Geral da Justiça do Trabalho, enquanto o requerimento de intervenção em município será remetido diretamente ao Tribunal de Justiça local pelo presidente do Tribunal Regional do Trabalho.

Art. 182. O pedido de intervenção em estado-membro ou em município será instruído com as seguintes peças:

I - petição do credor, dirigida ao presidente do Tribunal Regional do Trabalho, requerendo o encaminhamento do pedido de intervenção ao Supremo Tribunal Federal ou ao Tribunal de Justiça local, conforme o caso;

II - impugnação do ente público, quando houver;

III - manifestação do órgão do Ministério Público que atua perante o Tribunal Regional do Trabalho;

IV - decisão fundamentada do presidente do Tribunal Regional do Trabalho admitindo o encaminhamento do pedido de intervenção;

V - ofício requisitório que possibilite a verificação da data de expedição do precatório e do ano de sua inclusão no orçamento.

CAPÍTULO VII
NORMAS PROCEDIMENTAIS ADMINISTRATIVAS

SEÇÃO I

ACESSO À CONSULTA PÚBLICA DO PJE

Art. 183. Os Tribunais Regionais do Trabalho disponibilizarão em local de destaque, nos respectivos sítios na rede mundial de computadores, acesso à consulta pública do PJe-JT, para verificar a autenticidade de documentos extraídos dos autos digitais, na forma expressa na Resolução nº 185/2017 do CSJT.

SEÇÃO II

INFORMAÇÕES ESTATÍSTICAS SISTEMA DE GERENCIAMENTO DE INFORMAÇÕES ADMINISTRATIVAS E JUDICIÁRIAS DA JUSTIÇA DO TRABALHO – E-GESTÃO

Art. 184. O Sistema de Gerenciamento de Informações Administrativas e Judiciárias da Justiça do Trabalho – e-Gestão é ferramenta eletrônica de apoio destinada a disponibilizar aos usuários acesso às informações relativas à estrutura administrativa e ao exercício da atividade judiciária dos órgãos do Judiciário do Trabalho de 1º e 2º graus.

Art. 185. O controle estatístico-processual do movimento judiciário e da atuação jurisdicional dos 1º e 2º graus da Justiça do Trabalho, por seus órgãos e juízes, de interesse da Corregedoria-Geral da Justiça do Trabalho, será realizado mediante as informações disponibilizadas no Sistema e-Gestão.

Art. 186. O Sistema e-Gestão é regido pelos princípios da obrigatoriedade e da presunção da veracidade das informações disponibilizadas.

Parágrafo único. É de responsabilidade dos presidentes dos Tribunais Regionais do Trabalho a fidedignidade das informações estatísticas disponibilizadas no Sistema e-Gestão.

Art. 187. O Sistema e-Gestão será administrado pela Corregedoria-Geral da Justiça do Trabalho, assessorada pelo Comitê Gestor Nacional.

§ 1º As atribuições e composição do Comitê Gestor Nacional serão instituídas por ato da Corregedoria-Geral da Justiça do Trabalho.

§ 2º As comunicações com o grupo técnico gte-Gestão deverão ser feitas por meio do *software* Jira, mantido pelo Tribunal Superior do Trabalho.

Art. 188. Os presidentes dos Tribunais Regionais do Trabalho deverão instituir comitês gestores regionais para receberem as orientações do Comitê Gestor Nacional quanto às regras para a coleta e disponibilização das informações, as quais serão repassadas aos respectivos Tribunais Regionais do Trabalho e varas do trabalho da região.

§ 1º O comitê gestor regional do sistema e-Gestão será coordenado preferencialmente por desembargador e deverá ter composição multidisciplinar, contando com pelo menos um juiz de 1º grau e por servidores afeitos às áreas de tecnologia da informação, de estatística, de pessoal e de negócio judicial de 1º e 2º graus.

§ 2º O Comitê Regional reunir-se-á bimestralmente para, entre outras ações, corrigir eventuais inconsistências nos dados remetidos ao TST, retratadas nos relatórios da pasta denominada "Relatórios de Detalhamento de Erros" do Sistema e-Gestão, e encaminhará ao Comitê Gestor Nacional do Sistema e-Gestão a respectiva ata.

Art. 189. As informações disponibilizadas no Sistema e-Gestão pelos Tribunais Regionais do Trabalho e as varas do trabalho deverão observar os modelos previamente aprovados pelo Ministro Corregedor-Geral da Justiça do Trabalho.

§ 1º As informações relativas ao Sistema e-Gestão deverão ser disponibilizadas por meio de remessas de dados, conforme descrito nos manuais de orientação de 1º e 2º graus, diariamente e mensalmente, até o dia 15 (quinze) do mês seguinte ao da realização das atividades.

§ 2º Os erros materiais porventura existentes nas informações disponibilizadas mensalmente no Sistema e-Gestão poderão ser corrigidos até 1º de março do ano subsequente ao ano de referência das informações.

§ 3º Serão consideradas oficiais as remessas de dados enviadas mensalmente pelos Tribunais Regionais do Trabalho.

§ 4º A obrigatoriedade de remessa diária não se aplica aos dados administrativos.

§ 5º Disponibilizada nova versão do extrator do e-Gestão é obrigatório o reprocessamento das remessas anteriores relativas ao mesmo ano da disponibilização.

Art. 190. O Manual do Usuário com o detalhamento das funcionalidades do Sistema e-Gestão e os Manuais de Orientações dos 1º e 2º graus serão disponibilizados na página de acesso ao sistema.

Art. 191. São usuários do Sistema e-Gestão os magistrados e servidores da Justiça do Trabalho.

§ 1º O acesso ao sistema será feito pela Internet para usuários credenciados.

§ 2º A autorização será concedida mediante solicitação de credenciamento à Corregedoria-Geral ou ao Coordenador do Comitê Gestor Regional, conforme o caso.

Art. 192. A Coordenadoria de Estatística e Pesquisa do Tribunal Superior do Trabalho terá a atribuição de elaborar e disponibilizar os relatórios estatísticos oficiais, para fins de inspeção e correição permanentes, conforme modelos previamente estabelecidos pelo Ministro Corregedor-Geral da Justiça do Trabalho.

Parágrafo único. O grupo técnico gte-Gestão definirá os relatórios a serem disponibilizados para consulta aos usuários do sistema.

Art. 193. Os presidentes dos Tribunais Regionais do Trabalho, para os efeitos do artigo 37 da Lei Complementar nº 35/79 – LOMAN, publicarão, mensalmente, até o dia 20 (vinte) do mês subsequente ao de apuração, os dados estatísticos sobre os trabalhos do Tribunal no mês anterior, de acordo com modelo previamente aprovado pelo Ministro Corregedor-Geral da Justiça do Trabalho.

Art. 194. Os Tribunais Regionais do Trabalho divulgarão, em local de destaque de seus respectivos *sites* na rede mundial de computadores, os relatórios de produção mensal dos órgãos judiciais e magistrados de 1º e de 2º graus.

§ 1º Os relatórios, em formato pdf, serão extraídos do sistema e- Gestão e disponibilizados mediante *links* a partir de *banner* próprio de cada Tribunal Regional, intitulado "Produção dos Magistrados".

§ 2º Os relatórios de que trata o parágrafo anterior serão os disponíveis nas subpastas "Transparência" e "Produção" do sistema e-Gestão, sendo:

I - Para o 1º grau:

a) Varas do trabalho – conhecimento;

b) Varas do trabalho – execução;

c) Juízes – conhecimento;

d) Juízes – execução

II – Para o 2º grau:

a) Tribunal;

b) Magistrados.

§ 3º Os relatórios deverão estar disponíveis, mensalmente, no decorrer do mês subsequente àquele em referência, devendo ser mantidos os anteriores, organizados por ano e mês.

TÍTULO III
DISPOSIÇÕES FINAIS

Art. 195. O Corregedor-Geral da Justiça do Trabalho promoverá a revisão periódica e a atualização da presente consolidação, mediante a integração dos provimentos, das recomendações e demais atos da Corregedoria-Geral.

Parágrafo único. O processo de atualização e revisão da presente consolidação observará as regras previstas na Lei Complementar nº 95/1998, preservando- se a redação original dos dispositivos alterados.

Brasília, 26 de setembro de 2023.

DORA MARIA DA COSTA

Ministra Corregedora-Geral da Justiça do Trabalho

DECRETO Nº 11.864, DE 27 DE DEZEMBRO DE 2023

Dispõe sobre o valor do salário mínimo a vigorar a partir de 1º de janeiro de 2024.

‣ *Salário Mínimo 2024*

O PRESIDENTE DA REPÚBLICA, no uso da atribuição que lhe confere o art. 84, *caput*, inciso IV, da Constituição, e tendo em vista o disposto na Lei nº 14.663, de 28 de agosto de 2023,

DECRETA:

Art. 1º A partir de 1º de janeiro de 2024, o valor do salário mínimo será de R$ 1.412,00 (mil quatrocentos e doze reais).

Parágrafo único. Em decorrência do disposto no *caput*, o valor diário do salário mínimo corresponderá a R$ 47,07 (quarenta e sete reais e sete centavos) e o valor horário, a R$ 6,42 (seis reais e quarenta e dois centavos).

Art. 2º Este Decreto entra em vigor em 1º de janeiro de 2024.

Brasília, 27 de dezembro de 2023; 202º da Independência e 135º da República.

LUIZ INÁCIO LULA DA SILVA

Fernando Haddad

Gustavo José de Guimarães e Souza

Carlos Roberto Lupi

Luiz Marinho

LEI Nº 14.725, DE 16 DE NOVEMBRO DE 2023

Regula a profissão de sanitarista.

‣ *Sanitarista*

O PRESIDENTE DA REPÚBLICA

Faço saber que o Congresso Nacional decreta e eu sanciono a seguinte Lei:

Art. 1º Esta Lei regula a profissão de sanitarista e estabelece os requisitos para o exercício de sua atividade profissional.

Art. 2º É livre o exercício da atividade profissional de sanitarista em todo o território nacional, desde que observadas as disposições desta Lei.

Art. 3º Poderão habilitar-se ao exercício da profissão de sanitarista e exercer suas atividades:

I - os diplomados em curso de graduação reconhecido pelo Ministério da Educação e por ele classificado na área de Saúde Coletiva ou de Saúde Pública, ofertado por instituição de ensino superior nacional credenciada pelo Ministério da Educação;

II - os diplomados em curso de mestrado ou doutorado classificado pelo Ministério da Educação na área de Saúde Coletiva ou de Saúde Pública, devidamente reconhecido pela Coordenação de Aperfeiçoamento de Pessoal de Nível Superior (Capes), na forma da legislação vigente;

III - os diplomados em curso de graduação na área de Saúde Coletiva ou de Saúde Pública por instituição de ensino superior estrangeira, com diploma revalidado por instituição de ensino superior brasileira, na forma da legislação vigente;

IV - os portadores de certificado de conclusão de curso de pós-graduação de Residência Médica ou Residência Multiprofissional em Saúde na área de Saúde Coletiva ou de Saúde Pública, reconhecido pela Comissão Nacional de Residência Médica (CNRM) ou pela Comissão Nacional de Residência Multiprofissional em Saúde (CNRMS), nos termos da legislação vigente;

V - os portadores de certificado de conclusão de curso de especialização devidamente cadastrado no Ministério da Educação na área de Saúde Coletiva ou de Saúde Pública, ministrado por instituição de ensino superior cadastrada no Ministério da Educação, cujos formato, duração ou ênfase sejam reconhecidos por autoridade competente do Sistema Único de Saúde (SUS);

VI - aquele que, embora não cumpra os requisitos previstos nos incisos I, II, III, IV e V deste *caput*, tenha formação de nível superior e comprove o exercício de atividade profissional correlata no período mínimo de 5 (cinco) anos até a data de publicação desta Lei.

Art. 4º São atribuições do sanitarista, entre outras, sem prejuízo das atribuições dos demais profissionais de saúde com profissões regulamentadas:

I - analisar, monitorar e avaliar situações de saúde;

II - planejar, pesquisar, administrar, gerenciar, coordenar, auditar e supervisionar as atividades de saúde coletiva nas esferas pública, não governamental, filantrópica ou privada, observados os parâmetros legais e os regulamentos vigentes;

III - identificar, pesquisar, monitorar, registrar e proceder às notificações de risco sanitário, de forma a assegurar o controle de riscos e agravos à saúde da população, nos termos da legislação vigente;

IV - atuar em ações de vigilância em saúde, inclusive no gerenciamento, supervisão e administração, nas instituições governamentais de administração pública direta e indireta, bem como em instituições privadas, não governamentais e filantrópicas;

V - elaborar, gerenciar, monitorar, acompanhar e participar de processos de atenção à saúde, de programas de atendimento biopsicossocial e de ações, inclusive intersetoriais, de prevenção, proteção e promoção da saúde, da educação, da comunicação e do desenvolvimento comunitário;

VI - orientar, supervisionar, executar e desenvolver programas de formação nas áreas de sua competência;

VII - executar serviços de análise, classificação, pesquisa, interpretação e produção de informações científicas e tecnológicas de interesse da saúde e atuar no desenvolvimento científico e tecnológico da saúde coletiva, levando em consideração o compromisso com a dignidade humana e a defesa do direito à saúde;

VIII - planejar, organizar, executar e avaliar atividades de educação em saúde dirigidas em articulação com a população em instituições governamentais de administração pública direta e indireta, bem como em instituições privadas e organizações não governamentais.

Art. 5º Os sanitaristas, no exercício de suas atividades e atribuições, devem zelar:

I - pela observância a princípios éticos, à dignidade da pessoa humana e aos direitos sociais e de cidadania;

II - pelo respeito e defesa dos princípios e diretrizes do SUS;

III - pela legalidade, impessoalidade, eficiência, moralidade administrativa, transparência e publicidade dos atos de gestão, com respeito à privacidade e à intimidade das pessoas;

IV - pela segurança sanitária da população, de forma a prevenir exposição a riscos e potenciais danos;

V - pela garantia de sigilo e de privacidade dos dados e informações em saúde.

Art. 6º O exercício da profissão de sanitarista requer prévio registro em órgão competente do SUS, o qual será feito mediante a apresentação de documentos comprobatórios de conclusão dos cursos previstos nos incisos I, II, III, IV e V do *caput* do art. 3º desta Lei ou a comprovação da experiência profissional nos termos do inciso VI do *caput* do referido artigo.

Art. 7º A fiscalização da profissão de sanitarista será realizada na forma da regulamentação.

Art. 8º Esta Lei entra em vigor na data de sua publicação.

Brasília, 16 de novembro de 2023; 202º da Independência e 135º da República.

LUIZ INÁCIO LULA DA SILVA

Camilo Sobreira de Santana

Flávio Dino de Castro e Costa

Nísia Verônica Trindade Lima

Luiz Marinho

SÚMULAS

ÍNDICE ALFABÉTICO-REMISSIVO DAS SÚMULAS

ÍNDICE ALFABÉTICO-REMISSIVO DAS SÚMULAS

Tema	Tribunal	Súmulas (*)								
Bancário	TST	53	93	102	109	113	117	119	124	199
		226	239	240	257	287				
Banco de horas	TST	85								
Benefício previdenciário	STF	465								
	STJ	44	148	204						
Categoria profissional diferenciada	TST	369	374							
Comissões	TST	27	340							
Compensação	TST	18	48							
Compensação de jornada	TST	85								
Competência da Justiça do Trabalho	TST	300	368	389	392	419	420	454		
	STF	736	22 V	23 V	53 V					
	STJ	10	363							
Confissão e revelia	TST	74	122							
Contrato de trabalho	TST	188	363	386						
Contribuição previdenciária	STF	466	467							
Convenções e Acordos Coletivos de Trabalho	TST	277	374	384						
	STF	679								
Contribuição sindical	TST	432								
	STF	666	40 V							
Correção monetária	TST	187	200	211	304	311	315	381	439	
CTPS	TST	12								
Culpa recíproca	TST	14								
Custas	TST	25	36	53	86	170				
Débito previdenciário	STJ	65								
Decadência	STF	403								
Décimo terceiro salário	TST	45	50	148	157	253				
	STF	688								
Defesa	TST	18	48							
Depósito recursal	TST	86	128	161	217	245	426			
Descanso semanal remunerado	TST	27	172	225						
Descontos fiscais e previdenciários	TST	368								
	STJ	516								
Descontos salariais	TST	342								
Desvio de função	TST	19	275							

Tema	Tribunal	Súmulas (*)								
Diárias para viagens	TST	101	318							
Dispensa com justa causa	TST	32	73							
Divisores	TST	124	432							
Doença	TST	15	46	282						
Embargos de declaração	TST	184	278	421						
Embargos de terceiro	TST	419								
Empregado celetista	TST	243	382							
	STF	678								
Engenheiro do trabalho	TST	370								
Equipamento de proteção individual	TST	80	289							
Equiparação salarial	TST	6	455							
Estabilidade	TST	28	54	244	339	348	355	369	378	379
		390	396							
	STF	197	676							
Execução	TST	416	417	419						
Extinção do contrato de trabalho	TST	14	32	69	73	173	314	382	443	
Faltas justificadas	TST	15	46	89	155	282				
Fato superveniente	TST	394								
Fazenda Pública	TST	303								
Feriados	TST	146	385							
Férias	TST	7	81	149	171	261	328	362	450	
Ferroviário	TST	61	67							
	STF	371								
FGTS	TST	63	98	125	206	305				
Fiança	STJ	81	332	656						
Gorjetas	TST	354								
Gratificação natalina	TST	45	50	148	157	253				
	STF	688								
Gratificações	TST	115	152	202	203	225	372	373		
Greve	TST	189								
	STF	316	23 V							
Grupo econômico	TST	129								
Honorários advocatícios	TST	219	329							
	STF	47 V	633							
	STJ	363								

Tema	Tribunal	Súmulas (*)								
Honorários periciais	TST	341	457							
Horas extras	TST	24	45	63	115	118	124	132	172	199
		264	291	340	347	376				
	STJ	463								
Horas *in itinere*	TST	90	320							
ICMS	STJ	457	649	654						
Indenizações	TST	242	314							
Inquérito judicial para apuração de falta grave	TST	62	379							
Interrupção e suspensão do contrato de trabalho	TST	160	269	440						
Intervalos	TST	110	118	346	437	438	446			
IPI; crédito presumido; insumos isentos	STF	58V								
Irrecorribilidade imediata das decisões interlocutórias	TST	214	414							
INSS	STJ	178								
Ius postulandi	TST	425								
Jornada 12 x 36	TST	444								
Juros de mora	TST	200	211	307	439					
Livro eletrônico; imunidade tributária	STF	57V								
Mandado de Segurança	TST	33	201	414	415	416	417	418		
	STF	623	624	627	629	630	632			
Marítimo	TST	96								
Massa falida	TST	86	388							
Médico do trabalho	TST	370								
Meio ambiente	STJ	652								
Ministério Público do Trabalho	TST	407								
Minutos que antecedem e sucedem a jornada	TST	366	429	449						
Notificação	TST	16	30	427						
Nulidades	TST	363	430							
	STJ	466								
Ônus da prova	TST	212	338	443						
Parcelamento fiscal	STJ	653								
Participação nos lucros ou resultados	TST	451								

Tema	Tribunal	Súmulas (*)								
Recursos	TST	214	303	387	393	422	435	459		
	STJ	225								
Reenquadramento	TST	19	127	275						
Reexame necessário	TST	303								
Regulamento interno	TST	51	77	186	345					
Repouso semanal remunerado	TST	27	172	225						
Revelia e confissão	TST	74	122							
Salário complessivo	TST	91								
Salário e remuneração	TST	13	91	101	143	159	173	241	258	318
		319	322	336	342	367	375			
	STF	241								
Salário *in natura*	TST	241	258	367						
Salário-família	TST	254	344							
Salário-maternidade	STJ	657								
Salário-substituição	TST	159								
Seguro-desemprego	TST	389								
Sentença normativa	TST	279								
Sindicato	TST	369	374							
	STF	677								
Sobreaviso	TST	132	229	428						
Telefonista	TST	178								
Terceirização	TST	331								
Trabalhador rural	STF	612	613							
Transferência de empregado	TST	29	43							
TRCT	TST	330								
Turno ininterrupto de revezamento	TST	110	360	391	423					
	STF	213	675							
União estável; septuagenário	STJ	655								
Valor da causa	TST	71								
Vigia	TST	65	140	257	309					

ÍNDICE DE OJS E PNS

Tema	Orientações Jurisprudenciais SDI1	Orientações Jurisprudenciais SDI2	Orientações Jurisprudenciais SDC	Orientações Jurisprudenciais TP	Orientações Jurisprudenciais SDI1 Transitória	Precedentes Normativos
Abonos	346	19				
Ação anulatória		129				
Ação cautelar		63; 76; 78; 80; 100; 113; 131				
Ação civil pública		130				
Ação coletiva			32			
Ação de cumprimento	188; 277					
Ação rescisória		2; 4; 5; 6; 7; 8; 9; 10; 11; 12; 18; 19; 21; 23; 24; 25; 26; 28; 30; 34; 35; 38; 39; 41; 69; 70; 71; 76; 84; 94; 97; 101; 103; 107; 112; 123; 124; 128; 131; 132; 134; 135; 136; 146; 147; 150; 151; 152; 154; 155; 157; 158				
Acidente do Trabalho						42; 84; 113
Acordo extrajudicial			34			
Adicional de insalubridade	47; 103; 121; 165; 171; 172; 173; 278	2	31		12; 33; 57	
Adicional de periculosidade	165; 172; 279; 324; 345; 347; 385					
Adicional noturno	60; 97; 127; 259					
Adicional por tempo de serviço					60	
Adicionais	16; 17	4			6	
Advogado	7; 403					
Amamentação						6; 22
Antecipação de tutela		68				
Agravo de Instrumento	217; 260; 282; 283; 284; 285; 286; 374				16; 17; 18; 19; 20; 21; 52	
Agravo Regimental	132; 412	69; 100		5		
Alimentação	133; 413					
Alteração do contrato de trabalho	76; 159					
Anistia	12; 91				44; 56	
Aposentadoria	18; 224; 276; 361; 375	8; 57			7; 11; 24; 25; 32; 40; 41; 46; 51; 62; 63; 69; 76	

Tema	Orientações Jurispruden-ciais SDI1	Orientações Jurispruden-ciais SDI2	Orientações Jurispruden-ciais SDC	Orientações Jurispruden-ciais TP	Orientações Jurispruden-ciais SDI1 Transi-tória	Precedentes Normativos
Assembleia sindical			13; 14; 28; 29; 35			
Audiência trabalhista	245					
Aviso-prévio	14; 82; 83; 367				13	24
Bancário	123; 178; 379				34; 77	
Carta de fiança bancária		59				
Categoria profissional diferenciada			36			
Cédula de crédito rural	226					
Cláusula penal	54					
Comissões	175; 181; 397				45	5; 15; 97
Competência da Justiça do Trabalho	26; 138; 416	7; 129; 130; 149		4		
Concessão de serviço público	225				66	
Confissão e revelia	152; 245					
Contribuição sindical			17			119
Convenções e Acordos Coletivos de Trabalho	322; 346		13; 25; 26; 30; 31		61; 68	
Correção monetária	28; 300	11				
CTPS	82					5; 98; 105
Custas	13; 33; 140; 158; 186		27		74	
Décimo terceiro salário					47	
Defensoria Pública					14	
Defesa		146				
Depósito recursal	13; 140; 264					
Descanso semanal remu-nerado	394; 410					79; 80; 85; 86; 92
Descontos fiscais e previ-denciários	363; 368; 376; 398; 400					
Descontos salariais	160; 251		18			14; 88; 118
Desvio de função	125					
Dissídio coletivo			2; 3; 5; 7; 9; 19; 22; 29			10; 37; 82
Divisores	396					
Doença						81
Embargos de declaração	142; 192; 377					
Embargos de terceiro		54			53	
Empregado celetista	51; 185; 216; 247; 308; 339		5		75	

Tema	Orientações Jurispruden-ciais SDI1	Orientações Jurispruden-ciais SDI2	Orientações Jurispruden-ciais SDC	Orientações Jurispruden-ciais TP	Orientações Jurispruden-ciais SDI1 Transi-tória	Precedentes Normativos
Empregado rural	38; 271; 315; 417; 419					20; 34; 50; 53; 59; 60; 62; 63; 64; 65; 68; 69; 71; 106; 107; 108; 110
Empregado sindicalizado			20			
Empreitada	191					
Empresa em liquidação extrajudicial	143; 408	53			37	
Enquadramento sindical			9			
Equiparação salarial	296;418				29	
Estabilidade	41; 253; 268; 297; 364; 365; 369; 399	6; 9; 23; 24; 63; 64; 65; 142	30; 31		9; 42	77
Estagiário	366				29	
Estudante						32; 70
Execução	87; 300; 343	56; 93; 107; 123; 153				
Execução contra a Fazenda Pública				1; 2; 3; 6; 7; 8; 9; 10; 12; 13		
Extinção do contrato de trabalho	148	66	16		38	8; 47
Faltas justificadas						95
Fazenda Pública	382; 389; 134; 152; 192; 238; 373					
Feriados						87
Férias					50	100; 116
FGTS	42; 232; 302; 341; 344; 361; 362; 370				1; 39	
Gratificação natalina					47	
Gratificações	56	26			5; 27; 43; 64	103
Greve			10; 11; 38			29
Habeas corpus		89; 143; 156				
Honorários advocatícios	304; 305; 348; 421					
Honorários periciais	198	98				
Horas extras	47; 97; 117; 233; 235; 415	5			19	
Horas *in itinere*					36	
Indenizações					67	
Interrupção e suspensão do contrato de trabalho	375					
Intervalos	355					
Inquérito judicial para apuração de falta grave		137				
Jornada 12 x 36	388					

Tema	Orientações Jurispruden-ciais SDI1	Orientações Jurispruden-ciais SDI2	Orientações Jurispruden-ciais SDC	Orientações Jurispruden-ciais TP	Orientações Jurispruden-ciais SDI1 Transi-tória	Precedentes Normativos
Jornalista	407					
Juros de mora	382; 408			7	10	55; 112
Justiça gratuita	269; 331					
Liberdade de filiação			20			
Licença remunerada					2	
Litigância de má-fé	409	158				
Mandado de Segurança		53; 54; 56; 57; 59; 63; 64; 65; 66; 67; 69; 88; 91; 92; 93; 98; 99; 127; 137; 140; 142; 144; 151; 152; 153; 155		4		
Ministério Público do Trabalho	130; 237; 338; 350				20	
Motorista	332					89
Multa do art. 477, CLT	238					
Multas						72; 73
Nulidades	199; 335; 338; 350; 362; 366	10; 128				
Oficial de Justiça	164					
Participação nos lucros ou resultados					15; 73	
Pessoa jurídica de direito público	134; 152; 192; 238; 373; 382; 389		5			
Petição inicial		70; 84				
Plano de cargos e salários					70; 71	
Planos econômicos		34; 35			26; 31; 54; 55	
Portuário	60; 316; 391; 402					
Prazos	310; 377					
Precatórios				1; 2; 3; 6; 7; 8; 9; 10; 12; 13		
Prequestionamento	62; 118; 119; 151; 256; 318; 319	124; 135				
Prescrição	83; 129; 130; 242; 243; 359; 370; 375; 392; 401; 417					
Previdência Privada	18;224					
Procuração	7; 75; 110; 134; 200; 255; 349; 371; 374	151			65	
Professor	65; 206; 244; 393	38				31
Programa de incentivo à demissão voluntária	207; 270; 356	19				

Súmulas Vinculantes

- art. 103A, CF.
- Lei 11.417/2006 (Regulamenta o art. 103-A da Constituição Federal e altera a Lei n. 9.784, de 29.01.1999, disciplinando a edição, a revisão e o cancelamento de enunciado de súmula vinculante pelo STF).

1. Ofende a garantia constitucional do ato jurídico perfeito a decisão que, sem ponderar as circunstâncias do caso concreto, desconsidera a validez e a eficácia de acordo constante de termo de adesão instituído pela Lei Complementar n. 110/2001.

- art. 5º, XXXVI, CF.

2. É inconstitucional a lei ou ato normativo estadual ou distrital que disponha sobre sistemas de consórcios e sorteios, inclusive bingos e loterias.

- art. 22, XX, CF.

3. Nos processos perante o Tribunal de Contas da União asseguram-se o contraditório e a ampla defesa quando da decisão puder resultar anulação ou revogação de ato administrativo que beneficie o interessado, excetuada a apreciação da legalidade do ato de concessão inicial de aposentadoria, reforma e pensão.

- arts. 5º, LIV e LV; 71, III, CF.
- art. 2º, Lei 9.784/1999 (Lei do Processo Administrativo Federal).

4. Salvo nos casos previstos na Constituição, o salário mínimo não pode ser usado como indexador de base de cálculo de vantagem de servidor público ou de empregado, nem ser substituído por decisão judicial.

- arts. 7º, IV e XXIII; art. 39, § 1º e § 3º; art. 42, § 1º; art. 142, § 3º, X, CF.

5. A falta de defesa técnica por advogado no processo administrativo disciplinar não ofende a Constituição.

6. Não viola a constituição o estabelecimento de remuneração inferior ao salário-mínimo para as praças prestadoras de serviço militar inicial.

- arts. 1º, III; 5º, *caput*; 7º, IV, 142, § 3º, VIII, 143, *caput*, §§ 1º e 2º, CF
- art. 18, § 2º, Med. Prov. 2.215/2001.

7. A norma do § 3º do art, 192 da Constituição, revogada pela Emenda Constitucional n. 40/2003, que limitava a taxa de juros reais a 12% ao ano, tinha sua aplicação condicionada à edição de Lei Complementar.

- art. 591, CC.
- Med. Prov. 2.172-32 (Estabelece a nulidade das disposições contratuais que menciona e inverte, nas hipóteses que prevê, o ônus da prova nas ações intentadas para sua declaração).
- Súm. 648, STF.

8. São inconstitucionais o parágrafo único do artigo 5º do Decreto-Lei n. 1.569/1977 e os artigos 45 e 46 da Lei n. 8.212/1991, que tratam de prescrição e decadência de crédito tributário.

- arts. 146, III, b, CF.
- arts. 173 e 174, CTN.
- art. 2º, § 3º, Lei 6.830/1980 (Lei de Execução Fiscal).
- art. 348, Dec. 3.048/1999 (Regulamento da Previdência Social).

9. O disposto no artigo 127 da Lei n. 7.210/1984 (Lei de Execução Penal) foi recebido pela ordem constitucional vigente, e não se lhe aplica o limite temporal previsto no *caput* do artigo 58.

- art. 5º, XXXV e XLVI, CF.
- Lei 12.433/2011 (Altera a Lei 7.210/1984 (LEP), para dispor sobre a remição de parte do tempo de execução da pena por estudo ou por trabalho).

10. Viola a cláusula de reserva de plenário (CF, artigo 97) a decisão de órgão fracionário de tribunal que, embora não declare expressamente a inconstitucionalidade de lei ou ato normativo do poder público, afasta sua incidência, no todo ou em parte.

- art. 97, CF.

11. Só é lícito o uso de algemas em casos de resistência e de fundado receio de fuga ou de perigo à integridade física própria ou alheia, por parte do preso ou de terceiros, justificada a excepcionalidade por escrito, sob pena de responsabilidade disciplinar, civil e penal do agente ou da autoridade e de nulidade da prisão ou do ato processual a que se refere, sem prejuízo da responsabilidade civil do Estado.

- arts. 1º, III; 5º, III, X e XLIX, CF.
- art. 284, CPP.
- art. 234, § 1º, CPPM.
- arts. 40 e 199, Lei 7.210/1984 (Lei de Execução Penal).
- Dec. 8.858/2016 (Regulamenta art. 199 da LEP).

12. A cobrança de taxa de matrícula nas universidades públicas viola o disposto no art. 206, IV, da Constituição Federal.

13. A nomeação de cônjuge, companheiro ou parente em linha reta, colateral ou por afinidade, até o terceiro grau, inclusive, da autoridade nomeante ou de servidor da mesma pessoa jurídica investido em cargo de direção, chefia ou assessoramento, para o exercício de cargo em comissão ou de confiança ou, ainda, de função gratificada na administração pública direta e indireta em qualquer dos poderes da União, dos Estados, do Distrito Federal e dos Municípios, compreendido o ajuste mediante designações recíprocas, viola a Constituição Federal.

- art. 37, CF.
- Dec. 7.203/2010 (Vedação do nepotismo no âmbito da Administração Pública Federal).

14. É direito do defensor, no interesse do representado, ter acesso amplo aos elementos de prova que, já documentados em procedimento investigatório realizado por órgão com competência de polícia judiciária, digam respeito ao exercício do direito de defesa.

- arts. 1º, III; e 5º, XXXIII, LIV e LV, CF.
- arts. 9º e 10, CPP.
- arts. 6º e 7º, XIII e XIV, Lei 8.906/1994.

15. O cálculo de gratificações e outras vantagens do servidor público não incide sobre o abono utilizado para se atingir o salário mínimo.

- art. 7º, IV, CF.

16. Os artigos 7º, IV, e 39, § 3º (redação da EC 19/1998), da Constituição, referem-se ao total da remuneração percebida pelo servidor público.

- Refere-se ao art. 100, § 5º, CF.

17. Durante o período previsto no parágrafo 1º do artigo 100 da Constituição, não incidem juros de mora sobre os precatórios que nele sejam pagos.

- Com a EC 62/2009, a referência passou a ser ao § 5º do art. 100, CF.

18. A dissolução da sociedade ou do vínculo conjugal, no curso do mandato, não afasta a inelegibilidade prevista no § 7º do artigo 14 da Constituição Federal.

- art. 14, § 1º, CF.

19. A taxa cobrada exclusivamente em razão dos serviços públicos de coleta, remoção e tratamento ou destinação de lixo ou resíduos provenientes de imóveis, não viola o artigo 145, II, da Constituição Federal.

20. A Gratificação de Desempenho de Atividade Técnico-Administrativa - GDATA, instituída pela Lei n. 10.404/2002, deve ser deferida aos inativos nos valores correspondentes a 37,5 (trinta e sete vírgula cinco) pontos no período de fevereiro a maio de 2002 e, nos termos do artigo 5º, parágrafo único, da Lei n. 10.404/2002, no período de junho de 2002 até a conclusão dos efeitos do último ciclo de avaliação a que se refere o artigo 1º da Medida Provisória n. 198/2004, a partir da qual passa a ser de 60 (sessenta) pontos.

- art. 40, § 8º, CF.

21. É inconstitucional a exigência de depósito ou arrolamento prévios de dinheiro ou bens para admissibilidade de recurso administrativo.

- art. 5º, XXXIV, *a*, e LV, CF.

22. A Justiça do Trabalho é competente para processar e julgar as ações de indenização por danos morais e patrimoniais decorrentes de acidente de trabalho propostas por empregado contra empregador, inclusive aquelas que ainda não possuíam sentença de mérito em primeiro grau quando da promulgação da Emenda Constitucional n. 45/04.

- arts. 7º, XXVIII, 109, I e 114, CF.
- Súm. 235, STF.

23. A Justiça do Trabalho é competente para processar e julgar ação possessória ajuizada em decorrência do exercício do direito de greve pelos trabalhadores da iniciativa privada.

- art. 114, II, CF.

24. Não se tipifica crime material contra a ordem tributária, previsto no art. 1º, incisos I a IV, da Lei n. 8.137/90, antes do lançamento definitivo do tributo.

- arts. 14, I, e 111, I, CP.
- art. 142, *caput*, CTN.
- art. 83, Lei 9.430/1996 (Legislação Tributária Federal, contribuições para Seguridade Social e processo administrativo de consulta).

- art. 9º, § 2º, Lei 10.684/2003 (Parcelamento de débitos junto à SRF, à Procuradoria-Geral da Fazenda Nacional e ao Instituto Nacional do Seguro Social).

25. É ilícita a prisão civil de depositário infiel, qualquer que seja a modalidade do depósito.

- art. 5º, LXVII, e § 2º, CF.
- art. 7º, 7, Pacto de São José da Costa Rica.
- Pacto Internacional sobre Direitos Civis e Políticos, art. 11.
- Súm. 419, STJ.

26. Para efeito de progressão de regime no cumprimento de pena por crime hediondo, ou equiparado, o juízo da execução observará a inconstitucionalidade do art. 2º da Lei n. 8.072, de 25 de julho de 1990, sem prejuízo de avaliar se o condenado preenche, ou não, os requisitos objetivos e subjetivos do benefício, podendo determinar, para tal fim, de modo fundamentado, a realização de exame criminológico.

- art. 5º, XLVI e XLVII, CF.
- arts. 33, § 3º, e 59, CP.
- arts. 66, III, b, Lei 7.210/1984 (Lei de Execução Penal).
- Súm. 439 e 471, STJ.

27. Compete à Justiça Estadual julgar causas entre consumidor e concessionária de serviço público de telefonia, quando a ANATEL não seja litisconsorte passiva necessária, assistente, nem opoente.

- art. 98, I, e 109, I, CF.

28. É inconstitucional a exigência de depósito prévio como requisito de admissibilidade de ação judicial na qual se pretenda discutir a exigibilidade de crédito tributário.

- art. 5º, XXXV, e LV, CF.
- Súm. 112, STJ.
- art. 19, Lei 8.870/1994.

29. É constitucional a adoção, no cálculo do valor de taxa, de um ou mais elementos da base de cálculo própria de determinado imposto, desde que não haja integral identidade entre uma base e outra.

- art. 145, § 2º, CF.

30. (A Súmula Vinculante 30 está pendente de publicação)

31. É inconstitucional a incidência do imposto sobre serviços de qualquer natureza ISS sobre operações de locação de bens móveis.

- art. 156, III, CF.
- LC 116/2003 (Lei do ISS).

32. O ICMS não incide sobre alienação de salvados de sinistro pelas seguradoras.

- arts. 22, VII, e 153, V, CF.
- art. 3º, IX, LC 87/1996 (ICMS Lei Kandir).
- art. 73, Dec.Lei 73/1966 (Sistema Nacional de Seguros Privados e regula operações de seguros e resseguros).
- art. 8º, EC 45/2004.
- Res. STF 388/2008 (Disciplina o processamento de proposta de edição, revisão e cancelamento de súmulas).

33. Aplicam-se ao servidor público, no que couber, as regras do regime geral da previdência social sobre aposentadoria especial de que trata o artigo 40, § 4º, inciso III, da Constituição Federal, até a edição de lei complementar específica. (*DJe* 24.04.2014.)

- arts. 57 e 58, Lei 8.213/1991.

34. A Gratificação de Desempenho de Atividade de Seguridade Social e do Trabalho - GDASST, instituída pela Lei 10.483/2002, deve ser estendida aos inativos no valor correspondente a 60 (sessenta) pontos, desde o advento da Medida Provisória 198/2004, convertida na Lei 10.971/2004, quando tais inativos façam jus à paridade constitucional (EC 20/1998, 41/2003 e 47/2005).

35. A homologação da transação penal prevista no artigo 76 da Lei 9.099/1995 não faz coisa julgada material e, descumpridas suas cláusulas, retoma-se a situação anterior, possibilitando-se ao Ministério Público a continuidade da persecução penal mediante oferecimento de denúncia ou requisição de inquérito policial.

- arts. 5º, XXXVI e LIV; e 98, I, CF/88.

36. Compete à Justiça Federal Comum processar e julgar civil denunciado pelos crimes de falsificação e de uso de documento falso quando se tratar de falsificação da Caderneta de Inscrição e Registro (CIR) ou de Carteira de Habilitação de AMADOR (CHA), ainda que expedidas pela Marinha do Brasil.

- arts. 21, XXII; 109, IV; e 144, § 1º, III, CF/88.
- Dec.-Lei 1.001/1969, arts. 311 e 315.

37. Não cabe ao Poder Judiciário, que não tem função legislativa, aumentar vencimentos de servidores públicos sob o fundamento de isonomia.

- arts. 2º; 5º, *caput* e II; e 37, X, CF/88.
- Súm. 339, STF.
- Embora na publicação da SV 37 conste como precedente o RE 592.317, trata-se do RE 592.317 RG (*DJe* n. 200/2010).

38. É competente o Município para fixar o horário de funcionamento de estabelecimento comercial. (DOU, 20.03.2015.)

- art. 30, I, CF.
- Súm. 645, STF.

39. Compete privativamente à União legislar sobre vencimentos dos membros das polícias civil e militar e do corpo de bombeiros militar do Distrito Federal. (DOU, 20.03.2015.)

- art. 21, XIV, CF.
- Súm. 647, STF.

40. A contribuição confederativa de que trata o art. 8º, IV, da Constituição Federal, só é exigível dos filiados ao sindicato respectivo. (DOU, 20.03.2015.)

- art. 8º, IV, CF.
- Súm. 666, STF.

41. O serviço de iluminação pública não pode ser remunerado mediante taxa. (DOU, 20.03.2015.)

- art. 145, II, CF.
- Súm. 670, STF.

42. É inconstitucional a vinculação do reajuste de vencimentos de servidores estaduais ou municipais a índices federais de correção monetária. (DOU, 20.03.2015.)

- arts. 2º, 25, 29, 30, I, e 37, XIII, CF.
- Súm. 681, STF.

43. É inconstitucional toda modalidade de provimento que propicie ao servidor investir-se, sem prévia aprovação em concurso público destinado ao seu provimento, em cargo que não integra a carreira na qual anteriormente investido. (DOU, 17.04.2015.)

- art. 37, II, CF.
- Súm. 685, STF.

44. Só por lei se pode sujeitar a exame psicotécnico a habilitação de candidato a cargo público. (DOU, 17.04.2015.)

- art. 5º, II; e 37, I, CF.
- Súm. 686, STF.

45. A competência constitucional do Tribunal do Júri prevalece sobre o foro por prerrogativa de função estabelecido exclusivamente pela Constituição Estadual. (DOU, 17.04.2015.)

- art. 5º, XXXVIII, "d"; art. 125, § 1º, CF.
- Súm. 721, STF.

46. A definição dos crimes de responsabilidade e o estabelecimento das respectivas normas de processo e julgamento são da competência legislativa privativa da União. (DOU, 17.04.2015.)

- arts. 22, I; e art. 85,p.u., CF.
- Súm. 722, STF.

47. Os honorários advocatícios incluídos na condenação ou destacados do montante principal devido ao credor consubstanciam verba de natureza alimentar cuja satisfação ocorrerá com a expedição de precatório ou requisição de pequeno valor, observada ordem especial restrita aos créditos dessa natureza. (DOU, 02.06.2015)

- art. 100, § 1º, CF.
- arts. 22, § 4º, e 23, Lei 8.906/1994.
- » Vide art. 85, § 14, do CPC.

48. Na entrada de mercadoria importada do exterior, é legítima a cobrança do ICMS por ocasião do desembaraço aduaneiro. (DOU, 02.06.2015)

- art. 155, § 2º, IX, a, CF.
- Súm. 661, STF.

49. Ofende o princípio da livre concorrência lei municipal que impede a instalação de estabelecimentos comerciais do mesmo ramo em determinada área. (DOU, 23.06.2015.)

- arts. 170, IV, parágrafo único; e art. 173, § 4º, CF.

50. Norma legal que altera o prazo de recolhimento de obrigação tributária não se sujeita ao princípio da anterioridade. (DOU, 23.06.2015.)

- art. 195, § 6º, CF.

51. O reajuste de 28,86%, concedido aos servidores militares pelas Leis 8.622/1993 e 8.627/1993, estende-se aos servidores civis do poder executivo, observadas as eventuais compensações decorrentes dos reajustes diferenciados concedidos pelos mesmos diplomas legais. (DOU, 23.06.2015.)

- art. 37, X, CF.
- Lei 8.622/1993 (Dispõe sobre a revisão geral da remuneração dos servidores públicos civis e militares do Poder Executivo Federal.)
- Lei 8.627/1993 (Especifica os critérios para reposicionamento de servidores públicos federais civis e militares.)

52. Ainda quando alugado a terceiros, permanece imune ao IPTU o imóvel pertencente a qualquer das entidades referidas pelo art. 150, VI, "c", da Constituição Federal, desde que o valor dos aluguéis seja aplicado nas atividades para as quais tais entidades foram constituídas. (DOU, 23.06.2015.)

- art. 150, VI, "c", CF.

53. A competência da Justiça do Trabalho prevista no art. 114, VIII, da Constituição Federal alcança a execução de ofício das contribuições previdenciárias relativas ao objeto da condenação constante das sentenças que proferir e acordos por ela homologados. (DOU, 23.06.2015.)

- art. 114, VIII, CF.

54. A medida provisória não apreciada pelo Congresso Nacional podia, até a Emenda Constitucional n. 32/2001, ser reeditada dentro do seu prazo de eficácia de trinta dias, mantidos os efeitos de lei desde a primeira edição. (DOU, 28.03.2016)

- art. 62, p.u., CF.
- Súm. 651, STF.

55. O direito ao auxílio-alimentação não se estende aos servidores inativos. (DOU, 28.03.2016)

- art. 40, § 4º, CF.
- Súm. 680, STF.

56. A falta de estabelecimento penal adequado não autoriza a manutenção do condenado em regime prisional mais gravoso, devendo-se observar, nessa hipótese, os parâmetros fixados no RE 641.320/RS.

- arts. 1º, III, e 5º, XLVI, CF.

57. A imunidade tributária constante do art. 150, VI, d, da CF/88 aplica-se à importação e comercialização, no mercado interno, do livro eletrônico (e-book) e dos suportes exclusivamente utilizados para fixá-los, como leitores de livros eletrônicos (e-readers), ainda que possuam funcionalidades acessórias.

- art. 150, VI, d, CF.

58. Inexiste direito a crédito presumido de IPI relativamente à entrada de insumos isentos, sujeitos à alíquota zero ou não tributáveis, o que não contraria o princípio da não cumulatividade.

- art. 153, § 3º, II, CF.

59. É impositiva a fixação do regime aberto e a substituição da pena privativa de liberdade por restritiva de direitos quando reconhecida a figura do tráfico privilegiado (art. 33, § 4º, da Lei 11.343/06) e ausentes vetores negativos na primeira fase da dosimetria (art. 59 do CP), observados os requisitos do art. 33, § 2º, alínea c, e do art. 44, ambos do Código Penal.

- arts. 5º, III, XXXIX, XLII, XLVI, LIV, e 93, IX, CF.
- arts. 33, § 2º, alínea c, 44 e 59, CP.
- art. 33, § 4º, da Lei 11.343/2006.

SUPREMO TRIBUNAL FEDERAL

Súmulas

› As Súmulas 1 a 621 são anteriores a promulgação da CF de 1988.

1. É vedada a expulsão de estrangeiro casado com brasileira, ou que tenha filho brasileiro, dependente da economia paterna.

2. Concede-se liberdade vigiada ao extraditando que estiver prêso por prazo superior a sessenta dias.

› Superada.

3. A imunidade concedida a deputados estaduais é restrita à Justiça do Estado.

› Superada.

4. Não perde a imunidade parlamentar o congressista nomeado Ministro de Estado.

› Cancelada.

5. A sanção do projeto supre a falta de iniciativa do Poder Executivo.

› Superada.

6. A revogação ou anulação, pelo Poder Executivo, de aposentadoria, ou qualquer outro ato aprovado pelo Tribunal de Contas, não produz efeitos antes de aprovada por aquele tribunal, ressalvada a competência revisora do Judiciário.

7. Sem prejuízo de recurso para o Congresso, não é exequível contrato administrativo a que o Tribunal de Contas houver negado registro.

8. Diretor de sociedade de economia mista pode ser destituído no curso do mandato.

9. Para o acesso de auditores ao Superior Tribunal Militar, só concorrem os de segunda entrância.

10. O tempo de serviço militar conta-se para efeito de disponibilidade e aposentadoria do servidor público estadual.

11. A vitaliciedade não impede a extinção do cargo, ficando o funcionário em disponibilidade, com todos os vencimentos.

12. A vitaliciedade do professor catedrático não impede o desdobramento da cátedra.

13. A equiparação de extranumerário a funcionário efetivo, determinada pela Lei n. 2.284, de 09.08.1954, não envolve reestruturação, não compreendendo, portanto, os vencimentos.

14. Não é admissível, por ato administrativo, restringir, em razão da idade, inscrição em concurso para cargo público.

› Cancelada.

15. Dentro do prazo de validade do concurso, o candidato aprovado tem o direito à nomeação, quando o cargo for preenchido sem observância da classificação.

16. Funcionário nomeado por concurso tem direito à posse.

17. A nomeação de funcionário sem concurso pode ser desfeita antes da posse.

18. Pela falta residual, não compreendida na absolvição pelo juízo criminal, é admissível a punição administrativa do servidor público.

19. É inadmissível segunda punição de servidor público, baseada no mesmo processo em que se fundou a primeira.

20. É necessário processo administrativo com ampla defesa, para demissão de funcionário admitido por concurso.

21. Funcionário em estágio probatório não pode ser exonerado nem demitido sem inquérito ou sem as formalidades legais de apuração de sua capacidade.

22. O estágio probatório não protege o funcionário contra a extinção do cargo.

23. Verificados os pressupostos legais para o licenciamento da obra, não o impede a declaração de utilidade pública para desapropriação do imóvel, mas o valor da obra não se incluirá na indenização, quando a desapropriação for efetivada.

24. Funcionário interino substituto é demissível, mesmo antes de cessar a causa da substituição.

25. A nomeação a termo não impede a livre demissão pelo Presidente da República, de ocupante de cargo dirigente de autarquia.

26. Os servidores do Instituto de Aposentadoria e Pensões dos Industriários não podem acumular a sua gratificação bienal com o adicional de tempo de serviço previsto no estatuto dos funcionários civis da União.

27. Os servidores públicos não têm vencimentos irredutíveis, prerrogativa dos membros do Poder Judiciário e dos que lhes são equiparados.

28. O estabelecimento bancário é responsável pelo pagamento de cheque falso, ressalvadas as hipóteses de culpa exclusiva ou concorrente do correntista.

» Vide art. 39, parágrafo único, da Lei n. 7.357, de 2-9-1985.

29. Gratificação devida a servidores do "sistema fazendário" não se estende aos dos Tribunais de Contas.

30. Servidores de coletorias não têm direito à percentagem pela cobrança de contribuições destinadas à Petrobras.

31. Para aplicação da Lei n. 1.741, de 22.11.1952, soma-se o tempo de serviço ininterrupto em mais de um cargo em comissão.

32. Para aplicação da Lei n. 1.741, de 22.11.1952, soma-se o tempo de serviço ininterrupto em cargo em comissão e em função gratificada.

33. A Lei n. 1.741, de 22.11.1952, é aplicável às autarquias federais.

34. No Estado de São Paulo, funcionário eleito vereador fica licenciado por tôda a duração do mandato.

35. Em caso de acidente do trabalho ou de transporte, a concubina tem direito de ser indenizada pela morte do amásio, se entre eles não havia impedimento para o matrimônio.

36. Servidor vitalício está sujeito à aposentadoria compulsória, em razão da idade.

37. Não tem direito de se aposentar pelo Tesouro Nacional o servidor que não satisfizer as condições estabelecidas na legislação do serviço público federal, ainda que aposentado pela respectiva instituição previdenciária, com direito, em tese, a duas aposentadorias.

38. Reclassificação posterior à aposentadoria não aproveita ao servidor aposentado.

39. À falta de lei, funcionário em disponibilidade não pode exigir, judicialmente, o seu aproveitamento, que fica subordinado ao critério de conveniência da administração.

40. A elevação da entrância da comarca não promove automaticamente o juiz, mas não interrompe o exercício de suas funções na mesma comarca.

41. Juízes preparadores ou substitutos não têm direito aos vencimentos da atividade fora dos períodos de exercício.

› Súm. 45, STF.

42. É legítima a equiparação de juízes do Tribunal de Contas, em direitos e garantias, aos membros do Poder Judiciário.

43. Não contraria a Constituição Federal o art. 61 da Constituição de São Paulo, que equiparou os vencimentos do Ministério Público aos da magistratura.

44. O exercício do cargo pelo prazo determinado na L. 1.341, de 30.1.51, art. 91, dá preferência para a nomeação interina de Procurador da República.

45. A estabilidade dos substitutos do Ministério Público Militar não confere direito aos vencimentos da atividade fora dos períodos de exercício.

› Súm. 41, STF.

46. Desmembramento de serventia de justiça não viola o princípio de vitaliciedade do serventuário.

47. Reitor de universidade não é livremente demissível pelo Presidente da República durante o prazo de sua investidura.

48. É legítimo o rodízio de docentes livres na substituição do professor catedrático.

49. A cláusula de inalienabilidade inclui a incomunicabilidade dos bens.

› art. 1.848, CC/2002.

50. A lei pode estabelecer condições para a demissão de extranumerário.

51. Militar não tem direito a mais de duas promoções na passagem para a inatividade, ainda que por motivos diversos.

52. A promoção de militar, vinculada à inatividade, pode ser feita, quando couber, a posto inexistente no quadro.

53. A promoção de professor militar, vinculada à sua reforma, pode ser feita, quando couber, a posto inexistente no quadro.

54. A reserva ativa do magistério militar não confere vantagens vinculadas à efetiva passagem para a inatividade.

55. Militar da reserva está sujeito à pena disciplinar.

56. Militar reformado não está sujeito à pena disciplinar.

57. Militar inativo não tem direito ao uso do uniforme fora dos casos previstos em lei ou regulamento.

58. É válida a exigência de média superior a quatro para aprovação em estabelecimento de ensino superior, consoante o respectivo regimento.

59. Imigrante pode trazer, sem licença prévia, automóvel que lhe pertença desde mais de seis meses antes do seu embarque para o Brasil.

60. Não pode o estrangeiro trazer automóvel quando não comprovada a transferência definitiva de sua residência para o Brasil.

▸ Súm. 59, STF.

61. Brasileiro domiciliado no estrangeiro, que se transfere definitivamente para o Brasil, pode trazer automóvel licenciado em seu nome há mais de seis meses.

62. Não basta a simples estada no estrangeiro por mais de seis meses, para dar direito à trazida de automóvel com fundamento em transferência de residência.

63. É indispensável, para trazida de automóvel, a prova do licenciamento há mais de seis meses no país de origem.

64. É permitido trazer do estrangeiro, como bagagem, objetos de uso pessoal e doméstico, desde que, por sua quantidade e natureza, não induzam finalidade comercial.

65. A cláusula de aluguel progressivo anterior à L. 3.494, de 19.12.58, continua em vigor em caso de prorrogação legal ou convencional da locação.

▸ Lei 3.494/1958, revogada pela Lei 4.494/1964.

66. É legítima a cobrança do tributo que houver sido aumentado após o orçamento, mas antes do início do respectivo exercício financeiro.

67. É inconstitucional a cobrança do tributo que houver sido criado ou aumentado no mesmo exercício financeiro.

68. É legítima a cobrança, pelos Municípios, no exercício de 1961, de tributo estadual, regularmente criado ou aumentado, e que lhes foi transferido pela Emenda Constitucional nº 5, de 21.11.61.

69. A Constituição estadual não pode estabelecer limite para o aumento de tributos municipais.

70. É inadmissível a interdição de estabelecimento como meio coercitivo para cobrança de tributo.

71. Embora pago indevidamente, não cabe restituição de tributo indireto.

▸ Súm. 546, STF.

72. No julgamento de questão constitucional, vinculada a decisão do Tribunal Superior Eleitoral, não estão impedidos os ministros do Supremo Tribunal Federal que ali tenham funcionado no mesmo processo, ou no processo originário.

73. Imunidade das autarquias, implicitamente contida no art. 31, V, a, da Constituição Federal, abrange tributos estaduais e municipais.

▸ art. 150, VI, a, §§ 2º e 3º, CF/1988.

74. O imóvel transcrito em nome de autarquia, embora objeto de promessa de venda a particulares, continua imune de impostos locais.

▸ Superada.

75. Sendo vendedora uma autarquia, a sua imunidade fiscal não compreende o imposto de transmissão inter vivos, que é encargo do comprador.

76. As sociedades de economia mista não estão protegidas pela imunidade fiscal do art. 31, V, a, Constituição Federal.

77. Está isenta de impostos federais a aquisição de bens pela Rede Ferroviária Federal.

78. Estão isentas de impostos locais as empresas de energia elétrica, no que respeita às suas atividades específicas.

79. O Banco do Brasil não tem isenção de tributos locais.

80. Para a retomada de prédio situado fora do domicílio do locador exige-se a prova da necessidade.

▸ Súm. 483, STF.

81. As cooperativas não gozam de isenção de impostos locais, com fundamento na Constituição e nas leis federais.

82. São inconstitucionais o imposto de cessão e a taxa sobre inscrição de promessa de venda de imóvel, substitutivos do imposto de transmissão, por incidirem sobre ato que não transfere o domínio.

83. Os ágios de importação incluem-se no valor dos artigos importados para incidência do impôsto de consumo.

84. Não estão isentos do impôsto de consumo os produtos importados pelas cooperativas.

85. Não estão sujeitos ao impôsto de consumo os bens de uso pessoal e doméstico trazidos, como bagagem, do exterior.

86. Não está sujeito ao impôsto de consumo automóvel usado, trazido do exterior pelo proprietário.

87. Somente no que não colidirem com a L. 3.244, de 14.8.57, são aplicáveis acordos tarifários anteriores.

88. É válida a majoração da tarifa alfandegária, resultante da L. 3.244, de 14.8.57, que modificou o Acordo Geral sôbre Tarifas Aduaneiras e Comércio (GATT), aprovado pela L. 313, de 30.7.48.

89. Estão isentas do imposto de importação frutas importadas da Argentina, do Chile, da Espanha e de Portugal, enquanto vigentes os respectivos acordos comerciais.

90. É legítima a lei local que faça incidir o impôsto de indústrias e profissões com base no movimento econômico do contribuinte.

91. A incidência do impôsto único não isenta o comerciante de combustíveis do impôsto de indústrias e profissões.

92. É constitucional o art. 100, nº II, da L. 4.563, de 20.2.57, do Município de Recife, que faz variar o impôsto de licença em função do aumento do capital do contribuinte.

93. Não está isenta do imposto de renda a atividade profissional do arquiteto.

94. É competente a autoridade alfandegária para o desconto, na fonte, do imposto de renda correspondente às comissões dos despachantes aduaneiros.

95. Para cálculo do impôsto de lucro extraordinário, incluem-se no capital as reservas do ano-base, apuradas em balanço.

96. O impôsto de lucro imobiliário incide sôbre a venda de imóvel da meação do cônjuge sobrevivente, ainda que aberta a sucessão antes da vigência da L. 3.470, de 28.11.58.

97. É devida a alíquota anterior do impôsto de lucro imobiliário, quando a promessa de venda houver sido celebrada antes da vigência da lei que a tiver elevado.

98. Sendo o imóvel alienado na vigência da L. 3.470, de 28.11.58, ainda que adquirido por herança, usucapião ou a título gratuito, é devido o impôsto de lucro imobiliário.

99. Não é devido o impôsto de lucro imobiliário, quando a alienação de imóvel adquirido por herança, ou a título gratuito, tiver sido anterior à vigência da L. 3.470, de 28.11.58.

100. Não é devido o impôsto de lucro imobiliário, quando a alienação de imóvel, adquirido por usucapião, tiver sido anterior à vigência da L. 3.470, de 28.11.58.

101. O mandado de segurança não substitui a ação popular.

102. É devido o impôsto federal do selo pela incorporação de reservas, em reavaliação de ativo, ainda que realizada antes da vigência da L. 3.519, de 30.12.58.

103. É devido o impôsto federal do selo na simples reavaliação de ativo, realizada posteriormente à vigência da L. 3.519, de 30.12.58.

104. Não é devido o impôsto federal do selo na simples reavaliação de ativo anterior à vigência da L. 3.519, de 30.12.58.

105. Salvo se tiver havido premeditação, o suicídio do segurado no período contratual de carência não exime o segurador do pagamento do seguro.

▸ arts. 797 e 798, CC/2002.

106. É legítima a cobrança de sêlo sôbre registro de automóveis, na conformidade da legislação estadual.

107. É inconstitucional o impôsto de selo de 3%, ad valorem, do Paraná, quanto aos produtos remetidos para fora do Estado.

108. É legítima a incidência do imposto de transmissão inter vivos sobre o valor do imóvel ao tempo da alienação e não da promessa, na conformidade da legislação local.

109. É devida a multa prevista no art. 15, § 6º, da L. 1.300, de 28.12.50, ainda que a desocupação do imóvel tenha resultado da notificação e não haja sido proposta ação de despejo.

‣ Lei 1.300/1950: revogada pela Lei 4.494/1964.

110. O imposto de transmissão inter vivos não incide sobre a construção, ou parte dela, realizada pelo adquirente, mas sobre o que tiver sido construído ao tempo da alienação do terreno.

111. É legítima a incidência do imposto de transmissão inter vivos sobre a restituição, ao antigo proprietário, de imóvel que deixou de servir à finalidade da sua desapropriação.

112. O imposto de transmissão causa mortis é devido pela alíquota vigente ao tempo da abertura da sucessão.

‣ Súm. 97, STF.

113. O imposto de transmissão causa mortis é calculado sobre o valor dos bens na data da avaliação.

‣ Súm. 590, STF.

114. O imposto de transmissão causa mortis não é exigível antes da homologação do cálculo.

115. Sobre os honorários do advogado contratado pelo inventariante, com a homologação do juiz, não incide o imposto de transmissão causa mortis.

116. Em desquite ou inventário, é legítima a cobrança do chamado imposto de reposição, quando houver desigualdade nos valores partilhados.

‣ Lei 6.515, de 1977.

117. A lei estadual pode fazer variar a alíquota do impôsto de vendas e consignações em razão da espécie do produto.

118. Estão sujeitas ao impôsto de vendas e consignações as transações sôbre minerais, que ainda não estão compreendidos na legislação federal sôbre o impôsto único.

‣ Superada.

119. É devido o impôsto de vendas e consignações sôbre a venda de cafés ao Instituto Brasileiro do Café, embora o lote, originariamente, se destinasse à exportação.

120. Parede de tijolos de vidro translúcido pode ser levantada a menos de metro e meio do prédio vizinho, não importando servidão sobre ele.

‣ arts. 1.301 e 1.302, CC/2002.

121. É vedada a capitalização de juros, ainda que expressamente convencionada.

‣ Súm. 596, STF.
‣ Súm. 539, STJ.

122. O enfiteuta pode purgar a mora enquanto não decretado o comisso por sentença.

‣ Súm. 169, STF.

123. Sendo a locação regida pelo D. 24.150, de 20.4.34, o locatário não tem direito à purgação da mora prevista na L. 1.300, de 28.12.50.

‣ Decr. 24.150/1934: revogado pela Lei 8.245/1991 e Lei 1.300/1950: revogada pela Lei 4.494/1964.

124. É inconstitucional o adicional do impôsto de vendas e consignações cobrado pelo Estado do Espírito Santo sôbre cafés da cota de expurgo entregues ao Instituto Brasileiro do Café.

125. Não é devido o impôsto de vendas e consignações sôbre a parcela do impôsto de consumo que onera a primeira venda realizada pelo produtor.

126. É inconstitucional a chamada taxa de aguardente, do Instituto do Açúcar e do Álcool.

127. É indevida a taxa de armazenagem, posteriormente aos primeiros trinta dias, quando não exigível o impôsto de consumo, cuja cobrança tenha motivado a retenção da mercadoria.

128. É indevida a taxa de assistência médica e hospitalar das instituições de previdência social.

129. Na conformidade da legislação local, é legítima a cobrança de taxa de calçamento.

130. A taxa de despacho aduaneiro (art. 66 da L. 3.244, de 14.8.57) continua a ser exigível após o Dec. Legisl. 14, de 25.8.60, que aprovou alterações introduzidas no Acordo Geral sôbre Tarifas Aduaneiras e Comércio (GATT).

131. A taxa de despacho aduaneiro (art. 66 da L. 3.244, de 14.8.57) continua a ser exigível após o Dec. Legisl. 14, de 25.8.60, mesmo para as mercadorias incluídas na vigente lista III do Acordo Geral sôbre Tarifas Aduaneiras e Comércio (GATT).

132. Não é devida a taxa de previdência social na importação de amianto bruto ou em fibra.

133. Não é devida a taxa de despacho aduaneiro na importação de fertilizantes e inseticidas.

134. A isenção fiscal para a importação de frutas da Argentina compreende a taxa de despacho aduaneiro e a taxa de previdência social.

135. É inconstitucional a taxa de eletrificação de Pernambuco

136. É constitucional a taxa de estatística da Bahia.

137. A taxa de fiscalização da exportação incide sobre a bonificação cambial concedida ao exportador.

138. É inconstitucional a taxa contra fogo, do estado de Minas Gerais, incidente sôbre prêmio de seguro contra fogo.

139. É indevida a cobrança do impôsto de transação a que se refere a L. 899, de 1957, art. 58, IV, letra e, do antigo Distrito Federal.

140. Na importação de lubrificantes é devida a taxa de previdência social.

141. Não incide a taxa de previdência social sobre combustíveis.

142. Não é devida a taxa de previdência social sobre mercadorias isentas do imposto de importação.

143. Na forma da lei estadual, é devido o impôsto de vendas e consignações na exportação de café pelo Estado da Guanabara, embora proveniente de outro Estado.

144. É inconstitucional a incidência da taxa de recuperação econômica de Minas Gerais sôbre contrato sujeito ao impôsto federal do sêlo.

145. Não há crime, quando a preparação do flagrante pela polícia torna impossível a sua consumação.

146. A prescrição da ação penal regula-se pela pena concretizada na sentença, quando não há recurso da acusação.

147. A prescrição de crime falimentar começa a correr da data em que deveria estar encerrada a falência, ou do trânsito em julgado da sentença que a encerrar ou que julgar cumprida a concordata.

‣ Súm. 592, STF.

148. É legítimo o aumento de tarifas portuárias por ato do Ministro da Viação e Obras Públicas.

149. É imprescritível a ação de investigação de paternidade, mas não o é a de petição de herança.

150. Prescreve a execução no mesmo prazo de prescrição da ação.

151. Prescreve em um ano a ação do segurador sub-rogado para haver indenização por extravio ou perda de carga transportada por navio.

152. A ação para anular venda de ascendente a descendente, sem consentimento dos demais, prescreve em quatro anos a contar da abertura da sucessão.

‣ Revogada.

153. Simples protesto cambiário não interrompe a prescrição.

‣ art. 202, III, CC/2002.

154. Simples vistoria não interrompe a prescrição.

155. É relativa a nulidade do processo criminal por falta de intimação da expedição de precatória para inquirição de testemunha.

156. É absoluta a nulidade do julgamento, pelo júri, por falta de quesito obrigatório.

157. É necessária prévia autorização do Presidente da República para desapropriação, pelos Estados, de empresa de energia elétrica.

158. Salvo estipulação contratual averbada no registro imobiliário, não responde o adquirente pelas benfeitorias do locatário.

159. Cobrança excessiva, mas de boa-fé, não dá lugar às sanções do art. 1.531 do Código Civil.

‣ Refere-se ao Código Civil/1916, art. 1.531.
‣ art. 940, CC/2002.

160. É nula a decisão do tribunal que acolhe, contra o réu, nulidade não arguida no recurso da acusação, ressalvados os casos de recurso de ofício.

161. Em contrato de transporte, é inoperante a cláusula de não indenizar.

‣ art. 734, CC/2002.

162. É absoluta a nulidade do julgamento pelo júri, quando os quesitos da defesa não precedem aos das circunstâncias agravantes.

163. Salvo contra a Fazenda Pública, sendo a obrigação ilíquida, contam-se os juros moratórios desde a citação inicial para a ação.

164. No processo de desapropriação, são devidos juros compensatórios desde a antecipada imissão de posse, ordenada pelo juiz, por motivo de urgência.

165. A venda realizada diretamente pelo mandante ao mandatário não é atingida pela nulidade do art. 1.133, II, do Código Civil.

‣ Refere-se ao CC/1916, art. 1.133, II.

‣ art. 497, CC/2002.

166. É inadmissível o arrependimento no compromisso de compra e venda sujeito ao regime do Decreto-Lei n. 58, de 10.12.1937.

167. Não se aplica o regime do Decreto-Lei n. 58, de 10.12.1937, ao compromisso de compra e venda não inscrito no registro imobiliário, salvo se o promitente vendedor se obrigou a efetuar o registro.

168. Para os efeitos do Decreto-Lei n. 58, de 10.12.1937, admite-se a inscrição imobiliária do compromisso de compra e venda no curso da ação.

169. Depende de sentença a aplicação da pena de comisso.

‣ Súm. 122, STF.

170. É resgatável a enfiteuse instituída anteriormente à vigência do Código Civil.

‣ Refere-se ao Código Civil/1916.
‣ art. 2.038, CC/2002.

171. Não se admite, na locação em curso, de prazo determinado, a majoração de encargos a que se refere a L. 3.844, de 15.12.60.

‣ Lei 3.844/1960 revogada pela Lei 4.494/1964.

172. Não se admite, na locação em curso, de prazo determinado, o reajustamento de aluguel a que se refere a L. 3.085, de 29.12.56.

‣ Lei 3.085/1956 revogada pela Lei 4.494/1964.

173. Em caso de obstáculo judicial admite-se a purga da mora, pelo locatário, além do prazo legal.

174. Para a retomada do imóvel alugado, não é necessária a comprovação dos requisitos legais na notificação prévia.

175. Admite-se a retomada de imóvel alugado para uso de filho que vai contrair matrimônio.

176. O promitente comprador, nas condições previstas na L. 1.300, de 28-12-50, pode retomar o imóvel locado.

‣ Lei 1.300 revogada pela Lei 4.494/1964.

177. O cessionário do promitente comprador, nas mesmas condições deste, pode retomar o imóvel locado.

178. Não excederá de cinco anos a renovação judicial de contrato de locação, fundada no Decreto n. 24.150, de 20.04.1934.

‣ Dec. 24.150 /1934 revogado pela Lei 8.245/1991.

179. O aluguel arbitrado judicialmente nos têrmos da L. 3.085, de 29.12.56, art. 6º, vigora a partir da data do laudo pericial.

‣ Lei 3.085/1956: revogada pela Lei 4.494/1964.

180. Na ação revisional do art. 31 do D. 24.150, de 20.4.34, o aluguel arbitrado vigora a partir do laudo pericial.

‣ Dec. 24.150/1934: revogado pela Lei 8.245/1991.

181. Na retomada, para construção mais útil de imóvel sujeito ao D. 24.150, de 20.4.34, é sempre devida indenização para despesas de mudança do locatário.

‣ Dec. 24.150/1934: revogado pela Lei 8.245/1991.

182. Não impede o reajustamento do débito pecuário, nos termos da L. 1.002, de 24.12.49, a falta de cancelamento da renúncia à moratória da L. 209, de 2.1.48.

183. Não se incluem no reajustamento pecuário dívidas estranhas à atividade agropecuária.

184. Não se incluem no reajustamento pecuário dívidas contraídas posteriormente a 19.12.1946.

185. Em processo de reajustamento pecuário, não responde a União pelos honorários do advogado do credor ou do devedor.

186. Não infringe a lei a tolerância da quebra de 1% no transporte por estrada de ferro, prevista no regulamento de transportes.

187. A responsabilidade contratual do transportador, pelo acidente com o passageiro, não é elidida por culpa de terceiro, contra o qual tem ação regressiva.

188. O segurador tem ação regressiva contra o causador do dano, pelo que efetivamente pagou, até ao limite previsto no contrato de seguro.

189. Avais em branco e superpostos consideram-se simultâneos e não sucessivos.

» Vide art. 898 do CC.

190. O não pagamento de título vencido há mais de trinta dias, sem protesto, não impede a concordata preventiva.

‣ art. 48, Lei 11.101/2005 (A concordata foi substituída pela recuperação judicial e extrajudicial de empresas).

191. Inclui-se no crédito habilitado em falência a multa fiscal simplesmente moratória.

‣ Cancelada.

192. Não se inclui no crédito habilitado em falência a multa fiscal com efeito de pena administrativa.

‣ Súm. 191 e 565, STF.

193. Para a restituição prevista no art. 76, § 2º, da Lei de Falências, conta-se o prazo de quinze dias da entrega da coisa e não da sua remessa.

‣ art. 85, p.u., Lei 11.101/2005 (Lei de Recuperação de Empresas e Falência).
‣ Súm. 417 e 495, STF.

194. É competente o Ministro do Trabalho para a especificação das atividades insalubres.

195. Contrato de trabalho para obra certa, ou de prazo determinado, transforma-se em contrato de prazo indeterminado, quando prorrogado por mais de quatro anos.

196. Ainda que exerça atividade rural, o empregado de empresa industrial ou comercial é classificado de acordo com a categoria do empregador.

197. O empregado com representação sindical só pode ser despedido mediante inquérito em que se apure falta grave.

198. As ausências motivadas por acidente do trabalho não são descontáveis do período aquisitivo das férias.

199. O salário das férias do empregado horista corresponde à média do período aquisitivo, não podendo ser inferior ao mínimo.

200. Não é inconstitucional a Lei n. 1.530, de 26.12.1951, que manda incluir na indenização por despedida injusta parcela correspondente a férias proporcionais.

201. O vendedor pracista, remunerado mediante comissão, não tem direito ao repouso semanal remunerado.

202. Na equiparação de salário, em caso de trabalho igual, toma-se em conta o tempo de serviço na função, e não no emprego.

203. Não está sujeita à vacância de 60 dias a vigência de novos níveis de salário-mínimo.

204. Tem direito o trabalhador substituto, ou de reserva, ao salário-mínimo no dia em que fica à disposição do empregador sem ser aproveitado na função específica; se aproveitado, recebe o salário contratual.

‣ Súm. 159, TST.

205. Tem direito a salário integral o menor não sujeito a aprendizagem metódica.

206. É nulo o julgamento ulterior pelo júri com a participação de jurado que funcionou em julgamento anterior do mesmo processo.

‣ art. 449, I, CPP.

207. As gratificações habituais, inclusive a de natal, consideram-se tacitamente convencionadas, integrando o salário.

208. O assistente do Ministério Público não pode recorrer, extraordinariamente, de decisão concessiva de *habeas corpus*.

‣ Súm. 210, STF.

209. O salário-produção, como outras modalidades de salário-prêmio, é devido, desde que verificada a condição a que estiver subordinado, e não pode ser suprimido unilateralmente, pelo empregador, quando pago com habitualidade.

210. O assistente do Ministério Público pode recorrer, inclusive extraordinariamente, na ação penal, nos casos dos arts. 584, § 1º, e 598 do Código de Processo Penal.

‣ Súm. 208, STF.

211. Contra a decisão proferida sôbre o agravo no auto do processo, por ocasião do julgamento da apelação, não se admitem embargos infringentes ou de nulidade.

212. Tem direito ao adicional de serviço perigoso o empregado de posto de revenda de combustível líquido.

213. É devido o adicional de serviço noturno, ainda que sujeito o empregado ao regime de revezamento.

214. A duração legal da hora de serviço noturno (52 minutos e 30 segundos) constitui vantagem suplementar que não dispensa o salário adicional.

215. Conta-se a favor de empregado readmitido o tempo de serviço anterior, salvo se houver sido despedido por falta grave ou tiver recebido a indenização legal.

216. Para decretação da absolvição de instância pela paralisação do processo por mais de trinta dias, é necessário que o autor, previamente intimado, não promova o andamento da causa.

217. Tem direito de retornar ao emprego, ou ser indenizado em caso de recusa do empregador, o aposentado que recupera a capacidade de trabalho dentro de cinco anos, a contar da aposentadoria, que se torna definitiva após esse prazo.

218. É competente o juízo da Fazenda Nacional da capital do Estado, e não o da situação da coisa, para a desapropriação promovida por empresa de energia elétrica, se a União Federal intervém como assistente.

219. Para a indenização devida a empregado que tinha direito a ser readmitido, e não foi, levam-se em conta as vantagens advindas à sua categoria no período do afastamento.

220. A indenização devida a empregado estável, que não é readmitido, ao cessar sua aposentadoria, deve ser paga em dobro.

221. A transferência de estabelecimento, ou a sua extinção parcial, por motivo que não seja de força maior, não justifica a transferência de empregado estável.

222. O princípio da identidade física do juiz não é aplicável às juntas de conciliação e julgamento da Justiça do Trabalho.

- EC 24/1999 (Altera dispositivos da Constituição Federal pertinentes à representação classista na Justiça do Trabalho).
- Súm. 217, TFR.

223. Concedida isenção de custas ao empregado, por elas não responde o sindicato que o representa em juízo.

224. Os juros da mora, nas reclamações trabalhistas, são contados desde a notificação inicial.

225. Não é absoluto o valor probatório das anotações da carteira profissional.

226. Na ação de desquite, os alimentos são devidos desde a inicial e não da data da decisão que os concede.

227. A concordata do empregador não impede a execução de crédito nem a reclamação de empregado na Justiça do Trabalho.

- art. 48, Lei 11.101/2005 (A concordata foi substituída pela recuperação judicial e extrajudicial de empresas).

228. Não é provisória a execução na pendência de recurso extraordinário, ou de agravo destinado a fazê-lo admitir.

- Revogada.

229. A indenização acidentária não exclui a do direito comum, em caso de dolo ou culpa grave do empregador.

230. A prescrição da ação de acidente do trabalho conta-se do exame pericial que comprovar a enfermidade ou verificar a natureza da incapacidade.

231. O revel, em processo cível, pode produzir provas, desde que compareça em tempo oportuno.

232. Em caso de acidente do trabalho, são devidas diárias até doze meses, as quais não se confundem com a indenização acidentária nem com o auxílio-enfermidade.

233. Salvo em caso de divergência qualificada (Lei n. 623/1949), não cabe recurso de embargos contra decisão que nega provimento a agravo ou não conhece de recurso extraordinário, ainda que por maioria de votos.

- Súm. 599, STF.

234. São devidos honorários de advogado em ação de acidente do trabalho julgada procedente.

235. É competente para a ação de acidente do trabalho a Justiça Cível Comum, inclusive em segunda instância, ainda que seja parte autarquia seguradora.

- arts. 109, I, e 114, VI, CF.
- Súm. 501, STF.
- Súm. 15, STJ.
- Súm. Vinc. 22, STF.
- EC 45/2004.

236. Em ação de acidente do trabalho, a autarquia seguradora não tem isenção de custas.

237. O usucapião pode ser arguído em defesa.

- Súm. 445, STF.

238. Em caso de acidente do trabalho, a multa pelo retardamento da liquidação é exigível do segurador sub-rogado, ainda que autarquia.

239. Decisão que declara indevida a cobrança do imposto em determinado exercício não faz coisa julgada em relação aos posteriores.

240. O depósito para recorrer, em ação de acidente do trabalho, é exigível do segurador sub-rogado, ainda que autarquia.

241. A contribuição previdenciária incide sobre o abono incorporado ao salário.

242. O agravo no auto do processo deve ser apreciado, no julgamento da apelação, ainda que o agravante não tenha apelado.

243. Em caso de dupla aposentadoria, os proventos a cargo do IAPFESP não são equiparáveis aos pagos pelo Tesouro Nacional, mas calculados à base da média salarial nos últimos doze meses de serviço.

244. A importação de máquinas de costura está isenta do imposto de consumo.

245. A imunidade parlamentar não se estende ao corréu sem essa prerrogativa.

246. Comprovado não ter havido fraude, não se configura o crime de emissão de cheque sem fundos.

247. O relator não admitirá os embargos da Lei n. 623, de 19.02.1949, nem deles conhecerá o Supremo Tribunal Federal, quando houver jurisprudência firme do plenário no mesmo sentido da decisão embargada.

248. É competente, originariamente, o Supremo Tribunal Federal, para mandado de segurança contra ato do Tribunal de Contas da União.

- art. 102, I, d, CF.

249. É competente o Supremo Tribunal Federal para a ação rescisória, quando, embora não tendo conhecido do recurso extraordinário, ou havendo negado provimento ao agravo, tiver apreciado a questão federal controvertida.

- Súm. 515, STF.

250. A intervenção da União desloca o processo do juízo cível comum para o fazendário.

251. Responde a Rede Ferroviária Federal S.A. perante o foro comum e não perante o juízo especial da Fazenda Nacional, a menos que a União intervenha na causa.

- Súm. 508, 517 e 556, STF.
- Súm. 42, STJ.

252. Na ação rescisória, não estão impedidos juízes que participaram do julgamento rescindendo.

253. Nos embargos da Lei n. 623, de 19.02.1949, no Supremo Tribunal Federal, a divergência somente será acolhida, se tiver sido indicada na petição de recurso extraordinário.

254. Incluem-se os juros moratórios na liquidação, embora omisso o pedido inicial ou a condenação.

255. Sendo ilíquida a obrigação, os juros moratórios, contra a Fazenda Pública, incluídas as autarquias, são contados do trânsito em julgado da sentença de liquidação.

- Cancelada.

256. É dispensável pedido expresso para condenação do réu em honorários, com fundamento nos arts. 63 ou 64 do Código de Processo Civil.

- Refere-se ao CPC/1939.
- arts. 82 e ss., CPC/2015.

257. São cabíveis honorários de advogado na ação regressiva do segurador contra o causador do dano.

258. É admissível reconvenção em ação declaratória.

259. Para produzir efeito em juízo não é necessária a inscrição, no registro público, de documentos de procedência estrangeira, autenticados por via consular.

260. O exame de livros comerciais, em ação judicial, fica limitado às transações entre os litigantes.

261. Para a ação de indenização, em caso de avaria, é dispensável que a vistoria se faça judicialmente.

262. Não cabe medida possessória liminar para liberação alfandegária de automóvel

263. O possuidor deve ser citado pessoalmente para a ação de usucapião.

- Súm. 391, STF.

264. Verifica-se a prescrição intercorrente pela paralisação da ação rescisória por mais de cinco anos.

265. Na apuração de haveres não prevalece o balanço não aprovado pelo sócio falecido, excluído ou que se retirou.

266. Não cabe mandado de segurança contra lei em tese.

267. Não cabe mandado de segurança contra ato judicial passível de recurso ou correição.

- art. 5º, II, Lei 12.016/2009.

268. Não cabe mandado de segurança contra decisão judicial com trânsito em julgado.

269. O mandado de segurança não é substitutivo de ação de cobrança.

- Súm. 271, STF.

270. Não cabe mandado de segurança para impugnar enquadramento da Lei n. 3.780, de 12.07.1960, que envolva exame de prova ou de situação funcional complexa.

271. Concessão de mandado de segurança não produz efeitos patrimoniais em relação a período pretérito, os quais devem ser reclamados administrativamente ou pela via judicial própria.

- Súm. 269, STF.

272. Não se admite como ordinário recurso extraordinário de decisão denegatória de mandado de segurança.

273. Nos embargos da Lei n. 623, de 19.02.1949, a divergência sobre questão prejudicial ou preliminar, suscitada após a interposição do recurso extraordinário, ou do agravo, somente será acolhida se o acórdão-padrão for anterior à decisão embargada.

‣ Súm. 598, STF.

274. É inconstitucional a taxa de serviço contra fogo cobrada pelo Estado de Pernambuco.

‣ Revogada.

275. Está sujeita a recurso ex officio sentença concessiva de reajustamento pecuário anterior à vigência da Lei n. 2.804, de 25.06.1956.

276. Não cabe recurso de revista em ação executiva fiscal.

277. São cabíveis embargos, em favor da Fazenda Pública, em ação executiva fiscal, não sendo unânime a decisão.

278. São cabíveis embargos em ação executiva fiscal contra decisão reformatória da de primeira instância, ainda que unânime.

279. Para simples reexame de prova não cabe recurso extraordinário.

‣ Súm. 7, STJ.

280. Por ofensa a direito local não cabe recurso extraordinário.

281. É inadmissível o recurso extraordinário, quando couber na justiça de origem, recurso ordinário da decisão impugnada.

282. É inadmissível o recurso extraordinário, quando não ventilada, na decisão recorrida, a questão federal suscitada.

‣ Súm. 356, STF.

‣ Súm. 320, STJ.

283. É inadmissível o recurso extraordinário, quando a decisão recorrida assenta em mais de um fundamento suficiente e o recurso não abrange todos eles.

284. É inadmissível o recurso extraordinário, quando a deficiência na sua fundamentação não permitir a exata compreensão da controvérsia.

285. Não sendo razoável a arguição de inconstitucionalidade, não se conhece do recurso extraordinário fundado na letra c do art. 101, III, da Constituição Federal.

286. Não se conhece do recurso extraordinário fundado em divergência jurisprudencial, quando a orientação do plenário do Supremo Tribunal Federal já se firmou no mesmo sentido da decisão recorrida.

‣ Súm. 83, STF.

287. Nega-se provimento ao agravo, quando a deficiência na sua fundamentação, ou na do recurso extraordinário, não permitir a exata compreensão da controvérsia.

288. Nega-se provimento a agravo para subida de recurso extraordinário, quando faltar no traslado o despacho agravado, a decisão recorrida, a petição de recurso extraordinário ou qualquer peça essencial à compreensão da controvérsia.

‣ Súm. 639, STF.

289. O provimento do agravo por uma das turmas do Supremo Tribunal Federal ainda que sem ressalva, não prejudica a questão do cabimento do recurso extraordinário.

‣ Súm. 300, STF.

290. Nos embargos da Lei n. 623, de 19.02.1949, a prova de divergência far-se-á por certidão, ou mediante indicação do Diário da Justiça ou de repertório de jurisprudência autorizado, que a tenha publicado, com a transcrição do trecho que configure a divergência, mencionadas as circunstâncias que identifiquem ou assemelhem os casos confrontados.

291. No recurso extraordinário pela letra d do art. 101, III, da Constituição, a prova do dissídio jurisprudencial far-se-á por certidão, ou mediante indicação do Diário da Justiça ou de repertório de jurisprudência autorizado, com a transcrição do trecho que configure a divergência, mencionadas as circunstâncias que identifiquem ou assemelhem os casos confrontados.

292. Interposto o recurso extraordinário por mais de um dos fundamentos indicados no art. 101, III, da Constituição, a admissão apenas por um deles não prejudica o seu conhecimento por qualquer dos outros.

293. São inadmissíveis embargos infringentes contra decisão em matéria constitucional submetida ao plenário dos tribunais.

‣ Súm. 296 e 455, STF.

294. São inadmissíveis embargos infringentes contra decisão do Supremo Tribunal Federal em mandado de segurança.

‣ Súm. 597, STF.

295. São inadmissíveis embargos infringentes contra decisão unânime do Supremo Tribunal Federal em ação rescisória.

296. São inadmissíveis embargos infringentes sobre matéria não ventilada, pela turma, no julgamento do recurso extraordinário.

‣ Súm. 293, STF.

297. Oficiais e praças das milícias dos Estados, no exercício de função policial civil, não são considerados militares para efeitos penais, sendo competente a Justiça comum para julgar os crimes cometidos por ou contra êles.

298. O legislador ordinário só pode sujeitar civis à justiça militar, em tempo de paz, nos crimes contra a segurança externa do país ou as instituições militares.

299. O recurso ordinário e o extraordinário interpostos no mesmo processo de mandado de segurança, ou de *habeas corpus*, serão julgados conjuntamente pelo tribunal pleno.

300. São incabíveis os embargos da Lei n. 623, de 19.02.1949, contra provimento de agravo para subida de recurso extraordinário.

‣ Súm. 599, STF.

301. Por crime de responsabilidade, o procedimento penal contra Prefeito Municipal fica condicionado ao seu afastamento do cargo por impeachment, ou à cessação do exercício por outro motivo.

‣ Cancelada.

302. Está isenta da taxa de previdência social a importação de petróleo bruto.

303. Não é devido o impôsto federal de sêlo em contrato firmado com autarquia anteriormente à vigência da Emenda Constitucional 5, de 21-11-1961.

304. Decisão denegatória de mandado de segurança, não fazendo coisa julgada contra o impetrante, não impede o uso da ação própria.

305. Acordo de desquite ratificado por ambos os cônjuges não é retratável unilateralmente.

‣ Alteração legislativa posterior à súmula.

306. As taxas de recuperação econômica e de assistência hospitalar de Minas Gerais são legítimas, quando incidem sôbre matéria tributável pelo Estado.

307. É devido o adicional de serviço insalubre, calculado à base do salário-mínimo da região, ainda que a remuneração contratual seja superior ao salário-mínimo acrescido da taxa de insalubridade.

308. A taxa de despacho aduaneiro, sendo adicional do imposto de importação, não incide sobre borracha importada com isenção daquele imposto.

‣ Súm. 130 e 131, STF.

309. A taxa de despacho aduaneiro, sendo adicional do imposto de importação, não está compreendida na isenção do imposto de consumo para automóvel usado trazido do exterior pelo proprietário.

‣ Súm. 86, STF.

310. Quando a intimação tiver lugar na sexta-feira, ou a publicação com efeito de intimação for feita nesse dia, o prazo judicial terá início na segunda-feira imediata, salvo se não houver expediente, caso em que começará no primeiro dia útil que se seguir.

311. No típico acidente do trabalho, a existência de ação judicial não exclui a multa pelo retardamento da liquidação.

312. Músico integrante de orquestra da empresa, com atuação permanente e vínculo de subordinação, está sujeito a legislação geral do trabalho, e não à especial dos artistas.

313. Provada a identidade entre o trabalho diurno e o noturno, é devido o adicional, quanto a este, sem a limitação do art. 73, § 3º, da Consolidação das Leis do trabalho independentemente da natureza da atividade do empregador.

314. Na composição do dano por acidente do trabalho, ou de transporte, não é contrário à lei tomar para base da indenização o salário do tempo da perícia ou da sentença.

315. Indispensável o traslado das razões da revista, para julgamento, pelo Tribunal Superior do Trabalho, do agravo para sua admissão.

316. A simples adesão a greve não constitui falta grave.

317. São improcedentes os embargos declaratórios, quando não pedida a declaração do julgado anterior, em que se verificou a omissão.

318. É legítima a cobrança, em 1962, pela municipalidade de São Paulo, do impôsto de indústrias e profissões, consoante as leis 5.917 e 5.919, de 1961 (aumento anterior à vigência do orçamento e incidência do tributo sôbre o movimento econômico do contribuinte).

319. O prazo do recurso ordinário para o Supremo Tribunal Federal, em *habeas corpus* ou mandado de segurança, é de cinco dias.

320. A apelação despachada pelo juiz no prazo legal não fica prejudicada pela demora da juntada, por culpa do cartório.

› Súm. 425 e 428, STF.

321. A Constituição Estadual pode estabelecer a irredutibilidade dos vencimentos do Ministério Público.

› Revogada.

322. Não terá seguimento pedido ou recurso dirigido ao Supremo Tribunal Federal, quando manifestamente incabível, ou apresentado fora do prazo, ou quando for evidente a incompetência do tribunal.

323. É inadmissível a apreensão de mercadorias como meio coercitivo para pagamento de tributos.

324. A imunidade do art. 31, V, da Constituição Federal não compreende as taxas.

325. As emendas ao regimento do Supremo Tribunal Federal, sobre julgamento de questão constitucional, aplicam-se aos pedidos ajuizados e aos recursos interpostos anteriormente a sua aprovação.

326. É legítima a incidência do imposto de transmissão inter vivos sobre a transferência do domínio útil.

327. O direito trabalhista admite a prescrição intercorrente.

328. É legítima a incidência do imposto de transmissão inter vivos sobre a doação de imóvel.

329. O imposto de transmissão inter vivos não incide sobre a transferência de ações de sociedade imobiliária.

330. O Supremo Tribunal Federal não é competente para conhecer de mandado de segurança contra atos dos tribunais de Justiça dos Estados.

331. É legítima a incidência do Imposto de Transmissão causa mortis no inventário por morte presumida.

332. É legítima a incidência do impôsto de vendas e consignações sôbre a parcela do preço correspondente aos ágios cambiais.

333. Está sujeita ao impôsto de vendas e consignações a venda realizada por invernista não qualificado como pequeno produtor.

334. É legítima a cobrança, ao empreiteiro, do impôsto de vendas e consignações, sôbre o valor dos materiais empregados, quando a empreitada não for apenas de lavor.

335. É válida a cláusula de eleição do foro para os processos oriundos do contrato.

336. A imunidade da autarquia financiadora, quanto ao contrato de financiamento, não se estende à compra e venda entre particulares, embora constantes os dois atos de um só instrumento.

337. A controvérsia entre o empregador e o segurador não suspende o pagamento devido ao empregado por acidente do trabalho.

338. Não cabe ação rescisória no âmbito da Justiça do Trabalho.

339. Não cabe ao Poder Judiciário, que não tem função legislativa, aumentar vencimentos de servidores públicos sob fundamento de isonomia.

› Súm. Vinc. 37, STF.

340. Desde a vigência do Código Civil, os bens dominicais, como os demais bens públicos, não podem ser adquiridos por usucapião.

341. É presumida a culpa do patrão ou comitente pelo ato culposo do empregado ou preposto.

342. Cabe agravo no auto do processo, e não agravo de petição, do despacho que não admite a reconvenção.

343. Não cabe ação rescisória por ofensa a literal disposição de lei, quando a decisão rescindenda se tiver baseado em texto legal de interpretação controvertida nos tribunais.

344. Sentença de primeira instância concessiva de *habeas corpus*, em caso de crime praticado em detrimento de bens, serviços ou interesses da União, está sujeita a recurso ex officio.

345. Na chamada desapropriação indireta, os juros compensatórios são devidos a partir da perícia, desde que tenha atribuído valor atual ao imóvel.

› Superada.

› Súm. 164 e 618, STF.

346. A Administração Pública pode declarar a nulidade dos seus próprios atos.

› Súm. 6 e 473, STF.

347. O Tribunal de Contas, no exercício de suas atribuições, pode apreciar a constitucionalidade das leis e dos atos do Poder Público.

348. É constitucional a criação de taxa de construção, conservação e melhoramento de estradas.

349. A prescrição atinge somente as prestações de mais de dois anos, reclamadas com fundamento em decisão normativa da Justiça do Trabalho, ou em convenção coletiva de trabalho, quando não estiver em causa a própria validade de tais atos.

› art. 178, § 10, VI, CC/1916.

350. O impôsto de indústrias e profissões não é exigível de empregado, por falta de autonomia na sua atividade profissional.

351. É nula a citação por edital de réu preso na mesma Unidade da Federação em que o juiz exerce a sua jurisdição.

352. Não é nulo o processo penal por falta de nomeação de curador ao réu menor que teve a assistência de defensor dativo.

353. São incabíveis os embargos da Lei n. 623, de 19.02.1949, com fundamento em divergência entre decisões da mesma Turma do Supremo Tribunal Federal.

354. Em caso de embargos infringentes parciais, é definitiva a parte da decisão embargada em que não houve divergência na votação.

355. Em caso de embargos infringentes parciais, é tardio o recurso extraordinário interposto após o julgamento dos embargos, quanto à parte da decisão embargada que não fora por eles abrangida.

356. O ponto omisso da decisão, sobre o qual não foram opostos embargos declaratórios, não pode ser objeto de recurso extraordinário, por faltar o requisito do prequestionamento.

357. É lícita a convenção pela qual o locador renuncia, durante a vigência do contrato, à ação revisional do art. 31 do Decreto 24.150, de 20-4-1934.

› Dec. 24.150/1934 revogado pela Lei 8.245/1991.

358. O servidor público em disponibilidade tem direito aos vencimentos integrais do cargo.

359. Ressalvada a revisão prevista em lei, os proventos da inatividade regulam-se pela lei vigente ao tempo em que o militar, ou o servidor civil, reuniu os requisitos necessários.

360. Não há prazo de decadência para a representação de inconstitucionalidade prevista no art. 8º, parágrafo único, da Constituição Federal.

› (Alterada)

361. No processo penal, é nulo o exame realizado por um só perito, considerando-se impedido o que tiver funcionado, anteriormente, na diligência de apreensão.

362. A condição de ter o clube sede própria para a prática de jogo lícito não o obriga a ser proprietário do imóvel em que tem sede.

363. A pessoa jurídica de direito privado pode ser demandada no domicílio da agência, ou estabelecimento, em que se praticou o ato.

364. Enquanto o Estado da Guanabara não tiver Tribunal Militar de segunda instância, o Tribunal de Justiça é competente para julgar os recursos das decisões da auditoria da Polícia Militar.

365. Pessoa jurídica não tem legitimidade para propor ação popular.

366. Não é nula a citação por edital que indica o dispositivo da lei penal, embora não transcreva a denúncia ou queixa, ou não resuma os fatos em que se baseia.

367. Concede-se liberdade ao extraditando que não for retirado do país no prazo do art. 16 do Decreto-Lei n. 394, de 28.04.1938.

368. Não há embargos infringentes no processo de reclamação.

369. Julgados do mesmo tribunal não servem para fundamentar o recurso extraordinário por divergência jurisprudencial.

370. Julgada improcedente a ação renovatória de locação, terá o locatário, para desocupar o imóvel, o prazo de seis meses, acrescido de tantos meses quantos forem os anos da ocupação, até o limite total de dezoito meses.

› Superada, uma vez que era baseada na lei nº 1.300/50, que foi revogada.

371. Ferroviário, que foi admitido como servidor autárquico, não tem direito a dupla aposentadoria.

372. A Lei n. 2.752, de 10.04.1956, sobre dupla aposentadoria, aproveita, quando couber, a servidores aposentados antes de sua publicação.

373. Servidor nomeado após aprovação no curso de capacitação policial, instituído na Polícia do Distrito Federal, em 1941, preenche o requisito da nomeação por concurso a que se referem as Leis 705, de 16-5-49 e 1.639, de 14-7-1952.

374. Na retomada para construção mais útil, não é necessário que a obra tenha sido ordenada pela autoridade pública.

375. Não renovada a locação regida pelo Decreto 24.150, de 20-4-1934, aplica-se o direito comum e não a legislação especial do inquilinato.

▸ Dec. 24.150/1934 revogado pela Lei 8.245/1991.

376. Na renovação de locação, regida pelo Decreto 24.150, de 20-4-1934, o prazo do nôvo contrato conta-se da transcrição da decisão exequenda no Registro de Títulos e Documentos; começa, porém, da terminação do contrato anterior, se esta tiver ocorrido antes do registro.

▸ Dec. 24.150/1934 revogado pela Lei 8.245/1991.

377. No regime de separação legal de bens, comunicam-se os adquiridos na constância do casamento.

▸ Súm. 655, STJ.

378. Na indenização por desapropriação incluem-se honorários do advogado do expropriado.

379. No acordo de desquite não se admite renúncia aos alimentos, que poderão ser pleiteados ulteriormente, verificados os pressupostos legais.

380. Comprovada a existência de sociedade de fato entre os concubinos, é cabível a sua dissolução judicial, com a partilha do patrimônio adquirido pelo esforço comum

381. Não se homologa sentença de divórcio obtida, por procuração, em país de que os cônjuges não eram nacionais.

▸ Lei 5.515/1977 (Lei do Divórcio).

382. A vida em comum sob o mesmo teto, "more uxorio", não é indispensável à caracterização do concubinato.

383. A prescrição em favor da Fazenda Pública recomeça a correr, por dois anos e meio, a partir do ato interruptivo, mas não fica reduzida aquém de cinco anos, embora o titular do direito a interrompa durante a primeira metade do prazo.

384. A demissão de extranumerário do Serviço Público Federal, equiparado a funcionário de provimento efetivo para efeito de estabilidade, é da competência do Presidente da República.

385. Oficial das Fôrças Armadas só pode ser reformado, em tempo de paz, por decisão de tribunal militar permanente, ressalvada a situação especial dos atingidos pelo art. 177 da Constituição de 1937.

386. Pela execução de obra musical por artistas remunerados é devido direito autoral, não exigível quando a orquestra for de amadores.

387. A cambial emitida ou aceita com omissões, ou em branco, pode ser completada pelo credor de boa-fé antes da cobrança ou do protesto.

» Vide arts. 887 e 888 do CC.

» Vide art. 784, I, do CPC.

388. O casamento da ofendida com quem não seja o ofensor faz cessar a qualidade do seu representante legal, e a ação penal só pode prosseguir por iniciativa da própria ofendida, observados os prazos legais de decadência e perempção.

▸ Revogada.

389. Salvo limite legal, a fixação de honorários de advogado, em complemento da condenação, depende das circunstâncias da causa, não dando lugar a recurso extraordinário.

▸ Súm. 279, STF.

390. A exibição judicial de livros comerciais pode ser requerida como medida preventiva.

391. O confinante certo deve ser citado, pessoalmente, para a ação de usucapião.

▸ Súm. 263, STF.

392. O prazo para recorrer de acórdão concessivo de segurança conta-se da publicação oficial de suas conclusões, e não da anterior ciência à autoridade para cumprimento da decisão.

▸ Lei 12.016/2009.

393. Para requerer revisão criminal, o condenado não é obrigado a recolher-se à prisão.

▸ Súm. 310, STF.

394. Cometido o crime durante o exercício funcional, prevalece a competência especial por prerrogativa de função, ainda que o inquérito ou a ação penal sejam iniciados após a cessação daquele exercício.

▸ Cancelada.

395. Não se conhece de recurso de *habeas corpus* cujo objeto seja resolver sobre o ônus das custas, por não estar mais em causa a liberdade de locomoção.

396. Para a ação penal por ofensa à honra, sendo admissível a exceção da verdade quanto ao desempenho de função pública, prevalece a competência especial por prerrogativa de função, ainda que já tenha cessado o exercício funcional do ofendido.

397. O poder de polícia da Câmara dos Deputados e do Senado Federal, em caso de crime cometido nas suas dependências, compreende, consoante o regimento, a prisão em flagrante do acusado e a realização do inquérito.

398. O Supremo Tribunal Federal não é competente para processar e julgar, originariamente, deputado ou senador acusado de crime.

399. Não cabe recurso extraordinário, por violação de lei federal, quando a ofensa alegada for a regimento de tribunal.

400. Decisão que deu razoável interpretação à lei, ainda que não seja a melhor, não autoriza recurso extraordinário pela letra a do art. 101, III, da Constituição Federal.

▸ art. 102, III, a e b, CF/1988.

401. Não se conhece do recurso de revista, nem dos embargos de divergência, do processo trabalhista, quando houver jurisprudência firme do Tribunal Superior do Trabalho no mesmo sentido da decisão impugnada, salvo se houver colisão com a jurisprudência do Supremo Tribunal Federal.

▸ Súm. 247 e 286, STF.

402. Vigia noturno tem direito a salário adicional.

403. É de decadência o prazo de trinta dias para instauração do inquérito judicial, a contar da suspensão, por falta grave, de empregado estável.

▸ Súm. 213, 214 e 313, STF.

404. Não contrariam a Constituição os arts. 3º, 22 e 27 da Lei 3.244, de 14-8-1957, que definem as atribuições do Conselho de Política Aduaneira quanto à tarifa flexível.

405. Denegado o mandado de segurança pela sentença, ou no julgamento do agravo, dela interposto, fica sem efeito a liminar concedida, retroagindo os efeitos da decisão contrária.

406. O estudante ou professor bolsista e o servidor público em missão de estudo satisfazem a condição da mudança de residência para o efeito de trazer automóvel do exterior, atendidos os demais requisitos legais.

407. Não tem direito ao terço de campanha o militar que não participou de operações de guerra, embora servisse na "zona de guerra".

408. Os servidores fazendários não têm direito a percentagem pela arrecadação de receita federal destinada ao Banco Nacional de Desenvolvimento Econômico.

▸ Súm. 30, STF.

409. Ao retomante, que tenha mais de um prédio alugado, cabe optar entre eles, salvo abuso de direito.

410. Se o locador, utilizando prédio próprio para residência ou atividade comercial, pede o imóvel locado para uso próprio, diverso do que tem o por ele ocupado, não está obrigado a provar a necessidade, que se presume.

411. O locatário autorizado a ceder a locação pode sublocar o imóvel.

412. No compromisso de compra e venda com cláusula de arrependimento, a devolução do sinal, por quem o deu, ou a sua restituição em dobro, por quem o recebeu, exclui indenização maior, a título de perdas e danos, salvo os juros moratórios e os encargos do processo.

413. O compromisso de compra e venda de imóveis, ainda que não loteados, dá direito à execução compulsória, quando reunidos os requisitos legais.

414. Não se distingue a visão direta da oblíqua na proibição de abrir janela, ou fazer terraço, eirado, ou varanda, a menos de metro e meio do prédio de outrem.

415. Servidão de trânsito não titulada, mas tornada permanente, sobretudo pela natureza das obras realizadas, considera-se aparente, conferindo direito à proteção possessória.

416. Pela demora no pagamento do preço da desapropriação não cabe indenização complementar além dos juros.

417. Pode ser objeto de restituição, na falência, dinheiro em poder do falido, recebido em nome de outrem, ou do qual, por lei ou contrato, não tivesse ele a disponibilidade.

▸ Lei 11.101/2005 (Nova Lei de Falências).

▸ Súm. 193 e 495, STF.

418. Empréstimo compulsório não é tributo, e sua arrecadação não está sujeita à exigência constitucional da prévia autorização orçamentária.

▸ Sem eficácia.

419. Os municípios têm competência para regular o horário do comércio local, desde que não infrinjam leis estaduais ou federais válidas.

‣ Súm. Vinculantes 38 e 645.

420. Não se homologa sentença proferida no estrangeiro sem prova do trânsito em julgado.

‣ Súm. Vinc. 38 e Súm. 645, STF.

421. Não impede a extradição a circunstância de ser o extraditando casado com brasileira ou ter filho brasileiro.

422. A absolvição criminal não prejudica a medida de segurança, quando couber, ainda que importe privação da liberdade.

423. Não transita em julgado a sentença por haver omitido o recurso ex officio, que se considera interposto ex lege.

424. Transita em julgado o despacho saneador de que não houve recurso, excluídas as questões deixadas, explícita ou implicitamente, para a sentença.

425. O agravo despachado no prazo legal não fica prejudicado pela demora da juntada, por culpa do cartório; nem o agravo entregue em cartório no prazo legal, embora despachado tardiamente.

‣ Súm. 320 e 428, STF.

426. A falta do termo específico não prejudica o agravo no auto do processo, quando oportuna a interposição por petição ou no termo da audiência.

‣ Súm. 427, STF.

427. A falta de petição de interposição não prejudica o agravo no auto do processo tomado por termo.

‣ Superada.

428. Não fica prejudicada a apelação entregue em cartório no prazo legal, embora despachada tardiamente.

‣ Súm. 320 e 425, STF.

429. A existência de recurso administrativo com efeito suspensivo não impede o uso do mandado de segurança contra omissão da autoridade.

‣ art. 5º, I, Lei 12.016/2009.

430. Pedido de reconsideração na via administrativa não interrompe o prazo para o mandado de segurança.

431. É nulo o julgamento de recurso criminal, na segunda instância, sem prévia intimação, ou publicação da pauta, salvo em *habeas corpus*.

432. Não cabe recurso extraordinário com fundamento no art. 101, III, d, da Constituição Federal, quando a divergência alegada for entre decisões da Justiça do Trabalho.

‣ art. 102, III, CF.

433. É competente o Tribunal Regional do Trabalho para julgar mandado de segurança contra ato de seu presidente em execução de sentença trabalhista.

434. A controvérsia entre seguradores indicados pelo empregador na ação de acidente do trabalho não suspende o pagamento devido ao acidentado.

435. O imposto de transmissão causa mortis pela transferência de ações é devido ao estado em que tem sede a companhia.

436. É válida a Lei 4.093, de 24-10-1959, do Paraná, que revogou a isenção concedida às cooperativas por lei anterior.

437. Está isenta da taxa de despacho aduaneiro a importação de equipamento para a indústria automobilística, segundo plano aprovado, no prazo legal, pelo órgão competente.

438. É ilegítima a cobrança, em 1962, da Taxa de Educação e Saúde, de Santa Catarina, adicional do impôsto de vendas e consignações.

439. Estão sujeitos à fiscalização tributária ou previdenciária quaisquer livros comerciais, limitado o exame aos pontos objeto da investigação.

‣ Súm. 67, STF.

440. Os benefícios da legislação federal de serviços de guerra não são exigíveis dos estados, sem que a lei estadual assim disponha.

441. O militar, que passa à inatividade com proventos integrais, não tem direito às cotas trigésimas a que se refere o código de vencimentos e vantagens dos militares.

442. A inscrição do contrato de locação no registro de imóveis, para a validade da cláusula de vigência contra o adquirente do imóvel, ou perante terceiros, dispensa a transcrição no registro de títulos e documentos.

443. A prescrição das prestações anteriores ao período previsto em lei não ocorre, quando não tiver sido negado, antes daquele prazo, o próprio direito reclamado, ou a situação jurídica de que ele resulta.

‣ Súm. 349, STF.

444. Na retomada para construção mais útil, de imóvel sujeito ao D. 24.150, de 20.4.34, a indenização se limita às despesas de mudança.

‣ Dec. 24.150/1934 revogado pela Lei 8.245/1991.

445. A Lei 2.437, de 7-3-1955, que reduz prazo prescricional, é aplicável às prescrições em curso na data de sua vigência (1º-1-1956), salvo quanto aos processos então pendentes.

446. Contrato de exploração de jazida ou pedreira não está sujeito ao D. 24.150, de 20.4.34.

‣ Dec. 24.150/1934 revogado pela Lei 8.245/1991.

447. É válida a disposição testamentária em favor de filho adulterino do testador com sua concubina.

448. O prazo para o assistente recorrer, supletivamente, começa a correr imediatamente após o transcurso do prazo do Ministério Público.

449. O valor da causa, na consignatória de aluguel, corresponde a uma anuidade.

450. São devidos honorários de advogado sempre que vencedor o beneficiário de justiça gratuita.

451. A competência especial por prerrogativa de função não se estende ao crime cometido após a cessação definitiva do exercício funcional.

452. Oficiais e praças do Corpo de Bombeiros do Estado da Guanabara respondem perante a Justiça Comum por crime anterior à Lei 427, de 11-10-1948.

453. Não se aplicam à segunda instância o art. 384 e parágrafo único do Código de Processo Penal, que possibilitam dar nova definição jurídica ao fato delituoso, em virtude de circunstância elementar não contida, explícita ou implicitamente, na denúncia ou queixa.

‣ art. 384, CPP.

454. Simples interpretação de cláusulas contratuais não dá lugar a recurso extraordinário.

‣ Súm. 279, STF.

455. Da decisão que se seguir ao julgamento de constitucionalidade pelo tribunal pleno, são inadmissíveis embargos infringentes quanto à matéria constitucional.

‣ Súm. 293, STF.

456. O Supremo Tribunal Federal, conhecendo do recurso extraordinário, julgará a causa, aplicando o direito à espécie.

457. O Tribunal Superior do Trabalho, conhecendo da revista, julgará a causa, aplicando o direito à espécie.

458. O processo da execução trabalhista não exclui a remição pelo executado.

459. No cálculo da indenização por despedida injusta, incluem-se os adicionais, ou gratificações, que, pela habitualidade, se tenham incorporado ao salário.

460. Para efeito do adicional de insalubridade, a perícia judicial, em reclamação trabalhista, não dispensa o enquadramento da atividade entre as insalubres, que é ato da competência do Ministro do Trabalho e Previdência Social.

‣ Súm. 194, STF.

461. É duplo, e não triplo, o pagamento do salário nos dias destinados a descanso.

462. No cálculo da indenização por despedida injusta inclui-se, quando devido, o repouso semanal remunerado.

‣ Súm. 207, 213, 214 e 313, STF.

463. Para efeito de indenização e estabilidade, conta-se o tempo em que o empregado esteve afastado, em serviço militar obrigatório, mesmo anteriormente à Lei n. 4.072, de 1º.06.1962.

464. No cálculo da indenização por acidente do trabalho inclui-se, quando devido, o repouso semanal remunerado.

465. O regime de manutenção de salário, aplicável ao (IAPM) e ao (IAPETC), exclui a indenização tarifada na lei de acidentes do trabalho, mas não o benefício previdenciário.

466. Não é inconstitucional a inclusão de sócios e administradores de sociedades e titulares de firmas individuais como contribuintes obrigatórios da Previdência Social.

467. A base do cálculo das contribuições previdenciárias, anteriormente à vigência da Lei Orgânica da Previdência Social, é o salário-mínimo mensal, observados os limites da Lei n. 2.755/1956.

468. Após a Emenda Constitucional n. 5, de 21.11.1961, em contrato firmado com a União, Estado, Município ou Autarquia, é devido o Imposto Federal de Selo pelo contratante não protegido pela imunidade, ainda que haja repercussão do ônus tributário sobre o patrimônio daquelas entidades.

‣ Súm. 303, STF.

469. A multa de cem por cento, para o caso de mercadoria importada irregularmente, é calculada à base do custo de câmbio da categoria correspondente.

470. O imposto de transmissão inter vivos não incide sobre a construção, ou parte dela, realizada, inequivocamente, pelo promitente comprador, mas sobre o valor do que tiver sido construído antes da promessa de venda.

- Súm. 110, STF.

471. As empresas aeroviárias não estão isentas do Imposto de Indústrias e Profissões

472. A condenação do autor em honorários de advogado, com fundamento no art. 64 do Código de Processo Civil, depende de reconvenção.

- Refere-se ao CPC/1939.
- arts. 82 e ss., CPC/2015.
- arts. 186 e 927, CC/2002.

473. A Administração pode anular seus próprios atos, quando eivados de vícios que os tornam ilegais, porque deles não se originam direitos; ou revogá-los, por motivo de conveniência ou oportunidade, respeitados os direitos adquiridos, e ressalvada, em todos os casos, a apreciação judicial.

474. Não há direito líquido e certo, amparado pelo mandado de segurança, quando se escuda em lei cujos efeitos foram anulados por outra, declarada constitucional pelo Supremo Tribunal Federal.

475. A Lei n. 4.686, de 21.06.1965, tem aplicação imediata aos processos em curso, inclusive em grau de recurso extraordinário.

476. Desapropriadas as ações de uma sociedade, o poder desapropriante, imitido na posse, pode exercer, desde logo, todos os direitos inerentes aos respectivos títulos.

477. As concessões de terras devolutas situadas na faixa de fronteira, feitas pelos Estados, autorizam, apenas, o uso, permanecendo o domínio com a União, ainda que se mantenha inerte ou tolerante, em relação aos possuidores.

478. O provimento em cargos de juízes substitutos do trabalho, deve ser feito independentemente de lista tríplice, na ordem de classificação dos candidatos.

479. As margens dos rios navegáveis são de domínio público, insuscetíveis de expropriação e, por isso mesmo, excluídas de indenização.

480. Pertencem ao domínio e administração da União, nos termos dos arts. 4º, IV, e 186, da Constituição Federal de 1967, as terras ocupadas por silvícolas.

- art. 231, CF.

481. Se a locação compreende, além do imóvel, fundo de comércio, com instalações e pertences, como no caso de teatros, cinemas e hotéis, não se aplicam ao retomante as restrições do art. 8º, "e", parágrafo único, do Decreto n. 24.150, de 20.04.1934.

- Dec. 24.150/1934 revogado pela Lei 8.245/1991.

482. O locatário, que não for sucessor ou cessionário do que o precedeu na locação, não pode somar os prazos concedidos a este, para pedir a renovação do contrato, nos termos do Decreto n. 24.150.

- Dec. 24.150/1934 revogado pela Lei 8.245/1991.

483. É dispensável a prova da necessidade, na retomada de prédio situado em localidade para onde o proprietário pretende transferir residência, salvo se mantiver, também, a anterior, quando dita prova será exigida.

- Súm. 80, STF.

484. Pode, legitimamente, o proprietário pedir o prédio para a residência de filho, ainda que solteiro, de acordo com o art. 11, III, da Lei n. 4.494, de 25.11.1964.

485. Nas locações regidas pelo Decreto n. 24.150, de 20.04.1934.a presunção de sinceridade do retomante é relativa, podendo ser ilidida pelo locatário.

- Dec. 24.150/1934 revogado pela Lei 8.245/1991.

486. Admite-se a retomada para sociedade da qual o locador, ou seu cônjuge, seja sócio, com participação predominante no capital social.

487. Será deferida a posse a quem, evidentemente, tiver o domínio, se com base neste for ela disputada.

- art. 1.210, § 2º, CC/2002.

488. A preferência a que se refere o art. 9º da Lei 3.912, de 3-7-1961, constitui direito pessoal. Sua violação resolve-se em perdas e danos.

489. A compra e venda de automóvel não prevalece contra terceiros, de boa-fé, se o contrato não foi transcrito no registro de títulos e documentos.

490. A pensão correspondente à indenização oriunda de responsabilidade civil deve ser calculada com base no salário-mínimo vigente ao tempo da sentença e ajustar-se-á às variações ulteriores.

491. É indenizável o acidente que cause a morte de filho menor, ainda que não exerça trabalho remunerado.

492. A empresa locadora de veículos responde, civil e solidariamente com o locatário, pelos danos por este causados a terceiro, no uso do carro locado.

493. O valor da indenização, se consistente em prestações periódicas e sucessivas, compreenderá, para que se mantenha inalterável na sua fixação, parcelas compensatórias do imposto de renda, incidente sobre os juros do capital gravado ou caucionado, nos termos dos arts. 911 e 912 do Código de Processo Civil.

- Refere-se ao CPC/1939.
- art. 533, CPC/2015.

494. A ação para anular venda de ascendente a descendente, sem consentimento dos demais, prescreve em vinte anos, contados da data do ato, revogada a Súmula n. 152.

495. A restituição em dinheiro da coisa vendida a crédito, entregue nos quinze dias anteriores ao pedido de falência ou de concordata, cabe, quando, ainda que consumida ou transformada, não faça o devedor prova de haver sido alienada a terceiro.

- Lei 11.101/2005 (Lei de Recuperação de Empresas e Falências).
- Súm. 193 e 417, STF.
- » Vide art. 86 da Lei n. 11.101, de 9-2-2005.

496. São válidos, porque salvaguardados pelas disposições constitucionais transitórias da Constituição Federal de 1967, os decretos-leis expedidos entre 24 de janeiro e 15 de março de 1967.

497. Quando se tratar de crime continuado, a prescrição regula-se pela pena imposta na sentença, não se computando o acréscimo decorrente da continuação.

498. Compete à Justiça dos Estados, em ambas as instâncias, o processo e o julgamento dos crimes contra a economia popular.

499. Não obsta à concessão do sursis condenação anterior à pena de multa.

500. Não cabe a ação cominatória para compelir-se o réu a cumprir obrigação de dar.

501. Compete à Justiça Ordinária Estadual o processo e o julgamento, em ambas as instâncias, das causas de acidente do trabalho, ainda que promovidas contra a União, suas autarquias, empresas públicas ou sociedades de economia mista.

- arts. 109, I, e 114, VI, CF.
- Súm. 235, STF.
- Súm. Vinc. 22, STF.
- Súm. 15, STJ.

502. Na aplicação do art. 839 do Código de Processo Civil, com a redação da Lei n. 4.290, de 05.12.1963, a relação valor da causa e salário-mínimo vigente na capital do Estado, ou do Território, para o efeito de alçada, deve ser considerada na data do ajuizamento do pedido.

- Refere-se ao CPC/1939.
- arts. 291 e ss., CPC/2015.

503. A dúvida, suscitada por particular, sobre o direito de tributar, manifestado por dois estados, não configura litígio da competência originária do Supremo Tribunal Federal.

504. Compete à Justiça Federal, em ambas as instâncias, o processo e o julgamento das causas fundadas em contrato de seguro marítimo.

505. Salvo quando contrariarem a Constituição, não cabe recurso para o Supremo Tribunal Federal, de quaisquer decisões da Justiça do Trabalho, inclusive dos presidentes de seus tribunais.

506. O agravo a que se refere o art. 4º da Lei 4.348, de 26-6-1964, cabe, somente, do despacho do Presidente do Supremo Tribunal Federal que defere a suspensão da liminar, em mandado de segurança; não do que a "denega".

- Revogada.

507. A ampliação dos prazos a que se refere o art. 32 do Código de Processo Civil aplica-se aos executivos fiscais.

508. Compete à Justiça Estadual, em ambas as instâncias, processar e julgar as causas em que for parte o Banco do Brasil S.A.

509. A Lei 4.632, de 18-05-1965, que alterou o art. 64 do Código de Processo Civil, aplica-se aos processos em andamento, nas instâncias ordinárias.

510. Praticado o ato por autoridade, no exercício de competência delegada, contra ela cabe o mandado de segurança ou a medida judicial.

511. Compete à Justiça Federal, em ambas as instâncias, processar e julgar as causas entre autarquias federais e entidades públicas locais, inclusive mandados de segurança, ressalvada a ação fiscal, nos termos da Constituição Federal de 1967, art. 119, § 3º.

› art. 109, CF.

512. Não cabe condenação em honorários de advogado na ação de mandado de segurança.

› Súm. 105, STJ.
› art. 25, Lei 12.016/2009.

513. A decisão que enseja a interposição de recurso ordinário ou extraordinário não é a do plenário, que resolve o incidente de inconstitucionalidade, mas a do órgão (câmaras, grupos ou turmas) que completa o julgamento do feito.

514. Admite-se ação rescisória contra sentença transitada em julgado, ainda que contra ela não se tenha esgotado todos os recursos.

515. A competência para a ação rescisória não é do Supremo Tribunal Federal, quando a questão federal, apreciada no recurso extraordinário ou no agravo de instrumento, seja diversa da que foi suscitada no pedido rescisório.

› Súm. 249, STF.

516. O Serviço Social da Indústria (SESI) está sujeito à jurisdição da Justiça Estadual.

517. As sociedades de economia mista só têm foro na Justiça Federal, quando a União intervém como assistente ou opoente.

518. A intervenção da União, em feito já julgado pela segunda instância e pendente de embargos, não desloca o processo para o Tribunal Federal de Recursos.

519. Aplica-se aos executivos fiscais o princípio da sucumbência a que se refere o art. 64 do Código de Processo Civil.

› Refere-se ao CPC/1939.
› art. 82, § 2º, CPC/2015.

520. Não exige a lei que, para requerer o exame a que se refere o art. 777 do Código de Processo Penal, tenha o sentenciado cumprido mais de metade do prazo da medida de segurança imposta.

› art. 176, Lei 7.210/1984.

521. O foro competente para o processo e julgamento dos crimes de estelionato, sob a modalidade da emissão dolosa de cheque sem provisão de fundos, é o do local onde se deu a recusa do pagamento pelo sacado.

522. Salvo ocorrência de tráfico para o exterior, quando, então, a competência será da Justiça Federal, compete à Justiça dos Estados o processo e julgamento dos crimes relativos a entorpecentes.

523. No processo penal, a falta da defesa constitui nulidade absoluta, mas a sua deficiência só o anulará se houver prova de prejuízo para o réu.

524. Arquivado o inquérito policial, por despacho do juiz, a requerimento do promotor de justiça, não pode a ação penal ser iniciada, sem novas provas.

525. A medida de segurança não será aplicada em segunda instância, quando só o réu tenha recorrido.

526. Subsiste a competência do Supremo Tribunal Federal para conhecer e julgar a apelação, nos crimes da lei de segurança nacional, se houve sentença antes da vigência do ato institucional n. 2.

527. Após a vigência do Ato Institucional 6, que deu nova redação ao art. 114, III, da Constituição Federal de 1967, não cabe recurso extraordinário das decisões do juiz singular.

528. Se a decisão contiver partes autônomas, a admissão parcial, pelo presidente do tribunal a quo, de recurso extraordinário que, sobre qualquer delas se manifestar, não limitará a apreciação de todas pelo Supremo Tribunal Federal, independentemente de interposição de agravo de instrumento.

529. Subsiste a responsabilidade do empregador pela indenização decorrente de acidente do trabalho, quando o segurador, por haver entrado em liquidação, ou por outro motivo, não se encontrar em condições financeiras, de efetuar, na forma da lei, o pagamento que o seguro obrigatório visava garantir.

530. Na legislação anterior ao art. 4º da Lei 4.749, de 12-08-1965, a contribuição para a previdência social não estava sujeita ao limite estabelecido no art. 69 da Lei 3.807, de 26-08-1960, sobre o 13º salário a que se refere o art. 3º da Lei 4.281, de 8-11-1963.

531. É inconstitucional o Decreto n. 51.668, de 17.01.1963, que estabeleceu salário profissional para trabalhadores de transportes marítimos, fluviais e lacustres.

532. É constitucional a Lei n. 5.043, de 21.06.1966, que concedeu remissão das dívidas fiscais oriundas da falta de oportuno pagamento de selo nos contratos particulares com a caixa econômica e outras entidades autárquicas.

› Lei 5.043/1966 revogada pela Lei 5.143/1966.

533. Nas operações denominadas "crediários", com emissão de vales ou certificados para compras e nas quais, pelo financiamento, se cobram, em separado, juros, selos e outras despesas, incluir-se-á tudo no custo da mercadoria e sobre esse preço global calcular-se-á o imposto de vendas e consignações.

534. O imposto de importação sobre o extrato alcoólico de malte, como matéria-prima para fabricação de "whisky", incide à base de 60%, desde que desembarcado antes do Decreto-Lei 398, de 30.12.1968.

535. Na importação, a granel, de combustíveis líquidos é admissível a diferença de peso, para mais, até 4%, motivada pelas variações previstas no Decreto-Lei 1.028, de 04.01.1939, art. 1º.

536. São objetivamente imunes ao imposto sobre circulação de mercadorias os "produtos industrializados", em geral, destinados à exportação, além de outros, com a mesma destinação, cuja isenção a lei determinar.

537. É inconstitucional a exigência de impôsto estadual do sêlo, quando feita nos atos e instrumentos tributados ou regulados por lei federal, ressalvado o disposto no art. 15, § 5º, da Constituição Federal de 1946.

538. A avaliação judicial para o efeito do cálculo das benfeitorias dedutíveis do imposto sobre lucro imobiliário independe do limite a que se refere a Lei n. 3.470, de 28.11.1958, art. 8º, parágrafo único.

539. É constitucional a lei do município que reduz o imposto predial urbano sobre imóvel ocupado pela residência do proprietário, que não possua outro.

540. No preço da mercadoria sujeita ao imposto de vendas e consignações, não se incluem as despesas de frete e carreto.

› Refere-se ao atual Imposto sobre Operações Relativas à Circulação de Mercadorias e sobre Prestações de Serviços de Transporte Interestadual, Intermunicipal e de Comunicação - ICMS.

541. O imposto sobre vendas e consignações não incide sobre a venda ocasional de veículos e equipamentos usados, que não se insere na atividade profissional do vendedor, e não é realizada com o fim de lucro, sem caráter, pois, de comercialidade.

› Refere-se ao atual Imposto sobre Operações Relativas à Circulação de Mercadorias e sobre Prestações de Serviços de Transporte Interestadual, Intermunicipal e de Comunicação - ICMS.
› Súm. Vinc. 32.

542. Não é inconstitucional a multa instituída pelo Estado-membro, como sanção pelo retardamento do início ou da ultimação do inventário.

543. A Lei n. 2975, de 27.11.1965, revogou, apenas, as isenções de caráter geral, relativas ao imposto único sobre combustíveis, não as especiais, por outras leis concedidas.

544. Isenções tributárias concedidas, sob condição onerosa, não podem ser livremente suprimidas.

545. Preços de serviços públicos e taxas não se confundem, porque estas, diferentemente daqueles, são compulsórias e têm sua cobrança condicionada à prévia autorização orçamentária, em relação à lei que as instituiu.

546. Cabe a restituição do tributo pago indevidamente, quando reconhecido por decisão, que o contribuinte de jure não recuperou do contribuinte de facto o quantum respectivo.

› Súm. 71, STF.

547. Não é lícito à autoridade proibir que o contribuinte em débito adquira estampilhas, despache mercadorias nas alfândegas e exerça suas atividades profissionais.

548. É inconstitucional o Decreto-lei 643, de 19-6-1947, artigo 4º, do Paraná, na parte que exige sêlo proporcional sôbre atos e instrumentos regulados por lei federal.

549. A taxa de bombeiros do Estado de Pernambuco é constitucional, revogada a Súmula 274.

550. A isenção concedida pelo art. 2º da Lei n. 1.815/1953, às empresas de navegação aérea não compreende a taxa de melhoramento de portos, instituída pela Lei n. 3.421/1958.

551. É inconstitucional a taxa de urbanização da Lei 2.320, de 20-12-1961, instituída pelo Município de Pôrto Alegre, porque seu fato gerador é o mesmo da transmissão imobiliária.

552. Com a regulamentação do art. 15 da Lei 5.316/1967, pelo Decreto 71.037/1972, tornou-se exequível a exigência da exaustão da via administrativa antes do início da ação de acidente do trabalho.

› Lei 5.316/1967 revogada pela Lei 6.3671976.

553. O Adicional ao Frete para Renovação da Marinha Mercante (AFRMM) é contribuição parafiscal, não sendo abrangido pela imunidade prevista na letra d, III, do art. 19 da Constituição Federal.

554. O pagamento de cheque emitido sem provisão de fundos, após o recebimento da denúncia, não obsta ao prosseguimento da ação penal.

555. É competente o Tribunal de Justiça para julgar conflito de jurisdição entre juiz de direito do Estado e a Justiça Militar local.

556. É competente a Justiça Comum para julgar as causas em que é parte sociedade de economia mista.

557. É competente a Justiça Federal para julgar as causas em que são partes a Cobal e a Cibrazem.

558. É constitucional o art. 27 do Decreto-lei 898, de 29-9-1969.

559. O Decreto-Lei 730, de 05.08.1969, revogou a exigência de homologação, pelo Ministro da Fazenda, das resoluções do Conselho de Política Aduaneira.

- Dec.-Lei 730/1969 (Dispõe sobre o Conselho de Política Aduaneira).

560. A extinção de punibilidade, pelo pagamento do tributo devido, estende-se ao crime de contrabando ou descaminho, por força do art. 18, § 2º, do Decreto-Lei 157/1967.

561. Em desapropriação, é devida a correção monetária até a data do efetivo pagamento da indenização, devendo proceder-se à atualização do cálculo, ainda que por mais de uma vez.

562. Na indenização de danos materiais decorrentes de ato ilícito cabe a atualização de seu valor, utilizando-se, para esse fim, dentre outros critérios, dos índices de correção monetária.

563. O concurso de preferência a que se refere o parágrafo único do art. 187 do Código Tributário Nacional é compatível com o disposto no art. 9º, I, da Constituição Federal.

- Cancelada.

564. A ausência de fundamentação do despacho de recebimento de denúncia por crime falimentar enseja nulidade processual, salvo se já houver sentença condenatória.

565. A multa fiscal moratória constitui pena administrativa, não se incluindo no crédito habilitado em falência.

- art. 83, VII, Lei 11.101/2005 (Lei de Recuperação de Empresas e Falências).
- Súm. 191 e 192, STF.

566. Enquanto pendente, o pedido de readaptação fundado em desvio funcional não gera direitos para o servidor, relativamente ao cargo pleiteado.

567. A constituição, ao assegurar, no § 3º do art. 102, a contagem integral do tempo de serviço público federal, estadual ou municipal para os efeitos de aposentadoria e disponibilidade não proíbe à União, aos Estados e aos Municípios mandarem contar, mediante lei, para efeito diverso, tempo de serviço prestado a outra pessoa de direito público interno.

568. A identificação criminal não constitui constrangimento ilegal, ainda que o indiciado já tenha sido identificado civilmente.

569. É inconstitucional a discriminação de alíquotas do imposto de circulação de mercadorias nas operações interestaduais, em razão de o destinatário ser, ou não, contribuinte.

570. O imposto de circulação de mercadorias não incide sobre a importação de bens de capital.

571. O comprador de café ao IBC, ainda que sem expedição de nota fiscal, habilita-se, quando da comercialização do produto, ao crédito do ICM que incidiu sobre a operação anterior.

572. No cálculo do imposto de circulação de mercadorias devido na saída de mercadorias para o exterior, não se incluem fretes pagos a terceiros, seguros e despesas de embarque.

573. Não constitui fato gerador do imposto de circulação de mercadorias a saída física de máquinas, utensílios e implementos a título de comodato.

574. Sem lei estadual que a estabeleça, é ilegítima a cobrança do imposto de circulação de mercadorias sobre o fornecimento de alimentação e bebidas em restaurante ou estabelecimento similar.

575. À mercadoria importada de país signatário do (GATT), ou membro da (ALALC), estende-se a isenção do Imposto de Circulação de Mercadorias concedida a similar nacional.

576. É lícita a cobrança do imposto de circulação de mercadorias sobre produtos importados sob o regime da alíquota "zero".

577. Na importação de mercadorias do exterior, o fato gerador do imposto de circulação de mercadorias ocorre no momento de sua entrada no estabelecimento do importador.

578. Não podem os Estados, a título de ressarcimento de despesas, reduzir a parcela de 20% do produto da arrecadação do Imposto de Circulação de Mercadorias, atribuída aos Municípios pelo art. 23, § 8º, da Constituição Federal.

579. A cal virgem e a hidratada estão sujeitas ao Imposto de Circulação de Mercadorias.

580. A isenção prevista no art. 13, parágrafo único, do Decreto-Lei n. 43/1966, restringe-se aos filmes cinematográficos.

581. Exigência de transporte em navio de bandeira brasileira, para efeito de isenção tributária, legitimou-se com o advento do Decreto-Lei n. 666, de 02.07.1969.

582. É constitucional a Resolução nº 640/69, do Conselho de Política Aduaneira, que reduziu a alíquota do imposto de importação para a soda cáustica, destinada a zonas de difícil distribuição e abastecimento.

583. O promitente comprador de imóvel residencial transcrito em nome de autarquia é contribuinte do imposto predial territorial urbano.

584. Ao imposto de renda calculado sobre os rendimentos do ano-base, aplica-se a lei vigente no exercício financeiro em que deve ser apresentada a declaração.

- Cancelada.

585. Não incide o imposto de renda sobre a remessa de divisas para pagamento de serviços prestados no exterior, por empresa que não opera no Brasil.

- Superada.

586. Incide imposto de renda sobre os juros remetidos para o exterior, com base em contrato de mútuo.

587. Incide Imposto de Renda sobre o pagamento de serviços técnicos contratados no exterior e prestados no Brasil.

588. O Imposto Sobre Serviços não incide sobre os depósitos, as comissões e taxas de desconto, cobrados pelos estabelecimentos bancários.

- Súm. 424, STJ.

589. É inconstitucional a fixação de adicional progressivo do Imposto Predial e Territorial Urbano em função do número de imóveis do contribuinte.

590. Calcula-se o imposto de transmissão causa mortis sobre o saldo credor da promessa de compra e venda de imóvel, no momento da abertura da sucessão do promitente vendedor.

591. A imunidade ou a isenção tributária do comprador não se estende ao produtor, contribuinte do Imposto sobre Produtos Industrializados.

592. Nos crimes falimentares, aplicam-se as causas interruptivas da prescrição, previstas no Código Penal.

593. Incide o percentual do Fundo de Garantia do Tempo de Serviço (FGTS) sobre a parcela da remuneração correspondente a horas extraordinárias de trabalho.

594. Os direitos de queixa e de representação podem ser exercidos, independentemente, pelo ofendido ou por seu representante legal.

595. É inconstitucional a taxa municipal de conservação de estradas de rodagem cuja base de cálculo seja idêntica à do Imposto Territorial Rural.

596. As disposições do Decreto n. 22.626/1933 não se aplicam às taxas de juros e aos outros encargos cobrados nas operações realizadas por instituições públicas ou privadas, que integram o Sistema Financeiro Nacional.

- Súm. 539, STJ.

597. Não cabem embargos infringentes de acórdão que, em mandado de segurança decidiu, por maioria de votos, a apelação.

- art, 25, Lei 12.016/2009.
- Súm. 294, STF.
- Súm. 169, STJ.

598. Nos embargos de divergência não servem como padrão de discordância os mesmos paradigmas invocados para demonstrá-la mas repelidos como não dissidentes no julgamento do recurso extraordinário.

599. São incabíveis embargos de divergência de decisão de turma, em agravo regimental.

- Cancelada.

600. Cabe ação executiva contra o emitente e seus avalistas, ainda que não apresentado o cheque ao sacado no prazo legal, desde que não prescrita a ação cambiária.

» Vide arts. 33 e 47 da Lei n. 7.357, de 2-9-1985.

601. Os arts. 3°, II, e 55 da Lei Complementar 40/1981 (Lei Orgânica do Ministério Público) não revogaram a legislação anterior que atribui a iniciativa para a ação penal pública, no processo sumário, ao juiz ou à autoridade policial, mediante Portaria ou Auto de Prisão em Flagrante.

602. Nas causas criminais, o prazo de interposição de recurso extraordinário é de 10 (dez) dias.

603. A competência para o processo e julgamento de latrocínio é do juiz singular e não do Tribunal do Júri.

604. A prescrição pela pena em concreto é somente da pretensão executória da pena privativa de liberdade.

605. Não se admite continuidade delitiva nos crimes contra a vida.

› art. 71, p.u., CP.

606. Não cabe *habeas corpus* originário para o tribunal pleno de decisão de turma, ou do plenário, proferida em *habeas corpus* ou no respectivo recurso.

607. Na ação penal regida pela Lei 4.611/1965, a denúncia, como substitutivo da portaria, não interrompe a prescrição.

› Lei 4.611/1965 revogada pela Lei 9.099/1995.

608. No crime de estupro, praticado mediante violência real, a ação penal é pública incondicionada.

609. É pública incondicionada a ação penal por crime de sonegação fiscal.

610. Há crime de latrocínio, quando o homicídio se consuma, ainda que não realize o agente a subtração de bens da vítima.

611. Transitada em julgado a sentença condenatória, compete ao juízo das execuções a aplicação de lei mais benigna.

612. Ao trabalhador rural não se aplicam, por analogia, os benefícios previstos na Lei n. 6.367, de 19.10.1976.

613. Os dependentes de trabalhador rural não têm direito à pensão previdenciária, se o óbito ocorreu anteriormente à vigência da Lei Complementar 11/1971.

614. Somente o Procurador-Geral da Justiça tem legitimidade para propor ação direta interventiva por inconstitucionalidade de lei municipal.

615. O princípio constitucional da anualidade (§ 29 do art. 153 da Constituição Federal) não se aplica à revogação de isenção do ICM.

› art. 150, I e III, CF/1988.
› arts. 104, III, e 178, CTN.
› Súm. 544, STF.

616. É permitida a cumulação da multa contratual com os honorários de advogado, após o advento do Código de Processo Civil vigente.

617. A base de cálculo dos honorários de advogado em desapropriação é a diferença entre a oferta e a indenização, corrigidas ambas monetariamente.

618. Na desapropriação, direta ou indireta, a taxa dos juros compensatórios é de 12% (doze por cento) ao ano.

619. A prisão do depositário judicial pode ser decretada no próprio processo em que se constituiu o encargo, independentemente da propositura de ação de depósito.

› Revogada.

620. A sentença proferida contra autarquias não está sujeita a reexame necessário, salvo quando sucumbente em execução de dívida ativa.

621. Não enseja embargos de terceiro à penhora a promessa de compra e venda não inscrita no registro de imóveis.

› Súm. 84, STJ.

622. Não cabe agravo regimental contra decisão do relator que concede ou indefere liminar em mandado de segurança.

› art. 16, Lei 12.016/2009.

623. Não gera por si só a competência originária do Supremo Tribunal Federal para conhecer do mandado de segurança com base no art. 102, I, n, da Constituição, dirigir-se o pedido contra deliberação administrativa do tribunal de origem, da qual haja participado a maioria ou a totalidade de seus membros.

624. Não compete ao Supremo Tribunal Federal conhecer originariamente de mandado de segurança contra atos de outros tribunais.

› Súm. 330, STF.

625. Controvérsia sobre matéria de direito não impede concessão de mandado de segurança.

626. A suspensão da liminar em mandado de segurança, salvo determinação em contrário da decisão que a deferir, vigorará até o trânsito em julgado da decisão definitiva de concessão da segurança ou, havendo recurso, até a sua manutenção pelo Supremo Tribunal Federal, desde que o objeto da liminar deferida coincida, total ou parcialmente, com o da impetração.

› art. 15, Lei 12.016/2009.

627. No mandado de segurança contra a nomeação de magistrado da competência do Presidente da República, este é considerado autoridade coatora, ainda que o fundamento da impetração seja nulidade ocorrida em fase anterior do procedimento.

628. O integrante de lista de candidatos a determinada vaga da composição de tribunal é parte legítima para impugnar a validade da nomeação de concorrente.

629. A impetração de mandado de segurança coletivo por entidade de classe em favor dos associados independe da autorização destes.

› art. 21, Lei 12.016/2009.

630. A entidade de classe tem legitimação para o mandado de segurança ainda quando a pretensão veiculada interesse apenas a uma parte da respectiva categoria.

› art. 21, Lei 12.016/2009.

631. Extingue-se o processo de mandado de segurança se o impetrante não promove, no prazo assinado, a citação do litisconsorte passivo necessário.

632. É constitucional lei que fixa o prazo de decadência para a impetração de mandado de segurança.

› art. 23, Lei 12.016/2009.

633. É incabível a condenação em verba honorária nos recursos extraordinários interpostos em processo trabalhista, exceto nas hipóteses previstas na Lei n. 5.584/1970.

634. Não compete ao Supremo Tribunal Federal conceder medida cautelar para dar efeito suspensivo a recurso extraordinário que ainda não foi objeto de juízo de admissibilidade na origem.

635. Cabe ao presidente do tribunal de origem decidir o pedido de medida cautelar em recurso extraordinário ainda pendente do seu juízo de admissibilidade.

636. Não cabe recurso extraordinário por contrariedade ao princípio constitucional da legalidade, quando a sua verificação pressuponha rever a interpretação dada a normas infraconstitucionais pela decisão recorrida.

637. Não cabe recurso extraordinário contra acórdão de Tribunal de Justiça que defere pedido de intervenção estadual em município.

638. A controvérsia sobre a incidência, ou não, de correção monetária em operações de crédito rural é de natureza infraconstitucional, não viabilizando recurso extraordinário.

639. Aplica-se a Súmula n. 288 quando não constarem do traslado do agravo de instrumento as cópias das peças necessárias à verificação da tempestividade do recurso extraordinário não admitido pela decisão agravada.

› Súm. 288, STF.

640. É cabível recurso extraordinário contra decisão proferida por juiz de primeiro grau nas causas de alçada, ou por turma recursal de juizado especial cível e criminal.

641. Não se conta em dobro o prazo para recorrer, quando só um dos litisconsortes haja sucumbido.

642. Não cabe ação direta de inconstitucionalidade de lei do Distrito Federal derivada da sua competência legislativa municipal.

643. O Ministério Público tem legitimidade para promover ação civil pública cujo fundamento seja a ilegalidade de reajuste de mensalidades escolares.

644. Ao titular do cargo de procurador de autarquia não se exige a apresentação de instrumento de mandato para representá-la em juízo.

645. É competente o Município para fixar o horário de funcionamento de estabelecimento comercial.

› Súm. Vinc. 38 e Súm. 419, STF.

646. Ofende o princípio da livre concorrência lei municipal que impede a instalação de estabelecimentos comerciais do mesmo ramo em determinada área.

› Súm. Vinc. 49, STF.

647. Compete privativamente à União legislar sobre vencimentos dos membros das polícias civil e militar do Distrito Federal.

› Súm. Vinc. 39.

648. A norma do § 3º do art. 192 da Constituição, revogada pela Emenda Constitucional n. 40/2003, que limitava a taxa de juros reais a 12% ao ano, tinha sua aplicabilidade condicionada à edição de lei complementar.

‣ Súm. Vinc. 7, STF.

649. É inconstitucional a criação, por Constituição estadual, de órgão de controle administrativo do Poder Judiciário do qual participem representantes de outros poderes ou entidades.

650. Os incisos I e XI do art. 20 da Constituição Federal não alcançam terras de aldeamentos extintos, ainda que ocupadas por indígenas em passado remoto.

‣ A redação desta Súmula foi retificada no *DJ*, 29.10.2003.

651. A medida provisória não apreciada pelo Congresso Nacional podia, até a Emenda Constitucional n. 32/2001, ser reeditada dentro do seu prazo de eficácia de trinta dias, mantidos os efeitos de lei desde a primeira edição.

652. Não contraria a Constituição o art. 15, § 1º, do Decreto-Lei n. 3.365/1941 (Lei da desapropriação por utilidade pública).

‣ art. 5º, XXICF.

653. No tribunal de contas estadual, composto por sete conselheiros, quatro devem ser escolhidos pela Assembleia Legislativa e três pelo chefe do Poder Executivo estadual, cabendo a este indicar um dentre auditores e outro dentre membros do Ministério Público, e um terceiro a sua livre escolha.

654. A garantia da irretroatividade da lei, prevista no art 5º, XXXVI, da Constituição da República, não é invocável pela entidade estatal que a tenha editado.

655. A exceção prevista no art. 100, *caput*, da Constituição, em favor dos créditos de natureza alimentícia, não dispensa a expedição de precatório, limitando-se a isentá-los da observância da ordem cronológica dos precatórios decorrentes de condenações de outra natureza.

656. É inconstitucional a lei que estabelece alíquotas progressivas para o Imposto de Transmissão inter vivos de Bens Imóveis - ITBI com base no valor venal do imóvel.

‣ arts. 145, § 1º, e 156, II, CF.

657. A imunidade prevista no art. 150, VI, d, da Constituição Federal abrange os filmes e papéis fotográficos necessários à publicação de jornais e periódicos.

658. São constitucionais os arts. 7º da Lei n. 7.787/1989 e 1º da Lei n. 7.894/1989 e da Lei n. 8.147/1990, que majoraram a alíquota do finsocial, quando devida a contribuição por empresas dedicadas exclusivamente à prestação de serviços.

659. É legítima a cobrança da COFINS, do PIS e do FINSOCIAL sobre as operações relativas a energia elétrica, serviços de telecomunicações, derivados de petróleo, combustíveis e minerais do país.

‣ arts. 155, § 3º, e 195, *caput* e § 7º, CF.

660. Não incide ICMS na importação de bens por pessoa física ou jurídica que não seja contribuinte do imposto.

661. Na entrada de mercadoria importada do exterior, é legítima a cobrança do icms por ocasião do desembaraço aduaneiro.

‣ art. 155, § 2º, IX, a, CF.
‣ Súm. Vinc. 48.

662. É legítima a incidência do ICMS na comercialização de exemplares de obras cinematográficas, gravados em fitas de videocassete.

‣ art. 155, II, CF.

663. Os §§ 1º e 3º do art. 9º do Decreto-Lei n. 406/1968 foram recebidos pela Constituição.

‣ art. 34, § 5º, ADCT.

664. É inconstitucional o inciso V do art. 1º da Lei n. 8.033/1990, que instituiu a incidência do Imposto nas Operações de Crédito, Câmbio e Seguros - IOF sobre saques efetuados em caderneta de poupança.

‣ O inciso V do art. 1º da Lei n. 8.033/1990 teve a execução suspensa pela Res. SF 28/2007.

665. É constitucional a taxa de fiscalização dos mercados de títulos e valores mobiliários instituída pela Lei n. 7.940/1989.

‣ art. 145, II, e § 2º, CF.

666. A contribuição confederativa de que trata o art. 8º, IV, da Constituição, só é exigível dos filiados ao sindicato respectivo.

‣ Súm. Vinc. 40.

667. Viola a garantia constitucional de acesso à jurisdição a taxa judiciária calculada sem limite sobre o valor da causa.

‣ art. 5º, XXXVI, e 145, CF.

668. É inconstitucional a lei municipal que tenha estabelecido, antes da Emenda Constitucional n. 29/2000, alíquotas progressivas para o IPTU, salvo se destinada a assegurar o cumprimento da função social da propriedade urbana.

‣ arts. 145, § 1º, e 182, §§ 2º e 4º,CF.
‣ art. 7º, Lei 10.257/2001.

669. Norma legal que altera o prazo de recolhimento da obrigação tributária não se sujeita ao princípio da anterioridade.

‣ art. 195, 6º, CF.
‣ Súm. Vinc. 50.

670. O serviço de iluminação pública não pode ser remunerado mediante taxa.

‣ arts. 145, II, CF.
‣ Súm. 41, STF.

671. Os servidores públicos e os trabalhadores em geral têm direito, no que concerne à URP de abril/maio de 1988, apenas ao valor correspondente a 7/30 de 16,19% sobre os vencimentos e salários pertinentes aos meses de abril e maio de 1988, não cumulativamente, devidamente corrigido até o efetivo pagamento.

672. O reajuste de 28,86%, concedido aos servidores militares pelas leis 8.622/1993 e 8.627/1993, estende-se aos servidores civis do Poder Executivo, observadas as eventuais compensações decorrentes dos reajustes diferenciados concedidos pelos mesmos diplomas legais.

‣ Súm. Vinc. 51, STF.

673. O art. 125, § 4º, da Constituição não impede a perda da graduação de militar mediante procedimento administrativo.

674. A anistia prevista no art. 8º do Ato das Disposições Constitucionais Transitórias não alcança os militares expulsos com base em legislação disciplinar ordinária, ainda que em razão de atos praticados por motivação política.

675. Os intervalos fixados para descanso e alimentação durante a jornada de seis horas não descaracterizam o sistema de turnos ininterruptos de revezamento para o efeito do art. 7º, XIV, da Constituição.

676. A garantia da estabilidade provisória prevista no art. 10, II, a, do Ato das Disposições Constitucionais Transitórias, também se aplica ao suplente do cargo de direção de comissões internas de prevenção de acidentes (CIPA).

677. Até que lei venha a dispor a respeito, incumbe ao Ministério do Trabalho proceder ao registro das entidades sindicais e zelar pela observância do princípio da unicidade.

678. São inconstitucionais os incisos I e III do art. 7º da Lei n. 8.162/1991, que afastam, para efeito de anuênio e de licença-prêmio, a contagem do tempo de serviço regido pela Consolidação das Leis do Trabalho dos servidores que passaram a submeter-se ao regime jurídico único.

679. A fixação de vencimentos dos servidores públicos não pode ser objeto de convenção coletiva.

680. O direito ao auxílio-alimentação não se estende aos servidores inativos.

681. É inconstitucional a vinculação do reajuste de vencimentos de servidores estaduais ou municipais a índices federais de correção monetária.

‣ Súm. Vinc. 42.

682. Não ofende a Constituição a correção monetária no pagamento com atraso dos vencimentos de servidores públicos.

683. O limite de idade para a inscrição em concurso público só se legitima em face do art. 7º, XXX, da Constituição, quando possa ser justificado pela natureza das atribuições do cargo a ser preenchido.

‣ art. 27, Lei 10.741/2003.
‣ Súm. 14, STF.

684. É inconstitucional o veto não motivado à participação de candidato a concurso público.

‣ art. 7º, XXX, CF.
‣ art. 27, Lei 10.741/2003.

685. É inconstitucional toda modalidade de provimento que propicie ao servidor investir-se, sem prévia aprovação em concurso público destinado ao seu provimento, em cargo que não integra a carreira na qual anteriormente investido.

‣ Súm. Vinc. 43.

686. Só por lei se pode sujeitar a exame psicotécnico a habilitação de candidato a cargo público.

‣ art. 7º, XXX, CF.
‣ art. 27, Lei 10.741/2003.
‣ Súm. Vinc. 44.

687. A revisão de que trata o art. 58 do Ato das Disposições Constitucionais Transitórias não se aplica aos benefícios previdenciários concedidos após a promulgação da Constituição de 1988.

688. É legítima a incidência da contribuição previdenciária sobre o 13º salário.

‣ art. 195, I, CF.

689. O segurado pode ajuizar ação contra a instituição previdenciária perante o juízo federal do seu domicílio ou nas varas federais da capital do Estado-membro.

690. Compete originariamente ao Supremo Tribunal Federal o julgamento de *habeas corpus* contra decisão de turma recursal de juizados especiais criminais.

‣ Superada.

691. Não compete ao Supremo Tribunal Federal conhecer de *habeas corpus* impetrado contra decisão do relator que, em *habeas corpus* requerido a tribunal superior, indefere a liminar.

‣ art. 102, I, i, CF.

692. Não se conhece de *habeas corpus* contra omissão de relator de extradição, se fundado em fato ou direito estrangeiro cuja prova não constava dos autos, nem foi ele provocado a respeito.

693. Não cabe *habeas corpus* contra decisão condenatória a pena de multa, ou relativo a processo em curso por infração penal a que a pena pecuniária seja a única cominada.

‣ arts. 49 e ss., CP.

694. Não cabe *habeas corpus* contra a imposição da pena de exclusão de militar ou de perda de patente ou de função pública.

‣ art. 92, I, CP.

‣ art. 647, CPP.

695. Não cabe *habeas corpus* quando já extinta a pena privativa de liberdade.

‣ art. 659, CPP.

696. Reunidos os pressupostos legais permissivos da suspensão condicional do processo, mas se recusando o promotor de justiça a propô-la, o juiz, dissentindo, remeterá a questão ao procurador-geral, aplicando-se por analogia o art. 28 do Código de Processo Penal.

‣ art. 89, Lei 9.099/1995.

697. A proibição de liberdade provisória nos processos por crimes hediondos não veda o relaxamento da prisão processual por excesso de prazo.

‣ Súmula prejudicada pela edição da Lei 11.464/2007.

698. Não se estende aos demais crimes hediondos a admissibilidade de progressão no regime de execução da pena aplicada ao crime de tortura.

‣ Súmula prejudicada pela edição da Lei 11.464/2007.

699. O prazo para interposição de agravo, em processo penal, é de cinco dias, de acordo com a Lei n. 8.038/1990, não se aplicando o disposto a respeito nas alterações da Lei n. 8.950/1994 ao Código de Processo Civil.

‣ art. 28, Lei 8.038/1990.

700. É de cinco dias o prazo para interposição de agravo contra decisão do juiz da execução penal.

‣ art. 586, CPP.

701. No mandado de segurança impetrado pelo Ministério Público contra decisão proferida em processo penal, é obrigatória a citação do réu como litisconsorte passivo.

702. A competência do Tribunal de Justiça para julgar prefeitos restringe-se aos crimes de competência da Justiça Comum estadual; nos demais casos, a competência originária caberá ao respectivo tribunal de segundo grau.

703. A extinção do mandato do prefeito não impede a instauração de processo pela prática dos crimes previstos no art. 1º do Decreto-Lei n. 201/1967.

704. Não viola as garantias do juiz natural, da ampla defesa e do devido processo legal a atração por continência ou conexão do processo do corréu ao foro por prerrogativa de função de um dos denunciados.

‣ art. 5º, LIII, LIV e LCF.

‣ arts. 79 e 84, CPP.

705. A renúncia do réu ao direito de apelação, manifestada sem a assistência do defensor, não impede o conhecimento da apelação por este interposta.

706. É relativa a nulidade decorrente da inobservância da competência penal por prevenção.

707. Constitui nulidade a falta de intimação do denunciado para oferecer contrarrazões ao recurso interposto da rejeição da denúncia, não a suprindo a nomeação de defensor dativo.

‣ arts. 588, CPP.

708. É nulo o julgamento da apelação se, após a manifestação nos autos da renúncia do único defensor, o réu não foi previamente intimado para constituir outro.

‣ arts. 261 e 564, III, c, CPP.

709. Salvo quando nula a decisão de primeiro grau, o acórdão que provê o recurso contra a rejeição da denúncia vale, desde logo, pelo recebimento dela.

710. No processo penal, contam-se os prazos da data da intimação, e não da juntada aos autos do mandado ou da carta precatória ou de ordem.

711. A lei penal mais grave aplica-se ao crime continuado ou ao crime permanente, se a sua vigência é anterior à cessação da continuidade ou da permanência.

‣ art. 71, CP.

712. É nula a decisão que determina o desaforamento de processo da competência do júri sem audiência da defesa.

‣ arts. 427 e 428, CPP.

713. O efeito devolutivo da apelação contra decisões do júri é adstrito aos fundamentos da sua interposição.

714. É concorrente a legitimidade do ofendido, mediante queixa, e do Ministério Público, condicionada à representação do ofendido, para a ação penal por crime contra a honra de servidor público em razão do exercício de suas funções.

‣ arts. 138 a 145, CP.

715. A pena unificada para atender ao limite de trinta anos de cumprimento, determinado pelo art. 75 do Código Penal, não é considerada para a concessão de outros benefícios, como o livramento condicional ou regime mais favorável de execução.

716. Admite-se a progressão de regime de cumprimento da pena ou a aplicação imediata de regime menos severo nela determinada, antes do trânsito em julgado da sentença condenatória.

‣ art. 112, Lei 7.210/1984.

717. Não impede a progressão de regime de execução da pena, fixada em sentença não transitada em julgado, o fato de o réu se encontrar em prisão especial.

‣ art. 295, CPP.

718. A opinião do julgador sobre a gravidade em abstrato do crime não constitui motivação idônea para a imposição de regime mais severo do que o permitido segundo a pena aplicada.

‣ art. 33, § 2º, c, CP.

719. A imposição do regime de cumprimento mais severo do que a pena aplicada permitir exige motivação idônea.

‣ art. 33, § 2º, c, CP.

720. O art. 309 do Código de Trânsito Brasileiro, que reclama decorra do fato perigo de dano, derrogou o art. 32 da Lei das Contravenções Penais no tocante à direção sem habilitação em vias terrestres.

721. A competência constitucional do tribunal do júri prevalece sobre o foro por prerrogativa de função estabelecido exclusivamente pela Constituição estadual.

‣ art. 5º, XXXVIII, CF.

‣ Súm. Vinc. 45.

722. São da competência legislativa da União a definição dos crimes de responsabilidade e o estabelecimento das respectivas normas de processo e julgamento.

‣ Súm. Vinc. 46, STF.

723. Não se admite a suspensão condicional do processo por crime continuado, se a soma da pena mínima da infração mais grave com o aumento mínimo de um sexto for superior a um ano.

‣ art. 89, Lei 9.099/1995.

724. Ainda quando alugado a terceiros, permanece imune ao IPTU o imóvel pertencente a qualquer das entidades referidas pelo art. 150, VI, c, da Constituição, desde que o valor dos aluguéis seja aplicado nas atividades essenciais de tais entidades.

‣ Súm. Vinc. 52.

725. É constitucional o § 2º do art. 6º da Lei n. 8.024/1990, resultante da conversão da Medida Provisória n. 168/1990, que fixou o BTN fiscal como índice de correção monetária aplicável aos depósitos bloqueados pelo Plano Collor I.

726. Para efeito de aposentadoria especial de professores, não se computa o tempo de serviço prestado fora da sala de aula.

727. Não pode o magistrado deixar de encaminhar ao Supremo Tribunal Federal o agravo de instrumento interposto da decisão que não admite recurso extraordinário, ainda que referente a causa instaurada no âmbito dos juizados especiais.

‣ Lei 9.099/1995.

728. É de três dias o prazo para a interposição de recurso extraordinário contra decisão do tribunal superior eleitoral, contado, quando for o caso, a partir da publicação do acórdão, na própria sessão de julgamento, nos termos do art. 12 da Lei n. 6.055/1974, que não foi revogado pela Lei n. 8.950/1994.

‣ art. 508, CPP.

729. A decisão na Ação Direta de Constitucionalidade 4 não se aplica à antecipação de tutela em causa de natureza previdenciária.

‣ art. 1º, Lei 9.494/1997.

730. A imunidade tributária conferida a instituições de assistência social sem fins lucrativos pelo art. 150, VI, "c", da Constituição, somente alcança as entidades fechadas de previdência social privada se não houver contribuição dos beneficiários.

731. Para fim da competência originária do Supremo Tribunal Federal, é de interesse geral da magistratura a questão de saber se, em face da Lei Orgânica da Magistratura Nacional, os juízes têm direito à licença-prêmio.

- art. 102, I, n, CF.

732. É constitucional a cobrança da contribuição do salário-educação, seja sob a carta de 1969, seja sob a Constituição Federal de 1988, e no regime da Lei n. 9.424/1996.

- Lei 9.424/1993 (Dispõe sobre o Fundo de Manutenção e Desenvolvimento do Ensino Fundamental e de Valorização do Magistério).

733. Não cabe recurso extraordinário contra decisão proferida no processamento de precatórios.

- art. 100, § 2º, CF.

734. Não cabe reclamação quando já houver transitado em julgado o ato judicial que se alega tenha desrespeitado decisão do Supremo Tribunal Federal.

735. Não cabe recurso extraordinário contra acórdão que defere medida liminar.

- art. 102, III, a, CF.

736. Compete à Justiça do Trabalho julgar as ações que tenham como causa de pedir o descumprimento de normas trabalhistas relativas à segurança, higiene e saúde dos trabalhadores.

SUPERIOR TRIBUNAL DE JUSTIÇA

Súmulas

1. O foro do domicílio ou da residência do alimentando é o competente para a ação de investigação de paternidade, quando cumulada com a de alimentos.

2. Não cabe *habeas data* (Constituição Federal, artigo 5º, LXXII, *a*) se não houve recusa de informações por parte da autoridade administrativa.

3. Compete ao Tribunal Regional Federal dirimir conflito de competência verificado, na respectiva região, entre Juiz Federal e Juiz Estadual investido de jurisdição federal.

- art. 108, I, e, CF.

4. Compete à Justiça Estadual julgar causa decorrente do processo eleitoral sindical.

- art. 8º, CF.

5. A simples interpretação de cláusula contratual não enseja recurso especial.

- art. 105, III, CF.
- Súm. 454, STF.
- Súm. 181, STJ.

6. Compete à Justiça Comum Estadual processar e julgar delito decorrente de acidente de trânsito envolvendo viatura de Polícia Militar, salvo se autor e vítima forem policiais militares em situação de atividade.

- art. 125, § 4º, CF.

7. A pretensão de simples reexame de prova não enseja recurso especial.

- art. 105, III, a a c, CF.
- Súm. 279, STF.

8. Aplica-se a correção monetária aos créditos habilitados em concordata preventiva, salvo durante o período compreendido entre as datas de vigência da Lei 7.274, de 10.12.1984, e do Decreto-Lei 2.283, de 27.02.1986.

- O Dec.-Lei 2.283/1986 foi revogado pelo Dec.-Lei 2.284/1986.
- Lei 11.101/2005 (Lei de Recuperação de Empresas e Falências).

9. A exigência da prisão provisória, para apelar, não ofende a garantia constitucional da presunção de inocência.

- art. 5º, LVII, CF.
- art. 393, I, CPP.
- Súm. 347, STJ.

10. Instalada a Junta de Conciliação e Julgamento, cessa a competência do Juiz de Direito em matéria trabalhista, inclusive para a execução das sentenças por ele proferidas.

- EC 24/1999 (Extinguiu a representação classista na Justiça do Trabalho e substituiu as Juntas de Conciliação e Julgamento por Varas do Trabalho).

11. A presença da União ou de qualquer de seus entes, na ação de usucapião especial, não afasta a competência do foro da situação do imóvel.

- art. 109, § 3º, CF.

12. Em desapropriação, são cumuláveis juros compensatórios e moratórios.

13. A divergência entre julgados do mesmo Tribunal não enseja recurso especial.

- art. 105, III, c, CF.

14. Arbitrados os honorários advocatícios em percentual sobre o valor da causa, a correção monetária incide a partir do respectivo ajuizamento.

15. Compete à Justiça Estadual processar e julgar os litígios decorrentes de acidente do trabalho.

- arts. 109, I, e 114, I, CF.
- Súm. 235, STF.

16. A legislação ordinária sobre crédito rural não veda a incidência da correção monetária.

17. Quando o falso se exaure no estelionato, sem mais potencialidade lesiva, é por este absorvido.

- art. 171, CP.

18. A sentença concessiva do perdão judicial é declaratória da extinção da punibilidade, não subsistindo qualquer efeito condenatório.

- arts. 107, IX, e 120, CP.

19. A fixação do horário bancário, para atendimento ao público, é da competência da União.

- art. 4º, VIII, Lei 4.595/1964 (Lei do Sistema Financeiro Nacional).

20. A mercadoria importada de país signatário do GATT é isenta do ICM, quando contemplado com esse favor o similar nacional.

- art. 98, CTN.

21. Pronunciado o réu, fica superada a alegação do constrangimento ilegal da prisão por excesso de prazo na instrução.

- art. 413, CPP.

22. Não há conflito de competência entre o Tribunal de Justiça e Tribunal de Alçada do mesmo Estado-membro.

- art. 4º, EC 45/2004 (Determina a extinção dos Tribunais de Alçada).

23. O Banco Central do Brasil é parte legítima nas ações fundadas na Res. n. 1.154/1986.

24. Aplica-se ao crime de estelionato, em que figure como vítima entidade autárquica da Previdência Social, a qualificadora do § 3º do artigo 171 do Código Penal.

25. Nas ações da Lei de Falências o prazo para a interposição de recurso conta-se da intimação da parte.

- Lei 11.101/2005 (Lei de Recuperação de Empresas e Falências).

26. O avalista do título de crédito vinculado a contrato de mútuo também responde pelas obrigações pactuadas, quando no contrato figurar como devedor solidário.

27. Pode a execução fundar-se em mais de um título extrajudicial relativos ao mesmo negócio.

- » *Vide* art. 780 do CPC.
- » *Vide* art. 798, I, *a*, do CPC.

28. O contrato de alienação fiduciária em garantia pode ter por objeto bem que já integrava o patrimônio do devedor.

29. No pagamento em juízo para elidir falência, são devidos correção monetária, juros e honorários de advogado.

- art. 98, p.u., Lei 11.101/2005 (Lei de Recuperação de Empresas e Falências).
- » *Vide* art. 98, parágrafo único, da Lei n. 11.101, de 9-2-2005.

30. A comissão de permanência e a correção monetária são inacumuláveis.

- Súm. 472, STJ.

31. A aquisição, pelo segurado, de mais de um imóvel financiado pelo Sistema Financeiro da Habitação, situados na mesma localidade, não exime a seguradora da obrigação de pagamento dos seguros.

32. Compete à Justiça Federal processar justificações judiciais destinadas a instruir pedidos perante entidades que nela têm exclusividade de foro, ressalvada a aplicação do artigo 15, II, da Lei 5.010/1966.

33. A incompetência relativa não pode ser declarada de ofício.

- » *Vide* art. 64 do CPC.

34. Compete à Justiça Estadual processar e julgar causa relativa a mensalidade escolar, cobrada por estabelecimento particular de ensino.

35. Incide correção monetária sobre as prestações pagas, quando de sua restituição, em virtude da retirada ou exclusão do participante de plano de consórcio.

36. A correção monetária integra o valor da restituição, em caso de adiantamento de câmbio, requerida em concordata ou falência.

- Lei 11.101/2005 (Lei de Recuperação de Empresas e Falências).
- » *Vide* art. 86, II, da Lei n. 11.101, de 9-2-2005.

37. São cumuláveis as indenizações por dano material e dano moral oriundos do mesmo fato.

38. Compete à Justiça Estadual Comum, na vigência da Constituição de 1988, o processo por contravenção penal, ainda que praticada em detrimento de bens, serviços ou interesse da União ou de suas entidades.

- art. 109, ICF.

39. Prescreve em vinte anos a ação para haver indenização, por responsabilidade civil, de sociedade de economia mista.

- art. 205, CC/2002.

40. Para obtenção dos benefícios de saída temporária e trabalho externo, considera-se o tempo de cumprimento da pena no regime fechado.

- arts. 40 e 122, Lei 7.210/1984 (Lei de Execuções Penais).
- Súm. 520, STJ.

41. O Superior Tribunal de Justiça não tem competência para processar e julgar, originariamente, mandado de segurança contra ato de outros tribunais ou dos respectivos órgãos.

- art. 105, I, b, CF.
- Lei 12.016/2009 (Lei do Mandado de Segurança Individual e Coletivo).

‣ Súm. 330, STF.

42. Compete à Justiça Comum Estadual processar e julgar as causas cíveis em que é parte sociedade de economia mista e os crimes praticados em seu detrimento.

‣ Súm. 251, 508, 517 e 556, STF.

43. Incide correção monetária sobre dívida por ato ilícito a partir da data do efetivo prejuízo.

44. A definição, em ato regulamentar, de grau mínimo de disacusia, não exclui, por si só, a concessão do benefício previdenciário.

45. No reexame necessário, é defeso, ao Tribunal, agravar a condenação imposta à Fazenda Pública.

46. Na execução por carta, os embargos do devedor serão decididos no juízo deprecante, salvo se versarem unicamente vícios ou defeitos da penhora, avaliação ou alienação dos bens.

‣ art. 20, Lei 6.830/1980 (Lei das Execuções Fiscais).
‣ Súm. 32, TFR.

47. Compete à Justiça Militar processar e julgar crime cometido por militar contra civil, com emprego de arma pertencente à corporação, mesmo não estando em serviço.

48. Compete ao juízo do local da obtenção da vantagem ilícita processar e julgar crimes de estelionato cometido mediante falsificação de cheque.

‣ art. 171, CP.

49. Na exportação de café em grão, não se inclui na base de cálculo do ICM a quota de contribuição, a que se refere o artigo 2º do Decreto-Lei 2.295, de 21.11.1986.

50. O Adicional de Tarifa Portuária incide apenas nas operações realizadas com mercadorias importadas ou exportadas, objeto do comércio de navegação de longo curso.

51. A punição do intermediador, no jogo do bicho, independe da identificação do "apostador" ou do "banqueiro".

52. Encerrada a instrução criminal, fica superada a alegação de constrangimento por excesso de prazo.

‣ arts. 400, 412 e 531, CPP.

53. Compete à Justiça Comum Estadual processar e julgar civil acusado de prática de crime contra instituições militares estaduais.

‣ art. 125, §§ 4º e 5º, CF.

54. Os juros moratórios fluem a partir do evento danoso, em caso de responsabilidade extracontratual.

55. Tribunal Regional Federal não é competente para julgar recurso de decisão proferida por juiz estadual não investido de jurisdição federal.

‣ art. 108, II, CF.

56. Na desapropriação para instituir servidão administrativa são devidos os juros compensatórios pela limitação de uso da propriedade.

57. Compete à Justiça Comum Estadual processar e julgar ação de cumprimento fundada em acordo ou convenção coletiva não homologados pela Justiça do Trabalho.

‣ Súm. sem eficácia.
‣ art. 114, CF.
‣ Lei 8.984/1995 (Estende a competência da Justiça do Trabalho (art. 114 da CF).

58. Proposta a execução fiscal, a posterior mudança de domicílio do executado não desloca a competência já fixada.

59. Não há conflito de competência se já existe sentença com trânsito em julgado, proferida por um dos juízos conflitantes.

60. É nula a obrigação cambial assumida por procurador do mutuário vinculado ao mutuante, no exclusivo interesse deste.

61. O seguro de vida cobre o suicidio não premeditado.

‣ Cancelada.
» *Vide* Súmula 610 do STJ.

62. Compete à Justiça Estadual processar e julgar o crime de falsa anotação na Carteira de Trabalho e Previdência Social, atribuído à empresa privada.

63. São devidos direitos autorais pela retransmissão radiofônica de músicas em estabelecimentos comerciais.

64. Não constitui constrangimento ilegal o excesso de prazo na instrução, provocado pela defesa.

‣ arts. 400, 412 e 531, CPP.

65. O cancelamento, previsto no artigo 29 do Decreto-Lei 2.303, de 21.11.1986, não alcança os débitos previdenciários.

66. Compete à Justiça Federal processar e julgar execução fiscal promovida por Conselho de Fiscalização profissional.

‣ art. 109, I, CF.

67. Na desapropriação, cabe a atualização monetária, ainda que por mais de uma vez, independente do decurso de prazo superior a um ano entre o cálculo e o efetivo pagamento da indenização.

‣ Súm. 561, STF.

68. A parcela relativa ao ICM inclui-se na base de cálculo do PIS.

‣ Cancelada

69. Na desapropriação direta, os juros compensatórios são devidos desde a antecipada imissão na posse e, na desapropriação indireta, a partir da efetiva ocupação do imóvel.

70. Os juros moratórios, na desapropriação direta ou indireta, contam-se desde o trânsito em julgado da sentença.

71. O bacalhau importado de país signatário do GATT é isento do ICM.

72. A comprovação da mora é imprescindível à busca e apreensão do bem alienado fiduciariamente.

‣ art. 2º, §§ 2º e 3º, Dec.-Lei 911/1969 (Lei das Alienações Fiduciárias).
» *Vide* Decreto Lei n. 911, de 1.º-10-1969.

73. A utilização de papel-moeda grosseiramente falsificado configura, em tese, o crime de estelionato, da competência da Justiça Estadual.

‣ arts. 171 e 289, CP.

74. Para efeitos penais, o reconhecimento da menoridade do réu requer prova por documento hábil.

‣ art. 65, I, CP.
‣ art. 72, I, CPPM.

75. Compete à Justiça Comum Estadual processar e julgar o policial militar por crime de promover ou facilitar a fuga de preso de estabelecimento penal.

‣ art. 351, CP.

76. A falta de registro de compromisso de compra e venda de imóvel não dispensa a prévia interpelação para constituir em mora o devedor.

‣ art. 22 do Dec.-Lei 58/1937 (Dispõe sobre o loteamento e a venda de terrenos para pagamento em prestações).

77. A Caixa Econômica Federal é parte ilegítima para figurar no polo passivo das ações relativas às contribuições para o fundo PIS/PASEP.

78. Compete à Justiça Militar processar e julgar policial de corporação estadual, ainda que o delito tenha sido praticado em outra unidade federativa.

79. Os bancos comerciais não estão sujeitos a registro nos Conselhos Regionais de Economia.

80. A Taxa de Melhoramento dos Portos não se inclui na base de cálculo do ICM.

81. Não se concede fiança quando, em concurso material, a soma das penas mínimas cominadas for superior a dois anos de reclusão.

‣ art. 69, CP.

82. Compete à Justiça Federal, excluídas as reclamações trabalhistas, processar e julgar os feitos relativos a movimentação do FGTS.

83. Não se conhece do recurso especial pela divergência, quando a orientação do Tribunal se firmou no mesmo sentido da decisão recorrida.

‣ art. 105, III, a a c, CF.
‣ Súm. 286, STF.

84. É admissível a oposição de embargos de terceiro fundados em alegação de posse advinda do compromisso de compra e venda de imóvel, ainda que desprovido do registro.

‣ Súm. 621, STF.

85. Nas relações jurídicas de trato sucessivo em que a Fazenda Pública figure como devedora, quando não tiver sido negado o próprio direito reclamado, a prescrição atinge apenas as prestações vencidas antes do quinquênio anterior à propositura da ação.

86. Cabe recurso especial contra acórdão proferido no julgamento de agravo de instrumento.

‣ art. 105, III, a a c, CF.

87. A isenção do ICMS relativa às rações balanceadas para animais abrange o concentrado e o suplemento.

88. São admissíveis embargos infringentes em processo falimentar.

89. A ação acidentária prescinde de exaurimento da via administrativa.

90. Compete à Justiça Estadual Militar processar e julgar o policial militar pela prática do crime militar, e à Comum pela prática do crime comum simultâneo àquele.

‣ art. 125, §§ 4º e 5º, CF.

91. Compete à Justiça Federal processar e julgar os crimes praticados contra a fauna.

‣ Cancelada.

92. A terceiro de boa-fé não é oponível a alienação fiduciária não anotada no Certificado de Registro do veículo automotor.

93. A legislação sobre cédulas de crédito rural, comercial e industrial admite o pacto de capitalização de juros.

94. A parcela relativa ao ICMS inclui-se na base de cálculo do FINSOCIAL.

‣ Cancelada.

95. A redução da alíquota do Imposto sobre Produtos Industrializados ou do Imposto de Importação não implica redução do ICMS.

96. O crime de extorsão consuma-se independentemente da obtenção da vantagem indevida.

‣ art. 158, CP.
‣ art. 243, CPM.

97. Compete à Justiça do Trabalho processar e julgar reclamação de servidor público relativamente a vantagens trabalhistas anteriores à instituição do regime jurídico único.

‣ art. 114, CF.

98. Embargos de declaração manifestados com notório propósito de prequestionamento não têm caráter protelatório.

99. O Ministério Público tem legitimidade para recorrer no processo em que oficiou como fiscal da lei, ainda que não haja recurso da parte.

‣ art. 996, CPC.
» *Vide* art. 996 do CPC.

100. É devido o Adicional ao Frete para Renovação da Marinha Mercante na importação sob o regime de Benefícios Fiscais à Exportação (BEFIEX).

101. A ação de indenização do segurado em grupo contra a seguradora prescreve em um ano.

‣ Súm. 229 e 278, STJ.

102. A incidência dos juros moratórios sobre os compensatórios, nas ações expropriatórias, não constitui anatocismo vedado em lei.

103. Incluem-se entre os imóveis funcionais que podem ser vendidos os administrados pelas Forças Armadas e ocupados pelos servidores civis.

104. Compete à Justiça Estadual o processo e julgamento dos crimes de falsificação e uso de documento falso relativo a estabelecimento particular de ensino.

‣ art. 304, CP.

105. Na ação de mandado de segurança não se admite condenação em honorários advocatícios.

‣ art. 25, Lei 12.016/2009 (Lei do Mandado de Segurança Individual e Coletivo).
‣ Súm. 512, STF.

106. Proposta a ação no prazo fixado para o seu exercício, a demora na citação, por motivos inerentes ao mecanismo da Justiça, não justifica o acolhimento da arguição de prescrição ou decadência.

107. Compete à Justiça Comum Estadual processar e julgar crime de estelionato praticado mediante falsificação das guias de recolhimento das contribuições previdenciárias, quando não ocorrente lesão à autarquia federal.

‣ art. 171, CP.

108. A aplicação de medidas socioeducativas ao adolescente, pela prática de ato infracional, é de competência exclusiva do juiz.

‣ art. 112 , Lei 8.069/1994 (ECA).

109. O reconhecimento do direito a indenização, por falta de mercadoria transportada via marítima, independe de vistoria.

110. A isenção do pagamento de honorários advocatícios, nas ações acidentárias, é restrita ao segurado.

‣ art. 129, p.u., Lei 8.213/1991 (Lei dos Planos de Benefícios da Previdência Social).

111. Os honorários advocatícios, nas ações previdenciárias, não incidem sobre as prestações vencidas após a sentença.

112. O depósito somente suspende a exigibilidade do crédito tributário se for integral e em dinheiro.

‣ art. 151, II, CTN.
‣ Súm. Vinc. 28, STF.

113. Os juros compensatórios, na desapropriação direta, incidem a partir da imissão na posse, calculados sobre o valor da indenização, corrigido monetariamente.

‣ art. 182, § 3º, CF.

114. Os juros compensatórios, na desapropriação indireta, incidem a partir da ocupação, calculados sobre o valor da indenização, corrigido monetariamente.

‣ art. 182, § 3º, CF.

115. Na instância especial é inexistente recurso interposto por advogado sem procuração nos autos.

116. A Fazenda Pública e o Ministério Público têm o prazo em dobro para interpor agravo regimental no Superior Tribunal de Justiça.

‣ arts. 258 e 259, RISTJ.

117. A inobservância do prazo de quarenta e oito horas, entre a publicação de pauta e o julgamento sem a presença das partes, acarreta nulidade.

118. O agravo de instrumento é o recurso cabível da decisão que homologa a atualização do cálculo da liquidação.

119. A ação de desapropriação indireta prescreve em vinte anos.

120. O oficial de farmácia, inscrito no Conselho Regional de Farmácia, pode ser responsável técnico por drogaria.

121. Na execução fiscal o devedor deverá ser intimado, pessoalmente, do dia e hora da realização do leilão.

122. Compete à Justiça Federal o processo e julgamento unificado dos crimes conexos de competência federal e estadual, não se aplicando a regra do art. 78, II, *a*, do Código de Processo Penal.

‣ art. 109, CF.
‣ art. 78, II, a, e III, CPP.

123. A decisão que admite, ou não, o recurso especial deve ser fundamentada, com o exame dos seus pressupostos gerais e constitucionais.

‣ arts. 93, IX, e 105, III, a a c, CF.
‣ art. 27, § 1º, Lei 8.038/1990 (Institui normas procedimentais para os processos que especifica, perante o STJ e o STF).

124. A Taxa de Melhoramento dos Portos tem base de cálculo diversa do Imposto de Importação, sendo legítima a sua cobrança sobre a importação de mercadorias de países signatários do GATT, da ALALC ou ALADI.

125. O pagamento de férias não gozadas por necessidade do serviço não está sujeito à incidência do Imposto de Renda.

‣ art. 153, III, CF.

126. É inadmissível recurso especial, quando o acórdão recorrido assenta em fundamentos constitucional e infraconstitucional, qualquer deles suficiente, por si só, para mantê-lo, e a parte vencida não manifesta recurso extraordinário.

‣ art. 105, III, a a c, CF.
» *Vide* art. 1.025 do CPC.

127. É ilegal condicionar a renovação da licença de veículo ao pagamento de multa, da qual o infrator não foi notificado.

128. Na execução fiscal haverá segundo leilão, se o primeiro não houver lanço superior à avaliação.

129. O exportador adquire o direito de transferência de crédito do ICMS quando realiza a exportação do produto e não ao estocar a matéria-prima.

130. A empresa responde, perante o cliente, pela reparação de dano ou furto de veículo ocorridos em seu estacionamento.

131. Nas ações de desapropriação incluem-se no cálculo da verba advocatícia as parcelas relativas aos juros compensatórios e moratórios, devidamente corrigidos.

132. A ausência de registro da transferência não implica a responsabilidade do antigo proprietário por dano resultante de acidente que envolva o veículo alienado.

133. A restituição da importância adiantada, à conta de contrato de câmbio, independe de ter sido a antecipação efetuada nos quinze dias anteriores ao requerimento da concordata.

» *Vide* art. 86, II, da Lei n. 11.101, de 9-2-2005.

134. Embora intimado de penhora em imóvel do casal, o cônjuge do executado pode opor embargos de terceiro para defesa de sua meação.

» *Vide* art. 674 do CPC.

135. O ICMS não incide na gravação e distribuição de filmes e videoteipes.

136. O pagamento de licença-prêmio não gozada por necessidade do serviço não está sujeito ao Imposto de Renda.

137. Compete à Justiça Comum Estadual processar e julgar ação de servidor público municipal, pleiteando direitos relativos a vínculo estatutário.

138. O ISS incide na operação de arrendamento mercantil de coisas móveis.

‣ Súm. Vinc. 31, STF.

139. Cabe à Procuradoria da Fazenda Nacional propor execução fiscal para cobrança de crédito relativo ao ITR.

140. Compete à Justiça Comum Estadual processar e julgar crime em que o indígena figure autor ou vítima.

‣ art. 109, CF.

141. Os honorários de advogado em desapropriação direta são calculados sobre a diferença entre a indenização e a oferta, corrigidos monetariamente.

142. Prescreve em vinte anos a ação para exigir a abstenção do uso de marca comercial.

‣ Cancelada.

143. Prescreve em cinco anos a ação de perdas e danos pelo uso de marca comercial.

144. Os créditos de natureza alimentícia gozam de preferência, desvinculados os precatórios da ordem cronológica dos créditos de natureza diversa.

› art. 100, CF.
› art. 33, p.u., ADCT.

145. No transporte desinteressado, de simples cortesia, o transportador só será civilmente responsável por danos causados ao transportado quando incorrer em dolo ou culpa grave.

146. O segurado, vítima de novo infortúnio, faz jus a um único benefício, somado ao salário de contribuição vigente no dia do acidente.

147. Compete à Justiça Federal processar e julgar os crimes praticados contra funcionário público federal, quando relacionados com o exercício da função.

› art. 109, ICF.

148. Os débitos relativos a benefício previdenciário, vencidos e cobrados em juízo após a vigência da Lei n. 6.899/1981, devem ser corrigidos monetariamente na forma prevista nesse diploma legal.

149. A prova exclusivamente testemunhal não basta à comprovação da atividade rurícola, para efeito da obtenção de benefício previdenciário.

› Súm. 577, STJ.

150. Compete à Justiça Federal decidir sobre a existência de interesse jurídico, que justifique a presença, no processo, da União, suas autarquias ou empresas públicas.

› art. 109, CF.
› Súm. 254, STJ.

151. A competência para o processo e julgamento por crime de contrabando ou descaminho define-se pela prevenção do Juízo Federal do lugar da apreensão dos bens.

› art. 334, CP.
› art. 71, CPP.

152. Na venda pelo segurador, de bens salvados de sinistros, incide o ICMS.

› Cancelada.

153. A desistência da execução fiscal, após o oferecimento dos embargos, não exime o exequente dos encargos da sucumbência.

154. Os optantes pelo FGTS, nos termos da Lei n. 5.958, de 1973, têm direito à taxa progressiva de juros, na forma do artigo 4º, Lei n. 5.107, de 1966.

› A Lei 5.107/1966 foi revogada pela Lei 7.839/1989.
› Lei 8.036/1990 (Lei do FGTS).
› Súm. 210 e 398, STJ.

155. O ICMS incide na importação de aeronave, por pessoa física, para uso próprio.

156. A prestação de serviço de composição gráfica, personalizada e sob encomenda, ainda que envolva fornecimento de mercadorias, está sujeita, apenas, ao ISS.

157. É ilegítima a cobrança de taxa, pelo município, na renovação de licença para localização de estabelecimento comercial ou industrial.

› Cancelada.

158. Não se presta a justificar embargos de divergência o dissídio com acórdão de Turma ou Seção que não mais tenha competência para a matéria neles versada.

159. O beneficio acidentário, no caso de contribuinte que perceba remuneração variável, deve ser calculado com base na média aritmética dos últimos doze meses de contribuição.

160. É defeso, ao município, atualizar o IPTU, mediante decreto, em percentual superior ao índice oficial de correção monetária.

› arts. 33 e 97, §§ 1º e 2º, CTN.

161. É da competência da Justiça Estadual autorizar o levantamento dos valores relativos ao PIS/PASEP e FGTS, em decorrência do falecimento do titular da conta.

162. Na repetição de indébito tributário, a correção monetária incide a partir do pagamento indevido.

› art. 165, CTN.

163. O fornecimento de mercadorias com a simultânea prestação de serviços em bares, restaurantes e estabelecimentos similares constitui fato gerador do ICMS a incidir sobre o valor total da operação.

164. O prefeito municipal, após a extinção do mandato, continua sujeito a processo por crime previsto no artigo 1º do Decreto-Lei 201, de 27.02.1967.

165. Compete à Justiça Federal processar e julgar crime de falso testemunho cometido no processo trabalhista.

166. Não constitui fato gerador do ICMS o simples deslocamento de mercadoria de um para outro estabelecimento do mesmo contribuinte.

» *Vide* art. 12, § 4.º, Lei Complementar n. 87, de 13-9-1996.

167. O fornecimento de concreto, por empreitada, para construção civil, preparado no trajeto até a obra em betoneiras acopladas a caminhões, é prestação de serviço, sujeitando-se apenas à incidência do ISS.

168. Não cabem embargos de divergência, quando a jurisprudência do Tribunal se firmou no mesmo sentido do acórdão embargado.

169. São inadmissíveis embargos infringentes no processo de mandado de segurança.

› art. 25, Lei 12.016/2009 (Lei do Mandado de Segurança Individual e Coletivo).
› Súm. 294 e 597, STF.

170. Compete ao juízo onde primeiro for intentada a ação envolvendo acumulação de pedidos, trabalhista e estatuário, decidi-la nos limites da sua jurisdição, sem prejuízo do ajuizamento de nova causa, com o pedido remanescente, no juízo próprio.

171. Cominadas cumulativamente, em Lei especial, penas privativa de liberdade e pecuniária, é defeso a substituição da prisão por multa.

› art. 60, § 2º, CP.

172. Compete à Justiça Comum processar e julgar militar por crime de abuso de autoridade, ainda que praticado em serviço.

› Lei 13.869/2019 (Lei do Abuso de Autoridade).

173. Compete à Justiça Federal processar e julgar o pedido de reintegração em cargo público federal, ainda que o servidor tenha sido dispensado antes da instituição do Regime Jurídico Único.

› art. 109, I, CF.
› art. 28, Lei 8.112/1990 (Estatuto dos Servidores Públicos Civis da União).
» *Vide* art. 109, I, da CF.

174. No crime de roubo, a intimidação feita com arma de brinquedo autoriza o aumento da pena.

› Cancelada.

175. Descabe o depósito prévio nas ações rescisórias propostas pelo INSS.

» *Vide* art. 968, § 1.º, do CPC.

176. É nula a cláusula contratual que sujeita o devedor à taxa de juros divulgada pela ANBID/CETIP.

177. O Superior Tribunal de Justiça é incompetente para processar e julgar, originariamente, mandado de segurança contra ato de órgão colegiado presidido por Ministro de Estado.

› art 105, I, b, CF.

178. O INSS não goza de isenção do pagamento de custas e emolumentos, nas ações acidentárias e de benefícios propostas na Justiça Estadual.

179. O estabelecimento de crédito que recebe dinheiro, em depósito judicial, responde pelo pagamento da correção monetária relativa aos valores recolhidos.

180. Na lide trabalhista, compete ao Tribunal Regional do Trabalho dirimir conflito de competência verificado, na respectiva região, entre Juiz Estadual e Junta de Conciliação e Julgamento.

› EC 24/1999. (Altera dispositivos da Constituição Federal pertinentes à representação classista na Justiça do Trabalho).
› arts. 668, 803 e 808, CLT.
» *Vide* art. 20 do CPC.

181. É admissível ação declaratória, visando obter certeza quanto à exata interpretação de cláusula contratual.

› Súm. 5, STJ.

182. É inviável o agravo do artigo 545 do Código de Processo Civil que deixa de atacar especificamente os fundamentos da decisão agravada.

› Refere-se ao CPC/1973. art. 1.016, II, CPC/2015.
› art. 183, CDC.
» *Vide* art. 1.042 do CPC.

183. Compete ao Juiz Estadual, nas comarcas que não sejam sede de vara da Justiça Federal, processar e julgar ação civil pública, ainda que a União figure no processo.

› Cancelada.

184. A microempresa de representação comercial é isenta do Imposto de Renda.

185. Nos depósitos judiciais, não incide o Imposto sobre Operações Financeiras.

› art. 97, I, CTN.

186. Nas indenizações por ato ilícito, os juros compostos somente são devidos por aquele que praticou o crime.

187. É deserto o recurso interposto para o Superior Tribunal de Justiça, quando o recorrente não recolhe, na origem, a importância das despesas de remessa e retorno dos autos.

188. Os juros moratórios, na repetição do indébito tributário, são devidos a partir do trânsito em julgado da sentença.

› Súmula republicada (*DJU*, 21.11.1997).
› art. 167, p.u., CTN.

189. É desnecessária a intervenção do Ministério Público nas execuções fiscais.

190. Na execução fiscal, processada perante a Justiça Estadual, cumpre à Fazenda Pública antecipar o numerário destinado ao custeio das despesas com o transporte dos oficiais de justiça.

191. A pronúncia é causa interruptiva da prescrição, ainda que o Tribunal do Júri venha a desclassificar o crime.

- art. 117, II, CP.
- art. 413, CPP.

192. Compete ao Juízo das Execuções Penais do Estado a execução das penas impostas a sentenciados pela Justiça Federal, Militar ou Eleitoral, quando recolhidos a estabelecimentos sujeitos à administração estadual.

- art. 62, CPM.
- arts. 2º, 65 e 66, Lei 7.210/1984 (Lei de Execuções Penais).

193. O direito de uso de linha telefônica pode ser adquirido por usucapião.

194. Prescreve em vinte anos a ação para obter, do construtor, indenização por defeitos da obra.

- art. 43, II, Lei 4.591/1964 (Lei do Condomínio e Incorporações).

195. Em embargos de terceiro não se anula ato jurídico, por fraude contra credores.

196. Ao executado que, citado por edital ou por hora certa, permanecer revel, será nomeado curador especial, com legitimidade para apresentação de embargos.

- art. 5º, LCF.

197. O divórcio direto pode ser concedido sem que haja prévia partilha dos bens.

» *Vide* art. 1.575 do CC.

198. Na importação de veículo por pessoa física, destinado a uso próprio, incide o ICMS.

- art. 155, § 2º, IX, a, CF.

199. Na execução hipotecária de crédito vinculado ao Sistema Financeiro da Habilitação, nos termos da Lei n. 5.741/1971, a petição inicial deve ser instruída com, pelo menos, dois avisos de cobrança.

- art. 2º, ILei 5.741/1971 (Lei de Execução Hipotecária).

200. O Juízo Federal competente para processar e julgar acusado de crime de uso de passaporte falso é o do lugar onde o delito se consumou.

- art. 109, CF.
- arts. 304 e 308, CP.
- arts. 69, I, e 70, CPP.

201. Os honorários advocatícios não podem ser fixados em salários-minimos.

» *Vide* art. 85 do CPC.

202. A impetração de segurança por terceiro, contra ato judicial, não se condiciona à interposição de recurso.

» *Vide* art. 5.º, II, da Lei n. 12.016, de 7-8-2009.

203. Não cabe recurso especial contra decisão proferida por órgão de segundo grau dos Juizados Especiais.

» *Vide* Súmulas 640 e 727 do STF.

204. Os juros de mora nas ações relativas a benefícios previdenciários incidem a partir da citação válida.

205. A Lei 8.009/1990 aplica-se à penhora realizada antes de sua vigência.

206. A existência de vara privativa, instituída por lei estadual, não altera a competência territorial resultante das leis de processo.

207. É inadmissível recurso especial quando cabíveis embargos infringentes contra o acórdão proferido no tribunal de origem.

- art. 105, III, CF.

208. Compete à Justiça Federal processar e julgar prefeito municipal por desvio de verba sujeita a prestação de contas perante órgão federal.

- art. 109, CF.

209. Compete à Justiça Estadual processar e julgar prefeito por desvio de verba transferida e incorporada ao patrimônio municipal.

- art. 29, X, CF.

210. A ação de cobrança das contribuições para o FGTS prescreve em trinta anos.

- Súm. 154 e 398, STJ.
- Súm. 362, TST.

211. Inadmissível recurso especial quanto à questão que, a despeito da oposição de embargos declaratórios, não foi apreciada pelo tribunal *a quo*.

- Súm. 418, STJ.

» *Vide* art. 1.025 do CPC.

212. A compensação de créditos tributários não pode ser deferida em ação cautelar ou por medida liminar cautelar ou antecipatória.

- Cancelada.

213. O mandado de segurança constitui ação adequada para a declaração do direito à compensação tributária.

- art. 7º, § 2º, Lei 12.016/2009 (Lei do Mandado de Segurança Individual e Coletivo).

214. O fiador na locação não responde por obrigações resultantes de aditamento ao qual não anuiu.

- Súm. 656, STJ.

215. A indenização recebida pela adesão a programa de incentivo à demissão voluntária não está sujeita à incidência do Imposto de Renda.

216. A tempestividade de recurso interposto no Superior Tribunal de Justiça é aferida pelo registro no protocolo da Secretaria e não pela data da entrega na agência do correio.

- art. 66, RISTJ.

» *Vide* art. 1.003 do CPC.

217. Não cabe agravo de decisão que indefere o pedido de suspensão da execução da liminar, ou da sentença em mandado de segurança.

- Cancelada.

218. Compete à Justiça dos Estados processar e julgar ação de servidor estadual decorrente de direitos e vantagens estatuários no exercício de cargo em comissão.

219. Os créditos decorrentes de serviços prestados à massa falida, inclusive a remuneração do síndico, gozam dos privilégios próprios dos trabalhistas.

» *Vide* art. 86, parágrafo único, da Lei n. 11.101, de 9-2-2005.

220. A reincidência não influi no prazo da prescrição da pretensão punitiva.

- arts. 63 e 110, CP.
- art. 71, CPM.

221. São civilmente responsáveis pelo ressarcimento de dano, decorrente de publicação pela imprensa, tanto o autor do escrito quanto o proprietário do veículo de divulgação.

222. Compete à Justiça Comum processar e julgar as ações relativas à contribuição sindical prevista no artigo 578 de CLT.

223. A certidão de intimação do acórdão recorrido constitui peça obrigatória no instrumento de agravo.

224. Excluído do feito o ente federal, cuja presença levara o Juiz Estadual a declinar da competência, deve o Juiz Federal restituir os autos e não suscitar conflito.

225. Compete ao Tribunal Regional do Trabalho apreciar recursos contra sentença proferida por órgão de primeiro grau da Justiça Trabalhista, ainda que para declarar-lhe a nulidade em virtude de incompetência.

226. O Ministério Público tem legitimidade para recorrer na ação de acidente do trabalho, ainda que o segurado esteja assistido por advogado.

- art. 996, CPC.

227. A pessoa jurídica pode sofrer dano moral.

228. É inadmissível o interdito proibitório para a proteção do direito autoral.

229. O pedido de pagamento de indenização à seguradora suspende o prazo de prescrição até que o segurado tenha ciência da decisão.

- Súm. 101 e 278, STJ.

230. Compete à Justiça Estadual processar e julgar ação movida por trabalhador avulso portuário, em que se impugna ato do órgão gestor de mão-de-obra de que resulte óbice ao exercício de sua profissão.

- Cancelada.

231. A incidência da circunstância atenuante não pode conduzir à redução da pena abaixo do mínimo legal.

- art. 65, CP.
- art. 72, CPM.

232. A Fazenda Pública, quando parte no processo, fica sujeita à exigência do depósito prévio dos honorários do perito.

- art. 39, Lei 6.830/1980 (Lei das Execuções Fiscais).

233. O contrato de abertura de crédito, ainda que acompanhado de extrato da conta-corrente, não é título executivo.

- Súm. 247 e 258, STJ.

» *Vide* Súmula 247 do STJ.

234. A participação de membro do Ministério Público na fase investigatória criminal não acarreta o seu impedimento ou suspeição para o oferecimento da denúncia.

- arts. 251 a 258, CPP.
- arts. 57 a 59, CPPM.

235. A conexão não determina a reunião dos processos, se um deles já foi julgado.

- arts. 76 a 82, CPP.
- arts. 99 a 107, CPPM.

236. Não compete ao Superior Tribunal de Justiça dirimir conflitos de competência entre juízes trabalhistas vinculados a Tribunais Regionais do Trabalho diversos.

237. Nas operações com cartão de crédito, os encargos relativos ao financiamento não são considerados no cálculo do ICMS.

238. A avaliação da indenização devida ao proprietário do solo, em razão de alvará de pesquisa mineral, é processada no Juízo Estadual da situação do imóvel.

239. O direito à adjudicação compulsória não se condiciona ao registro do compromisso de compra e venda no cartório de imóveis.

240. A extinção do processo, por abandono da causa pelo autor, depende de requerimento do réu.

» *Vide* art. 485, III, do CPC.

241. A reincidência penal não pode ser considerada como circunstância agravante e, simultaneamente, como circunstância judicial.

- arts. 59, 61, I, e 63, CP.
- arts. 69, 70, I, e 71, CPM.
- Súm. 444, STJ.

242. Cabe ação declaratória para reconhecimento de tempo de serviço para fins previdenciários.

243. O benefício da suspensão do processo não é aplicável em relação às infrações penais cometidas em concurso material, concurso formal ou continuidade delitiva, quando a pena mínima cominada, seja pelo somatório seja pela incidência da majorante, ultrapassar o limite de 1 (um) ano.

- arts. 69 a 71, CP.
- art. 89, Lei 9.099/1995 (Lei dos Juizados Especiais).

244. Compete ao foro do local da recusa processar e julgar o crime de estelionato mediante cheque sem provisão de fundos.

- art. 171, § 2º, VI, CP.

245. A notificação destinada a comprovar a mora nas dívidas garantidas por alienação fiduciária dispensa a indicação do valor do débito.

- art. 2º, § 2º, Dec.-Lei 911/1969 (Lei das Alienações Fiduciárias).

246. O valor do seguro obrigatório deve ser deduzido da indenização judicialmente fixada.

- Súm. 257 e 426, STJ.

» *Vide* Súmulas 620, 616, 610, 529 e 402 do STJ.

247. O contrato de abertura de crédito em conta-corrente, acompanhado do demonstrativo de débito, constitui documento hábil para o ajuizamento de ação monitória.

- Súm. 233 e 258, STJ.

» *Vide* Súmula 233 do STJ.

248. Comprovada a prestação dos serviços, a duplicata não aceita, mas protestada, é título hábil para instruir pedido de falência.

- Lei 11.101/2005 (Lei de Recuperação de Empresas e Falências).

» *Vide* art. 94, I, da Lei n. 11.101, de 9-2-2005.

249. A Caixa Econômica Federal tem legitimidade passiva para integrar processo em que se discute correção monetária do FGTS.

- art. 7º, Lei 8.036/1990 (Lei do FGTS).
- Súm. 445, STJ.

250. É legítima a cobrança de multa fiscal de empresa em regime de concordata.

- Lei 11.101/2005 (Lei de Recuperação de Empresas e Falências).

251. A meação só responde pelo ato ilícito quando o credor, na execução fiscal, provar que o enriquecimento dele resultante aproveitou ao casal.

252. Os saldos das contas do FGTS, pela legislação infraconstitucional, são corrigidos em 42,72% (IPC) quanto às perdas de janeiro de 1989 e 44,80% (IPC) quanto às de abril de 1990, acolhidos pelo STJ os índices de 18,02% (LBC) quanto às perdas de junho de 1987, de 5,38% (BTN) para maio de 1990 e 7,00% (TR) para fevereiro de 1991, de acordo com o entendimento do STF (RE n. 226.855-7/RS).

253. O art. 557 do CPC, que autoriza o relator a decidir o recurso, alcança o reexame necessário.

254. A decisão do Juízo Federal que exclui da relação processual ente federal não pode ser reexaminada no Juízo Estadual.

- Súm. 150, STJ.

255. Cabem embargos infringentes contra acórdão, proferido por maioria, em agravo retido, quando se tratar de matéria de mérito.

256. O sistema de "protocolo integrado" não se aplica aos recursos dirigidos ao Superior Tribunal de Justiça.

- Cancelada.

257. A falta de pagamento do prêmio do seguro obrigatório de Danos Pessoais causados por Veículos Automotores de Vias Terrestres (DPVAT) não é motivo para a recusa do pagamento da indenização.

- arts. 5º e 7º, Lei 6.194/1974 (Lei do Seguro Obrigatório).
- Súm. 246 e 426, STJ.

258. A nota promissória vinculada a contrato de abertura de crédito não goza de autonomia em razão da iliquidez do título que a originou.

- Súm. 233 e 247, STJ.

» *Vide* art. 75 do Decreto n. 57.663, de 24-1-1966.

259. A ação de prestação de contas pode ser proposta pelo titular de conta-corrente bancária.

- art. 43, § 2º, CDC.

260. A convenção de condomínio aprovada, ainda que sem registro, é eficaz para regular as relações entre os condôminos.

- art. 9º, Lei 4.591/1964 (Lei do Condomínio e Incorporações).

261. A cobrança de direitos autorais pela retransmissão radiofônica de músicas, em estabelecimentos hoteleiros, deve ser feita conforme a taxa média de utilização de equipamento, apurada em liquidação.

262. Incide o Imposto de Renda sobre o resultado das aplicações financeiras realizadas pelas cooperativas.

263. A cobrança antecipada do valor residual (VRG) descaracteriza o contrato de arrendamento mercantil, transformando-o em compra e venda a prestação.

- Cancelada.

264. É irrecorrível o ato judicial que apenas manda processar a concordata preventiva.

- Lei 11.101/2005 (Lei de Recuperação de Empresas e Falências).

265. É necessária a oitiva do menor infrator antes de decretar-se a regressão da medida socioeducativa.

- arts. 110 e 112, Lei 8.069/1990 (ECA).

266. O diploma ou habilitação legal para o exercício do cargo deve ser exigido na posse e não na inscrição para o concurso público.

- art. 37, I e II, CF.

267. A interposição de recurso, sem efeito suspensivo, contra decisão condenatória não obsta a expedição de mandado de prisão.

- art. 637, CPP.
- art. 27, § 2º, Lei 8.038/1990 (Institui normas procedimentais para os processos que especifica, perante o STJ e o STF).

268. O fiador que não integrou a relação processual na ação de despejo não responde pela execução do julgado.

269. É admissível a adoção do regime prisional semiaberto aos reincidentes condenados a pena igual ou inferior a quatro anos se favoráveis as circunstâncias judiciais.

- arts. 35, 59 e 63, CP.
- art. 186, CTN.

270. O protesto pela preferência de crédito, apresentado por ente federal em execução que tramita na Justiça Estadual, não desloca a competência para a Justiça Federal.

271. A correção monetária dos depósitos judiciais independe de ação específica contra o banco depositário.

272. O trabalhador rural, na condição de segurado especial, sujeito à contribuição obrigatória sobre a produção rural comercializada, somente faz jus à aposentadoria por tempo de serviço, se recolher contribuições facultativas.

- art. 195, § 8º, CF.
- arts. 11, VII, 39 e 52, Lei 8.213/1991 (Lei dos Planos de Benefícios da Previdência Social).

273. Intimada a defesa da expedição da carta precatória, torna-se desnecessária intimação da data da audiência no juízo deprecado.

- art. 222, CPP.

274. O ISS incide sobre o valor dos serviços de assistência médica, incluindo-se neles as refeições, os medicamentos e as diárias hospitalares.

275. O auxiliar de farmácia não pode ser responsável técnico por farmácia ou drogaria.

276. As sociedades civis de prestação de serviços profissionais são isentas da Cofins, irrelevante o regime tributário adotado.

- Cancelada.

» *Vide* Súmula 621 do STJ.

277. Julgada procedente a investigação de paternidade, os alimentos são devidos a partir da citação.

- art. 13, § 2º, Lei 5.478/1968 (Dispõe sobre a ação de alimentos).

» *Vide* Súmula 621 do STJ.

» *Vide* art. 13, § 2.º, da Lei n. 5.478, de 25-7-1968.

278. O termo inicial do prazo prescricional, na ação de indenização, é a data em que o segurado teve ciência inequívoca da incapacidade laboral.

- Súm. 101 e 229, STJ.

279. É cabível execução por título extrajudicial contra a Fazenda Pública.

280. O art. 35 do Decreto-Lei 7.661, de 1945, que estabelece a prisão administrativa, foi revogado pelos incisos LXI e LXVII do art. 5º da Constituição Federal de 1988.

281. A indenização por dano moral não está sujeita a tarifação prevista na Lei de Imprensa.

282. Cabe a citação por edital em ação monitória.

» *Vide* art. 700, § 7.º, do CPC.

283. As empresas administradoras de cartão de crédito são instituições financeiras e, por isso, os juros remuneratórios por elas cobrados não sofrem as limitações da Lei de Usura.

- art. 4º, Dec. 22.626/1933 (Lei da Usura).

‣ Súm. 596, STF.

284. A purga da mora, nos contratos de alienação fiduciária, só é permitida quando já pagos pelo menos 40% (quarenta por cento) do valor financiado.

‣ art. 53, CDC.
‣ art. 3º, Dec.-Lei 911/1969 (Lei das Alienações Fiduciárias).

285. Nos contratos bancários posteriores ao Código de Defesa do Consumidor incide a multa moratória nele prevista.

‣ art. 52, § 1º, CDC.

286. A renegociação de contrato bancário ou a confissão da dívida não impede a possibilidade de discussão sobre eventuais ilegalidades dos contratos anteriores.

287. A Taxa Básica Financeira (TBF) não pode ser utilizada como indexador de correção monetária nos contratos bancários.

288. A Taxa de Juros de Longo Prazo (TJLP) pode ser utilizada como indexador de correção monetária nos contratos bancários.

289. A restituição das parcelas pagas a plano de previdência privada deve ser objeto de correção plena, por índice que recomponha a efetiva desvalorização da moeda.

290. Nos planos de previdência privada, não cabe ao beneficiário a devolução da contribuição efetuada pelo patrocinador.

291. A ação de cobrança de parcelas de complementação de aposentadoria pela previdência privada prescreve em cinco anos.

‣ Súm. 427, STJ.

292. A reconvenção é cabível na ação monitória, após a conversão do procedimento em ordinário.

» *Vide* art. 702, § 6.º, do CPC.

293. A cobrança antecipada do Valor Residual Garantido (VRG) não descaracteriza o contrato de arrendamento mercantil.

‣ Cancelada.
‣ Lei 6.099/1974 (Lei do Arrendamento Mercantil).

294. Não é potestativa a cláusula contratual que prevê a comissão de permanência, calculada pela taxa média de mercado apurada pelo Banco Central do Brasil, limitada à taxa do contrato.

‣ Súm. 472, STJ.

295. A Taxa Referencial (TR) é indexador válido para contratos posteriores à Lei 8.177/1991, desde que pactuada.

‣ Lei 8.177/1991 (Estabelece regras para a desindexação da economia).

296. Os juros remuneratórios, não cumuláveis com a comissão de permanência, são devidos no período de inadimplência, à taxa média de mercado estipulada pelo Banco Central do Brasil, limitada ao percentual contratado.

‣ Súm. 472, STJ.

297. O Código de Defesa do Consumidor é aplicável às instituições financeiras.

‣ art. 3º, § 2º, CDC.
» *Vide* Súmulas 608, 602, 563 e 297 do STJ.

298. O alongamento de dívida originada de crédito rural não constitui faculdade da instituição financeira, mas, direito do devedor nos termos da lei.

‣ art. 187, CF.

299. É admissível a ação monitória fundada em cheque prescrito.

» *Vide* Súmulas 503 e 531 do STJ.
» *Vide* art. 59 da Lei n. 7.357, de 2-9-1985.

300. O instrumento de confissão de dívida, ainda que originário de contrato de abertura de crédito, constitui título executivo extrajudicial.

301. Em ação investigatória, a recusa do suposto pai a submeter-se ao exame de DNA induz presunção *juris tantum* de paternidade.

302. É abusiva a cláusula contratual de plano de saúde que limita no tempo a internação hospitalar do segurado.

» *Vide* Súmulas 608 e 597 do STJ.

303. Em embargos de terceiro, quem deu causa à constrição indevida deve arcar com os honorários advocatícios.

» *Vide* art. 974 do CPC.

304. É ilegal a decretação da prisão civil daquele que não assume expressamente o encargo de depositário judicial.

‣ art. 5º, LXVII, CF.
» *Vide* Súmula Vinculante 25 do STF.

305. É descabida a prisão civil do depositário quando, decretada a falência da empresa, sobrevém a arrecadação do bem pelo síndico.

‣ art. 5º, LXVII, CF.
‣ Lei 11.101/2005 (Lei de Recuperação de Empresas e Falências).
‣ Súm. 419, STJ.
» *Vide* Súmula Vinculante 25 do STF.

306. Os honorários advocatícios devem ser compensados quando houver sucumbência recíproca, assegurado o direito autônomo do advogado à execução do saldo sem excluir a legitimidade da própria parte.

‣ art. 23, Lei 8.906/1994 (EOAB).
» *Vide* art. 85, § 14, do CPC.

307. A restituição de adiantamento de contrato de câmbio, na falência, deve ser atendida antes de qualquer crédito.

‣ art. 75, § 3º, Lei 4.728/1965 (Lei do Mercado de Capitais).
» *Vide* art. 86, parágrafo único, da Lei n. 11.101, de 9-2-2005.

308. A hipoteca firmada entre a construtora e o agente financeiro, anterior ou posterior à celebração da promessa de compra e venda, não tem eficácia perante os adquirentes do imóvel.

‣ art. 1.420, CC/2002.

309. O débito alimentar que autoriza a prisão civil do alimentante é o que compreende as três prestações anteriores ao ajuizamento da execução e as que se vencerem no curso do processo.

» *Vide* art. 528, § 7.º, do CPC.

310. O auxílio-creche não integra o salário de contribuição.

‣ art. 28, Lei 8.212/1991 (Lei Orgânica da Seguridade Social).

311. Os atos do presidente do tribunal que disponham sobre processamento e pagamento de precatório não têm caráter jurisdicional.

312. No processo administrativo para imposição de multa de trânsito, são necessárias as notificações da autuação e da aplicação da pena decorrente da infração.

‣ art. 5º, LCF.
‣ arts. 280, 281 e 282, CTB.

313. Em ação de indenização, procedente o pedido, é necessária a constituição de capital ou caução fidejussória para a garantia de pagamento da pensão, independentemente da situação financeira do demandado.

314. Em execução fiscal, não localizados bens penhoráveis, suspende-se o processo por um ano, findo o qual se inicia o prazo da prescrição quinquenal intercorrente.

‣ art. 40, Lei 6.830/1980 (Lei das Execuções Fiscais).

315. Não cabem embargos de divergência no âmbito do agravo de instrumento que não admite recurso especial.

316. Cabem embargos de divergência contra acórdão que, em agravo regimental, decide recurso especial.

317. É definitiva a execução de título extrajudicial, ainda que pendente apelação contra sentença que julgue improcedentes os embargos.

318. Formulado pedido certo e determinado, somente o autor tem interesse recursal em arguir o vício da sentença ilíquida.

319. O encargo de depositário de bens penhorados pode ser expressamente recusado.

320. A questão federal somente ventilada no voto vencido não atende ao requisito do prequestionamento.

» *Vide* art. 1.025 do CPC.

321. O Código de Defesa do Consumidor é aplicável à relação jurídica entre a entidade de previdência privada e seus participantes.

‣ Cancelada.

322. Para a repetição de indébito, nos contratos de abertura de crédito em conta-corrente, não se exige a prova do erro.

‣ art. 877, CC/2002.

323. A inscrição do nome do devedor pode ser mantida nos serviços de proteção ao crédito até o prazo máximo de cinco anos, independentemente da prescrição da execução.

‣ art. 43, §§ 1º e 5º, CDC.

324. Compete à Justiça Federal processar e julgar ações de que participa a Fundação Habitacional do Exército, equiparada à entidade autárquica federal, supervisionada pelo Ministério do Exército.

325. A remessa oficial devolve ao Tribunal o reexame de todas as parcelas da condenação suportadas pela Fazenda Pública, inclusive dos honorários de advogado.

326. Na ação de indenização por dano moral, a condenação em montante inferior ao postulado na inicial não implica sucumbência recíproca.

327. Nas ações referentes ao Sistema Financeiro da Habitação, a Caixa Econômica Federal tem legitimidade como sucessora do Banco Nacional da Habitação.

328. Na execução contra instituição financeira, é penhorável o numerário disponível, excluídas as reservas bancárias mantidas no Banco Central.

‣ art. 655, I, CPC.

329. O Ministério Público tem legitimidade para propor ação civil pública em defesa do patrimônio público.

‣ art. 129, III, CF.
‣ Lei 7.347/1985 (Lei da Ação Civil Pública).
» *Vide* Súmula 601 do STJ.

330. É desnecessária a resposta preliminar de que trata o artigo 514 do Código de Processo Penal, na ação penal instruída por inquérito policial.

331. A apelação interposta contra sentença que julga embargos à arrematação tem efeito meramente devolutivo.

332. A fiança prestada sem autorização de um dos cônjuges implica a ineficácia total da garantia.

- art. 1.647, III, CC/2002.

333. Cabe mandado de segurança contra ato praticado em licitação promovida por sociedade de economia mista ou empresa pública.

- arts. 37, XXI, e 173, § 1º, III, CF.
- Lei 14.133/2021 (Nova Lei de Licitações e Contratos Administrativos).
- Lei 12.016/2009 (Lei do Mandado de Segurança Individual e Coletivo).
- Lei 13.303/2016 (Dispõe sobre o estatuto jurídico da empresa pública, da sociedade de economia mista e de suas subsidiárias, no âmbito da União, dos Estados, do Distrito Federal e dos Municípios).

334. O ICMS não incide no serviço dos provedores de acesso à Internet.

- art. 2º, LC 87/1996 (Lei Kandir - ICMS).

335. Nos contratos de locação, é válida a cláusula de renúncia à indenização das benfeitorias e ao direito de retenção.

- art. 35, Lei 8.245/1991 (Lei das Locações).

336. A mulher que renunciou aos alimentos na separação judicial tem direito à pensão previdenciária por morte do ex-marido, comprovada a necessidade econômica superveniente.

- arts. 201, e 226, § 3º, CF.
- art. 76, §§ 1º e 2º, Lei 8.213/1991 (Lei dos Planos de Benefícios da Previdência Social).

337. É cabível a suspensão condicional do processo na desclassificação do crime e na procedência parcial da pretensão punitiva.

- art. 89, Lei 9.099/1995 (Lei dos Juizados Especiais).

338. A prescrição penal é aplicável nas medidas socioeducativas.

- arts. 109 e 110, CP.
- arts. 112 e 226, Lei 8.069/1990 (ECA).

339. É cabível ação monitória contra a Fazenda Pública.

» *Vide* art. 700, § 6.º, do CPC.

340. A lei aplicável à concessão de pensão previdenciária por morte é aquela vigente na data do óbito do segurado.

- Súm. 416, STJ.

341. A frequência a curso de ensino formal é causa de remição de parte do tempo de execução de pena sob regime fechado ou semiaberto.

- arts. 126 a 130, Lei 7.210/1984 (Lei de Execuções Penais).

342. No procedimento para aplicação de medida socioeducativa, é nula a desistência de outras provas em face da confissão do adolescente.

- art. 112, Lei 8.069/1990 (ECA).

343. É obrigatória a presença de advogado em todas as fases do processo administrativo disciplinar.

- Cancelada.

344. A liquidação por forma diversa estabelecida na sentença não ofende a coisa julgada.

» *Vide* Súmulas 611, 592 e 591 do STJ.

345. São devidos honorários advocatícios pela Fazenda Pública nas execuções individuais de sentença proferida em ações coletivas, ainda que não embargadas.

- art. 1º-D, Lei 9.494/1997 (Disciplina a aplicação da tutela antecipada contra a Fazenda Pública).

346. É vedada aos militares temporários, para aquisição de estabilidade, a contagem em dobro de férias e licenças não gozadas.

347. O conhecimento de recurso de apelação do réu independe de sua prisão.

- art. 387, p.u., CPP.

348. Compete ao Superior Tribunal de Justiça decidir os conflitos de competência entre juizado especial federal e juízo federal, ainda que da mesma seção judiciária.

- Cancelada.

349. Compete à Justiça Federal ou aos juízes com competência delegada o julgamento das execuções fiscais de contribuições devidas pelo empregador ao FGTS.

- art. 2º, Lei 8.844/1994 (Dispõe sobre a fiscalização, apuração e cobrança judicial as contribuições e multas devidas ao Fundo de Garantia do Tempo de Serviço - FGTS).

350. O ICMS não incide sobre o serviço de habilitação de telefone celular.

- art. 2º, III, LC 87/1996 (Lei Kandir - ICMS).

351. A alíquota de contribuição para o Seguro de Acidente do Trabalho (SAT) é aferida pelo grau de risco desenvolvido em cada empresa, individualizada pelo seu CNPJ, ou pelo grau de risco da atividade preponderante quando houver apenas um registro.

- art. 22, II, Lei 8.212/1991 (Lei Orgânica da Seguridade Social).

352. A obtenção ou a renovação do Certificado de Entidade Beneficente de Assistência Social (CEBAS) não exime a entidade do cumprimento dos requisitos legais supervenientes.

- art. 195, § 7º, CF.

» LC 187/2021 (Dispõe sobre a certificação das entidades beneficentes e regula os procedimentos referentes à imunidade de contribuições à seguridade social) e Dec. 11.791/2023 (Regulamento)

353. As disposições do Código Tributário Nacional não se aplicam às contribuições para o FGTS.

354. A invasão do imóvel é causa de suspensão do processo expropriatório para fins de reforma agrária.

- art. 2º, § 6º, Lei 8.629/1993 (Dispõe sobre a regulamentação dos dispositivos constitucionais relativos à reforma agrária).

355. É válida a notificação do ato de exclusão do programa de recuperação fiscal do REFIS pelo *Diário Oficial* ou pela Internet.

356. É legítima a cobrança da tarifa básica pelo uso dos serviços de telefonia fixa.

- Lei 9.472/1997 (Dispõe sobre a organização dos serviços de telecomunicações).

357. A pedido do assinante, que responderá pelos custos, é obrigatória, a partir de 1º de janeiro de 2006, a discriminação de pulsos excedentes e ligações de telefone fixo para celular.

- Cancelada.

358. O cancelamento de pensão alimentícia de filho que atingiu a maioridade está sujeito à decisão judicial, mediante contraditório, ainda que nos próprios autos.

359. Cabe ao órgão mantenedor do Cadastro de Proteção ao Crédito a notificação do devedor antes de proceder à inscrição.

- art. 43, § 2º, CDC.
- Súm. 404, STJ.

360. O benefício da denúncia espontânea não se aplica aos tributos sujeitos a lançamento por homologação regularmente declarados, mas pagos a destempo.

- art. 138, *caput*, CTN.

361. A notificação do protesto, para requerimento de falência da empresa devedora, exige a identificação da pessoa que a recebeu.

- art. 94, § 3º, Lei 11.101/2005 (Lei de Recuperação de Empresas e Falências).

» *Vide* art. 23, parágrafo único, da Lei n. 9.492, de 10-9-1997.

362. A correção monetária do valor da indenização do dano moral incide desde a data do arbitramento.

363. Compete à Justiça estadual processar e julgar a ação de cobrança ajuizada por profissional liberal contra cliente.

364. O conceito de impenhorabilidade de bem de família abrange também o imóvel pertencente a pessoas solteiras, separadas e viúvas.

- art. 1º, Lei 8.009/1990 (Dispõe sobre a impenhorabilidade dos bens de família).

» *Vide* arts. 832 e 833 do CPC.

365. A intervenção da União como sucessora da Rede Ferroviária Federal S/A (RFFSA) desloca a competência para a Justiça Federal ainda que a sentença tenha sido proferida por Juízo estadual.

- art. 109, I, CF.

366. Compete à Justiça estadual processar e julgar ação indenizatória proposta por viúva e filhos de empregado falecido em acidente de trabalho.

- Cancelada.

367. A competência estabelecida pela EC 45/2004 não alcança os processos já sentenciados.

368. Compete à Justiça comum estadual processar e julgar os pedidos de retificação de dados cadastrais da Justiça Eleitoral.

369. No contrato de arrendamento mercantil (*leasing*), ainda que haja cláusula resolutiva expressa, é necessária a notificação prévia do arrendatário para constituí-lo em mora.

370. Caracteriza dano moral a apresentação antecipada de cheque pré-datado.

- art. 32, p.u., Lei 7.357/1985 (Dispõe sobre o Cheque).

371. Nos contratos de participação financeira para a aquisição de linha telefônica, o Valor Patrimonial da Ação (VPA) é apurado com base no balancete do mês da integralização.

- art. 170, § 1º, I e II, Lei 6.404/1976 (Dispõe sobre as sociedades por ações).

372. Na ação de exibição de documentos, não cabe a aplicação de multa cominatória.

- art. 845, CPC.

373. É ilegítima a exigência de depósito prévio para admissibilidade de recurso administrativo.

- art. 5º, XXXIa, e LCF.
- art. 151, III, CTN.

374. Compete à Justiça Eleitoral processar e julgar a ação para anular débito decorrente de multa eleitoral.

375. O reconhecimento da fraude à execução depende do registro da penhora do bem alienado ou da prova de má-fé do terceiro adquirente.

376. Compete à Turma Recursal processar e julgar o mandado de segurança contra ato de Juizado Especial.

- art. 98, I, CF.
- art. 21, VI, LC 35/1979 (Lei Orgânica da Magistratura Nacional).
- art. 41, § 1º, Lei 9.099/1995 (Lei dos Juizados Especiais).

» *Vide* art. 5.º, II, da Lei n. 12.016, de 7-8-2009.

377. O portador de visão monocular tem direito de concorrer, em concurso público, às vagas reservadas aos deficientes.

- art. 37, VIII, CF.

378. Reconhecido o desvio de função, o servidor faz jus às diferenças salariais decorrentes.

379. Nos contratos bancários não regidos por legislação específica, os juros moratórios poderão ser convencionados até o limite de 1% ao mês.

- art. 406, CC/2002.
- art. 161, § 1º, CTN.
- art. 5º, Dec. 22.626/1933 (Lei da Usura).

380. A simples propositura da ação de revisão de contrato não inibe a caracterização da mora do autor.

- arts. 394 a 401, CC/2002.

» *Vide* art. 330, §§ 2.º e 3.º, do CPC.

381. Nos contratos bancários, é vedado ao julgador conhecer, de ofício, da abusividade das cláusulas.

- art. 51, CDC.

382. A estipulação de juros remuneratórios superiores a 12% ao ano, por si só, não indica abusividade.

383. A competência para processar e julgar as ações conexas de interesse de menor é, em princípio, do foro do domicílio do detentor de sua guarda.

- art. 147, I, Lei 8.069/1990 (ECA).

384. Cabe ação monitória para haver saldo remanescente oriundo de venda extrajudicial de bem alienado fiduciariamente em garantia.

» *Vide* art. 700 do CPC.

385. Da anotação irregular em cadastro de proteção ao crédito, não cabe indenização por dano moral, quando preexistente legítima inscrição, ressalvado o direito ao cancelamento.

- art. 43, CDC.

386. São isentas de imposto de renda as indenizações de férias proporcionais e o respectivo adicional.

- art. 6º, Lei 7.713/1988 (Altera a legislação do imposto de renda).
- Súm. 125 e 136, STJ.

387. É lícita a cumulação das indenizações de dano estético e dano moral.

- art. 5º, X, CF.

388. A simples devolução indevida de cheque caracteriza dano moral.

» *Vide* art. 32, parágrafo único, da Lei n. 7.357, de 2-9-1985.

389. A comprovação do pagamento do "custo do serviço" referente ao fornecimento de certidão de assentamentos constantes dos livros da companhia é requisito de procedibilidade da ação de exibição de documentos ajuizada em face da sociedade anônima.

- art. 100, § 1º, Lei 6.404/1976 (Dispõe sobre as sociedades por ação).

390. Nas decisões por maioria, em reexame necessário, não se admitem embargos infringentes.

» *Vide* art. 942, § 3.º, II, do CPC.

391. O ICMS incide sobre o valor da tarifa de energia elétrica correspondente à demanda de potência efetivamente utilizada.

392. A Fazenda Pública pode substituir a certidão de dívida ativa (CDA) até a prolação da sentença de embargos, quando se tratar de correção de erro material ou formal, vedada a modificação do sujeito passivo da execução.

- art. 201, CTN.
- art. 2º, § 8º, Lei 6.830/1980 (Lei das Execuções Fiscais).

393. A exceção de pré-executividade é admissível na execução fiscal relativamente às matérias conhecíveis de ofício que não demandem dilação probatória.

» *Vide* art. 803, parágrafo único, do CPC.

394. É admissível, em embargos à execução fiscal, compensar os valores de imposto de renda retidos indevidamente na fonte com os valores restituídos apurados na declaração anual.

- Súmula republicada. *DJe*, 21.10.2009.

395. O ICMS incide sobre o valor da venda a prazo constante da nota fiscal.

- art. 2º, I, Dec.-Lei 406/1968 (Estabelece normas gerais de direito financeiro, aplicáveis aos impostos sobre operações relativas à circulação de mercadorias e sobre serviços de qualquer natureza).

396. A Confederação Nacional da Agricultura tem legitimidade ativa para a cobrança da contribuição sindical rural.

- art. 578, CLT.

397. O contribuinte do IPTU é notificado do lançamento pelo envio do carnê ao seu endereço.

398. A prescrição da ação para pleitear os juros progressivos sobre os saldos de conta vinculada do FGTS não atinge o fundo de direito, limitando-se às parcelas vencidas.

- Súm. 154 e 210, STJ.

399. Cabe à legislação municipal estabelecer o sujeito passivo do IPTU.

- art. 34, CTN.

400. O encargo de 20% previsto no Dec.-Lei 1.025/1969 é exigível na execução fiscal proposta contra a massa falida.

401. O prazo decadencial da ação rescisória só se inicia quando não for cabível qualquer recurso do último pronunciamento judicial.

» *Vide* art. 975 do CPC.

402. O contrato de seguro por danos pessoais compreende os danos morais, salvo cláusula expressa de exclusão.

» *Vide* Súmulas 620, 616, 610, 529 e 246 do STJ.

403. Independe de prova do prejuízo a indenização pela publicação não autorizada de imagem de pessoa com fins econômicos ou comerciais.

- art. 5º, X, CF.
- arts. 186 e 927, CC/2002.

404. É dispensável o aviso de recebimento (AR) na carta de comunicação ao consumidor sobre a negativação de seu nome em bancos de dados e cadastros.

- art. 43, § 2º, CDC.
- Súm. 359, STJ.

405. A ação de cobrança de seguro obrigatório (DPVAT) prescreve em três anos.

- art. 206, § 3º, IX, CC/2002.
- art. 8º, Lei 6.194/1974 (Lei do Seguro Obrigatório).

406. A Fazenda Pública pode recusar a substituição do bem penhorado por precatório.

- art. 15, Lei 6.830/1980 (Lei das Execuções Fiscais).

407. É legítima a cobrança da tarifa de água fixada de acordo com as categorias de usuários e as faixas de consumo.

- art. 175, p.u., III, CF.
- Lei 8.987/1995 (Lei da Concessão e Permissão da Prestação de Serviços Públicos).

408. Nas ações de desapropriação, os juros compensatórios incidentes após a Medida Provisória n. 1.577, de 11.06.1997, devem ser fixados em 6% ao ano até 13.09.2001 e, a partir de então, em 12% ao ano, na forma da Súmula n. 618 do Supremo Tribunal Federal.

- Cancelada.

409. Em execução fiscal, a prescrição ocorrida antes da propositura da ação pode ser decretada de ofício (art. 219, § 5º, do CPC).

410. A prévia intimação pessoal do devedor constitui condição necessária para a cobrança de multa pelo descumprimento de obrigação de fazer ou não fazer.

» *Vide* art. 536, § 1.º, do CPC.

411. É devida a correção monetária ao creditamento do IPI quando há oposição ao seu aproveitamento decorrente de resistência ilegítima do Fisco.

412. A ação de repetição de indébito de tarifas de água e esgoto sujeita-se ao prazo prescricional estabelecido no Código Civil.

- art. 205, CC/2002.

413. O farmacêutico pode acumular a responsabilidade técnica por uma farmácia e uma drogaria ou por duas drogarias.

414. A citação por edital na execução fiscal é cabível quando frustradas as demais modalidades.

- art. 8º, ILei 6.830/1980 (Lei das Execuções Fiscais).

415. O período de suspensão do prazo prescricional é regulado pelo máximo da pena cominada.

- art. 109, CP.
- art. 366, CPP.

416. É devida a pensão por morte aos dependentes do segurado que, apesar de ter perdido essa qualidade, preencheu os requisitos legais para a obtenção de aposentadoria até a data do seu óbito.

- arts. 15, 26, I, 74 e 102, § 2º, Lei 8.213/1991 (Lei dos Planos de Benefícios da Previdência Social).
- Súm. 340, STJ.

417. Na execução civil, a penhora de dinheiro na ordem de nomeação de bens não tem caráter absoluto.

- art. 11, I, Lei 6.830/1980 (Lei das Execuções Fiscais).

418. É inadmissível o recurso especial interposto antes da publicação do acórdão dos embargos de declaração, sem posterior ratificação.

- Cancelada.

419. Descabe a prisão civil do depositário judicial infiel.

- art. 5º, LXVII, CF.
- art. 652, CC/2002.
- art. 4º, §§ 1º e 2º, Lei 8.866/1994 (Lei do Depositário Infiel).
- art. 11, de Dec. 592/1992 (Promulga o Pacto Internacional sobre Direitos Civis e Políticos).
- art. 4º, de Dec.-Lei 911/1969 (Lei das Alienações Fiduciárias).
- art. 7º, 7, do Pacto de São José da Costa Rica.
- Súm. Vinc. 25, STF.
- Súm. 304 e 305, STJ.
- *Vide* Súmula Vinculante 25 do STF.

420. Incabível, em embargos de divergência, discutir o valor de indenização por danos morais.

- art. 5º, X, CF.

421. Os honorários advocatícios não são devidos à Defensoria Pública quando ela atua contra a pessoa jurídica de direito público à qual pertença.

- Cancelada.

422. O art. 6º, *e*, Lei 4.380/1964 não estabelece limitação aos juros remuneratórios nos contratos vinculados ao SFH.

- Lei 4.380/1964 (Institui a correção monetária nos contratos imobiliários de interesse social, o sistema financeiro para aquisição da casa própria, cria o Banco Nacional da Habitação - BNH, e Sociedades de Crédito Imobiliário, as Letras Imobiliárias, o Serviço Federal de Habitação e Urbanismo).
- Lei 5.741/1971 (Dispõe sobre a proteção do financiamento de bens imóveis vinculados ao Sistema Financeiro da Habitação).
- art. 9º, Lei 8.036/1990 (Lei do FGTS).
- art. 10, I, Dec.-Lei 70/1966 (Lei de Execução de Cédula Hipotecária).
- art. 1º, Dec.-Lei 2.291/1986 (Extingue o Banco Nacional da Habitação - BNH).

423. A Contribuição para Financiamento da Seguridade Social - COFINS incide sobre as receitas provenientes das operações de locação de bens móveis.

- art. 195, CF.
- art. 2º, LC 70/1991 (Institui contribuição para financiamento da Seguridade Social e eleva a alíquota da contribuição social sobre o lucro das instituições financeiras).
- art. 1º, Lei 10.833/2003 (Altera a legislação tributária federal).
- arts. 8º, § 14, e 25, p.u., Lei 10.865/2004 (Dispõe sobre a Contribuição para os Programas de Integração Social e de Formação do Patrimônio do Servidor Público e a Contribuição para o Financiamento da Seguridade Social incidentes sobre a importação de bens e serviços).

424. É legítima a incidência de ISS sobre os serviços bancários congêneres da lista anexa ao Dec.-Lei 406/1968 e à LC n. 56/1987.

- art. 156, III, CF.
- A LC 56/1987 foi revogada pela LC 116/2003 (Lei do ISS).
- art. 2º, III, LC 116/2003 (Lei do ISS).
- Dec.-Lei 406/1968 (Estabelece normas gerais de direito financeiro, aplicáveis aos Impostos sobre Operações relativas à Circulação de Mercadorias e sobre Serviços de qualquer Natureza).
- Súm. 588, STF.

425. A retenção da contribuição para a seguridade social pelo tomador do serviço não se aplica às empresas optantes pelo SIMPLES.

- LC 123/2006 (Estatuto Nacional da Microempresa e da Empresa de Pequeno Porte).
- art. 31, § 1º, Lei 8.212/1991 (Lei Orgânica da Seguridade Social).

426. Os juros de mora na indenização do seguro DPVAT fluem a partir da citação.

- arts. 405, 757 e 772, CC/2002.
- Lei 6.194/1974 (Lei do Seguro Obrigatório).
- Súm. 246 e 257, STJ.

427. A ação de cobrança de diferenças de valores de complementação de aposentadoria prescreve em cinco anos contados da data do pagamento.

- art. 75, LC 109/2001 (Lei do Regime de Previdência Complementar).
- art. 103, p.u., Lei 8.213/1991 (Lei dos Planos de Benefícios da Previdência Social).
- Súm. 291, STJ.

428. Compete ao Tribunal Regional Federal decidir os conflitos de competência entre Juizado Especial Federal e Juízo Federal da mesma Seção Judiciária.

- art. 108, I, e, CF.
- Lei 10.259/2001 (Lei dos Juizados Especiais Federais).
- *Vide* art. 108, I, *e*, da CF.

429. A citação postal, quando autorizada por lei, exige o aviso de recebimento.

- art. 8º, I a III, Lei 6.830/1980 (Lei das Execuções Fiscais).
- art. 39, p.u., Lei 9.307/1996 (Lei da Arbitragem).

430. O inadimplemento da obrigação tributária pela sociedade não gera, por si só, a responsabilidade solidária do sócio-gerente.

- art. 135, III, CTN.
- art. 158, Lei 6.404/1976 (Dispõe sobre as sociedades por ações).
- art. 4º, Lei 6.830/1980 (Lei das Execuções Fiscais).

431. É ilegal a cobrança de ICMS com base no valor da mercadoria submetido ao regime de pauta fiscal.

- art. 148, CTN.
- art. 8º, LC 87/1996 (Lei Kandir - ICMS).
- art. 2º, I e II, Dec.-Lei 406/1968 (Estabelece normas gerais de direito financeiro, aplicáveis aos Impostos sobre Operações relativas à Circulação de Mercadorias e sobre Serviços de qualquer Natureza).

432. As empresas de construção civil não estão obrigadas a pagar ICMS sobre mercadorias adquiridas como insumos em operações interestaduais.

- art. 3º, LC 87/1996 (Lei Kandir - ICMS).

433. O produto semielaborado, para fins de incidência de ICMS, é aquele que preenche cumulativamente os três requisitos do art. 1º da Lei Complementar no 65/1991.

- LC 65/1991 (Define, na forma da alínea a do inciso X do § 2º, do art. 155 da Constituição, os produtos semielaborados que podem ser tributados pelos Estados e Distrito Federal, quando de sua exportação para o exterior).

434. O pagamento da multa por infração de trânsito não inibe a discussão judicial do débito.

- arts. 286, § 2º, e 288, CTB.

435. Presume-se dissolvida irregularmente a empresa que deixar de funcionar no seu domicílio fiscal, sem comunicação aos órgãos competentes, legitimando o redirecionamento da execução fiscal para o sócio-gerente.

- art. 127, CTN.
- art. 206, Lei 6.404/1976 (Dispõe sobre as sociedades por ações).
- art. 4º, Lei 6.830/1980 (Lei das Execuções Fiscais).

436. A entrega de declaração pelo contribuinte reconhecendo débito fiscal constitui o crédito tributário, dispensada qualquer outra providência por parte do Fisco.

- arts. 142 e 150, CTN.
- art. 15, I Lei 9.779/1999 (Altera a legislação do IR).

437. A suspensão da exigibilidade do crédito tributário superior a quinhentos mil reais para opção pelo REFIS pressupõe a homologação expressa do comitê gestor e a constituição de garantia por meio do arrolamento de bens.

- art. 151, VI, CTN.
- art. 64, Lei 9.532/1997 (Altera a legislação tributária federal).
- art. 3º, §§ 4º e 5º, Lei 9.964/2000 (Institui o Programa de Recuperação Fiscal - REFIS).
- art. 23, Lei 10.637/2002 (Dispõe sobre a não cumulatividade na cobrança da contribuição para o PIS/PASEP).
- art. 2º, Lei 10.684/2003 (Dispõe sobre parcelamento de débitos junto à Secretaria da Receita Federal, à Procuradoria-Geral da Fazenda Nacional e ao Instituto Nacional do Seguro Social).

438. É inadmissível a extinção da punibilidade pela prescrição da pretensão punitiva com fundamento em pena hipotética, independentemente da existência ou sorte do processo penal.

- arts. 107, I109 e 110, CP.
- art. 581, VIII, CPP.
- Súm. 241 do TFR.

439. Admite-se o exame criminológico pelas peculiaridades do caso, desde que em decisão motivada.

- arts. 34 e 97, § 1º, CP.
- arts. 8º e 174, Lei 7.210/1984 (Lei de Execuções Penais).
- Súm. Vinc. 26, STF.

440. Fixada a pena-base no mínimo legal, é vedado o estabelecimento de regime prisional mais gravoso do que o cabível em razão da sanção imposta, com base apenas na gravidade abstrata do delito.

- arts. 33, §§ 2º e 3º, 59 e 68, CP.
- Súm. 718, STF.

441. A falta grave não interrompe o prazo para obtenção de livramento condicional.

- art. 83, CP.
- arts. 49 a 52 e 131, Lei 7.210/1984 (Lei de Execuções Penais).
- Súm. 535, STJ.

442. É inadmissível aplicar, no furto qualificado, pelo concurso de agentes, a majorante do roubo.

- arts. 155, § 4º, Ie 157, § 2º, II, CP.

443. O aumento na terceira fase de aplicação da pena no crime de roubo circunstanciado exige fundamentação concreta, não sendo suficiente para a sua exasperação a mera indicação do número de majorantes.

- arts. 68, p.u., e 157, § 2º, CP.

444. É vedada a utilização de inquéritos policiais e ações penais em curso para agravar a pena-base.

- art. 5º, LVII, CF.
- arts. 59 e 68, CP.

445. As diferenças de correção monetária resultantes de expurgos inflacionários sobre os saldos de FGTS têm como termo inicial a data em que deveriam ter sido creditadas.

- LC 110/2001(Institui contribuições sociais, autoriza créditos de complementos de atualização monetária em contas vinculadas do Fundo de Garantia do Tempo de Serviço - FGTS).
- Lei 8.036/1990 (Lei do FGTS).

- Orientações Jurisprudenciais 341, 344 e 370 SBDI-I, TST.
- Súm. 249, STJ.

446. Declarado e não pago o débito tributário pelo contribuinte, é legítima a recusa de expedição de certidão negativa ou positiva com efeito de negativa.

- arts. 205 e 206, CTN.

447. Os Estados e o Distrito Federal são partes legítimas na ação de restituição de imposto de renda retido na fonte proposta por seus servidores.

- art. 157, I, CF.
- art. 43, CTN.

448. A opção pelo SIMPLES de estabelecimentos dedicados às atividades de creche, pré-escola e ensino fundamental é admitida somente a partir de 24.10.2000, data de vigência da Lei n. 10.034/2000.

- Lei 10.034/2000 (Institui o Sistema Integrado de Imposto e Contribuições das Microempresas e das Empresas de Pequeno Porte - SIMPLES).
- art. 24, Lei 10.684/2003 (Dispõe sobre parcelamento de débitos junto à Secretaria da Receita Federal, à Procuradoria-Geral da Fazenda Nacional e ao Instituto Nacional do Seguro Social).
- art. 18, § 5º-B, I, da LC 123/2006 (Estatuto Nacional da Microempresa e da Empresa de Pequeno Porte).

449. A vaga de garagem que possui matrícula própria no registro de imóveis não constitui bem de família para efeito de penhora.

- art. 2º, Lei 4.591/1964 (Lei do Condomínio e Incorporações).
- arts. 260 a 265, Lei 6.015/1973 (Lei dos Registros Públicos).
- art. 1º, Lei 8.009/1990 (Dispõe sobre a impenhorabilidade dos bens de família).

450. Nos contratos vinculados ao SFH, a atualização do saldo devedor antecede sua amortização pelo pagamento da prestação.

- Lei 4.380/1964 (Institui a correção monetária nos contratos imobiliários de interesse social, o sistema financeiro para aquisição da casa própria, cria o Banco Nacional da Habitação - BNH) e Sociedades de Crédito Imobiliário, as Letras Imobiliárias, o Serviço Federal de Habitação e Urbanismo).
- Lei 5.741/1971 (Dispõe sobre a proteção do financiamento de bens imóveis vinculados ao Sistema Financeiro da Habitação).
- art. 9º, Lei 8.036/1990 (Lei do FGTS).
- art. 10, I, Dec.-Lei 70/1966 (Lei de Execução de Cédula Hipotecária).
- art. 1º, Dec.-Lei 2.291/1986 (Extingue o Banco Nacional da Habitação - BNH).

451. É legítima a penhora da sede do estabelecimento comercial.

- art. 1.142, CC/2002.
- art. 11, § 1º, Lei 6.830/1980 (Lei das Execuções Fiscais).

452. A extinção das ações de pequeno valor é faculdade da Administração Federal, vedada a atuação judicial de ofício.

- arts. 1º e 1º-A, Lei 9.469/1997 (Dispõe sobre a intervenção da União nas causas em que figurarem, como autores ou réus, entes da administração indireta e regula os pagamentos devidos pela Fazenda Pública em virtude de sentença judiciária).

453. Os honorários sucumbenciais, quando omitidos em decisão transitada em julgado, não podem ser cobrados em execução ou em ação própria.

» *Vide* art. 85, § 18, do CPC.

454. Pactuada a correção monetária nos contratos do SFH pelo mesmo índice aplicável à caderneta de poupança, incide a taxa referencial (TR) a partir da vigência da Lei 8.177, de 1º.03.1991.

- Lei 4.380/1964 (Institui a correção monetária nos contratos imobiliários de interesse social, o sistema financeiro para aquisição da casa própria, cria o Banco Nacional da Habitação - BNH e Sociedades de Crédito Imobiliário, as Letras Imobiliárias, o Serviço Federal de Habitação e Urbanismo).
- art. 9º, II, Lei 8.036/1990 (Lei do FGTS).
- Lei 8.177/1991 (Estabelece regras para a desindexação da economia).
- art. 1º, Dec.-Lei 2.291/1986 (Extingue o Banco Nacional da Habitação - BNH).

455. A decisão que determina a produção antecipada de provas com base no art. 366 do CPP deve ser concretamente fundamentada, não a justificando unicamente o mero decurso do tempo.

456. É incabível a correção monetária dos salários de contribuição considerados no cálculo do salário de benefício de auxílio-doença, aposentadoria por invalidez, pensão ou auxílio-reclusão concedidos antes da vigência da CF/1988.

- art. 201, § 3º, CF.

457. Os descontos incondicionais nas operações mercantis não se incluem na base de cálculo do ICMS.

- art. 155, II, CF.
- art. 13, § 1º, II, a, LC 87/1996 (Lei Kandir - ICMS).

458. A contribuição previdenciária incide sobre a comissão paga ao corretor de seguros.

- art. 11, p.u., a, Lei 8.212/1991 (Lei Orgânica da Seguridade Social).

459. A Taxa Referencial (TR) é o índice aplicável, a título de correção monetária, aos débitos com o FGTS recolhidos pelo empregador mas não repassados ao Fundo.

- art. 22, Lei 8.036/1990 (Lei do FGTS).
- Lei 8.177/1991 (Estabelece regras para a desindexação da economia).

460. É incabível o mandado de segurança para convalidar a compensação tributária realizada pelo contribuinte.

- art. 170, CTN.
- Lei 12.016/2009 (Lei do Mandado de Segurança Individual e Coletivo).

461. O contribuinte pode optar por receber, por meio de precatório ou por compensação, o indébito tributário certificado por sentença declaratória transitada em julgado.

- art. 100, CF.
- arts. 156, II, 165 e 170, CTN.
- art. 66, § 2º, Lei 8.383/1991 (Institui a Unidade Fiscal de Referência e altera a legislação do Imposto de Renda).

462. Nas ações em que representa o FGTS, a CEF, quando sucumbente, não está isenta de reembolsar as custas antecipadas pela parte vencedora.

- Lei 8.036/1990 (Lei do FGTS).
- art. 24-A, p.u., Lei 9.028/1995 (Dispõe sobre o exercício das atribuições institucionais da Advocacia-Geral da União, em caráter emergencial e provisório).

463. Incide imposto de renda sobre os valores percebidos a título de indenização por horas extraordinárias trabalhadas, ainda que decorrentes de acordo coletivo.

- art. 43, I, CTN.

464. A regra de imputação de pagamentos estabelecida no art. 354 do Código Civil não se aplica às hipóteses de compensação tributária.

- art. 170, CTN.
- art. 66, Lei 8.383/1991 (Institui a Unidade Fiscal de Referência e altera a legislação do Imposto de Renda).
- art. 74, § 12, Lei 9.430/1996 (Dispõe sobre a legislação tributária federal, as contribuições para a seguridade social e o processo administrativo de consulta).

465. Ressalvada a hipótese de efetivo agravamento do risco, a seguradora não se exime do dever de indenizar em razão da transferência do veículo sem a sua prévia comunicação.

- arts. 757 e 785, § 1º, CC/2002.

466. O titular da conta vinculada ao FGTS tem o direito de sacar o saldo respectivo quando declarado nulo seu contrato de trabalho por ausência de prévia aprovação em concurso público.

- art. 37, § 2º, CF.
- art. 19-A, Lei 8.036/1990 (Lei do FGTS).

467. Prescreve em cinco anos, contados do término do processo administrativo, a pretensão da Administração Pública de promover a execução da multa por infração ambiental.

- art. 1º-A, Lei 9.873/1999 (Estabelece prazo de prescrição para o exercício de ação punitiva pela Administração Pública Federal, direta e indireta).
- art. 1º do Dec. 20.910/1932 (Regula a prescrição quinquenal).
- art. 21 do Dec. 6.514/2008 (Dispõe sobre as infrações e sanções administrativas ao meio ambiente e estabelece o processo administrativo federal para apuração destas infrações).

468. A base de cálculo do PIS, até a edição da MP n. 1.212/1995, era o faturamento ocorrido no sexto mês anterior ao do fato gerador.

- art. 6º, p.u., LC 7/1970 (Institui o Programa de Integração Social).
- Lei 9.715/1998 (Dispõe sobre as contribuições para os Programas de Integração Social e de Formação do Patrimônio do Servidor Público - PIS/PASEP).
- Dec. 9.978/2019 (Dispõe sobre o Fundo PIS-PASEP e institui o Conselho Diretor do Fundo PIS-PASEP).

469. Aplica-se o Código de Defesa do Consumidor aos contratos de plano de saúde.

- Cancelada.

470. O Ministério Público não tem legitimidade para pleitear, em ação civil pública, a indenização decorrente do DPVAT em benefício do segurado.

- Cancelada.

471. Os condenados por crimes hediondos ou assemelhados cometidos antes da vigência da Lei n. 11.464/2007 sujeitam-se ao disposto no art. 112 da Lei n. 7.210/1984 (Lei de Execução Penal) para a progressão de regime prisional.

- art. 5º, XL, CF.
- art. 2º, p.u., CP.
- art. 2º, §§ 1º e 2º, Lei 8.072/1990 (Lei dos Crimes Hediondos).
- Súm. 716, STF.
- Súm. Vinc. 26, STF.

472. A cobrança de comissão de permanência - cujo valor não pode ultrapassar a soma dos encargos remuneratórios e moratórios previstos no contrato - exclui a exigibilidade dos juros remuneratórios, moratórios e da multa contratual (*DJe* 19.06.2012).

473. O mutuário do SFH não pode ser compelido a contratar o seguro habitacional obrigatório com a instituição financeira mutuante ou com a seguradora por ela indicada (*DJe* 19.06.2012).

474. A indenização do seguro DPVAT, em caso de invalidez parcial do beneficiário, será paga de forma proporcional ao grau da invalidez (*DJe* 19.06.2012).

› Súm. 544, STJ.

475. Responde pelos danos decorrentes de protesto indevido o endossatário que recebe por endosso translativo título de crédito contendo vício formal extrínseco ou intrínseco, ficando ressalvado seu direito de regresso contra os endossantes e avalistas (*DJe* 19.06.2012).

» *Vide* art. 910 do CC.

476. O endossatário de título de crédito por endosso-mandato só responde por danos decorrentes de protesto indevido se extrapolar os poderes de mandatário (*DJe* 19.06.2012).

» *Vide* art. 917 do CC.

477. A decadência do art. 26 do CDC não é aplicável à prestação de contas para obter esclarecimentos sobre cobrança de taxas, tarifas e encargos bancários (*DJe* 19.06.2012).

478. Na execução de crédito relativo a cotas condominiais, este tem preferência sobre o hipotecário (*DJe* 19.06.2012).

479. As instituições financeiras respondem objetivamente pelos danos gerados por fortuito interno relativo a fraudes e delitos praticados por terceiros no âmbito de operações bancárias (*DJe* 01.08.2012).

480. O juízo da recuperação judicial não é competente para decidir sobrea constrição de bens não abrangidos pelo plano de recuperação da empresa (*DJe* 01.08.2012).

481. Faz jus ao benefício da justiça gratuita a pessoa jurídica com ou sem fins lucrativos que demonstrar sua impossibilidade de arcar com os encargos processuais (*DJe* 01.08.2012).

» *Vide* art. 98 do CPC.

482. A falta de ajuizamento da ação principal no prazo do art. 806 do CPC acarreta a perda da eficácia da liminar deferida e a extinção do processo cautelar (*DJe* 01.08.2012).

483. O INSS não está obrigado a efetuar depósito prévio do preparo por gozar das prerrogativas e privilégios da Fazenda Pública (*DJe* 01.08.2012).

» *Vide* art. 1.007, § 1.º, do CPC.

484. Admite-se que o preparo seja efetuado no primeiro dia útil subsequente, quando a interposição do recurso ocorrer após o encerramento do expediente bancário (*DJe* 01.08.2012).

» *Vide* art. 1.007 do CPC.

485. A Lei de Arbitragem aplica-se aos contratos que contenham cláusula arbitral, ainda que celebrados antes da sua edição (*DJe* 01.08.2012).

486. É impenhorável o único imóvel residencial do devedor que esteja locado a terceiros, desde que a renda obtida com a locação seja revertida para a subsistência ou a moradia da sua família (*DJe* 01.08.2012).

487. O parágrafo único do art. 741 do CPC não se aplica às sentenças transitadas em julgado em data anterior à da sua vigência (*DJe* 01.08.2012).

488. O § 2º do art. 6º da Lei n. 9.469/1997, que obriga à repartição dos honorários advocatícios, é inaplicável a acordos ou transações celebrados em data anterior à sua vigência (*DJe* 01.08.2012).

489. Reconhecida a continência, devem ser reunidas na Justiça Federal as ações civis públicas propostas nesta e na Justiça estadual (*DJe* 01.08.2012).

490. A dispensa de reexame necessário, quando o valor da condenação ou do direito controvertido for inferior a sessenta salários-mínimos, não se aplica a sentenças ilíquidas (*DJe* 01.08.2012).

491. É inadmissível a chamada progressão *per saltum* de regime prisional (*DJe* 13.08.2012).

492. O ato infracional análogo ao tráfico de drogas, por si só, não conduz obrigatoriamente à imposição de medida socioeducativa de internação do adolescente (*DJe* 13.08.2012).

493. É inadmissível a fixação de pena substitutiva (art. 44 do CP) como condição especial ao regime aberto (*DJe* 13.08.2012).

494. O benefício fiscal do ressarcimento do crédito presumido do IPI relativo às exportações incide mesmo quando as matérias-primas ou os insumos sejam adquiridos de pessoa física ou jurídica não contribuinte do PIS/PASEP (*DJe* 13.08.2012).

495. A aquisição de bens integrantes do ativo permanente da empresa não gera direito a creditamento de IPI.

496. Os registros de propriedade particular de imóveis situados em terrenos de marinha não são oponíveis à União (*DJe* 13.08.2012).

497. Os créditos das autarquias federais preferem aos créditos da Fazenda estadual desde que coexistam penhoras sobre o mesmo bem (*DJe* 13.08.2012).

› Cancelada.

498. Não incide imposto de renda sobre a indenização por danos morais (*DJe* 13.08.2012).

499. As empresas prestadoras de serviços estão sujeitas às contribuições ao Sesc e Senac, salvo se integradas noutro serviço social. (*DJE*, 18.03.2013)

500. A configuração do crime do art. 244-B do ECA independe da prova da efetiva corrupção do menor, por se tratar de delito formal. (*DJe*, 28.10.2013.)

501. É cabível a aplicação retroativa da Lei n. 11.343/2006, desde que o resultado da incidência das suas disposições, na íntegra, seja mais favorável ao réu do que o advindo da aplicação da Lei n. 6.368/1976, sendo vedada a combinação de leis. (*DJe*, 28.10.2013.)

502. Presentes a materialidade e a autoria, afigura-se típica, em relação ao crime previsto no art. 184, § 2º, do CP, a conduta de expor à venda CDs e DVDs piratas. (*DJe*, 28.10.2013.)

503. O prazo para ajuizamento de ação monitória em face do emitente de cheque sem força executiva é quinquenal, a contar do dia seguinte à data de emissão estampada na cártula.

» *Vide* Súmulas 531 e 299 do STJ.

» *Vide* art. 700 do CPC.

504. O prazo para ajuizamento de ação monitória em face do emitente de nota promissória sem força executiva é quinquenal, a contar do dia seguinte ao vencimento do título.

» *Vide* art. 700 do CPC.

505. A competência para processar e julgar as demandas que têm por objeto obrigações decorrentes dos contratos de planos de previdência privada firmados com a Fundação Rede Ferroviária de Seguridade Social - REFER é da Justiça estadual.

506. A Anatel não é parte legítima nas demandas entre a concessionária e o usuário de telefonia decorrentes de relação contratual. (*DJe* 31.03.2014)

» *Vide* Súmula Vinculante 27 do STF.

507. A acumulação de auxílio-acidente com aposentadoria pressupõe que a lesão incapacitante e a aposentadoria sejam anteriores a 11.11.1997, observado o critério do art. 23 da Lei n. 8.213/1991 para definição do momento da lesão nos casos de doença profissional ou do trabalho. (*DJe* 31.03.2014)

508. A isenção da Cofins concedida pelo art. 6º, II, da LC n. 70/1991 a sociedades civis de prestação de serviços profissionais foi revogada pelo art. 56 da Lei n. 9.430/1996. (*DJe* 31.03.2014)

509. É lícito ao comerciante de boa-fé aproveitar os créditos de ICMS decorrentes de nota fiscal posteriormente declarada inidônea, quando demonstrada a veracidade da compra e venda. (*DJe* 31.03.2014)

510. A liberação de veículo retido apenas por transporte irregular de passageiros não está condicionada ao pagamento de multas e despesas. (*DJe* 31.03.2014)

511. É possível o reconhecimento do privilégio previsto no § 2º do art. 155 do CP nos casos de crime de furto qualificado, se presentes a primariedade do agente, o pequeno valor da coisa e a qualificadora for de ordem objetiva. (*DJe* 16.06.2014)

512. A aplicação da causa de diminuição de pena prevista no art. 33, § 4º, da Lei n. 11.343/2006 não afasta a hediondez do crime de tráfico de drogas.

› Cancelada.

513. A *abolitio criminis* temporária prevista na Lei n. 10.826/2003 aplica-se ao crime de posse de arma de fogo de uso permitido com numeração, marca ou qualquer outro sinal de identificação raspado, suprimido ou adulterado, praticado somente até 23.10.2005. (*DJe* 16.06.2014)

514. A CEF é responsável pelo fornecimento dos extratos das contas individualizadas vinculadas ao FGTS dos Trabalhadores participantes do Fundo de Garantia do Tempo de Serviço, inclusive para fins de exibição em juízo, independentemente do período em discussão. (*DJe* 18.08.2014)

515. A reunião de execuções fiscais contra o mesmo devedor constitui faculdade do Juiz. (*DJe* 18.08.2014)

516. A contribuição de intervenção no domínio econômico para o Incra (Decreto-Lei n. 1.110/1970), devida por empregadores rurais e urbanos, não foi extinta pelas Leis n. 7.787/1989, 8.212/1991 e 8.213/1991, não podendo ser compensada com a contribuição ao INSS (*DJe* 02.03.2015).

517. São devidos honorários advocatícios no cumprimento de sentença, haja ou não impugnação, depois de escoado o prazo para pagamento voluntário, que se inicia após a intimação do advogado da parte executada. (*DJe* 02.03.2015).

» *Vide* arts. 85, § 1.º, e 523, § 1.º, do CPC.

518. Para fins do art. 105, III, *a*, da Constituição Federal, não é cabível recurso especial fundado em alegada violação de enunciado de súmula. (*DJe* 02.03.2015).

519. Na hipótese de rejeição da impugnação ao cumprimento de sentença, não são cabíveis honorários advocatícios. (*DJe* 02.03.2015).

» *Vide* Súmula 517 do STJ.

» *Vide* arts. 85, § 1.º, 523, § 1.º, 6.º, § 2.º, do CPC.

520. O benefício de saída temporária no âmbito da execução penal é ato jurisdicional insuscetível de delegação à autoridade administrativa do estabelecimento prisional. (*DJe* 25.03.2015.)

521. A legitimidade para a execução fiscal de multa pendente de pagamento imposta em sentença condenatória é exclusiva da Procuradoria da Fazenda Pública. (*DJe* 25.03.2015.)

522. A conduta de atribuir-se falsa identidade perante autoridade policial é típica, ainda que em situação de alegada autodefesa. (*DJe* 25.03.2015.)

523. A taxa de juros de mora incidente na repetição de indébito de tributos estaduais deve corresponder à utilizada para cobrança do tributo pago em atraso, sendo legítima a incidência da taxa Selic, em ambas as hipóteses, quando prevista na legislação local, vedada sua cumulação com quaisquer outros índices. (*DJe*, 27.04.2015.)

524. No tocante à base de cálculo, o ISSQN incide apenas sobre a taxa de agenciamento quando o serviço prestado por sociedade empresária de trabalho temporário for de intermediação, devendo, entretanto, englobar também os valores dos salários e encargos sociais dos trabalhadores por ela contratados nas hipóteses de fornecimento de mão de obra. (*DJe*, 27.04.2015.)

525. A Câmara de Vereadores não possui personalidade jurídica, apenas personalidade judiciária, somente podendo demandar em juízo para defender os seus direitos institucionais. (*DJe*, 27.04.2015.)

526. O reconhecimento de falta grave decorrente do cometimento de fato definido como crime doloso no cumprimento da pena prescinde do trânsito em julgado de sentença penal condenatória no processo penal instaurado para apuração do fato. (*DJe*, 18.05.2015.)

527. O tempo de duração da medida de segurança não deve ultrapassar o limite máximo da pena abstratamente cominada ao delito praticado. (*DJe*, 18.05.2015.)

528. Compete ao juiz federal do local da apreensão da droga remetida do exterior pela via postal processar e julgar o crime de tráfico internacional. (*DJe*, 18.05.2015.)

‣ Cancelada.

529. No seguro de responsabilidade civil facultativo, não cabe o ajuizamento de ação pelo terceiro prejudicado direta e exclusivamente em face da seguradora do apontado causador do dano. (*DJe*, 18.05.2015.)

» *Vide* Súmulas 620, 616, 610, 402 e 246 do STJ.

530. Nos contratos bancários, na impossibilidade de comprovar a taxa de juros efetivamente contratada - por ausência de pactuação ou pela falta de juntada do instrumento aos autos -, aplica-se a taxa média de mercado, divulgada pelo Bacen, praticada nas operações da mesma espécie, salvo se a taxa cobrada for mais vantajosa para o devedor. (*DJe*, 18.05.2015.)

531. Em ação monitória fundada em cheque prescrito ajuizada contra o emitente, é dispensável a menção ao negócio jurídico subjacente à emissão da cártula. (*DJe*, 18.05.2015.)

» *Vide* art. 700 do CPC.

» *Vide* Súmulas 503 e 299 do STJ.

532. Constitui prática comercial abusiva o envio de cartão de crédito sem prévia e expressa solicitação do consumidor, configurando-se ato ilícito indenizável e sujeito à aplicação de multa administrativa. (*DJe*, 18.05.2015.)

533. Para o reconhecimento da prática de falta disciplinar no âmbito da execução penal, é imprescindível a instauração de procedimento administrativo pelo diretor do estabelecimento prisional, assegurado o direito de defesa, a ser realizado por advogado constituído ou defensor público nomeado. (*DJe* 15.06.2015.)

‣ art. 5º, XXXCF.

‣ arts. 15, 16, 47, 48, 53, 54, 57, 59, 118, LEP.

534. A prática de falta grave interrompe a contagem do prazo para a progressão de regime de cumprimento de pena, o qual se reinicia a partir do cometimento dessa infração. (*DJe* 15.06.2015.)

‣ arts. 50, 51, 53, 57, p.u., 112, 118, 127, LEP.

535. A prática de falta grave não interrompe o prazo para fim de comutação de pena ou indulto. (*DJe* 15.06.2015.)

‣ arts. 112, 127, 142, LEP.

‣ Súm. 441, STJ.

536. A suspensão condicional do processo e a transação penal não se aplicam na hipótese de delitos sujeitos ao rito da Lei Maria da Penha. (*DJe* 15.06.2015.)

‣ art. 226, § 8º, CF.

‣ art. 129, § 9º, CP.

‣ art. 89, Lei 9.099/1995 (Lei dos Juizados Especiais.)

‣ art. 41, Lei 11.340/2006 (Lei Maria da Penha.)

537. Em ação de reparação de danos, a seguradora denunciada, se aceitar a denunciação ou contestar o pedido do autor, pode ser condenada, direta e solidariamente junto com o segurado, ao pagamento da indenização devida à vítima, nos limites contratados na apólice. (*DJe* 15.06.2015.)

» *Vide* art. 128, parágrafo único, do CPC.

538. As administradoras de consórcio têm liberdade para estabelecer a respectiva taxa de administração, ainda que fixada em percentual superior a dez por cento. (*DJe* 15.06.2015.)

‣ art. 33, p.u., Lei 8.177/1991 (Estabelece regras para a desindexação da economia.)

‣ Circulares Bacen 2.386/1993 e 2.766/1997.

539. É permitida a capitalização de juros com periodicidade inferior à anual em contratos celebrados com instituições integrantes do Sistema Financeiro Nacional a partir de 31/3/2000 (MP n. 1.963-17/2000, reeditada como MP n. 2.170-36/2001), desde que expressamente pactuada. (*DJe* 15.06.2015.)

‣ art. 591, CC/2002.

‣ art. 4º, Dec. 22.626/1933 (Lei de Usura.)

‣ art. 5º, Med. Prov. 2.170-36/2001.

‣ Súm. 121 e 593, STF.

540. Na ação de cobrança do seguro DPVAT, constitui faculdade do autor escolher entre os foros do seu domicílio, do local do acidente ou ainda do domicílio do réu. (*DJe* 15.06.2015.)

541. A previsão no contrato bancário de taxa de juros anual superior ao duodécuplo da mensal é suficiente para permitir a cobrança da taxa efetiva anual contratada.

‣ art. 591, CC/2002.

‣ art. 4º, Dec. 22.626/1933 (Lei de Usura.)

‣ art. 5º, Med. Prov. 2.170-36/2001.

542. A ação penal relativa ao crime de lesão corporal resultante de violência doméstica contra a mulher é pública incondicionada (*DJe* 31.08.2015).

‣ Lei 11.340/2006

543. Na hipótese de resolução de contrato de promessa de compra e venda de imóvel submetido ao Código de Defesa do Consumidor, deve ocorrer a imediata restituição das parcelas pagas pelo promitente comprador - integralmente, em caso de culpa exclusiva do promitente vendedor/construtor, ou parcialmente, caso tenha sido o comprador quem deu causa ao desfazimento (*DJe* 31.08.2015).

‣ art. 122, CC/2002.

‣ art. 51, II e ICDC.

» *Vide* art. 67-A da Lei n. 4.591, de 16-12-1964, alterada pela Lei n. 13.786, de 27-12-2018.

544. É válida a utilização de tabela do Conselho Nacional de Seguros Privados para estabelecer a proporcionalidade da indenização do seguro DPVAT ao grau de invalidez também na hipótese de sinistro anterior a 16/12/2008, data da entrada em vigor da Medida Provisória n. 451/2008.

‣ arts. 3º, 5º, § 5º e 12, Lei 6.194/1974.

‣ Lei 8.441/1992.

‣ Lei 11.482/2007.

‣ Súm. 474, STJ.

545. Quando a confissão for utilizada para a formação do convencimento do julgador, o réu fará jus à atenuante prevista no art. 65, III, d, do Código Penal. (*DJe*, 19.10.2015.)

546. A competência para processar e julgar o crime de uso de documento falso é firmada em razão da entidade ou órgão ao qual foi apresentado o documento público, não importando a qualificação do órgão expedidor. (*DJe*, 19.10.2015.)

‣ art. 109, ICF.

‣ art. 304, CP.

547. Nas ações em que se pleiteia o ressarcimento dos valores pagos a título de participação financeira do consumidor no custeio de construção de rede elétrica, o prazo prescricional é de vinte anos na vigência do Código Civil de 1916. Na vigência do Código Civil de 2002, o prazo é de cinco anos se houver previsão contratual de ressarcimento e de três anos na ausência de cláusula nesse sentido, observada a regra de transição disciplinada em seu art. 2.028. (*DJe*, 19.10.2015.)

- arts. 206, § 3º, I, e § 5º, CC/2002.

548. Incumbe ao credor a exclusão do registro da dívida em nome do devedor no cadastro de inadimplentes no prazo de cinco dias úteis, a partir do integral e efetivo pagamento do débito. (*DJe*, 19.10.2015.)

- arts. 43, § 3º, e 73, CDC.

549. É válida a penhora de bem de família pertencente a fiador de contrato de locação. (*DJe*, 19.10.2015.)

- art. 3º, VII, Lei 8.009/1973.
- *Vide* Súmulas 451, 449, 417 e 364 do STJ.

550. A utilização de escore de crédito, método estatístico de avaliação de risco que não constitui banco de dados, dispensa o consentimento do consumidor, que terá o direito de solicitar esclarecimentos sobre as informações pessoais valoradas e as fontes dos dados considerados no respectivo cálculo. (*DJe*, 19.10.2015.)

- art. 43, CDC.
- arts. 3º, § 3º, I e II, 5º, I7º, I, e 16, Lei 12.414/2011.

551. Nas demandas por complementação de ações de empresas de telefonia, admite-se a condenação ao pagamento de dividendos e juros sobre capital próprio independentemente de pedido expresso. No entanto, somente quando previstos no título executivo, poderão ser objeto de cumprimento de sentença. (*DJe*, 19.10.2015.)

- art. 9º, Lei 9.249/1995.
- Deliberação C683/2012.

552. O portador de surdez unilateral não se qualifica como pessoa com deficiência para o fim de disputar as vagas reservadas em concursos públicos. (*DJe*, 9.11.2015.)

- Lei 7.853/1989.
- arts. 3º, I, 4º, II, Dec. 3.298/1999.
- art. 70, Dec. 5.296/2004.

553. Nos casos de empréstimo compulsório sobre o consumo de energia elétrica, é competente a Justiça estadual para o julgamento de demanda proposta exclusivamente contra a Eletrobrás. Requerida a intervenção da União no feito após a prolação de sentença pelo juízo estadual, os autos devem ser remetidos ao Tribunal Regional Federal competente para o julgamento da apelação se deferida a intervenção. (*DJe* 15.12.2015.)

- art. 5º, p.u., Lei 9.469/1997.

554. Na hipótese de sucessão empresarial, a responsabilidade da sucessora abrange não apenas os tributos devidos pela sucedida, mas também as multas moratórias ou punitivas referentes a fatos geradores ocorridos até a data da sucessão. (*DJe* 15.12.2015.)

555. Quando não houver declaração do débito, o prazo decadencial quinquenal para o Fisco constituir o crédito tributário conta-se exclusivamente na forma do art. 173, I, do CTN, nos casos em que a legislação atribui ao sujeito passivo o dever de antecipar o pagamento sem prévio exame da autoridade administrativa. (*DJe* 15.12.2015.)

- *Vide* art. 173, I, do CTN.

556. É indevida a incidência de imposto de renda sobre o valor da complementação de aposentadoria pago por entidade de previdência privada e em relação ao resgate de contribuições recolhidas para referidas entidades patrocinadoras no período de 1º/1/1989 a 31/12/1995, em razão da isenção concedida pelo art. 6º, VII, b, da Lei n. 7.713/1988, na redação anterior à que lhe foi dada pela Lei n. 9.250/1995. (*DJe* 15.12.2015.)

557. A renda mensal inicial (RMI) alusiva ao benefício de aposentadoria por invalidez precedido de auxílio-doença será apurada na forma do art. 36, § 7º, do Decreto n. 3.048/1999, observando-se, porém, os critérios previstos no art. 29, § 5º, da Lei n. 8.213/1991, quando intercalados períodos de afastamento e de atividade laboral. (*DJe* 15.12.2015.)

558. Em ações de execução fiscal, a petição inicial não pode ser indeferida sob o argumento da falta de indicação do CPF e/ou RG ou CNPJ da parte executada.

- (*DJe* 15.12.2015.)

559. Em ações de execução fiscal, é desnecessária a instrução da petição inicial com o demonstrativo de cálculo do débito, por tratar-se de requisito não previsto no art. 6º da Lei n. 6.830/1980. (*DJe* 15.12.2015.)

- *Vide* art. 798, *b*, do CPC.
- *Vide* art. 6.º da Lei n. 6.830, de 22-9-1980.

560. A decretação da indisponibilidade de bens e direitos, na forma do art. 185-A do CTN, pressupõe o exaurimento das diligências na busca por bens penhoráveis, o qual fica caracterizado quando infrutíferos o pedido de constrição sobre ativos financeiros e a expedição de ofícios aos registros públicos do domicílio do executado, ao Denatran ou Detran. (*DJe* 15.12.2015.)

561. Os Conselhos Regionais de Farmácia possuem atribuição para fiscalizar e autuar as farmácias e drogarias quanto ao cumprimento da exigência de manter profissional legalmente habilitado (farmacêutico) durante todo o período de funcionamento dos respectivos estabelecimentos. (*DJe* 15.12.2015.)

562. É possível a remição de parte do tempo de execução da pena quando o condenado, em regime fechado ou semiaberto, desempenha atividade laborativa, ainda que extramuros (*DJe*, 29.02.2016.)

563. O Código de Defesa do Consumidor é aplicável às entidades abertas de previdência complementar, não incidindo nos contratos previdenciários celebrados com entidades fechadas. (*DJe*, 29.02.2016.)

- *Vide* Súmulas 608, 602 e 297 do STJ.

564. No caso de reintegração de posse em arrendamento mercantil financeiro, quando a soma da importância antecipada a título de valor residual garantido (VRG) com o valor da venda do bem ultrapassar o total do VRG previsto contratualmente, o arrendatário terá direito de receber a respectiva diferença, cabendo, porém, se estipulado no contrato, o prévio desconto de outras despesas ou encargos pactuados. (*DJe*, 29.02.2016.)

565. A pactuação das tarifas de abertura de crédito (TAC) e de emissão de carnê (TEC), ou outra denominação para o mesmo fato gerador, é válida apenas nos contratos bancários anteriores ao início da vigência da Resolução-CMN n. 3.518/2007, em 30.4.2008. (*DJe*, 29.02.2016.)

566. Nos contratos bancários posteriores ao início da vigência da Resolução-CMN n. 3.518/2007, em 30.4.2008, pode ser cobrada a tarifa de cadastro no início do relacionamento entre o consumidor e a instituição financeira. (*DJe*, 29.02.2016.)

567. Sistema de vigilância realizado por monitoramento eletrônico ou por existência de segurança no interior de estabelecimento comercial, por si só, não torna impossível a configuração do crime de furto. (*DJe*, 29.02.2016.)

568. O relator, monocraticamente e no Superior Tribunal de Justiça, poderá dar ou negar provimento ao recurso quando houver entendimento dominante acerca do tema. (*DJe*, 17.03.2016.)

- art. 105, III, a e c, CF.
- art. 926, § 2º, CPC/2015.
- *Vide* arts. 932 e 1.030 do CPC.

569. Na importação, é indevida a exigência de nova certidão negativa de débito no desembaraço aduaneiro, se já apresentada a comprovação da quitação de tributos federais quando da concessão do benefício relativo ao regime de drawback. (*DJe*, 02.05.2016.)

- art. 60, Lei 9.069/1995.

570. Compete à Justiça Federal o processo e julgamento de demanda em que se discute a ausência de ou o obstáculo ao credenciamento de instituição particular de ensino superior no Ministério da Educação como condição de expedição de diploma de ensino a distância aos estudantes. (*DJe*, 02.05.2016.)

- art. 109, I, CF.
- arts. 9º e 80, Lei 9.394/1996.

571. A taxa progressiva de juros não se aplica às contas vinculadas ao FGTS de trabalhadores qualificados como avulsos. (*DJe*, 02.05.2016.)

- arts. 1º e 2º, Lei 5.705/1971.
- art. 1º, Lei 5.958/1973.
- art. 3º, Lei 8.036/1990.
- art. 9º, VI, Dec. 3.048/1999.

572. O Banco do Brasil, na condição de gestor do Cadastro de Emitentes de Cheques sem Fundos (CCF), não tem a responsabilidade de notificar previamente o devedor acerca da sua inscrição no aludido cadastro, tampouco legitimidade passiva para as ações de reparação de danos fundadas na ausência de prévia comunicação (*DJe* 16.05.2016).

- Lei 8.078/1990, CDC.
- Res. 1.631/1989, Bacen.
- Res. 1.682/1990, Bacen.
- Circ. 2.250/1992, Bacen.

573. Nas ações de indenização decorrente de seguro DPVAT, a ciência inequívoca do caráter permanente da invalidez, para fins de contagem do prazo prescricional, depende de laudo médico, exceto nos casos de invalidez permanente notória ou naqueles em que o conhecimento anterior resulte comprovado na fase de instrução. (*DJe*, 27.06.2016.)

574. Para a configuração do delito de violação de direito autoral e a comprovação de sua materialidade, é suficiente a perícia realizada por amostragem do produto apreendido, nos aspectos externos do material, e é desnecessária a identificação dos titulares dos direitos autorais violados ou daqueles que os representem. (*DJe*, 27.06.2016.)

- art. 184, § 2º, CP.

575. Constitui crime a conduta de permitir, confiar ou entregar a direção de veículo automotor a pessoa que não seja habilitada, ou que se encontre em qualquer das situações previstas no art. 310 do CTB, independentemente da ocorrência de lesão ou de perigo de dano concreto na condução do veículo. (*DJe*, 27.06.2016.)

- art. 310, CTB.

576. Ausente requerimento administrativo no INSS, o termo inicial para a implantação da aposentadoria por invalidez concedida judicialmente será a data da citação válida. (*DJe*, 27.06.2016.)

577. É possível reconhecer o tempo de serviço rural anterior ao documento mais antigo apresentado, desde que amparado em convincente prova testemunhal colhida sob o contraditório. (*DJe*, 27.06.2016.)

- arts. 55, § 3º, 106, e 142, Lei 8.213/1991.
- art. 63, Dec., 3.048/1999.
- Súm. 149, STJ.

578. Os empregados que laboram no cultivo da cana-de-açúcar para empresa agroindustrial ligada ao setor sucroalcooleiro detêm a qualidade de rurícola, ensejando a isenção do FGTS desde a edição da Lei Complementar n. 11/1971 até a promulgação da Constituição Federal de 1988. (*DJe*, 27.06.2016.)

- art. 7º, III, CF.
- LC 11/1971.
- arts. 2º e 3º, § 1º, Lei 5.889/1973.

579. Não é necessário ratificar o recurso especial interposto na pendência do julgamento dos embargos de declaração, quando inalterado o resultado anterior. (*DJe* 1º.08.2016.)

- arts. 218, § 4º, e 1.024, § 5º, CPC/2015.
- Súm. 418, STJ.

580. A correção monetária nas indenizações do seguro DPVAT por morte ou invalidez, prevista no § 7º do art. 5º da Lei n. 6.194/1974, redação dada pela Lei n. 11.482/2007, incide desde a data do evento danoso. (*DJe* 19.09.2016)

581. A recuperação judicial do devedor principal não impede o prosseguimento das ações e execuções ajuizadas contra terceiros devedores solidários ou coobrigados em geral, por garantia cambial, real ou fidejussória. (*DJe* 19.09.2016)

- arts. 6º, 49, § 1º, 52, III, e 59, Lei 11.101/2005.

582. Consuma-se o crime de roubo com a inversão da posse do bem mediante emprego de violência ou grave ameaça, ainda que por breve tempo e em seguida à perseguição imediata ao agente e recuperação da coisa roubada, sendo prescindível a posse mansa e pacífica ou desvigiada. (*DJe* 19.09.2016)

- art. 157, CP.

583. O arquivamento provisório previsto no art. 20 da Lei n. 10.522/2002, dirigido aos débitos inscritos como dívida ativa da União pela Procuradoria-Geral da Fazenda Nacional ou por ela cobrados, não se aplica às execuções fiscais movidas pelos conselhos de fiscalização profissional ou pelas autarquias federais. (*DJe* 1º.02.2017.)

- art. 1º-A, Lei 9.469/1997 (Regulamenta o disposto no inciso do art. 4º da Lei Complementar n. 73/1993; dispõe sobre a intervenção da União nas causas em que figurarem, como autores ou réus, entes da administração indireta; regula os pagamentos devidos pela Fazenda Pública em virtude de sentença judiciária).
- art. 10, Lei 10.480/2002 (Dispõe sobre o quadro de pessoal da Advocacia-Geral da União, cria a Procuradoria-Geral Federal).
- art. 20, Lei 10.522/2002 (Dispõe sobre o cadastro informativo dos créditos não quitados de órgãos e entidades federais).
- art. 22, Lei 11.457/2007 (Dispõe sobre a administração tributária federal).
- art. 8º, Lei 12.514/2011 (Trata das contribuições devidas aos conselhos profissionais em geral).

584. As sociedades corretoras de seguros, que não se confundem com as sociedades de valores mobiliários ou com os agentes autônomos de seguro privado, estão fora do rol de entidades constantes do art. 22, § 1º, da Lei n. 8.212/1991, não se sujeitando à majoração da alíquota da Cofins prevista no art. 18 da Lei n. 10.684/2003. (*DJe* 1º.02.2017.)

- art. 22, § 1º, Lei 8.212/1991 (Lei Orgânica da Seguridade Social).
- art. 3º, § 6º, Lei 9.718/1998 (Altera a legislação tributária federal).
- art. 18, Lei 10.684/2003 (Altera a legislação tributária, dispõe sobre parcelamento de débitos junto à SRF, Á PGFN e ao INSS).

585. A responsabilidade solidária do ex-proprietário, prevista no art. 134 do Código de Trânsito Brasileiro - CTB, não abrange o IPVA incidente sobre o veículo automotor, no que se refere ao período posterior à sua alienação. (*DJe* 1º.02.2017.)

- arts. 1.226 e 1.267, CC/2002.
- art. 134, CTB.

586. A exigência de acordo entre o credor e o devedor na escolha do agente fiduciário aplica-se, exclusivamente, aos contratos não vinculados ao Sistema Financeiro da Habitação - SFH. (*DJe* 1º.02.2017.)

- art. 30, I e II, e §§ 1º e 2º, Dec.-Lei 70/1966 (Autoriza o funcionamento de associações de poupança e empréstimo, institui a cédula hipotecária).

587. Para a incidência da majorante prevista no art. 40, V, da Lei n. 11.343/2006, é desnecessária a efetiva transposição de fronteiras entre estados da Federação, sendo suficiente a demonstração inequívoca da intenção de realizar o tráfico interestadual. (*DJe*, 18.09.2017.)

588. A prática de crime ou contravenção penal contra a mulher com violência ou grave ameaça no ambiente doméstico impossibilita a substituição da pena privativa de liberdade por restritiva de direitos. (*DJe*, 18.09.2017.)

- Art. 44, I, CP.
- Lei 11.340/2006.

589. É inaplicável o princípio da insignificância nos crimes ou contravenções penais praticados contra a mulher no âmbito das relações domésticas. (*DJe*, 18.09.2017.)

- Lei 11.340/2006.

590. Constitui acréscimo patrimonial a atrair a incidência do imposto de renda, em caso de liquidação de entidade de previdência privada, a quantia que couber a cada participante, por rateio do patrimônio, superior ao valor das respectivas contribuições à entidade em liquidação, devidamente atualizadas e corrigidas. (*DJe*, 18.09.2017.)

- Art. 43, CTN.

591. É permitida a prova emprestada no processo administrativo disciplinar, desde que devidamente autorizada pelo juízo competente e respeitados o contraditório e a ampla defesa. (*DJe*, 18.09.2017.)

» *Vide* Súmulas 611, 592 e 343 do STJ.

592. O excesso de prazo para a conclusão do processo administrativo disciplinar só causa nulidade se houver demonstração de prejuízo à defesa. (*DJe*, 18.09.2017.)

- Art. 169, § 1º, Lei 8.112/1990.

» *Vide* Súmulas 611, 592, 591 e 343 do STJ.

593. O crime de estupro de vulnerável se configura com a conjunção carnal ou prática de ato libidinoso com menor de 14 anos, sendo irrelevante eventual consentimento da vítima para a prática do ato, sua experiência sexual anterior ou existência de relacionamento amoroso com o agente.

- Art. 217-A, CP.

594. O Ministério Público tem legitimidade ativa para ajuizar ação de alimentos em proveito de criança ou adolescente independentemente do exercício do poder familiar dos pais, ou do fato de o menor se encontrar nas situações de risco descritas no art. 98 do Estatuto da Criança e do Adolescente, ou de quaisquer outros questionamentos acerca da existência ou eficiência da Defensoria Pública na comarca.

- Art. 201, III, ECA.

595. As instituições de ensino superior respondem objetivamente pelos danos suportados pelo aluno/consumidor pela realização de curso não reconhecido pelo Ministério da Educação, sobre o qual não lhe tenha sido dada prévia e adequada informação.

- Arts. 186 e 927, CC.
- Arts. 6º, III, 14, § 1º, 20, § 2º e 37, §§ 1º e 3º, CDC.

596. A obrigação alimentar dos avós tem natureza complementar e subsidiária, somente se configurando no caso de impossibilidade total ou parcial de seu cumprimento pelos pais.

- Arts. 1.696 e 1.698, CC.

597. A cláusula contratual de plano de saúde que prevê carência para utilização dos serviços de assistência médica nas situações de emergência ou de urgência é considerada abusiva se ultrapassado o prazo máximo de 24 horas contado da data da contratação.

» *Vide* Súmulas 609, 608 e 302 do STJ.

598. É desnecessária a apresentação de laudo médico oficial para o reconhecimento judicial da isenção do imposto de renda, desde que o magistrado entenda suficientemente demonstrada a doença grave por outros meios de prova.

- Art. 30, Lei 9.250/1995.

599. O princípio da insignificância é inaplicável aos crimes contra a administração pública.

- Arts. 171, § 3º, 312 e 359-D, CP..

600. Para a configuração da violência doméstica e familiar prevista no artigo 5º da Lei n. 11.340/2006 (Lei Maria da Penha) não se exige a coabitação entre autor e vítima.

- Art. 226, § 8º, CF.
- Arts. 5º e 7º, Lei 11.340/2006.

601. O Ministério Público tem legitimidade ativa para atuar na defesa de direitos difusos, coletivos e individuais homogêneos dos consumidores, ainda que decorrentes da prestação de serviço público.

‣ Arts. 127, 129, III, CF.
‣ Arts. 81 e 82, CDC.
‣ Arts. 1º, 5º e 21, Lei 7.347/1985.

602. O Código de Defesa do Consumidor é aplicável aos empreendimentos habitacionais promovidos pelas sociedades cooperativas.

» *Vide* Súmulas 608, 602, 563 e 297 do STJ.

603. É vedado ao banco mutuante reter, em qualquer extensão, os salários, vencimentos e/ou proventos de correntista para adimplir o mútuo (comum) contraído, ainda que haja cláusula contratual autorizativa, excluído o empréstimo garantido por margem salarial consignável, com desconto em folha de pagamento, que possui regramento legal específico e admite a retenção de percentual.

‣ Cancelada.

604. O mandado de segurança não se presta para atribuir efeito suspensivo a recurso criminal interposto pelo Ministério Público.

‣ Art. 5º, LXIX, CF.
‣ Arts. 581, 584, 593 e 597, CPP.
‣ Art. 197, LEP.

605. A superveniência da maioridade penal não interfere na apuração de ato infracional nem na aplicabilidade de medida socioeducativa em curso, inclusive na liberdade assistida, enquanto não atingida a idade de 21 anos.

‣ Arts. 2º, par. único, 104, par. únco e 121, § 5º, ECA.

606. Não se aplica o princípio da insignificância a casos de transmissão clandestina de sinal de internet via radiofrequência, que caracteriza o fato típico previsto no art. 183 da Lei n. 9.472/1997.

‣ Art. 21, XI, CF.
‣ Art. 70, Lei 4.117/1962.
‣ Arts. 61 e 183, Lei 9.472/1997.

607. A majorante do tráfico transnacional de drogas (art. 40, I, da Lei n. 11.343/2006) configura-se com a prova da destinação internacional das drogas, ainda que não consumada a transposição de fronteiras.

‣ Art. 40, I, Lei 11.343/2006.

608. Aplica-se o Código de Defesa do Consumidor aos contratos de plano de saúde, salvo os administrados por entidades de autogestão.

‣ Arts. 1º, § 2º, 10, § 3º e 35-G, Lei 9.656/1998.
‣ Súm. 563, STJ.
» *Vide* Súmulas 608, 602, 563 e 297 do STJ.

609. A recusa de cobertura securitária, sob a alegação de doença preexistente, é ilícita se não houve a exigência de exames médicos prévios à contratação ou a demonstração de má-fé do segurado.

‣ Arts. 422, 765 e 766, CC.
‣ Art. 51, IV, CDC.
» *Vide* Súmulas 608, 597 e 302 do STJ.

610. O suicídio não é coberto nos dois primeiros anos de vigência do contrato de seguro de vida, ressalvado o direito do beneficiário à devolução do montante da reserva técnica formada.

‣ Arts. 797, par. único e 798, CC.
» *Vide* Súmulas 620, 616, 529, 402 e 246 do STJ.

611. Desde que devidamente motivada e com amparo em investigação ou sindicância, é permitida a instauração de processo administrativo disciplinar com base em denúncia anônima, em face do poder-dever de autotutela imposto à Administração.

‣ Arts. 143 e 144, Lei 8.112/1991.
» *Vide* Súmulas 592, 591 e 343 do STJ.

612. O certificado de entidade beneficente de assistência social (CEBAS), no prazo de sua validade, possui natureza declaratória para fins tributários, retroagindo seus efeitos à data em que demonstrado o cumprimento dos requisitos estabelecidos por lei complementar para a fruição da imunidade.

‣ Arts. 9º, IV, *c* e 14, CTN.

613. Não se admite a aplicação da teoria do fato consumado em tema de Direito Ambiental.

‣ Art. 225, CF.
‣ Arts. 2º, I e 14, § 1º, Lei 6.938/1981.
‣ Arts. 61-A a C e 62 a 65, Lei 12.651/2012.

614. O locatário não possui legitimidade ativa para discutir a relação jurídico-tributária de IPTU e de taxas referentes ao imóvel alugado nem para repetir indébito desses tributos.

‣ Arts. 32, 34, 123 e 166, CTN.
» *Vide* arts. 337, XI, e 485, VI, do CPC.

615. Não pode ocorrer ou permanecer a inscrição do município em cadastros restritivos fundada em irregularidades na gestão anterior quando, na gestão sucessora, são tomadas as providências cabíveis à reparação dos danos eventualmente cometidos.

‣ Art. 25, LCP.
‣ Arts. 7º e 26, Lei 10.522/2002.

616. A indenização securitária é devida quando ausente a comunicação prévia do segurado acerca do atraso no pagamento do prêmio, por constituir requisito essencial para a suspensão ou resolução do contrato de seguro.

‣ Art. 12, Dec.-Lei 73/1966.
» *Vide* Súmulas 620, 610, 529, 402 e 246 do STJ.

617. A ausência de suspensão ou revogação do livramento condicional antes do término do período de prova enseja a extinção da punibilidade pelo integral cumprimento da pena.

‣ Art. 90, CP.
‣ Arts. 145 e 146, Lei 7.210/1984.

618. A inversão do ônus da prova aplica-se às ações de degradação ambiental.

‣ Art. 6º, VIII, CDC.
‣ Art. 21, Lei 7.347/1985.
» *Vide* art. 373, § 1.º, do CPC.
» *Vide* art. 6.º, VIII, do CDC.

619. A ocupação indevida de bem público configura mera detenção, de natureza precária, insuscetível de retenção ou indenização por acessões e benfeitorias.

‣ Art. 191, p. ún. da CF.
‣ Arts. 1.208 e 1.255 do CC.

620. A embriaguez do segurado não exime a seguradora do pagamento da indenização prevista em contrato de seguro de vida.

» *Vide* Súmulas 620, 616, 610, 529, 402 e 246 do STJ.

621. Os efeitos da sentença que reduz, majora ou exonera o alimentante do pagamento retroagem à data da citação, vedadas a compensação e a repetibilidade.

» *Vide* art. 12 da Lei n. 5.478, de 25-7-1968.

622. A notificação do auto de infração faz cessar a contagem da decadência para a constituição do crédito tributário; exaurida a instância administrativa com o decurso do prazo para a impugnação ou com a notificação de seu julgamento definitivo e esgotado o prazo concedido pela Administração para o pagamento voluntário, inicia-se o prazo prescricional para a cobrança judicial.

623. As obrigações ambientais possuem natureza *propter rem*, sendo admissível cobrá-las do proprietário ou possuidor atual e/ou dos anteriores, à escolha do credor.

» *Vide* arts. 2.º, § 2.º, 7.º, § 2.º, e 66, § 1.º, da Lei n. 12.651, de 25-5-2012 (Código Florestal).
» *Vide* art. 1.228, § 1.º, do CC.

624. É possível cumular a indenização do dano moral com a reparação econômica da Lei n. 10.559/2002 (Lei da Anistia Política).

625. O pedido administrativo de compensação ou de restituição não interrompe o prazo prescricional para a ação de repetição de indébito tributário de que trata o art. 168 do CTN nem o da execução de título judicial contra a Fazenda Pública.

626. A incidência do IPTU sobre imóvel situado em área considerada pela lei local como urbanizável ou de expansão urbana não está condicionada à existência dos melhoramentos elencados no art. 32, § 1º, do CTN.

627. O contribuinte faz jus à concessão ou à manutenção da isenção do imposto de renda, não se lhe exigindo a demonstração da contemporaneidade dos sintomas da doença nem da recidiva da enfermidade.

628. A teoria da encampação é aplicada no mandado de segurança quando presentes, cumulativamente, os seguintes requisitos: a) existência de vínculo hierárquico entre a autoridade que prestou informações e a que ordenou a prática do ato impugnado; b) manifestação a respeito do mérito nas informações prestadas; e c) ausência de modificação de competência estabelecida na Constituição Federal.

629. Quanto ao dano ambiental, é admitida a condenação do réu à obrigação de fazer ou à de não fazer cumulada com a de indenizar.

630. A incidência da atenuante da confissão espontânea no crime de tráfico ilícito de entorpecentes exige o reconhecimento da traficância pelo acusado, não bastando a mera admissão da posse ou propriedade para uso próprio.

631. O indulto extingue os efeitos primários da condenação (pretensão executória), mas não atinge os efeitos secundários, penais ou extrapenais.

632. Nos contratos de seguro regidos pelo Código Civil, a correção monetária sobre a indenização securitária incide a partir da contratação até o efetivo pagamento.

633. A Lei n. 9.784/1999, especialmente no que diz respeito ao prazo decadencial para a revisão de atos administrativos no âmbito da Administração Pública federal, pode ser aplicada, de forma subsidiária, aos estados e municípios, se inexistente norma local e específica que regule a matéria.

634. Ao particular aplica-se o mesmo regime prescricional previsto na Lei de Improbidade Administrativa para o agente público.

635. Os prazos prescricionais previstos no art. 142 da Lei n. 8.112/1990 iniciam-se na data em que a autoridade competente para a abertura do procedimento administrativo toma conhecimento do fato, interrompem-se com o primeiro ato de instauração válido - sindicância de caráter punitivo ou processo disciplinar - e voltam a fluir por inteiro, após decorridos 140 dias desde a interrupção.

636. A folha de antecedentes criminais é documento suficiente a comprovar os maus antecedentes e a reincidência.

637. O ente público detém legitimidade e interesse para intervir, incidentalmente, na ação possessória entre particulares, podendo deduzir qualquer matéria defensiva, inclusive, se for o caso, o domínio.

638. É abusiva a cláusula contratual que restringe a responsabilidade de instituição financeira pelos danos decorrentes de roubo, furto ou extravio de bem entregue em garantia no âmbito de contrato de penhor civil.

639. Não fere o contraditório e o devido processo decisão que, sem ouvida prévia da defesa, determine transferência ou permanência de custodiado em estabelecimento penitenciário federal.

640. O benefício fiscal que trata do Regime Especial de Reintegração de Valores Tributários para as Empresas Exportadoras (REINTEGRA) alcança as operações de venda de mercadorias de origem nacional para a Zona Franca de Manaus, para consumo, industrialização ou reexportação para o estrangeiro.

641. A portaria de instauração do processo administrativo disciplinar prescinde da exposição detalhada dos fatos a serem apurados.

642. O direito à indenização por danos morais transmite-se com o falecimento do titular, possuindo os herdeiros da vítima legitimidade ativa para ajuizar ou prosseguir a ação indenizatória. (SÚMULA 642, CORTE ESPECIAL, julgado em 02/12/2020, DJe 07/12/2020)

643. A execução da pena restritiva de direitos depende do trânsito em julgado da condenação.

644. O núcleo de prática jurídica deve apresentar o instrumento de mandato quando constituído pelo réu hipossuficiente, salvo nas hipóteses em que é nomeado pelo juízo.

» *Vide* art. 105 do CPC.

645. O crime de fraude à licitação é formal, e sua consumação prescinde da comprovação do prejuízo ou da obtenção de vantagem.

646. É irrelevante a natureza da verba trabalhista para fins de incidência da contribuição ao FGTS, visto que apenas as verbas elencadas em lei (art. 28, § 9º, da Lei n. 8.212/1991), em rol taxativo, estão excluídas da sua base de cálculo, por força do disposto no art. 15, § 6º, da Lei n. 8.036/1990.

647. São imprescritíveis as ações indenizatórias por danos morais e materiais decorrentes de atos de perseguição política com violação de direitos fundamentais ocorridos durante o regime militar.

648. A superveniência da sentença condenatória prejudica o pedido de trancamento da ação penal por falta de justa causa feito em *habeas corpus*.

649. Não incide ICMS sobre o serviço de transporte interestadual de mercadorias destinadas ao exterior.

650. A autoridade administrativa não dispõe de discricionariedade para aplicar ao servidor pena diversa de demissão quando caraterizadas as hipóteses previstas no art. 132 da Lei n. 8.112/1990.

651. Compete à autoridade administrativa aplicar a servidor público a pena de demissão em razão da prática de improbidade administrativa, independentemente de prévia condenação, por autoridade judiciária, à perda da função pública.

652. A responsabilidade civil da Administração Pública por danos ao meio ambiente, decorrente de sua omissão no dever de fiscalização, é de caráter solidário, mas de execução subsidiária.

653. O pedido de parcelamento fiscal, ainda que indeferido, interrompe o prazo prescricional, pois caracteriza confissão extrajudicial do débito

654. A tabela de preços máximos ao consumidor (PMC) publicada pela ABCFarma, adotada pelo Fisco para a fixação da base de cálculo do ICMS na sistemática da substituição tributária, não se aplica aos medicamentos destinados exclusivamente para uso de hospitais e clínicas.

655. Aplica-se à união estável contraída por septuagenário o regime da separação obrigatória de bens, comunicando-se os adquiridos na constância, quando comprovado o esforço comum.

656. É válida a cláusula de prorrogação automática de fiança na renovação do contrato principal. A exoneração do fiador depende da notificação prevista no art. 835 do Código Civil.

657. Atendidos os requisitos de segurada especial no RGPS e do período de carência, a indígena menor de 16 anos faz jus ao salário-maternidade.

658. O crime de apropriação indébita tributária pode ocorrer tanto em operações próprias, como em razão de substituição tributária.

» *Vide* art. 150, § 7.º, da CF.

659. A fração de aumento em razão da prática de crime continuado deve ser fixada de acordo com o número de delitos cometidos, aplicando-se 1/6 pela prática de duas infrações, 1/5 para três, 1/4 para quatro, 1/3 para cinco, 1/2 para seis e 2/3 para sete ou mais infrações.

660. A posse, pelo apenado, de aparelho celular ou de seus componentes essenciais constitui falta grave.

661. A falta grave prescinde da perícia do celular apreendido ou de seus componentes essenciais.

662. Para a prorrogação do prazo de permanência no sistema penitenciário federal, é prescindível a ocorrência de fato novo; basta constar, em decisão fundamentada, a persistência dos motivos que ensejaram a transferência inicial do preso.

663. A pensão por morte de servidor público federal pode ser concedida ao filho inválido de qualquer idade, desde que a invalidez seja anterior ao óbito.

664. É inaplicável a consunção entre o delito de embriaguez ao volante e o de condução de veículo automotor sem habilitação.

665. O controle jurisdicional do processo administrativo disciplinar restringe-se ao exame da regularidade do procedimento e da legalidade do ato, à luz dos princípios do contraditório, da ampla defesa e do devido processo legal, não sendo possível incursão no mérito administrativo, ressalvadas as hipóteses de flagrante ilegalidade, teratologia ou manifesta desproporcionalidade da sanção aplicada.

666. A legitimidade passiva, em demandas que visam à restituição de contribuições de terceiros, está vinculada à capacidade tributária ativa; assim, nas hipóteses em que as entidades terceiras são meras destinatárias das contribuições, não possuem elas legitimidade *ad causam* para figurar no polo passivo, juntamente com a União.

667. Eventual aceitação de proposta de suspensão condicional do processo não prejudica a análise do pedido de trancamento de ação penal.

668. Não é hediondo o delito de porte ou posse de arma de fogo de uso permitido, ainda que com numeração, marca ou qualquer outro sinal de identificação raspado, suprimido ou adulterado.

Súmulas

‣ Res. 129/2005, TST (Altera a denominação dos verbetes da jurisprudência predominante do Tribunal Superior do Trabalho de "Enunciado" para "Súmula".

1. Prazo judicial (mantida) Quando a intimação tiver lugar na sexta-feira, ou a publicação com efeito de intimação for feita nesse dia, o prazo judicial será contado da segunda-feira imediata, inclusive, salvo se não houver expediente, caso em que fluirá no dia útil que se seguir.

2. Gratificação Natalina

‣ Cancelada - Res. 121/2003, *DJ* 19, 20 e 21.11.2003

3. Gratificação Natalina

‣ Cancelada - Res. 121/2003, *DJ* 19, 20 e 21.11.2003.

4. Custas

‣ Cancelada - Res. 121/2003, *DJ* 19, 20 e 21.11.2003

5. Reajustamento salarial

‣ Cancelada - Res. 121/2003, *DJ* 19, 20 e 21.11.2003

6. Equiparação salarial. Art. 461 da CLT (redação do item VI alterada - Res. 198/2015, republicada em razão de erro material - *DEJT* divulgado em 12, 15 e 16.06.2015)

I - Para os fins previstos no § 2º do art. 461 da CLT, só é válido o quadro de pessoal organizado em carreira quando homologado pelo Ministério do Trabalho, excluindo-se, apenas, dessa exigência o quadro de carreira das entidades de direito público da administração direta, autárquica e fundacional aprovado por ato administrativo da autoridade competente. (ex-Súmula n. 06 - alterada pela Res. 104/2000, *DJ* 20.12.2000)

II - Para efeito de equiparação de salários em caso de trabalho igual, conta-se o tempo de serviço na função e não no emprego. (ex-Súmula n. 135 - RA 102/1982, *DJ* 11.10.1982 e *DJ* 15.10.1982)

III - A equiparação salarial só é possível se o empregado e o paradigma exercerem a mesma função, desempenhando as mesmas tarefas, não importando se os cargos têm, ou não, a mesma denominação. (ex-OJ da SBDI-1 n. 328 - *DJ* 09.12.2003)

IV - É desnecessário que, ao tempo da reclamação sobre equiparação salarial, reclamante e paradigma estejam a serviço do estabelecimento, desde que o pedido se relacione com situação pretérita. (ex-Súmula n. 22 - RA 57/1970, DO-GB 27.11.1970)

V - A cessão de empregados não exclui a equiparação salarial, embora exercida a função em órgão governamental estranho à cedente, se esta responde pelos salários do paradigma e do reclamante. (ex-Súmula n. 111 - RA 102/1980, *DJ* 25.09.1980)

VI - Presentes os pressupostos do art. 461 da CLT, é irrelevante a circunstância de que o desnível salarial tenha origem em decisão judicial que beneficiou o paradigma, exceto:

a) se decorrente de vantagem pessoal ou de tese jurídica superada pela jurisprudência de Corte Superior;

b) na hipótese de equiparação salarial em cadeia, suscitada em defesa, se o empregador produzir prova do alegado fato modificativo, impeditivo ou extintivo do direito à equiparação salarial em relação ao paradigma remoto, considerada irrelevante, para esse efeito, a existência de diferença de tempo de serviço na função superior a dois anos entre o reclamante e os empregados paradigmas componentes da cadeia equiparatória, à exceção do paradigma imediato.

VII - Desde que atendidos os requisitos do art. 461 da CLT, é possível a equiparação salarial de trabalho intelectual, que pode ser avaliado por sua perfeição técnica, cuja aferição terá critérios objetivos. (ex-OJ da SBDI-1 n. 298 - *DJ* 11.08.2003)

VIII - É do empregador o ônus da prova do fato impeditivo, modificativo ou extintivo da equiparação salarial. (ex-Súmula n. 68 - RA 9/1977, *DJ* 11.02.1977)

IX - Na ação de equiparação salarial, a prescrição é parcial e só alcança as diferenças salariais vencidas no período de 5 (cinco) anos que precedeu o ajuizamento. (ex-Súmula n. 274 - alterada pela Res. 121/2003, *DJ* 21.11.2003)

X - O conceito de "mesma localidade" de que trata o art. 461 da CLT refere-se, em princípio, ao mesmo município, ou a municípios distintos que, comprovadamente, pertençam à mesma região metropolitana. (ex-OJ da SBDI-1 n. 252 - inserida em 13.03.2002)

7. Férias (mantida) A indenização pelo não deferimento das férias no tempo oportuno será calculada com base na remuneração devida ao empregado na época da reclamação ou, se for o caso, na da extinção do contrato.

8. Juntada de documento (mantida) A juntada de documentos na fase recursal só se justifica quando provado o justo impedimento para sua oportuna apresentação ou se referir a fato posterior à sentença.

9. Ausência do reclamante (mantida) A ausência do reclamante, quando adiada a instrução após contestada a ação em audiência, não importa arquivamento do processo.

10. Professor. Dispensa sem justa causa. Término do ano letivo ou no curso de férias escolares. Aviso prévio (redação alterada em sessão do Tribunal Pleno realizada em 14.09.2012 - Res. 185/2012, *DEJT* divulgado em 25, 26 e 27.09.2012) O direito aos salários do período de férias escolares assegurado aos professores (art. 322, *caput* e § 3º, da CLT) não exclui o direito ao aviso prévio, na hipótese de dispensa sem justa causa ao término do ano letivo ou no curso das férias escolares.

11. Honorários de advogado

‣ (cancelada) - Res. 121/2003, *DJ* 19, 20 e 21.11.2003

12. Carteira profissional (mantida) As anotações apostas pelo empregador na carteira profissional do empregado não geram presunção *juris et de jure*, mas apenas *juris tantum*.

13. Mora (mantida) O só pagamento dos salários atrasados em audiência não ilide a mora capaz de determinar a rescisão do contrato de trabalho.

14. Culpa recíproca (nova redação - Res. 121/2003, *DJ*, 19, 20 e 21.11.2003) Reconhecida a culpa recíproca na rescisão do contrato de trabalho (art. 484 da CLT), o empregado tem direito a 50% (cinquenta por cento) do valor do aviso prévio, do décimo terceiro salário e das férias proporcionais.

15. Atestado médico (mantida) A justificação da ausência do empregado motivada por doença, para a percepção do salário-enfermidade e da remuneração do repouso semanal, deve observar a ordem preferencial dos atestados médicos estabelecida em lei.

16. Notificação (nova redação - Res. 121/2003, *DJ*, 19, 20 e 21.11.2003) Presume-se recebida a notificação 48 (quarenta e oito) horas depois de sua postagem. O seu não recebimento ou a entrega após o decurso desse prazo constitui ônus de prova do destinatário.

17. Adicional de insalubridade

‣ (cancelada na sessão do Tribunal Pleno realizada em 26.06.2008) - Res. 148/2008, *DJ* 04 e 07.07.2008 - Republicada *DJ* 08, 09 e 10.07.2008

18. Compensação (mantida) A compensação, na Justiça do Trabalho, está restrita a dívidas de natureza trabalhista.

19. Quadro de carreira (mantida) A Justiça do Trabalho é competente para apreciar reclamação de empregado que tenha por objeto direito fundado em quadro de carreira.

20. Resilição contratual

‣ (cancelamento mantido) - Res. 121/2003, *DJ* 19, 20 e 21.11.2003

21. Aposentadoria (cancelamento mantido)

‣ (cancelamento mantido) - Res. 121/2003, *DJ* 19, 20 e 21.11.2003

22. Equiparação salarial

‣ Cancelada em decorrência da sua incorporação à nova redação da Súmula nº 6. Res. 129/2005, *DJ* 20, 22 e 25.04.2005.

23. Recurso (mantida) Não se conhece de recurso de revista ou de embargos, se a decisão recorrida resolver determinado item do pedido por diversos fundamentos e a jurisprudência transcrita não abranger a todos.

24. Serviço extraordinário (mantida) Insere-se no cálculo da indenização por antiguidade o salário relativo a serviço extraordinário, desde que habitualmente prestado.

25. Custas processuais. Inversão do ônus da sucumbência (alterada a Súmula e incorporadas as Orientações Jurisprudenciais n. 104 e 186 da SBDI-1 - Res. 197/2015 - *DEJT* divulgado em 14, 15 e 18.05.2015).

I - A parte vencedora na primeira instância, se vencida na segunda, está obrigada, independentemente de intimação, a pagar as custas fixadas na sentença originária, das quais ficara isenta a parte então vencida;

II - No caso de inversão do ônus da sucumbência em segundo grau, sem acréscimo ou atualização do valor das custas e se estas já foram devidamente recolhidas, descabe um novo pagamento pela parte vencida, ao recorrer. Deverá ao final, se sucumbente, reembolsar a quantia; (ex-OJ 186 da SBDI-I)

III - Não caracteriza deserção a hipótese em que, acrescido o valor da condenação, não houve fixação ou cálculo do valor devido a título de custas e tampouco intimação da parte para o preparo do recurso, devendo ser as custas pagas ao final; (ex-OJ 104 da SBDI-I)

IV - O reembolso das custas à parte vencedora faz-se necessário mesmo na hipótese em que a parte vencida for pessoa isenta do seu pagamento, nos termos do art. 790-A, parágrafo único, da CLT.

26. Estabilidade

- Cancelada - Res. 121/2003, *DJ*, 19, 20 e 21.11.2003.

27. Comissionista (mantida) É devida a remuneração do repouso semanal e dos dias feriados ao empregado comissionista, ainda que pracista.

28. Indenização (nova redação - Res. 121/2003, *DJ*, 19, 20 e 21.11.2003) No caso de se converter a reintegração em indenização dobrada, o direito aos salários é assegurado até a data da primeira decisão que determinou essa conversão.

29. Transferência (mantida) Empregado transferido, por ato unilateral do empregador, para local mais distante de sua residência, tem direito a suplemento salarial correspondente ao acréscimo da despesa de transporte.

30. Intimação da sentença (mantida) Quando não juntada a ata ao processo em 48 horas, contadas da audiência de julgamento (art. 851, § 2º, da CLT), o prazo para recurso será contado da data em que a parte receber a intimação da sentença.

31. Aviso prévio.

- Cancelamento mantido - Res. 121/2003, *DJ*, 19, 20 e 21.11.2003.

32. Abandono de emprego (nova redação - Res. 121/2003, *DJ*, 19, 20 e 21.11.2003) Presume-se o abandono de emprego se o trabalhador não retornar ao serviço no prazo de 30 (trinta) dias após a cessação do benefício previdenciário nem justificar o motivo de não o fazer.

33. Mandado de segurança. Decisão judicial transitada em julgado (mantida) Não cabe mandado de segurança de decisão judicial transitada em julgado.

34. Gratificação natalina

- (cancelada) - Res. 121/2003, *DJ* 19, 20 e 21.11.2003

35. Depósito recursal. Complementação

- (cancelada) - Res. 121/2003, *DJ* 19, 20 e 21.11.2003

36. Custas (mantida) Nas ações plúrimas, as custas incidem sobre o respectivo valor global.

37. Prazo

- Cancelamento mantido - Res. 121/2003, *DJ* 19, 20 e 21.11.2003

38. Recurso

- (cancelada) - Res. 121/2003, *DJ* 19, 20 e 21.11.2003

39. Periculosidade (mantida) Os empregados que operam em bomba de gasolina têm direito ao adicional de periculosidade (Lei n. 2.573, de 15.08.1955).

40. Processo Administrativo

- (cancelada) - Res. 121/2003, *DJ* 19, 20 e 21.11.2003

41. Quitação

- (cancelada) - Res. 121/2003, *DJ* 19, 20 e 21.11.2003

42. Recurso

- (cancelada) - Res. 121/2003, *DJ* 19, 20 e 21.11.2003

43. Transferência (mantida) Presume-se abusiva a transferência de que trata o § 1º do art. 469 da CLT, sem comprovação da necessidade do serviço.

44. Aviso prévio (mantida) A cessação da atividade da empresa, com o pagamento da indenização, simples ou em dobro, não exclui, por si só, o direito do empregado ao aviso prévio.

45. Serviço suplementar (mantida) A remuneração do serviço suplementar, habitualmente prestado, integra o cálculo da gratificação natalina prevista na Lei n. 4.090, de 13.07.1962.

46. Acidente de trabalho (mantida) As faltas ou ausências decorrentes de acidente do trabalho não são consideradas para os efeitos de duração de férias e cálculo da gratificação natalina.

47. Insalubridade (mantida) O trabalho executado em condições insalubres, em caráter intermitente, não afasta, só por essa circunstância, o direito à percepção do respectivo adicional.

48. Compensação (mantida) A compensação só poderá ser arguida com a contestação.

49. Inquérito Judicial

- (cancelada) - Res. 121/2003, *DJ* 19, 20 e 21.11.2003

50. Gratificação natalina (mantida) 121/2003, *DJ*, 19, 20 e 21.11.2003) A gratificação natalina, instituída pela Lei n. 4.090, de 13.07.1962, é devida pela empresa cessionária ao servidor público cedido enquanto durar a cessão.

51. Norma regulamentar. Vantagens e opção pelo novo regulamento. Art. 468 da CLT (incorporada a OJ 163 SBDI-1 - Res. 129/2005, *DJ*, 20, 22 e 25.04.2005)

I - As cláusulas regulamentares, que revoguem ou alterem vantagens deferidas anteriormente, só atingirão os trabalhadores admitidos após a revogação ou alteração do regulamento.

II - Havendo a coexistência de dois regulamentos da empresa, a opção do empregado por um deles tem efeito jurídico de renúncia às regras do sistema do outro.

52. Tempo de serviço (mantida) O adicional de tempo de serviço (quinquênio) é devido, nas condições estabelecidas no art. 19 da Lei n. 4.345, de 26.06.1964, aos contratados sob o regime da CLT, pela empresa a que se refere a mencionada lei, inclusive para o fim de complementação de aposentadoria.

53. Custas (mantida) O prazo para pagamento das custas, no caso de recurso, é contado da intimação do cálculo.

54. Optante (mantida) Rescindindo por acordo seu contrato de trabalho, o empregado estável optante tem direito ao mínimo de 60% (sessenta por cento) do total da indenização em dobro, calculada sobre o maior salário percebido no emprego. Se houver recebido menos do que esse total, qualquer que tenha sido a forma de transação, assegura-se-lhe a complementação até aquele limite.

55. Financeiras (mantida) As empresas de crédito, financiamento ou investimento, também denominadas financeiras, equiparam-se aos estabelecimentos bancários para os efeitos do art. 224 da CLT.

56. Balconista

- Cancelada - Res. 121/2003, *DJ*, 19, 20 e 21.11.2003.

57. Trabalhador rural

- Cancelamento mantido - Res. 121/2003, *DJ*, 19, 20 e 21.11.2003.

58. Pessoal de obras (mantida) Ao empregado admitido como pessoal de obras, em caráter permanente e não amparado pelo regime estatutário, aplica-se a legislação trabalhista.

59. Vigia

- Cancelada - Res. 121/2003, *DJ*, 19, 20 e 21.11.2003.

60. Adicional noturno. Integração no salário e prorrogação em horário diurno (incorporada a OJ 6 SBDI-1 - Res. 129/2005, *DJ*, 20, 22 e 25.04.2005)

I - O adicional noturno, pago com habitualidade, integra o salário do empregado para todos os efeitos.

II - Cumprida integralmente a jornada no período noturno e prorrogada esta, devido é também o adicional quanto às horas prorrogadas. Exegese do art. 73, § 5º, da CLT.

61. Ferroviário (mantida) Aos ferroviários que trabalham em estação do interior, assim classificada por autoridade competente, não são devidas horas extras (art. 243 da CLT).

62. Abandono de emprego (mantida) O prazo de decadência do direito do empregador de ajuizar inquérito em face do empregado que incorre em abandono de emprego é contado a partir do momento em que o empregado pretendeu seu retorno ao serviço.

63. Fundo de garantia (mantida) A contribuição para o Fundo de Garantia do Tempo de Serviço incide sobre a remuneração mensal devida ao empregado, inclusive horas extras e adicionais eventuais.

64. Prescrição

- (cancelada) - Res. 121/2003, *DJ* 19, 20 e 21.11.2003

65. Vigia (mantida) O direito à hora reduzida de 52 minutos e 30 segundos aplica-se ao vigia noturno.

66. Tempo de serviço

- (cancelada) - Res. 121/2003, *DJ* 19, 20 e 21.11.2003.

67. Gratificação. Ferroviário (mantida) Chefe de trem, regido pelo estatuto dos ferroviários (Decreto n. 35.530, de 19.09.1959), não tem direito à gratificação prevista no respectivo art. 110.

68. Prova

- (cancelada em decorrência da sua incorporação à nova redação da Súmula nº 6) - Res. 129/2005, *DJ* 20, 22 e 25.04.2005

69. Rescisão do contrato (nova redação - Res. 121/2003, *DJ*, 19, 20 e 21.11.2003) A partir da Lei n. 10.272, de 05.09.2001, havendo rescisão do contrato de trabalho e sendo revel e confesso quanto à matéria de fato, deve ser o empregador condenado ao pagamento das verbas rescisórias, não quitadas na primeira audiência, com acréscimo de 50% (cinquenta por cento).

70. Adicional de periculosidade (mantida) O adicional de periculosidade não incide sobre os triênios pagos pela Petrobras.

71. Alçada (mantida) A alçada é fixada pelo valor dado à causa na data de seu ajuizamento, desde que não impugnado, sendo inalterável no curso do processo.

72. Aposentadoria (nova redação - Res. 121/2003, *DJ*, 19, 20 e 21.11.2003) O prêmio-aposentadoria instituído por norma regulamentar da empresa não está condicionado ao disposto no § 2º do art. 14 da Lei n. 8.036, de 11.05.1990.

73. Despedida. Justa causa (nova redação - Res. 121/2003, *DJ*, 19, 20 e 21.11.2003) A ocorrência de justa causa, salvo a de abandono de emprego, no decurso do prazo do aviso prévio dado pelo empregador, retira do empregado qualquer direito às verbas rescisórias de natureza indenizatória.

74. Confissão. (atualizada em decorrência do CPC de 2015 - Res. 208/2016, *DEJT* divulgado em 22, 25 e 26.04.2016).

I - Aplica-se a confissão à parte que, expressamente intimada com aquela cominação, não comparecer à audiência em prosseguimento, na qual deveria depor (ex-Súmula n. 74 - RA 69/1978, *DJ* 26.09.1978).

II - A prova pré-constituída nos autos pode ser levada em conta para confronto com a confissão ficta (arts. 442 e 443, do CPC de 2015 - art. 400, I, do CPC de 1973), não implicando cerceamento de defesa o indeferimento de provas posteriores (ex-OJ n. 184 da SBDI-1 - inserida em 08.11.2000).

III - A vedação à produção de prova posterior pela parte confessa somente a ela se aplica, não afetando o exercício, pelo magistrado, do poder/dever de conduzir o processo.

75. Ferroviário

- (cancelada) - Res. 121/2003, *DJ* 19, 20 e 21.11.2003.

76. Horas extras

- (cancelada) - Res. 121/2003, *DJ* 19, 20 e 21.11.2003.

77. Punição (mantida) Nula é a punição de empregado se não precedida de inquérito ou sindicância internos a que se obrigou a empresa por norma regulamentar.

78. Gratificação

- (cancelada) - Res. 121/2003, *DJ* 19, 20 e 21.11.2003

79. Tempo de serviço

- (cancelada) - Res. 121/2003, *DJ* 19, 20 e 21.11.2003

80. Insalubridade (mantida) A eliminação da insalubridade mediante fornecimento de aparelhos protetores aprovados pelo órgão competente do Poder Executivo exclui a percepção do respectivo adicional.

81. Férias (mantida) Os dias de férias gozados após o período legal de concessão deverão ser remunerados em dobro.

82. Assistência (nova redação - Res. 121/2003, *DJ*, 19, 20 e 21.11.2003) A intervenção assistencial, simples ou adesiva, só é admissível se demonstrado o interesse jurídico e não o meramente econômico.

83. Ação rescisória. Matéria controvertida (incorporada a OJ 77 da SBDI-2 - Res. 137/2005, *DJ*, 22, 23 e 24.08.2005)

I - Não procede pedido formulado na ação rescisória por violação literal de lei se a decisão rescindenda estiver baseada em texto legal infraconstitucional de interpretação controvertida nos Tribunais.

II - O marco divisor quanto a ser, ou não, controvertida, nos Tribunais, a interpretação dos dispositivos legais citados na ação rescisória é a data da inclusão, na Orientação Jurisprudencial do TST, da matéria discutida.

84. Adicional regional (nova redação - Res. 121/2003, *DJ*, 19, 20 e 21.11.2003) O adicional regional, instituído pela Petrobras, não contraria o art. 7º, XXXII, da CF/1988.

85. Compensação de jornada (inserido o item VI - Res. 209/2016, *DEJT* divulgado em 01, 02 e 03.06.2016).

I. A compensação de jornada de trabalho deve ser ajustada por acordo individual escrito, acordo coletivo ou convenção coletiva (ex-Súmula n. 85 - primeira parte - alterada pela Res. 121/2003, *DJ* 21.11.2003).

II. O acordo individual para compensação de horas é válido, salvo se houver norma coletiva em sentido contrário (ex-OJ n. 182 da SBDI-1 - inserida em 08.11.2000).

III. O mero não atendimento das exigências legais para a compensação de jornada, inclusive quando encetada mediante acordo tácito, não implica a repetição do pagamento das horas excedentes à jornada normal diária, se não dilatada a jornada máxima semanal, sendo devido apenas o respectivo adicional (ex-Súmula n. 85 - segunda parte - alterada pela Res. 121/2003, *DJ* 21.11.2003).

IV. A prestação de horas extras habituais descaracteriza o acordo de compensação de jornada. Nesta hipótese, as horas que ultrapassarem a jornada semanal normal deverão ser pagas como horas extraordinárias e, quanto àquelas destinadas à compensação, deverá ser pago a mais apenas o adicional por trabalho extraordinário. (ex-OJ n. 220 da SBDI-1 - inserida em 20.06.2001).

V. As disposições contidas nesta súmula não se aplicam ao regime compensatório na modalidade "banco de horas", que somente pode ser instituído por negociação coletiva.

VI - Não é válido acordo de compensação de jornada em atividade insalubre, ainda que estipulado em norma coletiva, sem a necessária inspeção prévia e permissão da autoridade competente, na forma do art. 60 da CLT.

86. Deserção. Massa falida. Empresa em liquidação extrajudicial (incorporada à OJ 31 SBDI-1 - Res. 129/2005, *DJ*, 20, 22 e 25.04.2005) Não ocorre deserção de recurso da massa falida por falta de pagamento de custas ou de depósito do valor da condenação. Esse privilégio, todavia, não se aplica à empresa em liquidação extrajudicial.

87. Previdência privada (mantida) Se o empregado, ou seu beneficiário, já recebeu da instituição previdenciária privada, criada pela empresa, vantagem equivalente, é cabível a dedução de seu valor do benefício a que faz jus por norma regulamentar anterior.

88. Jornada de trabalho. Intervalo entre turnos

- (cancelamento mantido) - Res. 121/2003, *DJ* 19, 20 e 21.11.2003.

89. Falta ao serviço (mantida) Se as faltas já são justificadas pela lei, consideram-se como ausências legais e não serão descontadas para o cálculo do período de férias.

90. Horas *in itinere*. Tempo de serviço (incorporadas as Súmulas n. 324 e 325 e às Orientações Jurisprudenciais n. 50 e 236 SBDI-1 - Res. 129/2005, *DJ*, 20, 22 e 25.04.2005)

I - O tempo despendido pelo empregado, em condução fornecida pelo empregador, até o local de trabalho de difícil acesso, ou não servido por transporte público regular, e para o seu retorno é computável na jornada de trabalho.

II - A incompatibilidade entre os horários de início e término da jornada do empregado e os do transporte público regular é circunstância que também gera o direito às horas in itinere.

III - A mera insuficiência de transporte público não enseja o pagamento de horas in itinere.

IV - Se houver transporte público regular em parte do trajeto percorrido em condução da empresa, as horas in itinere remuneradas limitam-se ao trecho não alcançado pelo transporte público.

V - Considerando que as horas in itinere são computáveis na jornada de trabalho, o tempo que extrapola a jornada legal é considerado como extraordinário e sobre ele deve incidir o adicional respectivo.

91. Salário complessivo (mantida) Nula é a cláusula contratual que fixa determinada importância ou percentagem para atender englobadamente vários direitos legais ou contratuais do trabalhador.

92. Aposentadoria (mantida) O direito à complementação de aposentadoria, criado pela empresa, com requisitos próprios, não se altera pela instituição de benefício previdenciário por órgão oficial.

93. Bancário (mantida) Integra a remuneração do bancário a vantagem pecuniária por ele auferida na colocação ou na venda de papéis ou valores mobiliários de empresas pertencentes ao mesmo grupo econômico, se exercida essa atividade no horário e no local de trabalho e com o consentimento, tácito ou expresso, do banco empregador.

94. Horas extras

- (cancelada) - Res. 121/2003, *DJ* 19, 20 e 21.11.2003

95. Prescrição trintenária. FGTS

- (cancelada) - Res. 121/2003, *DJ* 19, 20 e 21.11.2003

96. Marítimo (mantida) A permanência do tripulante a bordo do navio, no período de repouso, além da jornada, não importa presunção de que esteja à disposição do empregador ou em regime de prorrogação de horário, circunstâncias que devem resultar provadas, dada a natureza do serviço.

97. Aposentadoria. Complementação (mantida) Instituída complementação de aposentadoria por ato da empresa, expressamente dependente de regulamentação, as condições desta devem ser observadas como parte integrante da norma.

98. FGTS. Indenização. Equivalência. Compatibilidade (incorporada a OJ 299 SBDI-1 - Res. 129/2005, *DJ*, 20, 22 e 25.04.2005)

I - A equivalência entre os regimes do Fundo de Garantia do Tempo de Serviço e da estabilidade prevista na CLT é meramente jurídica e não econômica, sendo indevidos valores a título de reposição de diferenças.

II - A estabilidade contratual ou a derivada de regulamento de empresa são compatíveis com o regime do FGTS. Diversamente ocorre com a estabilidade legal (decenal, art. 492 da CLT), que é renunciada com a opção pelo FGTS.

99. Ação rescisória. Deserção. Prazo (incorporada a OJ 117 da SBDI-2 - Res. 137/2005, *DJ*, 22, 23 e 24.08.2005) Havendo recurso ordinário em sede de rescisória, o depósito recursal só é exigível quando for julgado procedente o pedido e imposta condenação em pecúnia, devendo este ser efetuado no prazo recursal, no limite e nos termos da legislação vigente, sob pena de deserção.

100. Ação rescisória. Decadência (incorporadas as Orientações Jurisprudenciais 13, 16, 79, 102, 104, 122 e 145 da SBDI-2 - Res. 137/2005, *DJ*, 22, 23 e 24.08.2005)

I - O prazo de decadência, na ação rescisória, conta-se do dia imediatamente subsequente ao trânsito em julgado da última decisão proferida na causa, seja de mérito ou não.

II - Havendo recurso parcial no processo principal, o trânsito em julgado dá-se em momentos e em tribunais diferentes, contando-se o prazo decadencial para a ação rescisória do trânsito em julgado de cada decisão, salvo se o recurso tratar de preliminar ou prejudicial que possa tornar insubsistente a decisão recorrida, hipótese em que flui a decadência a partir do trânsito em julgado da decisão que julgar o recurso parcial.

III - Salvo se houver dúvida razoável, a interposição de recurso intempestivo ou a interposição de recurso incabível não protrai o termo inicial do prazo decadencial.

IV - O juízo rescindente não está adstrito à certidão de trânsito em julgado juntada com a ação rescisória, podendo formar sua convicção através de outros elementos dos autos quanto à antecipação ou postergação do dies a quo do prazo decadencial.

V - O acordo homologado judicialmente tem força de decisão irrecorrível, na forma do art. 831 da CLT. Assim sendo, o termo conciliatório transita em julgado na data da sua homologação judicial.

VI - Na hipótese de colusão das partes, o prazo decadencial da ação rescisória somente começa a fluir para o Ministério Público, que não interveio no processo principal, a partir do momento em que tem ciência da fraude.

VII - Não ofende o princípio do duplo grau de jurisdição a decisão do TST que, após afastar a decadência em sede de recurso ordinário, aprecia desde logo a lide, se a causa versar questão exclusivamente de direito e estiver em condições de imediato julgamento.

VIII - A exceção de incompetência, ainda que oposta no prazo recursal, sem ter sido aviado o recurso próprio, não tem o condão de afastar a consumação da coisa julgada e, assim, postergar o termo inicial do prazo decadencial para a ação rescisória.

IX - Prorroga-se até o primeiro dia útil, imediatamente subsequente, o prazo decadencial para ajuizamento de ação rescisória quando expira em férias forenses, feriados, finais de semana ou em dia em que não houver expediente forense. Aplicação do art. 775 da CLT.

X - Conta-se o prazo decadencial da ação rescisória, após o decurso do prazo legal previsto para a interposição do recurso extraordinário, apenas quando esgotadas todas as vias recursais ordinárias.

101. Diárias de viagem. Salário (incorporada a OJ 292 SBDI-1 - Res. 129/2005, *DJ*, 20, 22 e 25.04.2005) Integram o salário, pelo seu valor total e para efeitos indenizatórios, as diárias de viagem que excedam a 50% (cinquenta por cento) do salário do empregado, enquanto perdurarem as viagens.

102. Bancário. Cargo de confiança (mantida)

I - A configuração, ou não, do exercício da função de confiança a que se refere o art. 224, § 2º, da CLT, dependente da prova das reais atribuições do empregado, é insuscetível de exame mediante recurso de revista ou de embargos.

II - O bancário que exerce a função a que se refere o § 2º do art. 224 da CLT e recebe gratificação não inferior a um terço de seu salário já tem remuneradas as duas horas extraordinárias excedentes de seis.

III - Ao bancário exercente de cargo de confiança previsto no art. 224, § 2º, da CLT são devidas as 7ª e 8ª horas, como extras, no período em que se verificar o pagamento a menor da gratificação de 1/3.

IV - O bancário sujeito à regra do art. 224, § 2º, da CLT cumpre jornada de trabalho de 8 (oito) horas, sendo extraordinárias as trabalhadas além da oitava.

V - O advogado empregado de banco, pelo simples exercício da advocacia, não exerce cargo de confiança, não se enquadrando, portanto, na hipótese do § 2º do art. 224 da CLT.

VI - O caixa bancário, ainda que caixa executivo, não exerce cargo de confiança. Se perceber gratificação igual ou superior a um terço do salário do posto efetivo, essa remunera apenas a maior responsabilidade do cargo e não as duas horas extraordinárias além da sexta.

VII - O bancário exercente de função de confiança, que percebe a gratificação não inferior ao terço legal, ainda que norma coletiva contemple percentual superior, não tem direito às sétima e oitava horas como extras, mas tão somente às diferenças de gratificação de função, se postuladas.

103. Tempo de serviço. Licença-prêmio

- (cancelada) - Res. 121/2003, *DJ* 19, 20 e 21.11.2003

104. Férias. Trabalhador Rural

- (cancelada) - Res. 121/2003, *DJ* 19, 20 e 21.11.2003

105. Funcionário público. Quinquênios

- (cancelada) - Res. 121/2003, *DJ* 19, 20 e 21.11.2003

106. Aposentadoria. Ferroviário. Competência

- (cancelada) - Res. 157/2009, *DEJT* divulgado em 04, 08 e 09.09.2009

107. Ação Rescisória. Prova

- (cancelamento mantido) - Res. 121/2003, *DJ* 19, 20 e 21.11.2003

108. Compensação de horário. Acordo

- (cancelamento mantido) - Res. 121/2003, *DJ* 19, 20 e 21.11.2003

109. Gratificação de função (mantida) O bancário não enquadrado no § 2º do art. 224 da CLT, que receba gratificação de função, não pode ter o salário relativo a horas extraordinárias compensado com o valor daquela vantagem.

110. Jornada de trabalho. Intervalo (mantida) No regime de revezamento, as horas trabalhadas em seguida ao repouso semanal de 24 horas, com prejuízo do intervalo mínimo de 11 horas consecutivas para descanso entre jornadas, devem ser remuneradas como extraordinárias, inclusive com o respectivo adicional.

111. EQUIPARAÇÃO SALARIAL

- (cancelada em decorrência da sua incorporação à nova redação da Súmula nº 6) - Res. 129/2005, *DJ* 20, 22 e 25.04.2005.

112. Trabalho noturno. Petróleo (mantida) O trabalho noturno dos empregados nas atividades de exploração, perfuração, produção e refinação do petróleo, industrialização do xisto, indústria petroquímica e transporte de petróleo e seus derivados, por meio de dutos, é regulado pela Lei n. 5.811, de 11.10.1972, não se lhe aplicando a hora reduzida de 52 minutos e 30 segundos prevista no art. 73, § 2º, da CLT.

113. Bancário. sábado. Dia útil (mantida) O sábado do bancário é dia útil não trabalhado, não dia de repouso remunerado. Não cabe a repercussão do pagamento de horas extras habituais em sua remuneração.

114. Prescrição intercorrente (mantida) É inaplicável na Justiça do Trabalho a prescrição intercorrente.

115. Horas extras. Gratificações semestrais (nova redação - Res. 121/2003, *DJ*, 19, 20 e 21.11.2003) O valor das horas extras habituais integra a remuneração do trabalhador para o cálculo das gratificações semestrais.

116. Funcionário público. Cedido. Reajuste salarial

- (cancelada) - Res. 121/2003, *DJ* 19, 20 e 21.11.2003

117. Bancário. Categoria diferenciada (mantida) Não se beneficiam do regime legal relativo aos bancários os empregados de estabelecimento de crédito pertencentes a categorias profissionais diferenciadas.

118. Jornada de trabalho. Horas extras (mantida) Os intervalos concedidos pelo empregador na jornada de trabalho, não previstos em lei, representam tempo à disposição da empresa, remunerados como serviço extraordinário, se acrescidos ao final da jornada.

119. Jornada de trabalho (mantida) Os empregados de empresas distribuidoras e corretoras de títulos e valores mobiliários não têm direito à jornada especial dos bancários.

120. EQUIPARAÇÃO SALARIAL. DECISÃO JUDICIAL

- (cancelada em decorrência da sua incorporação à nova redação da Súmula nº 6) - Res. 129/2005, *DJ* 20, 22 e 25.04.2005.

121. Funcionário público. Gratificação de produtividade

- Cancelada - Res. 121/2003, *DJ*, 19, 20 e 21.11.2003.

122. Revelia. Atestado médico (incorporada a OJ 74 SBDI-1 - Res. 129/2005, *DJ*, 20, 22 e 25.04.2005) A reclamada, ausente à audiência em que deveria apresentar defesa, é revel, ainda que presente seu advogado munido de procuração, podendo ser ilidida a revelia mediante a apresentação de atestado médico, que deverá declarar, expressamente, a impossibilidade de locomoção do empregador ou do seu preposto no dia da audiência.

123. COMPETÊNCIA. ART. 106 DA CF

- (cancelada) - Res. 121/2003, *DJ* 19, 20 e 21.11.2003

124. Bancário. Salário-hora. Divisor (alteração em razão do julgamento do processo TST-IRR 849-83.2013.5.03.0138) - Res. 219/2017, *DEJT* divulgado em 28, 29 e 30.06.2017 – republicada - *DEJT* divulgado em 12, 13 e 14.07.2017

I - o divisor aplicável para o cálculo das horas extras do bancário será:

a) 180, para os empregados submetidos à jornada de seis horas prevista no *caput* do art. 224 da CLT;

b) 220, para os empregados submetidos à jornada de oito horas, nos termos do § 2º do art. 224 da CLT.

II – Ressalvam-se da aplicação do item anterior as decisões de mérito sobre o tema, qualquer que seja o seu teor, emanadas de Turma do TST ou da SBDI-I, no período de 27/09/2012 até 21/11/2016, conforme a modulação aprovada no precedente obrigatório firmado no Incidente de Recursos de Revista Repetitivos nº TST-IRR-849-83.2013.5.03.0138, *DEJT* 19.12.2016.

125. Contrato de trabalho. Art. 479 da CLT (mantida) O art. 479 da CLT aplica-se ao trabalhador optante pelo FGTS admitido mediante contrato por prazo determinado, nos termos do art. 30, § 3º, do Decreto n. 59.820, de 20.12.1966.

126. Recurso. Cabimento (mantida) Incabível o recurso de revista ou de embargos (arts. 896 e 894, "b", da CLT) para reexame de fatos e provas.

127. Quadro de carreira (mantida) Quadro de pessoal organizado em carreira, aprovado pelo órgão competente, excluída a hipótese de equiparação salarial, não obsta reclamação fundada em preterição, enquadramento ou reclassificação.

128. Depósito recursal (incorporadas as Orientações Jurisprudenciais 139, 189 e 190 SBDI-1 - Res. 129/2005, *DJ*, 20, 22 e 25.04.2005)

I - É ônus da parte recorrente efetuar o depósito legal, integralmente, em relação a cada novo recurso interposto, sob pena de deserção. Atingido o valor da condenação, nenhum depósito mais é exigido para qualquer recurso.

II - Garantido o juízo, na fase executória, a exigência de depósito para recorrer de qualquer decisão viola os incisos II e LV do art. 5º da CF/1988. Havendo, porém, elevação do valor do débito, exige-se a complementação da garantia do juízo.

III - Havendo condenação solidária de duas ou mais empresas, o depósito recursal efetuado por uma delas aproveita as demais, quando a empresa que efetuou o depósito não pleiteia sua exclusão da lide.

129. Contrato de trabalho. Grupo econômico (mantida) A prestação de serviços a mais de uma empresa do mesmo grupo econômico, durante a mesma jornada de trabalho, não caracteriza a coexistência de mais de um contrato de trabalho, salvo ajuste em contrário.

130. ADICIONAL NOTURNO

- (cancelada) - Res. 121/2003, *DJ* 19, 20 e 21.11.2003.

131. SALÁRIO MÍNIMO. VIGÊNCIA

- (cancelada) - Res. 121/2003, *DJ* 19, 20 e 21.11.2003.

132. Adicional de periculosidade. Integração (incorporadas as Orientações Jurisprudenciais 174 e 267 SBDI-1 - Res. 129/2005, *DJ*, 20, 22 e 25.04.2005)

I - O adicional de periculosidade, pago em caráter permanente, integra o cálculo de indenização e de horas extras.

II - Durante as horas de sobreaviso, o empregado não se encontra em condições de risco, razão pela qual é incabível a integração do adicional de periculosidade sobre as mencionadas horas.

133. EMBARGOS INFRINGENTES

- (cancelada) - Res. 121/2003, *DJ* 19, 20 e 21.11.2003.

134. SALÁRIO. MENOR NÃO APRENDIZ

- (cancelada) - Res. 121/2003, *DJ* 19, 20 e 21.11.2003.

135. SALÁRIO. EQUIPARAÇÃO

- (cancelada em decorrência da sua incorporação à nova redação da Súmula nº 6) - Res. 129/2005, *DJ* 20, 22 e 25.04.2005.

136. JUIZ. IDENTIDADE FÍSICA

- (cancelada) - Res. 185/2012, *DEJT* divulgado em 25, 26 e 27.09.2012.

137. ADICIONAL DE INSALUBRIDADE

- (cancelada) - Res. 121/2003, *DJ* 19, 20 e 21.11.2003.

138. Readmissão (mantida) Em caso de readmissão, conta-se a favor do empregado o período de serviço anterior, encerrado com a saída espontânea.

139. Adicional de insalubridade (incorporada a OJ 102 SBDI-1 - Res. 129/2005, *DJ*, 20, 22 e 25.04.2005) Enquanto percebido, o adicional de insalubridade integra a remuneração para todos os efeitos legais.

140. Vigia (mantida) É assegurado ao vigia sujeito ao trabalho noturno o direito ao respectivo adicional.

141. DISSÍDIO COLETIVO

- (cancelada) - Res. 121/2003, *DJ* 19, 20 e 21.11.2003.

142. GESTANTE. DISPENSA

- (cancelada) - Res. 121/2003, *DJ* 19, 20 e 21.11.2003.

143. Salário profissional (mantida) O salário profissional dos médicos e dentistas guarda proporcionalidade com as horas efetivamente trabalhadas, respeitado o mínimo de 50 (cinquenta) horas.

144. AÇÃO RESCISÓRIA

- (cancelada) - Res. 121/2003, *DJ* 19, 20 e 21.11.2003.

145. GRATIFICAÇÃO DE NATAL

- (cancelada) - Res. 121/2003, *DJ* 19, 20 e 21.11.2003.

146. Trabalho em domingos e feriados, não compensado (incorporada a OJ 93 SBDI-1 - Res. 121/2003, *DJ*, 19, 20 e 21.11.2003) O trabalho prestado em domingos e feriados, não compensado, deve ser pago em dobro, sem prejuízo da remuneração relativa ao repouso semanal.

147. FÉRIAS. INDENIZAÇÃO

- (cancelada) - Res. 121/2003, *DJ* 19, 20 e 21.11.2003.

148. Gratificação natalina (mantida) É computável a gratificação de Natal para efeito de cálculo de indenização.

149. Tarefeiro. Férias (mantida) A remuneração das férias do tarefeiro deve ser calculada com base na média da produção do período aquisitivo, aplicando-se-lhe a tarifa da data da concessão.

150. DEMISSÃO. INCOMPETÊNCIA DA JUSTIÇA DO TRABALHO

- (cancelada) - Res. 121/2003, *DJ* 19, 20 e 21.11.2003.

151. FÉRIAS. REMUNERAÇÃO

- (cancelada) - Res. 121/2003, *DJ* 19, 20 e 21.11.2003.

152. Gratificação. Ajuste tácito (mantida) O fato de constar do recibo de pagamento de gratificação o caráter de liberalidade não basta, por si só, para excluir a existência de ajuste tácito.

153. Prescrição (mantida) Não se conhece de prescrição não arguida na instância ordinária.

154. MANDADO DE SEGURANÇA

- (cancelada) - Res. 121/2003, *DJ* 19, 20 e 21.11.2003.

155. Ausência ao serviço (mantida) As horas em que o empregado falta ao serviço para comparecimento necessário, como parte, à Justiça do Trabalho não serão descontadas de seus salários.

156. Prescrição. Prazo (mantida) Da extinção do último contrato começa a fluir o prazo prescricional do direito de ação em que se objetiva a soma de períodos descontínuos de trabalho.

157. Gratificação (mantida) A gratificação instituída pela Lei n. 4.090, de 13.07.1962, é devida na resilição contratual de iniciativa do empregado.

158. Ação rescisória (mantida) Da decisão de Tribunal Regional do Trabalho, em ação rescisória, é cabível recurso ordinário para o Tribunal Superior do Trabalho, em face da organização judiciária trabalhista.

159. Substituição de caráter não eventual e vacância do cargo (incorporada a OJ 112 SBDI-1 - Res. 129/2005, *DJ*, 20, 22 e 25.04.2005)

I - Enquanto perdurar a substituição que não tenha caráter meramente eventual, inclusive nas férias, o empregado substituto fará jus ao salário contratual do substituído.

II - Vago o cargo em definitivo, o empregado que passa a ocupá-lo não tem direito a salário igual ao do antecessor.

160. Aposentadoria por invalidez (mantida) Cancelada a aposentadoria por invalidez, mesmo após cinco anos, o trabalhador terá direito de retornar ao emprego, facultado, porém, ao empregador, indenizá-lo na forma da lei (ex-Prejulgado n. 37).

161. Depósito. Condenação a pagamento em pecúnia (mantida) Se não há condenação a pagamento em pecúnia, descabe o depósito de que tratam os §§ 1º e 2º do art. 899 da CLT.

162. INSALUBRIDADE

- (cancelamento mantido) - Res. 121/2003, *DJ* 19, 20 e 21.11.2003.

163. Aviso prévio. Contrato de experiência (mantida) Cabe aviso prévio nas rescisões antecipadas dos contratos de experiência, na forma do art. 481 da CLT.

164. PROCURAÇÃO. JUNTADA

- (cancelada em decorrência da sua incorporação à nova redação da súmula nº 383) - Res. 210/2016, *DEJT* divulgado em 30.06.2016 e 01 e 04.07.2016.

165. DEPÓSITO. RECURSO. CONTA VINCULADA

- (cancelamento mantido) - Res. 121/2003, *DJ* 19, 20 e 21.11.2003.

166. BANCÁRIO. CARGO DE CONFIANÇA. JORNADA DE TRABALHO

- (cancelada em decorrência da sua incorporação à nova redação da Súmula nº 102) - Res. 129/2005, *DJ* 20, 22 e 25.04.2005.

167. VOGAL. INVESTIDURA. RECURSO

- (cancelada) - Res. 121/2003, *DJ* 19, 20 e 21.11.2003.

168. PRESCRIÇÃO. PRESTAÇÕES PERIÓDICAS. CONTAGEM

- (cancelamento mantido) - Res. 121/2003, *DJ* 19, 20 e 21.11.2003.

169. AÇÃO RESCISÓRIA. JUSTIÇA DO TRABALHO. DEPÓSITO PRÉVIO

- (cancelada) - Res. 121/2003, *DJ* 19, 20 e 21.11.2003.

170. Sociedade de economia mista. Custas (mantida) Os privilégios e isenções no foro da Justiça do Trabalho não abrangem as sociedades de economia mista, ainda que gozassem desses benefícios anteriormente ao Decreto-Lei n. 779, de 21.08.1969.

171. Férias proporcionais. Contrato de trabalho. Extinção (republicada em razão de erro material no registro da referência legislativa - *DJ*, 05.05.2004) Salvo na hipótese de dispensa do empregado por justa causa, a extinção do contrato de trabalho sujeita o empregador ao pagamento da remuneração das férias proporcionais, ainda que incompleto o período aquisitivo de 12 (doze) meses (art. 147 da CLT).

172. Repouso remunerado. Horas extras. Cálculo (mantida) Computam-se no cálculo do repouso remunerado as horas extras habitualmente prestadas.

173. Salário. Empresa. Cessação de atividades (mantida) Extinto, automaticamente, o vínculo empregatício com a cessação das atividades da empresa, os salários só são devidos até a data da extinção.

174. PREVIDÊNCIA. LEI Nº 3.841/1960. APLICAÇÃO

- (cancelada) - Res. 121/2003, *DJ* 19, 20 e 21.11.2003.

175. RECURSO ADESIVO. ART. 500 DO CPC. INAPLICABILIDADE

- (cancelada) - Res. 121/2003, *DJ* 19, 20 e 21.11.2003.

176. FUNDO DE GARANTIA. LEVANTAMENTO DO DEPÓSITO

- (cancelada) - Res. 130/2005, *DJ* 13.05.2005.

177. DISSÍDIO COLETIVO. SINDICATO. REPRESENTAÇÃO

- (cancelada) - Res. 121/2003, *DJ* 19, 20 e 21.11.2003.

178. Telefonista. Art. 227, e parágrafos, da CLT. Aplicabilidade (mantida) É aplicável à telefonista de mesa de empresa que não explora o serviço de telefonia o disposto no art. 227, e seus parágrafos, da CLT.

179. INCONSTITUCIONALIDADE. ART. 22 DA LEI Nº 5.107/1966

- (cancelada) - Res. 121/2003, *DJ* 19, 20 e 21.11.2003.

180. AÇÃO DE CUMPRIMENTO. SUBSTITUIÇÃO PROCESSUAL. DESISTÊNCIA

- (cancelada) - Res. 121/2003, *DJ* 19, 20 e 21.11.2003.

181. ADICIONAL. TEMPO DE SERVIÇO. REAJUSTE SEMESTRAL. LEI Nº 6.708/1979

- (cancelada) - Res. 121/2003, *DJ* 19, 20 e 21.11.2003.

182. Aviso prévio. Indenização compensatória. Lei n. 6.708, de 30.10.1979 (mantida) O tempo do aviso prévio, mesmo indenizado, conta-se para efeito da indenização adicional prevista no art. 9º da Lei n. 6.708, de 30.10.1979.

183. EMBARGOS. RECURSO DE REVISTA. DESPACHO DENEGATÓRIO. AGRAVO DE INSTRUMENTO. NÃO CABIMENTO

- (cancelada) - Res. 121/2003, *DJ* 19, 20 e 21.11.2003.

184. Embargos declaratórios. Omissão em recurso de revista. Preclusão (mantida) Ocorre preclusão se não forem opostos embargos declaratórios para suprir omissão apontada em recurso de revista ou de embargos.

185. EMBARGOS SOB INTERVENÇÃO DO BANCO CENTRAL. LIQUIDAÇÃO EXTRAJUDICIAL. JUROS. CORREÇÃO MONETÁRIA. LEI Nº 6.024/1974

- (cancelada) - Res. 121/2003, *DJ* 19, 20 e 21.11.2003.

186. Licença-prêmio. Conversão em pecúnia. Regulamento da empresa (nova redação - Res. 121/2003, *DJ*, 19, 20 e 21.11.2003) A licença-prêmio, na vigência do contrato de trabalho, não pode ser convertida em pecúnia, salvo se expressamente admitida a conversão no regulamento da empresa.

187. Correção monetária. Incidência (mantida) A correção monetária não incide sobre o débito do trabalhador reclamante.

188. Contrato de trabalho. Experiência. Prorrogação (mantida) O contrato de experiência pode ser prorrogado, respeitado o limite máximo de 90 (noventa) dias.

189. Greve. Competência da Justiça do Trabalho. Abusividade (nova redação - Res. 121/2003, *DJ*, 19, 20 e 21.11.2003) A Justiça do Trabalho é competente para declarar a abusividade, ou não, da greve.

190. Poder normativo do TST. Condições de trabalho. Inconstitucionalidade. Decisões contrárias ao STF (mantida - Res. 121/2003, *DJ*, 19, 20 e 21.11.2003) Ao julgar ou homologar ação coletiva ou acordo nela havido, o Tribunal Superior do Trabalho exerce o poder normativo constitucional, não podendo criar ou homologar condições de trabalho que o Supremo Tribunal Federal julgue iterativamente inconstitucionais.

191. Adicional de periculosidade. Incidência. Base de cálculo (cancelada a parte final da antiga redação e inseridos o itens II e III) (Res. 214/2016. *DEJT*, 30.11.2016)

I - O adicional de periculosidade incide apenas sobre o salário básico e não sobre este acrescido de outros adicionais.

II - O adicional de periculosidade do empregado eletricitário, contratado sob a égide da Lei n. 7.369/1985, deve ser calculado sobre a totalidade das parcelas de natureza salarial. Não é válida norma coletiva mediante a qual se determina a incidência do referido adicional sobre o salário básico.

III - A alteração da base de cálculo do adicional de periculosidade do eletricitário promovida pela Lei n. 12.740/2012 atinge somente contrato de trabalho firmado a partir de sua vigência, de modo que, nesse caso, o cálculo será realizado exclusivamente sobre o salário básico, conforme determina o § 1º do art. 193 da CLT.

192. Ação rescisória. Competência (atualizada em decorrência do CPC de 2015 - Res. 212/2016, *DEJT* divulgado em 20, 21 e 22.09.2016).

I - Se não houver o conhecimento de recurso de revista ou de embargos, a competência para julgar ação que vise a rescindir a decisão de mérito é do Tribunal Regional do Trabalho, ressalvado o disposto no item II.

II - Acórdão rescindendo do Tribunal Superior do Trabalho que não conhece de recurso de embargos ou de revista, analisando arguição de violação de dispositivo de lei material ou decidindo em consonância com súmula de direito material ou com iterativa, notória e atual jurisprudência de direito material da Seção de Dissídios Individuais (Súmula n. 333), examina o mérito da causa, cabendo ação rescisória da competência do Tribunal Superior do Trabalho. (ex-Súmula n. 192 - alterada pela Res. 121/2003, *DJ* 21.11.2003)

III - Sob a égide do art. 512 do CPC de 1973, é juridicamente impossível o pedido explícito de desconstituição de sentença quando substituída por acórdão do Tribunal Regional ou superveniente sentença homologatória de acordo que puser fim ao litígio.

IV - Na vigência do CPC de 1973, é manifesta a impossibilidade jurídica do pedido de rescisão de julgado proferido em agravo de instrumento que, limitando-se a aferir o eventual desacerto do juízo negativo de admissibilidade do recurso de revista, não substitui o acórdão regional, na forma do art. 512 do CPC. (ex-OJ n. 105 da SBDI-2 - *DJ* 29.04.2003)

V- A decisão proferida pela SBDI, em agravo regimental, calcada na Súmula n. 333, substitui acórdão de Turma do TST, porque emite juízo de mérito, comportando, em tese, o corte rescisório. (ex-OJ n. 133 da SBDI-2 - *DJ* 04.05.2004).

193. CORREÇÃO MONETÁRIA. JUROS. CÁLCULO. EXECUÇÃO DE SENTENÇA. PESSOA JURÍDICA DE DIREITO PÚBLICO

- (cancelamento mantido) - Res. 121/2003, *DJ* 19, 20 e 21.11.2003

194. AÇÃO RESCISÓRIA. JUSTIÇA DO TRABALHO. DEPÓSITO PRÉVIO

- (cancelada) - Res. 142/2007, *DJ* 10, 11 e 15.10.2007.

195. EMBARGOS. AGRAVO REGIMENTAL. CABIMENTO

- (cancelada) - Res. 121/2003, *DJ* 19, 20 e 21.11.2003.

196. RECURSO ADESIVO. PRAZO

▸ (cancelada) - Res. 121/2003, *DJ* 19, 20 e 21.11.2003.

197. Prazo (mantida) O prazo para recurso da parte que, intimada, não comparecer à audiência em prosseguimento para a prolação da sentença conta-se de sua publicação.

198. PRESCRIÇÃO

▸ (cancelamento mantido) - Res. 121/2003, *DJ* 19, 20 e 21.11.2003.

199. Bancário. Pré-contratação de horas extras (incorporadas as Orientações Jurisprudenciais 48 e 63 SBDI-1 - Res. 129/2005, *DJ*, 20, 22 e 25.04.2005)

I - A contratação do serviço suplementar, quando da admissão do trabalhador bancário, é nula. Os valores assim ajustados apenas remuneram a jornada normal, sendo devidas as horas extras com o adicional de, no mínimo, 50% (cinquenta por cento), as quais não configuram pré-contratação, se pactuadas após a admissão do bancário.

II - Em se tratando de horas extras pré-contratadas, opera-se a prescrição total se a ação não for ajuizada no prazo de cinco anos, a partir da data em que foram suprimidas.

200. Juros de mora. Incidência (mantida) Os juros de mora incidem sobre a importância da condenação já corrigida monetariamente.

201. Recurso ordinário em mandado de segurança (mantida) Da decisão de Tribunal Regional do Trabalho em mandado de segurança cabe recurso ordinário, no prazo de 8 (oito) dias, para o Tribunal Superior do Trabalho, e igual dilação para o recorrido e interessados apresentarem razões de contrariedade.

202. Gratificação por tempo de serviço. Compensação (mantida) Existindo, ao mesmo tempo, gratificação por tempo de serviço outorgada pelo empregador e outra da mesma natureza prevista em acordo coletivo, convenção coletiva ou sentença normativa, o empregado tem direito a receber, exclusivamente, a que lhe seja mais benéfica.

203. Gratificação por tempo de serviço. Natureza salarial (mantida) A gratificação por tempo de serviço integra o salário para todos os efeitos legais.

204. BANCÁRIO. CARGO DE CONFIANÇA. CARACTERIZAÇÃO

▸ (cancelada em decorrência da sua incorporação à nova redação da Súmula nº 102) - Res. 129/2005, *DJ* 20, 22 e 25.04.2005.

205. GRUPO ECONÔMICO. EXECUÇÃO. SOLIDARIEDADE

▸ (cancelada) - Res. 121/2003, *DJ* 19, 20 e 21.11.2003.

206. FGTS. Incidência sobre parcelas prescritas (nova redação - Res. 121/2003, *DJ*, 19, 20 e 21.11.2003) A prescrição da pretensão relativa às parcelas remuneratórias alcança o respectivo recolhimento da contribuição para o FGTS.

207. CONFLITOS DE LEIS TRABALHISTAS NO ESPAÇO. PRINCÍPIO DA "LEX LOCI EXECUTIONIS"

▸ (cancelada) - Res. 181/2012, *DEJT* divulgado em 19, 20 e 23.04.2012.

208. RECURSO DE REVISTA. ADMISSIBILIDADE. INTERPRETAÇÃO DE CLÁUSULA DE NATUREZA CONTRATUAL

▸ (cancelamento mantido) - Res. 121/2003, *DJ* 19, 20 e 21.11.2003.

209. CARGO EM COMISSÃO. REVERSÃO

▸ (cancelamento mantido) - Res. 121/2003, *DJ* 19, 20 e 21.11.2003.

210. Recurso de revista. Execução de sentença

▸ Cancelada - Res. 121/2003, *DJ*, 19, 20 e 21.11.2003.

211. Juros de mora e correção monetária. Independência do pedido inicial e do título executivo judicial (mantida) Os juros de mora e a correção monetária incluem-se na liquidação, ainda que omisso o pedido inicial ou a condenação.

212. Despedimento. Ônus da prova (mantida) O ônus de provar o término do contrato de trabalho, quando negados a prestação de serviço e o despedimento, é do empregador, pois o princípio da continuidade da relação de emprego constitui presunção favorável ao empregado.

213. EMBARGOS DE DECLARAÇÃO. SUSPENSÃO DO PRAZO RECURSAL

▸ (cancelamento mantido) - Res. 121/2003, *DJ* 19, 20 e 21.11.2003 - Lei nº 8.950/1994.

214. Decisão interlocutória. Irrecorribilidade (nova redação - Res. 127/2005, *DJ*, 14, 15 e 16.03.2005). Na Justiça do Trabalho, nos termos do art. 893, § 1º, da CLT, as decisões interlocutórias não ensejam recurso imediato, salvo nas hipóteses de decisão:

a) de Tribunal Regional do Trabalho contrária à Súmula ou Orientação Jurisprudencial do Tribunal Superior do Trabalho;

b) suscetível de impugnação mediante recurso para o mesmo Tribunal;

c) que acolhe exceção de incompetência territorial, com a remessa dos autos para Tribunal Regional distinto daquele a que se vincula o juízo excepcionado, consoante o disposto no art. 799, § 2º, da CLT.

215. HORAS EXTRAS NÃO CONTRATADAS EXPRESSAMENTE. ADICIONAL DEVIDO

▸ (cancelamento mantido) - Res. 121/2003, *DJ* 19, 20 e 21.11.2003 - Referência art. 7º, XVI, CF/1988.

216. DESERÇÃO. RELAÇÃO DE EMPREGADOS. AUTENTICAÇÃO MECÂNICA DESNECESSÁRIA

▸ (cancelamento mantido) - Res. 121/2003, DJ 19, 20 e 21.11.2003.

217. Depósito recursal. Credenciamento bancário. Prova dispensável (mantida) O credenciamento dos bancos para o fim de recebimento do depósito recursal é fato notório, independendo da prova.

218. Recurso de revista. Acórdão proferido em agravo de instrumento (mantida) É incabível recurso de revista interposto de acórdão regional prolatado em agravo de instrumento.

219. Honorários advocatícios. Cabimento (alterada a redação do item I e acrescidos os itens IV a VI na sessão do Tribunal Pleno realizada em 15.03.2016 - Res. 204/2016, *DEJT* divulgado em 17, 18 e 21.03.2016).

I - Na Justiça do Trabalho, a condenação ao pagamento de honorários advocatícios não decorre pura e simplesmente da sucumbência, devendo a parte, concomitantemente:

a) estar assistida por sindicato da categoria profissional;

b) comprovar a percepção de salário inferior ao dobro do salário-mínimo ou encontrar-se em situação econômica que não lhe permita demandar sem prejuízo do próprio sustento ou da respectiva família (art. 14, § 1º, da Lei n. 5.584/1970) (ex-OJ n. 305 da SBDI-I).

II - É cabível a condenação ao pagamento de honorários advocatícios em ação rescisória no processo trabalhista.

III - São devidos os honorários advocatícios nas causas em que o ente sindical figure como substituto processual e nas lides que não derivem da relação de emprego.

IV - Na ação rescisória e nas lides que não derivem de relação de emprego, a responsabilidade pelo pagamento dos honorários advocatícios da sucumbência submete-se à disciplina do Código de Processo Civil (arts. 85, 86, 87 e 90).

V - Em caso de assistência judiciária sindical, revogado o art. 11 da Lei n. 1.060/50 (CPC de 2015, art. 1.072, inc. III), os honorários advocatícios assistenciais são devidos entre o mínimo de dez e o máximo de vinte por cento sobre o valor da condenação, do proveito econômico obtido ou, não sendo possível mensurá-lo, sobre o valor atualizado da causa (CPC de 2015, art. 85, § 2º).

VI - Nas causas em que a Fazenda Pública for parte, aplicar-se-ão os percentuais específicos de honorários advocatícios contemplados no Código de Processo Civil.

220. HONORÁRIOS ADVOCATÍCIOS. SUBSTITUIÇÃO PROCESSUAL

▸ (cancelamento mantido) - Res. 121/2003, *DJ* 19, 20 e 21.11.2003

221. Recurso de revista. Violação de lei. Indicação de preceito (cancelado o item II e conferida nova redação na sessão do Tribunal Pleno realizada em 14.09.2012 - Res. 185/2012, *DEJT* divulgado em 25, 26 e 27.09.2012) A admissibilidade do recurso de revista por violação tem como pressuposto a indicação expressa do dispositivo de lei ou da Constituição tido como violado.

222. DIRIGENTES DE ASSOCIAÇÕES PROFISSIONAIS. ESTABILIDADE PROVISÓRIA

▸ (cancelamento mantido) - Res. 121/2003, *DJ* 19, 20 e 21.11.2003

223. PRESCRIÇÃO. OPÇÃO PELO SISTEMA DO FUNDO DE GARANTIA DO TEMPO DE SERVIÇO. TERMO INICIAL

▸ (cancelada) - Res. 121/2003, *DJ* 19, 20 e 21.11.2003

224. COMPETÊNCIA. AÇÃO DE CUMPRIMENTO. SINDICATO. DESCONTO ASSISTENCIAL

▸ (cancelada) - Res. 121/2003, *DJ* 19, 20 e 21.11.2003

225. Repouso semanal. Cálculo. Gratificações por tempo de serviço e produtividade (mantida) As gratificações por tempo de serviço e produtividade, pagas mensalmente, não repercutem no cálculo do repouso semanal remunerado.

226. Bancário. Gratificação por tempo de serviço. Integração no cálculo das horas extras (mantida) A gratificação por tempo de serviço integra o cálculo das horas extras.

227. SALÁRIO-FAMÍLIA. TRABALHADOR RURAL

▸ (cancelada) - Res. 121/2003, *DJ* 19, 20 e 21.11.2003.

228. Adicional de insalubridade. Base de cálculo (redação alterada na sessão do Tribunal Pleno em 26.06.2008) - Res. 148/2008, *DJ* 04 e 07.07.2008 - Republicada *DJ* 08, 09

e 10.07.2008. **Súmula cuja eficácia está suspensa por decisão liminar do Supremo Tribunal Federal** - Res. 185/2012, *DEJT* divulgado em 25, 26 e 27.09.2012) A partir de 9 de maio de 2008, data da publicação da Súmula Vinculante n. 4 do Supremo Tribunal Federal, o adicional de insalubridade será calculado sobre o salário básico, salvo critério mais vantajoso fixado em instrumento coletivo.

229. Sobreaviso. Eletricitários (nova redação - Res. 121/2003, *DJ*, 19, 20 e 21.11.2003) Por aplicação analógica do art. 244, § 2º, da CLT, as horas de sobreaviso dos eletricitários são remuneradas à base de 1/3 sobre a totalidade das parcelas de natureza salarial.

230. Aviso prévio. Substituição pelo pagamento das horas reduzidas da jornada de trabalho (mantida) É ilegal substituir o período que se reduz da jornada de trabalho, no aviso prévio, pelo pagamento das horas correspondentes.

231. QUADRO DE CARREIRA. HOMOLOGAÇÃO PELO CONSELHO NACIONAL DE POLÍTICA SALARIAL. EFICÁCIA

‣ (cancelada) - Res. 121/2003, *DJ* 19, 20 e 21.11.2003

232. BANCÁRIO. CARGO DE CONFIANÇA. JORNADA. HORAS EXTRAS

‣ (cancelada em decorrência da sua incorporação à nova redação da Súmula nº 102) - Res. 129/2005, *DJ* 20, 22 e 25.04.2005

233. BANCÁRIO. CHEFE

‣ (cancelada) - Res. 121/2003, *DJ* 19, 20 e 21.11.2003

234. BANCÁRIO. SUBCHEFE

‣ (cancelada) - Res. 121/2003, *DJ* 19, 20 e 21.11.2003

235. DISTRITO FEDERAL E AUTARQUIAS. CORREÇÃO AUTOMÁTICA DOS SALÁRIOS. INAPLICABILIDADE DA LEI Nº 6.708/1979

‣ (cancelada) - Res. 121/2003, *DJ* 19, 20 e 21.11.2003

236. HONORÁRIOS PERICIAIS. RESPONSABILIDADE

‣ (cancelada) - Res. 121/2003, *DJ* 19, 20 e 21.11.2003

237. BANCÁRIO. TESOUREIRO

‣ (cancelada) - Res. 121/2003, *DJ* 19, 20 e 21.11.2003

238. BANCÁRIO. SUBGERENTE

‣ (cancelada) - Res. 121/2003, *DJ* 19, 20 e 21.11.2003

239. Bancário. Empregado de empresa de processamento de dados (incorporadas as Orientações Jurisprudenciais 64 e 126 SBDI-1 - Res. 129/2005, *DJ*, 20, 22 e 25.04.2005) É bancário o empregado de empresa de processamento de dados que presta serviço a banco integrante do mesmo grupo econômico, exceto quando a empresa de processamento de dados presta serviços a banco e a empresas não bancárias do mesmo grupo econômico ou a terceiros.

240. Bancário. Gratificação de função e adicional por tempo de serviço (mantida) O adicional por tempo de serviço integra o cálculo da gratificação prevista no art. 224, § 2º, da CLT.

241. Salário-utilidade. Alimentação (mantida) O vale para refeição, fornecido por força do contrato de trabalho, tem caráter salarial, integrando a remuneração do empregado, para todos os efeitos legais.

242. Indenização Adicional. Valor (mantida) A indenização adicional, prevista no art. 9º da Lei n. 6.708, de 30.10.1979 e no art. 9º da Lei n. 7.238 de 28.10.1984, corresponde ao salário mensal, no valor devido na data da comunicação do despedimento, integrado pelos adicionais legais ou convencionados, ligados à unidade de tempo mês, não sendo computável a gratificação natalina.

243. Opção pelo regime trabalhista. Supressão das vantagens estatutárias (mantida) Exceto na hipótese de previsão contratual ou legal expressa, a opção do funcionário público pelo regime trabalhista implica a renúncia dos direitos inerentes ao regime estatutário.

244. Gestante. Estabilidade provisória (redação do item III alterada na sessão do Tribunal Pleno realizada em 14.09.2012 - Res. 185/2012, *DEJT* divulgado em 25, 26 e 27.09.2012)

I - O desconhecimento do estado gravídico pelo empregador não afasta o direito ao pagamento da indenização decorrente da estabilidade (art. 10, II, "b" do ADCT).

II - A garantia de emprego à gestante só autoriza a reintegração se esta se der durante o período de estabilidade. Do contrário, a garantia restringe-se aos salários e demais direitos correspondentes ao período de estabilidade.

III - A empregada gestante tem direito à estabilidade provisória prevista no art. 10, inciso II, alínea "b", do Ato das Disposições Constitucionais Transitórias, mesmo na hipótese de admissão mediante contrato por tempo determinado.

245. Depósito recursal. Prazo (mantida) O depósito recursal deve ser feito e comprovado no prazo alusivo ao recurso. A interposição antecipada deste não prejudica a dilação legal.

246. Ação de cumprimento. Trânsito em julgado da sentença normativa (mantida) É dispensável o trânsito em julgado da sentença normativa para a propositura da ação de cumprimento.

247. Quebra de caixa. Natureza jurídica (mantida) A parcela paga aos bancários sob a denominação "quebra de caixa" possui natureza salarial, integrando o salário do prestador de serviços, para todos os efeitos legais.

248. Adicional de insalubridade. Direito adquirido (mantida) A reclassificação ou a descaracterização da insalubridade, por ato da autoridade competente, repercute na satisfação do respectivo adicional, sem ofensa a direito adquirido ou ao princípio da irredutibilidade salarial.

249. AUMENTO SALARIAL SETORIZADO. TABELA ÚNICA

‣ (cancelada) - Res. 121/2003, *DJ* 19, 20 e 21.11.2003

250. PLANO DE CLASSIFICAÇÃO. PARCELAS ANTIGÜIDADE E DESEMPENHO. AGLUTINAÇÃO AO SALÁRIO

‣ (cancelada) - Res. 121/2003, *DJ* 19, 20 e 21.11.2003

251. PARTICIPAÇÃO NOS LUCROS. NATUREZA SALARIAL.

‣ (cancelamento mantido) - Res. 121/2003, *DJ* 19, 20 e 21.11.2003 - Referência art. 7º, XI, CF/1988

252. FUNCIONÁRIO PÚBLICO. CEDIDO. REAJUSTE SALARIAL

‣ (cancelada) - Res. 121/2003, *DJ* 19, 20 e 21.11.2003

253. Gratificação semestral. Repercussões (nova redação - Res. 121/2003, *DJ*, 19, 20 e 21.11.2003) A gratificação semestral não repercute no cálculo das horas extras, das férias e do aviso prévio, ainda que indenizados. Repercute, contudo, pelo seu duodécimo na indenização por antiguidade e na gratificação natalina.

254. Salário-família. Termo inicial da obrigação (mantida) O termo inicial do direito ao salário-família coincide com a prova da filiação. Se feita em juízo, corresponde à data de ajuizamento do pedido, salvo se comprovado que anteriormente o empregador se recusara a receber a respectiva certidão.

255. SUBSTITUIÇÃO PROCESSUAL. DESISTÊNCIA

‣ (cancelada) - Res. 121/2003, *DJ* 19, 20 e 21.11.2003

256. CONTRATO DE PRESTAÇÃO DE SERVIÇOS. LEGALIDADE

‣ (cancelada) - Res. 121/2003, *DJ* 19, 20 e 21.11.2003

257. Vigilante (mantida) O vigilante, contratado diretamente por banco ou por intermédio de empresas especializadas, não é bancário.

258. Salário-utilidade. Percentuais (nova redação - Res. 121/2003, *DJ*, 19, 20 e 21.11.2003) Os percentuais fixados em lei relativos ao salário "in natura" apenas se referem às hipóteses em que o empregado percebe salário-mínimo, apurando-se, nas demais, o real valor da utilidade.

259. Termo de conciliação. Ação rescisória (mantida) Res. 121/2003, *DJ*, 19, 20 e 21.11.2003) Só por ação rescisória é impugnável o termo de conciliação previsto no parágrafo único do art. 831 da CLT.

260. SALÁRIO-MATERNIDADE. CONTRATO DE EXPERIÊNCIA

‣ (cancelada) - Res. 121/2003, *DJ* 19, 20 e 21.11.2003

261. Férias proporcionais. Pedido de demissão. Contrato vigente há menos de um ano (nova redação - Res. 121/2003, *DJ*, 19, 20 e 21.11.2003) O empregado que se demite antes de complementar 12 (doze) meses de serviço tem direito a férias proporcionais.

262. Prazo judicial. Notificação ou intimação em sábado. Recesso forense (redação do item II alterada na sessão do Tribunal Pleno realizada em 19.05.2014. *DJe* 21, 22 e 23.05.2014.)

I - Intimada ou notificada a parte no sábado, o início do prazo se dará no primeiro dia útil imediato e a contagem, no subsequente.

II - O recesso forense e as férias coletivas dos Ministros do Tribunal Superior do Trabalho suspendem os prazos recursais.

263. Petição inicial. Indeferimento. Instrução obrigatória deficiente (nova redação em decorrência do CPC de 2015 - Res. 208/2016, *DEJT* divulgado em 22, 25 e 26.04.2016). Salvo nas hipóteses do art. 330 do CPC de 2015 (art. 295 do CPC de 1973), o indeferimento da petição inicial, por encontrar-se desacompanhada de documento indispensável à propositura da ação ou não preencher outro requisito legal, somente é cabível se, após intimada para suprir a irregularidade em 15 (quinze) dias, mediante indicação precisa do que deve ser corrigido ou completado, a parte não o fizer (art. 321 do CPC de 2015).

264. Hora suplementar. Cálculo (mantida) A remuneração do serviço suplementar é composta do valor da hora normal, integrado por parcelas de natureza salarial e acrescido do adicional previsto em lei, contrato, acordo, convenção coletiva ou sentença normativa.

265. Adicional noturno. Alteração de turno de trabalho. Possibilidade de supressão (mantida) A transferência para o período diurno de trabalho implica a perda do direito ao adicional noturno.

266. Recurso de revista. Admissibilidade. Execução de sentença (mantida) A admissibilidade do recurso de revista interposto de acórdão proferido em agravo de petição, na liquidação de sentença ou em processo incidente na execução, inclusive os embargos de terceiro, depende de demonstração inequívoca de violência direta à Constituição Federal.

267. BANCÁRIO. VALOR DO SALÁRIO-HORA. DIVISOR

- (cancelada) - Res. 121/2003, *DJ* 19, 20 e 21.11.2003

268. Prescrição. Interrupção. Ação trabalhista arquivada (nova redação - Res. 121/2003, *DJ*, 19, 20 e 21.11.2003) A ação trabalhista, ainda que arquivada, interrompe a prescrição somente em relação aos pedidos idênticos.

269. Diretor eleito. Cômputo do período como tempo de serviço (mantida) O empregado eleito para ocupar cargo de diretor tem o respectivo contrato de trabalho suspenso, não se computando o tempo de serviço desse período, salvo se permanecer a subordinação jurídica inerente à relação de emprego.

270. REPRESENTAÇÃO PROCESSUAL. MANDATO EXPRESSO. AUSÊNCIA DE FIRMA RECONHECIDA

- (cancelamento mantido) - Res. 121/2003, *DJ* 19, 20 e 21.11.2003 - Lei nº 8.952/1994

271. SUBSTITUIÇÃO PROCESSUAL. ADICIONAIS DE INSALUBRIDADE E DE PERICULOSIDADE

- (cancelada) - Res. 121/2003, *DJ* 19, 20 e 21.11.2003

272. AGRAVO DE INSTRUMENTO. TRASLADO DEFICIENTE

- (cancelada) - Res. 121/2003, *DJ* 19, 20 e 21.11.2003

273. CONSTITUCIONALIDADE. DECRETOS-LEIS NºS 2.012/1983 E 2.045/1983

- (cancelada) - Res. 121/2003, *DJ* 19, 20 e 21.11.2003

274. PRESCRIÇÃO PARCIAL. EQUIPARAÇÃO SALARIAL

- (cancelada em decorrência da sua incorporação à nova redação da Súmula nº 6) - Res. 129/2005, *DJ* 20, 22 e 25.04.2005

275. Prescrição. Desvio de função e reenquadramento (incorporada a OJ 144 SBDI-1 - Res. 129/2005, *DJ*, 20, 22 e 25.04.2005)

I - Na ação que objetive corrigir desvio funcional, a prescrição só alcança as diferenças salariais vencidas no período de 5 (cinco) anos que precedeu o ajuizamento.

II - Em se tratando de pedido de reenquadramento, a prescrição é total, contada da data do enquadramento do empregado.

276. Aviso prévio. Renúncia pelo empregado (mantida) O direito ao aviso prévio é irrenunciável pelo empregado. O pedido de dispensa de cumprimento não exime o empregador de pagar o respectivo valor, salvo comprovação de haver o prestador dos serviços obtido novo emprego.

277. Convenção coletiva de trabalho ou acordo coletivo de trabalho. Eficácia. Ultratividade (redação alterada na sessão do Tribunal Pleno realizada em 14.09.2012 - Res. 185/2012, *DEJT* divulgado em 25, 26 e 27.09.2012) As cláusulas normativas dos acordos coletivos ou convenções coletivas integram os contratos individuais de trabalho e somente poderão ser modificados ou suprimidas mediante negociação coletiva de trabalho.

- ADPF 323: STF declarou a inconstitucionalidade da súmula, na versão atribuída pela Res. 185/2012.

278. Embargos de declaração. Omissão no julgado (mantida) A natureza da omissão suprida pelo julgamento de embargos declaratórios pode ocasionar efeito modificativo no julgado.

279. Recurso contra sentença normativa. Efeito suspensivo. Cassação (mantida) A cassação de efeito suspensivo concedido a recurso interposto de sentença normativa retroage à data do despacho que o deferiu.

280. CONVENÇÃO COLETIVA. SOCIEDADE DE ECONOMIA MISTA. AUDIÊNCIA PRÉVIA DO ÓRGÃO OFICIAL COMPETENTE

- (cancelamento mantido) - Res. 121/2003, *DJ* 19, 20 e 21.11.2003

281. PISO SALARIAL. PROFESSORES

- (cancelada) - Res. 121/2003, *DJ* 19, 20 e 21.11.2003

282. Abono de faltas. Serviço médico da empresa (mantida) 121/2003, *DJ*, 19, 20 e 21.11.2003) Ao serviço médico da empresa ou ao mantido por esta última mediante convênio compete abonar os primeiros 15 (quinze) dias de ausência ao trabalho.

283. Recurso adesivo. Pertinência no processo do trabalho. Correlação de matérias (mantida) O recurso adesivo é compatível com o processo do trabalho e cabe, no prazo de 8 (oito) dias, nas hipóteses de interposição de recurso ordinário, de agravo de petição, de revista e de embargos, sendo desnecessário que a matéria nele veiculada esteja relacionada com a do recurso interposto pela parte contrária.

284. CORREÇÃO MONETÁRIA. EMPRESAS EM LIQUIDAÇÃO. LEI Nº 6.024/1974

- (cancelada) - Res. 121/2003, *DJ* 19, 20 e 21.11.2003

285. RECURSO DE REVISTA. ADMISSIBILIDADE PARCIAL PELO JUIZ-PRESIDENTE DO TRIBUNAL REGIONAL DO TRABALHO. EFEITO

- (cancelada a partir de 15 de abril de 2016) - Res. 204/2016, *DEJT* divulgado em 17, 18 e 21.03.2016

286. Sindicato. Substituição processual. Convenção e acordo coletivos (mantida) A legitimidade do sindicato para propor ação de cumprimento estende-se também à observância de acordo ou de convenção coletivos.

287. Jornada de trabalho. Gerente bancário (nova redação - Res. 121/2003, *DJ*, 19, 20 e 21.11.2003) A jornada de trabalho do empregado de banco gerente de agência é regida pelo art. 224, § 2º, da CLT. Quanto ao gerente-geral de agência bancária, presume-se o exercício de encargo de gestão, aplicando-se-lhe o art. 62 da CLT.

288. Complementação dos proventos da aposentadoria (nova redação para o item I e acrescidos os itens III e IV em decorrência do julgamento do processo TST-E-ED-RR-235-20.2010.5.20.0006 pelo Tribunal Pleno em 12.04.2016 - Res. 207/2016, *DEJT* divulgado em 18, 19 e 20.04.2016).

I - A complementação dos proventos de aposentadoria, instituída, regulamentada e paga diretamente pelo empregador, sem vínculo com as entidades de previdência privada fechada, é regida pelas normas em vigor na data de admissão do empregado, ressalvadas as alterações que forem mais benéficas (art. 468 da CLT).

II - Na hipótese de coexistência de dois regulamentos de planos de previdência complementar, instituídos pelo empregador ou por entidade de previdência privada, a opção do beneficiário por um deles tem efeito jurídico de renúncia às regras do outro.

III - Após a entrada em vigor das Leis Complementares n. 108 e 109, de 29.05.2001, reger-se-á a complementação dos proventos de aposentadoria pelas normas vigentes na data da implementação dos requisitos para obtenção do benefício, ressalvados o direito adquirido do participante que anteriormente implementara os requisitos para o benefício e o direito acumulado do empregado que até então não preenchera tais requisitos.

IV - O entendimento da primeira parte do item III aplica-se aos processos em curso no Tribunal Superior do Trabalho em que, em 12.04.2016, ainda não haja sido proferida decisão de mérito por suas Turmas e Seções.

289. Insalubridade. Adicional. Fornecimento do aparelho de proteção. Efeito (mantida) (Res. 121/2003, *DJ* 19, 20 e 21.11.2003) O simples fornecimento do aparelho de proteção pelo empregador não o exime do pagamento do adicional de insalubridade. Cabe-lhe tomar as medidas que conduzam à diminuição ou eliminação da nocividade, entre as quais as relativas ao uso efetivo do equipamento pelo empregado.

290. GORJETAS. NATUREZA JURÍDICA. AUSÊNCIA DE DISTINÇÃO QUANTO À FORMA DE RECEBIMENTO

- (cancelada) - Res. 121/2003, *DJ* 19, 20 e 21.11.2003

291. Horas extras. Habitualidade. Supressão. Indenização (nova redação em decorrência do julgamento do processo TST-IUJERR 10700-45.2007.5.22.0101 - Res. 174/2011, *DEJT*, 27, 30 e 31.05.2011) A supressão total ou parcial, pelo empregador, de serviço suplementar prestado com habitualidade, durante pelo menos 1 (um) ano, assegura ao empregado o direito à indenização correspondente ao valor de 1 (um) mês das horas suprimidas, total ou parcialmente, para cada ano ou fração igual ou superior a seis meses de prestação de serviço acima da jornada normal. O cálculo observará a média das horas suplementares nos últimos 12 (doze) meses anteriores à mudança, multiplicada pelo valor da hora extra do dia da supressão.

292. ADICIONAL DE INSALUBRIDADE. TRABALHADOR RURAL

- (cancelada) - Res. 121/2003, *DJ* 19, 20 e 21.11.2003

293. Adicional de insalubridade. Causa de pedir. Agente nocivo diverso do apontado

na inicial (mantida) A verificação mediante perícia de prestação de serviços em condições nocivas, considerado agente insalubre diverso do apontado na inicial, não prejudica o pedido de adicional de insalubridade.

294. Prescrição. Alteração contratual. Trabalhador urbano (mantida) Tratando-se de ação que envolva pedido de prestações sucessivas decorrente de alteração do pactuado, a prescrição é total, exceto quando o direito à parcela esteja também assegurado por preceito de lei.

295. APOSENTADORIA ESPONTÂNEA. DEPÓSITO DO FGTS. PERÍODO ANTERIOR À OPÇÃO

- (cancelada) - Res. 152/2008, *DEJT* divulgado em 20, 21 e 24.11.2008

296. Recurso. Divergência jurisprudencial. Especificidade (incorporada a OJ 37 SBDI-1 - Res. 129/2005, *DJ*, 20, 22 e 25.04.2005)

I - A divergência jurisprudencial ensejadora da admissibilidade, do prosseguimento e do conhecimento do recurso há de ser específica, revelando a existência de teses diversas na interpretação de um mesmo dispositivo legal, embora idênticos os fatos que as ensejaram.

II - Não ofende o art. 896 da CLT decisão de Turma que, examinando premissas concretas de especificidade da divergência colacionada no apelo revisional, conclui pelo conhecimento ou desconhecimento do recurso.

297. Prequestionamento. Oportunidade. Configuração (nova redação - Res. 121/2003, *DJ*, 19, 20 e 21.11.2003)

I. Diz-se prequestionada a matéria ou questão quando na decisão impugnada haja sido adotada, explicitamente, tese a respeito.

II. Incumbe à parte interessada, desde que a matéria haja sido invocada no recurso principal, opor embargos declaratórios objetivando o pronunciamento sobre o tema, sob pena de preclusão.

III. Considera-se prequestionada a questão jurídica invocada no recurso principal sobre a qual se omite o Tribunal de pronunciar tese, não obstante opostos embargos de declaração.

298. Ação rescisória. Violação a disposição de lei. Pronunciamento explícito (redação alterada pelo Tribunal Pleno na sessão realizada em 06.02.2012 - Res. 177/2012, TST).

I - A conclusão acerca da ocorrência de violação literal a disposição de lei pressupõe pronunciamento explícito, na sentença rescindenda, sobre a matéria veiculada.

II - O pronunciamento explícito exigido em ação rescisória diz respeito à matéria e ao enfoque específico da tese debatida na ação, e não, necessariamente, ao dispositivo legal tido por violado. Basta que o conteúdo da norma reputada violada haja sido abordado na decisão rescindenda para que se considere preenchido o pressuposto.

III - Para efeito de ação rescisória, considera-se pronunciada explicitamente a matéria tratada na sentença quando, examinando remessa de ofício, o Tribunal simplesmente a confirma.

IV - A sentença meramente homologatória, que silencia sobre os motivos de convencimento do juiz, não se mostra rescindível, por ausência de pronunciamento explícito.

V - Não é absoluta a exigência de pronunciamento explícito na ação rescisória, ainda que esta tenha por fundamento violação de dispositivo de lei. Assim, prescindível o pronunciamento explícito quando o vício nasce no próprio julgamento, como se dá com a sentença "extra, citra e ultra petita".

299. Ação rescisória. Decisão rescindenda. Trânsito em julgado. Comprovação. Efeitos (nova redação do item II em decorrência do CPC de 2015 - Res. 211/2016, *DEJT* divulgado em 24, 25 e 26.08.2016).

I - É indispensável ao processamento da ação rescisória a prova do trânsito em julgado da decisão rescindenda. (ex-Súmula n. 299 - Res. 8/1989, *DJ* 14, 18 e 19.04.1989)

II - Verificando o relator que a parte interessada não juntou à inicial o documento comprobatório, abrirá prazo de 15 (quinze) dias para que o faça (art. 321 do CPC de 2015), sob pena de indeferimento. (ex-Súmula n. 299 - Res 8/1989, *DJ* 14, 18 e 19.04.1989)

III - A comprovação do trânsito em julgado da decisão rescindenda é pressuposto processual indispensável ao tempo do ajuizamento da ação rescisória. Eventual trânsito em julgado posterior ao ajuizamento da ação rescisória não reabilita a ação proposta, na medida em que o ordenamento jurídico não contempla a ação rescisória preventiva. (ex-OJ n. 106 da SBDI-2 - *DJ* 29.04.2003)

IV - O pretenso vício de intimação, posterior à decisão que se pretende rescindir, se efetivamente ocorrido, não permite a formação da coisa julgada material. Assim, a ação rescisória deve ser julgada extinta, sem julgamento do mérito, por carência de ação, por inexistir decisão transitada em julgado a ser rescindida. (ex-OJ n. 96 da SBDI-2 - inserida em 27.09.2002)

300. Competência da Justiça do Trabalho. Cadastramento no PIS (mantida) Compete à Justiça do Trabalho processar e julgar ações ajuizadas por empregados em face de empregadores relativas ao cadastramento no Programa de Integração Social (PIS).

301. Auxiliar de laboratório. Ausência de diploma. Efeitos (mantida) O fato de o empregado não possuir diploma de profissionalização de auxiliar de laboratório não afasta a observância das normas da Lei n. 3.999, de 15.12.1961, uma vez comprovada a prestação de serviços na atividade.

302. PROCESSO ADMINISTRATIVO

- (cancelada) - Res. 121/2003, *DJ* 19, 20 e 21.11.2003

303. Fazenda Pública. Reexame necessário (nova redação em decorrência do CPC de 2015 - Res. 211/2016, *DEJT* divulgado em 24, 25 e 26.08.2016).

I - Em dissídio individual, está sujeita ao reexame necessário, mesmo na vigência da Constituição Federal de 1988, decisão contrária à Fazenda Pública, salvo quando a condenação não ultrapassar o valor correspondente a:

a) 1.000 (mil) salários-mínimos para a União e as respectivas autarquias e fundações de direito público;

b) 500 (quinhentos) salários-mínimos para os Estados, o Distrito Federal, as respectivas autarquias e fundações de direito público e os Municípios que constituam capitais dos Estados;

c) 100 (cem) salários-mínimos para todos os demais Municípios e respectivas autarquias e fundações de direito público.

II - Também não se sujeita ao duplo grau de jurisdição a decisão fundada em:

a) súmula ou orientação jurisprudencial do Tribunal Superior do Trabalho;

b) acórdão proferido pelo Supremo Tribunal Federal ou pelo Tribunal Superior do Trabalho em julgamento de recursos repetitivos;

c) entendimento firmado em incidente de resolução de demandas repetitivas ou de assunção de competência;

d) entendimento coincidente com orientação vinculante firmada no âmbito administrativo do próprio ente público, consolidada em manifestação, parecer ou súmula administrativa.

III - Em ação rescisória, a decisão proferida pelo Tribunal Regional do Trabalho está sujeita ao duplo grau de jurisdição obrigatório quando desfavorável ao ente público, exceto nas hipóteses dos incisos anteriores. (ex-OJ n. 71 da SBDI-1 - inserida em 03.06.1996)

IV - Em mandado de segurança, somente cabe reexame necessário se, na relação processual, figurar pessoa jurídica de direito público como parte prejudicada pela concessão da ordem. Tal situação não ocorre na hipótese de figurar no feito como impetrante e terceiro interessado pessoa de direito privado, ressalvada a hipótese de matéria administrativa. (ex-OJs n. 72 e 73 da SBDI-1 - inseridas, respectivamente, em 25.11.1996 e 03.06.1996).

304. Correção monetária. Empresas em liquidação. Art. 46 do ADCT/CF (mantida) Os débitos trabalhistas das entidades submetidas aos regimes de intervenção ou liquidação extrajudicial estão sujeitos a correção monetária desde o respectivo vencimento até seu efetivo pagamento, sem interrupção ou suspensão, não incidindo, entretanto, sobre tais débitos, juros de mora.

305. Fundo de Garantia do Tempo de Serviço. Incidência sobre o aviso prévio (mantida) O pagamento relativo ao período de aviso prévio, trabalhado ou não, está sujeito a contribuição para o FGTS.

306. INDENIZAÇÃO ADICIONAL. PAGAMENTO DEVIDO COM FUNDAMENTO NOS ARTIGOS 9º DA LEI Nº 6.708/1979 E 9º DA LEI Nº 7.238/1984

- (cancelada) - Res. 121/2003, *DJ* 19, 20 e 21.11.2003

307. Juros. Irretroatividade do Decreto-Lei n. 2.322, de 26.02.1987 (mantida) A fórmula de cálculo de juros prevista no Decreto-Lei n. 2.322, de 26.02.1987 somente é aplicável a partir de 27.02.1987. Quanto ao período anterior, deve-se observar a legislação então vigente.

308. Prescrição quinquenal (incorporada a OJ 204, SBDI-1 - Res. 129/2005, *DJ*, 20, 22 e 25.04.2005)

I. Respeitado o biênio subsequente à cessação contratual, a prescrição da ação trabalhista concerne às pretensões imediatamente anteriores a cinco anos, contados da data do ajuizamento da reclamação e, não, às anteriores ao quinquênio da data da extinção do contrato.

II. A norma constitucional que ampliou o prazo de prescrição da ação trabalhista para 5 (cinco) anos é de aplicação imediata e não atinge pretensões já alcançadas pela prescrição bienal quando da promulgação da CF/1988.

309. Vigia portuário. Terminal privativo. Não obrigatoriedade de requisição (mantida) Tratando-se de terminais privativos destinados à navegação de cabotagem ou de longo curso, não é obrigatória a requisição de vigia portuário indicado por sindicato.

310. SUBSTITUIÇÃO PROCESSUAL. SINDICATO

- (cancelamento mantido) - Res. 121/2003, *DJ* 19, 20 e 21.11.2003 e republicada *DJ* 25.11.2003

311. Benefício previdenciário a dependente de ex-empregado. Correção monetária. Legislação aplicável (mantida) O cálculo da correção monetária incidente sobre débitos relativos a benefícios previdenciários devidos a dependentes de ex-empregado pelo empregador, ou por entidade de previdência privada a ele vinculada, será o previsto na Lei n. 6.899, de 08.04.1981.

312. Constitucionalidade. Alínea "b" do art. 896 da CLT (mantida) É constitucional a alínea "b" do art. 896 da CLT, com a redação dada pela Lei n. 7.701, de 21.12.1988.

313. Complementação de aposentadoria. Proporcionalidade. Banespa (mantida) A complementação de aposentadoria, prevista no art. 106, e seus parágrafos, do regulamento de pessoal editado em 1965, só é integral para os empregados que tenham 30 (trinta) ou mais anos de serviços prestados exclusivamente ao banco.

314. Indenização adicional. Verbas rescisórias. Salário corrigido (mantida) Se ocorrer a rescisão contratual no período de 30 (trinta) dias que antecede à data-base, observado a Súmula 182 do TST, o pagamento das verbas rescisórias com o salário já corrigido não afasta o direito à indenização adicional prevista nas Leis n. 6.708, de 30.10.1979 e 7.238, de 28.10.1984.

315. IPC de março/1990. Lei n. 8.030, de 12.04.1990 (Plano Collor). Inexistência de direito adquirido (mantida) A partir da vigência da Medida Provisória n. 154, de 15.03.1990, convertida na Lei n. 8.030, de 12.04.1990, não se aplica o IPC de março de 1990, de 84,32% (oitenta e quatro vírgula trinta e dois por cento), para a correção dos salários, porque o direito ainda não se havia incorporado ao patrimônio jurídico dos trabalhadores, inexistindo ofensa ao inciso XXXVI do art. 5º da CF/1988.

316. IPC DE JUNHO/1987. DECRETO-LEI Nº 2.335/1987 (PLANO BRESSER). EXISTÊNCIA DE DIREITO ADQUIRIDO

- (cancelamento mantido) - Res. 121/2003, *DJ* 19, 20 e 21.11.2003

317. URP DE FEVEREIRO/1989. LEI Nº 7.730/1989 (PLANO VERÃO). EXISTÊNCIA DE DIREITO ADQUIRIDO

- (cancelamento mantido) - Res. 121/2003, *DJ* 19, 20 e 21.11.2003

318. Diárias. Base de cálculo para sua integração no salário (mantida) Tratando-se de empregado mensalista, a integração das diárias no salário deve ser feita tomando-se por base o salário mensal por ele percebido e não o valor do dia de salário, somente sendo devida a referida integração quando o valor das diárias, no mês, for superior à metade do salário mensal.

319. Reajustes salariais ("gatilhos"). Aplicação aos servidores públicos contratados sob a égide da legislação trabalhista (mantida) Aplicam-se aos servidores públicos, contratados sob o regime da CLT, os reajustes decorrentes da correção automática dos salários pelo mecanismo denominado "gatilho", de que tratam os Decretos-Leis n. 2.284, de 10.03.1986 e 2.302, de 21.11.1986.

320. Horas *in itinere*. Obrigatoriedade de cômputo na jornada de trabalho (mantida) O fato de o empregador cobrar, parcialmente ou não, importância pelo transporte fornecido, para local de difícil acesso ou não servido por transporte regular, não afasta o direito à percepção das horas *in itinere*.

321. DECISÃO ADMINISTRATIVA. RECURSO

- (cancelada) - Res. 135/2005, *DJ* 05.07.2005

322. Diferenças salariais. Planos econômicos. Limite (mantida) Os reajustes salariais decorrentes dos chamados "gatilhos" e URPs, previstos legalmente como antecipação, são devidos tão somente até a data-base de cada categoria.

323. URP DE ABRIL E MAIO DE 1988. DECRETO-LEI Nº 2.425/1988

- (cancelamento mantido) - Res. 121/2003, *DJ* 19, 20 e 21.11.2003

324. HORAS *"IN ITINERE"*. ENUNCIADO Nº 90. INSUFICIÊNCIA DE TRANSPORTE PÚBLICO

- (cancelada em decorrência da sua incorporação à nova redação da súmula nº 90) - Res. 129/2005, *DJ* 20, 22 e 25.04.2005

325. HORAS *"IN ITINERE"*. ENUNCIADO Nº 90. REMUNERAÇÃO EM RELAÇÃO A TRECHO NÃO SERVIDO POR TRANSPORTE PÚBLICO

- (cancelada em decorrência da sua incorporação à nova redação da Súmula nº 90) - Res. 129/2005, *DJ* 20, 22 e 25.04.2005

326. Complementação de aposentadoria. Prescrição total (nova redação - Res. 174/2011, *DEJT*, 27, 30 e 31.05.2011) A pretensão à complementação de aposentadoria jamais recebida prescreve em 2 (dois) anos contados da cessação do contrato de trabalho.

327. Complementação de aposentadoria. Diferenças. Prescrição parcial (nova redação - Res. 174/2011, *DEJT*, 27, 30 e 31.05.2011) A pretensão a diferenças de complementação de aposentadoria sujeita-se à prescrição parcial e quinquenal, salvo se o pretenso direito decorrer de verbas não recebidas no curso da relação de emprego e já alcançadas pela prescrição, à época da propositura da ação.

328. Férias. Terço constitucional (mantida) O pagamento das férias, integrais ou proporcionais, gozadas ou não, na vigência da CF/1988, sujeita-se ao acréscimo do terço previsto no respectivo art. 7º, XVII.

329. Honorários advocatícios. Art. 133 da CF/1988 (mantida) Mesmo após a promulgação da CF/1988, permanece válido o entendimento consubstanciado na Súmula 219 do Tribunal Superior do Trabalho.

330. Quitação. Validade (mantida) A quitação passada pelo empregado, com assistência de entidade sindical de sua categoria, ao empregador, com observância dos requisitos exigidos nos parágrafos do art. 477 da CLT, tem eficácia liberatória em relação às parcelas expressamente consignadas no recibo, salvo se oposta ressalva expressa e especificada ao valor dado à parcela ou parcelas impugnadas.

I - A quitação não abrange parcelas não consignadas no recibo de quitação e, consequentemente, seus reflexos em outras parcelas, ainda que estas constem desse recibo.

II - Quanto a direitos que deveriam ter sido satisfeitos durante a vigência do contrato de trabalho, a quitação é válida em relação ao período expressamente consignado no recibo de quitação.

331. Contrato de prestação de serviços. Legalidade (nova redação do item IV e inseridos os itens V e VI à redação - Res. 174/2011, *DEJT*, 27, 30 e 31.05.2011)

I - A contratação de trabalhadores por empresa interposta é ilegal, formando-se o vínculo diretamente com o tomador dos serviços, salvo no caso de trabalho temporário (Lei n. 6.019, de 03.01.1974).

II - A contratação irregular de trabalhador, mediante empresa interposta, não gera vínculo de emprego com os órgãos da Administração Pública direta, indireta ou fundacional (art. 37, II, da CF/1988).

III - Não forma vínculo de emprego com o tomador a contratação de serviços de vigilância (Lei n. 7.102, de 20.06.1983) e de conservação e limpeza, bem como a de serviços especializados ligados à atividade-meio do tomador, desde que inexistente a pessoalidade e a subordinação direta.

IV - O inadimplemento das obrigações trabalhistas, por parte do empregador, implica a responsabilidade subsidiária do tomador dos serviços quanto àquelas obrigações, desde que haja participado da relação processual e conste também do título executivo judicial.

V - Os entes integrantes da Administração Pública direta e indireta respondem subsidiariamente, nas mesmas condições do item IV, caso evidenciada a sua conduta culposa no cumprimento das obrigações da Lei n. 8.666, de 21.06.1993, especialmente na fiscalização do cumprimento das obrigações contratuais e legais da prestadora de serviço como empregadora. A aludida responsabilidade não decorre de mero inadimplemento das obrigações trabalhistas assumidas pela empresa regularmente contratada.

VI - A responsabilidade subsidiária do tomador de serviços abrange todas as verbas decorrentes da condenação referentes ao período da prestação laboral.

332. Complementação de aposentadoria. Petrobras. Manual de pessoal. Norma programática (mantida) As normas relativas à complementação de aposentadoria, inseridas no Manual de Pessoal da Petrobras, têm caráter meramente programático, delas não resultando direito à referida complementação.

333. Recursos de revista. Conhecimento (alterada - Res. 155/2009, *DJ*, 26 e 27.02.2009 e 02.03.2009) Não ensejam recurso de revista decisões superadas por iterativa, notória e atual jurisprudência do Tribunal Superior do Trabalho.

334. COMPETÊNCIA. AÇÃO DE CUMPRIMENTO. SINDICATO. DESCONTO ASSISTENCIAL

- (cancelamento mantido) - Res. 121/2003, *DJ* 19, 20 e 21.11.2003

335. EMBARGOS PARA A SEÇÃO ESPECIALIZADA EM DISSÍDIOS INDIVIDUAIS CONTRA DECISÃO EM AGRAVO DE INSTRUMENTO OPOSTO A DESPACHO DENEGATÓRIO DE RECURSO DE REVISTA

- (cancelada) - Res. 121/2003, *DJ* 19, 20 e 21.11.2003

336. Constitucionalidade. § 2º do art. 9º do Decreto-Lei n. 1.971, de 30.11.1982 (mantida) É constitucional o § 2º do art. 9º do Decreto-Lei n. 1.971, de 30.11.1982, com a redação dada pelo Decreto-Lei n. 2.100, de 28.12.1983.

337. Comprovação de divergência jurisprudencial. Recursos de Revista e de Embargos. (incluído o item V) – Res. 220/2017 do TST (*DEJT* 22.09.2017).

I – Para comprovação da divergência justificadora do recurso, é necessário que o recorrente.

a) Junte certidão ou cópia autenticada do acórdão paradigma ou cite a fonte oficial ou o repositório autorizado em que foi publicado; e

b) Transcreva, nas razões recursais, as ementas e/ou trechos dos acórdãos trazidos à configuração do dissídio, demonstrando o conflito de teses que justifique o conhecimento do recurso, ainda que os acórdãos já se encontrem nos autos ou venham a ser juntados com o recurso. (ex-Súmula nº 337 – alterada pela Res. 121/2003, *DJ* 21.11.2003).

II – A concessão de registro de publicação como repositório autorizado de jurisprudência do TST torna válidas todas as suas edições anteriores. (ex-OJ nº 317 da SBDI-I – *DJ* 11.08.2003).

III – A mera indicação da data de publicação, em fonte oficial, de aresto paradigma é inválida para comprovação de divergência jurisprudencial, nos termos do item I, "a", desta súmula, quando a parte pretende demonstrar o conflito de teses mediante a transcrição de trechos que integram a fundamentação do acórdão divergente, uma vez que só se publicam o dispositivo e a ementa dos acórdãos.

IV – É válida para a comprovação da divergência jurisprudencial justificadora do recurso a indicação de aresto extraído de repositório oficial na internet, desde que o recorrente:

a) transcreva o trecho divergente;

b) aponte o sítio de onde foi extraído; e

c) decline o número do processo, o órgão prolator do acórdão e a data da respectiva publicação no Diário Eletrônico da Justiça do Trabalho.

V – A existência do código de autenticidade na cópia, em formato pdf, do inteiro teor do aresto paradigma, juntada aos autos, torna-a equivalente ao documento original e também supre a ausência de indicação da fonte oficial de publicação.

338. Jornada de trabalho. Registro. Ônus da prova (incorporadas as Orientações Jurisprudenciais 234 e 306, SBDI-1 - Res. 129/2005, *DJ*, 20, 22 e 25.04.2005)

I - É ônus do empregador que conta com mais de 10 (dez) empregados o registro da jornada de trabalho na forma do art. 74, § 2º, da CLT. A não apresentação injustificada dos controles de frequência gera presunção relativa de veracidade da jornada de trabalho, a qual pode ser elidida por prova em contrário.

II - A presunção de veracidade da jornada de trabalho, ainda que prevista em instrumento normativo, pode ser elidida por prova em contrário.

III - Os cartões de ponto que demonstram horários de entrada e saída uniformes são inválidos como meio de prova, invertendo-se o ônus da prova, relativo às horas extras, que passa a ser do empregador, prevalecendo a jornada da inicial se dele não se desincumbir.

339. CIPA. Suplente. Garantia de emprego. CF/1988 (incorporadas as Orientações Jurisprudenciais 25 e 329, SBDI-1 - Res. 129/2005, *DJ*, 20, 22 e 25.04.2005)

I - O suplente da CIPA goza da garantia de emprego prevista no art. 10, II, "a", do ADCT a partir da promulgação da Constituição Federal de 1988.

II - A estabilidade provisória do cipeiro não constitui vantagem pessoal, mas garantia para as atividades dos membros da CIPA, que somente tem razão de ser quando em atividade a empresa. Extinto o estabelecimento, não se verifica a despedida arbitrária, sendo impossível a reintegração e indevida a indenização do período estabilitário.

340. Comissionista. Horas extras (nova redação - Res. 121/2003, *DJ*, 19, 20 e 21.11.2003) O empregado, sujeito a controle de horário, remunerado à base de comissões, tem direito ao adicional de, no mínimo, 50% (cinquenta por cento) pelo trabalho em horas extras, calculado sobre o valor-hora das comissões recebidas no mês, considerando-se como divisor o número de horas efetivamente trabalhadas.

341. Honorários do assistente técnico (mantida) A indicação do perito assistente é faculdade da parte, a qual deve responder pelos respectivos honorários, ainda que vencedora no objeto da perícia.

342. Descontos salariais. Art. 462 da CLT (mantida) Descontos salariais efetuados pelo empregador, com a autorização prévia e por escrito do empregado, para ser integrado em planos de assistência odontológica, médico-hospitalar, de seguro, de previdência privada, ou de entidade cooperativa, cultural ou recreativo-associativa de seus trabalhadores, em seu benefício e de seus dependentes, não afrontam o disposto no art. 462 da CLT, salvo se ficar demonstrada a existência de coação ou de outro defeito que vicie o ato jurídico.

343. BANCÁRIO. HORA DE SALÁRIO.

- (cancelada) -Res. 185/2012, *DEJT* divulgado em 25, 26 e 27.09.2012

344. Salário-família. Trabalhador rural (mantida) O salário-família é devido aos trabalhadores rurais somente após a vigência da Lei n. 8.213, de 24.07.1991.

345. BANDEPE. Regulamento interno de pessoal não confere estabilidade aos empregados (mantida) O Regulamento Interno de Pessoal (RIP) do Banco do Estado de Pernambuco - BANDEPE, na parte que trata de seu regime disciplinar, não confere estabilidade aos seus empregados.

346. Digitador. Intervalos intrajornada. Aplicação analógica do art. 72 da CLT (mantida) Os digitadores, por aplicação analógica do art. 72 da CLT, equiparam-se aos trabalhadores nos serviços de mecanografia (datilografia, escrituração ou cálculo), razão pela qual têm direito a intervalos de descanso de 10 (dez) minutos a cada 90 (noventa) de trabalho consecutivo.

347. Horas extras habituais. Apuração. Média física (mantida) O cálculo do valor das horas extras habituais, para efeito de reflexos em verbas trabalhistas, observará o número de horas efetivamente prestadas e a ele aplica-se o valor do salário-hora da época do pagamento daquelas verbas.

348. Aviso prévio. Concessão na fluência da garantia de emprego. Invalidade (mantida) É inválida a concessão do aviso prévio na fluência da garantia de emprego, ante a incompatibilidade dos dois institutos.

349. ACORDO DE COMPENSAÇÃO DE HORÁRIO EM ATIVIDADE INSALUBRE, CELEBRADO POR ACORDO COLETIVO. VALIDADE.

- (cancelada) - Res. 174/2011, *DEJT* divulgado em 27, 30 e 31.05.2011.

350. Prescrição. Termo inicial. Ação de cumprimento. Sentença normativa (mantida) O prazo de prescrição com relação à ação de cumprimento de decisão normativa flui apenas da data de seu trânsito em julgado.

351. Professor. Repouso semanal remunerado. Art. 7º, § 2º, da Lei n. 605, de 05.01.1949 e art. 320 da CLT (mantida) O professor que recebe salário mensal à base de hora-aula tem direito ao acréscimo de 1/6 a título de repouso semanal remunerado, considerando-se para esse fim o mês de quatro semanas e meia.

352. CUSTAS - PRAZO PARA COMPROVAÇÃO

- (cancelamento mantido) - Res. 121/2003, *DJ* 19, 20 e 21.11.2003 - Referência Lei nº 10.537/2002

353. Embargos. Agravo. Cabimento (atualizada em decorrência do CPC de 2015 - Res. 208/2016, *DEJT* divulgado em 22, 25 e 26.04.2016) Não cabem embargos para a Seção de Dissídios Individuais de decisão de Turma proferida em agravo, salvo:

a) da decisão que não conhece de agravo de instrumento ou de agravo pela ausência de pressupostos extrínsecos;

b) da decisão que nega provimento a agravo contra decisão monocrática do Relator, em que se proclamou a ausência de pressupostos extrínsecos de agravo de instrumento;

c) para revisão dos pressupostos extrínsecos de admissibilidade do recurso de revista, cuja ausência haja sido declarada originariamente pela Turma no julgamento do agravo;

d) para impugnar o conhecimento de agravo de instrumento;

e) para impugnar a imposição de multas previstas nos arts. 1.021, § 4º, do CPC de 2015 ou 1.026, § 2º, do CPC de 2015 (art. 538, parágrafo único, do CPC de 1973, ou art. 557, § 2º, do CPC de 1973).

f) contra decisão de Turma proferida em agravo em recurso de revista, nos termos do art. 894, II, da CLT.

354. Gorjetas. Natureza jurídica. Repercussões (mantida) As gorjetas, cobradas pelo empregador na nota de serviço ou oferecidas espontaneamente pelos clientes, integram a remuneração do empregado, não servindo de base de cálculo para as parcelas de aviso-prévio, adicional noturno, horas extras e repouso semanal remunerado.

355. CONAB. Estabilidade. Aviso DIREH n. 2, de 12.12.1984 (mantida) O aviso DIREH n. 2, de 12.12.1984, que concedia estabilidade aos empregados da CONAB, não tem eficácia, porque não aprovado pelo Ministério ao qual a empresa se subordina.

356. Alçada recursal. Vinculação ao salário-mínimo (mantida) O art. 2º, § 4º, da Lei n. 5.584, de 26.06.1970, foi recepcionado pela CF/1988, sendo lícita a fixação do valor da alçada com base no salário-mínimo.

357. Testemunha. Ação contra a mesma reclamada. Suspeição (mantida) Não torna suspeita a testemunha o simples fato de estar litigando ou de ter litigado contra o mesmo empregador.

358. Radiologista. Salário profissional. Lei n. 7.394, de 29.10.1985 (mantida) O salário profissional dos técnicos em radiologia é igual a 2 (dois) salários-mínimos e não a 4 (quatro).

359. SUBSTITUIÇÃO PROCESSUAL. AÇÃO DE CUMPRIMENTO. ART. 872, PARÁGRAFO ÚNICO, DA CLT. FEDERAÇÃO. LEGITIMIDADE

‣ (cancelada) - Res. 121/2003, *DJ* 19, 20 e 21.11.2003

360. Turnos ininterruptos de revezamento. Intervalos intrajornada e semanal (mantida) A interrupção do trabalho destinada a repouso e alimentação, dentro de cada turno, ou o intervalo para repouso semanal, não descaracteriza o turno de revezamento com jornada de 6 (seis) horas previsto no art. 7º, XIV, da CF/1988.

361. Adicional de periculosidade. Eletricitários. Exposição intermitente (mantida) O trabalho exercido em condições perigosas, embora de forma intermitente, dá direito ao empregado a receber o adicional de periculosidade de forma integral, porque a Lei n. 7.369, de 20.09.1985, não estabeleceu nenhuma proporcionalidade em relação ao seu pagamento.

362. FGTS. Prescrição (redação alterada) - Res. 198/2015, republicada em razão de erro material - *DEJT* divulgado em 12, 15 e 16.06.2015.

I - Para os casos em que a ciência da lesão ocorreu a partir de 13.11.2014, é quinquenal a prescrição do direito de reclamar contra o não recolhimento de contribuição para o FGTS, observado o prazo de dois anos após o término do contrato;

II - Para os casos em que o prazo prescricional já estava em curso em 13.11.2014, aplica-se o prazo prescricional que se consumar primeiro: trinta anos, contados do termo inicial, ou cinco anos, a partir de 13.11.2014 (STF-ARE-709212/DF).

363. Contrato nulo. Efeitos (nova redação - Res. 121/2003, *DJ*, 19, 20 e 21.11.2003) A contratação de servidor público, após a CF/1988, sem prévia aprovação em concurso público, encontra óbice no respectivo art. 37, II e § 2º, somente lhe conferindo direito ao pagamento da contraprestação pactuada, em relação ao número de horas trabalhadas, respeitado o valor da hora do salário-mínimo, e dos valores referentes aos depósitos do FGTS.

364. Adicional de periculosidade. Exposição eventual, permanente e intermitente (inserido o item II - Res. 209/2016, *DEJT* divulgado em 01, 02 e 03.06.2016).

I - Tem direito ao adicional de periculosidade o empregado exposto permanentemente ou que, de forma intermitente, sujeita-se a condições de risco. Indevido, apenas, quando o contato dá-se de forma eventual, assim considerado o fortuito, ou o que, sendo habitual, dá-se por tempo extremamente reduzido (ex-Ojs da SBDI-1 n. 05 - inserida em 14.03.1994 - e 280 - *DJ* 11.08.2003).

II - Não é válida a cláusula de acordo ou convenção coletiva de trabalho fixando o adicional de periculosidade em percentual inferior ao estabelecido em lei e proporcional ao tempo de exposição ao risco, pois tal parcela constitui medida de higiene, saúde e segurança do trabalho, garantida por norma de ordem pública (arts. 7º, XXII e XXIII, da CF e 193, § 1º, da CLT).

365. Alçada. Ação rescisória e mandado de segurança (conversão das Orientações Jurisprudenciais 8 e 10, SBDI-1 - Res. 129/2005, *DJ*, 20, 22 e 25.04.2005) Não se aplica a alçada em ação rescisória e em mandado de segurança.

366. Cartão de ponto. Registro. Horas extras. Minutos que antecedem e sucedem a jornada de trabalho (nova redação - Res. 197/2015 - *DEJT* divulgado em 14, 15 e 18.05.2015). Não serão descontadas nem computadas como jornada extraordinária as variações de horário do registro de ponto não excedentes de cinco minutos, observado o limite máximo de dez minutos diários. Se ultrapassado esse limite, será considerada como extra a totalidade do tempo que exceder a jornada normal, pois configurado tempo à disposição do empregador, não importando as atividades desenvolvidas pelo empregado ao longo do tempo residual (troca de uniforme, lanche, higiene pessoal etc.).

367. Utilidades in natura. Habitação. Energia elétrica. Veículo. Cigarro. Não integração ao salário (conversão das Orientações Jurisprudenciais 24, 131 e 246 SBDI-1 - Res. 129/2005, *DJ*, 20, 22 e 25.04.2005)

I - A habitação, a energia elétrica e veículo fornecidos pelo empregador ao empregado, quando indispensáveis para a realização do trabalho, não têm natureza salarial, ainda que, no caso de veículo, seja ele utilizado pelo empregado também em atividades particulares.

II - O cigarro não se considera salário utilidade em face de sua nocividade à saúde.

368. Descontos previdenciários. Imposto de renda. Competência. Responsabilidade pelo recolhimento. Forma de cálculo. Fato gerador (aglutinada a parte final da Orientação Jurisprudencial nº 363 da SBDI-I à redação do item II e incluídos os itens IV, V e VI em sessão do Tribunal Pleno realizada em 26.06.2017) - Res. 219/2017, republicada em razão de erro material – *DEJT* divulgado em 12, 13 e 14.07.2017

I - A Justiça do Trabalho é competente para determinar o recolhimento das contribuições fiscais. A competência da Justiça do Trabalho, quanto à execução das contribuições previdenciárias, limita-se às sentenças condenatórias em pecúnia que proferir e aos valores, objeto de acordo homologado, que integrem o salário de contribuição. (ex-OJ nº 141 da SBDI-1 - inserida em 27.11.1998).

II - É do empregador a responsabilidade pelo recolhimento das contribuições previdenciárias e fiscais, resultantes de crédito do empregado oriundo de condenação judicial. A culpa do empregador pelo inadimplemento das verbas remuneratórias, contudo, não exime a responsabilidade do empregado pelos pagamentos do imposto de renda devido e da contribuição previdenciária que recaia sobre sua quota-parte. (ex-OJ nº 363 da SBDI-1, parte final)

III - Os descontos previdenciários relativos à contribuição do empregado, no caso de ações trabalhistas, devem ser calculados mês a mês, de conformidade com o art. 276, § 4º, do Decreto n º 3.048/1999 que regulamentou a Lei nº 8.212/1991, aplicando-se as alíquotas previstas no art. 198, observado o limite máximo do salário de contribuição (ex-OJs nºs 32 e 228 da SBDI-1 – inseridas, respectivamente, em 14.03.1994 e 20.06.2001).

IV - Considera-se fato gerador das contribuições previdenciárias decorrentes de créditos trabalhistas reconhecidos ou homologados em juízo, para os serviços prestados até 4.3.2009, inclusive, o efetivo pagamento das verbas, configurando-se a mora a partir do dia dois do mês seguinte ao da liquidação (art. 276, *"caput"*, do Decreto nº 3.048/1999). Eficácia não retroativa da alteração legislativa promovida pela Medida Provisória nº 449/2008, posteriormente convertida na Lei nº 11.941/2009, que deu nova redação ao art. 43 da Lei nº 8.212/91.

V - Para o labor realizado a partir de 5.3.2009, considera-se fato gerador das contribuições previdenciárias decorrentes de créditos trabalhistas reconhecidos ou homologados em juízo a data da efetiva prestação dos serviços. Sobre as contribuições previdenciárias não recolhidas a partir da prestação dos serviços incidem juros de mora e, uma vez apurados os créditos previdenciários, aplica-se multa a partir do exaurimento do prazo de citação para pagamento, se descumprida a obrigação, observado o limite legal de 20% (art. 61, § 2º, da Lei nº 9.430/96).

VI - O imposto de renda decorrente de crédito do empregado recebido acumuladamente deve ser calculado sobre o montante dos rendimentos pagos, mediante a utilização de tabela progressiva resultante da multiplicação da quantidade de meses a que se refiram os rendimentos pelos valores constantes da tabela progressiva mensal correspondente ao mês do recebimento ou crédito, nos termos do art. 12-A da Lei nº 7.713, de 22/12/1988, com a redação conferida pela Lei nº 13.149/2015, observado o procedimento previsto nas Instruções Normativas da Receita Federal do Brasil.

369. Dirigente sindical. Estabilidade provisória (redação do item I alterada na sessão do Tribunal Pleno realizada em 14.09.2012 - Res. 185/2012, *DEJT* divulgado em 25, 26 e 27.09.2012)

I - É assegurada a estabilidade provisória ao empregado dirigente sindical, ainda que a comunicação do registro da candidatura ou da eleição e da posse seja realizada fora do prazo previsto no art. 543, § 5º, da CLT, desde que a ciência ao empregador, por qualquer meio, ocorra na vigência do contrato de trabalho.

II - O art. 522 da CLT foi recepcionado pela Constituição Federal de 1988. Fica limitada, assim, a estabilidade a que alude o art. 543, § 3º, da CLT a sete dirigentes sindicais e igual número de suplentes.

III - O empregado de categoria diferenciada eleito dirigente sindical só goza de estabilidade se exercer na empresa atividade pertinente à categoria profissional do sindicato para o qual foi eleito dirigente.

IV - Havendo extinção da atividade empresarial no âmbito da base territorial do sindicato, não há razão para subsistir a estabilidade.

V - O registro da candidatura do empregado a cargo de dirigente sindical durante o período de aviso prévio, ainda que indenizado, não lhe assegura a estabilidade, visto que inaplicável a regra do § 3º do art. 543 da Consolidação das Leis do Trabalho.

370. Médico e engenheiro. Jornada de trabalho. Leis n. 3.999/1961 e 4.950-A/1966 (conversão das Orientações Jurisprudenciais 39 e 53, SBDI-1 - Res. 129/2005, *DJ*, 20, 22 e 25.04.2005) Tendo em vista que as Leis n. 3.999/1961 e 4.950-A/1966 não estipulam a jornada reduzida, mas apenas estabelecem o salário-mínimo da categoria para uma jornada de 4 horas para os médicos e de 6 horas para os engenheiros, não há que se falar em horas extras, salvo as excedentes à oitava, desde que seja respeitado o salário-mínimo/horário das categorias.

371. Aviso prévio indenizado. Efeitos. Superveniência de auxílio-doença no curso deste (conversão das Orientações Jurisprudenciais 40 e 135 SBDI-1 - Res. 129/2005, *DJ*, 20, 22 e 25.04.2005) A projeção do contrato de trabalho para o futuro, pela concessão do aviso prévio indenizado, tem efeitos limitados às vantagens econômicas obtidas no período de pré-aviso, ou seja, salários, reflexos e verbas rescisórias. No caso de concessão de auxílio-doença no curso do aviso prévio, todavia, só se concretizam os efeitos da dispensa depois de expirado o benefício previdenciário.

372. Gratificação de função. Supressão ou redução. Limites (conversão das Orientações Jurisprudenciais n. 45 e 303 SBDI-1 - Res. 129/2005, *DJ*, 20, 22 e 25.04.2005)

I - Percebida a gratificação de função por dez ou mais anos pelo empregado, se o empregador, sem justo motivo, revertê-lo a seu cargo efetivo, não poderá retirar-lhe a gratificação tendo em vista o princípio da estabilidade financeira.

II - Mantido o empregado no exercício da função comissionada, não pode o empregador reduzir o valor da gratificação.

373. Gratificação semestral. Congelamento. Prescrição parcial (conversão da OJ 46 SBDI-1 - Res. 129/2005, *DJ*, 20, 22 e 25.04.2005) Tratando-se de pedido de diferença de gratificação semestral que teve seu valor congelado, a prescrição aplicável é a parcial.

374. Norma coletiva. Categoria diferenciada. Abrangência (conversão da OJ 55 SBDI-1 - Res. 129/2005, *DJ*, 20, 22 e 25.04.2005) Empregado integrante de categoria profissional diferenciada não tem o direito de haver de seu empregador vantagens previstas em instrumento coletivo no qual a empresa não foi representada por órgão de classe de sua categoria.

375. Reajustes salariais previstos em norma coletiva. Prevalência da legislação de política salarial (conversão da OJ, 69 SBDI-1 e da OJ 40, SBDI-2 - Res. 129/2005, *DJ*, 20, 22 e 25.04.2005) Os reajustes salariais previstos em norma coletiva de trabalho não prevalecem frente à legislação superveniente de política salarial.

376. Horas extras. Limitação. Art. 59 da CLT. Reflexos (conversão das Orientações Jurisprudenciais 89 e 117, SBDI-1 - Res. 129/2005, *DJ*, 20, 22 e 25.04.2005)

I - A limitação legal da jornada suplementar a duas horas diárias não exime o empregador de pagar todas as horas trabalhadas.

II - O valor das horas extras habitualmente prestadas integra o cálculo dos haveres trabalhistas, independentemente da limitação prevista no *caput* do art. 59 da CLT.

377. Preposto. Exigência da condição de empregado (nova redação - Res. 146/2008, *DJ*, 28.04.2008, 02 e 05.05.2008). Exceto quanto à reclamação de empregado doméstico, ou contra micro ou pequeno empresário, o preposto deve ser necessariamente empregado do reclamado. Inteligência do art. 843, § 1º, da CLT e do art. 54 da Lei Complementar n. 123, de 14 de dezembro de 2006.

378. Estabilidade provisória. Acidente do trabalho. Art. 118 da Lei n. 8.213/1991 (inserido item III - Res. 185/2012, *DEJT* divulgado em 25, 26 e 27.09.2012)

I - É constitucional o artigo 118 da Lei n. 8.213/1991 que assegura o direito à estabilidade provisória por período de 12 meses após a cessação do auxílio-doença ao empregado acidentado (ex-OJ n. 105 da SBDI-1 - inserida em 01.10.1997).

II - São pressupostos para a concessão da estabilidade o afastamento superior a 15 dias e a consequente percepção do auxílio-doença acidentário, salvo se constatada, após a despedida, doença profissional que guarde relação de causalidade com a execução do contrato de emprego (primeira parte - ex-OJ 230 da SBDI-1 - inserida em 20.06.2001).

III - O empregado submetido a contrato de trabalho por tempo determinado goza da garantia provisória de emprego decorrente de acidente de trabalho prevista no art. 118 da Lei n. 8.213/91.

379. Dirigente sindical. Despedida. Falta grave. Inquérito judicial. Necessidade (conversão da OJ 114 SBDI-1 - Res. 129/2005, *DJ*, 20, 22 e 25.04.2005) O dirigente sindical somente poderá ser dispensado por falta grave mediante a apuração em inquérito judicial, inteligência dos arts. 494 e 543, § 3º, da CLT.

380. Aviso prévio. Início da contagem. Art. 132 do Código Civil de 2002 (conversão da OJ 122 SBDI-1 - Res. 129/2005, *DJ*, 20, 22 e 25.04.2005) Aplica-se a regra prevista no *caput* do art. 132 do Código Civil de 2002 à contagem do prazo do aviso prévio, excluindo-se o dia do começo e incluindo o do vencimento.

381. Correção monetária. Salário. Art. 459 da CLT (conversão da OJ 124 SBDI-1 - Res. 129/2005, *DJ*, 20, 22 e 25.04.2005) O pagamento dos salários até o 5º dia útil do mês subsequente ao vencido não está sujeito à correção monetária. Se essa data limite for ultrapassada, incidirá o índice da correção monetária do mês subsequente ao da prestação dos serviços, a partir do dia 1º.

382. Mudança de regime celetista para estatutário. Extinção do contrato. Prescrição bienal (conversão da Orientação Jurisprudencial n. 128 SBDI-1 - Res. 129/2005, *DJ*, 20, 22 e 25.04.2005) A transferência do regime jurídico de celetista para estatutário implica extinção do contrato de trabalho, fluindo o prazo da prescrição bienal a partir da mudança de regime.

383. Recurso. Mandato. Irregularidade de representação. CPC de 2015, arts. 104 e 76, § 2º (nova redação em decorrência do CPC de 2015 - Res. 210/2016, *DEJT* divulgado em 30.06.2016 e 01 e 04.07.2016)

I - É inadmissível recurso firmado por advogado sem procuração juntada aos autos até o momento da sua interposição, salvo mandato tácito. Em caráter excepcional (art. 104 do CPC de 2015), admite-se que o advogado, independentemente de intimação, exiba a procuração no prazo de 5 (cinco) dias após a interposição do recurso, prorrogável por igual período mediante despacho do juiz. Caso não a exiba, considera-se ineficaz o ato praticado e não se conhece do recurso.

II - Verificada a irregularidade de representação da parte em fase recursal, em procuração ou substabelecimento já constante dos autos, o relator ou o órgão competente para julgamento do recurso designará prazo de 5 (cinco) dias para que seja sanado o vício. Descumprida a determinação, o relator não conhecerá do recurso, se a providência couber ao recorrente, ou determinará o desentranhamento das contrarrazões, se a providência couber ao recorrido (art. 76, § 2º, do CPC de 2015).

384. Multa convencional. Cobrança (conversão das Orientações Jurisprudenciais 150 e 239, SBDI-1 - Res. 129/2005, *DJ*, 20, 22 e 25.04.2005)

I - O descumprimento de qualquer cláusula constante de instrumentos normativos diversos não submete o empregado a ajuizar várias ações, pleiteando em cada uma o pagamento da multa referente ao descumprimento de obrigações previstas nas cláusulas respectivas.

II - É aplicável multa prevista em instrumento normativo (sentença normativa, convenção ou acordo coletivo) em caso de descumprimento de obrigação prevista em lei, mesmo que a norma coletiva seja mera repetição de texto legal.

385. Feriado local ou forense. Ausência de expediente. Prazo recursal. Prorrogação. Comprovação. Necessidade. (alterada em decorrência do CPC de 2015) – Res. 220/2017 do TST (*DEJT* 22.09.2017).

I – Incumbe à parte o ônus de provar, quando da interposição do recurso, a existência de feriado local que autorize a prorrogação do prazo recursal (art. 1.003, § 6º, do CPC de 2015). No caso de o recorrente alegar a existência de feriado local e não o comprovar no momento da interposição do recurso, cumpre ao relator conceder o prazo de 5 (cinco) dias para que seja sanado o vício (art. 932, parágrafo único, do CPC de 2015), sob pena de não conhecimento se da comprovação depender a tempestividade recursal.

II – Na hipótese de feriado forense, incumbirá à autoridade que proferir a decisão de admissibilidade certificar o expediente nos autos.

III – Admite-se a reconsideração da análise da tempestividade do recurso, mediante prova documental superveniente, em agravo de instrumento, agravo interno, agravo regimental, ou embargos de declaração, desde que, em momento anterior, não tenha havido a concessão de prazo para a comprovação da ausência de expediente forense.

386. Policial militar. Reconhecimento de vínculo empregatício com empresa privada (conversão da Orientação Jurisprudencial 167, SBDI-1 - Res. 129/2005, *DJ*, 20, 22 e 25.04.2005) Preenchidos os requisitos do art. 3º da CLT, é legítimo o reconhecimento de relação de emprego entre policial militar e empresa privada, independentemente do eventual cabimento de penalidade disciplinar prevista no Estatuto do Policial Militar.

387. Recurso. Fac-símile. Lei n. 9.800/1999 (atualizada em decorrência do CPC de 2015 - Res. 208/2016, *DEJT* divulgado em 22, 25 e 26.04.2016).

I - A Lei n. 9.800, de 26.05.1999, é aplicável somente a recursos interpostos após o início de sua vigência (ex-OJ n. 194 da SBDI-1 - inserida em 08.11.2000).

II - A contagem do quinquídio para apresentação dos originais de recurso interposto por intermédio de fac-símile começa a fluir do dia subsequente ao término do prazo recursal, nos termos do art. 2º da Lei n. 9.800, de 26.05.1999, e não do dia seguinte à interposição do recurso, se esta se deu antes do termo final do prazo (ex-OJ n. 337 da SBDI-1 - primeira parte - *DJ* 04.05.2004).

III - Não se tratando a juntada dos originais de ato que dependa de notificação, pois a parte, ao interpor o recurso, já tem ciência de seu ônus processual, não se aplica a regra do art. 224 do CPC de 2015 (art. 184 do CPC de 1973) quanto ao dies a quo, podendo coincidir com sábado, domingo ou feriado (ex-OJ n. 337 da SBDI-1 - in fine - *DJ* 04.05.2004).

IV - A autorização para utilização do fac-símile, constante do art. 1º da Lei n. 9.800, de 26.05.1999, somente alcança as hipóteses em que o documento é dirigido diretamente ao órgão jurisdicional, não se aplicando à transmissão ocorrida entre particulares.

388. Massa falida. Arts. 467 e 477 da CLT. Inaplicabilidade (conversão das Orientações Jurisprudenciais 201 e 314 SBDI-1 - Res. 129/2005, *DJ*, 20, 22 e 25.04.2005) A Massa Falida não se sujeita à penalidade do art. 467 e nem à multa do § 8º do art. 477, ambos da CLT.

389. Seguro-desemprego. Competência da Justiça do Trabalho. Direito à indenização por não liberação de guias (conversão das Orientações Jurisprudenciais 210 e 211 SBDI-1 - Res. 129/2005, *DJ*, 20, 22 e 25.04.2005)

I - Inscreve-se na competência material da Justiça do Trabalho a lide entre empregado e empregador tendo por objeto indenização pelo não fornecimento das guias do seguro-desemprego.

II - O não fornecimento pelo empregador da guia necessária para o recebimento do seguro-desemprego dá origem ao direito à indenização.

390. Estabilidade. Art. 41 da CF/1988. Celetista. Administração direta, autárquica ou fundacional. Aplicabilidade. Empregado de empresa pública e sociedade de economia mista. Inaplicável (conversão das Orientações Jurisprudenciais 229 e 265, SBDI-1 e da OJ 22, SBDI-2 - Res. 129/2005, *DJ*, 20, 22 e 25.04.2005)

I - O servidor público celetista da administração direta, autárquica ou fundacional é beneficiário da estabilidade prevista no art. 41 da CF/1988.

II - Ao empregado de empresa pública ou de sociedade de economia mista, ainda que admitido mediante aprovação em concurso público, não é garantida a estabilidade prevista no art. 41 da CF/1988.

- Lei 13.303/2016 (Dispõe sobre o estatuto jurídico da empresa pública, da sociedade de economia mista e de suas subsidiárias, no âmbito da União, dos Estados, do Distrito Federal e dos Municípios).

391. Petroleiros. Lei n. 5.811/1972. Turno ininterrupto de revezamento. Horas extras e alteração da jornada para horário fixo (conversão das Orientações Jurisprudenciais 240 e 333 SBDI-1 - Res. 129/2005, *DJ*, 20, 22 e 25.04.2005)

I - A Lei n. 5.811/1972 foi recepcionada pela CF/88 no que se refere à duração da jornada de trabalho em regime de revezamento dos petroleiros.

II - A previsão contida no art. 10 da Lei n. 5.811/1972, possibilitando a mudança do regime de revezamento para horário fixo, constitui alteração lícita, não violando os arts. 468 da CLT e 7º, VI, da CF/1988.

392. Dano moral e material. Relação de trabalho. Competência da Justiça do Trabalho (redação alterada em sessão do Tribunal Pleno realizada em 27.10.2015) - Res. 200/2015, *DEJT* divulgado em 29.10.2015 e 03 e 04.11.2015.

- Nos termos do art. 114, inc. VI, da Constituição da República, a Justiça do Trabalho é competente para processar e julgar ações de indenização por dano moral e material, decorrentes da relação de trabalho, inclusive as oriundas de acidente de trabalho e doenças a ele equiparadas, ainda que propostas pelos dependentes ou sucessores do trabalhador falecido.

393. Recurso ordinário. Efeito devolutivo em profundidade. Art. 1.013, § 1º, do CPC de 2015. Art. 515, § 1º, do CPC de 1973 (nova redação em decorrência do CPC de 2015 - Res. 208/2016, *DEJT* divulgado em 22, 25 e 26.04.2016).

I - O efeito devolutivo em profundidade do recurso ordinário, que se extrai do § 1º do art. 1.013 do CPC de 2015 (art. 515, § 1º, do CPC de 1973), transfere ao Tribunal a apreciação dos fundamentos da inicial ou da defesa, não examinados pela sentença, ainda que não renovados em contrarrazões, desde que relativos ao capítulo impugnado.

II - Se o processo estiver em condições, o tribunal, ao julgar o recurso ordinário, deverá decidir desde logo o mérito da causa, nos termos do § 3º do art. 1.013 do CPC de 2015, inclusive quando constatar a omissão da sentença no exame de um dos pedidos.

394. Fato superveniente. Art. 493 do CPC de 2015. Art. 462 do CPC de 1973 (atualizada em decorrência do CPC de 2015 - Res. 208/2016, *DEJT* divulgado em 22, 25 e 26.04.2016) O art. 493 do CPC de 2015 (art. 462 do CPC de 1973), que admite a invocação de fato constitutivo, modificativo ou extintivo do direito, superveniente à propositura da ação, é aplicável de ofício aos processos em curso em qualquer instância trabalhista. Cumpre ao juiz ou tribunal ouvir as partes sobre o fato novo antes de decidir.

395. Mandato e substabelecimento. Condições de validade (nova redação dos itens I e II e acrescido o item V em decorrência do CPC de 2015 - Res. 211/2016, *DEJT* divulgado em 24, 25 e 26.08.2016).

I - Válido é o instrumento de mandato com prazo determinado que contém cláusula estabelecendo a prevalência dos poderes para atuar até o final da demanda (§ 4º do art. 105 do CPC de 2015). (ex -OJ n. 312 da SBDI-1 - *DJ* 11.08.2003)

II - Se há previsão, no instrumento de mandato, de prazo para sua juntada, o mandato só tem validade se anexado ao processo o respectivo instrumento no aludido prazo. (ex-OJ n. 313 da SBDI-1 - *DJ* 11.08.2003)

III - São válidos os atos praticados pelo substabelecido, ainda que não haja, no mandato, poderes expressos para substabelecer (art. 667, e parágrafos, do Código Civil de 2002). (ex-OJ n. 108 da SBDI-1 - inserida em 01.10.1997)

IV - Configura-se a irregularidade de representação se o substabelecimento é anterior à outorga passada ao substabelecente. (ex-OJ n. 330 da SBDI-1 - *DJ* 09.12.2003)

V - Verificada a irregularidade de representação nas hipóteses dos itens II e IV, deve o juiz suspender o processo e designar prazo razoável para que seja sanado o vício, ainda que em instância recursal (art. 76 do CPC de 2015).

396. Estabilidade provisória. Pedido de reintegração. Concessão do salário relativo ao período de estabilidade já exaurido.

Inexistência de julgamento *extra petita* (conversão das Orientações Jurisprudenciais 106 e 116 SBDI-1 - Res. 129/2005, *DJ*, 20, 22 e 25.04.2005)

I - Exaurido o período de estabilidade, são devidos ao empregado apenas os salários do período compreendido entre a data da despedida e o final do período de estabilidade, não lhe sendo assegurada a reintegração no emprego.

II - Não há nulidade por julgamento extra petita da decisão que deferir salário quando o pedido for de reintegração, dados os termos do art. 496 da CLT.

397. Ação rescisória. Art. 966, IV, do CPC de 2015. Art. 485, IV, do CPC de 1973. Ação de cumprimento. Ofensa à coisa julgada emanada de sentença normativa modificada em grau de recurso. Inviabilidade. Cabimento de mandado de segurança (atualizada em decorrência do CPC de 2015 - Res. 208/2016, *DEJT* divulgado em 22, 25 e 26.04.2016). Não procede ação rescisória calcada em ofensa à coisa julgada perpetrada por decisão proferida em ação de cumprimento, em face de a sentença normativa, na qual se louvava, ter sido modificada em grau de recurso, porque em dissídio coletivo somente se consubstancia coisa julgada formal. Assim, os meios processuais aptos a atacarem a execução da cláusula reformada são a exceção de pré-executividade e o mandado de segurança, no caso de descumprimento do art. 514 do CPC de 2015 (art. 572 do CPC de 1973) (ex-OJ n. 116 da SBDI-2 - *DJ* 11.08.2003).

398. Ação rescisória. Ausência de defesa. Inaplicáveis os efeitos da revelia (alterada em decorrência do CPC de 2015) - Res. 219/2017, *DEJT* divulgado em 28, 29 e 30.06.2017 – republicada - *DEJT* divulgado em 12, 13 e 14.07.2017

- Na ação rescisória, o que se ataca é a decisão, ato oficial do Estado, acobertado pelo manto da coisa julgada. Assim, e considerando que a coisa julgada envolve questão de ordem pública, a revelia não produz confissão na ação rescisória. (ex-OJ nº 126 da SBDI-2 - *DJ* 09.12.2003)

399. Ação rescisória. Cabimento. Sentença de mérito. Decisão homologatória de adjudicação, **de arrematação e de cálculos** (conversão das Orientações Jurisprudenciais 44, 45 e 85, primeira parte, SBDI-2 - Res. 137/2005, *DJ*, 22, 23 e 24.08.2005)

I - É incabível ação rescisória para impugnar decisão homologatória de adjudicação ou arrematação.

II - A decisão homologatória de cálculos apenas comporta rescisão quando enfrentar as questões envolvidas na elaboração da conta de liquidação, quer solvendo a controvérsia das partes quer explicitando, de ofício, os motivos pelos quais acolheu os cálculos oferecidos por uma das partes ou pelo setor de cálculos, e não contestados pela outra.

400. Ação rescisória de ação rescisória. Violação manifesta de norma jurídica. Indicação da mesma norma jurídica apontada na rescisória primitiva (mesmo dispositivo de lei sob o CPC de 1973) (nova redação em decorrência do CPC de 2015 - Res. 208/2016, *DEJT* divulgado em 22, 25 e 26.04.2016) Em se tratando de rescisória de rescisória, o vício apontado deve nascer na decisão rescindenda, não se admitindo a rediscussão do acerto do julgamento da rescisória anterior. Assim, não procede rescisória calcada no inciso V do art. 966 do CPC de 2015 (art. 485, V, do CPC de 1973) para discussão, por má aplicação da mesma norma jurídica, tida por violada na rescisória anterior, bem como para arguição de questões inerentes à ação rescisória primitiva (ex-OJ n. 95 da SBDI-2 - inserida em 27.09.2002 e alterada *DJ* 16.04.2004).

401. Ação rescisória. Descontos legais. Fase de execução. Sentença exequenda omissa. Inexistência de ofensa à coisa julgada (conversão da OJ 81 da SB-DI-2 - Res. 137/2005 - *DJ*, 22, 23 e 24.08.2005) Os descontos previdenciários e fiscais devem ser efetuados pelo juízo executório, ainda que a sentença exequenda tenha sido omissa sobre a questão, dado o caráter de ordem pública ostentado pela norma que os disciplina. A ofensa à coisa julgada somente poderá ser caracterizada na hipótese de o título exequendo, expressamente, afastar a dedução dos valores a título de imposto de renda e de contribuição previdenciária.

402. Ação rescisória. Prova nova. Dissídio coletivo. Sentença normativa (nova redação em decorrência do CPC de 2015) - Res. 217/2017 - *DEJT* divulgado em 20, 24 e 25.04.2017

I - Sob a vigência do CPC de 2015 (art. 966, inciso VII), para efeito de ação rescisória, considera-se prova nova a cronologicamente velha, já existente ao tempo do trânsito em julgado da decisão rescindenda, mas ignorada pelo interessado ou de impossível utilização, à época, no processo.

II - Não é prova nova apta a viabilizar a desconstituição de julgado:

a) sentença normativa proferida ou transitada em julgado posteriormente à sentença rescindenda;

b) sentença normativa preexistente à sentença rescindenda, mas não exibida no processo principal, em virtude de negligência da parte, quando podia e deveria louvar-se de documento já existente e não ignorado quando emitida a decisão rescindenda. (ex-OJ n. 20 da SBDI-2 - inserida em 20.09.2000).

403. Ação rescisória. Dolo da parte vencedora em detrimento da vencida. Art. 485, III, do CPC (conversão das Orientações Jurisprudenciais 111 e 125, SBDI-2 - Res. 137/2005, *DJ*, 22, 23 e 24.08.2005)

I - Não caracteriza dolo processual, previsto no art. 485, III, do CPC, o simples fato de a parte vencedora haver silenciado a respeito de fatos contrários a ela, porque o procedimento, por si só, não constitui ardil do qual resulte cerceamento de defesa e, em consequência, desvie o juiz de uma sentença não condizente com a verdade.

II - Se a decisão rescindenda é homologatória de acordo, não há parte vencedora ou vencida, razão pela qual não é possível a sua desconstituição calcada no inciso III do art. 485 do CPC (dolo da parte vencedora em detrimento da vencida), pois constitui fundamento de rescindibilidade que supõe solução jurisdicional para a lide.

404. Ação rescisória. Fundamento para invalidar confissão. Confissão ficta. Inadequação do enquadramento no art. 485, VIII, do CPC de 1973 (Res. 209/2016, *DEJT* divulgado em 01, 02 e 03.06.2016).

O art. 485, VIII, do CPC de 1973, ao tratar do fundamento para invalidar a confissão como hipótese de rescindibilidade da decisão judicial, referia-se à confissão real, fruto de erro, dolo ou coação, e não à confissão ficta resultante de revelia.

405. Ação rescisória. Tutela provisória (nova redação em decorrência do CPC de 2015 - Res. 208/2016, *DEJT* divulgado em 22, 25 e 26.04.2016). Em face do que dispõem a MP 1.984-22/2000 e o art. 969 do CPC de 2015, é cabível o pedido de tutela provisória formulado na petição inicial de ação rescisória ou na fase recursal, visando a suspender a execução da decisão rescindenda.

406. Ação rescisória. Litisconsórcio. Necessário no polo passivo e facultativo no ativo. Inexistente quanto aos substituídos pelo sindicato (conversão das Orientações Jurisprudenciais 82 e 110, SBDI-2 - Res. 137/2005, *DJ*, 22, 23 e 24.08.2005)

I - O litisconsórcio, na ação rescisória, é necessário em relação ao polo passivo da demanda, porque supõe uma comunidade de direitos ou de obrigações que não admite solução díspar para os litisconsortes, em face da indivisibilidade do objeto. Já em relação ao polo ativo, o litisconsórcio é facultativo, uma vez que a aglutinação de autores se faz por conveniência e não pela necessidade decorrente da natureza do litígio, pois não se pode condicionar o exercício do direito individual de um dos litigantes no processo originário à anuência dos demais para retomar a lide.

II - O Sindicato, substituto processual e autor da reclamação trabalhista, em cujos autos fora proferida a decisão rescindenda, possui legitimidade para figurar como réu na ação rescisória, sendo descabida a exigência de citação de todos os empregados substituídos, porquanto inexistente litisconsórcio passivo necessário.

407. Ação rescisória. Ministério público. Legitimidade *ad causam* prevista no art. 967, III, "a", "b" e "c" do CPC de 2015. Art. 487, III, "a" e "b", do CPC de 1973. Hipóteses meramente exemplificativas (nova redação em decorrência do CPC de 2015 - Res. 208/2016, *DEJT* divulgado em 22, 25 e 26.04.2016). A legitimidade ad causam do Ministério Público para propor ação rescisória, ainda que não tenha sido parte no processo que deu origem à decisão rescindenda, não está limitada às alíneas "a", "b" e "c" do inciso III do art. 967 do CPC de 2015 (art. 487, III, "a" e "b", do CPC de 1973), uma vez que traduzem hipóteses meramente exemplificativas (ex-OJ n. 83 da SBDI-2 - inserida em 13.03.2002).

408. Ação rescisória. Petição inicial. Causa de pedir. Ausência de capitulação ou capitulação errônea no art. 966 do CPC de 2015. Art. 485 do CPC de 1973. Princípio *iura novit curia* (nova redação em decorrência do CPC de 2015 - Res. 208/2016, *DEJT* divulgado em 22, 25 e 26.04.2016). Não padece de inépcia a petição inicial de ação rescisória apenas porque omite a subsunção do fundamento de rescindibilidade no art. 966 do CPC de 2015 (art. 485 do CPC de 1973) ou o capitula erroneamente em um de seus incisos. Contanto que não se afaste dos fatos e fundamentos invocados como causa de pedir, ao Tribunal é lícito emprestar-lhes a adequada qualificação jurídica *(iura novit curia)*. No entanto, fundando-se a ação rescisória no art. 966, inciso V, do CPC de 2015 (art. 485, inciso V, do CPC de 1973), é indispensável expressa indicação, na petição inicial da ação rescisória, da norma jurídica manifestamente violada (dispositivo legal violado sob o CPC de 1973), por se tratar de causa de pedir da rescisória, não se aplicando, no caso, o princípio iura novit curia. (ex-Ojs n. 32 e 33 da SBDI-2 - inseridas em 20.09.2000).

409. Ação rescisória. Prazo prescricional. Total ou parcial. Violação do art. 7º, XXIX, DA CF/1988. Matéria infraconstitucional (conversão da OJ 119, SBDI-2 - Res. 137/2005, *DJ*, 22, 23 e 24.08.2005) Não procede ação rescisória calcada em violação do art. 7º, XXIX, da CF/1988 quando a questão envolve discussão sobre a espécie de prazo prescricional aplicável aos créditos trabalhistas, se total ou parcial, porque a matéria tem índole infraconstitucional, construída, na Justiça do Trabalho, no plano jurisprudencial.

410. Ação rescisória. Reexame de fatos e provas. Inviabilidade (conversão da OJ 109 da SBDI-2 - Res. 137/2005 *DJ*, 22, 23 e 24.08.2005) A ação rescisória calcada em violação de lei não admite reexame de fatos e provas do processo que originou a decisão rescindenda.

411. Ação rescisória. Sentença de mérito. Decisão de Tribunal Regional do Trabalho em agravo regimental confirmando decisão monocrática do relator que, aplicando a Súmula 83 do TST, indeferiu a petição inicial da ação rescisória. Cabimento (conversão da OJ 43, SBDI-2 - Res. 137/2005, *DJ*, 22, 23 e 24.08.2005) Se a decisão recorrida, em agravo regimental, aprecia a matéria na fundamentação, sob o enfoque das Súmulas n. 83 do TST e 343 do STF, constitui sentença de mérito, ainda que haja resultado no indeferimento da petição inicial e na extinção do processo sem julgamento do mérito. Sujeita-se, assim, à reforma pelo TST, a decisão do Tribunal que, invocando controvérsia na interpretação da lei, indefere a petição inicial de ação rescisória.

412. Ação rescisória. Regência pelo CPC de 1973. Sentença de mérito. Questão processual (nova redação em decorrência do CPC de 2015) - Res. 217/2017 - *DEJT* divulgado em 20, 24 e 25.04.2017. Sob a égide do CPC de 1973, pode uma questão processual ser objeto de rescisão desde que consista em pressuposto de validade de uma sentença de mérito. (ex-OJ n. 46 da SBDI-2 - inserida em 20.09.2000).

413. Ação rescisória. Sentença de mérito. Violação do art. 896, "A", da CLT (nova redação em decorrência do CPC de 2015 - Res. 209/2016, *DEJT* divulgado em 01, 02 e 03.06.2016). É incabível ação rescisória, por violação do art. 896, "a", da CLT, contra decisão transitada em julgado sob a égide do CPC de 1973 que não conhece de recurso de revista, com base em divergência jurisprudencial, pois não se cuidava de sentença de mérito (art. 485 do CPC de 1973) (ex-OJ n. 47 da SBDI-2 - inserida em 20.09.2000).

414. Mandado de segurança. Tutela provisória concedida antes ou na sentença (nova redação em decorrência do CPC de 2015) - Res. 217/2017 - *DEJT* divulgado em 20, 24 e 25.04.2017

I - A tutela provisória concedida na sentença não comporta impugnação pela via do mandado de segurança, por ser impugnável mediante recurso ordinário. É admissível a obtenção de efeito suspensivo ao recurso ordinário mediante requerimento dirigido ao tribunal, ao relator ou ao presidente ou ao vice-presidente do tribunal recorrido, por aplicação subsidiária ao processo do trabalho do artigo 1.029, § 5º, do CPC de 2015.

II - No caso de a tutela provisória haver sido concedida ou indeferida antes da sentença, cabe mandado de segurança, em face da inexistência de recurso próprio.

III - A superveniência da sentença, nos autos originários, faz perder o objeto do mandado de segurança que impugnava a concessão ou o indeferimento da tutela provisória.

415. Mandado de segurança. Petição inicial. Art. 321 do CPC de 2015. Art. 284 do CPC de 1973.Inaplicabilidade. (atualizada em decorrência do CPC de 2015 - Res. 208/2016, *DEJT* divulgado em 22, 25 e 26.04.2016). Exigindo o mandado de segurança prova documental pré-constituída, inaplicável o art. 321 do CPC de 2015 (art. 284 do CPC de 1973) quando verificada, na petição inicial do mandamus, a ausência de documento indispensável ou de sua autenticação (ex-OJ n. 52 da SBDI-2 - inserida em 20.09.2000).

416. Mandado de segurança. Execução. Lei n. 8.432/1992. Art. 897, § 1º, da CLT. Cabimento (conversão da OJ 55 da SBDI-2 - Res. 137/2005, *DJ*, 22, 23 e 24.08.2005) Devendo o agravo de petição delimitar justificadamente a matéria e os valores objeto de discordância, não fere direito líquido e certo o prosseguimento da execução quanto aos tópicos e valores não especificados no agravo.

417. Mandado de segurança. Penhora em dinheiro (alterado o item I, atualizado o item II e cancelado o item III, modulando-se os efeitos da presente redação de forma a atingir unicamente as penhoras em dinheiro em execução provisória efetivadas a partir de 18.03.2016, data de vigência do CPC de 2015 - Res. 212/2016, *DEJT* divulgado em 20, 21 e 22.09.2016).

I - Não fere direito líquido e certo do impetrante o ato judicial que determina penhora em dinheiro do executado para garantir crédito exequendo, pois é prioritária e obedece à gradação prevista no art. 835 do CPC de 2015 (art. 655 do CPC de 1973).

II - Havendo discordância do credor, em execução definitiva, não tem o executado direito líquido e certo a que os valores penhorados em dinheiro fiquem depositados no próprio banco, ainda que atenda aos requisitos do art. 840, I, do CPC de 2015 (art. 666, I, do CPC de 1973). (ex-OJ n. 61 da SBDI-2 - inserida em 20.09.2000).

418. Mandado de segurança visando à homologação de acordo (nova redação em decorrência do CPC de 2015) - Res. 217/2017 - *DEJT* divulgado em 20, 24 e 25.04.2017 A homologação de acordo constitui faculdade do juiz, inexistindo direito líquido e certo tutelável pela via do mandado de segurança.

419. Competência. Embargos de terceiro. Execução por carta precatória. Juízo deprecado. (alterada em decorrência do CPC de 2015 - Res. 212/2016, *DEJT* divulgado em 20, 21 e 22.09.2016). Na execução por carta precatória, os embargos de terceiro serão oferecidos no juízo deprecado, salvo se indicado pelo juízo deprecante o bem constrito ou se já devolvida a carta (art. 676, parágrafo único, do CPC de 2015).

420. Competência funcional. Conflito negativo. TRT e Vara do Trabalho de idêntica Região. Não configuração (conversão da OJ 115 da SBDI-2 - Res. 137/2005, *DJ*, 22, 23 e 24.08.2005) Não se configura conflito de competência entre Tribunal Regional do Trabalho e Vara do Trabalho a ele vinculada.

421. Embargos de declaração. Cabimento. Decisão monocrática do relator calcada no art. 932 do CPC de 2015. Art. 557 do CPC de 1973. (atualizada em decorrência do CPC de 2015) - Res. 208/2016, *DEJT* divulgado em 22, 25 e 26.04.2016)

I - Cabem embargos de declaração da decisão monocrática do relator prevista no art. 932 do CPC de 2015 (art. 557 do CPC de 1973), se a parte pretende tão somente juízo integrativo retificador da decisão e, não, modificação do julgado.

II - Se a parte postular a revisão no mérito da decisão monocrática, cumpre ao relator converter os embargos de declaração em agravo, em face dos princípios da fungibilidade e celeridade processual, submetendo-o ao pronunciamento do Colegiado, após a intimação do recorrente para, no prazo de 5 (cinco) dias, complementar as razões recursais, de modo a ajustá-las às exigências do art. 1.021, § 1º, do CPC de 2015.

422. Recurso. Fundamento ausente ou deficiente. Não conhecimento (redação alterada, com inserção dos itens I, II e III - Res. 199/2015, *DEJT*, 24, 25 e 26.06.2015. Com errata publicado no *DEJT*, 01.07.2015.)

I - Não se conhece de recurso para o Tribunal Superior do Trabalho se as razões do recorrente não impugnam os fundamentos da decisão recorrida, nos termos em que proferida.

II - O entendimento referido no item anterior não se aplica em relação à motivação secundária e impertinente, consubstanciada em despacho de admissibilidade de recurso ou em decisão monocrática.

III - Inaplicável a exigência do item I relativamente ao recurso ordinário da competência de Tribunal Regional do Trabalho, exceto em caso de recurso cuja motivação é inteiramente dissociada dos fundamentos da sentença.

423. Turno ininterrupto de revezamento. Fixação de jornada de trabalho mediante negociação coletiva. Validade. (conversão da OJ 169 SBDI-1 - Res. 139/2006 - *DJ*, 10, 11 e 13.10.2006) Estabelecida jornada superior a seis horas e limitada a oito horas por meio de regular negociação coletiva, os empregados submetidos a turnos ininterruptos de revezamento não têm direito ao pagamento da 7ª e 8ª horas como extras.

424. Recurso administrativo. Pressuposto de admissibilidade. Depósito prévio da multa administrativa. Não recepção pela Constituição Federal do § 1º do art. 636 da CLT (Res. 160/2009, *DEJT*, 23, 24 e 25.11.2009) O §1º do art. 636 da CLT, que estabelece a exigência de prova do depósito prévio do valor da multa cominada em razão de autuação administrativa como pressuposto de admissibilidade de recurso administrativo, não foi recepcionado pela Constituição Federal de 1988, ante a sua incompatibilidade com o inciso LV do art. 5º.

425. *Jus postulandi* na Justiça do Trabalho. Alcance (Res. 165/2010, *DEJT*, 30.04.2010 e 03 e 04.05.2010) O *jus postulandi* das partes, estabelecido no art. 791 da CLT, limita-se às Varas do Trabalho e aos Tribunais Regionais do Trabalho, não alcançando a ação rescisória, a ação cautelar, o mandado de segurança e os recursos de competência do Tribunal Superior do Trabalho.

426. Depósito recursal. Utilização da guia GFIP. Obrigatoriedade (editada em decorrência do julgamento do processo TST-IUJEEDRR 91700-09.2006.5.18.0006 - Res. 174/2011, *DEJT*, 27, 30 e 31.05.2011) Nos dissídios individuais o depósito recursal será efetivado mediante a utilização da Guia de Recolhimento do FGTS e Informações à Previdência Social - GFIP, nos termos dos §§ 4º e 5º do art. 899 da CLT, admitido o depósito judicial, realizado na sede do juízo e à disposição deste, na hipótese de relação de trabalho não submetida ao regime do FGTS.

427. Intimação. Pluralidade de advogados. Publicação em nome de advogado diverso daquele expressamente indicado. Nulidade (editada em decorrência do julgamento do processo TST-IUJERR 5400-31.2004.5.09.0017 - Res. 174/2011, *DEJT*, 27, 30 e 31.05.2011) Havendo pedido expresso de que as intimações e publicações sejam realizadas exclusivamente em nome de determinado advogado, a comunicação em nome de outro profissional constituído nos autos é nula, salvo se constatada a inexistência de prejuízo.

428. Sobreaviso. Aplicação analógica do art. 244, § 2º da CLT (redação alterada na sessão do Tribunal Pleno realizada em 14.09.2012 - Res. 185/2012, *DEJT* divulgado em 25, 26 e 27.09.2012)

I - O uso de instrumentos telemáticos ou informatizados fornecidos pela empresa ao empregado, por si só, não caracteriza o regime de sobreaviso.

II - Considera-se em sobreaviso o empregado que, à distância e submetido a controle patronal por instrumentos telemáticos ou informatizados, permanecer em regime de plantão ou equivalente, aguardando a qualquer momento o chamado para o serviço durante o período de descanso.

429. Tempo à disposição do empregador. Art. 4º da CLT. Período de deslocamento entre a portaria e o local de trabalho (Res. 174/2011, *DEJT*, 27, 30 e 31.05.2011) Considera-se à disposição do empregador, na forma do art. 4º da CLT, o tempo necessário ao deslocamento do trabalhador entre a portaria da empresa e o local de trabalho, desde que supere o limite de 10 (dez) minutos diários.

430. Administração pública indireta. Contratação. Ausência de concurso público. Nulidade. Ulterior privatização. Convalidação. Insubsistência do vício (Res. 177/2012, *DEJT* divulgado em 13, 14 e 15.02.2012). Convalidam-se os efeitos do contrato de trabalho que, considerado nulo por ausência de concurso público, quando celebrado originalmente com ente da Administração Pública Indireta, continua a existir após a sua privatização.

431. Salário-hora. Empregado sujeito ao regime geral de trabalho (art. 58, caput, da CLT). 40 horas semanais. Cálculo. Aplicação do divisor 200 (redação alterada na sessão do tribunal pleno realizada em 14.09.2012 - Res. 185/2012, *DEJT* divulgado em 25, 26 e 27.09.2012) Para os empregados a que alude o art. 58, *caput*, da CLT, quando sujeitos a 40 horas semanais de trabalho, aplica-se o divisor 200 (duzentos) para o cálculo do valor do salário-hora.

432. Contribuição sindical rural. Ação de cobrança. Penalidade por atraso no recolhimento. Inaplicabilidade do art. 600 da CLT. Incidência do art. 2º da Lei n. 8.022/1990. (Res. 177/2012, *DEJT* divulgado em 13, 14 e 15.02.2012). O recolhimento a destempo da contribuição sindical rural não acarreta a aplicação da multa progressiva prevista no art. 600 da CLT, em decorrência da sua revogação tácita pela Lei n. 8.022, de 12 de abril de 1990.

433. Embargos. Admissibilidade. Processo em fase de execução. Acórdão de Turma publicado na vigência da Lei n. 11.496, de 26.06.2007. Divergência de interpretação de dispositivo constitucional. (Res. 177/2012, *DEJT* divulgado em 13, 14 e 15.02.2012). A admissibilidade do recurso de embargos contra acórdão de Turma em recurso de revista em fase de execução, publicado na vigência da Lei n. 11.496, de 26.06.2007, condiciona-se à demonstração de divergência jurisprudencial entre Turmas ou destas e a Seção Especializada em Dissídios Individuais do Tribunal Superior do Trabalho em relação à interpretação de dispositivo constitucional.

434. RECURSO. INTERPOSIÇÃO ANTES DA PUBLICAÇÃO DO ACÓRDÃO IMPUGNADO. EXTEMPORANEIDADE.

- (cancelada) – Res. 198/2015, republicada em razão de erro material – *DEJT* divulgado em 12, 15 e 16.06.2015.

435. Decisão monocrática. Relator. Art. 932 do CPC de 2015. Art. 557 do CPC de 1973. Aplicação subsidiária ao processo do trabalho (atualizada em decorrência do CPC de 2015 - Res. 208/2016, *DEJT* divulgado em 22, 25 e 26.04.2016). Aplica-se subsidiariamente ao processo do trabalho o art. 932 do CPC de 2015 (art. 557 do CPC de 1973).

436. Representação processual. Procurador da União, Estados, Municípios e Distrito Federal, suas autarquias e fundações públicas. Juntada de instrumento de mandato (conversão da Orientação Jurisprudencial n. 52 da SBDI-I e inserção do item II à redação - Res. 185/2012, *DEJT* divulgado em 25, 26 e 27.09.2012)

I - A União, Estados, Municípios e Distrito Federal, suas autarquias e fundações públicas, quando representadas em juízo, ativa e passivamente, por seus procuradores, estão dispensadas da juntada de instrumento de mandato e de comprovação do ato de nomeação.

II - Para os efeitos do item anterior, é essencial que o signatário ao menos declare-se exercente do cargo de procurador, não bastando a indicação do número de inscrição na Ordem dos Advogados do Brasil.

437. Intervalo intrajornada para repouso e alimentação. Aplicação do art. 71 da CLT (conversão das Orientações Jurisprudenciais n. 307, 342, 354, 380 e 381 da SBDI-1 - Res. 185/2012, *DEJT* divulgado em 25, 26 e 27.09.2012)

I - Após a edição da Lei n. 8.923/94, a não concessão ou a concessão parcial do intervalo intrajornada mínimo, para repouso e alimentação, a empregados urbanos e rurais, implica o pagamento total do período correspondente, e não apenas daquele suprimido, com acréscimo de, no mínimo, 50% sobre o valor da remuneração da hora normal de trabalho (art. 71 da CLT), sem prejuízo do cômputo da efetiva jornada de labor para efeito de remuneração.

II - É inválida cláusula de acordo ou convenção coletiva de trabalho contemplando a supressão ou redução do intervalo intrajornada porque este constitui medida de higiene, saúde e segurança do trabalho, garantido por norma de ordem pública (art. 71 da CLT e art. 7º, XXII, da CF/1988), infenso à negociação coletiva.

III - Possui natureza salarial a parcela prevista no art. 71, § 4º, da CLT, com redação introduzida pela Lei n. 8.923, de 27 de julho de 1994, quando não concedido ou reduzido pelo empregador o intervalo mínimo intrajornada para repouso e alimentação, repercutindo, assim, no cálculo de outras parcelas salariais.

IV - Ultrapassada habitualmente a jornada de seis horas de trabalho, é devido o gozo do intervalo intrajornada mínimo de uma hora, obrigando o empregador a remunerar o período para descanso e alimentação não usufruído como extra, acrescido do respectivo adicional, na forma prevista no art. 71, *caput* e § 4º da CLT.

438. Intervalo para recuperação térmica do empregado. Ambiente artificialmente frio. Horas extras. Art. 253 da CLT. Aplicação analógica (Res. 185/2012, *DEJT* divulgado em 25, 26 e 27.09.2012) O empregado submetido a trabalho contínuo em ambiente artificialmente frio, nos termos do parágrafo único do art. 253 da CLT, ainda que não labore em câmara frigorífica, tem direito ao intervalo intrajornada previsto no *caput* do art. 253 da CLT.

439. Danos morais. Juros de mora e atualização monetária. Termo inicial (Res. 185/2012, *DEJT* divulgado em 25, 26 e 27.09.2012) Nas condenações por dano moral, a atualização monetária é devida a partir da data da decisão de arbitramento ou de alteração do valor. Os juros incidem desde o ajuizamento da ação, nos termos do art. 883 da CLT.

440. Auxílio-doença acidentário. Aposentadoria por invalidez. Suspensão do contrato de trabalho. Reconhecimento do direito à manutenção de plano de saúde ou de assistência médica (Res. 185/2012, *DEJT* divulgado em 25, 26 e 27.09.2012)

Assegura-se o direito à manutenção de plano de saúde ou de assistência médica oferecido pela empresa ao empregado, não obstante suspenso o contrato de trabalho em virtude de auxílio-doença acidentário ou de aposentadoria por invalidez.

441. Aviso prévio. Proporcionalidade (Res. 185/2012, *DEJT* divulgado em 25, 26 e 27.09.2012) O direito ao aviso prévio proporcional ao tempo de serviço somente é assegurado nas rescisões de contrato de trabalho ocorridas a partir da publicação da Lei n. 12.506, em 13 de outubro de 2011.

442. Procedimento sumaríssimo. Recurso de revista fundamentado em contrariedade a orientação jurisprudencial. Inadmissibilidade. Art. 896, § 6º, da CLT, acrescentado pela Lei n. 9.957, de 12.01.2000 (conversão da Orientação Jurisprudencial 352 da SBDI-1 - Res. 185/2012, *DEJT* divulgado em 25, 26 e 27.09.2012) Nas causas sujeitas ao procedimento sumaríssimo, a admissibilidade de recurso de revista está limitada à demonstração de violação direta a dispositivo da Constituição Federal ou contrariedade a Súmula do Tribunal Superior do Trabalho, não se admitindo o recurso por contrariedade a Orientação Jurisprudencial deste Tribunal (Livro II, Título II, Capítulo III, do RITST), ante a ausência de previsão no art. 896, § 6º, da CLT.

443. Dispensa discriminatória. Presunção. Empregado portador de doença grave. Estigma ou preconceito. Direito à reintegração (Res. 185/2012, *DEJT* divulgado em 25, 26 e 27.09.2012) Presume-se discriminatória a despedida de empregado portador do vírus HIV ou de outra doença grave que suscite estigma ou preconceito. Inválido o ato, o empregado tem direito à reintegração no emprego.

444. Jornada de trabalho. Norma coletiva. Lei. Escala de 12 por 36. Validade (Res. 185/2012, *DEJT* divulgado em 25, 26 e 27.09.2012) É valida, em caráter excepcional, a jornada de doze horas de trabalho por trinta e seis de descanso, prevista em lei ou ajustada exclusivamente mediante acordo coletivo de trabalho ou convenção coletiva de trabalho, assegurada a remuneração em dobro dos feriados trabalhados. O empregado não tem direito ao pagamento de adicional referente ao labor prestado na décima primeira e décima segunda horas.

445. Inadimplemento de verbas trabalhistas. Frutos. Posse de má-fé. Art. 1.216 do Código Civil. Inaplicabilidade ao Direito do Trabalho (Res. 189/2013, *DEJT* divulgado em 13, 14 e 15.03.2013). A indenização por frutos percebidos pela posse de má-fé, prevista no art. 1.216 do Código Civil, por tratar-se de regra afeta a direitos reais, mostra-se incompatível com o Direito do Trabalho, não sendo devida no caso de inadimplemento de verbas trabalhistas.

446. Maquinista ferroviário. Intervalo intrajornada. Supressão parcial ou total. Horas extras devidas. Compatibilidade entre os arts. 71, § 4º, e 238, § 5º, da CLT. (Res. 193/2013, *DEJT*, 13, 16 e 17.12.2013). A garantia ao intervalo intrajornada, prevista no art. 71 da CLT, por constituir-se em medida de higiene, saúde e segurança do empregado, é aplicável também ao ferroviário maquinista integrante da categoria "c" (equipagem de trem em geral), não havendo incompatibilidade entre as regras inscritas nos arts. 71, § 4º, e 238, § 5º, da CLT.

447. Adicional de periculosidade. Permanência a bordo durante o abastecimento da aeronave. Indevido. (Res. 193/2013, *DEJT*, 13, 16 e 17.12.2013). Os tripulantes e demais empregados em serviços auxiliares de transporte aéreo que, no momento do abastecimento da aeronave, permanecem a bordo não têm direito ao adicional de periculosidade a que aludem o art. 193 da CLT e o Anexo 2, item 1, "c", da NR 16 do MTE.

448. Atividade insalubre. Caracterização. Previsão na norma regulamentadora n. 15 da portaria do Ministério do Trabalho n. 3.214/78. Instalações sanitárias (conversão da OJ n. 4 da SBDI-1 com nova redação do item II. *DJe* 21, 22 e 23.05.2014.)

I - Não basta a constatação da insalubridade por meio de laudo pericial para que o empregado tenha direito ao respectivo adicional, sendo necessária a classificação da atividade insalubre na relação oficial elaborada pelo Ministério do Trabalho.

II - A higienização de instalações sanitárias de uso público ou coletivo de grande circulação, e a respectiva coleta de lixo, por não se equiparar à limpeza em residências e escritórios, enseja o pagamento de adicional de insalubridade em grau máximo, incidindo o disposto no Anexo 14 da NR-15 da Portaria do MTE n. 3.214/78 quanto à coleta e industrialização de lixo urbano.

449. Minutos que antecedem e sucedem a jornada de trabalho. Lei n. 10.243, de 19.06.2001. Norma coletiva. Flexibilização. Impossibilidade (conversão da OJ n. 372 da SBDI-1. *DJe* 21, 22 e 23.05.2014.) A partir da vigência da Lei n. 10.243, de 19.06.2001, que acrescentou o § 1º ao art. 58 da CLT, não mais prevalece cláusula prevista em convenção ou acordo coletivo que elastece o limite de 5 minutos que antecedem e sucedem a jornada de trabalho para fins de apuração das horas extras.

450. Férias. Gozo na época própria. Pagamento fora do prazo. Dobra devida. Arts. 137 e 145 da CLT (conversão da Orientação Jurisprudencial n. 386 da SBDI-1. *DJe* 21, 22 e 23.05.2014.) É devido o pagamento em dobro da remuneração de férias, incluído o terço constitucional, com base no art. 137 da CLT, quando, ainda que gozadas na época própria, o empregador tenha descumprido o prazo previsto no art. 145 do mesmo diploma legal.

- O STF, por maioria, julgou procedente a ADPF 501 para "(a) declarar a inconstitucionalidade da Súmula 450 do Tribunal Superior do Trabalho e (b) invalidar decisões judiciais não transitadas em julgado que, amparadas no texto sumular, tenham aplicado a sanção de pagamento em dobro com base no art. 137 da CLT". (DJE 18.08.2022)

451. Participação nos lucros e resultados. Rescisão contratual anterior à data da distribuição dos lucros. Pagamento proporcional aos meses trabalhados. Princípio da isonomia (conversão da Orientação Jurisprudencial n. 390 da SBDI-1. *DJe* 21,22 e 23.05.2014.) Fere o princípio da isonomia instituir vantagem mediante acordo coletivo ou norma regulamentar que condiciona a percepção da parcela participação nos lucros e resultados ao fato de estar o contrato de trabalho em vigor na data prevista para a distribuição dos lucros. Assim, inclusive na rescisão contratual antecipada, é devido o pagamento da parcela de forma proporcional aos meses trabalhados, pois o ex-empregado concorreu para os resultados positivos da empresa.

452. Diferenças salariais. Plano de cargos e salários. Descumprimento. Critérios de promoção não observados. Prescrição parcial (conversão da OJ n. 404 da SBDI-1. *DJe* 21,22 e 23.05.2014.) Tratando-se de pedido de pagamento de diferenças salariais decorrentes da inobservância dos critérios de promoção estabelecidos em Plano de Cargos e Salários criado pela empresa, a prescrição aplicável é a parcial, pois a lesão é sucessiva e se renova mês a mês.

453. Adicional de periculosidade. Pagamento espontâneo. Caracterização de fato incontroverso. Desnecessária a perícia de que trata o art. 195 da CLT. (conversão da OJ n. 406 da SBDI-1. *DJe* 21, 22 e 23.05.2014.) O pagamento de adicional de periculosidade efetuado por mera liberalidade da empresa, ainda que de forma proporcional ao tempo de exposição ao risco ou em percentual inferior ao máximo legalmente previsto, dispensa a realização da prova técnica exigida pelo art. 195 da CLT, pois torna incontroversa a existência do trabalho em condições perigosas.

454. Competência da Justiça do Trabalho. Execução de ofício. Contribuição social referente ao Seguro de Acidente de Trabalho (SAT). Arts. 114, VIII, e 195, I, "A", da Constituição da República (conversão da OJ n. 414 da SBDI-1. *DJe* 21, 22 e 23.05.2014.) Compete à Justiça do Trabalho a execução, de ofício, da contribuição referente ao Seguro de Acidente de Trabalho (SAT), que tem natureza de contribuição para a seguridade social (arts. 114, VIII, e 195, I, "a", da CF), pois se destina ao financiamento de benefícios relativos à incapacidade do empregado decorrente de infortúnio no trabalho (arts. 11 e 22 da Lei n. 8.212/1991).

455. Equiparação salarial. Sociedade de economia mista. Art. 37, XIII, da CF/1988. Possibilidade (conversão da OJ n. 353 da SBDI-1 com nova redação. *DJe* 21, 22 e 23.05.2014.) À sociedade de economia mista não se aplica a vedação à equiparação prevista no art. 37, XIII, da CF/1988, pois, ao admitir empregados sob o regime da CLT, equipara-se a empregador privado, conforme disposto no art. 173, § 1º, II, da CF/1988.

456. Representação. Pessoa jurídica. Procuração. Invalidade. Identificação do outorgante e de seu representante. (inseridos os itens II e III em decorrência do CPC de 2015 - Res. 211/2016, *DEJT* divulgado em 24, 25 e 26.08.2016).

I - É inválido o instrumento de mandato firmado em nome de pessoa jurídica que não contenha, pelo menos, o nome do outorgante e do signatário da procuração, pois estes dados constituem elementos que os individualizam.

II - Verificada a irregularidade de representação da parte na instância originária, o juiz designará prazo de 5 (cinco) dias para que seja sanado o vício. Descumprida a determinação, extinguirá o processo, sem resolução de mérito, se a providência couber ao reclamante, ou considerará revel o reclamado, se a providência lhe couber (art. 76, § 1º, do CPC de 2015).

III - Caso a irregularidade de representação da parte seja constatada em fase recursal, o relator designará prazo de 5 (cinco) dias para que seja sanado o vício. Descumprida a determinação, o relator não conhecerá do recurso, se a providência couber ao recorrente, ou determinará o desentranhamento das contrarrazões, se a providência couber ao recorrido (art. 76, § 2º, do CPC de 2015).

457. Honorários periciais. Beneficiário da justiça gratuita. Responsabilidade da União pelo pagamento. Resolução n. 66/2010 do CSJT. Observância (conversão da OJ n. 387 da SBDI-1 com nova redação. *DJe* 21, 22 e 23.05.2014.) A União é responsável pelo pagamento dos honorários de perito quando a parte sucumbente no objeto da perícia for beneficiária da assistência judiciária gratuita, observado o procedimento disposto nos arts. 1º, 2º e 5º da Resolução n. 66/2010 do Conselho Superior da Justiça do Trabalho - CSJT.

458. Embargos. Procedimento sumaríssimo. Conhecimento. Recurso interposto após vigência da Lei n. 11.496, de 22.06.2007, que conferiu nova redação ao art. 894 da CLT (conversão da Orientação Jurisprudencial n. 405 da SBDI-1 com nova redação. *DJe* 21, 22 e 23.05.2014.) Em causas sujeitas ao procedimento sumaríssimo, em que pese a limitação imposta no art. 896, § 6º, da CLT à interposição de recurso de revista, admitem-se os embargos interpostos na vigência da Lei n. 11.496, de 22.06.2007, que conferiu nova redação ao art. 894 da CLT, quando demonstrada a divergência jurisprudencial entre Turmas do TST, fundada em interpretações diversas acerca da aplicação de mesmo dispositivo constitucional ou de matéria sumulada.

459. Recurso de revista. Nulidade por negativa de prestação jurisdicional (atualizada em decorrência do CPC de 2015) – Res. 219/2017, *DEJT* divulgado em 28, 29 e 30.06.2017 – republicada - *DEJT* divulgado em 12, 13 e 14.07.2017

O conhecimento do recurso de revista, quanto à preliminar de nulidade, por negativa de prestação jurisdicional, supõe indicação de violação do art. 832 da CLT, do art. 489 do CPC de 2015 (art. 458 do CPC de 1973) ou do art. 93, IX, da CF/1988.

460. Vale-transporte. Ônus da prova (Res. 209/2016, DEJT divulgado em 01, 02 e 03.06.2016) É do empregador o ônus de comprovar que o empregado não satisfaz os requisitos indispensáveis para a concessão do vale-transporte ou não pretenda fazer uso do benefício.

461. FGTS. Diferenças. Recolhimento. Ônus da prova (Res. 209/2016, *DEJT* divulgado em 01, 02 e 03.06.2016).É do empregador o ônus da prova em relação à regularidade dos depósitos do FGTS, pois o pagamento é fato extintivo do direito do autor (art. 373, II, do CPC de 2015).

462. Multa do art. 477, § 8º, da CLT. Incidência. Reconhecimento judicial da relação de emprego (Republicada em razão de erro material - *DEJT* divulgado em 30.06.2016).

A circunstância de a relação de emprego ter sido reconhecida apenas em juízo não tem o condão de afastar a incidência da multa prevista no art. 477, § 8º, da CLT. A referida multa não será devida apenas quando, comprovadamente, o empregado der causa à mora no pagamento das verbas rescisórias.

463. Assistência Judiciária Gratuita. Comprovação (conversão da Orientação Jurisprudencial nº 304 da SBDI-1, com alterações decorrentes do CPC de 2015) - Res. 219/2017, *DEJT* divulgado em 28, 29 e 30.06.2017.

I – A partir de 26.06.2017, para a concessão da assistência judiciária gratuita à pessoa natural, basta a declaração de hipossuficiência econômica firmada pela parte ou por seu advogado, desde que munido de procuração com poderes específicos para esse fim (art. 105 do CPC de 2015);

II – No caso de pessoa jurídica, não basta a mera declaração: é necessária a demonstração cabal de impossibilidade de a parte arcar com as despesas do processo.

TRIBUNAL SUPERIOR DO TRABALHO

Orientações Jurisprudenciais do Tribunal Pleno/Órgão Especial

1. Precatório. Crédito trabalhista. Pequeno valor. Emenda Constitucional n. 37/2002. (*DJ*, 09.12.2003). Há dispensa da expedição de precatório, na forma do art. 100, § 3º, da CF/1988, quando a execução contra a Fazenda Pública não exceder os valores definidos, provisoriamente, pela Emenda Constitucional n. 37/2002, como obrigações de pequeno valor, inexistindo ilegalidade, sob esse prisma, na determinação de sequestro da quantia devida pelo ente público.

2. Precatório. Revisão de cálculos. Limites da competência do presidente do TRT. (*DJ*, 09.12.2003). O pedido de revisão dos cálculos, em fase de precatório, previsto no art. 1º-E da Lei n. 9.494/1997, apenas poderá ser acolhido desde que: a) o requerente aponte e especifique claramente quais são as incorreções existentes nos cálculos, discriminando o montante que seria correto, pois do contrário a incorreção torna-se abstrata; b) o defeito nos cálculos esteja ligado à incorreção material ou à utilização de critério em descompasso com a lei ou com o título executivo judicial; e c) o critério legal aplicável ao débito não tenha sido objeto de debate nem na fase de conhecimento, nem na fase de execução.

3. Precatório. Sequestro. Emenda Constitucional n. 30/00. Preterição. ADIn 1662-8. Art. 100, § 2º, da CF/1988. (*DJ*, 09.12.2003). O sequestro de verbas públicas para satisfação de precatórios trabalhistas só é admitido na hipótese de preterição do direito de precedência do credor, a ela não se equiparando as situações de não inclusão da despesa no orçamento ou de não pagamento do precatório até o final do exercício, quando incluído no orçamento.

4. Mandado de segurança. Decisão de TRT. Incompetência originária do Tribunal Superior do Trabalho. (*DJ*, 17.03.2004). Ao Tribunal Superior do Trabalho não compete apreciar, originariamente, mandado de segurança impetrado em face de decisão de TRT.

5. Recurso ordinário. Cabimento. (conversão da OJ 70, SBDI-1, (*DJ*, 20.04.2005). Não cabe recurso ordinário contra decisão em agravo regimental interposto em reclamação correicional ou em pedido de providência.

6. Precatório. Execução. Limitação da condenação imposta pelo título judicial exequendo à data do advento da Lei n. 8.112, de 11.12.1990. (*DJ*, 25.04.2007). Em sede de precatório, não configura ofensa à coisa julgada a limitação dos efeitos pecuniários da sentença condenatória ao período anterior ao advento da Lei n. 8.112, de 11.12.1990, em que o exequente submetia-se à legislação trabalhista, salvo disposição expressa em contrário na decisão exequenda.

7. Juros de mora. Condenação da Fazenda Pública. (nova redação - Res. 175/2011, *DEJT*, 27, 30 e 31.05.2011).

I - Nas condenações impostas à Fazenda Pública, incidem juros de mora segundo os seguintes critérios:

a) 1% (um por cento) ao mês, até agosto de 2001, nos termos do § 1º do art. 39 da Lei n.º 8.177, de 1.03.1991;

b) 0,5% (meio por cento) ao mês, de setembro de 2001 a junho de 2009, conforme determina o art. 1º - F da Lei n. 9.494, de 10.09.1997, introduzido pela Medida Provisória n. 2.180-35, de 24.08.2001;

II - A partir de 30 de junho de 2009, atualizam-se os débitos trabalhistas da Fazenda Pública, mediante a incidência dos índices oficiais de remuneração básica e juros aplicados à caderneta de poupança, por força do art. 5º da Lei n.º 11.960, de 29.06.2009.

III - A adequação do montante da condenação deve observar essa limitação legal, ainda que em sede de precatório.

8. Precatório. Matéria administrativa. Remessa necessária. Não cabimento. (*DJ*, 25.04.2007). Em sede de precatório, por se tratar de decisão de natureza administrativa, não se aplica o disposto no art. 1º, V, do Decreto-Lei n. 779, de 21.08.1969, em que se determina a remessa necessária em caso de decisão judicial desfavorável a ente público.

9. Precatório. Pequeno valor. Individualização do crédito apurado. Reclamação trabalhista plúrima. Execução direta contra a Fazenda Pública. Possibilidade. (*DJ*, 25.04.2007). Tratando-se de reclamações trabalhistas plúrimas, a aferição do que vem a ser obrigação de pequeno valor, para efeito de dispensa de formação de precatório e aplicação do disposto no § 3º do art. 100 da CF/88, deve ser realizada considerando-se os créditos de cada reclamante.

10. Precatório. Processamento e pagamento. Natureza administrativa. Mandado de segurança. Cabimento. (*DJ*, 25.04.2007). É cabível mandado de segurança contra atos praticados pela Presidência dos Tribunais Regionais em precatório em razão de sua natureza administrativa, não se aplicando o disposto no inciso II do art. 5º da Lei n. 1.533, de 31.12.1951.

11. Recurso em matéria administrativa. Prazo. Órgão colegiado. Oito dias. Art. 6º da Lei n. 5.584, de 26.06.1970. (*DJ*, 25.04.2007) Se não houver norma específica quanto ao prazo para interposição de recurso em matéria administrativa de decisão emanada de órgão Colegiado do Tribunal Regional do Trabalho, aplica-se, por analogia, a regra geral dos prazos adotados na Justiça do Trabalho, ou seja, oito dias, conforme estabelecido no art. 6º da Lei n. 5.584, de 26.06.1970. O prazo de dez dias a que alude o art. 59 da Lei n. 9.784, de 29.01.1999, aplica-se somente à interposição de recursos de decisões prolatadas monocraticamente.

12. Precatório. Procedimento de natureza administrativa. Incompetência funcional do presidente do TRT para declarar a inexigibilidade do título exequendo. (*DEJT*, divulgado em 16, 17 e 20.09.2010). O Presidente do TRT, em sede de precatório, não tem competência funcional para declarar a inexigibilidade do título judicial exequendo, com fundamento no art. 884, § 5º, da CLT, ante a natureza meramente administrativa do procedimento.

13. Precatório. Quebra da ordem de precedência. Não demonstração da posição do exequente na ordem cronológica. Sequestro indevido. (*DEJT*, 16, 17 e 20.09.2010). É indevido o sequestro de verbas públicas quando o exequente/requerente não se encontra em primeiro lugar na lista de ordem cronológica para pagamento de precatórios ou quando não demonstrada essa condição.

Orientações Jurisprudenciais da Seção de Dissídios Coletivos – SDC

1. Acordo coletivo. Descumprimento. Existência de ação própria. Abusividade da greve deflagrada para substituí-la.

- (cancelada) - *DJ* 22.06.2004

2. Acordo homologado. Extensão a partes não subscreventes. Inviabilidade. É inviável aplicar condições constantes de acordo homologado nos autos de dissídio coletivo, extensivamente, às partes que não o subscreveram, exceto se observado o procedimento previsto no art. 868 e seguintes, da CLT.

3. Arresto. Apreensão. Depósito. Pretensões insuscetíveis de dedução em sede coletiva. São incompatíveis com a natureza e finalidade do dissídio coletivo as pretensões de provimento judicial de arresto, apreensão ou depósito.

4. Disputa por titularidade de representação. Incompetência da justiça do trabalho.

- (cancelada) - *DJ* 18.10.2006

5. Dissídio coletivo. Pessoa jurídica de direito público. Possibilidade jurídica. Cláusula de natureza social (redação alterada na sessão do Tribunal Pleno realizada em 14.09.2012 - Res. 186/2012, *DEJT* divulgado em 25, 26 e 27.09.2012) Em face de pessoa jurídica de direito público que mantenha empregados, cabe dissídio coletivo exclusivamente para apreciação de cláusulas de natureza social. Inteligência da Convenção n. 151 da Organização Internacional do Trabalho, ratificada pelo Decreto Legislativo n. 206/2010.

6. Dissídio coletivo. Natureza jurídica. Imprescindibilidade de realização de assembléia de trabalhadores e negociação prévia.

- (cancelada pela SDC em sessão de 10.08.2000, no julgamento do RODC 604502/1999-8) - *DJ* 23.03.2001

7. Dissídio coletivo. Natureza jurídica. Interpretação de norma de caráter genérico. Inviabilidade. Não se presta o dissídio coletivo de natureza jurídica à interpretação de normas de caráter genérico, a teor do disposto no art. 313, II, do RITST.

8. Dissídio coletivo. Pauta reivindicatória não registrada em ata. Causa de extinção. A ata da assembleia de trabalhadores que legitima a atuação da entidade sindical respectiva em favor de seus interesses deve registrar, obrigatoriamente, a pauta reivindicatória, produto da vontade expressa da categoria.

9. Enquadramento sindical. Incompetência material da Justiça do Trabalho. O dissídio coletivo não é meio próprio para o Sindicato vir a obter o reconhecimento de que a categoria que representa é diferenciada, pois esta matéria - enquadramento sindical - envolve a interpretação de norma genérica, notadamente do art. 577 da CLT.

10. Greve abusiva não gera efeitos. É incompatível com a declaração de abusividade de movimento grevista o estabelecimento de quaisquer vantagens ou garantias a seus partícipes, que assumiram os riscos inerentes à utilização do instrumento de pressão máximo.

11. Greve. Imprescindibilidade de tentativa direta e pacífica da solução do conflito. Etapa negocial prévia. É abusiva a greve levada a efeito sem que as partes hajam tentado, direta e pacificamente, solucionar o conflito que lhe constitui o objeto.

12. Greve. Qualificação jurídica. Ilegitimidade ativa *"ad causam"* do sindicato profissional que deflagra o movimento.

- (cancelada) - Res. 166/2010, *DEJT* divulgado em 30.04.2010 e 03 e 04.05.2010

13. Legitimação da entidade sindical. Assembléia deliberativa. *"Quorum"* de validade. Art. 612 da CLT.

- (cancelada) - *DJ* 24.11.2003

14. Sindicato. Base territorial excedente de um município. Obrigatoriedade da realização de múltiplas assembléias.

- (cancelada) - *DJ* 02.12.2003

15. Sindicato. Legitimidade *ad processum*. Imprescindibilidade do registro no Ministério do Trabalho. A comprovação da legitimidade *ad processum* da entidade sindical se faz por seu registro no órgão competente do Ministério do Trabalho, mesmo após a promulgação da Constituição Federal de 1988.

16. Taxa de homologação de rescisão contratual. Ilegalidade. É contrária ao espírito da lei (art. 477, § 7º, da CLT) e da função precípua do Sindicato a cláusula coletiva que estabelece taxa para homologação de rescisão contratual, a ser paga pela empresa a favor do sindicato profissional.

17. Contribuições para entidades sindicais. Inconstitucionalidade de sua extensão a não associados. (mantida. *DEJT*, 25.08.2014.) As cláusulas coletivas que estabeleçam contribuição em favor de entidade sindical, a qualquer título, obrigando trabalhadores não sindicalizados, são ofensivas ao direito de livre associação e sindicalização, constitucionalmente assegurado, e, portanto, nulas, sendo passíveis de devolução, por via própria, os respectivos valores eventualmente descontados.

18. Descontos autorizados no salário pelo trabalhador. Limitação máxima de 70% do salário base. Os descontos efetuados com base em cláusula de acordo firmado entre as partes não podem ser superiores a 70% do salário base percebido pelo empregado, pois deve-se assegurar um mínimo de salário em espécie ao trabalhador.

19. Dissídio coletivo contra empresa. Legitimação da entidade sindical. Autorização dos trabalhadores diretamente envolvidos no conflito (inserido dispositivo – *DEJT*, 16, 17 e 18.11.2010). A legitimidade da entidade sindical para a instauração da instância contra determinada empresa está condicionada à prévia autorização dos trabalhadores da suscitada diretamente envolvidos no conflito.

20. Empregados sindicalizados. Admissão preferencial. Condição violadora do art. 8º, V, da CF/88 (inserido dispositivo - *DEJT*, 16, 17 e 18.11.2010) Viola o art. 8º, V, da CF/1988 cláusula de instrumento normativo que estabelece a preferência, na contratação de mão de obra, do trabalhador sindicalizado sobre os demais.

21. Ilegitimidade *"ad causam"* do sindicato. Ausência de indicação do total de associados da entidade sindical. Insuficiência de "quorum" (art. 612 Da CLT).

- (cancelada) - *DJ* 02.12.2003

22. Legitimidade *ad causam* do sindicato. Correspondência entre as atividades exercidas pelos setores profissional e econômico envolvidos no conflito. Necessidade (inserido dispositivo - *DEJT*, 16, 17 e 18.11.2010) É necessária a correspondência entre as atividades exercidas pelos setores profissional e econômico, a fim de legitimar os envolvidos no conflito a ser solucionado pela via do dissídio coletivo.

23. Legitimidade *ad causam*. Sindicato representativo de segmento profissional ou patronal. Impossibilidade. A representação sindical abrange toda a categoria, não comportando separação fundada na maior ou menor dimensão de cada ramo ou empresa.

24. Negociação prévia insuficiente. Realização de mesa redonda perante a DRT. Art. 114, § 2º, da cf/88. Violação.

- (cancelada) - *DJ* 16.04.2004

25. Salário normativo. Contrato de experiência. Limitação. Tempo de serviço. Possibilidade. Não fere o princípio da isonomia salarial (art. 7º, XXX, da CF/88) a previsão de salário normativo tendo em vista o fator tempo de serviço.

26. Salário normativo. Menor empregado. Art. 7º, XXX, da CF/88. Violação. Os empregados menores não podem ser discriminados em cláusula que fixa salário-mínimo profissional para a categoria.

27. Custas. Ausência de intimação. Deserção. Caracterização. A deserção se impõe mesmo não tendo havido intimação, pois incumbe à parte, na defesa do próprio interesse, obter os cálculos necessários para efetivar o preparo.

28. Edital de convocação da AGT. Publicação. Base territorial. Validade. O edital de convocação para a AGT deve ser publicado em jornal que circule em cada um dos municípios componentes da base territorial.

29. Edital de convocação e ata da assembleia geral. Requisitos essenciais para instauração de dissídio coletivo. O edital de convocação da categoria e a respectiva ata da AGT constituem peças essenciais à instauração do processo de dissídio coletivo.

30. Estabilidade da gestante. Renúncia ou transação de direitos constitucionais. Impossibilidade (republicada em decorrência de erro material - *DEJT*, 19, 20 e 21.09.2011). Nos termos do art. 10, II, b, do ADCT, a proteção à maternidade foi erigida à hierarquia constitucional, pois retirou do âmbito do direito potestativo do empregador a possibilidade de despedir arbitrariamente a empregada em estado gravídico. Portanto, a teor do artigo 9º da CLT, torna-se nula de pleno direito a cláusula que estabelece a possibilidade de renúncia ou transação, pela gestante, das garantias referentes à manutenção do emprego e salário.

31. Estabilidade do acidentado. Acordo homologado. Prevalência. Impossibilidade. Violação do art. 118 da Lei n. 8.213/91. Não é possível a prevalência de acordo sobre legislação vigente, quando ele é menos benéfico do que a própria lei, porquanto o caráter imperativo dessa última restringe o campo de atuação da vontade das partes.

32. Reivindicações da categoria. Fundamentação das cláusulas. Necessidade. Aplicação do precedente normativo nº 37 do TST. (inserida em 19.08.1998) É pressuposto indispensável à constituição válida e regular da ação coletiva a apresentação em forma clausulada e fundamentada das reivindicações da categoria, conforme orientação do item VI, letra "e", da Instrução Normativa nº 4/93.

33. Ação rescisória. Ministério público. Legitimidade restrita. Hipóteses do art. 487, Incisos I e III, do CPC.

‣ (cancelada) - *DJ* 22.08.2005

34. Acordo extrajudicial. Homologação. Justiça do Trabalho. Prescindibilidade. É desnecessária a homologação, por Tribunal Trabalhista, do acordo extrajudicialmente celebrado, sendo suficiente, para que surta efeitos, sua formalização perante o Ministério do Trabalho (art. 614 da CLT e art. 7º, inciso XXVI , da Constituição Federal).

35. Edital de convocação da AGT. Disposição estatutária específica. Prazo mínimo entre a publicação e a realização da assembleia. Observância obrigatória. Se os estatutos da entidade sindical contam com norma específica que estabeleça prazo mínimo entre a data de publicação do edital convocatório e a realização da assembleia correspondente, então a validade desta última depende da observância desse interregno.

36. Empregados de empresa de processamento de dados. Reconhecimento como categoria diferenciada. Impossibilidade. É por lei e não por decisão judicial, que as categorias diferenciadas são reconhecidas como tais. De outra parte, no que tange aos profissionais da informática, o trabalho que desempenham sofre alterações, de acordo com a atividade econômica exercida pelo empregador.

37. Empregados de entidades sindicais. Estabelecimento de condições coletivas de trabalho distintas daquelas às quais sujeitas as categorias representadas pelos empregadores. Impossibilidade jurídica. Art. 10 da lei nº 4.725/65.

‣ (cancelada) - *DJ* 18.10.2006

38. Greve. Serviços essenciais. Garantia das necessidades inadiáveis da população usuária. Fator determinante da qualificação jurídica do movimento. É abusiva a greve que se realiza em setores que a lei define como sendo essenciais à comunidade, se não é assegurado o atendimento básico das necessidades inadiáveis dos usuários do serviço, na forma prevista na Lei n. 7.783/1989.

Orientações Jurisprudenciais da Subseção 1 Transitória da Seção de Dissídios Individuais

▸ Orientações Jurisprudenciais SDI-1, que tratam de matérias transitórias e/ou de aplicação restrita ao TST ou a determinado Tribunal Regional.

1. FGTS. Multa de 40%. Complementação. Indevida (título alterado e inserido dispositivo, *DJ*, 20.04.2005) A rescisão contratual operada antes da vigência da Constituição Federal de 1988, com o pagamento da multa sobre os depósitos do FGTS no percentual de 10%, é ato jurídico perfeito, não se admitindo retroatividade. Assim, indevido o deferimento da complementação, a título de diferenças de multa do FGTS, do percentual de 30%, referente ao período do primeiro contrato rescindido e pago de acordo com a norma vigente à época. (Lei n. 5.107/66, art. 6º).

2. CSN. Licença remunerada. É devido o valor das horas extras até então habitualmente prestadas.

3. Súmula n. 337. Inaplicabilidade (título alterado e inserido dispositivo, *DJ*, 20.04.2005) A Súmula n. 337 do TST é inaplicável a recurso de revista interposto anteriormente à sua vigência.

4. Mineração morro velho. Adicional de insalubridade. Base de cálculo. Acordo coletivo. Prevalência.

▸ (cancelada) – Res. 175/2011, *DEJT* divulgado em 27, 30 e 31.05.2011

5. Servita. Bonificação de assiduidade e produtividade paga semanalmente. Repercussão no repouso semanal remunerado. (título alterado e inserido dispositivo, *DJ*, 20.04.2005). O valor das bonificações de assiduidade e produtividade, pago semanalmente e em caráter permanente pela empresa Servita, visando incentivar o melhor rendimento dos empregados, possui natureza salarial, repercutindo no cálculo do repouso semanal remunerado.

6. Adicional de produtividade. Decisão normativa. Vigência. Limitação. O adicional de produtividade previsto na decisão normativa, proferida nos autos do Dissídio Coletivo n. DC-TST 6/1979, tem sua eficácia limitada à vigência do respectivo instrumento normativo.

7. Banrisul. Complementação de aposentadoria. ADI e cheque-rancho. Não integração (nova redação - incorporação da OJ-T n. 8 SBDI-1, *DJ*, 20.04.2005). As parcelas ADI e cheque-rancho não integram a complementação de aposentadoria dos empregados do Banrisul.

8. Banrisul. Complementação de aposentadoria. Cheque-rancho. Não integração.

▸ (cancelada em decorrência da sua incorporação à redação da Orientação Jurisprudencial Transitória nº 7 da SBDI-1) - Res. 129/2005, *DJ* 20, 22 e 25.04.2005.

9. BNCC. Garantia de emprego. Não assegurada. O Regulamento do BNCC não garante a estabilidade ao empregado nos moldes daquela prevista na CLT, mas apenas a garantia no emprego, ou seja, a garantia contra a despedida imotivada.

10. BNCC. Juros. Súmula n. 304 do TST. Inaplicável. A extinção do BNCC não foi decretada pelo Banco Central mas por deliberação de seus acionistas. Portanto, inaplicável a Súmula n. 304 do TST e, em seus débitos trabalhistas, devem incidir os juros de mora.

11. Complementação de aposentadoria. Ceagesp. Para o empregado se beneficiar da aposentadoria integral, prevista no § 1º do art. 16 do Regulamento Geral n. 1/1963, da Ceagesp, o empregado deverá contar com 30 anos ou mais de efetivo serviço à Ceagesp.

12. CSN. Adicional de insalubridade e de periculosidade. Salário complessivo. Prevalência do acordo coletivo. (inserido dispositivo, *DJ*, 20.04.2005). O pagamento do adicional de insalubridade e periculosidade embutido no salário contratual dos empregados da CSN não caracteriza a complessividade salarial, uma vez que essa forma de pagamento decorre de acordo coletivo há muitos anos em vigor.

13. CSN. Licença remunerada. Aviso prévio. Concomitância. Possibilidade. Devido às circunstâncias especialíssimas ocorridas na CSN (Próspera), considera-se válida a concessão de aviso prévio durante o período da licença remunerada.

14. Defensoria Pública. Opção pela carreira. Servidor investido na função de defensor público até a data em que foi instalada a Assembleia Nacional Constituinte tem direito à opção pela carreira, independentemente de realização de concurso público (celetista ou estatutário), bastando que a opção tenha sido feita até a data supra.

15. Energipe. Participação nos lucros. Incorporação anterior à CF/1988. Natureza salarial. A parcela participação nos lucros, incorporada ao salário do empregado anteriormente à CF/88, possui natureza salarial e gera reflexos em todas as verbas salariais.

16. Agravo de instrumento interposto na vigência da Lei n. 9.756/1998 e anteriormente à edição da Instrução Normativa n. 16/99 do TST. Traslado de Peças. Obrigatoriedade. Não há como dizer que a exigência de traslado de peças necessárias ao julgamento de ambos os recursos (o agravo e o recurso principal) somente se tornou obrigatória após a edição da Instrução Normativa n. 16/99, pois trata-se apenas de meio destinado à interpretação acerca das novas exigências que se tornaram efetivas a partir da vigência da Lei n. 9.756/1998.

17. Agravo de instrumento interposto na vigência da Lei n. 9.756/1998. Embargos declaratórios. Para comprovar a tempestividade do recurso de revista, basta a juntada da certidão de publicação do acórdão dos embargos declaratórios opostos perante o Regional, se conhecidos.

18. Agravo de instrumento interposto na vigência da Lei n. 9.756/1998. Peça indispensável. Certidão de publicação do acórdão regional. Necessária a juntada, salvo se nos autos houver elementos que atestem a tempestividade da revista. A certidão de publicação do acórdão regional é peça essencial para a regularidade do traslado do agravo de instrumento, porque imprescindível para aferir a tempestividade do recurso de revista e para viabilizar, quando provido, seu imediato julgamento, salvo se nos autos houver elementos que atestem a tempestividade da revista.

19. Agravo de instrumento. Interposto na vigência da Lei n. 9.756/1998. Peças dispensáveis à compreensão da controvérsia. Desnecessária a juntada. Mesmo na vigência da Lei n. 9.756/1998, a ausência de peças desnecessárias à compreensão da controvérsia, ainda que relacionadas no inciso I do § 5º do art. 897 da CLT, não implica o não conhecimento do agravo.

20. Agravo de instrumento. Ministério público. Pressupostos extrínsecos. Para aferição da tempestividade do AI interposto pelo Ministério Público, desnecessário o traslado da certidão de publicação do despacho agravado, bastando a juntada da cópia da intimação pessoal na qual conste a respectiva data de recebimento (Lei Complementar n. 75/93, art. 84, IV).

21. Agravo de instrumento. Traslado. Certidão. Instrução Normativa n. 6/96 do TST. Certidão do Regional afirmando que o AI está formado de acordo com IN n. 6/96 do TST não confere autenticidade às peças.

22. Autenticação. Documentos distintos. Cópia. Verso e anverso. Necessidade.

▸ (cancelada em face de sua conversão na Orientação Jurisprudencial nº 287 da SBDI-1) - *DJ* 24.11.2003

23. Autenticação. Documento único. Cópia. Verso e anverso. Inexistindo impugnação da parte contrária, bem como o disposto no art. 795 da CLT, é válida a autenticação aposta em uma face da folha que contenha documento que continua no verso, por constituir documento único.

24. Abono. Complementação de aposentadoria. Reajuste. CVRD (valia) (*DJ*, 09.12.03). A Resolução n. 7/89 da CVRD, que instituiu o benefício "abono aposentadoria" (art. 6º), determina que o reajuste seja feito na mesma época e com o mesmo índice aplicado pelo INSS ou observada a variação do IGP ou da OTN, aplicando-se o maior deles.

25. Banco meridional. Complementação de aposentadoria. Reajustes. Extensão. (*DJ*, 09.12.2003) Os reajustes salariais concedidos sobre quaisquer parcelas aos empregados ativos devem ser estendidos aos inativos, com exclusão apenas das parcelas ressalvadas expressamente no Regulamento do Banco.

26. Banerj. Plano Bresser. Acordo coletivo de trabalho de 91. Não é norma programática. (*DJ*, 09.12.2003) É de eficácia plena e imediata o *caput* da cláusula 5ª do Acordo Coletivo de Trabalho de 1991/1992 celebrado pelo Banerj contemplando o pagamento de diferenças salariais do Plano Bresser, sendo devido o percentual de 26,06% nos meses de janeiro a agosto de 1992, inclusive.

27. Banrisul. Gratificação jubileu. Prescrição. (*DJ*, 09.12.2003) A Gratificação Jubileu, instituída pela Resolução n. 1.761/1967, que foi alterada, reduzindo-se o seu valor, pela Resolução n. 1.885/70, era devida a todo empregado que completasse 25, 30, 35 e 40 anos de serviço no Banco. Era vantagem a ser paga de uma única vez, na data da aposentadoria, fluindo desta data o prazo prescricional, sendo inaplicável a Súmula n. 294 do TST, que é restrito aos casos em que se postulam prestações sucessivas.

28. CDHU. Sucessão trabalhista. (*DJ*, 09.12.2003) Considerando a moldura fática delineada pelo Regional, conduz-se à ilação de que a CDHU foi a sucessora da CONESP, uma vez que ocupou os imóveis e assumiu os contratos anteriores, dando sequência às obras com o mesmo pessoal.

29. CEEE. Equiparação salarial. Quadro de carreira. Reestruturação em 1991. Válido. (*DJ*, 09.12.2003) O quadro de carreira implantado na CEEE em 1977 foi homologado pelo Ministério do Trabalho. A reestruturação procedida em 1991, mesmo não homologada, é válida.

30. Cisão parcial de empresa. Responsabilidade solidária. Proforte. (*DJ*, 09.12.200) É solidária a responsabilidade entre a empresa cindida subsistente e aquelas que absorverem parte do seu patrimônio, quando constatada fraude na cisão parcial.

31. Planos Bresser e Verão. Acordo coletivo autorizando a quitação através da concessão de folgas remuneradas. Conversão em pecúnia após a extinção do contrato de trabalho. Inviabilidade. (*DJ*, 09.12.2003) Acordo coletivo celebrado entre as partes autorizando a quitação dos valores devidos a título de Planos Bresser e Verão em folgas remuneradas é válido. Incabível a conversão do valor correspondente às folgas remuneradas em pecúnia quando extinto o contrato de trabalho pelo advento de aposentadoria voluntária.

32. Complementação de aposentadoria. Banco do brasil. Sucumbência. Inversão. (*DJ*, 10.11.04) Imposta condenação originária em diferenças de complementação de aposentadoria, por ocasião do julgamento de recurso de revista, imperativo o exame no acórdão, sob pena de negativa de prestação jurisdicional, de postulação aduzida em contestação e/ou em contrarrazões visando à limitação da condenação à média trienal e ao teto, matéria insuscetível de prequestionamento.

33. Adicional de insalubridade. Base de cálculo, na vigência do Decreto-Lei n. 2.351/1987: piso nacional de salários (conversão da OJ 3, SBDI-1, *DJ*, 20.04.2005) Na vigência do Decreto-Lei n. 2.351/1987, o piso nacional de salários é a base de cálculo para o adicional de insalubridade.

34. BRDE. Entidade autárquica de natureza bancária. Lei n. 4.595/1964, art. 17. Res. Bacen 469/1970, art. 8º. CLT, art. 224, § 2º. CF, art. 173, § 1º (conversão da OJ 22, SBDI-1, *DJ*, 20.04.2005) O Banco Regional de Desenvolvimento do Extremo Sul - BRDE é uma entidade autárquica de natureza bancária, e, como tal, submete-se ao art. 173, § 1º, da Constituição Federal de 1988. Desta forma, sendo a natureza das atividades por ele exercidas similares às de qualquer instituição financeira, seus empregados são bancários, regendo-se pelas normas especiais a eles referentes, inclusive o art. 224 da CLT.

35. Reajustes salariais. Bimestrais e quadrimestrais (Lei n. 8.222/1991). Simultaneidade inviável. (conversão da OJ 68, SBDI-1, *DJ*, 20.04.2005) Nova antecipação bimestral, na mesma época do reajuste quadrimestral, constitui verdadeiro *bis in idem*, pois o bimestre anterior, que servia como base de cálculo, já teve o INPC considerado para fim do reajuste quadrimestral.

36. Hora *in itinere*. Tempo gasto entre a portaria da empresa e o local do serviço. Devida. Açominas (mantida - Res. 175/2011, *DEJT*, 27, 30 e 31.05.2011) Configura-se como hora *in itinere* o tempo gasto pelo obreiro para alcançar seu local de trabalho a partir da portaria da Açominas.

37. Minascaixa. Legitimidade passiva *ad causam* enquanto não concluído o procedimento de liquidação extrajudicial (conversão da OJ 109 SBDI-1, *DJ*, 20.04.2005) A Minascaixa tem legitimidade passiva *ad causam* para figurar nas demandas contra ela ajuizadas enquanto não tiver concluído o processo de liquidação extrajudicial ao qual se encontra submetida.

38. Banco Meridional. Circular 34.046/1989. Dispensa sem justa causa. (conversão da OJ 137, SBDI-1, *DJ*, 20.04.2005) A inobservância dos procedimentos disciplinados na Circular 34.046/1989 do Banco Meridional, norma de caráter eminentemente procedimental, não é causa para a nulidade da dispensa sem justa causa.

39. FGTS. Opção retroativa. Concordância do empregador. Necessidade. (conversão da OJ 146 SBDI-1, *DJ*, 20.04.2005) A concordância do empregador é indispensável para que o empregado possa optar retroativamente pelo sistema do Fundo de Garantia por Tempo de Serviço.

40. Banrisul. Complementação de aposentadoria. (conversão da OJ 155, SBDI-1, *DJ*, 20.04.2005) A Resolução 1.600/1964, vigente à época da admissão do empregado, incorporou-se ao contrato de trabalho, pelo que sua alteração não poderá prejudicar o direito adquirido, mesmo em virtude da edição da Lei n. 6.435/1977. Incidência das Súmulas n. 51 e 288.

41. Complementação de aposentadoria. Fundação Clemente de Faria. Banco Real. (conversão da OJ 157, SBDI-1, *DJ*, 20.04.2005) É válida a cláusula do Estatuto da Fundação Clemente de Faria que condicionou o direito à complementação de aposentadoria à existência de recursos financeiros, e também previa a suspensão, temporária ou definitiva, da referida complementação.

42. Petrobras. Pensão por morte do empregado assegurada no manual de pessoal. Estabilidade decenal. Opção pelo regime do FGTS (inserido item II à redação - Res. 182/2012, *DEJT* divulgado em 19, 20 e 23.04.2012).

I - Tendo o empregado adquirido a estabilidade decenal, antes de optar pelo regime do FGTS, não há como negar-se o direito à pensão, eis que preenchido o requisito exigido pelo Manual de Pessoal (ex-OJ n. 166 da SDI-1 - inserida em 26.03.99)

II - O benefício previsto no manual de pessoal da Petrobras, referente ao pagamento de pensão e auxílio-funeral aos dependentes do empregado que vier a falecer no curso do contrato de trabalho, não se estende à hipótese em que sobrevém o óbito do trabalhador quando já extinto o contrato de trabalho.

43. Suds. Gratificação. Convênio da União com Estado. Natureza salarial enquanto paga. (conversão da OJ 168, SBDI-1, *DJ*, 20.04.2005) A parcela denominada "Complementação Suds" paga aos servidores em virtude de convênio entre o Estado e a União Federal tem natureza salarial, enquanto paga, pelo que repercute nos demais créditos trabalhistas do empregado.

44. Anistia. Lei n. 6.683/79. Tempo de afastamento. Não computável para efeito de indenização e adicional por tempo de serviço, licença-prêmio e promoção. (conversão da OJ 176, SBDI-1, *DJ*, 20.04.2005) O tempo de afastamento do anistiado pela Lei n. 6.683/79 não é computável para efeito do pagamento de indenização por tempo de serviço, licença-prêmio e promoção.

45. Comissionista puro. Abono. Lei n. 8.178/1991. Não incorporação. (conversão da OJ 180 SBDI-1, *DJ*, 20.04.2005) É indevida a incorporação do abono instituído pela Lei n. 8.178/1991 aos empregados comissionistas.

46. Complementação de aposentadoria. Banco Itaú. (conversão da OJ 183, SBDI-1, *DJ*, 20.04.2005) O empregado do Banco Itaú admitido na vigência da Circular BB-05/1966, que passou para a inatividade posteriormente à vigência da RP-40/1974, está sujeito ao implemento da condição "idade mínima de 55 anos".

47. Décimo terceiro salário. Dedução da 1ª parcela. URV. Lei n. 8.880/1994. (conversão da OJ 187 SBDI-1, *DJ*, 20.04.2005) Ainda que o adiantamento do 13º salário tenha ocorrido anteriormente à edição da Lei n. 8.880/1994, as deduções deverão ser realizadas considerando o valor da antecipação, em URV, na data do efetivo pagamento, não podendo a 2ª parcela ser inferior à metade do 13º salário, em URV.

48. Petromisa. Sucessão. Petrobras. Legitimidade. (conversão da OJ 202 SBDI-1, *DJ*, 20.04.2005) Em virtude da decisão tomada em assembleia, a Petrobras é a real sucessora da Petromisa, considerando que recebeu todos os bens móveis e imóveis da extinta Petromisa.

49. Serpro. Norma regulamentar. Reajustes salariais. Superveniência de sentença normativa. Prevalência (conversão da OJ

212 SBDI-1, *DJ*, 20.04.2005) Durante a vigência do instrumento normativo, é lícita ao empregador a obediência à norma coletiva (DC 8.948/1990) que alterou as diferenças interníveis previstas no Regulamento de Recursos Humanos.

50. Férias. Abono instituído por instrumento normativo e terço constitucional. Simultaneidade inviável (conversão da OJ 231 SBDI-1, *DJ*, 20.04.2005) O abono de férias decorrente de instrumento normativo e o abono de 1/3 (um terço) previsto no art. 7º, XVII, da CF/1988 têm idêntica natureza jurídica, destinação e finalidade, constituindo-se *bis in idem* seu pagamento simultâneo, sendo legítimo o direito do empregador de obter compensação de valores porventura pagos.

51. Complementação de aposentadoria. Caixa econômica federal. Auxílio-alimentação. Supressão. Súmulas n. 51 e 288 (conversão da OJ 250 SBDI-1, *DJ*, 20.04.2005) A determinação de supressão do pagamento de auxílio-alimentação aos aposentados e pensionistas da Caixa Econômica Federal, oriunda do Ministério da Fazenda, não atinge aqueles ex-empregados que já percebiam o benefício.

52. Agravo de instrumento. Acórdão do TRT não assinado. Interposto anteriormente à instrução normativa n. 16/1999 (conversão da OJ 281 SBDI-1, *DJ*, 20.04.2005) Nos agravos de instrumento interpostos anteriormente à edição da Instrução Normativa n. 16/1999, a ausência de assinatura na cópia não a torna inválida, desde que conste o carimbo aposto pelo servidor certificando que confere com o original.

53. Custas. Embargos de terceiro. Interpostos anteriormente à Lei n. 10.537/2002. Inexigência de recolhimento para a interposição de agravo de petição. (conversão da OJ 291 SBDI-1, *DJ*, 20.04.2005) Tratando-se de embargos de terceiro, incidentes em execução, ajuizados anteriormente à Lei n. 10.537/2002, incabível a exigência do recolhimento de custas para a interposição de agravo de petição por falta de previsão legal.

54. Plano econômico (Collor). Execução. Correção monetária. Índice de 84,32%. Lei n. 7.738/89. Aplicável. (conversão da OJ 203 SBDI-1, *DJ*, 20.04.2005) Aplica-se o índice de 84,32%, relativo ao IPC de março de 1990, para a correção monetária do débito trabalhista, por ocasião da execução, nos termos da Lei n. 7.738/89.

55. Plano Collor. Servidores celetistas do GDF. Legislação federal. Prevalência. (conversão da OJ 218 SBDI-1 e incorporada a Orientação Jurisprudencial n. 241 SBDI-1, *DJ*, 20.04.2005) Inexiste direito adquirido às diferenças salariais de 84,32% do IPC de março de 1990 aos servidores celetistas da Administração Direta, Fundações e Autarquias do Distrito Federal.

56. Anistia. Lei n. 8.878/1994. Efeitos financeiros devidos a partir do efetivo retorno à atividade. (conversão da OJ 221 SBDI-1, *DJ*, 20.04.2005) Os efeitos financeiros da anistia concedida pela Lei n. 8.878/1994 somente serão devidos a partir do efetivo retorno à atividade, vedada a remuneração em caráter retroativo.

57. Adicional de insalubridade. Deficiência de iluminamento. Limitação. (conversão da OJ 153 SBDI-1, *DJ*, 20.04.2005) Somente após 26.02.1991 foram, efetivamente, retiradas do mundo jurídico as normas ensejadoras do direito ao adicional de insalubridade por iluminamento insuficiente no local da prestação de serviço, como previsto na Portaria n. 3.751/1990 do Ministério do Trabalho.

58. URPs de junho e julho de 1988. Suspensão do pagamento. Data-base em maio. Decreto-Lei n. 2.425/1988. Inexistência de violação a direito adquirido. (conversão da OJ 214 SBDI-1, *DJ*, 20.04.2005) O Decreto-Lei n. 2.425, de 07.04.1988, não ofendeu o direito adquirido dos empregados com data-base em maio, pelo que não fazem jus às URPs de junho e julho de 1988.

59. Interbras. Sucessão. Responsabilidade (*DJ*, 25.04.2007) A Petrobras não pode ser responsabilizada solidária ou subsidiariamente pelas obrigações trabalhistas da extinta Interbras, da qual a União é a real sucessora, nos termos do art. 20 da Lei n. 8.029, de 12.04.1990 (atual art. 23, em face da renumeração dada pela Lei n. 8.154, de 28.12.1990).

60. Adicional por tempo de serviço. Base de cálculo. Salário-base. Art. 129 da Constituição do Estado de São Paulo (*DJ*, 14.03.2008) O adicional por tempo de serviço - quinquênio -, previsto no art. 129 da Constituição do Estado de São Paulo, tem como base de cálculo o vencimento básico do servidor público estadual, ante o disposto no art. 11 da Lei Complementar do Estado de São Paulo n. 713, de 12.04.1993.

61. Auxílio cesta-alimentação previsto em norma coletiva. CEF. Cláusula que estabelece natureza indenizatória à parcela. Extensão aos aposentados e pensionistas. Impossibilidade (*DJ*, 14.03.2008) Havendo previsão em cláusula de norma coletiva de trabalho de pagamento mensal de auxílio cesta-alimentação somente a empregados em atividade, dando-lhe caráter indenizatório, é indevida a extensão desse benefício aos aposentados e pensionistas. Exegese do art. 7º, XXVI, da Constituição Federal.

62. Petrobras. Complementação de aposentadoria. Avanço de nível. Concessão de parcela por acordo coletivo apenas para os empregados da ativa. Extensão para os inativos. Artigo 41 do regulamento do plano de benefícios da Petros (*DEJT*, 03, 04 e 05.12.2008) Ante a natureza de aumento geral de salários, estende-se à complementação de aposentadoria dos ex-empregados da Petrobras benefício concedido indistintamente a todos os empregados da ativa e estabelecido em norma coletiva, prevendo a concessão de aumento de nível salarial - "avanço de nível" -, a fim de preservar a paridade entre ativos e inativos assegurada no art. 41 do Regulamento do Plano de Benefícios da Fundação Petrobras de Seguridade Social - Petros.

63. Petrobras. Complementação de aposentadoria. Integralidade. Condição. Idade mínima. Lei n. 6.435, de 15.07.1977 (*DEJT*, 03, 04 e 05.12.2008) Os empregados admitidos na vigência do Decreto n. 81.240, de 20.01.1978, que regulamentou a Lei n. 6.435, de 15.07.1977, ainda que anteriormente à alteração do Regulamento do Plano de Benefícios da Petros, sujeitam-se à condição "idade mínima de 55 anos" para percepção dos proventos integrais de complementação de aposentadoria.

64. Petrobras. Parcelas gratificação contingente e participação nos resultados deferidas por norma coletiva a empregados da ativa. Natureza jurídica não salarial. Não integração na complementação de aposentadoria (*DEJT*, 03, 04 e 05.12.2008) As parcelas gratificação contingente e participação nos resultados, concedidas por força de acordo coletivo a empregados da Petrobras em atividade, pagas de uma única vez, não integram a complementação de aposentadoria.

65. Representação judicial da União. Assistente jurídico. Apresentação do ato de designação (*DEJT*, 03, 04 e 05.12.2008) A ausência de juntada aos autos de documento que comprove a designação do assistente jurídico como representante judicial da União (art. 69 da Lei Complementar n. 73, de 10.02.1993) importa irregularidade de representação.

66. SPTRANS. Responsabilidade subsidiária. Não configuração. Contrato de concessão de serviço público. Transporte coletivo (*DEJT*, 03, 04 e 05.12.2008) A atividade da São Paulo Transportes S/A - SPTrans de gerenciamento e fiscalização dos serviços prestados pelas concessionárias de transporte público, atividade descentralizada da Administração Pública, não se confunde com a terceirização de mão de obra, não se configurando a responsabilidade subsidiária.

67. Telemar. Privatização. Plano de incentivo à rescisão contratual (PIRC). Previsão de pagamento da indenização com redutor de 30%. Aplicação limitada ao período da reestruturação (*DEJT*, 03, 04 e 05.12.2008) Não é devida a indenização com redutor de 30%, prevista no Plano de Incentivo à Rescisão Contratual da Telemar, ao empregado que, embora atenda ao requisito estabelecido de não haver aderido ao PIRC, foi despedido em data muito posterior ao processo de reestruturação da empresa, e cuja dispensa não teve relação com o plano.

68. Banco do Estado de São Paulo S.A. - Banespa. Convenção coletiva. Reajuste salarial. Superveniência de acordo em dissídio coletivo. Prevalência (*DEJT*, 03, 04 e 05.11.2009) O acordo homologado no Dissídio Coletivo n. TST - DC - 810.950/2001.3, que estabeleceu a garantia de emprego aos empregados em atividade do Banco do Estado de São Paulo S.A. - Banespa e que, portanto, não se aplica aos empregados aposentados, prevalece sobre a fixação do reajuste salarial previsto na convenção coletiva firmada entre a Federação Nacional do Bancos - Fenaban e os sindicatos dos bancários, ante a consideração do conjunto das cláusulas constantes do acordo e em respeito às disposições dos arts. 5º, XXXVI, e 7º, XXVI, da CF/1988.

69. Banco do Brasil. Complementação de aposentadoria. Alteração do plano de cargos comissionados. Extensão aos inativos (*DEJT*, 26, 27 e 28.05.2010) As alterações na estrutura do Plano de Cargos Comissionados do Banco do Brasil, introduzidas pelas

Cartas-Circulares DIREC/FUNCI 96/0904 e 96/0957, dentre as quais a substituição do Abono de Função e Representação (AFR) pelo Adicional de Função (AF) e pelo Adicional Temporário de Revitalização (ATR), não autorizam o pagamento de diferenças de complementação de aposentadoria aos inativos por só abrangerem os empregados em atividade, bem como em razão de o Plano de Incentivo à Aposentadoria da época do jubilamento não conter previsão de aplicação de eventual alteração na estrutura dos cargos comissionados àqueles que se aposentassem.

70. Caixa Econômica Federal. Bancário. Plano de cargos em comissão. Opção pela jornada de oito horas. Ineficácia. Exercício de funções meramente técnicas. Não caracterização de exercício de função de confiança (*DEJT*, divulgado em 26, 27 e 28.05.2010) Ausente a fidúcia especial a que alude o art. 224, § 2º, da CLT, é ineficaz a adesão do empregado à jornada de oito horas constante do Plano de Cargos em Comissão da Caixa Econômica Federal, o que importa no retorno à jornada de seis horas, sendo devidas como extras a sétima e a oitava horas laboradas. A diferença de gratificação de função recebida em face da adesão ineficaz poderá ser compensada com as horas extraordinárias prestadas.

71. Empresa Brasileira de Correios e Telégrafos - ECT. Plano de cargos e salários. Progressão horizontal por antiguidade. Necessidade de deliberação da diretoria para comprovar o efetivo cumprimento dos requisitos do PCCS. Condição puramente potestativa para a concessão da promoção. Invalidade. (*DEJT* divulgado em 09, 10 e 11.06.2010) A deliberação da diretoria da Empresa Brasileira de Correios e Telégrafos - ECT, prevista no Plano de Carreira, Cargos e Salários como requisito necessário para a concessão de progressão por antiguidade, por se tratar de condição puramente potestativa, não constitui óbice ao deferimento da progressão horizontal por antiguidade aos empregados, quando preenchidas as demais condições dispostas no aludido plano.

‣ art. 836, CLT.

72. Petrobras. Domingos e feriados trabalhados. Regime de turnos ininterruptos de revezamento. Pagamento em dobro concedido por liberalidade do empregador. Incorporação ao contrato de trabalho. Supressão unilateral. Acordo coletivo posterior que valida a supressão. Retroação da norma coletiva. Impossibilidade. (*DEJT*, 09, 10 e 11.06.2010) O pagamento em dobro, concedido por liberalidade da empresa, dos domingos e feriados trabalhados de forma habitual pelo empregado da Petrobras submetido ao regime de turnos ininterruptos de revezamento não pode ser suprimido unilateralmente, pois é vantagem incorporada ao contrato de trabalho, nos termos do art. 468 da CLT. Assim, o acordo coletivo, posteriormente firmado, somente opera efeitos a partir da data de sua entrada em vigor, sendo incabível a utilização da norma coletiva para regular situação pretérita.

‣ art. 67, p.u., CLT.

73. Volkswagen do Brasil Ltda. Participação nos lucros e resultados. Pagamento mensal em decorrência de norma coletiva. Natureza indenizatória. (*DEJT*, 09, 10 e 11.06.2010) A despeito da vedação de pagamento em periodicidade inferior a um semestre civil ou mais de duas vezes no ano cível, disposta no art. 3º, § 2º, da Lei n. 10.101, de 19.12.2000, o parcelamento em prestações mensais da participação nos lucros e resultados de janeiro de 1999 a abril de 2000, fixado no acordo coletivo celebrado entre o Sindicato dos Metalúrgicos do ABC e a Volkswagen do Brasil Ltda., não retira a natureza indenizatória da referida verba (art. 7º, XI, da CF), devendo prevalecer a diretriz constitucional que prestigia a autonomia privada coletiva (art. 7º, XXVI, da CF).

‣ Lei 10.101/2000 (Dispõe sobre a participação dos trabalhadores nos lucros ou resultados da empresa).

74. Hospital de clínicas de Porto Alegre. Custas processuais. Recolhimento. Isenção. Art. 15 da Lei n. 5.604, de 02.09.1970. (*DEJT*, 02, 03 e 04.08.2010) A isenção tributária concedida pelo art. 15 da Lei n. 5.604, de 02.09.1970, ao Hospital de Clínicas de Porto Alegre compreende as custas processuais, por serem estas espécie do gênero tributo.

75. Parcela "sexta parte". Art. 129 da Constituição do Estado de São Paulo. Extensão aos empregados de sociedade de economia mista e empresa pública. Indevida. (*DEJT*, 02, 03 e 04.08.2010) A parcela denominada "sexta parte", instituída pelo art. 129 da Constituição do Estado de São Paulo, é devida apenas aos servidores estaduais, celetistas e estatutários da Administração Pública direta, das fundações e das autarquias, conforme disposição contida no art. 124 da Constituição Estadual, não se estendendo aos empregados de sociedade de economia mista e de empresa pública, integrantes da Administração Pública indireta, submetidas ao regime jurídico próprio das empresas privadas, nos termos do art. 173, § 1º, II, da Constituição Federal.

‣ Lei 13.303/2016 (Dispõe sobre o estatuto jurídico da empresa pública, da sociedade de economia mista e de suas subsidiárias, no âmbito da União, dos Estados, do Distrito Federal e dos Municípios).

76. Complementação de aposentadoria. Integralidade. Empregado do Estado de São Paulo admitido antes da Lei estadual n. 200, de 13.05.1974. Implementação do requisito relativo aos 30 anos de serviço efetivo. Incidência da Súmula n. 288 do TST. (*DEJT*, 16, 17 e 20.09.2010) É assegurado o direito à percepção de complementação de aposentadoria integral ao ex-empregado do Estado de São Paulo que, admitido anteriormente ao advento da Lei Estadual n. 200, de 13.05.1974, implementou 30 anos de serviço efetivo, ante a extensão das regras de complementação de aposentadoria previstas na Lei Estadual n. 1.386, de 19.12.1951. Incidência da Súmula n. 288 do TST.

77. BNDES. Arts. 224 a 226 da CLT. Aplicável a seus empregados (conversão da OJ 179 SBDI-1, *DEJT*, 16, 17 e 18.11.2010) Até o advento da Lei n. 10.556, de 13.11.2002, era aplicável aos empregados do BNDES a jornada de trabalho dos bancários prevista nos arts. 224 a 226 da CLT.

‣ Lei 10.556/2002 (Fixa jornada de sete horas para empregados do BNDES e de suas subsidiárias (art. 7º) e de 8 horas para os empregados da FINEP (parágrafo único do art. 8º).

78. Embargos à SDI contra decisão em recurso de revista não conhecido quanto aos pressupostos intrínsecos. Recurso interposto antes da vigência da Lei n. 11.496, de 22.06.2007, que conferiu nova redação ao art. 894 da CLT. Necessária a indicação expressa de ofensa ao art. 896 da CLT (conversão da OJ n. 294 da SBDI-1 com nova redação. *DEJT* 21, 22 e 23.05.2014.) Para a admissibilidade e conhecimento de embargos, interpostos antes da vigência da Lei n. 11.496/2007, contra decisão mediante a qual não foi conhecido o recurso de revista pela análise dos pressupostos intrínsecos, necessário que a parte embargante aponte expressamente a violação ao art. 896 da CLT.

79. Embargos. Recurso interposto antes da vigência da Lei n. 11.496, de 22.06.2007, que conferiu nova redação ao art. 894 da CLT. Revista não conhecida por má aplicação de súmula ou de orientação jurisprudencial. Exame do mérito pela SDI (conversão da OJ n. 295 da SBDI-1 com nova redação. *DEJT* 21, 22 e 23.05.2014.) A SDI, ao conhecer dos embargos, interpostos antes da vigência da Lei n. 11.496/2007, por violação do art. 896 – por má aplicação de súmula ou de orientação jurisprudencial pela Turma –, julgará desde logo o mérito, caso conclua que a revista merecia conhecimento e que a matéria de fundo se encontra pacificada neste Tribunal.

TRIBUNAL SUPERIOR DO TRABALHO

Orientações Jurisprudenciais da Subseção 1 da Seção de Dissídios Individuais – SDI-1

1. Ação rescisória. Réu sindicato. Legitimidade passiva *ad causam*. Admitida

› (cancelada - conversão na OJ 110, SBDI-2 - *DJ*, 29.04.2003).

2. Adicional de insalubridade. Base de cálculo. Mesmo na vigência da CF/1988: salário-mínimo

› (cancelada - Res. 148/2008, *DJ*, 04 e 07.07.2008 - Republicada *DJ*, 08, 09 e 10.07.2008).

3. Adicional de insalubridade. Base de cálculo, na vigência do Decreto-Lei n. 2.351/1987: piso nacional de salários

› (cancelada - conversão na OJ Transitória 33, SBDI-1 - *DJ*, 20.04.2005).

4. Adicional de insalubridade. Lixo urbano

› (cancelada em decorrência da sua conversão na Súm. 448 - Res. 194/2014, *DEJT* 21, 22 e 23.05.2014.).

5. Adicional de periculosidade. Exposição permanente e intermitente. Inflamáveis e/ou explosivos. Direito ao adicional integral

› (cancelada - conversão na Súm. 364 - *DJ*, 20.04.2005).

6. Adicional noturno. Prorrogação em horário diurno

› (cancelada - nova redação da Súm. 60 - *DJ*, 20.04.2005)

7. Advogado. Atuação fora da seção da OAB onde o advogado está inscrito. Ausência de comunicação. (Lei n. 4.215/1963, § 2º, art. 56). Infração disciplinar. Não importa nulidade (inserido dispositivo) - *DJ*, 20.04.2005). A despeito da norma então prevista no artigo 56, § 2º, da Lei n. 4.215/63, a falta de comunicação do advogado à OAB para o exercício profissional em seção diversa daquela na qual tem inscrição não importa nulidade dos atos praticados, constituindo apenas infração disciplinar, que cabe àquela instituição analisar.

8. Alçada. Ação rescisória. Não se aplica a alçada em ação rescisória

› (cancelada - conversão na Súm. 365 - *DJ*, 20.04.2005

9. Alçada. Decisão contrária à entidade pública. Cabível a remessa de ofício. Decreto-Lei n. 779/1969 e Lei n. 5.584/1970

› (cancelada em decorrência da redação da Súm. 303 - *DJ*, 20.04.2005).

10. Alçada. Mandado de segurança

› (cancelada - conversão na Súm. 365 - *DJ*, 20.04.2005).

11. Alçada. Vinculação ao salário-mínimo. Duplo grau. Recorribilidade. O art. 5º, inc. LV e o art. 7º, inc. IV, da CF/1988 não revogaram o art. 2º, § 4º, da Lei n. 5.584/1970

› (cancelada - conversão na Súm. 356 - Res. 75/1997, *DJ*, 19.12.1997).

12. Anistia. Emenda Constitucional n. 26/1985. Efeitos financeiros da promulgação (nova redação - *DJ*, 20.04.2005). Os efeitos financeiros decorrentes da anistia concedida pela Emenda Constitucional n. 26/1985 contam-se desde a data da sua promulgação.

13. APPA. Decreto-Lei n. 779, de 21.08.1969. Depósito recursal e custas. Não isenção (mantida conforme decidido no julgamento do processo TST-AgR-E-RR 148500-29.2004.5.09.0022 pelo Tribunal Pleno em 22.08.2016). A Administração dos Portos de Paranaguá e Antonina - APPA, vinculada à Administração Pública indireta, não é isenta do recolhimento do depósito recursal e do pagamento das custas processuais por não ser beneficiária dos privilégios previstos no Decreto-Lei n. 779, de 21.08.1969, ante o fato de explorar atividade econômica com fins lucrativos, o que descaracteriza sua natureza jurídica, igualando-a às empresas privadas.

14. Aviso prévio cumprido em casa. Verbas rescisórias. Prazo para pagamento (título alterado e inserido dispositivo) - *DJ*, 20.04.2005. Em caso de aviso prévio cumprido em casa, o prazo para pagamento das verbas rescisórias é até o décimo dia da notificação de despedida.

15. Bancário. Gratificação de função superior a 1/3 e inferior ao valor constante de norma coletiva. Inexistência de direito às 7ª e 8ª horas. Direito à diferença do adicional, se e quando pleiteada (cancelada - nova redação da Súm. 102 - *DJ*, 20.04.2005).

16. Banco do Brasil. ACP. Adicional de caráter pessoal. Indevido (inserido dispositivo - *DJ*, 20.04.2005). A isonomia de vencimentos entre servidores do Banco Central do Brasil e do Banco do Brasil, decorrente de sentença normativa, alcançou apenas os vencimentos e vantagens de caráter permanente. Dado o caráter personalíssimo do Adicional de Caráter Pessoal - ACP e não integrando a remuneração dos funcionários do Banco do Brasil, não foi ele contemplado na decisão normativa para efeitos de equiparação à tabela de vencimentos do Banco Central do Brasil.

17. Banco do Brasil. AP e ADI (inserida em 07.11.1994). Os adicionais AP, ADI ou AFR, somados ou considerados isoladamente, sendo equivalentes a 1/3 do salário do cargo efetivo (art. 224, § 2º, da CLT), excluem o empregado ocupante de cargo de confiança do Banco do Brasil da jornada de 6 horas.

18. Complementação de aposentadoria. Banco do Brasil (redação do item I alterada - Res. 175/2011, *DEJT*, 27, 30 e 31.05.2011).

I - O valor das horas extras integra a remuneração do empregado para o cálculo da complementação de aposentadoria, desde que sobre ele incida a contribuição à Caixa de Previdência dos Funcionários do Banco do Brasil - PREVI, observado o respectivo regulamento no tocante à integração.

II - Os adicionais AP e ADI não integram o cálculo para a apuração do teto da complementação de aposentadoria;

III - No cálculo da complementação de aposentadoria deve-se observar a média trienal;

IV - A complementação de aposentadoria proporcional aos anos de serviço prestados exclusivamente ao Banco do Brasil somente se verifica a partir da Circular Funci n. 436/1963;

V - O telex DIREC do Banco do Brasil n. 5.003/1987 não assegura a complementação de aposentadoria integral, porque não aprovado pelo órgão competente ao qual a instituição se subordina.

19. Banco do Brasil. Complementação de aposentadoria. Média trienal.

› (cancelada em decorrência da sua incorporação à nova redação conferida à Orientação Jurisprudencial nº 18 da SDI-1) - *DJ* 20.04.2005

20. Banco do Brasil. Complementação de aposentadoria. Proporcionalidade somente a partir da Circ. Funci n. 436/1963

› (cancelada - incorporação à nova redação da OJ 18, SBDI-1 - *DJ*, 20.04.2005).

21. Banco do Brasil. Complementação de aposentadoria. Teto. Cálculo. AP E ADI. Não integração

› (cancelada - incorporação à nova redação da OJ 18, SBDI-1 - *DJ*, 20.04.2005).

22. BRDE. Entidade autárquica de natureza bancária. Lei n. 4.595/1964, art. 17. Res. BACEN n. 469/1970, art. 8º. CLT, art. 224, § 2º. CF, art. 173, § 1º

› (cancelada - conversão na OJ Transitória 34, SBDI-1 - *DJ*, 20.04.2005).

23. Cartão de ponto. Registro

› (cancelada - conversão na Súm. 366 - *DJ*, 20.04.2005).

24. Cigarro não é salário utilidade

› (cancelada - conversão na Súm. 367 - *DJ*, 20.04.2005).

25. CIPA. Suplente. Antes da CF/1988. Não tem direito à estabilidade

› (cancelada - nova redação da Súm. 339 - *DJ*, 20.04.2005).

26. Competência da Justiça do Trabalho. Complementação de pensão requerida por viúva de ex-empregado (inserido dispositivo - *DJ*, 20.04.2005) A Justiça do Trabalho é competente para apreciar pedido de complementação de pensão postulada por viúva de ex-empregado, por se tratar de pedido que deriva do contrato de trabalho.

27. CONAB. Estabilidade concedida por norma interna. Não assegurada. Aviso DIREH n. 02/1984

› (cancelada - conversão na Súm. 355 - Res. 72/1997, *DJ*, 08.07.1997)

28. Correção monetária sobre as diferenças salariais. Universidades federais. Devida. Lei n. 7.596/1987 (nova redação - *DJ*, 20.04.2005). Incide correção monetária sobre as diferenças salariais dos servidores das universidades federais, decorrentes da aplicação retroativa dos efeitos financeiros assegurados pela Lei n. 7.596/87, pois a correção monetária tem como escopo único minimizar a desvalorização da moeda em decorrência da corrosão inflacionária.

29. Custas. Mandado de segurança. Recurso ordinário. Exigência do pagamento

‣ (cancelada - conversão na OJ 148 da SBDI-2 - *DJ*, 20.04.2005).

30. Custas. Prazo para comprovação

‣ (cancelada - conversão na Súm. 352 - Res. 69/1997 - *DJ*, 30.05.1997). Súm. 352 cancelada - Res. 114/2002, *DJ* 28.11.2002.

31. Depósito recursal e custas. Empresa em liquidação extrajudicial. Súm. 86. Não pertinência

‣ (cancelada - nova redação da Súm. 86 - *DJ*, 20.04.2005).

32. Descontos legais. Sentenças trabalhistas. Contribuição previdenciária e imposto de renda. Devidos. Provimento CGJT n. 3/84

‣ (cancelada - conversão na Súm. 368 - *DJ*, 20.04.2005).

‣ Consolidação dos Provimentos da Corregedoria-Geral da JT, divulgado no *DEJT* de 23.02.2016.

33. Deserção. Custas. Carimbo do banco. Validade (inserida em 25.11.1996). O carimbo do banco recebedor na guia de comprovação do recolhimento das custas supre a ausência de autenticação mecânica.

34. Dirigente sindical. Estabilidade provisória

‣ (cancelada - conversão na Súm. 369 - *DJ*, 20.04.2005).

35. Dirigente sindical. Registro de candidatura no curso do aviso prévio. Não tem direito à estabilidade provisória (art. 543, § 3º, CLT)

‣ (cancelada - conversão na Súm. 369 - *DJ*, 20.04.2005).

36. Instrumento normativo. Cópia não autenticada. Documento comum às partes. Validade (título alterado e inserido dispositivo - *DJ*, 20.04.2005). O instrumento normativo em cópia não autenticada possui valor probante, desde que não haja impugnação ao seu conteúdo, eis que se trata de documento comum às partes.

37. Embargos. Violação do art. 896 da CLT

‣ (cancelada - nova redação da Súm. 296 - *DJ*, 20.04.2005).

38. Empregado que exerce atividade rural. Empresa de reflorestamento. Prescrição própria do rurícola. (Lei n. 5.889/73, art. 10 e Decreto n. 73.626/74, art. 2º, § 4º) (inserido dispositivo - *DEJT*, 16, 17 e 18.11.2010). O empregado que trabalha em empresa de reflorestamento, cuja atividade está diretamente ligada ao manuseio da terra e de matéria-prima, é rurícola e não industriário, nos termos do Decreto n. 73.626, de 12.02.1974, art. 2º, § 4º, pouco importando que o fruto de seu trabalho seja destinado à indústria. Assim, aplica-se a prescrição própria dos rurícolas aos direitos desses empregados.

39. Engenheiro. Jornada de trabalho. Lei n. 4.950/66

‣ (cancelada - conversão na Súm. 370 - *DJ*, 20.04.2005).

40. Estabilidade. Aquisição no período do aviso prévio. Não reconhecida

‣ (cancelada - conversão na Súm. 371 - *DJ*, 20.04.2005).

41. Estabilidade. Instrumento normativo. Vigência. Eficácia (inserida em 25.11.1996). Preenchidos todos os pressupostos para a aquisição de estabilidade decorrente de acidente ou doença profissional, ainda durante a vigência do instrumento normativo, goza o empregado de estabilidade mesmo após o término da vigência deste.

42. FGTS. Multa de 40% (nova redação em decorrência da incorporação das Orientações Jurisprudenciais 107 e 254, SBDI-1 - *DJ*, 20.04.2005).

I - É devida a multa do FGTS sobre os saques corrigidos monetariamente ocorridos na vigência do contrato de trabalho. Art. 18, § 1º, da Lei n. 8.036/90 e art. 9º, § 1º, do Decreto n. 99.684/90.

II - O cálculo da multa de 40% do FGTS deverá ser feito com base no saldo da conta vinculada na data do efetivo pagamento das verbas rescisórias, desconsiderada a projeção do aviso prévio indenizado, por ausência de previsão legal.

43. Conversão de salários de cruzeiros para cruzados. Decreto-Lei n. 2.284/86 (nova redação - *DJ*, 20.04.2005). A conversão de salários de cruzeiros para cruzados, nos termos do Decreto-Lei n. 2.284/86, não afronta direito adquirido dos empregados.

44. Gestante. Salário maternidade (inserida em 13.09.1994). É devido o salário maternidade, de 120 dias, desde a promulgação da CF/1988, ficando a cargo do empregador o pagamento do período acrescido pela Carta.

45. Gratificação de função percebida por 10 ou mais anos. Afastamento do cargo de confiança sem justo motivo. Estabilidade financeira. Manutenção do pagamento

‣ (cancelada - conversão na Súm. 372 - *DJ*, 20.04.2005).

46. Gratificação semestral. Congelamento. Prescrição parcial

‣ (cancelada - conversão na Súm. 373 - *DJ*, 20.04.2005).

47. Hora extra. Adicional de insalubridade. Base de cálculo (alterada) - Res. 148/2008, *DJ*, 04 e 07.07.2008 - Republicada *DJ*, 08, 09 e 10.07.2008). A base de cálculo da hora extra é o resultado da soma do salário contratual mais o adicional de insalubridade.

48. Horas extras pactuadas após a admissão do bancário não configura pré-contratação. Súm. 199. Inaplicável

‣ (cancelada - nova redação da Súm. 199 - *DJ*, 20.04.2005).

49. Horas extras. Uso do BIP. Não caracterizado o "sobreaviso"

‣ (cancelada - conversão na Súm. 428 - Res. 175/2011, *DEJT*, 27, 30 e 31.05.2011).

50. Horas *in itinere*. Incompatibilidade de horários. Devidas. Aplicável a Súmula 90

‣ (cancelada - nova redação da Súm. 90 - *DJ*, 20.04.2005).

51. Legislação eleitoral. Empresas públicas e sociedades de economia mista (título alterado e inserido dispositivo - *DEJT*, 16, 17 e 18.11.2010). Aos empregados das empresas públicas e das sociedades de economia mista regidos pela CLT aplicam-se as vedações dispostas no art. 15 da Lei n. 7.773, de 08.06.1989.

52. Mandato. Procurador da União, Estados, Municípios e Distrito Federal, suas autarquias e fundações públicas. Dispensável a juntada de procuração (Lei n. 9.469, de 10 de julho de 1997)

‣ (cancelada em decorrência da conversão na Súmula n. 436 - Res. 186/2012, *DEJT* divulgado em 25, 26 e 27.09.2012).

53. Médico. Jornada de trabalho. Lei n. 3.999/61

‣ (cancelada - conversão na Súm. 370 - *DJ*, 20.04.2005).

54. Multa. Cláusula penal. Valor superior ao principal (título alterado, inserido dispositivo e atualizada a legislação - *DJ*, 20.04.2005). O valor da multa estipulada em cláusula penal, ainda que diária, não poderá ser superior à obrigação principal corrigida, em virtude da aplicação do artigo 412 do Código Civil de 2002 (art. 920 do Código Civil de 1916).

55. Norma coletiva. Categoria diferenciada. Abrangência

‣ (cancelada - conversão na Súm. 374 - *DJ*, 20.04.2005).

56. Nossa Caixa-Nosso Banco (Caixa Econômica do Estado de São Paulo). Regulamento. Gratificação especial e/ou anuênios (inserida em 25.11.1996). Direito reconhecido apenas àqueles empregados que tinham 25 anos de efetivo exercício prestados exclusivamente à Caixa.

57. PCCS. Devido o reajuste do adiantamento. Lei n. 7.686/88, art. 1º (inserido dispositivo - *DJ*, 20.04.2005). É devido o reajuste da parcela denominada "adiantamento do PCCS", conforme a redação do art. 1º da Lei n. 7.686/88.

58. Plano Bresser. IPC jun./1987. Inexistência de direito adquirido (inserido dispositivo - *DJ*, 20.04.2005). Inexiste direito adquirido ao IPC de junho de 1987 (Plano Bresser), em face da edição do Decreto-Lei n. 2.335/87.

59. Plano Verão. URP de fevereiro de 1989. Inexistência de direito adquirido (inserido dispositivo - *DJ*, 20.04.2005). Inexiste direito adquirido à URP de fevereiro de 1989 (Plano Verão), em face da edição da Lei n. 7.730/89.

60. Portuários. Hora noturna. Horas extras. (Lei n. 4.860/65, arts. 4º e 7º, § 5º) (nova redação em decorrência da incorporação da OJ 61, SBDI-1 - *DJ*, 20.04.2005

I - A hora noturna no regime de trabalho no porto, compreendida entre dezenove horas e sete horas do dia seguinte, é de sessenta minutos.

II - Para o cálculo das horas extras prestadas pelos trabalhadores portuários, observar-se-á somente o salário básico percebido, excluídos os adicionais de risco e produtividade. (ex-OJ 61, SBDI-1 - inserida em 14.03.1994)

61. Portuários. Horas extras. Base de cálculo: ordenado sem o acréscimo dos adicionais de risco e de produtividade. Lei n. 4.860/65, art. 7º, § 5º

‣ (cancelada - incorporação à nova redação da OJ 60, SBDI-1 - *DJ*, 20.04.2005)

62. Prequestionamento. Pressuposto de admissibilidade em apelo de natureza extraordinária. Necessidade, ainda que se trate de incompetência absoluta (republicada em decorrência de erro material - *DEJT*,

23, 24 e 25.11.2010). É necessário o prequestionamento como pressuposto de admissibilidade em recurso de natureza extraordinária, ainda que se trate de incompetência absoluta.

63. Prescrição total. Horas extras. Pré-contratadas e suprimidas. Termo inicial. Data da supressão

‣ (cancelada - nova redação da Súm. 199 - *DJ*, 20.04.2005).

64. PROBAM. Súmula 239. Inaplicável. Não são bancários seus empregados

‣ (cancelada - nova redação da Súm. 239 - *DJ*, 20.04.2005).

65. Professor *adjunto*. Ingresso no cargo de professor titular. Exigência de concurso público não afastada pela Constituição Federal de 1988 (CF/1988, arts. 37, II e 206, V) (inserido dispositivo - *DJ*, 20.04.2005). O acesso de professor *adjunto* ao cargo de professor titular só pode ser efetivado por meio de concurso público, conforme dispõem os arts. 37, inciso II, e 206, inciso V, da CF/88.

66. Professor. Repouso semanal remunerado. Lei n. 605/49, art. 7º, § 2º e art. 320 da CLT

‣ (cancelada - conversão na Súm. 351 - Res. 68/1997, *DJ*, 30.05.1997)

67. Radiologista. Salário profissional. O salário profissional dos técnicos em radiologia é igual a dois salários-mínimos e não a quatro (Lei n. 7.394/85)

‣ (cancelada - conversão na Súm. 358 - Res. 77/97, *DJ*, 19.12.1997)

68. Reajustes salariais. Bimestrais e quadrimestrais (Lei n. 8.222/91). Simultaneidade inviável

‣ (cancelada - conversão na OJ Transitória 35, SBDI-1 - *DJ*, 20.04.2005).

69. Reajustes salariais previstos em norma coletiva. Prevalência dos Decretos-Leis n. 2.283/86 e 2.284/86. "Plano Cruzado"

‣ (cancelada - conversão na Súm. 375 - *DJ*, 20.04.2005).

70. Recurso ordinário. Cabimento

‣ (cancelada em decorrência da sua conversão na OJ 5 do Tribunal Pleno - *DJ*, 20.04.2005).

71. Remessa *ex officio*. Ação rescisória. Decisões contrárias a entes públicos (art. 1º, inc. V, do Decreto-Lei n. 779/69 e inc. II do art. 475 do CPC). Cabível

‣ (cancelada - nova redação da Súm. 303 - *DJ*, 20.04.2005

72. Remessa *ex officio*. Mandado de segurança concedido. Impetrante e terceiro interessado pessoas de direito privado. Incabível, ressalvadas as hipóteses de matéria administrativa, de competência do órgão especial

‣ (cancelada - nova redação da Súm. 303 - *DJ*, 20.04.2005).

73. Remessa *ex officio*. Mandado de segurança. Incabível. Decisões proferidas pelo TRT e favoráveis ao impetrante ente público. Inaplicabilidade do art. 12 da Lei n. 1.533/51

‣ (cancelada - nova redação da Súmula n. 303 - *DJ*, 20.04.2005).

74. Revelia. Ausência da reclamada. Comparecimento de advogado

‣ (cancelada - nova redação da Súm. 122 - *DJ*, 20.04.2005).

75. Substabelecimento sem o reconhecimento de firma do substabelecente. Inválido (anterior à Lei n. 8.952/94) (inserido dispositivo - *DJ*, 20.04.2005). Não produz efeitos jurídicos recurso subscrito por advogado com poderes conferidos em substabelecimento em que não consta o reconhecimento de firma do outorgante. Entendimento aplicável antes do advento da Lei n. 8.952/94.

76. Substituição dos avanços trienais por quinquênios. Alteração do contrato de trabalho. Prescrição total. CEEE (inserido dispositivo - *DJ*, 20.04.2005). A alteração contratual consubstanciada na substituição dos avanços trienais por quinquênios decorre de ato único do empregador, momento em que começa a fluir o prazo fatal de prescrição.

77. Testemunha que move ação contra a mesma reclamada. Não há suspeição

‣ (cancelada - conversão na Súm. 357 - Res. 76/97, *DJ*, 19.12.1997).

78. Turnos ininterruptos de revezamento. Jornada de seis horas

‣ (cancelada - conversão na Súm. 360 - Res. 79/1997, *DJ*, 13.01.1998).

79. URP de abril e maio de 1988. Decreto-Lei n. 2.425/1988 (alterada - *DJ*, 14.06.2005). Existência de direito apenas ao reajuste de 7/30 de 16,19% a ser calculado sobre o salário de março e incidente sobre o salário dos meses de abril e maio, não cumulativamente e corrigidos desde a época própria até a data do efetivo pagamento.

80. Ação rescisória. Réu sindicato. Substituto processual na ação originária. Inexistência de litisconsórcio passivo necessário

‣ (cancelada - conversão na OJ 110 SBDI-2, *DJ*, 29.04.2003).

81. Art. 462 do CPC. Fato superveniente

‣ (cancelada - conversão na Súm. 394 - *DJ*, 20.04.2005). É aplicável de ofício aos processos em curso em qualquer instância trabalhista.

82. Aviso prévio. Baixa na CTPS (inserida em 28.04.1997). A data de saída a ser anotada na CTPS deve corresponder à do término do prazo do aviso prévio, ainda que indenizado.

83. Aviso prévio. Indenizado. Prescrição (inserida em 28.04.1997). A prescrição começa a fluir no final da data do término do aviso prévio. Art. 487, § 1º, CLT.

84. Aviso prévio. Proporcionalidade

‣ (cancelada - Res. 186/2012, *DEJT* divulgado em 25, 26 e 27.09.2012)

85. Contrato nulo. Efeitos. Devido apenas o equivalente aos salários dos dias trabalhados

‣ (cancelada - conversão na Súm. 363 - Res. 97/00, *DJ*, 18.09.2000 - republicação *DJ*, 13.10.2000).

86. Dirigente sindical. Extinção da atividade empresarial no âmbito da base territorial do sindicato. Insubsistência da estabilidade

‣ (cancelada - conversão na Súm. 369 - *DJ*, 20.04.2005

87. Entidade pública. Exploração de atividade eminentemente econômica. Execução. Art. 883 da CLT (mantida conforme decidido no julgamento do processo TST-AgR-E-RR-148500-29.2004.5.09.0022 pelo Tribunal Pleno em 22.08.2016). É direta a execução contra a APPA e Minascaixa (§ 1º do art. 173, da CF/1988).

88. Gestante. Estabilidade provisória

‣ (cancelada - nova redação da Súm. 244 - *DJ*, 20.04.2005).

89. Horas extras. Reflexos

‣ (cancelada - conversão na Súm. 376 - *DJ*, 20.04.2005).

90. Agravo de instrumento. Traslado. Não exigência de certidão de publicação do acórdão regional. Res. 52/1996 - Instrução Normativa n. 6/1996

‣ (cancelada em decorrência da nova redação conferida ao art. 897 da CLT pela Lei n. 9.756/1998 - *DJ*, 20.04.2005).

91. Anistia. Art. 8º, § 1º, ADCT. Efeitos financeiros. ECT (inserida em 30.05.1997). Em 19.05.1997). ROAR 105.608/1994 - Em 19.05.1997, SDI-Plena decidiu, pelo voto prevalente do Exmo. Sr. Presidente, que os efeitos financeiros da readmissão do empregado anistiado serão contados a partir do momento em que este manifestou o desejo de retornar ao trabalho e, na ausência de prova, da data do ajuizamento da ação.

92. Desmembramento de municípios. Responsabilidade trabalhista (inserida em 30.05.1997) Em caso de criação de novo município, por desmembramento, cada uma das novas entidades responsabiliza-se pelos direitos trabalhistas do empregado no período em que figurarem como real empregador.

93. Domingos e feriados trabalhados e não compensados. Aplicação da Súm. 146

‣ (cancelada em decorrência da redação da Súm. 146 conferida pela Res. 121/2003, *DJ*, 21.11.2003) - *DJ*, 20.04.2005).

94. Embargos. Exigência. Indicação expressa do dispositivo legal tido como violado

‣ (cancelada - nova redação da Súm. 221 - *DJ*, 20.04.2005).

95. Embargos para SDI. Divergência oriunda da mesma turma do TST. Inservível (inserida em 30.05.1997)

‣ ERR 125.320/1994 - Em 19.05.1997, a SDI-Plena, por maioria, decidiu que acórdãos oriundos da mesma Turma, embora divergentes, não fundamentam divergência jurisprudencial de que trata a alínea "b", do artigo 894 da Consolidação das Leis do Trabalho para embargos à Seção Especializada em Dissídios Individuais, Subseção I.

96. Férias. Salário substituição. Devido. Aplicação da Súm. 159

‣ (cancelada em decorrência da redação da Súm. 159 conferida pela Res. 121/2003, *DJ*, 21.11.2003 - *DJ*, 20.04.2005).

97. Horas extras. Adicional noturno. Base de cálculo (inserida em 30.05.1997). O adicional noturno integra a base de cálculo das horas extras prestadas no período noturno.

98. Horas *in itinere*. Tempo gasto entre a portaria da empresa e o local do serviço. Devidas. Açominas

‣ (cancelada - conversão na OJ Transitória 36, SBDI-1 - *DJ*, 20.04.2005).

99. Preposto. Exigência da condição de empregado

‣ (cancelada - conversão na Súm. 377 - *DJ*, 20.04.2005).

100. Salário. Reajuste. Entes públicos (título alterado e inserido dispositivo - *DJ*, 20.04.2005). Os reajustes salariais previstos em legislação federal devem ser observados pelos Estados-membros, suas Autarquias e Fundações Públicas nas relações contratuais trabalhistas que mantiverem com seus empregados.

101. Reintegração convertida em indenização dobrada. Efeitos. Aplicação da Súmula 28

- (cancelada em decorrência da nova redação da Súmula 28 conferida pela Res. 121/2003, *DJ*, 21.11.2003 - *DJ*, 20.04.2005).

102. Adicional de insalubridade. Integração na remuneração

- (cancelada - nova redação da Súmula 139 - *DJ*, 20.04.2005).

103. Adicional de insalubridade. Repouso semanal e feriados (nova redação - *DJ*, 20.04.2005). O adicional de insalubridade já remunera os dias de repouso semanal e feriados.

104. Custas. Condenação acrescida. Inexistência de deserção quando as custas não são expressamente calculadas e não há intimação da parte para o preparo do recurso, devendo, então, ser as custas pagas ao final.

- (cancelada em decorrência da sua incorporação à nova redação da Súmula n. 25) - Res. 197/2015, *DEJT* divulgado em 14, 15 e 18.05.2015

105. Estabilidade provisória. Acidente de trabalho. É constitucional o art. 118 da Lei n. 8.213/91

- (cancelada - conversão na Súm. 378 - *DJ*, 20.04.2005).

106. Estabilidade provisória. Pedido de reintegração. Concessão do salário relativo ao período de estabilidade já exaurido. Inexistência de julgamento *extra petita*

- (cancelada - conversão na Súm. 396 - *DJ*, 20.04.2005).

107. FGTS. Multa de 40%. Saques. Atualização monetária. Incidência

- (cancelada - incorporação à nova redação da OJ 42, SBDI-1 - *DJ*, 20.04.2005).

108. Mandato expresso. Ausência de poderes para substabelecer. Válidos os atos praticados pelo substabelecido (art. 1.300, §§ 1º e 2º do CCB)

- (cancelada - conversão na Súm. 395 - *DJ*, 20.04.2005).

109. Minascaixa. Legitimidade passiva *ad causam* enquanto não concluído o procedimento de liquidação extrajudicial

- (cancelada - conversão na OJ Transitória 37, SBDI-1 - *DJ*, 20.04.2005).

110. Representação irregular. Procuração apenas nos autos de agravo de instrumento

- (cancelada em decorrência do CPC de 2015 - Res. 212/2016, *DEJT* divulgado em 20, 21 e 22.09.2016).

111. Recurso de revista. Divergência jurisprudencial. Aresto oriundo do mesmo Tribunal Regional. Lei n. 9.756/1998. Inservível ao conhecimento (nova redação - *DJ*, 20.04.2005). Não é servível ao conhecimento de recurso de revista aresto oriundo de mesmo Tribunal Regional do Trabalho, salvo se o recurso houver sido interposto anteriormente à vigência da Lei n. 9.756/1998.

112. Vacância do cargo. Salário do sucessor. Súmula n. 159. Inaplicável

- (cancelada - nova redação da Súm. 159 - *DJ*, 20.04.2005).

113. Adicional de transferência. Cargo de confiança ou previsão contratual de transferência. Devido. Desde que a transferência seja provisória (inserida em 20.11.1997). O fato de o empregado exercer cargo de confiança ou a existência de previsão de transferência no contrato de trabalho não exclui o direito ao adicional. O pressuposto legal apto a legitimar a percepção do mencionado adicional é a transferência provisória.

114. Dirigente sindical. Despedida. Falta grave. Inquérito judicial. Necessidade

- (cancelada - conversão na Súm. 379 - *DJ*, 20.04.2005).

115. Recurso de revista. Nulidade por negativa de prestação jurisdicional.

- (cancelada em decorrência da sua conversão na Súmula 459) - Res. 197/2015, *DEJT* divulgado em 14, 15 e 18.05.2015

116. Estabilidade provisória. Período estabilitário exaurido. Reintegração não assegurada. Devidos apenas os salários desde a data da despedida até o final do período estabilitário

- (cancelada - conversão na Súm. 396 - *DJ*, 20.04.2005).

117. Horas extras. Limitação. Art. 59 da CLT

- (cancelada - conversão na Súm. 376 - *DJ*, 20.04.2005).

118. Prequestionamento. Tese explícita. Inteligência da Súmula 297 (inserida em 20.11.1997). Havendo tese explícita sobre a matéria, na decisão recorrida, desnecessário contenha nela referência expressa do dispositivo legal para ter-se como prequestionado este.

119. Prequestionamento inexigível. Violação nascida na própria decisão recorrida. Súm. 297. Inaplicável (inserido dispositivo - *DEJT*, 16, 17 e 18.11.2010). É inexigível o prequestionamento quando a violação indicada houver nascido na própria decisão recorrida. Inaplicável a Súmula n. 297 do TST.

120. Recurso. Assinatura da petição ou das razões recursais. Art. 932, parágrafo único, do CPC de 2015. (alterada em decorrência do CPC de 2015 Res. 212/2016, *DEJT* divulgado em 20, 21 e 22.09.2016).

I - Verificada a total ausência de assinatura no recurso, o juiz ou o relator concederá prazo de 5 (cinco) dias para que seja sanado o vício. Descumprida a determinação, o recurso será reputado inadmissível (art. 932, parágrafo único, do CPC de 2015).

II - É válido o recurso assinado, ao menos, na petição de apresentação ou nas razões recursais.

121. Substituição processual. Diferença do adicional de insalubridade. Legitimidade (nova redação - *DJ*, 20.04.2005). O sindicato tem legitimidade para atuar na qualidade de substituto processual para pleitear diferença de adicional de insalubridade.

122. Aviso prévio. Início da contagem. Art. 125, Código Civil

- (cancelada - conversão na Súm. 380 - *DJ*, 20.04.2005).

123. Bancários. Ajuda alimentação (inserida em 20.04.1998) A ajuda alimentação prevista em norma coletiva em decorrência de prestação de horas extras tem natureza indenizatória e, por isso, não integra o salário do empregado bancário.

- ERR 118.739/1994 - Em 10.02.1998, a SDI-Plena, por maioria, decidiu que ajuda alimentação paga ao bancário, em decorrência de prestação de horas extras por prorrogação de jornada, tem natureza indenizatória e, portanto, não integrativa ao salário.

124. Correção monetária. Salário. Art. 459, CLT

- (cancelada - conversão na Súm. 381 - *DJ*, 20.04.2005).

125. Desvio de função. Quadro de carreira (alterada em 13.03.2002). O simples desvio funcional do empregado não gera direito a novo enquadramento, mas apenas às diferenças salariais respectivas, mesmo que o desvio de função haja iniciado antes da vigência da CF/1988.

126. Súmula 239. Empresa de processamento de dados. Inaplicável

- (cancelada - nova redação da Súm. 239 - *DJ*, 20.04.2005).

127. Hora noturna reduzida. Subsistência após a CF/1988 (inserida em 20.04.1998) O art. 73, § 1º da CLT, que prevê a redução da hora noturna, não foi revogado pelo inciso IX do art. 7º da CF/1988.

128. Mudança de regime celetista para estatutário. Extinção do contrato. Prescrição bienal

- (cancelada - conversão na Súm. 382 - *DJ*, 20.04.2005).

129. Prescrição. Complementação da pensão e auxílio funeral (inserida em 20.04.1998) A prescrição extintiva para pleitear judicialmente o pagamento da complementação de pensão e do auxílio-funeral é de 2 anos, contados a partir do óbito do empregado.

130. Prescrição. Ministério Público. Arguição. "Custos legis". Ilegitimidade (atualizada em decorrência do CPC de 2015 - Res. 209/2016, *DEJT* divulgado em 01, 02 e 03.06.2016). Ao exarar o parecer na remessa de ofício, na qualidade de "custos legis", o Ministério Público não tem legitimidade para arguir a prescrição em favor de entidade de direito público, em matéria de direito patrimonial.

131. Vantagem *in natura*. Hipóteses em que não integra o salário

- (cancelada - conversão na Súm. n. 367 - *DJ*, 20.04.2005).

132. Agravo regimental. Peças essenciais nos autos principais (inserida em 27.11.1998) Inexistindo lei que exija a tramitação do agravo regimental em autos apartados, tampouco previsão no Regimento Interno do Regional, não pode o agravante ver-se apenado por não haver colacionado cópia de peças dos autos principais, quando o agravo regimental deveria fazer parte dele.

133. Ajuda alimentação. PAT. Lei n. 6.321/76. Não integração ao salário (inserida em 27.11.1998). A ajuda alimentação fornecida por empresa participante do programa de alimentação ao trabalhador, instituído pela Lei n. 6.321/76, não tem caráter salarial. Portanto, não integra o salário para nenhum efeito legal.

134. Autenticação. Pessoa jurídica de direito público. Dispensada. Medida

Provisória n. 1.360, de 12.03.96 (inserida em 27.11.1998). São válidos os documentos apresentados, por pessoa jurídica de direito público, em fotocópia não autenticada, posteriormente à edição da Medida Provisória n. 1.360/96 e suas reedições.

135. Aviso prévio indenizado. Superveniência de auxílio-doença no curso deste

› (cancelada - conversão na Súm. 371 - *DJ*, 20.04.2005).

136. Banco do Brasil. Complementação de aposentadoria. TELEX DIREC n. 5.003/1987. Não assegurada

› (cancelada - incorporação à nova redação da Orientação Jurisprudencial n. 18, SBDI-1 - *DJ*, 20.04.2005).

137. Banco Meridional. Circular n. 34.046/1989. Dispensa sem justa causa

› (cancelada - conversão na Orientação Jurisprudencial Transitória n. 38, SBDI-1 - *DJ*, 20.04.2005).

138. Competência residual. Regime jurídico único. Limitação da execução (nova redação - incorporação da OJ 249, SBDI-1 - *DJ*, 20.04.2005). Compete à Justiça do Trabalho julgar pedidos de direitos e vantagens previstos na legislação trabalhista referente a período anterior à Lei n. 8.112/90, mesmo que a ação tenha sido ajuizada após a edição da referida lei. A superveniência de regime estatutário em substituição ao celetista, mesmo após a sentença, limita a execução ao período celetista.

139. Depósito recursal. Complementação devida. Aplicação da instrução normativa n. 3/93, II

› (cancelada - nova redação da Súm. 128 - *DJ*, 20.04.2005).

140. Depósito recursal e custas processuais. Recolhimento insuficiente. Deserção. (nova redação em decorrência do CPC de 2015) - Res. 217/2017 - *DEJT* divulgado em 20, 24 e 25.04.2017Em caso de recolhimento insuficiente das custas processuais ou do depósito recursal, somente haverá deserção do recurso se, concedido o prazo de 5 (cinco) dias previsto no § 2º do art. 1.007 do CPC de 2015, o recorrente não complementar e comprovar o valor devido.

141. Descontos previdenciários e fiscais. Competência da Justiça do Trabalho (convertida na Súm. 368 - *DJ*, 20.04.2005).

› Cancelada.

142. Embargos de declaração. Efeito modificativo. Vista prévia à parte contrária

› (cancelado o item II em decorrência do CPC de 2015) (Res. 214/2016. *DEJT*, 30.11.2016)

É passível de nulidade decisão que acolhe embargos de declaração com efeito modificativo sem que seja concedida oportunidade de manifestação prévia à parte contrária.

143. Empresa em liquidação extrajudicial. Execução. Créditos trabalhistas. Lei n. 6.024/74 (inserida em 27.11.1998). A execução trabalhista deve prosseguir diretamente na Justiça do Trabalho mesmo após a decretação da liquidação extrajudicial. Lei n. 6.830/80, arts. 5º e 29, aplicados supletivamente (CLT, art. 889 e CF/1988, art. 114).

144. Enquadramento funcional. Prescrição extintiva

› (cancelada - nova redação da Súm. 275 - *DJ*, 20.04.2005).

145. Estabilidade. Dirigente sindical. Categoria diferenciada

› (cancelada - conversão na Súm. 369 - *DJ*, 20.04.2005).

146. FGTS. Opção retroativa. Concordância do empregador. Necessidade

› (cancelada - conversão na OJ Transitória 39, SBDI-1 - *DJ*, 20.04.2005).

147. Lei estadual, norma coletiva ou norma regulamentar. Conhecimento indevido do recurso de revista por divergência jurisprudencial (nova redação - incorporação da OJ 309, SBDI-1 - *DJ*, 20.04.2005).

I - É inadmissível o recurso de revista fundado tão somente em divergência jurisprudencial, se a parte não comprovar que a lei estadual, a norma coletiva ou o regulamento da empresa extrapolam o âmbito do TRT prolator da decisão recorrida.

II - É imprescindível a arguição de afronta ao art. 896 da CLT para o conhecimento de embargos interpostos em face de acórdão de Turma que conhece indevidamente de recurso de revista, por divergência jurisprudencial, quanto a tema regulado por lei estadual, norma coletiva ou norma regulamentar de âmbito restrito ao Regional prolator da decisão.

148. Lei n. 8.880/94, art. 31. Constitucionalidade (nova redação - *DJ*, 20.04.2005). É constitucional o art. 31 da Lei n. 8.880/94, que prevê a indenização por demissão sem justa causa.

149. Mandato. Art. 13 do CPC. Regularização. Fase recursal. Inaplicável

› (cancelada - conversão na Súm. 383 - *DJ*, 20.04.2005).

150. Multa prevista em vários instrumentos normativos. Cumulação de ações

› (cancelada - conversão na Súm. 384 - *DJ*, 20.04.2005).

151. Prequestionamento. Decisão regional que adota a sentença. Ausência de prequestionamento (inserida em 27.11.1998). Decisão regional que simplesmente adota os fundamentos da decisão de primeiro grau não preenche a exigência do prequestionamento, tal como previsto na Súmula 297.

152. Revelia. Pessoa jurídica de direito público. Aplicável. (art. 844 da CLT) (inserido dispositivo - *DJ*, 20.04.2005). Pessoa jurídica de direito público sujeita-se à revelia prevista no artigo 844 da CLT.

153. Adicional de insalubridade. Deficiência de iluminamento. Limitação

› (cancelada - conversão na OJ Transitória 57, SBDI-1 - *DJ*, 20.04.2005).

154. Atestado médico - INSS. Exigência prevista em instrumento normativo

› (cancelada) - Res. 158/2009, *DEJT*, 22, 23 e 26.10.2009).

155. Banrisul. Complementação de aposentadoria

› (cancelada - conversão na OJ Transitória 40, SBDI-1 - *DJ*, 20.04.2005).

156. Complementação de aposentadoria. Diferenças. Prescrição

› (cancelada - nova redação da Súm. 327 - Res. 175/2011, *DEJT* 27, 30 e 31.05.2011).

157. Complementação de aposentadoria. Fundação Clemente de Faria. Banco Real

› (cancelada - conversão na OJ Transitória 41, SBDI-1 - *DJ*, 20.04.2005).

158. Custas. Comprovação de recolhimento. DARF eletrônico. Validade (inserida em 26.03.1999). O denominado "DARF eletrônico" é válido para comprovar o recolhimento de custas por entidades da administração pública federal, emitido conforme a IN-SRF 162, de 04.11.88.

159. Data de pagamento. Salários. Alteração (inserida em 26.03.1999). Diante da inexistência de previsão expressa em contrato ou em instrumento normativo, a alteração de data de pagamento pelo empregador não viola o art. 468, desde que observado o parágrafo único, do art. 459, ambos da CLT.

160. Descontos salariais. Autorização no ato da admissão. Validade (inserida em 26.03.1999). É inválida a presunção de vício de consentimento resultante do fato de ter o empregado anuído expressamente com descontos salariais na oportunidade da admissão. É de se exigir demonstração concreta do vício de vontade.

161. Feriado local. Prazo recursal. Prorrogação. Comprovação. Necessidade

› (cancelada - conversão na Súm. 385 - *DJ*, 20.04.2005).

162. Multa. Art. 477 da CLT. Contagem do prazo. Aplicável o art. 132 do Código Civil de 2002 (atualizada a legislação e inserido dispositivo - *DJ*, 20.04.2005). A contagem do prazo para quitação das verbas decorrentes da rescisão contratual prevista no artigo 477 da CLT exclui necessariamente o dia da notificação da demissão e inclui o dia do vencimento, em obediência ao disposto no artigo 132 do Código Civil de 2002 (artigo 125 do Código Civil de 1916).

163. Norma regulamentar. Opção pelo novo regulamento. Art. 468 da CLT e Súm. 51. Inaplicáveis

› (cancelada - nova redação da Súm. 51 - *DJ*, 20.04.2005).

164. Oficial de justiça *ad hoc*. Inexistência de vínculo empregatício (inserido dispositivo - *DJ*, 20.04.2005). Não se caracteriza o vínculo empregatício na nomeação para o exercício das funções de oficial de justiça "ad hoc", ainda que feita de forma reiterada, pois exaure-se a cada cumprimento de mandado.

165. Perícia. Engenheiro ou médico. Adicional de insalubridade e periculosidade. Válido. Art. 195 da CLT (inserida em 26.03.1999). O art. 195 da CLT não faz qualquer distinção entre o médico e o engenheiro para efeito de caracterização e classificação da insalubridade e periculosidade, bastando para a elaboração do laudo seja o profissional devidamente qualificado.

166. Petrobras. Pensão por morte do empregado assegurada no manual de pessoal. Estabilidade decenal. Opção pelo regime do FGTS

› (cancelada - conversão na OJ Transitória 42, SBDI-1 - *DJ*, 20.04.2005).

167. Policial militar. Reconhecimento de vínculo empregatício com empresa privada

› (cancelada - conversão na Súm. 386 - *DJ*, 20.04.2005).

168. SUDS. Gratificação. Convênio da União com o Estado. Natureza salarial enquanto paga

‣ (cancelada em decorrência da sua conversão na OJ Transitória 43, SBDI-1 - *DJ*, 20.04.2005)

169. Turno ininterrupto de revezamento. Fixação de jornada de trabalho mediante negociação coletiva. Validade

‣ (cancelada - conversão na Súm. 423 - Res. 139/2006 - *DJ*, 10.10.2006).

170. Adicional de insalubridade. Lixo urbano

‣ (cancelada - incorporação à nova redação da Orientação Jurisprudencial n. 4, SBDI-1 - *DJ*, 20.04.2005).

171. Adicional de insalubridade. Óleos minerais. Sentido do termo "manipulação" (inserida em 08.11.2000). Para efeito de concessão de adicional de insalubridade não há distinção entre fabricação e manuseio de óleos minerais - Portaria n. 3.214 do Ministério do Trabalho, NR 15, Anexo XIII.

172. Adicional de insalubridade ou periculosidade. Condenação. Inserção em folha de pagamento (inserida em 08.11.2000). Condenada ao pagamento do adicional de insalubridade ou periculosidade, a empresa deverá inserir, mês a mês e enquanto o trabalho for executado sob essas condições, o valor correspondente em folha de pagamento.

173. Adicional de insalubridade. Atividade a céu aberto. Exposição ao sol e ao calor (redação alterada na sessão do Tribunal Pleno realizada em 14.09.2012 - Res. 186/2012, *DEJT* divulgado em 25, 26 e 27.09.2012)

I - Ausente previsão legal, indevido o adicional de insalubridade ao trabalhador em atividade a céu aberto, por sujeição à radiação solar (art. 195 da CLT e Anexo 7 da NR 15 da Portaria n. 3.214/78 do MTE).

II - Tem direito ao adicional de insalubridade o trabalhador que exerce atividade exposto ao calor acima dos limites de tolerância, inclusive em ambiente externo com carga solar, nas condições previstas no Anexo 3 da NR 15 da Portaria n. 3.214/78 do MTE.

174. Adicional de periculosidade. Horas de sobreaviso. Indevido

‣ (cancelada - nova redação da Súm. 132 - *DJ*, 20.04.2005).

175. Comissões. Alteração ou Supressão. Prescrição total (nova redação - incorporação da OJ 248, SBDI-1 - *DJ*, 22.11.2005). A supressão das comissões, ou a alteração quanto à forma ou ao percentual, em prejuízo do empregado, é suscetível de operar a prescrição total da ação, nos termos da Súm. 294 do TST, em virtude de cuidar-se de parcela não assegurada por preceito de lei.

176. Anistia. Lei n. 6.683/79. Tempo de afastamento. Não computável para efeito de indenização e adicional por tempo de serviço, licença-prêmio e promoção

‣ (cancelada - conversão na OJ Transitória 44, SBDI-1 - *DJ*, 20.04.2005).

177. Aposentadoria espontânea. Efeitos

‣ (cancelada - *DJ*, 30.10.2006).

178. Bancário. Intervalo de 15 minutos. Não computável na jornada de trabalho (inserido dispositivo - *DJ*, 20.04.2005). Não se computa, na jornada do bancário sujeito a seis horas diárias de trabalho, o intervalo de quinze minutos para lanche ou descanso.

179. BNDES. Arts. 224/226, CLT. Aplicável a seus empregados

‣ (cancelada - conversão na Orientação Jurisprudencial Transitória n. 77, SBDI-1 - *DEJT* 16, 17 e 18.11.2010).

180. Comissionista puro. Abono. Lei n. 8.178/91. Não incorporação

‣ (cancelada - conversão na OJ Transitória 45, SBDI-1 - *DJ*, 20.04.2005).

181. Comissões. Correção monetária. Cálculo (inserida em 08.11.2000). O valor das comissões deve ser corrigido monetariamente para em seguida obter-se a média para efeito de cálculo de férias, 13º salário e verbas rescisórias.

182. Compensação de jornada. Acordo individual. Validade

‣ (cancelada - nova redação da Súm. 85 - *DJ*, 20.04.2005).

183. Complementação de aposentadoria. Banco Itaú

‣ (cancelada - conversão na OJ Transitória n. 46, SBDI-1 - *DJ*, 20.04.2005).

184. Confissão ficta. Produção de prova posterior

‣ (cancelada - nova redação da Súm. 74 - *DJ*, 20.04.2005).

185. Contrato de trabalho com a associação de pais e mestres - APM. Inexistência de responsabilidade solidária ou subsidiária do Estado (inserido dispositivo - *DJ*, 20.04.2005). O Estado-membro não é responsável subsidiária ou solidariamente com a Associação de Pais e Mestres pelos encargos trabalhistas dos empregados contratados por esta última, que deverão ser suportados integral e exclusivamente pelo real empregador.

186. Custas. Inversão do ônus da sucumbência. Deserção. Não ocorrência.

‣ (cancelada em decorrência da sua incorporação da nova redação da Súmula 25) - Res. 197/2015, *DEJT* divulgado em 14, 15 e 18.05.2015.

187. Décimo terceiro salário. Dedução da 1ª parcela. URV. Lei n. 8.880/94

‣ (cancelada - conversão na OJ Transitória n. 47, SBDI-1 - *DJ*, 20.04.2005).

188. Decisão normativa que defere direitos. Falta de interesse de agir para ação individual (inserida em 08.11.2000). Falta interesse de agir para a ação individual, singular ou plúrima, quando o direito já foi reconhecido através de decisão normativa, cabendo, no caso, ação de cumprimento.

189. Depósito recursal. Agravo de petição. IN/TST n. 3/93

‣ (cancelada - nova redação da Súm. 128 - *DJ*, 20.04.2005).

190. Depósito recursal. Condenação solidária

‣ (cancelada - nova redação da Súm. 128 - *DJ*, 20.04.2005).

191. Contrato de empreitada. Dono da obra de construção civil. Responsabilidade (nova redação - Res. 175/2011, *DEJT*, 27, 30 e 31.05.2011). Diante da inexistência de previsão legal específica, o contrato de empreitada de construção civil entre o dono da obra e o empreiteiro não enseja responsabilidade solidária ou subsidiária nas obrigações trabalhistas contraídas pelo empreiteiro, salvo sendo o dono da obra uma empresa construtora ou incorporadora.

192. Embargos declaratórios. Prazo em dobro. Pessoa jurídica de direito público. Decreto-Lei n. 779/69 (inserida em 08.11.2000). É em dobro o prazo para a interposição de embargos declaratórios por pessoa jurídica de direito público.

193. Equiparação salarial. Quadro de carreira. Homologação. Governo estadual. Válido

‣ (cancelada em decorrência da redação da Súm. 6 conferida pela Res. 104/2000, *DJ*, 18.12.2000 - *DJ*, 20.04.2005).

194. Fac-Símile. Lei n. 9.800/99. Aplicável só a recursos interpostos na sua vigência

‣ (cancelada - conversão na Súm. 387 - *DJ*, 20.04.2005).

195. Férias indenizadas. FGTS. Não incidência (inserido dispositivo - *DJ*, 20.04.2005). Não incide a contribuição para o FGTS sobre as férias indenizadas.

196. Gestante. Contrato de experiência. Estabilidade provisória. Não assegurada

‣ (cancelada - nova redação da Súm. 244 - *DJ*, 20.04.2005).

197. Gratificação semestral. Repercussão no 13º salário. Súm. 78 do TST. Aplicável

‣ (cancelada em decorrência da redação da Súm. 253 conferida pela Res. 121/2003, *DJ*, 21.11.2003 - *DJ*, 20.04.2005).

198. Honorários periciais. Atualização monetária (inserida em 08.11.2000). Diferentemente da correção aplicada aos débitos trabalhistas, que têm caráter alimentar, a atualização monetária dos honorários periciais é fixada pelo art. 1º da Lei n. 6.899/1981, aplicável a débitos resultantes de decisões judiciais.

199. Jogo do bicho. Contrato de trabalho. Nulidade. Objeto ilícito (título alterado e inserido dispositivo - *DEJT*, 16, 17 e 18.11.2010). É nulo o contrato de trabalho celebrado para o desempenho de atividade inerente à prática do jogo do bicho, ante a ilicitude de seu objeto, o que subtrai o requisito de validade para a formação do ato jurídico.

200. Mandato tácito. Substabelecimento inválido (inserido dispositivo - *DJ*, 20.04.2005). É inválido o substabelecimento de advogado investido de mandato tácito.

201. Multa. Art. 477 da CLT. Massa falida. Inaplicável

‣ (cancelada - conversão na Súm. 388 - *DJ*, 20.04.2005).

202. Petromisa. Sucessão. Petrobras. Legitimidade

‣ (cancelada - conversão na OJ Transitória 48, SBDI-1 - *DJ*, 20.04.2005).

203. Plano econômico (Collor). Execução. Correção monetária. Índice de 84,32%. Lei n. 7.738/89. Aplicável

‣ (cancelada - conversão na OJ Transitória 54, SBDI-1 - *DJ*, 20.04.2005).

204. Prescrição. Contagem do prazo. Art. 7º, XXIX, da CF

‣ (cancelada - nova redação da Súm. 308 - *DJ*, 20.04.2005).

205. Competência material. Justiça do Trabalho. Ente público. Contratação irregular. Regime especial. Desvirtuamento

‣ (cancelada) - Res. 156/2009, *DEJT*, 27, 28 e 29.04.2009).

206. Professor. Horas extras. Adicional de 50% (inserida em 08.11.2000). Excedida a jornada máxima (art. 318 da CLT), as horas excedentes devem ser remuneradas com o adicional de, no mínimo, 50% (art. 7º, XVI, CF/1988).

207. Programa de incentivo à demissão voluntária. Indenização. Imposto de renda. Não incidência (inserido dispositivo - *DJ*, 20.04.2005). A indenização paga em virtude de adesão a programa de incentivo à demissão voluntária não está sujeita à incidência do imposto de renda.

208. Radiologista. Gratificação de raios X. Redução. Lei n. 7.923/89 (inserida em 08.11.2000). A alteração da gratificação por trabalho com raios X, de quarenta para dez por cento, na forma da Lei n. 7.923/89, não causou prejuízo ao trabalhador porque passou a incidir sobre o salário incorporado com todas as demais vantagens.

209. Recesso forense. Suspensão dos prazos recursais (arts. 181, I, e 148 do RI/TST)

- (cancelada em decorrência da nova redação da Súm. 262 - *DJ*, 20.04.2005).

210. Seguro-desemprego. Competência da Justiça do Trabalho

- (cancelada - conversão na Súm. 389 - *DJ*, 20.04.2005).

211. Seguro-desemprego. Guias. Não liberação. Indenização substitutiva

- (cancelada - conversão na Súm. 389 - *DJ*, 20.04.2005).

212. Serpro. Norma regulamentar. Reajustes salariais. Superveniência de sentença normativa. Prevalência

- (cancelada - conversão na OJ Transitória n. 49, SBDI-1 - *DJ*, 20.04.2005)

213. Telex. Operadores. Art. 227 da CLT. Inaplicável (inserida em 08.11.2000). O operador de telex de empresa, cuja atividade econômica não se identifica com qualquer uma das previstas no art. 227 da CLT, não se beneficia de jornada reduzida.

214. URPs de junho e julho de 1988. Suspensão do pagamento. Data-base em maio. Decreto-Lei n. 2.425/1988. Inexistência de violação a direito adquirido

- (cancelada - conversão na OJ Transitória 58, SBDI-1 - *DJ*, 20.04.2005).

215. Vale-transporte. Ônus da prova

- (cancelada) - Res. 175/2011, *DEJT*, 27, 30 e 31.05.2011).

216. Vale-transporte. Servidor público celetista. Lei n. 7.418/85. Devido (inserido dispositivo - *DJ*, 20.04.2005). Res. 129/2005, DJ 20, 22 e 25.04.2005. Aos servidores públicos celetistas é devido o vale-transporte, instituído pela Lei nº 7.418/85, de 16 de dezembro de 1985.

217. Agravo de instrumento. Traslado. Lei n. 9.756/1998. Guias de custas e de depósito recursal (inserida em 02.04.2001). Para a formação do agravo de instrumento, não é necessária a juntada de comprovantes de recolhimento de custas e de depósito recursal relativamente ao recurso ordinário, desde que não seja objeto de controvérsia no recurso de revista a validade daqueles recolhimentos.

218. Plano Collor. Servidores do GDF. Celetistas. Lei distrital n. 38/89

- (cancelada - incorporação à OJ 241, SBDI-1 e posterior conversão na OJ Transitória 55, SBDI-1 - *DJ*, 20.04.20050.

219. Recurso de revista ou de embargos fundamentado em orientação jurisprudencial do TST (inserida em 02.04.2001). É válida, para efeito de conhecimento do recurso de revista ou de embargos, a invocação de Orientação Jurisprudencial do Tribunal Superior do Trabalho, desde que, das razões recursais, conste o seu número ou conteúdo.

220. Acordo de compensação. Extrapolação da jornada

- (cancelada - nova redação da Súm. 85 - *DJ*, 20.04.2005).

221. Anistia. Lei n. 8.878/94. Efeitos financeiros devidos a partir do efetivo retorno à atividade

- (cancelada - conversão na OJ Transitória 56, SBDI-1 - *DJ*, 20.04.2005).

222. Bancário. Advogado. Cargo de confiança

- (cancelada - nova redação da Súm. 102 - *DJ*, 20.04.2005).

223. Compensação de jornada. Acordo individual tácito. Inválido

- (cancelada - nova redação da Súm. 85 - *DJ*, 20.04.2005).

224. Complementação de aposentadoria. Reajuste. Lei n. 9.069, de 29.06.1995. (*DEJT*, 16, 17 e 20.09.2010)

I - A partir da vigência da Medida Provisória n. 542, de 30.06.1994, convalidada pela Lei n. 9.069, de 29.06.1995, o critério de reajuste da complementação de aposentadoria passou a ser anual e não semestral, aplicando-se o princípio "rebus sic stantibus" diante da nova ordem econômica

II - A alteração da periodicidade do reajuste da complementação de aposentadoria - de semestral para anual -, não afeta o direito ao resíduo inflacionário apurado nos meses de abril, maio e junho de 1994, que deverá incidir sobre a correção realizada no mês de julho de 1995.

225. Contrato de concessão de serviço público. Responsabilidade trabalhista (nova redação - *DJ*, 20.04.2005). Celebrado contrato de concessão de serviço público em que uma empresa (primeira concessionária) outorga a outra (segunda concessionária), no todo ou em parte, mediante arrendamento, ou qualquer outra forma contratual, a título transitório, bens de sua propriedade:

I - em caso de rescisão do contrato de trabalho após a entrada em vigor da concessão, a segunda concessionária, na condição de sucessora, responde pelos direitos decorrentes do contrato de trabalho, sem prejuízo da responsabilidade subsidiária da primeira concessionária pelos débitos trabalhistas contraídos até a concessão;

II - no tocante ao contrato de trabalho extinto antes da vigência da concessão, a responsabilidade pelos direitos dos trabalhadores será exclusivamente da antecessora.

226. Crédito trabalhista. Cédula de crédito rural. Cédula de crédito industrial. Penhorabilidade (título alterado - *DJ*, 20.04.2005). Diferentemente da cédula de crédito industrial garantida por alienação fiduciária, na cédula rural pignoratícia ou hipotecária o bem permanece sob o domínio do devedor (executado), não constituindo óbice à penhora na esfera trabalhista. (Decreto-Lei n. 167/67, art. 69; CLT, arts. 10 e 30 e Lei n. 6.830/80).

227. Denunciação da lide. Processo do trabalho. Incompatibilidade

- (cancelada - *DJ*, 22.11.2005).

228. Descontos legais. Sentenças trabalhistas. Lei n. 8.541/92, art. 46. Provimento da CGJT n. 3/84 e alterações posteriores

- (cancelada - conversão na Súm. 368 - *DJ*, 20.04.2005).

229. Estabilidade. Art. 41, CF/1988. Celetista. Empresa pública e sociedade de economia mista. Inaplicável

- (cancelada - conversão na Súm. 390 - *DJ*, 20.04.2005).

230. Estabilidade. Lei n. 8.213/91. Art. 118 c/c art. 59

- (cancelada - conversão na Súm. 378 - *DJ*, 20.04.2005).

231. Férias. Abono instituído por instrumento normativo e terço constitucional. Simultaneidade inviável

- (cancelada - conversão na OJ Transitória n. 50, SBDI-1 - *DJ*, 20.04.2005).

232. FGTS. Incidência. Empregado transferido para o exterior. Remuneração (inserida em 20.06.2001). O FGTS incide sobre todas as parcelas de natureza salarial pagas ao empregado em virtude de prestação de serviços no exterior.

233. Horas extras. Comprovação de parte do período alegado (nova redação - *DJ*, 20.04.2005). A decisão que defere horas extras com base em prova oral ou documental não ficará limitada ao tempo por ela abrangido, desde que o julgador fique convencido de que o procedimento questionado superou aquele período.

234. Horas extras. Folha individual de presença (FIP) instituída por norma coletiva. Prova oral. Prevalência

- (cancelada - nova redação da Súm. 338 - *DJ*, 20.04.2005).

235. Horas extras. Salário por produção (redação alterada na sessão do Tribunal Pleno realizada em 16.04.2012 - Res. 182/2012, *DEJT* divulgado em 19, 20 e 23.04.2012). O empregado que recebe salário por produção e trabalha em sobrejornada tem direito à percepção apenas do adicional de horas extras, exceto no caso do empregado cortador de cana, a quem é devido o pagamento das horas extras e do adicional respectivo.

236. Horas *in itinere*. Horas extras. Adicional devido

- (cancelada - nova redação da Súm. 90 - *DJ*, 20.04.2005).

237. Ministério Público do Trabalho. Legitimidade para recorrer. Sociedade de economia mista. Empresa pública (incorporada a Orientação Jurisprudencial n. 338 da SBDI-I - Res. 210/2016, *DEJT* divulgado em 30.06.2016 e 01 e 04.07.2016).

I - O Ministério Público do Trabalho não tem legitimidade para recorrer na defesa de interesse patrimonial privado, ainda que de empresas públicas e sociedades de economia mista.

II - Há legitimidade do Ministério Público do Trabalho para recorrer de decisão que declara a existência de vínculo empregatício com sociedade de economia mista ou empresa pública, após a Constituição Federal de 1988, sem a prévia aprovação em concurso público, pois é matéria de ordem pública.

238. Multa. Art. 477 da CLT. Pessoa jurídica de direito público. Aplicável (inserido dispositivo - *DJ*, 20.04.20050. Submete-se à multa do artigo 477 da CLT a pessoa jurídica de direito público que não observa o prazo para pagamento das verbas rescisórias, pois nivela-se a qualquer particular, em direitos e obrigações, despojando-se do "jus imperii" ao celebrar um contrato de emprego.

239. Multa convencional. Horas extras

- (cancelada - conversão na Súm. 384 - *DJ*, 20.04.2005).

240. Petroleiros. Horas extras. Lei n. 5.811/72. Recepcionada pela CF/1988

- (cancelada - conversão na Súm. 391 - *DJ*, 20.04.2005).

241. Plano Collor. Servidores de fundações e autarquias do DDF. Celetistas. Legislação federal

- (cancelada - conversão na OJ Transitória 55, SBDI-1 - *DJ*, 20.04.2005).

242. Prescrição total. Horas extras. Adicional. Incorporação (inserida em 20.06.2001). Embora haja previsão legal para o direito à hora extra, inexiste previsão para a incorporação ao salário do respectivo adicional, razão pela qual deve incidir a prescrição total.

243. Prescrição total. Planos econômicos (inserida em 20.06.2001). Aplicável a prescrição total sobre o direito de reclamar diferenças salariais resultantes de planos econômicos.

244. Professor. Redução da carga horária. Possibilidade (inserida em 20.06.2001). A redução da carga horária do professor, em virtude da diminuição do número de alunos, não constitui alteração contratual, uma vez que não implica redução do valor da hora-aula.

245. Revelia. Atraso. Audiência (inserida em 20.06.2001) Inexiste previsão legal tolerando atraso no horário de comparecimento da parte na audiência.

246. Salário-utilidade. Veículo

- (cancelada - conversão na Súm. 367 - *DJ*, 20.04.2005).

247. Servidor público. Celetista concursado. Despedida imotivada. Empresa pública ou sociedade de economia mista. Possibilidade (alterada - Res. n. 143/2007 - *DJ*, 13.11.2007).

- Lei 13.303/2016 (Dispõe sobre o estatuto jurídico da empresa pública, da sociedade de economia mista e de suas subsidiárias, no âmbito da União, dos Estados, do Distrito Federal e dos Municípios).

I - A despedida de empregados de empresa pública e de sociedade de economia mista, mesmo admitidos por concurso público, independe de ato motivado para sua validade;

II - A validade do ato de despedida do empregado da Empresa Brasileira de Correios e Telégrafos (ECT) está condicionada à motivação, por gozar a empresa do mesmo tratamento destinado à Fazenda Pública em relação à imunidade tributária e à execução por precatório, além das prerrogativas de foro, prazos e custas processuais.

248. Comissões. Alteração. Prescrição total. Súmula n. 294. Aplicável

- (cancelada - incorporação à OJ 175, SBDI-1 - *DJ*, 22.11.2005).

249. Competência residual. Regime jurídico único. Lei n. 8.112/90. Limitação

- (cancelada - incorporação à nova redação da OJ 138, SBDI-1 - *DJ*, 20.04.2005).

250. Complementação de aposentadoria. Caixa Econômica Federal. Auxílio-alimentação. Supressão. Súmulas n. 51 e 288. Aplicáveis

- (cancelada - conversão na OJ Transitória 51, SBDI-1 - *DJ*, 20.04.2005).

251. Descontos. Frentista. Cheques sem fundos (inserida em 13.03.2002). É lícito o desconto salarial referente à devolução de cheques sem fundos, quando o frentista não observar as recomendações previstas em instrumento coletivo.

252. Equiparação salarial. Mesma localidade. Conceito. Art. 461 da CLT

- (cancelada - nova redação da Súm. 6 - *DJ*, 20.04.2005).

253. Estabilidade provisória. Cooperativa. Lei n. 5.764/71. Conselho fiscal. Suplente. Não assegurada (inserida em 13.03.2002) O art. 55 da Lei n. 5.764/71 assegura a garantia de emprego apenas aos empregados eleitos diretores de Cooperativas, não abrangendo os membros suplentes.

254. FGTS. Multa de 40%. Aviso prévio indenizado. Atualização monetária. Diferença indevida

- (cancelada - incorporação à nova redação da OJ 42, SBDI-1 - *DJ*, 20.04.2005).

255. Mandato. Contrato social. Desnecessária a juntada. (atualizada em decorrência do CPC de 2015 - Res. 208/2016, *DEJT* divulgado em 22, 25 e 26.04.2016)O art. 75, inciso VIII, do CPC de 2015 (art. 12, VI, do CPC de 1973) não determina a exibição dos estatutos da empresa em juízo como condição de validade do instrumento de mandato outorgado ao seu procurador, salvo se houver impugnação da parte contrária.

256. Prequestionamento. Configuração. Tese explícita. Súmula 297 (inserida em 13.03.2002). Para fins do requisito do prequestionamento de que trata a Súm. 297, há necessidade de que haja, no acórdão, de maneira clara, elementos que levem à conclusão de que o Regional adotou uma tese contrária à lei ou à súmula.

257. Recurso de revista. Fundamentação. Violação de lei. Vocábulo violação. Desnecessidade (alterada em decorrência da redação do inciso II do art. 894 da CLT, incluído pela Lei n. 11.496/2007 - Res. 182/2012, *DEJT* divulgado em 19, 20 e 23.04.2012). A invocação expressa no recurso de revista dos preceitos legais ou constitucionais tidos como violados não significa exigir da parte a utilização das expressões "contrariar", "ferir", "violar" etc.

258. Adicional de periculosidade. Acordo coletivo ou convenção coletiva. Prevalência

- (cancelada - conversão na Súm. 364 - *DJ*, 20.04.2005).

259. Adicional noturno. Base de cálculo. Adicional de periculosidade. Integração (inserida em 27.09.2002). O adicional de periculosidade deve compor a base de cálculo do adicional noturno, já que também neste horário o trabalhador permanece sob as condições de risco.

260. Agravo de instrumento. Recurso de revista. Procedimento sumaríssimo. Lei n. 9.957/00. Processos em curso (inserida em 27.09.2002)

I - É inaplicável o rito sumaríssimo aos processos iniciados antes da vigência da Lei n. 9.957/00.

II - No caso de o despacho denegatório de recurso de revista invocar, em processo iniciado antes da Lei n. 9.957/00, o § 6º do art. 896 da CLT (rito sumaríssimo), como óbice ao trânsito do apelo calcado em divergência jurisprudencial ou violação de dispositivo infraconstitucional, o Tribunal superará o obstáculo, apreciando o recurso sob esses fundamentos.

261. Bancos. Sucessão trabalhista (inserida em 27.09.2002). As obrigações trabalhistas, inclusive as contraídas à época em que os empregados trabalhavam para o banco sucedido, são de responsabilidade do sucessor, uma vez que a este foram transferidos os ativos, as agências, os direitos e deveres contratuais, caracterizando típica sucessão trabalhista.

262. Coisa julgada. Planos econômicos. Limitação à data-base na fase de execução (inserida em 27.09.2002) Não ofende a coisa julgada a limitação à data-base da categoria, na fase executória, da condenação ao pagamento de diferenças salariais decorrentes de planos econômicos, quando a decisão exequenda silenciar sobre a limitação, uma vez que a limitação decorre de norma cogente. Apenas quando a sentença exequenda houver expressamente afastado a limitação à data-base é que poderá ocorrer ofensa à coisa julgada.

263. Contrato por prazo determinado. Lei especial (estadual e municipal). Incompetência da Justiça do Trabalho

- (cancelada - *DJ*, 14.09.2004).

264. Depósito recursal. PIS/PASEP. Ausência de indicação na guia de depósito recursal. Validade (inserida em 27.09.2002). Não é essencial para a validade da comprovação do depósito recursal a indicação do número do PIS/PASEP na guia respectiva.

265. Estabilidade. Art. 41 da CF/1988. Celetista. Administração direta, autárquica ou fundacional. Aplicabilidade

- (cancelada - conversão na Súm. 390 - *DJ*, 20.04.2005).

266. Estabilidade. Dirigente sindical. Limitação. Art. 522 da CLT

- (cancelada - conversão na Súm. 369 - *DJ*, 20.04.2005).

267. Horas extras. Adicional de periculosidade. Base de cálculo

- (cancelada - nova redação da Súm. 132 - *DJ*, 20.04.2005).

268. Indenização adicional. Leis n. 6.708/79 e 7.238/84. Aviso prévio. Projeção. Estabilidade provisória (inserida em 27.09.2002). Somente após o término do período estabilitário é que se inicia a contagem do prazo do aviso prévio para efeito das indenizações previstas nos artigos 9º da Lei n. 6.708/79 e 9º da Lei n. 7.238/84.

269. Justiça gratuita. Requerimento de isenção de despesas processuais.

Momento oportuno (inserido item II em decorrência do CPC de 2015) - Res. 219/2017, *DEJT* divulgado em 28, 29 e 30.06.2017I - O benefício da justiça gratuita pode ser requerido em qualquer tempo ou grau de jurisdição, desde que, na fase recursal, seja o requerimento formulado no prazo alusivo ao recurso; II – Indeferido o requerimento de justiça gratuita formulado na fase recursal, cumpre ao relator fixar prazo para que o recorrente efetue o preparo (art. 99, § 7º, do CPC de 2015).

270. Programa de incentivo à demissão voluntária. Transação extrajudicial. Parcelas oriundas do extinto contrato de trabalho. Efeitos (inserida em 27.09.2002). A transação extrajudicial que importa rescisão do contrato de trabalho ante a adesão do empregado a plano de demissão voluntária implica quitação exclusivamente das parcelas e valores constantes do recibo.

271. Rurícola. Prescrição. Contrato de emprego extinto. Emenda constitucional n. 28/2000. Inaplicabilidade (alterada - *DJ*, 22.11.2005). O prazo prescricional da pretensão do rurícola, cujo contrato de emprego já se extinguira ao sobrevir a Emenda Constitucional n. 28, de 26.05.2000, tenha sido ou não ajuizada a ação trabalhista, prossegue regido pela lei vigente ao tempo da extinção do contrato de emprego.

272. Salário-mínimo. Servidor. Salário-base inferior. Diferenças. Indevidas (inserida em 27.09.2002). A verificação do respeito ao direito ao salário-mínimo não se apura pelo confronto isolado do salário-base com o mínimo legal, mas deste com a soma de todas as parcelas de natureza salarial recebidas pelo empregado diretamente do empregador.

273. "Telemarketing". Operadores. Art. 227 da CLT. Inaplicável

- (cancelada - Res. 175/2011, *DEJT*, 27, 30 e 31.05.2011.

274. Turno ininterrupto de revezamento. Ferroviário. Horas extras. Devidas (inserida em 27.09.2002). O ferroviário submetido a escalas variadas, com alternância de turnos, faz jus à jornada especial prevista no art. 7º, XIV, da CF/1988.

275. Turno ininterrupto de revezamento. Horista. Horas extras e adicional. Devidos (inserida em 27.09.2002). Inexistindo instrumento coletivo fixando jornada diversa, o empregado horista submetido a turno ininterrupto de revezamento faz jus ao pagamento das horas extraordinárias laboradas além da 6ª, bem como ao respectivo adicional.

276. Ação declaratória. Complementação de aposentadoria (*DJ*, 11.08.2003). É incabível ação declaratória visando a declarar direito à complementação de aposentadoria, se ainda não atendidos os requisitos necessários à aquisição do direito, seja por via regulamentar, ou por acordo coletivo.

277. Ação de cumprimento fundada em decisão normativa que sofreu posterior reforma, quando já transitada em julgado a sentença condenatória. Coisa julgada. Não configuração (*DJ*, 11.08.2003). A coisa julgada produzida na ação de cumprimento é atípica, pois dependente de condição resolutiva, ou seja, da não modificação da decisão normativa por eventual recurso. Assim, modificada a sentença normativa pelo TST, com a consequente extinção do processo, sem julgamento do mérito, deve-se extinguir a execução em andamento, uma vez que a norma sobre a qual se apoiava o título exequendo deixou de existir no mundo jurídico.

278. Adicional de insalubridade. Perícia. Local de trabalho desativado (*DJ*, 11.08.2003). A realização de perícia é obrigatória para a verificação de insalubridade. Quando não for possível sua realização, como em caso de fechamento da empresa, poderá o julgador utilizar-se de outros meios de prova.

279. Adicional de periculosidade. Eletricitários. Base de cálculo. Lei n. 7.369/85, art. 1º. Interpretação (*DJ*, 11.08.2003)

- (cancelada - Res. 214/2016. *DEJT*, 30.11.2016).

280. Adicional de periculosidade. Exposição eventual. Indevido

- (cancelada - conversão na Súm. 364 - *DJ*, 20.04.2005).

281. Agravo de instrumento. Acórdão do TRT não assinado. Interposto anteriormente à Instrução Normativa n. 16/99

- (cancelada - conversão na OJ Transitória n. 52, SBDI-1 - *DJ*, 20.04.2005).

282. Agravo de instrumento. Juízo de admissibilidade *ad quem* (*DJ*, 11.08.2003). No julgamento de Agravo de Instrumento, ao afastar o óbice apontado pelo TRT para o processamento do recurso de revista, pode o juízo ad quem prosseguir no exame dos demais pressupostos extrínsecos e intrínsecos do recurso de revista, mesmo que não apreciados pelo TRT.

283. Agravo de instrumento. Peças essenciais. Traslado realizado pelo agravado. Validade (*DJ*, 11.08.2003). É válido o traslado de peças essenciais efetuado pelo agravado, pois a regular formação do agravo incumbe às partes e não somente ao agravante.

284. Agravo de instrumento. Traslado. Ausência de certidão de publicação. Etiqueta adesiva imprestável para aferição da tempestividade

- (cancelada em decorrência do CPC de 2015) - Res. 217/2017 - *DEJT* divulgado em 20, 24 e 25.04.2017.

285. Agravo de instrumento. Traslado. Carimbo do protocolo do recurso ilegível. Inservível

- (cancelada em decorrência do CPC de 2015) - Res. 217/2017 - *DEJT* divulgado em 20, 24 e 25.04.2017.

286. Agravo de instrumento. Traslado. Mandato tácito. Ata de audiência. Configuração (alterada) - Res. 167/2010, *DEJT*, 30.04.2010 e 03 e 04.05.2010).

I - A juntada da ata de audiência, em que consignada a presença do advogado, desde que não estivesse atuando com mandato expresso, torna dispensável a procuração deste, porque demonstrada a existência de mandato tácito.

II - Configurada a existência de mandato tácito fica suprida a irregularidade detectada no mandato expresso.

287. Autenticação. Documentos distintos. Despacho denegatório do recurso de revista e certidão de publicação

- (cancelada em decorrência do CPC de 2015) - Res. 219/2017, *DEJT* divulgado em 28, 29 e 30.06.2017

288. Bancário. Cargo de confiança. Art. 224, § 2º, CLT. Gratificação. Pagamento a menor

- (cancelada - nova redação da Súm. 102 - *DJ*, 20.04.2005).

289. Banco do Brasil. Complementação de aposentadoria. Média trienal. Valorizada

- (cancelada - incorporação à nova redação da OJ 18 da SB-DI-1 - *DJ*, 20.04.2005).

290. Contribuição sindical patronal. Ação de cumprimento. Incompetência da Justiça do Trabalho

- (cancelada - *DJ*, 05.07.2005).

291. Custas. Embargos de terceiro interpostos anteriormente à Lei n. 10.537/02. Inexigência de recolhimento

- (cancelada - conversão na OJ Transitória n. 53, SBDI-1 - *DJ*, 20.04.2005).

292. Diárias. Integração ao salário. Art. 457, § 2º, da CLT

- (cancelada - nova redação da Súm. 101 - *DJ*, 20.04.2005).

293. Embargos à SDI contra decisão de turma do TST em agravo do art. 557, § 1º, do CPC. Cabimento

- (cancelada - conversão na letra f da Súm. 353 do TST - Res. 171/2010 - *DEJT* 19, 22 e 23.11.2010).

294. Embargos à SDI contra decisão em recurso de revista não conhecido quanto aos pressupostos intrínsecos. Necessária a indicação expressa de ofensa ao art. 896 da CLT

- (cancelada em decorrência da sua conversão na OJ Transitória 78 da SBDI-1 - Res. 194/2014, *DEJT* 21, 22 e 23.05.2014.)

295. Embargos. Revista não conhecida por má aplicação de súmula ou de orientação jurisprudencial. Exame do mérito pela SDI

- (cancelada em decorrência da sua conversão na OJ Transitória 79 da SBDI-1 - Res. 194/2014, *DEJT* 21, 22 e 23.05.2014.).

296. Equiparação salarial. Atendente e auxiliar de enfermagem. Impossibilidade (*DJ*, 11.08.2003). Sendo regulamentada a profissão de auxiliar de enfermagem, cujo exercício pressupõe habilitação técnica, realizada pelo Conselho Regional de Enfermagem, impossível a equiparação salarial do simples atendente com o auxiliar de enfermagem.

297. Equiparação salarial. Servidor público da administração direta, autárquica e fundacional. Art. 37, XIII, da CF/1988 (*DJ*, 11.08.2003). O art. 37, inciso XIII, da CF/1988, veda a equiparação de qualquer natureza para o efeito de remuneração do pessoal do serviço público, sendo juridicamente impossível a aplicação da norma infraconstitucional prevista no art. 461 da CLT quando se pleiteia equiparação salarial entre servidores públicos, independentemente de terem sido contratados pela CLT.

298. Equiparação salarial. Trabalho intelectual. Possibilidade

- (cancelada - nova redação da Súm. 6 - *DJ*, 20.04.2005).

299. Estabilidade contratual e FGTS. Compatibilidade

- (cancelada - nova redação da Súm. 98 - *DJ*, 20.04.2005.

300. Execução trabalhista. Correção monetária. Juros. Lei n. 8.177/91, art. 39, e

Lei n. 10.192/01, art. 15 (nova redação - *DJ*, 20.04.2005). Não viola norma constitucional (art. 5º, II e XXXVI) a determinação de aplicação da TRD, como fator de correção monetária dos débitos trabalhistas, cumulada com juros de mora, previstos no artigo 39 da Lei n. 8.177/91 e convalidado pelo artigo 15 da Lei n. 10.192/01.

301. FGTS. Diferenças. Ônus da prova. Lei n. 8.036/90, art. 17

- (cancelada - Res. 175/2011, *DEJT* 27, 30 e 31.05.2011).

302. FGTS. Índice de correção. Débitos trabalhistas (*DJ*, 11.08.2003). Os créditos referentes ao FGTS, decorrentes de condenação judicial, serão corrigidos pelos mesmos índices aplicáveis aos débitos trabalhistas.

303. Gratificação. Redução. Impossibilidade

- (cancelada - conversão na Súm. 372 - *DJ*, 20.04.2005).

304. Honorários advocatícios. Assistência judiciária. Declaração de pobreza. Comprovação

- (cancelada em decorrência da sua aglutinação ao item I da Súmula nº 463 do TST) - Res. 219/2017, *DEJT* divulgado em 28, 29 e 30.06.2017

305. Honorários advocatícios. Requisitos. Justiça do Trabalho.

- (cancelada em decorrência da sua incorporação à nova redação da Súmula 219) - Res. 197/2015, *DEJT* divulgado em 14, 15 e 18.05.2015.

306. Horas extras. Ônus da prova. Registro invariável

- (cancelada - nova redação da Súm. 338 - *DJ*, 20.04.2005).

307. Intervalo intrajornada (para repouso e alimentação). Não concessão ou concessão parcial. Lei n. 8.923/94

- (cancelada em decorrência da aglutinação ao item I da Súmula n. 437 - Res. 186/2012, *DEJT* divulgado em 25, 26 e 27.09.2012).

308. Jornada de trabalho. Alteração. Retorno à jornada inicialmente contratada. Servidor público (*DJ*, 11.08.2003). O retorno do servidor público (administração direta, autárquica e fundacional) à jornada inicialmente contratada não se insere nas vedações do art. 468 da CLT, sendo a sua jornada definida em lei e no contrato de trabalho firmado entre as partes.

309. Lei estadual, norma coletiva ou regulamento de empresa. Interpretação. Art. 896, b, da CLT

- (cancelada - incorporação à nova redação da OJ n. 147, SBDI-1 - *DJ*, 20.04.2005).

310. Litisconsortes. Procuradores distintos. Prazo em dobro. Art. 229, *caput* e §§ 1º e 2º, do CPC de 2015. Art. 191 do CPC de 1973. Inaplicável ao processo do trabalho (atualizada em decorrência do CPC de 2015 - Res. 208/2016, *DEJT* divulgado em 22, 25 e 26.04.2016). Inaplicável ao processo do trabalho a norma contida no art. 229, *caput* e §§ 1º e 2º, do CPC de 2015 (art. 191 do CPC de 1973), em razão de incompatibilidade com a celeridade que lhe é inerente.

311. Mandato. Art. 37 do CPC. Inaplicável na fase recursal

- (cancelada - conversão na Súm. 383 - *DJ*, 20.04.2005).

312. Mandato. Cláusula com ressalva de vigência. Prorrogação até o final da demanda

- (cancelada - conversão na Súm. 395 - *DJ*, 20.04.2005).

313. Mandato. Cláusula fixando prazo para juntada

- (cancelada - conversão na Súm. 395 - *DJ*, 20.04.2005).

314. Massa falida. Dobra salarial. Art. 467 da CLT. Inaplicável

- (cancelada - conversão na Súm. 388 - *DJ*, 20.04.2005).

315. Motorista. Empresa. Atividade predominantemente rural. Enquadramento como trabalhador rural

- (cancelada) - Res. 200/2015, *DEJT* divulgado em 29.10.2015 e 03 e 04.11.2015.

316. Portuários. Adicional de risco. Lei n. 4.860/65 (*DJ*, 11.08.2003). O adicional de risco dos portuários, previsto no art. 14 da Lei n. 4.860/65, deve ser proporcional ao tempo efetivo no serviço considerado sob risco e apenas concedido àqueles que prestam serviços na área portuária.

317. Repositório de jurisprudência autorizado após a interposição do recurso. Validade

- (cancelada em decorrência da nova redação da Súm. 337 - *DJ*, 20.04.2005).

318. Autarquia. Fundação Pública. Legitimidade para recorrer. Representação Processual. (incluído o item II e alterada em decorrência do CPC de 2015) – Res. 220/2017 do TST (DEJT 22.09.2017).

I – Os Estados e os Municípios não têm legitimidade para recorrer em nome das autarquias e das fundações públicas.

II – Os procuradores estaduais e municipais podem representar as respectivas autarquias e fundações públicas em juízo somente se designados pela lei da respectiva unidade da federação (art. 75, IV, do CPC de 2015) ou se investidos de instrumento de mandato válido.

319. Representação regular. Estagiário. Habilitação posterior (*DJ*, 11.08.2003). Válidos são os atos praticados por estagiário se, entre o substabelecimento e a interposição do recurso, sobreveio a habilitação, do então estagiário, para atuar como advogado.

320. Sistema de protocolo integrado. Norma interna. Eficácia limitada a recursos da competência do TRT que a editou. Art. 896, § 1º, da CLT

- (cancelada - *DJ*, 14.09.2004).

321. Vínculo empregatício com a administração pública. Período anterior à CF/1988 (nova redação - *DJ*, 20.04.2005). Salvo os casos de trabalho temporário e de serviço de vigilância, previstos nas Leis n. 6.019, de 03.01.74, e 7.102, de 20.06.83, é ilegal a contratação de trabalhadores por empresa interposta, formando-se o vínculo empregatício diretamente com o tomador dos serviços, inclusive ente público, em relação ao período anterior à vigência da CF/88.

322. Acordo coletivo de trabalho. Cláusula de termo aditivo prorrogando o acordo para prazo indeterminado. Inválida (*DJ*, 09.12.2003). Nos termos do art. 614, § 3º, da CLT, é de 2 anos o prazo máximo de vigência dos acordos e das convenções coletivas. Assim sendo, é inválida, naquilo que ultrapassa o prazo total de 2 anos, a cláusula de termo aditivo que prorroga a vigência do instrumento coletivo originário por prazo indeterminado.

323. Acordo de compensação de jornada. "semana espanhola". Validade (*DJ*, 09.12.2003). É válido o sistema de compensação de horário quando a jornada adotada é a denominada "semana espanhola", que alterna a prestação de 48 horas em uma semana e 40 horas em outra, não violando os arts. 59, § 2º, da CLT e 7º, XIII, da CF/1988 o seu ajuste mediante acordo ou convenção coletiva de trabalho.

324. Adicional de periculosidade. Sistema elétrico de potência. Decreto n. 93.412/86, art. 2º, § 1º (*DJ*, 09.12.2003). É assegurado o adicional de periculosidade apenas aos empregados que trabalham em sistema elétrico de potência em condições de risco, ou que o façam com equipamentos e instalações elétricas similares, que ofereçam risco equivalente, ainda que em unidade consumidora de energia elétrica.

325. Aumento salarial concedido pela empresa. Compensação no ano seguinte em antecipação sem a participação do sindicato profissional. Impossibilidade (*DJ*, 09.12.2003). O aumento real, concedido pela empresa a todos os seus empregados, somente pode ser reduzido mediante a participação efetiva do sindicato profissional no ajuste, nos termos do art. 7º, VI, da CF/1988.

326. Cartão de ponto. Registro. Horas extras. Minutos que antecedem e sucedem a jornada de trabalho. Tempo utilizado para uniformização, lanche e higiene pessoal

- (cancelada - conversão na Súm. 366 - *DJ*, 20.04.2005).

327. Dano moral. Competência da Justiça do Trabalho

- (cancelada - conversão na Súm. 392 - *DJ*, 20.04.2005).

328. Equiparação salarial. Cargo com a mesma denominação. Funções diferentes ou similares. Não autorizada a equiparação

- (cancelada em decorrência da nova redação conferida à Súm. 6 - *DJ*, 20.04.2005).

329. Estabilidade. Cipeiro. Suplente. Extinção do estabelecimento. Indenização indevida

- (cancelada em decorrência da nova redação da Súm. 339 - *DJ*, 20.04.2005).

330. Irregularidade de representação. Substabelecimento anterior à procuração

- (cancelada - conversão na Súm. 395 - *DJ*, 20.04.2005).

331. Justiça gratuita. Declaração de insuficiência econômica. Mandato. Poderes específicos desnecessários

- (cancelada - Res. 210/2016, *DEJT* divulgado em 30.06.2016 e 01 e 04.07.2016).

332. Motorista. Horas extras. Atividade externa. Controle de jornada por tacógrafo. Resolução n. 816/1986 do CONTRAN (*DJ*, 09.12.2003). O tacógrafo, por si só, sem a existência de outros elementos, não serve para controlar a jornada de trabalho de empregado que exerce atividade externa.

333. Petroleiros. Turno ininterrupto de revezamento. Alteração da jornada para horário fixo. Art. 10 da Lei n. 5.811/72 recepcionado pela CF/1988

- (cancelada em decorrência da sua conversão na Súm. 391 - *DJ*, 20.04.2005).

334. Remessa *ex officio*. Recurso de revista. Inexistência de recurso ordinário voluntário de ente público. Incabível (*DJ*, 09.12.2003). Incabível recurso de revista de ente público que não interpôs recurso ordinário voluntário da decisão de primeira instância, ressalvada a hipótese de ter sido agravada, na segunda instância, a condenação imposta.

- ERR 522601/1998 - Em 28.10.03, o Tribunal Pleno decidiu, por maioria, ser incabível recurso de revista de ente público que não interpôs recurso ordinário voluntário.

335. Contrato nulo. Administração pública. Efeitos. Conhecimento do recurso por violação do art. 37, II e § 2º, da CF/1988 (*DJ*, 04.05.2004). A nulidade da contratação sem concurso público, após a CF/1988, bem como a limitação de seus efeitos, somente poderá ser declarada por ofensa ao art. 37, II, se invocado concomitantemente o seu § 2º, todos da CF/1988. Orientação Jurisprudencial, SBDI-1

336. Embargos interpostos anteriormente à vigência da Lei n. 11.496/2007. Recurso não conhecido com base em orientação jurisprudencial. Desnecessário o exame das violações de lei e da Constituição Federal alegadas no recurso de revista (redação alterada pelo Tribunal Pleno na sessão realizada em 06.02.2012). Estando a decisão recorrida em conformidade com orientação jurisprudencial, desnecessário o exame das divergências e das violações de lei e da Constituição alegadas em embargos interpostos antes da vigência da Lei n. 11.496/2007, salvo nas hipóteses em que a orientação jurisprudencial não fizer qualquer citação do dispositivo constitucional.

337. *Fac-símile*. Lei n. 9.800/99, art. 2º. Prazo. Apresentação dos originais

- (cancelada - conversão na Súm. 387 - *DJ*, 20.04.2005).

338. Ministério Público do Trabalho. Legitimidade para recorrer. Sociedade de economia mista e empresa pública. Contrato nulo

- (cancelada em decorrência da sua incorporação à nova redação da Orientação Jurisprudencial n. 237 da SBDI-1) - Res. 210/2016, *DEJT* divulgado em 30.06.2016 e 01 e 04.07.2016).

339. Teto remuneratório. Empresa pública e sociedade de economia mista. Art. 37, XI, da CF/1988 (anterior à Emenda Constitucional n. 19/1998) (nova redação - *DJ*, 20.04.2005) As empresas públicas e as sociedades de economia mista estão submetidas à observância do teto remuneratório previsto no inciso XI do art. 37 da CF/1988, sendo aplicável, inclusive, ao período anterior à alteração introduzida pela Emenda Constitucional n. 19/1998.

340. Efeito devolutivo. Profundidade. Recurso ordinário. Art. 515, § 1º, do CPC. Aplicação

- (cancelada - conversão na Súm. 393 - *DJ*, 20.04.2005).

341. FGTS. Multa de 40%. Diferenças decorrentes dos expurgos inflacionários. Responsabilidade pelo pagamento (*DJ*, 22.06.2004). É de responsabilidade do empregador o pagamento da diferença da multa de 40% sobre os depósitos do FGTS, decorrente da atualização monetária em face dos expurgos inflacionários.

342. Intervalo intrajornada para repouso e alimentação. Não concessão ou redução. Previsão em norma coletiva. Invalidade. Exceção aos condutores de veículos rodoviários, empregados em empresas de transporte coletivo urbano

- (cancelada. Convertido o item I no item II da Súmula n. 437 - Res. 186/2012, *DEJT* divulgado em 25, 26 e 27.09.2012)

343. Penhora. Sucessão. Art. 100 da CF/1988. Execução (*DJ*, 22.06.2004) É válida a penhora em bens de pessoa jurídica de direito privado, realizada anteriormente à sucessão pela União ou por Estado-membro, não podendo a execução prosseguir mediante precatório. A decisão que a mantém não viola o art. 100 da CF/1988.

344. FGTS. Multa de 40%. Diferenças decorrentes dos expurgos inflacionários. Prescrição. Termo inicial (mantida) - Res. 175/2011, *DEJT*, 27, 30 e 31.05.2011). O termo inicial do prazo prescricional para o empregado pleitear em juízo diferenças da multa do FGTS, decorrentes dos expurgos inflacionários, deu-se com a vigência da Lei Complementar n. 110, em 30.06.01, salvo comprovado trânsito em julgado de decisão proferida em ação proposta anteriormente na Justiça Federal, que reconheça o direito à atualização do saldo da conta vinculada.

345. Adicional de periculosidade. Radiação ionizante ou substância radioativa. Devido (*DJ*, 22.06.2005). A exposição do empregado à radiação ionizante ou à substância radioativa enseja a percepção do adicional de periculosidade, pois a regulamentação ministerial (Portarias do Ministério do Trabalho n. 3.393, de 17.12.1987, e 518, de 07.04.2003), ao reputar perigosa a atividade, reveste-se de plena eficácia, porquanto expedida por força de delegação legislativa contida no art. 200, *caput*, e inciso VI, da CLT. No período de 12.12.2002 a 06.04.2003, enquanto vigeu a Portaria n. 496 do Ministério do Trabalho, o empregado faz jus ao adicional de insalubridade.

346. Abono previsto em norma coletiva. Natureza indenizatória. Concessão apenas aos empregados em atividade. Extensão aos inativos. Impossibilidade (*DJ*, 25.04.2007). A decisão que estende aos inativos a concessão de abono de natureza jurídica indenizatória, previsto em norma coletiva apenas para os empregados em atividade, a ser pago de uma única vez, e confere natureza salarial à parcela, afronta o art. 7º, XXVI, da CF/88.

347. Adicional de periculosidade. Sistema elétrico de potência. Lei n. 7.369, de 20.09.1985, regulamentada pelo Decreto n. 93.412, de 14.10.1986. Extensão do direito aos cabistas, instaladores e reparadores de linhas e aparelhos em empresa de telefonia (*DJ*, 25.04.2007). É devido o adicional de periculosidade aos empregados cabistas, instaladores e reparadores de linhas e aparelhos de empresas de telefonia, desde que, no exercício de suas funções, fiquem expostos a condições de risco equivalente ao do trabalho exercido em contato com sistema elétrico de potência.

348. Honorários advocatícios. Base de cálculo. Valor líquido. Lei n. 1.060, de 05.02.1950 (*DJ*, 25.04.2007). Os honorários advocatícios, arbitrados nos termos do art. 11, § 1º, da Lei n. 1.060, de 05.02.1950, devem incidir sobre o valor líquido da condenação, apurado na fase de liquidação de sentença, sem a dedução dos descontos fiscais e previdenciários.

349. Mandato. Juntada de nova procuração. Ausência de ressalva. Efeitos (*DJ*, 25.04.2007). A juntada de nova procuração aos autos, sem ressalva de poderes conferidos ao antigo patrono, implica revogação tácita do mandato anterior.

350. Ministério Público do Trabalho. Nulidade do contrato de trabalho não suscitada pelo ente público no momento da defesa. Arguição em parecer. Possibilidade (alterada) - Res. 162/2009, *DEJT*, 23, 24 e 25.11.2009). O Ministério Público do Trabalho pode arguir, em parecer, na primeira vez que tenha de se manifestar no processo, a nulidade do contrato de trabalho em favor de ente público, ainda que a parte não a tenha suscitado, a qual será apreciada, sendo vedada, no entanto, qualquer dilação probatória.

351. Multa. Art. 477, § 8º, da CLT. Verbas rescisórias reconhecidas em juízo

- (cancelada) - Res. 163/2009, *DEJT* 23, 24 e 25.11.2009).

352. Procedimento sumaríssimo. Recurso de revista fundamentado em contrariedade a orientação jurisprudencial. Inadmissibilidade. Art. 896, § 6º, da CLT, acrescentado pela Lei n. 9.957, de 12.01.2000

- (cancelada em decorrência da conversão na Súmula n. 442 - Res. 186/2012, *DEJT* divulgado em 25, 26 e 27.09.2012).

353. Equiparação salarial. Sociedade de economia mista. Art. 37, XIII, da CF/1988. Possibilidade

- (cancelada em decorrência da sua conversão na Súm. 455 - Res. 194/2014, *DEJT* 21, 22 e 23.05.2014.)

354. Intervalo intrajornada. Art. 71, § 4º, da CLT. Não concessão ou redução. Natureza jurídica salarial

- (cancelada em decorrência da conversão no item III da Súmula n. 437 - Res. 186/2012, *DEJT* divulgado em 25, 26 e 27.09.2012).

355. Intervalo interjornadas. Inobservância. Horas extras. Período pago como sobrejornada. Art. 66 da CLT. Aplicação analógica do § 4º do art. 71 da CLT (*DJ*, 14.03.2008). O desrespeito ao intervalo mínimo interjornadas previsto no art. 66 da CLT acarreta, por analogia, os mesmos efeitos previstos no § 4º do art. 71 da CLT e na Súmula 110 do TST, devendo-se pagar a integralidade das horas que foram subtraídas do intervalo, acrescidas do respectivo adicional.

356. Programa de incentivo à demissão voluntária (PDV). Créditos trabalhistas reconhecidos em juízo. Compensação. Impossibilidade (*DJ*, 14.03.2008). Os créditos tipicamente trabalhistas reconhecidos em juízo não são suscetíveis de compensação com a indenização paga em decorrência de adesão do trabalhador a Programa de Incentivo à Demissão Voluntária (PDV).

357. Recurso. Interposição antes da publicação do acórdão impugnado. Extemporaneidade. Não conhecimento

- (cancelada em decorrência da sua conversão na Súm. 434 - Res. TST 178/2012). (*DEJT*, 13, 14 e 15.02.2012).

358. Salário-mínimo e piso salarial proporcional à jornada reduzida. Empregado. Servidor público (redação alterada na sessão do Tribunal Pleno realizada em 16.02.2016) - Res. 202/2016, *DEJT*, 19, 22 e 23.02.2016.

I - Havendo contratação para cumprimento de jornada reduzida, inferior à previsão constitucional de oito horas diárias ou quarenta e quatro semanais, é lícito o pagamento do piso salarial ou do salário-mínimo proporcional ao tempo trabalhado.

II - Na Administração Pública direta, autárquica e fundacional não é válida remuneração de empregado público inferior ao salário-mínimo, ainda que cumpra jornada de trabalho reduzida. Precedentes do Supremo Tribunal Federal.

359. Substituição processual. Sindicato. Legitimidade. Prescrição. Interrupção (*DJ*, 14.03.2008). A ação movida por sindicato, na qualidade de substituto processual, interrompe a prescrição, ainda que tenha sido considerado parte ilegítima ad causam.

360. Turno ininterrupto de revezamento. Dois turnos. Horário diurno e noturno. Caracterização (*DJ*, 14.03.2008). Faz jus à jornada especial prevista no art. 7º, XIV, da CF/1988 o trabalhador que exerce suas atividades em sistema de alternância de turnos, ainda que em dois turnos de trabalho, que compreendam, no todo ou em parte, o horário diurno e o noturno, pois submetido à alternância de horário prejudicial à saúde, sendo irrelevante que a atividade da empresa se desenvolva de forma ininterrupta.

361. Aposentadoria espontânea. Unicidade do contrato de trabalho. Multa de 40% do FGTS sobre todo o período (*DJ*, 20, 21 e 23.05.2008). A aposentadoria espontânea não é causa de extinção do contrato de trabalho se o empregado permanece prestando serviços ao empregador após a jubilação. Assim, por ocasião da sua dispensa imotivada, o empregado tem direito à multa de 40% do FGTS sobre a totalidade dos depósitos efetuados no curso do pacto laboral.

362. Contrato nulo. Efeitos. FGTS. Medida Provisória 2.164-41, de 24.08.2001, e art. 19-A da Lei n. 8.036, de 11.05.1990. Irretroatividade (*DJ*, 20, 21 e 23.05.2008). Não afronta o princípio da irretroatividade da lei a aplicação do art. 19-A da Lei n. 8.036, de 11.05.1990, aos contratos declarados nulos celebrados antes da vigência da Medida Provisória n. 2.164-41, de 24.08.2001.

363. Descontos previdenciários e fiscais. Condenação do empregador em razão do inadimplemento de verbas remuneratórias. Responsabilidade do empregado pelo pagamento. Abrangência

- (Cancelada em decorrência da aglutinação da sua parte final ao item II da Súmula nº 368 do TST) - Res. 219/2017, *DEJT* divulgado em 28, 29 e 30.06.2017.

364. Estabilidade. Art. 19 do ADCT. Servidor público de fundação regido pela CLT (*DJ*, 20, 21 e 23.05.2008) Fundação instituída por lei e que recebe dotação ou subvenção do Poder Público para realizar atividades de interesse do Estado, ainda que tenha personalidade jurídica de direito privado, ostenta natureza de fundação pública. Assim, seus servidores regidos pela CLT são beneficiários da estabilidade excepcional prevista no art. 19 do ADCT.

365. Estabilidade provisória. Membro de conselho fiscal de sindicato. Inexistência (*DJ*, 20, 21 e 23.05.2008) Membro de conselho fiscal de sindicato não tem direito à estabilidade prevista nos arts. 543, § 3º, da CLT e 8º, VIII, da CF/1988, porquanto não representa ou atua na defesa de direitos da categoria respectiva, tendo sua competência limitada à fiscalização da gestão financeira do sindicato (art. 522, § 2º, da CLT).

366. Estagiário. Desvirtuamento do contrato de estágio. Reconhecimento do vínculo empregatício com a administração pública direta ou indireta. Período posterior à Constituição Federal de 1988. Impossibilidade (*DJ*, 20, 21 e 23.05.2008). Ainda que desvirtuada a finalidade do contrato de estágio celebrado na vigência da Constituição Federal de 1988, é inviável o reconhecimento do vínculo empregatício com ente da Administração Pública direta ou indireta, por força do art. 37, II, da CF/1988, bem como o deferimento de indenização pecuniária, exceto em relação às parcelas previstas na Súm. 363 do TST, se requeridas.

367. Aviso prévio de 60 dias. Elastecimento por norma coletiva. Projeção. Reflexos nas parcelas trabalhistas (*DEJT*, 03, 04 e 05.12.2008) O prazo de aviso prévio de 60 dias, concedido por meio de norma coletiva que silencia sobre alcance de seus efeitos jurídicos, computa-se integralmente como tempo de serviço, nos termos do § 1º do art. 487 da CLT, repercutindo nas verbas rescisórias.

368. Descontos previdenciários. Acordo homologado em juízo. Inexistência de vínculo empregatício. Parcelas indenizatórias. Ausência de discriminação. Incidência sobre o valor total (*DEJT*, 03, 04 e 05.12.2008). É devida a incidência das contribuições para a Previdência Social sobre o valor total do acordo homologado em juízo, independentemente do reconhecimento de vínculo de emprego, desde que não haja discriminação das parcelas sujeitas à incidência da contribuição previdenciária, conforme parágrafo único do art. 43 da Lei n. 8.212, de 24.07.1991, e do art. 195, I, "a", da CF/1988.

369. Estabilidade provisória. Delegado sindical. Inaplicável (*DEJT*, 03, 04 e 05.12.2008). O delegado sindical não é beneficiário da estabilidade provisória prevista no art. 8º, VIII, da CF/1988, a qual é dirigida, exclusivamente, àqueles que exerçam ou ocupem cargos de direção nos sindicatos, submetidos a processo eletivo.

370. FGTS. Multa de 40%. Diferenças dos expurgos inflacionários. Prescrição. Interrupção decorrente de protestos judiciais (*DEJT*, 03, 04 e 05.12.2008). O ajuizamento de protesto judicial dentro do biênio posterior à Lei Complementar n. 110, de 29.06.2001, interrompe a prescrição, sendo irrelevante o transcurso de mais de dois anos da propositura de outra medida acautelatória, com o mesmo objetivo, ocorrida antes da vigência da referida lei, pois ainda não iniciado o prazo prescricional, conforme disposto na OJ 344, SBDI-1.

371. Irregularidade de representação. Substabelecimento não datado. Inaplicabilidade do art. 654, § 1º, do Código Civil (atualizada em decorrência do CPC de 2015 - Res. 208/2016, *DEJT* divulgado em 22, 25 e 26.04.2016).

Não caracteriza a irregularidade de representação a ausência da data da outorga de poderes, pois, no mandato judicial, ao contrário do mandato civil, não é condição de validade do negócio jurídico. Assim, a data a ser considerada é aquela em que o instrumento for juntado aos autos, conforme preceitua o art. 409, IV, do CPC de 2015 (art. 370, IV, do CPC de 1973). Inaplicável o art. 654, § 1º, do Código Civil.

372. Minutos que antecedem e sucedem a jornada de trabalho. Lei n. 10.243, de 19.06.2001. Norma coletiva. Flexibilização. Impossibilidade

- (cancelada em decorrência da sua conversão na Súm. 449 - Res. 194/2014, *DEJT* 21, 22 e 23.05.2014.)

373. Representação. Pessoa jurídica. Procuração. Invalidade. Identificação do outorgante e de seu representante

- (cancelada em decorrência da sua conversão na Súm. 456) - Res. 194/2014, *DEJT* 21, 22 e 23.05.2014.).

374. Agravo de instrumento. Representação processual. Regularidade. Procuração ou substabelecimento com cláusula limitativa de poderes ao âmbito do Tribunal Regional do Trabalho (*DEJT*, 19, 20 e 22.04.2010). É regular a representação processual do subscritor do agravo de instrumento ou do recurso de revista que detém mandato com poderes de representação limitados ao âmbito do Tribunal Regional do Trabalho, pois, embora a apreciação desse recurso seja realizada pelo Tribunal Superior do Trabalho, a sua interposição é ato praticado perante o Tribunal Regional do Trabalho, circunstância que legitima a atuação do advogado no feito.

375. Auxílio-doença. Aposentadoria por invalidez. Suspensão do contrato de trabalho. Prescrição. Contagem (*DEJT*, 19, 20 e 22.04.2010). A suspensão do contrato de trabalho, em virtude da percepção do auxílio-doença ou da aposentadoria por invalidez, não impede a fluência da prescrição quinquenal, ressalvada a hipótese de absoluta impossibilidade de acesso ao Judiciário.

376. Contribuição previdenciária. Acordo homologado em juízo após o trânsito em julgado da sentença condenatória. Incidência sobre o valor homologado (*DEJT*, 19, 20 e 22.04.2010). É devida a contribuição previdenciária sobre o valor do acordo celebrado e homologado após o trânsito em julgado de decisão judicial, respeitada a proporcionalidade de valores entre as parcelas de natureza salarial e indenizatória deferidas na decisão condenatória e as parcelas objeto do acordo.

377. Embargos de declaração. Decisão denegatória de recurso de revista exarado por presidente do TRT. Descabimento. Não interrupção do prazo recursal

- (cancelada a partir de 15.04.2016 - Res.204/2016, *DEJT* divulgado em 17, 18 e 21.03.2016).

378. Embargos. Interposição contra decisão monocrática. Não cabimento (atualizada em decorrência do CPC de 2015 - Res. 208/2016, *DEJT* divulgado em 22, 25 e 26.04.2016).

Não encontra amparo no art. 894 da CLT, quer na redação anterior quer na redação posterior à Lei n. 11.496, de 22.06.2007, recurso de embargos interposto à decisão monocrática exarada nos moldes do art. 932 do CPC de 2015 (art. 557 do CPC de 1973), pois o comando legal restringe seu cabimento à pretensão de reforma de decisão colegiada proferida por Turma do Tribunal Superior do Trabalho.

379. Empregado de cooperativa de crédito. Bancário. Equiparação. Impossibilidade. (republicada em razão de erro material no registro da referência legislativa). Os empregados de cooperativas de crédito não se equiparam a bancário, para efeito de aplicação do art. 224 da CLT, em razão da inexistência de expressa previsão legal, considerando, ainda, as diferenças estruturais e operacionais entre as instituições financeiras e as cooperativas de crédito. Inteligência das Leis n. 4.595, de 31.12.1964, e 5.764, de 16.12.1971.

380. Intervalo intrajornada. Jornada contratual de seis horas diárias. Prorrogação habitual. Aplicação do art. 71, caput e § 4º, da CLT

- (cancelada em decorrência da conversão no item IV da Súmula n. 437 - Res. 186/2012. *DEJT* divulgado em 25, 26 e 27.09.2012).

381. Intervalo intrajornada. Rurícola. Lei n. 5.889, de 08.06.1973. Supressão total ou parcial. Decreto n. 73.626, de 12.02.1974. Aplicação do art. 71, § 4º, da CLT

- (cancelada em decorrência da aglutinação ao item I da Súmula n. 437 - Res. 186/2012, *DEJT* divulgado em 25, 26 e 27.09.2012).

382. Juros de mora. Art. 1º-F da Lei n. 9.494, de 10.09.1997. Inaplicabilidade à Fazenda Pública quando condenada subsidiariamente (*DEJT*, 19, 20 e 22.04.2010). A Fazenda Pública, quando condenada subsidiariamente pelas obrigações trabalhistas devidas pela empregadora principal, não se beneficia da limitação dos juros, prevista no art. 1º-F da Lei n. 9.494, de 10.09.1997.

383. Terceirização. Empregados da empresa prestadora de serviços e da tomadora. Isonomia. Art. 12, "a", da Lei n. 6.019, de 03.01.1974 (mantida - Res. 175/2011, *DEJT*, 27, 30 e 31.05.2011). A contratação irregular de trabalhador, mediante empresa interposta, não gera vínculo de emprego com ente da Administração Pública, não afastando, contudo, pelo princípio da isonomia, o direito dos empregados terceirizados às mesmas verbas trabalhistas legais e normativas asseguradas àqueles contratados pelo tomador dos serviços, desde que presente a igualdade de funções. Aplicação analógica do art. 12, "a", da Lei n. 6.019, de 03.01.1974.

384. Trabalhador avulso. Prescrição bienal. Termo inicial.

- (cancelada - Res. 186/2012, *DEJT* divulgado em 25, 26 e 27.09.2012)

385. Adicional de periculosidade. Devido. Armazenamento de líquido inflamável no prédio. Construção vertical. (*DEJT*, 09, 10 e 11.06.2010). É devido o pagamento do adicional de periculosidade ao empregado que desenvolve suas atividades em edifício (construção vertical), seja em pavimento igual ou distinto daquele onde estão instalados tanques para armazenamento de líquido inflamável, em quantidade acima do limite legal, considerando-se como área de risco toda a área interna da construção vertical.

386. Férias. Gozo na época própria. Pagamento fora do prazo. Dobra devida. Arts. 137 e 145 da CLT.

- (cancelada em decorrência da sua conversão na Súm. 450 - Res. 194/2014, *DEJT* 21, 22 e 23.05.2014.).

387. Honorários periciais. Beneficiário da justiça gratuita. Responsabilidade da União pelo pagamento. Resolução n. 35/2007 do CSJT. Observância.

- (cancelada em decorrência da sua conversão na Súm. 457 - Res. 194/2014, *DEJT* 21, 22 e 23.05.2014.)

388. Jornada 12x36. Jornada mista que compreenda a totalidade do período noturno. Adicional noturno. Devido. (*DEJT*, 09, 10 e 11.06.2010). O empregado submetido à jornada de 12 horas de trabalho por 36 de descanso, que compreenda a totalidade do período noturno, tem direito ao adicional noturno, relativo às horas trabalhadas após as 5 horas da manhã.

389. Multa prevista no art. 1.021, §§ 4º e 5º, do CPC de 2015. Art. 557, § 2º, do CPC de 1973. Recolhimento. Pressuposto recursal. Beneficiário da justiça gratuita e Fazenda Pública. Pagamento ao final (nova redação em decorrência do CPC de 2015 - Res. 209/2016, *DEJT* divulgado em 01, 02 e 03.06.2016).

Constitui ônus da parte recorrente, sob pena de deserção, depositar previamente a multa aplicada com fundamento nos §§ 4º e 5º, do art. 1.021, do CPC de 2015 (§ 2º do art. 557 do CPC de 1973), à exceção da Fazenda Pública e do beneficiário de justiça gratuita, que farão o pagamento ao final.

390. Participação nos lucros e resultados. Rescisão contratual anterior à data da distribuição dos lucros. Pagamento proporcional aos meses trabalhados. Princípio da isonomia.

- (cancelada em decorrência da sua conversão na Súm. 451 - Res. 194/2014, *DEJT* 21, 22 e 23.05.2014.).

391. Portuários. Submissão prévia de demanda a comissão paritária. Lei n. 8.630, de 25.02.1993. Inexigibilidade. (*DEJT*, 09, 10 e 11.06.2010). A submissão prévia de demanda a comissão paritária, constituída nos termos do art. 23 da Lei n. 8.630, de 25.02.1993 (Lei dos Portos), não é pressuposto de constituição e desenvolvimento válido e regular do processo, ante a ausência de previsão em lei.

- Lei 12.815/2013 (Dispõe sobre a exploração direta e indireta pela União de portos e instalações portuárias e sobre as atividades desempenhadas pelos operadores portuários) e Dec. 8.033/2013 (regulamento).

392. Prescrição. Interrupção. Ajuizamento de protesto judicial. Marco inicial (republicada em razão de erro material - Res. 209/2016, *DEJT* divulgado em 01, 02 e 03.06.2016).

O protesto judicial é medida aplicável no processo do trabalho, por força do art. 769 da CLT e do art. 15 do CPC de 2015. O ajuizamento da ação, por si só, interrompe o prazo prescricional, em razão da inaplicabilidade do § 2º do art. 240 do CPC de 2015 (§ 2º do art. 219 do CPC de 1973), incompatível com o disposto no art. 841 da CLT.

393. Professor. Jornada de trabalho especial. Art. 318 da CLT. Salário-mínimo. Proporcionalidade. (*DEJT*, 09, 10 e 11.06.2010). A contraprestação mensal devida ao professor, que trabalha no limite máximo da jornada prevista no art. 318 da CLT, é de um salário-mínimo integral, não se cogitando do pagamento proporcional em relação a jornada prevista no art. 7º, XIII, da Constituição Federal.

394. Repouso semanal remunerado. Integração das horas extras. Repercussão no cálculo das férias, décimo terceiro salário, aviso prévio e depósitos do FGTS. (*DEJT*, 31.03.2023)

I - A majoração do valor do repouso semanal remunerado decorrente da integração das horas extras habituais deve repercutir no cálculo, efetuado pelo empregador, das demais parcelas que têm como base de cálculo o salário, não se cogitando de *bis in idem* por sua incidência no cálculo das férias, da gratificação natalina, do aviso prévio e do FGTS.

II - O item I será aplicado às horas extras trabalhadas a partir de 20.03.2023.

395. Turno ininterrupto de revezamento. Hora noturna reduzida. Incidência. (*DEJT* 09, 10 e 11.06.2010). O trabalho em regime de turnos ininterruptos de revezamento não retira o direito à hora noturna reduzida, não havendo incompatibilidade entre as disposições contidas nos arts. 73, § 1º, da CLT e 7º, XIV, da Constituição Federal.

396. Turnos ininterruptos de revezamento. Alteração da jornada de 8 para 6 horas diárias. Empregado horista. Aplicação do divisor 180. (*DEJT* 09, 10 e 11.06.2010). Para o cálculo do salário hora do empregado horista, submetido a turnos ininterruptos de revezamento, considerando a alteração da jornada de 8 para 6 horas diárias, aplica-se o divisor 180, em observância ao disposto no art. 7º, VI, da Constituição Federal, que assegura a irredutibilidade salarial.

397. Comissionista misto. Horas extras. Base de cálculo. Aplicação da Súmula n. 340 do TST. (*DEJT*, 02, 03 e 04.08.2010). O empregado que recebe remuneração mista, ou seja, uma parte fixa e outra variável, tem direito a horas extras pelo trabalho em sobrejornada. Em relação à parte fixa, são devidas as horas simples acrescidas do adicional de horas extras. Em relação à parte variável, é devido somente o adicional de horas extras, aplicando-se à hipótese o disposto na Súmula n. 340 do TST.

398. Contribuição previdenciária. Acordo homologado em juízo sem reconhecimento de vínculo de emprego. Contribuinte individual. Recolhimento da alíquota de 20% a cargo do tomador e 11% a cargo do prestador de serviços. (*DEJT*, 02, 03 e 04.08.2010). Nos acordos homologados em juízo em que não haja o reconhecimento de vínculo empregatício, é devido o recolhimento da contribuição previdenciária, mediante a alíquota de 20% a cargo do tomador de serviços e de 11% por parte do prestador de serviços, na qualidade de contribuinte individual, sobre o valor total do acordo, respeitado o teto de contribuição. Inteligência do § 4º do art. 30 e do inciso III do art. 22, todos da Lei n. 8.212, de 24.07.1991.

399. Estabilidade provisória. Ação trabalhista ajuizada após o término do período de garantia no emprego. Abuso do exercício do direito de ação. Não configuração. Indenização devida. (*DEJT*, 02, 03 e 04.08.2010). O ajuizamento de ação trabalhista após decorrido o período de garantia de emprego não configura abuso do exercício do direito de ação, pois este está submetido apenas ao prazo prescricional inscrito no art. 7º, XXIX, da CF/1988, sendo devida a indenização desde a dispensa até a data do término do período estabilitário.

400. Imposto de renda. Base de cálculo. Juros de mora. Não integração. Art. 404 do Código Civil brasileiro. (*DEJT* 02, 03 e 04.08.2010). Os juros de mora decorrentes do inadimplemento de obrigação de pagamento em dinheiro não integram a base de cálculo do imposto de renda, independentemente da natureza jurídica da obrigação inadimplida, ante o cunho indenizatório conferido pelo art. 404 do Código Civil de 2002 aos juros de mora.

401. Prescrição. Marco inicial. Ação condenatória. Trânsito em julgado da ação declaratória com mesma causa de pedir remota ajuizada antes da extinção do contrato de trabalho. (*DEJT*, 02, 03 e 04.08.2010). O marco inicial da contagem do prazo prescricional para o ajuizamento de ação condenatória, quando advém a dispensa do empregado no curso de ação declaratória que possua a mesma causa de pedir remota, é o trânsito em julgado da decisão proferida na ação declaratória e não a data da extinção do contrato de trabalho.

402. Adicional de risco. Portuário. Terminal privativo. Arts. 14 e 19 da Lei n. 4.860, de 26.11.1965. Indevido (mantida - Res. 175/2011, *DEJT* 27, 30 e 31.05.2011). O adicional de risco previsto no artigo 14 da Lei n. 4.860, de 26.11.1965, aplica-se somente aos portuários que trabalham em portos organizados, não podendo ser conferido aos que operam terminal privativo.

403. Advogado empregado. Contratação anterior a Lei n. 8.906, de 04.07.1994. Jornada de trabalho mantida com o advento da lei. Dedicação exclusiva. Caracterização. (*DEJT* 16, 17 e 20.09.2010). O advogado empregado contratado para jornada de 40 horas semanais, antes da edição da Lei n. 8.906, de 04.07.1994, está sujeito ao regime de dedicação exclusiva disposto no art. 20 da referida lei, pelo que não tem direito à jornada de 20 horas semanais ou 4 diárias.

404. Diferenças salariais. Plano de cargos e salários. Descumprimento. Critérios de promoção não observados. Prescrição parcial.

- (cancelada em decorrência da sua conversão na Súm. 452 - Res. 194/2014, *DEJT* 21, 22 e 23.05.2014.).

405. Embargos. Procedimento sumaríssimo. Conhecimento. Recurso interposto após vigência da Lei n. 11.496, de 22.06.2007, que conferiu nova redação ao art. 894, II, da CLT.

- (cancelada em decorrência da sua conversão na Súm. 458 - Res. 194/2014, *DEJT* 21, 22 e 23.05.2014.).

406. Adicional de periculosidade. Pagamento espontâneo. Caracterização de fato incontroverso. Desnecessária a perícia de que trata o art. 195 da CLT.

- (cancelada em decorrência da sua conversão na Súm. 453 - Res. 194/2014, *DEJT* 21, 22 e 23.05.2014.).

407. Jornalista. Empresa não jornalística. Jornada de trabalho reduzida. Arts. 302 e 303 da CLT. (*DEJT*, 22, 25 e 26.10.2010). O jornalista que exerce funções típicas de sua profissão, independentemente do ramo de atividade do empregador, tem direito à jornada reduzida prevista no artigo 303 da CLT.

408. Juros de mora. Empresa em liquidação extrajudicial. Sucessão trabalhista. (*DEJT*, 22, 25 e 26.10.2010). É devida a incidência de juros de mora em relação aos débitos trabalhistas de empresa em liquidação extrajudicial sucedida nos moldes dos arts. 10 e 448 da CLT. O sucessor responde pela obrigação do sucedido, não se beneficiando de qualquer privilégio a este destinado.

409. Multa por litigância de má-fé. Recolhimento. Pressuposto recursal. Inexigibilidade (nova redação em decorrência do CPC de 2015 - Res. 209/2016, *DEJT* divulgado em 01, 02 e 03.06.2016).

O recolhimento do valor da multa imposta como sanção por litigância de má-fé (art. 81 do CPC de 2015 - art. 18 do CPC de 1973) não é pressuposto objetivo para interposição dos recursos de natureza trabalhista.

410. Repouso semanal remunerado. Concessão após o sétimo dia consecutivo de trabalho. Art. 7º, XV, da CF. Violação. (*DEJT*, 22, 25 e 26.10.2010). Viola o art. 7º, XV, da CF a concessão de repouso semanal remunerado após o sétimo dia consecutivo de trabalho, importando no seu pagamento em dobro.

411. Sucessão trabalhista. Aquisição de empresa pertencente a grupo econômico. Responsabilidade solidária do sucessor por débitos trabalhistas de empresa não adquirida. Inexistência. (*DEJT*, 22, 25 e 26.10.2010). O sucessor não responde solidariamente por débitos trabalhistas de empresa não adquirida, integrante do mesmo grupo econômico da empresa sucedida, quando, à época, a empresa devedora direta era solvente ou idônea economicamente, ressalvada a hipótese de má-fé ou fraude na sucessão.

412. Agravo interno ou agravo regimental. Interposição em face de decisão colegiada. Não cabimento. Erro grosseiro. Inaplicabilidade do princípio da fungibilidade recursal (nova redação em decorrência do CPC de 2015) - Res. 209/2016, *DEJT* divulgado em 01, 02 e 03.06.2016).

É incabível agravo interno (art. 1.021 do CPC de 2015, art. 557, § 1º, do CPC de 1973) ou agravo regimental (art. 235 do RITST) contra decisão proferida por Órgão colegiado. Tais recursos destinam-se, exclusivamente, a impugnar decisão monocrática nas hipóteses previstas. Inaplicável, no caso, o princípio da fungibilidade ante a configuração de erro grosseiro.

413. Auxílio-alimentação. Alteração da natureza jurídica. Norma coletiva ou adesão ao PAT. (*DEJT* divulgado em 14, 15 e 16.02.2012) A pactuação em norma coletiva conferindo caráter indenizatório à verba "auxílio-alimentação" ou a adesão posterior do empregador ao Programa de Alimentação do Trabalhador - PAT - não altera a natureza salarial da parcela, instituída anteriormente, para aqueles empregados que, habitualmente, já percebiam o benefício, a teor das Súmulas n. 51, I, e 241 do TST.

414. Competência da Justiça do Trabalho. Execução de ofício. Contribuição social referente ao Seguro de Acidente de Trabalho (SAT). Arts. 114, VIII, e 195, I, a, da Constituição da República.

- (cancelada em decorrência da sua conversão na Súm. 454 - Res. 194/2014, *DEJT* 21, 22 e 23.05.2014.).

415. Horas extras. Reconhecimento em juízo. Critério de dedução/abatimento dos valores comprovadamente pagos no curso do contrato de trabalho. (*DEJT* divulgado em 14, 15 e 16.02.2012) A dedução das horas extras comprovadamente pagas daquelas reconhecidas em juízo não pode ser limitada ao mês de apuração, devendo ser integral e aferida pelo total das horas extraordinárias quitadas durante o período imprescrito do contrato de trabalho.

416. Imunidade de jurisdição. Organização ou organismo internacional. (*DEJT* divulgado em 14, 15 e 16.02/2012). As organizações ou organismos internacionais gozam de imunidade absoluta de jurisdição quando amparados por norma internacional incorporada ao ordenamento jurídico brasileiro, não se lhes aplicando a regra do Direito Consuetudinário relativa à natureza dos atos praticados. Excepcionalmente, prevalecerá a jurisdição brasileira na hipótese de renúncia expressa à cláusula de imunidade jurisdicional.

417. Prescrição. Rurícola. Emenda Constitucional n. 28, de 26.05.2000. Contrato de trabalho em curso. (*DEJT* divulgado em 14, 15 e 16.02.2012) Não há prescrição total ou parcial da pretensão do trabalhador rural que reclama direitos relativos a contrato de trabalho que se encontrava em curso à época da promulgação da Emenda Constitucional n. 28, de 26.05.2000, desde que ajuizada a demanda no prazo de cinco anos de sua publicação, observada a prescrição bienal.

418. Equiparação salarial. Plano de cargos e salários. Aprovação por instrumento coletivo. Ausência de alternância de critérios de promoção por antiguidade e merecimento (*DEJT* divulgado em 12, 13 e 16.04.2012). Não constitui óbice à equiparação salarial a existência de plano de cargos e salários que, referendado por norma coletiva, prevê critério de promoção apenas por merecimento ou antiguidade, não atendendo, portanto, o requisito de alternância dos critérios, previsto no art. 461, § 2º, da CLT.

419. Enquadramento. Empregado que exerce atividade em empresa agroindustrial. Definição pela atividade preponderante da empresa.

▸ (cancelada) - Res. 200/2015, *DEJT* divulgado em 29.10.2015 e 03 e 04.11.2015

420. Turnos ininterruptos de revezamento. Elastecimento da jornada de trabalho. Norma coletiva com eficácia retroativa. Invalidade. (*DEJT* divulgado em 28 e 29.06.2012 e 02.07.2012). É inválido o instrumento normativo que, regularizando situações pretéritas, estabelece jornada de oito horas para o trabalho em turnos ininterruptos de revezamento.

421. Honorários advocatícios. Ação de indenização por danos morais e materiais decorrentes de acidente de trabalho ou de doença profissional. Ajuizamento perante a Justiça Comum antes da promulgação da Emenda Constitucional n. 45/2004. Posterior remessa dos autos à Justiça do Trabalho. Art. 85 do CPC de 2015. Art. 20 do CPC de 1973. Incidência (atualizada em decorrência do CPC de 2015 - Res. 208/2016, *DEJT* divulgado em 22, 25 e 26.04.2016).

A condenação em honorários advocatícios nos autos de ação de indenização por danos morais e materiais decorrentes de acidente de trabalho ou de doença profissional, remetida à Justiça do Trabalho após ajuizamento na Justiça comum, antes da vigência da Emenda Constitucional n. 45/2004, decorre da mera sucumbência, nos termos do art. 85 do CPC de 2015 (art. 20 do CPC de 1973), não se sujeitando aos requisitos da Lei n. 5.584/1970.

Orientações Jurisprudenciais da Subseção 2 da Seção de Dissídios Individuais – SDI-2

1. Ação rescisória. Ação cautelar incidental. Planos econômicos

- (cancelada - conversão na Súmula n. 405 - *DJ*, 22.08.2005).

2. Ação rescisória. Adicional de insalubridade. Base de cálculo. Salário-mínimo. Cabível (mantida - Res. 148/2008, *DJ*, 04 e 07.07.2008 - Republicada *DJ*, 08, 09 e 10.07.2008). Viola o art. 192 da CLT decisão que acolhe pedido de adicional de insalubridade com base na remuneração do empregado.

3. Ação rescisória. Antecipação de tutela de mérito requerida em fase recursal. Recebimento como medida acautelatória. Medida Provisória n. 1.906 e reedições

- (cancelada - conversão na Súmula n. 405 - *DJ*, 22.08.2005.

4. Ação rescisória. Banco do Brasil. Adicional de caráter pessoal. ACP (inserida em 20.09.2000) Procede, por ofensa ao art. 5º, inciso XXXVI, da CF/1988, o pedido de rescisão de julgado que acolheu Adicional de Caráter Pessoal em favor de empregado do Banco do Brasil S.A.

5. Ação rescisória. Banco do Brasil. AP e ADI. Horas extras. Súmula n. 83 do TST. Aplicável (inserida em 20.09.2000). Não se acolhe pedido de rescisão de julgado que deferiu a empregado do Banco do Brasil S.A. horas extras após a sexta, não obstante o pagamento dos adicionais AP e ADI, ou AFR quando a decisão rescindenda for anterior à OJ 17, da Seção de Dissídios Individuais do TST (07.11.94). Incidência das Súmulas n. 83 do TST e 343 do STF.

6. Ação rescisória. Cipeiro suplente. Estabilidade. ADCT da CF/88, art. 10, II, a. Súmula n. 83 do TST (nova redação - *DJ*, 22.08.2005). Rescinde-se o julgado que nega estabilidade a membro suplente de CIPA, representante de empregado, por ofensa ao art. 10, II, a, do ADCT da CF/88, ainda que se cuide de decisão anterior à Súmula n. 339 do TST. Incidência da Súmula n. 83 do TST.

7. Ação rescisória. Competência. Criação de Tribunal Regional do Trabalho. Na omissão da lei, é fixada pelo art. 678, inc. I, c, item 2, da CLT (nova redação - *DJ*, 22.08.2005). A Lei n. 7.872/89 que criou o Tribunal Regional do Trabalho da 17ª Região não fixou a sua competência para apreciar as ações rescisórias de decisões oriundas da 1ª Região, o que decorreu do art. 678, I, c, item 2, da CLT.

8. Ação rescisória. Complementação de aposentadoria. Banespa. Súmula n. 83 do TST (nova redação - *DJ*, 22.08.2005). Não se rescinde julgado que acolheu pedido de complementação de aposentadoria integral em favor de empregado do BANESPA, antes da Súmula n. 313 do TST, em virtude da notória controvérsia jurisprudencial então reinante. Incidência da Súmula n. 83 do TST.

9. Ação rescisória. Conab. Aviso DIREH 2/84. Súmula n. 83 do TST. Aplicável (inserida em 20.09.2000). Não se rescinde julgado que reconheceu garantia de emprego com base no Aviso DIREH 02/84 da CONAB, antes da Súmula n. 355 do TST, em virtude da notória controvérsia jurisprudencial então reinante. Incidência da Súmula n. 83 do TST.

10. Ação rescisória. Contrato nulo. Administração Pública. Efeitos. Art. 37, II e § 2º, da CF/1988 (inserida em 20.09.2000). Somente por ofensa ao art. 37, II e § 2º, da CF/1988, procede o pedido de rescisão de julgado para considerar nula a contratação, sem concurso público, de servidor, após a CF/1988.

11. Ação rescisória. Correção monetária. Lei n. 7.596/87. Universidades federais. Implantação tardia do plano de classificação de cargos. Violação de lei. Súmula n. 83 do TST. Aplicável (inserida em 20.09.2000). Não se rescinde julgado que acolhe pedido de correção monetária decorrente da implantação tardia do Plano de Classificação de Cargos de Universidade Federal previsto na Lei n. 7.596/87, à época em que era controvertida tal matéria na jurisprudência. Incidência da Súmula n. 83 do TST.

12. Ação rescisória. Decadência. Consumação antes ou depois da edição da Medida Provisória n. 1.577/97. Ampliação do prazo - Res. 208/2016, *DEJT* divulgado em 22, 25 e 26.04.2016).

I - A vigência da Medida Provisória n. 1.577/97 e de suas reedições implicou o elastecimento do prazo decadencial para o ajuizamento da ação rescisória a favor dos entes de direito público, autarquias e fundações públicas. Se o biênio decadencial do art. 495 do CPC de 1973 findou após a entrada em vigor da referida medida provisória e até sua suspensão pelo STF em sede liminar de ação direta de inconstitucionalidade (ADIn 1753-2), tem-se como aplicável o prazo decadencial elastecido à rescisória (ex-OJ n. 17 da SDI-2 - inserida em 20.09.2000).

II - A regra ampliativa do prazo decadencial para a propositura de ação rescisória em favor de pessoa jurídica de direito público não se aplica se, ao tempo em que sobreveio a Medida Provisória n. 1.577/97, já se exaurira o biênio do art. 495 do CPC. Preservação do direito adquirido da parte à decadência já consumada sob a égide da lei velha (ex-OJ n. 12 da SDI-2 - inserida em 20.09.2000).

13. Ação rescisória. Decadência. Dies ad quem. Art. 775 da CLT. Aplicável

- (cancelada - nova redação conferida à Súm. n. 100 - *DJ*, 22.08.2005)

14. Ação rescisória. Decadência. Dies a quo. Recurso intempestivo

- (cancelada - nova redação da Súmula n. 100 - Res. 109/2001, *DJ*, 18.04.2001).

15. Ação rescisória. Decadência. Duas decisões rescindendas

- (cancelada nova redação da Súmula n. 100) - Res. 109/2001, *DJ*, 18.04.2001).

16. Ação Rescisória. Decadência. Exceção de incompetência

- (cancelada nova redação da Súmula n. 100 - *DJ*, 22.08.2005).

17. Ação rescisória. Decadência. Não consumação antes da edição da Medida Provisória n. 1.577/97. Ampliação do prazo

- (cancelada - incorporação à nova redação da OJ 12, SBDI-II - *DJ*, 22.08.2005).

18. Ação rescisória. Decadência. União. Lei Complementar n. 73/1993, art. 67. Lei n. 8.682/1993, art. 6º (inserida em 20.09.2000). O art. 67 da Lei Complementar n. 73/1993 interrompeu todos os prazos, inclusive o de decadência, em favor da União no período compreendido entre 14.02.1993 e 14.08.1993.

19. Ação rescisória. Desligamento incentivado. Imposto de renda. Abono pecuniário. Violação de lei. Súmula n. 83 do TST. Aplicável (inserida em 20.09.2000) Havendo notória controvérsia jurisprudencial acerca da incidência de imposto de renda sobre parcela paga pelo empregador ("abono pecuniário") a título de "desligamento incentivado", improcede pedido de rescisão do julgado. Incidência da Súmula n. 83 do TST.

20. Ação rescisória. Documento novo. Dissídio coletivo. Sentença normativa

- (cancelada em - conversão na Súmula n. 402 - *DJ*, 22.08.2005).

21. Ação rescisória. Duplo grau de jurisdição. Trânsito em julgado. Inobservância. Decreto-Lei n. 779/69, art. 1º, V. Incabível (nova redação - *DJ*, 22.08.2005). É incabível ação rescisória para a desconstituição de sentença não transitada em julgado porque ainda não submetida ao necessário duplo grau de jurisdição, na forma do Decreto-Lei n. 779/69. Determina-se que se oficie ao Presidente do TRT para que proceda à avocatória do processo principal para o reexame da sentença rescindenda.

22. Ação rescisória. Estabilidade. Art. 41, CF/1988. Celetista. Administração direta, autárquica ou fundacional. Aplicabilidade

- (cancelada - conversão na Súmula n. 390 - *DJ*, 20.04.2005).

23. Ação rescisória. Estabilidade. Período pré-eleitoral. Violação de lei. Súmula n. 83 do TST. Aplicável (inserida em 20.09.2000). Não procede pedido de rescisão de sentença de mérito que assegura ou nega estabilidade pré-eleitoral, quando a decisão rescindenda for anterior à OJ 51, da Seção de

Dissídios Individuais do TST (25.11.96). Incidência da Súmula n. 83 do TST.

24. Ação rescisória. Estabilidade provisória. Reintegração em período posterior. Direito limitado aos salários e consectários do período da estabilidade (inserida em 20.09.2000). Rescinde-se o julgado que reconhece estabilidade provisória e determina a reintegração de empregado, quando já exaurido o respectivo período de estabilidade. Em juízo rescisório, restringe-se a condenação quanto aos salários e consectários até o termo final da estabilidade.

25. Ação rescisória. Regência pelo CPC de 1973. Expressão "lei" do art. 485, V, do CPC de 1973. Não inclusão do ACT, CCT, portaria, regulamento, súmula e orientação jurisprudencial de tribunal. (atualizada em decorrência do CPC de 2015 - Res. 212/2016, *DEJT* divulgado em 20, 21 e 22.09.2016).Não procede pedido de rescisão fundado no art. 485, V, do CPC de 1973 quando se aponta contrariedade à norma de convenção coletiva de trabalho, acordo coletivo de trabalho, portaria do Poder Executivo, regulamento de empresa e súmula ou orientação jurisprudencial de tribunal. (ex-OJ 25 da SDI-2, inserida em 20.09.2000 e ex-OJ 118 da SDI-2, *DJ* 11.08.2003).

26. Ação rescisória. Gratificação de nível superior. Suframa (inserida em 20.09.2000). A extensão da gratificação instituída pela Suframa aos servidores celetistas exercentes de atividade de nível superior não ofende as disposições contidas nos arts. 37, XIII e 39, § 1º, da CF/1988.

27. Ação rescisória. Honorários advocatícios

- (cancelada - nova redação da Súmula n. 219 - *DJ*, 22.08.2005).

28. Ação rescisória. Juízo rescisório. Restituição da parcela já recebida. Deve a parte propor ação própria

- (cancelada) - Res. 149/2008, *DEJT*, 20, 21 e 24.11.2008).

29. Ação rescisória. Matéria constitucional. Súmula n. 83 do TST e Súmula n. 343 do STF. Inaplicáveis

- (cancelada - redação conferida à Súmula n. 83 pela Res. 121/2003, *DJ*, 21.11.2003 - *DJ*, 22.08.2005).

30. Ação rescisória. Multa. Art. 920 do Código Civil de 1916 (art. 412 do Código Civil de 2002) (nova redação - incorporação OJ 31, SBDI-II - *DJ*, 22.08.2005). Não se acolhe, por violação do art. 920 do Código Civil de 1916 (art. 412 do Código Civil de 2002), pedido de rescisão de julgado que:

a) em processo de conhecimento, impôs condenação ao pagamento de multa, quando a decisão rescindenda for anterior à OJ 54 da Subseção I Especializada em Dissídios Individuais do TST (30.05.94), incidindo o óbice da Súmula n. 83 do TST;

b) em execução, rejeita-se limitação da condenação ao pagamento de multa, por inexistência de violação literal.

31. Ação rescisória. Multa. Violação do art. 920 do Código Civil. Decisão rescindenda em execução

- (cancelada - incorporação à redação da OJ 30, SBDI-II - *DJ*, 22.08.2005).

32. Ação rescisória. Petição inicial. Causa de pedir. Ausência de capitulação, ou capitulação errônea no art. 485 do CPC. Princípio *iura novit curia*

- (cancelada - conversão na Súmula n. 408 - *DJ*, 22.08.2005).

33. Ação rescisória. Petição inicial. Violação literal de lei. Princípio *iura novit curia*

- (cancelada - conversão na Súmula n. 408 - *DJ*, 22.08.2005).

34. Ação rescisória. Planos econômicos - Res. 208/2016, *DEJT* divulgado em 22, 25 e 26.04.2016).

I - O acolhimento de pedido em ação rescisória de plano econômico, fundada no art. 485, inciso V, do CPC de 1973, pressupõe, necessariamente, expressa invocação na petição inicial de afronta ao art. 5º, inciso XXXVI, da Constituição Federal de 1988. A indicação de ofensa literal a preceito de lei ordinária atrai a incidência da Súmula n. 83 do TST e Súmula n. 343 do STF.

II - Se a decisão rescindenda é posterior à Súmula n. 315 do TST (Res. 07, *DJ* 22.09.93), inaplicável a Súmula n. 83 do TST.

35. Ação rescisória. Planos econômicos. Coisa julgada. Limitação à data-base na fase de execução (inserida em 20.09.2000). Não ofende a coisa julgada a limitação à data-base da categoria, na fase executória, da condenação ao pagamento de diferenças salariais decorrentes de planos econômicos, quando a decisão exequenda silenciar sobre a limitação, uma vez que a limitação decorre de norma cogente. Apenas quando a sentença exequenda houver expressamente afastado a limitação à data-base é que poderá ocorrer ofensa à coisa julgada.

36. Ação rescisória. Prequestionamento. Violação ocorrida na própria decisão rescindenda

- (cancelada - nova redação da Súmula n. 298 - *DJ*, 22.08.2005).

37. Ação rescisória. Prescrição quinquenal. Matéria constitucional. Súmula n. 83 do TST e Súmula n. 343 do STF. Inaplicáveis

- (cancelada - redação conferida à Súmula n. 83 pela Res. 121/2003, *DJ*, 21.11.2003) *DJ*, 22.08.2005).

38. Ação rescisória. Professor-adjunto. Ingresso no cargo de professor-titular. Exigência de concurso público (Lei n. 7.596/1987, Decreto n. 94.664/87 e art. 206, V, CF/1988) (inserida em 20.09.2000). A assunção do professor-adjunto ao cargo de professor titular de universidade pública, sem prévia aprovação em concurso público, viola o art. 206, inciso V, da Constituição Federal. Procedência do pedido de rescisão do julgado.

39. Ação rescisória. Reajustes bimestrais e quadrimestrais. Lei n. 8.222/1991. Súmula n. 83 do TST. Aplicável (inserida em 20.09.2000). Havendo controvérsia jurisprudencial à época, não se rescinde decisão que aprecia a possibilidade de cumulação das antecipações bimestrais e reajustes quadrimestrais de salário previstos na Lei n. 8.222/91. Incidência da Súmula n. 83 do TST.

40. Ação rescisória. Reajustes salariais previstos em norma coletiva. Prevalência da legislação de política salarial quando a norma coletiva é anterior à lei

- (cancelada - conversão na Súmula n. 375 - *DJ*, 20.04.2005).

41. Ação rescisória. Sentença citra petita. Cabimento (atualizada em decorrência do CPC de 2015 - Res. 208/2016, *DEJT* divulgado em 22, 25 e 26.04.2016).

Revelando-se a sentença "citra petita", o vício processual vulnera os arts. 141 e 492 do CPC de 2015 (arts. 128 e 460 do CPC de 1973), tornando-a passível de desconstituição, ainda que não interpostos embargos de declaração.

42. Ação rescisória. Sentença de mérito. Competência do TST. Acórdão rescindendo do TST. Não conhecimento de recurso. Súmula n. 192. Não aplicação

- (cancelada - redação conferida à Súmula n. 192 pela Res. 121/2003, *DJ*, 21.11.2003 - *DJ*, 22.08.2005).

43. Ação rescisória. Sentença de mérito. Decisão de Tribunal Regional do Trabalho em agravo regimental confirmando decisão monocrática do relator que, aplicando a Súmula n. 83 do TST, indeferiu a petição inicial da ação rescisória. Cabimento

- (cancelada - conversão na Súmula n. 411 - *DJ*, 22.08.2005).

44. Ação rescisória. Sentença de mérito. Decisão homologatória de adjudicação. Incabível

- (cancelada - conversão na Súmula n. 399 - *DJ*, 22.08.2005).

45. Ação rescisória. Sentença de mérito. Decisão homologatória de arrematação. Incabível

- (cancelada - conversão na Súmula n. 399 - *DJ*, 22.08.2005).

46. Ação rescisória. Sentença de mérito. Questão processual

- (cancelada - conversão na Súmula n. 412 - *DJ*, 22.08.2005).

47. Ação rescisória. Sentença de mérito. Violação do art. 896, a, da CLT

- (cancelada - conversão na Súmula n. 413 - *DJ*, 22.08.2005).

48. Ação rescisória. Sentença e acórdão. Substituição

- (cancelada - nova redação da Súmula n. 192 - *DJ*, 22.08.2005).

49. Mandado de segurança. Ação de cumprimento fundada em decisão normativa que sofreu posterior reforma, quando já transitada em julgado a sentença condenatória proferida na ação de cumprimento

- (cancelada - conversão da tese mais abrangente da OJ 116 na Súmula n. 397 - *DJ*, 22.08.2005). É cabível o mandado de segurança para extinguir a execução fundada em sentença proferida em ação de cumprimento, quando excluída da sentença normativa a cláusula que lhe serviu de sustentáculo.

50. Mandado de segurança. Antecipação de tutela. Cabimento

- (cancelada - conversão na Súmula n. 414 - *DJ*, 22.08.2005).

51. Mandado de segurança. Antecipação de tutela concedida em sentença. Reintegração. Não cabimento

- (cancelada - conversão na Súmula n. 414 - *DJ*, 22.08.2005).

52. Mandado de segurança. Art. 284, CPC. Aplicabilidade

- (cancelada - conversão na Súmula n. 415 - *DJ*, 22.08.2005).

53. Mandado de segurança. Cooperativa em liquidação extrajudicial. Lei n. 5.764/71, art. 76. Inaplicável. Não suspende a execução (inserida em 20.09.2000). A liquidação extrajudicial de sociedade cooperativa não suspende a execução dos créditos trabalhistas existentes contra ela.

54. Mandado de segurança. Embargos de terceiro. Cumulação. Penhora. Incabível (atualizada em decorrência do CPC de 2015) - Res. 208/2016, *DEJT* divulgado em 22, 25 e

26.04.2016). Ajuizados embargos de terceiro (art. 674 do CPC de 2015 - art. 1.046 do CPC de 1973) para pleitear a desconstituição da penhora, é incabível mandado de segurança com a mesma finalidade.

55. Mandado de segurança. Execução. Lei n. 8.432/1992. Art. 897, § 1º, da CLT. Cabimento

› (cancelada - conversão na Súmula n. 416 - *DJ*, 22.08.2005).

56. Mandado de segurança. Execução. Pendência de recurso extraordinário (inserida em 20.09.2000). Não há direito líquido e certo à execução definitiva na pendência de recurso extraordinário, ou de agravo de instrumento visando a destrancá-lo.

57. Mandado de segurança. INSS. Tempo de serviço. Averbação e/ou reconhecimento (inserida em 20.09.2000). Conceder-se-á mandado de segurança para impugnar ato que determina ao INSS o reconhecimento e/ou averbação de tempo de serviço.

58. Mandado de segurança para cassar liminar concedida em ação civil pública. Cabível

› (cancelada - conversão na Súmula n. 414 - *DJ*, 22.08.2005).

59. Mandado de segurança. Penhora. Carta de fiança bancária. Seguro garantia judicial (nova redação em decorrência do CPC de 2015 - Res. 209/2016, *DEJT* divulgado em 01, 02 e 03.06.2016).

A carta de fiança bancária e o seguro garantia judicial, desde que em valor não inferior ao do débito em execução, acrescido de trinta por cento, equivalem a dinheiro para efeito da gradação dos bens penhoráveis, estabelecida no art. 835 do CPC de 2015 (art. 655 do CPC de 1973).

60. Mandado de segurança. Penhora em dinheiro. Banco

› (cancelada - conversão na Súmula n. 417 - *DJ*, 22.08.2005).

61. Mandado de segurança. Penhora em dinheiro. Execução definitiva. Depósito em banco oficial no estado. Artigos 612 e 666 do CPC

› (cancelada - conversão na Súmula n. 417 - *DJ*, 22.08.2005).

62. Mandado de segurança. Penhora em dinheiro. Execução provisória

› (cancelada - conversão na Súmula n. 417 - *DJ*, 22.08.2005).

63. Mandado de segurança. Reintegração. Ação cautelar (inserida em 20.09.2000). Comporta a impetração de mandado de segurança o deferimento de reintegração no emprego em ação cautelar.

64. Mandado de segurança. Reintegração liminarmente concedida (inserida em 20.09.2000). Não fere direito líquido e certo a concessão de tutela antecipada para reintegração de empregado protegido por estabilidade provisória decorrente de lei ou norma coletiva.

65. Mandado de segurança. Reintegração liminarmente concedida. Dirigente sindical (inserida em 20.09.2000). Ressalvada a hipótese do art. 494 da CLT, não fere direito líquido e certo a determinação liminar de reintegração no emprego de dirigente sindical, em face da previsão do inciso X do art. 659 da CLT.

66. Mandado de segurança. Sentença homologatória de adjudicação. Incabível (atualizado o item I e incluído o item II em decorrência do CPC de 2015 - Res. 212/2016, *DEJT* divulgado em 20, 21 e 22.09.2016).

I - Sob a égide do CPC de 1973 é incabível o mandado de segurança contra sentença homologatória de adjudicação, uma vez que existe meio próprio para impugnar o ato judicial, consistente nos embargos à adjudicação (CPC de 1973, art. 746).

II - Na vigência do CPC de 2015 também não cabe mandado de segurança, pois o ato judicial pode ser impugnado por simples petição, na forma do artigo 877, *caput*, do CPC de 2015.

67. Mandado de segurança. Transferência. Art. 659, IX, da CLT (inserida em 20.09.2000). Não fere direito líquido e certo a concessão de liminar obstativa de transferência de empregado, em face da previsão do inciso IX do art. 659 da CLT.

68. Antecipação de tutela. Competência (nova redação *DJ*, 22.08.2005). Nos Tribunais, compete ao relator decidir sobre o pedido de antecipação de tutela, submetendo sua decisão ao Colegiado respectivo, independentemente de pauta, na sessão imediatamente subsequente.

69. Fungibilidade recursal. Indeferimento liminar de ação rescisória ou mandado de segurança. Recurso para o TST. Recebimento como agravo regimental e devolução dos autos ao TRT (inserida em 20.09.2000). Recurso ordinário interposto contra despacho monocrático indeferitório da petição inicial de ação rescisória ou de mandado de segurança pode, pelo princípio de fungibilidade recursal, ser recebido como agravo regimental. Hipótese de não conhecimento do recurso pelo TST e devolução dos autos ao TRT, para que aprecie o apelo como agravo regimental.

70. Ação rescisória. Regência pelo CPC de 1973. Manifesto e inescusável equívoco no direcionamento. Inépcia da inicial. Extinção do Processo (Atualizada em decorrência do CPC de 2015) – RES. 220/2017 DO TST (*DEJT* 22.09.2017).

Sob a égide do CPC de 1973, o manifesto equívoco da parte em ajuizar ação rescisória no TST para desconstituir julgado proferido pelo TRT, ou vice-versa, implica a extinção do processo sem julgamento do mérito por inépcia da inicial.

71. Ação rescisória. Salário profissional. Fixação. Múltiplo de salário-mínimo. Art. 7º, IV, da CF/88 (nova redação - *DJ*, 22.11.2004). A estipulação do salário profissional em múltiplos do salário mínimo não afronta o art. 7º, inciso IV, da Constituição Federal de 1988, só incorrendo em vulneração do referido preceito constitucional a fixação de correção automática do salário pelo reajuste do salário-mínimo.

72. Ação rescisória. Prequestionamento quanto à matéria e ao conteúdo da norma, não necessariamente do dispositivo legal tido por violado

› (cancelada em decorrência da nova redação conferida à Súmula n. 298 - *DJ*, 22.08.2005).

73. Art. 557 do CPC. Constitucionalidade

› (cancelada em razão da conversão na Súmula n. 435 - Res. 186/2012, *DEJT* divulgado em 25, 26 e 27.09.2012)

74. Embargos declaratórios contra decisão monocrática do relator, calcada no art. 557 do CPC. Cabimento

› (cancelada - conversão na Súmula n. 421 - *DJ*, 22.08.2005)

75. Remessa de ofício. Ação rescisória. Prequestionamento. Decisão regional que simplesmente confirma a sentença

› (cancelada - nova redação conferida à Súmula n. 298 - *DJ*, 22.08.2005).

76. Ação Rescisória. Ação Cautelar proposta sob a vigência do CPC de 1973. Suspensão da execução. Juntada de documento. Indispensável. Possibilidade de êxito na rescisão do julgado. (Atualizada em decorrência do CPC de 2015) – Res. 220/2017 do TST (*DEJT* 22.09.2017).

É indispensável a instrução da ação cautelar proposta sob a vigência do CPC de 1973 com as provas documentais necessárias à aferição da plausibilidade de êxito na rescisão do julgado. Assim sendo, devem vir junto com a inicial da cautelar as cópias da petição inicial da ação rescisória principal, da decisão rescindenda, da certidão do trânsito em julgado da decisão rescindenda e informação do andamento atualizado da execução.

77. Ação rescisória. Aplicação da Súmula n. 83 do TST. Matéria controvertida. Limite temporal. Data de inserção em orientação jurisprudencial do TST

› (cancelada - nova redação da Súmula n. 83 - *DJ*, 22.08.2005).

78. Ação rescisória. Cumulação sucessiva de pedidos. Rescisão da sentença e do acórdão. Ação única. Art. 326 do CPC de 2015. Art. 289 do CPC de 1973 (atualizada em decorrência do CPC de 2015 - Res. 208/2016, *DEJT* divulgado em 22, 25 e 26.04.2016). É admissível o ajuizamento de uma única ação rescisória contendo mais de um pedido, em ordem sucessiva, de rescisão da sentença e do acórdão. Sendo inviável a tutela jurisdicional de um deles, o julgador está obrigado a apreciar os demais, sob pena de negativa de prestação jurisdicional.

79. Ação rescisória. Decadência afastada. Imediato julgamento do mérito. Inexistência de ofensa ao duplo grau de jurisdição

› (cancelada - nova redação conferida à Súmula n. 100 - *DJ*, 22.08.2005).

80. Ação rescisória. Decadência. Dies a quo. Recurso deserto. Súmula n. 100 do TST (inserida em 13.03.2002). O não conhecimento do recurso por deserção não antecipa o dies a quo do prazo decadencial para o ajuizamento da ação rescisória, atraindo, na contagem do prazo, a aplicação da Súmula n. 100 do TST.

81. Ação rescisória. Descontos legais. Fase de execução. Sentença exequenda omissa. Inexistência de ofensa à coisa julgada

› (cancelada - conversão na Súmula n. 401 - *DJ*, 22.08.2005).

82. Ação rescisória. Litisconsórcio. Necessário no polo passivo e facultativo no ativo

› (cancelada em decorrência da sua conversão na Súmula n. 406 - *DJ*, 22.08.2005).

83. Ação rescisória. Ministério Público. Legitimidade ad causam prevista no art. 487, III, a e b, do CPC. As hipóteses são meramente exemplificativas

› (cancelada - conversão na Súmula n. 407 - *DJ*, 22.08.2005).

84. Ação rescisória. Petição inicial. Ausência da decisão rescindenda e/ou da certidão de seu trânsito em julgado devidamente autenticadas. Concessão de prazo para complementação da documentação.

(Alterada em decorrência do CPC de 2015) - Res. 220/2017 do TST (*DEJT* 22.09.217).

São peças essenciais para o julgamento da ação rescisória a decisão rescindenda e/ou a certidão do seu trânsito em julgado, devidamente autenticadas, à exceção de cópias reprográficas apresentadas por pessoa jurídica de direito público, a teor do art. 24 da Lei nº 10.522/2002, ou declaradas autênticas pelo advogado na forma do artigo 830 da CLT com a redação dada pela Lei nº 11.925/2009. Em fase recursal, verificada a ausência de qualquer delas, cumpre ao Relator do recurso ordinário conceder o prazo de 5 (cinco) dias ao recorrente para que seja complementada a documentação exigível, nos termos do art. 932, parágrafo único, do CPC de 2015.

85. Ação rescisória. Sentença homologatória de cálculo. Existência de contraditório. Decisão de mérito. Cabimento

- (cancelada - 1ª parte convertida na Súmula n. 399 e parte final incorporada à nova redação da Súmula n. 298 - *DJ*, 22.08.2005).

86. Mandado de segurança. Antecipação de tutela. Sentença superveniente. Perda de objeto

- (cancelada - conversão na Súmula n. 414 - *DJ*, 22.08.2005).

87. Mandado de segurança. Reintegração em execução provisória. Impossibilidade

- (cancelada - *DJ*, 22.08.2005).

88. Mandado de segurança. Valor da causa. Custas processuais. Cabimento (inserida em 13.03.2002). Incabível a impetração de mandado de segurança contra ato judicial que, de ofício, arbitrou novo valor à causa, acarretando a majoração das custas processuais, uma vez que cabia à parte, após recolher as custas, calculadas com base no valor dado à causa na inicial, interpor recurso ordinário e, posteriormente, agravo de instrumento no caso de o recurso ser considerado deserto.

89. *Habeas corpus*. Depositário. Termo de depósito não assinado pelo paciente. Necessidade de aceitação do encargo. Impossibilidade de prisão civil (inserida em 27.05.2002). A investidura no encargo de depositário depende da aceitação do nomeado que deve assinar termo de compromisso no auto de penhora, sem o que, é inadmissível a restrição de seu direito de liberdade.

90. Recurso ordinário. Apelo que não ataca os fundamentos da decisão recorrida. Não conhecimento. Art. 514, II, do CPC

- (cancelada - conversão na Súmula n. 422 - *DJ*, 22.08.2005).

91. Mandado de segurança. Autenticação de cópias pelas secretarias dos Tribunais Regionais do Trabalho. Requerimento indeferido. Art. 789, § 9º, da CLT (inserida em 27.05.2002). Não sendo a parte beneficiária da assistência judiciária gratuita, inexiste direito líquido e certo à autenticação, pelas Secretarias dos Tribunais, de peças extraídas do processo principal, para formação do agravo de instrumento.

92. Mandado de segurança. Existência de recurso próprio (inserida em 27.05.2002). Não cabe mandado de segurança contra decisão judicial passível de reforma mediante recurso próprio, ainda que com efeito diferido.

93. Penhora sobre parte da renda de estabelecimento comercial. Possibilidade. (Alterada em decorrência do CPC de 2015) - Res. 220/2017 (*DEJT* 22.09.2017).

Nos termos do art. 866 do CPC de 2015, é admissível a penhora sobre a renda mensal ou faturamento de empresa, limitada a percentual, que não comprometa o desenvolvimento regular de suas atividades, desde que não haja outros bens penhoráveis ou, havendo outros bens, eles sejam de difícil alienação ou insuficientes para satisfazer o crédito executado.

94. Ação rescisória. Colusão. Fraude à lei. Reclamatória simulada extinta (inserida em 27.09.2002). A decisão ou acordo judicial subjacente à reclamação trabalhista, cuja tramitação deixa nítida a simulação do litígio para fraudar a lei e prejudicar terceiros, enseja ação rescisória, com lastro em colusão. No juízo rescisório, o processo simulado deve ser extinto.

95. Ação rescisória de ação rescisória. Violação de lei. Indicação dos mesmos dispositivos legais apontados na rescisória primitiva

- (cancelada - conversão na Súmula n. 400 - *DJ*, 22.08.2005).

96. Ação rescisória. Vício de intimação da decisão rescindenda. Ausência da formação da coisa julgada material. Carência de ação

- (cancelada - nova redação da Súmula n. 299, *DJ*, 22.08.2005).

97. Ação rescisória. Violação do art. 5º, II, LIV e LV, da Constituição Federal. Princípios da legalidade, do devido processo legal, do contraditório e da ampla defesa (nova redação - *DJ*, 22.08.2005). Os princípios da legalidade, do devido processo legal, do contraditório e da ampla defesa não servem de fundamento para a desconstituição de decisão judicial transitada em julgado, quando se apresentam sob a forma de pedido genérico e desfundamentado, acompanhando dispositivos legais que tratam especificamente da matéria debatida, estes sim, passíveis de fundamentarem a análise do pleito rescisório.

98. Mandado de segurança. Cabível para atacar exigência de depósito prévio de honorários periciais (nova redação - *DJ*, 22.08.2005). É ilegal a exigência de depósito prévio para custeio dos honorários periciais, dada a incompatibilidade com o processo do trabalho, sendo cabível o mandado de segurança visando à realização da perícia, independentemente do depósito.

99. Mandado de segurança. Esgotamento de todas as vias processuais disponíveis. Trânsito em julgado formal. Descabimento (inserida em 27.09.2002). Esgotadas as vias recursais existentes, não cabe mandado de segurança.

100. Recurso ordinário para o TST. Decisão de TRT proferida em agravo regimental contra liminar em ação cautelar ou em mandado de segurança. Incabível (inserida em 27.09.2002). Não cabe recurso ordinário para o TST de decisão proferida pelo Tribunal Regional do Trabalho em agravo regimental interposto contra despacho que concede ou não liminar em ação cautelar ou em mandado de segurança, uma vez que o processo ainda pende de decisão definitiva do Tribunal a quo.

101. Ação rescisória. Inciso IV do art. 966 do CPC de 2015. Art. 485, IV, do CPC de 1973. Ofensa a coisa julgada. Necessidade de fixação de tese na decisão rescindenda (atualizada em decorrência do CPC de 2015) - Res. 208/2016, *DEJT* divulgado em 22, 25 e 26.04.2016).

Para viabilizar a desconstituição do julgado pela causa de rescindibilidade do inciso IV, do art. 966 do CPC de 2015 (inciso IV do art. 485 do CPC de 1973), é necessário que a decisão rescindenda tenha enfrentado as questões ventiladas na ação rescisória, sob pena de inviabilizar o cotejo com o título executivo judicial tido por desrespeitado, de modo a se poder concluir pela ofensa à coisa julgada.

102. Ação rescisória. Certidão de trânsito em julgado. Descompasso com a realidade. Presunção relativa de veracidade

- (cancelada - nova redação conferida à Súmula n. 100 - *DJ*, 22.08.2005).

103. Ação rescisória. Contradição entre fundamentação e parte dispositiva do julgado. Cabimento. Erro de fato (*DJ*, 29.04.2003). É cabível a rescisória para corrigir contradição entre a parte dispositiva do acórdão rescindendo e a sua fundamentação, por erro de fato na retratação do que foi decidido.

104. Ação rescisória. Decadência. Sentença homologatória de acordo. Momento do trânsito em julgado

- (cancelada - nova redação da Súmula n. 100 - *DJ*, 22.08.2005).

105. Ação rescisória. Decisão rescindenda. Agravo de instrumento. Não substituição. Impossibilidade jurídica

- (cancelada - nova redação da Súmula n. 192 - *DJ*, 22.08.2005).

106. Ação rescisória. Decisão rescindenda. Ausência de trânsito em julgado. Descabimento de ação rescisória preventiva

- (cancelada - nova redação da Súmula n. 299 - *DJ*, 22.08.2005).

107. Ação rescisória. Decisão rescindenda de mérito. Sentença declaratória de extinção de execução. Satisfação da obrigação (atualizada em decorrência do CPC de 2015 - Res. 208/2016, *DEJT* divulgado em 22, 25 e 26.04.2016).

Embora não haja atividade cognitiva, a decisão que declara extinta a execução, nos termos do art. 924, incisos I a IV c/c art. 925 do CPC de 2015 (art. 794 c/c 795 do CPC de 1973), extingue a relação processual e a obrigacional, sendo passível de corte rescisório.

108. Ação rescisória. Fundamento para invalidar confissão. Confissão ficta. Inadequação do enquadramento no art. 485, VIII, DO CPC

- (cancelada - conversão na Súmula n. 404 - *DJ*, 22.08.2005).

109. Ação rescisória. Reexame de fatos e provas. Inviabilidade

- (cancelada - conversão na Súmula n. 410 - *DJ*, 22.08.2005).

110. Ação rescisória. Réu sindicato. Substituto processual na ação originária. Legitimidade passiva ad causam. Inexistência de litisconsórcio passivo necessário

- (cancelada - conversão na Súmula n. 406 - *DJ*, 22.08.2005).

111. Ação rescisória. Sentença homologatória de acordo. Dolo da parte vencedora

em detrimento da vencida. Art. 485, III, do CPC. Inviável

› (cancelada em decorrência da sua conversão na Súmula n. 403 - *DJ*, 22.08.2005).

112. Ação rescisória. Violação de lei. Decisão rescindenda por duplo fundamento. Impugnação parcial (*DJ*, 29.04.2003). Para que a violação da lei dê causa à rescisão de decisão de mérito alicerçada em duplo fundamento, é necessário que o Autor da ação rescisória invoque causas de rescindibilidade que, em tese, possam infirmar a motivação dúplice da decisão rescindenda.

113. Ação cautelar. Efeito suspensivo ao recurso ordinário em mandado de segurança. Incabível. Ausência de interesse. Extinção (DJ, 11.08.2003).

› (Cancelada em decorrência do CPC de 2015) - Res. 220/2017 do TST (*DEJT* 22.09.2017).

114. Competência. Execução por carta. Embargos de terceiro. Juízo deprecante.

› (cancelada - conversão na Súmula n. 419 - *DJ*, 22.08.2005).

115. Competência funcional. Conflito negativo. TRT e Vara do Trabalho de idêntica Região. Não configuração.

› (cancelada - conversão na Súmula n. 420 - *DJ*, 22.08.2005).

116. Ação rescisória. Art. 485, IV, do CPC. Ação de cumprimento. Ofensa à coisa julgada emanada de sentença normativa modificada em grau de recurso. Inviabilidade.

› (cancelada - conversão na Súmula n. 397 - *DJ*, 22.08.2005).

117. Ação rescisória. Depósito recursal. Pedido rescisório procedente. Condenação em pecúnia. Instrução normativa n. 3/93, III.

› (cancelada nova redação da Súmula n. 99 - *DJ*, 22.08.2005).

118. Ação rescisória. Expressão "lei" do art. 485, V, do CPC. Indicação de contrariedade a súmula ou orientação jurisprudencial do TST. Descabimento

› (cancelada - incorporação à nova redação da Orientação Jurisprudencial n. 25, SBDI-II - *DJ*, 22.08.2005).

119. Ação rescisória. Prazo prescricional. Total ou parcial. Violação do art. 7º, XXIX, da CF/1988. Matéria infraconstitucional

› (cancelada - conversão na Súmula n. 409 - *DJ*, 22.08.2005).

120. Mandado de segurança. Recusa à homologação de acordo. Inexistência de direito líquido e certo

› (cancelada - conversão na Súmula n. 418 - *DJ*, 22.08.2005).

121. Ação rescisória. Pedido de antecipação de tutela. Descabimento

› (cancelada - conversão na Súmula n. 405 - *DJ*, 22.08.2005).

122. Ação rescisória. Decadência. Ministério Público. Dies a quo do prazo. Contagem. Colusão das partes

› (cancelada - nova redação da Súmula n. 100 - *DJ*, 22.08.2005).

123. Ação rescisória. Interpretação do sentido e alcance do título executivo. Inexistência de ofensa à coisa julgada (título alterado - *DJ*, 22.08.2005). O acolhimento da ação rescisória calcada em ofensa à coisa julgada supõe dissonância patente entre as decisões exequenda e rescindenda, o que não se verifica quando se faz necessária a interpretação do título executivo judicial para se concluir pela lesão à coisa julgada.

124. Ação rescisória. Art. 966, inciso II, do CPC de 2015. Art. 485, II, do CPC de 1973. Arguição de incompetência absoluta. Prequestionamento inexigível (atualizada em decorrência do CPC de 2015) - Res. 208/2016, *DEJT* divulgado em 22, 25 e 26.04.2016).

Na hipótese em que a ação rescisória tem como causa de rescindibilidade o inciso II do art. 966 do CPC de 2015 (inciso II do art. 485 do CPC de 1973), a arguição de incompetência absoluta prescinde de prequestionamento.

125. Ação rescisória. Art. 485, III, do CPC. Silêncio da parte vencedora acerca de eventual fato que lhe seja desfavorável. Descaracterizado o dolo processual.

› (cancelada - conversão na Súmula n. 403 - *DJ*, 22.08.2005).

126. Ação rescisória. Ausência de defesa. Inaplicáveis os efeitos da revelia.

› (cancelada - conversão na Súmula n. 398 - *DJ*, 22.08.2005).

127. Mandado de segurança. Decadência. Contagem. Efetivo ato coator (*DJ*, 09.12.2003). Na contagem do prazo decadencial para ajuizamento de mandado de segurança, o efetivo ato coator é o primeiro em que se firmou a tese hostilizada e não aquele que a ratificou.

128. Ação rescisória. Concurso público anulado posteriormente. Aplicação da Súmula n. 363 do TST (*DJ*, 09.12.2003). O certame público posteriormente anulado equivale à contratação realizada sem a observância da exigência contida no art. 37, II, da Constituição Federal de 1988. Assim sendo, aplicam-se à hipótese os efeitos previstos na Súmula n. 363 do TST.

129. Ação anulatória. Competência originária (*DJ*, 04.05.2004). Em se tratando de ação anulatória, a competência originária se dá no mesmo juízo em que praticado o ato supostamente eivado de vício.

130. Ação civil pública. Competência. Local do dano. Lei n. 7.347/1985, art. 2º. Código de Defesa do Consumidor, art. 93 (redação alterada na sessão do Tribunal Pleno realizada em 14.09.2012 - Res. 186/2012, *DEJT* divulgado em 25, 26 e 27.09.2012)

I - A competência para a Ação Civil Pública fixa-se pela extensão do dano.

II - Em caso de dano de abrangência regional, que atinja cidades sujeitas à jurisdição de mais de uma Vara do Trabalho, a competência será de qualquer das varas das localidades atingidas, ainda que vinculadas a Tribunais Regionais do Trabalho distintos.

III - Em caso de dano de abrangência suprarregional ou nacional, há competência concorrente para a Ação Civil Pública das varas do trabalho das sedes dos Tribunais Regionais do Trabalho.

IV - Estará prevento o juízo a que a primeira ação houver sido distribuída.

131. Ação rescisória. Ação cautelar para suspender execução da decisão rescindenda. Pendência de trânsito em julgado da ação rescisória principal. Efeitos (*DJ*, 04.05.2004) A ação cautelar não perde o objeto enquanto ainda estiver pendente o trânsito em julgado da ação rescisória principal, devendo o pedido cautelar ser julgado procedente, mantendo-se os efeitos da liminar eventualmente deferida, no caso de procedência do pedido rescisório ou, por outro lado, improcedente, se o pedido da ação rescisória principal tiver sido julgado improcedente.

132. Ação rescisória. Acordo homologado. Alcance. Ofensa à coisa julgada (*DJ*, 04.05.2004). Acordo celebrado - homologado judicialmente - em que o empregado dá plena e ampla quitação, sem qualquer ressalva, alcança não só o objeto da inicial, como também todas as demais parcelas referentes ao extinto contrato de trabalho, violando a coisa julgada, a propositura de nova reclamação trabalhista.

133. Ação rescisória. Decisão em agravo regimental. Aplicação da Súmula n. 333. Juízo de mérito.

› (cancelada - nova redação da Súmula n. 192 - *DJ*, 22.08.05).

134. Ação rescisória. Decisão que declara preclusa a oportunidade de impugnação da sentença de liquidação. Produção de coisa julgada formal. irrescindibilidade. (alterada em decorrência do CPC de 2015) - Res. 220/2017 do TST (*DEJT* 22.09.2017)

A decisão proferida em embargos à execução ou em agravo de petição que apenas declara preclusa a oportunidade de impugnação da sentença de liquidação não é rescindível, em virtude de produzir tão-somente coisa julgada formal.

135. Ação rescisória. Violação do art. 37, *caput*, da CF/1988. Necessidade de prequestionamento (*DJ*, 04.05.2004). A ação rescisória calcada em violação do artigo 37, *caput*, da Constituição Federal, por desrespeito ao princípio da legalidade administrativa exige que ao menos o princípio constitucional tenha sido prequestionado na decisão.

136. Ação rescisória. Erro de fato. Caracterização (atualizada em decorrência do CPC de 2015) - Res. 208/2016, *DEJT* divulgado em 22, 25 e 26.04.2016.

A caracterização do erro de fato como causa de rescindibilidade de decisão judicial transitada em julgado supõe a afirmação categórica e indiscutida de um fato, na decisão rescindenda, que não corresponde à realidade dos autos. O fato afirmado pelo julgador, que pode ensejar ação rescisória calcada no inciso VIII do art. 966 do CPC de 2015 (inciso IX do art. 485 do CPC de 1973), é apenas aquele que se coloca como premissa fática indiscutida de um silogismo argumentativo, não aquele que se apresenta ao final desse mesmo silogismo, como conclusão decorrente das premissas que especificaram as provas oferecidas, para se concluir pela existência do fato. Esta última hipótese é afastada pelo § 1º do art. 966 do CPC de 2015 (§ 2º do art. 485 do CPC de 1973), ao exigir que não tenha havido controvérsia sobre o fato e pronunciamento judicial esmiuçando as provas.

137. Mandado de segurança. Dirigente sindical. Art. 494 da CLT. Aplicável (*DJ*, 04.05.2004). Constitui direito líquido e certo do empregador a suspensão do empregado, ainda que detentor de estabilidade sindical, até a decisão final do inquérito em que se apure a falta grave a ele imputada, na forma do art. 494, *caput* e parágrafo único, da CLT.

138. Mandado de segurança. Incompetência da Justiça do Trabalho. Cobrança de honorários advocatícios. Contrato de natureza civil

- (cancelada - *DJ*, 10.05.2006).

139. Mandado de segurança. Liminar em ação civil pública. Sentença de mérito superveniente. Perda de objeto

- (cancelada - conversão na Súmula n. 414 - *DJ*, 22.08.2005).

140. Mandado de segurança contra liminar, concedida ou denegada em outra segurança. Incabível (Art. 8º da Lei n. 1.533/51 - *DJ*, 04.05.2004). Não cabe mandado de segurança para impugnar despacho que acolheu ou indeferiu liminar em outro mandado de segurança.

141. Mandado de segurança para conceder liminar denegada em ação cautelar

- (cancelada - conversão na Súmula n. 418 - *DJ*, 22.08.2005).

142. Mandado de segurança. Reintegração liminarmente concedida (*DJ*, 04.05.2004). Inexiste direito líquido e certo a ser oposto contra ato de Juiz que, antecipando a tutela jurisdicional, determina a reintegração do empregado até a decisão final do processo, quando demonstrada a razoabilidade do direito subjetivo material, como nos casos de anistiado pela Lei n. 8.878/94, aposentado, integrante de comissão de fábrica, dirigente sindical, portador de doença profissional, porta-dor de vírus HIV ou detentor de estabilidade provisória prevista em norma coletiva.

143. *Habeas corpus*. Penhora sobre coisa futura e incerta. Prisão. Depositário infiel (alterada - Res. 151/2008, *DEJT*, 20, 21 e 24.11.2008). Não se caracteriza a condição de depositário infiel quando a penhora recair sobre coisa futura e incerta, circunstância que, por si só, inviabiliza a materialização do depósito no momento da constituição do paciente em depositário, autorizando-se a concessão de *habeas corpus* diante da prisão ou ameaça de prisão que sofra.

144. Mandado de segurança. Proibição de prática de atos futuros. Sentença genérica. Evento futuro. Incabível (nova redação - *DJ*, 22.08.2005). O mandado de segurança não se presta à obtenção de uma sentença genérica, aplicável a eventos futuros, cuja ocorrência é incerta.

145. Ação rescisória. Decadência. Não esgotamento das vias recursais. Prazo legal do recurso extraordinário

- (cancelada - nova redação da Súmula n. 100 - *DJ*, 22.08.2005). Conta-se o prazo decadencial da ação rescisória, após o decurso do prazo legal previsto para a interposição do recurso extraordinário, apenas quando esgotadas todas as vias recursais ordinárias.

146. Ação rescisória. Início do prazo para apresentação da contestação. Art. 774 DA CLT (atualizada em decorrência do CPC de 2015 - Res. 208/2016, *DEJT* divulgado em 22, 25 e 26.04.2016). A contestação apresentada em ação rescisória obedece à regra relativa à contagem de prazo constante do art. 774 da CLT, sendo inaplicável o art. 231 do CPC de 2015 (art. 241 do CPC de 1973).

147. Ação rescisória. Valor da causa

- (cancelada - Res. n. 142/2007, *DJ*, 10, 11 e 15.10.2007).

148. Custas. Mandado de segurança. Recurso ordinário. Exigência do pagamento (conversão da OJ 29 da SBDI-1 - Res. 129/2005, *DJ*, 20.04.2005). É responsabilidade da parte, para interpor recurso ordinário em mandado de segurança, a comprovação do recolhimento das custas processuais no prazo recursal, sob pena de deserção. (ex-OJ n. 29 - inserida em 20.09.2000)

149. Conflito de competência. Incompetência territorial. Hipótese do art. 651, § 3º, da CLT. Impossibilidade de declaração de ofício de incompetência relativa. (*DEJT*, 03, 04 e 05.12.2008) Não cabe declaração de ofício de incompetência territorial no caso do uso, pelo trabalhador, da faculdade prevista no art. 651, § 3º, da CLT. Nessa hipótese, resolve-se o conflito pelo reconhecimento da competência do juízo do local onde a ação foi proposta.

150. Ação rescisória. Regência pelo CPC de 1973. Decisão rescindenda que extingue o processo sem resolução de mérito por acolhimento de coisa julgada. Conteúdo meramente processual. Impossibilidade jurídica do pedido (atualizada em decorrência do CPC de 2015 - Res. 212/2016, *DEJT* divulgado em 20, 21 e 22.09.2016).

Reputa-se juridicamente impossível o pedido de corte rescisório de decisão que, reconhecendo a existência de coisa julgada, nos termos do art. 267, V, do CPC de 1973, extingue o processo sem resolução de mérito, o que, ante o seu conteúdo meramente processual, a torna insuscetível de produzir a coisa julgada material.

151. Ação rescisória e mandado de segurança. Procuração. Poderes específicos para ajuizamento de reclamação trabalhista. Irregularidade de representação processual. Fase recursal. Vício processual sanável. (nova redação em decorrência do CPC de 2015 - Res. 211/2016, *DEJT* divulgado em 24, 25 e 26.08.2016).

A procuração outorgada com poderes específicos para ajuizamento de reclamação trabalhista não autoriza a propositura de ação rescisória e mandado de segurança. Constatado, todavia, o defeito de representação processual na fase recursal, cumpre ao relator ou ao tribunal conceder prazo de 5 (cinco) dias para a regularização, nos termos da Súmula n. 383, item II, do TST.

152. Ação rescisória e mandado de segurança. Recurso de revista de acórdão regional que julga ação rescisória ou mandado de segurança. Princípio da fungibilidade. Inaplicabilidade. Erro grosseiro na interposição do recurso (*DEJT*, 03, 04 e 05.12.2008). A interposição de recurso de revista de decisão definitiva de Tribunal Regional do Trabalho em ação rescisória ou em mandado de segurança, com fundamento em violação legal e divergência jurisprudencial e remissão expressa ao art. 896 da CLT, configura erro grosseiro, insuscetível de autorizar o seu recebimento como recurso ordinário, em face do disposto no art. 895, b, da CLT.

153. Mandado de Segurança. Execução. Ordem de Penhora sobre valores existentes em conta salário. Art. 649, IV, do CPC de 1973. Ilegalidade (Atualizada em decorrência do CPC de 2015) - Res. 220/2017 do TST (*DEJT* 22.09.2017). Ofende direito líquido e certo decisão que determina o bloqueio de numerário existente em conta salário, para satisfação de crédito trabalhista, ainda que seja limitado a determinado percentual dos valores recebidos ou a valor revertido para fundo de aplicação ou poupança, visto que o art. 649, IV, do CPC de 1973 contém norma imperativa que não admite interpretação ampliativa, sendo a exceção prevista no art. 649, § 2º, do CPC de 1973 espécie e não gênero de crédito de natureza alimentícia, não englobando o crédito trabalhista.

154. Ação rescisória. Acordo prévio ao ajuizamento da reclamação. Quitação geral. Lide simulada. Possibilidade de rescisão da sentença homologatória de acordo apenas se verificada a existência de vício de consentimento. (*DEJT*, 09, 10 e 11.06.2010) A sentença homologatória de acordo prévio ao ajuizamento de reclamação trabalhista, no qual foi conferida quitação geral do extinto contrato, sujeita-se ao corte rescisório tão somente se verificada a existência de fraude ou vício de consentimento.

155. Ação rescisória e mandado de segurança. Valor atribuído à causa na inicial. Majoração de ofício. Inviabilidade.

- (cancelada - Res. 206/2016, *DEJT* divulgado em 18, 19 e 20.04.2016).

156. *Habeas corpus* originário no TST. Substitutivo de recurso ordinário em habeas corpus. Cabimento contra decisão definitiva proferida por Tribunal Regional do Trabalho. (*DEJT*, 09, 10 e 11.06.2010) É cabível ajuizamento de *habeas corpus* originário no Tribunal Superior do Trabalho, em substituição de recurso ordinário em "*habeas corpus*", de decisão definitiva proferida por Tribunal Regional do Trabalho, uma vez que o órgão colegiado passa a ser a autoridade coatora no momento em que examina o mérito do *habeas corpus* impetrado no âmbito da Corte local.

157. Ação rescisória. Decisões proferidas em fases distintas de uma mesma ação. Coisa julgada. Não configuração. (atualizada em decorrência do CPC de 2015 - Res. 208/2016, *DEJT* divulgado em 22, 25 e 26.04.2016).A ofensa à coisa julgada de que trata o inciso IV do art. 966 do CPC de 2015 (inciso IV do art. 485 do CPC de 1973) refere-se apenas a relações processuais distintas. A invocação de desrespeito à coisa julgada formada no processo de conhecimento, na correspondente fase de execução, somente é possível com base na violação do art. 5º, XXXVI, da Constituição da República.

158. Ação rescisória. Declaração de nulidade de decisão homologatória de acordo em razão de colusão (art. 485, III, do CPC). Multa por litigância de má-fé. Impossibilidade (*DEJT* divulgado em 12, 13 e 16.04.2012) A declaração de nulidade de decisão homologatória de acordo, em razão da colusão entre as partes (art. 485, III, do CPC), é sanção suficiente em relação ao procedimento adotado, não havendo que ser aplicada a multa por litigância de má-fé.

Precedentes Normativos

1. Antecipação salarial trimestral (negativo)

▸ (cancelado pela SDC em sessão de 14.09.1998 - homologação Res. 86/1998, *DJ* 15.10.1998)

2. Abono pecuniário (negativo)

▸ (cancelado pela SDC em sessão de 14.09.1998 - homologação Res. 86/1998, *DJ* 15.10.1998)

3. Adicional de insalubridade (negativo)

▸ (cancelado pela SDC em sessão de 02.06.1998 - homologação Res. 81/1998, *DJ* 20.08.1998)

4. Ajuda de custo por quilometragem rodada (negativo)

▸ (cancelado pela SDC em sessão de 02.06.1998 - homologação Res. 81/1998, *DJ* 20.08.1998)

5. Anotações de comissões (positivo). O empregador é obrigado a anotar, na CTPS, o percentual das comissões a que faz jus o empregado.

6. Garantia de salário no período de amamentação (positivo). É garantido às mulheres, no período de amamentação, o recebimento do salário, sem prestação de serviços, quando o empregador não cumprir as determinações dos §§ 1º e 2º do art. 389 da CLT.

7. Assistência sindical (negativo)

▸ (cancelado pela SDC em sessão de 02.06.1998 - homologação Res. 81/1998, *DJ* 20.08.1998)

8. Atestados de afastamento e salários (positivo) O empregador é obrigado a fornecer atestados de afastamento e salários ao empregado demitido.

9. Auxílio-alimentação (negativo)

▸ (cancelado pela SDC em sessão de 14.09.1998 - homologação Res. 86/1998, *DJ* 15.10.1998)

10. Banco do Brasil como parte em dissídio coletivo no TRT (positivo) - (nova redação dada pela SDC em sessão de 14.09.1998 - homologação Res. 86/1998, *DJ*, 15.10.1998). Os Tribunais Regionais do Trabalho são incompetentes para processar e julgar Dissídios Coletivos em que sejam partes o Banco do Brasil S.A. e entidades sindicais dos bancários.

11. Bonificação a quem se aposenta (negativo)

▸ (cancelado - 14.09.1998 - homologação Res. 86/1998, *DJ*, 15.10.1998).

12. Horário de caixa (negativo)

▸ (cancelado pela SDC em sessão de 02.06.1998 - homologação Res. 81/1998, *DJ* 20.08.1998)

13. Local para sindicalização (negativo)

▸ (cancelado pela SDC em sessão de 14.09.1998 - homologação Res. 86/1998, *DJ* 15.10.1998)

14. Desconto no salário (positivo). Proíbe-se o desconto no salário do empregado dos valores de cheques não compensados ou sem fundos, salvo se não cumprir as resoluções da empresa.

15. Comissão sobre cobrança (positivo). Se não obrigado por contrato a efetuar cobranças, o vendedor receberá comissões por esse serviço, respeitadas as taxas em vigor para os demais cobradores.

16. Comissão para disciplinar quadro de carreira da empresa (negativo)

▸ (cancelado pela SDC em sessão de 14.09.1998 - homologação Res. 86/1998, *DJ* 15.10.1998)

17. Complementação de auxílio-doença (negativo)

▸ (cancelado pela SDC em sessão de 14.09.1998 - homologação Res. 86/1998, *DJ* 15.10.1998)

18. Contrato de experiência (negativo)

▸ (cancelado pela SDC em sessão de 14.09.1998 - homologação Res. 86/1998, *DJ* 15.10.1998)

19. Cursos e reuniões obrigatórios (positivo)

▸ (cancelado pela SDC em sessão de 02.06.1998 - homologação Res. 81/1998, *DJ* 20.08.1998)

20. Empregado rural. Contrato escrito (positivo). Sendo celebrado contrato por tarefa, parceria ou meação, por escrito, obriga-se o empregador a fornecer uma via deste ao empregado, devidamente datada e assinada pelas partes.

21. Dedução do auxílio-doença para aquisição de férias (negativo)

▸ (cancelado pela SDC em sessão de 14.09.1998 - homologação Res. 86/1998, *DJ* 15.10.1998)

22. Creche (positivo) Determina-se a instalação de local destinado à guarda de crianças em idade de amamentação, quando existentes na empresa mais de 30 (trinta) mulheres maiores de 16 (dezesseis) anos, facultado o convênio com creches.

23. Criação de feriado (negativo)

▸ (cancelado pela SDC em sessão de 14.09.1998 - homologação Res. 86/1998, *DJ* 15.10.1998)

24. Dispensa do aviso prévio (positivo). O empregado despedido fica dispensado do cumprimento do aviso prévio quando comprovar a obtenção de novo emprego, desonerando a empresa do pagamento dos dias não trabalhados.

25. Eleições das CIPAs (negativo)

▸ (cancelado pela SDC em sessão de 02.06.1998 - homologação Res. 81/1998, *DJ* 20.08.1998)

26. Estabilidade ao beneficiário do auxílio-doença (negativo)

▸ (cancelado pela SDC em sessão de 14.09.1998 - homologação Res. 86/1998, *DJ* 15.10.1998)

27. Estabilidade ao empregado que retorna de férias (negativo)

▸ (cancelado pela SDC em sessão de 14.09.1998 - homologação Res. 86/1998, *DJ* 15.10.1998)

28. Férias proporcionais (negativo)

▸ (cancelado pela SDC em sessão de 02.06.1998 - homologação Res. 81/1998, *DJ* 20.08.1998)

29. Greve. Competência dos tribunais para declará-la abusiva (positivo). Compete aos Tribunais do Trabalho decidir sobre o abuso do direito de greve.

30. Empregado acidentado. Garantia no emprego (positivo)

▸ (cancelado pela SDC em sessão de 02.06.1998 - homologação Res. 81/1998, *DJ* 20.08.1998)

31. Professor (janelas) (positivo). Os tempos vagos (janelas) em que o professor ficar à disposição do curso serão remunerados como aula, no limite de 1 (uma) hora diária por unidade.

32. Jornada do estudante (positivo). Proíbe-se a prorrogação da jornada de trabalho do empregado estudante, ressalvadas as hipóteses dos arts. 59 e 61 da CLT.

33. Licença-prêmio (negativo)

▸ (cancelado pela SDC em sessão de 02.06.1998 - homologação Res. 81/1998, *DJ* 20.08.1998)

34. Empregado rural. Moradia (positivo). Ao empregado que residir no local de trabalho fica assegurada a moradia em condições de habitabilidade, conforme exigências da autoridade local.

35. Mão-de-obra locada (positivo)

▸ (cancelado pela SDC em sessão de 02.06.1998 - homologação Res. 81/1998, *DJ* 20.08.1998)

36. 13º salário - multa (negativo)

▸ (cancelado pela SDC em sessão de 02.06.1998 - homologação Res. 81/1998, *DJ* 20.08.1998)

37. Dissídio coletivo. Fundamentação de cláusulas. Necessidade (positivo) Nos processos de dissídio coletivo só serão julgadas as cláusulas fundamentadas na representação, em caso de ação originária, ou no recurso.

38. Adicional por tempo de serviço (negativo)

▸ (cancelado pela SDC em sessão de 14.09.1998 - homologação Res. 86/1998, *DJ* 15.10.1998)

39. Readmissão. Preferência (negativo)

▸ (cancelado pela SDC em sessão de 14.09.1998 - homologação Res. 86/1998, *DJ* 15.10.1998)

40. Repouso semanal do comissionista (positivo)

▸ (cancelado pela SDC em sessão de 02.06.1998 - homologação Res. 81/1998, *DJ* 20.08.1998)

41. Relação nominal de empregados (positivo). As empresas encaminharão à entidade profissional cópia das guias de contribuição sindical e assistencial, com a relação nominal dos respectivos salários, no prazo máximo de 30 dias após o desconto.

42. Seguro obrigatório (positivo). Institui-se a obrigação do seguro, por acidente ou morte, para empregados que transportem valores ou exerçam as atividades de vigia ou vigilante.

43. Horas extras. Adicional (positivo)

▸ (cancelado pela SDC em sessão de 02.06.1998 - homologação Res. 81/1998, *DJ* 20.08.1998)

44. Transporte (negativo)

▸ (cancelado pela SDC em sessão de 14.09.1998 - homologação Res. 86/1998, *DJ* 15.10.1998)

45. Trimestralidade (negativo)

▸ (cancelado pela SDC em sessão de 02.06.1998 - homologação Res. 81/1998, *DJ* 20.08.1998)

46. Verbas rescisórias (positivo)

▸ (cancelado pela SDC em sessão de 02.06.1998 – homologação Res. 81/1998, *DJ* 20.08.1998)

47. Dispensa de empregado (positivo). O empregado despedido será informado, por escrito, dos motivos da dispensa.

48. Empregado rural. Concessão de terra (positivo)

▸ (cancelado - 02.09.2004 - homologação Res. 125/2004, *DJ*, 10.09.2004).

49. Gestante. Garantia de emprego (positivo)

▸ (cancelado - 02.06.1998 - homologação Res. 81/1998, *DJ*, 20.08.1998).

50. Empregado rural. Defensivos agrícolas (positivo). O empregador rural é obrigado a possuir o receituário agronômico de defensivos agrícolas e a observar as medidas de prevenção nele contidas.

51. CIPA'S. Suplentes. Garantia de emprego (positivo)

▸ (cancelado pela SDC em sessão de 02.06.1998 – homologação Res. 81/1998, *DJ* 20.08.1998)

52. Recebimento do PIS (positivo). Garante-se ao empregado o recebimento do salário do dia em que tiver de se afastar para recebimento do PIS.

53. Empregado rural. Rescisão do contrato de trabalho do chefe de família (positivo). A rescisão do contrato de trabalho rural, sem justa causa, do chefe da unidade familiar é extensiva à esposa, às filhas solteiras e aos filhos até 20 anos de idade, que exerçam atividades na propriedade, mediante opção destes.

54. Transporte para audiência (negativo)

▸ (cancelado pela SDC em sessão de 14.09.1998 - homologação Res. 86/1998, *DJ* 15.10.1998)

55. Jornalista. Contrato de trabalho (positivo) O empregador é obrigado a mencionar no contrato de trabalho o órgão de imprensa no qual o jornalista vai trabalhar.

56. Constitucionalidade (positivo). São constitucionais os Decretos-Leis n. 2.012/1983, 2.024/1983 e 2.045/1983.

57. Empregado rural. Insalubridade (positivo)

▸ (cancelado pela SDC em sessão de 02.06.1998 – homologação Res. 81/1998, *DJ* 20.08.1998)

58. Salário. Pagamento ao analfabeto (positivo). O pagamento de salário ao empregado analfabeto deverá ser efetuado na presença de 2 (duas) testemunhas.

59. Empregado rural. Aferição das balanças (positivo). O instrumento de peso e medida, utilizado pelos empregadores para aferição das tarefas no regime de produção, deverá ser conferido pelo INPM.

60. Empregado rural. Latão de café (positivo). O latão de café terá capacidade de 60 litros e será padronizado de acordo com as normas do INPM.

61. Cobrança de títulos (positivo). Salvo disposição contratual, é vedado ao empregador responsabilizar o empregado pelo inadimplemento do cliente, até mesmo quanto a títulos.

62. Empregado rural. Conservação das casas (positivo). Os empregadores são responsáveis pelos reparos nas residências que cedam aos empregados rurais, desde que os danos não decorram de culpa destes.

63. Empregado rural. Ficha de controle da produção (positivo). Quando da colheita, o café será entregue na lavoura ou no monte, fornecendo-se ao trabalhador uma ficha com o valor da respectiva produção.

64. Empregado rural. Horário e local de condução (positivo). Fornecendo o empregador condução para o trabalho, informará ele aos empregados, previamente, os locais e horários do transporte.

65. Empregado rural. Pagamento de salário (positivo). O pagamento do salário será efetuado em moeda corrente e no horário de serviço, para isso permitido o seu prolongamento até duas horas após o término da jornada de trabalho.

66. Garrafas "bicadas" (positivo). Constituem ônus do empregador aceitar a devolução de garrafas "bicadas" e o extravio de engradados, salvo se não cumpridas as disposições contratuais pelo empregado.

67. Remuneração por produção (positivo). Quando o serviço for contratado por produção, a remuneração não poderá ser inferior à diária correspondente ao salário normativo.

68. Empregado rural. Faltas ao serviço. Compras (positivo). Autoriza-se o chefe de família, se empregado rural, a faltar ao serviço um dia por mês ou meio dia por quinzena, para efetuar compras, sem remuneração ou mediante compensação de horário, mas sem prejuízo do repouso remunerado, desde que não tenha falta injustificada durante o mês.

69. Empregado rural. Pagamento de dia não trabalhado (positivo). O empregado rural fará jus ao salário do dia, quando comparecer ao local de prestação de serviço ou ponto de embarque, se fornecida condução pelo empregador, e não puder trabalhar em consequência de chuva ou de outro motivo alheio à sua vontade.

70. Licença para estudante (positivo). Concede-se licença não remunerada nos dias de prova ao empregado estudante, desde que avisado o patrão com 72 horas de antecedência e mediante comprovação.

71. Empregado rural. Transporte. Condições de segurança (positivo). Quando fornecidos pelo empregador, os veículos destinados a transportar trabalhadores rurais deverão satisfazer as condições de segurança e comodidade, sendo proibido o carregamento de ferramentas soltas junto às pessoas conduzidas.

72. Multa. Atraso no pagamento de salário (positivo). Estabelece-se multa de 10% sobre o saldo salarial, na hipótese de atraso no pagamento de salário até 20 dias, e de 5% por dia no período subsequente.

73. Multa. Obrigação de fazer (positivo) Impõe-se multa, por descumprimento das obrigações de fazer, no valor equivalente a 10% do salário básico, em favor do empregado prejudicado.

74. Desconto assistencial (positivo)

▸ (cancelado pela SDC em sessão de 02.06.1998 – homologação Res. 81/1998, *DJ* 20.08.1998)

75. Contrato de experiência. Readmissão (positivo)

▸ (cancelado pela SDC em sessão de 02.06.1998 – homologação Res. 81/1998, *DJ* 20.08.1998)

76. Aviso prévio de 60 dias (positivo)

▸ (cancelado pela SDC em sessão de 02.06.1998 – homologação Res. 81/1998, *DJ* 20.08.1998)

77. Empregado transferido. Garantia de emprego (positivo). Assegura-se ao empregado transferido, na forma do art. 469 da CLT, a garantia de emprego por 1 (um) ano após a data da transferência.

78. Professor. Redução salarial não configurada (negativo). Não configura redução salarial ilegal a diminuição de carga horária motivada por inevitável supressão de aulas eventuais ou de turmas.

79. Trabalhador temporário. Descanso semanal (positivo). Concede-se ao trabalhador temporário o acréscimo de 1/6 ao seu salário diário, correspondente ao descanso semanal remunerado, por aplicação analógica do art. 3º da Lei n. 605/1949.

80. Serviço militar. Garantia de emprego ao alistando (positivo). Garante-se o emprego do alistando, desde a data da incorporação no serviço militar até 30 dias após a baixa.

81. Atestados médicos e odontológicos (positivo). Assegura-se eficácia aos atestados médicos e odontológicos fornecidos por profissionais do sindicato dos trabalhadores, para o fim de abono de faltas ao serviço, desde que existente convênio do sindicato com a Previdência Social, salvo se o empregador possuir serviço próprio ou conveniado.

82. Dissídio coletivo. Garantia de salários e consectários (positivo). Defere-se a garantia de salários e consectários ao empregado despedido sem justa causa, desde a data do julgamento do dissídio coletivo até 90 dias após a publicação do acórdão, limitado o período total a 120 dias.

83. Dirigentes sindicais. Frequência livre (positivo) - (nova redação - Res. 123/2004, *DJ*, 06.07.2004). Assegura-se a frequência livre dos dirigentes sindicais para participarem de assembleias e reuniões sindicais devidamente convocadas e comprovadas, sem ônus para o empregador.

84. Seguro de vida. Assalto (positivo). Institui-se a obrigação do seguro de vida, em favor do empregado e seus dependentes previdenciários, para garantir a indenização nos casos de morte ou invalidez permanente, decorrentes de assalto, consumado ou não, desde que o empregado se encontre no exercício das suas funções.

85. Garantia de emprego. Aposentadoria voluntária (positivo) Defere-se a garantia de emprego, durante os 12 meses que antecedem a data em que o empregado adquire direito à aposentadoria voluntária, desde que trabalhe na empresa há pelo menos 5 anos. Adquirido o direito, extingue-se a garantia.

86. Representantes dos trabalhadores. Estabilidade no emprego (positivo). Nas empresas com mais de 200 empregados é assegurada a eleição direta de um representante, com as garantias do art. 543, e seus parágrafos, da CLT.

87. Trabalho em domingos e feriados. Pagamento dos salários (positivo). É devida a remuneração em dobro do trabalho em domingos e feriados não compensados, sem prejuízo do pagamento do repouso remunerado, desde que, para este, não seja estabelecido outro dia pelo empregador.

88. Desconto em folha (positivo)

▸ (cancelado pela SDC em sessão de 02.06.1998 – homologação Res. 81/1998, *DJ* 20.08.1998)

89. Reembolso de despesas (positivo). Defere-se o reembolso das despesas de alimentação e pernoite a motorista e ajudante, quando executarem tarefas a mais de 100 km da empresa. (Ex-PN 142).

90. Trabalho noturno. Adicional de 60% (positivo)

‣ (cancelado pela SDC em sessão de 02.06.1998 – homologação Res. 81/1998, *DJ* 20.08.1998)

91. Acesso de dirigente sindical à empresa (positivo). Assegura-se o acesso dos dirigentes sindicais às empresas, nos intervalos destinados a alimentação e descanso, para desempenho de suas funções, vedada a divulgação de matéria político-partidária ou ofensiva.

92. Garantia de repouso remunerado. Ingresso com atraso (positivo). Assegura-se o repouso remunerado ao empregado que chegar atrasado, quando permitido seu ingresso pelo empregador, compensado o atraso no final da jornada de trabalho ou da semana.

93. Comprovante de pagamento (positivo). O pagamento do salário será feito mediante recibo, fornecendo-se cópia ao empregado, com a identificação da empresa, e do qual constarão a remuneração, com a discriminação das parcelas, a quantia líquida paga, os dias trabalhados ou o total da produção, as horas extras e os descontos efetuados, inclusive para a Previdência Social, e o valor correspondente ao FGTS.

94. Empregado rural. Salário-doença (positivo)

‣ (cancelado pela SDC em sessão de 02.06.1998 – homologação Res. 81/1998, *DJ* 20.08.1998)

95. Abono de falta para levar filho ao médico (positivo). Assegura-se o direito à ausência remunerada de 1 (um) dia por semestre ao empregado, para levar ao médico filho menor ou dependente previdenciário de até 6 (seis) anos de idade, mediante comprovação no prazo de 48 horas.

96. Aviso prévio. Redução da jornada (positivo)

‣ (cancelado pela SDC em sessão de 02.06.1998 - homologação Res. 81/1998, *DJ* 20.08.1998)

97. Proibição de estorno de comissões (positivo). Ressalvada a hipótese prevista no art. 7º da Lei n. 3.207/1957, fica vedado às empresas o desconto ou estorno das comissões do empregado, incidentes sobre mercadorias devolvidas pelo cliente, após a efetivação de venda.

98. Retenção da CTPS. Indenização (positivo). Será devida ao empregado a indenização correspondente a 1 (um) dia de salário, por dia de atraso, pela retenção de sua carteira profissional após o prazo de 48 horas.

99. Nova função. Salário (positivo)

‣ (cancelado pela SDC em sessão de 02.06.1998 - homologação Res. 81/1998, *DJ* 20.08.1998)

100. Férias. Início do período de gozo (positivo). O início das férias, coletivas ou individuais, não poderá coincidir com sábado, domingo, feriado ou dia de compensação de repouso semanal.

101. Adicional de transferência (positivo)

‣ (cancelado pela SDC em sessão de 02.06.1998 - homologação Res. 81/1998, *DJ* 20.08.1998)

102. Assistência jurídica aos vigias (positivo). A empresa prestará assistência jurídica a seu empregado que, no exercício da função de vigia, praticar ato que o leve a responder a ação penal.

103. Gratificação de caixa (positivo). Concede-se ao empregado que exercer permanentemente a função de caixa a gratificação de 10% sobre seu salário, excluídos do cálculo adicionais, acréscimos e vantagens pessoais.

104. Quadro de avisos (positivo). Defere-se a afixação, na empresa, de quadro de avisos do sindicato, para comunicados de interesse dos empregados, vedados os de conteúdo político-partidário ou ofensivo.

105. Anotação na carteira profissional (positivo). As empresas ficam obrigadas a anotar na carteira de trabalho a função efetivamente exercida pelo empregado, observada a Classificação Brasileira de Ocupações (CBO).

106. Empregado rural. Atividade insalubre. Fornecimento de leite (positivo). Os empregadores que se dedicarem à pecuária leiteira fornecerão, diariamente, 1 (um) litro de leite aos trabalhadores que exerçam atividades insalubres.

107. Empregado rural. Caixa de medicamentos (positivo). Nos locais de trabalho no campo serão mantidos pelo empregador medicamentos e materiais de primeiros socorros.

108. Empregado rural. Abrigo no local de trabalho (positivo). Os empregadores rurais ficam obrigados a construir abrigos rústicos, nos locais de trabalho, para proteção de seus empregados.

109. Desconto-moradia (positivo). Autoriza-se o desconto da moradia fornecida ao empregado somente quando o imóvel tiver o habite-se concedido pela autoridade competente.

110. Empregado rural. Ferramentas. Fornecimento pelo empregador (positivo). Serão fornecidas gratuitamente, pelo empregador, as ferramentas necessárias à execução do trabalho.

111. Relação de empregados (positivo). Obriga-se a empresa a remeter ao sindicato profissional, uma vez por ano, a relação dos empregados pertencentes à categoria.

112. Jornalista. Seguro de vida (positivo). Institui-se a obrigação do seguro de vida em favor de jornalista designado para prestar serviço em área de risco.

113. Transporte de acidentados, doentes e parturientes (positivo) Obriga-se o empregador a transportar o empregado, com urgência, para local apropriado, em caso de acidente, mal súbito ou parto, desde que ocorram no horário de trabalho ou em consequência deste.

114. Contagem do tempo gasto com transporte (positivo)

‣ (cancelado pela SDC em sessão de 02.06.1998 - homologação Res. 81/1998, *DJ* 20.08.1998)

115. Uniformes (positivo). Determina-se o fornecimento gratuito de uniformes, desde que exigido seu uso pelo empregador.

116. Férias. Cancelamento ou adiantamento (positivo). Comunicado ao empregado o período do gozo de férias individuais ou coletivas, o empregador somente poderá cancelar ou modificar o início previsto se ocorrer necessidade imperiosa e, ainda assim, mediante o ressarcimento, ao empregado, dos prejuízos financeiros por este comprovados.

117. Pagamento do salário com cheque (positivo). Se o pagamento do salário for feito em cheque, a empresa dará ao trabalhador o tempo necessário para descontá-lo, no mesmo dia.

118. Quebra de material (positivo). Não se permite o desconto salarial por quebra de material, salvo nas hipóteses de dolo ou recusa de apresentação dos objetos danificados, ou ainda, havendo previsão contratual, de culpa comprovada do empregado.

119. Contribuições sindicais - inobservância de preceitos constitucionais (nova redação dada pela SDC em sessão de 02.06.1998 - homologação Res. 82/1998, *DJ*, 20.08.1998). (mantido) - *DEJT* divulgado em 25.08.2014. "A Constituição da República, em seus arts. 5º, XX e 8º, V, assegura o direito de livre associação e sindicalização. É ofensiva a essa modalidade de liberdade cláusula constante de acordo, convenção coletiva ou sentença normativa estabelecendo contribuição em favor de entidade sindical a título de taxa para custeio do sistema confederativo, assistencial, revigoramento ou fortalecimento sindical e outras da mesma espécie, obrigando trabalhadores não sindicalizados. Sendo nulas as estipulações que inobservem tal restrição, tornam-se passíveis de devolução os valores irregularmente descontados."

120. Sentença normativa. Duração. Possibilidade e limites (positivo) - (Res. 176/2011, *DEJT*, 27, 30 e 31.05.2011). A sentença normativa vigora, desde seu termo inicial até que sentença normativa, convenção coletiva de trabalho ou acordo coletivo de trabalho superveniente produza sua revogação, expressa ou tácita, respeitado, porém, o prazo máximo legal de quatro anos de vigência.

EDITORA JusPODIVM
www.editorajuspodivm.com.br

JUS3632